dtv

Lexikon des Mittelalters
VIII

Stadt (Byzantinisches Reich) bis Werl

Deutscher Taschenbuch Verlag

Band 1: Aachen – Bettelordenskirchen
Band 2: Bettlerwesen – Codex von Valencia
Band 3: Codex Wintoniensis – Erziehungs- und Bildungswesen
Band 4: Erzkanzler – Hiddensee
Band 5: Hiera-Mittel – Lukanien
Band 6: Lukasbilder – Plantagenêt
Band 7: Planudes – Stadt (Rus')
Band 8: Stadt (Byzantinisches Reich) – Werl
Band 9: Werla – Zypresse
Anhang: Stammtafeln, integriertes Großregister

Oktober 2002
Deutscher Taschenbuch Verlag GmbH & Co. KG,
München
www.dtv.de
© Coron Verlag Monika Schoeller & Co., Lachen am Zürichsee
1999
Das Werk ist urheberrechtlich geschützt.
Sämtliche, auch auszugsweise Verwertungen bleiben vorbehalten.
Umschlagkonzept: Balk & Brumshagen
Umschlaggestaltung unter Verwendung eines Ausschnittes aus dem Teppich von Bayeux
(© AKG, Berlin)
Druck und Bindung: Druckerei C. H. Beck, Nördlingen
Gedruckt auf säurefreiem, chlorfrei gebleichtem Papier
Printed in Germany · ISBN 3-423-59057-2

INHALTSVERZEICHNIS

	Seite
Herausgeber und Berater mit ihren Fachbereichen	VII
Redaktion	VIII

	Spalte
Stichwörter von Stadt (Byzantinisches Reich) bis Werl	1–2208
Mitarbeiter des achten Bandes	2209
Übersetzer des achten Bandes	2221
Erscheinungsdaten der Lieferungen	2221

DIE HERAUSGEBER UND BERATER MIT IHREN FACHBEREICHEN IM LEXIKON DES MITTELALTERS

Alphabetische Reihenfolge. Stand: Oktober 1997

ANGERMANN, NORBERT, Hamburg: *Geschichte Rußlands, Litauens und der baltischen Ostseeländer*

BAUTIER, ROBERT-HENRI, Paris: *Französische Geschichte im Spätmittelalter*

BERGHAUS, PETER, Münster (Westf.): *Numismatik*

BERNHARD, MICHAEL, München: *Geschichte der Musik*

BINDING, GÜNTHER, Köln: *Die mittelalterliche Baukunst in Europa in formaler, typologischer und stilistischer Hinsicht*

BRIESEMEISTER, DIETRICH, Berlin: *Romanische Literaturen und Sprachen (Teilbereich)*

BRÜCKNER, WOLFGANG, Würzburg: *Volkskunde*

BRÜHL, CARLRICHARD †, *Langobarden; Italien im Hochmittelalter*

BRUNHÖLZL, FRANZ, München: *Mittellateinische Sprache und Literatur*

BRUNNER, KARL, Krems a. d. Donau: *Realienkunde des Mittelalters*

BULLOUGH, DONALD A., St. Andrews: *Englische Geschichte im Hochmittelalter*

VAN CAENEGEM, RAOUL, Gent: *Englische Rechtsgeschichte*

CAVANNA, ADRIANO, Milano: *Italienische Rechtsgeschichte*

CONTAMINE, PHILIPPE, Paris: *Französische Geschichte im Spätmittelalter; Kriegswesen*

CORSTEN, SEVERIN, Bonn: *Schrift-, Buch- und Bibliothekswesen*

DILG, PETER, Marburg a.d. Lahn: *Geschichte der Botanik; Geschichte der Pharmazie*

ELBERN, VICTOR H., Berlin: *Kleinkunst*

ENGELS, ODILO, Köln: *Geschichte der Iberischen Halbinsel*

ENGEMANN, JOSEF, München; Golling: *Archäologie der Spätantike und des Frühchristentums*

VAN ESS, JOSEF, Tübingen: *Arabische Welt*

FAHLBUSCH, FRIEDRICH BERNWARD, Warendorf: *Städtewesen*

FAROQHI, SURAIYA, München: *Geschichte der Osmanen*

FERLUGA, JADRAN, Münster (Westf.); Motovun: *Byzantinische Geschichte und Kultur*

FLECKENSTEIN, JOSEF, Göttingen: *Frühmittelalter*

FRANK, KARL SUSO, OFM, Freiburg i. Br.: *Patristik*

FRENZ, THOMAS, Passau: *Heraldik*

GABRIEL, ERICH, Wien: *Belagerungsgeräte, Feuerwaffen*

GAMBER, ORTWIN, Wien: *Waffenkunde, Rüstungswesen*

GERRITSEN, WILLEM P., Utrecht: *Mittelniederländische Literatur*

GRUBER, JOACHIM, München: *Spätantike, Westgoten*

HÄGERMANN, DIETER, Bremen: *Technik und Materielle Kultur*

HANNICK, CHRISTIAN, Würzburg: *Geschichte der Ostkirche*

HARRIS, JENNIFER, Manchester: *Kostümkunde*

HÄUSSLING, ANGELUS A., OSB, Maria Laach; Benediktbeuern: *Liturgie*

HEINZELMANN, MARTIN, Paris: *Hagiographie*

HERDE, PETER, Würzburg: *Historische Grundwissenschaften*

HINZ, HERMANN, Tübingen: *Archäologie des Mittelalters*

HÖDL, LUDWIG, Bochum: *Philosophie und Theologie des Mittelalters*

HÜNEMÖRDER, CHRISTIAN, Hamburg: *Geschichte der Zoologie*

JUNG, MARC-RENÉ, Zürich: *Romanische Literaturen und Sprachen (Teilbereich)*

JÜTTNER, GUIDO, Berlin: *Geschichte der Mineralogie und Alchemie*

KLEMM, CHRISTIAN, Zürich: *Tafelmalerei*

KÖLZER, THEO, Bonn: *Langobarden; Italien im Hochmittelalter*

KROESCHELL, KARL, Freiburg i.Br.: *Rechts- und Verfassungsgeschichte*

LÜBKE, CHRISTIAN, Leipzig: *Geschichte Ostmitteleuropas im Hoch- und Spätmittelalter*

LUDWIG, KARL-HEINZ, Bremen: *Technik und Materielle Kultur*

MAKSIMOVIĆ, LJUBOMIR, Beograd: *Geschichte Südosteuropas*

MEINHARDT, HELMUT, Gießen: *Philosophie und Theologie des Mittelalters*

MERTENS, VOLKER, Berlin: *Deutsche Literatur*

MORAW, PETER, Gießen: *Deutsche Geschichte im Spätmittelalter*

MORDEK, HUBERT, Freiburg i.Br.: *Kanonisches Recht; Kirchengeschichte und Kirchenverfassung*

VON MUTIUS, HANS-GEORG, München: *Geschichte des Judentums*

NEUENSCHWANDER, ERWIN, Zürich: *Geschichte der Mechanik, Mathematik und Astronomie*

NEWTON, STELLA M., London: *Kostümkunde*

ONASCH, KONRAD, Halle (Saale): *Russische Kunst*

OURLIAC, PAUL, Toulouse: *Romanisches Recht (unter Mitarbeit von* DANIELLE ANEX-CABANIS, Toulouse)

PÁSZTOR, EDITH, Roma: *Häresien*

PATSCHOVSKY, ALEXANDER, Konstanz: *Häresien*

PLOTZEK, JOACHIM M., Köln: *Buch-, Wand- und Glasmalerei; Mosaikkunst*

PRINZING, GÜNTER, Mainz: *Byzantinische Geschichte und Kultur*

REINLE, ADOLF, Zürich: *Skulptur*

RESTLE, MARCELL ST., München: *Byzantinische Kunst*

RICHTER, MICHAEL, Konstanz: *Keltologie*

RILEY-SMITH, JONATHAN, London: *Geschichte der Kreuzzüge*

ROBERG, BURKHARD, Bonn: *Kirchengeschichte und Kirchenverfassung*

RÖSENER, WERNER, Gießen: *Agrar- und Siedlungsgeschichte*

Rossi, Luciano, Zürich: *Romanische Literaturen und Sprachen* (Teilbereich)

Rüegg, Walter, Veytaux: *Humanismus; Universitäten, Schulwesen*

Sauer, Hans, München: *Altenglische Literatur; Mittelenglische Literatur*

Schipperges, Heinrich, Heidelberg: *Geschichte der Medizin*

Schreiner, Peter, Köln: *Historische Grundwissenschaften in Byzanz, Südost- und Osteuropa*

Schulze, Ursula, Berlin: *Deutsche Literatur*

Schwenk, Sigrid, Göttingen: *Jagdwesen*

von See, Klaus, Frankfurt a. Main: *Skandinavische Literatur; Politische und Rechtsgeschichte Skandinaviens* (unter Mitarbeit von Harald Ehrhardt, Oberursel)

Semmler, Josef, Düsseldorf: *Mönchtum*

Sprandel, Rolf, Würzburg: *Handel, Gewerbe, Verkehr, Bergbau, Bankwesen*

Stoob, Heinz †, *Städtewesen*

Storey, Robin L., Carlisle: *Englische Geschichte im Spätmittelalter*

Svejkovský, František, Chicago: *Slavische Literaturen*

Tabacco, Giovanni, Torino: *Geschichte Italiens im Spätmittelalter*

Tietze, Andreas, Wien: *Geschichte der Osmanen*

Verhulst, Adriaan, Gent: *Agrar- und Siedlungsgeschichte; Geschichte der Niederlande*

Vismara, Giulio, Milano: *Italienische Rechtsgeschichte*

Vones, Ludwig, Köln: *Geschichte der Iberischen Halbinsel*

Weimar, Peter, Zürich: *Römisches und gemeines Recht*

Werner, Karl Ferdinand, Paris; Rottach-Egern: *Geschichte Deutschlands und Frankreichs im Hochmittelalter*

Zapp, Hartmut, Freiburg i. Br.: *Kanonisches Recht*

Zernack, Klaus, Berlin: *Geschichte Ostmitteleuropas im Spätmittelalter*

REDAKTION LEXIKON DES MITTELALTERS

Redaktion München

Dr. Mag. phil. Gloria Avella-Widhalm
Dr. Liselotte Lutz
Roswitha Mattejiet, M. A.
Ulrich Mattejiet, M. A.

Arbeitsstelle Lexikon des Mittelalters
am Historischen Seminar der Universität Zürich

Dr. Charlotte Bretscher-Gisiger
Dr. Thomas Meier

S

FORTSETZUNG

Stadt (Fortsetzung des Artikels von Band VII)
L. Byzantinisches Reich
I. Allgemein – II. Von der Spätantike bis zur Mitte des 7. Jh. – III. Von der Mitte des 7. bis ins 9. Jh. – IV. Vom 10. Jh. bis 1204 – V. Während der Lateinerherrschaft (1204–61) – VI. Von 1261 bis 1453.

I. ALLGEMEIN: Das byz. S.ewesen ist in allen Phasen seiner Entwicklung in Abhängigkeit von der territorialen Ausdehnung des →Byz. Reiches zu sehen. Die riesigen Gebietsverluste des 7. Jh., die Rückeroberung von Gebieten Syriens und Bulgariens in der 2. Hälfte des 10. Jh., die Etablierung und Expansion des Sultanats der →Selǧuqen in Kleinasien, die Eroberung von →Konstantinopel 1204 (4. →Kreuzzug) sowie die Ausdehnung des Staates der →Osmanen (Eroberung Konstantinopels 1453) hatten entscheidenden Einfluß auch auf die S.e, so daß sich diese (zunächst polit.) Ereignisse auch als Periodisierungspunkte anbieten. Hinzuweisen ist ebenso auf die stets bemerkbaren regionalen Unterschiede, gegenläufige Entwicklungstendenzen und insbes. auf die übermächtige Rolle der Großs. Konstantinopel, die einen der wesentl. Unterschiede zur städt. Entwicklung im westl. Europa zum Ausdruck bringt. Eine umfassende Darstellung des byz. S.ewesens steht vor einigen gravierenden Problemen: Breitere wiss. Vorarbeiten existieren nur zu bestimmten Epochen oder einzelnen städt. Siedlungen. Die systemat. Auswertung der schriftl. Quellen liegt bisher nur punktuell vor, und auch die Erschließung des archäolog. Materials befindet sich trotz aller Fortschritte der letzten Jahre erst in den Anfängen.

II. VON DER SPÄTANTIKE BIS ZUR MITTE DES 7. JH.: Bis ins ausgehende 6. Jh. repräsentierte das S.ewesen des Byz. Reiches noch das antike/spätantike System von πόλεις/ →civitates in ihrer Einheit von städt. Siedlung und mehr oder weniger ausgedehnter χώρα. Allerdings sind spätestens seit dem 4. Jh. Zerfallstendenzen erkennbar. Der Verlust der städt. Territorien und Steuereinkünfte unter Konstantin dem Gr. und Constantius II. (nur teilweise durch Valens wieder aufgehoben) hatte eine Verarmung zur Folge, die nur ungenügend durch Aufwendungen der (staatl.) Zivilverwaltungen ausgeglichen wurde. Eine zunehmende Verarmung der kurialen Oberschicht der S.e (→decurio) und der (oft erfolgreiche) Versuch dieser Schicht, sich finanziellen Lasten zu entziehen, verstärkten die Niedergangstendenzen. Trotzdem gab es bis ins 7. Jh. eine Anzahl von Großstädten (neben Konstantinopel bes. →Antiocheia, →Alexandreia, →Ephesos u.a.), die mit ihren Bädern, Theatern, Hippodromen, öffentl. Gebäuden, Aquädukten und mit einem regen geistigen Leben Zentren der spätantiken Kultur darstellten. Sie waren auch Brennpunkte von Handel und Gewerbe, obwohl die Landwirtschaft in den meisten S.en Haupterwerbszweig blieb. Der spätantike Staat zog immer mehr – ursprgl. – municipale Aufgaben (z. B. Steuererhebung) an sich. Die Christianisierung des Reiches hatte erhebl. Auswirkungen auf die soziale Struktur, aber auch auf das S.bild (Überbauung offener Plätze, starkes Hervortreten von Kirchen, Kl. und →Hospitälern, selbst Anlage von →Friedhöfen innerhalb des S.gebietes, was in der Antike undenkbar gewesen war). Da die territoriale Struktur der Kirche sich der staatl. anpaßte, hatte bald jede Polis ihren Bf., der zunehmend, z.T. durch die Ks. gefördert, eine wichtige polit. und wirtschaftl.-soziale Rolle in den S.en spielte. Das Niveau der Urbanisierung schwankte erheblich zw. den einzelnen Reichsteilen. Ein bes. enges Netz von S.en wies z. B. das westl. Kleinasien auf. In demograph. Hinsicht wirkte sich die →Pest (542, weitere Pestwellen bis in die Mitte des 8. Jh.) katastrophal aus. Die seit Mitte des 6. Jh. eingetretenen Bevölkerungsverluste bilden (auch wenn sie sich nicht exakt beziffern lassen) einen wesentl. Faktor für den Niedergang des byz. S.ewesens, der auch durch die extremen finanziellen Belastungen (Eroberungspolitik Ks. Justinians I.) mitverursacht wurde und sich nach Ausweis der archäolog. Untersuchungen (z. B. in Sardes, Nordafrika oder Syrien) wohl bereits in der 2. Hälfte des 6. Jh. in der Aufgabe ganzer S.viertel manifestierte.

Das Ende der spätantiken Urbanität (mit nicht zu unterschätzenden kulturellen Auswirkungen) trat in der 1. Hälfte des 7. Jh. ein; dazu trugen die Perserkriege (bis 638) wie der Ansturm der Araber (ab ca. 641) bei. Eine regelrechte Enturbanisierung trat ein. Der Zusammenbruch der überregionalen Handelsbeziehungen (→Handel, B) war eine weitere Folge. Byzanz war nun auf Kleinasien beschränkt. Der Großteil der europ. Provinzen war seit der 2. Hälfte des 6. Jh. durch die Landnahme der →Slaven (und die Staatsbildung der →Avaren, ab 680 der →Bulgaren) dem Reich verloren gegangen. Nur wenige S.e, in der Regel Hafens.e, konnten gehalten werden (z. B. →Thessalonike).

III. VON DER MITTE DES 7. BIS INS 9. JH.: Lange Zeit in der Byzantinistik umstritten war die Entwicklung des S.ewesens und – davon nicht zu trennen – der Wirtschaft in den sog. »Dunklen Jahrhunderten«. Sah die ältere Forschung neben der Themenordnung (→Themen) die angebl. Kontinuität des S.ewesens in Kleinasien, dem Kernland des Byz. Reiches seit der Mitte des 7. Jh., als eine der Hauptursachen für das Überleben des Staates überhaupt, so hat sich in letzter Zeit die Ansicht durchgesetzt, daß im 7. und auch noch im 8. Jh. das byz. S.ewesen den tiefsten Punkt seiner Entwicklung erreichte. Eine erhebl. Anzahl von S.en verschwand (bes. auf dem Balkan, aber auch in Kleinasien), oft als Folge krieger. Ereignisse. Die fortgesetzten Versuche der →Araber, das Byz. Reich zu erobern (Belagerungen Konstantinopels 674–678, 716–717), und ihre fast jährl. Plünderungszüge (→Razzia) in byz. Kleinasien hatten verheerende Auswirkungen auf das S.ewesen. Die byz. Provinzen sind nach dem 7. Jh. auf lange Zeit durch dörfl. Siedlungen und →'Kastra' geprägt, letztere oft Nachfolgesiedlungen antiker Poleis und wohl zumeist nicht als S.e im funktionalen (ökonom., sozialen, administrativen und kulturellen) Sinn anzusprechen. Wandlungen in topograph. Hinsicht zeigen sich u. a. in der Verlagerung des Siedlungskerns auf die Akropoleis bei gleichzeitiger (z.T. extremer) Schrumpfung (→Pergamon, →Sardes) der Siedlungen, die (in der Regel unter Verwendung antiker →Spolien) stark befestigt wurden. Zur Deckung des (bei der sehr kleinen Einwohnerzahl geringen) Wasserbedarfs genügten mit Mörtel ausgekleidete →Zisternen. Zwar sind in den Q. (sog. →Notitiae episcopatuum, Subskriptionslisten des VI. und VII. Ökumen. Konzils v. →Konstantinopel) Siedlungen zu Hunderten als Poleis genannt, doch dies reflektiert nur ihren Status als Bf.ssitz (der in manchen Fällen ohnehin nur ein nomineller war), sagt aber nichts über ihren tatsächl. Zustand aus.

Eine Wiederbelebung, ausgedrückt u. a. in einer Ausweitung der besiedelten Fläche (Entstehung von Vorstädten), läßt sich bereits im 9. Jh. feststellen, sogar für inneranatol. S.e wie Ankyra oder Euchaita. S.e an der Ostgrenze (→Byz. Reich, H) wie →Theodosiupolis oder Artze blühten durch Handel mit den Kaukasusländern auf. Gestützt auf umfangreiche Schafhaltung, exportierten einige anatol. S.e wollene Kleidung, doch blieb überregionaler Export die Ausnahme. Im Normalfall beschränkte sich die Ausstrahlung einer S. auf die engere Umgebung, wodurch die handwerkl. Produktion (mangels größerer Nachfrage) auf bescheidenem Niveau blieb.

Im 8. und 9. Jh. lassen sich bestimmte Ansätze einer ksl. S.entwicklungspolitik, die allerdings dem Primat militär. Erfordernisse folgte, feststellen. Stimulierend auf die lokale handwerkl. Produktion wirkten staatl. (und kirchl.) Verwaltung sowie die Armee. Die hierdurch wesentlich erweiterte Geldzirkulation drängte die im 7. und 8. Jh. regional dominierenden naturalwirtschaftl. Verhältnisse zurück.

IV. Vom 10. Jh. bis 1204: Einhergehend mit der Konsolidierung und dem erneuten Aufschwung des Byz. Reiches seit dem ausgehenden 9. Jh. läßt sich ein neues Wachstum der S.e beobachten. Ihre Siedlungsstruktur unterschied sich deutlich vom Erscheinungsbild, wie es bis ins 6. Jh. geherrscht hatte. Die nun wieder verstärkten Bauaktivitäten verliefen »regellos«. Große offene Plätze oder repräsentative Straßen verschwanden. Relativ kleine, nach außen abgeschlossene Hauskomplexe bestimmten das S.bild. Hinzu trat eine wachsende Anzahl von Kirchen und Kl., wobei letztere zunehmende wirtschaftl. Bedeutung errangen. Die Wiederbelebung des S.ewesens vollzog sich regional und zeitlich differenziert. In Kleinasien z. B. setzte sie sich wesentl. langsamer durch als im europ. Reichsteil, wo Thessalonike zur – nach Konstantinopel – zweitwichtigsten S. des Reiches aufblühte (→Messe des hl. →Demetrios). Im 11. Jh. prosperierten dann auch viele S.e in Anatolien (→Melitene, Kaisareia/→Kayseri, Sebasteia/→Sivas, Euchaita, Amaseia/→Amasya, Ankyra/→Ankara, Ikonion/→Konya, →Amorion, →Dorylaion) sowie auf dem Balkan bzw. in Nordgriechenland und Makedonien (→Ohrid, →Skopje, →Ioannina, →Kastoria, →Trikala, →Larisa u. a.). Seit dem 10. Jh., bes. aber im 11. und 12., prägten die sich entwickelnden großen Magnatenfamilien (→'Mächtige') das Leben der Provinzs.e (Kastra), in denen sie wohnten und von wo aus sie ihre z. T. sehr großen Landgüter verwalteten, wobei sie sich zunehmend dem Handel mit landwirtschaftl. Produkten zuwandten.

Im 12. und 13. Jh. setzte sich der Aufschwung der byz. (wie der unter Herrschaft der Selğuqen stehenden) S.e in Kleinasien fort. Einige →Häfen am →Schwarzen Meer, →Sinope und bes. →Trapezunt, profitierten sowohl vom Handel mit dem Norden (Kiever Rus', →Kiev) als auch vom Orienthandel (via Kaukasus). Der Export von Getreide, Wein und anderen landwirtschaftl. Produkten (schon im 10. Jh. nachweisbar) war ztw. bedeutend. Eine ähnl. Rolle erlangte an der kleinasiat. Südküste Attaleia/→Antalya. Verglichen mit Kleinasien, erlebte das S.ewesen der byz. Balkangebiete und Griechenlands einen größeren Aufschwung. Nach der byz. Eroberung des Bulgarenreiches durch Basileios II. waren hier günstige Bedingungen entstanden. Die alten – oft seit langer Zeit verlassenen – S.e wurden wiederbesiedelt. Einige mittel- und südgriech. S.e erlebten einen Aufschwung der handwerkl. Produktion über lokale Bedürfnisse hinaus. Schon im 9. Jh. läßt sich dies auf der Peloponnes nachweisen. →Korinth, der wichtigste Hafen im westl. Teil des Byz. Reiches (Venedighandel), und Sparta/Lakedaimon (Vorgängersiedlung von →Mistra) nahmen einen Aufschwung, der im 11. und 12. Jh. seinen Höhepunkt erreichte (Handwerk, Olivenölexport). Neben Korinth war →Theben für Herstellung und Export von →Seide (sowie Glaswaren; →Glas, IV) berühmt. In einigen S.en war eine nicht geringe jüd. Bevölkerung (→Judentum, C) an diesem Wirtschaftsaufschwung beteiligt. Thessalonike blühte seit dem beginnenden 10. Jh. durch den Handel mit slav. und bulg. Gebieten auf (Handelsmonopol bis ins ausgehende 10. Jh.). Einen bisweilen hemmenden Einfluß auf die Entwicklung der Provinzs.e übte die geogr. Nähe der Haupts. aus, insbes. in bezug auf das →Handwerk, da Konstantinopel in der Lage war, die benötigten gewerbl. Produkte in jeder Qualität und Quantität zu liefern.

Ein spezifisches – und im einzelnen noch nicht hinreichend erforschtes – Problem ist der erhebl. (wirtschaftl., aber auch polit.) Einfluß Venedigs (und anderer it. S.e) auf die byz. S.e (seit dem 11./12. Jh.). Bereits im entscheidenden Handelsprivileg des Ks.s Alexios III. für Venedig (1198) läßt sich eine Tendenz zur polit. Zersplitterung der einzelnen S.e, die weniger wirtschaftlich als vielmehr polit.-militär. bedingt war, erkennen. Lokale Aristokratengeschlechter, →'Archonten', Bf.e, 'geitoniai' (Nachbarschaftsverbände) spielten eine zunehmende Rolle. Diese zentrifugalen Tendenzen verstärkten sich nach 1204.

V. Während der Lateinerherrschaft (1204–61): Die Errichtung des →Lat. Ksr.es als Ergebnis des 4. Kreuzzuges hatte für das byz. S.ewesen einschneidende Bedeutung, zumal etwa gleichzeitig das Reich der →Selğuqen in Kleinasien sich konsolidierte. Andererseits bedeutete dies für die Haupts.e der byz. Reststaaten (v. a. →Nikaia unter den Laskariden, Trapezunt, Thessalonike, →Arta, →Mistra) einen Aufschwung. Die stets dominierende Rolle Konstantinopels war lange Zeit abgeschwächt. Einige S.e (Thessalonike, →Nikomedeia, →Philadelpheia, Nikaia, →Tralles, →Mesembria, →Philippopel, →Adrianopel, Kastoria, Mistra, →Monemvasia, Ioannina u. a.) konnten auch im 13. und 14. Jh. ihre Bedeutung – nicht zuletzt für den überregionalen Handel – bewahren. Während die S.e im Reich v. Nikaia in erster Linie für den Eigenbedarf produzierten, ist z. T. gleichzeitig eine enorme Belebung der Bautätigkeit zu konstatieren (z. B. in Ephesos, →Pergamon, mit Einschränkungen auch in Sardes oder →Milet).

VI. Von 1261 bis 1453: Nach der Rückeroberung Konstantinopels (1261) erlebten das Byz. Reich und seine S.e zunächst eine (Schein-)Blüte. Die tiefgehende allg. Krise des 14. Jh., begleitet von sozialen Unruhen, die insbes. die S.e in Mitleidenschaft zogen, unter der Entwicklung des Reiches hin zu einem Kleinstaat, der am Anfang des 14. Jh. nur noch über wenige europ. Gebiete verfügte, hatten negative Wirkungen auf die dem Reich verbliebenen S.e. Die Schwäche der Zentralgewalt führte zu Verselbständigungstendenzen. Erdbeben und die Pest (seit 1348) taten ein Übriges. Ein drast. Rückgang der Einwohner und eine allg. Verarmung kennzeichneten die Entwicklung selbst von Konstantinopel und Thessalonike, die allerdings im 14. und 15. Jh. immer noch einige zehntausend Einwohner hatten (die übrigen S. e zählten in der Regel selten mehr als 5000 Einwohner, oft weniger als 2000).

Die Entwicklung der byz. S. der Palaiologenzeit ist - verglichen mit den frühen Epochen - erst in geringem Maße erforscht. Man hat einen Trend zur weiteren Ruralisation der S. e, d. h. eine Zunahme des unmittelbar landwirtschaftl. tätigen Bevölkerungsanteils, festgestellt. Analog sank die Bedeutung der handwerkl. Betätigung. Der Handel litt unter starken staatl. Beschränkungen und (seit dem 12. Jh.) auch unter der dominierenden Rolle der ven., genues. oder pisan. Kaufleute; →Genua errichtete, gestützt auf den Vertrag v. →Nymphaion (1261), ein weiträumiges Netz von Faktoreien, dessen Knotenpunkte dynam. Handelss.e wie →Caffa oder privilegierte S. viertel wie →Pera/Galata bildeten. In der byz. Gesellschaft führten dagegen der Verlust an technolog. Kenntnissen, das Absinken der Qualität, die Zersplitterung der handwerkl. Produktion in kleinen und kleinsten Werkstätten zum Verfall des Exportgewerbes und zur Verarmung der gewerbetreibenden Schichten. Das S.-Land-Verhältnis in der Spätzeit des Byz. Reiches hatte sich dahingehend geändert, daß jetzt auch in den Dörfern erstaunlich viele Handwerker tätig waren (bekannt ist das Beispiel des Dorfes Radolivo auf der Chalkidike), was eine gesunkene Bedeutung des städt. Handwerks reflektiert.

Aristokratengeschlechter lebten in den S.en, die sie wohl auch polit. dominierten. Sie bildeten jedoch kein städt. Patriziat im Sinne der S.gesellschaft West-und Mitteleuropas. Diese soziale Gruppe befaßte sich auch mit Handels- und Geldverleihgeschäften, trat aber auch als Mäzen auf und förderte nicht unerhebl. das geistige Leben. Seit dem 14. Jh. wurden verstärkt S.privilegien durch die Herrscher (Palaiologen) verliehen. Diese Rechte für S.bürgerschaften dienten als Mittel im (z.T. in Bürgerkriegen kulminierenden) Machtkampf zw. der Zentralgewalt und den lokalen aristokrat. »feudalen« S.herren. →Bürger, -tum, I.   W. Brandes

Lit.: Tabula Imperii Byzantini, Iff., 1976ff. – A. Každan, Vizantijskie goroda v VII-XI vv. Sovetskaja archeologija 21, 1954, 164–188 – E. Kirsten, Die byz. S. (Ber. zum XI. Internat. Byzantinistenkongreß V/3, 1959) – G. Ostrogorsky, Byz. Cities in the Early MA, DOP 13, 1959, 45–66 – A. Každan, Derevnja i gorod v Vizantii (IX–X vv.), 1960 – F. Dölger, Die frühbyz. une byz. beeinflußte S. (V.–VIII. Jh.) (Paraspora, 1962), 107–139 – E. Frančes, La ville byz. et la monnaie aux VIIe–VIIIe s., Byzantino-Bulgarica 2, 1966, 3–14 – D. Abrahamse, Hagiographic Sources for Byz. Cities, 500–900, 1967 – V. Hrochová, Byzantská města ve 13.–15. století, 1967 – V. Velkov, Die urbane und die ma. S. im Ostbalkan (Die S. in Südosteuropa. Struktur und Gesch., 1968), 23–34 – D. Claude, Die byz. S. im 6. Jh., 1969 – A. H. M. Jones, The Cities of the Eastern Roman Provinces, 1971 – C. Foss, The Persians in Asia Minor and the End of Antiquity, EHR 90, 1975, 721–747 – C. Asdracha, La région des Rhodopes aux XIIIe et XIVe s., 1976 – C. Foss, Byz. and Turkish Sardis, 1976 – H. Ahrweiler, La ville byz. (Guide internat. d'hist. urbaine, I: Europe, hg. Ph. Wolff, 1977), 21–31, 134–144 – L. Cracco Ruggini–G. Cracco, Changing Fortunes of the It. City from Late Antiquity to Early MA, Riv. di filol. e di istruz. class. 105, 1977, 448–475 – G. Dagron, Le christianisme dans la ville byz., DOP 31, 1977, 9–10 – C. Foss, Archaeology and the »Twenty Cities« of Byz. Asia, Amer. Journ. of Archaeol. 81, 1977, 469–486 – G. Dagron, Entre village et cité: La bourgade rurale des IVe–VIIe s. en Orient, Κοινωνία, 1979, 29–52 – C. Foss, Ephesus after Antiquity, 1979 – N. Oikonomidès, Hommes d'affaires grecs et latins à Constantinople (XIIIe–XIVe s.), 1979 – Ch. Bouras, City and Village: Urban Design and Architecture, JÖB 31/2, 1981, 611–653 – Lj. Maksimović, Charakter der sozialwirtschaftl. Struktur der spätbyz. S. (13.–15. Jh.), JÖB 31/1, 1981, 149–188 [dazu JÖB 32/1, 1982, 183–188] – City, Town and Countryside in the Early Byz. Era, ed. R. L. Hohlfelder, 1982 – G. Dagron, Les villes dans l'Illyricum protobyz. (Villes et peuplement dans l'Illyricum protobyz., 1984), 1–20 – K.-P. Matschke, Bemerkungen zu »S.bürgertum« und »stadtbürgerl. Geist« in Byzanz, Jb. für Gesch. des Feudalismus 8, 1984, 265–285 – J.-P. Sodini, L'habitat urbain en Grèce à la veille des invasions, ebd., 341–396 – J.-M. Spieser, La ville en Grèce du IIIe au VIIe s., ebd., 315–340 – W. Müller-Wiener, Von der Polis zum Kastron. Wandlungen der S. im Ägäischen Raum von der Antike zum MA, Gymnasium 93, 1986, 435–475 – J. Russell, Transformations in Early Byz. Urban Life: The Contribution and Limitations of Archaeological Evidence (The 17th Internat. Byz. Congress 1986, Major Papers, 1986), 137–153 – W. Brandes, Die byz. S. im 7. und 8. Jh. in Kleinasien – ein Forsch.ber., KLIO 70, 1988, 176–208 – H. Saradi-Mendelovici, The Demise of the Ancient City and the Emergence of the Medieval City in the Eastern Roman Empire, Echos du monde classique/Classical Views 32, 1988, 365–402 – W. Brandes, Die S.e Kleinasiens im 7. und 8. Jh., 1989 – V. v. Falkenhausen, Die S.e im byz. Italien, MEFRM 101, 1989, 401–464 – A. Harvey, Economic Expansion in the Byz. Empire 900–1200, 1989, bes. 198ff. – J.-M. Spieser, L'évolution de la ville byz. de l'époque paléochrétienne à l'iconoclasme (Les hommes et les richesses dans l'Empire byz., I: IVe–VIIe s., 1989), 97–106 – J. Durliat, De la ville antique à la ville byz., 1990 – J. Haldon, Byzantium in the Seventh Century, 1990, bes. 92ff. – M. Whittow, Ruling the Late Roman and Early Byz. City: A Continuous Hist., PP 129, 1990, 3–29 – D. J. Constantelos, Poverty, Society and Philanthropy in the Late Med. World, 1992 – G. Prinzing, Ortsnamenindex zu stadtgesch. Arbeiten aus der Byzantinistik, 1994.

M. Südosteuropa (westlicher Bereich)

Das S.ewesen im ma. Südosteuropa läßt sich in fünf Bereiche gliedern: Die dalmatin.-istrische S.; die ostmitteleurop. S. in →Slavonien und im kontinentalen Bereich des heutigen Slowenien; die aus Bergbauorten und Karawanenstationen hervorgegangenen S.e in →Serbien und →Bosnien; die als polit.-militär. und kult. Zentren entstandenen S.e im 1. und 2. Bulg. Reich (→Bulgarien); die byz. S.

Der dalmatin.-istrische S.typ weist bezogen auf seine innere Struktur wie auch auf seine Bauformen zahlreiche Gemeinsamkeiten mit Italien auf; bis ins 11. Jh. wirken auch noch byz. Einflüsse. Spezif. für ihn sind die Vermittlerrolle zw. Adriaraum und wenig urbanisiertem Binnenland, die ethn. Zusammensetzung (Slaven, Romanen) und die slav.-roman. Mehrsprachigkeit. Die Kontinuität der S.landschaft seit der Antike – eventuell bei räuml. Verlagerung: →Salona nach →Split, →Epidaurum nach →Ragusa – zeigt sich in der teilweisen Bewahrung des antiken *ager* als städt. Territorium, im Falle räuml. Kontinuität auch im Stadtplan (→Poreč, →Pula, →Zadar; der Teil von Split im Diokletianspalast), im Erhalt der ausschließl. Kompetenz des S.gerichtes und des einheitl. Rechtskreises, in der Kleinräumigkeit der kirchl. Gliederung, in der fast jede S. zugleich Bf.ssitz war.

Im FrühMA lag die S.regierung gemeinsam bei Bf. und Prior bzw. locopositus. Seit dem 12. Jh. organisierten sich die S.e als →Kommunen (slav. *općina*) durch feste Abgrenzung des Kreises der Bürger (cives); zw. weltl. und kirchl. Kompetenzen erfolgte eine klare Trennung. Die seit dem 13. Jh. ausgebildete Ratsverfassung weist gemeinsame Züge v.a. mit Venedig auf. Der seit dem 14. Jh. abgeschlossene Kreis der ratsfähigen Familien bildete das städt. Patriziat. Notariat und Statuten zeugen von einer entwickelten pragmat. Schriftlichkeit.

Seit dem 12. Jh. entwickelten sich zahlreiche neue Zentren, am erfolgreichsten →Šibenik, →Hvar und →Korčula. Sie glichen sich wirtschaftl., sozial und polit. bis ins 14. Jh. den älteren S.en an; zu ihrer Emanzipation gehörte auch die Erlangung eines Bf.ssitzes.

Nachdem das antike S.ewesen im Raum des heutigen Slowenien und nördl. →Kroatien im Zuge von Völkerwanderung und slav. Besiedlung zusammengebrochen war, erfolgte, meist in Anknüpfung an bestehende Siedlungen, eine neue Urbanisierung seit dem HochMA. Die Gründung des Bm.s in →Zagreb 1094 ist Indiz für die bereits gegebene Verdichtung. Die Welle von S.gründungen und -privilegierungen im 13. Jh. ordnete sich ein in den hochma. →Landesausbau und folgte der Agrarkolonisation. In diesen S.en oder S.teilen dominierte von Anfang an die wirtschaftl. vor der polit. und religiösen Zentralitätsfunktion. Der S.ausbau war von →hospites getragen, die zumeist aus dem dt.sprachigen Raum kamen; doch waren auch Slaven (Slovenen, Kroaten), Italiener und in Slavonien Ungarn präsent. In Gradec, der durch die Goldene Bulle v. 1242 privilegierten kgl. Freistadt innerhalb von Zagreb, bestand 1377–1437 ein expliziter Nationalitätenproporz in der S.regierung.

Die Organisation als Kommune, Bürgergemeinde, und die Ratsverfassung verbanden die S.e Slavoniens und des heutigen Slovenien strukturell sowohl mit den adriat. Küstens.en als auch mit dem weiteren Raum des mitteleurop. und it. S.ewesens. Dem gesamten Bereich gemeinsam war des weiteren die Rolle der stadtorientierten Bettelorden, die Pflege des Bruderschaftswesens und die Ausbildung von Zünften.

In den seit dem 14. Jh. sich ausbildenden S.en in Bosnien und Serbien finden wir ebenso Ansätze der Gemeindebildung, wurde der →Bergbau doch von →Sasi ('Sachsen') betrieben, und an den Handelsplätzen bestanden Kolonien von Kaufleuten aus Ragusa.   L. Steindorff

Lit.: S. VILFAN, Die ma. S. zw. Pannonien und der Nordadria, Internat. kulturhist. Symposium Mogersdorf 4, 1974, 125–141 – M. SUIĆ, Anitički grad na istočnom Jadranu, 1976 – F. W. CARTER, Urban Development in the Western Balkans 1200–1500, An Hist. Geography of the Balkans, 1977, 149–195 – K. D. GROTHUSEN, Zum S.begriff in Südosteuropa, Zs. für Balkanologie 13, 1977, 62–81 – D. KOVAČIĆ-KOJIĆ, Gradska naselja srednjovjekovne bosanske drzave, 1978 – EncJugosl. IV², 1986, 492–515 – J. DUSA, The Medieval Dalmatian Episcopal Cities. Development and Transformation, 1991 – N. BUDAK, Gradovi Varaždinske županje (Urbanizacija Varaždinske županije do kraja 16. stoljeća), 1994 – L. STEINDORFF, Das ma. Zagreb – ein Paradigma der mitteleurop. S.gesch., Südosteuropa Mitt. 35, 1995, 135–145.

N. Osmanisches Reich

Die →Osmanen gebrauchten v. a. das pers. Wort *šahr/şehîr* (vgl. →Akşehîr, →Eskişehîr) und das arab. *qaṣaba*, um städt. Siedlungen größeren bzw. kleineren Umfangs zu bezeichnen. Die meisten S.enamen gehen auf vorosman. Zeit zurück. Die Sultane ermutigten nach der Einnahme wichtiger Zentren (wie →Thessalonike, →Konstantinopel und →Trapezunt) muslim., aber auch christl. und jüd. Bewohner anderer S.e zur Niederlassung. Weitere Maßnahmen zur Wiederbelebung der S.e waren Zwangsumsiedlungen (*sürgün*), insbes. von Spezialisten. Neuankömmlinge wurden zunächst als Personenverband (*cemāt'at*) registriert, bevor sich die Organisation nach S.vierteln (*maḥalle*) durchsetzte. Die idealtyp. Form des osman. Quartiers besteht aus einem Gebetshaus (Moschee, Kirche, Synagoge) als Nukleus einer stark unterschiedl. Anzahl von Wohnhäusern (ca. 20–30). Quartierbewohner bildeten eine Haftungsgemeinschaft gegenüber dem Fiskus, übten gegenseitige soziale Kontrolle aus, unterstützten sich in Notfällen und stifteten oft v. a. für die Bedürfnisse der so umgrenzten Nachbarschaft (Brunnen, Schulen). Die Mehrzahl der *maḥallât* war konfessionell homogen. Durchreisende und Junggesellen lebten in Gemeinschaftsunterkünften (*hâne*) außerhalb der Wohnquartiere.

Wenn sich auch der Status der S.bewohner de jure nur wenig von denen ländlicher Siedlungen abhob, galt in den S.en gemeinhin eine größere Rechtssicherheit, v. a. wenn sie Sitz eines Richters (→*qāḍī*) waren. Ein wichtiger Wirtschaftsbau, der eine S. im engeren Sinne auszeichnete, war die Markthalle vom Typus *bedestān*.

Nach der Eroberung von Konstantinopel (1453) nahm der Abstand der neuen Haupts. vor den alten Residenzen →Adrianopel und →Bursa rasch zu. Provinzzentren waren Sitz eines *sanğaqbegs* bzw. →*beglerbegs* und hochrangiger →*'ulemā*. Im 16. Jh. ist in Südosteuropa und großen Teilen Anatoliens ein starkes Anwachsen der städt. Bevölkerung zu verzeichnen. Für 1520/30 ist die Anzahl der steuerpflichtigen Haushalte zahlreicher S.e bekannt (z. B. Ankara 2704, Athen 2297, Sarajevo 1024, Saloniki 4863, Nikopolis 1243). Viele osman. S.e sprengten den Mauergürtel der byz. Vorgänger. Gartenreiche S.erweiterungen extra muros sind in Anatolien und Rumelien charakteristisch für die osman. Glanzzeit, in der Sicherheit kein bestimmender Faktor mehr ist. In Südosteuropa und Nordanatolien bildete sich, zunehmend auch als Kolonialstadt (Larisa/Yeñişehîr, Sarajevo, Tirana) ein unverwechselbarer osman. S.typus aus.   K. Kreiser

Lit.: R. BUSCH-ZANTNER, Zur Kenntnis der Osman. S., Geograph. Zs. 38, 1932, 1–12 – M. CERASI, La Città del Levante, 1986 [Lit.] – N. TODOROV, The Balkan City 1400–1900, 1988 – The Ottoman City and its Parts, hg. I. A. BIERMANN u. a., 1991 – K. KREISER, Istanbul und das Osman. Reich, 1995.

Stadtansicht und Stadtbild
A. Westen – B. Byzanz

A. Westen

I. Definition – II. Frühchristentum – III. Mittelalter.

I. DEFINITION: Die Begriffe S.ansicht und S.bild werden in der Regel synonym verwandt. »S.bild« ist enger der Malerei zuzuordnen, »S.ansicht« der Druckgraphik. Beide Begriffe werden den vielfältigen Möglichkeiten, »Stadt« bildl. zu schildern, nicht immer gerecht, z. B. der abstrahierten Stadtwiedergabe des MA. »Ansicht« intendiert eine mehr oder weniger frontale Blickrichtung auf das Objekt und schließt andere Illustrationsformen nicht zwangsläufig mit ein (z. B. die Schrägaufsicht). »S.bild« assoziiert bestimmte Techniken (Gemälde, Zeichnungen) und eine individuelle künstler. Interpretation, die in der (frühen) Druckgraphik selten gegeben ist. Wenig zutreffend erscheint die Bezeichnung »Vedute«. Zum einen ist sie ikonograph. wie bildkünstler. zu definieren, zum anderen ist »Vedute« ein fester kunsthist. Begriff für die weitgehend exakte Wiedergabe topograph. Situationen, vornehml. der it. Malerei des 18. Jh. Als neutraler Oberbegriff scheint »bildl. Stadtdarstellung« geeignet, üblicher ist die Bezeichnung »S.ansicht«.   M. Schmitt

II. FRÜHCHRISTENTUM: Die beiden wesentl. Arten antiker und frühchr. Stadtdarstellungen sind →Personifikationen und bildzeichenartige S.bilder (Piktogramme). Personifikationen von Residenzstädten, v. a. Rom und Konstantinopel, finden sich bes. in der Herrscherpropaganda (z. B. Münzen bis zu Justinus II., 565–578). Neben der generellen Mauerkrone kommen auch spezif. Attribute und Namensbeischriften vor. Typisch spätantike, an das MA weitergegebene piktograph. S.bilder geben die Ansicht oder Schrägaufsicht einer ummauerten Stadt. Im Innern einer zinnenbewehrten, meist sechseckigen Mauer mit Ecktürmen und Tor steigen schematisierte Bauten auf: Giebelhausfront, Rundbau mit Kegel- oder Kuppeldach, Kolonnade. Da diese S.bilder meist keine realist. Architekturen aufweisen, wurde ihnen der Ortsname beigegeben (z. B. in den →Notitia dignitatum). Einige S.bilder der Mosaikkarte von Madaba zeigen allerdings spezif.

Merkmale, v. a. Jerusalem; neben größeren S. bildern sind hier (wie auch auf der →Tabula Peutingeriana) viele kleine Ortschaften in Bildkürzeln von einem oder wenigen Gebäuden angegeben. Im W sind piktograph. S.bilder seit dem 4. Jh. bes. häufig für Bethlehem und Jerusalem belegt, die (meist mit →Lämmerallegorie) z. B. in der unteren Zone von Apsismosaiken erscheinen. Im O, v. a. in Israel, Jordanien, Syrien und Libyen, erscheinen sie oft in →Fußbodenmosaiken mit umfassenden Programmen von Erde und Meer und von Nillandschaften (Beispiele und Lit.: DECKERS), auch hier öfters ohne Mauerring. Realist. S. ansichten fehlen in frühchr. Zeit (dies gilt auch für das Apsismosaik in S. Pudenziana in Rom und die S. bilder von Ravenna und Classe in S. Apollinare nuovo in Ravenna). Vgl. auch →Himmlisches Jerusalem.   J. Engemann

Lit.: LCI IV, 198–205, 205–209 – I. EHRENSPERGER-KATZ, CahArch 19, 1969, 1–27 – B. KÜHNEL, From the Earthly to the Heavenly Jerusalem, 1987 – H. MAGUIRE, Earth and Ocean, 1987 – J. DECKERS, RömMitt 95, 1988, 303–382.

III. MITTELALTER: [1] *Allgemein:* Die bildl. Darstellung der Stadt ist ab dem 11. Jh. formelhaft verkürzt auf Münzen, Siegeln und in der Buchmalerei anzutreffen. Die frühen Darstellungen des MA definieren die Stadt nicht nach ihrer spezif. Gestalt, sondern nach Inhalt und Wesen. Zwangsläufig konnte diese symbol. Bewertung nur eine weltanschaul. (aber keine realitätsbezogene) Schilderung finden. Im Entwicklungsgang von der allgemeingültigen Abbreviatur zum individuellen S.bild können einzelne Phasen unterschieden werden.

a) Die formelhafte Verkürzung auf eine dominierende Einzelheit, vorzugsweise die →Stadtmauer, steht symbol. für die Idee »Stadt«. Allein durch Hinzufügen des Stadtnamens oder -wappens wird das Signum, das in dieser Form z. B. auf Landkarten weit über das MA tradiert wird, individualisiert. b) Eine um typ. architekton. Merkmale wie Sakral- und Wohnbauten erweiterte Stadtformel vermittelt bereits die Vorstellung eines konzentrierten Stadtorganismus, bleibt aber aufgrund ihrer allgemeingültigen Architekturformen anonym und somit auswechselbar (→Tafelmalerei, frühe Druckgraphik, →Siegel). Eine Identifizierung ist ebenfalls erst über zusätzl. schriftl. oder herald. Informationen oder einen szen. Zusammenhang möglich. c) Ab dem späten 13. Jh. geschieht die Individualisierung mittels charakterist. Architekturzitate, unverwechselbarer Besonderheiten oder Geschehnisse (z. B. →Köln: Dom – Domkran – Ursulalegende). d) »Phantasiestädte«, die in ihrem Detailreichtum und -realismus glaubwürdig und individuell wirken, bleiben – in Unterordnung zum religiösen Bildthema – gleichfalls unbestimmbar. Im Gegensatz zur tatsächl. existierenden Stadt sind sie so von ewigem Bestand (Abbild des →Himml. Jerusalem). Entscheidend für die Individualisierung waren die Ideen der it. Renaissance. Erst auf diesen, von den ma., religiös gebundenen Vorstellungen losgelösten geistesgeschichtl. Grundlagen war die Bewältigung der Wirklichkeitsgestaltung, das Erkennen individueller städt. Gestalt gegenüber der Gattung »Stadt«, möglich. Die spezif. Architektur- bzw. Stadtdarstellung setzte etwa gleichzeitig mit der authent. Landschaftsschilderung (erstmals 1444 im »Fischzug Petri« von Konrad Witz) und dem Individualporträt ein. Die Überwindung der Zweidimensionalität (ab Mitte des 14. Jh. in Italien) und die Entwicklung perspektiv. Regeln erlaubten neue Illustrationsformen. Trotz des sinkenden Abstraktionsgrads sind die individualisierten Stadtdarstellungen des 15. Jh. weit entfernt von einem »Stadtporträt« im späteren Sinne.

[2] *Malerei:* In der Malerei des MA wurde Stadtgestalt nie um ihrer selbst willen dargestellt. Stets fungierte sie als Hintergrund- oder Nebenmotiv eines szen., fast immer religiösen Geschehens; zuerst in der sienes. Kunst des beginnenden 14. Jh., in Ambrogio Lorenzettis Wandbild »Die Stadt des guten Regiments« (1339). Versatzstückartig zeigt Lorenzetti sienes. Bauformen, vermeidet aber den konkreten Bezug zu Siena. Weitere Beispiele abstrahierter Stadtdarstellungen stammen u. a. von Giotto, Masaccio, Gentile Bellini und Piero della Francesca. Erste authent. Architekturzitate sind in der Buchmalerei zu finden, eindrucksvoll in den berühmten »Très Riches Heures du Duc de Berry« (1415/16 Brüder v. Limburg). Daß sich der Malerei die Frage nach Abbildtreue nicht stellte, die Möglichkeit, Stadtgestalt und -organismus realist. zu schildern, aber durchaus vorhanden war, verdeutlichen zahlreiche Beispiele der flandr. Malerei (u. a. Jan van Eyck, Madonna des Kanzlers Rolin, um 1437; Rogier van der Weyden, Bladelin-Altar; Meister von Flémalle, Mérode-Altar, Salting-Madonna; Hans Memling, Johannes-Altar, Brügge). Etwa zeitgleich entstanden in Deutschland summar., teils durch Architekturzitate individualisierte S.ansichten – ebenfalls stets in motiv. Funktion –, die später zum Vorbild für die Druckgraphik wurden, darunter die Tafelbilder Kölner Meister aus der 1. Hälfte des 15. Jh., die die Ursulalegende thematisieren. Ab 1450 fungierten identifizierbare Städte (an den wichtigsten Bauten) als Hintergrundmotiv religiöser Themen, z. B. Lüneburg (1447 von Hans Bornemann), Bamberg (1483 von Wolfgang Katzheimer d. Ä.), Freising (um 1485 von Jan Polack) oder Rothenburg o. T. (1466 von Franz Herlin). Nach ma. Vorstellung definierte das religiöse Thema die Architektur, z. B. ist in Herlins Tafelbild »Die Überführung der Leiche des Hl. Jakobus« als umgebende Kulisse Santiago de Compostela gemeint, aber Rothenburg o. T. abgebildet (stellvertretende Stadtdarstellung). Daß Künstler Ende des 15. Jh. Stadtgestalt durchaus wirklichkeitsbezogen wiedergeben konnten, dieses aber nicht in ihrem Wirkungswillen lag, verdeutlichen u. a. Albrecht Dürers Städteaquarelle, die als Motivvorlagen für spätere Bildthemen gedacht waren.

[3] *Druckgraphik:* Ihr kam Ende des 15. Jh. die Funktion zu, die in der Malerei als Motiv fungierende S.ansicht zum Bildthema zu verselbständigen. Techn. gesehen ist die druckgraph. S.ansicht nicht mehr ma., inhaltl. und formal dagegen tradierte sie bis in die nachfolgenden Jahrhunderte spätma. Seh- und Darstellungsweisen. Inhalt und Form bestimmen eine verbindl. Hierarchie der darzustellenden Baugattungen, mit dem Sakral- und Befestigungsbau an der Spitze und der bürgerl. Wohnbebauung am Ende. Kirchen galt es möglichst vollständig und auch unverwechselbar zu schildern, Wohnbebauung dagegen reduziert und schematisiert. Spezif. wird gezeigt, Auswechselbares dagegen weggelassen. Ähnlichkeit ist nicht das Ergebnis genauer Beobachtung vieler Details, sondern die Konzentration auf wenige Charakteristika. Verbindl. Gestaltungsweisen lassen die druckgraph. S.ansicht schon früh zum Topos erstarren, z. B. Überhöhung von Sakral- und Befestigungsbauten, Raffung der Silhouette, Staffelung der Bebauung zum Hintergrund, Wahl mehrerer, teils imaginärer Blickpunkte, Reduktion der Wohnbebauung usw. Von Beginn an ist die Kopiertätigkeit charakterist. für die druckgraph. Stadtdarstellung. Zwangsläufig mußten sich die frühen Darstellungen an der Tafelmalerei orientieren. Danach sind Anleihen untereinander obligator. Ohne dieses Vorgehen wäre keines der großen topograph. Sammelwerke zustande gekommen. Im Unterschied zur Malerei ist die druckgraph. S.ansicht in der

Regel ein anonymes, außerkünstler. Werkstattprodukt, das abweichenden Intentionen und Interessen unterliegt. Als erstes Druckwerk mit individualisierten S.ansichten gilt die »Peregrinatio in terram sanctam« (1486) des →Bernhard v. Breidenbach (26. B.). Das bekannteste Bl. zeigt eine summar. Schilderung Venedigs mit einigen gut beobachteten Einzelheiten. Hartmann →Schedel, mit dessen »Liber chronicarum« 1493 der Druck von Welt-, Länder- und Städtechroniken einsetzte, kopierte bereits die wenigen bis dahin gedruckten bzw. in Erfahrung gebrachten Vorlagen, darunter Reuwichs Ansichten von Venedig, Heraklion und Rhodos. Lediglich ein Viertel der 116 in Schedels Chronik gezeigten Städte ist identifizierbar. Von wenigen Ausnahmen abgesehen, handelt es sich bei den Holzschnitten um starre und naive Stadtformeln, die mehrfach verwandt wurden, insgesamt weit hinter den Leistungen zeitgleicher Tafelmalerei zurückbleibend. Gleiches gilt für Johann →Koelhoffs »Cronica van der hilliger Stat van Coellen« (1499). Den Typus der formelhaft verkürzten Phantasieansicht spätma. Prägung tradierte Sebastian Münsters »Cosmographia« von 1544 bis 1628 in 46 Ausgaben, fast unbeschadet vom Erscheinen der moderneren »Civitates orbis terrarum« (Erstausg. 1572f.), dem ersten großen topograph. Sammelwerk (6 Bde), das ausschließl. (meist realitätsbezogene) Stadtdarstellungen enthält. Daß auch die frühe Druckgraphik auf diesem Gebiet hervorragendes zu leisten vermochte, beweisen großformatige Einzelbll., die einige (bedeutende) Städte in Auftrag gaben. Zu den bekanntesten Bll. zählen der sog. »Kettenplan« (1477/78) von Florenz, die erste Schrägaufsicht, eine später in der Druckgraphik zunehmend beliebter werdende Illustrationsform. Sie wandte auch Jacopo de' Barbari für seine berühmte Venedig-Ansicht (um 1500) an. Der größere Teil dieser repräsentativen Druckgraphiken entstand im 16. Jh. Die Bll. verdeutlichen eindrucksvoll Erkenntnisse und Möglichkeiten naturnaher Wiedergabe von Stadtgestalt, repräsentativ für den topograph. Realitätsbezug druckgraph. Stadtdarstellungen des 15. (bis 17.) Jh. sind sie nicht.

M. Schmitt

Bibliogr.: M. SCHEFOLD, Bibliogr. der Vedute, 1976 – *Lit.*: F. BACHMANN, Die alten S.ebilder, 1939 – P. LAVEDAN, Représentations des villes dans l'art du MA, 1954 – O. KLOSE-L. MARTIUS, Ortsansichten und Stadtpläne der Hzm.er Schleswig ..., 1962 – A. FAUSER, Rep. älterer Topographie..., 1978 – H. KUGLER, Die Vorstellung der Stadt in der Lit. des dt. MA, 1986.

B. Byzanz

Das Thema S.ansicht ist direkt mit dem von →Architekturdarstellung verbunden. Beide spielen in der byz. Kunst insofern eine wichtige Rolle, als sie in jeden nur denkbaren szen. Zusammenhang gebracht werden und dabei auch in die Landschaftsdarstellung (→Landschaftsmalerei [2]) eingebunden sind. Dabei ist bislang v.a. der jeweilige Realitätscharakter wie – damit eng verbunden – die eindeutige und vom jeweiligen Künstler auch gemeinte Erkennbarkeit wie Benennung einer bestimmten Stadt bzw. eines bestimmten Gebäudes oder einer Gebäudegruppe diskutiert worden. Die Benennbarkeit wird allerdings durch Beischrift des Orts- bzw. Stadtnamens häufig erleichtert. Dabei ist festzuhalten, daß die realist. Vedute einer Stadt im modernen Sinn kein Thema der byz. Kunst und der S.ansicht ist. Zwar sind die S.ansichten (wie die Architekturdarstellungen allg.) generell abbreviiert, doch scheint die neuerdings gebrauchte Vokabel vom Piktogramm doch zu weit zu gehen, denn sowohl Architektur- als auch S.ansicht sind nicht etwa eingedampfte Veduten, denen der Realitätscharakter verlorengegangen ist, sondern der Realitätscharakter eignet in bes. Maße den Details einer Darstellung wie Säulen, Kapitellen, Dachziegeln etc. Reduziert wird in aller Regel die Anzahl mehrfach vorkommender Elemente, deren Einzelheiten allerdings (in der durch die Verminderung der Elemente ermöglichten Vergrößerung) deutlicher erkennbar werden. Der Zusammenhang der S.bilder wird durch engstes Zusammenrücken der Elemente, auch durch turmartig aufsteilende Gruppierung und Umgürten mit einer Mauer oder zumindest mit Schließung des Konturs durch Einzelmauern samt Darstellung von Tor(en) ausgedrückt. Dieses Darstellungsprinzip wird mit der Übernahme des spätantiken Erbes in der frühbyz. Zeit bis zum Ende der byz. Kunst im 15. Jh. phantasievoll variiert und in allen Gattungen der Malerei (Mosaik, Wandmalerei, Buch- wie Ikonenmalerei) ausgedehnt angewandt. Bes. hervorzuheben ist die seit der mittelbyz. Zeit immer mehr zu beobachtende Einbettung in die Landschaftsmalerei, die ihren Höhepunkt – zusammen mit dieser – in den Schöpfungen der spätpalaiolog. Monumentalmalerei (deutlichstes Beispiel: Peribleptos-Kirche in Mistras) erreicht.

M. Restle

Stadtarchiv → Archiv, IV

Stadtbefestigung → Befestigung, V

Stadtbevölkerung → Bevölkerung, B. II

Stadtbezirk → Stadtflur

Stadtbilder → Stadtansicht und Stadtbild

Stadtbrände → Brandkatastrophen, [1]

Stadtbücher. Zur Klassifikation von Archivschriftgut erstmals durch K. G. HOMEYER (1861), sodann durch K. BEYERLE (1910) und P. REHME (1913/27) geprägt, bezeichnet der Begriff S. heute in Anlage wie Inhalt unterschiedl. Überlieferungsbestände zumeist aus Verwaltung, Recht, Gericht und Handel, die erstrangige Q. der Verfassungs- und Sozialgesch. ma. →Städte sind. Er geht zurück auf die ma. Bezeichnung »Liber civitatis« aus dem späten 13./ frühen 14. Jh. (Lübeck 1227, Elbing 1330), volkssprachl. als *stat buch* (Coburg 1405, Bayreuth und Olmütz 1440) seit dem frühen 15. Jh. benannt. Im Zuge der Verschriftlichung des Rechts- und Verwaltungshandelns begannen größere Städte seit dem 12. Jh. (Kölner →Schreinsbücher [Grundbuch] um 1130), verbreiteter dann im 13. Jh. (Kiel 1242, Rostock um 1254, Wismar 1272) über rechtsverbindl. Akte des Rates und der Bürger Aufzeichnungen anlegen zu lassen, die bis zum 14. Jh. den Rang der Beweiskraft erhielten. Sie wurden (zunächst lat., seit der 2. Hälfte des 14. Jh. zunehmend volkssprachl.) von den →Stadtschreibern geführt und im Ratsauftrag verwahrt, was ihnen öffentl. Glaubwürdigkeit gab. Die Schreiber notierten die Einträge zunächst auf Wachstafeln und/oder Papierbögen in oblong-Format und übertrugen sie sodann in die S. (selten Pergament, meist Papier in Folio- oder Quartformat). Einträge über erledigte Rechtsgeschäfte wurden mitunter durch Streichung getilgt.

Die frühesten S. sind im Hanseraum zu Beginn des 13. Jh. belegt (Lübeck, Köln), aus der Folgezeit dort wie für weitere polit. und wirtschaftl. bedeutende Städte (z.T. bezeichnet als Ratsbuch, Satzungsbuch u.ä.) erhalten. Als »Libri memoriales« (Stralsund, seit 1320), später »Gedenkbücher« (Braunschweig Mitte des 14. Jh., Lüneburg 1409, Bremen Mitte des 15. Jh.), zur Beweissicherung geführt, waren die S. zunächst ausschließl. gemischten Inhalts und sind es mancherorts auch geblieben. Bereits seit Ende des 13. Jh., verstärkt seit dem 14. Jh., entwickelten sich zudem verschiedene S.arten für Rechtsakte des

Rates sowie für Rechtsgeschäfte zw. Rat und Bürgern und der Bürger untereinander, einschließl. der freiwilligen Gerichtsbarkeit – bes. bei Liegenschaftsangelegenheiten in Konkurrenz zum Notariatsinstrument und mit verstärktem Buchungszwang im 15. Jh. (Schuldbuch v. Stralsund 1228, v. Hamburg 1228, Lübecker sog. Ober- und Nieders. 1227/1277/1325, Neubürgerlisten v. Kulmbach 1250, v. Nürnberg 1302, Revaler Kämmereibuch 1363, Rigaer Erbebuch 1384). Die S.-Überlieferung ist daher häufig sehr vielschichtig und zeugt von nahezu sämtl. Bereichen des städt. Lebens: Statuten, Stadtrecht und Verordnungen, Gerichtsprotokolle und -urteile, Ratsämter, Bestallungen und Diensteide der Stadtbediensteten, ein- und ausgehende Korrespondenz, Markt- und Handelsordnungen, regelmäßige Einnahmen und Ausgaben des Rates, Zollregister, Rechnungs- und Kämmereiverzeichnisse, Neubürgerverzeichnisse, Steuerregister, Verfestungen, Ausbürgerungen und Urfehden, schließlich Liegenschaftsgeschäfte, Renten- und Schuldregister der Bürger sowie ihre testamentar. Vergabungen.

Eine größere Zahl von S.n sind in Ed. zugängl. gemacht, neben solchen vermischten Inhalts und mit der Selbstbezeichnung als S. v. a. die verschiedenen S.arten (bes. Kämmerei-, Schöffen-, Bürger- und Stadtrechtsbücher), für den Hanseraum neuerdings auch durch die poln. Forsch. (Danzig, Thorn, Elbing). Noch immer ist aber ein erhebl. Anteil der in den Kommunalarchiven erhaltenen S.überlieferungen nicht durch Textausgaben erschlossen. M. Kintzinger

Q.: Q. zur Hanse-Gesch., hg. R. SPRANDEL, 1982 – W. MÜLLER, Das erste Bayreuther S., Archiv für Gesch. von Oberfranken 50, 1970, 183–282 – Das Elbinger S., 2 Bde, hg. W. HOPPE, 1976, 1986 – Das älteste Coburger S., bearb. K. v. ANDRIAN-WERBURG, 1977 – *Lit.*: HRG IV, 1849–1851 – E. PITZ, Schrift- und Aktenwesen der städt. Verwaltung im SpätMA, 1959, 17–22 – H.-D. SCHROEDER, S. der Hansestädte und der Stralsunder 'Liber memorialis' (Neue hans. Stud. 2, 1970), 1–13 – E. ISENMANN, Die dt. Stadt im SpätMA, 1988, 166–170 – A. GRASSMANN, Die städt. Verwaltung (Die Hanse..., Bd. 1, 1989), 350–360 – J. HARTMANN, Arten und Formen der Amtsbücher in der städt. und staatl. Verwaltung (Die archival. Q., 1994), 86–98 – F.-W. HEMANN, Das Rietberger Stadtbuch. Ed., Einl., Typologie... (Beitr. und Q. zur Stadtgesch. Niederdtl.s 3, 1994).

Stadtburg. Während die ältere Forsch. unter dem Begriff S. auch Ministerialen- oder bürgerl. Eigenbefestigungen innerhalb der ma. →Stadt subsumierte, wird unter S. heute in der Regel nur noch die im Zuge eines planmäßigen Stadtgründungs- oder -ausbauvorganges gemeinsam mit der Stadt errichtete oder in diese einbezogene, in das städt. Befestigungssystem integrierte und mit der Stadt topograph. wie architekton. eine Einheit bildende stadtherrl. →Burg verstanden. Die S.en bleiben aufgrund der feinchronolog. meist schlechten Q.lage oft schwer von denjenigen Burgen zu unterscheiden, in deren Nachbarschaft sich anschließend eine städt. Siedlung entwickelte. In einem Zuge konzipiert, jedoch mit zeitl. geringfügigem Abstand voneinander aufgebaut wurden diejenigen Ensembles von S. und Stadt, in denen die städt. Siedlung das durch die Geländeformation am wenigsten geschützte Vorfeld der S. bedecken sollte (→Friedberg am Taunus; →Fellin in Livland). Die welf., später dän., zwr. holst. Burg in →Lübeck wurde dagegen erst um 1217 zunächst in die neue Ummauerung der sich ausdehnenden Stadt einbezogen, jedoch schon 1226 von den Bewohnern der Stadt zerstört. Diejenigen S.en, die innerhalb von rechteckigen oder polygonalen Stadtanlagen eine der Ecken ausfüllten (z. B. →Göttingen, Uerdingen, Lechenich, Marbach am Neckar), zeigen einheitl. Planung und zeitgleichen Aufbau von S. und Stadt, wenn auch ggf. unter Einbeziehung älterer Anlagen. Dieser Typ repräsentiert in vielen Territorien, insbes. am Niederrhein und in Westfalen, die Funktionalisierung der Stadtentwicklung im Sinne landesherrl. Politik v. a. im späteren 13. und im 14. Jh.

M. Hardt

Lit.: E. KITTEL, S.en und Burgstädte (Westfalen 51, 1973), 74ff. – W. JANSSEN, Burg und Territorium am Niederrhein im späten MA (Die Burgen im dt. Sprachraum, hg. H. PATZE [VuF 19/I], 1976), 283ff. – C. MECKSEPER, Städtebau (Die Zeit der Staufer, III, 1977), 83 – P. A. MIGLUS, Die S. Bolruz – Funde und Befunde (S. SCHÜTTE, 5 Jahre Stadtarchäologie in Göttingen..., 1984), 17ff. – H. SCHÄFER, Stadtgründung und S. im hohen MA. Archäolog. Unters. und Fragestellungen in Marbach am Neckar (Lübecker Schr. zur Archäologie und Kulturgesch. 14, 1988), 29ff. – M. GLÄSER, Die Lübecker Burg- und Stadtbefestigungen des 12. und 13. Jh. (Archäolog. Korrespondenzbl. 20, 1990), 227ff.

Stadtchronik

I. Norddeutschland – II. Süddeutscher Raum.

I. NORDDEUTSCHLAND: Historiograph. Aufzeichnungen, die sich auf bestimmte stadtgeschichtl. Geschehnisse, seltener auf eine Stadtgesch. als Ganzes bezogen oder in annalist. Form Zeitereignisse aus städt.-bürgerl. Perspektive festhielten, entstanden in Städten n. des Mains nur vereinzelt im späten 13., häufiger seit dem mittleren 14. Jh., überwiegend in mnd. Sprache und oft im Rahmen amtl. Tätigkeit oder in amtl. Auftrag. Amtl., von Stadträten veranlaßte, meist von →Stadtschreibern geschriebene Chronistik begann in mehreren Städten (z. B. →Braunschweig, →Lüneburg, →Wismar, →Stralsund, →Soest) mit Notizen und Berichten, die zw. Texten rechtl. und verwaltungsrelevanten Inhalts in →Stadtbücher eingetragen wurden und dem Gebrauch, der Erinnerung des Rates dienten. Zu gleichem Zweck – Verhaltensorientierung für Ratsherren – wurden mancherorts ausführl. Gedenkaufzeichnungen verfaßt, meist motiviert durch die Erfahrung stadtinterner Auseinandersetzungen, so in →Köln nach dem Sturz der Geschlechterherrschaft 1396 das »Neue Buch« des Stadtschreibers Gerlach vom Hauwe. In Braunschweig schrieb der Ratsherr Hermann v. Vechelde Anfang des 15. Jh. die »Hemelik rekenscop«, die sich auf innerstädt. Vorgänge und Veränderungen im späten 14. Jh. bezog und einem engeren Kreis von Ratsherren in regelmäßigen Abständen vorzulesen war. Auch in anderen Städten waren historiograph. Texte für den Ratsgebrauch zum Vorlesen bestimmt. Literar. Ambitionen lagen ihnen ebenso fern wie den Aufzeichnungen, mit denen gelegentl. im 15. Jh. führende Ratsmitglieder ihr Verhalten in innerstädt. Konflikten zu rechtfertigen suchten – so in →Lüneburg 1456 der Bürgermeister Hinrik Lange, in →Halle 1474–80 der Ratsmeister Marcus Spittendorf.

Chronistik, die einer Stadtgesch. seit ihren Anfängen galt, entstand im 14. und 15. Jh. nur in einigen größeren nd. Städten. Auch sie konnte offiziösen Charakter haben, wie die →»Magdeburger Schöppenchronik«, die der städt. Schöffenschreiber →Heinrich v. Lamme(s)springe (119. H.) um 1360 begann. Sie wurde von späteren Stadtschreibern fortgesetzt. In →Lübeck beauftragten Ratsherren 1385 den Lesemeister des dortigen Franziskanerkl. St. Katharinen, →Detmar, mit der Abfassung einer S., bezeichnend für die hier wie auch in anderen Städten engen Beziehungen zw. Stadt und Minoritenkl. Detmar verband die Tradition der Weltchronistik (»Speculum historiale« des →Vinzenz v. Beauvais) mit der Stadtchronistik; er schrieb auch, um seine Leser, »maan unde wiven«, zu unterhalten. Im 15. Jh. wurde seine Darstellung, anscheinend von Stadtschreibern, als offizielle Lübecker »Ratschronik« fortgesetzt: eines der bedeutendsten Werke spätma. nd. Stadtchronistik. Dagegen blieb der Lübecker Dominikaner →Hermann Korner (24. H.) mit seiner »Chronica novella« ganz in universalhist. Tradition. In →Dortmund bemühte sich der Dominikaner →Johann Nederhoff (48. J.) darum, Weltchronistik und Stadtgesch. zu verbinden. In →Bremen gewann eine im späteren 14. Jh. als Chronik der Bremer Bf.e begonnene und gegliederte, mnd. »Chronica Bremensis« der Kleriker Gert →Rinesberch und Herbort Schene im Gang der Darstellung zunehmend den Charakter einer S., vielleicht auch durch Mitwirkung des Patriziers Johann Hemeling d. J. († 1428).

Grundsätzl. sollte städt. Chronistik dem Ruhm und dem – meist nach den Maßstäben patriz. Ratsherrschaft bemessenen – Nutzen der jeweiligen Stadt dienen. Vergangene Gesch. lieferte Exempel des künftig zu vermeidenden Bösen und des vorbildl. Guten. Beispielhaft dafür ist u. a. auch das 1510 oder bald danach geschriebene »Schichtbuch« des städt. Zollschreibers Hermen →Bote in Braunschweig, eine Darstellung der Braunschweiger Bürgerkämpfe (»Schichten«) seit 1292. Soweit sie nicht von vornherein für den Ratsgebrauch, manchmal auch nur für einen familiären Leserkreis bestimmt war, fand die städt. Historiographie v. a. in der ratsnahen Oberschicht Interesse. Ein größeres Publikum suchte die 1499 gedruckte sog. »Koelhoffsche Chronik« in Köln (»Cronica van der hilliger stat van Coellen«; →Koelhoff d. Ä.). Ihr anonymer, humanist. gebildeter Verfasser rechtfertigte ihre »schlichte« dt. Sprache »damit, daß man nur wenige dt. Chroniken »bei dem gemeinen Mann« finde. Auch er verknüpfte weltgesch. Überlieferung und Stadtgesch., schrieb aber zum Lobe Kölns und um die Identifizierung der Bürger mit ihrer Stadt zu stärken. Wie hier, so liegt der – im Fakt. meist nur für die jeweilige lokale und regionale Zeitgeschichte hohe – Q. wert der städt. Chronistik nicht zuletzt in ihrer Aussagekraft für das bürgerl. Selbstverständnis im späten MA. →Chronik, C.   H. Schmidt

Q.: Chr. dt. Städte, Bd. 1-37, 1862-1968 – *Lit.*: J. B. MENKE, Geschichtsschreibung und Politik in dt. Städten des SpätMA, JbKGV 33, 1958, 1-84; 34/35, 1960, 85-194 – K. CZOK, Bürgerkämpfe und Chronistik im dt. SpätMA, ZfG 10, 1962, 637-645 – E. ENNEN, Geschichtsbewußtsein und Geschichtsschreibung des städt. Bürgertums, Soester Zs. 92/93, 1980/81, 9-34 – H. SCHMIDT, Über Geschichtsschreibung in nd. Städten des späten MA und der Reformationszeit (Stadt im Wandel, hg. C. MECKSEPER, III, 1985), 627-642 – K. WRIEDT, Geschichtsschreibung in den wend. Hansestädten (VuF 31, 1987), 401-426.

II. SÜDDEUTSCHER RAUM: Am Beginn städt. Chronistik, soweit sie nicht noch der Tradition der Universalgesch.sschreibung verhaftet ist oder als Zusatz oder Fortsetzung der →Flores temporum in Erscheinung tritt (→Ellenhard d. Gr.), stehen in der Ratskanzlei oder ihrem Umfeld verfaßte Protokoll- und Gedenkbücher offiziöser Art (→Bamberg, →Landshut, Mühldorf), daneben einige anlaßgebundene Aufzeichnungen ohne Rückblick auf Früheres (→München). Noch im 14. Jh. beginnt mit Ulman →Stromer in →Nürnberg, dann Hector Mülich in →Augsburg eine von familiengeschichtl. Sinn geleitete Chronistik, die durchaus mit allg. histor. und polit. Interessen verbunden ist. In der 2. Hälfte des 15. Jh. tritt die meist offiziöse, städt. Selbstbewußtsein und Selbstverständnis zum Ausdruck bringende, z. T. auch mit literar. Anspruch auftretende Chronistik in den Vordergrund, wie das Werk des Siegmund Meisterlin, der seine schon im Banne des Humanismus stehende, zunächst lat. geschriebene Nürnberger Chronik auch in dt. Sprache bearbeitete. Neben und zw. den einigermaßen abgrenzbaren Formen der S.en stehen unzusammenhängende annalist. und solche historiograph. Aufzeichnungen, die man, da ihre Individualität sich jeder Klassifizierung entzieht, mit dem Begriff Memoriale zusammenfassen kann.

Die vielfältigste und reichste Überlieferung an S.en haben die →Reichsstädte und →Freien Städte, deren Historiographie nicht durch den Horizont der Stadtmauern bestimmt war. Humanist. Interesse an der röm. Gesch. und Verbundenheit mit dem Reich führten auf die Spuren röm. Ursprünge und in die christl. Antike, etwa in →Konstanz, →Zürich, →Basel, Augsburg oder zur Fiktion röm. Anfänge wie in Nürnberg.

Ein großer Teil der S.en stammt von Bediensteten des Rates oder wurde in dessen Umfeld geschrieben, wie die Augsburger Chronik des Burkard →Zink, die Berner Chroniken des Conrad Justinger und des Diebold Schilling d. Ä. (→Bern), die Würzburger Ratschronik des Siegfried v. Bacharach (→Würzburg), die Bamberger Chronistik oder die Q. von Nikolaus Sprengers Annalen von →Schweinfurt. Doch sind außerdem Geistliche, wenn auch meist mit Auftragsarbeiten, noch auffallend stark an der Chronistik beteiligt, obwohl sie in erster Linie für eine nichtklerikale Leserschaft schrieben, so Fritsche →Closener und Jakob →Twinger von Königshofen in →Straßburg, der lat. schreibende Johann Knebel in →Basel, Konrad Herdegen und Siegmund Meisterlin in Nürnberg, Leonhard Widmann in →Regensburg. Im 15. Jh. greifen auch Handwerker zur Feder wie Gebhard Dacher in Konstanz und Heinrich Deichsler in Nürnberg. Die S.en der Residenzstädte der Dynastenfs.en sind kaum einmal über annalist. Ansätze hinausgekommen.

Der Q. wert der S.en, auch wenn sie nur stadtgeschichtl. Relevantes mitzuteilen haben, liegt bei zeitgleichen Aufzeichnungen nicht nur in dem mitgeteilten Namen und Fakten, unter welchen Kriegs- und Naturereignisse samt ihren Folgen einen breiten Raum einnehmen, sie vermitteln auch Kenntnis von sozialem und kulturellem Wandel, von Lebensformen, Alltag und Brauchtum, oft auch von Preisen und Löhnen für Waren und Dienstleistungen und gewähren schließlich Einblicke in die Entwicklung der Dialekt- und Sprachgesch., weil die allermeisten von ihnen in mehr oder weniger lokal gefärbter Volkssprache verfaßt sind. →Chronik, C.   A. Wendehorst

Q.: Chr. dt. Städte, s.o. – *Lit.*: Verf.-Lex.² 1ff. – H. SCHMIDT, Die dt. S.en als Spiegel des bürgerl. Selbstverständnisses im SpätMA, 1958 – K. SCHNITH, Die Augsburger Chronik des Burkard Zink, 1958 – D. WEBER, Gesch.sschreibung in Augsburg. Hektor Mülich und die reichsstädt. Chronistik des SpätMA, 1984 – N. H. OTT, Zum Ausstattungsanspruch illustrierter S.en (Poesis et Pictura [Fschr. D. WUTTKE, 1989]), 77-106 – J. SCHNEIDER, Heinrich Deichsler und die Nürnberger Chronistik des 15. Jh., 1991 – E. SCHUBERT, Einf. in die Grundprobleme der dt. Gesch. im SpätMA, 1992 – R. SPRANDEL, Chronisten als Zeitzeugen, 1994.

Stadtdorf, moderner wiss. Begriff 1. *der Historiker* für a) *stadtverbundene Dörfer* (bes. W. KUHN und Schüler): aus mit der →Stadt gemeinsamem Lokationsakt entstanden, deshalb später demselben Schulzengericht unterstehend. Die Bürger der Stadt und die Bauern der oft direkt benachbarten (dann meist in die Stadt eingepfarrten) S.er haben die gleiche rechtl. Stellung (allg. ständ. Hebung der Bauern), gemeinsame Einrichtungen (Weide, Viehtrieb) und Pflichten (Instandhaltung von Stadtmauer, Brücken, Wegen), zahlen nach Ablauf der →Freijahre den gleichen Hufenzins an den Grundherrn. Der Erleichterung der städt. Lasten für die Bürger entsprach für die Bauern neben der Sicherung eines bequemen Absatzgebietes das Recht, zumindest teilweise städt. Gewerbe zu betreiben. Die Stellung als S. konnte bei Auskauf des Schulzen (→Schultheiß, →Vogt) durch den Stadtherrn verloren gehen (kein Unterschied mehr von grundherrl. Dörfern). S.er sind allg. Bestandteil der Siedlungstechnik des →Dt. Ordens, kommen aber auch in anderen Bereichen der ma. →Ostsiedlung vor (W. KUHN vermutete parallele Erscheinungen im westdt. Altsiedelland). Neben der →Lokation in unbesiedeltem Gebiet kam es im Zuge der Ostsiedlung auch vor, daß die Stadt als moderner sozialer, wirtschaftl. und rechtl. Mittelpunkt zw. nun zu dt. Recht umgestaltete ältere Siedlungen gesetzt wurde (v. a. in Polen und Schlesien). b) *stadteigene Dörfer*: Dörfer, deren Grund- bzw. Gerichtsherr eine Stadt bzw. deren Rat ist (Geld- und Naturalzinse an die Stadt; vom Stadtgericht verschiedenes Dorfgericht); sie können durch Auskauf des Schulzen (Vogtes) aus stadtverbundenen Dörfern (s. o.) entstehen. – 2. *der Geographen für stadtähnl. Dörfer*: Dörfer mit städt. Zügen (große Bevölkerung, hohe Bebauungsdichte, in Schutzlage, oft befestigt) v. a. im Mittelmeergebiet, dort als Typ spätestens im HochMA entstanden. Meist vorhandene Handwerker und Händler arbeiten nicht für den überlokalen Markt (→Stadt-Umland-Beziehungen). Die Definition deckt u. a. mitteleurop. Winzerdörfer, nicht jedoch Zwergstädte (→Stadttypen) ab. →Dorf.

H.-K. Junk

Q. und Lit.: W. KUHN, Die S.er der ma. Ostsiedlung, ZOF 20, 1971, 1–69 – H. UHLIG-C. LIENAU, Die Siedlungen des ländl. Raumes (Materialien zur Terminologie der Agrarlandschaft, 2, 1972) – H. J. REIMERS, Die S.er der ma. Ostsiedlung in Polen (Wiss. Beitr. zur Gesch. und LK Ostmitteleuropas 104, 1976) – W. KRIMPENFORT, Der Grundbesitz der Landstädte des Hzm.s Preußen (Marburger Ostforsch.en 35, 1979) – G. SCHWARZ, Allg. Siedlungsgeographie, 1988⁴ – Urkk. zur Gesch. des Städtewesens in Mittel- und Niederdtl., 2: 1351–1475, bearb. F. B. FAHLBUSCH u. a. (Städteforsch. C 4, 1992).

Städtebund, vertragl., beschworene Abmachung zw. Städten, um den Organisationsrahmen zum Erreichen gemeinsamer, im Vertrag gen. Zwecke festzulegen. Im Regelfall auf Zeit geschlossen, wenn auch zumeist verlängerungsfähig, verfügen S.e häufig über ein gemeinsames Siegel, gemeinsame Exekutivorgane und →Schiedsgerichte. Formal und inhaltl. weisen S.e eine hohe Varianz auf.

Im allg. Sinn sind unter S.en auch Verträge zw. nur zwei Städten zu verstehen. S.e werden zumeist nur zw. Städten geschlossen, die über eine erhebl. Selbstgestaltungsfähigkeit in ihren Außenbeziehungen verfügen, mithin einen bestimmten Grad an Unabhängigkeit gegenüber dem Stadtherrn erlangt haben und polit.-wirtschaftl. in einem größeren Raum agieren. S.e sind als einständige Bünde abzusetzen von mehrständigen Bünden, wie v. a. den Landfriedensbündnissen (→Landfrieden). Der Rhein. Bund v. 1254 ist »das erste gemischte Städte- und Adelsbündnis« (A. BUSCHMANN) und somit nicht als S. im eigtl. Sinne aufzufassen. Inhaltl. kann unter einem S. im weiteren Sinn jegl. vertragl. Abmachung verstanden werden, im engeren Sinn findet der Begriff seine Anwendung auf solche Bünde, deren Ziel ein gemeinsames, verteidigendes Vorgehen gegen Rechts- und Friedensbruch, inbes. seitens der Landesherren, ist. Daneben steht zudem die aktive Sicherung des Handels und der Handelsstraßen im Vordergrund, v. a. aber auch das Bestreben, mit Hilfe interessengleicher Partnerstädte einen jeweilig erreichten Grad an Unabhängigkeit gegenüber dem →Stadtherrn zu erhalten bzw. auszubauen. S.e nehmen also z. T. Landfriedensaufgaben auf einständ. Basis wahr. Bes. häufig kommt es in Zeiten polit. Instabilität (Thron- oder Sedisvakanzen, Landesherrenwechsel, →Fehden) zum Abschluß von S.en.

S.e sind kennzeichnend für das 13.–15. Jh. Ihnen gingen anfangs zweiseitige Abkommen voraus; Nachläufer können noch im 16. Jh. beobachtet werden. Während S.e im 13./14. Jh. v. a. einen regionalen Wirkungskreis hatten – neben einigen sogar überregionalen Bünden –, schränkte sich der jeweilige Wirkungskreis im 15./16. Jh. vorwiegend auf den territorialen Rahmen ein. S.e überlagern sich zeitl. und fakt. oft mit Landfriedensbünden. In der Spätzeit ist häufig die territoriale Städtekurie auch städtebünd. organisiert.

Entgegen landläufiger Ansicht war die →Hanse kein S., hatte aber in ihrer Organisation durchaus städtebünd. Züge, zumal sich regionale Gruppen des hans. Verbandes oder auch Teile des Gesamtverbandes ztw. in den sog. Tohopesaten zusätzl. städtebünd. zusammenschlossen. S.e im eigtl. Sinn finden sich vornehml. im Gebiet der Lombardei, Burgunds und im Reichsgebiet n. der Alpen, zuerst, fußend auf älteren Bündnissen, in der →Lombard. Liga v. 1167, deren Auseinandersetzung mit Friedrich I. dazu führte, daß 1183 der Friede v. →Konstanz das kommunale Bündnisrecht legitimierte. Zur Zeit der 2. Lombard. Liga finden sich 1226 auch n. der Alpen die ersten S.e, die in der folgenden Zeit in vielen Landschaften zu einem strukturbildenden Element wurden (bes. in Westfalen [Ladbergen 1246, Werne 1253], am Oberrhein, im Elsaß, in Schwaben [ab 1331], in der Schweiz, in Niedersachsen, in der Wetterau und Thüringen sowie im Bund der wend. Hansestädte [→Dekapolis, →Rhein. Bund, →Schwäb. Städtebund, →Sechsstädte, Lausitzer]).

Der Tag v. Worms 1231 verbot ebenso wie die →Goldene Bulle und der Reichstag v. →Eger 1389 allg. die S.e. Andererseits versuchten immer wieder Kg.e, die S.e als Gegengewicht zu erstarkenden Landesherren in die Reichspolitik einzubeziehen und sie so für die kgl. Friedenswahrungspolitik zu instrumentalisieren, bes. deutl., wenn auch erfolglos, unter →Siegmund. Ein ab und an geforderter übergreifender S. (z. B. 1416 RTA VII, Nr. 204) wurde ebensowenig realisiert wie die Versuche (v. a. des 16. Jh.), Hanse und obdt. Bünde zu vereinen.

In Ungarn fehlen S.e bis zum frühen 15. Jh. völlig; erst ab 1412 sind entsprechende, schwach bleibende Bestrebungen zw. Leutschau, Preschau, Bartfeld und Kleinszeben festzustellen, während die sieben niederung. Bergstädte schon Ende des 14. Jh. städtebundähnl. gemeinsame Beratungen pflegten; auch in weiteren dt. rechtl. geprägten Gebieten Mitteleuropas sind im SpätMA mit ständ. verbundene, städtebundähnl. Bestrebungen zu beobachten. Eine vergleichende monograph. Behandlung der S.e ist Desiderat.

F. B. Fahlbusch

Bibliogr.: Bibliogr. zur dt. Hist. Städteforsch., I, 1986, 100f. – Lit.: HRG IV, 1851–1857 [H.-J. BECKER; Lit.] – W. MÄGDEFRAU, Der Thüringer S. im MA, 1977 – K. RUSER, Die Urkk. und Akten der obdt. S.e vom 13. Jh. bis 1549, Iff., 1979ff. – W. EHBRECHT, Magdeburg im Sächs. S. (Fschr. B. SCHWINEKÖPER, 1982), 391–414 – K. WRIEDT, Die ältesten Vereinbarungen zw. Hamburg und Lübeck (Fschr. H. STOOB, 1984 [= Städteforsch. A 21]), 756–764 – M. PUHLE, Die Politik der Stadt Braunschweig innerhalb des sächs. S.es und der Hanse im späten MA, 1985 – Kommunale Bündnisse Oberitaliens und Oberdtl.s im Vergleich, hg. H. MAURER, 1987, bes. 231–248 [G. DILCHER] – H. J. BECKER, Kölns Städteverträge in vorhans. Zeit, HGBll 107, 1989, 1–13 [Lit.] – B. KIRCHGÄSSNER-H.-P. BRECHT, Vom S. zum Zweckverband, 1994 – H. STOOB, Die Hanse, 1995 – →Lombard. Liga, →Rhein. Bund, →Schwäb. Städtebund, →Sechsstädte, Lausitzer.

Städtekrieg, süddt. (»1. S.«). Seit der Vereinigung (1381) des kurz zuvor gegr. Rhein. Städtebundes mit dem seit 1376 erfolgreichen →Schwäb. Städtebund verfolgten die sich weiter verstärkenden Bünde der →Reichsstädte und →Freien Städte ihre ursprgl. defensiven Ziele zusehends offensiv. Im →Nürnberger Herrenbund (1383) traten ihnen etliche Territorialfs. en organisiert entgegen. Die →Heidelberger Stallung (1384) wirkte wie ein Waffenstillstand und bezeichnete den machtpolit. Höhepunkt der von den Fs.en implizit anerkannten Städtebünde. Daß der von Absetzung bedrohte Kg. Wenzel im März 1387 ein gegenseitiges Beistandsabkommen mit ihnen schloß, belastete die Verlängerung des Friedens durch die →Mergentheimer Stallung (1387). Wenig später wurde er dadurch gebrochen, daß Hzg. →Friedrich v. Bayern (10. F.) den mit dem Schwäb. Städtebund verbündeten Ebf. v. Salzburg gefangennahm und die Arrestierung aller in seinem Herrschaftsgebiet befindl. Kaufleute und Güter verfügte. Gedeckt durch Exekutionsmandate des selbst in die Fehde eintretenden Kg.s eröffnete der Schwäb.-Rhein. Städtebund im Jan. 1388 den Kampf gegen die Wittelsbacher. Als kurpfälz. und städt. Vermittlungsbestrebungen im Mai 1388 an der geringen Kompromißbereitschaft einer von Ulm geführten Städtebundspartei scheiterten und die zur Kriegshilfe verpflichteten rhein. Städte im Sommer 1388 den Gegnern ihrer Verbündeten, einschließl. des Pfgf.en, Fehde ansagten, eskalierte der regionale Konflikt zu dem seit 1384 vertagten Krieg. In diesen waren fast alle s. des Mains gelegenen Reichsstädte, Freien Städte und Fs.en verwickelt. Nach der Niederlage der schwäb. Städte gegen den Gf.en v. Württemberg bei →Döffingen (23. Aug. 1388) traten Einzelkämpfe an der Stelle gesamtbünd. Aktionen. Noch ehe alle Möglichkeiten der Bündnisbereitschaft des Ebf.s v. Mainz ausgeschöpft waren, welcher sich dem Kg. aus reichspolit. und antipfälz. Gründen als Friedensvermittler angedient hatte, unterlag auch der Rhein. Städtebund am 6. Nov. 1388 bei Pfeddersheim nahe Worms gegen die Kurpfalz. Unter dem Druck dieser Niederlagen ließen sich die Interessenunterschiede zw. den Städten nicht mehr überbrücken. In Anbetracht der erlebten bünd. Ineffektivität schlossen zahlreiche Städte Separatabkommen mit ihren landesfsl. Gegnern. Wenngleich das strenge Verbot künftiger Städtebünde in Schwaben unwirksam blieb, fixierte der →Egerer Reichslandfrieden vom 5. Mai 1389 die erste Zäsur des Versuchs der Städte, sich neben Kg., Kfs.en und Fs.en als eigenständige verfassungsbildende Kraft zu etablieren. Im »2. S.« (1449/50) setzten die Landesfs.en ihren Primat endgültig durch.   P.-J. Heinig

Lit.: P.-J. Heinig, Reichsstädte, Freie Städte und Kgtm. 1389-1450, 1983 – E. Holtz, Reichsstädte und Zentralgewalt unter Kg. Wenzel 1376-1400, 1993.

Städtelandschaften, durch Städte mit dominierenden gemeinsamen Merkmalen geprägte Landschaften; sie erscheinen bes. deutl., wenn sich in der Frühzeit in einem vorher städtelosen Raum aufgrund der rechtl., wirtschaftl. und kulturellen Bedingungen Städte in nur einer wesentl. Merkmalskombination entwickelten. Liegt die Gemeinsamkeit z.B. v.a. auf der gewerbl. Ausrichtung, sind die S. gleichzeitig Wirtschaftsräume (→Deutschland, H. II). Der Begriff sollte für das Verbreitungsgebiet eines einzelnen Stadttyps nicht verwendet werden, solange dieser für den Raum nicht bestimmend wirkt. Demgegenüber ist die *Stadtlandschaft* (S. Passarge, 1921) die vom Baukörper einer konkreten Stadt in Grund- und Aufriß unter Prägung durch den jeweiligen Kulturraum hervorgebrachte Form (u.a. span., russ. Stadtlandschaften).   H.-K. Junk

Lit.: S. Passarge, Die Landschaft, 1921 – Stadtlandschaften der Erde, hg. Ders., 1930 – W. Schlesinger, Über mitteleurop. S. der Frühzeit, BDLG 93, 1957, 15-42 [= Die Stadt des MA, I, hg. C. Haase (WdF 243), 1978³, 246-280] – E. Ennen, Die europ. Stadt des MA, 1979³.

Stadterweiterung, Vorgang und Ergebnis des Wachstums eines städt. Baukörpers, oft in Schalenform; die S. hat im Gegensatz zur →Neustadt im engeren Sinn regelmäßig keine eigene Rechtspersönlichkeit und ist für ihre polit. und sozialen Funktionen auf den Kern ausgerichtet. Sie kann jedoch, v.a. wenn sie sich um eine vor der →Altstadt liegende Kirche entwickelt, eine eigene Pfarrei bilden.   H.-K. Junk

Lit.: →Altstadt, →Doppelstadt, →Neustadt.

Stadtflur, im engeren Sinn der landwirtschaftl. genutzte, parzellierte Teil der städt. Gemarkung (Gesamtwirtschaftsfläche der Stadtgemeinde, umschlossen von der administrativen Stadtgrenze) außerhalb des geschlossenen überbauten bzw. umfestigten Bereiches und ohne die eng mit der Siedlung verbundenen Gärten, im weiteren Sinn die städt. Gesamtgemarkung (Feldmark), die außerdem u.a. noch →Allmende, Wald, Heide, Steinbrüche, Gewässer, Lehm-, Ton-, Sand- und Kiesgruben umfassen kann. Die S. ist n. der Alpen meist kleiner als die Flur gleich bevölkerter landwirtschaftl. Siedlungen, da die Existenz einer städt. Siedlung nicht ausschließl. in ihrer Nährfläche liegt. Schloß die Stadtgrenze den Stadtkörper sehr eng, etwa längs der Umfestigung, ein, übernahmen regelmäßig nahegelegene Teile angrenzender Gemarkungen die Funktion der S., da auch Stadtbewohner (»Ackerbürger«) zur Sicherung ihrer Grundversorgung neben gewerbl. Betätigung Landwirtschaft betrieben. Insbes. bei relativ großen S.en ist zu vermuten, daß sie die Fluren von wüstgefallenen Siedlungen in sich aufgenommen haben, deren Bewohner in die Stadt umsiedelten und ihre Agrarflächen von dort aus nutzten. Wurden weiterbestehende Dörfer mit ihrer Flur unter Verlust der Rechtspersönlichkeit in das Stadtgebiet eingegliedert, konnte bestimmt werden, daß ihre Bewohner das Bürgerrecht nur bei Verlegung des Wohnsitzes in die Stadt ausüben durften. Die S. als eigtl. Gemeindegebiet unterscheidet sich grundlegend vom städt. Territorium, in dem die Stadt bzw. ihr Rat grund- (→Stadtdorf) oder landesherrl. Funktionen hat, und dem im wesentl. nur wirtschaftl. mit der Stadt verbundenen Um- bzw. Hinterland (→Stadt-Umland-Beziehungen).   H.-K. Junk

Q. und Lit.: E. Raiser, Städt. Territorialpolitik im MA (Hist. Stud. 406, 1969) – G. Schwarz, Allg. Siedlungsgeographie, 1989⁴ – Urkk. zur Gesch. des Städtewesens in Mittel- und Niederdtl., Bd. 2: 1351-1475, bearb. F. B. Fahlbusch u.a. (Städteforsch. C 4, 1992).

Stadtfriede (der stede friden, statvride, burcvride, wichvrede, lat. pax civitatis/urbis), ein örtl. Sonderfriede, der einen Ersatz für einen allg. Strafrechtsschutz bietet. Seine Herkunft steht und fällt mit der These über die Entstehung der →Städte (A.) und des →Stadtrechts überhaupt (»Markt-, Hoftheorie«). Jedenfalls ist der stadtherrl. Beginn durch das vielfache Auftreten des Kg.sbanns als Reaktion auf S.nsbruch wichtig, dazu tritt alsbald der auf den Bürgereid gegr. Friede. Der S. steht im Zentrum fast jeder Stadtrechtsaufzeichnung. Im Gebiet des S.ns ist die →Fehde ausgeschlossen oder zumindest erschwert. Bei Bruch des S.ns ist teilweise eine höhere Strafe angedroht als bei der gleichen Straftat außerhalb der Stadt. Friedensbruch als Verschärfungstatbestand vorgegebener Straftatbestände erfährt daneben eine Erweiterung durch die im S.nsbruch gesehenen neuen Missetaten, die der Sache nach eine Vorverlegung des friedensschützenden Normbereichs gegenüber den volksrechtl. überlieferten Straftatbeständen darstellt. Nicht selten erscheint eine arbiträre Strafe durch die Stadtobrigkeit, bei der die allmähl. dominierende Rolle der eidl. Begründung des Stadtrechts und damit auch des S.ns deutl. wird. Vom örtl. kann der S.

damit auch zum persönl. Sonderfrieden der Bürger werden. Die Okkupation des gesamten Rechts durch die Stadt läßt den S.n zum allmähl. allein willkürveranlaßten Rechtsbereich werden. Neben dem Strafrecht zeigt sich die Entwicklung auch im Bereich der →Polizei. Seit dem 13. Jh. erscheinen parallel (damit auch genet. verwandt) zu den →Gottesfrieden städt. beschworene Friedenseinungen. Im SpätMA nehmen die S.n den Charakter städt. Strafgesetzbücher an, was mit der recht effektiven Durchsetzungsmöglichkeit des Rechts innerhalb der Stadt zusammenhängt. Mit der Angleichung der Rechtsdurchsetzungschancen auf dem Lande an diejenigen in der Stadt verliert der S.n seine spezif. Bedeutung. F. Ebel

Lit.: R. His, Das Strafrecht des dt. MA, 1920, § 3 – H. Angermeier, Kgtm. und Landfriede im Dt. SpätMA, 1966, 21ff. – W. Ebel, Lüb. Recht, I, 1971, 391ff. – G. Dilcher, Rechtshist. Aspekte des Stadtbegriffs (Vor- und Frühformen der europ. Stadt im MA, I, hg. H. Jankuhn u. a., 1973), 12ff. – Ders., »Hell, verständig, für die Gegenwart sorgend usw.«, ZRGGermAbt 106, 1989, 12ff., bes. 29ff.

Stadtgründung, Begriff, der im Unterschied zur oft aus mehreren Siedlungsansätzen in längerem Stadtwerdungsprozeß gewachsenen →Stadt nur bei denjenigen Fällen angewandt werden sollte, in denen der Stadtwerdung ein bewußter und gesteuerter Planungsprozeß, der wirtschaftl.-polit. Zwecke verfolgt, zugrunde liegt. Bei einer S. verlaufen topograph. und funktionale Ausformungen städt. Qualität zumeist recht schnell, steht die rechtl. Stadterhebung am Anfang. Im gegenteiligen Fall bildet die Rechtsverleihung zumeist nur noch den Abschluß einer funktional, v. a. wirtschaftl., topograph. und in bezug auf die Bevölkerungszahl bereits vollzogenen Stadtwerdungsphase. Der Begriff wird allerdings verfälschend auch undifferenziert auf den Vorgang einer (rechtl.) Stadterhebung angewandt. Gründungsstädte im engeren Sinne – hier ist auch die umstrittene Theorie der S. durch ein →Gründerkonsortium beizuziehen – finden sich zumeist in Phasen intensivierten →Landesausbaus und in siedlungs- bzw. stadtearmen Gebieten, wobei häufig zusätzl. an ältere Vorsiedlungen angeknüpft wird (z. B. →Oppeln). F. B. Fahlbusch

Lit.: →Stadt, →Gründerkonsortium, →Plananlage, städt.

Stadtherr. Für die →Stadt ist verfassungsrechtl. grundlegend das Verhältnis zum S.n, das durch die →Stadtrechte näher, aber immer unterschiedl. ausdifferenziert geregelt ist. Dem verfaßten, auf Selbständigkeit drängenden Verband der Bürger stehen die stadtherrl. Rechte entgegen, die vom S.n in unterschiedl. Maße und in verschiedenen Formen der Gemeinde ganz oder teilweise übertragen werden können. Allg. übt der S. die vom Kg. verliehene, obrigkeitl. Gewalt aus und privilegiert die Gemeinde. Stadtherrl. Rechte sind einmal aus den →Regalien abgeleitete Rechte (Kaufmannsrecht, Marktrecht, Münze, Bann, Zoll, Befestigungsrecht), weiter Rechte, die sich aus dem Erbe und Eigen des S.s ergeben (Grundbesitzerrechte), und allg. landesherrl. Rechte (Gerichtsrechte, Steuerrechte, Willkürrechte, Nutzungsrechte), bes. auch das Recht der Verpfändung im Ganzen oder einzelner Rechte. Die Übertragung dieser Rechte an die vom →Rat vertretene Gemeinde erfolgt im Wege der Privilegierung, wodurch im Gegenzug die Stadt zu Huldigung, Heerfolge, Rat und Tat sowie Steuerzahlung verpflichtet ist. Seine Rechte nimmt der S. persönl. oder durch seinen Beauftragten (→Vogt, →Amtmann) wahr, der seinen Sitz in der Stadt oder außerhalb hat (→Topographie, städt.). Das Verhältnis zw. Stadt und S. ist gekennzeichnet durch das Bestreben der Kommune nach Autonomie, also durch Privileg, Kauf oder Anpfändung über möglichst viele stadtherrl. Rechte die direkte Verfügungsgewalt des Rates zu bekommen, was bes. im 13./14. Jh. oft zu gewaltsamen Auseinandersetzungen (→Köln) führt. Die ursprgl. Dominanz des S.n geht, bes. im 14./15. Jh., bei wirtschaftl. starken Städten zugunsten ratsherrl. Autonomie zurück (z. B. →Braunschweig, →Lüneburg, →Münster); auf eine Phase relativer Unabhängigkeit folgt im 16./17. Jh. (in Brandenburg z. B. schon ab Mitte des 15. Jh.) eine Revindikation der stadtherrl. Rechte. Kleinere Städte finden oft Rückhalt gegenüber dem S.n in der landständ. Städtekurie, größere versuchen, →Städtebünde gegen den S.n einzusetzen.

S.en sind (im Regelfall) die Landesherren, aber auch Adlige bis zum Niederadel können, v. a. wenn grundherrl. Rechte vorliegen, S.en sein. Im Ausnahmefall haben Kg. oder geistl. Herren (Bf.e, Äbte, Äbt.nen) die Stadtherrschaft inne. Einen Ausnahmefall stellt es auch dar, wenn eine Korporation (z. B. durch Kauf oder Anpfändung) stadtherrl. Rechte ausübt (z. B. die Räte v. Nürnberg und Lübeck). Unterschiedl. Rechtsvoraussetzungen können zu kondominaler Stadtherrschaft (Samtstedl, z. B. →Herford, Brakel), Verkauf oder Verpfändung, zum Wechsel des S.n führen, während ein S.wechsel infolge bürgerl. Initiative unmöglich war. Der Fall →Soest steht einmalig da.

Nach dem Stand des S.n wird häufig eine Typisierung versucht: kgl. (später →Reichs-)Städte, →Bischofsstädte (als Sonderfall →Freie Städte), →Abteistädte (auch Territorialstädte gen.), Mediatstädte (→Stadttypen, [3]), womit allerdings nur eine Aussage über die Qualität des S.n getroffen ist und im Fall von Reichs- und Freien Städten eine Andeutung über den Grad von Unabhängigkeit gegenüber dem S.n gemacht, wenig jedoch über die konkrete Ausformung des gegenseitigen Verhältnisses ausgesagt wird. Grundsätzl. ergeben sich aus unterschiedl. Standesqualität des S.n noch keine qualitativen Unterschiede zw. den Städten. F. B. Fahlbusch

Q.: Urkk. zur Gesch. des Städtewesens in Mittel- und Niederdtl., Bd. 1ff., 1985ff. – Lit.: J. Sydow, Zur verfassungsrechtl. Stellung von Reichsstadt, freier Stadt und Territorialstadt im 13. und 14. Jh. (Les Libertés Urbaines et Rurales du XIe au XIVe s., 1966), 281–309 – Stadt und S. im 14. Jh. (Entwicklungen und Funktionen, hg. W. Rausch, 1972) – B. Kirchgässner–W. Baer, Stadt und Bf. (Stadt in der Gesch. 14, 1988), bes. 29–42 [E. Ennen].

Stadtkämmerer (Lohnherren, Losunger, Rent- oder Säckelmeister) sind nach den →Bürgermeistern die ältesten und wichtigsten städt. Amtsträger, die innerhalb des →Rates mit dem →Finanzwesen und der -verwaltung betraut waren. In Anlehnung an das Hofamt des Kämmerers (→Kammer) gebildet, werden S. zuerst in Lübeck (1237) erwähnt. Häufig gehörten sie der Kaufmannschaft an, weil Erfahrung im Rechnungswesen notwendig war bzw. städt. Ausgaben z. T. zunächst vorgeschossen werden mußten, wozu ein ausreichendes Kapitalvermögen notwendig war. Eine zunehmende Verwaltungstätigkeit führte zur Anlage von turnusmäßig geführten →Kämmerei-/Rechnungsbüchern bzw. Stadtrechnungen sowie in Mittel- und Großstädten zu einer Differenzierung in verschiedene Ressorts, deren Verwaltung an weitere Ratmannen delegiert wurde. Gemeinsam mit den Bürgermeistern vertraten sie die Stadt nach außen und waren in Kleinstädten auch im Bereich der Rechtsprechung (Teilnahme an Verhören) tätig. F.-W. Hemann

Lit.: DtRechtswb VI, 847f. – E. Pitz, Schrift- und Aktenwesen der städt. Verwaltung im SpätMA (Mitt. aus dem Stadtarchiv v. Köln 54, 1959) – Städt. Haushalts- und Rechnungswesen, hg. E. Maschke–J. Sydow (Gesch. in der Stadt, 2, 1977).

Stadtkern → Topographie

Stadtluft macht frei, ein von der rechtsgeschichtl. Wiss. des 19. Jh. (J. GRIMM, GAUPP, 1851, GRAF/DIETHERR, 1864) zunächst in der einfacheren Form »Luft macht frei« geprägter allg. Grundsatz. Er beruht auf einzelnen hochma. Privilegien, in welchen →Stadtherren den Bewohnern ihrer Stadt und allen Zuzüglern zusichern, daß sie von aller Knechtschaft frei sein sollen. Verfahrensrechtl. wird dies etwa 1256 von Mgf. →Heinrich v. Meißen (60. H.) für die Stadt Altenburg im Reichsterritorium Pleißen in die Wendung gefaßt, daß jeder, der unfrei geboren ist und Jahr und Tag in der Stadt ohne Rückforderung lebt, nach dieser Frist nicht mehr zurückverlangt werden kann. Im Kern beruht dieser Satz darauf, daß sich gesellschaftl. Veränderungen auch rechtl. auswirken. Dies betrifft zum einen die Tatsache, daß das ältere Personalitätsprinzip, welches auf die Zugehörigkeit zu einer Personengruppe abstellt, am Übergang vom FrühMA zum HochMA vom jüngeren Territorialitätsprinzip, welches die räuml. Abgrenzung entscheidend sein läßt, abgelöst wird. Zum anderen tritt gerade bei dieser Entwicklung die Stadt als ein bes. freiheitl. ausgerichteter Raum hervor, dessen Freiheitlichkeit der Stadtherr bewußt zu wirtschaftl. Zwecken gestaltet. Dementsprechend kann auch Rodungssiedlung im ländl. Raum Freiheit verschaffen. Umgekehrt kann Niederlassung in einer Grundherrschaft eigen machen (EISENHART, 1759). Die Anerkennung der Frist von →Jahr und Tag berücksichtigt dabei verfahrensrechtl. Gesichtspunkte (Verschweigung). G. Köbler

Lit.: HRG III, 93 ff. – J. EISENHART, Grundsätze der dt. Rechte in Sprichwörtern, 1759, 51, 73 f. – E. GAUPP, Dt. Stadtrechte des MA, I, 1851, XXXIX – E. GRAF-M. DIETHERR, Dt. Rechtssprichwörter, 1869, 59 – H. BRUNNER, Luft macht frei (Festg. der Berliner jur. Fak. O. GIERKE, 1910), 1 ff. – H. MITTEIS, Über den Rechtsgrund des Satzes 'S. m. f.' (Fschr. E. STENGEL, 1952), 342 ff. – K. KROESCHELL, Weichbild, 1960, 75 ff.

Stadtmauer. Ausgehend von der Befestigung geistl. Sitze (seit dem 9. Jh.) sowie von Messeplätzen im fläm.-lothring. Raum entwickelte sich die städt. →Befestigung (Abschnitt A.V) aus der Nutzung von Mauern der castra und Städte der röm. Ks.zeit (z. B. →Trier, →Regensburg) bzw. aus dem seit dem 12. Jh. fortschreitenden Ersatz von Holz-Erde-Werken der →suburbien durch steinerne →Mauern (Köln ab 1180, 6,9 km lang), die eine längere Haltbarkeit aufwiesen und eine größere Bauhöhe durch harte Mörtelung erlaubten. Grundlegend für die bedeutendste Kollektivaufgabe der bürgerl. Gemeinde waren die Emanzipation vom →Stadtherrn, weshalb die S. ab dem 13. Jh. zunehmend zum Signum der eigenständigen städt. Rechtsbezirks wurde, wenngleich zahlreiche unbefestigte oppida und offene Märkte die Regel im sö. Mitteleuropa blieben. Entsprechend der Größe und der finanziellen Leistungsfähigkeit der Stadt oder der Förderung durch den Stadtherrn (→Freijahre, Mauerbaurecht, →Akzise) kam es zur Anlage von S.n und zu deren von fortifikator. Innovationen verursachten Verstärkungen zunächst durch Tor-, dann durch Mauertürme sowie Doppelmauer, Zwinger, vorgelagerte Wälle und Gräben. Das Aufkommen von Geschützen an der Wende zum 15. Jh., deren Einsatz die bis dahin von der Mauerkrone herabgeführte Verteidigung der uneinnehmbaren Städte (Erfurt 1375, Soest 1447) hinfällig machte, sorgte für eine Verlagerung der Verteidigungslinie in die Horizontale und damit für eine räuml. Ausdehnung der Befestigungsanlagen durch Zwinger und Bastionen in die Tiefe, die nur noch von wirtschaftsstarken Städten (bes. →Nürnberg) aufgebracht werden konnte bzw. durch landesherrl. →Festungsstädte gewährleistet wurde. F.-W. Hemann

Lit.: C. MECKSEPER, Kleine Kunstgesch. der dt. Stadt im MA, 1982, 90 ff. – H. STOOB, Die Stadtbefestigung ... (Städteforsch. A 28, hg. K. KRÜGER, 1988), 25–54 [mit Karte] – H. KOLLER, Die ma. Stadt ... (Stadt in der Gesch. 15, hg. B. KIRCHGÄSSNER-G. SCHOLZ, 1989), 9–25.

Stadtrecht, -sfamilien
I. Allgemeines – II. Stadtrecht und Stadtverfassung – III. Strukturen und Inhalte.

I. ALLGEMEINES: [1] *Stadt und Stadtrecht:* Was die entwickelte ma. →Stadt v. a. von ihrem Umland unterschied, war ihr bes. S. Gewiß hob sich die Stadt schon äußerl. durch ihre →Stadtmauern mit Türmen und Toren von ländl. →Siedlungen ab, ebenso ökonom. durch ihren tägl. Markthandel mit Kaufmannsgut und Handwerksprodukten. Gleichwohl kommt dem S. in dem »Kriterienbündel«, mit dem die moderne Forsch. das Phänomen der ma. Stadt zu erfassen sucht, wesentl. Bedeutung zu. Die Verleihung des S.s, bei der →Stadtgründung nicht wegzudenken, galt auch bei allmähl. Stadtwerdung als Gipfelpunkt und Abschluß.

Im Mittelpunkt des S.s stand die persönl. →Freiheit der Bürger und ihr freies Grundbesitz- und Erbrecht. Der Grundsatz →»Stadtluft macht frei« sorgte dafür, daß es auch bei Zuzug ländl. Höriger unter den Bürgern keine Unfreiheit gab. Unter einem bzw. von ihnen selbst gewählten Richter bildeten die freien Bürger eine eigene Gerichtsgemeinde, die aus der allg. Gerichtsverfassung, insbes. dem Gericht des Gf.en, eximiert war. Mit ihrem Stadtbezirk, in dem ein erhöhter →Friede galt, lag sie wie eine Insel freieren Rechts im umgebenden Lande.

Dieses Modell der »Stadt im Rechtssinne« (H. PLANITZ) erscheint zuerst in den Gründungsstädten des 12. Jh., beginnend mit →Freiburg i. Br. 1120 (→Gründerkonsortium). Die alten →Bf.städte an Rhein und Donau hatten ein S. dieser Art noch nicht gekannt. Wie bes. die »Lex familiae« des Bf.s →Burchard v. Worms (13. B.) v. 1023/25 zeigt, waren sie noch ganz in die ländl. Ordnung von →Grundherrschaft und Vogtei (→Vogt) eingebunden. Der Kampf gegen die Hörigkeit und für die kommunale Autonomie (→Kommune) dauerte hier noch bis zum Ende des 12. Jh. fort, wobei sich die →coniuratio als wirksames Instrument erwies. Aber auch die anderswo neben Kg.spfalzen, Bf.skirchen oder Kl. erwachsenen kaufmänn. Marktsiedlungen können allenfalls als »Vorformen« (W. SCHLESINGER) der ma. Stadt angesprochen werden.

[2] *Stadtrechtsquellen:* Unter den schriftl. Aufzeichnungen des S.s reichen die Privilegien am weitesten zurück. Ihre Reihe beginnt mit der Freiburger Handfeste des Zähringers Konrad v. 1120. Einige der frühesten Privilegien, etwa die Heinrichs d. Löwen, sind nur durch spätere Aufzeichnungen überliefert und waren wohl zunächst nur mündl. erteilt worden. Zu den weltl. und geistl. Fs.en trat als Aussteller bald auch der Ks. hinzu (Augsburg 1156, Bremen 1186, Lübeck 1188). Erst seit der Wende zum 13. Jh. erscheinen zunehmend auch Gf.en und Edelherren als Aussteller. So wurde das S.sprivileg, das sich nun oft mit der pauschalen Verweisung auf das Recht einer anderen Stadt begnügte, zu einem alltägl. Instrument territorialer Städtepolitik.

Neben die Privilegien traten allmähl. eigene Rechtsaufzeichnungen der Bürger. Manche von ihnen waren zur Rechtsmitteilung an andere Städte bestimmt (dazu unten [3]), andere dienten dem eigenen Gebrauch. Neben →Rechtsbüchern, also privaten Werken (Mühlhäuser »Reichsrechtsbuch« um 1224, Hamburger »Ordeelbok« 1270), standen amtl. Aufzeichnungen (Bremen 1303/08,

Goslar um 1330), die kleinen Kodifikationen gleichkamen.

Inhaltl. bestanden solche S.e neben überkommenem Stammesrecht und privilegialen Freiheiten zunehmend aus eigenen städt. Satzungen oder →Willküren. Ihre ständig anschwellende Flut ließ sich schließlich in einer abschließenden S.aufzeichnung nicht mehr auffangen. Man legte eigene Statutenbücher an, in welche die Ratsbeschlüsse eingetragen wurden, während man aufgehobene Stücke strich und bei der jährl. Verlesung überging. Am Ende des MA unternahmen es einige bedeutende Städte (zuerst Nürnberg 1479), ihr S. im Sinne des rezipierten →Röm. Rechts zu überarbeiten (→Reformationen des Rechts).

[3] *Stadtrechtsfamilien:* Eine auffällige Erscheinung des ma. S.s sind die S.sfamilien. Viele →Stadtherren verliehen ihren Neugründungen das Recht einer älteren, angeseheneren Stadt – meist nur durch pauschale Verweisung, bisweilen aber durch Gewährung eines ausführl., dem Recht der Mutterstadt nachgebildeten S.s. Eine Rechtsbezeichnung zw. Städten konnte aber auch ohne ausdrückl. Verleihung zustandekommen, wenn sich eine jüngere Stadt an eine ältere wandte und sie um Mitteilung ihres Rechts oder um wiederholte Rechtsbelehrung in Einzelfällen bat. Oft hat erst eine solche Anfrage die befragte Stadt veranlaßt, die wichtigsten Sätze ihres Rechts zusammenzustellen (Münster für Bielefeld vor 1214). Bisweilen waren es umfangreiche Bücher, die auf diese Weise entstanden (Lübeck für Tondern 1243, Dortmund für Memel 1252).

Im Rheingebiet haben Aachen und bes. Frankfurt große S.sfamilien begründet, während im S die S.e v. Freiburg, Nürnberg und Wien zu nennen sind. Im N verdienen Braunschweig und Lüneburg, Münster, Soest und Dortmund Erwähnung. Die größten dt. S.sfamilien waren aber die von Magdeburg und Lübeck (→Magdeburger Recht, →Lübisches Recht). Viele Tochterstädte haben ihre Mutterstadt auch später immer wieder um Rat gefragt – so bei der Entscheidung einzelner Prozesse. Im letzteren Falle konnte sich ein regelmäßiger →Rechtszug an die Mutterstadt als →Oberhof entwickeln.

II. STADTRECHT UND STADTVERFASSUNG: [1] *Vor- und Minderformen:* In der Verfassung der ma. Stadt haben ältere Entwicklungsphasen nur geringe Spuren hinterlassen. In norddt. Städten erinnern Ämter wie das des →Bauermeisters an die ländl. Gemeinde, die →Burschaft und die Bezeichnung →Weichbild deuten auf eine freie Siedlergemeinde hin, die der Stadt vielfach vorausging. Im SpätMA meint Weichbild freilich zumeist eine städt. →Minderform, vergleichbar dem →Markt im bayr.-österr. Raum.

[2] *Rats- und Gerichtsverfassung:* Grundlage der »Stadt im Rechtssinne« war ihre hervorgehobene Stellung als Gerichtsgemeinde freier Leute. Ihr bisweilen sogar gewählter Richter hieß →Schultheiß oder Vogt; dabei betont namentl. letztere Bezeichnung die Parallele zur Hochgerichtsbarkeit in den kirchl. →Immunitäten. Im frk. Raum von Aachen bis Nürnberg, aber auch in Westfalen und im Bereich des Magdeburger Rechts, stand dem Stadtrichter ein Kollegium von →Schöffen zur Seite, auch dies ein Merkmal der Hochgerichtsbarkeit. Anderswo wurde das Urteil von einzelnen Dingleuten aus der Bürgerschaft gefunden, deren Rolle später von den Vorsprechern der Parteien oder von den Ratsherren übernommen wurde. Oftmals kam die Gerichtsherrschaft pfandweise oder durch Kauf an die Stadt selbst; der Richter wurde nunmehr vom Rat eingesetzt. Dabei konnte das alte Stadtgericht zum Untergericht herabsinken, während der Rat zum Obergericht wurde. Ihre Vollendung erfuhr die Stadtverfassung erst mit dem Aufkommen des Rates als Exekutivorgan der Bürgergemeinde (→Rat, II). Seine umfassende Regierungs- und Satzungsgewalt gründete sich auf den alljährl. erneuerten →Bürgereid, der damit zum »Geltungsgrund und Gestaltungsprinzip« (W. EBEL) des ma. S.s wurde.

III. STRUKTUREN UND INHALTE: [1] *Willküren und Gewohnheiten:* Das in vieler Hinsicht so modern anmutende S. wies doch Strukturen auf, deren Fremdartigkeit erst die neuere Forsch. erkannt hat. Die vom Rat erlassenen Satzungen etwa erschienen zwar in der Rückschau als obrigkeitl. Gebote. Das MA selbst dachte sich ihre Geltung offenbar aber auf den →Bürgereid gegründet, also auf die Selbstunterwerfung der Bürger im Wege der Willkür. Andererseits waren die Gewohnheiten, die das bürgerl. Rechtsleben in Handel und Wirtschaft, im Güter- und Erbrecht prägten, kein »Gewohnheitsrecht« im Sinne von ungeschriebenen Rechtsnormen. Der feste Brauch rechtsgeschäftl. Regelung schuf dennoch Recht nur für den Einzelfall; man spricht hier heute von »Rechtsgewohnheiten« (→Recht, A. III).

[2] *Pragmatische Schriftlichkeit:* Das Rechtsleben der ma. Stadt ist durch ein Vordringen der Schriftlichkeit gekennzeichnet, wie v. a. die →Stadtbücher zeigen. Dies führt zu qualitativen Veränderungen, etwa wenn trotz Festhaltens an hergebrachten Förmlichkeiten bei Schuldversprechen oder →Auflassung von Grundstücken (Wortformalismus, →Gebärden, Zeugenaufruf der Ratspersonen) der Bucheintrag selbst zum entscheidenden Beweismittel wird. Allerdings bleibt das S. »aufgeschriebenes« Recht. Es wird nicht »geschriebenes Recht« wie das gelehrte röm. oder →kanon. Recht, wie denn auch das städt. Gerichtsverfahren trotz aller Gerichts- oder Schöffenbücher ein mündl. bleibt.

[3] *»Rechtsschöpferische Leistungen«:* Das ma. S. hat auf vielen Gebieten Neuerungen hervorgebracht. Zu nennen wäre etwa das Recht von Handel und Kredit (→Handelsgesellschaft, →Kommission, →Grundbuch, →Wechsel, →Konkurs) sowie das Arbeitsrecht (→Arbeit, A. IV), aber auch das Strafrecht (→Strafe) und das Prozeßrecht (Beseitigung von →Zweikampf und Vare). Als Grundtendenz hat man dabei neben der Mobilisierung der Rechtsbildung v. a. eine Rationalisierung des Rechtsdenkens (W. EBEL) ausgemacht.

K. Kroeschell

Q.: Urkk. zur städt. Verfassungsgesch., hg. F. KEUTGEN, 1901 – Elenchus fontium historiae urbanae, Vol. 1, bearb. B. DIESTELKAMP, 1967, 1–277 – Urkk. zur Gesch. des Städtewesens in Mittel- und Niederdtl., hg. H. STOOB–F. B. FAHLBUSCH, 1ff., 1985ff. – *Lit.:* HRG IV, 1863–1873 – H. PLANITZ, Die dt. Stadt im MA, 1954, 1975⁴ – W. EBEL, Der Bürgereid als Geltungsgrund und Gestaltungsprinzip des dt. ma. S.s, 1958 – G. KÖBLER, Zur Entstehung des ma. S.s, ZRGGerm-Abt 86, 1969, 177ff. – H. STOOB, Forsch. zum Städtewesen in Europa, I, 1970 – K. KROESCHELL, Dt. Rechtsgesch. I, 1972, 1989⁹, 219ff.; II, 1973, 1989⁷, 59–125 – H. DRÜPPEL, Iudex Civitatis, 1981 – W. EBEL, Über die rechtsschöpfer. Leistung des ma. Bürgertums (DERS., Probleme der dt. Rechtsgesch., 1981), 145ff. – E. ISENMANN, Die dt. Stadt im SpätMA, 1988, 74–106 [Lit.] – G. DILCHER, »Hell, verständig, für die Gegenwart sorgend, die Zukunft bedenkend«. Zur Stellung und Rolle des ma. dt. S.s in einer europ. Rechtsgesch., ZRGGermAbt 106, 1989, 12ff.

Stadtsanierung, moderner Begriff der Kommunalwiss., der zumeist als Unterbegriff von Stadterneuerung (neben z. B. Wohnungsmodernisierung, Wohnumfeldverbesserung, Unterhaltung, Hofentkernung usw.) verstanden wird, aber auch synonym mit Stadterneuerung benutzt wird (so auch in anderen Sprachen: z. B. dän. *Byfornyelse – Sanering;* engl. *urban renewal – urban regeneration*). S. im engeren Sinn bedeutet verbessernde Modernisierung der Wohnsubstanz bei gleichzeitiger Berücksichtigung denkmalschützend-konservierender Restaurationsmaßnahmen unter Einbezug und evtl. Neugestaltung des öffentl. Raumes. S. hat im Regelfall Auswirkungen auf die soziale Befindlichkeit des Sanierungsgebietes. S. setzt einen Planungsvorgang voraus, dem das Stadtbild in Grund- und Aufriß sowie der Aufrißgestaltung neben einem ästhet. auch einen hist. Wert beimißt. Insofern ist dieser Fachbegriff dem MA unangemessen und frühestens für Stadtplanungsprozesse der Renaissancezeit zu benutzen, eigtl. aber erst für »Die organische Erneuerung unserer Städte« (BERNOULLI) im 19./20. Jh. Auf den Wiederaufbau von Städten oder Stadtvierteln nach Schadensereignissen, wie z.B. →Brandkatastrophen, kann der Begriff eingeschränkt angewandt werden. F. B. Fahlbusch

Stadtschreiber, -syndicus. Die notwendige schriftl. Geschäftsführung in städt. Verwaltung und Handel bedingte seit ca. 1300 eine wachsende Inanspruchnahme Schreibkundiger, zuerst Kleriker als fsl. und kirchl. Bedienstete oder Mitglieder der städt. Geistlichkeit. Obwohl der Rückgriff auf geistl. Kräfte (v. a. als Pfründenversorgung) nie völlig aufgegeben wurde, setzte sich allmähl. die fallweise, dann feste Anstellung auch von laikalen S.n seit dem späten 13., breiter während des 14. Jh. durch, zugleich mit der Ausformung eigenständiger städt. Kanzlei- und Beurkundungstätigkeit. Als vereidigte, dem Rat verantwortl. Stadtbedienstete (schul., z. T. universitär über →Ars dictandi und prakt. Lehre als S.schüler ausgebildet) hatten S. die →Stadtbücher, Protokolle von Rats- und Gerichtssitzungen und den Schriftverkehr des Rates zu führen (Lehrtätigkeiten in städt. Schulen zählten nicht zu ihren eigtl. Aufgaben, das Verfassen von Chroniken war nur offiziös), weshalb verschiedene, funktional und hierarch. abgestufte S.ämter entstanden: Rats-, Gerichts-, Zoll- und Schoßschreiber, reitende Schreiber (für auswärtige Botschaften) u. a. Auch um den Einfluß freier Kräfte zurückzudrängen, wurden im 14./15. Jh. S. mit Zulassung als Notarii publici angestellt, die im Ratsauftrag Notariatsinstrumente und Stadtbucheintragungen zur freiwilligen Gerichtsbarkeit ausfertigten. Sie konnten ebenso zu den S.n gezählt werden wie die im 15. Jh. in bedeutenderen Städten tätigen Syndici, denen als studierte, zumeist graduierte (daher oft als »Doktor« bezeichnete) Juristen Rechtsberatung und (auch prozessuale) -vertretung des Rates und der Stadt sowie auswärtige Gesandtschaften oblagen. Sie erhielten (neben wenigen graduierten Stadtärzten) die besten Anstellungsbedingungen des Fachpersonals in der ma. Stadt: langfristige Beschäftigung, hohes Gehalt, Sonderzuwendungen, z. T. Steuerbefreiung, Dienstwohnung, Altersversorgung. Ihr beachtl. Sozialprestige ermöglichte ihnen (als in der Regel Auswärtigen) vielfach das Connubium mit den führenden städt. Familien. M. Kintzinger

Lit.: G. BURGER, Die südwestdt. S. im MA, 1960 – F. THIELE, Die Freiburger S. im MA, 1973 – K. WRIEDT, Das gelehrte Personal in der Verwaltung und Diplomatie der Hansestädte, HGBll 96, 1978, 15–37 – H. J. SCHMIED, Die Ratsschreiber der Reichsstadt Nürnberg, 1979 – M. KINTZINGER, Das Bildungswesen in der Stadt Braunschweig im hohen und späten MA, 1990, 468–515.

Stadtsiegel → Siegel

Stadtsteuer → Finanzwesen, B. II, 3; → Steuer

Stadtteile → Stadtviertel, → Topographie

Stadttor. Das S. ermöglichte und sicherte den Zugang zur umwehrten Stadt (→Stadtmauer). Als Bautypen sind v. a. zu unterscheiden: das einfache Durchlaßtor (Mauertor), das Durchlaßtor mit seitl. Torturm, der Torturm mit Durchlaß (Turmtor) und das Doppelturmtor mit beiderseits flankierenden Türmen. Zu den frühen Wall-Graben-Befestigungen gehörten hölzerne Durchlaßtore mit Sperrbalken; die »Versteinerung« konnte mit einem Steintor am Hauptzugang einsetzen (Pfalz →Tilleda, 12. Jh.). Schon um 1040 war über dem Haupttor der Steinmauer der Bremer Domburg ein sehr starker Turm in it. Technik errichtet worden. Seit der Stauferzeit wurden die S.e fast durchweg mit einem Turm überbaut (zunächst als reiner Zweckbau mit Obergeschoß und abschließender, zinnenbekränzter Plattform; »Turmhaus«) oder durch einen seitl. Turm geschützt. Am weitesten verbreitet war das Turmtor. In Gebieten mit röm. Tradition wie am Niederrhein, in der Schweiz und in Österreich, bes. aber in Frankreich, entstanden Doppelturmtore, deren Bautyp antike Ursprünge hat. In Deutschland gehen die starken Doppelturmtore (Torburgen) in der seit 1180 erbauten landseitigen Mauer von Köln voran. Religiöse Inhalte wurden durch Hl.nbilder (Verona, 1. Hälfte 13. Jh.), anfangs auch durch Torkapellen (11./12. Jh.), verkörpert. Auf den Stadtsiegeln bildete seit dem 12. Jh. die im wesentl. zum S. verkürzte Befestigung die Abbreviatur der »Stadt«. Zur ausgebildeten ma. Stadtbefestigung gehörten das Innentor mit Fallgatter im Zuge der Mauer (meist als Turmtor), das Vortor in Höhe des vorgelagerten Walles und die mit Zwingermauern geschützte Brücke über den Stadtgraben zw. beiden Toren. Aus fortifikator. (Verteidigung von der Höhe) und repräsentativen Gründen wurde das Turmtor seit dem späten 13. Jh. erhöht. Im 14./15. Jh. wurden die S.e zunehmend dekorativ gestaltet (abschließende Giebel zur Stadt- und Feldseite, krönendes Dach oder Aufsatz, Schauwände und Blendengliederungen, Eckerker und -türmchen). Das S. wurde zum städt. Repräsentativbau. Mit Einführung der Feuerwaffen und dem Übergang von der vertikalen zur horizontalen Verteidigung wurde im 15. Jh. die Tiefenstaffelung durch Verstärkung des Vortores und der Zwingermauern ausgebaut. So entstanden Doppeltoranlagen mit hohem, stärker dekoriertem Innentorturm und wuchtigem Außentor (Lübecker Holstentor 1466–78 als Repräsentativbau). Am Ende des 15. Jh. konnten sie durch Vorwerke (Barbakane) zusätzl. gesichert werden. Die Zahl der S.e war im allg. abhängig von der Zahl und Führung der Hauptdurchgangsstraßen. Bildung und Umwehrung von Vorstädten führten zum Hinausschieben der S.e an den Straßen. Ihre Namen erhielten die S.e nach Nachbarorten oder wichtigen Zielen, nach Stadtteilen, Gebäuden oder sonstigen Objekten im Stadtbereich (Mühlen-, Burgtor). Neben den S.en dienten Pforten (kleine Mauertore) dem lokalen Verkehr, v. a. zum Ufer (Hafenlände) und zu geistl. →Immunitäten in der Stadt. Die Verfügungsgewalt über die S.e mit den Torschlüsseln bildete seit Mitte des 15. Jh. einen zentralen Streitpunkt zw. Landesherrn und Stadt um die Wehrheit. W. Schich

Lit.: H. PLANITZ, Die dt. Stadt im MA, 1954, 1975[4], 242ff. – H. TROST, Norddt. S.e zw. Elbe und Oder, 1959 – U. MAINZER, S.e im Rheinland, 1976 – C. MECKSEPER, Kleine Kunstgesch. der dt. Stadt im MA, 1982, 90ff.

Stadtturm, Beobachtungsturm, der die Sturmglocke und auch die Stadtuhr trägt, er kann, muß aber nicht mit dem →Rathaus verbunden sein. Der S. ist in Deutschland selten im Gegensatz zu Flandern, wo der *beffroi* bzw. →Belfried in keiner Stadt fehlt; verwandte Beispiele lassen sich auch aus den umliegenden Gebieten beibringen. Auch an nord- und mittelit. Rathauskomplexen finden sich häufig S.e, z. T. integrierte ältere Türme (Florenz, Palazzo

Vecchio, errichtet 1299–1320/30), z. T. neuerrichtete (Siena, Palazzo Pubblico, Baubeginn 1297).

In Deutschland gibt es S.e im Westen in Köln, dann in den Ordensstädten Danzig und Thorn, wobei hier mit Einfluß aus Flandern zu rechnen ist. Auch einige schles. Städte haben S.e in Verbindung mit dem Rathaus, so Bunzlau, Breslau, Hirschberg und Görlitz. Eine weitere Gruppe von S.en findet sich in bayer. Städten, in Straubing, Deggendorf und Kelheim. Wohl zu Unrecht wurden diese S.e ebenfalls flandr. Einfluß zugeschrieben. Eher zu vermuten ist, daß der Regensburger Rathauskomplex mit zwei hohen Türmen (Ungeldturm und Marktturm) vorbildhaft war. Auch das Rathaus von Burghausen hatte im MA wohl turmartigen Charakter. Ähnl. wie der Regensburger Ungeldturm war auch das Burghausener Rathaus ursprgl. ein Privathaus. Im Schwäb. besaßen schließlich Augsburg (Perlachturm) und Lauingen (Schimmelturm) unabhängig vom Rathaus stehende sehr stolze und sehr hohe S.e, wobei in Augsburg später ein eigener Rathausturm Funktionen des Perlachs als S. übernahm. H. Wanderwitz

Lit.: K. GRUBER, Das dt. Rathaus, 1943, 23 – N. PEVSNER, Europ. Architektur von den Anfängen bis zur Gegenwart, 1967², 166f. – W. MEYER, Die Kunstdenkmäler von Schwaben, 7: Landkrs. Dillingen an der Donau (Die Kunstdenkmäler von Bayern, Regierungsbezirk Schwaben, 1972), 594–598 – Augsburg – Gesch. in Bilddokumenten, hg. F. BLENDINGER-W. ZORN (unter Mitwirkung v. J. BELLOT u.a.), 1976, Nr. 102, S. 53; Nr. 166, S. 71 – W. SWAAN, Kunst und Kultur der Spätgotik, 1978, 121–128 – V. LIEDKE, Das Bürgerhaus in Altbaiern (Das dt. Bürgerhaus 33, 1984), 121–124 – W. BAER, Zur hist. Funktion des Augsburger Rathauses während der reichsstädt. Zeit (Kat. Elias Holl und das Augsburger Rathaus, hg. W. BAER, H.-W. KRUFT, B. ROECK, 1985), 73–77 – →Belfried, →Rathaus.

Stadttypen. Städte können nach Funktion, Entstehungszusammenhang und weiteren Kriterien Typen zugeordnet werden, innerhalb derer sie Vor-, Voll-, Kümmer- und Übergangsformen bilden (→Vorsiedlung, städt.). Die in der Lit. verwendeten Begriffe sind nicht immer eindeutig und können verschiedenen Typisierungsansätzen entnommen sein; ein hist.-genet. S. läßt sich z. B. auch nach seiner Hauptfunktion zuordnen. Die auf statist. Analysen aufbauenden Klassifizierungen der modernen Geographie lassen sich mangels Q. nicht auf die ma. Stadt anwenden.

[1] Bei *Funktionstypen* ist nach mono- bzw. polyfunktionaler Ausrichtung zu unterscheiden: a) *Monofunktionale Städte* sind selten, da das Merkmal der →Stadt die Vielfalt ist; sie entstehen v. a. dann, wenn die conditio sine qua non für die Entstehung der Siedlung wie z. B. ein Bodenschatz nur an einer bestimmten Stelle vorhanden ist. Die →Bergstadt ist wirtschaftl. und sozial auf die Gewinnung eines Erzes bzw. Minerals konzentriert, besitzt ein →Stadtrecht oft in Form spezieller »Bergfreiheiten«, hat wenig Verbindung mit dem Umland und ist für ihre Versorgung auf anders strukturierte Städte angewiesen (→Freiberg); eine Sonderform bildet die Salinenstadt (→Lüneburg).

b) *Polyfunktionale Städte* weisen eine Folge von notwendigen allg. und zusätzl. bes. Funktionen auf. Bei ihren Bezeichnungen wird meistens nicht deutl., daß sie nicht nach der einzigen, sondern nach der dominierenden Funktion benannt sind. Diese muß in ihrer Wirkung nicht unbedingt auf das eigtl. Umland bzw. Einflußgebiet beschränkt sein, sondern kann weiter ausgreifen und die Lebensverhältnisse der Stadtbewohner spezif. prägen. Polyfunktionale Städte verbinden mit ihrem Markt (→Stadt-Umland-Beziehungen) eine besondere gewerbl. Ausrichtung mit von Stadt zu Stadt wechselndem Schwerpunkt. Die Hauptfunktion richtet nicht nur die städt. Ges. entsprechend aus, sondern beansprucht auch relativ viel Fläche und beeinflußt damit die Stadtlandschaft. Ein Wechsel schlägt sich im Umbau des Stadtkörpers nieder (z. B. der Umbau einer Burg- zur Residenzstadt). Je dominierender die Hauptfunktion ist, desto anfälliger ist die Stadt für wirtschaftl. Krisen (→Wüstung).

α) *Wirtschaft und Verkehr:* Handels-, Fernhandels-, Messe-, Etappen- (Rastorte des Fernverkehrs), →Hafenstädte. Vorläufer der Handelsstädte sind die frühma. →Wiken. Am unteren Rand der Stadtqualität sind Handelsstädte oft als Marktstädte (aufgestiegene Marktorte, v. a. Nahmärkte), d. h. zentrale Orte unteren Ranges (Landstädte), ausgebildet. Spezialisierungen auf bestimmte Gewerbe treten zwar regelmäßig auf, doch führen sie nicht zur Entstehung von »Gewerbestädten«, weil der Handel gesellschaftl. vor der Produktion rangiert.

β) *Politik und Verwaltung:* Haupt-, Residenz-, Provinz(haupt)-, Amtsstädte mit überwiegend ziviler, Burg- und →Festungsstädte mit überwiegend militär. Funktion erhalten ihre Aufgabe durch staatl. Entscheidungen und sind in hohem Maße abhängig von polit. Zuständen und strateg. Vorstellungen. Hauptstädte als polit. und administrative Zentren eines Staates tauchen als S.en v. a. n. der Alpen wie die von der Hofhaltung des Herrschers bestimmten →Residenzen erst im SpätMA auf und entwickeln ihre Vollform noch später. Geistl. Fs.en besitzen eher dauernde Residenzstädte als weltl. Herrscher; kleinere Einheiten haben früher ortsfeste Verwaltungssitze als große. Die technikgeschichtl. bedingt erst im 15. Jh. vorkommende Festungsstadt hat zwar eine vorwiegend militär. Aufgabe, aber nicht zwangsläufig eine überwiegend soldat. Bevölkerung. Sie ist funktioneller Nachfolger der Burgstadt, gewinnt aber durch den Flächenbedarf der Wälle und Gräben einen ganz anderen Charakter als diese.

γ) *Kultur:* Durch kulturelle/kult. bzw. Bildungseinrichtungen geprägte S.en sind Tempelstädte, die im chr. Abendland nur als geistl. Städte vorkommen, und Univ.sstädte. Sie erreichen zwar im Verhältnis zu den durch polit. Funktionen bestimmten Städten ledigl. geringere Bedeutung, erfreuen sich ihrer aber mit größerer Beständigkeit. Zu den geistl. Städten (W. EHBRECHT, Westfäl. Städteatlas, IV) zählen →Bf.s-, Kathedral-, →Abtei-, →Stifts- und Kl.städte (→Klerus, [7]) sowie →Wallfahrtsorte. Die Bf.skirche besaß anders als die nichtexemten Abteien stets zentrale Bedeutung. Verließ – wie im Falle der meisten geistl. Reichsfs.en – der Bf. seine Stadt, wurde diese unter Erhalt des Großteils ihrer Bedeutung zur Kathedralstadt (mit residierendem →Domkapitel). Von den Abteien besaßen im allg. stadtbildende Kraft nur die der Benediktiner. Im dt. Reich gab oft die Reichsunmittelbarkeit der Abtei den Ausschlag (→Fulda). Kl.städte können Abteistädte sein oder aus einem Großkl. bestehen wie die ir. Protostädte →Armagh und →Kells; europ. Bettelorden bildeten keine Städte, sondern siedelten sich in bereits bestehenden Städten an. Abtei- bzw. Kl.städte sind physiognom. und nach der Wirtschaftsstruktur oft eher Wallfahrtsorte.

[2] *Historisch-genetische Stadttypen* entwickeln sich in Zusammenhang mit Ges., Wirtschaft und polit. Organisationsformen. Die Entwicklung des Städtewesens in Europa fußt auf den griech. poleis und den röm. coloniae und castra. Die Hochform des europ. MA, kristallisiert sich unter den Bedingungen des ma. Territorialstaates v. a. an Fernhandelssiedlungen. Ihre Existenzgrundlagen sind Handel und Gewerbe. Bürgerstädte kommen jedoch auch im Bereich der ma. dt. Ostsiedlung

vor, wo sie techn. Kolonialstädte sind. Hist.-genet. S.en sind komplexer als die funktionalen Typen, da sie eine polyfunktionale Ausrichtung wechselnder Hauptrichtung mit einem hist. Entwicklungstyp verbinden.

Burgstädte (z. T. gleichzeitig Burgmannsstädte) entwickelten sich v. a. unter den Bedingungen des europ. Feudalsystems. Sie sind durch die Niederlassung von Handwerkern und Kaufleuten zu Füßen der Burg charakterisiert (→suburbium). Während die antiken Hochkulturen und die Reiche von Reiternomaden (Mongolen, Bulgaren) die Zentrallage der Burg bevorzugten (→Kreml in russ. Städten), liegt die →Stadtburg in West- und Mitteleuropa sowie im Orient (Kasbah) am Rand und bildet einen Eckpfeiler der als Großburg fungierenden ummauerten Stadt. Neben diesen Grundformen gibt es landschaftl. Sonderformen wie die Zähringerstädte.

Da in Städten jeder Größenordnung und jeden Typs die meisten Familien zur Sicherung der Selbstversorgung auch Landwirtschaft betrieben, sollte der Begriff der →Ackerbürgerstadt den Städten vorbehalten bleiben, die überwiegend agrar. lebten. Fast alle so gefaßten Städte sind planmäßige Gründungen des SpätMA, meist zu Städten erhobene Dörfer, nicht durch bewußten Gründungsakt neuangelegte Kolonialstädte (→Bastide, →Ostsiedlung, →Plananlage, städt., →Stadtgründung, →Topographie).

Als besonderer Typ müssen die städt. →Minderformen (→Flecken, →Markt, →Tal u. ä.) gezählt werden (H. STOOB, C. HAASE), die häufig wegen des Fehlens eines Teils der städt. Merkmale als Kümmerformen eingestuft werden. Die meisten haben sich wegen des zu geringen wirtschaftl. Potentials bzw. des zu kleinen Einzugsgebiets (Übersatz mit Städten) nicht zur Vollform entwickelt, andere waren von vornherein mit minderen Rechten begabt. Diese sog. Minderstädte stellen jedoch oft landschaftl. typ. Formen der Kleinstadt dar, die sich deutl. aus den agrar. Siedlungen herausheben.

[3] Nach dem Verhältnis zum →Stadtherrn unterscheiden sich Reichs-, Freie-, Land-, Mediat- und Samtstädte. Als →Reichsstädte werden in Dtl. ausschließl. die reichs-, ursprgl. königsunmittelbaren Städte bezeichnet. Sie erreichten um 1500 eine Mitwirkung an den ständigen Reichsgremien (→Nürnberg, →Reichsstände, →Stände); ihre Mediatisierung erfolgte meist über Verpfändung. Landstädte (vgl. 1,b,α; 4,a) sind landesherrl., Mediatstädte zum Lehen eines nicht reichsunmittelbaren Adligen gehörende Städte; eine Samtstadt steht unter geteilter Landesherrschaft (→Kondominat). Die Freistädte Ungarns sind, als unmittelbar dem Kg. unterstellt (→Tavernikalstadt), noch am ehesten mit den dt. Reichsstädten zu vergleichen. Sie haben sich jedoch ungleich diesen nicht zu Stadtstaaten entwickelt.

[4] *Sonstige Typisierungen:* a) Eine Gruppierung nach der Einwohnerzahl in Welt-, Groß-, Mittel-, Klein-, Land- und Zwergstädte impliziert Unterschiede v. a. in der zentralen Bedeutung, weist die Städte aber mindestens teilweise Funktionstypen (vgl. 1,b) zu; so ist eine Landstadt eine Kleinstadt mit ländl. Merkmalen, evtl. eine Ackerbürgerstadt. Eine Weltstadt ist nicht so sehr durch ihre absolute Einwohnerzahl, als durch ihre übernationale Wirkung bzw. Verflechtung gekennzeichnet.

b) Eine physiognom. Typisierung hebt auf den Stadtkörper und seine Gestaltung durch Landschaft und Gesellschaftsstruktur ab (→Städtelandschaften). H.-K. Junk

Lit.: Dt. Städteatlas, 1973ff. – Westfäl. Städteatlas, 1975ff. – R. GRADMANN, Siedlungsgeographie des Kgr.es Württemberg, 1914 – G. SCHWARZ, Regionale S.en im niedersächs. Raum, 1952 – K.-A. BOESLER, Die städt. Funktionen, 1960 – P. SCHÖLLER, Die dt. Städte, 1967 – H. STOOB, Forsch.en zum Städtewesen in Europa, I, 1970 – Bf.s- und Kathedralstädte des MA und der frühen NZ, hg. F. PETRI, 1976 – C. HAASE, Die Entstehung der westfäl. Städte, 1984[4] – Die Stadt. Gestalt und Wandel ..., hg. H. STOOB, 1985[2] – W. BOCKHOLT, Ackerbürgerstädte in Westfalen, 1987 – G. SCHWARZ, Allg. Siedlungsgeographie, 2 Bde, 1989[4].

Stadt-Umland-Beziehungen, Gesamtheit der einander ergänzenden Angebote einer →Stadt und ihrer im wesentl. als ländl. angesehenen Umgebung in bezug auf Waren und Dienstleistungen; die Stadt wird dabei als funktioneller, nicht notwendig topograph. »Mittelpunkt eines unscharf begrenzten Gebietes« begriffen (G. SCHWARZ, R. GRADMANN, H. BOBEK, W. CHRISTALLER). Umfang, Differenzierung, Schwerpunkt und Reichweite der S.-U.-B. können sich mit der Zeit ändern.

Die Bezeichnung 'S.-U.-B.' nimmt aus dem umfassenderen Begriff »zentralörtl. Beziehungen« diejenigen heraus, an denen eine Stadt als (in der Regel) Zentralort beteiligt ist; die Stadtqualität eines Zentralortes ist jedoch keine Voraussetzung für das Funktionieren solcher Beziehungen, während umgekehrt ein Mindestmaß an →Zentralität als eines der Kriterien für die Bestimmung der Stadtqualität einer Siedlung anzusehen ist. Dabei ist »Zentralität« die Gesamtheit der Funktionen, die die Ausübung einer Mittelpunktswirkung erlauben.

Auch die als Zentralen fungierenden Städte sind in der Regel auf einen höherrangigen Zentralort ausgerichtet, d. h., es entwickeln sich mehrstufige S.-U.-B.; bereits auf mittlerer Stufe ist dann das Umland zwangsläufig nicht mehr rein ländlich. Dieses Phänomen bildet sich z. B. in den hans. Prinzipalstädten oder landschaftl. »Hauptstädten« ab, die ihre kleineren Nachbarn auf Tagfahrten bzw. Landtagen vertreten.

Die europ. Stadt des MA war ohne wirtschaftl. Zentralfunktionen auf Dauer nicht lebensfähig; das Fehlen eines überlokalen Herrschaftssitzes mußte sich dagegen nicht unbedingt negativ auswirken. Eine eng gekammerte territoriale Gliederung war für die Stadtentwicklung jedoch zumindest dann hinderlich, wenn als wirtschaftl. Grundlage Markt und Amtssitz gedacht und notwendig waren. Zahlreiche im HochMA gegründete südwestdt. Zwergstädte (R. GRADMANN) haben unter diesen polit. Bedingungen ausreichende S.-U.-B. nicht ausbilden können und fielen trotz →Stadtrechts auf die Funktion einer nicht zentralen agrar. Siedlung zurück. Die administrative Fläche der Stadt selbst ist ohne Bedeutung für die Ausübung von S.-U.-B., solange der Raum für die Ansiedlung der zentralen Einrichtungen ausreicht. Im Unterschied zum Mittelmeergebiet (→Contado) waren die Stadtgrenzen in Mitteleuropa meist eng gezogen und der bürgerl. Zugriff auf Agrarflächen deshalb geringer. Hier konnte es nur im Umland von prosperierenden und über polit. Handlungsspielraum verfügenden Städten in größerem Ausmaß zu einer Intensivierung der S.-U.-B., dort wechselnde Kapitalflüsse kommen. Beispiele dafür sind →Reichsstädte, die zu ihrem sich ausbildenden Territorium in der Regel sehr intensive Beziehungen hatten, während die Hauptorte von Flächenterritorien auf mittlerer und/oder oberer Ebene entfernungsmäßig weiter ausgriffen, ihre Beziehungsintensität jedoch durch die notwendige Einschaltung von Zwischenebenen geringer blieb.

Die Gründung von Städten im Rahmen des →Landesausbaus (→Bastide, städt. →Plananlage) geschah regelmäßig auch unter dem Gesichtspunkt fortschreitender wirtschaftl. Differenzierung, d. h. der Förderung von Austauschvorgängen über den Markt. Hiervon sind nur die monofunktionalen Städte ausgenommen, die ihre Entstehung einem wirtschaftl. nutzbaren Bodenschatz verdanken (→Bergstadt).

S.-U.-B. können sich auf wenige oder eine einzelne der möglichen Funktionen einengen; die häufigste einseitige Ausrichtung ist die auf kult., d. h. im europ. MA geistl. Funktionen (z. B. Wallfahrtsorte, Pfarrsitze). Dagegen nutzt die einseitige Ausrichtung einer Siedlung auf die Verteidigung ihren potentiellen zentralen Funktionen selten (mögliche Funktionsspaltung: Herrschaftssitz in Schutz-, Marktort in Verkehrslage). Die Bedeutung der polit.-herrschaftl. Funktion steigt mit der Ausbildung fester Amts- und Regierungssitze und dort installierten Verwaltungseinrichtungen an. Herrschaftssitze überwiegen zahlenmäßig in Gebieten dominierender Subsistenzwirtschaft, die demnach auf Warenaustausch nur sehr eingeschränkt angewiesen ist.

Ein funktionsfähiges Verkehrsnetz ist Voraussetzung für S.-U.-B.; die Qualität der Landverkehrswege ist jedoch wegen der geringen Ausbaumöglichkeiten in vortechn. Zeit nur selten Ausdruck der Beziehungsintensität. Standen der Bevölkerung nur Landwege zur Verfügung, nahm das Umland etwa kreisförmige Gestalt an, solange Untergrund (z. B. Sumpf) und Geländeformen (z. B. Höhenrücken, Steilstufen) nicht Hindernisse schufen. In einem Flußtal zw. nicht dauerbesiedelten Höhenzügen entstehen langgestreckte Umlandgebiete. Die Möglichkeit des Wassertransports dehnt das Umland aus, da er einen Warenaustausch über größere Entfernungen erleichtert (v. THÜNEN). Insbes. bei Umschlagplätzen vom Land- auf den Wassertransport bildeten sich fächerförmige Um- bzw. Hinterländer aus.

Die von der Geographie für zentralörtl. Beziehungen entwickelten Untersuchungsmethoden eignen sich nur sehr eingeschränkt zur Erfassung hist. S.-U.-B. (s. jedoch ansatzweise R. KLÖPPER, M. MITTERAUER, K. GREVE), da die wirkl. Inanspruchnahme der zentralen Stadt aus dem Umland meist nur schwer, häufig ledigl. auf dem Umweg über die allg. Prosperität der städt. Wirtschaft nachvollzogen werden kann.   H.-K. Junk

Lit.: J. H. v. THÜNEN, Der isolierte Staat in Beziehung auf Landwirtschaft und Nationalökonomie, 1842, 1910² - R. GRADMANN, Siedlungsgeographie des Kgr.es Württemberg, 1914 [insbes. T. 2] – DERS., Schwäb. Städte, Zs. der Ges. für Erdkunde, 1916 – H. BOBEK, Grundfragen der Stadtgeographie, Geogr. Anzeiger 28, 1927 – DERS., Innsbruck, 1928 – W. CHRISTALLER, Die zentralen Orte in Süddtl., 1933, 1968² – R. KLÖPPER, Entstehung, Lage und Verteilung der zentralen Siedlungen in Niedersachsen, 1952 – P. SCHÖLLER, Der Markt als Zentralitätsphänomen, WF 15, 1962 – Zentralitätsforsch., hg. DERS., 1972 – M. MITTERAUER, Markt und Stadt im MA, 1980 – Städt. Um- und Hinterland in vorindustrieller Zeit, hg. H. K. SCHULZE, 1985 – K. GREVE, Zentrale Orte im Hzm. Schleswig 1860, 1987 – G. SCHWARZ, Allg. Siedlungsgeographie, 1989⁴ – R. KIESSLING, Die Stadt und ihr Land (Städteforsch. A 29, 1989).

Stadtviertel, zur leichteren Organisation von Gemeinschaftsaufgaben (Steuererhebung, soziale Versorgung, Verteidigung, Brandbekämpfung) eingerichtete, der städt. Gesamtgemeinde nachgeordnete und von dieser mit Aufgaben und Rechten begabte, linear abgegrenzte Lokalverbände (auch Quartiere, »Gassen«, Hofen, Kluchten, Gemeinheiten sowie s. u.). S. besitzen Organe (Viertelmeister), teilweise auch eigene Einkünfte, stellen Wahlmänner für städt. Gremien (Kurgenossen) und führen Register (→Schreinswesen). Sie kommen in zwei, sich im konkreten Stadtorganismus nicht ausschließenden Ausprägungen vor: »Primäre« S. (R. KÜNZLER-BEHNCKE) sind der Gesamtgemeinde bereits als verfaßte Gemeinschaft beigetreten, die sehr viel häufigeren sekundären S. erst von der Gesamtgemeinde eingerichtet worden.

Primäre S. bewahren in der Regel mindestens Teile ihrer rechtl. Sonderstellung (bes. deutl. im Falle der Domimmunitäten); sie können positiv (Handelsviertel it. Stadtstaaten im ö. Mittelmeerraum) oder negativ (Gettos) privilegiert sein. Ihre Position drückt sich oft in eigener Ummauerung aus, die bei sekundären S.n nur vorkommt, wenn sie genet. primäre S. sind (ehem. Neustädte o. ä.). Im Mittelmeerraum ergab sich oft eine Viertelsbildung nach ethn. und/oder religiösen Gruppen, deren ansatzweise Selbstverwaltung auch bei fehlender Autonomie gegenüber dem Stadtherrn toleriert wurde.

Klass. ist für die sekundären S. ihre in den Begriff eingehende Vierzahl (Einteilung durch ein Straßenkreuz), selbst in so großen Städten wie Breslau und Lübeck, doch kommen auch höhere Zahlen vor (Paderborn: 5 Bauerschaften, Münster: 7 Leischaften, Aachen: 9 Gft.en, Schwerte: 10 Schichte, Köln: 19 Kirchspiele, unterteilt in 52 Tirmten, und weitere →Sondergemeinden). Eine Teilung in nur drei S. weist auf sehr kleine Städte. Sekundäre S. haben regelmäßig kein eigenes Bürgerrecht; das Recht der Stadtgemeinde bestimmt Rechte und Pflichten gegenüber dem S., das mit der Zeit jedoch den Status einer Sondergemeinde erwerben kann. S. können deutl. unterschiedl. Prestigewert haben, doch ist von sozialer Durchmischung auszugehen.

Die Grenzen insbes. der sekundären S. sind oft unter Verwendung älterer Grenzen (z. B. Pfarreien, Immunitäten, sonstige Rechtsbezirke) gezogen; sie können aber abhängig vom unmittelbaren Anlaß ihrer Errichtung auch nach streng rationalen Prinzipien über eine (bestehen bleibende) ältere Einteilung gestülpt werden. Sie folgen oft Straßen bzw. Gassen, doch können sie auch etwa parallel zu diesen die Baublöcke teilen (→Topographie, städt.).

In den Kontaktbereichen zw. Germanen und Slaven, insbes. im unmittelbaren, slav. bewohnten Umland dt. dominierter Stadtsiedlungen, entwickelten sich Wohnviertel von Slaven, die nicht notwendig ein rechtl. Teil des Stadtorganismus waren, jedoch funktionell so einzuordnen sind, z. B. eine Reihe der stadtverbundenen Dörfer (W. KUHN, →Stadtdorf), kenntl. an ihren aus der Sicht der Stadtbewohner geprägten Namen, wie »Polnisch-«, »Böhmisch-« oder »Winschendorf«. Von meist geringerer Bedeutung, aber in der Regel Teil der Gesamtgemeinde ist im Bereich der ma. →Ostsiedlung die »Wend. Gasse, die auf der Iber. Halbinsel ihre Entsprechung in der »Maur. Gasse« hat.

Im übertragenen Sinne werden als S. auch Teile des städt. Baukörpers bezeichnet, die sich funktional und/oder physiognom. als Einheiten herausheben, ohne rechtl. verfaßt zu sein, z. B. Markt-, Scheunenviertel. Der moderne sozialgeogr. Ansatz der Viertelsbildung ist für das MA unergiebig.   H.-K. Junk

Lit.: H. KEUSSEN, Topographie der Stadt Köln im MA, 2 Bde, 1910, 1986² – J. SCHULTZE, Die S., BDLG 92, 1956 – R. KÜNZLER-BEHNCKE, Entstehung und Entwicklung fremdvölk. Eigenviertel im Stadtorganismus, 1960 – W. KUHN, Die Stadtdörfer der ma. Ostsiedlung, ZOF 20, 1971 – Dt. Städteatlas, hg. H. STOOB, 1973ff. – Westfäl. Städteatlas, hg. H. STOOB-W. EHBRECHT, 1975ff. – B. HOFMEISTER, Die Stadtstruktur, 1980 – Hist. stedenatlas van Nederland, 1982ff.

Stadtwaage →Waage

Stadtwald →Wald

Stadtwurt →Wurt

Staffarda, Abtei OCist bei →Saluzzo (Piemont), in einem Waldgebiet vermutl. von den Söhnen des Mgf.en Bonifacio del →Vasto gegründet, die das Kl. mit zahlreichen, zw. Saluzzo und Revello liegenden Besitzungen ausstatteten (die Schenkungsurk. ist zw. 1127 und 1138 zu datieren). Im gleichen Gebiet wuchs in den folgenden Jahren das Patrimonium der Abtei durch weitere Schenkungen an. Das Kl. erhielt rasch die päpstl. Privilegien, 1159 stellte es Ks. Friedrich I. Barbarossa unter seinen Schutz. Ende des 12. Jh. verschlechterten sich die Beziehungen zu den Mgf.en (nun als Mgf.en von →Saluzzo bezeichnet), nach 1216 stellte sich jedoch das frühere gute Verhältnis wieder her: das ganze 13. Jh. hindurch fungierte die Abtei als symbol. Mittelpunkt der Mgft. (Grablege und Unterzeichnungsort polit. bedeutsamer Urkunden).

Dank der Förderung durch die Mgf.en v. Saluzzo und die Mgf.en v. Busca bildete S. sehr früh eine Kl. organisation und gliederte seinen ausgedehnten Grundbesitz, der durch weitere Schenkungen des lokalen Niederadels fast bis an die Tore v. Turin reichte, in Grangien. Obwohl die Abtei keine Herrschaftsrechte ausübte, ermöglichten ihr die Immunität und ihr konsolidiertes Patrimonium, sich in einigen Gebieten völlig jeder polit. Kontrolle von außen zu entziehen. R. Bordone

Q.: Cartario dell'abbazia di S. fino all'anno 1313, hg. F. GABOTTO, G. ROBERTI, D. CHIATTONE, BSSS XI-XII, 1901-02 – *Lit.*: L. PROVERO, Monasteri, chiese e poteri nel Saluzzese (secoli XI–XIII), Boll. stor. bibliogr. subalpino XCII, 1994, 430–446.

Staffelsee, Inventar v., überliefert im Kontext einer nur fragmentar. erhaltenen Besitz- und Leistungsaufnahme des Bm.s Augsburg zusammen mit dem →Capitulare de villis und anderen sog. →»Brevium exempla« im Cod. Guelf. 254 Helmst. fol. 9–12, aufgezeichnet anläßl. der Vereinigung des Bm.s Neuburg/S. mit Augsburg um 810. Es enthält Einzelinventare des Kirchenschatzes der Michaelskirche, der Bibliothek und der Schreibstube sowie des Herrenhofes auf der Insel Wörth mit Erntevorräten, Viehbesatz, Genetium und Mühle, während die Angaben über das Salland zum eigtl. Urbar gehören, das die auf dem Festland in Seehausen grundherrschaftl. organisierten 23 mansi ingenuiles bzw. 19 serviles mit ihren Diensten und Abgaben beschreibt. D. Hägermann

Ed. und Lit.: MGH Cap. I, 250f. Nr. 128 – K. ELMSHÄUSER, Unters. zum S.r Urbar (Strukturen der Grundherrschaft im frühen MA, hg. W. RÖSENER, 1989), 335–369 [Bibliogr.].

Stafford, Familie, Earls of. Das Haus S. gehörte zu den größten engl. Hochadelsfamilien im SpätMA und erreichte seinen Höhepunkt 1351–1521. Eduard III. schuf oder erneuerte 14 engl. earldoms, doch nur die S.-Familie konnte als einziges dieser neuen Gf.enhäuser bis in die Tudorzeit bestehen. Hinsichtl. der überlebenden männl. Erben stand das Haus S. im Vergleich zu anderen baronialen Familien von der Regierung Richards I. (1189–99) bis zur Regierung Karls I. (1625–49) einzigartig dar. Der Begründer der S.-Familie war *Robert* († um 1088), der jüngere Sohn von Roger de Tony (vorher de Conches, um 990–1038/39). Er gehörte 1086 zu den größeren Kronvasallen. Sein Urenkel *Robert S. III.* starb 1193/94 kinderlos, und dessen Erbin war seine Schwester *Millicent*, die Gemahlin von Harvey Bagot († 1214), deren Sohn den Namen 'S.' als Familiennamen annahm. Vier Generationen der S.s, die die Ländereien der Familie im 13. Jh. besaßen, treten in den Q. nicht hervor. *Edmund* (1273–1308), der als Minderjähriger 1287 sein Erbe antrat, wurde 1299 als Baron ins Parliament berufen. Sein Sohn und Erbe *Ralph* (1301–72) begründete den Aufstieg des Hauses S. Während seine Vorfahren noch unbedeutende Barone in Mittelengland gewesen waren, machte sich Ralph selbst zu einem der reichsten und mächtigsten Mitglieder des engl. Hochadels. Er erbte wie sein Vater seine Ländereien als Minderjähriger, und die Übergabe des Besitzes erfolgte am 6. Dez. 1323. Ralph gehörte zu der Gruppe von jungen Adligen, deren Unterstützung Eduard III. half, die Herrschaft von Roger →Mortimer zu beenden. Nachdem er an den Feldzügen des Kg.s in Schottland teilgenommen hatte, wurde er 1336 ins Parliament berufen. Seine Karriere im kgl. Dienst dauerte über 40 Jahre. Es gelang ihm, so während der Kriege Eduards III. in Frankreich, die 1337 begannen, ein Vermögen anzuhäufen. Er nahm an den Seeschlachten bei →Sluis (1340) und Winchelsea (1350) teil. 1342 kämpfte er in der Bretagne, wo er bei der Belagerung v. Vannes in Gefangenschaft geriet. Ralph wurde am 19. Jan. 1343 gegen Olivier de →Clisson ausgetauscht und konnte so einer hohen Lösegeldzahlung entgehen. Am 26. Aug. 1346 hatte er am Sieg des Kg.s in →Crécy Anteil, und 1347 beteiligte er sich an der Belagerung v. →Calais. 1348 wurde er zu einem der Gründungsmitglieder des →Hosenbandordens gewählt. Als militär. und Flottenbefehlshaber, Politiker, Diplomat, Höfling und Verwaltungsbeamter diente Ralph Eduard III. bei vielen Gelegenheiten. Er war Steward des kgl. Hofhalts 1341–45, Seneschall v. Aquitanien 1345–46 und an den Verhandlungen für den Vertrag v. →Brétigny beteiligt. Am 5. März 1351 wurde er zum Earl of S. ernannt. Bald nach dem Tod seiner ersten Gemahlin, Katherine Hastang, heiratete er 1336 Margaret († ca. 1348), Tochter und Erbin von Hugh Audley († 1347), Earl of Gloucester. Von ihr hatte er zwei Söhne und vier Töchter. Sie hatte als Urenkelin Eduards I. kgl. Vorfahren, und ihre Erbschaft umfaßte Ländereien in England, Wales und Irland, die vorwiegend im Besitz der →Clare-Familie (Earls of Gloucester und Hertford) waren. Ralph starb am 31. Aug. 1372. Sein Vermögen zeigte sich in der großen Mitgift, die er drei seiner Töchter aus seiner zweiten Ehe übertragen konnte, ebenso in der aufwendigen Hochzeit, die er 1344 für seinen älteren Sohn *Ralph* ausgerichtet hatte. Ralphs Braut war Maud († 1362), ältere Tochter und spätere Miterbin von Henry (→Heinrich [55.H.]) of Grosmont († 1361), dem 1. Duke of Lancaster. Doch beendete Ralphs früher Tod (1347) die Hoffnung auf die Erbschaft des halben Hzm.s v. Lancaster.

Der Nachfolger von Earl Ralph war sein jüngerer Sohn *Hugh* (ca. 1342–86), der bereits 1371 als Baron ins Parliament berufen worden war. Seine militär. und polit. Laufbahn war nicht so einträgl. wie die seines Vaters. Er versah seinen militär. Dienst unter →Eduard d. »Schwarzen Prinzen« in Aquitanien und 1367 in Spanien, 1375 nahm er an dem Feldzug in der Bretagne teil. 1376 zum Ritter des Hosenbandordens ernannt, wurde Hugh Mitglied des kgl. Rates während der Minderjährigkeit Richards II. Earl Hugh heiratete 1353 Philippa, Tochter von Thomas →Beauchamp († 1369), Earl of Warwick. Aus dieser Ehe stammten fünf Söhne, von denen nur einer, Edmund, Nachkommen hinterließ, und drei Töchter, Margaret, Katherine und Joan, deren Ehemänner engl. Earls wurden. Der älteste Sohn von Earl Hugh, Sir *Ralph*, war im Gefolge des Kg.s, als er in der Nähe von York im Mai 1385 von dem brutalen Halbbruder Richards II., Sir John →Holland, ermordet wurde. Hughs Testament wurde am 15. April 1386 in Yarmouth (Co. Norfolk) ausgestellt, am 16. Okt. 1386 starb er auf Rhodos während der Rückreise von einer Pilgerfahrt nach Jerusalem. Seine vier überlebenden Söhne waren bei seinem Tod minderjährig, drei folgten nacheinander im Earldom. Da Earl Hugh seine Besitzungen vorsichtshalber Lehnsmännern übertragen hatte, konnte die Krone während der Minderjährigkeit der drei S.-Erben zw. 1386 und 1399 nur geringe Einnahmen beanspruchen.

Earl *Thomas* (ca. 1368–92) heiratete Anne, die älteste Tochter seines Vormunds, →Thomas of Woodstock (1357–97), Duke of Gloucester. Als er kinderlos am 4. Juli 1392 starb, folgte sein Bruder *William* (1375–95), der jedoch niemals seine Erbschaft antreten konnte. Er starb noch minderjährig und unverheiratet am 6. April 1395. Sein Nachfolger war *Edmund* (1378–1403), der 5. Earl, der die Familienbesitzungen wiedervereinigen konnte durch seine Heirat mit seiner verwitweten Schwägerin Anne, die einen Teil der Ländereien als Wittum erhalten hatte. Als sie 1400 unerwartet die einzige Erbin ihrer Eltern, dem Duke of Gloucester und dessen Gemahlin Eleonore →Bohun († 1399), wurde, erhielt das Haus S. den umfangreichsten Besitzzuwachs. Annes große Erbschaft umfaßte die Hälfte der Ländereien der Bohun-Earldoms v. Essex, Hereford und Northampton; später konnte sie noch den Besitz wertvoller Ländereien erlangen, die ihr Vater vorher besessen hatte, bes. die reiche Herrschaft (Lordship of) →Holderness. Earl Edmund erfreute sich nur kurz seines Besitzes. Er wurde in der Schlacht v. →Shrewsbury am 21. Juli 1403 getötet, als er auf der Seite Heinrichs IV. kämpfte. – Da zw. 1386 und 1485 jeder Erbe des S.-Besitzes bei dem Antritt seiner Erbschaft minderjährig war und unter kgl. Vormundschaft stand, verminderten sich Einfluß und Vermögen der Familie.

Obwohl er nur über mittelmäßige Fähigkeiten verfügte, gelang *Humphrey* (1402–60), dem 6. Earl, der Aufstieg zum erfolgreichsten Mitglied der S.-Familie im SpätMA. Am 15. Aug. 1402 geboren, war er noch nicht ein Jahr alt, als er seinem Vater nachfolgte. Seine große Erbschaft erhielt er im Dez. 1421, nachdem er bereits am 22. April zum Ritter geschlagen worden war. Vor dem 18. Okt. 1424 heiratete er Anne († 1480), eine der vier Töchter von Ralph →Neville († 1425), dem 1. Earl of Westmorland, und dessen zweiter Gemahlin Joan Beaufort († 1440), der jüngsten Tochter von →John of Gaunt. Vor dem 1424 Mitglied des kgl. Rates und 1429 Ritter des Hosenbandordens. 1430–32 diente er in Frankreich, wo er zum →Constable von Heinrich VI. und 1431 zum Gf.en v. →Perche ernannt wurde. 1438 vergrößerte sich seine Macht, als er die großen Besitzungen seiner Mutter, der dreimal verwitweten Anne, erbte. 1442–51 hatte er das Amt des Capitaine de Calais inne. Am 14. Sept. 1444 wurde S. zum Duke of →Buckingham ernannt. Er war der einzige engl. Adlige, der so mächtig war wie →Richard Plantagenêt (10. R.), Duke of York. Doch versäumte er es, eine polit. Führungsrolle zu beanspruchen, so daß Richard die Kontrolle über die engl. Regierung gewinnen konnte.

T. B. Pugh

Lit.: Peerage XII, 1, 1953 – T. B. Pugh, The Marcher Lordships of South Wales, 1415–1536, 1963 – K. B. McFarlane, The Nobility of Later Medieval England, 1973 – C. Rawcliffe, The S.s, Earls of S. and Dukes of Buckingham, 1394–1521, 1978.

S., John, Ebf. v. →Canterbury seit 13. Mai 1443, * ca. 1385, † 25. Mai 1452; illegitimer Sohn von Sir Humphrey Stafford († 1413) of Hooke (Co. Dorset), einem Verwandten von Humphrey →Stafford (1402–60) und einem der reichsten Ritter Englands. In Oxford ausgebildet, empfing S. im Mai 1414 die Priesterweihe. Ebf. Henry →Chichele wurde sein Förderer. S. gehörte zur Gruppe der kirchl. Rechtsgelehrten, die von Heinrich V. berufen wurden. Er bekleidete die Ämter des →*Keeper of the Privy Seal* (Mai 1421–Dez. 1422) und des →*Treasurer of England* (1422–März 1426), am 27. Mai 1425 wurde er zum Bf. v. →Bath und Wells geweiht. Im April 1430 begleitete er Heinrich VI. nach Frankreich, und bald nach der Rückkehr des Kg.s nach England wurde er am 4. März 1432 Lord Chancellor. Am 13. Mai 1443 folgte er Chichele im Ebf.samt nach, doch führten polit. Umwälzungen zu seiner Resignation am 31. Jan. 1450 als Lord Chancellor. Seine öffentl. Aufgaben ließen ihm wenig Zeit für seine Diöz. Bath und Wells, aber sein Bf.sregister zeigt, daß er versuchte, die Häresie zu unterdrücken, die religiöse Erziehung zu fördern und den abwesenden Klerus zu disziplinieren. Von Thomas →Gascoigne verleumdet, wird S. heute als Kirchenpolitiker und Verwalter gewürdigt.

T. B. Pugh

Lit.: E. F. Jacob, Archbishop J. S., TRHS, 5th Ser., XII, 1962, 1–23 [Repr.: Ders., Essays in Medieval Hist., 1968].

Stafford, -shire, Stadt und Gft. in England. Die Gft. wird im N von Cheshire und Derbyshire, im O von Leicestershire und Warwickshire, im S von Hereford und Worcestershire und im W von Salop begrenzt und bildete vom 7. bis 9. Jh. das Zentrum des Kgr.es →Mercien. Das am Sow gelegene S. wurde 913 von →Æthelflæd v. Mercia, der Tochter Kg. Alfreds, gegründet und befestigt. Von 925 bis 1189 war S. kgl. Münzstätte. 1016 bezeichnet es die Ags. →Chronik als *shire town*. Das →Domesday Book listet für 1086 128 bewohnte Hausstätten auf, verzeichnet jedoch auch 51 wüst liegende Häuser, vermutl. eine Folge des dort 1069 von Wilhelm d. Eroberer blutig niedergeworfenen Aufstands von Truppen aus S.shire und Cheshire. S. war der einzige →*borough* Englands, der nach der Eroberung einen geringeren Steuerwert hatte. Wilhelm ordnete 1070 den Bau einer kgl. Burg im NW S.s an. Der Ort war zu diesem Zeitpunkt bereits ummauert; die vier Tore lagen an den Ausfallstraßen. Die Hauptachse der Siedlung war die von N nach S verlaufende spätere High Street mit einer Marktplatzerweiterung und den im O und W gelegenen Pfarrkirchen St. Mary und St. Chad. Im N (Foregate) und im S (Forebridge) hatten sich zu Ende des 11. Jh. Vorstädte gebildet. Die Ausfallstraße zum East Gate entwickelte sich seit dem 12. Jh. zu einem Gewerbezentrum. 1199 war S. erstmals als borough durch eine eigene Jury vor dem →*eyre* repräsentiert; 1206 erhielt es einen kgl. Freibrief (Bestätigungen: 1228, 1262, 1314). 1164 ist das Amt des praepositus erwähnt; in der Folgezeit unterstand S. zwei jährl. durch den Rat zu wählenden →*bailiffs*. 1261 erhielt S. erstmals Messerecht, bis 1412 hatten sich drei Jahrmärkte etabliert.

B. Brodt

Q. und Lit.: VCH S.shire, VI, 1979.

Stagel(in), Elsbeth, Dominikanerin und Mystikerin, * um 1300, aus angesehener Zürcher Ratsfamilie, † um 1360 im Kl. →Töss (bei Winterthur), dem sie seit frühester Jugend angehörte. In ihrem sechsunddreißigsten Lebensjahr wählte sie den ca. sechs Jahre älteren Heinrich →Seuse 'für immer' zu ihrem geistl. Führer ('mein Verlangen steht nicht nach klugen Worten, sondern nach heiligem Leben'). In dem ihr zugeschriebenen Tösser Schwesternbuch (von Seuse lobend hervorgehoben, 96, 11–15) führt sie sich nur in den letzten zwei Viten persönl. ein, ledigl. in der letzten findet sich ihr Name genannt. Im Grundentwurf seiner Vita geht auch Seuses Lebensbeschreibung (Vita) als eines anfangenden und fortgeschrittenen Menschen auf sie zurück, die sie ihm im Verlauf vieler Gespräche insgeheim entlockt hatte (97, 6–9). In der Schlußredaktion seiner Vita (im sog. 'Exemplar') setzt Seuse E. S. als Impulsgeberin an den Anfang, als selig und vorbildhaft Verstorbene, die ihm in einer Vision erscheint, an das Ende des Ganzen. In ihrer Person gibt er selber »ein Beispiel der Befolgung und einen Schlüssel zum Verständnis der Vita« (PLEUSER). Nach Seuses Worten (4, 18–22) lag auch die Redaktion seines 'großen Briefbuchs' ganz in ihrer Hand. Ihre Sprache (namentl. die im 2. Teil der Vita eingestreuten Briefe S.s und ihre dichter. Übersetzung der ihr von Seuse übersandten lat. Sprüche) erweist ihre hohe lit. Bildung in der Beherrschung der Stilmittel der zeitgenöss. Lit. Seltene myst. Begnadung und asket. Selbstkontrolle zeichnen sie als Person aus. Einordnen läßt sie sich in das für die Frömmigkeit des späten MA typ. Schema des Verhältnisses von Seelenführer/Beichtvater und geistl. Tochter. Sie in ausschließl. Abhängigkeit von Seuse zu sehen, wird ihrer kongenialen schriftsteller. Fähigkeit nicht ganz gerecht. →Mystik, A. I. H. Backes

Q.: F. VETTER, Das Leben der Schwestern zu Töss, 1906 – H. BIHLMEYER, Heinrich Seuse, Dt. Schrr., 1907 – *Bibliogr.*: G. J. LEWIS, Bibliogr. zur dt. Frauenmystik des MA, 1989, 304–310 – *Lit.*: F. VETTER, Ein Mystikerpaar des vierzehnten Jh., Schwester E. S. in Töss und Vater Amandus (Suso) in Konstanz, 1882 – W. MUSCHG, Die Mystik in der Schweiz, 1935, bes. 252–270 – J. SCHWIETERING, Zur Autorschaft von Seuses Vita (DERS., Mystik und höf. Dichtung im MA, 1960), 107–122 – C. PLEUSER, Tradition und Ursprünglichkeit in der Vita Seuses (Heinrich Seuse, hg. E. M. FILTHAUT, 1966), 135–160 – U. PETERS, Religiöse Erfahrung und lit. Faktum, 1988 – A. CLASSEN, From Nonnenbuch to Epistolarity: E. S.s as a Late Medieval Woman Writer (Medieval German Lit., hg. DERS., 1989), 147–170 (GAG 507).

Stahl (ahd. *stahel*, an. *stal*, engl. *steel*), schmiedbares, geschmiedetes und gehärtetes →Eisen, bedingt durch bestimmten Kohlenstoffgehalt, der auch beim Schmieden im Kohlenfeuer vermehrt wird. Der schon seit ca. 1300 v. Chr. (u. a. Hethiter) hergestellte S. wird bei Homer gen. und von Plinius als männl. Eisen von dem weibl. (weichen: ferrum molle) Eisen unterschieden. Mit stark ansteigender Eisenverhüttung seit dem 12. Jh. wird im MA auch der S. ein häufiges und begehrtes Handelsprodukt, wobei die skand. Ware sich auszeichnete. Die Härtung wird durch Abschrecken in Wasser (auch Blut und Urin wurden gen.) vorgenommen. →Theophilus Presbyter berichtet um 1120 in der 'Schedula diversarum artium' (B. III) eingehend über S. (chalybs); ebenfalls →Konrad v. Megenberg um 1350. Die seit dem späten MA gebräuchl. S. herstellung faßt G. →Agricola in 'De re metallica' (B. IX) 1556 nochmals zusammen. G. Jüttner

Lit.: W. THEOBALD, Technik des Kunsthandwerks im 12. Jh. Des Theophilus Presbyter 'Diversarum artium schedula', 1933 [Neudr. 1953] – R. SPRANDEL, Das Eisengewerbe des MA, 1968.

Stainreuter, Leopold. Der in seiner Hzg. →Albrecht III. v. Österreich gewidmeten Übersetzung von Cassiodors »Hist. tripartita« sich als Verf. nennende 'Leupoldus de Wienna', von dem auch die dt. Versionen dreier lat. Pilgerschriften (über Rom, Jerusalem und den Berg Sinai) stammen, ist nicht, wie K. J. HEILIG postulierte, mit dem 1378/79 bezeugten hzgl. Hofkaplan Lŭtoldus Stainrueter identisch. Als Mitglied des Wiener Konvents der Augustinereremiten (Studium in Paris, 1377/78 Prior, Lehramt an der theol. Fakultät der Wiener Univ.; seit 1385 Hofkaplan, 'lector secundarius primo loco' am augustin. Generalstudium und päpstl. Ehrenkaplan) gehörte der Autor dem geistl.-akadem. Kreis um den Hof Albrechts an. Obgleich keine der über 50 Hss. eine Verf.nennung enthält, wird ihm auch die »Österr. Chronik von den 95 Herrschaften« (ca. 1388–98) zugeschrieben, die, formal den franziskan. →»Flores temporum« folgend, Ks.- und Papstgesch. mit einer in 95 'Herrschaften' gegliederten Gesch. Österreichs verschränkt. Die Chronik, die noch in der österr. und bayer. Historiographie des 15. Jh. nachwirkt (u. a. Thomas →Ebendorfer, Hans →Ebran v. Wildenberg, Veit →Arnpeck), stellt in den ersten 81 Herrschaften eine fiktive Fabelfürstenreihe vor, während die folgenden Abschnitte aus dt. Chroniken (Jans →Enikels »Fürstenbuch«, →Ottokars »Reimchronik«, »Königsfelder Chronik«) schöpfen. N. H. Ott

Ed.: Philippi Liber de terra sancta in der dt. Übers. des Augustiner Lesemeisters Leupold vom Jahre 1377, ed. J. HAUPT, Österr. Vjs. für kath. Theol. 10, 1871, 517–540 – Cassidorus' Hist. ecclesiastica tripartita in L. Stainreuter's German Translation, ed. C. BOOR, 2 Bde, 1977 – Österr. Chronik von den 95 Herrschaften, ed. J. SEEMÜLLER (MGH Dt. Chron. 6), 1909 [Neudr. 1980] – *Lit.*: Verf.-Lex.² V, 716–723 [P. UIBLEIN] – K. J. HEILIG, L. S. v. Wien, der Verf. der sog. Chronik von den 95 Herrschaften, MIÖG 47, 1933, 225–289 – P. UIBLEIN, Die Q. des SpätMA (Die Q. der Gesch. Österreichs, hg. E. ZÖLLNER, 1982), 100–103.

Stal (von frz. *étalon*), auch Satin, Richtstück, in Süddtld. Korn, frz. auch *piedfort;* Normalgewichtsstück ma. Münzen seit dem 13. Jh., häufig in höherem Gewicht als Dickabschlag, aber auch als Bezeichnung mehrerer Münzen als Normalgewicht. Der S. konnte als Probemünze für den Münzherrn dienen, dann auch als Strichnadel für die Probe des →Feingehalts. S.e sind u. a. bekannt von Bremen, Münster, Kleve, Trier, Böhmen und Frankreich. In Köln wurde 1252 festgelegt, daß in der Sakristei des Doms eine Probe, »quod stail vulgariter appellatur«, im Wert von 13 →Schillingen und 4 →Pfennigen zu hinterlegen sei, so auch im Bopparder Münzvertrag 1282. S.e sind ebenfalls von →Gulden und →Groschen des 14./15. Jh. bekannt. P. Berghaus

Lit.: F. v. SCHROETTER, Wb. der Münzkunde, 1930, 567 – W. HÄVERNICK, Die Münzen von Köln, I, 1935, 11 – K. KENNEPOHL, Ein Klever S., Bll. für Münzfreunde 78, 1954, 41f. – P. BERGHAUS, S.e des Bm.s Münster, HBNum 14, 1960, 486f. – G. ALBRECHT, Kölner Münzproben des 13. Jh., ebd. 21, 1967, 215–218.

Stalaktitengewölbe, im islam. Gewölbebau bes. am Übergang von den Wänden zur Trompenkuppel als Dekorationsform, die einem hängenden Stalaktiten (Muquarnas) ähnelt; diese Art Wabendekor besteht aus in Reihen einander überkragenden einzelnen Klötzchen aus bemaltem oder vergoldetem Holz oder Stuck, seltener aus Stein oder glasierter Keramik. Auch ganze Kuppeln, Nischen und Portale können mit S. überdeckt sein. Seit dem 11./12. Jh. verbreitet in der Türkei, Zentralasien, Iran und Indien, aber auch in Sizilien und Spanien, z. B. Cappella Palatina im Palast Rogers II. in Palermo um 1140, »Saal der zwei Schwestern« in der Alhambra in Granada 14. Jh.
G. Binding

Lit.: Lex. d. Kunst V, 44; VII, 8 – D. HILL–O. GRABAR, Islamic Architecture and its Decoration 800–1500, 1964.

Stalhof. Ansatzpunkt für die Entstehung des späteren Londoner Hansekontors ist die im Stadtbezirk Dowgate nahe der Themse gelegene *gildhalla* der Kölner Kaufleute. Das Gebäude, im späten 12. Jh. erworben, diente als Lagerraum und Versammlungsort. Im 14. Jh. wurde der Bezirk zunehmend vom Tuchhandel und vom tuchverarbeitenden Gewerbe geprägt, und hier waren dt. Kaufleute und Handwerker ansässig. Die Bezeichnung *Steelyard* ('S.'), zunächst für ein Gebäude bezeugt, leitet sich vom nd. Verbum 'stalen' ab, welches das Kennzeichnen der Tuche mit einer Plombe meint. Nachdem die Deutschen im späten 15. Jh. weitere Gebäude in ihre Nutzung genommen und einige der Grundstücke erworben hatten, wurde S. als Bezeichnung für den Bezirk der dt. Niederlassung üblich. Die Hansekaufleute, die am privilegierten

Handel in England teilnahmen, bildeten eine Rechtsgemeinschaft, als deren Zentrum das Londoner Kontor galt. Die übrigen Niederlassungen im Land waren ihm untergeordnet. An der Spitze der Genossenschaft stand zunächst ein gewählter Ältermann, seit Ende des 14. Jh. amtierten zwei nebeneinander, ein dt. und ein engl., der die Vertretung gegenüber der Stadt London wahrnahm. →Hanse, →Kontor, →Quartier, 2. K. Wriedt

Q.: J. M. LAPPENBERG, Urkundl. Gesch. des hans. S. es zu London, 1851 [mit einem fehlerhaften Abdruck der Statuten 1388–1460; vgl. die Korrekturen bei J. GOETZE (Q. zur Hanse-Gesch. Frh. v. Stein-Gedächtnisausg. 36, 1982), 350–382] – *Lit.:* K. ENGEL, Die Organisation der dt.-hans. Kaufleute in England im 14. und 15. Jh. bis zum Utrechter Frieden von 1474, HGBll 39, 1913, 445–517; 40, 1914, 173–225 – TH. G. WERNER, Der S. der dt. Hanse in London in wirtschafts- und kunsthist. Bildwerken (Scripta Mercaturae, 1973) – D. KEENE, Die dt. Guildhall und ihre Umgebung (Die Hanse, hg. J. BRACKER, I, 1989), 149–156 – ST. JENKS, Leben im S. (ebd.), 157–159.

Staller, ein aus →Dänemark stammender Begriff, der unter →Knut d. Gr. in England eingeführt wurde. Der unterschiedslose Gebrauch des Begriffs in den Jahren vor der norm. Eroberung verunklarte die genauen Pflichten dieses hohen kgl. Amtsträgers. Osgod the S. wurde 1047 geächtet und suchte die engl. Küste von Flandern aus mit 29 Schiffen heim. Æsgar the S. nahm Land von der Abtei →Ely zu Lehen und war nach dem →Domesday Book einer der größten Grundbesitzer in England während der Regierung Eduards d. Bekenners. Die in der Regel an Earl, Bf. und S. gerichteten →*writs* weisen auf die Bedeutung des S. in den →*shires* hin. Eadnoth the S. starb, als er für Wilhelm d. Eroberer 1068 in Somerset kämpfte. Robert fitz Wimarc, ein Bretone, war ein anderer S., der sowohl Kg. Eduard als auch Kg. Wilhelm I. diente. Doch kam in der Folgezeit im norm. England der Begriff bald außer Gebrauch. A. Harding

Lit.: L. M. LARSON, The King's Household in England before the Norman Conquest, 1904.

Stamford, Stadt im SW der engl. Gft. Lincolnshire auf der Nordseite des Welland. Archäol. Zeugnisse (u. a. OSB Priorat St. Leonard) deuten auf eine sächs. Vorsiedlung s. des Flusses. Die einfallenden Dänen überbrückten den Welland und errichteten an dessen Nordseite im 9. Jh. eine befestigte Siedlung mit Burganlage. S. wurde einer der fünf →*boroughs* in diesem Teil des →Danelaw. Die Ags. →Chronik verzeichnet, daß S. 918 von Eduard d. Ä. erobert wurde; von 979 bis zum beginnenden 12. Jh. war S. kgl. Münze. Das →Domesday Book bezeichnet S. als borough und verzeichnet 412 Häuser in den fünf *wards*. Dabei blieb der n. der Kernsiedlung gelegene ward St. Martin unberücksichtigt, da dieser der Abtei v. →Peterborough unterstand. Unmittelbar nach der norm. Eroberung wurde n. des Flusses, wohl anstelle der dän. Anlage, eine neue Burg errichtet. Die Stadt wurde gleichzeitig ummauert. 1202 war S. als borough mit einer eigenen Jury vor dem →*eyre* vertreten und erhielt 1256 einen kgl. Freibrief. 1313 bekamen die Bürger das Recht, einen *alderman* zu wählen, der das Stadtregiment führte. 1462 wurde S. inkorporiert; neben den alderman trat ein auf Lebenszeit gewählter Rat. Die Gilda Mercatoria war von entscheidender Bedeutung für die innerstädt. Administration. In S., dessen wirtschaftl. Bedeutung bes. auf dem Woll- und Tuchhandel beruhte, waren seit 1230 Franziskaner nachweisbar, denen 1241 Benediktiner und 1341 Augustiner folgten. B. Brodt

Q. und Lit.: The Making of S., hg. A. ROGERS, 1965 – DERS. – J. HARTLEY, The Religious Foundations of Medieval S., 1974 – Royal Commission on Historical Mss., The Town of S., 1977.

Stamford Bridge, Schlacht v. (25. Sept. 1066). Im Sept. 1066 landete der norw. Kg. →Harald Sigurdsson (Hardrada) mit nicht weniger als 300 Schiffen bei Riccall an der Yorkshire Ouse. →Tostig, der gestürzte Gf. v. Northumbrien, hatte sich ihm angeschlossen. Die Wikinger besiegten am 20. Sept. ein engl. Heer bei Fulford und nahmen sodann die Stadt York ein, bevor sie sich nach Riccall zurückzogen. Der engl. Kg. →Harald II. Godwinson eilte mit einem aus Fußsoldaten und Bogenschützen bestehenden Heer nach N und stieß am 25. Sept. bei S. B. am Derwent auf die Gegner, die sich zerstreut hatten und von dem Angriff überrascht wurden. Das engl. Aufgebot errang einen vollständigen Sieg. Harald Sigurdsson und Tostig fanden den Tod. Nur wenige Wikinger konnten sich auf die Schiffe retten. Sie mußten geloben, niemals mehr einen Überfall auf England zu unternehmen. Harald II. hatte die Kontrolle über Nordengland zurückgewonnen. K. Schnith

Q.: →Chronik, Ags. – *Lit.:* F. W. BROOKE, The Battle of S. B., 1956 – J. BRØNDSTED, Die große Zeit der Wikinger [dt. 1960] – J. BEELER, Warfare in England 1066–1189, 1966.

Stamm. [1] *Allgemein:* Unter 'S.' (zu lat. gens, natio usw.) wird in der Ethnologie und Ethnogenetik eine durch gemeinsame Sprache, Überlieferungen und Siedlungsbereiche verbundene gentile Gemeinschaft verstanden; diese spezif. Anwendung des vielschichtigen Begriffs 'S.', der zunächst vorrangig den (agnat.) Geschlechtsverband (→Familie, →Genealogie) bezeichnet hatte, auf ethn. Gruppen verbreitete sich erst im 19. Jh., bevorzugt in Hinblick auf 'Naturvölker' bzw. frühgesch. Völker.

[2] *Spätantike:* In der althist. Forschung wird als S. eine Einheit bezeichnet, die mit bestehenden polit., ethn. oder sozialen Kriterien in das griech.-röm. Blickfeld tritt, z. T. als ethn. Gemeinschaft oder polit. Institution (z. B. Ioner, Aioler, Aitoler, Achaier, Makedonen) erhalten bleibt bzw. diese Kriterien bewahrt. Die antike Terminologie gibt kein klares Bild, auch fehlen festumrissene, verbindl. Begriffe: Die Gliederung DAHNS (I 5) nach Gau (pagus), Völkerschaft (civitas, natio, vgl. WENSKUS, 5), Volksgruppe (gens, natio, vgl. WENSKUS, 82) kann trotz Tacitus Germ. 2, 3 nur als Hilfskonstruktion sein, im griech. ist die Abgrenzung noch schwieriger (vgl. Tac. Germ. 39). Spuren von S.esbildung lassen sich für das Neolithikum nachweisen, für die hist. Zeit geht einer S.esbildung allgemein ein Zerfall bestehender Gruppen und Neubildung voraus (Kelten, arab. S.e). Der Begriff des Volkes als zusammenfassende, größere Einheit ist in der Spätantike noch kaum erkennbar. Selbstdeutung wie Darstellung barbar. Völker in der westl., östl. wie arab. Welt zeigen nur z. T. die ethnosoziale Wirklichkeit, gleiches gilt für mytholog. Ansätze (vgl. Tac. Germ. 2) oder sakrale Gemeinsamkeiten. Sie sind allg. Wiedergabe oder Übertragung späterer Zustände (Jordanes). S.esgenese, -bewußtsein, gemeinsame Sprache, Kult- wie Rechtsgemeinschaft, polit. Struktur, ggf. soziale Schichtung und Namenbildung entwickeln sich von Fall zu Fall gemäß spezif. exo- oder endogener Bedingungen, wofür archäol. oder sprachl. Zeugnisse allein niemals ein bindendes Indiz geben. Bes. bei nomad., halbnomad. Lebensform und in Wanderzeiten kommt es dabei in Zu- und Abstrom zu Akzeleration oder Retardation, wobei Filiation, Akkumulation und Überschichtung eine Rolle spielen können. Die Groß.e am Ende der →Völkerwanderung (→Goten, →Franken, →Alamannen, →Burgunder, →Langobarden, →Heruler, →Vandalen, →Gepiden ähnl. wie →Hunnen, →Avaren u. a.) sind Ergebnis längerer Prozesse, auch der Angleichung ihrer Bestandteile aneinander und z. T. der Veränderung der

Lebensform. Das Imperium hat, soweit möglich, die Herausbildung stabilisierender Faktoren stets unterstützt. Sie ist andererseits durch Ansiedlung auf röm. Territorium und den polit. Zerfall Roms gefördert worden. →Volks- und Stammesgeschichte.

Das vornehmlich seit dem 19. Jh. tradierte Bild einer vermeintlich unter maßgebl. Beteiligung der 'dt. Stämme' zustandegekommenen dt. Nations-und Reichsbildung mußte angesichts der Ergebnisse neuerer Forschung aufgegeben werden; s. im einzelnen →Deutschland, A; →Frankreich; →Ostfrk. Reich; →Regnum; →Natio sowie die bibliograph. Angaben zu diesen Beiträgen.

G. Wirth

Lit.: F. Dahn, Die Kg.e der Germanen, I, 1910², 3ff. – A. Dove, Stud. zur Vorgesch. des dt. Volksnamens, 1916 – E. Norden, Die germ. Urgesch. bei Tacitus, 1923³ – Ders., Alt-Germanien, 1934 – Schmidt, I–III – E. Schwarz, Germ. S.eskunde, 1955 – O. Maenchen Helfen, The World of the Huns, 1973 – R. Wenskus, S.esbildung und Verfassung, 1977² – J. Shahid, Rome and the Arabs, 1984 – W. Pohl, Die Avaren, 1988 – H. Wolfram, Die Goten, 1990³ – Gesch. Grundbegriffe, VII, 1992, s.v. Volk/Nation, Abschn. III–V, 171–281 [K. F. Werner].

Stammbaum (Ikonographie). Der hohe numinose Wert des Baumes als Symbol des Lebens und die bibl. Geschlechtsregister wirkten im MA vielfach bildschöpfer. zusammen. Seit dem frühen MA sind Verwandtschaftstafeln wie Sippschafts- und S.e als Gerüste der Geschichtsdarstellung überliefert (→Genealogien). Den höchsten ikonogr. Rang hatte der *S. Christi und Mariens* nach Mt 1, 1–17 und Lk 3, 23–38, z. B. im Evangeliar →Heinrichs des Löwen, Helmarshausen, kurz vor 1188, Wolfenbüttel, Hzg. August Bibl., Cod. Guelf. 105 Noviss. 2°, fol. 19v: Die Vorfahren Christi sind in der Art einer →Wurzel Jesse in die Medaillons eines Baumschemas eingeschlossen, der Stamm geht jedoch nicht von Jesse aus (n. Is 11, 1), sondern stellt die 14 Hauptrepräsentanten der →Genealogie Christi nach Mt dar. – Die altchr. Lebensordnung spiegelt sich im *S. der drei Stände*, z. B. Federzeichnung eines Jungfrauenspiegels, um 1180/90 aus der Augustinerchorherrenabtei St. Maria Magdalena zu Frankenthal/Pfalz, Rom, Vat. Pal. Lat. 565, fol. 71r: Dieser S. wächst aus Adam und Eva empor und steigt über die Eheleute und Witwen hoch zu den Hl.n, die durch Christus an der Baumspitze überragt sind. – In den Baumdiagrammen des →Joachim v. Fiore verbinden sich Genealogien mit den Zeitaltern von Synagoge und Kirche, z. B. Liber figurarum, 13./14. Jh., Reggio Emilia, Seminario Vescovile. – Symbol.-theol. Bildvorstellungen, die in Analogie zu →Wurzel Jesse den *S. Mariens* zeigen, beginnen mit den Eltern Mariens, Joachim und Anna, z. B. Raysser-Altar, dat. 1387, Ulm, Münster. Ähnlich gestaltet ist der *S. der hl. Anna*, der mehr die Rolle Annas als Stamm-Mutter eines großen und hl. Geschlechtes sowie die Herkunft Annas und ihres Geschlechtes aus atl. Wurzeln betont, z. B. »Meister mit dem Dächlein«, der hl. Anna, Kupferstich, 1460/70, Berlin, Staatl. Museen PKB, Kupferstichkabinett; »Meister W mit dem Schlüssel«, Kupferstich »Arbor Annae«, Brügge, um 1470/80. – Im SpätMA wurde in den südl. Niederlanden auch der *S. des hl. Servatius* als *Arbor Esmeriae* ausgebildet, z. B. ehem. Annen-Altar der Frankfurter Karmeliterkirche, 1479/81, Frankfurt/M., Hist. Museum. Auch der *S. großer Hl.r und Ordensstifter* war in der Kunst ein beliebtes genealog. Darstellungsschema: S. des hl. Benedikt, Jean de Stavelot, Vita beati Benedicti, Chantilly, Mus. Condé, Ms. 1401, fol. 126r; S. des hl. Fourcy, La Généalogie, la vie ... de Saint Fourcy, Lille, 1468/69, Wien ÖNB, Cod. Ser. n. 2731, fol. 14v; S. der Hl.n v. Brabant: Johannes Gielemans, Hagiologium Brabantinorum, Brüssel, 1476/84, Wien, ÖNB, Cod. Ser. n. 12707, Bl. IVv. – Das Baumschema wurde auch dazu benutzt, die Gemeinschaft der Blutsverwandtschaften und der Verschwägerten darzustellen. Die verschiedenen Typen von »Arbor consanguinitatis« und »Arbor affinitatis« sind in zahlreichen jurist. Hss. überliefert (→Genealogien). – Bisweilen wurden auch *kgl. Dynastien* als S. vergegenwärtigt, z. B. S. der Kg.e v. Jerusalem bei Dreux Jehan (?), Les chroniques de Jérusalem, um 1455, Wien, ÖNB, Cod. 2533, fol. 2r. – Eine bes. Gruppe der S.-Darstellungen bilden die *S. der Laster und Tugenden*: Die ältesten Hss. des →Speculum virginum, 12. Jh., bieten die frühesten Beispiele der Laster- und Tugend-Bäume. Weitere anschaul. Beispiele: der als Weinstock charakterisierte, aus der Humilitas (Demut) emporwachsende S. der Tugenden, Min. eines Psalters, um 1200, London, Brit. Libr., Ms. Arundel 83, fol. 129r. Häufig sind die Gegenüberstellungen der S.e von Lastern und Tugenden, z. B. Speculum humanae salvationis, Straßburg, 1325/30, Kremsmünster, Stiftsbibl., Cod. 243, Bl. 3r und 4r; ähnlich Chantilly, Mus. Condé, Ms. lat. et it. n. 1426, fol. 7r (»La canzone delle virtù e delle scienze« des Bartolomeo di Bartoli da Bologna, 14. Jh.).

G. Jászai

Lit.: LCI IV, 163–168 – LThK² VI, 660–662 – M. Lindgren-Fridell, Der S. Mariä aus Anna und Joachim, Marburger Jb. f. Kunstwiss. 11/12, 1938, 289–308 – M. Bernards, Speculum Virginum, 1955 – E. S. Greenhill, Die geistigen Voraussetzungen der Bilderreihe des Speculum Virginum, 1962 – W. Esser, Die hl. Sippe, 1986, 111–114.

Stammesgeschichte → Volks- und Stammesgeschichte

Stammesherzogtum → Herzog

Stammgut, im allg. Sinn jedes ererbte, nicht selber erworbene Gut, im engeren Sinn ein Komplex familiengebundener Güter eines hochadligen Hauses, für den sich, nach der weitgehenden Abschwächung der früheren allg. Gebundenheit des Grundvermögens, seit dem 14. Jh. ein Sonderrecht herausbildet, mit dem Zweck, die Vermögenszersplitterung zu verhindern und die polit. und soziale Macht der entsprechenden Familien zu erhalten. Dieses Sonderrecht beruhte, anders als bei den →Fideikommissen des niederen Adels, nicht auf Rechtsgeschäft (Stiftung), auch nicht auf partikularer Gesetzgebung (wie bei Teilen der Ritterschaft), sondern auf der dem Hochadel erhalten gebliebenen Autonomie, in deren Rahmen durch Satzung (Hausgesetz) oder Familiengewohnheit (Observanz) vom allg. Recht abweichende Regelungen getroffen werden konnten. Das S. war unveräußerl., vererbte sich in der Regel nur im Mannesstamm und nur an einen einzigen (meist Primogenitur-)Erben; weichende Kinder erhielten Apanage oder Aussteuer (unter Pflichtteilshöhe). Nur mit Zustimmung sämtl. lebender Agnaten konnten Verfügungen über die Substanz und Änderungen der Folgeordnung vorgenommen werden. Verbotswidrige Verfügungen eröffneten den Anwartschaftsberechtigten die Revokationsklage.

K. Muscheler

Lit.: HRG I, 1073 [Lit.] – O. Stobbe, Hb. des Dt. Privatrechts, V, 1885, §320, §314 II – R. Hübner, Grundzüge des dt. Privatrechts, 1930⁵, 335ff., 803.

Stanak → Parlament, VIII

Stand, Stände, -lehre

I. Definition; Mittel- und Westeuropa – II. Niederlande – III. Skandinavien – IV. Altlivland – V. Ostmitteleuropa – VI. Rus' und Südosteuropa.

I. Definition; Mittel- und Westeuropa: [1] *Definition*: Der Begriff S. bezeichnet gesellschaftl. Verbände, die sich innerhalb eines hierarch. gegliederten sozialen Gefüges aufgrund rechtl.-sozialer und/oder verfassungsrechtl.-polit. Merkmale voneinander abgrenzen. In den ma. Q. findet sich eine Vielzahl miteinander verwandter, semant. nicht völlig deckungsgleicher Begriffe, mit deren Hilfe eine Differenzierung zw. den einzelnen S.en vorgenommen und die bestehende Rangordnung zum Ausdruck gebracht werden konnten. Zu diesem Bedeutungsfeld zählen u. a. conditio, dignitas, genus, gradus, honor, officium, status und v. a. →ordo sowie ihre jeweiligen volkssprachl. Entsprechungen (im Mhd. *ambet, art, êre, orden, ordenunge, wesen* und seit dem 14. Jh. im Sinne von S. und Rang belegt *stant*). Der Zahl der Begriffe entspricht die Vielfalt der Kriterien, mit deren Hilfe sich die ma. Gesellschaft in S.e unterteilen ließ. So sind S.e z. B. unter Berücksichtigung der Abstammung (Geburtss.), der – teilweise sehr differenziert erfaßten – berufl. Tätigkeit und Qualifikation (Berufss.), des abgestuften Anteils an polit. Herrschaft oder der Stellung im Lehnsverband (z. B. →Heerschildordnung des →Sachsenspiegels) etc. zu definieren. In den S.elehren finden sich darüber hinaus Differenzierungen, die die persönl. Lebenssituation (z. B. Verheiratete, Unverheiratete, Verwitwete im Sinne von Familiens.), die Lebensverhältnisse und -bedingungen (z. B. Reiche und Arme), die Lebensformen oder auch das Lebensalter in den Vordergrund rücken. Gemeinsam ist all diesen S.ebildungen, daß sie soziale Wirklichkeit nicht detailgetreu wiedergeben. Es handelt sich vielmehr um divergierende, teilweise miteinander konkurrierende, sich zum Teil überschneidende, insgesamt vereinfachende, die Realität interpretierende Deutungsschemata und Ordnungsmodelle. Zu unterscheiden ist zw. einer weiteren und einer engeren Bedeutung des S.es-Begriffes: 1. S. in seiner Verwendung als soziale und rechtl. Kategorie bezeichnet den sozialen Ort, den ein einzelner gemeinsam mit anderen aufgrund bestimmter rechtl. und/oder sozialer Merkmale innerhalb einer Gesellschaft einnimmt. 2. S. als Bezeichnung für gesellschaftl.-polit. Großgruppen, die als →Reichs- oder Lands.e, →États généraux, →États provinciaux innerhalb eines polit. Systems ein im einzelnen abgestuftes Recht auf Teilhabe an Herrschaft beanspruchen. Terminolog. trägt die Forsch. dieser Unterscheidung insofern Rechnung, als sie zw. dem sozialen Ordnungsmodell, das als »ständ. Gesellschaft« bezeichnet wird, und dem Verfassungsmodell, auf das der Begriff »S.estaat« abhebt, differenziert.

[2] *Stand als Kategorie sozialer Ordnung:* Im MA, wie in der Antike, verweist die Reflexion über gesellschaftl. Differenzierungen und Hierarchien als Teil des Diskurses über die Ursachen der zw. den Menschen bestehenden Ungleichheit immer auch auf metaphys. Zusammenhänge. Gemäß dem augustin. Diktum »ordo est parium dispariumque rerum sua cuique loca distribuens dispositio« basiert das Bestreben, ein soziales Ganzes in kleinere Einheiten zu gliedern, auf der Hoffnung, die Gesetzmäßigkeiten, die das harmon. Zusammenwirken der einzelnen Teile regeln, zu erkennen, um so die der Schöpfung zugrundeliegende Ordnung zu erfassen. Die Suche nach der von Gott gegebenen Ordnung, verbunden mit dem Bestreben, die vorgegebenen gesellschaftl. Strukturen als Ausdruck göttl. Willens zu bewahren, dokumentieren zahlreiche lat. und volkssprachl. Werke, die sich ausführl. mit den sozialen und rechtl. Ordnungen der Gesellschaft auseinandersetzen. Kennzeichen dieser S.elehren, -predigten, -spiegel ist es, daß sie sich dabei nicht auf eine, im Einzelfall von den Intentionen des jeweiligen Verfassers beeinflußte, z. T. sehr differenzierte deskriptive Schilderung des Gesellschaftsaufbaus beschränken, sondern darüber hinaus mit normativem Anspruch Regeln für standesgemäßes Verhalten (S.eethos) formulieren oder in Form der S.ekritik und -satire Fehlverhalten – insbes. die Nichteinhaltung der im ordo vorgegebenen S.esgrenzen – anprangern. Zur Veranschaulichung ihrer Gesellschaftsvorstellungen und Ordnungsmodelle bedienen sich die Autoren häufig unterschiedl. Metaphern (z. B. Körpermetapher) oder Allegorien (z. B. Schachallegorie seit dem 13. Jh.). Aus der Vielzahl ma. Werke, die ständ. Gliederungen der Gesellschaft beschreiben, seien hier nur die »Praeloquia« →Rathers v. Verona, der »Liber de vita christiana« →Bonizos v. Sutri, die S.epredigten →Bertholds v. Regensburg, die von →Jacobus de Cessolis im »Libellus de moribus hominum et de officiis nobilium super ludo scaccorum« ausführl. dargelegte Schachallegorese, einschließl. ihrer volkssprachl. Bearbeitungen – in Deutschland u. a. durch →Konrad v. Ammenhausen – genannt. Richtungweisend für die Gesch. des S.ewesens war zunächst die Differenzierung zw. →Klerus und Laien. Die seit der Karolingerzeit stattfindende Annäherung des Mönchtums an den Klerikers. – nachzuvollziehen an der wachsenden Zahl ordinierter Mönche, die sich verstärkt auch pastoralen Aufgaben widmeten – gestattete es den frühen Protagonisten des triarch. Deutungsschemas (»tria genera hominum«, →Augustinus), Kleriker und Mönche zu einem S. der oratores zusammenzufassen. In diesem Sinne urteilte im 12. Jh. auch →Gratian, der die »clerici et Deo devoti, vel conversi«, die sich dem Kampf versagen und denen die sakralen Handlungen und das Gebet obliegen, als einen S. den Laien gegenüberstellte. Die weltl. S.e der frühma. Gesellschaft konstituierten sich als soziale Einheiten im wesentl. innerhalb der geburtsständ. Grenzen zw. liber und servus, zw. →Adel, Freien und Unfreien, zw. potens und pauper. Das seit dem ausgehenden 10. und frühen 11. Jh. zunehmend die Wahrnehmung sozialer Gliederungen prägende Modell der funktionalen Dreiteilung der Gesellschaft orientierte sich bei der Definition der S.e hingegen konsequent an berufsständ. Kriterien. Erste Ansätze dazu lassen sich bereits während der Karolingerzeit erkennen. Explizit ausformuliert findet sich das Schema erstmals im 9. Jh. Während des 10. Jh. fand das Modell der funktionalen Dreiteilung jedoch keine weitere Verbreitung. Erst im ausgehenden 10. und frühen 11. Jh. äußerte sich der ags. Abt →Ælfric über die Gliederung der Gesellschaft in oratores, bellatores und laboratores, deren Funktionen er in einem für Ebf. →Wulfstan II. v. York verfaßten Gutachten ausführlicher beschrieb. Auf dem Kontinent war es zuerst Bf. →Adalbero v. Laon, der in seinem um die Mitte der 1020er Jahre verfaßten Gedicht »Carmen ad Rotbertum regem« den Gedanken der funktionalen Dreiteilung zur Grundlage seines Modells einer ideal geordneten Gesellschaft machte. Ungeklärt sind bislang die Wurzeln des funktionalen Drei-S.e-Schemas, das in seiner berufsständ. Ausrichtung auf den bereits bei →Platon beschriebenen Gesellschaftsaufbau verweist. Eine direkte Rezeption der platon. Schriften konnte bisher allerdings noch nicht nachgewiesen werden. Kontrovers wird in der Forsch. die Frage des Wirklichkeitsbezugs diskutiert. Wurden die S.e in dem Modell der funktionalen Dreiteilung zunächst auf der Grundlage berufsständ. Kriterien definiert, so begann sich der Ritters. allmähl. geburtsständ. nach unten abzuschließen (→Ahnenprobe). Aus der sich verfestigenden Abgrenzung zw. Rittern und Bauern und der Annäherung der Ritter an den Adel erwuchs die klass., weit über das MA hinaus bedeutsame Vorstellung der gesellschaftl. Triarchie von Klerus, Adel

und Bauern. Durch die Einbeziehung der in den Städten lebenden Handwerker und Kaufleute sowie der Gelehrten versuchten jüngere Deutungsschemata, die klass. S.etrias zu modifizieren und der Bedeutung der sich neu herausbildenden sozialen Gruppen Rechnung zu tragen. Jedoch führten diese Bestrebungen nicht zu einer wirkl. Revision der Vorstellung von einer dreigeteilten Gesellschaft, die v. a. in der spätma. und frühnz. Lit. und Kunst die Wahrnehmung sozialer Wirklichkeit prägte. Schwierigkeiten bereitet die Einschätzung der Realitätsnähe dieser sozialen Ordnungsmodelle, die entgegen der sozialen Wirklichkeit der ma. Gesellschaft, in der vertikale Mobilität trotz der Verdikte der S.edidaktiker vielfach belegt ist, einer stat. Gesellschaftsvorstellung verpflichtet sind. Die ständ. Rangordnungen geben ledigl. einen allg. Rahmen vor, der im Einzelfall der Präzisierung bedarf, wie das vielzitierte Beispiel aus den »Gesta Friderici« Bf. Ottos v. Freising zeigt: »Gallus ego natione sum (...) ordine quamvis pauper eques, conditione liber«. In der auf diese Weise nur grob erfaßten S.en lassen sich soziale Gefälle und Rangordnungen erkennen, die von der vornehmen Abstammung, der Kg.snähe, der Wahrnehmung eines Amtes oder dem Besitz hergeleitet wurden. Gleichermaßen wies auch der nichtfsl. Adel des späten MA eine Binnengliederung auf, die die Grenzen zw. den alten edelfreien und den aus den →Ministerialen hervorgegangenen Geschlechtern sichtbar werden läßt, wobei das Verhältnis zw. Hoch- und Niederadel sich regional unterschiedl. gestaltet. Bei der Zweistufigkeit des Adels handelt es sich um ein gesamteurop. Phänomen (England: *nobility/gentry*; Frankreich: *noblesse/chevalerie*; Spanien: *nobleza vija/caballeros*). Auch die Stadtbevölkerung erweist sich keineswegs als einheitl. soziales Gebilde; es sei hier nur auf das Gefälle zw. Patriziern und Handwerkern verwiesen. In der Alltagswirklichkeit zeigen sich die S.esgrenzen nicht zuletzt in dem beanspruchten und zuerkannten Ehrenvorrang (S.esehre), den Heiratsverbindungen, dem Besitz und der Fähigkeit zu standesgemäßer Lebensführung, den Turnierordnungen, der Aufnahme von Familienmitgliedern in bestimmte, dem Hochadel vorbehaltene Stifte etc.; in den Städten dokumentiert sich die Zugehörigkeit zu den Oberschichten in der Bekleidung angesehener Ämter oder der Zulassung zu exklusiven Trinkstuben und Festveranstaltungen, teilweise minutiös geregelte →Kleiderordnungen und →Luxusordnungen lassen S.esgrenzen visuell erfahrbar werden. Trotz aller Unschärfen, die den ständ. Deutungsschemata eigen sind, läßt sich das Verhältnis zw. sozialer Realität und ihrer Erfassung in den S.eordnungen nicht ausreichend mit der Formel »Ideal und Wirklichkeit« beschreiben. So ist nicht zu verkennen, daß mit dem Modell der funktionalen Dreiteilung sozialgeschichtl. relevante Prozesse erfaßt wurden. Dazu zählt die sich bereits unter Karl d. Gr. anbahnende Differenzierung zw. denjenigen, deren materielle Grundlagen es gestatteten, für die kostspielige militär. Ausstattung aufzukommen, und all denen, die nicht mehr imstande waren, sich mit der erforderl. Ausrüstung zu versehen. Es wurde hier zu Recht von der ständebildenden Funktion des Waffentragens gesprochen (K. LEYSER). Darüber hinaus darf auch der Einfluß, den die in zunächst theoret. Konzepten entwickelten Deutungsschemata auf das Selbstverständnis der Betroffenen und die Wahrnehmung sozialer Schichtungen ausübten, nicht unterschätzt werden.

[3] *Politische Stände:* Im Zeitraum zw. dem 13. und dem ausgehenden 15.Jh. bildeten sich in den europ. Kgr.en drei polit. S.e, in denen Klerus, Adel und »gemeiner Mann« (*commons, tiers état*) ihren Anspruch auf Teilhabe an polit. Herrschaft in dem sich entwickelnden S.estaat in Form korporativer Repräsentationsorgane zur Geltung brachten. Als entscheidende Bedingungen für die Formierung der polit. S.e, die nicht deckungsgleich mit den sozialen S.en waren, sind das unmittelbare Verhältnis zum Kg. bzw. Landesherrn und eigene Herrschaftsrechte anzusehen. Die ständ. Verfassung entwickelte sich auf der Grundlage der Verpflichtung der Vasallen zu Rat und Hilfe und dem in bestimmten Fällen legitimierten Widerstandsrecht der Lehnsleute gegen den Lehnsherrn. Im frühen MA erscheint der Adel als polit. einflußreiche Großgruppe, deren Mitglieder aufgrund ihrer durch die Abstammung vermittelten Vorrechte Herrschaft ausübten und in Reich und Kirche die polit. entscheidenden Ämter besetzten. Eine ständ. Homogenität war innerhalb dieser sozialen Schicht jedoch nicht gegeben. Im Reich setzte sich mit der Entstehung des geistl. und weltl. Reichsfürstens.es im 12./13. Jh. die Heerschildordnung als ein Schichtungsmodell des Adels durch, das die Rangordnung der adligen Vasallen aufgrund der im Reichslehnsverband eingenommenen Position definierte und die Reichslehnmannen aufgrund der lehnsrechtl. Kategorie ihrer aktiven und passiven Lehnsfähigkeit in ein Über- und Unterordnungsverhältnis stellte. In der Heerschildordnung werden jedoch keine polit. S.e im engeren Sinne faßbar. Als deutl. herausgehobener polit. S. sonderte sich aus der Gruppe der geistl. und weltl. Reichsfs.en seit der Doppelwahl v. 1257 das aus drei geistl. und vier weltl. Fs.en gebildete Kg.swahlgremium der →Kurfürsten ab, dessen bes. Vorrechte in der →Goldenen Bulle v. 1356 fixiert wurden. Artikuliert sich ein kfsl. Anspruch auf Mitregierung bereits im Kfs.enweistum v. →Rhense (1338) sowie in der Goldenen Bulle v. 1356, in der zunächst allerdings ohne konkrete polit. Folgen – jährl. Zusammenkünfte des Kg.s mit den Kfs.en vorgesehen sind, so bildeten die Kfs.en im 15. Jh. ein polit. aktiv handelndes Gremium, das nicht allein ein Recht auf Mitregierung beanspruchte, sondern auch ohne Beteiligung des Kg.s selbstverantwortl. Reichspolitik gestalten konnte. Im Zuge des sich bis zum Ende des 15. Jh. vollziehenden Übergangs vom kgl. Hoftag zum Reichstag formierten sich dann die Reichss.e in drei Kollegien, die – zu privilegierten Korporationen zusammengeschlossen – ein Mitspracherecht im dualist. S.estaat ausübten. Auch in den Territorien bildeten sich im späten MA privilegierte ständ. Repräsentativorgane der Prälaten (alle geistl. Würdenträger, die unter der Schirmvogtei des Landesherrn standen), der Herren (mediatisierter Hoch- und Niederadel) und der Landesstädte. In den einzelnen Territorien des Reiches verlief diese Entwicklung asynchron und inhaltl. unterschiedl. Faßbar wird die ständ. Mitregierung in den Fsm.ern erstmals im 13. Jh., als das Recht der Landesfs.en, »constitutiones vel nova iura« zu erlassen, an die Zustimmung der »meliores et maiores terrae« geknüpft wurde. Während des 14. Jh. prägten sich in vielen Territorien die ständ. Strukturen deutlicher aus; doch fand der Prozeß frühestens im 15. Jh. seinen Abschluß, nachdem aus der Pflicht, die landesfsl. Hoftage zu besuchen, das Recht, auf den Landtagen polit. Einfluß auszuüben, erwachsen war. Von entscheidender Bedeutung für die Bildung der Lands.e waren die finanziellen Forderungen der Landesherren, die bei der Einführung neuer →Steuern der Zustimmung der Landschaften bedurften. Der in der Bezeichnung »dualist. S.estaat« implizierte Antagonismus zw. den Landesherren und den S.en ist in bezug auf das ausgehende MA zu relativieren, da sich das Verhältnis

zw. den Fs.en und den S.en vielfach eher durch Kooperation als durch ein dualist. Gegeneinander auszeichnete. Auch ist nicht zu übersehen, daß die Einberufung der Landtage und die Übernahme der damit verbundenen Kosten zunächst durch die Landesfs.en erfolgten. Landesherr und Lands.e gemeinsam repräsentierten das Land. Vgl. a. →Ständeliteratur. R. Mitsch

Lit.: HRG III, 1291–1296; IV, 760–773, 1901–1916 – O. Hintze, Typologie der ständ. Verfassungen des Abendlandes, HZ 141, 1939, 229–248 – O. Brunner, Land und Herrschaft, 1965⁵ [Nachdr. 1973] – K. Schmid, Über das Verhältnis von Person und Gemeinschaft im früheren MA, FMASt 1, 1967, 225–249 – K. Bosl, Kasten, S.e, Klassen im ma. Dtl., ZBLG 32, 1969, 477–494 – G. Köbler, Zur Lehre von den S.en in frk. Zeit, ZRGGermAbt 89, 1972, 161–174 – G. Tellenbach, Ird. S. und Heilserwartung im Denken des MA (Fschr. H. Heimpel zum 70. Geb., Bd. 2, 1972), 1–17 – J. Fleckenstein, Zum Problem der Abschließung des Ritter.es (Hist. Forsch. für W. Schlesinger, hg. H. Beumann, 1974), 252–271 – G. Duby, Les trois ordres ou l'imaginaire du féodalisme, 1978 [dt.: Die drei Ordnungen. Das Weltbild des Feudalismus, 1981] – T. Struve, Die Entwicklung der organolog. Staatsauffassung im MA, 1978 [= Monogr. zur Gesch. des MA 16] – J. Le Goff, Les trois fonctions indoeuropéennes, l'historien et l'Europe féodale, Annales 34, 1979, 1187–1215 – R. H. Lutz, Wer war der gemeine Mann? Der dritte S. in der Krise des SpätMA, 1979 – E. Schubert, Kg. und Reich. Stud. zur spätma. dt. Verfassungsgesch. (Veröff.en des Max-Planck-Inst. für Gesch. 63, 1979) – O. G. Oexle, Adalbero v. Laon und sein »Carmen ad Rotbertum regem«, Francia 8, 1980, 629–638 – Städte und S.estaat, hg. B. Töpfer, 1980 – U. Lange, Der ständestaatl. Dualismus – Bemerkungen zu einem Problem der dt. Verfassungsgesch., BDLG 117, 1981, 311–334 – K. Schreiner, Adel oder Oberschicht? Bemerkungen zur sozialen Schichtung der frk. Ges. im 6. Jh., VSWG 68, 1981, 225–231 – T. Struve, Pedes rei publicae. Die dienenden S.e im Verständnis des MA, HZ 236, 1983, 1–48 – O. G. Oexle, Tria genera hominum (Institutionen, Kultur und Ges. im MA [Fschr. J. Fleckenstein zu seinem 65. Geb., hg. L. Fenske, W. Rösener, Th. Zotz, 1984]), 483–500 – K.-F. Krieger, Fsl. S.esvorrechte im SpätMA, BDLG 122, 1986, 91–116 – P. Moraw, Fsm., Kgtm. und »Reichsreform« im dt. SpätMA, ebd., 117–136 – P. Blickle, Unruhen in der ständ. Ges. 1300–1800, 1988 – E. Isenmann, Die dt. Stadt im SpätMA 1250–1500, 1988 – Geschichtl. Grundbegriffe, 6, 1990, 155–200 [O. G. Oexle] – G. v. Olberg, Die Bezeichnungen für soziale S.e, Schichten und Gruppen in den Leges barbarorum (FrühMA-Forsch. 11, 1991) – K.-H. Spiess, Ständ. Abgrenzung und soziale Differenzierung zw. Hochadel und Ritteradel im SpätMA, RhVjbll 56, 1992, 181–205 – O. G. Oexle, »Die Statik ist ein Grundzug des ma. Bewußtseins« (Sozialer Wandel im MA..., hg. J. Miethke–K. Schreiner, 1994), 45–70.

II. Niederlande: Der erste bekannte Quellenbeleg für eine Versammlung der Drei S.e, bestehend aus 'pares' (*pairs*) und 'meliores' des Klerus und der Laien, gemeinsam mit der 'curia' des Gf.en, findet sich für die Gft. →Flandern bereits zu 1127 im zeitgenöss. Bericht →Galberts v. Brügge über den Mord am Gf.en →Karl dem Guten; diese in ganz Europa älteste Erwähnung einer (allerdings nur geplanten, nicht wirklich durchgeführten) S.eversammlung bezeugt in bemerkenswerter Weise das Fortleben der Idee der Volkssouveränität, zumal die geplante Versammlung den Anspruch hatte, über die Legitimität der polit. Handlungen des Gf.en zu richten und ggf. seine Absetzung auszusprechen. Es ist auffällig, daß sich in späterer Zeit die Bewegung zur Schaffung von ständ. Organen an einem abweichenden Modell orientierte, nämlich demjenigen von häufigen und spontanen Zusammenkünften der Delegierten der großen →Städte; diese Gremien wurden seit dem 14. Jh. als →Leden ('Glieder') bezeichnet. Erst die Hzg. e v. →Burgund führten 1400 in Flandern Dreiständeversammlungen nach frz. Vorbild (→États) ein. In der Periode von 1400 bis 1506 wurden 155 Tagungen der *États* (*Staten*) v. Flandern abgehalten, 95 unter Teilnahme der untergeordneten Städte und der Kastellaneien. In den letzten Jahrzehnten des 15. Jh. nahmen die ständ. Aktivitäten geregelteren Charakter an. Es waren aber faktisch immer die im Gremium der *Leden* zusammengeschlossenen großen Städte, deren Delegierte häufig zusammentraten und die letztlich die außerordentl. →Steuern (*aides, beden*) festsetzten bzw. mit den fsl. Gewalten aushandelten, üblicherweise aber, nachdem sie sich zuvor mit den untergeordneten Städten und den Kastellaneien beraten hatten. Eine Liste von 1464 nennt für Flandern 19 Abteien, 13 Kapitel (Stifte) und 41 Städte, die zu den États geladen wurden. Die Teilnahme der (ländl.) Kastellaneien (eine Besonderheit im ndl. Bereich) häufte sich in der 2. Hälfte des 15. Jh. sowie auf den *Generalständen* (États généraux). Die genannte Liste von 1464 führt für die États v. →Artois 3 Bf.e, 7 Äbte, 6 Kapitel, 23 Ritter (*chevaliers*), 6 Knappen (*écuyers*) und 13 Städte an, für die Gft. →Hennegau 16 Äbte, 10 Kapitel, 4 Priorien, 68 Adlige und 20 Städte. Die Zusammensetzung der S.eversammlungen variierte somit entsprechend der kirchl. und sozialen Struktur des jeweiligen Fsm.s. Durch die Frequenz der Tagungen, den Umfang der Kompetenzen und u. U. die Tätigkeit paralleler Gremien auf rein städt. Grundlage zeichnen sich die stark urbanisierten Territorien (Flandern, →Brabant, →Holland und →Seeland) vor den übrigen Fsm.ern aus. Hinsichtl. der ständ. Repräsentation nahmen hier die großen Städte, v. a. →Gent, eine Führungsrolle ein. In Brabant dominierten vier (oft auch nur drei) Städte, in Holland vier bis sechs. In dieser Gft. bestanden nur zwei Kurien: Ritterschaft und Städte, wohingegen der Klerus nie über eine eigene Vertretung verfügte. Im Fürstbm. →Utrecht dagegen sahen sich die drei Städte und der Adel mit den Repräsentanten der mächtigen Kapitel und Stifte der Bf.sstadt konfrontiert. Das theoret. Modell der Drei S.e fand somit in der polit. Praxis eine große Variationsbreite. Im Hzm. Brabant bestand ein Corpus von schriftl. Verfassungsurkk., beginnend mit den Testamenten und Freiheitsprivilegien der Hzg.e →Heinrich II. (1248) und →Heinrich III. (1261), der Landcharta v. Kortenberg (→Johann II., 1312) und der Serie der →'Joyeuses Entrées (Blijde Inkomsten)', der von 1356 bis 1754 jeweils beim feierl. Einzug des neuen Hzg.s gemeinsam mit den S.en beschlossenen Landesprivilegien. Diskontinuitäten bei der Machtausübung begünstigten stets den Erlaß von ständ. Verfassungsurkk.; dies gilt auch für die Fürstbm.er →Lüttich (1316) und Utrecht (1375). In Flandern führte die Krise nach dem Tode →Karls des Kühnen (1477) zu heftigen Auseinandersetzungen zw. zentralstaatl. (burg.-habsburg.) und ständ. Gewalten; diese setzten 1477 den Erlaß des 'Großen Privilegs' durch. W. P. Blockmans

Lit.: W. Prevenier, De Leden en de Staten van Vlaanderen, 1961 – Ders., Les États de Flandre depuis les origines jusqu'en 1790, Standen en Landen 33, 1965, 15–59 – R. Van Uytven – W. Blockmans, Constitutions and their Application in the Netherlands during the MA, RBPH 47, 1968, 399–424 – A. Uyttebrouck, Le gouvernement du duché de Brabant (1355–1430), 1975 – J. Dhondt, Estates or Powers, 1977 (Standen en Landen 69) – W. P. Blockmans, De volksvertegenwoordiging in Vlaanderen (1384–1506), 1978 – B. van den Hoven van Genderen, Het kapittel-generaal en de Staten van het Nedersticht in de 15ᵉ eeuw, 1987 – P. Avonds, Brabant tijdens de regering van Hertog Jan III (1312–56), 2 Tl.e, 1984, 1991 – H. Kokken, Steden en Staten. Dagvaarten van steden en Staten van Holland (1477–1494), 1991.

III. Skandinavien: In →*Norwegen* enthält die →*Rígsþula*, ein mytholog.-ständedidakt. Gedicht, eine Beschreibung der verschiedenen Gesellschaftsschichten, Sklaven, Bauern und Fs.en, doch handelt es sich hier eher um Abstufungen innerhalb einer Agrargesellschaft, ohne Erwähnung der Bürger oder des Klerus; auch das Hirdgesetz (→Hirðskrá) bezieht sich ausschließl. auf die weltl. Aristokratie (→Hird). Die norw. Gesellschaft kannte in der

1. Hälfte des 14. Jh. Ansätze zu einer Sozialstruktur, in der neben dem Adel und der Geistlichkeit Bürger und Bauern eine polit. Rolle spielten. Diese Entwicklung wurde durch die wirtschaftl. und demograph. Krise um 1350 unterbrochen, nur bei den Königswahlen seit 1442 erscheinen S. esvertreter als Wähler.

Wegen der fehlenden Städte kannte *Island* nur drei S. e: Klerus, Adel und Bauern; 1281 verhandelten sie getrennt auf dem →Allthing über die Annahme des →Jónsbóks. Wie in Norwegen führten diese Ansätze nicht zur Ausbildung einer S.everfassung.

In *Dänemark* werden um 1177 (Einrichtung der Kanutigilden [→Knud Laward] als Kaufmannsgilden) die Bauern, Kaufleute und Krieger als die wichtigsten Gesellschaftsschichten erwähnt, was dem Umstand entspricht, daß die Geistlichkeit als ebenbürtige Schicht nur um die Mitte des 13. Jh. voll anerkannt war.

Die vier S. e werden als solche in den dän. →Wahlkapitulationen von 1320 und 1326 mit eigenen Privilegien erwähnt, aber ein eigtl. S.ereichstag wurde nur 1468 als Gegengewicht gegen den →Reichsrat einberufen. Vor 1536 sind sieben solcher S.ereichstage, an denen Vertreter der Bürger und Bauern teilnahmen, belegt. Tagungen der Vertreter oder Mitglieder eines bes. S.es auf der Ebene einer Landschaft wurden von Bürgern und Adligen seit dem 15. Jh. abgehalten, während die Diözesansynoden entsprechende Funktion für den Klerus hatten. Die Wahlversammlung, die 1460 Kg. →Christian I. zum Hzg. v. →Schleswig und Gf.en v. →Holstein wählte (→Ripen, Vertrag v.), bestand aus Vertretern des Adels beider Länder, der sich als Ritterschaft konstituiert hatte.

In →*Schweden* erscheinen Mitglieder der S. e als Teilnehmer an der Kg.swahl schon 1319 (jedoch ohne Bürger), seit 1362 war dieselbe Wahlversammlung sowohl für Schweden als auch für →Finnland zuständig. Die vier S.e (Klerus, Bürger und Bauern durch Vertreter) wurden 1359 nach Kalmar einberufen, ohne daß wir wissen, ob diese Versammlung stattfand; die nationale Bewegung seit den 1430er Jahren beschleunigte die Entwicklung des S.ereichstages als Gegengewicht zum Reichsrat. T. Riis

Lit.: KL XIV, 234-243; XVII, 388-398 – T. Riis, Les institutions politiques centrales du Danemark 1100-1332, 1977 – J. E. Olesen, Unionskrige og stændersamfund: Bidr. til Nordens hist. i Kristian I's regeringstid 1450-81, 1983.

IV. ALTLIVLAND: Ähnlich wie in benbarten Territorien des Ostseeraumes (→Preußen, →Pommern, →Mecklenburg, →Holstein und →Schleswig) bildeten in Altlivland die S.e, namentl. der einflußreiche landsässige Adel (Ritterschaften, Harrien-Wierland) und die →Städte seit dem späten 13. Jh. einen gewichtigen polit. und sozialen Faktor, der wesentlich zu einem engeren Zusammenschluß der Einzelterritorien beitrug und dessen Bedeutung seit den Auseinandersetzungen des 14. und 15. Jh. zunahm. Vgl. im einzelnen die Ausführungen unter →Livland, C.

V. OSTMITTELEUROPA: [1] *Böhmen und Polen:* Die tschech. Gesch.sschreibung versteht als S. nur die aktiven Elemente der polit. Nation, von der die literar. Zeugnisse des 15. Jh. ein dreiteiliges Gesellschaftsbild erkennen lassen; in Polen wird der Begriff S. vielschichtiger gebraucht. Ungeklärt ist für beide Länder der Prozeß der Umgestaltung der im Dienst patrimonialer Herren stehenden Ministerialen zum S. (die Rolle des »Ur«-Adels dabei, die Genese der Ritterschaft aus gewöhnl. Freien und Dienstleuten). Die böhm. Landeskirche und danach die Hussitenkriege (→Hussiten) standen (anders in Mähren) der Entstehung eines Prälatens.es entgegen; der Herrens. begegnet im 12./13. Jh., am Ende des 14. Jh. der Adelss. (*šlechta*). In Polen traten seit dem 13. Jh. »praelati« neben »barones« auf; die poln. »nobiles« und »barones« verschmolzen dank der allg. Landesprivilegien der Anjou und Jagiellonen mit der Ritterschaft, die sich als »nobilitas« bezeichnete. Zwar waren die durch Geburt aufgenommenen Mitglieder dieser Gruppe formal gleich, doch de facto unterschieden sie sich deutl. voneinander: in die Mächtigen, in den mittleren Adel (→*szlachta*) und in jene Kleinadligen, die ihr Land häufig selbst bestellten oder gar keinen Boden besaßen. Die poln. Stadtbürger, weniger vermögend als die böhm., aber ethn. ebenso differenziert, organisierten sich nicht als S. oder in Ligen; eine Ausnahme waren die Städte des kgl. Preußens. Seit dem 16. Jh. gliederte sich die polit. Nation Böhmens in drei S.e (Herren, Ritter und Städte), während sie in Polen nur aus einem S. bestand, dem Adel. Seit Mitte des 16. Jh. wurden die drei Elemente des →Sejm (Kg., Senat, Landbotenstube) als S. bezeichnet. St. Russocki

Lit. [allg.]: St. Russocki, Ma. Polit. Nationen in Mitteleuropa, Jb. für Gesch. des Feudalismus 14, 1990, 81ff. – Ders., Figuré ou réel. Le »féodalisme centralisé« dans le Centre-est de l'Europe, ActaPolHist LXVI, 1992, 31ff. – [*Böhmen*]: Ders., Maiestas et communitas. Notes sur le rôle de la Monarchie et des nobles en Bohème du XII^c–XIII^c ss., MBohem 3/70, 1971, 27ff. – J. Kejř, Anfänge der ständ. Verfassung in Böhmen (Die Anfänge der ständ. Vertretungen in Preußen und seinen Nachbarländern, hg. H. Boockmann, 1992), 177ff. – F. Šmahel, Das böhm. S.ewesen im hussit. Zeitalter (ebd.), 219ff. – W. Iwańczak, Unity in Multiplicity – the Medieval Czech Classification of Societies Christiana, ActaPolHist LXVI, 1992, 5ff. – Ders., The Burghers as the Creation of the Devil?, ebd. LXVII, 1993, 16ff. – [*Polen*]: H. Samsonowicz, S.e und zwischenständ. Beziehungen in Polen im 15. Jh., Jb. für Gesch. 23, 1981, 103ff. – The Polish Nobility in the MA (Polish Historical Library 5, Anthologies, ed. A. Gąsiorowski, 1984) – H. Samsonowicz, Die S.e in Polen (Die Anfänge der ständ. Vertretungen ..., 1992), 159ff. – St. Russocki, Ges. und S.estaat im Polen des ausgehenden MA. Einige strittige Probleme (ebd.), 169ff.

[2] *Ungarn:* Die ständ. Entwicklung begann mit dem Privileg für den Klerus v. 1223, dem die allmähl. Ausprägung des Adels aus den ehemaligen Geburtsadel, den kgl. Dienstleuten (servientes regis) und anderen krieger. Schichten zu einem S. folgte. Während 1222 (→Goldene Bulle Kg. Andreas' II.) nur die höchsten Würdenträger als nobiles galten, dehnte sich der Begriff 1267 auf weitere freie Landbesitzer aus, so daß um 1290 in den ersten parlamenta, die als »verfrühtes S.etum« angesehen werden können, Geistlichkeit und Adel (gleichsam als Gegengewicht zu Magnaten oder Baronen) als S.e erschienen. Die Gleichstellung aller »echten Adligen« des Landes im Gesetz v. 1351 schaffte die jurist. Grundlage für den theoret. einheitl. Adelss. Obwohl bis ins 15. Jh. prelati, barones, proceres (Herren?) et nobiles als Bestandteile des »Landes« (regnicolae, regnum) genannt wurden, und in den Thronwirren um 1440 gelegentl. auch städt. Vertreter hinzukamen, d.h. eine Art dritter S. ersichtl. wurde, bestand der ung. S.estaat des späten 15.–frühen 16. Jh. de facto aus einer Aristokratie (prelati et barones) und der breiten Schicht des Gemeinadels (d.h. de jure aus einem S.!). Die Geistlichkeit spielte nur durch die zur Aristokratie gezählten Prälaten eine recht bescheidene Rolle, während die Städte schließlich keinen S. bildeten. Um 1437 konnten noch freie Bauern zu den regnicolae gezählt werden, doch ein Bauerns. bildete sich nicht aus, obwohl Erbuntertänigkeit erst im 16.–17. Jh. allg. wurde. In den 1520er Jahren war Ungarn auf dem Weg zur S.e-Republik (wie in Polen), doch bereitete der Zerfall des Kgr.es 1526/41 dieser Entwicklung ein jähes Ende. J. M. Bak

Lit.: J. M. BAK, Kgtm. und S.e in Ungarn im 14.-16. Jh., 1973 - A. KUBINYI, A magyarországi városok országrendiségének kérdése (Tanulmányok Budapest Múltjából 21, 1979), 7-48 - E. FÜGEDI, Aristocracy in Medieval Hungary (DERS., Kings, Bishops, Nobles and Burghers, 1986), Kap. IV, 1-14.

VI. RUS' UND SÜDOSTEUROPA: [1] *Rus':* Der Begriff 'S.' im weiteren Sinne als Kategorie sozialer Ordnungen ist auch auf die Kiever und Moskauer →Rus' anwendbar (s. a. →*čin*); zentrales Mittel der Schaffung ständ. Identität war die Wahrung von *čest'* 'Ehre', seit dem 15. Jh. reguliert durch das →*mestničestvo*, die 'Rangplatzordnung'. Wenn auch nicht programmatisch ausgearbeitet, ist doch die Vorstellung einer »funktionalen Dreiteilung« präsent: Vladimir d. Hl. stellte Tische auf: »den ersten für den Metropoliten mit den Bf.en, Mönchen und Popen, den zweiten für die Armen und Elenden, den dritten für sich und seine Bojaren und alle seine Männer« (Iakov mnich, zit. GOLUBINSKIJ, Ist. russk. cerkvi I, 1, 243). - Bezogen auf die Definition im engeren Sinne von S. als rechtl.-polit. Kategorie fehlen hingegen in Rußland Abgrenzung der Prärogativen von Herrscher und Adel und ständ. Selbstdefinition des Adels. Eine Verrechtlichung horizontaler gesellschaftl. Beziehungen wie im westl. Europa ist in Altrußland nicht erfolgt. Erst seit Peter d. Gr. wurde ein S.ewesen nach westl. Vorbild implantiert; es diente primär der Stärkung staatl. Effizienz. →Adel, →Feudalismus. L. Steindorff

Lit.: H.-J. TORKE, Die staatsbedingte Gesellschaft im Moskauer Reich, 1974 - JU. M. ÈSKIN, Mestničestvo v social'noj strukture feodal'nogo obščestva, Otečestvennaja istorija, 1993, 5, 39-53 - H. RÜß, Herren und Diener. Die soziale und polit. Mentalität des russ. Adels, 1994.

[2] *Südosteuropa:* Die Strukturmerkmale eines rechtlich geordneten S.ewesens in →Kroatien und →Slavonien entsprechen weitgehend denen in →Ungarn; 1273 tagte erstmals ein Landtag in →Zagreb. In den Stadtkommunen →Dalmatiens entwickelte sich eine Gliederung durch die formelle Abgrenzung von 'nobiles' und 'populares'; meistens deckte sich der Kreis der nobiles mit dem geschlossenen Rat. - In →Bosnien, →Serbien und →Bulgarien erkennen wir adliges Eigenbewußtsein und Teilhabe am polit. Entscheidungsprozeß (→Parlament); doch ein rechtl. definiertes S.ewesen hat sich nicht ausgebildet. L. Steindorff

Standarmbrust zählt zu den ma. Belagerungsmaschinen (→Antwerk), wurde aber auch gegen angreifende Fußtruppen und Reiterei wirkungsvoll eingesetzt. Das Verlangen nach immer größerer Schußweite und Durchschlagskraft der Fernwaffen führte zur Konstruktion immer größerer →Armbrüste, die schließlich auf massiven Holzgestellen (Bankarmbrust) oder einer zwei- oder mehrrädrigen Lafette (Wagenarmbrust) gelagert und von mehreren Männern bedient werden mußten. Als Geschosse wurden je nach Konstruktion bis zu 3,5 m lange →Brandpfeile, bis zu 5 m lange Spieße oder Steinkugeln mit großer Durchschlagskraft verwendet. E. Gabriel

Lit.: B. RATHGEN, Das Geschütz im MA, 1928.

Standarte, eigtl. ein Feldzeichen, vermutl. byz. Ursprungs, das in der Schlacht einer bestimmten militär. Einheit vorangetragen wurde; anfangs nur einfarbiges quadrat. Stück Stoff, im Laufe des MA farbig sehr phantasievoll gestaltet. Die Farben wurden meist aus dem →Wappen des adligen Anführers übernommen. Nicht selten beinhalteten dann die auf solche Weise entstandenen Farbfelder Bilddevisen, sog. →Badges oder Buchstaben (→Devise). In seltenen Fällen sieht man auch komplette Wappendarstellungen. (Im Gegensatz zum →Banner, dessen Fläche die des Schildes ersetzt und nur die Figur beinhaltet.) Die S. wurde entweder direkt an einer Stange oder an einem zur Stange vertikal angebrachten Stab befestigt. In der Heraldik werden die S. wie auch die →Fahne oder das Banner zu den herald. Prachtstücken gerechnet, wenn sie nicht auf dem Schild oder als Helmzier, sondern als Dekoration des Wappens z. B. seitl. des Wappenzeltes oder in der Hand des Schildhalters erscheint. Heute wird der Begriff S. fälschlicherweise für kleine Repräsentationsfähnlein der Staatsoberhäupter gebraucht, die das Staatswappen wiederholen. Diese aber haben ihren Ursprung im ma. Banner. V. Filip

Lit.: O. NEUBECKER, Fahnen und Flaggen, 1939 - D. L. GALBREATH-LÉON JÉCQUIER, Lehrbuch der Heraldik, 1978 - W. LEONHARD, Das große Buch der Wappenkunst, 1984³.

Standarte, Schlacht von der (22. Aug. 1138). 1138 fiel Kg. →David I. v. Schottland mit einem Heer in Northumbrien ein. V. a. die Pikten von Galloway begingen dabei zahllose Grausamkeiten. Ebf. Thurstan v. York rief die Barone zur Abwehr auf. Ein hl. Krieg sollte geführt werden. Das Heer sammelte sich um eine Standarte mit den Bannern St. Peters v. York, St. Johanns v. Beverley und St. Wilfrids v. Ripon, die das Emblem des Widerstandes bildete. Am 22. Aug. 1138 wurden die - teilweise nur leicht bewaffneten - Schotten bei Northallerton von den engl. Rittern und Bogenschützen vollständig besiegt und in die Flucht geschlagen. K. Schnith

Lit.: D. NICHOLL, Thurstan Archbishop of York, 1964 - G. W. S. BARROW, The Scots and the North of England (The Anarchy of King Stephen's Reign, ed. E. KING, 1994), 231-253.

Ständeliteratur. In ihrem Selbstverständnis und ihrem zeitgenöss. Gebrauch ist ma. Lit., v. a. die der adligen Laien, stets ständ. geprägt; in nahezu allen lit. Gattungen, vorwiegend jedoch im höf. →Roman, im →Minnesang und v. a. in der →Spruchdichtung, werden Fragen der ständ., insbes. adligen Identität diskutiert. Sind hier Ständediskussion und -kritik jedoch eingebettet in übergeordnete Handlungsabläufe oder minnekasuist. Überlegungen, so findet die eigentl. lit. Reflexion über die Stände (→Ordo, →Stand) als Kategorie sozialer Ordnung vorwiegend in der didakt. und nichtfiktionalen Lit. statt.

Schon die frühmhd. Lit. spielt vielfach auf die ma. Ständeordnung an, so etwa die →»Kaiserchronik« mit ihrer Forderung nach strenger Einhaltung der Kleiderordnung durch die Bauern (V. 14809ff.). Die für die Folgezeit verbindl. Gliederung in die drei Stände der »gebûre, ritter und phaffen« (V. 27, 1) wird erstmals zu Beginn des 13. Jh. in →Freidanks »Bescheidenheit« formuliert, während die frühmhd. Lit. noch sehr unscharf zw. »uri unde edele« (»Wiener Genesis«, ca. 1060-80; →Genesisdichtung, dt.), »herre und chnecht« (»Vom Rechte«, um 1150; »Die Hochzeit«, um 1160; Armer Hartmann, 1140-60) oder »edele, frige luote, dienstman« (→»Vorauer Bücher Mosis«, um 1130-40) unterscheidet. Erste Ansätze zu einer Ständekritik zeichnen sich seit der Mitte des 12. Jh. in der geistl. Lit. ab: Der Arme Hartmann verdammt im V. 2304ff. seiner »Rede vom Glauben« den Ritterstand, im Gedicht »Von der girheit« des Wilden Mannes (um 1170) ist der Klerus Zielscheibe der Kritik. Schärfste asket. Zeitkritik an allen drei Ständen formuliert in der 2. Hälfte des 12. Jh. →Heinrich v. Melk in zwei moral. Bußgedichten (»Von des todes gehugede«, »Vom Priesterleben«).

Zum Thema didakt. Großformen enzyklopäd. Anspruchs wird die Ständelehre und -kritik, integriert in umfassende Moral- und Lebenslehren, im 13. Jh.: →Thomasin v. Zerclaere propagiert im »Welschen Gast« (1215/16) unter dem Stichwort »staete« die Besinnung auf den göttl. ordo gegen die sich abzeichnende Umschichtung der Feudalgesellschaft (»Ein ieglich dinc sîn orden hât, daz ist von der natûre rât«, V. 2611 f.); in →Hugos v. Trimberg nach dem Schema der sieben Laster geordneten, von Exempeln und Anekdoten durchsetzten »Renner« (abgeschlossen um 1313) wird die Kritik an den Lastern der drei Stände – Geistliche, Adlige, Bauern – auf die Habgier als spezif. »bürgerl.« Laster ausgeweitet. Während in den 15 unter dem Namen →Seifried Helbling überlieferten Lehrgesprächen zw. dem Dichter und seinem Knappen (1283-1299) der Verfall ritterl. Ideologie beklagt wird, kommt dem Ritterstand in →Freidanks »Bescheidenheit«, einer vor 1230 zusammengestellten, aus vielerlei Quellen schöpfenden, nüchterne Lebensweisheit verkündenden Sprüchesig., keine Sonderstellung mehr zu. Scharfe Kritik an den Lastern von insgesamt 28 geistl. und weltl. Ständen übt das →»Buch der Rügen« (um 1276-77), eine freie Übertragung der in dominikan. Umkreis entstandenen, gereimten Predigtanweisung »Sermones nulli parcentes« (um 1230).

Die Differenzierung der Gesellschaft im SpätMA hat eine v. a. in lit. Kleinformen realisierte Fülle von Texten zur Folge, in denen Modelle des sozialen Gefüges, verbunden mit Ständereflexion und -kritik, diskutiert werden. Durch den ursprgl. als Predigtserie geplanten Prosatext »De moribus et de officiis nobilium super ludus scaccorum« des oberit. Dominikaners →Jacobus de Cessolis, der in viele Volkssprachen übersetzt wurde und in zahlreichen Versbearbeitungen Verbreitung fand ('Schachzabelbücher'), wurde die Schachallegorie (→Schachspiel, II) bis weit ins SpätMA zum beliebten Modell der gesellschaftl. Ordnung. In die allegor. Rahmenvorstellung des Seelenfangs strukturiert ist die um 1420 im Bodenseegebiet anonym entstandene Ständerevue »Des Teufels Netz«: angelegt als Sündenkatalog nach Art der Beichtspiegel, trägt das Werk radikale Kritik an den Lastern der Stände, v. a. des Klerus und des städt. Bürgertums, vor.

Reflexion über den ständ. ordo und Ständekritik, häufig satir. gebrochen, wird im SpätMA in zahlreichen lit. Gattungen praktiziert, neben den tradierten Typen der eigtl. Standesdidax – Klerikerlehren, Fürsten- und Ritterspiegel (z. B. Johannes →Rothe, um 1415; →Johannes v. Indersdorf für Hzg. Albrecht III. v. Bayern 1437) – v. a. in Predigten (z. B. →Berthold v. Regensburg), Reimreden (z. B. →Heinrich der Teichner, Peter →Suchenwirt, 2. Hälfte 14. Jh.) und epischen Kleinformen (→Bîspel, →Mäere, z. B. des →Strickers »Klage«). In eine mit Tiergleichnissen illustrierte Tugend- und Lasterlehre integriert ist die Ständekritik in den beiden dt. Versionen des Ende des 13. Jh. entstandenen »Fiore di virtù« des it. Benediktiners Tommaso Gozzadini, den »Blumen der Tugend« Hans Vintlers (1411) und Heinrich →Schlüsselfelders (1468). Die Tradition der ma. Ständekritik und -satire integrierenden Moraldidaxe mündet in der Frühen NZ in Sebastian →Brants »Narrenschiff«, in dem mehrere Kapitel ausschließl. den spezif. Narrheiten bestimmter Stände gewidmet sind. Vgl. a. →Lehrhafte Lit., →Polit. Dichtung, →Fürstenspiegel, →Spiegelliteratur, →Satire, →Narrenliteratur. N. H. Ott

Ed.: s. unter den einzelnen Autoren und Werken – *Lit.*: H. ROSENFELD, Die Entwicklung der Ständesatire im MA, ZDPh 71, 1951/52, 196-207 – W. HEINEMANN, Zur Ständedidaxe in der dt. Lit. des 13.-15. Jh., PBB (Halle) 88, 1966, 1-90; 89, 1967, 290-403; 92, 1970, 388-437 – I. GLIER, Stände- und Tugend-Lasterreden (DE BOOR–NEWALD 3/2, 1987), 85-97 – weitere Lit. unter den einzelnen Autoren und Werken.

Standesethik, ärztl. → Deontologie, ärztl.

Stangenwaffe, Waffe mit Klinge an langem Schaft. Dazu gehören der →Spieß mit einfacher, meist blattförmiger Klinge und dessen Varianten mit Nebenspitzen (Korseke, Partisane, Spetum), ferner S.n mit Messerklinge (Glefe, Couse), Axtklinge und Stoßspitze (Mordaxt), Beilklinge mit Stoßspitze (Helmbarte), langer Vierkantklinge mit Stichblatt (Ahlspieß), schließlich Behelfswaffen mit Stachelkugel (Morgenstern), Dreschflegel (Drischel), Sensenklinge (Sturmsense) und Gabelzinken (Sturmgabel).
O. Gamber

Lit.: W. BOEHEIM, Hb. der Waffenkunde, 1890 – H. SEITZ, Blankwaffen, I, II, 1965, 1968.

Stanimaka (gr. Stenimachos; heute Asenovgrad, Bulgarien), Festung und Stadt sö. von →Philippopel, nördl. des Kl. →Bačkovo, kontrollierte eine Route durch die im Süden anschließenden →Rhodopen zur Ägäis; bereits in der Antike besiedelt. 1083 schenkte Gregorios Pakurianos dem Kl. Bačkovo Stenimachos mit den zwei dort von ihm errichteten Festungen. 1189 wurde *Scribentium* (= S.) von den Kreuzrittern Ks. Friedrichs I. unterworfen, 1200 von Ks. Alexios III. erobert. Im Juni 1205 fand Renier de Trit im 'castel de Stanemac' vor dem Bulgaren →Kalojan Zuflucht und wurde 13 Monate später von Kreuzrittern befreit. 1231 erneuerte →Ivan Asen II. die Festung, die in der Folge bald unter byz., bald unter bulg. Herrschaft war. Im 14. Jh. war S. Zentrum einer gleichnamigen Eparchie, deren Kommando zumeist mit dem über Tzepaina (Čepino) vereinigt war. S. fiel wohl 1363-71 an die Türken.
P. Soustal

Lit.: Oxford Dict. of Byzantium, 1991, 1952f. – C. ASDRACHA, La région des Rhodopes aux XIIIe et XIVe s., 1976, 37-39, 162-166, 241-245 – R. MOREWA, Stenimachos, Balcanica Posnaniensia 2, 1985, 167-180 – P. SOUSTAL, Thrakien (Tabula Imperii Byzantini 6, 1991), 460f.

Stanisław, hl., Bf. v. →Krakau 1071(?)-79, † 11. April 1079, erlangte das Bm. nach dem Tod Bf. Lamberts Suła von →Bolesław II. Śmiały, der 1076 zum Kg. gekrönt wurde. Bolesławs Bestreben, die Stellung →Gnesens zu stärken und die poln. Kirche zu reorganisieren, bedrohten Besitz und Einfluß der Krakauer Kirche, so daß sich S. an der Opposition gegen den Kg. beteiligte. S. wurde schließlich, wohl mit Billigung des Gnesener Ebf.s, verurteilt und durch »truncatio membrorum« hingerichtet. Der S.-Kult entwickelte sich seit Mitte des 12. Jh. von Krakau aus (Heiligsprechung 1254; zwei Viten von Vincentius v. Kielce [Kielcza], Miracula; BHL 7832-7843) und spielte im 13. und 14. Jh. für die Propagierung der Einheit Polens eine wichtige Rolle. J. Strzelczyk

Lit.: Hagiografia polska, II, 1972, 419-455 [Lit.] – SłowStarSłow V, 378f. [Lit.] – AnalCracoviensia 11, 1979 [bes. M. PLEZIA, Dookoła sprawy św. Stanisława, 251-413] – T. GRUDZIŃSKI, Bolesław Śmiały-Szczodry i biskup S. Dzieje konfliktu, 1982 – Z. JAKUBOWSKI, Polityczne i kulturowe aspekty kultu biskupa krakowskiego S.a w Polsce i Czechach w średniowieczu, 1988 – J. POWIERSKI, Kryzys rządów Bolesława Śmiałego, 1992.

Stanley, engl. Adelsfamilie, benannt nach dem Pfarrbezirk S. (Staffordshire), sie kann bis auf *Adam de S.* (* um 1125) zurückverfolgt werden. *William S.* (1337-98), der Nachkomme eines jüngeren Familienzweiges, erbte das Amt des Master Forester of Wirral in Cheshire, als →Eduard d. Schwarze Prinz Earl of Chester war. Die Krone ließ das Gebiet von Wirral 1376 roden, und von der Entschädigung, die William bei der Aufgabe seines Amtes erhielt, baute er ein neues Haus in Storeton Hall (Cheshire), von dem die S.s v. Storeton und Hooton abstammten. Williams jüngerer Bruder *John* (* um 1340, † 28. Jan. 1413/14) ist in direkter Linie der Ahne des S.-Familienzweiges der Earls of →Derby und der Begründer des Wohlstands der Familie. John war ein guter Soldat und Verwalter, der in den 70er und 80er Jahren des 14. Jh. unter Sir Thomas Trivet in Aquitanien und unter Thomas →Holland, Earl of Kent, in der Normandie diente. 1386 ernannte Richard II. ihn zum Stellvertreter von Robert de →Vere, Lord Lieutenant in Irland. Von seinen Einnahmen kaufte er in Cheshire die manors v. Moreton, Saughall, Massie und Bidston. 1385 heiratete er Isabel Lathom, die Erbin des manor v. Lathom und anderer Besitzungen in der w. Derby-Hundertschaft v. Lancashire. 1389 wurde John mit einem jährl. Sold von 100 Mark Gefolgsmann Richards II. und zum Ritter geschlagen, am 4. März 1398/99 zum Controller des kgl. Hofhalts ernannt. Zum Lord Lieutenant v. Irland erhoben, versuchte er, die McMurrough zu unterdrücken, die eine Machtstellung erlangten, als Heinrich Lancaster Richard II. absetzte. Sir John unterstützte Heinrich IV. und bekam dafür weitere Ländereien im Gebiet von Wirral, die sein Neffe während der →Percy-Rebellion wieder verlor. 1405 erhielt er die Herrschaft über die Isle of →Man, die Vogtei über das Bm. v. Sodor und Man und wurde zum Ritter des →Hosenbandordens ernannt. Andere Schenkungen, Ämter und Erwerbungen festigten seine Stellung in Lancashire und Cheshire, er blieb in der Gunst des Kg.s und wurde am 3. Juli 1409 zum Constable of Windsor Castle auf Lebenszeit ernannt. Sir Johns gleichnamiger Sohn und Erbe *John* (* um 1387, † 1437) konzentrierte sich auf seine Aufgaben als lokaler Magnat. Er diente im Heer Heinrichs V., als dieser 1418 Rouen einnahm, aber sein Hauptinteresse galt dem Neuerwerb von Landbesitz, um seine Besitzungen in Lancashire und Cheshire zu vervollständigen. Sein Sohn, Sir *Thomas* S., Lord S. (* um 1406, † 11. Febr. 1459), verteidigte 1424 den S. Tower in Liverpool gegen den Angriff von Sir Richard Molyneux und Retinue; nach seinem militär. Dienst in Frankreich in den 20er Jahren des 15. Jh. wurde er am 29. Jan. 1431 für sechs Jahre zum Lord Lieutenant in Irland ernannt, mit der Erlaubnis, 525 Männer in seine Dienste zu nehmen. Auch wurde er zum Ritter geschlagen. Sein Hauptproblem war jedoch die Sicherung der Besoldung, und seine Amtszeit in Irland blieb erfolglos. Am 6. Dez. 1437 wurde er zum Constable of Chester Castle ernannt. Während der nächsten zehn Jahre erhielt er die Ämter des Controller des Hofhalts (1442), des Chamberlain für N-Wales und des Forester of Macclesfield. In den 40er Jahren des 15. Jh. war er Mitglied des Parliament für Lancashire im House of Commons, 1448 Mitglied des King's Council. Thomas S. war im s. England wegen seiner Beteiligung an der Unterdrückung der Rebellion des John →Cade in Kent 1450 verhaßt. Während der unruhigen 50er Jahre des 15. Jh. gelang es S., den NW für die Lancastrians zu sichern. Die →Peers-Würde konnte 1455 erlangt werden, als Thomas S., der kgl. Chamberlain, als Lord S. ins Parliament einzog. Seit 14. Mai 1457 war er Ritter des Hosenbandordens. Ihm folgte sein gleichnamiger Sohn *Thomas*.

S., Thomas, Lord S., 1. Earl of →Derby seit 27. Okt. 1485, * um 1435, † Juli 1504, ⌑ Burscough Priory, Stanley Chapel; ∞ 1. Eleanor →Neville, Tochter von Richard, Earl of Salisbury; 2. Margarete →Beaufort. T. S., der in herausragender Weise an den polit. Ereignissen zur Zeit der →Rosenkriege beteiligt war, konnte jeden Regierungswechsel überdauern. Er nahm nicht an der Schlacht v. Blore Heath teil, bei der die Yorkists die Lancastrians besiegten. Als einen Monat später Heinrich VI. die Yorkists bei Ludlow in die Flucht schlug, wurde S. des Ungehorsams gegenüber den Befehlen des Kg.s beschuldigt. Er konnte sich 1460–61 den Folgen der Hilfeleistung für eine verlierende Partei entziehen und trat als Unterstützer Eduards IV. hervor. Obwohl er und seine Familie sich während der Ereignisse von 1469–71 für keine der beiden Parteien erklärten, behielt er die kgl. Gunst. Er wurde Mitglied des King's Council und 1472 Lord Steward des Hofhalts. 1475 nahm er mit seinen Gefolgsleuten an der Invasion in Frankreich teil, die zum Frieden v. →Picquigny führte. 1482 befehligte er unter Richard, Duke of Gloucester, das Heer, das Berwick-on-Tweed einnahm. 1483 unterstützte er Richards »Staatsstreich«. Doch heiratete er in zweiter Ehe Margarete Beaufort, die ihren Sohn Heinrich Tudor zur Ablehnung Richards III. ermutigte. Nach der fehlgeschlagenen Rebellion von Henry →Stafford, Duke of Buckingham, 1484 war sie kgl. Gefangene. T. S. geleitete seine Gefolgsleute nach →Bosworth, wie es Richard III. befohlen hatte, doch hielt er sich abseits, bis der Ausgang der Schlacht entschieden war, dann schloß er sich Heinrich (VII.) Tudor an. →England, E. A. Cameron
Lit.: Peerage, s.v. S. – P. DRAPER, The House of S., 1864 – L. G. PINE, Burke's Peerage, Baronetage and Knightage, 1957 – J. J. BAGLEY, The Earls of Derby 1485–1985, 1985.

Stanser Verkommnis (22. Dez. 1481), Vertrag der 8 Alten Orte der →Eidgenossenschaft, beendete, zusammen mit dem ergänzenden Bündnisvertrag mit Freiburg und Solothurn vom gleichen Tag, die Krise d. J. 1477–81. Es handelte sich bei dieser im wesentl. um eine Krise im Prozeß der Staatsbildung auf eidgenöss. Gebiet. Nach dem Kriegszug von gegen 2000 Freischärlern aus den Innern Orten in die Westschweiz (Febr. 1477; sog. »Saubannerzug«) schlossen sich →Zürich, →Bern und →Luzern durch ewige Burgrechte gegenseitig und zugleich mit den Städten →Freiburg und →Solothurn enger zusammen. Von den Ländern, v. a. den drei Urkantonen, wurde der städt. Sonderbund bekämpft, da er die polit. Gewichte im eidgenöss. Bündnissystem zu ihren Ungunsten entscheidend verschob. In langwierigen Verhandlungen wurde der Ausweg gefunden: Das Sonderbündnis der Städte wurde durch zwei Verträge ersetzt (eidgenöss. Verkommnis unter den 8 Orten [u. a. Bestimmungen gegen verschiedene Formen angemaßter Eigengewalt] und Vertrag der 8 Orte mit Freiburg und Solothurn [Aufnahme in den eidgenöss. Bund]). Der entscheidende Durchbruch erfolgte 1481 auf der Novembertagsatzung in Stans, vermutl. bereits unter dem Einfluß des →Nikolaus v. Flüe. Während in allen 10 Orten der unterbreitete Verkommnistext Zustimmung fand, stieß der Bundesvertrag in den Innern Orten auf Ablehnung. Auf der S. Tagsatzung (18.–22. Dez.) gelangte man, nach erneuter Vermittlung des Nikolaus v. Flüe, ans Ziel: Durch einen Zusatz im Bündnisvertrag wurde die Stellung von Solothurn und Freiburg gemäß dem Wunsch der drei Länder noch deutlicher derjenigen eines zugewandten, nicht gleichberechtigten Orts angeglichen. Daß durch die Intervention des Bruder Klaus im Dez. 1481 der Ausbruch eines Bürgerkrieges in der Schweiz verhindert worden sei, gehört ins Gebiet der hist. Legenden. E. Walder
Lit.: E. WALDER, Das S. V., 1994.

Stanze. Der Begriff »Stanza« (lat. stantia, prov. →cobla) bezeichnet in der it. Lit. in erster Linie die Canzonenstrophe. Die →Canzone hat im allg. fünf, häufig jedoch bis sieben oder zehn, maximal 21 S.n (Francesco →Vannozzo). Sie zerfallen in zwei ungleiche Teile, genannt »Fronte« und »Sirima« und bestehen zumeist aus 15 bis höchstens 21 Versen. In der it. Lit. (prov. Vorgänger *coblas esparsas*) finden sich auch Texte, die nur aus einer einzigen S. bestehen, die sog. »stanze isolate« (z. B. »Se m'ha del tutto obliato Merzede« von Guido →Cavalcanti.

Die Bezeichnung S. tragen auch die siz. »ottave rime« (→ottava rima) mit dem Schema ABABABAB, die toskan. »ottave rime« (Schema ABABAB+CC) und die klass. »ottave rime« (ABABABCC), das Metrum verschiedener Genera der it. narrativen Literatur (religiöse Thematik, Epen, Ritterromane u.a.), die insgesamt auf die →»Cantari« zurückgeführt werden können, die, wie ihr Name sagt, für den öffentlichen Vortrag oder auch für die private Lektüre bestimmt waren. Der erste sicher datierbare Text dieser Art ist Giovanni →Boccaccios »Filostrato«. Die gleiche metr. Form wurde auch von zahlreichen →Sacre rappresentazioni (als einziges oder als Hauptmetrum) übernommen. A. Vitale Brovarone

Lit.: R. Spongano, Nozioni e esempi di metrica it., 1974 – S. Orlando, Manuale di metrica it., 1993.

Stapel, aus mnd. *stapel*, entspricht etymolog. mhd. *stapfel, staffel* mit breitem Bedeutungsspektrum, aus dem aber wohl nicht Pfosten wichtig wurde (so Henning im HRG), sondern 'Stufe, Schritt', entsprechend dem gleichbedeutenden *Gret* von gradus und dem frz. *étape*, das aus S. entstanden ist, lebt auch in dem Namen des Ortes Étaples (an der frz. Kanalküste, im MA Stapulas) nach, der sich aus dem frühhist. Handelsplatz →Quentowic entwickelt hat. V.a. in Süddtl., Österreich und der Schweiz entspricht der Begriff 'Niederlagsrecht' dem S. Man nimmt wohl zu Recht an, daß mit S. ein quasi natürl. Rast- und Handelsplatz des Fernhandels (mhd. auch *niederlage*) gemeint ist. Aber schon früh wurden auf solche Plätze gerichtete Handelsgewohnheiten für herrscherl. Zwangsmaßnahmen ausgenutzt, am frühesten bezeugt wohl im →Diedenhofener Kapitular 805, in dem Karl d. Gr. die Orte bestimmt, in denen Handel mit den Slaven stattfinden darf. Auch wird man bei den frühen Handelsplätzen nicht etwa an freie Jahrmärkte denken dürfen, die sicherl. erst eine Erscheinung der NZ sind. Wenigstens korporative Zwänge dürften den Handel frühzeitig in enge Rahmen gedrängt haben.

Vom HochMA an wurden wohl die Ausdrücke S. und S.recht für S. mit Zwangscharakter reserviert. Die Bestimmungen variierten von Fall zu Fall. Häufig läßt sich beobachten, daß eine regionale Herrschaft, die das Umland eines Ortes kontrollierte, das S.recht erließ. Kaufleute, die eine bestimmte Region besuchten, hatten die Pflicht, ihre Waren an den S.ort zu bringen und dort zum Verkauf anzubieten. Die Bewohner des Ortes konnten dabei initiativ geworden sein, aber ihre alleinige S.verkündung dürfte nur in Ausnahmefällen, etwa bei Flußhandelswegen, die von der Natur zwingend geboten waren, effektiv gewesen sein. Daneben gibt es gewissermaßen einen zweiten Typ von S., der uns bes. in dem hans. S. von →Brügge begegnet. Die →Hanse hat schon 1309 und später immer wieder der Stadt Brügge versprochen als Gegenleistung für Konzessionen der Stadt, in ihr einen hans. S. einzurichten, d.h. bestimmte Waren an keinem anderen Ort der Niederlande zu kaufen und zu verkaufen. Die Hanse selbst setzte unter ihren Mitgliedern diesen S. durch, der auf die andere Wurzel der S.gesch. hinweist, auf die korporativen Zwänge des vormodernen Handels. Brügge besaß daneben ein gfl. S.privileg, das zu Unrecht meist mit dem hans. S. vermischt wird. Mit letzterem vergleichbar ist der S. der engl. Wollexporteure, der an der frz.-ndl. Küste gewissermaßen von Ort zu Ort verlegt wurde. In diesem Fall wurden entsprechend der staatl. Situation in England die korporativen Entscheidungen durch die Anordnungen des engl. Kg.s überlagert.

Es gibt eine Verbindung zw. dem S.recht und dem Gästerecht (→Gast). Zu den ältesten Rechtsvorstellungen gehört es, daß in einer fremden Stadt der Gast nicht mit dem Gast direkt handeln darf, sondern nur unter Einschaltung eines einheim. Bürgers. Es war die Politik z.B. der Hanse, sich durch Privilegien von dieser Einschränkung freizumachen. Das ist aber nur teilweise gelungen. In Brügge z.B. mußten wenigstens Makler und Wirte am Gästehandel – auch mit Provisionen – beteiligt werden. Das so oder so gestaltete Gästerecht hat ähnl. wie das S.recht in der betreffenden Stadt soziale Einflüsse ausgeübt und eigene Berufsstände hervorgebracht. Neben den eben genannten Maklern und Wirten ist auf jene Hamburger Kaufleute hinzuweisen, die nach der Art von Kommissionären Lübecker Fracht in ihrem eigenen Namen durch den Hamburger S. führten, wovon uns das Hamburger Pfundzollbuch v. 1418 Auskunft gibt.

Unter den binnenländ. dt. S.orten hatten →Köln und →Wien wohl die größte Bedeutung. Die Kölner dürften zunächst selbst die Rheindurchfahrt gesperrt haben, erhielten aber noch 1169 eine abschirmende Urk. ihres Ebf.s. Als sich Köln vom Ebf. emanzipierte und dessen regionale Macht immer mehr eingeschränkt wurde, setzte Köln seinen S. durch Vertragsabschlüsse mit den Nachbarterritorien durch. Für Wien war die Lage einfacher. Sein Donaus. geht auf das Stadtrecht v. 1221 zurück, das der österr. Hzg. gewährte. Durchgesetzte S.rechte bedeuteten eine Entwicklungsbremse für benachbarte Städte. So litten Neuß, Düsseldorf und Duisburg unter dem Kölner S. S.urkk. und S.kämpfe unterrichten uns über Haupthandelsströme, über den Salzhandel in Bayern verschiedene S., ebenso entsprechend über den Eisenhandel in Inner- und Niederösterreich. Als außerdt. Beispiel sei der →Fondaco dei Tedeschi in Venedig genannt, ein Zwangswarenhaus der dt. Kaufleute, denen der Handel über Venedig hinaus untersagt war.

R. Sprandel

Lit.: HRG III, 987–991 – L. Gönnenwein, Das S.- und Niederlagsrecht, 1939 – U. Dirlmeier, Ma. Hoheitsträger im wirtschaftl. Wettbewerb, 1966 – R. Sprandel, Das Hamburger Pfundzollbuch v. 1418, 1972, 49–52, 65–68 – K. E. Lupprian, Il fondaco dei Tedeschi e la sua funzione di controllo del commercio tedesco a Venezia (Centro Tedesco di Studi Veneziani, Quaderni 6, 1978) – F. Irsigler, Die wirtschaftl. Stellung der Stadt Köln im 14. und 15. Jh., 1979 – Unters. zu Handel und Verkehr der vor- und frühgesch. Zeit in Mittel- und Nordeuropa, 3 Bde, hg. K. Düwel u.a., 1985 – Gilden und Zünfte. Kaufmänn. und gewerbl. Genossenschaften im frühen und hohen MA, hg. B. Schwineköper, 1985 – R. Sprandel, Die strukturellen Merkmale der hans. Handelsstellung in Brügge (Brügge-Colloquium, hg. K. Friedland, 1990), 69–81.

Stapeldon, Walter of, Bf. v. →Exeter seit 13. Nov. 1307, * 1. Febr. zw. ca. 1260–65 vielleicht in S. (Devonshire), † 15. Okt. 1326, ◻ Exeter, Kathedrale, n. des Hochaltars; Sohn des Grundbesitzers William S. und dessen Frau Mabel. Sein Bruder Richard erwarb bedeutenden Besitz in Cornwall und Devon. W. v. S. studierte in Oxford, seit 1286 Magister, seit 1306 Doktor für Zivilrecht und Kanon. Recht, Kanoniker und Kantor in Exeter, seit 1306 Offizial in dieser Diöz., seit 1307 Bf.; 1306–19 an Gesandtschaften beteiligt. Am 18. Febr. 1320 zum Schatzmeister v. England ernannt, trat er im folgenden Jahr zurück, erhielt dieses Amt aber erneut und hatte es bis 1325 inne. Gemeinsam mit anderen Bf.en versuchte er, zw. Eduard II. und →Thomas, Earl of Lancaster, zu vermitteln; bes. bemerkenswert waren seine Reformen des →Exchequer. Als er 1325 zu Kgn. →Isabella nach Frankreich gesandt wurde, floh er aus Furcht um sein Leben. Er folgte 1326 der Invasion der Kgn. in England und blieb in London, wo er als Opfer einer aufgebrachten Volksmenge in Cheapside geköpft wurde. Zusammen mit seinem Bruder Richard gründete er S. Hall in Oxford (später Exeter College).

R. M. Haines

Lit.: BRUO III, 1764f. – Register of W. de S., ed. F. C. HINGESTON-RANDOLPH, 1892–M. BUCK, Politics, Finance and the Church... W. S., 1983.

Star Chamber ('Sternkammer'), ein engl. Kriminalgerichtshof mit außerordentl. Jurisdiktionsgewalt, der sich aus dem kgl. Rat (King's→Council) im 15. Jh. entwickelte und für das bestehende Recht außerhalb der Common Law-Gerichtshöfe (→Engl. Recht, II. 2) zuständig war; benannt nach der mit Sternen bemalten Decke des Tagungsraumes im Westminster Palace. Seine seit dem frühen 16. Jh. festgelegte Zusammensetzung umfaßte die hohen Beamten des Kgr.es, den Lord Chancellor, der den Vorsitz hatte, den Lord Treasurer etc. sowie andere Ratsmitglieder, einen Bf. und die Oberrichter des →King's Bench und des Court of →Common Pleas. Das Gerichtsverfahren war dem des Kanzleigerichts (→Chancery, Court of) sehr ähnlich. Klage konnte entweder vom Kronanwalt (King's Attorney-General) oder von privaten Klageparteien erhoben werden. Bis in die 60er Jahre des 16. Jh. waren die Gerichtsprozesse ihrer Rechtsnatur nach wohl Zivilprozesse, später waren nur noch Kriminalprozesse zugelassen. Die Bestrafung war hart: hohe Geldstrafen und Haft bis zur Bezahlung, strenge körperl. (aber keine Todes-)Strafen und öffentl. Demütigung. Während Aufruhr ein Hauptgegenstand der Prozesse war, schuf oder gestaltete vielmehr die Sternkammer Vergehen, die eher der NZ angehören: Mißbrauch von Rechtsverfahren, Anfangsverbrechen, Betrug, Verleumdung, Fälschung und polit. Verbrechen. 1641 wurde die Sternkammer aufgelöst und das von ihr geschaffene Recht seitdem fakt. von den Common Law-Gerichtshöfen angewandt.

Th. G. Barnes

Lit.: TH. G. BARNES, S. Ch. and the Sophistication of the Criminal Law, The Criminal Law Review, 1977 – J. A. GUY, The Cardinal's Court, 1977.

Stará Boleslav (dt. Altbunzlau), Stadt im ö. Mittelböhmen, etwa 20 km nö. von Prag, am rechten Ufer der Elbe. Die Anfänge der auf dem Weg von Prag in die Lausitz gelegenen Burg brachte→Cosmas v. Prag mit dem jungen →Boleslav I., dem Bruder Fs. →Wenzels, in Verbindung. Doch gibt es Anzeichen dafür, daß die Burg Boleslav (später Altbunzlau, um den Ort von Jungbunzlau zu unterscheiden) schon zuvor unter einem anderen Namen entstanden war. Reste der Steinmauer, die um 930 auf Boleslavs Initiative »spisso et alto muro opere Romano« (Cosmas I, 19) erbaut worden sein soll, wurden wahrscheinl. jetzt n. der St. Wenzelskirche entdeckt. An der Tür der innerhalb des Burgareals liegenden Cosmas- und Damian-Kirche wurde 935 Fs. Wenzel durch Boleslav ermordet. Die Burg der Přemyslidenzeit erstreckte sich etwa über das Areal der heutigen Stadt. Fs. →Břetislav I. gründete auf der Burgfläche ein mit reichen Besitzgütern ausgestattetes Kollegiatstift. 1046 weihte Bf. →Severus die Wenzelsbasilika, die im 12. Jh. stark umgebaut wurde. Bis heute sind ihre roman. Teile (bes. die Krypta) erhalten. In ihrer Nähe befindet sich die roman. Clemenskapelle. Mit der Gründung des Kollegiatstifts verlor die Burg ihre administrative Bedeutung. In der Vorburg (mit Marienkirche) entstanden eine Marktsiedlung und später eine kleine Agrarstadt.

J. Žemlička

Lit.: K. GUTH, Praha, Budeč a Boleslav (Svatováclavský sborník I, 1934), 686–818 – K. VOGT, Die Burg in Böhmen bis zum Ende des 12. Jh., 1938, 70f. – A. MERHAUTOVÁ, Raně středověká architektura v Čechách, 1971, 316–321 – E. POCHE u. a., Umělecké památky Čech 3, 1980, 398–406 – J. SLÁMA, Střední Čechy v raném středověku III, 1988, 50–55 – I. BOHÁČOVA, J. FROLÍK, J. ŠPAČEK, Výzkum opevnění hradiště ve Staré Boleslavi – předběžné sdělení, Archaeologia hist. 19, 1994, 27–37 – J. ŽEMLIČKA, K dotváření hradské sítě za Břetislava I, Historická geografie 28, 1995, 27–47.

Stara Zagora (Beroe, Augusta Trajana, Boruj, Eski Zagra), Stadt im Süden →Bulgariens. Die ursprgl. altthrak. Siedlung Beroe wurde im 2. Jh. vom Ks. Trajan umgestaltet und Augusta Trajana gen. Sie war in frühchr. Zeit ein wichtiges Bm., später autokephales Erzbm. (458) und Metropolie (536). Im 5. Jh. von den →Hunnen zerstört, wurde die Festung v. S. Anfang des 6. Jh. von Ks. →Justinian I. wiederaufgebaut, 812 vom bulg. Chān→Krum erobert und in das bulg. Territorium aufgenommen. 971–1190 gehörte die Stadt zum Byz. Reich. Nach der Wiederherstellung des Bulg. Zarenreiches spielte sie als Grenzstadt eine wichtige Rolle in den bulg. Beziehungen zu Byzanz und dem →Lat. Ks.reich. Anfang des 13. Jh. Zentrum des Gebietes→Zagora, wurde S. 1365 vom türk. Feldherrn Lala Şahin erobert. Zu dieser Zeit wurde die Stadt türk. 'Eski Zagra' (= bulg. 'Stara [Alt-] Zagora') gen.

V. Gjuzelev

Lit.: G. N. NIKOLOV, Voenno-političeska istorija na srednovekovnija grad Boruj, Voennoistoričeski sbornik, 50/3, 1981, 34–44 – P. SOUSTAL, Thrakien, 1991, 203–205.

Staré letopisy české (die 'ältesten tschech. Annalen'), Komplex von bisher 33 bekannten, zw. 1432 und 1620 von vorwiegend anonymen Autoren in tschech. Sprache verfaßten Texten und Hss., die an die lat. »Chronica Bohemorum« (geführt bis 1395 bzw. 1416 und 1432) anknüpfen. In annalist., seit der Mitte des 15. Jh. eher chronikal., faktenreicher Form geschrieben, sind die S. eine der wichtigsten schriftl. Q. für die böhm. Gesch. des 15. und 16. Jh. Die einzelnen Texte wurden meist von Autoren aus dem bürgerl. Milieu (daneben von einigen Angehörigen des niederen Adels und der Geistlichkeit) verfaßt, wobei die Prager und Königsgrätzer Autorenlinien maßgebend sind. Die Schilderung der hist. Ereignisse in den S. weist eine prohussit. (utraquist.) Tendenz aus, die gegen die kath. Kirche, in der Jagiellonenzeit im Sinne eines böhm. ma. Nationalbewußtseins auch gegen die dt. Nation gerichtet ist. Die meisten Texte sind zw. 1481 und 1540 entstanden (bisher keine vollständige Ed.).

M. Polívka

Ed. und Lit.: Scriptores rerum Bohemicarum, ed. J. DOBROVSKÝ–F. M. PELCL, II, 1784, 448–487– Staří letopisové čeští od r. 1378 do 1527 (Dílo F. Palackého, hg. J. CHARVÁT, II, 1941) – Ze Starých letopisů českých, hg. J. PORÁK–J. KAŠPAR, 1980 [Auswahl in neutschech. Übers.; Forsch.übersicht; Hss.- und Textverz.] – P. ČORNEJ, S. ve vývoji české pozdně středověké historiografie, Acta Univ. Carolinae Pragensis, phil.-hist. 1, 1988, 33–56.

Staré Město, →Burg (C. VI) und frühstädt. Siedlungsagglomeration auf einer Fläche von ca. 300 ha in →Mähren (1131: Weligrad [= »Große Burg«], 1228: civitas primo modo burgus; 1321: Antiqua civitas), z. T. auf dem Gebiet von Uherské Hradiště (1257–58: Nova Welehrad), im 9. Jh. eines der Zentren des Großmähr. Reiches. Mehr als 2000 Gräber, davon fünf Fs. engräber mit Schwertern, des Gräberfeldes von S. M. erlauben Rückschlüsse auf die Siedlungsintensität – 2,7% bzw. 7,3% der Gräber stammen aus dem 1. und 2. Drittel des 9. Jh., 35,6% aus dem letzten Drittel des 9. Jh. und 54,4% aus der 1. Hälfte des 10. Jh. Die Burg an der Stelle des ma. Uherské Hradiště war im 8. Jh. entstanden. Die sieben Siedlungen auf dem Gebiet von S. M. bildeten ein durch ein langes Außenwerk befestigtes Suburbium. Die Verteilung der landwirtschaftl. Siedlungen und Handwerkerviertel (Schmiede, Töpfer, Weber, Gerber, Steinmetze, Goldschmiede u. a.)

läßt eine planmäßige Anlage vermuten, die wohl mit Fs. →Svatopluk I. in Zusammenhang gebracht wird; die bei arab. Geographen überlieferte Nachricht von der Existenz eines allmonatl. dreitägigen Marktes könnte sich auf S. M. beziehen. Vier Kirchenfundamente sind in S. M. entdeckt worden (Kirche auf dem Gräberfeld, Kirche in der Ried Špitálky, deren Gründung der byz. Mission zugeschrieben wird, Rundkirche unter der St. Michael-Kirche, Kirche in der St. Veitgasse). Die St. Klement-Kirche stand einst in der n. Vorburg, die St. Georg-Kirche in der Burg. Eine andere Kirche stand auf der Anhöhe bei Sady, vielleicht der ursprgl. Bestattungsort des mähr. Ebf.s Method (→Konstantin und Method). Die Überlieferung betrachtet »Weligrad« als Sitz Svatopluks und Ebf. Methods; mit der Existenz eines Kapitels könnten die Grundrisse von zwölf Häusern in Zusammenhang stehen. Um die Mitte des 10. Jh. verlor Weligrad seine Bedeutung, und der teils fortbestehende, teils neu entstandene kleinere Marktort auf dem Gebiet von S. M. wurde mit einer neuen Schanze befestigt. Den Namen Welehrad übernahm ein 1202 gegr. Zisterzienserkl. L. E. Havlík

Lit.: V. HRUBÝ, S. M., Velkomoravské pohřebiště Na Valách, 1955 – DERS., S. M., velkomoravský Velehrad, 1965 – Č. STAŇA, Mähr. Burgwälle im 9. Jh. (Die Bayern und ihre Nachbarn, II, hg. H. FRIESINGER–F. DAIM, 1985), 157–203 – L. E. HAVLÍK, Velegrad (Staroměstská výročí, 1990), 81–98 – DERS., Ibn Rusta o králi Svatoplukovi a jeho sídelním městě, Jižní Morava, 1990, 9–17.

Stargard, Stadt in →Pommern, an der Ihna, am Rande des Pyritzer Weizackers. Die slav. Burg, 1140 urkundl. im Papstprivileg für das neugegründete pommersche Bm. genannt, war Mittelpunkt der gleichnamigen Landschaft. 1240 überließ der Pommernhzg. →Barnim I. diese dem Bf. v. →Kammin, erhielt sie aber 1248 im Tausch gegen das Land Kolberg als Lehen zurück. Um 1186/87 wird bereits eine Pfarrkirche in S. angenommen. Seit dieser Zeit hatten auch die Johanniter in S. ein Haus. Um 1270 errichteten die Augustinereremiten ein Kl. 1278 ist eine Schule bezeugt, 1342 eine Kalandbruderschaft, 1384 ein Heiliggeisthospital. Bei Einrichtung der Archidiakonate im Bm. Kammin 1303 wurde S. Sitz eines solchen. 1347 verfaßte der S.er Augustinereremit Augustinus eine Denkschrift für Hzg. →Barnim III. zur Vorlage beim päpstl. Hof in Avignon, um die Unabhängigkeit des Bm.s Kammin vom Ebm. →Gnesen und zugleich die Reichsunmittelbarkeit Pommerns und seines Hzg.shauses hist. nachzuweisen. Dieses »Protocollum« ist ein frühes Zeugnis pommerschen Selbstverständnisses. – 1253 hatte Barnim I. S. mit dem →Magdeburger Recht ausgestattet, 1292 erhielt es →Lübisches Recht. Seit 1363 nahm die Stadt an den Hansetagen teil, 1370 war sie am →Stralsunder Frieden mit Dänemark beteiligt. 1374 erhielt sie das Recht der freien Schiffahrt auf der Ihna bis zum Stettiner Haff. 1436 errichtete sie eine Vitte für den Heringshandel in dän. Dragör. 1454–60 kam es wegen des Getreidehandels und der freien Schiffahrt auf der Ihna zu Auseinandersetzungen mit →Stettin. Im 15. Jh. war S. an mehreren Landfriedensbündnissen beteiligt. Im Stettiner Erbfolgekrieg mit Brandenburg 1464–72 hielt es zu Pommern.
R. Schmidt

Lit.: F. BOEHMER, Gesch. der Stadt S., I, 1903 – Unser Pommerland, H. 11/12, 1927 – Der Krs. Saatzig und die kreisfreie Stadt S., hg. P. SCHULZ, 1984.

Starosta (stary, starszy 'alt', 'älter'; Elbinger Rechtsbuch, §4/13: »ein staroste, daz ist der edilste in dem dorffe«), im poln. öffentl. Recht Bezeichnung für Amtsträger als Vertreter des Kg.s. Ihre Ämter entstanden Ende des 13. Jh. im Zusammenhang mit der Vereinigung →Polens. Den Generalstarosten, die in den Hauptprov.en (Klein- und Großpolen, Ruthenien) »brachium regale« waren, fehlte nur die Vollmacht, →Privilegien zu erteilen. Funktionen in Verwaltung und Gerichtswesen (Verfolgung und gerichtl. Untersuchung ohne ständ. Grenzen, Urteilsvollstreckung) erfüllten die S. im 14. und 15. Jh. in bestimmten Ländern und Burgen Polens. Als dem Kg. unterstellte, von ihm ausgestattete und jederzeit abrufbare Beamte mußten sie nicht, wie alle anderen Amtsträger, aus ihrem Amtsgebiet stammen.
S. Russocki

Q.: Najstarszy zwód prawa polskiego, ed. J. MATUSZEWSKI, 1959, 159f. – Lit.: J. BARDACH, B. LEŚNODORSKI, M. PIETRZAK, Hist. ustroju i prawa polskiego, 1993, 110.

Statik, moderne Bezeichnung für dasjenige Teilgebiet der →Mechanik, das sich mit den Verhältnissen der Gewichte im stat. Gleichgewicht befaßt, wurde in der Antike als 'baryzentr. Theorie' bezeichnet, gemäß dem fundamentalen Konzept des 'Schwerpunkts' (κέντρον βάρεος).

[1] *Antike Grundlagen:* Die klass. Formulierung der Prinzipien stammt von →Archimedes (3. Jh. v. Chr.), v. a. aus seinem Werk »Über das Gleichgewicht ebener Flächen« (»De planorum aequilibriis«, B. 1), in dem er beweist, daß der gemeinsame Schwerpunkt zweier Körper derjenige Punkt ist, der die Linie zw. ihren beiden einzelnen Schwerpunkten dergestalt in Segmente teilt, daß ihre Gewichte den beiden Segmenten umgekehrt proportional sind (ebd., Prop. 6–7). Dies ist offensichtl. eine in stat. Begriffen gefaßte Reformulierung des analogen Hebelgesetzes, das einige Jahrzehnte vor Archimedes in der peripatet. »Mechanica« in dynam. Begriffen vorkommt; nach diesem Grundprinzip werden Gewichte leichter bewegt in dem Ausmaß, wie die Entfernung der bewegenden Kraft vom Stützpunkt zunimmt (KRAFFT). Archimedes selbst hat in einem nicht erhaltenen Werk »Über Waagen« (περὶ ζυγῶν) anscheinend dynam. und stat. Konzeptionen des Gleichgewichtsprinzips kombiniert (doch ohne Bezug auf den Schwerpunkt zu nehmen) zur Analyse der ungleicharmigen Waagen des bismar. Typs (d. h. Schnellwaagen mit verschiebbarem Aufhängungspunkt). Außerhalb von »De planorum aequilibriis« befaßte sich Archimedes auch in weiteren Werken (»De quadratura parabolae«, »Equilibria« [verloren], »Ad Eratosthenem methodus«) mit der Bestimmung des Schwerpunkts.

Zur S. gehört auch das Spezialgebiet der *Hydrostatik,* das sich mit den Eigenschaften der Gewichte in Flüssigkeiten, im bes. aber mit den Bedingungen der Stabilität schwimmender Körper, befaßt. Archimedes weist in »De fluitantibus corporibus« nach, daß ein schwimmender Körper ein seinem Eigengewicht gleiches Flüssigkeitsvolumen verdrängt (B. 1, Prop. 5) und beweist zugleich die Stabilität von schwimmenden sphär. Segmenten (Prop. 8–9) und die Bedingungen für die Stabilität von schwimmenden paraboloidischen Segmenten (B. 2). Die Entsprechung für Körper, die dichter sind als die sie umgebende Flüssigkeit, d. h. daß sich ihr Gewicht, wenn sie in der Flüssigkeit eingetaucht sind, um einen Betrag, der dem Gewicht der verdrängten Flüssigkeit entspricht, verringert (B. 1, Prop. 7), kann zu einem Verfahren zur Bestimmung spezifischer Gewichte erweitert werden; vgl. im →»Carmen de ponderibus et mensuris«, einem lat. Lehrgedicht (wohl um 400 n. Chr.), die Beschreibung des dem Archimedes zugeschriebenen legendär. Experiments zur Bestimmung des Goldgehalts der sog. 'Archimedischen Krone', wobei das Problem, ob die Krone aus purem Gold oder nur einer Gold-Silber-Legierung bestehe, mittels der Bestimmung ihres spezif. Gewichts gelöst wurde.

[2] *Arabische Wissenschaftstradition:* Arab. Autoren über-

mitteln keine der in griech. Sprache erhaltenen mechan. Werke des Archimedes, hatten aber offensichtlich Zugang zu einer alternativen Tradition, die teils auf heute verlorenen archimed. Werken, teils auf hellenist. Autoren wie →Hero v. Alexandria beruhte. So hat →Ṯābiṯ b. Qurra (9. Jh.) in seinem Traktat über die ungleicharmige Waage (»Kitāb fi'l qaraṣṭūn«) anscheinend einen archimed. Text über Waagen übersetzt und revidiert und dabei Eigenschaften des stat. Gleichgewichts angewendet, nicht aber das Konzept des Schwerpunkts. Durch die Übersetzung der »Mechanica« des Hero v. Alexandria durch →Qusṭā ibn Lūqā (9. Jh.) gelangte auch eine Version der archimed. Resultate über Gleichgewicht und Schwerpunkt in die arab. Wissenschaftstradition. Das umfangreiche Buch über die »Waage der Weisheit« des →al-Ḫāzinī (12. Jh.) bietet nicht nur eine Zusammenfassung derartiger Traktate über das Gleichgewicht und die Beschreibung verschiedener Arten von Waagen, sondern auch Darlegungen zum Schwerpunkt, einschließl. der →al-Kūhī (10. Jh.) zugeschriebenen Einsichten. Zwar handelt es sich hier vielfach um genuin arab. Entdeckungen; doch beruhen auch diese auf den archimed. Quellen.

[3] *Abendländische Wissenschaftstradition:* Im lat. Kulturbereich waren für die mechan. Theorie ('scientia de ponderibus') zwei im 12. Jh. übersetzte Werke maßgebend: zum einen »De canonio«, ein anonym aus dem Griech. übersetzter Traktat; zum anderen »Liber karastonis«, eine Version des qaraṣṭūn-Traktates des Ṯābit b. Qurra, übersetzt von →Gerhard v. Cremona. In vier Propositionen legt »De canonio« die Theorie der ungleicharmigen Waage des bismar. Typs dar (d.h. einer Schnellwaage mit bewegl. Aufhängungspunkt). Dabei machte der Traktat bestimmte krit. techn. Annahmen, einschließl. der Bedingung für das Gleichgewicht, die hier »Euklid, Archimedes und anderen« zugeschrieben, im »Liber karastonis« aber durch Beweise erhärtet werden. Die (trotz unterschiedl. Provenienz) weitgehende inhaltl. Übereinstimmung beider Traktate und ihre Anwendung charakterist. archimed. Methoden (doch ohne Einbeziehung des Konzepts des Schwerpunkts), durch welche dieselben (oder doch weitgehend ident.) Propositionen über dieselbe Form von Waagen bewiesen werden, legt eine Abhängigkeit von einer gemeinsamen hellenist. Tradition nahe, die wohl auf das verlorene Werk des Archimedes »Über Waagen« zurückgeht.

Eine alternative Behandlung der in »De canonio« dargelegten Lehre bieten die in neun Propositionen gegliederten »Elementa super demonstrationes ponderum«, verfaßt im frühen 13. Jh. von →Jordanus Nemorarius. In diesem eigenständigen, doch nicht fehlerfreien Werk führt Jordanus das neue Konzept des 'positionalen Gewichts' (gravitas secundum situm) ein (wobei er aber mehrfach zu irrigen Schlußfolgerungen gelangt) und wendet eine Technik von hypothet. Verschiebungen an, bereits in etwa vergleichbar dem von Galileo Galilei benutzten Prinzip der 'virtuellen Geschwindigkeiten'. Die »Elementa«, die nachfolgend korrigiert wurden (vielleicht von Jordanus selbst), sind gemeinsam mit einer Version von »De canonio«, ergänzenden Darlegungen über Waagen und einem substantiellen Kapitel über in Flüssigkeit eingetauchte Körper zum vierbändigen Traktat »De ratione ponderis« zusammengefügt worden. Die bedeutenden Erkenntnisse des Jordanus bilden trotz mancher Irrtümer den Höhepunkt der mechan. Theorie vor Galilei.

Das archimed. Corpus wurde 1269 nahezu vollständig von →Wilhelm v. Moerbeke aus dem Griech. ins Lat. übersetzt. Den geometr. Schriften wurden in den folgenden Jahrhunderten Paraphrasen und Komm. angefügt, doch blieb die Nachwirkung der mechan. Schriften gering. CLAGETT nennt für das 14. Jh. nur wenige Werke, etwa einen anonym überlieferten Beweis des Gleichgewichtsprinzips und Zitate aus dem archimed. Werk »De fluitantibus corporibus« in »Du ciel et du monde« des Nikolaus →Oresme. Die lat. Tradition der Hydrostatik beruht andererseits auf einem einzigen Werk, überliefert als »De ponderibus Archimenidis« (mit variierendem Untertitel, z.B. »De incidentibus in humidum«); es umfaßt (in seiner erhaltenen Gestalt) acht Propositionen, in denen die Prinzipien für eine formale Lösung des Problems der Unterscheidung von reinen Metallen und Legierungen im Sinne der 'Archimed. Krone' dargelegt werden. Der Ursprung dieses Traktats, der sich als Übersetzung eines archimed. Traktates gibt (aber nur lockere Bezüge zum ersten Buch von »De fluitantibus corporibus« aufweist), ist dunkel, dessenungeachtet war »De incidentibus« eine wichtige Quelle für das (insgesamt bescheidene) Schrifttum des 14. Jh. zur Hydrostatik, wie z.B. für die von →Johannes de Muris gebotene Version der Lösung des 'Kronen'-Problems.

Im 16. Jh. bildete die Übers. des Traktates »De fluitantibus corporibus« von Wilhelm v. Moerbeke die textl. Grundlage der lat. und it. Editionen von Tartaglia und die lat. Ausgabe von Commandino. Diese Werke gehören – wie auch die Arbeiten von Maurolico u.a. – jedoch bereits der Renaissance an. W. Knorr

Lit.: DSB VII, 335–351, s.v. al-Kāzinī [R. HALL] – E. WIEDEMANN, Aufs. zur arab. Wissenschaftsgesch., 1902–28 [Neudr. 1970] – P. DUHEM, Origines de la statique, 2 Bde, 1905–06 – E. J. DIJKSTERHUIS, Archimedes, 1956 [verbesserte Ausg. 1987; bes. Kap. 14] – M. CLAGETT, The Science of Mechanics in the MA, 1959 – E. MOODY-M. CLAGETT, Medieval Science of Weights, 1960 – F. KRAFFT, Dynam. und stat. Betrachtungsweise in der antiken Mechanik, 1970 – K. JAOUICHE, Le livre du qaraṣṭūn de Ṯābit ibn Qurra, 1976 – J. BROWN, Science of Weights (D. LINDBERG, Science in the MA, 1978, Kap. 6) – M. CLAGETT, Archimedes in the MA, III, 1978 – I. SCHNEIDER, Archimedes, 1979 – W. R. KNORR, Ancient Sources of the Medieval Tradition of Mechanics, 1982 – D. K. RAIOS, Archimède, Ménélaos d'Alexandrie et le 'Carmen de Ponderibus et Mensuris', 1989.

Stationarius, bestallter und vereidigter Univ.sangehöriger, dessen Aufgabe es war, die ma. →Universität mit den für den Lehrbetrieb erforderl. Texten zu versorgen. Erstmals gen. in den Satzungen der Univ. Bologna (1259, 1289, 1334), ist sein erstmaliges Auftreten wohl um 1200 anzusetzen. Die Univ. Paris nennt in ihren Satzungen (1275, 1316) neben dem S. noch den 'Librarius', letzterer wurde von den unter Pariser Einfluß stehenden dt. Universitäten übernommen, während auch der S. auch in England und Spanien findet. In London existierte 1403 die →Gilde der *stationers* als ein Zusammenschluß der *textwriters*. Der S. hatte die Texte der Autoritäten (Bologna: 117 Titel) in von der Univ. approbierten Fassungen vorrätig zu halten. Gegen eine festgelegte Gebühr lieh er diese lagenweise (→Pecia) an die Studierenden zur Abschrift von eigener Hand oder durch gewerbl. →Schreiber aus. Die Zuverlässigkeit der 'exemplaria' wurde in Bologna von 'Peciarii' überwacht. Aus dieser Hauptaufgabe des S. ergibt sich folgerichtig eine weitere: er übernahm die Hss. abgehender oder verstorbener Studierender und verkaufte sie gegen eine vorgeschriebene Provision innerhalb der eigenen Univ. Die Pariser Satzung v. 1316 überträgt diese Aufgabe dem 'Librarius'.

In dt. Univ.en, die von Paris beeinflußt waren (z.B. Köln), gab es ebenfalls den Librarius. Dagegen scheint sich hier der S. mit seiner bes. Aufgabe (Verleih von Hss.) nicht durchgesetzt zu haben. Statt dessen diktierten die Univ.slehrer häufig die maßgebl. Texte ihren Hörern ('Pronunziationen'). Die Erfindung des →Buchdrucks machte das S.-Wesen überflüssig. Allerdings haben die Univ.en mit deutl. Zurückhaltung von den durch die Schwarze Kunst gegebenen neuen Möglichkeiten Gebrauch gemacht.

S. Corsten

Lit.: HBW I, 867–870 – K. W. Humphreys, The Provision of Students' Text-books in the later MA (Erlesenes aus der Welt des Buches, 1979), 61–76 – S. Corsten, Unters.en zum Buch- und Bibl.swesen, 1988, 163–182.

Stationsgottesdienst, Liturgiefeier der Stadtkirche in ihren Kirchen reihum meist nach fester Ordnung. Die volkreichen Städte, noch nicht in Pfarreien heutiger Art unterteilt, verstanden sich trotz ihrer vielen Kirchbauten (seelsorgl. bestimmte tituli und Märtyrern zugeordnete memoriae: »Kirchenfamilie«) als die eine Stadtkirche, die sich an Sonn- und Festtagen in jeweils einer Kirche zum Gottesdienst um den Bf. versammelte, in gleicher Weise die Feste der Märtyrerkirchen beging. Solche S.e (statio = Versammlungsort [um den Bf.]) sind seit dem Ende des 4. Jh. in Ost und West bezeugt. In Rom bildete sich dem im 5. Jh. eine feste, noch im Missale von 1570 überlieferte S.ordnung aus. Darüber hinaus zog die röm. Gemeinde an Bußtagen (Quatember, Fastenzeit, Bittage) von einer Sammelkirche (collecta) gemeinsam zur S.kirche. Im 14. Jh. (Päpste in Avignon) verfiel der Brauch des S.es; nur die Bußprozession hat sich als Zug um die traditionelle S.kirche erhalten. Der Norden übernahm mit der röm. Liturgie den eindrucksvollen Brauch des S.es für die Bf.sstädte, mehrte v. a. die Zahl der collectae, übertrug ihn auch auf die (oft mehrkirchigen) Kl. und Stifte. R. Berger

Lit.: LThK² IX, 1021f. – J. Dorn, S.e in frühma Bf.sstädten (Festg. A. Knöpfler, 1917), 43–55 – J. Kirsch, Die Stationskirchen des Missale Romanum, 1926 – R. Hierzegger, Collecta und Statio, ZKTh 60, 1936, 511–554 – A. Häussling, Mönchskonvent und Eucharistiefeier, LQF 58, 1973, v.a. 181–201 – A. Wolff, Kirchenfamilie Köln, Colonia Romanica, 1, 1986, 33–44 – J. Baldovin, The Urban Character of Christian Worship, OrChrA 228, 1987 – H. Brakmann, Synaxis katholike in Alexandreia, JbAC 30, 1987, 74–89.

Statius im MA. Der Dichter Publius Papinius S. (2. Hälfte des 1. Jh. n. Chr.) hatte in seinem Hauptwerk, dem Epos 'Thebais' in 12 Büchern, schon zu Lebzeiten großen Erfolg, fand weiterhin in der Spätantike hohe Anerkennung und scheint bald auch Schulautor geworden zu sein. Zur Erklärung dienten Scholien, die nicht vor dem 4. Jh. entstanden sind und zumeist unter dem Namen eines Lactantius Placidus gehen (der im MA zuweilen mit dem Kirchenvater Lactantius verwechselt wurde). Auch das zweite Epos S., die 'Achilleis' (2 Bücher, unvollendet) wurde hochgeschätzt. Trotz vielfacher Zitate und Nennungen in der späten Ks.zeit hat sich aus dem Altertum unmittelbar nichts von den Werken erhalten. Doch haben vermutl. zwei Exemplare die gefährl. Schwelle des Übergangs der Lit. von der Papyrusrolle in den Pergamentcodex überdauert und Anlaß gegeben, daß die für uns sichtbare Überlieferung von Anfang an in zwei Zweige gespalten erscheint. Einer der frühesten Hinweise für das Vorhandensein eines S. im MA ist seine Erwähnung unter den Autoren, die in York um die Mitte des 8. Jh. gelesen wurden (Alkuin, De sanctis Euboricensis ecclesiae 1553). Eine ältere Vorstellung, daß von einem Yorker Exemplar ein Teil der festländ. Überlieferung ausgegangen sei, war niemals ausreichend begründet und ist heute wohl allg. aufgegeben. Die Erwähnung in einer Bücherliste des ausgehenden 8. Jh. (Berlin, Diez. B. 66), die als Teil eines Kat. einer vermuteten Hofbibliothek Karls d. Gr. gedeutet (B. Bischoff, Ma. Studien III, 165ff.), aber nicht als solcher bewiesen worden ist, erlaubt keine sichere Lokalisierung. Ältester Textzeuge ist der Codex Puteaneus (Paris. lat. 8051, saec. IX²) aus Corbie, der beide Epen, Thebais und Achilleis, enthält und allein einen selbständigen Zweig der Überlieferung repräsentiert. Über einen in der Hs. genannten Julianus (einen Grammatiker oder Vorbesitzer?) ist nichts hinlängl. Sicheres bekannt. Gewisse Merkmale, die darauf hindeuten, daß an einem der Vorläufer des Codex Puteaneus eine ags. Hand beteiligt war, erlauben keinen Schluß auf die Herkunft des Textes. Einem anderen Überlieferungszweig gehören alle übrigen Textzeugen an, d. h. sie gehen auf ein anderes, wohl auch schon spätantikes Exemplar zurück; doch setzen die Vertreter dieses Zweiges erst mit dem 10. und stärker dann im 11. Jh. ein. Seit dieser Zeit erscheint S. infolge einer Verwechslung (mit dem bei Hieronymus, chron. a. Abraham 2073: p. 182, 10 sqq. Helm genannten Rhetor Statius Ursulus) vielfach mit dem Beinamen Sursulus. Daß die Epen, v. a. die 'Thebais', seit dem 10. Jh. Schullektüre wurden, bezeugen Walther v. Speyer (Vita s. Christophori I, 100: MGH PP V 19) und Richer v. Reims für Gerbert v. Aurillac (III 47). Seit der Jahrtausendwende werden die in karol. Zeit noch relativ seltenen Werke vielfach abgeschrieben und insgesamt so häufig, daß S. als einer der meistbekannten und meistzitierten Autoren der Antike nach Vergil und Ovid zu bezeichnen ist. Aus der für das MA selbstverständl. hohen Einordnung des S., der eine Verbreitung der Epen, zumal der 'Thebais', in allen Teilen der lat. Welt entspricht, erklärt sich als ganz natürl. die Beurteilung des Dichters bei Dante, der ihn beinahe zu einem Christen macht (Purg. XXI, XXII). Auch von der insgesamt die Bedeutung der 'Thebais' nicht erreichenden 'Achilleis' ist immerhin Benutzung in der Schule und wenigstens an manchen Orten ein Bemühen um eine eigene Erklärung bekannt.

Ganz anders verlief das Schicksal der Gelegenheitsgedichte des S., der 'Silvae'. Sie sind wahrscheinl. für andere antike Gelegenheitsdichtung (Ausonius, Claudianus, Sidonius) als Anregung und Vorbilder wichtig gewesen, waren als Werk jedoch, wie es scheint, nicht annähernd so stark verbreitet wie bes. die Thebais. Im MA sind die 'Silvae' zwar erhalten worden, waren aber so gut wie unbekannt. Ein einziger Vers (silv. 4, 4, 1) taucht in einem Briefgedicht auf, das im Namen Karls d. Gr. an Petrus von Pisa und Paulus Diaconus gerichtet wurde (Pauli carm. 34, 10 bei Neff); daraus auf das Vorhandensein eines Exemplars der 'Silvae' am Hofe Karls d. Gr. zu schließen (wie üblich), ist vielleicht schon zu kühn. Von da an herrscht über die 'Silvae' völliges Schweigen, bis zur Zeit des Konstanzer Konzils →Poggio Bracciolini 1416/17 in einem nahegelegenen Kl. (Reichenau?) ein Exemplar der 'Silvae' entdeckte, das auch den Manilius enthielt, und abschreiben ließ. Man glaubt diese Kopie in einer Madrider Hs. (Bibl. Nac. M 31) zu besitzen. Trifft dies zu, so war dieses Exemplar die Vorlage aller humanist. Kopien. In humanist. Zeit haben seit Petrarca sowohl die Epen als auch (nach ihrer Wiederauffindung) die 'Silvae' hohe Wertschätzung genossen und vielfach anregend gewirkt.

F. Brunhölzl

Lit.: P. M. Clogan, The Mediaeval Achilleid of S., 1968 – Praefationes der krit. Edd. – G. Glauche, Schullektüre im MA, 1970 – M. D. Reeve (L. Reynolds, Texts and Transmission, 1983), 394ff. – M. v. Albrecht, Gesch. der röm. Lit., II, 1992, 756f.

Status, mlat. Begriff (dt. seit 14. Jh.: →Stand), bezeichnet innerhalb des ma. →Ordo eine rechtl. und sozial definierte Schicht sowie innerhalb der ma. Lebenslehren die innere Seinsverfassung aller Kreatur, v. a. des Menschen. Die

Zugehörigkeit zum jeweiligen s. hängt im ersten Fall ab von äußerlichen und u. U. kenntl. zu machenden (etwa durch Kleidung oder bes. Zeichen) Gegebenheiten und Funktionen innerhalb des gesellschaftl. Systems (Geburtsstand, Berufsstand, Bildungsstand), im zweiten Fall von deutl. innerl. begriffenen Seinsweisen des Menschen, von seinem s. originalis (der Mensch im Urstand), s. viatoris (der geschichtl. Mensch; der Mensch im Zustand des Auf-dem-Wege-Seins) oder s. comprehensoris (der jenseitige Mensch; der Mensch im Zustand des umfangenden Besitzes der Glückseligkeit). In der Theorie des Früh-MA wurde nicht nur zw. dem s. der Mächtigen (potentes) und der Machtlosen (pauperes), sondern auch zw. den Ständen des Ordo rein intelligibler Wesen und denen der sichtbaren Welt unterschieden (lat. Übers. des Corpus Dionysiacum durch →Hilduin und →Eriugena). Im Zuge fortschreitender Einordnung des einzelnen in ein hierarch. strukturiertes Ordnungsgefüge kam der Unterschied zw. dem s. des Klerus (oratores, Lehrstand) mit denen des Laien als Wehrstand (bellatores, Adel, Ritter) und als Nährstand (laboratores, Bauern), aber auch die Hinordnung aller und jedes einzelnen auf das Heil in Gott (ordo salutis) zur Geltung (→Heilsplan). Differenziert wurde zw. dem s. culpae, dem s. gratiae und dem s. gloriae (dem Stehen in der Sünde, in der Gnade und der himml. Herrlichkeit). Für →Joachim v. Fiore vollendete sich die Heilsgeschichte in drei s., die im zeitl. Nacheinander das weltimmanente trinitar. Analogon zur göttl. Trinität bilden und sich mit innerer Logik im geschichtl. Nacheinander vollziehen. Während sich im HochMA der neue Stand des Bürgertums bildete, sich der Gesellschaftskörper immer weiter aufgliederte (→Ständeliteratur, Ständelehren) und die gesellschaftl. Differenzen teilweise bibl. gerechtfertigt wurden (→Freie als Nachfahren Sems, Unfreie Nachfahren Kains, Ismaels, Isaus), wurde der Begriff s. in der Scholastik dynamisiert, das äußere hierarch. System von innen her kritisiert und fakt. relativiert. Mit den →Spiritualen glaubte →Petrus Johannis Olivi im s. der Armen den s. der Vollkommenen und Vollendeten zu erkennen, während →Heinrich v. Gent, →Gottfried v. Fontaines und →Johannes v. Polliaco gegen dieses s.-Verständnis protestierten. Papst →Benedikt XII. forderte dazu auf, zu jener s.-Lehre zurückzukehren, die seit langem in ihrer ps.-dionys. Variante (purgare-illuminare-unire) die hohe intellektuale Spiritualität begründete und in ihrer benediktin.-zisterziens. Tradition gelebt wurde. In der böhm. Reformbewegung (→Malogranatum) wie auch in der →Devotio moderna werden die drei s. (der Anfangenden, der Fortschreitenden und Vollendenden) in neuer Weise zur Geltung gebracht. M. Gerwing

Lit.: W. Schwer, Stand und Ständeordnung im Weltbild des MA, 1970 – B. Töpfer, Städte und Standesstaat, 1980 – G. Duby, Die drei Ordnungen, 1981 – M. Gerwing, Malogranatum, 1986 – M. L. Arduini, Rupert v. Deutz und der status christianitatis in seiner Zeit, 1987 – E. H. Kantorowicz, Die zwei Körper des Kg.s, 1990 – M. Diers, Bernhard v. Clairvaux. Elitäre Frömmigkeit und begnadetes Wirken, 1991 – U. Horst, Evangel. Armut und Kirche, 1992.

Statute of Labourers (1351), im Parliament von den engl. Grundherren durchgesetzt, die nach dem »Schwarzen Tod« (1348-49), der sich unmittelbar auf den Arbeitsmarkt in England auswirkte, in ihren Dörfern mit vakanten Besitzungen und mit der Forderung nach höheren Löhnen bei einer sehr verminderten Arbeitskraft konfrontiert wurden. Nach der Verordnung für Arbeiter und Gesinde v. 1349 wurde 1351 das S. of L. erlassen, das ein Angebot von billigen Arbeitskräften durch die Festsetzung der Löhne auf das Niveau vor der Pestzeit sichern sollte. Alle taugl. Männer unter 60 Jahren mit keinem sichtbaren Vermögen für den Unterhalt konnten zur Arbeit herangezogen werden. Jährl. Lohnsätze wurden für jeden Typ der Landarbeiter und tägl. Lohnsätze für die verschiedenen Arbeiten des Baugewerbes festgelegt. Arbeiter, die den Winter in einem bestimmten Dorf verbrachten, sollten im Sommer nicht in ein anderes Dorf ziehen. Die Preise der erzeugten Waren wurden auf ihre Höhe vor der Pestzeit festgesetzt, diejenigen von Lebensmitteln sollten angemessen sein. Es galt als Verstoß, wenn Arbeiter Verträge brachen und Arbeitgeber Löhne über dem festgesetzten Niveau zahlten. 1352–59 sorgten besondere Rechtsbevollmächtigte in jeder Gft. und später →Justices of the Peace für die Durchführung des Statuts. Der Unmut gegen das S. of L. war ein wesentl. Faktor bei der →Peasants' Revolt v. 1381, und einige Richter, die man bes. mit der Durchführung des Statuts in Verbindung brachte, wurden getötet. E. King

Lit.: B. H. Putnam, The Enforcement of the S. of L., 1908 – R. C. Palmer, English Law in the Age of the Black Death, 1994.

Statute of Merchants, eigtl. zwei in Zusammenhang stehende Statuten, die unter Kg. Eduard I. vom Parliament erlassen wurden: das Statute of Acton Burnell (1283) und das S. of M. (1285). Die Präambel zu dem Statut begründet die strengen, auf engl. Boden geltenden Bestimmungen damit, daß fremde Kaufleute nicht nach England einreisen sollten, um dort Handelsgeschäfte abzuschließen, wenn sie nicht über ein Vermögen verfügten, das sie zu Schuldzahlungen befähigte. Dieses wurde durch die Einrichtung von Verfahren zur Schuldregistrierung in den größeren Städten und durch die Anheftung eines kgl. Siegels an den Schuldschein gewährleistet. Nach den noch härteren Verordnungen von 1285 wurde der Schuldner, wenn der Schuldschein nicht eingelöst worden war, sofort inhaftiert und erst nach der Zahlung der Schuld wieder freigelassen. Wenn die Bezahlung nicht innerhalb von drei Monaten erfolgte, wurde der Schuldner seiner bewegl. Habe und auch der Verfügung über seine Ländereien für verlustig erklärt. Der Wert dieses Besitzes wurde geschätzt, und der Gläubiger erhielt für die Jahre, die zur Tilgung der Schuld erforderl. waren, gemäß der im S. of M. gewährten Besitzform ein Eigentumsrecht an dem Besitz. Das Statut konnte sowohl von Laien als auch von Klerikern in Anspruch genommen werden – außer von Juden, für die andere Vorschriften galten. Auch in Irland fand es Anwendung. Es war Ausdruck einer Reformperiode in der engl. Gesetzgebung. Vergleiche können zur Gerichtsbarkeit der →Champagnemessen gezogen werden. E. King

Lit.: T. F. T. Plucknett, Legislation of Edward I, 1949 – M. Prestwich, Edward I, 1988.

Statuten
A. Allgemein; Mittel- und Westeuropa – B. Italien; Istrien und Dalmatien.

A. Allgemein; Mittel- und Westeuropa
'Statut' ist eine im Spätmhd. wohl in der Mitte des 14. Jh. (Kundschaft über das Bf.sgericht zu Speyer 1340-47) zuerst nachweisbare Entlehnung aus lat. statutum, dem substantivierten Neutrum des Part. Perf. von lat. statuere 'hinstellen, aufstellen, errichten, festsetzen, bestimmen'. Im klass. Lat. erscheint statutum als statutum Parcarum oder statutum dei bei Laktanz neben lex und placitum mit der Bedeutung 'Bestimmung'. In Rechtstexten meint es 'gesetzl. Bestimmung, Vorschrift, Verordnung' und steht damit lat. constitutio sehr nahe. In der lat. Bibel begegnet statutum nicht, weshalb es nicht überrascht, daß es auch

als Lemma lat.-ahd. Übersetzungsgleichungen kaum auftritt. Ledigl. im Abrogansglossar (Bayern um 765), das die drei Glieder der lat. Synonymenkette decretum, definitum, statutum als Substantive auffaßt, wird statutum in zwei Hss. als ahd. *gisezzida* wiedergegeben, dessen insgesamt 47 Belege ziemlich gleichmäßig verteilt sonst für lat. compositio, conditio, constitutio, decretum, dispositio, expositio, institutio, institutum, ordinatio, lex, legalis, ordinatio, ordo, positio, praepositura, scitum, secta, situs, statura oder status stehen. Immerhin erscheinen aber in den frühma. Kapitularien verschiedentl. statuta sancti Benedicti, statuta canonica, statuta canonum, statuta capitularium, statuta concilii, statuta decretalia, statuta ecclesiastica, statuta legis Romanae, statuta legum, statuta imperatoris, statuta regis, statuta papae, statuta patrum, statuta priorum, statuta regularum oder auch ein statutum synodale, wobei man schon nach dem »Pactum Guntchramni et Childeberti II.« vom Jahre 587 die statuta servare (wahren) oder transcendere (übertreten) kann.

Zu Beginn des 13. Jh. wird die Beschränkung der Herkunft der statuta von Kg. und Kirche gelockert, und es erscheinen auch statuta civitatis. Dabei gebietet schon Friedrich II. den Lombarden, deren Städte im Gefolge der Kreuzzüge und des mit ihnen eröffneten Orienthandels zu Blüte und Reichtum gelangt waren, quod statuta non fatiant. Bereits erlassene statuta hebt er auf, und in der Zukunft zu erwartende erklärt er im vorhinein für ungültig. Dementsprechend sind statuta jetzt die örtl. Rechtssatzungen, welche mit dem einheitl. allg. Recht in Wettbewerb zu treten versuchen und deshalb von der Zentralgewalt bekämpft werden. Deren Abwehr erweist sich allerdings schon rasch als von nur verhältnismäßigem Erfolg.

Deshalb stellt sich für die in Oberitalien entstehende Rechtswissenschaft bald die Frage nach dem Verhältnis zw. dem wiederbelebten röm. Recht justinian. Überlieferung und den allerorten auch gegen den stauf. Widerstand sprießenden statuta, welche für die Konsiliatoren durchaus prakt. Relevanz haben. Die Lösung besteht dabei grundsätzl. im Vorrang des bes. Rechtes vor dem allg. Recht, so daß das röm. Recht im Verhältnis zu den örtl. statuta zurücktreten muß. Allerdings gewinnt dabei die Einschränkung schnell an Boden, daß die statuta nicht weit ausgelegt werden dürfen, sondern strikt zu interpretieren sind, so daß dem subsidiären allg. Recht weiterhin Raum bleibt. Außerdem wird als Folge der weitreichenden Mobilität der rechtsgelehrten Richter von ihnen zwar selbstverständl. Kenntnis des allg. Rechtes, nicht aber Wissen von den örtl. statuta verlangt, so daß derjenige, welcher sich auf statuta beruft, diese dem zuständigen Richter immer beweisen muß, falls sie nicht ausnahmsweise gerichtsnotor. sind. In dieser Hinsicht werden die örtl. gesetzten Bestimmungen der ungesetzten Gewohnheit gleich geachtet und in Gegensatz zu den an den Univ. gelehrten allg. Rechten gestellt. In der Folge erhält das gemeine Recht sogar eine Vermutung der Geltung (lat. fundata intentio).

Abgesehen von dieser wiss. Kategorienbildung erlangt der Begriff der S. in der dt. Sprache keine größere Bedeutung. Eine Bezeichnung wie »Nüwe Stattrechten und Statuten«, wie sie 1520 für Freiburg im Breisgau für das Stadtrecht Verwendung findet, bleibt eine eher seltene Ausnahme. Auch als solche beruht sie ledigl. auf der Wissenschaftssprache des Redaktors.

Selbst in der Wissenschaftssprache wird der Begriff der S. später von der allg. Vorstellung des dem gemeinen Recht oder auch dem gemeinen dt. Recht gegenüberstehenden partikularen Rechtes zurückgedrängt, wie überhaupt schließlich die Stadt fast gänzl. im Land aufgeht. Statut ist dementsprechend nicht mehr das vorrangige Recht einer örtl. Gemeinschaft kraft eigener Gesetzgebungsgewalt. Vielmehr ist unter Statut bald nur noch das kraft verliehener Autonomie durch Setzung entstandene Recht einer engeren, im Grunde dem Staat untergeordneten Gemeinschaft (z. B. Verein, Innung, Univ., Genossenschaft, Gesellschaft) zu verstehen. G. Köbler

Lit.: H. SCHULZ-O. BASLER, Dt. Fremdwb., 1913 ff., Bd. 3, 440 – GRIMM, DWB XVII, 1919, 1060 – G. HEUMANN-E. SECKEL, Handlex. zu den Q. des röm. Rechts, 1958[10] [Neudr.], 553 – G. HERRMANN, Johann Nikolaus Hert und die dt. S.lehre, 1963 – E. LORENZ, Das Dotalstatut in der it. Zivilrechtslehre des 13. bis 16. Jh., 1965 – K. LUIG, Die Anfänge der Wiss. vom dt. Privatrecht, Ius commune 1, 1967, 195 – K. NÖRR, Zur Stellung des Richters im gelehrten Prozeß der Frühzeit, 1967 – COING, Hdb. I, 129 ff., 517 ff. – J. NIERMEYER, Mediae latinitatis Lex. minus, 1976 [s. v. statutum] – W. WIEGAND, Studien zur Rechtsanwendungslehre der Rezeptionszeit, 1977 – G. WESENBERG-G. WESENER, Neuere dt. Privatrechtsgesch., 1985[4], 30, 120 – G. KÖBLER, Wb. des ahd. Sprachschatzes, 1993 [s. v. gisezzida] – H. SCHLOSSER, Grundzüge der neueren Privatrechtsgesch., 1993[7] – G. KÖBLER, Etymolog. Rechtswb., 1995, s. v. Statut.

B. Italien; Istrien und Dalmatien

I. Italien – II. Istrien und Dalmatien.

I. ITALIEN: Mit dem Begriff Statutum wurde eine Rechtsnorm bezeichnet, die von partikulären polit. Organismen, die einer höheren Autorität unterstanden, beschlossen wurde (städt. Gemeinden, Landgemeinden, Handwerkerkorporationen etc.). Das Statutum unterschied sich daher von der Lex, die von der primären Ordnungsmacht, d. h. dem Kaiser, erlassen wurde. Der Terminus Statutum wurde anfangs für den einzelnen Beschluß mit legislativem Charakter verwendet (der zumeist allgemeine und dauernde Gültigkeit hatte, zum Unterschied zu den weniger gewichtigen Provisiones und Reformationes); später bezeichnete er im Singular oder im Plural (Statuta) die Gesamtheit jener Beschlüsse als organ. Corpus.

Städtische Statuten: Als Gesamtkomplex der städt. Rechtsgebung umfaßte das Statutum sowohl die Beschlüsse der Organe des Stadtregiments (Arengo und in weiterer Folge Großer und Kleiner Rat [Consiglio maggiore, Consiglio minore]) als auch die Eidesformeln, auf die die Magistrate verpflichtet wurden (Brevia der Konsuln, des Podestà usw.) und die lokalen Gewohnheitsrechte (consuetudines), die sich in den früheren Jahrhunderten langsam herausgebildet hatten. Bisweilen waren die Gewohnheitsrechte bereits in früheren Slg.en zusammengefaßt worden und bildeten in einigen Städten auch in der Folge ein eigenes Corpus (wie in →Pisa, wo neben den S. das 'Constitutum usus' mit zugeordnetem Gerichtshof bestand). Im Lauf des 13. Jh. kam es zu einer Verschmelzung dieser verschiedenen Elemente, als fast alle großen Stadtkommunen in Mittel- und Norditalien, gestützt auf ihre substantielle polit. Selbständigkeit, eigene Statutencorpora anlegten. (Stärker eingeschränkt waren die Möglichkeiten der im Regnum Siciliae zusammengefaßten, der Kg.sgewalt unterstehenden südit. Städte, eine autonome Gesetzgebung zu entfalten: auch sie konnten, mit der Billigung des Herrschers, ihre Consuetudines verfassen, die aber fast nur privatrechtl. Belange betrafen.) Im kommunalen Italien kam es im 13./14. Jh. zu einer wahren Flut von Slg.en von Rechtsnormen, so daß man von einer goldenen Epoche der städt. Gesetzgebung sprechen kann. Waren die Rechtsnormen anfangs bruchstückhaft und ungeordnet gesammelt worden, vielleicht noch in chronolog. Reihung entsprechend dem Datum, an dem sie erlassen wurden, so wandte man in der Folge ein besseres Ordnungsprinzip und eine Gliederung nach verschiedenen

Teilen oder Sektionen ('libri') an, die nach sachl. Kriterien durchgeführt wurde: Verfassung und Verwaltung der Kommune, Zivil- und Strafrecht, Prozeßwesen, Überwachung der öffentl. Sicherheit in Stadt und Land). All dies lief jetzt in den verschiedensten Formen und Entwicklungen ab, die nur schwer klassifizierbar sind. Nicht selten waren in derselben Stadt verschiedene S. in Geltung, die jeweils den Geschäftsgang verschiedener Magistraturen regelten oder verschiedene Bereiche betrafen. In den Seestädten (z. B. in →Amalfi, →Venedig, →Cagliari) entstanden Slg.en von Gewohnheitsrechten und Verfügungen, die Seefahrt, Schiffsverkehr und Seehandel betrafen (»Statuti marittimi«).

Die S. wurden in period. Abständen von eigens dafür eingesetzten Kommissionen von Stadtbürgern (»Statutari«) revidiert und reformiert. In vielen Kommunen wurden sogar ständige Magistraturen (»Reformatores«) geschaffen, deren Aufgabe darin bestand, neue Rechtsnormen einzuführen und veraltete oder widersprüchliche aufzuheben. Der so entstehende Komplex von Rechtsnormen (alte Fassungen, Modifizierungen, Zusätze) konnte in period. Abständen zu einer neuen S.sammlung verschmelzen, v. a. im Zusammenhang mit polit. Veränderungen und Wechseln im Stadtregiment. Aus einigen städt. Zentren sind für die Zeit vom 13. bis 15. Jh. zahlreiche unterschiedl. Fassungen von S. erhalten.

Die 'doctores' nahmen lange Zeit eine feindselige und sogar verachtende Haltung gegenüber dem Statutarrecht ein. Sie betrachteten es als ungeschliffen und ungebildet (ius asinium, wie →Odofredus sagt) und von Parteiinteressen beeinflußt. Wurden sie als Rechtskonsulenten herangezogen, vermieden es die Rechtsgelehrten, sich auf die lokalen Rechtsnormen zu berufen, und griffen lieber weiterhin auf das röm. Recht (das als Ausdruck einer verfeinerten, geordneteren und universaleren Rechtskultur verstanden wurde) oder auf das Kirchenrecht zurück. Die Haltung vieler Rechtsgelehrter änderte sich jedoch v. a. seit dem 14. Jh., nachdem die Rechtslehre (v. a. dank →Bartolus, →Baldus und →Albericus v. Rosciate) das legitime Fundament der S. und ihre Wirksamkeit besser erkannt und anerkannt hatte. Viele Rechtsgelehrte nahmen dann aktiven Anteil an der Ausarbeitung von S. und prägten ihnen dadurch den Stempel ihrer am röm. Recht geschulten Rechtskultur auf.

Die S., als Ausdruck der iura propria der verschiedenen Städte, bildeten so die primäre Rechtsquelle für das öffentl. und private Leben der kommunalen Gesellschaft. Nachdem die freien Kommunen ihre Autonomie verloren hatten und als unterworfene und abhängige Städte in größere Territorialstaaten eingegliedert worden waren, wurde auch die statutar. Gesetzgebung der Kontrolle und Approbation der Fs.en oder der dominierenden Städte unterworfen, deren Dekrete und Edikte schließlich prinzipiell höhere Geltung hatten als die S. Letztere behielten aber in vielen Bereichen, v. a. in privatrechtl. Fragen, bis zum Ende des 18. Jh. lokale Gültigkeit. Die S. der wichtigsten Kommunen waren, wie man gezeigt hat, die Basis, auf der sich von 1200 bis 1700 der Großteil des neuen it. Rechts entwickelt hat (P. S. LEICHT), obgleich die doctores für die Interpretation des Statuts und die Regelung seiner Anwendungsmodalitäten im Gesamtbild der Rechtsquellen eine grundlegende Funktion hatten.

Andere S.: Analog den Stadtkommunen gaben sich auch andere Sonderorganismen im fruchtbaren Klima der Expansion der städt. Gesellschaft im 13. Jh. und in der Folgezeit eigene S.: polit. Organismen wie die Società di popolo, Assoziationen wie die Korporationen der Artes, der Kaufleute, der Juristen und Ärzte; Familienverbände (→Consorterie), kirchl. Institutionen, Bruderschaften, Verbände von Studenten und Professoren. Auch kleinere Gemeinden (Dörfer, Kastelle, Burgussiedlungen) gaben sich S., die man als »*statuti rurali*« oder »*castrensi*« bezeichnet, die die lokalen Erfordernisse, v. a. was die Landwirtschaft betraf, regeln sollten. Als »*statuti signorili*« werden S. bezeichnet, die durch Intervention oder zumindest Bestätigung des Grundherren für die Landgemeinden ausgearbeitet wurden, der auch die Magistraturen der Gemeinden seiner Kontrolle unterwarf. G. Chittolini

Bibliogr., Q. und Lit.: L. MANZONI, Bibliogr. statutaria e storica it., 2 Bde, 1876–79 – L. FONTANA, Bibliogr. degli Statuti dei comuni dell'Italia superiore, 3 Bde, 1907 – A. PERTILE, Storia del diritto it., II/2, 1898², 118ff. – E. BESTA, Fonti, I/2, 1925, 455ff. – Biblioteca del Senato. Catalogo della Raccolta di Statuti, consuetudini, leggi, decreti, ordini e privilegi dei comuni, delle associazioni e degli enti locali it., dal Medioevo alla fine del secolo XVIII, [bis jetzt 7 Bde (alphabet. nach den Ortsnamen geordnet, A–S)], 1943–92 – F. CALASSO, Medioevo del diritto, I: Le fonti, 1954, 409ff. – U. NICOLINI, Il principio di legalità nelle democrazie it., 1955 – P. S. LEICHT, Storia del diritto it., Le fonti, 1956², 170ff. – U. GUALAZZINI, Considerazioni in tema di legislazione statutaria medievale, 1958² – M. SBRICCOLI, L'interpretazione dello statuto, 1968 – M. A. BENEDETTO, Statuti. Diritto intermedio, NDI XVIII, 1971, 385ff. – F. CALASSO, La legislazione statutaria dell'Italia meridionale, 1971² – J. FRIED, Die Entstehung des Juristenstandes im 12. Jh., 1974 – Legislazione e società nell'Italia medievale. Per il VII centenario degli statuti di Albenga (1288), Atti, 1990 – M. BELLOMO, Società e istituzioni in Italia ..., 1991⁵, 363ff. – S., Städte und Territorien zw. MA und NZ in Italien und Dtl., hg. G. CHITTOLINI–D. WILLOWEIT, 1992 – La libertà di decidere, hg. R. DONDARINI, 1995.

II. ISTRIEN UND DALMATIEN: [1] *Statuten in lateinischer Sprache*: Die Erstellung von S. steht auch in den Städten →Dalmatiens und →Istriens in engem Zusammenhang mit Ausbau von Kommune und Ratsverfassung und mit der Entfaltung pragmat. Schriftlichkeit. Laut →Toma v. Split ließ der erste Podestà 1240 für die Stadt ein 'capitularium' mit den »guten Gewohnheiten« und »vielen anderen Rechten, die notwendig erschienen«, erstellen. Aus dem 13. Jh. erhalten sind die S. v. Dubrovnik (1272), Korčula (1265) und Piran (1273, Fragment; weitere Redaktionen 1307, 1332, 1358, 1384). Der Höhepunkt statutar. Rechtssetzung liegt am Anfang des 14. Jh.; hiervon zeugen die S. v. Split (1312) und Brač (1305), an letzteres angelehnt das Statut v. Hvar (1333), die S. v. Zadar (1305), Trogir (1322) und Poreč (1363 anstelle eines verbrannten Buches). Im Anlageteil systematisch gegliedert, wurden viele S. durch chronologisch angefügte 'reformationes' erweitert. In jüngeren Büchern (Lastovo; Budva; Cres und Osor) tritt an die Stelle des Lat. das Italienische. L. Steindorff

[2] *Statuten in kroatischer Sprache*: In der Bf.sstadt Senj und einer Reihe von Burgstadt-Kommunen im Kvarner und in Ostistrien, hier auf Reichsgebiet, entstanden S. in kroat. Sprache, zumeist in glagolitischer Schrift. Die Kodifizierung des Gewohnheitsrechts begann 1288 mit dem Gesetz v. →Vinodol; 1388 entstanden die S. von Senj, Vrbnik und der ganzen Insel Krk (letzteres mit kleineren Teilschichten auf Lat. und It.), 1400 das Statut v. Kastav, 1507 das Statut v. Veprinac, schließlich 1637 und 1640 die S. v. Mošćenice und Trsat. Alle S. außer dem Statut v. Kastav enthalten eine Präambel, die als Zweck des Statutes das Festhalten der alten und erprobten Gesetze oder die Neuredaktion des Statutes nennen, es gilt, »ein besseres und friedlicheres Leben zwischen dem Herren und seinen Untertanen« zu ermöglichen. So regeln die S. neben dem Leben innerhalb der Kommune auch Rechte und Pflichten der herrschaftl. Beamten, Geldabgaben an den Herren,

Fron- und Wachdienste, Zehntzahlungen. – Das 1440 entstandene Statut der Landgemeinde der →Poljica bei Split ist in kyrill. Schrift geschrieben. D. Munić

Ed. und Lit.: Mon. historico-iuridica Slavorum meridionalium, 1878ff. [teils Nachdr. mit kroat. Übers. bei: Splitski književni krug, 1987ff.] – I. STROHAL, S.i primorskih gradova i općina, 1911 – S.i, urbari, notari Istre, Rijeke, Hrv. primorja, otoka, 1968 – N. KLAIĆ, Povijest Hrvata II, 1976 – L. MARGETIĆ, Srednjovjekovno hrvatsko pravo, 1983 – S. Piranskega komuna, I–II, 1987 – Stari s.i Kopra, Izole in Pirana, 1988 – S. grada i otoka Korčule. Zbornik, 1989 – L. MARGETIĆ-M. MOGUŠ, Zakon trsatski, 1991.

Statuten v. Lorris (Coutumes de L.), in Nordfrankreich verbreitetes ländl. Gewohnheitsrecht, wurde von Kg. Ludwig VI. (1108–37) dem damals zur →Krondomäne gehörenden Dorf Lorris-en-Gâtinais (dép. Loiret) verliehen und ist durch Bestätigungen (Ludwig VII., 1155; Philipp II. Augustus, 1187) bekannt. Es kann nicht als Freiheitsprivileg (→Chartes de franchises) gelten; eigene kommunale Institutionen wurden nicht geschaffen, sondern die Leute v. L. verblieben unter der Jurisdiktion des kgl. →Prévôt. Die in L. seit →Jahr und Tag ansässigen Bewohner waren aber von bestimmten →Frondiensten und dem Wachdienst befreit (Bemessung von Spanndiensten auf einen Tag). Nur die Weinfuhre von der kgl. Domäne zu L. nach Orléans und die Holzlieferung an den Kg.shof zu L. wurden aufrechterhalten. Die direkten Steuern (→taille, tolte) waren aufgehoben zugunsten eines Grundzinses von sechs Denier pro Haus und Morgen. Der Weinbann (banvin) galt nur noch für die kgl. Weinberge. Verschiedene Abgaben (minage, forage) wurden aufgehoben. Die Leute v. L. genossen Zollfreiheit (Befreiung von →péage und tonlieu), ihr Markt stand unter Kg.sschutz (sauvegarde), sie durften nur vom kgl. Prévôt v. L. gerichtet werden (starke Reduzierung der→Bußen). Das S. v. L. wurde im 12. Jh. (ganz oder teilweise) von etwa 50 Dörfern in der Krondomäne, Burgund, Champagne und Berry übernommen. Diese Bewegung schwächte sich im 13. Jh. ab. G. Devailly

Ed. und Lit.: M. PROU, Les coutumes de L. et leur propagation aux XII\ et XIII\ s., RHDFE, 1884 – M. PACAUT, Louis VII et son royaume, 1964 – G. THAUMAS DE LA THAUMASSIÈRE, Les anciennes et nouvelles coutumes locales de Berry et celles de L., 1992.

Statutum in favorem principum (Worms, 1. Mai 1231; Bezeichnung aus dem 19. Jh.), Privileg Kg. Heinrichs (VII.), auf Drängen der Reichsfs.en ausgestellt, mit denen der Kg. insbes. durch seine städtefreundl. Politik in Konflikt geraten war. Ks. Friedrich II., dessen imperiale Politik gerade damals Rücksichtnahme auf die Fs.en erforderte, mußte das Privileg bestätigen (Cividale, Mai 1232; Umstilisierung von vier Bestimmungen zugunsten des Kgtm.s). Zusammen mit der →Confoederatio cum principibus ecclesiasticis (1220) spielt das S. eine zentrale Rolle in der Diskussion um die Politik Friedrichs II. gegenüber Dtl. und die Entwicklung der fsl. Territorialhoheit. Sollte die Confoederatio die Beziehungen zu den geistl. Fs.en regeln, so war im S. der Fs.enstand insgesamt Nutznießer und zwar vornehml. auf Kosten der Krone und der – v. a. kgl. – Städte. Art. 1–5 der Bestätigung durch Friedrich II. verbieten generell die Anlage von Burgen und Städten auf kirchl. Grund, die Schädigung alter Märkte durch neue, den Zwang zum Besuch bestimmter Märkte und die Ablenkung alter Straßen; sie beseitigen die Bannmeile neugr. kgl. Städte. Art. 6–9 enthalten Bestimmungen zugunsten der Gerichtsbarkeit der Fs.en. Art. 10–23 wenden sich gegen die v. a. kgl. Städte (u. a. Verbot der Pfahlbürger, des Bauernzinses und der Aufnahme fsl. und kirchl. Eigenleute sowie Geächteter, der Ausweitung der städt. Gerichtsbarkeit auf Kosten der fsl.; Rückgabe von Eigengütern und Lehen, die die Städte in Besitz genommen haben; Garantie des fsl. Geleit- und Münzrechtes).

»Mit diesem Privileg wurde sanktioniert, was die Fs.en inzwischen im staatl. Ausbau ihrer Territorien erreicht hatten, und zugleich wurde einer offensiven kgl. Städtepolitik ein Riegel vorgeschoben« (E. BOSHOF). Es »war der Wunsch der Fs.en ... zu verhindern, daß der Ks. als territorialpolit. Rivale unter Ausschöpfung seiner kgl. Prärogative die bestehende Ordnung zu seinen Gunsten untergrub« (O. ENGELS). Aus der Sicht Friedrichs sollten die Begünstigten wieder stärker in die Pflicht zur Mitverantwortung am Reichsganzen genommen werden (E. BOSHOF). Erst der Zusammenbruch der stauf. Position untergrub jede Möglichkeit zu einer Erneuerung des Reiches. W. Koch

Ed.: MGH Const. II, 211–213 – Ausg Q XXXII, 434–439 – Lit.: HRG I, 1358–1361; IV, 1926–1931 – P. ZINSMAIER, Zur Diplomatik der Reichsgesetze Friedrichs II. (1216, 1220, 1231/32, 1235), ZRGGermAbt 80, 1963, 82–117 – E. SCHRADER, Zur Deutung der Fs.enprivilegien von 1220 und 1231/32 (Stupor mundi, hg. G. WOLF, WdF 101, 1966), 420–454 – E. KLINGELHÖFER, Die Reichsgesetze von 1220, 1231/32 und 1235 (ebd., 1982²), 161–202 – E. BOSHOF, Reichsfs.enstand und Reichsreform in der Politik Friedrichs II., BDLG 122, 1986, 41–66 – O. ENGELS, Die Staufer, 1989⁴, 135f.

Stauche, aufgebogene Verstärkungsplatte zum Schutze ungedeckter Stellen des →Plattenharnisches, bes. bei den Armzeugen des →Stechzeugs verwendet, wo sie die Armbeugen deckten. O. Gamber

Staufenberg, Ritter v. (S., Peter v.), um 1310 entstandenes →Märe (1200 V.). Als Autor dieses stilistisch an →Konrad v. Würzburg orientierten Textes wird der seit 1268 urkdl. bezeugte, zw. 1320 und 1324 verstorbene Ritter →Egenolf v. S. aus ortenauisch-elsäss. Geschlecht vermutet, der einen sagenhaften Vorfahren zum Protagonisten einer Erzählung gemacht hat, die, wie die schmale, auf Straßburg beschränkte Überlieferung nahelegt, als »lit. Familiendenkmal« ihr Publikum zunächst wohl nur unter den Staufenbergern selbst suchte. N. H. Ott

Ed.: Der R. v. S., ed. E. GRUNEWALD, 1979 – Peter v. S., Abb. zur Textund Illustrationsgesch., ed. DERS., 1978 [Faks. des ältesten Drucks] – Lit.: H. FISCHER, Stud. zur dt. Märendichtung, 1968 [1983²], 184f., 322–325 u. ö. – E. R. WALKER, Peter v. S., Its Origin, Development, and Later Adaption, 1980 – s. a. →Egenolf v. S.

Staufer (nicht Hohenstaufen, da Bezeichnung von der Burg Stauf auf dem Hohenstaufen abgeleitet), bekanntes Kg.sgeschlecht im HochMA. [1] *Herkunft und Name:* Wenig Konkretes ist vom Geschlecht bekannt, bevor Heinrich IV. 1079 dem S. →Friedrich (36. F.) anstelle des formal abgesetzten →Rudolf v. Rheinfelden das Schwabenhzm. auftrug. Dieser gründete auch die Stammburg, indem er das castrum →Lorch (Remstal) mit einer Stiftskirche besiedelte, die als Grablege der Familie diente, und die Burg Stoph auf der Kuppe des Hohenstaufen errichtete; der möglicherweise ältere Herrensitz am Rande des Ortes Lorch wurde ca. 1102 in ein Mönchskl. hirsauischer Prägung umgewandelt. Obwohl künftig der stauf. Hzg. v. →Schwaben auch Herr der Burg Stauf und Vogt des Kl. Lorch war, wohin Konrad III. die Gebeine seines Vaters 1140 von der Lorcher Stiftskirche überführen ließ, entwickelten sich beide nicht recht zum Zentrum des Geschlechts, auch Lorch nicht als Grablege. Dennoch gibt es die Bezeichnung Hzg. Friedrichs II. als »dux Suevie et Sthouf« und das Bekenntnis Ks. Friedrichs II., der »domus Stoffensis« anzugehören.

[2] *Erwerb der königlichen Würde:* Folgenreich war die von Ks. Heinrich IV. 1079 gewünschte Eheabrede seiner

einzigen Tochter Agnes mit Hzg. Friedrich I. Weil Heinrich V. 1125 ohne Erben starb und Agnes in 2. Ehe 1106 in das Babenberger Geschlecht (Mgf. →Leopold III. v. Österreich) heiratete, ging das Erbe der →Salier auf die S. über. Als Konrad III. 1138 das Kg.samt übernahm, konnte er sich in mehrfacher Hinsicht als Erbe seiner mütterl. Vorfahren betrachten. →Otto v. Freising, Sohn von Agnes aus ihrer 2. Ehe, bezeichnet in seiner »Gesta Friderici I. imp.« II, 2 durch Vergleich mit den →Welfen die S. als die 'Heinriche' v. Waiblingen; indem er den Leitnamen der Salier und ihren myth. Ursprungsort für die S. in Anspruch nahm, charakterisierte er sie als Fortsetzung des sal. Geschlechts. Durch die Anlage seines Werkes erscheint dies verwoben mit einer heilsgeschichtl. Interpretation. Infolge des zw. Papst Gregor VII. und Ks. Heinrich IV. ausgebrochenen →Investiturstreites sei die Weltordnung so sehr in Unordnung geraten, daß der Untergang der Welt bevorzustehen schien. Die S. jedoch hätten sich seit 1079 mit wachsender Intensität des Reiches angenommen und schließlich die für den Fortbestand dieser Welt notwendige Zusammenarbeit von Kaiser- und Papsttum (→Imperium und →Sacerdotium) wiederhergestellt. Ihnen sei es zu verdanken, wenn nun das bedrohl. nahe Ende der Welt aufgehalten werde.

[3] *Staufische Hausmacht:* Ursprgl. im dt. SW massiert, spaltete sie sich kurz nach der Mitte des 12. Jh. in mehrere Zweige auf. Friedrich Barbarossas Halbbruder →Konrad (16. K.) übernahm 1156 die rhein. Pfgft., die 1193 durch Heirat seiner Erbtochter Agnes mit →Heinrich (V.) v. Braunschweig (67. H.) an die Welfen überging. Barbarossas Sohn →Otto (16. O.) erbte 1190 von seiner Mutter →Beatrix die Pfgft. Burgund, die 1208 über dessen Tochter Beatrix an das Haus →Andechs-Meranien übergehen sollte. Konrads III. jüngster Sohn →Friedrich (38. F.) wurde 1152 und nach ihm Söhne Barbarossas Hzg.e v. Schwaben, wozu vorübergehend auch von Konrad III. stammende Anteile Frankens kamen. Weil sie alle keine Erben hatten und dann z. T. unter der Vormundschaft Barbarossas standen, entwickelte sich das Hzm. Schwaben endgültig unter Hzg. Philipp zum Kg.sland, zumal nach dessen Tod 1208 Heinrichs VI. Sohn Friedrich II. der einzige männl. Erbe der S. war. Die Zuständigkeiten zw. dem, was Barbarossa als Herrscher und was er unter anderem Titel in Anspruch nehmen konnte, blieben offiziell nach wie vor getrennt, aber seine ksl. Dominanz war so stark, daß selbst Reichsitalien im weiteren Sinne zur stauf. Hausmacht gezählt werden muß, erst recht, nachdem →Welf VI. die ausgedehnten Rechte in Italien entzogen und Eigenrechte in Oberschwaben abgekauft worden waren. Andererseits bildeten die stauf. Zweige zusammen nicht immer einen polit. geschlossenen Block, wie am rhein. Pfgf.en Konrad deutl. zu sehen ist.

[4] *Staufisches Kaisertum:* Die Anerkennung Papst Alexanders III. durch Barbarossa (1177) erforderte auch eine Besinnung auf die Grundlagen des Ksm.s, was Folgen für das Selbstverständnis der S. haben mußte. →Gottfried v. Viterbo (27. G.) knüpfte nach 1180 in mehreren Schriften ähnl. Inhalts, die der Kurie und dem Ks.hof zugeschickt wurden, an die von Otto v. Freising entwickelte heilsgesch. Perspektive an, trennte sie aber vom Bezug zum Imperium. Statt dessen griff er die Nennung der antiken Ks. als »parentes nostri« (MGH DK. III. 69) und der »domus imperialis« mit Bezug auf Ludwig d. Frommen (MGH DF. I. 155) auf, um eine »imperialis prosapia« (MGH SS 22, 21) auf der Grundlage der gemeinsamen Würde zu konstruieren: Seit den Tagen Trojas bildeten die vielen Familien oder Einzelpersonen, welche die Ks.würde innegehabt hätten, die Glieder einer einzigen Kette, ja sogar eine geheimnisvolle Blutsverwandtschaft. Zumal die Angliederung Süditaliens an das Imperium auf friedl. Wege realisierbar schien, kam es nunmehr nicht mehr darauf an, wo die Ks.herrschaft ihren Schwerpunkt hatte, sondern daß die Ks.würde die Mitte der ird. Ordnung ausmachte. In diesem Sinne verlagerte sich seit Heinrich VI. der Schwerpunkt der Ks.herrschaft nach Süden. Und dennoch verzichtete auch Friedrich II. nicht gänzl. auf Rom als Q. des Ksm.s, wenn auch nicht mehr mit dem Nachdruck wie Friedrich Barbarossa.

Gottfried hatte die S. als das letzte Glied der »Kaiserkette« vor dem Weltende bezeichnet. Dieses eschatolog. Moment (→Eschatologie, A. II) spielte auch anläßl. der Geburt Friedrichs II. (1194) eine Rolle, erst recht nach seiner Ks.krönung (1220). Die gesteigerten Erwartungen einer Erfüllung der spätantiken Ks.prophetie in Verbindung mit dem in der Apokalypse des Johannes (20, 1-7) verheißenen Friedenszeitalter der 1000 Jahre, dessen Beginn von mehreren Seiten für 1260 erwartet wurde, favorisierten eine Konzentration des S.bildes auf die Person Friedrichs II. (→Chiliasmus, →Friedenskaiser). Daß er sich gleichermaßen in die Reihe der S. und kraft mütterl. Erbes auch in die der norm. →Hauteville einordnete und entsprechend die Grablege im Speyerer Dom sowie die der Kathedrale v. Palermo als Symbole des Imperiums bzw. des Regnum kennzeichnete, obwohl er im übrigen deren vom Papsttum gewünschte Trennung voneinander zielbewußt zu unterlaufen suchte, zählte gegenüber der Aussicht, im zweitgeborenen Sohn Konrad (IV.) den künftigen Friedensks. zu besitzen, wenig. Konrad sollte es zum Schaden Heinrichs (VII.) sein, der als dt. Kg. an sich zum Ksm. prädestiniert war, aber kein Anrecht auf die Krone v. →Jerusalem besaß und in Ungnade starb. Fast alle weiteren Kinder Friedrichs II. wurden nachträgl. legitimiert; ihr Augenmerk beschränkte sich auf Italien. →Enzio ernannte Friedrich zum Kg. v. Sardinien, andere wurden Generalvikare der Toscana, Romagna, Mark Ancona und Spoletos. Der Älteste von ihnen, Manfred, übernahm 1258 in Konkurrenz zu Alfons X. v. Kastilien, der als Enkel (mütterlicherseits) Philipps v. Schwaben 1256 die Ks.würde angenommen hatte und bes. das S.erbe in Italien beanspruchte, das Kgr. →Sizilien. →Konradin, Sohn Konrads IV. und letzter S. in direkter männl. Linie, scheiterte 1168 während der Eroberung des siz. Reiches am Widerstand der Anjou.

Manfreds Tochter Konstanze heiratete 1262 Kg. Peter III. v. Aragón; das war die Basis, um 1282 anläßl. der →Siz. Vesper die Insel Sizilien der stauf. Nachkommenschaft zu erhalten. Innozenz IV. und Alexander IV. hatten verboten, ein Mitglied der S. zum dt. Kg. zu wählen; Urban IV. kritisierte die Heirat mit dem Haus Barcelona, weil so die »Viperbrut« am Leben erhalten werde. Es war eine Art negative Geblütsheiligkeit (»das Geschlecht der Verfolger«), die die S. königsunfähig machen sollte. Andererseits hat kaum ein Geschlecht einen solchen Nachruhm erlebt wie die S., verkörpert hauptsächl. in Friedrich II. während des SpätMA, von dem man eine radikale Kirchenreform erwartete, und in Friedrich I. während des 19. Jh. als dem Vorbild des neuen Ksm.s in Dtl. (→Deutschland, D).

O. Engels

Lit.: K. HAMPE, Ks. Friedrich II. in der Auffassung der Nachwelt, 1925 – G. BAAKEN, Die Altersfolge der Söhne Friedrich Barbarossas und die Kg.serhebung Heinrichs VI., DA 24, 1968, 46–78 [dazu: E. ASSMANN, DA 33, 1977, 435–472] – O. ENGELS, Beitr. zur Gesch. der S. im 12. Jh., DA 27, 1971, 432–456 [dazu: K. SCHMID, De regia stirpe Waiblingensium, ZGO 124, 1976, 63–73] – H. M. SCHALLER, Die Ks.idee Friedrichs II. (Probleme um Friedrich II., hg. J. FLECKENSTEIN [VuF 16], 1974), 109-134, bes. 117-120 [Lit.] – H.-M. MAURER, Der Hohenstaufen. Gesch. der Stammburg eines Ks.hauses, 1977 – Die Zeit der S. (Ausst.kat., Stuttgart), 5 Bde, 1977-79 – O. ENGELS-J. FLECKENSTEIN, Das Bild der S. in der Gesch. (Möglichkeiten und Grenzen einer nat. Gesch.sschreibung, hg. Dt.-span. Forschungsinst. Madrid, 1983), 7-27 – Das MA im 19. Jh. in Italien und Dtl. (Annali del Istituto storico italo-germanico in Trento, hg. R. ELZE-P. SCHIERA, 1988) – O. ENGELS, Gottfried v. Viterbo und seine Sicht des stauf. Ks.hauses (Fschr. R. KOTTJE, hg. H. MORDEK, 1992), 327-345 – DERS., Die S., 1994[6] [Lit.] – DERS., Die ksl. Grablege im Speyerer Dom und die S. (Fschr. H. JAKOBS, hg. J. DAHLHAUS u. a., 1995), 227-254 – K. GRAF, S.-Überlieferungen aus dem Kl. Lorch (Fschr. G. BAAKEN, hg. S. LORENZ – U. SCHMIDT, 1995), 209-240 – A. WOLF, Stauf.-siz. Tochterstämme in Europa und die Herrschaft über Italien (ebd.), 117-149.

Staupitz, Johannes v., OESA, angesehener Prediger und geistl. Schriftsteller, * um 1468 Motterwitz/Sachsen (aus meißn. Adel), † 28. Dez. 1524 Salzburg. 1489 Kölner mag. artium. Bald darauf Eintritt in die dt. Reformkongregation der Augustiner. 1500 dr. theol. in Tübingen. 1500-03 Prior des Münchener Kl. 1503-20 Generalvikar der observanten Augustiner. Als solcher Vorgesetzter und zeitlebens väterl. Freund Martin Luthers, dem er 1512 seinen Univ.slehrstuhl in Wittenberg übertrug. 1520 Stiftsprediger in Salzburg, 1522 Übertritt in das Stift St. Peter OSB und Wahl zum Abt. – St. war ein gläubiger, frommer Priester und kluger, gütiger Seelenführer. Seine zahlreichen spirituellen Schriften, die großenteils auf Predigtzyklen zurückgehen, sind stark von der ma. Mystik beeinflußt. In seinen theol. Anschauungen stand er auf dem Boden der traditionellen Lehre, auch wenn er gelegentl. gewisse Lehrpunkte stärker akzentuiert hat. Luthers neue Theologie hat er in entscheidenden Punkten offensichtl. nicht verstanden und deshalb in seinem letzten Brief an Luther (1. April 1524) gegen dessen Vorgehen ernste Bedenken erhoben. A. Zumkeller

Ed.: Ges.ausg. der dt. Werke, ed. J. K. F. KNAAKE, 1867 – Sämtl. Schriften, Abhandlungen, Predigten, Zeugnisse; bis jetzt ersch.: (lat.) Tübinger Predigten, ed. R. WETZEL, 1987 – Libellus de executione aeternae praedestinationis, ed. L. GRAF ZU DOHNA-R. WETZEL (mit mhd. Übers. des Christoph Scheurl), 1979 – *Lit.*: GINDELE, 243-257 – TEEUWEN, passim – DSAM XIV, 1184-96 [mit älterer Lit.] – D. C. STEINMETZ, Misericordia Dei. The Theology of J. v. St., 1968 – A. KUNZELMANN, Gesch. der dt. Augustiner-Eremiten, V, 1974, 434-507 – D. C. STEINMETZ, Luther und St., 1980 – L. GRAF ZU DOHNA-R. WETZEL, Die Reue Christi. Zum theol. Ort der Buße bei J. v. St., SMGB 94, 1983, 457-482 – W. GÜNTER, J. v. St., Kath. Theologen der Reformationszeit, V, 1988, 11-31 – A. ZUMKELLER, J. v. St. und die kl. Reformbewegung, AnalAug 52, 1989, 29-49 – R. K. MARKWALD, A Mystic's Passion. The Spirituality of J. v. St. in his 1520 Lenten Sermons, 1990 – M. WRIEDT, Gnade und Erwählung. Eine Unters. zu J. v. St. und M. Luther, 1991 – A. ZUMKELLER, J. v. St. und seine christl. Heilslehre, 1994 [m. ält. Lit.].

Staurakios, byz. Ks. 28. Juli-2. Okt. 811; * 790, † 11. Jan. 812, Sohn des Ks.s →Nikephoros I. († 26. Juli 811) und der Prokopia (?; † vor 802), im Dez. (wahrscheinl. Weihnachten) 803 zum Mitks. gekrönt. Nach einer Brautschau (vgl. TREADGOLD, Byzantion 49, 1979, 401f., RYDÉN, Eranos 83, 1985, 179f.: Märchenmotiv), deren Historizität jedoch sehr zweifelhaft ist, wurde S. am 20. (oder 25.?) Dez. 807 mit Theophano, einer Verwandten der Ksn. →Irene, verheiratet (Anknüpfen an die isaur. Dynastie). Die Ehe blieb kinderlos. 808 nahm S. an einem Zug ins Gebiet der Slaven (Bulgaren?) und 811 an dem in einer Katastrophe endenden Feldzug des Vaters gegen die →Bulgaren teil. Obwohl bei der Schlacht am 26. Juli 811 auf der Flucht schwer verwundet, wurde S. am 28. Juli in Adrianopel zum Ks. ausgerufen. In Konstantinopel bestimmte S. angesichts seines nahen Endes seine Gattin Theophano zur Regentin. Ein Staatsstreich unter Beteiligung des Patriarchen →Ni-

kephoros (7. N.) führte am 2. Okt. 811 zur Erhebung des →Michael I. Rangabe (∞ S.' Schwester Prokopia) zum Ks. S. ließ sich zum Mönch weihen, starb jedoch bald an seinen schweren Verletzungen. W. Brandes

Lit.: Oxford Dict. of Byzantium, 1991, 1945f. – I. DUJČEV, La chronique byz. de l'an 811, TM I, 1965, 205-254 – P. E. NIAVIS, The Reign of the Emperor Nicephorus I, 1987 [Ind.] – F. WINKELMANN, Q.stud. zur herrschenden Klasse von Byzanz im 8. und 9. Jh., 1987 – W. T. TREADGOLD, The Byz. Revival 780-842, 1988 – I. ROCHOW, Byzanz im 8. Jh. in der Sicht des Theophanes, 1991 [Q. und Lit.].

Staurakios, Johannes, byz. Kleriker, geistl. Schriftsteller, lebte in der 2. Hälfte des 13. Jh. in Thessalonike. In den Jahren vor 1280 bis ca. 1283 korrespondierte er mit Georgios v. Zypern, dem späteren Patriarchen →Gregorios II. (1283-89). Georgios hatte ihm eine von anderen entliehene Platon-Hs. übersandt mit der Bitte um Anfertigung einer Kopie. Als er diese samt dem Original erhielt, unterzog er die nicht von S. selbst angefertigte Kopie einer strengen Kritik. Ihr Verhältnis verschlechterte sich, weil S. einen von Georgios bei ihm bestellten Hut nicht fertigstellte und ihm überdies noch Eitelkeit vorwarf. S. verfaßte ausschließl. hagio- und hymnograph. Werke auf den hl. →Demetrios (ein von Demetrios Beaskos vertontes Sticheron, eine Akoluthie und eine Rede auf die Wunder des Hl.), auf die hl. Theodora v. Thessalonike und die Märtyrerin Theodosia (jeweils ein Enkomion). Im April 1284 ist S. als Chartophylax und Tabullarios der Metropolie v. →Thessalonike im Testament des ehemaligen Ohrider Ebf.s Theodoros Kerameas belegt, das er als Zeuge unterschrieb. K.-P. Todt

Lit.: BECK, Kirche, 689, 703 – Actes de Lavra, II, ed. P. LEMERLE u. a., 1977, 30, 32-33 – PLP, Nr. 26708 – I. DUJČEV, A quelle époque vécut l'hagiographe Jean S.?, AnalBoll 100, 1982, 677-681 – G. PRINZING, Fontes Minores 7, 1986, 39f.

Stauropegialklöster (Patriarchalkl.). Vom formalen Akt zur Gründung eines Kl., nämlich der Aufstellung eines Kreuzes (gr. σταυρόν πηγνύναι; vgl. C. J. 1. 3. 26 vom J. 459, Nov. Just. 5. 1, 67. 1 und 131. 7 von den J. 535-545) abgeleitet, kommt der Begriff 'Stauropegion' erstmals in der vom Patriarchen →Photios initiierten Eisagoge vor (885/886; →Epanagoge [SCHMINCK]). Kap. 3. 10 erkannte dem Patriarchen v. →Konstantinopel das Recht zu, in sämtl. Provinzen des →Patriarchats Klostergründungen vorzunehmen, in denen er anstelle des Ortsbf.s die Bf.srechte ausüben sollte (durch einen →Exarchen gemäß der späteren Entwicklung). Trotz der heftigen Reaktion aller betroffenen Bf.e, die diese Institution für unkanon. (c. 10 v. Karthago, c. 6 v. Gangra) hielten, setzte sich diese Kl.form nach dem 9. Jh. durch. Sp. Troianos

Lit.: BECK, Kirche, 129f. – S. DESLALANDES, De quelle autorité relèvent les monastères orientaux?, EO 12, 1922, 308-323 – G. ÖSTERLE, De monasterio stauropegiaco, Il diritto Eccles. 64, 1953, 450-460 – Χριστιανική Θεσσαλονίκη, 1995, 41-52 [BL. PHEIDAS], 113-124 [SP. TROIANOS], 139-150 [A. SCHMINCK].

Staurothek, characterist. Typus des Reliquienkastens im byz. Bereich, diente zur Aufbewahrung von Kreuzreliquien; s. im einzelnen →Reliquiar, III.

Stavanger (anord. Stafangr), Stadt und Bm. im sw. →Norwegen. S. liegt in geschützter Lage an einer südl. Ausbuchtung des zur Nordsee weit geöffneten Boknfjords. Ausgehend von einem regionalen wikingerzeitl. Handelsplatz, erlangte S. seit dem 1. Viertel des 12. Jh. langsam kgl.-administrative, v.a. aber kirchl. Zentralfunktion, stand aber immer im Schatten von →Bergen. Ob die nahegelegenen Kg.shöfe Utstein und Hundvåg sowie die Dingstätte Avaldsnes zur zentralörtl. Bedeutung von S. beigetragen haben, ist ungewiß. In einer Aufzählung norw. Städte bei →Ordericus Vitalis um 1130 ist S. nicht genannt, wird aber bereits in einem Skaldengedicht um 1040 erwähnt.

Unter →Sigurd Jórsalafari (1103–30) wurde S. um 1120 als viertes norw. Bm. eingerichtet (→Norwegen, B. I). Erster Bf. war der Engländer Reinald (1128–35), der auch den Kult des engl. Hl. →Swithun nach S. brachte. Das Bm. umfaßte die Landschaften Rogaland und Agder (in Südnorwegen) sowie Hallingdal und Valdres (in Mittelnorwegen). Wegen seiner Parteinahme für Kg. →Magnús Erlingsson (1162–84) im Kampf gegen Kg. →Sverrir Sigurdarson (→Norwegen, A) erhielt Bf. Eirik Ivarsson (Nachfolger Ebf. →Eysteinn Erlendssons) im »S.-Privileg« (bestätigt von Kg. →Hákon Hákonarson, 1217–63) durch Kg. Magnús die Einkünfte der Stadt sowie das Stadtregiment (1160/70 oder 1180) übertragen.

Die (erhaltene) roman. Domkirche (Mitte 12. Jh., St. Swithun) lag wohl außerhalb der Kernbebauung der Stadt, über deren frühe Topographie kaum Nachrichten vorliegen. Das vermutl. auf eine benediktin. Gründung (ca. 1150) zurückgehende Augustinerkl. (Olavskl. mit Schule) wurde auf die nördl. von S. gelegene Insel Utstein verlegt. Um 1300 sind weiterhin zwei Pfarrkirchen (St. Maria, St. Martin) und eine Hospitalkirche belegt, doch bestanden wohl keine Niederlassungen von Bettelorden.

Schon vor der Stadtrechtsreform Kg. →Magnús Lagabøtirs (1263–80) verfügte S. über ein eigenes stadtrechtl. Territorium (takmark). Als Stadtamtmann (ab 1437 Stadtvogt/byfogd) fungierte ein bfl. Amtsträger, nicht der sonst übliche kgl. gjaldkeri (→Stadt, H. III) S. war Sitz eines kgl. Richters (lagmann), Ratsherren sind ab 1425, Bürgermeister erst seit der Reformationszeit erwähnt. Kaufmannschaft und Handwerkerschaft der bescheidenen Stadt (im MA nur ca. 200–800 Einw.) sind quellenmäßig nur schwer faßbar. H. Ehrhardt

Lit.: K. Helle, S. fra vg til by, 1975 – Urbaniseringsprosessen i Norden, I: Middelaldersteder, hg. G. A. Blom, 1977, 189ff.

Stavelot → Stablo

Staveren (Stavoren, Stavora), Stadt in den Niederlanden (Prov. Friesland), an der Zuidersee (heut. IJsselmeer), älteste Stadt in →Friesland, städt. Rechte schon um die Mitte des 11. Jh. faßbar, 1106 und 1123 durch ksl. Privilegien bestätigt. Im 10.–12. Jh. wichtiges Handelszentrum, nach Zerstörung durch →Wikinger (991) neuer Aufstieg; Münzstätte im 11. Jh. Die Kirche des hl. Odulfus, belegt seit Mitte des 9. Jh., hatte ein Kapitel, das 1382 in eine Benediktinerabtei umgewandelt wurde. S., das im 14. Jh. lebhaften Handel mit den Ostseeländern und England trieb, war Mitglied der →Hanse. Seit Ende des 13. Jh. unter Oberhoheit der Gf. en v. →Holland, erlitt S. seit dem frühen 15. Jh. (fries. Kriege des Wittelsbachers →Albrecht) wirtschaftl. Niedergang (Mitte des 16. Jh.: nur noch ca. 1200 Einwohner). Das ma. S., einige hundert Meter von der heut. Ansiedlung entfernt, wurde großenteils überflutet. Die heut. Hauptgracht der vornehmlich dem 19. Jh. entstammenden Kleinstadt hatte im MA die östl. Begrenzung der Stadt gebildet. J.-C. Visser

Lit.: S. J. van der Molen, Profiel van een waterland, 1974 – M. Schroor, S./Stavoren (De stadsplattegronden van Jacob van Deventer, map 4: Friesland), 1992, Nr. 44.

Steatit → Specksteinschnitzerei

Stećci (Singular: stećak), massive monolith. Grabmäler in Form einer stark erhöhten Platte oder eines Sarges (Pseudo-Sarkophag), mit flacher oder giebeldachförmiger Oberfläche. Auf den Nekropolen in der Herzegowina, in Bosnien, Montenegro, in Süddalmatien und Westserbien stehen ca. 7000 S. Die Aufstellung der S. begann Ende des 12. Jh.; die Blütezeit liegt in der 2. Hälfte des 14. und in der 1. Hälfte des 15. Jh. S. zeigen meist eine reiche gemeißelte Dekoration, deren Repertoire menschl. Figuren, Tanz-, Jagd- und Kampfszenen, astrale, pflanzl. und tier. Motive, Kreuze, Waffen, Berufssymbole wie auch architekton. und ornamentale Elemente umfaßt. Der Sinn der Dekoration entstammt dem chr. Auferstehungsglaube mit starken vorchr. Einflüssen. Auf vielen S. finden sich →Inschriften in der westl. Variante der kyrill. Schrift (bosančica), die neben formelhaften →Epitaphien häufig auch Angaben über Steinmetz und Schreiber, manchmal auch hist. relevante Informationen bieten. Entgegen der älteren Auffassung, daß S. ausschließl. auf Anhänger der →Bogomilen und der bosn. Kirche verweisen, zeigte die neuere Forsch., daß S. auch auf orth. und kath. Nekropolen vertreten sind. D. Popović

Lit.: Š. Bešlagić, S. – kultura, umjetnost, 1982.

Stecharm, Stechbrust → Stechzeug

Stechhandschuh, verstärkter linker Fausthandschuh für das Gestech. Er blieb nur beim it. →Stechzeug erhalten, beim dt. Stechzeug vereinigte man ihn im 15. Jh. mit dem Armzeug zum steifen linken Stecharm. O. Gamber

Stechhelm, aus dem →Topfhelm zu Ende des 14. Jh. entstandener Helm für das Gestech in charakterist. »froschmäuliger« Form, →Stechzeug. – In der Heraldik seit dem 15. Jh. Helm zum Wappen patriz. oder bürgerl. Familien. O. Gamber

Stechtartsche → Stechzeug

Stechzeug, Ausrüstung für das »Gestech«, einen sportl. Reiterzweikampf mit stumpfen Spießen. Schon im 14. Jh. wurden für das Gestech Verstärkungen an Helm und linkem Arm verwendet. Gegen Ende des Jahrhunderts erschien anstelle des →Topfhelms der weit vorspringende »Stechhelm«. Zu einer überschweren Spezialrüstung entwickelte sich das dt. S. erst in der 2. Hälfte des 15. Jh., bestehend aus angeschraubtem →Stechhelm, Stechbrust mit angeschraubtem →Rüsthaken und →Rasthaken, Magenblech mit →Beintaschen oder →Schößen, Rücken mit trapezförmigem Stützblech (Schwänzel), Achseln mit →Schwebescheiben, rechtem Armzeug ohne Handschuh und zu einem Stück vereinigtem linken Armzeug samt Handschuh (Stecharm). Dazu gehörte noch eine aufgebundene »Stechtartsche« aus Holz mit Hornbelag und Lederüberzug und ein dicker Spieß mit runder →Brechscheibe als Handschutz und mehrzackigem stumpfem Eisen, dem »Krönig«. Der »Stechsattel« hatte einen Vordersteg, aber keinen Hintersteg. O. Gamber

Lit.: Qu. v. Leitner, Freydal des Ks.s Maximilian I., 1880–82 – O. Gamber, Der Turnierharnisch zur Zeit Kg. Maximilians I., JKS, 1957.

Stecknitzkanal, erste künstl. Wasserstraße des n. Europa (15 Schleusen), verband seit 1398 →Lübeck über Trave, Stecknitz, Möllner See, de nyge graven und Delvenau mit Lauenburg an der Elbe (Wasserweg: 97 km, Luftlinie: 55 km; 2–4 Wochen Fahrzeit). Die Stecknitz wurde wohl bereits in slav. Zeit als Wasserstraße genutzt; urkundl. belegt 1237, seit 1390 Durchstich zur und Ausbau der Delvenau hauptsächl. durch Lübeck (zahlte 3000 Mark lüb. an Hzg. Erich IV. v. Sachsen-Lauenburg), das dafür für 17 Jahre alle Zolleinnahmen aus dem Kanal erhielt (danach je zur Hälfte an Lübeck und an den Hzg.); fakt. Transportmonopol der lüb. Stecknitzschiffer, die jedoch von den lüb. »Salzherren« abhängig wurden. Wirtschaftl. Bedeutung: auf dem S. wurden a) Lüneburger Salz (das über die Ilmenau nach Lauenburg kam) nach Lübeck (im 15. Jh. in guten Jahren bis zu 1500 S.schiffe) und b) von Lübeck Ost- und Nordwaren als Rückfracht nach Lauenburg transportiert, die Lauenburger Schiffer auf der Elbe nach Hamburg weiterführten; diese Transit-Verbindung wurde wirtschaftsgeschichtl. bislang stark unterschätzt.

R. Hammel-Kiesow

Lit.: N. R. Nissen, Neue Forschungsergebnisse zur Gesch. der Schiffahrt auf der Elbe und dem S., Zs. des Ver. für Lüb. Gesch. und Altertumskunde 46, 1966, 5–14 – W. Müller, Die Stecknitzfahrt, Förderkreis Kulturdenkmal Stecknitzfahrt (Ratzeburg, Bäk), 1990².

Stedingen, Stedinger. Als *Stedingi* u. ä. (wohl: Leute am Gestade) galten – bezeugt seit dem 13. Jh. – die Bewohner der z. T. schon im frühen MA sächs. besiedelten w. Uferzone der Weser unterhalb Bremens und des im 12./13. Jh. kolonisierten Bruchlandes n. und s. der unteren Hunte. Initiatoren der Rodung waren v. a. die Ebf. e v. Bremen (→Hamburg–Bremen). Die mit günstigen Besitzrechten ausgestatteten Siedler, z. T. Holländer, bildeten lokale Gemeindeverbände, die Anfang des 13. Jh. Träger einer Aufstandsbewegung wurden. Ihre Motive sind undeutlich. Der Aufstand begann (1204?) n. der unteren Hunte mit Zerstörung zweier Burgen der Gf.en v. →Oldenburg und griff auf S. s. der Hunte über, wo brem. Ministerialen vertrieben wurden. Der steding. Eigenständigkeit kam das Schisma in der Bremer Kirche 1208–17 zugute; die S.er nutzten es in wechselnder Parteinahme. Spätestens 1212 schloß sich ihnen die Marschenregion Osterstade ö. der Weser an. Erst Ebf. Gerhard II. konnte sich, wohl seit 1227, auf die Bekämpfung der S.er konzentrieren. Ein Angriff auf ihr durch Sümpfe und Flußläufe geschütztes Siedlungsgebiet w. der Weser 1220 scheiterte; Hermann zur Lippe, Bruder des Ebf.s, fiel dabei. 1227 oder 1229 exkommuniziert, wurden die weiter Gehorsam und Abgaben verweigernden S.er von der Bremer Fastensynode 1230 oder 1231 zu Ketzern erklärt. Ein erster Kreuzzug gegen sie 1233 war nur in Osterstade erfolgreich. Nachdem Papst Gregor IX. den Kreuzzugsteilnehmern vollen Sündennachlaß zugesagt hatte, kam 1234 ein großes Ritterheer zusammen, das die S.er bei Altenesch (27. Mai 1234) entscheidend besiegte. Die Überlebenden wichen z. T. in das n. angrenzende fries. Gebiet, das spätere »Stadland«, aus. In S. n. der Hunte etablierten sich die Gf.en v. Oldenburg als Landesherren; in S. s. der Hunte behaupteten sich im späten MA die Ebf. e v. Bremen. Erst 1547 fiel dieses Gebiet an die Gft. Oldenburg.   H. Schmidt

Lit.: R. Köhn, Die Verketzerung der S.er, Brem. Jb. 57, 1979, 15–85 – Ders., Die Teilnehmer an den Kreuzzügen gegen die S.er, NdsJb 53, 1981, 139–206 – H. Schmidt, Zur Gesch. der S.er, Brem. Jb. 60/61, 1982/83, 27–94 – R. Köhn, Die S.er in der ma. Gesch.sschreibung, NdsJb 63, 1991, 139–202.

Stef → Refrain, V

Stefan (s. a. Stephan, Stephanos, Stephanus, Stephen)

1. S. (Ştefan) **I.**, Fs. der →Moldau ca. 1394–1399, ✠ (?) 12. Aug. 1399, ▢ Rădăuţi, aus dem Geschlecht der Muşatin, ältester Sohn Fs. Romans I. und Halbbruder (?) Fs. →Alexanders d. Guten; ⚭ nahe Verwandte Kg. →Władyslaws II. Jagiełło v. Polen, der ihm zum Thron verhalf und dem er polit. eng verbunden blieb (Erneuerung des Lehnsvertrags am 6. Jan. 1395: Verzicht auf die Festung Kolomea und die Gebiete Snjatin und →Pokutien, Verpflichtung zur militär. Unterstützung). Kg. Siegmund v. Ungarn, ebenfalls Lehnsherr S.s, belagerte daraufhin die ostkarpat. Festung Cetatea Neamţului, wurde jedoch von S. besiegt; es kam zu einem Ausgleich mit Ungarn. Mit Fs. →Witowt v. Litauen, poln. Adligen und Rittern des Dt. Ordens zog S. 1398 und 1399 gegen die Krimtataren und fiel vermutl. in der Schlacht bei Worskla.

Im Streit mit dem ökumen. Patriarchen Antonios versuchte S. 1395 und 1397 zunächst vergebl., die Anerkennung für den in Halič geweihten Moldaubf. Iosif der (seit 1386 bestehenden) ostkirchl. Prov. 'Russovlahia' und die Aufhebung des Kirchenbanns für die ganze Moldau (1395) zu erreichen. 1399 wurde der Bann gelöst, 1401 erlangte Iosif, wahrscheinl. auf Intervention des Metropoliten v. Kiev, die Anerkennung.   K. Zach

Lit.: C. C. Giurescu, Istoria românilor, II, 1976, 45–48 – St. S. Gorovei, Aux débuts des relations moldavo-byz., Rev. Roumaine d'Hist. 24, 1985, 3, 183–207 – S. Papacostea, Geneza statului in evul mediu romănesc, 1988 – St. S. Gorovei, Genealogia domnilor Moldovei din veacul XIV, Anuarul Instit. de istorie »A. D. Xenopol« 30, 1993, 623–651.

2. S. III. d. Gr. (Ştefan cel Mare), Fs. der →Moldau 1457–1504, * ca. 1430/35, † 2. Juli 1504, ▢ Putna, aus dem Geschlecht der Muşatin, Sohn Fs. →Bogdans II.; ⚭ 1. Evdokija v. Kiev († 1467; Schwester v. Knjaz Simion Olekovič); 2. byz. Prinzessin Maria v. Mangup († 1477); 3. Maria († 1511; Tochter →Radus III., Fs. der Valachei). Söhne: Bogdan III., Vlad d. Blinde, Petru Rareş, Ştefan Lăcustă. S. gewann mit Hilfe des Fs.en der Valachei, →Vlad III. Ţepeş, den väterl. Thron gegen →Peter III. Aron, in Polen, Siebenbürgen und zuletzt am Hof Kg. Matthias' Corvinus Rückhalt suchte. Bis zu Peters Tod (1470) mußte S. daher gegenüber Polen und Ungarn, den beiden nominellen Lehnsmächten des Fsm.s Moldau, vorsichtig taktieren. 1467 führte S.s Eroberung des Donauhafens →Kilia zu Konflikten mit Ungarn und der Valachei. Die Aussöhnung mit Ungarn erfolgte 1469 nach einer Niederlage Kg. Matthias' bei Baia. S.s Eingriff in die valach. Thronfolge (1473/74 Laiotă Basarab, 1474 Ţepeluş) blieb erfolglos, führte aber 1474 zu einem osman. Angriff, den S. bei Vaslui erfolgreich abwehrte. Als 1475 die Osmanen u. a. den genues. Stützpunkt →Caffa am →Schwarzen Meer einnahmen, erkannte der tatar. Krimchān die osman. Oberhoheit an. Nach S.s Weigerung, seinerseits Tribut zu zahlen, besiegte Meḥmed II. ihn bei Războieni. 1484 eroberten die Osmanen die moldauischen Häfen Kilia und →Aqkerman. Polen, seit 1486 im Besitz einer Kreuzzugsbulle gegen Türken und Tataren, schloß 1489 einen Waffenstillstand mit der Hohen Pforte. 1492 erklärte sich S. zu einer jährl. Tributzahlung von 5000 Dukaten an das Osman. Reich bereit.

1497 belagerte Kg. →Johann Albrecht v. Polen (11. J.), der möglicherweise die Eroberung der unbotmäßigen Moldau plante, erfolglos die Hauptstadt →Suceava. Eine Niederlage des poln. Heeres bei Codrii Cosminului beendete die Lehnsuntertänigkeit der Moldau gegenüber Polen. Am 12. Juli 1499 schlossen S. und Johann Albrecht v. Polen einen Bündnisvertrag.

Die traditionellen Handelsbeziehungen zu →Lemberg, →Kronstadt (Erneuerung des Privilegs freien Handels in der Moldau 1458 und 1472) und Bistritz blieben in S.s Regierungszeit bestehen, am Schwarzmeerhandel war die Moldau nur in geringem Maße beteiligt. S. baute Festungen aus (Aqkerman, Chilia Nouă, Cetatea Neamţului) und befestigte die moldauischen Zentren (u. a. Suceava, Roman). Er gründete zahlreiche Kirchen und Kl. (u. a. Putna [fsl. Grablege], Voroneţ) und förderte schon bestehende Stiftungen seiner Vorgänger. →Moldauklöster.

K. Zach

Lit.: Repertoriul monumentelor şi obiectelor de artă din timpul lui Ş. cel Mare, 1958 – G. Rhode, Gesch. Polens, 1966, 164–184 – C. Giurescu, Istoria românilor, II, 1976, 154–194 – →Stefan I.

3. S. Vojislav, serb. Fs., * Anfang des 11. Jh., † um 1055. S., der aus →Terbunien oder Dioklitien stammte, führte 1035/36 einen Aufstand gegen die byz. Herrschaft an, wurde geschlagen und gefangengenommen. Nach der Flucht aus Konstantinopel gelang es ihm 1037/38, im Hinterland von→Dyrr(h)achion und→Ragusa eine Herrschaft zu errichten. Er griff die dem byz. Ks. treuen Nachbarstämme an und besiegte den Strategos v. Dyrr(h)achion, Theophilos Erotikos. Als S. sich weigerte, die 10 Kentenarien Gold, die ihm bei einem Schiffbruch in die Hände gefallen waren, zurückzugeben, schickte Ks. →Michael IV. ein Heer ins Landesinnere, das aus dem Hinterhalt angegriffen und besiegt wurde. Bei einem Treffen mit Katakalon, dem Strategen v. Ragusa, gelang es S., diesen gefangen zu nehmen und führte in seine Stadt Stagno (Ston, nördl. von Ragusa); daraus wird ersichtl., daß er auch Herr v. →Hum war. Um 1055 folgte S. sein Sohn →Michael (15. M.). Die Nachkommen blieben bis Mitte des 12. Jh. beschränkt auf die südl. Teile von S.s Herrschaftsgebiet. S. Ćirković

Lit.: VizIzv III, 1966 – JIREČEK I, 210–214 - T. WASILEWSKI, S. V. de Zahumlje et Byzance au milieu du XIe s., ZRVI 13, 1971, 109–126 - Istorija srpskog naroda I, 1981, 182–187 [S. ĆIRKOVIĆ].

4. S. Nemanja, Großžupan 1116–96, hl. (Fest: 13. Febr.), Patron des ma. serb. Staates, Begründer der Dynastie der Nemanjiden (→Nemanja), * 1113 in Ribnica (heute Podgorica) in der Zeta, † 1199 im Kl. Hilandar. Seine Vorfahren gehörten zu den Familien der Kg.e v. Duklja (→Zeta) und der Großžupane v. →Raška. Nach Übersiedlung der Eltern nach Raška erhielt S. 1158–59 die östl. Landesteile Toplica, Ibar, Rasina und Reke zur Verwaltung; der byz. Ks. Manuel Komnenos verlieh ihm das Gebiet Dubočica (beim heutigen Leskovac, Südserbien) und einen hohen Hoftitel. 1166 übernahm S. die Herrschaft in Raška. Byzanz anerkannte den Herrschaftswechsel nicht, doch besiegte S. in der Entscheidungsschlacht bei Pantin im Kosovo 1168 seine Gegner. Zum Dank errichtete er das Georgskl. in→Ras, das während der byz. Herrschaft auf dem Balkan, dem Ebf. v. Ohrid 1018 untergeordnete kirchl. Zentrum der serb. Länder war. S. kämpfte für die Selbständigkeit Serbiens und suchte dafür Bündnisse mit Ungarn, Venedig und Ks. Friedrich I. Barbarossa. Während der byz.-ven. Konfliktes 1171–72 auf ven. Seite, wurde S. besiegt und gefangen gesetzt. Nach der Erneuerung der Vasallität kehrte er nach Serbien zurück und kam bis zum Tod Manuels seinen Verpflichtungen (u. a. Truppenhilfe) nach. Während der Kämpfe innerhalb des Byz. Reiches nach 1180 erzielte S. erhebl. Territorialgewinne. 1182 im Bündnis mit dem ung. Kg. Béla III., dann selbständig, nahm er Byzanz das Morava-Gebiet, →Niš und das Gebiet bis →Sofia ab, dazu das Kosovo und die Metohija, Zeta und eine Reihe von Küstenstädten (u. a. Kotor, Bar, Ulcinj). Nach dem Versuch, →Ragusa zu unterwerfen, schloß S. 1186 Frieden: Die Ragusaner erhielten das Recht auf freien Handel in Serbien, desgleichen die Serben in Ragusa und die Schiedsgerichtsbarkeit wurde geregelt. Ebenso gewährte er den Bürgern v. →Split 1190 das Recht auf freien Handel. Zur Vorbereitung des III. →Kreuzzugs verhandelten Friedrich Barbarossa und S. (serb. Gesandte im Dez. 1188 in Nürnberg). Am 27. Juli 1189 trafen sich die Herrscher in Niš. Die serb. Seite sicherte den Kreuzfahrern vertragsgemäß den freien Durchmarsch zu, und S. bot Friedrich den Vasalleneid an. Man verabredete die Heirat von Nemanjas Neffe Toljen mit der Tochter des Gf.en Berthold V. v. →Andechs. Byzanz reagierte scharf auf diese Vereinbarungen. Nach dem Tod Friedrichs führte Ks. Isaak I. Angelos persönl. die Offensive gegen Serbien. S. erlitt 1190 eine Niederlage an der →Morava. Sein auch für seine Nachfolger maßgebl. Herrscherverständnis definierte S. in der →Arenga der Urk. für das Athos-Kl. Hilandar 1198: Der serb. Herrscher anerkannte den Primat v. Byzanz in der Staatenhierarchie, verlangte aber ansonsten eine gleichberechtigte Stellung Serbiens innerhalb der chr. Ökumene.

S. erneuerte und errichtete zahlreiche Kirchen, erstmals schon als Gebietsverwalter v. Toplica. 1186–96 errichtete er das Gottesmutter-Kl. in →Studenica als Grablege der Dynastie. Hierhin zog sich S. (Mönchsname Simeon) 1196 nach der Abdankung zugunsten seines Sohnes→Stefans d. Erstgekrönten zurück. Gemeinsam mit seinem Sohn→Sava erneuerte er das Athos-Kl. →Hilandar, wo er starb (Gebeine 1207 nach Studenica überführt). Der Kult des hl. Simeon wurde zusammen mit dem des hl. Sava zu einem zentralen Träger serb. Identität. J. Kalić

Lit.: JIREČEK I, 255–279 – S. HAFNER, Serb. MA, Altserb. Herrscherbiographien, I, 1962 – DERS., Stud. zur altserb. dynast. Historiographie, 1964 – Istorija srpskog naroda, I, 1981, 208–211, 251–262 – J. LESNÝ, Studia nad początkami serbskiej monarchii Nemaniczów, 1989, – J. KALIĆ, Die dt.-serb. Beziehungen im 12. Jh., MIÖG 99, 1991, 513–526 - F. KÄMPFER, Herrscher, Stifter, Hl. (VuF 42, 1994), 423–445.

5. S. der Erstgekrönte, serb. Herrscher, * um 1160, † 24. Sept. 1227, zweiter Sohn →Stefan Nemanjas, ⚭ 1190 →Eudokia, jüngste Tochter →Alexios' III.; Kinder: →Stefan Radoslav →Stefan Vladislav, Predislav (Mönch, Bf., Ebf. [Sava II.]), mindestens eine Tochter (Komnina). Als Alexios 1195 Ks. wurde, erhielt S. den Titel eines →Sebastokrators und zugleich den Vorrang als Erbe des väterl. Thrones. Als Nemanja 1196 abdankte, setzte er S. zu seinem Nachfolger als Großžupan ein und verpflichtete die beiden anderen Sohn Vukan zum Gehorsam. S. unterstützte den Vater und seinen Bruder →Sava beim Wiederaufbau des Kl. →Hilandar auf dem Athos (1198). 1199, nach dem Tod Nemanjas, brachen zw. S. und Vukan Feindseligkeiten aus. S. wurde 1202 vertrieben, vermochte sich aber schon 1203 mit bulg. Hilfe wieder zu behaupten. Der Konflikt der Brüder endete 1204 (spätestens 1205) mit der Wiederherstellung des früheren Zustandes: S. war als Großžupan Herrscher des ganzen Reiches, Vukan Teilfs., beschränkt auf Duklja (→Zeta), wo er den seit früher üblichen Kg.stitel führte. Die feierl. Überführung der Gebeine Nemanjas nach →Studenica (1207) sollte zur Festigung des Friedens dienen. Für die Verehrung Nemanjas verfaßte zunächst Sava, später auch S. eine Vita (žitije).

S. war von unbeständigen und unzuverlässigen Nachbarn umgeben: Der bulg. Territorialherr Strez (in Prosek am mittleren Vardar) griff ihn an (1208–12), 1214 eroberte →Michael I. Dukas (12. M.) →Skutari. Bedroht von einer Koalition zw. Kg. →Andreas II. v. Ungarn und dem lat. Ks. →Heinrich (26. H.), anerkannte er bei einem Treffen in Ravno (heute Ćuprija) Andreas als Oberherrn, dem Ks. gegenüber blieb er unnachgiebig und erlaubte den Rückzug seines Heeres aus Serbien erst auf Intervention des ung. Kg.s (Frühling 1215).

Polit. Überlegungen führten 1201 zur Verstoßung Eudokias, nach einer zweiten Ehe mit einer Unbekannten wollte S. um 1215 eine Verwandte der Angeloi ehelichen, der Plan scheiterte aber wegen des Verwandtschaftsgrads. 1216 oder Anfang 1217 heiratete S. Anna Dandolo, eine Enkelin des ven. Dogen Enrico →Dandolo (Sohn aus dieser Ehe: →Stefan Uroš I.). Dank der verstärkten Verbindung zum Westen erhielt S. von Papst Honorius III. die Kg.skrone und wurde 1217 vom päpstl. Legaten gekrönt.

1219 erwirkte Sava im Auftrag S.s in →Nikaia die Errichtung eines autokephalen Ebm.s (→Autokephalie) für das neue serb. Kgr. Um diese Zeit vermählte S., bereits schwer erkrankt, seinen ältesten Sohn Radoslav mit Anna, Tochter des →Theodor Angelos Dukas Komnenos, und ernannte ihn zum Mitregenten. Nachrichten über S.s letzte Jahre fehlen, vor seinem Tode wurde er Mönch (Mönchsname: Simon). S. Ćirković

Lit.: JIREČEK I, 283–303 – M. LASKARIS, Vizantiske princeze u srednjevekovnoj Srbiji, 1926, 7–37 – S. STANOJEVIĆ, Stevan Prvovenčani, Godišnjica Nikole Čupića 18, 1934, 1–56 – DERS., O napadu ugarskog kralja Andrije II na Srbiju zbog proglasa kraljevstva, Glas 161, 1934, 109–130 – S. HAFNER, Serb. MA, Altserb. Herrscherbiographien, I, 1962 – B. FERJANČIĆ, Kada se Evdokija udala za Stefana Provovenčanog?, Zbornik Filozofskog fakulteta u Beogradu 8/1, 1964, 217–224.

6. S. Radoslav, *Kg. v.* →*Serbien*, * Ende des 12. Jh., ▭Kl. →Studenica, ältester Sohn→Stefans d. Erstgekrönten aus dessen erster Ehe mit →Eudokia, Tochter Ks. →Alexios' III. Ein um 1215 entworfener Plan einer Ehe S.s mit Maria, Tochter Michaels I. Angelos v. Ep(e)iros, scheiterte wegen zu naher Blutsverwandtschaft, doch Ende 1219/20 gelang es Stefan d. Erstgekrönten, für S. eine Ehe mit Anna, Tochter des →Theodor Angelos Dukas Komnenos, zu arrangieren. Aus Urkk. ist ersichtl., daß S. nach der Heirat als Mitherrscher wahrscheinl. in Duklja (→Zeta) regierte. Über S.s kurze eigenständige Herrschaftszeit nach dem Tod des Vaters 1228 geben die Q. nur wenig Auskunft. In der älteren Lit. dominierte die Ansicht, daß S. vollkommen von seinem Schwiegervater (seit 1224 Ks. in Thessalonike) abhängig gewesen sei und die serb. Kirche →Ohrid unterstellen wollte, doch nach neueren Erkenntnissen kann S.s Beiname Dukas in manchen gr. Urkk. auch auf seine Mutter zurückgeführt werden. Die Schutzmacht Theodors fand spätestens 1230 ihr Ende, als der bulg. Zar →Ivan II. Asen in der Schlacht v. →Klokotnica Theodor besiegte und gefangen nahm. Ende 1233 wurde S. von seinem jüngeren Bruder →Stefan Vladislav gestürzt und fand zunächst mit seiner Frau Anna Schutz in →Ragusa (Febr. 1234 Ausstellung eines Privilegs). Nach einem Aufenthalt in Dyrr(h)achion kehrte er nach Serbien zurück und wurde Mönch unter dem Namen Ivan. B. Ferjančić

Lit.: JIREČEK I, 298–305 – Istorija srpskog naroda I, 1981, 297–310.

7. S. Vladislav, *Kg. v.* →*Serbien*, * um 1195, † nach 1264, zweiter Sohn →Stefans d. Erstgekrönten, ⚭ Bjeloslava († nach 1285), Tochter des bulg. Zaren →Ivan Asen II., Kinder: Sohn Desa, eine Tochter (⚭ Georg Kačić, Herr v. Omiš). Während der Regierung des Vaters und des älteren Bruders →Stefan Radoslav verfügte er über ein Gebiet am Fluß Lim, wo er das Kl. →Mileševa errichten ließ (1222–27). 1233 erlangte er nach dem Sturz Radoslavs den Thron. Umstände und Motive des gewaltsamen Thronwechsels sind unbekannt: In einer im Febr. 1234 in Ragusa erlassenen Urk. beklagte sich Radoslav, der bereits nach 1230 den Schutz seines mächtigen Schwiegervaters→Theodor Angelos Dukas Komnenos verloren hatte, über die Treulosigkeit S.s. Zu Beginn der Regierungszeit war S. →Ragusa feindl. gesinnt, später hat er der Stadt einen Teil des jährl. Tributs (*mogoriš*) erlassen. Unklar bleiben seine Interventionen in →Hum (1237) und seine Haltung gegenüber den Ereignissen in →Bosnien. 1237 überführte S. die Gebeine seines Onkels →Sava I. von Tŭrnovo in das Kl. Mileševa. Nach dem Tode Ivan II. Asens (1240) und dem Mongoleneinfall (Ende 1241) verlor S. seinen Rückhalt und wurde von seinem jüngeren Bruder →Stefan Uroš I. gestürzt; er blieb im Land und wurde Helfer des neuen Herrschers. S. Ćirković

Lit.: JIREČEK, 303–309 – Istorija srpskog naroda, I, 1981, 310–314 [B. FERJANČIĆ].

8. S. Uroš I., *Kg. v.* →*Serbien*, * um 1220, † 1. Mai 1277, jüngster Sohn →Stefans d. Erstgekrönten und der Anna Dandolo, ⚭ um 1250 →Jelena, Verwandte der frz. →Anjou, Söhne: →Stefan Dragutin und →Stefan Milutin; Tochter: Berenice (Brnča). S. stürzte 1243 seinen Bruder →Stefan Vladislav. In der Zeit von S.s Herrschaft kamen die 'Sachsen' (→Sasi) nach Serbien und betrieben die Bergwerke v. Brskovo (vor 1254). Die Förderung von Silber verstärkte den Handel mit den Küstenstädten und ermöglichte es S., in letzten Jahren seiner Herrschaft Silbermünzen nach ven. Muster zu prägen. In den kirchl. Auseinandersetzungen zw. →Ragusa und →Bar (1247–55) setzte sich S. energ. für Bar ein. Ragusa bildete gegen S. eine Koalition, an der sich der bulg. Zar →Michael II. Asen, Župan Radoslav v. →Hum und Fs. Đorđe in Ulcinj, ein Nachkomme von Vukan Nemanjić, beteiligten. Das bulg. Heer fiel 1253 in Serbien ein, verwüstete das Land bis zum Fluß Lim, konnte aber S. nicht stürzen. 1254 schloß S. Friede mit Ragusa, der Sitz des Ebf.s blieb weiterhin in Bar.

Während der Kämpfe zw. →Nikaia und →Ep(e)iros bemächtigte sich S. 1257 →Skop(l)jes. Seine Rolle bei der Schlacht v. →Pelagonia (1259) ist nicht klar. Als Verbündeter→Michaels II. (13. M.) soll er gegen Nikaia gekämpft haben, die Chronik v. Morea berichtet jedoch von ung. und serb. Truppen im Lager →Michaels Palaiologos (10. M.). Nach der Wiedereroberung Konstantinopels (1261) befand sich Serbien erneut zw. den Mächten Ungarn und Byzanz, bewahrte sich jedoch eine gewisse Bewegungsfreiheit. 1268 versuchte S., das Gebiet von →Mačva (NW-Serbien) zu erobern, wurde aber geschlagen und gefangengesetzt. Der Friede mit Ungarn wurde durch die Ehe von S.s. Sohn Dragutin und Katalin, Tochter Kg. →Stefans V. bekräftigt; die Verhandlungen über eine Ehe des jüngeren Sohns Milutin mit Anna, Tochter Michaels VIII., scheiterten. S. war bemüht, die Seitenlinien der Nemanjići (→Nemanja) in →Hum und →Zeta zu beseitigen. Da S. Dragutin versprochene Gebiete nicht abtreten wollte, besiegte dieser 1276 bei Gacko mit ung. Unterstützung den Vater und übernahm die Herrschaft. S. verlebte die letzten Monate seines Lebens in Hum, ließ sich zum Mönch scheren und wurde im von ihm errichteten Kl. →Sopoćani bestattet. S. Ćirković

Lit.: JIREČEK I, 309–326 – S. STANOJEVIĆ, Kralj Uroš, Godišnjica Nikole Čupića 44, 1935, 106–167 – M. DINIĆ, O ugarskom ropstvu kralja Uroša, Istroriski časopis, 1, 1948, 30–36 – Istorija srpskog naroda, I, 1981, 341–356 [S. ĆIRKOVIĆ].

9. S. Dragutin, *Kg. v.* →*Serbien,* Territorialherr des Kgr.es Ungarn, * um 1252, † 12. März 1316, ältester Sohn von →Stefan Uroš I., ⚭ bald nach 1268 Katalin, Tochter Kg. →Stephans V. v. Ungarn, wurde als erster der Nemanjiden (→Nemanja) nach ung. Vorbild zum Thronfolger designiert. Da ihm der Vater den zur Heirat versprochenen Anteil des Kgr.s verweigerte, empörte sich S., besiegte mit ung. Hilfstruppen den Vater bei Gacko (heutige Herzegowina) und bemächtigte sich im Herbst 1276 des Throns. Er überließ seiner Mutter →Jelena ein Gebiet mit den Küstenstädten von →Kotor bis →Skutari. Außenpolit. schloß sich S. den Feinden von Byzanz an, die sich um die südit. →Anjou gruppierten. 1281 brach sich S. ein Bein; den Unfall betrachtete er als eine Strafe Gottes und überließ 1282 die Herrschaft seinem Bruder Milutin (→Stefan Uroš II.), behauptete aber später, dem Bruder den Thron nur zur Bewahrung für einen seiner beiden Söhne Urošic und Vladislav überlassen zu haben.

Vom eigtl. Kgr. behielt S. ein Teilgebiet um Rudnik und →Arilje (Gründung einer Stiftung) für sich; dazu kam als Erbschaft nach 1284 das ung. dynast. Territorium im N Serbiens und Bosniens (Usora und So). Seine Residenz errichtete er an der Save im Schloß →Debrc. Gemeinsam mit Stefan Uroš II. vertrieb er um 1290 die bulg. Magnaten Drman und Kudelin aus dem Banat v. Kučevo und →Braničevo (NO-Serbien) und eignete sich das seit Anfang des Jh. zw. Ungarn und Bulgarien umstrittene Territorium an. Während der Wirren in Ungarn Ende des 13. Jh. machten sich einige Territorialherren selbständig, unter ihnen auch S., der einerseits 1301–10 wegen der Thronfolge in Serbien mit Stefan Uroš II. im Krieg lag, andererseits die Kandidatur seines jüngeren Sohn Vladislav für den ung. Thron gegen den von der Kirche und Mehrheit der Magnaten unterstützten →Karl Robert v. Anjou (23. K.) betrieb. In beiden Fällen erreichte S. sein Ziel nicht: Vladislavs Kandidatur scheiterte, und die Frage der Nachfolge im Kgr. Serbien blieb offen. Nach 1312 versöhnte S. sich mit Kg. Karl Robert und sicherte seinem Sohn Vladislav, da Urošic inzwischen gestorben war, die Erbschaft seines Territoriums. Vor seinem Tod wurde S. Mönch (Mönchsname Teoktist); er soll den Wunsch geäußert haben, keine Verehrung an seinem Grab entstehen zu lassen. S. Ćirković

Lit.: Jireček I, 327–349 – →Stefan Uroš II. Milutin.

10. S. Uroš II. Milutin, Kg. v. →Serbien, * um 1254, † 29. Okt. 1321, jüngerer Sohn Kg. →Stefans Uroš I., 1268/69 mit Anna, Tochter Ks.s →Michaels VIII. verlobt, ⚭ 1. Adlige (Sohn: →Stefan Uroš Dečanski), 2. Tochter →Johannes' I. Angelos v. Thessalien, 3. ung. Prinzessin Elisabeth, 4. 1284 Anna, Tochter des bulg. Zaren →Georg I. Terter, 5. 1299 →Simonida, Tochter →Andronikos' II. Palaiologos.

Die Herrschaftsübergabe i. J. 1282 durch den Bruder →Stefan Dragutin hat S. als vollständige Machtabtretung und Änderung der Erbfolge gedeutet, während Dragutin ihm nur die Rolle des Regenten für seine eigenen Söhne zuerkannte. Die anfängl. Zusammenarbeit der Brüder (Feldzüge in das byz. Makedonien, 1282–84; Vertreibung der bulg. Magnaten Drman und Kudelin, um 1290) führten zu einem bulg.-tatar. Zug bis Hvosno (Gegend v. Peć). Ein Gegenangriff führte S. bis →Vidin, wo der lokale Herrscher Šišman zum Frieden gezwungen wurde. Die Versöhnung wurde durch die Ehe der Tochter S.s, Anna, mit dem späteren bulg. Zaren →Michael Šišman befestigt. Einen Angriff der Tataren verhinderte S. durch eine Gesandschaft und die Stellung von Geiseln (unter ihnen sein Sohn Stefan Dečanski). Die Kämpfe entlang der byz. Grenze dauerten an, 1296–99 war S. Herr der Stadt →Dyrr(h)achion. Die 1297 aufgenommenen byz.-serb. Verhandlungen führte Theodoros →Metochites, der über seine Mission einen Bericht verfaßte. Der Friede wurde durch die Ehe zw. S. und der knapp sechsjährigen byz. Prinzessin Simonida besiegelt; S.s Eroberungen in Makedonien wurden als Mitgift anerkannt. Die Verwandschaft mit dem byz. Ks.haus stellte neue Probleme für die Übereinkunft zw. den Brüdern S. und Stefan Dragutin, da die Nachkommen einer purpurgeborenen Prinzessin immer den Vorrang bei der Thronfolge hatten. Während des Bruderkriegs (1301–10; beendigt durch byz. Vermittlung) suchte S. seinen Sohn Stefan Dečanski, dem er das Gebiet der Kg.smutter →Jelena überlassen hatte, zum Nachfolger zu designieren. Bald war jedoch dessen Stellung durch Pläne, Simonidas Bruder als Thronfolger einzusetzen, bedroht, so daß er sich gegen den Vater empörte (1313). Er wurde gefangengenommen, geblendet und nach Konstantinopel ins Exil geschickt. Nach dem Tod Stefan Dragutins 1316 nahm S. seinen Neffen Vladislav (II.) gefangen, besetzte sein Territorium und verursachte so krieger. Auseinandersetzungen mit dem ung. Kg. (1318–20).

Während seiner langen Regierung erwies sich S. als Wohltäter der Kirche; in den Q. wird ihm die Stiftung von 40 Kirchen zugeschrieben. Er förderte insbes. die Bf.ssitze (Prizren, Skopje, Gračanica) und die serb. Stiftungen im Ausland (Athos, Thessalonike, Jerusalem). Zur Rechtfertigung seiner Herrschaft und der Änderung der Erbfolge ließ er eine Genealogie der Nemanjiden (→Nemanja) erstellen; dem gleichen Zweck dienten die von seinem Berater →Danilo II. verfaßten, parallelen Viten (žitija) der Kg.e und Ebf.e. In den letzten Monaten seines Lebens schwer krank, konnte S. den Ausbruch von Unruhen und Thronwirren nicht verhindern. Obwohl nie zum Mönch geweiht, wurde er bald nach seinem Tod als 'hl. Kg.' verehrt. S. Ćirković

Lit.: Jireček I, 330–354 – S. Stanojević, Kralj Milutin, Godišnjica Nikole Čupića 46, 1937, 1–43 – M. Laskaris, Vizantiske princeze u srednjeve kovnoj Srbiji, 1926, 53–82 – M. Dinić, Odnos izmedu kralja Milutina i Dragutina, ZRVI 3, 1955, 49–82 – Ders., Comes Constantinus, ebd. 7, 1961, 1–11 – S. Hafner, Serb. MA. Altserb. Herrscherbiographien, II, 1976 – L. Mavromatis, La fondation de l'empire serbe. Le kralj Milutin, 1978 – Istorija srpskog naroda I, 1981, 437-475 [Lj. Maksimović, S. Ćirković] – VizIzv VI, 1986.

11. S. Uroš III. Dečanski (Beiname nach seiner Stiftung →Dečani), Kg. v. →Serbien, * um 1275, † 11. Nov. 1321, Sohn →Stefan Uroš II. aus dessen erster Ehe. 1294–95 Geisel bei →Nogaj, Emir der Goldenen Horde, ⚭ 1. 1303 Theodora († 1323), Tochter des bulg. Zaren →Smilec, 2. 1324 Maria Palaiologina, eine Verwandten der byz. Ks.familie. 1309 übernahm er die Herrschaftsgebiete seiner Großmutter →Jelena (u. a. →Zeta). Vermutl. wegen des Plans, einen Bruder →Simonidas (5. Gattin Stefans Uroš II.) als Thronfolger einzusetzen, empörte er sich gegen den Vater, wurde gefangengesetzt und (teilweise) geblendet. 1314–20 lebte er unter der Obhut des →Andronikos II. im Pantokratorkl. in Konstantinopel. Die Vermittlung der kirchl. Würdenträger ermöglichte ihm die Rückkehr nach Serbien, wo er Burg und Herrschaft Budimlja (am Fluß Lim) erhielt. Nach dem Tod Stefans Uroš II. (29. Okt. 1321) erlangte er sein Augenlicht vollständig wieder; unterstützt von Adligen konnte er den Halbbruder Konstantin besiegen, doch gelang es Vladislav, Sohn →Stefan Dragutins, das Territorium seines Vaters zu restaurieren. S. mußte Verluste im Westen (Tal der Neretva) hinnehmen, eroberte aber die Halbinsel v. Ston zurück (1327–28). Die Eroberung von Rudnik und →Mačva führte 1329 zu Angriffen des ung. Kg.s und des Bans v. Bosnien. Im byz. Bürgerkrieg 1327–28 unterstützte S. Andronikos II., während →Andronikos III. sich mit →Michael Šišman gegen ihn verbündete. Wenig später brach zw. S. und seinem Sohn →Stefan Dušan ein Konflikt aus: Die Kinder aus der zweiten Ehe des Vaters bedrohten Dušans Stellung. Einer Versöhnung im April 1331 folgte bald eine Empörung. S. wurde von seinem Sohn gefangengesetzt (21. Aug. 1331) und kam im Gefängnis in der Burg Zvečan ums Leben. Stefan Dušan setzte den Bau der Stiftung Dečani fort und förderte Verehrung des Vaters. S. Ćirković

Lit.: Jireček I, 354-366 – M. Malović, S. D. i Zeta, Istorijski zapisi 41, 1979, 5–69 – →Stefan Uroš II. Milutin.

12. S. Dušan, Kg. v. →Serbien, 'Zar v. Griechen und Serben', * um 1308, † 20. Dez. 1355, Sohn →Stefans Uroš

III. Dečanski aus dessen erster Ehe mit Theodora, Tochter des bulg. Zaren→Smilec, lebte 1314–21 mit dem Vater im Exil in Konstantinopel. Anläßl. der Krönung des Vaters am 6. Jan. 1322 wurde S. Mitherrscher mit dem Titel *mladi kralj* (rex iunior). 1330 besiegte er den bulg. Zaren →Michael III. Šišman bei Kjustendil. Bald darauf erhoben sich in Duklja mit der passiven Politik des Vaters unzufriedene Magnaten und riefen S. zum Kg. aus; er wurde am 8. Sept. 1331 in Svrčin gekrönt. Um für die in der Politik der Nemanjiden (→Nemanja) lang vorgezeichnete Südexpansion freie Hand zu erhalten, schuf er 1332 durch seine Heirat mit Jelena, der Schwester des bulg. Zaren →Ivan Alexander, freundschaftl. Beziehungen mit Bulgarien. Die Eroberungen begannen 1332 mit der Einnahme von →Strumica. Der Gewinn von →Ohrid und →Prilep 1334 wurde von Ks. →Andronikos III. vertragl. anerkannt. S. nutzte die polit. Instabilität nach dem Tode Andronikos' 1341, als 1342 der Prätendent →Johannes Kantakuzenos (7. J.) am serb. Hof erschien und S. für ein Bündnis zum Kampf gegen die Regentschaft →Annas v. Savoyen in Konstantinopel gewann. Die Belagerung von Serrhes durch Truppen der Verbündeten im Herbst 1342 blieb erfolglos; in selbständigen Feldzügen unterwarf S. weite Gebiete in Albanien und Makedonien mit den Städten →Kanina, →Berat und Kostur. Nach dem Bruch des Bündnisses mit Johannes Kantakuzenos 1343 trat S. auf die Seite Annas v. Savoyen über, während Johannes Hilfe bei den Türken suchte. In den folgenden Jahren eroberte S. weitere byz. Gebiete einschließl. →Serrhes (24. Sept. 1345) und das südöstl. Makedonien. Ebenso gelangte die Chalkidike mit dem →Athos unter serb. Herrschaft; die Kl. anerkannten S.s Herrschaft und erhielten von ihm Privilegien und Schenkungen. Ende 1345 rief sich S. zum Zaren aus. Bei der feierl. Krönung an Ostern 1346 in →Skop(l)je erhielt S.s Sohn →Stefan Uroš den Titel *kralj* (Kg.) und die Stellung eines Mitherrschers. Nach dem siegreichen Einzug von Johannes Kantakuzenos in Konstantinopel im Febr. 1347 setzte S. die Eroberungspolitik fort und gewann in der zweiten Jahreshälfte →Ep(e)iros und 1348 besetzte er Thessalien. Pläne wie die Einnahme von Saloniki und ein Angriff auf Konstantinopel mit Hilfe der ven. Flotte blieben unverwirklicht. Im Norden wehrte S. Angriffe der ung. Kg.e, →Karl I. (1335) und →Ludwig I. (1342) ab; mit dem bosn. Ban Stjepan II. Kotromanović (→Kotromanići) kämpfte er um →Hum. In den eroberten Gebieten nutzte er die bestehende Verwaltungsordnung; er stützte sich auf Magnaten, die in seinen Dienst traten, und verlieh ihnen byz. Titel. Die Herrschaft S.s intensivierte den byz. Einfluß im ganzen serb. Reich. Innenpolit. bedeutsam war die Verkündung der zwei Teile des *Dušanov zakonik* (Gesetzbuch von Dušan) 1349 und 1353 (→Recht, B. II). In seinen letzten Lebensjahren verhandelte S. mit Innozenz IV. über die Organisation eines gemeinsamen Kampfes gegen die Türken.
B. Ferjančić

Lit.: JIREČEK I, 367–412 – Istorija srpskog naroda, I, 1981, 511–556 – G. SOULIS, The Serbs and Byzantium during the Reign of Tsar S. D. (1331–55) and his Successors, 1984, 1–160.

13. S. Uroš, *serb. Zar* 1355–71 (→ Serbien), * 1336, Sohn von →Stefan Dušan und der Jelena (Tochter des bulg. Zaren →Ivan Alexander), trug als Thronfolger den Titel *mladi kralj* ('junger Kg.'). Als der Vater 1346 den Zarentitel annahm, wurde S. zum Kg. und Mitherrscher gekrönt. Entsprechend seinen erweiterten Rechten unterzeichnete er als *kralj svih Srba* ('Kg. aller Serben'), prägte Münzen und bestätigte Urkk. Nach Nikephoros →Gregoras regierte er in den älteren Territorien Serbiens zw. Donau, Skopje und Adriat. Meer, während der Zar über die neueroberten Gebiete, die Romanija, herrschte; Urkk. bestätigen diese formale Aufteilung.

Von seinem Vater erbte S. ein territorial zwar verdoppeltes, aber wirtschaftl., administrativ, ethn. und religiös uneinheitl. Reich. Bald schon setzte die Desintegration ein: Despot →Nikephoros II. Dukas nutzte den Tod Preljubs, Dušans Statthalter in Thessalien, zur Eroberung →Thessaliens und dem südl. →Epiros. Dušans Halbbruder, Despot Simeon, mußte sich aus Epiros nach Kostur zurückziehen, wo er sich zum Zaren ausrief. Demgegenüber unterstützten die Magnaten auf dem Reichstag in Skop(l)je im April 1357 S. Simeon wurde bei Skodra zurückgeschlagen, bemächtigte sich jedoch Mitte 1359 nach der Niederlage Nikephoros' II. gegen die Albaner Epiros' und Thessaliens. S. verlor Kučevo und Braničevo, dessen Herren den ung. Kg. Ludwig I. v. Anjou anerkannten. Joannes Komnin Asen, sein Onkel mütterlicherseits, verselbständigte sich im Gebiet von →Kanina und →Avlona, während über das Gebiet von →Serrhes die Zarin Jelena herrschte. Christopolis (Kavala) eroberten die Palaiologen-Brüder Alexios und Johannes. Allein die Angriffe von →Matthaios Kantakuzenos im Osten und von ung. Truppen im Norden wurden abgewehrt.

Die geschwächte Zentralgewalt führte zur Desintegration weiterer serb. Gebiete. Fs. Vojislav Vojinović v. →Hum bildete ein Territorium von Rudnik bis an die Adria und versuchte, die Halbinsel Pelješac mit Ston zurückzuerlangen, die Stefan Dušan gegen einen jährl. Tribut 1333 an →Ragusa abgetreten hatte. Der Krieg mit Ragusa (1359–62), in den Vojislav auch S. hineinzog, führte zu neuen Gebietsteilungen. Nach dem Tod von Vojislav (1363) traten →Vukašin und sein Bruder →Jovan Uglješa, Herren in Makedonien, in den Vordergrund. Uglješa erhielt 1365 von S. den →Despotentitel und erlangte Serrhes, Vukašin wurde mit S.s Zustimmung zum Kg. und Mitherrscher gekrönt. Die Ernennung eines Mitherrschers diente nun nicht mehr der Nachfolgeregelung, sondern der mächtigste, regionale Herrschaftsträger wurde Mitherrscher; zugleich glichen sich dessen Rechte denen des Zaren an. Vukašin ernannte seinen ältesten Sohn Marko zum 'jungen Kg.' und suchte so seiner Familie den Aufstieg als neuer serb. Herrscherdynastie zu ebnen. Doch in der Schlacht an der →Marica (26. Sept. 1371) fielen Vukašin und Uglješa gegen die Osmanen. S., in seinen letzten Lebensjahren aus dem polit. Leben verdrängt, starb Anfang Dez. 1371.
R. Mihaljčić

Lit.: K. JIREČEK, Srbský cár Uroš, král Vlkašin a Dubrovčané, Časopis Musea království českého 60, 1886, 3–26, 241–276 – M. DINIĆ, Rastislalići. Prilog istoriji raspadanja Srpskog Carstva, ZRVI 2, 1953, 139–144 – R. MIHALJČIĆ, Kraj Srpskog Carstva, 1975 [1989] – LJ. MAKSIMOVIĆ, Poreski sistem u grčkim oblastima Srpskog carstva, ZRVI 17, 1976, 101–125 – S. ĆIRKOVIĆ, Kralj u Dušanovom zakoniku, ebd. 33, 1994, 159–164.

14. S. Lazarević, *serb. Fs. und Despot* ca. 1377–1427, Sohn von →Lazar Hrebeljanović. Nach dem Tod des Vaters bei →Kosovo polje (1389) führte die Fsn. Milica die Regierungsgeschäfte für den minderjährigen S. Als Kg. Siegmund v. Ungarn einige Monate nach der Schlacht v. Kosovo polje die Festungen Čestin und Borač eroberte, begab sich S. nach Kleinasien zu Sultan →Bāyezīd I. und anerkannte diesen als Oberherrn. Die Aussöhnung mit den Osmanen bannte die Gefahr vom Osten, doch mußte S. Hilfstruppen für die osman. Feldzüge stellen (Rovine 1395; Nikopolis 1396; Bosnien 1398; Ankara 1402). Nach der Schlacht bei →Ankara verlieh der byz. Ks. →Johannes VII. Palaiologos S. in Konstantinopel den →Despotitel. Durch die Heirat mit Helena, der Tochter von Francesco II. →Gattilusi(o) trat S. in verwandtschaftl. Beziehungen zur byz. Ks.familie. Nach der osman. Niederlage bei Ankara wandte sich S. Ungarn zu. Als Vasall Kg. Siegmunds erhielt er u. a. →Belgrad und die Mačva. Die Ausdehnung des Herrschaftsgebietes begleiteten innere Wirren: S.s Bruder Vuk floh zu Bāyezīds Sohn Süleymān und erzwang für kurze Zeit eine Herrschaftsteilung, doch mit der Thronbesteigung →Meḥmeds I. (1413) begann eine Periode des Friedens mit den Osmanen. Balša III. Balšić (→Balša) hatte die Zeta S., seinem Onkel mütterlicherseits, überlassen; doch eroberten die Venezianer Skodra und Ulcinj.

Es gelang S. trotz widriger Umstände das Reich zu festigen, durch innere Reformen die Zentralgewalt zu stärken und einen wirschaftl. Aufschwung herbeizuführen (Gesetz über den →Bergbau [→Sasi]; Statut v. →Novo Brdo). Er förderte das kulturelle Schaffen, verfaßte selbst das Sendschreiben »Slobo ljubve« ('Wort der Liebe') und bot →Konstantin Kosenecki und →Gregor Camblak eine sichere Zuflucht. R. Mihaljčić

Lit.: S. Stanojević, Die Biogr. S. L.s von Konstantin dem Philosophen als Geschichtsq., AslPhilol 18, 1896, 409–522 – B. Ferjančić, Despoti u Vizantiji i južnoslovenskim zemljama, 1960 – S. Novaković, Srbi i Turci XIV i XV veka (Dopune i objašnjenja S. Ćirković, 1960) – M. Purković, Knez i despot S. L., 1978 – M. Blagojević, Savladarstvo u srpskim zemljama posle smrti cara Uroša, ZRVI 21, 1982, 183–212 – J. Kalić, Srbi u poznom srednjem veku, 1994 – M. Spremić, Despot Đurađ Branković i njegovo doba, 1994.

15. S. Vukčić Kosača, *Hzg., Territorialherr in* →*Bosnien,* * 1404, † 22. Mai 1466, Sohn des Fs.en Vukac Hranić, Nachfolger seines Onkels, des Vojvoden Sandalj Hranić →Kosača, der Anfang des 15. Jh. ein selbständiges Territorium aus den südl. Teilen des bosn. Kgr.s schuf; ∞ 1. 1424 Jelena († 1453), Tochter →Balšas III., 2. 1455 Barbara († 1456; galt als Tochter des 'dux de Payro'), 3. 1459 Cecelia; Sohn von 2: Ahmed (als Kind Stefan) Hersekoglu. S. erbte 1432 den Besitz des Vaters im Gebiet der →Drina, 1435 nach dem Tod Sandaljs das ganze Territorium. Er mußte die Erbschaft gegen Kg. →Siegmund, den bosn. Kg. →Tvrtko II. und seinen benachbarten Verwandten Radoslav Pavlović verteidigen. Von Radoslav eroberte er 1439 Trebinje, während des türk. Angriffs auf Serbien (1439–41) Teile der oberen →Zeta und die Stadt →Bar (1442). Anfang 1444 verlor er im Kriege mit Venedig im Norden Omiš und Poljica. Zunächst Gegner des neuen bosn. Kg.s Stefan Tomaš, gab er diesem nach der Versöhnung seine Tochter Katarina zur Frau (1446). Vom Ks. Friedrich III. zum Vormund für →Ladislaus V. bestimmt, erhielt S. 1448 die Bestätigung seines Besitzes und das Privileg, mit rotem Wachs zu siegeln – vermutl. der Grund für den Hzg.stitel, den S. seit dieser Zeit führte, zuerst als 'Hzg. v. →Hum und Drina', später als 'Hzg. v. hl. Sava' (dux sancti Sabe). Vom Hzg.titel rührt auch die Bezeichnung seines Herrschaftsgebietes als →Herzegowina. Der für S. verlustreiche Krieg gegen →Ragusa 1451–54 führte zur Auflehnung der Gattin und des älteren Sohns Vladislav, der sich auch 1461–63 gegen den Vater erhob, nachdem er zuvor eine Teilung des Territoriums erzwungen hatte. Nach der Eroberung des Kgr.s Bosnien setzte S. den Kampf gegen die Türken als Verbündeter Kg. →Matthias' Corvinus v. Ungarn fort. Durch die erneute türk. Offensive verlor er 1465 beinahe seinen ganzen Besitz, es blieb ihm nurmehr ein Streifen um die Neretva-Mündung und die Stadt Novi (heute Hercegnovi). Vor seinem Tode setzte er den zweiten Sohn Vlatko als Erbe ein.

S. Ćirković

Lit.: J. Radonić, Der Großvojvode v. Bosnien Sandalj Hranić-Kosača, AslPhilol 19, 1897, 380–465 – Jireček, II, 172–226 – S. Ćirković, Herceg S. V. K. i njegovo doba, 1964.

16. S. v. Perm' (Schrap), hl. (Fest: 26. April), * um 1340 Velikij Ustjug (Gegend von Vologda), † 26. April 1396 Moskau, trat um 1365 in das Kl. des hl. Gregorius d. Theologen in Rostov ein, wo er zusammen mit →Epifanij Premudryj Griech. lernte und Hss. kopierte. Zum Diakon und 1379 zum Priester geweiht, begab er sich nach Perm' (Ural) und missionierte die finn.-ugr. Zyrjänen, deren Sprache er seit seiner Kindheit kannte. Nach der Schaffung eines Alphabetes (Abur-Schrift) übertrug er die grundlegenden liturg. Bücher ins Zyrjänische (erhalten: Ikonen-Aufschriften, liturg. Textteile, Glossen und weitere Frgm.e [15.–17. Jh.]). Metropolit Pimen weihte S. 1383 zum Bf. für das neugetaufte Volk, und Fs. →Dmitrij Donskoj beschenkte ihn und die neue Eparchie. 1391 nahm S. an einer Synode unter Metropolit Kiprian in Sachen des Bf.s Evfimij v. Tver' teil. Anläßl. dieser Reise nach Zentralrußland traf S. mit →Sergej v. Radonež zusammen. Ob S. Autor einer Widerlegung der Häresie der Strigol'niki ist, bleibt umstritten. Epifanij Premudryj verfaßte kurz nach S.s.Tod eine Vita, →Pachomij Logofet 1472 ein Offizium zu S.s Ehre. Ch. Hannick

Q.: V. Družinin, Žitie sv. Stefana episkopa permskogo, 1897 [Neudr. D. Čiževskij, 1959] – N. A. Kazakova–Ja. S. Lure', Antifeodal'nye eretičeskie dviženija na Rusi XIV–načala XVI v., 1955, 234–243 – *Lit.:* P. Stroev, Spiski ierarchov i nastojatelej monastyrej rossijskija cerkvi, 1877 [Neudr. 1990], 729 – N. Barsukov, Istočniki russkoj agiografii, 1882, 544–548 – P. Hajdú–P. Domokos, Die ural. Sprachen und Lit.en, 1987, 77 – A. V. Černecov, Posoch Stefana Permskogo, TODRL 41, 1988, 215–240 – Slovar' knižnikov i knižnosti Drevnej Rusi, II/2, 1989, 411–416 [G. M. Prochorov].

Stefaneschi, Jacopo Gaetano, * um 1260, † 22. Juni 1341. Stammte aus einer stadtröm., in Trastevere ansässigen Familie und war durch seine Mutter Perna mit den →Orsini verbunden (ein Onkel seiner Mutter war Papst →Nikolaus III. [Giangaetano Orsini]). Nach Erlangung des Mag. Artium-Grades in Paris (Schüler des →Aegidius Romanus) konnte er sich nicht der Theol. widmen, wie er es gewünscht hatte, sondern studierte – wahrscheinl. in Bologna – Kanonisches und später auch Zivilrecht. 1291 Subdiakon, wurde er 1295 von →Bonifatius VIII., dem er immer sehr verbunden blieb, zum Kardinaldiakon v. S. Giorgio in Velabro ernannt. Umfangreich ist S.s lit. Schaffen: Das »Opus metricum«, eine Art Papstgeschichte vom Tode →Nikolaus' IV. bis zum Tode →Clemens' V., wurde 1315 während der Sedisvakanz nach Clemens' Tod vollendet. Zentrale Elemente des Werkes sind Lebensbeschreibung, Papstwahl, Abdankung und spätere Kanonisierung Coelestins V. und die Krönung Bonifatius' VIII. Seine Schrift »De centesimo seu Jubileo anno« ist das – auch im prakt. – Details reichste Zeugnis über das 1300 von dem Caetani-Papst proklamierte erste Jubeljahr. S. war auch ein aufmerksamer Beobachter des päpstl. Zeremoniells, über das er genaue Nachrichten hinterließ. Noch unediert sind einige kürzere Texte (über ein 1320 in Avignon geschehenes Wunder und liturg. Werke für S. Giorgio, darunter ein Officium cantatum, das von seinen musikal. Fähigkeiten Zeugnis ablegt). Im Konklave v. Perugia (1304/05) war S. einer der Kandidaten der it. Kardinäle. Nach der Verlegung der päpstl. Kurie nach Avignon setzte er sich für die Rückkehr des Papstes nach Rom ein (nicht erhaltener Brief an →Heinrich VII.). 1334 wurde S. Kardinalprotektor des Franziskanerordens.

Einer Familientradition folgend (sein Bruder Bertoldo beauftragte →Cavallini mit den Mosaiken von S. Maria in

Trastevere), wirkte S. als Mäzen. Er stiftete für den Altar der vatikan. Basilika, deren Kanonikus er war, ein Giotto zugeschriebenes Polyptychon (sog. S.-Altar, Pinacoteca Vat.) und gab ebenfalls bei Giotto u. a. das berühmte »Navicella-Mosaik« in Auftrag. Nicht mehr erhalten ist die Dekoration, die er für seine Titelkirche stiftete. Zahlreiche illuminierte Hss. wurden von ihm in Auftrag gegeben. G. Barone

Ed. und Lit.: De centesimo seu Jubileo anno, ed. D. QUATTROCCHI (Bessarione VII), 291–311 – Opus metricum, ed. F. X. SEPPELT, Monumenta coelestiniana, 1921, 1–146 – LThK² V, 847 – J. HÖSL, Kardinal J. C. S., 1909 – A. FRUGONI, Celestiniana, 1954, 69–124 – M. DYKMANS, Jacques S., élève de Gille de Rome et cardinal de St-Georges, RSCI 29, 1975, 536–554 – A. PARAVICINI BAGLIANI, I testamenti dei cardinali del Duecento, 1980, 438–450 – M. DYKMANS, Le cérémonial papal de la fin du MA à la Renaissance, II, 1981 – M. G. CIARDI DUPRÉ DEL POGGETTO, Il maestro del codice di S. Giorgio e il cardinale J. S., 1981 – E. CONDELLO, I codici S., ASRSP 110, 1987, 21–62 – DIES., I codici S., ebd. 112, 1989, 195–218.

Stefano Protonotaro, Vertreter der →Sizilianischen Dichterschule, 1261 erwähnt, 1301 als verstorben bezeichnet. (Zwei arab. Texte, die aus dem Griech. ins Lat. übers. und →Manfred gewidmet sind, werden einem Stefano da Messina zugeschrieben, dessen Identifikation mit dem Dichter S. fragl. ist). Von S. sind nur wenige Dichtungen (drei Canzonen) bekannt, die es jedoch erlauben, ein Bild von einer eigenständigen Persönlichkeit innerhalb der durch Zusammenarbeit geprägten Siz. Dichterschule zu gewinnen. Inspiriert sich →Giacomo da Lentini hauptsächl. an →Folquet v. Marseille, obgleich er auch Bilder und Vergleiche aus den Bestiarien und Lapidarien bezieht, so ist S., bei dem sich auch Anklänge an Giacomos Canzone »Madonna, dir vo voglio« (die als Manifest der Siz. Dichterschule gelten kann) finden, neben Folquet hauptsächl. →Rigaut de Barbezieux und dessen in der Liebeslyrik verwandter Tiermetaphorik verpflichtet. Auf diese Weise steht S. am Anfang einer Thematik, die sich in der il. Lyrik bis zum anders gearteten →Dolce stil novo hält. Von bes. Bedeutung ist die Canzone »Pir meu cori alligrari«, das wichtigste Zeugnis der Siz. Dichterschule, das außerhalb der großen Canzonieri überliefert ist, denen wir die Kenntnis der siz. Lyrik verdanken und die dem toskan. Sprachstand weitgehend angeglichen sind. Der Text wurde von Giammaria Barbieri (Modena 1519–74) aus einem später verlorengegangenen »Libro siciliano« abgeschrieben. Barbieris Abschrift ist verläßlich und erlaubt die Kenntnis einer dem Original sehr nahestehenden sprachl. Form. F. Bruni

Ed.: Poeti del Duecento, ed. G. CONTINI, 1960, I, 129–139; II, 811f. – Lit.: S. DEBENEDETTI, Le canzoni di S. P., 1932, Studi filologici, 1986, 27–64 – s.a. →Siz. Dichterschule.

Steiermark, Mgft. und Hzm., heute österr. Bundesland.
[1] *Spätantike und Frühmittelalter:* Zur Völkerwanderungszeit durchzogen germ. Stämme das Land, das größtenteils zur röm. Provinz Binnennorikum gehörte. Seit 582 erfolgte die Besiedlung durch heidn. Slaven; das Land wurde Teil des Hzm.s Karantanien und kam mit diesem Mitte des 8. Jh. unter baier. Oberhoheit, 788 an das Frankenreich. Schon vor der Mitte des 8. Jh. hatten Baiern das steir. Ennstal erobert (Zentrum Oberhaus). In der 2. Hälfte des 8. Jh. setzte die christl. Missionierung ein; von N durch das Bm./Ebm. Salzburg, von S durch das Patriarchat Aquileia. 811 legte Karl d. Gr. die Drau als Grenze zw. beiden Metropolitansprengeln fest. Nach dem Sieg Karls d. Gr. über die →Avaren wurde das Land unter den Provinzen Karantanien und (Ober-)Pannonien aufgeteilt, 822 die Gft.sverfassung eingeführt und der im Zuge der Kolonisation gewonnene Boden überwiegend an baier. Adelssippen (z. B. →Aribonen) vergeben. 894/907 gingen der S und SO des Landes an die Magyaren verloren, wurden aber nach 955 und 1043 zurückgewonnen und damit die Reichsgrenze bis zur Lafnitz gegen O vorverlegt. An Drau, Sann, Save und Mur erfolgte die Einrichtung von →Marken gegen Ungarn.

[2] *Hoch- und Spätmittelalter:* Die 970 gen. Mark an der mittleren Mur (Kärntner bzw. karantan. Mark) mit der Hauptburg Hengist bei Wildon, Kernland der späteren S., wurde bis 1035 von den →Eppensteinern, bis 1050 von den Wels-Lambachern und seit etwa 1050/56 von den →Otakaren als Mgf.en befehligt. Die vier karantan. Gft.en des Oberlandes (Enns-, Leoben- und Mürztal sowie um Judenburg) wurden angegliedert, die Landesherrschaft ausgebaut, der Herrschaftsschwerpunkt von Steyr weg nach S in die Pfalzen Pürgg/Grauscharn, Hartberg und Graz verlegt. 1180 wurde die Mark Steier nach Lösung der lehnrechtl. Bindungen an das Hzm. Bayern zum Hzm. erhoben und nach der otakar. Hauptburg →Steyr »S.« genannt. Die S., während des 12. Jh. durch Erbanfälle (1147, 1158) von den Otakaren nach S über die Drau und gegen NO bis zur Piesting (Niederösterreich) erweitert, fiel 1192 aufgrund der Erbregelung v. 1186 (→Georgenberg, Vertrag v.) unter Wahrung der Rechte der steir. Ministerialität an die →Babenberger – 1236 hatte Ks. Friedrich II. die S. zum Reichsland erklärt –, nach deren Aussterben im Mannesstamm 1246 an Kg. Béla IV. v. Ungarn. Traungau und Pittenerland im NO wurden abgetrennt, letzteres – 1260 rückgegliedert – galt bis zum Ende des 15. Jh. als steirisch. Mit der Erwerbung des Sanntales 1311 und des Gebietes von Windischgraz vor 1482 sowie mit dem Anfall der Gft. →Cilli 1456 war die Südgrenze der S. erreicht. 1260–76 unterstand die S. Kg. Ottokar (→Otakar) II. v. Böhmen. 1282 begann die bis 1918 währende habsbg. Herrschaft. 1379 bzw. 1411 wurde die S. der leopoldin. bzw. ernestin. Linie der Habsburger zugeteilt; →Graz wurde Residenz und zentraler Verwaltungsort für die habsbg. Ländergruppe »Innerösterreich« (S., Kärnten, Krain mit Windischer Mark, Triest, Istrien, Pordenone). Im 15. Jh. litt die S. unter ung. Einfällen (1418, 1446). 1471–83 hatten die Türken zehnmal große Teile des Landes verheert, das 1479–90 größtenteils von Ungarn besetzt wurde.

[3] *Gesellschaft und Kultur:* Der Bau von Höhenburgen begann in der S. zu Ende des 11. Jh. Im 13. Jh. waren der innere Ausbau des Landes beendet, die Rodung abgeschlossen. Das Städtewesen, bes. ab der 2. Hälfte des 12. Jh. gefördert, hatte um 1300 mit ca. 20 Städten den Höhepunkt erreicht. Bodenschätze (Eisenerz, Silber, Gold, Salz) boten dem Hzg. Einnahmen. Münzstätten mit Silber- und Goldprägung bestanden u. a. in Graz, Pettau, Oberzeiring und →Judenburg. Die Juden, seit Ende des 11. Jh. nachzuweisen, im 14./15. Jh. mehrfach verfolgt, wurden 1495/97 auf Wunsch der steir. Stände gegen Zahlung von 38000 Pfund an Kg. Maximilian I. aus der S. vertrieben. 1445 erklärte man die Grazer Maße als verbindl. für die gesamte S. Das Territorium, in dem sich während des 13. Jh. das Landrecht ausbildete – der erste ständ. Landtag in Graz ist 1396 bezeugt –, war von geistl. Immunitäten (Salzburg, Freising, Bamberg, Brixen) durchsetzt. 1218 war →Seckau als Landesbm. errichtet worden. Etwa 40 Kl. der verschiedenen Orden lagen über die S. verstreut. Kl. →Admont war wegen seiner gelehrten Äbte Irimbert († 1177) und →Engelbert († 1332) weithin bekannt. Der Reimchronist Otakar aus der Gaal, die Minnesänger →Ulrich v. Liechtenstein, →Herrand v.

Wildon und →Hugo v. Montfort zählen zu den bedeutendsten Vertretern ma. Dichtkunst in der S. Der Kartäuser Philipp v. Seitz und Gundacker v. Judenburg schufen geistl. Dichtungen. Erwähnenswert sind in der darstellenden Kunst die obermurtaler Malschule und Hans v. Judenburg sowie der »Meister v. Großlobming«. H. Ebner

Lit.: A. MELL, Grdr. der Verfassungs- und Verwaltungsgesch. des Landes S., 1929 – H. PIRCHEGGER, Gesch. der S., 3 Bde; I–II, 1936, 1942²; III, 1943 – F. POSCH, Siedlungsgesch. der Osts., 1941 – Das Werden der S., hg. G. PFERSCHY, 1980 – 800 Jahre S. und Österreich, 1192–1992, hg. O. PICKL, 1992 – K. AMON–M. LIEBMANN, Kirchengesch. der S., 1993.

Steigbügel, bei östl. Steppenvölkern und in China entstandene Reithilfe aus einfachen Lederschlingen. Die runden avar. S. aus Eisen ahmten diese Urform noch nach. Durch die Avaren kamen die S. im 6. und 7. Jh. nach Europa. Im HochMA hatten die S. Dreieck- oder Bügelform mit abgesetztem Trittsteg. O. Gamber

Lit.: W. BOEHEIM, Hb. der Waffenkunde, 1890 – M. A. LITTAUER, Early Stirrups, Antiquity 55, 1981.

Steigriemen, beiderseits am →Sattel angehängte, verstellbare Hängeriemen für die →Steigbügel. O. Gamber

Stein der Weisen. Der heute noch sprichwörtl. S. d. W. (lapis philosophorum – als lapis der Wunderkraft der →Edelsteine wohl angeglichen) ist ein wesentl. spekulatives Ziel der Alchemie, als 'Motor' und agens für →Transmutation und →Elixier, den die für die Entwicklung der Chemie wichtigen alchem. Verfahrensschritte (→Alchemie, III) hervorbringen sollten. Als →Magisterium oder →Tinctur sollte er eine gedachte biolog. Reifung (daher auch als Samen bezeichnet) und Veredelung der Metalle zu Edelmetallen beschleunigen und auch die Läuterung des Adepten bewirken. Häufig als ultima materia/materia remota gen., wird er gelegentl. widersprüchl. auch mit der →materia prima gleichgesetzt. Als rotes Pulver ('roter Löwe') oft beschrieben, sollte er durch Projektion (Aufstreuen) oder Tingieren (Färben, Tinctur) die Umwandlung bewirken. In Vermischung aristotel. und gnost. Gedankengutes erhält über die arab. Alchemisten (meist Mediziner) seit dem hohen MA der S. d. W. auch med. Aspekte: Elixir und Tinctur als erhoffte allheilende Flüssigkeiten (→Panacee). Bis weit in die NZ ist an die Realität des S.s d. W. geglaubt bzw. darüber diskutiert worden. G. Jüttner

Lit.: →Alchemie, →Artikel zu den obengen. Stichwörtern – H. BIEDERMANN, Materia prima, 1973 – DERS., Handlex. der mag. Künste, 1976 – H. GEBELEIN, Alchemie, 1991.

Steinbock (Capra ibex), u. a. in den Alpen und in Palästina vorkommende sprunggewandte Art (ibex) der Wildziegen (Albertus Magnus 22, 38: caper montanus) im AT (1. Reg. 24, 3) als Felsbewohner von Engaddi und deshalb von Petrus Comestor, Hist. scholastica zur Stelle (MPL 198, 1317f.) erwähnt. Die äquivoke Bezeichnung (ibix) wird in der Additio 1 dazu sowohl auf den Vogel →Ibis (als ciconia) als auch auf das →Reh (caprea) (vgl. Vinzenz v. Beauvais, Spec. nat. 18, 32 und 59) bezogen. Thomas v. Cantimpré 4, 50 rechnet ihn daher zur Gattung der Hirsche. Gregor d. Gr. kommentiert (Moral. 30, 10, 36; MPL 76, 543) Job 39, 1 (Zitat bei Thomas) stillschweigend mit dem »Jägerlatein« (nach Plin. n. h. 8, 214?), wonach die S.e sich vor Gefahr vom Felsen stürzen und unbeschadet mit ihren (bei den Balzkämpfen tatsächl. manche Schläge vertragenden) mächtigen Hörnern auffangen sollen (vgl. Isid., etym. 12, 1, 16; Papias s.v. »ibyx«; (Ps.) Hugo 2, 15, dem sie daher Sinnbild für diejenigen Gelehrten sind, die im Vertrauen auf beide Testamente Schweres ertragen). Albertus Magnus, animal. 22, 105 beschreibt sie als einziger richtig für die dt. Alpen (gelbl. Färbung, größer als ein Ziegenbock), behauptet aber, ein Jäger könne sich von einem in die Enge getriebenen S. vor dem Herabstoßen vom Felsen durch Aufsitzen retten lassen. Haltung in Menagerien und Abbildungen auf Mosaiken der Spätantike sind nachgewiesen (TOYNBEE, 135f.). Ch. Hünemörder

Q.: →Albertus Magnus – Gregor d. Gr., Moralia in Job, MPL 76 – (Ps.) Hugo v. St. Victor, De bestiis et aliis rebus, MPL 177 – →Isidor v. Sevilla – Papias Vocabulista, 1496 [Neudr. 1966] – Petrus Comestor, Hist. scholastica, MPL 198 – Thomas Cantimpr., Lib. de nat. rerum, T. 1, ed. H. BOESE, 1973 – Vinc. Bellov., Speculum nat., 1624 [Neudr. 1964] – *Lit.:* J. M. C. TOYNBEE, Tierwelt der Antike, 1983.

Steinbrech (Saxifraga granulata L. u. a./Saxifragaceae). Der Name deutet zunächst auf den Standort der meisten S. gewächse in Felsritzen hin (Circa instans, ed. WÖLFEL, 111); andererseits bezeichnet *saxifraga, saxifragum* bereits in der Antike (Plinius, Nat. hist. XXII, 64) verschiedene Pflanzen, die gegen Harnsteine wirksam sein sollten: so eben auch den Körner-S., der zwar keine Felsenpflanze ist, dessen Brutzwiebelchen aber an Steinchen erinnern, weshalb die Pflanze im Sinne der →Signaturenlehre gegen Blasen- und Nierensteine verwendet wurde (Albertus Magnus, De veget. VI, 452; Konrad v. Megenberg V, 75). Ältere Belege (STEINMEYER–SIEVERS III, 519) sowie Abbildungen (Gart. Kap. 354) lassen für *steinbrecha,* die auch bei Gelbsucht helfen sollte (Hildegard v. Bingen, Phys. I, 136), neben anderen Pflanzen bes. den Steinfarn (→Farnkräuter) in Betracht kommen. U. Stoll

Lit.: MARZELL IV, 133–149 – HWDA VIII, 404f.

Steinbruch → Carrara, II; →Marmor, -handel

Steinbücher → Lapidarien

Steinbüchse, ma. Belagerungsgeschütz verschiedener Größe und Lafettierung (→Legstück, →Lade, →Lafette), aus dem →Steinkugeln bis zu einem Durchmesser von 80 cm verschossen wurden. Das in der Stab-Ring-Technik aus Eisen geschmiedete oder aus Bronze gegossene Rohr einer S. bestand im vorderen Teil aus dem →Flug und im hinteren Teil aus der im Durchmesser kleineren Kammer zur Aufnahme der Pulverladung. Am oberen Ende der Kammer befand sich das Zündloch. E. Gabriel

Lit.: B. RATHGEN, Das Geschütz im MA, 1928 – V. SCHMIDTCHEN, Bombarden, Befestigungen, Büchsenmeister, 1977.

Steinfeld (Ecclesia beate Dei genitricis Marie, eccl. s. Potentini), eine der bedeutendsten OPraem Abteien im Dt. Reich (Gde. Kall; Nordrhein-Westfalen), alte Erzdiöz. →Köln. 1121 wandelte Ebf. →Friedrich I. v. Köln (44. F.) ein im 10./11. Jh. von den Vorfahren des Gf.en Theoderich v. →Are gegr. Kl. OSB in ein Regularkanonikerstift um, das von →Springiersbach aus besiedelt wurde (erster Propst →Everwin). Um 1138 fand der Anschluß an den sich bildenden Orden der →Prämonstratenser statt. Der gelehrte Propst Ulrich (ca. 1152–70), dessen Briefwechsel in Ordensangelegenheiten erhalten ist, förderte die Verehrung des hl. Potentin, dessen Gebeine von Karden a. d. Mosel nach S. überführt worden sein sollen. Propst Albert nahm 1184 den Abtstitel an. Noch im 12. Jh. wurden Tochterkl. in Böhmen, Friesland, Irland und Dänemark gegr. Dem Abt v. S. unterstand auch eine Reihe von Frauenkl. Außer St. Andreas in S. waren der Abtei 12 Pfarreien inkorporiert. Der Konvent umfaßte 1369 47, 1453 55 Chorherren. Zu den berühmtesten Mitgliedern im MA zählt der hl. Hermann Josef, dessen myst. Marienlieder und zeitgenöss. Vita überliefert sind.

I. Joester

Lit.: GP VII/1, 277–286 [Lit.] – TH. PAAS, Entstehung und Gesch. des Kl. S. als Propstei, AHVN 93, 1912, 1–54; 94, 1913, 1–50 – DERS., Die Prämonstratenserabtei S., ebd. 95, 1913, 61–123; 96, 1914, 47–60; 99, 1916, 98–202 – I. JOESTER, UB der Abtei S., 1976 [Lit.] – N. BACKMUND, Monasticon Praemonstratense I, 1983², 251–256 [Lit.] – I. JOESTER, Prämonstratenser in der Eifel (S. – Eiflia Sacra – Stud. zu einer Kl.-landschaft, hg. J. MÖTSCH–M. SCHOEBEL, 1994), 175–201.

Steinfurt, Gf.en v., Gft., Stadt. Mit dem Edelherrn Rudolf I., Stifter des Kl. Clarholz (1134, OPraem), wird der erste Vertreter einer Dynastenfamilie greifbar, deren reicher Allodialbesitz von Ijssel, Lippe und Ems begrenzt wurde. Namengebend war die Wasserburg an der Aafurt eines Fernwegs von →Münster nach →Deventer. Die Verwandtschaft Rudolfs II. mit→Rainald v. Dassel führte zu einer Anlehnung an den Ks. (u. a. Teilnahme am 3. Kreuzzug 1189/90), durch dessen Rückendeckung die Unterwerfung der benachbarten Ascheberger (1164) sowie der Erwerb der Vogtei des Kl. Überwasser in Münster (bis 1301) und die Ansiedlung der→Johanniter in S., deren →Kommende zum Sitz der Ballei Westfalen wurde, gelang. Den Höhepunkt ihrer Ausdehnung erreichte die Herrschaft S., die neben dem Kirchspiel S. die Vogtei des Stifts Borghorst (ab 1270), die Fgft. Laer, das Amt Rüschau (ab 1279) sowie die Exklave Gronau (1365) umfaßte, unter Balduin II. († 1316), der, mit einer Tochter Bernhards III. zur →Lippe verheiratet, die Landesherrschaft durchsetzte und mit dem Bau der Schwanenburg bei Mesum (1343 zerstört) die drohende Umklammerung durch die Bf.e v. Münster aufbrechen wollte. Seit der Mitte des 14. Jh. gerieten die S.er in die Defensive, wovon die Auftragung der Fgft. Laer an das Reich mit Rückbelehnung (1357) zeugt. Die Verleihung Münsterer Stadtrechte (1347) an die wohl unter Balduin II. privilegierte Stadt S. (1322 »oppidum«, ca. 3 ha mit 400 Einwohnern) bezweckte eine Stärkung des Herrschaftssitzes und führte zu einem vergrößerten Areal von 11 ha, das ab 1500 ummauerte ca. 800 Einwohner faßte. Nach dem Aussterben der S.er im Mannesstamm (1421) fiel die Herrschaft an die Edelherren v. Götterswick, die auch die Gft. →Bentheim erbten, wobei S. und Gronau weiter eine eigene Herrschaft bildeten, die aber im 16. Jh. das Amt Rüschau an die Bf.e v. Münster verlor. F.-W. Hemann

Bibliogr.: S. Bibliogr., bearb. H.-W. PRIES, 1989, 14–16, 22f., 25f., 39f., 46f., 80f., 81f., 85f., 101.

Steingut → Keramik

Steinhöwel (Steinhäuel), **Heinrich**, * 1411/12 in Weil der Stadt, † 1. März 1479 in Ulm, Arzt und Literaturunternehmer, neben →Ortolf v. Baierland meistgelesener dt. Autor vor Paracelsus bzw. Luther. S. stammte aus Eßlinger Patriziat, 1438 Mag. regens in Wien, 1443 Dr. med. in Padua, war 1444 in Heidelberg, 1446 in Weil, 1449/50 in Eßlingen, seit 1450 bis zu seinem Tod Stadtarzt in Ulm. Seinen Reichtum erwarb S. als Arzt, Geschäftsmann, Makler, durch Heirat, aber v. a. durch seine unternehmer. Beteiligung an Johann Zainers Ulmer Offizin, deren Bestseller er zu einem nicht geringen Anteil selbst redigierte bzw. als Übersetzer gestaltete.

[1] Das trifft bereits für sein 1446 in Weil verfaßtes 'Pestbuch' zu (ed. 1473 in Ulm), das mehrfach hoch- bzw. nd. nachgedruckt wurde, sich v. a. auf Antonio Guaineri stützt und e therapeut. wirksame operative Ausräumung der Bubonenpakete empfiehlt. S. übernahm seine adt. Q. (Jakob Engelin, Hans Andree, 'Brief an die Frau von Plauen', 'Sendbrief-Aderlaßanhang', 'Pestlaßmännlein' [a]) in großen, kaum veränderten Versatzstücken. [2] Eine Kompilation ist auch 'Meister Constantini Buch', das weitgehend auf Ortolf v. Baierland aufbaut und etwa gleichzeitig wie das 'Pestbuch' in Weil der Stadt entstanden ist. S. schöpfte zusätzlich aus dem →'Bartholomäus', 'Kanon' des →Avicenna ('Schröpfstellentext', '24-Paragraphen-Text'), →'Secretum secretorum' (Vier-Jahreszeiten-Lehre) und 'Melleus liquor' des Alexander Hispanus ('Meister Alexanders Monatsregeln', Phytotherapeutika). Bemerkenswert ist sein pädagog. Eintreten für angehende Wundärzte. [3] 1473 exzerpierte S. die 'Tütsche Cronica' aus zwei Fassungen der 'Flores temporum'. [4] Gleichzeitig entstanden ist die 'Chronik Herzog Gottfrieds' (nach der 'Historia Hierosolymitana' des Robertus Monachus oder Guido v. Bazoches), die wie die Texte [2] und [3] nicht gedruckt wurde und als verschollen gilt. [5] Als »tütscher« lat. »wishait« präsentiert sich S. im 'Apollonius' (Dr. 1471), der auf den →'Gesta Romanorum' und dem 'Pantheon'→Gottfrieds v. Viterbo fußt, nach denen die Brautwerbung des Helden erzählt wird. Redaktionelle Eingriffe S.s akzentuieren Ehe- und Sexualmoral. [6] Als pragmat. Exempel »getriuwer gemahelschafft« präsentierte S. seine 'Griseldis'-Verdeutschung, die über →Petrarca auf→Boccaccio zurückgeht (Dr. 1471, 25 Auflagen) und im Gegensatz zum 'Apollonius' weit über den Nürnberger Meistersang (Hans→Sachs) hinauswirkte. [7] Boccaccios 'De claris mulieribus' nachgestaltet sind die 'sinnreichen erlauchten Weiber' (1473), die unter Weglassung alles Misogynen 99 (antike) Frauen-Viten zeichnen, die 'Tütsche Cronica' exzerpieren und sieben reich ill. Auflagen erlebten. Streuüberlieferung bei Konrad →Bollstatter und Jakob Cammerlander; 50 Frauenschicksale hat Hans Sachs bearbeitet. [8] Ständisch aufgebaut und aus dem 'Speculum vitae humanae' des Rodrigo→Sánchez de Arévalo übersetzt ist der 'Spiegel menschlichen Lebens' (1473); lediglich zwei Inkunabelauflagen folgten. [9] Dagegen erzielte S. mit seinem Siegmund v. Tirol dedizierten 'Esopus' (Dr. 1476/77, 36 Aufl.) seinen größten Erfolg: Das auf Rinuccio da Castiglione, den Anonymus Neveleti, zwei Fassungen des Romulus-Corpus, zurückgehende und neben →Äsop auch →Avian ausschöpfende Werk vereint die wichtigsten Sammlungen antik-ma. Fabeltradition zu einer Leben und Werk des Gattungsstifters dokumentierenden 'Gesamtausgabe', aus der sich Fabeldichter, Meistersänger, Fastnachtsspielautoren ebenso bedienten wie exempelsuchende Prediger (→Geiler v. Kaisersberg). Der 'Esopus' wurde bis 1600 in neun europ. Sprachen übertragen; japan. Erstübers. 1593. Eine eigene Tradition begründete der 'Esopus'-Bildausstattung. G. Keil

Lit.: Verf.-Lex.² IX, 258–278.

Steinkreuze → Wegheiligtümer, →Hochkreuz

Steinkugeln waren vornehml. die Geschosse der großkalibrigen mauerbrechenden →Steinbüchsen, wegen ihrer geringen Material- und Herstellungskosten wurden sie häufig aber auch aus kleinkalibrigen Feuerwaffen verschossen. S. wurden von →Büchsenmeistern entsprechend der jeweiligen Büchsengröße bei Steinmetzen bestellt und mit Hilfe von aus Holz gefertigten Lehren angefertigt. Als bevorzugte Materialien galten Granit, Trachit, Basalt oder Sandstein. E. Gabriel

Lit.: B. RATHGEN, Das Geschütz im MA, 1928 – V. SCHMIDTCHEN, Bombarden, Befestigungen, Büchsenmeister, 1977.

Steinkunde (lapides et gemmae). Der Beginn einer systemat. Mineralogie ist allenfalls im 16. Jh. mit C. Gesner und G. →Agricola anzusetzen, mit Ansätzen der Kristallographie gar erst seit A. Boethius de Boodts »Gemmarum et Lapidum Historia« (1609). Das seit dem 13. Jh. bekannte mlat. mina ('Gang', 'Höhle') und minera ('Erzgrube', 'Grubenerz') – vermutl. über kelt. *mine* – sind nur in einigen ma. Titeln (Albertus Magnus, De mineralibus) und bei den tria Regna (Regnum minerale, R. vegetabile, R. animale) anzutreffen. Die lapides werden auch (noch bei Agricola) fossiles (fossa 'Grube') gen. und dies erst in der NZ auf organ. Versteinerungen eingeschränkt. So gehörten im MA u. a. Ammoniten, Trilobiten, Donnerkeile und auch →Bernstein zu den lapides.

Gemma ('Knospe') bezieht sich hier auf die 'wachsenden-knospenden Erdgewächse' – meist →Edelsteine und Kristalle – aus den aristotel. (auch früheren animist.) Vorstellungen von biolog.-organ. lebenden Steinen, mit Wachstum und Veränderungen, denen auch eine gewisse Beseeltheit nicht immer abgesprochen wurde. So ist es folgerichtig, daß auch die sog. biogenen 'Steine' im MA den lapides – häufig als Edel-, Zauber-, Medizinalsteine – angehören (z. B. →Korallen, →Perlen, Muscheln, Organsteine, v. a. →Bezoar). Figurierte Steine dagegen werden seit der Antike auch 'Gemmae' (und →Kameen) gen. aufgrund der bevorzugten Bearbeitung 'edler' Steine.

Seit Ansätzen in der Antike (Theophrast, 3. Jh. v. Chr.) sind nur wenige Klassifizierungsversuche erfolgt, Kristalle waren zwar als Einzelsteine bekannt, jedoch nicht als Strukturprinzip. Die Härte galt zwar schon als Maßstab, sonst sind Form, Farbe, Aussehen (→Signaturenlehre) und med. Anwendung Einteilungsprinzipien. So gab es die lapides vulgares und die lapides insigniores (pretiosi). Der augenfällige Unterschied zw. großkristallinen Mineralien, kleinkristallinen Gesteinen, den Erden, vulkan. Schmelzen, verfestigten Sedimenten und biogenen Produkten war für das Einzelobjekt für Wertschätzung und Gebrauch mitunter bekannt, ist jedoch nicht zur Systematisierung genutzt worden. Einzig die →Metalle (und damit auch →Quecksilber) und ihre evtl. Genese sind in der Lit. meist gesondert behandelt. Als Theorie der S. ist zunächst die Lehre von den →Elementen zu nennen, sodann die aristotel. Einteilung in oryktá (Steiniges) und metalleutá (Metallisches). Ersteres sei durch dampfartige, das zweite – wozu auch die Erze gerechnet wurden – durch rauchartige Ausdünstungen in der Erdinnern entstanden (Meteorologie III, 6). Die →Alchemie hat dann zur Metallogenese die Dualität Quecksilber- und Schwefelprinzip als agens hinzugefügt.

Die auffälligen mag.-sympathet. und auch med. Aspekte der S. im MA und zuvor sind – verstärkt durch die neuplaton. →Makrokosmos/Mikrokosmos-(Emanations-)Lehre – in dem rein medialen Sein (ohne auffällige individuelle 'Lebens-'Abweichung) und der Permanenz der Steine zu verstehen, so daß astral. und göttl. Kräfte (vires und virtutes) sozusagen ungehindert vermittelt werden konnten. So gab (und gibt) es Geburts-, Monats- und Meditationssteine, sodann häufigen Gebrauch als Talisman und →Amulett sowie als Kultsteine. Auch in der Divination und →Magie, wie auch als →Aphrodisiaca wurden sie vielfach eingesetzt. Viele 'Steine und Erden' haben als Antidote (z. B. Terra sigillata) und →Panaceen gegolten (→Lithotherapie). Eine mag.-astrolog. 'Systematik' auch der Steine bietet die im 11. Jh. aus arab.-hellenist. Q. kompilierte →Picatrix (im 13. Jh. ins Span. übers.). Diese hat Agrippa v. Nettesheim zu seinen Kategorien der drei Naturreiche, insbes. der Steine, unter mag. und med. Aspekten in seiner »De occulta philosophia« (1533) im Hinblick auch auf Systematisierung ma. Gedankengutes und zeitgemäßer philos. Ausweitung u. a. genutzt.

In der verwirrenden Nomenklatur der S. mischen sich asiat.-oriental.-arab., gr.-lat. und germ.-dt. Sprachwurzeln, häufiger Bedeutungswandel erschwert die Identifizierung. Hinzu kommen Übers.sfehler und Mehrfachbezeichnungen aus verschiedenen Fachgebieten wie Edelsteinhandel, Alchemie (Decknamen), Technologie (insbes. der Farben) und →Bergbau (der viele dt. Namen entwickelte; →Rülein v. Calw; →Paracelsus).

→Theophrast (3. Jh. v. Chr.) ist ein erstes Steinbuch zu verdanken. In der »Materia medica« des →Dioskurides (1. Jh. n. Chr.) werden neben Pflanzen auch Steine med. abgehandelt. Für das MA war die »Naturalis historia« →Plinius' d. Ä. (B. 36: Steine; B. 37: Steine, Edelsteine, Bernstein) mit ihrer Fülle an Material, auch zu mag. Aspekten der S., eine Hauptq., aus der bereits →Solinus schöpfte, doch haben syr.-pers.-arab. Werke und Frgm.e auch Einfluß genommen. Magisches haben auch die hellenist. Lithika des »Orpheus« und der »Damigeron« (Evax) überliefert. Von mlat. →Lapidarien ist v. a. der »Liber de gemmis« →Marbods v. Rennes (11. Jh.) zu nennen. Die Werke der →Hildegard v. Bingen vermitteln viel Eigenständiges und Volkswissen (12. Jh.) zu den Steinen. →Arnold v. Sachsen (13. Jh.) stützt sich in »De virtutibus lapidum« vielfach auf Marbod. →Albertus Magnus' »De mineralibus libri V« (13. Jh.) wurden lange tradiert, ebenso wie das wohl schon im 9. Jh. aus arab. Q. entstandene Steinbuch des Ps.-Aristoteles. Neben einigen frühen dt. Steinbüchern der ma. Fachlit. ist →Konrads v. Megenberg um 1350 geschriebene Enzyklopädie (vornehml. eine Bearb. des lat. Werkes »De rerum natura« von →Thomas Cantimpratensis [um 1250; B. VI: Edelsteine; B: VII: Metalle]), eine wichtige Q. zur ma. S. Die Werke u. a. des Ǧābir (Ps. →Geber) und des →Rhazes haben arab.-alchem. Nomenklatur zur S. vermittelt. Auch in der dt. Dichtung, u. a. im »Parzival« →Wolframs v. Eschenbach, werden Edelsteine genannt. Schließlich vermittelt die Schriftengruppe des →»Hortus sanitatis« (seit 1484 mit dem Herbarius beginnend) auch den med. Gebrauch von Steinen.
G. Jüttner

Lit.: →Artikel zu den erwähnten Autoren und Werken, →Alchemie, →Edelsteine, →Lapidarien, →Lithotherapie – D. Goltz, Stud. zur Gesch. der Mineralnamen in Pharmazie, Chemie und Med. von den Anfängen bis Paracelsus, SudArch Beih. 14, 1972 – H. Lüschen, Die Namen der Steine, 1979² [Lit.; Q.] – W. D. Müller-Jahncke, Astrolog.-Mag. Theorie und Praxis in d. Heilk. der Frühen NZ, SudArch Beih. 25, 1985 – Ch. Rätsch-A. Guhr, Lex. der Zaubersteine, 1989.

Steinmar, mhd. Lieddichter der 2. Hälfte des 13. Jh. Die Identität mit Berthold Steinmar v. Klingnau (urkdl. 1251–93) kann nicht als gesichert gelten. Erwähnungen von Wien (3) und Meißen (12) bieten keine sicheren Anknüpfungspunkte. Rezeptionsspuren verweisen S. in den südwestdt. Raum. Sein Werk, bestehend aus 51 Strophen in 14 Liedern (10 mit Refrain), ist in der Heidelberger Liederhs. C (Cod. Manesse, fol. 308ᵛ–310ᵛ, Grundstock, Hd. As und Bs; →Liederbücher) überliefert. S. verfügt souverän über die trad. Traditionen: Aus einer Kombination von Dienstaufkündigung, vagantischem Trinklied und Jahreszeitenstreit besteht sein berühmtes Herbstlied (1). Daneben stehen traditionelle Lieder (2, 3, 6, 13) und Texte, die ihre Qualität und Spannung aus unvorbereiteten Rollenbrüchen beziehen (4: Herz tobt wie ein Schwein im Sack vgl. 9, 10, 12). In der Orientierung an den Jahreszeiten (1, 3, 10, 12, 14) und im Rückgriff auf das bäuerl. Milieu (7, 8, 11, 14) zeigt sich eine Anknüpfung an →Neidhart. Das Tagelied 8 siedelt S. dort an. Sein zweites Tagelied (5) ist eine Reflexion der Wächterrolle. Im Vordergrund seines kleinen, aber variationsreichen Œuvres steht die *fröide*-Thematik (Lübben) und das Drängen auf Liebeserfüllung, das im bäuerl. Milieu märenhafte Züge erhält.
H.-J. Schiewer

Ed.: M. Schiendorfer, Die Schweizer Minnesänger, 1990, 280–297 – *Lit.*: Verf.-Lex.² VIII, 281–284 [I. Glier; Lit.] – G. Lübben, 'Ich singe daz wir alle werden vol', 1994.

Steinmetz. Da die Ausbildung des S.en im MA auf der Ausbildung als Maurer aufbaute (Regensburger Ordnung der S. bruderschaft von 1459) oder diese mit umfaßte und für den Steinbildhauer keine bes. Ausbildung, sondern nur höhere Begabung und Erfahrung erforderlich war, sind die Bezeichnungen in den Q. unterschiedl. und nicht eindeutig unterschieden: murator und caementarius für den Maurer, lat(h)omus, lapicida, caesor, sculptor, ymaginator und seit 1275 steinmecz und im 15. Jh. Bildhauer für den S./Bildhauer (s. Binding, 1993, 285–291). Häufig versetzt der S. auch seine Quader (murator, locator, seczer). In spätma. Rechnungsbüchern wird auch eine etwas höher besoldete Gruppe von Laubhauern aufgeführt, eine vor der Mitte des 15. Jh. nicht nachweisbare Spezialisierung für die Ausführung von Blattwerk an Kapitellen und Krabben. Erst im 15. Jh. wurde die angemessene Ausbildung des S.en durch eine 5–6jährige Lehrzeit (Diener) festgelegt. Ein Mindestalter war nicht bestimmt, lag aber bei 14 Jahren. Es durften auf einer Baustelle höchstens zwei, auf mehreren Baustellen bis zu fünf Lehrlinge beschäftigt werden. Nach Abschluß der Lehrzeit, üblicherweise ohne Prüfung, trat der S. der Bruderschaft bei und begann eine einjährige Wanderschaft. Erst nach deren Ablauf durfte der Meister den Gesellen zum Parlier, also zu seinem Stellvertreter, machen. Nach der Wanderzeit konnte der S. für zwei Jahre als Kunstdiener oder Meisterknecht zu einem Werkmeister gehen, um Entwurfs- oder Konstruktionskenntnisse, aber auch bildhauerische Fähigkeiten zu erwerben. Die Ausbildungszeit betrug etwa 10 Jahre. Diese im 15. Jh. festgelegten Bestimmungen waren schon im 14. Jh. üblich und auch früher, wie sich aus einzelnen Q. erschließen läßt. Die Lehrlinge und Gesellen lebten im Haushalt des Meisters. Aus Abrechnungslisten und →Steinmetzzeichen ist eine überraschend große Fluktuation auf den Baustellen zu beobachten, nur wenige S.en waren über eine Sommersaison oder gar mehrere Jahre auf einer Baustelle tätig, die meisten nur wenige Wochen oder gar Tage, so daß festgelegt wurde, daß ein S. mindestens eine Woche von Montag bis zur Löhnung am Freitag/Samstag bleiben müsse. Die Arbeitszeit betrug im Sommer etwa 11,5 Stunden, im Winter 10 oder weniger, die sommerl. Wochenarbeitszeit von 65–67 Stunden betraf aber wegen der vielen Feiertage nur etwa die Hälfte der Wochen.

Der S. hatte eigenes Werkzeug zu besitzen, u. a. Steinaxt (Fläche), Richtscheit, Winkelmaß, anderes Werkzeug war bauseits zu stellen. Schrift- und Bildq. geben über die einzelnen Werkzeuge und ihre Anwendung Auskunft; die Steinbearbeitung und das Werkzeug haben sich seit der Antike bis ins 20. Jh. kaum verändert. Ziel ist die Herstellung von Quadern und Werkstücken aus Natursteinen mit sauberen Lager- und Stoßfugen. Die Arbeitsgänge der Steinbearbeitung sind sehr unterschiedlich und können auf der Sichtseite im Stadium eines jeden Arbeitsprozesses belassen werden, wodurch vielfältige charakterist. Strukturen erreicht werden. Da die Werkzeuge und ihre Handhabung sowie die beabsichtigte Oberflächenwirkung regional und zeitlich verschieden sind, können daraus Rückschlüsse auf die Entstehungszeit gezogen werden. Die einzelnen Arbeitsschritte nach Anlegen des 1,5–4 cm breiten Randschlages mittels Schlageisen (Setzeisen, scisellus, meysle) und Klöpfel (aus Buchenholz gefertigter, halbkugel- oder zylinderförmiger Kopf mit kurzem Stiel) sind: Bossieren bzw. Spitzen = grobes Abarbeiten mit dem Spitzeisen oder der Spitze (beidhändig geführte spitze Hacke); Flächen = feines Abarbeiten des Spiegels mit der beidhändig geführten, beilähnlichen Fläche; Scharrieren = feines Abarbeiten des Spiegels mit einem breitschneidigen Schlageisen, wodurch schmale, parallele Rillen, eine Art Riefelung, entstehen, erst seit dem 16. Jh. üblich; Kröneln = feines Überarbeiten mit einem Kröneleisen, das aus einer senkrecht angeordneten Reihe von Spitzen besteht; Stokken = Überarbeiten mit dem aus vielen Pyramidenspitzen bestehenden Stockhammer. Der Spiegel, die vom Randschlag umgebene Fläche, kann aber auch als Bosse (Rohform) vor dem Randschlag vorstehen (Rusticamauerwerk = Opus rusticum), als Buckelquader oder Bossenquader seit frühstauf. Zeit bei Pfalzen und Burgen bes. beliebt, wird die Bosse um 1200 immer mehr kissen- oder polsterartig abgespitzt (Polstermauerwerk), bis sie um 1250 nur noch wenig vorsteht und langsam aufgegeben wird. Seit 1130/40 finden sich auf den Sichtflächen →Steinmetzzeichen. Das am häufigsten dargestellte Werkzeug ist die Spitzfläche, eine Kombination von Spitze und Fläche, die es gestattet, das grobe Abspitzen und anschließende Ebnen der Oberfläche mit einem Werkzeug auszuführen. Für Profile und Bildhauerarbeit werden Setzeisen verwendet. Für das Umlegen großer Steine dient das Hebeeisen (hivisin, hebysen), das auch als Brecheisen verwendet wird. Ab 1400 wird die Steinsäge erwähnt (serra ferrea ad scidendum pylerum). Die Steine werden mit Kelle (malleius), Richtscheit, Lot und Lotwaage (Setzwaage) versetzt. Zum Aufreißen der Quader und Profile dienen neben dem Richtscheit der Winkel (winkelmass), der Zirkel und seit dem 13. Jh. die Schablone.

Die S.en waren in der Hütte (fabrica) der einzelnen Großbaustellen unter Leitung des Werkmeisters oder Parliers zusammengefaßt oder in städt. S. bruderschaften organisiert. An den einzelnen Hütten existierten Ordnungen, d. h. schriftl. Niederlegungen aller Pflichten; solche Ordnungen sind aber erst seit der Mitte des 15. Jh. überliefert. Im 13. Jh. haben sich in den Städten die Zünfte entwickelt (älteste Bestätigungsurkunde von 1248 für Basel, beschworene Gewohnheiten in Paris 1258). Die Benachteiligung der in den Kathedralbauhütten beschäftigten S.en gegenüber den in den Zünften organisierten S.en führte um die Mitte des 15. Jh. zur Organisation von S. bruderschaften; erste Zusammenkünfte 1453/54 in Speyer, 1457(?) in Straßburg und am 25. April 1459 in Regensburg für die oberdt. S.en mit der Aufstellung einer verbindl. (gewillkürten) Ordnung unter der Gerichtsbarkeit der Haupthütten in Straßburg, Wien und Köln, wobei das Straßburger Zuständigkeitsgebiet das größte und der Straßburger Werkmeister oberster Richter war. Die Meister der Haupthütten nahmen neue Mitglieder auf, und hatten regionale Gottesdienste zu organisieren. Das Büchsengeld diente der Finanzierung der Gottesdienste, der Fürsorge bedürftiger Bruderschaftsmitglieder bei Krankheit, Tod und Gerichtsverfahren.   G. Binding

Lit.: D. Hochkirchen, Ma. Steinbearbeitung, 1990 [ältere Lit.] – G. Binding, Baubetrieb im MA, 1993 [Q. und ältere Lit.].

Steinmetzbuch, spätgot. Hss. und Druckwerke des 15.–16. Jh., die Bauregeln und Texte mit erklärenden Zeichnungen enthalten, die sich sowohl mit dem Baukörper als auch mit den Baugliedern beschäftigen und mündl. tradiertes Wissen für Steinmetzmeister übermitteln. Sie unterscheiden sich von den ma. Musterbüchern wie das des →Villard de Honnecourt um 1220/30 und die von Hans →Böblinger am Ende seiner Lehrzeit in Konstanz 1435 mit Feder und brauner Tusche gezeichneten 31 Laubmuster (Bayer. Nationalmus. München). Die spätgot. S. er berufen sich auf die »Alten« und lassen ein geschichtl. Interesse erkennen, das mit dem humanist. Denken der Zeit in Zusammenhang zu sehen ist: Wien (2. Hälfte 15. Jh.), Frankfurt (1572 kopiert nach älteren Vorlagen), Köln (1593 von Johannes Facht), Abschriften der 1516 von Lorenz Lacher (Lechler) verfaßten Unterweisungen an seinen Sohn Moritz sowie die 1486 bzw. 1487/88 gedruckten Hefte »Das Büchlein von der Fialen Gerechtigkeit« von Matthäus →Roriczer, dazu die »Geometria Deutsch«, ferner das etwa gleichzeitige »Fialenbüchlein« von Hans →Schmuttermayer. G. Binding

Lit.: E. PAUKEN, Das S. WG 1572 im Städelschen Kunstinstitut zu Frankfurt am Main, 1972 – L. R. SHELBY, Gothic Design Techniques, 1977 – F. BUCHER, Architector, The Lodge Books and Sketchbooks of Medieval Architects, 1979 – F. BUCHER, Hans Böblingers Laubhauerbüchlein und seine Bedeutung für die Graphik, Esslinger Studien 21, 1982, 19–24 – A. SEELIGER-ZEISS, Studien zum S. des Lorenz Lechler von 1516, architectura 12, 1982, 125–150 – U. COENEN, Die spätgot. Werkmeisterbücher in Dtld. als Beitrag zur ma. Architekturtheorie, 1989 [mit Lit.] – W. MÜLLER, Grundlagen got. Bautechnik, 1989 – R. RECHT, Les »traites pratiques« d'architecture gothique (Les bâtisseurs des cathédrales gothiques, hg. R. RECHT, 1989), 279–285 – G. BINDING, Baubetrieb im MA, 1993.

Steinmetzzeichen sind meist geometrische, auch monogrammartige Zeichen als persönl. Signum eines Steinmetzen, als Gütezeichen und wohl auch zur Abrechnung, in der Spätgotik auch als Meisterzeichen; seit etwa 1130 (Speyer, Verdun) auf der Sichtfläche der Quader eingehauen und bis zur Spätgotik weit verbreitet, vereinzelt in der Renaissance und im Barock. Anfänglich bevorzugte man einfache geometrische Figuren und Buchstaben (bis zu 25 cm Größe), aber auch figürl.-ornamentale Motive, im 14. Jh. vorrangig kleinere, abstrakt-lineare Bildungen (1,5–3 cm groß) aus Winkel, Haken- und Kreuzkombinationen, die im 15./16. Jh. zu komplizierten Variationen und größeren Zeichen weiterentwickelt wurden. In der baugesch. Forschung dienen S. zur Aufstellung relativer Chronologien und zur Abgrenzung von Bauabschnitten, nicht jedoch zur Feststellung überörtl. Bauzusammenhänge oder gar der Hüttenherkunft aufgrund von Zeichengruppen oder Proportionen. Schildförmig gerahmte oder an herausragender Stelle angebrachte Einzelzeichen sind Meisterzeichen, wie sie von Mitgliedern von Baumeister- oder Steinmetzfamilien der Spätgotik benutzt wurden, zumeist generelle Formen, die von den einzelnen Mitgliedern abgewandelt wurden. Im SpätMA erhielt ein Geselle nach Beendigung der Lehrzeit von Zunft oder Bruderschaft ein Zeichen »verliehen«. Die S. sind von den ähnlich aussehenden, aber paarweise auf Nachbarsteinen eingeschlagenen, seit der Antike vorkommenden Versatzmarken zu unterscheiden. G. Binding

Lit.: Lex. d. Kunst VII, 1994, 31 – F. RZIHA, Studien über S., Mitt. d. k. k. Central-Comm. NF 7, 1881; 9, 1883 – W. C. PFAU, Das got. S., 1895 – L. SCHWARZ, Die dt. Bauhütte des MA und die Erklärung der S., 1926 – W. WIEMER, Die Baugesch. und Bauhütte der Ebracher Abteikirche 1200–85, 1958 – G. BINDING, Pfalz Gelnhausen, 1965 – H. KRAUSE, Die spätgot. S. des Doms und Klausur (P. RAMM, Der Merseburger Dom, 1977) – D. V. WINTERFELD, Der Dom in Bamberg, 1979 – J. L. VAN BELLE, Dictionnaire des signes lapidaires. Belgique et nord de la France, 1984 – W. NIEß, Roman. S. der Stauferburgen Büdingen und Gelnhausen, 1988 – H. MASUCH, Erkenntnisse zur S.-Forsch. aus Bauregistern des 14.–16. Jh. (architectura 1991) – G. BINDING, Baubetrieb im MA, 1993.

Steinschneidekunst → Kameo

Steinschnitt (Lithotomie), Verfahren zur operativen Entfernung von Harnsteinen aus der Blase, das als ultima ratio dann angewandt wurde, wenn Versuche medikamentöser Steinauflösung (Applikation oral [→Steinbrech; Lithotriptikon des →'Antidotarium Nicolai'] oder mittels →Katheters transurethal) bzw. mechan. Steinzertrümmerung (Druck-/Stoß-Lithotripsie) erfolglos geblieben waren oder zu unerwünschten Komplikationen geführt hatten. Angewandt wurde die seit dem 4. Jh. v. Chr. bekannte und von Celsus (VII, 26) beispielhaft beschriebene sectio lateralis, die seit →Roger Frugardi (Rogerina, IV, 36–38) mehr oder weniger ausführl. von den Lehrbüchern der ma. →Chirurgie abgehandelt wird. Sie setzt eine diagnost. Absicherung sowie diätet. Vorbehandlung des möglichst jungen Patienten voraus, bringt den Kranken in S.lage (kauernd mit angezogenen Knien), führt einen perineale Bogenschnitt halbmondförmig zw. Genitale und After, läßt dessen Enden zu den Sitzbeinhöckern auslaufen, durchtrennt damit Haut sowie Damm-Muskulatur (levator-ani-Platte), kommt so auf den 'Blasenhals' und eröffnet diesen senkrecht zur bisherigen Schnittführung hinter dem Bulbum urethrae im Bereich der Pars membranacea sowie prostatica urethrae. Zu große Steine wurden von oben und hinten mit einem Löffel fixiert und durch einen spitzen Meißel zerschlagen; zum Extrahieren der Urolithen benutzte der Operator die Finger (während die rechte Hand griff, schoben zwei Finger der linken vom Anus aus dagegen), oder er brachte seinen Haken bzw. Steinlöffel (unctus concavus) zum Einsatz; →Rhazes empfiehlt eine Greifzange, wie man sie zur Pfeilextraktion benutzte. Statt der langwierigen Nachbehandlung mittels Pflockverbänden, Kataplasmen und des »ligare cum bindis« rät →Lanfranc zum Nähen beider Schichten, jeweils mit Knopfnähten. – Bei →Gilbertus Anglicus (VII.) findet sich die Andeutung einer sectio mediana; die sectio alta wurde durch Pierre Franco erst 1550 entdeckt. – Schwierigkeit der Methode und hohes Operationsrisiko machten die »Steinschneider« zu fahrenden cursores. – Als Operationsrisiko gefürchtet waren bleibende Blasenfistel und (bei Durchtrennung der Samenstränge) die Sterilität. G. Keil

Lit.: E. GURLT, Gesch. der Chirurgie und ihrer Ausübung, 1898, I, 570–572; III, 774–777.

Steinsymbolik → Edelsteine, →Farbe, III

Steinzeug (Siegburger Keramik). Seine nicht ausschließliche Produktion beginnt schon vor 1300 mit der P4 der Töpfersiedlung in der Siegburger Aulgasse als Abschluß einer techn. Entwicklung (ständige Verbesserung der liegenden Brennöfen, der Brandführung, der Tonaufbereitung). Qualitativ hochwertige tertiäre Tone der Lohmarer Sandterrassen sind die Voraussetzung. Gegenüber den vielfarbigen Irdenwaren ist das S. fast weiß. Stratifizierte Funde der Ausgrabungen von 1961–66 am letzten Scherbenhügel und begleitende naturwiss. Unters. erlaubten eine exakte Scherbendefinition. Die gängige Ansprache des S.s als glasähnl., wenig porös, kaum Wasser aufnehmend, von Stahl nicht ritzbar und muschelig brechend wurde mineralog. und physikal. bestätigt und ergänzt: Das verglaste, sandarme Gefüge ist sehr dicht, mit geringen Porenanteilen, von großer Zähigkeit und feinkörniger Grundmasse ohne zugesetzte Magerungen zum Quarz. Durch den hohen Mullitanteil entsteht eine Härte, die auch große Zähigkeit bewirkt. Alle die genannten Merkmale bedeuten einen revolutionären Wandel der Eigenschaften gegenüber der Irdenware. Dem S. anderer Produktionsorte hat das Siegburger eine nur ihm eigene Besonderheit voraus, die ungewöhnl. große Zähigkeit. Dies bedeutet eine bessere Temperaturwechselfestigkeit. Die Entwicklung zum S. erzwingt Einschränkungen und

Ausweitungen der Verwendungsmöglichkeiten; d. h., Tafelgefäße werden bevorzugt, Küchengefäße (Töpfe, Kruken, Kacheln) verschwinden aus der Produktion, nur noch Töpfe werden anfangs in kleiner Stückzahl hergestellt. Die Krüge und Becher entfalten einen großen Formenreichtum, der sich schon beim Fasts. der P3 andeutete. Tassen werden neu ins Programm aufgenommen. Zum Wandel des Typenspektrums tritt eine stärkere Gliederung der Gefäße, neben die Drehrillen Stufen, Leisten und Rillen. Das nicht notwendige Engobieren ist reine Dekoration, Aschenglasur ein ungewolltes Brennergebnis. Die weitere Entwicklung, über die durch meist echte keram. Formen gekennzeichnete P4 des frühen S.s hinaus, führt zu unkeram. Formen (Nachbildungen von Holz-, Glas-, Metallgefäßen) mit künstler. Gestaltung der Oberflächen und Salzglasur. B. Beckmann

Lit.: E. KLINGE, Siegburger S. (Kat.e des Hetjensmus.s Düsseldorf, 1972) – B. BECKMANN, Der Scherbenhügel in der Siegburger Aulgasse, Bd. 1 (Rhein. Ausgrabungen 16, 1975) [bes.: H. HEIDE, 340ff.; G. STRUNK-LICHTENBERG, 345ff.; Lit.] – DERS., Zur Provenienz und Abgrenzung des Siegburger S.s im Rahmen der rhein. Keramik, seine naturwiss. Analysen archäolog. interpretiert (5. Kolloquium zur ma. Keramik, 1986 [1987]), 6–9.

Stellinga, Aufstand 841–843. Die Erhebung großer Bevölkerungsteile in ganz →Sachsen 841/842 und erneut 843 ist in seinen Motiven und Verlaufsformen nicht eindeutig zu beurteilen, zumal nur frk. Q. über die Ereignisse berichten (→Nithard, →Annalen v. St-Bertin, Xanten und Fulda). Äußerer Anlaß dürften die Bruderkämpfe in der karol. Kg.sfamilie (→Frankenreich, B. II. 5) nach dem Tod →Ludwigs d. Fr. gewesen sein: Ks. →Lothar I. wandte sich nach seiner Niederlage 841 (→Fontenoy) an sächs. Anhänger mit der Bitte um Unterstützung gegen seinen Bruder →Ludwig II. und stellte ihnen eine Rückkehr zu alten heidn. Gewohnheiten in Aussicht. Der Aufstand richtete sich gleichermaßen gegen Christianisierung, Feudalisierung (durch sächs. 'nobiles' im Bund mit den Franken) und Beschränkung überkommener Lebens- und Rechtsgewohnheiten und war damit Ausfluß sozialer Konflikte innerhalb der sächs. Gesellschaft wie letztes Aufbäumen des alten Widerstandes gegen die frk. Expansion. Die Träger des genossenschaftl. organisierten Aufstands (S. meint 'Gefährte, Genosse') rekrutierten sich v. a. aus den sächs. →Frilingen und →Liten und dürften wegen ihrer differenzierten sozialen, ökonom. und religiösen Motive nicht einfach als 'Bauern' begriffen werden. Nachdem der S. zunächst die Vertreibung adliger Gewalten wie die Rückkehr zu alten Rechten und Gewohnheiten gelungen war, erlag sie 842 dem Zugriff Kg. Ludwigs II., der die frk. Dominanz in Sachsen sicherte, die Stellung der kooperationsbereiten sächs. →Edelinge befestigte und ein furchtbares Strafgericht über die Empörer abhielt (Todes- und Verstümmelungsstrafen). Ein letztes Aufflackern des Widerstands 843 wurde vom Adel erstickt. – Durch die Niederschlagung der sozial-religiös motivierten und in den Bahnen älterer sächs. Widerstands handelnden →Revolte gelang die bleibende Integration Sachsens in das werdende →Ostfrk. Reich, das dann 843 im Vertrag v. →Verdun seine endgültige Gestalt erlangte. B. Schneidmüller

Lit.: DÜMMLER [2]I, 164–166 – H. J. SCHULZE, Der Aufstand der S. in Sachsen und sein Einfluß auf den Vertrag v. Verdun [Diss. HU Berlin 1955] – S. EPPERLEIN, Herrschaft und Volk im karol. Imperium, 1969, 50–68 – H.-D. KAHL, Randbemerkungen zur Christianisierung der Sachsen (Die Eingliederung der Sachsen in das Frankenreich, 1970), 519ff. – E. MÜLLER-MERTENS, Der S.aufstand, ZfG 20, 1972, 818–842 – H. SCHMIDT, Über Christianisierung und gesellschaftl. Verhalten in Sachsen und Friesland, NdsJb 49, 1977, 38ff. – N. WAGNER, Der Name der S., BN NF 15, 1980, 128–133 – K. LEYSER, Von sächs. Freiheiten zur Freiheit Sachsens (Die abendländ. Freiheit vom 10. zum 14. Jh., 1991), 70f. – E. J. GOLDBERG, Popular Revolt, Dynastic Politics, and Aristocratic Factionalism in the Early MA: The Saxon S. Reconsidered, Speculum 70, 1995, 467–501.

Stempel. 1. allgemein →Siegel (Siegels., Siegelring usw.); →Beschauzeichen; →Münztechnik (Präges.); →Bucheinband.

2. S., Silberstempel, byz., staatl. Kontrollmarken, die vom 4. bis einschl. 7. Jh. einigen Objekten aus →Silber aufgeprägt wurden. Die ältesten S. erscheinen auf silbernen Barren und Platten aus der ksl. Finanzbehörde des →comes sacrarum largitionum in der 1. Hälfte des 4. Jh. S. aus dem 4. und 5. Jh. sind viereckig oder rund; sie enthalten oft einen Namen (wohl des betreffenden Beamten; vgl. den Schatz v. Sucidava), den Ort der Markierung, häufig auch eine Darstellung der sitzenden Tyche (Stadtgöttin). Ksl. →Büsten, die den offiziellen Charakter der S. anzeigen, erscheinen auf einigen Barren aus dem späten 4. und frühen 5. Jh.

Ks. →Anastasius I. (491–518) führte ein System von vier 'ksl.' S.n ein, jeder von unterschiedl. Gestalt, die das Bildnis des Ks.s und z. T. seinen Namen bzw. sein Monogramm tragen, aber auch das Monogramm des 'comes sacrarum largitionum' sowie z. T. Namen von Münzbeamten enthalten können. Ein neues System von fünf ksl. S.n wurde von →Justinian I. (527–565) eingeführt und bis einschließl. der Regierungszeit von →Konstans II. (641–668) beibehalten. Zwar gilt Konstantinopel als üblicher Ort der Markierung, doch ist der Name der Hauptstadt nicht erwähnt, wohingegen einige 'irreguläre' (nicht-ksl.) S. die Städte →Antiochia (Theoupolis) und →Karthago nennen, was die Annahme sekundärer Orte der Silberstempelung belegt. Galten Silbers. lange als Garantie für die Reinheit des betreffenden Silbers (vgl. den Bios des hl. Theodoros v. Sykeon, 42f.), so haben metallurg. Analysen ergeben, daß gestempeltes wie ungestempeltes byz. Silber gleich hohen Feingehalt besitzt (94–99%); andere Analysen haben gezeigt, daß das Unterscheidungsmerkmal bei gestempeltem Silber wohl in der Reinheit der angewandten Legierung mit Kupfer liegt (P. MEYERS). Die Silberproduktion wurde kontrolliert vom Amt des comes sacrarum largitionum, dessen Monogramm ab 498 auf den S.n erscheint. Es wurde die Annahme vorgeschlagen (D. PEISSEL, J. NESBITT), daß nach 565 die Monogramme eher den Stadtpräfekten v. Konstantinopel als den 'comes' (oder seinen Nachfolger, den 'sakellarios'; →Finanzwesen A. II. 3) bezeichnen. Die Frage, ob die S. wiederverarbeitetem (Alt-)Silber oder durch Bergbau gewonnenem (Neu-)Silber aufgeprägt wurden, konnte bislang nicht entschieden werden. S. A. Boyd

Lit.: E. C. DODD, Byz. Silber Stamps, 1961 – F. BARATTE, Les ateliers d'argenterie au Bas-Empire, JS, 1975, 193–212 – D. FEISSEL, Le préfet de Constantinople, les poids-étalons et l'estampillage de l'argenterie au VIe au VIIe s., RNum 28, 1986, 119–142 – T. CLIANTE-A. RADULESCU, Le trésor de Sucidava en Mésie Seconde, RA NS, 1988, 357–380 – Oxford Dict. of Byzantium, 1991, 1899f. – Ecclesiastical Silver Plates in Sixth-Cent. Byzantium, hg. S. A. BOYD-M. MUNDELL-MANGO, 1992 [Beitr. P. MEYERS, M. MUNDELL-MANGO, J. NESBITT].

Sten Sture → Sture

Stenay-sur-Meuse, ehem. →Priorat der Abtei →Gorze, in den Ardennen, →Lothringen (dép. Meuse, arr. Montmédy), unterstand hinsichtl. der Pfarrechte dem Ebm. →Trier (Dekanat Yvoy, heute Carignan). Die erste Erwähnung findet sich in einer 898/899 wohl in St-Bertin verfaßten »Vita Dagoberti« (Martyrium eines hier ermordeten hl. Kg.s →Dagobert [II. oder III.?], seine Bestattung in einer Remigiuskapelle am Ort 'Sathon/Satanagus', Stiftung einer Basilika durch einen Kg. Karl und Übertragung der Dagobert-Reliquien in diese). Eine Notiz im Kartular v. Gorze (Nr. 148), bald nach 1124, schreibt in Anknüpfung an diesen Bericht die genannte Stiftung Karl dem Kahlen zu. Seine Intervention könnte ab 872 datiert werden (R. Folz). Nach dem Briefwechsel →Gerberts v. Aurillac, Ebf. v. Reims, soll die 'villa' S. 987/988 aus dem Besitz der Kgn. →Emma, Gemahlin des westfrk. Karolingers →Lothar, an Kgn. Adelheid, Frau von →Hugo Capet, gelangt sein. 1069 verlieh →Gottfried der Bärtige, Hzg. v. →Niederlothringen, das Priorat an die Abtei Gorze, nachdem er schon einige Jahre zuvor hier Mönche aus Gorze eingesetzt hatte (Nr. 138). Gottfried besaß diese Kirche als Teil des 'dos' seiner Gemahlin →Beatrix, Tochter von →Friedrich, Hzg. v. Oberlothringen. →Gottfried v. Bouillon, Hzg. v. Niederlothringen, bestätigte 1093 und 1096 diese Schenkung. 1157 beschreibt eine Urk. des Ebf.s v. Trier, Hillin, die Rechte und Pflichten der mit der Pfarrei v. S. betrauten Priester (Nr. 174). Das 'castellum' v. S. wurde zweimal eingenommen und geplündert (1218, 1442). Das Priorat S. wurde 1602 aufgehoben und gleichzeitig mit der 1572 säkularisierten 'mensa abbatialis' v. Gorze der Primatialwürde v. Nancy inkorporiert.

C. Carozzi

Q.: Vita Dagoberti (MGH SRM II) – Cart. de Gorze, ed. A. D'Herbomez (Mettensia II), 1898 – *Lit.*: Dom Calmet, Hist. eccl. de Lorraine, I, 1728, preuves, 313, 469 – Ders., Hist. de Lorraine III, 1748, XXIII, XXXIV – L. H. Cottineau, Rép. topo-bibliogr. II, 1939, 3090 – R. Folz, Tradition hagiographique et culte de st. Dagobert, M-A 69, 1963, 17–35 – K. H. Krüger, Königsgrabkirchen, 1971, 190–193 – C. Carozzi, La vie de saint Dagobert de S., RBPH 67, 1984, 225–258.

Stendal, Stadt in der Altmark an der Uchte, 1022 erstmals als »Steinedal« erwähnt. In seiner Entwicklung auch von der Uchte geprägt, war S. Übergangsort. Folgenreich war auf die Dauer die Verkehrslage an Straßen von Magdeburg nach Wittenberge und von Tangermünde nach Gardelegen und Braunschweig. Für die Entwicklung bestimmend wurde das Markt- und Zollprivileg →Albrechts d. Bären (1160). Die nicht genau datierte Urk. führt zu der Frage, aus welchen Siedlungen die Stadt erwachsen ist. Unklar ist, ob S. schon vorstädt. Siedlungskomplex mit gewerbl. Produktion und lokalem Warenaustausch war, der sich um einen neuen Stadtteil, die Marktsiedlung, erweiterte, für den der Askanier auf seinem Allodialbesitz Markt- und Zollprivilegien erteilte, oder ob sich dort nur ein mgfl. Wirtschaftshof befand und erst kolonisierende Niederländer die Voraussetzung für die Erteilung des Stadtrechtes schufen. Bei »Schadewachten« handelt es sich nicht um eine Burgmannensiedlung, sondern um ein bei dem mgfl. Hof gelegenes Bauerndorf ndl. Kolonisten, das bereits 1188 zur Stadt gehörte. Seit dem 13. Jh. wurde die gesamte Siedlung befestigt. Um 1300 hatte sie ihren heutigen Grundriß erreicht. Seit 1188 war S. kirchl. Zentrum der Altmark (Verlegung des Kollegiatstiftes [»Domstift«] von Tangermünde nach S.).

Die Stadt erhielt umfangreiche Privilegien, u.a. das →Magdeburger Recht, nahm einen raschen wirtschaftl. Aufschwung und entwickelte sich zur bedeutendsten Stadt des MA in der Mark (Einw.zahl wohl nicht über 8000). Gegen Ende des 12. Jh. befand sich eine mgfl. Münzstätte in S., für 1188 ist ein Kaufhaus bezeugt. Der Fernhandel richtete sich n. nach N und ging über die Hansestädte bis in die Ostseeländer, nach Flandern, den Niederlanden und nach England. In den S bestanden Verbindungen nach Erfurt, Nürnberg und Augsburg. Von 1359 bis 1518 war S. Mitglied der →Hanse und erlebte eine wirtschaftl. Blüte. Erst 1345 konnte ein Aufruhr der Handwerker die Macht der in der Gewandschneidergilde zusammengeschlossenen Fernhändler einschränken. Die 1215 erwähnte Ratsverfassung wurde reformiert, die drei Gewerke wurden am Stadtregiment beteiligt. Im 13. Jh. kam es zur Bildung der anfängl. nicht getrennten Kollegien der Ratsmänner und Schöppen. S.s Oberhof war Magdeburg, wie auch S. Oberhof eines kleinen Stadtrechtskreises in der n. Mark wurde. Folge eines (erfolglosen) Aufstands (1488) gegen die Landesherrschaft war der Verlust der Privilegien, die Bestätigung des Rates durch den Landesherrn wurde verbindl. Mit dieser polit. Entwicklung ging ein wirtschaftl. Niedergang S.s einher.

G. Heinrich

Bibliogr. und Lit.: Bibliogr. zur Gesch. der Mark Brandenburg, T. 5: Altmark, 1986, 323–338 – DtStb II, 692–696 – M. Bathe, Das Werden des alten S. nach Stadtanlage und Bodengestalt; nach Urkk., Karte und Namen (Jahresgabe des Altmärk. Mus.s S. 8, 1954), 3–42 – E. Müller-Mertens, Die Entstehung der Stadt S. nach dem Privileg Albrechts d. Bären von 1150/1170 (Vom MA zur NZ, hg. H. Kretzschmar. Zum 65. Geb. v. H. Sproemberg, 1956), 51–63 – J. Schultze, Das S.er Markt- und Zollprivileg Albrechts d. Bären, BDLG 96, 1960, 50–65 – H. Sachs, S., 1968 – Hist. Stätten Dtl. 11, 1975, 447–452.

Steno, ven. Familie. Die ersten bekannten Träger dieses Namens, die Brüder *Giovanni* und *Orso*, Söhne eines Giovanni, begegnen in einer Privaturkunde des Jahres 1079. In der Folge teilte sich die Familie in verschiedene Zweige, deren Mitglieder im 12.–13. Jh. vorwiegend als Seefahrer und Kaufleute tätig waren. Die wichtigsten Vertreter der Familie waren: *Nicolò*, 1269 Mitglied des Wahlkollegiums des Dogen Lorenzo →Tiepolo; *Giacomo*, der 1275 zum Wahlkollegium des Dogen Giacomo →Contarini gehörte; *Simone*, in eine Verschwörung verwickelt und 1275 aus Venedig verbannt; *Leonardo*, Advokat der Kommune 1316; *Giovanni* war 1343 und 1349 Ratgeber des Dogen und Unterhändler einer Allianz mit dem Kg. v. Zypern und Großmeister der Johanniter i. J. 1350, Gesandter beim Kg. v. Aragón 1350–51; *Pietro*, 1354 Mitglied des Wahlkollegiums des Dogen Marin →Falier, 1360 und 1367 Ratgeber des Dogen, wählte 1368 den Dogen Andrea →Contarini; *Cristina*, Äbt. des Kl. S. Giovanni Evangelista in →Torcello (1398–1405) und des Kl. S. Lorenzo (1411). Die bedeutendste Persönlichkeit der Familie war der Doge *Michele*. Nach Ausübung vieler öffentl. Ämter wurde er am 1. Dez. 1400 zum Dogen gewählt. Seine Amtszeit war durch bedeutende Ereignisse gekennzeichnet: die Kriege gegen Genua, die →Carrara, den Hzg. v. →Ferrara und die Ungarn führten zu beträchtl. Erweiterungen der ven. Herrschaft in der Terraferma, wo die Provinzen →Verona, →Padua, →Vicenza und →Belluno eingegliedert wurden, sowie zur Rückeroberung von Zara (→Zadar) und anderer Teile Dalmatiens. Nach des Dogen Michele Tod (26. Dez. 1413) erlosch die Familie S. mit der Ausnahme eines Seitenzweiges, der bis zum Ende des 15. Jh. bestand.

M. Pozza

Lit.: A. Da Mosto, I dogi di Venezia nella vita pubblica e privata, 1966, 185–192.

Stenographie (Tachygraphie, Kurzschrift), Schrift, die mittels bes. Zeichen und Kürzungsregeln das sofortige Niederschreiben eines gesprochenen Textes ermöglicht. Im Unterschied zu den →Abkürzungen der ma. Schrift verwendet die S. Zeichen statt Buchstaben und ihr Ziel ist nicht Raum- sondern Zeitersparnis. Doch existieren Verbindungen zw. S. und Abkürzungen: U. a. existieren einige S.-Zeichen als Abkürzungszeichen. In der röm. Antike wurde die S. im literar. Leben, in der Verwaltung und im Rechtswesen oft verwendet. Die zunehmende Bedeutung von Verwaltung und Rechtswesen im öffentl. Leben führte zu einer inhaltl. Veränderung des Begriffes 'notarius': vom Kenner der notae (= stenograph. Zeichen) zum Verwaltungs- und Justizbeamten (→Notar). Das älteste System der S. bilden die sog. →Tironischen Noten, die schließlich Tausende von Zeichen umfaßten, die spezialisierte Schreiber aus Lexika (»Commentarii notarum Tironianarum«) erlernen konnten. Ein zweites, bereits in der Antike entwickeltes, einfacheres System benutzte je ein Zeichen für jede Silbe und diente u. a. zum Schreiben nichtlat. Namen. Offensichtl. nicht so schnell zu schreiben wie die Tiron. Noten, wurde es noch im MA öfters in Italien und Spanien angewendet; beide Systeme wurden auch vermischt verwendet.

In der veränderten kulturellen Situation des MA gelangte die S. noch in vielen frühma. →Kanzleien zur Anwendung bei den Subskriptionen von →Akten zur Mitteilung von Einzelheiten sowie als sekundäre Authentifikation (in Italien bis zum 11. Jh.) und fand bes. in karol. Zeit gelehrtes Interesse in den Kl.: die »Commentarii« wurden kopiert, Psalter zur Übung in S. geschrieben, Notizen und Glossen in S. in Hss. eingetragen, doch im SpätMA war sie kaum mehr von Bedeutung. A. Derolez

Lit.: DACL XII/2, 1669–1708 – G. Schmitz, Commentarii notarum Tironianarum, 1893 – E. Chatelain, Introduction à la lecture des notes tironiennes, 1900 – C. Johnen, Allg. Gesch. der Kurzschrift, 1940 – G. Costamagna, Il sistema tachigrafico sillabico usato dai notai medioevali italiani (sec. VIII–XI), 1953 – G. Cencetti, Lineamenti di storia della scrittura lat., 1954, 376–389 – H. Boge, Gr. Tachygraphie und Tiron. Noten, 1973 – A. Mentz–F. Haeger, Gesch. der Kurzschrift, 1974[2] – B. Bischoff, Paläographie des röm. Altertums und des abendländ. MA, 1979, 103–106 [1986[2]].

Stephan (s. a. Stefan, Stephanos, Stephanus, Stephen)
1. S. v. Blois, Kg. v. →England 1135–54, * um 1096, † 25. Okt. 1154 in Dover, ▢ →Faversham; dritter Sohn Gf. Stephans v. Blois und Chartres und der Adela, einer Tochter Wilhelms d. Eroberers; ⚭ 1125 Mathilde, Erbtochter der Gft. Boulogne; Kinder: Eustachius († 1153), Wilhelm († 1159), Maria. Der engl. Kg. Heinrich I. förderte S. und übertrug ihm großen Landbesitz in England und der Normandie. 1127 gehörte S. zu den Magnaten, die von Heinrich I. eidl. auf die künftige successio seiner Tochter →Mathilde, einer Cousine S.s, verpflichtet wurden. Trotzdem usurpierte er nach dem Tod des Kg.s 1135 den engl. Thron. Mathilde war inzwischen mit Gf. Gottfried v. Anjou verheiratet. S. stützte sich beim Coup auf seinen Bruder, Bf. Heinrich v. Winchester (→Heinrich v. Blois, 80. H.), und die Bürger von London. Er gewann – teilweise durch Vergabe von Privilegien – die Zustimmung zahlreicher Aristokraten. Papst Innozenz II. anerkannte S., der versprach, Freiheit, Besitz und Gewohnheiten der Kirche zu wahren. Bald sah er sich im N Gebietsansprüchen des schott. Kg.s →David I. gegenüber, dem er Zugeständnisse machen mußte. 1137 suchte S. erfolglos seine Stellung in der Normandie auszubauen, wo die Rivalin Mathilde inzwischen Boden gewonnen hatte. 1138 trat der mächtige Gf. →Robert v. Gloucester (27. R.), ein unehelicher Sohn Heinrichs I., auf deren Seite, erhob die Waffen gegen S. und fand Anhang. Der Kg. verhaftete mehrere Bf.e, die er für unzuverlässig hielt, und zog sich dadurch die Gegnerschaft der engl. Kirche zu. Als Mathilde 1139 in England landete, ließ S. sie zu Gloucester geleiten. Es kam zum Bürgerkrieg, in dessen Verlauf S. die Schlacht v. →Lincoln (2. Febr. 1141) verlor und in die Gefangenschaft Roberts und Mathildes geriet. Zeitweise schloß sich sogar Heinrich v. Blois den Gegnern des Kg.s an. Die Kgn. Mathilde trat aber zusammen mit den Bürgern von London entschieden für die Sache ihres Gemahls ein. Als Gf. Robert in die Hände der Kg.streuen geriet, wurde S. gegen ihn ausgetauscht. Er konnte seine Position großenteils wiederherstellen, litt aber nun unter Geldmangel. Die angevin. Partei wurde auf den SW Englands beschränkt. In manchen Landesteilen griff »Anarchie« um sich (→England, A. VII). Eine Reihe von Baronen wechselte zw. S. und Mathilde hin und her, um alle Möglichkeiten zur Besitzerweiterung auszunutzen (→Geoffrey de Mandeville). Als Mathilde 1148 in die Normandie zurückwich, war das Kgtm. S.s in England kaum mehr bestritten, seine Popularität aber geschwunden. Nach Meinung des Chronisten v. Peterborough (Chronik, G. I) erduldete niemals ein Land größeres Elend als England in den neunzehn Jahren S.s, »als Christus und seine Heiligen schliefen«. Etwa von 1153 an machte sich der Sohn Mathildes, Heinrich v. Anjou, verstärkt den Thronanspruch seiner Mutter zu eigen. Die röm. Kurie ging auf Distanz zu S. und erklärte, es müsse erst noch geprüft werden, wem der engl. Thron rechtmäßig zustehe. Die Landeskirche und auch die Magnaten drängten auf eine friedl. Regelung. S. war nach dem Tode seines Sohnes Eustachius zu einem Abkommen mit dem Haus Anjou bereit. Die Bf.e wurden als Vermittler tätig. Im Vertrag v. Winchester 1153 anerkannte S. das Erbrecht des jungen Heinrich, bezeichnete ihn als seinen Sohn und gab seine Absicht kund, fortan mit ihm bei der Regierung des Reiches zusammenzuarbeiten. Heinrich sollte dem Kg. die Huldigung leisten und ihm später nachfolgen. Das Zwischenspiel war von kurzer Dauer. Im Herbst 1154 bestieg Heinrich (Kg. →Heinrich II.) den engl. Thron. – S. gilt als ritterl., tapfer und dabei weichherzig, doch war er durchaus zu Gewalttaten gegenüber seinen wirkl. oder vermeintl. Gegnern fähig. Er gründete die OSB-Abtei →Faversham in Kent, die als Hauskl. der Linie Blois gedacht war. K. Schnith

Q.: Regesta Regum Anglo-Normannorum, III (1135–54), ed. H. A. Cronne–R. H. C. Davis, 1967 – Gesta Stephani, ed. K. R. Potter–R. H. C. Davis, 1976 – Lit.: H. A. Cronne, The Reign of S., 1970 – J. Leedom, The English Settlement of 1153, History 65, 1980, 347–364 – R. H. C. Davis, King Stephen, 1990[3] – G. J. White, The End of Stephen's Reign, History 75, 1990, 3–22 – The Anarchy of King Stephen's Reign, ed. E. King, 1994.

2. S. (István) **I. d. Hl.** (Fest: 20. Aug.), Gfs. (997–1000), Kg. (1001–38) v. →Ungarn; * um 970 als Vajk (wohl von türk. bay, 'Held, Herr'), † 15. Aug. 1038, ▢ Stuhlweißenburg; Sohn des Gfs.en →Géza und seiner Gattin Sarolt, Tochter des →Gyula v. Siebenbürgen. S. wurde jung – der Legende nach von Bf. →Adalbert v. Prag – getauft und 994/995 mit →Gisela, der Tochter Heinrichs II. v. Bayern, vermählt. Nach dem Tod des Vaters mußte er sich zunächst gegen den zum Heidentum tendierenden Oheim Koppány, der dem Seniorat und Levirat entsprechend die Herrschaft und die Hand der Fs.enwitwe beanspruchte, behaupten. Ihn besiegte S. mit Hilfe bayer. Herren, die in vor der Schlacht zum Ritter schlugen, bei →Veszprém. 1000/1001 erhielt er von Papst Silvester II., mit Zustimmung Ks. Ottos III., Krone und Segen und wurde somit zum Begründer des chr. Kgr.es Ungarn. Die vom Papst gesandte Krone ging wohl in den Thronwirren nach seinem Tod verloren (→Stephanskrone). Den Widerstand von Stammesfs.en brach S. ebenfalls mit Hilfe von westl. Rittern und Getreuen: Gyula, Fs. v. Siebenbürgen, besiegte er um 1003, später auch den aufständ. Fs.en Ajtony. Um 1010 wurde der NO des Landes vom Polenkg. →Bolesław I. Chrobry, mit dem S. dann gegen Kiev zog, zurückerobert. Mit einem Ehebündnis (1009) mit dem ven. Dogen Otto →Orseolo begann eine Annäherung an Byzanz; in den 1010er Jahren kämpfte S. gemeinsam mit Ks. Basileios II. gegen Bulgarien, und 1018 eröffnete er die durch Byzanz führende Pilgerstraße nach Jerusalem, wo er auch ein Hospiz gründete. Das Verhältnis zum Reich war nach dem Tod des Schwagers gespannt, doch ung. Truppen wehrten die Angriffe Konrads II., der auf Ungarn Lehensansprüche erhob, um 1030 erfolgreich ab. Beginnend im gesicherten W, dann auf das ganze Kerngebiet Ungarns übergreifend, organisierte S. die Kirchenverfassung und das Kg.sgut. Zwei Ebm.er (→Gran, Kalocsa) und sechs oder acht Bm.er sowie mehrere Abteien (mit der benedikt. Erzabtei Pannonhalma/→Martinsberg an der Spitze, aber nicht ausschließlich lat. Observanz) gehen auf ihn zurück. S. verpflichtete jeweils zehn Dörfer, eine Pfarrkirche zu errichten, die der Kg. ausstattete. Aus dem Besitz der Fs.ensippe und dem (etwa zu zwei Dritteln) von den anderen Sippen konfiszierten Land entstanden die ersten kgl. Burgbezirke (→Komitate) und Grenzgespanschaften mit vom Kg. ernannten→Gespanen (ispán, comes) an der Spitze, zugleich als Netz kgl. Verwaltung. S.s Gesetze (heute aus späteren Mss. als zwei »Bücher« bekannt) wurden anscheinend von dem Kg. und den Großen (im Text »senatus« gen.) bei zahlreichen Treffen erlassen und beziehen sich – teilweise auf karol. Vorbilder gestützt – auf die Festigung des Christentums, des Privateigentums, der monarch. Macht, der Kirchenordnung (einschließl. des Zehnten) und der kgl. Gerichtsbarkeit. Ein →Fürstenspiegel (»Institutio morum«), als Mahnung an den Sohn→Emmerich (Imre, Heinrich) gerichtet, wird ihm ebenfalls zugeschrieben. Die kgl. Münze wurde eingeführt, und die wenigen (von den bekannten zehn wohl vier oder fünf) echten Urkk. lassen auf eine rudimentäre Hofverwaltung schließen. Die Existenz eines Pfgf.en, Hofrichters und Schatzmeisters ist auch bezeugt. Das System kgl. Dienstleute, die in eigenen Siedlungen wohnten und bes. Verpflichtungen an den Kg. hatten, bildete auch unter S. die Grundlage der Hofhaltung. Esztergom/Gran blieb kgl. Residenz, aber nach der Eröffnung der Pilgerstraße trat →Stuhlweißenburg in den Vordergrund. Nach dem Tod des Thronfolgers Emmerich 1031 plagte den alten und kränkelnden Kg. die Nachfolgefrage. Er bestimmte seinen ven. Neffen, →Peter Orseolo (14. P.), zum Thronerben, der wahrscheinl. auch der russ.-norm. Leibgarde vorstand, und ließ seinen, vielleicht eher nach Byzanz orientierten und nach der Überlieferung eine Rebellion anzettelnden Verwandten Vazul (Basil) blenden. Daraufhin flohen dessen Söhne (oder Neffen) nach Polen; sie wurden nach 1046 zu den Ahnen aller späteren ung. Kg.e. Ein idealisiertes Porträt S.s blieb auf dem ung. Krönungsmantel – ursprgl. ein von Kgn. Gisela gestiftetes Pluviale – erhalten; auf ihm ist er gekrönt und mit Kg.slanze dargestellt.

S.s Kult begann wohl bald nach seinem Tod. Auf Betreiben Ladislaus' I. wurde er – zusammen mit seinem Sohn und dem Missionsbf. und Märtyrer →Gerhard v. Csanád – 1083 heiliggesprochen. Die im Grab »unversehrt aufgefundene« rechte Hand (ursprgl. wohl ein Arm) wurde zur Reliquie und ist bis heute erhalten; eine Kopfreliquie war noch 1440 in Stuhlweißenburg vorhanden, doch ist sie heute verschollen. Bereits um 1100 bezog man sich auf die Donationen des »hl. Kg.s« als Grundlage grundherrl. Besitzes, und seit dem 13. Jh. (→Goldene Bulle Kg. Andreas' II. v. 1222) galten die »Freiheiten des Landes« als die von ihm gestifteten. J. M. Bak

Q.: Szent István törvényeinek XII. századi kézirata. Az Admonti Kódex (Ms. der Gesetze des Hl. S. aus dem 12. Jh.: Codex Admont.), hg. E. Bartoniek, 1935 – Drei Legenden (Leg. maior, Leg. minor und Vita ep. Hartwichi), ed. I. Madzsar (SSrerHung 2, 1938), 365–440 – Th. v. Bogyay, Die hl. Kg.e, 1976 – J. M. Bak, Gy. Bónis, J. R. Sweeney, Decreta Regni Medievaelis Hungariae (The Laws of the Medieval Kingdom of Hungary, 1, 1989), 1–11 – Diplomata antiquissima ..., ed. Gy. Györffy, 1994 – Lit.: BLGS IV, 183f. – J. v. Sawicki, Zur Textkritik und Entstehungsgesch. der Gesetze Kg. S.s des Hl., Ung. Jbb. 9, 1929, 395–425 – P. v. Váczy, Die erste Epoche des ung. Kgtm.s, 1935 – E. Mályusz, Die Eigenkirche in Ungarn (Stud. zur Gesch. Osteuropas [Gedenkschr. für H. F. Schmid], 3, 1966), 76–95 – H. Fuhrmann, Provincia constat duodecim episcopalibus, SG 11, 1967, 389–399 – J. Szűcs, Kg. S. in der Sicht der modernen ung. Gesch.sforsch., SOF 31, 1972, 17–40 – Th. v. Bogyay, Stephanus Rex, 1975 – Gy. Györffy, Wirtschaft und Ges. der Ungarn um die Jahrtausendwende, 1983 – Ders., St. Stephen, King of Hungary, 1994.

3. S. (István) **II.**, *Kg. v.* →Ungarn 1116–31, * um 1101, † 1. März 1131, ▭ Großwardein (Oradea); Sohn Kg. Kolomans und dessen erster Gattin Felicia (?), Tochter Rogers I. v. Sizilien. Er wurde bereits 1105 zum Thronerben gekrönt, um seine Nachfolge gegen den Thronprätendenten Álmos, seinem Oheim, zu sichern. Die Regierungszeit S.s war durch erfolglose Kriege gekennzeichnet: 1116 wurde er von Hzg. →Vladislav I. v. Böhmen, 1119 und dann 1125 von Venedig besiegt, womit das vom Vater erworbene Dalmatien für Ungarn verlorenging. Sein Feldzug nach Volhynien (→Halič-Volhynien) 1123 scheiterte daran, daß die ung. Großen das Unternehmen zum Privatkrieg des Kg.s erklärten und mit Heimkehr drohten – der erste bekannte Fall offener Selbstbehauptung ung. Großer gegenüber dem Herrscher. Auch S.s Eingriff 1127 in den Nachfolgestreit zw. den galiz. Prinzen Vladimirko und Rostislav war nicht erfolgreich. Sein Angriff auf Byzanz – wegen der Unterstützung seines Rivalen Álmos – zog 1128 den Gegenschlag des Basileus nach sich. Da S.s Ehe mit der Tochter Kg. Roberts Guiscard kinderlos blieb, wurde die Nachfolge zum zentralen Problem seiner letzten Jahre. Schließlich setzte er den geblendeten Sohn des Hzg.s Álmos, Béla (II.), als seinen Erben ein. S. starb an einer Ruhrerkrankung. J. M. Bak

Q.: Chron. hung. comp. sæc. XIV, cap. 153–158, ed. A. Domanovszky (SSrerHung 1, 1937), 434–446 – Lit.: BLGS IV, 185 – F. Makk, Magyarország a 12. században, 1986 – Ders., The Árpáds and the Comneni. Political Relations between Hungary and Byzantium in the Twelfth Century, 1989.

4. S. (István) **III.**, *Kg. v.* →Ungarn 1162–72, * 1147, † 4. März 1172 Gran; Sohn von Kg. Géza II. und Euphrosine, Tochter →Mstislavs Vladimirovič. Wohl bereits 1152 zum Nachfolger ernannt, mußte er sich zunächst gegen die von Ks. Manuel I. Komnenos unterstützten Thronprätendenten, Ladislaus II. (1162–63) und Stephan IV. (1163), behaupten. Dank der einhelligen Unterstützung der ung. Großen (v.a. des Ebf.s Lukas, eines Gregorianers) und seiner ausländ. Verbündeten (Böhmen, Galizien) konnte er sich durchsetzen. Trotz des Friedens v. Belgrad mit Ks. Manuel I. (1163) folgten neue Kämpfe, und S. verlor Syrmien und Dalmatien an Byzanz. 1169 brachte Ebf. Lukas ein Konkordat zustande, in dem S. auf alle Investiturrechte verzichtete. Unter S.s Regierung kamen die Templer nach Ungarn. Sein Privileg für die »latini« in →Stuhlweißenburg wurde zum Muster früher Stadtprivilegien in Ungarn. J. M. Bak

Lit.: BLGS IV, 185f. – E. Fügedi, Der Stadtplan v. Stuhlweißenburg und die Anfänge des Bürgertums in Ungarn, ActaHistHung 15, 1969, 103–134, bes. 121–126 [Neudr.: Ders., Kings, Bishops, Nobles and Burghers in Medieval Hungary, 1986, Kap. X] – F. Makk, The Árpáds and the Comneni. Political Relations between Hungary and Byzantium in the Twelfth Century, 1986.

5. S. (István) **V.**, *Kg. v.* →Ungarn 1270–72, * 1239, † 6. Aug. 1272 Insel Csepel, ▭ ebd., Dominikanerkl.; ältester

Sohn von Béla IV. und Maria Laskaris, Tochter des byz. Ks.s Theodor I. Laskaris; ∞ Elisabeth, kuman. Prinzessin. Bereits 1257 erhielt er den Titel eines Hzg.s v. →Siebenbürgen, war 1259–60 Hzg. der zeitweise unter ung. Herrschaft stehenden →Steiermark und nahm 1262 – als sich der Konflikt mit dem Vater immer mehr zuspitzte –, vielleicht slav. Beispielen folgend, den Titel eines »rex iunior« an. In den 1260er Jahren wurde das Land de facto zweigeteilt, und, obwohl es keinen offenen Bürgerkrieg (wie 1264–66) zw. Vater und Sohn gab, führten beide Herrscher ihr eigenes Regiment. Während sich Béla auf die Allianz mit →Otakar II. Přemysl v. Böhmen stützte, baute S., dessen Hof vielleicht als erster in Ungarn ritterl. Kulturelemente aufwies, Kontakte auf dem Balkan aus und fügte den Titel eines Kg.s v. Bulgarien dem ung. Kg.stitel hinzu. Er leitete schließlich die zukunftsträchtige Verbindung zu den siz.-neapolitan. →Anjou ein. Ehebündnisse seiner Tochter Maria mit Karl, Hzg. v. Salerno, und seines Sohnes Ladislaus (IV.) mit Isabella, Tochter →Karls I. v. Anjou, Kg. v. Sizilien, wurden besiegelt, als S. endlich den Thron besteigen durfte. Obwohl die nächsten Ratgeber des Vaters – zusammen mit S.s Schwester Anna, die auch den ung. Kronschatz mitnahm – zu Otakar flohen und mit dessen Unterstützung das Land mehrfach angriffen (erst der Friede v. Preßburg 1271 bereitete dem ein Ende), verfolgte S. in der kurzen Zeit seiner Herrschaft die »Reformpolitik« Bélas, in Zusammenarbeit mit dem Gemeinadel und mit der Unterstützung der Städte. Die Mentalität seiner Zeit schlug sich in der, allerdings erst aus späteren Redaktionen rekonstruierbaren, Chronik eines seiner Hofkleriker nieder. Verbittert durch eine Rebellion, bei der der Thronfolger entführt wurde, starb S. unerwartet und wurde in dem Dominikanerkl., wo seine Schwester, die hl. Margarete, gelebt hatte, begraben.

J. M. Bak

Lit.: BLGS IV, 186–188 – L. BOEHM, De Karlingis imperator Karolus, princeps et monarcha totius Sinopae: Zur Orientpolitik Karls I. v. Anjou, HJb 88, 1968, 1–35 – E. MÁLYUSZ, Az V. István-kori Gesta, 1971 – J. SZŰCS, Az utolsó Árpádok, 1993, insbes. 136–155.

6. S. II., *Hzg. v.* →*(Nieder-)Bayern,* * 22. Dez. 1313, † 19. Mai 1375 Landshut, ⌐ München, Dom; ∞ 1. Elisabeth, Tochter Kg. Friedrichs IV. v. Sizilien, 27. Juni 1328; 2. Margarethe, Tochter Bgf. Johanns II. v. Nürnberg, 14. Febr. 1359. S. regierte ab 1347 zusammen mit seinen fünf Brüdern, nach der Teilung v. 1349 mit Wilhelm I. und Albrecht I. in Niederbayern und den Niederlanden und ab 1353 allein in Niederbayern (ohne Straubing). Nach dem Tod seines Neffen Meinhard (1363) sicherte sich S. sogleich auch Oberbayern. Das von Hzg. →Rudolf IV. v. Österreich rasch in Besitz genommene Tirol konnte S. gegen den Widerstand seiner 1363 übergangenen Brüder, der habsbg. Partei und des Ks.s nicht mehr zurückerobern. Doch seine erfolgreiche Diplomatie führte zum Bündnis mit Barnabò →Visconti v. Mailand und Kg. Ludwig v. Ungarn. Dieses stärkte seine polit. Position erhebl. und verschaffte ihm 1369 im Frieden v. Schärding eine hohe finanzielle Entschädigung für den endgültigen Verzicht auf→Tirol.

G. Schwertl

Lit.: S. v. RIEZLER, Gesch. Baierns, III, 1889 [Neudr. 1964], 1–106 – SPINDLER II², 199–202, 205–217 – W. VOLKERT, Kanzlei und Rat in Bayern unter Hzg. S. II., 1331–75 [Diss. masch. München 1952].

7. S. III., *Hzg. v.* →*Bayern(-Ingolstadt),* * um 1337, † 26. Sept. 1413 Niederschönenfeld, ⌐ Ingolstadt, Liebfrauenkirche; ∞ 1. Thaddäa, Tochter des Barnabò Visconti, Signore v. Mailand, nach April 1367; 2. Elisabeth, Tochter Gf. Adolfs V. v. Kleve, 17. Jan. 1401. Der polit. aktive Hzg. engagierte sich in Italien (1380 Romzug zur Vorbereitung der Ks.krönung Kg. Wenzels, 1389 Zug nach Oberitalien zur Unterstützung der Erben Barnabò Viscontis gegen dessen Neffen Giangaleazzo) und im Reich. Zu Gegnern Kg. Wenzels geworden, traten S. und sein Sohn Ludwig VII. seit 1399 für ein Kgtm. des Pfälzer Kfs.en Ruprecht ein. Die gemeinsame Regierung S.s mit seinen Brüdern endete mit der 3. bayer. Landesteilung v. 1392, in der S. verstreute Gebiete Oberbayerns und des Nordgaus erhielt. Im Krieg v. 1394 mit den Münchner Hzg.en vermittelte die oberbayer. Landschaft; eine nochmalige gemeinsame Regierung, bald belastet durch die Parteinahme S.s und Ludwigs VII. für die aufständ. Münchner Zünfte, endete 1403 mit der Niederschlagung der Unruhen. Letzte Aktion aller oberbayer. Hzg.e war 1410 der vergebl. Feldzug zur Rückeroberung →Tirols.

G. Schwertl

Lit.: S. v. RIEZLER, Gesch. Baierns, III, 1889 [Neudr. 1964], 106–213 – SPINDLER II², 225–238 – I. TURTUR-RAHN, Regierungsform und Kanzlei Hzg. S.s III. v. Bayern (1375–1413) [Diss. masch. München 1952].

8. S., *Gf. v. Blois* →Adela v. England (5. A.); →Blois I.

9. S. I., *Papst* (hl., Fest: 2. Aug.) seit 12. Mai 254 (Weihe), † 2. Aug. 257, ⌐ Rom, Calixtuskatakombe; Römer. Seine äußerl. zw. den Christenverfolgungen des Decius und Valerianus ruhig verlaufende Amtszeit brachte heftige innerkirchl. Kämpfe im Ketzertaufstreit: S. forderte mit starker Betonung des röm. Vorrangs Annahme des röm. Brauches (Verbot der Wiedertaufe 'Abgefallener') in der ganzen Kirche, was zum Bruch mit den Kirchen Afrikas (→Cyprianus v. Karthago) und Kleinasiens führte. Obwohl nicht Opfer der Valerian. Verfolgung, wurde S. später als Märtyrer verehrt. G. Schwaiger

Q. und Lit.: LP I, 68, 154f.; III, Reg. – JAFFÉ² I, 20f.; II, 690, 732 – DHGE XV, 1183f. – E. CASPAR, Gesch. des Papsttums, I, 1930, 627 [Reg.] – W. MARSCHALL, Karthago und Rom, 1971 – J. N. D. KELLY, Reclams Lex. der Päpste, 1988, 32f. – PH. LEVILLAIN, Dict. hist. de la papauté, 1994, 632f.

10. S. II., *Papst* seit März 752, † 26. April 757, ⌐ Rom, St. Peter; zuvor röm. Diakon, wandte sich angesichts der Bedrohung Roms durch den langob. Kg. →Aistulf und ausbleibender Hilfe aus Byzanz an den Frankenkg. →Pippin III. und überschritt auf dessen Einladung im Winter 753/754 als erster Papst die Alpen. In →Ponthion (Jan. 754) erhielt er ein eidl. Schutzversprechen Pippins für die röm. Kirche, in Quierzy (April 754) schloß er mit ihm einen Freundschaftsbund, der Gebietszusagen in Mittelitalien einschloß (→Pippin. Schenkung), und in St-Denis (28. Juli 754) gewährte er ihm samt seinen Söhnen eine Salbung sowie den Titel Patricius Romanorum (→Patricius, I), um die Dynastie zu sichern und die Bindung an Rom zu manifestieren; seither stand S. mit den Karolingern auch im Verhältnis der geistl. Verwandtschaft (compaternitas). Durch den siegreichen Feldzug Pippins gegen Aistulf wurde S. 755 nach Rom zurückgeführt, doch bedurfte es eines abermaligen Hilferufs und erneuter Intervention Pippins, daß sich die Langobarden 756 geschlagen gaben und ihre Eroberungen seit 749, u. a. Ravenna, freigaben, die nun nicht mehr dem byz. Ks., sondern dem Papst – wenn auch nicht im zunächst versprochenen Umfang – zufielen. S., der die längst angebahnte Wendung des Papsttums zu den Franken vollzogen hat, steht somit zugleich am Beginn der Gesch. des →Kirchenstaates.

R. Schieffer

Q.: LP I, 440–462; III, 102f. – JAFFÉ² I, 271–277; II, 701 – Cod. Carolinus (MGH Epp. III, 1892), 487–507 – P. CONTE, Regesto delle lettere dei papi del sec. VIII, 1984, 219–222 – Lit.: DHGE XV, 1184–1190 – HALLER² I, 414–430 – SEPPELT II, 119–134 – W. H. FRITZE, Papst und

Frankenkg., 1973 – A. Angenendt, Das geistl. Bündnis der Päpste mit den Karolingern (754–796), HJb 100, 1980, 1–94 – J. T. Hallenbeck, Pavia and Rome, 1982, 55ff. – Th. F. X. Noble, The Republic of St. Peter, 1984, 71ff. – O. Engels, Zum päpstl.-frk. Bündnis im 8. Jh. (Fschr. F.-J. Schmale, 1989), 21–38.

11. S. III., *Papst* seit 7. Aug. 768 (Weihe), † 24. Jan. 772, ▭ Rom, St. Peter; war siz. Herkunft und röm. Presbyter, als er in den Wirren nach dem Tod →Paulus' I. auf Betreiben des Primicerius Christophorus gegen die widerstreitenden Vorgänger →Constantinus II. und Philippus erhoben wurde. Die Lateransynode vom April 769 (MGH Conc. II, 74–92) unter Beteiligung von 13 frk. Bf.en legitimierte sein Papsttum, erließ Bestimmungen über die →Papstwahl und nahm abermals zum →Bilderstreit Stellung. Im übrigen war S.s Pontifikat überschattet von den polit. Rückwirkungen der innerfrk. Rivalität zw. Pippins Erben →Karl d. Gr. und →Karlmann. S. suchte vergebl. Karls Heirat mit einer langob. Kg.stochter zu verhindern und geriet unter wachsendem Druck →Desiderius', der 771 die Ermordung seines Protektors Christophorus veranlaßte. Erst Karlmanns Tod Ende 771 schuf eine neue Lage, die →Hadrian I. dann entschlossen nutzte. R. Schieffer

Q.: LP I, 468–485 – Jaffé² I, 285–288; II, 701 – Cod. Carolinus (MGH Epp. III, 1892), 558–567 – P. Conte, Regesto delle lettere dei papi del sec. VIII, 1984, 229–231 – *Lit.*: DHGE XV, 1190–1193 – Haller² I, 442–448 – Seppelt II, 149–158 – H. Zimmermann, Papstabsetzungen des MA, 1968, 13–25 – J. T. Hallenbeck, Pavia and Rome, 1982, 113ff. – Th. F. X. Noble, The Republic of St. Peter, 1984, 112ff. – W. Hartmann, Die Synoden der Karolingerzeit im Frankenreich und in Italien, 1989, 83–86 – J. Jarnut, Ein Bruderkampf und seine Folgen: Die Krise des Frankenreiches (768–771) (Fschr. F. Prinz, 1993), 165–176.

12. S. IV., *Papst* seit 22. Juni 816 (Weihe), † 24. Jan. 817, ▭ Rom, St. Peter; Römer. Ohne ksl. Bestätigung geweiht, beeilte sich S., den Frieden mit Ks. →Ludwig I. wiederherzustellen. Im Okt. 816 erneuerte er in Reims das Bündnis v. 754 (→Stephan II.), salbte und krönte am 8. Okt. Ludwig (bereits seit 813 Ks.) mit der aus Rom mitgebrachten 'Konstantinskrone' zum Ks.; hier wurden die Vereinbarungen festgelegt, die unter Paschalis I. im →Pactum Hludowicianum (817) erneuert wurden. S. erwirkte die ksl. Begnadigung der Verschwörer, die sich gegen Leo III. empört hatten und die Karl d. Gr. 800 nach Gallien verbannt hatte. G. Schwaiger

Q.: LP II, 49ff. – Jaffé² I, 316ff.; II, 702 – *Lit.*: DHGE XV, 1193f. – A. M. Drabek, Die Verträge der frk. und dt. Herrscher mit dem Papsttum von 754–1020, 1976 – J. Richards, The Popes and the Papacy in the Early MA, 1979 – G. Arnaldi, Le origini dello Stato della Chiesa, 1987 – J. N. D. Kelly, Reclams Lex. der Päpste, 1988, 114f. – M. Greschat-E. Guerriero, Storia dei papi, 1994, 148–166 – Ph. Levillain, Dict. hist. de la papauté, 1994, 635.

13. S. V., *Papst* seit Sept. 885 (Weihe), † 14. Sept. 891, ▭ Rom, St. Peter; erhoben ohne Zustimmung Ks. Karls III., der sich beruhigen ließ, aber den erbetenen Schutz gegen die Sarazenen nicht leisten konnte. Ebenfalls vergebl. wandte sich S. nach Byzanz, an Hzg. →Wido (II.) v. Spoleto und (durch Vermittlung Fs. →Svatopluks v. Mähren) den ostfrk. Kg. →Arnulf v. Kärnten. S. krönte nach Absetzung und Tod Karls III. am 21. Febr. 891 den zum Kg. Italiens gewählten Wido zum Ks. Im Ringen des ostfrk. und byz. Reiches um die Slavenmission (→Konstantin und Method; Bf. →Wiching v. Neutra) verbot S. die slav. Liturgie (nicht Predigt); dies trug entscheidend dazu bei, daß der großmähr. Raum im wesentl. der lat. Kirche verbunden blieb. G. Schwaiger

Q. und Lit.: LP II, 191–198; III, Reg. – Jaffé² I, 427–435; II, 705 – DHGE XV, 1194–1196 – G. Laehr, Das Schreiben S.s V. an Sventopluk v. Mähren, NA 47, 1928, 159–173 – E. Hlawitschka, Waren die Ks.

Wido und Lambert Nachkommen Karls d. Gr.?, QFIAB 49, 1969, 366–386 – H. Zimmermann, Papstabsetzungen des MA, 1968, 52f. – Ders., Das dunkle Jh., 1971 – J. N. D. Kelly, Reclams Lex. der Päpste, 1988, 128f. – V. Peri, Il mandato missionario e canonico di Metodio e l'ingresso della lingua slava nella liturgia, AHP 26, 1988, 9–69 – Ph. Levillain, Dict. hist. de la papauté, 1994, 635f.

14. S. VI., *Papst* Mai 896 – Aug. 897, ▭ Rom, St. Peter; Römer, Sohn des Presbyters Johannes; von Papst →Formosus zum Bf. v. Anagni geweiht; dessen haßerfüllter Gegner. Erhoben wohl noch unter dem Einfluß des von Ks. Arnulf in Rom zurückgelassenen Regenten Farold (unter Verletzung des Translationsverbotes für Bf.e), vollzog S. rasch den Anschluß an die wieder vorherrschende spoletin. Partei (→Ageltrude, →Lambert v. Spoleto). Wohl Anfang Jan. 897 hielt S. in einer röm. Basilika drei Tage über die exhumierte Leiche des Formosus Gericht (sog. 'Leichensynode'). S. wurde im Juli 897 in einem Volksaufstand von Anhängern des Formosus abgesetzt und im Aug. im Kerker erdrosselt; der Kard.priester →Romanus folgte als Papst. G. Schwaiger

Q.: LP II, 229, III, Reg. – Jaffé² I, 439f.; II, 705 – E. Dümmler, Auxilius und Vulgarius, 1866 – H. Zimmermann, Papsturkk. 896–1046, I, 1988², 3–9 – *Lit.*: DHGE XV, 1196ff. – Haller² II, 192ff., 545–547 – Seppelt II, 341–343 – H. Zimmermann, Papstabsetzungen des MA, 1968, 55–61 – Ders., Das dunkle Jh., 1971 – J. N. D. Kelly, Reclams Lex. der Päpste, 1988, 131f. – M. Borgolte, Petrusnachfolge und Ks.imitation, 1989, 124–126 – W. Hartmann, Die Synoden der Karolingerzeit in Frankenreich und in Italien, 1989, 388–390 – S. Scholz, Transmigration und Translation, 1992, 218–224 – Ph. Levillain, Dict. hist. de la papauté, 1994, 636f. – →Formosus, →Sergius III.

15. S. VII., *Papst* wohl seit Mitte Jan. 929, † Ende Febr. 931 in Rom, ▭ ebd., St. Peter; Römer; Sohn des Teudemund; Kard.-Presbyter v. S. Anastasia. S. wurde wie sein Vorgänger →Leo VI. erhoben, als der abgesetzte →Johannes X. im Kerker noch lebte. S. blieb unter der beherrschenden →Marozia ohne Macht, war offenbar betagt und nur als Platzhalter gedacht, bis Marozias Sohn →Johannes XI. als Nachfolger bereitstand. M. Heim

Q. und Lit.: LP II, 242; III, Reg. – Jaffé² I, 453f.; II, 706 – DHGE XV, 1197f. – H. Zimmermann, Papstregesten 911–1024, 1969, 37–40 – Ders., Das dunkle Jh., 1971 – J. N. D. Kelly, Reclams Lex. der Päpste, 1988, 139 – Ph. Levillain, Dict. hist. de la papauté, 1994, 637.

16. S. VIII., *Papst* seit 14. Juli 939, † Rom, Ende Okt. 942; Römer, Kard.-Priester v. SS. Silvestro e Martino. S. wurde durch →Alberich (3. A.) erhoben und blieb völlig von ihm abhängig. Auch die Unterstützung der Kl. reformen in Burgund (→Odo v. Cluny), Frankreich und Italien erfolgte zusammen mit Alberich. Adel und Volk in Frankreich und Burgund mahnte S. bei Strafe der Exkommunikation zur Anerkennung des westfrk. Kg.s Ludwig IV. Nach späteren, unsicheren Q. habe S. zuletzt an einem Komplott gegen Alberich teilgenommen, sei deshalb eingekerkert und verstümmelt worden und an den Wunden gestorben. M. Heim

Q. und Lit.: Watterich I, 34, 671 – LP II, 244; III, Reg. – Jaffé² I, 457f. – DHGE XV, 1198 – H. Zimmermann, Papstregesten 911–1024, 1969, 60–64 – Ders., Das dunkle Jh., 1971 – J. N. D. Kelly, Reclams Lex. der Päpste, 1988, 140f. – Ph. Levillain, Dict. hist. de la papauté, 1994, 637f.

17. S. IX., *Papst* seit 3. Aug. 1057 (Weihe), † 29. März 1058 in Florenz, ▭ ebd., Dom; zuvor Friedrich, Sohn Hzg. →Gozelos v. Lothringen, Archidiakon der Domkirche v. Lüttich, gelangte 1049/50 durch Papst Leo IX. nach Rom und wurde 1051 Bibliothekar und Kanzler der röm. Kirche. Zusammen mit Kard.bf. →Humbert v. Silva Candida und Ebf. →Petrus v. Amalfi gehörte er 1054 zu der Gesandtschaft nach Konstantinopel, die dort das →Morgenländ. Schisma auslöste; unklar ist, welchen Anteil er an den damals entstandenen polem. Schrr. gegen die Griechen hatte. Nach der Rückkehr wich er vor dem Konflikt zw. Ks. Heinrich III. und seinem Bruder Hzg. →Gottfried III. d. Bärtigen ins Kl. Montecassino aus, wo er am 23. Mai 1057 zum Abt gewählt wurde. Seit dem 14. Juni auch Kard.presbyter v. S. Grisogono, wurde er bereits wenige Tage nach dem Tod Viktors II. und ohne Rücksprache mit dem dt. Kg.shof zum Papst gewählt, wohl um einer anderen Wahl durch röm. Adelskreise zuvorzukommen und den Schutz Gottfrieds für die Reformer zu sichern. Ksn. Agnes erteilte nachträgl. die Zustimmung. In seinem kurzen Pontifikat wirkte S. gegen Priesterehen und Verwandtenheirat, erhob →Petrus Damiani zum Kard. und plante mit Hilfe seines Bruders einen Feldzug gegen die Normannen. R. Schieffer

Q.: LP II, 278; III, 133 – JAFFÉ[2] I, 553–556 – Lit.: HALLER[2] II, 310–312 – SEPPELT II, 34–36 – DHGE XV, 1198–1203 – J. WOLLASCH, Die Wahl des Papstes Nikolaus II. (Fschr. G. TELLENBACH, 1968), 205–220 – H.-G. KRAUSE, Über den Verf. der Vita Leonis IX papae, DA 32, 1976, 54 Anm. 22 [zu den Schrr.] – G. TELLENBACH, Die westl. Kirche vom 10. bis zum frühen 12. Jh. (Die Kirche in ihrer Gesch., II F 1, 1988), 126 u.ö.

18. S. v. Autun, 1112 Bf. v. Autun, * Balgiacum (Baugé [Anjou] oder Bâgé [Ain]), † 1139/40 in den Armen des Petrus Venerabilis (MPL 189, 390f.). 1136 Amtsaufgabe und Rückzug nach Cluny. M. Laarmann

Lit.: LThK[2] IX, 1042 – D. VAN DEN EYNDE, FStud 10, 1950, 33–45 – RTh 19, 1952, 225–243.

19. S. v. Autun, um 1170–89 Bf. v. Autun, verfaßte den allegor.-aszet. Traktat v. A. »De sacramento altaris«, MPL 172, 1273–1308, über Klerikerpflichten, Paramente und Meßordo (Kap. 13f.: transsubstantiari). M. Laarmann

Lit.: JLW 8, 1928, 389 – F. HOLBÖCK, Der Eucharist und der Myst. Leib Christi, 1941, 49–53 u.ö. – O. LOTTIN, RTh 27, 1960, 47 – J. A. JUNGMANN, Missarum sollemnia, 1962[5], Register s.v. S. v. Baugé – H. DE LUBAC, Corpus mysticum [dt.], 1969, 106f. 125, 188, 191 – Glauben aus der Liebe [dt.], 1970, 86f. – A. HÄRDELIN, Aquae et vini mysterium, LQF 57, 1973, 47, 59 – R. SUNTRUP, Die Bedeutung der liturg. Gebärden und Bewegungen in lat. und dt. Auslegungen des 9. bis 13. Jh., MMS 37, 1978 – P. TIROT, EL 95, 1981, 44–120, 220–251 – R. SUNTRUP, ALW 26, 1984, 331.

20. S. Harding, Abt v. →Cîteaux, † 28. März 1134, stammte aus England, trat in jungen Jahren als Mönch in das Kl. →Sherborn ein, führte dann, von Wissensdurst getrieben, ein Wanderleben in Schottland und Frankreich, studierte mehrere Jahre die 'litterae', pilgerte mit seinem Studienfreund, einem Kleriker, nach Rom (Aufenthalte in berühmten Kl. wie →Camaldoli und →Vallombrosa). In Burgund lebten S. und sein Freund Petrus dann in der 1075 von Abt →Robert gegr. Abtei →Molesme, die aber, nach strengen Anfängen allzu rasch wohlhabend geworden, von einer inneren Krise erschüttert wurde. Nach langen Diskussionen verließ Robert in Begleitung des Priors Alberich und einer Reihe von Mönchen, unter ihnen S., Molesme und gründete am 21. März 1098 mit 21 Mönchen das 'novum monasterium' Cîteaux (→Zisterzienser) als Stätte einer kompromißlosen Befolgung der →Regula s. Benedicti. Nach der durch den Papst angeordneten Rückkehr Abt Roberts nach Molesme (vor 1099) stand Alberich dem Kl. vor (1095–1109), dann S. (ab 1109). Er war in der durch wirtschaftl. Rückschläge (Hungersnot) überschatteten Anfangsphase, in welcher der örtl. Laienadel die neue Gründung (wie vorher schon Molesme) mit Schenkungen unterstützte und zugleich in (spirituelle) Gefahr brachte, entschieden auf Wahrung der strengen monast. Prinzipien von Armut und Weltabgeschiedenheit bedacht. So wurde der Hzg. v. →Burgund (der in den Forsten um Cîteaux zu jagen pflegte) gebeten, hier nicht mehr hofzuhalten. Abt S. förderte nachdrücklich die zisterziens. Liturgiereform, unter Rückgriff auf die Ursprünge (Altes Testament: Konsultation selbst jüdischer Gelehrter), und faßte im richtungweisenden »Monitum« die geleistete Arbeit zusammen. Er entsandte Mönche nach Mailand zum Abschreiben der →Ambrosian. Gesänge und ließ das Metzer Antiphonar, das als getreues Zeugnis des →Gregorian. Gesanges galt, transkribieren. Das →Skriptorium v. Cîteaux wurde zur Pflegestätte einer geläuterten Illuminationskunst. Nach dem Vorbild der Vallombrosaner zog der Abt →Konversen zur Bewirtschaftung der hocheffizienten Agrarbetriebe (→Grangien) und zur Wahrnehmung der Außenkontakte heran, wohingegen die Mönche auf das spirituell geprägte Leben im Kl. verpflichtet wurden. 1112 trat Bernhard (→Bernhard v. Clairvaux) mit 30 Gefährten, Klerikern und Laien, in Cîteaux ein; bald wurden auch Filialkl. gegr. (→La Ferté, →Pontigny, →Clairvaux, →Morimond). Für die ersten →Kapitel des entstehenden Ordens widmete sich Abt S. der Abfassung der grundlegenden »Charta caritatis«, die 1119 von Papst Calixt II. gebilligt wurde. Auf S. geht auch die Gründung des ersten zisterziens. Frauenkl., Le Tart (1125), zurück. Der Abt legte kurz vor seinem Tod sein Amt nieder. Erst 1623 in das Ordenskalendarium eingetragen, erhielt er keine röm. Kanonisation.
J. de la Croix Bouton

Lit.: DHGE XV, 1226–1234 [Bibliogr. bis 1963] – J. DE LA CROIX BOUTON, Fiches cisterciennes, 1959 – P. ZAKAR, Die Anfänge des Zisterzienserordens, AnalCist, 1964 – J. B. VAN DAMME, Les trois fondateurs de Cîteaux, 1965 – P. ZAKAR, Le origini dell'Ordine Cisterciense, Notizie Cisterciensi, 1970, 1–17, 89–111, 189–199 – J. DE LA CROIX BOUTON-J. B. VAN DAMME, Les plus anciens textes de Cîteaux, 1974 [Neudr. 1985] – J. LEKAI, The Cistercians. Ideals and Reality, 1977 – F. DE PLACE, Cîteaux. Documents primitifs, 1988 [Bibliogr.] – M. CAUWE, La Bible d'Étienne Harding, RevBén 103, 1993, 414–444.

21. S. v. Lexington, engl. →Zisterzienser, Abt v. →Clairvaux, † wohl 21. März 1258; Sohn von Richard v. Lexington (heute Laxton, Nottinghamshire), Bruder von Johann und Robert (kgl. Kleriker) und Heinrich (Bf. v. Lincoln, † 1257). S. studierte in →Paris, dann in →Oxford (Schüler von →Edmund v. Abingdon), erhielt bereits 1215 eine Präbende, verließ aber die Univ., um in die Abtei SOCist →Quarr, Tochterkl. v. Savigny, einzutreten (1221). Als Abt v. Stanley (ab 1223) reformierte er die ir. Zisterzienserabteien (Aufhebung der Filiation v. →Mellifont, Unterstellung der Abteien unter die Jurisdiktion engl. Zisterzen, 1228). S. wirkte als Abt v. →Savigny für eine Reform seiner Filialkl.; dank seines Bruders Johann, der als kgl. engl. Delegierter am vom Papst einberufenen Konzil teilnahm, entging er der Gefangennahme durch pisan. Ghibellinen im Dienst →Friedrichs II. (1241). Als Abt v. Clairvaux (seit 1242) schrieb S. für jede Ordensprovinz die Einrichtung eines 'studium theologiae' vor und leitete den Aufbau eines Kollegs für die in Paris studierenden Zisterzienser ein (Collège de Chardonnet bzw. de St-Bernard, 1245–50), mit Hilfe von →Alfons v. Poitiers. Infolge einer starken Ablehnung des Ordens gegenüber dem Universitätsstudium wurde S., trotz der Unterstützung →Alexanders IV. für seine Reformen, jedoch abgesetzt und zog sich nach →Ourscamp zurück; Kg. →Ludwig IX. mußte eine Intervention zu seinen Gunsten ab (1256–57). Die Absicht Alexanders IV., S. das Ebm. v. →York zu übertragen, kam wegen S.s Tod nicht mehr zur Ausführung. Der große Zisterzienser und Kirchenpolitiker hinterließ eine Briefsammlung. J. Richard

Ed. und Lit.: DHGE XV, 1239–1243 – DNB XI, 1083 – Registrum epistolarum S. de L. (1230–39), ed. B. GRIESSER, AnalCist 2, 1946; 8,

1952 – B. GRIESSER, Briefformulare aus dem Kl. Savigny in einer Heilsbronner Hs., Cistercienser-Chronik 63, 1956, 53–65 – DERS., S. L., Abt v. Savigny, als Visitator der ihm unterstellten Frauenkl., ebd. 67, 1960, 14–34 – CL. LAWRENCE, S. of L. and Cistercian Univ. Stud., JEcH 11, 1960.

22. S., *Bf. v.* →*Lüttich*, nach 9. Jan. 901, † 19. Mai 920. ⌐ St. Lambert, Lüttich. S. entstammte der lotharing. Aristokratie (→Lotharingien) und war mit dem westfrk. Karolinger→Karl III. d. Einfältigen verwandt. Er studierte in →Metz und im Palast →Karls d. K. (→Hofkapelle), stieg zum Abt v. →St-Mihiel, dann zum Bf. v. Lüttich auf und kumulierte beide Ämter. S. verfaßte bzw. redigierte eine Vita des hl. →Lambertus (»Vita Lamberti episcopi Traiectensis«), eine liturg. Sammlung (»Liber capitularis«) sowie drei Offizien (zur 'inventio' des hl. Stephanus, zum Dreifaltigkeitsfest, zum Lambertusfest).
J.-L. Kupper

Lit.: LThk² IX, 1045f. – GAMS V, I, 1982, 60f. – R. G. BABCOCK, Astrology and Pagan Gods in Carolingian »Vitae« of st. Lambert, Traditio 42, 1986, 95–113 – G. PHILIPPART, Hagiographies locale, régionale, dioc., universelle, MJb 24/25, 1989/90, 355–367 – W. BERSCHIN, Biographie und Epochenstil im lat. MA, III, 1991, 421–429.

23. S. v. Antiochien, * in Pisa, wirkte in der 1. Hälfte 12. Jh. in Syrien. Seine Identität mit Stephanus Philosophus, einem Übersetzer arab. und gr. Astronomie, ist fragl. Sicher dagegen übertrug er 1127 in Antiochien den »Liber regalis« (Kitāb al-Malakī) des →Haly Abbas vollständig neu ins Lat. Im Vorw. kritisiert er die als »Pantegne« bereits bekannte Fassung des →Constantinus Africanus als plagiator. Verfälschung. S. bietet hier zum besseren Verständnis der arab. Materia medica eine später auch als Auszug beliebte Synonymenliste und verweist auf siz. und salernitan. Autoritäten. Als »Regalis dispositio« wurde das Werk in Venedig 1492 erstmals gedr., allerdings ohne das Synonymenverz. Obgleich S. weitere Übers. ankündigte, wird ihm wohl zu Unrecht die salernitan. Schr. »De modo medendi« zugeschrieben.
H. Lauer

Q. und Lit.: THORNDIKE-KIBRE XIII, 167, 793, 993, 1093, 1611 – KLEBS 498. 1 [spätere Ed.: Lyon 1523] – SARTON II, 336f – DSB XIII, 38f. – M. STEINSCHNEIDER, Die europ. Übers. aus dem Arab., 1904, 77 – R. GANSZYNIEK, Stephanus. De modo medendi, SudArch 14, 1923, 110–113 – C. H. HASKINS, Stud. in the Hist. of Mediaeval Science, 1924, 98–103, 131–135 – H. SCHIPPERGES, Die Assimilation der arab. Med. durch das lat. MA, SudArch Beih. 3, 1964, 19, 35–37, 50f.

24. S. v. Besançon OP, * ca. 1250, † 22. Nov. 1294 Lucca. Als Prediger bereits berühmt, wurde S. an die theol. Fakultät der Pariser Univ. gesandt, wo er 1282–83 als Baccalaureus biblicus, 1286–88 als Magister nachgewiesen ist. Erhalten ist nur das »Principium«, seine Pariser Antrittsvorlesung. Die S. zugeschriebenen »Postilla in Ecclesiasticum« und »Postilla in Apocalypsim« sind verschollen; das »Alphabetum auctoritatum« ist ein Werk Arnolds v. Lüttich. Nach der Absetzung des Generalmeisters Munio v. Zamorra und der Provinziale des Ordens durch Papst Nikolaus IV. wurde S. 1291 zum Provinzial v. Nordfrankreich und am 2. Mai 1292 zum Generalmeister gewählt. Er versuchte mit Strenge den Dominikanerorden zur ursprgl. Observanz zurückzuführen, starb jedoch auf dem Weg von einer Visitationsreise nach Rom.
W. Senner

Bibliogr.: P. GLORIEUX, Rép. I, 1933, nr. 42 – J. B. SCHNEYER, Rep. lat. Sermones, V, 1973, 463f. – T. KAEPPELI, Scriptores OP, III, 1980, 352–354; IV, 1993, 279 – *Ed.*: Litterae encyclicae magistrorum generalium OP, ed. B. M. REICHERT, 1900, 157–164 – *Lit.*: A. MORTIER, Hist. des maîtres généraux de l'ordre des Frères prêcheurs, II, 1905, 295–318 – T. KAEPPELI, AFP 3, 1933, 185–187.

25. S. v. Bourbon → Stephanus de Bellevilla

26. S. v. Fougères (Étienne de F.), westfrz. Autor, Bf. v. →Rennes, stammte wohl aus Fougères (nö. Bretagne), † 23. Dez. 1178 in Rennes, ⌐ebd., Kathedrale. S., der von 1157 bis 1168 als 'scriptor regis' zu den engsten Helfern der großen Kanzler (→chancellor) unter Kg. →Heinrich II. Plantagenêt v. England gehörte, wurde 1157 zum kgl. Kapellan (→Hofkapelle, IV) ernannt, 1166 zum Archicantor des Kollegiatstifts St-Evroul de →Mortain (Normandie), 1168 zum Bf. v. Rennes (Bretagne). Bei den ihm zugeschriebenen lat. Werken handelt es sich um Viten (des hl. Wilhelm →Firmatus v. Mortain, des sel. →Vitalis v. Savigny) sowie um einen kurzen Bericht über S.s Leistungen als Bf. v. Rennes (Maßnahmen zur Ausschmückung der Kathedrale). In den letzten Lebensjahren verfaßte S. das der Gfn. v. Hereford gewidmete berühmte Gedicht »Livre des manières«, das 1344 Achtsilber in monorimen Quatrinen umfaßt und eines der frühesten Beispiele einer Ständedidaxe in frz. Sprache darstellt. Das Werk, das sich durch ausgeprägt symmetr. Aufbau auszeichnet, behandelt im 1. Teil (v. 1–672) die höheren 'ordines' (Kg., Klerus, Ritter), im gleich langen 2. Teil die niederen (Bauern, Bürger, Frauen), wobei jedes der sechs Einzelkapitel wieder in zwei entsprechende Partien aufgeteilt ist. Es zeigt seinen Autor, dessen lit. Begabung im »Chronicon« des Abtes →Robert v. Torigny gerühmt wird, als prakt. und realist. Moralisten. Es ist nur in einer einzigen Hs. (1. Drittel des 13., aus St-Aubin d'→Angers) erhalten (Angers, Bibl. mun., 304).
F. Vielliard

Ed.: É. de F., Le l. des m., ed. R. ANTHONY LODGE, 1979 – E. P. SAUVAGE, Vitae BB. Vitalis et Gaufridi..., AnalBoll I, 1882, 355–410 – AASS Apr. II, 336–344 – *Lit.*: BOSSUAT, 2727–2732bis; Suppl. 5080–5082, 5087–5092 – DHGE XV, 1224–1226 – DLFMA, 419f. – GRLMA, VI/2, n° 7280 – J. KREMER, Estienne v. F., L. des M., 1887 – C.-V. LANGLOIS, La vie en France au m. â. d'après quelques moralistes, 1926, 1–26 – A. LÅNGFORS, É. de F. et Gautier de Coinci, NM 46, 1945, 113–122 – T. A. M. BISHOP, Stephen of F. A Chancery Scribe, CHJ, 1950, 106f. – A. LODGE, The Lit. Interest of the L. des m. d'É. de F., Romania 93, 1972, 479–497 – J. TROTIN, Un motif malicieux de la satire médiévale..., Cahiers de l'UER Froissart, no 1, aut. 1976, 153–161 – J. BATANY, Normes, types et individus: la présentation des modèles sociaux au XIIᵉ s. (Litt. et société au MA. Actes du colloque de... 1978, hg. D. BUSCHINGER, 1978, 177–200) [abgedr. in: J. BATANY, Approches langagières de la société médiévale, 1992, 209–227] – M. PIGEON, É. de F. et les cisterciens (Cîteaux. Comm. Cistercienses 31, 1980), 181–191 – G. GOUTTEBROZE, Parfum de femme et misogynie dans le L. de m. d'É. de F. (Les soins de la beauté au MA, 1987), 311–318.

27. S. v. Landskron CanA, * 1. Jahrzehnt des 15. Jh., † 29. Nov. 1477. Wohl vor den Hussiten, die 1421 das Augustinerstift Landskron im böhm.-mähr. Grenzgebiet zerstörten, nach Wien geflohen, trat S. in das Reformstift St. Dorothea ein (Profeß: 21. Dez. 1424), wurde 1441, ernannt von →Nikolaus v. Kues, stellvertretender Visitator der Augustiner-Chorherren der Salzburger Kirchenprov., 1452 Dechant (Prior) des Domstifts Chiemsee und kehrte 1458 wieder nach Wien zurück. Als Propst v. St. Dorothea (Wahl: 2. Aug. 1458) trieb er die Reform, insbes. in den Frauenkl., voran. Sein Wirken als Ordensreformer spiegelt sowohl die noch weitgehend unerforschten lat. Schrr. (»Tractatus de IV novissimis«, »Responsio ad epistulam scrupulosi«, »Expositio missae«, »Tractatus de moribus«) als auch die der letzten Phase der 'Wiener Schule' zugehörigen dt. Werke (»Hymelstrasz« [ed. G. J. JASPERS, 1979]; »Von etleichen dingen die allein die geistlichen perüren«; »Spiegel der Klosterlewt«; »Ain Unnderweisung einer Öbristen« [ed. G. J. JASPERS, Carinthia I 174, 1984, 155–172]), die sich v. a. an die Nonnen und Laienbrüder der durch die→Melker bzw. →Raudnitzer Reform erneuerten österr.-bayer Kl. richten.
N. H. Ott

Lit.: Verf.-Lex.² IX, 295–301 – I. ZIBERMAYR, Zur Gesch. der Raudnitzer Reform, MIÖG Ergbd. 11, 1929, 323–353 – E. WEIDENHILLER, Unters. zur dt.sprachigen katechet. Lit. des späten MA, 1965, 174–190.

28. S. de Perche, Kanzler des Kgr.es →Sizilien, † 1168 im Hl. Land, ▭ in Jerusalem, Sohn Gf. Rotrous II. de Perche oder des Bruders Kg. Ludwigs VII. v. Frankreich, Robert, der S.s verwitwete Mutter geheiratet hatte. Als junger Mann kam er im Sommer 1166 nach dem Tode Kg. Wilhelms I. auf Wunsch der Regentin →Margarete v. Navarra (13. M.), die vielleicht mit ihm verwandt war, nach Palermo. Man bezichtigte ihn bald, ihr Geliebter zu sein. S. wurde sogleich zum Kanzler des Kgr.es und im Nov. 1167 zum Ebf. v. Palermo ernannt. Gegen ihn und die Schar seiner ausländischen Begleiter regten sich unter den Baronen, den Amtsträgern der Hofkanzlei und unter der muslim. Bevölkerung rasch Gefühle der Abneigung. Seine Gegner wurden von Mattheus de Aiello, vom Bf. v. Syrakus, Richard →Palmer, von Bf. Gentilis v. Agrigent und vom Bruder der Kgn., Gf. Heinrich (Rodrigo) v. Montescaglioso, angeführt; in Palermo und Messina wurden Komplotte und Aufstände gegen ihn angezettelt, aus denen er nur knapp mit dem Leben davonkam. Er verzichtete auf Kanzleramt und Episkopat und reiste im Sommer 1168 in das Heilige Land, wo er kurz nach seiner Ankunft starb. S. Fodale

Lit.: F. CHALANDON, Hist. de la domination normande en Italie et en Sicile, II, 1907, 309, 320–351 – I. LA LUMIA, Storie siciliane, 1969–70, I, 199–228 – S. TRAMONTANA, La monarchia normanna e sveva, 1986, 197–200.

29. S. v. Rouen (Étienne de R., Stephanus Rothomagensis), lat. Dichter, Mönch im Kl. →Bec. Die datierbaren Werke entstanden zw. 1134 und 1170. Es sind neben Auszügen aus Quintilians »Institutio« 33 kleinere Gedichte und das hist. Epos »Draco Normannicus« (DN, überliefert im Vat. Ottobon. 3081, Sonstiges: Paris, BN lat. 14146, nach FIERVILLE Autograph). Die Gedichte (u. a. Briefgedichte, Nachrufe, Prooemia) variieren kunstvoll Reim- und Versformen. Die drei Bücher des DN beschreiben in ca. 2200 eleg. Distichen panegyr. die Taten Kg. Heinrichs II. v. England von 1154 bis zum Frieden v. Poissy 1169, unterbrochen von umfangreichen Exkursen (I: Lob Rouens, norm. Gesch. bis zum 11. Jh.; II: frühe frk. Gesch., Briefwechsel zw. Kg. Arturus und Heinrich II.; III: Alexandrin. Schisma 1159–68) und belebt durch Reden, Briefe und Beschreibungen in rhetorisierendem Stil. Q. sind u. a. →Dudo v. St-Quentin, →Wilhelm v. Jumièges und →Geoffreys v. Monmouth »Historia«.

P. Orth

Ed.: H. OMONT, 1884 – R. HOWLETT, 1885 (RS 82, 2, 589–779) [DN, Gedichte in Auswahl] – Quintiliani de institutione oratoria liber I, ed. CH. FIERVILLE, 1890 [Quintilianauszüge, Auswahl] – *Lit.*: GRLMA XI/1, 2, 630–632 [Lit.] – CH. FIERVILLE, Étienne de R., Bull. de la Soc. des Antiquaires de Normandie 8, 1875–77, 54–78, 421–442 – MANITIUS III, 690–694 [Lit.] – BEZZOLA, Litt. Courtoise, III/1, 126–139 – B. MUNK OLSEN, L'étude des auteurs classiques lat. aux XIᵉ et XIIᵉ s., II, 1985, 302f. [Lit.] – A. PIOLETTI, Art, Avallon, l'Etna, Quaderni Medievali 28, 1989, 6–35.

Stephaniter. Der ca. 1150 durch den ung. Kg. Géza II. zur Unterhaltung eines Pilgerhospitals in Jerusalem gegründete und ca. 1440, während eines Bürgerkrieges, ausgestorbene Orden der »Cruciferi Sancti Regis Stefani de Strigonio« ist der erste und. Orden, der aber in Vergessenheit geraten war und erst 1968 dank Hinweisen von K. ELM in Freiburg wiederentdeckt werden konnte. Die S. erhielten von Urban III. 1187 die Anerkennung und Exemtion, befolgten die Augustinerregel, hatten auch ein Hospital in Strigonium (Esztergom, →Gran), nach dem Fall von Jerusalem ein Hospital in Akkon, Häuser in Aqua Calida (heute Budapest, bei der Margaretenbrücke), Visegrád und Karcsa (Kirche erhalten) sowie andere Kirchen und Güter in Ungarn. Ihre Konvente unterhielten in Strigonium und Aqua Calida 'benannte Stellen' (ung. Form des Notariats). Es sind etwa 500 ihrer Urkk. im Original oder als Mikrofilm im Staatsarchiv Budapest vorhanden. Da die Kgn. Euphrosine 1156 in Székesfehérvár (→Stuhlweißenburg) eine ebenfalls dem hl. Kg. Stephan geweihte Kirche den Johannitern schenkte, wurden in der Lit. die S. irrtüml. unter den Johannitern subsumiert.

K.-G. Boroviczény

Lit.: K.-G. BOROVICZÉNY, Komm. Bibliogr. der Kreuzherren- und Hospitalsorden, sowie deren Krankenhaus- und Bädergründungen in Ungarn in der Zeit der Arpaden (X. bis XIII. Jh.), [masch. 1970] – DERS., Cruciferi Sancti Regis Stefani, Comm. Hist. Artis Med. 133–140, 1991–92, 7–48, 155–170 – Korai magyar történeti lex., hg. GY. KRISTÓ, 1994, 610 [L. KOSZTA].

Stephanites und Ichnelates, [1] *Fs.enspiegel* in Form einer Slg. von Fabeln (συγγραφὴ περὶ τῶν κατὰ τὸν βίον πραγμάτων), die letztl. auf das Sanskritwerk Pañcatantra zurückgehen, über das Pers., Syr. ins Arab. übersetzt wurde (→Kalîla wa Dimna). Höchstwahrscheinl. von dem Arzt, μάγιστρος καὶ φιλόσοφος →Symeon Seth aus Antiochien im Auftrag des Ks.s Alexios I. Komnenos, also noch vor 1180, zu einem Großteil ins Griech. (daher eher lit. Sprache) übertragen (SJÖBERG), später unter Hinzufügung weiterer Passagen überarbeitet (PUNTONI). Der Titel ist eine Fehlinterpretation des arab. in einer späteren gr. Übersetzung. In der Rahmenerzählung regt der Kg. im Gespräch den Philosophen an, durch Beispiele zu zeigen, wie er aus den verschiedenen sozialen Verhaltensweisen der Menschen eine Lehre für seine Herrschaft ziehen könne. In der Antwort des Philosophen sind Erzählungen, bes. Fabeln aus der Tierwelt – ebenfalls in Gesprächsform –, eingeflochten, vom Hofe des Kg.s der Tiere, des Löwen, an dem sich die beiden Schakale S. und I. befinden. Das Werk fand weite Verbreitung, was die Tendenz zur Volkssprache und die neugriech. Paraphrase belegen. Die ksl. Überlieferung setzt um 1200 in Bulgarien ein, auf der die älteste, nur fragmentar. bekannte Hs. aus dem 13./14. Jh. fußt (Cod. Mosq. 1736). Sie ist für die griech. Überlieferungsgesch. aussagekräftig.

G. Schmalzbauer

Ed. und Lit.: V. PUNTONI, Στεφανίτης καὶ Ἰχνηλάτης, 1889 – L.-J. SJÖBERG, S. und I. Überlieferungsgesch. und Text, 1962 – H.-G. BECK, Gesch. der byz. Volkslit., 1971, 41–45 [Lit.] – E. TRAPP, Zur Etymologie von στανίο, EEBS 39–40, 1972–73, 43–45 – A. EL TANTAWY, S. und I. – Kalilah und Dimnah. Ein Vergleich zw. der griech. und der arab. Version der Fabel mit Berücksichtigung der altsyr. und altind. Überlieferung [Mag.arbeit Wien 1987] – H. BASSOUKOS-CONDYLIS, Στεφανίτης καὶ Ἰχνηλάτης. Traduction grecque de Kalilah wa Dimna, Muséon 103, 1990, 139–149.

[2] *Slavische Übersetzungen:* Vermutl. im Bulgarien des 13. Jh. (2. Hälfte) – und nicht in einem athonit. Kl. – wurde S. ins Slav. übersetzt. Die ältesten erhaltenen Hss. bulg. Redaktion stammen aus dem Ende des 14. Jh. und stehen der gr. δ-Redaktion am nächsten. Ab dem 14. Jh. erlangte diese Übersetzung Verbreitung in Rußland. Die auf eine einheitl. Übersetzung zurückgehende bulg., serb. und russ. Redaktion unterscheidet sich nur durch Umfang und Anzahl der Kapitel.

Ch. Hannick

Ed.: Stefanit i Ichnilat. Srednevekovaja kniga basen po russkim rukopisjam XV–XVII vv, hg. O. P. LICHAČEVA–JA. S. LUR'E, 1969 – *Lit.*: A. SJÖBERG, Das Wort »mačka« in einem serb.-ksl. S.-Text (Studia palaeoslovenica) 1971, 309–312 – Slovar' knižnikov i knižnosti Drevnej Rusi, II/2, 1989, 417–421 (JA. S. LUR'E) – SV. NIKOLOVA, Za bŭgarskija tekst na povestta 'Stefanit i Ichnilat', Starobŭgarska literatura 25–26, 1991, 115–123.

Stephanos (s. a. Stefan, Stephan, Stephanus, Stephen)
1. S. I., Patriarch v. →Konstantinopel 886–893, * 868, † 893, jüngster Sohn Ks. Basileios' I., wurde, als sein Bruder Leon VI. →Photios zur Abdankung gezwungen hatte, zum Patriarchen erhoben. Als Schüler seines Vorgängers wurde er von dessen Gegnern abgelehnt, aber von Papst Stephan V. anerkannt. Sein Einfluß ist in einigen Novellen Leons VI. (z. B. zum Privateigentum der Mönche, zum Alter des Klostereintritts) erkennbar.

F. Tinnefeld

Lit.: DHGE XV, 1222 – G. T. Kolias, Βιογραφικὰ Στεφάνου Α' οἰκουμενικοῦ πατριάρχου (Προσφορὰ εἰς Σ. Π. ΚΥΡΙΑΚΙΔΗΝ, 1953), 258–363 – H.-G. Beck, Gesch. der orth. Kirche im byz. Reich, 1980, 119 – V. Grumel–J. Darrouzès, Les Regestes des Actes du Patriarcat de Constantinople, 1/2–3, 1989², Nr. 589a–593.

2. S. Byzantios, byz. Lexikograph, in der Frühzeit der Regierung Justinians I. (527–565) als Grammatiker tätig, kompilierte ein umfangreiches alphabet. Lexikon, die »Ethnika« (᾿Εθνικά), mit ursprgl. wohl 55–60 Büchern, das dem Benutzer in erster Linie orthographisch korrekte Angaben zur Toponymik liefern will, daneben aber auch etymolog., mytholog. und hist. Informationen, Anekdoten, Wundergeschichten usw. bietet. Das Lexikon, das eher das Werk eines gelehrten Sammlers und Philologen als eines Geographen ist, blieb erhalten nur in einer Kurzfassung, bestehend aus Exzerpten von unterschiedl. Länge und Qualität. Trotz der unkrit. und oft konfusen Darbietung des Materials stellen die »Ethnika« eine wertvolle Quelle dar. →Lexikon, II.

E. V. Maltese

Ed.: Stephani Byz. Ethnicorum quae supersunt, ed. A. Meineke, 1849 [Neudr. 1958] – *Lit.:* Oxford Dict. of Byzantium, 1991, 1953f. – A. Diller, The Tradition of Stephanus Byz., Transactions and Proceedings of the American Philological Association 69, 1938, 333–348 – Hunger, Profane Lit., I, 530f. – R. Keydell, Zu S. v. Byzanz (Studi in onore A. Ardizzoni, 1978), 477–481.

3. S. der Jüngere, hl. (Fest: 28. Nov.), byz. Mönch, soll am 20. Nov. 765 unter Ks. Konstantin V. als Märtyrer gestorben sein. Die (erste) Vita gibt an, 42 Jahre nach seinem Tod von einem Stephanos, Diakon an der Hagia Sophia, nach Zeugenberichten verfaßt zu sein. Ihr Wert als Q. für den →Bilderstreit wird heute mehr und mehr bezweifelt. Sie ist »eher ein hist. Märtyrerroman«, dessen Held aber nicht als Bilderverehrer Anstoß erregt, sondern als Kritiker des »christusfeindl.« Ks.s und wegen seines Werbens für asket. Ideale auch in Hofkreisen. Rouan und Schreiner gehen vom überlieferten frühen Abfassungsdatum und (zuletzt auch Ruggieri) von einem einheitl. Konzept der Vita aus. Speck hält wesentl. Teile für spätere Interpolation (228, 305), nimmt aber eher an, daß sie als ganze erst nach 843 im Milieu des Studioskl. verfaßt wurde (477f.; vgl. 174f.).

F. Tinnefeld

Q.: BHG 1666/67 – MPG 100, 1067–1186 – *Lit.:* Oxford Dict. of Byzantium, 1991, 1955 [Lit.] – M.-F. Rouan, Une lecture »iconoclaste«..., TM 8, 1981, 415–430 – P. Schreiner, Der byz. Bilderstreit (Bisanzio, Roma e l'Italia nell'alto Medioevo, 1988), 353–356 – P. Speck, Ich bin's nicht, Ks. Konstantin ist es gewesen, 1990 – V. Ruggieri, Note su schemi simbolici e letterari nella Vita S. Stephani jun., Byzantion 63, 1993, 198–212 – I. Rochow, Ks. Konstantin V., 1994, 67, 237–240 [Lit.].

Stephanskrone, seit dem 13. Jh. übliche Bezeichnung für die Bügelkrone der Kg. e v. →Ungarn, obwohl nach heutigem Wissen kein Teil von ihr auf den hl. →Stephan (I.) zurückgeht. Die erhaltene Krone (seit 1978 im Nationalmus. Budapest) besteht aus zwei Teilen verschiedenen Charakters: Ein Kronreif mit 63,6 cm (innerem) Umfang, geschmückt mit acht kleineren und zwei größeren Emailplatten und einer Reihe translozierter Dreiecksdekorationen (pinnae) sowie mit fünf sog. Pendilien (Goldketten mit kleeblattförmiger Steindekoration am Ende), ist aufgrund der Inschriften eindeutig byz. Herkunft; er wird daher als »corona graeca« bezeichnet. Nach den Porträts des Ks.s Michael Dukas (VII.), des Mitks.s Konstantin sowie des Ungarnkg.s Géza (I.) läßt sich der Reif auf ca. 1075 datieren. Er wird überhöht von kreuzförmig angeordneten, ca. 50 mm breiten Bügeln, auf denen acht Apostelporträts und oben eine Pantokratordarstellung, die der Stirnplatte der »corona graeca« ähnelt, angebracht sind, mit einer lat. Inschrift aus etwas dunklerem, reinerem Gold. Die Deckplatte ist in der Mitte durchbohrt und trägt ein lat. Kreuz (seit der NZ nach links verbogen). Die Datierung der »corona latina« und die Zusammenstellung beider Teile in eine, dann dem hl. Stephan zugeschriebene und bes. verehrte (»heilige«) Krone ist umstritten. Die Herkunft der Bügel ist an sich problemat.: das Fehlen von vier Aposteln zeigt eindeutig sekundäre Verwendung an. Als ihre ursprgl. Bestimmung wurden ein liturg. Gerät (»stella«), ein Buchdeckel oder ein Kopfreliquiar vorgeschlagen, doch keine Hypothese ist völlig überzeugend. Als Entstehungszeit der heutigen Form nimmt die Mehrzahl der Forscher (Kovács, Bogyay, Vajay, Schramm) das späte 12. Jh., andere (Deér) das späte 13. Jh. an; sie wird entweder mit der Krönung Bélas III. oder mit dem Verlust des Kronschatzes nach 1270 in Zusammenhang gebracht. Es gibt zahlreiche weitere, teils phantast. Spät- und Frühdatierungen. Während die Existenz eines bes. verehrten Herrschaftszeichens bereits für das 12. Jh. wahrscheinl. ist, kann die Verwendung eines mit dem heutigen höchstwahrscheinl. ident. Diadems erst für die Wende des 13./14. Jh. nachgewiesen werden, als z. B. die von Otto v. Wittelsbach (Kg. v. Ungarn 1305–07) mitgeführte Krone zwar verloren ging, aber auf wunderbare Weise wieder aufgefunden wurde, und dann, als Karl I. Robert nach zweimaliger Krönung schließlich 1308 mit der das Kgtm. repräsentierenden (»Stephans«-)Krone zum dritten Mal gekrönt werden mußte, um als legitim anerkannt zu werden. Im 15. Jh. festigte sich die Ansicht, daß nur eine Krönung mit der früher in der Propstei v. →Stuhlweißenburg, später in der Feste →Visegrád aufbewahrten Krone rechtmäßig sei. So wurde die Krönung Władysławs I. Jagiełło (1440) mit einer Reliquienkrone, trotz der einstimmigen Deklaration der Stände über ihre Gültigkeit, in Frage gestellt, und deshalb mußte Matthias I. Corvinus 1462 nach langen Verhandlungen 60000 (oder 80000) Gulden an Ks. Friedrich III. zahlen, um die (durch Elisabeth v. Luxemburg 1439 heiml. entwendete) an ihn gelangte Krone für seine Weihe zu erwerben. Danach wurde die »Kronhut« gesetzl. geregelt und gewählten Baronen und Prälaten anvertraut (Gesetzart. 2: 1464). Die Entwicklung der Staatsmetapher über den »Körper der Heiligen Krone« (kodifiziert 1514) ging zwar mit der Verehrung des bes. Diadems Hand in Hand, doch die Existenz eines Objektes einerseits und einer Abstraktion andererseits wurde nicht widerspruchslos angenommen. →corona, VI.

J. M. Bak

Lit.: J. Kelleher, The Holy Crown of Hungary, 1951 – A. Boeckler, Die S. (Herrschaftszeichen und Staatssymbolik, hg. P. E. Schramm, III, 1956), 731–742 – J. Deér, Die hl. Krone Ungarns, 1966 – J. M. Bak, Kgtm. und Stände in Ungarn im 14.–16. Jh., 1973 – Sz. v. Vajay, »Corona Regia – Corona Regni – Sacra Corona«, Ungarn-Jb. 7, 1975, 37–64 – M. Bárány-Oberschall, Die S., 1979 – K. Benda–E. Fügedi, Der Roman der Hl. Krone, 1980 – E. Kovács–Zs. Lovag, Die ung. Krönungsinsignien, 1980 – Insignia Regni Hungariae. Stud. zur Machtsymbolik des ma. Ungarns, I, 1983.

Stephanus, hl. (Fest 26. Dez.), Erzmärtyrer, † um 35.
I. Überlieferung – II. Verehrung – III. Darstellung.

I. ÜBERLIEFERUNG: Nach Apg 6,1–8,2 wählt die chr. Urgemeinde zu Jerusalem den 'Hellenisten' S. (dt. Kranz, Krone) zu einem der 7 Diakone, die die Apostel bei Tischdienst und Armenbetreuung entlasten sollen. S. zeigt sich als Mann von Geist, Weisheit, Gnade und Wunderkraft. Von auswärtigen Juden in einen Glaubensprozeß vor dem Hohen Rat verwickelt, weist er den Abfall der Juden vom atl. Gesetz nach und erlebt eine Himmelsvision. Die harthörigen Gegner steinigen ihn vor der Stadt. S. ruft dabei Jesus an und vergibt den Tätern. Zeuge ist Paulus (auch Apg 22,20). Eine danach einsetzende Verfolgung vertreibt die Christen z. T. ins Umland. S. wird von ungenannten Frommen mit einer großen Totenklage bestattet. Schon dieser Bericht des Lukas verklärt den ersten Blutzeugen. Protomartyr wird er in Hss. zu Apg 22,20.

II. VEREHRUNG: S. gehört zu den alten Hl.n des Meßkanons. →Irenäus v. Lyon und →Tertullian erwähnen das Martyrium. Gegen Ende des 4. Jh. folgen Sermones weiterer Kirchenväter u. a. des →Gregor v. Nyssa. S.' Festtag steht im syr. Martyrolog am 26. Dez. Er führt die nach Christi Geburt eingereihten Hl.n-Tage an. Im Westen erscheint er etwas später im Kalendar v. Karthago (AASS Nov. II, 1, 1894, LXXI). Die älteste Passio (gr. Hs. 10. Jh.) zeigt Übereinstimmungen mit dem Auffindungsbericht, der Revelatio v. 415, die →Avitus v. Bracara übersetzte: Aufgrund von Visionen öffnete der Priester Lukian am 18. Dez. das Grab in Kaphar-Gamala (Beit-Gemal?); Bf. →Johannes II. (44. J.) erklärte dort vorgefundene Namen und geleitete die Reste am 26. Dez. über 20 Meilen in die Jerusalemer Sionskirche. Bf. Juvenal überführte sie am 15. Mai 439 in eine neue S.-Kirche am Platz des Martyriums. Von Ksn. →Eudokia († 460) durch eine geräumige Basilika ersetzt, wurde sie 484 geweiht, 614 von den Persern zerstört.

Beflügelt von der wenig älteren allg. Verehrung der →Reliquien und kaum gehemmt vom Schweigen des Hieronymus, vervielfachte sich der Kult. Schon →Orosius brachte die lat. Fassung der Revelatio und Reliquien in den Westen nach Menorca. →Augustinus berichtet Wunder an S.-Memorien in Afrika (de civitate Dei 22, 8, 10–22) und – angebl. vor 415 – in Ancona (Sermo 323, 2; MPL 38, 1445f.). Eine Hand des Hl.n gelangte 428 nach Byzanz. →Pulcheria ließ dafür ein Martyrium innerhalb des Palastes bauen. Durch →Galla Placidia kam der Kult nach Ravenna und Rimini, darauf unter Bf. Martinian um 431 nach Mailand, dadurch angeregt nach Bologna und Verona. In Rom erbaute Demetria die erste Basilika zw. 440 und 461. Auf Ancona oder ein röm. Weihedatum könnte das S.-Fest am 3. Aug. zurückgehen. In Gallien bietet die Kathedrale v. Arles 449 ein Erstzeugnis. Belege für Lyon, Besançon, Metz, Clermont und Tours, auch Bourges, weisen ebenfalls in diese Zeit zurück. S. wurde Patron von 21 gall. Kathedralen und ist auch bei den Grabkirchen häufig vertreten. →Gregor v. Tours weiß von Wundertätigkeit (Gloria martyrum 33); →Venantius Fortunatus (carmen 4, 16, 93–96) läßt von Maria, Petrus und S. die Seele der Vilithuta im Himmel empfangen. Die Ausbreitung nach Aquitanien wurde durch die Westgoten, nach Osten durch die Burgunder und nach Norden durch die Franken behindert. Obwohl die Ausstrahlung im 7. Jh. nachließ, war S. Universalhl. geworden. Das bezeugen zahlreiche spätere S.-Kirchen in Italien, Spanien, Dtl. und auch England.

Als Reliquien wurden neben den unterschiedl. eingeschätzten Steinen Blut, Knochen- und Kleidungsteile (so 980 aus Metz nach Halberstadt) verbreitet. S. hilft zu einem guten Tod und bei vielerlei Krankheiten.

Mit der Feier des S.-Tages verbanden sich zahlreiche Volksbräuche. Schon Karl d. Gr. verbot 789 das Trinken und Schwören auf den Hl.n. Möglicherweise durch Verdrängung eines heidn. Winterfestes wurde S. insbes. Patron der Pferde und des Gedeihens in Feld und Haus.

III. DARSTELLUNG: Durchweg bartlos und in der jeweils zeitgenöss. Tracht eines Diakons gezeigt, erhält S. zur Palme und zum Evangelienbuch des Blutzeugen vielfach die Steine als sprechendes Attribut. Oft steht er mit anderen Diakonen, bes. →Laurentius und Vincentius, zusammen. Die häufigste von etwa 20 möglichen Szenen ist die Steinigung. Bildzyklen folgen den 7 Vorgängen der Apg oder den Legenden der Vita fabulosa (10.–11. Jh. BHL 7849) und der →Legenda aurea. K. H. Krüger

Lit.: BHL 7848–7895 – MartHieron, 10 – Bibl.SS XI, 1376–1392 – Catholicisme IV, 571–574 – HWDA VIII, 428–436 – LCI VIII, 395–403 – LThK² IX, 1050–1052 – Vies des Saints XII, 687–702 – E. VANDERLINDEN, Revelatio S. S. i, RevByz 4, 1946, 178–216 [Ed.] – J. MARTIN, Die revelatio S. S. i und Verwandtes, HJb 77, 1958, 419–433 – M. ZENDER, Räume und Schichten ma. Hl.nverehrung, 1959, 179–182 [mit Karte] – R. BAUERREISS, Stefanskult und frühe Bf.sstadt, 1963 – P. JOUNEL, Le culte des saints, 1977, 262f., 328f. – (W. SULSER-)H. CLAUSSEN, St. Stephan in Chur, 1978, 147–149 – E. EWIG, Spätantikes und frk. Gallien, II, 1979, 297–302, 668 – M. VAN ESBROEK, Jean II, AnalBoll 102, 1984, 99–107; 104, 1986, 340f. – 1000 Jahre St. Stephan in Mainz, 1990, 167–186 [F. STAAB; Lit.] – A. STRUS, Beit-Gemal può essere il luogo di sepoltura di S. Stefano?, Salesianum 54, 1992, 453–478.

Stephanus. 1. S. de Bellavilla (Stephanus de Borbone, Étienne de Bourbon) OP, * um 1180 oder um 1190/95 in Belleville-sur-Saône (Diöz. Lyon), † um 1261 in Lyon. Über sein Leben ist, abgesehen von einigen Äußerungen des →Bernardus Guidonis OP, wenig bekannt. S. de B. nahm seine Studien als »puer« in der Domschule St-Vincent v. Mâcon auf, besuchte um 1217 die Pariser Schulen (seit 1231 Univ. Paris) und trat spätestens 1223 in Lyon in den Dominikanerorden ein, wo er auch seine theol. Ausbildung vervollständigte. Lyon blieb er bis zu seinem Tode verbunden, dennoch wirkte er nahezu 30 Jahre als Prediger in Süd- und Ostfrankreich. Er bereiste die heutigen Regionen Rhône-Alpes, Burgund (Besançon), die Champagne (z. B. Reims), den Jura, die Alpen, Valence, die Auvergne, das Forez und das Roussillon. In Vézelay predigte er 1226 gegen die →Albigenser, zur Bekämpfung der Ketzer hielt er sich u. a. in Clermond auf. Obwohl er sich nie »praedicator generalis« nannte – der Dominikanerorden kannte dieses Amt seit 1228 –, kann aus seiner regen Reisetätigkeit geschlossen werden, daß ihm das Amt des Inquisitors um 1235 in der Diöz. v. Valence anvertraut worden war; dort kämpfte er gegen die →Waldenser. S. de B. beteiligte sich u. a. an der Verurteilung der Ketzer v. Mont-Aimé in der Champagne, die von →Robert le Petit (le Bougre) auf den Scheiterhaufen geschickt wurden. Er stand mit zahlreichen prominenten Zeitgenossen in Kontakt, so mit →Jakob v. Vitry.

Das Hauptwerk S.' de B. ist der gegen Ende seines Lebens verfaßte »Tractatus de diversis materiis praedicabilibus«; dieses Hb. für Prediger verbindet Morallehren mit Exempla und wird wegen seines inneren Strukturschemas nach den Sieben Gaben des →Hl. Geistes auch unter dem Titel »De septem donis spiritus sancti« geführt. Die mehr als 3000 Erzählungen sind insofern von Bedeutung, als sie zum einen teilweise den gängigen Autoritäten (auctoritates) wie der Hl. Schrift, den antiken Verfassern, den Vitae patrum, Hl.nlegenden, →Isidor v. Sevilla oder →Petrus Alfonsi entnommen sind, zum anderen aber über Ereignisse während seiner Reisen berichten und dadurch einen vorzügl. Einblick in die populäre Kultur des Hoch-MA gestatten; so stieß S. de B. in Neuville (Diöz. Lyon) um 1250 auf den bäuerl. Kult eines hl. Hundes (»De adoratione Guinefortis canis«) und sorgte als Inquisitor für dessen Ausrottung.

Als »Proto-Dominikaner-Erzähler« (R. SCHENDA) beeinflußten S. de B. und seine Exempelsammlung spätere Exempelkompilatoren wie Arnold v. Lüttich, Johannes →Herolt, →Johannes Gobii Junior, Johannes →Nider oder Ulrich →Boner nachhaltig. Ch. Daxelmüller

Ed. und Lit.: EM IV, 511-519 - LThK² IX, 1043 - J. QUÉTIF - J. ÉCHARD, Scriptores OP I, 1719, 184-194 - R. A. LECOY DE LA MARCHE, Anecdotes hist., légendes et apologues tirés du recueil inéd. d'Étienne de Bourbon, 1877 - A. E. SCHÖNBACH, Studien zur Erzählungslit. des MA, 1909 - B. ALTANER, Der hl. Dominikus, Unters.en und Texte, 1922 - J. BERLIOZ, Étienne de Bourbon, O. P. († 1261), »Tractatus de diversis materiis predicabilibus« (3ème partie »De dono scientie«), Ét. et éd., I-IV, 1977 - DERS., 'Quand dire c'est faire dire'. Exempla et confession chez Étienne de Bourbon (Faire croire, Act. de la Table ronde de Rome, 22-23 juin 1979, 1981), 299-335 - DERS., Pèlerinage et pénitence dans le recueil d'exempla d'Étienne de Bourbon O. P. (La Faute, la répression et le pardon, 107e Congr. nat. des soc. savantes, Brest 1982, 1984), 399-412 - C. BERMOND, J. LE GOFF, J.-C. SCHMITT, L'»Exemplum«, 1982 - J.-C. SCHMITT, Der hl. Windhund, 1982, 23f. - J. BERLIOZ, Sainte Pélagie dans un exemplum d'Étienne de Bourbon (Seminaire d'hist. des textes de l'École normale superieure. Pélagie la pénitente, II, 1984), 165-171 - DERS., »Héros« païen et predication chrétienne: Jules César dans le recueil d'exempla du dominicain Etienne de Bourbon (Exemplum et Similitudo, hg. W. J. AERTS-M. GOSMAN, 1988), 123-143 - Les Exempla médiévaux, hg. J. BERLIOZ-M. A. POLO DE BEAULIEU, 1992, 137-149.

2. S. Tornacensis, einer der ersten →Dekretisten, * 18. Febr. 1128 in Orléans, † 11. Sept. 1203 in Tournai, studierte in Bologna beide Rechte; 1167 wurde er Abt (CanR) v. St-Euverte (Orléans), 1176 v. Ste-Geneviève (Paris) und 1192 Bf. v. →Tournai. Neben Glossen verfaßte er zum →Decretum Gratiani der am besten überlieferten Summen (1166/69), die in ihrer Bedeutung und ihrem Einfluß, bes. auf die frz. Dekretistenschule, wohl noch zu wenig gewürdigt wurde. Gegenüber seinen dekretist. Vorgängern →Paucapalea, →Rolandus und →Rufinus ist dabei v. a. seine jurist.-kanonist. Denkweise und Argumentation hervorzuheben. H. Zapp

Teiled.: Die Summa des S. T. über das Decr. Gratiani, hg. J. F. v. SCHULTE, 1891 [Nachdr. 1965] - Lettres d'Étienne de T., ed. J. DESILVE, 1893 - MPL 211, 309-576 - Lit.: DDC V, 487-492 [G. LEPOINTE] - KUTTNER, 133-136 - DERS., The Third Part of S. of T.'s Summa, Traditio 14, 1958, 502-505 - R. G. KNOX, Rufinus and S. on Church Judgement, 1976 [Diss. masch. Yale] - H. KALB, Stud. zur Summa S.' v. T., 1983 [Lit.] - R. G. KNOX, The Problem of Academic Language in Rufinus and S., MIC, C 7, 1985, 109-123 - A. GOURON, Sur les sources civilistes et la datation de Sommes de Rufin et d'Étienne de T., BMCL 16, 1986, 55-70 - H. KALB, Bemerkungen zum Verhältnis von Theologie und Kanonistik am Beispiel Rufins und S.' v. T., ZRGKanAbt 72, 1986, 338-348 - R. WEIGAND, Stud. zum kanonist. Werk S.' v. T., ebd., 349-361 - G. CONKLIN, S. of T. and the Development of aequitas canonica, MIC, C 9, 1992, 369-386 - A. GOURON, Canon Law in Parisian Circles before S. of T.'s Summa, ebd., 497-503.

Stephen (s. a. Stefan, Stephan, Stephanus)

1. S. of Bersted, Bf. v. →Chichester 1262-87, † 1287; stammte aus Bersted in der Nähe von Chichester, seit 1247 Kanoniker in Chichester, seit 1254 Theologieregens an der Univ. Oxford, er war auch Kaplan von →Richard of Wych, Bf. v. Chichester. S. of B. gehörte zu der Gruppe von Bf.en, die für Simon de →Montfort eintraten, den er bis zur Schlacht v. →Lewes (14. Mai 1264) begleitete, und er führte die fehlgeschlagenen Verhandlungen für eine friedl. Einigung. Nach Montforts Sieg gehörte er zu den drei »Wählern« des King's →Council und trug letztl. die Regierungsverantwortung. Nach dem Tod Montforts am 4. Aug. 1265 (→Evesham, Schlacht v.) wurde S. of B. von seinem Amt durch den Papst suspendiert, der ihn auch zwang, nach Rom zu gehen. Er kehrte bis zur Regierung Eduards I. nicht nach England zurück. S.s Politik wurde wahrscheinl. durch seine Oxforder Zeit sowie durch die Frömmigkeit von Richard of Wych und →Robert Grosseteste geprägt. Wenn man davon ausgeht, daß S.s Ansichten in der Montforts Sieg preisenden Dichtung »The Song of Lewes« - wahrscheinl. von einem Mönch in seiner Umgebung verfaßt - dargestellt wurden, dann betrachtete er als Pflicht des Kg.s die Regierung im Rahmen des Gesetzes zum Wohl aller Untertanen, gemeinsam mit seinen einheim. Magnaten und nicht mit Ausländern. Da →Heinrich III. diesen Anspruch nicht erfüllte, war es für die »community of the realm« notwendig, ihm Einschränkungen aufzuerlegen. D. A. Carpenter

Ed. und Lit.: The Song of Lewes, ed. C. L. KINGSFORD, 1890 - BRUO I, 1957.

2. S. Langton →Langton, Stephen

Stepprock, um 1370-80 modischer →Waffenrock aus gepolstertem, längsgesteppten Stoff. O. Gamber

Lit.: J. ARNOLD, The Jupon or Coat-Armour of the Black Prince in Canterbury Cathedral, Church Monuments VIII, 1993.

Sterbegebete (lat. commendatio animae; seit 1972 c. morientium) bilden den Gottesdienst, mit dem das Sterben des Christen von der Kirche begleitet wird. Gemäß der ältesten erhaltenen röm. Ordnung (7./8. Jh.) wurde nach dem Darreichen der Wegzehrung die Leidensgesch. (nach Joh) gelesen, an die sich unmittelbar nach dem Verscheiden das Responsorium »Subvenite« mit Vers »Requiem aeternam« sowie die Pss 114/115 (113) bis 120 (119) und eine Oration anschlossen (ALW 7/2, 1962, 360-415). Im Laufe der Zeit wurde die Passionslesung durch Gebete ergänzt. Ehrwürdigstes Element sind die als S. im 8. Jh. auftauchenden 13 mit »Libera« beginnenden Anrufungen um Rettung des Sterbenden mit Berufung auf frühere, v. a. atl. Rettungstaten Gottes (Paradigmengebete) (GeG 2893). Für den Anfang des 8. Jh. ist die Litanei bezeugt (AASS IV [Febr. II], 423), für das gleiche Jh. auch der von chr. Hoffnung geprägte Text »Proficiscere« (GeG 2892). Die ursprgl. bei der Krankenbuße in Todesgefahr verwendete Oration »Deus misericors« (GeV 364) und der auf den Brief von →Petrus Damiani († 1072) an einen Kranken zurückgehende Text »Commendo te« (MLP 144, 497f.) waren für den Vollzug am Sterbebett weniger gut geeignet. R. Kaczynski

Lit.: R. KACZYNSKI, Sterbe- und Begräbnisliturgie (Gottesdienst der Kirche 8, 1984), 204-217 [Lit.].

Sterben, Sterbestunde → Tod

Sterbfall → Besthaupt; →Gewandfall

Stereometrie → Visierkunst

Sterling (von ae. *ster* = festgelegt, beständig; frz. *esterlin*, Bezeichnung für engl. (auch ir. und schott.) →Pennies seit dem 11. Jh., bes. für die *short-cross-*S.e (1180-1247), *long-cross-*S.e (1247-78) und *Edwardian-*S.e (1278-1351). Der S. breitete sich seit dem Beginn des 13. Jh. bes. in Frankreich, den Niederlanden, N-, NW- und W-Deutschland und Skandinavien aus; er wurde dem Kölner →Pfennig gleichgesetzt. Der short-cross-S. (kurzes Doppelfadenkreuz auf der Rückseite) wurde vornehml. in Westfalen, z. T. täuschend ähnl. nachgeahmt, der long-cross-S. (langes Doppelfadenkreuz auf der Rückseite) in den Niederlanden, Luxemburg, Frankreich, dem Rheinland, Westfalen und Skandinavien imitiert. Der Edwardian-S. (langes schlichtes Kreuz) findet sich als Nachahmung in Frankreich,

Luxemburg, den Niederlanden, Rheinland, Westfalen und Skandinavien. Häufig wurde die Vorderseite des S.s (gekrönter Kg.skopf) abgewandelt (→Brabantinus). In den schriftl. Q. erscheint der S. als Sterlingus, sterlingus anglicus oder anglicus. S. wird auch als Rechenbegriff (Pound S.) und als Bezeichnung des →Feingehalts des engl. Penny benutzt. P. Berghaus

Lit.: J. Chautard, Les imitations des monnaies au type Esterlin, 1871 – F. v. Schroetter, Wb. der Münzkunde, 1930, 662f. – P. Berghaus, Die Perioden des S.s in Westfalen, dem Rheinland und in den Niederlanden, HBNum 1, 1947, 34–53 – S. E. Rigold, The Trail of the Easterlings, Brit. Num. Journal 29, 1949–51, 31–55 – P. Grierson, S. (Anglo-Saxon Coins, Studies presented to F. M. Stenton, 1961), 266–283 – KL XVII, 1972, 167–172 – N. Klüssendorf, Stud. zur Währung und Wirtschaft am Niederrhein, 1974, 107f. – N. J. Mayhew, S. Imitations of Edwardian Type, 1983 – P. Spufford, Handbook of Medieval Exchange, 1986, 363 – P. Grierson, Coins of Medieval Europe, 1991, 226.

Sternberg, Adelsfamilie des böhm. Hochadels, belegt seit Anfang des 12. Jh., erwarb im Dienst der →Přemysliden im 12. und 13. Jh. großen Einfluß und zahlreiche Güter. Noch im SpätMA bekleideten die S. wichtige Hof- und Landesämter. Die Familie spaltete sich im 13. Jh. in eine böhm. und eine mähr. Hauptlinie (Residenzen: Böhmisch S. und Mährisch S.). Die mähr. Linie verband sich mit der bedeutenden Adelsfamilie →Krawarn, starb aber im 16. Jh. aus. Die böhm. Linie teilte sich in zwei Familien auf: S. v. Holice, aus der Kunhuta (∞ →Georg v. Podiebrad; † 1449) und Alesch († 1455), Anhänger Kg. Siegmunds, bedeutender Politiker und Diplomat, stammten; von den S. v. Konopiště wurde Zdeněk († 1476) durch seine polit. und kulturellen Aktivitäten bekannt (vgl. Johann v. Rabenstein, Dialogus). M. Polívka

Lit.: J. Tanner, Gesch. derer Helden v. Sternen, 1732 – R. Urbánek, Věk poděbradský, České dějiny III, 1915 – V. Kosinová, Zd. ze S. a jeho královské ambice (Sborník prací k 60. nar. J. B. Nováka, 1932), 206–218 – J. Pánek, Historický spis o pánech ze Šternberka a otázka autorství V. Březana, Sborník archivních prací 33, 1983, 443–482 [Lit.].

Sterne, Sternbilder

I. Allgemein – II. Die antik-lateinische Tradition – III. Die antik-arabisch-lateinische Tradition – IV. Ikonographie.

I. Allgemein: Die moderne Astronomie teilt nach internat. Abmachung seit 1930 die gesamte Himmelsfläche in 88 streng geometr. abgegrenzte, rechteckige Felder unterschiedl. Größe und unregelmäßiger Form, die nach einstmals in ihrem Bereich gelegenen S.bildern benannt werden. 51 der Felder gehen auf →Ptolemaeus zurück, der im →»Almagest« 48 S.bilder verzeichnet, von denen eines in neuer Zeit in vier Einzelbilder zerlegt wurde. Der Ursprung der Mehrzahl der antiken gr. S.bilder ist babylon., hinzu kommen eigene Bildungen aus der Antike. Neben dem aus der Antike über das MA bis in die NZ beibehaltenen kanon. S.bilderbestand besaßen die einzelnen Völker jeweils eine begrenzte Anzahl eigener Gestirnnamen für bedeutendere oder auffällige Himmelsobjekte, die z. T. auch in den Gesamtkomplex der Tradition einflossen. Das Himmelsbild des europ. MA war einerseits bestimmt durch eine von Aratos (3. Jh. v. Chr.) ausgehende antik-lat. Traditionsreihe, andererseits durch eine antik-arab.-lat. Traditionsreihe, die zunächst ebenfalls von den Griechen (v. a. Ptolemaeus) ausging, jedoch auf dem Umweg über den arab.-islam. Orient das ma. Europa erreichte. Im byz. Raum verwendete man neben Übers.en aus dem islam. Bereich (arab., pers.) im MA weiterhin die antik-gr. Texte (Ptolemaeus).

II. Die antik-lateinische Tradition: Im westl. Europa wurde im MA so gut wie nicht auf gr. astronom. Texte zurückgegriffen, hauptsächl. wurde lat. Material übernommen und weiterüberliefert. Für die →Fixsterne und S.bilder stand hierbei die lat. Aratostradition im Mittelpunkt, bes. die lat. Fassung von Claudius Caesar Germanicus (15 v. Chr.–19. n. Chr.) und deren Komm.e und Scholien, dazu auch die Schrr. von →Hyginus (1. Jh.) und →Avienus (2. Hälfte 4. Jh.). Die zugehörigen Hss. enthalten meist auch Zeichnungen der einzelnen S.bilder (z. B. Leiden, Ms. Voss. Lat. Q. 79, um 830–840; vgl. von Euw) und gelegentl. ganze Himmelskarten, sog. Planisphären, die entweder den gesamten antiken S.himmel mit allen S.bildern auf einem Blatt oder getrennt den nördl. und südl. S.himmel auf zwei Blättern (Hemisphären) darstellen (Thiele; Saxl, I–IV; Roth, 182–192, 332f. [Tab. 93–94]; Kunitzsch 1986, 9–11). Solche Planisphären gibt es auch in gr. Hss. (Vat. gr. 1087, 15. Jh.; Boll, Taf. I). Die Texte zählen die S.bilder auf, geben mytholog. Erklärungen zu den Bildnamen und erwähnen die Anzahl der S.e in jedem Bild. Die Abb. zielen in erster Linie auf die mytholog. und künstler. Illustration der Figuren, ebenso die Planisphären auf die Veranschaulichung des Gesamtanblicks; sie waren für astronom.-wiss. Zwecke unbrauchbar. Diese Traditionsreihe findet sich auch noch im »Liber introductorius« des →Michael Scotus († um 1235), der aber auch Elemente aus der »Sphaera barbarica« und aus der arab. Tradition einmischt (Boll, 439ff.). Wiss. brauchbare Himmelskarten mit astronom. exakter Definition (nach Ptolemaeus) und Positionierung der S.e tauchen erst im 15. Jh. auf (Ms. Wien 5415, um 1440); in ihrer Fortsetzung stehen – über Zwischenglieder – dann auch die Holzschnitte des nördl. und südl. S.himmels von A. →Dürer, 1515 (Kunitzsch 1986, 10f.; Dekker II, 519–523). Seit der Antike waren auch Himmelsgloben bekannt und verbreitet (vgl. Ptolemaeus, Almagest VIII, 3), die den gesamten S.himmel und die wichtigsten Großkreise am Himmel in 'Außen- oder Globusansicht' (im Gegensatz zum natürl. Anblick von 'innen' am Himmelsgewölbe) darstellen. Aus röm. Zeit (Mitte 2. Jh.?) ist ein Marmorglobus erhalten, der sog. »Atlas Farnese« (Dekker II, 504f.). Daß Exemplare von Himmelsgloben auch das ma. Europa erreicht haben, beweisen z. B. die Zeichnungen in den Hss. St. Gallen, Stiftsbibl. 250 und 902 (9. bzw. 10. Jh.; vgl. von Euw, 23). Der Himmelsglobus scheint dann aber keine große Rolle mehr gespielt zu haben; es gibt kaum Texte darüber, und es haben sich keine Exemplare erhalten. Erst aus dem Besitz des →Nikolaus v. Kues (1401–64) hat sich ein Himmelsglobus überlebt, dessen Bildzeichnungen vermutl. aus dem 14. Jh. stammen (Hartmann, 28ff.; Dekker II, 508f.). In ganz anderer Umgebung treffen wir die S.bilder aus dieser Tradition auf dem »Sternenmantel« Ks. Heinrichs II. (wohl um 1020), auf dem die nördl., die →Tierkreis- und vier südl. S.bilder sowie zwei S.hemisphären abgebildet sind (von Pölnitz; Zinner). Neben dieser festgefügten Text- und Bildüberlieferung aus der lat. Aratostradition finden sich vereinzelt auch unabhängige S.- und S.bildbeschreibungen. So führt →Gregor v. Tours (um 540–594) in »De cursu stellarum« 14 S.bilder an, aus deren Beobachtung Mönche die nächtl. Gebetszeiten bestimmen sollen. Die von ihm verwendeten Namen zeigen nur vereinzelt Anklänge an die antike Nomenklatur; größtenteils verwendet er zeitgenöss. volkssprachl. oder aufgrund der Beobachtung von ihm selbst gebildete Namen (Bergmann-Schlosser; McCluskey).

III. Die antik-arabisch-lateinische Tradition: Während die lat. Aratostradition mehr die lit., mytholog. und künstler. Aspekte des Himmelsbildes verfolgte, stand die astronom.-wiss. Erfassung und Behandlung der Fixs.e und S.bilder im westl. Europa seit Ende des 10. Jh. v. a. unter arab. Einfluß. Das 'arab.' Material umfaßte sowohl ins Arab. übersetzte Schrr. antik-gr. Autoren als auch Schrr. arab.-islam. Autoren, die ihrerseits im wesentl. von der antiken Astronomie (Ptolemaeus) beherrscht waren. Die Übernahme ins westl. Europa erfolgte durch arab.-lat. Übers.en in Spanien (erster Ansatz gegen Ende des 10. Jh., hauptsächl. im 12. Jh., Ausläufer im 13. Jh.).

Theorie der Fixsterne: Im Rahmen des aristotel.-ptolemäischen →Weltbildes nahm man an, daß alle Fixs.e auf einer achten →Sphäre (jenseits der sieben Planetensphären) befestigt seien. Sie sind unveränderl. in Bezug auf ihre Eigenschaften (Größe, Farbe), können ihre Stellung zueinander nicht verändern und haben alle den gleichen Abstand von der im Zentrum des Alls stehenden Erde. Ihre Sphäre (und mit ihr die S.e) vollzieht eine tägl. Umdrehung um die Erde von O nach W. Daneben hat die achte Sphäre eine sehr langsame Umdrehung (um den Pol der →Ekliptik) von W nach O, die sog. Präzession, deren Wert Ptolemaeus zu 1° in 100 Jahren annahm; die Araber verbesserten diesen Wert auf 1° in 66 oder 70 Jahren (moderner Wert: 1° in ca. 71,6 Jahren; →Planeten, II). Für die Positionsbestimmung der S.e diente als Ausgangspunkt der S.katalog des Ptolemaeus: Als Koordinaten waren darin verwendet ekliptikale Länge (longitudo) und Breite (latitudo). Durch Anwendung der Präzessionskonstante konnte man daraus die Längen der S.e für jeden beliebigen Zeitpunkt berechnen; die Breiten blieben unverändert. Für Instrumente (bes. Astrolab) erwies sich die Verwendung anderer Koordinaten als praktischer: mediatio coeli (d.i. derjenige Grad der Ekliptik, der zusammen mit einem S. den Meridian passiert) und Deklination (d. i. der Abstand des S.s vom Himmelsäquator). Diese Koordinaten wurden üblicherweise aus den ekliptikalen Koordinaten errechnet.

Sternkataloge: Der grundlegende S.katalog bis hin zu →Kopernikus war der des Ptolemaeus (Almagest VII-VIII; Epoche 137 n. Chr.). Er gliedert den S.bestand in 48 S.bilder (21 nördl.: Ursa Minor, Ursa Maior, Draco, Cepheus, Bootes, Corona Borealis, Hercules, Lyra, Cygnus, Cassiopeia, Perseus, Auriga, Ophiuchus, Serpens, Sagitta, Aquila, Delphinus, Equuleus, Pegasus, Andromeda, Triangulum; 12 Tierkreisbilder: Aries, Taurus, Gemini, Cancer, Leo, Virgo, Libra, Scorpius, Sagittarius, Capricornus, Aquarius, Pisces; 15 südl.: Cetus, Orion, Eridanus, Lepus, Canis Maior, Canis Minor, Argo, Hydra, Crater, Corvus, Centaurus, Lupus, Ara, Corona Australis, Piscis Austrinus) mit insgesamt 1025 S.en, die mit ekliptikalen Koordinaten und scheinbarer Größe (sechs Größenklassen mit Untergruppen) tabellar. verzeichnet sind. Der Almagest wurde um 1150-80 durch →Gerhard v. Cremona in Toledo aus dem Arab. ins Lat. übersetzt. Seine Version blieb für die folgenden Jahrhunderte die Standardversion (eine um 1150 aus dem Griech. übersetzte lat. Fassung blieb demgegenüber weitgehend unbeachtet). Der S.katalog in Gerhards Fassung wurde später (mit Umrechnung der Längen auf 1252 [Datum der Thronbesteigung →Alfons' X. v. Kastilien]) auch in die seit dem 14. Jh. weitverbreiteten »Alfonsin. →Tafeln« übernommen. Ebenfalls bildete sie (mit Umrechnung der Längen auf aṣ-Ṣūfīs Wert von 964) den Kern einer wohl im 13. Jh. in Sizilien entstandenen lat. Ṣūfī-Kompilation, die dazu die Abb. der S.bilder von →aṣ-Ṣūfī sowie im Laufe der Zeit noch weitere Textelemente aufnahm (KUNITZSCH 1989, XI). In die unter Alfons X. v. Kastilien verfaßten →»Libros del saber de astronomía« wurde der ptolemäi-sche S.katalog ebenfalls aufgenommen, unter Rückgriff auf arab. Texte sowie mit Verwendung von Gerhards lat. Version.

Sterntafeln: Für den Gebrauch auf dem →Astrolab und anderen Instrumenten wurden häufig kleinere S.tafeln mit ca. 20-70 S.en erstellt. Die älteste derartige Tafel vom Ende des 10. Jh., als in NO-Spanien die erste Kenntnisnahme des Astrolabs anhand arab. Texte und Instrumente erfolgte, enthält 27 S.e (KUNITZSCH 1966, Typ III). Eine Tafel mit 40 S.n erstellte 1246 in Paris →Johannes v. London aufgrund eigener Beobachtung (KUNITZSCH 1966, Typ VI). Sonst war eigene Beobachtung selten; zumeist wurden die Tafeln in reiner Bucharbeit nach überlieferten Koordinaten lediglich umgerechnet, einige wurden auch aus dem Arab. übersetzt. Auch in Byzanz wurden arab. S.tafeln dieser Art übernommen (KUNITZSCH 1989, II; III).

Sonstige Vorkommen: Neben dem Almagest, Astrolabtraktaten und anderen astronom. Schrr. kommen die S.e auch in astrolog. Werken vor (u. a. Ptolemaeus, Tetrabiblos I, 9; III, 12 [ebenfalls in arab. und arab.-lat. Übers.en]; →Abū Maʿšar, Introductorium maius II, 1; VI, 20; KUNITZSCH 1989, XII; XVI; XVII). Hier werden einzelnen helleren S.en bzw. ganzen S.bildern die 'Temperamente' (κρᾶσις, arab. *mizāǧ* oder *ṭabīʿa*, lat. complexio oder natura) der Planeten oder andere astrolog. Eigenschaften zugeordnet. Eine Sonderform von S.bildern stellen die nichtklass. Bilder der »Sphaera barbarica« dar, die in der Spätantike aus Elementen verschiedenster Herkunft zusammengefügt (BOLL) und in astrolog. Texten überliefert, auch das westl. Europa erreichten (Abū Maʿšar, Introd. mai. VI, 1; ed. K. DYROFF; BOLL, Beilage 6; hierin auch die vermeintl. Prophezeiung der jungfräul. Geburt Jesu, die im MA in Europa großes Aufsehen erregte; THORNDIKE, KUNITZSCH 1970).

Nomenklatur: Für die Benennung der S.bilder und der helleren S.e finden sich in der Lit. einerseits die überkommenen antik-lat., daneben aber auch in reichem Maße bei den Übers.en transkribierte arab. Namen, die größtenteils arab. Gestirnnamen, zuweilen aber auch ins Arab. transkribierte gr. Namen darstellen. Das übernommene arab. Namenmaterial unterlag im Laufe der Überlieferung meist starken Entstellungen. In der Renaissance begannen Gelehrte (G. Postellus, J. Scaliger, H. Grotius), die überlieferten korrupten Namen zu rekonstruieren. Aus Mangel an Texten mußten sie dabei zumeist spekulativ verfahren und brachten dadurch viele neue Formen in den Namensbestand ein, die in den arab. Q. selbst nicht existierten. Erst in der NZ gelang es, die richtigen Namenformen anhand der Originaltexte zu ermitteln.

Zu anderen Himmelsobjekten und -erscheinungen s. →Finsternis; →Kometen; →Meteor, Meteorit; →Mond; →Planeten; →Sonne; →Supernova; →Tafeln, astronom.

P. Kunitzsch

Lit.: *zu [I]*: A. SCHERER, Gestirnnamen bei den idg. Völkern, 1953 – B. L. VAN DER WAERDEN, Erwachende Wiss., II, 1968 – A. LE BOEUFFLE, Les noms lat. d'astres et de constellations, 1977 – *zu [II]*: G. THIELE, Antike Himmelsbilder, 1898 – F. BOLL, Sphaera, 1903 – F. SAXL, Verz. illustr. astrolog. und mytholog. Hss. des lat. MA, I, 1915; II, 1927; III [mit H. MEIER], 1953; IV [P. McGURK], 1966 – J. HARTMANN, Die astronom. Instrumente des Kard.s Nikolaus Cusanus, 1919 – A. G. ROTH, Die Gestirne in der Landschaftsmalerei des Abendlandes, 1945 – E. ZINNER, Die astronom. Vorlagen des S.enmantels Ks. Heinrichs, Berichte Naturforsch. Ges. Bamberg 33, 1952 – DERS., Neue Forsch. über den S.enmantel Ks. Heinrichs II., ebd. 36, 1958 – S. v. PÖLNITZ, Die Bamberger Ks.mäntel, 1973 – U. BAUER, Der Liber Introductorius des Michael Scotus in der Hs. Clm 10268 der Bayer. Staatsbibl. München, 1983 – P. KUNITZSCH, Peter Apian und Azophi, SBA PPH,

H. 3, 1986 – W. Bergmann–W. Schlosser, Gregor v. Tours und der »Rote Sirius«, Francia 15, 1987, 43–74 – A. von Euw, Der Leidener Aratus (Ausst.-Kat. Bayer. Staatsbibl., 1989) – S. C. McCluskey, Gregory of Tours ..., Isis 81, 1990, 9–22 – E. Dekker (Focus Behaim Globus [Ausst.-Kat. Germ. Nat.-Mus. Nürnberg, I–II, 1992]) – zu [III]: El², s. al-Nudjūm [P. Kunitzsch] – L. Thorndike, Reconsideration of Works ascribed to Albertus Magnus, Speculum 30, 1955, bes. 423–427 – F. J. Carmody, Arabic Astronomical and Astrological Sciences in Lat. Translation, 1956 – P. Kunitzsch, Arab. S.namen in Europa, 1959 – Ders., Typen von S. verzeichnissen in astronom. Hss. des 10.–14. Jh., 1966 – J. Hess, On Some Celestial Maps, JWarburg 30, 1967, 406–409 – P. Kunitzsch, Das Abū Maʿšar-Zitat in Rosenroman, RF 82, 1970, 102–111 – Ders., Der Almagest, 1974 – D. J. Warner, The Sky Explored, 1979 – A. Domínguez Rodríguez, Astrología y arte en el Lapidario de Alfonso X el Sabio, 1984 – G. Strohmaier, Die S.e des Abd ar-Rahman as-Sufi, 1984 – K. Lippincott, The Astrological Vault of the Camera di Griselda from Roccabianca, JWarburg 48, 1985, 42–70 – P. Kunitzsch, The Arabs and the Stars, 1989 – C. Ptolemäus, Der S.katalog des Almagest, hg. P. Kunitzsch, II: Die lat. Übers. Gerhards v. Cremona, 1990; III: Gesamtkonkordanz der S.koordinaten, 1991 – E. Savage-Smith, Celestial Mapping (The Hist. of Cartography, ed. J. B. Harley–D. Woodward, II, 1, 1992), 12–70.

IV. Ikonographie: Darstellung in unterschiedl. Erscheinungsformen: als einzeln oder in Gruppen auftretende S.e in vorwiegend christolog. Zusammenhängen; als Personifikation, wobei unterschieden werden muß in Darstellungen von S.bildern, hier v. a. die zwölf Bilder des Tierkreises (Zodiakus) mit den gleichnamigen Zeichen, und Planeten in christolog., kosmolog. und enzyklopäd. Systemen – dabei stets auf die enge Verknüpfung der Gestirne mit dem Göttlichen hinweisend.

S.e im christolog. Bezug z. B. als Stern v. Bethlehem (Meister Francke: Anbetung der Hl. Drei Kg.e, Thomas-Altar, 1424; Hamburg, Kunsthalle), in Majestas-Domini-Bildern oder »Christus als Weltenrichter« (Apokalypse-Fenster, um 1220; Kathedrale v. Bourges), in Darstellungen der Maria als Apokalypt. Weib, aus der sich dann im SpätMA die Bildtypen der Strahlenkranzmadonna und der »Madonna auf der Mondsichel« entwickeln. S.e auch als Attribute von Hl.n (Bruno, Hubertus, Nikolaus usw.) und Planetengöttern.

Die personifizierten Darstellungen der S.e und Gestirne orientieren sich an den in der babylon. Lit. und Kunst vorgebildeten hellenist.-röm. Vorstellungen. (Älteste ma. Beispiele in Hss. des 9. Jh. [vgl. F. Saxl, Verz. astrolog. und mytholog. ill. Hss. des lat. MA, 1915–53; Nachdr. 1978]). Ihre Anwesenheit betont die Universalität und das Ewiggültige des hl. Ereignisses (Kreuzigung mit →Sonne und Mond: Elfenbein-Buchdeckel des Clm 4452, 9. Jh.; München, Bayer. Staatsbibl.; Christus inmitten des Zodiakus: Utrecht-Psalter, um 830; UB Utrecht, Ms. 32, fol. 36r). In den Bildprogrammen frz. Kathedralen des 12./13. Jh. werden sie im Sinne einer Enzyklopädie zu anderen Gruppen in Bezug gesetzt, finden aber v. a. in Buchmalerei und Druckkunst Verbreitung. Aufgrund ihrer Zwölfzahl gehen S.bilder und Tierkreiszeichen vielfach zusammen mit Monatsbildern (Ste. Madeleine, Vézelay: Tympanonrelief über dem Hauptportal, um 1130; Amiens, Reliefs des W-Portals, 1235–1255; Kalenderbilder im Stundenbuch des Hzg.s v. Berry, um 1416; Chantilly, Mus. Condé, Ms. 65), während die Zahl der Planeten einen Bezug zu anderen Siebenergruppen (z. B. Tugenden und Laster) nahelegt. Den Einfluß der S.e auf den menschl. Körper zeigen Darstellungen des Menschen als Mikrokosmos (Hortus deliciarum der Herrad v. Landsberg; Stundenbuch des Hzg.s v. Berry, fol. 14v).

Die »Kinder« eines bestimmten Planeten, also die Menschen, in denen die meisten der guten und schlechten Eigenschaften und Fähigkeiten des namengebenden antiken Gottes vereinigt sind, weil sie unter einer bestimmten Gestirnkonstellation geboren waren, werden in der Graphik des 15. Jh. in den sog. »Planetenkinderbildern« verbildlicht: ausführl. Schilderungen von menschl. Fähigkeiten und Schicksalen, die als von den in einer Sphäre über ihnen schwebenden Planeten abhängig vorgestellt werden. Zu den bedeutendsten Beispielen gehören die Zeichnungen im sog. »Ma. Hausbuch« (um 1480; Schloß Wolfegg, Fsl. Slg.en).

Der Glaube, daß alle Naturerscheinungen bestimmt werden durch das period. Auftauchen und Verschwinden der S.e und Planeten und daß das Leben und Schicksal des Menschen dem unmittelbaren Einfluß der Gestirne unterworfen sind, äußert sich in komplexen Schilderungen, in denen S.- und Planetenbilder sowie Tierkreiszeichen in Beziehung gesetzt werden zu den Temperamenten und den jeweils in ihnen vorherrschenden »Grundsäften«, zu den Elementen, den Jahres- und Tageszeiten, Windrichtungen und Lebensaltern: Der mit den S.bildern Steinbock und Wassermann verbundene Saturn – mit dem gr. Gott Kronos gleichgesetzt, aber oft fälschlicherweise als Chronos (Zeit) bezeichnet (Klibansky, Saxl, Panofsky, 210ff.) – wird als röm. Gott des Ackerbaus zumeist mit Sense oder Hacke als Attribut abgebildet. Als aufgrund seiner längsten Umlaufbahn langsamster von allen Wandels.en ist er der Planet der Melancholiker. Zu ihm gehört die trockene und kalte schwarze Galle. Sein Element ist die Erde. Seine typ. Erscheinung als älterer oder alter Mann weist ihn als Vertreter der letzten oder einer der letzten Lebensalterstufen aus. Darüber hinaus wird er mit dem Herbst und bisweilen mit der Tageszeit Abend in Verbindung gebracht. Seine »Kinder«: Bauern, aber auch Einsiedler und Krüppel. – Jupiters Attribute sind Pfeile, Blitzebündel oder Zepter, auch Bücher. Er ist der Planet der Sanguiniker. Zu ihm gehört das warme und feuchte Blut. Sein Begleittier ist der Adler, sein Element die Luft. Seine »Kinder« widmen sich versch. Wissenschaftsbereichen, gehen gern zur Jagd, streben nach Reichtum und Gelehrsamkeit. S.bilder: Fische und Schütze. – Mars, begleitet von Widder und Skorpion, erscheint gerüstet und bewaffnet. Dem heißen und trockenen, mit der Sonne am nächsten stehenden Planet der Choleriker wird als Körpersaft die gelbe Galle zugeteilt. Sein Tier ist der Widder, seine Jahreszeit aufgrund seiner Eigenschaften und seiner Position in bezug auf die Sonne der Sommer, sein Element das Feuer. Seine »Kinder« gelten als streitlustig. – Dem Sonnengott Sol, Buch, Fackel oder Zepter haltend und vielfach auf einem Vierergespann dargestellt, entspricht das S.bild Löwe. Seine »Kinder« galten im allg. als herrschsüchtig, aber auch als geborene Herrscher im weltl. wie im kirchl. Bereich. – Venus, oft begleitet vom geflügelten Amor, steht zw. Stier und Waage. Ihre Attribute sind Spiegel, Blumenstrauß oder auch die Laute; ihr Tier ist der Pfau. Eigenschaften: mäßig feucht und kühl. Ihre »Kinder« sind genußsüchtig, auch musisch begabt. – Merkur, manchmal durch Pegasus und Caduceus als »Götterbote« ausgewiesen, erscheint mit Buch oder Geldbeutel. Verkörperung der jugendl. Lebensstufe. Begleittier: Hahn (Wachsamkeit). Seine »Kinder«: musisch begabt, redegewandt, Kaufleute, aber auch Quacksalber, Schauspieler, fahrendes Volk und Diebe. S.bilder: Zwillinge und Jungfrau. – Die Mondgöttin Luna, zuweilen auf einem Zweiergespann dargestellt, trägt Horn, Füllhorn oder Fackel, Mondsichel. Planet der Phlegmatiker, in denen als Körpersaft der Schleim vorherrscht. S.zeichen: Krebs. Lunas Element ist das Wasser, so daß auch ihre

»Kinder« vorwiegend dementsprechende Tätigkeiten ausüben (Schiffahrt, Fischfang).

Die ab dem 14. Jh. in Italien auftretenden »Hausplaneten« – in Dtl. erst ab dem 16. Jh. nachweisbar – verdeutlichen, wie tief der Planetenglaube gegen Ende des MA im volkstüml. Bewußtsein verwurzelt war (vgl. O. Behrendsen, Darstellungen von Planetengottheiten an und in dt. Bauten, 1926). M. Grams-Thieme

Lit.: LCI II, 142–149 [Gestirne]; III, 443–445 [Planeten]; IV, 214–216 [S., S.e] – F. Lippmann, Die sieben Planeten, 1895 – A. Hauber, Planetenkinderbilder und S.bilder, 1916 – H. A. Strauss, Zur Sinndeutung der Planetenkinderbilder, Münchner Jb. der bild. Kunst, NF 2, 1925, 48–54 – F. Boll, C. Bezold, W. Gundel, S.glaube und S.deutung, 1966[5] – R. Klibansky, S. Saxl, E. Panofsky, Saturn und Melancholie, 1992 – O. Mazal, Die S.enwelt des MA, 1993.

Sternenkasten (Rosettenkasten). Die vollständig mit Reliefplatten aus →Elfenbein und Knochen verkleideten Holzkästen schließen sich durch eine Gemeinsamkeit zusammen: Ornamentleisten in Form von in Kreise einbeschriebenen achtblättrigen Rosetten (danach Sternenkästen, treffender Rosettenkästen, benannt). Die vorgefertigten Ornamentleisten rahmen rechteckige Bildfelder mit antikisierenden, überwiegend pagan-mytholog. Themen oder Einzelfiguren (Krieger, Jäger, Eroten, Monatsdarstellungen), Tierdarstellungen (musizierende, spielende, kämpfende Kentauren, Löwen, Greifen, Pfauen, Rehe), und in wenigen Fällen mit Motiven aus dem AT (Oktateuch, Davidgeschichte). Aufgrund der nur geringen Variationen wird für die meisten der knapp 140 bekannten Kästen eine einheitl. örtl. und zeitl. Entstehung angenommen: sie werden in mittelbyz. Zeit, v.a. in das 10./11. Jh. datiert. Die Funktion der vermutl. von der höf. gebildeten Schicht des byz. Reiches in Auftrag gegebenen Kästen ist unsicher; da sie zum Teil verschließbar waren, wurden sie vielleicht als Schmuckkästen verwendet.

G. Bühl

Lit.: A. Goldschmidt-K. Weitzmann, Die Byz. Elfenbeinskulpturen des X.–XIII. Jh., I: Kästen, 1930 [Neudr. 1979]; II: Reliefs, 1934, Nr. 236–243 – A. Cutler, On Byz. Boxes, Journal of the Walters Art Gallery 42/43, 1984/85, 32–47 – C. Rizzardi, Un cofanetto di età mediobiz. con bordo a rosette nella collezione di avori del Museo Nazionale di Ravenna, CorsiRav, 1986, 399–414 – A. Cutler, The Hand of the Master: craftsmanship, ivory, and society in Byzantium (9th–11th cent.), 1994, passim.

Sternerbund (in Hessen). Die »Gesellschaft mit dem Stern« war 1372–75 aktiv und hatte ihren Schwerpunkt im nördl. Hessen, reichte jedoch weit darüber hinaus. Die von W. Gerstenberg gen. Zahl von 2000 Mitgliedern, darunter geistl. Fs.en, Gf.en und Herren, ist wohl zu hoch. Statuten sind nicht überliefert. Stärker als bei anderen Vereinigungen des (niederen) Adels standen polit.-militär. Aspekte, die Frontstellung gegenüber der →Lgft. Hessen, im Vordergrund. Verantwortl. dafür waren Hzg. →Otto v. Braunschweig (13. O.) und Gf. Gottfried v. →Ziegenhain, die Initiatoren und Anführer des Bundes. Die Gegnerschaft entlud sich im sog. Sternerkrieg 1372, in dem sich Lgf. Hermann II. siegreich gegen die Sterner behaupten konnte. Wenn der S. auch noch bis 1375 am Mainzer Bm.sstreit beteiligt war (6. Mai 1374: Bündnis mit Ebf. Adolf I. v. Mainz), so zerfiel er doch schon seit 1373 allmähl., da sich viele Mitglieder mit den Lgf.en verglichen. F. Schwind

Lit.: G. Landau, Die Rittergesellschaften in Hessen, Zs. des Ver. für hess. Gesch. und LK, Suppl. 1, 1840 – F. Küch, Beitr. zur Gesch. des Lgf.en Hermann II. v. Hessen, I, Zs. des Ver. für hess. Gesch. und LK NF 17, 1892, 409–439 – →Ritterbünde.

Sternorden (Ordre, auch: Compagnie de l'Étoile), kurzlebiger →Ritterorden, gestiftet von Kg. →Jean II. (Johann dem Guten) v. →Frankreich, der bereits 1344 als Prinz und Hzg. v. →Normandie mit päpstl. Unterstützung die Gründung einer Bruderschaft von 200 Rittern versucht hatte. In Briefen vom 6. Nov. 1351 machte der Kg. zahlreichen frz. Rittern die Gründung des neuen Ordens (Notre-Dame de la Noble Maison) kund, lud sie zum Stiftungsfest ein (6. Jan. 1352 auf dem zu diesem Zweck renovierten kgl. Hof St-Ouen, nördl. von Paris) und schrieb bes. Ordenstracht (rot-weiß) und Insignien vor. Der mit einem Kollegium von Säkularklerikern verbundene S. zählte (zumindest nominell) 500 Mitglieder. Ein geplantes zweites Fest (15. Aug. 1352) unterblieb wegen des Krieges in der →Bretagne; bei Mauron (14. Aug. 1352) ließen fast 100 Ritter des S.s ihr Leben, da sie getreu den Statuten und dem Ethos des Ordens auf dem Schlachtfeld ausgeharrt hatten statt zu entfliehen. Dieser schwere Verlust bedeutete faktisch das Ende des Ordens.

Der S. hatte nach dem Wunsch seines kgl. Oberherrn ('prince') die Aufgabe, die durch ein enges Treueverhältnis an ihn gebundenen Mitglieder zum wahren ritterl. Geist (Disziplin, Wettstreit, brüderl. Hilfe) zurückzuführen. Die Statuten sahen jährl. Versammlungen vor, auf denen jedes Mitglied über seine Kriegstaten, Erfolge wie Mißerfolge, wahrheitsgetreu berichten sollte (Aufzeichnung durch Kleriker in einem Buch, um so die verdientesten Ordensritter würdigen zu können). Alten Rittern sollte kostenlose Versorgung in der 'Noble Maison' v. St-Ouen geboten werden, kein Ritter ohne Erlaubnis des 'prince' außerhalb des Kgr.es Frankreich Kriegsdienste suchen. Die Vorstellungswelt des mit den Interessen der frz. Monarchie völlig korrespondierenden S.s artikuliert sich deutl. in den Ritterschaftraktaten des Geoffroy de →Charny. Johann der Gute erwies sich durch sein unbeirrbares Ausharren auf dem Schlachtfeld v. →Poitiers (1356) als getreuer Anhänger der Ideale seines Ordens. →Ritter, →Chevalier. Ph. Contamine

Lit.: J. Dacre Boulton d'Arcy, The Knights of the Crown. The Monarchical Orders of Knighthood in Later Med. Europe, 1987, 167–210.

Sternschnuppe → Meteor(it)

Sternuhr (Nokturlab, fälschl. manchmal auch: 'Nocturnal'), math.-astron. →Instrument zur nächtl. Zeitbestimmung anhand des Sternstandes. Die S. beruht auf einem einfachen Prinzip: Da die →Sterne tägl. einmal den Polarstern umkreisen, können sie (wie die →Sonne bei Tage) zur Zeitmessung dienen; die von der S. angegebene Zeit ist aber die Sternzeit, die von der Sonnenzeit um eine (jahreszeitl. schwankende) Stundenzahl (bis zu einem Tag) abweicht. Die S. bedarf zur Erfüllung ihrer Funktion daher folgender Teile: Vorrichtung zur Anvisierung des Polarsterns, Skala zur Korrektur der Sternzeit in Sonnenzeit (bewegl. Kalenderscheibe), Ablesesystem für die jeweilige Position der als Merkzeichen verwendeten Sterne (die Hinterachse des Großen Wagens, deren Verlängerung bekanntl. auf den Polarstern führt, oder Sterne des Kleinen Wagens). Trotz des an sich hervorragenden Prinzips erlaubte die S. wegen der groben Kalendereinteilung nur eine geringe Präzision der Zeitbestimmung.

Zwar existiert nur wenig techn. Traktatlit. zur S., doch sind mehrere Exemplare aus dem ausgehenden MA erhalten geblieben. Das Instrument ist aber sicher älteren Ursprungs und geht wohl (allerdings in einer Vorform) auf die Antike zurück; eine Serie von Illustrationen aus Hss. des 11. Jh. (sie stehen teils in Zusammenhang mit Versen des Pacificus v. Verona, 9. Jh., teils mit einem anonymen Kurztext vielleicht aus dem Umkreis von →Gerbert v.

Aurillac) legt zumindest die Annahme einer solchen Entwicklung nahe. E. Poulle

Lit.: F. MADDISON, Medieval Scientific Instruments and the Development of Navigational Instruments in the XVth and XVIth Cent., 1969, 30–35 – E. POULLE, L'astronomie de Gerbert (Gerberto, scienza, storia e mito, 1985), 597–617, bes. 607–610 – J. WIESENBACH, Pacificus v. Verona als Erfinder einer S. (Science in Western and Eastern Civilization in Carolingian Times, hg. P. L. BUTZER–D. LOHRMANN, 1993), 229–250.

Sterzing, Stadt in Südtirol, am unteren Ausgang der Talstufenschlucht rechts des Eisack, im südl. Teil des den Brennerpaß überschreitenden Wipptals und an der Abzweigung des Paßwegs über den Jaufen gelegen. In S. sind mehrere Siedlungskerne zu beobachten: ein vorgesch. Siedlungsplatz am Kronbühel im SW der Stadt, am östl. Fuße desselben die röm. Straßenstation Vipitenum, die im Ortsteil Vill bei der Marien-Pfarrkirche angenommen wird (urkundl. 827/828 »castrum et villa Wipitina«). Die bayer. Dorfsiedlung S. (1180: Stercengum, nach Gründernamen Sterzo?) befindet sich im nördlichsten Teil des Gemeindegebietes und nahm nach der Anlage der südl. anschließenden Stadtsiedlung von S. ('Neustadt'), gegr. durch Gf. →Meinhard II. v. Tirol-Görz (2. M.) um 1280, die Ortsbezeichnung 'Altstadt' (urkundl. 1288) an. Die städt. Ringmauer um die Neustadt und ein custos muri werden urkundl. 1280, 1288 etc. gen. Das Territorium der Stadt umfaßt alle drei Siedlungskerne bzw. das gesamte Gebiet zw. dem Vallerbach im Norden und dem Mareiter- oder Ridnaunerbach im Süden (Gesamtfläche: 23, 741 ha). 1475 wurden hier 99 Feuerstätten gezählt, 1540 waren es 159 Häuser. Der Fund eines röm. Meilensteins v. 201 in der Neustadt belegt die Funktion der antiken Brenner- bzw. Römerstraße als Hauptsiedlungsachse sowohl für Dorf und Stadt S. Die günstige verkehrsgeogr. Lage bewirkte landesfsl. Förderung (Rod- oder Rottfuhrstation seit ca. 1300; exklusives Gastungsmonopol im gesamten Raum zw. dem Brenner, Mittewald und dem Jaufen 1304; Straßenzwang 1363; Verleihung eines Stadtsiegels bzw. -wappens 1328). Der im 15. Jh. aufblühende →Bergbau am Schneeberg (Ridnaun) und bei Gossensaß etc. (Bergrichter seit 1428) verlieh S. sein heutiges prächtiges Stadtbild (Zwölferturm 1468/73, Rathaus 1468/1524, Pfarrkirche 1417/1525 mit Multscher-Altar 1458). Bes. zu erwähnen ist neben dem Hl. Geist-Stadtspital das 1234 gegr. Pilgerhospiz bei/in der ehem. baul. optimal erhaltenen Deutschordenskommende (1254–1809) bei der Pfarrkirche. F. H. Hye

Lit.: K. FISCHNALER, S. am Ausgang des MA, Schlern-Schrr. 9, 1925, 104–143 – F. HUTER, Vom Werden und Wesen S.s im MA, S.er Heimatbuch [= Schlern-Schrr. 232], 1965, 33–94 – G. MUTSCHLECHNER, Das Berggericht S. [ebd.], 95–148 – F. H. HYE, Tiroler Städte an Etsch und Eisack, 1982 – DERS., Auf den Spuren des Dt. Ordens in Tirol, 1991, 231–264.

Stethaimer, Hans, Steinmetz und Werkmeister, tätig in Altbayern und Nordtirol, † nach Sept. 1459, Neffe des Hans v. Burghausen, der in der älteren Lit. mit S. gleichgesetzt wurde. 1434 erstmalig genannt als 'dizeit stainmess zu Landshut', 1441 und 1453 auch als Maler, 1435 als Meister zu Wasserburg zum Schiedsrichter über die Bauausführung der Kirche in Schnaitsee bestimmt, seit 1437 Bürger in Landshut. 1453 Auftrag für das Retabel auf dem Fronaltar der Pfarrkirche Hall i. T. Im Sept. 1459 Teilnahme am Steinmetztag in Regensburg zur Beratung einer Ordnung der Steinmetzbruderschaft. Bei seinem Onkel Hans v. Burghausen geschult, führte er dessen Bauten fort. Er baute die 1410 begonnene Pfarrkirche St. Jakob in Wasserburg, St. Martin in Landshut sowie die Hl.-Geist-Kirche ebendort. Seine Beteiligung an Profanbauten in Landshut ist unsicher. Auch lieferte er Glasfenster.

G. Binding

Lit.: Lex. d. Kunst 7, 1994, 50f. [Lit.] – TH. HERZOG, Meister H. v. Burghausen, gen. S. (Verhandl. d. Hist. Vereins für Niederbayern 84, 1958, 5–83) – V. LIEDKE, Neue Urkk. über H. S. von Landshut (Ars Bavarica 1, 1973, 1–11) – H. PUCHTA, Beiträge zum S.problem (Das Münster 28, 1975, 39–49) – V. LIEDKE, Hanns Purghauser, gen. Meister Hans v. Burghausen, sein Neffe H. S. und sein Sohn Stefan Purghauser, die drei Baumeister an St. Martin in Landshut (Ars Bavarica 35/36, 1984, 1–70) – N. NUßBAUM, Die Braunauer Spitalkirche und die Bauten des Hans v. Burghausen (ebd., 83–118) – G. BINDING, Baubetrieb im MA, 1993, 253f.

Stettin (poln. Szczecin), Stadt an der Oder in →Pommern. [1] *Slavische (pomoran.) Siedlung und Stadt:* In der 2. Hälfte des 8. Jh. siedelten sich auf den Überresten einer schon vor ca. 2500 Jahren entstandenen Burg an der Stelle des späteren Schlosses slav. Siedler an. Um die Mitte des 9. Jh. wurde die Siedlung auf dem Schloßhügel mit einem Wall aus Holz, Erde und Steinen befestigt, und unterhalb der Burg, zw. dem Schloßhügel und der Oder, entstand Ende des 9. Jh. eine Ansiedlung, die in der 2. Hälfte des folgenden Jh. eine lebhafte Entwicklung nahm. Die bis in die 1. Hälfte des 12. Jh. anhaltende Verdichtung und Bebauung schon bestehender Grundstücke geben Anlaß zu der Vermutung, daß auch das Suburbium um die Mitte des 10. Jh. mit einem Wall umgeben wurde. Im 12. Jh. galten die S.er Befestigungen als uneinnehmbar. Die archäolog. Funde weisen für das Suburbium wie für die Burg ähnl. Beschäftigungen (Handwerk, Handel, Ackerbau, Fischfang) nach, doch hatten die Bewohner des Suburbiums vielleicht einen höheren Lebensstandard.

In den schriftl. Q. erscheint S. erst im 12. Jh. in den drei Viten →Ottos v. Bamberg, der 1124 und 1128 Pommern bekehrte, nachdem einige Jahre zuvor der poln. Fs. →Bolesław III. Krzywousty die heidn. →Pomoranen unterworfen hatte. Zu dieser Zeit war S. die größte Stadt der Pomoranen. Sie bestand aus zwei Teilen: Burg und Unterstadt. In der Burg lag ein kleiner fsl. Hof, doch war die Macht des Fs.en noch nicht recht begrenzt. N. des Suburbiums befand sich der Hafen. Zweimal in der Woche gab es Markttage, die Bf. Otto für seine Predigt nutzte. 1124 wohnten in S. 900 Hausvorstände, was über 5000 Einwohnern entspricht. Diese Zahl wird durch die archäolog. Forschung bestätigt. S. hatte damals eine Fläche von ca. 60000 m², auf je 100 m² kamen zwei Häuser. Über die Macht in der Stadt verfügten die Großen, die über abhängiges Gesinde in S. und seiner Umgebung geboten. Mit ihnen stand eine kleine, aber einflußreiche Gruppe heidn. Priester in Verbindung, die drei bis vier Tempel betreuten. Der eindrucksvollste unter ihnen war der auf dem Schloßhügel gelegene Triglav-Tempel, in dem sich die dreiköpfige Statue der Gottheit befand. Die Heiligtümer waren auch Schauplatz der Ältestenversammlungen, deren Beschlüsse von den Volksversammlungen aller Freien der Stadt und ihrer Umgebung bestätigt werden mußten. Bf. Otto zerstörte die S.er Tempel und sandte die Triglav-Statue nach Rom. Zugleich baute er zwei Kirchen: St. Peter und St. Adalbert. Der starke polit. und strukturelle Wandel Pommerns im 12. Jh. spiegelt sich auch in der Topographie S.s wider. An der Stelle des um die Mitte des 12. Jh. eingeebneten Suburbiums errichtete man neue Häuser nach einem leicht veränderten Plan, der für die S.er Bebauung bis zur →Lokation der Stadt zu dt. Recht maßgebl. wurde. Möglicherweise wurde kurz vor der Mitte des 12. Jh. ein Bm. in S. errichtet oder seine Gründung geplant.

[2] *Deutschrechtliche und deutsche Stadt:* Um die Mitte des 12. Jh. siedelten sich Deutsche in S. an. Vermutl. befand sich ihr ältester Wohnplatz direkt am Fluß, s. der Wälle des slav. Suburbiums. Der Kaufmann Beringer aus Bamberg stiftete hier die St. Jakobikirche, die 1187 geweiht wurde. 1237 ließ Hzg. →Barnim I. die rechtl. Befugnisse der Deutschen in S. erweitern und überantwortete ihnen die Rechtsprechung über die gesamte S.er Bevölkerung, auch über die Slaven, über die zuvor ein hzgl. Kastellan die Gerichtsgewalt innegehabt hatte. Der Lokationsprozeß der Stadt wurde 1243 weiter vorangetrieben. Die Stadt erhielt das →Magdeburger Recht und zahlreiche wirtschaftl. Privilegien. S. wurde auch Oberhof für die Städte des S.er Hzm.s. Den Urkk. v. 1237 und 1243 folgten weitere, die ihnen an Bedeutung kaum nachstanden, wie die Erlaubnis, ein Kaufhaus zu bauen (1245) und das Recht, Zünfte zu gründen (ca. 1245). Der erste S.er Schultheiß ist bereits 1242 belegt. 1263 wurde der Stadtrat erwähnt. Es ist zu vermuten, daß er spätestens 1254 entstanden war. Der amtierende Rat zählte 1263 10, 1302 14 und seit dem 15. Jh. 16 Mitglieder, darunter zwei Bürgermeister (zuerst 1345 erwähnt). Das seit 1290 belegte S.er Schöffenkollegium stellte die Mitglieder des alten Rates. Neueste Ausgrabungen haben gezeigt, daß die Neugründung S.s zu dt. Recht u. a. zu einer grundlegenden räuml. Umgestaltung der Stadt führte. Um die Mitte des 13. Jh. wurde die S.er Unterstadt oder zumindest ihr slav. Teil eingeebnet und nach einem anderen Grundriß neu aufgebaut. Dies erklärt zugleich, warum der älteste Teil der Stadt die planmäßigste Bebauung aufweist. Da die Stadt aus einigen älteren Siedlungen zusammenwuchs, hatte sie keinen zentralen Markt. Gleich nach der Lokation umfaßte die Stadt innerhalb der Wälle eine Fläche von ca. 10 ha. Ihre Bevölkerungszahl stieg von etwa 6000 im 13. Jh. auf 8000–9000 im 14. Jh. und auf 10000 im 15. Jh. an.

1237 setzte Barnim I. den Zuständigkeitsbereich der S.er Pfarren St. Peter und St. Jakob fest. Bemerkenswert ist, daß beide Kirchen außerhalb des Befestigungsringes lagen. 1277 war die Stadt schon in vier Kirchspiele (zusätzl.: St. Nikolaus und Marienkapitel) geteilt. 1346 stiftete Barnim III. das Ottokollegiat. Um die Mitte des 13. Jh. ließen sich in S. Franziskaner und Zisterzienserinnen nieder. Ein Jh. später folgten Kartäuser und im 15. Jh. Karmeliter. Noch vor Ende des 13. Jh. entstand das Hl.-Geist-Hospital, 1300 das Michaels-Hospital (1307 in St. Georg-Hospital umbenannt) und gegen 1350 das Gertruden-Hospital.

Für die Wirtschaft S.s im 13.–15. Jh. spielte der Großhandel, insbesondere mit Getreide und Fisch, die wichtigste Rolle. Vom Ende des 13. Jh. bis zur Mitte des 14. Jh. entwickelten sich die pommerschen Städte, darunter v. a. S., zu den größten Getreideexporteuren im Ostseeraum. Ein Jh. später nahm →Danzig mit dem mächtigen Hinterland des poln.-litauischen Staates diesen Platz ein. Unter den Waren, die über S. eingeführt und dann flußaufwärts vertrieben wurden, standen Hering, Salz und Textilien im Vordergrund. Im 15. Jh. galt S. als »Fischhaus« der →Hanse. S.er →Hering, der v. a. an der damals zu Dänemark gehörenden Schonenküste gefangen wurde, erreichte zuweilen sogar Krakau und Lemberg. Dem Fischfang verdankten die S.er Kaufleute ihr Vermögen. Die neue Forschung hat gezeigt, daß S. im MA wohl eher eine Binnen- als eine Seestadt war. Die S.er Kaufleute interessierten sich nicht für den Fernhandel, sie waren eher Mittler zw. dem pommerschen und brandenburg. Hinterland und den sog. wend. Hansestädten (Greifswald, Stralsund, Rostock, Lübeck). Im spätma. S. machten die Handwerker etwa die Hälfte der Gesamtbevölkerung aus. Schon im ältesten S.er Stadtbuch (1305–52) wurden ca. 40 spezialisierte Handwerke genannt, doch produzierten sie in der Regel nur für den lokalen Markt und teilweise für den Bedarf des S.er Handels und der Schiffahrt. Hier sind in erster Linie die →Böttcher zu nennen, die die Fässer für den Heringstransport von den Schonen herstellten. Im 15. Jh. kam es in S. zu schweren Konflikten zw. dem Stadtrat und den Handwerkern, die 1427 das Rathaus eroberten. Ein Jahr später wurden die Anführer des Aufstands von Hzg. Kasimir VI. mit Verbannung oder Tod bestraft.

Bereits im 13. Jh. gehörten zur Oberschicht der S.er Bürger fast ausschließl. Deutsche. Gleiches galt ein Jh. später für die Handwerker innerhalb der Stadtmauern, während in den Vorstädten (Wieken) noch Slaven wohnten. Ihre Assimilierung war wohl seit dem 15. Jh. abgeschlossen. Neben Deutschen und Slaven wohnten seit ca. 1271 Juden in S., die aber nie bes. zahlreich waren.

J. M. Piskorski

Lit.: M. Wehrmann, Gesch. der Stadt S., 1911 – H. Heyden, Die Kirchen S.s und ihre Gesch., 1936 – E. Assmann, S.s Seehandel und Seeschiffahrt im MA, o. J. – B. Zientara, Polityczne i kościelne związki Pomorza Zachodniego z Polską za Bolesława Krzywoustego, Przegląd Historyczny 61, 1970 – L. Leciejewicz, M. Rulewicz, S. Wesołowski, T. Wieczorowski, La ville de Szczecin des IX-XIII s., 1972 – Dzieje Szczecina, hg. G. Labuda, I-II, 1983–85 – J. M. Piskorski, B. Wachowiak, E. Włodarczyk, S. Kurze Stadtgesch., 1994 – J. M. Piskorski, Stadtentstehung im westslaw. Raum. Zur Kolonisations- und Evolutionstheorie am Beispiel der Städte Pommerns, ZOF 44, 1995.

Steuer, -wesen

A. Allgemeine Darstellung; Deutschland – B. Frankreich – C. Flandern und Niederlande – D. Italien – E. Papsttum – F. Iberische Halbinsel – G. England – H. Skandinavien – I. Ostmitteleuropa – J. Rus' – K. Altlivland – L. Spätantike und Byzantinisches Reich – M. Südosteuropa – N. Arabischer Bereich – O. Osmanisches Reich.

A. Allgemeine Darstellung; Deutschland

I. Definition – II. Steuern im Reich – III. Städtische Steuern – IV. Steuern der Landesherren.

I. Definition: S.n sind eine einmalige oder laufende Geldleistung, die von einer Herrschaft von den ihr Unterstellten zur Erzielung von Einkünften erhoben wird, um ihrem herrschaftl. Auftrag gerecht werden zu können. Sie begründet keinen Anspruch der Entrichtenden auf eine bes. Gegenleistung des Empfängers ihnen gegenüber. Die S. war im MA nur eine Form, um den herrschaftl. bzw. öffentl. Finanzbedarf zu decken. Hinzu traten Einnahmen aus →Regalien, Lehnsgefällen (→Lehen), Königszins, →Zöllen, Geldstrafen und Gerichtsgefällen.

II. Steuern im Reich: Der Unterhalt des Kg.s und anderer Herrscher wurde bis ins 13. Jh. vorwiegend aus den Abgaben der Unfreien in ihren →Grundherrschaften bestritten, zu denen noch die Leistungen der Kirche kamen. Durch Schenkungen, Verleihungen und im SpätMA durch Verpfändungen schwand zunehmend die grundherrschaftl. Basis der Kg.e. Auch die stauf. Reorganisation des Reichsguts und die erfolgreiche Revindikationspolitik Kg. →Rudolfs konnten den Zerfall des Reichsguts nicht aufhalten. Früh schon erhielten die Herrscher von den Großen ihres Reiches als gewohnheitsrechtl. Ehrengabe halbfreiwillige Jahresgeschenke (*dona annualia*), die man als Vorläufer der S. bezeichnen könnte. Das Volk entrichtete in frk. Zeit höchstens eine Kopfs. (*foculare, datium, acceptum,* Herdschilling, →*taille;* →Herds.), die gegenüber den Lasten des Frondienstes erträgl. erscheint. Wenn aber eine S. erhoben wurde, handelte es sich um »(Bei-)Hilfen« – die ma. Begriffe *stiure (adiutoria)* bedeuten nichts anderes – aufgrund eines bes. Anlasses, etwa Heerfahrt und Landesverteidigung. Allg., direkte S.n setzen die Ausbildung eines institutionellen Staates voraus, wozu es im dt. Reich während des MA nie kam. Nur dort, wo der Kg. Territorial-, Stadt- oder Grundherr war, kam es früh schon dazu regelmäßige Abgaben, die den Charakter einer S. trugen. D.h., im MA (vor 1495 bzw. 1427) wurden kgl. S.n nicht von allen im Reich Ansässigen in gleicher Weise erhoben, sondern nur von bestimmten Personengruppen (z.B. →Königsfreie) bzw. von Personenverbänden (→Reichsstädte, Reichsdörfer), die in einem grundherrschaftl. und direkten Verhältnis zum Kg. standen. Die von den Kg.sfreien entrichteten Abgaben scheinen im Früh- und HochMA nicht ganz gering gewesen zu sein. Mit der Entstehung der Geldwirtschaft flossen dem Kg. aus den Reichsstädten und sonstigem kgl. Besitz erhebl. Einnahmen zu.

Die Höhe der S.n (→Bede, exactio), die in den Städten erhoben wurden, stand zunächst im kgl. Ermessen; S.schuldner war der einzelne Bürger. Erhoben wurden die S.n nicht von einer kgl. Institution, sondern von den Städten. Im Lauf der Zeit gelang es der städt. S.politik, die Ermessenss. in eine laufende und bald festgeschriebene Pauschalabgabe mit der Stadt als Gesamtschuldner zu verwandeln. Durch die Fixierung des S.betrages erstarrte das S.wesen des Reiches und verlor seine Entwicklungsfähigkeit. Die stagnierenden Gesamteinkünfte des Reiches deckten während des 14. und 15. Jh. nur noch den kleineren Teil der Ausgaben des Kg.s und seines Hofes. Das Defizit wurde u.a. auch dadurch aufgefangen, daß die Kg.e in den Hauptstädten ihrer Erbländer saßen und diese einen wesentl. Teil der Kosten zum Unterhalt des Hofes beitrugen. Die stagnierenden kgl. Einkünfte einerseits und der wachsende Geldbedarf andererseits zwangen die Kg.e, außerordentliche S.n von den Reichsstädten zu erheben (z.B. Karl IV. ca. zwei Millionen Gulden zur Finanzierung der Wahl seines Sohnes Wenzel). Da auch diese S.n nicht den Finanzbedarf des Reiches deckten, verschafften die Kg.e sich kurzfristig durch Verpfändungen ihrer Einkünfte die notwendigen Barmittel, aber schmälerten so langfristig ihre direkten Einnahmen.

Einen entscheidenden Neuansatz für die finanzpolit. Überlegungen brachten die Reichsreformbestrebungen des 15. Jh. (→Reichsreform), die die zu geringe Finanzausstattung des Reiches erkannten und ihm das Recht auf eigene S.n zusprachen (→Nikolaus v. Kues, →Jakob v. Sierck, Enea Silvio de Piccolomini [→Pius II.]). Die Reformdebatte war insoweit fruchtbar, als alle →Reichsstände die Finanzfrage des Reiches nicht nur als ein rein fiskal. Problem ansahen, sondern der S.gedanke als verfassungsrechtl. Norm eine Rechtfertigung erfuhr. Es ist kein Zufall, daß infolge der Finanznot des Reiches in den Glaubenskriegen gegen →Hussiten und →Türken (→Türkens.) die Vorstellung von einer allg. und direkten Reichss. konkrete Formen annahm. Unter dem Eindruck der Hussitengefahr gelang es dem Kg. erstmals auf dem Reichstag in Frankfurt a.M. (1427), eine befristete Reichss., die sog. Hussitens., durchzusetzen. Zu ihr sollte jedermann im Reich, auch der Adel und erstmals der Klerus, veranlagt werden. Sie stellte eine Kombination von Kopfs. für die breite Stadt- und Landbevölkerung, Vermögenss. für die Reichen, Einkommenss. für den Klerus sowie einer persönlichen S. für den Adel dar.

Im weiteren Verlauf des 15. Jh. verhinderten verfassungsrechtl., aber auch wirtschaftl. Bedenken die Einführung einer allg. und direkten Reichss. Andererseits gebot die Gefährdung der Integrität des Reiches, daß auf den Reichstagen einmalige Reichsanschläge in Form von Matrikularbeiträgen (1422, 1431, 1456, 1471, 1480, 1481) verabschiedet wurden. Mit dem Burgunderkrieg 1474/75 (→Burgund, Hzm., B.IV) wurden die Reichshilfen vom Türkenkrieg abgekoppelt und dienten generell der Abwehr der äußeren Feinde. Mit der Geldmatrikel von 1486 setzte bis zum →Wormser Reichstag (1495) eine Reihe von Matrikularbeiträgen ein, die für die Kriege gegen Ungarn, Frankreich und die Niederlande bestimmt waren. Die Matrikularbeiträge waren eine Teilfiskalisierung des vasall. Aufgebotes und richteten sich nach dem militär. Bedarf des Gesamtaufgebotes. Der erneute Versuch Kg. Maximilians I., angesichts der Türkengefahr auf dem Wormser Reformreichstag 1495 eine allg., dauerhafte Reichss., den sog. →Gemeinen Pfennig, durchzusetzen, lief auf einen Kompromiß hinaus, der dem Reich erlaubte, während vier aufeinanderfolgender Jahre eine solche S. zu erheben. Die Bemühungen auf den nachfolgenden Reichstagen, den Gemeinen Pfennig als dauernde und allg. Reichss. zu institutionalisieren und damit ein Reichsfinanzwesen zu begründen, scheiterte vornehml. am Widerstand der Territorialherren, aber auch am sprunghaften Verhalten Maximilians. So blieb der finanzielle Ertrag äußerst gering.

Das allg. kgl. Besteuerungsrecht gegenüber den Juden war unbestritten, seit Friedrich II. 1236 die dt. Juden zu ksl. →Kammerknechten erklärt und sie unter seinen bes. Schutz gestellt hatte. Unter Ludwig d. Bayern hatten die Juden eine jährl. Kopfs., den sog. »Goldenen Opferpfennig«, von 1 Gulden bei einem Mindestvermögen von 20 Gulden zu entrichten. Im 13./14. Jh. übertrug das Reich den Judenschutz z.T. den Landesherren und den Reichsstädten. Die →Goldene Bulle v. 1356 anerkannte ein Judenregal der Kfs.en. Die Judens., die durch außerordentl. Schatzungen, Krönungsabgaben, Strafgelder und sog. Geschenke zusätzl. ausgeweitet wurde, war bis zu Beginn des 15. Jh. eine der regelmäßigsten und sichersten Einnahmen. Aber Friedrich III. quittierte kaum noch über regelmäßige Judens.n, da sie unter Siegmund weitgehend verpfändet worden waren.

III. STÄDTISCHE STEUERN: Die Stadt als Gesamtschuldnerin der kgl. S.forderung legte die von ihr erbrachte Kg.ss. auf die Bürger und Einwohner um und verwandelte sie in eine städt. Forderung. Mit Recht sieht man darin den Anfang des städt. S.rechts. Zugleich eröffnete sich für die Städte die Möglichkeit, ihren Finanzbedarf durch direkte S.n zu decken. Die Untertanens. verwandelte sich zu einer genossenschaftl. Pflicht des Bürgers. Die S.pflicht wurde als communis civium collecta (Köln 1154) überall in den Stadtrechten als Grundsatz verankert und durch innerstädt. Rechtsordnungen geregelt. Die alte Kopfs. wurde für die breite Bevölkerung als S.minimum (Schoßpflicht) beibehalten und zwar als Entgelt für den Genuß der städt. Freiheit (»Schutz und Schirm« [→Schutz, -herrschaft]; z.B. in Frankfurt a.M.: Schirmgeld), die gleichermaßen die Armen und selbst die Gäste genossen. Wer sich dieser Bürgerpflicht nicht unterwerfen wollte, mußte die Stadt verlassen. Folgerichtig konnte ein Bürger sein Bürgerrecht erst aufsagen, wenn er u.a. seine S.n beglichen hatte. Wie eng S.pflicht und Bürgerrecht miteinander verknüpft waren, läßt sich daran ablesen, daß ein S.schuldner zeitweise aus der Stadt verwiesen werden bzw. seines Bürgerrechts verlustig gehen konnte. Eine andere Rechtsfolge war, daß ein Nichtbürger, der längere Zeit in der Stadt wohnte und den Schoß entrichtet hatte, das Bürgerrecht ersitzen konnte.

S. frei war geistl. Grundbesitz (→privilegium immunitatis), ein Recht, das die Städte Ende des 15. Jh. einzuschränken suchten. Daneben haben die Städte im Lauf der Zeit weitere S. arten entwickelt, wie Ungeld (→Akzise), Wachgeld, Marktgeld, Salzs., Stapelgeld, aber auch Gebühren aufgrund von Verwaltungsakten, wie Siegelgebühren für Einträge in städt. Bücher, oder Gerichtsgebühren wurden erhoben. Diese S. formen und Gebühren machten einen nicht unwesentl. Anteil an den städt. Einnahmen aus.

Die Entwicklung in den landesherrl. Städten verlief vergleichbar. Die direkte S. in den Städten war ihrem Charakter nach eine Vermögenss. und wurde unterschiedl. bezeichnet: Bede, petitio, →Schoß, Scot, stiure, →Schatzung. In der Regel war diese S. progressiv gestaltet. Der genossenschaftl. Charakter der Stadt wird auch bei der S. erhebung deutlich. Da keine städt. S. behörde existierte, hatte jeder einzelne Bürger einen S. eid abzulegen und sich selbst zu veranlagen. Nur wenige Städte kannten wie etwa Überlingen eine S. veranlagung. Die meisten S. bücher verzeichnen nur den S. betrag. Alle Städte kannten bereits ein strenges S. geheimnis; nur den dazu verordneten S. einnehmern war die S. leistung des Einzelnen bekannt. Die Stadtrechte sahen erhebl. Strafen bei zu günstiger Selbsteinschätzung vor, wie Stadtverweisung oder Übernahme des Vermögens zum Schätzungsbetrag durch den Rat.

IV. Steuern der Landesherren: Den Landesherrschaften gelang es, ihre finanziellen Hoheitsrechte so auszubauen, daß diese Einnahmen die aus den Grundherrschaften bald überstiegen. Die ordentl. S. wurde früh schon durch landesherrl. Funktionäre oder durch die grundherrschaftl. Verwaltung eingezogen. Diese S. wurde bereits früh (13. Jh.) fixiert und verlor, da sie sich nicht weiterentwickeln konnte, hinsichtl. ihrer finanziellen Bedeutung an Wert. Neben der ordentl. S. entwickelte sich im 13. Jh. eine von den Landesfs. en selbst oder mit ihrer Bewilligung in ihren Städten erhobene Gelds. (Akzise, Ungeld), die von zahlreichen Verbrauchsgütern, v. a. von Getränken, erhoben wurde und erhebl. Erträge brachte. Außerdem gab es im MA mannigfaltige Abgaben öffentl.-rechtlicher Natur, die der Landesherr aufgrund seiner Herrschaftsgewalt erhob (z. B. Fronhafer, Weingeld, Vogteiabgaben, Marchfutter im bayer.-österr. Raum, Haferabgabe zum Unterhalt des militär. Grenzschutzes, Landpfennig für die Befreiung von der Gerichtspflicht). Diese Abgaben waren nicht von allen Untertanen zu entrichten, sondern waren auf bes. Verhältnissen gegründet. Eine weitere Einnahmequelle waren die Regalien. Da die ordentl. S. n nicht mehr ausreichten, haben die Landesherren seit dem 13. Jh. mit dem Rechtsgrund »Landesnot« von allen Untertanen eine allg. außerordentl. S. (Schatzung, Schoß, Lands., Landbede) erhoben. Dazu war nach dem Reichsgesetz die Zustimmung der meliores et maiores terrae erforderl. Die außerordentl. S. behielt immer den Charakter einer freiwilligen Abgabe an den Landesherrn. Während sie im 13. Jh. noch als ungewöhnl. galt, begegnet sie im 14. und 15. Jh. als eine häufig wiederkehrende Leistung, die teilweise recht erhebl. Einnahmen brachte. In den geistl. Territorien gab es →Subsidien (1321 Mainz) oder Weihes. n, die anläßl. der Weihe eines neuen Bf. s erhoben wurden. →Finanzwesen, B. I, II.   P.-J. Schuler

Lit.: HRG IV, 1964–1974 – Hwb. des S. rechts, hg. G. Strickhrodt, I, 1981, 617–626 [G. Schmölders] – A. Erler, Bürgerrecht u. S. pflicht im ma. Städtewesen mit bes. Unters. des S. eides, 1963² – G. Landwehr, Die Verpfändungen der dt. Reichsstädte im MA, 1967 – P.-J. Schuler, Reichss. n und Landstände, Schauinsland 97, 1978, 39–60 –

Ders., Die Reichspfandpolitik Karls IV. (Karl IV., Staatsmann und Mäzen, hg. F. Seibt, 1978), 139–142 – Mit dem Zehnten fing es an. Eine Kulturgesch. der S., hg. U. Schultz, 1986 – S. n, Abgaben und Dienste vom MA bis zur Gegenwart, hg. E. Schremmer, 1994.

B. Frankreich
Zum S. wesen im Kgr. Frankreich vgl. die grundlegenden Ausführungen unter →Finanzwesen, B. III und →Chambre des Comptes sowie auch →Aides, →Gabelle, →Taille, →Zehnt; →États (généraux, provinciaux), →Receveur u. a.; weiterhin →Frankreich, C. VI.

Lit.: vgl. die bibliogr. Angaben zu den genannten Stichwörtern; jetzt auch knapper Überblick in: J. Favier, Dict. de la France médiévale, 1993, 414f. [Fiscalité royale].

C. Flandern und Niederlande
Die Herausbildung des S. wesens in den Niederlanden steht in unmittelbarem Verhältnis zur allg. ökonom. Struktur und zum Entwicklungsstand eines jeden ndl. Fsm. s bzw. Territoriums. In der früh urbanisierten Gft. →Flandern dominierte das städt. Element. Innerhalb der Städte lag das Schwergewicht seit dem frühen 14. Jh. auf den indirekten S. n (→Akzise), doch sind Spuren der älteren direkten S. n (*tallia*, 'Kopfsteuer') noch im SpätMA erkennbar. Die sich auf die städt. Fiskalsysteme stützende staatl. Fiskalität sicherte sich den Großteil ihrer Einnahmen durch die →Bede, deren Lasten nach einem sich zunehmend festigenden System (sog. 'Transport de Flandre / Transport van Vlaanderen') auf die Städte und die ländl. Gerichtsbezirke (Kastellaneien, Ambachten) verteilt waren. In den stärker agrar. Territorien wie der Gft. →Hennegau stand weiterhin die Kopfs., deren Veranlagung auf der Basis von →Feuerstättenverzeichnissen erfolgte (→Herds.), im Vordergrund. In Fsm. ern, in denen das städt. Element an Einfluß gewann (→Brabant, →Holland und →Seeland), zeichnete sich eine Entwicklung zu einer stärker rationalen, durch die zentralen Verwaltungsbehörden kontrollierten Erhebungsweise ab. Doch behinderte die starke Tradition der Einspruchsmöglichkeiten von seiten der Untertanen, die diese über die Ständevertretungen (→Stände, I) artikulierten, eine Vereinheitlichung des Fiskalwesens.

Die Hzg. e v. →Burgund und dann die →Habsburger waren bestrebt, die S. erhebung einheitlicher und effizienter zu gestalten. →Philipp der Gute (1419–67) betrieb das Projekt einer Salzs. (→Salz, →Gabelle) und suchte mittels seiner Kreuzzugsvorhaben bestimmte kirchl. Abgaben dem staatl. S. wesen einzuverleiben. Der Einfluß sowohl der kirchl. als auch der städt. Traditionen der S. erhebung beeinflußte nachdrücklich den Ausbau einer burg.-ndl. Staatsfiskalität, deren nach frz. Vorbild (→Chambre des Comptes) organisierte Rechnungshöfe (*Chambres, Rekenkamers*) in Lille (1386), Brüssel (1407) und Den Haag (1446) jedoch starke Eigendynamik entwickelten. Die Rechnungshöfe waren auch beteiligt an der Aufstellung (noch embryonaler) Staatsbudgets ('États'; ältestes Beispiel 1445), die den Fs. en eine effizientere Finanzplanung ermöglichen sollten. →Burgund, C.   M. Boone

Lit.: A. van Nieuwenhuysen, Les finances du duc de Bourgogne Philippe le Hardi (1384–1404). Économie et politique, 1984 – M. Boone, Overheidsfinanciën in de middeleeuwse Zuidelijke Nederlanden, Tijdschrift voor Fiscaal Recht 117, 1993 – J. A. M. Y. Bos-Rops, Graven op zoek naar geld. De inkomsten van de graven van Holland en Zeeland, 1389–1433, 1993 – A. Zoete, De beden in het graafschap Vlaanderen onder de hertogen Jan zonder Vrees en Filips de Goede (1405–1467), 1994.

D. Italien
I. Nord- und Mittelitalien – II. Königreich Sizilien.

I. Nord- und Mittelitalien: Die Stadtkommunen und die dynast. und kirchl. Territorialherrschaften in Italien

übernahmen einige grundlegende Elemente des kgl. S.- und Lehnswesens. Aus ersterem stammt die Zuweisung des Münzregals und anderer Gerechtsame – Straßen, Flüsse, Märkte, Bergwerke, Salinen etc. – in die Kompetenz der res publica (→Regal). Aus dem Lehnswesen wurde hingegen der Grundsatz übernommen, daß der gewichtigste Teil der öffentl. Ausgaben, die Kosten für die Kriegführung, durch den Waffendienst der milites bestritten werde: da dies nur im Kriegsfall erforderl. war, besaß das auxilium den Charakter einer Sonderleistung und war nicht alljährl. fällig. Die dynast. und kirchl. Herrschaften hielten lange an diesem System fest. In Fällen, in denen ein die verschiedenen ordines (→Stände) vertretendes →parlamentum geschaffen wurde, hatte dieses jeweils über die Modalitäten des auxilium oder dessen Umwandlung in eine S. (Geldleistung) zu entscheiden. In den Städten hingegen, die im Hinblick auf Handel und Finanzwesen auf einer höheren Entwicklungsstufe standen, führten die Erfordernisse der Herrschaft über das ländl. Umland und der endem. Kriegszustand zur Ausbildung eines komplexeren und umfassenderen S. wesens. So entwickelten sich seit dem Anfang des 13. Jh. Systeme von direkten S.n (datium, collecta, libra etc.), die von allen Stadtbürgern eingezogen wurden; die daraus resultierenden Einkünfte sollten den Kriegsdienst der milites und ihre Kosten sowie durch den Krieg entstandene Verluste finanzieren. Die direkte S. wurde aufgrund einer grobmaschigen Schätzung der Finanzkraft jedes städt. Familienoberhauptes (estimo) festgelegt. Jeder erhielt eine Estimo-Zahl zugewiesen; der städt. Rat (Consiglio) legte für den Fall, daß eine S.erhebung notwendig wurde, die Quote fest, wobei man nicht nach dem Prinzip der Progression, sondern nach der Proportionalität vorging. Der Grundsatz der außerordentl. Sonderleistung blieb erhalten; nur die Bewohner des Territoriums und der Landgemeinden mußten jährl. einen festen Zins an die Stadt, unter deren Herrschaft sie standen, entrichten. Die laufend erforderl. Einkünfte zur Deckung der Ausgaben im nicht-militär. Bereich (Gehälter der öffentlichen Amtsträger, Lebensmittelversorgung, öffentl. Baumaßnahmen etc.) wurden im wesentl. durch indirekte S.n, gewöhnl. *gabellae* genannt, erzielt (→Gabelle). Sie wurden von S.pächtern eingezogen, die der Kommune in großen Raten den geschätzten S.ertrag – abzügl. ihres Profits – vorstreckten. Da man keine regelmäßigen direkten S.n einführen wollte und bei den indirekten S.n Schwierigkeiten auftraten (Zersplitterung, Möglichkeit zur S.hinterziehung, ungebührl. hohe Gewinnspannen der S.pächter, Abnahme der Einkünfte in wirtschaftl. Rezessionsphasen), betrieb man immer häufiger eine Verschuldungspolitik: einerseits griff man zu Zwangsanleihen (häufig *prestanze* genannt), die unter ähnl. Modalitäten wie der *estimo* auferlegt wurden, andererseits nahm man auf dem freien Markt – natürl. zu höherem Zinssatz – Geld auf. In zunehmendem Maße dienten die Erträge aus den Patrimonien, aus Gerechtsamen und Gerichtstaxen zur Stellung von Sicherheiten für die S.pächter oder zur Finanzierung der Kredit-Tilgung und der Darlehenszinsen. Die reicheren Handelsstädte hatten ihren eigenen Geldmarkt: die städt. Kaufleute und Bankiers finanzierten ihre Kommune selbst, die kleineren Städte hingegen waren von auswärtigen Geldmärkten abhängig. Venedig, Florenz und Genua organisierten ein System, in dem die Staatsschuld konsolidiert war: die Kapitalschuld war untilgbar, die Zahlung der Zinsen wurde perpetuiert und die Schuldscheine konnten auf dem freien Markt gehandelt werden. Gegen Ende des MA erprobte man in vielen Städten neue Formen direkter S.n (z. B. Zwangskauf von →Salz), v. a. aber kam es zu Versuchen, den direkten S.n einen regulären Charakter zu verleihen. Ihre Grundlage bildeten nunmehr analytische, nicht mehr symbol. Schätzungen der Finanzkraft der Familien durch die Anlage von →Katastern (*catasti*), wobei die öffentl. Hand auch auf das mobile Vermögen zugriff.
P. Cammarosano
Lit.: →Finanzwesen, B. V [2].

II. Königreich Sizilien: Die finanzielle Inanspruchnahme der Bevölkerung für öffentl. Aufgaben besaß in den byz. oder arab. Vorgängerprovinzen, aber auch in den langob. Fsm.ern und kampan. Dukaten eigene Traditionen, die nach der polit. Vereinigung in der norm. Monarchie Namen und Funktionen bewahrten, aber langfristig sich einer Ordnung anpaßten, die eine lokal vereinheitlichte und zugleich provinzial ausgerichtete Verwaltungsorganisation (→Baiuli, →Kammer, III., →Justitiare) trug.

Die Mehrzahl der indirekten S.n wurde für die Nutzung öffentl. Einrichtungen (Backhäuser, Schlachthöfe, Mühlen, Bäder, Lagerhallen, Verkaufsbuden [*apothece*], Maße und Gewichte) erhoben, im Handel als Wareneinfuhr- und -ausfuhrzölle, Hafen- und Ankergebühren. Zinsen oder Ertragsanteile aus der Verpachtung des Kronguts und der Fremdnutzung von Weiden und Forsten, Schutzabgaben der *affidati* kamen in ländl. Gebieten hinzu, an den Küsten auch Fanganteile an der Fischerei. Die lokal und regional variierenden Abgaben wurden dadurch administrativ handhabbar, daß alle indirekten S.n, Gerichtsgebühren, Pachtzinse und Naturaleinkünfte in der Baiulation gebündelt wurden. Die Baiuli zogen sie mit örtl. Sachkenntnis ein und traten kirchl. Empfängern den Zehnten (decime regales) dieser Einnahmen ab. Die schon im 12. Jh. übliche Verpachtung der Baiulation minderte das Risiko von Einnahmeschwankungen für die Krone.

Unter Friedrich II. erneuerten die Assisen v. Capua (1220) nach Jahrzehnten der Krise die Regalität von Märkten, Häfen, Zöllen und Straßen, während die parallel zu den Konstitutionen v. Melfi (1231; sog. →Liber Augustalis) verkündeten nova statuta die indirekte Besteuerung reformierten und ausweiteten; die überkommenen Abgaben hießen fortan iura vetera. Die von der kirchl. Zehntpflicht befreienden nova statuta mehrten die Zahl der indirekten Abgaben, indem sie den Handel in staatl. Lagerhäuser lenkten, zusätzl. Ausfuhrzöllen und staatl. Wechselzwang unterwarfen, so daß die Einnahmen in der Regel um ein Drittel stiegen. Von den neuen Handelsmonopolen oder Regiebetrieben der Krone (Färberei, Seidenhandel, Auf- und Verkauf von Eisen, Stahl, Pech und Salz) hatte der Gewinn aus dem Salzvertrieb die mit Abstand größten Zuwachsraten.

Die komplexe Struktur der Abgaben, aber auch die Dynamik einer expandierenden Staatswirtschaft führten um die Mitte des 13. Jh. dazu, daß alle indirekten S.n, die Verwaltung der Häfen und der Domänen, zeitw. auch das Salzmonopol in vier regionalen Sekretien (Kampanien, Apulien, Kalabrien und Sizilien) zusammengefaßt und Kaufleuten oder Kaufleute-Konsortien gegen ein von Jahr zu Jahr heraufgesetztes Höchstgebot verpachtet wurden. Der Gesamtertrag stieg deshalb im Laufe des 13. Jh. erhebl., in der Zeit Karls I. allein von 65000 auf über 100000 Goldunzen; nach der sizilian. Vesper fiel er auf etwa 50000 Unzen, ließ sich aber im 14. Jh. wieder steigern. Das so ausgebildete System der indirekten S.n und ihre für die Krone garantierte Erfassung durch regional tätige S.pächter hielt sich in beiden Teilen des Kgr.es bis zum Ende des MA und darüber hinaus.

Eine direkte S., die – von den tradierten Kopfs.n andersgläubiger Minderheiten (Juden, Muslime) abgesehen – Vermögen und Besitz aller Untertanen erfaßte, führte Friedrich II. ein. Er verallgemeinerte die Subventionspflicht der Lehensinhaber, indem er 1223 für die siz. Sarazenenkriege oder 1227 bei der Vorbereitung des Kreuzzuges eine vorher festgelegte Geldsumme durch die Justitiare auf die Provinzen umlegen ließ. Seit 1232 schrieb er die collecta generalis mit der allg. Zweckbindung des Geldbedarfs der Krone jährl. aus; sie war unterschiedslos von Baronen, Rittern und Bürgern mit Patrimonialbesitz, aber auch vom Klerus zu tragen. Von der S. waren lediglich Untertanen befreit, auf die weniger als 2 tari entfielen. Die Kollekte legten die Justitiare in den Provinzen mit lokalen Kollektoren auf die Steuerpflichtigen in Städten, Baronien und Kirchen um. Seit 1268 ist die Feuerstelle (focularium) als lokale Meßgröße bezeugt; diese Praxis dürfte sich aber bereits früher eingebürgert haben.

Obwohl Friedrich II. in seinem Testament 1250 den Verzicht auf die collecta generalis empfahl, hielten Manfred und Karl I. v. Anjou an der neuen S. fest. Die Vereinbarungen Karls mit der röm. Kirche befreiten Kirche und Kl. von der S.pflicht; für die Barone (nicht die Baronien) galt die Neuerung Friedrichs II. ohnehin nur in Ausnahmefällen.

Das Aufkommen der collecta generalis stieg unter Friedrich II. 1248 auf 130000 Unzen (1242 nach der Reduktion um ein Drittel: 60 800). Unter Karl I. pendelten die Ansätze zw. 60000 und 120000 Unzen. Nach der sizilian. Vesper gab Honorius IV. in seinen Konstitutionen für das Kgr. 1285 ein Maximum von 50000 Unzen vor, das im 14. und 15. Jh. in dem um Sizilien verkleinerten nördl. Kgr. in der Regel unterschritten wurde.

Das von Friedrich II. eingeführte System der direkten S. mit der Aufteilung des einmal festgesetzten Aufkommens auf die S.pflichtigen und der Feuerstelle als steuerl. Meßgröße hielt sich in seiner Struktur bis in die frühe NZ. Nach der sizilian. Vesper änderte sich nur die Relation zw. direkten und indirekten S.n, da fortan die Verpachtung der Sekretien der Krone höhere Erträge brachte als die Ausschreibung der Kollekte.   N. Kamp

Lit.: G. M. Monti, Sul reddito della secrezia e sul bilancio del regno di Sicilia (Da Carlo I a Roberto d'Angiò, hg. Ders., 1936), 181-198 – G. di Martino, Il sistema tributario degli Aragonesi di Sicilia (1282-1516), Arch. stor. per la Sicilia 4-5, 1938-39, 83-145 – W. A. Percy, The Earliest Revolution against the »Modern State«: Direct Taxation in Medieval Sicily and the Vespers, Italian Quarterly XXII, 84, 1981, 69-83 – Ders., The Indirect Taxes of the Medieval Kingdom of Sicily, ebd. 85, 1981, 73-85.

E. Papsttum

Da die ma. Päpste zugleich geistl. Oberhaupt der Kirche und weltl. Herrscher des Kirchenstaates waren, erhoben sie in beiden Eigenschaften Finanzforderungen und tätigten Ausgaben; dabei sind die beiden Bereiche weder begriffl. noch organisator. eindeutig zu trennen. Eine grobe Systematisierung kann unterscheiden: 1. Einnahmen aus dem weltl. Besitz der Röm. Kirche bzw. aus dem Kirchenstaat; 2. freiwillige Spenden der Rompilger; 3. Zahlungen von Staaten und Institutionen, die in einem Schutz- oder Lehensverhältnis zum Papsttum standen; 4. Gebühren für Leistungen der Kurie; 5. Besteuerung des Klerus der Weltkirche; 6. Erlöse aus dem Verkauf kurialer Ämter; 7. Zahlungen für geistl. Gnadenerweise der Päpste.

1. Bis zur langob. Eroberung des größten Teils des it. Festlands bzw. bis zur sarazen. Eroberung Siziliens bezog die Röm. Kirche erhebl. Einnahmen aus ihrem Grundbesitz in Italien, über dessen Verwaltung beispielsweise die Register Papst Gregors I. Zeugnis ablegen. Der seit der →Pippin. Schenkung entstehende →Kirchenstaat erfüllte diese Aufgabe dagegen nur sehr unvollkommen. Die im Kirchenstaat erhobenen S.n dienten überwiegend der Deckung der lokalen Ausgaben; nur ein kleiner Anteil wurde (theoret.) nach Rom abgeliefert. In Rom selbst wurden Zölle an den Toren erhoben, die aber die Ausgaben nicht deckten.

2. Die Rompilger (→Pilger) leisteten beim Besuch der Kirchen, v. a. in den →Hl. Jahren, Spenden, deren Beträge aber nur selten erhebl. waren.

3. Die Kl. und Bm.er, die unter dem Schutz der Röm. Kirche standen, leisteten nach Abgaben von symbol. Wert. Von bedeutender Höhe war der Lehenszins des Kgr.es Sizilien, der aber nur unregelmäßig gezahlt wurde. Noch unzuverlässiger war der Ertrag des →Peterspfennigs.

4. Die Gebühren (→Taxen) der apostol. →Kanzlei und der übrigen Kurienämter dienten teils dem Unterhalt der Kurie, teils kamen sie aber auch dem allg. Budget zugute.

5. Häufig wurden vom Klerus der gesamten Kirche oder eines bestimmten Gebietes →Zehnten (anfangs meist Kreuzzugszehnten) erhoben. Diese S.n waren meist zweckbestimmt und wurden gewöhnl. direkt an die weltl. Mächte weitergeleitet. Die Prokurationen mußten den päpstl. →Legaten für ihre »Reisespesen« bezahlt werden. Seit dem 14. Jh. (in irregulärer Form eventuell schon durch Bonifatius VIII.) wurden bei päpstl. Pfründenverleihungen die →Annaten, →Servitien und Quindennien gefordert. Dieses System wurde v. a. vom avign. Papsttum, das von seinen it. Einnahmequellen abgeschnitten war, ausgebaut; die sich seitdem häufenden Pfründenreservationen erfolgten hauptsächl. aus diesem Grunde. Nur schwer realisierbar war der Anspruch auf die Vakanzen (Einnahmen unbesetzer Pfründen) und die Spolien (Nachlaß von Prälaten; →Spolienrecht).

6. Seit dem letzten Drittel des 15. Jh. wurden systemat. die kurialen Ämter in käufl. Stellen (officia venalia vacabilia) umgewandelt, da die Erträge der anderen Einnahmeformen zurückgingen.

7. Seit der gleichen Zeit machte die Kurie die Gewährung von Gnadenerweisen und →Dispensen (systemat. bei Ehedispensen) von der Zahlung einer compositio abhängig. Hierher gehört auch die Reservierung eines päpstl. Anteils an den Erträgen lokaler →Ablässe.

Die Erhebung der Abgaben erfolgte bei den weltl. S.n durch die entsprechenden Behörden des Kirchenstaates (unter Umständen war sie an die Kommunen delegiert) bzw. der Stadt Rom. Die mit der geistl. Funktion des Papstes begründeten Abgaben wurden entweder in Rom selbst an die apostol. →Kammer bzw. an die Datarie, teilweise auch direkt an die begünstigten Kurienbediensteten gezahlt, oder sie wurden am Ort von päpstl. →Kollektoren (und deren Subkollektoren) eingesammelt. Die Zahlung erzwang man durch geistl. Strafen (→Exkommunikation).   Th. Frenz

Lit.: TRE XIX, 92-101 – P. Fabre-L. Duchesne, Le Liber Censuum de l'Église Romaine, 1889ff. – L. Halphen, Études sur l'administration de Rome au MA, 751-1252, 1907 – C. Bauer, Die Epochen der Papstfinanz. Ein Versuch, HZ 138, 1928, 457-503 – W. E. Lunt, Papal Revenues in the MA, 2 Bde, 1965[2] – Ph. Levillain, Dict. hist. de la Papauté, 1994, 326-331.

F. Iberische Halbinsel

Die *Hacienda real* (kgl. Schatzkammer; →Finanzwesen, B. VI) der Reconquistastaaten bezog ihre Einkünfte normalerweise aus den wirtschaftl. Erträgen der Ländereien des Kg.sgutes, dessen Bewohner eine Pacht zu zahlen hatten, die in Asturien, León und Kastilien als tributum, forum, pectum (→*pecho*), *infurción* bezeichnet wurde, in Aragón als usaticum, *tasca, parata, treudo* und *novena*. Aber im SpätMA zählte bereits jedes der Gerichtsbarkeit des Kg.s unmittelbar unterworfene Gebiet zum Kg.sgut (→*realengo*), von dem Landsassen eine Grunds. abführen mußten (*martiniega* [Martinsbede], *marzazga* [Märzbede] in Kastilien-León). Eine weitere Einkunftsquelle stellte seit alters her die Umwandlung der ehem. persönl. Frondienste in Geldzahlungen dar: so von Rechten, die im Zusammenhang mit →Gastung und Beherbergung standen, wie *yantar, conducho, hospedaje* oder *cena*, oder Herrenrechte beim Mannfall oder Heirat des Landsassen wie *mañería* (freies Testierrecht bei fehlendem Leibeserben), oder *nuncio, luctosa* und *ossas* (→Besthaupt), Abgaben, um sich vom Wehrdienst (→*fonsado*) freizukaufen, wie *fonsadera* und *huest*, sowie von Spanndiensten (*acémilas*) und Wachdiensten (→*guardia*, →*anubda, arrobda*). Auch die →Regalien verschwanden nie ganz und sollten gerade im SpätMA wachsende Bedeutung erlangen: dazu zählten Abgaben, die für die Nutzung der →Weiden und Waldungen erhoben wurden: *montazgos* (für den Viehtrieb, →Mesta), →*herbazgos* (Weidegeld), *forestatge* (Waldzins; →Forst, III), Bergwerk- und Salinenregale und allgemein das Monopol des Salzverkaufs, der Münzprägung und der daraus abgeleiteten Rechte. Herrenloses Land, dessen Besitzer unbekannt (*mostrenco*) oder ohne Abfassung eines Testaments verstorben war (*abintestato*), fiel an den Kg. Auch den Kopfsteuern, die von den in der christl. Reichen lebenden Juden (*alfitra* oder *cabeza de pecho*) oder Mauren (*al-fardas*) zu entrichten waren (im 15. Jh. die vollen oder ermäßigten außerordentl. S.n [→*servicios*], wobei die Mudéjares in einzelnen Herrschaften auch Abgaben für die Nutzung der Allmende [*dula*] und Frondienste [*corvea*] zu leisten hatten), kam Regalcharakter zu, ebenso dem Anspruch des Kg.s auf ein Fünftel aller Kriegsbeute (*quinto*) und der von den Emiren der einzelnen Gebiete von →al-Andalus im 11.-15. Jh. zu leistenden Tribute (→*Parias*). Als Regalien galten auch bestimmte Geldstrafen bzw. →Bußen und andere Rechte, die im Zusammenhang mit der Ausübung der Rechtsprechung, der Ausstellung von Urkk. durch die kgl. →Kanzlei (*caritel, sigillum*, Siegelgeld) und der Ernennung und Amtstätigkeit öffentl. Schreiber standen.

Die indirekten Steuern leiteten sich von den kgl. Wege- und Marktregalien ab und gewannen im SpätMA immer größere Bedeutung. Als älteste davon waren Zoll- und Mautgebühren (*telonium*, →*portazgo, lezda*/Leuda, →*peaje, pontazgo* [Brückenzoll], *barcajes* [Fährzoll]) bekannt, wozu seit Mitte des 13. Jh. noch weitere Abgaben wie Einfuhrzölle auf Waren kamen; in S wurden sie nach muslim. Vorbild als →*almojarifazgos* bezeichnet, in Kastilien dagegen, wo sie in See- und Binnenhäfen erhoben wurden, als *diezmos de la mar* und *diezmos de puertos secos*. Der Viehtrieb (→Mesta) führte in Kastilien außer zur Erhebung des *montazgo* seit der Regierungszeit Alfons' X. auch zur Schaffung einer Sonderabgabe und anderer, oft von Ort zu Ort verschiedener S.n (*asadura, carnejares* [Hammelsteuer]). Aber die größten Steuereinkünfte flossen aus den Abgaben 'ad valorem', Umsatzsteuern, die auf den Kauf und Verkauf wie auf den Verbrauch von Gütern auf den Märkten erhoben wurden und seit Ende des 13. Jh. immer mehr anstiegen (*sisas* [Akzisen]), in Kastilien →*alcabala*). Nun war auch die Schaffung neuer direkter Steuern öffentl. und allgemeinen Charakters voll ausgereift, die ihren Ursprung in den *pedidos foreros* [Foralsteuern] und *monedas foreras* hatten, die die Kg.e v. Kastilien-León schon im 12. Jh. gegen das Versprechen, den offiziellen Geldwert weder zu verschlechtern noch zu verändern, zu erheben pflegten oder zu bestimmten Gelegenheiten wie dem Regierungsantritt eines Herrschers, seiner Krönung oder Heiraten innerhalb der Kg.sfamilie (in Katalonien-Aragón als *bovatge, coronatge* oder *maritatje* bezeichnet) einzogen. Seit den letzten Dritte des 13. Jh. bewilligten die →Cortes dem Kg. häufig die Erhebung außergewöhnl. Steuern sowohl in Kastilien (in Form der →*pedidos y monedas*) als auch in Aragón (in Form von Warensteuern: *generalidades y sisas*, oder direkten S.n, die auf alle Steuerpflichtigen oder *compartiment* verteilt wurden, oder in Form von Schuldscheinen bzw. *censales*, die von den Cortes selbst oder den Städten ausgestellt worden waren). Gleichzeitig begannen die Herrscher, mit päpstl. Erlaubnis Teile der kirchl. Einkünfte zu ihren Gunsten zurückzuhalten (Zehnte auf die Einkünfte des Klerus, *tercias reales, ters delme*, d. h. den dritten Teil der kirchl. Zehnten und Almosen, die in Zusammenhang mit der Predigt des Kreuzzugsablasses gespendet wurden). Ende des 15. Jh. gelang es der Krone Kastiliens, die Verwaltung des →*maestrazgo* der Ritterorden von Santiago, Calatrava und Alcántara an sich zu ziehen. M. A. Ladero Quesada

Lit.: L. García de Valdeavellano, Curso de hist. de las instituciones españolas, 1968 – M. A. Ladero Quesada, Fiscalidad y poder real en Castilla, 1994 – Ders., El ejercicio el poder real en la Corona de Aragón: instituciones e instrumentos de gobierno, En la España Medieval 17, 1994, 31–93.

G. England

Der erste Hinweis auf ein S.system in England stammt aus dem 8. Jh. Das →Tribal Hidage-Verzeichnis enthält eine Liste der Abgabe, die von Kg. →Offa v. Mercien in den von ihm beherrschten Gebieten erhoben wurde. Im frühen 10. Jh. führte die →Burghal Hidage die Dörfer auf, die für die Instandhaltung der Befestigungen der zu verteidigenden *burghs* in Wessex besteuert wurden, und ein Jh. später bildete die *hide* (→Hufe) die Grundlage für die Erhebung einer Grunds. (*geld*) für die Verteidigung gegen die Dänen (vgl. auch →Danegeld). Die Tatsache, daß in England eine S. auf kgl. Anordnung zur Verteidigung des Kgr.es regelmäßig erhoben werden sollte, war einmalig in Europa des 11. Jh. Die norm. Herrscher bedienten sich nach 1066 weiterhin dieser S. und erhöhten den S.satz, doch kam sie im 12. Jh. allmähl. außer Gebrauch. An ihre Stelle traten feudale Abgaben, die von den Vasallen erhoben wurden, wie →*scutage* und *tallage*. Infolge des Niedergangs des feudalen Heerdienstes und der steigenden Kosten der Kriegführung am Ende des 12. Jh. benötigte der Kg. eine umfassendere S.form. Versuche wurden unternommen, die Form des »geld« durch eine S. unter der Bezeichnung *carucage* (→*carucata*) zu erneuern, die zw. 1194 und 1220 verschiedentl. erhoben wurde. Doch erwies sich der Ertrag aus dieser S. als unzureichend, so daß sich eine S. auf die bewegl. Habe aller Haushalte zur üblichen S. für den Laien im ma. England entwickelte. Sie wurde zuerst 1207 erhoben. Die S.einschätzung führten die Eigentümer selbst unter Aufsicht der kgl. Richter durch. Der S.satz betrug ein Dreizehntel, und die S.erhebung erbrachte £ 60000. 1225, 1232 und 1237 wurde diese S. erneut erhoben, wobei die S.einschätzung durch Vertreter der Siedlungen erfolgte. Erst im letzten Viertel des 13. Jh. war diese Besteuerung regelmäßig. Ihre legale Grundlage war die röm.-kanon. Lehre von der »*necessitas*«, die dem Kg. den Anspruch einräumte, in Zeiten der unmittelbaren Gefahr oder Not zur Verteidigung des Kgr.es Hilfe von den Untertanen zu fordern. Solange der Notfall andauerte, waren die Untertanen zur Hilfeleistung verpflichtet, obwohl der Kg. die S. nur mit ihrer Billigung erheben konnte. Auf diese Weise wurde die Besteuerung mit dem Krieg als eine Art Rechtfertigung verbunden, aber auch ebenso mit dem →Parliament als der Körperschaft, die sie im Namen des Kgr.es bewilligte. So erfolgte die parlamentar. Besteuerung, als die Kg.e Eduard I., II. und III. Kriege gegen Schottland und Frankreich führten. 20 solcher S.n wurden zw. 1275 und 1337 erhoben, die höchste beinhaltete 1290 einen S.satz des Fünfzehnten und erbrachte £ 117000. Aber als die Besteuerung regelmäßiger erfolgte, wurde die Höhe der aufgebrachten S.summe geringer. Nach 1334 gab es keine Besteuerung des individuellen Besitzes bei jeder Gelegenheit mehr; stattdessen mußten jede Gft. und jede Siedlung eine feste S.quote entrichten, die auf ein Fünfzehntel des besteuerten Besitzes in ländl. Gebieten und auf ein Zehntel in den Städten festgelegt wurde. Die so aufgebrachte S.summe betrug nun über £ 38000. Der zehnte und fünfzehnte Teil blieben als Besteuerungsgrundlagen bis ins 17. Jh. bestehen. Seit dem letzten Viertel des 14. Jh. gab es Versuche mit anderen S.arten, wie der Kopfs. (→Poll Taxes: 1377, 1379, 1381), S.erhebungen in jedem Pfarrbezirk (1371, 1428) und S.n auf das zu versteuernde Einkommen (1404, 1411, 1435, 1450). Diese S.n sollten die S.summe erhöhen, entweder auf der Grundlage der Haushalte der vermögenden Bauern oder des überschüssigen Vermögens des Hochadels. Aber beide Gruppen betrieben erfolgreich S.hinterziehungen, und der einzige Versuch, diese zu verhindern, rief die →Peasants' Revolt v. 1381 hervor. Die Zeit einer regelmäßigen S.erhebung endete im wesentl. mit dem →Hundertjährigen Krieg 1453. Bis 1540 wurden dann S.n nur noch für gelegentl. Feldzüge nach Frankreich oder Schottland erhoben, und die Krone bezog ihre Einkünfte zunehmend aus Handelszöllen, Ländereien, Zuwendungen und feudalen Rechten. – Auch die Kirche sollte S.n zahlen. So forderte der Papst zw. 1239 und 1291 den Kreuzzugszehnten. Obwohl Papst Bonifatius VIII. versuchte, →Eduard I. daran zu hindern, der Kirche für den Krieg 1296 S.n aufzuerlegen (→»Clericis laicos«), wurde dem Kg. grundsätzl. das Recht eingeräumt, aus diesem Anlaß S.n zu erheben. Im SpätMA wurden üblicherweise in den Standesvertretungen (→Convocations) der engl. Klerus Subsidien bewilligt. G. L. Harriss

Lit.: S. K. MITCHELL, Taxation in Medieval England, 1951 – G. L. HARRISS, King, Parliament and Public Finance in Medieval England to 1369, 1975 – A. L. BROWN, The Governance of Late Medieval England 1272-1461, 1989, 61–84.

H. Skandinavien

Die nicht eximierten Stände – Bauern und Bürger – hatten vier Typen von Abgaben an verschiedene Obrigkeiten bzw. Empfänger zu leisten: Von gepachtetem Landbesitz mußte dem (weltl. oder geistl.) Grundherrn der Pachtzins (→Landgilde, Landskyld), in den Städten eine Miete für Grund oder Häuser gezahlt werden. Die drei anderen Abgabenformen, →Zehnten, Regalien und außerordentl. S.n, galten sämtlich, zumindest in der Theorie, als Beitrag bzw. Zinszahlung für Dienstleistungen von seiten der Kirche (Gottesdienst, Erteilung der Sakramente, Erhaltung der Kirche, Entlohnung des Priesters) oder für »Hoheitsaufgaben« des Fs.en (insbes. Schutz und Verteidigung der Einwohner). In Norwegen und Island wurden die Zehnten meistens zw. dem Bf., der Kirche, dem Priester und den Armen (→Armut, B. IV) zu je einem Viertel geteilt, in Dänemark und Finnland erhielten Bf., Kirche und Priester je ein Drittel, in Schweden waren die Zehnten auch dreigeteilt, meistens zugunsten der Kirche, des Priesters und der Armen.

Die Abgaben an den Kg. wurden früh (sobald die polit. Lage des jeweiligen Landes sich einigermaßen gefestigt hatte) eingeführt, wohl nach ausländ. Vorbild (durch Rezeption des durch →röm. Recht inspirierten →Regalienrechts). Ihre Erhebung war manchmal Gegenleistung für die Anerkennung einer Siedlung als →Stadt (z. B. Næstved, 1140); die Abgaben von städt. Grundstücken (*Midsommergæld, Arnegæld*) müssen eher als derartige Gegenleistung gesehen werden denn als Hinweis, daß der Kg. den Siedlern das städt. Areal zur Verfügung gestellt hatte. Der →Leidang (Leding, Ledung usw.), der in eine S. umgewandelte persönl. Kriegsdienst, wird zwar auch zu den internationalen Regalien gerechnet, ist aber wohl genuin skand. Ursprungs, geht er doch auf die nachwikingerzeitl. Neuordnung des Heer- und Flottenwesens im 11.–12. Jh. zurück. Mit der Zeit entstand die Auffassung, daß neue Abgaben von der Regierung nicht ohne Zustimmung der S.zahler (Finnland, Norwegen: 1290er Jahre) oder der polit. Gremien (Dänemark: meliores regni, 1303; Parlament, vor 1304) eingeführt werden durften (→Stände).

Eigtl. S.n wurden unregelmäßig und bei Bedarf erhoben; Anlaß waren z. B. Landesverteidigung, Verbesserung der Währung, Heirat von Prinzen und Prinzessinnen. Die Erhebung der außerordentl. S.n erfolgte meistens mit einem einheitl. Betrag pro Haushalt (Feuerstätte), wobei innerhalb bestimmter Gruppen (Nachbarschaften), z. B. zehn Haushalten, »der Reiche dem Armen helfen sollte«, was auf eine Verteilung der zu entrichtenden Beiträge durch die Mitglieder der Gruppe untereinander hinweist.

Ursprgl. vermochten wohl Regalienabgaben und Einkünfte aus Kronbesitz den Geldbedarf des Kg.s zu decken, doch reichten diese Einnahmequellen wegen der starken Vergabung von Königsgut bald nicht mehr aus. Seit Mitte des 13. Jh. in Dänemark, seit Anfang des 14. Jh. in Schweden und seit 1385 in Norwegen wurden außerordentl. S.n erhoben (neben diesen gab es schon früher in Norwegen eine außerordentl. Besteuerung der Landschaften, die der Kg. besuchte, was wohl eher auf die →Gastung zurückgeht).

Da S.zahlung grundsätzl. ein Zeichen der Unfreiheit war (→Tribut) – die Nebenländer Norwegens im Nordatlantik (→Hebriden und →Man bis 1266, →Orkney, →Shetland, →Faröer, seit den 1260er Jahren auch →Island und →Grönland) wurden als 'Skattlande' ('Schoßländer', S.länder) bezeichnet –, bedurfte die Erhebung außerordentl. S.n bei Reichsuntertanen einer Bewilligung durch die S.zahler; in Finnland erfolgte dies durch Verhandlungen zw. den Behörden und den Einwohnern der einzelnen Landschaften, in Schweden war hierfür ein lokaler Ausschuß zuständig (Bf., Lagmann ['Richter'], sechs Adlige und sechs Nichtadlige), während in Dänemark ursprgl. dem Landsting (→Ding, II) die Bewilligung der geforderten S.n oblag. Im 14. Jh. gaben mehrmals die Vertreter der freien Stände (Geistlichkeit und Adel) ihre Zustimmung; nach der Handfeste (→Wahlkapitulation) v. 1448 sollte der →Reichsrat neue S.n bewilligen, während die späteren ma. Handfesten neben der Zustimmung des Reichsrats diejenige der →Stände (Prälaten, Adel und einiger Volksvertreter) kannten. Th. Riis

Lit.: KL XV, 411–451; XVI, 712–722; XVIII, 280–300 – TH. RIIS, Les institutions politiques centrales du Danemark 1100–1332, 1977, 237f., 259, 285–287, 291–299.

I. Ostmitteleuropa

I. Böhmen und Polen – II. Ungarn.

I. BÖHMEN UND POLEN: [1] *Böhmen:* Zahlreiche →Abgaben (Abschnitt III) und Dienste (→Dienstsiedlungen) der frühen Přemyslidenzeit verloren seit dem 12. Jh. an Bedeutung, darunter das sog. tributum pacis, das eng mit der obersten Gerichtsbarkeit des Herrschers zusammenhing und die freie Bevölkerung betraf. Seit dem 13. Jh. wurden sie durch parallel sich entwickelnde andere S. formen ersetzt. Es handelte sich bes. um folgende, ab Mitte des 13. Jh. regelmäßig erhobene Zahlungen: die sog. Spezials. (steura oder berna specialis) aus den Kammergütern, die im Laufe der Jahre zur alljährl. S. umgewandelt wurde, und die Generals. (berna seu collecta generalis), die zuerst der alleinigen Gewalt des Kg.s unterstand, allmähl. jedoch der Einwilligung des Landtages bedurfte. S.basis war ursprgl. der Grundbesitz, zunehmend aber auch wirtschaftl. Betätigung. Große Bedeutung hatten die kgl. Urbur in Kuttenberg sowie die Einkünfte aus dem Münzregal. Seit Kg. Johann v. Luxemburg ist auch die Judens. systematischer belegt, die allein vom Willen des Herrschers abhing. Mit der Einrichtung der S. war die Errichtung eines entsprechenden Fiskalapparates verbunden (magister camere regalis, subcamerarius, collectores steure u.a.).

[2] *Polen:* Zu den Abgaben in Form von Naturalien und Dienstleistungen (servicia) traten verschiedene Maut- und Strafgebühren, außerdem in der frühen Piastenzeit Herdabgaben (fumales) bzw. Viehs.n, die sich allmähl. in eine feudale Rente umwandelten. In der Zeit der Zersplitterung Polens im 13. Jh. verloren die alten Abgaben auch wegen der wachsenden Immunität an Bedeutung, während die Stadts. (*šos*) wichtiger wurde; jedoch gingen die einzelnen Territorien eigene Wege. Außerdem wurde regelmäßig die sog. collecta communis erhoben, die alles urbar gemachte Land betraf. Der Hauptteil der fsl. Einnahmen stammte jedoch aus der eigenen herrschaftl. Domäne, bes. aus den Salinen und aus dem Münzregal. Die kgl. Kammer war auch an dem relativ regelmäßigen päpstl. Zehnt beteiligt. Seit der Regierung Kg. Kasimirs d. Gr. kam es zur Reform des S.wesens, auf dessen Aufhebung die Stände schrittweise hinwirkten. Eine profilierte und mannigfaltige Struktur der Verwaltung entsprach den Besonderheiten der einzelnen poln. Teilgebiete. →Finanzwesen, B. VII.   I. Hlaváček

Lit.: K. Krofta, Staročeská daň míru, Sborník prací k sedmdesátému jubileu P. N. Miljukova, 1929, 155–192 – Ders., Začátky české berně, Česky čas. histor. 36, 1930, 1–26, 237–257, 437–490 [auch Sep.] – J. Bardach, Historia państwa i prawa Polski, I, 1965 – J. Dudziak, Dziesięcina papieska w Polsce średniowiecznej, 1974 – J. Janák–Z. Hledíková, Dějiny správy v českých zemích do roku 1945, 1989.

II. Ungarn: Obwohl S.n erst in den Gesetzen Kg. Kolomans (um 1100) erwähnt werden, scheinen die →Gespane des ung. Kgr.es seit der Staatsgründung S.n für die Aufstellung von Soldaten für das kgl. Heer erhoben (DRMH 1, Colom.: 40) und die »Freien« eine S. von 8 bzw. 4 Pfennigen (denarii) gezahlt zu haben (ebd., Colom.: 45). In den folgenden Jahrhunderten wird mehrfach eine collecta erwähnt, doch ist über ihre Höhe nichts bekannt. In der →Goldenen Bulle Andreas' II. wurden die Hintersassen der Adligen und der Kirche von der Zahlung dieser S. befreit (ebd., 1222: 3). Spätestens 1231 wurde die mardurina genannte, ursprgl. wohl in Marderfellen erhobene S. der Einwohner Slavoniens in eine Gelds. umgewandelt, ebenso wie der näher nicht bekannte descensus, die Herbergspflicht für den Kg. und sein Gefolge. Im 14. Jh. regelte Kg. Karl Robert I. das →Finanzwesen (B.VIII) und somit die S.zahlung und verpachtete deren Erhebung an »Kammergrafen« (DRMH 2, 1342). Für die folgenden Jahrhunderte blieb die wichtigste S. das lucrum camerae, auch Portals. genannt. Sie wurde als direkte S. von jedem Hof (meistens jährl. 20 Pfennige [1/5 Gulden]) erhoben. Um 1454 brachte diese S. landesweit an die 40000 Gulden ein und bildete neben dem Salzregal die größte regelmäßige Einnahme der Krone. Beginnend mit den Türkenkriegen im späten 14. Jh. erhoben die Kg.e eine anfangs gelegentl., später regelmäßig von der Diät oder dem Königsrat bewilligte, »einmalige« Sonders. (subsidium) von 1 (oder 1/2) Gulden. Unter Kg. Matthias Corvinus wurde diese »außerordentliche S.« fast jährl. (gelegentl. anstatt der Portals.) erhoben. Zu diesen landesweiten S.n kamen städt. S.n und die Judens. (um 1453 insges. etwa 11 000 Florenen) sowie verschiedene, teilweise in Naturalien geleistete Abgaben an die Krone, wie z. B. die Ochsens. der →Székler, das »Fünfzigstel« der siebenbürg. Vlachen (→Siebenbürgen), usw.   J. Bak

Q.: Decreta Regni Mediævalis Hungariæ. The Laws of the Medieval Kingdom of Hungary 1–2, 1989–92 [= DRMH] – Lit.: F. Eckhart, A királyi adózás története Magyarországon. 1323-ig, 1908 – J. Bak, Monarchie im Wellental: Materielle Grundlagen des ung. Kgtm.s im späteren MA (VuF 32, 1987), 347–384.

J. Rus'

Die wichtigste und älteste S. war der Tribut (*dan'*). Zunächst bildete er eine Abgabe von unterworfenen Stämmen sowie eine Zahlung zwecks Wahrung des Friedens von benachbarten Stämmen in Form von Pelzen, Fellen, Wachs und Honig. Der Tribut wurde durch das *poljud'e* ergänzt, das die Bevölkerung zugunsten des Fs.en und seiner →Družina leistete. Mit der Entstehung von Erbgütern im 12. Jh. begann die Umwandlung des Tributs in eine Feudalrente. Es existiert die Meinung, daß der Tribut von Beginn an eine staatl. Feudalrente war (L. V. Čerepinin). Der Prozeß der Umwandlung des Tributs in eine Rente wurde durch die Fremdherrschaft (1240–1480) deformiert (→Tatarensteuer). Am Ende des 15. Jh., nach der Herausbildung des gesamtruss. Staates (→Moskau), wurde die Tributeinziehung reguliert: eine Bestandsaufnahme des Landes (*sošnoe pis'mo*) wurde zuerst im Novgoroder Land (→Novgord) durchgeführt. Als Besteuerungseinheit diente in der Stadt der »Hof«, auf dem Land der »Pflug«; ein »Pflug« entsprach Mitte des 16. Jh. einer halben Desjatine. Der Landbesitz wurde in Grundbüchern (→*piscovye*, später *perepisnye knigi*) festgehalten. Für den Unterhalt der Schreiber wurde eine bes. S. (*piščaja belka*) erhoben. Im 14. und 15. Jh. wurde eine spezielle S., der *korm* ('Fütterung'), zugunsten der Träger der Regionalverwaltung, der sog. *kormlenščiki* (bis zur Mitte des 16. Jh.), gezahlt (→Kormlen'e). Diese erhoben neben einer Abgabe für den Richterspruch (*prisud*) auch die Buße für Mord (*vira*) und sonstige Gewaltverbrechen (*prodaža*), ferner eine Gebühr, die Anreisende zu zahlen hatten (*javka*). Zu den indirekten S.n gehörten u.a. Zoll (*myto*), Wäge- und Meßgebühren. Die Kirche und die privilegierten Schichten (Fs.en, Nachkommen von Teilfürsten, →Bojaren und – seit Mitte des 15. Jh. – der niedere Adel) waren befreit von der Mehrzahl der S.n und Leistungen, so von denjenigen für Befestigung und sonstige Baumaßnahmen der Städte und Burgen, von der Bereitstellung von Fuhrwerken und Pferden (*jam*) sowie vom Unterhalt der fsl. Kuriere (*postoj*).   A. Choroškevič

Lit.: A. S. Lappo-Danilevskij, Organizacija prjamogo obloženija v Moskovskom gosudarstve so vremen Smuty do ėpochi preobrazovanij, 1890 – P. N. Miljukov, Spornye voprosy finansovoj istorii Moskovskogo gosudarstva, 1892 – S. B. Veselovskij, Feodal'noe zemlevladenie v Severo-Vostočnoj Rusi, 1947 – A. D. Gorskij, Očerki ėkonomičeskoie položenija krest'jan v Severo-Vostočnoj Rusi, 1960 – I. Ja. Frojanov, Kievskaja Rus'. Očerki social'no-ėkonomičeskoj istorii, 1974 – V. T. Pašuto, B. N. Florja, A. L. Choroškevič, Drevnerusskoe nasledie i istoričeskie sud'by vostočnogo slavjanstva,

1982 – S. M. Kaštanov, Finansy srednevekovoj Rusi, 1988 – I. Ja. Frojanov, Kievskaja Rus'. Očerki otečestvennoj istoriografii, 1990.

K. Altlivland

In →Livland waren die Unterworfenen (ausgenommen die Freien) durch Friedensverträge zur Zahlung des Zehnten von ihren Einkünften in Naturalien verpflichtet. Er wurde meist in einen festen Zins umgewandelt und von den Amtleuten des Ordens oder der Vasallen der Bf.e anläßlich der Wackentage (→Wacke) eingenommen. Im weiteren Sinne sind auch die materiellen Leistungen zu Frone und Aufgebot als S.n zu begreifen. – In →Kurland wurde in Gebieten von Orden und Bf.en eine Kriegssteuer, das *Wartgeld*, nach 1503 auch in den übrigen Ordensgebieten das *Meistergeld* den erwachsenen Männern auferlegt. 1498 wurde auf Beschluß des allg. livländ. Landtages zur Ablösung der Kriegspflicht von jedem Bauernhof eine Abgabe von 1 Mark eingeführt. Auf 15 Bauernhöfe entfiel die Entlohnung von je einem angeworbenen Söldner. – Die Städte (→Stadt, J) erhoben an direkten S.n das Bürgergeld einmalig bei Erwerb des Bürgerrechts; vom Grundbesitz einen jährlichen Grundzins; im Erbfall den Erbschaftszehnten; nach Bedarf wurde auf Beschluß von Rat und Gemeinde der Schoß von jedem Bürger oder Einwohner nach Einschätzung ihres Grundbesitzes, Gewerbes oder eigenen Herdes erhoben. Hinzu kamen indirekte, teils zweckgebundene S.n wie Wein- und Bierakzise (Getränkes.), in Reval Steinakzise, Abgaben von Trankocherbuden, Tonnengeld der Schiffer, Pfahlgeld für die Schiffahrt vor Narva. Ob es sich bei den Abgaben von Stadtwaagen, Mühlen, Kalköfen um Umsatzs.n, Gebühren oder Pacht handelte, ist schwer zu entscheiden. H. v. zur Mühlen

Lit.: F. G. v. Bunge, Die Stadt Riga im 13. und 14. Jh., 1878 – L. Arbusow, Verz. der bäuerl. Abgaben, Acta univ. Latviensis, 1924 – H. Laakmann, Gesch. der Stadt Pernau, 1956 – R. Vogelsang, Zur Finanzverfassung im ma. Reval, ZOF 20, 1971 – P. Johansen–H. v. zur Mühlen, Dt. und undt. im ma. Reval, 1973 – →Bauer, D.X [L. Arbusow, 1924–26; H. Bosse, 1933; A. Schwabe, 1928; J. Uluots, 1935; E. Blumfeldt, 1949].

L. Spätantike und Byzantinisches Reich

I. Spätantike – II. Byzantinisches Reich.

I. Spätantike: Neben indirekten S.n ('portorium', →Zölle) sowie Spezialabgaben für bestimmte Bevölkerungsgruppen (z. B. 'collatio' oder 'follis glebalis', Grundbesitzs. für Senatoren; 'aurum coronarium', Thronbesteigungs- und Regierungsjubiläumss. für Städte; →'chrysargyron' oder 'collatio lustralis', dasselbe für Kaufleute) ist die wichtigste S.art die kombinierte Kopf- und Grunds., die 'capitatio iugatio'. Nachdem die kaiserzeitl. Vorformen des 'tributum soli' und des 'tributum capitis' in den Wirren des 3. Jh. untergegangen waren und an ihre Stelle die Requirierung von Sachleistungen (→annona) getreten war, organisierte →Diokletian (284–305) das S.wesen von Grund auf für das ganze Reich neu (s. a. →census). In fünfjährigem (seit→Konstantin d. Gr. fünfzehnjährigem) Turnus erging eine Veranlagung ('indictio'); sie lebte im MA als Grundeinheit der →Datierung fort: →Indiktion) auf der Grundlage der Bemessungseinheiten 'caput' (Kopf, Arbeitskraft) und 'iugum' (Joch, was mit einem Gespann als Lebensunterhalt bearbeitet werden kann). Anders als der unmittelbare Wortsinn erwarten läßt, gehen beide Begriffe dergestalt ineinander über, daß sie – mit Ausnahmen: 'capitatio humana' oder 'plebeia' für die Stadt – keine getrennten S.arten sind, sondern daß die Veranlagung nach Personen (auch Frauen, mit niedrigerer Rate) und Grundstücken (je nach Güte und Bewirtschaftungsart) miteinander kombiniert werden. Einzelheiten sind nach wie vor umstritten, wofür die Quellenlage insofern ursächlich ist als der Sprachgebrauch der zahlreichen Rechtstexte (→Codex Theodosianus, Codex Justinianus [→Corpus iuris civilis], Syr.-röm. Rechtsbuch) oft terminologisch ungenau ist und die ebenfalls nicht unbeträchtl. inschriftl. Zeugnisse nur fragmentar. Information bieten. Jedoch besteht Einigkeit darüber, daß die konkrete Anwendung des Grundprinzips von Region zu Region (z. B. Syrien, Ägypten, Afrika, Thrakien) stark differierte, und ebenso sind Änderungen im Laufe der hist. Entwicklung in Rechnung zu stellen. Während zunächst die Ablösung der Sachleistungen durch Geld ('adaeratio') nur in Ausnahmefällen möglich war, trat Geldzahlung später häufiger neben die Naturalleistung. Weitere Forschungsprobleme sind die miteinander zusammenhängenden Fragen nach dem Ausmaß der generellen S.belastung und dem der Amtsmißbräuche bei der S.veranlagung und -eintreibung. Von ihrer Beantwortung hängt es ab, ob das S.wesen zur Ausdünnung des städt. Mittelstandes der Dekurionen (→decurio) und zur Herausbildung eines vorfeudalen Patronatswesens (→Patronat) geführt habe. Während man früher wegen häufiger Klagen in den lit. Quellen diese Belastungen stark hervorhob, urteilt man jetzt zurückhaltender. W. Schuller

Lit.: Jones, LRE 61–68, 448–462 – A. Déléage, La capitation du Bas-Empire, 1945 – A. H. M. Jones, The Roman Economy, 1974, 280–292 – W. Goffart, Caput and Colonate, 1974 – A. Cérati, Caractère annonaire et assiette de l'impôt foncier au Bas-Empire, 1975 – A. Chastagnol, Problèmes fiscaux du Bas-Empire (Points de vue sur la fiscalité antique, ed. H. van Effenterre, 1979), 127–140 – Ders., L'évolution politique, sociale et économique du monde romain de Dioclétien à Julien, 1982, 364–376 – J.-U. Krause, Spätantike Patronatsformen im W des Röm. Reiches, 1987, 307–327 – U. Hildesheim, Personalaspekte der frühbyz. S.ordnung, 1988 – J. Bleicken, Verfassungs- und Sozialgesch. des Röm. Kaiserreiches, 1989³, 1, 195–200.

II. Byzantinisches Reich: Es gibt keinen Bereich der byz. Verwaltung, in dem die Erkenntnisse im großen wie im einzelnen noch so unsicher und die Interpretationen so umstritten sind wie dem der S.n. Dies beruht nicht nur auf der Quellenarmut gerade in einer Epoche großer Verwaltungsveränderungen, dem 7.–9. Jh., sondern auch auf dem Weiterleben alter S.bezeichnungen in (vielleicht) neuer und veränderter Bedeutung.

[1] *Quellen:* Unsere Kenntnisse stützen sich, abgesehen von wenigen Hinweisen in der Chronistik, auf zwei S.traktate zum prakt. Gebrauch, eine theoret. Schrift (aus der Zeit des Ks.s →Alexios I.), ein Katasterfrgm., v. a. aber auf die Urkk. öffentl. Charakters.

[2] *Periodisierung:* Die von Diokletian eingeführten Neuerungen galten als System bis in das 7. Jh. Die einheitl. Veranlagung könnte (spätestens) im 8. Jh. verschwunden sein, als die globale Einschätzung (nach Oikonomidès, 1987) einer prozentual dem (Besitz-)Wert entsprechenden wich. Auch nahezu alle übrigen S.bezeichnungen des 4. und 5. Jh. verschwinden seit dem 7. Jh., während die nun neu auftretenden eher eine Kontinuität bis zum Ende des byz. Reiches aufweisen.

[3] *Steuerarten:* Es ist zu unterscheiden zwischen (a) Grund- und Haus(halt)s., (b) Waren- und Produkts.n und (c) den Verwaltungss.n, denen auch die Sonders.n zuzurechnen sind. (a) An Stelle (?) der spätantiken iugatio-capitatio begegnet zu Beginn des 9. Jh. das καπνικόν (Herds.), welche (als Kopfs.) jede auf dem Land ansässige Familie zu bezahlen hatte, und in derselben Zeit wurde (trotz der späteren Quellenbelege) auch die δημόσιον (τελούμενον, οἰκούμενον) genannte Grunds. (neben der immer noch existierenden συνωνή/annona) eingeführt. Diese bei-

den S.n bildeten die Grundlage des byz. Finanzsystems. Auch städt. Immobilien wurden besteuert (OIKONOMIDÈS, 1972). Ob auch besitzlose städt. Familien veranlagt waren, ist unklar. – (b) Die große Menge der Einzels.n, die gesondert aufzuzählen hier unmöglich ist, lagen im Bereich von Waren (→Kommerkion), Produkten und bewegl. Agrarbesitz. Dabei kommt der Abgabe des Zehnten (δεκατεία) im Unterschied zum Westen nur geringfügige Bedeutung zu. Sie war gesetzlich nicht verankert, wurde aber bes. bei Tierbesitz (Vieh, Bienenvölker, Fischfang) praktiziert. Für die Sicherung von Besitz war eine Wachs. (βιγλιατικόν) zu bezahlen, es gab eine Kneipens. (καπηλειατικόν), eine Werkstättens. (ἐργαστηριακόν) sowie Meß- und Wäges.n (ξυγαστικόν, μετριατικόν). – (c) Für Maßnahmen von Beamten oder des Staates waren S.n oder Gebühren zu bezahlen, so für Ausstellung von Urkk., bei Annahme von Erbschaften, zur Verproviantierung (von Soldaten oder Beamten), für Festungs-, Brücken- und Straßenbau, Schiffbau u. ä. Auch das κανονικόν, eine seit dem 11. Jh. (?) an den örtl. Bf. abzuführende »Kirchens.« ist hier zu nennen, und vielleicht auch das vieldiskutierte ἀερικόν, das in Zusammenhang mit der Einschätzung von Bodenbesitz stehen könnte. In diesen Bereich fallen auch die ἐπήγειαι ('Belästigungen') genannten Sonders.n (z. B. nach feindl. Angriffen, Naturkatastrophen).

[4] *Formen der Steuerleistung, -bemessung, -höhe:* Die S. war prinzipiell in Geld zu leisten, doch war auch die entsprechende Naturalabgabe v. a. im 7./8. Jh. (eingezogen von den Kommerkiariern?) und in spätbyz. Zeit weiter verbreitet als lange angenommen. Manche S.n (z. B. Straßen- und Festungsbau) wurden gewöhnlich als Hand- und Spanndienste (ἀγγαρεία) geleistet (→Leiturgia). Bemessungsgrundlage für den Boden war die Einschätzung der Qualität, bei Besitz oder Waren der Verkaufswert. Zur Höhe der Steuer gibt es (abgesehen von der ziemlich gleichbleibenden Grundsteuer von 4,16% = 1/24 des Bodenwertes) nur sehr punktuelle Hinweise.

[5] *Steuereintreibung:* Die Einschätzung von Boden und Agrarbesitz geschah in schriftl. Form (Praktika) durch Finanzbeamte (πράκτωρ) mit bisweilen dubiosen Rechenmethoden, während die Steuereintreibung (in den seit dem 11. Jh. zu fiskal. Einheiten umgewandelten →Themen) an (private?) Steuerpächter vergeben war, die in der Literatur immer wieder Gegenstand von Klagen sind.

[6] *Steuerbefreiung:* Grundsätzl. Befreiung von der Bodens. gibt es (auch für Kirchen und Klöster) nicht, doch können die Einnahmen teilweise (kaum jemals ganz) dem Besitzer als Geschenk (des Kaisers) oder als Entgelt für Dienstleistungen überlassen bleiben. Die Befreiung von den Nebensteuern (2) und (3) ist individuell durch jederzeit widerrufbare ksl. Erlasse geregelt. →Immunität, II, 1; →Abgaben, VI.   P. Schreiner

Q.: F. Dölger, Beitr. zur Gesch. des byz. Finanzwesens, 1927–Ders., Aus den Schatzkammern des Hl. Berges, 1948–N. Svoronos, Recherches sur le cadastre byz., Bull. Corr. Hell. 83, 1959, 1–166 – J. Karayannopulos, Frgm. aus dem Vademecum eines byz. Finanzbeamten (Polychordia. Fschr. F. Dölger, 1966), 318–334–P. Schreiner, Ein Prostagma Andronikos III., JÖB 27, 1978, 203–228 – C. Morrisson, La logarikè, TM 7, 1979, 419–464 – *Lit:* D. A. Xanalatos, Beitr. zur Wirtschafts- und Sozialgesch. Makedoniens [Diss. 1937] – H. F. Schmid, Byz. Zehntwesen, JÖBG 6, 1957, 45–110–J. Karayannopulos, Das Finanzwesen der frühbyz. Staates, 1958 – F. Dölger, Zum Gebührenwesen der Byzantiner (Byzanz und die Europ. Staatenwelt, 1964), 232–260 – N. Oikonomidès, Quelques boutiques de Constantinople au Xe s., DOP 26, 1972, 345–356 – P. Schreiner, Zentralmacht und S.hölle (Mit dem Zehnten fing es an, 1986), 64–73, 270–272 – N. Oikonomidès, De l'impôt de distribution à l'impôt de quotité, ZbRad 26, 1987, 9–19 – Oxford Dict. of Byzantium, 1991, 1695, 2015–2018 –

M. Kaplan, Les hommes et la terre à Byzance du VIe au XIe s., 1992–J. Haldon, Aerikon/Aerika: A Reinterpretation, JÖB 44, 1994, 135-142 – H. Saradi, Evidence for Barter Economy, BZ 88, 1995, 405–418.

M. Südosteuropa

I. Slowenien, Kroatien, Bosnien – II. Bulgarien und Serbien.

I. Slowenien, Kroatien, Bosnien: Das S.system dieser Länder war stark vom Typ der gesellschaftl. Beziehungen geprägt. Im Gebiet der im 12. Jh. organisierten →Kommunen an der Adriaostküste (→*Istrien*, →*Dalmatien*) dominierte auf dem Agrarsektor das →Kolonat. Die Getreideernte wurde aufgeteilt nach Vierteln für den Landeigner, den Bearbeiter, den Eigner der Ochsen und für die Neusaat.

In den meisten Gebieten entwickelten sich im Laufe der Jahrhunderte Feudalbeziehungen mit entsprechenden Abgabensystemen. In *Slowenien*, das verschiedene grundherrl. Abgaben kannte, reduzierten sich die →Frondienste infolge des Verfalls der Eigenbewirtschaftung auf 2–12 Tage, bezogen aber weiterhin Feldbestellung, Heumahd, →Spurfolge sowie Hilfe bei der →Jagd ein.

Abgaben auf den Boden (census, *činz*) bestanden oft in Getreide, bei Viehzüchtern in Käse. Auch begegnen (hölzerne) Gegenstände des Hausrats oder Vieh als Abgaben. Für Nutzungsrechte an Ausweiden und Holzschlag sowie für das Dorfgericht waren Abgaben fällig. Bei Wechsel des Herrn (Todfall) war ein Vermögensanteil zu entrichten (am häufigsten der schönste Ochse: 'Sterbochs'; →Besthaupt).

Bis zum 13. Jh. waren die Abgaben für Hofstellen gleicher Größe auf einem Gut meistens einheitlich. Danach kam es infolge der Kolonisierung und der Teilung bei Zeit- oder Erbpacht (→Emphyteusis) zu einer Differenzierung (unbefristete Pachten waren billiger).

Für →*Bosnien* liegen erst ab dem 14. Jh. dichtere Q. nachrichten zum S.wesen vor; die Bauern hatten ihre S.n nun zunehmend in Geld zu leisten, v. a. seitdem die bosn. Herrscher eigene Silbermünzen prägten. Der größte Teil der Einkünfte stammte ohnehin aus den reichen Silber-, Blei- und Kupferbergwerken.

Die ersten Angaben über S.leistungen in →*Kroatien* stammen schon aus der Zeit um 1000, als die Städte dem byz. Ks. S.n bzw. Tribute in Marderfellen, Seide oder Geld zahlten. Da sich im 11. Jh. feudale Beziehungen entwickelten, entstand das typ. S.system. Nach 1102 war die wichtigste kgl. S. in →*Slavonien* die 'marturina' (kroat. *kunovina*); die Küstengebiete waren davon befreit. Eine Vorform der S. ergab sich durch die →Münzverrufung ('lucrum camerae'), d. h. jährl. wurden drei alte Münzen durch zwei neue ersetzt; im 13. Jh. entwickelte sich hieraus eine dauerhafte S. Von jeder Hofstelle (Feuerstätte) erhoben die 'dicatores' die *dika* (auch *dimnica*, 'Rauchfangs.'; →Herds.). Im 15. Jh. wurde zur Finanzierung des →Türkenkrieges die Kriegss. *riz* eingeführt. Daneben bestanden →Zölle, Hafengebühren, Torakzisen, der Dreißigstenzoll (*harmica*). Für die kgl. Freistädte (Stadt, I, II) war die →Gastung (*zalaznina*) des Kg.s und seines Gefolges am drückendsten. Für alle Untertanen galt der Kirchenzehnt, der von allen Erträgen in natura entrichtet wurde.

I. Goldstein

Lit.: HNJ, 1953 – F. Šišić, Pregled povijesti hrvatskog naroda, 1962 – S. Ćirković, Istorija srednjevekovne bosanske države, 1964 – B. Grafenauer, Zgodovina slovenskega naroda II, 1965 – N. Klaić, Povijest Hrvata u srednjem vijeku I, II, 1975², 1976.

II. Bulgarien und Serbien: Die ältesten Nachrichten über das S.wesen in *Bulgarien* beziehen sich auf das 10. und frühe 11. Jh.; damals betrug die Haupts., das *Zeugaratikion*, ein Maß Brotgetreide, ein Maß Hirse und ein Gefäß

Wein, später umgerechnet in ein →Nomisma. Dem Herrscher standen die Einkünfte aus Zoll und Münze zu wie auch ein 'Zehnter' auf Vieh. Das S.wesen und seine Institutionen entwickelten sich unter starkem Einfluß des byz. S.systems.

Abgaben und S. verpflichtungen in *Serbien* lassen sich in drei Gruppen einteilen: Pflichten gegenüber der Kirche, dem Herrscher und Staat, den Feudalherren. Die serb. Kirche forderte von ihren Gläubigen anläßl. der Hochzeitsnacht den (mäßigen) *bir duhovni* in Feldfrüchten (von den viehzüchtenden Vlachen in Käse entrichtet). Die wichtigste Leistung für Herrscher und Staat war der Kriegsdienst; einzelne Leute hatten auch Burgwerk zu verrichten. Die Bevölkerung zahlte dem Herrscher jährlich das *soće*, einen Kübel Getreide oder einen Hyperper (zwölf Dinare). In der Zeit der Türkenherrschaft wurde die Geldabgabe der *uncia* im Winter und im Sommer eingeführt. Unter dem *obrok* wurde die Gastung des Herrschers und seiner Leute verstanden; *pozob* bezeichnete die Fütterung von deren Pferden, *ponos* den Fuhrdienst. Alle Zölle (von 10%) und Münzgewinne standen dem Herrscher zu, ebenso erhielt er 10% der Edelmetallerträge. Die Einnahme von S.n lag in den Händen von S. pächtern. Erhebl. Einkünfte stammten aus Strafgeldern. Am belastendsten waren die Abgaben der Abhängigen an die Feudalherren, für die Ackerbauern geregelt im »Zakon Srbljem«, dem 'Gesetz für Serben', für die Viehzüchter im »Zakon Vlahom«. Neben Frondiensten leistete die abhängige Bevölkerung Naturalabgaben. M. Blagojević

Lit.: D. ANGELOV, Agrarnite otnošenija Severna i Sredna Makedonija prez XIV vek, 1958 – S. LIŠEV, Za genezisa na feodalizma v Bŭlgaria, 1963 – G. CANKOVA-PETKOVA, Za agrarnite otnošenija v srednovekovna Bŭlgaria (XI–XIII v.), 1964 – S. NOVAKOVIĆ, Selo (S. ĆIRKOVIĆ, Dopune i objašnjenja, 1965) – I. BOŽIĆ, Dohodak carski, 1956 – M. BLAGOJEVIĆ, Zemljoradnja u srednjovekovnoj Srbiji, 1973 – LJ. MAKSIMOVIĆ, Poreski sistem u grčkim oblastima Srpskog carstva, ZRVI 17, 1976, 101–125 – M. BLAGOJEVIĆ, Zakon svetoga Simeona i svetoga Save (Sava Nemanjić–sveti Sava, Istorija i predanje, Naučni skupovi SANU knj. 7, 1979), 129–166 – DERS., L'exploitation fiscale et féodale en Serbie du XIIIe au XVe s., Rev. Roumaine d'Hist. 22, 1983, 137–146 – A. VESELINOVIĆ, Carinski sistem u Srbiji u doba Despotovine, Istorijski glasnik, 1–2, 1984, 7–38.

N. Arabischer Bereich

Es ist grundsätzlich zw. kanon. und speziellen S.n zu unterscheiden, welch letztere vielfach S.n aus vorislam. Zeit fortsetzen. Dazu gehören aber auch alle sonstigen Staatseinkünfte wie Zollabgaben, Import- und Exportzölle, Salzs., Pachteinkünfte (Bäder, Märkte, *sūqs* etc.) oder – bes. verhaßt – ad hoc eingetriebene S.n bei Haushaltsdefiziten oder in ähnl. Fällen. Kanon. S.n wurden zu (oder kurz vor) Beginn des muslim. Mondjahres, nichtkanon. (*ḍarāʾib* bzw. *mukūs*) nach Sonnenjahren erhoben. Das Eintreiben der S.n blieb zunächst in den Händen der Einheimischen, weswegen die ehemals byz. und sasanid. Gebiete vom steuerl. Standpunkt aus unterschieden blieben, abgesehen davon, daß der Westen in Gold, der Osten in Silber bezahlte. Die Staatseinkünfte des Abbasidenreiches betrugen in der 2. Hälfte des 8. Jh. 400 Mill. (Silber-Dirhams), zu Beginn des 9. Jh. 300 Mill., zu Beginn des 10. Jh. 210 Mill. Die Abnahme geht auf eine Schrumpfung des Staatsgebietes zurück, nicht etwa auf nachlassende Steuerkraft. Die einzelnen Provinzen wurden z. T. sehr unterschiedl. behandelt; außerdem ist die Quellenlage sehr ungleichmäßig, am besten – wie zu erwarten – für Ägypten. Terminologie wie Praktiken der S.erhebung bzw. -eintreibung waren schwankend und sehr unterschiedl. Auf der Halbinsel Arabien – wo ja weder Christen noch Juden leben durften – wurde der *ʿušr* ('Zehnt') auf Ländereien erhoben, abgesehen von der sog. »Almosens.« (*zakāt*, oft auch als *ṣadaqa* bezeichnet), die alle Muslime etwa in Höhe von 10% ihrer Einkünfte bzw. ihres Besitzes zu entrichten hatten, und eher mit Beiträgen zu einer staatl. Sozialversicherung mit Zwangsmitgliedschaft als mit einer S. zu vergleichen wäre. Während sie nur für Muslime verwendet werden durfte, konnten freiwillige Almosen (*ṣadaqa*) auch an Nicht-Muslime vergeben werden. Landbesitzer – außerhalb Arabiens zunächst alle Nicht-Muslime – zahlten eine Grunds., *ḫarāǧ* (gr. χορηγία), die später auch auf Muslime ausgedehnt wurde, da die zunehmende Islamisierung zumal der Landbesitzerklasse ansonsten die Staatsfinanzen ruiniert hätte. Besteuert wurden übrigens grundsätzlich nicht Einzelpersonen, sondern Gemeinschaften (Dörfer usw.), weswegen Übertritte zum Islam oder Steuerflucht in Städte und – bes. in Ägypten – in Klöster zu schwerer Belastung der an Ort und Stelle Gebliebenen führten. Noch in omayyadischer Zeit wurde daher die von allen »Schutzbefohlenen« (*ḏimmī*), d.h. Christen, Juden und dann auch anderen »Schriftbesitzern« zu entrichtende »Kopfs.« (*ǧizya*), von der Kleriker (wie Frauen, Kinder, Behinderte, Arme) befreit waren, auch auf Mönche ausgedehnt. In der ersten Zeit wurden übrigens die Ausdrücke *ǧizya* und *ḫarāǧ* unterschiedslos im Sinne von 'Tribut' verwendet. Das hing damit zusammen, daß die Besteuerung – von der vorislam., aber beibehaltenen abgesehen – verschieden war, je nachdem eine Stadt bzw. Region durch Waffengewalt (*ʿanwatan*) oder »Übereinkunft« (*ṣulḥan*) erobert worden war oder gar durch einen Vertrag (*ʿahd*) die muslim. Oberhoheit anerkannt hatte. In ersterem Falle galten die kanon. Steuern (*ǧizya* und *ḫarāǧ*), im zweiten zwar ebenso, doch durften sie von den Einheimischen selbst eingetrieben werden bzw. wurden im letzteren durch eine feste Tributsumme ersetzt. An die Stelle der ursprgl. Naturalleistung trat allmähl. Geldzahlung. S.n wurden teilw. vom Staat eingezogen (→ *ʿāmil* 'Steuerbeamter, -direktor', charakteristischerweise später Bezeichnung für den Provinzgouverneur!), teilw. verpachtet (*ḍamān*). Alle kanon. S.n fußten auf landwirtschaftl. Produktion oder Viehzucht. Bei der »Grunds.« wurde natürlich (höher) bzw. künstlich bewässertes (niedriger) Land (→ Bewässerung) unterschiedlich veranlagt, eine Mißernte oder Katastrophe (Heuschreckenplage) steuermindernd bewertet. Die fortschreitende staatl. Zersplitterung der islam. Welt – zumal ab dem 10. Jh. – läßt für spätere Zeiten keine allgemeingültigen Aussagen mehr zu. – In den Kreuzfahrerstaaten (→ Jerusalem, Kgr.) wurde das muslim. S.wesen wegen seiner Effizienz in starkem Umfang beibehalten.

H.-R. Singer

Lit.: EI² I, 1141–1147 [Bayt al-Māl]; II, 142–146 [Darība], 187f. [Dayʿa], 559–562 [Djizya]; IV, 323f. [Kabāla], 1030–1034 [Kharādj]; VIII, 708–715 [Ṣadaqa] – EI¹ (Repr. 1993) VIII, 1050–1052 [ʿUshr], 1202–1205 [Zakāt] – F. LØKKEGAARD, Islamic Taxation in the Classic Period, 1950 – A. BEN SHEMESH, Taxation in Islam, I–III, 1958, 1963, 1969 – K.-E. ISMAIL, Das islam. S.system vom 7. bis 12. Jh. unter bes. Berücksichtigung seiner Umsetzung in den eroberten Gebieten, 1989.

O. Osmanisches Reich

Auch das Osman. Reich kannte die Unterscheidung von kanon. und nicht-kanon. S.n; unter der ersteren war wegen der großen Zahl chr. Untertanen die *cizye* von bes. Bedeutung. Cizye-Abrechnungen sind seit 1487/88 öfters erhalten. Diese decken neben den Balkanprovinzen auch die Ägäisinseln, Caffa und Trapezunt ab. Ohne die Provinzen Hersek und Selanik zahlten 1478/88 639119 Haushalte cizye in der Höhe von über 30 Mill. *akçe*; diese Zahl umschließt Haushalte sehr unterschiedl. Größe, bei mindestens 43439 Haushalten war der Vorstand eine Witwe. Chr. Bauern zahlten eine *ispence* gen. Hofsteuer; von Muslimen wurde eine *resm-i çift* gen. Hofsteuer eingezogen. Diese in Geld gezahlten S.n sind wohl aus der Ablösung von Frondiensten entstanden. Die *avarız* gen. Sondersteuern wurden im Bedarfsfall (Krieg) in unbestimmter Höhe eingezogen. Leute, die für den Unterhalt und die Sicherheit von Straßen und Brücken aufkamen bzw. Reisende beherbergten, wurden oft von *avarız* befreit; Befreiungen von anderen S.n waren seltener. Befreiungsurkk. sind seit der 2. Hälfte des 14. Jh. gelegentl. überliefert. Die von Bauern gezahlten S.n wurden nur z. T. von der zentralen Finanzverwaltung eingezogen, ein Großteil wurde lokal von den Inhabern eines →*tımar* oder *ze'amet* einbehalten, denen dieses Recht gegen Dienste im Militär und in der Verwaltung verliehen worden war; der Sultan konnte solche S.n auch an fromme Stiftungen vergeben. Markt- und Brückensteuern waren dagegen meist dem Krongut des Sultans zugewiesen; auch die *cizye* war zumeist der Zentrale vorbehalten.

In den verschiedenen Provinzen des Osman. Reiches war die Besteuerung nicht einheitl.; vorosman. S.n wurden oft weiterhin verlangt oder, wie die S.n des Uzun Hasan, erst spät osman. Normen angeglichen. Von den S. registern der frühosman. Periode sind relativ viele Reste erhalten, die auch gewisse Rückschlüsse auf vorosman. Verhältnisse gestatten. S. Faroqhi

Lit.: P. Wittek, Zu einigen frühosman. Urkk., II, WZKM 54, 1958, 240–256 – Ö. Barkan, Belgeler, 1, 1–2, 1964, 1–234 – İnalcık, OE, 104–120 – J. Beldiceanu, Fiscalité et formes des possession de la terre arable dans l'Anatolie pré-ottomane, JESHO 19/3, 1976, 233–313.

Steward of England. Der erste kgl. Amtsträger, der als 'S.' (Dapifer, später Senescallus; →Seneschall, I, II) in England bezeichnet wurde, war Hubert de Ria, der norm. S. Hzg. Wilhelms v. d. Normandie. Die →Constitutio Domus Regis (1135–39 zusammengestellt) führt den S. in bezug auf seine Besoldung als den zweiten sehr bedeutenden Beamten im Hofhalt nach dem Kanzler auf. Im 12. Jh. hatten das Amt einige der höchsten Würdenträger im Kgr. inne. In der 1. Hälfte des 13. Jh. wurde das Amt des S. of England ein Ehrenamt, unabhängig von dem S.-Amt des kgl. Hofhalts, und mit dem Earldom of →Leicester verbunden. Simon de →Montfort versuchte vergebl., mit dem Amt des S. of England einen Anspruch auf eine reale Herrschaft als Stellverteter des Kg.s zu verbinden, die der Stellung des Sénéchal im frz. Kgr. (→Seneschall, III) bis 1191 vergleichbar war. 1318 erfolgte ein ähnl. Versuch durch →Thomas, Earl of Lancaster und Leicester. 1415 führte bei den von Heinrich V. unvermittelt eingesetzten adligen Gerichtshof, der die Rebellen des Southampton Plot aburteilen sollte, →Thomas, Duke of Clarence, Lord High S. of England, den Vorsitz. Später wurden Hochverratsprozesse, in die →»peers of the realm« verwickelt waren, auf diese Weise bis ins 16. Jh. geleitet. Der Gerichtshof des High S. muß von dem Court of the Verge unterschieden werden, der den S. des kgl. Hofhalts und den →Marshal einbezog. J. S. Critchley

Lit.: L. W. Vernon Harcourt, His Grace the S. and Trial by Peers, 1907 – F. T. Tout, Chapters in the Administrative History of Mediaeval England, VI, 1933, 38–45 – W. R. Jones, The Court of the Verge, Journal of Brit. Studies 10, 1970–71, 1–29 – T. B. Pugh, The Southampton Plot of 1415 (Kings and Nobles in the Later MA, hg. R. A. Griffiths–J. Sherbourne, 1986), 62–89.

Steward of Scotland. Das erbl. Amt des S. im schott. kgl. Hofhalt wurde um 1150 von Kg. David I. geschaffen und an Walter, einem Sohn von Alan, übertragen. Dieser war ein jüngerer Sohn aus einer baronialen Familie bret. Herkunft, deren einer Zweig sich in den →Walis. Marken angesiedelt hatte. Bis ca. 1220 war die übliche Bezeichnung »Dapifer regis Scotorum«, später »Senescallus Scotiae«, was eine erhöhte Stellung bedeutete. Die folgenden S.s erfreuten sich der höchsten baronialen Würde und rangierten gleich nach den Earls. Wie von Anfang an war die Familie mit umfangreichen Landbesitzungen ausgestattet, bes. im SW Schottlands, in Renfrewshire und Ayrshire. Alan, der Sohn und Nachfolger Walters I., erwarb die Insel Bute, und unter den beiden folgenden S.s, Walter II. (1204–41) und Alexander (1241–83), gewann die Familie eine führende Stellung in den sw. Highlands und auf den sw. Inseln. In der 2. Hälfte des 13. Jh. kam der Titel des Amtes, in der Landessprache »Stewart«, als wirkl. Familienname in Gebrauch und wurde von jüngeren Söhnen angenommen, die jüngere Zweige der sich im 14. Jh. stark vergrößernden Familie begründeten. Walter III., der 6. S., heiratete Marjorie, das älteste Kind von Kg. Robert I. Ihr Sohn bestieg 1371 als Robert II. den schott. Thron (→Stewart). G. W. S. Barrow

Lit.: R. Nicholson, Scotland: the Later MA, 1974 – G. W. S. Barrow, The Anglo-Norman Era in Scottish History, 1980.

Stewart (Stuart), schott. Adelsfamilie und Kg.shaus. In der legendar. Überlieferung – wie im »Macbeth« von Shakespeare – werden die S.-Kg.e des spätma. Schottland als Nachkommen von Banquo, Kg. →Macbeths Opfer, dargestellt, dessen Sohn Fleance vor dem mörder. Kg. fliehen konnte, um diese mächtige Dynastie zu begründen. In Wirklichkeit war der erste S., der nach Schottland kam, Walter Fitz Alan, ein Nachkomme der stewards des Bf.s v. Dol in der Bretagne, ein jüngerer Sohn und kleinerer engl. Grundbesitzer in Shropshire, der seit ca. 1136 im Dienst Davids I. v. Schottland Ruhm und Glück fand. Er gehörte zu den größeren Lehnsinhabern im Rahmen der kgl. Politik einer Besiedlung des s. Schottland mit Familien aus der Normandie, Nordfrankreich und Flandern. Auch wurde er ein bedeutender Grundbesitzer in Renfrewshire und Lanarkshire im SW, mit kleineren Lehen im SO. In den 60er Jahren des 12. Jh. gründete er die große cluniazens. Abtei Paisley. Er bekleidete das Amt des →*steward* und verlieh so der Familie ihren Namen. In den nächsten zwei Jahrhunderten waren die S.s eine der großen und wichtigen Landbesitzerfamilien in Schottland, die von Zeit zu Zeit in der nationalen Politik an hervorragender Stelle in Erscheinung traten. So war es z. B. ein S., die die Norweger 1263 in der Schlacht v. Largs besiegte und damit die endgültige Annexion der westl. Küste durch die schott. Krone ermöglichte. 1286, als der Tod Alexanders III. zur Auseinandersetzung um die Nachfolge führte, war James der S. einer der sechs *guardians*, die mit der Führung der Regierung beauftragt wurden. Es folgte die schwerste Krise in der ma. schott. Gesch., die sog. Unabhängigkeitskriege (→Wars of Independence), als Eduard I. auf gewaltsame und blutige Weise den Anspruch der engl. Krone auf die Oberherrschaft über Schottland erneuerte. William →Wallace, ein Vasall des S., führte – vielleicht zunächst mit dessen Unterstützung – 1297–98 die erste entscheidende Widerstandsbewegung gegen diesen Anspruch. Doch der S. selbst spielte eine weniger heldenhafte Rolle bei diesen Ereignissen, er kapitulierte zusammen mit anderen führenden Magnaten von Eduard nach der Niederlage in Irvine 1297. Aber zwei Jahrzehnte später führte sein Erbe Walter eine der drei Bataillone bei dem entscheidenden Sieg über die Engländer in →Bannockburn 1314 an. Die S.s wurden nun wie die Familien der →Douglas, Randolph und Hay in hervorragender Weise von Robert I.

Bruce begünstigt und belohnt. Mit John S. of Bunkle, der zum Earl of Angus erhoben wurde, erreichten die S.s zum ersten Mal den Earl-Rang. Walter the S. konnte sogar noch einen größeren Preis erringen, er heiratete Marjorie, die ältere Tochter des Kg.s. 1318 wurde ihr zweijähriger Sohn Robert (1316–90) als mutmaßl. Erbe auf den Thron anerkannt. Doch ließ die Geburt von David, dem Sohn von Robert I., 1324 den Anspruch auf den Thron in weite Ferne rücken. Aber die S.s waren nun verwandt mit dem Kg.shaus der Bruce und somit bedeutender als die anderen großen Magnatenfamilien in Schottland. Sie konnten im Dienst des Kg.s ihre Stellung festigen. Doch entstanden gerade durch die Verwandtschaft zum Kg. bei diesem Verhältnis Spannungen, da Robert S. seinen Thronanspruch behielt und während der Gefangenschaft Davids in England (1346–57) als *lieutenant* (Stellvertreter) des Kg.s fungierte. 1363 rebellierte er mit Douglas und March erfolglos gegen den Kg., der 1371 kinderlos starb. Mit der Besteigung des schott. Throns durch Robert II. erreichte die S.-Familie ihren Höhepunkt. Er sorgte für eine erhebl. Vergrößerung seiner Familie, da er über 20 Kinder (aus zwei Ehen und illegitimen Verbindungen) hatte. Seine Bemühungen, die Söhne zu versorgen und die Töchter zu verheiraten, prägten den Begriff der »Stewartization« des Hochadels. Während der Regierungszeiten Roberts II. und seines Sohnes Robert III. (1390–1406) waren acht der 15 schott. Earldoms im Besitz der Söhne Roberts II., und aus den Douglas, Moray und anderen führenden Magnatenfamilien stammten die Schwiegersöhne des Kg.s. Außerdem nahm die Verwicklung der S.s in die Regierung Schottlands manchmal bedrohl. Formen an, so, als Alexander »Wolf of Badenoch«, ein illegitimer Sohn Roberts II., seine Stellung als Justitiar im N ausnutzte, um Fehden zu verfolgen und den NO zu terrorisieren. Die Schwäche der Krone machte eine Kontrolle der Familienmitglieder weitgehend unmögl., und die Größe der Familie bedeutete, daß die Ausübung des Patronatsrechts durch die Krone ernsthaft gefährdet war. Somit zerstörte jetzt die S.-Familie das Gleichgewicht der polit. Nation. Es war nun die Krone selbst, die in Gestalt von Jakob I. (1406–37) für eine Beseitigung dieses abnormen Zustands sorgte. Als er nach seiner Gefangenschaft in England (seit 1406) 1424 nach Schottland zurückkehrte, benötigte er nur ein Jahr, um die mächtigste jüngere S.-Linie zu zerschlagen, die Familie seines Cousins Murdoch, Duke of Albany. Andere S.s mußten als Geiseln bis zur Zahlung des Lösegelds nach England gehen. Die S.-Earls of Mar und Buchan starben ohne Erben aus bzw. fanden den Tod in der Schlacht. Am Ende von Jakobs Regierungszeit stellte das Haus S. keine ausgedehnte polit. Macht mehr dar, und die Zahl der schott. Earls hatte sich halbiert. Dafür zahlte Jakob jedoch einen hohen Preis, er wurde von Mitgliedern der eigenen Familie 1437 ermordet. Aber die folgenden S.-Kg.e konnten jetzt wieder ungehindert Titel, Ländereien und Ämter verteilen. Das Haus S., das sich selbst gern als »Steward des Kgr.es« bezeichnete, war nicht länger nur ein adliges, sondern nun ein wirklich königliches, während die Verwandten zwar weiterhin eine hervorragende, aber keine beherrschende Stellung mehr einnahmen. → Schottland.

J. Wormald

Lit.: The Scots Peerage, 1904–14 – G. W. S. BARROW, The Earliest S.s and their Lands (The Kingdom of the Scots, 1973) – R. G. NICHOLSON, Scotland: The Later MA, 1974 – A. GRANT, Independence and Nationhood: Scotland 1306–1469, 1984.

Steyr, Stadt in Oberösterreich, im Mündungswinkel der Flüsse Enns und Steyr zu Füßen der um 900 erbauten, 985/ 991 gen. *Stirapurhc*, die als Hauptsitz und Taidingsort der → Otakare namengebend für die → Steiermark wurde. Burg und Suburbium (um 1170 urbs, 1252 civitas) bildeten eine Wehreinheit. Die Burgstadt kam 1192 an die Babenberger, interimsweise verwalteten sodann Bgf.en Kg. Ottokars (→ Otakar) II. v. Böhmen S., das – im Traungau gelegen – seit 1254 von der Steiermark getrennt und dem Land ob der Enns zugeordnet wurde, bis es 1282 an die Habsburger – 1379 an deren albertin. Linie – fiel. Die Stadt (ältestes Stadtprivileg 1287) hatte ursprgl. zwei Siedlungskerne: Die Burgstadt (Burgmannensiedlung) mit Burg und Häusern in der Hofgasse (n. Teil der Berggasse) sowie die unterhalb gelegene »Untere Enge« und die befestigte Kirchsiedlung um die Stadtpfarrkirche St. Ägyd (gen. 1275). Während des 13./14. Jh. wuchsen beide Siedlungsteile innerhalb eines Wehrberings zusammen, der linsenförmige Stadtplatz (1:7,5) entstand (gen. 1254), umbaut mit dreistöckigen Häusern, bewohnt von wohlhabenden Eisenhändlern. Zw. 1450 und 1530 war die Kernstadt baul. vollendet (Rathaus 1422, Dominikanerkl. 1472ff.). Stadterweiterungen erfolgten jenseits der Flüsse Steyr und Enns: Werksiedlung Steyrdorf (gen. 1331) mit Eisenhämmern und Klingenschmieden; die ursprgl. Fischer- und spätere Arbeitersiedlung Ennsdorf (gen. 1313). Beide – zum städt. Burgfrieden gehörig – erhielten zusammen mit der Kernstadt zw. 1476 und 1490 neue Befestigungen. Um 1500 wären ca. 2000 Einwohner anzunehmen.

S. war wichtiger Handelsplatz (1278 landesfsl. Eisenmaut, 1287 Eisenniederlage für Innerberger Eisen; Holzstapelplatz) und Verarbeitungsstätte zünft. produzierter, europaweit abgesetzter Eisenwaren, Rüstungen, Waffen (seit dem 15. Jh. Schußwaffen) etc. In Nürnberg bestand der Verband der S.er Eisenhändler. 1439 war S. im Zunftverbund »Hauptmessererwerkstätte«. 1488 wanderten 150 Messerer ab. 1501 erfolgte die Beilegung des Handelsstreites mit der bfl.-freising. Stadt Waidhofen/Ybbs. Die 1345 gen. Juden wurden 1371 im Handel beschränkt, 1420 gewaltsam verfolgt. Um 1450 stand S. wirtschaftl. und kulturell auf dem Höhepunkt; es galt nach Wien als vornehmste Stadt Österreichs, genoß Vorrangstellung im ständ. Landtag und war 1406 als landesfsl. Stadt Mitglied des oberösterr. Städtebundes.

In S. wird 1305 eine Gemein der Ritter (ehem. otakar. Burgmannschaft und vollberechtigte Kaufleutebürger) gen.; 1443 »Rath und Gemein« (seit 1499 innerer und äußerer Rat). Freie Richterwahl bestand schon vor 1287, die freie Bürgermeisterwahl seit 1499. 1287 wurde der Burgfried S. vom Landgericht eximiert, 1378 von der Jurisdiktion des Bgf.en befreit. Der Blutbann wurde 1495 bzw. 1523 verliehen. Das älteste erhaltene Siegel datiert von 1304 (Umschrift: SIGILLVM CIVIVM IN STIRA); ab 1392 wird das Pantherwappen geführt und die Umschrift SIGILLVM CIVIVM CIVITATIS STYRE. Um 1250 wurde die Stadtkirche selbständige Pfarre; die Pfarrschule (1344 Schulmeister gen.) wurde im 14./15. Jh. nach Streit mit dem Kl. Garsten zur Stadtschule. Um 1270 bestand in S. eine Waldensergemeinde (mit Schule); 1311 wurden »Ketzer« exekutiert, am Ende des Waldenseraufstandes (1395–97) auf landesfsl. Befehl etwa hundert → Waldenser verbrannt.

H. Ebner

Q. und Lit.: V. PREUENHUBER, Annales Styrenses, Nürnberg 1740 – F. X. PRIX, Beschreibung und Gesch. der Stadt S. und ihrer nächsten Umgebung, 1837 [Neudr. 1965] – J. OFNER, Die Eisenstadt S., 1956 – Österr. Städtebuch: Die Städte Oberösterreichs, 1968, 275–298.

Steyr, Gf.en v. → Steiermark

Sticharion → Kleidung, II

Sticheron, Sticherarion. S., der Gattung des antiphonalen Gesangs entstammender, zw. Psalmversen eingeschobener wechselbarer Hymnus. Es handelt sich hier, anders als im Responsorialgesang, um ausgewählte Psalmverse (Aposticha) oder um fest wiederkehrende Psalmversen (Lucernarium). Der entsprechende Psalmvers heißt Stichos. Metr.-musikalisch unterscheidet man zw. Stichera Idiomela (mit eigener Melodie), Automela (mit eigener Melodie; diese Hymnen gelten als Musterstrophen für andere), Prosomoia (nach den Automela nachgeahmte Hymnen). Die S. Idiomela werden an Festtagen gesungen, während die Prosomoia ihren Platz an Wochentagen haben. Strukturell gesehen unterscheiden sich die S. durch die Länge und durch die melismat. Ausformung: Das Syntomon, ein sehr kurzer Hymnus, wurde, wie es scheint, vom Hymnographen Kyprianos, einem Zeitgenossen des →Johannes Damaskenos, aus dem syr.-palästinens. Milieu im 8. Jh. eingeführt. Sehr ausgedehnte S. Idiomela sind die Heothina oder Morgenhymnen zur Auferstehung, die am Sonntag gesungen werden und als deren Autor Ks. Leon VI. (10. Jh.) gilt.

Eine erste Slg. der S. ist im Sticherokathismatarion erhalten, ein Hss.typus, der stets unneumiert ist und dessen Tradition seit dem 12. Jh. außer Gebrauch gerät. Musikal. beginnt die Tradition der S. mit dem neumierten Gesangbuch *Sticherarion*, das ab dem 10. Jh. überliefert ist und die drei Hauptgebiete des Kirchenjahres umfaßt. Kirchenjahr oder Monatsteil, bewegl. Kirchenjahr oder Osterzyklus, Auferstehungszyklus oder Oktoechos enthält. Am Ausgang des MA wird das Sticherarion durch das Doxastarion abgelöst, in welchem die Idiomela zu den Doxologien des unbewegl. sowie des bewegl. Kirchenjahres überliefert sind. Der entsprechende Teil des Sticherarion, der den Auferstehungshymnen gewidmet ist, fließt in das Anastasimatarion ein. Ab dem 13. Jh. begegnen auch gemischte (neumierte und unneumierte) Hss.-gattungen, in denen die Idiomela für den Monatsteil (Menaion) sowie für den Osterzyklus (Triodion) überliefert sind. Ch. Hannick

Ed. und Lit.: MGG II [s.v. Byz. Musik; Ch. Hannick] – New Grove XVIII, 140–141 [D. Stefanović] – Triodium Athoum, ed. E. Follieri–O. Strunk, MMB 9, 1975 – Sticherarium Ambrosianum, ed. L. Perria–J. Raasted, MMB 11, 1992 – S. V. Lazarević, S., An Early Byz. Hymne Collection with Music, Byzantinoslavica 29, 1968, 290–318 – K. Onasch, Kunst und Liturgie der Ostkirche in Stichworten, 1981, 340–341.

Stichometrie, Zählung der Zeilen in den Kopien literar. Werke. Einer der Gründe für die Förderung dieses Systems in der Antike lag in der Sicherung des Textbestandes gegen Kürzungen und Interpolationen. Bereits vor Beginn der Abschrift eines Textes mußte sich der Schreiber eine Übersicht über dessen Umfang verschaffen und sich vergewissern, ob die ihm zur Verfügung stehende →Rolle ausreichte. Dazu benötigte er bereits die Zählung der Zeilen. Auf dieser Basis konnte nicht nur die Arbeit des Lohnschreibers geschätzt, sondern auch die Bezahlung der Schreibarbeit festgelegt werden. Freilich war neben der Zeilenzahl auch die Schriftart maßgebend. Deshalb kennt das Edikt des Ks.s Diokletian v. 306 über die Maximaltarife Höchstpreise für je 100 Zeilen in drei verschiedenen Schriftarten. In manchen Papyri begegnen tatsächl. Zahlzeichen am Rand, die auf eine Zählung zu je 100 Versen hinweisen. Die Zeilenzählung war auch für die authent. Festlegung des Umfanges eines Werkes bedeutend. Interpolierte oder fehlerhafte Kopien konnten mit Hilfe der S. leichter erkannt werden. Sowohl die Bibl.en als auch der Buchhandel mußten an der Prüfung der literar. Rollen interessiert sein. Spätere Autoren gebrauchten selbst ein Maß für ihre Werke. Bei poet. Werken findet sich noch spät die Sitte der Angabe der Verszahl. Die Zählung der Zeilen sollte in der Antike aber kaum das Zitieren aus den Schriften erleichtern. Geht man vom Hexameter als Maß für eine Zeile aus, so lassen sich etwa 15 Silben und etwa 35 Buchstaben als Zeile bezeichnen. Das Bemühen um Zeilengleichheit konnte leichter in Prosatexten zum Tragen kommen. Man erreichte sie bei Versen von annähernd gleicher Länge, wie beim Hexameter oder iamb. Trimeter. Anders lag der Sachverhalt bei Dichtungen aus ungleichen metr. Gliedern. Das überlieferte Material weist auffällige Unterschiede auf. Die Arbeit der alexandrin. Philologen bildete die Grundlage für die metr. Schreibung, die sich prinzipiell in der Ks.zeit durchsetzte. Nur wo verbindl. Ausgaben fehlten oder die Metrik verschieden interpretiert wurde, schwanken die Verse in den erhaltenen Hss. Noch in ma. Hss. haben sich Hinweise auf S. erhalten, so erscheint in Codices der »Metamorphosen« →Ovids das Distichon »Bis sex milenos versus in codice scripto, sed ter quinque minus continet Ovidius«, und in alten Hss. der »Vita S. Martini« des →Paulinus v. Périgueux heißt es: »Finit in Christo liber primus habens versus CCCLXXX... secundus habens versus DCCXXII«. Th. Mommsen fand ein Zitat über die S. in Werken des →Cyprianus v. Karthago, das von 16 Silben pro Zeile ausgeht. O. Mazal

Lit.: K. Ohly, Stichometr. Unters., Zentralbl. für Bibl.swesen, Beih. 61, 1928 – W. Schubart, Das Buch bei den Griechen und Römern, 1962³ – A. Schlott, Schrift und Schreiber im alten Ägypten, 1989 – H. Blanck, Das Buch in der Antike, 1992.

Stickerei, mit Nadel und Faden ausgeführte verzierende Technik auf einem zumeist textilen Grundmaterial. Dieses ist fast immer gewebt, kann jedoch auch gewirkt, gestrickt, genetzt oder aus Filz sein. Es kann aus Seide, Leinen, Wolle, Baumwolle, aus einem Mischgewebe, bisweilen aus Leder bestehen. Der Stickfaden kann aus dem gleichen oder aus einem anderen Material sein; entsprechendes gilt für seine Farben. Zu den textilen Fäden treten solche aus Metall, in geschnittenen Streifen oder als gezogener Lahn, im MA zudem als vergoldeten oder versilberten Darmhäutchen, Pergamentstreifen oder Lederriemchen; letztere werden entweder allein verwendet oder – häufiger – als um eine Seele gesponnene Fäden; die Seele kann aus Seide, Leinen, Baumwolle oder sogar aus Wolle sein. Die Metallfäden werden einzeln oder zu zweit, dem Muster folgend, auf das Grundmaterial gelegt und durch meist seidene kurze Überfangstiche befestigt oder von Leinenfäden in einer kleinen Schlaufe auf die Unterseite des Grundgewebes gezogen, wo die Leinenfäden ein oft dichtes, festigendes Gespinst bilden. Einige aus der Vielfalt der verwendeten Stiche und ihrer Varianten sind charakterist. für bestimmte Regionen und/oder für bestimmte Zeiten. Zu den ältesten, seit dem 5. Jh. v. Chr. bekannten Stichen gehören der *Kettenstich*, der *Stielstich*, die *Anlegetechnik* mit *Überfangstichen* sowie – nebeneinander – *Applikations-* und *Mosaikarbeit*. Die Applikationsstickerei arbeitet mit dem Muster entsprechend ausgeschnittener Formen aus einem Gewebe oder aus Filz, die, unter Umständen noch selbst durch S. dekoriert, auf das Grundmaterial aufgenäht werden; wenn sie sich nicht bereits von diesem abheben, übernehmen dies die festlegenden Konturen, als welche Schnüre oder Lederstreifen dienen können. Dagegen fügt die Mosaikarbeit entsprechend ausgeschnittene, sich farbig voneinander absetzende Stoffstücke, die ebenso zusätzl. bestickt sein können, zu einer Komposition zusammen. Weitere wichtige Sticharten sind: der *Vorstich*, der *Steppstich*, der *Flachstich*, der *versetzte Flachstich*, der *Spaltstich*, der *Kreuzstich*, der *langarmige Kreuzstich*, der *Knopflochstich*, der *Knötchenstich*. Für *Durchbrucharbeiten* werden die Fäden des Grundgewebes teilweise oder an bestimmten Stellen ganz ausgezogen; nach Festigung der übrig gelassenen Fäden bzw. der entstandenen Kanten wird mit verschiedenen Stichen – als einer Vorstufe der Nadelspitze – gearbeitet. Für die *Filetstickerei* wird ein geknotetes Netz als Stickgrund verwendet. Weißstickerei paßt sich dem weißen Stickgrund schmückend an. Als *Stickmaterial* kommen schließlich noch hinzu: Pailletten, Kantillen, Schmuckbrakteaten, Perlen – echte neben solchen aus Glas, Korallen, Bernstein –, Halbedel- und Edelsteine. Seit jeher wird S. sowohl von Frauen als auch von Männern ausgeübt; neben dem häusl., nicht berufsmäßigen, wird Sticken als Handwerk betrieben.

Bereits die ältesten erhaltenen S.en zeugen von hervorragender Meisterschaft. Als älteste erhaltene europ. S.en sind um 565–570 die mit Gold bestickten einer Tunika aus dem Grab der Kgn. Arnegunde in Saint-Denis bemerkenswert. Ein Jh. später, um 660–664, wurde die kostbare, Edelsteinschmuck nachahmende Seidenstickerei der für Kgn. Bathilde gearbeiteten »chasuble de Chelles« (bei Paris) geschaffen. In England entstanden dann die mit Gold- und Seidenfäden ausgeführten S.en an der sog. Kasel der hll. Harlinde und Relinde in Maaseyck (Belgien), Mitte 9. Jh., sowie auf Stola und Manipel des hl. Cuthbert (zw. 909 und 916) in der Kathedrale v. Durham. Aus der ersten Hälfte des 11. Jh. folgen als süddt. Arbeiten (Regensburg?) die ursprgl. auf purpurfarbenen Seidensamit mit Gold und Seide bestickten Mäntel im Bamberger Domschatz (Sternenmantel, Mantel der hl. Kunigunde) sowie 1031 die von Kg. Stephan v. Ungarn und Kgn. Gisela gestiftete Kasel, die am Ende des 12. Jh. zum ung. Krönungsmantel umgearbeitet worden ist. Um 1066–77 führt der in England (Canterbury?) mit bunter Wolle bestickte »Teppich von Bayeux« die Eroberung Englands durch den Normannenhzg. Wilhelm in vielen Szenen vor. Etwa gleichzeitig, doch von ganz anderer Art, entstand der große, ganz mit farbiger Wolle ausgestickte Behang der Kathedrale v. Gerona mit Christus als Weltenherrscher im Zentrum von Bildern zur Schöpfung der Welt.

Die bedeutenden erhaltenen S.en des 12. Jh. stammen aus Süditalien und Sizilien sowie aus Südspanien. In der kgl. Werkstatt von Palermo wurde für Roger II. v. Sizilien 1133/34 der rotgrundige Mantel mit zwei riesengroßen Löwen, die beide über einem Kamel triumphieren, mit Gold, Seide, Perlen und Edelsteinen bestickt; seit dem 13. Jh. ist dies der Krönungsmantel der dt. Kaiser. Als eine südit. Arbeit des 12. Jh. gilt der Reitermantel im Bamberger Domschatz, im frühen 13. Jh. dürfte in Süditalien die sog. »chape de Charlemagne« in der Kathedrale v. Metz, wahrscheinl. mit ihren vier beherrschenden Adlern für die Ks.krönung Friedrichs II. 1220 vorgesehen, entstanden sein. 1116 wurde in Almeria (Andalusien) die sog. Kasel des hl. Thomas Becket in der Kathedrale von Fermo (Umbrien) mit Reitern, Tieren, Vögeln, Tierkämpfen in Medaillons bestickt. Die byz. Golds.en des 12./13. Jh. (zwei eucharist. Decken im Halberstädter Domschatz, zwei weitere in Castell'Arquato [Oberitalien]) unterscheiden sich auch techn. von den italienischen; bei ihnen sind die Goldfäden auf der Oberseite von seidenen überfangen, bei den süditalienischen sind sie – versenkt – auf die Rückseite des Grundgewebes gezogen. Die versenkte Technik kennzeichnet auch die S.en des *opus anglicanum*,

das seit dem späten 12. Jh. seine v. a. für kirchl. Gebrauch bestimmten Werke bis nach Italien und Spanien exportiert hat. Von engl. S.en hebt sich um 1230 als dt., mittelrhein., das mit Gold, Silber und Seide auf weinrotem Seidengrund bestickte Antependium aus Kl. Rupertsberg bei Bingen (Brüssel, Mus. Roy. d'Art et d'Hist.) mit seinen monumentalen Gestalten ab. Aus dem Benediktinerkl. St. Blasien im Schwarzwald gelangten nach St. Paul im Lavanttal (Kärnten) zwei ganz ausgestickte Kaseln und ein Chormantel vom Ende des 12. Jh. und aus dem 3. Viertel des 13. Jh. Von diesen oberrhein. S.en zahlreicher Szenen aus dem NT und aus Hl.nlegenden unterscheiden sich die um 1239–69 von den Benediktinerinnen des Kl. Göß (Steiermark) bestickten Paramente (Wien, Mus. f. angewandte Kunst) durch ihre volkstüml. schlichte Bildersprache.

Um 1300 sind das oberrhein. Antependium mit der Arbor Vitae in Anagni (Kathedralschatz) und das mit dem Zug der Hll. Drei Könige zu der Muttergottes aus dem Bamberger Dom (München, Bayer. Nationalmus.) zu datieren, um 1340 das wohl in Wien gestickte Antependium aus Kl. Königsfelden mit Bildern der Passion und Kreuzigung Christi (Bern, Hist. Mus.). Eine Reihe der seit dem späten 13. Jh. in Italien und Dtl. zahlreicher erhaltenen gestickten Antependien haben die Marienkrönung in das Zentrum gestellt. Chormäntel und andere liturg. Paramente wurden in England, Frankreich und Dtl. vielfach ganz ausgestickt. Seit dem 13. Jh. läßt sich Leinens. mit großen Decken aus der Schweiz, dem hess. Kl. Altenberg/Lahn, aus Niedersachsen, Lübeck, ebenso aus der Lombardei und dem Friaul dokumentieren. Dabei bezeugen die niedersächs. Arbeiten eine bes. Vielfalt, sowohl in der Technik – viele verschiedene Stiche, kombiniert mit Durchbruch oder mit Filets – als auch mit der Fülle der Darstellungen (um 1260 Antependium mit Deesis und Hl.n in Helmstedt, Stift Marienberg; um 1300 Altartuch mit thronenden Kg.en und Tierpaaren in Vierpässen in Kl. Isenhagen). Parallel dazu wurde dort mit bunter Seide (um 1310/20 Hildesheimer Chormantel in London, Vict. & Albert Mus.) und mit farbiger Wolle in flächendeckendem Kl.stich (Behänge mit Propheten, Szenen der Tristansage, um 1300 und 1360, in Kl. Wienhausen) gestickt. Hinzu kommen Perls.en (Ende 13. Jh., Antependium mit Christus in der Mandorla, Hannover, Kestner-Mus., mit Marienkrönung in Halberstadt, Domschatz). Wolls. gab es ebenso am Oberrhein (Malterertteppich mit den Weiberlisten, um 1310/20, Freiburg i. Br., Augustinermus.) und in Regensburg (Teppich mit Liebesallegorien, um 1390, aus dem Rathaus). Die seit dem mittleren 14. Jh. von Prag ausstrahlende *böhm. Seidenstickerei* (Antependium mit Marienkrönung und Hl.n, um 1350/60, aus der Dominikanerkirche von Pirna, in Dresden, Kunstgewerbemus.) wirkte sowohl nach Sachsen und Brandenburg, nach Schlesien und bis hin nach Danzig als auch in die österr. Alpenländer und nach Ungarn. Über Leinen wurde mit bunter Seide und mit Gold für die Gründe gearbeitet. Der Glanz ihrer zart nuancierten Farben verleiht den böhm. S.en des »Schönen Stils« auf hervorragende Weise einen bes. Wohlklang. Wie sonst seit dem frühen 14. Jh. wurde auch in Böhmen hier und da auf Samt gestickt.

Aus allen Ländern des christl. Abendlandes ist seit dem 14. Jh. eine große Zahl von mit S. geschmückten kirchl. Gewändern und sonstigen Textilien auf uns gekommen, so daß hier nur noch wenige, außerordentl. genannt werden können: Meßornat des Ordens vom Goldenen Vlies, Burgund, 2. Viertel 15. Jh. (Wien, Kunsthist. Mus., Schatzkammer); dreißig Bilder mit Szenen aus dem Leben von Johannes d. T. für den Florentiner Dom, um 1466–79 (Florenz, Mus. dell'Opera del Duomo), der ganz ausgestickte Altar mit Retabel für den Dom von Burgo de Osma, Kastilien, um 1468 (Chicago, Art Institute).

L. v. Wilckens

Lit.: M. SCHUETTE, Gestickte Bildteppiche des MA, 2 Bde, 1930–A. G. I. CHRISTIE, English Medieval Embroidery, 1938 – M. SCHUETTE–S. MÜLLER-CHRISTENSEN, Das S.werk, 1963 – R. KROOS, Niedersächs. Leinens.en, 1970 – L. v. WILCKENS, Die textilen Künste von der Spätantike bis um 1500, 1991, 173–259, 364–373.

Stična → Sittich

Stielscheibe → Elmetto; → Schildbuckel

Stierkampf (corrida de toros). Die für das christl. span. MA charakterist. S.e waren ursprgl. Geschicklichkeitsspiele (→Spiele, A. II) als Training für die Jagd und den Kampf zu Pferde. Im Mittelpunkt stand der Angriff des mit einer Lanze bewaffneten Reiters auf den Stier; Kämpfer zu Fuß (*peones*) halfen, das Tier in die richtige Stellung zu bringen, warfen mit Stöcken und Wurfspießen nach ihm und versetzten ihm schließlich den Todesstoß. Diesen Hilfsfunktionen kam allmähl. immer größere Bedeutung zu, da auf diese Weise möglichst viele Leute am S. teilnehmen konnten, um den Stier – manchmal mit Hilfe von Jagdhunden – bis zu seinem Zwinger zu hetzen, ihn mit sog. *banderillas*, d. h. mit Bändern geschmückten und mit Widerhaken versehenen Spießen, zu spicken, sich vor ihm aufzubauen, um ihn zu reizen (*mancornar*) oder mit Hilfe einer Stange über ihn wegzuspringen (*salto de garrocha*). In den letzten Jahrhunderten des MA war der S. fester Bestandteil vieler bes. Feste und auch einiger in die Sommerzeit fallender kirchl. Feiertage wie Pfingsten, Johannistag, Peterstag usw. Oft wurden S.e in Gegenwart des Kg.s abgehalten, gleichgültig, ob der Herrscher sie nun schätzte (wie z. B. Johann I. v. Aragón) oder persönl. ablehnte (wie Isabella d. Kath.). Häufig wurden zw. vier und zwölf S.e ausgetragen. Doch waren sie ein teures Unterfangen: ein S. mittlerer Größe kostete ebensoviel wie die Ausrichtung des Fronleichnamsfestes. Deshalb kamen volkstüml., weniger kostspielige Varianten auf, etwa der Brauch, Stiere, deren Hörner manchmal z. B. mit brennendem Material beklebt waren, durch die Straßen zu treiben.

M. A. Laderos Quesada

Lit.: B. COSSÍO, Los toros. Tratado tecnico e hist., 1978 – J. CARO BAROJA, El estío festivo. Fiestas populares del verano, 1984 – B. BENNASSAR, Hist. de la Tauromachie. Une société de spectacle, 1992 – J. M. MOREIRO, Hist., cultura y memoria del arte de torear, 1994.

Stift bezeichnet im MA eine geistl. Korporation und ihre Kirche, wobei im weiteren Sinn auch monast. verfaßte Kommunitäten (→Regularkanoniker, österr. Kl.) so benannt werden. Außerdem wird das →Bistum bzw. dessen Territorium und Verwaltung nz. S. oder Hochs. genannt. Im engeren kirchenrechtl. Sinn bezeichnet S. sowohl ein Kollegium von Weltgeistlichen aller Weihegrade (→Kanoniker) an einer Kirche (ecclesia collegiata saecularis, →Kollegiatkirche) wie auch eine Frauenkommunität (→Kanonissen), die nicht nach einer Mönchsregel – sondern ohne Gelübde nach eigenen Ordnungen und aus dem Stiftungsvermögen ihrer Kirche leben, und deren vorrangige Aufgabe das gemeinsame Chorgebet sowie, bei den Männern, der feierl. Gottesdienst sind. Auch das →Kapitel einer bfl. Domkirche ist seiner Verfassung nach ein S. Da sich Lebensweise und Aufgaben solcher Kleriker im frühen MA schwer von denen der Mönche unterschieden, Kleriker und Mönche auch gemeinsam in einer Kommunität leben konnten – monasterium kann noch im hohen MA Kl. wie S. bedeuten –, haben erst die Kanonikerregel Bf. →Chrodegangs v. Metz sowie allgemeinverbindl. die →Institutiones Aquisgranenses 816 eine klare Unterscheidung von Kanonikern und Mönchen, von Kanonissen und Nonnen angestrebt. Kleriker- und geistl. Frauengemeinschaften sollte man deshalb vor 816 nicht als S. bezeichnen.

Entstehen bzw. gegründet werden konnte ein S. an jeder Kirche, die genügend Vermögen zum Unterhalt von mehreren Klerikern bzw. Kanonissen hatte. So sind denn auch während des gesamten MA immer neue S.e gegründet worden, nach vorläufiger Schätzung etwa 600–700 Kanonikers.e im Gebiet der dt. Reichskirche, wobei sich ein in einzelnen bisher zu differenzierendes Zahlengefälle von W nach O und S nach N ergibt. Als Begründer von Klerikergemeinschaften bzw. S.en traten zuerst die Bf.e hervor, die sich ihrer als Stadtherren wie als Diözesanobere zu gleichzeitig geistl. wie polit. Zwecken bedienten: zur Idealtopographie der →Bf.sstadt gehört die sog. Kirchenfamilie, die neben dem Dom mindestens ein S. umfaßt, außerdem erfüllten S.e außerhalb der Mauern durch die praesentia ihrer Hl.n und das Gebet ihrer Kleriker die Funktion einer zweiten, spirituellen Mauer zum doppelten Schutz der civitas. Die bfl. S.e im übrigen Bm.sbereich hatten durch den von vielen Klerikern glanzvoll gestalteten Gottesdienst ebenfalls herrschaftsmarkierende und -sichernde, auch zentralisierende Funktion, sie dienten der Durchgliederung der Diözese (Pröpste als →Archidiakone) und setzten und sicherten Grenzen und Rechte. Das erstaunl. Anwachsen von bfl. S.gründungen im 10./11. Jh. ist den überragenden Repräsentanten des otton.-sal. Reichsepiskopats (→Reichskirche) zu verdanken. Auch Ks., Kg.e und Adel nutzten die Institution S. zur Demonstration von Herrschaft: sie gründeten an den Zentren ihrer Macht Pfalz- (z. B. →Aachen, →Frankfurt, →Goslar) bzw. Burg- und Residenzs.e (z. B. →Limburg a. d. Lahn, →Aschaffenburg, →Braunschweig). Selbst Kl. (z. B. →Fulda, →Prüm) bedienten sich eigener S.e für Seelsorge und Verwaltung. Im SpätMA erhoben Städte und Bürger Pfarrkirchen zu S.en, wobei allerdings – dies gilt auch für viele spätma. Residenzs.e – die Zahl der Pfründen gering war.

Die S.spfründe (→Benefizium, III) bot ihren Inhabern nicht nur Unterhalt und Wohnung, sondern auch Handlungsfreiheit und, nach Fortfall der →vita communis, auch Freizügigkeit, so daß die Kapitel ein Personalreservoir für viele Aufgaben in Kirche, Reich, Territorium und Stadt darboten. Kanoniker betätigten sich nicht nur im servitium Dei, in Seelsorge, Mission, S.sschulen u. a., sondern waren an der Kurie, an kgl., bfl. und adligen Höfen in Verwaltung und Kanzlei, in jurist. und polit. Aufgaben sowie als Univ.slehrer tätig; die →Univ.en des spätma. Reiches wären ohne die S.pfründe nicht lebensfähig gewesen. Aus diesen Gründen war das Kanonikat begehrter Besitz und trotz des theoret. freien Selbstergänzungsrechts der Kapitel den Interessen von Papst, Kg., Bf. und sozialen Gruppen ausgesetzt. Dank seiner variablen Verfassungsmöglichkeiten konnte die Institution S. während des gesamten MA auf unterschiedl. Anforderungen reagieren und sich wandeln.

I. Crusius

Lit.: DDC III, 471–477, 488–500, 530–565 – DHGE XII, 353–405 – HRG II, 932–935; IV, 1075–1079 – TRE IX, 136–140 – PLÖCHL I, 349–352; II, 155–163, 223 – FEINE, 196–200, 379–391 [Lit.] – H. SCHÄFER, Pfarrkirche und S. im dt. MA (Kirchenrechtl. Abhh. 3, 1903) – K. EDWARDS, The English Secular Cathedrals in the MA, 1947 – A. GERLICH, Studien zur Verfassung der Mainzer S.er, Mainzer Zs. 48/49, 1953/54, 4–18 – J. SIEGWART, Die Chorherren- und Chorfrauengemeinschaften in der dt.-sprachigen Schweiz vom 6. Jh. bis 1160 (Studia

Friburgensia NF 30, 1962) - F. POGGIASPALLA, La vita commune del clero. Dalle origine alla riforma gregoriane (Uomini e dottrini 14, 1968) - W.-H. STRUCK, Die S.gründungen der Konradiner im Gebiet der mittleren Lahn, RhVjbll 36, 1972, 28-52 - G. P. MARCHAL, Einl. Die Dom- und Kollegiats.e der Schweiz, Helvetia Sacra II, 2, 1977, 27-102 [Lit.] - P. MORAW, Hess. S.skirchen im MA, ADipl 23, 1977, 425-458 - DERS., Über Typologie, Chronologie und Geographie der S.skirche im dt. MA (Unters. zu Kl. und S., 1980), 9-37-J. SEMMLER, Mönche und Kanoniker im Frankenreich Pippins III. und Karls d. Gr. (ebd.), 78-111 - G. P. MARCHAL, Das Stadts., ZHF 9, 1982, 461-473 - S. und Stadt am Niederrhein, hg. E. MEUTHEN (Klever Archiv 5, 1984) - I. CRUSIUS, Das weltl. Kollegiats. als Schwerpunkt innerhalb der Germania Sacra (BDLG 120, 1984), 241-253 [Lit.: S.sbearbeitungen der GS] - B. SCHNEIDMÜLLER, Verfassung und Güterordnung weltl. Kollegiats.e im HochMA, ZRGKanAbt 72, 1986, 114- 151 - DERS., Welf. Kollegiats.e und Stadtentstehung im hochma. Braunschweig (Rat und Verfassung im ma. Braunschweig, hg. M. R. GARZWEILER, 1986), 253-315- P. MORAW, Die Pfalzs.e der Salier (Die Salier und das Reich 3, 1991), 355-372 - M. PARISSE, Die Frauens.e und Frauenkl. in Sachsen vom 10. bis zur Mitte des 12. Jh. (ebd.), 465-501 - G. P. MARCHAL, Gibt es eine kollegiatstift. Wirtschaftsform? (Erwerbspolitik und Wirtschaftsweise ma. Orden und Kl., hg. K. ELM, 1992), 9-29 - Les chanoines au service de l'État en Europe du XIIIe au XVIe s., hg. H. MILLET, 1992 - H. W. HERRMANN, Die Kollegiats. in der alten Diöz. Metz (Die alte Diöz. Metz, hg. DERS., 1993), 113-145-M. HOLLMANN, Weltl. Kollegiats.e in der Eifel (Eiflia Sacra. Studien zu einer Kl.landschaft, hg. J. MÖTSCH, 1994), 275-306 - A. WENDEHORST-S. BENZ, Verz. der Säkularkanonikers.e der Reichskirche, JbffL 54, 1994, 1-174 - Les chanoines dans la ville. Recherches sur la topographie des quartiers canoniaux en France, hg. J.-C. PICARD, 1994 - I. CRUSIUS, Basilicae muros urbis ambiunt. Zum Kollegiats. des frühen und hohen MA in dt. Bf.sstädten (Studien zum weltl. Kollegiats. in Dtl., hg. DIES., 1995), 9-34 - F.-J. HEYEN, Das bfl. Kollegiats. außerhalb der Bf.sstadt im frühen und hohen MA am Beispiel der Erzdiözese Trier (ebd.), 35-61 - J. SEMMLER, Die Kanoniker und ihre Regel im 9. Jh. (ebd.), 62-109 - K. HEINEMEYER, Zu Entstehung und Aufgaben der karol. Pfalzs.e (ebd.), 110-151 - W. KOHL, Kollegiats. und bfl. Verwaltung im Bm. Münster (ebd.), 152-168-T. SCHILP, Der Kanonikerkonvent des (hochadligen) Damens.s St. Cosmas und Damian in Essen während des MA (ebd.), 169- 231 - P. MORAW, S.spfründen als Elemente des Bildungswesens im spätma. Reich (ebd.), 270-297 [Lit.] - I. CRUSIUS, Gabriel Biel und die oberdt. S.e der devotio moderna (ebd.), 298-322.

Stifterbild

I. Spätantike–Frühchristentum – II. Westen – III. Osten.

I. SPÄTANTIKE-FRÜHCHRISTENTUM: Das Bild der Darbringung (Dedikation) einer Stiftung (→Architekturmodell, Buch, Altargerät) an einen höherstehenden Empfänger wird teils mit S. bezeichnet, teils mit dem Begriff→Dedikationsbild (meist für Hss. bevorzugt). Im Apsismosaik in SS. Cosma e Damiano in Rom bringt Papst Felix IV. (526/530) Christus das Kirchenmodell dar (St. trotz Erneuerung gesichert); das gleichzeitige S. des Bf.s Ecclesius in S. Maria Magg. in Ravenna richtete sich an Maria mit dem Kind (nicht erhalten; IHM, 173f.). In S. Vitale in Ravenna ist sein S. posthum (um 547; Einführung durch Engel bei Christus, Parallelisierung mit dem Märtyrer Vitalis), in den S.ern Justinians und Theodoras mit Altargeräten geht Bf. Maximianus voraus (ähnl. schon 424/434 in S. Giovanni Ev.: IHM, 169-171; ENGEMANN, RAC XIV, 1010-1011). Am Triumphbogen von S. Lorenzo f. l. m. in Rom wird Papst Pelagius II. (579/590) mit Kirchenmodell durch Laurentius bei Christus eingeführt. Ein weiteres S. mit Christus ist für die Stephanuskirche in Gaza überliefert (IHM, 194f.), das S. des Bf.s Euphrasius (530/560) in Parenzo/Poreč bezieht sich auf Maria mit dem Kind. Im →Rabbula-Codex (fol. 14r) werden Stifter (Schreiber?) Christus durch Mönchshll. präsentiert. Während die Einführung von Stiftern und ihre Angleichung an Hll. also schon frühchr. ist, wurde die seit karol. Zeit häufige Vereinigung von S. und →Devotionsbild nur angedeutet: Im Wiener →Dioskurides (fol. 6v; um 512/513) vertreten ein Eros mit der Stiftungsurk. und die zu Füßen Anicia Julianas kniende Personifikation der 'Dankbarkeit der Künste' gemeinsam die Stifter. J. Engemann

Lit.: LC II, 491-494-RAC III, 643-649-RDK III, 1189-1197-C. IHM, Die Programme der chr. Apsismalerei vom 4. Jh. bis zur Mitte des 8. Jh., 1960. →Dedikationsbild.

II. WESTEN: Darstellung des Donators eines meist sakralen Bauwerks bzw. Ausstattungsstücks oder des Urhebers einer Stiftung, wobei der Stifter nicht unbedingt ident. sein muß mit dem Auftraggeber. Vorläufer in den griech. Weihereliefs. Abbildungen seit frühchr. Zeit (Südkirche v. Aquileia: von Ks. Konstantin gestifteter Mosaikfußboden mit Bildnissen von Mitgliedern des Ks.hauses, um 326 n. Chr.). Der Stifter ist meist kniend und betend dargestellt, häufig im Sinne des frühchr. Dedikationsbildes ein Kirchenmodell darbietend (Giotto: Weltgerichtsfresko, um 1305; Padua, Arena-Kapelle). Er erscheint zunächst vorwiegend als bedeutungsperspektivisch verkleinerte Figur am Bildrand, zu Füßen oder seitl. der Heilsperson oder ein heilsgeschichtliches Ereignis betrachtend und somit in das Geschehen integriert. Seit dem 14. Jh., in der it. Freskomalerei und Mosaikkunst schon früher, wird der bereits durchaus individuelle Züge tragende Stifter annähernd oder ebenso groß wie die Hauptpersonen gezeigt, durch Hll. empfohlen und begleitet von Familienmitgliedern. Dabei sind die männl. Personen in der Regel links, also auf der wichtigeren, von Christus aus gesehenen rechten Seite, die weibl. rechts plaziert. Die Tatsache, daß auch bereits verstorbene Familienmitglieder dargestellt werden, betont die enge Bindung zum seit dem 14. Jh. vorwiegend in Dtl. und den Niederlanden verbreiteten gemalten oder plast. Bildepitaph, die vielfach auch in der Komposition faßbar wird (vermutl. frühestes gemaltes ndl. Epitaph: Tafel der Vier Herren von Montfoort, um 1375; Amsterdam, Rijksmus. [K. BAUCH, Das ma. Grabbild, 1975, Abb. 329]). Mit der Ausbildung des Triptychons sind die Flügel zumeist der Wiedergabe der Stifterfiguren vorbehalten (Innenflügel: Hugo van der Goes, Portinari-Altar, um 1475, Florenz, Uffizien; Außenflügel: Jan van Eyck, Genter Altar, 1432, Gent, St. Bavo). Ein bes. Altartypus ist das v. a. in den Niederlanden im 15. Jh. gebräuchl., in der franko-fläm. Buchmalerei des z. B. von Jacquemart de Hesdin (Très Belles Heures des Hzg.s v. Berry, 1402; Brüssel, Bibl. roy. ms. 11060, fol. 10/11) vorbereitete Devotionsdiptychon, das eine heilsgeschichtl. Darstellung auf der einen Tafel dem S. auf der anderen Tafel gegenüberstellt (RDK IV, 61-74, bes. 67-70). Eine eigene Tradition bildet das S. in der Plastik (Naumburger Dom, Westchor [»Stifterchor«], nach 1249; Chorschranke von St. Maria im Kapitol, 1464, Köln.

Das S. ist das ganze MA hindurch nachweisbar; Höhepunkt, auch begründet in dem wachsenden Interesse an religiöser Sicherheit, in den Jahrzehnten vor und nach 1500. Nicht an eine bestimmte Kunstgattung gebunden, dokumentiert es die Urheberschaft an einer Stiftung, die das Andenken an den Stifter und seine Familie bewahren und der Jenseitsfürsorge dienen sollte. Doch es zeigt auch ein religiöses Wunschbild: den Stifter in Erwartung seines kommenden überird. Lebens, seiner Auferstehung und des Jüngsten Gerichts und somit auch seiner Erlösung.

M. Grams-Thieme

Lit.: A. WECKWERTH, Der Ursprung des Bildepitaphs, ZK 20, 1957, 147-185-L. ZINSERLING, Stifterdarstellungen in der altdt. Tafelmalerei [Diss. masch. Jena 1957] - H. KÄHLER, Die Stiftermosaiken in der konstantin. Südkirche von Aquileia, 1962 - D. KOCKS, Die Stifterdarstellungen in der it. Malerei des 13.–15. Jh. [Diss. Köln 1971] – Vitrea dedicata. Das S. in der dt. Glasmalerei des MA, 1975 – E. HELLER, Das altndl. S. [Diss. München 1976] – A. ROOCH, S.er in Flandern und Brabant [Diss. Bochum 1988] – W. SCHMID (Himmel, Hölle, Fegefeuer, Ausst.-Kat. Zürich, Köln 1994), 101–116.

III. OSTEN: Die verschiedenen Möglichkeiten des S. es stellen die weitaus umfassendste Bildnisgruppe dar. Sie lassen sich in drei Gruppen teilen: Stifter mit dem Modell einer Kirche (oder einer Stadt), mit einem Buch oder einem Chrysobull, einer Privilegienrolle oder Geld- und Goldgeschenken und Stifter, die zu Füßen einer hl. Gestalt oder in einer hl. Szene anbetend stehen oder knien. Außerdem können in allen drei Gruppen mehrere Stifter, meist Familien, dargestellt werden. Das S. hat grundsätzl. dokumentar. Wert, wird in spätbyz. Zeit jedoch zunehmend als eine Möglichkeit der Selbstdarstellung der Stifter und ihrer Familien genutzt. Im Sinne eines Zeitdokumentes sind S.er insbes. in den Fällen zu lesen, wenn neben den Stiftern im gleichen Kontext Herrscherbildnisse erscheinen. Die Motivation für die Stiftung ist oftmals den begleitenden Inschriften zu entnehmen. Generell dient die Stiftung der Funktion, sich der Fürbitte Christi, Mariens oder einzelner Hl.r zu vergewissern (KALOPISSI-VERTI, SYTYLIANOU). Bei manchen Denkmälern wird darüber hinaus die Fürbitte auf den Zeitpunkt des Jüngsten Gerichts konkretisiert (vgl. Zypern).

Aus frühbyz. Zeit sind S.er nur in →Ravenna und an der Džvari-Kirche in Mzcheta (Georgien) erhalten. In Ravenna sind in der Apsis v. S. Vitale der Bf. Ecclesius mit dem Kirchenmodell und in zwei Mosaiken seitl. Justinian I. mit Ebf. Maximianus und Gefolge sowie Theodora mit Gefolge dargestellt (546/547), das Ks.-Paar offensichtl. nach porträthaften offiziellen imagines, die beiden Kirchenfs.en sehr realist., Ecclesius († 532) wohl nach seinem Bf.sbildnis, Maximian nach der Natur. Schlecht erhalten ist das Mosaik in Sant'Apollinare in Classe, das die Verleihung der Autokephalie (Edikt v. 666) durch Konstantin IV. im Beisein seiner Mitks. Tiberios und Herakleios an Ebf. Reparatus darstellt. Die vier stark zerstörten Reliefs an S. Džvari zeigen den vor Christus knienden Stifter Stefan Karl I. v. Kartli, die von Engeln repräsentierten Mitstifter Demetre und Adarnese mit Stefan II. sowie über dem Südportal den Strategen Kobul vor Petrus kniend. Die byz. Hoftitel (Patrikios, Hypatos und Strategos) lassen byz. Einflüsse vermuten.

Die Darbringung der Kirchenmodelle begegnet seit mittelbyz. Zeit häufig; in spätbyz. Zeit nehmen die Beispiele zu; in Konstantinopel z. B. am Südeingang des Esonarthex der H. Sophia (2. Hälfte 10. Jh.), auf dem Justinian I. es der Madonna hinhält, während Konstantin d. Gr. das Stadtmodell präsentiert. Entsprechende Beispiele aus Rußland (Spas-Kirche, Neredica bei Novgorod, 1199, Fs. Jaroslav), Armenien (Achtamar, 915–921, Kg. Gagik; Sanahin, S. Amenaprkitch, 961/962, Gurgen und Smbat; Oschki, 2. Hälfte 10. Jh., zwei Stifter mit je einem Modell). Vereinzelt sind die Stifter durch ein individuelles Aussehen charakterisiert, 1259 in Bojana, wo der Sebastokrator Kalojan und seine Gattin Desislava erscheinen. Bei anderen Ausstattungen läßt sich hingegen eine Tendenz verzeichnen, die Stifterköpfe im Gegensatz zu denen der Hl.n flächiger und schematischer zu konzipieren. Zahlreiche S.er mit Modellen lassen sich in spätbyz. Zeit nachweisen Zumeist finden sich die Bilder im Narthex, gelegentl. in der Apsis (Kastoria, Mavriotissa, 1259/64), verbunden mit einer Aufwertung dieser Bilder dann auch im Naos (Lesnovo, 1346/47). Das Stiftermodell wird dem thronenden Christus übereignet (von Theodoros Metochites Ka-

riye Camii, um 1320), der Stifter wendet sich diesem dabei zu. Diese seitl. Wendung findet sich auch in Hagios Demetrianos, Dali, 1317 (Zypern), dort erscheint Christus aber in einem Himmelssegment in der oberen Ecke. In Makedonien und Serbien lassen sich v. a. seit dem Anfang des 14. Jh. S.er nachweisen, die dem zunehmenden Selbstdarstellungswillen Ausdruck verleihen. So wird der serb. Kg. Milutin frontal wiedergegeben, die Anlehnung an byz. Ks.bildnisse ist deutl. verifizierbar (Prizren, Bogorodica Ljeviška, um 1308/09; Studenica, Sv. Joakim i Ana, 1313/14). Milutin erscheint zudem im Kontext seiner Vorfahren, so daß zugleich dynast. Ansprüche geltend gemacht werden (Prizren). In der Georgskirche in Staro Nagoričino (1316/18) wird ihm zudem von dem hl. Georg ein Schwert als Auszeichnung für seine krieger. Eroberungen überreicht. Der dynast. Anspruch kulminiert in Darstellungen, in denen dem Stifter zusätzl. eine Krone verliehen wird (Koimesiskirche, Gračanica, kurz vor 1321). Diese symbol. Investitur ist ebenfalls an Ks.bildern orientiert. Die bei den Bildnissen Milutins erkennbare Alterscharakterisierung ist ebenso bemerkenswert, wie der deutl. Wunsch, die Stifter durch Kleidung und Haartracht als Zeitgenossen zu kennzeichnen.

Der Kontext der S.er gewinnt in der Spätzeit zunehmend an Bedeutung, indem z. B. durch den neuen Bildtypus des Nemanjidenstammbaumes in Gračanica der dynast. und auf die Zukunft ausgerichtete Anspruch unterstrichen wird. Dementsprechend werden auch andere Stifter mit ihren Familien dargestellt (der Sebastokrator und spätere Despot Jovan Oliver, Naos und Narthex, Lesnovo, 1346/49; Kučevište 1334/37). Sind die Stifter nicht mit den Herrschern ident., so werden letztere vielfach zusätzl. mitdargestellt (Lesnovo, der Zar Dušan mit seiner Frau Jelena). Weitere Beispiele bei KALOPISSI-VERTI, PANAYOTOVA, SPATHARAKIS, STYLIANOU und VELMANS).

Übergibt der Stifter einen Chrysobull, eine Geldspende oder einen Codex, so unterscheidet sich sein Bild meist nur durch seine Kleidung und die Alterstypisierung. Ks.-Paare oder Ks. bzw. Kg. überreichen ihre Gaben stehend, so z. B. Konstantin IX. Monomachos das Apokombion (die vom Ks. zu den fünft großen Festen dargebrachte Geldspende) und Zoe einen Chrysobull (um 1042), Johannes II. Komnenos und Irene in gleichartiger Szene (nach 1118) in den Mosaiken der H. Sophia in Konstantinopel, Andronikos II. Palaiologos auf zwei Chrysobulloi (Athen, Byz. Mus. 1301, und in der Pierpont Morgan Libr., New York, 1307) und Ks. Alexios III. Komnenos v. Trapezunt mit seiner Gattin Theodora auf einem Chrysobull im Athos-Kl. Dionysiou (1374). Häufiger ist die Übergabe von Codices dargestellt, wobei die Stifter knien (Bild des Patrikios Leon im Reg. gr. 1 der Bibl. Vatic., 10. Jh., sowie des Abtes Makarios und des Protospathars Konstantinos, ebd.) oder stehen (Alexios I. Komnenos im Ms. gr. 666 der Bibl. Vatic.; Gf. Svjatoslav mit Familie in einem Sammelband von 1073; Fs. Stefan d. Gr. in dem rumän. Evangeliar von 1473, Putna, Klostermus.; ein Beamter, dessen Gattin in Proskynese niedergefallen ist, im Ms. 60 des Athos-Kl. Koutloumousiou, 12. Jh; der Beamte Johannes im Ms. 5 des Athos-Kl. Iberon, spätes 13. Jh.; der Beamte Prokopios im Ms. 1199 des Athos-Kl. →Vatopedi, 1346; weitere Beispiele bei SPATHARAKIS).

Es lassen sich Stifter aus unterschiedl. sozialen Gruppen, stehend, kniend oder in Proskynese aufzeigen: Herrscher oder Herrscherfamilien (z. B. Sophienkirche, Kiev, um 1045; Gfsn. Gertrud mit Sohn Jaropolk im Egbert-Psalter in Cividale, um 1078/86; Hamartolos-Chronik mit S. des Gfs.en Michal v. Tver und seiner Mutter Oksinija,

Anfang 14. Jh.; Isaak Komnenos, posthumes Bildnis in der Chora-Kirche, Konstantinopel, frühes 14. Jh.; Maria Palaiologina, Gattin des Despoten Tomas Preljubović v. Janina, auf zwei Ikonen im Verklärungskl. der Meteoren und dem Diptychon in Cuenca, um 1372/83; Tomas ist hier weggekratzt); Bf. (Bf. Johannes im Lektionar der Speer Libr., Princeton, spätes 11. Jh.; Ikone der Platytera im Sinai-Kl., 13. Jh., Patriarch Euthymios v. Jerusalem; Kirche auf dem Volotovo-Feld bei Novgorod, um 1380, die Ebf.e Moisij und Aleksij v. Novgorod); Beamter (Johannes Entalmatikos in der Karanlik Kilise in Göreme, Kappadokien, 2. Hälfte 12. Jh.; Konstantinos Akropolites und seine Gattin Maria Komnene Tournikine auf dem Beschlag einer Ikone, Moskau, Tretjakov-Gal., um 1300); der Stratopedarch Alexios und der Primikerios Johannes auf einer Pantokrator-Ikone in Leningrad, Eremitage, 1363); Priester (Hieromonachos Barnabas in Asinou, Zypern, 1302/03); Mönch (viele Ikonen im Sinai-Kl.; Germanos im Cod. 198, ebd., 14. Jh.; H. Apostoloi, Thessalonike, um 1315; Georgios in H. Stephanos in Kastoria, 1338; Manolis in der Mavriotissa, ebd., wohl 13. Jh.); Nonne (Melania in der Chora-Kirche, Konstantinopel, frühes 14. Jh.; Kreuzfahrer-Ikone des hl. Georg im Sinai-Kl., 13. Jh.; Relief-Ikone des hl. Georg im Byz. Mus, Athen, 13. Jh.; Theopempte im Cod. 61 des Sinai-Kl., 1274); weltl. Stifter oder Stifterfamilien (Hamilton-Psalter, Berlin, Kupferstichkabinett, 13. Jh.; Ikone Johannes' d. Täufers im Sinai-Kl.; doppelseitige Marien-Ikone ebd.; Ikone Johannes' d. Täufers im Patriarchat Istanbul, 14. Jh.; Christus-Ikone, Nikosia, Slg. Phaneromeni, 1356; Ikone des hl. Eleutherios, ebd., Ende 14. Jh.; Marien-Ikone, ebd., um 1400; Anastasia Saramalina, Asinou, 2. Hälfte 14. Jh.; anonyme Stifterin, ebd.; Maria Kamariotissa, Nikosia, Slg. Phaneromeni, um 1500; für Armenien vgl. die Hss. im armen. Patriarchat in Jerusalem Ms. 2586 und in der Slg. Feron-Stoclet, Brüssel, beide um 1270). Ihrer Identifizierung dienen v. a. die spezif. Kleidung und die betreffenden Beischriften. K. Wessel†

Lit.: A. und J. STYLIANOU, Donors and Dedicatory Inscriptions, Supplicants and Supplications in the Painted Churches of Cyprus, JÖB 9, 1960, 97–127 – A. VASILIEV, Ktitorski portreti, 1960 – E. KITZINGER, Some Reflections on Portraiture in Byz. Art, ZRVI 8, 1, 1963, 185–193 – M.-A. MUZINESCU, Introduction à une étude sur le portrait de fondateur dans le sud-est europ., RHSE 7, 1969, 281–310 – D. PANAJOTOVA, Les portraits des donateurs de Dolna Kamenica, ZRVI 2, 1970, 143–156 – J. SPATHARAKIS, The Portrait in Byz. Ill. Mss., 1976 – S. Kalopissi-Verti, DEDICATORY INSCRIPTIONS AND DONOR PORTRAITS IN THIRTEENTH-CENT. OF GREECE, 1992 – S. A. →BILDNIS.

Stiftergrab/Grabkirche. Mit S. und Grabkirche werden hervorgehobene oder exklusive Bestattungen im oder beim Sakralraum bezeichnet; das S. birgt den Leichnam des Gründers oder eines Wohltäters der Kirche, bei Grabkirchen sind insbes. Personen(gruppen) angesprochen, für die die betreffende Kirche von Dritten errichtet wurde oder denen mehrere Gotteshäuser für ihre →Grablege zur Verfügung gestanden hätten. Wiederholte Versuche, die Bestattungen im Kirchengebäude einzuschränken oder abzuschaffen (z. B. durch Karl d. Gr.), blieben im MA zumindest im Hinblick auf Bf.e, Äbte, Herrscher und Fs.en erfolglos. Über die Rechtsverhältnisse an der Kirche sagen die Begriffe S. und Grabkirche nichts aus (→Eigenkirche, →Patronat, →Stiftung). Die Lage der Gräber war in oder außerhalb der Kirche variabel, sie richtete sich aber nach dem Altargrab des Hl. und anderen Plätzen bes. »Öffentlichkeit«, um die Fürsprache des Kirchenpatrons beim Jüngsten Gericht bzw. die Gebete der Nachlebenden für das eigene Seelenheil zu erwirken. M. Borgolte

Lit.: K. H. KRÜGER, Kg.sgrabkirchen der Franken, Angelsachsen und Langobarden bis zur Mitte des 8. Jh., 1971 – Beitr. zur Bildung der frz. Nation im Früh- und HochMA, hg. H. BEUMANN, 1983 [J. EHLERS, R. HAMANN-MAC LEAN] – B. KÖTTING, Die Tradition der Grabkirche (Memoria, 1984), 69–78 – M. BORGOLTE, S. und Eigenkirche, ZAMA 13, 1985, 27–38 – A. ZETTLER, Die frühen Kirchenbauten der Reichenau, 1988, 64–133 – E. GIERLICH, Die Grabstätten der rhein. Bf.e vor 1200, 1990 – C. SAUER, Fundatio und Memoria, 1993 – O. ENGELS, Die ksl. Grablege im Speyerer Dom und die Staufer (Fschr. H. JAKOBS, 1995), 227–254 – →Grablege.

Stiftschulen → Domschulen

Stiftsstadt ist, ebenso wie →Abteistadt, ein moderner Kunstbegriff für einen →Stadttypus, dessen Ausformung in hohem Maße von einem in den Stadt gelegenen →Stift bestimmt ist. Das Vorhandensein eines Stiftes allein erlaubt es aber noch nicht, von einer S. im engeren Sinn zu sprechen. Der Begriff soll zudem nur auf solche Fälle angewandt werden, in denen die Stiftserrichtung zeitl. der Stadtwerdung voranging und vom Stift für die Stadtbildung entscheidende Impulse ausgingen. Anders als im Falle der Abteistadt sind allerdings von Stiften ausgehende Stadtbildungsimpulse selten und schwach. Marktfunktion (oft früh königlicherseits privilegiert) und Stift gemeinsam veranlaßten im Regelfall erst die Stadtwerdung. Topograph. sind zumeist mehrere Siedlungskerne festzustellen. Nur idealtyp. besaß das Stift auch die volle Stadtherrschaft; die Realität wurde von Grenzfällen und Mischformen bestimmt. Oft erfolgte im Hoch- bis SpätMA zusätzl. die Bildung einer →Neustadt unter anderer Stadtherrschaft (z. B. →Herford), so daß kondominale Stadtherrschaftsformen (im 17./18. Jh. auch 'civitates status mixti' gen.) und kleine territoriale Sonderformen (z. B. →Quedlinburg, →Essen) die Regel waren. Die Problemsituation strittiger Stadtherrschaft führte zumeist dazu, daß sich die Bürgerschaft der (Alt-)Stadt meistens früh im hohen Maße von der stift. Stadtherrschaft emanzipieren und sich die stadtherrl. Rechte mit dem Stift teilen konnte, z. B. ausgedrückt in der Formel »Stift und Stadt Herford«. Entscheidend für die spät- und nachma. Ausgestaltung der Verhältnisse wurde im Regelfall der Umstand, in wessen Händen die stift. Vogteirechte lagen. F. B. Fahlbusch

Lit.: F. KORTE, Die staatsrechtl. Stellung von Stift und Stadt Herford vom 14. bis zum 17. Jh., Jber. des Hist. Vereins für die Gft. Ravensberg 58, 1955, 1–172 – B. PÄTZOLD, Stift und Stadt Quedlinburg. Zum Verhältnis von Klerus und Bürgertum im SpätMA, Hans. Stud. VIII, 1989, 171–192 – →Essen, →Stift.

Stiftung

I. Abendländischer Westen – II. Byzantinisches Reich – III. Arabisch-osmanischer Bereich.

I. ABENDLÄNDISCHER WESTEN: Das Substantiv »S.«, das mit lat. *fundatio*, frz. *fondacion*, zusammengestellt werden kann, ist erst seit dem 14. Jh. belegt; das Verb »stiften« gebrauchte hingegen schon →Notker Labeo um die Jahrtausendwende, und zwar im Sinne von Gründungen, die dauernden Bestand haben (Komm. zu Ps 103, 17: »Sie stiftent monasteria an íro eigenen, dáz ínne sí sanctorum fratrum communio.«). Genauere wortgeschichtl. Untersuchungen, die auch die westeurop. Sprachen einbeziehen müßten, fehlen. Das Phänomen S. hat aber zu allen Zeiten des MA eine Rolle gespielt, wenn auch mit unterschiedl. Intensität. Für die Auffassung der S., die sich bei Franzosen und Angelsachsen (Amerikanern) in NZ und Moderne anders entwickelt hat, dominiert in Dtl. seit dem 19. Jh. ein jurist. Ansatz, der erst in jüngster Zeit sozialgeschichtl. korrigiert worden ist.

S.en wurden demnach dadurch errichtet, daß der Initiator ein größeres Vermögen zur Verfügung stellte – meist

Landbesitz oder sonstige Immobilien –, das auf Dauer für sich bestehen, also nie in den Besitz eines Dritten übergehen sollte. Die Erträge oder Zinsen des Besitztums sollten bestimmten Personen und Personengruppen zufallen, die für ihre wirtschaftl. Förderung zum Stiftergedenken verpflichtet waren. Meist sind dies Kleriker oder Mönche gewesen, dazu kamen die Armen, die Kranken und Bedürftigen in Spitälern, die Künstler v. a. im Bereich des Sakralen oder die Studenten der ma. Univ.en. Stiftermemoria bestand aber nicht allein darin, daß die materiell Geförderten ihres Wohltäters im Gebet oder beim Mahl gedachten; vielmehr hatte der Stifter vorgesehen, daß die von ihm bestellten Exekutoren und Verwalter der S. in seinem Namen handelten, indem sie Arme versorgten, Schüler beherbergten usw. Die Organe der S. vergegenwärtigten den Stifter also schon durch ihr Tun; Stiftermemoria schuf Gegenwart des Stifters durch Gebet und soziales Handeln anderer Art. S. etablierte ein soziales System, das den Tod aller Beteiligten überdauerte; sie manifestierte deshalb zugleich die vormoderne Konzeption von Gesellschaft, die Lebende und Verstorbene zugleich umfaßte. Die Rechtsform der S. war älter als das Christentum und begegnet auch außerhalb von diesem; urspgl. hingen S.en immer mit dem Toten- bzw. Erinnerungskult zusammen und wurden vorzügl. am Grabe des Stifters errichtet. Archetyp aller christl. (Gedenk-)S.en war das letzte Abendmahl Christi selbst. S.en wurden errichtet, wo das (Toten-)Gedenken nach hohen individuellen Ansprüchen gestaltet und anderen Personengruppen als der eigenen Familie anvertraut werden sollte. Freilich waren S.en stets fragile Gebilde: Vorauszusetzen war eine Rechtsordnung, die den Bestand der S. garantierte, sie also vor dem Zugriff von herrschaftl. Gewalten oder vor den Erben der Stifter schützte; gerade im MA war eine derartige Rechtskultur nicht zu allen Zeiten gegeben. Aber auch wo sie bestand, weckte das Vermögen der S.en Begehrlichkeiten. Trotzdem lassen sich immer wieder erstaunl. S.straditionen beobachten. Im MA errichtete beispielsweise Papst Gregor III. († 741) in der röm. Peterskirche eine Grabkapelle mit S.en für sich selbst, die bis zum Ende des 15. Jh., also bis zum Neubau von St. Peter, bestanden haben bzw. erneuert und erweitert wurden. Das von Kg. Ludwig d. Dt. († 876) geschaffene Kollegiatstift zur Alten Kapelle in Regensburg existiert noch heute, ebenso wie die Johanneshofs. zu Hildesheim, die auf das Jahr 1160 und auf →Rainald v. Dassel zurückgeht.

Obgleich es sich um ein universalhist. Phänomen handelt, gab es stiftungsarme Zeiten. Im frühen MA war das Wirtschaftsleben vom Gabentausch geprägt, neben dem sich »quid pro quo«-Transaktionen wie die S. kaum entfalten konnten; nicht einmal in frühma. Königsurkk. lassen sich S.en in dichter Folge belegen. Nach der Zeit des →Eigenkirchenwesens, also wohl gefördert durch die Rezeption des röm. Rechts, traten S.en wieder stärker in Erscheinung, v. a. im Schriftmedium der Testamente bzw. Anniversarbücher. Zur Verbreitung der S.en trugen im späten MA v. a. die Stadtbürger bei. Als »totales soziales Phänomen« (M. MAUSS) betraf S. nahezu alle Bereiche des Lebens – von Religion, Recht, Wirtschaft und Politik angefangen bis zu Kunst, Technik, Wissenschaft und Fürsorge; deshalb sind auch Kunstwerke und Sachzeugnisse Q. für S.en; allerdings liegen dort keine S.en vor, wo die Gabe keine Leistung von Dauer bewirken konnte. Unklar ist noch, welche Rolle die S.en im gesellschaftl. Gesamtprozeß neben den Ordnungsprinzipien von Herrschaft und Genossenschaft spielten; für den Bereich der Städte läßt sich der Wandel der S.swirklichkeit gut beobachten. In welchem Maße S.en schon im MA innovativ wirkten und wann die Zweckbindung des Vermögens, die ihren rechtl. Kern ausmachte, zur Beharrung und Verkrustung der Gesellschaft beitrug, bliebe zu klären. Auch die Rolle, die S.en für die Wirtschaft und das Sozialgefüge einer Adelsherrschaft oder eines territorialen Fsm.s spielten, läßt sich vorerst nicht genau bestimmen. Ein Sonderproblem stellt das Verhältnis von *memoria* und *fama*, von liturg. Gedächtnis bzw. Caritas und Ruhmstreben, dar; ähnliches gilt von den Beziehungen zw. religiösen Stiftern und Mäzenen, wie sie als Gönner und Auftraggeber etwa bei der höf. Dichtung neuartig in Erscheinung traten.

M. Borgolte

Lit.: HRG IV, 1980–1990 – H. LIERMANN, Hb. des S.srechts, 1, 1963 – M. BESOLD-BACKMUND, S.en und S.swirklichkeit, 1986 – A. MEYER, Zürich und Rom. Ordentl. Kollatur und päpstl. Provisionen am Frau- und Großmünster 1316–1523, 1986 – M. BORGOLTE, Die S.en des MA in rechts- und sozialgeschichtl. Sicht, ZRG KanAbt 74, 1988, 71–94 – I. HEIDRICH, Die kirchl. S.en der frühen Karolinger (Beitr. zur Gesch. des Regnum Francorum, hg. R. SCHIEFFER, 1990), 131–147 – Materielle Kultur und religiöse S. im SpätMA, 1990 – M. BORGOLTE, Die ma. Kirche, 1992, 121f. u. ö., 145f. [Lit.] – F. REXROTH, Dt. Universitäts.en von Prag bis Köln, 1992 – M. BORGOLTE, »Totale Geschichte« des MA? Das Beispiel der S.en, 1993 – DERS., Die S.surkk. Heinrichs II. (Fschr. E. HLAWITSCHKA, 1993), 231–250 – H. KAMP, Memoria und Selbstdarstellung. Die S.en des Burg. Kanzlers Rolin, 1993 – W. PARAVICINI, Sterben und Tod Ludwigs XI. (Tod im MA, hg. A. BORST u. a., 1993), 77–168 [dazu: HZ 260, 1995, 198] – F. REXROTH, Städt. Bürgertum und landesherrl. Univ.ss. (Stadt und Univ., hg. H. DUCHHARDT, 1993), 13–31 – CH. SAUER, Fundatio und Memoria. Stifter und Kl.gründer im Bild 1100 bis 1350, 1993 – W. SCHMID, Stifter und Auftraggeber im spätma. Köln, 1994 – W. WAGNER, Das Gebetsgedenken der Liudolfinger im Spiegel der Kg.s- und Ks.urkk. von Heinrich I. bis zu Otto III., ADipl 40, 1994, 1–78 – Memoria in der Ges. des MA, hg. D. GEUENICH–O. G. OEXLE, 1994 – M. BORGOLTE, Petrusnachfolge und Ks.imitation. Die Grablegen der Päpste, 1995² – R. FUHRMANN, Kirche und Dorf, 1995 – Memoria als Kultur, hg. O. G. OEXLE, 1995.

II. BYZANTINISCHES REICH: [1] *Begriff:* Der Vorgang des Stiftens wird in der byz. Verwaltungssprache als κτίζειν bezeichnet, die Person als κτίστης, später κτήτωρ, während für das Ergebnis (Stiftung) kein jurist. Ausdruck existiert (bisweilen, eher rhetor., χάρις), sondern meist nur die daraus resultierenden Rechte (κτητόρεια δίκαια, κτητορικὸν δίκαιον) genannt werden.

[2] *Weltliche Stiftungen:* In antiker Tradition blieb es auch in Byzanz Aufgabe des Ks.s, der Mitglieder des Ks.hauses und der führenden Familien, öffentl. Bauten zu errichten oder zu erneuern, bes. solche, die zum Schutz und Nutzen der Bevölkerung dienten (Wehrbauten, Wasserleitungen, Zisternen, Pilgerheime, Alten- und Waisenhäuser, Krankenhäuser; →Hospital, II).

[3] *Geistliche (religiöse) Stiftungen:* Die religiösen S.en, wesentlich umfangreicher als die weltl., waren wegen ihrer teilweise komplexen Eigentumsverhältnisse und damit verbundener sozialer Auswirkungen (s. u.) auch Gegenstand der Gesetzgebung, erstmals zusammenfassend unter →Justinian. Es ist zu unterscheiden zw. Sach-s.en (Errichtung oder Erneuerung einer Kirche oder eines Kl.), Geld-s.en (für temporäre Baumaßnahmen, auch als πρόσοδον bezeichnet, den Unterhalt der Kleriker oder die Kosten der Liturgie) oder (häufig) einer Verbindung von beiden. Die Einzelheiten werden in einer Stiftungsurk. (τυπικόν, διάταξις) geregelt. S.en konnten auch auf mehrere Personen zurückgehen.

Seit dem 10. Jh. begegnet im Charistikariat (χαριστική sc. δωρεά, πράξις, φιλοτιμία zu χάρις in der Bedeutung 'beneficium'; →Charistikariersystem) eine erweiterte S.sform, welche als vom Ks. und der kirchl. Hierarchie unterstütztes Programm zur Renovierung und zum Unterhalt kirchl. Institutionen durch Privatpersonen (überwiegend Laien, aber auch Kleriker) bezeichnet werden kann. Eine S. dieser Art ging (u. U. bis zur dritten Generation) in das Eigentum (κυριότης), nicht aber in den Besitz (κτῆσις) über. Die Tatsache, daß es sich um ein zeitlich begrenztes Eigentum handelte, führte (anstatt zur beabsichtigten wirtschaftl. Konsolidierung) in vielen Fällen zum Ruin oder zur Überleitung in eine weltl. Institution, die oft in den tatsächl. Besitz übergeleitet wurde. Die vielfachen Mißstände zwangen im 12. Jh. zu einer weitgehenden Einschränkung der Vergabe der χαριστική, obwohl, wie fast immer im byz. Gesetzgebungsbereich, eine formelle Abschaffung nicht erfolgte.

Die Beseitigung der baul. Schäden, die in allen Landesteilen, bes. aber in Konstantinopel als Folge der lat. Herrschaft entstanden waren, machte den Großteil der S.en in der Palaiologenzeit aus. Einmalige oder regelmäßige Zahlungen an Kl. (allerdings schon seit der Komnenenzeit) dienten zu deren Erhalt und Unterhalt und ermöglichten dem Stifter ggf. auch einen Alterssitz (ἀδελφάτον).

[4] *Stifterrechte, -pflichten:* Der Stifter konnte Priester und Mönche bestimmen, in spätbyz. Zeit jedoch nicht mehr den Abt. Eine Veränderung der Gründungsurk. war ihm (theoretisch) nicht erlaubt. Er konnte in seiner S. begraben werden und genoß dort die Totenehrung (μνημόσυνον). Er durfte auch Ehreninschriften und Bildnisse (→Stifterbild) anbringen. Die S.srechte konnten (mit Einschränkungen) testamentarisch weitergegeben werden. Persönl. finanzielle Vorteile sollten aus der S. nicht entstehen. P. Schreiner

Q. und Lit.: J. v. Zhishman, Das Stifterrecht in der morgenländ. Kirche, 1888 – A. Steinwenter, Die Rechtsstellung der Kirchen und Kl. nach den Papyri, ZRGKanAbt 19, 1930, 1–50 – E. Herman, Ricerche sulle istituzioni monastiche bizantine, OrChrP 6, 1940, 293–375 – R. Ahrweiler, Charisticariat et autres formes d'attribution des fondations pieuses aux Xe–XIe s., ZRVI 10, 1967, 1–27 – S. I. Bernandides, Ὁ θεσμὸς τῆς χαριστικῆς (δωρεᾶς) τῶν μοναστηρίων εἰς τοὺς Βυζαντινούς, 1985 – J. Ph. Thomas, Private Religious Foundations in the Byz. Empire, 1987 – Oxford Dict. of Byz., 1991, 412, 1160 – S. Kalopissi-Verti, Dedicatory Inscriptions and Donor Portraits in Thirteenth-Century Churches of Greece, 1992.

III. Arabisch-osmanischer Bereich: Von den frühen islam. Juristen wird die Institution der S. (*waqf*) auf →Mohammed zurückgeführt. Es handelt sich um die Dedikation einer Sache zu einem vom Stifter festgelegten religiös erlaubten Zweck auf ewige Zeiten. Die Stiftenden mußten volljährig und frei sein; von Sklaven eventuell errichtete S.en galten als S.en ihres Eigentümers (bzw. ihrer Eigentümerin). Nichtmuslime durften nur den Interessen des Islams nicht zuwiderlaufende S.en errichten, etwa S.en zugunsten von Armen, auch ihrer eigenen Konfession. Über die zu stiftende Sache mußte der Stifter das volle Eigentumsrecht innehaben. Außerdem mußte das zu stiftende Gut von einer gewissen Dauer sein, vorzugsweise Haus- und Grundbesitz. Die S. von Sklaven wurde aus diesem Grund von manchen Juristen, die S. von Geld vor der Osmanenzeit durchgängig abgelehnt.

Mit Hilfe der S. wurden →Moscheen, theol. Schulen (→Madrasa) und Derwischkonvente (→Orden) finanziert, aber auch →Brücken, Einrichtungen der Wasserversorgung (→Brunnen, →Zisternen) und Armenküchen. Auch existierten Familiens.en, deren Vermögen primär den Nachkommen zugutekam. Nach eventuellem Aussterben der betreffenden Familie mußte dieses Gut einem wohltätigen Zweck, etwa den Armen, zugeführt werden.

Zugriff des Staates auf das S.gut wurde von den Juristen durchweg abgelehnt, aber einschlägige Fälle sind bekannt. So ordnete der Fāṭimiden-Kalif al-Muʿizz 974 an, S. surkunden wie -vermögen an die Staatskasse abzuliefern. Aus dem von staatl. Seite verpachteten Vermögen sollten die S.sbediensteten bezahlt werden; aber da am Nötigsten gespart wurde, waren die S.en innerhalb weniger Jahrzehnte stark heruntergewirtschaftet.

S. surkunden und die einen Auszug aus diesen bietenden Inschriften an Moscheen, theol. Schulen usw. gehören zu den am weitesten verbreiteten ma. Geschichtsquellen; für die Gesch. mancher wenig belegter Perioden stellen sie eine Hauptquelle dar. S. sinschriften verewigten nicht nur den Stifter, sondern auch den Herrscher, unter dem die S. etabliert worden war. Was die Pilgerstadt →Mekka betraf, so erteilten die →Kalifen v. Bagdad am Ende des 12. Jh. allen muslim. Herrschern die Erlaubnis, an diesem zentralen Ort des Islams S.en errichten zu lassen. Dabei mußte eine Gebühr an den Scherifen v. Mekka gezahlt werden. Der Quellenwert der S.sdokumente für die Stadtgesch. von →Kairo liegt u.a. in ausführl. Beschreibungen der Objekte, die den Unterhalt der S.en sichern sollten: Läden, gedeckte Märkte, Mühlen, Färbereien, Gärten.

Auch im von den frühen →Osmanen beherrschten Westanatolien des 14. Jh. gehören S. sbriefe zu den frühesten Quellen, wenn auch die Echtheit einiger Stücke nicht unumstritten ist. Seit der 2. Hälfte des 15. Jh. sind Register vorhanden, die, im Namen des Sultans zusammengestellt, die S. surkunden einer oder mehrerer Provinzen zusammenfassen. Sultan →Meḥmed II. befahl die Verstaatlichung zahlreicher S.en sowie ihre Umwandlung in *timara* (→timār); diese Maßnahme wurde aber von seinem Nachfolger →Bāyezīd II. wieder rückgängig gemacht. Seit dem späten 15. Jh. wurde im Osman. Reich die S. von Bargeld üblich, das gegen einen Zins von 10–15% ausgeliehen wurde. Obwohl das islam. Zinsverbot dieser S.sform entgegensteht, breitete sie sich bes. in Istanbul während des frühen 16. Jh. rasch aus. Seit →Murād I. errichteten die osman. Sultane fast alle mindestens je eine große S. In Anatolien und auf der Balkanhalbinsel waren S.en ein von Herrschern und ihren Großen oft angewandtes Instrument zur Anhebung der Bevölkerungszahl von eroberten Städten und zur Islamisierung des Stadtbildes, ebenso auch ein Hilfsmittel für die ländl. Siedlung (→Bursa seit Mitte des 14. Jh., Istanbul seit 1453). Die S.en schufen Verdienstmöglichkeiten, u.a. durch die stiftungseigenen Läden und Märkte. Sie wurden als eine zentrale Institution der osman. Gesellschaft angesehen. S. Faroqhi

Lit.: EI¹, s.v. Waḥf – EI², s.v. al-Kahira – Ö. L. Barkan, Osmanlı Imparatorluğunda bir Iskân ve Kolonizazyon Metodu Olarak Vakiflar ve Temlikler, VD 2, 1942, 279–386 – Istanbul Vakiflari Tahrir Defleri, 953 (1546) Târîkli, hg. Ders.–E. H. Ayverdis, 1970 – H. Inalcik, The Policy of Mehmed II toward the Greek Population of Istanbul and the Byz. Buildings of the City, DOP 23–24, 1969–70, 231–249 – Ders., The Hub of the City: The Bedesten of Istanbul, Internat. Journal of Turkish Studies 1,1, 1979–80, 1–17 – D. Behrens-Abouseif, Egypt's Adjustment to Ottoman Rule, 1994.

Stigand, Ebf. v. →Canterbury, † wohl 1072, stammte wahrscheinl. aus Ostanglien, sein Name ist an.; zuerst 1020 erwähnt, als ihm die neu errichtete Kathedrale in Assandun übertragen wurde. Zunächst kgl. Priester, wurde er 1043 Bf. v. Elmham und 1047 Bf. v. Winchester. Nach der Krise von 1051–52 (→England, A. V) und der Flucht →Roberts, Abt v. Jumièges und norm. Ebf. v. Canterbury, wurde S. zum Ebf. ernannt. Seine kirchl. Amtsgewalt war begrenzt, wahrscheinl. wegen seiner umstrittenen Ernennung. Jedoch war er in der kgl. Verwaltung tätig und dürfte als Geistlicher für das Schlüsselamt des kgl. Beichtvaters zuständig gewesen sein. Er war verweltlicht, profitierte von seinen beiden Diöz.en, klösterl. Vakanzen und förderte die Leihe kirchl. Ländereien. 1066 krönte er wahrscheinl. →Harald. Nach der Schlacht bei →Hastings schloß S. sich zunächst →Edgar 'the Ætheling' an, wechselte dann aber zu Wilhelm I. Zw. 1067 und 1070 hat er wohl als Ebf. amtiert, er erscheint 1069 an hervorragender Stelle in der Zeugenliste einer Urk. Doch wurde S. auf der Ostersynode v. Winchester 1070 abgesetzt mit der Begründung, daß er den Ebf.ssitz unrechtmäßig erhalten habe, aber wohl auch, weil er ein Pluralist war, und wegen der fragwürdigen Verleihung seines Palliums. J. Hudson

Lit.: F. BARLOW, The English Church 1000-1066, 1963.

Stigmatisation, die schmerzhafte Manifestation der (meist blutenden) Wundmale Jesu am Körper, tritt erst seit dem frühen 13. Jh. auf: die älteste Nachricht betrifft die sel. →Maria v. Oignies († 1213), bei der es sich um gezielte Selbstverletzungen handelte – ein Erzwingen der Christusförmigkeit, die in dieser konkreten →Imitatio nie vor dem HochMA gesucht wurde, als erstmals die →Passionsmystik entstand. 1222 richtete man in England einen Stigmatisierten als Betrüger hin. Erst zwei Jahre später erhielt der hl. →Franziskus v. Assisi in einer Ekstase die Wundmale, doch bedurfte es zw. 1237 und 1291 neun päpstl. Bullen, ehe sie nicht mehr angezweifelt wurden. In der Folge häufen sich S.en als Zeichen exzeptioneller Gottesnähe bes. bei Mystikerinnen, z. B. →Elisabeth v. Spalbeek, →Wilhelmina (Guglielma) v. Böhmen, Lukardis v. Oberweimar SOCist, →Margareta Colonna, Gertrud v. Oosten, →Katharina v. Siena OPTert (unsichtbare Stigmen, die lange Kontroversen mit den Franziskanern auslösten), →Elisabeth v. Reute, →Coletta v. Corbie, →Katharina v. Genua. Stigmatisierte Männer sind dagegen selten, z. B. der sel. Philipp v. Aix-en-Provence († 1387). Die psycho-phys. Möglichkeit einer authent. (autosuggestiven) S. ist auf Grund med. gut untersuchter Analogien bis ins 20. Jh. unbezweifelbar, obwohl auch Selbst-S. und Betrug zu belegen sind. P. Dinzelbacher

Lit.: DSAM XIV, 1211-1243 – Lex. der Mystik, ed. P. DINZELBACHER, 1989, 470 – LThK² IX, 1081f. – J. MERKT, Die Wundmale des hl. Franziskus v. Assisi, 1910 – P. DEBONGNIE, Essai critique sur l'hist. des stigmatisations au MA, Ét. Carmélitaines 21, 1936, 22-59 – H. THURSTON, Die körperl. Begleiterscheinungen der Mystik, 1956 – A. VAUCHEZ, Les stigmates de saint François et leur détracteurs, MAH 80, 1968, 595-625 – J. M. HÖCHST, Von Franziskus zu Pater Pio und Therese Neumann, 1974 [Materialslg.] – PH. FAURE, L'iconographie de la S. de S. François, Micrologus I, 1993, 327-346 – CH. FRUGONI, Francesco e l'invenzione delle stimmate, 1993 – P. DINZELBACHER, Christl. Mystik im Abendland, 1994 – DERS., Heilige oder Hexen?, 1995, 195ff. – DERS., Diesseits der Metapher: Selbstkreuzigung und -s. als konkrete Kreuzesnachfolge, RevMab NF 7, 1996.

Stiklestad, Schlacht v. → Norwegen, A. I; →Olaf Haraldsson d. Hl. (4. O.)

Stil ist die auf wesentl. Eigenschaften beruhende Gleichartigkeit künstler. Mittel; die Einbindung des Individuellen ins Allgemeine: die Eigenheit einer Künstlerpersönlichkeit (Individuals.), einer Landschaft (Raum-, Nationals.), einer Zeit (Zeits., wie →Romanik, →Gotik) oder eines Materials (Materials.). Nach L. DITTMANN ist die Bedeutung des S.begriffs ästhetisch-normativ, historisch-deskriptiv, individuell und generell. Aus der Erkenntnis von S.merkmalen an fest datierten Werken kann eine S.entwicklung rekonstruiert und undatierte Werke mit einer gewissen Genauigkeit der Datierung eingefügt werden. Der S.begriff ist unentbehrlich, weil er bei der Feststellung einer auf wesentl. Eigenschaften beruhenden Gleichartigkeit künstler. Werke Unterscheidungen möglich macht, ohne die weder der für den Historiker unabdingbare Vergleich möglich, noch Geschichte darstellbar ist. Da sich der S. eines Werkes oder einer Person in der Wahl der Formen und deren Verwendung manifestiert, kann man nicht von einer S. wiederaufnahme sprechen, sondern nur von Wiederaufnahme von Formen, die für einen S. charakteristisch waren, so z. B. die →Antikenrezeption in karol., otton. und spätsal. Zeit als ein Element des karol., otton. oder spätsal. Stils. Formale Übernahmen bzw. Rückbeziehungen gehören zumeist in den Bereich der Ikonologie, d. h. sie sind in der Absicht der Repräsentation besonderer Bedeutungen, Bezüge oder Ansprüche vorgenommen. G. Binding

Lit.: D. FREY, Kunstwiss. Grundfragen, 1946 (1972) – L. DITTMANN, Stil, Symbol, Struktur, 1967 – H. BAUER, Kunsthistorik, 1979².

Stilicho, röm. Reichsfeldherr (ca. 365-408), Sohn eines Vandalen, bewährte sich früh im diplomat. und militär. Dienst (z. B. gegen den Usurpator →Eugenius) und wurde 395 von dem sterbenden →Theodosius I. mit der Fürsorge für →Honorius und →Arcadius betraut. Seine Stellung als leitender Staatsmann wurde gestärkt durch die Ehe mit Serena, einer Nichte des Theodosius, sowie durch die Vermählung seiner Tochter Maria (und nach deren Tod von deren Schwester Thermantia) mit Arcadius. Seine Weigerung, den Anspruch des Westens auf die illyr. Provinzen aufzugeben, hatte den Einfall des in oström. Diensten stehenden Westgotenkg.s →Alarich nach Italien und den Aufstand des →Gildo in Afrika zur Folge. Es gelang ihm jedoch, Mailand zu entsetzen und die Westgoten durch die Erfolge von Pollentia (402) und Verona (403) und anschließende Vertragsverhandlungen zum Abzug zu bewegen. Die unter Radagais erneut eingebrochenen Gotenscharen konnte er 406 bei Fiesole vollständig vernichten. Wegen der dadurch notwendigen Rückberufung von Truppen überschritten →Vandalen, →Alanen und →Sueben den Rhein und plünderten Gallien bis zu den Pyrenäen. Da er sich gegen den gall. Usurpator Konstantin III. nicht durchsetzen konnte und auf hohe Geldforderungen Alarichs einzugehen bereit war, der erneut Italien bedrohte, verlor er das Vertrauen des Ks.hofes. Zu seinem Sturz trug auch der Verdacht bei, er erstrebe nach dem Tode des →Arcadius (408) für seinen Sohn Eucherius die Ks. würde in Konstantinopel. Nach seiner Absetzung floh er in Ravenna in eine Kirche, wurde aber herausgelockt und auf Befehl des Honorius hingerichtet. S., zu Lebzeiten wegen seiner erfolgreichen Germanenpolitik gefeiert (Claudian, De laude Stilichonis), wurde später von chr. wie heidn. Seite als Verräter des Reiches verurteilt. Eine gute bildl. Darstellung bietet das Konsulardiptychon in Monza.
R. Klein

Lit.: PLRE I, 853-858 – S. MAZZARINO, Stilicone, 1942 – A. DEMANDT, Die Spätantike, 1989, 138ff. – W. F. VOLBACH-M. HIRMER, Frühchr. Kunst, 1958, Nr. 62 und 63 [Diptychon] – B. KIILERICH-H. TORP, Jb. des Dt. Arch. Inst. 104, 1989, 319-372 – R. WARLAND, Mitt. des Dt. Arch. Inst. Röm. Abt. 101, 1994, 175-202 [unbekannter amtierender comes domesticus].

Stilo, Stadt in Kalabrien (Prov. Reggio C.). Im 7./8. Jh. nach der langob. Landnahme an der Küste des Ion. Meeres gegründet, wurde die Siedlung im 10. Jh. wegen der Angriffe der Sarazenen auf den Hang des Monte Consolino verlegt. S. war byz. Festung und bewahrt noch zahlreiche Zeugnisse aus dieser Zeit wie das berühmte Katholikon (»Cattolica«), die griech. Kl. S. Giovanni Theriste und S. Maria di Arsafia sowie die Lauren S. Angelo und La Pastorella. Nach sechsjährigem Widerstand wurde S. 1071 von den →Normannen erobert. Diese befestigten das Kastell »in cacumine montis« und erhoben S. zur Stadt der

Krondomäne. Sie begegneten der lokalen Judengemeinde mit kluger Toleranz und gestatteten, daß der griech. Ritus und die städt. Gewohnheiten weiterleben konnten. Gleichzeitig erstarkte der Einfluß der lat.-westl. Kultur durch die Ausdehnung des Besitzes der 1091 vom hl. →Bruno gegr. Kartause S. Maria della Torre auf das Gebiet von S. Im 11. Jh., vor der Einführung des lat. Ritus in der Diözese (1096), schmückte sich Bf. Mesimerios v. →Squillace auch mit dem Titel eines Bf.s v. S. und Taverna. Dies ist jedoch als extensiver Gebrauch des Begriffs anzusehen und kein Beleg für die Existenz eines Bm.s in S. Den Staufern treu ergeben, leistete S. hartnäckigen Widerstand gegen die Anjou, die es erst nach dem Vesperkrieg (→Sizilianische Vesper) anerkannte. Vom 14. bis zum 16. Jh. war S. weiterhin Stadt der Krondomäne. 1435 bestätigte Alfons v. Aragón die Kapitel der »Universitas civium«. P. De Leo

Lit.: IP, X, 56 – L. Cunsolo, La storia di S. e del suo regio demanio, 1965 [Nachdr. 1987].

Stjórn ('Regierung', 'Herrschaft'), anorw. Bibelkompilation, Anfang des 14. Jh. im Auftrag von Kg. →Hákon V. Magnússon verfaßt. Wie in vergleichbaren dt. →Historienbibeln wurde die Übers. der ersten Bücher des AT um einen ausführl. Komm. (nach patrist. und ma. Q.) erweitert, der hier aber so breit angelegt war, daß der Kompilator nicht über Ex 18 hinauskam. Bis zum 2. Buch der Könige folgt dann eine fast kommentarlose Übers., wobei aber eine der beiden Haupthss. (A) im Buch Josua der Historia scholastica des →Petrus Comestor als der Vulgata folgt; dann wurde das Werk offenbar völlig eingestellt. In der Hs. A steht die S. vor der Rómverja saga, der Alexanderssaga (→Alexander der Gr., B. XI) und der Gyðingasaga, womit eine Art von Weltchronik entsteht. Der Kompilator zitiert im ersten Teil einige seiner Q. sogar ausdrückl. (Historia scholastica, Vincenz' v. Beauvais Speculum historiale), stillschweigend verwendet er auch Isidors Etymologiae, Honorius' Augustodunensis Imago mundi sowie Schriften Bedas, Augustins, Gregors d. Gr. und selbst den anorw. Kg.sspiegel (→Fürstenspiegel, B. IV). R. Simek

Lit.: KL VI, s.v. – G. Storm, Om Tidsforholdet mellem Kongespeilet og S. samt Barlaams og Josaphats saga, ANF 3, 1886 – R. Astås, Noen bemerkninger om norrøne bibelfragmenter, ebd. 85, 1970 – H. Bekker-Nielsen, Caesarius and S. (Saga ok Språk, 1972) – D. Hofmann, Die Kg.sspiegel-Zitate in der Stiórn, Skandinavistik 3, 1973 – S. Bagge, Forholdet mellom Kongespeilet og S., ANF 89, 1974 – Sjötíu ritgerðir helgaðar Jakobi Benediktssyni, 1, 1977 [Beitr. H. Pálsson, P. Hallberg] – R. Astås, Kompilatoren bak S. I som teolog (The Sixth Int. Saga Conf., Workshop Papers I, 1985) – Ders., En kompilator i arbeid. Stud. i S I, 1985 – I. J. Kirby, Bible Translation in Old Norse, 1986 – R. Astås, Et Bibelverk fra middelalderen: Stud. i S., 1987 – K. Wolf, Brandr Jónsson and S., Scandinavian Stud. 62, 1990, 163–188 – Dies., Peter Comestor's Hist. Scholastica in Old Norse Translation, Amsterdam Beitr. zur älteren Germanistik 33, 1991, 149–166 – Medieval Scandinavia. An Encyclopedia, 1993, 611f.

Štip, ma. Stadt in Makedonien, an der Mündung des Flusses Otinja in die Bregalnica gelegen. Eine bulg. Legende aus dem MA schreibt ihre Gründung dem sonst unbekannten »kavhan Odeljan« zu, moderne Forscher betrachten Š. als Nachfolgerin des antiken Astibo. Dafür spricht nur die Kontinuität der Benennung: Astibo, Stipeon, Stoupion, Š.; eine Siedlungskontinuität bleibt hingegen archäolog. unbewiesen. Bis zum Ende des 10. Jh. wurde Š. eine bedeutende Festung. Die byz. Geschichtsschreiber der Zeit Basileios' II. erwähnen ihre Eroberung 1014 und einen kurzen Aufenthalt des Ks.s 1018. Aus der Zeit der byz. Herrschaft (11.–12. Jh.) fehlen Nachrichten; wahrscheinl. wurde die aus späteren Q. bekannte Zweiteilung in die Festung auf der Anhöhe und in das Suburbium (amborij, trg, podgradije) auf dem Plateau der Otinja-Mündung vollendet. Seit dem Ende des 12. Jh. gehörte Š. zum zweiten Bulg. Reich, vorübergehend war die Stadt in den Händen der Griechen aus Epeiros (vor 1230) und Nikaia (nach 1246). Seit 1308 stand Š. bis zur türk. Eroberung 1395 (mit mögl. Unterbrechungen zw. 1322 und 1332) unter serb. Herrschaft. In der letzten Periode wurden für die Stadt die Territorialherren entscheidend, zuerst Hrelja († 1343), der in Š. ein Kl. der hl. Erzengel gründete, dann Jovan Oliver, der Grundstücke, Häuser und Hörige in Š. besaß. Die Brüder Jovan und Konstantin Dragaši (→Dragaš) waren die letzten Stadtherren von Š. Die Stadt war Sitz eines *kefalija*, innerhalb dessen Sprengels der eigtl. Stadtdistrikt lag (*metoh gradski*). Sechs Kirchen werden in Š. erwähnt. Der Stadtvorsteher hatte den Titel *knez* wie in den Bergbaugemeinden. Unter den Bewohnern war das slav. Element stärker verteten als in anderen makedon. Städten. S. Ćirković

Lit.: Astibo-Š., I–XX vek, 1964 – S. Ćirković, Š. u XIV veku, Zbornik na trudovi posveteni na akademikot Mihailo Apostolski, 1986, 25–37.

Stirling, Burg der schott. Kg.e und Stadt (*burgh*) am Forth, nw. von Edinburgh, nahm seit ca. 1100 bis weit über das MA hinaus eine Schlüsselstellung in der schott. Gesch. ein und beherrschte einen entscheidenden Flußübergang, der die n. und die s. Hälfte Schottlands miteinander verband. Ständig von den schott. Kg.en als Residenz und Bollwerk genutzt, war S. auch der Schauplatz bemerkenswerter Ereignisse: 1107 Todesort Alexanders I., David I. und seine Enkel verwahrten in der Burg den kgl. Schatz, seit der Mitte des 12. Jh. wurden Ratsversammlungen und nach ca. 1240 Parlaments häufig nach S. einberufen. Der frz.-schott. Vertrag v. 1295 (→Auld Alliance) nahm seinen Anfang in einem im Juli desselben Jahres in S. abgehaltenen Parlament. In der Schlacht bei S. Bridge (11. Sept. 1297) besiegte ein schott. Heer unter William →Wallace ein engl. Heer unter dem Earl of Surrey. Die Schlacht v. →Bannockburn (23.–24. Juni 1314) focht und verlor der engl. Kg. Eduard II., als er verhindern wollte, daß S. in schott. Hände fiel. In der Burg tötete am 22. Febr. 1452 Kg. Jakob II. William, den 8. Earl of →Douglas. G. W. S. Barrow

Lit.: W. Nimmo, Hist. of S.shire, 1895 – Royal Commission on Ancient and Historical Monuments of Scotland, S.shire, 1963 – R. Fawcett, Scottish Architecture, 1371–1560, 1994.

Stirnstulp, aus der Stirnverstärkung des →Elmetto entstandener Oberteil des zweiteiligen it. →Visiers.

O. Gamber

Štitny, Tomáš → Thomas v. Stitne

Stobaios (Στοβαῖος [Suda: Στοβεύς], nach der makedon. Stadt Stoboi gen.), Johannes, gr. Sammelautor wohl des 5. Jh. In den seinem Sohne Septimios gewidmeten 4 Büchern Ἐκλογαί, ἀποφθέγματα, ὑποθῆκαι ('Auszüge, Aussprüche, Ratschläge') oder Ἀνθολόγιον ('Blütenlese') hat er, z. T. aus älteren Slg.en schöpfend, Exzerpte aus Werken ca. 500 heidn. Autoren von →Homer bis →Themistios themat. zusammengestellt: I Welt, II/III Mensch, IV Gesellschaft. In insges. 206 Kap. werden nach der Nennung je eines Themas Belege aus poet., philos., hist., rhetor. und med. Lit. angeführt, darunter viele Frgm.e sonst verlorener und Varianten erhaltener Texte. Die in der ma. Überlieferung gekürzte (z. T. aus →Photios cod. 167 und byz. Slg.en, bes. dem Florilegium Laurentianum, zu ergänzen) und geteilte Slg. (I/II Ἐκλογαί/Eclogae, ed. pr. W. Canter 1575; III/IV Ἀνθολόγιον/Florilegium bzw.

Sermones, ed. pr. V. Trincavelli 1536) wurde im byz. MA und im Humanismus viel verwendet. U. Dubielzig

Ed.: C. WACHSMUTH–O. HENSE, 1884–1923 [1974³] – *Scholien:* A. H. L. HEEREN, Ed. 1801, II, 1, 442–465 – *dt. Übers. (III/IV):* G. Frölich, Basel 1551 – *Lit.:* HAW VII, 2. 2, 1087–1089 – KL. PAULY V, 378f. – RE IX, 2549–2586 – C. WACHSMUTH, Stud. zu den gr. Florilegien, 1882 – R. M. PICCIONE, Sulle fonti e le metodologie compilative di Stobeo, Eikasmós 5, 1994, 281–317 [Lit.].

Stockbüchse, bes. Gattung einer →Handbüchse, der frühesten Form der →Handfeuerwaffe. Bei der S. hatte das aus Eisen geschmiedete oder aus Bronze gegossene Rohr am hinteren Ende eine Ausnehmung zum Einstecken eines Stockes, einer Holzstange (→Tüllenschäftung), die sowohl dem Schützen als Handhabe als auch, in den Boden gerammt, zum Abfangen des Rückstoßes beim Feuern diente. Geladen wurde eine S. mit Schwarzpulver und Kugeln aus Stein, Eisen oder Blei. Das Zünden erfolgte von Hand aus mittels eines Loseisens oder einer →Lunte.
E. Gabriel

Lit.: W. HASSENSTEIN, Das Feuerwerksbuch v. 1420, 1941.

Stocker, Hans (Jo[h]ann[es]), schwäb. Arzt aus dem Ulmer Patriziat (flügelschlagender Adler auf Stock als Wappentier), * um 1453/55, † 27. Mai 1513, ◻ Dreifaltigkeitskirche, Ulm. 1472 Beginn des Studiums in Ingolstadt (Artes), Promotion zum Dr. med. in Bologna, 1477–78 als Arzt in Tübingen praktizierend, dann in Ulm niedergelassen, dort 1483 in Nachfolge Heinrich →Steinhöwels als Stadtarzt angestellt, zusätzl. in gfl.-württ. sowie hzgl.-tirol. Diensten mehrfach als Leibarzt verpflichtet. S.s umfangreiches lit. Werk bietet ausschließl. heilkundl. Fachprosa. Von seiner amtsärztl. Tätigkeit zeugt die jahrhundertelang gültige 'Hebammenordnung', die S. gemeinsam mit den schwäb. Kollegen Johannes Münsinger und Johannes Jung ausarbeitete. Durch S.s leibärztl. Verpflichtungen sind mehrere →Regimina sanitatis motiviert, die aus dem Bereich der Ernährung betonen und durch ein Reise-Regimen sowie ein Pest-Regimen ergänzt werden. Als allg. patientenbezogen erweist sich seine Materia medica, die in verbreiteter Streuüberlieferung sowie in (teils mehrfach gedr.) Rezeptslg.en erhalten ist ('Ulmer Wundarznei'): Am bedeutendsten ist sein nur hs. überliefertes 'Arzenîbuoch'; die stärkste Wirkung erzielte die posthume 'Praxis ⟨aurea⟩ morborum particularium' (ed. zuletzt 1657 in Leiden). G. Keil

Lit.: Verf.-Lex.² IX, 341–344 – J. MARTIN, Der Ulmer Wundarzt J. S. und sein nosolog. gegliedertes Arzneibuch, Würzburger med. hist. Mitt. 5, 1987, 85–95 – Die 'Ulmer Wundarznei'. Einl. – Text – Glossar zu einem Denkmal dt. Fachprosa des 15. Jh., hg. J. MARTIN, Würzburger med. hist. Forsch. 52, 1991, 13f., 32f., 175f.

Stockholm, Hauptstadt v. →Schweden, an der Mündung des Mälarsees in die →Ostsee. Die Stadtgründung wird traditionell auf 1252 datiert (aufgrund von zwei in diesem Jahr in S. ausgefertigten – nicht aber S. betreffenden – Briefen des 'major domus' →Birger Jarl). Zwar sind bereits für das 11. Jh. Befestigungsarbeiten am Platz der späteren Stadt belegt (Sicherung der Mälarseemündung zum Schutz des inneren Mälargebiets, bes. von →Sigtuna), doch ist Stadtentwicklung erst ab Mitte des 13. Jh. faßbar. Die Grundlage hierfür bildete wohl das Interesse einerseits der schwed. Krone, andererseits der dt. Kaufleute (bes. aus →Lübeck) an der Errichtung eines verkehrsgünstig gelegenen und gut kontrollierbaren Umschlagplatzes für den Austausch zw. Schweden und Deutschen (Metallhandel); in einem Abkommen zw. der Krone und Lübeck wurde u. a. festgelegt, daß in Schweden ansässige dt. Kaufleute nach schwed. Recht leben und 'Schweden' (d.h. schwed. Mitbürger) werden sollten.

S. stieg bereits in der 2. Hälfte des 13. Jh. zur größten und politisch wie wirtschaftlich wichtigsten Stadt des Kgr.es auf und erreichte am Ende des MA die für skand. Städte (→Stadt, H) hohe Einwohnerzahl von ca. 6000. In ethn. Hinsicht bestand die Bevölkerung aus drei Gruppen: *Schweden*, welche die Mehrheit bildeten und in allen sozialen Schichten zu finden waren; *Deutsche*, die ztw. bis zu einem Drittel der Einwohner umfaßten, mit starkem Anteil an der wirtschaftl.-polit. Führungsschicht; *Finnen*, die zumeist den Unterschichten (Hausgesinde, Tagelöhner) angehörten.

Der Rat in S. war, wie um 1350 im schwed. Stadtrecht (→Magnús Eriksson Stadslag) festgelegt wurde, je zur Hälfte von Schweden und Deutschen besetzt; es herrschte durchgängig der (nicht durch Stadtrecht vorgeschriebene) Brauch, nur Kaufleute in den Rat aufzunehmen. Obwohl S. (außer vielleicht in den Jahren nach 1365) offiziell nicht der →Hanse angehörte, waren Wirtschaft und Kultur stark von den norddt. Hansestädten (v. a. Lübeck, woher der Großteil der dt. Bewohner stammte) beeinflußt. Als bedeutendster Außenhandelsplatz Schwedens stand S. vorwiegend mit Lübeck und (im SpätMA) →Danzig in Beziehung; wichtige Ausfuhrgüter waren Metalle (Eisen, Kupfer) sowie Pelze, Lachs und Roggenspeck, ztw. auch Häute und Butter, Einfuhrgüter dagegen Salz, Tuche, Luxuswaren, Gewürze, Hopfen, Bier und Wein.

In S. lag die wichtigste Burg Schwedens; der Kg. bzw. →Reichsverweser nahm über den (an den Ratssitzungen obligatorisch beteiligten) Vogt entscheidenden Einfluß auf die städt. Verwaltung. S. wird schon seit den Jahren um 1390 als »Hauptstadt« (d.h. wichtigste Stadt des Reiches) genannt; Regierungs- und Hauptstadtfunktionen im modernen Sinne sind aber erst seit dem 17. Jh. gegeben. Das älteste erhaltene Stadtprivileg stammt von 1436 (wohl vorhandene ältere Urkk. fielen dem Stadtbrand von 1419 zum Opfer). In kirchl. Hinsicht besaß S. (abgesehen von Kapellen in den Vorstädten) nur eine Pfarrkirche, St. Nikolaus. Es bestanden ein Franziskanerkl. (seit 1270), ein Dominikanerkl. (seit 1340), ein Klarissenkonvent (seit 1289) und ein Nebenhaus der →Johanniter zu Eskilstuna (seit 1334). G. Dahlbäck

Q.: S.s stadsböker från äldre tid, 4 Ser., 1876–1944 – *Lit.:* N. AHNLUND, S.s hist. före Gustav Vasa, 1953 – Helgeandsholmen – 1000 år i S.s ström, hg. G. DAHLBÄCK, 1982 – G. DAHLBÄCK, I medeltidens S., 1988.

Stöcklin (Stöckl), **Ulrich**, Udalricus Wessofontanus OSB, * um 1360 in Rottach, † 6. Mai 1443. Als Geschäftsträger der Kl. OSB der Diöz. Freising berichtete S. in 46 Briefen über das Basler Konzil. Er war kurze Zeit Prior in →Tegernsee, 1438 wurde er Prior von →Wessobrunn. Eine Reihe z. T. umfangreicher Dichtungen, die den Einfluß →Konrads v. Haimburg zeigen, schreibt G. M. DREVES (Einl. zur Ausg. AnalHym 6 und 38) mit guten Gründen S. zu – in der Überlieferung findet sich nur das Pseudonym 'Quisucius presbiter cardinalis tytuli sancti Clementis': Gruß- und Preisdichtungen an Maria, Gebete, Stundenlieder, →Rosarien, Psalterien mit jeweils 150 Strophen (→Psalmen, Psalter, B.I), häufig in der Form von →Glossenliedern, →Akrostichen oder Abecedarien. Unter den Strophenformen sind die Vagantenstrophe (in reichen gereimten Formen), eine Zehnsilbenstrophe und eine Zwölfsilbenstrophe mit daktyl. Rhythmus bevorzugt. Die Sprache der formal gewandten Dichtungen zeigt eine Reihe von Neubildungen, oft dem Reim zuliebe, und – nicht immer beherrschtes – Griechisch aus Glossaren und den Werken des Hieronymus. Das »Centinomium«, eine Dichtung über die 100 Namen Mariae, berichtet von einer

Marienvision, die dem Dichter zuteil wurde. Auch sonst ist gelegentl. Persönliches eingestreut, bes. Klagen über die Beschwerden des Alters. G. Bernt

Ed.: AnalHym 6 und 38 – G. M. Dreves-Cl. Blume, Ein Jt. lat. Hymnendichtung, I, 458 [Ausw.] – *Lit.*: Verf.-Lex.² IX, 346–352 – G. M. Dreves, AnalHym 6, 5–16; 38, 5–8.

Stockwerk, im Wohnbau eine Bezeichnung für eine obere Etage; übernommen aus dem Holzbau, dem S.bau, der aus in sich abgezimmerten, jeweils als selbständige Gerüste gebildeten, übereinandergestellten Etagen besteht. Der Übergang vom älteren Geschoßbau zum S.bau vollzieht sich in den einzelnen Landschaften unterschiedlich, in Südwestdtl. ist ab 1420/30 der S.bau üblich, →Fachwerkbau. S. wird fälschlich im Steinbau für Geschoß gebraucht. G. Binding

Stodeweschner, Silvester, Ebf. v. →Riga 1448–79, † 1479 in der Haft auf Burg →Kokenhusen. Der Thorner Bürgersohn studierte 1427 in Leipzig, 1433 Mag. art., 1441 Kaplan und Kanzler des Hochmeisters des →Deutschen Ordens. Auf dessen Betreiben zum Ebf. ernannt, verpflichtete er sich als Ordenspriester v. a. in der Habitfrage. Dem ordensfeindl. Domkapitel machte er unerfüllbare Zusagen. Dieser Widerspruch ließ ihn beim Einzug in Riga sogar um sein Leben bangen. 1451 gab er zu Wolmar dem Verlangen des Ordens nach Inkorporierung des Kapitels nach. Am 30. Nov. 1452 vereinbarte er zu Kirchholm mit dem Orden eine Teilung der Herrschaft über die (dadurch dem Orden zur Heeresfolge verpflichtete) Stadt Riga. Angesichts des Widerstandes der Stadt ergriff S. bald die Partei des Ordens, der nun aber die Alleinherrschaft anstrebte. Isoliert, suchte der Ebf. die erzstift. Ritterschaft durch ein erweitertes Erbrecht (Silvesters Gnade, 1457) für sich einzunehmen, während der Orden Riga durch einen Gnadenbrief gewann und so die Lage beherrschte. 1474 mußte S. auf alle Hoheitsrechte über Riga verzichten, doch konspirierte er mit Gegnern des Ordens, sogar mit Polen und Schweden (Einsatz schwed. Söldner), und belegte Orden und Stadt mit Bann und Interdikt (1477). Dagegen verbanden sich die livländ. Stände, auch die eigenen Vasallen; 1479 besetzte der Orden das Erzstift und nahm S. gefangen. H. von zur Mühlen

Q. und Lit.: Liv-, Est- und Kurländ. UB, 1852ff. – L. Arbusow, Grdr. der Gesch. Liv-, Est- und Kurlands, 1918⁴ – R. Wittram, Balt. Geschichte, 1954 – G. Kroeger, Ebf. S. S. und sein Kampf mit dem Orden um ... Riga, MittLiv 24, 1930 – K. Militzer, Die Finanzierung der Erhebung S. S.s zum Ebf., ZOF 28, 1979 – H. Boockmann, Der Einzug Ebf.s S. S.s ... in sein Ebm. 1449, ZOF 35, 1986.

Stodorjane → Heveller

Stoke Field, Schlacht v. (16. Juni 1487), gilt als letzte Schlacht der sog. →Rosenkriege, deren Ausgang den engl. Thron für Heinrich Tudor sicherte. Eine Reihe von Verschwörungen gegen Heinrich und seine Gemahlin →Elisabeth, Tochter Eduards IV., war ihr vorausgegangen. Die von →Margarete v. Burgund unterstützten Rebellen machten 1487 Lambert →Simnel, einen Betrüger, der sich in Irland als Eduard, Earl of Warwick, ausgab, zum Mittelpunkt ihrer Verschwörung – der echte Earl of Warwick konnte als Sohn von →George, Duke of Clarence, den Thron beanspruchen und war 1485 gefangengenommen worden. Obwohl die Verschwörer vom Kg. begnadigt wurden, floh John de la →Pole, Earl of Lincoln, nach Burgund, wo er mit dt. Söldnern ausgestattet wurde. Lincolns Heer versammelte sich in Dublin, und Simnel wurde am 24. Mai 1487 als »Eduard VI.« zum Kg. proklamiert. Am 4. Juni 1487 landete es in Foulday (Lancashire) und bewegte sich in s. Richtung, um auf das Heer Heinrichs VII. zu treffen. Am 16. Juni 1487 kam es bei dem Dorf East S. zur Schlacht, bei der die Rebellen, deren Heer (ca. 8000 Mann) neben den dt. Söldnern nur schlecht bewaffnete und gekleidete Fußsoldaten (ir. »Kerns«) umfaßte, unterlagen. Die meisten ihrer Führer wurden getötet, Simnel gefangengenommen. A. Cameron

Lit.: J. D. Mackie, The Earlier Tudors, 1957 – S. B. Chrimes, Henry VII, 1972 – →Simnel, Lambert.

Stoke, Melis → Chronik, F

Stola, Teil der liturg. →Kleidung; bei der →Weihe überreichte Amtsinsignie von →Diakon und →Priester; langes Stoffband, von Diakon (Schärpe von der linken Schulter nach rechts), Priester (zumeist vor der Brust gekreuzt) und Bf. (gerade herabfallend) über der Albe getragen. Das zunächst Orarium ('Schweißtuch') gen. Gewandteil ist im Osten (Orarion [Diakon], Epitrachelion [Priester]; z. T. auch von Subdiakon und Lektor getragen) Mitte des 4. Jh., vorkarol. im Westen für Gallien und Spanien im 6. Jh., in Rom erst in der 2. Hälfte des 8. Jh. belegt (dort zunächst von allen Weihegraden getragen). Der Name S. ('Kleid') setzte sich im Norden im 8./9. Jh. durch, während die Ordines Romani noch von 'orarion' sprachen (erst im 13. Jh. selten). Die S. wurde mit Gold, Silber, Fransen und Quasten, mit Kreuzen, Figuren u.a. geschmückt und orientierte sich seit dem 11./12. Jh. in Farbe und Stoff an der Kasel. Für die Entstehung der S. wird u.a. auf ähnl. Würdezeichen in der theodosian. Kleiderordnung verwiesen. In einigen Kirchen, in denen es ztw. Diakoninnen gab, wurde auch diesen Orarion oder S. verliehen (Verwendung nicht immer eindeutig). Belegt ist auch die Überreichung der S. an die Kartäuserinnen bei ihrer Consecratio; die S. wurde beim Verkünden des Evangeliums in den Metten und zur goldenen Profeß getragen und mit ins Grab gegeben. (vgl. A. G. Martimort, Les diaconesses, 1982). B. Kranemann

Lit.: Liturg. Woordenboek, 1965–68, 2594–2597 – LThK² IX, 1090f. – L. Duchesne, Origines du culte chrétien, 1902³, 390–394 – J. Braun, Die liturg. Gewandung im Occident und Orient, 1907 [Nachdr. 1964], 562–620 – R. Berger, Liturg. Gewänder und Insignien (Ders. u.a., Gestalt des Gottesdienstes, 1990²), 324f. – B. Kleinheyer, Stud. zur nichtröm.-westl. Ordinationsliturgie 4, ALW 33, 1991, 217–274 – →Kleidung, II.

Stolberg (ma. Stalberg), Gft. Die S.er gehörten zu den Gf.en, die nach 1230 die Kg.smacht im →Harz verdrängten. Vielleicht stammten sie von den Gf.en v. Kirchberg ab. Erster Vertreter war um 1200 Heinrich v. Voigtstedt, der seit 1210 nach der Burg S. (wohl im 10./11. Jh. gegr.) gen. wurde. Die S.er erwarben wichtige Herrschaftsrechte, u. a. 1341 Roßla/Bennungen, 1413 Kelbra, 1417 Hohnstein, 1429 →Wernigerode, 1443 Heringen, 1465 Questenberg. Erbverbrüderung bestand mit den Gf.en v. →Hohnstein, →Schwarzburg und Wernigerode, Lehnsabhängigkeit von →Brandenburg, →Braunschweig, →Magdeburg, →Mainz und →Thüringen (1485 Albertiner). Wegen der Bergwerke (bes. um Straßberg) gab es Konflikte mit den Regalherren, die S. das Münzrecht zugestanden. Die Gf.en beteiligten sich an Fehden (u. a. 1275 gegen →Erfurt, 1437 gegen →Halberstadt) und Landfriedenseinungen, betrieben die Kl.reform (1463 Ilfeld) und stellten im 14. Jh. zwei →Merseburger Bf.e. W. Zöllner

Q. und Lit.: Reg. Stolbergica, hg. G. A. v. Mülverstedt, 1885 – G. Dehio, Hb. dt. Kunstdenkmäler, 1976, 445ff.

Stolgebühren, →Abgaben (iura stolae, Gebühren), die Geistliche (Pfarrer) für bestimmte Amtshandlungen, Sakramentenspendungen und andere kirchl. Funktionen

(Taufe, Aufgebot zur Ehe, Trauung, Einsegnung und Beerdigung, Aussegnung der Wöchnerinnen, Ausstellung von Bescheinigungen über derlei vorgenommene Akte, zeitweilig auch Abendmahl, Beichte und letzte Ölung) von den Gläubigen seit dem hohen MA als Rechtsanspruch einfordern konnten. Der Begriff geht auf die →Stola zurück. Ursprgl. wurden den Geistlichen für die Erfüllung ihrer Funktionen freiwillige Gaben geboten (1 Kor 9, 7–14). Schon die Synode v. Elvira (306, c. 48) und Gregor I. hatten sie verboten. Andere Synoden (Braga 572, Toledo 675) betonten die Freiwilligkeit solcher Gaben, ließen aber kein Forderungsrecht entstehen. Im System der →Eigenkirche werden die S. zu Einnahmen des Kirchenherren. Die Bedeutung der Eigenkirche darf in diesem Zusammenhang allerdings nicht überbewertet werden. Wegen der Gefahr der →Simonie waren die S. immer umstritten. Sie wurden einerseits kirchenrechtl. verboten (C. 1 q. 1 cc. 99–103; X. 5. 3. 8–9), andererseits wurde die alte Gewohnheit der Darbringung von Opfern aus verschiedenen kirchl. Anlässen im hohen MA aber in Pflichtleistungen verwandelt. Der Pfarrer oder Pfarrvikar forderte nun als iustitia, was vorher Gewohnheit war (PLÖCHL). Die Lösung des Simonieproblems war wohl folgende: Vor Verrichtung bestimmter Akte durften keine S. vereinbart, nachträgl. konnte der ehrwürdigen Gewohnheit gefolgt werden. Seit dem IV. →Lateranknozil (1215) durften geistl. Handlungen nicht von der Zahlung der S. abhängig gemacht werden, die Erhebung einer Gebühr danach wurde aber als laudabilis consuetudo beibehalten. Die unentgeltl. Sakramentenspendung für Arme wurde sichergestellt, dem Mißbrauch übermäßiger Forderungen gesteuert und gleichzeitig ein notwendiger Teil des Einkommens des Seelsorgeklerus gemeinrechtl. sanktioniert. Umfang und Höhe der S. blieben dem Partikularrecht (Stolordnungen) überlassen. R. Puza

Lit.: FEINE, 192–PLÖCHL II, 434f. – HRG IV, 2005f. – LThK² IX, 1092f. – RE XIX, 67ff. – RGG VI, 388f. – TH. FREUDENBERGER, Der Kampf um die radikale Abschaffung der S. während der Bologneser Periode des Trienter Konzils, Münchner Theol. Zs. 1, 1950, Nr. 4, 40–53.

Stolle, Sangspruchdichter des 13. Jh. Sein Name ist v. a. mit einem Spruchton verbunden, der vor namentl. bekannten Spruatoren schon des 13. Jh. vielfach verwendet wurde. Die älteste datierbare Strophe dichtete der Hardegger 1235/37. Da Gebrauch fremder Töne bei den Spruchdichtern des 13. Jh. ungewöhnl. ist, verwundert es nicht, daß dem Ton der Name Alment ('Gemeindeland') gegeben wurde. Seiner Bauform nach zeigt er Verwandtschaft mit den Tönen des Bruders →Wernher (1. Hälfte 13. Jh.). Inwieweit Textstrophen, die in der Jenaer Liederhs. J (dort auch die Melodie; →Liederbücher) unter Meyster stolle überliefert sind, wirkl. vom Tonerfinder stammen, ist nicht klar (eine Scheltstrophe gegen Kg. Rudolf v. Habsburg kann erst nach 1273 verfaßt sein). Die Alment wurde von den →Meistersingern bis ins 18. Jh. verwendet, ihr Schöpfer, häufig auch als Alter S., unter die Zwölfalten Meister gezählt; im 16. Jh. wurde ihm zusätzl. in Blutton unterschoben. Seit dem 15. Jh. begegnet der Name des Jungen S. Er gilt in der Kolmarer Liederhs. als Erfinder eines schon im ausgehenden 13. Jh. überlieferten (namenlosen) Tons; im 16. Jh. wird er v. a. als Erfinder des Hohen Tons genannt. H. Brunner

Ed. und Lit.: Verf.-Lex.² IX, 356–359 [G. KORNRUMPF] – W. SEYDEL, Meister S. [Diss. Leipzig 1892] – Rep. der Sangsprüche, V, 1991, 385–388, 393–411 – G. KORNRUMPF–B. WACHINGER, Alment (Dt. Lit. im MA. Kontakte und Perspektiven, 1979), 356–411.

Stolle, Konrad, Chronist, * 1430 Zimmern am Ettersberg, † 30. Dez. 1505, ⌑ St. Severi in →Erfurt. Nach Schulbesuch im Severistift und in Langensalza Italienreise (1458–62: Rom, Florenz, Mantua), seit 1464 Vikar an St. Severi und anderen Erfurter Kirchen. Aus der Sicht des Weltklerikers schrieb er in den 80er Jahren ein umfangreiches Gesch.swerk im mitteldt. Dialekt, das von Noah bis zur Gegenwart (1502) reicht. Den Grundstock bildeten ältere zeitgeschichtl. Aufzeichnungen, sein 1474 einsetzendes »Memoriale«. Für die ältere Zeit hat er v. a. Johannes →Rothe ausgeschrieben. Mit der Verengung auf die thür.-erfurt. Gesch. gewinnt die Chronik durch Augenzeugenberichte, Verträge, Streitschrr. und Lieder bes. kultur- und sozialgeschichtl. Quellenwert. G. Streich

Ed.: Memoriale. Thür.-erfurt. Chronik von K. S., bearb. R. THIELE, 1900 – Lit.: Verf.-Lex.² IX, 359–362 – H. PATZE, Landesgesch.sschreibung in Thüringen, JGMODtl 16/17, 1968, 107f. [auch PATZE–SCHLESINGER I, 7f.].

Stolp, Burg und Stadt in →Pommern. Die slav. Burg S. am rechten Ufer der Stolpe war Mittelpunkt des gleichnamigen Landes, das 1227 Hzg. → Barnim I. v. Pommern unterstand, dann zum Hzm. der Samboriden (→Pommerellen), kirchl. zu →Gnesen gehörte. 1236 wird ein Kastellan erwähnt, 1269 ein Kaplan in der civitas vor der Burg. Neben der Burgstadt entstand eine dt. Siedlung (1276 Schultheiß). 1278 genehmigte Hzg. Mestwin II. den Danziger Dominikanern die Errichtung eines Kl., 1281 überwies er dem OPraem-Stift Belbuck die Petrikirche (in der Burgstadt), die Marienkapelle in der Burg und zum Bau eines Nonnenkl. die Nikolaikirche. Nach Mestwins Tod 1295 gelangten Burg und Land an die Swenzonen (schon zuvor Kastellane in S.). 1307 unterstellten sie sich den Mgf.en v. →Brandenburg, die 1310 die dt. Siedlung (links der Stolpe) zur Stadt mit →Lübischem Recht erhoben. 1317 waren Burg, Stadt und Land im Besitz des Greifenhzg.s Wartislaws IV. v. Pommern, 1329–41 waren sie an den →Dt. Orden verpfändet, gehörten aber seitdem zum Hzm. der →Greifen, kirchl. zum Bm. →Kammin. Im 14. Jh. entwickelte S., seit 1337 im Besitz des Hafens Stolpmünde, als Mitglied der →Hanse weitreichende Handelsbeziehungen. Nach der Teilung des Hzm.s Pommern-Wolgast 1372 wurde S. ztw. Residenz des als Pommern-S. bezeichneten hinterpommerschen Landesteils. Nach dem Stadtbrand v. 1476 wurde St. Marien als Stadtkirche erbaut. Die Errichtung einer hzgl. Burg innerhalb der Stadt konnten die Bürger verhindern. R. Schmidt

Lit.: W. REINHOLD, Chronik der Stadt S., 1861 – W. BARTHOLDY, O Stolpa, du bist ehrenreich, 1910 – R. BONIN, Gesch. der Stadt S., 1910 – H. HOOGEWEG, Die Stifter und Kl. der Prov. Pommern, II, 1925, 630–652.

Stör, von Thomas v. Cantimpré 7, 10 nach Plin. n. h. 9, 60 als »acipenser« und zusätzl. aus Unkenntnis seiner Identität nach unbekannter Q. (dem Liber rerum?) 7, 70 (= Vinzenz v. Beauvais 17, 95) als »sturio« = »stora« (Name der Barbaren!) beschrieben. Der (nach Albertus Magnus, animal. 24, 51 neun Fuß) lange altertüml. Grundfisch nimmt während des Laichens in Flüssen kaum Nahrung zu sich. Thomas behauptet wohl deshalb, er lebe nur von heiterer Luft durch Öffnung eines tatsächl. vorhandenen »Spritzloches« (modicum sub gutture foramen) und nehme nur bei Südwind zu. Der rüsselartig vorstülpbare kleine zahnlose (und daher von Thomas offenbar übersehene) Mund auf der Unterseite der von Albert erwähnten »langen Nase« (der Schnauze) sauge (nach Albert eine zähe Flüssigkeit (tatsächl. Würmer und Weichtiere) ein. Die zarten Eingeweide konstrastieren nach Thomas mit der großen und wegen ihrer Süße vor dem Verzehr mit der bitteren Galle zu bestreichenden Leber. Das von Albert erwähnte gelbl. Fett (pinguedo crocea) sind vielleicht die später – wie das von ihm gerühmte weiße Fleisch – als Kaviar verspeisten Eier. Er kennt auch die den runden Körper umgebenden in Längsrichtung verlaufenden Knochenschilderreihen (aber nur 3 statt 5: tres habet denticulorum in pelle pungentium, per corporis longitudinem) und wohl auch die Verknöcherung der Schuppen am Kopf aus eigener Anschauung von seiner Heimat an der Donau her. Thomas lobt den fangfrischen und in Milch noch lange lebenden, aber bei Donner leicht verwesenden Fisch als nahrhaft.

Ch. Hünemörder

Q.: Albertus Magnus – Thomas Cantimpr., Liber de nat. rerum, T. I, ed. H. BOESE, 1973 – Vinc. Bellov., Speculum nat., 1624 [Neudr. 1964].

Storax(baum) (Styrax officinalis L. / Styracaceae). Im MA war unter dem Namen *storax* nicht nur das feste, seit der Antike bekannte Harz des S.es in Gebrauch, sondern auch das flüssige des Amberbaumes (Liquidambar orientalis Mill. / Hamamelidaceae). Entsprechend wurden eine trockene, gelbe oder rötl. (*calamita*) und eine flüssige, bisweilen als schwarz bezeichnete Sorte (*sigia* u. a.) unterschieden (Constantinus Africanus, De grad., 351), welch letztere man durch Auskochen der Rinde gewann (Albertus Magnus, De veget. VI, 227); der auch anderweitig verwendete Name *t(h)imiama* (Alphita, ed. MOWAT, 179) bezieht sich hier wohl auf den Preßrückstand (»f[a]ex storacis liquid[a]e«). Med. nutzte man diese Pflanzenprodukte v. a. bei Kopf-, Haut- und Frauenkrankheiten sowie als Räuchermittel (Gart, Kap. 378). I. Müller

Lit.: MARZELL II, 1337; IV, 523 – A. TSCHIRCH, Hb. der Pharmakognosie, III, 1925, 1048–1060.

Storch (lat. ciconia, gr. géranos), von Thomas v. Cantimpré 5, 28 u. a. nach Isidor, etym. 12, 7, 16f., Solin 40, 25–27, Ambrosius, exam. 5, 16, 53–55, Plin. n. h. 10, 61–63 eingehend beschriebener Schreitvogel von angebl. grauer Färbung. Eine genauere Aufteilung der Farben Schwarz und Weiß beim Weiß. wie auch beim in einsamen Sümpfen nistenden Schwarzs. nimmt nur Albertus Magnus, animal. 23, 35, vor, Bartholomaeus Anglicus 12, 8 kennt dagegen die allmähl. rote Umfärbung der anfangs schwarzen Beine und Schnäbel der Jungen. Bei Frühjahrs- und Herbstzug sollen sich die S.e an bestimmten Orten in Asien sammeln und von den sie im Kampf gegen Greifvögel (vgl. dazu Albert) unterstützenden Krähen (cornices) übers Meer geleiten lassen. Eine dortige Überwinterung weist Albert dreifach begründet als Lüge zurück. Abweichen vom nistplatztreuen Brutverhalten galt für die benachbarten Menschen als böses Vorzeichen. Die schützende Liebe zum zahlenmäßig von der Nahrung abhängigen Nachwuchs sollte der »pia avis« (Ambros. 5, 16, 55 bei Thomas) schon nach Aristoteles (h. a. 9, 13 p. 615 b 23–25) im Alter durch Pflege vergolten werden (daher für Alexander Neckam, nat. rer. 1, 65 Beispiel für pietas). Von der Bestrafung des vom Menschen (durch Verhindern des Waschens) dem Partner (durch den Geruch, was Albert bestreitet) offenbarten mehrfachen Ehebruchs einer Störchin durch Artgenossen berichten eingehend Thomas und Alexander 1, 64 (nach gemeinsamer Quelle?). Wie beim Vogel das bloße Wasser, so tilgen nach Thomas beim Menschen die Taufe und die Träne der Reue den Geruch der Sünde. Der auch im MA geltende Schutz des S.es wurde schon in der Antike dem ihm nicht schadenden Verzehr von Schlangen (daher hilft auch nach Plin. n. h. 29, 105 bei Thomas der Magen gegen alle Gifte) zugeschrieben. Einzelheiten über Nahrungsaufnahme (u. a. Mäuse) berichtet Albert. Nach seinem Vorbild soll Galen (bei Vinzenz v. Beauvais 16, 47, aber vgl. Alexander 1, 64) das Klistier erfunden haben. Das seit Solin zur Namenserklärung (ciconia a sono que crepitant) verwandte charakterist. Schnabelklappern hat nach Thomas (und etwas anders nach Albert) einen vierfachen Auslöser. Für Hrabanus Maurus, de univ. 8, 6 (MPL III, 245), ist der S. Sinnbild für vorausschauende Menschen und böse Geister bekämpfende Diener Gottes. Ch. Hünemörder

Q.: → Albertus Magnus, → Alexander Neckam, → Ambrosius, → Bartholomaeus Anglicus, → Hrabanus Maurus, → Isidor v. Sevilla, → Solinus – Thomas Cantimpr., Lib. de nat. rerum, T. I, ed. H. BOESE, 1973 – Vinc. Bellov., Speculum nat., 1624 [Neudr. 1964] – *Lit.:* HWDA VIII, 498–507.

Stormarn bildete mit → Holstein und → Dithmarschen einen der drei norddt. Gaue → Sachsens. Die Stormarner stellten gemeinsam mit den Bewohnern Wigmodiens z. Zt. Karls d. Gr. einen Teil der *Nordleudi* oder *Nordliudi* dar, die während der Sachsenkriege Karls (→ Karl d. Gr., A. 3) diesem am längsten Widerstand leisteten. Der Name S. mag mit 'Sturm' (eventuell auf ihren Kampfgeist weisend) oder mit einem Gewässer, der Stör, zusammenhängen. Der verwandte Gauname 'Sturmi' in Niedersachsen könnte auf Einwanderung von Norden her zurückzuführen sein. Seit der otton. Zeit bildete S. einen Teil der dieses und Holstein umfassenden Gft., die seit 1111 unter den → Schaumburgern als Lehnsgf.en → Lothars (III.) und dann → Heinrichs d. Löwen stand. Obwohl die »Sturmarii« bei → Adam v. Bremen und → Helmold v. Bosau noch erwähnt werden, wurde der Gauname S. in den Urkk. mehr und mehr dem des weitaus größeren und bedeutenderen Holstein subsumiert. Vor Errichtung der Landesherrschaft in Holstein verfügten die S.er anscheinend wie die Holsten über eine Gauverfassung, die der holstein. glich: mit vier Gauvierteln, wahrscheinl. wie in Holstein unter *Boden*, und einem Gauthing unter Vorsitz eines *Overboden* (in einer Urk. Heinrichs d. Löwen v. 1148 bezeugt). Doch scheint die Funktion der alten Gauverfassung in S. eher als in Holstein verschwunden zu sein.

E. Hoffmann

Lit.: GSH IV, 1, 12f. – H. REINCKE, Frühgesch. des Gaues S. (S., der Lebensraum zw. Hamburg und Lübeck, 1938), 154 – W. LAUR, Hist. Ortsnamenlex. von Schleswig-Holstein, Gottorfer Schrr. 8, 1967, 194f. – E. HOFFMANN, Beitr. zum Problem des »Volksadels« in Nordelbingen und Dänemark, ZSHG 100, 1975, 39f.

Stornello, volkstüml. Dichtung, zumeist mit erot. Thematik, aus zwei oder drei Versen bestehend (der erste gewöhnl. ein Fünfsilber, die anderen Elfsilber), schriftl. Q. erst seit dem 17. Jh., bestimmt für den (Wechsel)gesang. Weitverbreitet ist die Assonanz v. a. des ersten Verses (in dem gewöhnl. ein – auch fiktiver – Blumenname angesprochen wird) und des zweiten Verses, falls es sich um kurze Dichtungen handelt. Das S. wird heute noch anläßl. des Palio-Festes in Siena in etwas erweiterter Form gesungen. Die Verbreitung des S. beschränkt sich auf Mittel- und Süditalien. Dall'Ongaros »S.i« (mit Risorgimento-Thematik) sind ihrer Form nach → Strambotti.

G. Capovilla

Lit.: A. M. CIRESE, Ragioni metriche, 1988, 35–153 – S. ORLANDO, Manuale di metrica it., 1993, 195f. – P. BELTRAMI, La metrica it., 1994².

Störtebe(c)ker, Klaus → Vitalienbrüder

Stoß, Veit, Bildhauer, Maler und Kupferstecher, * um 1440/50, wahrscheinl. in Nürnberg (?), möglicherweise aber auch im Schwäbischen, † 1533 in Nürnberg. Herkunft nicht gesichert. – Einer der Hauptmeister der süddt. Spätgotik, siedelte er 1477 nach Krakau über. Dort schuf er in der Marienkirche das größte und gewaltigste Hochaltar-Retabel (13 m hoch) der dt. Bildschnitzerkunst. Obwohl es erst 1489 vollendet war, hielt sich S. zw. 1486 und

1488 nachweisl. immer wieder in Nürnberg auf. Ausmaße und Schönheit des Krakauer Werkes – von bes. Feinheit und leidenschaftl. Eleganz die Gruppe des Marientodes im Mittelschrein – brachten dem Meister dort neue Aufträge ein, v. a. Arbeiten in Stein. Seit 1496 wieder in Nürnberg, geriet er dort 1503 beim Versuch, fällige Schulden einzutreiben, mit der Obrigkeit in Konflikt. (Zu Unrecht) der Wechselfälschung für schuldig befunden, wurde er zu der entehrenden Strafe des Durchbrennens beider Wangen mit glühenden Eisen verurteilt. Zwar nach Wiederaufnahme des Verfahrens durch Ks. Maximilian I. rehabilitiert, blieb der gezeichnete Meister ein in Nürnberg von allen gemiedener Bürger und starb, wahrscheinl. auch blind, als seel. gebrochener Mann. – Lehre und künstler. Anfänge von S. liegen im dunkeln, doch lassen stilist. Gegebenheiten auf Einflüsse oberrhein. und Nürnberger Meister schließen, v. a. aber auf Schulung durch N. →Gerhaerts. Leidenschaftl. Naturalismus der Details gepaart mit einer Art üppiger Durchwühlung der Umrisse der Figuren und Gewänder kennzeichnen S.' Schaffen und weisen es als einen der Höhepunkte spätgot. Plastik aus. Meisterhaft in der Technik des Bildschnitzens und der Arbeiten in Stein, firm in der Malerei und zugleich erfahrener Kupferstecher, übte er – v. a. in Polen und im Osten – auf seine Zeitgenossen einen erhebl. Einfluß aus. Er gilt als der größte Vertreter der sog. »barocken« Phase der späten Gotik. – *Werke:* Hochaltar-Retabel in der Marienkirche zu Krakau, 1477–89; Ölbergrelief, Krakau, Nat. Mus.; Marmorgrabmal für Kg. Kasimir Jagiełło, um 1492, Krakau, Dom; Grabmal für Ebf. Olesnitcki, um 1493, Gnesen, Dom; Grabmal für Bf. Peter v. Buina, 1494, Wloclawek, Dom; Großes Sandsteinkruzifix, Krakau, Marienkirche; Maria vom Hause des V. S. in Nürnberg, um 1499; Passionsreliefs, Nürnberg, St. Sebald; Hl. Rochus, um 1505, Florenz, SS Annunziata; Apostel Andreas, um 1505/07, Nürnberg, St. Sebald, Ostchor; Verkündigungsrelief, 1513, Langenzenn, Klosterkirche; Englischer Gruß, 1517–19, Nürnberg, St. Lorenz; Großes Kruzifix, 1520, Nürnberg, St. Sebald; Hochaltar-Retabel aus der Nürnberger Karmelitenkirche, 1520, heute Bamberg, Dom. – Werke als Maler: Flügeltafeln für das Altar-Retabel von Tilmann Riemenschneider in Münnerstadt, Pfarrkirche, 1504. – Von S.' Kupferstichen sind nur wenige überkommen. Sie stehen überwiegend im Zusammenhang mit seinem bildner. Œuvre. M. Tripps

Lit.: G. Dehio, Gesch. der dt. Kunst, 2, 1921 – A. Feulner, Dt. Plastik des 16. Jh., 1926 – W. Pinder, Dt. Plastik vom ausgehenden MA bis zum Ende der Renaissance, 1929 – E. Lutze, Kat. der V.-S.-Ausst., Nürnberg, Germ. Nat.mus., 1933 – Ders., Die Ausstrahlung des V. S. im O, 1944 – E. Buchner, V. S. als Maler, Wallraf-Richartz-Jb. 14, 1952 – F. Baumgart, Gesch. der abendländ. Plastik, 1957 – A. Stange, Dt. Malerei der Gotik, 1958 – Ausstellungskat. V. S. in Nürnberg und Umgebung, 1983 – V. S. Die Vorträge des Nürnberger Symposions, 1985 [Bibliogr., 297–345].

Stoßklinge, zumeist verstärkte mittlere Klinge kombinierter →Stangenwaffen. O. Gamber

Stoßzeug, auch Sturmbock, Widder oder Tummler genannt, gehörte zu den ma. Belagerungsmaschinen (→Antwerk) und wurde in dieser Form bereits von den Römern als Palisaden- und Mauerbrecher verwendet. Unter einem meist rollbaren Schutzdach (→Katze) befand sich ein an Ketten oder Tauen waagerecht hängender und an seinem vorderen Teil mit Eisen beschlagener Balken, der, von einer Anzahl von Männern in Pendelbewegung versetzt, als sehr wirkungsvolles Gerät zum Schlagen einer Bresche diente. E. Gabriel

Lit.: B. Rathgen, Das Geschütz im MA, 1928.

Stourbridge, engl. Marktflecken in Cambridgeshire. Das dortige Leprosenhospital St. Mary Magdalen (vermutl. in der 1. Hälfte des 12. Jh. gegr.) diente auch zur Versorgung des benachbarten →Cambridge. Die Verbindung zu dieser Stadt dokumentiert sich u. a. in einer Q. des Jahres 1279, die eine Stiftung der Bürger von 24,5 *acres* Land an das Hospital verzeichnet. Bes. Bedeutung gewann S. i. J. 1211, als Kg. Johann dem Hospital eine jährl. Messe für die Zeit von St. Bartholomaei bis Michaelis gewährte. Es ist jedoch davon auszugehen, daß S. bereits seit ags. Zeit als Warenumschlagplatz gedient hatte. Maßgebl. Anteil an der wachsenden Bedeutung der Messe hatte die sich entwickelnde Univ. in Cambridge, der, wie auch der Stadt selbst, erhebl. wirtschaftl. Privilegien erteilt wurden. Die Gerichtsbarkeit während der Messe blieb bis 1589 umstritten. Zu den wichtigsten Gütern zählten Tuche und Fisch; die Q. belegen Hansen, it. und span. Händler. S. erhielt im MA niemals Stadtrecht. B. Brodt

Q. und Lit.: VCH Cambridgeshire and the Isle of Ely, II, 1948; III, 1959 – I. Starsmore, English Fairs, 1975 – E. W. Moore, The Fairs of Medieval England, 1985.

Straboromanos, Manuel, byz. Beamter am Ks.hof, Schriftsteller, Protonobelissimos (→Nobilissimat) und Megas Hetaireiarches, * 1070, † nach 1110, wahrscheinl. Sohn des Megas Hetaireiarches Romanos S. Durch den Eintritt in die Palastgarde →Alexios' I. Komnenos bessert sich seine materielle Misere. Die Bittrede an Alexios I. (nach 1103), in der er Trost durch Lit. hervorstreicht, enthält Autobiographisches und Angaben zur →Krim. Nach Übersendung eines weiteren Logos erhielt er positive Antwort. Auf Michael Dukas († zw. 1108–18) verfaßte er ein Grabgedicht (für Michaels Schwester, Ksn. Eirene Dukaina). Neben Epigrammen (auf Alexios und den hl. →Demetrios) betrauert er den Verlust eines seiner Kinder (aus der Sicht der Mutter). Sein Sohn Nikephoros widmete ihm ein Grabgedicht. M. Grünbart

Ed.: P. Autier, Le dossier d'un haut fonctionnaire d'Alexios Ier Comnène, M. S., RevByz 23, 1965, 168–204 [aus Coislin. 136] – *Lit.:* Tusculum-Lex., 1989³, 749f. – Oxford Dict. of Byzantium, 1991, 1961f. – G. Litavrin, A propos de Tmutorokan, Byzantion 35, 1965, 221–234 – W. Bühler, Zu M. S., BZ 62, 1969, 237–242 – Hunger, Profane Lit., I, 123.

Strafe, Strafrecht
A. Kanonisches Recht – B. Spätantike und Byzanz – C. Rechte einzelner Länder – D. Islamisches Recht.

A. Kanonisches Recht

Von ihren Anfängen an hat die Kirche gegen schwerwiegendes Versagen, das ihre Ordnung störte oder die Gemeinde nach außen entehrte, mit S.n reagiert. Hauptq. für die Existenz der S. der →Exkommunikation und zugleich Ausgangspunkt für die Entwicklung einer kirchl. Strafgewalt bildet Mt 18, 15–18. Für Kleriker kam bereits im 3. Jh. die →Deposition, d. h. die Amtsentsetzung, zur Anwendung. Außer Mord, Abfall vom Glauben und Unzucht (→Sexualdelikte, kanon. Recht) stellten die Synoden des 4. und 5. Jh. auch →Wucher, →Simonie, Erhebung falscher Anklagen und den Verkehr mit Exkommunizierten unter S. Dienstvergehen von Klerikern bezogen sich auf die Verletzung von Amtspflichten, der Gehorsamspflicht sowie einer dem Klerikerstand entsprechenden Lebensführung. Die Ausübung der Strafgewalt oblag in erster Linie dem Diözesanbf. Zunehmend gewannen germ. Rechtselemente (z. B. Reinigungseid; →Gottesurteil) Einfluß auf das Gerichtswesen und das Strafrecht der Westkirche. Die Einführung der sog. Privatbeichte im 7. Jh. auf dem Festland drängte zu einer differenzierten Unterscheidung zw. Straftat und Sünde (→Schuld, II) und damit zu einer Lösung der von der frühchr. Zeit her festgehaltenen Verbindung von Exkommunikation und Buße (forum iudiciale – forum poenitentiale).

Im hohen MA gelangte das kanon. Strafrecht zu seiner vollen Ausbildung und wiss. Erörterung. Neben zahlreichen anderen S.n blieb die Exkommunikation die einschneidendste Maßnahme des kirchl. Strafrechts. Für Kleriker kam der Entzug des Amtes in mannigfach differenzierten Formen (→Degradation, Deposition, →Suspension) zur Anwendung. Das lokale →Interdikt, d.h. die Einstellung sämtl. gottesdienstl. Handlungen, entwickelte sich zu einer eigenständigen S. Die Ausbildung der Tats., die automat. mit Begehung der Tat eintritt, ermöglichte die Bestrafung von nicht bekanntgewordenen Straftaten und Straftätern. Mit der Beschränkung des Begriffs Beuges. (censura) auf die Exkommunikation, das Interdikt und die Suspension unter Innozenz III. (1198–1216) begann eine deutlichere Unterscheidung zw. Beuge- und Sühnes.n. Die Strafverfolgung war im Unterschied zur privatrechtl. Auffassung des germ. Rechts grundsätzl. eine Angelegenheit der kirchl. Autorität. Der befreite Gerichtsstand der Kleriker (→privilegium fori) fand reichsgesetzl. Anerkennung. Das unter Innozenz III. neuentwickelte Inquisitionsverfahren (→Inquisitionsprozeß) ließ das →Akkusationsprozeß in den Hintergrund treten. Für den Nachlaß der dem Apostol. Stuhl vorbehaltenen S.n (→Reservationen) entstand ein bes. päpstl. Gerichtshof, die Apostol. Pönitentiarie. Infragestellungen der kirchl. Strafgewalt, insbes. durch →Marsilius v. Padua in seinem »Defensor Pacis« (1324), John →Wyclif († 1384) und Jan →Hus († 1415), wurden vom kirchl. Lehramt als häret. abgewiesen. W. Rees

Lit.: PLÖCHL I, 1953, 88f.; II, 1955, 304ff. – FEINE, 1972⁵, 120ff., 219ff., 436ff. – W. REES, Die Strafgewalt der Kirche. Das geltende kirchl. Strafrecht – dargestellt auf der Grundlage seiner Entwicklungsgesch., 1993 [Lit.].

B. Spätantike und Byzanz

Inwieweit die Byzantiner das S.recht als abgegrenztes Rechtsgebiet aufgefaßt haben, läßt sich am ehesten am Aufbau der Gesetzesslg.en ablesen. Die Verfasser bzw. Kompilatoren des justinian. →Corpus iuris civilis hatten einschlägige Normen zusammengefaßt und jeweils gegen Ende von Institutionen (B.4), Digesten (B.47–48) und Codex (B.9) plaziert; →Ekloge (Titel 17), Eisagoge (→Epanagoge; Titel 40), →Basiliken (B.60) und →Procheiros Nomos (Titel 39) folgten diesem Beispiel. Allen diesen Slg.en ist gemeinsam, daß sie den Normen des (öffentl.) S.rechts solche des privaten Deliktsrechts – sei es auch in verschiedenem Umfang und in unterschiedlicher Anordnung – benachbarten oder untermischten. Gemeinsamer Nenner war die ποινή, d.h. die S. bzw. Buße, unter die auch der Schadensersatz subsumiert wurde. Dem Katalog der Straftatbestände, der in spätantiker Zeit vornehmlich um Religionsvergehen ergänzt worden war, fügte die Ekloge wohl unter kirchl. Einfluß zahlreiche Sexualdelikte hinzu, die sie darüber hinaus erstmals als eigene Kategorie konzipierte. Ansonsten wurde die röm.-justinian. Dogmatik des S.rechts weitgehend beibehalten. Ähnliches gilt auf der normativen Ebene auch für den Strafprozeß, der in spätantiker Zeit terminologisch nicht konsequent vom Zivilprozeß unterschieden wurde. Hier blieb es beim Akkusationsprinzip, wobei je nach Delikt nur der Verletzte oder Geschädigte selbst, seine Verwandten oder jedermann anklageberechtigt war; die Anklage mußte bei Gericht registriert werden. Anders als im Zivilprozeß war die Vertretung stark eingeschränkt; Zeugen mußten persönlich erscheinen; die peinl. Befragung spielte eine größere Rolle; die maximale Prozeßdauer sollte nur zwei statt drei Jahre betragen; dem erfolglosen Ankläger drohte dieselbe S., die den Angeklagten im Fall seiner Verurteilung getroffen hätte. In der Praxis des ohnehin »außerordentl.« Strafverfahrens dürfte es gerade in Fällen von öffentl. Interesse weiten Spielraum für die richterl. Untersuchung gegeben haben. Die Regeln für Zuständigkeit und Instanzenzug waren – soweit überhaupt vorhanden – vermutlich wenig wirksam. – Die S.n reichten von der an den Geschädigten oder an den Fiskus zu zahlenden Geldbuße über leichte und schwere Körperstrafen (Züchtigung, Schur, Verstümmelung) und Verbannung bis zu verschiedenen Formen der Todesstrafe. Einsperrung war vom Gesetz nur als (militär.) Arrest oder als Untersuchungshaft vorgesehen; die Internierung in einem Kl. ist als Form der Relegation zu betrachten. Konfiskation und Infamie traten meist in Begleitung anderer S.n auf. In vielen Fällen sah das Gesetz eine Differenzierung von Strafart und -maß nach der sozialen Stellung des Täters vor. Im übrigen blieb die Strafzumessung häufig mehr oder weniger explizit den Jurisdiktionsbeamten überlassen; ein kohärentes Strafsystem, das sich durch eine Vorliebe für (keineswegs neue, geschweige denn »oriental.«) die Tat spiegelnde Verstümmelungss.n auszeichnet, ist lediglich in der Ekloge ausgebildet; es konkurriert in den späteren Rechtsslg.en mit den justinian. Strafvorschriften. Über die tatsächl. Strafpraxis fehlen verallgemeinerungsfähige Nachrichten.

L. Burgmann

Lit.: K. E. ZACHARIÄ V. LINGENTHAL, Gesch. des griech.-röm. Rechts, 1892³, 325–349, 406–408 – TH. MOMMSEN, Röm. S.recht, 1899 – B. SINOGOWITZ, Stud. zum S.recht der Ekloge, 1956 – S. TROIANOS, Ὁ »Ποινάλιος« τοῦ Ἐκλογαδίου, 1980 – D. SIMON, Die Melete des Eusthatios Rhomaios über die Befugnis der Witwe zur Mordanklage, ZRG-RomAbt 104, 1987, 559–595.

C. Rechte einzelner Länder

I. Deutsches Recht – II. Italien – III. Iberische Halbinsel – IV. Skandinavien – V. England – VI. Rus' – VII. Serbien.

I. DEUTSCHES RECHT: Das Wort 'S.' findet sich erst ab 1200 für ein Phänomen, das zuvor noch als »rächen« oder »körperl. züchtigen« oder »beaufsichtigen« bezeichnet worden war. Das entscheidend Neue wurde offenbar in der nüchternen, affektionslosen und im voraus schriftl. fixierten und institutionalisierten Schadenszufügung gesehen (v. SEE, 1979). – Zeitl. früher (vgl. WEITZEL) hatte es eine gewalttätige kgl. Praxis gegeben, die sich selbst noch primär als Rachehandlung (→Rache) verstanden hatte; und deshalb auf Taten reagierte, die als Verletzungen der Position des Kg.s (seiner als leibl. aufgefaßten Herrschaftssphäre) aufzufassen waren: polit. Verrat, Untreue der Amtsträger, Unterlassen des amtl. Einschreitens, tätl. Angriff (auch durch Zauberei), Beleidigung. Daneben hatte der christl. Kg. seine Sanktionen gegen Taten gerichtet, die vom Dekalog des AT als »Todsünde« bewertet wurden: →Diebstahl und →Raub, Inzest, Eheschließung zw. Freien und Sklaven, Frauenraub, Grabfrevel, →Totschlag; und selbstverständl. Abfall vom christl. Glauben oder heidn. Zauberpraktiken. Der Täter wurde als Feind des Kg.s (bzw. Gottes) betrachtet und in einem Verfahren – das vom spätantiken röm. Vorbild her auch Festnahme, Untersuchung, Folterung kannte – durch Urteil der Gerichtsverhandlung (unter Vorsitz des Kg.s oder eines Stellvertreters, des Gf.en) sanktioniert. Freilich fehlte dem Kg. (v. a. der Merowingerzeit) der institutionelle Unterbau eines »Staates«. Die Gliederung in →Sippen oder in an den entstehenden Adelshöfen durch Eid verbundene Mannschaften war noch zu stark, weshalb v. a. bezügl. des

Totschlags die herkömml. Rache (→»Fehde« = Feindschaft) nur schwer in den Hintergrund zu drängen war. Dort, wo die Kg.e durch die Aufzeichnung der »Volksrechte« mit ihren genauen Bußkatalogen versuchten, diese unmittelbare Gewalt zurückzudrängen zugunsten eines (wenn möglich durch sie bzw. den Gf.en geleiteten) Bußverfahrens, war ein zusätzl. kgl. Racheverfahren nicht möglich, da mit Zahlung der ausgehandelten oder bestimmten →Buße der Konflikt bereinigt war. Nur dort, wo die Angehörigen den Täter im Stich ließen oder wo der Herr für den Sklaven nicht haften wollte, kam es zu Gewalthandlungen (Tötung, Verstümmelung, Prügel), zumindest unter Mitbeteiligung des Gf.en (NEHLSEN). Auch die überkommene Tötung eines auf handhafter Tat ertappten Missetäters schloß kgl. Einschreiten aus, sofern die ritualisierten Regeln eingehalten waren. – Nur hingewiesen soll werden auf die seit jeher gegebenen vielfältigen Möglichkeiten einer kirchl. Bestrafung in durchaus handfester Gestalt (Einsperrung, Prügelung, sogar Skalpierung und Entmannung). Durch den Einsatz der Exkommunikation kam der Kirche – die nach röm. Recht lebte, häufig auf einer spätröm. Organisation aufbauen konnte und zunehmend zentral von Rom aus gelenkt wurde – durch lange Zeit hindurch eine höhere Effektivität zu als dem Kg. Insgesamt kann der Einfluß des kirchl.-klerikalen Denkens (gipfelnd in der Ausarbeitung des kanon. Rechts, in das zahlreiche Bestimmungen des röm. Rechts eingingen) auf das welt. Recht(sdenken) gar nicht überschätzt werden. – Auf die Frage, was denn nun Neues um 1200 eingetreten war, ist ein Hinweis auf den hist. Zusammenhang zur sog. Friedensbewegung (→Gottes- und →Landfrieden) naheliegend. Freilich war auch schon zuvor vom christl. Kg. erwartet worden, daß er für Frieden auf Erden zu sorgen habe. Deshalb hatte es schon im Merowingerreich Versuche einer amtl. Verfolgung und Hinrichtung von Friedensbrechern (v.a. gewalttätigen Räubern) gegeben; wobei sicherl. spätröm. Vorstellungen eine Rolle gespielt hatten (NEHLSEN). Doch war diesen Versuchen nicht allzu viel Erfolg beschieden. So entstand der Gedanke der Gottesfrieden, erstmals an Konzil v. Charroux 989, bei dem Bf.e (in ihrer Funktion als Gerichtsherren) und Adlige sich eidl. verpflichteten, sowohl selbst Frieden zu halten als auch Friedensbrecher mit gemeinsamer Kraft zu überwinden. Als Sanktion sahen die Gottesfrieden zunächst die kirchl. →Exkommunikation vor: als Zwangsmittel, um den Betroffenen zur Wiederherstellung der Friedensordnung zu bringen. Zugleich bot sich an, diese Ausstoßung aus der Kirche mit der Verteibung auch aus der welt. Friedensgemeinschaft zu verbinden, wie der Kölner Gottesfrieden v. 1083 ausdrückl. festsetzte; ein Unfreier sollte dafür enthauptet oder zumindest körperl. durch Verstümmelung oder Brandmarkung gezeichnet werden. Spätere Gottesfrieden und daran anschließend die Landfrieden dehnten die Körper- und Lebensstrafen auf Freie aus: um auf diese Weise den Ausschluß aus der Friedensgemeinschaft offenbar zu machen (WILLOWEIT). Dabei darf der Einfluß der Städte nicht übersehen werden. Die Stadt verstand sich als Friedensbezirk für Menschen, die als Fremde (und daher ohne Einbindung in eine Sippe oder Mannschaft) miteinander auszukommen hatten, weshalb die Bürger ihre Waffen (und damit auch die Möglichkeit zu gewalttätigen Auseinandersetzungen) an den Magistrat abgeben mußten, der bald in die Stellung einer Obrigkeit rückte. Der Rat der neuen Städte entwickelte in dieser Funktion neue, schnellere, effektivere Methoden der Bekämpfung der gefährl. Kriminalität (v.a. der Straßenräuber), bis hin zu reinen Polizeimaßnahmen. Jedenfalls war das spezif. Neue die Betonung der alle Untertanen umfassenden, »objektiven« Friedensordnung (zuletzt und zutiefst: die Ordnung der von Gott gewollten und verwirklichten Schöpfung) und ihrer Verletzung durch Friedensbruch. Die kgl. Rachehandlungen wurden auf diese Ordnungsfunktion bezogen und dadurch objektiviert. Der innere Mechanismus der Rache blieb aber bewahrt: wer den Frieden brach, dem wurde auch der Friede genommen. Es war von daher leicht möglich, den atl. Vergeltungsgedanken zu übernehmen, was v.a. für Totschlag die Konsequenz des Todess. nach sich ziehen mußte. So entstand allmähl. das blutige Strafrecht des MA, verbunden mit der Institution des berufsmäßigen →Scharfrichters. Doch ist anzumerken, daß das faszinierende »Theater« der Hinrichtungen erst der NZ angehörte. Noch stand nicht im Vordergrund die Abschreckung durch eine beeindruckende Strafpraxis, sondern die Aufhebung des Ordnungsbruches – der unter dem Einfluß des kanon. Rechts auch schuldhaft sein mußte – durch Sühne (vor den Menschen, aber v.a. vor Gott). Oft reichte es aus, wenn der Missetäter sich bestimmten beschämenden und erniedrigenden Zeremonien in der Öffentlichkeit unterwarf (»Ehrens.n«). Die Unters. des Aktenmaterials zeigt, daß die angedrohten blutigen S.n meist nur gegen Ortsfremde auch wirkl. verhängt wurden, sofern diese nicht einfach (auch aus Kostengründen) nach Züchtigung und Brandmarkung des Landes (oder der Stadt) verwiesen wurden (GUDIAN). Zudem gab es im MA in vielen Fällen allg. die Möglichkeit, eine Leibess. mit einer Geldzahlung abzulösen; von dem großzügig gehandhabten Gnadenrecht ganz abgesehen. – Jedenfalls ist die (auch sprachl.) Veränderung um 1200 und damit der Unterschied zum alten germ. Rechts- und Sanktionsverständnis eindeutig (zum Problem des Missetäters als *wargus*: →Werwolf). Deshalb soll kurz auf den Zustand vor der Herausbildung des germ. Kgtm.s hingewiesen werden. Unstrittig standen damals mangels einer zentralen Macht die Sippenkriege im Mittelpunkt: als Mittel der Herstellung der durch Konflikte gestörten Ordnung zw. den einzelnen Sippen. Für Verletzungen der Ordnung innerhalb der einzelnen Sippe und der Gesamtordnung aller Sippen (etwa im Bereich der religiösen Überzeugungen [Tabus]) fiel freilich diese Möglichkeit aus. Es kam hier – neben der Gewalt des Ältesten über die Sippenmitglieder – zu Gemeinschaftsaktionen, von denen bereits Tacitus berichtete. Manche Theoretiker (in Nachfolge des v. AMIRA) wollen darin ein Opferung des Missetäters an die beleidigte Gottheit sehen: doch kannten die Germanen noch keine Götter, die – wie der jüd.-christl. Gott – sittl. an der Einhaltung der Ordnung interessiert gedacht waren; zudem war ein Missetäter kein geeignetes (makelloses) Opfer. Überzeugender ist die Theorie, wonach ein solcher Täter aus dem Bereich des Menschlichen herausfiel: seine Tat war eine nicht nachvollziehbare (und daher nicht begehbare) Un-Tat, die ihn von selbst ausschloß aus dem menschl. Kosmos; HASENFRATZ spricht von dem »akosm. Toten«, den die Anderen aus der Kommunikation der Lebenden ausschlossen, vertrieben, steinigten, im Sumpf versenkten, seinen Leib dem Wind oder der Sonne oder dem Wasser übergaben und ihn dadurch auflösten und so vernichteten, wodurch auch seine Gefährlichkeit als Wiedergänger beseitigt wurde. Die Theorie von REHFELDT sieht in diesen Aktionen Reinigungs-, Wiedergutmachungs- oder Abwehrzauber gegen dämon. Kräfte. Am überzeugendsten scheint aber die Auffassung zu sein, die diese Vernichtung des Un-Menschen als Zuordnung des Betroffenen zu der Sphäre versteht, in die er eigtl.

gehörte. So hing man den Dieb an den →Galgen, damit ihn Wotan – der Gott der Diebe und des Windes, der selbst am Galgen aufgehängt war – als Führer der wilden Jagd (also des Heeres der Toten) in stürm. Nächten zu sich nehmen konnte: nicht als Sühneopfer, sondern als sein Eigen. Der Unterschied zur Zeit nach 1200 ist jedenfalls fundamental, was freilich nicht ausschloß, daß die überkommenen Formen der Behandlung des Missetäters – also das Hängen, Rädern, Ertränken, Lebendigbegraben, Zerstückeln, Enthaupten usw. – weiter übernommen und unter Aufnahme spätröm. Vorstellungen ausgebaut wurden.

W. Schild

Lit.: R. His, Das Strafrecht des dt. MA I, II, 1920, 1935 – K. v. Amira, Die germ. Todess.n, 1922 – B. Rehfeldt, Todess.n und Bekehrungsgesch., 1942 – V. Achter, Geburt der S., 1951 – G. Gudian, Geldstrafrecht und peinl. Strafrecht im späten MA (Rechtsgesch. als Kulturgesch. [Fschr. A. Erler, 1976]), 273–288 – K. v. See, S. im An., ZDA 108, 1979, 283–298 – H.-P. Hasenfratz, Die toten Lebenden, 1982 – H. Hattenhauer, Über Buße und S. im MA, ZRGGermAbt 100, 1983, 53–74 – H. Nehlsen, Entstehung des öffentl. Strafrechts bei den germ. Stämmen (Gerichtslaubenvorträge, hg. K. Kroeschell [Fschr. H. Thieme, 1983]), 3–16 – W. Schild, Alte Gerichtsbarkeit, 1985² – D. Willoweit, Die Sanktionen für Friedensbruch im Kölner Gottesfrieden v. 1083 (Recht und Kriminalität. [Fschr. F. W. Krause, 1991]), 37–52 – H. Holzhauer, Zum Strafgedanken im frühen MA (Überlieferung, Bewahrung und Gestaltung in der rechtsgeschichtl. Forsch. [Fschr. E. Kaufmann, 1993]), 179–192 – J. Weitzel, S. und Strafverfahren in der Merowingerzeit, ZRGGermAbt 111, 1994, 66–147.

II. Italien: Mit dem Zusammenbruch der kaiserzeitl. öffentl. Institutionen in den von den germ. Völkern eroberten Gebieten Italiens verschwand auch allmählich das röm. Strafrecht, und es setzten sich die Rechtsvorstellungen der germ. Völker durch, v. a. was die Klassifikationskriterien der strafbaren Handlungen und die S.n selbst betraf, die in die ostgot. Edikte, das →Edictum Rothari und später in die karol. →Kapitularien aufgenommen wurden.

In den langob. Gesetzen sind die für die Barbarenrechte typ. archaischen Elemente vertreten: eine streng objektive Wertung der kriminellen Handlung (eine Handlung ist nur dann ungesetzlich, wenn sie einen materiellen äußerl. Schaden verursacht, unabhängig von der subjektiven Absicht); Auffassung des Delikts als Friedensbruch und Ursache für Feindschaft zw. dem Familienverband des Geschädigten bzw. Getöteten und des Täters (faida →Blutrache); S. bzw. Buße als Schadenersatz, der die älteren Formen der Privatrache ablöst. Vorherrschend ist dabei die Kernidee aller germ. Volksrechte, daß für den Körper jedes Individuums ein in Geld zu definierender Wert festgesetzt werden könne. Dieses »pretium hominis« (→Wergeld) variiert je nach dem sozialen Status und dem Grad der Zugehörigkeit zu der militär. Organisation der Gemeinschaft. Deshalb kann jede Verletzung oder Schädigung eines Freien oder seines Besitzes durch Wergeld gebüßt werden. Die Staatsmacht, die nunmehr die Strafgewalt für sich beansprucht und damit die unkontrollierte Praxis der faida zw. den →fara unterbindet, legt dafür ein »Tarifsystem« fest. Bereits im Ed. Rothari sind Fälle vorgesehen, in denen das Bußgeld ganz oder teilweise an den Fiskus zu zahlen ist: so etwa bei öffentl. Straftaten (tätl. Angriff auf den Herrscher, polit. und militär. Verbrechen). Es zeigen sich auch der Einfluß des Christentums (→Bußbücher) sowie der fortschreitende Einfluß des röm. Rechts, so daß der langob. Gesetzgeber das subjektive Element einer Straftat (begangen »asto animo, malitiose, fraudolenter, se sciens«) hervorhebt. Es wird daher Gewicht gelegt auf die abstrakten Begriffe »böse Absicht«, »Schuld«, »erschwerender und mildernder Umstand«, »Zufall«, »Notfall«, »Notwehr«; Roth. 139–141 wird der Begriff des Versuchs einer Straftat behandelt. Die gebräuchl. S.n umfaßten neben der compositio (Bußgeld) die Todess. (für einige wenige Fälle mit öffentl. Relevanz vorgesehen und bisweilen durch eine Geldzahlung ablösbar), Leibess.n (Abhacken der Hand, Schur, Auspeitschung, Brandmarkung, auch diese nicht häufig angewendet), Konfiskation des Vermögens eines zum Tode Verurteilten, Versklavung des Schuldigen und Überstellung an das Tatopfer. Die – der Mentalität der Germanenvölker so gut wie fremde – Gefängniss. begegnet seit →Liutprand. Die karol. Kapitularien verbreiten in Italien die folgenden S.n frk. Ursprungs: bannum (→Bann; Königsbann, Buße bei der Verletzung eines Befehls des Kg.s), fredus (1/3 der compositio, die dem Staat für seine Friedensvermittlung und Schlichtung gezahlt werden mußte), Exil, als Alternative zum Bann oder bei →Kontumaz des Angeklagten in Mordfällen. Während der Blüte des Lehnswesens gingen diese S.n teilweise in degenerierter Form in die Consuetudines der einzelnen Terrae ein: sie wurden häufig nach der Willkür der lokalen Grundherren angewendet, auf die die hohe Gerichtsbarkeit (bannum sanguinis) überging, die Karl d. Gr. der polit. Zentralmacht vorbehalten hatte. In der Spätphase des Feudalismus wurde in den →Statuten der freien Kommunen ein Strafrecht schriftl. festgelegt, das vom röm. Recht in seiner »vulgärröm.« Ausformung geprägt war und innovativ röm. Rechtsgrundsätze und germ. Normen verschmolzen hat. In den ma. Strafrechtsstatuten hat sich daher ein beachtl. Erbe langob.-frk. Kasuistik und simplizist. Mechanismen der Wertung einer strafbaren Handlung erhalten. Es herrscht dabei die Auffassung vor, daß die S. als Mittel zum Schutz des Gemeinwohls eingesetzt werde und völlig der Verfügungsgewalt der geschädigten Privatperson entzogen sei. Bestimmend für die Konzeption der S. als Sanktion für die Verletzung eines Gesetzes des Staates – auch in moral. Hinsicht deutlich unterschieden von der finanziellen Schadenersatzleistung – und maßgebend für die Definition der für eine strafbare Handlung konstitutiven Elemente waren einerseits die Lehrsätze der noch jungen Kanonistik, andererseits die Wiedergeburt des Röm. Rechts und der Rechtskultur, die im 13.–15. Jh. in den Traktaten eines →Albertus de Gandino, →Jacobus de Belvisio, Bonifacio da Vitalini, Angelo Gambiglioni sowie den Komm.en großer Rechtslehrer wie →Bartolus und →Baldus ihren vollendetsten Ausdruck fanden. Aus dem Prinzip der Öffentlichkeit der S. entwickelte sich so logischerweise die Vorstellung von ihrer exemplar. und abschreckenden Funktion: die Strafandrohung wurde nun als Prävention angesehen, welche der öffentl. Gewalt oblag. Gleichzeitig entwickelte sich auch das traditionelle kanonist. Konzept der erzieher. Funktion der öffentl. S., das jedoch für die Verbrechensbekämpfung eine geringere Rolle spielte, da den Gefängniss.n weiterhin nur sekundäre Bedeutung zukam. Im 16. Jh. (Tib. Deciani, Giulio Claro, Prospero Farinaccio) findet der Stoffkomplex von Verbrechen und S. eine systemat. wiss. Darstellung, gestützt auf die Praxis der zentralen Gerichtshöfe der Territorialfsm.er. Die dabei geschaffenen dogmat. Kategorien sind in die nz. Strafgesetzbücher eingegangen.

A. Cavanna

Lit.: Enc. del diritto penale it., I, II, 1906 [P. Del Giudice; C. Calisse] – Enc. del diritto, XXXII, 1982, 751ff. [G. Diurni] – J. Kohler, Das Strafrecht der it. Statuten vom 12.–16. Jh., 1897 – G. Dahm, Das Strafrecht Italiens im ausgehenden MA, 1931 – A. Padoa Schioppa, Delitto e pace privata nel pensiero dei giuristi bolognesi, SG 20, 1976, 270ff. – A. Cavanna, La civiltà giuridica longobarda (I Longobardi e la Lombardia, 1978), 26ff. – G. P. Massetto, I reati nell' opera di Giulio

Claro, SDHI, 1979, 322ff. – G. Vismara, Rinvio a fonti di diritto penale ostrogoto nelle »Variae« di Cassiodoro (Scritti, I, 1987) – J. M. Carbasse, Introd. hist. au droit pénal, 1990, 205ff.

III. Iberische Halbinsel: S. wurde von der polit. Gewalt direkt oder indirekt verhängt, je nachdem ob diese die Vollstreckung ihren eigenen Machtorganen vorbehielt oder dem Opfer des Verbrechens bzw. seinen Familienangehörigen übertrug. Letzteres traf v. a. im HochMA zu, als der eigtl. Zweck des S.rechts die Wiederherstellung des durch das Verbrechen gestörten sozialen Friedens war, anders als im SpätMA, als der Kg. v. a. durch das Mittel der Abschreckung verhindern wollte, daß neue verbrecher. Handlungen begangen wurden.

Das handelnde Subjekt des Verbrechens und das passive der S. war der Mensch, obwohl im HochMA auch einige Tiere in diese Definition einbezogen wurden, v. a. wenn es sich um →Mord oder sexuellen Verkehr mit Tieren handelte. In dieser Zeit hatte sich das Prinzip der personenbezogenen S. noch nicht voll durchgesetzt, so daß – wenn auch nur ersatzweise – die Angehörigen des Täters zur Verantwortung gezogen werden konnten oder die Bewohner des Ortes, an dem das Verbrechen begangen worden war, wenn der Verbrecher selbst unbekannt blieb. Eine Beteiligung des Opfers oder seiner Angehörigen bei der Vollstreckung der S. setzte voraus, den Straftäter zuvor zum »Feind« zu erklären. Lag ein Fall von Verrat oder arglistiger Täuschung vor, so konnte öffentl. Vergeltung geübt werden, da der Täter als »Feind« der »ganzen Stadtgemeinde« galt. Nun war es auch möglich, die Vollstreckung der vom Kg. verhängten S. gleichwohl Privatpersonen zu übertragen. Der soziale Stand des Verurteilten hatte dabei großen Einfluß auf die Härte der S. und die Art und Weise ihres Vollzugs.

Es gab peinl. S.n an Hals und Hand und Freiheitss.n; solche, die das Vermögen betrafen oder die schimpfl. waren. Zu den peinl. S.n zählten: Hinrichtung, Verstümmelung, Körperverletzungen und Auspeitschung. Es gab verschiedene Arten von Todess.n: Verhungernlassen, Lebendigbegraben, Vergiften, Herabstürzen, Ersticken, Enthaupten, Verbrennen, Steinigen, Erwürgen oder Pfählen. Die hauptsächlichsten Verstümmelungss.n waren: Kastration, Blendung, Abhauen der Hände, Füße, Finger, Nase und Ohren oder Ausreißen der Zunge. Unter den Vermögenss.n konnten im HochMA Kompositionss.n inbegriffen sein, später waren Besitzkonfiskationen und Gelds.n allg. üblich. Im HochMA wurden immer öfter schimpfl. S.n verhängt, dazu gehörten jetzt auch S.n an Haut und Haar. Ebenso fand der Rechtsgrundsatz des →Talion Anwendung. Die →Folter wurde nicht als S. betrachtet, sondern als gerichtl. Beweismittel.

J. Lalinde Abadía

Lit.: E. Correia, Estudo sobre a evolução histórica das penas no direito português, Boletim da Faculdade de Direito 53, 1977, 51–150 – J. Lalinde Abadía, La pena en la Península Ibérica hasta el siglo XVII, RecJean Bodin 56, 1991, 173–203.

IV. Skandinavien: [1] *Allgemeine Grundlagen:* Da die skand. Gesellschaften von der Wikingerzeit bis in die Zeit der →Landschaftsrechte nicht von zentralen, universell wirksamen obrigkeitl. Gewalten geprägt waren und, im ma. Sinne, eine öffentl. Rechtspflege regional bis in die Zeit um 1200 nur schwach ausgeprägt war, kann von S. als der Reaktion einer rechtlich legitimierten gesellschaftl.-staatl. Autorität auf den Bruch anerkannter Rechtsnormen nicht gesprochen werden. Rechtsbrüche werden vielmehr als Kränkung und Schädigung des persönl. →Friedens und persönl. Rechtsansprüche gewertet. Demgemäß konnte ein Ausgleich nur durch eine unmittelbare Konfrontation (zumeist unter Einschaltung des Dings) zw. dem Geschädigten und dem Schädiger erfolgen (häufig unter Einschluß des nächsten Verwandten) – in der Regel durch den →Vergleich (anord. *sætt*), der oft erst nach fehdeartigen Rachehandlungen (*hævn/hæmnd*) zustandekam.

[2] *Buße:* Der Schaden (auf Gegenstände wie auch auf Menschen bezogen) wurde allein durch die →Buße kompensiert; lediglich flagranter →Diebstahl und →Ehebruch konnten sofort durch den Geschädigten mit dem Tod geahndet werden (→Handhafte Tat). Die Buße (anord. *bót*, 'Besserung') blieb bis in die Zeit der Reichsrechte (Mitte 13.–14. Jh.) das wichtigste Instrument der skand. Rechtssysteme, um auch schwere Vergehen zu kompensieren und damit zu bestrafen. Der Strafcharakter der Buße ergibt sich erst, indem von den jeweiligen Dinggemeinden (→Ding) Bußtaxen für bestimmte Vergehen festgelegt werden und private Rachehandlungen erst dann zulässig waren, wenn die Bußzahlungen nicht erfolgten. Durchgängig ging die Buße zunächst nur an den Geschädigten bzw. dessen unmittelbare Erben. In der Periode verstärkter kgl. Rechtspflege ergab sich, v. a. in Schweden und Dänemark, eine Dreiteilung der Buße (jeweils Anteile des Klägers, der Dinggemeinde und des Kg.s). Die Einführung der 40-Mark-Buße im Zusammenhang mit der hochma. kgl. →Eidschwurgesetzgebung bedeutete schließlich die Umformung der ehemals privatrechtlich verankerten Kompensationsbuße zu einer öffentl., allein dem Kg. zustehenden Bußstrafe. Das traditionelle Bußensystem blieb daneben bestehen.

[3] *Friedlosigkeit:* Bei bes. niederträchtigen, nicht durch Bußen zu kompensierenden Vergehen (anord. *úbotamál, niðingsverk*) mußte nach den skand. Landschaftsrechten die →Friedlosigkeit (*útlegð, utlægher*; oft mit gänzl. oder teilw. Eigentumseinziehung gekoppelt; s. a. →Acht, →Verbannung/Exil) erfolgen. Die Friedlosigkeit, die sich ursprgl. nur auf den Geltungsbereich des jeweiligen Ding-/Rechtsbereichs erstreckte und (etwa auf Island) auf drei Jahre begrenzt war (*fjǫrbaugsgarðr*), bedeutete den vollständigen Verlust des Rechtsschutzes; ein Friedloser konnte bußlos erschlagen werden, seine Verwandten hatten kein Recht auf Rache. Im Zusammenhang mit der kgl. Friedensgesetzgebung des 13. Jh. wurde die Friedlosigkeit auf das gesamte Reich ausgedehnt (schwed. *biltogha*), in der Zeit der Kalmarer Union sogar auf alle drei nord. Reiche. Es existierte allerdings die Möglichkeit, sich wieder in den Frieden 'zurückzukaufen'. In Island wurde bei qualifizierten Verbrechen zudem die schwere Acht ausgesprochen (*skóggangr*, 'Waldgang').

[4] *Todes-und Leibesstrafen:* Die Todess. spielte gegenüber Buße und Friedlosigkeit in Skandinavien eine nur geringe Rolle; öffentl. Todess.n sind in den Landschaftsrechten des 12. und 13. Jh. nicht belegt. Erst seit dem 13. Jh. und in den Stadtrechten erscheinen Todess.n in den Rechtstexten etwas häufiger, im Zeichen einer Verdrängung der früheren »Selbstjustiz« durch kgl. Rechtspflege. In der Regel konnten nur flagrante Taten mit dem Tode bestraft werden, zunächst vom Geschädigten selbst, dann zunehmend vom örtl. Amtsträger des Kg.s nach ergangenem Urteil des Dinggerichts. Praktiziert wurden das Erhängen (Diebstahl, Diebinnen wurden lebendig begraben), Halsabschlagen (Raub, Landesverrat, Bruch des Kirchenbanns), Rädern (eine spät eingeführte S., v. a. bei Kirchenraub, Mord/Meuchelmord, Mordbrand); Steinigung (Diebstahl, Ehebruch der Frau), Verbrennen (spät und selten bei Zauberei, Giftmord, Brandstiftung). Todess.n begegnen insgesamt häufiger in Dänemark und

Schweden als in Norwegen und Island. Freiheitss.n sind in Skandinavien in hochma. Zeit kaum belegt, allenfalls in den Städten als Schuldhaft.

Leibess.n (Prügels.n, Verstümmelungen) wurden ursprüngl. wohl nur bei Unfreien angewendet, in den Landschaftsrechten treten sie häufig als Ersatzstrafen auf, wenn Bußen nicht gezahlt werden konnten. Generell wurden sie bei geringeren Vergehen angewendet (bei Diebstahl bis zu einem bestimmten Geldwert), oft auch als S. für Frauen. Verstümmelungen (Zunge, Ohren, Nase, Hand und Fuß bei geringem Diebstahl, Verleumdung/übler Nachrede, Ehebruch und dgl.) weisen häufig auf spiegelnde S.n und Talions.n hin. In Norwegen ist bei Diebstahl das Gassenlaufen, oft zusammen mit Teeren und Federn, belegt. Nach Ausweis v. a. schwed. Urteilsbücher scheinen gerade Verstümmelungen recht selten in der Praxis vorgekommen zu sein. In den dän. Landschaftsrechten sind Leibess.n nur in wenigen Fällen belegt. Eine häufigere Anwendung ist im städt. Bereich zu beobachten sowie im SpätMA. H. Ehrhardt

Lit.: KL III, s.v. Dødstraff; IX, Kroppstraff; XVII, Straff; XXI, Straff/Norge – K. v. AMIRA, Die germ. Todess.n, 1922 – R. HEMMER, Studier rörande straffutmätningen i medeltida svensk rätt, 1928 – T. WENNSTRÖM, Tjuvnad og fornämi, 1936 – J. SKEIE, Den norske strafferett, I, 1937 – K. HELLE, Norge blir en stat 1130–1319, 1974.

V. ENGLAND: Im ags. Recht gab es ein kompliziertes System von S.n, wobei nach Art und Schwere der Tat, dem Stand von Täter und Opfer, den Umständen der Verhaftung des Verdächtigen sowie der Stellung des Schutzherrn unterschieden wurde. Schwerverbrechen wurden durch die Todess. gesühnt, die durch Enthaupten, Hängen (an der Küste auch durch Ertränken oder Herabstürzen) sowie Steinigen oder Verbrennen vollzogen wurde. Verstümmelung konnte an ihren Platz treten. Eine Ablösung durch Geldbußen war möglich. Hier ist zw. dem →Wergeld für die Sippe des Erschlagenen, der Mannbuße an dessen persönl. Schutzherrn, dem Gerichtsherrn zukommenden *wite* und der dem Schutzherrn des Tatorts zustehenden Buße zu unterscheiden, für die sich feste Tarife herausbildeten. Zahlungsunfähige konnten verknechtet werden. Unfreie wurden auch mit Prügeln und Brandmarkung bestraft. Vergewaltiger wurden entmannt oder geblendet. Die Vollstreckung der S. konnte dem Geschädigten oder (wie bei der Blutrache) der Sippe obliegen. Unter Wilhelm I. wurde die Todess. durch Verstümmelung ersetzt, kgl. Richter unter Heinrich I. griffen jedoch wieder auf Hinrichtung durch Erhängen zurück. Im späten 12. und frühen 13. Jh. war außer dem Erhängen auch die Verstümmelung (Amputation von Hand und Fuß, Blendung und Kastration) als S. für →*felony* üblich, die S. am Galgen wurde jedoch allg. gebräuchlich. Außerdem fiel das Lehen des Verurteilten für Jahr und Tag an die Krone, danach an den Lehnsherrn. Die →Fahrhabe wurde eingezogen. Verdächtige, die im Kirchenasyl ein Geständnis ablegten, gingen ins Exil und verloren ihren Besitz. Schwerer wurde Verrat, z. B. Ermordung des Ehemanns durch seine Frau, des Meisters durch den Lehrling, bestraft: Frauen wurden verbrannt, Männer zum Richtplatz geschleift. Hochverrat wurde neben Rückfall des Lehens an die Krone durch Kombination verschiedener Hinrichtungsarten gebüßt (Schleifen zum Richtplatz, Hängen, Kastration, Köpfen, Vierteilen). Geringere Vergehen wurden mit der seit Mitte des 13. Jh. üblichen →*Trespass*-Klage als Bruch des Kg.sfriedens mit Inhaftierung, Geldbuße und Schadensersatz geahndet, kleinere Diebstähle (Wert bis 12 Pfennige) mit kurzen Hafts.n oder Schandpfahl sowie mit Züchtigung oder dem Verlust eines Ohres. Betrügerische Handwerker zahlten eine Geldbuße, verloren Arbeitserlaubnis oder Bürgerrecht, Bäcker wurden auf einem Schlitten (*hurdle*) durch die Straßen gezogen. J. Röhrkasten

Lit.: F. POLLOCK – F. W. MAITLAND, Hist. of English Law, 1898², II, 458–462, 495–498, 513–519 – W. HOLDSWORTH, Hist. of Engl. Law, 1903–66, II, 150f.; III, 69–71; XI, 557f.

VI. RUS': Altruss. »Strafrecht« findet sich v. a. in der →Russkaja Pravda, die überwiegend – in ihrer älteren »kurzen« Redaktion sogar fast ausschließlich – Unrechtstaten und deren Ahndung behandelt. Trotz des Nebeneinanders ungleichzeitiger Normen und mancher Unklarheiten im einzelnen läßt sich eine Entwicklung von der (Blut-)Rache über die dem Opfer bzw. seiner Familie zu leistende Entschädigung zur obrigkeitl. Sanktion und an den Fürsten zu leistenden S. erkennen. Totschlag, Körperverletzung, Raub und Diebstahl stehen im Mittelpunkt. Die Regelungen bezüglich der Tatqualifikationen sowie zum Verfahren sind teilweise sehr detailliert, bieten aber trotz oder gerade wegen ihrer Konkretheit häufig Interpretationsprobleme. Im Prozeß spielten auch →Ordalien eine Rolle; bei →Diebstahl war ein aufwendiges Ermittlungsverfahren vorgesehen. Die Androhung von Körpers.n tritt in russ. Rechtssammlungen erst spät auf. Ob und inwieweit das byz. S.recht, das in der Rus' durch häufig abgeschriebene slav. Übersetzungen von →Ekloge und →Procheiros Nomos sowie durch den Zakon sudnyj ljudem weit verbreitet war, mehr als eine symbol.-pädagog. Wirksamkeit entfaltete, ist unsicher. L. Burgmann

Lit.: D. H. KAISER, The Growth of the Law in Medieval Russia, 1980 – →Recht, B. I.

VII. SERBIEN: Von den rund 200 Kapiteln des Gesetzbuchs von →Stefan Dušan enthalten mehr als ein Drittel (auch) Strafbestimmungen. Ein großer Teil folgt dabei dem einfachen Muster: »Wenn jemand die Tat x begeht, so trifft ihn die Strafe y.« Nicht selten ist die Sanktionsdrohung jedoch eher beiläufige Zutat einer ausführlicheren Normierung gesellschaftl. Ordnung. Unter den Straftatbeständen nehmen (Banden-)Raub und Diebstahl, Tötungsdelikte und Injurien sowie Verstöße gegen den rechten Glauben und die Kirche den breitesten Raum ein. Zahlreiche sanktionsbewehrte Normen dienen dazu, die vertikale und horizontale Strukturierung des Gemeinwesens zu sichern, wobei Fragen der Kollektiv- und »Amts«-Haftung eine große Rolle spielen. Strafart und -maß variieren bisweilen nach der sozialen Stellung des Täters, aber auch des Geschädigten bzw. Verletzten. Unter den Vermögenss.n sind Geldbuße und (in der Regel siebenfacher) Schadensersatz häufig, unter den Leibesstrafen Verstümmelungen und Brandmarkung. Todess. wird nur bei wenigen Vergehen angedroht, Freiheitss. allenfalls als kurzer Arrest. Bei Vergehen gegen Glauben und Kirche wird meist auf die S.n des kanon. Rechts verwiesen.

L. Burgmann

Lit.: A. SOLOVJEV, Zakonodavstvo Stefana Dušana, 1928, 140–198 – →Recht, B. II.

D. Islamisches Recht

Das islam. Strafrecht bildet kein in sich geschlossenes Ganzes, sondern gibt nur Antworten auf Einzelfragen, die an den Propheten Mohammed herangetragen worden sind. Von der Rechtswiss. ist es gedankl. mangelhaft durchdrungen worden. Daher sind die allg. Lehren wenig entwickelt. Die wichtigste Einteilung der Straftaten erfolgt nach den über sie verhängten S.n (ʿuqūba): Fünf Delikte, die im Koran genannt werden, unterliegen einer bestimmten S., die auf arab. ḥadd (Plural: ḥudūd) genannt wird: 1. Unzucht (*zināʾ*): Täter, die einmal in legaler Ehe Geschlechtsverkehr gehabt haben (*muḥṣan*), sind nach der Tradition (*sunna*) mit Steinigung (*raǧm*) zu bestrafen. Täter, die niemals verheiratet waren, haben nach Koran. Weisung nur 100 Geißelhiebe (*ḍarb*) verwirkt (Koran 24/ 1–5 [2]). – 2. Verleumdung wegen Unzucht (*qaḏf*): Sie ist mit 80 Geißelhieben zu bestrafen (Koran 24/4). – 3. Weintrinken (*šurb al-ḫamr*): Das Weintrinken, zu dem auch der Genuß anderer berauschender Getränke zählt, unterliegt nach der Tradition einer S. von 40 bzw. 80 Geißelhieben, je nach Rechtsschule (*maḏhab*; vgl. Koran 5/90f.). – 4. Diebstahl (*sariqa*): Nach dem Koran und der Überlieferung ist im Fall eines Diebstahls beim ersten Mal die rechte Hand, im Wiederholungsfall der linke Fuß abzuschlagen (*qaṭʿ*; Koran 5/38–39). Der gestohlene Gegenstand muß einen gewissen Mindestwert (*niṣāb*) gehabt haben. Außerdem liegt kein Diebstahl vor, wenn der Täter irgendein Anrecht auf die Sache hat oder der Gegenstand dem Nutzen aller Muslime dient (z. B. Moscheeinventar). Der Familiendiebstahl findet unter Verwandten in gerader Linie keine Bestrafung. – 5. Straßenraub (*qaṭʿ aṭ-ṭarīq*) in vier Formen: Hat ein Schuldiger nur die öffentl. Wege unsicher gemacht, wird er gefangengesetzt. Hat er dabei einen Raub (*nahb*) begangen, werden ihm die rechte Hand und der linke Fuß abgeschnitten; im Wiederholungsfall auch die linke Hand und der rechte Fuß. Hat ein Wegelagerer jemanden umgebracht, wird er getötet, selbst wenn die Familie des Opfers mit einem Blutpreis (*diya*) zufrieden wäre. Hat der Straßenräuber sowohl Raub als auch Totschlag begangen, sind Hinrichtung und Kreuzigung (*ṣalb*) die S. (vgl. Koran 5/33–34). Der Totschlag gehört nicht zu den sog. ḥadd-Delikten. Seine Ahndung erfolgt aufgrund der Wiedervergeltung (*qiṣāṣ*). Der Grundsatz des talio gibt dem nächsten männl. Verwandten (*walī ad-dam*) das Recht, den Täter öffentl. mit dem Schwert zu töten sowie ihm im Fall einer Körperverletzung eine gleiche Verletzung beizubringen (vgl. Koran 17/33 und 2/178–179). Findet keine Wiedervergeltung statt, haben der Täter bzw. die männl. Verwandten (*ʿaṣabāt*) seiner Sippe (*ʿāqila*) der Familie des Opfers einen Blutpreis zu zahlen. Außerdem ist der Täter Gott gegenüber zu einer religiösen Sühne (*kaffāra*) verpflichtet (vgl. Koran 4/94). Bei einer Körperverletzung ist eine gesetzl. bestimmte Entschädigung (*arš*) oder eine gerichtl. Buße (*ḥukūma*) zu zahlen. – Der Abfall vom Islam (*ridda, irtidād*) unterliegt bei Uneinsichtigkeit der Todesstrafe, ohne daß sie als ḥadd-S. gilt. Andere Vergehen unterliegen einer »Züchtigung« (*taʿzīr*) nach dem Ermessen des Richters (*qāḍī*). Als Straftat kann jedes Verhalten angesehen werden, das dem »öffentl. Interesse« (*maṣlaḥa ʿāmma*) widerspricht. Die Anwendung des islam. Strafrechts wird durch das Beweisrecht stark eingeschränkt. Die Verjährungsfrist beträgt grundsätzl. nur einen Monat. Es gibt im klass. Recht keine Verfolgung von Amts wegen. K. Dilger

Lit.: Th. W. Juynboll, Hb. des islam. Gesetzes, 1910 – R. Maydani, ʿUqūbāt: Penal Law (Law in the Middle East, hg. Khadduri–Liebesny, 1955), 223ff. – M. Abdulmegid Kara, The Philosophy of Punishment in Islamic Law, 1977.

Strafverfahren, das gerichtl. und grundsätzl. von Amts wegen betriebene Verfahren zur Aburteilung von Straftaten. Im Gegensatz dazu werden in einem Zivilverfahren private, insbes. vermögensrechtl. Ansprüche von einer Partei geltend gemacht. Beide Verfahren folgen jeweils eigenen Prozeßmaximen. Diese uns heute geläufige und vom Ziel des Verfahrens bestimmte Unterscheidung fehlt in der Epoche des frühen MA. Jeder Prozeß wurde daher durch die →Klage des Verletzten eröffnet und mit den für dieses frühe Verfahren typ. irrationalen Beweismitteln (→Beweis), nämlich dem Reinigungseid, dem →Gottesurteil und dem →Zweikampf geführt. Die Ursachen für die Entstehung eines nur der Erledigung von Strafklagen dienenden Verfahrens sind komplex und noch immer nicht genügend erforscht. Sie stehen in einem engen Zusammenhang mit der ebenfalls noch nicht überzeugend geklärten Frage nach der »Geburt« der öffentl. →Strafe. Sicher dürfte sein, daß die Herausbildung eines eigenen S.s mit der Entstehung des Staatswesens verknüpft ist. Denn wo die Sühne von Missetaten weitgehend der →Rache und →Selbsthilfe des einzelnen oder der →Sippe überlassen bleibt (→Fehde), kann es kein gerichtl. S. geben. Die Entstehungsgründe werden also dort zu suchen sein, wo werdende staatl. Verbände die Ahndung einer Missetat nicht mehr dem Verletzten überlassen, sondern zur Wahrung des Gemeinschaftsfriedens für ein strafwürdiges Verhalten Sanktionen androhen und die Verbrechensverfolgung selbst in die Hand nehmen.

Ansätze zu dieser Entwicklung findet man in der frk. Epoche. So konnten nach karol. Recht (MGH Cap. I, 191ff.) Kapitalverbrechen im sog. Rügeverfahren (→Rüge) verfolgt werden. Dementsprechend wurden Rügegeschworene eidl. verpflichtet, Verbrechen, die in ihrem Bezirk begangen worden waren, anzuzeigen. Die beschuldigten Täter standen dann gleichsam unter öffentl. Anklage und mußten sich gegen den Schuldvorwurf verteidigen, ohne daß es einer Klage durch die Verletzten oder deren Angehörige bedurft hätte. Eine vom üblichen Rechtsgang abweichende Strafverfolgung bildete auch das gegen den auf frischer Tat betroffenen Verbrecher gerichtete Handhaftverfahren (→Handhafte Tat). Doch handelt es sich sowohl bei diesem als auch beim Rügeverfahren lediglich um elementare Sonderformen der Verbrechensverfolgung, ohne daß man hier schon von einem eigenständigen gerichtl. S. sprechen könnte.

Erst mit den ma. →Gottes- und →Landfrieden, die den Schwerpunkt nicht mehr auf die Wiedergutmachung des Verbrechens gegenüber dem Verletzten, sondern auf den mit peinl. Strafe bedrohten Bruch des beschworenen →Friedens legten, kam es unter dem Einfluß des röm.-kanon. Rechts zu einer Teilung in »iurisdictio civilis« und »iurisdictio criminalis«. Diesen Vorgang hat vornehml. V. Achter am Beispiel südfrz. Gottesfrieden nachzuweisen versucht. Er läßt sich aber auch recht gut in der Sachsenspiegelglosse des Johann v. →Buch nachvollziehen. Dort versuchte der am röm.-kanon. Recht geschulte Jurist, in den →Sachsenspiegel die Unterscheidung zw. einer *borgerlike[n]* und einer *pinlike[n] klage* hineinzuinterpretieren und die typ. Merkmale der jeweiligen Klage zu definieren. Die »Trennung in ein bürgerl. Verfahren und ein S.« ist die wohl »bedeutsamste Neuerung« des ma. Rechts gewesen (Conrad, I, 385). Geradlinig und kontinuierl. verlief diese Entwicklung freilich nicht. Das zeigt sich bereits darin, daß es lange Zeit zu einem einheitl. S. nicht gekommen ist. Denn zum einen entstand der auf strafrechtl. Verurteilung gerichtete →Akkusationsprozeß, wie ihn Johann v. Buch beschreibt. Zum andern begann, ebenfalls im Zuge der Rezeption, der zunächst nur für strafwürdige Kleriker bestimmte kanon. →Inquisitionsprozeß auch im weltl. Bereich Fuß zu fassen, ohne daß man die Ursachen für diese Zweispurigkeit des S.s genau angeben könnte. Während die Eröffnung eines Akkusationsprozesses stets eine Klage voraussetzte (»Wo kein Kläger, da ist kein Richter«), wurde der Inquisitionsprozeß auch ohne Klage »ex officio« eingeleitet und bis zum Urteil von Gerichts wegen zu Ende geführt. So bildete das »Verfahren aufgrund einer Anklage, mochte diese nun Privatklage oder Klage von Amts wegen sein«, den »Gegensatz zu dem Verfahren ohne Klage, dem sog. Inquisitionsverfahren« (R. His, I, 381). Die Übergänge zw. beiden S. waren allerdings fließend. Dementsprechend konnte z. B. ein mit einer Klage begonnenes S. in einen Inquisitionsprozeß wechseln. Noch in der Peinl. Halsgerichtsordnung v. 1532 waren beide Verfahren geregelt, jedoch so, daß der Sache nach der Inquisitionsprozeß dominierte. Er wurde schließlich zum Inbegriff des S.s schlechthin und bestimmte in Dtl. bis ins 18. Jh. die strafprozessuale Entwicklung. W. Sellert

Lit.: → Strafe – HRG II, 837ff.; IV, 2030ff. – R. His, Das Strafrecht des dt. MA, II, 1935, 377ff. – H. Conrad, Dt. Rechtsgesch., I, 1962², 29ff., 146ff., 385ff. – W. Sellert–H. Rüping, Stud.- und Q. buch zur Gesch. der dt. Strafrechtspflege, I, 1989, 50ff., 62ff., 107ff. – W. Sellert, Borgerlike, pinlike und misschede klage nach der Sachsenspiegelglosse des Johann v. Buch (Überlieferung, Bewahrung und Gestaltung in der rechtsgeschichtl. Forsch., hg. St. Buchholz, P. Mikat, D. Werkmüller, Rechts- und Staatswiss. Veröff. der Görresges., NF 69, 1993), 321ff.

Strafvollzug → Strafe

Strahov, OPraem-Abtei in →Prag (wegen der Lage auch Mons Sion gen.), als Doppelkl. (Frauenkl. bald nach Doxan verlegt) durch den Olmützer Bf. →Heinrich Zdik (86. H.) und den Prager Přemyslidenfs. en →Vladislav II. am Anfang der 40er Jahre des 12. Jh. im w. Vorfeld der Prager Burg gegründet. Zunächst schwach besetzt, wurde es unmittelbar nach der großen staatl. Krise definitiv 1143 gegründet und reich dotiert. Als erste nichtbenedikt. Gründung im Lande sollte das Kl. für die Kirchenreform im Sinne des Papsttums in den böhm. Ländern sorgen. Nach urprgl. Besetzung durch unbekannte Orden fiel endlich die Wahl auf die Prämonstratenser: 1142–43 Ausstellung der Gründungsurk. durch den Olmützer Bf. Heinrich Zdik, Einzug der Chorherren unter der Leitung des ersten Abtes Gezo aus dem niederrhein. →Steinfeld. Bald entstanden Tochterkl. sowohl in Böhmen als auch im benachbarten Ausland: →Leitomischl-Litomyšl (wohl 1145 durch Reformation der älteren Benediktinerstiftes), Hebdów (bei Krakau, wohl um 1150), Klosterbruck-Louka (1190), →Tepl-Teplá (1193), Obrowitz-Zábrdovice (1209), Neusandetz-Nowy Sącz (1409/10 auf Gesuch des nach Polen exilierten S.er Chorherrn Johann). Vladislavs Gemahlin Gertrude gründete das Frauenkl. in Doxan (nach 1143). Etliche weitere S.er Gründungen sind unsicher. Nicht nur Bf. Heinrich Zdik († 1150), sondern auch die Kgn. Gertrude († 1151) sowie der Gründer, der spätere Kg. Vladislav I., der nach seiner Abdankung (1172) kurze Zeit in S. gelebt hatte, ließen sich hier begraben. S. wurde zur vornehmen Ausbildungsstätte etlicher Přemyslidenprinzen. Ein kultureller (große Bibl. und weit ausstrahlendes Skriptorium im 13. Jh.), künstler. (1182 zweite Weihe der restaurierten Kirche) und wirtschaftl. Aufstieg ist bes. im Přemyslidenzeitalter zu verzeichnen. Zu S. gehörte auch eine berühmte Schule. Obwohl die ersten Äbte fremder Herkunft waren, erlangte das Kl. einen großen innerstaatl. polit. und kirchl. Einfluß; aus ihm gingen mehrere Bf.e, vornehml. die von Olmütz, bes. während der Přemyslidenzeit hervor. S. erhielt umfangreiche Stiftungen von verschiedensten Seiten, so daß die Abtei zu den größten Grundbesitzern des Landes gehörte. Die Äbte waren ab 1344 praelati infulati. Am Beginn der tschech. Reformationsbewegung wandten sich die S.er scharf gegen →Hus und seine Anhänger, deshalb wurde die Abtei am Beginn der Hussitenkriege (Mai 1420) zerstört und ihre Güter säkularisiert, die Kommunität zerfiel. Erst ab 1436 erfolgte allmähl. wieder ein Aufstieg am alten Ort, 1483 wurden Kirche und Kl. erneut verwüstet, so daß bis zum Ende des MA keine Blütezeit mehr folgte.

I. Hlaváček

Q. und Lit.: CDBohem – Decem registra censuum bohemica compilata aetate bellum hussiticum praecedente, ed. J. Emler, 1881 – V. Novotný, České dějiny, 1–2, 1913 – A. Kubíček-D. Líbal, S., 1955 – Jb. Strahovská knihovna, 1–21, 1966–86 – P. Kneidl, Strahovská knihovna, 1988 – B. Ryba, Soupis rukopisů Strahovské knihovny 3–5 und 6–2, 1970–79 [nicht mehr ersch.] – T. Říha, Svatý Norbert, 1971 – J. Pražák, Z počátků Strahovské knihovny, Studie o rukopisech 13, 1974, 169–171 – N. Backmund, Monasticon Praem., I–II², 1983, 376–382 [Lit.] – W. Löhnertz, Steinfeld und die Gründung von S. (1142/1143). Wann wurde Steinfeld prämonstratensisch?, AnalPraem 68, 1992, 126–133 – J. Čechura, Urbář kláštera S. z roku 1410, Bibliotheca Strahoviensis 1, 1995, 25–44.

Stralen-Kalthoff, Kölner Firma. Die Handelsbeziehungen der Kölner Familie v. S. und ihrer Gesellschafter erstreckten sich im 15. Jh. von Italien und Spanien über Oberdtl. und die Niederlande bis nach England und in den Ostseeraum. Die Firma unterhielt Vertretungen (Faktoren) in Venedig, in anderen Städten Italiens, in Spanien (Barcelona) und in den Niederlanden (Middelburg). Ihr Geschäft konzentrierte sich auf sog. Drugwaren (Seide, Baumwolle, Gewürze, Buntmetall). In den 40er und 50er Jahren des 15. Jh. wickelte die Firma auch Bankgeschäfte ab. Der Ehemann Gretgins v. S., der Bankier Abel Kalthoff, knüpfte u. a. Beziehungen zu den →Medici.

M. Groten

Lit.: B. Kuske, Q. zur Gesch. des Kölner Handels und Verkehrs, 4 Bde, 1917–34 – F. Irsigler, Die wirtschaftl. Stellung der Stadt Köln im 14. und 15. Jh. (VSWG Beih. 65, 1979) – G. Hirschfelder, Die Kölner Handelsbeziehungen im SpätMA, 1994.

Stralsund, Stadt in inselartiger Lage zw. Teichen und dem Strelasund gegenüber der Insel →Rügen. Ausgangspunkt ist ein slav. Fährort Stralow, dem Fs. Wizlaw I. v. Rügen 1234 die Rechte von →Rostock (d. h. →Lübisches Recht) verlieh. 1240 erweiterte er diese Rechte für die nova civitas »Stralesund«. 1249 zerstörten die Lübecker die aufkommende Konkurrenzgründung, konnten aber deren Entwicklung nicht aufhalten. 1251 gründeten die Dominikaner das Katharinenkl., die Franziskaner das Johanniskl. 1256 wird bereits die S.er Neustadt erwähnt. 1271 brannten große Teile der Stadt nieder. 1276 ist die Pfarrkirche St. Nikolai bezeugt, 1298 die Marienkirche (der heutige Bau wurde 1382/84 begonnen) in der Neustadt. Eine hier befindl. Kirche St. Peter und Paul wird nach 1321 nicht mehr genannt. Auf der Grenze von Alt- und Neustadt entstand die Pfarrkirche St. Jakobi (1303 erstmals erwähnt). Alle Kirchen waren zunächst Filialkirchen der Pfarrkirche in Voigdehagen. Die im 13. Jh. begonnene Ummauerung (sechs Wasser- und vier Landtore) umschloß die Alt- und Neustadt. Im 13. Jh. betrug die Größe des Stadtareals 24 ha, im 15. Jh. hatte S. ca. 13 000 Einwohner. Im 15. Jh. wurden das Brigitten-Nonnenkl. Marienkrone (1420), ein Beginenhaus St. Annen, mehrere Hospitäler und Siechenhäuser eingerichtet.

Noch im 13. Jh. nahm die Stadt einen gewaltigen wirtschaftl. Aufschwung durch Handwerk, Herings- und Fernhandel mit Dänemark, Norwegen, Flandern, England, Frankreich und Rußland. 1293 schloß sie ein Schutzbündnis mit Lübeck, Wismar, Rostock und Greifswald. Als sie 1316 von einem Fs.en- und Ritterheer belagert wurde, besiegten es die Bürger in der Schlacht am Hainholz. Wizlaw III. v. Rügen gewährte der Stadt 1318 Zollfreiheit und Münzrecht. Nach dem Aussterben der Fs.en v. Rügen 1325 verfocht S. im Rügischen Erbfolgekrieg (1326–28) die Ansprüche der Hzg. e v. →Pommern-Wolgast gegenüber Mecklenburg, bewahrte aber in der Folge eine weitgehende Selbständigkeit gegenüber den pommerschen Landesherren.

Der Krieg der Hansestädte mit Kg. Waldemar IV. v. Dänemark wegen der Vorherrschaft im N Europas endete mit einem Sieg der Städte und dem 1370 in S. geschlossenen Frieden. Gegen das selbstherrl. Regiment des Bürgermeisters Bertram Wulflam kam es 1391 zu einem Aufstand der Gewerke und der Opposition in der Stadt unter Führung von Karsten Sarnow und zur Abschaffung der Ratsverfassung. Die →Hanse erzwang jedoch die Rücknahme der Reformen; Karsten Sarnow wurde 1393 hingerichtet. 1407 verbrannte eine wütende Menge drei Geistliche (»Papenbrand am Sunde«) als Rache für Gewalttätigkeiten, die der Archidiakon v. Tribsees Cord Bonow auf S.er Besitzungen verübt hatte. In langwierigen Auseinandersetzungen mit dem Landesherrn wurde die Stadt verstrickt, als der Bürgermeister Otto Voge 1453 Raven Barnekow, den Landvogt v. Rügen, hinrichten ließ. Voge wurde aus der Stadt vertrieben, 1458 jedoch zurückgerufen.

R. Schmidt

Q. und Lit.: F. W. F. Fabricius, Das älteste S.er Stadtbuch (1270–1310), 1871/72 – R. Baier, Zwei S.er Chroniken des 15. Jh., 1893 – R. Ebeling, Das 2. S.er Stadtbuch (1310–42), 1903 – Ders., Das älteste S.er Bürgerbuch (1319–48), 1926 – K. Fritze, Die Hansestadt S., 1960 – H. Heyden, Die S.er Kirchen und ihre Gesch., 1961 – Greifswald-S.er Jb. 4, 1964, 31–68 [Aufsätze zur Frühgesch. S.s] – H.-D. Schroeder, Der S.er Liber memorialis (1320–1440), 5 Bde, 1964–82 – K. Fritze, Am Wendepunkt der Hanse, 1967 – Aufsätze zum 600. Jahrestag des S.er Friedens, HGBll 88, 1970, 83–214 – H. Ewe, Gesch. der Stadt S., 1985².

Stralsund, Friede v. Der am 24. Mai 1370 in S. geschlossene Friedensvertrag beendete die mehrjährigen, oft kriegerischen Auseinandersetzungen zw. Kg. Waldemar IV. v. Dänemark und den Städten, denen es um den Erhalt der Handelsfreiheiten v.a. auf →Schonen (→Hanse) ging. Vertragspartner waren auf der einen Seite der dän. Reichsrat und auf der anderen Seite die in der →Kölner Konföderation verbündeten nordndl. und hans. Städte, außerdem Köln und Bremen. Die Städte erlangten die Wiederherstellung ihrer Rechte und deren Fixierung in einem einheitl. Privileg. Ferner regelte das Vertragswerk den Schadensersatz, die befristete Kontrolle über die Sundschlösser und die Zustimmung zu einem eventuellen Herrscherwechsel, solange die Ratifizierung der Verträge noch ausstand. Sie wurde von Waldemar 1371 nur mit dem Sekretsiegel und erst 1376 von dessen Nachfolger Olav mit dem Majestätssiegel vollzogen. Bes. seit der Gründung des Hans. Gesch.svereins 1870 ist der S.er Friede wiederholt als Höhepunkt der Hansegesch. gewertet worden, der die Städte zu einer polit. Macht im Ostseeraum werden ließ. Die neuere Forsch. betont dagegen die längerfristigen Wandlungen im nordeurop. Handelssystem, die sich auch auf die Stellung der Hanse ausgewirkt haben. K. Wriedt

Lit.: A. v. Brandt, Der S.er Friede. Verhandlungsablauf und Vertragswerk 1369–1376, HGBll 88, 1970 – P. Dollinger, Die Bedeutung des S.er Friedens in der Gesch. der Hanse, ebd. – K. H. Schwebel, Der S.er Friede (1370) im Spiegel der hist. Lit., Jb. der Wittheit zu Bremen 14, 1970.

Strambotto, volkstüml. Dichtungsform lyrischen Charakters, zumeist für den Gesang bestimmt, die vermutl. im 14. Jh. in der Toskana entstand und sich – auch auf hohem künstler. Niveau – in Venetien, in Mittel- und Süditalien und in Sizilien verbreitete. Der S. ist in der »Hofdichtung« des 15. Jh. sehr häufig. In morpholog. Hinsicht lassen sich drei Haupttypen unterscheiden: die toskan. Sestima (Schema: ABABCC), die siz. Ottava (Schema: AB AB AB AB), auch »Canzuna« genannt, sowie die toskan. Ottava (Schema: ABABABCC), die auch →Rispetto genannt wird. Nur schwer läßt sich der S. vom Rispetto trennen; ebenso wie dieser kann er einzeln oder in Reihen auftreten (mit unterschiedl. Inhalt: »Strambotti spicciolati«) oder in thematisch verbundenen Folgen (»Strambotti continuati«). Ursprung und Name beider Genera werfen noch immer viele Fragen auf. Je nach Region gibt es auch zahlreiche andere Bezeichnungen. Wie der Rispetto erfreute sich auch der S. der größten Wertschätzung →Lorenzos il Magnifico und →Polizianos und wurde im 19. Jh. von Carducci und seinem romant.-positivist. Kreis wiederbelebt. G. Capovilla

Lit.: G. Capovilla, Materiali per la morfologia e la storia del madrigale »antico«. dal ms. Vaticano Rossi 215 al Novecento, Metrica III, 1982, 172–175 – A. M. Cirese, Ragioni metriche, 1988, 35–153 – P. Beltrami, La metrica it., 1994², 286–289.

Strandrecht (lat. ius naufragii). Die Gesch. des S.s ist fast ausschließl. die Gesch. seiner Bekämpfung und Abschaffung. Während im klass. röm. Recht die Aneignung von Strandgut als →Diebstahl verfolgt wurde, entstand im Früh- oder HochMA aus unklarer Wurzel das Recht der Küstenbewohner und ihrer Territorialherren, gestrandetes Gut zu behalten und Schiffbrüchige zu versklaven oder sogar zu töten. Zur verwandten Situation auf Fernstraßen und an Binnengewässern →Grundruhr.

Dies war ein Zustand, den die handeltreibenden Städte, im Mittelmeerraum wie an Nord- und Ostsee Träger der kommerziellen Revolution, um jeden Preis bekämpfen mußten, zumal die →Seefahrt in der Anfangszeit dieser Aufbruchsphase durch die naut. Kenntnisse auf küstennahe Routen beschränkt war. Bereits zum 1. Kreuzzug stellte Venedig →Gottfried v. Bouillon 200 Schiffe zur Verfügung – als Gegenleistung für die Befreiung von Steuern und vom ius naufragii. Mit diesem frühen, aber typ. Beispiel ist zugleich eine wichtige Waffe der Städte im Kampf gegen das S. genannt: die Bemühung um Privilegierungen vom S. durch die Herren der Küstenländer einerseits, durch die höchsten geistl. und welt. Autoritäten andererseits (Verurteilung des S.s durch die Laterankonzile v. 1110 und 1179, Abschaffung des S.s durch Heinrich V. 1196 und Friedrich II. 1220). Während die Reichsgewalt sich leicht zum Kampf gegen das S. bereitfand, war die Haltung der Kirche und der anderen Territorialherren mit Grundbesitzungen in Küstengebieten gespalten, da sie von der Ausübung des S.s profitierten. Daß die Kaufleute in den von ihnen selbst bestimmten Rechtsordnungen die Ausübung des S.s bekämpften, versteht sich fast von selbst: So wird sie in den Rôles d'→Oleron (vor 1286) und dem →Llibre del consolat de mar aus Barcelona (um 1350) als Diebstahl bezeichnet. Den gleichen Zweck verfolgten das Handelsverbot mit gestrandeten Waren und der Ausschluß des gutgläubigen Erwerbs, falls sie dennoch zum Verkauf kamen (Hanserezeß v. 1287).

Während die persönl. Unfreiheit als Folge des S.s bereits 1112 in einem Streit am Kg.shof als unzeitgemäß empfunden wurde und nicht mehr durchgesetzt werden konnte (Annales Stadenses, MGH SS 16, 320 f.), war der Kampf gegen die Anwendung des S.s auf Sachen langwieriger – eine Folge der Schwierigkeiten bei der prakt. Durchsetzung der neuen Rechtsauffassung in der Situation nach einem Seewurf oder einem Schiffbruch, in der das Gut nicht rechtl., aber fakt. herrenlos war. Noch Art. 218 der Constitutio Criminalis Carolina v. 1532 mißbilligt zwar die Ausübung des S.s und verfügt (wieder einmal) seine Abschaffung, doch mit Strafen droht er nicht.

Zu einem gewissen Ausgleich der Interessen führte die

weitgehende Anerkennung eines Bergungslohns für die Strandbauern. Er betrug häufig ein Drittel des Werts, ein weiteres Drittel beanspruchte häufig der Landesherr des Küstengebiets. Die Interessen der Strandbauern wurden aber im Laufe der Zeit noch weiter zurückgedrängt. Am Ende des MA war ihnen vielerorts zumindest theoret. nur noch ein Anspruch auf Vergütung ihrer Arbeitsleistung bei der Bergung des Strandguts geblieben. Immerhin dauerte es aber noch bis 1777, daß in Mecklenburg das Kirchengebet der Küstenbewohner um einen »gesegneten Strand« abgeschafft wurde. A. Cordes

Lit.: HRG I, 1856–1860; V, 19–26 – F. Techen, Das S. an der mecklenburg. Küste, HGBll 12, 1906, 271 – V. Niitemaa, Das S. in Nordeuropa im MA, 1955 – K.-F. Krieger, Ursprung und Wurzeln der Rôles d'Oléron, 1970, 50–58.

Straßburg (Strasbourg), Stadt im Unterelsaß (dép. Bas-Rhin); Bm.

I. Spätantike – II. Früh- und Hochmittelalter – III. Spätmittelalter – IV. Topographie, Wirtschaft, kulturelles Leben – V. Konflikte zwischen Stadt und Bistum im Spätmittelalter.

I. Spätantike: Das wahrscheinl. 12 v. Chr. errichtete Kastell Argentorate konnte sich während der folgenden zwei Jahrhunderte in eine nicht unbedeutende Siedlung umwandeln. Den Kern bildete das 20 ha umfassende castrum, das zuerst eine Legion, die II. und später die VIII., und nach dem Vorrücken der Grenzbefestigungen bis weit jenseits des Schwarzwalds die für die Versorgung und Verwaltung der Truppen bestimmten Stellen beherbergte. Die mit der Anwesenheit einer bedeutenden Garnison verbundenen wirtschaftl. Funktionen bewirkten die Bildung einer Vorstadt; dieser vicus canabarum füllte ziemlich rasch den Raum zw. den beiden Armen der Ill, den die militär. Anlagen frei ließen, vollständig aus; Händler und Handwerker bildeten den Großteil dieser Bevölkerung. Die heute noch bestehende sog. »lange Straße« war der Hauptverkehrsweg dieses Viertels, das etwa 20 000 Einwohner zählte und am Oberrhein wohl durch keinen anderen Ort an Größe übertroffen wurde. Für dieses Wachstum war die Lage des castrum Argentorate an einem äußerst wichtigen Knotenpunkt des röm. Straßennetzes entscheidend. Verbindungen bestanden sowohl nach O, mit den Decumates agri als Hinterland, in w. Richtung über die Zaberner Steige, nach S, der Ill entlang, bis zur Burg. Pforte. Die Bewohner des zivilen Vororts besaßen jedoch eine untergeordnete Rechtsstellung. Der Rückzug des röm. Heeres, das 260 den Limes aufgab und den Rhein wieder zur Hauptverteidigungslinie machte, änderte die Situation der Stadt grundlegend, die nun wie zur Zeit ihrer Gründung exponiert lag. Die Befestigungen wurden verstärkt und verschiedentl. ausgebessert. 352 gelang den →Alamannen der entscheidende Durchbruch. Der Sieg Ks. Julians in der Nähe von Argentorate (357) konnte die Alamannen nur für kurze Zeit zurückdrängen. Bereits 366 überschritten sie den Fluß noch einmal; Valentinian I. und später Gratianus (378) schlugen sie zwar auf dem Schlachtfeld, konnten jedoch ihre Ansiedlung auf dem linken Rheinufer nicht verhindern. Der Einfall im Winter 406–407 ließ auch Argentorate nicht unberührt. Der tractus Argentoratensis, den die röm. Heeresleitung am Ende des 4. Jh. eingerichtet hatte, war durch die Alamannen überrannt worden. Nur geringe Truppenbestände blieben im castrum zurück, bis 451 der Einfall der →Hunnen den totalen Zusammenbruch des röm. Verteidigungs- und Verwaltungsapparats bewirkte.

II. Früh- und Hochmittelalter: Sicher ist das Bestehen einer christl. Gemeinde 343 bezeugt. Unter den Bf.en, die für →Athanasius einstanden, befand sich Amandus, episcopus Argentinensis. Ob sich bereits früher Christen in S. angesiedelt hatten, läßt sich an Hand von wenigen archäolog. Funden, deren religiöse Bedeutung nicht eindeutig ist, kaum ermitteln. Das Mithrasheiligtum in der Nähe der Stadt wurde systemat. zerstört, möglicherweise durch die S.er Christen. Ein Anzeichen dafür, daß die S.er Kirche zur Zeit der germ. Völkerwanderung eine nicht unbedeutende Größe erreicht hatte, ist die Tatsache, daß die Bf.sliste keine längere Unterbrechung aufweist. Die christl. Kultstätte ist nicht sicher zu lokalisieren. Um die Mitte des 6. Jh. übernahm Bf. Arbogast, von fr. Herkunft, mindestens z. T. die röm. Institutionen. So lieferte die einst für das Militär produzierende Ziegelei nun an den Bf. Die Kontinuität wurde auf diese Weise gesichert, und die frühere Bezeichnung der Ortschaft blieb in der Titulatur »episcopus Argentinensis« erhalten; die bereits in Dokumenten der röm. Spätzeit aufkommende Benennung »Strateburg« scheint zur Zeit →Gregors v. Tours allg. üblich gewesen zu sein. Daß die Stadt, obwohl sie einen großen Teil ihrer Bewohner einbüßte, nicht aufgelassen wurde, ist wohl dem Bm. zu verdanken (→Bf.sstadt). Im Inneren des röm. Kastells wurde ein erstes Gebäude, das den Hauptgottesdiensten diente, sicherl. vor dem 8. Jh. an der Stelle des heutigen Münsters errichtet.

Am Ende des 7. Jh., als man zur Abriegelung der alam. Angriffe das Hzm. Elsaß bildete, wurde auch der Bezirk des Bm.s entsprechend erweitert, so daß sich Hzm. und Bm. ungefähr deckten. Als hundert Jahre später die alam. Gefahr abgewendet war und das Hzm. aufgelöst wurde, veränderte man auch die Grenzen des Bm.s, die bis zur Frz. Revolution bestanden. Sie schlossen den größten Teil des heutigen Unterelsasses ein, überließen jedoch die n. des Hagenauer Forstes gelegenen Landstriche dem Bm. →Speyer. Ungefähr ein Drittel des Sprengels lag rechts des Rheins und umfaßte die bad. Ortenau. Die S.er Bf.e gehörten, soweit bekannt ist, der sozialen und geistl. Elite an. Erwähnt sei v. a. →Pirmins Schüler →Heddo († nach 762), der seit 734 den S.er Bf.ssitz innehatte. Der ins Elsaß verbannte aquitan. Kleriker →Ermoldus Nigellus lobt in einem Gedicht nicht nur den Reichtum der gesegneten Landschaft zw. Vogesen und Rhein, die durch Heddo erbaute Kathedralkirche, sondern auch den Eifer des Bf.s Bernold, eines adligen Sachsen, der die Hl. Schrift übersetzte (vor 840). 842 kündete der berühmte Eid, den Ludwig der Dt. und Karl der Kahle in S. schworen (→S.er Eide), den Zusammenbruch der karol. Einheit an. Das Elsaß, das ursprgl. Lotharingien zugewiesen worden war, kam 870 zum Ostreich. Als die sächs. Ks. ihr Reich mit Hilfe des Gefüges der kirchl. Einrichtungen sichern wollten, machten sie das S.er Bm. zu einem der wichtigen Stützpunkte im Rheintal. In den letzten Jahrzehnten des 10. Jh. verliehen sie den Bf.en die →Regalien, insbes. das Münzrecht und die Gerichtsbarkeit. Daß die Bf.e über eine ansehnl. Macht verfügten, zeigen die hundert gepanzerten Reiter, die 981 das S.er Kontingent des Reichsheeres bildeten.

Das Kernstück des bfl. Besitzes war die Herrschaft über die Stadt S. Der allg. Aufschwung Westeuropas nach der Jahrtausendwende vermehrte die Bevölkerung und den Reichtum der Stadt. Schon im 11. Jh. war das frühere castrum nicht mehr das einzige dichtbesiedelte und befestigte Viertel. An diese Altstadt schloß sich ein neues Viertel an, das den größeren Teil der von den Flußarmen der Ill umfaßten Insel bedeckte und den Schutz einer Umwallung genoß. Die Verwaltung der Stadt war z. T. →Ministerialen (1129 Erwähnung von 25) übertragen. Das erste erhaltene Stadtrecht, das Bf. Burkhard

(1146–47) veröffentlichte, beweist, daß dem Stadtherrn ein nicht unbedeutender Mitarbeiterstab zur Verfügung stand; →Vogt und →Schultheiß besorgten die Rechtsprechung; der Burggraf kümmerte sich um die Befestigungen, übte die Polizeigewalt aus, überwachte die Märkte und elf Zünfte; der Zoller erhob die Taxen, war für Brücken und Straßen, Handel und Maße verantwortlich. Die Bürger, denen der Ks. 1129 das Privileg »de non evocando« verliehen hatte, wurden durch drei →Heimbürge, die Beisitzer des Schultheiß waren, vertreten. Es ist nicht auszuschließen, daß die Bürgerschaft im bfl. Rat repräsentiert war. Sie konnte aber nur für Frondienste herangezogen werden. →Gottfried v. S. gehörte vielleicht dem Kreis der Ministerialen an. Sein mhd. höf. Versroman »Tristan und Isold« läßt den hohen Grad der städt. Kultur erkennen und zeigt rege Beziehungen zum frz. Sprachraum.

III. SPÄTMITTELALTER: Die Wirren des ersten »Interregnums« änderten die Beziehungen der Einwohnerschaft zum Stadtherrn. Kg. Philipp v. Schwaben befreite die Bürger von allen öffentl. Lasten und nahm sie in seinen Schutz (1205). Philipps Tod und die vorsichtige Politik des jungen Friedrich II. hemmten die städt. Emanzipation gegenüber dem bfl. Stadtherrn, und im Konflikt der für den Papst eintretenden Prälaten mit dem Ks. kam es sogar zur eindeutigen Zusammenarbeit der Bürgerschaft mit ihrem Stadtherrn (1245, 1246). Doch dieses Zusammenwirken hatte notwendigerweise die Festigung der bürgerl. Gemeinde zur Folge (Siegel zu 1201 belegt). Zur Auseinandersetzung kam es, als die Bürger sich das Recht anmaßten, Schultheiß und Burggraf, die bfl. Amtsinhaber, abzusetzen. Der Bf. →Walter v. Geroldseck versuchte seine Herrschaft durchzusetzen, indem er die Bevölkerung 1261 gegen die Oberschichten aufwiegelte. Gestützt auf die Hilfe der Gegner des Hauses Geroldseck (u. a. Rudolf v. Habsburg) konnten die städt. Milizen das bfl. Aufgebot bei Hausbergen am 8. März 1262 schlagen. Kurz danach starb Walter v. Geroldseck. Sein Nachfolger, Heinrich v. Geroldseck, schloß am 12. Febr. 1263 mit der Bürgerschaft Frieden. Der Rat verfügte nun über das Recht, Statuten zu erlassen und Bündnisse einzugehen, ohne die Zustimmung des Bf.s einzuholen. Seine Zusammensetzung war in keiner Weise von dem bfl. Konsens abhängig. S. wurde eine Freie Stadt; das Bestimmungswort »frei« kam 1358 auf (→Freie Städte).

Im Laufe des 14. und 15. Jh. bildete sich der Regierungs- und Verwaltungsapparat voll aus. Er mußte sich der sozialen Entwicklung anpassen. Ein Teil der Geschlechter, die den Sieg von 1262 errungen hatten, übernahm die Lebensweise des Adels und geriet in Konflikt mit den Handel treibenden Patrizierfamilien, die sich 1332 der wichtigsten Regierungsämter bemächtigten. Die durch das Herannahen des Schwarzen Todes hervorgerufene Unruhe ermöglichte einen zweiten polit. Umsturz (1349). Diesmal gewannen die Handwerker, und ihrem Vorsteher, dem Ammeister, wurde nun die Exekutivgewalt übertragen. Die Zünfte stellten die Grundeinheiten der städt. Organisation, aus ihnen stammte die Hälfte der Ratsmitglieder. Doch schied das Patriziat nicht völlig aus, es behielt auch Sitze in den am Anfang des 15. Jh. gebildeten »geheimen Stuben« (XV. und XIII.), in denen emeritierte Ratsherren und verdiente Regierungsinhaber die Kontinuität der städt. Politik sicherten. Im großen und ganzen wurde zw. den verschiedenen Schichten ein Gleichgewicht hergestellt. Die 1482 herausgegebene Fassung des »Schwörbriefs« (→Schwurbrief) blieb bis zur Frz. Revolution in Kraft.

IV. TOPOGRAPHIE, WIRTSCHAFT, KULTURELLES LEBEN: Der Aufschwung, den die Stadt erlebte, läßt sich an den Erweiterungen ihrer Ringmauer ablesen. Bereits in der 2. Hälfte des 13. Jh. wurde ein Areal auf dem s. Illufer einbezogen; am Ende des 14. Jh. geschah das gleiche in entgegengesetzter Richtung; schließlich umfaßte die Umwallung nach 1450 200 ha, zehnmal mehr als das castrum. 1444 hatte S. 16000 Einwohner und 8000 Flüchtlinge, die aus Furcht vor den sog. →Armagnaken in die Stadt geflohen waren. Das Aufblühen des Nord-Südhandels im Laufe des 13. Jh. vermehrte den Reichtum S.s erheblich. Als Hauptverkehrsweg für den Warentransport diente der Rhein. S.s Schifferzunft dominierte auf dem Strom bis nach Mainz. Die elsäss. →Weine, deren Transport die Ill bis nach S. erleichterte, wurden nach Frankfurt a. M. und Köln exportiert. Die 1388 erbaute Brücke verband das Elsaß mit dem rechten Rheinufer und erlaubte den Export bes. der in S. gespeicherten Getreiden von Schwaben. S. er Händler traf man sowohl in Norditalien und der »Schweiz« als auch in den Niederlanden. Die hauptsächl. durch kaufmänn. Tätigkeit erworbenen Kapitalien wurden sowohl auf dem Lande, wo die Bauernschaft oft Kredit brauchte, als auch in den Rentmeisterämtern der aufsteigenden Territorialstaaten angelegt.

Pfalz (Rathaus), Pfennigturm (Schatzkammer) und Kaufhaus repräsentierten Wohlstand und polit. Macht. Aber auch die Wahrzeichen des religiösen Lebens, Dom, Kirchen und Kl., verdankten ihre Pracht dem Reichtum der Stadt. Am Ende des 12. Jh. beschloß der Bf., den durch seinen Vorgänger Wernher um 1000 errichteten Dom zu ersetzen. Das unter der Leitung der städt. Behörden gestellte Liebfrauenwerk besorgte die Bauarbeiten, die 1439 mit der Fertigstellung des damals höchsten Turms der abendländ. Christenheit zum Abschluß kamen. Drei Kollegiatkirchen, St. Thomas, Jung St. Peter und Alt St. Peter, erhöhten den äußeren Glanz der kirchl. Einrichtungen. Außerdem gab es vier Pfarrkirchen. Zum Damenstift St. Stefan kamen im Laufe des 13. und des 14. Jh. 18 Kl. hinzu. Bes. zahlreich waren die Bettelorden, Franziskaner, Dominikaner, Augustiner-Eremiten und Karmeliter, sowie die entsprechenden Frauengemeinschaften (zwei Klarissenkl., sieben Dominikanerinnenkl.). Die Zahl der →Beg(h)inen läßt sich schwer abschätzen. Daß sie ansehnl. war, können wir daraus folgern, daß ihre Verdammung durch das Konzil v. →Vienne 1311 dem damaligen Bf. Schwierigkeiten bereitete. Die Studien wurden in den Bettelorden eifrig gepflegt. Im Dominikanerkl. wirkte wiederholt →Albertus Magnus. →Ulrich (Engelberti) v. S. und →Hugo Ripelin, beide aus S. gebürtig, gehörten zu seinen begabtesten Schülern. Im Barfüßerkl. bestand ein →Studium generale, in dem man die für das Lektorenamt bestimmten Brüder ausbildete. Die →Augustinerschule wurde durch →Thomas v. S. (1345–51) berühmt. Der größte dt. Mystiker, Meister →Eckhart, verweilte in S. (1313–22). Johannes →Tauler, in S. geboren und gestorben (1361), zählte zu seinen treuesten Nachfolgern. Er übte wahrscheinl. einen entscheidenden Einfluß auf Rulman →Merswin aus, einen reichen Patrizier, der mit 40 Jahren seine Geldgeschäfte aufgab und das den Johannitern anvertraute Kl. Grünenwörth gründete, in dem er 1382 starb. Ob Merswin oder seinem Sekretär Nikolaus v. Löwen die Schriften des »Gottesfreundes vom Oberland« zuzuschreiben ist, ist noch ungeklärt. Sicher ist, daß die →»Gottesfreunde«, die im südwestdt. Raum zerstreut lebten, S. und bes. den Grünenwörth als ein wirksames Zentrum ihrer Bewegung betrachteten.

Die Möglichkeit, sich in S. die notwendigen Geldmittel zu beschaffen, hat vielleicht dazu beigetragen, daß der Mainzer Patrizier Johannes →Gutenberg, der aus polit. Gründen seine Vaterstadt verlassen mußte, S. als vorläufigen Wohnsitz wählte. Als er 1444 in seine Heimat zurückkehrte, hatte er vielleicht für seine Erfindung, die erst zehn Jahre später vollendet sein sollte, wichtige Versuche gemacht. Es ist bemerkenswert, daß bereits wenige Jahre nach dem Druck der 42zeiligen Bibel von Johannes →Mentelin 1460 in S. eine 49zeilige herausgegeben wurde. Diese Leistung wirkte bahnbrechend. Vor 1480 produzierten in S. etwa zehn Werkstätten für einen ausgedehnten Markt. Die bekanntesten Drucker waren Schott, →Grüninger, Flach, Hupfuff, Prüss, Schürer und →Rusch. Die Buchillustration verschaffte großen Künstlern wie Wechtlin, Urs Graf, Weiditz und Baldung Grien bedeutende Aufträge.

Daß der Aufschwung des →Buchdrucks dem →Humanismus in S. einen starken Impuls gab, beweist der Besuch, den →Erasmus v. Rotterdam der Sodalitas litteraria abstattete. Zweck der Reise war eigtl. die Verhandlung mit Schürer, der zu den wichtigen Verlegern des Humanistenfs.en zählte (1514). Die literar. Gesellschaft hatten Sebastian →Brant und Jakob →Wimpfeling ins Leben gerufen. Seit 1501 wohnte der Autor des »Narrenschiffs«, der in Basel zu Berühmtheit gelangt war, wieder in seiner Geburtsstadt. Ständig hielt sich der aus Schlettstadt stammende Wimpfeling nicht in S. auf, wurde aber oft von seinen Gesinnungsgenossen freundl. aufgenommen. Er geriet mit dem Franziskaner Thomas Murner in Streit (1502). Brants und Wimpfelings Humanismus war konservativ gefärbt. Die einer radikalen Neuerung zugeneigte Gedankenwelt des Erasmus und noch viel mehr die Ulrichs v. Hutten stießen bei der S.er Führungsschicht der älteren Generation auf Ablehnung. Sie konnte es nicht billigen, daß die jüngere Generation auch in S. im »Dunkelmännerstreit« an der Redaktion der bekannten Briefe teilnahm (1515). Die Notwendigkeit einer gründl. Reform leuchtete der geistl. Elite wohl ein, doch die Möglichkeit, sie zu verwirklichen, schien dahinzuschwinden. Selbst Johannes v. Geiler v. Kaisersberg, der sich während seiner Amtszeit (1478-1510) mit glühendem Eifer für die Gesundung der kirchl. Zustände eingesetzt hatte, machte von seinen Zweifeln an der Durchführung einer Reform 1508 keinen Hehl mehr.

V. KONFLIKTE ZWISCHEN STADT UND BISTUM IM SPÄTMITTELALTER: Das Bm. hatte im Laufe des 13. und 14. Jh. den Verwaltungsapparat vervollständigt. Offizialat, Generalvikariat und Kanzlei bildeten die Zentralbehörden. Die Dekanate ermöglichten die Erfassung der zahlreichen Mitglieder des Klerus und ergänzten die Funktion der Archidiakonate, die die Stiftsherren vollständig in ihrer Hand hatten. Das bfl. Territorium wurde zur gleichen Zeit method. ausgebaut, mit Burgen und ummauerten Marktflecken befestigt und durch Ankauf der unterelsäss. Lgft. (1359) bedeutend erweitert. Allerdings trat bald eine Wende in der Entwicklung ein, da das Gleichgewicht der bfl. Finanzen zerstört wurde. Den Schwierigkeiten konnte weder Friedrich v. Blankenheim begegnen, der 1392 versuchte, mit Hilfe von verschiedenen Herren die Stadt militär. zu bezwingen, noch Wilhelm v. Diest, der 1419 in die inneren Auseinandersetzungen S.s eingriff und für die revoltierenden Patrizier Partei nahm. Wilhelms Politik brachte das Bm. an den Rand des Bankrotts. Das Domkapitel, das sich bereits im 12. Jh. vollständig vom Bm. gelöst hatte, trat an die Spitze der Körperschaften, die sich der bfl. Autorität entgegenstellen wollten (1415); diese »größere Verbrüderung« blieb bis zur Reformation bestehen und behinderte die Durchführung der Maßnahmen des Ordinariats. Das sich durch Kooptation rekrutierende Domkapitel hat selbst gegen den päpstl. Willen seine ausschließl. hochadlige Zusammensetzung behauptet; vor der Reformation mußte ein Bewerber nachweisen, daß er väterlicher- und mütterlicherseits 14 Ahnen besaß, die Fs.en, Gf.en oder Freiherren waren. Da alle elsäss. Dynastien, die diesen Ansprüchen hätten genügen können, ausgestorben waren, gehörten dem Domkapitel nur fremde Adlige an. Es kam auch nach der Versetzung →Lamprechts v. Brunn (1374) bis 1842 kein Elsässer mehr auf den S.er Bf.ssitz. Die Schwäche des Bm.s hatte die Stadt ausnutzen können. Sie streckte dem Bf. große Geldsummen vor und nahm die wichtigsten Ortschaften und Burgen als Pfand. Am Ende des 15. Jh. gelang es jedoch Albrecht v. Bayern (1478-1506) und seinem Nachfolger, durch eine kluge Finanzpolitik das Gleichgewicht von Einnahmen und Ausgaben wieder herzustellen und die →Pfandschaften auszulösen. Die Stadt, die mit dieser Restaurierung des bfl. Kredits nicht gerechnet hatte, bemühte sich, auf schnellstem Weg die wieder an ihren Herrn zurückgegebenen Territorien durch Ankäufe zu ersetzen. Da Bf. Albrecht sich 1483 und 1485 weigerte, die Reste der bfl. Herrschaft in S. zu verkaufen, und sein Nachfolger eine ähnl. Politik betrieb, befürchtete der Rat, daß die Stadt wie →Mainz wieder in die Hand der Stadtherrn geraten könnte. →Elsaß. F. Rapp

Q. und Lit.: [Bistum]: M. SDRALEK, Die S.er Diozesansynoden, 1894 - W. KOTHE, Kirchl. Zustände S.s im 14. Jh., 1903 - Reg. der Bf. e v. S., 2 Bde, hg. P. WENTZKE, 1908 - F. KIENER, Stud. zur Verfassung des Territoriums der Bf.e v S., 1912 - A. VETULANI, Le grand chapitre de S., 1927 - L. PFLEGER, Kirchengesch. der Stadt S., 1941 - A. BRUCKNER, Reg. Alsatiae aevi merovingici et karolini, I, 1949 - F. J. HIMLY, Les origines chrétiennes en Alsace, 1963 - A. M. BURG, Die alte Diöz. S. von der bonifaz. Reform bis zum Konkordat, Freiburger Diözesan Archiv, 1966 - R. LEVRESSE, L'officialité épiscopale de S., 1971 [masch.] - F. RAPP, Réformes et Réformation à S., 1974 - S., Hist. des diocèses de France, 14, hg. F. RAPP, 1982 - DERS., Der Klerus der ma. Diöz. S. unter bes. Berücksichtigung der Ortenau, ZGO 137, 1989, 91-104 - [Stadt]: UB der Stadt S., 8 Bde, hg. W. WIEGAND-A. SCHULTE u.a., 1879-1900 - Chr. dt. Städte 9, 1890 - F. v. APELL, Gesch. der Befestigung v. S., 1902 - A. HERZOG, Die Lebensmittelpolitik der Stadt S. im MA, 1909 - E. BENDER, Weinhandel und Wirtsgewerbe im ma. S., 1914 - K. STENZEL, Die Politik der Stadt S. am Ausgang des MA, 1915 - R. FORRER, S. Argentorate, 1927 - J. J. HATT, Une ville du XVe s., 1929 - L. BLUM, La part de l'Alsace à l'origine des Epistolae virorum obscurorum, Archives de l'Église de l'Alsace, 1949-50 - PH. DOLLINGER, Patriciat noble et patriciat bourgeois à S. au XIVe s., Revue d'Alsace 90, 1951 - J. UNGERER, Le pont du Rhin à S., 1952 - J. J. HATT, S. au temps des Romains, 1953 - F. RITTER, Hist. de l'imprimerie alsacienne, 1955 - La mystique rhénane, hg. PH. DOLLINGER, 1963 - G. WUNDER, Das S.er Gebiet, 1965 - H. REINHARD, La cathédrale de S., 1972 - F. J. FUCHS, L'espace économique rhénan et les relations commerciales de S., Oberrhein. Stud. 3, 1973 - F. KÖSTER, Gutenberg in S., 1973 - F. RAPP, Les Strasbourgeois et les universités rhénanes, Annuaire des Amis du Vieux S., 1974 - Grandes figures of du humanisme alsacien, hg. G. LIVET, 1978 - H. MAURER, Der Hzg. v. Schwaben, 1978 - Hist. de S. des origines à nos jours, 4 Bde, hg. G. LIVET - F. RAPP, 1980-82 - B. WERNER-SCHOCK, Das S.er Münster im 15. Jh., 1983 - Hist. de S., hg. G. LIVET - F. RAPP, 1988 - M. ALIOTH, Gruppen an der Macht, Zünfte und Patriziat. Unters. zu Verfassung, Wirtschaftsgefüge und Sozialstruktur S.s, 2 Bde, 1988 - F. RAPP, Geiler de Kaysersberg (Nouveau Dict. de biographie alsacienne, 1988) - R. LIESS - A. KÖPKE, Zur erwin. Erwin-Inschrift an der Westfassade des S.er Münsters, ZGO 137, 1989, 105-173 - G. BECHTEL, Gutenberg et l'invention de l'imprimerie, 1992 - F. RAPP, Le prince, l'argent et la ville. Les capitaux strasbourgeois à la fin du MA, Académie des Inscriptions, 1993.

Straßburg, Vertrag v. (Mai/Juni 1016). Als Kg. →Rudolf III. v. Burgund Anfang 1016 mit dem Versuch gescheitert war, seinen renitenten, um Mâcon - Besançon erstarkten Großvasallen →Ott-Wilhelm v. Burgund zu unterwerfen, mußte er die Unterstützung Ks. Heinrichs II., seines Neffen, erbitten, dem er, weil selbst ohne legitime Kinder, bereits 1006 die Nachfolge in Burgund versprochen und dafür Basel als Faustpfand überlassen hatte. Da er Heinrichs Bitte, die Lage in Bamberg zu erörtern, nicht erfüllen konnte, kam dieser ihm nach S. entgegen. Dort erkannte Rudolf vertragl. die Nachfolge seines Neffen erneut an, trug ihm Burgund formell zu Lehen auf und gelobte, »in den wichtigsten Angelegenheiten nichts ohne seinen Rat zu tun«. Die mitgekommenen Stiefsöhne Rudolfs machten in der Lehnshuldigung sogleich den Anfang, wofür Heinrich alle reich beschenkte, auch einen Feldzug gegen Ott-Wilhelm zusagte. Dieser bewirkte im Sommer 1016 jedoch nur die Verheerung des Gebietes Ott-Wilhelms. Rudolf konnte in der Folge indes die zugesicherte Huldigung aller seiner Großen nicht durchsetzen, übergab aber Anfang Febr. 1018 in Mainz dem Ks. zur Bekräftigung des S.er V.s Krone und Zepter, die er als Lehnssymbole zurückerhielt. Bedeutung erlangte der Vertrag nach Heinrichs II. Tod, als sich Ks. Konrad 1027 auf die S.er Lehnsauftragung Burgunds an seinen Vorgänger und die Mainzer Bestätigung berufen und dadurch letztl. auch nach Rudolfs Tod (1032) den Anfall Burgunds an das Reich durchsetzen konnte.   E. Hlawitschka

Q. und Lit.: Thietmar v. Merseburg, VII, 27ff. (MGH SRG, 1955²) – MGH DD Rudolf., 1977 [Einl. von TH. SCHIEFFER].

Straßburger Alexander. Als S. A. wird nach dem einzigen Überlieferungszeugen, einer 1870 verbrannten Hs. der Straßburger Stadtbibliothek vom Ende des 12. Jh., eine erweiternde, stilistisch und metrisch glättende Bearbeitung des Alexanderromans des Pfaffen →Lamprecht in 7302 Versen bezeichnet, die Lamprechts mit dem Tod Alexanders endenden Text bis zum Tod des Darius endenden Text weiterführt, die Paradiesreise völlig neu gestaltet und schon Ansätze zur Höfisierung zeigt, v. a. in der oriental. Wunder- und Aventiurenwelt der Indienfahrt und der Minnehandlung mit Kgn. Candacis. Obgleich das Vanitas-Motiv beibehalten wird, ist nicht Weltabkehr, sondern richtiges Herrscherverhalten das Thema: Alexanders Vergehen liegt nicht in seiner 'superbia', dem Aufbegehren gegen Gott, sondern in der 'giricheit', dem Überschreiten der herrscherl. Macht. →Alexander d. Gr., B. VI.   N. H. Ott

Ed.: Das Alexanderlied des Pfaffen Lamprecht, ed. I. RUTTMANN, 1974 – Lit.: H. DE BOOR, Frühmhd. Stud. Vom Vorauer zum S. A., 1926 – P. K. STEIN, Ein Weltherrscher als vanitas-Exempel in imperial-ideologisch orientierter Zeit? Fragen und Beobachtungen zum »S. A.« (Stauferzeit, ed. R. KROHN u. a., 1978), 144–180 – T. EHLERT, Deutschsprachige Alexanderdichtung des MA, 1989, 55–79.

Straßburger Eide. Eingebettet in den lat. Text über die Vorgänge des Jahres 842 in Buch III, 5 der »Historiarum libri quattuor« des frk. Geschichtsschreibers →Nithard, Enkel Karls d. Gr., finden sich im Bericht zur Bündniserneuerung der beiden jüngeren Söhne →Ludwigs d. Fr., nämlich →Ludwigs d. Dt. und →Karls d. K. vom 14. Febr. 842 zu Straßburg vor ihren Heeren, je zwei Eidesformeln (→Eid, A. IV) in ahd. (rheinfrk.) und afrz. Sprache. Den Eidesleistungen gehen lat. wiedergegebene Ansprachen der Herrscher zur Begründung des Vorgangs an ihre Heere voraus, während die Eidesformeln zur Bekräftigung des Bündnisses zunächst von den Herrschern je in der Sprache des Bündnispartners, zuerst vom älteren Ludwig 'romana lingua', dann vom jüngeren Karl 'teudisca lingua' gesprochen werden: afrz. »Pro deo amur et pro christian poblo et nostro commun saluament« usw.; ahd. »In godes minna ind in thes christanes folches ind unser bedhero gehaltnissi« usw. Dies hatte den Sinn, daß sich die beiden Kg.e je vor den beiden Heeren über deren Volkssprache vertrauenerweckend verständlich machten, Ludwig d. Dt. vor dem westfrk., Karl d. K. vor dem ostfrk. Heer. Daran schließen sich zwei weitere Eidesformeln in afrz. und ahd. Sprache an, welche von den beiden Heeren je in ihrer Sprache ('propria lingua') mit dem Inhalt gesprochen wurden, beim Bruch des Eides ihres Herrschers erlösche der Beistand an diesen gegen seinen Bruder.

Während sprachl. Doppeltexte im FrühMA sonst nur lat.-volkssprachl. in Form von Übersetzungen vorkommen, liegt hier als Unikat ein afrz.-ahd. Gebrauchstext früher pragmat. Schriftlichkeit vor, der älteste frz. überlieferte Text überhaupt und einer der ältesten in ahd. Sprache. Dies erklärt das ungewöhnl. große Interesse an diesem Denkmal seit humanist. Zeit in Frankreich und Deutschland. Eine Einbettung in die zwar freiere Benutzung lat. Urkundenformulartradition ergibt sich durch den teilweise umständl. Kanzleistil, welcher pro Eid aus je einem Satz besteht, wobei der Herrschereid mit der 'dispositio' (mit vorgängiger 'invocatio'), der Heereseid mit der 'minatio' (Strafandrohung beim Bruch des Bündniseides) einer Urkunde vergleichbar ist. Trotzdem sind auch Textstücke einer sprechsprachl. Rhythmik bei den Volkssprachen feststellbar. Da sich die beiden volkssprachl. Fassungen inhaltlich recht genau entsprechen, sind sie (vielleicht von Nithard selbst) aufeinander abgestimmt worden, ohne daß ein sicheres Primat der einen oder anderen Sprache ausgemacht werden könnte. Jedenfalls stehen die Eide im Spannungsverhältnis von lat. Schriftlichkeit und volkssprachl. intendierter Mündlichkeit. Letztere zeigt sich auch im kurzen ahd. Priestereid (bair.) des 10. Jh., während der afrz. Text Entsprechungen in den →Kapitularien hat.   S. Sonderegger

Ed.: Denkmäler dt. Poesie und Prosa, 1964⁴, I, 231f. (Nr. LXVII); II, 365f. – G. KÖBLER, Slg. kleinerer ahd. Sprachdenkmäler, 1986, 561–563 (Text nach E. v. STEINMEYER, Sprachdenkmäler 1916 [Nachdr. 1963], Nr. XV) – Lit.: HRG V, 29–31 [Lit.] – Verf.-Lex.² IX, 377–389 [Lit.] – P. WUNDERLI, Die ältesten roman. Texte unter dem Gesichtswinkel von Protokoll und Vorlesen, Vox Romanica 24, 1965, 44–63 – H. L. W. NELSON, Die Latinisierungen in den S. E.n, ebd. 25, 1966, 193–226 – G. HILTY, Die Romanisierung in den S. E.n, ebd. 227–235 – DERS., Les Serments de Strasbourg (Fschr. P. IMBS, 1973), 511–524 – R. SCHMIDT-WIEGAND, Eid und Gelöbnis, Formel und Formular im ma. Recht (Recht und Schrift im MA, hg. P. CLASSEN, 1977), 62–72 – F. VAN DER RHEE, Die S. E., afrz. und ahd., Amsterdamer Beitr. zur älteren Germanistik 20, 1983, 7–25.

Straße (s. a. →Verkehr)
I. Westlicher Bereich – II. Südosteuropa – III. Byzantinischer Bereich – IV. Osmanischer Bereich.

I. WESTLICHER BEREICH: [1] *Begriff:* Der Terminus 'S.' oder auch 'Weg' bezeichnet einen aus dem bewohnten, bewirtschafteten oder ungenutzten Land herausgegrenzten Bodenstreifen, der als Verkehrsraum reserviert und von der Allgemeinheit zu gleichem Recht benutzt wird. Wie schon die hist. Terminologie verdeutlicht (lat. *via, strata;* it. *via, strada;* dt. *weg, straze;* engl. *way, straeta, stret, lane;* frz. *voie, route, rue, chemin;* span. *via, estrada, cammino;* ung. *ut, utca;* poln. *ulica*), handelt es sich um ein altes Erbe, das in der Nomenklatur und in der Sache verschiedenen Kulturkreisen des Kontinents verpflichtet ist. Die Grundstruktur des europ. S.nnetzes wurde von den Römern geschaffen, erfuhr aber im Laufe der Jahrhunderte eine Umprägung und Erweiterung, die seine originären Züge weitgehend überdeckten.

[2] *Spätantike und Frühmittelalter:* Das Ende des Imperium Romanum und der Niedergang seiner administrativen Techniken in den Reichen, die es beerbten, führten seit

dem 6. Jh. zum Verfall der einstigen Kunsts.n, dem sich die letzten Karolinger trotz wiederholter Anstrengungen (MGH Cap. I Nr. 19 c. 4, II Nr. 202 c. 13) nicht entgegenzustemmen vermochten. Die alten Verkehrsverbindungen fielen weitgehend in ihren Naturzustand zurück und waren schließlich nur noch »der Ort, wo man ging«.

Das Schicksal der Ferns.n wurde auch von den innerstädt. Wegen geteilt. Dort, wo sie weiterhin in Gebrauch waren, blieben sie als Verkehrseinrichtungen erhalten – bei gleichzeitiger materieller Überlagerung durch spätere Schichten – und verschwanden andernorts ohne Spur: In den Städten, die seit der Spätantike zwar geschrumpft, in ihrem Kern aber weiterhin bewohnt waren, hat sich das einst rasterförmige Netz der S.n im Siedlungskern erhalten wie im Falle von Florenz oder Piacenza; in anderen, deren Leben stärker gestört wurde, erfuhr auch das einst regelmäßige Rasternetz deutliche Veränderungen, wie dies die Stadtpläne von Bologna, Lucca, Novara oder Köln zeigen; in denjenigen Städten schließlich, die am Ende der Antike weitgehend verlassen und die erst im Laufe des HochMA neu übersiedelt wurden, fehlt vom einstigen Rasternetz beinahe jede Spur, wie es die Beispiele von Limoges oder Trier vor Augen führen.

Das grundlegende mentale Konzept der via- bzw. strata publica hingegen, nach welchem die Wege ein Allgemeingut darstellten, blieb an den weiter benutzten Verbindungen der Antike haften und wurde mit dem lat. Schriftgut auch über die einstigen Grenzen des Imperium Romanum ins Neusiedelland verbracht und dort heimisch.

[3] *Hoch- und Spätmittelalter:* Auf die Periode des Niedergangs der antiken Strukturen folgte zw. 900 und 1500 eine Zeit des Neuaufbaus, in dessen Verlauf die Knotenpunkte des Verkehrsnetzes durch Umstrukturierung und Expansion des alten Siedlungsgefüges neu geknüpft wurden. Die Veränderungen im S.nnetz sind dort am auffälligsten, wo im Altsiedelland antike Städte von der Landkarte verschwanden, einst wichtige Zentren zu Bedeutungslosigkeit herabsanken und bis dahin unbedeutende Flecken zu Städten aufstiegen, oder dort, wo im Neusiedelland in bis dahin unbewohnten bzw. nur dünn besiedelten Gebieten Dörfer und Städte gegründet wurden. Diese Siedlungstätigkeit erforderte die Ergänzung des überkommenen Wegenetzes um neue Verbindungen und brachte Gewichtsverschiebungen mit sich, die etwa in der Umpolung des frz. S.nnetzes von Lyon auf Paris oder des ung. von Gran auf Buda (Ofen) zu fassen sind. Parallel dazu vollzog sich eine Neubestimmung des Verhältnisses der Gesellschaft zur S., die sich nur langsam abzeichnete und die in den verschiedenen Gegenden Europas einen unterschiedl. Entwicklungsrhythmus aufwies.

Das einst unter staatl. Aufsicht unterhaltene S.nnetz blieb seit dem 9. Jh. weitgehend sich selbst überlassen. Das schloß vereinzelte Maßnahmen nicht aus, lief aber im ganzen auf einen Zustand der Improvisation hinaus, in dem sporad. Eingriffe von der Notwendigkeit der Situation diktiert wurden. So war es bei Heerzügen üblich, Wege oder auch Brücken zur Erleichterung des Durchmarsches wieder herzurichten; gelegentl. wurden lokale Wege aus bes. Gründen von der örtl. Gewalt instandgesetzt; Kl.gründungen auf Rodungsland erforderten die Erschließung des Terrains durch Wege und dessen Anbindung an das bestehende S.nnetz; bisweilen wurden auch aus religiösen Motiven Wegstrecken in Ordnung gebracht. Doch fehlte allen diesen Initiativen ein einheitl. Konzept, das den systemat. Einsatz der Kräfte und den Rückgriff auf allg. akzeptierte Prinzipien für die Durchführung der Arbeiten erlaubt hätte.

Erst im 12. Jh. kam es zu einer »Neuentdeckung« der S.n. Das schlägt sich einerseits in der Konstatierung der herrscherl. oder obrigkeitl. Aufsicht über die S.n (England: → »Leges Henrici Primi«, um 1115; Italien: Reichstag v. →Roncaglia, 1158) und in der Bezeichnung via regia (England, Dtl., Frankreich) nieder, andererseits in der Festlegung der Mindestbreite der Königss.n (England: »Leis Willelme«; Dtl.: →Sachsenspiegel, Frankreich: »Coutumes de Beauvaisis« [→Philippe de Beaumanoir]). Die Unterhaltung des S.nnetzes jedoch rückte erst später ins Blickfeld der Gesellschaft und blieb längerhin das Aktionsfeld verschiedener Initiativen.

Seinen frühesten und konzentriertesten Ausdruck fand die neue Hinwendung zu den S.n in der Pflege der innerstädt. Wege, während die Reparatur von Lands.n erst im Laufe der Zeit üblich wurde. In den Städten trifft man im einzelnen auf die Festlegung der S.nbreite (Pisa 1155, Reggio 1204, Treviso 1231), die Neuanlage von →Plätzen (Piacenza 1178, Brescia 1179) und S.n (Florenz, Bologna, Vercelli) sowie auf Teilpflasterungen (Paris 1185, Hannover um 1200, Parma 1231, Duisburg 1250, Venedig 1264, Lincoln 1286, London 1353) oder sonstige Instandhaltungsarbeiten (St-Omer vor 1127), wobei die anfallenden Kosten entweder aus der Stadtkasse bezahlt oder von den Anliegern getragen wurden, deren S.nbaupflichten in den Stadtstatuten niedergelegt waren.

Was die Lands.n betrifft, so hat man in Dtl. das Privileg der Erhebung von S.nzöllen als gleichzeitige Verpflichtung gedeutet, die S.n zu reparieren (→Mainzer Landfrieden, 1235). Entsprechend wurden vom Herrscher Zölle an Städte (Nördlingen 1358) und lokale Herren (Mergentheim 1340) unter der Auflage der Wegbesserung verliehen. In einzelnen Fällen erhielten sogar Privatleute Zollprivilegien, die sich im Gegenzug zur Reparatur der S. verpflichteten (Heinrich Kunter an der Brenners., 1314; Jakob v. Castelmur an der Septimers., 1387). In norddt. Städten waren Spenden und Vermächtnisse (Lübeck 1289, Hamburg 1398) für den S.nbau üblich, der z. T. durch Einsiedler, die an der S. hausten, besorgt wurde.

In Frankreich, wo vereinzelter Wegebau durch lokale Gewalt (Vgf. v. Bourges, 1095, Vgfn. v. Narbonne, 1157) oder durch Mönche (Vexin, 12. Jh.) schon früh bezeugt ist, findet sich die Verbindung von Zoll und S.nbau seit dem 13. Jh. ebenfalls belegt, was durch Kaufleute finanzierte Arbeiten (14. Jh.) nicht ausschließt. Im übrigen dürfte die S.nhoheit im Lande im 13. Jh. auch als eine Kompetenz der Regionalgewalten aufgefaßt worden sein (»Coutumes de Beauvaisis«, 1283).

In Skandinavien scheint der S.nbau vorzugsweise von Privatleuten für das Seelenheil ihrer Verstorbenen unternommen worden zu sein.

In England, wo der Brückenbau seit dem frühen MA zur gut bezeugten Untertanenpflicht gehörte, hat man sich der Wege jedoch nur auf Kriegszügen angenommen (1102, 1278, 1283); sonst blieben sie sich selbst überlassen, sofern nicht Kaufleute sie auf ihre Kosten instandsetzten (13. Jh.) oder Eremiten sich ihrer annahmen bzw. Indulgenzen für die Reparatur von Brücken und S.n von kirchl. Seite erteilt wurden (Canterbury, 1389). Im 13. Jh. gelegentl. unternommene Versuche, für die Reparatur von S.n wie auf dem Kontinent Zölle zu erheben, unterband das engl. Kgtm., um im 14. Jh. auf dem Felde der S.nbesserung selbst aktiv zu werden und es weitgehend unter seine Kontrolle zu bringen.

Auf der Iber. Halbinsel wachte das kast. Kgtm. seit Ende des 13. Jh. über die Integrität des S.nbestandes (→»Siete Partidas«, wahrscheinl. zw. 1256 und 1265) und ließ das Verkehrsnetz seit dem Ende des MA auf Kosten der Anlieger und Nutznießer reparieren.

In Italien war die Verbesserung des S.nnetzes im wesentl. ein Werk der Kommunen, die die Sorge für die Wege im Laufe des 13. Jh. auch auf ihr Territorium ausdehnten, wo man die S.n anfangs nur bei Bedarf, seit der 2. Hälfte des 13. Jh. aber schon regelmäßig instandsetzen ließ. Die Kosten der Arbeiten legte man nach dem Nutznießerprinzip teils auf die Ortschaften um, die von der S. durchquert wurden, teils auch auf jene Siedlungen, die in ihrem weiteren Einzugsbereich lagen. Dabei organisierte die Kommune nur die Instandhaltung der Haupts.n des Territoriums, während die Sorge für die Nebens.n den Gemeinden überlassen blieb. Die Verwaltung der S.n oblag jeweils dem Wegeamt, dessen Pflichten in eigenen Statuten zusammengefaßt wurden (Siena, 1290/99, Mailand 1346). Im Laufe der Zeit perfektionierte sich die Administration. Nachdem im 13. Jh. zunächst nur die Zahl der Haupts.n (*strate magistre, -principales*) festgelegt und die Verteilung der mit ihnen verbundenen Kosten ledigl. summar. umrissen waren, wurden im Laufe des 14. Jh. die Haupts.n ellenweise aufgeteilt, die Abschnitte im Gelände durch Versteinung markiert und schriftl. in eigenen S.nverzeichnissen (Siena 1306, Mailand 1346, Florenz 1461), im 16. Jh. sogar in einer Kartierung aller S.n des Territoriums (Florenz 1580–95) festgehalten.

Die Technik der S.nreparatur weist starke regionale Unterschiede auf. In Skandinavien gehörte dazu die Rodung, in den Ländern des europ. Nordens, Norddtl. und Nordfrankreich eingeschlossen, die Verwendung von Holzbohlen, in Italien die Aufschüttung von Kies und Pflasterung schwieriger Abschnitte, abgesehen von der Aushebung von S.ngräben und der Zuschüttung der Löcher im S.nboden.

Auch wenn die S.n jedem zur Benutzung offenstanden, hatten sich die Kaufleute gewöhnl. an bestimmte Strecken zu halten (Frankreich: *rectum caminum, droit chemin*; Dtl.: Geleits.n [→Geleit]; Italien: zw. Kommunen vertragl. festgelegte S.n), sofern sie auf die obrigkeitl. gewährte Sicherheit ihrer Transporte Wert legten.

Unsere Kenntnis des ma. Ferns.nnetzes vor dem Jahre 1300 ist fragmentar. und stützt sich auf Etappenverzeichnisse von →Pilgern, die nach Rom oder Santiago de Compostela zogen, sowie auf→Itinerare von Herrschern, geistl. Würdenträgern oder anderen Reisenden. Nach 1300 kommen vermehrt kaufmänn. Itinerare hinzu, die ganz Europa umfassen. Daneben erscheinen allmähl. auch S.nkarten. Das früheste Beispiel dafür ist die sog. Gough Map von ca. 1360, die das S.nnetz Englands in einer Gesamtlänge von 4700 km abbildet. →Topographie.

Th. Szabó

Lit.: L. Glaser, Dunántúl középkori úthálózata, Századok 63, 1929, 138–167, 257–285 – F. Bruns–H. Weczerka, Hans. Handels.n, 1967 – H.-J. Niederehe, S. und Weg in der galloroman. Toponomastik, 1967 – A. C. Leighton, Transport and Communication in the Early Medieval Europe AD 500–1100, 1972 – G. T. Salusbury-Jones, Street Life in Medieval England, 1975² – E. Tóth, Eötteven seu via antiqua Romanorum, Magyar Nyelv LXXIII, 1977, 194–201 – R. Pérez-Bustamante, El marco jurídico para la construcción y reparación de caminos (Castilla: s.s XIV y XV), (Les communications dans la Péninsule ibérique au MA [Actes du Coll. de Pau, 28–29 mars 1980], 1981), 163–178 – B. P. Hindle, Roads and Tracks (The English Medieval Landscape, ed. L. Cantor, 1982), 193–217 – M. Rouche, L'éritage de la voirie antique dans la Gaule du haut MA, V^e–IXe s. (L'Homme et la Route en Europe occidentale au MA et aux Temps modernes [Flaran 2], 1982), 13–32 – L. Frangioni, Milano e le sue strade, 1983 – Th. Szabó, Antikes Erbe und karol.-otton. Verkehrspolitik (Fschr. J. Fleckenstein zu seinem 65. Geburtstag, 1984), 125–145 – K. Düwel, Wege und Brücken in Skandinavien nach dem Zeugnis wikingerzeitl. Runeninschriften (Fschr. R. Schmidt-Wiegand zum 60. Geburtstag 1, 1986), 88–97 – Trasporti e sviluppo economico nei sec. XIII–XVIII, a cura di A. Vannini Marx, 1986 – F. Bocchi, Normativa urbanistica, spazi pubblici, disposizioni antinquinamento nella legislazione comunale delle città emiliane (Cultura e società nell'Italia medieval. studi per P. Brezzi [Studi Storici 184–187], 1988), 91–115 – Piante di Popoli e Strade. Capitani di Parte Guelfa 1580–95, ed. G. Pansini, 1989 – E. Hubert, Espace urbain et habitat à Rome du Xe à la fin du XIIIe s., 1990, 97–124 – R.-H. Bautier, Sur l'hist. économique de la France médiéval. La route, le fleuve, la foire, 1991 – F. J. Villalba Ruiz de Toledo, Notas acerca del estudio de las vias de comunicación en la España cristiana durante los siglos X y XI (Estudios de Historia Medieval en homenaje a L. Suárez Fernández, 1991), 535–547 – Th. Szabó, Comuni e politica stradale in Toscana e in Italia nel Medio Evo, 1992 – Viabilità e legislazione di uno Stato cittadino del Duecento. Lo Statuto dei Viarî di Siena, a cura di D. Ciampoli–Th. Szabó, 1992 – L. Frangioni, Milano fine Trecento (Il carteggio milanese dell'Archivio Datini in Prato, 1994), 8–180 – Th. Szabó, Die Entdeckung der S. im 12. Jh. (Studi i. o. di C. Violante, 1994), 913–929 – A. Esch, Die Via Flaminia in der Landschaft, Antike Welt. Zs. für Archäologie und Kulturgesch. 26, 1995, 85–113.

II. Südosteuropa: In ma. südslav. Texten finden sich für 'S.' im Sinne von Fernreiseweg das gemeinslav. Wort *put'* und *cesta*, letzteres wahrscheinl. eine Lehnübersetzung zu lat. 'strata' oder gr. 'dromos'. – Noch im FrühMA wurden in den zentralen Gebieten der Balkanhalbinsel die alten röm. Wege mit Sicherheit weiterbenutzt. Konkretere Quellennachrichten finden sich aber erst im 11. und 12. Jh., in der Zeit der byz. Vorherrschaft (→Byz. Reich, D. III–V) und der →Kreuzzüge. Einige Kreuzfahrerverbände (Raimund v. Toulouse, später dann Konrad III., Ludwig VII., Friedrich Barbarossa) wählten den mühsamen Landweg entlang der Adriaostküste, andere (Gottfried v. Bouillon) die Route durch Ungarn nach Belgrad und von dort weiter auf der Via militaris, der »Heerstraße« nach Konstantinopel (ungefähr 1000 km, Reisedauer einer Karawane: 26–30 Tage; wichtigste Etappenstationen: →Niš, →Sofia und →Adrianopel, mit Abzweigungen in Richtung →Thessalonike und zur →Ägäis). Doch blieb auch die aus röm. Zeit stammende Via Egnatia von →Dyrrhachion über →Ohrid nach Thessalonike und →Konstantinopel in Funktion.

Mit dem Aufblühen des Handels im Raum der Adria, der Agrar- und Stadtkolonisation in →Slavonien und der Erschließung von Bodenschätzen in →Bosnien und→Serbien erfolgte im 13.–15. Jh. ein intensiverer Ausbau des Verkehrswege unter Verlagerung der Hauptverkehrsströme. Die wichtigsten S.n dienten nun der Verbindung des Binnenlandes mit der Adriaostküste, um Anschluß an die Seewege nach Italien, v.a. →Venedig, zu finden (→Adria, →Mittelmeerhandel); die Routen folgten soweit als mögl., wie noch das moderne S.nnetz, den Flußläufen. Über Kupa und Una verlief der Verkehr zw. den nördl. Küstenstädten einerseits und Slavonien und Ungarn andererseits. Ausgangspunkte der Wege ins Landesinnere waren →Split, →Drijeva am Unterlauf der →Neretva, Dubrovnik (→Ragusa), →Kotor und Sveti Srđ an der →Bojana. Über die Via Narenta durch das Neretvatal gelangten Reisende in das Bosna-Tal und zum Bergbauort Olovo. Von Dubrovnik aus über Trebinje erreichte man bei Foča die Via Drina, die nach Goražde und Srebrenica wie auch ins Limtal führte (wichtigste Rastplätze: Bijelo Polje und Priboj). Nach O ging der Weg weiter ins Ibartal und zum Bergbaugebiet am Kopaonik und ins Amselfeld (→Kosovo polje) nach →Novo Brdo. Kotor und →Budva waren über die Via de Zenta (→Zeta) mit Podgorica verbunden; von hier führte eine S. ins Tara-Tal und nach Brskovo. Über mehrere Pässe verlief eine S. von Podgorica in

Richtung Amselfeld. Von den südl. Küstenstädten aus führte eine Route über Sveti Srđ und →Skutari, dem →Drim folgend, nach →Prizren. Vrbas, Bosna und →Drina erlaubten von N her den besten Zugang nach Bosnien und Serbien. M. Blagojević

Lit.: C. Jireček, Die Heers. von Belgrad nach Constantinopel und die Balkanpässe, 1877 – Ders., Die Handelss.en und Bergwerke von Serbien und Bosnien während des MA, AAP VI. Folge, 10. Bd. Cl. für Philos., Gesch. und Philologie, Nr. 2, 1879 – P. Mutafčiev, Starijat drum prez Trajanova vrata, Spisanie 55, 1937, 19–148 – M. Dinić, Dubrovačka srednjovekovna karavanska trgovina, Jugoslovenski istorijski časopis III, 1937, 119–146 [Srpske zemlje u srednjem veku, 1978, 305–330] – D. Kovačević, Trgovina u srednjovjekovnoj Bosni, Djela Naučnog društva BiH XX, knj. XVIII, 1961 – G. Škrivanić, Putevi u srednjovekovnoj Srbiji, 1974 – Lj. Maksimović, Srbija i pravci vizantijskih pohoda u XII veku, ZRVI 22, 1983, 7–20.

III. Byzantinischer Bereich: ὁδός oder auch wie die Post (cursus publicus) (δημόσιος) δρόμος, στράτα, μονοπάτιον. Es wurde unterschieden zw. ksl. ('basilikai hodoi') und staatl. ('demiosiai', 'demiosiakai hodoi') S.n sowie verschiedenen Arten wie große, kleine, enge, alte, solche für den allg. Verkehr ('katholikai'), für den Holztransport ('xylophorikai') oder für den Karrenverkehr ('hamaxegai'). Lokale Pflasterwege von Ort zu Ort oder Kl. zu Kl. hießen στράτα; sie sind bes. auf dem →Athos und den Ägäischen Inseln (wie z. B. in Siphnos) noch gut erhalten. Für den Unterhalt der Ferns.n war wohl auch der →Logothetes tu dromu' zuständig (→Post), dem in den Provinzen ein Chartularios tu dromu (durch ein Siegel bekannt für das →Thema Charsianon) unterstand. In spätbyz. Zeit sind der S.nbau und die S.ninstandhaltung immer mehr Lokalangelegenheit, wie urkdl. bezeugte Befreiungen von der hodostrosia bezeugen.

Byz. S.n sind u.a. durch →Brücken, →Gasthäuser/Mansiones/Mutationes – sie werden in der Zeit der →Selğuqen oft zu Karavansarays (→Karawanserei) –, Meilensteine und S.nfestungen nachzuweisen. Manchmal sind aber auch längere, oft gepflasterte Partien erhalten oder bezeugt, so am Euphrat-Limes, in →Kilikien (die Via Tauri durch die Kilik. Pforten/Pylai Kilikiai nördl. v. Tarsos bei Bayramlı, heute Sağlıklı oder die S. von Korykos nach Cambazlı), in Pamphylien (die Via Sebaste durch den Döşemeboğazı-Paß von Attaleia/→Antalya nach Pisidien), in N-Syrien die S. zw. Antiocheia und Berroia/Aleppo (Bāb el-Hawā') und in Palästina die S. zw. Ioppe/Jaffa und Jerusalem. Viele byz. Ruinenstätten, v. a. in Syrien (Villes mortes in NW-Syrien, Hauran in S-Syrien), in Jordanien (Gerasa), in der Kyrenaika/Lybien (Kyrene und Apollonia), in Griechenland →Mistra, Palaichora auf Aigina oder das Kastro auf Siphnos und deren Nachfolgeorte, allen voran →Konstantinopel, →Thessalonike oder →Nikaia, bewahren oder tradieren noch das alte S.nnetz, oft mit der alten S.npflasterung.

Nachrichten über das byz. S.nnetz liefern uns v.a. die →Itinerare, von denen das Itinerarium Burdigalense oder Hierosolymitanum (333 n. Chr.), das mit großer Genauigkeit den Pilgerweg von Burdigala (→Bordeaux) nach →Jerusalem (Hierosolyma) beschreibt, und die →Tabula Peutingeriana (5. Jh. n. Chr.) hervorzuheben sind. Manche Details bieten auch die Pilger- und Kreuzzugslit. sowie die Berichte über die byz. Feldzüge. Details über den frühbyz. S.nbau erfahren wir aus »De aedificiis« des →Prokopios v. Kaisareia und Brief 98 des Ks. s →Julianus Apostata. Das byz. S.nsystem basierte zwar auf dem röm., war aber nun auf Byzanz/Konstantinopel/Nea Rome ausgerichtet, das zur Drehscheibe wurde. Für den Wagenverkehr waren die byz. S.n freil. nicht mehr geeignet; primitive Karrentransporte konnten jedoch wie auch heute noch (für die Feldarbeit) auf den alten S.n durchgeführt werden.

Aus Europa führten zwei wichtige S.n nach Konstantinopel, die »Heers.« durch den Balkan über Singidunum (→Belgrad), Naissus (→Niš), Serdica (→Sofia) und →Adrianopel (Edirne) und die Via Egnatia von →Dyrrhachion (mit Anschluß an Italien) über →Ohrid und Thessalonike, wo eine S. aus den südlicheren (griech.) Gebieten – die Byzantiner nennen diese κατωτικὰ μέρη – einmündete, die von Athen (mit Anschluß an die Peloponnes/→Morea) durch die Thermopylen (byz. Skelos) und das Tempe-Tal hochzog.

Von Konstantinopel führte eine Diagonals. durch Kleinasien über Nikaia, →Dorylaion, →Ankara, Koloneia (Aksaray) und durch die Pylai Kilikiai nach Kilikien, Syrien, Mesopotamien und Palästina. Dorylaion und Koloneia sind auch als ἄπληκτα (Truppensammelpunkte) bekannt. Eine Variante dieser Route bog in Dorylaion nach Süden ab und erreichte über Konya die Pylai Kilikiai (1. →Kreuzzug) oder durch das Tal des Kalykadnos/Saleph die kleinasiat. S-Küste (3. →Kreuzzug: Tod von Ks. Friedrich Barbarossa im Saleph).

Eine andere Route führte von Konstantinopel in südl. Richtung über Nikaia, →Pergamon und →Laodikeia am Lykos nach Antalya (auch 2. →Kreuzzug), eine dritte über Ankara oder →Kastamonu nach →Trapezunt. Antalya und Trapezunt sind als wichtige Orient-Außenhäfen für Konstantinopel beim arab. Geographen →Ibn Ḥauqal (10. Jh.) überliefert, der wie Ibn Ḥordaḏbeh (9. Jh.) und →al-Idrīsī (12. Jh.) wichtige Details zum byz. S.nsystem beisteuert. Antalya und Trapezunt wiederum waren durch eine SW-NO-Diagonals. durch Kleinasien miteinander verbunden, deren Abschnitt Ikonion/Konya-Kaisareia/→Kayseri-Sebasteia/→Sivas zum »Ulu Yol«, dem »Großen Weg«, auch bezeugt durch zahlreiche monumentale Karawansereien, im Reich der →Selğuqen des 12./13. Jh. wurde. Von Lajazzo (→Ayas) in Kilikien führte eine weitere S. über Sivas nach Trapezunt; sie ist im Kaufmannsbuch →Pegolottis bezeugt und wurde auch von Marco →Polo auf dem Weg nach →China benutzt. F. Hild

Lit.: C. Jireček, Die Heerstraße von Belgrad nach Constantinopel und die Balkanpässe, 1877 – Ph. Koukoulés, Βυζαντινῶν βίος καὶ πολιτισμός, IV, 1951, 318–341 – Th. Pekáry, Unters. zu den röm. S.n, 1968 – D. Claude, Die byz. Stadt im 6. Jh., 1969 – R. Chevallier, Les voies romaines, 1972 – Tabula Imperii Byzantini I–VII, 1976–90 – F. Hild, Das byz. S.nsystem in Kappadokien, 1977 – Dict. of the MA X, 1988, 422–425 – Oxford Dict. of Byzantium, 1991, 131, 324f., 662, 679, 1798 – D. H. French, A Road Problem: Roman or Byzantine?, Istanbuler Mitt. 43, 1993, 445–454 – E. Malamut, Sur la route des saints byz., 1993 – A. Külzer, Peregrinatio graeca in Terram Sanctam, 1994.

IV. Osmanischer Bereich: Das osman. Überlandstraßennetz setzte die ma. Verhältnisse fort. →Konstantinopel war Ausgangs- und Zielpunkt der großen Marschrouten und Pilgers.n nach Iran (wechselnder Verlauf der Nordroute über →Ankara, →Amasya, Erzurum), Syrien (über →Konya und Adana) und Südosteuropa. Ab dem frühen 16. Jh. existieren Feldzugsitinerare (Selîm I.), Pilgerberichte und andere Q., die eine vollständige Rekonstruktion erlauben. Die Osmanen nutzten v. a. in Zentralanatolien die aus der Zeit der →Selğuqen überkommenen Verkehrsbauten (→Brücke, →Karawanserei), während sie im W Anatoliens und auf der Balkanhalbinsel häufiger Neubauten in Form von Sultans- und Wesirstiftungen anlegten. Beispiele sind eine Brücke Sultan →Murâds I. in Ankara (1375/76) und die thrak. Flußübergänge bei Filibe (→Philippopel) von Lala Şahin Paşa (nach 1363) und

Uzunköprü (1433/34). Ihrem Schutz dienten einfache Forts (*palanka*). Pässe und Brückenköpfe (*derbent*) wurden von steuerlich entlasteten *voynuks* bewacht. Der Unterhalt des Pflasters (*kaldırım*) oblag einer eigenen Berufsgruppe.

Innerstädtische Wege genügten dem Verkehr von Fußgängern und Tragtieren. Archivdokumente unterscheiden grundsätzl. zw. öffentl. und privaten S.n. Die nichtplanmäßige Auffüllung der Innenflächen von Baublöcken dürfte für die Entstehung des »oriental.« Sackgassensystems verantwortl. sein. Gelegentl. wurden Kapitalerträge aus Stiftungen für den Unterhalt von S.n innerhalb der Wohnviertel bestimmt. K. Kreiser

Lit.: TAESCHNER, Wegenetz – C. ORHONLU, Mesleki bir teşekkül olarak kaldırımcılık ve Osmanlı şehir yolları hakkında düşünceler (Güney-Doğu Avrupa Araştırmaları Dergisi 1, 1972), 93–138 – O. ZIROJEVIĆ, Carigradski drum od Beograda do Budima u XVI u XVII veku, 1976.

Strategika → Taktika

Strategopulos, Alexios, byz. Heerführer, Geburtsdatum unbekannt, † zw. Dez. 1270 und 1275; entstammte einer Familie, die erstmals im Ksr. v. →Nikaia begegnet (1216), tauchte 1252 im Heer auf, verlor aber unter →Theodor II. seine Stelle, weswegen er sich →Michael VIII. zuwandte und sich bes. in der Schlacht v. →Pelagonia (1259) und den darauffolgenden Eroberungen hervortat, was ihm den Titel eines Kaisar (→Caesar, II) einbrachte. 1261 beauftragt, die Lateiner in →Konstantinopel zu überwachen, gelang ihm in der Nacht vom 24. auf den 25. Juli die überraschende Einnahme der Kaiserstadt, die er bis zur Ankunft des Ks.s (14. Aug.) verwaltete. Zum Dank erhielt er einen Triumphzug und eine einjährige Kommemoration in den Gottesdiensten. Schon 1261 wurde er bei einem Feldzug in Epiros gefangengenommen und erst ein Jahr später gegen Anna-Konstanze v. Hohenstaufen ausgetauscht. Er war verheiratet mit einer Tochter von →Johannes III. Dukas Vatatzes; sein (einziger?) Sohn (Konstantin) wurde (1255) von Theodor II. geblendet. Nachkommen sind in hohen Stellungen bis zum Ende des Byz. Reiches bekannt. P. Schreiner

Lit.: PLP, Nr. 26894 – Oxford Dict. of Byzantium, 1991, 1963f.

Strategos, bis ins 7. Jh. in antiker Tradition Bezeichnung für den Heerführer, wird mit der Schaffung der →Themen Berufsbezeichnung für den Gouverneur, der militär. und zivile Aufgaben innehat, auf Zeit ernannt und auch versetzbar ist. Mit dem Niedergang der Themenordnung in der 2. Hälfte des 11. Jh. übernimmt in regional kleineren Bereichen der →Dux oder →Katepan dessen militär. Aufgaben, während für die Führung von Kriegszügen wiederum der S. begegnet, oft in der Person von Mitgliedern des Ks.hauses oder der führenden Familien, während der Oberbefehlshaber die Bezeichnung S. αὐτοκράτωρ trägt. Diese Formen werden auch in spätbyz. Zeit weitergeführt. P. Schreiner

Lit.: A. HOHLWEG, Beitr. zur Verwaltungsgesch. des Oström. Reiches und der Komnenen, 1965, bes. 118–122 – LJ. MAKSIMOVIĆ, The Byz. Provincial Administration under the Palaiologoi, 1988 – H.-G. KÜHN, Die byz. Armee im 10. und 11. Jh., 1991 [Index] – Oxford Dict. of Byzantium, 1991, 1964 – W. TREADGOLD, Byzantium and its Army, 1995 [Ind.].

Stratford, John of, Bf. v. →Winchester seit 20. Juni 1323, Ebf. v. →Canterbury seit 26. Nov. 1333, * wahrscheinl. um 1275/80 in Stratford, † 23. Aug. 1348; 1312 Doktor für Zivilrecht in Oxford, im Dienst des Prioren v. Worcester, 1315 Proktor des Bf.s Maidstone am Court of →Canterbury, 1317 Offizial der Diöz. Lincoln, 1317 Mitglied des kgl. Rats und 1318–20 des Parliament. Er hielt sich in diplomat. Mission in Frankreich und an der päpstl. Kurie bis 1325 auf. 1326 schloß er sich Kgn. →Isabella an, fungierte 1326–27 als Schatzmeister und spielte eine bedeutende Rolle bei der Absetzung Eduards II. Doch schloß er sich den Lancastrians an, die den Sturz von Roger →Mortimer herbeiführten. Kanzler war er 1330–34, 1335–37 und 1340. Als Eduard III. 1340 in Frankreich war, führte er in England die Regierung, wurde aber im »Libellus famosus« heftig angeklagt. Er erlangte zwar wieder die Gunst des Kg.s, spielte aber bis zu seinem Tod keine bedeutende polit. Rolle mehr. J. of S. war ein Verteidiger der kirchl. Freiheiten, er veröffentlichte 1342 Provinzialstatuten und Verordnungen für den Court of Canterbury. R. M. Haines

Q. und Lit.: BRUO III, 1796–1798 – R. M. HAINES, Archbishop S., 1986.

Stratford-on-Avon, mittelengl. Stadt in Warwickshire an einem seit röm. Zeit genutzten Übergang über den Avon. Der dem Bf. v. →Worcester unterstehende *manor* gewann nach der norm. Eroberung erhebl. an Bedeutung; lag sein steuertechn. Wert 1066 noch bei £ 5, so verzeichnet das →Domesday Book für 1086 einen Gesamtwert von £ 25. Gleichzeitig notiert die Q. 29 steuerpflichtige Einwohner (aber keine *burgesses*), was auf eine Gesamtzahl von rund 120 Bewohnern deutet. Durch die bewußte Ansiedlungspolitik des Bf.s John de Coutance (1196–98), der von Kg. Richard I. 1196 das Marktrecht für S. erhielt, hatte sich deren Zahl zu Ausgang des 12. Jh. fast verdreifacht; die Q. dokumentieren einen außergewöhnl. weiten Migrationsradius. Die Ansiedlungspolitik wurde unter Johns Nachfolgern fortgeführt. Obgleich S. erst im 16. Jh. Stadtrecht erhielt, ist der Ort ein Beispiel für eine wirtschaftl. erfolgreiche Marktortplanung. B. Brodt

Q. und Lit.: E. M. CARUS-WILSON, The First Half-Century of the Borough of S., EconHR 18, 1965.

Strathclyde, Tal (gäl. *srath*, altwalis. *istrat*) des Flusses Clyde, war vom 6. bis zum 11. Jh. eines der selbständigen Kgr.e im n. Britannien. Es erstreckte sich vom n. Rand des Loch Lomond bis zum Solway Firth. Die andere, nicht völlig synonyme Bezeichnung für S., Cumbria, umschließt ein größeres Gebiet, das im S so weit reichte wie die späteren engl. Gft.en →Cumberland, →Westmorland und das n. →Lancashire. N. von Solway wies das Kgr. S. eine Kontinuität mit dem Gebiet der brit. Stämme auf, die von den röm. Schriftstellern als Damnonii (→Dumnonii; Zentrum: Dumbarton), Novantae (heute Galloway) und teilweise auch als Selgovae (Dumfriesshire und Roxburghshire) bezeichnet wurden. Zu den ersten Vorgängern (5. Jh.) der hist. Kg.e v. S. gehörte wohl Coroticus (Ceredig), an den der hl. →Patrick einen tadelnden Brief adressierte; doch der erste Kg., der hist. faßbar wird, ist Tudwal, Vater von Rhydderch (Rodericus) »the Liberal«. Rhydderch starb wohl um 614. Nach →Adamnanus v. Hy zählte er zu den Freunden des hl. →Columba. Doch war er auch mit dem hl. Kentigern (→Mungo) befreundet. Rhydderch hat wohl Krieg gegen die Angeln geführt, die bereits im sö. Schottland und im nö. England eingedrungen waren und sich dort angesiedelt hatten. Wahrscheinl. ist er in Partick (jetzt ein Teil von →Glasgow) gestorben. Die Nachfolge der Kg.e in männl. Linie kann von Rhydderchs zweitem Cousin Beli († um 627) bis zu Ywain (Ewan oder Owen) verfolgt werden, der Kg. v. S. oder Cumbria im frühen 11. Jh. war. Nach einer im allg. zuverlässigen Q. beteiligte sich Ywain an der Schlacht v. →Carham-on-Tweed zw. dem scot. Kg. Malcolm II. und den Northumbriern unter Earl Eadwulf. Obwohl er auf der Seite der Sieger kämpfte, verlor Ywain, von dem bekannt ist, daß er um diese Zeit starb, wahrscheinl. sein Leben in der Schlacht. Er gilt als letzter der brit. Kg. e v. S., aber das Kgr. bestand weiter, bis sein schott. Herrscher Duncan I. 1040 von Macbeth getötet wurde. Als selbständige polit. Einheit überdauerte S. bis 1124, als David, der jüngste Sohn von Malcolm III., seinem Bruder Alexander I. als Kg. v. Schottland folgte. 1107–24 herrschte David als princeps in S. (allg. als Cumbria bekannt), ein tatsächl. Nachfolger der alten Kg.sdynastie. Außerdem waren vielleicht ein gewisser Donald, Sohn von Ewan, und dessen Sohn Ewan, die Mitte des 12. Jh. in S. einige Bedeutung erlangten, Nachkommen der früheren Kg.e. 1092 verleibte Wilhelm II. Rufus, Kg. v. England, Cumberland und Westmorland gewaltsam seinem Kgr. ein. Und obwohl David I. 1136 dieses Territorium für Schottland zurückgewann, wurde es schließlich von Heinrich II. 1157 endgültig in England eingefügt. G. W. S. Barrow

Lit.: →Cumberland – A. MACQUARRIE, The Kings of S. (Medieval Scotland: Crown, Lordship and Community, hg. A. GRANT–K. J. STRINGER, 1993), 1–19.

Strathearn, eine der alten Provinzen (und →Earldoms) von →Schottland, die das Flußtal (*strath*) des Earn umfaßte, aber auch das Gebiet bis Dunblane in der Nähe von →Stirling einschloß. Sie bildete das Kernland des pikt. Kgr.es ('Fortriu'; →Pikten) vor ca. 850, mit den kgl. Residenzen in Dunning und Forteviot. Eine Dynastie der Earls kann seit etwa 1124 nachgewiesen werden und vererbte sich bis 1344 vom Vater auf den Sohn. 1357 wurde das Earldom an Robert übertragen, den 7. erbl. →Steward oder Stewart, der 1371 als Robert II. den Thron bestieg, anschließend ging die Nachfolge an einen jüngeren Sohn über. Traditionellerweise spielte der Earl of S. eine führende Rolle bei der Einsetzungszeremonie der Kg.e v. Schottland in →Scone. 1160 war Earl Ferteth Führer der schott. Earls, die in Perth gegen die Teilnahme Kg. Malcolms IV. an dem Feldzug Kg. Heinrichs II. v. England nach Toulouse (1159) protestierten. Sein Sohn, Earl Gilbert (1171–1223), der viele Jahre als kgl. Justitiar diente, gründete um 1200 die Augustinerabtei Inchaffray. Die Earls v. S. waren Patrone des kleinen Bm.s Dunblane. Ihre wichtigsten Residenzorte scheinen Dunning und Crieff gewesen zu sein, doch wurde im Earldom keine bedeutende Burg vor dem 14. Jh. errichtet. G. W. S. Barrow

Q. und Lit.: Charters etc. Relating to the Abbey of Inchaffray, ed. W. A. LINDSAY, J. DOWDEN, J. M. THOMSON (Scottish Hist. Society, 1908).

Stratiot (gr. στρατιώτης), in allen Epochen gebräuchlichster Terminus im Griech. zur Bezeichnung eines Soldaten (→Heer, B. I). Dem Bedeutungswandel unterliegend, war das Wort zumeist kein terminus technicus. In Byzanz kristallisieren sich zwei engere Bedeutungen heraus: 1. In der höchsten Blütezeit (Ende 8. bis 10. Jh.) der Themenverfassung (→Thema) hatten S.en relativ kleine Landgüter (Mindestwert von zwei bis fünf Goldpfund, je nach Zeit und Art der S.en), die sog. Stratiotengüter (στρατιωτικὰ κτήματα) des 10. Jh., inne. Aus diesem Erbbesitz zog der S. den größten Teil seines Unterhaltes und finanzierte seine Bewaffnung, unabhängig davon, ob er selbst oder sein Bevollmächtigter (στρατευόμενος) den Militärdienst (στρατεία) leistete. Auch konnte eine Gruppe verarmter S.en sich zusammenschließen, um gemeinsam einen Soldaten auszurüsten. Obwohl nicht offiziell aufgehoben, verkümmerte das System in der 2. Hälfte des 10. Jh. – 2. In der spätbyz. Zeit (vom 12. Jh. an) bezeichnet das Wort S. zumeist den Inhaber einer →Pronoia. Mit dieser zusammen wurden auch abhängige Bauern-Paroiken übertragen, ohne daß dadurch Eigentumsrechte begründet wurden. Seit Ende des 13. Jh. konnte der S. durch Übernahme und Erneuerung des väterl. Vertrages die Pronoia faktisch erben. Solche S.en gehörten unabhängig von deutl. Vermögensunterschieden zur Aristokratenschicht. Seit Anfang des 14. Jh. findet man diese Art der S.en auch in Serbien. Lj. Makismović

Lit.: zu 1: OSTROGORSKY, Geschichte³ [mit älterer Lit.] – J. HALDON, Recruitment and Conscription in the Byz. Army, 1979 – P. LEMERLE, The Agrarian Hist. of Byzantium from the Origins to the Twelfth Cent., 1979 – R. J. LILIE, Die zweihundertjährige Reform, BSl 45, 1984, 27–39, 190–201 – M. GRIGORIOU-IOANNIDOU, Stratologia ke engia stratiotiki idioktisia sto Vizandio, 1989 – DIES., Les biens militaires et le recrutement en Byzance, Βυζαντιακά, 12, 1992, 217–226 – M. KAPLAN, Les hommes et la terre à Byzance du VIe au XIe s., 1992 – J. HALDON, Military Service, Military Lands and the Status of Soldiers, DOP 47, 1993, 1–67 – zu 2: →Pronoia.

Strator →Marschall

Straubing. [1] *Stadt:* S. liegt im altbesiedelten, reichen Donauagau, am Flußübergang der Straße in den Bayer. Wald. Am Römerlager des Alt-St. Peter entstand im 5. Jh. eine germ. Siedlung, deren Reihengräber für die Erforschung der bayer. Stammesbildung wichtig sind. S. wurde zu einem präurbanen Zentralort mit roman. Peterskirche und Petersmarkt des Domkapitels v. →Augsburg (seit 1029). 1228 gründete der bayer. Hzg. die Neustadt S. – wiederum auf Augsburger Domkapitelsgut – in einer Zeit, in der die benachbarten Gf.en v. →Bogen ausstarben. Die Donau- und Brückenstadt entwickelte sich rasch, Bürgerkämpfe vollzogen sich weniger mit dem Hzg. als mit dem Domkapitel. Trotz des Stürmens der Judensiedlung 1338 sind später Juden in S. bezeugt. Im 14./15. Jh. entwickelte sich ein reiches Gewerbe und Patriziat. S., das stets auch für den hzgl. Stadtherrn wichtig war, erhielt wertvolle hzgl. Privilegien. 1356 begann Hzg. Albrecht mit dem Bau des Schlosses (Residenz), dazu brachte er 1368 die Karmeliten nach S., deren Kl.kirche fsl. →Grablege wurde. Die Bürger erbauten um 1400 die prächtige Hallenkirche St. Jakob.

[2] *Herzogtum:* Die polit. Wichtigkeit des jungen Zentralorts zeigt sich in der Schwertleite des Hzg.ssohns Otto II. 1228 in S. 1293 gehörte S., seit 1271 Sitz eines Vitztumamts, zu den drei Hauptorten, an denen der niederbayer. Hzg. residieren sollte. 1353–1429 war S. bayer. Zentrale des neuen Teilhzm.s S.-Holland. Dieses Teilhzm. war eine Folge der Hausmachtpolitik Ks. Ludwigs d. Bayern: Er hatte sich 1324 mit Margarethe v. Hennegau-Holland vermählt, die 1345 die Gft. erbte. 1353 schuf der Regensburger Vertrag das Hzm. S.-Holland. De facto war S. nur 1353–ca. 1358 und 1387/89–97 Sitz der regierenden Teilfs.en, dann wurde die Residenz nach Holland verlegt. Nach dem Tode des letzten männl. Dynasten, Bf. Johanns v. Lüttich, wurde der S.er Teil nach internen Auseinandersetzungen 1430 viergeteilt. Die letzte Vertreterin der Linie, →Jakobäa, mußte 1433 auf ihre nld. Herrschaftsrechte verzichten. S. und Umland fielen an Bayern-München, und der Hzg.ssohn →Albrecht (III.; 4. A.) wurde Statthalter in S. Seine unstandesgemäße Gattin Agnes →Bernauer wurde in S. aus dynast. Gründen ertränkt.

W. Störmer

Q. und Lit.: F. SOLLEDER, UB der Stadt S., 1911–18 – S., hg. K. BOSL, 1968 – W. STÖRMER, S. als präurbane Siedlung und zentraler Ort, ZBLG 32, 1969, 24–37 – L. BOEHM, Das Haus Wittelsbach in den Niederlanden, ebd. 44, 1981, 93–130.

Strauß (mlat. struthio, -cio, klass. struthocamelus bei Plin., gr. strouthós bzw. strouthokámalos, daher Behauptung der Kamelfüße), von Thomas v. Cantimpré 5, 110 (zit. bei Vinzenz v. Beauvais 16, 139) nach Aristoteles, dem »Experimentator« und hauptsächl. Plin. n. h. 10, 1–2 beschrieben. Die eigenartige Zwischenstellung zw. Vierfüßer und Vogel (vgl. Albertus Magnus, animal. 23, 139) wird von Aristoteles, p. a. 4, 14 p. 697 b 13–26 diskutiert. Vieles übernimmt Thomas vom »Experimentator« (vgl. Wolfenbüttel, HAB, cod. Aug. 8.8, f. 32r–v), nämlich, daß er (nach Job 39, 13) Federn wie der Habicht (herodius) bzw. Sperber (accipiter) habe, sie aber nicht zum Fliegen benutzen könne, daß er beim Laufen die Flügel hebe und sich mit unter diesen angebrachten scharfen Stacheln oder Spornen (aculeis acutis sub alis insertis) – bei Thomas zu einem kleinen Knöchelchen (parvum habet ossiculum) verändert – zum Gehen (et sic ire compellit) oder zum Zorn (quando provocantur ad iram; so Thomas) antreibe. Dadurch wird er Thomas zum Sinnbild für Menschen, welche, durch ein leichtsinniges Wort erzürnt, vom Teufel zur Rache getrieben werden. Weitere Moralisationen u. a. bei Hrabanus Maurus, de univ. 8, 6 (MPL 111, 245f.). Im Gegensatz zu anderen Vögeln habe er (vgl. Plin. 11, 155), und hier folgt er wörtl. Aristoteles (vgl. auch p. a. 2, 14 p. 658 a 13f.), eine obere Nickhaut (palpebre superiores nur in Ms. Stuttgart 2° 24, f. 83v), und ein Teil des Kopfes und oberen Halses seien »divisa« (wie in den Mss. der lat. Version des Michael Scotus statt nackt = nuda für griech. psilós). Auch daß er wegen seiner sehr warmen Natur Eisen verschlinge und verdaue, was Albert aus eigener experimenteller Erfahrung widerlegt, sowie seine Feindschaft mit dem Pferd stammen aus dieser Q., ebenso die wörtl. Schilderung der Eiablage zur Zeit des Erscheinens des Sternes »Virgilia«, d. h. der Pleiaden, im Juli, in den Sand. Die vergessenen Eier werden dann von der Bodenwärme (vgl. Albert) ausgebrütet. Thomas fügt nur den Hinweis auf den von ihm aus dem Physiologus, versio B, c. 27, übernommenen Namen »asida« aus der Vorvulgata-Form von Jerem. 8, 7 hinzu (vgl. McCullough, 146f.). In der letzten Redaktion stellt er dann noch eine scharfsinnige scholast. Quaestio an, warum der S. die Eier nur durch Anschauen (solo visu), d. h. durch die Wärme des Sehstrahles (calore visibilis spiritus), ausbrüte, was Albert als falsches Gerücht ablehnt. Die natürl. Kahlheit (des Halses) bei Plin. 11, 130 mißversteht er als Totalmauser und übernimmt auch (Plin. 10, 2) seine angebl. Dummheit, sich nach Verbergen des Halses für ganz versteckt zu halten. Die Q. für die hufartigen unbefiederten Zehen, mit denen er gegen Kälte geschützt ist, sowie für das breite schildartige Brustbein (ohne Kamm, wonach die heutige Ordnung der Flachbrustvögel benannt ist) ist unbekannt. Ch. Hünemörder

Q.: →Albertus Magnus, →Alexander Neckam, →Hrabanus Maurus – Thomas Cantimpr., Lib. de nat. rerum, T. 1, ed. H. Boese, 1973 – Vinc. Bellov., Speculum nat., 1624 [Neudr. 1964] – *Lit.*: A. Garboe, Der S. in der Gesch. der Naturwiss., AGNT 7, 1916, 420–425 – F. McCullough, Mediaeval Latin and French Bestiaries, 1960.

Strebenhelm, Helm sarmat. Ursprungs mit Stirnreif, geraden Streben und Scheitelplatte. Die Lücken wurden durch Horn- oder Metallplatten geschlossen. Dazu gehörten Wangenklappen und ein Nackenschutz aus Panzerzeug. Beispiele sind der Helm II von Kertsch, der Helm von Mezöband und der Helm aus dem Knabengrab im Kölner Dom. O. Gamber

Lit.: P. Post, Der kupferne Spangenhelm (34. Ber. der Röm.-Germ. Kommission, 1951–53) – O. Gamber, Die frühma. Spangenhelme, WKK, 1982.

Strebewerk. Das S. got. Kirchen bildet konstruktiv mit den Gurtbogen und Rippen eine unlösbare Einheit, die aus dem queroblongen Kreuzrippengewölbe des Mittelschiffjoches und dessen vier Pfeilern, je einem (bei fünfschiffigen Kirchen je zwei, Kölner Dom) Kreuzrippengewölbe der Seitenschiffjoche und den jeweils zwei Strebepfeilern mit ihren Strebebögen besteht. Das Kreuzrippengewölbe sammelt die Auflager- und Schubkräfte auf die vier Fußpunkte der Rippen, deren Auflager auf der Hochschiffmauer bes. ausgebildet sein müssen, um die konzentrierten Kräfte aufnehmen zu können. Die zw. den Auflagern liegende Mauer ist weitgehend unbelastet und kann durch Maßwerk-Glaswände ersetzt werden. Die zur Verstärkung der Mauer an den Auflagern angebrachten senkrechten, dem Kräfteverlauf entsprechend über Kaffgesimsen abgetreppten Strebepfeiler (Reims, Chorkapellen; Elisabethkirche in Marburg) stehen zumeist nach außen vor, sind in die Mauer eingebunden und bilden mit den inneren Wandvorlagen (→Diensten) eine konstruktive Einheit. Die Strebepfeiler können auch nach innen gezogen sein (Wandpfeilerkirche, Einsatzkapellen). Sie enden entweder mit einem kleinen Pultdach, das als Wasserschlag dient, oder sind turmartig ausgebildet mit Satteldach oder →Fiale, auch mit einem Tabernakel und eingestellten Figuren. In der Hochgotik werden sie zusätzl. mit →Maßwerk verblendet, und die über das Traufgesims des Daches reichenden Strebepfeiler werden durch eine auch von →Wimpergen unterbrochene und von Fialen bekrönte Maßwerk-Brüstung verbunden.

Um den Gewölbeschub des Mittelschiffes bei Basiliken auf die Außenmauern mit ihren Strebepfeilern übertragen zu können, werden zunächst Quermauern über den Gurtbogen der Seitenschiffgewölbe gespannt, die unter dem Pultdach unsichtbar bleiben. Diese Aufgabe können auch die Gewölbe von Seitenschiffemporen übernehmen (Schwibbogen in der Normandie; Halbtonnen in der Auvergne; Kreuzgewölbe in der Provence, Île de France, Lombardei, Niederrhein, 12. Jh.). Der Strebebogen, ein ansteigender Halbbogen zur Ableitung des Gewölbeschubs, ist frei über die Seitenschiffdächer hinweg auf die Strebepfeiler gespannt. Er wird seit etwa 1160 zunächst bei Umgangschören in der Normandie und Île de France angewandt, seit etwa 1200 auch beim Langhaus (Paris), wo der Fortfall der Emporen eine Steigerung der Vertikaltendenz zur Folge hat. Bei zunehmender Höhe des Mittelschiffs und bei fünfschiffigen Kirchen sind zwei oder drei Strebebögen übereinander (Reims, Amiens, Beauvais, Köln) notwendig. Aus der zunächst schlichten Zweckform entwickelt sich das S. zum dominierenden Formträger des Außenbaus. Über 50 m hoch sind die Strebebögen am Hochchor von Beauvais. Der Strebebogen verliert seine Bedeutung mit dem Ende der Gotik; in Dtl. wird er schon seit dem ausgehenden 14. Jh. mit der Ablösung der Basilika durch die Halle oder den Saal kaum noch eingesetzt.

Die Aufgabe des Strebebogens ist das Verstreben oder besser das Ableiten größerer Schubkräfte von der Hochschiffwand bzw. vom Hauptpfeiler in die Strebepfeiler als Endauflager für die Horizontalkräfte, die aus Gewölbeschräglast und Winddruck entstehen. Dieses wird durch die Bogenaufmauerung, die Spreize, bewirkt. In Köln werden die Spreizen durch Vierpaß-Maßwerk auf Abstand gehalten. Der untere Strebebogen dient vorrangig zur Weiterleitung des Gewölbeschubs, der obere zur Übertragung des Winddrucks, der allerdings auch teilweise auf den unteren Strebebogen einwirkt. In Chartres hat man anscheinend den Winddruck unterschätzt und mußte nachträgl. obere Strebebogen anbringen. Der eigtl. Strebebogen wird zw. dem unteren, dem Strebepfeiler eingebundenen Bogenansatz und dem oberen, anfangs von Säulchen getragenen (Soissons, Chartres, Amiens)

Kragstein über ein hölzernes Lehrgerüst gespannt und dient als Tragelement für den aufgelagerten Spreizkörper. Die Entwicklung läßt sich deutlich erkennen über Noyon, dessen Strebebogen aus zwei übereinander gesetzten Steinlagen besteht, und Chartres, wo dieselben aus einer mächtigen hochkant stehenden Schicht gebildet werden. Später läßt sich der innere Aufbau des Strebebogens an den Fugen ablesen, die klar den Tragbogen vom Strebekörper trennen. Schließlich verwendet Senlis nur die gerade Strebe ohne Bogen, dazu gehört auch St. Etienne in Beauvais mit den an den Enden unterlegten Schmuck-Bogen oder Mont-Saint-Michel. »'Strebebogen' ist demnach eher zu lesen als 'Strebe plus Bogen' und nicht so sehr als 'Bogen, der strebt'.« (Segger 1969, 25). Der Bogen muß nur das Eigengewicht des ganzen Strebebogens tragen. Die äußere Fiale des Strebepfeilers hat vornehmlich dekorative Funktion, weil sie statisch eher schädlich ist. Im Gegensatz dazu ist ein stat. Effekt der inneren, höheren Fiale nicht zu bestreiten. Durch sie wird die Resultierende der Kräfte unterhalb des oberen Strebebogens zum Kern hingelenkt. Mit den nach unten anwachsenden Massen verliert sich die Wirkung der Fiale sehr schnell, so daß ihr Wert nur auf die oberen Bereiche beziehbar ist. G. Binding

Lit.: H. Weber, Das wechselseitige Verhältnis von Konstruktion und Formung an den Kathedralen Nordfrankreichs [Diss. Hannover 1957] – J. Segger, Zur Statik got. Kathedralen [Diss. Aachen 1969] – R. Marks-W. Clark, Architektur in der Gotik (Strebwerk) Spektrum der Wiss., Jan. 1985, 122–130 – G. Binding, Architekton. Formenlehre, 1987, 174f. – Ders., Beitr. zum Gotik-Verständnis, 1995, 170–175.

Streichinstrumente → Musikinstrumente, B. II

Streifbuckel, runde Buckel am Pferde-Brustpanzer (Fürbug), →Roßharnisch. O. Gamber

Streifenbild, Streifenillustration. a) *Formal:* eine querformatige Miniatur oder Zeichnung mit oder ohne Rahmen, die die gesamte Breite und maximal die halbe Höhe des Schriftraumes einnimmt. b) *Inhaltlich:* eine Illustration des beistehenden Textes durch eine oder mehrere – oft narrative – Szenen.

Obwohl in der Buchausstattung des gesamten MA anzutreffen, sind Entstehung, Geschichte und Funktion des S.es erst ansatzweise untersucht worden. Während Weitzmann die Entstehung mehrszeniger streifenförmiger Bilder durch eine Aneinanderreihung mehrerer zuvor isolierter Einzelszenen in Byzanz im 9./10. Jh. vermutet, halten Wickhoff und Pächt die kontinuierl. Bilderzählung in Streifen für die ursprgl. Illustrationsform der Buchrolle; aus ihr sei das S. in die frühma. Bibelillustration übernommen worden (Wiener Genesis, Wien ÖNB Cod. theol. gr. 31, 6. Jh.); dann immer wieder in bibl. Werken aufgegriffen (Genesisparaphrase des Ælfric, London BL Cotton Claudius B. IV, um 1040; Pantheonbibel, Rom. Vat. lat. 12958, 1125–30; Bibel des Federico da Montefeltro, Rom Vat. Urb. lat. 1, 1476–78). In der Buchillustration des gesamten MA ist das S. vielfach anzutreffen, wenn antike Vorbilder (mittelbar) zugrundeliegen (Stuttgarter Bilderpsalter, Stuttgart Württ. Landesbibl. fol. 23, 9. Jh.; Terenzkomödien, Rom Vat. lat. 3868, 9. Jh.; Oxford Bodl. Libr. ms. Auct. F. 2. 13, 12. Jh.; Paris BN lat. 7907 A, 1407). Seine Aufnahme bleibt abhängig von der Buchgattung, bedingt u. a. durch funktionale Aspekte: tendenziell in Hss. für die Meßliturgie und private Andacht eher selten zu finden, zur Bebilderung hist.-chronikal. und enzyklopäd. Werke seit dem 13. Jh. zunehmend eingesetzt (Weltchronik des Rudolf v. Ems, München Bayer. Staatsbibl. Cgm 6406, um 1255–70; Speculum historiale des Vinzenz v. Beauvais, Leiden Univ.bibl. Ms. Voss. G. G.

F. 3 A, um 1340); in lit. Werken zwar seit der Spätantike vertreten, aber erst vom 12. Jh. an in volkssprachigen Hss. häufiger (Rolandslied des Pfaffen Konrad, Heidelberg Univ.bibl. Cod. Pal. germ. 112, 12. Jh.; Roman de la Rose, Warschau, Nat.bibl. Ms. Fr. Q. v. XIV. 1, 14. Jh.).

I. Siede

Lit.: F. Wickhoff, Röm. Kunst, 1912 – K. Weitzmann, Illustr. in Roll and Codex, 1970 – W. Werner, Das Rolandslied des Pfaffen Konrad, 1970 – O. Pächt, Buchmalerei des MA, 1984 – G. Suckale-Redlefsen, Der Buchschmuck zum Psalmenkommentar des Petrus Lombardus, 1986 – C. Jakobi, Buchmalerei: ihre Terminologie, 1991.

Streiftartsche, am Sattel hängende, halbrunde Schilde des 15. Jh. zum Schutze der Oberschenkel, bes. beim →Rennen gebraucht. O. Gamber

Lit.: Qu. v. Leitner, Der Freydal Ks. Maximilians I., 1880–82.

Streik. Für den erst um die Mitte des 19. Jh. in England geprägten und sich dann allg. ausbreitenden Begriff *strike* – S. finden sich in spätma. Texten nur Umschreibungen. Zwar fehlen dem MA die mit dem Begriff S. verbundenen Erscheinungen von industrieller Arbeitswelt, Gewerkschaften und ausgebildetem S.recht, aber die offizielle (Bundesarbeitsgericht) Definition von S. als »die gemeinsame und planmäßig durchgeführte Arbeitseinstellung durch eine größere Anzahl von Arbeitnehmern zu einem Kampfziel« innerhalb eines Berufs oder Betriebs findet durchaus ihre sachl. Entsprechung in Konflikten der ma. Arbeitswelt. Verwiesen wird in der Lit. dabei bes. auf die im 15. Jh. sehr selbstbewußt auftretenden Vereinigungen der Handwerksgesellen (→Gesellen). Allerdings sind solche Arbeitskonflikte bereits früher und in anderen Zusammenhängen bezeugt. Als es im Zuge der wirtschaftl. Umgestaltung im 12. Jh. zu einer Neustrukturierung der älteren Grundherrschaft kam, wurde dieser Prozeß durch Maßnahmen der Arbeitsverweigerung beschleunigt bzw. erzwungen. Ein interessantes Zeugnis stellt die Beilegung eines derartigen Konflikts zw. dem Kl. Maria im Kapitol zu Köln und den Hörigen bzw. bäuerl. Hintersassen durch den Ebf. v. Köln i. J. 1158 dar, dem die Arbeitsverweigerung und das Verlassen der Hofstellen vorangegangen waren. Auch bei der Entstehung der abendländ. →Universitäten um die Wende vom 12. zum 13. Jh. und der Absicherung ihrer bes. rechtl. und wirtschaftl.-sozialen Stellung gegenüber den verschiedenen konkurrierenden Ansprüchen kam es zur Praktizierung des S.s. Im Falle von Paris wurde 1229 nach schweren Konflikten und dem Abzug der Dozenten in Verbindung mit der Gewährung weitgehender Freiheiten und Rechtssicherheiten durch Papst Gregor IX. »die älteste Garantie eines S.rechts« (Classen, 185) ausgesprochen: »...liceat vobis usque ad satisfactionem condignam suspendere lectiones« (vgl. auch die Auszüge aus Bologna 1204–10 und Oxford 1208/09–1213/14).

V. a. lassen sich in den spätma. Städten in zunehmendem Maße organisierte Lohn- und Sozialkonflikte beobachten, die durchaus den Charakter von S.s hatten. Das gilt einerseits für die seit der Mitte des 14. Jh. sich in größerem räuml. Maßstab – bes. am Oberrhein – organisierenden Handwerksgesellen, die – angefangen von den 1330er Jahren über eine große Welle von Konflikten um 1400 bis hin zu dem berühmten Colmarer Bäckers. v. 1495 bis 1505/13 (→Colmar) und den Bestimmungen der »Reichspoliceyordnung« v. 1530 – durch Arbeitsniederlegung, Auszug aus der Stadt, durch »Verrufen« und »Verbieten« genannte Boykottmaßnahmen sowie durch die Ausbildung einer eigenen Gesellengerichtsbarkeit ihre Forderungen hinsichtl. Entlohnung, Arbeitsbedingungen und ihrer »Ehre« durchzusetzen versuchten. Andererseits kam es zu größeren S.maßnahmen bes. in Gebieten und Gewerben, in die das Verlagswesen mit Lohnarbeit Eingang gefunden hatte. Bekannte Beispiele sind zweifellos die »Industriestadt« Gent der →Artevelde und das Florenz der →Ciompi. Anschaul. Einzelfälle stellen die S.maßnahmen der Walker in Leiden 1443, 1447 und bes. 1478 dar, als 700 bis 900 Meister und Gesellen die Arbeit niederlegten, nach Gouda zogen und nach mehr als zweimonatigen Verhandlungen ihre Forderungen weitgehend durchsetzten. – Die abweichende frz. S.-Terminologie (*grève*) geht zurück auf einen der Pariser Häfen, den am rechten Seineufer gelegenen Port en Grève (→Paris, A. VI); die *Place de Grève* diente seit dem SpätMA der Anwerbung von Handwerkern und Lohnarbeitern. K. Schulz

Q. und Lit.: Q. zur Gesch. des dt. Bauernstandes im MA, hg. G. Franz, 1967, Nr. 85 – Staatslex. I, 1985[7], 253–268 – Ev. Staatslex. I, 1987[3], 70–78 – M. Mollat–Ph. Wolff, Ongles bleus, Jacques et Ciompi, 1970–H. Rüthing, Die ma. Univ. (Hist. Texte MA, 16, 1973), Nr. 10 – P. Classen, Studium und Ges. im MA, 1983 – K. Schulz, Handwerksgesellen und Lohnarbeiter, 1985 – Forme ed Evoluzione del Lavoro in Europa: XIII–XVIII sec., ed. A. Guarducci, 1991.

Streitaxt, bereits in der Steinzeit gebräuchl. Waffe. Die Sumerer schufen die pickelförmige S. aus Metall, die sich in der Steppenkultur durch Jahrtausende erhielt. In der Bronzezeit gab es daneben bärtige Klingen von bisweilen bizarrer Gestalt. Gleichzeitig kamen S.e mit halbmondförmiger Klinge auf (Kreta). Die meist nur von Leichtbewaffneten zusammen mit dem Pfeilbogen geführte S. der Germanen war schlank und leicht gebogen, die frk. Wurfaxt »Franziska« sogar s-förmig geschwungen. In Nordeuropa folgte auf schlanke S.e im 8. und 9. Jh. die riesige, halbmondförmige »Dänenaxt«, die durch die Warägergarden von Byzanz als Paradeaxt zu Mamlūken und Osmanen kam. Im europ. MA verwendeten Fußvolk und Reiter meist halbmondförmige S.e verschiedener Länge. O. Gamber

Lit.: H. Seitz, Blankwaffen, 1965 – O. Gamber, Waffe und Rüstung Eurasiens, 1978.

Streitgedicht

I. Allgemein – II. Mittellateinische Literatur – III. Romanische Literaturen – IV. Deutsche Literatur – V. Englische Literatur – VI. Skandinavische Literatur.

I. Allgemein: Die Form des S.s ist, entsprechend der tatsächl. Häufigkeit von Streitgesprächen (s. a. →Disputation, →Religionsgespräche), in den verschiedensten Lebensbereichen, weltweit verbreitet. Für das ma. S. ist die Tradition der antiken Wettkämpfe, von Wechselreden in dramat. Szenen und im Theater, bei Gerichtsverhandlungen sowie bei theol.-wiss. Disputationen bestimmend gewesen. U. Müller

II. Mittellateinische Literatur: S., altercatio, conflictus, dialogus, disputatio u.a. (vgl. H. Walther, 3): Dialoggedicht, das zwei (selten mehrere) Repräsentanten gegensätzl. Standpunkte über den Vorrang ihrer Sache oder ihrer eigenen Person oder über ihr Verhältnis zueinander auseinandersetzen läßt. Sie treten als Personifikationen auf (z.B. als Sommer und Winter, Wasser und Wein, Auge und Herz, Leib und Seele, Schaf und Lein), als mytholog., allegor. oder fiktive Personen (Ganymed und Helena, Pseustis und Alethia, Phyllis und Flora), als Vertreter eines Standes (Zisterzienser und Cluniazenser), als lebende, hist. oder bibl. Personen (Urbanus und Clemens, Petrus und seine Frau) oder deren Sachwalter (Octavian und Alexander). Dabei kann eine Einleitung den Rahmen geben, der Schluß eine Entscheidung bringen, eventuell durch einen angerufenen Schiedsrichter. Die Form ist zunächst metrisch, bes. seit dem 11./12. Jh. auch rhythmisch. In der Regel sind den Parteien abwechselnd gleichviele Strophen oder Zeilen zugewiesen. Die Absicht des S.s ist in erster Linie, dem Hörer oder Leser mit Sprach- und Argumentationskunst, Witz und manchmal auch Derbheit zu gefallen. Im Gegensatz zu vielen bloß versifizierenden Dialogdichtungen (→Dialog, IV. 3) ist das S. im engeren Sinn eine genuin poet. Gattung. Manche der Gedichte dienen aber auch der Belehrung, der Glaubenspropaganda (Ecloga Theoduli), der polit. und kirchenpolit. Auseinandersetzung (Rex Francie und rex Anglorum, Octavian und Alexander). – S.e sind seit sumer. Zeit in vielen verschiedenen Lit.en anzutreffen. Die ma. lat. Tradition des S.s ist zu einem Teil aus der Ekloge herzuleiten (→Bukolik), daneben sind Einflüsse aus der lat. Fabeldichtung und aus der mündl. Tradition der Völker anzunehmen. Nach Anfängen in karol. und otton. Zeit (Conflictus veris et hiemis, Petrus und seine Frau, Ecloga Theoduli) zeugt eine reiche und überaus vielfältige S.-Lit. von der Beliebtheit der Gattung. G. Bernt

Ed.: s. Lit. – ausgew. Beispiele: Conflictus veris et hiemis: MGH PP 1, 270 – Petrus und seine Frau: B. Bischoff–G. Silagi, Scheidung auf Galiläisch (Tradition und Wertung [Fschr. F. Brunhölzl, hg. G. Bernt u.a., 1989]), 47ff. – Octavian und Alexander: MGH L.d.L 3, 549 – Phyllis und Flora: Carmina Burana 92 – Wasser und Wein: ebd. 193 – Herz und Auge: AnalHym 21, 114 – *Lit.:* H. Walther, Das S. in der lat. Lit. des MA. Mit einem Vorw., Nachtr. und Registern v. P. G. Schmidt, 1984 [grundlegend, mit Ausg. von 21 S.n] – Walther, S. 1181 [Register] – Dispute Poems and Dialogues in the Ancient and Mediaeval Near East, ed. G. J. Reinink–H. L. J. Vanstiphout, 1991 [auch über allg. Fragen und Lateinisches].

III. Romanische Literaturen: Das S. (poet. Streitgespräch) ist in allen roman. Lit.en des MA verbreitet und geht vielfach auf gemeinsame (mittel-)lat. Vorbilder zurück. In der antiken Lit. finden sich ebenso wie in der arab. und jüd. Lit. ähnl. Texte. Die lit. Streitrede, in der Lob und Tadel, Schwächen und Vorzüge, Wert und Rang einer Person oder eines Gegenstandes rhetorisch kunstvoll, scherzhaft oder satirisch verhandelt werden, heißt synkrisis (wertender Vergleich) bzw. agôn. Für die allegor. Ausgestaltung von Inhalten und Figuren der christl. Glaubenslehre in dramat. bewegter Wechselrede gibt die 'Psychomachia' des →Prudentius nachhaltig fortwirkende Anregungen (Streit zw. Tugenden und Lastern um die Seele). Die →Ecloga Theoduli, die als Schullektüre diente, bietet ein weiteres Muster für die dialog. strukturierte Behandlung eines Themas. Die Vielfalt der verwendeten Bezeichnungen läßt den Spielraum bei der formalen Ausführung des S.s erkennen: altercatio, conflictus, disputatio, dialogus, rixa; contrasto (it.), disputa, débat, bataille, jugement u.a. Die Beliebtheit des S.s hängt einerseits zusammen mit der Ausbildung der schulmäßigen scholast. Disputationstechnik (quaestio de quolibet) und den logisch-dialekt. Methoden zur Erkenntnisgewinnung sowie mit der Rhetorik (Gerichtsrede), zum anderen entwickelten sich in der prov. Lyrik feste Formen (→tensó, Tenzone, →partimen, →joc partit) für die stilisierte Erörterung liebeskasuist. Probleme vor einem mit den poet. Konventionen vertrauten Publikum. Mit der Vorbildgeltung der Troubadourdichtung erlangten diese Formen international weite Verbreitung. S.e, in denen zwei junge Frauen über die Vorzüge ihrer Verehrer, eines clericus und eines Ritters, disputieren, spiegeln vor dem Hintergrund der →ars-amandi-Lit. gesellschaftl. Spannungen im Rangstreit der Stände. Beim Vergleich der Idealtypen unterliegt zumeist der Ritter. Die früheste Behandlung des Themas findet sich in mittellat. Gedichten ('Altercatio Phillidis et Florae', Mitte 12. Jh.) und im »Liebeskonzil«

von Remiremont (Lothringen). Der pikard. Text 'Jugement d'Amour' (12./13. Jh.) steht am Anfang einer Reihe von anglonorm. und frankoit. Bearbeitungen aus dem 13. Jh. (z.B. Hueline et Aiglantine, Blancheflor et Florence), die z.T. auch in anderen Lit.en aufgenommen wurden. Das leones. Versfragment 'Elena y María' (13. Jh.) gehört zu den ältesten lit. Zeugnissen in Spanien. Die in einer Hs. zusammen mit den 'Denuestos del agua y el vino' (Streit zw. Wasser und Wein) überlieferte 'Razón d'amor' ist aragones. gefärbt (frühes 13. Jh.). In Italien verfaßte →Jacopone da Todi drei seiner Laude in Form von Streitgesprächen. Der Mailänder →Bonvesin de la Riva († 1315) komponierte eine Reihe von S.en (GRLMA Nr. 2484–2504), darunter den auch anderwärts häufig dargestellten Streit zw. Körper und Seele, 'Disputatio mensium', 'Disputatio musce cum formica' bzw. 'rosae cum viola', 'De peccatore cum Virgine', 'De Sathana cum Virgine'. Berühmt wurde das südit.-sizil. (?) Gedicht 'Rosa fresca aulentissima' des →Cielo d'Alcamo (1. Hälfte 13. Jh.).

Der Streit zw. Leib und Seele ist nach der Vorlage der Visio Philiberti in der frz., it., katal. und span. Dichtung teilw. bis in das 16. Jh. hinein häufig bearbeitet worden. Die span. →'Disputa del alma y cuerpo' stammt aus dem frühen 13. Jh. Im Zusammenhang mit der Todesdidaktik stehen auch zahlreiche Fassungen der Begegnung der →Drei Lebenden und Toten (mit entsprechenden bildl. Darstellungen).

Die burlesk-satir. Schlacht zw. Karneval und Fastenzeit ist z. B. von →Guido Faba (um 1243) und Juan →Ruiz im 'Libro de buen amor' gestaltet worden. Einen für die Kontroverstheologie und apologet. Religionspolitik wichtigen Typ stellt die 'Desputoison de la Sinagogue et de Sainte Eglise' (späteres 13. Jh.) dar (GRLMA Nr. 2554).

Bildungsgeschichtl. sind die 'Bataille d'Enfer et de Paradis' (um 1230), der Streit zw. Arras und Paris, in Form eines allegor. Turniers, sowie die 'Bataille des sept arts' (Mitte 13. Jh.) von →Henri d'Andeli aufschlußreich, die den Streit zw. antiqui et moderni, zw. der Schule von Orléans und Paris, in kleinepischer parod. Manier ausführt. Die katal. Lit. bietet mit der anonymen 'Disputació d'En Buch ab son cavall' (2. Hälfte 14. Jh.), dem scherzhaften Versstreitgespräch zw. einem Pferd und 'seinem' Herrn sowie mit →Anselm Turmedas 'Disputa de l'ase' (1417–18), einem Gespräch zw. Esel und »Autor«, neben der Belial-Bearbeitung im Mascaron einige bemerkenswerte Zeugnisse. Katal. Dichter wie Pastrano, Auzias March, →Jordi de Sant Jordi greifen im 15. Jh. die Form des S.s wieder auf. Auch die kast. und frz. Lyrik des 15. Jh. weist zahlreiche Umgestaltungen des Schemas auf (respuestas y preguntas in der höf. Cancionero-Dichtung, Alain →Chartier). Rodrigo Cotas 'Dialogo entre el Amor y el Viejo' nimmt einen geradezu szenisch-dramat. Charakter an. Als dramat. Streitgespräch mit dem Tod sind auch die vier Dialoge (1498) des Diego Ramírez Villaescusa zum Trost der Kath. Könige anläßl. des Todes des Thronfolgers Don Juan (1497) angelegt.

D. Briesemeister

Ed.: Medieval Debate Poetry, ed. M.-A. Bossy, 1987 – *Lit.*: MERKER-STAMMLER[2] IV, 28–245 – GRLMA II, 1, 5 [E. KÖHLER, Partimen], 16–32; II, 1, 7 [it. Gedichte]; VIII, 1, 95–110 [frz. Lit.], X, 2, 142–145 [it. contrasti] – BOSSUAT, 2636–2645 – HLF 23, 216–234 [frz. 13. Jh.] – T. BATIOUCHKOF, Le Débat de l'âme et du corps, Romania 20, 1891, 1–55, 513–570 – C. OULMONT, Les débats du clerc et du chevalier, 1911 – J. H. HANFORD, The Medieval Debate Between Wine and Water, PMLA 28, 1913, 315–367 – A. GARCÍA SOLALINDE, La disputa del alma y el cuerpo, HR I, 1933, 196–207 – P. LE GENTIL, La poésie lyrique esp. et port. au MA, 1949, I, 458–519 – F. J. E. RABY, A Hist. of Secular Latin Poetry, 1957, II, 282–308 – M. DI PINTO, Due contrasti d'amore nella Spagna medievale, 1959 – E. WAGNER, Die arab. Rangstreitdichtung, 1962 – G. TAVANI, Il dibattito sul chierico e il cavaliere nella tradizione mediolatina e volgare, Roman. Jb. 15, 1964, 51–84 – J. G. CUMMINS, The Survival of the Spanish cancioneros of the Form and Themes of Provençal and Old French Poetic Debates, BHS 42, 1965, 9–17 – S. NEUMEISTER, Das Spiel mit der höf. Lit., 1969 [altprov. partimen] – C. SCHLUMBOHM, Jocus and Amor. Liebesdiskussionen vom ms. joc partit bis zu den pretiösen questions d'amour, 1974 – M. A. BOSSY, Medieval Debates of Body and Soul, Comparative Lit. 28, 1976, 144–163 – R. SCHNELL, Zur Entstehung des altprov. dilemmat. S.s, GRM 33, 1983 – D. HELLER, Studien zum it. contrasto, 1991 – J. F. ALCINA, Un fragm. de la Visio Philiberti y la tradición hispana del Diálogo del alma y el cuerpo, NRFH 40, 1992, 513–522 – D. CAPRA, La renovación del dialogo en las Preguntas y Respuestas de G. Manrique, Romance Quarterly 39, 1992, 185–198 – L. SIMÓ GOBERNA, Razón de amor y la lirica lat. medieval, Revista de Literatura Medieval 4, 1992, 197–212 – J. WEISS, La questión entre dos cavalleros, un nuevo tratado político de s. XV, Revista de Lit. Medieval 4, 1992, 9–39 – E. FRANCHINI, El ms., la lenguay el ser lit. de la Razón de Amor, 1993 – F. LANYA RANZ, La disputa burlesca. Origen y trayectoria, Criticon (Toulouse) 64, 1995.

IV. DEUTSCHE LITERATUR: Die ältesten erhaltenen Streitgespräche der Dt. Lit., zu Religion und Liebe, finden sich innerhalb der →»Kaiserchronik« (Mitte 12. Jh.). Wohl unter roman. Einfluß gibt es selbständige S.e ab der 2. Hälfte des 12. Jh. in der mhd. Liebesdichtung, in Form des gereimten Traktats erstmals im »Klage-Büchlein« →Hartmanns v. Aue (Streit zw. Herz und Leib), in verschiedener Ausprägung auch in der Liebeslyrik (Vorformen: →Friedrich v. Hausen 47, 9 [Herz und Leib]; →Albrecht v. Johannsdorf 93, 12 [Dame–Ritter]). Zunehmend beliebt werden S.e zu verschiedenen Fragen der Liebe (→Minne) vom 13. Jh. an, wenn auch nicht so stark wie in den roman. Lit.en: insbes. in verschiedenen anonymen →Minnereden (dazu: BLANK, GLIER, KASTEN), aber auch in Reimpaarreden von Peter →Suchenwirt (XXVIII; XLVI) und →Oswald v. Wolkenstein (25), zumeist mit oder zw. allegor. Figuren, ferner auch in Lied-Form (z.B.: →Heinrich v. Meißen/Frauenlob IV, →Reinmar v. Brennenberg IV 10–12), bes. häufig dann im →Meistersang (z.B. Hans →Folz, Hans →Sachs). Das später häufigere Streitgespräch mit →Frau Welt findet sich erstmals bei →Walther von der Vogelweide (100, 24); ein anonymes Lied des 13. Jh. bringt einen Disput zw. den Romanfiguren Gawan/Keie (HAGEN, Minnesinger II, 152f.). Beliebt waren in der Sangspruchlyrik (→Spruchdichtung) und in Reimreden Streitgespräche unter bzw. zw. →Tugend(en) und Laster(n), z. B. bei Stolle, Kelin und Frauenlob, etwas später – in epischer Großform – in »Der Meide Kranz« des →Heinrich v. Mügeln (Mitte 14. Jh.) oder bei Hans Folz; des weiteren etwa zw. Leib und Seele oder →Ecclesia und Synagoge; der letztgenannte Gegensatz wurde bes. häufig in der bildenden Kunst dargestellt (Plastik). Ebenfalls in vorwiegend lat. und mittellat. Tradition stehen S.e zw. Jahreszeiten, zw. Wasser und Wein (z. B. Hans Sachs) etc. Auf der Streitrede vor Gericht basiert die Struktur des »Ackermann aus Böhmen« des →Johannes v. Tepl (zw. Tod und 'Ackermann', d. h. einem Schreiber und Literaten, dessen »Pflug« die Schreibfeder ist); häufig sind Streitreden im ma. →Drama (→Fastnachtspiel). – Eine bes. Form sind S.e zw. verschiedenen Autoren, die sog. 'Sängerkriege' (teilweise sicher unter roman. Einfluß): Während die vielzitierte 'Fehde' zw. →Reinmar dem Alten und Walther von der Vogelweide in mögl. Bedeutung und im Verlauf unklar ist (und von der früheren Germanistik wohl überbetont wurde), sind ausführl. S.e um und zw. Sangspruchlyrikern des 13. und frühen 14. Jh. häufig überliefert, nämlich dem →Marner, dem →Meißner,

→Konrad v. Würzburg, Rumelant, Singuf, Hermann →Damen, →Regenboge und insbes. Frauenlob (Streit um lit. Rang; um 'wîp/frouwe'), immer wieder verbunden mit Rätselwettkämpfen; sie spiegeln sicherl. auch Existenzkämpfe der Berufssänger wider. Höhepunkt ist der →»Wartburgkrieg« (2. Hälfte des 13. Jh., mit späteren Erweiterungen; die seit Richard Wagner bekannte Verbindung mit der Tannhäuser-Sage stammt erst aus dem 19. Jh.). Die Thematik des S.s und des Sängerwettkampfs war auch wichtig im Meistersang (Wettsingen; Typen des Straflieds und des 'Fürwurf'). Im volkstüml. Lied gibt es Elemente der ma. S.s bis heute. U. Müller

Lit.: MERKER–STAMMLER² IV, 3/4, 1980, s.v. S./Streitgespräch – H. JANTZEN, Gesch. des dt. S.s im MA, 1896 – W. BLANK, Die dt. Minneallegorie, 1970 – I. GLIER, Artes amandi, 1971 – I. KASTEN, Stud. zu Thematik und Form des mhd. S.s, 1973 – B. WACHINGER, Sängerkrieg, 1973 – G. SCHWEIKLE, Die Fehde zw. Walther von der Vogelweide und Reinmar dem Alten. Ein Beispiel germanist. Legendenbildung, ZDA 97, 1986 [abgedr. in: DERS., Minnesang in neuer Sicht, 1994] – S. OBERMAIER, Von Nachtigallen und Handwerkern. 'Dichtung über Dichtung' in Minnesang und Spruchdichtung, 1995.

V. ENGLISCHE LITERATUR: Das S. (*debate poem*) ist eine dialog. Gedichtform, die u.a. auf lat., prov. und afrz. Vorbilder, auf volkstüml. Streitreden (*flyting* 'Zänkerei') sowie auf traditionsstiftende lat. Texte (→Alkuin, »Conflictus Veris et Hiemis«, spätes 8. Jh.) zurückgeht. Die gesteigerte Rolle der scholast. Disputation seit Ende des 12. Jh. und die an Rechtsschulen (→*Inns of Court*) gelehrte Kunst der jurist. Argumentation sind kulturelles Fundament für den spieler., teilweise parodist. Einsatz von Diskussionsstrukturen und -metaphern in unterhaltender Literatur. Zu unterscheiden ist zw. S.en mit hierarch. Sprecherverteilung (Lehrer/Schüler, Christus/Mensch) und solchen Texten, in denen die Redner einander gleichgeordnet gegenüberstehen, der Diskussionsausgang in der Regel offenbleibt und die ambivalente Erfahrungswirklichkeit akzentuiert wird. Der eher moralisierende Typ ist in England stärker vertreten als die die offizielle Kultur unterlaufende, »karnevaleske« Variante. Neben religiös-didakt. Streitreden, in denen übernatürl. (himml., dämon.) Figuren, Abstrakta (Tod, Hoffnung; →»Soul and Body«) oder menschl. Wesen miteinander konfrontiert werden, gibt es Liebesdebatten zw. Vögeln, menschl. Wesen oder Abstrakta. Die Zahl der Sprecher beträgt in der Regel zwei, verschiedentl. treten weitere Figuren sowie Erzähler und Richter auf. Rahmenstrukturen sind u.a. Traumvision, Parlamentsdebatte und →Pastourelle. Themen sind kontroverse theol. oder jurist. Positionen, Glaubensgegensätze (Christen gegen Juden), Unterschiede zw. den Ständen, Altersstufen, Jahreszeiten sowie Fragen des Ehe- und Sexualverhaltens.

»The →Owl and the Nightingale« (um 1200) wurde als Streitdialog (Muster: Gerichtsverhandlung und Schuldisputation) zw. Vögeln über Lebensfreude und Moral gattungsprägend (u.a. »The Thrush and the Nightingale«, »The Cuckoo and the Nightingale«). In →»Winner and Waster« (um 1350) werden ökonom. Fragen (Sparsamkeit gegen Ausgabenfreude) diskutiert. Dialog. Struktur weisen William →Langlands »Piers Plowman« (1362–87), John →Gowers »Confessio Amantis« (um 1400) sowie Geoffrey →Chaucers »The Parliament of Fowls« (nach 1380) und »The Canterbury Tales« (1387–1400) auf. Ende des 15. Jh. hört die Gattung auf zu existieren. →Dialog, IX. U. Böker

Bibliogr.: ManualME 3.VII, 1972, 669–745, 829–902 – Ed.: J. W. CONLEE, ME Debate Poetry: A Critical Anthology, 1991 – Lit.: TH. L. REED, Jr., ME Debate Poetry and the Aesthetics of Irresolution, 1990.

VI. SKANDINAVISCHE LITERATUR: Im Altnord. findet sich die Form des S.s in der Gattung der Senna (→Schmähdichtung, V), am ausgeprägtesten in der eddischen →Lokasenna, eingegliedert auch in der Helgakviða Hundingsbana I, 34–46, sowie im Männervergleich (*mannjafnaðr*; hierzu etwa das eddische Hárbarðsljóð, ein schwankartiges Wortduell zw. Odin und Thor). Im Norden ausgeprägter und besser belegt ist die Form des Wissenswettstreits, wie er uns in den Dialogliedern Alvíssmál, →Grímnismál, →Vafþrúðnismál, Svipdagsmál (eigtl. dessen Teil Fjölsvinnsmál) und Hyndluljóð entgegentritt, die vorwiegend mytholog. Wissen (→Wissensdichtung) tradieren; ob und wieweit diese Formen des Wissenswettstreites von älteren Rätseln einerseits, antiken und ma. Formen lat. Wissenswettstreite (*altercatio*, →*disputatio*) andererseits beeinflußt ist, harrt noch eingehender Untersuchung. Dagegen sind im Altnord. Texte zu der (auch im Altengl. und in mittellat. Q.) literar. gutbelegten Sitte der provokativen Streitrede als Kampfpreliminarien (ags. *gelp*), die wiederum der altnord. *hvöt* nahestehen, nicht überliefert.

Direkt auf ausländ. Vorbilder gehen dagegen die gemeinsam überlieferten Streitreden zw. »Tapferkeit und Furcht« und »Leib und Seele« zurück, die im Altnord. als Viðræða æðru ok hugrekki ok líkams ok sálar überliefert sind; die erste ist eine Übers. von Kap. 26 des »Moralium dogma philosophorum« des →Wilhelm v. Conches (im MA dem →Walter v. Châtillon, im Altnord. daher 'Meistar Valltír', zugeschrieben), die zweite eine Übertragung von →Hugos v. St. Victor »Soliloquium de arrha animae«; ein Fragment des ersten Dialogs ist schon in einer Hs. aus der Zeit um 1270 erhalten, so daß die beiden Übersetzungen möglicherweise schon Mitte des 13. Jh. in Norwegen entstanden sind. R. Simek

Lit.: F. R. SCHRÖDER, Das Symposion der Lokasenna, ANF 67, 1952 – M. M. H. BAX, Tineke Padmos: Two Types of Verbal Duelling in Old Icelandic: The Interactional Structure of the senna and the mannjafnaðr in Hárbarðsljóð, Scand. Stud. 55, 1983, 149–174 – DIES., Senna – mannjafjaðr, Medieval Scandinavia. An Encyclopedia, 1993, 571–573.

Streitgespräch → Disputatio; →Religionsgespräche; →Streitgedicht

Streithammer, der →Streitaxt verwandte Waffe mit Hammerkopf anstelle der Axtklinge und meist einem Rückenstachel; seit der Steinzeit bekannt und seit der Bronzezeit in Metall ausgeführt. Im europ. MA spielte der S. keine große Rolle. Er wurde erst im SpätMA als Reiterwaffe mit langem, gebogenem Rückenstachel (Rabenschnabel) beliebter und diente als Kommandoabzeichen für Reiterführer. O. Gamber

Lit.: H. SEITZ, Blankwaffen, 1965.

Streitkolben, im Alten Ägypten bes. beliebte Waffe mit Birnen- oder Tellerkopf aus Stein. Im Orient früh zur Kult- und Kommandowaffe aufgestiegen. Aus den Rillen metallener Kolbenköpfe entstanden Schlagblätter, die bereits bei den Skythen nachzuweisen sind. Die europ. frühma. S. sind stachelbesetzte Metallhülsen oder polyedrische Schlagköpfe. S. mit langen, geraden Schlagblättern erschienen im 13. Jh. Der S. der Spätgotik hatte Schlagblätter in Doppelkegelform. Der S. wurde auch im Abendland als Kommandowaffe verwendet, aus ihm ist der Marschallstab entstanden. O. Gamber

Lit.: W. BOEHEIM, Hb. der Waffenkunde, 1890 – Y. YADIN, The Art of Warfare in Biblical Lands, 1963 – H. SEITZ, Blankwaffen, 1965 – E. V. CERNENKO, The Scythians, 1983.

Streitwagen, schon im 3. Jt. v. Chr. von den Sumerern als vierrädrige, von zwei Eseln gezogene Plattform für zwei mit Wurflanzen bewaffnete Krieger verwendet, ist im Orient und in Europa bis zur Zeitenwende als Kampfgefährt bzw. als Transportmittel schwer bewaffneter Krieger nachweisbar. Konkrete Hinweise auf das tatsächl. Aussehen der im MA verwendeten S. finden sich in den Zeugbüchern Ks. Maximilians I., in denen sehr ausführl. über Konstruktion und Verwendungszweck berichtet wird. Nach den sechs in diesen Zeugbüchern abgebildeten S. sind zwei Hauptgattungen zu unterscheiden: Bei der ersten Art handelt es sich um schwere, mit einer wimpel- und wappengeschmückten Plane dachförmig abgedeckte Leiterwagen oder um schwere Pferdewagen ohne Abdeckung, die ledigl. als Transportmittel für schwer gerüstete Fußknechte dienten. Der zweiten Art der maximilian. S. kam aber echte Kampfaufgaben zu. Die schweren Pferdewagen hatten meist eine dachförmige, mit Flaggen, Wimpeln und Wappen geschmückte Abdeckung, sie hatten aber zusätzl. seitlich nach oben klappbare, mit Schießlöchern versehene und mit Eisen beschlagene Panzerwände, und als Bewaffnung führten sie vier oder fünf drehbar gelagerte Kammerschlangen (→Tarrasbüchsen), von denen zwei oder drei nach den Seiten und je eine nach vorne und hinten zum Einsatz gebracht werden konnten.

E. Gabriel

Lit.: W. BOEHEIM, Die Zeugbücher des Ks.s Maximilian I., Jb. der Kunsthist. Slg. des Allerhöchsten Ks.hauses, T. 1, Bd. XIII, 1892.

Strengleikar, Slg. von ursprgl. 21 anorw. Übers.en von afrz. →Lais, die laut Prolog auf Geheiß des Kg.s →Hákon IV. Hákonarson vor der Mitte des 13. Jh. in Prosa übertragen wurden und somit zu seinem »Kulturprogramm« für Norwegen gehörten (→Riddarasaga). Die einzige erhaltene ma. Hs. (Uppsala, De la Gardie 4–7, um 1270 in Norwegen entstanden) enthält außer den S. u. a. auch noch anord. Übers.en des mlat. Dialogs →'Pamphilus de amore' (Pamphilus) und der Chanson de geste 'Elie de Ste-Gille' (Elis saga). Der auf die Editionen des 19. Jh. zurückgehende Titel bedeutet etwa '[Lieder zu Melodien auf] Saiteninstrumenten', während der Prolog die Slg. einfach als 'Liederbuch' bezeichnet; allerdings wird der Begriff *strengleikr*, *strengleikslióð* oder *strengleikssaga* für einzelne Titel in der Hs. verwendet. Die Übers.en, von verschiedenen Übersetzern erstellt und von unterschiedl. Vorlagentreue, sind trotz vereinzelter Fehler sorgsam und von Stilwillen geprägt. Elf der übertragenen Lais (Guiamar, Eskia = Le Fresne, Equitan, Bisclaret, Laustik, Tveggia elskanda lióð = Desire, Chetovel, Milun, Geitarlauf, Janual, Jonet) stammen aus den 12 erhaltenen Lais der →Marie de France, sechs weitere entstammen dem ca. 50 Titel umfassenden Genre außer den Werken der Marie de France, vier gehen auf verlorene Vorlagen zurück (Gurun, Strandar strengleikr, Ricar hinn gamli, Tveggia elskanda strengleikr); bei der Auswahl ist eine deutl. Vorliebe für den anglonorm. Stoffkreis im weiteren Sinn festzustellen, obwohl nur zwei der Texte Stoffe der Artussage behandeln (Januals lióð = Lanval und Geitarlauf = Chèvrefeuil). Dieses Programm ist auch im Prolog angesprochen, wo die Originale bret. Dichtern zugesprochen werden. Die Hs. weist zwei Lücken auf (Großteil von Tidorel und Beginn von Chetovel; Großteil von Leikara lióð und Anfang von Janual), und die letzte Lage ist bis auf zwei ganze und zwei fragmentar. Blätter verloren, so daß der Text von zwei Prosaauflösungen verlorener lais unvollständig ist (Ricar hinn gamli, Tveggia elskanda strengleikr).

R. Simek

Lit.: R. MEISSNER, Die S., 1902 – H. G. LEACH, The Lais Bretons in Norway (Stud. in Language and Lit. in Hon. M. SCHLAUCH, 1966) – P. SKÅRUP, Les S. et les lais qu'ils traduisent (Les relation litt. francoscandinaves au MA, 1975) – R. COOK–M. TVEITANE, S. (Ed. und Übers.), 1979 – M. E. KALINKE, Gvimars saga, Opuscula 6, 1979, 106–139 – DIES., Stalking the Elusive Translator: A Prototype of Guimars lióð, Scandinavian Stud. 52, 1980, 142–162 – DIES., King Arthur North by North-West, 1981 – F. HØDNEBØ, Vokalharmonien i S. (Fschr. L. HOLM-OLSEN, 1984), 162–174 – C. J. CLOVER, Vǫlsunga saga and the Missing Lai of Marie de France (Sagnaskemmtun. Stud. H. PÁLSSON, ed. R. SIMEK u. a., 1986), 79–84 – F. HØDNEBØ, De la Gardie 4–7 Folio (Fschr. A. JAKOBSEN, 1987), 91–105 – Medieval Scandinavia. An Encyclopedia, 1993, 612f.

Stricker, der, mhd. Autor, tätig als Berufsdichter wohl ca. 1220–50, stammt wahrscheinl. aus Mitteldeutschland (Rheinfranken oder östl. Franken). Bestimmte Anspielungen (auf Lokalnamen, polit. Zustände) weisen darauf hin, daß er v. a. in Österreich lebte und dichtete. Der Name 'Strickaere' ist in einigen Dichtungen des S. und bei →Rudolf v. Ems belegt; seine Deutung (Berufsbezeichnung: Seiler; metaphor. Bezeichnung des Dichtens; Pseudonym; Eigenname) ist unklar.

Der S. ist einer der produktivsten und innovativsten Autoren des 13. Jh. Bemerkenswert ist insbes. die Breite seiner lit. Interessen; die »fortgesetzte Horizontstiftung und Horizontveränderung« überkommener lit. Gattungen (H. R. JAUSS), die modifiziert, umgebildet oder ganz neu geschaffen werden; aber auch die krit. Reflexion hist. Veränderungen und polit. Mißstände, die er an seinen sozialen und Glaubensüberzeugungen mißt. Das lit. Werk des S. umfaßt einen Karlsroman, einen Artusroman und einen Schwankroman (→Roman, II) sowie unterschiedl. Erzähltypen der Kleinepik. Gemeinsam ist diesen unterschiedl. lit. Gattungen und Schreibweisen, daß überkommene lit. Muster an den Aufgaben und z. T. ganz prakt. Problemen der Gegenwart gemessen und dementsprechend verändert werden.

Hauptquelle des »Karls«-Romans des S. (→Karl d. Gr., B. IV; →Roland, C. II) ist das »Rolandslied« des Pfaffen →Konrad, hinzukommen verschiedene Sagenelemente und andere Überlieferungen. Während jedoch im »Rolandslied« der Heroismus der Gotteskämpfer sowie die theol.-polit. Konfrontation von christl. Gottes- und heidn. Teufelsreich im Mittelpunkt stehen, hat der S. die Erzählung neu akzentuiert: aus der heroischen Erzählung von der 'militia Dei' der Paladine Ks. Karls wird bei ihm eine Lebensgesch. Karls (bes. Jugendereignisse: Bertasage, Verfolgung durch die Stiefbrüder, Karl und Galie), auch ist ein Ausblick auf seine Nachgeschichte hinzugefügt; der Gegensatz zw. Christen und Heiden wird gemildert, die Erzählweise dem höf.-ritterl. Roman angeglichen. Erst in dieser modernisierten Form hat das Rolandslied die weitere Karlsüberlieferung geprägt. Durchaus möglich ist, daß S.s Karl im Umfeld der stauf. Reichsideologie (Verstärkung der Karlsverehrung in →Aachen, 1215) entstanden ist.

Eine vergleichbare Variation und Modifikation lit. Erwartungen gilt auch für den »Daniel von dem blühenden Tal«, der ebenso wie der »Karls«-Roman der Frühphase von S.s lit. Schaffen zugerechnet wird. Der »Daniel«-Roman folgt dem Erzählmuster und Motivwelt des arturischen Romans (→Artus, III), realisiert es aber auf neue und überraschende Weise. Während auf der einen Seite die Grundstruktur des Artusromans erhalten bleibt, werden auf der anderen Seite typ. Besonderheiten arturischen Erzählens in Frage gestellt. So wird z. B. im »Daniel« der 'Doppelweg' der Ereignisse zu einer einlinigen Kette der Abenteuer und Heldentaten. Die ritterl. Kampfeskraft des Helden wird hier ergänzt durch höchst rationale Fähigkeiten wie Klugheit und 'List', die es ihm erlauben, auch Zauber-und Wunderwesen einer bedrohl. Gegenwelt zu überwinden. Diese Welt und ihre Bewohner aber sind – ähnlich dem Bild der oriental. Fremde im Reiseroman des MA (→Alexander, B. VI) – bedrohlich und faszinierend zugleich (Schilderung des Kg.s Matûr und seiner Helfer einerseits als Herrscher über ein paradies. Reich ewiger Sinnenfreude, andererseits als erschreckende Repräsentanten wilder Zerstörungskraft). Dabei werden Motive der antiken→Mythologie mit dem Motivensemble der fremden Völker vom Rande der Welt verbunden (→Reise, II; →Fabelwesen, I). Die poet. und hist. Besonderheit des »Daniel«-Romans liegt in dieser Collage unterschiedl. Traditionen zum Zwecke der Neuformulierung des überkommenen arturischen Modells, das hier aber insbes. auf die Wunder der Fremde mit ihrer Ambivalenz von Faszination und Bedrohung akzentuiert ist, ohne daß ein aktueller gesellschaftl. Bezug erkennbar wäre.

Dieser ist dagegen im dritten vom S. favorisierten Romantyp, dem Schwankroman (→Schwank, I), unübersehbar. Im gleichfalls als Lebensgeschichte konzipierten »Pfaffen Amis« wird erzählt, wie ein aus England stammender Kleriker in verschiedenen Rollen und Verkleidungen auf Reisen geht, um seiner verarmten Pfarre neue Geldmittel zuzuführen. Ihm gelingt das, indem er sich die bislang unbefragten Überzeugungen und Selbstverständigungsformen der Kg.e und Hzg.e, der Bauern und Kaufleute, der Geistlichen und Ehefrauen zu eigen macht, gerade damit aber den Widerspruch zw. erklärter Absicht und realem Handeln aufdecken kann. Amis zerreißt die Einheit von Schein und Sein, von Ideal und Wirklichkeit und macht die Brüche der Ständegesellschaft (→Stand, →Ständelit.) sichtbar, die sich bislang in der Überzeugung eines gesicherten 'ordo' und einer geschlossenen sozialen Identität eingerichtet hatte. Diese Dissoziation von Anspruch und Realität und die Präsentation des 'mundus perversus' aber entspricht dem Zwecke satir. Schreibens, dem sich S. im »Pfaffen Amis« verpflichtet sieht (→Satire, IV); er entwirft eine Figur, die »Lug und Trug« in die Welt bringt, gerade damit aber die Miserabilität der Welt sichtbar macht.

Weniger pessimistisch verfährt der S. in den verschiedenen Formen seiner epischen Kleindichtung, die einen gewichtigen Teil seines lit. Œuvres und seiner literaturgeschichtl. Bedeutung ausmacht, wenn auch die Zuschreibung nicht in allen Fällen gesichert ist. Wurden die kleinen Formen exemplar. und schwankhaften Erzählens zunächst v. a. in der lat. Lit. gepflegt und tradiert, so hat sie der S. in die dt. Lit. eingeführt und ihre künstler. Form für die Folgezeit festgeschrieben. Poetik und Intention dieser →'Mären' sind bislang nicht eindeutig definiert. Kennzeichnend für die Märenkunst des S. aber ist ihr konkreter Bezug auf Probleme einer Alltagsethik, die in knapp pointierten Beispiel-Erzählungen vorgestellt und – in der Regel dialogisch – erörtert werden. Das betrifft die im Umfeld des IV. →Laterankonzils v. 1215 (Sakramentalisierung und Neudefinition der →Ehe) bes. aktuellen Fragen der wechselseitigen Achtung von Ehemann und Ehefrau (»Erzwungenes Gelübde«, »Begrabener Ehemann«, »Das heiße Eisen«, »Der Gevatterin Rat« u. a.); die Probleme um Dienst und Lohn, 'triuwe' und Übervorteilung im Handel (»Edelmann und Pferdehändler«); die Dialektik des Verlusts, den der Nutzen des Landes bringt (»Der junge Ratgeber«); die Willkür des Reichen; die fatalen Folgen der Trunkenheit u.a.

Weit weniger anschaulich verfährt der S. in seinen →Fabeln und →Bîspel-Erzählungen, in denen er allg. moral. Überzeugungen und Lehren anhand kurzer Parabeln illustriert. Dabei bleibt der Darstellungsmodus der Erzählung ausschließl. dem moraldidakt. Zweck des Bîspel unterworfen und darauf beschränkt, eindeutige Orientierungen zu bieten. Während die Mären des S. Fragen prakt. Alltagsethik kontrovers entwerfen und ihre dialog. Anlage erst im abschließenden Epimythion vereindeutigt wird, sind die Bîspel von Anfang an monologisch angelegt. Ihre konsequente Fortsetzung finden sie denn auch in den »Geistlichen Reden« des S., die Fragen des Glaubens und des Kults, der Sakramente und der theol. Überzeugungen, aber auch kanon. Streitfragen für ein Laienpublikum behandeln und ausschließl. lehrhaft vorgetragen werden. W. Röcke

Ed.: Karl d. Gr. von dem S., ed. K. Bartsch, mit Nachw. von D. Kartschoke, 1965 – »Daniel von dem Blühenden Tal«, ed. G. Rosenhagen, 1894 [Nachdr. 1976] – »Pfaffe Amis«, ed. K. Kamihara, 1990^2; H. Henne, 1991 – Kleindichtung: ed. W. W. Moelleken, 5 Bde, 1973–78 – Verserzählungen I und II, ed. H. Fischer, 1979^4–1983^4; Tierbispel, ed. U. Schwab, 1983^3; Geistl. Bispelreden, ed. Dies., 1959 – Mhd. und nhd. Übers.: O. Ehrismann, 1992 – *Lit.*: Verf.-Lex.^{2} IX, 417-449 [Lit.] – R. Brandt, »erniuwet«. Stud. zu Art, Grad und Aussagefolgen der Rolandsbearbeitungen in S.s »Karl«, 1981 – H. Ragotzky, Gattungserneuerung und Laienunterweisung in Texten des S.s, 1981 – H. Fischer, Stud. zur dt. Märendichtung, 1983 – H. J. Ziegeler, Erzählen im SpätMA, 1985 – G. Dicke–K. Grubmüller, Die Fabeln des MA und der frühen NZ, 1987 – W. Röcke, Die Freude am Bösen, 1987, 37–84.

Strig(e)l, Bernhard, * 1460 Memmingen, † ebd., dt. Altar-, Wand- und Bildnismaler aus der Künstlerfamilie S., der auch Hans d. Ä., Hans d. J. und Ivo angehörten. In ihrer Werkstatt dürfte S. seine erste Ausbildung erfahren haben, an ihren Arbeiten für Graubünden war er beteiligt (u. a. Altar in Disentis, 1489). Am 1494 vollendeten Blaubeurer Hochaltar B. →Zeitbloms arbeitete S. mit. Auf altertüml. Goldgrund legte er das Devotionsdiptychon des Hans Funk (vor 1500, München) und den sog. Mindelheimer Sippenaltar (um 1505, Nürnberg und Donzdorf) an. 1507 entstand im Auftrag Maximilians der Kreuzaltar für S. Paolo f. l. m. in Rom. Mehrere Porträts Maximilians werden S. zugeschrieben. 1515 und 1520 hielt S. sich auf dessen Geheiß in Wien auf, dabei malte er das Bildnis der Familie Ks. Maximilians, welches Joh. Cuspinian von S. zum Diptychon erweitern ließ (Wien und Privatbesitz). S. zählt zu den bedeutenden Meistern des Übergangs von der Spätgotik zur Renaissance. D. Gerstl

Lit.: G. Otto, B. S., 1964 – E. Rettich, B. S., Herkunft und Entfaltung seines Stils [Diss. Freiburg 1965] – A. Stange, Krit. Verz. der dt. Tafelbilder vor Dürer, 2, 1970 – H. G. Thümmel, B. S. Diptychon für Cuspinian, JKS 76, 1980, 97–110 – M. Roth–H. Westhoff, Beobachtungen zu Malerei und Fassung des Blaubeurer Hochaltars (Flügelaltäre des späten MA, hg. H. Krohm), 1992, 167–188.

Strigol'niki, Anhänger einer Häresie, die unter der niederen Geistlichkeit von →Novgorod (spätes 14. Jh.) und →Pskov (1. Viertel 15. Jh.) verbreitet war. 1375 wurden Führer der S. hingerichtet. Die Bezeichnung der S. wird teils auf diejenige für exkommunizierte Geistliche (*rasstriga*) zurückgeführt (Keltujala, Rybakov), teils auf die Weihungszeremonie der S. (Scheren [*strižka*] der Schädelplatte; Kazakova) oder auch auf die der geschorenen Kleriker (Klibanov) bzw. der Tuchscherer (Choroškevič) als Anhänger der S. (Hösch). Möglicherweise wurden so niedere Geistliche bezeichnet, die sich priesterl. Rechte anmaßten. Die Lehre der S. ist durch die Widerlegungen des Bf.s →Stefan v. Perm' († 1396) und des Metropoliten Fotij (20er Jahre des 15. Jh.) bekannt. Sie traten gegen die Einsetzung Geistlicher für Geld auf, lehnten die kirchl. Hierarchie sowie das Abendmahl ab und prangerten unsittl. Leben und Besitzgier der Geistlichkeit an. Sie vertraten das Recht eines jeden zu predigen und sich ohne Vermittlung eines Geistlichen direkt an den in der Natur allgegenwärtigen Gott zu wenden. Die Erkenntnis der göttl. Wahrheit war nach ihrer Lehre durch die Vernunft möglich. Widersprüchl. ist die Beurteilung der S., deren Lehre als heidn. Doppelglaube (RYBAKOV), als »sehr orth. und konservativ« (SEDEL'NIKOV) bzw. reformator. (KLIBANOV) und durch die Armenier/→Paulikianer beeinflußt (AJVAZJAN) bezeichnet wird und Übereinstimmungen mit den →Katharern (HÖSCH) bzw. den →Bogomilen (HÖSCH, KAZAKOVA) aufweise; denkbar ist auch eine Beeinflussung durch den →Hesychasmus.

A. Choroškevič

Lit.: N. A. KAZAKOVA–JA. S. LUR'E, Antifeodal'nye ereticeskie dviženija na Rusi XIV – načala XVI veka, 1955 – A. I. KLIBANOV, Reformacionnye dviženija v Rossii v XIV – pervoj polovine XVI vv., 1960 – E. HÖSCH, Orthodoxie und Häresie im alten Rußland, 1975 – B. A. RYBAKOV, S. Russkie gumanisty XIV stoletija, 1993.

Stromer (Stromeir), Nürnberger Fernhandelsfamilie. Zugewandert aus dem Raum Schwabach, sind die S. zuerst 1254 urkundl. in →Nürnberg bezeugt und von Beginn an in den Ratsgremien vertreten. Eine Reihe von Indizien deutet auf ministerial. Herkunft. Früh wird eine Orientierung der S. auf das Eisenerzrevier in der Oberpfalz erkennbar. Schon vor 1336 und erneut 1359 waren sie dort im Besitz von Eisenhämmern. Später waren Zweige der Familie in Amberg, Sulzbach und Auerbach als Montanunternehmer ansässig. Angehörige der S.-Familie aus Nürnberg sind ab der Mitte des 14. Jh. in Oberitalien, am Oberrhein, in Flandern sowie im mittleren Donauraum als Fernhändler nachweisbar, also etwa in dem Bereich, aus dem auch *Ulman* → S. um 1390 Geschäftsusancen verzeichnete. Einer der Haupthandelswege des mit verschiedenen Partnern operierenden Handelshauses verlief vom Rhein durch das Engadin nach Oberitalien; zwei Geschäftsbriefe von ca. 1384 dokumentieren Handel mit Wolle, Barchent, Kupfer, Silber sowie spekulative Wechselgeschäfte. Als Politiker und Finanzier treten unter Karl IV. zuerst *Ulrich d. J.* S., später v. a. sein Neffe Ulman S. hervor. An wichtigen techn. Innovationen, die von den S. eingeführt wurden, steht neben der Papiermühle Ulmans das für die Rohstoffversorgung von Nürnberger Gewerbe und Bevölkerung wichtige Verfahren der Nadelholzsaat, das seit 1368 Ulmans Bruder *Peter* († 1388) entwickelte. Der Pest von 1406/07 fielen zahlreiche Familienmitglieder zum Opfer. Ulmans einziger überlebender Sohn *Georg* († 1437) mußte Nürnberg 1433 verlassen, nachdem die Firma zahlungsunfähig geworden war. In der Folgezeit erreichten die S. nicht mehr ihre alte Position als Fernhändler.

J. Schneider

Q.: Archiv der Freiherren S. v. Reichenbach auf Burg Grünsberg, T. I: Urkk. (Bayer. Archivinv.e Mittelfranken H. 8, 1972) – Lit.: W. v. STROMER, Die Nürnberger Handelsges. Gruber–Podmer–Im 15. Jh., 1963 – DERS., Zur Herkunft der S. v. Auerbach, Altnürnberger Landschaft Mitt. 13, 1964, 45–51 – DERS., Oberdt. Hochfinanz 1350–1450, 1970 – DERS., Peter Stromeir d. Ä. (Forstl. Biogr. vom 14. Jh. bis zur Gegenwart, hg. K. MANTEL–J. PACHER, 1976), 3–10.

S., Ulman, Nürnberger Fernhandelskaufmann, Unternehmer und Politiker, * 6. Jan. 1329, † 3. April 1407. Das erhaltene Autograph des »Püchel von meim geslecht und von abentewr« wurde von S. um 1390 angelegt und bis 1403 je nach Bedarf und Gelegenheit ergänzt. Ähnlich den zeitgleich überlieferten Ricordanzen it. Kaufleute vereint das Memorialbuch familiäre sowie zeitgeschichtl. und geschäftl. Aufzeichnungen. Die detaillierten Notizen zu Vorfahren, Familienmitgliedern und den Bekannten des Autors dienten der Positionssicherung von Autor und Nachkommen in der städt. Ges. Am Städtekrieg v. 1388/89 und den Vorgängen um die Absetzung Kg. Wenzels, von denen S. u. a. berichtet, hatte er als führender Politiker →Nürnbergs selbst unmittelbaren Anteil, wie sich aus anderweitigen Zeugnissen ergibt. Bes. enge Beziehungen bestanden, wie auch das »Püchel« hervorhebt, seit langem zu Kg. Ruprecht, dem S. allein zw. 1401 und 1403 ca. 9000 fl. lieh. Als leitender Geschäftsmann der Stromer-Firma ist S., Schwiegersohn eines führenden Oberpfälzer Montanunternehmers, seit 1360 insbes. im Eisengewerbe und Metallhandel bezeugt. Auf die erhöhte Papiernachfrage (→Papier) der Zeit reagierte er 1390 mit der Gründung der ersten dt. Papiermühle bei Nürnberg, seit 1394 z. T. im Verlagsbetrieb geführt.

J. Schneider

Q. und Lit.: Verf.-Lex.² IX, 457–460 – U. S.'s 'Püchel von meim geslechet und von abentewr', hg. K. HEGEL (Chr. dt. Städte 1, 1862), 1–312 – W. E. VOCK, U. Stromeir (1329–1407) und sein Buch, Mitt. des Ver. für Gesch. der Stadt Nürnberg 29, 1928, 85–168 – U. S., Püchel von mein geslecht und von abentewr, Teilfaks. und Komm.bd. bearb. L. KURRAS u.a., 1990 [Lit.] – U. M. ZAHND, Einige Bemerkungen zu spätma. Familienbüchern aus Nürnberg und Bern (Nürnberg und Bern, hg. R. ENDRES, 1990), 7–37 – J. SCHNEIDER, Typologie der Nürnberger Stadtchronistik um 1500 (Städt. Geschichtsschreibung, hg. P. JOHANEK, 1996).

Strongbow, eigtl. Richard de →Clare, engl. und angloir. Hochadliger, * um 1130, † 30. April 1176; Sohn von Gilbert S., erbte 1148 den Titel des Earl of →Pembroke sowie die väterl. Besitzungen und wurde durch den Vertrag v. Westminster (7. Nov. 1153), der →Heinrich (II.) Plantagenêt als Nachfolger →Stephans v. Blois anerkannte, in seinem Rechtsstatus bestätigt; S. stand als ehem. Anhänger Stephans bei Heinrich II. aber in Ungnade und scheint 1167–68 einen Großteil seiner Besitzungen verloren zu haben. Der vertriebene ir. Kg. →Dermot mac Murrough gewann S. als Verbündeten bei der Rückeroberung des Kgr.es Leinster (→Laigin) und versprach ihm die Hand seiner Tochter Aoife (Eva) nebst der Erbfolge in Leinster. Nachdem bereits Männer aus dem südl. →Wales erfolgreich in Irland für Dermots Ansprüche gekämpft hatten, landete S. im Mai 1170 bei →Waterford und vermählte sich im Aug. desselben Jahres mit Aoife. 1170 und 1171 errang er große militär. Erfolge gegen die Feinde seines Schwiegervaters, so daß Kg. Heinrich II., der die Errichtung eines unabhängigen, mit dem südl. Wales verbündeten anglonorm. Kgr.es in Irland befürchtete, allen Zuzug für S. verbot und die Rückkehr der in Irland kämpfenden engl. Verbände für Ostern 1171 befahl. S. unterwarf sich hierauf Kg. Heinrich II. und stellte ihm seine Eroberungen zur Verfügung; bei seinem Aufenthalt in Irland (1171–72) begrenzte der Kg. den Herrschaftsbereich S.s auf Leinster (Gebiete südl. des Flusses Liffey) und unterstellte die Handelshäfen seiner unmittelbaren Kg.sgewalt. In den letzten Lebensjahren beteiligte sich S. an der anglonorm. Expansion; er hinterließ eine dreijährige Tochter, Isabella.

G. MacNiocaill

Lit.: A New Hist. of Ireland, II, hg. A. COSGROVE, 1993.

Strophe → Versbau

Strozzi, florentin. Familie »popolaren« Ursprungs, die seit dem 12. Jh. Mitglied der Arte del Cambio (d. h. der Korporation der Geldwechsler) war und intensive Bank- und Handelsgeschäfte zuerst in Mittelitalien, im 13./14. Jh. auch in Frankreich und England, tätigte. Ihren größten Aufstieg verdanken die S. ihren Geschäften an der päpstl. Kurie in Avignon im 14. Jh. Nachdem sie die Krise der 50er Jahre des 14. Jh. auf glänzende Weise gemeistert hatten, die andere große florentin. Bankiersfamilien wie die →Bardi, die →Peruzzi, die →Acciaiuoli in Mitleidenschaft zog, gehörten die S. zu den Familien der florentin. Oligarchie, die seit den 80er Jahren des 14. Jh. das polit. Leben der Stadt beherrschten. Mit den →Albizzi verbündet und als Gegner der →Medici nahmen die S. bis 1434 am Stadtregiment teil, dem Jahr, in dem sich ihr Gegner Cosimo de' Medici, gen. »il Vecchio« durchsetzte. Der wichtigste Exponent der Familie in dieser Zeit war *Palla di Nofri*. Nach dem Sieg der Medici wurden die S. aus Florenz verbannt und gingen nach Padua und Ferrara, ein Zweig der Familie kehrte 1466, nach Aufhebung des Bannes, wieder nach Florenz zurück. Ein Zeichen für den neuerl. Aufstieg der S. ist der berühmte Stadtpalast, dessen Bau 1489 begonnen wurde. Die Beziehungen zu den Medici blieben allerdings weiterhin angespannt. Im 16. Jh. kämpften viele Mitglieder der Familie S. an der Seite der Franzosen gegen die mit dem Reich und Spanien verbündeten Großhzg.e v. Toskana. F. Cardini

Lit.: B. CASINI, I Libri d'Oro della nobilità fiorentina e fiesolana, 1993, ad indicem.

S., Palla, Sohn des Onofri-Nofri, * ca. 1372 in Florenz, † 1462 in Padua, Staatsmann, Humanist und Mäzen. S. gesellte sich sehr bald dem Kreis um Coluccio→Salutati zu und wurde dank seines Reichtums und des Ansehens seiner Familie zu einem der aktivsten Kulturförderer: 1397 wirkte er bei der Einrichtung eines Griechischlehrstuhls in Florenz mit, auf den man den Byzantiner Manuel →Chrysoloras berief. S. wurde dessen Schüler und stattete die Professur mit Hss. aus, die er aus dem Osten kommen ließ (Ptolemaios, Plutarch, Platon, die 'Politik' des Aristoteles). Er hatte den Plan, eine öffentl. Bibliothek bei der Kirche der Vallombrosaner S. Trinita in Florenz zu begründen (Vespasiano da Bisticci, Vita 146–147), die auch seine eigene beachtl. Büchersammlung (vgl. das Inventar von 1431 [FANELLI, 290]) aufnehmen sollte. Infolge des Sieges der feindl. Medicifaktion aus Florenz vertrieben, wurde er jedoch 1434 nach Padua verbannt, wo er bis zu seinem Tode blieb. Sein Haus wurde Studienzentrum und gastl. Mittelpunkt für byz. Flüchtlinge, darunter Johannes →Argyropulos und Andronikos Kallistos. Der griech. und lat. Bestand seiner Bibliothek mehrte sich ständig. In seinem Testament von 1462 hinterließ er eine Gruppe von lat. und griech. Hss. der Bibliothek von →Santa Giustina in Padua (CANTONI, 183–186). M. Cortesi

Q. und Lit.: Vespasiano da Bisticci, Le vite, ed. A. GRECO, II, 1976, 139–165 – V. FANELLI, I libri di Messer P. di Nofri S. (1372–1462), Convivium I, 1949, 57–73 – A. DILLER, The Greek Cod. of P. S. and Guarino Veronese, JWarburg 24, 1961, 316–321 – G. FIOCCO, La casa di P. S., Atti dell'Accad. Naz. dei Lincei, Mem. s. VIII, 5, 1954, 361–382 – DERS., La biblioteca di P. S. (Fschr. T. DEMARINIS, II, 1964), 289–310 – C. BEC, Les marchands écrivains. Affaires et humanisme à Florence, 1375–1434, 1967, 362–434 – H. GREGORY, A Further Note on the Greek Mss. of P. S., JWarburg 44, 1981, 183–185 – G. CANTONI-ALZATI, La biblioteca di S. Giustina in Padova, 1982, 10–13, 183f. – M. L. SOSOWER, P. S.'s Greek mss., Studi it. di filologia class., s. III, 1986, 140–151 – S. GENTILE, Emanuele Crisolora e la »Geografia« di Tolomeo (Dotti biz. e libri greci nell'Italia del sec. XV, hg. M. CORTESI–E. V. MALTESE, 1992), 291–308, passim.

Strumica, Stadt und Burg am gleichnamigen Fluß (Republik Makedonien), einer Legende zufolge an der Stelle des antiken Tiberiopolis. Die spätestens im 9. Jh. entstandene, griech. und slav. besiedelte Stadt wurde 1019 Bf.ssitz unter der Jurisdiktion des Ebm.s →Ohrid und zugleich wichtiges Zentrum der byz. Provinzverwaltung. Oberhalb der Stadt lag eine starke Burg, nach zeitgenöss. Aussagen »höher als die Wolken«. Im 9. und 10. Jh. unter bulg. Herrschaft, im 11. und 12. Jh. unter byz., gehörte die Stadt in Zeiten der geschwächten Zentralgewalt unabhängigen Magnaten (→Hrs Dobromir, Strez, später Hrelja). In der ersten Hälfte des 13. Jh. von Lateinern, Bulgaren und Byzantinern umkämpft, hielten letztere die Stadt bis 1334. Nach einer Periode serb. Herrscher und Gebietsherren gelangte S. 1395 unter osman. Herrschaft.

M. Blagojević

Lit.: K. JIREČEK, Das chr. Element in der topograph. Nomenclatur der Balkanländer, SAW Phil.-Hist. Cl. Bd. 136. 11, 1897, 1–98 – B. PANOV, Opštestveno-političkite priliki vo Strumičkata oblast od krajot na VI do poč. na X v., Glasnik INI II, 1961, 201–245 – R. RADIĆ, Oblasni gospodari u Vizantiji krajem XII i u prvim decenijama XIII veka, ZRVI 24/25, 1986, 151–289.

Strymon (*Στρυμῶν*, slav. Struma), Fluß und byz. →Thema bzw. Prov. in dessen Großraum. Der S. (Länge etwa 400 km) entspringt südl. von Sofia, durchfließt den strateg. wichtigen Rupelpaß (zw. Kleidion/Ključ und Balabista/Siderokastron) und mündet bei Amphipolis, dem späteren Chrysupolis, in die →Ägäis. Seinem Tal folgt eine wichtige N–S-Verkehrsverbindung (zw. dem Inneren der Balkanhalbinsel und der Nordägäis). Im 7. Jh. am S. Ansiedlung von Slaven. Der administrative Status von S. scheint unstabil: Aus Konstantinos Porphyrogennetos, De them. (10. Jh.), wo S. zugleich als Thema und als →Kleisura erscheint und erwähnt wird, Justinian II. habe Slaven (Skythai) in den Bergen und Pässen von S. angesiedelt, wird gefolgert, der Ks. habe um 688 die Kleisura S. eingerichtet. Im 8. und 9. Jh. bulg. Angriffe. Strategen des Themas S. sind ab der 1. Hälfte des 9. Jh. auf Siegeln, ab 899 in Listen belegt: Siegel eines Kleisurarchen v. S. (eher 10. Jh. als Ende 9. Jh.). 971–975 (Taktikon v. Escorial) ein Stratege v. S. oder Chrysaba und einer von Neos S. (am oberen Flußlauf?) genannt. Ab dem 11. Jh. ist S. oft mit den benachbarten Themen Thessalonike, Boleron und Serrai vereinigt. Wie weit flußaufwärts das Thema S. reichte, ist strittig, Kerngebiet war wohl der Unterlauf vom Rupelpaß bis zur Mündung. Ein rechter Nebenfluß des S. ist die Strumitza/→Strumica (Diminutiv von S.), die gleichnamige Stadt war Bm. und Zentrum eines kleinen Thema. P. Soustal

Lit.: Oxford Dict. of Byzantium, 1991, 1968 – Z. PLJAKOV, Palaeobulgarica 10/3, 1986, 73–85; 13/2, 1989, 100–115 – A. STAURIDU-ZAPHRAKA, Byz. Makedonia, 1995, 307–319.

Strzelno, Stadt in →Kujavien (Markt: Beginn des 13. Jh.; Stadtrecht vor 1356), gehörte dem von Wszebor (Piotr), →Palatin →Bolesławs IV., abstammenden Geschlecht. Wszebor stiftete wahrscheinl. eine Kirche (ŏ hl. Kreuz und Maria; Weihe 1133), die einer ihm verbundenen Kanonikergruppe zugewiesen wurde. Sein Sohn Piotr (d. A.) Wszeborowic, 1196 Palatin und Kastellan v. →Kruschwitz, berief 1190 Prämonstratenserinnen nach S. und übergab ihnen die Ausstattung der alten Kanonikerkirche. Die damals begonnene neue Basilika wurde 1216 geweiht, wobei das Patrozinium des hl. Kreuzes durch das der Trinität ersetzt wurde. Das Kl., ein typ. Hochadelsstift, hatte bedeutende Besitzungen im Grenzgebiet zw. Großpolen und Kujavien. Zwei roman. Kirchen sind in S. erhalten: die ehem. Kl.kirche (dreischiffige Basilika) sowie neben ihr die sechsteilige Rundkirche aus Stein mit Chor und Turm (mit Empore), die wahrscheinl. im 2. Viertel des 12. Jh. als Grabkirche der Stifter erbaut wurde (ŏ Prokop). J. Strzelczyk

Lit.: SłowStarSłow V, 446–450 [Lit.] – S. romańskie, 1972 – B. KÜRBISÓWNA, Najstarsza tradycja klasztoru panien norbertanek w Strzelnie, Roczniki Historyczne 40, 1974, 19–50 [Neudr.: DIES., Na progach historii, 1994, 127–154] – DIES., Pogranicze Wielkopolski i Kujaw w X–XII wieku, Studia z dziejów ziemi mogileńskiej, 1978, 65–111 [Neudr.: ebd., 207–249].

Stuart → Stewart

Stuart, Berault, Seigneur d'Aubigny et Concressault (Berry), *um 1452, † 1508, frz. Heerführer und Diplomat, entstammte dem schott. Hause →'Albany', einem seit ca. 1420 vielfach in Frankreich ansässigen Zweig der Dynastie →Stewart (→Schottland). Sohn von Jean S. und Béatrice d'Apchier, seit 1469 in den schott. Ordonnanzkompanien (→Leibwache) des Kg.s v. Frankreich bezeugt, befehligte S. die kgl. Schottengarde (1493) und fungierte als →Bailli v. →Berry und →*Capitaine* v. →Vincennes, kämpfte 1485 in der Schlacht v. →Bosworth an der Seite →Heinrichs (VII.) Tudor, nahm 1492 an der kast. Conquista v. →Granada teil und zog unter Kg. →Karl VIII. 1494 nach →Neapel. 1500 übertrug ihm →Ludwig XII. eines der beiden Gouverneursämter in →Mailand. S. kämpfte mit wechselndem Erfolg gegen die Spanier in Neapel (1501–03) und nahm 1507 am Feldzug nach →Genua teil. Seine 1508 als 'Pilgerfahrt' durchgeführte Reise in seine schott. Heimat, bei der er verstarb, diente vorrangig der Wiederbelebung des traditionellen frz.-schott. Bündnisses (→'Auld Alliance'). S. diktierte auf dieser letzten Reise seinem Kapellan Étienne le Jeune eine eng an den Traktat des Robert de →Balsac angelehnte kleine Schrift über die Kriegskunst, in welcher der erfahrene und angesehene Kriegsmann aber auch eigenständige Gedanken entwickelt. Ph. Contamine

Ed. und Lit.: Traité sur l'art de la guerre de B. S., ed. E. DE COMMINGES, 1976.

Stube, heizbarer und rauchfreier Wohnraum mit dichten Wänden und einer abgeschlossenen, festen und relativ niedrigen Decke. Wichtigstes Kennzeichen der S. ist der wärmespeichernde Ofen, der auch an kalten Tagen eine Raumtemperatur von ca. 20 °C gewährleistet (→Heizung). Die Rauchlosigkeit der S. wird durch die bes. Lage bzw. die Rauchführung des Ofens ermöglicht, der spätestens seit dem 13. Jh. von außerhalb der S. geheizt wurde und den Rauch nach außerhalb (Küche, Flur, das ganze übrige Haus) abgab (Hinterlader). Damit erst konnte die S. sich zu einem bevorzugten Wohn- und Arbeitsraum entwickeln. Im Unterschied dazu besitzen die trad. Rauchs.n des ostalpinen Raumes sowie des ö. Mitteleuropa Vorderladeröfen mit offenem Rauchabzug in den Raum. Im Zusammenhang mit der S. ist die Bads. zu sehen, ein kleines einzeln stehendes (Block-)Häuschen mit einem Steinofen fürs Schwitzbad, wie es v. a. in N- und O-Europa bis heute benutzt wird, aber auch im oberdt. Raum im MA zahlreich nachweisbar ist. Eine Entwicklung der Wohns. aus der Bads. läßt sich jedoch nicht feststellen.

Schriftl. Q. zu Wohns.n im MA sind in großer Zahl aus nahezu allen Teilen Mitteleuropas bekannt. Der älteste Beleg findet sich in der →Lex Alamannorum (7. Jh.), der nächstälteste (765) ist aus Sagogn (Graubünden) überliefert, in beiden Fällen ist es nicht ganz klar, ob es sich wirkl. um S.n in späteren Sinn handelt. In den vor 1200 liegenden Erwähnungen der S. wird eine weite regionale Streuung sichtbar, von Chur bis Merseburg, vom alem. bis in den böhm. Raum (osteurop. Belege nicht berücksichtigt). Der überwiegende Teil eindeutiger Belege zur Wohns. setzt erst nach 1200 ein und stammt v. a. aus den oberdt. Städten, in denen die S. älter als die geschlossene archival. Überlieferung, also älter als die 13. Jh. ist. Eine Diffusion der S. von einem begrenzten Novationsgebiet her wird in den Q. nicht eindeutig sichtbar; sie geben nur den Raum an, in dem im MA S.n belegt sind, nicht jedoch regionale Herkunft und Alter der S. Die nachgewiesenen Haus- und Wohnformen sprechen jedoch dafür, im oberdt. Raum und im 12. Jh. die Anfänge einer allg. Verbreitung der S. zu suchen. Für N- und Mittel-Dtl. ist die Q.lage nicht so günstig. Hier erscheint die S. v. a. unter der in Niedersachsen, Mecklenburg und Holstein bis heute üblichen Bezeichnung *Dörnse, Döns* u. ä., die mit der oberdt. nur noch urkdl. bekannten Bezeichnung *Türnitz* (Wohnraum der Burg) zusammen gesehen wird. N-Dtl. gilt als sekundäres S.ngebiet, in dem in der Stadt im 15. Jh., auf dem Land noch wesentl. später, allg. mit S.n zu rechnen sei, die hier durch ihre Lage am hinteren Hausende des sog. Hallenhauses (→Bauernhaus, B) ihre untergeordnete Bedeutung zeigt. Das späte Aufnehmen der S. ist für einige Gebiete, z. B. Westfalen, sicher, gilt aber z. B. nicht für Schleswig-Holstein, wo vom erhaltenen Bestand her S.n auf dem Land um 1500 weit verbreitet gewesen sein müssen. Auch passen die schmalen dän. Häuser mit den fest in den Grundriß integrierten S.n nicht so recht ins Bild einer abnehmenden Bedeutung der S. vom Süden Mitteleuropas zum Norden hin.

Die meisten spätma. S.n zeichnen sich durch ihre reine Holzbauweise aus. Die ältesten nachweisbaren S.en des 13.–15. Jh. in ländl., meist aber städt. Wohnhäusern S-Dtl.s (ältester Beleg: 1250 Regensburg, Keplerstraße 2) und in Burgen und Bauernhäusern Tirols, haben sorgfältig gefügte Wände und Decken aus Holz, gleichgültig, ob es sich um einen Holzbau handelt, oder ob die S. als 'Holzkasten' in einen →Fachwerkbau oder gemauerten Bau eingefügt ist. Konstruktiv handelt es sich in den frühen Beispielen meist um den Ständerbohlenbau (sog. *Bohlens.*). Die Decke ist häufig nach einem ähnlichen Prinzip aufgebaut, es wechseln breite Bohlen, die in genutete Balken ('Riemen') fassen, einander ab (Bohlen-Balken-Decke, Riemchendecke). Characterist. für viele der ältesten S.n ist die mehr oder weniger ausgeprägte Wölbung oder Brechung der Decke. Die Bohlen-Balken-Decke bleibt bis in die NZ die in Stadt und Land Oberdtl.s übliche S.ndecke; sie kann durch Abfasung und Profilierung sowie Schnitzereien und Malereien zu hoher repräsentativer Wirkung gelangen. Die S. ist der von der Lage (in einem Hauseck, zur Straße), der Größe und Zahl der →Fenster her am besten belichtete Raum im Haus. Bis etwa 1350 waren noch sehr kleine, ins Holzwerk eingeschnittene Fensterchen üblich. Danach häufen sich die Belege mit relativ großer und dichter Befensterung, zusammengefaßt zu Fensterbändern (ab dem 15. Jh. als leicht auskragende Fenstererker betont).

Die S. war in Oberdtl. über alle sozialen Schichten hinweg wichtigster Raum im privaten Wohnhaus, aber auch bei öffentl. und repräsentativen Bauten (Ratss., Amtss., Zunfts., Trinks.) und im feudalen (Burgs., Schloß., Große S.) wie klösterl. Bereich (Winters., Winterrefektorium). Die vielfältigen, regional wie sozial unterschiedl. Funktionen der S. sind mit Wohnen nur ungenügend umschrieben. Die S. war Eß- und Kochraum, in ihr wurde vielfach gearbeitet (v. a. Kleinhandwerker), sie nahm gelegentl. auch Tiere mit auf, sie diente als Schlafraum, wurde zum Fest- oder bei Besuch zum Prunkraum und hatte auch kult. Aufgaben zu übernehmen. Die ältere S. zeichnet sich durch ihre strenge und über große Gebiete relativ gleiche Raumordnung aus. Die wichtigsten Ausstattungsstücke waren, etwa diagonal gegenüber dem Ofen, der Tisch und die Bänke im Fenstereck, das zugleich religiöse Bilder aufnahm (sog. 'Diagonalgliederung'). Der Innenraum blieb relativ frei, es sei denn, hier standen Arbeitsgeräte.

Die S. ist eine der bedeutsamsten und folgenreichsten Entwicklungen des MA für die mitteleurop. Wohnkultur, auf der auch die heutigen Wohnformen beruhen, und eine Erfindung, die Auswirkungen v. a. für die breite Masse der Bevölkerung besessen hat. K. Bedal

Lit.: I. TALVE, Bastu och Turkus i Nordeuropa, 1960 – H. H. BIELEFELDT, Nd. Döns, bair. Türnitz, 'heizbarer Raum', Zs. für dt. Wortforsch. 17, 1961, 136–148 – J. HÄHNEL, S. Wort- und sachgesch. Beitr. zur hist. Hausforsch., 1975 – H. HUNDSBICHLER, Der Beitrag deskriptiver Q.belege des 15. Jh. zur Kenntnis der spätgot. S. in Österreich (Europ. Sachkultur des MA, 1980), 29–54 – K. BEDAL, Wohnen im hölzernen Gehäus' (Haus[ge]schichten: Bauen und Wohnen im alten Hall und seiner Katharinenvorstadt, hg. A. BEDAL–I. FEHLE, 1994), 93–124.

Stüber (ndl. *Stuiver*, frz. *patard*), ursprgl. ndl., seit dem Anfang des 15. Jh. geprägte Silbermünze im Wert eines Doppelgroots (→Groot), so genannt nach den stiebenden Funken der Feuereisen an der Kette des Ordens vom →Goldenen Vlies auf S.n von Brabant. Der S. wurde zur Basis des ndl. Münzwesens seit dem SpätMA; alle Münzwerte wurden auf den S. bezogen. Er wurde zu 8 Duits = 16 →Pfennige gerechnet. Regional entwickelten sich von Brabant aus unterschiedl. S.-Werte (Lüttich, Gelderland, Overijssel, Groningen). Der S. wurde als Münztyp am Niederrhein (Gf.en v. Kleve), in Westfalen (Gf.en v. Limburg), Ostfriesland und Jever nachgeahmt.
P. Berghaus

Lit.: F. v. SCHROETTER, Wb. der Münzkunde, 1930, 608 – H. E. VAN GELDER, De nederlandse munten, 1965, 270 – A. KAPPELHOFF, Die Münzen Ostfrieslands, 1982, 74 – J. J. GROLLE, Numismat. Linguistiek, 1984, 31f. – P. SPUFFORD, Handbook of Medieval Exchange, 1986, 363.

Stuck, -plastik. S. besteht im MA aus Gipsmörtel mit Sand und kleinen Mengen Kalk, selten aus Kalk und Sand (St. Martin in Disentis/Graubünden). Der S. wird direkt auf die Mauer oder seltener auf eine angenagelte Strohlage aufgetragen, und zunächst mit Modellierhölzern und Messern, dann, nach dem Abbinden, mit spitzen Eisen, Raspeln und Feilen bearbeitet. Der ma. S. steht in der Tradition der röm. S.dekorationen, die technisch und stilist. in der frühchristl. und byz. Kunst weitergeführt wurden (Baptisterium der Orthodoxen in Ravenna um 450, San Vitale in Ravenna, Hagia Sophia in Istanbul) und bes. in islam. Bauten in Spanien reiche Anwendung fanden (Alhambra in Granada, Alcázar in Sevilla). In vorroman. Zeit war S. als Ornament oder figürl. Plastik recht verbreitet, ist aber nur noch wenig erhalten: in Italien S. Salvatore in Brescia, Sta. Maria in Valle, Cividale del Friuli, Sta. Prassede und S. Sebastiano al Palatino in Rom, S. Ambrogio in Mailand; in Graubünden St. Martin in Disentis, 8. Jh.; in Frankreich Germigny-des-Prés um 806 (heute Mus. des Beaux-Arts in Orléans), Saint-Rémy in Reims 10./11. Jh.; in Dtl. Westwerk von Corvey um 885; Stiftskirche Quedlinburg, Krypta 10./11. Jh. Bes. reiche S.plastik entwickelte sich in Sachsen im 12./13. Jh.: Äbtissinnen-Grabplatten in Quedlinburg um 1130, Hl. Grab in Gernrode, Apostelfiguren in Gandersheim um 1126, Altaraufsatz im Dom zu Erfurt, Chorschranken in St. Michael in Hildesheim, Liebfrauenkirche in Halberstadt, Hamersleben, jeweils Anfang 13. Jh., Engelsfiguren im Langhaus von St. Michael in Hildesheim und Kl.kirche Hecklingen. In der Gotik wurden auch Rundplastiken in S. hergestellt, zumeist in zwei Hälften ausgeformt und dann zusammengefügt. G. Binding

Lit.: Lex. der Kunst, VII, 1994, 106–110 – G. VORBRODT, Die Plastik und Ornamentik am Hl. Grabe zu Gernrode [Diss. Jena 1953] – W. GRZIMEK, Dt. S.plastik 800–1300, 1975 – CH. SCHULZ-MONS, Die Chorschrankenreliefs der Michaeliskirche zu Hildesheim, 1979 – Denkmale in Sachsen-Anhalt, 1983 – G. BEARD, Stucco and decorative Blasterwork in Europe, 1983 – Der vergangene Engel. Die Chorschranken der Hildesheimer Michaeliskirche, hg. M. BRANDT, 1995 – H. CLAUSSEN, Karol. S.figuren im Corveyer Westwerk, Kunstchronik 48, 1995, 521–534.

Studenica, Kl. im Ibartal, Serbien, 1183 vom serb. Großžupan →Stefan Nemanja gegr., der sich hier 1196 zum Mönch Simeon weihen ließ. Er ließ u. a. die der Gottesmutter geweihte Hauptkirche errichten, eine einschiffige Kirche mit dreigegliedertem Altarraum, Narthex und zwölfseitiger Kuppel (→Raška, Schule v.). Nach der Überführung der Gebeine von Stefan (Simeon) Nemanja von →Hilandar nach S. durch seinen Sohn →Sava (1207) ereigneten sich am Grab Wunder; das Kl. nannte sich fortan »Laura des hl. Simeon«. Sava verfaßte das von einer Vita (*žitije*) Simeons Nemanja eingeleitete →Typikon von S. Simeons Söhne →Stefan (d. Erstgekrönte), Vukan und Sava veranlaßten 1208/09 die Freskenausmalung, →Stefan Radoslav fügte um 1230 einen großen Narthex mit zwei Seitenkapellen an. Die Fresken der südl., Simeon Nemanja geweihten Kapelle veranschaulichen die polit. Ideologie von serb. Staat und Kirche. Um 1240 wurde die einschiffige St. Nikolaus-Kirche erbaut, deren Fresken den Stil derer des Kl. →Morača aufnehmen. →Stefan Milutin stiftete 1314 die St. Joachim und Anna-Kirche. Aus dem 14. Jh. stammen die Kirche Johannes' d. T. und ein Rasthaus (Überreste erhalten). Von der alten Bibliothek und Schatzkammer des Kl. ist nur wenig erhalten.
V. Djurić

Lit.: G. BABIĆ, V. KORAĆ, S. ĆIRKOVIĆ, S., 1986 – M. KAŠANIN, M. ČANAK-MEDIĆ, J. MAKSIMOVIĆ u. a., Manastir S. [= Monastère de S.], 1986 – Osam vekova Studenice, Zbornik radova, 1986 – M. ŠAKOTA, S. Monastery, 1986 – G. BABIĆ, Kraljeva crkva u Studenici, 1987 – S. u crkvenom životu i istoriji srpskog naroda, 1987 – Blago manastira Studenice, ed. V. J. DJURIĆ, 1988 – M. ŠAKOTA, Studenička riznica, 1988 – S. et l'art byz. autour de l'année 1200, ed. V. KORAĆ, 1988.

Studia humanitatis. Mit s. h. bezeichnete →Cicero 63/62 v. Chr. in den Gerichtsreden Pro Murena 61ff. und Pro Archia Poeta 3–16 die philos. und rhetor. Bildung zum menschl. gesitteten, polit. verantwortl. Bürger durch das Studium menschl. Zeugnisse, wie sie v. a. in der griech. Lit. vorlagen. Damit unterschieden sich die s. h von den →Artes liberales, blieben jedoch ganz an die Person Ciceros gebunden (RÜEGG, 1985, 307ff.). 1369 nahm Coluccio →Salutati (Ep. I 106) den Begriff auf, um der von →Petrarca inaugurierten dialog. →Antikenrezeption im it. →Humanismus eine an das große Vorbild anknüpfende (Ep. III 330) programmat. Bezeichnung zu geben. Zugleich begründete er das humanist. Ideal eines durch den Umgang mit philos., rhetor., hist. und dichter. Werken des Altertums sittl. verfeinerten, polit. gebildeten Geistesadels: die von Petrarca (Ep. I 179) vorgelebte Verbindung der rationalen und emotionalen Kräfte (suavitas, dulcedo: Ep. I 229f.) der Rede und der s. h.; deren zivilisierende Wirkung (Ep. I 248f.) als eruditio moralis (Ep. III 517) zum eth. Handeln in Haus und Staat (Ep. III 586f.). Durch die in den s. h. erworbene sapientia und eloquentia unterscheide sich der Mensch vom Tier und zeichne sich unter den Menschen der wahre Adel aus (Ep. III 599). Der wichtigen Rolle der Lit. entsprach seine Gleichsetzung der s. h. mit den studia litterarum, die damit den artes liberales erst ihren eth.-polit. Bildungswert geben (Ep. I 256). Doch stand nicht – wie in der Scholastik – der logische Zusammenhang im Vordergrund, sondern der menschlich-gesellschaftl.-hist. Gehalt (Ep. II 389f.) sowie die grammatikal. (Ep. IV 215f.) und stilist. Gestalt, in der das Wort der Sache entspricht (Ep. II 77). Dabei galten die antiken Autoren nicht als absolute Autoritäten, sondern als hist. distanzierte Vorbilder des eigenen Verhaltens: Da (im

Unterschied zur Wissenschaft) die Rede nach Cicero (De orat. I 12) keine verborgene Kunst, sondern Gegenstand allgemeinen Gebrauchs sei und sich nach diesem zu richten habe, müßten sich die Zeitgenossen anders ausdrücken als die antiken Autoren, ja sie könnten, wie →Dante und Petrarca, ihnen überlegen sein (Ep. IV 142ff.).

Das hier angelegte, durch prakt. Maßnahmen, wie die Einführung des Griechischstudiums, die Förderung humanist. Lehrer, Übersetzer, Beamter unterstützte Bildungsprogramm der s. h. hatte im 15. Jh. eine in Theorie und Praxis tiefgreifende Reform des Bildungswesens zur Folge. →Vergerio, Verfasser des ersten humanist. Bildungstraktats »De ingenuis moribus et liberalibus studiis adolescentiae« (1402/03) führte den Humanismus in Ungarn ein. Für L. →Bruni verdienten die s. h. diesen Namen, »quod hominem perficiant et exornent« (Ep. VI, 6). Er zeigte dies in pädagog. und moralphilos. Abhandlungen, wandte die Ausrichtung der s. h. »ad vitam et mores« in der Reform der florent. Milizarmee an, kulturpolit. in der Pflege des Toskanischen neben der lat. Gelehrtensprache, wissenschaftl. als erster moderner Historiker und Begründer der humanist. Übersetzungspraxis, die nach ciceron. Vorbild auf den Sinn des Originaltextes gerichtet war. G. →Barzizza, dann →Guarino und →Vittorino da Feltre verwirklichten das Programm der s. h. in Internaten, die Schüler aus ganz Europa begeisterten: »Tempus omne incredibili quadam voluptate in his [d.h. Guarinos] humanitatis studiis propemodum consumimus, nonnihil et laboribus corporis moderate impertientes« (SABBADINI, 156). Ein didakt. klar aufgebauter Lehrplan führte über die artes zur intensiven Beschäftigung mit den Klassikern der Poesie, Eloquenz, Geschichtsschreibung, Moralphilosophie, Mythologie, Satire. Großes Gewicht lag auf dem Verständnis der Q. in ihrer ortograph., lexikograph. und stilist. Individualität sowie ihrer hist. Situierung und dem Exzerpieren von loci communes, allgemein gültiger Stellen. Das Auswendiglernen bedeutender Zeugnisse, die wiederaufkommenden →declamationes, die Übungen in der gegenüber der →ars dictaminis stärker an Cicero und →Plinius d. J. orientierten Epistolographie sowie eigene Dichtungen dienten der Beherrschung der Sprache. Sie gipfelte im humanist. Titel des »orator et poeta« und in der →Dichterkrönung. Die Verbindung von ratio und oratio steigerte das vivere zum convivere, in dem höf.-adlige Umgangsformen in die urbanitas lit.-philos. und musischer Konvivien und →Akademien umgesetzt wurden. Dementsprechend spielten auch in den humanist. Internaten der Dialog in der geistigen und die Interaktion in der körperl. wie der sozialen Bildung eine wichtige Rolle. Neben Söhnen von Fürsten, Aristokraten, Magistraten und Gelehrten wurden begabte junge Leute aus einfachen Verhältnissen aufgenommen. Gemeinsam wurde nicht nur – wie in den Klosterschulen – gebetet und gelernt, sondern auch geturnt, geschwommen, gefochten, getanzt, gewandert, gejagt, und damit das Ideal eines Geistesadels angestrebt, in dem der Dialog mit den großen Denkern und Akteuren der Vergangenheit dem Dialog und der Interaktion zw. den Menschen der Gegenwart die bes. Form des heiteren und liebenswürdigen Verkehrs und Gesprächs verlieh, die Cicero mit humanitas ausdrückte. Aus den Schulen Guarinos und Vittorinos gingen bedeutende Staatsmänner und Gelehrte von England bis Ungarn hervor. Sie trugen ebenso zur Verbreitung der s. h. in ganz Europa bei, wie das Modell der humanist. Internatsschule, das in den engl. Colleges ihre getreueste und dauerhafteste Ausprägung fand, jedoch um die Wende zum 16. Jh. auch in ndl., frz. und dt. Kollegien Entscheidendes zur humanist. Elitenbildung beitrug.

An den Universitäten wurden die s. h. zunächst von Grammatik- und v. a. Rhetorikprofessoren gelehrt, die den Grundfächern der artes Geschichte, Dichtung und Moralphilosophie hinzufügten. Dies entsprach der 1444 vom späteren Papst Nikolaus V. vorgenommenen Klassifikation: »de studiis autem humanitatis quantum ad grammaticam, rhetoricam, historiam et poeticam spectat ad moralem«. Ein dt. Schüler Guarinos, P. →Luder, kündigte 1456 an der Univ. Heidelberg öffentl. Vorlesungen über »s. h., id est poetarum, oratorum ac hystoriographorum libros« an, 1462 in Leipzig über »s. h., hystoriographos, oratores scilicet poetas« (KRISTELLER, 162). Basel richtete 1464 die erste besoldete Lektur »in arte humanitatis sive oratoria« ein. Die von den s. h. abgeleitete Berufsbezeichnung humanista findet sich erstmals 1490 an der Univ. Pisa. Vom 16. Jh. bestimmten die s.h. als *humanités, humanities, humanidades, umanità, Humanioren* (von studia humaniora) das höhere Bildungswesen Europas. Dabei stand – wie schon bei Cicero und Salutati – die Erziehung zum Staatsbürger im Vordergrund: »Alle müssen die s. h. studieren. Ohne sie ist man nicht würdig, Bürger einer freien Stadt genannt zu werden«, schrieb 1552 ein Schüler →Ficinos, Patrizi (GARIN, 43), und die erste engl. Erwähnung des Wortes »Humanist« um 1608 versteht darunter »him that affects knowledge of state affaire, Histories, etc.« (Oxf. Engl. Dict., s.v.). W. Rüegg

Ed. und Lit.: Epistolario di Coluccio Salutati, hg. F. NOVATI, 4 Bde, 1891–1911 – R. SABBADINI, La scuola e gli studi di Guarino Guarini Veronese, 1896 – P. O. KRISTELLER, Renaissance Thought, The Classic, Scholastic, and Humanistic Strains, 1961² – E. GARIN, Gesch. und Dokumente der abendländ. Pädagogik, II: Humanismus, 1966 – E. KESSLER, Das Problem des frühen Humanismus, seine philos. Bedeutung bei Coluccio Salutati, 1968 – G. MÜLLER, Bildung und Erziehung im Humanismus der it. Renaissance, 1969 – A. BUCK, Die »s.« im it. Humanismus (Humanismus im Bildungswesen des 15. und 16. Jh., hg. W. REINHARD, Mitt. XII der DFG Komm. für Humanismusforsch., 1984), 11–24 – G. BÖHME, Bildungsgesch. des frühen Humanismus, 1984 – W. RÜEGG, Prolegomena zu einer Theorie der humanist. Bildung, Gymnasium 92, 1985, 306–328 – A. BUCK, Humanismus, seine europ. Entwicklung in Dokumenten und Darstellungen, 1987, 123–287 – W. RÜEGG, Das Aufkommen des Humanismus (Gesch. der Univ. in Europa, I, hg. W. RÜEGG, 1993), 387–408.

Studites, Theodoros → Theodoros Studites

Studiu-Kloster, vom Patrikios Studios vor seinem Konsulat 454 (Anthologia graeca I 4) in →Konstantinopel gegr. Kl. mit Kirche (ὁ Johannes d. Täufer). Die Gründung erfolgte nach im Mauerwerk gefundenen Ziegelstempeln im Jahre 450, das vom Chronisten Theophanes überlieferte Datum 463 bezieht sich wohl auf die Vollendung der Kirche. Die ersten Mönche stammten aus dem Kl. der →Akoimeten. Zur frühen Gesch. des S.s gibt es nur wenige Nachrichten; die Schließung in der Zeit des →Bilderstreits nach 765 ist legendär. Das Kl. war auf dem Konzil v. →Nikaia 787 durch Abt Sabas vertreten und gewann in der Folgezeit unter Abt →Theodoros Studites (798–826) große Bedeutung als Zentrum der Bilderverehrung. Zur Zeit der größten Blüte war das S. angebl. von 700 Mönchen bewohnt (unter Einrechnung der kleinasiat. Filialkl. [*metochia*]?). Die Schr. des Theodoros geben Einblick in das Leben des Kl., das dank Landbesitz, Mühlen, Werkstätten und eigenem Hafen mit Werft dem angestrebten Ziel der Autarkie sehr nahe kam. Das um 826 erstmals aufgezeichnete liturg. →Typikon des S. ist Ergebnis einer die Riten v. Konstantinopel und der Kl. Palästinas vereinenden Liturgiereform; zusammen mit der Kl.regel des Theodoros hatte es in mittelbyz. Zeit für die meisten

Kl. im Reichsgebiet Vorbildcharakter. Im späten 9. Jh. wurde das S. zu einem lit. Zentrum mit eigenem →Skriptorium.

In der Spätzeit des Bilderstreits und danach bemühte sich das S., einen eigenen Kurs zw. Ks. und Kirchenleitung zu steuern; im Streit mit Patriarch →Methodios I. (843–847) suchten die Mönche sogar die Unterstützung des Papstes in Rom. Erst nach dem sog. →Tetragamiestreit (Anfang 10. Jh.) kam es zur dauernden Einigung zw. dem S. und dem Patriarchen. Später gingen aus dem S. mehrere Patriarchen hervor und eine Reihe von Würdenträgern zog sich dorthin freiwillig oder unfreiwillig zurück, u. a. die Ks. Michael V. (1042), Isaak I. Komnenos (1059) und Michael VII. Dukas (1078). Seit dem 10. Jh. wurde im S. das Haupt Johannes d. Täufers verehrt. Nach einem Niedergang im 12. und 13. Jh. wurde das S. 1293 erneuert, führte in der byz. Spätzeit die Hierarchie der Kl. Konstantinopels an und bestand bis zur osman. Eroberung 1453.

Die Kl.kirche, eine dreischiffige Emporenbasilika, wurde um 800 mit Wandgemälden ausgestattet und im 11. Jh. restauriert; seit etwa 1481 Moschee, wurde sie später mehrfach durch Brand beschädigt, ist aber heute der einzige vorjustinian. Bau in Istanbul, von dem noch nennenswerte Teile aufrecht stehen. A. Berger

Q.: MPG 99, 1813–1824 [Testament des Theodoros] – A. Dmitrievskij, Opisanie liturgičeskich rukopisej, 1895, 224–238 – *Lit.*: A. Dobroklonskij, Prep. Fedor, ispovednik i igumen studijskij, I, 1913, 396–590 – J. Leroy, La réforme stoudite, OrChrP 153, 1958, 181–214 – P. Speck (Actes du XIIe Congr. d'Études byz. III, 1964), 333–344 – N. E. Eleopulos, Ἡ βιβλιοθήκη καὶ τὸ βιβλιογραφικὸν ἐργαστήριον τῆς μονῆς τῶν Στουδίου, 1967 [vgl. aber BZ 60, 1967, 382] – R. Janin, La Géographie ecclésiastique de l'empire byz., I/3, 1969, 430–440 – C. Mango, Byz. and Modern Greek Stud. 4, 1978, 115–122 – U. Peschlow, JVB 32/4, 1984, 429–433 – Oxford Dict. of Byzantium, 1991, 1960

Studium. [1] *Allgemein. Die Anfänge:* Im klass. Lat. hat das Substantiv 's.' insbes. die allg. und abstrakte Bedeutung von 'Eifer', 'Hingabe', 'Interesse an einer Sache'; ebenso bezeichnet das Verb 'studere' im allg. 'sich bemühen', 'auf etwas hinarbeiten', 'sich für etwas interessieren'. Die eingeschränkteren, techn. Bedeutungen 'Studium, Ausbildung' und 'studieren, lernen' waren jedoch keineswegs völlig unbekannt.

Die erwähnte klass. Bedeutung blieb auch im MA in breitem Umfang erhalten. Das MA brachte dabei aber die techn., auf das →Schulwesen bzw. →Erziehungs- und Bildungswesen bezogenen Aspekte stärker zur Geltung.

Seit dem Ende des 12. Jh. nahm (zunächst in Italien) der Begriff 'S.' eine vorrangig schul. Bedeutung an: S. konnte einerseits in relativ abstrakter Weise den Unterricht bezeichnen, andererseits in konkreter und institutioneller Hinsicht die Schule (synonym zu 'schola' oder 'scholae'); tatsächl. konnte s. für eine Gruppe von Schulen stehen (1189 in →Bologna: 'studium huius civitatis', Chart. studii Bononiensis I, 1).

In seiner abstrakten Bedeutung steigerte sich der Begriff s. so sehr, daß er so umfassenden Schlüsselbegriffen wie (gelehrte, universitäre) 'Kultur' oder 'Wissen, Wissenschaft' fast gleichkam; die Wendung 'translatio studii' (→Translatio) verweist auf die seit dem 12. Jh. begegnende myth. Vorstellung von einer »Verpflanzung« des geistig-kulturellen Mittelpunkts von →Athen nach →Rom, von Rom nach →Paris. In dieser Tradition steht →Alexander v. Roes, wenn er in »De translatione imperii« (um 1280) 'sacerdotium', 'regnum' und 'studium' als die drei Grundpfeiler ('virtutes') der christl. Gesellschaft definiert.

Andererseits gewann aber auch die konkrete Bedeutung von s. seit dem 13. Jh. große Verbreitung. S. wurde gebraucht als allg. Begriff, der auf alle Typen von Schulen unterschiedl. Status' angewandt werden konnte, aber insbes. die Bildungseinrichtungen höheren Niveaus bezeichnete. Die Anwendung des Terminus blieb nicht auf die →Universitäten, die sich in dieser Periode entwickelten, beschränkt, wenn er auch oft zu ihrer Bezeichnung diente (erste Belege: Bologna 1216, Paris 1219).

[2] *Das Studium generale:* Nach den 1230er Jahren sah man sich veranlaßt (v. a. unter dem Einfluß der Juristen der röm. Kurie), die einfachen Studia ohne universitären Rang (sie wurden manchmal als 'studia particularia' bezeichnet), d. h. die bedeutenderen städt. Schulen, von den Universitäten im eigtl. Sinne zu unterscheiden, letztere wurden nun mit dem neugeprägten Namen 's. generale' (weit seltener 's. universale' oder 'commune') belegt; die ältesten Belege betreffen →Vercelli (1235–37), die 'Artistenuniversität' v. →Montpellier (1242), das 's. Romanae Curiae' (1245), nach 1250 wird die Verwendung des Begriffs allgemeingebräuchlich. Der Ursprung und exakte Inhalt des Begriffs (insbes. des Epithetons 'generale') wurde in der Forsch. stark diskutiert; nach Denifle, Rashdall und Cobban war ein 's. generale' (im Gegensatz zum 's. particulare') eine Bildungsstätte, an der auf (zumindest theoretisch) hohem Niveau und über die →Artes liberales hinausgehend eine oder mehrere höhere Disziplin(en) gelehrt wurde(n), und an der die Scholaren, die ohne Beschränkung »von überall her« kamen, studierten; demgegenüber betonen Ermini und Arnaldi, daß der Begriff 'generale' (im Sinne von 'universale') die Gründung (bzw. Anerkennung) und Privilegierung durch eine universelle Gewalt (d. h. nur durch Papst oder Ks. bzw. – in bestimmtem Umfang – durch den Kg. v. Kastilien-León 'in regno suo') ausdrücke; von der universellen Autorität, die 's. generale' understand, leitete sich auch die umfassende Geltung der seinen Mitgliedern verliehenen →Privilegien sowie der von ihm erteilten Lehrbefugnis (→Licentia) ab ('licentia ubique docendi', im Unterschied zu den nur eingeschränkt geltenden Qualifikationen der einem Diözesanbf. unterstehenden Schule). Nach 1250 war 's. generale' deutlich zum Synonym von Universität geworden, doch ist folgendes festzuhalten:

1. Mehrere (sogar führende) Universitäten waren lange nur de facto 'studia generalia' und ließen sich diesen Vorrang (verbunden mit der 'licentia ubique docendi') erst spät (Bologna 1291, Paris 1292) oder niemals (Oxford) bestätigen.

2. Im üblichen Sprachgebrauch wurde 's. generale' stets weniger häufig verwendet als 's.' (z. B. 'studium Parisiense') oder 'universitas' (sei es in der Form 'universitas magistrorum et scholarium [Parisiensium]', sei es in der Form 'universitas studii [Parisiensis]'); die 'universitas' war in der Tat die organisierte Korporation, welche die autonome Durchführung des s., d. h. Unterricht und Schulbetrieb, in den Händen hatte. Da im MA die Universitäten kaum eine materielle Infrastruktur besaßen, war es der Gesichtspunkt der menschl. Gemeinschaft, der 'universitas', der vom lat. (und volkssprachl.) Wortgebrauch in den Mittelpunkt gestellt wurde.

[3] *Die Studia der Bettelorden:* Das Wort 'S.' wurde seit dem Beginn des 13. Jh. in breitem Umfang von den religiösen Orden, die konventseigene Schulen aufgebaut hatten, übernommen: zunächst von den →Dominikanern, dann von den →Franziskanern, schließlich von weiteren Bettelorden sowie einigen monast. Orden und Kongregationen der Regularkanoniker. Die Dominikaner etwa unterhielten in jeder Ordensprovinz eine gewisse An-

zahl von 's tudia', die im Laufe der Jahre von Konvent zu Konvent verlegt werden konnten; es bestand eine Hierarchie der 'studia' entsprechend den Stufen des Cursus: 'studia grammatice', 'studia naturalium', 'studia theologie' (manchmal eingeteilt in 'studia Biblie' und 'studia sententiarum'); die bedeutendsten 'studia' der Theologie, die in den führenden Konventen der großen Ordensprovinzen etabliert waren, wurden oft als 'studia sollemnia' rühmend hervorgehoben, während auf dem Gipfel der Hierarchie einige 'studia generalia', die unmittelbar dem Ordenskapitel und dem Generalminister unterstellt waren, Studenten aus dem gesamten Orden offenstanden. Die Liste der 'studia generalia' variierte und ihre Anzahl wuchs zunehmend an, doch wurde stets das 's. generale' zu Paris als das bedeutendste erachtet, zumindest bis zum Großen→Abendländ. Schisma (1378); es war einer Schule der Pariser Theologenfakultät assoziiert, so daß seine Absolventen den universitären Magistergrad der Theologie erwerben konnten. Entsprechendes galt für →Oxford und →Cambridge sowie für die meisten anderen Universitäten, die im ausgehenden MA theol. Fakultäten begründeten. Die anderen Bettelorden sowie die →Zisterzienser bauten ein vergleichbares Netz von 'studia' auf.

[4] *Das Studium als Raum geistiger Arbeit:* Seit dem Ende des MA bezeichnete, infolge von Wandlungen der Sitten und Lebensformen, geprägt v. a. durch einen Übergang zu stärker individuellen Arbeits- und Lesegewohnheiten (→Lesen), das Wort 'S.' konkret einen Raum, der als Büro, Schreibstube, Lese- und Studienkabinett diente ('studio' und 'studiolo' im It., 'Studierzimmer', auch 'Museum, Kabinett' im Dt.), oft mit einer →Bibliothek und evtl. wiss. Sammlungen in Verbindung stand und häufig belegt ist für Professoren, Ärzte und Juristen sowie auch für Äbte, Prälaten und weltl. Fs. en (bes. im Italien der [Spät-] Renaissance auch reiche und repräsentative Ausgestaltung: Florenz, Urbino u.a.). Berühmte bildl. (idealtyp.) Darstellungen von Studierzimmern begegnen etwa im Rahmen des Bildtypus des 'hl. Hieronymus im Gehäuse' (Antonello da Messina, Dürer). J. Verger

Lit.: RASHDALL, passim – H. DENIFLE, Die Entstehung der Univ.en des MA bis 1400, 1885, 1-29 – A. G. JONGKEES, Translatio studii: les avatars d'un thème médiéval, Miscellanea Mediaevalia in Memoriam J. FR. NIERMEYER, 1967, 41-51 – A. B. COBBAN, The Medieval Universities, 1975, 21-36 – G. ERMINI, Il concetto di 's. generale' (DERS., Scritti di diritto comune, 1976), 213-237 – Le scuole degli ordini mendicanti (sec. XIII-XIV), 1978 – G. ARNALDI, Giuseppe Ermini e lo 's. generale'. Il Diritto comune e la tradizione giuridica europea, 1980, 25-33 – O. WEIJERS, Terminologie des universités au XIIIe s., 1987, 34-51 – Gesch. der Univ. in Europa, I: MA, hg. W. RÜEGG, 1993, passim.

Stufenhalle → Hallenkirche

Stuhl → Möbel

Stühlingen, Stadt an der Wutach (Baden-Württ.). Die bei der Siedlung gelegene Burg wird erstmals 1093 indirekt faßbar und war später im Besitz der Herren v. Küssaberg und nach deren Aussterben seit 1251 als Konstanzer Lehen in der Hand der Herren v. Lupfen, nach denen die Burg heute noch Hohenlupfen heißt. Zw. der hoch über der Wutach aufragenden Burg und der Siedlung S. entstand ein Burgweiler, der seit 1261 als Stadt S. belegt ist und noch bis ins 18. Jh. als Residenz und herrschaftl. Mittelpunkt der Lgft. S. von Bedeutung blieb. Seit 1261 ist von der Gft. die Rede, während die Lgf.en und die Lgft. S. erst seit dem frühen bzw. dem späten 14. Jh. nachweisbar sind. Neuerdings ist wieder eine mindestens räuml. Kontinuität zw. den hochma. Comitaten und den spätma. Lgft.en im dt. SW gesehen und der Albgau als das ursprgl. Substrat der Lgft. S. angesprochen worden. S. Lorenz

Lit.: H. MAURER, Das Land zw. Schwarzwald und Randen im frühen und hohen MA (Forsch. en zur oberrhein. Landesgesch. 16, 1965) – M. SCHAAB, Lgft. und Gft. im SW der dt. Sprachgebiets, ZGO 132, 1984, 31-55.

Stuhlweißenburg (Székesfehérvár, im MA: Fehérvár, Weißenburg, Alba Regia), Stadt 60 km sw. von Budapest, unweit des röm. Gorsium, an der Kreuzung wichtiger Landstraßen; Residenz, später →Grablege der Kg.e v. →Ungarn. Die durch Sümpfe und Wälder gut geschützten 'Inseln' waren seit dem 10. Jh. besiedelt; die St. Peterskirche wurde bereits von Gfs. →Géza gegr., die erste Burg von →Stephan I. errichtet, und nach der Eröffnung der Pilgerstraße nach Jerusalem, die durch S. führte (um 1018), wurde die Residenz von →Gran nach S. verlegt. Stephan I. ließ sich hier in der von ihm gegr. Hl. Jungfrau-Basilika (zerstört 1601) begraben (der seinem Grab zugeschriebene umgearbeitete röm. Sarkophag ist erhalten), und ihm folgten die meisten ung. Kg.e (mit ihren Familien) bis zum Ende des MA. Der Propstei v. S. waren bis ins späte 14. Jh. die Herrschaftszeichen anvertraut, der Krönungsmantel wurde aus einer der Basilika v. S. geschenkten Kasel hergestellt. Seit dem 12. Jh. war S. zur (alleinigen) Krönungsstadt geworden. Es blieb auch kult. Zentrum des Kgr.es, nachdem im 13. Jh. die kgl. Residenz nach →Buda (und →Visegrád) verlegt worden war. Die jährl. kgl. Gerichtstage (seit 1222 belegt) wurden in S. abgehalten. Bereits 1115 wurde im Südwesten ein der Hl. Jungfrau geweihter Johanniterkonvent mit der Siedlung Szentkirályfölde ('Land des Hl. Kg.s') gegr. Im Suburbium siedelten im 12. Jh. →hospites, wohl wallon. Herkunft (latini), die um 1160 ein Privileg erhielten. Obwohl S. dem Mongolensturm als eine der wenigen Burgen in Ungarn standhielt, ließ sie →Béla IV. 1249 abreißen und an ihrer Stelle Bürger ansiedeln sowie eine neue Burg errichten. Im 13. Jh. werden mindestens fünf Kirchen erwähnt; der Markt v. S. galt seit dem 12. Jh. als einer der wichtigsten im Lande; kgl. Salz- und Münzkammer sind aus dem 13. Jh. bekannt. Im 13.-14. Jh. entstanden die Erweiterungen im Norden, Westen und Süden der Stadt. Doch da die Bürger ihre Stellung – gegenüber dem Marienstift und dem Kg. – nach 1249 nicht verbessern konnten, blieb S. hinter anderen, jüngeren ung. Städten rechtl. wie wirtschaftl. zurück. J. Bak

Lit.: E. FÜGEDI, Der Stadtplan v. S. und die Anfänge des Bürgertums in Ungarn, ActaHistHung 15, 1969, 103-134 [Neudr.: DERS., Kings, Bishops, Nobles and Burghers in Medieval Hungary, 1986, Tl. X.] – J. DEÉR, Aachen und die Herrschersitze der Arpaden, MIÖG 79, 1971, 1-56 – H. GÖCKENJAN, S. Eine ung. Kg.sresidenz vom 11.-13. Jh. (Beitr. zur Stadt- und Regionalgesch. Ost- und Nordosteuropas, hg. K. ZERNACK, 1971), 135-152.

Stuhlweißenburger Privileg. Zwar ist in fast allen frühen ung. Stadtprivilegien vor dem 15. Jh. ein Hinweis auf die »Freiheiten der Bürger (hospites) v. Stuhlweißenburg« enthalten, doch ist ein derartiges formales Privileg nicht überliefert. Eine späte (15. Jh.) Kopie der Bestätigung →Bélas IV. (1237) der →Stephan I. zugeschriebenen, aber wohl von →Stephan III. um 1165 bewilligten Freiheiten enthält nur die landesweite Zollfreiheit. Anzunehmen ist, daß den Bürgern darüber hinaus auch Richterwahl, städt. Gerichtsbarkeit, freies Zuzugsrecht und vielleicht auch Pfarrerwahl zugebilligt worden waren. Diese Rechte entsprachen andernorts den vollen Privilegien der →hospites. Im 13.-14. Jh. wurden vielen Städten des Landes (z.B. →Nitra [1248], →Raab [1271], →Ödenburg [1277]) »die S. (später auch S.-Ofener) Freiheiten« bestätigt, doch kam es nicht zu einer eigtl. Rechtsfiliation. J. Bak

Lit.: E. FÜGEDI, Der Stadtplan v. Stuhlweißenburg und die Anfänge des Bürgertums in Ungarn, ActaHistHung 15, 1969, 103-134 [Neudr.: DERS., Kings, Bishops, Nobles and Burghers in Medieval Hungary, 1986, Tl. X] – A. KUBINYI, Zur Frage der dt. Siedlungen im mittleren Teil des Kgr.es Ungarn (VuF 18, 1974), 529-544.

Stundenbuch (Horarium, Livre d'Heures, Book of Hours), privates Andachtsbuch für den Gebrauch der Laien, nach dem Vorbild und in Analogie zum →Brevier, dem Gebetbuch des Klerus, ausgebildet. Der im Laufe des 13. Jh. entstandene Buchtyp verdrängt den →Psalter aus seiner beherrschenden Rolle als Gebetbuch jedes gläubigen Christen und wird seinerseits zum privaten Andachtsbuch par excellence, mit einer ab dem späten 14. Jh. sich entfaltenden Hochblüte, die in der Geschichte der ma. Buchproduktion kaum ihresgleichen hat, nicht nur unter dem quantitativen Gesichtspunkt, sondern auch in Anbetracht des hohen Anteils an Prachtexemplaren (paradigmat. dafür die S.er des Hzg.s v. Berry, allen voran seine »Très Riches Heures« [Chantilly, Mus. Condé, Ms. 65], die schon von den Zeitgenossen als ein non plus ultra bibliophiler Kostbarkeit gewertet wurden).

Der Terminus S. rührt daher, daß die darin enthaltenen Gebetstexte zu bestimmten Stunden rezitiert wurden, entsprechend der bei den Römern üblichen und im liturg. Chorgebet der Mönche und Kleriker tradierten Tageseinteilung zu je drei Stunden, beginnend mit Matutin (Mitternacht), Laudes (3 Uhr morgens), Prim (6 Uhr) und in weiterer Folge Terz, Sext, Non, Vesper und Komplet, womit sich der Kreis des Gebetszyklus wieder schloß. In der Praxis konnte dieser als ideal postulierte Andachtsrhythmus nicht eingehalten werden, v. a. die nächtl. Gebetsstunden wurden zum ersten Morgengebet hin verlegt. Das Kernstück des S.s bilden Marienstunden und Totenoffiz, also jene von den Klerikern schon in karol. Zeit ihren kanon. Gebeten angefügten zusätzl. Andachten, welche von den Laien, die ihre Frömmigkeitspraktiken immer nach dem Vorbild des Klerus gestalteten, ihrerseits dem eigenen Andachtsbuch, dem Psalter, angefügt und kontinuierl. durch weitere Zusätze bereichert wurden: Bußpsalmen, Hl.noffizien, Evangelienabschnitte, Gebetsstunden zur Passion Christi, zum Hl. Geist, die Mariengebete 'Obsecro te' und 'O intemerata', Gebete zur Dreifaltigkeit, zum Empfang der Kommunion etc. – wobei immer aus dem Gebetschatz des Klerus geschöpft werden konnte. Den Zusätzen und Varianten waren keine Grenzen gesetzt. Nach einer Übergangsphase im 13. Jh. verschwindet die Mischform des »Psautier-Livre d'Heures«, und das ursprgl. Anhängsel verselbständigt sich zum S. Die meisten S.er enthalten liturg. Indizien, die auf den Ort ihrer Entstehung oder auf die Heimat der Auftraggeber weisen: im Kalender durch die Hervorhebung bestimmter Hl.r oder Feste, in den Marienstunden Antiphon und Capitulum von Prim und Non, oder im Totenoffiz die Responsorien der neun Lektionen der Matutin. S.er sind durchwegs mit Illustrationszyklen versehen; deren Umfang konnte, je nach den Wünschen und Mitteln des Auftraggebers, von einer bescheidenen Grundausstattung bis zur üppigsten Prunkentfaltung reichen. Die ikonograph. Programme sind, ganz wie die Texte, durch ein Ineinandergreifen von feststehendem Repertoire und breitester Variationsmöglichkeit gekennzeichnet.   D. Thoss

Lit.: F. MADAN, Hours of the Virgin Mary. Tests for Localization, Bodleian Quarterly Record 3, 1920-22, 40ff. – V. LEROQUAIS, Les livres d'heures mss. de la Bibl. nat., 3 Bde, 1927 – J. M. PLOTZEK, Andachtsbücher des MA aus Privatbesitz, 1987 – R. S. WIECK, Time Sanctified. The Book of Hours in Medieval Art and Life, 1988 – K. OTTOSEN, The Responsories and Versicles of the Latin Office of the Dead, 1993.

Stundengebet. [1] *Begriff:* S. steht hier für eine Ordnung öffentl., den Klerus, die Klerikerkapitel und die klösterl. Kommunitäten verpflichtenden regelmäßigen (tägl.) gemeinsamen Gebetes, für die im MA die Bezeichnung Officium (divinum), Horarium, Horae (diurnae), Historia, in theol. gehobener Sprache auch Opus Dei (»Gottesdienst«), im späteren MA nach dem schließlich zusammenfassenden Textbuch auch Breviarium (Brevier) genannt wurde. Als dt. Bezeichnung begegnet im 15. Jh. »Siebenzeit«.

[2] *Geschichte:* Am Ende des FrühMA war die strukturelle Entwicklung des S.es faktisch schon abgeschlossen. Die alte Kirche hatte, das Gebot zum unablässigen Beten (Lk 18, 1; 1 Thess 5, 17) befolgend und auch wohl in der Tradition des Judentums stehend, um häufig, zu jedem Anlaß, auch dem Wechsel der Tageszeiten, zu beten, eine lokal verschiedene, im ganzen in den wichtigsten Elementen aber weithin übereinstimmende Praxis entwickelt, die das MA nur noch wenig modifizieren wird. Die Karolingerzeit ordnete den lokal überkommenen Textbestand nach dem Brauch der röm. Kirche, reicherte den Bestand auch an (mit Traditionen der Kirchen Roms, Südgalliens und Spaniens), steuerte Neuschöpfungen bei (darunter auch Übertragungen aus dem Griech.), prägte den Gesang, erstellte einzelne bedeutende, bestimmte Teile und Elemente zusammenfassende Hss. (z. B. →Antiphonalien), hinterließ auch erklärende Schriften (z. B. →Amalar, →Walahfrid Strabo), setzte v. a. aber die künftig gültige Scheidung der beiden Formen des Offiziums durch, die der bfl. Ortskirchen (Weltgeistlichen) und weltl. Kollegiatsstifte, »römische Ordnung« genannt (hier: RO), und die der Kl. nach der Benediktregel (hier: BO), da im Zuge der monast. Reform des →Benedikt v. Aniane die textl. Traditionsvorgaben nach den recht detaillierten Vorschriften der gen. Klosterregel (Kap. 8-18) organisiert wurden, was dann freilich auch wieder auf die RO zurückwirkte. Das HochMA erlebte Reformen des S.es, also systematisch betriebene Rückführungen auf die (nicht immer klar erkannten) Ursprünge, etwa innerhalb der BO im Reformorden der →Zisterzienser und, im 15. Jh., in der →Bursfelder Union. In der RO setzte sich im 14. Jh. jene Gestalt durch, die sich an der röm. Kurie in Avignon entwickelt hatte, sich durch Klarheit und v. a. Kürze empfahl und im europaweit verbreiteten →Franziskanerorden einen unprogrammat., aber wirksamen Propagandisten fand.

Neben RO und BO wahren die großen Ortskirchen (Metropolien, Diözesen) auch nach den karol. Vereinheitlichungen ihre eigenen Traditionen (Mailand, Lyon, Braga, aber auch – weniger profiliert – die dt. Diözesen, diese allerdings, Mainz und Passau ausgenommen, noch wenig erforscht). Relativ eigenständige Ordensliturgien haben die →Kartäuser und →Dominikaner, in Teilen auch die →Prämonstratenser (die beiden letzteren im Gesamtrahmen der RO), während die Offiziumsordnung der Doppelklöster des →Birgittenordens innerhalb der RO wohl typischste Eigenschöpfung des MA darstellt.

[3] *Hauptoffizium und Nebenoffizien:* Zu unterscheiden ist das kanon. Hauptoffizium von den Neben- oder Votivoffizien und von den Zusätzen; die Eindämmung der nach und nach überbordenden Zusätze und Nebenoffizien bleibt in steter Programmpunkt der Reformen. Die beiden wichtigsten Nebenoffizien sind das Offizium zu Ehren Mariens (auch »Officium parvum« u. ä. genannt) und zu Ehren des hl. Kreuzes, beides ursprgl. an die entsprechenden Heiligtümer (Kapellen, Altäre) innerhalb der einen »Kirchenfamilie« gebundene liturg. Verehrungen.

Das Totenoffizium, eine Schöpfung der Karolingerzeit, ist ein Fürbittgebet: die Gemeinde übernimmt das Bittgebet um Rettung aus dem ewigen Tod, zu dem der Tote nicht mehr fähig ist, als ihr eigenes Wort und übt darin einen schuldigen Dienst der Glaubensgemeinschaft.

Eine »laus perennis«, ein buchstäblich ununterbrochenes Gebet im Wechsel verschiedener Gruppen im gleichen Heiligtum, ist, wo tatsächlich nachgewiesen (etwa Agaunum; im übrigen seltener als meist aus allg. Wendungen [Gotteslob »die noctuque« u.ä.] behauptet), stets zusätzl. zum kanon. Hauptoffizium. In diesem selbst ist zu unterscheiden das Officium de tempore (also Wochentage und Feste und Festzeiten des Jahres) und das Officium der Hl.nfeste, also liturg. Ehrungen der Hl.n, urspgl. wohl zusätzl. zum Tagesoffizium (»Officium duplex«), dann das Tagesoffizium verdrängend, im allg. kürzer als dieses und schon deshalb zunehmend geschätzt. Im hohen und späten MA überlagern dann die Offizien der stark gemehrten Hl.nfeste massiv das Normaloffizium (dagegen Protest etwa bei → Radulf v. Rivo); S. ist weithin nur noch Hl.nkult: einer der Gründe, daß die ma. Offiziumsordnung in den Kirchen der Reformation, die prinzipiell die Hl.nverehrung hinterfragte, faktisch unterging.

[4] *Die Horen:* Die Hauptgebetszeiten des Tages (Horen) liegen am Morgen (Matutin, später meist: Laudes) und am Abend (Vesper, in manchen Q. auch: Duodecima, Lucernarium): die beiden wichtigsten, auch meistausgestalteten Offizien. Den (Licht-)Tag über sind, in einer Doppelteilung des Tages und der Tageshälften, in einem Drei-Stunden-Rhythmus Gebetsgedenken angesetzt, zur 3., 6. und 9. Tagesstunde (Terz, Sext, Non). Dazu haben die Haupthoren am Morgen und Abend gleichsam Begleithoren erhalten: zur ersten Tagesstunde die »Prim« (urspgl. eine alternative Morgenhore, aber im MA nicht mehr als solche bewußt), die zuerst in Kl., dann auch in RO um das »Kapitelsoffizium« (Officium capituli) angereichert wird: Verlesung des Martyrologiums, von normativen Texten (in BO die Benediktregel), Anrede des Obern, Arbeitsregelung, Totengedenken. Die Vesper wird fortgeführt in der Komplet, einer relativ knappen, auch mehr subjektiv gestimmten Gebetsordnung vor der Nachtruhe. – Nicht zuletzt sanktionierte die BO das fast völlige Verschwinden des Luzernariums, der schon in der alten Kirche bezeugten abendl. Lichtfeier (die nur noch die Osternachts- [im SpätMA: Karsamstags]feier eröffnet). – Älteste Traditionen wahrt der nächtl. Gottesdienst der Vigilien (später auch als »Matutin« benannt), den aber schon die Benediktregel zum frühen Morgen hin ansetzt. (Ma. Reformbewegungen gehen gern auf die Nachtzeit zurück.) Sie bleibt in allen Ordnungen die zeitlich ausgedehnteste Feier und wird in den Q. oft in (bis zu 3) »Nokturnen« unterteilt (jeweils Psalmengruppe und Lesungen mit Responsorien). – Damit ergibt sich der Zyklus der 7 Tageshoren (daher die spätma. dt. Bezeichnungen des S.es als »Siebenzeit«) und der Nachthore, im MA mit einer schon altkirchl. Tradition als Erfüllung von Ps 118, 164 und Ps 70, 2 sanktioniert.

[5] *Elemente:* a) *Psalmen:* Das umfangreichste Element bilden die bibl. Psalmen, die im MA bereits je Wochentag und Hore so geordnet sind, daß im Officium de tempore jede Woche alle 150 Psalmen vorkommen. Die Ordnung ist (wichtigstes Unterscheidungsmerkmal) in RO und BO aber verschieden. Der Beginn des Zyklus mit Ps 1 liegt in RO in der Vigil (»Matutin«) des Sonntages, in BO in der Prim des Montags. Beide Ordnungen beginnen zwar die Vesper am Sonntag (nach altkirchl. Tradition) mit Ps 109, doch setzt RO für die Vesper 5 Psalmen an, BO nur deren vier. (Tabellen der Psalmenaufteilung in den Handbüchern der Liturgiewiss., etwa TAFT, 136f.; auch R. E. REYNOLDS, 226ff.) An der unterschiedl. Aufteilung der Psalmen auf die Horen der Wochentage sind die beiden Ordnungen einfach zu erkennen. – In RO und BO ist gleich, daß die Psalmen in der numer. Abfolge angesetzt sind (»psalterium currens«), ebenso ist gleich, daß die Laudes, nach ältester Tradition, eigene Psalmen hat, die nach dem Verständnis der alten Kirche dem Gedenkmotiv der Hore (Rettung durch Gott, bes. Rettung Jesu Christi aus dem Tod in der Auferweckung) entgegenkommen. Ebenso hat die Komplet eigene Psalmen, die der Tagesstunde entsprechen (Ps 4, 90, 133, in RO zeitweise auch 30, 1–6). Diese Psalmen werden aber in der Psalmenabfolge der übrigen Horen nicht mehr wiederholt. Eine ältere Tradition (der Gemeindekirchen) kennt noch Ps 62 als den Morgenpsalm, Ps 103 und 140 als die Psalmen am Abend. – Offenbar im Kontext der Reform des Benedikt v. Aniane wird der Vulgata-Text (auch: Psalterium Romanum) des Psalteriums gegen den des Psalterium Galicanum ausgewechselt. Nur der (in BO, danach auch in RO) die Vigilien einleitende Ps 94 bleibt in der gewohnten Textfassung. Auch in dieser Weise des Psalmengebrauchs bringt diese Epoche eine tiefgreifende Änderung: an die Stelle des Psalmenvortrages durch einen einzelnen, unterbrochen durch die kurzen Rufe (»Antiphon«) der Gemeinde, tritt nun der nach festen Modellen geregelte Sprechgesang durch alle, wechselweise in zwei Chören, gleichsam im Dialog. Psycholog. begründete Erklärungen der Gegenwart möchten darin die germ. Gesellschaftsordnung und ihre Weltsicht wiederfinden, etwa eine Stilisierung des Zweikampfes zw. Gut und Böse: keine Frage, daß hier zuviel an moderner Erklärungslust, abseits der Quellenaussagen, an Menschen des MA ausprobiert wird.

Wie Psalmen werden auch Dichtungen anderer bibl. Bücher behandelt: in den Laudes folgt nach zwei (in BO: 3) Psalmen ein Canticum des AT, je Wochentag festgelegt (in BO dazu noch 3 in den Vigilien des Sonntags). Aus dem NT (genauer: aus Lk 1–2) haben das »Benedictus« (Lk 1, 68–79) im Schlußteil der Laudes, das «Magnificat« (Lk 1, 46–55) in dem der Vesper und (in RO) das »Nunc dimittis« (Lk 2, 29–32) in der Komplet ihren Platz.

b) *Lesungen:* Bes. in der Vigil wird die Abfolge der Psalmen durch Lesungen unterbrochen und abgeschlossen; in der vollen Form (Vigil am Sonntag mit 3 »Nokturnen«) an erster Stelle Lesungen aus dem AT, an zweiter Stelle Lesungen aus Kirchenvätern, an dritter Stelle solche aus den Apostelbriefen des NT, diese im hohen MA freilich schon weitestgehend ersetzt durch Erklärungen der Evangeliumsperikope der Messe (deren Initium die Lesung eröffnet) aus den Kirchenvätern (→ »Homilie«, das zugehörige Buch: → »Homiliar«). Für diese Lesungen stellte etwa → Alanus v. Farfa (und Egino v. Verona) Auswahlvorlagen zusammen; normativ wurde das im Auftrag Karls d. Gr. gelieferte Homiliar des → Paulus Diaconus. Die Abfolge der bibl. Lesungen beginnt (mit dem Buch Genesis) am Sonntag Septuagesima.

c) *Responsorium:* Die Lesungen werden unterbrochen und abgeschlossen durch Responsorien (RO: 3, BO 4 je »Nokturn«), Gesänge mit reicher Melismatik, den Gradualgesängen der Messe ähnlich, deren Texte dem Buch der Bibel entnommen sind, das zu betreffenden Kirchenjahreszeit gelesen wird (dazu noch unten Abschn. 8).

d) *Kurzlesungen* (»Kapitel«): In den anderen Horen folgt den Psalmen eine »kurze Lesung« (Capitulum [weil urspgl. auswendig vorgetragen]), fast immer den Apostelbriefen des NT entnommen, an Festtagen meist mit der Epistel der Messe identisch (Initium in Laudes, Terz und Vesper, in Sext und Non weitere Auswahlstücke aus der Epistel).

e) *Hymnen:* BO weist jeder Hore einen Hymnus zu, eine freie Dichtung, meist im Stil des rhythm. Vierzeilers nach Art der ambrosian. Dichtung. Seine Stellung ist nach Horen verschieden: in Laudes, Vesper und Komplet nach dem Responsorium der kurzen Lesung, sonst nach dem Eröffnungsvers vor den Psalmen. RO übernimmt die Hymnen von BO erst im Laufe des hohen MA (bis 13. Jh.). Immer neu gedichtete →Hymnen – die zu den bisherigen des »alten« und »neuen« →Hymnars hinzutreten – sind der große Beitrag des MA zum Ausbau des S.es, je neue Zeugnisse der gewandelten religiösen Erfahrung und einer reichen Kreativität. Eine Sonderstellung nehmen die Hymnen Te deum laudamus und Te decet laus ein (BO vor und nach der Evangeliumsperikope der Sonntagsvigilien; dann auch RO), die den frühen christl. Jahrhunderten entstammen. Das Gloria in excelsis, ursprgl. auch dem S. zugehörig (so noch bei →Caesarius v. Arles), ist schon zu Beginn des MA nur noch in der Liturgie der Messe nachweisbar.

f) *Rufe:* Aus alter Tradition stammt der die einzelne Hore eröffnende Ruf aus Ps 69, 2 (Vigil: Ps 50, 17), begleitet mit dem Segenszeichen der Selbstbekreuzigung. Psalmverse in Zuruf und Antwort (»Versus«, »Versiculum«) beschließen die Nokturnen der Vigilien und gehören zum Abschlußteil der übrigen Horen.

g) *Gebetselemente:* Im MA waren Fürbittlitaneien in Laudes und Vesper nur noch in Rudimenten erhalten. An Werktagen (meist der Bußzeiten) gab es in der Prim und Komplet »Preces« (als »capitella per psalmos«, Reihungen von Psalmenversen) nach Art der gall. Tradition. BO beschließt Laudes und Vesper mit dem lauten Vater-Unser-Vortrag durch den Abt oder seinen Vertreter; in den übrigen Horen gibt es nur das (wie üblich) stille Vater-Unser-Gebet. Den Abschluß bilden in allen Horen eine vom vorstehenden Priester (»Hebdomadar«) gesungene Oration, für die einzelnen Horen in den Sakramentaren aufgezeichnet, an den höheren (Fest-)Tagen mit der Oratio des Meßoffiziums identisch. Weitere Segensgebete (vor den Lesungen über den Leser, etc.) sind hier übergangen.

h) *Gesang:* Das phänotyp. wichtigste Element ist der Gesang: S. ist ursprgl. und auch später in der vollen Form immer gesungen, und zwar nach den einzelnen Elementen in jeweils unterschiedl. Gestalt (Antiphonen, verschiedene Weisen des Psalmenvortrages [antiphonaler Einzelvortrag, antiphonal-gegenchörig, responsorial], Hymnen, Lesungen, Rufe).

[6] *Struktur:* Die Horen weisen keine ident. Struktur auf, in welcher den einzelnen Elementen ihr fester Platz zugewiesen ist. Die gesch. Entwicklung ist zwar zu Beginn des MA schon abgeschlossen, erlaubt aber nicht in allen Fällen den Einblick in den Sinn der tradierten kleinteiligen Struktur (für die Vigilien s. Abschn. 4). Auf die Eröffnungsverse und -psalmen (in den Vigilien der BO Ps 3 und 94, in den Laudes Ps 66) folgt (z.T. nach dem Hymnus) die (antiphonale) Psalmodie, an die sich das Lesungselement, Responsorium, (in Laudes, Vesper und Komplet) das Canticum aus dem NT und die Gebetselemente anschließen (Tabelle der Struktur: TAFT, 134f., 138; A. ANGENENDT, Das FrühMA, 1990, 108f. [in BO]; REYNOLDS, 226ff.).

[7] *Bücher:* Sehr früh werden Niederschriften als Hilfsmittel des sicheren Vollzuges getätigt, zunächst für die Hand des leitenden Priesters und des Cantors. Die Kenntnis der Psalmen (»ex corde«, auswendig) wird vorausgesetzt; sie werden noch bis in späte MA nicht ausgeschrieben. (Die ma. Prachtpsalterien dienen der Repräsentation, nicht der Benutzung im tägl. Offizium.) Offizium.) Die Lesungen aus Bibel und Kirchenvätern werden natürl. von Anfang an Bücher benutzt, deren Quantität und Qualität sich nach den Möglichkeiten der einzelnen Kirche richtete; das S. der kleinen Kirchen war im Regelfall entsprechend dürftig. Knappe Zusammenstellungen (»Breviere«) kommen seit dem 11. Jh. auf; es brauchten nur gewordene Libelli aneinandergefügt zu werden. Im SpätMA scheint es vielerorts Brauch gewesen zu sein, daß sich jeder selbst sein Chor-(hilfs-)buch zusammenstellte. Die verwirrende Vielfalt schließlich zusammenzuführen, war dann erst mit den gedruckten Brevieren möglich.

[8] *Offiziumsdichtung und Reimoffizium:* Vom 9. Jh. an kommt es zu einer eigtl. ma. Neuschöpfung im S.: Um bevorzugte Hl.e liturg. auszuzeichnen, werden aus ihrer Vita heraus das Textcorpus der Hymnen, Responsorien und Antiphonen sprachkünstler. zu einer Dichtung gestaltet, so daß diese eine »historia« des Hl.n, des mit dem Hl.n verbundenen Heilsgeschehens, darstellt.

(Daher wird auch »historia« zu einer Bezeichnung des S.es im ganzen.) Diese Innovation, offenbar entwickelt und zu einer ersten Blüte gebracht in den Kl. des Bodenseeraumes, setzt eine neue Sicht der Geschichte als eine potentielle Heilsgeschichte im Raum der Kirche voraus. (Ihre genaue Erforschung hat allerdings erst begonnen.) Das hohe und späte MA erweitert formalisierend das Programm und konzipiert in einigen neuen Offizien die freien Texte eines S.es in gebundener Sprache, das sog. →Reimoffizium. Das bekannteste Beispiele sind die Reimoffizien des →Julian v. Speyer auf Franziskus v. Assisi und Antonius (Mitte 12. Jh.).

[9] *Die Deutung des S.es und seiner Horen:* Schon vorma. Traditionen haben den einzelnen Horen bestimmte Motive des heilsgesch. Gedenkens zugewiesen. Die Vesper nimmt (vom Luzernar her) Motive der Schöpfungsanamnese auf (deshalb vielfach Ps 103 als der Vesperpsalm); da der Morgen schon bibl. als die Zeit der Rettung durch Gottes neues Handeln gilt, gibt die Laudes Raum der Anamnese der Rettung schlechthin, der Auferweckung Jesu, des bleibenden Paradigma von Rettung. Ebenfalls aus der Tradition der spätantiken Kirche stammt die doppelte Motivationsreihe der Tageshoren, entnommen der Geschichte der Apostel und der Lebens- (Leidens-)geschichte Jesu: die Widerfahrnisse zur 3., 6. und 9. Stunde im Leben der Apostel nach Pfingsten, entsprechend den Berichten der Apg (bevorzugt: 2, bes. v. 15; 10, bes. v. 9; 3, bes. v. 1), v.a. aber die Stundenangaben im Bericht der Geschehnisse um Jesus am Karfreitag (Mk 15, 25. 33. 34; doch vgl. auch Joh 19, 14). Die Praxis mischt (in den Texten der Hymnen und Capitella) die beiden Reihen: zur Terz Anamnese der Geistsendung an Pfingsten, zur Sext und Non der Kreuzigung und des Sterbens Jesu. Darauf aufbauend, wird im SpätMA das Gefüge der Horen fast ausschließl. als ein den ganzen Tag umfassendes Passionsgedenken interpretiert, darin der zeitgenöss. Frömmigkeit kongruent. Wie in der Deutung der Messe, gibt auch hier die Interpretationsmethode der Allegorie die Möglichkeit einer zwar ganz textfernen, aber zugleich der frommen Mentalität der Zeit entsprechenden und spirituell eindrücklichen, zu dem für die Gotik überdies typ. Übergang von der Anamnese zur Mimesis passenden Deutung. Höhepunkt dieses mimet. Verständnisses ist das Nachspiel des Ganges der Frauen und Apostel zum

Grabe Jesu am Ende der Vigilien des Ostersonntags, Ursprung der im hohen MA so weit verbreiteten geistl. Spiele (→Drama, V; →Geistliches Spiel).

[10] *Zeitgenössische Sekundärliteratur:* Die schon gen. Schriften von →Amalar und →Walahfrid Strabo handeln über das S. im Kontext der Liturgie überhaupt. Auch die meisten nachfolgenden Traktate erörtern das S. im gleichen Zusammenhang, so →Rupert v. Deutz (»De officiis«) und auch noch das »Rationale divinorum officiorum« des →Durandus d. J. (darin Buch 5 über das S.), das auch die Aussagen der vorausgehenden Publikationen (etwa →Johannes Belet) zusammenfaßt, ebenso auch noch Gabriel →Biel, der seine einflußreiche Kanonerklärung mit einer knappen Einführung in das S. eröffnet. Eigene Schriften über das S. gibt es vom 13. Jh. an: →Edmund v. Abingdon, →Ludolf v. Sachsen, →Heinrich v. Bitterfeld, Stephan →Bode(c)ker, Johannes Möser († 1499). Nachdem der hohe Stand der Skriptorien und der Buchdruck jedem Geistlichen den Besitz eines Breviers ermöglichten, erörtern diese Schriften extensiv die kanonist. S.-Verpflichtung. (Auch für diesen Bereich fehlt noch eine eigene Geschichte der liturgieerklärenden Lit.) Eine eigene Literatursorte sind sog. Tagzeitengedichte, Verständnishilfen oder auch den Texten der Horen selbst parallel laufende Gebete oder Anmutungen (etwa schon →Gottschalk v. Orbais, »Horarium«). Diese werden auch gern in die Muttersprache übersetzt, wie dann überhaupt im 15. Jh. dt. (Teil- und Voll-)Übersetzungen des S.es nachweisbar werden.

[11] *Kulturelle Bedeutung:* Das S. war selbstverständlicher Teil des tägl. Gottesdienstes in allen Kollegiats-, Stifts- und Kl. kirchen, ebenso auch in allen bedeutenderen Pfarrkirchen. Deshalb brauchte das S. in vielen Q. gar nicht erst erwähnt zu werden. Obwohl aber das S. eine fast nur noch dem Klerus eigene Liturgieform darstellte (die Vesper an Sonn- und Festtagen ausgenommen), übernehmen auch Laien gern wenigstens Elemente des S.es oder Sonderoffizien in ihren frommen Brauch (Livres d'heures, →Stundenbuch), in Latein und auch in der Muttersprache. Auch die Umgangssprache bewahrt noch heute Elemente des kulturellen Einflusses des S.es, etwa in den Wortverbindungen mit »Vesper« für Handlungen am Nachmittag und Abend. Die lebendige Tradition bricht freilich in den meisten Gebieten mit der Reformation ab. A. Häußling

Lit.: Dict. of the MA IV, 221-231 [R. F. REYNOLDS] – Liturg. Wordenboek 2, 1943-62 [R. DIJKER] – Nuovo diz. di liturgia, hg D. SARTORE–A. M. TRIACCA, 753–776 [V. RAFFA] – S. BÄUMER, Gesch. des Breviers, 1895 [zu benutzen frz. Bearb.: DERS.–R. BIRON, Hist. du bréviaire, 1–2, 1905 [Nachdr. 1967] – L. EISENHOFER, Hb. der kath. Liturgik, 1932 [Nachdr. 1942], 2, 481–560 – J. B. L. TOLHURST, Introduction to the Engl. Monastic Breviairies, 1942 [Nachdr. 1993] – H. REIFENBERG, S. und Breviere im Bm. Mainz seit der roman. Epoche, LWQF 40, 1964 – P. SALMON, L'office divin. Hist. de la formation du bréviaire au XIe au XIVe s., 1967 – P.-M. GY, L'office des Brigittines dans le contexte général de la liturgie médiévale (Nordisk Kollokvium for Latinsk liturgiforskning, Stockholm 1972), 13–24 – G.-M. KARNOWKA, Breviarium Passaviense, MthSt 44, 1983 – J. KNAPE, Zur Benennung der Offizien im MA, ALW 26, 1984, 305–320 – A. SCHMIDT, Zusätze als Problem des monast. S.s im MA, 1986 – R. TAFT, The Liturgy of the Hours in East and West, 1986 – Lebendiges S., hg. M. KLÖCKENER–H. RENNINGS, 1989 – A. HÄUẞLING, Liturgie der Tagzeiten (Gottesdienst der Kirche. Hb. der Liturgiewiss. 6, 2, 1997).

Stundenholz (gr. Σήμαντρον, σημαντήριον). Das S. gehört zu ungezählten Varianten von uralten, weltweit bekannten, primitiven Schlaginstrumenten. Es vertritt bei orth. Kirchen und Klöstern byz. Tradition Signalfunktionen der →Glocken.

Technische Beschaffenheit: Große, schwere Ausführungen aus Holz oder Eisen werden ortsfest aufgehängt. Am häufigsten sind an die 2 m lange, spannenbreit geschnittene und möglichst klangvolle Bretter, die in der schmaleren Mitte einhändig getragen werden; dekorative Löcher steigern die Klangqualität offenbar nicht. Der Spieler erzeugt, die Kirche unter kanon. Gebeten umschreitend, mit einem Schlägel an verschiedenen Stellen des Holzes (s)ein kurzes, fortwährend unverändert wiederholtes und zugleich beschleunigtes Motiv im Wechsel oft nur zweier, besser mehrerer unbestimmter Klanghöhen. Je nach Spieltalent erklingen simple oder originelle, sogar virtuos figurierte Ostinati. Kundige Ohren können Kl. an solchen charakterist. Klangbildern unterscheiden. E. M. Zumbroich

Geschichte und liturg. Verwendung: Drei verschiedene Schlaginstrumente werden als Ruf zu dem Offizium in byz. Kl., entsprechend dessen Bedeutung, verwendet, ein kleines und ein großes Semantron (σημαντήριον) aus Holz, die durch das Kl., dessen Höfe und Gebäude getragen werden, sowie ein festes bronzenes (χαλκοῦν) Semantron bei der Kirche. In seiner Mystagogia erklärt Patriarch Germanos v. Konstantinopel (715–730): »Das Semanterion symbolisiert die Trompeten der Engel und erweckt die Kämpfer zur Schlacht gegen die unsichtbaren Feinde«. Älteste Nachrichten über die liturg. präzise Verwendung des Semantron im byz. Kl. leben gehen auf →Theodoros Studites am Ende des 8. Jh. zurück (Jamben, ed. P. SPECK). Dort wird es oft *Xylon* genannt. Bereits in der Historia lausiaca des Palladios (Anfang des 5. Jh.) wird von dem Schlag des Hämmerchens beim Wecken der Mönche gesprochen, desgleichen bei Kyrillos v. Skythopolis. Das hölzerne Schallbrett heißt auch *Tálanton*, auf russ. neben *klepalo* auch *bilo* (von *bit'* 'schlagen', neben *klepat'* 'klopfen'). Ch. Hannick/E. M. Zumbroich

Lit.: Art. Bilo, Pravoslavnaja bogoslovskaja enciklopedija, ed. A. P. LOPUCHIN, ii, 1903, 598–599 [N. MARKOV]–R. STICHEL, Jüd. Tradition in christl. Liturgie: Zur Gesch. des Semantron, Cah. arch. 21, 1971, 213–228 – K. ONASCH, Kunst und Liturgie der Ostkirche in Stichworten, 1981, 333 – CH. HANNICK, Die Bedeutung der Glocken in byz. und slav. Kl. und Städten (Formen der Information, Kommunikation und Selbstdarstellung in den ma. Gemeinden Dtl.s und Italiens, hg. A. HAVERKAMP, 1996).

Stúñiga (Estúñiga, Aistuniga, Zúñiga), kast. Adelsgeschlecht, stammte aus navarres. →Caballero-Adel, siedelte 1276/77 im Rahmen von Adelsunruhen nach →Kastilien über und stieg dank Heiratsverbindung mit den →Mendoza am Hofe Kg. →Peters I. auf. Nach der Schlacht v. →Nájera (1367) schlossen sich die S. der Partei der →Trastámara an. Die zum Dienstadel zählende Familie hatte die Gft. en Monterey, Nieva, Miranda del Castañar, Ledesma und →Plasencia (später Hzm.) inne; Besitzschwerpunkte (Ländereien und große Schafherden; →Mesta) bestanden in der →Estremadura (→Béjar als Zentrum eines →Mayorazgos, 1396) sowie um →Salamanca, Cáceres und →Valladolid. Seit 1379 war das Amt des →Justicia Mayor in der Familie erblich. – Bedeutende Vertreter: *Diego López* de S., einer der Vertrauten →Heinrichs III., erhielt als Kämmerer →Karls III. v. Navarra (1387–1425) von diesem Estúñiga und Mendavia und vermählte seinen Sohn *Iñigo Ortiz* de S. mit der Infantin Johanna v. Navarra. *Alvaro* de S. († 1488) wurde von →Heinrich IV. nach mehrjährigen Konflikten (1464–67) zum Hzg. v. Arévalo erhoben und ergriff später sowohl für den Infanten Alfons als auch für →Johanna la Beltraneja Partei. Nach dem Sieg der →Kath. Kg.e mußte er Arévalo an die Krone zurückgeben, erhielt aber dafür den →Maestrazgo des →Alcántara-Ordens für seinen Sohn *Juan* (1480–94) und nannte sich jetzt Hzg. v. Plasencia. Wegen immenser Schulden mußte sein Enkel das Hzm. an die Krone verkaufen (1488), während die anderen Besitzungen an *Pedro* de S., der die Partei→Isabellas der Kath. gewählt hatte, übergingen.

U. Vones-Liebenstein

Lit.: A. BARRIOS GARCÍA–A. MARTÍN EXPOSITO, Documentación medieval de los Archivos Municipales de Béjar y Candelario, 1986 – E. MITRE FERNÁNDEZ, Evolución de la nobleza en Castilla bajo Enrique III (1396-1406), 1968, 158–162 – L. SUÁREZ FERNÁNDEZ, Nobleza y Monarquía, 1975² – M.-L. DE VILLALOBOS Y MARTÍNEZ-PONTRÉMULI, Los Estúñiga. La penetración en Castilla de un linaje de la nobleza nueva, Cuadernos de Hist. 6, 1975, 327–355 – M.-A. LADERO QUESADA, Rentas condales en Plasencia (1454-88) (Fschr. J. M. LACARRA, IV, 1977), 245ff. – J. MARTÍNEZ, La renta feudal en la Castilla del siglo XV: Los S., 1977 – M. C. GERBET, La noblesse dans le royaume de Castille, 1979 [Stammtaf.] – B. LEROY, Pouvoirs et Sociétés polit. en péninsule ibér., XIVᵉ-XVᵉ s., 1991, 193–210 – M. DIAGO HERNANDO, Linájes navarros... los Estuniga, Príncipe de Viana 53, 1992, 563–583.

Stúñiga, Lope de, span. Dichter, ca. 1415–65, Sohn des Marschalls Iñigo Ortiz, nahm 1434 am Turnierkampf ('Paso honroso') des Ritters Suero de Quiñones bei León teil, Gegner des Alvaro de →Luna. Seine Gedichte sind in mehreren Cancioneros überliefert, er hat jedoch nicht den →Cancionero de Stúñiga zusammengestellt und weilte wohl auch nicht selbst am Hof von Kg. Alfons I. in Neapel.

D. Briesemeister

Ed.: Cancionero de S., ed. N. SALVADOR MIGUEL, 1987 – Poesie, ed. L. VOZZO MENDIA, 1989 – Cancionero del siglo XV, ed. B. DUTTON, 1991 – *Lit.:* E. BENITO RUANO, L. de S. Vida y canciones, RFE 51, 1968, 17–108 – H. FLASCHE, Gesch. der span. Lit., I, 1977, 287–306 – N. SALVADOR MIGUEL, La poesía cancioneril. El Cancionero de Estúñiga, 1977 – J. BATTESTI-PELEGRIN, L. de S., recherches sur la poésie espagnole au XVᵉ s., 1982 – V. BELTRÁN, La canción de amor en el otoño de la Edad Media, 1989 – M. ALVAR, E. ALVAR, A. BERNABÉ, Cancionero de Estúñiga, índices léxicos, Archivo de Filología Aragonesa 44/45, 1990, 161–176; 46/47, 1991, 269–319.

Sture, Name mehrerer nord. Adelsgeschlechter. Die Familie S. aus Västergötland (Wappen: drei Seerosenblätter) stellte bereits mit *Anund S.* († 1360/61) ein Mitglied des →Reichsrates. Bedeutendster Repräsentant des Geschlechts im späten 15. Jh. war *Sten S. d. Ä.* († 1503), der nach dem Tode seines Onkels, Kg. →Karls (III.) Knutsson († 1470), das Amt des →Reichsverwesers und damit die Führung der schwed. Unionsgegner übernahm und dank seines entscheidenden Sieges über Kg. →Christian I. v. →Dänemark (→Brunkeberg, 1471) die Macht in →Schweden bis 1497 ausüben konnte, dann aber von Kg. →Hans, dem Sohn Christians I., mit Hilfe der Opposition verdrängt wurde. Als Reichshausmeier beschränkt auf den Lehnsbesitz des Schlosses Nyköping (Södermanland) sowie →Finnland (seit längerem Stützpunkt seiner Politik gegenüber Moskau und Altlivland), das er 1499 gar gegen zerstreute Lehen in Gästrikland, Västergötland und Småland austauschen mußte, konnte S. infolge des erfolgreichen schwed. Aufstandes 1501 das Amt des Reichsverwesers zurückgewinnen. S. hatte keine legitimen Kinder, seine Schwester war jedoch Großmutter Kg. Gustavs I. →Vasa. Als Vertreter einer betont schwed. Reichspolitik (z. B. Gründung der Univ. →Uppsala, 1477) ist S. nicht zuletzt berühmt durch seine Stiftung des monumentalen Siegesdenkmals, der St.-Georgs-Gruppe von Bernt →Notke (1489, Stockholm, Nikolaikirche).

Der Ritter *Nils S.* († frühestens 1393), aus Halland, führte eine Spitze im Wappen. Sein Sohn *Sven S.* († 1423/24) diente mit Truppen zunächst Kgn. →Margarete, trat aber auf→Gotland 1397 zu ihrem Gegner Erich, dem Sohn Kg. →Albrechts (3. A.), über. Nach der Besetzung Gotlands durch den →Dt. Orden (1398) nahm er von den Festungen entlang der norrländ. Küste Besitz und schloß einen Vergleich mit Kgn. Margarete. Seit 1406 Ritter, hatte er spätestens seit 1416 Schloß Sundholm (Småland) zu Lehen. Svens Tochter heiratete den Reichsrat Bo Stensson; ihr Sohn, der Reichsrat *Nils S.* († 1494), nahm ihren Namen an, führte aber das väterl. Wappen (geteilter Schild). Er war Anhänger des Kg.s Karl Knutsson, dessen Base er heiratete, und des Reichsverwesers Sten S. d. Ä. Diesem folgte Nils Sohn *Svante→Nilsson* († 1511/12) 1504 als Reichsverweser nach, dann 1512 dessen Sohn *Sten Svantesson* († 1520), der sich als Reichsverweser Sten S. (d. J.) nannte. Die männl. Linie dieses Geschlechts erlosch 1616.

H. Gillingstam

Lit.: HEG III, 965–976 [A. v. BRANDT] – K.-G. LUNDHOLM, Sten S. den äldre och stormännen, 1956 – G. SETTERKRANS, Några medeltida adelsnamn, Anthroponymica Suecana 2, 1957 – G. T. WESTIN, Riksföreståndaren och makten, 1957 – L. O. LARSSON, Det medeltida Värend, 1964, 431–434 – Äldre svenska frälsesläkter, 1/2, 1965 – H. GILLINGSTAM, Elgenstiernas »Ättartavlor« som källa vid studiet av äldre adligt namnskick, Studia Anthroponymica Scandinavica 8, 1990, 70.

Sturekrönikan (Sturechronik), anonyme schwed. →Reimchronik, die als Fortsetzung der Karlschronik die Ereignisse der Jahre 1452–96 in 4198 Versen darstellt. Das Werk, das nur in einer Abschrift (Cod. Holm. D 5, um 1500) erhalten ist, stammt von drei (KLEMMING) oder wahrscheinlicher von zwei Verf. (LÖNNROTH, HAGNELL) und berichtet in einer lebendigen, durch konkrete Details, Zuwendung des Autors an den Leser und leicht zu erschließende Allegorien anschaulichen Sprache von den Taten des schwed. Reichsverwesers Sten →Sture d. Ä. Auffallend ist der Kontrast zw. dem umfangreicheren, von huldigender Parteinahme geprägten 1. Teil (bis zum Jahr 1487) und dem Schlußteil, der wohl unter dem Einfluß von Ebf. →Jakob Ulfsson in annalist. Form u. a. an der ungeschickten Kriegführung Sten Stures gegen die Russen in Finnland harte Kritik übt und damit als Propaganda in den innenpolit. Streitigkeiten Schwedens am Ende des 15. Jh. zu deuten ist.

R. Volz

Ed.: Svenka medeltidens rimkrönikor, III, ed. G. E. KLEMMING, 1867–68 (Samlingar, hg. svenska fornskriftsällskapet XVII, 3) – *Lit.:* KL XVII, 353–355 – E. LÖNNROTH, S. 1452–87, Scandia 6, 1933, 173–192 – K. HAGNELL, S. 1452–96, 1941 – E. LÖNNROTH, Medeltidskrönikornas värld, 1941 – H. OLSSON, Till diskussionen om S.s indelning, 1941.

Sturla Þórðarson, isländ. Sagadichter und Skalde, * 29. Juli 1214, † 30. Juli 1284, Enkel des Begründers des Sturlungengeschlechts Sturla Þórðarson (Hvamm-Sturla) und Neffe des Geschichtsschreibers →Snorri Sturluson. Sein Lebenslauf, den die innenpolit. Auseinandersetzungen, der Niedergang des isländ. Freistaates (→Island) und die Zunahme der norw. Königsmacht (→Norwegen) bestimmten, ist in der von ihm selbst verfaßten »Íslendinga saga« und dem »Sturlu Þáttr« (für die Zeit nach 1263) beschrieben. S. wurde in Hvammr von seiner Großmutter erzogen, geriet trotz seiner Friedfertigkeit in die blutigen Sippenkämpfe der Sturlungenzeit und wurde 1263 nach Norwegen vertrieben. Obwohl er ein Gegner der norw. Königsmacht gewesen war, konnte er das Vertrauen des jungen Kg.s →Magnús Hákonarson 'Lagabœtir' gewinnen, kehrte 1271 mit einem neuen Gesetzbuch (→Island, III, 5) als erster Richter (*lǫgmaðr*) nach Island zurück und übte dieses Amt bis 1282 aus. Während des ersten Aufenthaltes in Norwegen hatte Kg. Magnús S. beauftragt, das Leben seines Vorgängers Hákon in der wohl 1264–65 verfaßten »Hákonar saga Hákonarson« zu beschreiben; eine fast völlig verlorene »Magnús saga lagabœttis«, die Informationen des Kg.s selbst zu einem Lebensbild des 'Gesetzesverbesserers' zusammenfaßt, ist während des zweiten Besuchs in Norwegen 1277–78 entstanden. Sein Hauptwerk, die »Íslendinga saga«, stellt ausführlich die polit. Gesch. Islands bis zum Untergang des Freistaates (1262) dar. Bemerkenswert ist daneben die Sturlubók, die älteste erhaltene Fassung der →» Landnámabók«, einiges spricht auch für die Bearbeitung der →» Kristni saga« und der →»Grettis saga« durch S., der außerdem einige →Lausavísur, mehrere nur fragmentar. erhaltene Preislieder auf norw. Kg.e und zwei Gedichte auf den schwed. Jarl →Birger in skald. Tradition (→Skalde) verfaßte. →Konunga sögur, →Saga. R. Volz

Lit.: R. SIMEK–H. PÁLSSON, Lex. der an. Lit., 1987, 336-338 – W. P. KER, S. the Historian, 1906 – G. BENEDIKTSSON, Sagnameistarinn S., 1961 – M. MUNDT, S. und die Laxdœla saga, 1969 – R. J. GLENDINNING, Träume und Vorbedeutung in der Islendinga saga S., 1974.

Sturlunga saga (Gesch. der Sturlungen), anonymes isländ. Sammelwerk von etwa 1300, das mehrere früher selbständige »Gegenwartssagas« zu einer zusammenhängenden Darstellung der polit. Gesch. →Islands zw. 1117 und 1262, der nach der bedeutendsten Familie benannten »Sturlungenzeit«, vereinigt. Der Kompilator, wahrscheinlich der Rechtsgelehrte Þórðr Narfason v. Skarð († 1308), verwendet weitgehend die Íslendinga saga des →Sturla Þórðarson (1214–84), aber auch die Þorgils saga ok Hafliða (für die Jahre 1117–21), die Sturlu saga (für die Zeit 1148–83) sowie zahlreiche Auszüge aus anderen →Sagas. Das Werk, das in zwei Fassungen (AM 122 A, um 1350 und AM 122 B, gegen 1400) überliefert ist, stellt nicht nur ein einzigartiges Dokument isländ. Gesch. bis zum Ende des Freistaates dar, sondern auch eine wichtige Q. zu medizin- und literaturhist. Fragen (z. B. zum mündl. Vortrag von Vorzeitsagas i. J. 1119 bei einer Hochzeit auf dem Hof Reykjahólar). R. Volz

Ed.: G. V. VIGFÚSSON, I–II, 1878 – K. KAALUND, I–II, 1906–11 – J. JÓHANNESSON–M. FINNBOGASON–K. ELDJÁRN, I–II, 1946 – G. JÓNSSON, I–III, 1953² – Ö. THORSSON, I–III, 1988 – *Übers. in Ausw.:* W. BAETKE, Gesch.en vom Sturlungengeschlecht, 1930 (Thule 24) [Neudr. 1967] – J. H. McGREW–R. G. THOMAS, I–II, 1970–74 [engl.]. – *Lit.:* KL XVII, 355–359 – R. SIMEK–H. PÁLSSON, Lex. der an. Lit., 1987, 339–341 – DE VRIES, An. Lit.gesch., II, 1967², 308–314 – B. M. ÓLSEN, Um Sturlungu, 1897 – P. SIGURDSSON, Um Íslendinga sögu Sturlu Porðarsonar, 1933–35 – P. G. FOOTE, S.s and its Background (Saga-Book 13), 1946, 207–237 – E. Ó. SVEINSSON, The Age of Sturlungs (Islandica 36), 1953 – S. N. TRANTER, S.s. The Rôle of the Creative Compiler, 1987.

Sturlungenzeit → Island, III [4]

Sturmflut → Transgression

Sturmgabel → Stangenwaffe

Sturmhaube, in Italien wohl als Nachahmung antiker Helme im 14. und 15. Jh. aufgekommener Helm aus Glocke mit Kamm, Sonnenschirm, Nackenschutz und Wangenklappen. Oft anstelle des →Elmetto und der Kesselhaube als leichtere Variante zum Plattenharnisch getragen. O. Gamber

Lit.: W. BOEHEIM, Hb. der Waffenkunde, 1890.

Sturmi, 1. Abt v. →Fulda 744–779, * nach 700, † ca. 17. Dez. 779, aus oberbayer. Adel, Schüler des →Bonifatius. Die Chronologie bis zur Gründung v. Fulda (12. März 744) umstritten. Ausbildung in →Fritzlar, Priesterweihe, dreijähriges Wirken als Weltkleriker. Die Einsiedelei bei →Hersfeld verläßt S. der Vita zufolge »schon um nicht einmal ein Jahr« (wohl nicht »im neunten Jahre«) nach Ansiedlung und gründet das Kl. Fulda auf Schenkung des Hausmeiers. 747 Studium der »benedikt.« Consuetudines in Rom und Monte Cassino. 751 Zachariasprivileg, das Eingriffe kirchl. Amtsträger ohne Invitation untersagt. Schenkungswelle infolge der gegen→Lul v. Mainz durchgesetzten Translation des Bonifatius nach Fulda. 762/763 Verleumdung S.s bei Hof und Verbannung nach Jumièges, 765 Wiedereinsetzung, Restitution des Zachariasprivilegs, Königsschutz; Bau- und Kunsttätigkeit. Im Auftrag →Karls d. Gr. um 769 Gesandtschaft zu →Tassilo III., seit 772 Sachsenmission; 774 Immunität und freie Abtswahl für Fulda. 779 Krankheit, Rückkehr von der →Eresburg, Tod; Beisetzung im Ostchor der Basilika. Kultbeginn spätestens 818/820 (Translation ins südl. Seitenschiff, liturg. Neugestaltung der Memoria, Vita von Abt →Eigil); 1139 Kanonisation. Dargestellt als Fuldaer Patron nach karol. Vorlage im Göttinger Sakramentar (Univ. Bibl., Cod. 231, s. X, fol. 1v), zusammen mit Bonifatius im Cod. Eberh. II (Marb., St.arch., Hs K 426, s. XII, fol. 6r). G. Becht-Jördens

Q. und Lit.: →Fulda; →Eigil – J. SEMMLER, Stud. zum Supplex libellus und zur anian. Reform in Fulda, ZKG 69, 1958, 268-298 – L. v. PADBERG, Hl. und Familie [Diss. Münster 1981] – M. RATHSACK, Die Fuld. Fälschungen, 1989 [dazu: H. JAKOBS, BDLG 122, 1992, 31–84] – G. BECHT-JÖRDENS, Neue Hinweise zum Rechtsstatus des Kl. Fulda, HJL 41, 1991, 11–29 – DERS., Die Vita Aegil des Brun Candidus als Q. zu Fragen aus der Gesch. Fuldas im Zeitalter der anian. Reform, ebd. 42, 1992, 19–48 – Kl. Fulda in der Welt der Karolinger und Ottonen, hg. G. SCHRIMPF, 1996 [Lit.].

Sturmsense → Stangenwaffe

Sturmwand, Bezeichnung für riesige →Setzschilde.

Stuttgart, Stadt in Neckarnähe (Baden-Württ.); urkundl. zuerst 1229 erwähnt, aber bereits in einem Nekrologeintrag des frühen 12. Jh. faßbar. S., d. h. Gestütshof, liegt inmitten der klimabegünstigten S. er Bucht. Archäol. Funde lassen auf eine kontinuierl. Besiedlung seit der Merowingerzeit schließen. Nach dem →Cannstatter Blutgericht v. 746 haben die Karolinger im röm. Alenkastell unmittelbar beim Cannstatter Neckarübergang anscheinend eine Befestigung angelegt, die Altenburg, deren Martinskirche noch im frühen 14. Jh. matrix von S. war. In der 1. Hälfte des 13. Jh. bereits Stadt der Mgf.en v. →Baden, gelangte S. um 1245 durch Heirat an Gf. →Ulrich I. v. Württemberg († 1265). Während der langen Regierungszeit seines Sohnes Eberhard I. (1279–1325), der um den Besitz der Stadt mit Rudolf v. Habsburg (1286, 1287) und Heinrich VII. (1312) kämpfen mußte, gewann die Stadt zunehmend die Qualitäten einer Residenz: Neben der Stadtburg, dem Alten Schloß, entstand die Stiftskirche zum Hl. Kreuz, die der Dynastie als Grablege diente. Auch wurde der Stiftskirche mit päpstl. Zustimmung die matrix Altenburg inkorporiert. Den Reichtum der Stadt, der bisher ledigl. mit dem Weinanbau erklärt werden kann, lassen der Konstanzer »Liber decimationis« v. 1275 und ein Urbar aus der Mitte des 14. Jh. erkennen. In S. wirkten seit der Mitte des 14. Jh. die gfl. Kanzlei und seit 1374 eine Münzprägestätte. Als zu Beginn des Jahres 1442 die Brüder →Ludwig I. und →Ulrich V. die Herrschaft Württemberg teilten, machte sich umgehend das Gewicht der gewachsenen Residenz S. bemerkbar. Während Ulrich V. von hier aus die Verwaltung seines Landesteils betrieb, schuf sich sein Bruder in →Urach eine Residenz. Nach der Wiedervereinigung Württembergs 1482 übersiedelte der Uracher Hof mitsamt Kanzlei nach S. Seither blieb S. eindeutiges Zentrum des Landes. Noch im 14. Jh. entstand o. der Stadt die sog. Leonhards- oder Esslinger-Vorstadt, und um die Mitte des 15. Jh. wurde mit der planmäßigen Anlage der n. Vorstadt begonnen, der sog. Neuen-, Reichen- oder Turnierackervorstadt (1473 Dominikanerkl.). Beide Vorstädte erhielten Befestigungswerke und später auch eine Ummauerung. Der Mauerring der Stadt selbst umschloß 11–12 ha, die Einwohnerzahl wird für 1545 mit ca. 4000 angesetzt. S. Lorenz

Lit.: H. DECKER-HAUFF, Gesch. der Stadt S., 1966 – S. LORENZ, Die Residenz der Gf. en v. Württemberg, Die Alte Stadt 16, 1989, 302–314.

Stütze, stützendes Bauglied, je nach Ausformung →Säule oder →Pfeiler genannt.

Stützenwechsel, wiederkehrender Wechsel von Pfeilern und Säulen; die Folge von zwei Säulen zw. Pfeilern ist der sächs. S. (St. Michael in Hildesheim 1010–1022).

G. Binding

Styliten. Im Jahr 422 bestieg der Asket →Symeon d. Ä. (390–459) auf einem Berg bei dem nordsyr. Dorf Telanissos eine Säule ($\sigma\tau\tilde{\upsilon}\lambda o\varsigma$), die er zeitlebens nicht mehr verließ, um der Störung seines Gebetslebens durch den wachsenden Besucherstrom Einhalt zu gebieten, ohne sich den Menschen als charismat. Prediger, Missionar und Ratgeber gänzl. zu entziehen. Er begründete damit ungewollt das S. tum als spezif. Form christl. Lebens und Wirkens und wurde zu seiner prägenden Urgestalt. Wiewohl das S. tum eine typ. syr. Erscheinung des 5.–11. Jh. blieb, gab es, vereinzelt noch bis ins 19. Jh., auch in Palästina, Ägypten, Mesopotamien, Kleinasien, auf dem Balkan, in der Rus' und im Kaukasus S. (Zusammenstellung von ca. 120 lit. bekannten S. bei PEÑA, 79–84). Dem einzigen Versuch in Westeuropa, als Stylit zu leben, den der Diakon Wulflaicus im 6. Jh. bei Carignan in den Ardennen unternahm, wurde durch den zuständigen Bf. ein rasches Ende gesetzt. Manche namhafte S. kamen aus dem Klerus, wie der Diakon Alypios (7. Jh.) und der Priester Lukas (879–979) und Lazaros († 1054). Andere wurden als S. zu Priestern geweiht wie Daniel (409–493) und Symeon vom Wunderbaren Berg (521–592) oder gar in höchste hierarch. Ämter bestellt wie die beiden jakobit. Patriarchen Johannes IV. (910–922) und Johannes VI. (954–957). Dies erklärt sich aus der engen Verbindung von persönl. strengster Askese und seelsorger. Anliegen, die vielen S. als Wesenszug eigen war und in der Gründung und Leitung von Kl. bei ihren Säulen ebenso zum Ausdruck kam wie im ständigen direkten Umgang mit Pilgern jeden Standes und im gelegentl. Briefwechsel mit hochgestellten Persönlichkeiten. Auch die Vermutung, daß das islam. Minarett, das sich ebenfalls von Syrien aus verbreitet hat, die S.-Säule zum Vorbild hat, gewinnt von daher an Wahrscheinlichkeit.

P. Plank

Lit.: DACL XV, 1697–1718 – DSAM XIV, 1267–1275 – RByzK II, 1071–1077 – H. DELEHAYE, Les saints stylites, 1923 (1962) – B. KÖTTING, Das Wirken der ersten S. in der Öffentlichkeit, ZMR 37, 1953, 187–197 – I. PEÑA u.a., Les stylites syriens, 1975 – H. G. BLERSCH, Die Säule im Weltgeviert, 1978 – J.-M. SANSTERRE, Les saints stylites du Ve au XIe s. (Sainteté et martyre dans les religions du Livre, 1989), 33–45.

Suardus, Paulus, aus Bergamo stammender Apotheker des 15. Jh., der sich vermutl. vor 1479 in Mailand niederließ. Dort erschien 1496 sein 'Thesaurus aromatariorum', der bis zum Beginn des 17. Jh. noch mehrfach herausgegeben wurde. Dieses den Mailänder Ärzten gewidmete, inoffizielle Arzneibuch, das nahezu 480 Rezeptvorschriften in alphabet. Reihenfolge enthält, beruht (mit Ausnahme des letzten, die →Harnschau behandelnden Kapitels) zumeist in fast wörtl. Übereinstimmung auf →Quiricus de Augustis und kann daher als erweiterte Fassung von dessen 'Lumen apothecariorum' bezeichnet werden. Zusammen mit →Manlius de Bosco gehört S. jedenfalls zu den ersten lit. tätigen Apothekern Italiens.

P. Dilg

Lit.: V. BIANCHI-E. BRUNO, Le Farmacopee Lombarde, 1956, 49 – H. M. WOLF, Das Lumen apothecariorum von Quiricus de Augustis, übers. und krit. bearb. [Diss. München 1973], 86–92.

Şubaşï (türk. < sü-başï, 'Soldaten-Haupt'), osman. Amtsinhaber, der mit der Aufrechterhaltung von Ruhe und Ordnung befaßt war. Der Ş. war bereits bei den ma. türk. Stammesföderationen Zentralasiens ein hoher militär. Rang. Die Bedeutung für einen direkt dem Herrscher unterstehenden Kommandanten behielt die Bezeichnung unter den →Selǧuqen, doch verfügten diese über mehrere, jeweils für eine Prov. zuständige Ş. (auch *sarlaškar* oder *šihna* gen.). In osman. Zeit war das Amt des Ş. verhältnismäßig untergeordnet: Der Ş. war ein dem →*qāḍī* beigegebener Beamter mit Aufgaben bei der Durchführung von Untersuchungen, Exekutionen, Steuereintreibung und Marktaufsicht. Auf dem flachen Lande befehligte der Ş. →*sipāhī*-Truppen in Friedenszeiten, half bei Steuererhebung und *devširme* (→Knabenlese). Die Ş. waren meist mit einem größeren →*tīmār* oder *ze'āmet* belehnt und erhielten Anteile an verschiedenen Steuerquellen (→Steuer, O). In späterer Zeit wurde die Bezeichnung Ş. für eine Reihe von Aufgabenträgern auch in Istanbul üblich

Ch. K. Neumann

Lit.: M. İLGÜREL, Subaşılık müessesi, Journal of Turkish Stud. 7, 1983 [1984].

Subdiakon → Weihe, -grade

Subiaco, Kl. OSB und Kleinstadt in Latium (Mittelitalien). Der Name geht auf »Sublaqueum« (oder auch »Villa Neroniana Sublaquensis« zurück, eine Residenz Ks. Neros an drei künstl. Seen im Anienetal. Nachdem der hl. →Benedikt v. Nursia Rom verlassen hatte, gelangte er über Affile nach S. und lebte Gregor d. Gr. (Dial. II. cap. 1) zufolge eine Zeitlang in einer Höhle (»Sacro Speco«), ging aber infolge des starken Zustroms, den ihm seine heiligmäßige Lebensführung eintrug, vom Eremiten- zum Cönobitentum über. Der früheste Sitz des Hl. n und seiner ersten Gefährten befand sich anscheinend auf dem rechten Anienufer in einem Raum der Ks. villa, der dem hl. Clemens geweiht wurde. Benedikt gründete weitere 11 kleine Kl. im Anienetal – von denen nur das heutige Kl. S. Scolastica (S. Silvestro) überdauerte –, ging aber ca. 529 nach →Montecassino. Über die Folgezeit gibt es nur einen kontroversen Hinweis Gregors d. Gr. (Dial. II, Prol.) auf Honoratus »qui nunc adhuc cellae eius in qua prius conversatus fuerat praeest«. Erst aus dem 9. Jh. sind wieder hist. gesicherte Belege erhalten: Im Liber Pontificalis (II, ed. L. DUCHESNE, 117, 122) werden in bezug auf Papst→Leo IV. die Kl. S. Silvestro, S. Benedetto e S. Scolastica und die Kirche SS. Cosma e Damiano genannt. Unter Gregor IV. begann der Wiederaufbau der wahrscheinl. von den Sarazenen verwüsteten Kl. S. Scolastica (S. Silvestro) und SS. Cosma e Damiano (S. Clemente), der unter Leo IV. beendet wurde, der dem Chronicon Sublacense zufolge 853 nach S. kam. Seit dieser Zeit läßt sich in den Q. eine Vorrangstellung des Kl. S. Scolastica über das alte Kl. S. Clemente erkennen. Eine Reihe von Schenkungen der Päpste im 10. Jh. (bes. auf Betreiben des princeps Romanorum→Alberich) oder von Gläubigen an das nun bedeutendste Kl. v. S., die heutige Abtei S. Scolastica, ließ das »feudum Sublacense« entstehen, das durch päpstl. Privilegien von Johannes X. (926) bis Gregor V. (997) bestätigt wurde. In der Nähe von S. hatte sich eine Siedlung entwikkelt, die Leo VII. 937 dem Kl. übergab (»castellum in integro qui vocatur Sublaco«). Dies war der Beginn der Jurisdiktion des Kl. über die Stadt. 998 wurden während des Abbatiats Petrus' II. in S. die Cluniazens. Consuetudines eingeführt. Das 11. und 12. Jh. ist durch große Äbte gekennzeichnet. Ihre Reihe beginnt mit Humbertus »natione Francus« (seit 1051); bes. bedeutend war Johannes

(1068–1121), später Kardinal v. S. Maria in Domnica, ein Mönch aus →Farfa, Sohn des Gf.en Johannes v. Sabina, der das Patrimonium der Abtei wiederherstellte und vermehrte und bes. Sorge für die Liturgie und das Skriptorium des Kl. v. S. trug (Sacramentarium Sublacense, Rom, Bibl. Vallicelliana, cod. B 24). Der in seiner Amtszeit verfaßte Liber Vitae von S. bezeugt Gebetsverbrüderungen mit versch. Kl., darunter →Montecassino, S. Salvatore bei Rieti, S. Cecilia in Trastevere, Rom und S. Benedetto in Polirone. Die heutige Gestalt der Kl. S. Scolastica und Sacro Speco auf dem Mte Taleo geht größtenteils auf das 13. Jh. zurück und ist v. a. den Äbten Romanus (1193–1216), Lando (1217–43) und Henricus (1245–73) zu verdanken.

→Innozenz III. besuchte S. vom 6. Aug. bis zum 5. Sept. 1202, um die monast. Disziplin zu erneuern und erließ Privilegien für das Kl. (MPL 214, 1064–66). Das Privileg vom 24. Febr. 1203 wird in dem Fresko der Unterkirche von Sacro Speco des sog. Meisters der Bulle Innozenz' III. dargestellt. Nachfolgestreitigkeiten nach dem Tod des Abtes Henricus (19. Febr. 1273) veranlaßten Innozenz V. 1276 zur Einsetzung des Burgunders Wilhelm. Damit begann eine Periode von Äbten, die nicht direkt von der Mönchskommunität gewählt wurden, bis 1456 S. zur Kommende wurde. Während der Regierung des Kommendatarabtes Bartholomaeus II. (seit 1318) zog sich →Angelus Clarenus nach S. zurück und soll dort seine Hauptwerke verfaßt haben. Nach einer Krise des monast. Lebens in S. in der 1. Hälfte des 14. Jh. wurden die Kl. von S. unter Abt Bartholomaeus v. Siena (1362–69) zu einem wichtigen Zentrum der benediktin. Reform, wozu auch die Internationalisierung der Kommunität fördernd beitrug, die sich damit dem Einfluß des lokalen Adels entzog. V. a. im 14. Jh. ist eine starke Präsenz span. und transalpiner Mönche, v. a. aus Osteuropa, festzustellen; im 15. Jh. ist hingegen die Zahl der dt. Mönche hoch. Unter den Kommendataräbten sind Kard. Johannes de Torquemada (1455–67/68) sowie Papst Paul II. (1467/68–71) und Kard. Rodrigo Borgia (1471–92), der spätere Papst Alexander VI., hervorzuheben. 1514 wurde S. der Cassines. Kongregation (früher Kongregation v. →S. Giustina) inkorporiert.

Kulturgeschichtl. bedeutsam ist die Einrichtung der ersten Druckerei Italiens in S. durch die Deutschen Konrad Sweynheym und Arnold Pannartz (1464–68). Erstdrucke: Aelius Donatus, Ars minor; Cicero, De Oratore; der sog. Lactanz (De divinis institutionibus, De ira Dei, De Opificio hominis); Augustinus, De Civitate Dei.

M.-A. Dell'Omo

Lit.: P. EGIDI, G. GIOVANNONI, F. HERMANIN, I monasteri di S., I, 1904 – V. FEDERICI, I monasteri di S., II: La biblioteca e l'archivio, 1904 – R. MORGHEN, Le relazioni del monastero sublacense col papato, la feudalità e il comune nell'alto medio evo, ASRSP 51, 1928, 181–253 – C. LEONARDI, R. MORGHEN, J. STIENNON, L. GULLI, A. FRUGONI, Miscell. Sublacense, BISI 65, 1953, 65–119 – G. P. CAROSI, Il primo monastero benedettino, StAns 39, 1956 – B. CIGNITTI–L. CARONTI, L'Abbazia Nullius Sublacense, Le origini – La Commenda, 1956 – H. SCHWARZMAIER, Der Liber Vitae von S., QFIAB 48, 1968, 80–147 – B. FRANK, S., ein Reformkonvent des späten MA, QFIAB 52, 1972, 526–656 – I. LORI SANFILIPPO, I possessi romani di Farfa, Montecassino e S. – Sec. IX–XII, ASRSP 103, 1980, 26–38 – S. M. PAGANO, Un Ordo defunctorum del sec. X nel codice CLX di S. Scolastica a S., Benedictina XXVII, 1980, 125–159 – Lo statuto di S. del Card. Giovanni Torquemada (1456), hg. F. CARAFFA, 1981 – I monasteri benedettini di S., hg. C. GIUMELLI, 1982 – G. P. CAROSI, I monasteri di S. (notizie storiche), 1987 – G. GIAMMARIA, Le proprietà dei benedettini sublacensi in Campagna: Alatri, Anagni e Fiuggi, 1987 – P. SUPINO MARTINI, Roma e l'area grafica romanesca (sec. X–XIII), 1987 (bes. S. 168–184).

Subjekt. Das lat. Wort »subiectum« (gr. ὑποκείμενον) bedeutet 'Unterlage, Zugrundeliegendes' und wird im MA in 1. ontolog., 2. grammatikal. und log. und 3. wissenschaftstheoret. Sinne verwendet. – 1. Im ontolog. Sinne meint S. entweder den der Form zugrundeliegenden Stoff (materia) oder den schon aus Materie und Form zusammengesetzten, selbständigen Träger unselbständiger Eigenschaften (Akzidentien); hierfür werden auch die Ausdrücke »substantia, substratum, suppositum« verwendet. Insbes. ist auch die →Seele S. ihrer Akte, die auf Gegenstände (obiecta) gerichtet sind. Daraus leitet sich die nz. Unterscheidung zw. S. und Objekt ab, aber im Unterschied zum nz. Gebrauch bedeutet im MA »esse s.ivum« reales, »esse obiectivum« intentionales Sein (eines Gegenstandes in der Seele). – 2. Im log. Sinne meint S. das, von dem etwas ausgesagt wird, und Prädikat das, was ausgesagt wird (vgl. Aristoteles, Analyt. priora I, 1, 24 b 16–18, und z. B. Petrus Hispanus, Tractatus I, 7, hg. L. M. DE RIJK, 1972, 4); im Satz 'liegt' also das S. dem Prädikat 'zugrunde', so daß gelegentl. jenes mit der Materie und dieses mit der Form verglichen wird (z. B. Thomas v. Aquin, In Perierm. I, 8, Op. omn. Leon. I–1, 1989², 42). Da grammatikal. und log. S. nicht immer übereinstimmen, wird manchmal das s. um locutionis (S. des Satzes im grammatikal. Sinne) vom s. um propositionis (S. des Satzes im log. Sinne) unterschieden: Ersteres muß als 'Unterlage' (suppositum) des Verbs im Nominativ sein, letztes kann als der 'distribuierte', d. h. quantifizierte, Term auch in einem obliquen Kasus sein (Walter Burley, De puritate artis logicae I, 1, 5, hg. P. BOEHNER, 1955, 41; vgl. DE RIJK, II–1, 468; II–2, 490). – 3. Im wissenschaftstheoret. Sinne meint S. den Gegenstand einer Wissenschaft (s. um scientiae). Nach Wilhelm v. Ockham (In Sent. I, prol., q. 9, Op. theol. I, 1967, 265ff.) ist das s. um scientiae das S. eines in dieser Wissenschaft bewiesenen Schlußsatzes, das obiectum scientiae der ganze Schlußsatz; die unmittelbaren Gegenstände der Wissenschaft sind also etwas Sprachliches. Im SpätMA ist dies eine der drei Hauptpositionen: Nach Walter Chatton ist nicht der Schlußsatz, sondern das von dessen S. bezeichnete Ding Gegenstand der Wissenschaft (In Sent., prol., q. 5, hg. J. C. WEY, 1989, 265ff.), nach Adam Wodeham (Lectura sec. I, d. 1, q. 1, hg. R. WOOD–G. GÁL, Bd. 1, 1990, 206ff.), Gregor v. Rimini (In Sent. I, prol., q. 1, hg. A. D. TRAPP–V. MARCOLINO, Bd. 1, 1981, 2ff.) u. a. ist der vom ganzen Beweis bzw. von dessen Schlußsatz bezeichnete 'Sachverhalt' (complexe significabile) das s. um scientiae.

H. Berger/W. Gombocz

Lit.: Albertus de Saxonia, Perutilis logica, I, 7, Venedig 1522 [Nachdr. 1974], 4rb–4va – L. M. DE RIJK, Logica modernorum, 1962/67.

Subsidien zahlten die ma. Päpste erstmals in größerem Umfang an Karl v. Anjou, um die Eroberungen des Kgr. es Sizilien zu fördern, später hauptsächl. zur Abwehr der →Türken. Päpstl. S. wurden oft geradezu von den Staaten gefordert und in Verhandlungen durchgesetzt; mißbräuchl. Verwendung war häufig. Die Mittel wurden durch →Zehnten in den betreffenden Gebieten, aber auch seitens der →Kurie durch Verpfändung von Einnahmen und sogar der Kirchenschätze aufgebracht. Für die Türkenabwehr wurde im 15. Jh. eine eigene Finanzverwaltung geschaffen (thesauraria sancte cruciate), der u. a. die Einnahmen aus dem päpstl. Alaunmonopol (→Alaun) vorbehalten waren.

Th. Frenz

Subsistenz → Substanz

Substanz–Akzidenz/Subsistenz (S.: οὐσία, später auch ὑπόστασις substantia; A.: συμβεβηκός, accidens). Die mit dem heute üblichen philosophiegesch. Begriffspaar S.–A.

gemeinte Unterscheidung hat ihren zentralen Ursprung bei Aristoteles. Schon Platon hatte, in Absetzung von Parmenides, den Seinsbegriff differenziert: wahrhaft und eigentlich seiend sind für ihn die Ideen, die konkreten sinnenfälligen Dinge sind, was sie sind, nur durch Teilhabe an den Ideen, nicht nichtseiend, wohl aber minderseiend. Unsere von der Sinneserfahrung ausgehende Erkenntnis vermag auf Grund einer aprior. Beziehung zu den Ideen (Wiedererinnerung) im Sinnfälligen das Abbild des ideenhaften Urbildes zu sehen.

Für Aristoteles war eine lediglich durch Teilhabe gegründete Realität zu seinsschwach, er suchte die Eigentlichkeit in unserer konkreten Welt und fand sie in den S.en. Die S. (gr. οὐσία) ist für ihn das Sein im eigtl. und ursprgl. Sinne, das konkrete, individuelle, selbständige Reale, z.B. dieser Sokrates; er ist Träger bestimmter Eigenschaften, die ihm »zukommen – συμβεβηκότα – accidentia« und deshalb von ihm ausgesagt werden (κατηγορεῖται – vgl. etwa Anal. post. A 83 a 24ff.).

Gegenüber den unselbständigen Akzidentien 'subsistieren' die S.en in der Existenzform des Selbstandes (Met. Z 1029 a 27f.), 'per se' (nicht selbstbegründet 'a se', wie in der Neuzeit zum Pantheismus führend bei Spinoza). Auf der sprachl.-log. Ebene ist die S. das Aussagesubjekt, auf das die Akzidentien als Prädikate bezogen sind (Kat. 2 a 11ff.), z.B. dieser Sokrates ruht und lacht.

Als fortdenkender »Platoniker« erweist sich Aristoteles in der Anwendung des S.begriffs auch auf die Art (εἶδος, species, essentia). Dieses allgemeine Wesen ist »zweite Substanz – δευτέρα οὐσία« (Kat. 2 a 11ff.). Daß diese Substanz Sokrates Mensch ist, ist nicht eine akzidentelle Soseinsbestimmtheit, sondern wird von der zweiten S., der Species Mensch, her konstituiert. (Zur zweiten S. rechnet Aristoteles übrigens auch noch die Gattung – hier: Lebewesen.) Die Unterscheidung von erster und zweiter S. erklärt, warum οὐσία im Lat. sowohl mit »substantia« als auch mit »essentia« wiedergegeben wird.

Die aristotel. S.enlehre ist allgemeines philos.-theol. Bildungsgut im ganzen MA, weit über die direkte Aristoteles-Rezeption hinaus. Direkte Q. der Aristoteleskenntnis (→Aristoteles, IV) sind zunächst die log. Schriften »De interpretatione« und »Categoriae« in der Übers. und Kommentierung durch →Boethius, dazu dessen Übers. und Kommentierung der »Isagoge« des →Porphyrius, einer Einführung in die aristotel. Logik. Diese Q. entstammen der großen neuplaton. Tradition der Aristoteles-Kommentierung, Aristoteles und Platon werden sehr viel enger beieinander gesehen, als wir es heute gewohnt sind. Von der Mitte des 12. Jh. an wird dann der ganze Aristoteles dem lat. Westen zugänglich, v.a. auch seine Schriften zur Physik, Metaphysik und Ethik. Der S.gedanke erweist sich als das Zentrum einer die Welt positiv wertenden Gesamtphilosophie: Wie der freie Wille in der Ethik, die natürl. Vernunft in der Erkenntnislehre, so gibt es in der Welt überhaupt substantielles Sein, das trotz seiner Verwiesenheit auf den göttl. Ursprung seinen Eigenstand durchhält.

→Thomas v. Aquin setzte diese Weltsicht des 'heidn. Philosophen' gegen massive Widerstände (→Aristotelesverbote) durch, durchaus aus einem theol. Interesse: der herkömml. Platonismus – Augustinismus (zumal mit seinen nie restlos überwundenen gnostisch-manichäischen Einfärbungen) betonte zu sehr die Geringerwertigkeit der Welt, ihre Abhängigkeit, wenn nicht gar Widerständigkeit gegen Gott. (Jüd.-)christl. Schöpfungsglaube aber bedeutet grundsätzl. Weltbejahung. Daß Aristoteles qualifiziertes, eigenständiges Sein – eben die S.en – im Realkonkreten sieht, erweist ihn als geeignet, den Grundgedanken christl. Schöpfungsglaubens rationalem Denken zu vermitteln. Die S.metaphysik ist für Thomas eine Korrektur, zumindest ein Kontrapunkt gegen den Platonismus – Augustinismus.

Lat. Terminus für die Seinsweise der S. ist subsistere und subsistentia: »dicit determinatum modum existendi, prout scilicet aliquid est ens per se, non in alio, sicut accidens« – es meint eine bestimmte Weise der Existenz, etwa die eines Seienden durch sich, nicht in einem anderen wie das Akzidens« (Thomas v. A., I Sent 23, 1, 1 c; vgl. S. th. I, 29, 2).

Neben der allgemeinen schöpfungsmetaphys. Bedeutung des S.begriffs erweist er sich als klärend und differenzierend in theol. Einzelfragen: Im Hinblick auf die Subsistenz (existere per se) kommt Gott der Begriff S. zu (Thomas v. Aquin, S. th. I, 29, 3 ad 4), nicht aber im Sinne einer Kategorie der S., der Akzidentien zukämen (S. th. I, 3, 5f.); Gott ist »supersubstantialis« (In div. nom. 1, 1). Der Mensch ist ein »substantielles Einssein von Seele und Leib, kein akzidentelles – unio ... substantialis, non accidentalis« (Qu. disp. de pot. 5, 10, c). Die menschl. Seele ist – anders als die der Tiere und Pflanzen – als substantia intellectualis unvergänglich (C. Gent. II, 55. 79), steht somit in ihrem Zustand zw. Tod und Auferstehung des Leibes, während ihre akzidentelle Trennung vom Leib den substantiae separatae (materiefreie Geists.en, v.a. Engel) zwar nahe, bleibt als S. aber trotz ihrer Subsistenz unvollständig, da sie naturhaft auf den Leib hingeordnet ist; ihre Trennung vom Leib ist »praeter rationem suae naturae« (Thomas v. Aquin, S. th. I, 89, 1 c), entsprechend ist sie auch hinsichtl. ihrer Aktionen, sogar in der Gotteserkenntnis, behindert (S. th. I, qu. 89; Qu. disp. de anima 15ff.).

Seit dem 12. Jh. findet sich der Terminus Transsubstantatio für die eucharist. Umwandlung der S.en Brot und Wein in Leib und Blut Christi (4. Laterankonzil, DENZINGER–SCHÖNMETZER, 802), die Akzidentien von Brot und Wein bleiben dabei bestehen (vgl. Thomas v. A., S. th. III, 75, 5. III, 77.). – →Sein, Seinsstufen, Seiendes, →Wesen, →Person, →Kategorien, →Subjekt, →Idee, →genus, →Hypostase. H. Meinhardt

Lit.: HWP IX, s.v. S. – F. BRENTANO, Von der mannigfachen Bedeutung des Seienden nach Aristoteles, 1862 – R. JOLIVET, La notion de substance, 1929 – C. ARPE, Substantia, Philologus XCIV, 1940, 65–78 – J. OWENS, The Doctrine of Being in the Aristotelian Metaphysics, 1951 – L. OEING-HANHOFF, Ens et unum convertuntur, 1953 – H. DÖRRIE, Ὑπόστασις. Wort und Bedeutungsgesch., NAG, Phil.-hist. Kl., 1955, 3 – E. TUGENDTHAT, Ti Kata Tinos 1958 – J. PIEPER, Hinführung zu Thomas v. Aquin, 1963[2] – F. VAN STEENBERGHEN, Die Philosophie im 13. Jh., 1977 – E. STEIN, Endliches und ewiges Sein, 1986[3] – J. PIEPER, Thomas v. Aquin, 1990[4].

Suburbikarische Bistümer. Als s. B. werden sieben, im »Suburbium« von Rom gelegene B. bezeichnet, wobei allerdings dieser Begriff in der kanonist. Lit. sehr häufig, in Dokumenten des Apostol. Stuhles erst im 20. Jh. aufscheint: ursprgl. wurden jedenfalls ihre Bf.e episcopi hebdomadarii, episcopi Romani, episcopi Lateranenses, episcopi curiae, die »septem« oder (erstmals im 8. Jh. belegt, aber bis zur 2. Hälfte des 11. Jh. sehr selten) episcopi cardinales genannt.

Als s. B. galten Ostia, Albano, Porto, Palestrina, Silva Candida (auch Santa Rufina gen., bei längerer Vakanz im 11./12. Jh. zunächst anscheinend durch Segni bzw. Nepi ersetzt und schließlich von Calixtus II. mit Porto uniert), Gabii (an dessen Stelle später Labicum und dann Tusculum trat) und Velletri (von Eugen III. mit Ostia uniert);

neu traten Sabina und (für eine kurze Periode) Tivoli in den Kreis der s. B. ein. Sixtus V. (Religiosa v. 1587, §4) benannte als (bereits auf sechs reduzierte) s. B. Ostia-Velletri, Porto-Santa Rufina, Albano, Sabina, Tusculum (Frascati) und Palestrina.

Die Bf. e der s. B. bildeten (nachweisbar seit dem 8. Jh.) eine eigene Gruppe innerhalb der röm. Synoden, wodurch sie in bes. Weise an der Kirchenregierung beteiligt waren, und versahen den Hebdomadardienst an der Lateransbasilika.

Die Einbeziehung der Bf. e der s. B. in das Kardinalskollegium als ordo episcoporum beseitigte endgültig den bes. Vorrang dieser Bf.e, der sich noch in der sog. päpstl. Fassung des Papstwahldekrets v. 1059 deutl. gezeigt hatte, und führte ihn auf eine reine Präzedenz zurück.

Die Bf.e einiger s. B. hatten bes. Funktionen: so wird z. B. bereits im 4. Jh. der Bf. v. Ostia als Konsekrator des Papstes genannt; später ist das Recht des Bf.s v. Albano und des Bf.s v. Porto auf die zweite bzw. dritte Oration bei der Konsekration belegt. Die drei genannten Bf.e hatten auch bes. Funktionen bei der Ks. krönung. Benedikt VIII. (JL 4024) verlieh dem Bf. v. Porto die Jurisdiktion in Trastevere. Benedikt IX. (JL 4110) bestellte den jeweiligen Bf. v. Silva Candida zum Bibliothekar der Kirche (ein Privileg, das sich allerdings nicht sehr lange hielt) und verlieh ihm bes. Rechte in der Petersbasilika. C. G. Fürst

Q. und Lit.: A. H. ANDREUCCI, De episcopis cardinalibus suburbicariis quaestiones selectae, Rom 1752 – DDC IV, 1267–1271 – LThK² IX, 1140 – RGG VI, 458 – →Kardinal.

Suburbium. Das lat. 's.' bezeichnete in röm. Zeit die →Vorstadt oder die Vororte einer →Stadt wie it. *suburbio*. Im Frz. ist nur das Adjektiv *suburbain* (= vorstädt.) übernommen worden, während anstelle des Substantivs das seit dem 12. Jh. belegte *faubourg* trat (foris burgum), das jedoch schon in den Glossen als *furiburgi, forburge* zu s. gestellt wird. Um 1000 wird *uoreburgi* als »intra exteriorem murum qui ad augendum civitatem factus est« erläutert. Der inhaltl. gleichbedeutende →burgus wird im 8. Jh. in Italien als →*borgo* von der ummauerten civitas unterschieden und gilt im 10. Jh. in Spanien als burgo für nichtagrar. Siedlungen außerhalb einer Stadt. Nach F. BEYERLE ist für die meist aus S. en hervorgegangenen Marktsiedlungen im roman., aber germ. beeinflußten S und W die Bezeichnung »burgum« typisch geworden. Beim ehem. Römerlager Argentoratum lag an der Straße vor dem Kastell mit dem Bf. ssitz eine germ. Siedlung, die 722 durch ein »s. civitatis novum« vergrößert war und den Namen →Straßburg erhielt. In →Utrecht ist 1165 die Rede von »in suburbio Traiectensi in loco qui dicitur Oldwyck«. Die 925 von den Normannen eingeäscherte »suburbana« von →Nijmegen wird als frühe Händlersiedlung gedeutet. Nach H. LUDAT bezeichnet das aus dem Dt. übernommene slav. Lehnwort →*wik* die S.en bei slav. →Burgen (vgl. sorb. *wiki* = Markt); zu ihnen sind auch die →Kietze zu rechnen. In Hamburg ist der vicus ident. mit dem S. In Frankreich war S. als Entsprechung von Wik üblich geworden, im westfrk. Bereich trat es gleichbedeutend mit →portus auf.

Bei dieser quellenmäßig belegten Vielfalt der Bedeutungen läßt sich nur schwer eine eindeutige Definition für den Begriff S. geben. Sein Inhalt ging stellenweise über die geschlossene Siedlung hinaus und meinte in →Augsburg das ganze Lechfeld, während in →Mainz die 15 km entfernte villa →Ingelheim im S. lag. Gegenüber dieser so selten auftretenden geogr. weiten Wortbedeutung muß im Regelfall unter S. eine Siedlung im unmittelbaren Umfeld von urbs/civitas/burgus/Burg/Stadt verstanden werden. In karol. Q. läßt sich eine Bedeutungsgleichheit von S., villa und locus feststellen, was zur klaren Definition nicht beiträgt. In →Regensburg gilt das S. als die Vorstadt des 6.–8. Jh., während später von der Angliederung der »suburbia« und 1367 rückblickend vom »officium in suburbio civitatis« die Rede ist.

In Frankreich tritt für die gesamte Siedlung außerhalb der Mauern, auch anstelle von S., der Begriff »burgum« auf für alles, was nicht »civitas« ist, doch wird →Le Puy am Oberlauf der Loire als civitas, urbs oder oppidum, seit 993 auch als S. genannt. Vor den Toren des burgum →Vendôme nordöstl. v. Tours lag 1040/46 das S. St-Martin mit einer Mühle, im nahegelegenen →Châteaudun gehörte zum burgum St-Martin ein S. mit Färbern und Farbpfannen. Gegenüber diesen gewerbl. bestimmten S.en war in →Metz das »s. sancti Stephani« um 900 das Quartier der Kanoniker, es war durch eine Mauer geschützt, die ältesten Kirchen lagen hier wie auch im benachbarten →Toul im S. Auch das S. in →Vienne/Rhône war 979/980 ummauert.

Zw. Rhein und Seine traten neben die in vorma. Zeit zurückreichenden altstädt. Kernsiedlungen seit der späten Merowingerzeit als spezif. Träger des Handels die im S. entstehenden Handelsniederlassungen, so daß im S. der Abtei St-Vaast in →Arras im 11. Jh. zwei gewerbl. Niederlassungen »vetus« und »novus burgus« hießen. In →Magdeburg lag die um 1012 erbaute »ecclesia parochialis sancti Ambrosii« einer Nachricht von 1360 zufolge »in suburbio civitatis«, hier wurde der ganze Bereich zw. dem Dom und Kl. Berge bis ins 13. Jh. als S. bezeichnet, das als südl. Vorstadt den Namen Sudenburg erhielt. Das hiesige »s. extra urbem« befand sich in unmittelbarer Nachbarschaft der schützenden Burg.

In SW-Dtl. traten neben den Burgmannen bei der Burg auch Handwerk und Handel im S. auf, das sich als einer der Ansatzpunkte städt. Entwicklung erwies. Aus Vorhöfen, Vorstätten und →Vorwerken konnten sich bei einer Burg stadtähnl. Gebilde, Zwerg- oder Minderstädte (→Minderformen, städt.), bilden. Das »s. montis S. Mariae« lag im 12. Jh. als schmale Ufersiedlung, durch den Main deutl. von der Stadt →Würzburg am rechten Ufer getrennt, im wahrsten Sinne »unter der Burg«, d. h. unter dem »castrum« auf dem Marienberg.

Eine klare Begriffsbestimmung ist infolge der Vielgestaltigkeit und Unsicherheit des überlieferten Wortgebrauchs im Wortfeld von urbs, civitas, oppidum, burgus, villa, locus, vicus, s., portus, Wik, Burg und Stadt nicht möglich. In jedem Fall muß aufgrund des verfassungstopograph. Befunds geklärt werden, was unter einem S. zu verstehen ist. Während die Bedeutung »flächenhafter Herrschaftsbereich im Umfeld einer Burg« nur vereinzelt zutreffen dürfte, handelt es sich in der Regel um eine geschlossene Siedlung, die unmittelbar an eine Burg oder Stadt angrenzt, von dieser topograph. und verfassungsmäßig deutl. unterschieden ist und auch ummauert sein kann. Ein frühes S. kann zum Ansatzpunkt einer Entwicklung zur Rechtsstadt geworden sein, an die sich wiederum ein S. angliedern kann. Die Vieldeutigkeit des Begriffs erklärt sich aus der anfängl. sachl. und terminolog. Einheit von Burg und Stadt, die sich dann in zwei grundverschiedene Siedlungstypen auflöste.

Eindeutig ist dagegen der im slav. Bereich, abseits röm. Tradition, geprägte Begriff **podgord* (altsorb. *podgrod*; altruss. *podgorod'e*, parallel *posad* u. a., →Gorod). In der durch die dt. →Ostsiedlung sprachl. umgestalteten Germania Slavica ist er in Ortsnamen mehrfach überliefert (Pauritz, Baderitz u. ä.). Die hier wesentl. einfacheren

Verhältnisse der Stadtentstehung eignen sich für eine eindeutige Typenbildung, da sie das S. in seiner jüngsten Gestalt und Funktion im Auge haben. Demnach ist ein S. eine nichtagrar. Siedlung von mäßigem Umfang im unmittelbaren topograph. Anschluß an eine Burg, die aus planmäßig geordneten kleinen Grundstücken besteht und von sozial niedrigstehenden, rechtl. von der Burg abhängigen, zu Diensten und Abgaben für die Burg verpflichteten Einwohnern bewohnt wird. Ein S. unterscheidet sich nach topograph. Erscheinung und sozialer Struktur von einer Burgmannensiedlung (→Burglehen) und bildet keine eigene Kirchengemeinde, kann aber innerhalb einer Stadt einen Sonderrechtsbereich mit eigener Gemeindeorganisation darstellen. In dieser Bedeutung wird das Wort in der heutigen Stadtgeschichtsforsch. gebraucht. →Topographie.   K. Blaschke

Lit.: Studien zu den Anfängen des europ. Städtewesens (VuF 4, 1958), 105–150 [H. Ammann]; 151–190 [H. Büttner]; 227–296 [F. Petri]; 297–362 [W. Schlesinger]; 527–553 [H. Ludat] – E. Eichler, Ergebnisse der Namengeographie in altsorb. Sprachgebiet (Materialien zum Sorb. Onomast. Atlas, 1964), 25 – Vor- und Frühformen der europ. Stadt im MA, hg. H. Jankuhn u.a., 1973 – M. Schaab, Geogr. und topograph. Elemente der ma. Burgenverfassung nach oberrhein. Beispielen (Die Burgen im dt. Sprachraum [VuF 19, 1976]), 37 – K. S. Bader, Burghofstatt und herrschaftseigene ländl. Nutzungsformen im herrschaftl. Bereich (ebd.), 259 – →Stadt, →portus, →Wik.

Successio Apostolica, Amtsnachfolge der Bf.e in einer auf die →Apostel zurückgeführten Reihenfolge, soll die Rechtmäßigkeit der Amtsträger sowie die Apostolizität und den Wahrheitsanspruch der Kirche sichern. Wesentl. für die S. A. wurde die →Weihe mit →Handauflegung und Herabrufung des Hl. Geistes durch einen Bf., der selber unbestritten in der S. A. steht. Dies ist Glaubenstradition und unabdingbarer Rechtsbrauch der kath. Kirche und aller orth. Kirchen. Das Weihesakrament ist gegliedert in die drei wesentl. Stufen des →Diakons, →Priesters und →Bischofs. In der geschichtl. Entwicklung ist die S. A. von Anfängen im NT (bes. Apg, Pastoralbriefe) und in frühkirchl. Schrr. mit Entfaltung und Darstellung des Bf.samtes und mit Kampf gegen Häretiker eng verbunden (Ignatius v. Antiochaia [† nach 110], Hegesippus [2. Hälfte des 2. Jh.], →Irenäus v. Lyon [† nach 200], →Tertullian [† nach 220], →Hippolytus v. Rom [† 235], →Cyprianus v. Karthago [† 258], →Apostol. Kirchenordnung, →Apostol. Konstitutionen). Mit den Namenslisten, wie sie Hegesippus schon um 160 für Jerusalem, Korinth und Rom aufstellte, verbanden sich bald Amtsjahre nach dem »beamtenrechtl.« Vorbild im weltl. Bereich. Diese Form wurde bes. für das Abendland kennzeichnend und hier fortschreitend mit dem →Primat des →Papstes in Verbindung gebracht. Auch nach Trennung der östl. und westl. Christenheit blieb die S. A. grundsätzl. wechselseitig anerkannt. Die S. A. blieb durch das ganze MA, eingebunden in die hierarch. Kirchenverfassung, selbstverständl. Übung, bestritten nur von einigen, in der östl. und westl. Kirche als Häretiker verurteilten Gruppen (z. B. →Bogomilen im Balkanbereich, Gruppen der →Katharer und →Waldenser, manche Anhänger von →Wyclif und →Hus).   G. Schwaiger

Lit.: LThK² IX, 1140–1144; I³, 88ff. – TRE III, 430–483 – H. v. Campenhausen, Kirchl. Amt und geistl. Vollmacht in den ersten drei Jhh., 1963², 163–194 – J. Ratzinger, Primat, Episkopat und s.a. (K. Rahner–Ders., Episkopat und Primat, 1961), 37–59 – G. G. Blum, Tradition und Sukzession, 1963 – H. Schütte, Amt. Ordination und Sukzession, 1974 – A. M. Javierre Ortas, Successione apostolica e successione primaziale (Il primato del vescovo di Roma nel primo millennio, ed. M. Maccarrone, Pontificio comitato di scienze storiche. Atti e documenti 4, 1991), 53–138 – G. L. Müller, Kath. Dogmatik, 1995, 617–626, 741–756.

Succubus → Incubus

Suceava (altslav. Sucavska, lat. Soczavia, dt. Suczawa), Stadt im nö. Rumänien (altes Fsm. →Moldau, sö. →Bukovina). Die Anfänge der Siedlung sind unklar, belegt ist eine slav.-rumän. Siedlung im frühen 14. Jh. und nachfolgend eine Gründung von →hospites, die nach den Einfällen der →Mongolen vornehmlich aus →Siebenbürgen und →Schlesien gekommen waren (aber auch armen., russ. und ung. Bewohner). Die urbanen Strukturen weisen ostwie mitteleurop. Züge auf. Die an →Magdeburger Recht wie süddt. Recht orientierte städt. Verfassung kennt den șoltuz (Schultheiß) bzw. *voit* (Vogt) sowie einen Rat aus 12 pârgari (Bürgern), aber auch 'Älteste' (1449). – S. erlebte seinen Aufstieg als Residenz des Fsm.s Moldau seit dem späten 14. Jh., als →Peter I. nach Beseitigung des örtl. Vojvoden die Stadt zum Zentrum von Herrschaft, kirchl. Leben und Handel ausbaute. Der rasche wirtschaftl. Aufstieg (Kaufleute und Händler seit dem frühen 14. Jh. belegt) vollzog sich im 15. Jh. (Transithandel zw. dem Bereich der →Hanse und dem oriental. Raum) und wird durch Handelsverträge mit →Lemberg, Bistritz und →Kronstadt, Tuchstapel, Münzstätte sowie zentrale Zollstelle des Landes dokumentiert. Osman. und poln. Belagerungen (1476, 1485, 1497) markieren die Minderung der Hauptstadtfunktion, die nach Mitte des 16. Jh. an Jassy überging. Die Metropolitankirche war seit dem frühen 15. Jh. dem hl. Georg (er erscheint auch im Stadtsiegel) und dem ersten Bf. der Moldau, Iosif, geweiht; sie birgt auch die Gebeine des neuen Landespatrons, Johannes des Neuen, transferiert aus Cetatea Albă (Weißenburg).   K. Zach

Lit.: H. Weczerka, Das ma. und frühneuzeitl. Deutschtum im Fsm. Moldau, 1960 – V. Neamțu, Das Werden der Hauptstadt im Fsm. Moldau (Hauptstädte in SO-Europa, hg. H. Heppner, 1994) [Lit.].

Suchenwirt, Peter, * um 1325, † vor 1407, wichtigster Vertreter dt. spätma. Wappen- und →Heroldsdichtung. Sein Name (»Such den Gönner!«) sowie lit. Selbstzeugnisse weisen ihn in seiner ersten Schaffensperiode (zw. ca. 1350 und 1377) als fahrenden Spruchdichter und →Herold im Dienst v. a. österr. Adliger aus. Seit 1377 und bis 1395 ist er in Wien als Hausbesitzer bezeugt; das Bürgerrecht und engere Bindung an den Wiener Hof (1377 begleitet er Hzg. →Albrecht III. auf dessen →Preußenreise, die er rühmend schildert) scheinen ihn aus der Abhängigkeit von fremden Gönnern befreit zu haben: statt panegyr. Reden verfaßt er nun v. a. polit.-zeitkrit. und moral.-allegor. →Spruchdichtung.

Sein Werk umfaßt 52 Reimreden verschiedenen Umfangs (zw. 57 und 572 V.): geistl. und allegor. Gedichte (darunter einen Marienpreis in 1540 Versen, als dessen Vorbild er →Konrads v. Würzburg »Goldene Schmiede« nennt), Zeitklagen und polit.-didakt. Reden (z. B. über den Städtekrieg in Dtl. 1387 und die Einführung der Weinsteuer 1359) sowie sieben →Minnereden. Bedeutendster Teil seines Werks sind die 22 panegyr. Reden (mit Ausnahme einer Totenklage auf →Heinrich den Teichner ausschließl. auf Adlige), die die tradierte Form der ma. Panegyrik durch eine umfangreiche Wappenblasonierung erweitern.   N. H. Ott

Ed.: P. S.s Werke aus dem 14. Jh., hg. A. Primisser, 1827 [Neudr. 1961] – *Lit.:* Verf.-Lex.² IX, 481–488 [C. Brinker-von der Heyde] – S. C. van d'Elden, P. S. and Heraldic Poetry, 1976 – C. Brinker, »Von manigen helden gute tat«. Gesch. als Exempel bei P. S., 1987 – s. a. Lit. zu →Preußenreise [W. Paravicini].

Suda, umfangreichstes byz. →Lexikon (über 31 000 Lemmata), entstanden gegen Ende des 10. Jh. Der Titel bedeutet etwa 'Schanzwerk', 'Befestigungsanlage' (der lange Zeit angenommene Autorname Suidas geht vermutl. auf eine Konjektur des →Eustathios v. Thessalonike zurück). Außer Erklärungen seltener Wörter und Formen enthält die S., im Gegensatz zu den meisten anderen byz. Lexika, zahlreiche Sachartikel zu Themen aus Philos., Naturwiss., Geographie, Gesch. und Literaturgesch. Entsprechend den herangezogenen Quellen (ältere Lexika, insbes. die Συναγωγὴ λέξεων χρησίμων, sowie die Werke der antiken und frühbyz. Grammatiker und Historiker, letztere in der Form der Exzerpte Ks. →Konstantins VII.) ist der antike und bibl. Bereich deutl. stärker vertreten als der byz. Die literarhist. Artikel stammen großteils aus einer im 9. Jh. entstandenen Epitome des Ὀνοματολόγος des →Hesychios v. Milet (6. Jh.); sie stellen für viele Autoren die einzigen erhaltenen Nachrichten über deren Leben und Wirken dar. Die Anordnung ist alphabet., jedoch unter Berücksichtigung der Antistoichie, d. h. gleich ausgesprochene Vokale (wie αι und ε oder ο und ω) folgen unmittelbar aufeinander. Wie aus der Zahl der Hss., aber auch aus Zitaten bei späteren Autoren zu erkennen ist, wurde die S. in den späteren byz. Jahrhunderten und auch in der Renaissance viel benutzt. W. Hörandner

Ed. und Lit.: Suidae Lex., ed. A. Adler, I–V, 1928–38 – RE IVA 1, 675–717 [A. Adler] – Oxford Dict. of Byzantium, 1991, 1930f. – Tusculum-Lex.³, 1982, 750f. – Hunger, Profane Lit., II, 40–42 – A. Steiner, Byzantinisches im Wortschatz der S. (Stud. zur byz. Lexikographie, hg. E. Trapp u.a., 1988), 149–181 – H. Hunger, Was nicht in der S. steht (Lexicographica Byzantina, hg. W. Hörandner–E. Trapp, 1991), 137–153.

Sudbury, Simon, Bf. v. →London seit 22. Okt. 1361, Ebf. v. →Canterbury seit 4. Mai 1375; * wahrscheinl. Sudbury (Suffolk), † 14. Juni 1381, ▭ Canterbury, Chor der Kathedrale; Sohn von Nigel Thebaud und Sarah; Doktor des Kan. Rechts in Oxford (?) und Auditor von Prozessen an der päpstl. Kurie, er sicherte sich verschiedene Pfründen und Kanonikate in Lincoln, Hereford und Salisbury durch päpstl. Provision. Zw. 1364 und 1373 war S. mit Gesandtschaften nach Flandern betraut, wo er 1373 Friedensverhandlungen mit Frankreich führte. Er begründete im ersten Parlament Richards II. (1377) die Einberufung und wurde 1379 in den Ausschuß der Magnaten berufen, um den »Status des Kg.s« zu untersuchen; seit Jan. 1380 Kanzler. Aus finanziellen Gründen mußte er eine 3. →Poll Tax erheben. Die Commons beschuldigten ihn wegen seiner Stellung als kgl. Ratgeber. Während der →Peasants' Revolt wurde er von einer Menschenmenge aus dem Tower geschleift und geköpft. – Als Kirchenmann verfolgte S. nur schwach die →Lollarden. Großzügig förderte er den Wiederaufbau der Stadtmauer von Canterbury und das Kirchenschiff der Kathedrale.

R. M. Haines

Q. und Lit.: BRUO III, 2218 – T. F. Tout, Chapters in Mediaeval Administrative Hist., 6 Bde, 1920–33 – W. L. Warren, Reappraisal of S. S., JEcH 10, 1959, 139–152.

Sudebnik → Recht, B. I

Südfrüchte, -handel. [1] *Anbau und Verwertung:* Der Anbau von S.n, unter denen in erster Linie Zitrusfrüchte, →Feigen, →Mandeln, →Datteln und Rosinen (Weinbeeren) verstanden werden, setzte in Europa überwiegend in der Antike ein. Die Dattelpalme ist in Südwestasien und, als einzig hier angebaute Art, in den Mittelmeerländern weit verbreitet. Ähnliches gilt für den Feigen- und den Mandelbaum, der aber zudem seit dem frühen MA n. der Alpen, später als *figboum, vigboum, feigenbaum* etc. bzw. *mandelboum* u. a. bezeichnet, kultiviert wurde. Bei Mandeln unterschied man zw. süßen und bitteren Früchten, zoll- und transporttechn. zw. geschälten und ungeschälten als beschlagenem Gut. In der Regel gelangten Feigen und Datteln nur getrocknet über die Alpen. Der Weinstock wurde n. der Alpen seit der Römerzeit angepflanzt, ab dem HochMA auch in klimat. ungünstigeren Regionen (→Wein). Die Früchte wurden z. T. getrocknet und als Rosinen bzw. Weinbeeren gehandelt. Datteln, Feigen und Mandeln nutzte man in größerem Umfang für med. Zwecke. Rosinen, Mandeln und Feigen bildeten häufig, gemeinsam mit dem ebenfalls aus Südeuropa importierten →Reis, die sog. »Fastenspeise« oder das »Fastengemüse«, ein Hinweis auf einen vorzugsweisen Verzehr dieser Lebensmittel zusätzl. zum Fischkonsum.

[2] *Handel:* Nach der Überlieferungsdichte innerhalb der Zolltarife waren Mandeln, Feigen und Rosinen/Weinbeeren die wichtigsten gehandelten S., sie waren wohl auch für die Mittelschichten erschwinglich. Daneben transportierten die Kaufleute überwiegend in Südeuropa wachsende eßbare Kastanien, →Granatäpfel, Pomeranzen, Zitronen/Limonen und Dörr- sowie teure Damaszenerpflaumen nach NW-Europa, wobei die Eintragungen in den tradierten Zollregistern auf ein eher geringes Handelsvolumen hindeuten. Bei Zitrusfrüchten fehlen eigene Tarifierungen bis zum Beginn des 16. Jh. vollständig, was gleichfalls auf nur geringe Handelsmengen verweist. In den Abrechnungen der Großen →Ravensburger Handelsgesellschaft sind sie nur selten erwähnt, sollen aber häufiger transportiert worden sein. Der Nürnberger Patrizier Anton →Tucher erwarb Limonen ausschließl. zum Verschenken, Matthäus →Runtinger nutzte Pomeranzen als Arznei. Nach den Tucher'schen Aufzeichnungen bezahlte man Pomeranzen und Zitronen/Limonen stückweise, die restl. S. nach Gewicht, wobei die in Europa deutl. später bekannten süßen Pomeranzen wesentl. teurer als die üblichen waren. Auch in pfälz. Burghaushalten bereicherten sie den Speiseplan. Der mediterrane Handel mit Zitrusfrüchten war natürl. wesentl. intensiver. Beim archäolog. Nachweis von →Pfirsichen ist von einem Anbau der von den Römern eingeführten Pflanzen im Umland auszugehen, wie beispielsweise für Haithabu oder Braunschweig belegt. Die archäolog. Funddichte ist für Feigen, Rosinen und Mandeln insgesamt hoch, die beiden erstgenannten dienten zudem als Süßungsmittel. Granatapfelkerne konnten für das späte 13. Jh. in Konstanz belegt werden, die wenig haltbaren Kerne dieser Frucht machen aber eine hohe Schwundquote wahrscheinlich. Granatäpfel mußten beim Transport gegen Druck geschützt sein, so daß sie ein Luxusgut blieben.

Wichtige Umschlagplätze für S. waren bes. Venedig, Lyon und Barcelona. Transportiert wurden die Waren auf den üblichen Transitwegen von den it. Handelsplätzen über die Alpen und aus Südfrankreich über die Rhôneroute (Lyon) nach Oberdtl. Die span. und ptg. Früchte gelangten überwiegend per Schiff nach Flandern, von wo aus der ndt. und südwestdt. Raum mitversorgt wurde. Aber auch der Weg über Italien wurde im Anschluß an den mittelmeer. Binnenhandel gewählt. Für Köln konnte Irsigler einen deutl. realen Preisrückgang auf Silberbasis für Mandeln und Datteln im 15. Jh. nachweisen, die dort gemeinsam mit →Gewürzen u. a. als Drugwaren gehandelt wurden.

U. Dirlmeier/B. Fuhrmann

Lit.: V. Hehn, Kulturpflanzen und Haustiere in ihrem Übergang aus Asien nach Griechenland und Italien sowie in das übrige Europa, 1911, 1963⁹ – F. Irsigler, Die wirtschaftl. Stellung der Stadt Köln im 14. und 15. Jh., 1979 – U. Willerding, Ur- und Frühgesch. des Gartenbaues

(Gesch. des dt. Gartenbaues, hg. G. Franz [= Dt. Agrargesch., Bd. 6], 1984), 39–68 – K.-E. Behre, Die Ernährung im MA (Mensch und Umwelt im MA, hg. B. Herrmann, 1986), 74–87 – H. Küster, Granatäpfel (Punica granatum L.) im ma. Konstanz, Archäolog. Korrbl. 18, 1988, 103–107 – H. J. Gregor, Ma. Pflanzenreste in Bad Windsheim (Der Windsheimer Spitalfund aus der Zeit um 1500, hg. W. Janssen, 1995), 123–134.

Südslaven

I. Einwanderung – II. Gliederung – III. Integrationsprozesse.

I. Einwanderung: Die Individualität des Zweiges der S. (→Slaven) wie auch der einzelnen Völker und Stämme beruht auf ihrer Sonderentwicklung in den von der Urheimat entfernten Gebieten. Vorbedingung dafür waren primär die Migrationen in Richtung auf →Pannonien, die Alpengebiete und die Balkanhalbinsel, in zweitem Zuge die Abgrenzung gegenüber den →West- und →Ostslaven durch die später entstandenen sprachl. und kulturell andersartigen Staatsbildungen der Magyaren (→Ungarn) und östl. Romanen (→Valachei, →Moldau). Der Ausgangspunkt der S. lag in einer der schon früher differenzierten Gruppen der West- oder Ostslaven.

Von den byz. Autoren wurde, sobald die S. in ihren Gesichtskreis getreten waren, zw. Anten und Sklavenen unterschieden, den beiden Gruppen jedoch gleiche Sprache, Religion und Lebensweise zugeschrieben. Während der Landnahme und später wird nur der Name der Slaven (Sclavi, Sclavenoi, Sthlauenoi u. ä.) bezeugt. Die Bezeichnung Winden (Winedi, Winades; s. a. →Wenden, Winden) wird für die Alpenslaven bei ihren germ. Nachbarn gebraucht. Fast im gesamten Raum der S. wurde der allg. Name der Slaven durch jüngere Ethnika verdrängt. Erhalten blieb er nur in den Namen →Slavonien und Slovenien/→Slovenen (hier verbreitet erst in der NZ).

Die Besiedlung der südslav. Bereichs (vom ersten datierten Einfall in die byz. Provinzen 527 bis zur Niederlassung der geschlossenen Gruppen der →Kroaten und →Serben um 630) nahm etwa ein Jahrhundert in Anspruch. Nach Plünderungszügen, oft unter Führung von Turkstämmen, folgte nach 550/551 die Besiedlung einiger Gebiete (um 580 slavisierte Bezirke in →Makedonien und →Epirus), nach 602 dann massive Einwanderungsbewegung. Bis zur avar.-slav. (→Avaren) Belagerung von Konstantinopel (626) drangen südslav. Bevölkerungsgruppen in die meisten Küstenregionen der Balkanhalbinsel vor (mit Ausnahme bestimmter Inseln und Städte), konnten aber das Landesinnere nicht völlig besiedeln (umfangreiche Reste romanisierter balkan. Bevölkerung, die in späteren Q. als →Vlachen, →Albaner, Romanen auftreten).

II. Gliederung: Aufgrund der in Q. erwähnten und in den geogr. Namen erhaltenen Stammesbezeichnungen läßt sich schließen, daß in der Besiedlung des balkan. Raumes Angehörige mehrerer früher gebildeter slav. Stämme beteiligt waren, solche, die auch unter den West- und Ostslaven bekannt sind, wie Kroaten, Serben, →Duleben, Severen, Abodriten, Druguviten (→Drugovići), Smolanen. Einige verfügten über kompakte, sich stark ausdehnende Siedlungsräume (Kroaten, Serben), andere lebten zerstreut wie die Druguviten (Thrakien, Makedonien). Die meisten bekannten Stammesgebilde entstanden erst in den neubesiedelten Landschaften und erhielten dort ihre Namen: Karantani (Carentani), Guduscani, →Narentaner, →Zachlumier, Travunier (→Terbunien), Canalite (Konavljani), Diokleier (→Zeta), Moravi, Timociani, Velegeziti, Verziti, Sagudati, Rinhini, Strymones, Vajuniti. Auf der Peloponnes lebten →Ezeriten und →Melingen, zw. Donau und Hämus als Nachbarn der Severi die 'Sieben Stämme', deren Namen nicht belegt sind. Einige entstanden als Teilstämme der älteren Verbände, so waren sich Narentani, Zachlumier, Travunier noch im 10. Jh. ihrer serb. Abstammung bewußt.

Die Byzantiner bezeichneten die zahlreichen kleineren slav. besiedelten Gebiete als →Sklavinien und suchten sie in bestimmte Abhängigkeitsverhältnisse (Einsetzung von →Archonten) einzubinden. Die meisten dieser Sklavinien gingen verhältnismäßig rasch in größeren Staatsgebilden auf (so gliederte Kroatien im 11. Jh. das Fsm. der Narentani, Serbien im 12. Jh. die Gebiete der Zachlumier, Travunier und Diokleier ein). Die Küstenzonen der Ägäischen und Ion. Meeres wurden dagegen vom städt. Leben zurückerobert und in byz. Verwaltungseinheiten (→Themata, Archontien, Chartularate) transformiert. Im Landesinneren wurden die Sklavinien von den Protobulgaren erobert und in den entstehenden bulg. Staatsverband (→Bulgarien) eingegliedert.

III. Integrationsprozesse: Die vielfältige Stammesgliederung beruhte auf verhältnismäßig einheitl. sprachlich-kulturellen Verhältnissen. In den ältesten Schichten der südslav. Dialekte wurde eine sehr alte Scheidungslinie zw. westsüdslav. und ostsüdslav. Mundarten erkannt, die von der Mündung des Flusses Timok entlang von Ossogov und Šar-Gebirge verlief. Die frühe materielle Kultur ist archäolog. nur unvollständig erfaßt; die im gesamten slav. Bereich bekannten Typen der →Keramik und der Wohnstätten kommen auch hier vor, es fehlt aber fast völlig die Brandbestattung. Kein →Burgwall wurde freigelegt; die Rolle der →Burgen in der Frühzeit ist vorwiegend aus schriftl. und toponomast. Q. abzulesen. Gleiches gilt von den Relikten des slav. Paganismus (→Polytheist. Religionen, III.). Die südslav. Funde zeichnen sich meist durch Importe (bei den Kroaten des. Waffen aus dem frk. Bereich) sowie Nachahmungen von Schmuck und handwerkl. Produkten (aus dem byz. Bereich). Die Kultur von Bjelobrdo (Kroatien) weist auf Verbindungen mit den Slaven im Karpatenbecken und Resten provinzialröm. Bevölkerung hin.

Die Bekehrung zum Christentum (bei den Alpenslaven im 8. Jh., bei den Kroaten Anfang des 9. Jh., bei den übrigen Völkern bis 870; →Mission, B. II) führte zur Verdrängung der im Paganismus verwurzelten Unterschiede zw. Stämmen und Gruppen und ebnete den Weg für Rezeption der antiken Kultur. Bes. wichtig war die Schaffung der beiden slav. →Alphabete (s. a. →Konstantin und Method) und die Übersetzung der erforderl. bibl. und liturg. Texte. Die Stellung gegenüber der slav. Schrift und Sprache im Gottesdienst war grundlegend für die Kulturorientierung der S. und für die Integrationsprozesse im balkan. Raum. Die Territorien unter den Ebm.ern →Salzburg, →Aquileia und →Split blieben im Rahmen der lat. Sprache im Gottesdienst (mit der kleinen, aber wichtigen Ausnahme der glagoljaši im kroat. Küstenlande), wohingegen das erste Bulg. Reich (→Bulgarien) die Entfaltung der slav. christl. Kultur ermöglichte. Nach dem Fall des Bulg. Reiches 1018 setzte das autokephale Ebm. →Ohrid die Traditionen des bulg. Patriarchats fort. Die Grenze zw. den Ebm.ern Ohrid und Split westl. von der Linie Sirmium–Ras–Prizren war schon vor 1054 die Trennungslinie zw. der röm und byz. Kirche und spielte später eine wichtige Rolle bei der gegenseitigen Abgrenzung der Kroaten und Serben.

Die Bedeutung der staatl. und kirchl. Grenzen wird bes. klar im Falle →Bosniens. Im Rahmen der Staatsbildung Bosniens und seiner heterodoxen Sprengel (ecclesia Bosinensis) bildete sich im SpätMA noch ein südslav. Element, das in seiner Entwicklung durch die osman. Eroberung (→Osmanen) unterbrochen wurde. Auch sonst waren die Integrationsprozesse nicht im MA beendet. Wichtige Wandlungen wurden durch die zahlreichen und massiven Migrationen, durch Kolonisation und Islamisierung verursacht. Erst in der Neuzeit endete der sehr früh begonnene Prozeß der Verengung des urspr(g)l. sehr geräumigen, aber dünn besiedelten südslav. Raumes. S. Ćirković

Lit.: NIEDERLE, Manuel – A. M. SELIŠČEV, Slavjanskoe naselenie v Albanii, 1931 [Nachdr. 1981] – VASMER, Slaven in Griechenl. – P. LEMERLE, Invasions et migrations dans les Balkans depuis la fin de l'époque romaine jusqu'au VIIIe s., RH 211, 1954, 265–308 – I. DUJČEV, Il problema delle lingue nazionali nel medio evo e gli Slavi, Ricerche Slavistiche 7, 1960, 39–60 – G. OSTROGORSKY, Byzantium and the South Slave, The Slavonic and East European Review 42, 1963, 1–14 – B. GRAFENAUER, Die ethn. Gliederung und gesch. Rolle der westl. S. im MA, 1966 – D. OBOLENSKY, The Byz. Commonwealth, Eastern Europe 500–1453, 1971 – V. POPOVIĆ, Les témoins arch. des invasions avaroslaves dans l'Illyricum byz., MEFR 87, 1975, 445–504 – H. DITTEN, Zur Bedeutung der Einwanderung der Slawen (Byzanz im 7. Jh., 1978) – J. KODER, Zur Frage der slav. Siedlungsgebiete im ma. Griechenland, BZ 71, 1978, 315–331 – M. W. WEITMANN, Die slav. Bevölkerung auf der griech. Halbinsel. Ein Beitr. zur hist. Ethnographie SO-Europas, 1978 [dazu: J. KODER, BZ 74, 1981, 88–90] – V. TAPKOVA-ZAIMOVA, Byzance et les Balkans à partir du VIe s., 1979 – V. POPOVIĆ, Aux origines de la slavisation du Balkans: la constitution des premières Sklavinies macédoniennes vers la fin du VIe s. (Comptes rendus de l'Academie des Inscriptions et Belles Lettres, 1980), 230–257 – J. BELOŠEVIĆ, Materijalna kultura Hrvata od 7–9. stoljeća, 1980 – J. FERLUGA, Gli Slavi del sud ed altri gruppi etnici di fronte a Bisanzio (Sett. cent. it., 1983), 303–343 – P. SOUSTAL–J. KODER, Nikopolis und Kephallenia, TIB 3, 1981 – S. ĆIRKOVIĆ, Tragovi slovenskog stanovništva na tlu Albanije u srednjem veku, Stanovništvo slovenskog porijekla u Albaniji, 1991, 43–56.

Südslavische Sprachen, aufgrund geograph. Gegebenheiten geprägte moderne Bezeichnung für die im Balkanraum gesprochene Gruppe slav. Sprachen, die sich nach linguist. Kriterien, vornehmlich Isoglossen, in einen ostsüdslav. Zweig (mazedonisch-bulgarisch) und einen westsüdslav. Zweig (slovenisch, serbo-kroatisch) differenzieren läßt. Vgl. →Bulgarische Sprache; →Kroatische Sprache und Literatur; →Serbische Sprache und Literatur; →Slovenische Sprache und Literatur; s. a. →Kirchenslavisch.

Sueben, westgerm. Volk (→Germanen)
I. Archäologie – II. Geschichte.

I. ARCHÄOLOGIE: Dem aus den Schriftq. wenigstens in groben Umrissen erkennbaren ethn. Komplex S. entspricht als archäolog. Phänomen der elbgerm. Formenkreis, ohne daß völlige Kongruenz vorausgesetzt werden kann. Die archäolog. Zeugnisse dieser Fundgruppe finden sich von der holstein. und mecklenburg. Ostseeküste bis zur mittleren Donau im Bereich der March, v. a. also im gesamten Flußgebiet der Elbe. Der elbgerm. Formenkreis der röm. Ks.zeit ist aus der Jastorf-Kultur der vorröm. Eisenzeit hervorgegangen. Kennzeichnend sind spezif. Ausprägungen der Keramik, z. B. eine schwarzpolierte rädchenverzierte Feinware, und von Trachtenbestandteilen, aber auch eigentüml. Bestattungssitten (Urnenfriedhöfe). Nicht zuletzt im Licht ihrer archäolog. Hinterlassenschaft stellen sich die Elbgermanen als ein ungemein dynam. Element der germ. Welt dar. Beachtl. ist der Expansionsdrang, den sie v. a. in der Frühphase entfalten. Von einem mutmaßl. Kern an unterer und mittlerer Elbe und im Havel-Spree-Gebiet dehnen sie sich über Thüringen aus und dringen einerseits nach Böhmen, andererseits ins obere Maingebiet vor. Es folgt ein Aufblühen der elbgerm. Fundprov. im s. Mähren und in der Slowakei, im Vorfeld der röm. Reichsgrenze an der Donau. In analoger Weise besiedeln zahlenmäßig schwächere elbgerm. Gruppen das Oberrheintal angesichts der röm. Rheingrenze. Anhand unterschiedl. Sachgüter kann der elbgerm. Formenkreis in verschiedene Regionalgruppen unterteilt werden. Aufschlüsse hinsichtl. der Sozialstruktur der Bevölkerung vermitteln reich ausgestattete und in ihrer Beisetzungsform (Körperbestattung) vom Üblichen abweichende Gräber sowie der regional verbreitete Brauch getrennter Männer- und Frauenfriedhöfe. Bemerkenswert ist die Rezeption röm. Bauformen im Vorfeld der Donaugrenze. Abwanderungsbewegungen des 3.–5. Jh. führen zur Auflösung des elbgerm. Formenkreises: →Alamannen und →Semnonen/Juthungen ziehen nach SW, die →Langobarden zunächst nach Pannonien, aus →Markomannen und →Quaden hervorgegangene S. nach W, ebenso an der Bildung der Bajuwaren beteiligte böhm. Gruppen. Elbgerm. Traditionen führen im frühen MA v. a. Alamannen und Langobarden außerhalb, nur →Thüringer noch in einem Teil des alten Siedlungsgebietes fort. H. Ament

Lit.: HOOPS^2 VII, 107–113 [Lit. bis 1979] – H. STEUER, Frühgesch. Sozialstrukturen in Mitteleuropa, 1982, 209–229 – U. BREITSPRECHER, Zum Problem der geschlechtsspezif. Bestattungen in der Röm. Ks.zeit, 1987 – L. F. PITTS, Roman Style Buildings in Barbaricum (Moravia, Slovakia), Oxford Journal Archaeology 6, 1987, 219–236 – G. LENZ-BERNHARD–H. BERNHARD, Das Oberrheingebiet zw. Caesars Gall. Krieg und der flav. Okkupation, Mitt. Hist. Verein Pfalz 89, 1991, 275–340.

II. GESCHICHTE: Die (z. T. durch Spekulationen verunklarte) Frage der Ursprünge der durch ihre archaische Haartracht ('S.knoten') bekannten S. und ihre ältere Gesch., die in Hinblick auf Siedlungsräume (elbgerm. Bereich: Ostseeraum, frühe Migrationen), soziale und religiöse Verhältnisse durch archäolog. Belege (Abschn. I) wie durch hist. und namenskundl. Zeugnisse (vgl. neben HOOPS^2 VII, 107–115, auch die ausführl. Hinweise zu Belegen antiker Autoren in RE IV A, 564–579) beleuchtet wird, müssen hier außer Betracht bleiben.

Ende 405 überschritten die S. (gemeinsam mit →Vandalen und →Alanen) den vereisten Rhein und fielen nach →Gallien ein (ihre Invasion wird durch Brandschichten und eilig vergrabene Horte sowie einen Brief des hl. →Hieronymus belegt). Nach vierjährigen Plünderungszügen durch die Gebiete der →Hispania (Sklavenraub), die, verbunden mit Epidemien und Hungersnöten, zum dramat. Verfall der einst blühenden städt. und ländl. Zivilisation beitrugen (vgl. →Hydatius), vollzog sich seit 409 ein Prozeß der festen Ansiedlung im sw. Bereich der Iber. Halbinsel, bes. in den Landschaften →Lusitania (später Gft./Kgr. →Portugal) und Gallaecia (→Galicien). 411 übernahmen die S. den Verwaltungssprengel ('conventus') v. →Braga durch Loswurf.

Das 'Barbarenreich' der S. wurde von Zeitgenossen (Hydatius), aber auch von Historikern (L. MUSSET) lange negativ beurteilt, bedarf aber als gewisser Stabilisierungsfaktor einer differenzierteren Beurteilung. Die Errichtung der sueb. Herrschaft im N mit →Astorga und →Lugo, →Mérida (439), im S mit →Sevilla (441) wurde begünstigt durch den Abzug der hasding. Vandalen nach Südspanien ('Andalusien') und schließlich Nordafrika sowie durch die Zerschlagung der Reiche der Silingen und Alanen durch die aus →Aquitanien vorrückenden →Westgoten. Die Schwäche der letzten röm. Garnisonen erleichterte dem sueb. Kgtm. den Aufbau einer relativ gefestigten Position: Der Begründer des Reiches, Hermericus, trat 438 wegen Krankheit ab; sein Sohn Rechila 'der Eroberer' (438–448) dehnte den Machtbereich aus; Rechiarius (448–456) stieß bis in bask. Gebiete vor und bedrohte →Zaragoza. Die S. reorganisierten in gewissem Umfang das städt. Leben (Braga, Portucale), unterbrachen den Aufbau der religiösen Institutionen zumindest nicht, stellten wirtschaftl. Leben im Rahmen der alten ksl. 'fisci' (→Fiscus) wieder her, unterhielten Gesandtschaftsbeziehungen zu den Westgoten in Aquitanien, den Vandalen in Nordafrika und selbst zum byz. Hof. Das Kgtm. verfügte über einen Palast (Hof, mit großen Amtsträgern), einen Schatz (dessen sich 568 die Westgoten bemächtigten) und Münzstätten, in denen →Tremisses und →Siliquae geprägt wurden.

Die sueb. Herrschaft wies trotz alledem fragile Züge auf. Wegen der geringen Zahl von Germanen (höchstens 30000) war das Herrschaftsgebiet nur mühsam zu kontrollieren; (in die Defensive gedrängte) sueb. Gruppen verübten an der zahlenmäßig überlegenen Vorbevölkerung schwere Übergriffe. In Glaubensfragen zögerlich, gingen die S. vom Arianismus (→Arius) zu einem mit paganen Elementen vermischten kath. Christentum über, das →Martin v. Braga (um 515–580) in »De correctione rusticorum« bekämpfen sollte.

Mit Vehemenz versuchten sich die S. der Übermacht der Westgoten zu erwehren. Ab 455 eroberten diese unter →Theoderich II. (453–466) und →Eurich (466–484) große Teile der Hispania; die S. unterlagen auf dem Campus Paramus bei Astorga (455), ihre Hauptstadt Braga fiel, Kg. Rechiarius wurde ermordet (456), das Kgr. geplündert und mit westgot. Garnisonen überzogen. Doch konnten die Invasoren keine dauerhafte Oberhoheit errichten; die S. gewannen unter Ausnutzung einer Schwächung der westgot. Herrschaft (durch Teilungen) große Teile ihres Machtbereichs zurück und errichteten (im Zuge eines Konkurrenzkampfes verschiedener führender Geschlechter) eine zweite sueb. Königsherrschaft, die auf einen hist. schwer faßbaren Malchras (456–460) zurückgeht. Wegen Abbruch der Chronik des Hydatius (Tod des Autors, 470) und angesichts des summar. Charakters anderer Quellen (→Isidor v. Sevilla) sind wir über die Gesch. des zweiten sueb. Kgr.es v. Braga schlecht unterrichtet; es führte trotz bedeutender Herrscherpersönlichkeiten wie Chararich (550–559) und Miro (572–582) ein prekäres, in die Defensive gedrängtes Dasein und erlag dem Angriff des Westgotenkg.s →Leovigild, der für kurze Zeit den Arianismus wiedereinführte.

Die verheerenden Kriege zw. S. und Westgoten, die zu tiefer Anarchie führten (die zeitgenöss. Q. sprechen von »lacrimabile tempus« und »indisciplinata perturbatio«, E. A. Thompson: »dark age«), haben doch nicht die Grundlegung einer Kirchenorganisation gehindert (Gründung des Klosterbistums →San Martín de Dumio/Dume durch Martin v. Braga; Entstehung ländl. Pfarreien, belegt durch ein exzeptionelles Dokument, das »Parochiale« von 572); auch wurden wirtschaftl. und intellektuelle Beziehungen zu Nordafrika, Palästina/Syrien und Byzanz aufrechterhalten, und es haben einige Spuren frühchristl. Architektur im städt. (Egitania, Kathedrale) und domanialen (Torre de Palma, Kirche) Bereich überdauert, in geringem Umfang auch Objekte der materiellen Kultur sowie germ. Toponyme. J.-P. Leguay

Lit.: E. A. Thompson, The End of Roman Spain, 1976 (3 Teile) – A. Tranoy, La Galice romaine, 1981 – A. H. de Oliveira Marquès, Hist. de Portugal, I: Das Origines Ao Renascimento, 1982² – J.-P. Leguay, O »Portugal« Germânico (Nova Hist. de Portugal, hg. J. Serrão-A. H. de Oliveira Marquès, II, 1993).

Suero Bermúdez, Gf. in →Asturien, † 12. Aug. 1138, ⬜ Kl. Cornellana, Sohn des Vermudo Ovéquiz (aus einer Ehe mit Jimena Froílaz, einer Nachfahrin des leones. Kg.shauses, oder aber aus einer Ehe mit Jimena Sánchez, einer Tochter des Gf.en Sancho Ordóñez?). S., der vermählt war mit Gfn. Enderquina Alfonsi, einer Enkelin der Kgn. Christina und Urenkelin Kg. Vermudos II. v. León, trat spätestens zw. 1114 und 1116 auch als Gf. in →León ('comes legionensium') hervor, war einflußreicher Magnat unter Kg. →Alfons VI. (als →Alférez gehörte er zum engsten Kreis um Gf. →Raimund v. Galicien), dann unter Kgn. →Urraca und ihrem Sohn →Alfons VII. Seine Besitzschwerpunkte lagen in Asturien (Salas de Nonaya und Tineo [seit 1120]), ferner in León (Gebiete nördl. des Duero, zumindest seit 1117 und 1125 Burg Luna) und →Galicien (ztw. Gebiet v. Monterroso). 1122 übertrug er gemeinsam mit seiner Gemahlin ihr einstiges Dotum, das Kl. →Cornellana, an →Cluny und stattete das Kl. S. Juan de Corias aus. Bis 1138 ist S. als 'comes', 'consul' (seit 1116) und Statthalter in Luna, Gordón, Babia, Laviana, →Astorga und Teilen des Bierzo belegt. Über seine Gattin und ihre Beziehungen zu →Burgos erlangte er zusätzl. Einfluß im Adel →Kastiliens und hatte durch seine Brüder eine starke Stellung im leones. Adel inne (seine Schwester Urraca ⚭ Gonzalo Ansúrez). Als einer der herausragenden Vertreter der Adelsgesellschaft seiner Zeit an fast allen wichtigen polit. Entscheidungen beteiligt, mußte er seine Position in Asturien mit dem Gf.en →Gonzalo Peláez teilen. Als S. kinderlos starb, trat sein Bruder Gonzalo in seine Besitzungen und Funktionen ein. L. Vones

Lit.: El Libro Registro de Corias, I–II, hg. A. C. Floriano Cumbreño, 1950 – Ders., Estudios de Hist. de Asturias, 1962 – P. Segl, Kgtm. und Kl.reform in Spanien, 1974, 125f., 159ff. – B. F. Reilly, The Kingdom of León-Castilia under Queen Urraca 1109–26, 1982 – P. Martínez Sopena, La tierra de Campos Occidental, 1985, bes. 336f. – J. García Pelegrín, Stud. zum Hochadel der Kgr.e Leon und Kastilien im HochMA, 1991, 60f. – s.a. Lit. zu →Cornellana (A. C. Floriano Cumbreño, 1949; F. J. Fernández Conde, 1972); →León (C. Estepa Díez, 1977).

Sueton im Mittelalter. Das schriftstellerische Werk des Gaius Suetonius Tranquillus († um 150 n. Chr.) ist für die Entwicklung der ma. Lit. auf bestimmten Gebieten, vorzugsweise mittelbar, sehr wichtig gewesen. Die übliche Vorstellung allerdings, S. habe zu den beliebten und vielgelesenen Autoren gehört, trifft nicht zu. – Die Mehrzahl der kleineren Abhandlungen, in denen sich S. als Polyhistor erwiesen hat, ist bereits in der Spätantike untergegangen. Die von Grammatikern und Kommentatoren zitierten Stellen und Titel sind in der Regel das einzige, was wir von diesen Schriften wissen, die das Zeitalter der Papyrusrolle nicht überdauert haben. Was man danach noch antrifft, sind Zitate aus zweiter Hand. So ist beispielsweise die Schrift 'de natura animantium' dem Ambrosius v. Mailand noch bekannt gewesen und von ihm zitiert worden (Exameron I, 4, 24); aber der ebenso kenntnisreiche wie eitle →Giraldus Cambrensis im 12. Jh. zitiert (Itinerarium Cambriae I 7) nur eben diese Stelle. Manche der kleinen Schriften wie z. B. der 'liber de notis' müssen bereits in der Spätantike in Exzerptensammlungen oder kleine handbuchartige Zusammenstellungen eingegangen sein und sind auf jeweils anderen Wegen und durch zumeist nicht mehr erkennbare Vermittlung zu →Isidor v. Sevilla gelangt und haben mit dessen Etymologien die weiteste Verbreitung erlangt. – Von dem Werk 'de viris illustribus' hatte der größere Teil als selbständiges Werk kein anderes Schicksal. Allein die Kapitel 'de grammaticis et rhetoribus' gelangten in einem einzigen Exemplar ins MA und wurden durch eine vermutl. in karol. Zeit hergestellte Abschrift erhalten, die sich im späten MA in →Hersfeld befand. Nach Herstellung einer humanist. Kopie im

15. Jh. ging jener alte Textzeuge verloren; die erhaltenen Hss. sind durchweg Abkömmlinge der erwähnten humanist. Kopie und mit der entsprechenden Unsicherheit des Textes behaftet. Von dem Buch 'de poetis' wurden Teile dadurch weitergegeben, daß man im späten Altertum den Hss. bestimmter Dichter, die mit Scholien versehen waren, die Vita des Autors nach S. beifügte; so geschah es mit Terenz, Horaz, Vergil, Lucan.

Zu der Zeit, da das Werk 'de viris illustribus' wenigstens noch größtenteils erhalten war, nahm es der Kirchenvater →Hieronymus zum Muster seines Kataloges christl. Schriftsteller, der im 5. Jh. von →Gennadius v. Marseille fortgesetzt wurde. Nicht mehr aus S., sondern aus Hieronymus-Gennadius de viris illustribus hat sich die lange Reihe ma. Schriftstellerkataloge (eigtl. Lit.geschichten in nuce) entwickelt.

Annähernd vollständig erhalten ist von S. allein die 'vita Caesarum', die Lebensbeschreibungen der Herrscher von Caesar bis Domitian. Bezügl. ihrer Überlieferung und ihres Nachwirkens besteht größere Unsicherheit, als gewöhnl. angenommen wird. Da sämtliche auf uns gekommene Hss. der vita Caesarum am Anfang verstümmelt sind, gilt die Überlieferung als einheitlich, d. h. es wird aus der Lücke zu Beginn geschlossen, daß das Werk letztl. nur durch ein einziges (spätantikes?) Exemplar erhalten geblieben ist, das am Anfang Blätter oder eine Lage eingebüßt hatte. Für die erhaltenen Textzeugen trifft dies zweifellos zu. Es ist jedoch zu bedenken, daß schon beim ersten Auftauchen der vita Caesarum in karol. Zeit zwei Überlieferungszweige erkennbar werden, die möglicherweise nicht auf dasselbe Archetypon zurückgehen. Die älteste erhaltene Hs., Paris BN lat. 6115 (Memmianus), ist in Tours, wahrscheinl. schon um 820 geschrieben; über die Vorlage wissen wir nichts. Sie hat offenbar nichts zu tun mit einem auf zwei Codices verteilten (und darum spätantiken?) Exemplar, von dessen Vorhandensein in Fulda wir durch einen Brief des →Lupus v. Ferrières (epist. 91 D.) von 844 erfahren und von dem Lupus eine Kopie erhalten zu haben scheint. In die Überlegungen bezügl. der Herkunft des Fuldensis ist Italien miteinzubeziehen (vgl. →Historia Augusta); es wäre nicht der einzige Fall einer Parallelität der Überlieferung im ostfrk. und im westfrk. Raum. Gewöhnl. wird angenommen, daß es das Fuldaer Exemplar war, woraus →Einhard S. kennenlernte und nach dessen 'vita Augusti' er seine 'vita Karoli Magni' schuf; gesichert ist die Imitation, aber nicht das Exemplar und der Ort, wo sie angeregt wurde. Auf der Imitation des S. aber beruht es, daß durch Einhard die Herrscherbiographie mit bestimmten Zügen (Beschreibung des Äußeren, der Lebensgewohnheiten und dgl.) in die ma. Biographie eingeführt wurde.

Auf die Kopie des Lupus gehen die Exzerpte des →Heiric v. Auxerre zurück, die später gelegentl. hs. wieder auftauchen, aber auch bei manchen ma. Autoren eine Rolle spielen. Die noch im 11. Jh. ziemlich dünne und hauptsächl. auf Frankreich beschränkte Überlieferung wird im 12. Jh. dichter. Seit dieser Zeit werden die einzelnen Ks.biographien, gelegentl. durch die Caesares des Ausonius eingeleitet. Die wenigen Hss. in Dtl. scheinen auf westl. Vorlagen zu deuten. Die Benutzung ma. Autoren geht selten über die Vita Caesaris und die Vita Augusti hinaus und dürfte nur bei wenigen unmittelbar vorliegen. Es ist bezeichnend, daß ein belesener Schriftsteller vom Range des →Johannes v. Salisbury von S. nur die Exzerpte des Heiric kannte. Seit →Petrarca erst scheint die unmittelbare Kenntnis S.s häufiger geworden zu sein und dann auch die Verbreitung stark zugenommen zu haben. F. Brunhölzl

Lit.: Praefationes der krit. Ausg. – R. SABBADINI, Le scoperte dei codici latini e greci ne' secoli XIV e XV, I/II, 1905/14 – L. TRAUBE, Vorlesungen und Abhandlungen, III, 1920, 54ff. – P. LEHMANN, Erforsch. des MA, I, III–V [Register] – MANITIUS, I–III [Register] – R. W. HUNT (R. R. BOLGAR, Classical Influences on European Culture. A. D. 500–1500, 1971) – S. J. TIBBETTS–M. WINTERBOTTOM (L. D. REYNOLDS, Texts and Transmission, 1983), 399ff. – M. v. ALBRECHT, Gesch. der röm. Lit., II, 1992, 1116f. – M. VENIER, Giovanni Battista Egenzio editore, I, II »De vita Caesarum« di Suetonio, Res publica litterarum 16, 1993, 175–183 – s.a. →Beroaldo, →Sabellius.

Suffolk, Earldom of, 1337 für Robert de Ufford (1298–1369) geschaffen, der einer der führenden Mitglieder des Hofhalts Eduards III. war. Er nahm 1330 an Eduards Vorgehen gegen Roger →Mortimer teil und diente in der Folgezeit dem Kg. und dem Schwarzen Prinzen in Frankreich. Robert war an den Schlachten in →Crécy (1346) und →Poitiers (1356) beteiligt. Sein Sohn William (ca. 1340–82), der ebenfalls in Frankreich diente, starb plötzl. am 15. Febr. 1382, ohne einen männl. Erben zu hinterlassen, und das Earldom fiel an die Krone zurück. Am 6. Aug. 1385 erneuerte Richard II. jedoch das Earldom für seinen Kanzler und engen polit. Berater Michael de la →Pole, und ein großer Teil des Ufford-Erbes ging an Pole über. Im Okt. 1386 wurde Pole aus dem Kanzleramt entlassen und angeklagt, im Dez. 1387 floh er ins Exil, und das »Merciless Parliament« v. 1388 (→England, D. III. 2) beschuldigte ihn des Verrats; das Earldom fiel an die Krone zurück. Als man 1397/98 die Urteile des »Merciless Parliament« annullierte, wurde Poles Sohn Michael (* ca. 1367) erneut in das Earldom eingesetzt, der ebenso wie sein Sohn Michael (* 1394/95) 1415 an dem Feldzug Heinrichs V. nach Frankreich teilnahm, wo der Vater im Sept. in →Harfleur an der Ruhr starb und sein Sohn am 25. Okt. in →Agincourt fiel. Michaels III. Bruder William (* 1396) stieg in der Gunst Heinrichs VI. auf und erhielt die Beförderung in den Rang eines Marquess of S. (1444) und eines Duke of S. (1448). Jedoch wurde er 1450 angeklagt, verbannt und schließlich am 2. Mai 1450 ermordet, als er sich nach Frankreich einschiffen wollte. Williams Sohn John (1442–92) heiratete eine Tochter→Richards, Duke of York, und die Familie schloß sich den Yorkisten an. Johns Sohn Edmund (1472–1513) rebellierte gegen Heinrich VII., verließ England und verlor 1504 seine Ländereien und seine Titel; er wurde 1506 an England ausgeliefert und auf Befehl Heinrichs VIII. 1513 hingerichtet. – Die meisten Besitzungen des Earldom lagen in East Anglia, aber sie wurden durch kgl. Patronage vergrößert, bes. während der Regierungen Richards II. und Heinrichs VI.
A. Tuck

Lit.: R. A. GRIFFITHS, The Reign of King Henry VI, 1981 – J. S. ROSKELL, The Impeachment of Michael de la Pole in 1386, 1984.

Suffraganbistum, -bischof. Suffraganeus (zunächst als Substantiv) ist die für das Jahr 779 (Kapitular v. Heristal, c. 1) erstmals belegte amtl. Bezeichnung für einen →Bischof, der innerhalb einer Kirchenprovinz einem →Metropoliten unterstellt ist. Etymolog. läßt sich der Terminus von »suffragium« herleiten, was Aufschluß gibt über die ursprgl. Bedeutung der Suffragan- oder Provinzialbf.e (»episcopi [com]provinciales« ist der rechtssprachl. ältere, noch im MA weitgehend durch »episcopi suffraganei« oder »suffraganei« ersetzte Begriff; in der Ostkirche seit dem Konzil v. →Konstantinopel 869/870) als Gehilfen des Metropoliten mit Stimmrecht auf dem Provinzialkonzil und (bis zum 13. Jh.) bei der Wahl des Metropoliten (DU CANGE VI, 649).

Die Entstehung von S.ern ist zu betrachten im Rahmen der allg. kirchl. Verfassungsentwicklung, näherhin im

Zusammenhang mit der Errichtung und Organisation der Bm.er (→Bistum, →Diözese) sowie der Ausbildung des Metropolitanverbandes (Provinzialverfassung), wobei es in den ersten Jahrhunderten des FrühMA zu einer Trennung der Entwicklungslinien zw. westl. und östl. Kirchenverfassung kam (Zuordnung des Bm.s und seines Bf.s zu einem Metropolitanverband [Konzil v. →Nikaia 325, c. 4–6], Zusammenfassung der Bm.er im 4./5. Jh. zu Kirchenprovinzen, in der Ostkirche zu Eparchien, die von einem Patriarchen [→Patriarchat] bzw. →Exarchen geleitet wurden). Seit dem abendländ. Hoch- und SpätMA wird suffraganeus auch für Hilfs- oder Weihbf.e der Diözesanbf.e gebraucht. M. Heim

Q. und Lit.: DDC IV, 1257–1267; VI, 1234–1248 – HRG I, 439–449 – TRE VI, 697–702; XIX, 110–140, 155–162 [Lit.] – E. LESNE, La hiérarchie épiscopale. Provinces, métropolitains, primats en Gaule et Germanie 742–882, 1905 – A. H. THOMPSON, Diocesan Organization in the MA, PBA 29, 1943, 153–194 – H. G. J. BECK, The Selection of Bishops Suffragan to Hincmar of Reims 845–882, CathHR 45, 1959, 273–308 – PLÖCHL I, 330–338; III, 239 – FEINE, 118–120, 230–232, 364–366 – F. KEMPF, Primatiale und episkopal-synodale Struktur der Kirche vor der gregorian. Reform, AHP 16, 1978, 27–66 – H. PAARHAMMER, Kirchenprovinz – Metropolit – Provinzialkonzil (Fschr. K. BERG, 1989), 469–496.

aṣ-Ṣūfī, Abū l-Ḥusain ʿAbdarraḥmān ibn ʿUmar, Astronom, 903–986, tätig in Iran unter den Būyidenherrschern. Bes. einflußreich war sein »Buch der 48 Sternbilder« (964; beschreibt, gestützt auf die arab. Übers. des →Almagest, den gesamten Sternhimmel). Zu jedem der 48 ptolemäischen →Sternbilder gibt er eine krit. Analyse des Sternbestandes, die Identifizierung der entsprechenden altarab. Gestirnfiguren, eine Tabelle der zugehörigen Sterne sowie zwei Abb.en (nach dem Anblick am Himmel bzw. auf dem Globus). Seine Darstellung wurde zum Modell für die bildl. Wiedergabe der Sternbilder in Büchern und auf Globen in der arab.-islam. →Astronomie. Im 13. Jh. wurde in Sizilien der ptolemäische Sternkatalog (im Wortlaut der lat. Übers. aus dem Arab. von →Gerhard v. Cremona) auf Ṣ.s Längenwerte umgerechnet und jedem Sternbild eine Abb. aus Ṣ.s Buch beigegeben; durch dieses »Ṣ. Latinus corpus« verbreiteten sich seine Darstellungen der Sternbilder auch in Europa. In Spanien wurde unter Kg. →Alfons X. d. Weisen eine span. Bearb. des »Fixsternbuches« in dessen astronom. Lehrwerk »→Libros del saber de astronomía« aufgenommen (it. Übers. 1341). Peter Apian (1495–1552) griff erneut auf das Buch von Ṣ. (»Azophi«) zurück und zeichnete – als Unikum – einige altarab. Gestirnfiguren daraus bildl. in eine Sternkarte ein (1533). P. Kunitzsch

Lit.: DSB XIII, 149f. – EI² I, 86f. – SEZGIN V, 309f.; VI, 212–215; VII, 168f. – Libros del saber, ed. M. RICO Y SINOBAS, I, 1863 – H. C. F. C. SCHJELLERUP, Description des étoiles fixes, 1874 [Nachdr. 1986] – P. KNECHT, I libri astronomici di Alfonso X in una versione fiorentina, 1965 – G. STROHMAIER, Die Sterne des Abd ar-Rahman as-S., 1984 – P. KUNITZSCH, Peter Apian und Azophi, 1986 – DERS., The Arabs and the Stars, 1989, T. XI.

Ṣūfismus → Mystik, C

Sugdaia (Soldaïa, Sugdea, heute Sudak). [1] *Stadt*: S., am →Schwarzen Meer, an der Südküste der →Krim, gegr. 212; der Ortsname, von iran. Herkunft, geht auf die im Raum der Krim angesiedelten →Alanen zurück. S. stand bis zur Mitte des 11. Jh. unter Herrschaft des →Byz. Reiches (→Chersonesos) und wurde, unter Erhaltung einer starken griech. Bevölkerung, im 11.–13. Jh. von →Kumanen, dann (seit 1249) von →Tataren beherrscht. Die Venezianer (→Venedig) errichteten hier ein Kontor, das von den Brüdern →Polo 1260 besucht wurde und seit 1287 Sitz eines ven. Konsulats war. Unter dem Chanat der →Goldenen Horde stieg S. zu einem Ausgangspunkt der großen Handelsstraßen in die Rus' und nach Mittelasien auf, geriet aber infolge des Konflikts zw. dem Emir der Goldenen Horde, →Nogaj (gest. 1299), und den Chanen v. Qypčaq, aber auch durch die scharfe Konkurrenz zw. Venedig und →Genua bald in Verfall. Seit 1365 bei Genua, unterstand S. einem Konsul, der sich auf eine kleine Söldnergarnison stützte. Seit 1371 entstand eine mächtige Wehranlage (mit Zitadelle S. Croce). Nach dem Statut v. Caffa (1449) stand S. an der Spitze der genues. 'casali' (Kolonialstädte) der 'Gothia' (Krim), aber unter Oberhoheit des Konsuls v. →Caffa. Die Rolle als Handelsstadt war ausgespielt; S. lebte überwiegend von Weinbau und Handwerk. Seit 1453 gehörte die Stadt der →Casa di S. Giorgio. Nach dem Fall v. Caffa (31. Mai 1475) wurde auch S. von den →Osmanen eingenommen. M. Balard

[2] *Kirchliche Bedeutung*: Kirchl. war S. ein erstmals im 8. Jh. erwähnter Bf.ssitz, der um 1280 zur Metropolie erhoben wurde und bis 1485 fortbestand; wichtige Angaben zur kirchl., aber auch zur polit. Gesch. S.s enthalten 204 gr., eine Art Kleinchronik bildende Randnotizen (darunter 155 Memorialeinträge) zu dem jetzt im Ökumen. Patriarchat (Istanbul) aufbewahrten Cod. Chalcensis 75 (ein Synaxar des 11. Jh.), die aus dem Zeitraum 1186–1418 stammen. G. Prinzing

Q. und Lit.: M. N. NYSTAZOPULU, Ἡ ἐν τῇ Ταυρικῇ χερσονήσῳ πόλις Σουγδαία, 1965 [Lit.] – M. BALARD, La Romanie génoise, 2 Bde, 1978 – GRUMEL–LAURENT(–DARROUZÈS), Fasz. II/III–VII, 1971–91 [s. Reg.] – P. M. STRÄSSLE, Der internat. Schwarzmeerhandel und Konstantinopel 1261–1484 im Spiegel der sowjet. Forsch., 1990 – Oxford Dict. of Byzantium, 1991, 1932 [Lit.] – G. V. BAIER (= H. V. BEYER), Mitropolii Chersona, Sugdei, Gotii i Zichii po dannym prosopografičeskogo leksikona vremeni Paleologov (Antičnaja drevnost' i srednie veka vyp. 27, 1995), 65–76 – V. S. ŠANDROVSKAJA, Tamoženaja služba v Sugdee VII–X vv. (ebd.), 119–123.

Suger, Abt v. →St-Denis, * 1081, † 13. Jan. 1151, entstammte einer dem Kleinadel nahestehenden wohlhabenden Bauernfamilie aus der großen Ebene im NW von Paris und wurde mit zehn Jahren als →Oblate der Abtei St-Denis übergeben. Er erhielt in der nahegelegenen Klosterschule v. L'Estrée seine Formung, wobei er nicht nur mit der Hl. Schrift, sondern auch mit klass. Schulautoren (Horaz, Lukan), v. a. aber mit den Gedanken des Ps.-Dionysius (→Dionysius, hl.) enge Vertrautheit gewann. Mit zwanzig Jahren zur →Profeß zugelassen, wurde er zur Vervollkommnung seiner Bildung in ein anderes Kl. entsandt, wahrscheinlich in die blühende Abtei →Fleury-St-Benoît; nach seiner Rückkehr hatte er die Aufgabe einer Neuordnung des Archivs v. St-Denis, wodurch er noch tiefer in die dionysian. Ideenwelt eindrang, zugleich aber auch einen nachhaltigen Einblick in den beklagenswerten Zustand seiner Abtei erhielt. 1107 errang S. seinen ersten Erfolg als Redner: Er verteidigte vor Papst →Paschalis in La →Charité-sur-Loire das Exemtionsprivileg, das St-Denis von der Jurisdiktion des Bf.s v. →Paris befreite. Zum →Propst für Berneval-en-Caux (Normandie), dann (1109) für Toury (Beauce) ernannt, erwarb er sich solide Verwaltungskenntnisse, zu denen infolge der Mitwirkung am Kriege Kg. →Ludwigs VI. gegen den unbotmäßigen Herrn v. Le→Puiset (1111–12) einige militär. Erfahrung hinzutrat. Bei der Rückkehr von einer Romreise, die er in Geschäften seines Abtes Adam durchgeführt hatte, erfuhr er von seiner Abtwahl als Nachfolger des inzwischen verstorbenen Abtes (März 1122). Kg. Ludwig VI. erkannte die Entscheidung des Konvents an, obwohl dieser ohne seine Zustimmung zusammengetreten war.

Von nun an wuchs Abt S. mehr und mehr in den Kreis

der großen kgl. Familiaren (→Familia) hinein, wobei er als Ratgeber insbes. auf kirchl. Fragen und die Beziehungen des kapet. Kgtm.s zum Hl. Stuhl spezialisiert war. Ludwig VI. akzeptierte es, in bezug auf die Gft. →Vexin als Vasall des hl. Dionysius zu fungieren, auch wenn für ihn aufgrund seiner kgl. Stellung die Leistung eines Lehnseides nicht in Frage kam. In seiner Eigenschaft als Gf. v. Vexin war Kg. Ludwig →Vogt der Abtei: Er hob das Banner des hl. Dionysius (die spätere →Oriflamme) vom Altar auf, wenn er den Oberbefehl über das örtl. Aufgebot übernahm: Dies geschah erstmals 1124 anläßl. des frz. Verteidigungsfeldzuges gegen die Invasion Ks. →Heinrichs V. Abt S. nahm an diesem Zug teil, der zu →Reims alle großen Lehnsträger des Kg.s v. Frankreich mobilisierte und schließlich in einem »unblutigen Sieg« endete, hatte Heinrich V. doch bereits den Rückzug angetreten. Im folgenden Jahr, 1125, begab sich S. anläßl. der Wahl →Lothars III. nach Mainz, wo er die Gelegenheit nutzte, sich die Rechte von St-Denis an Besitzungen in Lothringen bestätigen zu lassen.

Mit Energie widmete sich S. den Angelegenheiten seiner Abtei, deren Reform er 1127, zur großen Genugtuung →Bernhards v. Clairvaux, durchsetzte. Er bemühte sich nachdrücklich um wirksamere Verwaltung und Mehrung des Besitzes, so durch Rückzahlung von Schulden, Einlösung von Pfandschaften, Anlage neuer Weingärten, Wiederherstellung der direkten Bewirtschaftung, Vervielfachung der Zahl der Pflüge, Revision der Pachtzinse, Ansetzung von Hörigen zu →Champart, Gründung zweier neuer Dörfer (Carrières und Vaucresson), Parzellierungsmaßnahmen in St-Denis und La Courneuve, Erwerb der gesamten Jurisdiktion über die im Juni abgehaltene große →Messe ('Lendit') u. a. Ziel dieser weitgespannten Tätigkeit war die Erwirtschaftung eines hohen Überschusses, der vorrangig der Verwirklichung des kühnen Bauprogramms S.s, der Neuerrichtung der Abteikirche im Stil der 'moderni', der jungen →Gotik, dienen sollte.

Nachdem S. den Erbprinzen →Ludwig (VII.) nach Bordeaux zur Hochzeit mit →Eleonore geleitet hatte (1137), wurde er wegen des Todes von Ludwig VI. erstmals mit der Ausübung von Regierungsaufgaben des Kgr.es betraut (1137-40), doch war seine Tätigkeit wenig erfolgreich, trotz der friedenstiftenden Einschaltung in den Kommunalaufstand v. →Poitiers. S. zog sich wieder in seine Abtei zurück, in deren Stille er die »Gesta Ludovici regis« schrieb, die Arbeiten an der Abteikirche vorantrieb (Weihe des Narthex 1140, des Chores 1144), hierüber den baugeschichtlich höchst bedeutsamen »Libellus de consecratione ecclesiae sancti Dionysii« abfaßte, sich ab Winter 1144-45 dann dem Bericht über sein Wirken, »De rebus in administratione sua gestis«, zuwandte und eine (Fragment gebliebene) »Vita Ludovici junioris« begann.

Er wurde anläßlich der Kreuznahme des Kg.s (1147) zum Regenten designiert, nahm dieses Amt aber erst auf ausdrückl. Weisung Papst →Eugens III. an, verbunden mit der Würde des Apostol. →Vikars. Durch diese Doppelung sollte nicht zuletzt die Gelasian. →Zweigewaltenlehre in polit. Praxis umgesetzt werden. Andererseits führte die Regentschaft das polit. Denken S.s zum Konzept einer stärkeren Differenzierung zw. Krone (→Corona, III) und Person des Kg.s: die Krone behielt auch bei Abwesenheit oder Tod des Kg.s ihre ungeschmälerte Geltung.

Nach der Rückkehr Ludwigs VII. (1149) spielte S. weiterhin eine dominierende Rolle in den kirchl. Angelegenheiten, bes. bei der Auswahl der Bf.e und der Reform der Abteien (St-Corneille de →Compiègne). S., dessen kirchenpolit. Denken an begriffl. Schärfe zunahm, war bestrebt, die Rolle des »dreifach seligen« Dionysius gebührend zu betonen; da dieser vom Papst zur Bekehrung der gesamten Gallia entsandt worden sei, müsse seine Abtei auch als Sitz und Stätte des Nachfolgers Petri im Kgr. Frankreich unbestrittenen Vorrang genießen. Ebenso unternahm er große Anstrengungen zur Durchsetzung des Grundsatzes, daß alle Kg.e ihre Kronen aus dem Schatz v. St-Denis vererben sollten; zur Hervorhebung der Würde von St-Denis als kgl. →Grablege umgab S. die großen Anniversarien der Frankenherrscher →Dagobert, →Karl d. Kahlen und Ludwig VI. mit einzigartiger Prachtentfaltung, vereinte so in einer liturg. Feier die drei großen Wohltäter der Abtei, die zugleich die Repräsentanten der drei Dynastien ('races') auf dem frz. Thron waren. S. forderte, daß die Kg.e, auf dem (in der Abtei aufbewahrten) Thron Dagoberts sitzend, die Treueide der großen Lehnsträger der Krone entgegennehmen sollten; dies leitete über zum großen Ziel des Abtes, St-Denis zum symbol. Mittelpunkt des Kgr.es zu machen, zur Stätte, an der (nach einem von Ps.-Dionysius entliehenen Schema) weltl. und geistl. Hierarchien ineinanderfließen sollten (→Sakralität).

Der Abt, der den (nach dem schweren Fehlschlag des 2. →Kreuzzugs gefaßten) Plan einer eigenen Kreuzfahrt wegen seiner Krankheit nicht mehr auszuführen vermochte, starb am 13. Jan. 1151 siebzigjährig in seiner Abtei.

S. war nicht nur ein um das regelgemäße monast. Leben besorgter Abt, sondern auch ein hochverdienter Verwaltungsmann. Sein Güterverzeichnis, durch dessen Führung er sich einen langfristigen Überblick über die Entwicklung der Ertragslage verschaffte, ist ein bemerkenswertes Zeugnis des dynam. Unternehmungsgeistes in monast. Kreisen des 12. Jh. Als wagemutiger →Mäzen der frühen Gotik wurde S. unter dem Einfluß des dionysian. Ideengutes zum Philosophen, der Kunst und Ästhetik (das →Schöne) als Mittel der Erhebung der Seele von der materiellen zur spirituellen Wirklichkeit begriffen, wobei er die Spiritualisierung der Materie durch das →Licht, das die Dinge durchdringt und transfiguriert, hervorhebt. Auf diese Ideenwelt gründet sich die sinnl. Faszination, die durchscheinende →Edelsteine und leuchtende Kirchenfenster (→Glasmalerei) auf S.s Vorstellungskraft ausüben. Durch seine »Gesta Ludovici regis«, in denen S. das Gedächtnis des Kapetingers, der seine krieger. Tapferkeit nachdrücklich in den Dienst der Rechts- und Friedenswahrung gestellt hatte, feiert (nicht ohne den großen Gegenspieler, Kg. →Heinrich I. v. England, zu würdigen), erwies sich S. als Begründer der machtvollen historiograph. Tradition von St-Denis (→Chronik, E). Seine Aktivität als Schriftsteller, Bauherr und Regent, die wesentlich in sein 57. bis 70. Lebensjahr fällt, ist ein eindrucksvolles Beispiel für Kreativität im reifen Alter. Bald nach S.s Tod schrieb sein Sekretär Wilhelm die Vita des großen Abtes. In der berühmten Grabinschrift preist →Simon Aurea Capra die exemplar. Energie, mit der Abt S. bestrebt war, seine geringe Herkunft und seinen minderen Wuchs vergessen zu machen: »Klein von Gestalt und von Familie, von doppelter Kleinheit getrieben, verschmähte er es, in seiner Kleinheit ein kleines Leben zu führen«.

M. Bur

Ed. und Lit.: Œuvres complètes, ed. A. LECOY DE LA MARCHE, 1867 [Neudr. 1979] – O. CARTELLIERI, Abt S. v. St-Denis, 1898 – E. PANOFSKY, Abbot S. on the Abbey Church of St-Denis and its Art Treasures, 1979² – Abbot S. and St-Denis. A Symposium, hg. P. L. GERSON, 1986 – M. BUR, S., abbé de St-Denis, régent de France, 1991 [Lit.] – R. GROSSE, St-D. und das Papsttum z. Z. des Abtes S. (L'Église de France et la papauté, hg. Ders., 1993), 219-238 – M. Bur, S., la Geste de Louis VI et autres œuvres, übers., eingel. und komm. M. Bur, 1994 – S., De consecratione. Komm. Studienausg., ed. G. Binding – A. Speer, 1995.

Sühne

I. Theologie – II. Rechtsgeschichte.

I. Theologie: S. (mhd. *suon[e]* 'Genugtuung, Wiedergutmachung'; lat. 'propitiatio', 'expiatio') steht in der bibl. und patrist. Sprachwelt im Kontext von »Erlösung durch das Blut« (Eph 1, 7; Kol 1, 14; 1 Petr 1, 18–19 – vgl. ThW NT IV, 354–59), »Genugtuung«, »Opfer« (Hebr 2, 14. 17) und »Stellvertretung« (vgl. »pro-vobis-Formel« der Kreuzes- und Abendmahlsbotschaft). Die bibl. S.vorstellung wurzelt (ebenso wie die außerbibl.) in der menschl. Überzeugung: Es gibt keine S. für Schuld und Sünde außer durch Blut (Hebr 9, 15–22, Relectur von Lev 16). Diese Überzeugung geht von der Annahme aus, das Blut sei der Sitz des Lebens. Das Unterscheidende der ntl. S.botschaft ist: 1. Gott selbst schafft S. im Erweis seiner Gerechtigkeit und Barmherzigkeit (Röm 3, 24–25): »...Erlösung in Christus Jesus, den Gott hingestellt hat, um S. zu schaffen im Glauben durch sein Blut...«. 2. Der S.tod des Messias ist ein genuin ntl. Gedanke, der zwar die Überlieferung vom atl. Gottesknecht (Jes 53, 1–5) aufgenommen hat, diese aber zugleich aufhob: Gott hat seinen Sohn hingegeben (Röm 8, 32; Joh 3, 16). 3. Der sachl. Blut- und S.-Gedanke der bibl. Kreuzesbotschaft ist eindeutig auf das personale Verständnis des Todesgehorsams und der leidenden Liebe Jesu bezogen. Vgl. die Lamm-Gottes Botschaft des NT (1 Kor 5, 7; Joh 1, 19. 36; 1 Petr 1, 19; Offb 5, 6 u. ö.). – Weniger in Theorien als vielmehr in der gläubigen Acht und Betrachtung des erlösenden Leidens sprachen die Väter vom Kreuzestod Christi: Meliton v. Sardes († vor 190) erblickte in Christus das geschlachtete Paschalamm, durch dessen Geist und Blut Leib und Seele im Glauben der Taufe versiegelt werden (Paschahomilie, n. 66, ed. Sourc. chrét. 123, 95). Der Sohn Gottes ist für Origenes, Homil. in Num, XXIV, 1, ed. MPG 12, 755–59, das Lamm, das alle Schuld sühnt und alle Opfer aufhebt. Im Komm. zu Röm 3, 25 (ed. Font. christ. 2 [1992], 111–131) bezeichnet er Christus als »S., Hohenpriester und Opfergabe« und erklärt die Erlösung aus dem »Schatz des Gesetzes und der Propheten«. Für Eusebius v. Cäsarea († 339), Demonstratio christ. I c. 10 (ed. MPG 22, 86) ist das Opferlamm Jesus Christus der S.preis ('pretium', 'piaculum') für die ganze Welt. Unvergleichl. ist der Lösepreis der Sünde mit der Schuld der Menschen (Cyrill v. Jerusalem, Cateches., XIIII, 3, ed. MPG 33, 74). Der Sündelose nahm am Kreuz die Strafe der Sünde auf sich und schenkt die Forderung und Erfüllung von Gerechtigkeit (Augustinus, Wolfenbüttl. Sermo 3). Im Kontext der Loskauftheorie (→Soteriologie) sprach Augustin, De Trinit. XIII, 14, ed. CCL 50 A, vom »ius aequissimum«, mit dem der Teufel durch das Blut Christi besiegt wurde. In der lat. Theologie (des Ambrosius, Augustinus, Gregors d. Gr.) wurde der Gedanke der wägenden, abgewogenen Gerechtigkeit Gottes im Kreuzesgeschehen virulent.

Die scholast. Theol. mußte die vielfältigen Bilder und Aspekte der patrist. Soteriologie auf den Begriff bringen. →Anselm v. Canterbury († 1109) griff in seinem Dialog »Cur Deus homo« über die Heilsnotwendigkeit des Lebens und Leidens Christi den auch im klass. Recht bezeugten Grundsatz auf: »aut satisfactio aut poena« (vgl. Lit. G. Plasger, 107–126), Genugtuung des Gott-Menschen Jesus Christus oder (Todes-)Strafe des Menschen. Ausgehend vom paulin. Gedanken der Gottes-Gerechtigkeit im Glauben an die Erlösung im Blute Christi (Röm 3, 24f.), verstand er Wirkung und Weise des erlösenden Leidens Christi als S., in der Gottes Gerechtigkeit und Barmherzigkeit zur Einheit kommen. Im Kreuzestode haftet der Erlöser für die Schuld der Menschen in überschießender S. Anselms Begriff der S. konnte sich in der frühscholast. Soteriologie nur mühsam behaupten. →Richard v. St. Victor († 1173) nahm in seiner Schrift über Jes 21. 11 »Ad me clamat ex Seyr« (ed. J. Ribaillier, Phil text. MA XV, 1967, 215–280) den Begriff in der Soteriologie auf und ergänzte ihn durch den religiösen Begriff der S. ('expiatio'), um die volle Bedeutung von Genugtuung Gottes deutl. zu machen. Während →Petrus Lombardus in der Sakramentenlehre (Sent. IV d. 16) ausführl. von der Genugtuung spricht, verwendet er den Begriff in der Erlösungslehre (Sent. III d. 18–20) nicht. →Alexander v. Hales († 1245) kam darum in seiner Sentenzenglosse nicht darauf zu sprechen. In seinen vor 1236 disputierten Quästionen gab er dem Satisfaktionsbegriff zentrale soteriolog. Bedeutung. 3 Elemente gehören zum Begriff: die äußere Strafe, die spürbare Bestrafung und der Wille zum Leiden (Quaest. disp. 'antequam...' q. 16 d. 22, m. 37, ed. BiblFrSchol 19, 1960, 240). Willige Kreuzaufnahme und Blutvergießen Christi wurden bestimmende Motive der franziskan. Kreuzespredigt und -mystik (vgl. Jacopone da Todi, Laude, ed. F. Ageno, 1952). Im Sentenzenkomm. (III d. 19 und 20) erklärte →Thomas v. Aquin OP die Kreuzesgenugtuung in ihrer poenalen und heilpädagog. (medizinalen) Bedeutung. Das Todesleiden des Erlösers ist in negativer Hinsicht Strafe, in positiver Rücksicht aber Heilsmaßnahme. »... si punitur et nullam habet ordinationem ad delinquentem iniustitia est«, schrieb Alexander v. Hales (Quaest. disp. 'antequam...', ed. 238). Mehr als die Schuld des Menschen die Schöpfung »deformiert«, hat die Passion Christi als »Tat der Tapferkeit und Liebe« sie »dekoriert«, meint →Richard Fishacre OP in seiner uned. Sentenzenglosse (III d. 2, Cod. lat. 57, Oxford Ball. coll, f. 161 vb). In der Summa theologiae kontextuierte Thomas den Begriff 'satisfactio' durch den Begriff 'sacrificium' (Opfer und S.). Der Doppelbegriff besagt: 1. Sünde und Strafe müssen krit. differenziert werden: die sündige Tat korrumpiert den Täter in seinem moral. Sein und macht ihn (in ewigkeitl. und zeitl. Strafe) haftbar. Im Todesgehorsam hebt der leidende Gottesknecht Sünde und Strafe auf. Die lebzeitl. Sündenstrafe (Behinderung, Belastung, Mühsal) verbleibt als heilspädagog. Strafe. 2. Die S. von Sünde und Strafe im vergossenen Blute Christi ist unvergleichlich. Die Frage nach der Verhältnismäßigkeit von S. und Sünde verbietet sich. Als Offenbarung der Liebe Gottes hat die S. des leidenden Gottessohnes unendl. Kraft (S.th. III q. 48 a. 3). 3. Im Ordo Trinitatis der versöhnenden Liebe des Vaters, des S.leidens des Sohnes und der Gnadenkraft des Geistes hat (der dreieine) Gott die Unheilsgesch. des Menschen erneuert (S.th. III q. 49). Entsprechend den Vorgaben des theol. Lehrbuchs (der Sentenzen des Lombarden) kam zunächst in den Schulen der S.- und Opfercharakter der Kreuzesgenugtuung nicht zum tragenden Verständnis. In der Kreuzespredigt und Passionsmystik konzentrierte sich aber die »memoria passionis« auf die sühnende Kraft des am Kreuze vergossenen Blutes Christi. Vgl. Heinrich →Seuses Horologium Sapientiae (hg. P. Künzle, Spicilegium Frib. 23, 1977, 498, 12–14): der kleinste Tropfen des kostbarsten Blutes ist genug zur Erlösung der ganzen Welt! Vgl. dazu auch die 6. Strophe des →»Adoro te devote«, des Hymnus, der oft Thomas v. Aquin zuerkannt wurde, wohl aber im Umfeld der Dominikanermystik des 14. Jh. entstanden ist: »cuius una stilla...«. In der Herz-Jesu-Andacht des ausgehenden MA, wie sie auch im Predigtwerk des Johannes →Herolt OP († 1468) bezeugt wird, ist oft von der S. kraft des Blutes Christi die Rede. L. Hödl

Lit.: →Soteriologie – DSAM XIV, 319-333 – K. RICHSTÄTTER, Die Herz-Jesu-Verehrung des dt. MA, 1924², 175 – D. E. DE CLERCK, RThAM 13, 1946, 150-184 – A. HOFFMANN, Des Menschensohnes Leiden und Erhöhung. Dt. Thom.-Ausg. 28, 1957 – P. EDER, S. Eine theol. Unters., 1962 – J. P. BURNS, Theol. Stud. 36, 1975, 285-304 – N. HOFFMANN, S. Zur Theol. der Stellvertretung, 1981 – G. PLASGER, Die Not-Wendigkeit der Gerechtigkeit, BGPhMA 38, 1983 – G. LOHAUS, Die Geheimnisse des Lebens Jesu, Freib. Theol. St. 131, 1985.

II. RECHTSGESCHICHTE: S. (ahd. *sona, suona*, mhd. *suone, süene*, Verben: ahd. *sonan, suonan*, mhd. *suonen, süenen*) ist ein Wort der Rechtssprache, das zunächst Vertrag, Ausgleich, Vergleich oder Beilegung von Streitigkeiten bedeutet, sodann die Leistung des Täters an das Opfer oder dessen Angehörigen, die Wiedergutmachung, umfaßt und endlich den Folgezustand, die Versöhnung und den Frieden, bezeichnet. Im Ahd. steht S. auch für die richterl. Entscheidung. Die entsprechenden Wörter im Lat. sind compositio, concordia, amicitia, pax, nur in früher Zeit iudicium, für die Leistung des Täters emenda oder melioratio. In den Q. begegnen auch die Ausdrücke Richtung oder →Taiding, oft Zwillingsformeln wie S. und →Friede, S. und →Buße. Das Wort »S. gericht« ist dagegen erst im 19. Jh. entstanden. – S. begegnet während des ganzen MA in den Q. War die urspgl. Antwort auf eine Gewalttat die →Fehde als →Rache des Verletzten oder seiner →Sippe, so ist dennoch schon seit germ. Zeit die Möglichkeit gegeben, die Fehde durch einen Vergleich zu vermeiden. Auf friedl. Konfliktlösung dringt die herrschaftl. Gewalt seit der Karolingerzeit. Wegbereitend wirkt die Kirchenbuße. In der →Landfrieden wird die Rechtmäßigkeit der Fehde teilweise von einem gerichtl. S. versuch abhängig gemacht. Ein vorläufig gebotener Frieden für die Zeit nach der Tat ermöglicht ebenso wie das Asyl in Kirchen S. verhandlungen. Ein S. zwang findet sich häufig in den Stadtrechten. Nach dem Bruch der auf einer Eidesleistung beruhenden städt. Friedensgemeinschaft werden die Beteiligten gezwungen, einen Schiedsspruch des Gerichtes anzunehmen oder von sich aus eine Einigung herbeizuführen.

So ist die S. neben der peinl. Strafe und der kirchl. Buße eine mögliche Sanktion, mit der die soziale Gemeinschaft auf eine Gewalttat reagiert. Es handelt sich um eine Form der Konfliktlösung und der Förderung sozialer Integration durch Konsens der Beteiligten, indem individuelle Wiedergutmachung und Vergebung den Friedensschluß zw. dem Täter und dem Verletzten oder den Angehörigen des Getöteten (Totschlags.) ermöglichen und die →Blutrache verhindern. Die S. leistung ist »der Preis des erschlagenen Mannes, durch dessen Entrichtung der Täter sich von der Verwandtenrache loskauft« (FRAUENSTÄDT, 139). Die Mitwirkung des Gerichtes ist nicht zwingend, in Dtl. ist der Einfluß der Gerichte auf die S. sogar eher gering einzuschätzen. Häufig vermitteln Schiedsleute (arbitri) die S., in den Städten auch der Rat.

An feste Formen ist die S. nicht gebunden. Der Vorgang besteht aus mehreren Akten, die regional verschieden sein können. Bestandteile der S. sind 1. die Errichtung eines S. vertrages, 2. die Abbitte und Versöhnung sowie 3. die Friedensbefestigung durch den Schwur der →Urfehde (S.- oder Friedenseid). Der Inhalt der S. ist in erster Linie eine Vermögensleistung an das Opfer oder die Hinterbliebenen, ein Bruchteil fällt an den Gerichtsherrn, den Richter oder die Gemeinde (die Brüche). Die Höhe bemißt sich noch im →Sachsenspiegel (III 45 § 1) nach festen Wergeldtaxen, später wird die Buße frei ausgehandelt oder wird, falls eine Einigung ausbleibt, nach Würdigkeit und Geburt des Mannes, nach der Schwere der Tat und dem angerichteten Schaden durch Schiedsspruch bestimmt (→Schwabenspiegel, Kap. 111). Schadensersatzcharakter erhält die S., wenn die Geldleistung der Versorgung der Ehefrau oder unmündiger Kinder zu dienen bestimmt ist. Darüber hinaus sind fromme Werke (→Seelgeräte) für das Seelenheil des Erschlagenen vorzunehmen (Messen, Gebete, Wallfahrten). Im städt. Bereich ist die Stadtverweisung häufig anzutreffen. S. steine oder S. kreuze kennzeichnen den Ort, an dem die Tat geschah.

Das Konkurrenzverhältnis zu der sich herausbildenden öffentl. Strafgerichtsbarkeit entscheidet sich im MA zugunsten der S., die die →Strafe ausschließt. Die Gründe dafür liegen im dunkeln. Täterpersönlichkeit, Stand und Leistungsfähigkeit mögen ausschlaggebend gewesen sein. Gestraft wurde wohl auch, wenn sich die Gewalttat gegen ein Rechtsgut richtete, an dessen Integrität die Herrschaftsgewalt Interesse hatte, oder wenn sie die Allgemeinheit betraf. Erst spät fanden sich für schwere Delikte (→Totschlag, →Diebstahl) S. verbote in einzelnen Stadtrechten. S. Schlinker

Lit.: H. CONRAD, Dt. Rechtsgesch., I, 437 – J. W. PLANCK, Das dt. Gerichtsverfahren im MA, I, 1879 – P. FRAUENSTÄDT, Blutrache und Todtschlags. im dt. MA, 1881 – R. HIS, Gelobter und gebotener Friede im dt. MA, ZRGGermAbt 33, 1912, 139-223 – DERS., Das Strafrecht des dt. MA, I, 1920 – K. KROESCHELL, Dt. Rechtsgesch., I, 1992¹⁰, 43-53.

Suidas → Suda

Suidbert (Suidbercht, Swidbert), hl., † März 713 (Fest: 1. März), ags. Missionar (→Angelsächsische Mission), reiste im Gefolge →Willibrords 690 in das südl. →Friesland. 692/693 wählten sie seine Gefährten S. zum Bf.; S. kehrte daraufhin nach Britannien zurück und wurde von →Wilfrid v. York geweiht. Nach erneutem Aufenthalt in Friesland wandte S. sich der Mission der Brukterer an Lippe und Ruhr zu, die allerdings wohl aufgrund des fehlenden frk. Schutzes mißlang. Er kehrte ins frk. Reich zurück und erhielt auf Fürsprache →Plektruds von →Pippin II. eine Rheininsel »in litore« (→Kaiserswerth) geschenkt, wo er um 695 ein Kl. errichten ließ und 713 verstarb. Nach seinem Tod bildeten sich um den bald als Hl.n verehrten S. zahlreiche Legenden. St. Schipperges

Q.: Beda, Hist. eccl. V, 11 – The Calendar of St. Willibrord, ed. H. A. WILSON, 1918 – Lit.: ADB XXXVII, 143 f. – LCI VIII, 413 f. – F. FLASKAMP, Suidbercht, Apostel der Brukterer, 1930 – C. WAMPACH, St. Willibrord, 1953, 223-226 – J. GERCHOW, Die Gedenküberlieferung der Angelsachsen, 1988, 199-206 – A. G. WEILER, Willibrords missie, 1989, bes. 100-102.

Suidger v. Bamberg → Clemens II.

Šükrullāh b. Šihāb ed-Dīn, osman. Gelehrter, Autor hist. und theol. Werke, geb. ca. 1388, gest. 1459/60, Gesandter →Murāds II., verhandelte in Konya mit Ibrāhīm Beg v. →Karaman über den Frieden v. 1437 und 1448 in Täbris mit dem Herrscher der Qara-qoyunlu Ğahānšāh über ein Bündnis gegen die →Aq-Qoyunlu. Š. bekam ein →Oġuz-nāme in uigur. Schrift gezeigt, das Ğahānšāhs Herkunftsbewußtsein von den →Oġuz auswies, von denen sich auch die →Osmanen und Aq-Qoyunlu herleiteten. Die Pilgerfahrt nach Mekka benutzte Š., um sich in Ägypten mit gelehrten Kollegen zu treffen. 1455 zog ihn →Meḥmed II. als Koranlehrer bei der Beschneidungsfeier der Prinzen →Bāyezīd (II.) und Muṣṭafā zu. 1456/57 verfaßte er in Bursa auf persisch eine Weltgeschichte.

B. Flemming

Ed.: Th. Seif, Der Abschnitt über die Osmanen in Š.s pers. Universalgesch., MOG 2, 1923-26, 63-128 [türk. Übers. N. Atsız, 1939 [1947]) – *Lit.*: Hammer, GOR X, 177f. – J. E. Woods, The Aqquyunlu, 1976 – C. Imber, The Ottoman Empire, 1990 – C. Kafadar, Between Two Worlds, 1995.

Süleymān. 1. S. Čelebi, Emir (1377 [?]–17. Febr. 1411), ältester Sohn des osman. Sultans →Bāyezīd I. Als junger Prinz sammelte S. Erfahrung in der Verwaltung anatol. Prov.en und in erfolgreichen Feldzügen gegen Bulgaren und Qāḍī Burhān ed-Dīn. Nach der osman. Niederlage gegen →Timur 1402 floh S. mit dem Großwesir →ʿAlī Paša und etablierte sich im europ. Teil des Reiches. 1403 stabilisierte er die osman. Position durch den Frieden v. Gallipoli mit Byzanz, Genua, Venedig und den Johannitern, in dem S. auf Territorium und Tribute verzichtete und sich protokollar. dem byz. Ks. nachordnete. In den folgenden Jahren setzte S. seinen Anspruch als osman. Herrscher auf dem nordwestl.-anatol. Territorium der Osmanen durch; seinem Bruder →Meḥmed (I.) blieb der Bereich östl. Ankara. Erst mit der Ankunft →Mūsā Čelebis, eines weiteren Bruders und zunächst Verbündeten Meḥmeds, in Rumelien (→Rūmeli) wurde S.s Situation schwierig. Nach einer Niederlage bei seiner Hauptstadt Edirne (→Adrianopel) wurde er 1411 auf der Flucht erdrosselt und in Bursa neben seinem Vater bestattet.

Die Persönlichkeit S.s wird in den meist seinen Gegnern nahestehenden Q. vorwiegend negativ (Neigung zu Trunksucht und Völlerei, Verweichlichung) gezeichnet.

Ch. K. Neumann

Lit.: IA XI, 179-182 – E. Zachariadou, S. Ç. in Rumili and the Ottoman Chronicles, Islam 60, 1983, 268-296 – C. Imber, The Ottoman Empire, 1990, 54-69.

2. S. Čelebi, osman.-türk. Dichter, geb. 1351(?) in Bursa, gest. 1422(?). Der Sohn eines Aḥmed Paša gehörte zu einer prominenten Familie des jungen Osman. Reiches. Als *imām* der Großen Moschee in Bursa verfaßte er sein bekanntestes Werk, 'Vesīlet ün-Necāt', eine in epischer Volkssprache gehaltene Schilderung des Lebens →Mohammeds, die v.a. zu dessen Geburtstag gelesen und vorgetragen wird. Dieses als *Mevlid* ungemein populäre und in zahlreichen Varianten überlieferte Werk gehört zu einem im islam. Bereich weitverbreiteten Genre (allein 63 türkischsprachige Dichtungen sind bekannt). S.s Werk hat in seiner volkstüml. Fassung zur Islamisierung (und Sunnisierung) Anatoliens beigetragen. Ch. K. Neumann

Ed.: A. Ateş, 1954 – N. Pekolcay, 1980 – S. W. Hage, 1984 [mit Übers.] – *Lit.*: H. M. al-Mıṣrī, al-Mawlid aš-Šarīf, 1981.

Sulfur → Schwefel

Sully, frz. Adelsfamilie, Herren (*Seigneurs*) v. S.-sur-Loire (an der →Loire oberhalb von →Orléans, dép. Loiret), das als 'vicus Soliacus' bereits auf merow. Münzen erscheint und ein wichtiger Brückenort (Brücke verschwunden im 14. Jh.; Kreuzung von Straßen aus →Berry, Orléanais und →Gâtinais) war. Die »Miracula sancti Benedicti« des →Aimoin v. Fleury (um 1005) nennen den ersten bekannten Herrn des 'castrum', *Harcenaud* (10. Jh.), sowie seinen Sohn *Herbert*, Vasall des Bf.s v. Orléans. Die Domänen der Herren v. S. erstreckten sich bis ins Berry: *Gilon* (um 1050) besaß die (nach ihm benannten) Besitzungen 'La Chapelle' und 'Aix d'Angillon', die von den Herren v. →Sancerre zu Lehen gingen. Nach 1092 nannte sich Guillaume, Sohn des Gf.en v. →Champagne (→Blois), nach den Lehen seiner Gemahlin *Agnès de S.* und erhöhte den sozialen Rang des Geschlechts, das nachfolgend in Heiratsverbindungen mit den Häusern →Courtenay (*Archambaud III.*, † 1234; *Henri II.*, † 1268) und →Bourbon (*Henri II.*, † 1248; *Jean II.*, † 1347) eintrat. Die jüngeren Söhne bekleideten hohe geistl. Würden: *Raoul* († 1176) war 12. Abt v. →Cluny; mehrere S. saßen auf dem Stuhl der Ebf. e v. →Bourges: *Henri* († 1199, Kard.), *Simon* († 1233, Kard.), *Jean* († 1273), *Guy* († 1280); *Eudes* († 1308) war Bf. v. →Paris (→Sully, Odo v.). Seit dem 13. Jh. faßte der ältere Familienzweig Fuß im Bourbonnais (Seigneurien Orval und Montrond) und übte Hofämter aus (*Henri III.*, † 1334, war →Bouteiller de France); die jüngeren Zweige verankerten sich im Haut-Berry (Beaujeu, Sancergues, Châteauneuf-sur-Cher) und Bas-Berry (Vouillon, Bussière d'Aillac).

Die zahlreichen Lehen der älteren Linie wurden geteilt unter die Nachkommen aus den beiden Heiraten der *Marie de S.*, die in 1. Ehe mit Guy VI. de →La Trémoille († 1398) vermählt war (Sully), in 2. Ehe mit dem Connétable Charles d'→Albret, ⚔ 1415 bei Azincourt (La Chapelle, Orval, Montrond). Das erhaltene Schloß, das am Platz des älteren 'castrum' in hochwasserfreier Insellage entstand und einen hohen Saalbau mit vier flankierenden Ecktürmen umfaßt, geht wohl zurück auf Guy VI. und seinen Sohn Georges de La Trémoille. Die Reste des Donjons ('grosse tour'), den Kg. Philipp II. Augustus 1217 im unteren Burghof errichten ließ, wurden kürzlich freigelegt. F. Michaud-Fréjaville

Lit.: P. Verlet, Hist. de l'ancienne maison de S. [Thèse Éc. des Chartes, Position des thèses, 1932, 145-152] – B. Barbiche u. a., Hist. de S.-sur-Loire, 1986 – J. Mesqui, S.-sur-Loire, Rev. arch. du Loiret, 1986, 67-83.

1. S., Maurice de (Mauritius), Bf. v. →Paris 1160-97, * um 1120 in Sully-sur-Loire, † 1196 in St-Victor de Paris, ⌑ ebd. Er entstammte einer bescheidenen Familie (nicht verwandt mit den Herren v. S.), studierte und lehrte an der Kathedralschule v. Notre-Dame de Paris. Kanoniker und Diakon, wurde er um 1159 zum Archidiakon (wohl v. →Hurepoix) ernannt, 1160 zum Bf. gewählt (Nachfolger von →Petrus Lombardus). Er hatte konfliktreiche Beziehungen zu den exemten Abteien St-Germain des Prés, Ste-Geneviève und St-Denis, stand dagegen St-Victor nahe. S. wurde hochgeschätzt von den Kg.en v. Frankreich, dem Episkopat seiner Zeit und den Päpsten, die ihn mit wichtigen Missionen betrauten.

Nachruhm erwarb sich der große Bf. durch den got. Neubau von Notre-Dame (Grundsteinlegung 1163: Beginn der Arbeiten am Chor; Weihe des Hochaltars: 19. März 1182, päpstl. Legat Heinrich v. Marcy). Das gewaltige Bauvorhaben stand im Kontext einer Reorganisation der Pariser Diözesanverwaltung: S. gliederte die Île de la Cité in zwölf Pfarreien (bis ins 18. Jh. gültige Einteilung). Im Bereich außerhalb der Cité beantwortete er die starke städt. Entwicklung (1190 Errichtung einer neuen Mauer durch Kg. Philipp II. Augustus) mit der Einrichtung des neuen Archipresbyterates St-Séverin am linken Seineufer.

Nach dem Chronisten Robert v. Auxerre († 1212) war S.s glänzende Beredsamkeit einer der Gründe für seine Bf.swahl. Zwei Gruppen von →Predigten können ihm zugewiesen werden: die erste umfaßt 20 Sermones, die einen gelehrten, an den Klerus adressierten Predigttyp verkörpern; die zweite Gruppe besteht aus Homelien für die Sonntage und großen Kirchenfeste. Letztere Predigten waren in lat. Sprache durch etwa 40 Hss. verbreitet, fanden daneben als Übersetzungen raschen Eingang in die frz. Sprache sowie weitere roman. Idiome. Inspiriert von →Gregor d. Gr. und →Richard v. St-Victor, legt S. in seinen Predigten die Bibel v. a. nach dem moral. Schriftsinn aus und leitet aus ihr prakt. Handlungsanweisungen ab. J. Longère

Ed. und Lit.: V. MORTET, M. de S., év. de Paris, Mém. Soc. de Paris et de l'Île de France 16, 1889, 105–318 – J. LONGÈRE, Œuvres oratoires de maîtres parisiens au XII° s., 1975, Bd. 1, 14–18, 88–91, 296–300; Bd. 2, 14–17, 79–82, 228–231 und passim – M. ZINK, La prédication en langue romane avant 1300, 1976, 32–34, 144–146, 173–180, 221–226 – J. LONGÈRE, Les sermons lat. de M. de S., év. de Paris, 1988.

2. S., Odo v. (Eudes de), Bf. v. →Paris 1197–1208, † 1208; Nachfolger von 1, durfte sich als Abkömmling des Hauses →Sully 'Vetter' der Gf.en v. Champagne, der Kg.e v. Frankreich und England nennen; sein älterer Bruder Henri de S. war Zisterzienser und Ebf. v. Bourges (1183–99). S. leitete vorbildl. seine Diöz., konnte aber während seiner kurzen Amtszeit bei Kg. Philipp II. Augustus und dem Episkopat nicht die hohe Autorität seines großen Vorgängers erreichen. Unter S. predigte Fulco v. Neuilly, Schüler v. →Petrus Cantor, für eine Hebung der Moral und den 4. →Kreuzzug. 1198 und 1199 bemühte sich S. gemeinsam mit dem päpstl. Legaten Petrus v. Capua um Abschaffung des großen Narrenfestes (→Narr, V) v. Notre-Dame, das wegen seiner Tumulte und unsittl. Ausschweifungen Anstoß erregte. Der Bf. gab dagegen dem Fest der Beschneidung Christi (1. Jan.) eine würdige Gestalt. 1207 führte er im Bm. Paris das Fest des von Papst Alexander III. am 18. Jan. 1174 kanonisierten hl. →Bernhard v. Clairvaux ein.

Um 1208 promulgierte S. die berühmten →Synodalstatuten, die das IV. →Laterankonzil (1215) und die Diözesangesetzgebung im westl. Europa nachhaltig beeinflussen sollten. Sie enthalten insbes. Vorschriften über die Abhaltung der Synoden, die Verwaltung der Sakramente, das Leben der Geistlichen und die administrative und seelsorgl. Tätigkeit in den Pfarreien. J. Longère

Ed. und Lit.: DHGE XV, 1330f. – Les statuts de Paris et le synodal de l'Ouest, 1971 (Les statuts synodaux français du XIII° s.), 1) – J. LONGÈRE, Le MA (Le dioc. de Paris, T. 1, hg. B. PLONGERON, 1987), 102–104 – P. JOHANEK, Die Pariser Statuten des O. v. S. und die Anfänge der Statutengesetzgebung in Dtl. (Proceedings of the Seventh Internat. Congress of Medieval Canon Law, Cambridge 1984 [1988]) (MIC C 8), 327–347.

Sulpicius. 1. S. Severus, † nach 406, altkirchl. Schriftsteller, Biograph des hl. →Martin v. Tours; stammte aus Aquitanien (wie sein Freund →Paulinus v. Nola), war »adlig durch Geburt und Bildung« (Gennadius, De uiris ill., 19) und erhielt wahrscheinlich in Bordeaux seine rhetor. Ausbildung. Er war Anwalt und heiratete eine Frau aus »guter, konsular. Familie« (→Senatorenadel). Wohl verwitwet, wurde er von seiner Schwiegermutter Bassula für Martins anden. Vorstellungen gewonnen, veräußerte seine Güter oder übertrug sie der Kirche und zog sich auf sein Landgut 'Primuliacum' (möglicherweise bei Elusio/Alzonne, dép. Aude) zurück, um hier maßvolle →Askese zu pflegen; er ließ zwei Basiliken und ein Baptisterium errichten (Paulin. Nol., ep. 22) und reiste mehrmals nach Tours zu Martin und seinen Gefährten. Vielleicht beschloß S. seine Tage als Presbyter und Sympathisant des →Pelagianismus.

Seine Werke, die zunehmend polem. Charakter tragen, propagieren mit Entschiedenheit das asket. Ideal Martins v. Tours. Die kurze »Vita sancti Martini« (396–397) wurde aufgrund ihrer hohen lit. Qualität zu einem Archetyp der abendländ. →Hagiographie. Dank seiner Erzählkunst, seines stilist. Talents und seiner dreifachen Bildung (antik, bibl. und chr.) gelingt es S., die von Martin selbst stilisierten Fakten und die Angaben der mündl. Überlieferung in einer lit. Form zu verschmelzen. Eine antike Konzeption ist erkennbar: Martins Leben vor dem Episkopat (res), die Evangelisation als Kampf gegen Satan (uirtutes), die Lebensweise des Hl.n (mores). – Drei Briefe vervollständigen das Anliegen der Vita: Verteidigung der thaumaturg. Gaben Martins, Trauerrede auf den Hl.n, Schilderung seines glorreichen Begräbnisses. – Die »Chronica« (2 B., vollendet nach 402) bringt eine kurze Darstellung der 'Hist. sancta' (B. 1), dann ein Gemälde der 'tempora christiana', speziell der Streitigkeiten um Arianismus (→Arius) und →Priscillianismus aus aquitan. Sicht. In pessimist. Ton, der sich eng an →Sallust anlehnt, verteidigt S. den hl. Martin gegen die verweltlichten Bf.e. – Die »Dialogi« (um 406, 2 oder 3 B.) tragen nach Titel, Genus und Stil stärker ciceron. Charakter. Sie sind ein Dossier der Martinsverehrung, das die Vita ergänzt; der Pilgerbericht des aus Ägypten zurückgekehrten Postumianus in B. 1 bietet ein Zeugnis frühesten Mönchtums. Das Plädoyer »pro Martino« nimmt nun stärker kämpfer. Charakter an, das panegyr. Finale feiert Martin als den hl. →Antonius des Okzidents. Die drei martinian. Werke des S. bilden den Kern des ma. Martins-Corpus ('Martinellus'). Als einer der glänzendsten Prosaschriftsteller des Theodosian. Zeitalters hat S. in starkem Maße zum Siegeszug der Martinsverehrung beigetragen. J. Fontaine

Ed.: C. HALM (CSEL 1, 1866) – Vita: J. FONTAINE (SC 133–135, 1967–69) – A. A. R. BASTIAENSEN-J. W. SMIT, 1975 – Chron.: G. DE SENNEVILLE (SC, im Dr.) – Dial.: J. FONTAINE (SC, im Dr.) – *Lit.*: DSAM XIV, 1301–1306 [J. FONTAINE] – Hdb. der lat. Lit. der Antike, hg. R. HERZOG-P.L. SCHMIDT, VI, §672 [J. FONTAINE; im Dr.] – F. PRINZ, Frühes Mönchtum im Frankenreich, 1965 – F. GHIZZONI, Sulpicio Severo, 1983 – C. STANCLIFFE, St. Martin and his Hagiographer. Hist. and Miracle in S. S., 1983 – L. PIETRI, La ville de Tours du IV° au VI° s., 1983.

2. S. (S. Pius), hl., Ebf. v. →Bourges 624–646/647, † 17. Jan. 646/647, ▭ Basilika 'La Nef' im W der Stadt Bourges (späteres Kl. St-Sulpice). S. gehörte vielleicht derselben Adelsfamilie an wie sein gleichnamiger Vorgänger († 591) und stammte (nach einer spätma. Überlieferung) aus Vatan (dép. Indre). Bereits Mitglied des Kathedralklerus, wurde er von Kg. →Chlothar II. um 620 zum Elemosinar der Pfalz ernannt. 624 erhielt er als Nachfolger von Austregisel (gegen einen »simonist.« Konkurrenten) das Amt des Ebf.s (als solcher Mitunterzeichner der Konzilsakten v. →Clichy, 626/627). S. bemühte sich um die Konversion von Häretikern (Bonosianern?) und Juden. Wie schon Austregisel erwirkte er beim Kg. einen Verzicht auf zusätzl. Steuerbelastung seiner Bf.sstadt sowie (gegen Ende seines Lebens) die Bestellung des Vulfoleudus als Helfer. Am Hof gehörte S. seit jungen Jahren einem einflußreichen Kreis adliger Kleriker und (künftiger) Bf.e an (Kontakte u.a. mit: →Audoenus v. Rouen; Paulus v. Verdun; →Desiderius v. Cahors, von S. 630 auf kgl. Weisung zum Bf. geweiht, reger Briefwechsel: MGH Epp. I, 200, 203, 205, 208; →Eligius v. Noyon, der später das Grab des hl. S. besuchen sollte).

Die Vita ist in zwei Rezensionen des 7. Jh. erhalten: einer kurzen (zwei Fassungen: BHL 7927–7928) und einer langen (BHL 7930). Die rasche Kultverbreitung machte seit dem 7. Jh. mehrere Vergrößerungen des Sanktuariums notwendig. Die bes. in Nordfrankreich starke Verehrung konzentrierte sich v.a. auf Paris (seit dem 9. Jh.) sowie St-Sulpice-de-Favières, dép. Essonne (mindestens seit 12. Jh.: Glasfenster, 13. Jh.). Reliquien während der Frz. Revolution vernichtet. Hauptfeste: 17. Jan. (depositio), 27. Aug. (translatio). J.-C. Poulin

Lit.: Bibl. SS XII, 62–64 – Y. STÖBERG, St-Sulpice-de-Favières, Congrès archéol. de France 103, 1944, 247–264 – M. DE LAUGARDIÈRE, Église de Bourges avant Charlemagne, 1951, 148–168, 225–231 – F. GATOUILLAT, St-Sulpice de Favières..., Dossiers de l'archéologie 26, 1978, 50–62 [zu den S.-Fenstern] – A. DE VOGÜÉ, Echos de Philon dans la Vie de s. S., AnalBoll 103, 1985, 359-365 – P. Riché, Hist. des saints et de la sainteté chrétienne, 1986, 4, 233-236.

Sultan (arab. *sulṭān*, von aramäisch *šulṭānā* 'Macht, Herrschaft'), neben →Kalif der bedeutendste islam. Herrschertitel. Wurde der Begriff im →Koran zunächst im ethisch-religiösen Sinn verwendet, so erfuhr er in der Zeit der →Abbasiden einen Bedeutungswandel und bezeichnete von nun an die Regierungsgewalt bzw. deren Inhaber. Seit dem Niedergang des abbasid. Kalifats ließen sich die tatsächl. Machthaber in Bagdad zur Legitimierung ihrer usurpierten Gewalt vom Kalifen den Beinamen bzw. Titel S. in zusammengesetzter Form, z.B. *sulṭān ad-daula* ('Inhaber der Staatsgewalt'), verleihen. Auch die heterodoxen →Fāṭimiden gebrauchten den Titel des S.s in der Verbindung 'S. des Islam'. Zum eigtl. Herrschertitel wurde die Bezeichnung S. unter den türk. →Selǧuqen, die ihn alsbald ohne einschränkenden Zusatz benutzten und ihn auf ihren Münzen führten (zuerst Tuġrul Beg, gest. 1063). Im Unterschied zu den höherstehenden Selǧuqen gebrauchten die →Ayyūbiden den S.-Titel nur in zusammengesetzter Form, z.B. →Saladin als *sulṭān al-ǧuyūš* ('Oberbefehlshaber der Armee') und verwendeten ihn nicht auf Münzen. Seit den →Mamlūken (1250-1517) wurde S. endgültig und offiziell zum Titel (den sie sich von den in Kairo residierenden »Schattenkalifen« verleihen ließen) des höchsten Repräsentanten der irdischen Macht. Im Gegensatz zu den schiit. Ṣafawiden in Persien, die sich *Šāh* nannten, führten die sunnit. →Osmanen, wahrscheinlich seit →Bāyezīd I. (1389-1403), bis ins 20. Jh. den S.-Titel. Seit Mitte des 11. Jh. bemühten sich die islam. Juristen und Theologen, dem Sultanat (im Verhältnis zum Kalifat) eine rechtl. Begründung zu geben. Nach →al-Mawardī (gest. 1058) leitet sich die Macht des S.s von der des Kalifen ab, der als Teil der göttl. Ordnung und ihr Bewahrer betrachtet wird. Dementsprechend ist für →al-Ġazzālī (gest. 1111) der S. auch nur Inhaber der irdischen Gewalt. Badr ad-Dīn b. Ǧamāʿa (gest. 1333) leitet den S.-Titel dagegen aus dem Koran ab und deutet ihn als herrscherl. Machtfülle: nicht mehr der Kalif, sondern Gott selbst verleiht dem Mamlūken-S. die Macht, der damit auch nur noch Gott verantwortlich ist. Diese Entwicklung fand ihren Abschluß unter den Osmanen, die seit der Eroberung des Mamlūkenreiches (1517) überhaupt keinen Kalifen mehr benötigten, sondern diesen Titel mitübernahmen. In seiner Doppelfunktion von Kalif und S. war der osman. S. als bedeutendster Herrscher der islam. Welt das Oberhaupt der sunnit. Muslime. P. Thorau

Lit.: EI¹ IV, 587-590 – LexArab, 971f. – T. Nagel, Staat und Glaubensgemeinschaft im Islam, I, 1981, 345ff., 436ff. – H. Möhring, Saladin und der Dritte Kreuzzug, 1980, 27ff. – P. Thorau, S. Baibars I. v. Ägypten, 1987, 135ff.

Sulṭān Veled ('der Herr Sohn'), geb. 1226, gest. 1312, türk. Mystiker, Sohn des Ǧalāladdīn →Rūmī Mevlānā (gest. 1273), eigtl. Gründer des →Mevleviye-Ordens. S. lebte, abgesehen von einem kürzeren Studienaufenthalt in Aleppo und Damaskus, stets in Konya an der Seite seines hochverehrten Vaters (beide wurden wegen ihrer engen Verbundenheit und Ähnlichkeit manchmal nicht so sehr als Vater und Sohn, sondern als 'zwei Brüder' gesehen). Nach dessen Tod war es S., der die auf den Vater bezogene Gemeinschaft (ohne zunächst ihre Leitung innezuhaben) dank seines organisator. und polit. Geschicks zu einem straff gelenkten Orden formte. Durch die Vollendung eines imposanten Kuppelbaus über dem Grabmal des Vaters und die Umwandlung der nahegelegenen theol. Hochschule in ein Kultgebäude der Mevlevīs gab er dem Orden einen zentralen Sitz, auch ernannte er Vertreter in allen anatol. Städten, in denen Freunde Mevlānās lebten. Die oft geäußerte Ansicht, daß auf S. auch die herkömml. Rituale der Mevlevīs zurückgehen, ist dagegen fraglich. S. trat auch als Dichter (in enger inhaltl. und stilist. Anlehnung an die Werke des Vaters) hervor. Bildet das persisch verfaßte »Ibtidā-Nāme« eine wichtige Q. zur Frühgesch. des Mevleviye-Ordens, so sind v.a. seine türkischsprachigen Gedichte, die als die ältesten erhaltenen Werke der westtürk. Dichtkunst überhaupt gelten, von bes. Wert. Nach dem Tode von S., der neben seinem Vater beigesetzt wurde, trat S.s Sohn Ulu Ârif Çelebi an die Spitze des Ordens. H. Algar

Ed. und Lit.: F. Sipahsalan, Risala, Kanpur, 1314/1896, 76-78 – S. V., Divan-ı Türkī, ed. K. Muallim Rifat, 1341/1923 – Ders., Valad-Namā, ed. J. Humāʾī, 1315 Š./1936 – A. Aflaki, Managib al-ʾArifin, hg. T. Yazici, 1959, II, 784-824 – A. Gölpirarli, Mevlānāʾdan Sonra Mevievilik [Neued. 1983], 29-64.

Sultanieh (Soldania), 1318 von Papst →Johannes XXII. in S. (Kangurla, nw. Iran), der neuen Hauptstadt der mongol.-pers. →Īlchāne, errichtetes Ebm. (mit sechs Suffraganen), das die →Mission des avignones. Papsttums im zentralen und südl. Asien (bis nach →Indien) unter dominikan. Leitung koordinieren sollte und bis ins 15. Jh. belegt ist.

Lit.: →Dominikaner, IX.

Sulung → Hufe

Sulz. [1] *Stadt* (Krs. Rottweil): Erstmals erwähnt als Gerichtsstätte 790, wird der auf Salzgewinnung zurückgehende Name durch die 1571 auf dem Marktplatz anstelle des Rathauses vorhandenen 14 Siedehallen bestätigt. Durch Erbschaft fiel S. von der gleichnamigen Gf.enfamilie 1251 an die Herren v. Geroldseck. Auf deren Bitten verlieh Kg. Rudolf S. 1284 das Freiburger Stadtrecht. →Württemberg erwarb 1423 das Öffnungsrecht über die Stadt, die über ihr gelegene Burg Albeck und ein Viertel Eigentum an beiden sowie das Vorkaufsrecht über die anderen drei Viertel. 1473 kam S. ganz an Württemberg, wurde 1483 Sitz des Obervogts am →Schwarzwald.

[2] *Grafen:* Die Familie wurde 1095 erstmals auf der gleichnamigen Burg über der Siedlung S. erwähnt. Die 1688 zerstörte Burg erscheint seit 1240 als Burg Albeck. Mit dem Tode Gf. Bertholds 1251 ging der Familie der Kern ihrer Gft. (S., Schenkenzell, Loßburg) verloren. Die Nachkommen des seit 1267 erwähnten Gf.en Hermann behielten nur Randbesitz. Seit 1360 waren sie Erbhofrichter in Rottweil und erwarben 1408 durch Heirat den →Klettgau sowie 1482 Schloß und Stadt Tiengen (Hochrhein) als Pfand des Bf.s v. →Konstanz. Versuche, die Herrschaft S. im 15. und 17. Jh. zurückzugewinnen, scheiterten; die Familie erlosch 1687. I. Eberl

Lit.: V. Schäfer, Die Gf.en v. S. [Diss. Tübingen 1969] – S. Alte Stadt am jungen Neckar [Fschr. zur 700-Jahrfeier der Stadtrechtsverleihung, 1984].

Sulzbach. [1] *Grafen:* Die S.er stiegen während des 11. Jh. im Rahmen der Neuordnung der Herrschaftsverhältnisse auf dem bayer. →Nordgau zu einem der mächtigsten Geschlechter auf (Höhepunkt im 12. Jh.). Neben beträchtl. Eigenbesitz waren ausgedehnte Lehen der Kirche v. →Bamberg v.a. im westl. Nordgau, aber auch im Österreichischen, sowie die Bamberger Domvogtei die bestimmenden Machtgrundlagen, die durch beträchtl. Besitzanteile aus dem Erbe der 1057 ausgestorbenen Gf.en v. →Schweinfurt deutlich erweitert wurden. Der Gf.entitel ist erstmals für 1071 belegt. Die mächtigsten Mitglieder des Geschlechtes waren Gf. Gebhard II., während des →Investiturstreites wichtiger Parteigänger Kg. Heinrichs

IV., und Gf. Berengar II., der sich dann aber der Opposition des nordgauischen Adels gegen diesen anschloß; als Mitglied des Reformadels hat er um 1102 das Dynastenkl. →Kastl mitbegründet; seine Töchter waren mit Kg. Konrad III. und Ks. Manuel v. Byzanz verheiratet. Berengars II. Sohn, Gf. Gebhard III., erlangte 1148 zudem die Domvogtei des Bm.s →Regensburg. Dadurch wurde das Geschlecht zum großen Konkurrenten der →Diepoldinger auf dem Nordgau. Mit Gebhard erlosch es 1188. Die Besitzungen kamen im wesentl. an die →Staufer und an die Gf.en v. Hirschberg, aus deren Erbe sie schließlich an die →Wittelsbacher fielen, die sie zur Grundlage des Landgerichtes S. machten.

[2] *Stadt:* Ausgangspunkt und Zentrum war die von Gebhard II. angelegte Stammburg S., in deren Umgebung sich der Markt S. bildete, der noch von den Hirschbergern das Stadtrecht erhielt. Der Ort stieg wegen seiner günstigen Verkehrslage und ergiebiger Bodenschätze zu einem wirtschaftl. Zentrum auf. A. Schmid

Lit.: M. PIENDL, Hzm. S. (HAB Altbayern 10, 1957) – H. STURM, Das wittelsb. Hzm. S., 1980 – Stadtgesch. S.-Rosenberg [im Dr.].

Sulzburg, ehem. Frauenkl., Stadt im Markgräflerland (Baden-Württ.); eine Siedlung »Sulzibergeheim« erstmals erwähnt ca. 847, im S.er Tal röm. Besiedlung. Otto III. dotierte 993 die St.-Cyriak-Kirche in der »villa Sulziberg«, wo der Breisgau-Gf. Birchtilo ein Kl. zu gründen im Begriffe war, der vor 1004 seines Amtes entsagte, in den geistl. Stand trat und sein von Heinrich II. mit Markt, Zoll und Kg.sbann begünstigtes Kl. 1010 mit Zustimmung seines Bruders Gebhard dem Bf. v. Basel auftrug. Die erhaltene Cyriakkirche Birchtilos zählt zu den ältesten Baudenkmälern der Region. In der Zeit der Reform kam S. unter den Einfluß St. Blasiens (Visitationsrecht bis 1157) und nahm später den Ordo v. Berau an. Die Vogtei lag bei den Üsenbergern, die das Basler Schenkenamt innehatten. Aus der Siedlung der Kl.leute entwickelte sich unter üsenberg. Ägide die Stadt (1283 Siegel der Bürger, 1294 Rat und Schultheiß). 1366 an die Staufener verpfändet, gingen Stadtherrlichkeit und Vogtei 1371 auf Gf. Egino v. Freiburg, 1388 auf Mgf. Hesso v. Hachberg und schließlich mit der Mgft. Hachberg an die Mgf.en v. →Baden über. Diese hoben das Kl. im Zuge der Reformation 1556 auf. – Das ma. S. war nicht klösterl. »Ackerbürgerstadt«, geprägt durch den Bergbau auf Blei und Silber im S.er Tal. 1028 erlangte der Basler Bf. die Bergherrlichkeit, aber bereits die antike Besiedlung des Tals und der Name S.s dürften vor montanem Hintergrund zu sehen sein. Archäolog. Ausgrabungen brachten neulich eine ma. Bergleutesiedlung ans Licht. A. Zettler

Lit.: E. MARTINI, S., 1880 – K. LIST, St. Cyriak in S., 1964 – Gesch. der Stadt S., I, 1993.

Sumela (Σουμελά), Kl. der Gottesmutter im Pontos, ca. 35 km südl. von →Trapezunt; angebl. 386 von den Athener Mönchen Barnabas und Sophronios gegr., die die Gottesmutter befohlen haben soll, ihre vom Evangelisten Lukas gemalte Ikone dorthin zu bringen. Wahrscheinl. erfolgte die Gründung des Kl. im 10. Jh. Dank der Ikone (Panagia Atheniotissa) und einer Heilquelle entwickelte sich das in einer Höhle des Berges Mela gelegene Kl. nach 1204 zu einem wichtigen Wallfahrtsort. Seit dem Ende des 13. Jh. erfreute sich S. der Protektion der Ks. v. Trapezunt. Alexios III. (1349–90) ließ es 1360–65 ausbauen und befreite es mit Chrysobull vom Dez. 1346 von allen Abgaben und Steuern. Die Urk. zählt auch alle Besitzungen und Zinsbauern von S. auf. Zusammen mit seinen Söhnen Andronikos und Manuel wurde Alexios III. um 1380 auf der Südwand der Kl.kirche abgebildet. Manuel III. (1390–1417) schenkte dem Kl. eine Reliquie vom Kreuz Christi. Seine bes. Gunst wandte Sultan →Selim I. (1512–20) dem Kl. zu, da seine Mutter Maria (türk. Gül Bahar) aus Dubera stammte, das zum Besitz des Kl. gehörte. K.-P. Todt

Lit.: E. TH. KYRIAKIDES, Ἱστορία τῆς παρὰ τὴν Τραπεζοῦντα μονῆς τῆς Σουμελά, 1898 [Neudr. 1985] – R. JANIN, Les églises et les monastères des grands centres byz., 1975, 274–276 – A. BRYER–D. WINFIELD, The Byz. Monuments and Topography of the Pontos, 1985, 254f., 284f. – Oxford Dict. of Byzantium, 1991, 1932 [Lit.].

»Sumer is icumen in« → Cuckoo Song

Summa (Summula)
A. Scholastische Literatur- und Wissenschaftsgeschichte – B. Zivilrecht – C. Kanonisches Recht.

A. Scholastische Literatur- und Wissenschaftsgeschichte

Aufgabe der S. ist es, die Ganzheit des vielfältigen Wissensstoffes zu sammeln und zu ordnen, ohne sich ins Einzelne zu verlieren oder in der Zusammenfassung zu verkürzen. »S. est singulorum compendiosa collectio«, Robert v. Melun, Sententiae (ed. R. M. MARTIN, 3). Form und Gestalt der S. werden von der →Logik bestimmt (Boethius, In Top. Ciceron., I, MPL 64, 10458). Die Scholastik ist Textwissen, das zur Sprachwiss. voranschreitet. Die Auslegung der Textbücher der Artes (Philosophie) und Theologie geschah in den Schulen in der Form der »lectio« und »disputatio«. Grammatik und Sprachlogik waren darum Basiswissenschaft. Des →Petrus Helie »S. super Priscianum« erklärte die Sprachlehre des röm. Grammatikers und schuf so die Grundlage der spekulativen Grammatik, wie sie im 13. Jh. von den Pariser →Modisten (z.B. →Martinus und →Johannes de Dacia [S. grammatica] vertreten wurde). Die S.en der Logik und Dialektik lehrten die Anstrengung des Begriffes, den Zwang der Argumentation und die Konsequenz der Darlegung. Bereits vor den »Tractatus«, den sog. »Summulae logicales« des →Petrus Hispanus, schrieb um 1060 →Lambert v. Auxerre OP seine Summulae. In dieser Tradition entstanden im 14. Jh. die »Summulae logicae« des →Wilhelm v. Ockham und die »Summulae« des →Johannes Buridanus.

Der äußeren didakt. Gestalt der S. entsprach die innere Form der Systemidee. Diese demonstrierte Petrus →Abaelard in seiner »Logica« und brachte sie ebenso in den vielfachen Redaktionen seiner (zw. 1118–40 erschienenen) »theologia« zur Geltung: »Die Hauptsache (Thema) unserer ganzen Disputation und die kurze Zusammenfassung des Glaubens (S. fidei) ist der Trinitätssatz über Gottes Wesenseinheit in der Dreiheit der Personen (Theol. christiana III, n. 59, ed. E. M. BUYTAERT, 1969, 219). »Das Ganze unseres Heiles« (»S. nostrae salutis«) sind: fides, caritas, sacramentum (Theol. scholarium I, c. 11, ebd., 404). Theologie und Ethik systematisierte Abaelard getrennt. →Honorius Augustodunensis, →Anselm v. Laon und →Hugo v. S. Victor konzipierten den anderen Systemgedanken: das Ganze der Heilsgeschichte in seinem inneren Zusammenhang. Hugo v. St-Victor, De sacramentis, Prol. (MPL 176, 183): »...summam omnium in unam seriem compegi«; ebenso Honorius, Elucidarium (MPL 172, 189A). Beide Systemgedanken wirkten in der scholast. Theologie fort und bestimmten auch die Gliederung der Sentenzenbücher des →Petrus Lombardus, von denen der Prolog der Ps.-Poitiersglosse (ed. O. LOTTIN, RThAM 7, 1935, 70) feststellt: »S. divinae paginae in credendis consistit et agendis, id est in fidei assertione et morum confirmatione«.

Die in den Disputationen anfallenden Quästionen wurden in den Schulen als S.en der Magister gesammelt und überliefert, z. B. des Stephen →Langton und des →Präpositinus: »S. magistri Stephani Cantuariensis archiepiscopi« (Cod. lat. Paris. 14556, uned.), »S. magistri Praepositini« (Cod. lat. Vat. 1174, uned.). Die Sentenzensumme des →Wilhelm v. Auxerre wurde in der Schule als »S. Aurea« (ed. J. RIBAILLIER) und die Quästionen →Philipps d. Kanzlers wurden als »S. de bono« (ed. N. WICKI) überliefert. Johannes v. Treviso OP exzerpierte aus der »S. Aurea« des Wilhelm v. Auxerre seine »S. in theologia« (Cod. lat. Vat. 1187, uned.) »für den, der die Summe der nützlichen und notwendigen Wahrheit theol. Fragen auf der Tafel des Herzens zusammenfassen möchte«, um Irrtum zu vermeiden und sich auch nicht in endlose Querelen verstricken zu lassen (Prol.). Die S. wurde neben dem offiziellen Lehrbuch zum Schulbuch. In dieser didakt. Absicht schrieben →Alexander v. Hales die (nachmals so benannte) »S. fr. Alexandri« (»S. Halesiana«) und →Thomas v. Aquin die »S. fr. Thomae« (gen. »S. in theologia«, »S. theologiae«). Beide S.en blieben unvollendet und wurden in der Schule ergänzt. Für die in den Ordensstudien Lehrenden verfaßte →Albertus Magnus die (unvollendete) »S. theologiae sive de mirabili scientia Dei«, und Thomas schrieb als Missionstheologie die »S. contra gentiles«. Diese bekannten großen S.en sind gewiß nicht das alles überragende lit. Zeugnis der scholast. Theologie, sicher aber das »klass. Paradigma« der scholast. Methode begriffl., argumentierend und systemat. Denkens und Lehrens. Die »Quaestiones ordinariae« des →Heinrich v. Gent »über Gott und die Geschöpfe« wurden als dessen »S. theologiae« überliefert, die auch der Dominikanerhistoriker →Heinrich v. Herford als subtiles und profundes Werk feiert. Die akadem. und die lit. Gesch. der S.en müssen sorgsam unterschieden werden. Ein bes. lit. Genus bilden die moraltheol.-prakt. S.en: »S. de sacramentis et animae consiliis« des →Petrus Cantor (ed. J.-A. DUGAUQUIER), die S.en »De vitiis« (z. B. des Guillelmus Peraldus OP) »... et virtutibus« des →Alanus ab Insulis (vgl. S. WENZEL) und die viel benutzten Buß-S.en: »S. Bartholomaea« des →Bartholomaeus de S. Concordio OP (16. B.), »S. Johannina« des →Johannes v. Freiburg OP (auch ins Mhd. übers.), »S. Monaldina« des Monaldus v. Capodistria OMin, die »S. de casibus« des →Raimund v. Peñafort OP u. a. Als Handbücher und Nachschlagewerke hatten die S.en ebenso Bedeutung für den kirchl. Dienst in der Liturgie – »S. de ecclesiasticis officiis« des →Johannes Beleth und des Präpositinus – und in der Predigt – »S. de arte praedicatoria« des Alanus ab Insulis und des Thomas Ghobham (Thomas v. Salisbury?), »S. Praedicantium« des →Johannes v. Bromyard OP – wie auch für den Dienst der Notare und Kanzleischreiber – vgl. die S.en der →»Ars dictaminis« (z. B. des →Bernhard v. Meung). In diesen Bereichen haben die S.en der →Rhetorik Schule gemacht. Schließlich wurde das gesamte Wissen des Trivium (Grammatik, Rhetorik, Dialektik, →Artes liberales) im »Catholicon sive S. prosodiae« von →Johannes Balbus verarbeitet. →Lexikon.

L. Hödl

Lit.: GRABMANN, Scholast. Methode, II, 1911 – G. PARÉ, A. BRUNET, P. TREMBLAY, La Renaissance du XIIe s.: Les Écoles et l'Enseignement, 1933 – TH. M. CHARLAND, Artes praedicandi, 1936 – P. LEHMANN, Ma. Büchertitel, SBAW.PPh 48, 4, 1949 – P. MICHAUD-QUANTIN, Sommes de casuistique et manuels de confession au m. a. XIIe–XVIe s., 1962 – F. VAN STEENBERGHEN, La Philosophie au XIIIe s., 1966 [dt. Übers. 1977] – J. J. MURPHY, Rhetoric in the MA, 1974 – A. M. LANDGRAF, Introduction à l'hist. de la litt. théol. de la scolast. naissance, 1973 – S. WENZEL, S. virtutum de remediis animae 1984 – B. C. BAZÁN, J. WIPPEL, G. FRANSEN, Les questions disputées et les questions quodlibétiques dans les facultés de Théologie, de Droit et de Médicine, 1985.

B. Zivilrecht

'S.' nannten die →Glossatoren des Zivilrechts die Zusammenfassungen des *Inhalts* eines Titels der Rechtsq., die sie in den Vorlesungen dem vorzulesenden und zu erklärenden Text als Einleitung vorausschickten (→Rechtsunterricht; →Bologna, B. IV) und die man auch als Glossen in ihren Komm.en (→Apparatus glossarum) findet. Als selbständige Schr. waren S.e zusammenfassende Darstellungen des *Gegenstandes* eines Titels oder aller Titel eines Teils des →Corpus iuris civilis. Daß man die summierenden Einl.en der Vorlesungen gesammelt und mehr oder weniger unbearbeitet als »Summensammlungen« herausgegeben hätte, ist nicht anzunehmen. Danach kann man monograph. Summen (»summulae«), z. B. de pactis, de dolo malo, de actionibus (eine Liste in COING, Hdb. I, 193–198), und Gesamtsummen (v. a. Codex- und Institutionensummen) unterscheiden. Codexsummen waren umfassende Handbücher des Zivilrechts, Institutionensummen einfache(re) Lehrbücher. Fast alle Institutionen- und Codexsummen wurden fern von Bologna geschrieben, so die folgenden Institutionensummen: 'Iustiniani est in hoc opere' (um 1130), die fälschl. dem →Irnerius zugeschriebene sog. S. Vindobonensis (nach der Wiener Hs. 2176; um 1150), der →»Brachylogus iuris civilis« (um 1160) und das noch spätere eigenartige »Florentiner Rechtsbuch« – die ersten beiden prov., die letzten beiden nordfrz. Ursprungs –, und Codexsummen: die →S. Trecensis (1135–50), der in prov. Sprache verfaßte →Codi (vor 1162), die unvollendete Summe von →Rogerius (um 1160) sowie die Codex- und Institutionensummen von →Placentinus (um 1165). Nur →Azos in 2. Fassung zum »Standardhandbuch« gewordene Codex-, Institutionen- und Digestensummen (letztere mit Zusätzen von →Hugolinus [1]: »Summa extraordinaria«) sind in Bologna entstanden, vor 1210. Bei Placentinus und Azo sind die Institutionensummen, bei Azo auch die Digestensumme keine selbständigen Lehrbücher, sondern Ergänzungen der Codexsummen. Die Fragment gebliebene S. Trium librorum von →Pilius und →Placentinus (bis C. 11, 39; um 1190 bzw. um 1195) und diejenige von Rolandus de Luca (vor 1200, ungedr.) behandeln im Anschluß an die letzten drei Bücher des Codex das Fiskalrecht. Die meistens dem →Johannes Bassianus zugeschriebene, in Wahrheit aber von →Accursius verfaßte S. Autentici ist eine Zusammenfassung des *Inhalts* der Novellen Justinians (→Corpus iuris civilis, I. 4) und auf diese Weise eine Darstellung des nach der 2. Ausg. des Codex Iustinianus (534) gesetzten »ius novum«. S.e feudorum sind systemat. Darstellungen des Lehnrechts; sie folgen dem Aufbau ihrer Q., des →Liber feudorum, weniger streng als andere Gesamtsummen und nähern sich dadurch ihrem Typus der monograph. Summe. Gedruckt sind: die S.e feudorum von →Accursius (vom Herausgeber dem →Hugolinus [1], von anderen dem →Jacobus Columbi zugeschrieben; vor 1240), von →Jacobus de Ardizone (1227–40), von →Johannes Blancus sowie ein neapolitan. Werk, das unter dem Namen des Jacques de →Révigny herausgegeben worden ist (beide um 1250). Nichts anderes als die Einleitungsglosse des Lehnrechtskomm. von Pilius war dessen vermeintl. S. feudorum. Als S.e →Lombardae kann man die in drei Fassungen überlieferten »Lombarda-Commentare des Ariprand und Albertus« (Mantua, nach 1150) und die »S. Legis Longobardorum« (Pavia, 1160/80) auffassen.

P. Weimar

Ed. (s.a. unter den Verf.): La S. Institutionum 'Iustiniani est in hoc opere', ed. P. LEGENDRE (Ius Commune-Sonderhefte 2, 1973) – Wernerii S. Institutionum cum glossis, ed. G. B. PALMIERI (BIMAE I, Additiones, 1914), 1–207 – Das Florentiner Rechtsbuch, ein System röm. Privatrechts aus der Glossatorenzeit, ed. M. CONRAT (COHN), 1882 – [Ps.-]Jacobus de Ravanis, S. feudorum, ed. C. PECORELLA (Univ. Parma, Pubbl. Fac. Giurisprudenza 11, 1959) – Die Lombarda-Commentare des Ariprand und Albertus, ed. A. ANSCHÜTZ, 1855 [Neudr. 1968] – Summa Legis Longobardorum, ed. DERS., 1870 – *Lit.*: P. WEIMAR, Die legist. Lit. der Glossatorenzeit (COING, Hdb. I), 188–213 [Lit.] – A. GOURON, La science juridique française aux XIe et XIIe s. (IRMAE I 4 d-e, 1978), 32–42 – DERS., Lo Codi, Source de la Somme au Code de Rogerius (Satura R. FEENSTRA, 1985), 301–316 [beide jetzt in A. GOURON, Études sur la diffusion des doctrines juridiques médiévales, 1987, nos. II und XI] – P. WEIMAR, Zur Entstehung der Azoschen Digestensumme (Satura R. FEENSTRA, 1985), 371–392.

C. Kanonisches Recht

S. als kanonist. Begriff kann zunächst in Anlehnung an die eng verwandte gleichnamige Lit.gattung der →Legisten als systemat.-zusammenfassende Darstellung einer Rechtsslg. bzw. eines Rechtsbuchs oder auch von Teilen daraus bezeichnet werden. Doch ist die S. der →Dekretisten in der Regel durch stärkere Berücksichtigung der interpretierend-kommentierenden Bearbeitungsweise gekennzeichnet, die Charakteristika sowohl der S. als auch des Komm.s trägt ('Summen im Mischstil'); dies wird bereits deutl. in der S. des →Paucapalea (um 1150), der ersten Dekretsumme. Gleichwohl gibt es auch Summen zum →Decretum Gratiani als systemat.-didakt. Zusammenfassungen streng summierender Art (z.B. die anonymen unvollständigen Summen »Quoniam status ecclesiarum« und »Cum in tres partes« [um 1160–70], S. des →Sicard v. Cremona, 1179/81). Die Abgrenzung von Summen gegenüber Glossenapparaten (→Apparatus glossarum) ist nicht immer einfach. Weder kann ein Prolog als zuverlässiges Kriterium für eine Summenzuordnung dienen, noch spricht eine vom Dekret gelöste Überlieferung unbedingt dafür, da auch Glossenapparate ohne Dekrettext bekannt sind (z.B. »Ecce vicit leo«, 1202/10; um Zwischenstufen anzuzeigen, wird mitunter von 'Apparatsumme' gesprochen, z.B. bei der mit diesem Werk verwandten S. Bambergensis »Animal est substantia«, 1206/10). In der Regel gilt als dekretist. S. »jeder vom Dekrettext losgelöste, selbständig veröffentlichte Komm.« (KUTTNER). Ein deutl. Hinweis auf die enge Verwandtschaft dürfte im 'Standard'-Glossenapparat zum Dekret Gratians (→Glossa ordinaria des →Johannes Teutonicus) zu sehen sein, der als Haupq. die S. des →Huguccio (1188/90) und der Glossenapparat des →Laurentius Hispanus (1210/14) zugrunde liegen.

Wesentl. für beide Lit.gattungen ist das Glossieren. Neben den Werken namentl. bekannter →Glossatoren gibt es anonyme Glossenzusammenstellungen schon von den ersten Bologneser Dekretisten. Wenn auch Summen bzw. Glossenapparate in weitem Sinn als Zusammenfassungen von →Glossen bezeichnet werden können, bedeutet dies nicht, daß stets (frühere) Glossen zu (späteren) Apparaten oder Summen zusammenwuchsen. Das genauere Verhältnis der Summen und Glossen einzelner Dekretisten bzgl. ihrer Priorität ist weithin ungeklärt; zweifelsohne sind intensive »Wechselwirkungen von Summen und Glossen« (WEIGAND) anzunehmen, wie z.B. ein Vergleich der Glossenkomposition des →Rufinus mit seiner S. (um 1164) zeigt.

V.a. an den Summen werden Charakteristika der verschiedenen dekretist. Schulen festgemacht. Führend war die Schule v. →Bologna, Entstehungsort des Dekrets, zu der naturgemäß die Werke der ersten Dekretisten zählen (neben den Summen von Paucapalea und Rufinus z.B. die des →Rolandus [nach 1150]). Davon abhängige bzw. diese und andere Summen z.T. kompilierende Werke, etwa die häufig überlieferte S. des →Johannes Faventinus (um 1171), trugen zur Verbreitung deren Lehren bei. Die Reihe der anonymen Summen aus dieser Schule ist ebenfalls beachtl., angefangen von der Paucapaleas Schule zugeschriebenen S. »Sicut vetus testamentum« bis zu der interessanten, unvollständig überlieferten S. Reginensis (wohl kaum von →Petrus Collivaccinus), etwa zeitgleich (1191) und verwandt mit der S. des Huguccio. Schon früh entwickelten Dekretisten ihr →kanon. Recht weiter, indem sie das 'ius novum' der →Dekretalen in ihre Dekretbearbeitungen mit einbezogen; die wohl erste S. dieser Art ist die des →Simon v. Bisignano (1177/79). Bes. erwähnenswert dürfte weiter die S. des →Stephanus Tornacensis (1166/69) sein, der als Begründer der frz. Dekretistenschule (v.a. Paris) gilt. Deren Summen – das rein systemat. Element findet etwas häufiger Berücksichtigung – sind zumeist anonym überliefert (z.B. »Magister Gratianus in hoc opere« [S. Parisiensis, kurz vor 1170], »Tractaturus Magister Gratianus« [um 1182], »Et est sciendum« [1181/85], »Permissio quaedam« [1185/86]). Aus der frz. Dekretistik entwickelte sich für kurze Zeit – oft aufgrund gemeinsamer Schulenabstammung miteinander verwandt – eine rhein. Schule (Köln, Mainz), der als bekannteste Werke die method. eigenwillige S. systemat.-didakt. Typs »Elegantius in iure divino« (S. Coloniensis, um 1169), mitunter →Gottfried v. Köln oder →Bertram v. Metz zugeschrieben, und die S. »Inperatorie maiestatis« (S. Monacensis, 1175/78, vermutl. in Kärnten verfaßt) angehören; weiter werden ihr z.B. zugerechnet die S. »Quoniam omissis centum distinctionibus« (um 1167) und die S. »Antiquitate et tempore« (nach 1170).

Die frz. Schule, insbes. wieder die S. des Stephan v. Tournai, ist auch für den Beginn der anglo-norm. oder engl. Dekretistenschule von großer Bedeutung – manche Werke der ihr zugehörenden Dekretisten sind in Bologna oder Paris verfaßt –, wie die wohl ersten Summen dieser Provenienz, die S. »De multiplici iuris divisione« (um 1170) und das etwa zeitgleiche summierende Werk des →Odo v. Dover, zeigen. Als bekanntestes Werk der anglo-norm. Schule gilt die um 1185–88 entstandene S. quaestionum decretalium des Honorius, der in diesem Lit.typ – nach der Summ[ul]a quaestionum decretalium des Evrardus Yprensis (nach 1181) auch der frz. Schule nicht unbekannt – die Kennzeichen der systemat. S. mit der dialekt., an Rechtsfällen orientierten Methode der Quaestionen vereint. Die seiner Quaestionensumme nahestehende S. quaestionum decretalium »Circa ius naturale« (nach 1186) des →Ricardus Anglicus und ein zweites Werk des Honorius, die kurz nach 1188 verfaßte Dekretsumme »De iure canonico tractaturus«, stehen in enger Nachbarschaft zur bedeutenden S. »Omnis qui iuste iudicat« (S. Lipsiensis, um 1186). Eine interessante Textgesch. bietet die stark von Huguccio – in der Nachbarschaft der S. »Quamvis leges seculares« (um 1193) wohl über ein Summarium seines Werks mit oft abweichenden Auffassungen – und der S. »Navem induent sancti« (S. Duacensis, um 1200) beeinflußte S. »Prima primi uxor Ade« (um 1204).

Die Einteilung der Dekretalenslg. en nach Titeln legte den Rückgriff auf die Titelsumme des legist. Typs nahe; diese 'S. titulorum' kann als lehrbuchhafte systemat. Zusammenfassung einer Rechtsslg. bezeichnet werden, an deren (Buch- und) Titelfolge sie sich eng anlehnt. Schon →Bernhard v. Pavia hatte zu seinem noch für die Systematik der Dekretalenslg.en des →Corpus iuris canonici entscheidend gebliebenen »Breviarium extravagantium«, der Compilatio (antiqua) prima (1191/92), eine S. titulorum (vor 1198) verfaßt, die neben früheren Titelsummen (z. B. S. »Utilitati sociorum meorum« [1210/15], S. des Ambrosius [1210/15], S. des →Damasus [Ungarus, nach 1215]) noch Summen zum Liber Extra beeinflußte (z. B. S. des→Bernardus de Botone [nach 1241]). Sehr bekannt ist – nach der S. des →Johannes Hispanus de Petesella (1235/36), der ersten zu den →Decretales Gregorii IX. – die verbreitete S. des →Goffredus de Trano (1241/43), doch gilt als Höhepunkt dieser Lit. gattung die »Summa aurea« des →Henricus de Segusio (um 1253); der wohl wichtigste dt. Beitrag zu den Titelsummen stammt von →Heinrich v. Merseburg (vor 1245).

Eine Zwischenstufe stellt die unvollständig überlieferte S. iuris canonici des →Raimund v. Peñafort (1218/21) dar, die sich an der Systematik des Dekrets wie der von Dekretalenslg.en orientiert, und von der große Teile wörtl. in seiner überaus einflußreichen »S. de poenitentia« (1. Red. zw. 1222–27, 2. nach 1234) übernommen sind. Damit ist eine weitere kanonist. Summengattung angesprochen, die der →Bußsummen, die Rechtsgrundlagen für die Beichtpraxis boten und ein unentbehrl. Instrumentarium für die Beichtväter wurden. Ihre inhaltl. Bandbreite reicht von stark rechtl. Prägung (etwa bei Raimund) bis zur überwiegend (moral-)theol. Betrachtungsweise (z. B. S. confessorum des Thomas v. Chobham [um 1216], die weithin nach Art der →Bußbücher angibt, welche Bußen für welche Sünden aufzuerlegen sind). Zählte das forum internum zum eigtl. Gebiet der Moraltheologie, so handelte es sich dabei auch um ein →forum, um einen rechtl. Bereich, wie andererseits die Lehre, auch Verstöße gegen das Recht seien 'ratione peccati' zu beurteilen, zum nahezu unbeschränkten theol. Kompetenzanspruch kirchl. Autorität und damit auch des kanon. Rechts führte. Unter den sehr zahlreichen Bußsummen betont rechtl. Ausrichtung gehören zu den bekanntesten frühen Werken die des →Robert v. Flamborough, der im »Liber poenitentialis« (1208/13) noch an dem System der aufzuerlegenden Bußleistungen festhielt, aber wohl als erster das neue kanon. Recht einarbeitete, dann – wohl von ihm abhängig – die des →Johannes v. Kent aus der anglo-norm. Schule (1212/20) und die des →Petrus Pictaviensis (kurz nach 1215), ferner die verbreitete S. des →Paulus Ungarus (1220/21). Von entscheidendem Einfluß wurde die Poenitentialsumme Raimunds v. Peñafort. Neben dem Werk etwa des →Johannes de Deo (1245/47) und der sehr verbreiteten, selbst wieder bearbeiteten »Summ(ul)a metrice conscripta ex S. Raimundi« des Adam Teutonicus (wohl Adam v. Aldersbach, um 1250) ist auf die späteren großen Summen in Raimundscher Abhängigkeit hinzuweisen. Dazu zählt v. a. die stark der Intention und Tradition Raimunds – Vermittlung kanonist. Kenntnisse an die Beichtväter – verpflichtete S. confessorum (1280/98) des →Johannes v. Freiburg, bes. einflußreich durch die verbreitete dt. alphabet. Fassung (um 1314) von →Berthold v. Freiburg; die lexikonartige S. des →Bartholomaeus v. Pisa (de San Concordio), die »S. Pisana« (1338), ist ebenfalls von Johannes abhängig. Eine stark kanonist. geprägte, originelle S. confessorum (1300/02) franziskan. Provenienz, die den Rechtsstoff des →Liber Sextus einbezieht und die häufig benutzte »S. Astesana« (des Astesanus de Asti, um 1317) beeinflußte, hat →Johannes v. Erfurt zum Autor.

Schließlich ist auch in der kanonist. Lit. der Summenbegriff in der weiten Bedeutung einer monograph. Darstellung gebräuchl. Solche Zusammenfassungen zu einem Sachgebiet, etwa zum Eherecht (S. de matrimonio, de sponsalibus), sind schon aus der ersten Dekretistengeneration bekannt; dazu dürfte auch die eherechtl. Teil (C. 27–36) der S. des Rolandus zählen. Aus anderen Zusammenstellungen (z. B. S. cancellariae, S. curialis, S. notariae [→Ars notariae], S. de electione, de excommunicatione, de ordine iudiciario [→ordo iudiciarius] usw.) wird ebenfalls deutl., daß 'Summe' oft mit 'Traktat', 'Kommentar' u. ä. austauschbar ist, wie generell ma. Werke weniger mit festen Titeln nach Art moderner Veröffentlichungen tradiert wurden. H. Zapp

Ed.: T. P. McLaughlin, The S. Parisiensis on the Decr. Gratiani, 1962 – G. Fransen–St. Kuttner, S. 'Elegantius in iure diuino' seu Coloniensis, MIC A 1. 1–4, 1969–90 – *Lit.*: DDC VII, 1072–1074 [R. Naz] – Schulte, I–II, passim – Coing, Hdb. I, 188ff. [P. Weimar]; 365ff. [K. Nörr] – Kuttner, 123–207, 386–396, passim – E. M. Meijers, Sommes, lectures et commentaires (Atti congr. int. dir. rom., I, 1934), 431–490 – St. Kuttner, Les débuts de l'école can. française, SDHI 4, 1938, 193–204 – Ders.–E. Rathbone, Anglo-Norman Canonists of the 12th c., Traditio 7, 1949/51, 279–358 [mit Retractationes 23–38]: St. Kuttner, Gratian and the Schools of Law, Variorum Repr. CS 185, 1983 (auch mit Beitr. zur Bologneser und frz. Schule)] – A. M. Stickler, Vergessene Bologneser Dekretisten, Salesianum 14, 1952, 476–503 [= Decretisti bolognesi dimenticati, SG 3, 1955, 375–410] – B. Tierney, Two Anglo-Norman S.e, Traditio 15, 1959, 483–491 – K. W. Nörr, Die S. »De iure naturali« und »De multiplici iuris diuisione«, ZRGKanAbt 48, 1962, 138–163 – Hist. du droit et des Institutions de l'Église en Occident, VII, 1965, bes. 270ff. [Ch. Lefebvre] – W. Stelzer, Die »S. Monacensis«, MIÖG 88, 1980, 94–112 – A. Gouron, Une école ou des écoles?, MIC C 7, 1985, 223–240 – V. Piergiovanni, Il primo sec. della scuola can. de Bologna, ebd., 241–256 – W. Kozur-Dumke, Die Quaestionens. des Honorius (D. 2) [Diss. Würzburg 1987] – B. Grimm, Die Ehelehre des Mag. Honorius, SG 24, 1989 [Lit.] – P. Erdö, Introductio in hist. scientiae can., 1990, bes. 49ff. [Lit.] – St. Kuttner, Did Rolandus of B. write a 'Stroma ex Decretorum corpore carptum'?, BMCL 20, 1990, 69f. – R. Weigand, Frühe Kanonisten und ihre Karriere in der Kirche, ZRGKanAbt 76, 1990, 135–155 [im Dr.] – Ders., Die Glossen zum Dekret Gratians, SG 25–26, 1991–92 – C. van de Wiel, Hist. of Canon Law, 1991, 116ff. – E. J. H. Schrage, Utrumque Ius. Eine Einf., 1992, 95ff. – J. Gaudemet, Les sources du droit can. VIIIe–XXe s., 1993, 102ff. [Lit.] – R. Weigand, Die ersten Jahrzehnte der Schule v. Bologna, MIC C 10, 1995 [im Dr.] – *Bußsummen:* P. Michaud-Quantin, Sommes de casuistique et manuels de confession au MA XIIe–XVIe s., 1962 – Thomae de Chobham S. Confessorum, ed. F. Broomfield, 1968 – R. Weigand, Zur Lehre von der Dispensmöglichkeit der Gelübde in den Poenitentialsummen, AKKR 147, 1978, 2–34 – M. W. Bloomfield, Incipits of Lat. Works on the Virtues and Vices, 1979 – Die »Rechtssumme« Bruder Bertholds. Eine dt. abecedar. Bearb. der »S. Confessorum« des Johannes v. Freiburg: Unters. I, hg. M. Hamm–H. Ulmschneider, 1980; H. Weck, Die hs. Überlieferung, 1982; Synopt. Ed. der Fassungen B, A und C, hg. G. Steer–W. Klimanek u. a., 1987ff. – Trois sommes de pénitence de la première moitié du XIIIe s., ed. J. P. Renard, 1989 – W. Trusen, Zur Bedeutung des geistl. Forum internum und externum für die spätma. Gesellschaft, ZRGKanAbt 76, 1990, 254–285 – s. a. Lit. zu den gen. Stichwörtern.

Summa Alexandri → Alexander v. Hales

Summa Perusina, nach der einzigen Hs. in Perugia (Mus. dell'Opera del Duomo, 19) benannte Schrift (keine Codexsumme; →Summa), die aus einer Reihe laienhafter Zusammenfassungen von Konstitutionen des Codex Iustinianus (Fragment, bis C. 8, 53, 8) besteht. Sie ist spätestens Anfang des 10. Jh. in Italien entstanden, vielleicht im 9. Jh. in Rom, und wurde 1010/21 in drei röm. →Placita benutzt. Viele Mißverständnisse bezeugen den Tiefstand der Rechtskultur in vorbolognes. Zeit. P. Weimar

Ed.: G. E. Heimbach, Anecdota, 1838–43, II, 1ff. – Adnotationes codicum domini Justiniani (S.), ed. F. Patetta, BIDR 12, 1900 – *Lit.*: M. Conrat (Cohn), Gesch. der Q. und Lit. des röm. Rechts im früheren MA, 1891, 55ff., 182–187 – E. Besta, Il contenuto giuridico della S. P. (Atti Accad. Palermo, 1908) – E. Genzmer, Die iustinian.

Kodifikation und die Glossatoren (Atti del Congresso internaz. di diritto rom. [Bologna e Roma 1933], Bologna, I, 1934), 345–430 [358f.] – F. CALASSO, Medio evo del diritto, 1954, 287ff.

Summa theologiae (frühmhd.). Die in der Vorauer Hs. 276, 97ra–98va, sowie in zwei nur wenige Verse umfassenden Fragmenten anonym überlieferte Dichtung des beginnenden 12. Jh. (wohl nach 1108) in 324 Kurzversen (WAAG) bzw. in 'binnengereimten Langzeilen' (MAURER), die handschriftlich durch 32 Initialen gegliedert sind, beruht auf einer md. (rheinfrk.) oder einer alem. Vorlage. Der erste Hauptteil benennt nach einleitender Charakterisierung des dreieinigen, allmächtigen Schöpfergottes Stationen des Heilsgeschehens: Schöpfung der Engel, Engelsturz, Erschaffung des Menschen als Abbild Gottes und des Kosmos, Sündenfall und Verlust der Gnade, die Erlösung durch den Sühnetod Christi am Kreuz, das inhaltl. durch allegor.-typolog. Deutung in den Mittelpunkt rückt und die Dichtung formal als Zentralkomposition erweist. Der zweite Teil thematisiert Christi Grabesruhe und Auferstehung, die Auferstehung des Menschen und die Letzten Dinge, stellt aber – stärker moralisierend – die auf das ewige Leben hinführenden Pflichten des Menschen heraus, der in der Taufe Gottes Ebenbild wird. Ein Hymnus auf den Erlöser beschließt das Werk, das in seiner themat. Geschlossenheit aus seiner »Nähe zur liturg. Osterfeier« (FREYTAG) erklärt werden kann. – Eine einheitl. Q. ist nicht anzunehmen (punktuelle Rezeption des »Elucidarium« des →Honorius Augustodunensis jedoch wahrscheinlich), vielmehr beruht die Darstellung auf dem in Bibel, Exegese, Predigt und Liturgie entwickelten, z. T. äußerst verdichtet formulierten lat.-theol. Wissen der Zeit. Die Dichtung ist entgegen dem modernen Titel (SCHERER) keine gelehrte scholast. Summe, sondern eher paränet. Lehrdichtung als Hymnus. Als Adressat ist an ein vielleicht adliges, sicher theol. vorgebildetes Laienpublikum zu denken. In der Form sowie einzelnen Motiven bestehen Verwandtschaften zu anderen Zeugnissen der geistl. Dichtung des 11. und 12. Jh. (→Deutsche Literatur, III), bes. zum 50 Jahre älteren →Ezzolied. R. Suntrup

Ed.: E. HENSCHEL–U. PRETZEL, 1963, 28–49 – F. MAURER, I, 1964, 309–316 – A. WAAG–W. SCHRÖDER, I, 1972, 27–42 – *Lit.:* F. G. GENTRY, Bibliogr. zur frühmhd. geistl. Dichtung, 1992, 196–200 [Bibliogr. bis 1986/88] – Verf.-Lex.^{2} IX, 2, 506–510 [H. FREYTAG] – H. FREYTAG, Komm. zur frühmhd. 'S. T.', 1970 – H. RUPP, Dt. religiöse Dichtung des 11. und 12. Jh., 1971^2, 84–133.

Summa Trecensis, die älteste, nach der Hs. in Troyes (Bibl. municipale, 1317) benannte Codexsumme (→Summa, B). Sie wurde als Werk des →Irnerius ediert; seither war ihre Entstehung heftig umstritten. Nach den Forschungen A. GOURONS ist anzunehmen, daß die S. T. von einem Schüler des Irnerius namens Géraud (Geraudus) geschrieben wurde, der zw. 1132 und 1180 als »grammaticus« und »magister« u. a. in St-Gilles, Arles, Narbonne und Montpellier auftrat und der vermutl. in Arles als Rechtslehrer wirkte und die S. T. schrieb. Man kann vier Fassungen unterscheiden, die zw. 1135 und 1150 entstanden sind. Die verlorene 1. Fassung (»Paratitla titulorum«), in der nur der Einfluß des Irnerius nachweisbar ist, diente dem Verf. des →Codi als Q. Mit der 2. Fassung setzte Géraud die Summe über C. 7, 30 hinaus bis C. 9, 7 fort und benutzte auch Schr. von →Martinus Gosia und →Bulgarus; er schrieb sie auf Bitten seines Schülers Henricus, Ebf. v. Aix i. J. 1180. Die 3. und 4. Fassung brachten weitere Ergänzungen, vielleicht bzw. wahrscheinl. von anderer Hand. Die S. T. wurde viel benutzt und erst durch die Summen des →Placentinus allmähl. verdrängt. Zuvor, nach dem Tod des →Rogerius, hatte jemand dessen un-

vollständige Summa Codicis ab C. 4, 59 mit der S. T. vervollständigt. Dieses Werk, von dem vier Hss. erhalten sind, wird nach der Tübinger Hs. (Universitätsbibl., Mc. 14) als »Summa Tubingensis« bezeichnet. P. Weimar

Ed.: Summa Codicis des Irnerius, ed. H. FITTING, 1894 [Neudr. 1971; 4. Fassung, bis C. 9, 7] – Rogerii Summa Codicis, ed. G. B. PALMIERI (BIMAE I, 1888, 1913^2), 47–223 [Summa Tubingensis] – *Lit.:* COING, Hb. I, 198f. [Lit.] – A. GOURON, L'auteur et la patrie de la S. T., Ius commune 12, 1984, 1–38 – DERS., L'élaboration de la »S. T.« (Sodalitas. Scritti A. GUARINO, 1985), 2681–3696 – DERS., Dilectus Henricus, archevêque d'Aix et juriste, PH 34, 1984, 97–101 [alle jetzt in: A. GOURON, Études sur la diffusion des doctrines juridiques médiévales, 1987, nos. III–V].

Summae authenticorum feudorum → Summa, B

Summae titulorum → Summa, C

Summarium Heinrici, umfassendes lat. Schulbuch, bietet einen Überblick über das Sachwissen des ausgehenden FrühMA. In seiner Urfassung besteht es aus zehn sachl. geordneten Büchern und einem alphabet. geordneten Anhang (Buch 11). Sein Verf. ist unbekannt, entstanden ist es vielleicht in der Nähe von Worms (Lorsch?) oder Würzburg. Auf Grund der in ihm verwerteten Entwicklungen könnte es vor 1032 geschaffen worden sein, doch wird auch eine Entstehung erst im 12. Jh. (um 1150) vertreten, zumal die Überlieferung der bisher bekannten 44 Hss. nicht vor dieses Jh. zurückreicht. Die zehn Bücher des S. H. betreffen die Grammatik, verschiedene Grundsätze (dogmata), alles Lebende, Fühlende und Erkennende, Pflanzen, Erde, Gesteine und Metalle, Gebäude, Stände, Bekleidung, sowie Kriege und andere menschl. Einrichtungen (z. B. 10, 11: De legibus; 10, 14: De poenis). Hauptquelle des Wissens sind die Etymologien →Isidors v. Sevilla. Daneben fußt es nachweisl. auch auf Priscian, Beda und Cassiodor. Für die Germanistik ist bes. bedeutsam, daß das Werk in seinen meisten Teilen mit etwa 4200 ahd. (altostfrk.?) Glossen versehen wurde. In einer zweiten Fassung ist das Werk von einem Redaktor wenig später in sechs Bücher eingeteilt worden. G. Köbler

Ed. und Lit.: STEINMEYER–SIEVERS III, 58ff. – S. H., I: Textkrit. Ausg. der ersten Fassung Buch I–X, hg. R. HILDEBRAND, 1974; II: Textkrit. Ausg. der zweiten Fassung Buch I–VI sowie des Buch XI in Kurz- und Langfassung, 1982 – Verf.-Lex.^{2} IX, 510–519 – H. TIEFENBACH, Der Name der Wormser im S. H., BN NF 10, 1975, 241 – N. WAGNER, Zur Datierung des S. H., ZDA 104, 1975, 118 – W. WEGSTEIN, Stud. zum S. H., 1985 – S. STRICKER, Editionsprobleme des S. H. (Probleme der Ed. ahd. Texte, hg. R. BERGMANN, 1993), 38 – B. MEINEKE, Liber Glossarum und S. H., 1994.

Summator (Summista), seit 1479 nachweisbarer Beamter, der auf den per cameram expedierten Papsturkk. (→Kanzlei, B) das Summarium einträgt, also eine knappe Inhaltsangabe der Urk. als Entscheidungsgrundlage für den Papst, und die taxa quinta (→Taxen) einzieht; zuvor war dies Aufgabe der →Sekretäre. Th. Frenz

Lit.: TH. FRENZ, Die Kanzlei der Päpste der Hochrenaissance 1471–1527, 1986, 135–137, 214 – DERS., Papsturkk. des MA und der NZ, 1986, 72 § 134.

Summum bonum → Gut, höchstes

Sund (Öresund, dän. Øresund), Meerenge im sw. Skandinavien, zw. →Schonen und Seeland, östlichste Verbindung zw. →Ostsee und Kattegat. Von W (aus der →Nordsee) kommende Schiffe, die nach der Umschiffung von Skagen nach O zur Küste von Halland fuhren, konnten in Küstennähe bis zum Eingang des S.s weitersegeln und so die Untiefen des Kattegats vermeiden. Die internat. Schiffahrt bevorzugte daher die Passage durch den S. gegenüber dem Weg durch den Gr. oder Kl. Belt, was (zusammen mit den →Schon. Messen) stark zur wirtschaftl. Belebung der S.region, v. a. der Städte →Helsingør, →Kopenhagen und →Malmö, beitrug.

Der *Sundzoll,* der bis zu seiner Aufhebung 1857 einen Grundpfeiler der Finanzen des Kgr.es →Dänemark bildete, wurde, nach Verlegung von Helsingør in die Nähe der kgl. Burg Krogen durch →Erich v. Pommern (1426), seit 1429 in Helsingør erhoben; 1517-23 war Kopenhagen Zollstelle. Bis zur Reform v. 1548 bestand der Zoll v. a. aus einer Abgabe von jedem Schiff, zu der in den 1470er Jahren ein Wertzoll auf bestimmte Waren (Wein, Salz, Kupfer) hinzutrat. Die frühen *Sundzollregister* im Kopenhagener Reichsarchiv bis 1548 (erhalten für die Jahre 1497, 1503, 1528, 1536-48) verzeichnen Namen und Heimatorte der Schiffsleute sowie die entrichteten Beträge.   T. Riis

Q.: Tabeller over Skibsfart og Varetransport gennem Øresund 1497-1660, hg. N. ELLINGER BANG, I–II A-B, 1906-33 – *Lit.:* KL XXI, 5-8 – R. HÄPKE, Die S.frage und der holl.-lüb. Konflikt, Zs. des Vereins für Lübeck. Gesch. ..., 14, 1912 – K. HØRBY, Øresundstolden og den skånske skibstold (Middelalderstudier. Tilegnede A. E. CHRISTENSEN, 1966), 245-272 – DOLLINGER, Hanse², s.v. Sund – M. VENGE, Fra åretold til toldetat (= Dansk Toldhist., I, 1987), 83-138 – T. RIIS, Should Auld Acquaintance Be Forgot ..., I, 1988, 39-53 – DERS., Hvorfor blev København Danmarks hovedstad? (Fschr. E. L. PETERSEN, 1994), 73-80.

Sünde, »Sündenfall«

I. Scholastik – II. Wandel der Auffassung von Sünde und Erbsünde im Frühhumanismus – III. Ikonographie – IV. Judentum.

I. SCHOLASTIK: Die Frühscholastik behandelte das Thema S. auf patrist. Grundlage (Augustinus; Gregor d. Gr.) im Zusammenhang mit der →Erbsünde und dem Sündenfall. Hierbei setzt →Anselm v. Canterbury († 1109) heilsgesch. beim (immer als S. per excellentiam) angesehenen Engelfall an, um daran mit den Mitteln der Sprachlogik und der Dialektik die S. philos. als Privation, theol. als Abfall von der ursprgl. rectitudo, von der iustitia des Willens und von dem verpflichtenden Streben nach Seligkeit (De casu diaboli, cc. 9-11 u.ö., ed. SCHMITT, I) zu erklären. Als bestimmendes Motiv des Falls sieht er die Hybris eines Sich-Erhebens über den Willen Gottes an. So wird auch das Verhältnis der S. zu Gott reflektiert, was danach ein ständiges Thema blieb, zusammen mit den verschieden beantworteten Fragen nach dem Motiv, der Art und Schwere der aktuellen S. wie der Möglichkeit ihres Wiederauflebens.

Die bei Anselm vorherrschende (augustin.) Orientierung an der objektiven göttl. Ordnung erfährt bei Petrus →Abaelard († 1142) eine merkl. Wendung zum Individuellen und Subjektiven (in Entsprechung zu seiner Skepsis gegenüber den Universalen), wenn er in seiner Ethik (»Scito te ipsum«) unter einseitiger Auswertung des Grundsatzes von der Nichtsubstantialität der S. die äußere Handlung zurücktreten läßt und Gut und Böse v. a. in die Intention und in die Gesinnung verlegt. Daraus ergibt sich auch eine neuartige Wertung des Gewissens, insofern die S. auch als Entgegensetzung zum eigenen sittl. Bewußtsein verstanden wird (MPL 178, 653). Jedoch wird die Existenz objektiver Normen damit nicht geleugnet.

Obgleich Abaelards Gedanken in der Scholastik weiterwirkten, erfuhren sie, wie überhaupt die scholast. Dialektik, auch Ablehnung, bes. durch →Bernhard v. Clairvaux († 1153). Er ordnet die Aussagen über die S. in die Geschichte des Heils wie der Seele ein und verbindet sie unter Absehen von rationaler Analyse mit einer theol. Anthropologie trinitar. Charakters. So arbeitet er u.a. die verschiedenen heilsgesch. Status der Willensfreiheit heraus (De gratia et libero arbitrio von 1127), welche Lehre danach die »Summa Sententiarum«, die »Sententiae divinitatis«, →Petrus Lombardus († 1160) und sogar der »Porretaner« →Radulfus Ardens († um 1200) übernahmen. In seiner »trinitar. Anthropologie« gilt der Mensch als »trinitas creata« (vermöge der Dreiheit von ratio, memoria und voluntas). Im Gottbezug stehend, versagt sich mit Eigenwillen dem Dienst Christi und wird so zu einer in sich verkrümmten Existenz (Serm. super Cant. Cantic. 24, 6-7: ed. Cisterc. I, 158): Unter dem Druck von »Einflüsterung, Wohlgefallen und Zustimmung« wandelt sich die S.r in eine entgegengesetzte Trinität (Serm. de div. 45, 1-6: ed. Cisterc. VI-1, 256), die in Schwachheit und Blindheit besteht, aus welcher er nur durch die Gnade zur Rechtheit und zur Vollendung geführt werden kann.

Die rational-dialekt. Behandlung der S. wird hier durch eine theol. Psychologie ersetzt, wogegen →Hugo v. St-Victor († 1141) um eine Verbindung von scholast. und monast.-myst. Denkweise bemüht ist. Der Ursprung der S., die vom Teufel auf die Engelwelt übertragen wird, liegt für Hugo, der hierin Anselm folgt, im Fehlen des »secundum mensuram moveri« des freien Willens (De sacr. Christianae fidei, I, p. 5, c. 26: MPL 176, 257). Als Triebfedern wirkten Stolz, Habsucht und Gaumenlust (MPL 176, 293). In der Schrift »De amore sponsi ad sponsam« trifft er aufgrund der den drei göttl. Personen appropriierten Eigenschaften von Macht, Weisheit und Liebe einige Unterscheidungen und bestimmt die S. gegen den Vater als eine solche der Gebrechlichkeit, die S. gegen den Sohn als aus der Unwissenheit stammend, die gegen den Heiligen Geist als eine der Böswilligkeit. Letztere S., deren Charakter und Schwere in der Frühscholastik kontrovers diskutiert wird, erfährt bei Hugo eine milde Beurteilung, wenn er für sie nur keine Entschuldigung gelten und sie (bei geleisteter Buße) mit der vollen Genugtuung bestraft werden läßt (MPL 176, 989). In der vielerörterten Problematik um den im S.r nach dem Akt der S. verbleibenden »Rest« oder dem Reat, die aufgrund der herrschenden Zweiteilung von peccatum actuale und originale schwer lösbar erschien, schließt Hugo seine Erklärung an die Folgen der Erbsünde an und nennt als die verbleibenden zwei vitia die Blendung des Geistes und die ungeordnete Begierde, das v.a. das Leibliche betrifft (De sacr. christ. fidei I p. 7 c. 31: MPL 176, 301). In der für ihn charakterist. Lehre von den »drei Augen« hält er dafür, daß durch die S. das Auge der Contemplatio verlorengehe, welches Gott und die göttl. Wahrheiten erfasse, wobei nur das Auge des Fleisches ungetrübt bleibe (ebd., 329).

Eine Bestandsaufnahme der Hauptthemen der frühscholast. Hamartiologie bietet →Petrus Lombardus († 1160) in seinen »Sentenzen«, wo er nach Erörterung von Ursünde und Erbsünde (Sent. II d. 29-33) der aktuellen S. eine eigene Behandlung widmet, welche die beiden augustin. Definitionen zugrundelegt (»dictum vel factum vel concupitum quod fit contra legem Dei« und »voluntas retinendi vel consequendi quod iustitia vetat«: Sent. II d. 35 c. 1: ed. Grottaferrata I, 529). Bes. Aufmerksamkeit widmet er der verschieden beurteilten Frage nach der Abhängigkeit der S. von Gott, in der er (entgegen der Lehre der Porretaner) der Auffassung zuneigt, daß die S. als schlechter Akt in keiner Weise auf Gott zurückzuführen sei, auch nicht, insoweit sie ein Etwas ist (Sent. II d. 37). Von Augustinus hat die Unterscheidung in peccatum mortale und veniale übernommen (d. 35 c. 1: ed. Grottaferrata, I, 529), von Hieronymus die Differenzierung in Gedanken-, Wort- und Tats.n (d. 52, c. 4: ed. Grottaferrata I, 569). In der Frage nach dem im Menschen verbleibenden Rest der aktuellen S. weist er auf den Makel hin, der in der

Seele aufgrund der Entfremdung von Gott oder der Gottunähnlichkeit herrscht (Sent. IV d. 18 c. 8: ebda., II, 364), so dem Begriff des peccatum habituale nahekommend, den später →Richard Fishacre († 1248) erstmals gebrauchet. In der ebenfalls strittigen, aus der Erbsündenlehre fälschl. abgeleiteten Problematik nach der Möglichkeit der Vererbung der aktuellen S.n der Väter auf die Kinder erweitert er die Argumentation Hugos v. St. Victor von der Alleinvererbbarkeit der Erbsünde, die mit einer Nachahmungshypothese verbunden wird (Sent. II d. 33 c. 5).

Die in der Frühscholastik zu beobachtende Entwicklung ging so von einer rational-dialekt. Fassung der S. zu einer mehr theol.-psycholog. Deutung. Unter beiden Aspekten erschienen bestimmte Probleme nicht lösbar, so das der Verhältnisbestimmung der S. zu Gott wie das der Beziehung von läßlichen zu schweren S.n. Vielfach wurde gemäß einem augustin. Axiom die Meinung von dem Entstehen der Todsünde durch Vervielfachung der läßlichen S.n vertreten (Gratian; Hervaeus v. Bourg-Dieu). In der zweiten Hälfte des 12. Jh. verfaßte →Petrus Cantor († 1197) eine mehr praktisch ausgerichtete »Summa de sacramentis et animae consiliis« (ed. J. A. DUGAUQUIER), in der er die Fragen nach der Abhängigkeit des Aktes der S. von Gott im Sinne der Porretaner löst und nur die »malitia actionis« (als Entzug des gebührenden Zieles) dem Menschen zuspricht.

Die Hochscholastik erbringt nicht nur eine Erweiterung der Themen unter Aufnahme auch der moral. Aspekte (wie der Lehre von den circumstantiae der sittl. Handlung), sondern leistet auch eine strengere Systematisierung des Stoffes und seine metaphys. Durchdringung. Hierin ging die »Summa aurea« des →Wilhelm v. Auxerre († 1231/37) voran, der als erster die Frage nach der Freiheit von der nach dem freien Willen trennte (R. M. MARTINEAU, Le plan de la »Summa aurea«, 83). Die »Summa Halensis« des →Alexander v. Hales († 1245) verbindet mit dem Ausgang vom »summum bonum« einen gewissen heilsgesch. Zug, entwickelt im zweiten Teil des zweiten Buches eine ausführl. S.n- und Lasterlehre, in der dem malum als esse naturae, nicht aber als esse moris Sein zuerkannt wird (ed. Quaracchi III n. 1, 3). Als Ursache für das schuldhafte Übel der S. gilt ihm allein der freie Wille des Menschen, der aufgrund der sich aus der Schöpfung ex nihilo ergebenden vertibilitas von der unvergängl. Güte Gottes zu einem vergängl. Gut abfallen kann (ed. Quaracchi III n. 8, 2). In Entsprechung zur Ursünde versteht Alexander die Folgen der S. als Entblößung von der Gnade, als Verwundung der Natur und als Verlust der habitudines naturales. Die realist. Erfassung des Bösen steht aber im Kontext des Heilsdramas, in welchem Gott durch die Menschwerdung das Böse zum Guten wendet, so daß der Grundsatz gilt: »Bonum ex malo elicitur« (III n. 144, 162).

Als Schüler Alexanders versucht →Bonaventura († 1274) in seinem bedeutenden Sentenzenkommentar die Freiheitslehre seines Vorgängers eingehender zu begründen, indem er dem Willen die höchste Herrschaft zuspricht (II Sent. d. 25 p. 1a un. q. 3), was danach von →Petrus Johannis Olivi († 1296) weitergeführt wird. Insofern das freigewollte Tun der Liebe auf Gott ausgerichtet wird, ist es würdig und verdienstlich, insofern es von dieser Richtung abweicht, geschieht eine Tat- oder Unterlassungssünde. So stellt Bonaventura die sittl. bzw. die unsittl. Handlung in ein direktes Verhältnis zu Gott, dabei auch die in der Franziskanerschule entwickelte Lehre von der Synteresis und der conscientia aufnehmend, welche Momente sich in der prakt. Vernunft zusammenschließen.

Dagegen bemißt →Thomas v. Aquin († 1274), der die S.nthematik der Scholastik zur überzeugendsten philos.-theol. Synthese führt (im Sentenzenkommentar, in »De malo« und in der »Summa theologiae«), das Gute und Böse nach der Besonderheit seines Wesens und seiner Beziehung zum Sein und zu seiner Vollendung. Demgemäß ist das Übel die privatio boni debiti (S. th. I. q. 48 a. 5 ad 1). Aber in der positiven Setzung gegen die höhere Ordnung findet sich bei einem Vernunftwesen eine »specialis ratio«, die als Beleidigung Gottes aufzufassen, als malum culpae und als S. zu bestimmen ist (S. th. I. q. 48 a. 5). Diese im augustin. Sinne gefaßte aversio a deo ist verbunden mit der conversio ad creaturas (S. th. III q. 86 a. 4), die zum contemptus Dei führen kann (In IV Sent. d. 9 q. 1 a. 3 resp. 3). Diese Bestimmung kommt freilich nur der Todsünde zu, während die läßliche S. nur in analogem Sinne als peccatum zu verstehen ist (S. th. I. II. q. 88 a. 1), weshalb auch durch bloße quantitative Häufung von läßlichen S.n keine Todsünde entstehen kann (In Sent. II d. 24 q. 3 a. 6). Unter dieser Voraussetzung erfährt auch das Problem der Verursachung der S. eine Lösung. Insofern die S. in der Verletzung der auf Gott ausgerichteten Ordnung besteht, kann sie nicht von Gott verursacht sein (S. th. I. II. q. 79 a. 1), obwohl Gott das an der Handlung Wirkliche verursacht (ebda., a. 2). Die eigtl. Ursache liegt im Verstand und freien Willen des Geschöpfes, während als mittelbare Ursachen die Einbildung und der appetitus sensitivus anzusehen sind (S. th. I. II. q. 75 a. 2). Das entscheidende Motiv der Ursünde ist darin gelegen, daß der Mensch die ihm zustehende Vollendung auf sich selbst gestellt erreichen wollte (S. th. II. II. q. 163 a. 3), also aus Hochmut sündigte. Es handelte sich um eine einzelne, aber vielseitige S., die Differenzierung der S. erfolgt nach den Objekten und den nächsten Zielen (S. th. I. II. q. 72 a. 1). Deutlich wird der nach der S. verbleibende Zustand als macula peccati bezeichnet. Eine wichtige Bedeutung zur Erklärung der Sittlichkeit des Tuns empfängt auch das Gewissen, dem freilich das göttl. Gesetz vorgegeben bleibt (In Sent. II d. 39 q. 3 a. 3). Es verpflichtet auch als irrendes Gewissen, ohne daß dadurch die objektiv schlechte Handlung gut würde (Ver 17, 4).

Eine veränderte Betrachtungsweise zeigt sich bei →Joh. Duns Scotus († 1308) nicht nur darin, daß er im Paradies eine nur läßliche S. für möglich hält (Lect. II. d. 21–22 q. 1: ed. Vatic. XIX, 202f.), während sie nach Thomas eine Todsünde und secundum quid unendlich ist, sondern auch in der Hervorhebung des Primates des Willens (Ord. I d. 1 p. 2 q. 2 n. 91) wie der Willensfreiheit, die bei ihm nicht nur Wahl-, sondern auch Aktfreiheit ist. Neu ist auch die allg. Hinwendung zum Individuellen und Konkreten. Daraus resultiert die Auffassung, daß die S., die durch den Widerstreit des Begehrens zur festgesetzten Ordnung entsteht, also im defektiblen Willen gründet, obgleich dieser das Böse nicht per se intendiert (Lect. II 34–37 q. 4: ed. Vatic. XIX, 350f.), die Natur des Menschen nicht angegriffen hat. Auf diese Weise wird die Verquickung der S. mit der Natur und dem Leiblichen gelöst und das Wesen der S. in die gestörte Beziehung zu Gott verlegt. Der Unterschied zw. schwerer und läßlicher S. liegt darin, daß die erstere einem Gebot widerspricht, die letztere nur einem consilium. Die Schwere der S. beurteilt Scotus, der auch das Indifferente anerkennt, nach ihrer Art wie nach den Umständen und dem Gewissensurteil.

Der in der Hochscholastik auf aristotel. Grundlage ausgearbeitete S.nbegriff wird in der myst. Theologie Meister →Eckharts († 1327) neuplaton. interpretiert und in den dt. Werken spirituell mit der Tröstung des S.rs verbunden (DW 5, Das Buch der göttl. Tröstung 2, 22). Die krit. Ansätze der skotist. Philos. weiter ausführend, ändert sich bei Wilhelm v. Ockham († 1349) aufgrund des Voluntarismus das Verhältnis der S. zu Gott: Gott könne gemäß seiner potentia absoluta Schuld und Strafe nachlassen, ohne dem Menschen die Gnade zu erteilen (In Sent. IV q. 3–5: Op. omn. III, 4–7). Das Wesen der Sittlichkeit wird in Gottes positivem Willen gegründet, so daß Gut und Böse vom Gebot bzw. Verbot Gottes bestimmt sind.

Mit →Wilhem v. Ockham und dem →Nominalismus wurden die augustin. thomas. Grundlagen der S.nlehre aufgegeben, danach zwar von der Augustinerschule in etwa wieder aufgenommen und von →Joh. Capreolus († 1444) kräftig verteidigt, während Gabriel →Biel († 1495) wiederum die ockhamist. Richtung aufnahm.

L. Scheffczyk

Lit.: DThC XII, 140–275 [TH. DEMAN] – HWPh V, 673–682 [K. RIESENHUBER] – H. DOMS, Die Gnadenlehre des seligen Albertus Magnus, 1929 – R. M. MARTINEAU, Le plan de la »Summa aurea« de Guillaume d'Auxerre, Études et Rech. Collège dominicaine d'Ottawa II, Cahier 1, 1937, 79–114 – H. KÖSTER, Die Heilslehre des Hugo v. St. Viktor [Diss. Münster 1940] – R. HOFFMANN, Die Gewissenslehre des Walter v. Brügge O.F.M. und die Entwicklung der Gewissenslehre in der Hochscholastik, 1941 – O. LOTTIN, Psychologie et Morale au XIIe et XIIIe s., I–IV, 1942–60 – LANDGRAF, Dogmengeschichte – R. BLOMME, La doctrine du péché dans les écoles théol. de la première moitié du XIIe s. [Univ. Cath. Lovan., Diss. Sér. III, 6, 1958] – M. HUFTIER, Le péché dans la théol. augustinienne et thomiste, 1958 – W. KLUXEN, Philos. Ethik bei Thomas v. Aquin, 1980².

II. WANDEL DER AUFFASSUNG VON SÜNDE UND ERBSÜNDE IM FRÜHHUMANISMUS: Das Bild vom Menschen ist im MA maßgebl. von der Exegese des S.nfalls und dem Dogma der →Erbsünde bestimmt. Der paradies., »engelhafte« Körper des Menschen, der in »heiliger Schamlosigkeit« lebte, wird zum kranken und mit Mängeln behafteten Körper. Durch das Dogma der Erbsünde wird die Individualschuld zur vererbten Kollektivschuld. Schwerwiegendste Folge des S.nfalls ist die »concupiscentia carnis«. Das sexuelle Verlangen wird nach dem »peccatum originale« zur S., der nackte Körper zu ihrem Austragungsort und die »nuditas« des Körpers zum Grund von Scham und Schuld. – Mit Beginn des »Humanismus vollzieht sich allmähl. eine Veränderung des Menschenbildes: Die Humanisten interpretieren den S.nfall anders als die Exegeten des MA. Statt des zweiten Schöpfungsberichts (Gen 1, 18–23) wird nun der erste (Gen 1, 27) zur Deutung des Menschen herangezogen. Der Imago-Dei-Topos wird zentral für jeden folgenden Diskurs über den Menschen. Innerhalb dieser Neuinterpretation wird der S.nfall zu einem »schweren Fehler«, den der Mensch eingesehen hat und an dessen Folgen er aufgrund des göttl. Fluchs ewig zu tragen hat. Aber dieser »lapsus« hat letztl. nicht das essentielle Wesen des Menschen verändern können. Der Mensch ist »Deus in terris« (M. Ficino, Theol. Plat. II). Aufgrund seiner Gottesebenbildlichkeit ist der Mensch mit einer unendl. großen und unermüdl. Könnens- und Schöpfungskraft ausgestattet. Er wird zum »homo-Deus« (L. Valla, De vero falsoque bono). Innerhalb dieser Auffassung von menschl. Schaffenskraft wird auch die Arbeit neu gedeutet. Im MA göttl. Fluch, wird sie bei den Humanisten zu der Chance, sich Gott wieder zu nähern. Die Genesis rabba bezeichnet Adam als »Vater aller menschlichen Künste und Erfindungen«, dessen Geist und Hände Gott ihm nach dem S.nfall als Ur-Kunst und Ur-Werkzeug für die Entfaltung von Arbeitstechniken und Kunstfertigkeiten gelassen habe, um den Fluch zu erleichtern (vgl. G. Hoen, Sermonum opus…, Sermo 75, B; Heinrich v. Langenstein, Trac. de contractibus, fol. A 16). Der S.nfall wird, so B. Morandi in »De felicitate humana«, zur »felix culpa«, ohne die Wiss. und Kunst nicht möglich wären. Der Mensch wird in den Augen der Humanisten zum »Kulturheros«, zum »Prometheus«, zum »zweiten Gott« (G. Boccaccio, Gen. deo. gent.) oder »sterblichen, seligen Gott« (L. B. Alberti, Della famiglia), der als »homo faber« (»faber mundi«) die Natur an Schöpfungskraft sogar noch überbietet, sie vollendet und beherrscht (vgl. G. Manetti, De dignitate et excellentia hominis). »Endlich mögen die Menschen aufhören, an ihrer Göttlichkeit zu zweifeln!« (M. Ficino, De rel. christiana, in: Opera omnia, I, Basileae 1561, 23). Der Mensch »id est divinum animal« (G. Guarini Veronese, Oratio quam recitavit in principio studii Ferrariae coram marchione Leonello…) lebt nicht um der anderen Lebewesen willen, sondern ist ein »dei animal«. Es ist göttl. Bestimmung, so P. Pomponazzi (De immortalitate animae, c. IX), F. Filelfo (Comm. Florentinae de Exilio, lib. III, De Pauperitate) oder auch F. Pico della Mirandola (Oratio), daß der Mensch »mortalis et immortalis« ist. Für die Humanisten und die Denker der it. Renaissance (z. B. Manetti; P. della Mirandola; Brandolini, Dialogus de humanae vitae conditione…; Valla, Repastinatio; B. de' Sacchi, De vero et falso bono) liegen in der Gottesebenbildlichkeit und in der Schöpferkraft, d. h. in Verstandesleistungen und Taten, die Würde und die Freiheit des Menschen begründet. Für A. da Barga (Libellus de dignitate…) und für Manetti ist die Deifikation dem Menschen wesentl. auch aufgrund seiner Seele und für Ficino, Guarino Veronese, Facio auch aufgrund seiner Sprach- und Schreibfähigkeit gegeben. Aber immer wieder müsse der Mensch um »divinum auxilium« (F. Petrarca, Epistolae familiares, Ix, 16, 2) bitten, da er wegen der Ursünde doch stets wieder zum Bösen neigen werde. Die Deifikation, die im Grunde immer auch auf der »humanitas« Gottes beruht und nicht ohne Gegenleistung gegeben ist, wird so zur tägl. Aufgabe des Menschen. Grundsätzl. läßt sich jedoch ein allg. Mentalitätswandel im Humanismus ausmachen, in dem die Grundlagen für das für die Renaissance typ. Menschenbild des »uomo universale« gelegt werden. Die Entdeckung der Würde des Menschen veränderte letztl. auch die Auffassung vom menschl. Körper und von der Sexualität. Bei Manetti wird »nuditas« zum Ausdruck menschl. Exzellenz, selbst Exkremente haben wichtige Funktionen. Der Körper wird zur vollkommenen Komposition, so »daß Götter in der Gestalt von Menschen gemalt und gemeißelt werden müßten« (Manetti, Über die Würde, 3, 18). Geschlechtslust und Sexualität sind nicht mehr per se mit S. und Schande behaftet, sondern werden zu einem selbstverständl. Teil der menschl. Natur (Brandolini, Manetti, Morandi). Ansätze zu einer liberalen Sexualethik entstehen. Die Ehe wird zur »cellula mater« des Staates (Bruni), als vollkommene Gemeinschaft von Mann und Frau zur Förderin von Kultur durch die »studia humanitatis« (Ficino, Matrimonii laus). Ausgehend von einer veränderten Interpretation des S.nfalls gelangt der Humanismus zu einem positiven Menschenbild, das in der berühmten, zwar nie gehaltenen »Oratio de dignitate hominis« des Pico della Mirandola einen seiner schönsten Ausdrücke findet: »Ein großes Wunder, o Asklepius, ist der Mensch.«

B. Hentschel

Lit.: G. MÜLLER, Bildung und Erziehung im Humanismus der it. Renaissance. Grundlagen – Motive – Q., 1969 – C. TRINKAUS, In Our Images and Likeness. Humanity and Divinity in Italian Humanist Thought, 2 Bde, 1970.

III. IKONOGRAPHIE: Entsprechend seiner grundlegenden Bedeutung für die Theologie der Erlösung erscheint der

S.nfall schon früh in der chr. Kunst und blieb auch im MA die wichtigste Szene der Zyklen von →Adam und Eva. Schon in den frühesten Darstellungen des 3./4. Jh. stehen die jugendlichen, nackten Adam und Eva meist wie im MA symmetr. zu Seiten des Paradiesbaumes (an diesem oft die Schlange mit dem Apfel). Der S.nfall ist stets bereits erfolgt, denn die Verhüllung der Scham mit Blättern weist auf die Folgen der Sünde hin, ebenso auf Sarkophagen des 4. Jh. die Beigabe von Ährenbündel und Lamm. Diese Hinweise auf Adams Feldarbeit und Evas Wollespinnen werden bisweilen auch von Christus in eigener Szene übergeben (im MA sind Ackerbau, Spinnen und Kinderaufzucht real dargestellt). Die Vertreibung aus dem Paradies erfolgt anfangs nicht, wie meist im MA, durch einen Engel, sondern durch Christus (Lotsarkophag in S. Sebastiano) oder Gottvater (Katakombe Via Latina), so daß für Rom im 4. Jh. neben dem Vorbild für die Cotton-Genesis (5. Jh., →Bibelillustration; →Genesis-Illustration) weitere Hss. mit Adam-Eva-Zyklen anzunehmen sind (KOROL 1979). Die Cotton-Genesis (aus den Mosaiken in S. Marco, Venedig, erschlossen), karol. Hss. (Grandval-Bibel, London) und die byz. Oktateuche (→Oktateuch-Illustration) bringen vor dem eigtl. S.nfall die Ermahnung der Stammeltern und die Versuchung Evas durch die Schlange. In zahlreichen ma. Zyklen spricht Eva mit der Schlange, während sie Adam den Apfel reicht. In der Regel wurde nicht zw. der Schlange des S.nfalls und Satan unterschieden; doch ist im frühesten dt. Zyklus auf den Bronzetüren →Bernwards in Hildesheim die Schlange neben Eva, Satan als →Drache hinter Adam dargestellt. Entsprechend schiebt beim anschließenden Verhör Adam die Schuld durch Handgebärde auf Eva, diese auf den Drachen unter ihr. Seit dem 12. Jh. erscheint die Schlange des S.nfalls häufig mit Frauenkopf oder -oberkörper, im SpätMA auch bekrönt (Ähnlichkeit fördert die Zustimmung: Petrus Comestor nach Beda [Hist. Schol., Gen. 21 (MPL 198, 1072)]). In ma. typolog. Bildern ist der S.nfall Typos der Versuchung Christi (z. B. Bible moralisée, Biblia Pauperum; literar. schon seit Ambrosius belegt: Expos. in Lucam 4, 28–34). Häufiger ist jedoch die antithet. →Typologie des Gegensatzes von Schuld und Erlösung: Christus als Büste oder am Kreuz im Baum neben Eva oder dem S.nfall; Verkündigung an Maria neben Versuchung Evas; Ecclesia mit Kreuz neben S.nfall (De laudibus S. crucis, München Clm 14159); S.nfall und Kreuzabnahme Jesu (Klosterneuburger 'Altar'; weitere Bildnachweise und Lit. zu Details, z. B. der Schlange auf dem Kamel beim S.nfall der Oktateuche: SCHADE, v. ERFFA). S. a. →Schlange (als Symbol der Erbsünde).

J. Engemann

Lit.: LCI I, 41–70 [H. SCHADE] – RByzK I, 40–54 – RDK I, 126–167 – S. ESCHE, Adam und Eva, 1957 – E. GULDAN, Eva und Maria, 1966 – K. WEITZMANN–H. L. KESSLER, The Cotton Genesis, 1986 – D. KOROL, JbAC 22, 1979, 175–190 – DERS., Die frühchr. Wandmalereien aus den Grabbauten in Cimitile/Nola, 1987 – H. M. v. ERFFA, Ikonologie der Genesis, 1, 1989, 162–248 – U. KOENEN, Das 'Konstantinskreuz' im Lateran und die Rezeption frühchr. Genesiszyklen im 12. und 13. Jh., 1995.

IV. JUDENTUM: S. ('Aberah), seit talmud. Zeit (→Talmud) ein »Übertreten« des in Ge-und Verboten in der →Tora gefaßten Willen Gottes, bei Vorsatz schwerer als bei Versäumnis/Unterlassung (b Jom 86a), wird im Judentum unterschieden als Verfehlung gegenüber Gott und gegenüber dem Mitmenschen. Diese erfordert Wiedergutmachung und Aussöhnung mit dem Gekränkten vor der Bitte um Verzeihung Gottes (v. a. zu Jahresbeginn während der zehn Bußtage, wohingegen der Versöhnungstag [→Yom Kippur] nur den S.n gegen Gott, gegen den Menschen jedoch erst nach einer Aussöhnung Vergebung bringt [mJom 8, 9]). Neben der individuellen hat S. als Verfehlung gegen den in der Tora als Welt- und Lebensordnung geoffenbarten Gotteswillen eine gesellschaftl., kosm. und heilsgesch. Dimension, da sie den kollektiven Erwählungsauftrag Israels verletzt und den Lauf der Welt(Heils-)geschichte beeinträchtigt. Somit wird u. a. das Exilsdasein (Galut) seit Zerstörung des 2. Tempels (70 n. Chr.) als katastrophale Strafe für S. angesehen – »Wegen unserer S.n sind wir im Exil und aus unserem Land verbannt« (Machzor) –, die in der →Kabbala theurg. und kosm. Dimensionen erhält. Mord, Götzendienst, Ehebruch und Inzest gelten als die schwersten S.n, die zu verhindern das Leben einzusetzen ist (bSan 74a). Einem Götzendiener gleicht jedoch, wer das Hl. Land verläßt, um anderswo zu wohnen (Sifra, Be-Har 6), und einer Bluttat gleichzusetzen ist die öffentl. Beschämung seines Nächsten (BM 58b). Verursacht wird die S. durch die Befolgung des (geschaffenen) bösen Triebs (Jetzar ha-raʿ), den der Mensch in eigener Verantwortung dem (geschaffenen) guten Trieb (Jetzar ha-ṭob) vorzieht. Tora(studium) und Befolgung der Ge- und Verbote sind das beste, gleichzeitig geschaffene (Gegen-)Mittel zur Überwindung des bösen Triebs und zur Verhütung der S. (bSot 21a; bKid 30b). Abkehr von S. und »Umkehr« (Teshubah) zu Gott haben ebenso wie das »Verdienst der Väter« nicht nur eine individuelle, sondern wie »S.« und »S. der Väter« eine kosm. Dimension. Denn ohne Umkehr/Buße hat die Welt keinen Bestand (bPes 54a), eine talmud. Auffassung, der in fast allen ethischen und religionsphilos. Schriften des MA eigene Abschnitte gewidmet sind. →Maimonides bündelt die rabbinisch-talmud. Auffassungen über S. und Buße in seinem Codex, der Mishneh Torah (Sef. ham-Maddaʿ, Hil. Tesh, 1–2.), und betont in gleicher Weise das Ablassen von und Bekenntnis der S. sowie eine Wiedergutmachung als Voraussetzung der Vergebung. Dem wird im aschkenas. →Ḥasidismus (z. B. →Eleazar v. Worms) die Kasteiung hinzugefügt, die jedoch nur selten zu Auswüchsen geführt hat. Grundsätzlich gilt die traditionsgebundene Auffassung des Prager Rabbiners Ezechiel ben Judah Landau (1713–93), daß »Kasteiung (→Fasten)« vielleicht hilfreich, jedoch sekundär ist, da Bußfertigkeit im Aufgeben der S., im Bekennen mit einem reumütigen und aufrichtigen Herzen besteht (Responsa, Orach Chajjim, Nr 35). Abgesehen von der Orthodoxie entspricht den unterschiedl. Entwicklungen des modernen Judentums eine große Spannweite von Ansichten über S., die bis zum rein ethischen Begriff im Reformjudentum reicht.

R. Schmitz

Lit.: The Code of Maimonides, 1949ff. – E. E. URBACH, The Sages, Their Concepts and Beliefs, 1994³ – L. JACOBS, A Jewish Theology, 1973.

Sündenklage. Als S.n bezeichnet man eine kleine Gruppe frühmhd. Texte in überwiegend gebundener Form, in denen ein schuldbeladenes Ich seine »Sünden bekennt und diese zugleich reuevoll beklagt. Das Zentrum der Gruppe bilden zwei nach Umfang und Qualität herausragende Werke, an denen sich die Definition des Typus 'S.' orientiert: Die »Millstätter S.« (864 fragmentar. Vv., um 1130, MAURER II, 57–101) und die »Vorauer S.« (858 Vv., um 1150/60, MAURER III, 95–123). Beide weisen eine Dreiteilung auf: 1. Anrufung Gottes (in der Vorauer S. nach wenigen Versen sich auf Maria konzentrierend), 2. das eigtl. Sündenbekenntnis (beichtspiegelartig alle nur denkbaren Vergehen aufreihend), 3. die Bitte um Vergebung unter Berufung auf frühere Gnadenerweise Gottes.

Wie schon diese Gliederung erkennen läßt, verdanken die S.n ihre Anregung den volkssprachigen 'Beichten' (→Beichtformeln). Von diesen unterscheiden sie sich jedoch durch das Hinzutreten des Anrufungsteils, durch das bei den 'Beichten' nur selten erkennbare Bemühen um Literarisierung und durch ihren persönl.-emotionalen Ton.

Neben den erwähnten Texten sind zwei weitere S.n erhalten: die in des Armen Hartmann »Rede vom heiligen Glauben« inserierte S. (Vv. 1752-2368, MAURER II, 601-611; 1140/60) und der »Rheinauer Paulus« (Fragm., 125 Vv., MAURER II, 47-56; älteste erhaltene S., Anfang 12. Jh.; in den Schlußteil der Millstätter S. übernommen). Weitere Texte können aufgrund ihres fragmentar. Erhaltungszustands nur mit Vorbehalten den S.n zugeordnet werden: die »Cantilena de conversione Sancti Pauli« (MAURER I, 261-268, die »Klagenfurter Gebete« (MAURER II, 323-327; die »Rheinauer Gebete« (WILHELM, 64-69).

Als literar. Typus belegen die S.n eindrucksvoll eine auch anderweitig in der frühmhd. Lit. zu beobachtende Erscheinung: die gegenüber der ahd. Periode gewachsenen ästhet. Ansprüche und religiösen Bedürfnisse der Rezipienten.

Neben und vor den dt. S.n entstehen, ihnen der Intention nach verwandt, als künstler. Leistungen aber weit überlegen, im lat. Bereich die Planctus poenitentiae (→Planctus). Sie finden sich seit dem 9. Jh. in den lyr. Œuvres zahlreicher mlat. Autoren; vgl. bes. →Gottschalks »O deus miseri...« (MGH PP III, 729-731) oder des →Petrus Damiani »Rhythmus poenitentis monachi« (MPL 145, 971f.). – Zu engl. und roman. Texten, die sich den dt. S.n in etwa vergleichen ließen, aber keine entsprechende Gruppenbildung erfahren haben, →Beichtformeln.
G. Vollmann-Profe

Bibliogr.: F. G. GENTRY, Bibliogr. zur frühmhd. geistl. Dichtung, 1992 – Ed.: F. WILHELM, Denkmäler dt. Prosa des 11. und 12. Jh. [Nachdr. 1960] – F. MAURER, Die religiösen Dichtungen des 11. und 12. Jh., 3 Bde, 1964-70 [Lit.] – Lit.: MERKER-STAMMLER² IV, 296-298 – Verf.-Lex.² I, 450-454, 1172f.; III, 189-199; IV, 1169f.; VI, 538-541; VII, 501-504; VIII, 22f., 24-28.

Sunder, Friedrich, * 1245, † 1328, Kaplan im Dominikanerinnenkl. →Engeltal, verfaßte eine myst. mhd. Autobiographie in Form eines Gnadenlebens. Sie enthält neben Manifestationen seiner Marienfrömmigkeit Unionserlebnisse mit Jesus, Zeichen seiner Auserwählung, himml. Ehrungen, Süßigkeitsempfindungen u. ä., die S. (atypisch für die ma. Erlebnismystik) nicht unmittelbar als Visionen schaut, sondern in Form von Auditionen über seine Träume erfährt. Sie werden dann allerdings allegor. gedeutet. Wie seine Pastoral dürfte auch dieses Werk anregend für Christine →Ebner und Adelheid →Langmann gewesen sein, deren Offenbarungen manche Analogien zeigen (z. B. Thema der »Gnadenfrucht«)
P. Dinzelbacher

Ed. und Lit.: S. RINGLER, Viten- und Offenbarungslit. in Frauenkl. des MA, 1980 – P. DINZELBACHER, ZDA 111/Anzeiger 93, 1982, 63-71.

Sundgau. Das →Elsaß löste sich Mitte des 7. Jh. unter eigenen Hzg.en aus dem Hause der →Etichonen vom alam. Hzm. Es zerfiel nach dem Aussterben der Etichonen in zwei Gft.en, den Nordgau und den S. (seit dem 8. Jh. durch den n. von Colmar und St. Pilt verlaufenden Landgraben getrennt), und die Gf.engeschlechter wurden die vorherrschenden Gewalten im Elsaß. Dies waren im S. die Eberharde. Nachdem die Besitzungen Gf. →Guntrams 952 auf dem Hoftag Ottos I. in Augsburg eingezogen worden waren, erhielt 962 der burg. Hzg. Rudolf den Großteil des Gutes Guntrams. Die Führung im S. übernahmen die 970 erstmals erwähnten Gf.en v. Mömpelgard (→Montbéliard). Durch Teilung um 1100 und inneren Zwist wurde die Gf.enfamilie geschwächt, der ö. Zweig nannte sich bald nach seiner Burg Pfirt; seine Gft. →Pfirt setzte sich aus dem mömpelgard. Land im S des Elsaß und dem Egisheimer Erbe (→Dagsburg) zusammen. Neben ihm besaßen die →Habsburger schon zu Beginn des 11. Jh. einen ausgedehnten Besitz im oberen Elsaß (Habsburger Urbar). Mit dem Erwerb der Lgft. im Elsaß (1135) und der Gft. Pfirt (1324) wurde Habsburg zur bestimmenden Gewalt im S. Aus der Lichtenberger Fehde (1261/62) und den Auseinandersetzungen mit dem Bf. v. Basel (1268-73) gingen die Habsburger gestärkt hervor. Im Verlauf der nächsten Zeit konnten sie weitere Herrschaftsteile im S. erwerben, bis auf die Gft. Horburg-Reichenweier, die durch Kauf 1324 an die Gft. →Württemberg überging, und die Stadt →Mühlhausen. Über das straßburg. Rufach und die Abtei →Murbach erlangten sie später die wichtigen Vogteirechte. Kg. Rudolf faßte die habsbg. Gebietsteile im Elsaß zusammen und schuf ein einheitl. verwaltetes Territorium im Oberelsaß, das mehr als die Hälfte des Territorialbesitzes im ganzen Elsaß umfaßte. 'S.' wurde schnell die Bezeichnung für die elsäss. Lande des Hauses Habsburg. Der S. wurde seit 1250 von Ensisheim aus verwaltet. Im Vertrag v. →St-Omer (1469) verpfändete Ehzg. Siegmund v. Tirol u. a. den S., der in dieser Zeit von dem Landvogt Peter v. →Hagenbach verwaltet wurde, an Burgund. 1474 wurde die Pfandschaft mit Hilfe der →Niederen Vereinigung und eines Darlehens der Reichsstädte wieder an Österreich zurückgelöst. Damit war ein weiteres Vordringen Burgunds an den Oberrhein gebannt. Der Verkauf der gesamten vorderösterr. Lande, u. a. des S.es, durch den kinderlosen Hzg. Siegmund 1487 an den Hzg. v. Bayern scheiterte an dem Widerstand der Landstände und des Gesamthauses, Ks. Friedrichs und Kg. Maximilians I. Durch die Heirat Maximilians I. mit →Maria v. Burgund wurde der S. bedeutend als Brücke zw. Österreich und Burgund und dann bei dem ernsthaften Versuch Maximilians, ein einheitl. Schwaben in habsbg. Hand zu schaffen.
P.-J. Schuler

Lit.: →Elsaß – TH. MAYER, Hist.-polit. Kräfte im Oberrheingebiet im MA, ZGO NF 52, 1952, 1-24 – C. M. MÜLLER, Ma. Städte im Elsaß und im S., Alem. Jb., 1958 – P. STINTZI, Die habsbg. Güter im Elsaß (F. METZ, Vorderösterreich, II, 1959), 475-535 – W. BAUM, Die Habsburger in den Vorlanden 1386-1486, 1993.

Suñer, Gf. v. →Barcelona, →Gerona und Ausona 911-947, † 15. Okt. 95, ☐ La Grasse, Sohn Gf. →Wifreds 'el Pelós', heiratete Richilde und übernahm 911 von seinem Bruder →Wifred II. Borell das Gf.enamt v. Barcelona; von seinen drei Söhnen folgten ihm →Borell II. und Miro I. in der Gft. Barcelona nach, wohingegen Ermengol v. Ausona auf einem Feldzug gegen →Sunifred II. v. →Cerdaña (943) fiel. Nach dem Tod seines 2. Bruders Miro II. v. Cerdaña→Besalú (927) machte er dessen Gattin Ava erfolglos die Vormundschaft über die minderjährigen Kinder streitig. 934 gab er ein Drittel der Münze v. Gerona an die dortige Hochkirche. Auf wiederholten Kriegszügen gegen die Mauren (912, 914, 936/937) konnte er →Tortosa zu Tributzahlungen zwingen, deren zehnten Teil er 944 zur Errichtung eines Claustrums der Kirche v. Barcelona schenkte. Er gründete zusammen mit seiner Gattin das Kl. Sant Pere de les Puelles in Barcelona, schenkte Besitzungen an Abt →Caesarius v. →Montserrat zur Gründung von Santa Cecilia und zog sich schließlich 947 in das Kl. La Grasse zurück, wo er auch starb.
U. Vones-Liebenstein

Lit.: Diccionari d'Hist. de Catalunya, 1992, 1028f. [J. M. SALRACH] – Gran Enc. Cat. XIV, 1980, 74f. [DERS.] – R. D'ABADAL I DE VINYALS, Dels Visigots als Catalans, I, 1969, 338–346 – O. ENGELS, Schutzgedanke und Landesherrschaft im östl. Pyrenäenraum, 1970 – A. BENET I CLARA, El procès d'independència de Catalunya, 1988 – M. AURELL, Les noces du Comte. Mariage et pouvoir en Catalogne (785–1213), 1995.

Sunifred. 1. S. I., * um 800, † 848, Gf. v. →Cerdaña- →Urgel um 834–848, Gf. v. →Barcelona 844–848, Gf. v. →Narbonne, →Carcassonne, →Maguelone, →Béziers und →Nimes 844–848, Sohn Gf. Bellos v. Carcassonne, ⚭ Ermessenda (um 840, † 885/888), von der er fünf Söhne hatte: →Wifred 'el Pelós', Gf. v. Barcelona (878–897); Miro 'el Vell', Gf. v. Cerdaña, Conflent und Roussillon (870–896); Radulf, Gf. v. Besalú (878–920); Riculf und Sunifred. S. löste 834 im Auftrag →Ludwigs d. Fr. Galindo als Gf. v. Cerdaña-Urgel ab. 841/842 gelang es ihm, einen Feldzug der Mauren gegen Narbonne zu vereiteln. So setzte ihn →Karl d. K. nach dem Sturz des Gf.en →Bernhard v. Septimanien 844 in dessen Gft.en ein. Nur vier Jahre später sollte er im Kampf gegen Bernhards aufstand. Sohn Wilhelm fallen. U. Vones-Liebenstein

Lit.: Gran Enc. Cat. XIV, 1980, 71 [J. M. SALRACH] – R. D'ABADAL I DE VINYALS, La institucio comtal carolingia en la Pré-Catalunyà del segle IX, Anuario de Estudios Medievales 1, 1964, 29–75 – J. M. SALRACH, El procès de formacir nacional de Catalunya (s. VIII–IX), Bd. II, 1978, 5–32 – R. D'ABADAL I DE VINYALS, Els primers comtes catalans, 1980³, 13–25 – M. AURELL, Les noces du Comte. Mariage et pouvoir en Catalogne (785–1213), 1995.

2. S. II., Gf. v. →Besalú 957–965, Gf. v. →Cerdaña, →Conflent, Bergueda 941–965, * um 915, † 965/968, ▢ St-Michel de →Cuxa, Sohn Gf. Miros v. Cerdaña-Besalú und der Ava, die nach dem Tod ihres Gatten (927) während der Minderjährigkeit ihrer Söhne S., Wifred, →Oliba Cabreta und →Miro die Regentschaft führte (bis 938). Zu krieger. Verwicklungen mit dem Gf.enhaus v. →Barcelona kam es um den Besitz der Abtei →Sant Joan de les Abadesses. Nach der Ermordung seines Bruders Wifred II. fiel S. 957 mit einem Heer in die Gft. Besalú ein, ließ die Besitzungen der Aufständischen konfiszieren und übernahm dort die Herrschaft. Er förderte sein Hauskl. Cuxa durch zahlreiche Schenkungen, gründete Sant Pere de →Camprodon und erwirkte in Rom Privilegien für →Ripoll und La Grasse. Nach seinem kinderlosen Tod fielen die Gft.en an seine Brüder Oliba Cabreta und Miro.
U. Vones-Liebenstein

Lit.: Diccionari d'Hist. de Catalunya, 1992, 1028 [M. COSTA I PARETAS] – Gran Enc. Cat. XIV, 1980, 70f. [J. M. SALRACH] – R. D'ABADAL I DE VINYALS, Com neix i com creix..., Analecta Montserratensia 8, 1954-55, 125–337.

Sunna, Sunniten → Islam, II

Sunniva, hl. (Fest: 8. Juli), soll eine ir. Kg.stochter gewesen sein, die vor einem heidn. Bewerber floh und zusammen mit Gefährten auf der norw. Insel →Selja strandete, dort den Hungertod erlitt, und deren Leichnam 996 unversehrt aufgefunden worden sein soll. Nachrichten über diesen frühesten Hl.nkult in Norwegen betreffen zunächst ausschließl. S.s Gefährten (→Adam v. Bremen, Scholion 145), während S. erst im 12. Jh., vielleicht unter dem Einfluß der Legende der hl. Äbt. Modwenna oder der hl. →Ursula, zur zentralen Gestalt der Hl.n v. Selja wurde. Nach der Translation ihrer Reliquien in den neuen Dom v. →Bergen (7. Sept. 1170) verbreitete sich die Verehrung S.s in Norwegen und den Nachbarländern. T. Nyberg

Q.: Acta sanctorum in Selio, hg. G. STORM, Mon. hist. norvegiæ, 1880, 145–152, 283–289 – *Lit.*: Y. NIELSEN, De gamle Helligdomme paa Selja (Fschr. J. E. SARS, 1905), 164–181 – A. O. JOHNSEN, Når slo S.-kulten igjennom? Bjørgvin bispestol, Frå Selja til Bjørgvin, 1968, 40–68 – T. LUNDÉN, Bilder av de norska helgonen, Fornvännen 70, 1975, 178–183 – O. M. SELBERG, S. – namnet og helgenen, Årbok for Nordfjord 21, 1987, 84–100.

Süntel, Schlacht am (782). Die von →Karl d. Gr. auf dem Hoftag v. →Lippspringe geregelte herrschaftl. Erfassung →Sachsens führte im Sommer 782 zu einem erneuten Sachsenaufstand unter →Widukind. Ein zum Slavenkampf gesandtes frk. Heer unter den Legaten Adalgis, Geilo und Worad rückte von O, ein Aufgebot unter Gf. Dietrich von W gegen die Sachsen vor, die sich n. des Höhenzuges S. zum Kampf stellten: Ablauf (→Reichsannalen: frk. Sieg; Annales qui dicuntur Einhardi: Niederlage des Heeres der Legaten wegen Uneinigkeit und Nachlässigkeit der militär. Führer) und Ort (eher bei der Porta Westfalica als n. Hameln) sind wegen abweichender Quellenberichte nicht exakt zu klären. Die Folgen lassen die bisher schwersten Kämpfe der Sachsenkriege freilich als vollständigen sächs. Sieg bei schweren frk. Verlusten (zwei der drei Legaten, vier Gf.en, 20 nobiles und Gefolge) erscheinen, was dann die grausame Vergeltung Kg. Karls in →Verden nach sich zog. B. Schneidmüller

Q.: Annales regni Francorum, ed. F. KURZE, MGH SRG (in us. schol.) 6, 1895, 58–63 – *Lit.*: S. ABEL – B. v. SIMSON, JDG K. d. Gr., I, 1888², 428–432 – M. LINTZEL, Ausgew. Schrr. I, 1961, 144–146, 155–157 – Die Eingliederung der Sachsen in das Frankenreich, hg. W. LAMMERS, 1970.

Super cathedram, Bulle Papst →Bonifatius' VIII. (18. Febr. 1300). Im Konflikt zw. Weltklerus und Bettelorden (→Franziskaner, →Dominikaner) regelte sie in klarer Rechtsabgrenzung die Frage der Privilegien der Mendikanten. So sollten diese in ihren eigenen Kirchen und Niederlassungen sowie auf öffentl. Plätzen ungehindert predigen dürfen, in Pfarrkirchen jedoch nur mit Erlaubnis des Pfarrers. Die Beichtvollmacht mußte vom zuständigen Bf. eingeholt werden. Die mit der Bulle verfügten, später auch auf die →Augustiner-Eremiten ausgedehnten Einschränkungen ihrer bisherigen Privilegien stießen bei den Mendikanten auf Ablehnung. Zwar konnte unter dem nachfolgenden Papst →Benedikt XI. aus dem Dominikanerorden die Aufhebung der Bulle erwirkt werden, doch setzte sie →Clemens V. wieder in Kraft. M. Heim

Q. und Lit.: Corpus iuris canonici, ed. AE. FRIEDBERG, II, 1881 [1959], 1162–1164, 1273 – HKG III/2, 355, 683 – LThK³ II, 580 – SEPPELT IV, 49f. – PLÖCHL II, 286 – T. M. IZBICKI, The Problem of Canonical Portion in the Later MA: The Application of 'S. c.' (Proceedings of the 7th Internat. Congr. of Medieval Canon Law, 1988), 459–473.

Superior, Vorgesetzter von religiosen Gemeinschaften, der befugt ist, untergebene Ordensmitglieder zu leiten und zu beaufsichtigen. Die Verbandsbildung ehemals unabhängiger Kl. auf Grundlage der →Regula s. Benedicti ließ übergeordnete Führungsebenen entstehen: Der →Abt einer Gründungsabtei, von der eine monast. →Reform ausgegangen war, erhielt eine Vorrangstellung. Die zentralist. Verfassung der →Zisterzienser ist hierarch. gestuft: Als höchste Instanz wählen die Generalkapitel, zu denen alle Prov. vorsteher beigezogen werden, für eine gewisse Amtsdauer ein Oberhaupt. Diese Generale unterstehen direkt dem Papst und genießen die gleichen Privilegien wie Bf.e; die Ordensangelegenheiten beim Hl. Stuhl nehmen →Kard.protektoren wahr. Die Konstitutionen der →Dominikaner hatten repräsentative Organe geschaffen: Provinziale – in der Regel auf drei Jahre ernannt – haben Versammlungen zusammenzurufen, vorzustehen und Kapitelbeschlüsse dem Oberen zur Bestätigung vorzulegen. S.es maiores (u.a. General, Provinzial, Vikar von Kongregationen, Definitor für Distrikte, Kustos in Bezirken) führen persönl. oder durch Stellvertreter die →Visitation durch; S.es minores (Abt, Dekan, Propst, Prior,

Subprior, Guardian o. ä.) besitzen die unmittelbare Leitungsgewalt über die lokalen Häuser, unter Mitwirkung des Prokurators auch hinsichtl. der Vermögensverwaltung. In weibl. Verbänden wurde Oberin später zum Titel für eine antistita; diese Vorsteherin blieb jedoch der Oberaufsicht des örtl. Ordinarius unterstellt. A. Rüther

Lit.: DDC VII, 1114–DSAM VI, 644–699–ECatt XI, 1573f. – LThK² IX, 1190 – NCE XIII, 811f.

Supernova gehört wie Nova und →Kometen im MA zu den einzigen unvorhersehbaren kosm. Erscheinungen. Die S. wird von der Nova erst in der NZ aufgrund physikal. Merkmale unterschieden. Der Begriff Nova geht auf Plinius d. Ä., nat. hist. II, XXIV. 95, zurück; seine Erwähnung Hipparchs ist wesentl. wegen des Fehlens der Nova im →Almagest. Die Echtheit einer ma. S.-Beobachtung ist gesichert, wenn an der Himmelsposition heute ein Überrest festgestellt werden kann, was jedoch erhebl. von der Lage bezügl. der Milchstraße abhängt (gesichert für 1006 und 1054, fraglich 1181, abzulehnen 1069). Die S. von 1006 (südl. des Skorpions) wird in vielen chines. und arab. Q. sowie in den Aufzeichnungen der Kl. Benevent, Lobbes, Mousson und St. Gallen (»in intimis finibus austri«) erwähnt, die S. von 1054 (im Stier) dagegen von acht chines. und einer arab. Q. K. Locher

Lit.: N. A. PORTER, The Nova of A. D. 1006 in European and Arab Records, JHA 5, 1974, 99–104 – D. H. CLARK–F. R. STEPHENSON, The Historical S.ae, 1977 – K. BRECHER, E. LIEBER, A. E. LIEBER, A Near-Eastern Sighting of the S. Explosion of 1054, Nature 273, 1978, 728–730 – U. DALL'OLMO, Lat. Terminology Relating to Aurorae, Comets, Meteors and Novas, JHA 11, 1980, 10–27 – L. PEARCE WILLIAMS, The S. of 1054: A Medieval Mystery (The Analytic Spirit, ed. H. WOOLF. Essays in the Hist. of Science in Hon. H. GUERLAC, 1981), 329–349.

Superpelliceum → Kleidung, II

Supersaxo, Adelsgeschlecht des →Wallis, bekannteste unter mehreren Familien, die sich nach dem im Oberwallis häufigen Toponym S. ('Auf der Flue') nannten. Die S. sind seit dem 14. Jh. im Weiler Z'Brigg ('apud Brügk, super saxo', 1549) in der heut. Gemeinde Ernen belegt. *Walter* S. († 1482), Sohn von *Nikolaus* und seiner Gemahlin *Anthonia*, ist seit 1436 als Kapellan in →Sitten (Sion) bezeugt, 1442 Pfarrer in Ernen, 1443 Kanoniker in Sitten, seit 1457 Bf. Zur Wiederherstellung des alten bfl. Herrschaftsbereiches ('patrimonium S. Theoduli') knüpfte er im Rahmen der Burgunderkriege ein Netz von Allianzen und konnte, mit Hilfe →Berns und der →Eidgenossen, die Macht →Savoyens bis Massongex (bei St-Maurice) zurückdrängen. Sein natürl. Sohn *Jörg* (Georg) (* um 1450, † März 1529 in Vevey), ein geschickter, humanistisch gebildeter Diplomat, zugleich aber auch kraftvoller »Volkstribun« und Condottiere, war seit 1494 Sekretär unter Bf. Jost v. Silenen, trug zu dessen Ausschaltung bei, betrieb die Wahl eines Übergangsprälaten, Nikolaus Schiner (1496–99), um schließlich die Bf.swahl des von ihm geförderten Matthäus→Schiner (1499) zu begünstigen. Im Hinblick auf die Italienkriege unterstützte S. zunächst die kaisertreue Politik des Bf.s, wandte sich aber, wohl um persönl. Vorteile willen, dem Kg. v. →Frankreich zu und wurde als Führer der frankreichfreundl. Partei zum erbitterten Gegner Schiners, den er nach wechselvollen polit., jurist. und militär. Auseinandersetzungen 1516 aus dem Lande drängte. Doch wurde auch S. kurz vor seinem Tode exiliert. F.-O. Dubuis/A. Lugon

Lit.: H.-A. v. ROTEN, Zur Gesch. der Familie S., Vallesia 29, 1974, 1–29 – F.-O. DUBUIS–A. LUGON, Essai de topographie sédunoise, ebd. 41, 1986, 309–348 – s.a. Lit. zu →Schiner [A. BÜCHI, 1923–37].

Supplik → Originalsupplik

Supplikenregister → Papstregister

Süpplingenburg, Burg und Stift nw. Helmstedt (Niedersachsen). Als Zubenennung für →Lothar III. zu 1106 von den Hildesheimer Annalen (→Hildesheim) und vom Annalista Saxo (→Arnold, Abt v. Berge) erstmals erwähnt (»de Supelingeburg/comes de Suplingeburch«), war die Niederungs B. S. davor wohl Besitz von Lothars väterl. Vorfahren oder der Gf. en v. →Haldensleben, von denen Lothars Mutter Hedwig v. →Formbach abstammte. Wahrscheinl. der Ks. stiftete in S. ein 1150 bezeugtes Kollegiatstift, das 1245 als Templerkomturei erscheint; seit 1357 Johanniterkommende. W. Petke

Q. und Lit.: RI IV, 1, 1, neubearb. W. PETKE, 1994, Nr. 1, 6 – K. HECHT, Ein Beitr. zur Baugesch. der Stiftskirche in S., Niedersächs. Denkmalpflege 9, 1978, 21–66 – G. STREICH, Burg und Kirche während des dt. MA, II (VuF Sonderbd. 29/II, 1984), 545f. – W. PETKE, Kanzlei, Kapelle und kgl. Kurie unter Lothar III., 1985, 85f. – G. STREICH, Kl., Stifte und Kommenden in Niedersachsen vor der Reformation, 1986, 122f.

Supponiden, nach salfrk. Recht lebendes Adelsgeschlecht, dessen Angehörige im 9. und in der 1. Hälfte des 10. Jh. zeitw. die Gft.en →Brescia, →Parma, →Piacenza, →Modena, →Bergamo und das Hzm. →Spoleto verwalteten, vornehml. im Gebiet um Parma reich begütert waren und engste Kontakte zu Kg.en und Ks.n unterhielten. Die Grundlagen hierfür legte Gf. Suppo (I.) v. Brescia, der 814 als Pfgf. fungierte, 817 die Konspiration Kg. →Bernhards gegen Ks. Ludwig d. Fr. aufdeckte und 822–824 Hzg. v. Spoleto war. Über seine mutmaßl. Söhne Gf. Mauring v. Brescia († 824 als designierter Hzg. v. Spoleto) und Gf. Adalgis (I.) v. Parma († nach 861) pflanzte sich das Geschlecht fort; einerseits im Pfgf. Maurinus († um 850) und im archiminister und consiliarius Ks. Ludwigs II. Suppo (III., † 878/879 nach Verlust des Hzm.s Spoleto), der eine Schwester Mgf. →Eberhards v. Friaul geehelicht hatte, und andererseits in den in Oberitalien tätigen Gf.en Suppo (II.), Egifred und Arding und ihrer Schwester, der Ksn. →Angilberga, wobei Suppo (II.) wiederum die als tapfere Helfer Kg. →Berengars I. im Kampf gegen seinen Rivalen →Wido gepriesenen Gf.en Adalgis (II.), Wifred und Boso, den Bf. und Kanzler Berengars I. Arding v. Brescia sowie Bertilla (= Gemahlin Berengars I.) zu Kindern hatte. Seit der Mitte des 10. Jh. verlieren sich die sicheren Spuren dieses Geschlechts. – Daß bereits Kunigunde, die Gemahlin Kg. Bernhards v. Italien († 818), den S. zugehörte, wurde erwogen, bleibt aber ebenso unsicher wie eine frühe Verbindung mit den →Otbertinern oder die Zuweisung Hildegards, Gemahlin Gf. Adalbert/Attos v. →Canossa, zu dieser Familie. E. Hlawitschka

Lit.: I. MALAGUZZI VALERI, I Supponidi, 1894 – B. BAUDI DI VESME, Dai Supponidi agli Obertenghi, BSBS 22, 1920, 201–242 – S. PIVANO, Il testamento e la famiglia dell'imperatrice Angelberga, ASL 49, 1922, 263–294 – DERS., Le famiglie comitali di Parma, Arch. stor. per le prov. Parmensi NS 22 bis, 1922, 501–525 – E. HLAWITSCHKA, Franken, Alemannen, Bayern und Burgunder in Oberitalien (774–962), 1960, bes. 299–309 – J. FISCHER, Kgtm., Adel und Kirche im Kgr. Italien (774–875) [Diss. Tübingen 1965], 205ff. – R. SCHUMANN, Authority and the Commune, Parma 833–1133, 1973, 34ff., 56ff., 399f.

Supposition → Logik, III

Supralibros (Super-Exlibris), eine Sonderform des →Exlibris, die zu Beginn des 16. Jh. in Frankreich aufkam, wo sie u.a. auf Büchern von Kg. Franz I. (1494–1547) angebracht wurde. Die Besitzhinweise (Wappen, Bildnisse, Schriftzeilen) wurden mit Platten auf der Vorderseite des Einbands, mitunter auch auf der Rückseite, eingeprägt und vergoldet. Damit war der Typus des »Fürsteneinbandes« geschaffen, der bei den Büchern des Kfs.en Ottoheinrich v. der Pfalz (1502–59) zur höchsten Vollendung gelangte. Solche S. können auch den Schenker eines Buches bezeichnen. S. Corsten

Bibliogr.: F.-A. SCHMIDT-KÜNSEMÜLLER, Bibliogr. zur Gesch. der Einbandkunst von den Anfängen bis 1985, 1987, 88–95 u. ö. – *Lit.:* HBW I, 828 – E. MITTLER-W. WERNER, Mit der Zeit, 1986, 19–22.

Suprasl'. Um 1498 gründete der Wojewode v. →Novogrudok, Alexander Chodkevič, ein hoher Würdenträger im Großfsm. →Litauen, mit Unterstützung des Bf.s v. →Smolensk, des späteren Metropoliten v. Kiev, Iosif Soltan, ein orth. Kl. der Verkündigung Mariä in Gorodok in der Gegend v. Białystok. 1500 wurde das Kl. auf Wunsch der Brüder in das nahe gelegene S. verlegt. Die ersten Mönche stammten vom →Athos sowie aus dem Kiever Höhlenkl. (→Kiev, C). Diese Gründung entstand im Zuge der orth. Abwehr der von Polen und Litauen betriebenen Katholisierung des Gebietes. Das Kl. wurde zu einem Zentrum des orth. geistigen Lebens (S.er Chronik, PSRL 35, 1980; im 18. Jh. Einrichtung einer Drukkerei).

In die Kl.bibliothek gelangte über die Verbindung zum Athos, d. h. in der ersten Phase der Klostergesch., eine der ältesten altbulg. Hss. (11.Jh.), der sog. Codex Suprasliensis, ein Homiliar für den Monat März, die Kar- und die Osterwoche. Der durch den Kopisten Retko angefertigte Codex (Vorlage in der Schule v. →Preslav im 9. Jh. übers.) ist lückenhaft und zerstückelt erhalten (Ljubljana, Warschau, St. Petersburg). Ch. Hannick

Lit.: Archeografičeskij sbornik dokumentov otnosjaščichsja k istorii Severo-Zapadnoj Rusi, 1870, Nr. 115f. – Enciklopedičeskij slovar' Brockhaus-Efron IV, 1891, 45 – L. I. DENISOV, Pravoslavnye monastyri rossijskoj imperii, 1908, 209f. – SłowStarSłow V, 1975, 483 – A. I. ROGOV, S. kak odin iz centrov kul'turnych svjazej Belorussii s drugimi slavjanskimi stranami (Slavjane v epochu feodalizma, 1978) – Suprasŭlski ili Retkov sbornik, ed. J. ZAIMOV–M. CAPALDO, 1983 – K. M. KUEV, Sŭdbata na starobŭlgarskata rŭkopisna kniga prez vekovete, 1986, 195–199 – M. HAJDUK, Sanktuarium nad Supraślą, Slavia Orientalis 38, 1989, 511–536.

Surienne, François de ('l'Aragonais'), Abenteurer und angloburg. Heerführer, * um 1398, † 8. April 1462. S., der wohl einer (unbekannten) aragon. Adelsfamilie entstammte, kämpfte 1421–35 im Dienst Hzg. →Philipps des Guten v. Burgund als enger Gefolgsmann von Perrinet Gressart, dessen Nichte er 1426 heiratete. 1435 lehnte er es ab, den Frieden v. →Arras zu beschwören, und diente fortan der engl. Partei. Zw. 1435 und 1437 zum Ritter geküert, wurde er zum Rat →Heinrichs VI. und Ritter des →Hosenbandordens (1447) ernannt. 1449 nahm er unter Mißachtung des frz.-engl. Waffenstillstandes die Festung →Fougères in der →Bretagne ein und machte legendäre Beute. Die Rückeroberung der →Normandie durch →Karl VII. v. Frankreich trieb ihn wieder in die Arme seiner alten burg. Waffenbrüder. Er bekleidete als *Gouverneur* von →Antoine, Großbastard v. Burgund, als *Maître de l'Artillerie* und *Bailli de la Montagne* hohe burg. Ämter; seine großen Kenntnisse des Festungswesens wurden auch von der Stadt →Dijon genutzt. Ztw. suchte Hzg. Johann v. →Alençon bei seiner Konspiration mit England die Hilfe S.s. Bei seiner Thronbesteigung war daher →Ludwig XI. v. Frankreich klug darauf bedacht, den erfolgreichen Kriegsmann durch Gunsterweise an sich zu binden. Der 1462 verstorbene S. hinterließ seinen Erben die Seigneurien Pisy und Châtel-Gérard in Burgund.
Ph. Contamine

Lit.: A. BOSSUAT, Perrinet Gressart et S., agents de l'Angleterre, 1936 – J. RICHARD, Quelques idées de S. sur la défense des villes (1461), Annales de Bourgogne 1944, 36–43.

Surrey, Earldom of, 1088 für Wilhelm de →Warenne († 1088) geschaffen. Nach seinem Beinamen wurden er und seine Nachkommen im Earldom allg. als Earls de Warenne bezeichnet. Sie hatten umfangreiche Besitzungen in Sussex, im s. Yorkshire und in Norfolk, zusammen mit Burg und →*honour* of Reigate in S. Wilhelms Enkel, Earl William III. (* um 1119), starb 1148 ohne einen männl. Erben, und das Earldom gelangte nacheinander an die beiden Ehemänner von Williams Tochter Isabel († 1203). Ihr Sohn von ihrem zweiten Ehemann, Earl William IV. († 1240), nahm den Beinamen »de Warenne« an, und das Earldom ging nun über an seine Linie bis zum Tod seines Urenkels John, Earl of S., 1347. Earl John starb ohne Nachkommen, aber seine Schwester Alice heiratete Edmund, Earl of Arundel († 1326), und ihr Sohn Richard, Earl of Arundel († 1376), erbte Titel und Wappen des Earl of S. sowie viele der Warenne-Besitzungen, die er in seine eigenen Lehnsbesitzungen einverleibte. Das Earldom of S. verblieb (ausgenommen 1397–99) in der Familie der →FitzAlan, Earls of Arundel, bis zum Tod des Earl Thomas 1415, als es an die Krone fiel. Thomas' Vater Richard II., Earl of Arundel, verwirkte seine Ländereien und Titel 1397 wegen seiner polit. Opposition zu Kg. Richard II. 1387–88, und der Titel des Duke of S. wurde an Thomas →Holland, Earl of Kent, verliehen. Holland verlor sein Dukedom nach der Thronbesteigung Heinrichs IV. 1399 und wurde wegen seiner Teilnahme an der Rebellion im Jan. 1400 hingerichtet. Den größten Teil des Erbes der Arundel und S. erwarb schließlich John →Mowbray, Duke of Norfolk († 1476), für den der Titel des Earl of S. 1451 wiederbelebt wurde. Das Earldom wurde für Thomas Howard, Duke of Norfolk, 1483 erneuert, und in der Folgezeit blieb es Teil der honours der Howard-Familie. A. Tuck

Lit.: M. PRESTWICH, Edward I, 1988 – W. M. ORMROD, The Reign of Edward III, 1990.

Susa, oberit. Stadt (Piemont). Der älteste Siedlungskern, das röm. Segusio, am Fuß der Alpenpässe des Montgenèvre und der Mont Cenis gelegen, bildete sich zw. dem 1. Jh. v. Chr. und dem 2. Jh. n. Chr. (ein aus dem 3. Jh. stammender Mauerring ist teilweise erhalten). In den ersten Jahrzehnten des 6. Jh. wurde S. der Mittelpunkt eines sich auf beide Alpenhänge erstreckenden multiethnischen Herrschaftsgebietes unter dem Goten Sisiges. Im Früh-MA war S. bereits Sitz einer Taufkirche (S. Maria), die ein sehr ausgedehntes Gebiet umfaßte und einen Zankapfel zw. den Diözesen →Turin und St-Jean-de →Maurienne bildete, wurde jedoch erst 1772 zum Bm. erhoben. Seit der Mitte des 10. Jh. unterstand S. der Herrschaft der Mgf.en v. →Turin (Arduinische Dynastie), die ein bedeutendes Kastell errichteten. 1029 gründete Mgf. Olderico Manfredi in S. das benediktin. Eigenkloster S. Giusto, dessen Kirche in der NZ zur Kathedrale wurde. Andere ma. religiöse Einrichtungen waren ein Hospital der Antoniter (1188), eine Niederlassung der Johanniter (1173), eine »mansio« der Templer (1185) und ein Minoritenkonvent (1250). Ende des 11. Jh. kam S. unter die Herrschaft der Gf.en v. →Savoyen, die S. zur →Kastellanei erhoben und darauf bedacht waren, daß der »Kastellan« stets ein Vertrauensmann war. 1168 machte Ks. Friedrich I. auf seinem Rückzug aus Italien in S. Halt, wurde jedoch von einem Aufstand der Einwohner zur Flucht gezwungen. 1174 verwüstete er aus Rache die Stadt und verschonte nur das Kastell des Gf.en Humbert III. Inzwischen hatte sich die →Kommune konstituiert: bereits 1148 kam es zu einer »concordia« zw. Gf. Amadeus III. und den Einwohnern von S. Dieser Vertrag bildete die Basis der Statuten, die Gf. Thomas I. 1198 der Stadt gewährte; sie wurden 1233 durch die Konzession der »libertas« durch Amadeus IV. vervollständigt. Seit dieser Zeit entwickelten die cives eine rege Handelstätigkeit, und S. Giusto konstituierte sich als lokale Signorie innerhalb des Herrschaftsgebiets der Savoyer. G. Sergi

Lit.: G. SERGI, Potere e territorio lungo la strada di Francia, 1981, 95ff., 188ff. – E. und L. PATRIA, Castelli e fortezze della valle di Susa, 1983 – S. SAVI, La catt. di S. Giusto e le chiese romane della diocesi di S., 1992 – G. SERGI, I confini del potere, 1995, 56–141, 344–356.

Susanna. Im deuterokanon. Zusatz des Kap. 13 zum atl. Buch Daniel (Entstehungsgesch.: LThK³ III, 10f.) findet sich die Erzählung von der keuschen S. in Babylon. Sie widersteht zwei 'Ältesten' beim Bade im Garten und wird von diesen als Rache wegen Unzucht angeklagt. Daniel überführt die Ankläger, S. wird vor dem Tode gerettet, die Ältesten werden gesteinigt. In der patrist. Lit. seit dem 3. Jh. sind die Erwähnungen S.s nicht sehr zahlreich, wozu beigetragen haben mag, daß die bibl. Authentizität des Textes angezweifelt wurde (DASSMANN, 270). Im Danielkomm. Hippolyts (frühes 3. Jh.) wird der Gegensatz zw. den Ältesten und S. als Bild für die Auseinandersetzung zw. Heiden und Christen interpretiert; das Bad der S. erinnert an die Taufe, ihre durch Standhaftigkeit verdiente Rettung ist Hoffnungsbild der Christen. Auch in den patrist. Q. des 4. Jh. ist S. v. a. Rettungsbeispiel. So wurde S. zw. den Ältesten oder mit Daniel seit dem 3. Jh. in der Katakombenmalerei neben anderen Rettungsexempla dargestellt. Das allegor. Bild eines Schafes zw. zwei Löwen mit Beischriften in der Praetextatkatakombe ist einmalig. In den Reliefs röm. Sarkophage des 4. Jh. sind mehrfach vielszenige Zyklen bis zur Steinigung der Ältesten zu finden. Vereinzelte S.-Bilder auch auf → Goldglas, in den Elfenbeinreliefs des Kastens in Brescia, im verlorenen Kuppeldekor von S. Costanza. Singulär der Bergkristall des inschriftl. gen. Frankenkg.s Lothar mit acht S.-Szenen und lat. Beischriften aus Dan 13 in London (9. Jh.). Die Beziehung des Themas zur Rehabilitierung der verstoßenen Frau Lothars II. i. J. 865 ist unsicher. Im MA (nur im W) v. a. zykl. Darstellungen in Bibelillustrationen: → Daniel. Während zuvor S. fast immer bekleidet dargestellt wurde, belegen seit dem 16. Jh. zahlreiche Einzelbilder der S. im Bade das gewachsene Interesse an Aktdarstellungen. In der ma. Lit. wird S. ebenfalls thematisiert; z. B. gibt es ein alliterierendes me. Gedicht aus dem 14. Jh. mit dem Titel »Susannah« oder auch »The Pistel of Swete Susan«. J. Engemann

Lit.: LCI I, 469–473; IV, 228–231 – H. SCHLOSSER, Die Daniel-S.-Erzählung in Bild und Lit. der chr. Frühzeit (Tortulae, hg. W. N. SCHUMACHER, 1966) – H. WENTZEL, Der Bergkristall mit der Gesch. der S., Pantheon 28, 1970, 365–372 – E. DASSMANN, Sündenvergebung durch Taufe, Buße und Märtyrerfürbitte..., 1973.

Susceptacula regum, mit Gesang versehene Begrüßungsgedichte für den feierl. Empfang von Herrschern und Angehörigen der Herrscherfamilie in einem Kl. Auch für Einzüge von Herrschern und Bf.en in Bf.sstädten wurden Empfangsgedichte verfaßt. Der Begriff – schwerlich ein Terminus technicus – ist nur bei → Ekkehard IV. v. St. Gallen bezeugt, der unter den Werken → Notkers II. »quedam s. r.« anführt (Casus s. Galli c. 123). Die Dichtungen orientierten sich formal und inhaltl. am liturg. Zeremoniell (Prozessionsgesang, Hymnen). Den Inhalt pflegten v. a. Herrscherlob, Gebet und Segenswünsche für den Gast sowie Ermahnungen an ihn zu bilden. Die erhaltenen Texte stammen aus karol. und otton. Zeit; das Genus wurde insbes. in → St. Gallen gepflegt. Manche S. sind anonym überliefert; andere stammen von Dichtern wie → Walahfrid (für Karl d. Kahlen und Lothar I.), → Notker I., → Ratpert und → Froumund. Z. T. ist die Datierung schwierig, die Zuordnung zu bestimmten Herrschern und Aufenthalten zweifelhaft. J. Prelog

Lit.: W. BULST, S. r. (Corona quernea [Festgabe K. STRECKER, 1941]), 97–135 – F. BITTNER, Stud. zum Herrscherlob in der mlat. Dichtung, 1962, 133–135 – P. STOTZ, Ardua spes mundi, 1972, 90–113 – P. WILLMES, Der Herrscher-'Adventus' im Kl. des FrühMA, 1976.

Suso, Heinrich → Seuse, Heinrich

Suspension, Amtsenthebung, untersagt die Ausübung der mit einem Amt verbundenen Rechte und Aufgaben, wobei Umfang und Dauer durch Gesetz oder Strafgebot, durch Urteil oder Strafverfügung festgelegt werden können. Hist. ist sie von der härteren → Deposition und → Degradation zu unterscheiden, weil sie dem Geistlichen Kirchenamt und Zugehörigkeit zum Klerus beließ. Schon früh (Can. apost. 15; Nov. 123 c. 1. 2. 10) gab es die S. vom geistl. Amt im Sinne der Enthebung von allen Amtsfunktionen (relative → Ordination). Sie wurde sowohl als Besserungs- als auch als Sühnestrafe (seit dem 8. Jh. auch als Tatstrafe) verhängt. Das Aufkommen der absoluten → Ordination und die Ausbildung und Erweiterung des → Interdikts bewirkten seit dem 12. Jh., daß die S. auf strafweise Amtsenthebung eingeengt wurde. Erst dadurch wurde sie zu einer reinen Klerikerstrafe. Die seit dem Ende des 11. Jh. eingeführte S. ab officio et beneficio bildete durch den Verlust der Einkünfte zunächst eine Verschärfung der S. ab officio (X 2. 21. 2; X 5. 19.7), seit der Mitte der 12. Jh. ist sie eine eigene Form der S. (X 1. 6. 7, § 3). Die S. ab ordine bewirkte die strafweise Hemmung der Befugnis zur Ausübung von Weihehandlungen und kam erst gegen Ende des 12. Jh. mit der absoluten Ordination auf (X 5. 8. 1). Es gab auch partielle S.en, wie die des Pfarrbesetzungsrechtes oder der Hemmung der Ordinationsbefugnis eines Bf.s. Die S. ex informata conscientia erfolgte durch den eigenen Ordinarius bei geheimen Vergehen ohne Verfahren und Rechtsschutzgarantie. R. Puza

Lit.: DDC VII, 1118ff. – LThK² IX, 1197f. – PLÖCHL II, 345f. – FEINE, 437f. – F. X. WERNZ, Ius decretalium, VI, 1913, nn. 200–216 – TH. GOTTLOB, Die S. ex informata conscientia, 1939 – F. W. KRENZOW, Die S. ex informata conscientia, ÖAKR 11, 1960, 189ff. – R. PAHUD DE MORTANGES, Zw. Vergebung und Vergeltung, 1992, 88.

Sussex, ags. Kgr. und Gft., an der s. Küste Englands, zw. den Gft.en Hampshire und Kent. Die stark bewaldeten Lehmböden im N der Gft. (»Weald«) bildeten im MA eine bedeutende Schranke und zeigten einen größeren Einfluß auf die Wirtschaft und die landwirtschaftl. Entwicklung der Gft. (shire). Zw. dem »Weald« und der flachen Küstenebene lag das Gebiet des Kreidehochlands (»Downs«). Die geogr. Ausdehnung der ags. Provinz der Südsachsen stimmte weitgehend mit der der röm. civitas Regni mit → Chichester als Hauptort überein, die sich jedoch weiter nach W erstreckt haben könnte. Eine germ. Besiedlung begann in der Provinz im 5. Jh. n. Chr. und konzentrierte sich auf das landwirtschaftl. reiche Gebiet am Fuße der »Downs«. Als traditionelles Gründungsdatum des südsächs. Kgr.es gilt 477, als – nach der Ags. → Chronik – → Ælle und seine drei Söhne mit drei Schiffen in dem nicht identifizierbaren »Cymenesora« landeten. Dieser Bericht weist viele Merkmale auf, die für ags. Gründungslegenden typ. sind; weder er noch die mit ihm verknüpften Daten können buchstäbl. Genauigkeit beanspruchen. Da keine südsächs. Genealogien erhalten geblieben sind, können keine definitiven Verbindungen zw. Ælle und seinen Söhnen und den verschiedenen südsächs. Kg.en, die im 7. und 8. Jh. belegt sind, bewiesen werden. Uns ist wenig über das Wesen des südsächs. Kgtm.s bekannt, aber eine gemeinsame Herrschaft scheint üblich gewesen zu sein. Obwohl Ælle in →Bedas »Historia ecclesiastica« als außerordentl. mächtiger Kg. dargestellt wird und die Südsachsen mit einer Besteuerungsgrundlage von 7000 Hufen im →Tribal Hidage einen größeren Verband bildeten, war das Kgr. im 7. und 8. Jh. allg. unter der Oberhoheit entweder von Mercien oder Wessex. Die Bekehrung zum Christentum wurde von rivalisierenden Oberherren im späten 7. Jh. mit Nachdruck betrieben und unter der Leitung des aus Northumbrien verbannten Bf.s →Wilfrid durchgeführt, der um 681 von Kg. Æthelwalh der Südsachsen zum ersten Bf. v. Selsey ernannt wurde. Die letzten Hinweise auf Kg.e der Südsachsen erscheinen während der Oberherrschaft →Offas v. Mercien, der die Provinz wohl während der späten 80er Jahre des 8. Jh. einverleibt hatte. Als Kg. →Egbert v. Wessex die Mercier 825 entscheidend schlug, gelangten die Südsachsen unter westsächs. Kontrolle, und die Provinz blieb bis zur norm. Eroberung eine westsächs. Gft. (shire). Obwohl die Hauptgrenzen v. S. durch die norm. Übernahme nicht verändert wurden, gab es eine gewisse Anzahl von internen Umorganisationen, die sich auf die *rapes* auswirkten, die fünf wichtigsten Untereinheiten der Verwaltung (analog zu den →*lathes* in Kent). Der Bf.ssitz wurde von Selsey nach Chichester verlegt. Die einzige andere Stadt in vergleichbarer Größe war 1086→Lewes im O der Gft. →England, A. B. Yorke

Lit.: The South Saxons, hg. P. Brandon, 1978.

Sussex, Earldom of → Arundel

Süßholz (Glycyrrhiza glabra L./Leguminosae). Die aus dem östl. Mittelmeerraum, dem Nahen Osten und Zentralasien stammende Staude wurde bes. in Spanien, in Südfrankreich und Unteritalien, dann auch in England erst seit dem 13. bzw. 14. Jh. in größerem Umfang angebaut; in Deutschland bildete ab dem 15. Jh. die Gegend um Bamberg das Zentrum einer ausgedehnten S.-Kultur, deren – vielleicht schon wesentl. frühere – Entstehung die Legende mit der Ksn. →Kunigunde in Verbindung brachte. Verwendung fand die wegen ihres süßen Geschmacks seit alters geschätzte Wurzel wie der daraus gewonnene eingedickte Saft der Pflanze, die im MA hauptsächl. unter dem – von gr. glycyrrhiza (Dioskurides, Mat. med. III, 5; Plinius, Nat. hist. XXII, 24–26) abgeleiteten – mlat. Namen *liquiricia* u.ä (daraus 'Lakritze') bekannt war (Alphita, ed. Mowat, 99 und 76 [*glicoricia*]). Den wohl ältesten mitteleurop. Beleg dafür bietet Hildegard v. Bingen (Phys. I, 19), die das *liquiricium* u.a. als Heiserkeit behebendes, Augen klärendes und Verdauung förderndes Mittel empfahl. Nur kurz erwähnt hingegen Konrad v. Megenberg (II, 24; IVB, 28; V, 61) das *suezholz* bzw. *Lekritzen*-Pulver und -Saft. Ansonsten setzte man – größtenteils antiker Tradition folgend – das als durststillend geltende S. (Albertus Magnus, De veget. VI, 126) auch bei Brust- und Lungenleiden, Husten, Blasen- und Nierenbeschwerden sowie Magengeschwüren ein (Circa instans, ed. Wölfel, 65; Gart, Kap. 224). P. Dilg

Lit.: Marzell II, 724–727 – M. Putscher, Das S. und seine Gesch. [Diss. Köln 1968] – H. Küster, Wo der Pfeffer wächst. Ein Lex. zur Kulturgesch. der Gewürze, 1987, 252–255.

Süßkind v. Trimberg, mutmaßl. Verf. eines schmalen Œuvres von zwölf Sangspruchstrophen in sechs Tönen aus dem 3. (möglicherweise schon 2.) Drittel des 13. Jh. Zur mitteldt. Sprache paßt die Herkunftsbezeichnung »von Trimberg«, die nach Unterfranken weist. In seinen Texten thematisiert S. aus dem gängigen Spektrum der →Spruchdichtung Tugendlehre, Gotteslob, Memento mori, Armutsklage und Sozialethik. Bes. Aufmerksamkeit wurde ihm zuteil aufgrund seines in einer Spruchstrophe (V, 2) exponierten Judentums, das zudem in Überschrift (»Sûskint der Jvde von Trimperg«) und Bild des einzigen Überlieferungszeugen, der Großen Heidelberger →Liederhs., sichtbar wird. Er hat als präsumtiver erster jüd. Autor der dt. Literaturgesch. die wiss. und lit. Rezeption stimuliert. Allerdings hat die poet. Stilisierung als Jude auch Zweifel an der Authentizität seines Judentums aufkommen lassen. Ebenfalls muß mit der Möglichkeit gerechnet werden, daß nur die Töne auf S. zurückgehen.
K. Kellermann

Ed.: Dt. Liederdichter des 13. Jh., ed. C. v. Kraus, 1978[2], I, 421–425 – Lit.: Verf.-Lex.[2] IX, 548–552 [B. Wachinger; Lit.] – P. Wapnewski, Ein Fremder im Königl. Liederbuch (Kontroversen, alte und neue. Akten der VII. Internat. Germanisten-Kongresses, 1985, hg. A. Schöne, I, 1986), 111–125 – E. Wenzel, S. v. T.: »Wâhebûf und Nichtenvint« (Gedichte und Interpretationen. MA, hg. H. Tervooren, 1993), 284–298.

Sutherland, Earldom of. Das »Südland« von →Caithness erstreckte sich von der n. und nw. Küste Schottlands bis nach Dornoch an der Küste des Moray Firth. Dieses Gebiet, das im MA weitgehend gäl.sprachig war, muß eine bedeutende skand. (norw.) Besiedlung, wahrscheinl. im 9. und frühen 10 Jh., in bestimmten Küstenregionen im NW und SO erfahren haben. Bis zum Ende des 12. Jh. wurde Schottland als ein wesentl. Bestandteil von Caithness betrachtet, und im 13. Jh. erfolgte die Gründung der Stadt Dornoch als Sitz der Diöz. Caithness mit einer kleinen Kathedrale, die teilweise erhalten ist. Seit der Regierung Alexanders II. wurde S. als selbständiges Earldom anerkannt. Die ersten Earls waren Nachkommen eines militär. Abenteurers fläm. Herkunft, der sich in dem Gebiet des Moray Firth um 1150 angesiedelt hatte. Diese Familie folgte bis 1514 vom Vater auf den Sohn, dann ging das Earldom durch Heirat auf den Familienzweig der Gordons über. Die wichtigste gäl. Familie in S. waren die Mackays, über die aus dem MA wenig bekannt ist.
G. W. S. Barrow

Q. und Lit.: Origines Parochiales Scotiae, II, 2, ed. C. Innes, 1855 – S. and the Reay Country, ed. A. Gunn–J. Mackay, 1897.

Sutri, Stadt im nördl. Latium (Mittelitalien), etrusk. Gründung, zw. 391 und 380 v. Chr. von den Römern eingenommen, seit augusteischer Zeit Kolonie (Colonia Julia Sutrina). Seit dem 5. Jh. ist ein Bf. bezeugt. 592 von den →Langobarden erobert, kehrte S. 594 wieder für ca. 130 Jahre unter die Kontrolle von Byzanz zurück. 728 wurde die Stadt von →Liutprand eingenommen, der sie sogleich an die Kirche, nicht an den legitimen Besitzer, d.h. das Byz. Reich, restituierte. Traditionell sah man darin das erste Zeichen der Anerkennung der polit. päpstl. Autorität im ehem. byz. Dukat Rom. Diese Interpretation wurde zur Diskussion gestellt, indem man die »Restitutio« als Akt zugunsten der »privaten« Patrimonia der Kirche ansah. Jedenfalls bedeutete diese »Restitutio« zumindest einen grundlegenden Wechsel der rechtl. Zugehörigkeit von S., da keine Belege vorhanden sind, daß S. bereits früher zu den privaten Gütern der röm. Kirche gehörte. Nach 774 war S. fester Bestandteil des Territoriums, über das die Päpste ihre polit. Herrschaft ausübten (→Patrimonium Sancti Petri), und zw. dem 11. und dem 13. Jh. mehrmals Residenzort von Päpsten. In den 60er Jahren des 13. Jh. von dem stauferfreundl. Ghibellinen Pietro IV. di →Vico eingenommen, kehrte die Stadt nach verschiedenen Wechselfällen 1332 unter die päpstl. Kontrolle zurück.
F. Marazzi

Lit.: E. Dupré Theseider, Roma dal Comune di popolo alla signoria pontificia, 1952 – O. Bertolini, Roma e i Longobardi, 1973 – T. W. Potter, The Changing Landscape of Southern Etruria, 1975 – V. Fiocchi Nicolai, I cimiteri paleocristiani del Lazio, I, Etruria Meridionale, 1988 – C. Morselli, S. (Itinerari dei Musei, Gallerie e Scavi d'Italia, IX, 1991) – F. Marazzi, Il Patrimonium Sancti Petri, dal IV al IX sec., Nuovi Studi Storici, 1994.

Sutri, Synode v. 1046. Angesichts zunehmender Zweifel an der Legitimität →Gregors VI., der →Heinrich III. zum Ks. krönen sollte, trat auf Veranlassung des Herrschers am 20. Dez. in S. nw. von Rom eine Kirchenversammlung zusammen, um die Vorgänge, die zur Ablösung der miteinander rivalisierenden Päpste →Benedikt IX. und →Silvester III. führten, zu untersuchen. Zwar hatte der Kg. Gregor VI. im Herbst zu Piacenza noch als Papst empfangen, doch gaben die Umstände seiner Erhebung, insbes. die finanzielle Abfindung, mit welcher der Verzicht Benedikts IX. honoriert worden war, Anlaß zu Bedenken, zumal Heinrich III. auf einer Synode zu Pavia (25. Okt.) ein allgemeines Simonieverbot (→Simonie) erlassen hatte. Während der von den →Crescentiern erhobene Silvester III. auf seinen Bf.ssitz in der Sabina zurückkehren mußte, wurde Gregor VI. von der Synode zum Amtsverzicht gezwungen. Der Umstand, daß er die Abzeichen der päpstl. Würde offenbar selbst ablegte, berechtigt jedoch nicht, von einer Selbstverurteilung zu sprechen. Seine Verbannung nach Dtl. war wohl weniger ein Akt der Bestrafung, als eine Vorsichtsmaßnahme, um künftige Ansprüche auf den röm. Stuhl auszuschließen. Benedikt IX., der in S. nicht erschienen war, wurde von einer im Anschluß tagenden röm. Synode (23. Dez.) verurteilt.

Wenn Heinrich III. auch keineswegs nach einem festen Plan vorgegangen ist, so dürfte es doch im Interesse der von ihm geförderten Kirchenreform gelegen haben, das Papsttum aus seiner Abhängigkeit vom stadtröm. Adel zu befreien. Seine Handlungsweise, die von den Zeitgenossen weitgehend gebilligt wurde, entsprach der vom Gedanken eines theokrat. Kgtm.s ausgehenden frühma. Herrschaftspraxis. Die Kritik →Wazos v. Lüttich oder auch des anonymen Verfassers des Traktats »De ordinando pontifice« ist keineswegs repräsentativ und erhielt erst vor dem Hintergrund des →Investiturstreites Bedeutung. Durch das Einschreiten Heinrichs III. in S. und die anschließende Erhebung dt. Reformpäpste wurde der Ausweitung der Kirchenreform auf Rom der Weg bereitet.

T. Struve

Lit.: Hauck III, 588–590 – Hefele-Leclercq IV, 981–990 – HKG III/1, 291f. – JDG H. III, Bd. 1, 1874, 313f., Exkurs III/5, 500–506 – Haller II, 278–283, 572–576 – Seppelt II, 415–419 – H. Zimmermann, Papstabsetzungen des MA, 1968, 125–122 – F.-J. Schmale, Die »Absetzung« Gregors VI. in S. und die synodale Tradition, AHC 11, 1979, 55–103 – H. H. Anton, Der sog. Traktat »De ordinando pontifice«. Ein Rechtsgutachten im Zusammenhang mit der Synode v. S. (1046) (BHF 48, 1982) – G. Tellenbach, Die w. Kirche vom 10. bis zum frühen 12. Jh., 1988, 120f. – H. Wolter, Die Synoden im Reichsgebiet und in Reichsitalien von 916–1056, 1988, 379–394 [Lit.].

Sutri, Treffen v. 1155 (8./9.–10. Juni), nach Antritt des 1. Italienzuges trafen Kg. Friedrich I. und Papst Hadrian IV. erstmals in Grassano bei S. vor der Ks.krönung zusammen. Dem Treffen gingen kgl. und päpstl. Gesandtschaften, die Auslieferung →Arnolds v. Brescia und die Leistung eines Sicherheitseides an Papst und Kard.e Anfang Juni voraus. Die trotz Zusage der Ks.krönung gespannte Situation verdeutlicht die Weigerung Friedrichs I., den beim Zeremoniell des Papstempfangs üblichen →Marschall- und Stratordienst wegen der lehnrechtl. Deutbarkeit zu leisten; Hadrian IV. verweigerte ihm darauf den Friedenskuß. Die bei →Boso überlieferte Flucht der Kard.e erklärt sich aus der Abfassungsintention seines Werkes. Ein Fs.enurteil bestätigte die päpstl. Sicht, daß es sich bei dem officium stratoris et strepae um eine alte Gewohnheit handelte. Am 11. Juni leistete Friedrich I. diesen am Lago di Monterosi bei Nepi. Anscheinend forderte er vom Papst als Gegenleistung die Entfernung eines Wandgemäldes mit der Umschrift im Lateranpalast, das Ks. Lothar III. als Lehnsmann des Papstes erscheinen ließ. Das Verhalten Friedrichs I. ist im Kontext seiner Ks.vorstellung zu verstehen, wie der Streit auf dem Hoftag v. →Besançon 1157 verdeutlicht.

W. Georgi

Q. und Lit.: RI IV, 2, Nr. 306f., 309, 313–315 – H. Simonsfeld, JDG F. I. (1152–1158), 1908 [Neudr. 1967], 326–333, 677–688 [Exkurs IV] – W. Heinemeyer, »beneficium – non feudum sed bonum factum«. Der Streit auf dem Reichstag zu Besançon 1157, ADipl 15, 1969, 155–236, bes. 183–197 – G. B. Ladner, Die Papstbildnisse des Altertums und des MA, II, 1970, 17–22; III, 1984, 46f. – O. Engels, Kard. Boso als Geschichtsschreiber (Festg. H. Tüchle, 1975), 147–168, bes. 157f. – J. Laudage, Alexander III. und Friedrich Barbarossa (Habil. Schr. masch., Köln 1990; im Dr.) – U. Schmidt, A quo ergo habet, si a domno papa non habet imperium? Zu den Anfängen der »stauf. Ks.-wahlen« (Von Schwaben bis Jerusalem, hg. S. Lorenz–U. Schmidt, 1995), 61–88, bes. 62, 74–84.

Sutri, Vertrag v. 1111. Im Zuge der von Heinrich V. mit Paschalis II. anläßl. seines Italienzuges 1110/11 geführten Verhandlungen wurde vom Papst als Gegenleistung für einen kgl. Investiturverzicht die Rückgabe der den Kirchen des Reiches seit Karl d. Gr. übertragenen Güter und Rechte in Aussicht gestellt. Die zw. kgl. und päpstl. Beauftragten unter Ausschluß der Bf.e ausgehandelten Vereinbarungen zu S. Maria in Turri (4. Febr.) wurden am 9. Febr. 1111 im Geheimvertrag v. S. durch Hzg. Friedrich v. Schwaben und eine Reihe weiterer Fs.en sowie durch Pietro di Leone (→Pierleoni) als Vertreter des Papstes beschworen. Als einziger Geistlicher war auf seiten Heinrichs V. der zum Ebf. v. Mainz erwählte Kanzler Adalbert beteiligt. Hiernach hatte Heinrich V. am Tage der Ks.krönung förml. auf die Investitur der Bf.e zu verzichten, die nicht zum Reich gehörenden Kirchen mit ihren Besitzgen freizugeben und sich zur Bestandsgarantie des Patrimonium Petri zu verpflichten, während die Bf.e auf päpstl. Anordnung Kg. und Reich die unter dem Begriff →Regalien zusammengefaßten weltl. Rechte und Einkünfte zurückerstatten sollten: nämlich Städte, Hzm.er, Mgft.en, Gft.en, Münz-, Zoll- und Marktrecht, Reichsvogteien, Niedergerichte, Höfe sowie ihr krieger. Gefolge nebst Burgen. Trotz schwerwiegender Bedenken hinsichtl. der Durchsetzbarkeit der päpstl. Zusagen war man auf kgl. Seite zur Annahme des Vorschlags bereit. Bei der Verlesung der päpstl. Urk. in der Peterskirche zu Rom unmittelbar vor der geplanten Ks.krönung Heinrichs V. (11. Febr.) kam es jedoch zu einem Eklat, weil sich die Bf.e nicht zu einem Verzicht auf ihre weltl. Herrschaftsrechte bereitfinden wollten und auch den Laienfs.en der Verlust von Kirchenlehen und Vogteirechten unzumutbar erschien. Daraufhin fühlte sich auch Heinrich V. nicht mehr an die Abmachung gebunden und beanspruchte seinerseits wieder das uneingeschränkte Recht der Investitur.

Bei seinem radikalen Vorschlag zur Lösung des Investiturproblems (→Investiturstreit) hatte Paschalis II. nicht mit dem Widerstand der reichsfsl. Stellung verteidigenden Bf.e gerechnet. Auf der Linie der im Traktat »De investitura episcoporum« (→Sigebert v. Gembloux) vorgenommenen Scheidung zw. geistl. Amt und weltl. Besitz hatte sich jedoch auf kirchl. Seite die Einsicht durchgesetzt, daß dem Kg. ein Verfügungsrecht über die Regalien nicht abgesprochen werden konnte.

T. Struve

Q.: MGH Const. 1, 137-140, Nr. 83-88 – *Lit.*: Hauck III, 898-902 – HKG III/1, 454f. – JDG H. IV. und H. V., 6, 1907, 141-149 mit Exkurs I, 369-390 – U.-R. Blumenthal, Patrimonia and Regalia in 1111 (Law, Church and Society. Essays i. H. St. Kuttner, 1977), 9-20 – M. Minninger, Von Clermont zum Wormser Konkordat, 1978, 159-164 – C. Servatius, Paschalis II (1099-1118), 1979, 223-227 – G. Tellenbach, Die westl. Kirche vom 10. bis zum frühen 12. Jh., 1988, 219-221 – St. Weinfurter, Reformidee und Kgtm. im spätsal. Reich (Reformidee und Reformpolitik im spätsal.-frühstauf. Reich, 1992), 1-45, bes. 34ff.

Sutton Hoo, Ort eines frühma. Gräberfeldes, das sich neben dem Fluß Deben in Suffolk (SO-England) befindet. Von XX entdeckten Grabhügeln wurden 11 archäolog. untersucht. Die meisten von ihnen waren bereits geplündert worden, aber unter dem Hügel I überdauerte ein Schiffsgrab (→Grab, A. I), das die reichsten Beigaben enthielt, die jemals in Britannien gefunden wurden (heute im Brit. Museum, London). Es wird angenommen, daß dieses Grab der Begräbnisplatz früher ags. Kg.e war und aus der Zeit der Christianisierung →Englands stammt.

Der S. H.-Begräbnisplatz ist bemerkenswert wegen der Vielfalt seiner Bestattungssitten. Die Hügel IV, V, VI, VII und XVIII enthielten Aschenreste, die in Tücher eingeschlagen waren und in bronzenen Gefäßen lagen. Im Hügel III befand sich die Asche in einem hölzernen Kasten. Im Hügel XVII lag das Skelett eines jungen Mannes in einem Sarg mit einem Schwert; außerhalb des Sargs befanden sich ein Schild, zwei Speere, ein Kessel, ein Eimer, ein Beutel, ein hölzerner Kübel und das Zaumzeug eines Pferdes. Das Pferd selbst lag in einer angrenzenden Grube. Der kleine Grabhügel XX bedeckte das Grab eines Kindes, das in einem Sarg mit einem kleinen Speer und einer Schnalle lag. Unter dem Grabhügel XIV war in einer hölzernen Kammer ein Frauengrab. Unter dem Hügel II lag eine Grabkammer, die ursprgl. das reich ausgestattete Grab eines Mannes enthielt, das von einem Schiff von etwa 20 m Länge mit dem Kiel nach unten bedeckt wurde (vgl. Hedeby/→Haithabu).

In dem berühmten Schiffsgrab unter dem Grabhügel I befand sich ein Schiff von 27 m Länge in einer Grube und mit einer Grabkammer in der Mitte. In dem männl. Körpergrab lag der Tote wahrscheinl. in einem Sarg und war ausgestattet mit einem Wehrgehänge mit goldenen und granatroten Schulterklappen, einer goldenen Gürtelschnalle, einem Helm, einem Schwert und einem Beutel mit 37 frk. Münzen sowie Resten von bedeutenden Gewändern. Alle Fundstücke zeigen eine außerordentl. Qualität. Am östl. Ende des Sargs waren Waffen und Insignien, bestehend aus byz. Silberwaren, einer eisernen Standarte und einem »Zepter« aus Wetzstein. Am westl. Fußende des Sargs befanden sich drei große Kessel und ein Kübel.

Es gab in S. H. drei Gruppen von Begräbnissen, die nicht unter Hügeln waren: 1. 23 Körpergräber an der östl. Peripherie, in denen drei Tote ausgestreckt, drei in der Hocke lagen, zwei waren enthauptet und einer gehängt worden. – 2. 21 Gräber befanden sich strahlenförmig oder tangential um den Grabhügel V, sechs Tote waren geköpft, einer gehängt worden, vier lagen ausgestreckt, einer war verstümmelt. – 3. Drei Körpergräber waren einfach ausgestattet, von denen zwei in der Nähe des Grabhügels XX wahrscheinl. einen Jüngling mit Schließen und einem Messer sowie eine junge Frau mit einem ledernen Beutel und einer Gürtelkette enthielten.

Den Grabhügel I mit dem Schiffsgrab ordnet man →Rædwald († 624 oder 625) zu. Stilist. können der polychrome Schmuck und das Tierornament in die Zeit nach 550 datiert werden, noch vor den insularen Evangeliaren von 650 und später. Die frk. Goldtremissen (→Tremissen) im Beutel wurden ursprgl. auf um 650 datiert, dann auf ca. 620 zurückdatiert (Bruce-Mitford, 1975). Eine Datierung um 600 ist neuerdings vorgeschlagen worden (Kendall-Wells, Anm. 1 [Stahl]). Die C^{14}-Untersuchung hat folgende Daten ergeben: Bienenwachs der Lampe im Grabhügel I: 480-570; ein Stück Holz im Hügel I: 560-650; Begräbnisse der 1. Gruppe: 540-700, 680-820; Begräbnisse der 2. Gruppe: 650-955, 650-780; Begräbnis der 3. Gruppe: 670-830. – Das Schiffsgrab v. S. H. erhellt auch manche der Beschreibungen im →»Beowulf«-Epos.

M. O. H. Carver

Lit.: R. L. S. Bruce-Mitford, The S. H. Ship-Burial, 3 Bde, 1975-83 – M. O. H. Carver, S. H. in Context (Sett. cent. it. 32, 1986), 77-117 – The Age of S. H., hg. Ders., 1992 – S. H.: Fifty Years After, hg. R. Farrell – C. Neuman de Vegvar (American Early Medieval Studies 2, 1992) – Voyage to the Other World, hg. C. B. Kendall – P. S. Wells, 1992 – S. H. Research Committee Bull. 1983-93, hg. M. O. H. Carver, 1993.

Suzdal', Stadt in Rußland, nö. von Moskau, altes religiöses und polit. Zentrum der nö. →Rus'.

I. Anfänge – II. Aufstieg und Blütezeit – III. Kirchliches Leben und Kunstgeschichte.

I. Anfänge: S. liegt an der Kamenka in einem fruchtbaren, waldfreien Ackerbaugebiet (*Opol'e*), das ursprgl. bewohnt war vom finn. Stamm der *Merja* und im 10.-11. Jh. besiedelt wurde von ostslavischen Kolonisten, v. a. aus den steppennahen Gebieten (Transfer südl. Ortsnamen!). Das S. er Land galt in der Frühzeit der Kiever Rus' (→Kiev, A) als 'Land hinter dem Walde' (Zales'e) und fand daher in den Chroniken bis zur Mitte des 12. Jh. nur selten Beachtung; es ist erstmals namentl. erwähnt zu 1024 als Schauplatz eines von →Jaroslav dem Weisen niedergeschlagenen Bauernaufstandes, Folge einer Hungersnot, aber wohl auch Ausdruck einer heidn. Reaktion (als Anführer genannt 'volchvy', Zauberer). Die Stadtgenese v. S. ist auf dörfl. Siedlungen an der Kamenka und ihrem kleinen Nebenfluß Gremjacka zurückzuführen; S. war Fs.ensitz und Wohnort einer sozial mächtigen adligen Oberschicht (seit der 2. Hälfte des 11. Jh. 'Dörfer' von Gefolgschaftsangehörigen belegt). Nach der Erbfolgeregelung Jaroslavs war S. als ehem. Teil des Fsm.s →Perejaslavl' im Besitz von dessen Sohn →Vsevolod († 1093), dann von →Vladimir Monomach († 1125), der auf dem Kreml'-Areal in einer Flußbiegung den ersten steinernen Kirchenbau (Uspenskij-Kathedrale) sowie Befestigungen errichten ließ.

II. Aufstieg und Blütezeit: Der Aufstieg S.s, der im Zuge des forcierten Ausbaus des russ. NO seit der 1. Hälfte des 12. Jh. erfolgte und die Stadt zusammen mit →Rostov zum Zentrum eines von Kiev weitgehend unabhängigen Fsm.s werden ließ, ist eng verbunden mit den bedeutendsten Herrscherpersönlichkeiten →Jurij Dolgorukij († 1157), →Andrej Bogoljubskij († 1174) und →Vsevolod III. († 1212), der S. (neben →Vladimir an der Kljaz'ma) zur Metropole des gleichnamigen Fsm.s (*Vladimir-S.*) machte und seit den 1190er Jahren systemat. den Titel eines →Großfs.en führte. Seit 1217 war S. Zentrum eines eigenen Fsm.s S., 1341 Hauptstadt, seit 1350 einer der beiden zentralen Orte des Fsm.s →Nižnij Novgorod, bis es 1392 an die Fs.en v. →Moskau kam, die in S. Statthalter einsetzten. Bestrebungen der Fs.en v. Nižnij-Novgorod-S. zur Wiederherstellung ihrer Selbständigkeit gegenüber dem durch die Machtkämpfe →Vasilijs II. und →Dmitrij Šemjakas ztw. geschwächten Moskau hatten nur kurzlebigen Erfolg.

Die wirtschaftl. Blüte von S. bis zu seiner Zerstörung durch die →Tataren (1238) beruhte auf der Rolle der Stadt als Knotenpunkt großer Handelswege: in den S über Kursk nach Kiev, in den NW nach →Novgorod und in den O über die →Wolga zu den →Bulgaren und den mittelasiat. Märkten. Das nach Novgorod exportierte Getreide wurde in Notzeiten oft gezielt als polit. Druckmittel verwendet (Einsetzung von Fs.en für Novgorod überwiegend aus der S.er Linie). Der Absicherung des siedelnden Vordringens der Slaven nach Osten entlang der Wolga dienten militär. Angriffe Vsevolods III. gegen das Reich der →Wolgabulgaren (1184, 1186, 1205).

Die Bojarenaristokratie (→Bojaren), die als eigenständige polit. Kraft die städt. Volksversammlung (→Veče) dominierte und sich seit der 2. Hälfte des 12. Jh. bei bestimmten polit. Anlässen (Einsetzung von Andrej Bogoljubskij, 1157) zusammen mit kaufmänn. Kreisen als eine Art Landesversammlung formierte, geriet phasenweise in Gegensatz zur Fs.engewalt (unter Andrej Bogoljubskij Ausbau der »Beistadt« Vladimir zur Residenz als eine gegen das selbstbewußte Bojarentum der »älteren Städte« S. und Rostov gerichtete polit. Maßnahme, das Sich-Stützen der Fs.en v. a. auf die 'jüngere →Družina', niedere, z. T. unfreie Dienstelemente sowie die einfache Stadtbevölkerung), als diese Ansätze eines autokrat. Herrschaftsverständnisses offenbarte. In den Wirren nach der Ermordung von Andrej Bogoljubskij (1174) verfochten die »älteren Städte« Rostov und S. objektiv die Einheit des Landes.

III. Kirchliches Leben und Kunstgeschichte: Das bis in die Kiever Zeit zurückreichende Bm. wurde im späten 16. Jh. zur Erzdiöz. erhoben. Der bedeutende Bf. →Dionisij (1374–85) förderte Chronistik (→Laurentios-Chronik, 1377) und sakrale Kunst (Erwerb von byz. →Ikonen u. a. Kunstwerken; hochentwickelte Ikonenmalerei im 14. und 15. Jh.).

Das einzigartige architekton. Ensemble S.s umfaßt v. a. zahlreiche durch Schenkungen der Fs.en und Bojaren wohlhabend gewordene Kl. und Kirchen des 11.–16. Jh., deren Bauten ursprgl. zumeist aus Holz errichtet waren, die in ihrem heut. Erscheinungsbild daher überwiegend die Bauweise des 16.–18. Jh. widerspiegeln. Die auf einen Vorläufer des frühen 12. Jh. (Uspenskij-Kathedrale) zurückgehende Roždestvenskij-Kathedrale wurde 1222–25 in weißem Stein errichtet (ursprgl. erhalten das Untergeschoß: 'Goldenes Tor', 1230–33). Ein Kleinod ist die Boris-und-Gleb-Kirche (1152: drei Apsiden, eine Kuppel) bei dem von Jurij Dolgorukij errichteten Fs.enhof im nahegelegenen Kidekša. – Die aus der Zeit →Vladimir Monomachs und →Jurij Dolgorukijs stammenden Befestigungsbauten (Holz-Erde-Konstruktionen) wurden 1192 unter Vsevolod III. erneuert. Der Burgbereich (*detinec*) war durch drei Tore zugänglich, ebenfalls das Suburbium (*posad*). Die ungemein hohe Zahl von Sakralbauten, gehäuft auftretend im vergleichsweise engen Areal des →Kreml', denen nur 414 Stadtbürgerhöfe (1573) gegenüberstanden, ist einzigartig für altruss. Städte. →Kirchenbau, III; →Russ. Kunst. H. Rüß

Lit.: Lex. der Gesch. Rußlands, 1985, 406–408 [J. Torke] – HGesch Rußlands I, 341ff. [H. Rüss] – A. N. Nasonov, Knjaz' i gorod v Rostovo-Suzdal'skoj zemle, V. 1, 1924, 3–27 – M. K. Ljubavskij, Obrazovanie osnovnoj gosudarstvennoj territorii velikorusskoj narodnosti, 1929 – N. N. Voronin, Zodčestvo Severo-Vostočnoj Rusi, I–II, 1961–62 – Ders., Vladimir, Bogoljubowo, S., Juriev-Polskoi, 1962 – Ju. A. Limonov, Letopisanie Vladimiro-Suzdal'skoj Rusi, 1967 – K. Zernack, Die burgstädt. Volksversammlungen bei den Ost- und Westslaven, 1967 – V. A. Kučkin, Rostovo-Suzdal'skaja zemlja v X-pervoj treti XIII v. Centry i granicy, IstSSSR, 1969, 62–94 – G. K. Vagner, S., 1969 – A. D. Varganov, S., 1971 – W. Vodoff, Un »parti théocratique« dans la Russie du XIIᵉ s. ? Remarques sur la politique eccl. d'André de Bogoljubovo, CCMéd 17, 1974, 143–215 – D. Wörn, Stud. zur Herrschaftsideologie des Gfs.en Vsevolod III., JbGO 27, 1979, 1–40 – V. A. Kučkin, Formirovanie gosudarstvennoj territorii Severo-Vostočnoj Rusi v X–XIV vv., 1984 – A. Poppe, Christianisierung und Kirchenorganisation der Ostslawen in der Zeit vom 10. bis zum 13. Jh., Österr. Osthefte 30, 1988.

Suzeränität (frz. *suzaineté*), dem Lehnsrecht entstammende verfassungsrechtl. Vorstellung, die traditionell von Rechts- und Institutionshistorikern in Abhebung vom Gedanken der →Souveränität gebraucht wird, obwohl beide Begriffe auf nahezu gleichen etymolog. Grundlagen beruhen. Im →Frankreich des ausgehenden MA bezeichnet der (selten belegte) Begriff *suzerain* einen Lehnsherren (→Seigneurie) im Verhältnis zu seinen Lehnsleuten (Vasallen). Damit verweist die Vorstellung der S. auf das →Lehnswesen, wohingegen der *souverain* als →'Herr' im Verhältnis zu seinen 'Untertanen' aufgefaßt wird. Das Problem der S./Souveränität stellt sich insbes. in bezug auf den Kg. v. →Frankreich, der nicht nur den Gipfel der 'Lehnspyramide' einnahm (Abhängigkeit aller Lehen und Afterlehen des Kgr.es von der kgl. 'seigneurie supérieure'), sondern schließlich auch alle Bewohner des Kgr.es (ob nun Vasallen bzw. Aftervasallen oder nicht) als seine Untertanen (*sujets*) behandelte. Die allmähl. Entwicklung zu dieser allg. 'Untertänigkeit' hin ist etwa seit Mitte des 12. Jh. greifbar und erfuhr in der 2. Hälfte des 13. Jh., unter dem Einfluß des gelehrten Rechts, eine Beschleunigung. Wie u. a. das Zeugnis des Juristen Guillelmus →Duranti d. J. belegt, war um 1300 ein Zustand erreicht, der den Kg. v. Frankreich, unabhängig von seiner Position als Lehnsherr, zum anerkannten 'princeps' und 'souverain seigneur' aller Untertanen des Kgr.es ('regnicolae') machte. →Corona, III; →Königtum, D; →Monarchie. Ph. Contamine

Lit.: J.-F. Lemarignier, La France médiévale, institutions et société, 1970, 255–263 – A. Rigaudière, Pouvoirs et institutions dans la France médiévale, II, 1994, 90–92.

Sūzī Çelebi, Meḥmed b. Meḥmed b. ʿAbdullāh, türk. Dichter aus →Prizren, geb. zw. 1455–65, gest. 1524. Gegen Ende seines Lebens lehrte er in seiner Geburtsstadt an einer von ihm errichteten Schule. Er verfaßte nach 1479 ein Ġazavātnāme (→Chronik, S. II), in dessen Mittelpunkt ʿAlī Beg steht, der die reisigen Haufen der →Aqïnğï unter →Meḥmed II. und →Bāyezīd II. anführte. Schauplätze der mit Motiven der epischen Dichtung durchgestalteten Reimchronik, in die lyr. Gedichte eingestreut sind, sind →Siebenbürgen und die →Valachei. Der Traum einer valach. Fs.entochter fungiert sowohl als Vorausdeutung ihrer Liebesbeziehung zu ʿAlī Beg als auch zur Darlegung von dessen Abstammung vom Gründer der →Mīḫāloġullarī, dem der Prophet Mohammed im Traum erschien. Von dem in vier Hss. überlieferten Werk sind 1795 Doppelverse erhalten. B. Flemming

Ed.: A. S. Levend, Ġazavāt-Nāmeler ve Mihaloğlu Ali Bey'in Ġazavāt-Nāmesi, 1956 – *Lit.*: H. Özdemir, Die altosman. Chroniken als Q. zur türk. VK, 1975.

Suzy, Étienne de, Siegelbewahrer (→chancellerie) Kg. →Philipps IV. des Schönen v. →Frankreich, 1302–Dez. 1305, † 10. Dez. 1311. S. stammte aus Suzy (dép. Aisne, canton Anizy-le-Château, Diöz. Laon), besuchte die Novizenschule in →Laon, ist als Magister des kanon. Rechts, Kanoniker v. Tournai (1293), Archidiakon v. Brügge (1296–1304), Kanoniker v. Laon (1299–1311), Administrator des Bm.s Paris (Juni 1304), Elekt v. Tournai, Kardinalpresbyter v. S. Ciriaco alle Terme (ab Dez. 1305) belegt. S.s kirchl. Laufbahn hängt eng zusammen mit seiner Karriere am Kg.shof. Er begegnet hier seit 1293, nahm teil am →Parlement, führte 1294–1304 'inquisitiones' (gerichtl. Untersuchungen im kgl. Auftrag) durch und folgte Pierre →Flotte als Siegelbewahrer, nachdem er bereits während einer Abwesenheit Flottes (4. Nov. 1300–16. Juli 1301) das kgl. →Siegel geführt hatte. Aufgrund seines Amtes (»circa delationem et custodiam sigilli«) empfing er eine kgl. →Pension von 500 *livres tournois* (1305) und eine kgl. Gabe (April 1306). Auf polit. Gebiet nahm er teil an den gegen Papst →Bonifatius VIII. gerichteten Versammlungen (1303), am →Templerprozeß (1308) sowie am Prozeß gegen Bonifatius VIII. (1310), war auch zugegen bei den Versprechungen, die die Gft. →Flandern dem Kg. v. Frankreich zu leisten hatte (Juni 1305). Nach seiner Erhebung zum Kard. im Dez. 1305 (und der damit verbundenen Niederlegung des Siegels) residierte S. an der röm. →Kurie zu →Avignon und war bevorzugt tätig als Vermittler zw. Papst und Kg., insbes. in den Angelegenheiten Flanderns und des Ebm.s →Lyon. E. Lalou

Lit.: DHGE, s.v.

Svatopluk (Swentopluk), Fs. des Großmähr. Reiches (→Mähren, I), † 894. S., der ursprgl. seinen Sitz in →Nitra hatte, stürzte 870 seinen Verwandten →Rostislav, den er an →Ludwig d. Dt. auslieferte, und bemächtigte sich selbst der Herrschaft; frk. Einfälle wehrte er ab, und der Frieden v. Forchheim (874) sicherte ihm de facto die Unabhängigkeit. Für den illegitimen Sohn →Arnulfs v. Kärnten, →Zwentibold, firmierte er als Taufpate. Als Ebf. für →Pannonien und Mähren stand Method (→Konstantin und Method) in seiner Obhut. Unter S.s Führung wurden Teile des Theißbeckens und Pannoniens, Böhmen, Schlesien sowie die Gebiete der →Sorben und →Wislanen in den Machtbereich Mährens einbezogen. S. förderte die Verbreitung des Christentums; der Böhmerfs. →Bořivoj empfing an seinem Hof die Taufe. Papst Johannes VIII. in dem 880 für S. ausgestellten päpstl. Privileg »Industriae tuae« sowie Papst Stephan V. 885 (für den 'rex Sclavorum S.') bestätigten dem Mährerfs.en die Unabhängigkeit und bezeichneten ihn als »quasi einzigen Sohn« des Stuhles Petri – eine Auszeichnung, die bislang dem Ksm. vorbehalten war. Die Treffen S.s mit Ks. Karl III. (884) und Kg. Arnulf (890) festigten S.s selbständige Herrschaft, auch über Böhmen. S. hinterließ zwei Söhne, →Mojmir II. und Svatopluk II. Nach der Tradition wurden seine Gebeine zunächst in der (Kl.)kirche am Zobor bei Nitra beigesetzt und später nach Velegrad übertragen. Das Urteil der Q. über S. ist zwiespältig: Die ostfrk. Annalen warfen S. Treulosigkeit und Feindschaft gegenüber allen Völkern vor, →Regino v. Prüm dagegen pries die hervorragende Intelligenz des »Kg.s der Mährer«. Der byz. Ks. Konstantin VII. nannte S. einen kühnen und gefürchteten Herrscher. Das Papsttum sah in ihm einen eifrigen Förderer des Christentums, einen frommen, weisen und treu ergebenen Herrscher. J. Turmair (Aventinus) schließlich bezeichnete S. als den mächtigsten aller slav. Herrscher und ehrte ihn mit dem Beinamen 'Magnus'. L. E. Havlík

Lit.: I. L. Červinka, Slované na Moravě a Říše vel'komoravská, 1928, 281–290 – A. Angenendt, Ks.herrschaft und Kg.staufe, 1984, 238–247 – G. Althoff, Zur Bedeutung des Bündnisses S.s v. Mähren mit Franken (Symposium Methodianum, hg. K. Trost u. a., 1988), 13–21 – L. E. Havlík, King Sventopluk's Image in the MA. Critica storica 28, 1991, 164–179 – Ders., S. Veliký, král Moravnů a Slovanů, 1994.

Svein Alfivason, illegitimer Sohn →Knuds d. Gr. und der →Ælfgifu (Alfiva), dän. Regent in →Norwegen 1029/ 30–1035, † 1036. Knud, der im Rahmen seines »Nordseeimperiums« v. a. seit 1028 Ansprüche auf Norwegen geltend machte, ernannte 1029 S. zum Regenten und entsandte ihn (nach dem Tode Kg. →Olaf Haraldssons d. Hl.n, der bei Stiklestad 1030 einem von westländ./trönd. Großen geführten Bauernheer erlegen war) mit seiner Mutter Ælfgifu und dem Gefolgschaftsbf. Sigurd (beide treten politisch stärker hervor als S. selbst) sowie einem dano-angl. Gefolge nach Norwegen. Die im Tröndelag (Landschaft um →Drontheim) residierende Regentschaft stieß nach dem Zeugnis von Skaldengedichten und frühen Geschichtswerken bald auf Mißbilligung; sowohl die um ihren Einfluß betrogenen Großen als auch die Bauern, die unter den härteren Abgaben ('Alfivagesetze') litten, wünschten sich die Wiederherstellung eines norw. Kgtm.s, gefördert durch die einsetzende Heiligenverehrung Olafs. Nach dem Tode Knuds d. Gr. (1035) kam es zum offenen Bruch; die trönd. Häuptlingsgeschlechter riefen den Sohn Olafs, →Magnús den Guten, zum Kg. aus; S. und seine Leute mußten sich nach Dänemark zurückziehen. Die 'Alfivagesetze' wurden erst unter →Sigurd Jórsalafari (1130–41) formell aufgehoben. H. Ehrhardt

Lit.: P. Sveaas Andersen, Samlingen av Norge og kristningen av landet 800–1130, 1977, 142ff.

Sven(d)

1. S. Gabelbart, Kg. v. →Dänemark, † 3. Febr. 1014, Sohn von Kg. →Harald Blauzahn, gegen den er sich (im Zuge einer heidn. Reaktion?) erhob (erwähnt bei →Adam v. Bremen und im »Encomium Emmae reginae«); der Vater suchte daraufhin Zuflucht in der slav. Stadt 'Jum(ne)' (→Jomsborg/→Wolin) und starb dort (987?). Später wurde Kg. S. von den 'Jomswikingern' entführt (→Jómsvíkinga saga, Anfang 13. Jh.) und mußte nach der Erzählung →Thietmars v. Merseburg durch hohes Lösegeld freigekauft werden. S. zog an der Spitze von Wikingerverbänden (→Wikinger) nach →England und trieb dort →'Danegeld' ein. Um 1000 besiegte er vor der Insel Svold(er) den Kg. v. →Norwegen, →Olaf Tryggvason (der den Tod fand), und beherrschte, mit Hilfe zweier norw. →'Jarle', nun auch Norwegen. Nach einem ags. Massaker an den in England ansässigen Dänen zog S. erneut gegen England und eroberte es 1013 (Angelsächs. →Chronik). S.s Sohn →Knud d. Gr. setzte nach dem Tode des Vaters diese Eroberungstätigkeit fort. I. Skovgaard-Petersen

Lit.: I. Skovgaard-Petersen, Sven Tveskæg i den aeldste danske historiografi (Middelalderstudier A. E. Christensen, 1966) – P. Sawyer, Da Danmark blev Danmark. Gyldendal og Politikens Danmarkshist. 3, 1988.

2. S. Estridsen, Kg. v. →Dänemark, * 1018/25, † 28. April 1074/76, ◻ Roskilde, Dom. Vater: Ulf, →Jarl in der Gefolgschaft →Knuds d. Gr.; Mutter: Estrid, Schwester Knuds d. Gr.; ∞ Gunhild († um 1060), von ihr zwangsweise geschieden; später: Thora. Ein gespanntes Verhältnis zu Kg. Knud (ab 1025/27) führte Ulf und S. zu Kg. Anund Jakob v. →Schweden (Ermordung Ulfs nach 1032 durch Knud?). Nach autobiograph. Auskünften, die S. dem Geschichtsschreiber →Adam v. Bremen gab, soll er insgesamt zwölf Jahre in Schweden verbracht haben, u. a. im Kampf gegen das dän.-norw. Kgtm. →Magnús' d. Guten (1042–47) und →Harald Sigurdssons (ab 1046). S. erweiterte seinen Einfluß in Dänemark von →Schonen aus westwärts, wie die unter ihm geprägten Münzen zeigen, während Harald bis 1051/52 durch Angriffe von See her seine Ansprüche vergebl. durchzusetzen suchte. Nach zehnjähriger ungestörter Herrschaft wurde S. 1062 wieder von Harald angegriffen und an der Mündung des Flusses Nissan (Halland) geschlagen; ein dauerhafter Friede wurde jedoch 1064 geschlossen. In S.s Regierungszeit begann der Übergang des dän. Kgtm.s von einer Stammesherrschaft zu einer frühstaatl. christl. Herrschaftsordnung. S. erneuerte um 1060 im Zusammenwirken mit Ebf. →Adalbert v. →Hamburg–Bremen die Bm.sorganisation Dänemarks (obwohl wie ihn der Ebf. gezwungen hatte, sich wegen zu naher Verwandtschaftsbeziehung von Gunhild zu scheiden), leitete Beziehungen zu Papst →Alexander II. ein, bemühte sich, seinem Oheim →Harald Blauzahn den Ruf eines Hl.n zu verschaffen, und förderte die Kirche v. →Roskilde. Von den Söhnen, die S. aus Verbindungen mit verschiedenen Frauen hatte, folgten ihm im Zeitraum von 1074/76 bis 1134 Harald Hen, →Knud d. Hl., Olaf Hunger, →Erich (Erik Ejegod) und Niels als Kg.e nach.

T. Nyberg

Lit.: DBL³ XIV, 1983, 240–243 [N. Lund] – E. Hoffmann, Kg.serhebung und Thronfolgeordnung in Dänemark bis zum Ausgang des MA (Beitrr. zur Gesch. und Q.kunde des MA 5), 1976, 23–36 – S. Balle, Ulf Jarl og drabet i Roskilde, Histor. årbok for Roskilde amt, 1983, 23–59 – Danmarkshistorie, hg. O. Olsen, 4, 1989, 46–58 [O. Fenger] – Tusindtallets Danske Mønter/Danish Coins from the 11th Cent. [Kat. Nationalmuse.], hg. J. Steen Jensen, 1995.

3. S. III. (S. Grathe, auch: Petrus), *Kg. v. →Dänemark,* * spätestens 1120 (erstmals belegt 1135), † 23. Okt. 1157; unehel. Sohn von Kg. Erich II. († 1137) und Thunna; ⚭ um 1152 Adela, Tochter von →Konrad, Mgf. v. Meißen. Durch die Doppelwahl nach der Abdankung Erichs III. (1146) wurde S. zum Kg. erhoben (als solcher anerkannt nur in Seeland und Schonen), wohingegen sein Konkurrent Knud, der Sohn des Magnus, des Mörders von Hzg. →Knud Laward, in Jütland Anerkennung fand. S. förderte die Kanonisation Knud Lawards (1146, 1148), und bestellte dessen Sohn Waldemar (→Waldemar d. Gr.) an sich (Einsetzung zum 'praefectus' v. →Schleswig) und nahm am →Wendenkreuzzug als Anführer des Schleswigschen Aufgebotes teil (Knud befehligte dagegen die Jütländer).

Im Bündnis mit dem Schauenburger Adolf II., Gf. v. →Holstein, wehrte S. mehrere Angriffe seines Gegners Knud gegen Seeland ab (1146/47, 1150) und bemühte sich (wie andererseits aber auch Knud) um die Unterstützung des dt. Kg.s →Konrad III. und seines Nachfolgers →Friedrich Barbarossa, der schließlich aber S. mit Dänemark belehnte (Merseburg, 1152). S. verstand es aber nicht, seine Macht zu festigen (Opposition gegen seine harten Steuerforderungen, in Schonen Streitigkeiten mit Ebf. →Eskil).

1153 vollzog Waldemar einen Parteiwechsel und ließ sich 1154 gemeinsam mit Knud vom Viborger Landesding als Kg. huldigen. S. betrieb im Exil (am Hofe seines Schwiegervaters, bis 1156) mit Hilfe →Heinrichs d. Löwen seine Rückkehr (Festlegung einer Dreiteilung Dänemarks, durch die S. Schonen zurückerhielt). Im Handstreich (9. Aug. 1157) suchte er seine Rivalen auszuschalten: Knud fand den Tod, aber Waldemar überlebte verwundet und konnte S. auf der Heide v. Grathe in Jütland besiegen. Die Regierung des auf der Flucht erschlagenen S. war so stark vom Bürgerkrieg bestimmt, daß sich kein rechtes Bild von seinen Regierungshandlungen gewinnen läßt.

Th. Riis

Q.: Diplomatarium Danicum 1. R. II, 1963 – Danmarks middelalderlige Annaler, ed. E. Kroman, 1980 – Lit.: DBL³ XIV, 243f. – N. Skyum-Nielsen, Kvinde og Slave, 1971.

4. S. (Sven) **Aggesen** (S. Aggesøn, Sveno Aggonis filius), dän. Geschichtsschreiber der 2. Hälfte des 12. Jh., entstammte einer vornehmen jütländ. Familie und erwarb seine klass. Bildung wohl an einer frz. Univ. Wie der etwas jüngere →Saxo Grammaticus war er 'contubernalis' (Gefolgsmann) des Kg.s v. →Dänemark und wurde als Teilnehmer am letzten 'Wendenfeldzug' 1184 Augenzeuge der Zerstörung der →Jomsborg (→Wolin). Neben der lat. Übers. einer auf →Knud VI. und Ebf. →Absalon zurückgehenden Gesetzessammlung über das Rechtsverhältnis unter kgl. Gefolgsleuten (→Hird) verfaßte S. eine »Brevis historia regum Dacie«, in der er die dän. Reichsgesch. hauptsächl. unter Verwendung mündl. überlieferter Zeugnisse (Volkssagen, Berichte aus der eigenen Familientradition) in einem überladenen, zitatenreichen Stil darstellte. Die Hervorhebung von Uffe und Thyra Danebod, die sich dem dt. Ks. widersetzten, weist auf die aktuelle Politik Kg. Knuds hin, der den Eid auf Ks. Friedrich Barbarossa verweigerte. →Chronik, J. I.

R. Volz

Ed.: M. Cl. Gertz, En ny Text af S. Vaerker, 1915 – Script. min. hist. Danicae medii aevi, I, 1917, 55–143 – Übers. [dän.]: M. Cl. Gertz, S. hist. Skrifter, 1916–17 [Neudr. 1967] – Lit.: DBL I, 153f. [E. Jørgensen] – KL XVII, 501–502 [E. Kroman] – S. Bolin, Om Nordens äldsta historieforskning, 1931 – E. Jørgensen, Historieforskning og Historieskrivning i Danmark indtil Aar 1800, 1931.

Sverker. 1. S. d. Ä., Kg. v. →Schweden, † um 1156, Stammvater der gleichnamigen Kg.sfamilie ('Sverkerska ätten'), entstammte wohl einem großen Geschlecht aus Östergötland (nähere Herkunft unbekannt), ⚭ 1. Ulfhild, ehem. Gemahlin des Kg.s Niels Svensson v. Dänemark; 2. Rikissa (aus Polen), Witwe des aus Dänemark stammenden Prinzen (und schwed. Thronbewerbers) Magnús Nielsen. S., dessen Regierung nur durch wenige Q. erhellt wird, ging in den Jahren um 1130 aus den Machtkämpfen, die dem Tode Kg. Ingers d. J. († um 1120) folgten, siegreich hervor. Er und Kgn. Ulfhild förderten die kirchl. Belange, bes. die →Zisterzienser (nach 1140 erste Kl.: Nydala in Småland, →Alvastra in Östergötland, Varnhem in Västergötland). Eine Synode zu →Linköping regelte in Anwesenheit des päpstl. Legaten, Nicolas Breakspear (des späteren Papstes →Hadrian IV.), die rechtl. Stellung des schwed. Klerus und die Erhebung des →Peterspfennigs, möglicherweise wurde dort (erfolglos) die Frage der Errichtung eines Ebm.s für Schweden diskutiert. S., der 1142 nach einer aruss. Q. einen (fehlgeschlagenen) Seekriegszug in den O unternahm, war seit Mitte der 50er Jahre in die dän. Thronstreitigkeiten verwickelt, was vielleicht zu seiner Ermordung beitrug. Er wurde nach der Überlieferung bei Alvastra von einem seiner Gefolgsmänner erschlagen, als er sich auf dem Weg zur Weihnachtsmesse befand.

G. Dahlbäck

Lit.: S. Carlsson–J. Rosén u.a., Den svenska historien, 1, 1966.

2. S. d. J., Kg. v. →Schweden, ✕ 1210, ⚭ 1. Benedicta, eine Verwandte aus der Hvide-Familie; 2. Ingegerd, Tochter des schwed. Jarls Birger Brosa. Als Enkel von 1. und Sohn des Kg.s Karl Sverkersson und der dän. Adligen Kristina (aus der großen seeländ. Familie der Hvide, verwandt mit Kg. →Waldemar d. Gr.) wurde S. nach dem gewaltsamen Tod des Vaters (1167) nach Dänemark gebracht und von Mitgliedern der Hvide erzogen. Nach dem Tode →Knut Erikssons bestieg er, wohl ohne Waffengang, den schwed. Thron und betrieb während einer längeren Friedensperiode kirchenfreundl. Politik (1200 Privileg für die Kirche v. →Uppsala: Immunität des Klerus, Steuerbefreiung für Kirchengüter). 1204 brachen aber neue Kämpfe mit dem konkurrierenden Geschlecht →Erichs d. Hl.n ('Eriska ätten') aus. S. konnte seine Gegner zunächst besiegen (Schlacht v. Älgarås, 1205), doch unterlagen seine dän. Hilfstruppen 1208 bei Lena (Västergötland) dem Thronprätendenten Erik Knutsson, den S. noch mit Hilfe einer päpstl. Exkommunikationsdrohung zu bekämpfen suchte. 1210 wurde er in einer Schlacht bei Gestilren (Västergötland) getötet.

G. Dahlbäck

Lit.: →Sverker d. Ä.

Sver(r)ir Sigurdarsson, Kg. v. →Norwegen 1177/84–1202, † 8. März 1202. Er verfügte nur über zweifelhafte Thronansprüche; nach dem parteilichen Zeugnis der »Sverris saga« war er außerehel. Sohn von Kg. Sigurd Haraldsson (und damit Nachfahre von Kg. →Magnús Barfuß) und wurde während seiner Jugend, die er in Unkenntnis seiner kgl. Abkunft auf den Färöern verbrachte, zum Priester geweiht. Seit 1177 kämpfte er, mehr und mehr sich an die Spitze der sog. →'Birkebeiner' stellend, zielbewußt und in zähem Kleinkrieg (gestützt v. a. auf die Landschaft Tröndelag, um →Drontheim) gegen die kirchenfreundl. Partei um →Erling Skakke (gefallen 1179), dessen Sohn →Magnús Eriksson (gefallen 1184), den ersten gekrönten Kg. v. Norwegen, und Ebf. →Eysteinn Erlendsson († 1188) und konnte sich bis 1184 (nach Ausrufung zum Kg. durch das øyrathing, 1179) allg. durchsetzen, zumal er den exilierten Ebf. zu einem Ausgleich bewog (Rückkehr 1183).

Nach einigen ruhigeren Regierungsjahren brach der Gegensatz zw. dem die Unterwerfung der Geistlichkeit fordernden Kg. und dem die →'libertas ecclesiae' (Bf.s-wahlen, Jurisdiktion) wieder stärker betonenden neuen Ebf. Erik Ivarsson offen aus: Der Kg. schlug den Aufstand der sog. 'Kuvlungen' nieder (1188) und drängte Ebf. Erik ins Exil (an den Hof Ebf. →Absalons v. Lund), setzte die Wahl seines Anhängers Martin als Bf. v. →Bergen durch und ließ sich 1194 von den norw. Bf.en zum Kg. krönen. Die Kurie, die auf Appellationen beider Seiten zunächst abwartend reagiert hatte, erließ unter Coelestin III. einen Privilegienbrief zugunsten des Ebf.s (15. Juni 1194), woraufhin die königstreuen norw. Bf.e von →Lund aus exkommuniziert wurden und sich (unter Bf. Nikolaus v. Oslo) 1196 die antikgl. und kirchentreue Oppositionsbewegung der →'Bagler' neu formierte. S. starb nach wechselnden Auseinandersetzungen während der Kämpfe um die Landschaft Viken (Gebiet v. →Oslo und →Tønsberg), das die Zentrum des Widerstandes bildete; er soll auf dem Sterbebett seinem Sohn Hákon den Ausgleich mit der Kirche anempfohlen haben.

S., eine der kraftvollsten und umstrittensten Königsgestalten des norw. MA, hat durch seinen Kampf gegen die von gregorian. und viktorin. 'libertas'-Vorstellungen geprägte Kirche, in dem der Kg. als erster die Waffe der →Publizistik einsetzte (→»Sverris saga«, →»Tale mot biskopene«), die Haltung des norw. Kgtm.s, wie sie sich noch im »Königsspiegel« des 13. Jh. (→Fürstenspiegel, B. IV) artikuliert, nachhaltig beeinflußt. H. Ehrhardt

Lit.: J. E. SARS, Kong Sverre, 1902 – F. PAASCHE, Sverre prest, Edda 1915 – H. KOHT, Kong Sverre, 1952 – G. M. GATHORNE-HARDY, A Royal Impostor-King Sverre of Norway, 1956 – K. HELLE, Norge blir en stat 1130–1319, 1974, 74ff. [Lit.].

Sverris saga. In der wohl in den ersten Jahren des 13. Jh. entstandenen und in vier Hss. (AM 327, 4°; AM 47 fol.; GKS 1005 fol. und AM 81a fol., alle 14. Jh.) vollständig überlieferten Königssaga (→Konunga sögur, →Saga) werden Leben und Taten des norw. Kg.s Sve(r)rir Sigurdarsson (Regierungszeit 1184–1202) in rühmender, die Legitimität seiner Herrschaft hervorhebender Tendenz dargestellt. Im Mittelpunkt der umfangreichen Saga stehen die Kämpfe Sver(r)irs gegen Kg. →Magnús Erlingsson, die Schlacht bei Fimreite (1184) und die Auseinandersetzungen mit der kirchentreuen Partei der →Bagler. Ein typ. erzähler. Mittel bilden die von überird. Mächten gesandten Träume und die in antiker historiograph. Tradition (Livius) stehenden Feldherrnreden. Die Frage der Verfasserschaft ist z. T. noch ungeklärt, eine Vorstufe des ersten Teils (bis Kap. 43) mit dem Titel »Grýla« (Popanz) stammt von Karl Jónsson, Abt von Þingeyrar († 1212/13), der unter der Aufsicht Kg. Sverrirs das Werk als polit. Propagandaschrift (→Publizistik) verfaßte und möglicherweise auch die anschließenden Teile ausarbeitete. R. Volz

Ed.: S. s. etter Cod. AM 327, 4°, ed. G. INDREBØ, 1920 [Nachdr. 1981] – The Sagas of King Sverrir and Hakon the Old, MS No. 81 A Fol., hg. L. HOLM-OLSEN, 1961 (Early Icelandic Mss. in Facs. 3) – Übers.: S. s., übers. J. SEPHTON, 1899 [engl.] – Norw. Kg.sgesch., übers. F. NIEDNER, 2, 1925 [1965²], 19–113 [gekürzt] – Lit.: KL XVII, 551–558 [L. HOLM-OLSEN] – R. SIMEK-H. PÁLSSON, Lex. der an. Lit., 1987, 343–344 – G. CEDER-SCHIÖLD, Konung Sverre, 1901 – F. JÓNSSON, S. s., ANF 36, 1920, 97–138 – L. HOLM-OLSEN, Studier i S. s., 1953 – J. SCHREINER, Omkring S. s., NHT 36, 1952–53 – G. M. GATHORNE-HARDY, A Royal Impostor, 1956 – E. N. BREKKE, S. s. opphav, 1958.

Svjatopolk. 1. S. Vladimirovič Okajannyj ('der Verfluchte'), Fs. v. →Kiev 1015–16, 1018–19, * wahrscheinl. 978, † nach 1019. Es besteht kein Grund, die Nachricht der aruss. Chronik (→Povest' vremennych let) zu bezweifeln, daß S. ledigl. Adoptivsohn des Fs.en →Vladimir I. d. Hl. v. Kiev und Sohn von dessen älterem Bruder Jaropolk war. In den aruss. Q. wird S. als Mörder seiner jüngeren Brüder →Boris und Gleb bezeichnet. Wenn die Tatsache selbst auch feststehen mag (Versuche, die Schuld Vladimirs Sohn →Jaroslav [2. J.] zuzuweisen, können nicht überzeugen), verhindert doch die starke Stilisierung der in Betracht kommenden Texte eine klare Sicht auf die Ereignisse. Unter Vladimir hatte S. seinen Sitz in →Turov, so daß sein nahes Verhältnis zu →Bolesław I. Chrobry v. Polen, mit dessen Tochter S. verheiratet war, verständl. ist. Wohl in den letzten Jahre Vladimirs fällt ein offener Bruch S.s mit diesem, der zur Verhaftung S.s, seiner Gattin sowie des poln. Bf.s Reinbern v. Kolberg führte. Die genaue Ursache des Konflikts bleibt unbekannt, da die Behauptung →Thietmars, S. sei von Bolesław angestiftet worden, wegen seiner offenkundigen Voreingenommenheit gegen den poln. Fs.en nicht verläßl. ist. Indirekte Angaben über eine Designation von Boris zum Thronfolger v. Kiev durch Vladimir lassen vermuten, daß sowohl S.s Auflehnung als auch der Bruderkrieg nach Vladimirs Tod (15. Juli 1015) nicht bzw. nicht nur auf S.s Herrschsucht, sondern auf eine Kollision von zwei Thronfolgeprinzipien zurückzuführen sind, nämlich einem traditionellen, nach dem Kiev als Teilfsm. dem jeweils ältesten Bruder (also S.) zufallen sollte, und einem neuen, das eine Teilung des Reiches zu vermeiden suchte (→Senior, III). Die Ermordung von Boris und Gleb bot Jaroslav den Vorwand, 1016 von →Novgorod aus in den Kampf einzugreifen, so daß sich S. nach Polen retten mußte. Trotz der poln. (im Aug. 1018 Kiev vorübergehend von Truppen Bolesławs erobert) und kuman. Unterstützung konnte sich S. gegen Jaroslav nicht durchsetzen. Er mußte nach der Niederlage im Sommer 1019 Kiev endgültig verlassen und setzte sich vermutl. noch für einige Zeit in Brest an der russ.-poln. Grenze fest. Sein weiteres Schicksal ist unbekannt. A. Nazarenko

Q.: PSRL I, 1928², 80, 121, 130–146; II, 1908², 67, 105, 115–133 – Thietmar v. Merseburg, Chronik, hg. R. HOLTZMANN, MGH SSrerGerm NS 9, 1935, IV, 58; VI, 91; VII, 65, 72–74; VIII, 31–33 – Lit.: A. V. NAZARENKO, Nemeckie latinojazyčnye istočniki IX–XI vekov, 1993, 148–205 [Komm. zu Thietmar; Lit.] – →Boris und Gleb.

2. S. Izjaslavič, Fs. v. →Kiev 1093–1113, * 1050, † 16. April 1113, ◻ Erzengel-Michael-Kirche des Demetrios-

Kl. Kiev. S.s Herkunft aus →Izjaslav Jaroslavičs Ehe mit Gertrud ist ungesichert. Seit 1078 trat S. als Fs. v. →Novgorod auf, das er auch nach dem Tod des Vaters unter →Vsevolod Jaroslavič v. Kiev behielt, um dann 1088 nach →Turov, dem durch den Tod seines Bruders Jaropolk freigewordenen Stammsitz der Izjaslaviči, zu ziehen. Der Tod Vsevolods machte S. nach dem Seniorat (→Senior, III) zum legitimen Fs.en v. Kiev (24. April 1093), wenn auch die aruss. Chronik (→Povest' vremennych let) Spannungen zw. S. und seinem Vetter →Vladimir Vsevolodovič Monomach verrät. S. versuchte ohne endgültigen Erfolg, den früheren Machtbereich des Vaters wiederherzustellen und ganz Volhynien und Novgorod für sich zu gewinnen, indem er sich auf das bei der Fs.ensynode v. →Ljubeč 1097 erstmals formulierte Prinzip des 'Vatererbes' (*otčina*; →Votčina) stützte. Dieses Ziel bestimmte auch seine internat. Bündnisse (Verheiratung seiner Töchter mit →Bolesław III. v. Polen [1103] und Hzg. Álmos, Bruder Kg. →Kolomans v. Ungarn [1104]). Das Machtsystem unter S. ist durch eine Art Doppelherrschaft von S. und Vladimir Monomach unter Ausklammerung der Söhne →Svjatoslav Jaroslavičs, der Fs.en v. →Černigov →Oleg (2. O.) und David, gekennzeichnet. Die Zusammenarbeit mit Vladimir ermöglichte eine erfolgreiche Politik gegen die Steppennomaden; der Niederlage gegen die →Kumanen (1093), nach welcher der Friede durch S.s Heirat mit einer Tochter des Chans Tugor erkauft werden mußte, folgten glänzende Siege (1103, 1111). Ungeachtet der langen und insgesamt stabilen Herrschaft blieb der kleinmütige und habsüchtige Fs. in Kiev unbeliebt; die Unruhen, die hier nach seinem Tod ausbrachen und sich v. a. gegen die fsl. Administration und die Juden richteten, lassen einen steigenden fiskal. Druck vermuten. Mit dem Tod S.s schied die Sippe Izjaslav Jaroslavičs aus der Reihe der führenden Fs.en des Reiches aus; der Besitz von S.s Nachkommen blieb auf das Turover Land beschränkt.

A. Nazarenko

Q.: PSRL I, 1928², 174, 200, 207, 217–290, 293; II, 1908², 163f., 191, 199, 208–276, 289 – NPL, 16, 19, 161, 470 – Paterik Kievskago Pečerskago monastyrja, hg. D. I. Abramovič, 1911, Slovo 31 – *Lit.:* Solov'ev, IR II, Kap. 3 – A. E. Presnjakov, Knjažoe pravo v Drevnej Rusi, 1909, 46–68.

Svjatoslav. 1. S. Igorevič, Fs. v. →Kiev, * um 942, † Frühjahr 972; Sohn des Fs.en →Igor' v. Kiev. Die aruss. Chronik (→Povest' vremennych let) schildert S. als kriegstüchtigen Helden und (trotz der Bemühungen seiner Mutter, Fsn. →Ol'ga, ihn zur Taufe zu bekehren) Feind der Christen. Die selbständige Regierung S.s begann nach 959 mit einer Reihe großangelegter krieger. Unternehmungen: zunächst gegen die →Vjatičen, dann 965 und wahrscheinl. 969 gegen die →Chazaren (leitete das Ende des selbständigen chazar. Chaganats ein und dehnte den russ. Einfluß auf Gebiete am Don sowie an der Ostküste des Asowschen Meeres [→Tmutarakan'] aus). Die Aktivitäten gipfelten in zwei balkan. Feldzügen v. 968 (Datierung 967 möglich) und 969 (970)–971. Auf diplomat. Anstiftung von Byzanz als russ.-bulg. Krieg begonnen (die aruss. Chronik schreibt S. in diesem Zusammenhang den Plan zu, ein bulg.-russ. Großreich mit 'Perejaslavec an der Donau' als Hauptstadt zu gründen), schlugen sie unter Ks. Johannes I. Tzimiskes in einen Kampf mit Byzanz um, der russischerseits wohl im Bündnis mit Ks. Otto I. geführt wurde. Ob es S. dabei lediglich um Behauptung der bulg. Erwerbungen ging oder ob er darüber hinaus einen Marionetten-Ks. in Konstantinopel einsetzen wollte (wie Leon Diakonos vermuten läßt), ist nicht zu entscheiden. Nichts von beidem konnte S. jedoch durchsetzen. Nach dem russ.-byz. Friedensvertrag (Juli 971) mußte er Bulgarien räumen und auf jede Eroberungspolitik im Balkangebiet und im nördl. Schwarzmeerraum definitiv verzichten. Weder dem erhaltenen Vertragstext noch sonstigen Q. ist zu entnehmen, ob bzw. inwieweit dadurch die Vorrechte der russ. Kaufleute in Byzanz, die in den Verträgen v. 907/911 und 944 festgesetzt worden waren, betroffen waren. Auf dem Rückweg nach Kiev fiel S. einem Überfall von →Pečenegen zum Opfer. Die verbreitete Meinung, die S.s Kriege nicht im Sinne eines polit. Programms, sondern als Raubzüge eines typ. Wikinger-Fs.en versteht, muß als hyperkritisch zurückgewiesen werden.

A. Nazarenko

Q.: PSRL I, 1928², 63–74; II, 1908², 34, 52–62 – Leonis Diaconi Caloensis hist. libri decem, rec. C. B. Hase, 1828 [passim] – Ioannis Scylitzae Synopsis hist., rec. I. Thurn, 1973, 277, 286–291, 294–310 – *Lit.:* T. M. Kalinina, Svedenija Ibn Haukalja o pochodach Rusi vremen Svjatoslava, Drevnejšie gosudarstva na territorii SSSR Jg. 1975, 1976, 90–101 – A. N. Sacharov, Diplomatija Svjatoslava, 1982 [Lit.] – A. V. Nazarenko, Rus' i Germanija pri Svjatoslave Igoreviče, Istorija SSSR 1990, 2, 60–74.

2. S. Jaroslavič, Fs. v. →Kiev, * 1027/28, † 27. Dez. 1076, ▭ Verklärung-Christi-Kathedrale, Černigov; 3. Sohn von →Jaroslav I. d. Weisen und Ingigerd, Stammvater der →Rjurikiden v. →Černigov; ⚭ 1. um 1045 Cäcilia (Herkunft unbekannt; Ungarn?), 2. um 1071 Oda (Tochter Idas 'v. Elsdorf', einer Base Ks. Heinrichs IV.); Söhne: von 1.: Gleb, →Oleg (2. O.), David, Roman; von 2.: Jaroslav (v. →Murom und →Rjazan'). Unter dem Vater verwaltete S. Volhynien. Die Teilung des Reiches nach dem sog. Vermächtnis Jaroslavs (*rjad*; →Senior, III) machte S. 1054 zum zweitstärksten Fs.en der Rus', der über Černigov (mit Murom, ohne Kursk) und →Tmutarakan' verfügte. Offen bleibt, ob das durch Jaroslavs Vermächtnis proklamierte Seniorat des ältesten Bruders →Izjaslav von Anfang an neben einer kollektiven Oberherrschaft von drei Brüdern (Izjaslav, S., →Vsevolod v. Perejaslavl') über das ganze Reich bestand oder ob es erst später (etwa 1060, nach dem Tod zweier jüngerer Brüder) durch eine solche Triarchie verdrängt wurde. Kirchenpolit. hatte diese zur Folge, daß S.s Hauptstadt (wie Vsevolods Perejaslavl') ztw. neben Kiev zur Titularmetropole erhoben wurde. 1068 führten ein Aufstand in Kiev gegen Izjaslav und dessen Flucht nach Polen zu einer territorialen Umverteilung, die S. mindestens →Novgorod einbrachte. Dieses früher dem Fs.en v. Kiev gehörende Land konnte S. auch 1069, nach der Rückkehr Izjaslavs, behaupten, was die Wiederherstellung der Triarchie in der früheren Form unmöglich machte. Der latente Konflikt führte 1073 zu einem direkten Angriff S.s (mit Unterstützung Vsevolods) auf Kiev und zur Vertreibung Izjaslavs. Am 22. März wurde S. Fs. v. Kiev; ob er dabei Černigov behielt oder es Vsevolod abtreten mußte, bleibt fraglich. In den 70er Jahren betrieb S. die Neutralisierung →Bolesławs II. v. Polen, des Verwandten und Verbündeten Izjaslavs. Nach einer Annäherung an Ks. Heinrich IV. verbündete sich S. (wahrscheinl. Frühjahr 1075) aber selbst mit Bolesław und griff (wiederum mit Vsevolod) im Herbst 1075 militär. zugunsten Polens in Böhmen ein. S.s Vorgehen gegen den älteren Bruder führte zu einem Zerwürfnis mit dem einflußreichen Abt des Kiever Höhlenkl. →Feodosij (krit. Darstellung S.s in der →Povest' vremennych let). Mit S.s Namen sind zwei im Original erhaltene Florilegien, die sog. Izborniki S.s aus d. J. 1073 und 1076, verbunden. Der unerwartete Tod S.s (infolge eines mißlungenen chirurg. Eingriffs) führte nach der Rückkehr Izjaslavs nach Kiev zu einem Machtverlust der Familie S.s und zum Tod bzw. zur

Vertreibung seiner Söhne (außer David). Eine begrenzte Restituierung des Erbes S.s erfolgte in der ersten Hälfte des 12. Jh. dank seines Sohnes Oleg und seines Enkels Vsevolod Ol'govič. A. Nazarenko

Q.: PSRL I, 1928², 149, 161–183, 187, 193, 198f., 247; II, 1908², 137, 149–173, 177f., 185, 189f. – Izbornik Svjatoslava 1073 goda, faksim. izd., hg. L. P. Žukovskaja u.a., 1983, fol. IV [Porträt S.s mit seiner Familie] – V. L. Janin, Aktovye pečati Drevnej Rusi X–XV vv., I, 1970, Nr. 10–13 [Bleibullen S.s] – Annales Stadenses auctore Alberto, hg. J. M. Lappenberg, MGH SS 16, 1859, 319f. – Annales s. Galli, hg. A. Schütz, MGH SRG NS 18 [im Dr.], s.a. 1072 – Lit.: Solov'ev, IR II, Kap. 2 – A. E. Presnjakov, Knjažoe pravo v Drevnej Rusi, 1909, 34–46 – V. A. Kučkin, »Slovo o polku Igoreve« i mežduknjažeskie otnošenija 60-ch godov XI veka, VI, 1985, 11, 19–35 – A. V. Nazarenko, O dinastičeskich svjazjach synovej Jaroslava Mudrogo, Otečestvennaja istorija 1994, 3/4, 181–194.

Švitrigaila (auch Svidrigaila, poln. Świdrigiełło), Gfs. v. →Litauen aus dem Geschlecht der Gediminiden (→Jagiełło, Jagiellonen), * ca. 1370, † 10. Febr. 1452 in Luck, Sohn von →Olgerd, Vetter von →Witowt, mit dem er um den litauischen Thron rivalisierte. Š. verband sich mit dem →Dt. Orden und fand um 1408 vorübergehend bei →Vasilij I. v. Moskau Zuflucht. Nachdem er 1430 zum Gfs.en gewählt worden war, trat er wie sein Vorgänger Witowt für die Selbständigkeit Litauens gegenüber Polen ein und strebte wie dieser nach der Erhebung zum litauischen Kg. Zur Abwehr von poln. Expansionsbestrebungen ging Š. 1431 nochmals ein Bündnis mit dem Dt. Orden ein, was den Verbleib Volhyniens beim Gfsm. zur Folge hatte. Der Orden vermittelte auch Verbindungen zum Konzil v. →Basel, in denen Š. seine Bereitschaft zu einer kirchl. Union bekundete, mit der er eine Konsolidierung des Gfsm.s mit seiner teils orth., teils kath. Bevölkerung erreichen wollte (Forstreuter). Im Herbst 1432 unternahm der von Polen unterstützte →Sigismund Kestutovič einen Überfall auf Š. und ließ sich zum Gfs.en ernennen. Dies führte zu einem bis 1438 dauernden Machtkampf. Für Š., dem viele orth. Fs.en und →Bojaren des Gfsm.s angehangen hatten, wirkte sich nachteilig aus, daß Sigismund diese 1434 privilegierte. Eine entscheidende Niederlage erlitten die Truppen von Š. und die ihm beistehenden livländ. Ordenskräfte 1435 in der Schlacht bei Wilkomir. In seinem letzten Lebensjahrzehnt war Š. nur noch Fs. v. Volhynien. N. Angermann

Lit.: A. Lewicki, Powstanie Świdrygiełły, 1892 – J. E. v. Kozielsk-Puzyna, Switrigail v. Litauen, 1914 – K. Forstreuter, Preußen und Rußland, 1955 – H. Jablonowski, Weißrußland zw. Wilna und Moskau, 1955 – Z. Ivinskis, Lietuvos istorija. Iki Vytauto Didžiojo mirties, 1978.

Swanahild (Seranahilt), bayer. Adlige aus dem Haus der →Agilolfinger, Gemahlin des Hausmeiers →Karl Martell. Dieser brachte 725 von einem Kriegszug nach →Bayern die Gattin des Hzg.s →Grimoald, Pilitrud, und deren Nichte S. an den frk. Hof. Karls Heirat mit S., nach dem Tod seiner Frau Chrotrud, ist als polit. Entscheidung auf dem Weg eines Ausgleichs mit Bayern zu sehen. Dem bald geborenen Sohn →Grifo versuchte S. tatkräftig einen Anteil am väterl. Erbe zu sichern. In dem nach Karls Tod (741) entbrannten Streit setzten sich seine Söhne aus 1. Ehe, →Pippin und →Karlmann, gegen S. durch und verdrängten Grifo aus seinem Erbe; S. wurde als Leiterin des Kl. →Chelles abgefunden. Im Gegensatz zur karol. Propaganda, die die »improba mulier« (Ann. Mett. pr.) zur Konkubine machte, war sie zweifellos rechtmäßige Gattin – das Reichenauer Verbrüderungsbuch verzeichnete sie sogar als »Swanahil regina«. U. Nonn

Q.: Cont. Fredeg. 12, 25 (MGH SRM II) – Ann. q. d. Einhardi (MGH SRG 6) – Ann. Mettenses priores (MGH SRG 10) – Lit.: E. Hla-witschka, Die Vorfahren Karls d. Gr. (Braunfels, KdG, I), 79 – J. Jarnut, Unters. zur Herkunft S.s, der Gattin Karl Martells, ZBLG 40, 1977, 245–249 – J. Jahn, Hausmeier und Hzg.e ... (Karl Martell in seiner Zeit, hg. J. Jarnut, U. Nonn, M. Richter, 1994), 317–344.

Swentopluk → Svatopluk

Świdrigiełło → Švitrigaila

Swithun, hl., Bf. v. →Winchester (Fest: 2. Juli; Translation: 15. Juli), † 2. Juli, wahrscheinl. 862; vier Viten sind überliefert: eine in lat. Prosa von Lantfred (um 975), eine ae. in lat. Versen von →Wulfstan d. Cantor (um 996), eine ae. von →Ælfric und eine anonyme in lat. Prosa aus der Mitte des 11. Jh. Nach diesen Viten wurde S. Priester in Winchester. Er war verantwortl. für die Erziehung des künftigen Kg.s Æthelwulf, der ihn wahrscheinl. 852 in Winchester zum Bf. ernannte. Von seinem Episkopat ist nur bekannt, daß er wohltätige Werke tat, Kirchen und eine Brücke in Winchester errichtete. Am 15. Juli 971 veranlaßte Bf. →Æthelwold die Umbettung von S.s Gebeinen von dem ursprgl. Begräbnisplatz vor der Westseite des Old Minster in das Innere der Kirche. Bei einer erneuten Translation wurden sie wahrscheinl. 974 auf zwei verschiedene Schreine verteilt. Diese Translation stand wohl mit dem Umbau der Kirche in Zusammenhang, die nun den ursprgl. Begräbnisplatz S.s einbezog. An dieser Stelle befand sich vermutl. einer der Schreine, der andere am Hochaltar. Nach der norm. Eroberung wurde das Old Minster durch die heutige Kathedrale ersetzt, in die man S.s Reliquien am 15. Juli 1093 überführte, die während des ganzen MA Pilger anzogen. S.s Kult war verbreitet. →Hagiographie, B. VI, VII. D. W. Rollason

Ed.: E. S. Sauvage, S. Swithuni Wintoniensis episcopi translatio et miracula auctore Lantfredo monacho Wintoniensi, AnalBoll 4, 1885, 367–410 – Ders., Vita S. Swithuni Wintoniensis episcopi auctore Goscelino monacho Sithiensi, AnalBoll 7, 1888, 373–380 – Ælfric's Lives of Saints, ed. W. W. Skeat, EETS OS 76, 82, 1881 – Frithegodi monachi Breviloquium vitae beati Wilfredi et Wulfstani cantoris Narratio metrica de sancto Swithuno, ed. A. Campbell, 1950 – Lit.: The Anglo-Saxon Church (Papers on Hist., Architecture and Archaeology i. h. H. M. Taylor, hg. L. A. S. Butler–R. Morris, 1986).

Syagrius. 1. S., Sohn des magister militum per Gallias →Aegidius, beherrschte noch nach der Absetzung des letzten weström. Ks.s →Romulus Augustus (476) das Gebiet um Soissons im Namen Roms. Er erkannte →Odoaker als Kg. v. Italien nicht an und schickte eine Gesandtschaft an den oström. Herrscher →Zenon mit der Bitte um Hilfe, die ihm jedoch versagt blieb. 486 wurde der von Gregor v. Tours als rex Romanorum bezeichnete S. von →Chlodwig besiegt und nach längerer Gefangenschaft getötet. Nach der frk. Völkertafel hatte mit S. Rom die Herrschaft in Gallien endgültig verloren. R. Klein

Lit.: Kl. Pauly V, 440 – A. Demandt, Die Spätantike, 1989, 180.

2. S., hl., Bf. v. →Autun seit ca. 561, † an einem 27. Aug. um 600, stammte wohl aus Autun, gehörte einer Familie des →Senatorenadels an. S. nahm als Bf. an mehreren Konzilien teil (Lyon 567 und 583, Paris 573, Mâcon um 581). Er hatte am Kg.shof unter →Guntram und →Brunichild eine angesehene Position inne und gründete gemeinsam mit Brunichild die Abtei St. Martin, ein Frauenkl. St. Maria und ein Xenodochium (Hospital). Papst →Gregor d. Gr., der dem Bf. die Abhaltung eines Konzils zur Reform der gall. Kirche übertragen wollte, wies ihn an, den hl. →Augustinus bei der Englandmission zu unterstützen, und verlieh ihm (und seinen Nachfolgern) 599 das →Pallium, zugleich den ersten Rang innerhalb der Kirchenprovinz →Lyon (nach dem Ebf.). Anläßlich der Restauration der Kirche und der »domus ecclesiae« v. Autun empfing Bf. S. von →Venantius Fortunatus Verse, die den

Fußboden der Kathedrale schmücken sollten. Als hochangesehener Bf. fand S. Eingang in das Martyrologium Romanum. J. Richard

Lit.: LThK² IX, 1201 – AASS Aug. VI (1743), 84–0 – Bibl. SS IX, 1016–1018 – J. Régnier, Les évêques d'Autun, 1988.

Syllogismus → Schlußmodi

Symbol

I. Allgemein. Symbol und Allegorie in der Forschungsgeschichte; kunstgeschichtlicher Aspekt – II. Philosophie und Theologie.

I. Allgemein. Symbol und Allegorie in der Forschungsgeschichte; kunstgeschichtlicher Aspekt: So schillernd, wie Entstehungsgesch., Inhaltsbestimmung und Verwendung des Begriffs S. in der Antike waren, blieb sein Gebrauch nicht nur im MA, sondern bis heute. Da die Beurteilung der Aussagen ma. Q. stets auch davon abhängt, wie ein moderner Beobachter S. definiert und von anderen Zeichen und Bedeutungsträgern abgrenzt, v.a. →Allegorie, →Personifikation und Typos (→Typologie), gibt es in der Forschungslit. kein einheitl. Bild des ma. S.gebrauchs (zum Einfluß der jeweiligen S.auffassung auf die Lesung des S.gebrauchs früherer Zeit vgl. Meyer, 1988, 116; zum terminolog. Wandel in der Forschungslit. der letzten Jahre s.u.). Der Begriff Symbolon (gr. σύμβολον, von symballein 'zusammenwerfen, -fügen') konnte sich auf die Entsprechung der Teile eines zuvor auseinandergebrochenen Erkennungszeichens beziehen (als Zeichen eines bes. Verhältnisses zw. Personen), aber auch auf andere natürl. oder verabredete Zeichen mit Bedeutungsfunktion. Daß der Terminus zumindest in der Spätantike sehr weite Bedeutung hatte, geht aus Mitteilungen des Porphyrios und Jamblichos über die Bildersprache des Pythagoras »in S.en« hervor, denn die von ihnen angeführten Beispiele entsprechen der allegor. Mythenerklärung und Homerexegese (Pépin, 95f.; ebd. passim Stellen aus Philon und frühchr. Autoren, in denen auch bibl. Allegorien und typolog. Bezüge als »S.e« bezeichnet sind; vgl. auch Lampe, 1281f. s.v. συμβολικός, συμβολικῶς und σύμβολον). Die chr. Wortbedeutung schloß schon im 3. Jh. auch Glaubensbekenntnisse ein (→Symbolum).

Obwohl sich in frühchr. und ma. Texten zu Bedeutungsfragen aus dem Wortgebrauch (u.a. *signa, figurae*) meist keine Unterscheidung zw. Allegorie und S.ik ergibt, läßt sich mit de Bruyne, Schmidtke und Meier 1977 aufgrund der inhaltl. Tendenzen der Autoren als S.ik jener Teil der Naturdeutung bezeichnen, der vom neuplaton. Analogiedenken beeinflußt war und meist auf Paulus zurückgeführt wurde: »Seit Erschaffung der Welt wird seine (d.h. Gottes) unsichtbare Wirklichkeit an den Werken der Schöpfung mit der Vernunft wahrgenommen, seine ewige Macht und Gottheit« (Röm 1, 20). Bei →Augustinus, Pseudo-Dionysius (→Dionysios Areopagites), →Johannes Scotus Eriugena, →Hugo v. St-Victor und anderen ma. Autoren wurde dargelegt, wie durch Intuition und Kontemplation aus den Eigenschaften der göttl. Schöpfung Gott selbst erkannt werden könne, z.T. mit Benennung von Erkenntnisstufen in Entsprechung zu den Stufen des Wirklichen. Alles Geschaffene ist also ein S. Gottes; die S.funktion beruht auf einem Verhältnis der →Analogie. Dagegen sind das Fehlen einer solchen Verknüpfung und die darauf beruhende Vielfalt der Bedeutungsmöglichkeiten deutl. Kennzeichen der Allegorie: Der Löwe konnte Christus und den Satan, verschiedene Hl.e, den Barmherzigen und den Weltmenschen bedeuten. Hinzu kommt gegenüber der intuitiven Deutung von S.en die Rationalität der Deutung von Allegorien. Wenn man die ma. Weltdeutung und Zeichensprache so aufteilt, daß bei der Allegorie ein rationales Verhältnis zw. dem sprachl. bzw. künstler. Bild oder Zeichen und seinen nicht in notwendigem Zusammenhang mit ihm stehenden und möglicherweise vielschichtigen Bedeutungen besteht, für das S. jedoch eine durch Natur, Mythos oder religiösen Glauben vorgegebene Beziehung zu übersinnl. Bedeutung und eine Vergegenwärtigung transzendentaler Wirklichkeit angenommen wird, müssen S.e zwangsläufig auf allen sprachl. und künstler. Ebenen seltener gewesen sein. Dementsprechend wurde oben unter →Farbsymbolik allgemein als Aufgabe eine auf ma. Autoren gestützte Erforschung der allegor. Bedeutungen von Farben unter Verzicht auf den S.begriff bezeichnet; bei den dort angeführten Auslegungsbeispielen ist bes. interessant, wie unterschiedl. Bedeutungen für die bisher in der Lit. gern als Beispiel natursymbol. Farbgebung angeführte Farbe Rot nachzuweisen sind. In vielen einschlägigen Beiträgen dieses Lexikons läßt sich das Überwiegen ma. Allegorien und allegor. Zeichen und Sinnbilder gegenüber S.en deutlich ablesen. Daß z.B. die aus den Vier apokalypt. Wesen abgeleiteten →Evangelistensymbole nicht als symbol., sondern als allegor. anzusehen sind, läßt sich aus ihrer anfangs wechselnden Zuordnung ebenso erkennen wie aus ihrer häufigen Verwendung als Attribute der Evangelisten (vgl. auch →Architektur-, →Braut-, →Buchstaben-, →Ornament, →Rechts- und →Tiers.ik, →Christuss.e und →Licht). Aufschlußreich für diese Entwicklung ist z.B. auch ein Vergleich der Aufsätze von Grossmann und Meyer-Suntrup. Allerdings hatte bereits de Bruyne zugeben müssen, daß sich der soeben skizzierte Unterschied zw. S. und Allegorie z.B. bei Johannes Scotus nicht aus einzelnen Texten ergibt, sondern nur aus dem Gesamtwerk (344f.); z.B. nennt dieser im Komm. zu Joh (MPL 122, 344f.) die beiden Fische der Brotvermehrung S.e des AT und NT; weitere Beispiele des S.begriffs als Bezeichnung für atl. und ntl. Allegorien: Exposit. in ierarch. cael. (CChr, cont. med. 31) 1, 410f.; 8, 335–337; 15, 593–595. Die Definition des S.s, die Hugo v. St-Victor in Buch 7 seiner Expositio zum selben Werk des Pseudo-Dionysius gab, war ebenso unpräzise (MPL 175, 1053f.). Die Bevorzugung des Begriffs der Allegorie für ma. übertragene Bedeutungen in der jüngsten Forschungslit. läßt sich übrigens nicht nur auf Erkenntnisfortschritte zurückführen, sondern auch als Reaktion auf den vorausgehenden »inflationären und ideolog. aufgeladenen Gebrauch des S.begriffs« (Kurz, 66; vgl. Meier, 1976, 9) erklären. Z.B. waren die verschiedenartigen, bei Augustinus, Pseudo-Dionysius und ma. Autoren als *signa, figurae, allegoriae* oder *sacramenta* benannten Bedeutungsträger als S.e angesehen und die AT/NT-Typologie als hist. S.ismus bezeichnet worden (Chydenius); man hatte sogar von Allegorien gesprochen, die S.e enthalten, zu denen auch Personifikationen gehören (Hermerén 123).

Auch auf kunstgesch. Gebiet wurden Bildzeichen und -allegorien verschiedenster Art unter dem S.begriff zusammengefaßt (Champeaux-Sterckx). In diesen Zusammenhang gehört auch der umfassende S.begriff Cassirers (vgl. Pochat, 128–134). Solcher Pan-S.ismus, der in Handbüchern weiterlebt (z.B. Becker, Ladner) hat eine längere Vorgesch., die nur angedeutet werden kann. Obwohl die Aussagen einzelner Autoren der dt. Klassik und Romantik sehr unterschiedl. und z.T. widersprüchl. sind und S. und Allegorie teils synonym, teils als Gegenbegriffe verwendet wurden, läßt sich als Grundtendenz seit dem späten 18. Jh. eine Überschätzung des S.s gegenüber der

Allegorie feststellen. Während letztere Zeichen umfaßt, die keinen unmittelbaren Zusammenhang mit dem von ihnen Bedeuteten haben und die daher in Verwendung wie Deutung dem Vernunftbereich angehören, wird das S. sinnl.-intuitiv geschaut und begriffen, es repräsentiert in lebendiger Vergegenwärtigung und Teilhabe eine allg. Idee. Wie unterschiedl. solche Idee im Bereich von Natur, Leben, Philosophie und Religion sein konnte, läßt sich z. B. bei Goethe erkennen. Unter den verschiedenen Definitionen, die er (in zeitl. Entwicklung) für das S. gab (SØRENSEN, 1963; TITZMANN, BINDER), z. T. in Abgrenzung von der Allegorie und mit Erläuterung durch Beispiele, finden sich Äußerungen, die in die Richtung einer S.definition als »lebendig-augenblickliche Offenbarung des Unerforschlichen« (Maximen und Reflexionen Nr. 752) gehen; in der vielzitierten Unterscheidung von Allegorie und S.ik ist nur bei letzterer die Idee unerreichbar (ebd. Nr. 749f.). Allerdings sind Ideen keineswegs ausschließl. transzendental zu verstehen; doch gibt es auch Stellen in Goethes Schriften, in denen die Funktion des S.s in einer Weise bestimmt wird, die den oben erwähnten theol. Äußerungen nahe kommt: »Das Wahre, mit dem Göttlichen identisch, läßt sich niemals von uns direkt erkennen: wir schauen es nur im Abglanz, im Beispiel, S., in einzelnen und verwandten Erscheinungen...« (Versuch einer Witterungslehre; vgl. POCHAT, 31, BINDER, 158).

Die Hochschätzung des S.begriffs in der dt. Klassik wurde in der Romantik zur Überschätzung: das S. galt als allein legitimer Bildausdruck eines Übersinnlichen, das es nicht nur abbildet, sondern selbst enthält, während die Allegorie als rationale Methode der Veranschaulichung von Abstraktem verächtlich abgetan wurde (NIKLEWSKI, 5; POCHAT, 37f.). Daß daher bis weit ins 20. Jh. hinein möglichst jede übertragene Äußerung, jedes sinnbildl. Zeichen und jede allegor. Darstellung als symbol. eingeordnet wurde, ist verständlich. Hier bahnt sich, wie oben erwähnt, auch in Bezug auf die Beurteilung ma. Lit. und Kunst eine Änderung an. J. Engemann

Lit.: E. DE BRUYNE, Études d'esthétique médiévale 1/3, 1946 – U. GROSSMANN, Stud. zur Zahlens.ik des FrühMA, ZKTH 76, 1954, 19–54 – J. PÉPIN, Mythe et Allégorie, 1958 – J. CHYDENIUS, The Theory of Medieval Symbolism, 1960 – B. A. SØRENSEN, S. und S.ismus in den ästhet. Theorien des 18. Jh. und der dt. Romantik, 1963 – D. SCHMIDT-KE, Geistl. Tierinterpretation in der deutschsprachigen Lit. des MA (1100–1500), 1968 – H. DÖRRIE, Spätantike S.ik und Allegorese, FrühmaStud 3, 1969, 1–12 – G. HERMERÉN, Representation and Meaning in the Visual Arts, 1969 – U. WEINBRUCH, 'Signum', 'Significatio' und 'Illuminatio' bei Augustin (Der Begriff der repraesentatio im MA, hg. A. ZIMMERMANN, 1971), 76–93 – CH. MEIER, Überlegungen zum gegenwärtigen Stand der Allegorie-Forsch., FrühmaStud 10, 1976, 1–69 – J. PÉPIN, Aspects théoriques du S.isme dans la tradition Dionysienne (Simboli e simbologia nell'alto medioevo [Sett. di studio 23], 1976), 293–329 – U. ECO, Zeichen, 1977 – CH. MEIER, Gemma spiritalis, 1, 1977 – H. MEYER–R. SUNTRUP, Zum Lex. der Zahlenbedeutung im MA, FrühmaStud II, 1977, 1–73 – M. LURKER, Wörterbuch der S.e, 1979 – P. MICHEL, Tiere als S. und Ornament, 1979 – G. NIKLEWSKI, Versuch über S. und Allegorie, 1979 – B. A. SØRENSEN, Die 'zarte Differenz', S. und Allegorie in der ästhet. Diskussion bei. Schiller und Goethe (Formen und Funktionen der Allegorie [Symposion Wolfenbüttel 1978], hg. W. HAUG, 1979), 632–641 – M. TITZMANN, 'Allegorie' und 'S.' im Denksystem der Goethezeit, ebd., 642–665 – G. POCHAT, Der S.begriff in der Ästhetik und Kunstwissenschaft, 1983 – E. CASSIRER, S., Technik, Sprache, hg. E. W. ORTH–J. M. KROIS, 1985 – Les règles de l'interprétation, hg. M. TARDIEU, 1987 – G. KURZ, Metapher, Allegorie, S., 1988² – W. BINDER, Das 'offenbare Geheimnis', Goethes S.verständnis (Welt der S.e, hg. G. BENEDETTI–U. RAUCHFLEISCH, 1988), 146–163 – F. MEYER, Das S. in der bildenden Kunst (ebd.), 113–130 – G. DE CHAMPEAUX–D. S. STERCKX, Einführung in die Welt der S.e, 1990 – U. BECKER, Lex. der S.e, 1992 – G. B. LADNER, Hb. der frühchr. S.e, 1992 – Weitere Lit. →Allegorie.

II. PHILOSOPHIE UND THEOLOGIE: [1] *Allgemein:* Frühchristentum und MA haben keine ausgearbeitete S.theorie. Dennoch sind das gesamte Wahrnehmen, Empfinden und Denken im Sinne von 1 Kor 13, 12 weitgehend 'symbolisch' geprägt. Dabei sind die Grenzen zu →Allegorie, Typologie, Metapher, Bild, Zeichen fließend (s. Abschn. I). Von der Wortbedeutung *symballein* ('zusammenwerfen') her fungiert S. in der Antike als Erkennungszeichen und hat als solches vorrangig jurist. Bedeutung, findet aber auch im religiösen Zusammenhang Verwendung (vgl. DSAM XIV/3, 1364–1366; LAW, 2954–2955). Über die Vermittlung neuplaton. Philos. (Plotin) erfährt der Begriff des S.s eine umfassendere Bedeutung und vielfältigere Verwendung. Dabei sind im wesentl. zwei Bedeutungszusammenhänge zu unterscheiden: a) im Kontext philos. und theol. Reflexion, und hier einerseits im Zusammenhang der Schriftinterpretation (→Bibel), andererseits für all jene Bereiche, in denen eines (Sichtbares) auf ein anderes (Unsichtbares) verweist, u.a. i. spez. in Anwendung auf →Sakrament (vgl. LAMPE, 1281f.); b) in stärkerer Anlehnung an den antiken Gebrauch im Sinne von Bekenntnis. Das 'Konzept' des S.s erlaubt es ma. Reflexion, alle Dinge als vielfältig, kaleidoskopartig aufeinander bezogen u. schließl. (hierarch.) geordnetes Ganzes zu begreifen u. letztlich stets im Lichte einer höheren Wirklichkeit zu erkennen u. zu begründen. Dies garantiert einerseits die Würde des konkret Erfahrbaren, verweist es aber gleichzeitig auf ein anderes, transzendentes Sein. Dabei lassen sich für dieses relationale Weltverständnis mehrere Marksteine u. Traditionsstränge unterscheiden.

[2] *Osten:* Eine wichtige Grundlegung symbol. geprägter Reflexion liegt sicher in dem von den Alexandrinern entwickelten Modell der vierfachen Schriftsinns (→Bibel), das sowohl von östl. als auch westl. Tradition aufgenommen und auch auf andere Bereiche ausgedehnt wird. Daneben entfaltet →Ephraem Syrus eine eigene Theol., nach der sich Gott in einer Fülle von Typen, S.en, Bildern, Parabeln und Zeichen in Schöpfung und Offenbarung kundtut. Seine lit. geprägte Sprache ist demnach nicht nur Reflex semit.-aram. Kultur, sondern Ausdruck einer Erkenntnishaltung. Für seine breite Rezeption zeugen nicht nur gr. Nachdichtungen, sondern auch bis ins 7. Jh. zurückreichende Hss. innerhalb der lat. Überlieferung (vgl. SCHMIDT–GEYER, 1982).

[3] *Westen:* Eine weitere Stütze symbol. Denkens bietet →Augustins Zeichentheorie, die wohl ebenfalls im Hinblick auf die rechte Schriftauslegung ausgearbeitet wurde, darüber hinaus aber eine auf weitere Bereiche anwendbare Zeichendefinition bietet: im Unterschied zur *res*, die nur ist was sie ist, dient ein *signum* dazu, etwas anderes zu bezeichnen, wobei nochmals zw. natürl. und künstl. Zeichen zu unterscheiden ist. »Gott veranlaßt durch ein äußeres Zeichen, daß derjenige, der es wahrnimmt, sich auf sich besinnt und aufgrund der Erleuchtung seiner mens den Bedeutungsgehalt der Vorstellung des Wahrgenommenen entweder sofort einsieht oder einzusehen sucht. Erst die Erkenntnis seiner Bedeutung rechtfertigt das Verständnis von etwas als eines Zeichens.« (De doctr. christ. I, II, 2; II, I, 1–2; De mag. 33; Ep. 55, 11, 21; vgl. U. WIENBRUCH, 'Signum', 'significatio' und 'illuminatio' bei Augustin [ZIMMERMANN, 1971, 76–93, zit. 88]). Eine weitere Q. bietet →Boethius, insbes. mit seiner Schrift »De Musica«. Über ihn gelangt die platon. (Timaios) pythagor. Tradition, nach der dem Begriff der Proportion konstitutive, sowohl ästhet. als auch ontolog. Relevanz zukommt, in ma. S.konzepte. Dieser Strang wird nicht nur von der Schule v. →Chartres aufgegriffen, sondern

findet sich auch in den vielfältig durchgespielten Mikro-Makrokosmos-Entsprechungen. Von nicht zu unterschätzender Bedeutung für ma. S.verständnis ist schließlich das Corpus des Ps.→Dionysius Areopagita. Diesem neuplaton. Denken proklischer Prägung gelingt es, eine durch Emanation und Partizipation in den Einen gründende symbol. Metaphysik zu entwickeln, nach der die in diesem Sinne symbol. begriffene Wirklichkeit stets über sich hinausweist und darin zur göttl. Schau hinaufzuführen vermag (De coel. hier. II, 1; De eccl.hier.; Div. nom. I, 4 [MPL 3, 622]; vgl. SEMMELROTH [1952/1954]). Durch die Übermittlung des Joh. Scotus (Eriugena) (s. u.) fand diese im MA weite Verbreitung und Aufnahme.

[4] *Fortwirken dieser Traditionen im MA*: Eine spezif. Form symbol. Weltverständnisses stellen die Enzyklopädien dar. Nach dem Vorbild des →Physiologus wird das gesamte zur Verfügung stehende Wissen existierender wie erfundener Dinge in akkumulierender Weise zusammengefügt und in einem weitgehend freien Spiel allegor. und symbol. Bezüge aufeinander und schließlich auf eine höhere Realität bezogen. Selbst die für das MA wohl einflußreichste Wissenssig., die »Etymologiae« des →Isidor v. Sevilla, ordnet ihre Stoffe nach einer nur oberflächl. Systematik, sucht den Dingen vielmehr mit Hilfe der etymolog. Bedeutung der Worte auf den Grund zu gehen und darin letztl. Wissen und Glauben zu vermitteln (vgl. E. GRAUBMÜLLER, Etymologie als Schlüssel zur Welt? Bemerkungen zur Sprachtheorie des MA [FROMM, 1975, I], 209-230). Sehr viel konsequenter begegnet die Verweisstruktur der gesamten Wirklichkeit bei →Johannes Scotus (Eriugena). Indem Gott als überwesentl. Einheit einerseits die Essenz der Dinge, andererseits aber ihnen überhoben ist, kann alles zum S. werden, ja gibt es letztlich nichts Sichtbares und Körperliches, das nicht gleichzeitig etwas Unkörperliches und Intelligibles bedeutet (Div. nat. III, 6; V, 3; Super hier. cael. S. I, 1 [MPL 122, 129]; II). Der metaphys. Symbolismus verbindet sich mit einer kosm. Allegorik, was jeden Transitus nicht etwa unter heilsgesch. eschatolog. Perspektive, sondern als einen direkten Übergang vom Sinnl. zum Intelligiblen begreifen läßt. Dichter., nahezu hymn. Ausdruck findet dieses Verständnis in →Alanus' ab Insulis, »Omnis mundi creatura«.

Letzterer weist auf die Schule v. →Chartres. Hervorgehoben sei →Wilhelms v. Conches Kommentierung von →Macrobius' Komm. zu Ciceros Somnium Scipionis, in der er unterschiedl. Arten symbol. Denkens differenziert. Während auch jener davon spricht, daß die Natur eine offene, nackte Entblößung ihrer selbst hasse, gegenüber erdichteter Erzählung im Unterschied zu philos. Wahrheit aber skeptisch bleibt, entwickelt jener ein ausgefeiltes integumentum-Konzept, in dem fabula und imago unterschiedl. Funktionen im Bergen und Hervorbringen von Wahrheit zukommen (vgl. P. DRONKE, Eine Theorie über 'fabula' und 'imago' im 12. Jh. [FROMM, 1975, II], 161-176). In stärker eriugen. Tradition stehen die Viktoriner. →Hugo v. St. Viktor begreift die Welt als ein von Gott geschriebenes Buch, in dem alle sichtbaren Gegenstände in symbol. und bildl. Weise zur Bezeichnung und Erklärung der unsichtbaren dienen (Erud. didasc. VII, 4; De microcosmo II, 80; In hier. coel. expos. II [v. a. MPL 175, 141.154]; In eccl. 2; 10 [ebd. 139-144; 173-174]; De sacr. I, 2, 6; I, 3, 28; I, 6, 2; vgl. SCHÜTZ, Ch. 1967). Ähnlich haben für →Richard v. St. Victor alle Dinge eine Ähnlichkeit mit einem unsichtbaren Gut, und vermag die contemplatio im Zusammenspiel der Erkenntnismodi den S.gehalt der Wirklichkeit zu ergründen (Benj. maior II, 12; I, 3. 6; Benj. minor 18; 22; vgl. KÄMMERLINGS [1994]).

Mit →Petrus Lombardus kündet sich eine neue Phase ma. Reflexion zur Bedeutung von S./Zeichen an, indem er am Beginn seiner Sentenzen die augustin. Unterscheidung von res und signa einführt (I Sent d1 c1) und damit Weichen für die Gegenstandsbestimmung der Theol. der Hochscholastik stellt (s. u.). Steht →Bonaventura wohl noch in der Linie des 'l'âge du symbol' (CHENU) des 12. Jh. mit der grundlegenden Maxime 'per visibilia ad invisibilia', so bindet er dieses Modell an eine wesentl. heilsgesch. geprägte Struktur und reflektiert an einigen Stellen explizit den rechten Gebrauch der Zeichen. Grundlage der Beziehung ist die similitudo. »Das Zeichen, das ... zum Symbol wird, in dem das Bezeichnete auf Grund der similitudo schon approximativ ergriffen werden kann, wird für Bonaventura zu einem umfassenden Offenbarungsmittel, das in der göttl. expressio der Trinität grundgelegt ist und in der Schöpfungsoffenbarung seine große Ausgestaltung erfährt.« (Hex. XXIII, 12.14; Brev. prol. 3; Itin II, 11; I Sent d46 au q4; IVSent d24 p2; vgl. LEINSLE, 1976, zit. 12). →Thomas v. Aquin äußert sich kritisch gegenüber allem Dichtwerk, spricht aber gleichzeitig von der Möglichkeit sinnbildl. Ausdrucks (S.th. I/II, 101, 2 ad 2; I, 1, 10 resp; Quodl. VII, 6, 15; s. u.).

Ein Nachwirken dieses, wesentl. (neu)platon. S.konzeptes findet sich vornehml. in den Bereichen der Mystik und Lit. Meister →Eckhart reflektiert die göttl.-geschöpfl. Relationen vorwiegend unter den Begriffen des 'bildens', was allerdings im Zuge seiner Realisierung zunehmend zur Aufhebung tendiert, im Sinne der Gottesgeburt in der menschl. Seele den Bildbegriff überflüssig werden läßt (vgl. A. M. HAAS, Meister Eckharts myst. Bilderlehre [ZIMMERMANN, 1971], 113-138). Bei →Dante findet sich ein Reflex dieses Konzeptes nicht nur in einer Übertragung des vierfachen Schriftsinns auf die Dichtung (Epistola XIII; Il Convivio II, 1), sondern ist insbes. die Divina Comedia von vielfachen symbol. Bezügen geprägt. Dies reicht von einer die Werkstruktur bestimmenden Zahlensymbolik über immer neue Aspekte des Weiblichen bis zu einem von unterschiedl. Figurationen getragenen, letztlich der göttl. Liebe entspringenden, umfassenden Weltbild. Schließlich begegnet es erneut im Kontext des florent. Neuplatonismus, herausragend in Marsilio →Ficinos »In Convivium Platonis sive de Amore«, einer platon., plotin und christl., zudem ins Ethische, Astrologische und Metaphysische geweiteten Eroslehre, die über die höf. Liebesliteratur weiterwirken wird.

[5] *Abweichungen*: Innerhalb dieses weiten und vielfältig differenzierten Feldes symbol. Weltauffassung stellen mitunter die Schriften von Frauen einen nochmals spezif. Beitrag dar. Diese zeichnen sich u. a. vor allem dadurch aus, daß sie 'weibl.' Begriffen, Allegorien, S.en, Bildern eine bes. Rolle zuweisen und damit, wohl im jeweiligen Überlieferungskontext, bestehende Zusammenhänge aufbrechen und neue Bezüge schaffen. Genannt sei etwa →Hildegard v. Bingen, die durch Umwertung traditioneller Zuweisungen etwa der Elemente, durch Einführung weibl. Begriffe und Bilder auch für das Göttliche, nicht zuletzt durch die Zusammensetzung einer Vielzahl einzelner Sinnträger eine eigene Weltsicht baut, die sich als solche von vergleichbaren symbol. allegor. Entwürfen abhebt (vgl. CH. MEIER, Zwei Modelle von Allegorie im 12. Jh. [HAUG, 1979], 70-84; NEWMAN, 1981; SCHMIDT, 1995). Vergleichbar bietet →Mechthild v. Magdeburg die Form 'allegorischer Allegorese', bei der der jeweilige S.gehalt stärkere Selbständigkeit erlangt, eine Möglichkeit subjektivierender und dogmenüberschreitender Aneignung der Heilswahrheiten und somit einen Spielraum

innerhalb chr.-orth. Weltanschauung (vgl. H.-G. KEMPER, Allegor. Allegorese [HAUG, 1979], 90–109; SCHMIDT, 1995). (De)Konstruktion der Überlieferung mit Hilfe symbol. Gestaltungsformen findet sich in konsequenter Weise bei →Christine de Pisan, insbes. im »Livre de la Cité des Dames« (vgl. ECHTERMANN [1994]).

[6] *Neuansätze*: Im Zuge der →Aristoteles-Rezeption des 13. Jh. tritt eine neue Fragestellung in Hinblick der Bedeutung von Zeichen ins Zentrum des Interesses: der Zusammenhang von signum – conceptus – res bzw. Semantik – Erkenntnistheorie – Ontologie. Die Frage, was durch das Zeichen/den Terminus ins Bewußtsein komme, ist seit Aristoteles (De Int. 16a 3–8) gestellt und durch Boethius' Komm. (»constituit intellectum«) dem MA überliefert (AL II, 1–2). →Thomas v. Aquin begreift den 'conceptus intellectus' als dasjenige, was der Verstand zur Erkenntnis der Dinge formt (S. th. I, 13, 1 resp; Exp. super librum Boethii De Trin. q3 a3 obj3; vgl. WEIDEMANN, 1975). In der Spätscholastik wird dies zur Frage nach der Seinsqualität des Conceptus und damit in Zusammenhang eine Frage nach den Universalien. Im einzelnen ausgearbeitet findet sich dieser Problemkomplex bei →Wilhelm v. Ockham, der grundlegend zw. natürl. und willentl. eingesetzten Zeichen unterscheidet, wobei bei ersteren zw. Zeichen und Sache eine Ähnlichkeitsrelation besteht, während letztere die Funktion haben, direkt auf diese zu verweisen (vgl. SCHULTHESS, 1992). Die grundlegende Frage allerdings, was ein Zeichen erkennen lasse, wird über das MA hinaus zu einer zentralen Frage der Semiotik. M. Leisch-Kiesl

Q.: [s. Text] – *Bibliogr.*: M. LURKER, Bibliogr. zur S.kunde, I–II, 1964–66 – W. BIES, Bibliogr. zur S.ik, Ikonographie und Mythologie, 1–24, 1968–91, Generalregister zu 1–20 – *Lit.*: A. BLAISE, Lex. latinitatis medii aevi [CChrCM], 1975, 897 – J. CHEVALIER, Dict. des s.es, mythes, rites..., 1969 [Bibliogr. 827–844] – DSAM XIV/3, 1364–1383 – LAMPE, 1281–1282 – LAW 2954–2955 – Wb. der Feminist. Theol., 1991, 390–396 – Symbolon. Jb. für S.forsch. 1, 1960, –7, 1971, NF 1, 1972 – W. KUYPERS, Der Zeichen- und Wortbegriff im Denken Augustins, 1934 – C. SEMMELROTH, Die theologia symbolike des Ps. Dionysius Areopagita, Schol 27, 1952, 1–11 – DERS., Die Lehre des Ps. Dionysius vom Aufstieg der Kreatur zum göttl. Licht, ebd. 29, 1954, 24–52 – R. A. MARKUS, St. Augustin on Signs, Phronesis 2, 1957, 60–83 – CH. SCHÜTZ, Deus absconditus – Deus manifestus. Die Lehre Hugos v. St. Viktor über die Offenbarung Gottes, 1967 – H. DÖRRIE, Spätantike S.ik und Allegorese, FMASt 3, 1969, 1–12 – C. P. MAYER, Die Zeichen in der geistigen Entwicklung und in der Theol. des jungen Augustin, 1969 – U. KREWITT, Metapher und trop. Rede in der Auffassung des MA, 1971, v.a. Kap. 14 – Der Begriff der Repraesentatio im MA. Stellvertretung, S., Zeichen, Bild (Misc. Mediaevalia 8), hg. A. ZIMMERMANN, 1971 – J. CHYDENIUS, La théorie du s.ism médiéval, Poétique 23, 1975, 322–341 – H. WEIDEMANN, Metaphysik und Sprache. Eine sprachphilos. Unters. zu Thomas v. Aquin und Aristoteles, Symposion 52, 1975 – Verbum et Signum. hg. H. FROMM u.a., I–II, 1975 – U. G. LEINSLE, Res et Signum. Das Verständnis zeichenhafter Wirklichkeit in der Theol. Bonaventuras, VGI 26, 1976 – CH. MEIER, Überlegungen zum gegenwärtigen Stand der Allegorieforsch., FMASt 10, 1976, 1–69 – G. R. LADNER, Medieval and Modern Understanding of S.ism; Speculum 54, 1979, 223–256 – Formen und Funktionen der Allegorie, hg. W. HAUG, 1979 [Bibliogr. 739–775] – F. ZAMBON, Allegoria in verbis: per una distinzione tra simbolo e allegoria nell'ermeneutica medioevale, Quaderni del circolo filolog. linguist. padovano 11, 1980, 73–106 – B. J. NEWMAN, O feminea forma. god and woman in the works of St. Hildegard, 1981 – Typus, S., Allegorie bei den östl. Vätern und ihre Parallelen im MA, hg. M. SCHMIDT – C. GEYER, 1982 (Eichstätter Beitr. 4, Abt. Philos. und Theol.) – F. OHLY, Schr. zur ma. Bedeutungsforsch., 1983 – U. ECO, Kunst und Schönheit im MA (dt. 1987) – P. SCHULTHESS, Sein, Signifikation und Erkenntnis bei Wilhelm v. Ockham, 1992 – G. KURZ, Metapher, Allegorie, S., 1993[3] – A. ECHTERMANN, Christine de Pizan und ihre Hauptwerke zur Frauenthematik (Kennt der Geist kein Geschlecht?, hg. E. GÖSSMANN, Archiv für philosophie- und theologiegesch. Frauenforsch. 6, 1994),

1–75 – R. KÄMMERLINGS, Mystica arca. Zur Erkenntnislehre Richards v. St. Viktor in De gratia contemplationis (Ma. Kunsterleben nach Q. des 11. bis 13. Jh., hg. G. BINDING – A. SPEER, 1994), 76–100, Text 101–115 – M. SCHMIDT, Tiefe des Gotteswissens – Schönheit der Sprachgestalt bei Hildegard v. Bingen (Mystik in Gesch. und Gegenwart, I/10, 1995) – Mechthild v. Magdeburg, Das fließende Licht der Gottheit, Übers. mit Einf. v. M. SCHMIDT (ebd., I/11, 1995).

Symbolismus, Deutscher. Unter der Bezeichnung »Dt. Symbolismus des 12. Jh.« werden in der philos. und theol. Forschung (A. DEMPF, H. D. RAUH, W. BEINERT u. a.) eine Reihe von Gelehrten des 12. Jh. vorgestellt, die einen ganz unterschiedl. Ort in der Geistesgeschichte haben, deren Denkform aber als S. gekennzeichnet wird: die Geschichtstheologen →Anselm v. Havelberg († 1158) und →Otto v. Freising († 1158); die Reformtheologen →Rupert v. Deutz († 1129/30), →Honorius Augustodunensis († Mitte des 12. Jh.), →Gerhoch v. Reichersberg († 1169) und →Hildegard v. Bingen († 1179). Der S. dieser Theologen gründet im (christl.) Glauben an den Gott-Logos Jesus Christus, der vor allen, über allen und in allen Dingen gründet. Der S. bewältigt die Dualität der Welterfahrung und des Glaubensbewußtseins in einer spirituellen Schau des Gegensätzlichen in der umgreifenden Schöpfungs- und Heilsordnung. Die »concordantia discordantium« wird nicht mit der Anstrengung des Begriffs und der Dialektik, sondern in einer theol. Ästhetik erreicht. L. Hödl

Lit.: A. DEMPF, Sacrum imperium..., 1929, 1962[3] – H. D. RAUH, Das Bild des Antichrist im MA: Von Tyconius zum Dt. S., BGPHMA 9, 1973.

Symbolum. Das Wort S. kommt von σύμβολον und bedeutet Erkennungszeichen, »tessera«, Glaubensbekenntnis und Initiationsformel. Die Kirchenväter, beginnend mit Ambrosius, Augustinus und Rufinus, bezeichneten mit S. jene regula professionis oder regula fidei, die als Zusammenfassung des wahren Glaubens für die →Taufe notwendig waren. Die älteren Kirchenväter – v. a. die Apologeten – verwendeten für das S. regula veritatis, doctrina fidei, tessera, sacramentum (Irenaeus, Adv. haeres. III, 9, 4; Tertullianus, De praescriptione 6; Cyprian, EP. 69, 7; Hippolytus, Trad. apostolica, 21). Im Osten wurden die Ausdrücke πίστις, μάθημα, ἔκθεσις πίστεως verwendet. In den Akten der Synode v. Laodicea erscheint das Wort σύμβολον zum ersten Mal.

In den Schriften des NT finden sich zahlreiche, oft formelhafte Bekenntnisse des Glaubens an Jesus als den Christus, den Kyrios, an sein Heilswerk, ferner Bekenntnisse, die Gott den Vater und Jesus Christus zusammen nennen und vereinzelt auch den H. Geist erwähnen. Obwohl diese ntl. Aussagen keine Beweise für ein apostol. S. sind, bilden sie seit der Mitte des 2. Jh. den trinitar. Kern der Tauffeier, in welcher der Taufende dem Täufling drei Fragen stellt, die dieser mit »ich glaube« beantwortet. Daher haben die Taufbekenntnisse dieser Zeit interrogativen und nicht deklarator. Charakter. Später werden sie durch Zusätze christolog. und heilsgeschl. Natur erweitert und erhalten im Katechumenenunterricht durch expositio, traditio und redditio symboli die Aussagekraft eines S. Die Bezeichnung des Taufbekenntnisses als S. ist abendländ. Ursprungs. Das altröm. Taufsymbol wird gegen Ende des 4. Jh. als s. apostolorum bezeichnet. Dieser Name entstammt der Tradition, als ob dieser Text unmittelbar von den Aposteln verfaßt worden sei (Ambrosius, EP 42, 5; Rufinus, Comm. in Sym. apost. 2). In der 1. Hälfte des 3. Jh. wurde es vervollständigt und vom Griech. ins Lat. übersetzt. Dabei übernahm die lat. Kirchensprache den griech. Terminus S. für den eigenen Sprachgebrauch. Die lat. Fassung verbreitete sich sehr schnell in den westl. Provinzen und erfuhr zusätzl. Veränderung. In den gall. Liturgiebüchern wird sie in der heutigen Form (textus receptus) bezeugt (vollständig bei Pirmin) und im Frankreich durch die Liturgiereform →Karls d. Gr. offiziell verbreitet. Schließlich kam sie nach Rom zurück, wo sie vom Nicaeno-Konstantinopolitanischen S. verdrängt worden war. Das apostol. S. erlangte im Westen in den nächsten Jahrhunderten unbestrittene Anerkennung und den Ruf unangetasteter apostol. Herkunft. Auf die Lateiner, die sich auf die Autorität dieses S.s als Verhandlungsgrundlage beriefen, wirkte es deshalb wie ein Schock, als →Markos Eugenios v. Ephesos auf dem Unionskonzil v. →Ferrara-Florenz (1438) behauptete, daß die Griechen dieses Glaubensbekenntnis der Apostel nicht besäßen und es niemals gesehen hätten. Die allgemein angenommenen Behauptungen von Rufinus (Comm. in Symb. apost. 2) erwiesen sich zum ersten Mal als fromme Legende.

Im Gegensatz zum Westen, wo seit dem 3. Jh. das S. apostolorum (altröm. S.; DH 30) bekannt ist, präsentiert sich die oriental. Fassung des S.s erst im 4. Jh., und zwar in wesentl. stärker entfalteten Formeln. Als Folge der Auseinandersetzung mit den auftretenden Häresien zeigen die oriental. Symbola eine größere Differenzierung gegenüber den abendländ. Fassungen. Als das Konzil v. →Nikaia den Glauben der Kirche gegen die arian. Irrlehre definieren wollte, nahm es als Grundlage das Taufsymbolum aus Caesarea in Kappadokien, dem es einige Fachausdrücke, v. a. ὁμοούσιος, einfügte. So entstand das für die ganze Reichskirche gültige S. Nicaeanum (DH 125f.), das aber zunächst wenig beachtet wurde, da man sich immer wieder in neuen Symbolformulierungen versuchte. Bleibende Bedeutung gewann erst das S. Constantinopolitanum (DH 150), das seit dem 17. Jh. als Nicaeno-Constantinopolitanum bezeichnet wird. Diese Bezeichnung ist nicht exakt, da der Ursprung umstritten ist. Wahrscheinl. ist sein Verfasser →Epiphanios (1. E.), und das 1. Konzil v. Konstantinopel hat es übernommen. Auf dem Konzil v. →Chalkedon wurde der Text des Konzils v. →Konstantinopel verlesen und angenommen (DH 300–303). Diese Zuschreibung wurde zur festen Tradition.

Das Nic.-Const. S. verdrängte die anderen Symbola des Ostens und fand sehr früh Eingang in die eucharist. Liturgie. Im 5. Jh. führten die Monophysiten Syriens die Rezitation des Nic.-Const. S.s in die eucharist. Feier ein. Anfang des 6. Jh. wurde es auch in Konstantinopel bei jedem Gottesdienst verlesen. Ks. Justinian II. befahl 568, daß das Nic.-Const. S. in jeder Kirche zu singen sei, was mehr im Westen als im Osten angenommen wurde. Die 3. Synode v. →Toledo (589) beschloß die Einführung des Nic.-Const. S.s als Glaubensbekenntnis in die Messe. Für das Frankenreich verordnete es die Aachener Synode (798). Karl d. Gr. erlangte die Einführung des Credos in Rom unter Leo III., allerdings ohne →Filioque. Im 9. Jh. erwählte Aeneas, Bf. v. Paris, die ganze Kirche Galliens bekenne sonntags singend den Glauben (MPL 121, 721). Ks. Heinrich II. drängte 1014 bei seiner Krönung auf die Übernahme des Glaubenssymbolums in die röm. Eucharistiefeier (MPL 142, 1060D–1061A). Die röm. Kirche rechtfertigte sein Fehlen in der Liturgie mit der Begründung, diese Kirche sei niemals von einer Häresie berührt worden. Bei den weiteren Synodensymbola, ausgenommen Toledo (400 und 447; DH 188–208) und Konstantinopel (681; DH 546–559), bes. bei den zahlreichen kleineren Synoden des beginnenden MA, ist es nicht immer möglich, zwischen einem S. und einem Glaubensbekenntnis zu unterscheiden. Die zahlreichen professiones fidei, die die einzelnen zu ihrer Rechtfertigung abgegeben haben, können nicht als Symbola betrachtet werden.

Unter den einzelnen Glaubensbekenntnissen nimmt das S. Athanasianum (DH 75–76) einen wichtigen Platz ein. Es besteht aus 40 kurzen Sätzen und bezeugt eine weit über →Athanasius und das Konzil v. Chalkedon hinausgehende Entwicklung der Christologie. Wegen seiner klaren Darlegung der Trinitäts- und Zweinaturenlehre hat es großes Ansehen gewonnen und ist auch in die Liturgie übernommen worden. Im 17. Jh. erkannte man, daß es nicht von Athanasius stammte und ursrpgl. lat. geschrieben war. Seine liturg. Verbreitung im Westen deutet auf seinen Ursprung in Südgallien. In der karol. Zeit wurde es vom Volk in der Sonntagsmesse nach der Predigt rezitiert und ist seit dem 9. Jh. im gewöhnl. Sonntagoffizium nachweisbar.

S. war ursprgl. die Zusammenfassung der Katechese, die vor der Taufe gegeben wurde und in der rituellen Formel des Taufgelöbnisses kulminierte. Auf dem Konzil v. Nikaia, das seinen Glauben auf der Grundlage eines Taufbekenntnisses formulierte, wurde der so verfaßte Glaube zum Kennzeichen der Orthodoxie und zur Normregula fidei, um den rechten Glauben auszudrücken und die Rechtgläubigkeit festzustellen. P. Vrankić

Q. und Lit.: DENZINGER-HÜHNERMANN (DH), 1991[37] – EncCatt XI, 603–608 – LThK[2] I, 760–762; III, 88f.; IV, 935–939; VI, 495–497; VII, 966–969; IX, 1205–1212 – TRE XIII, 384–416; XIX, 518–524; XXIV, 429–441 – Sacramentum mundi, Theol. Lex. für die Praxis, hg. K. RAHNER, 4 Bde, 1967–69, 4, 789–795 – A. HAHN, Bibliothek der Symbole und Glaubensregeln, 1897[3] – F. KATTENBUSCH, Das Apostol. Symbol, 2 Bde, 1894–1900 – O. CULMANN, Les premières confessions de foi chrétienne, 1943 – I. ORTIZ DE URBINA, La struttura del Simbolo Constantinopolitano, OrChrP 12, 1946, 275–285 – J. N. D. KELLY, Early Christian Creeds, 1950 – I. GILL, The Council of Florence, 1959 – C. EICHENSEER, Das S. Apostolicum beim hl. Augustinus, 1960 – P. TH. CAMELOT, Éphèse et Chalcédonne, 1962 – J. A. JUNGMANN, Missarum sollemnia, 2 Bde, 1962[2] – O. S. BARR, From the Apostels Faith to the Apostel Creed, 1964 – I. ORTIZ DE URBINA, Nizäa und Konstantinopel, 1964 – A. M. RITTER, Das Konzil v. Konstantinopel und sein Symbol, 1965 – E. SCHILLEBEECKS, Das Glaubenss. und die Theologie, Offenbarung und Theologie, 1965, 163–174 – H. SCHLIER, Die Anfänge des christolog. Credo (Zur Frühgesch. der Christologie, hg. B. WEITE, 1970), 13–58 – H. VAN CAMPENHAUSEN, Das Bekenntnis im Urchristentum, Zs. für die ntl. Wiss. 63, 1972, 210–253 – P. SMULDERS, The Sitz im Leben of the Old Roman Creed, TU 116, 1975, 409–421 – PH. SCHAFT, The Creeds of Christendom, 3 Bde, 1977 – L. KARRER, Der Glaube in Kurzformeln, 1978 – A. GRILLMEIER, Jesus der Christus im Glauben der Kirche, I, 1979, 386–413 – Stud. zur Bekenntnisbildung, hg. P. MEINHOLD, 1980 – Constitutiones Concilii quarti Lateranensis una cum Commentariis glossatorum, ed. A. GARCÍA Y GARCÍA, 1981 – J. ORLANDIS–D. RAMOS-LISSON, Die Synoden auf der iber. Halbinsel zum Einbruch des Islam (711), 1981 – W. HARTMANN, Die Synoden der Karolingerzeit in Frankreich und Italien, 1989 – B. ROBERG, Das II. Konzil v. Lyon (1274), 1990 – H.-J. VOGT, Kleine Gesch. des Credo, 1993.

Symeon

1. S. der Große, Fs. und Zar (seit 914) v. →Bulgarien 893–927, * ca. 864 in →Pliska, † 27. Mai 927 in →Preslav, Sohn des bulg. Fs.en →Boris I. und der Maria. An der Magnauraschule in Konstantinopel erhielt S. eine solide Ausbildung in Theologie und weltl. Philos. (daher von Zeitgenossen »Halbgrieche« gen.). Nach Bulgarien zurückgekehrt (ca. 886), widmete er sich als Mönch lit. Tätigkeit. wurde nach der Absetzung seines Bruders →Vladimir Rasate 893 in der neuen Hauptstadt Preslav zum Fs. v. Bulgarien. S., der von Anfang an eine expansive Politik gegenüber dem Byz. Reich betrieb, vermochte das von ihm beherrschte Territorium durch den ersten langen Krieg gegen Byzanz (894–899) beträchtl. zu erweitern: Im Süden verlief die Grenze 20 km nördl. von

Saloniki und im Westen am Adriat. Meer. Im zweiten bulg.-byz. Krieg, der mit kurzen Unterbrechungen von 912 bis 924 dauerte, zeigte sich das Hauptziel S.s: die Eroberung Konstantinopels sowie die Usurpation von Thron, Titel und Rechte des →Basileus. Bereits bei der ersten Belagerung Konstantinopels sahen sich die Regenten des minderjährigen Ks. s →Konstantin VII. Porphyrogennetos gezwungen, S. die Ks.krone zu übergeben und vereinbarten die Heirat seiner Tochter mit dem 'kleinen Kaiser'. Die Ablehnung des Plans einer ersten bulg.-byz. dynast. Ehe durch Ksn. Zoe führte zur Wiederaufnahme der Auseinandersetzungen. Das bulg. Heer besetzte Ostthrakien, eroberte →Adrianopel und zwang die byz. Bevölkerung, S. als Basileus anzuerkennen (914). Seither war S.s Ziel die Schaffung eines byz.-bulg. Großreiches. In der Schlacht bei Acheloos (20. Aug. 917; →Anchialos) siegten die von S. persönl. geführten Bulgaren, worauf sich S. zum »Basileus der Romäer« (→Rhomaioi) ernennen ließ. Bulg. Truppen agierten in verschiedenen Teilen der Balkanhalbinsel und erreichten die Dardanellen und den Golf v. Korinth. Da die Eroberung Konstantinopels ohne Kriegsflotte unmöglich war, suchte S. die Seemacht des arab. Kalifats v. →Ägypten für seine Zwecke zu gewinnen, doch gelang es der byz. Diplomatie, einen bulg.-arab. Militärpakt zu verhindern. Nach einem erfolgreichen Angriff auf Ostthrakien belagerte S. erneut Konstantinopel, doch scheiterte er wiederum. Ein Treffen mit dem byz. Ks. →Romanos I. Lakapenos (9. Sept. 923) führte nicht zum Friedensschluß, beendete jedoch S.s Aspirationen auf den byz. Thron. Die mit Byzanz verbündeten Serben verwickelten S. in einen langwierigen Krieg, der zur Besetzung Serbiens führte, das 924 bulg. Prov. wurde. Da ein Teil der serb. Bevölkerung in →Kroatien Zuflucht fand, folgte der serb.-bulg. Auseinandersetzung ein zweijähriger bulg.-kroat. Krieg, der durch die Vermittlung von Papst Johannes X. unterbrochen wurde. Die wiederaufgenommenen Kontakte zum Papsttum brachten eine Annäherung Bulgariens an die röm. Kirche. Die päpstl. Legaten, die im Sommer 927 nach Preslav kamen, um S. zu krönen und das Oberhaupt der bulg. Kirche zum Patriarchen zu erheben, fanden S. nicht mehr am Leben: Er war einem Herzschlag erlegen.

S. hatte große Verdienste an der Organisation der lit. Schulen v. Preslav und →Ohrid sowie an der Schaffung der Grundlagen der slav. und →bulg. Lit. Auf seine Anregung wurden Sammelwerke zusammengestellt: »Zlatostruj« ('Goldstrom'; ausgewählte Reden seines Lieblingsschriftstellers →Johannes Chrysostomos) sowie zwei Bände theol.-enzyklopäd. Charakters (Reden und Lehren von Kirchenvätern, Evangelienauslegungen). Die Errichtung der Hauptstadt Preslav, der Bau vieler Kirchen und Kl. zeugen gleichermaßen von seiner kulturellen Initiative. Er schuf das Modell einer beschleunigten Entwicklung in einer slav.-byz. Variante, die für die orth. Zivilisation grundlegend wurde. V. Gjuzelev

Lit.: Oxford Dict. of Byzantium, 1991, 1984 – S. PALAUZOV, Vek bolgarskago carja Simeona, 1852 – ZLATARSKI, Istorija I/2, 278–515 – S. RUNCIMAN, A Hist. of the First Bulgarian Empire, 1930 – G. SERGHERAERT, Syméon le Grand, 1960 – I. BOŽILOV, Car Simeon Veliki (893–927) (Zlatnijat vek na srednovekovna Bălgaria, 1983).

2. S. (Siniša) **Palaiologos**, *Herrscher v. →Thessalien*, * wahrscheinl. 1327, † 1370, Sohn des serb. Kg.s →Stefan Uroš III. Dečanski aus dessen zweiter Ehe mit Maria Palaiologina. Nach der Eroberung von →Ep(e)iros 1347 setzte der Halbbruder →Stefan Dušan S. dort als Statthalter mit Despotes-Titel ein. S. heiratete Thomaida, Tochter des früheren Herrn v. Ep(e)iros, Johannes' II. →Orsini und der Anna Palaiologina. Nach dem Tod Stefans Dušan 1355 machte S. Stefans Sohn, →Stefan Uroš, den serb. Thron streitig. Er ließ sich 1356 in Kostur zum Zaren ausrufen; diesen Titel trug auch sein Sohn Johannes Uroš. S.s Aspirationen scheiterten 1358 an einer militär. Niederlage bei Skutari. Daraufhin wandte er sich nach Thessalien, wo seit Stefans Dušan Tod der Despot Nikephoros II. Angelos herrschte. Nach Nikephoros' Tod im Kampf gegen die Albaner nahm S. Thessalien ein. Zentrum seiner sowohl auf die rhomäischen als auch serb. Ks.traditionen gegründeten Herrschaft war Trikkala. S. besetzte die benachbarten Gebiete von Ep(e)iros und Akarnanien, überließ die Herrschaftsausübung jedoch alban. Magnatenfamilien. B. Ferjančić

Lit.: B. FERJANČIĆ, Tesalija u XIII i XIV veku, 1974, 237–258 – D. NICOL, The Despotate of Epiros, 1267–1479, 1984, 131–134 – G. SOULIS, The Serbs and Byzantium during the Reign of Tsar Stephen Dušan (1331–55) and his Successors, 1984, 115–125.

3. S. II. ibn Abī Šaibī, *gr.-orth. Patriarch v. →Antiocheia* (ca. 1206–ca. 1240). Waren die gr.-orth. Patriarchen v. Antiocheia seit 969 vom byz. Ks. ernannt und seit 996 dem Klerus Konstantinopels entnommen worden, so war S. der erste einheim. →Melkit, der wieder in Syrien, wahrscheinl. sogar in Antiocheia, vom lokalen Episkopat mit Zustimmung v. Bohemunds IV. gewählt wurde. Profitierend vom antiochen. Erbfolgestreit konnte sich S. bis 1212 in Antiocheia behaupten, 1212–17/18 amtierte er unter dem Schutz Lewons II. in Tarsos, dann emigrierte er mit seinen Bf. en an den byz. Hof nach →Nikaia. 1233 hielt er sich wahrscheinl. wieder in Antiocheia auf, wo ihn →Sava v. Serbien besuchte. 1234 nahm er an den Unionsverhandlungen zw. Byzanz und Gregor IX. in Nikaia und Nymphaion teil. 1235 stimmte er der Wiedererrichtung des bulg. Patriarchates zu. 1235/36 schrieb Georgios →Bardanes v. Korfu an S. nach Nikaia, doch in seinen letzten Lebensjahren weilte S. wieder in Kleinarmenien, wo er um 1239 Unionsverhandlungen zw. der byz. und der armen. Kirche einleitete. Zeitgenöss. Kolophone bezeugen, daß S. auch während seines Exils in Nikaia im ganzen Patriarchat kommoriert wurde. K.-P. Todt

Lit.: J. NASRALLAH, S. II Ibn Abū Chaïba, patriarche melchite d'Antioche, Proche-Orient Chrétien 24, 1974, 34–43 – DERS., Hist. du mouvement litt. dans l'Église melchite du Ve au XXe s., III/1, 1983, 95f., 396f.

4. S. II., *orth. Patriarch v. →Jerusalem* vor 1095–nach 1105, wurde von den Anführern des 1. →Kreuzzuges unmittelbar nach der Einnahme Jerusalems am 15. Juli 1099 gezwungen, die versteckten Reliquien von Kreuz und Grab Christi herauszugeben, sodann vertrieben und durch den Lateiner Arnulf v. Choques ersetzt. S. zugeschriebene lat. Briefe, in denen säumige Kreuzfahrer im Abendland unter Androhung der Exkommunikation zur Einlösung ihres Gelübdes aufgefordert werden, sind Fälschungen. Die Nachricht bei →Albert v. Aachen (Hist. Hieros. I, 2–5; VI, 39), S. sei vor der Bedrängnis durch die Muslime nach Zypern geflohen und dort während der Belagerung Jerusalems durch die Kreuzfahrer gestorben, ist unhaltbar, was sich u. a. daraus ergibt, daß der Patriarch in seinem Traktat gegen die →Azymen, den er vermutl. im Exil in Konstantinopel verfaßt hat, den Gegenpapst →Silvester IV. (Maginulf) (Nov. 1105–April 1111) erwähnt. P. Plank

Lit.: B. LEIB, Deux inédits byz. sur les azymes au début du XIIe s., OrChr II/3, 1924, 217–239 – P. PLANK, S. II. v. J. und der erste Kreuzzug. Eine quellenkrit. Unters., OKS 43, 1994, 275–327.

5. S., *Ebf. v. →Thessalonike* seit 1416/17 (hl.; orth. Kanonisation 1981), * in Konstantinopel, † Sept. 1429, Priester und Mönch in Konstantinopel. Er gilt als der bedeutendste spätbyz. Liturgiologe. Sein bekanntestes Werk ist eine Slg. von 32 häresiolog. und 340 liturg. Traktaten in Form eines Dialogs zw. einem fragenden Kleriker und einem antwortenden Bf. (MPG 155, 33-952). Doch belegen neuerdings aufgefundene und edierte Schrr. (u.a. Didaskalia an den Despoten Andronikos, 1423) auch sein hohes Engagement in den polit. und militär. Fährnissen seiner Zeit. P. Plank

Ed.: Συμεών ἀρχιεπισκόπου Θεσσαλονίκης τὰ λειτουργικὰ συγγράμματα, I, hg. I. M. PHUNTULES, 1968 – Ἁγίου Συμεὼν ἀρχιεπισκόπου Θεσσαλονίκης ἔργα θεολογικά, hg. D. BALFOUR, 1981 – Politico-historical Works of S. Archbishop of Thessalonica, hg. DERS., 1979 – *Lit.*: PLP, Nr. 27057 – I. M. PHUNTULES, Τὸ λειτουργικὸν ἔργον Συμεῶνος τοῦ Θεσσαλονίκης, 1966 – J. DARROUZÈS, St-Sophie de Thessalonique d'après un rituel, RevByz 34, 1976, 45–78 – D. BALFOUR, St. S. of Thessalonike as a Historical Personality, The Greek Orth. Theological Review 28, 1983, 55–72 – M. KUNZLER, Gnadenquellen. S. v. T. († 1429) als Beispiel für die Einflußnahme des Palamismus auf die orth. Sakramentenlehre und Liturgik, 1989.

6. S. Eulabes (S. Studites), 917–986/987, Mönch des →Studiu-Kl. in Konstantinopel seit ca. 942, berühmt als πατὴρ πνευματικός →Symeons d. Neuen Theologen, der seinem Lehrer ein Enkomion widmete. Für S. wurde im Mamas-Kl. in Konstantinopel ein Gedenktag mit Darstellung des Verstorbenen auf einer Ikone eingeführt. Dagegen erhoben die Mönche heftigen Protest; dieser führte später zu Auseinandersetzungen mit Metropolit Stephanos v. Nikomedeia. Möglicher Anlaß für den Protest könnte auch die Lebensführung S.s gewesen sein, die der eines →Salos glich. Die von Symeon d. Neuen Theologen oder →Niketas Stethatos gesammelten geistl. Aphorismen S.s sind in 40 anonymen Kephalaia enthalten, die dem Corpus Symeons d. Neuen Theologen angegliedert sind.
G. Schmalzbauer

Ed. und Lit.: MPG 120, 668D–696B – BECK, Kirche, 584 – DThC XIV, 2941–2973 [J. GOUILLARD; s.v. Syméon le jeune] – ThEE 11, 1967, 536 [P. G. NIKOLOPOULOS] – I. KAMARINEA-ROSENTHAL, Symeon d. Neue Theologe und S. Studites, Oikumen. Einheit 3, 1952, 103–120 – DIES., S. Studites, ein hl. Narr (Akten des XI. internat. Byz.kongr. München, 1960), 515–520 – S. Neos Theologos, Hymnen, hg. A. KAMBYLIS, 1974.

7. S. Logothetes →Symeon Magistros

8. S. Magistros (Logothetes), byz. Gelehrter, ksl. Höfling, † nach 987; von vielen Forschern mit →Symeon Metaphrastes identifiziert (ungesichert). S. verfaßte wichtige Briefe, Gedichte und insbes. die von der Weltschöpfung bis 948 reichende »Chronographia«. Diese ist in vielen Hss. und mehreren, voneinander stark abweichenden Fassungen (u. a. eine altslav.) erhalten. Die Q. für die ältere Zeit, darunter der sog. »Megas Chronographos«, sind verschollen; ab 913 stützte S. sich wahrscheinl. auf eigenes Material. Die ältere Version steht der damaligen Umgangssprache nahe und nimmt für Ks. →Romanos I. Lakapenos (919–944) Partei, während die in gelehrtem Idiom abgefaßte jüngere (ab 948 bis wohl 963) die ksl. Familie →Phokas begünstigt. Der Urtext ist nicht ediert, neben einer Teilausg. der jüngeren Version (nach einem Cod. Vat.) gibt es Ed. späterer Überarbeitungen (→Leon Grammatikos [11. Jh.]; →Theodosios Melitenos [Name Fiktion des 16. Jh.]; »Georgios Monachos Continuatus« [einige Hss. des →Georgios Monachos bieten für die Zeit von 842–948 den Text des S.]). Auch die sog. »Chronographie des Ps.-Symeon« beruht trotz Eigenständigkeit in vielem auf S. A. Markopoulos

Ed.: Georgios cont. (Theophanes cont., ed. I. BEKKER, 1838) – Theodosii Meliteni chronographia, ed. T. L. F. TAFEL, 1859 – V. ISTRIN, Chronika Georgija Amartola, II, 1922 – J. DARROUZÈS, Épistoliers byz., 1960, 99–163 – *Lit.*: Oxford Dict. of Byzantium, 1991, 1982f.

[Lit.] – HUNGER, Profane Lit., I, 354–357 – A. KAZHDAN, Khronika S. Logofeta, VizVrem 15, 1959, 125–143 – W. TREADGOLD, The Chronological Accuracy of the Chronicle of S. the Logothete, DOP 33, 1979, 157–197 – A. MARKOPOULOS, Sur les deux versions de la Chronographie de S. Logothète, BZ 76, 1983, 279–284 – A. SOTIROUDIS, Die hs. Überlieferung des »Georgios Continuatus« (Red. A), 1989.

9. S. v. Mesopotamien (Makarios-S.), theol.-spiritueller Schriftsteller, 4. Jh., gilt als Verf. des unter dem Namen 'Makarios' überlieferten Schrifttums (Identifizierung durch W. STROTHMANN und H. DÖRRIES). S. stammte vielleicht aus Kleinasien/Antiochien und lebte wohl unter Asketen im syr.-mesopotam. Raum. Der Inhalt seiner Homilien/geistl. Konferenzen fügt sich in die gr. Theologie des späten 4. Jh. ein. Bes. Nähe zu den →Messalianern, allerdings bestimmt von ernster Auseinandersetzung und Korrektur ('Reformmessalianer'). Sein umfangreiches Schrifttum ist in 'Sammlungen' erfaßt (bekannteste: 50 geistl. Homilien des Makarios, hg. H. DÖRRIES u. a., 1964; vgl. CPG 2410–2427). K. S. Frank

Lit.: TRE XXI, 730–735 [Lit.] – E. A. DAVIDS, Das Bild vom Neuen Menschen, 1968 – H. DÖRRIES, Die Theologie des Makarios/S., 1978 – R. STAATS, Makarios-S., Epistola Magna, 1984.

10. S. Metaphrastes (wohl identisch mit Magistros [Logothetes]), hl., * in Konstantinopel z. Z. Ks. Leons VI. (886–912), † 28. Nov., wahrscheinl. 987, bekleidete hohe Ämter in der Verwaltung (z. B. unter Ks. Johannes Tzimiskes [969–976] Magistros und Logothetes τοῦ δρόμου). Nachrichten zu S.s Leben überliefern der arab. Historiker Yaḥyā v. Antiochien und der georg. Mönch auf dem Schwarzen Berge bei Antiochien Eprem Mcire. Unter Ks. Basileios I. fiel S. in Ungnade und zog sich in ein Kl. zurück, wo er später die Mönchstracht verfaßte →Nikephoros Uranos Verse auf ihn; für den bald als Hl.n anerkannten S. schrieb Michael →Psellos im 11. Jh. eine Akolouthie, →Markos Eugenikos im 15. Jh. ein weiteres Officium. Unter S.s Werken ragt neben der bis z. J. 948 reichenden Chronik das →Menologion hervor, das die älteren Heiligenviten für das gesamte Kirchenjahr bearbeitet, in einigen Fällen jedoch den Wortlaut der Vita antiqua unverändert beließ. Nach KEKELIDZE konnte S. nur einen Teil des Kirchenjahres bearbeiten, nämlich von Sept. bis Jan., die restl. Monate behandelte Patriarch →Johannes VIII. Xiphilinos (ab 1081). KEKELIDZE stützt sich dabei auf Angaben aus der georg. Überlieferung des Menologions, das in zwei Arbeitsgängen, im Kl. Iviron auf dem Athos im 10. Jh. sowie im Kl. Gelati in Georgien im 13. Jh., übersetzt wurde. Weiter sind von S. Briefe, eine Epitome der Kanones, Gedichte und Gebete erhalten.
Ch. Hannick

Lit.: DSAM XIV, 1383–1387 – DThC XIV, 2959–2971 – Tusculum Lex., 1982³, 753–756 – K. KEKELIDZE, Ioann Ksifilin, prodolžatel' Simeona Metafrasta, Christianskij Vostok 1, 1912, 325–347 [= Etiudebi 5, 1957, 229–247].

11. S. Neos Theologos ('der neue' und 'der jüngere' Theologe), byz. Mönch, Mystiker und Dichter, * 949 in Kleinasien (Taufname Georgios?), † 1022; ab 963 in Konstantinopel geistl. Betreuung durch den Studiu-Mönch →Symeon Eulabes ('der Fromme'), 976 Eintritt in das →Studiu-Kl., 977 wegen zu enger Bindung an seinen 'pneumatikos pater' (Spiritual) Wechsel in das Mamas-Kl. in Konstantinopel, dort 980 Priesterweihe und Wahl zum Abt. Wegen angreifbaren Heiligenkults für Symeon Eulabes nach dessen Tod († 987), umstrittener theol. Aussagen und Härten in der Führung seiner Mönche wiederholt von kirchl. Führern (bes. Stephanos v. Nikomedeia) angegriffen, resigniert er um 1005, wird 1009 vom Patriarchatsgericht zur Verbannung verurteilt und verbleibt, nach (teilweiser) Rehabilitierung 1011, bis zu seinem Tod 1022 in freiwilligem Exil. Stark durch Symeon Eulabes geprägt, vertieft sich S. seit frühester Jugend in Gebets- und Bußübungen (Tränengabe). Er erlebt seit etwa 970 Visionen des Logos Gottes in Form von immateriellem Licht (Tabor-Licht), in welchem er aufzugehen vermeint und dessen körperl. Fühlbarkeit er betont. Die Visionen intensivieren sich mit zunehmendem Alter. S. führt die Gottesschau (theologia), welche grundsätzl. jedermann in diesem Leben möglich sei, im Gegensatz zu den Hesychasten (→Hesychasmus) allein auf die Gnade Gottes zurück. Seine Visionen teilt er v. a. in 58 »Hymnen« (fast 11000 'polit.' Verse, also Fünfzehnsilber, denen S. in der byz. Lit. zum Durchbruch verhilft) mit, die – anders als die der geistl. und klösterl. Praxis dienenden Prosawerke – größtenteils erst nach S.s Tod (durch seinen Biographen →Niketas Stethatos) bekannt werden. J. Koder

Ed.: B. Krivochéine–J. Paramelle, S. N. Th., Catéchèses, I–III (SC 96, 104, 113), 1963–65 – J. Darrouzès, S. N. Th., Traités Théol. et Éthiques, I-II (SC 122, 129), 1966–67 – J. Koder, J. Paramelle, L. Neyrand, S. N. Th. Hymnes, I–III (SC 156, 174, 196), 1969–73 – A. Kambylis, S. N. Th., Hymnen (Suppl. Byz. 3), 1976 – J. Darrouzès, S. N. Th., Chapitres théol., gnostiques et pratiques (SC 51), 1980² – *Lit.:* DSAM XIV, 1387-1401 [T. Špidlík] – Beck, Kirche, 360-363, 585-587 – W. Völker, Scala Paradisi, eine Stud. zu Johannes Climacus und zugleich eine Vorstudie zu S. N. Th., 1968 – Ders., Praxis und Theoria bei S. N. Th., ein Beitrag zur byz. Mystik, 1974 – B. Krivochéine, Dans la lumière du Christ. Saint S. N. Th. 949-1022, 1980 – B. Fraigneau-Julien, Les sens spirituels et la vision de dieu selon S. N. Th., 1985 – J. Koder, Normale Mönche und Enthusiasten: Der Fall des S. N. Th. (Religiöse Devianz. Unters. zu sozialen, rechtl. und theol. Reaktionen auf religiöse Abweichung im MA, 1990), 97–119 – H. J. M. Turner, St. S. N. Th. and Spiritual Fatherhood, 1990 – A. Hatzopoulos, Two Outstanding Cases in Byz. Spirituality: the Macarian Homilies and S. N. Th., 1991 – U. Criscuolo, I prodromi della ripresa platonica: S. N. Th. (Storia e Tradizione culturale a Bisanzio fra XI e XII sec. Atti I Gior. st. biz. 1993), 1–28 – A. Golitzin, Hierarchy vs. Anarchy? Dionysius Areopagita, S. N. Th., Nicetas Stethatos, and Their Common Roots in Ascetical Tradition, St. Vladimir's Theol. Quarterly 38, 1994, 131–179.

12. S. Salos, Prototyp der Hl.n, die Narr um Christi willen waren (→Salos). Die Vita des →Leontios v. Neapolis (BHG 1677; CPG 7883) stellt die Entwicklung S.s dar: Aus Edessa stammend (6. Jh.), lebte S. fast 30 Jahre als 'Baskos' in der Einsamkeit, wo er die ἀπάθεια erreichte, die ihm die Rückkehr unter die Menschen ermöglichte, jedoch um diese – als Narr in Emesa auftretend – durch groteske Provokation zu Wahrheit und Rettung zu bringen. Auch wenn er häufig Prügel und Demütigungen einstecken mußte (z. B. als er es wagte, nackt ein Frauenbad zu besuchen), gelang es ihm, Menschen verschiedener sozialer Herkunft zum Nachdenken zu bewegen. S.s Wundertätigkeit wird auch bei →Evagrios Scholastikos in der Kirchengeschichte erwähnt. Die orth. Kirche feiert sein Fest am 21. Juli. G. Schmalzbauer

Lit.: L. Rydén, Das Leben des Hl. Narren S. v. Leontios v. Neapolis, 1963 – Ders., Bemerkungen zum Leben des hl. Narren S. v. Leontios v. Neapolis, 1970 – Leontios de Neapolis, Vie de S. le Fou..., hg. A. J. Festugière, 1974 – V. Rocheau, St. S. S., eremite palestinien et prototype des »Fous-pour-le-Christ«, Proche Orient Chrétien 28, 1978, 209–219 – L. Rydén, The Holy Fool (The Byz. Saint, 1981), 106–113 – Oxford Dict. of Byzantium, 1991, 1989f.

13. S. Seth, byz. Universalgelehrter, * um 1000, † bald nach 1085 in Rhaidestos (Tekirdağ). Als Hofbeamter wurde er 1034 aus Konstantinopel vertrieben und gründete ein Kl. auf dem bithyn. Olymp, später weilte er im Orient, v. a. in Ägypten, wo er nach einem Selbstzeugnis im aristotel. ausgerichteten naturwiss. Kompendium »Σύν-οψις τῶν φυσικῶν« die dort partielle Sonnenfinsternis vom 25. Febr. 1058 beobachtete. In einem speziellen Werk behandelte er astronom. Fragen. Arab. und andere oriental. Q. sind in seiner alphabet. geordneten, Ks. →Michael VII. Dukas gewidmeten Slg. »Über die Kräfte der Nahrungsmittel« verwertet; sie löste sich von der altgr. Nahrungsmittelterminologie und machte die Byzantiner mit exot. Produkten (u. a. Ambra, Haschisch, Kampfer, Moschus) bekannt. In einer kleinen Schr. kritisierte er verschiedene Beweisführungen →Galens, ohne freilich dessen ganzes Lehrgebäude in Frage zu stellen. Unediert ist ein Traktat über gesundheitsförderndes Verhalten (Cod. Oxon. Barocc. 224, f. 29v-30v). Seine astrolog. Kenntnisse und seine in mehreren spektakulären Fällen eingetretenen Zukunftsprognosen (z. B. Tod Robert Guiscards, 1085) beeindruckten am Hofe →Alexios' I. Komnenos. Ks. Alexios fürchtete einen gefährl. Einfluß S.s auf die Jugend und siedelte ihn nach Rhaidestos um. Ein unvollendetes Spätwerk ist die Alexios I. gewidmete Übers. des arab. Fs.enspiegels →Kalīla wa-Dimna unter dem Titel →»Stephanites und Ichnelates«. R. Volk

Lit.: Beck, Volksliteratur, 41–44 – Hunger, Profane Lit. I, 522; II, 241, 275, 308f. [Lit.] – Tusculum-Lex., 1982³, 723f. [Ed.] – G. Helmreich, Handschriftl. Stud. zu S., 1913 – G. Harig, Von den arab. Q. des S., MedJourn 2, 1967, 248–268 – R. Volk, Gesundheitswesen und Wohltätigkeit im Spiegel der byz. Kl.typika, 1983, 90, 157, 188 – Ders., Der med. Inhalt der Schr. des Michael Psellos, 1990, 211, 275, 291 – Ders., Einige Beitr. zur mittelgr. Nahrungsmittelterminologie, Lexicographica Byzantina, 1991, 293–311.

14. S. Stylites. [1] *S. der Ältere,* hl. (Fest: 1. Sept.), ca. 390–459, entstammte einer einfachen chr. Familie aus dem Dorf Sisan im syr.-kilik. Grenzgebiet. Seit 403 lebte S. in einem Kl., dem er aber seinem Hang zu extremer Askese wegen zur Belastung wurde, so daß er sich 412 als Anachoret in dem nordsyr. Dorf Telanissos niederließ, wo er erstmals unter Kontrolle des zuständigen Landklerus die 40tägige vorösterl. Fastenzeit völlig ohne Nahrung und Wasser zubrachte, was ihm zur jährl. Gewohnheit wurde. 422 bestieg er auf einem nahen Berg für den Rest des Lebens eine Säule, um dem stetig anwachsenden Besucherstrom enthoben zu sein, ohne sich den Rat und Hilfe suchenden Menschen zu entziehen, deren er sich in freundl. Güte annahm und denen er zweimal pro Tag zu festgesetzten Zeiten predigte. →Theodoret v. Kyrrhos, der ihn persönl. kannte, setzte ihm noch zu Lebzeiten in Kap. XXVI der Hist. Rel. ein erstes lit. Denkmal (BHG 1678). Um S.s Säule wurden unmittelbar nach seinem Tod vier dreischiffige Basiliken errichtet, die im Grundriß ein gr. Kreuz bildeten. Der große Baukomplex (Ruinen erhalten) war unter dem Namen Qalʿat Simʿān bis zum Sarazeneneinfall die bedeutendste Wallfahrtsstätte Syriens.

[2] *S. der Jüngere,* einer der bedeutendsten Nachahmer Symeons d. Ä., S. d. J. (521–592; hl. [Fest: 23. bzw. 24. Mai]), bestieg bereits 6jährig seine erste Säule. Mit 12 Jahren zum Diakon, mit 33 Jahren zum Priester geweiht, zog er sich 556 für 10 Jahre auf einen Berg bei Antiocheia zurück, der fortan als θαυμαστὸν ὄρος ('Wunderbarer Berg') bekannt und Sitz eines berühmten Kl. war. Auch bei der 3. Säule, die S. 45jährig bestieg, wurden Kirche und Kl. errichtet. S. verfaßte Homilien, Briefe und einige z. T. auch heute noch in der orth. Kirche gesungene Hymnen. P. Plank

Lit.: Bibl. SS XI, 1116–1138, 1141–1157 – H. Lietzmann, Das Leben des hl. S. S., TU 32/4, 1908 – P. Peeters, St. S. Stylite et ses premiers biographes, AnalBoll 61, 1943, 29–71 – P. van den Ven, Les écrits de St. S. Stylite le Jeune, Le Muséon 70, 1957, 1–57 – Ders., La vie ancienne de s. S. Stylite le Jeune, 1962 – J. Lafontaine-Dosogne, Itinéraires archéol.

dans la région d'Antioche, 1967 – J. NASRALLAH, Le couvent de St-S. d'Alépin, Parole de l'Orient 1, 1970, 327-356 – DERS., L'Orthodoxie de S. Stylite l'Alépin, ebd. 2, 1971, 345-364 - →Styliten.

Symmachus
1. S. (hl., Fest: 19. Juli), Papst seit 22. Nov. 498, † 19. Juli 514 in Rom, ⌐ St. Peter, ebd; stammte aus Sardinien. Nach dem Tod Anastasius' II. erhob die mit dessen versöhnl. Politik (→Akakian. Schisma) unzufriedene Mehrheit den Diakon S., die byzantinerfreundl. Minderheit den Archipresbyter Laurentius. Die Wirren wurden durch die Entscheidung Kg. Theoderichs d. Gr. für S. nur vorübergehend beigelegt. Die Synode des S. 499 sollte künftig die →Papstwahl sichern (MGH AA XII, 399-415). Nach schweren Anschuldigungen lehnte 501 eine Synode it. Bf. e eine Verurteilung des S. ab mit der Begründung, daß dieser als Papst keinem menschl. Gericht, sondern allein dem Urteil Gottes unterworfen sei (ebd., 416-347). Laurentius konnte sich mit Duldung Theoderichs zunächst behaupten; S. blieb auf das Asyl in St. Peter beschränkt (Synode 502: ebd., 438-455). Nachdem Theoderich im Konflikt mit Ostrom 506 Laurentius preisgab, wurde S. in alle Rechte eingesetzt, erwies sich als Verteidiger des Glaubens (gegen das →Henotikon), verlieh Bf. →Caesarius v. Arles das Pallium und dekretierte die Primatialrechte v. →Arles in der gall. und span. Kirche. Der S.-Prozeß ließ im Kreis der Anhänger des S. die »Symmachian. Fälschungen« entstehen, die mit in Form und Sprache plumpen, erfundenen Papstprozessen zu beweisen suchten, daß der Papst von niemandem gerichtet werden könne.
G. Schwaiger

Q. und Lit.: A. THIEL, Epistolae Rom. Pontificum, I, 1868, 639-738 [Briefe, Synodalakten] – LP I, 43-46, 260-268; III, Reg. – JAFFÉ² I, 96-100; II, 693f., 736 – E. CASPAR, Gesch. des Papsttums, II, 1933, 87ff. – P. A. B. LLEWELLYN, The Roman Clergy during the Laurentian Schism, Ancient Society 8, 1977, 245-275 – J. N. D. KELLY, Reclams Lex. der Päpste, 1988, 64-66 – S. VACCA, Prima Sedes a nemine iudicatur, 1993 – E. WIRBELAUER, Zwei Päpste in Rom, 1993 – PH. LEVILLAIN, Dict. hist. de la papauté, 1994, 1007f., 1609-1611.

2. S., Q. Aurelius Eusebius (ca. 345-402), der stadtröm. Aristokratie entstammend, erreichte die höchsten staatl. Ämter (391 Konsul) und war ein gefeierter Redner seiner Zeit. Bekannt wurde er durch seine dritte Relatio (384), in der er sich in seiner Eigenschaft als Stadtpräfekt am Ks.hof in Mailand für die Wiederrichtung des Victoria-Altars in der röm. Kurie einsetzte. Die im Namen der heidn. Senatoren vorgetragene Bitte wurde jedoch vom Bf. →Ambrosius (2. A.) verhindert, der großen Einfluß auf den noch sehr jungen Ks. Valentinian II. hatte (Ambr. epist. 17; 18). Als überzeugter Heide unterstützte er den Aufstand der Usurpatoren →Maximus und →Eugenius, wurde jedoch wegen seines hohen Ansehens von Theodosius begnadigt. Letztmals ist er als Führer einer Gesandtschaft in Mailand nachweisbar, wo er die Glückwünsche des Senats zu →Stilichos Konsulatsantritt überbrachte (400). Von S., der sich zusammen mit einem Kreis Gleichgesinnter um die Pflege von Klassikertexten verdient machte (Livius, Vergil) und sich selbst um einen kultivierten, prätentiösen Stil bemühte, sind folgende Werke erhalten: 10 Bücher Briefe (insges. ca. 900 Schreiben; →Symmachus [3.]), 49 Relationen (amtl. Schreiben an den Ks.hof vom J. 384/385), 8 Reden (z. T. fragmentar., am bekanntesten die laudationes auf Valentinian I. und Gratian). S. gilt als der bedeutendste Vertreter des traditionsbewußten Römertums, der durch seine lautere, tolerante Gesinnung Respekt verdient, aber den Wandel der Zeit weder auf polit. noch auf religiösem und sozialem Gebiet erkannte.
R. Klein

Ed. und Lit.: O. SEECK, MGH AA 6, 1883 – R. KLEIN, S., 1971 – DERS., Der Streit um den Victoria-Altar, 1972 – J. WYTZES, Der letzte Kampf des Heidentums, 1977 – A. PABST, Q. Aurelius S., Reden, 1989.

3. S., Q. Fabius Memmius, Sohn des Q. Aurelius Eusebius S. (2. S.), geb. 383/384, Quaestor 393, Praetor 401, edierte zw. 403 und 408 die Briefe seines Vaters teils aus dem Nachlaß, teils aus dem Besitz der Adressaten in 10 Büchern nach Empfängern geordnet. →Brief, A. II.
J. Gruber

Lit.: PLRE II, 1046f. – RE IV A, 1195.

4. S., Q. Aurelius Memmius, wahrscheinl. Urenkel des Q. Aurelius Eusebius S. (2. S.), Patricius, Praefectus urbi 476/491 (Bautätigkeit in Rom), Consul sine collega 485, Haupt des Senats in Rom. Im Zusammenhang mit dem Hochverratsprozeß gegen seinen Schwiegersohn →Boethius wurde auch er angeklagt und 525 hingerichtet. →Amalasuntha gab seinen Kindern das konfiszierte Vermögen zurück. Von seiner lit. Tätigkeit zeugen eine verlorene röm. Gesch. in 7 Büchern sowie die Subskription am Ende des 1. Buches vom Komm. zum Somnium Scipionis des →Macrobius. Boethius und →Priscianus widmeten ihm Schriften.
J. Gruber

Lit.: HLL § 725. 4 – PLRE II, 1044-1046 – RE IV A, 1160.

5. S., Exeget, 2. Hälfte des 5. Jh.'s; 357 Frgm.e seiner asket. geprägten Erklärung der Proverbien sind im Cod. Vat. gr. 1802 erhalten. Er gilt auch als Autor eines in syr. Übers. fragmentar. überlieferten Komm.s zum Hld.
E. Grünbeck

Ed.: CPG 6547 – M. FAULHABER, Hld-, Proverbien- und Predigercatenen, 1902, 90-94 – C. VAN DEN EYNDE, La version syriaque du comm. de Grégoire de Nysse sur le Cantique des Cantiques, 1939, 77-89, 104-116 – Lit.: Dict. encyclopédique du christianisme ancien, II, 1990, 2347f. [F. SCORZA BARCELLONA] – G. MERCATI, Pro Symmacho (Nuove note di letteratura biblica e cristiana antica, 1941), 91-93 – M. RICHARD, Les fragments du comm. de S. Hippolyte sur les proverbes de Salomon, Le Muséon 78, 1965, 286f.; 80, 1967, 356 n. 41.

Symphorian, hl., Märtyrer v. →Autun (Fest: 22. Aug.). Die 'Passio' dieses Hl.n, ein Werk des Presbyters Euphronius, der später Bf. v. Autun wurde (452-476), macht S. zum Sohn eines (bereits christianisierten) Faustus. Der junge S. wurde, nachdem er die Anbetung der Göttin 'Berecynthe' verweigert hatte, gefangengenommen und vom 'consularis' Heraclius zur Enthauptung verurteilt. Die Mutter ermahnte S., als dieser zur Hinrichtung vor den Mauern geführt wurde, zur Standhaftigkeit. →Ado v. Vienne siedelt das Martyrium des S. in der Zeit des Ks.s Mark Aurel an. Eine jüngere Passio (509-540) verbindet S.s Persönlichkeit mit der Legende des hl. →Benignus (er soll S. getauft haben) und der Christenverfolgung unter Ks. Aurelian. Ungereimtheiten in den hagiograph. Berichten ließen einige Historiker vermuten, daß es sich um ein historisch nicht belegbares Martyrium handle, von Euphronius fingiert, um Autun einen hl. Schutzpatron zu geben; andere sind dagegen der Auffassung, daß der Passio des S. eine echte Q. über gall. Märtyrer zugrundeliegt. Kristallisationspunkt der S.-Verehrung war stets die von Euphronius über dem Märtyrergrab errichtete →Basilika (um 452), die am Ende des 7. Jh. mit einem Kanonikerstift ausgestattet wurde und im 12. Jh. zur Abtei erhoben wurde. Das S.-Patrozinium wurde auf eine große Anzahl von Kirchen in allen Teilen Galliens übertragen.
J. Richard

Lit.: LThK² IX, 1219 – Bibl. SS, IX, 1216f. – AASS Aug. IV (1739), 491-498 – J. VAN DER STRAETEN, Martyrs d'Aurelien en Bourgogne, AnalBoll 79, 1961 – Sept siècles de civilisation gallo-romaine vus d'Autun, 1985, 101-109 [N. GAUTHIER].

Symphosius (→Anthologie, B. II; zu den Namensformen vgl. GLORIE, 150 Anm. 45) verfaßte Ende des 4. Jh., eventuell im 5. Jh., eine Slg. von 100 (oder 99) →Rätseln, deren beide Redaktionen im Cod. Salmasianus (→Anthologie, B. I) bereits vermischt sind. Die Beliebtheit dieser Rätsel im frühen MA geht aus der sehr ansehnl. hs. Überlieferung und aus ihrem Nachleben hervor. Mindestens 26 Hss. von der Mitte des 8. Jh. bis zum 11. Jh. bieten den Text (z. T. in Auswahl), vielfach steht er in der Umgebung von Schultexten; zehn Rätsel sind bereits in die »Historia Apollonii« (→Apollonius v. Tyrus) aufgenommen; die ps.-Bedanischen »Collectaneen«, die ags. lat. Rätseldichter und die Übers. ins Ae. lassen ihren Einfluß erkennen. Im 12. Jh. scheint das Interesse erloschen zu sein; die Nennungen in den Lit. katalogen des →Sigebert v. Gembloux und des →Wolfger v. Prüfening beruhen nicht auf eigener Kenntnis des Werks, sondern auf →Aldhelm. Erst im 13. Jh. zeigen eine Hs. und drei Rätsel in den →»Gesta Romanorum« einen Nachklang ihrer Wirkung. Schon im frühen MA scheint man die Slg. gelegentl. mit dem verlorenen »Symposium« des →Lactantius identifiziert zu haben. In Ausg. des 18. Jh. findet sie sich unter dessen Werken.   G. Bernt

Ed.: Variae collectiones aenigmatum, ed. FR. GLORIE, 1968, CCL 133A, II, 621–721 [lat.-engl.] – Anthologia lat. I, 1, ed. D. R. SHACKLETON BAILEY, 1982, Nr. 281 – *Lit.:* Hb. der lat. Lit. der Antike, V, 1989, § 548.

Symposienliteratur, im allg. dialog. gestaltete Texte verschiedenen Inhalts, die während eines fiktiven Symposions geführte scherz- oder ernsthafte Gespräche unter Gebildeten wiedergeben (Vorbilder: Symposien Platons und Xenophons). In der Spätantike hat die S. nur wenige Vertreter. Ks. →Julianus stellt, mit Anlehnung an Lukian und die menippeische Satire, in seinem Symposion, das er in den Götterhimmel verlegt, sein Herrscherideal dar und polemisiert gegen die Christen. Methodios, um 300 Bf. v. Olympos in Lykien, schreibt nach dem formalen und z. T. auch inhaltl. Vorbild Platons ein Symposion über die Jungfräulichkeit. Als bedeutendstes Werk der spätantiken lat. S. verfaßt →Macrobius 7 Bücher Saturnalia. An den drei Saturnalientagen versammeln sich hervorragende Vertreter der stadtröm. Senatsaristokratie wie →Praetextatus, →Flavianus, →Avianus und →Servius zum Gespräch über Vergils Werk, das unter den Aspekten Astronomie, Philos., Auguraldisziplin, Pontifikalrecht, Rhetorik sowie der gr. und röm. Vorbilder besprochen wird. Das für →Lactantius als Jugendwerk bezeugte Symposion (Hier. vir. ill. 80) ist verloren. Die in der S. übliche Topik der Szenerie verwendet auch die Ps. →Cypriani Cena.
                                                                                                                            J. Gruber

Ed.: Julianus: CH. LACOMBRADE, L'empereur Julien, II/2, 1964, 1–71 – *Methodios:* N. BONWETSCH, GCS 27, 1917, 1–141 – *Übers.:* L. FENDT, BKV², 2, 1911 – *Macrobius:* J. WILLIS, 1994³ – *Lit.:* KL. PAULY V, 450f. – RE IV, 1, 1273–1282 – J. MARTIN, Symposion, 1931 – *Julianus:* J. BOUFFARTIGUE, L'empereur Julien et la culture de son temps, 1992 – *Macrobius:* HLL § 636 – J. FLAMANT, Macrobe et le néo-platonisme lat. à fin du IVᵉ s., 1977 – *Ps.-Cyprian:* CH. MODESTO, Stud. zur Cena Cypriani und zu deren Rezeption, 1992.

Synagoge. 1. S., das dem jüd. Gebet- und Lesegottesdienst dienende Gebäude (→Gottesdienst, 1; zu den baugesch. Voraussetzungen →Baukunst, C). Ma. S.n gehören zwei Traditionen an, der *sefardischen* in Spanien und Portugal (→Sefarden) und der *aschkenasischen* in Mittel- und Osteuropa (→Judentum, B). Wegen früher Vertreibungen aus →England (13. Jh.) und →Frankreich (14. Jh.) sind dort keine ma. S.n erhalten. Die Identifizierung des Baues in Rouen als S. ist umstritten. Auch aus →Italien sind keine ma. S.n erhalten, wegen der Vertreibung aus dem Kgr. Neapel und den meisten Städten des Kirchenstaates sowie der Ghettobildung im 16. Jh.

Auf der Iber. Halbinsel entstanden mehr als 100 S.n, von denen jedoch wegen der Vertreibung der Juden aus Spanien (1492) und Portugal (1496) nur wenige erhalten sind. Die früheste in Toledo (später Sta. Maria la Blanca), um 1200, ist ein fünfschiffiger Bau mit weiten Hufeisenbogen-Arkaden auf niedrigen Pfeilern, als eine Verbindung der christl. Basilika mit Obergaden und dem Typus der Almohadenmoschee. Islam. Einfluß zeigt sich auch in den ornamentalen Stukkaturen. Von Toledo abhängig ist die S. in Segovia, doch kleiner, mit drei Schiffen. Auch die ehem. S. in Sevilla (heute Kirche) besitzt oder besaß drei Schiffe. Seit dem 14. Jh. existiert der Saalbau ohne Stützen, so in Córdoba (1315) und Toledo (El Tránsito, Mitte 14. Jh.), im Gegensatz zu den früheren Bauten mit Frauenemporen. Die reiche Ornamentik folgt dem Mudéjar-Stil. Weitere Bauten finden sich in Cáceres, Tudela, Bembibre u. a. Die einzige aus Portugal bekannte S. in Tomar (ca. 15. Jh.) besitzt vier Säulen in Raummitte, die wohl die Bima umgaben. Originale Innenraumeinrichtungen sind nicht erhalten. Zwei verschiedene Bima-Stellungen erscheinen möglich: in Raummitte und im Westen.

Aschkenas. S.n sind aus der Region zw. dem Elsaß und Prag bzw. Krakau bekannt. Sie bilden zwei Typen: den zweischiffigen Raum und den Saalbau. Beide bestehen nebeneinander. Die Saalbauten sind kleiner, flach gedeckt oder gewölbt. Zweischiffige S.n wurden in Worms (12. Jh.), Regensburg (13. Jh.), Prag (um 1300) und Krakau (ca. 14. Jh.) errichtet. Alle sind eingewölbt und zeigen eine zentrale Bima-Stellung, die für den aschkenas. S.ntypus charakterist. ist. Dies gilt auch für die kleineren Saalbauten in Rufach (Elsaß), Speyer, Miltenberg, Bamberg, Köln und Eger. Frauenräume gibt es erst seit dem 13. Jh. (Worms, Köln); sie sind ebenerdige Anbauten an die Männers.n. Frauenemporen existieren erst seit dem 16. Jh. Der Stil der Bauten richtet sich nach dem seiner Zeit und geograph. Region. Während der zweischiffige Bautypus mit dem Ende des MA ausläuft, leitet der Saalbau zu den Beispielen des 16. Jh. über. Auffallend ist die Orientierung am Profan- und nicht am Kirchenbau.   H. Künzl

Lit.: H. KÜNZL, Der S.nbau im MA (Die Architektur des S. Ausst. Kat. Frankfurt a. M., 1988/89), 61–88 – DIES., Jüd. Kunst – von der bibl. Zeit bis zur Gegenwart, 1992, 44–61 [Bibliogr.: 238ff.] – s. a. Lit. zu →Baukunst, C (R. KRAUTHEIMER, 1927; F. CANTERA BURGOS, 1955).

2. S. (als Personifikation der chr. Ikonographie) →Ecclesia und Synagoge.

Synaptien (συνάπτειν 'zusammenfügen'), textl. feststehende Fürbittreihen des orth. Gottesdienstes, von den Slaven allesamt *ektenija* gen. →Symeon v. Thessalonike unterscheidet zw. der eigtl. συναπτή, deren Bitten mit κύριε ἐλέησον ('Herr, erbarme dich') beantwortet werden, der inständigen Bitte (ἐκτενής), deren Intentionen mit einem dreimaligen κύριε ἐλέησον Nachdruck verliehen wird, und den αἰτήσεις (Bitten), die mit dem Ruf παράσχου κύριε ('Gewähr' es, o Herr') zu vollziehen sind (MPG 155, 600–605). Wörtl. Zitate bei →Johannes Chrysostomos (2. Hom. zu 2 Kor) und in den →Apostol. Konstitutionen (VIII, 6–10, 36–41) belegen das hohe Alter der S. Die αἴτησις um den »Engel des Friedens« begegnet auch im jüd. →Gottesdienst.   P. Plank

Lit.: M. N. SKABALLANOVIČ, Ektenii, Trud. Kievsk. Duchovn. Akad. 1911, Juni 181–202, Sept. 1–39 – I. M. HANSSENS, Institutiones liturgicae, III, 1932, 230–260 – A. STRITTMATTER, Notes on the Byz. Synapte, Traditio 10, 1954, 51–108.

Synaxarion, byz. Slg. von Hl.nviten in Kurzfassung, angeordnet nach dem liturg. Kalender. Die entsprechenden Abschnitte werden im Morgenoffizium nach der 6. Ode verlesen. Die ältesten Hss. stammen aus dem 10. Jh. (→Menologion Ks. Basileios' II.); aufgrund der Angaben zur Chronologie der aufgenommenen Hl.n (Ende 8.–Ende 9. Jh.) dürfte die Slg. nicht wesentl. früher erstellt worden sein. In späteren Hss. wurden auch neuere Hl.e aufgenommen, ein Verf. kann nicht mit Sicherheit ermittelt werden. In einer auf Nikephoros Kallistos →Xanthopulos (Mitte 13. Jh.–ca. 1335) zurückgehenden Red. werden die Lesungen durch Verse (Zwölfsilber) eingeleitet. Unter der Überschrift 'Prolog' wurde das S. in einer Bf. Konstantinos v. Mokissos zugeschriebenen Red. noch im 11. Jh. im →Studiu-Kl. (Konstantinopel) ins Slav. übersetzt. Die mit Versen versehene Red. ('Prolog Stišnoj') führte Metropolit →Kiprian im 14. Jh. in Rußland ein. Daneben bezeichnet S. auch das Verz. der ntl. Lesungen in der Liturgie für das bewegl. Kirchenjahr. Ch. Hannick

Lit.: Oxford Dict. of Byzantium, 1991, 1991 – H. DELEHAYE, Synaxarium ecclesiae Constantinopolitanae, 1902 – BECK, Kirche, 251 – J. HENNIG, Zur geistesgesch. Stellung der S.-Verse, OKS 21, 1972, 141–152 – W. VANDER MEIREN, Précisions nouvelles sur la généalogie des synaxaires byz., AnalBoll 102, 1984, 297–301 – Slovar' knižnikov i knižnosti Drevnej Rusi XI–pervaja polovina XIV v., 1987, 376–381 [E. A. FET] – S. A. DAVYDOVA–T. V. ČERTORICKAJA, K istorii sinaksarja, TODRL 47, 1993, 151–163.

Syndic (lat. sindicus, syndicus) bezeichnet in der städt. und ländl. Institutionsgesch. des MA und der Frühen Neuzeit den gewählten Repräsentanten eines Gemeinwesens. Das Amt ist charakteristisch für die eher verspätete Verfassungsentwicklung kleinerer südostfrz. Städte (in den Fs.erm →Savoyen, →Genf, →Dauphiné sowie im Seigneurien des Massif Central), die unter herrschaftl. Gewalt von Fs.en oder Bf.en bzw. von deren seigneurialen Amtsträgern standen. Die bürgerl. Führungsschichten (Notabeln) erlangten auf dem Wege friedl. Emanzipation (im 12.–14. Jh. Verleihung von *franchises*) Selbstverwaltungsrechte, u. a. die Einsetzung städt. Magistrate; diese heißen in einer Urk. aus Chambéry (1353) »sindici, procuratores et yconomos«, sonst »notarii et sindici«, werden auf ein Jahr gewählt und bilden die Spitze der städt. Gremien. Ihre Zahl schwankte (fünf im [damals savoyischen] →Aosta, vier in Évian und Thônes, zwei in Aix-les-Bains, →Chambéry, Montmélian und →Annecy) und wurde im Lauf der Zeit auch verändert (in Ugine 1291 nur ein s., 1296 dagegen vier; in Annecy vier im 14. Jh., nur zwei im 15. Jh.). Die städt. Statuten definieren die Aufgaben der s.s nur recht allgemein (»die Angelegenheiten der Gemeinschaft zu führen«); konkrete Amtstätigkeiten waren die Durchführung der Ratsbeschlüsse, Vertretung der Stadt vor weltl. Gerichtshöfen, beim Gf.en und auf den Tagungen der 'Trois →États' in →Grenoble (Dauphiné) und Chambéry (Savoyen), Überwachung der öffentl. Arbeiten, so der Errichtung und Instandhaltung von Befestigungen, Brücken, Brunnen, Hallen, Kontrolle der →Hygiene von Straßen und Stadtgräben (Annecy), Maßnahmen gegen Preistreiberei, Verwaltung der 'deniers communs', der Erträge aus städt. Steuern und →Akzisen, die Einnahme- und Ausgabenpolitik, für die sie am Ende ihrer Amtszeit vor einer Kontrollkommission Rechenschaft abzulegen hatten. Sie schufen sich ein kleines Beamtenpersonal mit Stadtschreiber ('scriba villae'), Werkmeister, 'recteur' (Brunnenmeister), Kanonieren/Stadtsoldaten, →Barbier/→Chirurg, Ausrufer ('crieur public', →Büttel) und Polizeidiener (→sergents). Prosopograph. Studien weisen auf vier Herkunftsmilieus hin: 1. kleine oder mittlere stadtsässige Adelsfamilien, 2. ausgebildete Juristen (→Notare, Richter der gfl. →Audiences, gfl. →Sekretäre), 3. Leute aus Finanz- und Steuerwesen, 4. Elite der Handwerker- und Kaufmannschaft (Tuchhändler, Apotheker, Fleischer, Gastwirte, Gewandschneider, Messerschmiede in Städten wie Chambéry und Annecy).

Das Amt des s. erscheint auch in den durch ertragreiche Weidewirtschaft (→Alm) aufblühenden ländl. Gemeinden in den Hochtälern der westl. Alpen, deren bäuerl. Oberschicht sich als 'communiers', 'comparsoniers', 'jomarons' auf der Ebene der Seigneurie und Pfarrei zusammenschließen, Versammlungen ('plaids', 'consilia') abhalten und ständige Repräsentanten, die oft 'sindici' heißen, einsetzen. Sie haben bes. die Aufgabe, die kollektive und individuelle Almnutzung (*alpage*) zu regeln, fremde Herden ggf. fernzuhalten, dem Mißbrauch des Holzrechts (→*affouage*) zu wehren, eine gerechte Verteilung des →Wassers zu gewährleisten usw. Diese ländl. Magistrate, deren Amtsführung sich an örtl. Gewohnheitsrechten ('bans') orientierte, erwiesen sich oft als umsichtige Schützer der »ökolog.« Ressourcen (Schutz der Bergwälder vor übermäßigem Herdenverbiß und Viehtritt). Sie hielten regelmäßige, obligatorisch auch von den grundherrl. Amtsträgern besuchte Versammlungen ab, waren vielerorts mit Steuererhebung, Instandhaltung der Wege und z. T. militär. →Aufgebot befaßt. Ihre Amtstätigkeit wird in einer Reihe von Gemeinden durch reiches Archivmaterial dokumentiert. – Als s. konnte auch ein gewählter oder kooptierter Repräsentant einer religiösen →Bruderschaft oder →Zunft bzw. →Gilde bezeichnet weden. – Zum Syndicus im dt. Städtewesen →Stadtschreiber, -syndicus. J.-P. Leguay

Lit.: A. BABEL, Hist. économique de Genève, 1963 – R. MARIOTTE-LÖBER, Ville et seigneurie, les chartes de franchises des comtes de Savoie fin XIIe s.–1343, 1973 – J.-P. LEGUAY, Un réseau urbain médiéval: les villes du comté puis du duché de Savoie..., Bull. du Centre d'études franco-italien 4, 1979, 13–64 – DERS., Travailler la terre en Savoie et en Piémont, 1985.

Syneidesis →Gewissen

Syneisakten (von gr. συνεισάγω 'zusammenbringen', 'einführen'; lat.: subintroducta; auch agapeta), wohl eine volkstüml., pejorative Bezeichnung von mit Asketen zusammenlebenden Asketinnen (eine Art 'geistl. Ehe'). Die Praxis ist sicher seit dem 3. Jh. nachweisbar (Cyprian, Ep. 4; 13, 5; 14, 3; vgl. Pseudo-Cyprian, De singularitate clericorum; Pseudo-Clemens, De virginitate; Eusebius, Hist. eccl. VII 30, 12). Solchen asket. Lebensgemeinschaften wurden sexuelle Beziehungen unterstellt; die Lebensform wurde deshalb als Verstoß gegen die kirchl. Ordnung abgelehnt (Synode v. Ankyra, Can. 19; Synode v. Elvira, Can. 27; Konzil v. Nizäa, Can. 3: Verbot der S. für Kleriker). Die Ursprünge sind nicht erhellt, inwieweit gnost. Spekulation und Praxis anregend wirkten, ist nicht zu entscheiden. Näher liegen prakt. Gründe der gegenseitigen Hilfe entsprechend den Aufgabenteilungen von Mann und Frau. Die Insistenz auf Geschlechtertrennung in asket.-monast. Gemeinschaften konnte die inkriminierte Praxis nicht aus der Welt schaffen. Kirchenväter polemisierten weiter gegen sie (Basilius v. Ankyra, † um 364; →Ambrosius; →Johannes Chrysostomos; →Hieronymus), in der synodalen Gesetzgebung wurden die älteren Verbote fortgeschrieben. Das gilt auch für das frühe MA. Hier ist von *mulieres extraneae* die Rede, die nicht mit Klerikern zusammenleben durften (Gregor d. Gr., Ep. XIII 38–39; Synode v. Orléans 549, Can. 3; v. Tours 567, Can. 11; v. Mâcon 583, Can. 1). Möglicherweise gehören die in der ma. Lit. vorkommenden *conhospitae* in diesen Zusammenhang. Inwieweit die vielfältigen Symbiosen männl. und weibl. Religiosen (→Doppelkl.) mit der altkirchl. Praxis in Verbindung zu bringen sind, muß offen bleiben.

K. S. Frank

Lit.: H. Achelis, Virgines Subintroductae, 1902 – P. de Labriolle, Le mariage spirituel dans l'antiquité chrétienne, RH 137, 1921, 204–225 – Doppelkl. und andere Formen der Symbiose männl. und weibl. Religiosen im MA, hg. K. Elm–M. Parisse, 1982 – S. Elm, 'Virgins of God'. The Making of Asceticism in Late Antiquity, 1994.

Synekdemos ('Reisebegleiter'), ca. 527 zusammengestellte Liste von 923 Städten und 64 Provinzen (Eparchien) des oström. Reiches mit der Angabe des Ranges des jeweiligen Gouverneurs in geogr. Anordnung, gedacht als Führer für reisende Beamte. Der in der Überschrift gen. Verf. Hierokles Grammatikos ist sonst unbekannt. Der auf Verwaltungsurkk. der 2. Hälfte des 5. Jh. aufbauende S., vielleicht ein »amtl. Register« (Jones), ist eine Hauptquelle für die weltl. Verwaltungsgliederung des oström. Reiches zu Beginn der Regierung Justinians I.

G. Weiß

Ed. und Lit.: E. Honigmann, Le Synekdèmos d'Hiéroklès, 1939 [Ed., Komm.] – Oxford Dict. of Byzantium, 1991, 930 – A. H. M. Jones, Cities in the Eastern Roman Provinces, 1971² – Hunger, Profane Lit., I, 1, 531 – J. Karayannopulos–G. Weiss, Q.kunde zur Gesch. von Byzanz, 1982, Nr. 126.

Synesios, * um 370 in Kyrene, † wohl 412; Schüler der Philosophin →Hypatia, 399–401 als Vertreter seiner Heimatstadt in Konstantinopel, hielt vor Ks. Arkadius eine große Rede (Opusc. I, 5–62, ed. Terzaghi) über die Aufgaben des Herrschers. 410 in Ptolemaios zum Bf. gewählt, wollte er sich doch nicht von seiner Frau trennen und seine philos. Gedanken, die der Lehre von der Erschaffung der Einzelseelen und der Auferstehung entgegenstanden, nicht aufgeben (ep. 105; 187, 9, ed. Garzya). Er ist der erste Bf., der einen verbrecher. staatl. Funktionär namentl. exkommuniziert hat (epp. 41 und 42, ed. Garzya). Seine Briefe waren hoch geschätzt (über 250 Mss.). Seine Opuscula behandeln u. a. die Vorsehung, die Träume, ein Lob der Kahlköpfigkeit, die vorbildl. Lebensweise des Philosophen Dion Chrysostomos. Von seinen neun Hymnen preisen Nrr. 3 bis 8 Christus, Nr. 6 (VV 20ff.) spricht von den drei Gaben der Magier und so auch vom menschl. Tod des »großen Gottessohnes« (V 11). Bes. im Hymnus 1 und 2 beschreibt S. sein eigenes Leben und seine Frömmigkeit und umkreist in z. T. neuplaton. Ausdrükken das Geheimnis des Dreifaltigkeitsglaubens, bes. das Verhältnis von Vater und Sohn (1, 145–369; 2, 60–140); den hl. Geist benennt er mit dem Femininum »pnoia« und schreibt ihm Mittelstellung und Mutterrolle zu (vgl. Wodtke-Werner).

H. J. Vogt

Ed. und Lit.: S.i Cyrenensis Opuscula, ed. N. Terzaghi, 1944 – S.i Cyrenensis epp., ed. A. Garzya, 1979 – S. v. K., Hymnen, eingel., übers. und komm. J. Gruber–H. Strohm, 1991 – Lit.: Ch. Lacombrade, S. de Cyrène. Hellène et Chrétien, 1951 – S. Vollenweider, Neuplaton. und chr. Theologie bei S. v. K., 1985 – J. H. Barkhuizen, S. of Cyrene, Hymn 8: A Perspective on his Poetic Art (Early Christian Poetry, ed. G. van den Boeft–A. Hilhorst [= VC Suppl. 2], 1993), 263–271 – V. Wodtke-Werner, Der Hl. Geist als weibl. Gestalt im chr. Altertum und MA, 1994.

Synkellos ('Zellengenosse'). In der byz. Kirche ein Mönch und/oder Priester, der mit einem Patriarchen oder Bf. in der gleichen Zelle oder Wohnung lebte. Aus dieser Nähe ergab es sich seit dem 5. Jh. häufig, daß der S. den Patriarchen oder Bf. als eine Art Generalvikar bei der Amtsausübung unterstützte und seine Nachfolge antrat. So war z.B. →Johannes II. v. Konstantinopel (518–520; 45. J.) zuvor S. Timotheos' I. (511–518). Die führende Stellung des S. im ökumen. →Patriarchat führte dazu, daß dieser sich zum Mittler zw. Ks. und Patriarch entwickelte, weshalb er seit dem 10. Jh. vom Ks. ernannt und in den Senat aufgenommen wurde. Ab der 2. Hälfte des 10. Jh. wandelte sich die Bezeichnung zum höf. Ehrentitel für Bf.e. Im 11. Jh. gab es dann *protosynkelloi*, *proedroi* der *protosynkelloi* und sogar *protoproedroi* der *protosynkelloi*, doch scheiterte 1065 der Versuch der Metropoliten, die den Titel trugen, sich einen Vorrang vor den übrigen Metropoliten zu verschaffen. Dagegen war der *megas protosynkellos* der Palaiologenzeit wieder ein S. im ursprgl. Sinne. Als S. oi wurden auch die Suffraganbf.e des Patriarchen v. Antiocheia in seiner Kirchenprov. Syria I bezeichnet. Im Patriarchat Jerusalem trugen die Bf.e v. Joppe, Lydda, Neapolis und Jericho diesen Ehrentitel.

K.-P. Todt

Lit.: Beck, Kirche, 63, passim – J. Darrouzès, Recherches sur les ΟΦΦΙΚΙΑ de l'église byz., 1970, 17–19 [Register] – I. G. Pelides, Τίτλοι ὀφφίκια καὶ ἀξιώματα ἐν τῇ βυζαντινῇ αὐτοκρατορίᾳ καὶ τῇ χριστιανικῇ ὀρθοδόξῳ ἐκκλησίᾳ, 1985, 195–198.

Synodalstatuten. Unter S. im engeren Sinn versteht man die durch Veröffentlichung auf der Diözesansynode Gesetzeskraft erlangenden Anordnungen des Bf.s. Unter verschiedenen Bezeichnungen (statuta, praecepta, constitutiones, mandata synodalia usw.) erreichen sie ihre ma. Hochform in Zusammenhang mit den gesetzgeber. und pastoralen Reformen des 13. Jh. Als Vorläufer gelten die 45 Dekrete der ersten bekannten Diözesansynode (Auxerre 585) und die capitula karol. und nachkarol. Bf.e (→Theodulf v. Orléans, Raoul v. Bourges, →Hinkmar v. Reims usw.), ihrerseits Zusammenfassungen von →Kapitularien und Konzilskanones dieser Zeit. Die im 12./13. Jh. in England und Frankreich (Lincoln 1186, Coutances 1189/99, Cambrai 1190, Toul 1192, York 1195, Westminster 1200, Paris 1204 [Odo v. →Sully] usw.) aufkommenden S. im strikten Sinn des Wortes enthalten neben Bestimmungen älterer Konzilien aktualisierte Eigenbräuche der Diöz.n. Eine ganze Serie von südfrz. S. befaßt sich mit der Abwehr der →Albigenser (Narbonne 1227, Toulouse 1229, Albi 1230, Arles und Bordeaux 1234, Béziers 1246, Nîmes 1252, Carcassonne 1270). Nach Kan. 6 des IV. Laterankonzils v. 1215 (COD 212/3) sind in den S. jeweils die Dekrete der Provinzialkonzilien zu veröffentlichen. Umgekehrt kam es auch vor, daß S. von Synoden höherer Ebenen rezipiert wurden (Odo v. Sully, Guillelmus →Durantis d. Ä.). Insbes. setzte die S. die seit dem Ende des 12. Jh. erneuerte Sakramententheologie (→Wilhelm v. Auxerre, →Stephan Langton, →Robert de Courson usw.) in die pastorale Praxis um. Sie vermittelten dem Seelsorgeklerus nicht nur die notwendigen pastoralen Grundkenntnisse, sondern dienten, jeweils auf den Diözesansynoden aktualisiert, auch zu seiner Weiterbildung. Die seit dem 13. Jh. entstehenden Slg.en von S. (»Liber« bzw. »Summa synodalis« u. ä.) stellen wahrhafte Handbücher der Pastoral und eine Art Vademecum der Seelsorgepriester dar. Die unter dem Namen des Bf.s, der sie entweder selbst verfaßte oder verfassen ließ, oder der Diöz., für die sie angeordnet wurden, verbreiteten S. enthalten eine Fülle von konkreten Auskünften über fast alle Bereiche des kirchl. Lebens und machen sie damit zu einer längst noch nicht ausgeschöpften Q. für Historiker der verschiedensten Disziplinen.

H. J. Sieben

Lit.: A. Artonne, L. Guizard, O. Pontal, Rép. des statuts synodaux des diocèses de l'ancienne France, 1969² – O. Pontal, Historique du synode diocésain et des statuts synodaux des origines au XIIIᵉ s. (Les statuts synodaux français du XIIIᵉ s., Bd. I, 1971), XXV–LXXVII – Dies., Les statuts synodaux. Typologie des sources du MA occidental 11, 1975 – J. Gaudemet, Le gouvernement de l'Église à l'époque classique, II: Le gouvernement local (Hist. du droit et des institutions de l'église en Occident 8, 2, 1979), 205-215 – O. PONTAL, Clercs et laïcs au MA d'après les statuts synodaux, Bibl. d'hist. du christianisme 24, 1990, 23-40.

Synodalurkunde, -akte → Urkunde

Synode. Da während des gesamten MA die Termini »concilium« und S. synonym verwendet werden, kommt der vorliegende Artikel nicht auf die mit ihnen gemeinte Sache (Gesch. und Theorie der →Konzilien) zurück, sondern gibt statt dessen einen geschichtl. Überblick über die Verwendung des Terminus »synodus«.

[1] Das im profanen Bereich Zusammenkünfte verschiedenster Art bezeichnende σύνοδος ist für Bf.sversammlungen spätestens seit der Mitte des 3. Jh. belegt (Dionysios v. Alexandria, GCS 9, 2; 640, 14 und 644, 18; →Eusebios v. Kaisareia, ebd., 588, 16; 592, 9; 612, 18 usw.). Der Terminus ist meist näher bestimmt, bei Selbstbezeichnung in der Regel durch 'heilig' (ἅγια bzw. ἁγιωτάτη oder ἱερά). Die 1. Reichss. (→Nikaia 325) wird neben ἅγια καὶ μεγάλη (→Kyrillos v. Alexandria) oder einfach μεγάλη (→Basilius v. Kaisareia) u. ä. zunächst nur sporad. (Eusebios v. Kaisareia, →Athanasios), später häufiger als σ. οἰκουμενική bezeichnet. Auch für die folgenden Reichss.n bürgert sich diese Bezeichnung allmähl. ein. Die S.n verschiedener Größe und Einzugsbereiche werden entsprechend bezeichnet, so die σ. ἐπαρχίας (provincialis) bzw. τελεία (perfecta) und die σ. διοικήσεως bzw. μείζων, die entweder den ganzen Osten oder nur einen Teil umfaßt. Die begriffl. Gegenüberstellung ökumen. (οἰκουμενική) und lokaler (τοπική) bzw. partikularer (μερική) S.n findet sich erst nach der Mitte des 6. Jh. Dabei gehört zum Begriff der σύνοδος οἰκουμενική die Einberufung durch den Ks. und die Entscheidung von Glaubensfragen. Die σ. μερική bzw. τοπική versammelt dagegen Bf.e nur aus einem Teil der Kirche und entscheidet nicht über Glaubensfragen. Die genannte Unterscheidung von zwei wesentl. verschiedenen Arten von S.n bleibt für die byz. Lehre von den Konzilien charakterist. (vgl. u. a. →Eulogios v. Alexandria, →Anastasius Sinaita, →Germanos v. Konstantinopel, →Theodoros Studites, »Synodicum vetus«, Nicaenum II).

[2] Im *Westen* ist zur Bezeichnung von Bf.sversammlungen, so bei →Tertullian und Cyprian, zunächst nur »concilium« üblich. Als Synonym taucht synodus erst um die Mitte des 4. Jh., zum ersten Mal wohl bei Potamius v. Lissabon (MPL 8, 1417C), auf. Dabei ist concilium bei Autoren wie →Hilarius v. Poitiers, →Lucifer v. Cagliari, →Augustinus, →Ambrosius, →Vincentius v. Lérins bzw. in den afrikan. Konzilien noch entschieden häufiger als S., umgekehrt ist das Verhältnis dann bei →Sulpicius Severus, →Hieronymus, →Facundus v. Hermiane, →Gregor d. Gr. und in den gall. Konzilien. Der heidn. Geschichtsschreiber →Ammianus Marcellinus bezeugt ausdrückl., daß die christl. Bf.sversammlungen seiner Zeit »synodi« heißen (Res gestae 15, 7, 7). Mit s. werden dabei anfangs anscheinend nur die als neuartig empfundenen Reichss.n bezeichnet, bald jedoch jede Art von Bf.sversammlung, so daß s. zu einem einfachen Synonym von concilium wird. Ähnlich wie das griech. Äquivalent wird auch das lat. s. mit verschiedenen Attributen näher bestimmt. Bes. häufig ist auch hier die Selbstbezeichnung »sancta« oder seltener »sacrosancta«. Auf die Wertschätzung deuten Verbindungen wie »venerabilis« oder »beata s.« hin, auf die Zusammensetzung solche wie »s. episcoporum, episcopalis, sacerdotum« bzw. »patrum«. Den Ort der Zusammenkunft bezeichnen Wendungen wie »synodus Nicaena, Sardicensis, Ephesena« usw. Den jeweiligen Einzugsbereich spezifizieren Bezeichnungen wie »provincialis, conprovincialis, dioeceseos«, im frühen MA Angaben wie »quattuor, decem, duodecim, plurimarum« usw., »provinciarum, omnium episcoporum regni« usw. Die ökumen. S. wird als »s. oecumenica« oder »universalis« oder »plenaria«, bisweilen auch als »mundana« bezeichnet. V. a. bei afrikan. Autoren steht »s. plenaria« jedoch auch für die Versammlung des Metropoliten mit seinen Bf.en. »Generalis s.« bezeichnet oft die vergleichsweise größere S., also die gesamtafrikan. im Vergleich zur s. provincialis, die Nationals. der christl. Germanenreiche oder die ökumen. im Vergleich zu kleineren Konzilien. Bis zu den →Dekretisten im 12. Jh. bezeichnet »generalis« keine bestimmte S.nart, sondern bringt die relative Bedeutung von S. im Vergleich zu anderen bzw. ihren Anspruch auf allgemeinere Geltung (»prätentiöser Gebrauch«) zum Ausdruck. Im frühen MA können Papst-, Reichs-, National-, Provinzial-, ja Diözesans.n gleicherweise als s. generalis bezeichnet werden. S. particularis bzw. localis kommt zwar gelegentl., und zwar als Übersetzung aus dem Griech., vor, dient aber vor den Dekretisten nicht zur Bezeichnung einer wesentl. von der s. generalis verschiedenen S.nart. Wenn Augustinus schon concilia regionalia den gesamtafrikan. bzw. gesamtkirchl. gegenübergestellt hatte, so wirkte er damit auf das frühe MA nicht traditionsbildend, wie man u. a. an →Hinkmar v. Reims beobachten kann, der die S. unterhalb des ökumen. Konzils weder als »particularis« noch »localis« noch »regionalis« kennzeichnet. Oft ist »universalis« zwar gleichbedeutend mit generalis und wird entsprechend ebenfalls im 'prätentiösen' Sinn verwendet, doch steht es im frühen MA bes. zur Bezeichnung der acht ökumen. Konzilien der Alten Kirche bzw. gelegentl. auch der germ. Reichss.n. Mit »s. principales« werden die vier ersten ökumen. Konzilien, also diejenigen von Nikaia (325), →Konstantinopel (381), →Ephesos (431) und →Chalkedon (451) bezeichnet. Unter ihnen kann Nikaia als »generalissima« ausgezeichnet werden. Die Verbindung »synodale concilium« (gall. Konzilien der Merowingerzeit und päpstl. S.n des 11. und 12. Jh.) unterstreicht wohl den spezif. bfl. Charakter der Versammlung. Im 11. Jh. ist schließlich der Pleonasmus »synodus concilii« mehrfach belegt.

[3] Nachdem schon bei Berthold v. Konstanz die Tendenz festzustellen ist, die Papsts.n durch die Bezeichnung »generalis« von den als »s. universales« gekennzeichneten sog. ökum. Konzilien abzuheben, unterscheiden dann Dekretisten grundsätzl. zwei Arten von Konzilien: »generalia sive universalia« auf der einen und »provincialia sive particularia« auf der anderen Seite (→Huguccio) bzw. »universales s.« und »locales s.« (→Johannes Teutonicus). Konstitutiv für die »s. generalis« bzw. »universalis« ist dabei die Anwesenheit des Papstes oder seines Legaten. Diese Gegenüberstellung entspricht der auf griech. Seite zw. der σύνοδος οἰκουμενική und der σύνοδος τοπική bzw. μερική. Ist dort der Ks., so hier der Papst das entscheidende Element des 'General- bzw. Universalkonzils'. Diese Unterscheidung blieb in den folgenden Jahrhunderten in Geltung: Generals.n im engeren Sinn des Wortes sind S.n in Gegenwart des Papstes oder seines Stellvertreters.

[4] →Johannes v. Ragusa unterscheidet im 15. Jh. im Rahmen der Theorie eines voll entwickelten kirchl. Konzilswesens insgesamt zehn Ebenen, auf denen S.n stattfinden. Hinsichtl. des Sprachgebrauchs merkt er jedoch an: die Versammlungen der unteren vier Ebenen (Pfarrei, Erzpresbyterat, Archidiakonat, Dekanat) werden weder

concilium noch s., die der Diözese nur s., die des Metropolitan-, Provinzial-, National- und Patriarchalverbandes meistens concilium, die der Gesamtkirche entweder concilium oder s. genannt (De auct. conciliorum). Nach Antoninus v. Florenz († 1459) sind concilium und s. dagegen zwar grundsätzl. synonym, wird die Versammlung des Papstes jedoch gewöhnl. als concilium, die des Metropoliten mit seinen Bf.en und die des Bf.s mit seinen Priestern als s. bezeichnet (Summa III, 23, 2; Ausg. 1760, 1163). →Johannes de Turrecremata teilt die S. nach Art der Dekretisten in zwei Grundkategorien: »universales, quibus interest Romanus pontifex vel eius legatus« und »locales, quas congregant primates vel metropolitani absque praesentia pape vel eius legati« (De ecclesia II, 3; Ausg. 1561, 277r). Im Kontext des Konzils v. →Ferrara-Florenz wird zur Bezeichnung des Florentinums und der acht ökumen. Konzilien der Alten Kirche der Terminus ycomenicos in die lat. Sprache eingeführt (Fantinus Vallereso, Briefe Eugens IV.).

[5] Erhellend für den ma. Begriff s. sind schließlich die dafür angegebenen Etymologien: Johannes v. Ragusa (De auct. conciliorum, ähnlich Johannes de Turrecremata, Summa, ebd. 274r) leitet aus den beiden griech. Bestandteilen συν und ὁδός die Zielsetzung der S. ab: »omnes in synodo constituti debent una via ad eundem finem tendere, videlicet ad bonum rei publicae christianae«. Matthias Ugoni optiert dagegen für die Zusammensetzung von συν und ᾠδή, so daß s. für ihn soviel bedeutet wie concors concentus bzw. harmonica quaedam conciliatio (De conc., Ausg. 1563, 3a). H. J. Sieben

Lit.: M. Boye, S.n Dtl.s und Reichsitaliens von 922–1059, ZRGKan Abt 18, 1929, 131–284, bes. 177–193 – A. Lumpe, Zur Gesch. der Wörter Concilium und S. in der antiken christl. Latinität, AHC 2, 1970, 1–21 – H. J. Sieben, Die Konzilsidee der Alten Kirche, 1979 – Ders., Traktate und Theorien zum Konzil, 1983 – Ders., Die Konzilsidee des lat. MA, 1984 – Ders., Die Partikulars., 1990.

Synodikon. [1] *Synodikon der Orthodoxie:* Das S. (slav. *sinodik pravoslavija, vselenskij sinodik*) entstand im Anschluß an die Synode v. 843, auf der die Bilderverehrung wieder als rechtmäßig anerkannt wurde (→Bild, I). Es enthielt neben den Beschlüssen der sieben ökumen. Synoden ein Verzeichnis der Namen derer, die als Ikonoklasten oder wegen anderer Irrlehren dem Anathema verfielen; dann wurde allen verstorbenen Rechtgläubigen ewiges Gedenken, allen lebenden in den Polychronia ein langes Leben gewünscht, jeweils unter namentl. Nennung der höchsten geistl. und weltl. Amtsträger. Der Ritus der Orthodoxie mit Lesung des S. wurde am →Sonntag der Orthodoxie (erster Sonntag der Großen Fastenzeit) in Kathedralkirchen gefeiert. Der Eintrag in das S., ein Akt öffentl.-rechtl. Charakters, erfolgte aufgrund Beschlusses der weltl. und geistl. Gewalt. Das S. erfuhr zeitbedingte und regionale Differenzierung; mit seinen Bf.s- und Herrscherlisten bildet es eine wichtige prosopograph. Q. Eine georg., der verlorenen Urfassung wahrscheinl. sehr nahe kommende Übers. findet sich im →Nomokanon des Euthymios Hagioritis († 1028). Im Zweiten Bulg. Reich ließ Zar →Boril 1210 eine Übers. aus dem Griech. anfertigen; der serb. *Sinodik pravoslavija* wurde 1221 oder 1235 offiziell verkündet. Beide Redaktionen stehen im Zusammenhang mit der Bekämpfung der →Bogomilen. Nach Annahme von Mošin gelangte eine im 10. Jh. im Ersten Bulg. Reich gefertigte Übers. des S. bald nach der Christianisierung 988 in die Kiever Rus'; die Chronik erwähnt einen *sinodik* unter dem Jahr 1108. Dergačev zufolge wurde der Ritus im Kiever Reich auf Griech. gefeiert, bis 1274 anläßlich der Synode v. Vladimir eine Neuübers. entstand (älteste erhaltene russ. Hs. um 1400). Seit dem 16. Jh. finden sich umfangreiche Gefallenengedenken im russ. S. (im 17. Jh. auch als gesonderte Rotuli geführt). Im 17. Jh. erschienen griech. und slav. Druckfassungen des S. innerhalb des Fastentriodion.

[2] *Sinodik in Funktion der Diptychen* (südslav. *pomenik*): Ausschließl. in Novgorod und im Moskauer Rußland wurde das Wort *sinodik* seit dem 12. Jh. in metonym. Übertragung auch zur Bezeichnung für Bücher zum Totengedenken im Tages- und Wochenkreis verwendet, gegliedert in einen offiziellen (Herrscher, Hierarchen) und einen Stifterteil. Die Blütezeit dieser Gattung liegt in der frühen NZ, parallel zur größten Entfaltung einer an koinobit. Großkl. und später auch Pfarrkirchen gebundenen liturg. Totensorge, die funktional und strukturell der hochma. westeurop. →Memoria weitgehend entspricht. Manche *sinodiki* seit dem 15. Jh. enthalten 'Vorworte' über Nutzen und Notwendigkeit des Totengedenkens. Die Texte, zumeist schon in älteren russ. Buchtypen präsent, stammen großteils aus der byz. Tradition; durch diese vermittelt, finden wir auch Auszüge aus den Dialogen Gregors d. Gr. (IV, 55–59). L. Steindorff

Ed. und Lit.: E. V. Petuchov, Očerkiiz literaturnoj istorii sinodika, 1895 – M. G. Popruženko, Sinodik carja Borila, 1928 – V. Mošin, Serbskaja redakcija Sinodika v nedelju pravoslavija, Vizantijskij vremennik 16, 1959, 317–394; 17, 1960, 278–353 – J. Gouillard, Le S. de l'Orthodoxie, TM 2, 1967, 1–316 – M. Esbroeck–N. Karadeniz, Das S. ... in georg. Übers., AHC 19, 1987, 300–313 – Slovar' knižnikov i knižnosti Drevnej Rusi II, 2, 1989, 339–344 – I. V. Dergačeva, Stanovlenije povestvovatel'nych načal v drevnerusskoj literature XV–XVII vekov (na materiale sinodika), 1990 [mit Beilage: V. V. Dergačev, K istorii russkich perevodov Vselenskogo Sinodika] – L. Steindorff, Memoria in Altrußland, 1994.

Synodos Endemusa. Von gr. ἐνδημέω ('weilen') abgeleitet, ist die S. eine Patriarchatssynode, an der die in der Hauptstadt weilenden Metropoliten teilnehmen; Ebf.e teilnehmen; die S. kommt erstmals in den Akten des Chalcedonense (ACO II, 1, 3, 107) vor. Derartige Bf.sversammlungen, in Ansätzen auch in anderen →Patriarchaten zu finden, sind mit den Synodalprinzipien kaum zu vereinbaren; doch setzten sie sich in Konstantinopel durch, wo sie die eigtl. Patriarchatssynode, von der sie manchmal schwer zu unterscheiden waren, schließlich ablösten. Die S. war zur Erledigung aller rechtl. Angelegenheiten des Patriarchats sowie gelegentl. – mittels eines Rekurses an den Ks. bzw. einer Berufung an den Patriarchen v. Konstantinopel – auch derjenigen der übrigen Patriarchate zuständig. Seit dem 9. Jh. entwickelte sie sich neben den, allerdings nur selten einberufenen allg. →Synoden zum Träger der höchsten Gewalt in der Ostkirche. In der spätbyz. Zeit wurde der Teilnehmerkreis, der sich immer mehr auf die wichtigsten Metropoliten und autokephalen Erzbf.e des Patriarchats beschränkte, durch die hohen Würdenträger (Exokatakoiloi) vermehrt. Nach den überlieferten Synodalprotokollen war die S. in ihrer richterl. Funktion nicht nur bei kirchenrechtl. Angelegenheiten, sondern auch, v. a. in den letzten Jahrhunderten und während der Türkenherrschaft, in zivilrechtl. Fragen tätig. Sp. Troianos

Lit.: Oxford Dict. of Byzantium, 1991, 697 – B. Stephanides, Die gesch. Entwicklung der Synoden des Patriarchats v. Konstantinopel, ZKG 55, 1936, 127ff. – Beck, Kirche, 42ff. – J. Hajjar, Le Synode Permanent, 1962 – Bl. Pheidas, Ἐνδημοῦσα Σύνοδος, 1971.

Synonyma Bartholomaei (Sinonoma Bartholomei), eines der zahlreichen spätma. Vokabularien, das – wie London, BL, Royal 12 G IV; Sloane 964; Sloane 347; Sloane 962 – aus der dicht belegten *Aaron barba Aaron jarus pes vituli*-Gruppe stammt (Thorndike–Kibre, Incipits, 1963², 5) und Ende des 14. Jh. von John Mirfield (Johannes

Marifeld, † 1407) redigiert wurde. Der Redaktor, dem wir auch ein praxisbezogenes 'Breviarium Bartholomei' verdanken (nach →Gilbertus Anglicus; vgl. →Ortolf v. Baierland), gehörte als Geistlicher dem Augustiner-Konvent (Austin priory) von St. Bartholomaeus zu Smithfield an und war als Pfleger am St. Bartholomew's Hospital tätig. Die Benennung des Arzneibuchs wie des Synonymars bezieht sich auf diese Stätte des Wirkens. – Mirfield hat die rund 750 Lemmata sorgfältig alphabetisiert und oft nicht nur durch gräko-lat. Synonyme, sondern auch durch me. Äquivalente sowie durch knapp beschriebene Definitionen erläutert. Aufgenommen sind in erster Linie Pflanzen- und Drogennamen; daneben begegnen anatom. Nomina, patholog. Begriffe und Bezeichnungen für Tierarten. Im Lemma »hennekersen« zeigt sich ndfrk. Einfluß (→'Boec van medicinen in Dietsche'). Das Ganze verrät hervorragende Fachkenntnis (auch in der →Pest-Behandlung) und macht verständlich, daß Mirfield seitens der Bürger von London 'immortalem famam acceperit'.
G. Keil

Ed.: S. B., ed. J. L. G. Mowat, 1882 (Anecdota Oxoniensia. Mediaeval and Modern Series, I, 1) – *Lit.:* T. Hunt, Plant Names of Me. England, 1989, xliv f. – W. F. Daems, Nomina simplicium herbarum ex synonymariis medii aevi collecta: Semant. Unters. zum Fachwortschatz hoch- und spätma. Drogenkunde (Studies in ancient medicine, 6, 1993), 72, 95-396.

Synonyme ersetzen, wie →Glossen, ein Wort durch ein bedeutungsgleiches oder bedeutungsähnl. Wort. In der →Rhetorik werden S. als Redeschmuck (→Ornatus) eingesetzt; Synonymie als rhetor. Figur (→Figurae) beabsichtigt zumeist Ausdruckssteigerung, die aus dem semant. Unterschied ihrer Glieder gewonnen wird.

Lit.: →Figurae, →Glossen, Glossare, →Ornatus.

Synopsis Basilicorum (maior), nach dem überlieferten Titel eine »alphabet. geordnete Auswahl und Kurzfassung der 60 ksl. Bücher mit Verweisungen«, die wohl noch im 10. Jh. entstand und etwa ein Zehntel des Textes der →Basiliken enthält. Die alphabet. Anordnung beruht auf den Schlüsselwörtern der Rubriken, unter denen der Verf. in eigenständiger Systematik einschlägige Basilikenexzerpte mit genauer Stellenangabe zusammengestellt und auf weitere verwiesen hat. Aufgrund dieses Aufbaus war die S. einerseits geeignet, die Benutzung der Basiliken zu erleichtern, konnte diese aber auch andererseits als einbändige Kurzfassung in der Praxis ersetzen. Für die große Beliebtheit des Werks spricht die hohe Zahl der erhaltenen Hss., unter denen sehr viele →Scholien und Textzusätze aufweisen. In der Regel ist die S. mit einem in zwei Klassen begegnenden Anhang überliefert, dessen Hauptbestandteil Novellen der Ks. des 10.–12. Jh. bilden. L. Burgmann

Ed.: C. E. Zachariae a Lingenthal, Jus Graeco-Romanum, V, 1869 [Nachdr. in: I. und P. Zepos, Jus Graecoromanum, V, 1931 (1962)] – *Lit.:* N. G. Svoronos, Recherches sur la tradition juridique à Byzance. La S. major des Basiliques et ses appendices, 1964.

Synopsis minor, byz. Rechtsbuch vom Ende des 13. Jh., dessen authent. Titel nicht überliefert ist. →Konstantinos Armenopulos, der das Werk in der Hexabiblos benutzte, nannte es »das kleine (Rechtsbuch) nach dem Alphabet«, womit er offensichtl. auf die →Synopsis Basilicorum (maior) anspielte. Im Gegensatz zu dieser ist die S. in nicht immer einsichtiger Weise nach den Schlüsselwörtern der einzelnen Kapitel geordnet, was ihre Benutzung erschwert haben muß. Als Q. haben dem unbekannten Autor v. a. das Rechtsbuch des Michael →Attaleiates und die Synopsis Basilicorum (maior) gedient, die er teils wörtl. exzerpiert, teils gekürzt, paraphrasiert oder (selten) kommentierend ergänzt hat. L. Burgmann

Ed.: C. E. Zachariae a Lingenthal, Jus Graeco-Romanum, II, 1869, 9–264 [Nachdr. in: I. und P. Zepos, Jus Graecoromanum, VI, 1931 (1962), 327–547] – *Lit.:* S. Perentidis, Recherches sur le texte de la S. (Fontes Minores, VI, hg. D. Simon, 1984), 219–273 – Ders., L'empereur né le jour de Pâques: Michel IX Paléologue et la date de la S. (ebd., VII, 1986), 253–257.

Synopsis Pselli → Psellos, Michael

Syntagma Blastares → Blastares, Matthaios

Synthronon, in frühchr. und byz. Kirchen die Bänke, auf denen an der Rückwand der →Apsis die Priester im Halbkreis zu Seiten der stets höheren und besser ausgestatteten →Kathedra des Bf.s saßen. Die gr. Bezeichnung S. (*Σύνθρονον*) betont der Gemeinsamkeit des Klerus, die lat. (subsellium, -ia) bringt, wie bereits im röm. privaten, polit. und Gerichtsbereich die Unterordnung unter den Höchstrangigen zum Ausdruck (hier den Bf.). Erste lit. Erwähnung: Didascalia 57, 3–53 (Funk I, 158, 3. Jh.); Hinweis auf Erhöhung der Kathedra des Bf.s und höheren Rang der subsellia zu seiner Rechten: Testamentum D. n. J. Chr. 19 (Rahmani 23, 5. Jh.). Das S. blieb, wie Funde belegen, nicht auf bfl. Kirchen beschränkt. Zur Vermehrung der Plätze wurde das S. an der Apsisrückwand auch mehrstufig angelegt, in mehreren gr. Kirchen des 5./6. Jh. war es durch zwei gerade, parallel links und rechts des Altars im →Bema stehende Anlagen erweitert (Beispiele: Soteriou 226–229, Peeters 111–115). Im W wurden Kathedra und Klerikersitze seit karol. Zeit neben dem Altar angeordnet, in ma. Kirchen des O wurde das S., da ohnehin durch die →Bilderwand verdeckt, zunächst verkleinert, dann zugunsten seitl. Sitzanordnung neben dem Altar aufgegeben. J. Engemann

Lit.: Lex. der Kunst, IV, 1991, 773 – RE IVA, 1, 502–504 – G. A. Soteriou, *ΑΙ ΧΡΙΣΤΙΑΝΙΚΑΙ ΘΗΒΑΙ ΘΕΣΣΑΛΙΑΣ ΚΑΙ ΑΙ ΠΑΛΑΙΟΧΡΙΣΤΙΑΝΙΚΑΙ ΒΑΣΙΛΙΚΑΙ ΤΗΣ ΕΛΛΑΔΟΣ*, 1931 – C. Peeters, De liturg. Dispositie van het vroegchristelijk Kerkgebouw, 1969 – Th. F. Mathews, The Early Churches of Constantinople, 1971.

Syphilis, von Girolamo Fracastoro 1546 geprägter Krankheitsname (nach einem fiktiven neuweltl. Sauhirten) für eine Spirochätosen-Pandemie, die durch Mannschaften von →Kolumbus 1493 aus der Karibik nach Barcelona gebracht wurde und von dort in den folgenden sieben Jahren sich über Europa bis nach Indien ausbreitete. Auslöser war die Tropenkrankheit *Frambösie* (durch Treponema pertenue hervorgerufen), neben der die gleichzeitig eingeschleppte (durch Treponema pallidum verursachte) Lues zunächst nur eine untergeordnete Rolle spielte. Die Erstbenennungen beziehen sich zunächst auf die Symptomatik, wobei span. »bubas« auf die →Pest-Lymphknoten, »oletum« auf den Gestank bei Rhinopharyngitis mutilans zurückweist und »grôze blâter«, »boesiu blâter«, »grosse vérole« (> »variola grossa«) bzw. »spaens[ch]e pocken« auf die charakterist. borkig verschorfte Frambösiepapel anspielen. Paracelsus spricht im Hinblick auf die nächtl. sich verstärkenden Schmerzattacken und den phasischen Verlauf von »*venerischen*« Erkrankung. Als gängigste Bezeichnung erweist sich indessen »*Die Frantzosen*« (> »morbus gallicus«), die wie »*mal de Naples*« daran erinnert, daß das frz. Invasionsheer 1494/95 in Neapel erkrankte und wesentl. zur Verbreitung des Leidens beitrug. – Unter der Konkurrenz zahlreicher ätiolog. Modelle (Pesthauch, Saturn-Konstellation, Strafe Gottes) setzte sich die Beobachtung Franz Muralts (1495), daß es sich bei der S. um eine sexuell transmittierte →Geschlechtskrankheit handeln könne, nur zögernd durch. – Ab 1496 begann sich die Therapie zu standardisieren: die als Hyperthermie-Behandlung durchaus erfolgreiche, von Paracelsus aber 1529 diskreditierte *Holzkur* mit dem neuweltl. Guajak-Holz (Absud beim Schwitzen) und die aus der Dermatologie entlehnte, erst Anfang des 20. Jh. durch Arsenpräparate, später Penicillin ersetzte *Schmierkur* (mit Quecksilber-in-Schweineschmalz-Emulsion). – Medizinalpolit. Maßnahmen, die die Kranken wie beim →Aussatz abzusondern suchten (etwa durch Umwandlung von 'Frauwenhäusern' in 'Frantzosenhäuser'), erwiesen sich als wenig wirksam, insbes. nachdem – wie Ulrich v. Hutten und mit ihm Fracastoro erkannten – die 'Frantzosen' bis 1540 drei Mitisierungsschritte durchlaufen hatten, das heißt durch die Treponema-pallidum-Endemie der Lues venerea ersetzt worden waren. – Ikonograph. Darstellungen vor 1500 akzentuierten Hauterscheinungen und wiesen dem 'scabies-nova'-Kranken die Frambösiepapel als Krankheitszeichen zu. G. Keil

Lit.: K. SUDHOFF, Graph. und typograph. Erstlinge der S.lit. aus den J. 1495 und 1496 (Alte Meister der Med. und Naturkde. 4, 1912) – H. HAUSTEIN, Die Frühgesch. der S. 1495-1498, Arch. Dermat. Syphil. 161, 1930, 255–388 – W. F. R. ESSED, Over den oorsprung der s. [Diss. Leiden 1933] – G. KEIL–W. F. DAEMS, Paracelsus und die »Franzosen«, Nova Acta Paracelsica 9, 1977, 99–151 – G. KEIL, Seuchenzüge des MA (B. HERRMANN, Mensch und Umwelt im MA, 1986), 109–128 – V. ZIMMERMANN, Rezeption und Rolle der Heilkde. in landessprachigen hs. Kompendien des SpätMA (Ars medica IV, 2, 1986), 91f., 140f. ['Zweiter Harburger S.traktat' mit Hyperthermiebehandlung] – C. G. SANTING, Med. und Humanismus: Einsichten des Nürnberg. Stadtarztes Th. Ulsenius über »Morbus gallicus«, SudArch 79, 1995, 138–149.

Syrakus (Siracusa), Stadt im östl. →Sizilien, griech. Gründung. In röm. Zeit Residenz der Praetoren und wichtigste Stadt Siziliens mit bedeutenden Beziehungen zum Orient und zu Afrika. Im frühen MA beschränkten sich die besiedelten Teile der Stadt auf den ältesten Kern Ortygia und auf Acradina jenseits des Isthmus, setzten sich jedoch unterirdisch in den 'Katakomben' fort. Das Territorium der Stadt erstreckte sich auf den südöstl. Teil der Insel und umfaßte viele Ländereien der Röm. Kirche. 535 eroberte →Belisar die Stadt. In der ersten Hälfte des 9. Jh. erhob sie das Patriarchat v. Konstantinopel zur Metropolie, der 12 Suffragankirchen unterstanden, unter ihnen →Palermo und →Messina, jedoch mit Ausnahme des autokephalen →Catania. Die muslim. Eroberung zerschnitt die Verbindungen zu Byzanz und Süditalien. Vor den muslim. Invasoren flüchtete die Bevölkerung in die Mauern von Ortygia, mußte sich aber nach langer Belagerung (Frühjahr 877 bis Sommer 878) ergeben. Die Stadt wurde fast gänzlich zerstört und ein Großteil der Bevölkerung versklavt. Damit verlor S. seinen Rang als wichtigste Stadt der Insel an →Palermo. Die Rückeroberungsversuche durch Byzanz (964 unter →Nikephoros Phokas und 1038 unter Georgios →Maniakes) blieben erfolglos. Ein Konflikt zw. dem Herrn v. Agrigento und dem ehrgeizigen Herrn v. S., Ibn aṯ-Ṯhumna, der 1060 die Normannen zu Hilfe rief, begünstigte die Eroberung durch die Normannen. Im Okt. 1086 verhandelte S. mit Roger I. über der Übergabe. 1093 begründete dieser Bm. und Diözese neu. Der bereits im 7. Jh. zur Kirche umgewandelte Athenetempel wurde zur neuen Kathedrale. In norm. Zeit entstanden die Basilika S. Lucia fuori le mura und die Kirchen S. Tommaso und S. Nicolò dei Cordari. 1162 versprach Friedrich I. S. und viele Gebiete Ostsiziliens Genua für die Stellung von Schiffen zur Eroberung des Normannenreiches. Während der Minderjährigkeit Friedrichs II. nahm der Genuese Alamanno da Costa S. ein und proklamierte sich zum Gf.en der Stadt (1205): ein weiterer Beweis für das Interesse der it. Seestädte für S. Friedrich II. gewann 1221 S. zurück und ließ das »Castello Maniace« erbauen. Unter der Herrschaft der Aragón (1361–1536) war S. Mittelpunkt des Ausstattungsgutes der Kgn.nen von Sizilien. In dieser Zeit entstanden neue prunkvolle Paläste in S. Im SpätMA erlebte S. jedoch nicht zuletzt durch die Pest (1348) und infolge schwerer Hungersnöte (1443) einen Bevölkerungsrückgang. Mitte des 16. Jh. zählte es etwa 13 000 Einw. V. D'Alessandro

Lit.: S. PRIVITERA, Storia di S. antica e moderna, 1878–79 – E. MAUCERI, S. nel secolo XV, 1896 – G. AGNELLO, S. bizantina, 1930 – S. L. AGNELLO, Il 'Liber privilegiorum et diplomatum nobilitis et fidelissimae Syracusarum urbis', Arch. stor. siracusano, V–VI, 1959-60, 32–81 – IP X, 298ff.

Syrgiannes Palaiologos Philanthropenos, byz. Aristokrat, * ca. 1290/92, † 1334, Sohn eines hellenisierten Kumanen (Sytzigas, als Christ S.) und einer Angehörigen der Familie der Palaiologen und Philanthropenoi (VAN DIETEN, 124), verwandt auch mit Ks. →Johannes VI. Kantakuzenos. Als Gouverneur in Epiros wegen Usurpationsverdachtes im Gefängnis (ca. 1319), nahm er diesen Posten kurzfristig wieder ein und erhielt das Hofamt des Pinkernes ('Mundschenk'). S. beteiligte sich maßgebl. am Ausbruch des Bürgerkrieges zw. →Andronikos II. und dessen Enkel →Andronikos III., wobei er mehrfach die Partei wechselte. Ab 1321 hatte er das Amt des Megas Dux inne. Wieder im Gefängnis, wurde er erst nach 1328 unter Andronikos III. entlassen und Gouverneur v. Thessalonike. 1329/30 von der Ksn.mutter (Andronikos' III.) Maria adoptiert, 1333 wegen Hochverrates angeklagt, floh er nach Euboia und schloß sich Kg. →Stefan Dušan v. Serbien an, unter dem er einige Städte eroberte. Auf dem Marsch nach Thessalonike wurde er getötet. Seine Tochter Theodora heiratete Guido v. →Lusignan, Kg. v. Armenien. G. Schmalzbauer

Lit.: PLP, Nr. 27167 – Oxford Dict. of Byzantium, 1991, 1997 [Lit.]. – J. L. VAN DIETEN, Nikephoros Gregoras, Rhomäische Gesch., 1979, II/1, 117–126, 144ff.

Syrianos, neuplaton. Philosoph aus Alexandria, 1. Hälfte des 5. Jh., studierte in Athen, wo er 431/432 Scholarch wurde. Sein bedeutendster Schüler ist →Proklos. Im Komm. zu den Büchern 2, 3, 12, 13 der Metaphysik des Aristoteles vertritt er neben altakadem.-pythagor. Vorstellungen auch solche →Plotins. In der Seelenlehre vermittelt er zw. diesem und →Iamblichos. Außerdem ist erhalten ein Komm. zum 1. Buch der Schrift des Rhetors Hermogenes »Über die Ideen«. Andere verlorene Schriften nennt die →Suda. J. Gruber

Ed.: H. RABE, 1892/93 [Komm. zu Hermogenes] – CAG VI, 1902 [Komm. zu Aristoteles] – Lit.: RE IVA, 1728–1775 – D. J. O'MEARA, Le problème de la métaphysique dans l'antiquité tardive, FZPhTh 33, 1986, 3–22 – R. L. CARDULLO, Siriano nella storiografia filosofica moderna e contemporanea, Siculorum Gymnasium 40, 1987, 71–182.

Syrien, Land in Vorderasien.
I. Spätantike und frühchristlich-byzantinische Kultur – II. Arabischmuslimische Zeit und Kreuzzüge.

I. SPÄTANTIKE UND FRÜHCHRISTLICH-BYZANTINISCHE KULTUR: [1] *Die Zeit der Christianisierung*: S. bildete auch während des Zeitraumes von der Regierung Konstantins bis ca. 800 niemals eine polit. Einheit. Das Land war zw. den iran. →Sāsāniden und dem röm. Reich, später zw. dem Byz. Reich (→Byz. Reich, H) und dem Herrschaftsbereich der →Araber (→Omayyaden) geteilt. Von Ost nach West sind sprachlich-kulturell drei Zonen zu unterscheiden: die griechischsprachige 'Syria' von →Antiochia bis Gaza, eine zweisprachige Zone (Griechisch und Syrisch) von →Edessa bis →Damaskus und bis nach →Palästina, eine dritte Zone (geprägt durch das Syrische und Arabische bzw. Iranische) von →Nisibis bis tief hinein nach Mesopotamien und in den Iran (→Persien). Im Laufe der Zeit drang die syr. Sprache, hervorgegangen aus dem aramäischen Dialekt v. Edessa (→Aramäische Sprache), auf Kosten des Griechischen vor. Im 4. Jh. sind Kult und Kultur der Paganen (→Heidentum) überall noch leicht faßbar: in Antiochia mit →Libanios; in Edessa mit den Angriffen →Ephraims, des Begründers der theol. Schule v. →Edessa, gegen die →Gnosis, gegen Bardaisan und den →Manichäismus; in Mesopotamien mit der Polemik →Afrahats gegen den Mazdeismus. →Märtyrerakten haben sich überall erhalten. Zahlreiche Bekehrungsgeschichten betreffen →Konstantin und die Kreuzeslegende (→Kreuz, F. I). Die christenfeindl. Maßnahmen des Ks.s →Julianus Apostata bilden den Ausgangspunkt einer umfangreichen Polemik. Die Akten der hll. →Barbara, Christina und Irena spiegeln Auseinandersetzungen zw. Lokalkulten und dem Christentum wider.

[2] *Monophysitismus und christologischer Streit des 4. und 5. Jh.*: Die von →Apollinaris v. Laodikeia († nach 390) entfachte Bewegung ließ Antiocheia zur Wiege des Monophysitismus (→Monophysiten) werden. Die bereits in →Nikaia (325) verurteilte Arianismus (→Arius) lieferte dem Paganismus den christl. Deckmantel. Ausdruck der Kirchenspaltung des 5. Jh. war die Verurteilung der Lehre des →Nestorios auf dem Konzil v. →Ephesos (431). Die Christen in Mesopotamien nahmen die nestorian. Richtung an (→Ostkirchen, II. 1) und schieden sich damit vom Westen. Das Konzil v. →Chalkedon (451) mit seiner Auffassung zweier Naturen in Christo (→Christologie, A) verursachte bis tief ins 6. Jh. starke Unruhen in S.; hiervon zeugt der riesige Bestand an polem. Literatur (ursprgl. in griech. Sprache, doch heute nur noch in syr. Übersetzungen erhalten).

Im 4. Jh. entwickelte sich überall das →Mönchtum. Den →Messalianern wird der anonyme »Liber Graduum« zugeschrieben, es verbreiten sich →Apophthegmata und Makariosschrifttum ([Ps.-]→Makarios). Heftige Ablehnung gegen Chalkedon zeigte sich in Jerusalem. Eng damit verbunden war die Lit. über die Himmelfahrt Mariens. Doch wurde mit dem →Henotikon Ks. →Zenons (485) ein gewisser Friedensprozeß eingeleitet; Dichter wie Isaak v. Edessa haben diese Zeit besungen.

[3] *Im 6.–8. Jh.*: Im frühen 6. Jh. flammte die monophysit. Opposition erneut auf (bes. unter dem Patriarchen →Severus v. Antiocheia, 512–518); die Reaktion Ks. Justinians (er ließ anläßl. einer Disputation die Führer der antichalkedon. Partei in Konstantinopel festhalten) führte zur Errichtung einer unabhängigen Kirche, deren Anhänger (nach →Jakobos Baradai) als →Jakobiten bezeichnet wurden (→Ostkirchen, II. 2).

Bedeutende syr. Autoren des 6. Jh. sind Symeon v. Beith Arscham, →Jakob v. Sarug und der myst. Autor Stephan Bar Sudhaili (Buch vom »Hierotheos«), der wie andere Autoren des bes. im Osten lebendigen Origenismus (→Origenes) nahestand. Für die kirchl. Einheit trat hier u. a. Babai (569–628) ein. Martyrius Sahdona wurde in der Zeit des Herakleios praktisch von Chalkedoniker. Die Verwüstung →Jerusalems durch die Perser (614) bildete den Wendepunkt der kirchl. und kulturellen Entwicklung. In der kurzen Zeit der durch →Herakleios (627) wiederhergestellten byzantinischen Herrschaft hatten die Orthodoxen mit dem Patriarchen →Sophronios (633/634–639) eine starke Stellung in Jerusalem inne. Die Mosaik-Karte von Medaba zeigt die Vermehrung der Klöster in dieser Zeit.

Nach der Eroberung durch die Araber (634–640), die unter dem Omayyaden →Muʿāwiya die Stadt →Damaskus seit 661 zur Metropole des Großreiches ausbauten, hatten christl. Familien zunächst noch führende Ämter am Hofe inne; eine Abkehr hiervon wird markiert durch die Haltung des →Johannes Damaskenos, der um 692 den (in seiner Familie bereits erbl.) Gouverneursposten v. Damaskus ablehnte und in der Grabeskirche als Herausforderung empfundene Predigt hielt. Im Zeichen einer zunehmend christenfeindl. Politik der arab. Herrscher verschwand das Kreuz von den Münzen, wurde der muslim. 'Felsendom' errichtet. Früh entstand eine theol. Kontroverse mit dem →Islam, wobei →Theodor abū Qurra seine Schriften in arab. Sprache verfaßte. Im 8. Jh. setzte ein Rückgang der syr. Lit. ein. Ein anonymes christl. Glaubensbekenntnis in arab. Sprache zeigt eine bemerkenswerte Kenntnis des Islams. M. v. Esbroeck

Lit.: Kl. Wb. des Christl. Orients, hg. J. Assfalg–P. Krüger, 1975 [Lit.] – P. Canivet–J.-P. Rey-Coqais, La Syrie de Byzance à l'Islam, 1992 – S. H. Griffith, Arabic Christianity in the Monasteries of Ninth-Cent. Palestine, 1992 – S. Kh. Samir–J. S. Nielsen, Christian Arabic Apologetics during the Abassid Period, 1994 – M. v. Esbroeck, Le discours de Jean Damascène pour la Dédicace de l'Anastasis, OrChrP, 1996 [im Dr.].

II. Arabisch-muslimische Zeit und Kreuzzüge: In die Regierungszeit des ersten Kalifen Abū Bakr (632–634) fallen die Anfänge der Eroberung S.s (arab. *aš-Šam*, das im N bzw. »links« von der Arab. Halbinsel gelegene, sich von Gaza bis zum Taurus erstreckende Gebiet, zu dem auch →Palästina gezählt wird) durch muslim. Stammesgruppen. Die seit langem an die Raubzüge (→Razzia) der Beduinen gewöhnten Byzantiner unterschätzten diese ersten Angriffe aus dem östl. angrenzenden Steppen- und Wüstengürtel und schickten allzuspät größere und schlagkräftigere Heere gegen sie ins Feld. Im Juli 634 erlitt Byzanz bei Aǧnādain eine blutige Niederlage; im Sept. 635 kapitulierte Damaskus von seiner byz. Garnison verlassene →Damaskus. Die von →Ks. Herakleios in Marsch gesetzte Armee konnte das Blatt nicht wenden – im Aug. 636 wurde sie am →Yarmūq vernichtend geschlagen. Bis Ende 636 wurden Ḥāmāh, Ḥomṣ und →Aleppo eingenommen; 637 wurde →Antiochia kampflos übergeben; →Jerusalem kapitulierte 638; 640 fiel das bis dahin von See her unterstützte →Caesarea in muslim. Hand. Die rasche und unwiderrufl. Eroberung S.s ist nicht allein mit militär. Kategorien zu erklären (große Beweglichkeit und hohe Kampfmoral auf der arab. Seite, Schwerfälligkeit und Desinteresse in den byz. Söldnerheeren), sondern auch mit der fiskal. und wirtschaftl. Bedrückung der Provinzialbevölkerung durch die ksl. Bürokratie, aber wohl auch mit dem religiösen Gegensatz zw. der monophysit. Christen S.s und der orth. byz. Kirche. Die (mancherorts sogar als Befreier begrüßten) Muslime forderten dagegen ledigl. die polit. Unterwerfung der dem byz. Staat längst entfremdeten syr. Bevölkerung, nicht aber deren Konversion zum →Islam, garantierten Christen und Juden freie Religionsausübung und Schutz (arab. *ḏimma*) gegen Leistung einer vertragl. vereinbarten Abgabe (arab. *ǧizya*). Ohne eigene administrative Kenntnisse behielten die Muslime zunächst die alten byz. Verwaltungsstrukturen mit Griechisch als Amtssprache bei und beschränkten sich darauf, als militär. und relig. Oberschicht von Heerlagern aus das Land zu kontrollieren und die Abgaben einzuziehen.

Eine weitere und tiefe Zäsur in der Gesch. des Landes bildete die Regierung des →Kalifen und ehem. Statthalters in Syrien (seit 639), →Muʿāwiya, der als Begründer der Dynastie der →Omayyaden Damaskus als Residenz beibehielt. Ehedem Randprovinz, wurde S. dadurch zum Kernland des arab. Großreichs, Damaskus zum Mittelpunkt der islam. Welt. Unter Muʿāwiya und seinen Nachfolgern, die sich als kunstbeflissene Bauherren hervortaten, schritten Islamisierung und Arabisierung der einheim. Bevölkerung und ihre allmähl. Verschmelzung mit den Eroberern voran. In der Verwaltung wurden Christen aus wichtigen Ämtern entfernt und durch Muslime ersetzt, als Kanzleisprache Arabisch statt des Griechischen eingeführt.

Mit der Machtübernahme durch die →Abbasiden (750) verlor S. seine polit., wirtschaftl. und kulturelle Vorrangstellung und fiel zurück auf den Stand einer Reichsprovinz, in der – von der Hauptstadt →Bagdad argwöhnisch beäugt – allmähl. das Arabische das Syrische als Umgangssprache verdrängte. Der Ende des 9. Jh. einsetzende Zerfall des Abbasidenreiches ist in S. von zunehmender polit. Instabilität gekennzeichnet. Von →Ägypten aus versuchten →Ṭūlūniden und →Iḫšīdiden, das Land zu unterwerfen, das wiedererstarkte Byzanz (→Byz. Reich, H) griff von Kleinasien nach S. aus. In Aleppo machte sich die arab. Dynastie der →Ḥamdāniden selbständig. Vom 10. Jh. an faßten die türk. →Selǧuqen in S. Fuß, die es in die Sultanate v. Damaskus und Aleppo sowie in eine Reihe kleinerer, sich befehdender Emirate wie Ḥamāh, →Ḥoms, Antiochia u. a. aufteilten und schließl. in Konkurrenz zu den →Fāṭimiden traten, die den südl. Landesteil besetzten.

Im Verlauf des 1. →Kreuzzuges und der darauffolgenden Jahre eroberten die Kreuzfahrer große Teile von S. und begründeten das Kgr. →Jerusalem, die Gft. →Tripolis, das Fsm. →Antiochia und die Gft. →Edessa. Zum Schutz und zur Verwaltung des Landes erbauten sie zahlreiche →Burgen (→Chastel Pélerin, →Krak des Chevaliers, →Montfort, →Belvoir). S. wurde für zwei Jahrhunderte zum Schauplatz heftiger Kämpfe zw. Christen und Muslimen (→Ḥaṭṭīn), aber auch des wirtschaftl. (→Levante-, →Mittelmeerhandel) und kulturellen (→Usāma b. Munqiḏ) Austauschs. Soweit S. nicht von den Kreuzfahrern besetzt war, wurde es unter →Saladin ein Teil des Reiches der →Ayyūbiden, an deren Stelle seit 1260 die →Mamlūken traten, die an der →Goliathsquelle die nach S. vordringenden →Mongolen zurückschlugen.

Sultan →Baibars (1260–77) und seine Nachfolger (z. B. →Qalāwūn) regierten von →Kairo aus das Mamlūkenreich zentralist. und teilten S. in Statthalterschaften ein. Nach der Vertreibung der Kreuzfahrer (Fall von →Akkon, 1291) schleiften die Mamlūken aus Furcht vor neuen Kreuzfahrern die wichtigsten Küstenstädte (Tripolis, →Tyrus). Schwere Verwüstungen brachte dem Land der Einfall →Timūrs (1401). Im wirtschaftl. und polit. Niedergang begriffen, wurde das Mamlūkenreich 1517 von Sultan →Selim I. erobert. S. wurde Provinz des →Osman. Reiches. P. Thorau

Lit.: EI[1] 4, 313ff. – M. GAUDEFROY-DEMOMBYNES, La Syrie à l'époque des Mamelouques, 1923 – R. DUSSAUD, Topogr. hist. de la Syrie antique et médiévale, 1927 – C. CAHEN, La Syrie du Nord à l'époque des croisades et la principauté franque d'Antioche, 1940 – P. K. HITTI, Hist. of Syria, 1957[2] – C. CAHEN, Der Islam, I, 1968 [Fischer Weltgesch., 14] – Gesch. der arab. Welt, hg. U. HAARMANN, 1987.

Syrlin, 1. S., Jörg der Ältere, Verleger, Schreinermeister und Bildschnitzer. Als solcher identisch mit dem als Heggbacher Meister bezeichneten Schnitzer B des umfangreichen Chorgestühls im Ulmer Münster; * um 1425 in Ulm, † ebd. 1491. S. d. Ä. übernahm als Verleger und Inhaber eines umfangreichen Werkstattbetriebes Großaufträge für Ausstattungen, insbes. für sakrale Zwecke. Allein maßgebend für die Konzeption der Objekte und den Arbeitsablauf zu deren termingerechter Fertigstellung, gab er, wenn deren Umfang die Kapazität seiner Werkstatt überstieg, Teile des Ganzen, insbes. Bildschnitzer- und Bildhauerarbeiten, an Subunternehmer (Michel →Erhart u. a.) weiter. Nach Übergabe seines Betriebes (um 1480/81) an den Sohn, J. S. d. J., übernahm er (zusammen mit seiner Frau) das Amt als »pfleger unß lieben frowen«, d. h. der Münsterpflegers als Nachfolger von Jörg Conradin. – *Werke:* Betpult (1456), Lesepult aus Ottenbach (1458 datiert und signiert), Ulmer Dreisitz (1468), das Tiefenbronner Retabel (1469), Ulmer Chorgestühl (1469–1474) und Hochaltarriß (vor 1474) des im Bildersturm zerstörten Hauptaltarretabels des Ulmer Münsters. Mit ihm, seiner letzten großen Unternehmung, krönte J. S. d. Ä. zugleich sein Lebenswerk. M. Tripps

Lit.: W. DEUTSCH, Der ehem. Hochaltar und das Chorgestühl, zur S.- und zur Bildhauerfrage (600 Jahre Ulmer Münster [Fschr., hg. H. E. SPECKER–R. WORTMANN, 1977]) – B. ROMMÉ, Jörg Sürlin d. Jg. und die Bildschnitzerfrage, Zs. für Württ. Landesgesch. 50, 1991, insbes. 105-107 – G. WEILAND, War der ältere Sürlin Bildhauer?, Jb. der Staatl. Kunstslg.en in Baden-Württ. 28, 1991, 37–54 – B. ROMMÉ, Überlegungen zu J. S. d. Ä. und zur Ausstattung des Ulmer Münsterchores am Ende des 15. Jh., Jb. der Staatl. Kunstslg.en in Baden-Württ. 30, 1993, 7–23.

2. S., Jörg der Jüngere, Schreinermeister und Verleger; * um 1455 in Ulm, † ebd. 1523 (?). Übernahm um 1480/81 die Werkstatt seines Vaters J. S. d. Ä. Der Sohn nutzte den Ruf der S.werkstatt, die sich durch die Ausstattung des Ulmer Münsterchores einen Namen gemacht hatte, betrieb zur Schreinerwerkstatt einen Verlag in großem Stil und stattete so die oberschwäb. Pfarr- und Kl.kirchen mit Altarretabeln, Chorgestühlen, Kanzeln u. ä. aus. Dabei war er gehalten, wie eine Archivale von 1482 überliefert, in den Schreinerarbeiten enthaltene Bildwerke auf seine Kosten an Bildschnitzer zu verdingen (Michel Erhart, Daniel Mauch und – v. a. – Niklaus Weckmann). 1491, im Todesjahr seines Vaters, in Ulmer Urkk. im Zusammenhang mit Rechtsgeschäften, Rechtsstreitigkeiten und als Bürge vielfach erwähnt. 1496 und 1497 Mitglied des Großen, 1505-21 des Kleinen Ulmer Rates. 1491 nennt ihn ein Bürgschaftsvertrag als Zunftmeister; ein Amt, das er dreißig Jahre lang (bis 1521) innehatte. Seine unternehmer. Fähigkeiten – Entwürfe und Betriebsorganisation – ermöglichten es ihm, zusammen mit seriellen Herstellungsmethoden flexibel und kostengünstig zu arbeiten. In summa die Voraussetzungen für den Erfolg der S.werkstatt. Durch die Unterverträge mit Bildschnitzern, Steinbildhauern, Stechern u. a. müssen die Signaturen seiner Gesamtkunstwerke richtigerweise als eine Art Markenzeichen gesehen werden. *Werke:* Ulmer Fischkastenbrunnen (1482, heute im Ulmer Museum), Chorgestühl in St. Martin zu Oberstadion (1483–84), das dortige Grabmal des Hans v. Stadion (1489), Chorgestühl und Dreisitz in der ehem. Kl.kirche Blaubeuren, Chorgestühl und Dreisitz in Zweifaltendorf (1499), Dreisitz (1506) und Chorgestühl (1509) in St. Cornelius und Cyprian zu Ennetach, Schalldeckel der Münsterkanzel in Ulm (1410), Chorgestühl (1512), Dreisitz und das heutige Hochaltartabel (um 1518–20) in der evangel. Stadtkirche Geislingen sowie folgende archival. belegte Werke: acht Retabel, eine Kanzel und vier Chorgestühle. M. Tripps

Lit.: G. OTTO, Ulmer Plastik der Spätgotik, 1927, 112-216 – DIES., Der Export der S.werkstatt nach Graubünden, ASAK NF 37, 1935, 283–291 – W. DEUTSCH, J. S. d. J. und der Bildschnitzer Niklaus Weckmann, Zs. für Württ. Landesgesch. 27, 1968, 39–82 – A. BROSCHEK, Michel Erhart, 1973, 158–165 – B. ROMMÉ, Die Chorgestühle von Jörg Sürlin d. J. – Produktionsformen einer spätgot. Schreinerwerkstatt in Ulm, Jb. der Staatl. Kunstslg.en in Baden-Württ. 27, 1990, 52–71 – DIES., Jörg Sürlin d. J. und die Bildschnitzerfrage, Zs. für Württ. Landesgesch. 50, 1991, 105–121 – A. SCHÄDLER, Niclaus Weckmann – Bildhauer zu Ulm, Münchener Jb. der bildenden Kunst 43, 1992, 74ff. – B. ROMMÉ, Das Schaffen von Jörg Sürlin d. J. (Ulm und Oberschwaben 49, 1994), 61–110.

Syropulos, Johannes, sonst unbekannter Verf. einer – trotz der Einwände von DUJČEV – 1192 gehaltenen Lobrede auf Ks. →Isaak II. Angelos. Von geringem hist. Wert, ist sie jedoch ein Musterbeispiel für die byz. Ks.rhetorik im 12. Jh. (eingehender sprachl. Komm. bei BACHMANN).

G. Weiß

Lit.: Oxford Dict. of Byzantium, 1991, 2001 – M. BACHMANN, Die Rede des J. S. an den Ks. Isaak II. Angelos, 1935 – I. DUJČEV, Proučvanija vŭrchu bŭlgarskoto srednovekovie, 1945, 86–90.

Syropulos, Silbestros (Sophronios [I.], Patriarch v. →Konstantinopel Juni 1463–Juli 1464), Schriftsteller, * vor Juli 1399 (wohl in Konstantinopel), † bald nach 1464. Aus einer Familie stammend, die schon mehrere kirchl. Würdenträger gestellt hatte, ergriff auch S. die geistl. Laufbahn. Im Juli 1424 als Diakon belegt, bekleidete er hohe Funktionen innerhalb des Patriarchalklerus v. Konstantinopel (Megas Ekklesiarches 1437–52, Dikaiophylax 1439). Er nahm im Gefolge des Patriarchen →Joseph II. v. Konstantinopel am Konzil v. →Ferrara-Florenz teil, wo er 1439 das Unionsdekret unterfertigte, widerrief aber nach der Rückkehr nach Konstantinopel die Unterschrift und trat der unionsfeindl. Gruppe um →Markos Eugenikos und →Gennadios (II.) bei; in diesem Sinne verfaßte er auch die Darstellung der Gesch. des Konzils v. Ferrara-Florenz (»Memoiren«). Patriarch zw. dem 2. und 3. Patriarchat des Gennadios II., wurde er im Juli 1464 abgesetzt und starb kurz danach. Von 1424–47 ist er auch als Hss.kopist belegt.

O. Kresten

Ed.: V. LAURENT, Les 'Mémoires' du Grand Ecclésiarque..., 1971 [mit frz. Übers.] [s. a. O. KRESTEN, Nugae Syropulianae, Revue d'Hist. des Textes 4, 1974, 75–138; J.-L. VAN DIETEN, Zu den zwei Fassungen der Memoiren des Silvester S., AHC 11, 1979, 367–395] – *Lit.:* PLP, Nr. 27217 [Lit.] – Oxford Dict. of Byzantium, 1991, 2001 – BECK, Kirche, 759f. – J. GILL, Personalities of the Council of Florence, 1964, 154–185 – J. L. VAN DIETEN, Silvester S. und die Vorgesch. v. Ferrara-Florenz, AHC 9, 1977, 154–179.

Syssel (anorw. *sýsla*, pl. *sýslur*, 'Amt, Amtsbezirk', geleitet vom Sysselmann, *sýslumaðr*, pl. *sýslumenn*, 'Amtmann'). Eine durchgängige Einteilung →Norwegens in S. wird erst in →Magnús Hákonarsons Landslög von 1274/75 vorausgesetzt, der genaue Grenzverlauf zw. den einzelnen S. bleibt dabei weitgehend unbekannt. Der *S.mann* als wichtiges Element der kgl. Lokalverwaltung wird zum ersten Mal in der Rechtsrevision Kg. →Magnús Erlingssons (1163–84), dem sog. Magnustext der →Gulaþingslög, greifbar und ist v. a. unter Kg. →Sver(r)ir Sigurdarsson (1177–1202) Instrument der kgl. Verwaltung in den wechselnden territorialen Verhältnissen der Bürgerkriegszeit, zugleich aber auch Ausdruck gesellschaftl. Wandels: Das Kgtm. bedient sich immer seltener der lokal verankerten Häuptlingsgeschlechter als Amtswalter (*ármenn*; →Lendermenn), sondern setzt zunehmend in Dienstverhältnissen zum Kgtm. stehende Mitglieder der Gefolgschaft (→Hird) als kgl. Beauftragte in den Bezirken ein. – Zu den wichtigsten Obliegenheiten des S.mannes gehören Rechtspflege, militär. Aufgebot und Einziehung von Abgaben und Bußen; er organisiert daher die Lagthinge (→Ding, II), nimmt die Aufsicht über den →Leidang und die Einsetzung von Urteilergremien wahr. Gegen Ende des 13. Jh. wird das S. auch als *len* ('Lehen') bezeichnet, der S.mann als *lensmann*.

H. Ehrhardt

Lit.: K. HELLE, Norge blir en stat 1130–1319, 1974, 207ff.

Szécsényi, ung. Adelsgeschlecht aus der Sippe Kacsics, bezeugt seit dem 13. Jh. Während die Sippe zum Kg.sgegner Mätthäus →Csák hielt, gelang Thomas († 18. Sept. 1354) mit Unterstützung →Karls I. der Aufstieg in die Aristokratie. Nach 1319 hatte er mehrere Landesämter inne und war durch seine Gattin Anna v. Auschwitz (aus der Familie der →Piasten) mit der kgl. Dynastie verwandt. Sein Sohn Nikolaus († nach 1367) war →Banus v. Kroatien-Slavonien. Frank († 1408) gehörte zu den Baronen Kg. Siegmunds und blieb, obwohl er bei dessen Gefangennahme 1401 gegen den Kg. stand, als Mitglied des →Drachenordens im Besitz seiner bedeutenden Güter und Ämter (zuletzt Landesrichter 1399–1407). Die nz. Magnatenfamilie Széchenyi/Széchényi entstammt dem Soldatenadel des 16. Jh. und ist mit den S. nur namensverwandt.

J. Bak

Lit.: E. FÜGEDI, Castle and Society in Medieval Hungary (1000–1437), 1986, bes. 123ff.

Szeged (Szegedin), Stadt an der Mündung des Flusses Maros in die Theiß, seit 1183 in den Q. belegt. Die drei Siedlungskerne von S. wurden erst 1469 vereinigt. Obwohl S. mindestens seit 1222 wichtiger Umschlagplatz für Salz aus →Siebenbürgen war, um 1242 zum Sitz eines →Komitats wurde und seine fremden Siedler (→hospites) seit 1247 im Besitz des →Stuhlweißenburger Privilegs waren, entwickelte sich die Stadt wirtschaftl. erst im 14. Jh. zum wichtigen Markt (im 15. Jh. sollen Tausende von Pferden an einem Markttag verkauft worden sein!) und Zentrum des Weinbaus. 1316 gründeten Franziskaner einen Konvent im Suburbium, 1318 ließen sich Dominikaner in der nördl. Vorstadt nieder. 1332 hatte S. zwei Pfarreien, eine städt. Selbstverwaltung ist erstmals 1368 belegt. Im 15. Jh. war S. wichtiger Ausgangspunkt für Verteidigungszüge gegen die →Osmanen, 1444 wurde in S. ein Friedensvertrag mit Sultan Murād II. geschlossen, dessen baldiger Bruch zur Niederlage Ungarns bei →Varna führte.

J. Bak

Lit.: J. REIZNER, S. története, I, 1899 – GY. KRISTÓ, S. Története, 1983, 1–423.

Székesfehérvár → Stuhlweißenburg

Székler (lat. Siculi; ung. Székely-ek), ung. Hilfsvolk, Name und Herkunft umstritten. Vermutl. handelte es sich usprgl. um einen turksprachigen Verband (Avaren? Kabaren? Protobulgaren?). Als unsicher gilt auch, wann und wie die S. ins Karpatenbecken gelangten. Erstmals erwähnt werden sie zusammen mit den →Pečenegen 1116 und 1146 als leichtberittene Vorhut des ung. Heeres. Die S. besaßen eine Kerbschrift, die z. T. den türk. Runenalphabeten glich und eine Stammesstruktur, die verwandte Züge zu der der →Oġuz-Türken aufwies. Als Hilfstruppen des ung. Kg.s und als Grenzwächter (speculatores), die längs der Grenzverhaue (ung. *gyepü*) angesiedelt wurden, waren sie zum allg. Kriegsdienst verpflichtet.

Die S. genossen daher eine rechtl. Sonderstellung (libertas Siculorum, Siculitas), d. h., sie galten insgesamt als adlig und frei, leisteten keine Abgaben außer bestimmten Geschenken, die sie bei der Krönung und Hochzeit des ung. Kg.s und bei der Geburt des Thronfolgers entrichteten (ursprgl. Pferde, nach ihrer Seßhaftwerdung Ochsen; daher die Bezeichnung 'Ochsenbrennen', lat. boum signatura), und besaßen das Recht, ihre militär. Befehlshaber (capitanei) und Richter (iudices) selbst zu wählen. Nur der erstmals 1235 erwähnte S.-Gf. (comes Siculorum), der an der Spitze ihrer Gemeinschaft stand, wurde vom ung. Kg. ernannt. Die S. gliederten sich in sechs 'Geschlechter' (genera) zu je vier 'Zweigen' (lineae), aus denen jährl. wechselnd ihre Amtsträger hervorgingen.

Ursprgl. nur in Kernungarn ansässig, wanderte das Gros der S. seit dem 12. Jh. v. a. über das →Komitat Bihar nach →Siebenbürgen ein, wo sie urkundl. seit 1210 nachweisbar sind. Die Gemeinschaft der S. (1292: universitas Siculorum) verfügte hier auf 'Kg.sboden' über ein eigenständiges Rechtsterritorium, das sich wie bei →Kumanen und Siebenbürger →Sachsen in sieben autonome Stühle (terrae, sedes) gliederte. Die durch Vermögensunterschiede und erhöhte Kriegsdienstverpflichtungen bedingte soziale Differenzierung der S.-Gesellschaft setzte im 14. Jh. ein und wurde 1473 durch Kg. →Matthias Corvinus (1458–90) bestätigt, der die Einteilung der S. in drei Stände (tria genera Siculorum) auch rechtl. fixierte. Als autonome Rechtsgemeinschaft in corpore behauptete sich aber die Universitas Siculorum bis ins 19. Jh. gleichberechtigt neben den 'Nationsuniversitäten' des ung. Adels und der Siebenbürger Sachsen, mit denen sie wiederholt 'Unionen' (u. a. 1437, 1438, 1507, 1514) einging.

H. Göckenjan

Q.: Székely Oklevéltár, I–VIII, 1872–1934 – *Lit.:* C. CONNERTH, Die Stuhlverfassung im S.land und auf dem Kg.sboden..., 1900 – L. SZÁDECZKY-KARDOSS, A székely nemzet története és alkotmánya, 1927 – Gy. GYÖRFFY, Der Ursprung der S. und ihre Siedlungsgesch. (Siebenbürgen und seine Völker, hg. E. MÁLYUSZ, 1943), 76–131 – TH. V. BOGYAY, Über Herkunft, Gesellschaft und Recht der S., Ung. Jb 2, 1970, 20–33 – H. GÖCKENJAN, Hilfsvölker und Grenzwächter im ma. Ungarn, 1972 – T. A. SZABÓ–L. BENKŐ, Die S., Ung. Jb 14, 1986, 207–224 – Gy. GYÖRFFY, A magyarság keleti elemei, 1990 – Z. KORDÉ, A székelykérdés története, 1991.

Szentlőrinc (Budaszentlőrinc, heute Teil von Budapest), Kl. in →Buda. Zunächst eine dem hl. Lorenz geweihte Kapelle unterhalb des Johannesbergs (erstmals 1290 erwähnt), wurde S. um 1309 zum Hauptkl. der Fratres S. Pauli Primi Eremitae (→Pauliner). 1381 wurden die Reliquien des hl. →Paulos v. Theben aus Venedig nach S. überführt und der Bau eines monumentalen Kl. in Angriff genommen, das, begünstigt durch die Nähe der Hauptstadt Buda, bes. im späten 15. Jh. zum beliebten Wallfahrtsort wurde.

J. Bak

Q. und Lit.: Documenta Artis Paulinorum, II, 1975–78, 414–432 – M. ZÁKONYI, A Buda melletti S. pálos kolostor története, Századok 45, 1911, 513–530, 586–606, 686–711, 764–780, 805f.

Szepter → Zepter

Szilágyi. 1. S., Erzsébet (Elisabeth), * nach 1410, † nach 10. Juni 1483, ∞ Johannes →Hunyadi. Nach dem Tod ihres Mannes und des Erstgeborenen Ladislaus (hingerichtet 16. März 1457) erbte sie die Familiengüter und führte mit ihrem Bruder Mihály S. v. Horogszeg den Kampf um die Kg.swahl des jüngeren Sohnes →Matthias (1. M.). Auch unter Matthias weiterhin Besitzverwalterin, residierte E. S. in der Kgn.nenburg v. Óbuda (Altofen; →Buda) und urkundete als mater regis. Sie vermachte die Güter der Hunyadi ihrem illegitimen Enkel, Johann Corvin, der so zum größten Grundherrn des Landes wurde.

J. Bak

Lit.: P. E. KOVÁCS, A Hunyadi család (Hunyadi Mátyás Emlékkönyv, hg. GY. RÁZSÓ–L. V. MOLNÁR, 1990), 29–51.

2. S. Mihály (Michael) **v. Horogszeg,** Feldherr, ung. Reichsverweser 1458, † 1461, seit den 1440er Jahren Mitkämpfer von Johannes →Hunyadi, der mit seiner Schwester Erzsébet S. verheiratet war. Als Gegner Georg (Đurđe) →Brankovićs und Befehlshaber v. →Belgrad, das er 1456 verteidigte, strebte er erfolglos nach der Herrschaft über Serbien. Er beteiligte sich an der Ermordung Ulrichs II. v. →Cilly, entging aber der Rache →Ladislaus' V. Als Ban v. →Mačva 1457–58 und 1460 führend in der Verteidigung des Landes, wurde er nach Hunyadis Tod der Anführer seiner Partei und erkämpfte mit Gewalt und Diplomatie die Wahl →Matthias' Corvinus zum Kg. Am gleichen Reichstag im Jan. 1458 wurde er für fünf Jahre als Garant der Bündnisse mit anderen Magnaten zum Reichsverweser gewählt, doch bald vom jungen Kg. abgesetzt. Danach schloß er sich mehrfach Fronden gegen Matthias an und wurde schließlich verhaftet. 1460 für den Kampf gegen die Osmanen befreit, fiel er in türk. Gefangenschaft. Da er nicht bereit war, die Schwachstellen der Festung Belgrad zu verraten, wurde er enthauptet.

J. Bak

Lit.: V. FRAKNÓI, S. M. Mátyás király nagybátyja, 1913.

Szlachta ('Geschlecht'), Name des rechtl. uniformen Adelsstandes in Polen (→Adel, F; →Stand, V, 1), der sich durch stufenweise Umgestaltung der Schicht der Ritter bildete. Erste Schritte dabei waren die Statuten Kg. Kasimirs d. Gr. (Mitte 14. Jh.), die Erlangung gerichtl. Immunität der gesamten Ritterschaft und die ältesten allg. Ständeprivilegien (1374 Privileg v. Kaschau durch Kg. Ludwig). Nach innen gliederte sich die S. in Wappengeschlechter; äußere Zeichen der Zugehörigkeit waren →Wappen (seit 13. Jh. in Schlesien, seit 14. Jh. in den übrigen poln. Ländern in Gebrauch) und Ruf (→Devise). S.-Mitglied war, wer Eltern von S.-Herkunft hatte, falls ihre Ehe legal war (seit 1505 mußte auch die Mutter S.-Abkunft aufweisen). Der Tendenz zur sozialen Abschließung des S.-Standes wirkten die Ausweitung der Staatsgrenzen (z. B. 1454 Übertragung der poln. Privilegien auf den preuß. Adel) sowie später auch Nobilitierung und Indigenat entgegen. Starken Einfluß hatten die S.-Institutionen und -Privilegien auf das Gfsm. →Litauen (1387 Privileg für die Bojaren; 1413 Union v. →Horodło). Wichtigste Pflicht der S. war der berittene Kriegsdienst (später »Allg. Aufgebot« [expeditio generalis] genannt; Verpflichtung zum Kriegszug über die Landesgrenzen seit 1374 eingeschränkt). Die Schlagkraft des S.-Aufgebots nahm aber schnell ab, was sich erstmals 1454 bei Konitz in der Niederlage gegen den Dt. Ritterorden zeigte.

In der Zeit der Anjou und Jagiellonen wuchs die Bedeutung der S., da sie die dynast. Probleme (ungesicherte Thronfolge) zur Erringung von Ständeprivilegien (1374 Kaschau, 1422 Czerwińsk, 1430–33 Jedlno und Krakau, 1454 →Nieszawa und Cerekwica usw.) nutzen konnte. Die Formierung der S. als Stand endete mit der Konstitution »→Nihil novi« (1505 durch Kg. Alexander bestätigt). Basis der S. in ökonom. Hinsicht war der Besitz von Land zu »Ritterrecht«, der sich im 14./15. Jh. schrittweise zur Vorwerk-Fronwirtschaft entwickelte. Im Hinblick auf die Größe des Gutsbesitzes und auf die polit. Stellung Einzelner und ihrer Familien war die S. stark differenziert; an ihrer Spitze standen die aus der ritterl. Herrenschicht stammenden Magnaten. Auf der Basis ihrer Privilegien, der Landes-Sejmiki und des Parlaments (→Sejm) wurde die S. zum wichtigsten, ja einzigen polit. Element im Staat. Das Aussterben der Jagiellonen-Dynastie (1572) bewirkte eine weitere Stärkung ihrer Rolle als »polit. Volk«, das sich das Recht der Kg.swahl in Form der sog. »freien Wahl« sicherte.

J. Dobosz

Lit.: →Adel, F; →Stand, V,1.

T

aṭ-Ṭabarī, abū Ǧaʿfar Muḥammad b. Ǧarīr b. Yazīd, islam. Autor, geb. im Winter 839 (Ende 224/Anfang 225) in Āmol (Nordiran), gest. 17. Febr. 923 (Montag, 27. Šawwāl 310) in Bagdad, einer der epochemachenden (Religions-)Gelehrten des →Islam, schon zu Lebzeiten gesuchter Lehrer und berühmt für exemplar. Lebenswandel sowie stupendes, in verschiedenen Disziplinen gleich gediegenes Schaffen, hier v.a. als Geschichtsschreiber zu nennen. In der riesigen »Kurzgefaßten [!] Geschichte der Gottesgesandten, Könige und Kalifen«, idealiter einer (soweit als möglich) annalistisch gegliederten Gesch. der Welt von ihrer Erschaffung bis zum Jahr 302 (914–915), wird der vom →Koran gesetzte heilsgeschichtl. Rahmen für die vorislam. Zeit großzügig mit oft erst nachkoran. 'islamisierten' jüd.-christl. sowie parallel dazu iran. Überlieferungen ausgefüllt (aṭ-Ṭ. Hauptq. zur Gesch. der →Sāsāniden). Bei der Darstellung der islam. Gesch. verzichtet er getreu der Methode der islam. Traditionswiss. (→Ḥadīṯ) einerseits meist auf Harmonisierung widersprüchl. Aussagen seiner überwiegend schriftl. Q., hält andererseits aber an der Fiktion reiner Mündlichkeit fest.

L. Richter-Bernburg

Ed. und Lit.: The Hist. of al-Ṭ., ed. E. Yar-Shater, 38 Bde, 1985ff. [vgl. bes. die allg. Einf. von F. Rosenthal, Bd. 1, 1989] – F.-C. Muth, WI 30, 1990, 188–200 – E. Landau-Tasseron, Islam 69, 1992, 65–85 – Lfd. Bibliogr. in: Index Islamicus, bes. Jg. 1993, 530, s.v. Ṭ.

Tabellio, tabelliones, Schreiber von Privaturkk. Aus der erstmaligen Erwähnung bei Ulpian (Anfang 3. Jh.) läßt sich bereits der Aufgabenkreis dieser sich neu formierenden Berufsgruppe erkennen: Die t.nes sollten »instrumenta formare, libellos conficere, testationes consignare, testamenta ordinare vel scribere vel signare«. Ks. →Justinian regelte ihre Tätigkeit mit Vorschriften über die Form und die Gültigkeit der von ihnen ausgestellten Urkk. und die Modalitäten der Ausfertigung (C. 4, 21, 17, Nov. 44 und Nov. 73 zu den Jahren 528, 537 und 538). Daraus geht jedoch auch hervor, daß die Ausstellung durch t.nes nicht die einzige vorgesehene Möglichkeit einer Urkundenausfertigung war. Nach der Landnahme der →Langobarden überlebte die Institution der t.nes und damit ihre Art der Urkk. gestaltung in den Gebieten, die von der Invasion verschont geblieben waren (→Exarchat, →Pentapolis, Dukat Rom und die südit. Küstendukate). Die Bezeichnung t.nes als solche, bezogen auf die Aussteller von Privaturkk., begegnet noch einige Zeit, allerdings sporadisch, in Ravenna (neben dem häufigeren »forensis«), im Dukat Rom hält sie sich noch bis Ende des 11. Jh.

Die ersten Urkk., die in Rom von Schreibern ausgestellt wurden, die sich als t.nes bezeichnen, gehen auf das 7. Jh. zurück. Neben den »t.nes urbis Romae« traten im 9. Jh. erstmals als Aussteller von Privaturkk. auch die »scriniarii sanctae Romanae ecclesiae« (→Skriniar) in Erscheinung, die durch ihre Ausbildung an der päpstl. →Kanzlei den t.nes an sprachl. und schriftl. Gewandtheit wie an Aufgeschlossenheit für kulturelle Neuerungen weit überlegen waren, so daß sie in kurzer Zeit den Bereich der Privaturkk. eroberten und die t.nes aus dem Feld schlugen. Die t.nes blieben an die noch bestehenden »scholae tabellionum« und deren extremen Konservatismus gebunden und klammerten sich in Formelschatz, Sprache und Schrift an die nunmehr obsoleten Vorbilder. Auch ihr – kontrovers interpretiertes – »Signum« hielt sich unverändert bis zur letzten erhaltenen Urk. (1093). Im Lauf des 10. und des 11. Jh. sind Qualität und Zahl der röm. T.nes-Urkk. deutlich geringer als die Menge der Scriniar-Urkk. (9:46 im 10. Jh., 10:215 im 11. Jh.). Im 12. Jh. scheint das röm. Urkk. wesen ausschließlich die Domäne der Skriniare zu sein.

Auch in den Bf.ssitzen im Umkreis von Rom (Terracina, Sutri, Nepi, Tivoli, Anagni, Veroli) ist in analoger Weise im 10./11. Jh. offenbar zumindest formal der Dualismus t.nes – scriniarii und der 'Sieg' der Skriniare zu erkennen.

C. Carbonetti Vendittelli

Lit.: A. de Boüard, Les notaires de Rome au MA, MAH 31, 1911, 291–307 – M. Amelotti, L'età romana (M. Amelotti, G. Costamagna, Alle origini del notariato it., 1979), T. I, 5–144 – C. Carbonetti, Tabellioni e scriniari a Roma tra IX e XI sec., ASRSP 102, 1979, 77–156 – G. Petronio Nicolaj, Il »signum« dei tabellioni romani: simbologia o realtà giuridica? (Paleographica, Diplomatica et Archivistica [Fschr. G. Battelli, II, 1979]), 7–40 – A. de Luca, La scrittura curiale di Terracina, Scrittura e civiltà 6, 1982, 117–188 – G. Nicolaj, Recensione alle »Chartae latinae antiquiores«. Part. XX: Italy, II, hg. A. Petrucci-J. O. Tjäder, 1982, RSDI 57, 1984, 293–307 – C. Carbonetti Vendittelli, Gli »scriptores chartarum« a Roma nell'altomedioevo (Notariado público y documento privado. Actas VII Congr. Internat. Diplomática – Valencia 1986), II, 1989, 1109–1137.

Tabernakel
I. Allgemein. Liturgie – II. Baukunst.

I. Allgemein. Liturgie: Dem lat. Wort tabernaculum ('[Feldherren-]Zelt') eignet im MA ebenso wie dem mhd. belegten Lehnwort (frühneuhd.: *tabernackel*) zunächst die profane Bedeutung 'Zelt, Hütte'. Zwar kann der Begriff (etwa ab dem 13. Jh.) in diesem oder im übertragenen Sinne auch das äußere Gehäuse zur Aufnahme der Pyxis und des Hängetabernakels bezeichnen oder für den das Hängetabernakel überdachenden Baldachin und das eucharist. Wandtabernakel (dann auch für das →Sakramentshaus und die →Monstranz) gebraucht werden, doch erst im 16. Jh. wird es zum terminus technicus »für das (bis zum Vaticanum II.) fest mit einem Altar – zumeist dem Hauptaltar – verbundene Gehäuse für die Aufnahme der Gefäße mit der aufbewahrten Eucharistie« (Nussbaum).

Die *Praxis der Aufbewahrung* der eucharist. Species im W ist eingebunden in größere Entwicklungslinien und Strömungen: Rückgang der Kommunionfrequenz, Entwicklung der Eucharistielehre (→Abendmahl, Abendmahlsstreit, →Eucharistie), Übergang zu kleinen Hostienscheiben im 9. Jh. (→Hostie), Wandel der Meßfrömmigkeit (→Elevation, →Messe, →Fronleichnam).

Grundsätzlich ist man bestrebt, nur so viel zu konsekrieren, wie für die Kommunion und aus Aufbewahrungsgründen notwendig ist. Deshalb werden nur eine oder wenige Hostien für die Krankenkommunion und Spendung des →Viaticum (Hauptmotiv), der konsekrierte Wein dagegen sehr selten aufbewahrt (die Praxis, das aufzubewahrende Brot mit konsekriertem Wein zu besprengen oder darin einzutauchen, verschwindet mit der Aufgabe der →Kelchkommunion und aufgrund der Konkomitanzlehre; Mahlreste werden sumiert). Erst im Laufe des 11. Jh. entsteht der Brauch, übriggebliebene Hostien für die Kommunion der Gläubigen in einer späteren Meßfeier aufzubewahren. Obgleich sich die von jeher empfundene Ehrfurcht vor dem »mysterium« der Eucharistie seit

Ende des 10. Jh. zunehmend in Verehrung des im Sakrament anwesenden Christus wandelt, kann bis ins hohe MA hinein von einer Aufbewahrung aus Gründen der Verehrung außerhalb der Meßfeier keine Rede sein. Weitere Aufbewahrungsgründe sind die →Präsanktifikantenliturgie, das Fermentum (im FrühMA auch »sancta« gen. Teile des konsekrierten Brotes, die aus der Eucharistiefeier des Bf.s in die anderen Stadtkirchen gesandt werden [zu Deutung und Genese des Ritus vgl. auch P. NAUTIN, EL 96, 1982, 510–522]) – lebt im MA gewandelt fort als Fermentum-Kommunion über acht oder 40 Tage nach Bf.s-, Priester- und Jungfrauenweihe –, der sancta-Ritus (gegen Ende des 7. Jh. für Rom bezeugt: von der konsekrierten Materie wird ein Teilchen für die Eucharistiefeier am folgenden Tag aufbewahrt und bei der Mixtio in den Kelch gegeben).

Die *privathäusl. Aufbewahrung* zur Hauskommunion (in der Alten Kirche bis 5./6. Jh.) ist dem Laien im MA untersagt, Priestern und Klerikern möglich, in Eremitenzelle und Oratorium bis ins 12. Jh. anzutreffen.

Seit dem ausgehenden 9. Jh. bezeugen die Q. eine Mehrzahl von Aufbewahrungsorten innerhalb der Kirche, wobei seit dem HochMA der Altarraum eindeutig bevorzugt wird. V. a. die Gefahr der Entwendung von Aufbewahrungsgefäßen und Hostiendiebstahl zu Heil- und Zauberpraktiken wie zur Verunehrung durch Häretiker führen auf dem Lateranense IV. (1215) zu einer ersten universalkirchlich relevanten, lediglich die Sicherheit betreffenden Regelung in const. 20: die Eucharistie ist unter Verschluß aufzubewahren. Diese Bestimmung beschränkt die Vielfalt der Aufbewahrungsformen nicht; generell sind deutl. regionale Präferenzen festzustellen.

Seit dem 6. Jh. wird die Eucharistie auch aus Sicherheitsgründen in einem *Annexraum* der Kirche (→Sacrarium, Secretarium, →Sakristei) in einer Wandnische oder in einem Schrank deponiert. Damit ist die Eucharistie auch für liturg. Handlungen einfacher erreichbar. Ende des 10. Jh. wird die Verwahrung in der Sakristei zur Ausnahme. Mit dem frühen 9. Jh. und bis zum 13. Jh. (mancherorts bis zum Tridentinum) wird die Aufbewahrung (außerhalb der Eucharistiefeier) *auf der Altarmensa* nachweisbar (wohl in einer Linie mit der sonst geübten gleichartigen Behandlung von Eucharistie und →Reliquien): dabei stehen die Aufbewahrungsgefäße (noch ohne spezif. Namen, in Form kleiner Kästchen oder kleiner, oft turmartiger Pyxiden und Ziborien, auch Nachbildungen von Kirchengebäuden und auch Marienstatuen [fast ausschließl. in Frankreich]) frei oder in einem größeren beweg. Gehäuse ([Holz-]Kasten) auf dem Altar. Daraus entsteht seit dem 14./15. Jh. das immer öfter mit dem Hauptaltar verbundene oder in dessen Retabel eingebaute *Altartabernakel*.

Bereits in karol. Zeit bezeugt, aber erst nach der Jahrhundertwende und dann (Blütezeit im 12./13. Jh.) v. a. in den Ländern des N wird das *Hängetabernakel* verbreitet (in England allg. üblich). Es hängt vom Chorgewölbe oder einem Altarziborium herab oder wird von einem Krummstab über dem Altar gehalten. Es kann aus einer einfachen Hängepyxis (→Pyxis, s. auch →Hostienziborium) oder einem die Pyxis bergenden Gehäuse bestehen. In Frankreich wird die Form der eucharist. Taube (Hostientaube) bevorzugt, die bislang nur als zierendes Symbol für die konsekrator. Kraft des Hl. Geistes über dem Altar einen Platz gehabt hatte (Mehrzahl der erhaltenen Stücke aus Limoges, 13. Jh., kleine Mulde auf dem Rücken zur Aufnahme weniger Hostien).

Verschließbar und nicht mehr transportabel sind der *eucharistische Wandschrank* (Wandtabernakel erstmals sicher um 1128 in Deutschland bezeugt) und das →Sakramentshaus. Sie bieten nicht nur größeren Gefäßen Platz, sondern auch die Möglichkeit, den Aufbewahrungsort, der Eucharistiefrömmigkeit und dem Schauverlangen der Zeit entsprechend, kunstvoll und anbetender Verehrung gemäß zu betonen. Die Verbreitung erfolgte in einigen Ländern erst mit der Einführung des →Fronleichnamsfestes. Die Entwicklung geht über offene Nischen, auch mit Tür oder Gitter verschließbar, einfache oder verzierte Wandschränke, aus der Nische herausragende Schreine hin zum an die Mauer angelehnten oder frei stehenden Sakramentshaus.

S. K. Langenbahn

Lit.: F. RAIBLE, Der T. einst und jetzt. Eine hist. und liturg. Darstellung der Andacht zur aufbewahrten Eucharistie, 1908 – P. BROWE, Die häufige Kommunion im MA, 1938 – DERS., Die Pflichtkommunion im MA, 1940 – O. NUSSBAUM, Die Aufbewahrung der Eucharistie, Theophaneia 29, 1979 – H. B. MEYER, Eucharistie, Gottesdienst der Kirche, GdK 4, 1989, 582–585 – H. CASPARY, Kult und Aufbewahrung der Eucharistie in Italien vor dem Tridentinum, ALW 9,1, 1965, 102–130.

II. BAUKUNST: T. ist in der Architektur ein von Stützen getragener Überbau eines →Altares (Ziborium, →Baldachin) oder →Grabes. In der got. Baukunst ein aus Stützen, zumeist Säulen und Spitzdach gebildeter, allg. rechteckiger, aber auch polygonaler Aufbau mit oder ohne eingestellter Statue (Kathedrale v. Reims, Westbau des Straßburger Münsters), ähnlich einer Fiale, deren Leib offen ist.

G. Binding

Tabernoles (Tavèrnoles), Sant Sadurni (Serni) de (→Saturninus, hl.), Abtei OSB in der Diöz. →Urgel (nw. →Katalonien), in westgot. Zeit gegr. Kl. Erster bekannter Abt: →Felix v. Urgel (780–799), späterer Bf. und Hauptvertreter des →Adoptianismus. Sein Nachfolger Possedonius, der zum Kreis um →Benedikt v. Aniane zählte, führte die →Regula Benedicti ein. Das Kl. baute (bes. unter Abt Pons, 1000–22, der enge Beziehungen zu →Oliba v. Vich unterhielt) seinen Besitz in →Andorra und den Gft.en Urgel, →Cerdaña und →Pallars aus. Kl. wie Sant Salvador de la Vedella (835), Sant Llorenc de Morunys (11. Jh.), Santa Cecilia d'Elins (1134) oder Sant Andreu de Trespontś (914) wurden T. zur Reform unterstellt. 1040 erfolgte die feierl. Kirchweihe. Die Aufnahme in den Papstschutz und reiche Zuwendungen der Gf.en v. Urgel u. a. in →León und →Asturien führten im 12. Jh. zu neuer Blüte, aber auch zu Konflikten mit den Bf.en v. Urgel. Nach dem Scheitern einer Reform durch die Kongregation der →Claustrales v. Tarragona (1441) verfügte Clemens VIII. 1592 die Aufhebung der Abtei.

U. Vones-Liebenstein

Lit.: DHEE III, 1973, 1679 [G. M. COLOMBÁS] – Gran Enc. Cat. XIII, 1979, 316f. [A. PLADEVALL] – J. SOLER I GARCÍA, El cart. de T., 1964 – J. J. BAUER, Rechtsverhältnisse der katal. Kl. in ihren Kl.verbänden (9.–12. Jh.), SFGG.GAKGS 23, 1967, 1–130 – C. BARAUT, El monestir de T. i les seves possessions a la Vall d'Andorra, Studia Monastica 10, 1968, 239–274 – J. NOGUÉS I ESTANY, Hist. del monestir de T., 1973 – A. PLADEVALL – P. CATALÀ I ROCA, Els monestirs catalans, 1974², 316f. – M. DELCOR, Un monastère aux portes de la Seu d'Urgell: T. (Les Cahiers de Saint-Michel de Cuxà 17, 1986), 43–70 – Catalunya romànica, VI, 1992, 114–132 [M. RIU I RIU].

Tābit ibn Qurra → Thābit ibn Qurra

Table ronde → Tafelrunde

Tabor, Taborlicht. Der 588 m hohe Berg T. im S Galiläas mit einem 1200 m langen und 400 m breiten Plateau war schon in vorisraelit. und israelit. Zeit Kultort (Ps 88/89, 13), die auf ihm gelegene Stadt Atabyrion in der hasmonäisch-herodian. Periode heiß umkämpft. Der im

NT berichtete Gestaltwandel (Verklärung) Christi vor den Augen seiner drei ausgewählten Jünger Petrus, Jakobus und Johannes unter Beisein des Moses und des Elias auf einem namentl. nicht gen. hohen Berg (Mt 17, 1–8parr; 2Petr 1,18) wird nach einigen Schwankungen seit Kyrillos v. Jerusalem (348) konstant mit dem T. lokalisiert. Kirchenbauten auf dem so zur hl. Stätte gewordenen T. sind seit dem 4./5. Jh. nachweisbar; als Bf.ssitz ist er seit dem 9. Jh. eindeutig bezeugt. Manche byz. Hesychasten identifizieren die Photophanien, die sie in myst. Visionen erleben, mit jenem Licht, in dem Jesus Christus auf dem T. seinen Jüngern erschien (→Hesychasmus). Die Gotteslehre des Gregorios →Palamas deutet dieses Licht als ungeschaffen und ewig, insofern Gott selbst untrennbar zugehörig, jedoch nicht als sein Wesen (οὐσία), sondern als eine seiner Wirkweisen (ἐνέργεια), in denen er sich dem Menschen mitteilt und ihn vergöttlicht (2Petr 1, 4), ohne ihn etwa sich selbst wesensgleich zu machen (MPG 150, 1185–1188, 1221–1226; 151, 432f.).
P. Plank

Lit.: BECK, Kirche, 322–332, 360–368 – V. LOSSKY, La théol. de la lumière chez saint Grégoire de Thessalonique, Dieu Vivant I, 1945, 95–118 – C. KOPP, Die hl. Stätten der Evangelien, 1964² – K. CHR. FELMY, Die orthod. Theol. der Gegenwart, 1990, 27–33.

Tábor, Stadt in Südböhmen, auf einer felsigen Landzunge über dem Fluß Lužnice gelegen. Vor 1272 legte Kg. →Otakar II. Přemysl hier auf einer Fläche von etwa 16 ha die Stadt Hradiště mit einer Burg an, die nach einigen Jahren von den →Witigonen zerstört wurde. Im Febr. und März 1420 übersiedelten hierher die →Hussiten aus der nahen und wenig später verbrannten Stadt Ausk (Sezimovo Ústí). In kurzer Zeit sammelten sich in der provisor. Festung mit dem bibl. Namen Hradiště hory T. ('Burgwall des Berges T.') 3000–4000 Anhänger der radikalen hussit. Bewegung bes. aus Südböhmen (→Taboriten). Mitte Mai 1420 brach die Mehrheit der T.er Brüder und Schwestern unter Führung Jan →Žižkas und anderer Hauptleute auf, um das von der Kreuzzugsexpedition bedrohte Prag (→Kreuzzüge, C. IV [3]) militär. zu unterstützen. Nach ihrer Rückkehr im Herbst 1420 begannen in T. die inneren Auseinandersetzungen mit den →Pikarden und →Adamiten, die ein Jahr später mit der Liquidierung der radikalsten Gruppen endeten. 1422–24 entwickelte sich die Gemeinschaft allmähl. zu einer Stadtgemeinde mit ökonom., sozialer und administrativer Struktur. Die Stärkung der städt. Struktur ermöglichte T. und seiner Gemeinde ein neues Vorrücken an die Spitze der radikalen hussit. Bruderschaften unter →Prokop d. Gr. Die sog. heim. Gemeinde T. beherrschte die umliegende Region; ihr Feldheer legte ständige Besatzungen in wichtige Städte und Burgen und operierte auf dem ganzen Territorium der Länder der Böhm. Krone (→Feldheer, hussit.). Nach dem Ende der Hussitenkriege schloß T. ein Abkommen mit Ks. →Siegmund, der T. Anfang 1437 die Privilegien einer kgl. Stadt, ein Wappen und einen ausgedehnten Grundbesitz zuerkannte. Auch nach dem Zerfall seines Städtebundes blieb T. weiterhin ein destabilisierender Faktor im Land. Als →Georg v. Poděbrad die Stadt 1452 zur Kapitulation zwang, verlor sie ihre Unabhängigkeit und wurde den übrigen kgl. Städten gleichgestellt. Zum wichtigsten Handwerk entwickelte sich in T. die Erzeugung von Tuchen, die nach entfernten Märkten exportiert wurden. Von der ältesten Stadtbefestigung sind nur das Bechyně-Tor, drei polygonale Basteien und Teile der Umwallungsmauer erhalten. Das Rathaus mit einem eingewölbten zweischiffigen Saal wurde 1515–16 beendet, gleichzeitig mit der spätgot. Kirche 'Verklärung des Herrn auf dem Berg T.'
F. Šmahel

Q. und Lit.: K. THIR, Hradiště hory T. jako pevnost v minulosti, 1895 – DERS., Staré domy a rodiny táborské, I–II, 1920 – J. MACEK, T. v husitském revolučním hnutí, I–II, 1955–56² – A. HEJNA, T., 1964 – F. ŠMAHEL, Die hussit. Kommune von T. 1420–22 (Jan Hus und die Hussiten in europ. Aspekten, 1986), 9–28 – DERS. u. a., Dějiny Tábora do roku 1452, I/1–2, 1988–90.

Taboriten, zunächst Anhänger der radikalen Strömung innerhalb der Bewegung der →Hussiten, später auch Mitglieder oder Sympathisanten der Gemeinde auf dem Burgwall des Berges →Tábor. Als Anfang 1419 die hussit. Calixtiner eine Kirche nach der anderen verloren, begannen sie, sich zu Gottesdiensten an höher gelegenen Orten zu versammeln, denen die radikalen Prediger bibl. Namen gaben. Die bedeutendste Versammlungsstätte in Südböhmen wurde der Berg Tábor (der heutige Gipfel Burkovák) zw. Ausk (böhm. Sezimovo Ústí) und Písek, dessen Name an die atl. Prophezeiungen Ezechiels und Isaias, bes. aber an Mt 28, 16–20 erinnert. Die erste Phase der Wallfahrten beendete das gewaltige Zusammentreffen der Hussiten auf dem Berg Tábor vom 22. Juli 1419, auf dem auch geheime polit. Beratungen über das weitere Vorgehen stattfanden. Schon damals formte sich die Idee der Bildung einer auf einheitl. Glauben, gegenseitiger Liebe und brüderl. Konsumgleichheit begründeten religiösen Gemeinde. Die Mißerfolge der hussit. Kampagne vom Herbst 1419 und die Härte der Kämpfe mündeten in eine Welle eschatolog. Visionen vom Untergang der ird. Welt und der baldigen Ankunft Christi (→Chiliasmus, II). In der ersten Etappe von Mitte Nov. 1419 bis Mitte Febr. 1420 dominierten adventist. Visionen vom nahenden Jüngsten Gericht. Die Vorstellungen von einem ird. Reich sündenloser Vollkommenheit und Freiheit gewannen festere Gestalt, als sich die Erwartungen vom Kommen Christi nicht erfüllten, das für die Faschingstage 1420 vorausgesagt worden war. Genau eine Woche nach dem 14. Febr., dem letzten Tag gemäß der Prophezeiung, bemächtigten sich die Hussiten aus Ausk erneut ihrer Stadt und der angrenzenden Burgstätte Hradiště. Bereits zuvor war es zw. den radikalen Priestern und den Prager Magistern zur Diskussion über die Bedingungen des 'hl. Krieges' gekommen, in dem das hussit. 'gemeine Volk' die Berechtigung erhielt, die göttl. Gesetze mit dem 'körperl.' Schwert zu verteidigen. Die bibl. Fundamentalisten um Petr →Chelčický, die nur mit einem spirituell-geistl. Kampf gegen den Antichrist rechneten, wurden in den Hintergrund gedrängt. Zw. Ende Febr. und Anfang Mai begann die Verlegung der Siedlung von Ausk auf den nahen, strateg. günstig gelegenen Burgwall Hradiště. Als Ersatz für das ird. Kgr. Christi hatten die Hussiten aus Ausk und ihre Anhänger jetzt ihren festen Berg, auf dem sie die Verklärung des Herrn erwarteten, dessen Gedenken sie auch ihr schlichtes Gebetshaus widmeten. War in der chiliast. Perspektive der ursprgl. taborit. Bewegung eine Planung des sozialen Lebens nicht notwendig, so drängte sie sich nun mindestens bis zur Wiederkunft Christi in der Form des urchr. Lebens auf. Obwohl brüderl. Hilfe schon früher geübt worden war, begann erst nach der Gründung von Tábor die Phase einer egalitären Konsumkommune. Die Nachricht von der neuen Brüdergemeinde ohne Herren und Knechte und ohne persönl. Eigentum führte in kurzer Zeit einige Tausend Bauern und Handwerker nach Tábor. Die Verschmelzung der gegenwärtigen und künftigen Zeit in den Vorstellungen und in der Praxis der chiliast. T. war nicht von langer Dauer. Die Enttäuschung über das Abrücken von den ursprgl. Zielen veranlaßte einige Radikale Ende 1420 zur Abspaltung. Die Prediger um Martin →Húska konzentrierten sich dabei auf dogmat. Fragen, die sie schon früher beschäftigt hatten. Von der Negierung der →Transsubstantiation gelangten die sog. →Pikarden zur totalen Ablehnung des Altarsakraments. Zw. der gemäßigten Glaubenslehre des Nicolaus →Biskupec und derjenigen der Pikarden und →Adamiten fand sich zunächst noch eine vom ursprgl. Chiliasmus geprägte Mittelschicht, die aber in der gewaltsamen Konfrontation vom Frühjahr bis zum Herbst 1421 schrittweise auseinanderbrach; gemeinsam mit ihr verloren sich auch die letzten Reste des chiliast. Programms. Nach der Liquidierung der radikalen Gruppierungen hofften die taborit. Prediger um Biskupec, den Ausweg aus der Krise in der auf die Artikel der vorchiliast. Periode gestützten Formulierung des Glaubens zu finden, die in der »Confessio Taboritarum« festgehalten wurde. Die taborit. Gemeinschaft blieb somit fakt. eine von allen verworfene Kirche innerhalb der Kirche, obgleich ihre Vertreter in Eger und Basel schließlich eine 'Taboritisierung' der gesamten Kirche anstrebten. Nach der Niederlage der radikalen Bruderschaften im Mai 1434 führte die kleine Gruppe taborit. Priester einen vergebl. Kampf im Rahmen des Utraquismus. Obgleich ihre letzten Vertreter auch im Kerker nie von ihren Glaubensgrundsätzen abrückten, bedeutete ihr Tod nach 1452 das Ende der taborit. Reformkirche. F. Šmahel

Q. und Lit.: J. MACEK, Ktož jsú boží bojovníci, 1951 – DERS., Tábor v husitském revolučním hnutí, I–II, 1955–56² – F. MACHILEK, Heilserwartung und Revolution der T. 1419/21 (Festiva Lanx. Fschr. J. SPÖRL, 1966), 67–94 – R. KALIVODA, Revolution und Ideologie. Der Hussitismus, 1967 – H. KAMINSKY, A Hist. of the Hussite Revolution, 1967 – Das husit. Denken im Lichte seiner Q., hg. R. KALIVODA–A. KOLESNYK, 1969 – Confessio Taboritarum, ed. A. MOLNAR–R. CEGNA, 1983 – A. MOLNAR, I Taboriti. Avanguardia della rivoluzione hussita, 1986 – F. ŠMAHEL u.a., Dějiny Tábora do roku 1452, I/1–2, 1988–90 – DERS. Husitská revoluce, II–IV, 1993.

Täbrīz (Täbris, Täbrīs), Stadt im Iran (→Persien), im nö. Azerbajdžan zw. Urmiyeh-See und Kasp. Meer. Seit dem 8. Jh. (Rawwād b. Muṯanna) unterstand es der kurdisierten Dynastie der Rawwadiden, wurde ab ca. 1070 von den →Selǧuqen beherrscht, an deren Stelle für nur kurze Zeit der Chōrezm-Schāh trat (Ğelal-ad-Dīn, 1225). Bereits sechs Jahre später besetzten die →Mongolen die Stadt. Hülägü (1258–65), der Bruder des Großchäns Möngkä, vertraute T. seinem Sohn Abaqa an; T. wurde zur Hauptstadt des pers. Mongolenreiches der →Īlchāne. Abaqa (1265–82) knüpfte kontinuierl. Beziehungen zum Westen an: Bereits für 1264 ist ein Venezianer, Pietro Viglioni, durch sein Testament belegt; seit den Jahren um 1280 ist lebhafte Präsenz von Genuesen (→Genua (→Venedig; →Levantehandel) überliefert. T. war zur Weltstadt an einer der großen internationalen Handelsstraßen vom →Schwarzen Meer nach →China geworden; der berühmte Reisende →Clavijo spricht 1403 von 200000 dort lebenden Familien, ein anonymer Geschichtsschreiber dagegen (bescheidener) von 200–300000 Einw.

Bereits 1292 entsandte Kg. Eduard II. v. England eine →Gesandtschaft nach T. 1304 wurde ein genues. Konsul eingesetzt; genues. Notare arbeiteten für eine kleine Gemeinschaft, an deren Spitze ein Rat ('Consilium') und ein 'Officium mercancie' standen. Marco →Polo rühmt den Wohlstand in T., in dem die westl. Kaufleute, die edle Stoffe trugen, →Seide und Juwelen kauften, eifrig partizipierten. Ebenso wohnten aber auch Chinesen (bes. als Ärzte, Astronomen und Künstler) in T., dem großen Brennpunkt des polit. und intellektuellen Lebens im Īlchānen-Reich; der jüd.-muslim. Wesir und Gelehrte Rašid-ad-Dīn (hingerichtet 1318) verfaßte hier seine »Frankengeschichte« und ließ ein weiträumiges Handelsviertel (mit 24 →Karawansereien, 1500 Läden, Werkstätten) sowie eine →Madrasa errichten. Aus T. stammen einige berühmte, mit kostbaren Miniaturen geschmückte Hss. der klass. pers. Lit. 1295 konvertierte Chān Ġāzān (gest. 1304) mit seinen Emiren zum →Islam und ließ sich ein aufwendiges Mausoleum errichten. Nach dem Tod von Abū Saīd (1335) und im Zuge des einsetzenden Zerfalls des Īlchānen-Reiches führten fremdenfeindl. Unruhen zum Wegzug der westl. Kaufleute.

Nach Auseinandersetzungen konkurrierender Dynastien in der 1. Hälfte des 14. Jh. folgte die Eingliederung in das Großreich →Timurs (1336–1405); nach dessen Tod wurde T. zum Herrschaftszentrum der unabhängig gewordenen →Qara-Qoyunlu (reiche Bautätigkeit: 'Blaue Moschee'). Sie unterlagen aber den konkurrierenden →Aq-Qoyunlu unter →Uzun Ḥasan (1453–78) und Yaqūb, die in T. ebenfalls eine prunkvolle Hofhaltung unterhielten. Seit 1501 diente T. den Ṣafawiden, die hier die Zwölfer-→Schia zur offiziellen Religion machten, als Residenzstadt. Nach der Invasion des Osmanensultans →Selim I. (1514) wurde T. zur Grenzstadt, die 1590 an das →Osman. Reich abgetreten wurde. M. Balard

Lit.: The Cambridge Hist. of Iran, 5, 1968 – R.-H. BAUTIER, Les relations économiques des occidentaux avec les pays d'Orient (M. MOLLAT, Sociétés et compagnies de commerce en Orient et dans l'Océan Indien, 1970), 280–286, 325–327 – M. BALARD, La Romanie génoise, 1, 1978, 138–141 – D. MORGAN, Medieval Persia 1040–1797, 1988.

Tabula(e), Brett, Tafel (Holz, Metall, Glas, Elfenbein u. ä.), bemalt, beschrieben oder beschreibbar (Schreib-T., album: geweißte Holz-T., t. cerata: Wachstafel; Pergament auf Rahmen gespannt oder auf Holztafeln befestigt; →Schriftwesen), in Antike und MA in vielen Lebensbereichen, privat und öffentl. wie sakral, als Mittel aufzuzeigen, fest- und vorzustellen (Tafelbild, Diptychon, Tisch, Altar; Vertrag, Urkunde, Diplom, Rechnung, Quittung, Tabelle, Dokument; Land- und Sternkarten →Mappa, →Karte, Kartographie; auch akustisch: Klapper, Gong; Spielbrett). Im →Elementarunterricht ABC-Tafel, tabulista, der die T. liest (Paternoster, Credo, Psalmen). Bei Büchern Inhaltsübersicht, auch als Buchtitel (T. decreti, moralium) lit. Hilfsmittel (Indices, Register, Konkordanzen; →Distinctiones, →Florilegium); Schautafel in Bibliotheken (Katalog u. ä.). E. Rauner

Lit.: KL. PAULY V, 480ff. – P. LEHMANN, Ma. Büchertitel, I, SBA.PPH 1948, Heft 4, 47 – B. BISCHOFF, Paläographie, 1986, 54ff. – N. HENKEL, Dt. Übersetzungen lat. Schultexte, 1988, 45 und Register.

Tabula Peutingeriana (Peutingersche Tafel), im späten 12. Jh. erstellte Kopie einer spätantiken schemat. Darstellung der wichtigsten Straßen und Orte der röm. Welt des 4.–5. Jh. von den Brit. Inseln bis in den fernen Osten. Anders als beim gezeichneten →Itinerar ist auf der T. nicht nur eine einzelne Route wiedergegeben, sondern das Gesamtnetz der dargestellten Straßen. Die Ausrichtung (Nordung) dieser →Karte ist dabei uneinheitl., eine Maßstäblichkeit wird nicht versucht. Vielmehr sind auf dem einst aus 12, nach Verlust heute aus 11 Pergamentbögen zusammengesetzten, etwa 675 cm langen und nur 34 cm hohen →Rotulus in äußerst langgedehnter Wiedergabe Straßen durch gerade Linien mit beigeschriebenen Entfernungsangaben (meist Meilen, in Gallien: Leugen = 1, 5 röm. Meilen) und Stationen durch Haken in diesen Linien oder durch bes., ihrem administrativen Rang entsprechend verschieden gestaltete Vignetten markiert. Gebirge, Küstenlinien und Flußläufe werden hingegen nur schemat. angedeutet und dienen teils lediglich der Dekoration.

Die T. wurde von Conrad →Celtis in einem süddt. Kl. gefunden und 1508 dem Augsburger Humanisten Conrad Peutinger (1465–1547) vermacht. Dieser hatte während eines sechsjähriger Aufenthalts in Italien 1482–88 röm. und kanon. Recht in Bologna und Padua studiert, lernte in Florenz in der Akademie der Medici →Poliziano und Giovanni →Pico della Mirandola und in Rom →Pomponius Laetus kennen. 1497 übernahm er in seiner Vaterstadt das Amt des Stadtschreibers (Cancellarius) auf Lebenszeit, gründete um 1500 die Sodalitas literaria Augustana, in der Celtis auswärtiges Mitglied war, und veröffentlichte 1505 als erste planmäßige Slg. röm. Antiquitäten auf dt. Boden die »Romanae vetustatis fragmenta«, röm. Inschriften der Stadt und Diöz. Augsburg. Die T. selbst wurde erst 1598 von Marcus Welser publiziert. 1720 kam sie in den Besitz des Prinzen Eugen; seit 1738 befindet sie sich in der Hof- (heute National-)Bibl. in Wien. Mit ihrer schemat. Darstellung des spätantiken Straßennetzes blieb die T. im MA ohne Nachfolger.   K. Brodersen/J. Gruber

Lit.: E. WEBER, T.: Cod. Vindobonensis 324, 1976 [Faks. mit Komm.] – DERS., T., Antike Welt 15/1, 1984, 3–8 – O. A. W. DILKE, Itineraries and geographical maps (J. B. HARLEY–D. WOODWARD, The Hist. of Cartography, I, 1987, 234–257) – K. BRODERSEN, Terra Cognita, 1995, 186f.

Tabula smaragdina, Diktaslg. kosmolog.-alchem. Inhalts aus dem »Hermes-Trismegistos-Schriftencorpus, die erstmals in der zum (Ps.-)Apollonios-v.-Tyana-Schriftencorpus gehörenden Kosmogonie »Sirr al-ḫalīqa« ('Geheimnis der Schöpfung'; um 750/800 aus dem Griech. ins Arab. übers.) auftritt und dann bald im »Kitāb Usṭuqus al-uss« von Ǧābir ibn Ḥaiyān und im ps.-aristotel. »Sirr al-asrār« (→Secretum secretorum) Aufnahme fand. Dem lat. Abendland wurde die T. wohl erstmals durch die »Sirr al-ḫalīqa«-Übers. des Hugo v. Santalla (12. Jh.), dann durch die »Sirr al-asrār«-Übers. des →Philippus Clericus Tripolitanus (13. Jh.) bekannt. Fortan riß die Kette der Kommentatoren (u. a. →Roger Bacon [13. Jh.], →Hortulanus [14. Jh.]), Tradenten und Übersetzer bis in das 20. Jh. nicht mehr ab. Ihre frühnz. Präsenz im dt. Kulturgebiet beruhte zum geringsten Teil auf der Rezeption des von M. →Ficino übers. →»Corpus hermeticum«, sondern v. a. auf der Beharrungskraft spätma. Erbes. Die orakelhaften »T.«-Sprüche genossen am Rang eines (von I. Newton kenn.) locus classicus der alchem. Kosmogonie und Kronzeugnisses der 'hermet.' Tradition. Abgesehen von den wenigen Abschnitten, die den Mikro-/→Makrokosmos-Gedanken bzw. die Lehre vom Interdependenzgeflecht zw. dem 'Oberen' und dem 'Unteren' und andere kosmolog. Gemeinplätze zur Sprache bringen, steht eine überzeugende Deutung der T. noch aus.   J. Telle

Ed. und Lit.: Verf.-Lex² IX, 567–569 [J. TELLE; Lit.] – J. RUSKA, T. Ein Beitr. zur Gesch. der hermet. Lit. (Heidelberger Akten der v.-Portheim-Stiftung 16, 1926) [Textwiedergaben; grundlegend] – M. PLESSNER, Neue Materialien zur Gesch. der T., Der Islam 16, 1927, 77–113 [Textwiedergaben] – R. STEELE–D. W. SINGER, The Emerald Table, Proceedings of the Royal Soc. of Med. (Sect. Hist. of Med.) 21, 1927/28, 485–501 [Textwiedergaben] – Hermès Trismégiste, La 'Table d'Émeraude' et sa tradition alchimique, hg. D. KAHN, 1994 [Textwiedergaben].

Tabulatur (lat. tabula 'schriftl. Festgehaltenes'). [1] In der Musik seit dem 14. Jh. nachweisbare Art der Instrumentalnotation, ganz oder teilweise nicht mit Noten, sondern mit Buchstaben, Ziffern und Zeichen. Man unterscheidet verschiedene, auch national unterschiedl. T.en für Streich-, Zupf-, Blas- und Tasteninstrumente (für Orgel und besaitete Klavierinstrumente), weil T.en, anders als die Notenschrift (→Notation), nicht unmittelbar die Lage der Töne im Tonraum und deren relative Tondauer fixieren, sondern die instrumentspezif. Tonerzeugung anzeigen (Stelle einer best. Saite, die abgegriffen und erregt, Tonloch, das abgedeckt, Taste, die niedergedrückt werden muß), um den gemeinten Ton zum Erklingen zu bringen. Zudem werden Sonderzeichen zur Anzeige der relativen Tondauern benötigt. Bereits aus dem 15. Jh. sind wichtige Orgelt.en erhalten (Buxheimer Orgelbuch, T.en v. Ileborgh, →Paumann). Anders als andere ma. Aufzeichnungsformen für mehrstimmige (Vokal-)Musik mit Hilfe von Noten (Stimmbücher, Chorbuch-Anordnungen) stellen die T.en, ähnl. wie Partituren, Zeichen für gleichzeitig erklingende Töne graph. untereinander. Die Benennung T. wird im 17. Jh. auf Partituren, sogar auf Generalbaßstimmen übertragen. Vorteile bes. der Orgelt. sind die platz- und zeitsparende, weil umständl. Notenlinien, Schlüssel und Vorzeichnungen vermeidende Notation, die Eindeutigkeit ihrer Zeichen und der Verzicht auf Kenntnisse im vielgestaltigen mensuralen Notensystem.

[2] Regeln für das Dichten von Meisterliedern →Meistersinger.   H. Leuchtmann

Lit.: MGG [Notation, C] – NEW GROVE [Tablature und Notation, § III, 5] – RIEMANN, s. v.

Taccola → Mariano Daniello di Jacopo

Tachygraphie → Stenographie

Tacitus
I. Mittelalter – II. Humanismus.

I. MITTELALTER: Von Kennern unter den Zeitgenossen wie den Späteren stets hoch geschätzt, ist der röm. Geschichtsschreiber Gaius (so nach Sidonius epist. 3, 1 und 21, 3; P[ublius] im codex Mediceus I ist wahrscheinl. nur alter Lesefehler) Cornelius Tacitus (ca. 55–116/120 n. Chr.) wohl seines hohen Anspruchs wegen schon im Altertum vergleichsweise wenig gelesen und relativ selten zitiert worden; die Gefährdung des Werkes spiegelt sich in der Anordnung des nur wenige Monate regierenden Ks.s Tacitus 275/276, der sich für einen Nachkommen des großen Historikers hielt, es sollten Werke seines Ahns in die öffentl. Bibliotheken eingestellt und durch jährl. Abschriften auf Staatskosten die Erhaltung gesichert werden (Hist. Augusta, Tacitus 10, 3). Von den kleinen Schriften, der Vita des Agricola, der Germania und dem Dialogus findet sich in der Antike fast keine Spur. Neben →Tertullian (Apologeticum 16) und →Orosius (häufig), bei denen sich die wichtigsten Zitate finden, und wenigen Erwähnungen deuten alle Spuren aus dem Altertum darauf hin, daß man nur die schon zu Lebzeiten d. jüngeren Plinius veröffentlichten Historien (Titel unsicher) und ein Werk von 30 Büchern kannte, welches die sog. Annalen (Titel nicht authentisch) mit den sog. Historien unter fortlaufender Buchzählung zu einem Ganzen unter dem Titel »Ab excessu divi Augusti« vereinigt enthielt. Das älteste Zeugnis des 30-Bücher-Werkes begegnet im Kommentar des Hieronymus zum Propheten Zacharias (3, 14, 2). Da die sog. Annalen als selbständiges Werk im Altertum überhaupt nicht nachgewiesen sind, und auch später von ihnen nur ein Bruchstück auftaucht, das ebenso gut ein Teil des 30-Bücher-Werkes sein kann, so ist die Existenz der sog. Annalen als selbständiges Werk überhaupt fraglich und es muß mit der Möglichkeit gerechnet werden, daß T. selbst – bei veränderter Auffassung der Geschichte – mit der Abfassung einer Darstellung der Gesch. des Prinzipats (und des Dominats) befaßt, den ersten Teil, die sog. Annalen, größtenteils vollendet, den zweiten aber, die längst aus der Hand gegebenen Historien, noch nicht der notwendigen Überarbeitung unterzogen hatte, als er starb.

Aus seinem Nachlaß hätte dann ein ihm Nahestehender, der die Absicht des Verfassers kannte, das Ganze in seinem unvollendeten Zustand, jedoch mit fortlaufender Buchzählung als *die* Geschichte der Kaiserzeit unter dem in bewußtem Anklang an des Livius »Ab urbe condita« von T. gewählten Titel »Ab excessu divi Augusti« herausgegeben.

Wahrscheinl. ist nur dieses Werk erhalten geblieben; die Historien als selbständiges Werk scheinen das Zeitalter der Papyrusrolle nicht überdauert zu haben. Auch von den sog. Annalen findet sich weiterhin (auch nicht unter dem Titel »Ab excessu divi Augusti«, der wohl zum ganzen 30-Bücher-Werk gehört) keine Spur, wenn man nicht, ohne dafür einen Beweis zu haben, das große Bruchstück der ersten Bücher der Annalen (Mediceus I, s.u.), unseren einzigen hierfür existierenden Textzeugen, als ein selbständiges Werk betrachten will.

Die ersten Spuren des T. im MA erscheinen um die Mitte des 9. Jh. in dt. Klöstern. Wahrscheinl. wurden um diese Zeit in →Hersfeld die kleinen Schriften des T., Agricola, Germania, Dialogus, aus einem Exemplar unbekannter Herkunft abgeschrieben. Benutzt wurde die Germania in der 863/865 entstandenen Translatio Alexandri des →Rudolf v. Fulda. Spätere Berührungen mit der Germania, z. B. bei →Adam v. Bremen (2. Hälfte des 11. Jh.), gehen auf die Translatio zurück. – In der Mitte oder 2. Hälfte des 9. Jh. ist vielleicht in →Fulda das aus Corvey erhaltene große Bruchstück der Annalen bzw. des ersten Teils des 30-Bücher-Werkes, I–VI, aus einer Vorlage unbekannten Ursprungs abgeschrieben worden (Mediceus I = Florenz, Laur. 68 I). Geringe Spuren der Kenntnis des Textes glaubt man in den Annales Fuldenses zum Jahr 852 sehen zu dürfen, wo der Name des Autors genannt wird. Ob die später in Corvey befindliche Hs. der sog. Annalen als das einzige Zeugnis der für sich allein bestehenden Annalen betrachtet werden darf oder vielmehr der erste Teil des 30-Bücher-Werkes ist, kann nicht mit Sicherheit entschieden werden. Die Beschaffenheit des Textes, der sehr alt ist (Korruptelen aus der Zeit der älteren röm. Kursive, d.h. spätestens 3. Jh.), könnte unschwer einen Zusammenhang mit dem zweiten uns erhaltenen Bruchstück des 30-Bücher-Werkes andeuten, das in →Montecassino kurz vor oder um die Mitte des 11. Jh. geschrieben ist (Mediceus II = Florenz Laur. 68 II) und die Bücher XI–XVI mit XVII–XXI 26 (d. i. Buch I–V 26 der Historien) enthält; auch dieses Bruchstück bietet einen sehr alten Text. In den folgenden Jh. bis ins 14. Jh. ist das Werk unbekannt. F. Brunhölzl

Lit.: Praefationes der krit. Ausgaben – LEHMANN, Erforsch. des MA, I–V [Register] – E. A. LOWE, The Unique Ms. of T.s Histories (Palaeographical Papers 1907–65, I, ed. L. BIELER, 1982), 289ff. – F. BRUNHÖLZL, Zum Problem der Cassinenser Klassikerüberlieferung. Abh. der Marburger Gelehrten Ges. 3, 1971 – R. J. TARRANT–M. WINTERBOTTOM (L. D. REYNOLDS, Texts and Transmission, 1983), 406ff. – M. v. ALBRECHT, Gesch. der röm. Lit., II, 1992, 902ff.

II. HUMANISMUS: Den T.-Codex v. Montecassino benutzte 1330–40 der Bf. v. Pozzuoli, →Paulinus Minorita, im Anhang der Satirica Historia. →Boccaccio, in dessen Freundeskreis er zw. 1357 und 1363 gefunden und nach Florenz entführt wurde, stützt sich öfters auf den neuentdeckten T., im Dantekomm. mit seitenlangen it. Wiedergaben. 1403/04 zitiert ihn →Bruni zur Stütze seines Bürger-→Humanismus, vor 1418 Jean de →Montreuil in Paris. 1420 entnimmt ihm →Polenton Material für sein Hauptwerk. 1425 bemüht sich →Poggio, kurz darauf →Nikolaus v. Kues um den Hersfelder Codex mit den kleinen Schriften. 1455 sieht ihn Pier Candido →Decembrio in Rom. In der Folge wird die Germania bekannt, dient →Pius II. als Modell für seine Länderbeschreibung und begründet das humanist. Germanenbild (→Germanen, III). 1470 erscheint bei Wendelin v. Speyer in Venedig die editio princeps des T. mit Ann. XIff., Hist., Germania, Dialogus. Sie wird rasch nachgedruckt sowie 1476 durch den Agricola ergänzt. T. beginnt, →Livius von der Position des bedeutendsten röm. Historikers zu verdrängen. Nachdem 1509 auch die Fuldaer Annalen nach Italien gelangen, von →Leo X. erworben und 1515 durch →Beroaldus veröffentlicht werden, tritt der Tacitismo seinen internationalen Siegeszug durch das 16. und 17. Jh. an. W. Rüegg

Lit.: J. v. STACKELBERG, T. in der Romania, 1960 – M. FUHRMANN, Einige Dokumente zur Rezeption der taciteischen Germania, AU 1978/I, 39–49.

Tacuina sanitatis. Das »Tacuinum sanitatis« geht zurück auf den Traktat »taqwīm aṣ-ṣiḥḥa« des arab. Arztes Abū'l-Ḥasan al-Muḫtār b. ʿAbdūn b. Buṭlān († 1063), zu übersetzen als »Almanach der Gesundheit«, in zahlreichen Hss. in Tabellenform (dispositio per tabellas) nach astronom. Vorbildern erhalten. Die Gesundheitslehre bedient sich antiker Q.; ihr Stoff verteilt sich auf 40 »tacuina«, von denen jedes wiederum in Häuser (domus) unterteilt wird. Der lat. Text, vermutl. um die Mitte des 13. Jh. am Hofe Kg. →Manfreds v. Sizilien übersetzt, ist in zahlreichen Hss. des 13.–15. Jh. überliefert. Neben den Textfassungen wurden Bilder-Hss. in Auftrag gegeben, die sich oft erheblich vom Original unterscheiden. 1531 gab Hans Schott »Tacuini sanitatis Elluchasem Elimithar Mithar, Medici de Baldath« in den Druck. Hier sind den Tafeln keine Illustrationen beigegeben; dafür gibt die linke Randleiste der rechten Seiten die Meinung der Autoritäten (opiniones philosophorum) wieder. Eigens vermerkt werden jeweils Nutzen (juvamentum) und Schaden (nocumentum) der einzelnen Gegenstände (nominae). Auf den Schachbrett-Charakter der T. bezog sich der Genueser Mönch →Jacobus de Cessolis im 14. Jh. in seinem »Liber super ludo scaccarum«. Auf die Felder des Schachbretts hat vermutlich auch die dt. Übertragung unter dem Titel »Schachtafeln der Gesuntheyt« zurückgegriffen, 1533 veröffentlicht durch den Straßburger Stadtarzt Michael Herr, illustriert mit zahlreichen Holzschnitten von Hans Weiditz d. J. Was die T. verbindet, ist das klass. Regelwerk der »sex→res non naturales«, wobei die Nahrungsmitteldiätetik in den Vordergrund rückt. Ihrem Schematismus nach sind die T. eher auf den Gebrauch durch Laien ausgerichtet. Aus der lat. Fassung entwickelten sich im 14. und 15. Jh. reich illuminierte Bilder-T., prachtvolle Repräsentationswerke für höf. Benutzer, so die Cod. Paris (ms. 1673), Lüttich (ms. 1041), Rom (ms. Cas. 4182), Rouen (ms. 1088), Wien (ms. 2544) oder Granada (ms. C 67). Sie sind Zeugnis für die vielfältigen Strömungen, die in der Miniaturenmalerei Ende des 14. bis Anfang 15. Jh. in Oberitalien zusammenflossen, wobei islam. Einflüsse unverkennbar sind. H. Schipperges

Lit.: L. DELISLE, Tacuinum sanitatis in medicina, J. des Savants, 1896, 518–540 – Das Hausbuch der Cerrutti, hg. F. UNTERKIRCHER, 1966 – L. C. ARANO, The Medieval Health Handbook, Tacuinum Sanitatis, 1976 – R. MÜLLER, Der Arzt im Schachspiel bei Jakob v. Cessolis, 1981 – Tacuinum Sanitatis, hg. J. RÖSSL–H. KONRAD, Faksimileausg. des Codex 2396 der NB Wien, 1984.

Taddeo da Parma, Philosoph und Astronom, vermutl. Student und magister artium in Paris. Zusammen mit Angelo d'Arezzo gilt T. als Gründer der averroist. Schule in Bologna (→Averroes, II.3). Dort verfaßte er sein »Commentum super theoricam planetarum Gerardi Cremonensis« (1318) und eine Quaestio »Utrum elementa sub propriis formis maneant in mixto« (1321). Seine Quaestio »Utrum esse et essentia sint idem realiter« beendete er ca. 1321 in Siena; er hinterließ u. a. auch Quaestionen zur Metaphysik und zu »De anima« (ed. S. VANNI ROVIGHI, 1951; zur Lit. und hs. Überlieferung vgl. CH. LOHR, Traditio 29, 1973, 151f.). U. a. von »Johannes v. Jandun beeinflußt, wirkte er für die Emanzipation der aristotel.-averroist. Philosophie gegenüber Theologie und chr. Verfremdungen. R. Hissette

Ed. und Lit.: Z. KUKSEWICZ, Un texte intermédiaire entre T. de P. et Jean de Jandun, Mediaevalia philos. Polonorum 27, 1984, 25–63 – M. C. VITALI, T. de P. et les deux rédactions des Quaestiones de anima de Jean de Jandun, ebd. 28, 1986, 3–13 – G. FEDERICI VESCOVINI, Il 'Lucidator dubitabilium astronomiae' di Pietro d'Albano e altre opere (Il mito e la storia, 3, 1988) – Aegidii Romani Opera omnia, I. 1/2*, ed. F. DEL PUNTA–C. LUNA, 1989, nr. 120, 122–132 – A. ALICHNIEWICZ, Le problème de l'influence des critiques de Guillaume Alnwick, Mediaevalia philos. Polonorum 31, 1992, 39–41 – O. PEDERSEN, 'The Theorica Planetarum' and its Progeny (Filosofia, scienza e astrologia nel Trecento europeo, hg. G. FEDERICI VESCOVINI–F. BARONCELLI, 1992), 53–78 – Rep. ed. Texte des MA aus dem Bereich der Philos., hg. R. SCHÖNBERGER–B. KIBLE, 1994, 724f.

Tafel → Retabel

Tafelgut, Tafelgüterverzeichnis. Als (kgl.) T.er (zum kirchl. Bereich: →Mensalgüter) bezeichnet die Forschung jene Teile des Kg.sgutes, die als Sondervermögen unmittelbar der Versorgung des reisenden Kg.shofes dienten. Der Begriff ist angelehnt an den ersten Satz des sog. Tafelgüterverzeichnisses (TV): »curię quę pertinent ad mensam regis Romanorum«. Die Leistungen der verzeichneten Höfe werden als Servitium bezeichnet, was eine regional unterschiedl. bemessene Rechnungseinheit meint, nicht etwa den Tagesverbrauch des Hofes (in Rheinfranken etwa: 40 Schweine, 7 Ferkel, 50 Hühner, 5 Kühe, 500 Eier, 10 Gänse, 5 Pfund Pfeffer, 10 Käse, 10 Pfund Wachs, 4 große Fuder Wein). Ein solches Servitium war wohl jährl. zu leisten, ggf. über größere Entfernungen hinweg. Die Servitien bestanden nicht nur aus agrar. Eigenprodukten, sondern auch aus Fernhandelsware (Pfeffer), die gekauft werden mußte. Das im Verzeichnis fehlende Getreide wurde wohl als unbemessene Leistung vorausgesetzt; Überschüsse dürften abgetreten oder verkauft worden sein. Von dem jeweiligen Leistungsansatz ist schwerlich unmittelbar auf die Größe der Höfe rückzuschließen.

Die kgl. T.er verzeichnet das TV, kopial überliefert in einer 1165/74 (EISENLOHR) im Aachener Marienstift entstandenen Sammelhs. (Bonn, UB, Hs. S 1578). Die Liste ist nach Regionen gegliedert (Sachsen, Rheinfranken, Bayern, Lombardei; Schwaben fehlt); die »Sonderliste« von 10 Höfen im Umkreis von Turin, die nur Geldleistungen zu erbringen haben (insgesamt 5600 Mark) und im 11. Jh. überwiegend zum Herrschaftsbereich der Mgf.en v. Turin gehörten, ist ein versehentl. aufgenommener Fremdkörper. NIEDERKORN betrachtete den gesamten lombard. Teil als Nachtrag anläßl. des 2. Italienzuges Barbarossas (1158); mit Blick auf MGH D F. I. 199 (1158 Jan. 1) könnte auch Leisnig nachgetragen sein (KOBUCH). Der im Aachener Marienstift und in der kgl. Kapelle zu vermutende Redaktor des TV antwortete mit seiner ad hoc erstellten Bestandsaufnahme offenbar briefl. auf eine Anfrage des Hofes, und zwar zu einer Zeit, in der man über die Verhältnisse in Sachsen und Italien nur unzureichend unterrichtet war. Von den zahlreichen Datierungsvorschlägen scheint daher nach wie vor am plausibelsten die zuerst von BRÜHL vorgeschlagene Datierung in den Regierungsbeginn Konrads III. (so NIEDERKORN: 1138) oder Friedrichs I. (1152/53). Th. Kölzer

Lit.: HRG V, 109–111 – C. BRÜHL–TH. KÖLZER, Das TV des Röm. Kg.s, 1979 [Ed., Lit.] – J. P. NIEDERKORN, Die Datierung des TV, MIÖG 87, 1979, 471–487 – E. EISENLOHR, Paläograph. Unters. zum TV der röm. Kg.s, Zs. des Aachener Geschichtsvereins 92, 1985, 5–74 – M. KOBUCH, Leisnig im TV des Röm. Kg.s, Neues Archiv für Sächs. Gesch. 64, 1993, 29–52.

Tafelmalerei
A. Maltechnik – B. Chronologischer Überblick – C. Faßmalerei, Fassung

A. Maltechnik

T. ist bildl. Darstellung auf flachem, festem (Holz, Ton, Schiefer, Metall, Elfenbein) oder versteiftem Malgrund (z. B. auf Rahmen gespannte Leinwand, selten Pergament) im Gegensatz zur →Wandmalerei. Als Bildträger dienen gewöhnl. heimische Hölzer: in N-Europa und Portugal häufig Eichenholz, selten Nußbaum o. a., im S oft Weichhölzer (seit dem Altertum). Mit den äußeren Flügeln des Claren-Altars, Mitte 14. Jh. (Köln, Dom), ist die früheste großformatige Leinwandmalerei erhalten (techn. der Holztafelmalerei vergleichbar. Gegensatz: →Tüchleinmalerei). Insbes. Bildträger aus Holz oder Leinwand benötigen einen auf die jeweilige Technik der Darstellung abgestimmten meist vielschichtigen Grundierungsaufbau. Leimgebundene Gründe ermöglichen die im MA beliebten polierten Vergoldungen, oft mit Gravierungen, Punzierungen usw. Die im MA seltene Ölbindung der Grundierung reduziert die Möglichkeiten der Darstellungstechniken, ist aber unempfindlicher gegen feuchtes Klima. Als Füllmittel dient im N vornehml. weiße Kreide, im S Gips, nur vereinzelt begegnen farbige Grundierungen (stärker im S). Nach dem Glätten des Grundes erfolgt die Unterzeichnung mit Kohle, Pinsel, Metallstift, Feder o. ä., Umrisse der Vergoldungsflächen, selten auch wichtige Linien der Komposition werden durch Ritzungen markiert. Nach dem »Löschen« des Grundes Anlage der Komposition (im N auf hellem Grund in temperagebundenen Mitteltönen, darauf Schatten, Lichter und Konturen mit fetter gebundenen Farben; im S häufig Abtönung mit grünl. u. a. Imprimitur →Ikonen], darauf weitgehend Temperamalerei). Seit Anfang des 15. Jh. (im N van →Eyck) werden die abschließenden Farblasuren ölhaltiger, also länger und feiner vermalbar (weiche Übergänge), was dem Streben nach naturalist. Darstellung entgegenkommt. Ch. Schulze-Senger

Lit.: R. E. STRAUB, Reclams Hb. der künstler. Techniken, 1, 1984, 133–247 – H. P. HILGER–CH. SCHULZE-SENGER, Der Claren-Altar im Dom zu Köln, Kölner Domblatt 43, 1978, 27–28.

B. Chronologischer Überblick
I. Südl. Europa – II. Nördl. Europa.

I. SÜDL. EUROPA: Trotz evtl. noch vorhandener Überreste antiker Tafelbilder und Reflexen derselben in Wandbildern konzentrierte sich das frühma. Kunstschaffen auf andere Gattungen (→Buchmalerei, →Wandmalerei, →Mosaikkunst, →Bronzeguß, →Goldschmiedekunst und Kleinplastik). Die frühesten tr. Tafelbilder, die sich in Stil und Technik v.a. an der byz. →Ikone orientierten, haben sich in Rom erhalten. Das wohl älteste Werk ist die Salvatorikone der Capella Sancta Sanctorum aus dem 5./6. Jh. (WILPERT). Auch jene Marienikone, die in 609 zur Marienkirche geweihte Pantheon gestiftet wurde, ist noch am urspgl. Ort. Einen Hinweis auf spezif. spätantike Formen und Techniken vermittelt die in Enkaustik gemalte Madonna mit Kind und Engeln in S. Maria in Trastevere aus dem frühen 8. Jh., die keinen Goldgrund, sondern einen hellblauen Himmel aufweist.

Der eigtl. Aufschwung der T. als Gattung setzt erst im 12./13. Jh. ein, v. a. in Umbrien und in der Toskana, wo

Pisa, Florenz und Siena Zentren bildeten. Am Anfang der toskan. T. stand der von plast. Vorbildern abgeleitete, gemalte Holzkruzifix (→Croce dipinta), der, üblicherweise nach vorn geneigt, auf dem Tramezzobalken Aufstellung fand. Bei dem ältesten dat. Werk (1138, Sarzana, Dom) ist der Typus des anfangs allein dargestellten Christus triumphans, lucches. Beispielen folgend, bereits mit Assistenzfiguren und seitl. Szenen versehen. →Giunta Pisano führt dann ab 1240 die byz. Form des Christus patiens in die it. T. ein (Assisi, S. Maria degli Angeli). Dieser jüngere Typus, meist auf ornamentiertem Grundfeld und mit halbfigurigen Hl. an erweiterten Kreuzenden, hält sich bis zum Anfang des 14. Jh. (→Cimabue, Florenz, S. Croce; →Giotto, Florenz, S. Maria Novella). Monumentale Brettkreuze erfreuten sich insbes. bei →Bettelorden wie den →Franziskanern großer Beliebtheit.

Parallel dazu wurde die Auseinandersetzung mit byz. Ikonenmalerei fortgeführt: Aus der zweiten Hälfte des 12. Jh. stammen halbfigurige Marienikonen lucches. Produktion (Florenz, Casa Horne), wie sie in Florenz erst ab 1260 vorkommen. Zu dieser Zeit konnte die motiv. Rezeption aber bereits mit stilist. Ablösungstendenzen einhergehen, vgl. etwa die Aufgabe hierat. Frontalität u. a. bei →Guido da Siena (Madonna del Voto, Siena, Dom, urspgl. wohl Teil eines Dossale).

Zur lange Zeit wichtigsten Aufgabe der T. wurde das Altarbild (it. *pala*). Dessen Herausbildung läßt sich bes. gut in Siena greifen: So dienten über flachen Stuckreliefs gemalte Tafelbilder (Madonna degli occhi grossi, Museo dell'Opera del Duomo, Siena; Majestas Domini, Pinacoteca Naz., Siena) kurz nach 1200 zunächst als →Antependien und wurden dann im Verlauf des Jh. als →Retabel auf den Altar gestellt. Voraussetzung hierfür waren die Liturgiereformen des Laterankonzils v. 1215, nach denen der Zelebrant das Meßopfer vor dem Altar mit dem Rücken zur Gemeinde darbrachte. Auf diese Weise schuf das Altarbild eine wirksame Folie für die Präsentation der →Hostie im Rahmen der →Eucharistie, deren Schau die 1215 zum Dogma erhobene →Transsubstantiationslehre zentrale Bedeutung beimaß (VAN OS). Tafelbilder in Antependienformat mit einem sitzend abgebildeten Hl.n im Mittelteil und seitl. angeordneten Szenen aus seinem Leben (Paliotto der hl. Caecilia, frühes 14. Jh., Florenz, Uffizien) hielten sich als Bildtypus bis ins frühe 15. Jh.

Nach dem Tod des hl. →Franziskus v. Assisi 1226 entstanden in dessen Orden hochformatige, gegiebelte »Vita-Retabel« (HAGER) mit dem Hl.n als stehender Ganzfigur, flankiert von Szenen (Bonaventura →Berlinghieri, Pescia, S. Francesco, inschriftl. dat. 1235); eine Verwendung als Altarbild ist jedoch meist nicht zu belegen. Die Entwicklung dieses Bildtypus inspirierte sich jedenfalls auch an Altarschreinen mit plast. Kultbildern und – häufig bemalten – Klapptüren (KRÜGER). Offenbar ersetzte die T. anfangs kostspieligere Gattungen: Die reichsten Antependien und frühen Retabel waren Goldschmiedearbeiten (Pala d'oro, Venedig, S. Marco, anfangs Antependium, ab 1105 auf dem Altar aufgestellt), einfachere dagegen Reliefs aus Holz bzw. Stein, deren Erbe die T. zunächst imitierend, später zunehmend im Sinne spezif. maler. Mittel gestaltend antrat: Der Eigenwert der Malerei als künstler. Ausdrucksform wurde immer deutlicher.

Auch im 13. Jh. stand die Rezeption byz. Werke weiterhin im Vordergrund, vermittelt etwa durch die Schulen Pisas und Luccas, doch gestaltete sich das Verhältnis zu den Vorbildern zunehmend freier. Eine it. Sonderform des Retabels war z. B. das sog. Dossale mit seiner Reihung halbfiguriger Hl.r unter Spitzbogenblenden; dieses ging zwar formal aus dem byz. Ikonenbalken hervor, doch war seine Funktion als Altaraufsatz eine Neuheit (BELTING, 1990).

Das Altarbild der thronenden Madonna formte in der Folgezeit zwei größere Haupttypen aus, die monumentale Einzeltafel und das vielteilige Polyptychon. Wichtige Zwischenstufen bildeten hochformatige, z. T. noch als Flachrelief gestaltete Madonnen mit gemalten Szenen (Madonna del Carmine des →Coppo di Marcovaldo, um 1250/60, Florenz, S. Maria Maggiore) und ab 1270 in Florenz auftretende querformatige Marienpalen in der Antependientradition (Panzano, S. Leolino). Um 1285 verknüpfte →Duccio die Marienthematik mit dem gegiebelten Hochformat der Franziskustafeln und transponierte sie ins Monumentale (Madonna Ruccellai, Florenz, Uffizien, Bildmaße 450×292 cm). Parallel dazu entwickelte sich aus dem Flachgiebel- und insbes. dem Spitzgiebeldossale das Polyptychon (Vigoroso da Siena, um 1280, Perugia, Galleria Naz. dell'Umbria). Letzteres fand bereits 1308-11 in Duccios Sieneser Maestà seinen monumentalsten Ausdruck (Siena, Museo dell'Opera del Duomo, Maße ca. 470×500 cm). Die Madonna mit Kind, umringt von Hl.n und Engeln der Haupttafel, symbolisiert Siena als »Civitas Virginis«. Darunter befindet sich die – erste erhaltene – Predella (→Retabel), darüber ein Kolonnadenfries mit Aposteln, Marienszenen und aus bekrönenden Engeln gebildete Giebel, die Rückseite zeigt Szenen aus dem Leben Christi. Mit diesem Werk, das die Bevölkerung in einer Prozession von der Werkstatt in den Dom überführte, wurde das Altarbild endgültig zur »Ausstattungsaufgabe des liturg. Inventars« (KRÜGER).

Wenngleich Polyptychen noch bis ins erste Viertel des 16. Jh. vorkamen (→ Peruginos Polyptychon für S. Agostino in Perugia; Tizians Averoldo-Altar, Brescia, S. Nazaro e Celso), gewann in Anknüpfung an die großformatigen Madonnen eine Tendenz zum vereinheitlichten Bildfeld an Bedeutung, der die Zukunft gehören sollte. Eine wichtige Zwischenstufe bildete die lange kanon. Form von Haupttafel mit Predella, teilw. mit Bekrönung (Benvenuto di Giovanni, Borghesi-Altar, nach 1478, Siena, S. Domenico), teilw. ohne (Matteo di Giovanni, Madonna della Neve, dat. 1472, Siena, S. Maria della Neve). Ikonograph. folgten diese Werke meist dem Typus der sog. →Sacra conversazione. Später reduzierte sich das Retabel auf die Haupttafel, wobei zunehmend Erzählerisches abgebildet wurde (→Raffael, Transfiguration, Vatikan, Pinacoteca).

Eine weitgehende Abkehr vom byz. Stil vollzog – auch unter Verwendung got. Stilmittel – →Giotto di Bondone, der als Wegbereiter einer vermehrt auf Beobachtung von Natur und Wirklichkeit gegründeten Kunst gilt. Trotz eines Schaffensschwerpunktes in der Wandmalerei war die Wirkung v. a. seiner Erzählfreude für die T. insgesamt beträchtl. Als szen. Retabel mit Predella ist seine Stigmatisation des hl. Franziskus (Paris, Louvre) von Bedeutung.

Die künstler. Emanzipation von Byzanz ließ die Unterschiede zw. it. Italien bes. differenzierten Stadtkulturen deutlicher hervortreten, die in der Folge regionale Schulen bildeten. Neben Umbrien und der Toskana brachten u. a. die Lombardei, Emilia und Venedig eine bedeutende T. hervor. Die röm. T. wurde auch nach der Rückkehr der Päpste aus dem avignones. Exil 1377 bis ins 16. Jh. hinein von auswärtigen Kräften bestimmt. Kennzeichnend für die überaus vielschichtige Entwicklung der it. T. ist das Nebeneinander von vorwärts- und rückwärtsgewandten Tendenzen, etwa in der Verwendung des Goldgrundes: Einerseits ist die Anbetung der Hl. Drei Kg.e des →Domenico Veneziano von 1440 bereits in einer offenen Landschaft (→ Landschaftsmalerei) unter natürl. Himmel abgebildet (Berlin, Gemäldegalerie), andererseits weist noch Alvise →Vivarinis Montefiorentino-Polyptychon von 1476 einen Goldhintergrund auf (Urbino, Galleria Naz.).

Zahlenmäßig bedeutend war die Produktion kleinformatiger privater Andachtsbilder. Hierbei erfreuten sich neben meist gegiebelten Einzeltafeln v. a. klappbare Triptychen und → Diptychen großer Beliebtheit, die auch auf Reisen mitgeführt werden konnten. Während große Retabel in Italien meist starr blieben, war bei Kleinformaten das mit Flügeltürchen verschließbare Triptychon weit verbreitet (Bernardo Daddi, dat. 1336, Siena, Pinacoteca Naz.).

Für die Maler der Frühzeit, die als Handwerker galten und in Zünften organisiert waren, bleiben →Signaturen und inschriftl. Datierungen, Ausdruck eines mehr künstler. Selbstverständnisses, selten. Mit der Jahreszahl 1261 versehen und von dem Florentiner Maler Coppo di Marcovaldo signiert ist die Madonna del Bordone (S. Maria dei Servi, Siena), inschriftl. in das Jahr 1271 datiert ist ferner ein von Meliore signiertes Dossale (Florenz, Uffizien). Die T. war im wesentl. eine Auftragskunst, wobei man insbes. für größere Altarwerke umfangreiche Verträge abschloß.

Die Anfänge profaner T. hingegen bleiben vergleichsweise dunkel, sei es aufgrund schlechterer Überlieferung, sei es aufgrund geringerer Produktion. Das am Modell orientierte →Porträt war dem ma. Kunstwollen im allg. und der it. Malerei im bes. – im Gegensatz zum meist idealtyp. → Bildnis – lange fremd. In der Malerei dominierten – wohl inspiriert durch antike Münzen – zunächst Profilansichten, v. a. bei den Stifterporträts (Giotto, Padua, Cappella Scrovegni-Fresken). Das Selbstbildnis des Künstlers hingegen blickt meist aus dem Bild (Taddeo di Bartolo, Himmelfahrt Mariae, 1401, Montepulciano, Dom; als hl. Thaddeus, erstes bekanntes frontales Selbstbildnis). Zeitgenöss. it. Tafelbildporträts (Simone → Martini soll → Petrarcas Laura gemalt haben) sind nicht überliefert. Als autonomes Tafelbild läßt sich das Porträt zuerst im N fassen (→ Johann d. Gute, Kg. v. Frankreich, um 1360, Paris Louvre; Profilansicht auf Goldgrund), in Italien dagegen erst im 15. Jh. (→ Pisanello, Bildnis eines Mädchens, um 1433, Paris, Louvre, vor natürl. Hintergrund). Vergleichbare Profilansichten waren noch um 1465 für → Piero della Francesca bestimmend (Porträts von Federigo da Montefeltro und seiner Gemahlin Battista Sforza, Florenz, Uffizien, vor Landschaftshintergrund), doch ließ sich dies it. Entwicklung zusehends durch Werke nordeurop. Künstler inspirieren. So kannte etwa →Antonello da Messina Tafelbilder Jan→van Eycks und→Rogier van der Weydens durch die Slg. der Anjou in Neapel und traf vermutl. Petrus Christus in Mailand, was seine Vorliebe für Dreiviertel- und Frontalansichten geprägt haben könnte (Condottiere, 1475, Paris, Louvre).

Wichtige Wegbereiter für Tafelbilder profaner Thematik waren neben bemalten Geburtstellern (→desco da parto) v. a. die Schauseiten flacher Truhen, häufig Hochzeitstruhen (→ cassone). Dieser bereits in got. Zeit übliche, zunächst meist ornamental mit Flachschnittdekor oder flachen Stuckreliefs verzierte Möbeltypus wurde etwa ab 1400 mit lebhaft erzählten Szenen bemalt (Schubring). Sowohl das Fehlen von Darstellungskonventionen als auch die private Bestimmung der Truhen begünstigte Neuerungen bei der Themenwahl. Unter humanist. Einfluß erfreuten sich Ereignisse der röm. und der zeitgenöss. Gesch. sowie mytholog. Sujets bes. Beliebtheit. Neben spezialisierten cassone-Malern mit Notnamen wie »Anghiari-Maler« oder »Dido-Maler« betätigten sich auch namhafte Tafelmaler auf diesem Gebiet, darunter Paolo →Uccello (Hirschjagd, Oxford, Ashmolean Museum) oder Sandro →Botticelli (vier Truhen mit Szenen aus dem Leben des hl. Zenobius, in London, New York, Dresden). Für die Übertragung hist. und mytholog. Themen in das monumentale Tafelbild (Paolo Uccellos Dreierserie der Schlacht v. S. Romano, um 1465, in London, Paris, Florenz; Botticellis Geburt der Venus, Florenz, Uffizien) hingegen könnten neben cassoni zugleich auch Fresken und Wandteppiche maßgebl. gewesen sein.

Eine bes. Aufgabe profaner T. war die Ausstattung vornehmer Studierzimmer, it. *studiolo* (jene des Federigo da Montefeltro in Urbino und in Gubbio, oder jenes Isabellas d'Este in Mantua). Die Ausführung der ikonograph. komplexen Bildprogramme wurde meist an mehrere Maler vergeben. Motivisch flossen zunehmend Studien antiker Kunstwerke ein, insbes. bei Andrea →Mantegna. Die einzelnen Bilder waren oberhalb einer mit Intarsien verzierten Holzvertäfelung fest installiert.

Während die ma. Malerei v. a. die symbolhafte Darstellung metaphys. Sinnzusammenhänge in den Vordergrund rückte, diente die Malerei ab der →Renaissance zusehends der Abbildung der sichtbaren Welt, wobei die Erforschung der → Perspektive und der Lichtwirkung, verbunden mit maltechn. Errungenschaften, eine immer naturalistischere Darstellung derselben ermöglichte (Mimesis). Damit ging eine immer klarere Reflexion der spezif. maler. Mittel einher, die sich auch in ersten kunsttheoret. Schriften, allen voran Leon Battista → Albertis »De pictura« (verfaßt um 1435, posthum 1540 in Basel publiziert), ausdrückte und die gegen Ende des 15. Jh. in den sog. *paragone* mündete, den Streit um den jeweiligen künstler. Wert von Malerei und Bildhauerei, aus der die Malerei, insbes. die T., als führende Kunstgattung hervorging. Theoret. und math. Grundlagen sollten die den →Artes mechanicae zugeordnete T. unter die →Artes liberales einreihen: Statt des handwerkl. wurde ihr wiss. Charakter betont.

In Südeuropa hat sich außerhalb Italiens nur in den nördl. Teilen Spaniens eine zahlenmäßig und künstler. bedeutende ma. T. erhalten. Insbes. in Katalonien findet sich eine größere Anzahl farbenfroh bemalter Antependien (Barcelona, Museu d'art catalunya; Vich Mus.). Wenngleich sich diese frühen Werke stilist. aus den verschiedensten Quellen speisten, überwog auch hier die Rezeption byz. Vorbilder. Ob diese span. Antependien jedoch in der Tat, wie eine Datierung bereits ins 12. Jh. nahelegt (Post), it. Beispielen vorausgingen, scheint fraglich. Ab der Gotik entfaltete sich in Spanien eine reiche Produktion von Polyptychen, die sich zunächst v. a. in Italien, später aber u. a. auch an Flandern orientierten (→Bermejo) und die sich als Retabeltypus bis ins 15./16. Jh. hielten. Als span. Sonderform entstanden ab etwa 1360 sowohl in Katalonien als auch in Valencia großformatige, die gesamte Kapellenrückwand abdeckende Retabel mit charakterist. »Staubschützern« (span. *guardapolvos*), nach innen abgeschrägten, verzierten Brettleisten. Ein monumentales Hauptwerk aus der Zeit um 1410/20 (6,6×5,5 m, London, V & A) zeigt zudem dt. Stilelemente, die auf den in Valencia ansässigen – wohl sächs. – Maler »Marzal de Sas« zurückgehen (Kauffmann).

R. Hiller von Gaertringen

Lit.: J. Wilpert, Die röm. Mosaiken und Malereien der kirchl. Bauten vom 4. bis 13. Jh., 1916 – R. van Marle, The Development of the Italian Schools of Painting, 18 Bde, 1923–36 – P. Schubring, Cassoni,

1923²[mit Suppl.] – E. SANDBERG-VAVALA, La croce dipinta it. e l'iconografia della passione, 1929 – R. OFFNER, A Critical and Historical Corpus of Florentine Painting, Sec. 3, Bd. 1–8; Sec. 4, Bd. 1–6, 1930–79 – CH. R. POST, A Hist. of Spanish Painting, 8 Bde, 1930–41 – M. DE LOZOYA, Hist. del Arte Hispánico, 5 Bde, 1931–49 – F. BAUMGART, Zur Gesch. und soziolog. Bedeutung des Tafelbildes, DVjs 13, 1935 – E. B. GARRISON, It. Romanesque Panel Painting. An Ill. Index, 1948 – E. BAGUÉ, Hist. de la cultura española. La alta edad media, 1953 – B. BERENSON, It. Pictures of the Renaissance. Venetian School, 2 Bde, 1957 – F. WÜRTENBERGER, Weltbild und Bilderwelt von der Spätantike bis zur Moderne, 1958 – R. DOS SANTOS, Hist. del arte portugués, 1960 – C. BERTELLI, La Madonna di S. Maria in Trastevere, 1961 – H. HAGER, Die Anfänge des it. Altarbildes, 1962 – B. BERENSON, It. Pictures of the Renaissance. Florentine School, 2 Bde, 1963 – S. RINGBOM, From Icon to Narrative, 1965 – J. POPE-HENNESSY, The Portrait in the Renaissance, 1966 – R. OERTEL, Die Frühzeit der it. Malerei, 1966² – B. BERENSON, It. Pictures of the Renaissance. Central It. and North It. Schools, 3 Bde, 1968³ – M. CÄMMERER-GEORGE, Die Rahmung der tosk. Altarbilder im Trecento, 1966 – M. C. KAUFFMANN, The Altar-Piece of St. George from Valencia (Victoria & Albert Mus. Yearbook 2, 1970), 64–100 – O. SIRÉN, Giotto and some of his Followers, 2 Bde, 1975 – G. DELOGU – G. MARINELLI, Il ritratto nella pittura it., 1975 – H. BELTING, Das Bild und sein Publikum im MA, 1981 – H. VAN OS, Sienese Altarpieces 1215–1460, I, 1984; II, 1990 – G. BOEHM, Bildnis und Individuum, 1985 – J. H. STUBBLEBINE, Assisi and the Rise of Vernacular Art, 1985 – H. FROSIEN-LEINZ, Das Studiolo und seine Ausstattung (Natur und Antike in der Renaissance. Ausstellungskat. Frankfurt a. M., 1985), 258–281 – J. GUDIOL – S. ALCOLEIA I BLANCH, Pintura Gótica Catalana, 1986 – R. WOLLHEIM, Painting as an Art, 1987 – P. HILLS, The Light of Early It. Painting, 1987 – It. Church Decoration of the MA and Early Renaissance, hg. W. TRONZO, 1989 – Art in the Making. It. Painting Before 1400, Ausstellungskat. London, 1989 – La pittura nel Veneto. Il Quattrocento, 2 Bde, 1989 – F. TODINI, La pittura umbra dal Duecento al Primo Cinquecento, 1989 – J. BERG SOBRÉ, Behind the Altar Table. The Development of the Painted Retable in Spain 1350–1500, 1989 – 750 aniversari entorn a Jaume I de l'art romànic a l'art gòtic, Ausstellungskat. Valencia, 1989 – P. TORRITI, La Pinacoteca Naz. di Siena, Mus.kat., 1990 – H. PH. RIEDL, Das Maestà-Bild in der Sieneser Malerei des Trecento, 1991 – J. AINAUD DE CASARTE, Catalan Painting, 1991 – K. KRÜGER, Der frühe Bildkult des Franziskus in Italien, 1992 – La pittura del Veneto. Il Trecento, 2 Bde, 1992 – Prefiguracio del museu nacional d'art de Catalunya, Mus.kat., 1992 – M. BOSKOVITS, The Origins of Florentine Painting 1100–1270, 1993 – A. CHASTEL, La Pala ou le retable it. des origines à 1500, 1993 – It. Frührenaissance und nordeurop. SpätMA, hg. J. POESCHKE, 1993 – The Art of Medieval Spain a. d. 500–1200, Ausstellungskat. New York, 1993 – It. Altarpieces 1250–1550, hg. E. BORSOOK – F. GIOFFREDI, 1994 – Painting and Illumination in Early Renaissance Florence 1300–1450, Ausstellungskat. New York, 1994 – A. THOMAS, The Painter's Practice in Renaissance Tuscany, 1995.

II. NÖRDL. EUROPA: Auch hier ist die T. über das Ende der Antike hinaus erhalten geblieben. Für das frühe MA ist ihre Existenz lit. belegt: Im 6. Jh. nennt →Gregor v. Tours Tafeln mit Aposteln in einer Kirche zu Clermont; um 850 erwähnt Abt Ratleic v. Seligenstadt Tafelbilder mit Märtyrern von der Hand eines Malers Hilperich und bezeugt damit deren einheim. Produktion. Von solchen frühen Beispielen blieb jedoch nichts erhalten. Die Überlieferung ist für die Zeit vor dem 14. Jh. insgesamt sehr dürftig und beschränkt sich vornehml. auf dt. Beispiele, für die internat. prägende frz. Gotik des 13. Jh. fällt sie völlig aus. Erst um 1400 wächst die Zahl der erhaltenen T. en deutl. an, um im Laufe des 15. Jh. auf mehrere Tausend zu steigen.

Figürl. Malerei war im MA nicht auf Bildtafeln im engeren Sinne beschränkt, sie zierte auch Möbel und andere Gegenstände wie z. B. die sog. »Minnekästchen« (z. B. Münster, um 1340), Briefschachteln, Fahnen (z. B. Prozessionsfahne, um 1400, Kl. Lüne) usw.; diese Kleinobjekte müssen ebenfalls zur T. gerechnet werden. Aus roman. Zeit hat sich z. B. ein mit großen Hl.nfiguren bemalter Sakristeischrank der 1. Hälfte des 13. Jh. (Halberstadt) erhalten. Von gegenständl. bemalten Schilden erfährt man in der höf. Dichtung des 12. und 13. Jh. ebenso wie von profanen Bildnissen (Wolframs Parzival, 42, 27; Alexanderlied des Pfaffen →Lamprecht, 5444.); szen. bemalte Schilde entstanden noch Ende des 15. Jh. in Flandern (London, Brit. Mus.). In den Aufgabenbereich der Maler, zumindest seit dem 14. Jh. hauptsächl. in Städten lebende Handwerker, fielen auch Dekorationsarbeiten wie das Bemalen von Wappen, Stangen, das Fassen von Skulpturen (s. Abschnitt C) usw., belegt selbst für bedeutende Künstler wie Jan van →Eyck, →Rogier van der Weyden, Stephan →Lochner. Tafelmaler wurden gelegentl. mit Miniaturen und selbst mit Wandgemälden betraut (z. B. Robert →Campin, 1428); die T. des ganzen MA ist ohnehin stilist. zumeist eng mit →Wand- und bes. →Buchmalerei verwandt. Bereits im 14. Jh. sind die Maler mancherorts in Zünften organisiert (Prag, 1348), mehr noch im 15. Jh., doch nicht überall; diese kontrollierten u. a. die Qualität der Ausführung und der verwendeten Materialien. Zunächst dürfte die T. an Aufträge gebunden gewesen sein, und bei größeren Ensembles blieb sie es auch später, doch ermöglichte die Transportabilität des Tafelbildes dessen Handel, u. a. bei Märkten und Messen. Gemälde Jan van Eycks oder Rogier van der Weydens sind um 1450 als wertvolle Sammlerstücke in Italien bezeugt. In den Niederlanden des 15. Jh. war dieser Markt bereits stark entwickelt, möglicherweise wurde dort etwa die Hälfte aller Gemälde ohne Auftrag produziert (CAMPBELL). Ein Gemälde des Konrad →Witz von ca. 1440 (Straßburg) zeigt im Hintergrund einen Laden mit gefaßten Skulpturen und Gemälden und gibt damit Zeugnis für einen freien Verkauf auch in Dtl. Mindestens seit dem mittleren 14. Jh. wurden kleinere Tafelbilder wie in der NZ im Atelier auf Staffeleien gemalt (böhm. Evangeliar des Johannes v. Troppau, 1368, Wien, ÖNB, cod. 1182, fol. 91v); eine Pariser Miniatur von ca. 1402 (Paris, B. N., Ms.fr. 12420, fol. 86) zeigt eine Malerin an einer höhenverstellbaren Staffelei, mit Palette und verschiedenen Pinseln. Die Bildtafeln waren während des ganzen MA in der Regel fest mit den ebenfalls vom Maler gestalteten Rahmen verbunden.

Das vermutl. älteste erhaltene Werk der T. in Deutschland. ist ein aus dem Soester Walpurgiskl. stammendes →Antependium von ca. 1175 (Münster), das stilist. einigen für →Heinrich d. Löwen gefertigten Hss. nahesteht und mit reicher Verwendung von Blattgold offenbar Goldschmiedearbeiten imitiert. Solche Bezüge zur wertvolleren Schatzkunst lassen sich bei der T. bis nach 1400 gelegentl. beobachten. Eines der ältesten gemalten →Retabel stellt eine an der Oberkante geschweifte, vermutl. der Form von →Reliquienschreinen nachempfundene Soester Tafel (Berlin, 1. Drittel 13. Jh.) dar, die mit byzantinisierenden Passionsszenen bemalt ist. Ihre Bildfelder sind muldenartig eingetieft, so daß das Objekt Vorrang vor dem Bild besitzt; auch hier liegt wieder die Imitation von Goldschmiedearbeit vor. Das gleiche trifft auf ein im entwickelten →Zackenstil gemaltes, rechteckiges Retabel aus Soest von etwa 1260 zu (Berlin). Um 1260 belegen zwei aus Worms stammende Altarflügel (Darmstadt) mit einem stehenden Hl.n auf jeder Seite die Existenz von verschließbaren Altären; die wie Treibarbeiten reliefierten Innenseiten sind durch eine reichere Verwendung von Gold gegenüber den Außenseiten hervorgehoben. Derartige Unterscheidungen bzw. Abstufungen waren für die nächsten zwei Jahrhunderte und darüber hinaus gemalten Altarflügeln gängig, bes. im deutschsprachigen Raum.

Stilist. lassen sich die gen. Werke noch als spätroman. ansprechen, zu Beginn des 14. Jh. tritt in der dt. T. ein an der frz. Hochgotik orientierter Stil auf. Bei den großen Wandelaltären, die damals in dt. Reformordensanskl. entstehen, ist mit dem Schema des Hauptaltares zugleich eine wesentl. Aufgabe der T. bis in die frühe NZ festgelegt. Beim um 1300 geschaffenen Altar in Cismar bei Lübeck (Malereien heute zerstört) ebenso wie beim Retabel im mittelrhein. Oberwesel von 1331 u. a. sind Schrein und Flügelinnenseiten mit Skulpturen, die Flügelaußenseiten mit T. versehen. Hierarchisch sind die Malereien damit den plast. Darstellungen untergeordnet, was ebenfalls bis nach 1500 bei Retabeln üblich bleibt. In Oberwesel wird zugleich deutl., daß die gemalten Hl.nfiguren mit ihren gemalten Architekturnischen formal ganz an den Skulpturen der Innenseite orientiert und als eine der plast. Qualität reduzierte Variante derselben aufgefaßt sind. Ganz gemalte Triptychen kommen ungefähr gleichzeitig vor, von bes. Qualität ist das nicht vollständig erhaltene Retabel in Hofgeismar aus dem 1. Viertel des 14. Jh. mit Darstellungen aus der Passion Christi, gefaßt in reliefierte Arkaden.

Große, einheitl. und von keiner Architektur gegliederte Bildflächen sind erstmals in den Gemälden überliefert, die um 1330 auf der Rückseite des sog. 'Klosterneuburger Altars' (→Nikolaus v. Verdun) angebracht wurden; wiederum ist die Malerei das untergeordnete Medium. Die Bilder lassen v. a. in den Kompositionen it. Einfluß, insbes. →Giottos, erkennen.

Kleinere gemalte Diptychen und Triptychen der 1. Hälfte des 14. Jh. haben sich bes. aus Köln erhalten, sie dienten vermutl. überwiegend der Privatandacht oder wurden zur Reise mitgeführt. Stilist. werden in der got. Kölner Malerei der 1. Hälfte des 14. Jh. Unterschiede erkennbar, wobei sowohl Bezüge zur Buchmalerei als auch zur stark westl. geprägten Wandmalerei der Domchorschranken (z.B. Köln, WRM 4/5) feststellbar sind.

Um die Mitte des 14. Jh. war das Prag→Karls IV. ein Zentrum der T., die hier auch die Buchmalerei an Bedeutung übertroffen zu haben scheint. Die wohl in den 40er Jahren entstandene sog. Kaufmannsche Kreuzigung (Berlin) ist möglicherweise ein Schlüsselwerk. Die böhm. Malerei ist mit österr. Kunst wie dem Klosterneuburger 'Altar' verwandt, zugleich empfing sie westl. und it. Einflüsse. Gerade letztere dürften entscheidend gewesen sein und sich in Farb- wie Raumbehandlung und Plastizität ausgewirkt haben. Mit den it. Einflüssen gelangen auch Byzantinismen nach Böhmen; beide Elemente sind in einer Vielzahl von halbfigurigen, ikonenartigen Marienbildern zu beobachten, deren Produktion um die Mitte des 14. Jh. einsetzte (z. B. Madonna aus Eichhorn, um 1350, Prag). Als bedeutendste Werke um 1350 gelten 9 Tafeln mit christolog. Szenen des →Meisters v. Hohenfurt (Prag), vermutl. Teile eines Retabels, in denen sich westl. Linearität mit it. inspirierter Erschließung des Raumes und Plastizität der Figuren kombiniert. Tafelbilder in der Funktion von Ikonen und Reliquiaren (Rahmen) zugleich wurden gegen 1365 von Meister →Theoderich aus Prag für die Hl. Kreuzkapelle der Burg →Karlstein geschaffen. Die Malereien mit ihren derben, plast. stark artikulierten Gestalten unterscheiden sich deutl. von etwas früheren böhm. Malereien und sollten auf die folgende dt., bes. westfäl. Kunst einwirken. Um 1380–90 zeigt sich beim →Meister v. Wittingau der →Weiche Stil mit Anregungen der franco-fläm. Malerei, die später auch die provinziell werdende böhm. Kunst des 15. Jh. über dt. Zwischenstufen beeinflußte.

In Frankreich ist ein roman. bemaltes Kästchen mit profanen Motiven von ca. 1180/90 als ältestes Werk der T. erhalten (Vannes, Kathedrale), es erinnert an limousiner Emailarbeiten. T. wird in der 1. Hälfte des 14. Jh. nur durch die it., v. a. sienes. Malerei in →Avignon repräsentiert, die bis um 1400 einflußreich sein sollte. Mit Ausnahme eines bemalten Schreins in Albi (Kathedrale) von ca. 1330, einer provinziellen Arbeit, beginnt daher mit dem um die Mitte des Jh. in Paris geschaffenen →Bildnis Kg. Johanns II. des Guten die Überlieferung frz. got. T. Nur etwas später, um 1365, entstand das Porträt Hzg. Rudolfs IV. v. Österreich (Wien), die älteste autonome Bildnistafel im deutschsprachigen Raum. Von 1363 datiert die älteste erhaltene ndl. T., das in Utrecht geschaffene Epitaph des Hendrik van Rijn (Antwerpen). Die drei zuletztgen. Werke zeigen – bei allen regional bedingten Unterschieden – stilist. Gemeinsamkeiten in den etwas derben, zum Häßlichen neigenden Gestalten und Gesichtern, die sie mit der Malerei Meister Theoderichs verbinden. Böhm. Kunst war einer der Ausgangspunkte der westfäl. T. der 2. Hälfte des 14. Jh. bis hin zu Meister →Bertram, dessen Hauptwerk der 1379–83 geschaffene ehem. Hauptaltar der Hamburger Petrikirche ist (Hamburg). Dieser Altar gehört zu einem bis zum Beginn des 16. Jh. in Deutschland häufigen Typ, der zweimal gewandelt werden kann, wobei die Außenseite und der einmal geöffnete Altar Malereien zeigen, die Innenseite meist Skulpturen, seltener ebenfalls Gemälde; um 1360 ist der Typ schon beim Kölner Klarenaltar vorhanden (Köln, Dom). Derartige Altäre boten sehr viel Platz für Malereien, mindestens 6 Flügelseiten; in Norddeutschland wurden die Außenseiten oft mit ganzformatigen Darstellungen versehen, während die einmal geöffneten Flügel meist in je 4 oder mehr Bildfelder unterteilt waren, so daß sich hier größere erzählende Zyklen anbringen ließen. Narrative Darstellungen waren auch auf den Flügeln sog. Baldachinaltäre üblich, die als Gehäuse um eine einzelne Hl.nfigur geklappt wurden; diese Konstruktion kam mindestens schon um 1300 vor, in den Niederlanden um 1400 und später krönte sie häufig Altarretabel (z. B. Antwerpen, Mus. Mayer van den Bergh).

Die Malerei vom Ende des 14. und Anfang des 15. Jh. ist mitunter von einer realist., oft drast. Darstellung gekennzeichnet, die sich jedoch mit eleganter Linienführung und Farbschönheit verbinden kann. In T. wie Buchmalerei spricht man vom →Weichen oder Internationalen Stil. Wesentl. Anregungen gingen von der Kunst an den frz. Höfen, bes. Paris, aus. In Deutschland überwiegt die Zahl der erhaltenen Tafelbilder schon im 14. Jh. die der Buchmalereien, in Frankreich und den Niederlanden ist es dagegen umgekehrt. Aus Paris sind v. a. kleinere Tafeln, darunter Diptychen, der Zeit um 1400 erhalten. Auch bei diesen Werken lassen sich mitunter starke Ähnlichkeiten zu den am Hof hochgeschätzten Werken der Goldschmiedekunst feststellen, die v. a. in den aufwendigen und z. T. wie Kleinarchitektur gestalteten Rahmen und Bildträgern (z. B. Großes Bargello-Triptychon, Florenz) zum Ausdruck kommt. Dennoch mögen sie nicht ein billigerer Ersatz gewesen sein; ihre Besitzer, die Goldschmiedearbeiten reichlich besaßen, dürften die größere Feinheit und Belebtheit der Malereien gegenüber Darstellungen aus Email durchaus geschätzt haben.

Im deutschsprachigen Raum haben sich zahlreiche Werke des Weichen Stils erhalten, darunter einige hochqualitätvolle Arbeiten, die den eleganten und schönfarbigen frz. Malereien nahestehen. In Köln ist der →Meister der hl. Veronika, am Oberrhein der Meister des Frankfurter Paradiesgärtleins zu nennen; in Westfalen schuf →Konrad v. Soest 1403 ein durchgehend gemaltes großes Triptychon (Bad Wildungen). In den Niederlanden hat sich nur wenig dieser hier oft als 'vor-eyckisch' bezeichneten T. erhalten; bedeutendste Werke sind zwei Altarflügel aus den 1390er Jahren (Dijon) von Melchior →Broederlam, die in ihrer Naturbeobachtung wie auch der Raumerschließung und tiefen Farbigkeit auf die spätere Kunst vorausweisen.

Ungefähr in den 20er und frühen 30er Jahren des 15. Jh. fand in den südl. Niederlanden ein Umbruch in der T. statt: Es entstand mit den Werken Jan van →Eycks, des sog. Meisters v. Flémalle, meist identifiziert mit Robert →Campin, und →Rogier van der Weydens die eigtl. altndl. Malerei. Ihre Grundlagen dürften in Broederlams Kunst und monumentalen. sienes. beeinflußten frz. T. en des späten Weichen Stils (Dionysiustafel von →Malouel und →Bellechose, um 1415, Paris) ebenso liegen wie in der franco-fläm. Buchmalerei und der Großskulptur eines Claus →Sluter, ohne daß sie eine Summe dieser Tendenzen wäre. Die altndl. Malerei bildet Raum kohärent und Figuren blockhaft-körperlich; Wirklichkeit findet verstärkt Eingang ins Bild, bes. in einem bis dahin unbekannten Naturalismus bei der Abbildung von Materialität, Licht und Schatten. Letzteres wurde u. a. durch die schon länger bekannte, nun aber entwickelte Ölmalerei möglich. Der bis dahin übliche Goldgrund verschwand in den Niederlanden weitgehend – jedoch bis über 1500 hinaus nicht vollständig – aus der T., Vergoldung hielt sich dagegen auf den Rahmen. Tiefenräumlichkeit, zunächst noch aufgrund einer empir. Perspektivkonstruktion, ist mit einem Ineinandergreifen der Gegenstandsformen in deren Flächenprojektion verbunden, so daß die Bildfläche – stärker als bei nz. Malerei – wie mit einem dichten Muster gefüllt erscheint (PÄCHT). Trotzdem entstand hier das moderne Gemälde, das einen in sich geschlossenen Ausschnitt von Welt wie durch ein Fenster zeigt; der Blick durch das Fenster ist etwas später beinahe wörtlich im Gemälde inszeniert worden (Hans →Memling, Diptychon Martin van Nieuwenhove, 1487, Brügge). Damit änderte sich zumeist auch die Funktion des Rahmens, der nun den Durchblick in das Bild gestattet und als Grenze erscheint. Überschneidet ein Bildgegenstand den immer noch vom Künstler gefaßten oder bemalten Rahmen, geschieht das als trompe l'oeil (Jan van Eyck). Die T. wurde gegenüber der Buchmalerei die führende Bildkunst; Tafelmaler wie Jan van Eyck und Rogier genossen bereits zu Lebzeiten Ruhm. Selbst für Skulpturen wurden Kompositionen der T. vorbildlich. Gemalte Skulpturenimitation, z. B. bei den →Grisaillen auf Altaraußenseiten, entstand nun in bewußter Auseinandersetzung mit dem anderen Medium, dabei spielte der Paragone, der Wettstreit der Künste, offenbar eine Rolle. Obwohl kunsttheoret. Schriften aus den Niederlanden des 15. Jh., im Gegensatz zu Italien, nicht existieren, dürften sich Reflexionen der Maler über ihr Tun in den Gemälden selbst aussprechen (PREIMESBERGER).

Wesentl. Aufgaben der T. blieben die Gestaltung von Altarretabeln, meist in Form von ganz gemalten Triptychen oder Polyptychen, und von →Andachtsbildern, bes. Marientafeln; auch Epitaphien waren gelegentl. gemalt. Vielfach überliefert sind Porträts, meist des Adels, die mit einem Marienbild zum Diptychon kombiniert sein können (Rogier van der Weyden). Das Festhalten des individuellen Aussehens und dessen Übermittlung über große Entfernungen war der T. möglich; so fertigte Jan van Eyck 1430 in Portugal ein Bildnis der Infantin, das Hzg. →Philipp v. Burgund gesandt wurde. Auch im profanen Bereich wurden Gemälde verwendet, wichtig waren hist. Exempla als sog. Gerechtigkeitsbilder in Rathäusern (z. B. Dirk →Bouts' »Gerechtigkeit Kaiser Ottos« für Löwen, heute Brüssel). Im ndl. 15. Jh. lassen sich damit Ansätze zur Ausdifferenzierung der nz. Bildgattungen feststellen: Die Historie, auch als Privatbild (Turmbau zu Babel, Kopie nach Jan van Eyck?, Den Haag); das Porträt; die Landschaft, die noch den Hintergrund eines meist frommen Gegenstandes bildet, aber schon komplett entwickelt ist; das Stilleben, noch als untergeordnetes Motiv einer Darstellung oder als Tafelrückseite (z. B. Memling, Slg. Thyssen, Madrid); schließlich das Genre. Genreartige, zumeist wohl moralisierende Gemälde sind kaum überliefert, jedoch nachgewiesen, dabei scheinen erot. Darstellungen häufiger gewesen zu sein; im Inventar eines Privathauses von 1505 werden außer 10 religiösen Gemälden auch 2 auf Leinwand gemalte »amoureus-heyden« gen., damit fällt zugleich etwas Licht auf den privaten Bildbesitz. Eine Idee solcher Darstellungen vermittelt noch der »Liebeszauber« (Leipzig) eines rhein. Meisters von ca. 1480. Reproduktion, die im 15. Jh. mehrfach von Interesse ist (→Graphik, →Buchdruck), kommt auch in der T. vor, einerseits bei der formal modernisierenden Vervielfältigung älterer Gnadenbilder (z. B. Hayne de Bruxelles, 1454, Kansas), andererseits, am Ende des Jh., bei genauen Kopien nach Werken alter Meister, bes. Rogier van der Weydens (Granada, Frankfurt). Bei letzteren dürfte neben ma. Traditionsgebundenheit vielleicht auch ein modernes Sammlerinteresse eine Rolle gespielt haben.

Die Errungenschaften der Gründergeneration der altndl. Malerei wurden von nachfolgenden Malern wie Petrus →Christus und Dirk →Bouts weitergeführt, auch in den nördl. Niederlanden entwickelte sich eine wichtige Malerschule (Albert van Ouwater, →Gertgen tot Sint Jans); in Flandern sind →Joos van Wassenhove und Hugo van der →Goes in der 2. Hälfte des Jh. die bedeutendsten Erscheinungen. V. a. an Rogier orientierten sich zahlreiche andere Künstler, darunter Hans →Memling als herausragende Künstlerpersönlichkeit sowie die hauptsächlich in Brüssel und Brügge tätigen Kleinmeister. Um 1500 verbindet Gerard →David eine retrospektive Zusammenfassung mit neuen künstler. Mitteln; auch andere Maler des frühen 16. Jh., z. B. Quinten →Massys, sind den Meistern des 15. noch stark verpflichtet. Hieronymus →Bosch löst sich um die Jh. wende von der tradierten Ikonographie des MA und füllt die bis dahin nur für Altarbilder gebräuchl. Form des Triptychons mit eigenen schöpfer. Erfindungen (Garten der Lüste, Madrid), das Gemälde wird damit poet. nutzbar (BELTING).

Die altndl. Malerei übte ungeheuren Einfluß in ganz Europa aus, in Dtl. wird er in den 1430er Jahren spürbar. Hier traf er auf bestehende künstler. Traditionen, deren Konventionen, z. B. in der bis nach 1500 häufigen Verwendung von Goldgrund, teilweise fortlebten. Aus der Konfrontation entstanden individuelle, z. T. aber Schule machende Stile, z. B. eines Lucas →Moser in Schwaben, Konrad →Witz am Oberrhein, Stefan →Lochner in Köln, →Meister des Albrechtsaltars in Wien oder Hans Bornemann in Lüneburg. Zunächst herrschte der Einfluß Jan van Eycks und bes. des Meisters v. Flémalle vor, ab ca. 1450 setzte sich immer mehr die Kunst Rogiers als Vorbild durch (z. B. →Herlin in Rothenburg, der →Meister des Marienlebens in Köln). Im Vergleich zur ndl. Malerei ist die dt. des 15. Jh. mitunter durch sehr bewegte Kompositionen und einen Hang zur Drastik gekennzeichnet. Es entstanden Porträts, Andachtsbilder u. a., das wichtigste Betätigungsfeld der Maler lag aber bis zur Reformation bei Altären; die Bedeutung der T. in der dt. Kunstproduktion des 15. Jh. belegt die sehr große Zahl der zw. Alpen und

Ostsee erhaltenen Stücke. Ndl. Kunst spielte noch für Martin →Schongauer, der mit Rogiers Werken gut vertraut war, eine entscheidende Rolle; eine Blüte erlebte die T. in Süddtl. mit der folgenden Generation in den Gemälden Albrecht →Dürers, Grünewalds u.a., die bereits auf it. Anregungen zurückgriffen; nach ca. 1530 nahmen sowohl Qualität als auch Quantität der Produktion rapide ab.

In Frankreich haben sich auch aus dem fortgeschrittenen 15. Jh. weit weniger T.en erhalten; häufig handelt es sich um recht große Altarbilder, z.T. Triptychen. Der ndl. Einfluß wird in den 1440er Jahren in der Provence spürbar, wo Barthélemy d'Eyck, hauptsächl. Buchmaler und vermutl. ein Mitglied der ndl. Malerfamilie, und Enguerrand Quarton tätig waren und sich eine eigene Schule ausbildete. Zu Quartons Hauptwerk, einer Marienkrönung (Villeneuve-lès-Avignon), ist der Vertrag erhalten, der in exzeptioneller Weise den im MA möglichen Einfluß der Auftraggeberwünsche auf die Ikonographie und Gestaltung eines Gemäldes belegt. Wichtigster frz. Maler der Zeit war Jean →Fouquet, der fläm. und it. Elemente verband; von ihm sind mehrere, im Vergleich mit ndl. Porträts erstaunlich große Bildnisse in Halbfigur erhalten, die mit einer Madonnentafel zu einem unbewegl. Diptychon vereint gewesen sein können (Dipt. des Étienne Chevalier, Berlin und Antwerpen). Auch Fouquet betätigte sich als Buch- und Tafelmaler; das gleiche trifft auf einige bedeutende Pariser Künstler der Jh.mitte zu, z. B. den Maître de Coëtivy. Am Ende des Jh. war der stark von Hugo van der Goes beeinflußte Meister von Moulins, vermutlich ident. mit Jean →Hey, der wichtigste Tafelmaler.

In England ist T. aufgrund systemat. Bilderstürme in noch weit geringerer Zahl überliefert, obwohl sie hier eine wichtige Rolle gespielt zu haben scheint und vermutl. häufig auf Hochaltären zu finden war. Ältestes Werk ist das »Westminster Retabel«, das am Ende des 13. Jh. wahrscheinl. für den Hochaltar der Abteikirche geschaffen wurde. Das sehr beschädigte Stück ist durch architekton. Elemente gegliedert, die reiche Verwendung von bunten Glasstücken und in Gesso imitierten Kameen evoziert kostbares Email, das Ganze ist stark von it. Cosmatenarbeit angeregt. Die dunkelfarbigen Malereien sind von höchster Qualität und repräsentieren vermutl. den Hofstil. Einige T.en aus dem 1. Drittel des 14. Jh. (z.B. Thornham Parva) erinnern an sog. »East Anglian« →Buchmalerei. Vom Ende des Jh. datieren die Reste des Hochaltars der Kathedrale v. Norwich, die einen der norddt. oder böhm. Malerei verwandten Stil zeigen. Um 1400 entstand das überlebensgroße Porträt →Richards II. (Westminster Abbey), das aufgrund seiner Ikonographie einzigartig innerhalb der ma. T. ist; Richards sog. »Wilton-Diptychon« (London) dürfte dagegen ein frz. Import sein. Im 15. Jh. ist die engl. T. stark von frz. und fläm. Einflüssen gekennzeichnet, die wenigen erhaltenen Stücke sind von relativ geringer Qualität, oft gehören sie zu den in England typischen, mit stehenden Hl.en bemalten hölzernen Chorschranken (z. B. Exemplar von 1451, London, V&A).

In Skandinavien hat sich mit 31 norw. Antependien die größte Gruppe nordeurop. T.en der Zeit zw. ca. 1260 und 1350 erhalten (heute fast alle in Bergen, Mus., und Oslo, Oldsaksamlingen). Meist wird eine zentrale Darstellung, etwa Majestas und Madonna, von Hl.ngestalten oder Szenen umgeben. Die Stücke zeigen verschiedene Stilstufen zw. Früh- und Hochgotik und sind v.a. von engl. Kunst beeinflußt; einige Exemplare (z.B. aus Odda, um 1350, Bergen) sind sehr ausdrucksstark und von hoher Qualität. In Norwegen gibt es außerdem aufwendig bemalte Altarbaldachine (Torpo, ca. 1260–90) und einige Retabelfragmente. In Dänemark und Schweden unterlag die T. des 14. Jh. stärker frz. Einfluß (Antependium aus Løgum, um 1325, Kopenhagen). Aus der Zeit um 1400 ist in Skandinavien nur sehr wenig T. erhalten; im Laufe des 15. Jh. spielten dann Importaltäre, bes. aus Norddtl. (Lübeck) und Flandern, die wichtigste Rolle, die einheim. Produktion war an diesen orientiert.

Die poln. T. zeigt im 15. Jh. ebenfalls starke Verbindungen mit der dt. Kunst, über die auch ndl. Elemente vermittelt wurden (z. B. Breslauer Barbara-Altar von 1447, Warschau). Eines der wichtigsten Zentren für T. war Krakau (Meister der Dominikaner-Passion, um 1460), daneben gab es auch bedeutende Schulen in Schlesien und Großpolen. Bezüge zur Krakauer Malerei lassen sich auch bei einigen ung. Werken erkennen, von denen jedoch nur sehr wenig erhalten blieb; der bedeutendste Künstler in Ungarn um 1500 war Meister M. S. (Altartafeln in Esztergom, Budapest), der teilw. auf Dürer zurückgriff.

S. Kemperdick

Lit.: J. v. Schlosser, Beitr. zur Kunstgesch. aus den Schriftq. des frühen MA, SAW 123, 1891 – A. Lindblom, La peinture gothique en Suède et en Norvège, 1916 – A. Stange, Dt. roman. T., MüJb NF 7, 1930, 125–181 – O. Pächt, Gestaltungsprinzipien der westl. Malerei des 15. Jh., Kunstwiss. Forsch. 2, 1933, 75–100 – A. Stange, Dt. Malerei der Gotik, 11 Bde, 1934–61 – G. Ring, A Century of French Painting. 1400–1500, 1949 – E. Panofsky, Early Netherlandish Painting, 1953 [Lit.] – M. Rickert, Painting in Britain. The MA (Pelican History of Art), 1954 – P. Pieper, Westfäl. Malerei des 14. Jh., Westfalen 42, 1964, 7–224 – M. J. Friedländer, Early Netherlandish Painting, 14 Bde, 1967–76 – A. Stange, Krit. Verz. der dt. Tafelbilder vor Dürer, 3 Bde, 1967–78 – G. Schmidt, Malerei bis 1450 (Gotik in Böhmen, hg. K. M. Swoboda, 1969), 167–321 – Vor Stefan Lochner, Ausst.kat. Köln 1974 – L. Campbell, The Art Market in the Southern Netherlands in the 15th Cent., Burlington Magazine 118, 1976, 188–198 – A. Châtelet, Les primitifs hollandais, 1980 – R. Neukock, Das Walburgis-Antependium, Westfalen 59, 1981, 113–125 – A. Wichstrøm, Maleriet i høymiddelalderen, Norges kunsthistorie, 2, 1981, 252–314 – D. L. Ehresmann, Some Observations on the Role of Liturgy in the Early Winged Altarpiece, Art Bull. 64, 1982, 359–369 – C. Sterling, La peinture médiév. à Paris 1300–1500, 1987 – L. Campbell, Renaissance Portraits, 1990 – H. Belting, Bild und Kult, 1990 – Polyptyques, Ausst.kat. Paris, 1990 – J. Dunkerton–S. Foister u.a., Giotto to Dürer, 1991 – R. Preimesberger, Zu Jan van Eycks Diptychon der Slg. Thyssen-Bornemisza, ZK 54, 1991, 459–489 – R. Suckale, Die Glatzer Madonnentafel des Prager Ebfs. Ernst v. Pardubitz als gemalter Marienhymnus, WJKu 47, 1993/94, 737–756 – H. Belting–C. Kruse, Die Erfindung des Gemäldes, 1994 [Lit.] – A. Labuda, Malarstwo Gotyckie w Wielkopolsce, 1994.

C. Faßmalerei, Fassung

Abgeleitet ist Faßmalerei, Fassung (F., Fg.) vom mhd. *vazzen* '(sich) bekleiden'. Seit dem MA Bezeichnung für das Bemalen und Vergolden von Skulpturen, Altären, Architekturteilen, Einrichtungsgegenständen und Spielzeug aus diversen Materialien, z.B. Holz, Stein, Elfenbein, Alabaster (heute auch: polychrome – farbige oder monochrome – einfarbige Oberflächenbehandlung). Für Bildwerke des MA waren farbige Fg. – oder Teilfassung und Vergoldung auf unterschiedl. dicken Grundierungsschichten üblich (im N meist Kreide, leimgebunden, selten bleiweißhaltig und ölgebunden, im S häufig Gipsbeimengungen). Fg. des 10. und 11. Jh. ist nur wenig belegt (neben ganz oder teilweise silber-/goldblechgeschlagenen Objekten, z.B. Hl. Fides, Essener Madonna, Kreuz des Gero-Kruzifixus, Imadmadonna, auch ganzfarbig gefaßte s. Köln, Kapitolstüren); sie scheint den Merkmalen der besser belegten des 12. Jh. zu entsprechen: bei unkompliziertem Aufbau zeigen die homogenen, oft stark farbigen

Oberflächen einheitl. Glanz. Maler. Details werden, auch abweichend von der plast. Vorgabe, in zeichner. Weise aufgetragen; die Nähe zur zeitgleichen →Buchmalerei ist offensichtl. Im 13. Jh. entwickeln sich, neben den häufigen Poliervergoldungen, die für das 14. Jh. typ. aufwendigen Materialdarstellungen: Goldschmiede-/Lederarbeiten, steinbesetzte Borten, Felle, Stoffe u.a.m. Die Wirkung entsteht durch Bearbeitung der Grundiermasse mittels Punzieren, Stempeln, Auftragen, Einlegen von Gläsern u.a. Materialien; in Modeln vorgeprägte Applikationen werden aufgebracht. Überzüge auch auf den vorherrschenden Goldflächen bestimmen den manchmal emailhaften Charakter, Preßbrokatapplikationen kommen gegen Mitte des 15. Jh. auf. Ab Ende 14. Jh. wird die plast. Wirkung oftmals durch unterschiedl. Oberflächenglanz (z.B. Glanzgold gegen mattes Azurit) erhöht, gegen Ende des 15. Jh. begegnet zusätzl. eine weitgehend monochrome Oberflächenbehandlung von Holzbildwerken; oft werden nur Augen, Münder, Blutstropfen u.ä. farbig angegeben, unterschiedl. dicht aufgetragene Überzüge prägen die plast. Wirkung (→Riemenschneider). Zahlreiche vielfigurige Altäre (→Antwerpen) erhalten auf Grundierung eine zum größten Teil polierte Polimentvergoldung, Inkarnate und sparsam verwendete Farben und Muster setzen Akzente. Die F. ist am besten belegt für Holzbildwerke. Ch. Schulze-Senger

Lit.: J. Taubert, Farbige Skulpturen, 1978 – P. Tångeberg, Ma. Holzskulpturen und Altarschreine in Schweden, 1986 (Kungl. Vitterhets Historie och Antikvitets Akademien Stockholm, 1989), 57–126, 206–288 – Ch. Schulze-Senger, E. Jägers, W. Hansmann, Neue Erkenntnisse zu der Bildertür von St. Maria im Kapitol, 1991, Zs. für Kunsttechnologie und Konservierung 5, H. 2, 212–217.

Tafeln, astronomische und mathematische
I. Astronomische Tafeln – II. Mathematische Tafeln.

I. Astronomische Tafeln: Astronom. T. sind Zahlentabellen zur Lösung astronom. Probleme. Obwohl unterschiedl. je nach ihrem Verwendungszweck gestaltet, lassen sie sich in zwei Gruppen einteilen, von denen die eine die Bewegungen, die in der Ebene der Ekliptik ablaufen (Planetentafeln, Almanache), die andere die Bewegungen um die Weltachse zum Gegenstand hat.

[1] Die *Planetentafeln* sind Hilfsmittel bei der Bestimmung der Positionen der Planeten, geben diese Positionen jedoch nicht unmittelbar an; das ist vielmehr die Aufgabe der Almanache. Das lat. MA verfügte zuerst, seit dem 12. Jh., über arab. T., die, zwar ins Lat. übersetzt, aber weiterhin nach dem arab. Kalender ausgerichtet waren. Es sind dies die nach ihren Autoren benannten T. von →al-Ḫwārizmī und von →al-Battānī, ferner die Toledanischen T., die →Ibrāhīm b. Yaḥyā az-Zarqālī für den Meridian dieser Stadt errechnete, hinzu kommen Anpassungen einiger der vorgen. T. an den chr. Kalender und an einen bestimmten Meridian des lat. Abendlandes (T. von Pisa, Marseille, London, Mecheln, Paris, Cremona, Toulouse usw.). Schließl. kamen die von Lat. Astronomen erstellten universalen T. auf, die sog. »Alfonsin. T.«, die Kg. →Alfons X. v. Kastilien zugeschrieben werden, in Wirklichkeit aber um 1320 von →Johannes de Muris oder →Johannes de Lineriis in Paris für den Meridian von Toledo erstellt wurden. Die Alfonsin. T. verdrängten bald alle anderen T. und setzten sich bis ins 16. Jh. überall durch.

Die Anordnung der Planetentafeln geht im Prinzip auf die 'Handlichen T.' des →Ptolemaeus zurück. Sie leitet sich aus der Theorie der →Planeten im →Almagest her, nach der die scheinbar unregelmäßigen und damit schwer vorausbestimmbaren Planetenbewegungen in regelmäßige Bewegungen mit berechenbaren Korrekturen zerlegt werden können. Die Planetentafeln umfassen also Tabellen der mittleren Bewegungen und T. der Korrekturwerte (equationes), welche die Werte enthalten, die man den mittleren Positionen hinzufügen muß, um die wahren Positionen zu erhalten. Letztere beruhen auf trigonometr. Berechnungen, denen die Exzentrizitäten der Planetenbahnen und die Länge der Radien ihrer Epizykel zugrunde liegen und sind sowohl vom Kalender als auch vom Bezugsmeridian unabhängig, weshalb sie auch keine Änderungen erfahren, solange diese Parameter sich nicht ändern. Tatsächl. blieben sie bis ins 14. Jh. unverändert, so daß die meisten der chr. Adaptionen der Toledan. T. auf ihre Wiedergabe verzichten konnten. Dennoch verwenden die Alfonsin. T. – trotz Beibehaltung der gleichen Parameter – einige leicht abweichende Äquationen (bei Sonne, Mond, Venus und Jupiter).

Die T. der mittleren Werte enthalten die Aufstellung der regelmäßigen Schwankungen dieser mittleren Werte für einen gegebenen Meridian. Sie können entweder in sider. oder in trop. Koordinaten angegeben werden. In sider. Koordinaten gehalten sind die T. von al-Ḫwārizmī und die Toledan. T. sowie die zahlreichen davon abgeleiteten T. nach chr. Kalender. In trop. Koordinaten gehalten und damit an die ptolemäische Tradition anknüpfend sind die T. von al-Battānī und die Alfonsin. T. sowie deren Bearbeitungen im 15. Jh. (z.B. »tabule resolute«). Zur Vervollständigung der Bestimmung der Planetenpositionen mußten die Planetentafeln auch Angaben zur Bestimmung der Breiten enthalten, die sich auch tatsächl. in den ins Lat. übersetzten arab. T. finden, doch fehlen sie in den meisten chr. T., die aus den Toledan. und Alfonsin. T. hervorgegangen sind.

Da die T. per definitionem reine Zahlentabellen sind, gehört dazu üblicherweise eine Gebrauchsanweisung, die sog. »Canones«. Am weitesten verbreitet waren die Canones der Toledan. T., von denen es zwei Versionen gibt (»Scito quod annus lunaris…« und »Quoniam cuiusque actionis quantitatem…«), und der Alfonsin. T., die →Johannes de Saxonia 1327 verfaßte. Mehrere der aus den Toledan. T. hervorgegangenen chr. T. haben keine eigenen Canones, wahrscheinl. weil sich die Canones der Toledan. T. mühelos auf sie übertragen ließen.

Die T. zur Bestimmung der →Konjunktionen von Sonne und Mond sind normalerweise Bestandteil der Planetentafeln, doch wurden für diejenigen Konjunktionen, bei denen einer der beiden Himmelskörper verfinstert wird (→Finsternisse), eigene Berechnungen angestellt. Diese T. und Canones für Mond- und Sonnenfinsternisse (Finsternistafeln) wurden zuweilen den Planetentafeln angehängt (T. von al-Battānī, Toledan. T.), kamen jedoch häufiger gesondert vor, bes. am Ende des MA, zur Zeit der unangefochtenen Herrschaft der Alfonsin. T.

[2] *Almanache* enthalten die Auswertung der Planetentafeln für einen bestimmten Zeitraum. Sie geben die wahren Positionen der Planeten in verschiedenen Zeitabständen (z.B. tägl., alle 5 oder 10 Tage) an, die man anhand der Planetentafeln errechnen kann. Die Unregelmäßigkeit der Planetenbewegungen (nur die mittleren Werte variieren regelmäßig) macht die Erstellung von Almanachen mit immerwährender Gültigkeit unmöglich. Immerhin hat zu Beginn des 14. Jh. →Prophatius Judeus einen auf der Grundlage der Toledan. T. berechneten Almanach für einen längeren Zeitraum erstellt, unterschiedl. je nach Planet (von 8 bis 83 Jahren); darüber hinaus schlug er Korrekturen vor, um seine Gültigkeit über die vorgesehene Dauer zu verlängern. Im 15. Jh.

finden sich weitere nach den Alfonsin. T. errechnete Almanache, die aber alle einen recht kurzen Zeitraum umspannen (meistens nur 1 Jahr).

Die Entwicklung der Astrologie am Ende des 15. Jh. sowie die Verbreitung von Drucken führten zu einer Veränderung des Charakters der Almanache, die von da an auf astrolog. und meteorolog. Voraussagen orientiert sind, wobei die Angaben der tägl. Positionen der Planeten zugunsten derjenigen von Sonne und Mond allein zurücktreten. Wie ein spezieller Teil der Planetentafeln allein der Ermittlung von Finsternissen dient, so können die Listen der wahren Planetenpositionen sich auf die Aufzählung vorausberechneter Finsternisse beschränken; Drucke sorgten für die Bekanntheit derartiger Listen von →Regiomontanus.

[3] Die nicht auf die Planeten bezügl. astronom. T. gehören in den Zusammenhang der tägl. Umdrehung des Himmelsgewölbes. Zu ihnen zählen einerseits die *Fixsterntafeln*, also Gesamtverzeichnisse der von Ptolemaeus im Almagest aufgeführten 1028 →Fixsterne, deren Ekliptikkoordinaten für ein bestimmtes Datum angegeben werden, oder kürzere Verzeichnisse der wichtigsten Fixsterne, die gewöhnl. Traktaten über die Konstruktion des →Astrolabiums beigegeben werden mit Ekliptik- oder Äquatorialkoordinaten (→Sterne, Sternbilder). Ebenso gehören hierzu die *Tafeln zur sphärischen Astronomie*. Das sind T. der geraden oder schiefen Aufgänge (ascensiones) für verschiedene Breiten; sie verzeichnen die Werte für die Projektion von Ekliptikbögen auf den Äquator oder auf verschiedene Horizonte. Da diese Aszensionstafeln das Ergebnis trigonometr. Berechnungen sind, sind sie unverändert aus den arab. T. in die lat. Übers.en übernommen worden.

Abgesehen von einigen bemerkenswerten Ausnahmen (wie die T. von Johannes de Lineriis von 1322 oder diejenigen von Giovanni →Bianchini), enthalten eigtl. nur die arab. T. und deren lat. Übers.en die vollständige oder doch nahezu vollständige Palette der astronom. T. Die lat. T., bes. die Alfonsinischen, umfassen nur ein sehr begrenztes Programm. Doch einige unter ihnen bezeugen auch echte Kreativität, bes. bezügl. der Planeten, indem sie die herkömml. Darstellungsweise im Sinne einer knapperen oder leichter umzusetzenden Darstellung erneuern, z. B. die »Tabule magne« von Johannes de Lineriis (verschieden von seinen T. von 1322), die T. von Bianchini, die einen Ersatz für die Äquationstafeln bieten, die »Tabule principales« von Johannes de Muris, die zur Positionsbestimmung der Planeten von T. ihrer mittleren Konjunktionen mit der Sonne ausgehen, und die »Tabule resolute«, die die Alfonsin. T. einzig im chr. Kalender wiedergeben und zwar für einen anderen Meridian als den von Toledo.

Bisweilen werden auch T. fälschl. als astronom. T. bezeichnet, die wenig mit Astronomie zu tun haben, z. B. astrolog. T., die das Wirken oder die Eigenschaften aufführen, die den Planeten in bestimmten Konstellationen zugeschrieben werden (→Astrologie), Berechnungstafeln zur Bestimmung der veränderl. Elemente des Kalenders (→Komputistik) und sexagesimale Multiplikationstafeln, die die Interpolation bei der Benutzung von Planetentafeln erleichtern.

E. Poulle

Lit.: T. v. al-Ḫwārizmī: Die astronom. T. des Muḥammed ibn Mūsā al-Khwārizmī in '... der lat. Übers. des Athelhard v. Bath, hg. A. BJØRNBO, R. BESTHORN, H. SUTER, 1914 (Mém. de l'Acad. royale des sciences et des lettres de Danemark, 7ᵉ s., lettres, III, nr. 1) – O. NEUGEBAUER, The Astronomical Tables of al-Khwārizmī, Transl. with Comm. of the Lat. Version ed. H. SUTER, suppl. by Corpus Christi College MS 283, 1962 – *T. v. al-Battānī*: Al-Battānī ... Opus astronomicum, ed. C. A. NALLINO, 3 Bde, 1899–1907 [Neudr. 1977] – *T. v. Toledo*: Ed. fehlt – G. J. TOOMER, A Survey of the Toledan Tables, Osiris 15, 1968, 5–174 – F. S. PEDERSEN, Canones Azarchelis, Cah. de l'Inst. du MA grec et lat. 54, 1987, 129–218 [zweite Canones] – R. MERCIER, Astronomical Tables in the Twelfth Cent. (Adelard of Bath, ed. CH. BURNETT, 1987), 87–118 – *T. v. Toulouse*: E. POULLE, Un témoin de l'astronomie lat. du XIIIᵉ s., les tables de Toulouse (Mél. G. BEAUJOUAN, 1994), 55–81 – *Alfonsin. T.*: Les tables alphonsines avec les canons de Jean de Saxe, ed. E. POULLE, 1984 [vgl. auch DERS., Les tables alphonsines et Alphonse X de Castille, Acad. des inscriptions et belles-lettres, Comptes rendus de séances, 1987, 82–102] – *Zum einzigen bis heute publizierten Almanach*: J. BOFFITO – C. MELZI D'ERIL, Almanach Dantis Aligherii sive Profhacii Judaei..., 1908 – *Zu den Fixsternt.*: P. KUNITZSCH, Typen von Sternverzeichnissen in astronom. Hss. des zehnten bis vierzehnten Jh., 1966 – Claudius Ptolemäus, Der Sternkatalog des Almagest, die arab.-ma. Tradition, hg. DERS., 3 Bde, 1986–91.

II. MATHEMATISCHE TAFELN: Es ist zw. T. für das elementare Rechnen und trigonometr. T. zu unterscheiden (→Mathematik). Beide Arten wurden auch für astronom. Aufgaben herangezogen.

[1] *Tafeln für das elementare Rechnen*: Recht verbreitet waren Multiplikationstabellen. T. für das kleine Einmaleins findet man in Boethius' »Arithmetik« und danach öfter; im 14. und 15. Jh. wurden sie – oft in Verbindung mit Algorismus-Traktaten – bis 20×20 oder 22×22 erweitert (z. B. Petrus de Dacia, Prosdocimo de Beldomandi). Der Multiplikation (und auch der Division) röm. Zahlen und Brüche diente der »Calculus« des →Victorius (um 450), eine Tabelle mit 98 Spalten, bei der die Zahlen von 2 bis 50 mit den röm. Brüchen sowie mit den Einern, Zehnern und Hundertern multipliziert werden (→Osterfestberechnung). Der »Calculus« wurde von Abbo v. Fleury (um 1000) kommentiert und von Abazisten (z. B. →Bernelinus) benutzt. Zur Erleichterung der Multiplikation im Sexagesimalsystem, die für astronom. Rechnungen erforderlich war, gab es – meistens als Teile astronom. T. werke – Mulptikationst. von 1×1 bis 59×59.

Dem Erlernen der Eigenheiten des Stellenwertsystems dienten Zahlent., die den Wert der Ziffern im Dezimalsystem und die Namen der Zehnerpotenzen darstellten. Verbreitet waren auch Konkordanzen, die den Zahlenwert der griech. und röm. Buchstaben und ihr Äquivalent in röm. und arab. Ziffern angaben.

[2] *Trigonometrische Tafeln*: Um die in der →Astronomie erforderl. Berechnungen von Kugeldreiecken durchführen zu können, entwickelten die Griechen die Sehnenrechnung. Die älteste erhaltene Sehnent. findet man bei →Ptolemaeus (Almagest I, 11); sie gibt für ganze und halbe Grade die zugehörigen Sehnen an. Ptolemaios beschreibt auch die math. Grundlagen für die Berechnung dieser T. Durch die Übers. des »Almagest« war die Sehnent. auch den Arabern und seit dem 12. Jh. im Westen bekannt.

Die Inder vereinfachten die Rechnung, indem sie die zu einem Winkel gehörige Sehne durch den Sinus ersetzten, d.h. durch die Halbsehne des doppelten Bogens. Sie besaßen schon im 5. Jh. Tabellen für den Sinus und den Sinus versus (Differenz zw. Radius und Kosinus). Ihre →Trigonometrie wurde v. a. durch →al-Ḫwārizmī den Arabern bekannt; sein Werk enthält in der Überarbeitung durch →al-Maǧrīṭī (um 1107; 1126 von →Adelard v. Bath ins Lat. übersetzt) ebenfalls eine Sinustafel.

Eine neue Methode zur Berechnung von Tabellen geht auf →Abū l-Wafā (gest. 997/998) zurück, der auch eine Sinustabelle mit Schrittweite 15' aufstellte. Die bes. genauen Sinus- und Tangenst. des →al-Bīrūnī (11. Jh.) blieben allerdings im Westen unbekannt. Großen Einfluß erlangten dagegen die für die Radien 150 und 60 erstellten Sinustabellen, die in den »Toledan. T.« vorhanden sind, und die dazugehörigen »Canones«, die erklären, wie man die Sinuswerte berechnet; von ihnen hängen u. a. die Sinust. in den sehr verbreiteten »Canones tabularum primi mobilis« des →Johannes de Lineriis (1322) ab. Weniger häufig als die Sinust. kommen bei den Arabern und im Westen Tangens- bzw. Kotangenst. vor; sie wurden wegen ihrer Beziehung zur Länge des Sonnenschattens als »tabula umbrae versae« bzw. »rectae« bezeichnet.

Um größere Genauigkeit zu erzielen, wurden im 15. Jh. die trigonometr. Zahlenwerte neu berechnet. Ausgehend von den Methoden in den Toledan. T. und bei Ptolemaios, erstellte →Johannes v. Gmunden im »Tractatus de sinibus, chordis et arcubus« (1437) neue Sinustabellen mit einer Schrittweite von 10'; sie wurden von Georg v. →Peuerbach im »Tractatus super propositiones Ptolemaei de Sinubus et Chordis« (gedruckt 1541) weitgehend übernommen. In Weiterführung von Peuerbachs Arbeiten berechnete Johannes →Regiomontanus um 1461–68 Sinust., die von Minute zu Minute fortschreiten. Sie beziehen sich auf den Radius 6000000 bzw. 10000000 (gedruckt erst 1541); eine weitere mit dem Radius 60000 (1400 gedruckt) ist aus der ersten durch Verkürzung entstanden. Von Regiomontanus stammt auch eine Tangenst. zum Radius 100000 mit der Schrittweite 1°. Dadurch, daß Regiomontanus den Radius nicht, wie bis dahin üblich, sexagesimal, sondern dezimal einteilte, wurde er zu einem Wegbereiter der positionell geschriebenen Dezimalbrüche. Die großen Sinust. des Regiomontanus bildeten noch bis Anfang des 17. Jh. die Grundlage für trigonometr. T.werke. M. Folkerts

Lit.: A. v. Braunmühl, Vorlesungen über Gesch. der Trigonometrie, 2 Tle, 1900–03 – M. Curtze, Urkk. zur Gesch. der Trigonometrie im christl. MA, Bibl. math., 3. F., 1, 1900, 321–416 – J. D. Bond, The Development of Trigonometric Methods down to the Close of the XVth Century, Isis 4, 1921/22, 295–323 – E. Zinner, Leben und Wirken des Joh. Müller v. Königsberg genn. Regiomontanus, 1968[2] – H. L. L. Busard, Der Traktat De sinibus, chordis et arcubus von Joh. v. Gmunden, DÖAW 116, 3. Abh., 1971, 73–113 – D. A. King, On Medieval Islamic Multipication Tables, HM 1, 1974, 317–323; 6, 1979, 405–417 – M. Folkerts, Regiomontanus als Mathematiker, Centaurus 21, 1977, 214–245 – E. Glowalzki–H. Göllsche, Die T. des Regiomontanus, ein Jahrhundertwerk, 1990.

Tafelrunde, in der Artustradition (→Artus) die Gemeinschaft der vortrefflichsten Ritter. →Wace berichtet im 'Roman de Brut' (1155), Artus habe den runden Tisch eingeführt, damit es nicht zu Streitigkeiten um die besten Plätze kam. Der Kg. selbst saß nicht in der T.; die Zahl ihrer Mitglieder war nicht limitiert (frz. Texte des 13. Jh. sprechen von 150, 240 oder 366, →Laʒamons 'Brut' von 1600 Rittern). Wace (der den Hinweis auf die T. zu seiner Q. →Geoffrey v. Monmouth ergänzt hat) beruft sich auf das Zeugnis kelt. Spielleute; allerdings sind frühere Erwähnungen der T. nicht nachweisbar. B. Schmolke-Hasselmann hat versucht, die Erfindung der T. aus der polit. Situation in England um 1155 zu erklären (Hegemonieansprüche Kg. →Heinrichs II. gegenüber dem Hochadel).

Sekundär ist die christl. Deutung der T.: Der 'Merlin en prose' des Robert de Baron (→Graalsdichtung) aus dem Anfang des 13. Jh. berichtet, Joseph v. Arimathia habe nach dem Vorbild der Abendmahlsrunde die Graltafel für 12 Ritter begründet (ein 13. Sitz mußte wegen Judas' Verrat leerbleiben), und analog dazu habe Merlin für Artus' Vater Utherpendragon eine Tafel für 50 Ritter, ebenfalls mit einem leeren Sitz, geschaffen. Im frz. →Lancelot-Graal-Zyklus gehören 12 Ritter zur T., den 13. Sitz kann nur der Gottesstreiter Galahad einnehmen (so in der 'Queste del Saint Graal'). Auch in bildl. Darstellungen ist die T. nach dem Vorbild des letzten Abendmahls gestaltet. Neben den 12 Auserwählten (zu denen hier auch Artus selbst gehört) kennen die frz. Prosaromane die größere Gruppe der 'Ritter von der T.', die eine Art Orden (mit gleicher Kleidung und eigenem Wappen) bilden.

Von 1223 bis ins 15. Jh. fanden in vielen Teilen Europas »tables rondes« gen. Turniere statt, wobei die Teilnehmer die Identität arthur. Helden annahmen. Der sog. »Tisch der T.« in Winchester (13. Jh., Bemalung Anfang 16. Jh.) galt jahrhundertelang als authentisch; die 24 Plätze sind namentl. bezeichnet, Artus' Platz ist durch eine bildl. Darstellung des thronenden Kg.s hervorgehoben. A. Gier

Lit.: H. Eberlein-Westhues, Kg. Arthurs »Table Ronde«. Studien zur Gesch. eines lit. Herrschaftszeichens (Der altfrz. Prosaroman, hg. E. Ruhe, 1979), 184–263 – B. Schmolke-Hasselmann, The Round Table: Ideal, Fiction, Reality, Arthurian Lit., II, 1982, 411–475.

Tafur, Pero, * Anfang des 15. Jh., wahrscheinl. in Sevilla, † zw. 1480 und 1485 in Córdoba, wo er zuletzt 1479 als Schöffe (*veinticuatro*) erwähnt wird, verfaßte 1454 den Bericht über eine Reise (»Andanças e viajes de P. T. por diversas partes del mundo avidos«), die er von Nov. 1436 bis April 1439 unternommen hatte (Reiseroute: Sevilla, Genua, Pisa, Venedig, Rom, Venedig, Jaffa, Jerusalem, Beirut, Kairo [Abstecher zum Katharinenkl. auf dem Sinai], Konstantinopel [Abstecher auf die Krim], Venedig, Ferrara, Basel, Köln [Abstecher nach Flandern und in die Picardie], Konstanz, Breslau, Wien, Budapest, Venedig, Spanien). Die im ganzen wahrheitsgetreue Schilderung, deren hist. Wert größer ist als der lit., wird immer wieder unterbrochen von umfangreichen Exkursen über gesch. Begebenheiten und Legenden. W. Mettmann

Ed.: J. Jiménez de la Espada, 1874 – J. M. Ramos, 1934 – Lit.: J. Vives, Andanças e viajes de un hidalgo español, AST 19, 1946, 123–215.

Tag und Stunde. Eigtl. Träger des Datums sind der Licht- (Sonnen-) oder der Geschäftstag, die im allg. zusammenfallen; ihre natürl. Begrenzung wird durch den Sonnenaufgang und -untergang bestimmt. Die Römer haben wie die →Woche auch die Namen der T.e aus dem Orient übernommen, einerseits über die Juden, andererseits über Ägypten. Aus Ägypten stammt die Einteilung der T.e nach den sieben Planeten, daraus ergibt sich nach Cassius Dio folgende Reihenfolge: Saturn, Sonne, Mond, Mars, Mercur, Jupiter, Venus. Gegen Ende des 2. Jh. war die planetar. Woche vollständig im Röm. Reich im Alltag eingebürgert, obwohl sie immer noch offiziell ignoriert wurde. Die Bezeichnungen der Wochentage nach den Planeten finden sich auf christl. Inschriften aus dieser Zeit häufiger als auf heidn. Lange Zeit erregten die nach röm. Göttern benannten Wochentage bei den Christen keinen Anstoß und waren, als die Kirche gegen alles Heidn. vorging, bereits fest verwurzelt. – Die Germanen übernahmen von den Römern die T.esnamen, ersetzten jedoch diejenigen durch die Namen ihrer Götter, die sie mit den röm. identifizierten. Da die Übernahme zeitl. unterschiedl. im 4. und 5. Jh. erfolgte, wurden die T.e regional unterschiedl. benannt: 1. Sonntag, *Sunnendag, Sonnetag*; 2. *Manintac, Mondtag*, Montag – *Erictac, Erchtag* (bayer.); 3. *Ziestag* (schwäb.), *diestag* (mitteldt.), *Tiestag* (ndt.), *Dingstag*, woraus aufgrund eines Mißverständnisses Dienstag wurde; 4. *Godentag, Gundenstag, Gaunstag, Gunstag, Woensdach* (fries., ndl.), *Woensdag, Goensdag, Wernsdei*; 5. *Donares Tac, Donrestag, Donderdag* (ndl.); 6. *Frije Tac, Fritac, Vritag*, Freitag; 7. *Saterstag, Saiterstag* (westfäl.), *Zaterdag* (ndl.), *Saterdei* (altfries.). Die skand. und engl.

T.e entsprechen den dt. Die Kirche versuchte, die heidn. T.esnamen durch andere zu verdrängen. Dies gelang ihr nur beim ersten T. der Woche, am Sonntag, den man als T. des Herrn bezeichnete (dies dominica); dem folgten nicht die germ., wohl aber alle roman. Völker: *Dimanche, Domenica, Domingo.* Der Versuch, den jüd. Namen →Sabbat durchzusetzen, glückte: *samedi, sabato, sabado – sambastac* (ahd.), *samstac* (mhd.); daneben erscheint auch die Bezeichnung Sonnabend, abgeleitet von der kirchl. Vigil, die dem Sonntag vorangeht. Ähnl. ist die Benennung *Aftermontag* für Dienstag, die sich letztl. nicht durchsetzen konnte. Die Kirche versuchte, auch die Namen für Dienstag bis Freitag zu ersetzen, indem sie möglicherweise unter Papst Silvester I. die jüd. Zählung einführte, den sog. ecclesiasticus (→Isidor v. Sevilla); die T.e wurden feria secunda, f. tertia, f. quarta, f. quinta, f. sexta genannt; in Ergänzung dazu wurde der Sonntag f. prima, der Samstag f. septima, f. Sabbati benannt. F. (auch: dies feriatus, ferialis) bezeichnete den Werktag, obwohl 'dies' im Lat. 'Festtag' bedeutet. Die Geistlichkeit hielt sich im MA sehr streng an diese Wochentagsbezeichnungen; in Portugal wurden sie auch für den Alltag üblich. Was letztl. zu der T.esbezeichnung Mittwoch führte, ist unklar. Schwierigkeiten macht auch die Bezeichnung *Phinstag, Pfingstag* (bayer., österr.) für Donnerstag. Im Abendland gab es außerdem zahlreiche andere T.esbezeichnungen, die zeitl. und regional unterschiedl. gebraucht wurden.

Stunde: Die Einteilung des T.es und die Messung der Teile des T.es waren während des MA bis zur Einführung der Schlaguhren (→Uhr) im 14. Jh. nur primitiv. Der T. wurde nach dem Schattenmaß und dessen ungleich langen Stunden (horae inaequales) geteilt. Diese einfache Stundenteilung findet sich in vielen Kalendarien (→Beda Venerabilis). Die ungleich langen Stunden gehen auf die röm. T.eseinteilung mane, hora tercia, sexta, nona, vespera, gallicinium ('Hahnenschrei') zurück; sie wurden bereits im FrühMA als horae canonicae (→Stundengebet, →T.eseinteilung im Kl.) übernommen. Bei dem völligen Mangel an Zeitbestimmungsmöglichkeiten regelte das kirchl. Glockengeläute den bürgerl. Alltag, so zeigten das Morgen- und Abendläuten («Ave Maria-Läuten») Beginn und Ende der Arbeitszeit an. Die Städte nutzten die Glockenzeichen, um die Tore zu schließen, das Ende des Markts anzuzeigen oder andere öffentl. Zeiten zu regeln. Da die ungleich langen Stunden für das aufkommende Gewerbe und den Handel sehr unbequem waren, wurden von Italien ausgehend seit Mitte des 14. Jh. in den Städten Schlaguhren aufgestellt. – Die gleichlangen Stunden (horae aequinoctiales), die bei den Astronomen des Altertums (Ptolemaios) bekannt waren, lassen sich im MA nur in astronom. und kalendar. Werken nachweisen.

P.-J. Schuler

Lit.: GINZEL III, 97ff. – G. BILFINGER, Der bürgerl. T., 1888 – F. RÜHL, Chronologie des MA und der NZ, 1897, 49ff. – P. RÜCK, Zur Verbreitung der Festdatierung im 13. Jh., ADipl 38, 1992, 146–191 [Lit.].

Tagebuch

I. Italien – II. Iberische Halbinsel, Frankreich – III. Deutschland – IV. Byzanz.

I. ITALIEN: T., mittellat. Diarium, lit.-historiograph. Genus, das sich seit dem SpätMA entwickelt hat; es besteht aus einer Reihe von täglich oder zumindest mit einer gewissen Regelmäßigkeit aufgezeichneten Notizen, ist gekennzeichnet durch Spontaneität und subjektive Darstellung und läßt keinen festgelegten Plan des Gesamtwerks erkennen. In eine erste Gruppe lassen sich Schriften mit rein historiograph. Charakter zusammenfassen: zu diesen gehören das »Diario di Anonimo Fiorentino« (Documenti di Storia it. Ser. I, 6, 1876; S. 293, 481) für den Zeitraum von 1358 bis 1389, das vielleicht Boninsegna Machiavelli zugeschrieben werden kann, ferner drei kleinere Texte, ebenfalls in florent. Volkssprache, die den →Ciompi-Aufstand beschreiben: das »Diario Compagnano« (MURATORI², 18/3, 1917–34, 103–123), das die Ereignisse von 22. Juni bis zum 21. Dez. 1378 schildert; die »Cronaca terza d'Anonimo« (MURATORI², 18/3, 1917–34, 125–134) vom Juni 1378 bis März 1382, die »Cronaca dello Squittinatore« (MURATORI², 18/3, 1917–34, 67–102), die zu verschiedenen Zeitpunkten wahrscheinl. von ein und demselben Autor zw. 1378 und 1387 abgefaßt wurde. Das »Diario di anonimo fiorentino« bezeugt direkte Teilnahme des Autors an den beschriebenen Ereignissen und umfaßt die Jahre 1382 bis 1401. Ferner sind zu nennen: die »Diurnali del →Duca di Monteleone«, eine bedeutende Quelle für die Gesch. des Kgr.es →Neapel; das »Diario Ferrarese« (MURATORI², 24/7, Bd. 1, 1928–1933), verfaßt von einem anonymen Notar, vielleicht Francesco da Fiesso, im letzten Drittel des 15. Jh. in ferrares. Dialekt mit häufigen Einflüssen des kurialen Lateins, über die Gesch. →Ferraras vom Juni 1409 bis zum Juli 1502; die »Cronica gestorum in partibus Lombardie et reliquis Italie« (MURATORI², 22/3, 1904–10, 1–120), die in schlichtem Latein die Gesch. →Parmas vom Dez. 1476 bis zum Dez. 1482 beschreibt; das »Diarium Romanum« des Jacopo Gherardi v. Volterra (MURATORI², 23/3, 1904–11), des Sekretärs und Apostol. Nuntius der Päpste Sixtus IV. und Innozenz VIII., das in lat. Sprache die Ereignisse vom Sept. 1479 bis zum Aug. 1484 berichtet; eine deutlich antiklerikale und antikuriale Haltung spricht hingegen aus der als T. bezeichneten Chronik »Diario della città di Roma« des röm. Juristen Stefano Infessura (Fonti 5, 1890), die die Ereignisse der Jahre 1303 bis 1494 beschreibt. Zu dieser ersten Gruppe gehören außerdem die »Diarii« des Venezianers Girolamo Pricchi (MURATORI², 24/3, 1912–41, Bd. 1-2-4) vom Aug. 1494 bis 1512 und die berühmteren »Diarii« seines Landsmannes Marin →Sanudo d. Jg. (Venedig 1879–1902), die in 58 Bänden kleine und große Ereignisse der ven. Gesch. vom Jan. 1496 bis zum Sept. 1533 verzeichnet und die Erzählung mit Urkundenmaterial anreichert.

Eine zweite Gruppe bilden die T.er mit privatem und persönl. Charakter, die im Rahmen der Memorialliteratur entstanden sind und Ereignisse des tägl. Lebens und – in einer späteren Phase – moral. und philos. Reflexionen aufzeichnen. Das Genus entwickelt sich v. a. seit dem 15. Jh., nachdem der Humanismus den Begriff einer individuellen »Memoria« klarer definiert hatte. Unter den zahlreichen Beispielen seien genannt: »Il libro di ricordanze« der Familie →Corsini (1362–1457) und das T. des Florentiners Francesco Castellani (1418–94), in dem neben den Ereignissen des Familienlebens auch genau Käufe und Verkäufe von Gütern, Kredite, Ausgaben usw. verzeichnet wurden.

Interessant ist auch das private T. des Bartolomeo di Michele del Corazza, das die Jahre 1405–38 umfaßt und sorgfältig die in Florenz anläßlich öffentlicher Feiern oder des Besuchs weltl. oder geistl. Herren abgehaltenen Feste und Zeremonien verzeichnet (G. O. CORAZZINI, Diario fiorentino di Bartolomeo di M. del Corazza, ASI, ser. 5, XIV, 1894, 240–298).

Zu dem Genus der T.er kann man auch die Reiseberichte (→Reisen) zählen, die eine nach Tagen gegliederte Struktur aufweisen, wie die großteils verlorenen »Commentarii« des →Ciriaco d'Ancona (1391–1450) und v. a.

die Bordbücher, die aus der Notwendigkeit entstanden waren, die tägl. Geschehnisse auf See festzuhalten (s. Abschn. II).
L. Robertini

Lit.: DBI, s.v. Corsini, Castellani, Corazza – Il libro di ricordanze dei Corsini (1362–1457), ed. A. PETRUCCI, Fonti 100, 1965 – A. CICCHETTI–R. MORDENTI, I »Libri di famiglia«. Problemi di storiografia letteraria e metodologia della ricerca, 1983 – DIES., La scrittura dei libri di famiglia (Letteratura it., III: Le forme del testo 2 La prosa, 1984), 1117–1159 – Alle bocche della piazza. Diario di anonimo fiorentino (1382–1401), ed. A. MOLHO–F. SZNURA, StT 14, 1986 – G. CHERUBINI, I »libri di ricordanze« come fonte storica (Civiltà comunale: libro, scrittura, documento, 1989), 567–591 – Francesco di Matteo Castellani, Ricordanze I (1436–1459), ed. G. CIAPPELLI, 1992 – V. ROSSI, Il Quattrocento, ed. R. BESSI–M. MARTELLI, 1992² [Lit.].

II. IBERISCHE HALBINSEL, FRANKREICH: Das früheste Zeugnis im kastil. Schrifttum mit tagebuchartigen Zügen ist der Bericht des Ruy González de →Clavijo († 1412) über eine Gesandtschaftsreise nach Samarqand (1403–1406) im Auftrag des Kg.s v. Kastilien →Heinrich III. Der andalus. Ritter Pero →Tafur führt in »Andança e viajes por diversas partes del mundo avidos« (1435–1439) Buch über seine Beobachtungen und Erfahrungen auf Reisen in Italien, Deutschland und im östl. Mittelmeer. Den Charakter autobiograph. Erinnerungen tragen die persönl. Bekundungen der Leonor López de Córdoba (um 1412).

Im katal. Raum sind neben Aufzeichnungen (noticiari) aus dem Alltag von Joan Toralles aus Vic (an der Wende 14./15. Jh.) der »Dietari del capellà d'Alfons Magnànim«, ein wahrscheinlich von dem Valencianer Hofkaplan Melcior Miralles geschriebenes chronist. T. aus dem Umkreis von Kg. →Alfons V. v. Aragón sowie die Ratsprotokollbücher Manuel de Novells Ardits (»Dietari de l'Antich Consell Barceloní«, seit 1390) sowie der »Dietari de la Diputació« (ab 1454, zw. 1454–1474 von dem Schreiber Jacme Safont geführt) zu erwähnen.

Im Verlauf der Entdeckungsfahrten der Portugiesen und Spanier im 15. Jh. entstehen zahlreiche Schiffstagebücher mit Beschreibung der Reisewege, naut. Bestimmungen, naturkundlichen Beobachtungen, Aufzeichnungen über die Vorfälle an Bord und landeskundl. Nachrichten. Die Darstellung der Entdeckungen und Eroberungen in der ptg. und kast. Hofhistoriographie (etwa bei Gomes Eanes de Zurara [→Azurara], João de Barios oder Pedro Martic de Anglería) dürfte u. a. auf der Auswertung solcher Logbücher beruhen, da die Aufzeichnungen über die von der Krone zu genehmigenden Fahrten bei der Rückkehr an die kgl. Kanzlei abzuliefern waren. Der Venezianer Alvise →Ca'da Mosto stand seit 1454 im Dienst Prinz Heinrichs d. Seefahrers und beschreibt selbst seine »Navigazzioni« (gedr. 1507 in Vicenza). Bei der ersten Fahrt des Vasco da Gama nach Indien führt Alvaro Velho 1498 das Logbuch. Das berühmte Bordbuch des →Kolumbus über seine erste Fahrt zu den Westind. Inseln, Kuba und Haiti (3. Aug. 1492–15. März 1493) verzeichnet von Tag zu Tag den Kurs, zahlreiche Beobachtungen und Vorkommnisse. Der Text ist in zwei Fassungen überliefert: in der von seinem Sohn Fernando Colón verfaßten Biographie, die allerdings nur in der it. Übers. von Alfonso de Ulloa (Venedig 1571) vorliegt, sowie in der »Historia de las Indias« von Bartolomé de Las →Casas (erst 1825 veröff.). Beide beruhen wahrscheinl. auf einer Abschrift, die Kgn. Isabella an Kolumbus zurückgeben ließ. Die von Las Casas vermittelte Fassung ist insgesamt getreuer, wenngleich er die Vorlage kürzt und sprachlich verändert, den Bericht teilweise in die 3. Person umsetzt oder Interpolationen vornimmt. Möglicherweise hat Kolumbus sogar neben dem offiziellen ein geheimes Logbuch mit anderen Positionsbestimmungen und Geschwindigkeitsberechnungen geführt. In den frühen Entdeckungsberichten vermischt sich vielfach der Brief als Abhandlung mit Angaben Tag für Tag (z. B. bei Pero Vaz de Caminha, dem Schreiber von Pedro Alvares →Cabral, über die Inbesitznahme Brasiliens 1500) und der berichtenden Chronik.

In Frankreich ist das →Journal d'un bourgeois de Paris aus der Zeit des Hundertjährigen Krieges (1405–49) das früheste Dokument des aufkommenden neuen Genres T. Nicolas de Baye, Schreiber am Parlament von Paris, fügte den Protokollen persönl. Eintragungen (1400–1417) hinzu.
D. Briesemeister

Lit.: vgl. die Artikel zu einzelnen Autoren und Werken; →Autobiographie, →Biographie.

III. DEUTSCHLAND: T.er oder tagebuchähnl. Aufzeichnungen persönl. Erlebnisse, d. h. einigermaßen regelmäßige und kontinuierl. Notizen, gibt es mutmaßlich in allen Schriftkulturen; deren spätere Verwertung ist grundsätzl. bei vielen autobiograph. Texten (→Autobiographie) zu vermuten. Bestimmte Gruppen tendieren zu solchen Notizen, insbes.: Militärs (berühmtes Beispiel: die »Commentarii« Caesars), Reisende, Kaufleute sowie religiös gesinnte Personen. Aus dem deutschsprachigen MA sind davon allerdings nur Reflexe erhalten: in Reiseberichten von Pilgern (die auf irgendwelchen Notizen während der Reise beruhen müssen: vgl. etwa den Fall der verlorengegangenen Reiseaufzeichnungen des Tübinger Wundarztes und Weltreisenden Andreas Josua Ultzheimer, 1596–1609); in den Aufzeichnungen und Rechnungsbüchern von Kaufleuten (z. B. das 1360 begonnene »Puechel von meim geslecht und von abentewr« des Nürnbergers Ulman →Stromer; vgl. auch die lat. Reiseabrechnungen des Bf.s v. Passau, →Wolfger v. Erla, mit der einzigen hist. Nennung des 'cantor' Walther v. der Vogelweide [12. Nov. 1203]); sowie v. a. in den Textsammlungen mancher Mystikerinnen und Mystiker (z. B. von →Mechthild v. Magdeburg oder Heinrich →Seuse, deren offenbar kontinuierl. Einzelaufzeichnungen später durch eine Gesamtredaktion zusammengefaßt wurden). In verschiedene Sprachen übersetzt wurde das nicht in der Originalform erhaltene »Bordbuch« des Christoph →Kolumbus (1492); eine Fiktion des 19. Jh. sind die sog. 'Reise-Notate des Oswald v. Wolkenstein'. Tagebuchähnl. Texte des frühen 16. Jh. in dt. Sprache sind das Merkbuch von Albrecht →Dürer über seine Niederland-Reise (1520/21) oder 'Memoiren' in der Art des Götz v. Berlichingen.
U. Müller

IV. BYZANZ: Wenn man unter T. ein »Buch, Heft, für tägliche Eintragungen persönlicher Erlebnisse oder Gedanken« (Duden) versteht, so hat es eine solche Gattung in Byzanz nicht gegeben. Bei einer etwas weiteren Definition, nämlich chronolog. Aufzeichnungen persönl. oder öffentl. Ereignisse, bei denen (im Unterschied zu →Annalen) dem Verfasser ein Eigenanteil zukommt, sind auch aus Byzanz Beispiele anzuführen, die bisher nie systematisch gesammelt oder geordnet wurden und daher an dieser Stelle unvollständig bleiben müssen. Im öffentl. Bereich lassen sich in verschiedenen Geschichtswerken (z. B. →Theophylaktos Simokates, →Theophanes, Johannes →Skylitzes) Spuren von Kriegstagebüchern (aus der Feder von Offizieren) finden. Die Chronik des Georgios →Sphrantzes ist in vielen Teilen in der 1. Person abgefaßt. Publizist. Tagebuchcharakter haben die memoirenartigen Aufzeichnungen des Silbestros →Syropulos zum Konzil v. →Ferrara-Florenz. Im privaten Bereich ist auf gereihte Einzelnotizen über familiäre Ereignisse (Geburt, Ehe, Tod, kirchl. Weihen) hinzuweisen, die überwiegend unveröffentlicht blieben, wenn den handelnden Personen kein hist. Interesse zukam. Eine Ausnahme bilden die 89 (überwiegend ökonom.) Eintragungen zw. 1419 und 1438 in einer Pariser Hs. Auch verschiedenen Reiseberichten (z. B. →Thomas Magistros) liegen deutlich tagebuchartige Aufzeichnungen zugrunde.   P. Schreiner

Q.: S. Kugeas, Notizbuch eines Beamten..., BZ 23, 1914/19, 143-163 - P. Schreiner, Die byz. Kleinchroniken, 1, 1975, 643-645 - Ders., Eine Obituarnotiz.., JÖB 39, 1989, 206-216 - Ders., Texte zur spätbyz. Finanz- und Wirtschaftsgesch. 1991, 145f.

Tagelied

I. Allgemein – II. Deutsche Literatur – III. Romanische Literaturen – IV. Englische Literatur.

I. Allgemein: Im Zentrum des ma. T.es steht die Trennung eines (adligen) Liebespaares nach gemeinsam verbrachter Nacht. In seinen überlieferten Formen gehört es in den Kontext der →Troubadourlyrik (*alba*, ca. 18 Lieder) und des →Minnesangs (*tageliet*, ca. 120 Lieder); im nordfrz. Raum ist es kaum verbreitet (*aube*, ca. 5 Lieder). Die Entstehungsgeschichte der ma. Variante eines weltlit. Typs ist nicht präzise beschreibbar; in ihm verschmelzen Einflüsse klerikaler Kultur (Ovid, Vergil, Bibel, Hymnendichtung) mit volkstüml. Wurzeln (Alba v. Fleury, 10. Jh.). Im Gegensatz zur dominanten Minnekanzone fehlt dem T. das lyr. Ich; das T. reflektiert die erfüllte höf. Liebe, wobei die Leidthematik – inhaltl. anders gefüllt und gegenseitig – in der Trennung präsent bleibt. Die Reduzierung des T.es auf eine Ventilfunktion ist daher unangemessen. Erzählung und v. a. Dialog prägen diesen Liedtyp und geben ihm einen episch-dramat. Charakter. Das Personal besteht aus Wächter, Dame und Ritter; der Ort des Geschehens ist der Wohnbereich der Dame, der spannungsstiftende Zeitpunkt der Tagesanbruch und damit der unerbittl. Zwang zur Trennung, verbunden mit der existentiellen Gefahr des Entdecktwerdens. Das realitätsferne personale Dreiecksverhältnis ist ein unübersehbares Fiktionalitätssignal, schafft Raum zur lyr. Gestaltung und bietet in der Wächterrolle ein Medium der Vermittlung zw. Innen- und Außenperspektive, Liebespaar und höf. Publikum.

II. Deutsche Literatur: Aus der Kenntnis okzitan. Vorbilder und im Rückgriff auf Typen des »Donauländ. Minnesangs« wie Frauenklage, Wechsel und szen. Einzelstrophe entwickelt sich das dt. T. Als früher Vertreter gilt trotz gewisser Unsicherheiten →Dietmar v. Aist (MF 39, 18). Im klass. Minnesang ist das T. v. a. im Hintergrund, in der Form von Anspielungen präsent (u. a. →Friedrich v. Hausen [MF 48, 23], →Reinmar [MF 154, 32]). Virtuose Variationen des Grundmusters bieten →Heinrich v. Morungen mit seinem wächterlosen T. wechsel (MF 143, 22) und →Walther v. d. Vogelweide mit seiner Thematisierung des Liedtyps (L 88, 9). Erster Vertreter des voll entwickelten T.es ist →Wolfram v. Eschenbach: Gestalterisch und formal auf qualitativ höchstem Niveau steht das T. nur bei Wolfram im Mittelpunkt der lyr. Produktion (5:3). Er gestaltet bildmächtig den Tagesanbruch (MF I, MF II), nutzt die Möglichkeiten der Wächterrolle und konzentriert die Spannung aus Trennung und Begehren in einer letzten, unvergleichl. Vereinigung der Liebenden (MF I, 3, MF II, 5, MF V, 3, MF VII, 3). In einer kontrastreichen Spannung dazu steht sein kontrovers (Absage, Parodie) gedeutetes »Ehetagelied« (MF IV). Die Vorgaben Wolframs prägen die Entwicklung des T.es im 13. Jh. (vgl. u. a. →Otto v. Botenlauben, →Markgraf v. Hohenburg, →Ulrich v. Winterstetten), wobei insbes. die Rolle des Wächters zur Variation genutzt wird. →Ulrich v. Liechtenstein mißt ihm im »Frauendienst« erstmals an der realen Gestalt und ersetzt ihn durch eine *maget* (KLD 58, XL). →Steinmar transponiert das T. ins dörperl. Milieu (SMS 26, 8). Der Liedtyp bleibt bis ins späte MA produktiv, dominiert aber nie das Œuvre eines Autors. Herausragende Vertreter im SpätMA sind Johannes →Hadlaub, der →Mönch v. Salzburg und →Oswald v. Wolkenstein.

Das geistl. T. ist ein eigenständiger Liedtyp, der erst im 14. und 15. Jh. nennenswerte Spuren hinterließ (u. a. →Hugo v. Montfort, →Mönch v. Salzburg, →Oswald v. Wolkenstein, Peter v. Arberg).   H.-J. Schiewer

Ed.: Des Minnesangs Frühling, bearb. H. Moser-H. Tervooren, 1988[38] – Dt. Liederdichter des 13. Jh., hg. C. v. Kraus, 1978[2] – Schweizer Minnesänger, hg. M. Schiendorfer, 1990 – Anthologien: Texte zur Gesch. des dt. T.s, hg. E. Scheunemann-F. Ranke, 1947 – Eos, hg. A. T. Hatto, 1965 – »Owj do tagte ez«, 1, hg. R. Hausner, 1983 – Dt. T. er, hg. S. Freund, 1983 – T. er des dt. MA, hg. M. Backes, 1992 – Lit.: W. Mohr, Spiegelungen des T.s [1971] (Ders., Ges. Aufsätze, 2, 1983), 129-150 – U. Müller, Ovid »Amores« – alba – tageliet [1971] (Der dt. Minnesang, hg. H. Fromm, 2, 1985), 362-400 – U. Knoop, Das mhd. T., 1976 – A. Wolf, Variation and Integration, 1979 – W. Hoffmann, T. kritik und T. parodie in mhd. Zeit, GRM 35, 1985, 157-178 – I. Beloiu-Wehn, »Der tageliet maneger gerne sanc«, 1989 – V. Mertens, Erzähler. Kleinstformen. Die genres ojectifs im dt. Minnesang (Kleinere Erzählformen im MA, hg. K. Grubmüller, 1989), 49-65 – E. Willms, Liebesleid und Sangeslust, 1990, 200-214 – C. Cormeau, Zur Stellung des T.s im Minnesang (Fschr. W. Haug–B. Wachinger, 2, 1992), 695-708 – H.-J. Behr, Die Inflation einer Gattung (Lied im dt. MA, hg. C. Edwards, 1996).

III. Romanische Literaturen: [1] *Okzitanische und frz. Lit.*: Der Begriff T. (frz. *aube*, okzitan. *alba*) bezeichnet ein Gedicht, in welchem in direkter Rede ein Liebespaar, nach einer gemeinsam verbrachten Nacht vom Ruf des verbündeten Wächters geweckt, seinem Schmerz über die bevorstehende Trennung Ausdruck gibt. Diese vorwiegend themat. Charakterisierung des T.es läßt sich, wenigstens für den okzitan. Bereich, mit dem formalen Kriterium der refrainartigen Wiederholung des Wortes *alba* am Ende jeder Strophe in Verbindung bringen. Für die okzitan. Lit. läßt sich somit von einer eigtl. lyr. Untergattung sprechen, zu der heute bei extensiver Zählung 18 Lieder v. a. des 12. und 13. Jh. gerechnet werden können. Quantitativ stellt das T. somit nicht das Gros der okzitan. Lit., und man hat deshalb, zusätzl. auf seine »popularisierende« Thematik hinweisend, vom T. als von einer »minderen Gattung« gesprochen, die im Gegensatz zur noblen und gelehrten →Canso stehe. Die ältere Forsch. stellte den Unterschied zw. der »vollzogenen« Liebe des »einfachen«, »naturverbundenen« T. es und der in der »noblen« Canso besungenen ewig ungestillten Lust in den Vordergrund, heute betont man mehr die Ähnlichkeiten der beiden. Vom Vokabular her unterscheiden sich die Gattungen nicht, und es besteht auch kein ideolog. Bruch, zumal die Liebesnacht im T. letztl. nichts anderes als die gesteigerte Form des in der Canso geforderten *celar* (Verbergen der Liebe) ist. Ebenso ist man von der »szen.-dramat.« Konzeption des T.es, in der mehrere Personen wie in der →Pastourelle dialog. interagieren, abgekommen: Die Sprecherwechsel innerhalb des T.es sind eigtl. eine Abfolge von Monologen, die alle, wie die Canso, den Schmerz der Trennung ausdrücken. Der richtigen Feststellung, daß die Thematik sich trennenden Liebenden universell ist und weit in vorlit. Zeit zurückreicht, ist entgegenzuhalten, daß für das T., neben einer volkstüml., wohl auch der Einfluß einer religiösen Tradition anzunehmen ist, in welcher der Wächter die Schlafenden mahnt, das Licht des nahenden Tages (= Christus) nicht zu versäumen. 6 solcher »aubes religieuses« sind heute erhalten. Die Ursprungsfrage scheint um so unlösbarer, als bereits die sog. »aube bilingue« von Fleury, eines der ersten roman. Schriftdenkmäler überhaupt, im 11. Jh. sowohl die religiöse (lat.) als auch die erot. (okzitan.) Alba in sich vereinigt. Das T. als Gattung entwickelt diese beiden vortrobadoresken Stränge, integriert aber zugleich zeitgenöss., v. a. 'höf.' lit. Einflüsse. Auch der Hss. befund spricht nicht für eine scharfe generische Spaltung zw. Canso und T. Zwar sind 16 der erhaltenen Gedichte oder Frgm. e Unica, doch in den Hss. ist die Mehrzahl (13) der okzitan. T. er – oft namhaften – Autoren zugeschrieben, die auch Cansos verfaßt haben. Geradezu massiv überliefert sind die »alba« von →Cadenet und das »Reis glorios« von →Guiraut de Bornelh (10 bzw. 7 Hss.), für die bezeichnenderweise auch die Melodien (für Guiraut sogar zwei verschiedene) erhalten sind.

Im Gegensatz zum S, wo das T. gut vertreten ist, haben sich aus dem N Frankreichs nur 5 T. er erhalten (alle Unica, davon eines mit Melodie), so daß eine Analyse des Korpus sich beinahe notwendigerweise auf die Erkenntnisse aus dem okzitan. Bereich stützen muß. Wenn es auch plausibel scheint, daß das T. im N als Gattung existiert hat, so fällt die im S charakterist. Wiederholung des Wortes *aube* im 'Refrainvers' gemeinhin weg, so daß sich die 5 Gedichte nur themat. als T. er kennzeichnen, formal sogar zu anderen Gattungen gehören können. Ledigl. eine *chanson* Philipps von Novara weist die für das (okzitan.) T. typ. Wortwiederholung auf, es geht ihr aber wiederum das themat. Konstituens ab. Ebenfalls im Gegensatz zum okzitan. Bereich, in dem beinahe alle T. er signiert sind, steht der Umstand, daß nur für eine einzige *aube* ein Autor gen. wird (→Gace Brulé, Zuschreibung höchst unsicher).

[2] *Italienische Lit.:* Im it. Sprachbereich läßt sich für das ganze MA nur ein einziges, in einem Bologneser Codex aus dem Juristenmilieu (1286) erhaltenes, alba-ähnl. Gedicht finden. Dieses beinahe vollständige Fehlen schriftl. Spuren, die den Schluß auf die Existenz einer T. tradition in Italien zulassen, hängt wohl u. a. mit der Dominanz der okzitan. Lit. auf der Halbinsel zusammen.

[3] *Lit. der Iberischen Halbinsel:* Auch die Iber. Halbinsel kennt das T. als eigtl. Gattung im MA nicht, sondern folgt anderen Traditionen, in denen sich, wie bereits in gewissen arab. Muwaššahas mit mozarab. Ḫarǧa, die Liebenden im Morgenrot vereinigen. So kommt in einigen galic. →Cantigas de amigo das Wort *alba* vor, aber in der Regel fehlt das charakterist. Element der Trennung, einzig bei Nuno Fernandes Torneol (13. Jh.) findet sich eine Anspielung auf den Abschied am Morgen, ansonsten ist das thematisierte Moment die Vereinigung (*alborada*). Für das Spanische setzt die T. tradition mit der Rezeption des Gedichts »El rey de la gloria« von Fray Ambrosio Montesino 1485 ein, der den Refrain einer Alba anführt, nach dessen Melodie sein religiöses Gedicht zu singen sei.

R. Trachsler

Ed. und Lit.: übergreifend: Eos. An Enquiry into the Theme of Lover's Meeting and Parting at Dawn in Poetry, hg. A. T. HATTO, 1965 [Einzelsprachmonographien, Ed. relevanter Texte: E. M. WILSON, Iberian, 299–343; B. WOLEDGE, Old Provençal and Old French, 344–389; R. G. FAITHFULL, Italian, 390–418 (403: Bologneser Frgm. v. 1286)]–*zu [1]:* A. JEANROY, La Poésie lyrique des troubadours, 1934, II, 292–297, 339–341 [Liste der frz. und okzitan. T. er] – P. BEC, La Lyrique frç. au M-A (XIIᵉ–XIIIᵉ s.), 1977–78, I: Études, 90–107; II: Textes, 24–30 [Ed. der 5 frz. T. er] – G. HILTY, Die zweisprachige Alba (Fschr. M. WANDRUSZKA, 1981), 43–51 – J. SAVILLE, The Medieval Erotic Alba: Structure as Meaning, 1972 – D. RIEGER, Gattungen und Gattungsbezeichnungen der Trobadorlyrik, 1976 (Beih. ZRPh 148), 1–44 – *zu [3]:* Antologia de Albas, Alboradas y poemas afines en la Península Iberica hasta 1625, hg. D. EMPAYTAZ, 1976 – G. TAVANI, Motivi della canzone d'alba in una cantiga di Nuno Fernandes Torneol, Quaderni degli annali dell'Istituto universitario orientale di Napoli 3, 1961, 199–205.

IV. ENGLISCHE LITERATUR: Die me. Formen höf. Lyrik wurden aus Frankreich rezipiert. Zu diesen gehörte jedoch offensichtl. weder die prov. *alba* noch die *auba* oder die *aubade*, ihr nordfrz. Gegenstück. Die stärkere moral. Akzentuierung der höf. Liebe in England dürfte der Thematisierung des Abschieds nach nicht statthaftem Liebesvollzug im Wege gestanden haben. Die →Pastourelle, eine dem T. verwandte Gedichtart, ist hingegen belegt. – Die Grundsituation der alba ist jedoch Motiv der me. Epik des 13. und 14. Jh.: in der Spielmannsromanze »Sir Tristrem« und der höf. →Romanze »Kyng Alisaunder«. Bei →Chaucer begegnet der morgendl. Abschied der Liebenden mehrfach: im →Rosenroman, stellenweise in der frühen Lyrik, insbes. in »Troilus and Criseyde«. Der Dichter stand hierbei unter dem Einfluß →Ovids und der it. Renaissance (→Petrarca, →Boccaccio). Klass. gefaßt ist die T. situation auch bei →Gower (»Confessio Amantis«) und →Lydgate (»Troy Book«), wohingegen die Schotten →Dunbar und →Douglas eher der volkstüml., folklorist. geprägten und damit alba-fernen Handhabung des T. s in schott. und nordengl. →Balladen des späten MA (»Brown Robin«, »The Grey Cock«, u. a. m.) verpflichtet sind. P. Erlebach

Lit.: R. E. KASKE, The Aube in Chaucer's Troilus (Chaucer Criticism, II, 1961), 167–179 – T. J. B. SPENCER, English (Dawn-Parting Poems), (Eos, hg. A. T. HATTO, 1965), 505–531 – J. SAVILLE, The Medieval Erotic Alba, 1972 – J. SCATTERGOOD, The 'bisynesse' of Love in Chaucer's Dawn-Songs (Essays in Criticism, 1987), 110–120.

Tagelöhner → Lohn, A. II

Tageseinteilung (im Kl.). Eremiten kannten eine freie Einteilung ihrer Zeit, während Zönobiten bestimmte Liturgieformen regelmäßig einhielten. Schon nach der Regel des →Pachomios ist der klösterl. Alltag durch Gottesdienst, Schriftlesung und Arbeit bestimmt; gemäß der →Regula Magistri wird zu gewissen Tagzeiten gebetet. Das Tagwerk war grundsätzl. dem Gebet untergeordnet; Lesen, Schreiben, Lernen und körperl. Tätigkeit wurden von liturg. Pflichten unterbrochen (Caesarius v. Arles, Kap. 66; 69). Der Tagesablauf bei den →Benediktinern ist durch das →Stundengebet strukturiert (RB, Kap. 8–20). Dieser Zyklus mit acht Hauptzeiten begann bald nach Mitternacht und schrieb zw. Sonnenaufgang, Mittag und Abend verschiedene gemeinsame Gebete im Oratorium (Kap. 52) nach dem Brevier vor. Das Kl. leben wurde dem jahreszeitl. bedingten Rhythmus von Tag und Nacht angepaßt und variierte hinsichtl. des Wochen-, Sonn- oder Feiertages im Festkalender und der Fastengebote. Den Wechsel von Chorgebet, Eucharistiefeier, geistl. Lektüre, zugewiesener Handarbeit und individueller Erholung bestimmten die Anweisungen Benedikts (Kap. 43; 48). Erst bei den →Zisterziensern sang man neben dem gewöhnl. Konventsamt im Kirchenchor in Kapellen und an Altären auch Privatmessen zum Totengedenken. Zum Kapiteloffizium erfolgte der Vortrag aus Väterviten und Hl. nleben, von Abschnitten aus Regel und Gewohnheiten sowie die Ansprache durch Obere mit der tägl. Arbeitsregelung (Kap. 33; 50). Mahlzeiten wurden gemeinsam im Refektorium zu festgesetzten Zeiten eingenommen; an der Tafel herrschte Stillschweigen (Johannes Cassian, Institutiones IV, 17; RB, Kap. 42). Üblich war die Tischlesung von Evangelium und Epistel (Basilius, Kürzere Regel, Kap. 182; RB, Kap. 38). Zum Schlafen ruhten alle im Dormitorium (RB, Kap. 22); für das Studium war den →Dominikanern eine persönl. Zelle angewiesen. Die umherziehenden →Franziskaner verrichteten nicht den allg. verbreiteten Chordienst, sondern folgten einer kürzeren röm. Ordnung der capella papalis (Regula bullata, Kap. 3).

A. Rüther

Lit.: DSAM VIII, 1448-1451 – G. Muschiol, Famula Dei. Zur Liturgie in merow. Frauenkl. (Beitr. Gesch. des alten Mönchtums und des Benediktinerordens, 41, 1994) – La vie quotidienne des moines et chanoines réguliers au MA et Temps modernes, ed. M. Derwich (Travaux du laboratoire de recherches sur l'hist. des congrégations et ordres religieux. Colloquia, 1, 1995).

Tagewählerei, laienastrolog. Methode mant. Zukunftserkundung bzw. mag. Zukunftsbeeinflussung, die von iterativen Abläufen zykl. Zeitgestalten ausgeht und deren Gültigkeit anhand astronom. Geschehens rechtfertigt, aufgrund biorhythm. Abläufe zirkadianer bis zirkannualer Erstreckung legitimiert und im Hinblick auf rhythm. Prozesse patholog. Geschehens (z. B. →Malaria) zusätzl. bestätigt sieht. Zahlenspekulative Erwägungen unter bes. Berücksichtigung der ersten Tetraktys (Drei-, Vier-, Siebenzahl; oktad., dekad., duodezimale Serien) vermitteln die Infrastruktur für seriell gestaltete Wählmechanismen, die sich am Mondzyklus, an den Wochentagen, am Jahreslauf bzw. an saisonalem Geschehen festmachen. Von den frühen Hochkulturen vorgebildet, in der Antike sporad. belegt, im FrühMA selten, hat die T. seit dem SpätMA einen erhebl. Aufschwung genommen. Als gängige Wählverfahren standen zur Verfügung: a) das *Hebdomadar* nach den sieben planetaren Tagesregenten der Woche, das zunächst sich, dann zirkannual zu Jahresbeginn (Christtags-, Neujahrsprognose) und des weiteren zum Bestimmen des Stundenregenten benutzt wurde; b) das →*Lunar* nach den Mondstationen, das bei Neumond einsetzt und dessen 30-Tage-Folge in drei dekad. Blöcke untergliedert ist, c) die »ägypt.« *Verworfenen Tage* mit ihrer paarweisen Verteilung über die Monate zu jährl. 24 und d) die »*Pariser*« *Verworfenen Tage* mit unterschiedl. Verteilung, saisonaler Häufung sowie einem Gesamt von jährl. 32 »dies incerti«. Als außersystem. Gruppierungen saisonaler Häufung traten hinzu: e) die *Hundstage*, f) die *drei bes. gefährl. Tage* nach Ps.-Beda und g) die *Raunächte*. Von →Petrus Hispanus stammt der Versuch, anhand der konziliator. h) *Julianusregel* eine Handhabe zu geben, sich als Arzt oder Laie im Verhau gefährl. Tage zurechtzufinden, und gleichzeitig das Dickicht der »dies infausti« zu lichten. Die 400 Jahre später sich abzeichnende Kampagne, mit dem Rüstzeug der Aufklärung das Gestrüpp der T. ganz zu roden, hat sich, wie ein Blick aufs 20. Jh. zeigt, als gänzl. unwirksam erwiesen (vgl. die polit. Terminierung unter Ronald Reagan). Der ma. Laienastrologe versuchte anhand eines günstig gewählten Tags inkohative Maßnahmen positiv zu beeinflussen (z. B. bei →Schröpfen, →Aderlaß, Purgaz, Schuleintritt, Reiseantritt, Schlachten, Holzfällen, Aussaat, Heirat, allg. Tagesqualität) oder hinsichtl. bereits eingetretener Ereignisse die Geschehnisse (z. B. Krankheitsdauer, Regendauer, Traum-Verwirklichung, Lebensweg, -erwartung, Wiedergewinnungs-Wahrscheinlichkeit bei Verlorenem) divinator.-prognost. auszuloten.

Ikonograph. hat die T. in farbigen Tabellen und →Kalendern ihren Niederschlag gefunden: kirchenrechtl. finden sich Ansätze, den Arzt zum Wählen des geeigneten Tags unter Androhung kanon. Strafen zu zwingen. Der Laie wurde durch Hinweis auf furchtbare Erkrankungen geschreckt.

G. Keil

Ed.: Ch. Weisser, Würzburger med.hist. Forsch. 21, 1982; 24, 1982, 637–653 – Vom Einfluß der Gestirne auf die Gesundheit und den Charakter der Menschen. Ms. C 54 der Zentralbibl. Zürich, hg. G.

Keil, F. Lenhardt, Ch. Weisser, I–II, 1981–82 – B. Neumann, Laßlunare [Diss. Würzburg 1996] – *Lit.:* Verf.-Lex.² V, 1054–1062; X, s.v. Verworfene Tage – G. Keil, Die verworfenen Tage, SudArch 41, 1957, 27–58 – Ch. Weisser, Ein mnd. Vers-Sammellunar, SudArch 71, 1987, 90–95 – O. Riha, Wissensorganisation in med. Sammelhss. (Wissenslit. im MA 9, 1992), 40–64 – Rhythmus und Saisonalität, hg. P. Dilg, G. Keil, D.-R. Moser, 1995 – G. Keil, Krankheit und Zeit (Zeitkonzeptionen, Zeiterfahrung, Zeitmessung in MA und früher NZ, hg. T. Ehlert, 1996).

Tagfahrt, -satzung bezeichnet allg. eine anberaumte Zusammenkunft sowie die tagende Versammlung selbst, jurist. den Gerichtstermin oder die gerichtl. Verhandlung.

In der engeren Bedeutung bezieht sich der Begriff Tagsatzung seit dem 17. Jh. auf die bis 1798 zusammentretende Versammlung der Vertreter der eidgenöss. Orte und später auf den Gesandtenkongreß der Kantone (1803–48). Die spätma. Q., denen der Begriff noch in seinen wertneutralen, d. h. allg. Konnotationen geläufig ist, bezeichnen gemeineidgenöss. Zusammenkünfte dagegen als '*tag von gemeinen eidtgenossen*' oder sprechen von '*boten gemeiner eidtgenossen*' u. ä. Den Strukturen der ma. →Eidgenossenschaft entsprechend handelte es sich bei der T. nicht um ein den Orten übergeordnetes, institutionalisiertes Organ, sondern um ein Forum zur Beratung eidgenöss. Angelegenheiten, das zunächst unregelmäßig und an verschiedenen Orten zusammentrat. Während nach der älteren Forsch. die in den Bundesbriefen des ausgehenden 13. und 14. Jh. vorgesehenen Schiedsgerichte zur Beilegung von Streitigkeiten zw. den Orten den Anfang der eidgenöss. T. markierten, verweist die neuere Forsch. (Büttikofer) darauf, daß die Vereinbarungen der frühen Bundesverträge nur die Beziehungen zw. den jeweils vertragschließenden Orten regelten, aber keine Gültigkeit für die Gesamtheit der Eidgenossen beanspruchen konnten. Versammlungen aller eidgenöss. Orte blieben während des 14. Jh. die Ausnahme, nahmen aber seit dem 15. Jh. deutl. zu. Mit der Eroberung des Aargaus (1415) und der gemeinsamen Verwaltung der ehemals habsbg. Besitzungen sowie der Freien Ämter wurden vermehrt regelmäßige Treffen der an diesen Herrschaften beteiligten Orte, deren Boten jetzt jährl. zur Rechnungslegung des Landvogts in Baden zusammenkamen, erforderl. Neben diesen, v. a. die Verwaltung der Gemeinen Herrschaften betreffenden Verhandlungen wurden während des 15. Jh. zahlreiche T.en zur Behandlung weiterer, die gesamte Eidgenossenschaft berührender Themen (z. B. Konflikte zw. den Orten, außenpolit. Fragen etc.) einberufen. Beschlüsse der T. konnten nur einstimmig gefaßt werden; ledigl. bei Entscheidungen, die die Gemeinen Herrschaften betrafen, galt das Mehrheitsprinzip. Die Boten stimmten dabei gemäß den ihnen von ihren Orten erteilten Instruktionen. R. Mitsch

Q.: Amtl. Slg. der älteren Eidgenöss. Abschiede (1245–1798), 1839ff. – *Lit.:* Grimm, DWB XI – HBLS VI, 629–631 – L. Libson, Entstehung und Bedeutung des Vororts der schweiz. Eidgenossenschaft, 1912 – A. Heusler, Schweiz. Verfassungsgesch., 1920 [Neudr. 1968] – R. Joos, Die Entstehung und rechtl. Ausgestaltung der eidgenöss. T. bis zur Reformation, 1925 – E. Usteri, Das öffentl.-rechtl. Schiedsgericht in der Schweiz. Eidgenossenschaft, 1925 – M. Kopp, Die Geltung des Mehrheitsprinzips in eidgenöss. Angelegenheiten vom 13. Jh. bis 1848, 1959 – W. Schaufelberger, SpätMA (Hb. der Schweizer Gesch., I, 1972), bes. 268–270 – H. C. Peyer, Verfassungsgesch. der alten Schweiz, 1978 – N. Büttikofer, Zur Funktion und Arbeitsweise der eidgenöss. T. zu Beginn der Frühen NZ, ZHF 13, 1986, 15–40.

Tagino, Ebf. v. →Magdeburg. Einer wahrscheinl. edelfreien Familie aus Bayern, vermutl. →Regensburg, entstammend, wurde T. im dortigen Kl. St. Emmeram erzogen, zugleich mit dem Sohn Heinrichs d. Zänkers v. Bayern, dem späteren Ks. Heinrich II. T. stand in der

Gunst Bf. →Wolfgangs, der ihn zum Vicedominus der Regensburger Kirche ernannte und als seinen Nachfolger vorsah. Die Wahl T.s wurde von Otto III. 995 zugunsten eines eigenen Kandidaten übergangen; T. schloß sich als Kapellan dem bayer. Hzg. an, bei dennoch gutem Verhältnis zu Otto III. 1011 wurde er Propst des Stiftes an der alten Kapelle in Regensburg. Nach dem Tod des Magdeburger Ebf.s →Giselher am 25. Jan. 1004 wählte das Domkapitel (Wahlprivileg Ottos II.) Propst Walthard. Heinrich II. setzte dennoch T. ein (Weihe in Merseburg am 2. Febr.), vielleicht nach Absprache mit Walthard, den T. zu seinem Stellvertreter (Archidiakon?) ernannte und der sein Nachfolger wurde. Aufgrund seines bes. Vertrauensverhältnisses zu Heinrich II. (als Kapellan und Berater in kgl. Umgebung, verstärkt 1006–08), der mit der Aufwertung Magdeburgs an Otto I. anknüpfte, kann er als Vertreter der kgl. und Reichsinteressen im Mittelelbegebiet gelten. Zunächst arbeitete er vordringl. an der (nicht vollständigen) Wiederherstellung des Bm.s →Merseburg. Wohl im Aug. 1004 wurde →Brun v. Querfurt durch T. dort zum Missionsbf. geweiht, am 21. Mai 1009 →Thietmar als Merseburger Bf. inthronisiert (Salbung durch T. am 24. April in Neuburg/Donau). Obwohl er als Förderer der Kl. reform galt, blieb T.s Eingreifen im Kl. →Berge (1105) umstritten. Im Polenkrieg verhandlungsbereiter als Heinrich II. (1005), trug er dessen Politik aber mit und beteiligte sich an Feldzügen (1008), insgesamt – wie auch in dem problemat. Verhältnis zu den →Lutizen – mit wenig Erfolg. Bedeutend waren hingegen seine Leistungen für die Reichskirche (bes. auf den Synoden in Dortmund 1005 und Frankfurt 1007). M. Kintzinger

Q.: Thietmari Merseburgensis episcopi Chronicon (MGH SRG NS 9, 1935), bes. V, 3944; VI, 61 – Lit.: ADB XXXVII, 353–359 – GS I/1, 1.2, 1972 – D. Claude, Gesch. des Ebm.s Magdeburg bis in das 12. Jh., T. I.2, 1972, 214–271 u. ö. – H. Hofmann, Mönchskg. und rex idiota. Stud. zur Kirchenpolitik Heinrichs II. und Konrads II., 1993.

Tagliacozzo, Schlacht v. (23. Aug. 1268), Entscheidungsschlacht zw. den Heeren →Karls I. v. Anjou und →Konradins, des Enkels Friedrichs II., in der Auseinandersetzung um die Herrschaft über das Kgr. →Sizilien. Konradin verließ Rom am 18. Aug. 1268 mit einem ca. 5000 Mann starken Heer, das sich neben den dt. Rittern und einem Kontingent span. Panzerreiter zu wesentl. Teilen aus Italienern – vornehml. Lombarden, Toskanern, Römern – zusammensetzte, und rückte auf der Via Valeria in Richtung Apulien vor, offensichtl. um in den Aufstandsgebieten der Abruzzen und Apuliens weitere Unterstützung und Zulauf zu erfahren und sich vor einer entscheidenden militär. Begegnung mit den rebellierenden Sarazenen von →Lucera zu verbinden. Karl v. Anjou, dessen Heer aus ca. 4000 Mann – im wesentl. Franzosen, Provenzalen und it. Guelfen – bestand, hatte bereits vor dem Abmarsch Konradins aus Rom in der 10 km ostwärts von T. gelegenen Palentin. Ebene sein Lager aufgeschlagen, um dem Staufer den Weg nach Apulien zu verstellen und ihn zur Schlacht zu zwingen. Nachdem ein Ausweichversuch Konradins an einer Gegenbewegung Karls, v. a. aber auch an den schwierigen Geländebedingungen gescheitert war, kamen beide Heere am Abend des 22. Aug. in der Palentin. Ebene – getrennt durch einen Bach – zum Stehen.

Am Morgen des 23. Aug. nahmen die Truppen Aufstellung und gliederten sich in je drei Schlachtreihen (dt. und toskan. Ritter, Spanier und Römer, Lombarden; Provenzalen und it. Guelfen, Provenzalen und frz. Söldner, frz. Ritter – die Kerntruppe Karls). Während das stauf. Heer insgesamt vorrückte, hielt Karl sein drittes Treffen in einer Bodensenke verborgen. Den Staufern gelang es, die beiden ersten angiovin. Treffen aufzureiben und in die Flucht zu schlagen. Als sie nach dem vermeintl. errungenen Sieg die Schlachtordnung aufgaben, preschte Karl mit seiner Kerntruppe aus der Bodensenke vor und nutzte den Überraschungseffekt gegenüber den teilweise schon abgesessenen Anhängern Konradins. Karl v. Anjou konnte die Schlacht durch diese Hinterhaltstaktik, die zwar mit ritterl. Ethos nicht vereinbar war, wohl aber viele Vorbilder in der Kriegsführung muslim. Heere hatte, für sich entscheiden. Die Teilnahme kampferprobter und mit oriental. Taktik vertrauter Kreuzfahrer auf seiten Karls spricht dafür, daß diese mit ihren Erfahrungen wesentl. an der Ausarbeitung des Schlachtplans beteiligt waren. Der Sieg bei T. und die Hinrichtung des stauf. Thronprätendenten trugen wesentl. zur Festigung der Macht Karls I. v. Anjou in Süditalien bei und entschieden letztl. auch seinen Kampf gegen die siz. und apul. Aufstandsbewegung. J. Göbbels

Lit.: DBI XXIX, 365ff. [Lit.] – P. Herde, Die S. bei T., ZBLG 15, 1962, 679ff.

Tagma (Pl. tagmata), wie auch 'numerus', 'ἀριθμός', 'κατάλογος', bedeutete ursprgl., im 6. Jh., die Grundeinheit von 300–400 Mann im byz. Heer. Später erweiterte sich die Verwendung auf die Gardeeinheiten, die im 9. Jh. von den *Scholai*, den →Exkubiten, der *Bigla* oder dem *Arithmos* und den *Hikanatoi* gebildet wurden. In der weiteren Umgebung der Hauptstadt stationiert, bildeten sie Elitetruppen, die auch an Feldzügen teilnahmen. Daher bestand das byz. Heer in der mittelbyz. Zeit aus den meist in den Prov.en aus lokalen Kräften rekrutierten Streitkräften der →Themen und den T.ta, deren Angehörige als 'Berufssoldaten' regelmäßig besoldet wurden. Im 10. Jh. verfügten die Streitkräfte der Themen auch über T.ta-Einheiten mit Sitz im Bereich des Themas. Zu dieser Zeit waren die T.ta bereits von ihrer ursprgl. Form als Palastgarde von ausländ. Kontingenten, den *Hetaireiai*, abgelöst worden. Im Laufe des 11. Jh. verwischte sich allmähl. der Unterschied zw. den T.ta und den Hetaireiai. Die T.ta waren v. a. Kavallerieeinheiten, die in Turmai und Drungoi gegliedert waren. Führer der Scholai war der Domestikos (→Domesticus, I). In der 2. Hälfte des 10. Jh. waren es zwei Domestikoi der Scholai, denen die Führung der Armee oblag, einer für die ö., einer für die w. Streitmächte. Die Exkubiten unterstanden ebenfalls einem – allerdings im Rang geringeren – Domestikos, die Bigla diente unter einem →Drungarios. Nach dem Vorbild der alten T.ta wurden später weitere gegründet: die Athanatoi ('die Unsterblichen'), die Satrapai, die Stratelatai in der 2. Hälfte des 10. Jh.; die Megathymoi, die Archontopuloi u. a. im 11. Jh. S. a. →Heer, B. T. G. Kolias

Lit.: J. F. Haldon, Byz. Praetorians..., 1984 – M. Gregoriu-Ioannidu, Παρακμή και πτώση του θεματικού θεσμού, 1985 – H.-J. Kühn, Die byz. Armee im 10. und 11. Jh. Stud. zur Organisation der T., 1991 – Oxford Dict. of Byzantium, 1991, 2007.

Ṭāhiriden, muslim. Dynastie in →Persien, wurde begründet von *Ṭāhir*, der als Heerführer des Kalifen al-Ma'mūn (→Abbasiden) die Statthalterschaft über Ḫurāsān und andere östl. Gebiete des Abbasidenreiches erhielt und eine bis 873 bestehende, von der abbasid. Zentralgewalt in →Bagdad fakt. weitgehend unabhängige dynast. Herrschaft etablierte. U. Mattejiet

Lit.: The Cambridge Hist. or Iran, IV, hg. R. N. Fryde, 1975.

Taiding. Das Wort entstand durch Kontraktion aus mhd. *tagedinc* 'Gerichtstag, -termin' (→Ding). Im bair.-österr. Raum war es im SpätMA die geläufige Bezeichnung für die Gerichtsversammlung. Zusammensetzungen wie mhd. *banntaiding, ehafttaiding* betonten die Gebotsgewalt des Richters (→Bann, A. I) bzw. die Rechtmäßigkeit (→Ehe, B. VI) des Gerichts. Entsprechend der Bedeutung der Verben mhd. *taidingen,* mnd. *dagedingen* konnte T. aber auch eine außergerichtl. Verhandlung bezeichnen. Vergleichbare Wortbildungen sind die hans. Tagfahrt und die eidgenöss. Tagsatzung (→Tagfahrt).

V. a. im Salzburgischen, in der Steiermark und in Kärnten wurde T. zur Bezeichnung für die in ländl. Gerichten 'gefundenen' und aufgezeichneten, später nur noch verlesenen →Weistümer.
K. Kroeschell

Lit.: HRG V, 113f. [D. Werkmüller].

Taifen, -reiche → Mulūk aṭ-ṭawā'if

Taille, direkte Steuer im Kgr. →Frankreich. Das Wort geht etymolog. wohl zurück auf t. im Sinne von →Kerbholz. Aus Frankreich haben sich (im Unterschied zu England: →tally) keine Kerbhölzer erhalten, obwohl sie in einigen Regionen lange benutzt wurden (Landes, Pyrenäen, Burgund: belegt noch 1578). Eine andere etymolog. Worterklärung verbindet 't.' dagegen mit 'tolte' (Abgabe, 'Zoll') von 'tollir' ('nehmen, einnehmen').

Als Rechtswort tritt t. bzw. 'tolte' erstmals im 11. Jh. auf als Abgabe an den Grundherrn, der die Höhe nach eigenem Gutdünken festsetzen konnte. Zunächst vorwiegend Naturalzins, wurde die t. allmähl. stärker zur Geldabgabe. Bei der auf der territorialen Banngewalt (→Bann, →Seigneurie) beruhenden t. wurde die Veranlagung manchmal von den Vertretern der Pfarrgemeinde oder der →Kommune (aufgrund mögl. verliehener Freiheiten) vorgenommen, stets aber auf der Grundlage der 'masures' (Haushalte, Feuerstätten). Die 't. a merci' war noch im 13. Jh. kennzeichnend für den Status des serf (→Leibeigenschaft). In der 2. Hälfte des 13. Jh. nahm die t. die Gestalt einer festen jährl. Steuer an. Bis dahin hatten viele Herren die t. nur im Bedarfsfall gefordert, doch hatte diese willkürl. Erhebung ('t.s arbitraires') immer wieder zu Widerstand geführt, so daß sich nun eine geregelte Erhebung nach festen Sätzen ('t.s abonnées', →Abonnement) durchsetzte.

Der Kg. erhob die t. zunächst in seiner Eigenschaft als 'seigneur banal'. Sie vermischte sich mit der Ablösung vom Aufgebot und wurde am Ende des 14. Jh zur direkten Steuer, die der indirekten Steuer (→Aides) gegenübergestellt wurde. Sie war eine auf dem Prinzip der 'Umlage' beruhende, nach einem bestimmten 'Schlüssel' verteilte Steuer: Eine Gesamtsumme wurde (unter Bewilligung der →États) beschlossen, woraufhin eine Evaluation der Zahl der Haushalte folgte. Die Erhebung der t. setzt die Aufstellung eines →Feuerstättenverzeichnisses (für das gesamte Kgr. Frankreich etwa →Paroisses et feux, 1328) voraus, aufgrund derer die fiskal. Leistungsfähigkeit eines jeden Haushaltes bestimmt wurde (Aufnahme in die 'rôle de la t.'). In Südfrankreich wurden von städt. Behörden 'estimes' oder 'compoix' (von denen einige erhalten geblieben sind) aufgestellt.

Die t.s wurden in der 2. Hälfte des 14. Jh. nach Beschluß der →États (généraux oder provinciaux) erhoben. Eine t. wurde grundsätzl. auf ein Jahr durch eine zu diesem Zweck einberufene Ständeversammlung beschlossen. Infolge der immer drückenderen Kriegslasten wurden aber nun im voraus zu entrichtende t.s ausgeschrieben. So stimmten in Okt. 1439 die États v. Orléans einer t. zu; im folgenden Jahr schrieb der Kg., obwohl die nach Bourges einberufenen États wegen der →Praguerie ausgefallen waren, dessenungeachtet eine t. aus. 1441 erklärte Karl VII., daß er, wenn er die 'subside' ohne vorherige Einberufung der États erhebe, lediglich die Reise- und Unterhaltskosten der Delegierten ersparen wolle. Seit 1442 sah sich das Kgtm. im Besitz des Rechtes der Erhebung der t. ohne vorhergehende Beratung mit den États. Um 1450 hatte sich selbst in Gegenden, die (wie das Languedoc) lange der kgl. Steuergewalt widerstanden hatten, das fsl. bzw. kgl. Monopol bei Erhebung der t. und anderer Steuern durchgesetzt; die Konsuln v. Albi delegierten nunmehr die Erhebung der t. an einen reichen Steuerpächter. Der Kriegszustand, in dem sich das Land befand, erzwang im übrigen die weitere Erhebung der Steuer.
E. Lalou

Q. und Lit.: H. Géraud, Paris sous Philippe le Bel, 1837 [Neued. L. Fossier–C. Boulet, 1992] – G. Picot, Hist. des États généraux, I, 1888², 292-310 – G. Dupont-Ferrier, Études sur les institutions financières de la France à la fin du MA, T. I, 1930 – J. R. Strayer–H. Taylor, Stud. in Early French Taxation, 1939 – K. Michaëlsson, Le livre de la t. de Paris: l'an 1296, 1958 – F. Lot–R. Fawtier, Hist. des Institutions françaises au MA, T. II, 1958 – G. Duby, L'économie rurale et la vie des campagnes dans l'Occident médiéval, 1962 – A. Higounet-Nadal, La comptabilité de la t. à Périgueux au XIVᵉ s. (Finances et comptabilité urbaines, 1964), 170-179 – J. J. Hemardinquer, La t., impôt marqué par un bâton, Bull. philol. et hist., 1969, 507-512 – D. Neirinck, L'impôt direct à Albi de 1236 à 1450 [Th. Éc. des ch., 1969] – I. Vernus-Moutin, La t. en Dauphiné du »transport« de 1349 à la révision générale de 1474-76 [Th. Éc. des ch., 1988].

Taillebourg, Brückenort in der westfrz. →Saintonge, an der Charente (dép. Charente-Maritime, arr. St-Jean d'Angély, cant. St-Savinien), Ort einer Schlacht (20. Juli 1242) zw. →Ludwig IX. d. Hl.n, Kg. v. Frankreich, und →Heinrich III., Kg. v. England. Dieser hatte im Bündnis mit westfrz. Adligen erneut den Versuch gemacht, die von →Philipp II. Augustus zurückeroberten ehem. Festlandbesitzungen der →Plantagenêt wiederzugewinnen, insbes. das →Poitou. Im April 1242 sammelte Ludwig in →Chinon ein großes Heer zur militär. Besetzung der konfiszierten Territorien Hugos v. →Lusignan, des Gf.en v. der →Marche. Diesem eilte sein Schwiegersohn Heinrich III. zu Hilfe (Landung in Royan am 20. Mai 1242, anschließende Durchquerung der Saintonge). Die engl.-angevin. Streitmacht lagerte gegenüber von T. auf dem linken Charenteufer, Ludwig IX. stand im Ort T. auf dem rechten Ufer. Nach Entrollen der →Oriflamme ließ Ludwig IX. seine Truppen über die Brücke vorrücken; das Heer Heinrichs III. trat den Rückzug an. Weitere, für die frz. Seite ebenfalls siegreiche Kämpfe folgten am 22. Juli 1242 in der Ebene v. →Saintes. Heinrich III. mußte sich aus Saintes in die Burg →Blaye zurückziehen, verfolgt von den Franzosen, die aber infolge einer Epidemie ihren Vormarsch schließlich abbrechen mußten. Der Vertrag v. Pons (1242), endlich der Vertrag v. →Paris (1258/59) sicherten den militär. Erfolg des Kg.s v. Frankreich ab.
Ph. Contamine

Lit.: J. Richard, S. Louis, roi d'une France féodale..., 1983, 116f. – J. Le Goff, S. Louis, 1996, 153f.

Taillevent. 1. T., **Guillaume Tirel** gen. T., * um 1312/14, † wohl 1395, Küchenmeister Kg. Karls V. v. Frankreich; ihm wurde die Verfasserschaft des berühmten »Viandier T.« zugeschrieben, eines tatsächl. auf eine ältere Vorlage des späten 13. Jh. zurückgehenden Kochbuchs, das in Frankreich große Autorität genoß (mehrere, nach Zahl und Art der Rezepte unterschiedl. Hss.; Einfluß auf den um 1392 abgefaßten »Mesnagier de Paris«) und um 1490 erstmals im Druck erschien. →Kochbücher.
U. Mattejiet

Lit.: DLFMA, 1992², 647f. [Ed., Lit.].

2. T. (Michault Le Caron), * 1390/95, † vor 1462, war »joueur de farses« und »varlet de chambre« Hzg. →Philipps III. d. Guten v. Burgund, für den er »esbatemens« organisierte. Bestimmte Werke stehen im engen Zusammenhang mit dem Leben am Hof: der 'Songe' (1431) zelebriert die Gründung des Ordens vom →Goldenen Vlies, die 'Prise de Luxembourg' (1443) die Eroberung der Stadt durch den Hzg. Als dieser in Arras ein Abkommen mit dem Kg. Karl VII. unterzeichnet (→Arras, Frieden v.), ruft der Autor mit einer 'Moralité' (1435) zum Frieden auf; das 'Lai' (1446) beklagt den Tod der jungen Katharina v. Frankreich, Gattin →Karls des Kühnen. Andere Werke sind von lit. Traditionen geprägt: Der 'Psautier aux Vilains' zeichnet, in Anlehnung an Alain →Chartiers 'Bréviaire des Nobles', eine Galerie der personifizierten Ideale des Edelmannes; der 'Régime de Fortune' nimmt die →Fortuna-Thematik auf; der 'Débat du Cuer et de l'Oeil' (16 Hss.!) und andere Texte sind der höf. Liebesdichtung verpflichtet. Bes. Beachtung gebührt den »poésies 'personnelles'«: die 'Destrousse' schildert, um Geld vom Hzg. zu erhalten, wie der Autor ausgeraubt worden ist; der 'Dialogue' erzählt eine Reise in den Jura. Der 'Passe Temps' ist eine Klage über die verlorene Jugendzeit: Pierre →Chastellain nimmt im 'Temps Perdu' darauf Bezug, →Villon hat das Werk wahrscheinl. gekannt, das auch von Pierre de Hauteville ('L'inventaire', vor 1447) und von Pierre Fabri ('Grand Art de Rhétorique', 1521) zitiert wird. T.s Vorliebe für Wortspiele und Sprichwörter kündigt die sprachl. Experimente der →Rhétoriqueurs an.

J.-C. Mühlethaler

Ed.: R. Deschaux, Un poète bourguignon, 1975 – C. M. van der Wel, Le Songe de la Thoison d'Or, 1981 – *Lit.:* – DLFMA, 1992², 1012f. – J.-C. Mühlethaler, Poétiques du quinzième siècle, 1983.

Táin Bó Cúailgne ('Der Rinderraub v. Cooley'), der Weltliteratur angehörende Sagenerzählung, Hauptwerk der ir. Heldendichtung des MA und bedeutendster Bestandteil des 'Ulster Cycle'. Die Überlieferungsgesch. ist komplex: Die ältesten erhaltenen hs. Überlieferungen entstammen dem 12. Jh. (sprachl. und inhaltl. glättende Version im →Book of Leinster), doch rechnet die Forsch. mit verlorenen älteren (bis ins 7. Jh. zurückreichenden) Fassungen, die wohl wesentl. auf mündlich tradiertem Erzählgut (4. Jh.?) beruhen. Die T. entwirft mit erzähler. Meisterschaft und packender Dramatik ein (wohl idealisiertes) Bild der mit archaischen Zügen (ritualisierte Zweikämpfe ebenbürtiger Helden auf Streitwagen, abgetrennte Köpfe der unterlegenen Kämpfer als Siegestrophäen, Initiationsriten der Helden, Kriegergefolgschaften, Eingreifen mißgünstiger oder wohlgesonnener Gottheiten) ausgestatteten, noch wesentlich heidnisch geprägten air. Kriegergesellschaft, ihrer Waffentaten und Sportwettkämpfe, zeremoniellen Eß- und Trinkgelage (bei denen auch anmutige Frauen sowie die Dichter als wortmächtige Rezitatoren von Preis- oder aber Schmähgesängen hervortreten), Sitten und sozialen Gebräuche (z. B. →Fosterage). Im Mittelpunkt des Geschehens steht der junge Held *Cú Chúlainn*, der, von halbgöttl. Abkunft, Kg. und Volk v. →Ulster gegen den Kg. v. →Connacht heroisch verteidigt und schließlich im Kampf stirbt. Zur sprachl. Gestaltung, Text- und Wirkungsgesch. s. a. →Irische Sprache und Lit., V (Heldenlit.). U. Mattejiet

Ed. und Lit.: E. Windisch, Die air. Heldensage T. nach dem Buch v. Leinster, 1905 – R. Thurneysen, Die ir. Helden- und Königssage bis zum 17. Jh., 1921 – Irish Sagas, hg. M. Dillon, 1959 [Neudr. 1968] – K. H. Jackson, The Oldest Irish Tradition, 1964 – T. from the Book of Leinster, ed. C. O'Rahilly, 1967 – T., Rec. I, ed. Dies., 1976 – S. Schaub, Das Epos vom Rinderraub, 1976 [dt. Übertragung nach einer engl. Übers.] – J. Carney, Early Ir. Lit.: The State of Research (Proceedings of the 6th Internat. Congr. of Celtic Stud., 1983), 113–131 – M. Richter, Irland im MA, 1983, 19–22 – →Ir. Sprache und Lit.

Taio (Taius) **v. Zaragoza**, Bf. v. Zaragoza, † spätestens 683. In den frühen dreißiger Jahren ist er als Priester bezeugt. Später reiste er nach Rom, wo er Werke →Gregors d. Gr. suchte, die in Spanien nicht vorhanden waren (nach der populären »Visio Taionis«, die zuerst in der »Chronica Muzarabica« von 754 [→Continuatio Hispana] auftaucht, wurde er dank himml. Offenbarung fündig). Um 650 begegnet er als Abt eines unbekannten Kl., 651 wurde er Nachfolger Bf. →Braulios v. Zaragoza. – T. kompilierte zwei Exzerptsammlungen, die im MA wenig Beachtung fanden. In der einen (5 Bücher »Sententiae«) stellte er die Theologie anhand von Auszügen aus Werken →Gregors d. Gr. systematisch dar; in der anderen bot er aus Gregorzitaten zusammengestellte Kommentare zu denjenigen bibl. Büchern, die Gregor nicht eigens ausgelegt hatte. Die exeget. Kompilation (4 Bücher zum AT, 2 zum NT) ist großenteils verloren. J. Prelog

Ed.: MPL 80, 727–990; Suppl. 4, 1670–1678 [Sententiae] – MPL Suppl. 4, 1680ff. [mutmaßl. Teil der exeget. Slg.] – *Lit.:* Brunhölzl I, 110f., 524 – RBMA IX, 400–402 – DSAM XV, 12–14 [Lit.].

Takkana → Taqqana

Taksony (lat. Toxun, gr. Taxis), Gfs. bzw. Kg. (in den Q. z. T. rex) der →Ungarn, zw. 955–ca. 970, Enkel des Gfs.en →Árpád, Sohn von Hzg. Zulta. An der Spitze eines Heeres wurde T. 947 nach Pavia zur Hilfe für die it. Kg.e Hugo und Lothar gegen die Byzantiner in Apulien entsandt; zugleich sollte er den üblichen it. Tribut (10 Scheffel Silbermünzen) an die ung. Fs.en in Empfang nehmen. Nach ihrer Niederlage auf dem →Lechfeld (955) wählten die Ungarn T. zum Gfs.en. Als der byz. Ks. Konstantin VII. den Tribut verweigerte, schickte T. vergebl. den ung. Heerführer Apor gegen Konstantinopel. T. strebte nach friedl. Ausgleich mit den Nachbarn, schloß Bündnisse mit →Pečenegen und →Rus', siedelte fremde Bevölkerungsgruppen im Grenzland an und wählte seine Quartiere an der Ostseite der Donau, wo er das castrum Pest (→Buda und Pest) oriental. »Ismaeliten« übergab. 963 vereitelte Ks. Otto I. seinen Versuch, einen lat. Bf. aus Rom nach Ungarn zu holen. 970 war T., gemeinsam mit Rus' und Pečenegen, an dem Angriff auf Byzanz beteiligt, der bei Arkadiopolis scheiterte. Danach beendete T. die seit 862 geführten ung. Streifzüge in Europa. Doch erst seinen Nachkommen →Géza (Geycha) und →Stephan I. gelang es, Ungarn in das christl. Abendland einzureihen.

Gy. Györffy

Lit.: Gy. Györffy, Système des résidences d'hiver et d'été chez les nomades et les chefs hongrois au Xᵉ s., Arch. Eurasiae Medii Aevi 1, 1975, 76ff. – Magyarország története, I, 1984, 707–716 [Ders.].

Taktika. 1. T. im klösterlichen Bereich →Typika

2. T. im militärischem Bereich: T., in der byz. Lit. nicht von den Strategika zu unterscheiden, sind Werke, die – in Anknüpfung an die antike Tradition – Anweisungen an die Feldherren enthalten und verschiedenste Bereiche des Kriegswesens behandeln (u. a. Kriegstaktik, Heeresaufbau, Ausrüstung, Disziplin). Da die Verf. sowohl (spät-)antikes als auch jüngeres Quellenmaterial verwendeten, ist die Auswertung ihrer Schrr. für die Militärgesch. erschwert. Der ins 6. Jh. zu datierende, anonyme Text »Περὶ στρατηγίας« erlaubt Einblick in das Kriegswesen z. Z. Justinians. Von der Wende 6./7. Jh. stammt das »Strategikon« eines Maurikios (vielleicht des Ks.s), das in zwölf Büchern u. a. über Bewaffnung, Strafbestimmungen, Schlachtaufstellung, Troß, Hinterhalt und Schlacht-

vorbereitungen des byz. Heerwesens zu einer Zeit der Anpassung an neue Anforderungen berichtet, wobei ein Kapitel den Gewohnheiten und der Taktik fremder Völker gewidmet ist (Perser, Avaren, Franken, Langobarden, Slaven, Anten). Die »Problemata« (ed. A. DAIN, 1935) Ks. →Leons VI. (886–912) sind eine Bearbeitung des Werkes in Dialogform, während sich d. Ks. bei seinen »T.« (ed. MPG 107, 668–1094), einem reichhaltigen Werk ähnl. Inhalts, zum großen Teil auf das »Strategikon«, daneben aber auch auf Material aus seiner Zeit stützte. In den Hss. wird auch die »Sylloge Tacticorum«, die zumeist auf älteren Q. beruht, Leon zugeschrieben, während der Autor der »Praecepta militaria« mit dem Ks. und Feldherrn →Nikephoros Phokas (963–969) identifiziert wird. Aus der Mitte des 10. Jh. vermittelt das Werk »De velitatione bellica« ein lebendiges Bild von den Auseinandersetzungen zw. den Byzantinern und den Arabern im O; die Schrift »De re militari« gehört in das Milieu der Kämpfe gegen die Bulgaren. Weitere Werke behandeln Seeschlachten (»Naumachika«) und die Verteidigung bei Belagerungen (»De obsidione toleranda«). Nach dem Beginn des 11. Jh. wird die lit. Gattung der T. nicht mehr gepflegt.
T. G. Kolias

Ed. und Lit.: A. DAIN, Les stratégistes byz., TM 2, 1967, 317–392 – HUNGER, Profane Lit., II, 321–340 – G. T. DENNIS–E. GAMILLSCHEG, Das Strategikon des Maurikios, 1981 – G. T. DENNIS, Three Byz. Military Treatises, 1985 – G. DAGRON–H. MIHĂESCU, Le traité sur la guérilla (De velitatione) de l'empereur Nicéphore Phocas, 1986 – E. McGEER, The Byz. Army in the 10th Cent.: The Praecepta militaria of the Emperor Nikephoros Phokas, 1990 – Oxford Dict. of Byzantium, 1991, 1962f.

3. **T.** (Ranglisten): Die T., die am byz. Hof vom 9.–15. Jh. als Ranglisten in Gebrauch waren, bilden eine wichtige Quellengattung, da sich aus ihnen ein gewisses Gesamtbild der Verwaltungsorganisation des Byz. Reiches (→Beamtenwesen, B) ablesen läßt. In den Hss. begleiten die T. die Traktate über das Hofzeremoniell (→Zeremoniell) sowie jurist. Abhandlungen. Zwei Gruppen sind zu unterscheiden:

[1] *Die T. des 9.–10. Jh.:* Es handelt sich um Listen für die Sitzordnung der Gäste an der ksl. Tafel. Die Rangfolge bei Tisch entsprach in der Regel dem Ehrenrang des betreffenden Würdenträgers sowie (innerhalb einer bestimmten Gruppe) der jeweils ausgeübten Funktion. Auf den unteren Rängen wurden die höheren und unteren Beamten wieder gemäß den Rängen ihrer Vorgesetzten plaziert, wobei es jedoch auch Ausnahmen gab. Im einzelnen sind folgende T. überliefert:

a) das Taktikon des Cod. Hierosolymitanus Sancti Sepulcri 39 (*Taktikon Uspenskij*, ben. nach seinem ersten Editor), das zw. 842 und 856, sehr wahrscheinl. 842–843, angefertigt wurde.

b) der Traktat des →Philotheos Protospatharios (899/900), eine gemeinsam mit »De Cerimoniis« des Ks.s →Konstantin VII. Porphyrogennetos überlieferte systemat. Abhandlung, mit Erläuterungen des Systems der Ränge und der Listen sowie auch Beschreibungen von Zeremonien.

c) das Taktikon des Cod. Hierosolymitanus Sancti Sepulcri 24 (*Taktikon Beneševič*, ben. nach seinem ersten Editor), das zw. 934 und 944 als reine Liste entstand.

d) das Taktikon des Cod. Scorialensis gr. R–II–11, das zw. 971 und 975 abgefaßt wurde.

[2] *Die Taktika der spätbyz. Periode:* Für die Zeit der →Komnenen liegen keine den älteren T. vergleichbaren Listen vor, v. a. weil der Rang nun oft nach dem Grad der Verwandtschaft mit dem Ks. bemessen wurde. Erst in der Zeit der →Palaiologen treten wieder T. auf, die sich aber aus dem Kontext des ksl. Banketts gelöst haben:

a) der anonyme Traktat des Ps.-Kodinos (s. dazu →Kodinos, Georgios), abgefaßt zw. 1350 und 1360, ein systemat., in zahlreichen Hss. überliefertes Werk, das mehrere Kapitel über Ranglisten, Amtstrachten und dienstl. Obliegenheiten der Würden- und Amtsträger enthält, desgleichen Beschreibungen von Zeremonien.

b) einfache Ranglisten, die in mehreren spätbyz. Hss. enthalten sind; sie lassen sich einteilen in fünf Gruppen und sind (mit Ausnahme eines dem Matthaios →Blastares zugeschriebenen Verzeichnisses) anonym überliefert. Zwei sind (im Sinne des bequemeren Memorierens durch Merkverse) versifiziert, eine der Listen bezieht sich auf den Komnenenhof in →Trapezunt.
N. Oikonomidès

Lit.: J. VERPEAUX, Hiérarchie et préséance sous les Paléologues, TM 1, 1965, 421–437 – Ps.-Kodinos, Traité des Offices, ed. DERS., 1966 – N. OIKONOMIDÈS, Listes de préséance byz. des IXe et X^e s.s, 1972 – F. WINKELMANN, Rang- u. Ämterstruktur im 8. u. 9. Jh., 1985.

Tal (vallis; auch: 'der tal') bezeichnet v. a. in Mittelhessen bis zum Rhein hin eine Siedlung (etwa 60 Beispiele), die in engem funktionalen und topograph. Zusammenhang mit einer →Burg stand. Der Terminus reichte in zahlreichen Fällen über diesen Raum hinaus, die Sache selbst war unter anderen Bezeichnungen (Burgflecken, Freiheit, Städtle) weit verbreitet. Die T.er verdankten ihre Entstehung dem Willen der Burgherren, die jedoch für ihre Burgsiedlungen trotz zahlreicher von ihnen erwirkter Stadtrechtsverleihungen (von Ludwig d. Bayern und Karl IV.) eine volle Stadtqualität nicht anstrebten. Die T.er werden zu den spätma./frühnz. städt. →Minderformen gerechnet. Im Vergleich mit den Städten waren die Verfassung reduziert, die Rechtsstellung und Freiheiten der Bewohner eingeschränkt; sie bewirkten jedoch eine Besserstellung gegenüber den Dörfern und der ländl. Bevölkerung. In vielen T.ern hatten auch die Burgmannen ihren Sitz. Die Lebens- und Wirtschaftsweise der T.siedlungen wurde von den Bedürfnissen der Burg und des Burgherren bestimmt. Die Bewohner trugen zur Versorgung der Burg bei, mußten im Notfall Unterkünfte bereitstellen, Schanz- und Bauarbeiten verrichten, Wachdienste leisten und notfalls bei der Verteidigung helfen. Die Bindung an die Burg war eng, häufig auch topograph. (Einstraßenanlage am Weg zur Burg; hangparallele Terrassensiedlung mit an die Burg anschließender Bewehrung). Oft waren die T.er in einen Burgfriedensbezirk eingefügt und unterlagen dessen Rechtsordnung ebenso wie der Befehlsgewalt des Burgkommandanten. Wie groß die Abhängigkeit der T.er von den Burgen war, zeigt sich auch daran, daß, nachdem die Burgen ihre Bedeutung eingebüßt hatten oder aufgegeben worden waren, viele der ohnehin durch schlechte Lagemerkmale benachteiligten T.er zu unbedeutenden Flecken oder gar Dörfern herabsanken; nur wenigen gelang es, Stadtqualität zu erlangen (Dillenburg, Hadamar, Bad Homburg; Kronberg u. a.).
F. Schwind

Lit.: E. SCHRÖDER, Burg und T., ZONF 4, 1928, 100–110 – M. SCHAAB, Städtlein, Burg-, Amts- und Marktflecken Südwestdtl.s in SpätMA und früher NZ (Städteforsch. A 8, 1979, 219–271) – H. BITSCH, Die T.siedlungen in Hessen, BDLG 116, 1980, 139–188 – →Minderformen, städt.

Talar → Kleidung, II

Talaru. 1. T., Amédée de, Ebf. v. →Lyon, * 1377/79 (?), † 11. Febr. 1444 in Lyon, ⌑ ebd., Kathedrale; aus einer Adelsfamilie des Lyonnais stammend, studierte das Mitglied des Lyoner Kathedralkapitels (1389 Kanoniker,

1389/91 Kantor, 1414 Dekan), von seinem Onkel Jean gefördert, Kirchenrecht in Avignon und Paris, wo er zugleich am →Parlement, Kg.shof und auf den Synoden (→Gallikanismus) das Kapitel vertrat. 1415 zum Ebf. gewählt, wurde der wiederum im Kapitelauftrag auf dem →Konstanzer Konzil weilende T. 1417 in Lyon inthronisiert. Seine Bitten an →Martin V. um Bestätigung der Lyoner Primatialrechte und an Jean Gerson (→Johannes Carlerius) um ein Gutachten zur adligen Exklusivität des Kathedralkapitels spiegeln das von den Traditionen des Regionaladels geprägte Amts- und Standesbewußtsein seiner Kirche; doch war er auch auf Reform und Pflege der Lyoner Liturgie bedacht (Missale und Pontifikale, um 1420, mit zahlreichen Abb. des Ebf.s). Im wieder aufflammenden →Hundertjährigen Krieg stand er auf seiten der →Armagnacs (Aufnahme ihrer nach Lyon geflüchteten Vertreter Jean Gerson und Gérard →Machet). Als Präsident der frz. Klerusversammlung v. Bourges votierte er im Febr. 1432 für das von Eugen IV. aufgelöste →Basler Konzil, in das er persönlich im Okt. und als einer der Leiter der kgl. Gesandtschaft im Nov. 1432 inkorporiert wurde und zu dessen zentralen Persönlichkeiten er schon bald aufgrund seines geistl. und diplomat. Ranges wie seiner Beziehungen zu vielen Teilnehmern aus Frankreich, Savoyen und Burgund zählte. Neben umfangreicher jurist. Tätigkeit und der Wahrung von Interessen der Lyoner Kirche gegen Savoyen und Bourbon engagierte er sich v. a. bei den großen Fragen der Synode (Hussiten, Suspension Eugens IV., Zulassung päpstl. Präsidenten, Simonie- bzw. Annatendekret). Seine ablehnende, bald offen feindselige Haltung gegenüber →Eugen IV., bes. in der Frage eines Unionskonzils mit den Griechen, brachte A. zunehmend in Zwiespalt zw. geistl. Gewissen und Gesandtschaftsmandat. Wenn er seiner Abberufung als Gesandter im Mai 1439 Folge leistete und den ihm vom Gegenpapst →Felix V. im Nov. 1440 angetragenen Kardinalat ignorierte, zeigt dies, daß er letztlich in alte Traditionen und Loyalitäten eingebunden blieb. Während seiner letzten Jahre beschränkte A. sich auf Lyoner Amtsgeschäfte und förderte den geistl. Nachwuchs in seiner Familie.

Heribert Müller

2. T., Hugues de, Elekt v. Lyon, Großneffe von 1, * um 1450 (?), † 21. Dez. 1517 in Lyon; Mitglied des Lyoner Kathedralkapitels (1460 Kanoniker, 1473/75 Archidiakon), seit 1486 Generalvikar des Ebf.s Charles' II. de →Bourbon. 1488 zu dessen Nachfolger gewählt, vermochte er sich nicht gegen den päpstl. und kgl. Kandidaten, Ebf. André d'→Espinay v. Bordeaux, durchzusetzen. Seine nach langem Prozeß 1499 erfolgte Resignation markiert auch den schwindenden Einfluß des Lokaladels auf die Besetzung des Lyoner Erzstuhls. Mit dem von Espinay an St-Corneille de→Compiègne gehaltenen Abbatiat entschädigt, amtierte H. aber weiterhin als Archidiakon und in anderen Kapitelfunktionen an seiner Heimatkirche.

Heribert Müller

3. T., Jean II. de, Ebf. v. Lyon, Kard., Großonkel von 1, * um 1325, † 24. Sept. 1392 in Lyon, ⌑ ebd., Kathedrale. Als Mitglied des Lyoner Kathedralkapitels (1353 Kanoniker, 1360 Dekan) war er mit dem Problem der nach der frz. Niederlage bei →Poitiers seit 1356 auch im Land um Lyon marodierenden Soldateska (Tard-Venus) und der Aufbringung des Geldes zur Auslösung von Kg. Johann II. aus engl. Gefangenschaft befaßt. 1375 zum Ebf. gewählt (und damit auch zum Abt v. St-Just/Lyon), zeichnete sich sein Pontifikat durch reformer. Impulse aus: 1376 berief er ein Provinzialkonzil ein, 1378/79 leitete er persönlich eine Pastoralvisite, deren Akten erhebl. materielle Schäden und Mißstände im Klerus nach Pest- und Kriegszeit bezeugen. Von Clemens VII., ehemals Kanoniker und Archidiakon in Lyon, 1389 zum Kard. erhoben, trat er vom Bf.samt zurück, dessen Rechte er zuvor energisch gegen Jurisdiktionsansprüche kgl. Beamter verteidigt hatte; in Avignon förderte er seine Großneffen Amédée und Hugues, die 1391 an der dortigen Univ. als Studenten des Kirchenrechts belegt sind.

Heribert Müller

Lit.: J. BEYSSAC, Notes pour servir à l'hist. de l'Église de Lyon: Les dernières élections épiscopales, 1912, 24-30 [cf. Lyon, Arch. dép. du Rhône 10G 1377/8] [zu 2] – DERS., Les chanoines de l'Église de Lyon, 1914, 101f., 113f., 138 [zu 1-3] – J. EPINAT, La situation religieuse dans le dioc. de Lyon d'après la visite pastorale de J. de T., Cah. d'hist. 6, 1961, 217-243 [zu 3] – R. FÉDOU (Le dioc. de Lyon, hg. J. GADILLE, 1983), 104-112 [zu 1-3] – DERS. (Les Lyonnais dans l'hist., hg. J.-P. GUTTON, 1985), 378f. – H. MÜLLER, Die Franzosen, Frankreich und das Basler Konzil, 1990, 27-219, 957 [Q., Lit.] [zu 1-3].

Talavera (de la Reina) (arab. Ṭalabīra), Stadt und Festung am Tajo in Neukastilien (heute Prov. Toledo), entspricht vielleicht dem spätröm. Caesarobriga und dem westgot. Aquis, diente nach der Eroberung durch →Ṭāriq (712) im muslim. Taifen-Kgr. →Toledo der Grenzsicherung gegenüber dem christl. Bereich, bis sie nach wechselhaften Kämpfen 1082 erobert, 1085 von Kg. →Alfons VI. v. →Kastilien-León im Zuge der →Reconquista v. Toledo übernommen wurde, fortan zum kgl. →Realengo gehörte, 1110 wieder in die Hände der →Almoraviden fiel, erneut eingenommen und Sitz eines Archidiakonats der Erzdiöz. Toledo wurde, aber im 12. Jh. auch noch einen geflohenen mozarab. Bf. beherbergte. 1295 durch Ferdinand IV. seinem Onkel, dem Infanten →Heinrich v. Kastilien, übertragen, 1303 bei dessen Tod an den →Realengo zurückgefallen, 1328 durch Alfons XI. seiner Gattin Maria v. Portugal als Arras (→Arra) übertragen; diese ließ 1351 in der Burg v. T. die Konkubine →Leonor de Guzmán töten. Heinrich II. Trastámara ließ die zum Besitz seiner Gemahlin Johanna zählende Stadt mit ihrer inzwischen verkleinerten Tierra 1369 dem Toledaner Ebf. Gómez Manrique im Tausch gegen Alcaraz übertragen; bis zur Auflösung der alten →Señoríos durch die Cortes v. Cádiz (1811) gehörte T. zur 'Toledaner Mitra'. Die Ausdehnung des Alfoz (Bezirks) v. T. wurde durch die Gebiete v. Trujillo (erst 1232 zurückerobert), Ávila (Übereinkunft 1152), Montalbán (Übereinkunft 1209) Escalona (Übereinkunft 1210) und Toledo (Übereinkunft 1262) begrenzt, konnte jedoch unter Ferdinand III. bis zum Guadiana vorgeschoben werden. Die Einwohner v. T. erwirkten unter Alfons X. v. Kastilien die Bestätigung der Geltung des Fuero Juzgo (→Fuero) sowie des Fueros für die Kastilier in Toledo (1254), das Zugeständnis des Fuero del Libro (1257) und schließlich durch Sancho IV. die Gewährung des Fuero Juzgo de León als einzig gültige Rechtsgrundlage (1290).

L. Vones

Lit.: J. GÓMEZ MENOR, La antigua tierra de T., 1965 – S. DE MOXÓ, La disolución del régimen señorial en España, 1965 – J. F. RIVERA RECIO, La Iglesia de Toledo en el s. XII, 2 Bde, 1966-76 – S. DE MOXÓ, Los señoríos de Toledo, 1972 – DERS., Los antiguos señoríos de Toledo, 1973 – J. GONZÁLEZ, Repoblación de Castilla la Nueva I, 1975 – M. J. SUÁREZ ÁLVAREZ, La villa de T. y su Tierra en la Edad Media (1369-1504), 1982 – DIES., La expansión del régimen señorial con Enrique de Trastámara: el ejemplo de T. (La ciudad hispánica durante los siglos XIII al XVI, T. II, 1985), 1133-1155 – J. VALLVÉ, La división territorial de la España musulmana, 1986, 310-313 – G. MARTÍNEZ DÍEZ, Estructura administrativa local en el naciente reino de Toledo (Estudios sobre Alfonso VI y la Reconquista de Toledo, II, 1988), 107-115.

Talavera, Arcipreste de →Martínez, Alfonso de Toledo

Talavera, Hernando (Pérez) **de**, Ebf. v. →Granada 1493–1507, * 1430/31 in Talavera, † 14. Mai 1507 in Granada, entstammte mütterlicherseits der jüd. Konvertitenfamilie Contreras, war eng verwandt mit Hernando Álvarez de Toledo, Herrn v. Oropesa, sowie dem Hieronymitengeneral Alonso de →Oropesa. Chorknabe in Talavera, um 1442 Schüler der Kalligraphie in Barcelona, dann Studium in →Salamanca (Artes seit 1445, 1448 Bacc., dann Lic.; Theologie, 1455 Bacc., 1460 Lic.), im Herbst 1460 Priesterweihe. Seit 1460 Lehrer in Salamanca, Okt. 1463–Juli 1466 Lehrstuhlinhaber (Moralphilosophie). Er gehörte seit 14. Aug. 1466 dem →Hieronymitenorden an (Kl. S. Leonardo in Alba de Tormes, 1470 Prior im Kl. Prado de Valladolid und Generalvisitator), 1483 Administrator des Bm.s Salamanca, fungierte seit 1486 als Bf. v. →Ávila. T. stieg als Beichtvater (→Confesor) →Isabellas d. Kath., aber auch →Ferdinands II., und Mitglied des →Consejo Real (seit 1475/76) zu einer der einflußreichsten Persönlichkeiten der kast. Krone auf, reformierte (nach dem Beschluß der Cortes v. Toledo, 1480) das kgl. Steuer- und Finanzwesen und reduzierte die Einkünfte des Adels aus staatl. Verpfändungen. Nach dem von ihm propagierten Kreuzzug gegen Granada (1492) lenkte er, seit 1493 als Bf., gemeinsam mit dem Generalgouverneur, dem 2. Gf.en v. →Tendilla, Íñigo López de →Mendoza (1442–1515), die Geschicke des Kgr.es Granada, dessen verbliebene Muslime er durch friedfertige Überzeugungsmission zu gewinnen suchte. Als sich (seit 1499) die unnachgiebige Haltung (Zwangsbekehrungen) des Kard.s →Cisneros durchsetzte und einen Aufstand der →Mudéjares (Moriscos) in der granadin. Vorstadt Albaicín provozierte, wirkte T. gemeinsam mit Tendilla als Schlichter. Ein hervorragender Seelsorger, Prediger und theol.-myst. Schriftsteller, förderte T. nachhaltig das kirchl. Leben (u. a. Gründung eines Priesterseminars in Granada), den Buchdruck (erste kast. Druckerei in Prado/Valladolid, 1480) und (nach anfängl. Zweifeln) das Unternehmen des →Kolumbus. Nach dem Tod seiner Beschützerin Kgn. Isabella wurde er mit seinen Familiaren und Verwandten von der Inquisition der Häresie des 'Judaisierens' beschuldigt, Anfang 1506 in Córdoba eingekerkert und verhört. Seine Appellation an den Hl. Stuhl führte zur apostol. Absolution, die aber vielleicht erst nach seinem Tode eintraf. L. Vones

Ed.: Escritores místicos españoles, ed. M. Mir, I, 1911 – Católica Impugnación, ed. F. Márquez Villanueva, 1961 [Einl.] – *Lit.:* DHEE IV, 2517–2521 [Q. Aldea; Lit.] – F. González Hernández, Fr. H. de T., Hispania Sacra 13, 1960, 143–174 – I. Rodríguez, Autores espirituales españoles en la edad media (Rep. de Hist. de las Ciencias Ecl. en España I, 1967), 333–335, Nr. 241 – T. Herrero del Collado, El proceso inquisitorial por delito de herejía contra H. de T., AHDE 39, 1969, 671–706 – C. Romero de Lecea, H. de T. y el tránsito en España »del manuscrito al impreso«, Studia Hieronymiana, I, 1973, 317–377 – Q. Aldea, H. de T., su testamento y biblioteca (Hom. Pérez de Urbel, I, 1977) – H. Nader, The Mendoza Familiy in the Spanish Renaissance, 1979 – J. Meseguer Fernández, Fernando de T., Cisneros y la Inquisición en Granada (Inquisición española, hg. J. Pérez Villanueva, 1981), 371–400 – J. Suberbiola Martínez, Real Patronato de Granada. El arzobispo T., la Iglesia y el Estado Moderno (1486–1516), 1985.

Talbot, engl. Adelsfamilie, deren Name zuerst um 1060 in der Normandie und am Anfang des 11. Jh. in England erscheint, wo sie als Landbesitzer in Herefordshire bezeugt ist. Im 13. Jh. waren Mitglieder der Familie in Kriege gegen die Waliser verwickelt und mit der Verteidigung der Grenze beauftragt. *Gilbert* T. (1276–1346), der 1332 von Eduard III. zum Baron ernannt wurde, diente dem Kg. in S-Wales. Sein Sohn *Richard* (1305–56) kämpfte unter Eduard III. gegen die Schotten und begleitete ihn bei den Feldzügen in Frankreich, wo er 1342 Geoffroy de →Charny in Morlaix gefangennahm und 1346 in der Schlacht v. →Crécy kämpfte. Nachfolger wurde sein Sohn *Gilbert* (1332–87), der die Tradition des Dienstes im kgl. Heer fortsetzte und Thomas of Langley in Portugal sowie →John of Gaunt in Portugal und Spanien diente, wo er an der Pest starb. Ihm folgte sein Sohn *Richard* (1361–96), der bei der Krönung Richards II. zum Ritter geschlagen wurde. Den Kg. begleitete er 1394 nach Irland. Zehn Jahre zuvor war er durch seine Heirat Richard T. of Blackmere geworden. Bei seinem Tod ging die Nachfolge an seinen ältesten Sohn *Gilbert* (1383–1418) über, der als erstes Mitglied der Familie in eine enge Beziehung zum Kg.shaus der →Lancaster trat. Gilbert diente sowohl Heinrich als auch Thomas, den ältesten Söhnen Heinrichs IV., in Wales und Irland und wurde 1409 zum Ritter des →Hosenbandordens gewählt. Als Heinrich V. Kg. wurde, folgte Gilbert der bewährten Tradition, den Kg. auf seinen Feldzügen in Frankreich zu begleiten, wo er bis zu seinem Tod bei der Belagerung von →Rouen im Okt. 1418 verblieb. 1413 war er seiner Mutter als Lord Strang gefolgt und um 1415 hatte er wahrscheinl. eine ptg. Adlige aus der Pinto-Familie geheiratet. Als seine Tochter *Ankaret* (1416–21) früh starb, folgte als Erbe ihr Onkel *John* (1384–1453), der zweite Sohn von Richard. Er wurde das berühmteste Mitglied der T.-Familie. 1407 heiratete er Maud und erwarb so die Ländereien der Furnival, deren Zentrum →Sheffield war. Wie sein Bruder versah auch John seinen militär. Dienst in Irland, wo beider Bruder *Richard* Ebf. v. Dublin (1417–49) war und John für zwei verschiedene Perioden (seit 1414 und 1445) kgl. *lieutenant* wurde. 1424 zum Ritter des Hosenbandordens gewählt, diente John mit wachsender Berühmtheit in den Kriegen Heinrichs VI. in Frankreich und nahm an einer Reihe bedeutender Gefechte teil. 1434 wurde er mit der Gft. v. Clermont und 1437 mit der Ernennung zum *marshal* v. Frankreich belohnt. Im Mai 1442 erfolgte die Erhebung zum Earl of Shrewsbury und im Juli 1446 zum Earl of Waterford in Irland. Er fiel in der Schlacht v. Castillon am 17. Juli 1453 (→Hundertjähriger Krieg). Sein Sohn *John* (um 1413–60) diente ebenfalls in Frankreich; er wurde in der Schlacht v. →Northampton getötet, als er für die Lancaster kämpfte. Es folgte *John* (1448–73) und nach dessen Tod sein Sohn *George* (1468–1538). C. T. Allmand

Lit.: DNB XIX, s.v. – Peerage XI, 698–709; XII, 606–620 – A. J. Pollard, John T. and the War in France, 1427–1453, 1983 – G. W. Bernard, The Power of the Early Tudor Nobility; a Study of the Fourth and Fifth Earls of Shrewsbury, 1985.

Tale mot biskopene, En (Oratio contra clerum Norvegiae, 'Eine Rede gegen die Bf.e'), anonyme norw. Streitschrift, entstanden um 1200. Der antiklerikale Text liegt in einer Hs. von 1320/30 (AM 114 a, 4°) vor, geht aber auf eine an. Verteidigungsschrift aus dem Umkreis des 1198 von Papst →Innozenz III. exkommunizierten Kg.s v. →Norwegen, →Sver(r)ir Sigurdarsson, zurück. Zunächst wird Klage über die Sittenlosigkeit und Habgier der Geistlichkeit geführt, die den Gläubigen kein Vorbild mehr ist, sondern das Leben des einzelnen mit Bann und Verurteilung bedroht. In zahlreichen Rückgriffen auf das »Decretum Gratiani« werden die Bf.e als schlechte Hirten angeprangert und die Forderung einer notwendigen Aufsicht des Kg.s als 'patronus' über die Kirche (mit dem Recht der Bf.seinsetzung) erhoben. Der Text schließt mit einer verhüllten Kritik an Bf. Nikolas v. Oslo, dem Führer der kirchentreuen Partei der →Bagler, und mit einem Aufruf zu Frieden und Einigkeit. Mit ihrem durchdachten Aufbau und einer »verblüffend modernen Argumentation« (GUNNES) bildet die Streitschrift ein wichtiges Dokument der europ. Diskussion über geistl. Privilegien und die Reichweite weltl. Macht in Nachfolge der →Publizistik des →Investiturstreites. R. Volz

Ed.: G. STORM, 1885 – A. HOLTSMARK, 1931 – *Übers.*: A. TEICHMANN, Eine Rede gegen die Bf.e, Progr. z. Rektoratsfeier, Univ. Basel, 1899 – *Lit.*: KL XVIII, 98–102 [E. GUNNES] – A. SALVESEN, En t. og Corpus Iuris Canonici, HTOs 37, 1955, 204–224 – E. GUNNES, Kongens ære. Kongemage og kirke i »En t.«, 1971.

Taler (von Joachims*taler*). Auf den 1486 in Tirol eingeführten silbernen →Gulden zu 60 Kreuzern (31,9 g), als Äquivalent eines goldenen Guldens auch Guldiner genannt, folgte alsbald in schweiz. und anderen Münzstätten (Bern, Sitten, Solothurn, Lothringen, Ungarn) die Prägung ähnl. großer Silberwerte, die nunmehr als Guldengroschen bezeichnet wurden. Der ebfl. Bremer Guldengroschen (1511) trägt die ausdrückl. Legende MONETA NOVA STATVS FLORENI RHENENSIS. Entscheidende Daten in der Frühzeit des T.s sind die Jahre 1500, als in Annaberg die Prägungen sächs. Guldengroschen aus erzgebirg. Silber in großem Umfang einsetzten, und 1518, der Beginn der Guldengroschenprägung in Joachimstal durch die Gf.en v. Schlick. Der Joachimstaler gab dann dem T. seinen Namen, der sich seit 1525 einbürgerte und zum Oberbegriff für eine Vielzahl von Großsilbermünzen der NZ wurde. P. Berghaus

Lit.: F. v. SCHROETTER, Wb. der Münzkunde, 1930, 676f. – J. WESCHKE, Dt. T. von den Anfängen der Prägung bis zum Dreißigjährigen Krieg, 1966, IX–XII – V. A. B. BEEK, Encyclopedie van munten, 1988, D-3 – D-5 – M. NORTH, Von Aktie bis Zoll, 1995, 390f.

Talg (Unschlitt; lat. sebum), tier. Fett härterer Konsistenz. T. wurde in Antike und MA bis in die NZ zusammen mit den weicheren Fetten (Schmalz) – adeps und axungia – unter dem Oberbegriff pinguedo als Wirkstoffträger (u. a. zu →Salben) in Pharmazie und Kosmetik genutzt. Rinder- (sebum bovinum) und Hammel-T. (s. ovile) waren offizinell (→Materia medica). Bes. Bedeutung hat T. (u. a. mit →Pottasche vermischt) für die ma. Herstellung von Seife und für die auch von Seifensiedern produzierten T.-→Kerzen, welche in der profanen →Beleuchtung zusammen mit den T.-→Lampen (später dann konkurrierend mit dem Tran) das teurere →Wachs und das →Öl zunehmend ersetzt haben. Bis ins 13. Jh. ist T. – auch anstelle von Wachs mit →Pech – beim Guß von →Glocken als Formmantel eingesetzt worden, desgleichen auch zur Formung für den Geschützguß. G. Jüttner

Lit.: →Beleuchtung, →Lampe, →Kerze, →Seife.

Taliesin, walis. Dichter und Druide, 6. Jh. (laut Annales Cambriae). Nach der »Geschichte v. T.« (überliefert 16. Jh., situiert Handlung in »die Zeit Arthurs«) fallen auf ihn drei (nicht für ihn bestimmte) Zaubertropfen, die ihn zum Dichter und Hellseher machen. Er entzieht sich der Strafe durch zwei Metamorphosen und eine Reinkarnation; schließlich sticht er am Hof des Kg.s Maglocunus (6. Jh.) alle 24 dort angestellten Dichter aus. Das »Buch des T.« (Hs. ca. 1300) überliefert unter T.s Namen über 60 Gedichte. Als echt gelten 12 Preislieder auf kelt.-brit. Kg.e, die im 6. Jh. auf dem Boden des heutigen SW-Schottland bzw. NO-England gegen die ags. Eroberer kämpften. Als apokryph, aber alt gilt das Gedicht über den mißlungenen Raubzug Arthurs in das jenseitige Land *Annwfn*. Ins 9. Jh. datiert werden 10 polit.-prophet. Gedichte, welche die bevorstehende Vertreibung der Engländer in ihre sächs. Heimat ausmalen, während 15 weitere Gedichte den Stoff der »Geschichte v. T.« aufgreifen. H. Pilch

Ed. und Lit.: The Book of T., ed. J. G. EVANS, 1910 [diplomat. Ausg.] – Canu T., ed. I. WILLIAMS, 1957 [echte Gedichte] [engl. Übers. C. WILLIAMS, 1968] – A Guide to Welsh Lit., I., ed. A. O. H. JARMAN–G. R. HUGHES, 1976, 51–67 – T. Poems, ed. M. PENNAR, 1988 [echte Gedichte; Einl., engl. Übers.] – Ystoria T., ed. P. K. FORD, 1992 – Literacy and Orality in Early Middle English, 1996, 147–166 [Raubzug ins Jenseits, ed. H. PILCH].

Talio(n), auch »lex talionis«, von »talis« ('so beschaffen'), meint 1. im eigtl. (engeren, strengen, echten, materiellen) Sinn als »t. identica« den unmittelbaren Ausgleich eines Verlustes durch denselben Verlust. Die bekannteste Formulierung für dessen zwei Formen enthält das AT: »Leben für Leben, Auge für Auge« usw. als Anweisung an den Täter (»dann mußt du geben«; Ex 21, 23–25) und »Bruch um Bruch, Auge um Auge, Zahn um Zahn« als Anweisung an die Rechtsinstanz (»soll man ihm antun, was er getan hat«; Lev 24, 19–22). Die erstere Form betraf sicherl. die Begrenzung der Sippenkriege (→Fehden, →»Blutrache«, »Privatjustiz«) sowohl auf die Person des Täters als auch auf das Maß der zugelassenen Rachehandlung, stellte daneben aber auch eine Rechtfertigung einer solchen Tötungsrache durch die Angehörigen des Getöteten dar (vgl. Num 35, 19). Die zweite Form begründete bereits das Maß für eine öffentl. Bestrafung und galt nur für Körperverletzungen, allerdings hier wohl nur subsidiär (beim Fehlschlagen von Bußverhandlungen und bei Unmöglichkeit einer Ablösung). Sonst war einerseits Schadenersatz vorgesehen (Lev 24, 18, 21); andererseits ordneten für Tötung eines Menschen Ex 21, 12; Lev 24, 17, 21; Num 35, 31 die bei →Mord nicht ablösbare – Todesstrafe an, die aber nicht aus der T. folgte, sondern – wie andere Taten auch – aus der Bewertung dieser Tat als Verletzung des Bundes mit Jahwe (vgl. Lev 18, 24, 28) mit der Folge der Ausmerzung des Täters aus der Gemeinschaft (vgl. unter 4.). Doch mag bei der blutigen Tötung eines unschuldigen Menschen die Auffassung der notwendigen Entsühnung des dadurch befleckten Landes (der verunreinigten Gemeinschaft) durch das Blut dessen, der es vergossen hatte, mitbestimmend gewesen sein (zum Ganzen WEISMANN). Diese erste Form der materiellen T. findet sich in den diese Fehden noch voraussetzenden frühma. Rechtsq. (Volksrechten, Kapitularien) ausdrückl. nicht: auch Tötung sollte durch Bußleistung (compositio, →»Wergeld«) ausgeglichen werden, was sicherl. gegen eine geübte (und wohl auch an sich für Recht gehaltene) Praxis der Blutrache gerichtet war; anders hier schon früh die →Decretio Childeberti (aus 596), die bei Tötung auf Vollzug einer Todesstrafe beharrte und sogar deren Ablösung ablehnte. Dies verweist bereits auf die spätere zweite Form der materiellen T., die sich offensichtl. unter kirchl. (und röm.) Einfluß schon in der Lex Visigothorum (6. Jh.) und der Lex Baiuvariorum (6.–8. Jh., II. 2) fand. Ein Kapitular aus 835 enthielt einen Lobpreis der atl. T.; die dem →Benedictus Levita zugeschriebene (gefälschte) Kapitulariensig. (um 850) brachte eine Übers. der einschlägigen Bestimmungen der Bücher Mose (als »lex divina«). Die mit der Friedensbewegung einhergehende Herausbildung des peinl. Strafrechts (→Strafe) führte dann häufig zur ausdrückl. Übernahme einschlägiger Formulierungen dieser T., v.a. in süddt. Stadtrechten, meistens bezogen auf Körperverletzungen, manchmal aber auch ausgedehnt auf →Totschlag (Enns 1212, Augsburg 1276, Österr. Landrecht 13. Jh., Memmingen 1396). Auch der →Schwabenspiegel (um 1275) übernahm bei Körperverletzungen ausdrückl. das »Moyses buch«, ihm folgten das alte Kulm. Recht (14. Jh.) und das Rechtsbuch Ruprechts v. Freising (1328); dagegen kannte der Sachsenspiegel (um 1225) diese T. nicht. Für die Beliebtheit dieses Prinzips sprechen auch zahlreiche Rechtssprichwörter (z.B.: »mit gleicher Münze heimzahlen«). Doch war wohl in der Praxis im Regelfall eine Ablösung der Strafe möglich; z.T. drohten die Vorschriften eine solche Strafe nur bei Vermögenslosigkeit an. Mit der allmähl. Anerkennung der Voraussetzung der (inneren) Willensschuld des Verbrechers mußte diese erste T.sform als unmittelbare, nur auf den äußeren Schaden bezogene in den Hintergrund treten. – Daneben gibt es drei Formen einer unechten T. (t. analogica). Zu nennen ist zunächst 2. die Androhung der T.sstrafe für falsche Anschuldigung (Klage, Zeugenaussage, Eid, später auch Unterliegen im gerichtl. Zweikampf), die sich ebenfalls im röm. Recht (als »calumnia«) und im AT (Dtn 19, 16–21: hier auch auf »Leben für Leben« ausgedehnt) fand, dann – vielleicht sogar unbeeinflußt davon – bereits in der Lex Baiuvariorum, Lex Visigothorum, Lex Burgundionum und den langob. Leges Liutprandi vorgesehen war. Die schweiz. Rechtsq. ab dem 14. Jh. verwendeten dafür das Bild, daß der Täter in den Fußstapfen des (vorgesehenen) Opfers stehen oder diese Fußstapfen diesem bessern solle. Diese T.sstrafe, die auch im kanon. Recht anerkannt war, galt in der Regel zunehmend für die Fälle, in denen es zu einer tatsächl. Verurteilung oder Bestrafung des Opfers nicht gekommen war, und war deshalb auf den bösen Willen des Täters ausgerichtet. Verwandt damit waren die angedrohten T.sstrafen für den rechtsverweigernden Richter, für das Entweichenlassen eines Gefangenen durch den Gefängnishüter oder durch jedermann und für Unterstützung eines flüchtigen und/oder friedlos gelegten Missetäters. – Als weitere Form dieser unechten T. ist 3. die symbol. (oder ideelle) T. zu nennen, die eine bes. Ausgestaltung des Strafaktes meint: in ihm soll(te) sich die Missetat wenigstens in einem für charakterist. gehaltenen Merkmal widerspiegeln. Dem Täter widerfuhr etwa das, was er eigtl. – in einem ideellen Sinne – verübt hatte. Diese »spiegelnden« Strafen sollten somit auf die Tat in einem äußeren oder auch inneren Merkmal zurückdeuten und so einen Zusammenhang herstellen für die Öffentlichkeit, die dadurch belehrt, abgeschreckt, erzogen werden sollte. Der Körper des Bestraften diente so als Objekt für demonstrative rechtl. Zeichen. – Schließlich kann 4. die geistige (oder wertmäßige, ideelle) T. genannt werden, wie sie in der allg. Vergeltungsidee zum Ausdruck kam: dem Täter soll(te) in der Bestrafung das angetan werden, was sein Verbrechen an rechtl. Unwert enthielt. Die Verbindung von Tat und Sanktion liegt hier nicht (mehr) in der unmittelbaren oder symbol. konstituierten Gleichartigkeit, sondern in der Gleichwertigkeit, d.h. letztl. in der Bewertung der menschl. Handlung als Rechtsbruch. Diese T.sidee lag vielleicht unausgesprochen auch den anderen T.formen zugrunde, v.a. in Verbindung mit der Todesstrafe.

W. Schild

Lit.: HRG V, 114–118 – L. GÜNTHER, Die Idee der Wiedervergeltung, I–III, 1889–95 – J. WEISMANN, T. und öffentl. Strafe im Mosaischen Rechte, 1913 – R. HIS, Das Strafrecht des dt. MA, I, 1920, 356, 371 – DERS., Gesch. des dt. Strafrechts bis zur Karolina, 1928, 75 – F. STURM, Symbol. Todesstrafen, 1962 – B. H. D. HERMESDORF, Poena talionis, 1965 – U. EBERT, T. und Spiegelung im Strafrecht (Fschr. K. LACKNER 1987), 399–422 – DERS., T. und Vergeltung im Strafrecht – ethische, psycholog. und hist. Aspekte (Recht und Moral, hg. H. JUNG u.a., 1991), 249–267.

Talisman Karls des Großen, wohl der Hofschule des Ks.s zuzuschreibende Goldschmiedearbeit, nach der Überlieferung als Brustreliquiar dem Grabe Karls entnommen. Aufgrund nachma. Q. zu identifizieren als »cleinodium continens de capillis et lacte b. Mariae Virg.«. Es handelt sich um ein goldenes, bullaförmiges Behältnis (Höhe 7,3 cm, Breite 6,5 cm), jetzt mit (sichtbarer) Kreuzreliquie (Kette modern). Hauptmerkmale sind große Steineinsätze in breiter Fassung, vorn rund (blauer Glasfuß, späterer Ersatz), rückseitig viereckig (heller Saphir-Cabochon). Die Rahmungen sind mit getriebenen Blattbüscheln, Filigran, Palmetten und zahlreichen Edelsteinen (Granate, Smaragde, Perlen) in schlichten Kastenfassungen geschmückt, in der Art frühma. →Fibeln kreuzförmig geordnet. Vergleiche mit der Goldkanne v. St-Maurice und anderen karol. Arbeiten erlauben die Datierung ins (frühe) 9. Jh. – Von bes. Bedeutung ist die Gestaltung des T.s im Typus der palästinens. Pilgerampulle (Monza, Bobbio). Es ist anzunehmen, daß Haar der Gottesmutter mit einer der Reliquiensendungen an Ks. Karl gelangte (799, 807) und ein kostbares neues Behältnis erhielt. – Das *cleinodium* wurde 1804 vom Aachener Domkapitel an Ksn. Josephine geschenkt und gelangte aus napoleon. Besitz durch Ksn. Eugénie 1919 nach Reims (Kathedrale).

V. H. Elbern

Lit.: B. DE MONTESQUIOU-FÉZENSAC, Le T. de Charlemagne, Arts de France II, 1962, 66ff. – Kat. Karl d. Gr., Werk und Wirkung, 1965, Nr. 557 – J. TARALON, Note Technique sur le »T. de Charlemagne«, Mon. Hist. de la France NS XII, 1966, 24ff. – V. H. ELBERN, Die Goldschmiedekunst im frühen MA, 1988, 35f.

Talk (arab. *ṭalq*; span. *talque*; mlat. talcum; dt. seit dem 16. Jh. T.), natürl., weiches, oft blättriges Magnesiumsilikat: Steatit (lat./gr. [Plinius] steatites [Fett-Stein]), wegen scheinbar fettiger Konsistenz). Unter T. (auch Magnesia alba; Federweiß) wurden im MA auch Schichtsilikate (Glimmer) sowie durchsichtiger →Gips (Marienglas; Lapis specularis 'Spiegelstein' – daraus später Speckstein für T.) verstanden. Als Gleit- und Wundpuder und in Lotionen, wie auch als Kosmetikum ('Bleichen') und als 'Schneiderkreide' im MA und später weiterhin vielfach genutzt, ist es als T. erst im 16. Jh. in den Arzneibüchern zu finden. Die →Alchemie dagegen hat sich wegen der 'fettigen' Konsistenz sowie der bes. Härtung durch Hitze vielfach damit beschäftigt. Letzterem verdankt der leicht bearbeitbare T. auch seine ma. techn. Verwendung (T.-Schiefer) für die Herstellung von Öfen, Töpfen und Gefäßen (Topf-, Ofen-, Gefäß- [Gilt-]Stein) sowie seine Nutzung im Kunstgewerbe.

G. Jüttner

Lit.: D. GOLTZ, Stud. zur Gesch. der Mineralnamen, SudArch Beih. 14, 1972 – H. LÜSCHEN, Die Namen der Steine, 1979².

Tallaght, Kl. in Irland, sw. v. Dublin, gegr. von Maelruain († 792), dem Vorkämpfer der Reformbewegung der →Céli Dé. Nach hoher Blüte im frühen 9. Jh. verfiel es im Zeitalter der Wikingereinfälle (840 Plünderung). – T. ist berühmt als Entstehungsort bedeutender Texte der ir. Kirche. Hier entstanden die beiden großen ir. →Martyrologien: das zw. 826 und 833 kompilierte *Martyrologium v. T.* (M.), der älteste erhaltene Textzeuge der ir. Version des →Martyrologium Hieronymianum, sowie das dem M. nahestehende metr. Martyrologium →*Félire Óengusso*. Das M. ist eine verkürzte Fassung des Martyrologium Hieronymianum, eng benachbart dem Echternacher Kalendarium, dem mit dem hl. →Willibrord assoziierten Martyrologium (Paris, Bibl. Nat. lat 10837), mit dem es einige sonst unbekannte Einträge gemeinsam hat. In bemerkenswerter Weise hebt sich das M. jedoch ab durch die Hinzufügung zahlreicher ir. Heiligennamen, wodurch die in der frühen ir. Kirche kommemorierten Personen und Daten beleuchtet werden. Das M. vermerkt auch die Heiligenfeste einer Reihe ags. Kleriker und Laien, deren Feiertage wohl bereits in der dem M. zugrundeliegenden Version des Martyrologium Hieronymianum, die entweder aus Kontinentaleuropa oder Northumbria nach T. gelangt war, enthalten waren. Die Aufnahme von zwölf

Äbten v. →Iona legt nahe, daß die Transmission über dieses Kl. erfolgte und Irland wohl um 750 erreichte. Es wird allg. angenommen, daß das M. auf eine reich glossierte Hs. des Echternacher Willibrord-Kalendariums (dem auch →Bedas hist. Martyrologium textlich nahesteht) zurückgeht. Die eigenständigen Züge des M. artikulieren sich u. a. in der Nennung von Namen, die der hieronymian. Überlieferung sonst unbekannt sind; in seiner letzten Entstehungsstufe wurden dem M. noch Namen aus dem Kreis der ir. Reformbewegung eingefügt. Das M. ist ein höchst aufschlußreiches Zeugnis der Kontakte zw. Irland, dem ags. England und dem Kontinent; sein hauptsächl. Quellenwert liegt jedoch in der Überlieferung der frühesten Festkalender der ir. Kirche.

D. Ó Cróinín

Ed. und Lit.: LThK² IX, 1279 – The Martyrology of T., ed. R. I. BEST–H. J. LAWLOR, 1931 – P. Ó RIAIN, The T. Martyrologies, redated, Cambridge Med. Celt. St. 20, 1990, 21–38 – DERS., Anglo-Saxon Ireland: the Evidence of the Martyrology of T., 1993 – →Félire Óengusso.

Talleyrand, Élie de, Kard., * um 1301, † 17. Jan. 1364, Sohn des Gf. en v. →Périgord, Élie Talleyrand VII., dessen profranzösische Haltung T.s kirchl. Karriere begründete; dank der Päpste →Clemens' V. und →Johannes' XXII., seines Verwandten, erhielt er die Bm.er →Limoges (1324) und →Auxerre (1328) als Sprungbrett für die Aufnahme ins Kardinalskolleg (1331 Kard. v. S. Pietro in vincoli; 1348 Bf. v. Albano). Durch die Heirat seiner Schwester Agnès (1321) mit Johann v. Anjou-Sizilien (→Anjou), dem künftigen Hzg. v. Durazzo, wurde T. in die Bruderkämpfe des Kgr.es Neapel verstrickt; er vermittelte die Heirat der Maria, Schwester von Kgn. →Johanna I., mit seinem Neffen Karl (1343), wurde der Begünstigung des Mordes an →Andreas v. Ungarn († 1345) verdächtigt und machte sich den Kard. Gui de →Boulogne, der die konkurrierende Anjou-Linie Tarent unterstützte, zum Gegner. Beim →Konklave v. 1362 verweigerten die Kard.e diesen »wutschnaubenden Kampfstieren, die die Weiden des Herrn besudelten« (Petrarca) ihre Unterstützung und wählten stattdessen →Urban V. Als geborener Diplomat wurde T. von →Innozenz VI. mit der Aufgabe betraut, bei Kg. →Eduard III. v. England einen Waffenstillstand mit Kg. Johann II. (→Jean II.) v. Frankreich durchzusetzen, konnte aber die frz. Niederlage v. →Poitiers (1356) nicht verhindern. Bei den Friedensgesprächen in England (1357–58) verteidigte T. auch seinen reichen engl. Pfründenbesitz und bemühte sich um eine Versöhnung zw. →Karl dem Bösen v. Navarra und dem Regenten →Karl (V.). Als Protektor des →Franziskanerordens (1343) verhörte er den Visionär →Johannes v. Roquetaillade (1350) und machte ihn zu seinem Auguren, der dem Kard. den »Liber ostensor« (1356) widmete. Bereits gemeinsam mit →Philipp VI. (1336) hatte T. das Kreuz genommen; von Urban V. wurde ihm das Amt des päpstl. Legaten für den von Johann II. geplanten Kreuzzug verliehen, doch verstarb der Kard. vor dem Zustandekommen des Unternehmens. T. war trotz seiner 31 Benefizien (darunter 7 Archidiakonate) und seines prunkvollen Auftretens kaum reicher als seine Amtsbrüder; er beteiligte sich an der Gründung der Kartause Vauclaire (dép. Dordogne, comm. Montpon-Menestérol) sowie des Collège de Périgord in Toulouse und förderte den hl. Karmeliter →Petrus Thomas sowie Bernard du Bousquet, den späteren Ebf. v. Neapel und Kard. (1368–71).

M. Hayez

Q. und Lit.: F. DUCHESNE, Hist. de tous les card. françois, 1660 – N. P. ZACOUR, T., 1960 – B. GUILLEMAIN, Cour pontificale, 1966 – L. CAILLET, La papauté d'Avignon et l'Église de France, 1975 – Lettres secrètes et curiales d'Innocent VI (nur ersch.: II–IV); Lettres comm. d'Urbain V., hg. École française de Rome.

Tally, ein ca. 20 cm langes →Kerbholz als Beleg für eine Zahlung an den engl. →Exchequer, das in bes. Weise eingeschnitten oder eingekerbt wurde, um die betreffende Summe zu quittieren. Unterschiedl. tiefe Einschnitte wurden entlang der Kante des Holzes vorgenommen, um 1000, 100 oder nur ein Pfund, Schillinge und Pence zu vermerken, für die es ausgefertigt worden war. So konnte es auch ein des Schreibens und Lesens Unkundiger sofort lesen. Wenn die Summe eingeschnitten war, wurde das Kerbholz der Länge nach gespalten, die eine Hälfte verblieb beim Exchequer, die andere erhielt der Steuereinnehmer. T.ies konnten auch vom Exchequer an seine Gläubiger ausgestellt werden und übertrugen ihnen die Zahlung der Steuereinnehmer (→Assignment). Die T.ies waren seit dem 12. Jh. bis 1834 im Exchequer in Gebrauch, als die Anordnung, sie zu verbrennen, das alte House of Parliament in Brand setzte.

G. L. Harriss

Lit.: H. JENKINSON, Exchequer T.ies, Archaeologia 62, 1911.

Talmud. Mit der Redaktion des Pentateuchs im 6./5. Jh. v. Chr. erhielt das früheste Judentum (→Juden) ein Werk, das zwar als hl. Buch sehr schnell kanon. Geltung erlangte, dessen Gesetzesbestimmungen (→Recht, C) jedoch zu den späteren, sich wandelnden ökonom., sozialen, polit. und kultrechtl. Verhältnissen oft keine oder unzureichende Antworten lieferten. So kam es wohl schon im 5. Jh. v. Chr. zur Ausbildung einer mündl. Gesetzestradition, die die bibl. Vorschriften ergänzte, modifizierte und gelegentlich sogar auch abrogierte und die um 200 n. Chr. einen solchen Umfang erreichte, daß sie von Rabbi Jehuda ha-Nasi in Palästina und seinem Gelehrtenkreis in Form der sog. *Mischna* erstmals umfassend kodifiziert wurde (Gliederung in sechs themenzentrierte Ordnungen, diese wiederum in eine größere Anzahl von Traktaten). Die Sprache der Mischna bestand aus einer bestimmten Form des nachbibl. Hebräisch; neben anonymen Gesetzesbestimmungen unklaren Alters enthielt sie eine Fülle von Vorschriften, die auf bestimmte Gelehrte (Tannaiten) von der Zeitwende bis etwa 180 n. Chr. zurückgeführt wurden. Bis etwa 450/500 wurde die Mischna sowohl in Palästina als auch in Mesopotamien von den nachfolgenden jüd. Gesetzesgelehrten (Amoräer) auf Aramäisch kommentiert und diskutiert. Diese Diskussionen wurden unter den Sammelnamen *Gemara* (= Vollendung) zusammengefaßt; sie enthielten nicht nur jurist. Diskussionen, sondern auch ethische Erzählungen, Wundergesch., Bibelauslegungen erzählender Passagen u. a.

Mischna und Gemara konstituierten gemeinsam den T., der uns jedoch in zwei grundverschiedenen Rezensionen überliefert wurde. Den Anfang machte der *Palästinens. T.* (irrigerweise auch: Jerusalemer T.), der wohl noch vor der Mitte des 5. Jh. in Galiläa zusammengestellt wurde. Er weist eine recht konsistente, von nur wenigen Schwankungen gekennzeichnete Textüberlieferung auf, erlangte aber im MA in den Gemeinden der europ.-jüd. Diaspora nur begrenzte Anerkennung. Völlig anders verhielt es sich mit dem quantitativ sehr viel umfangreicheren *Babylon. T.*, der kaum vor 700 im Zweistromland redigiert wurde, eine undurchsichtige, höchst variantenreiche Textüberlieferung aufweist und sich im Rahmen eines nicht mehr nachvollziehbaren hist. Prozesses bis etwa 850 als das normative Gesetzbuch der jüd. Gemeinden Europas, Vorderasiens und Nordafrikas durchsetzte. Die dunkle Sprache des babylon. T.s und seine logisch höchst verwickelten Gesetzesdiskussionen führten in den Diasporagemeinden zu einer umfangreichen Kommentarlit. und zu zahllosen exeget. Kontroversen im Hinblick auf die Auslegung der einen oder anderen Textstelle. Für die Gemeinden Spaniens und Nordafrikas war der T.kommentar Chananel Ben Chuschiels aus Kairuan (Mitte 11. Jh.) ein wichtiger Wegweiser zur Erschließung dieses Werkes. Für die Judenheit in West- und Mitteleuropa wurde der gegen Ende des 11. Jh. von →Raschi in Nordfrankreich verfaßte und auf der Auslegungstradition der rhein. T.hochschulen beruhende Kommentar die maßgebl. Auslegungsrichtschnur. Beide Werke waren in hebräisch-aramäischer Mischsprache abgefaßt.

Es ergab sich von selbst, daß das Studium und die Anwendung des T.s in der Rechtsprechung oder bei ritualgesetzl. Problemen des Alltagslebens eine Sache von relativ wenigen Spezialisten innerhalb der jüd. Ortsgemeinden blieb. Die Notwendigkeit, in der Einzelgemeinde über wenigstens einen ständig konsultierbaren Fachmann des talmud. Rechts zu verfügen, war einer der Gründe, die im späteren MA zur Ausbildung des →Rabbinats führte. Da die talmud. Gesetze (wie schon der Pentateuch) den sich wandelnden Lebensbedingungen der jüd. Diasporagemeinden gelegentl. nachhinkten, kam es auch hier zur Rechtsfortbildung; zu nennen sind bes. die Taqqanot (→Taqqana), Rechtsverordnungen zur Lösung von in der talmud. Überlieferung nicht behandelten Problemen.

Theologisch galt insbes. der Babylon. T. im ma. Judentum letztlich als Ausfluß der sinait. Offenbarung, die dem →Mose in zweifacher Form, als schriftl. und mündl. →Tora, zuteil geworden sei. Für die ma. jüd. Theologie verkörperte die mündl., im T. kodifizierte Tora das Geheimnis der Erwählung Israels unter den Völkern, weil die bibl. Gesetze ohne die Hinzuziehung der talmud. Überlieferung oft gar nicht anwendbar seien. Die Nichtjuden, denen die Kenntnis der talmud. Tradition abgehe, könnten infolgedessen ihr sog. AT insgesamt nur unzureichend oder gar nicht verstehen.   H.-G. v. Mutius

Lit.: G. Stemberger, Einl. in T. und Midrasch, 1992[8] – Mischnajot – Die sechs Ordnungen der Mischna, hebr.-dt., bearb. A. Sammter u. a., 1986[3] – Synopse zum T. Yerushalmi, hg. P. Schäfer–J. Becker, 1991ff. – Übers. des T. Yerushalmi, hg. M. Hengel u. a., 1980ff. – The T. of the Land of Israel, engl. Übers. J. Neusner u. a., 1982ff. – Der Babylon. T. mit Einschluß der vollstaendigen Mischnah, hg. und übers. L. Goldschmidt, 1933-35 [unbrauchbare Übers., aber gute Texted.] – The Babylonian T., engl. Übers. I. Epstein u. a. [Nachdruck 1978].

Talmudverbrennungen. Im Laufe des 12. Jh. verschärfte sich in Europa das Klima den Juden gegenüber; in Rom hatten sie seit 1119 bei Pontifikatsbeginn der jeweiligen Päpste die formelhafte Mißbilligung ihrer Schriftauslegung hinzunehmen. Gregor IX. verfügte 1239 aufgrund der Denunziation des Konvertiten Nikolaus Donin für die chr. Staaten Westeuropas die Konfiskation des →Talmud am 3. März 1240. Ab Juni 1240 fand unter Leitung des Bf.s v. Paris, →Wilhelm v. Auvergne, und in Gegenwart der Kgn. →Blanca eine Disputation franziskan. Patres mit vier jüd. Gelehrten statt, die häret. Vorwürfe gegen den Talmud klären sollte. Die Vorwürfe betrafen polem. Äußerungen gegen Jesus und Maria im Talmud, die die chr. Theologen als blasphem. empfanden, die Schlechterstellung des Nichtjuden gegenüber dem Juden im talmud. Recht, die göttl. These vom göttl. Ursprung des talmud. Rechts u.s.w. In der Folge kam es 1242 zur Verbrennung von 20 oder 24 Wagenladungen konfiszierter Talmudexemplare. Auf Intervention von jüd. Seite hin gestattete Innozenz IV. 1247 eine Wiederaufnahme des Verfahrens. Der päpstl. Legat, Odo v. Tusculum, verurteilte den Talmud jedoch am 15. Mai 1248 endgültig und ordnete dessen Verbrennung an. In Frankreich ereigneten sich bis 1299 vier weitere T.; in Europa zogen sich solche Aktionen bis 1757 hin.   B. Lawall

Q.: H. Denifle–É. Chatelain, Chartularium Universitatis Parisiensis, I, 1899 – J. Höxter, Q.lesebuch zur jüd. Gesch. und Lit., 4 Bde, 1927 [Neudr. 1983] – S. Simonsohn, The Apostolic See and the Jews, I, 1988 – Lit.: Ch. Merchavia, The Church Versus Talmudic and Midrashic Lit., 1970, 277ff. [hebr.] – H. Rafetsberg, Bücherverbrennungen. Die öffentl. Hinrichtung von Schriften im Wandel der Zeiten, 1988 – F. Battenberg, Das europ. Zeitalter der Juden, I, 1990 – A. Patschovsky, Der Talmudjude (Juden in der chr. Umwelt des späten MA, hg. A. Haverkamp–F.-J. Ziwes, 1992), 13-27.

Talschaft. Der moderne Ausdruck T. bezieht sich auf eine geomorpholog. und zugleich polit.-soziale Einheit im Alpenraum. Der quellenmäßige Begriff *tal* hat naturräuml., rechtstopograph. und polit. Bezüge. Als Bezeichnung für einen polit. Verband ist er synonym mit *land*, *landschaft*. Die Anfänge der talschaftl. Verbandsbildung werden im 12. Jh. faßbar. Die T. erscheint zunächst als herrschaftl. Verwaltungseinheit, dann aber auch als selbstverwaltete Gebietskörperschaft. Der letztere Typus stellt eine Erscheinungsform der ländl. →Gemeinde dar. Die Selbstregelung der Talgemeinde äußerte sich v. a. im Gerichtswesen. Wichtigste Organe und Institutionen der T. waren die Gemeindeversammlung, der Gemeindevorsteher und Richter, oft von einem Ratskollegium unterstützt, sowie gemeinsames Satzungsrecht. In der Schweiz lautet die Bezeichnung für den Vorsteher meist →Landammann, für die Versammlung Landsgemeinde. Das Verbreitungsgebiet der T. entspricht dem Alpenraum, ohne die w. Ausläufer und die ö. Hzm.er Österreichs. Neben den räuml. Voraussetzungen (Relief) zählen zu ihren Entstehungsbedingungen: aufgelockertes Siedlungsmuster, späte Binnenkolonisation, oberflächl. Feudalisierung. Ihre vergleichsweise unabhängige Stellung ging auf Reichsprivilegien oder Privilegierung durch den Territorialherrn zurück. Der territorialherrschaftl. Erfassung wirkten bisweilen Bündnisse entgegen, die benachbarte T.en untereinander abschlossen. Viele T.en waren anfängl. mit einer →Pfarrei deckungsgleich; diese Kongruenz verlor sich jedoch im SpätMA durch Abkurung neuer Pfarrkirchen. Der Einfluß der kollektiven Bodennutzung auf die Ausbildung der T. ist in der älteren Forsch. überschätzt worden, insbes. mit der generellen Annahme von Tal-→Markgenossenschaften. Träger der genossenschaftl. Nutzung war indessen meist der lokale Siedlungsverband, also die Dorf- und nicht die Talgemeinde.   F. Hitz

Lit.: H. Ryffel, Die schweiz. Landsgemeinden, 1904 – P. Vaillant, Les libertés des communautés dauphinoises, 1951 – E. Bruckmüller, Täler und Gerichte (Herrschaftsstruktur und Ständebildung, Beitr. zur Typologie der österr. Länder aus ihren ma. Grundlagen, III, 1973), 11-51 – K. Ruser, Die Talgemeinden des Valcamonica, des Frignano, der Leventina und des Blenio und die Entstehung der Schweiz. Eidgenossenschaft (Kommunale Bündnisse Oberitaliens und Oberdtl.s im Vergleich, hg. H. Maurer [VuF 33], 1987), 117-151.

Taman', nw. des Kaukasus gelegene Halbinsel zw. →Schwarzem Meer und Azov'schem Meer, von der westl. benachbarten Halbinsel →Krim durch die Straße v. Kerč getrennt. Die in der Antike (griech. Stadtgründungen) zum Bosporan. Reich gehörende Halbinsel war mit der Stadt →Tmutarakan' (im SpätMA unter *Matrega* u. ä.) seit dem 10. Jh. Kerngebiet des südöstlichsten, zur Steppenregion hin vorgeschobenen aruss. Fsm.s, in dem z. T. auch byz. Wirtschafts- und Kultureinflüsse wirksam waren (→Byz. Reich, E. II), das aber 1223 dem Ansturm der →Mongolen erlag. Am Rande des mongol.-tatar. Machtbereiches gelegen, wurde T. im 14. Jh. vom genues.

Schwarzmeerhandel berührt. Im 15.-18. Jh. unter osman. Herrschaft, kam das Gebiet 1774 an Rußland. – Die Weltlit. kennt T. als einen Schauplatz des großen Romans »Ein Held unserer Zeit« (1840) von M. Lermontov.

Lit.: →Tmutarakan', →Krim.　　　　　　U. Mattejiet

Támara, Paces de, Friedensverträge, die Juli 1217 nach der Einnahme v. Carrión, Villafranca und Burgos zw. Kg. →Alfons VII. v. →Kastilien-León sowie Kg. →Alfons I. v. Aragón auf Vermittlung von dessen Verbündeten, den Gf. en Gaston v. →Béarn und Centulle II. v. →Bigorre, im Tal v. T. zw. Castrogeriz und Hornillos del Camino unter Ausfertigung zweier Vertragsinstrumente geschlossen wurden, den Verzicht auf die früheren kast. Eroberungen im Ebrotal sowie die Anerkennung des dortigen aragones. Gebietsstandes enthielten, dafür die Aufgabe der meisten aragones. Gebietsgewinne in Kastilien (mit Ausnahmen wie Álava, Soria, der sorian. Estremadura bis S. Esteban de Gormaz), insbes. die Rückgabe der Alfons VII. als Erbe gehörenden Burgen und Städte, sowie den Verzicht Alfons' I. auf den Kaisertitel festlegten. Obwohl die Umsetzung des Vertrags nicht sofort und nicht vollständig erfolgte, gingen viele Gebiete wie Frias, Pancorbo, Briviesca, Villafranca de Montes de Oca, Burgos, Santiuste, Sigüenza und Medinaceli langfristig wieder in den Besitz von Kastilien-León über. Mit den Verträgen v. T. sicherte Alfons VII. sein Anrecht auf die bisher von Alfons I. beanspruchte Königswürde von Kastilien.　　L. Vones

Lit.: R. Menéndez Pidal, Sobre un tratado de paz entre Alfonso el Batallador y Alfonso VII, BRAH 111, 1942, 115-131 – J. M. Lacarra, Alfonso »el Batallador« y las paces de T., EEMCA 3, 1947-48, 461-473 – Ders., Alfonso el Batallador, 1978, 93-96 – M. Recuero Astray, Alfonso VII, Emperador, 1979, 90-95, 206 – L. Vones, Die 'Hist. Compostellana' und die Kirchenpolitik des nordwestspan. Raumes 1070-1130, 1980, 486f. – A. Ubieto Arteta, Hist. de Aragón, La formación territorial, 1981, 182f. – M. Peréz González, Crónica del emperador Alfonso VII (El Reino de León en la Alta Edad Media, 1993), 96f.

Tamerlan → Timur

Tamworth, Stadt in Staffordshire, als Hauptort des merc. Kgr.es (→Mercien, →England, A. II, 2) bekannt und als bevorzugte Residenz der merc. Kg.e zw. 781 und ca. 857 urkundl. nachweisbar. In T. befand sich seit dem späten 7. Jh. eine villa regia, die im Zentrum eines mit Graben und Damm befestigten Areals lag. Wahrscheinl. gehörte eine in zwei Phasen im 9. Jh. errichtete Wassermühle zu dem Pfalzkomplex. Unklar ist, wie lange die Pfalz bewohnt war, aber Beziehungen T.s zum Kgtm. bestanden im 10. Jh. 913 ersetzte →Æhelflæd die früheren Befestigungen durch eine solidere, mit Holz eingefaßte Wallanlage, um die Grenze v. Mercien gegen die Dänen aus →Leicester zu verteidigen. →Æthelstans Schwester Edith dürfte in T. mit ihrer religiösen Gemeinschaft gelebt haben, wo seit dem Ende des 10. Jh. ein Kult der Hl.n existierte. Vor der Regierung Æthelstans gab es keinen Nachweis für eine Münzstätte in T. und – da es zw. Staffordshire und Warwickshire aufgeteilt war – kaum Anzeichen für die Entwicklung zu einem bedeutenden städt. Zentrum in der späten ags. Zeit. Erst aus der Zeit nach 1066 stammen die für eine geplante städt. Siedlung charakterist. Merkmale in der Straßenanlage, die mit einer norm. Burg in Zusammenhang stehen.　　A. J. Kettle

Lit.: VCH Staffordshire III, 309f. – P. Rahtz, The Archaeology of West Mercian Towns (Mercian Studies, hg. A. Dornier, 1977), 107-129 – Ders.-R. Meeson, An Anglo-Saxon Watermill at T. (Council for British Archaeology Research Report 83, 1992), 1-5.

Tana (La T.), it. Handelsniederlassung im Herrschaftsbereich der →Goldenen Horde (1235-1475), am rechten Ufer des Don (gr. Tanais) unweit seiner Mündung ins Azov'sche Meer (Maiotis), bei den Überresten der antiken miles. Kolonie Tanais (im 5. Jh. endgültig verlassen) und nahe der tatar. Stadt Azaq (heute Azov), bildete den Endpunkt der mongol. Handelsroute (→Mongolen). Die um die Mitte des 13. Jh. nach T. (von →Sugdaia aus) gekommenen Venezianer (→Venedig) wurden nach 1261 (→Nymphaion) durch Genuesen (→Genua) abgelöst. Da die Venezianer aber bald nach 1265 wieder Zugang nach T. erhielten, versuchte Genua ab 1269 beständig, doch erfolglos, die Konkurrenten von T. fernzuhalten. Während der genues. Teil T.s, der bes. zw. 1280 und 1350 florierte, schon vor 1304 einen Konsul besaß, gab es einen ven. Konsul hier erstmals um 1320. Der ven. Senat erließ 1333 aufgrund eines Vertrags mit Chān Özbeg ein Statut der exterritorialen ven. Niederlassung (Amtszeit der Konsuln zwei Jahre). Das vermutl. ähnl. Statut der rivalisierenden Genuesen ist unbekannt. 1343 vertrieben die →Tataren die Italiener auf einige Jahre aus T. Es folgten weitere Angriffe (Sept 1395, unter →Timur; Aug. 1410; 1418). 1475 fiel T. an die →Osmanen. S. a. →Schwarzes Meer.　　G. Prinzing

Q. und Lit.: Oxford Dict. of Byzantium III, 1991, 2009 – E. C. Skrẑinskaja, Storia della T., StVen 10, 1968, 3-45 – M. Berindei-G. Veinstein, La T. – Azaq. De la présence it. à l'emprise ottomane, Turcica 8, 2, 1976, 110-201 – C. Verlinden, L'esclavage dans l'Europe médiévale, 2, 1977, 924-948 und passim – M. Balard, La Romanie génoise, I-II, 1978, 150-156 und passim – S. Papacostea, »Quod non iretur ad Tanam«. Un aspect fondamental de la politique Génoise dans la Mer Noire au XIVe s., RESE 17, 1979, 201-217 – M. E. Martin, Venetian T. in the Later Fourteenth and Early Fifteenth Centuries, BF 11, 1987, 375-379 – B. Doumerc, Les Venitiens à La T. au XVe s., M-A 94, 1988, 363-379 – M. Balard, La mer Noire et la Romanie génoise (XIIIe-XVe s.), 1989 – B. Doumerc, La T. au XVe s.: comptoir ou colonie? (État et colonisation au MA et la Renaissance, ed. M. Balard, 1989), 251-266 – S. P. Karpov, Dokumenty po istorii veneciankoj faktorii T. vo vtoroj polovine XIV v. (The Black Sea in the MA, ed. Ders., 1991), 191-216 [Lit.] – Ders., On the Origin of Medieval T., Byzslav 56, 1995, 227-235 [Lit.].

Tancarville, große Adelsfamilie der →Normandie, besaß im Gebiet südl. der Seinemündung eine mächtige →Seigneurie, aber auch Lehen in England (so das von Kg. →Johann 'Ohneland' konfiszierte Hailes in Gloucestershire). Als erbl. *Chambellan* v. Normandie stand der Sire de T. an der Spitze einer Gruppe von norm. Adligen, die bereits vor 1204 den Parteiwechsel von den Plantagenêt zu Kg. Philipp II. Augustus v. Frankreich vollzogen hatten. Seit Ende des 13. Jh. bildeten die T., die vom kgl. Rat Enguerran de →Marigny in ihren Konflikten mit den →Harcourt unterstützt wurden, den Kern einer eng mit dem frz. Königshof verbundenen Partei von norm. Baronen, die in Frontstellung gegen den die norm. Landesfreiheiten verteidigenden übrigen Adel stand. Die Erbtochter *Jeanne de T.* vermählte sich mit Jean, Vicomte v. Melun, dem Grand Chambellan de France. Ihre Söhne *Jean II.*, *Guillaume*, Ebf. v. →Sens, und *Adam* fungierten als führende Ratgeber Kg. Johanns des Guten (→Jean II.). 1352 erhöhte der Kg. die Seigneurie zugunsten Jeans II. v. T. zur Gft.

Jean II. (* um 1318, † 1382) vereinigte aufgrund seiner Heirat mit Jeanne Crespin, der Erbtochter des Sire du Hommet, des erbl. *Connétable* v. Normandie, die beiden großen norm. Adelswürden (*Chambellan* und *Connétable*) in seiner Hand. Enger Gefolgsmann Johanns des Guten seit 1345, folgte er seinem Herrn nach →Poitiers (1356) in engl. Gefangenschaft, kehrte 1359 aber nach Paris zurück, um die polit. Maßnahmen gegen die Opposition durchzusetzen. Er handelte 1360 den Friedensvertrag v. →Brétigny aus. Nach der Rückkehr des Kg.s war T. Oberaufseher des Forstamtes (*souverain maître des* →*Eaux et Forêts*) und kgl. →*lieutenant* in der Osthälfte des Kgr.es (v. a. Bekämpfung der Söldnerkompagnien), nach seiner Niederlage bei Brignais (1362) noch Statthalter in →Burgund. Nach dem Tode Kg. Johanns (1364), den T. nach London begleitet hatte, beließ der Kronrat Kg. →Karls V. dem Günstling des Vorgängers zwar Ämter und Pensionen, doch wurde ihm 1375, im Zuge einer Reform-Enquête, die Leitung des Forstamtes entzogen.

Jeans Sohn *Guillaume* († 1415 bei Azincourt/→Agincourt) war Rat Kg. →Karls VI. und erhielt 1389 in väterl. Tradition die Leitung des Forstamtes, dessen Rechte er energisch verteidigte. Von 1353 bis 1402 übte er diplomat. Missionen aus (England, Avignon, Florenz, Zypern, Genua). 1402 wurde er zum kgl. Butigler (*grand*→*bouteiller de France*) und Präsidenten der →*Chambre des comptes* ernannt. In der Normandie war er bestrebt, über seine Machtposition im Forstwesen und hohe militär. Ämter (Cherbourg 1404, Rouen 1409) eine fakt. Oberhoheit zu errichten: Er erlangte die Hochgerichtsbarkeit für seine Gft. (1403), nicht dagegen die erstrebte Steuerhoheit. Obwohl auf Betreiben des Hzg.s v. →Burgund 1410 seiner Ämter enthoben, wahrte T. dennoch seine Autorität in der Normandie und vermied es, sich in den Parteikampf der →Armagnacs et Bourguignons zu verstricken. Er hinterließ eine Tochter, Marguerite, die sich mit Jacques d'Harcourt vermählte (eine Tochter aus dieser Verbindung, Marie, heiratete 1439 den Feldherrn →Dunois). F. Autrand

Lit.: DERVILLE, Hist. du château et des sires de T., 1834 – M. POWICKE, The Loss of Normandy, 1189–1204, 1913 [Neudr. 1963] – R. CAZELLES, La société politique et la crise de la royauté sous Philippe de Valois, 1958 – M. REY, Le domaine du roi et les finances extraordinaires sous Charles VI, 1965 – DERS., Les finances royales sous Charles VI. Les causes du déficit, 1965 – R. CAZELLES, Société politique, noblesse et couronne sous les règnes de Jean II le Bon et Charles V, 1982.

Tanchelm (Tanchelinus), † 1115 (erschlagen). Nach H. PIRENNE zum Umkreis Gf. →Roberts II. v. Flandern (24. R., † 1111) gehörender angebl. Mönch und Wanderprediger, der seit 1112 in Antwerpen, Flandern, Seeland und Brabant die Bevölkerung gegen die kirchl. Hierarchie, Zehntleistung und die Eucharistie unwürdiger Priester (→Nikolaitismus) aufbrachte und sich – laut gegner. Anklagen – von seinem Gefolge gottgleich verehren ließ. Schwere Vorwürfe gegen T. richtete der Utrechter Domklerus 1113/14 an den Kölner Ebf. →Friedrich I., um die Freilassung des ztw. in Köln Festgesetzten zu verhindern. Zuvor soll T. in Rom mit seinem Begleiter, dem Priester Everwacher, versucht haben, die Inseln an der Scheldemündung dem Bm. →Thérouanne unterstellen zu lassen und so der Reimser Kirchenprov. einzuverleiben. Nach T.s gewaltsamem Tod (durch die Hand eines Priesters) ist seine Anhängerschaft noch längere Zeit in Antwerpen greifbar und bot →Norbert v. Xanten und seinen Mitbrüdern 1124 den Anlaß zur Ketzerpredigt und zur Beseitigung kirchl. Mißstände. S. Beulertz

Q.: JAFFÉ, BRG V, 1869, 296–300 [Utrechter Schreiben] – Sigeb. Contin. Praemonstr./Valcell., MGH SS VI, 449, 450 – Vita Norberti, MGH SS XII, 690f. – *Lit.*: LThK² IX, 1287f. – H. PIRENNE, Tanchelin et le projet de démembrement du diocèse d'Utrecht, Bull. Acad. Belg. 5/13, 1927, 112–119 – A. BORST, Die Katharer, 1953, 84f. – W. MOHR, T. v. Antwerpen, Annales Univ. Saraviensis 3, 1954, 234–247 – E. WERNER, Pauperes Christi, 1956, 190–197 – J.-M. DE SMET, De monnik T. in de Utrechtse bisschopszetel in 1112–14 (Mél. E. VAN CAUWENBERG, 1961), 207–234 – H. GRUNDMANN, Ketzergesch. des MA (Die Kirche in ihrer Gesch., II, 1963), 15–18 – M. LAMBERT, Medieval Heresy, 1992², 50–52.

Tancredus → Tankred v. Bologna

Tanger (arab. Ṭanǧa, lat. Tingis), Küstenstadt in Nordafrika (Marokko), zuerst erwähnt im »Periplus« des Hanno (530 v. Chr.); in der Römerzeit Hauptstadt der Prov. Mauretania Tingitana; die Gleichsetzung von LÉVI-PROVENÇAL mit Julia Traducta ist unsinnig; dieses (fast sicher →Tarifa) lag nach allen antiken Q. in Hispanien. In byz. Zeit residierte der Vertreter des Ks.s in →Ceuta. Von Mūsā ibn Nuṣair Anfang des 8. Jh. erobert und →Ṭāriq ibn Ziyād unterstellt, war T. Hauptort des Sūs al-adnā (732). Seit dieser Zeit verlor die Stadt ihre Rolle als Vorort dieser Region bzw. Prov. an das span.-arab. geprägte Ceuta, fiel schon 740 in die Hand der rebellierenden →Berber und wurde später Teil des →Idrīsidenreiches, 949 von den →Omayyaden von Córdoba erobert, und erlitt die Wirren am Ende dieses Staates. Es gibt immer wieder ganze Jahrhunderte, in denen die Q. zur Gesch. T.s schweigen. 1077 von den →Almoraviden erobert, fiel T. 1147 in die Hand der →Almohaden und 1274 ihrer Nachfolger, →Meriniden. Die Portugiesen, die Ceuta 1415 besetzt hatten, versuchten 1437, 1458 und 1464 T. zu nehmen, was aber erst 1471 gelang. Bis 1661 blieb die Stadt in ptg. Besitz, war dann bis 1684 britisch. H.-R. Singer

Lit.: EI¹ VIII, 650–652 [E. LÉVI-PROVENÇAL] – Villes et tribus du Maroc, VII, 1921.

Tangermünde, Stadt und Burg in der Altmark an der Mündung des Tangers in die →Elbe. Die Burg T. schützte einen günstigen Elbübergang und gehörte zu den Grenzsicherungsburgen, die in otton. Zeit an der Elbe errichtet wurden. Nach Ausweis mittelslav. Scherbenfunde geht die Burg möglicherweise auf slav. Ursprünge zurück; erstmals erwähnt wird sie durch →Thietmar v. Merseburg zu 1009. Eine Elbzollstelle ist 1136 und 1160 belegt. Erst spät (1196) wird T. als Burgward genannt. Der Askanier Heinrich v. Gardelegen gründete um 1185 auf einer Anhöhe westl. der Burg die Stephanskirche und bei dieser ein Säkularkanonikerstift, das jedoch schon 1188 nach →Stendal verlegt wurde. Eine Marktsiedlung existierte wahrscheinl. bereits um 1151; die Gründung der Stadt erfolgte vermutl. in der 1. Hälfte des 13. Jh. Die noch erhaltene Stadtmauer wurde seit etwa 1300 errichtet; sie umschloß unter Aussparung der Burg, des suburbiums und der Neustadt ein Areal von ca. 18 ha. Die Lage am Elbübergang begünstigte Handel und Gewerbe: Eine Gewandschneidergilde bestand bereits um 1275. Der Rat, der im Zusammenhang mit der Konstituierung der Knochenhauergilde 1311 zum ersten Mal erwähnt wird, zählte 12 (später 14) Mitglieder und wurde von den Patriziern besetzt, die sich erfolgreich gegen die Zünfte behaupteten. Eine kurze Blütezeit (1373–78) erlebte die Stadt unter Ks. Karl IV., der T. zu seiner Brandenburger Residenz ausbaute und 1377 in der Burgkapelle (St. Johannis) ein Säkularkanonikerstift einrichtete. Im 15. Jh. wurde die Neustadt angelegt; 1457 kaufte die Stadt das suburbium der Burg, das sog. »Hühnerdorf«. 1478 erlangte der Rat das Stadtgericht. Um 1500 hatte T. ca. 2600 Einwohner. Ende des 15. Jh. setzte ein wirtschaftl. Rückgang ein. S. Kreiker

Q.: CDB I, 16, 1859, 1–174 – *Lit.*: A. W. POHLMANN, Gesch. der Stadt T...., 1829 – H. ROSENDORF, T.s Verfassungs- und Verwaltungsgesch. bis zum Ende des 17. Jh., 1914 – H. STOOB, Ks. Karl IV. und seine Zeit, 1990, 393f.

Tankred

1. T. v. Lecce, Kg. v. →Sizilien (1190–94), unehel. Sohn Hzg. →Rogers v. Apulien (also Enkel →Rogers II.) und einer Tochter Accardus' II. v. Lecce. Nach dem Tod des Vaters am Kg.shof erzogen, 1161 wegen Beteiligung an der Verschwörung gegen Kg. Wilhelm I. verbannt. Nach dessen Tod begnadigt, wurde T. zum Gf. v. Lecce und zum »magnus comestabulus et magister iustitiarius totius Apulie et Terre Laboris« ernannt. 1179/80 Gründung des Kl. OSB SS. Nicolò e Cataldo in Lecce, 1185 Befehlshaber der norm. Flotte gegen Byzanz. Um die Jahreswende 1189/90 wurde T. nach dem erbenlosen Tod Kg. →Wilhelms II. unter Mißachtung der von diesem getroffenen und zuletzt 1185 von den norm. Baronen eidlich bekräftigten Erbfolgeregelung zugunsten der Tochter Rogers II., der mit dem stauf. Thronfolger →Heinrich VI. vermählten →Konstanze, von einer am Hof in Palermo die Mehrheit stellenden Partei zum Kg. gewählt und am 18. Jan. 1190 gekrönt. Der in der stauferfreundl. Bilderchronik des →Petrus v. Eboli zu Unrecht grob verunglimpfte T. hat mit klarem Konzept und beachtl. Geschick nicht nur die mit seiner Kg.swahl unzufriedenen festländ. siz. Barone und ihren Thronanwärter, Gf. Roger v. Andria, niedergeworfen, sondern zeitlebens auch Heinrich VI. daran gehindert, die siz. Kg.skrone zu gewinnen und damit die *unio regni ad imperium* zu vollziehen. Der Vormarsch des in Rom zum Ks. gekrönten Staufers kam im Hochsommer 1191 vor Neapel zum Stehen. Anschließend geriet sogar die Ksn. Konstanze in die Gefangenschaft T.s, der das kostbare Faustpfand – unter nicht geklärten Umständen – aber wieder verlor. Die dynast. Sicherung seiner Herrschaft gelang ihm durch die Erhebung seines Sohnes Roger (aus seiner Ehe mit →Sibylle [Sibilia], Tochter Gf. Rainalds I. v. Aquino) im Sommer 1192 zum Mitkönig. Außenpolit. sicherte er sich durch Entgegenkommen gegenüber dem engl. Kg. →Richard Löwenherz (Ende 1190) und kirchenpolit. Zugeständnisse gegenüber Papst →Coelestin III. im Konkordat v. Gravina (Juni 1192) sowie durch ein Ehebündnis mit dem byz. Ks. →Isaak II. Angelos ab, dessen Tochter Irene (die spätere Gemahlin Kg. →Philipps) 1193 die Gemahlin von T.s Sohn Roger wurde. Erst T.s Tod am 20. Febr. 1194, wenige Wochen nach dem frühen Tod Rogers, schuf die Voraussetzung für den fast kampflosen Sieg Heinrichs VI. über T.s minderjährigen Sohn Wilhelm III. Von dem hohen Niveau der Kanzlei T.s zeugt die Tatsache, daß sich noch die frühstauf.-siz. Kanzlei in beachtl. Umfang auf seine bewährten Kanzleikräfte und Urkundenmuster gestützt hat.

H. Zielinski

Q.: Tancredi et Willelmi III regum Diplomata, ed. H. Zielinski, 1981 (Codex diplomaticus regni Siciliae I, 5) – Petrus de Ebulo, Liber ad honorem Augusti sive de rebus Siculis. Codex 120 II der Burgerbibliothek Bern. Eine Bilderchronik der Stauferzeit, hg. Th. Kölzer–M. Stähli, 1994 – *Lit.:* P. F. Palumbo, Tancredi conte di Lecce e re di Sicilia e il tramonto dell'età normanna e il regesto degli atti di Tancredi e Guglielmo III°, 1991 – Ch. Reisinger, T. v. L. Norm. Kg. v. Sizilien 1190–1194, 1992.

2. T. v. Tarent, Fs. und Kreuzfahrer aus der norm. Dynastie →Hauteville; Princeps v. Galiläa, Regent v. →Antiochia und →Edessa, * um 1076, † 12. Dez. 1112 (am Typhus) in Antiochia, ▭ ebd., Kathedrale St. Peter; Sohn von Odo Marchisus und Emma, Tochter von →Robert Guiscard. T. nahm teil am 1. →Kreuzzug unter seinem Onkel →Bohemund v. Tarent, versuchte vergebl., mit einer eigenen Truppe →Tarsus zu erobern, und war führend beteiligt an der Eroberung v. Antiochia (1098) und →Jerusalem (7. Juni–17. Juli 1099): Nachdem er am 6. Juni →Bethlehem eingenommen hatte, hielt T. einen strategisch wichtigen Turm in der NW-Ecke der Stadtmauer v. Jerusalem (späterer 'Tankredsturm') und drang vor den anderen Kreuzfahrern in den Tempelbezirk ein, plünderte Al-Aqṣa-Moschee sowie Felsendom und verkaufte gefangene Muslime und Juden als Sklaven. Er eroberte das Gebiet v. Galiläa mit Tiberias, das er als Sitz seines neuen Fsm.s befestigen ließ, beteiligte sich (in starker Rivalität zu →Gottfried v. Bouillion) an der Eroberung v. Haifa (25. Juli–20. Aug.), übernahm 1101 in Antiochia die Regentschaft für seinen gefangenen Onkel Bohemund und eroberte die ostkilik. Städte (aus byz. Besitz) sowie →Laodikeia (1103). Nach Bohemunds Heimkehr fungierte T. als Regent v. →Edessa für den seit 1104 gefangenen Balduin v. Bourcq (→Balduin II.), ab 1105 erneut als Regent für den in Europa weilenden Bohemund. T.s Heirat (1107) mit Cecilia, Tochter von Kg. →Philipp I. v. Frankreich und Bertrada v. Montfort, erhöhte das Ansehen der norm. Herrschaft. Unter Mißachtung des Vertrags v. →Deabolis (1108) eroberte T. die von Byzanz besetzten ostkilik. Städte nebst Laodikeia zurück. Nur unwillig gab er die Gft. Edessa an den heimgekehrten Balduin heraus. Beide versöhnten sich 1109 anläßl. der gemeinsamen Belagerung v. →Tripoli (erobert am 19. Mai 1109). – T. hat als tapferer und stolzer Kämpfer wie als skrupelloser Machthaber einen wichtigen Beitrag zur Errichtung und Festigung der Normannenherrschaft in Antiochia geleistet. Der bereits von →Rutebeuf (»Nouvele Complainte d'Outremer«, nach 1270) gemeinsam mit Gottfried v. Bouillon und Bohemund v. Tarent als idealer Kreuzzugsheld gefeierte Fs. ist einer der Protagonisten in Torquato Tassos »Gerusalemme liberata« (1574) und der dramat. Gesangsszene »Combattimento di Tancredi e Clorinda« von Claudio Monteverdi.   S. Schein

Q.: Radulfus Cadomensis, Gesta Tancredi in Expeditione Hierosol., RHCOcc, III – Gesta Francorum..., ed. R. Hill, 1961 – *Lit.:* C. Cahen, La Syrie du Nord à l'époque des croisades..., 1940 – Runciman I, s.v. Register – H. E. Mayer, Gesch. der Kreuzzüge, 1965 [Neued. 1985] – J. Riley-Smith, The First Crusade and the Idea of Crusading, 1986 – M. Rheinheimer, Das Kreuzfahrerfsm. Galiläa, 1990.

3. T. (Tancredus) **v. Bologna,** * um 1185 in Bologna, † um 1236 ebd., bedeutender Kanonist, Schüler von →Laurentius Hispanus, →Johannes Galensis und →Azo, 1214 Magister decretorum, 1226 Domkanoniker und Archidiakon in Bologna. Werke: um 1210/20 die →Glossa ordinaria zur Compilatio I. und die meisten Glossen zur Glossa ordinaria der Compilatio II. und III.; um 1210/14 die erfolgreiche Summa de sponsalibus et matrimonio (→Ehe, B. II) und einige kleinere Summulae und Quaestiones, die z. T. um 1214/16 in seinen bedeutenden →Ordo iudiciarius eingingen, ein Hauptwerk zum →Gerichtsverfahren, das viele ähnliche Texte verdrängte. Schon zu T.s Lebzeiten entstanden in Frankreich überarbeitete Fassungen. Nach Publikation des →Liber Extra 1234 wurde der Ordo durch →Bartholom(a)eus Brixiensis aktualisiert. T. selbst war mehrfach für Innozenz III., Honorius III., der ihm 1226 die Compilatio V. übersandte, und Gregor IX. tätig.   K. Borchardt

Ed.: Summa de sp. et m., ed. A. Wunderlich, 1841 – Pillii Tancredi Gratiae libri de iudiciorum ordine, ed. F. C. Bergmann, 1842 [Neudr. 1965], 89–314 – R. M. Fraher, Tancred's 'Summula de criminibus': A New Text and a Key to the 'Ordo iudiciarius', BMCL 9, 1979, 23–35, bes. 29–35 – *Lit.:* – Dekretalisten – DDC VII, 1146–1165 [L. Chevailler] – L. Fowler-Magerl, Ordines iudiciarii und Libelli de ordine iudiciorum, TS 63, 1994, passim.

Tanne → Nadel- und Laubhölzer

Tannenberg, Schlacht bei (15. Juli 1410). Die Schlacht, in der der →Dt. Orden dem poln.-litauischen Heer unterlag, ist angesichts der Zahl der Kämpfer und ebenso im Hinblick auf die ihr zugeschriebenen Folgen ein herausragendes Ereignis. Der Niedergang des Ordens im 15. Jh. wird vielfach auf sie zurückgeführt. Das Schlachtfeld erstreckte sich zw. den Dörfern T., Grünfelde (daher in der poln. Historiographie 'Grunwald') und Ludwigsdorf.

Über die Stärke der Kampftruppen gibt es auseinandergehende hypothet. Berechnungen. Übereinstimmend wird das – 12–15000 Kämpfer umfassende(?) – Heer des Dt. Ordens als numer. unterlegen angesehen. Auf beiden Seiten war der Anteil der Söldner groß (auf Ordensseite 3700 nachweisbar). In der Schlacht fielen der Deutschordenshochmeister →Ulrich v. Jungingen und die Mehrzahl der Ordensritter. Anschließend unterwarf sich fast das ganze Land dem poln. Kg. →Jagiełło. Dem späteren Hochmeister→Heinrich v. Plauen gelang es, das von ihm zur Sicherung des Westens befehligte Heer rasch in die →Marienburg zu verlegen und diese zu verteidigen. Der poln. Kg. mußte die am 25. Juli begonnene Belagerung am 19. Sept. 1410 abbrechen. Das abgefallene Land wandte sich dem Orden wieder zu, und dieser konnte es im Ersten Frieden v. →Thorn 1411 fast ohne Einbuße behaupten. Die Zahlung von 260000 ung. Gulden, die der Frieden für den Orden zur Folge hatte, gilt als Ursache für dessen künftige Finanznot und das darauf folgende Anwachsen ständ. Ansprüche und Möglichkeiten. Die zeitgenöss. Berichte über die Schlacht waren in hohem Maße propagandist. geprägt. In neuerer Zeit wurde sie zu einem nationalen Mythos – auf poln. Seite z. B. in dem Roman von H. Sienkiewicz (Krzyżacy 1897–1900), auf dt. z. B. bei der Benennung des Sieges über die russ. Truppen 1914 als »Schlacht v. T. «. H. Boockmann

Lit.: S. M. Kuczyński, Wielka wojna z Zakonem krzyżackim w latach 1309–1400, 1955 – S. Ekdahl, Die Flucht der Litauer in der Schlacht v. T., ZOF 12, 1963 – Ders., Die »Banderia Prutenorum« des Jan Długosz – eine Q. zur Schlacht v. T., 1976 – Ders., Die Schlacht bei T. 1410. Quellenkrit. Unters.en, 1, 1983 – Ders., Das Soldbuch des Dt. Ordens 1410/11, 1988 – H. Baranowski-I. Czarciński, Bibliogr. bitwy pod Grunwaldem, 1990 – A. Nadolski, Grunwald. Problemy wybrane, 1990 – M. Biskup, Grunwaldzka bitwa. Geneza–przebieg–znaczenie–tradycie, 1991.

Tannenbergbüchse. Die sog. T. gilt als die älteste erhaltene datierbare →Handfeuerwaffe. Sie wurde bei Grabungen im Schutt der 1399 zerstörten Burg Tannenberg im Krs. Darmstadt gefunden und wird im Germ. Nationalmus. in Nürnberg aufbewahrt. Die aus Bronze gegossene →Handbüchse ist 32 cm lang und hat ein Kaliber von 1,43 cm. Als Handhabe für den Schützen diente eine Holzstange, die man in eine Ausnehmung am hinteren Ende der Waffe einschob. Sie wurde mit einer glühenden →Lunte von Hand gezündet und verschoß Bleikugeln. E. Gabriel

Lit.: Q. zur Gesch. der Feuerwaffen, hg. Germ. Mus., 1877 – M. Thierbach, Die gesch. Entwicklung der Handfeuerwaffen, 1886.

Tannhäuser (Der Tannhäuser), mhd. Leich-, Lied- und Sangspruchautor, erschließbare Schaffenszeit zw. 1228/29 (? »Kreuzlied«, »Bußlied«) und 1256/66 (Leich VI). Eine Zeitlang wirkte er am Hof Hzg. →Friedrichs II. v. Österreich (Leich I), vorher und seit 1246 scheint er als Fahrender gelebt zu haben. Die Liederhs. C überliefert nach einem Autorbild in Deutschordenstracht ein in seiner Vielseitigkeit sowie formal-inhaltl. Pointierung und Modernität typisches Fahrenden-Œuvre (6 Leichs, 6 Minnelieder, »Kreuzlied«, 3 Sangspruchtöne mit 12 Strophen); die Liederhs. J ergänzt dieses durch das (angezweifelte) Bußlied (mit Melodie); in drei Meistertönen des 15./16. Jh. sind vielleicht originale Töne des T. erhalten. Eine Hofzucht ist in 2 Hss. überliefert. Typisch für T. ist die Gattungsmischung und -aufbrechung u. a. durch parodistisch verwendete Wissenskataloge und eine sexuell-erotische Thematik in den als Tanz inszenierten Leichs (zu IV ist die Melodie in einem lat. Kontrafakt erhalten); ihre formgeschichtl. Traditionsbindungen werden unterschiedlich gedeutet: frz. (H. Kuhn), it. (K. Bertau), heimisch (H. Apfelböck). Das ernste Bußlied mit der Hinwendung zu geistl. Werten (Bleck: Kreuzzug) im Kontrast zur erot. Thematik in C ist vielleicht Ausgangspunkt der T.-Sage (Aufenthalt im Venusberg, Bußfahrt nach Rom), für die erste Zeugnisse seit etwa 1430 vorliegen (»T. und Frau Welt«, »T. und Venus«), die ihre volle Ausprägung in den T.-Balladen (4 Fassungen seit 1450) parallel zu anderen Dichtersagen (»Bremberger«-, »Möringer«-Ballade) erhält (→Ballade, B. II. 1) und durch die Romantiker (Tieck 1799, Des Knaben Wunderhorn, E. T. A. Hoffmann, Heine) über R. Wagners romant. Oper (»T. oder der Sängerkrieg auf der Wartburg«, 1845) das T.-Bild bis heute bestimmt. V. Mertens

Ed.: J. Siebert, Der Dichter T., Leben – Gedichte – Sage, 1934 – H. Lomnitzer–U. Müller, T. Die lyr. Gedichte der Hss. C und J, Litterae 13, 1973 – J. Barto, T. and the Mountain of Venus, 1916 – Dt. Volkslieder, I, 1935, 145–155 [Ballade] – Lit.: Verf.-Lex² IX, 600–616 – M. Lang, T., 1936 – H. Kuhn, Minnesangs Wende, 1967² – W. Mohr, Tanhusers Kreuzlied, DVjS 34, 1960, 338–355 – K. Bertau, Sangverslyrik, 1964 – J. W. Thomas, T.: Poet and Legend, 1974 – H. Tervooren, Zu T.s II. Leich, ZDPh 97, 1978, 24–42 – J. Bumke, Mäzene im MA, 1979 [Kap. 4] – R. Leppin, Stud. zur Lyrik des 13. Jh., 1980 – J. Kühnel, Zu einer Neuausgabe des T.s, ZDPh 104, 1985, Sonderh., 80–102 – J. Ashcroft, Fsl. Sex-Appeal. Politisierung der Minne bei T. und Jansen Enikel (Liebe in der dt. Lit. des MA, hg. J. Ashcroft, 1987], 91–106 – J. Kühnel, Der Minnesänger T. (Ergebnisse der 21. Jahrestagung des Arbeitskreises Dt. Lit. des MA, 1989), 125–151 – H. Ragotzky, Minnethematik, Herrscherlob und höf. Maitanz. Zum I. Leich des T., ebd., 101–123 – J. Bumke, T.s Hofzucht (Fschr. J. Rathofer, 1990), 189–205 – H. Apfelböck, Tradition und Gattungsbewußtsein im Leich, 1991 – R. Bleck, T.s Aufbruch zum Kreuzzug, GRM 74, 1993, 257–266 – G. Paule, Der Tanhûser, 1994 – T. Tomasek, Das dt. Rätsel im MA, 1994 – [zur Ballade]: A. N. Ammann, T. im Venusberg, 1964 – D. R. Moser, Die T.-Legende, 1977 – J. M. Clifton-Everest, The Tragedy of Knighthood, 1979 – H. Kischkel, Minnesang als ma. Vollzugsanstalt für froide? Krit. Betrachtungen zu G. Paules 'Der Tanhûser', Amsterdamer Beitr. zur älteren Germanistik 41, 1995, 175–184 – B. Wachinger, Vom T. zur 'T.-Ballade' [in Vorber.].

Tanz
I. Terminologie und Erscheinungsformen – II. Historischer Überblick und Quellenproblematik.

I. Terminologie und Erscheinungsformen: Die große Vielfalt der in den Q. überlieferten Termini, deren Herkunft und Etymologie nicht immer eindeutig gesichert ist, verweist einerseits auf die unterschiedlichsten Traditionsströme wie auch auf Bewegungsintentionen, formale und funktionale Aspekte von T. Aus antikem Erbe stammen v. a. die im frühen MA am häufigsten für T. im breitesten Sinn gebrauchten Termini saltatio–saltare (ahd. salzôn, ags. sealtjan) sowie ballatio–ballare (v. a. im roman. Sprachbereich), während chorea–choreare und das afrz. carole–carolare sich auf alle Erscheinungsformen des Reigentanzes (Kettentänze in geschlossener Kreisform oder in offener Linienführung, meist von einem Tanzführer/Spielmann geleitet) beziehen; mit tripudium–tripudiare bezeichnete man feierl. oder krieger. Tänze. Erst relativ spät (nicht vor dem 11. Jh.) ist das Verb tanzen belegt, das verschiedener Hypothesen zufolge entweder auf das roman. dansetare oder auf diverse germ. Wortbildungen zurückgehen soll. Auf den unmittelbaren Bewegungsimpuls beziehen sich die aus dem Ahd. bzw. Afrz. stammenden Termini springan (ahd.)/espringuer (afrz.), stampian (ahd.)/estampie (afrz.)/stampenie (mhd.). Ab dem 12. Jh. wird zw. tantz/danse/danza = Paartanz, Dreiergruppe (einzeln oder in Prozessionsform) einerseits und reien/chorea/carole = Reigen differenziert. Dem hovetantz, estampie, saltarello der höf. Gesellschaftsschichten standen firle'fei, hoppelrei, piva u. a. der unteren Stände gegenüber.

II. HISTORISCHER ÜBERBLICK UND QUELLENPROBLEMATIK: Für die Fixierung der Zeit- und Raumkunst T. gibt es erst in unserem Jh. adäquate Überlieferungsmethoden, die diesen über den unmittelbaren Erfahrungsmoment hinaus und in seinen unterschiedlichen Dimensionen zu erfassen vermögen. Daher läßt sich auch bis ins späte MA die Geschichte vom T. ledigl. anhand sekundären Quellenmaterials ablesen. Dies sind v. a.: a) schriftl. Q. (Chroniken, Diarien und v. a. lit. Werke); b) ikonograph. Dokumente (Miniaturen in Hss., Fresken in kirchl. und profanen Bauten, Wandteppiche etc.), deren Wert allerdings aufgrund zeitgebundener formal-künstler. Gegebenheiten zu relativieren ist; c) mündl. Traditionen, die sich bis in die jüngere Vergangenheit im Bereich der Volkstanzkultur in bezug auf T. anlässe, -zeiten, -orte, Zunft-, Fastnachtsbrauchtum und dgl. erhalten haben.

Antikes und vorchristl. germ. Erbe, namentl. der Einbezug von T. im religiösen Kultus und in geselliger Festkultur, findet zunächst Fortführung im liturg. T. wie auch in den profanen Jahreskreis- und Festtagstänzen. Der in die frühchristl. Liturgie einbezogene Kirchentanz wurde zunächst auch kirchlicherseits als legitim betrachtet – T. als 'vornehmste Beschäftigung der Engel' bzw. Berufung auf den 'tanzenden König David'. Ausgehend vom Verdikt des Augustinus 'Chorea est circulus cuius centrum est diabolus', setzte eine zunehmend tanzfeindl. Einstellung des Klerus diesem Usus im 7. Jh. ein Ende. Liturg. Dramen und Mysterienspiele führten allerdings wieder T. elemente in den kirchl. Rahmen zurück. Relikte für Kirchentänze finden sich in den heute noch praktizierten T. en der *Seises* (ausgeführt von 10 [!] Knaben) in den Kathedralen zu Sevilla und Toledo. – Zw. dem T. der unteren und oberen Schichten sind aufgrund der Quellenbelege (Spruchdichtung, Epik, Miniaturen, Fresken etc.) deutl. Unterschiede registrierbar: Der T. des Volkes zeigt stärkere regionale Eigenentwicklungen und durchgängig eine starke Tendenz zum lebhaften gesprungenen Reigentanz, erst ab dem 13. Jh. auch zum Paartanz. Beliebteste T. zeit war der Frühling, getanzt wurde im Freien auf öffentl. T. plätzen (Dorfanger, um die Dorflinde/T. linde, um den Dorfbrunnen), später in T. höfen, ab dem 14. Jh. in Tanzhäusern. – Der T. der höf. Gesellschaft zeigt ein einheitlicheres Bild, da man sich stärker an gängigen gesamteuropäischen Tendenzen orientierte, wobei der Austausch v. a. auch über das Fahrende Volk (Spielleute, Jongleurs etc.) funktionierte. Höfischer T., der in der Regel in geschlossenen Räumen stattfand, bewegte sich im Gegensatz zu dem der unteren Schichten in maßvollen, schleifenden, am Boden haftenden Schritten in Reigenform, in Paaren oder Dreiergruppen (Herr zw. zwei Damen). Ikonograph. Belege verweisen gelegentl. auf pantomimisch gestische Bewegungselemente (Handtanz, Fingertanz), offenbar als kunstvoll verschleierte Stilisierung des sichtbar Erotischen. Daß es mitunter zu einem Miteinander von höf. und bäurischem T. kommen konnte, beweisen u. a. die Dichtungen →Neidharts. – Auf ikonograph. Darstellungen finden sich auch Belege für solistischen T. Paradigmat. sind hierfür die zahlreichen Darstellungen zum Tanz der →Salome (z. B. San Zeno/Verona). Solche Solotänze waren ausschließl. den fahrenden Gauklern und Akrobaten bzw. Moriskentänzern vorbehalten. – Im 14. und 15. Jh. häufen sich die Berichte über Ausbrüche von Massenhysterie, die sich in einer ganze Volksmassen erfassenden Tanzekstase (→Veitstanz, Johannistanz, Tarantismus) ein Ventil suchten. Rückgriffe auf heidn. Bräuche (T. auf Kirchhöfen), Reaktion auf kirchl. T. verbote, v. a. aber die Katastrophenstimmung des erstmals von der →Pest heimgesuchten Europa waren hierfür die Ursache. Allgegenwärtige Todesangst schlug sich in zahlreichen ikonograph. und literar. Darstellungen des →Totentanzes nieder, die erstmals das Motiv der Gleichheit aller Stände angesichts des Todes demonstrieren: Der Tod führt als Spielmann den Reigen der Sterblichen an, dem Papst und Bettler gewissermaßen folgen müssen. – In den bislang erwähnten Sekundärquellen finden sich zahlreiche z. T. sehr konkrete Hinweise für die Verwendung spezif. Musikinstrumente: alle Arten von Flöten, Schalmeien, Dudelsack, Fideln, Psalterion, Orgel, Regal, Trommeln, Tambourin, kleine Pauke. Jedoch erst ab dem ausgehenden 13., beginnenden 14. Jh. liegen notierte musikal. Dokumente vor, die zumindest teilweise als T. musik angesehen werden können. Die Pariser Hs. (Paris, Bibl. Nat. f. frç. 844) sowie eine Londoner Hs. (London, Brit. Mus. Add. 29987) enthalten Notierungen zu Estampies, Danses royales bzw. Istampite, Saltarelli, Trotto, Lamento di Tristano, La Manfredina, wobei die letztgen. Instrumentalstücke sich in mehrere Abschnitte gliedern, die bei gleichem melod. Duktus das Zeitmaß variieren. Solcher Satz- und Taktwechsel, der auch die gängige Folge geradtaktiger Vortanz/ungradtaktiger Nachtanz bestimmt, hat sich auch im europ. Volkstanz bis in unser Jh. erhalten. – Erst aus dem 15. Jh. sind uns neben den nun immer zahlreicheren tanzmusikal. Quellen schließlich die ersten Versuche musikal.-choreograph. Notierung überliefert: Solche Quellen finden sich einerseits zur Burgundischen *Bassedanse*, einem höf. Schreittanz, der ab der Mitte des Jh. in diversen regionalen Varianten in Westeuropa gepflegt wurde. Hauptquelle hierfür ist die aus dem späten 15. Jh. stammende kostbare anonyme 'Brüsseler Handschrift' (Brüssel, Bibl. Royale 9085), die ein Repertoire an 59 Tänzen dokumentiert, wobei der musikal. Notation choreograph. Zeichen (Wortkürzel) unterlegt wurden. Als weitere wichtige Q. zu diesem Repertoire ist der um 1490 in Paris von Michel Toulouze publizierte Druck 'L'Art et instruction de bien danser' zu nennen. – Die kostbarsten Q. dieser Zeit stammen aus Italien: es sind dies insgesamt 13 Traktate der ersten namentl. bekannten drei lombard. T. meister →Domenico da Piacenza, Guglielmo Ebreo da Pesaro (christianisiert Giovanni Ambrosio), Antonio →Cornaz(z)ano. In den ab 1416 bis gegen Ende des 15. Jh. erschienenen Werken (heute in Paris, Bibl. Nat.; Rom, Bibl. Vat.; Siena, Bibl. Comunale; Modena, Bibl. Estense; Florenz, Bibl. Naz.; New York, Public Library) kam es erstmals zu einer umfassenden Theoriebildung, die auch eine differenziertere schriftl. Fixierung v. T. ermöglichte. In ihren Grundprinzipien (*particelle principali*) definierten die Meister des Quattrocento das Kunstwerk 'T.' als Synthese von Musik und kunstvoller Körperbewegung im entsprechenden architekton. Rahmen. T. wird dabei zu einem gleichermaßen körperl. wie geistigen Exerzitium und somit unerläßl. Bestandteil höf. Erziehung und Kultur der beginnenden Renaissance. S. Dahms

Lit.: MGG² I, 1994, 1170–1178 [S. DAHMS, J. SUTTON]; 1286–1294 [I. BRAINARD] – F. M. BÖHME, Gesch. des T. es in Dtl., 1886 – P. AUBRY, Estampies et Danses Royales. Les plus anciens Textes de Musique Instrumentale au MA, 1907 – Le Manuscript dit des Basses Danses de la Bibl. de Bourgogne, ed. E. CLOSSON, 1912 [Faks.-Ausg. mit Komm.] – C. SACHS, Eine Weltgesch. des T. es, 1933 – I. BRAINARD, Die Choreographie der Hoftänze in Burgund, Frankreich und Italien im 15. Jh. [Diss. Göttingen 1956] – R. HAMMERSTEIN, T. und Musik des Todes. Die ma. Totentänze und ihr Nachleben, 1980 – G. BUSCH-SALMEN, Ikonograph. Stud. zum Solotanz im MA, 1982 – W. SALMEN, Der Spielmann im MA, 1983 – A. NITSCHKE, Bewegung in MA und Renaissance. Kämpfe, Spiele, Tänze, Zeremoniell und Umgangsformen, 1987.

Tanzhaus, bürgerl. Gebäude für Festveranstaltungen, →Hochzeitshaus.
G. Binding

Tanzlied v. Kölbigk, ein ursprgl. nd. gesungenes, endgereimtes Zeilenpaar mit Refrain, nur lat. überliefert in einer von drei frühen lat. Fassungen (Hss. des 11.-13. Jh.) der Warnlegende vom sog. Kölbiger Tanz, die außer in hist. Texten (z. B. →Lampert v. Hersfeld) auch in lat. und dt. Exempla und Predigten (z. B. »Großer →Seelentrost«; Johannes →Pauli, »Schimpf und Ernst«, Predigt »Vom Schaden des Tanzens«) tradiert wird: Mit einjährigem, ununterbrochenem Tanzen und Singen muß eine Gruppe junger Leute dafür büßen, daß sie um 1020 den Weihnachtsgottesdienst in der Kirche St. Magnus in Kölbigk (Anhalt) durch ein Tanzspiel mit Brautentführung (Tochter des Pfarrers) entweihte. Nach Lösung des Banns irren die durch ein 'tremor membrorum' gezeichneten Tänzer unstet durch die Welt. Obgleich weder an einem hist. Kern des Geschehens noch am rituellen Spielcharakter der Brautentführung zu zweifeln ist, herrscht v. a. über die Deutung des Liedes und seine Funktion Uneinigkeit in der Forschung. Grundmotiv ist wohl der seit der Patristik (z. B. Augustinus, De civ. Dei XXII, 8) diskutierte Konflikt zw. christl. Kult und heidn. Brauchtum.
N. H. Ott

Ed. und Lit.: K.-H. BORCK, Der T. zu K., PBB (Tüb.) 76, 1955, 241–320 (synopt. Ed.: 244–263) – E. E. METZNER, Zur frühesten Gesch. der europ. Balladendichtung. Der Tanz v. K., 1972 – J. SCHROEDER, Zur Herkunft der älteren Fassung der Tanzlegende v. K. (Fschr. J. AUTENRIETH, 1988), 183–189 – U. SCHWAB, Das ahd. Lied 'Hirsch und Hinde' in seiner lat. Umgebung (Latein und Volkssprache im dt. MA 1100–1500, ed. N. HENKEL – N. F. PALMER, 1992), 74–122.

Taormina, Stadt an der Ostküste Siziliens (Prov. Messina). Die sikulisch-griech. Siedlung Tauromenion war in der Römerzeit Civitas foederata und trat an die Seite des Sextus Pompeius. Octavian vertrieb die Einwohner und degradierte die ihm feindl. Stadt zu einer militär. Festung (Colonia). 40 n. Chr. führte der hl. Pancratius (von Antiochia?) das Christentum ein und starb als Märtyrer. Er wurde zum Patron von T. Die Briefe Papst →Gregors d. Gr. an Bf. Secundinus v. T. bezeugen, daß T. bereits in sehr früher Zeit Bf. ssitz war. Im 9. Jh. wird als Bf. v. T. der Homilet Theophanes Kerameos genannt. In byz. Zeit galt T. als Hauptort Siziliens, obgleich seine Kirche Suffragan der Metropolie →Syrakus war. Nach langem Widerstand wurde T. im Aug. 902 von den Muslimen erobert, behielt seine feindl. Haltung bei, fiel endgültig 962 und wurde 969 bis auf die Grundmauern zerstört. Die Muslime änderten seinen Namen nach dem Kalifen al-Mu'izz in al-Mu'izziyah. T. leistete auch lange Zeit Widerstand gegen die norm. Eroberer, fiel jedoch 1079 und verlor seinen Bf.ssitz. Die Kirche von T. wurde in die Diöz. →Messina eingegliedert. Einige Teile des Doms stammen noch aus norm. Zeit. 1169 wurde T. im Rahmen der messines. Expansionspolitik geplündert. Eine zweite Plünderung erlitt die Stadt 1261. Im Lauf des MA erlebte T. einen Niedergang und Bevölkerungsverlust, einige benachbarte Herrschaftszentren wie Randazzo und Francavilla hingegen einen Aufstieg. Seit der Mitte des 13. Jh. entstanden in T. jedoch neue wichtige Bauwerke: der Konvent S. Domenico; der Palazzo S. Stefano, der wahrscheinl. zusammen mit der Badia Vecchia zu einem Befestigungssystem gehörte; der Palazzo Corvaja, der auf antiken Strukturen errichtet ist und umgebaut wurde, um das Parlamentum des Jahres 1410 aufzunehmen, von dem der Ruf nach einem unabhängigen Kgr. →Sizilien ausging.
V. D'Alessandro

Lit.: A. CALI, T. attraverso i tempi, 1887 – E. MAUCERI, T., 1907.

Tapferkeit (fortitudo), bereits in Weish 8, 7 zu den Haupttugenden gezählt, gehört nach Ambrosius v. Mailand zu den vier Kardinaltugenden (Exp. ev. sec. Luc. V, 62). Augustinus definiert die T. als →Tugend der Liebe, die Schwierigkeiten leicht erträgt, bes. wenn sie sich als Liebe zu Gott versteht (De mor. eccl. cath. I, 15). Alkuin gibt diese theol. Anbindung wieder auf und bestimmt die T. als das großmütige Ertragen von Schwierigkeiten und Gefahren (De arte rhet., ed. HALM, 549f.); er folgt damit seinen ciceron. Vorlagen (z. B. De inv. II, 54, Tusc. III, 53). Anselm v. Canterbury betont wiederum den theol. Aspekt: Die T. ist eine Tugend Christi, durch die der am Kreuz gestorbene Mensch das menschl. Geschlecht vom ewigen Tod erlöst hat (Med. III, op. omn. II, 84f.). Abaelard versteht die T. neben der Besonnenheit als die Kraft der Seele, die den guten Willen bestärkt (Dial. int. Phil. Iud. et Christ. 2270). Grundlegend für die philos. Diskussion wurde die der Übers. der Nikomach. Ethik die aristotel. Bestimmung der T. als Mitte zw. Kühnheit und Feigheit (EN III, 1116 a 10f.). So bleibt Albertus Magnus zunächst im traditionellen Verständnis der T., die er nur kurz behandelt (De nat. boni III, Cap. I, 2, 4); nach der Auseinandersetzung mit dem vollständigen Text widmet er der T. einen eigenen Traktat und verbindet den ciceron. Schwerpunkt vom Aushalten der Schwierigkeiten mit der aristotel. Bestimmung der Mitte (De bono, Tract. II, quaest. 1, 1); dieser Synthese folgt Thomas v. Aquin (S. th. II–II, quaest. 123, 2), andere Aristoteleserklärer wie Boethius v. Dacien unterstreichen weiterhin die bes. Verflechtung von T. und →Klugheit (Top. III, quaest. 18). Bonaventura bemüht sich hingegen durch Beschreibung der T. in bibl. Metaphorik (z. B. Tigris der vier Paradiesesströme der Tugenden, gerötetes Widderfell im vierfachen Schmuck des Zeltes) den philos. Diskurs zu verlassen und die T. wieder in die Theol. einzubinden (Coll. in Hex. VII, Op. omn. V, 365–368).

In der dt. Lit. bildet sich der Begriff der T. erst im 15. Jh. und bedeutet sowohl Kräftigkeit, Bedeutung und Ansehen als auch soldat. T.
F.-B. Stammkötter

Lit.: GRIMM, DWB XI, 1935 – J. GRÜNDEL, Die Lehre von den Umständen der menschl. Handlung im MA, 1963 – O. LOTTIN, Psychologie et morale aux XIIe et XIIIe s., III–IV, 1949–54 – Dt. Thomas-Ausg., XXI, komm. J. F. GRONER, 1964 – Y. M.-J. CONGAR, Angelicum 51, 1974, 331–348 – G. WIELAND, Ethica – scientia practica, 1981.

Tapia, Juan de, span. Dichter des 15. Jh., lebte am Hof Kg. →Alfons' I. (17. A.) in Neapel. Seine Gedichte, zumeist konventionelle Liebeslyrik, sind im »Cancionero de Stúñiga sowie im Cancionero de Palacio überliefert. Einige Gedichte enthalten autobiograph. Anspielungen, z. B. Gefangenschaft nach der Schlacht bei →Ponza.
D. Briesemeister

Ed.: Cancionero castellano del s. XV, ed. R. FOULCHÉ-DELBOSC, T. 2, 1915, 466–477 – Cancionero de Palacio, ed. A. M. ALVAREZ PELLITERO, 1994 – Cancionero de Estúñiga, ed. N. SALVADOR MIGUEL, 1987 – *Lit.:* F. VENDRELL GALLOSTRA, La corte lit. de Alfonso de Aragón y tres poetas de la misma, 1933 – J. C. ROVIRA, Nuevos documentos para la biografía de J. de T., Anales de Lit. Española 1986/87, 437–460 – DERS., Humanistas y poetas en la corte napolitana de Alfonso el Magnánimo, 1990 – A. F. CH. RYDER, Alfonso the Magnanimous, King of Aragón, Naples and Sicily, 1990.

Tapisserie → Wirkteppiche

Tapissier, Johannes (Jean de Noyers), frz. Komponist und Lehrer, * um 1370, † vor Aug. 1410. T. wird um 1400 in einer anonymen Schr. als führender Dichter-Komponist erwähnt; um 1391 diente er als Kammerdiener bei

Hzg. Karl dem Kühnen v. Burgund, den er auf Reisen nach Mailand und Avignon begleitete. Im Dienste seines Herrn reiste er im Frühjahr 1395 ein zweites Mal nach Avignon, Sommer 1399 wiederum mit Karl nach Flandern. Vor 1406 hatte er in Paris eine anerkannte Sängerschule gegr. Noch über seinen Tod hinaus galt er als geschätzter Komponist und Pädagoge. Werke: Erhalten sind ein dreistimmiges Credo, ein dreistimmiges Sanctus und eine vierstimmige isorhythm. Motette »Eya dulcis – Vale placens«. H. Leuchtmann

Ed.: Early Fifteenth-Cent. Music, ed. G. Reaney, CMM XI/1, 1955 – *Lit.:* MGG – New Grove – Riemann – E. Dannemann, Die spätgot. Musiktradition in Frankreich und Burgund vor dem Auftreten Dufays, 1936 – C. Wright, Music at the Court of Burgundy, 1364–1419 [Diss. Harvard 1972] – C. Wright, T. and Cordier: New Documents and Conjectures, The Musical Quarterly LIX, 1973, 177f.

Tappert (*Tapphart, Taphart, Tabard, Daphart,* frz. *tabard,* it. *tabarro,* span. *tabardo*) bezeichnet ein Obergewand, das einen großen Formenreichtum aufweist. In Schriftq. ab dem 13. Jh. nachweisbar, zeichnet sich der T. durch große Stoffülle und kostbare Materialien aus. Er reicht bis zu den Füßen oder schleppt nach, ist oft seitl. geschlitzt; die Ärmel sind unterschiedl. ausgebildet und verziert (Zaddeln, Pelzfutter etc.), zumeist sind sie sehr weit und reichen bis zum Boden (→Kleiderordnung, Nürnberg 1397: »Ärmel dürfen nicht weiter als zwei Ellen sein.«). Der T. dominiert die Männermode um 1400, wird aber auch von Frauen getragen. In der 2. Hälfte des 15. Jh. wird er von der →Schaube abgelöst. In Frankreich und Burgund entspricht dem T. die Houppelande. Der span. T. war mit einer Kapuze versehen, die Ärmel paßten sich in der Länge dem T. an; es gab auch knielange T. e. E. Vavra

Lit.: Du Cange VIII, 1–2 – Grimm, DWB XXI, 143 – J. Wirsching, Die Manteltracht im MA, 1915 – L. C. Eisenbart, Kleiderordnungen der dt. Städte zw. 1350 und 1700, 1962, 138f. – R. Levi-Pisetzky, Storia del costume in Italia, 1964, 54f., 342 – J. Lehner, Die Mode im alten Nürnberg (Schriftenr. des Stadtarchivs Nürnberg 36, 1984), 79f.

Taqqana (pl. *Taqqanot*) bezeichnet im Judentum (→Recht, C) eine von bedeutenden Einzelpersonen oder aber von Gemeindekörperschaften erlassene rechtsfortbildende Verordnung, die neu auftauchende Alltagsprobleme der jüd. Gemeinde gesetzlich regeln will oder vorhandene Bestimmungen aus talmud. Zeit (→Talmud) durch andere, zeitgemäßere ersetzt. Berühmt gewordene T. von Einzelpersonen sind etwa das von →Gerschom Ben Jehuda aus Mainz (1. Viertel 11. Jh.) erlassene Verbot der Polygynie und der Scheidung gegen den Willen der Ehefrau (→Ehe, E) sowie die Verordnung des Peretz v. Corbeil aus der 2. Hälfte des 13. Jh. (Verbot der Mißhandlung jüd. Ehefrauen durch ihre Männer). Zu den von jüd. →Gemeinden erlassenen T. zählen z. B. die Beschlüsse der Synode v. Troyes (Mitte des 12. Jh.) über Erbrecht (Rückgabe der Mitgift einer frühzeitig verstorbenen Ehefrau an deren Familie, während nach bisherigem Recht der Mann die Mitgift geerbt hatte) und interne Rechtsstreitigkeiten unter Juden (Anordnung, diese im Regelfalle nicht vor nichtjüd. Gerichten auszutragen). In den jüd. Gemeinden des MA waren neben den Fragen des Eherechts auch andere Themen (z. B. Aufteilung der Steuerlasten, Prozeßordnung bei Verfahren vor jüd. Gerichten, Verbote verschwenderischer Lebensführung, Bestrafung von Denunzianten u. a.) Gegenstand zahlreicher T.
H.-G. v. Mutius

Lit.: L. Finkelstein, Jewish Self-Government in the MA, 1964² – M. Elon, Ha-Mischpat ha-ʿibri I³, 1988, 558ff.

Tara (air. Temair, 'Stätte mit Ausblick'), Sitz des sog. →Hochkönigtums v. →Irland. Der T. Hill (153 m ü. M., Gft. Meath/→Mide, östl. Irland) mit seinen verfallenen Erdbefestigungen dürfte in prähist. Zeit als Kg.ssitz, ursprgl. wohl von ritueller Funktion, fungiert haben. Eine archaische rituelle Versammlung, *Feis Temro* ('Fest v. T.'), nur einmal während der Regierungszeit eines Kg.s abgehalten, geht wohl zurück auf einen paganen Fruchtbarkeits- und Initiationsritus (< *fo-aid* 'schläft mit'), wie er auch in anderen frühen Gesellschaften mit einem archaischen Kgtm. verbunden war. Die (symbol.) Vereinigung des Kg.s mit der weibl. Gottheit sollte (als Zeichen der Harmonie von Erde und Mensch) während der Regierung des Kg.s Fülle und Segen gewähren. Das Fest v. T. wurde in anachronist. Weise assoziiert mit dem Brauchtum des →Óenach, der rituellen Versammlung von Kg. und Volk zum Zweck der Gesetzgebung. Das Verschwinden des Festes in der frühhist. Periode (»cena postrema Temrach«, letztmals erwähnt für →Diarmait mac Cerrbail, um 560, der wegen seines gottlosen Verhaltens vom hl. →Ruadán v. Lorrha verflucht worden sei, woraufhin sein Sitz T. verfallen sei) weist auf die allmähl., offenbar nicht konfliktfreie Christianisierung des Kgtm.s v. T. unter den frühen Uí Néill hin. Diese Überlieferung bietet trotz ihres wohl fiktiven Charakters einen Hinweis auf die paganen Bezüge T.s bis (mindestens) ins 6. Jh. Der archäolog. Befund legt nahe, daß T. in der Tat schon in prähist. Zeit aufgegeben worden war, aber den späteren Kg.en, mindestens bis ins 9. Jh., wieder als Sitz diente.

Von der Mitte des 7. Jh. an wurde T. zunehmend mit dem Aufstieg der →Uí Néill assoziiert; ihre Propagandisten (darunter Autoren wie →Muirchú und →Tírechán) betonen, daß die Uí Néill schon seit unvordenkl. Zeiten das T.-Kgtm. besessen hätten; freilich mußten sie auch einräumen, daß der Ort und seine Kg.e sich lange dem Christentum verschlossen (legendar. Episode von der erfolglosen Missionsarbeit des hl. →Patrick gegen den hartnäckigen Widerstand des Hochkg.s v. T., →Loéguire mac Néill). Nur bei →Domnall mac Aédo († 642) ist eine Beziehung zum T.-Hochkgtm. quellenmäßig klar erkennbar, doch auch in dieser Zeit erhoben Kg.e aus anderen dynast. Verbänden Anspruch auf den Titel des Kg.s v. T. So wird der Kg. der →Cruthin aus →Ulster, →Congal Cáech († 637), in einem berühmten Rechtstraktat des 7. Jh. (*Bech-bretha*) als *rí temro* (Kg. v. T.) genannt, doch habe er seine kgl. Würde verwirkt, da er von einer Biene ins Auge gestochen worden sei. Frühe ir. Dichtungen, erhalten in den Genealogien v. Leinster, legen nahe, daß in der Zeit vor 600 die Kg.e der →Laigin (Leinster) das Hochkgtm. v. T. beanspruchten; tatsächl. heben einige der frühesten Texte im Umkreis des großen Rinderraub-Epos →Táin Bó Cuailgne die Stätte v. T. (und nicht Cruachain in Connacht) als Zentrum der Opposition hervor, wohingegen ein früher Rechtstraktat aus Munster verkündet, daß der Kg. v. →Munster »der höchste aller Kg.e« sei.

Dessenungeachtet genoß T. in der frühen ir. Lit. einen legendären Ruf, der mit dem eher unscheinbaren archäolog. Ensemble keineswegs in Einklang steht. Die heut. Bezeichnungen für die frühgesch. Denkmäler auf dem aussichtsreichen T. Hill (u. a. Haus des Kg.s Cormac, Gr. Haus der Tausend Söldner, Bankettshalle, Fort der Synoden usw., bes. bekannt der 'Grabhügel der Geiseln') gehen im wesentl. zurück auf eine (pseudohist.) Beschreibung wohl aus dem 10. Jh., die zur Mythenbildung beigetragen hat ebenso wie der pseudohist. Text über die Tabus (*geisi*), welche die Kg.e v. T. angebl. einzuhalten hatten. Wenn diese Vorstellung auch wohl nicht einer unmittelbaren hist. Realität entspricht, so wird doch (etwa anhand der oben erwähnten Bienenerzählung über den Kg. Congal Cáech) deutlich, daß vom Kg. v. T. die Beachtung bestimmter (stärker heidnisch als christlich geprägter) Verhaltensmuster erwartet wurde.

Der zentrale Platz, den T. im polit. Kosmos des frühma. Irland einnahm, darf nicht darüber hinwegtäuschen, daß seine eigtl. Bedeutung wohl stärker in der prähist. Periode lag, der Ära der sog. 'Pentarchie', deren Provinzial- und Regionalkgr.e im beginnenden FrühMA (um 500–700) von weniger mächtigen Kleinkgr.en unterwandert wurden. Spätere Berufung auf T. als 'Hauptstadt' Irlands (z. T. gestützt auf die wohl unzutreffende Annahme, die fünf großen Altstraßen, *sligi*, der Insel gingen von hier aus) sind anachronistisch. Der Gedanke von der mächtigen Tradition einer Stätte war in der ir. Vorstellungswelt aber so tief verwurzelt, daß die außergewöhnl. Kontinuität der Überlieferungen und Mythen, die dem Ort T. einen bevorzugten Platz in den →Dinnshenchas verliehen, ihn zu einem dominierenden Kristallisationspunkt ir. Geschichtsbewußtseins über das MA hinaus werden ließen.

D. Ó Cróinín

Bibliogr.: Edel Bhreathnach, T., a Select Bibliogr., 1995 – *Lit.*: D. A. Binchy, The Fair of Tailtiu and the Feast of T., Ériu 18, 1958, 113–138 – F. J. Byrne, Irish Kings and High-Kings, 1973, 48–69 – D. L. Swan, The Hill of T., Journal of the Royal Soc. of Antiqu. of Ireland 108, 1978.

Tara, Synode v. (780), Zusammenkunft zw. den Oberhäuptern der →Uí Néill und der →Laigin, an der zahlreiche ir. Kleriker teilnahmen, unter ihnen Dublitir, Abt v. →Finglas, ein Wortführer der kirchl. Reformbewegung der →Céli Dé. Es wird angenommen, daß das Hauptziel der Synode v. T. die Wiederherstellung des Friedens zw. den beiden Dynastien war: Der über eine gute Generation erhaltene gebliebene Friede war 780 gebrochen worden durch einen Angriff des Kg.s →Donnchad 'Midi', Sohn des →Domnall und →'Hochkg.' der Uí Néill (und damit auch Beherrscher von →Mide), auf die Laigin, deren Gebiete (und Kirchen) er niedergebrannt und verwüstet hatte. Der Synode folgte offenbar tatsächlich ein Friedenszustand; die Funktion der an ihr beteiligten Kirchenvertreter war offenbar, diejenigen, die erneut Friedensbruch begingen, mit Fluch zu bedrohen. G. Mac Niocaill

Lit.: F. J. Byrne, Irish Kings and High-Kings, 1973 – The Annals of Ulster to 1131, ed. S. MacAirt-G. Mac Niocaill, 1983 – D. Ó Cróinín, Early Medieval Ireland (400–1200), 1995.

Tarascon, Stadt am linken Ufer der unteren →Rhône, in der westl. →Provence (dép. Bouches-du-Rhône), gegenüber von →Beaucaire. Ein kleines röm. Habitat war Vorgänger des 969 belegten 'villa', die an einem durch Inseln erleichterten Rhôneübergang lag. Der Mgf. v. Provence errichtete in T. zu Beginn des 11. Jh. eine Burg, die aber bald in den Besitz der mgfl. Kastellane überging. Nach dem Frieden v. 1125, durch den die Rhône zur Grenze zw. den Territorien der Gf.en v. →Toulouse und der Gf.en v. Provence wurde, zog der Gf. v. Provence die Burg T. wieder an sich. Die Stadt verblieb dagegen unter der Herrschaft von Nachkommen der Kastellane, die sich auf eine Gruppe von ritterl. Familien des Umlandes stützten (Lansac, Laurade, Boulbon). Diese 'milites' nutzten das wirtschaftl. Wachstum des 12. Jh. (Erschließung neuer Anbauflächen durch Dammbau und Melioration, Handel mit →Salz auf der Rhône) und errichteten 1144 gemeinsam mit den →'probi homines' ein städt. Konsulat, das die Unterstützung des Gf.en fand, zumal es die alte stadtherrl. Gewalt schwächte. In der Wohlstandsperiode der 2. Hälfte des 12. Jh. verbreitete sich die Überlieferung um die *Tarasca* (→Drache, E), das von der hl. →Martha bezwungene Ungeheuer (1187 Auffindung der Martha-Reliquien, Neuerrichtung der 1197 geweihten Kirche Ste-Marthe).

Der am Ende des 12. Jh. erfolgte Bruch des Bündnisses von 'milites' und 'probi homines' führte zum Rückerwerb des Konsulats durch Gf. →Raimund Berengar V. (1226). Doch ergriffen die Bürger v. T., im Bunde mit →Marseille, 1230 die Partei →Raimunds VII. v. Toulouse und zerstörten die gfl. Burg. Nach ihrer Niederlage wurde das Konsulat 1256 von →Karl v. Anjou definitiv aufgehoben. Am Ende des 13. Jh. konnte T. jedoch munizipale Insitutionen wiedererrichten (Rat, besetzt je zur Hälfte mit Adligen und Bürgern, →Syndici). In der 2. Hälfte des 14. Jh. litt das durch die Pest geschwächte T. auch unter Kriegswirren (Söldnerzüge, 1357–76; Krieg der Union v. Aix gegen Hzg. →Ludwig I. v. →Anjou, 1381–87; Plünderungen durch Raymond de →Turenne, 1387–1400). Etwa von 1400 an errichteten die Hzg.e →Ludwig II. und →Ludwig III. v. Anjou den Neubau der mächtigen Burg, die unter Kg. →René auch im Innern zur glanzvollen Residenz ausgestaltet wurde, Schauplatz großer Hoffeste und Turniere ('Pas de la Pastourelle', 1449). Die Stadt, die 1392 noch 781 Haushaltsvorstände zählte, hatte 1471 nur noch 700. N. Coulet

Lit.: C. Delbecque, Les origines du consulat de T., Mém. de l'Inst. Hist. de Provence, 1930, 137–148 – L. Dumont, La Tarasque, 1951 – C. Fredet-Delbecque, Le consulat de T.: les dernières luttes pour l'indépendance, PH 1956 (Mél. Busquet), 64–67 – P. J. de Romefort, Aux origines provençales de la gabelle. Le monopole du sel à T., ebd. 59–63 – M. Hébert, T. au XIVe s., 1979 – S. Pressouyre, Le château de T., 1982 – F. Robin, La cour d'Anjou-Provence, 1985.

Tarasios, hl. (Fest: 25. Febr.), Patriarch v. →Konstantinopel 25. Dez. 784–18. Febr. 806, * um 730, Sohn eines hochrangigen Richters († 25. Febr. 806), Verwandter (πατρόθειος) des Patriarchen →Photios, gemäßigter Anhänger des Bilderkultes, verdankte seine Erhebung aus dem Laienstand (zuletzt erster ksl. Sekretär) Ksn. →Irene. Zusammen mit ihr berief er 787 das Konzil v. →Nikaia ein, auf dem unter dem offiziellen Vorsitz zweier röm. Legaten der →Bilderstreit dank seiner klugen Vermittlung vorläufig beigelegt wurde. Die Trennung Ks. →Konstantins VI. von seiner Frau und die folgende Heirat mit seiner Geliebten Theodote billigte er nicht. Da er sich jedoch in der Angelegenheit zu nachsichtig verhielt, geriet er in Gegensatz zu rigorist. Mönchskreisen (→Theodoros Studites; →Moichian. Streit). F. Tinnefeld

Q.: Ignatii Diaconi Vita T.i ..., ed. I. A. Heikel, 1891 [dazu G. da Costa-Louillet, Saints de Constantinople..., Byzantion 24, 1954, 217–229 – P. Speck, 17th Byz. Congress, Major Papers, 1986, 555ff.] – *Lit.*: Beck, Kirche, 489 [Werke] – Oxford Dict. of Byzantium, 1991, 2011 – F. Winkelmann, Q.stud. zur herrschenden Klasse..., 1987, 183f. [zur Familie] – V. Grumel-J. Darrouzès, Les Regestes des Actes du Patriarcat de Constantinople, I/2-3, 1989², Nr. 350–373e – P. Speck, Ks. Konstantin VI., 1978 – Ders., Ich bin's nicht, Ks. Konstantin ist es gewesen, 1990, passim.

Tarazona, Stadt im westl. →Aragón (Prov. Zaragoza), Bm. (Suffragan v. →Tarragona, seit 1318 v. →Zaragoza). Die röm. Stadt (Turias[s]o) wurde in westgot. Zeit Bf.ssitz und nach der muslim. Eroberung (714–721) unter den Banū Qāsi Verwaltungszentrum, bis sie 802 von →Tudela abgelöst und 878 auf Befehl Muḥammads I. teilw. zerstört wurde. Im Rahmen der Reconquista Aragozas eroberte der Kg. v. Aragón, →Alfons I. 'el Batallador', T. im Frühjahr 1119, setzte den Kanoniker Michael aus St-Sernin in →Toulouse als ersten Bf. ein (1119–51) und dotierte das Bm. (1124), dessen Grenzen mit →Osma und →Sigüenza 1136 auf dem Konzil v. →Burgos endgültig festgelegt wurden (Verlust von →Soria, Eingliederung von →Calatayud). Nach dem Tode Alfons' I. (1134) nahm

→Alfons VII. v. Kastilien-León T. in Besitz, gab es aber im Vertrag v. →Carrión 1137 an Gf. Raimund Berengar IV. zurück. T. wurde infolge seiner Grenzlage wiederholt von Navarresen und Kastiliern besetzt (1363 Zerstörungen). Die Stadt erhielt im 12. Jh. die →Fueros v. Zaragoza, war seit 1194 Sitz eines →Merinos und 1283, 1485 und 1495 Tagungsort v. →Cortes. Die 1156 begonnene Kathedrale wurde erst im 16. Jh. vollendet. U. Vones-Liebenstein

Lit.: LThK² IX, 1299 [O. Engels] – DHEE IV, 2522–2527 – A. Aznar Casanova, Hist. de T., 1927 – J. M. Lacarra, La restauración eclesiástica en las tierras conquistadas por Alfonso el Batall., RevPort 4, 1947 (abgedr. in: Ders., Colonización, Parias, Repoblación y otros estudios, 1981), 185–208 – O. Engels, Papsttum, Reconquista und span. Landeskonzil im HochMA, AHC 1, 1969, 37–49, 241–287 (abgedr. in: Ders., Reconquista und Landesherrschaft, 1989, 327–386) – V. Saxer, Mss. liturg... (bibl. capit. de T.), Hispania Sacra 23, 1970, 335–402; 24, 1971, 367–423; 25, 1972, 131–183 – M. Garcallo San-Joaquín, Breve hist. de T., 1979 – J. L. Corral Lafuente – J. C. Escribiano Sánchez, El obispado de T. en el s. XIV, I, 1980, 13–154; II, 1981, 207–287 – M. I. Falcón Pérez, Las ciudades medievales aragonesas (La ciudad hispánica durante los siglos XIII al XVI, II, 1985), 1184–1187 – D. Mansilla, Geografía eclesiástica de España, 1994, I, 159 f.; II, 208–210.

Tarbes, Stadt und Bf.ssitz am oberen Adour in SW-Frankreich, östl. →Gascogne (dép. Hautes-Pyrénées). Die Stadt war Sitz des Bm.s v. →Bigorre (Suffraganbm. v. →Auch), dessen Gebiet sich vom Vorland bis in die höhere Gebirgszone der →Pyrenäen (Le Lavedan) erstreckt. Die frühe Gesch. dieser Civitas ist schlecht erhellt. Gegenüber einer Lokalisierung des alten Vororts in St-Lézer kann die Annahme, daß T. schon in der Frühzeit als Bf.ssitz fungierte, weit größere Wahrscheinlichkeit beanspruchen. Ein Bf. ist aber erst für 506 belegt, Hinweis auf späte Christianisierung. Nach 585 folgt eine längere Unterbrechung der Bf.slisten (bis 879), die mit der Vorherrschaft der 'Wasconen' im Gebiet der alten →Novempopulana zusammenhängt. Erst seit dem frühen 11. Jh. sind Stadt und Bf.e dichter belegt, klares Anzeichen für die bis ins frühe 14. Jh. anhaltende Ausbauphase im ländl. wie städt. Bereich. Die Stadt T. besaß seit dem 12. Jh. ein Freiheitsprivileg (→Charte de franchise), trug aber wegen des Mangels an ertragreichem Ackerland mit den umliegenden Orten manche Streitigkeiten aus. Topographisch präsentiert sich T. noch um 1300 als mehrkerniges Konglomerat aus mehreren →'Burgi' mit eigenen Befestigungen. Die gfl. Burg lag im zentralen 'Bourg-Vieux'. Dieses lockere Siedlungsgeflecht umfaßte insgesamt etwa 1000 Feuerstätten (Haushalte) und besaß einen Karmeliter- sowie Franziskanerkonvent. Die Bf.sherrschaft erstreckte sich lediglich auf den westlichsten Burgus, 'La Sède' (in dem gegen Ende des 12. Jh. die heut. Kathedrale Notre-Dame errichtet wurde) sowie (im ländl. Bereich) auf nur drei Dörfer. Über das Kathedralkapitel, dessen 'Mensa' erst 1321 aus der 'Mensa episcopalis' ausgegliedert wurde, ist wenig bekannt; die Domherren entstammten üblicherweise der örtl. Aristokratie, die Bf.e bis ins 13. Jh. dem Adel der Gascogne. 1342 wurde die Diöz. neugegliedert in acht Archidiakonate, deren Abgrenzung sowohl alten Pfarr- und Verwaltungsstrukturen als auch dem neuen Bevölkerungswachstum, wie es sich in den →Bastides verkörperte, Rechnung trug. Der starke Bevölkerungsrückgang, der vom Pestjahr 1348 bis ins frühe 15. Jh. andauerte, führte zum Wüstwerden zahlreicher kleiner Pfarrdörfer und zur Bevölkerungskonzentration in den Burgi. 1429 zählte T. nur mehr 480 Feuerstätten, hatte aber bereits 1370 – unter Ausnutzung der Konflikte des →Hundertjährigen Krieges – kgl. Privilegien, die seine Zukunft sichern, erwirkt. Unter dem Einfluß des avignones. Papsttums wurde T. mit Bf.en aus dem gesamten südfrz. Raum besetzt. Während des Gr. →Abendländ. Schismas hielten die Bf.e zur Obödienz Clemens' VII. Nach 1425 fiel die Gft. Bigorre wieder an das Haus →Foix-Béarn, das sich der Verfügungsgewalt über den Bf.ssitz bemächtigte, wohingegen Abteien und Stifte zunehmend in →Kommenden umgewandelt wurden. Neben dieser den allg. kirchl. und sozialen Strukturen entsprechenden Entwicklung sind einige regionale Besonderheiten zu verzeichnen, so die 'faderneŕs' (fraternitates), Priestergemeinschaften zur Verwaltung religiöser Stiftungen, und die 'abbés lais', kleine weltl. Herren, die Kirchenpatronate und Einnahme der Kirchenzehnten kontrollierten. B. Cursente

Lit.: Le dioc. de T. et de Lourdes, hg. J.-B. Laffon, 1971 – Hist. de T., hg. J.-B. Laffon – J.-F. Soulet, 1975.

Tarchaneiotes (Trachaneiotes), **Gregorios**, ksl. Protospathar und Katepan v. Italia (Residenz →Bari) vom 1. Sept. 998 bis Sept. 1002 (nach Anon. Bar. 148 bis Juli 1006), erster bekannter Vertreter einer Familie aus dem byz. Militäradel, die ihre Blüte im 13./14. Jh. erreichte. In einer Phase des Niedergangs der byz. Macht im Okzident stand sein Operationsgebiet unter dem Druck der Araber, war andererseits Zielscheibe der otton. Expansionspolitik und wurde von lokalen Aufständen erschüttert. Beginn und Ende von T.' Amtszeit wurden durch zwei Angriffe der Sarazenen geprägt, die anscheinend von dem christl. Renegaten Lukas angeführt wurden (um 1000 von der Sarazenenfestung Pietrapertosa aus gegen Tricarico, 1002 Belagerung von Bari). T.' erhaltene Urkk. tragen dazu bei, die Strukturen der Verwaltung und die polit. Linie, die Byzanz gegenüber seinen Untertanen in Italien vertrat, zu erhellen. Zeitgenosse des Ebf.s Chrysostomos v. Bari und v. Trani, für den er im Mai 999 ein Privileg erließ, führte T. seine Kirchenpolitik nach den in den byz. Gebieten mit vorwiegend lat. Kultur üblichen Kriterien, indem er entsprechend der bewiesenen Loyalität Schenkungen und Jurisdiktionsrechte gewährte (998 für S. Maria del Rifugio bei Tricarico; 999 und 1000 für Montecassino). Eine Urk. von 999 (in Bezug auf das Kl. S. Pietro Imperiale in Tarent) ist eines der frühesten Zeugnisse für das →Charistikariersystem. F. Luzzati Laganà

Lit.: J. Gay, L'Italie méridionale et l'Empire byz. depuis l'avènement de Basile I jusqu'à la prise de Bari par les Normands (867–1071), 1904 – S. Borsari, Istituzioni feudali e parafeudali nella Puglia biz., ASPN 77, 1959, 123–135 – A. Guillou – W. Holtzmann, Zwei Katepansurkk. aus Tricarico, QFIAB 41, 1961, 1–28 – V. von Falkenhausen, La dominazione bizantina nell'Italia meridionale dal IX all'XI s., 1978 – N. Oikonomidès, A Collection of Dated Byz. Lead Seals, 1986, 76ff.

Tarent (it. Taranto), südit. Hafenstadt (Apulien), am gleichnamigen Golf.
A. Stadt (und Fürstentum) – B. Bistum

A. Stadt (und Fürstentum)
I. Archäologie; antike Ursprünge – II. Vom Beginn des Frühmittelalters bis zum Ende der byzantinischen Herrschaft – III. Von der Eroberung durch die Normannen bis zum Ende des Fürstentums Tarent.

I. Archäologie; antike Ursprünge: Am Ort, wo sich im 7. Jh. v. Chr. die Stadt T. entwickelt, und im umliegenden Territorium befanden sich wahrscheinlich bereits seit der Bronzezeit Siedlungen (bedeutende archäol. Funde in Scoglio del Tonno auf einem Vorgebirge westl. vom 'Mar Piccolo'). Nach dem Niedergang dieser Siedlung im 8. Jh. v. Chr., dessen Gründe unbekannt sind, wurde gegen Ende des 8. Jh. (der Tradition nach 706/705) von dem Spartaner Phalentos die Kolonie T. gegründet, die sich nach dem nahen Fluß Taras nannte. Sie umfaßte einen Teil der ursprüngl. Halbinsel (heute Insel) zw. 'Mar Grande' und 'Mar Piccolo' (an dem die Hafenbauten lagen) und besaß eine Akropolis und einen Mauerring. Seit dem 5. Jh. v. Chr., v. a. unter Archytas, einem berühmten Mathematiker und Freund Platons, dehnte sich T. stark aus (Bau eines weiteren Mauerrings) und erlebte einen großen Machtzuwachs. Es konsolidierte sich die Hegemonie der Stadt über die Japyger und Messapier und die anderen Kolonien der Magna Graecia. Die reichen Funde aus der Nekropole (heute Mus. Arch. Tarent und Neapel) bezeugen ihre kulturelle Hochblüte. Im 3. Jh. v. Chr. geriet T. jedoch in heftigen Konflikt zu den Expansionsinteressen Roms. Trotz der Hilfe Kg. Pyrrhus' v. Epiros mußte sich T. 272 ergeben und erhielt eine röm. Garnison. Im 2. Punischen Krieg öffnete T. 213 v. Chr. Hannibal seine Tore, wurde jedoch 209 von den Truppen des Q. Fabius Maximus erobert und geplündert und erlitt einen starken Bevölkerungsverlust. T. verlor von da an rasch seine Rolle als Metropole und wurde als röm. Municipium zu einer beschaul. Provinzstadt.

II. Vom Beginn des Frühmittelalters bis zum Ende der byzantinischen Herrschaft: Die Geschichte T.s in der späten Ks.zeit und zu Beginn des FrühMA ist spärlich dokumentiert und weitgehend unerforscht. Zweifellos lassen sich Anzeichen für einen Bevölkerungsrückgang erkennen, trotz einiger isolierter Aufschwungphasen der städtebaul. Entwicklung im 4. Jh. n. Chr. Einige interessante Zeugnisse finden sich für den beginnenden Christianisierungsprozeß (vgl. Abschnitt B), die Nachrichten sind jedoch nur sporadisch und weitgehend mit legendenhaften Zügen durchsetzt oder nicht nachprüfbar.

T.s strateg. Bedeutung wird durch die Kämpfe der Ostgoten und Byzantiner um seinen Besitz deutlich (»Gotenkriege«). Um 547 rief T. den byz. Feldherrn Johannes aus Otranto zu Hilfe. Da er die ganze Stadt mit seiner geringen Truppenmacht nicht ausreichend verteidigen konnte, trennte er den Teil am Isthmus vom Gesamtareal ab, befestigte ihn mit Gräben und Mauerwerk, konzentrierte dort die Städter und Bewohner des Umlands und ließ zu ihrem Schutz eine Garnison zurück. Auch andere byz. Kontingente, darunter eine Schar bei Brindisi gelandeter Armenier, trafen in T. ein. Dennoch wurde T. ohne große Schwierigkeiten von den Ostgoten →Totilas während des Sizilienzuges 550 erobert. Nach dem Tod des Kg.s und den positiven Ergebnissen der Gegenoffensive des →Narses wurde der Anführer der got. Garnison in T., Ragnaris, vom byz. Kommandanten Pakurios besiegt. An diese Ereignisse knüpfen sich lokale, hist. jedoch nicht gesicherte Traditionen, die Totila die Erbauung neuer Befestigungen und Narses die Errichtung zweier Kirchen für seinen Schutzpatron, den hl. Theodor, zuschreiben.

663 landete in T. das byz. Heer unter Ks. →Konstans II. Zu dieser Zeit wurde die Stadt dem »Catalogus provinciarum Italiae« zufolge noch unter den reichen Städten aufgeführt (»satis opulentae«), falls es sich dabei nicht um die Übernahme älterer Qualifikationen handelt. Nach dem Tod des Ks.s stieß die Expansionspolitik der Langobarden v. →Benevent auf keinen Widerstand mehr, so daß T. und ein Großteil der Terra d'Otranto in ihren Besitz kamen. Für die Zeit der Langobardenherrschaft gibt es nur spärliche archäol. und dokumentar. Zeugnisse. Man weiß von einigen Schenkungen von Kirchen und Ländereien an →Montecassino und von der Gefangenschaft der Fs.en Siginolf, der 838 wieder freikam. Diese Episode ließe an ein Abgleiten T.s in eine Randlage denken, die z. T. aber durch einige Chronikstellen widerlegt wird, die die Aktivität des Hafens und der Märkte belegen.

840 eroberte ein arab. Flottenkontingent unter dem Kommando eines Saba die Stadt und besiegte in der Folge die ven. Flotte. Drei Jahre später ist die Präsenz eines neuen sarazen. Anführers, Apolaffar (d.h. Abū Giaʿfar), belegt, der vielleicht aus der muslim. Kolonie Kretas stammte. Die Sarazenenherrschaft über T. erfuhr wahrscheinl. zwei oder drei Unterbrechungen, auf die jeweils Wiedereroberungen folgten (zumindest arab. und christl. Q. zufolge 846–847 und 851–852). Der frk. Mönch Bernardus, der zw. 864 und 866 in das Hl. Land pilgerte, bezeugt einen Handel mit christl. Sklaven, die von T. aus verschifft wurden. 880 eroberte der byz. Feldherr Leon Apostyppes die Stadt trotz weiterer sarazen. Angriffe definitiv zurück.

T. wurde so der byz. Provinz in Süditalien eingegliedert, die im Laufe von rund 10 Jahren als Thema Longobardia organisiert wurde. Die byz. Regierung versuchte wahrscheinl., durch neue Befestigungen einen besseren Schutz der Stadt zu gewährleisten, dennoch plünderten und zerstörten 925 die Sarazenen unter der Führung des Slaven Sabir die Stadt. Erst ca. 967 wurde T. unter Ks. →Nikephoros II. Phokas von dem Strategen Nikephoros Hexakionides wiederaufgebaut.

III. Von der Eroberung durch die Normannen bis zum Ende des Fürstentums Tarent: Trotz wiederholter Angriffe der Sarazenen und anderer krieger. Ereignisse, in die T. verwickelt wurde, wie die Ankunft des Georgios →Maniakes 1042, wehrte sich T. sehr lange gegen die Normannen, die die Stadt erst in der 2. Hälfte des 11. Jh. einnehmen konnten.

Die territorialen Grundlagen des späteren Fsm.s T. wurden 1086 gelegt, als →Bo(h)emund, ein Sohn →Robert Guiscards, T. zusammen mit der Gft. →Conversano und dem Salento (ausgenommen Lecce und Ostuni) erhielt. Nach anderer Meinung muß der institutionelle Ursprung des Fsm.s in das Jahr 1137 gesetzt werden, als Wilhelm, der Sohn Kg. →Rogers II., damit formell investiert wurde.

Von der Prosperität des byz.-norm. T. gibt →al-Idrīsī um die Mitte des 12. Jh. eine anschaul. Schilderung, die später von →Benjamin v. Tudela ergänzt wird: die Stadt und ihre Bevölkerung bewahrten noch eine starke griech. Prägung; T. wies auch eine blühende Judengemeinde auf. Nicht von ungefähr ließ →Friedrich II. die Färberei im Judenviertel reorganisieren. Er sorgte auch für die Wiederherstellung des Kastells und für dessen Erhaltung. Bei seinem Tod vermachte Friedrich das Fsm. T. mit seinem riesigen Territorium seinem Lieblingssohn →Manfred.

In angevinischer Zeit wurde das Fsm. T. (das zuvor von der Krone eingezogen worden war) 1294 an →Philipp (9. Ph.), den Sohn Karls II. v. Anjou, verlehnt und ging auf seine Nachkommen über. Innerhalb dieses polit.-institutionellen Organismus hatte sich inzwischen eine städt. Schicht gebildet, die von den Herrschern und Fs.en eine Reihe von Konzessionen und Privilegien erwirkte. Ende d. 14. Jh. errang während der verwickelten dynast. Kämpfe zw. den Prätendenten um den Thron v. →Neapel Raimondello del Balzo-Orsini, der Gemahl der Gfn. v. Lecce, Maria d'→Enghien, 1399 das Fsm. Nach seinem Tod ging das Fsm. durch die Heirat der Maria d'Enghien mit Kg. →Ladislaus v. Anjou-Durazzo an diesen über und fiel schließlich (1420–63) an den Sohn Raimondellos und der Maria d'Enghien, Giovanni Antonio Del Balzo-Orsini.

Nach dem Tod dieses mächtigen und gefährl. Lehensträgers (vielleicht infolge einer vom Kg.shaus betriebenen Verschwörung) setzten die Aragonesen der Herrschaft der Fs.en Del Balzo-Orsini ein Ende, während der T. anscheinend keine bes. wirtschaftl. oder administrativen Vorteile genossen hatte. Während der aragones. Herrschaft ist eine gewisse Entwicklung der wirtschaftl. Aktivitäten und der Bautätigkeit in der Stadt festzustellen. Bes. eindrucksvoll waren die Baumaßnahmen am Kastell und an den Stadtmauern, die durch die Bedrohung durch die Türken und die Venezianer notwendig geworden waren. Nach der Invasion→Karls VIII. in das Kgr. fiel T. an die Franzosen, wurde aber von den Aragonesen zurückerobert. Diese Periode der Kriegswirren endete mit der Belagerung T.s durch die Truppen des Gonzalo Fernández de Córdoba (el →Gran Capitán) und mit der Kapitulation am 1. März 1502; so begann die Periode des spanischen Vizekgtm.s.

B. Bistum
Wie bei vielen anderen Kirchen werden die Ursprünge der Kirche von T. (aufgrund lokaler Legenden und Traditionen) auf die vermeintl. Ankunft des Apostels Petrus in Begleitung seines Schülers Marcus zurückgeführt. Die Forschung hatte jedoch leichtes Spiel, die hagiograph. »Topoi«, die diesen Erzählungen zugrundeliegen, zu erkennen. Es ist allerdings wahrscheinlich, daß sich im 3./4. Jh. in T. eine Christengemeinde befunden hat. Der erste sichere Beleg ist ein Brief Papst→Gelasius' I. (um 495), in dem ein Bf. namens Petrus genannt wird.

Sehr bedeutsam, da sie auf die erste Zeit der langob. Landnahme zurückgehen, sind die Nachrichten, die den Briefen Papst →Gregors d. Gr. zu entnehmen sind, und danach vereinzelt aus der Zeit bis 680 stammen. Es folgt eine lange Periode des Schweigens, unterbrochen nur durch fragmentar. oder stark umstrittene Zeugnisse, die anscheinend Spuren einer Langobardisierung erkennen lassen. In diesem Zusammenhang ist der Episkopat des hl. →Cat(h)aldus (trotz seiner angebl. irischen Herkunft) zu sehen, der Anfang des 8. Jh. anzusetzen ist. Einige Schenkungen an die Abtei →Montecassino sind sicher dem langob. Umkreis zuzurechnen, darunter eine Kirche San Valentino (822).

Natürlich fehlen Nachrichten über das Bm. in der Zeit der sarazen. Besatzung, die mit Sicherheit die Kirchenstruktur in T. in Mitleidenschaft zog. Die byz. Rückeroberung hatte zweifellos einen schnellen Hellenisierungsprozeß zur Folge und, in institutioneller Hinsicht, den Versuch der byz. Regierung, einen griech. Bf. wählen zu lassen (886), was durch den energ. Widerstand Papst →Stephans V. verhindert wurde. Im 10. Jh. wurde anläßlich des Eingreifens Ks. Nikephoros' II. Phokas die Diözese T. wahrscheinl. verkleinert und reorganisiert, aber zu einem autokephalen Ebm. mit lat. Ritus erhoben.

In norm. Zeit ist – abgesehen von dem eventuellen Episkopat eines Kinnamos (1045-47), der nicht gesichert ist – die Rolle des Ebf.s Drogo (Amtszeit wahrscheinl. seit 1053) bedeutsam, der einen grundlegenden Wandel der Kirchenpolitik und -verfassung im Sinne der Ausrichtung auf Rom initiierte. Nicht von ungefähr begegnen in den letzten Jahrzehnten des 11. Jh. erstmals die beiden Suffraganbm.er Mottola (1081) und →Castellaneta (1099). Auch der Latinisierungsprozeß der Kl. verstärkte sich. In den folgenden Jahrhunderten des MA förderten die Ebf.e und kirchl. Würdenträger von T. den Bau von Sakralbauten in der Stadt und im Umland, wozu der beachtl. Anstieg der kirchl. Einkünfte maßgebl. beitrug. Die Schaffung des Fsm.s T. erhöhte auch das Ansehen des Bf.ssitzes von T., der häufig (v.a. im 15. Jh.) von Prälaten mit hohem diplomat. und polit. Geschick eingenommen wurde, die manchmal auch den Kardinalspurpur trugen.

Was die Klöster und religiösen Orden betrifft, sind zuerst die byz. Kl. zu nennen, die nach der Eroberung durch die Normannen verschwanden oder latinisiert wurden. Größte Bedeutung hatte zweifellos San Pietro Imperiale (erstmals 970 erwähnt); es wurde später Montecassino unterstellt. Griech. Kl. waren auch San Bartolomeo (1049 bezeugt), SS. Pietro, Paolo e Andrea »in insula parva« (d. h. auf der kleineren der Cheraen), San Pietro »in insula magna« (auf der größeren Cheraeninsel), San Marco und SS. Filippo e Nicola (bei diesen beiden ist die Gräzität nicht gesichert). Die wahrscheinl. Existenz anderer griech. Kl. ist nicht eindeutig belegt. Mit Gewißheit griechisch war hingegen das Kl. San Vito del Pizzo auf dem gleichnamigen Vorgebirge bei T., das Anfang des 12. Jh. bezeugt ist.

Von den lat. Kl. sind u. a. zu nennen: das Kl. OCist S. Maria del Galeso am gleichnamigen Fluß (gegr. 1195) und die beiden Benediktinerinnenkl. Sant'Agata und San Giovanni. Unter den Anjou nahm die Zahl der Niederlassungen der Franziskaner und Dominikaner zu. Gleiche Freigebigkeit gegenüber diesen Orden bewiesen auch die Fs.en Del Balzo-Orsini. P. Corsi

Lit.: D. L. DE VINCENTIIS, Storia di T., 1878 [Nachdr. 1983] – E. VALENTE, Storia di T., 1899 – G. BLANDAMURA, Choerades insulae (le Cheradi del Ionio), 1925 – A. P. COCO, I Francescani nel Salento, I–III, 1928-35 – A. CUTOLO, Maria d'Enghien, 1929 [1977²] – G. M. MONTI, Dal sec. VI al XV. Le condizioni giuridiche del Principato di Taranto, 1929 – G. BLANDAMURA, Un figlio di re su la cattedra di S. Cataldo, 1936 – G. ANTONUCCI, Il Principato di Taranto, Arch. Storico per la Calabria e la Lucania 8, 1938, 133–154 – P. WUILLEUMIER, Tarente dès origines à la conquête romaine, 1939 – D. GIRGENSOHN–N. KAMP, Urkk. und Inquisitionen der Stauferzeit aus T., QFIAB 41, 1961, 137–234 – F. G. LO PORTO, Satyrion (Taranto). Scavi e ricerche nel luogo del più antico insediamento laconico in Puglia. Notizie Scavi, 1964 – R. PERONI, Archeologia della Puglia preistorica, o. J. [1967] – V. v. FALKENHAUSEN, Taranto in epoca bizantina, StM, 3 ser. 9, 1, 1968, 133–166 – AA.VV., La Chiesa di Taranto, I: Dalle origini all'avvento dei Normanni (Studi storici in onore di mons. MOTOLESE arcivescovo di Taranto, hg. C. D. FONSECA, 1977) – P. CORSI, La spedizione it. di Costante II, 1983 – F. PORSIA–M. SCIONTI, Taranto, 1989 – AA.VV., Taranto: la Chiesa/le chiese, hg. C. D. FONSECA, 1992 – P. CORSI, Bisanzio e la Puglia, 1994 – DERS., I Cistercensi nella Puglia medioevale (I Cistercensi nel Mezzogiorno medioevale, hg. H. HOUBEN–B. VETERE, 1994), 187–204 – V. v. FALKENHAUSEN, Un inedito documento greco del monastero di S. Vito del Pizzo (Taranto), Cenacolo, NS, 7-19, 1995, 7–20 – A. KIESEWETTER, Le strutture castellane tarantine nell'età angioina, ebd. 21–51.

Tarentaise, Tallandschaft, Ebm. und Stadt (Moutiers-en-T.) in den frz. Alpen (dép. Savoie).
I. Bistum und Erzbistum – II. Vicomté – III. Stadt.

I. BISTUM UND ERZBISTUM: Im N begrenzt durch das →Faucigny, im O durch das →Aostatal, im S durch die →Mauricinie, im W durch die alte Civitas der Allobroges, korrespondierte die Civitas Ceutronum in etwa der späteren Diöz. T., gebildet aus dem Hochtal der Isère, von ihren Quellen bis zur Einmündung des Arly (in Höhe der heut. Stadt Albertville, Tal. v. Beaufortin). Zwar ist ein Bf. bereits für 450 belegt, doch der erste namentlich bekannte Bf., Sanctus, erst zu 517 (Konzil v. →Epao) erwähnt. Zw. 795 und 810 erhob Papst Leo III. das Bm. 'Darentasia', das nie mehr als 73–77 Pfarreien zählt, zum Ebm. mit drei Suffraganbm.ern, →Sitten, →Aosta und Maurienne (später an das Ebm. →Vienne).

Nach der den →Sarazenen zugeschriebenen Verwüstung gestand →Rudolf III., Kg. v. →Burgund, dem Ebf. Amizo die Gf.engewalt in der Diöz. zu; dieses Privileg wurde insbes. bestätigt durch eine ksl. Bulle vom 6. Mai 1186, die dem Ebf. Aymon v. Briançon die Investitur des gesamten Temporalbesitzes des Ebm.s übertrug. Päpstl. Breven über den Jurisdiktionsbereich (→Primat) v. →Vienne (Nikolaus I., 867; Calixt II., 1120), päpstl. Bullen Alexanders III. (15. Febr. 1171) und Lucius III. (4. Jan. 1184), beide über den Besitz des Ebm.s, belegen deutlich Einfluß und Macht der Kirche v. T.

Erst spät, etwa seit der 1. Hälfte des 12. Jh., wurden Ansätze der →Gregorian. Reform verwirklicht: so wurde der Verzicht des Gf. en Amadeus III. v. →Savoyen auf das →Spolienrecht erwirkt (um 1140), eine →Gebetsverbrüderung ('fraternitas') mit der Abtei →St-Maurice d'Agaune geknüpft (1140), Ansätze zur Verpflichtung der Kanoniker des Kathedralkapitels auf die Augustinusregel gemacht (1145), Armenversorgung und Hospizwesen (Kleiner St. Bernhard) gefördert. Diese Maßnahmen wurden maßgebl. eingeleitet durch zwei dem Zisterziensertum des hl. →Bernhard nahestehende Ebf. e, Peter I. (1132–40), den Gründer der Zisterze Tamié, und bes. Peter II. (1141–74, kanonisiert 1191). Die Ebf. e der nachfolgenden Periode von 1174 bis 1224 waren ehem. Kartäuser.

Die Gesch. des Ebm.s stand während des 13.–15. Jh. im Zeichen der Expansion des Hauses Savoyen, das bis zur Talenge 'Étroit du Saix' das gesamte obere Isèretal beherrschte und entschieden zur Schwächung der territorialen Gewalt der Ebf.e beitrug. Zwar anerkannte Gf. →Amadeus VI., 'le Comte Vert', am 27. Juni 1358 die eigenständigen Herrschaftsrechte des Ebf. s formell, in der Realität wurden sie aber durch die Wühlarbeit der gfl. Amtsträger (so des für die savoy. Besitzungen oberhalb von Moutiers zuständigen *juge-mage* v. Salins) immer mehr untergraben. Bei der Erhebung der *subside* (1452) wurde auch die T. als Teil des Hzm.s Savoyen behandelt und zur Steuerleistung gezwungen. Diese Abhängigkeit verstärkte sich unter den Ebf. en des späten 15. Jh., dem Piemontesen Thomas de Sur (1460–72) sowie dem Kard. Cristoforo →Della Rovere (1472–79) und seinem Bruder Domenico (1479–83).

II. VICOMTÉ: Das obere Isèretal wurde, etwa 10km oberhalb von Moutiers, am verkehrsstrateg. wichtigen 'Pas de Briançon' von zwei auf den beiden Ufern einander gegenüberliegenden Burgen, gehalten von verschiedenen Zweigen des Hauses Briançon, beherrscht. Die Herren v. Briançon nannten sich seit der 2. Hälfte des 11. Jh. (Aymon I.) 'vicecomites', diese in zahlreichen Urkk. (durch Zeugenlisten) belegte Würde geht nicht zurück auf einen karol. 'comitatus', denn dieser ist für die T. in keiner Q. belegt. Eine (aufgrund des im Wappen geführten Adlers) von örtl. Historikern vermutete ksl. Privilegienverleihung bleibt fraglich. Nach dem Aussterben des Geschlechts im Mannesstamm um die Mitte des 13. Jh. wird der Titel des Vicomte v. T. erst 1346 durch die Vormünder des Gf. en Amadeus VI. v. Savoyen, die ihn dem Sire Raymond de La Val d'Isère für 2000 Goldfl. verkauften, wiederbelebt.

III. STADT: Die kleine ebfl. Stadt, Moutiers-en-T., besaß außer der Kathedrale und dem ebfl. Palast eine Kollegiatkirche Ste-Marie, gestiftet 1257, ein benediktin. Priorat St-Martin sowie eine Regularkanonie, St-Michel. Am 27. Mai 1278 und 22. Jan. 1359 wurden den Bewohnern Statuten (*chartes de franchises*) verliehen. Angesichts der Nähe des savoy. Kastellans, der in Salins residierte, kam es zu ständigen Jurisdiktionskonflikten zw. der gfl./hzgl. und ebfl. Gewalt. V. Chomel

Lit.: *zu [I]:* J.-A. BESSON, Mém. pour servir à l'hist. ecclés. des dioc. de Genève, T. ..., 1759 – GChr, XII – F. RICHERMOZ-J. M. EMPRIN, Tarentasia christiana, 1928 – Abbayes et prieurés de l'ancienne France, IX, hg. Dom J.-M. BESSE, 1932 [G. PÉROUSE] – A. DIMIER, S. Pierre II de T., 1935 – É. CLOUZOT, Pouillés des provinces de Besançon, T., Vienne, 1940 – B. BLIGNY, L'Église et les ordres religieux dans le royaume de Bourgogne aux XI° et XII° s., 1960 – J. ROUBERT, Les origines et les limites du dioc. et du comté de T., Bull. philol. et hist., 1960, 421–427 – DERS., La seigneurie des archevêques-comtes de T. du X° au XVI° s., Mém. Acad. de Savoie, 6° sér., 1961, 33–235 – A. PERRET, Les concessions des droits comtaux et régaliens aux églises dans les domaines de la maison de Savoie, Bull. philol. et hist., Actes du 89° Congr. soc. savantes, 1964 [1967], 45–73 – R.-H. BAUTIER-J. SORNAY, Les sources de l'hist. économique et sociale du MA, 1968–74, 3 vol. – *zu [II]:* GARIN, Hist. féodale des seigneurs de Briançon, Recueil des mém. et doc. de l'Acad. de la Val d'Isère, t. XII, 1942 – F. BERNARD, Les origines féodales en Savoie et en Dauphiné, 1949 – *zu [III]:* E. BURNIER, Les franchises de Moutiers en Savoie, Mém. et doc. Acad. de la Val d'Isère, t. I, 1866, 163–182 – M. HUDRY, Aspects de la vie municipale de Moutiers aux XV° et XVI° s., ebd. , nouv. sér., XIII, 1956, 41–50.

Targume (sg. Targum), Gattung jüd.-aramäischer Bibelübersetzungen, deren schriftl. Fixierung in der oriental. Judenheit vom Ausklang der Spätantike bis ins frühe MA vorgenommen wurde, als das →Aramäische aufhörte, bei den Juden gesprochen zu werden. Neben wortwörtl. Übers. en der hebr. Originaltexte paraphrasieren die T. ihre Vorlage oft völlig abweichend von ihrem einfachen Wortsinn und erweitern die erzählenden Stoffe durch haggad. (→Haggada), die gesetzl. Stoffe durch halach. (→Halacha) Zusätze. Theologie- und auslegungsgeschichtl. gehören die T. entschieden mehr dem antiken als dem ma. Judentum an, weswegen sie von der Mediävistik auch weitgehend vernachlässigt werden dürfen. →Bibel, C. H.-G. v. Mutius

Lit.: J. TREBOLLE BARRERA, La Biblia judia y la Biblia cristiana, 1993, 341ff., 467ff. [Lit.] – U. GLESSMER, Einl. in die T. zum Pentateuch, 1995 [Lit.].

Tari (aus arab. 'rein'). [1] Goldmünze, seit dem 10. Jh. von den Arabern in Sizilien geprägt im Wert eines 1/4 →Dīnārs, →Feingehalt 16 1/3 Karat bei einem Gewicht von ca. 1 g, zugleich Begriff für den Goldfeingehalt von 16 1/3 Karat. Als Münze wurde der T. von den Normannen übernommen und auch auf dem it. Festland (Amalfi, Salerno) bis zum Ende des 13. Jh. geprägt. – [2] In Messina seit dem Ende des 15. Jh. geprägte Silbermünze. – [3] Gewichtseinheit (*trappezo*) von 0.883 g. P. Berghaus

Lit.: F. v. SCHROETTER, Wb. der Münzkunde, 1930, 681–683 – P. GRIERSON, Coins of Medieval Europe, 1991, 226f. – M. NORTH, Von Aktie bis Zoll, 1995, 392.

Tarifa, Küstenstadt in Südspanien sw. v. Algeciras, im Juli 710 Ort der Landung eines von dem berber. →Maulā Ṭārif ibn Mālik, einem Untergebenen des arab. Heerführers Mūsā ibn Nuṣair, geführten Expeditionskorps (ca. 500 Krieger), eines »Vorreiters« des arab.-berber. Eroberungsheeres unter →Tāriq ibn Zyād (Frühjahr 711). Die mächtige muslim. Burg und Stadt (wichtiger Flottenstützpunkt) wurde am 13. Okt. 1292 von Kg. →Sancho IV. v. →Kastilien (gestützt auf den kast.-aragon. Vertrag v. →Monteagudo, 1291) erobert (→Reconquista) und nach dem Wegzug der gesamten muslim. Bevölkerung (8664 Einw.) mit einem Freiheits- und Siedlungsprivileg (1295, im SpätMA oft erneuert) ausgestattet. Rückeroberungsversuche der →Meriniden blieben erfolglos (→Salado, 1340). T. besaß für Kastilien eine strateg. Schlüsselposition (Kontrolle der Straße v. →Gibraltar) und hinsichtl. der ersten Phase der →Repoblación in Andalusien (Besiedlung des benachbarten 'Vejer de la Frontera'). 1447/48 wurde der →Señorío über T. von Kg. →Johann II. dem Admiral Fadrique →Enríquez übertragen. L. Vones

Lit.: M. GAIBROIS DE BALLESTEROS, T. y la política de Sancho IV de Castilla, BRAH 74, 1919–77, 1920 – J. ARMENGOL TRIVIÑO, T. en la Hist., 1949 – E. VIDAL BELTRÁN, Privilegios y franquicias de T., Hispania 17, 1957, 3–78 – M.-A. LADERO QUESADA-M. GONZÁLEZ JIMENEZ, La población de la frontera de Gibraltar, y el repartimiento de Vejer, Historia. Instituciones. Documentos 4, 1977, 199–316, bes.

210ff. – Hist. de Andalucía II, 1982 – J. VALLVÉ, La división territorial de la España musulmana, 1986, 326f. – A. KHANEBOUBI, Les premiers sultans mérinides, 1987 – F. GARCÍA FITZ, Los acontecimientos político-militares de la frontera en el último cuarto del siglo XIII, Rev. de Hist. Militar 32, 1988, 9–71 – M. GARCÍA FERNÁNDEZ, El reino de Sevilla en tiempos de Alfonso XI, 1989 – M. CRUZ HERNÁNDEZ, El Islam del Al-Andalus, 1992 – M. A. MANZANO-RODRÍGUEZ, La intervención de los Benimerines en la Península Ibérica, 1992, bes. 132ff. – P. CHALMETA, Invasión e Islamización, 1994.

Țāriq ibn Ziyād, arab. Name des berber. Freigelassenen (→Maulā) des arab. Heerführers Mūsā ibn Nuṣair, Eroberer von →al-Andalus. Im Auftrag von Mūsā setzte er im April/Mai 711 mit einem Heer von ca. 7000 Kriegern, meist →Berbern (in Booten des legendären Gf. en Julian, des westgot./byz. Gouverneurs v. →Ceuta) über die Meerenge v. →Gibraltar (ǧabal Ṭāriq), schlug, mit 5000 Mann Verstärkung, das westgot. Heer unter Kg. →Roderich am →Guadalete und eroberte in kühnem Vormarsch die Hauptstadt →Toledo. Von Mūsā, der 712 mit seinem arab. Heer übersetzte, beneidet und mit Vorwürfen überhäuft, wurde er zusammen mit diesem nach Damaskus beordert, wo sich seine Spur verliert. H.-R. Singer
Q. und Lit.: EI¹ VIII [Nachdr. 1993], 666f.

Tarlati, nach langob. Recht lebende Familie, die sich von den Mgf. en v. Colle di Santa Maria ableitet, die im Gebiet zw. Arno- und Tibertal, zw. Toskana, Umbrien und Romagna, Herrschaftsrechte besaßen. Spitzenahn der Familie scheint ein Adalbertus zu sein. Jedenfalls ist über die Anfänge der T. vor der Bildung der Kommune →Arezzo (spätes 11. Jh.) nur wenig bekannt. In dieser Zeit siedelten die T. in die Nachbarschaft von Arezzo über und gründeten im Arnotal zw. Arezzo und Anghiari die Burg Pietramala, nach der sich die Familie nannte.

Kaisertreu während der Kämpfe gegen das Papsttum, gehörten die T. zu den wichtigsten ghibellin. Familien der Toskana. Ihr Einfluß machte sich auch in Umbrien und der Romagna geltend. *Tarlato* kämpfte gegen das guelf. Florenz und war Capitano und dann Podestà v. Pisa (1276–77); seine Familie kämpfte zusammen mit den Ubertini für die ghibellin. Sache gegen die Gf. en →Guidi. Die Familie erreichte den Höhepunkt ihrer Macht mit *Guido* T., 1312 Bf. v. Arezzo und 1321 Signore der Stadt, der für den Erfolg der Ghibellinen mit Uguccione →della Faggiola und →Castruccio Castracani zusammenwirkte und 1327 in Mailand Ks. →Ludwig d. Bayern krönte. In Arezzo spalteten sich die Ghibellinen in zwei Faktionen: die »Verdi« repräsentierten die Popolanen, die »Secchi« die Magnatengruppen. Erstere Faktion wurde von Uguccione →della Faggiola geleitet, letztere von dem Bruder des Bf.s *Ugo, Pier Saccone*, der 1327 Reichsvikar war und seine Herrschaft über den gesamten Oberlauf des Arno ausdehnte. Von den Florentinern besiegt, mußte Pier Saccone seine Herrschaft auf San Sepolcro reduzieren, wo er 1356 starb. Die Macht der T. wurde 1384 vernichtet, als die Florentiner Arezzo einnahmen und das Kastell Pietramala schleiften. F. Cardini
Lit.: E. GAMURRINI, Istoria genealogica delle famiglie toscane ed umbre, I, 1668, 194–210 – Diz. geografico fisico storico della Toscana, IV, 1841, 211–212, s.v. Pietramala [E. REPETTI] – Enc. dantesca V, 1984, 523–524 [R. PIATTOLI].

Tarn, Fluß in Südwestfrankreich, 375 km lang, entspringt am Mt. Lozère (südl. Massif Central), durchbricht die verkehrsfeindl. Causses in den 50 km langen, tiefeingeschnittenen 'Gorges du T.' und durchfließt in ostwestl. Richtung (bei gewundenem Lauf) die nö. und nördl. der Großstadt →Toulouse gelegenen, klimat. begünstigten languedoz. Binnenregionen mit ihrer bereits im MA ertragreichen Landwirtschaft (Waid-, Getreide-, Weinanbau), Viehhaltung (z. B. Schweine-, Schaf-, Geflügelzucht) und Gewerbetätigkeit (u. a. Tuch-, Lederverarbeitung), geprägt auch durch wichtige städt. Zentren wie die Bf.sstadt →Albi und das 1144 gegr. Handelszentrum →Montauban, Vorbild des im westl. Einzugsbereich des T. verbreiteten Stadttyps der →Bastide. Nahe der mächtigen Abtei →Moissac mündet der T. in die Garonne. Die vom Albigenserkreuzzug (→Albigenser, II) berührte T.region (der Fluß ist erwähnt im Friedensvertrag v. →Meaux-Paris, 1228, als Grenze zw. den Territorien der Gf. en v. →Toulouse und der Kg. e v. →Frankreich) war im 14. und 15. Jh. (→Hundertjähriger Krieg) einer der Schauplätze der Auseinandersetzung zw. engl. und frz. Monarchie. U. Mattejiet
Lit.: →Albi, →Montauban, →Guyenne.

Tarnackmeister (magister tavernicorum regalium), in der Zeit der →Arpaden (11.–13. Jh.) Vorsteher der tavernici, die die Naturalabgaben des Kg.s einzogen. Zuständig für das kgl. Kammergut, gehörte er seit dem 13. Jh. zur →curia regis und stand an dritter Stelle hinter →Palatin und Landesrichter. Sein Einfluß verringerte sich, auch im 14. Jh. ein selbständiger Schatzmeister die Leitung der kgl. Finanzen übernahm (→Finanzwesen, B. VIII). Er blieb aber weiter der Oberrichter der kgl. Freistädte, der sog. →Tavernikalstädte, und war rechtl. für die Angelegenheiten der Juden (als Teil des kgl. Kammerguts) zuständig, während die Judensteuern vom Schatzmeister verwaltet wurden. A. Kubinyi
Lit.: E. BORECZKY, A királyi tárnokmester hivatala 1405-ig, 1904 – I. SZENTPÉTERY, A tárnoki itélőszék kialakulása, Századok 67, 1934, 510–590 – A. KUBINYI, Der ung. Kg. und seine Städte im 14. und am Beginn des 15. Jh. (Stadt und Stadtherr im 14. Jh., hg. W. RAUSCH, 1972 [Beitr. zur Gesch. der Städte Mitteleuropas, II]), 193–220.

Tǎrnovo, letzte ma. Hauptstadt →Bulgariens, im zentralen Teil Nordbulgariens auf vom Jantra umgebenen Hügeln gelegen. Bei der Wiederherstellung des bulg. Kgtm.s 1186 wurde T. infolge des Aufstandes von →Asen und →Theodor-Petros zur Hauptstadt Bulgariens und zugleich Sitz des bulg. Kirchenoberhauptes, des Ebf.-Primas, dem 1235 mit dem Einverständnis der östl. Kirchen die Würde eines Patriarchen verliehen wurde (→Patriarchat [3]). Zentrum des ma. T. bildeten die Hügel Zarevez und Trapesiza sowie der Hl. Berg. Auf Zarevez standen die durch eine Festungsmauer getrennten Zaren- und Patriarchenpaläste und die Katedrale »Christi Himmelfahrt«, am Fuße des Hügels an der Jantra lag die Große Laura »Hl. 40 Märtyrer«. Auf Trapesiza wurden viele kleine Kapellen für die Familien angesehener Vertreter des bulg. Adels errichtet, während auf dem Hl. Berg Kl. bauten lagen. T. war ein nicht nur militär.-strateg., sondern auch wirtschaftl. Zentrum des Landes, wo ausländ. Kaufleute (u. a. aus Venedig, Genua, Ragusa) ein eigenes Stadtviertel (bis heute Frenk-Hissar gen.) bewohnten. Als Hauptstadt Mittelpunkt des geistigen Lebens, war T. auch Wallfahrtsort, da Ende des 12. und in der ersten Hälfte des 13. Jh. die bulg. Zaren die Gebeine berühmter Hl.r (Paraskevi-Petka, Johannes v. Rila, Philothea, Theophano, →Ilarion v. Mǎglen, →Gabriel v. Lesnovo u. a.) aus verschiedenen Teilen der Balkanhalbinsel hierher überführten. Die ausgedehnte weltl. und kirchl. Bautätigkeit förderte die Entwicklung von Architektur, Malerei und Kunsthandwerk. Von großer Bedeutung für Bulgarien, aber auch für weitere orth. slav. Völker sowie die Walachei und Moldau war die lit. Schule v. T., der bemerkenswerte Literaten wie der Patriarch →Evtimij, →Gregor Camblak (18. G.), der Metropolit →Kiprian u. a. angehörten.

T. wurde nach mehrmonatigen Belagerung am 17. Juli 1393 von den Osmanen erobert. Systemat. archäol. Ausgrabungen legten Reste der wichtigsten Bauten frei, diejenigen von Zarevez samt der Festungsmauer wurden restauriert. Ma. Wandmalereien sind in den Kirchen »Hl. 40 Märtyrer«, »Peter und Paul« sowie in einigen Kirchen auf dem Hügel Trapesiza erhalten. V. Gjuzelev

Lit.: I. Dujčev, T. kato političeski i duhoven centăr prez kăsnoto srednovekovie (Bălgarsko srednovekovie, 1972), 413-431 – Carevgrad T., I-IV, 1973-84 – Istorija na Veliko T., I, 1986 – V. Gjuzelev, Hauptstädte, Residenzen und Hofkultur im ma. Bulgarien, 7.-14. Jh. Vom Nomadencampus bis zum Zarenhof (Études balcaniques 2, 1991), 95-105.

Tarouca (ō São João), erste im MA begründete Zisterze in →Portugal (Beira Alta; Diöz. →Lamego), s. des Douro am rechten Ufer des Flusses Barbosa. Ursprgl. Eremitage oder Kl. OSB, wechselte T. 1143/44 zu der Obedienz der →Zisterzienser und wurde direkt →Clairvaux unterstellt. Filialen von T. waren São Tiago de Sever do Vouga (1143/44), Santa Maria de Fiães (um 1194), S. Pedro das Águias (1170) und, abhängig von Fiães, Ermelo, nach dem 12. Jh. vielleicht noch Santa Maria de Júnhas (ursprgl. zu Osera) und sicherl. Santa Maria de Aguiar (ursprgl. zu Moreruela). Gefördert v. a. durch die Adelsfamilien Riba Douro und Paiva, wurde die auch vom Kgtm. reich dotierte Abtei, die zahlreiche →Grangien besaß, seit dem 13. Jh. zu einem Zentrum niederadliger Familien. T. zählt zu den markanten Beispielen für zisterziens.-burg. Stil in der ptg. Architektur. 1354 ließ Gf. →Pedro Afonso v. Barcelos in T. sein Grabmal errichten. Im SpätMA erlebte die Abtei ihren Niedergang, hatte im 16. Jh. nur noch 34 Mönche, gehörte dann bis zur Auflösung von 1834 der autonomen ptg. Zisterzienserkongregation an. L. Vones

Lit.: DHP I, 586f. – M. de Oliveira, Origens da Ordem de Cister em Portugal, 1951 – M. Cocheril, Les monastères cisterciens au nord du Portugal, Collectanea O.C.R. 19, 1957, 66-76, 163-182, 355-370 – Ders., Recherches sur l'ordre de Cîteaux au Portugal, Bulletin des Études Portugaises 22, 1959-60, 30-102 – R. Pinto de Azevedo, O Mosteiro de Santa Maria de Aguiar de fundação portuguesa e não leonesa, Anais, II[a] s. 12, 1962, 231-298 – M. Cocheril, L'implantation des abbayes cisterciennes dans la Péninsule Ibérique, AEM 1, 1964, 217-287 – Ders., Études sur le monachisme en Espagne et au Portugal, 1966 – A. de Almeida Fernandes, Esparsos de Hist., 1970 – Livro das Doações do Mosteiro de T., teilw. ed. A. de Almeida Fernandes, 1970/76 – M. Cocheril, Notes sur l'architecture et le décor dans les Abbayes cisterciennes du Portugal, 1972 – A. de Almeida Fernandes, Acção dos Cistercienses de T. (As Granjas nos Séculos XII e XIII), 1976 (= Revista de Guimarães 83) – J. Mattoso, A nobreza medieval portuguesa (Portugal Medieval. Novas Interpretações, 1985), 197-223 – M. A. Fernandes Marques, A introdução da Ordem de Cister em Portugal (La introducción del Cister en España y Portugal, 1991), 163-194.

Tarquinia (Corneto), Stadt in Mittelitalien (nördl. Latium). Nach der Legende von dem myth. Heros Tarchon gegründet, erlebte T. seine größte Blütezeit im 7./6. Jh. v. Chr. als Zentrum eines der größten etrusk. Polisstaaten (bedeutende Nekropole erhalten). Unter den Antoninenkaisern erlebte T. einen neuen Aufschwung. Im 4. Jh. wurde es Bf.ssitz, litt jedoch so stark unter den Invasionen der Völkerwanderungszeit, daß seit dem Anfang des 6. Jh. kein Bf. von T. mehr begegnet, und die ursprgl. Niederlassung zugunsten des benachbarten Kastells Corneto aufgegeben wurde. In den folgenden Jahrhunderten entwickelten sich dort eine blühende landwirtschaftl. Produktion (Beiname »horreum Urbis«) und ein aktiver Handelsstützpunkt (auch für den Seehandel). Im 9. Jh. wurde ein neuer Mauerring errichtet. Ende des 11. Jh. gehörte Corneto zu den →Mathildischen Gütern. Im 12. Jh. konstituierte sich eine freie →Kommune, die mit Pisa (1174 Handelsvertrag), Genua und Venedig in Verbindung stand. Mit der Expansionspolitik →Viterbos im nördl. Latium konkurrierend, war Corneto ein guelf. Zentrum und leistete erfolgreich der Belagerung →Friedrichs II. (1245) und dem Angriff röm. papstfeindl. Faktionen Widerstand (1283). 1355 kapitulierte es jedoch vor Kard. →Albornoz und den Orsini, die es in die päpstl. Obödienz zurückführten. Im Dez. 1376 handelte Gregor XI. in Corneto mit den Vertretern des röm. Stadtregiments die Bedingungen für seine Rückkehr nach Rom aus. Corneto wurde dann an die →Vitelleschi verlehnt und schließlich 1500 dem Kirchenstaat einverleibt. 1435 gab Eugen IV. Corneto den verlorenen Rang als Bf.ssitz zurück, erhob es zur Stadt und gliederte der Diözese die Kirche v. Montefiascone ein. Erst 1922 nahm Corneto wieder den antiken Namen T. an.
  A. Menniti Ippolito

Lit.: L. Dasti, Notizie storiche-archeologiche di T. e Corneto, 1910 – Mutio Polidori, Croniche di Corneto, hg. A. R. Moschetti, 1977.

Tarragona (lat. Tarraco; Katalonien). [1] *Stadt:* T., röm. Hafenstadt an der Via Augusta, Hauptstadt der Prov. Hispania Citerior, im 2. Jh. christianisiert. Die Stadt, die von S her durch eine Bergkette geschützt, zum Meer hin jedoch offen war, wurde 470 von den Westgoten, 715 von den Mauren erobert. Die Franken konnten sich 809 nur kurz halten, und die katal. Gf.en vermochten sich erst, nachdem sie die maur. Überlegenheit zur See gebrochen und die Befestigung im S durch die Eroberung →Tortosas bezwungen hatten, dort festzusetzen. Zwar wurden die Barceloneser Gf.en →Borell II. (960) und →Raimund Borell I. (1018) bereits mit dem Titel Princeps v. T. bezeichnet, doch unternahm erst →Raimund Berenger I. den Versuch, seine Herrschaft nach T. auszudehnen, indem er 1050 seinen Schwager, Vgf. Berenger v. Narbonne, 1060 Bernhard Amat v. Claramunt mit der Vgft. T. belehnte. Adelsaufstände im Innern der Gft. verhinderten eine Umsetzung dieser Pläne, die jedoch eine Absicherung des katal. Einflußbereichs im Gebiet um T. und in den Taifenreichen →Lérida und Tortosa gegen Expansionsbestrebungen Aragóns und Kastiliens bewirkten. Sein Sohn, →Berenger Raimund II., mußte aber zur Festigung seiner Stellung 1090 Stadt und Territorium v. T. an den Hl. Stuhl übertragen. Entscheidende Impulse zur Eroberung T.s gingen von Bf. →Ollegar v. Barcelona aus, nachdem ihm Raimund Berenger III. die Rechte über die Stadt und den Camp de T. 1117 verliehen und Papst Gelasius II. dies u. a. durch die Erhebung Ollegars zum Ebf. v. T. (1118-37) bestätigt hatte. Bes. Bedeutung erlangten neben Plänen zu einem Kreuzzug gegen Tortosa und der 1129 zu ihrer Finanzierung in Narbonne gegr. Bruderschaft die gleichzeitige Belehnung des norm. Adligen Robert Bordet (seit 1114 im Dienst Alfons' I. v. Aragón) mit der Stadt und ihrem Gebiet. Robert, der den Titel eines 'princeps Tarraconensis' führte, warb norm. Ritter an und konnte sich seit 1131 in T. halten. Damit war die Eroberung der Stadt, deren Mauern 1154 bereits wieder instandgesetzt waren, abgeschlossen. Als 1143 auf dem Konzil in Gerona die Probleme um die Nachfolgeregelung in Aragón zugunsten des Barceloneser Gf.en gelöst waren, wurde auch seine Oberhoheit über T. anerkannt. Bald darauf kam es allerdings zu einer Auseinandersetzung zw. Ebf. Bernhard Tort (1145/46-63) und der Familie des Robert Bordet, als der Ebf. seinen Anteil an der Stadtherrschaft beanspruchte. Nach der Ermordung Ebf. Hugos v. →Cervelló (1163-71) mußte die Familie nach Mallorca in die Verbannung gehen. Zwei Jahre später erfolgte eine Einigung zw. Alfons II. und Ebf. Wilhelm v. Torroja (1172-74) über die

Machtverteilung in der Stadt. 1391 verkaufte Johann I. der Mitra seine Rechte, so daß T. im SpätMA eine reine Bf.sstadt war, deren Ebf.e, die aus den vornehmsten Familien Aragóns stammten (u. a. Ximeno de →Luna [1317-27], Infant →Johann v. Aragón [43. J. 1327-34)]), v. a. im 14. Jh. eine wichtige polit. Rolle spielten und u. a. das Recht, den Kg. v. Aragón zu krönen, für sich beanspruchten.

1149 stellten Robert Bordet und Ebf. Bernhard Tort zusammen eine Repoblaciónsurk. für die Bewohner v. T. aus. Dabei zeigten sich schon erste Ansätze zu einer Stadtverfassung, da zwei Judices eingesetzt wurden, um nach Barceloneser Gewohnheit Recht zu sprechen. Die Beteiligung T.s an der Reconquista Mallorcas führte im 13. Jh. zu einem starken wirtschaftl. Aufschwung. T. wurde Sitz einer Vegueria: Der ab 1231 erfolgte Ausbau der städt. Selbstverwaltung war nach der Reform v. 1331 mit der Bestellung von drei Konsuln als Exekutivorgan des Stadtrates abgeschlossen. 1348 fiel ein Viertel der Bevölkerung der Pest zum Opfer. Der übermäßige Steuerdruck führte zu sozialen Unruhen und 1462 zu einer Belagerung durch Truppen Johanns II. Ende des 15. Jh. waren von 884 Feuerstellen (1381) nur noch 300 vorhanden. Orden: Mercedarier (1224), Dominikaner (1248), Franziskaner (1248), Klarissinnen (vor 1256).

[2] *Kirchenprovinz Tarraconensis:* Erstmals 385 belegt, umfaßte sie in westgot. Zeit (nach 470) die Bm.er Barcelona, Gerona, Urgel, Ausona (Vich), Egara, Empúries, Huesca, Lérida, Calahorra, Zaragoza, Tortosa, Auca (Burgos), Pamplona und Tarazona. Elne kam eine Sonderstellung zu, da es schon bald Narbonne unterstellt wurde. Ein erstes Provinzialkonzil fand 516 in T. statt, dem bis 691 sieben weitere in anderen Städten der Tarraconensis folgten. Als T. 715 in die Hände der Mauren fiel, floh der letzte Bf. Prosper nach Italien. Nachdem Anfang des 9. Jh. Versuche, T. zurückzugewinnen, gescheitert waren, unterstellte Wifred el Pélos alle katal. Bm.er zur Absicherung seiner Herrschaftssphäre der septiman. Metropole Narbonne. Erste Tendenzen, diese Entwicklung rückgängig zu machen, zeigten sich Ende des 10. Jh.: Abt Caesarius v. Santa Cecilia de Montserrat ließ sich 956 auf einem Konzil in Santiago de Compostela zum Ebf. v. T. weihen, ohne je die Anerkennung der übrigen katal. Bf.e zu erlangen, und Gf. Borell II. (966-993) v. Barcelona übertrug die Metropolitanwürde der ehemaligen Tarraconensis auf den Bf.ssitz v. →Vich (971 durch Papst Johannes XIII. bestätigt). Doch erst Bf. →Berengar Seniofred v. Vich konnte die Wiedererrichtg. der Kirchenprov. T. gegen erbitterten Widerstand Barcelonas und Narbonnes durchsetzen. Nach der Bestätigung durch Papst Urban II. (1. Juli 1091) anerkannte die Synode in St-Gilles (1092) die Rechtmäßigkeit dieser Restauration, während Toledo auf einer Durchsetzung seiner Primatialgewalt (1097) bestand. Als Berengar Seniofred 1099 starb, wurde erst im Mai 1118 mit Bf. Ollegar v. Barcelona ein neuer Ebf. bestimmt, dem Gelasius II. mit dem Erhalt des Palliums auch den Umfang der Kirchenprov. bestätigte und ihn gleichzeitig mit der Verwaltung Tortosas betraute. Am Abschluß dieser Entwicklung standen die beiden Privilegien Papst Anastasius' IV. (1154), die nach der Eroberung Tortosas und Léridas die Grenzen T.s und den Umfang seiner Kirchenprov. festlegten. Es gelang nicht, Auca, dessen Sitz nach Burgos transferiert worden war, zurückzugewinnen, ebensowenig wie 1232 Mallorca, dessen Angliederung den Widerspruch Barcelonas und Geronas hervorgerufen hatte, doch 1239 kam dank Pedro de Albalat (1238-51), der in enger Zusammenarbeit mit →Raimund v. Peñafort zur Durchsetzung seines Reformprogramms zehn Provinzialkonzilien abhielt, die Einführung der Inquisition förderte und die Kirchenprovinz durch Visitationen reorganisierte, →Valencia zu T. Umstritten blieb die Frage der Anerkennung des Toledaner Primats, den die Ebf.e von Bernhard Tort bis Alfons v. Aragón (1328) vehement ablehnten. In dem Bestreben, eine Übereinstimmung staatl. und kirchl. Grenzen herbeizuführen, ersuchte 1318 Jakob II. v. Aragón Papst Johannes XXII. um die Errichtung einer neuen Kirchenprov. →Zaragoza. T. verlor seine aragon. und navarres. Suffraganbm.er Calahorra (seit 1231 nach S. Domingo de la Calzada transferiert), Huesca, Pamplona, Tarazona und Albarracin-→Segorbe, behielt aber Valencia, während Mallorca exemt blieb. Erst zur Zeit Ebf. Rodrigos de Borja (1458-92; →Alexander VI.) wurde Valencia exemt (11. Okt. 1470) und schließl. selbst zur Metropole erhoben (9. Aug. 1492).

[3] *Domkapitel Santa Maria und Santa Tecla:* Es übernahm unter Bernhard Tort die Augustinerregel und die Consuetudines v. →St-Ruf, die jedoch bereits Ende des 12. Jh. nicht mehr streng befolgt wurden. 1229 wurde die Zahl der Kanoniker auf 30, 1239 auf 25 festgesetzt. 1290 wurden Konstitutionen zur Regelung der einzelnen Ämter und Benefizien erlassen. Die Säkularisierung erfolgte 1530. Mit dem Bau der Ende des 14. Jh. vollendeten Kathedrale wurde 1171 begonnen.   U. Vones-Liebenstein

Lit.: Gran. Enc. Catal. XVI, 1980, 197-208 [J. M. RECASENS; A. PLADEVALL] – DHEE IV, 2527-2531 – LThK² IX, 1302f. [O. ENGELS; Lit.] – J. IGLÉSIES Y FORT, La restauració de T., 1963 – J. JANINI-X. RICOMA, Fragmentos litúrgicos del Archivo Hist. Diocesano de T., AST 38, 1965, 217-230 – J. TRENCHS I ÓDENA, La archidiócesis de T. y la pesta negra (VIII Congr. de Hist. de la Corona de Aragón II/1, 1969), 45-64 – El necrologi de la Seu de T., ed. S. RAMON-X. RICOMÀ, Scriptorium Populeti 3, 1970, 343-398 – P. LINEHAN, The Spanish Church and the Papacy in the Thirteenth Cent., 1971, 54-100 – R. D'ABDAL I DE VINYALS, L'abat Cèsari, fundador de Santa Cecília de Montserrat (DERS., Dels Visigots als Catalans, II, 1974²) 25-55 – J. M. PONS GURÍ, Constitucions Conciliars Tarraconenses (1229-1330), AST 47, 1974, 65-121; 48, 1975, 241-363 – J. Mª. MARTÍ BONET, Las pretensiones metropolitanas de Cesáreo, abad de Santa Cecília de Monserat, Anthologia Annua 21, 1975, 157-182 – J. M. RECASENS I COMES, La ciutat de T., II, 1975 – L. J. McCRANK, La restauración canónica e intento de reconquista de la sede Tarraconense, 1076-1108, CHE 56/57, 1977/79, 145-245 – DERS., The Foundation of the Confraternity of T. by Archbishop Oleguer Bonestruga, 1126-29, Viator 9, 1978, 157-177 – DERS., La restauración eclesiástica y Reconquista en la Cataluña del siglo once, AST 49/50 [1976/77], 1979, 5-35 – DERS., Norman Crusaders in the Catalan Reconquest, JMH 7, 1981, 67-82 – J. ORLANDIS-D. RAMOS-LISSÓN, Die Synoden auf der Iber. Halbinsel bis zum Einbruch des Islam (711), 1981 – P. FREEDMAN, The Diocese of Vic, 1983 – F. CORTIELLA I ÒDENA, Una ciutat catalana a darreries de la Baixa Edat Mitjana: T., 1984 – DERS., Els lluites socials a T., 1984 – J. M. FONT RIUS, Entorn de la restauració cristiana de T. (DERS., Estudis sobre els drets i institutions locals en la Catalunya medieval, 1985), 93-111 – F. MOXÓ Y MONTOLIU, La Casa de Luna, 1990, 249-289 – D. MANSILLA, Geografía eclesiástica de España, II, 1994, 214-238, 311-324 – U. VONES-LIEBENSTEIN, Katalonien zw. Maurenherrschaft und Frankenreich (Das Frankfurter Konzil, 1996) – DIES., St-Ruf und Spanien, 2 Bde, 1996.

Tarrasbüchsen, auch Terrasbüchsen (von »Terrasse« 'Wall, Bastei, Damm'), zählten seit dem Beginn des 15. Jh. zur leichten →Festungsartillerie und können vom Geschütztyp her als Vorläufer der →Feldartillerie angesprochen werden. Die anfangs aus Eisen geschmiedeten, später aber auch aus Bronze gegossenen Rohre waren auf bewegl. →Laden befestigt oder in fahrbaren Lafetten gelagert und verschossen – je nach der Größe ihres Kalibers – Stein- oder Bleikugeln. Sie waren hinter Schießscharten auf Mauern und Türmen aufgestellt und übernahmen die bisherige Funktion der →Standarmbrüste, die Anmarschwege zu sperren und den Angreifer fernzuhalten.

E. Gabriel

Lit.: B. RATHGEN, Das Geschütz im MA, 1928.

Tarsos (heute Tarsus), Stadt in →Kilikien in der SO-Türkei. In der Antike Residenz der kilik. Kg.e und Sitz des Statthalters der röm. Prov. Cilicia (u. a. Cicero); an der wichtigen Straße durch die Kilikische Pforte nach →Syrien gelegen und über den Flußhafen des Kydnos (Regma) auch mit dem Meer verbunden, hatte T. überregionale Bedeutung und sollte unter Ks. Julian Residenz des oström. Reiches werden. T. ist berühmt als Geburtsort des Apostels →Paulus. In der Spätantike wurde T. weltl. und kirchl. Metropole der Kilikia I. Ks. Justinian I. regulierte den Kydnos, der die Stadt überschwemmt und verwüstet hatte. Nach der Eroberung durch die Araber im 7. Jh. wichtigste arab. Grenzfestung gegen das Byz. Reich, gelangte T. zu großer wirtschaftl. Blüte. Der Emir v. T. begegnet häufig als Gegner der Byzantiner; an die Stelle des gr. Metropoliten trat ein syr.-jakobitischer. Von Ks. →Nikephoros II. Phokas 965 zurückerobert, wurde T. Sitz eines Strategen, also eigenes →Thema. Bei der Neubesiedlung mit Armeniern bekam T. auch einen armenischen Bf. Die Kreuzritter des 1. →Kreuzzuges vertrieben 1097 die Türken, die seit 1085 T. besetzt hielten. Im 12. Jh. Sitz eines byz. Dux, der mit Armeniern und Franken (T. war auch lat. Ebm.) um den Besitz der Stadt stritt, wurde T. 1183 armenisch. In der Sophienkirche v. T. erfolgte 1199 die Krönung →Leos I. zum Kg. v. Kleinarmenien (→Armenien, II). Nach zwei Belagerungen durch die →Selǧuqen wurde T. 1266 erstmals von den →Mamlūken erobert, 1275 zerstört und 1360 endgültig erobert. T. hatte schon unter armenischer Herrschaft seine Rolle als Hauptstadt Kilikiens an →Sis abtreten müssen, unter den Mamlūken bzw. ihren Vasallen, den Ramadanoğulları (seit 1378), wurde Adana neue Hauptstadt. 1516 eroberten die Osmanen T.

F. Hild

Lit.: RE IV A/2, 2413-2439 – KL. PAULY V, 529f. – EI² (frz.) I, 187-189 – Oxford Dict. of Byzantium, 1991, 2013 – L. ROTHER, Die Städte der Çukurova, 1971 – J. TISCHLER, Der Ortsname T. und Verwandtes, ZVSF 100, 1987, 339-350 – Tabula Imperii Byzantini 5, 1990 – C. BOSWORTH, The City of Tarsus and the Arab-Byz. Frontiers, Oriens 33, 1992, 268-286.

Tartaretus, Petrus, frz. Philosoph und Theologe aus der Diöz. Lausanne, † um 1522 in Paris, 1484 Mag. art. in Paris; 1490-91 Rektor der Univ. ebd; 1496 Lic. theol. ebd.; Mag. theol. 1500 ebd. In Komm. zu fast sämtl. Schriften des →Aristoteles sowie der 'Ordinatio' und den 'Quodlibeta' des →Johannes Duns Scotus und dem 'Tractatus' des →Petrus Hispanus verfocht T. den Realismus, berücksichtigte jedoch die Kritik des →Wilhelm v. Ockham am denkunabhängigen Status allg. Entitäten, indem er diesen ein vernunftimmanentes Sein zuerkannte. Bes. einflußreich waren T.' logische Schriften; bei ihm läßt sich die sog. Eselsbrücke erstmalig nachweisen.

O. F. Summerell

Ed.: Commentaria in quattuor libros Sententiarum et Quodlibeta Scoti, Venedig 1583 – In universam philosophiam opera omnia, Venedig 1621 – *Lit.:* C. PRANTL, Gesch. der Logik im Abendlande, 1855-70 [Nachdr. 1955], IV, 204-209 – P. DUHEM, Le système du monde, 1913-59, X, 97-105 – E. WEGERICH, Biobibliogr. Notizen über Franziskanerlehrer des 15. Jh., FSt 29, 1942, 187-190 – C. H. LOHR, Medieval Latin Aristotle Commentaries, Traditio 28, 1972, 372-376 – G. KRIEGER, '»Homo« supponit simpliciter pro natura'. Der Zusammenhang von Logik und Metaphysik im spätma. Scotismus (Petrus T.) (Knowledge and the Sciences in Medieval Philosophy, hg. M. ASZTALOS u. a., 1990), II, 521-534.

Tartarus, Weinstein (mlat. tartarus aus gr. τάρταρος 'Unterwelt', das 'unten Abgesetzte', arab. ṭarṭīr), Kalium- und Calciumsalze der Weinsäure (acidum tartaricum). T. wurde bis in die Neuzeit med. vielfach genutzt und auch Cremor tartari genannt. T. stibiatus – Brechweinstein ist ein komplexes Kaliumantimonyltartrat.

Seit →Paracelsus werden unter tartar. Krankheiten 'Absetzungen' im Körper, also Konkrementbildungen (u. a. Nieren-, Gallensteine) verstanden.

G. Jüttner

Lit.: D. GOLTZ, Stud. zur Gesch. der Mineralnamen, SudArch Beih. 14, 1972, 285f.

Tartsche, wohl vom span.-arab. Wort *Adarga* abgeleitete Bezeichnung für einen ovalen bis rechteckigen Reiterschild mit Ausschnitt für den Spieß. Die T. erschien im 2. Viertel des 14. Jh. Ab etwa 1420 war sie meist rechteckig und mit vertikalen Rippen versehen. Sie verschwand zu Ende des 15. Jh., blieb aber als Wappenschild erhalten.

O. Gamber

Lit.: W. BOEHEIM, Hb. der Waffenkunde, 1890 – H. NICKEL, Der ma. Reiterschild des Abendlandes [Diss. Berlin 1958].

Tartu → Dorpat

Tassel (mhd., von afrz. *tassiel*; mlat. *tassellus*). T.n waren paarige, meist scheiben-, rosetten- oder schildförmige Schmuckstücke aus Edelmetall, die die Enden einer Mantelschnur befestigen und verdecken oder auch nur verzieren. Sie saßen in Schulterhöhe nebeneinander auf den Rändern des halbkreisförmigen T.mantels, der über die Schultern gelegt und vorne von der T.schnur zusammengehalten wurde. Der T.mantel kam in Frankreich schon im 12. Jh. auf, wurde aber vorwiegend im 13. und 14. Jh. von adligen Damen und Herren als Standesabzeichen getragen. Formenvielfalt und Tragweise der T.n sind v. a. durch bildl. Darstellungen überliefert (z. B. Naumburger Stifterfiguren, Magdeburger Reiter). Zu den ältesten erhaltenen T.n zählen zwei Emailscheiben auf dem arab. Prunkmantel und späteren Krönungsmantel der Ks., der 1133/34 in Palermo für Kg. Roger II. v. Sizilien geschaffen worden ist. Vor dem 12. Jh. gab es noch keine T.n, sondern allenfalls →Fibelpaare, die nur von Frauen als Gewandverschlüsse benutzt wurden.

M. Schulze-Dörrlamm

Lit.: E. THIEL, Gesch. des Kostüms, 1980⁷, 105ff. – E. BRÜGGEN, Kleidung und Mode in der höf. Epik des 12. und 13. Jh., 1989, 83ff. – Bildwb. der Kleidung und Rüstung, hg. H. KÜHNEL, 1992, 262 – M. SCHULZE-DÖRRLAMM, Der Mainzer Schatz der Ksn. Agnes aus dem mittleren 11. Jh., 1992, 68ff. – R. BAUER, Il manto di Ruggero II (I Normanni. Ausst. Kat. Rom, 1994), 279ff.

Tassilo. 1. T. I., bayer. Hzg. Von T. I., dessen Zugehörigkeit zu den →Agilolfingern zu erschließen ist, sind nur wenige Nachrichten erhalten. Falls er ein Sohn des um 591 von den Franken entmachteten Bayernhzg.s →Garibald war, waren Walderada aus dem langob. Lethingerkönigsgeschlecht seine Mutter, die Langobardenkgn. →Theudelinde seine Schwester und die zu den →Langobarden geflohenen Hzg.ssöhne Gundoald und →Grimoald seine Brüder. Auf jeden Fall war T. ein Verwandter Garibalds. Als solcher wurde er um 591 vom Frankenkg. →Childebert II. in →Bayern »als rex« eingesetzt (so Paulus Diaconus 4, 7, 110). Ob er in der Auseinandersetzung mit Garibald das Haupt einer 'frk. Partei' innerhalb der Agilolfingersippe war, läßt sich nicht entscheiden. Daß er 'agilolfing.' Traditionen weiterführte, ist ersichtl. am Namen seines Sohnes und Nachfolgers Garibald (II.). T. scheint unmittelbar nach seiner Amtserhebung gegen die Slaven vorgegangen zu sein. Ob er im Auftrag des Frankenkg.s gegen die Slaven gekämpft hat, wissen wir nicht. Jedenfalls siegte er über die Slaven und kehrte mit großer Beute zurück. 595 griff T. von neuem die Slaven an, die jetzt vom awar. Khagan (→Awaren) unterstützt wurden und ihn vernichtend schlugen. Erst 610 wird er als »dux Baioariorum« bezeichnet und sein Tod erwähnt. W. Störmer

Q.: Paulus Diaconus IV c. 7, 10, 39 – *Lit.*: H.-D. Kahl, Die Baiern und ihre Nachbarn bis zum Tode des Hzg.s Theodo (717/718) (Die Bayern und ihre Nachbarn, I, hg. H. Wolfram-A. Schwarcz, 1985), 175, 182f., 194ff., 201 – J. Jahn, Ducatus Baiuvariorum, 1991, 17f.

2. T. III., letzter bayer. Hzg. aus der Zeit der →Agilolfinger, *741, †nach 794, ∞ ca. 765 Liutbirc, Tochter des Langobardenkg.s →Desiderius; Sohn: Theodo. Nach dem Tode seines Vaters →Odilo 748 übernahm der minderjährige T. die Herrschaft, freilich unter der Vormundschaft seiner Mutter Hiltrud († 754; Tochter →Karl Martells). Sein Erscheinen auf dem Maifeld in Compiègne 757 war nach den Reichsannalen verbunden mit dem Vasalleneid gegenüber Kg. Pippin. In heutiger Sicht wurde er lediglich aus der Vormundschaft Pippins in die Mündigkeit entlassen. 757 zeigte sich erstmals ein hzgl. Gefolge. Die Reichsannalen berichten zum Jahre 763 vom *harisliz* T.s beim Zug Kg. Pippins gegen die Aquitanier. Dieser Bericht wird heute (Becher) als Fälschung angesehen, doch könnte bei allen Ungereimtheiten der Q. ein Konfliktfall T.s vorliegen.

Als Kg. Pippin 768 starb, stand T. bereits auf dem Höhepunkt seiner Macht. Außenpolit. kam ihm der Konflikt der Pippin-Nachfolger Karl und Karlmann 768–771 zugute. Innenpolit. wirkte T. bes. auf den Synoden in Aschheim (756?), →Dingolfing (769/770 oder 776/777?) und Neuching (771), schuf die hzgl. Kl. →Mattsee (zw. 777 und 783/784) und →Kremsmünster (777), wirkte aber auch bei der Errichtung von Adelskl. im Sinne der Errichtung einer eigenen Hzg.skirche mit. 772 gelang es ihm, die Karantanen (→Kärnten) endgültig zu unterwerfen und einen neuen Hzg. für den so wichtigen Südostalpenraum einzusetzen. Auch T.s Kl.gründungen →Innichen (769) und Kremsmünster sind deutl. Zeugnisse für diese aktive Ostpolitik. Seit den 60er Jahren läßt sich eine Südorientierung T.s fassen. 768/769 bricht T. nach Italien auf, verbündet sich nicht nur mit Desiderius, sondern auch mit dem Papst. Zu Pfingsten 772 wurde T.s Sohn Theodo in Rom von Papst Hadrian I. getauft und gesalbt. Die neuen karol.-röm. Machtkonstellationen nach dem Tod Kg. Karlmanns (771) führten jedoch zum Zusammenbruch des Langobardenreiches (774) und isolierten den Bayernhzg. völlig (→Bayern).

Der Nieder- und Untergang T.s vollzog sich erst zw. 781 und 788, vorbereitet und inszeniert von T.s Vetter →Karl d. Gr., wobei T.s Bündnis mit Rom zerbrach. Als Karl ihn 787 auf den Reichstag zu Worms entbieten ließ, verweigerte sich T. Bald darauf marschierten Heeressäulen gegen T., der sich nur noch unterwerfen konnte, den Vasalleneid leisten und sich von Karl mit dem Hzm. Bayern belehnen lassen mußte. 788 lud Karl T. auf die Reichsversammlung zu →Ingelheim, der er nicht mehr entkommen konnte. Er wurde der Eidbrüchigkeit und der Konspiration mit den →Awaren angeklagt. Karl wandelte die Todesstrafe in Kl.haft für die ganze Familie T.s um, Bayern wurde eingezogen. Rechtsverbindl. mußte T. 794 noch einmal auf der Synode v. →Frankfurt abdanken und auf alle Rechte für seine ganze Familie verzichten.

W. Störmer

Lit.: Spindler I, 1981², 166–176 – H. Wolfram, Das Fsm. T.s III. (Mitt. der Ges. für Salzburger LK 108, 1968), 157–179 – L. Kolmer, Zur Kommendation und Absetzung T.s III., ZBLG 43, 1980, 291–327 – Die Bajuwaren, hg. H. Dannheimer-H. Dopsch, 1988, 130–166, 305–326 – W. Störmer, Die bayer. Hzg.skirche (Der hl. Willibald –

Kl. bf. oder Bm.sgründer?, hg. H. Dickerhof u. a., 1990), 115–142 – J. Jahn, Ducatus Baiuvariorum, 1991 – M. Becher, Eid und Herrschaft (VuF Sonderbd. 39, 1993) – H. Wolfram, Salzburg, Bayern, Österreich, 1995, 337–378.

Tassilokelch, aufschriftl. auf Hzg. →Tassilo (III.) v. Bayern und seine langob. Gemahlin Liutpirc bezogener Spendekelch (calix ministerialis), aus Kupfer in zwei Teilen gegossen, teilvergoldet, mit (Mulden-)Niello und Glaseinlagen verziert (H. 25,5 cm, ca. 1700 ccm Inhalt), wohl von Anfang an für Kl. →Kremsmünster (Oberösterreich) bestimmt. Morpholog. italienischer Tradition folgend, stellt der T. einen Prototyp für den ma. →Kelch dar. Einzigartig ist die von reicher Ornamentik begleitete bildl. Ausstattung: an der Kuppa die Halbfigur Christi vor Architekturgrund zw. den Evangelisten mit Symbolen, am Fuß vier Hl.e: Maria und Johannes d. T. (Deësis), Theodor und Theodelinde (?), mit lat.-gr. Kürzeln. Auch die Figurentypen sind italisch bestimmt, mit Parallelen in salzburg. Hss. Die teils abstrakten, teils zoomorphen Ziermotive hingegen entstammen vorwiegend ags. Tradition und werden einer »insularen Kunstprovinz« im s. Dtl. zugewiesen. Dem sog. »T.-Stil« kommt vor dem kirchen- wie herrschaftsgeschichtl. Hintergrund Salzburgs und des Bayernhzg.s in Auseinandersetzung mit Karl d. Gr. vielleicht programmat. Charakter zu, mit demonstrativer Widmung und repräsentativen Parallelen (Älterer Lindauer Buchdeckel). Die Entstehung des T.es liegt zwischen Tassilos Heirat und seiner Absetzung durch Kg. Karl 788, vermutl. aus Anlaß der Gründung von Kremsmünster (777), wahrscheinl. in Salzburg.

V. H. Elbern

Lit.: P. Stollenmayer, Der T. Profess.-Fschr. Kremsmünster, 1949 – G. Haseloff, Der T., 1951 – H. Fillitz-M. Pippal, Schatzkunst, 1987, Nr. 2 [Lit.] – V. H. Elbern, Zw. England und Oberitalien. Die sog. insulare Kunstprov. in Salzburg, Jahres- und Tagungsbeiträge der Görres-Gesellschaft 1989, 1990, 96ff. – E. Wamers, Ausst.-Kat. 794 – Karl d. Gr. in Frankfurt am Main, 1994, 116, Nr. V/2.

Tasyīr (arab. 'das-in-Bewegung-Setzen', lat. atazir, at[h]acir, directio, gr. ἄφεσις), in der →Astrologie verwendete Methode für langfristige Prognosen. Eintrittszeiten für Krisen und Chancen wurden aus der Distanz bestimmter Punkte des →Horoskops nach einem Schlüssel (meist 1 Grad = 1 Jahr) berechnet. Gemessen wurde auf Parallelkreisen zum Äquator, wobei die Projektion von Punkten verschiedener Deklination mittels Positionskreisen durch Nord- und Südpunkt erfolgte (→al-Battānī, Zīǧ Kap. 55). In der Antike diente die ἄφεσις v. a. zur Bestimmung der Lebensdauer (→Dorotheos v. Sidon, Pentateuchos B. 3; →Ptolemaeus, Tetrabiblos 3. 11), bei den Arabern wurde der T. auch zur Einordnung und Voraussage weltgesch. Ereignisse eingesetzt (Pingree). Im lat. Europa finden sich bereits bei →Hermann v. Carinthia Kenntnisse des T. Durch Übers. aus dem Arab. wurde der T. als 'directio' (→Abū Maʿšar, Aḥkām B. 3), daneben auch als 'atacir' (→Ibn Abī r-Riǧāl, al-Bāriʿ 4. 7, Bossong 146) bekannt. In der Folge entstanden Spezialwerke (Matthaeus Guarimbertus, De directionibus et aspectibus et radiis, 1535), es wurde aber auch Kritik geübt (Giovanni →Pico della Mirandola, Disputationes 7. 7). Die T.-Berechnung galt als schwierig und wurde mittels bes. →Tafeln ausgeführt (→Regiomontanus, Tabulae directionum, 1490). Außerdem wurden Instrumente zur graph. Bestimmung des T. konstruiert (→Libros del saber de astronomía).

J. Thomann

Ed.: Al-Battānī Opus astronomicum, ed. C. A. Nallino, 1899–1907 [Nachdr. 1977] – Dorothei Sidonii Carmen astrologicum, ed. D. Pingree, 1976 – Ptolemaios, Apotelesmatika, ed. F. Boll-E. Boer,

1957 – Hermann of Carinthia, De essentiis, ed. C. Burnett, 1982 – Abū Maʿšar, De revolutionibus nativitatum, ed. D. Pingree, 1968 – Ibn Abī r-Riǧāl, El libro conplido..., ed. G. Hilty, 1954 –G. Pico della Mirandola, Disputationes in astrologiam divinatricem, ed. E. Garin, 1952 – *Lit.*: EI¹ IV, 751–755 – A. Bouché-Leclerc, L'Astrologie grecque, 1899 [Nachdr. 1963] – D. Pingree, The Thousands of Abū Maʿshar, 1968 – G. Bossong, Los Canones de Albateni, 1978 – M. Viladrich–R. Martí, Sobre el libro dell ataçir... (Nuevos estudios sobre astronomía española en el siglo de Alfonso X, ed. J. Vernet, 1983), 75–103 – M. Yano–M. Viladrich, T. Computation of Kūshyār ibn Labbān, Historia Scientiarum 41, 1990, 1–16.

Tataren. Das türk. bzw. mongol. Ethnonym *tatar* (chin.: *tata(n)*; mittelpers. *tt'r*) bezeichnet seit dem 8. Jh. verschiedene zentralasiat. Völker und Stämme. Der Name T. begegnet erstmals 731/732 in der alttürk. Inschrift des Kültegin (*otūz tatar* '30 T. stämme'). In chin. Q. treten sie erst nach 842 in Erscheinung. Die sprachl. und ethn. Zugehörigkeit der T. ist umstritten. Während pers. Q. (Hudūd al-ʿAlam, Gardizī) sie im 10. und 11. Jh. zu den türk. Kimäk bzw. Toquzoguz zählen, ordnen chin. Berichte sie den tungus. Jürčen zu. Seit dem 12. Jh. war der östl. Zweig der T., wie von ihnen überlieferte Personennamen bezeugen, mongolisiert.

Deren Weidegebiete lagen im O der heutigen Mongolei zw. dem Kerülen-Fluß und dem zentralen Hingan-Gebirge. Zur Zeit →Dschingis Chāns bildeten sie eine mächtige Stammesliga, die nach Rašīd ad-Dīn über 70000 Jurten verfügte und über die meisten mongol. Verbände herrschte. Obwohl sie seit dem 12. Jh. den chin. Jin-Ks.n tributpflichtig waren, rebellierten sie häufig gegen deren Herrschaft. Die Dominanz der T. über die mongol. Ethnien wird durch die Tatsache bezeugt, daß die chin. Autoren ztw. alle →Mongolen als '*tata*' bezeichneten. Die eigtl. Mongolen weigerten sich jedoch, wie die »Geheime Geschichte«, aber auch →Wilhelm v. Rubruk (III, 17) bezeugen, den Namen der T. für sich zu adaptieren.

Temüjin (dem späteren Dschingis Chān) gelang erst nach langwierigen Kämpfen 1202 die Unterwerfung der T., die von ihm versklavt und z.T. ausgerottet wurden. Obwohl die Mongolen anfangs auch den Namen der T. ächteten (Rubruk XVIII, 6), blieb das Ethnonym erhalten, ja es wurde von vielen Völkern übernommen, die sich den Mongolen unterworfen oder angeglissen hatten. Die erneute Verbreitung des Namens war auf verschiedene Ursachen zurückzuführen. Erwies sich doch die Erinnerung an die einstige Dominanz der T. als so lebendig, daß sich die Mongolen genötigt sahen, nach außen als deren legitime Erben aufzutreten und im diplomat. Verkehr mit den Nachbarreichen deren Namen für sich zu beanspruchen. Zugleich bezeichneten sie aber v.a. die Völker, die sie nach 1206 unterworfen oder angegliedert hatten, als T. Chin. Q. unterschieden zw. schwarzen (eigtl. Mongolen), weißen (türk. Öngüt) und wilden (tungus. und mongol. Waldvölker) T. Da die angeschlossenen Ethnien, die unter dem Namen der T. auftraten, bald die Mehrheit der Truppen im mongol. Heer stellten und zudem dessen Vorhut bildeten (Rubruk XVII, 6), bezeichnete man die fremden Invasoren, deren ethn. Herkunft zumeist unbekannt war, als 'erste T.' (Ibn al-Aṯīr). Das war v.a. in China und im östl. Europa der Fall. Die große Mehrheit dieser Verbände bestand aus turksprachigen Kriegern (Öngüt, Uiguren, Kirgizen, →Kumanen u.a.). In den aruss. Q. findet daher ausschließl. der Name der T. als Bezeichnung für die Mongolen und deren türk. Hilfsvölker Verwendung. Zeitgenöss. byz. und armen. Chronisten kannten hingegen die Mongolen unter beiden Ethnonymen (gr. Tataroi und Mougoulioi; armen. T'at'ar und Mugal).

In lat. Q. wurden die T. oft mit den 'Tartari' gleichgesetzt, die der Unterwelt (Tartaros) entstiegen zu sein schienen, um die Christenheit für ihre Sünden zu bestrafen (z.B. →Matthaeus Paris, Chron. Mai. IV, z. J. 1240), mit den atl. Midianitern, die sich an einem imaginären Fluß 'Tartar' in Innerasien niedergelassen hätten (fr. Julianus, Epistula de vita Tartarorum, 6, 1–3), oder mit den Völkern →Gog und Magog der Bibel und des Alexanderromans (Historia de preliis Alexandri Magni J₃; →Alexander d. Gr., B) identifiziert. Als geogr. Begriff umfaßte 'Tartaria' aus der Sicht der abendländ. Autoren die nördl. Regionen Osteuropas und Asiens, deren Begrenzung im O unbestimmt blieb.

Im Herrschaftsbereich der →Goldenen Horde lebte der Name der T. als Selbstbezeichnung jener seit der zweiten Hälfte des 13. Jh. vorwiegend muslim. Bevölkerungsgruppen fort, die aus der Verschmelzung der dort ursprgl. siedelnden turksprachigen Kumanen und →Wolgabulgaren mit eingewanderten Mongolen und deren altaischen Hilfsvölkern hervorgegangen waren. Der Zerfall der Goldenen Horde im 15. Jh. führte zur Entstehung der Khanate v. →Kazan' (bis 1552), →Astrachan' (bis 1556), Sibir' (bis 1584) und der →Krim (bis 1783), die die polit. und kulturellen Kristallisationskerne für die Herausbildung gesonderter tatar. Teilverbände darstellt. Diese Kazan'-, Krim-, Astrachan'-, Kasimov- und sibir. T. überdauerten als ethn. Einheiten noch die russ. Eroberung der Khanate im 16. bzw. 18. Jh. H. Göckenjan

Lit.: EI¹ IV, 759f. [W. Barthold] – P. Pelliot, Notes sur l'hist. de la Horde d'Or, 1949, 232f. – G. Vernadsky, The Mongols and Russia, 1953 – P. Poucha, Die Geheime Gesch. der Mongolen, 1956, 57f., 109 – W. Barthold, Zwölf Vorlesungen über die Gesch. der Türken Mittelasiens, 1962 – G. Doerfer, Türk. und mongol. Elemente im Neupers., 2, 1965, 433f. – B. Spuler, Die Goldene Horde, 1965 – G. A. Bezzola, Die Mongolen in abendländ. Sicht, 1974, 43–53, 105–107 – Tataro-Mongoly v Azii i Evrope, hg. S. L. Tichvinskij, 1977² – Moravcsik, Byzturc II, 1983, 301 – H. Göckenjan–J. R. Sweeney, Der Mongolensturm, 1985 – A. Ch. Chalikov, Tatarskij narod i ego predki, 1989 – A. S. Kadyrbaev, Tjurki v mongol'skoj imperii Čingischana i ego preemnikov XIII–XIV veka, 1989 – P. B. Golden, An Introduction to the Hist. of the Turkic Peoples, 1992, 229f., 263, 285f., 317–330, 393–395 – A. Klopprogge, Ursprung und Ausprägung des abendländ. Mongolenbildes im 13. Jh., 1993, 155–159, 168–176 – F. Schmieder, Europa und die Fremden, 1994, 258–285, 297–300.

Tatarensteuer, Bezeichnung für die Tribute, die von der (nichtmuslim.) Bevölkerung der Rus' seit etwa Mitte des 13. Jh. an die tatar. Eroberer (→Goldene Horde) entrichtet werden mußten. Die Hauptsteuer (*dan'* = Tribut, ein Zehnt, in Städten vom Hof, auf dem Land nach Haken und Pflug berechnet) wurde durch Handels-, Siegel- u.a. Abgaben (*tamga*), Dienstpflichten wie Heeresfolge, Postdienst (→Post) und Fahrpflicht (*jam, podvoda*), Naturalleistungen (*zapros*), »Schenkungen« (*tuska*) sowie »Ehrungen« (*počest'e*) ergänzt. Die Tributfestlegung ging mit der Zählung der steuerpflichtigen Bevölkerung einher. Die Eintreibung begann 1245 im S der Rus' (→Kiev, vielleicht auch →Černigov und →Perejaslavl'), 1257 im NO (→Suzdal', →Rjazan' und →Murom), 1259 im NW (→Novgorod) gegen offenen Widerstand, vor 1270 im W (→Smolensk, vielleicht auch →Polock und →Vitebsk). Die Kirche war seit 1257 bzw. 1266/67 (Postdienst) von den meisten Leistungen befreit, mußte dafür aber den Chān in ihr Gebet einschließen. Die Moskauer Herrscher beteiligten seit 1392 die kirchl. Institutionen an der in ihrer Gesamtheit als *vychod* bezeichneten T.

Die Tributeinziehung lag (im NO) anfänglich in der Hand von tatar. Beamten oder war im Rahmen der Steuerpacht muslim. Kaufleuten übertragen. Seit Ende des 13. Jh.

zogen die russ. Fs.en den Tribut ein und überbrachten ihn der Goldenen Horde. Als oberste Tributeinnehmer fungierten bereits seit der 1. Hälfte des 14. Jh. die Gfs.en v. Moskau (→Moskau, B. III). Angaben über die Gesamthöhe der T. fehlen; 1327 zahlte →Tver' 2000 Rubel, die Rus' insgesamt vermutlich 13–14000 Rubel.

Von 1376 bis 1382 wurde der *vychod* infolge von Zwietracht innerhalb der Horde und des russ. Sieges auf dem →Kulikovo pole (1380) nicht entrichtet. Nach 1380 wurde die Pflicht zur Heeresfolge aufgehoben. Nach dem Feldzug des Toḫtamyš (1382) wurde der *vychod* auf 5000 Rubel festgelegt, nach dem Zug Edigüs (1409) auf 7000 Rubel. Die Post- und Fahrpflicht wurde in den dreißiger Jahren des 15. Jh. in eine Geldzahlung umgewandelt. Infolge der Zersplitterung der Goldenen Horde fiel um die Mitte des 15. Jh. der Tribut an die Große Horde (bis 1476 1000 Rubel, zum letzten Mal 1502 gezahlt) sowie an die Chanate der →Krim und von →Kazan'. Die Abgaben erhielten den Charakter von »freiwilligen Schenkungen« (*pominki*) in Form von Pelzen, Stoffen, Waffen, Silbergerät usw.

A. Choroškevič

Lit.: A. N. Nasonov, Mongoly i Rus', 1940 – B. Spuler, Die Goldene Horde, 1943, 1965[2] – G. Vernadsky, The Mongols and Russia, 1953 – M. Roublev, The Mongols' Tribute according to the Wills and Agreements of the Russian Princes (The Structure of Russian Hist., 1970) – I. G. Dobrodomov, Dan', tuska i charadž... (Dialektika i toponimika Povolž'ja, 1975) – HGesch Rußlands I, 8. Kap. [P. Nitsche; Lit.] – V. L. Janin, »Černy bor« v Novgorode XIV–XV vv. (Kulikovskaja bitva v istorii i kul'ture našej Rodiny, 1983) – A. L. Choroškevič, Izmenenie form osudarstvennoj ėkspluatacii na Rusi v seredine XIII v. go (Obščee i osobennoe v razvitii feodalizma v Rossii i Moldavii, 1, 1988) – Dies., Mongoly i Novgorod v 50-ye gody XIII v. (Istorija i kul'tura drevnerusskogo goroda, 1989) – A. I. Pliguzov–A. L. Choroškevič, Russkaja cerkov' i antiordynskaja bor'ba v XII–XV vv. (Cerkov', obščestvo i gosudarstvo v feodal'noj Rossii, 1990).

Tatian, ahd. Die ahd. Übers. der →Evangelienharmonie des Tatianos (Cod. Sangall. 56) wurde im 2. Viertel des 9. Jh. im Kl. →Fulda angefertigt und mit der korrigierten Abschrift des lat. Textes aus dem Bonifatiuscodex (Cod. Bonifat. 1) zu einer umfangreichen Bilingue vereinigt, die vermutl. schon seit dem 9. Jh. (nachweisl. seit dem 13. Jh.) im Kl. →St. Gallen aufbewahrt und ist dort auch benutzt wurde (Masser). Weitere Hss. sind nur aus sekundären Spuren und unsicheren Bezeugungen zu erschließen, so aus Eintragungen von Exzerpten auf den Rändern der »Altdeutschen Gespräche« (Paris, Bibl. Nat., Ms. lat. 7461) und aus Textproben, die Bonaventura Vulcanius in seiner Abh. »De litteris et lingua Getarum sive Gothorum« (1597) nach einer Hs. publizierte, deren (unvollständige) nz. Abschrift sich heute in der Bodleian Library in Oxford (Ms. Jun. 13) befindet. Problemat. sind die Schlüsse auf zwei weitere, angebl. noch im 16. und 17. Jh. in Langres und Heidelberg vorhandene Hss. Die Anlage der lat. Bestandteile des St. Galler Codex folgt minuziös seiner unmittelbaren Vorlage, dem Cod. Bonif. 1. Auf den einleitenden Bericht des Bf.s → Victor v. Capua über seine Revision der Tatianschen Evangelienharmonie (nicht übers. und wegen des Verlusts eines Blattes unvollständig) folgen die Kanontafeln und eine sechsseitige Übersicht über die durchnumerierten Kapitel in lat. Überschriften, die im Haupttext nicht wiederholt werden. Dort finden sich neben den marginalen Verweisen auf die Evangelien (nur z.T. mit den jeweiligen Sektionsnummern) die bloßen Kapitelzahlen der harmonisierten evangel. Geschichte. Die Parallelisierung des lat. Textes in der linken Spalte mit dem ahd. Text in der rechten Kolumne erfolgte offenbar zeilenweise und ist mit wenigen Ausnahmen streng, aber, wie die vielen Rasuren zeigen, nicht ohne Mühe beachtet worden. Man unterscheidet sechs Schreiber; drei sind zweimal zum Zuge gekommen, ein vierter hat die sorgfältige Gesamtkorrektur übernommen. Hinzu kommen jüngere Benutzerspuren in Form von Korrekturen des lat. und einmal auch des ahd. Textes, die nach St. Gallen zu weisen scheinen. Auch die Übers. ist offenbar eine Gemeinschaftsarbeit und deshalb nicht ganz einheitl. Insges. herrscht das 'Interlinearprinzip' vor, d.h. die enge Anlehnung an den lat. Wortlaut in kleinen und kleinsten Einheiten bis hin zur strengen Wort-für-Wort-Wiedergabe. Partienweise ist aber auch eine etwas freiere, der Zielsprache angemessenere Übersetzungstechnik zu beobachten. Bis heute nicht beantwortet ist die Frage, welcher Zweckbestimmung die T.-Bilingue zugedacht war. Ihre Entstehung in Fulda scheint sicher, dafür spricht die genaue Kopie des in der Kl.bibliothek befindl. Codex des lat. T. wie die paläograph. wie schreibsprachl. Befunde. Die ältere Ansicht, daß →Hrabanus Maurus selbst das aufwendige Unternehmen in Auftrag gegeben, geplant oder gar als Schreiber und Korrektor mitgetragen hätte, gilt heute als unwahrscheinl. Unbeweisbar bleibt aber auch die neuerdings vertretene Vermutung, daß es sich um eine 'Auftragsarbeit' (Masser) für das Kl. St. Gallen gehandelt habe, die in keinem erkennbaren Zusammenhang mit Fuldaer Interessen und Bestrebungen stehe. In der Frühgesch. der dt. Schriftüberlieferung steht die T.-Bilingue einerseits noch den Bibelglossen (→Glossen) nahe, als lit. Großunternehmen läßt sie sich andererseits aber durchaus mit den ausladenden karol. →Bibeldichtungen, dem as. →»Heliand« und dem »Evangelienbuch« →Otfrieds v. Weißenburg vergleichen, deren Entstehung zumindest mittelbar mit der Fuldaer Kl.schule in Verbindung zu bringen ist.

D. Kartschoke

Ed.: E. Sievers, T. Lat. und ahd. mit ausführl. Glossar, 1872 [1892[2]] – A. Masser, Die lat.-ahd. T.bilingue Stiftsbibl. St. Gallen Cod. 56, 1994 [Lit.] – *Lit.*: Verf.-Lex[2] IX, 620–628 [A. Masser] – A. Masser, Die lat.-ahd. T.bilingue des Cod. Sangall. 56 (GGN I. Phil.-hist. Klasse, 1991, Nr. 3), 1991.

Tätowierung. Seit den Anfängen seiner Geschichte hat sich der Mensch tätowiert (tahit. tatau 'Zeichen, Malerei') – mit großen Schwankungen in Raum und Zeit sowie unterschiedl. Motiven und Motivationen: soziale Stabilisierung, Hygiene, Therapie, Beistand der Götter. In der Antike wurde das Tätowieren weniger hoch eingeschätzt; Sklaven, Gefangene, Soldaten und Verbrecher wurden tätowiert. In MA und Neuzeit ließen sich Christen trotz wiederholter Verbote – bereits im Alten Testament – immer wieder Kultzeichen auf Stirn und Handgelenk tätowieren. Kreuzritter und Priester kehrten aus Jerusalem mit Hautzeichnungen zurück. Der Mystiker Seuse tätowierte sich im 14. Jh. selbst den Namen Christi auf die Brust. Zur wirklichen Ausbreitung – bis in die Hocharistokratie – kam es in Europa aber erst seit dem 18. und 19. Jh.

D. v. Engelhardt

Lit.: W. Joest, Tätowiren, Narbenzeichnen und Körperbemalen, 1887 – W. Schönfeld, Körperbemalen, Brandmarken, Tätowierung, 1960 – M. Kunter, Zur Gesch. der Tatauierung und Körperbemalung in Europa, Paideuma 17, 1971, 1–20 – S. Oettermann, Zeichen auf der Haut. Die Geschichte der Tätowierung in Europa, 1985.

Tatwine (Tatuinus), Mönch, seit 731 Ebf. v. Canterbury, †734. Aus Mercien stammend, war T. Priestermönch der Abtei →Breedon-on-the-Hill (Leicestershire), wo er, vermutl. durch den Schulbetrieb veranlaßt, eine →Grammatik und eine →Rätselslg. verfaßte. In seiner Elementargrammatik, »Ars Tatuini«, wendet er sich an volkssprachl. aufgewachsene Schüler, die er anhand der in der Reihenfolge von →Donatus übernommenen Redeteile in der lat. Sprache schult. Der Text verarbeitet u. a. antike Q. (Pompeius, Consentius, Eutyches, Priscian), →Isidors »Etymologiae« sowie in einem nachträgl. von T. hinzugefügten Anhang →Martianus Capella. Die gegebenen Erklärungen veranschaulicht T. mit Beispielen aus der kirchl. Lit. Alle vier ausschließl. kontinentalen Textzeugen (8./9. Jh.) enthalten lat. und ae. Glossen, die auf eine, vermutl. noch T. bekannte Vorlage zurückgehen. Die am Vorbild →Aldhelms orientierte, in zwei Hss. überlieferte Rätselslg. enthält 40 hexametr. Rätsel, deren aus Schule, Liturgie, Theologie und Natur gewählte Gegenstände jeweils im Titel genannt sind, um so die ansonsten schwierige Auflösung zu erleichtern. M.-A. Aris

Ed.: Ars Tatuini, ed. M. DE MARCO, Aenigmata Tatuini, ed. FR. GLORIE, CCL 133, 1968 [dazu: B. LÖFSTEDT, Arctos NS 7, 1972, 47–65] – DERS., Acta Classica 15, 1972, 85–94 – DERS., ALMA 42, 1979–80, 79–83] – *Lit.*: MANITIUS I, 203–206 – BRUNHÖLZL I, 203, 539 – V. LAW, The Latin and OE Glosses in the ars Tatuini, ASE 6, 1977, 77–89 – DIES., The Transmission of the Ars Bonifacii and the Ars Tatuini, Rev. hist. textes 9, 1979, 281–288 – DIES., The Study of Latin Grammar in Eighth Century Southumbria, ASE 12, 1983, 43–71 – D. SHANZER, T.: An Independent Witness to the Text of Martianus Capella's De Grammatica?, Rivista di filologia e d'istruzione classica 112, 1984, 292–313 – Z. PAVLOVSKIS, The Riddler's Microcosm: From Symphosius to St. Boniface, CM 39, 1988, 219–251.

Tau (Taw), Buchstabe des (alt)hebr. Alphabets in +- oder x-Form geschrieben. Im Anschluß an Ez 9. 1 als Eigentums- und Schutzzeichen (Funde aus Aslan Taş und Ugarit), aber auch eschatolog. Schutzzeichen, das sich häufig auf jüd. Grabinschriften, Grabeingängen und bes. auf Ossuarien, auch auf Mosaikböden von Synagogen (Sardeis) findet. Anfängl. irrtüml. (E. L. SUKENIK) als christl. →Kreuzzeichen interpretiert, gehört es über die eschatolog. Signierung nach Ez 9. 4 und die früh bezeugte christl. Sitte der apotropäischen Bekreuzung (Johannes-Akten, Tertullian, Cyprian, Origenes) zu den Vorläufern des Kreuzzeichens. M. Restle

Lit.: RByzK V, 2–4, 11–13 [mit vollständiger Lit.; E. DINKLER–E. DINKLER V. SCHUBERT].

Taube

I. Gelehrte Tradition – II. Kunsthistorisch.

I. GELEHRTE TRADITION: T. (lat. columba), zur in zahlreichen Arten weltweit verbreiteten Familie der T.nvögel gehörend, hauptsächlich der Höhlenbrüter Felsent. (C. livia) und die seit der Antike aus ihr gezüchteten zahlreichen Rassen der Haust.n, empfahl sich durch ihre angebl. 16 positiven Eigenschaften (Ps. Hugo de Sancto Victore, de bestiis et aliis rebus, Buch 4, MPL 177, 142) und die Bibelstellen für christl. Moralisation (z. B. durch Hugo de Folieto, de bestiis 1, 1–11, MPL 177, 15–19, und Hrabanus Maurus, de univ. 8, 6, MPL 111, 1864, 248f.) und Ikonographie (s. Abschnitt II). Dazu gehörten die Leugnung einer Gallenblase – trotz der Richtigstellung durch Aristoteles, h. a. 2, 15 p. 506 b 21, und Plin. n. h. 11, 194 – durch Kirchenväter wie Augustinus (in epist. Ioann. ad Parthos tract. 7, 11, MPL 35, 2, 1902, 2035) und die Ernährung durch reine Körner. Diese Motive und weitere Elemente des Verhaltens und der Brutbiologie aus anderen Quellen (Beda, Jakobs v. Vitry, hist. orient. c. 92, Plin. 10, 104ff. und 159f., Isidor, etym. 12, 7, 60f.) werden von Thomas v. Cantimpré 5, 36 (= Vinc. Bellov. 16, 54 und 56–59); Albertus Magnus, animal. 23, 39, vgl. Bartholomaeus Anglicus 12, 6) verwendet. z. B. die Vorsicht gegenüber dem Habicht (accipiter) durch Ruhen am Wasser, um den nahenden Feind im Spiegelbild bzw. als Schatten zu erkennen. Aus dem →Physiologus (versio Y, c. 19) stammt das Märchen vom ind. Baum Peridexion, dessen Früchte T.n fressen, denen außerhalb seines Schattens der Drache auflauert. Der schwermütig wirkende Ruf wurde als Klage (gemitus) gedeutet. Die von Thomas eindeutig (u. a. durch weißen Halsring) beschriebene Ringelt. (palumbus) galt wie die Turteltt. nach Verlust der Partnerin als züchtiger Witwer. Brieft.n erwähnen Plin. 10, 110 und Jakob v. Vitry (hist. orient. c. 90 und epist. 2, 348–351). Als charakterist. werden das Trinkverhalten (Plin. 10, 105) und das Verspritzen des scharfen Kotes aus dem Nest erwähnt. Volksmed. Verwendung des Fleisches übernimmt Thomas von Plin. 29, 81 und des Blutes (Plin. 29, 126) vom »Experimentator« (vgl. Wolfenbüttel, HAB, cod. Aug. 8. 8, 4°, f. 30rb). Ch. Hünemörder

Q.: →Albertus Magnus, →Augustinus, →Bartholomaeus Anglicus, →Hrabanus Maurus – Ps. Hugo de Sancto Victore, MPL 177, 1879 – →Isidor v. Sevilla, →Jakob v. Vitry, Epistulae, ed. R. HUYGENS, 1960 – Physiologus, versio Y, ed. F. J. CARMODY, 1941 – Thomas Cantimpr., Lib. de nat. rerum, T. 1, ed. H. BOESE, 1973 – Vinc. Bellov., Speculum nat., 1624 [Neudr. 1964] – *Lit.*: HWDA VIII, 693–705.

II. KUNSTHISTORISCH: Als beliebtes Motiv der frühchristl. Sepulkralkunst tritt die T. anfangs als Haus- und Spielvogel, dann vermehrt als Sinnbild der Seele auf. Als Künderin des Friedens und der Erlösung begegnet sie z. B. in der Katakombenmalerei in Darstellungen Noahs in der Arche (Domitilla-Katakombe, 4. Jh.; Rom) oder auch in Jonas-Bildern. In ihrer Bedeutung als Symbol des →Hl. Geistes findet die T. wie kaum ein anderes Sinnbild der christl. Kunst Verbreitung und erscheint seit dem 5. Jh. u. a. in folgenden Zusammenhängen: Verkündigung an Maria (→Kindheitsgeschichte Jesu; als Zeichen der Inkarnation), →Taufe Christi, →Kreuzigung Christi, →Himmelfahrt Christi, →Pfingsten, ab dem SpätMA in Bildern der Marienkrönung (Michael Pacher, Altar aus Gries, 1475, München, Alte Pinakothek), ebenso in Dreifaltigkeitsdarstellungen, seit dem 12. Jh. im eigenen Schema des Gnadenstuhls. Sieben T.n symbolisieren die Sieben Gaben des →Hl. Geistes (Chartres, Fensterrose, 13. Jh.; im Zusammenhang mit Maria als neuer Eva auf dem Thron Salomonis: Wand- und Gewölbefresken der Bf.skapelle, um 1264, Gurk, Mariendom). Zwölf T.n stehen z. B. für die zwölf Apostel (Apsismosaik, S. Clemente, Rom, um 1125). In der →Bible moralisée schweben zwölf T.n der Gnade über dem Haupt der Ecclesia (13. Jh.; ÖNB Wien, Cod. 1179, fol. 4ʳ). Die T. erscheint als Träger der göttl. Inspiration (bei Evangelisten und Kirchenvätern, bes. bei Gregor d. Gr.) sowie als Hinweis auf göttl. Auserwählung (Severi-Sarkophag: »Taubenwunder« und Inthronisation des Severus, um 1360/70; Erfurt, Severikirche). Sie begegnet als Attribut der Tugenden Humilitas, Spes, Temperantia, Castitas und Concordia und wurde als Symbol des Hl. Geistes, Repräsentantin christl. Tugenden und Seelenvogel auch zum verbreiteten Hl.nattribut (Benedikt, Gregor d. Gr., Scholastika, Thomas v. Aquin, Remigius usw.). M. Grams-Thieme

Lit.: LCI II, 228f. [Hl. Geist]; IV, 241–244 [T.] – LThK² V, 113f. [Hl. Geist]; IX, 1307f. [T.] – W. STENGEL, Das T.nsymbol des Hl. Geistes, 1904 – F. SÜHLING, Die T. als religiöses Symbol im christl. Altertum, RQ, Suppl. 24, 1930 – W. PANGRITZ, Das Tier in der Bibel, 1963, 34–37 – E. GULDAN, Eva und Maria, 1966, Abb. 74 – P. BLOCH–H. SCHNITZLER, Die otton. Malerschule, II, 1970, Abb. 645, 649–653, 655, 659–665.

Tauberbischofsheim (bis Anfang des 19. Jh.: Bischofsheim), Stadt (Baden-Württ.). In T. gründete →Bonifatius ca. 735 ein Frauenkl., das von seiner Verwandten →Lioba geleitet wurde und in seiner Missionsorganisation einen exponierten Platz einnahm, jedoch nicht lange bestand. Im Ort T., seit 978 gen., ca. 1280 zur Stadt erhoben (1288 oppidum), hatte v. a. das Erzstift →Mainz Rechte und Güter; es konnte bis zum Beginn des 14. Jh. andere Herrschaften ausschalten und in T. einen Amtmann einsetzen. Die wirtschaftl. Bedeutung der Stadt beruhte auf dem Handel mit Garten- und Agrarerzeugnissen, bes. mit →Wein. In der polit. Interessengemeinschaft des »Neun-Städte-Bundes« spielte T. eine führende Rolle. Die Pfarrkirche St. Martin wurde 1351 dem Mainzer Domkapitel inkorporiert. A. Wendehorst

Lit.: DStb IV/2, 155–158 – GJ I, 372f.; II, 815f.; III, 1450–1453 – J. BERBERICH, Gesch. der Stadt T. und des Amtsbezirks, 1895 – TH. SCHIEFFER, Winfried-Bonifatius, 1954 [Neudr. 1972], 165f., 201 – T. Aus der Gesch. einer alten Amtsstadt, 1955 – TH. KRAMER, T., Mainfrk. Jb. für Gesch. und Kunst 7, 1955, 319–331.

Taufbecken, Taufstein, Fünte
I. Westen. Mittelalter – II. Byzanz.

I. WESTEN. MITTELALTER: Mit dem langsamen Übergang des Taufritus (→Taufe, II) von der Immersion des Täuflings zur Aspersion wird das Badebecken durch ein ebenfalls ortsgebundenes kleines steinernes oder metallenes Wassergefäß ersetzt, das seinen Platz im Laienraum hat. Zeugnisse zum vorausgehenden karol. Zustand bieten: Das Taufziborium des Bf.s Calixtus (737–740) in Cividale, Friaul, ein achteckiger Säulenpavillon. – Ein solches Ziborium in Funktion bei der realist. Darstellung der Benedictio fontis auf einer der liturg. Szenen des Buchdeckels am →Drogo-Sakramentar um 835/850 aus der Kathedrale von Metz, Paris BN lat. 9428. – Auf dem →St. Galler Klosterplan um 830 ist in der Mittelachse der Westkirche kreisförmig, als »Fons« beschriftet, ein T. eingezeichnet. Mit dem Oktogon in Cividale, dem vierpaßförmigen Becken von Metz und dem zylindr. St. Galler Becken haben wir die Grundformen kommender Taufsteine. Manche früh- und hochma. Taufdarstellungen lassen zylindr. hölzerne Kufen erkennen. Noch Bf. Otto v. Bamberg ließ 1124 für die Taufe der christianisierten Pommern Wasserfässer in die Erde graben. Zu diesen Grundgestalten kommt in vielen Abwandlungen die Schalenform, welche sich oft dem liturg. Kelch annähert. Seit unbekannter Zeit wird dem Taufstein ein schützender Deckel (heute vielfach nicht erhalten) aufgesetzt, dessen Form und Zier ebenso reich sich entwickelt, wie die des eigtl. T. s. Generell ist festzuhalten, daß die steinerne Taufe handwerkl. und stilist. mit der →Bauplastik zusammengeht und in den gleichen Werkstätten entstanden ist. Es sei denn, es handle sich um Importwerke, wie sie in einer umfangreichen Gruppe von Taufsteinen des 12. Jh. aus schwarzem flandr. Marmor in England zu fassen ist, welche aus Tournai stammt (bekanntestes Beispiel in der Kathedrale v. Winchester). Hier wird gleichzeitig die Entwicklung einer typolog. Variante greifbar; eine in der äußeren Gestalt rechteckige niedrige Schale ruht auf einem Unterbau mit vier oder fünf Säulen. Solche Entwicklungen gehen weiter und verbinden sich auch zu Wechselwirkungen zw. steinernen und bronzenen Taufen. In Andernach wirkt der aus dem beginnenden 13. Jh. stammende kelchförmige Taufstein im Kranz seiner ihn umstehenden Säulchen wie aufgehängt. In der Spätgotik wird dieser Grundgedanke am steinernen T. des Münsters v. Freiburg/Schweiz und in den bronzenen Fünten von Wittenberg/Sachsen und Ochsenfurt/Unterfranken abgewandelt. Die got. Tendenz, möglichst alle Ausstattungsstücke einer Kirche in Miniaturbauten zu verwandeln, vom →Sakramentshaus bis zur →Monstranz, hat beim Taufstein wenig Ansatzpunkte. Eine frühe Ausnahme bildet 1279 das bronzene T. des Würzburger Domes mit Strebepfeilern und Wimpergen. Gelegenheit für Turmaufbauten boten die Deckelaufsätze 1376 für die bronzene Fünte der Marienkirche in Frankfurt/Oder, wie auch monstranzähnlich über dem kugeligen Taufgefäß von 's-Hertogenbosch, signiert von Aert van Tricht 1492. Am eindrücklichsten ist der steinerne, aus geschweiften Profilstäben komponierte Taufkelch von St. Severi 1467 in Erfurt, überhöht von einem 15 m hohen einzigartigen Maßwerkbaldachin. Nur der Taufstein im Ulmer Münster ist mit einem dreiseitigen Ziborium ausgezeichnet. Die Urform der bronzenen Fünten ist naturgemäß kesselförmig, wie dies die Stücke von Osnabrück und Oesede aus der ersten Hälfte des 13. Jh. in schöner Schlichtheit zeigen. V. a. in England wurden im 13. Jh. mit Blei aus eigenen Minen serienweise Fünten hergestellt. Bis in den norddt. Bereich waren skulptierte gotländ. Taufsteine aus Kalkstein stark verbreitet (12. und 13. Jh.). Der Schmuck von T. besteht, abgesehen von seltenen freiplast. Tragfiguren aus mitgehauenen und mitgegossenen Reliefs, Ornamentik und ordnenden architekton. Elementen von Arkaturen. In frühen Beispielen ist eine völlige netzartige Überspinnung der Flächen mit geometr. Muster, Flechtband und Tierornamentik, in der Spätgotik dann wieder mit Maßwerkdekor möglich. Doch das Figürliche dominiert und reicht von primitiver Urtümlichkeit bis zu klass. Werken. Dämon. und christl. Tier- und Menschenfiguren stellen den Sieg Christi dar, auf spontane Weise am Taufstein in Freudenstadt, in geordneter Komposition kunstvoller in Freckenhorst. Als Borte umschließt Christus mit den Jüngern am Abendmahl die obere Zone des Taufsteins in Brighton, Sussex, an vielen anderen Exemplaren ist der Erlöser mit den Aposteln unter Arkaden präsent. Die ganze Fläche des zylindr. Taufsteins aus Eschau im Musée Notre Dame in Straßburg ist figurenreich ohne Zäsur mit ntl. Szenen wie ein Bilderbogen übersät. Aber auch Hl. nlegenden werden vorgeführt und Monatsbilder, womit die Nähe zu Portalprogrammen sichtbar ist. Spitzenwerke nach Konzept und künstler. Rang sind zwei gegossene Taufen: Das als »Ehernes Meer« auf Rinderrücken ruhende Lütticher Becken, wohl mit dem für Notre-Dame-aux Fonts in Lüttich von Abt Hellinus (1107–18) bestellten ident., ist erst 1402 dem Goldschmied →Reiner v. Huy zugeschrieben. Sein vollendeter antikischer Stil ließ immer an byz. Vorbilder denken, neuerdings sogar an eine Herkunft aus Konstantinopel. In alter lokaler Tradition der Metallplastik steht anderseits die bilderreiche bronzene Taufe des Domes in Hildesheim mit dem Stifterbild des Dompropstes Wilbernus (1213–25). Ein durchdachtes Szenen- und Figurenprogramm zum Thema der Taufe, auf den Paradiesströmen als Atlanten ruhend.

A. Reinle

Lit.: VIOLLET-LE-DUC, V, 533–544 [Fonts baptismaux] – H. BERGNER, Hb. der kirchl. Kunstaltertümer in Dtl., 1905, 274–278 – F. BOND, Fonts and Font-covers, 1908 – A. MUNDT, Die Erztaufen Norddtl.s von der Mitte des XIII. bis zur Mitte des XVII. Jh., 1908 – R. DE LASTEYRIE, L'architecture religieuse en France à l'époque romane, 1912, 697–709, 1929² – L. STONE, Sculpture in Britain. The Middle Ages (Pelican Hist. of Art, 1972²), 87–90 – A. GARDNER, English Medieval Sculpture, 1973², 64–85 – R. BUDDE, Dt. Roman. Skulptur 1050–1250, 1979 – Zum Lütticher T. vgl. AaKbll 52, 1984, 151–186; 53, 1985, 77–104 [Lit.] – E. G. GRIMME, Bronzebildwerke des MA, 1985, 94–101, 114–117.

II. BYZANZ: T., piscina, baptisterium (gr. βαπτιστήριον), benannt nach dem Wasserbecken in den öffentl. antiken Bädern. Die →Taufe geschah ursprgl. durch dreimaliges Untertauchen im Wasser, so daß eine gewisse Tiefe des Beckens notwendig war. Die Becken waren in der Regel, ähnlich denen der Thermen, in den Fußboden eingelassen und erhielten Zugangstreppen zum Hinein- bzw. Heraussteigen der Täuflinge. Zw. dem 4. und 6. Jh. errichtete man eigene kleine und mit der Gemeindekirche in Verbindung stehende Bauten, die nach dem T. ebenfalls Baptisterien genannt wurden. Die T. waren rechteckig, kreuzförmig, rund, oval oder auch rosettenförmig, wobei die Kreuzform sich gelegentl. aus der Anlage zweier Treppen aus der Rechteckform des eigtl. Beckens ergab. Erbaut waren sie oft aus verputztem (wasserfester Putz) Mauerwerk, gelegentl. aus Marmorplatten zusammengefügt oder aus massivem Stein gehauen. Da und dort sind Zu- und Abläufe, selten sogar heizbare Wärmebecken für das Taufwasser zu beobachten. Häufig erhielten sie allerdings auch reichen Marmor- oder gelegentl. auch Mosaikschmuck. Darüber konnte ein Baldachin zu stehen kommen. Die anfängl. übliche Immersionstaufe (bei den erwachsenen Bekehrten) wurde etwa ab dem 6. Jh. mehr und mehr durch das Übergießen mit dem Taufwasser abgelöst; zusehends wurden bereits Kinder getauft, so daß Baptisterien als eigene Bauten verschwanden und dafür steinerne oder metallene T. im Narthex, aber auch im eigtl. Kirchenraum aufkamen. Später waren (und sind) nur zum Zwecke der Taufe aufstellbare größere Gefäße in Gebrauch. M. Restle

Taufbücher → Matrikel, I

Taufe

I. Christliche und heterodoxe Lehre – II. Taufritus.

I. CHRISTLICHE UND HETERODOXE LEHRE: Die bereits in der Patristik (Augustinus) reich bestellte und umfängl. tradierte T.lehre (Isidor v. Sevilla, Ildefons v. Toledo) erfuhr in der Scholastik eine weitere Differenzierung und fortschreitende Systematisierung. Für den frühma. Überlieferungsstand bietet die von Karl d. Gr. unternommene Rundfrage bezügl. der Riten der T.liturgie (MPL 99, 892 A–D) mit den Antworten führender Bf.e und Theologen ein aufschlußreiches Zeugnis. In ihm treten als bestimmende Momente hervor: verschiedene T.arten auf der Basis des einen Glaubens (Leidradus: MPL 99, 862), das dreimalige Untertauchen als Sinnbild der Grabesruhe Christi, die als unabdingbar erachtete Anrufung der Dreifaltigkeit, die durch die Herabkunft des Geistes reinigende Kraft des Wassers (Theodulf v. Orléans: MPL 105, 232), die Unterscheidung zw. der nach der T. erfolgenden Chrismasalbung und der bfl. Stirnsalbung unter Handauflegung (Leidradus: MPL 99, 864). Der dahinter stehende bibl. Grundgedanke stammt aus Röm 6.

In der beginnenden Frühscholastik werden die patrist. Q. reichlicher ausgeschöpft und zeitentsprechende Fragestellungen bezogen, deren Lösungen seitens der Schulrichtungen eine gewisse Schwankungsbreite zeigen. So führt →Petrus Lombardus bezügl. der Einsetzung der T. die »variae aestimationes« auf, zu denen die Optionen für das Wort Jesu vor Nikodemus (Joh 3,5), für den T.befehl (Mt 28, 19), aber auch für den Aussendungsbefehl bei Mt 10,5 gehören (Sent IV d. 3 c. 5). Auf dem Hintergrund der sich vertiefenden allg. Sakramentenlehre gewinnt auch die T.theologie an Bestimmtheit, die allgemein noch ein heilsgeschichtl. Konzept erkennen läßt, was an dem Rückgang auf die Johannestaufe und auf die atl. Beschneidung deutl. wird, die als sündentilgend, aber nicht immer als gnadenbringend anerkannt wird (Petrus Lombardus: Sent. IV d. c. 9, 5). Unterschiedl. fallen die Versuche zur Wesensbestimmung der T. aus, insofern in der Schule →Anselms v. Laon das Hauptgewicht auf die materiale Ursache gelegt und die T. als das durch die Anrufung des →Heiligen Geistes heilskräftige Wasser aus-gegeben wird (so die Sent. Atrebatenses: O. LOTTIN, 346), während bei →Abaelard, in der Porretanerschule und in den Sententiae Divinitatis der Nachdruck auf der Abwaschung liegt (B. GEYER, Die Sent. Divinitatis, 106). Nach der →Hugo v. St. Victor nahestehenden Summa Sententiarum ist die T. als Eintauchung (tinctio) zu verstehen, die unter Anrufung des Heiligen Geistes erfolgt, welche Auffassung auch Petrus Lombardus übernimmt (Sent. IV d. 3 c. 7), wobei die danach oft ventilierte Frage offenbleibt, ob mit der tinctio das aktive Eintauchen oder die passive Abwaschung gemeint sei. Hugo v. St. Victor, dessen Hauptwerk »De sacramentis christianae fidei« eine repräsentative Stellung für die Zeit zukommt, gewichtet zwar auch das materielle Element, betont aber unter Berücksichtigung der augustin. Unterscheidung von elementum und verbum, daß nur durch das den Akt der Abwaschung begleitende Wort das Wasser geheiligt werde und die Schuldtilgung bewirken könne (II p. 6 c. 2: MPL 176, 443). Bei Hugo gewinnt auch das augustin. Begriffspaar sacramentum – res sacramenti an Bedeutung, das in der Summa Sententiarum eine noch genauere Ausarbeitung erfährt. Unter der res, der inneren Wirklichkeit der Sakramente, wird sowohl die Vergebung der Sünden durch die Mitteilung des Geistes verstanden (Hugo, De sacr. II. p. 6 c. 6) als auch die »innere Reinheit« und die »Erneuerung des Geistes« wie die Einsenkung der eingegossenen Tugenden, denen als innerste Wirkung die Rechtfertigung zugrunde liegt (Sent. IV d. 3, c. 9).

Im Zusammenhang mit der inneren Wirkung des Sakramentes fand auch die Frage nach dem subjektiven Anteil des Empfängers starke Beachtung, die oft im Zusammenhang mit der Kindertaufe erörtert wurde und den Grund legte für die später ausgearbeitete Lehre von der objektiven Wirksamkeit der Sakramente unter Wahrung des Beitrags des Empfängers. Hier lag das Interesse v. a. auf der Erklärung der T. als Sakrament des Glaubens. Im Hinblick auf die als verpflichtend anerkannten Schriftaussagen über T. und Glauben (Mt 28, 19; Mk 16, 16) wurden Versuche zur Lösung des Problems des Fehlens des Glaubens bei unmündigen Kindern unternommen, so schon von →Anselm v. Canterbury, der die Kinder trotz Fehlens der Rechtheit des Willens als nicht ungerechtfertigt ansah wegen der Gerechtigkeit Christi und der für sie glaubenden Mutter Kirche (De conceptu virginali, c. 29). Die rein iurid. Lösung vermittels einer Dispens der Kirche (Gratian, Decretum. De consecratione d. 4 c. 35) vermochte ebensowenig zu befriedigen wie die am Institut der Patenschaft ansetzende Erklärung, daß der Glaube der Paten oder der Kirche (nach Augustinus) den Kindern zu Hilfe komme (Sentenzen des Cod. Vatic. Rossian. lat. 241, fol. 157). Eine Sondermeinung vertrat Abaelard, wenn er (aufgrund der unzutreffenden Identifizierung der Erbsünde mit der Strafe) den Unmündigen die Fähigkeit zu einem Liebesakt absprach, aber ihnen vor ihrem Tod die Möglichkeit der Erkenntnis der Herrlichkeit Gottes gewährte (Exp. in ep. ad Rom. II. c. 3: MPL 178, 831ff.). Eine vertiefte Beantwortung erfuhr diese Frage erst nach der Mitte des 12. Jh., als sich die Erklärung anbahnte, daß der Glaube als eingegossene Tugend den Kindern »in munere« durch das Sakrament selbst geschenkt werde (angedeutet beim Lombarden: Sent. IV d. 4 c. 7). Aber auch die dazu in einem gewissen Gegensatz stehende Frage nach Ersatzmitteln für die Wassertaufe drängte sich auf, wobei die Bluttaufe als solcher Ersatz allgemein anerkannt wurde, während die Anerkennung des mit dem Glauben verbundenen votum strittig blieb, obgleich die Begierdetaufe von der Autorität des hl. →Bernhard v. Clairvaux und durch Hugo v. St. Victor gestützt wurde (De sacr. II 6, 7; MPL 176, 452-454).

Die mit der Mitte des Jh. einsetzende, unter dem Einfluß der Kanonistik stehende Konzentration auf das Symbol und das äußere Zeichen führten zusammen mit der Übernahme der aristotel. Begrifflichkeit zur weiteren theol. Vertiefung und Systematisierung der Lehre. Bei →Wilhelm v. Auvergne († 1249) wird die Auffassung von der Eingießung der Tugend des Glaubens in die Kinder als allgemein anerkannt bezeugt (Summa aurea, lib. IV, tr. 3 c. 2). Eine systemat. Zusammenfassung des bisherigen Lehrstoffes bietet die »Summa theologica« des →Alexander v. Hales († 1245; p. IV qu. 8 membrum 1-12), der die vorliegenden Wesenbestimmungen des Sakramentes nach dem Schema der vier causae unterscheidet und einordnet, das er auch auf die Einsetzung der T. überträgt, so daß der heilsgeschichtl. Gesichtspunkt hinter dem systemat. zurücktritt. Verdeutlicht wird die Bestimmung des Spenders der T., bei dem bislang zw. Glaube und Intention nicht geschieden wurde, während nun in einer mehr instrumentalen Vorstellung für den minister sacramenti nur die »intentio faciendi, quod facit ecclesia« verbindlich wird, so daß auch ein Häretiker und Ungetaufter das Sakrament gültig spenden kann, für dessen fruchtbaren Empfang beim Erwachsenen der Glaube, die Intention und die »contritio« gefordert werden. Unter den Wirkungen der T. erfährt die bislang nur ansatzweise tradierte Lehre vom T.charakter, die aber bei dem Kanonisten →Huguccio († 1210) und bei Innozenz III. (Epist. ad Ymbertum archiep. Arelat. 1201: DS 781) neue Beachtung fand, eine ausführl. Behandlung. Im Sentenzenkomm. des →Hugo v. St-Cher († 1263) wird der Charakter erstmals als »sacramentum et res« bezeichnet (F. BROMMER, 56), wobei das innere Wesen des Charakters, der die Unwiederholbarkeit des Sakraments bedingt, erst von →Thomas v. Aquin erhellt (In Sent. IV. q. 1 a. 1 sol.) und als Potenz oder als eine gewisse Mächtigkeit bestimmt wird. Vorherrschend ist auch das Interesse an den inneren Wirkungen des Sakramentes, deren Maß auch vom Mitwirken des Täuflings abhängig ist: Tilgung der Sünde, Gewährung der Gnade und der Tugenden, Eingliederung in Christus und Eingang in das Reich Gottes (In Sent. IV d. 4 q. 2 a. 2 qc. 1-6), wobei die passio Christi Ursprung und Quell dieser Heilskräfte bleibt. Eine stärkere heilsgeschichtl. Prägung verleiht →Bonaventura der T.lehre in der konzentrierten Fassung des Breviloquium (p. VI, c. 7) unter dem doppelten Aspekt des medicamentum (der Tilgung der Sünde) und der positiven Mitteilung des Gnadenlebens als »sacramentum fidei« und als »ianua sacramentorum«. Dieser Tradition bleibt auch →Johannes Duns Scotus weithin verhaftet, obgleich er in Einzelheiten Differenzierungen anbringt (materia remota das Wasser, materia proxima die ablutio) und von der seit Hugo von St. Victor implizit vertretenen Auffassung von der unmittelbaren Gnadenwirksamkeit der Zeichen abgeht und sie durch eine direkte göttl. Wirkung aus Anlaß der Anwendung des Zeichens ersetzt (Op. Exoniense IV d. 1 q. 2; q. 4 und 5). Schärfere Kritik an der instrumentalen Ursächlichkeit und einer seinshaften Vermittlung der Gnade übt →Durandus († 1334), die sich im Nominalismus →Wilhelms v. Ockham († nach 1349) steigert, der dem Sakrament als solchem jeden Realitätsgehalt abspricht und nur aufgrund eines göttl. Versprechens (pactio) den Liebeswillen Gottes in der Seele wirksam werden läßt (In Sent. I d. 17 q. 9).

Die Entwicklung der scholast. T.lehre erfolgte nicht nur aufgrund einer immanenten Gedankenbewegung, sondern auch in harter Auseinandersetzung mit den seit dem 10. Jh. aufkommenden Sekten der →Paulikianer, →Bogomilen, →Katharer und →Waldenser, die aufgrund eines extremen religiösen Moralismus wie aufgrund der in ihnen wirkenden Restbestände eines manichäischen Dualismus keinen Zugang zu der in Symbolen und Riten sichtbar erscheinenden Kirche fanden und so auch die Wassertaufe, bes. die der Kinder, ablehnten. Gegen sie bezieht eine Literaturgattung nach Art des »Tractatus contra Petrobusianos« des →Petrus Venerabilis († 1156: MPL 189, 719-850) Stellung, aber auch die Summa »Contra haereticos« des →Präpositinus v. Cremona († 1210; Cod. Vat. lat. 4304).

Während diese Gegenschriften auf eine tiefergehende Auseinandersetzung verzichten und sich mit der Zurückweisung der aus der Schrift erhobenen Argumente begnügen, geht →Moneta v. Cremona in seinem um 1241 entstandenen Werk »Adversus Catharos et Valdenses libri quinque« (ed. Th. Augustin Ricchini, Rom 1743) gründlicher unter Aufweis der inneren Widersprüche der Lehre der Katharer und der Begründung der kirchl. Position. Hinsichtl. der T. praxis der Sekte ergibt sich, daß ihre Vertreter die Wassertaufe als schon vor dem Christentum geübte Gewohnheit ohne tieferen religiösen Sinn ansahen, der sie v. a. die Geistmitteilung absprachen. Darum setzten sie zuweilen das christl. Sakrament mit der Johannestaufe gleich, um dieser ihre eigene geisterfüllte T. entgegenzustellen. Vom Grundsatz des religiösen Moralismus her leugneten sie die Fähigkeit der Kinder zum Empfang eines solchen Sakraments, da ihnen der Glaube fehle. Im Gegensatz zu ihm erhoben sie den eigenen Initiationsritus des consolamentum (mit →Handauflegung durch den Bf., Absolutionsgebet und Empfang des Evangelienbuches) zur Höhe einer geistl. T., die den Empfänger zum perfectus machte. Wie Moneta sah sich auch die kirchl. Theologie zur Antwort verpflichtet, welche die Aussagen über die Einsetzung des Sakramentes durch Jesus Christus, seine Geist- und Gnadenwirksamkeit vermittels des Glaubens, aber auch seine Unterscheidung von der Geistspendung bei der →Firmung beeinflußten. L. Scheffczyk

Q.: B. GEYER, Die Sententiae Divinitatis, ein Sentenzenbuch der Gilbertschen Schule, BGPhMA VII, H. 2-3, 1909 – O. LOTTIN, Les »Sententiae Atrebatenses«, RTh 10, 1938 – Lit.: F. BROMMER, Die Lehre vom sakramentalen Charakter in der Scholastik bis Thomas v. Aquin inklusive, 1908 – A. LANDGRAF, Kindertaufe und Glaube in der Frühscholastik, Gregorianum 9, 1928, 512-529 – H. WEISWEILER, Die Wirksamkeit der Sakramente nach Hugo v. St. Viktor, 1932 – J. KÜRZINGER, Zur Deutung der Johannestaufe in der ma. Theol. (Aus der Geisteswelt des MA, 2 Bde, 1935), 954-973 – L. OTT, Unters. zur theol. Brieflit. der Frühscholastik unter Berücksichtigung des Viktorinerkreises, BGPhMA 34, 1937 – A. LANDGRAF, Dogmengeschichte, III/1 und 2, 1955 – B. NEUNHEUSER, T. und Firmung (HDG IV, 2, 1956) – G. SCHMITZ-VALCKENBERG, Grundlehren kathar. Sekten des 13. Jh., 1971.

II. TAUFRITUS. [1] *Überblick:* Die ma. Kirche (des Westens) fußt in ihrer Praxis der Initiation zwar auf der T. praxis der frühen Kirche, nämlich einem gegenüber ntl. Zeit (nach Bekenntnis und mit worthaftem Gebet: T. hauptsächl. Erwachsener in fließendem Wasser) rituell entfalteten Verfahren, das aus einer längeren Zeit der Vorbereitung (meist 2-3 Jahre) zur Glaubenseinübung und -bewährung (→Katechumenat) und gestuften, katechumenalen Feiern im unmittelbaren Vorfeld der *einen* Feier der Inititiationssakramente bestand (3 Kernhandlungen: zuerst Wasserritus im →Baptisterium, dann Gebet und Handauflegung durch den Bf. in der Gemeindeversammlung, schließlich Gebet mit der Gemeinde und Eucharistiefeier), büßt jedoch mehr und mehr Gespür für

Ernst und Vorrang der Initiation (vor anderen →Sakramenten) ein und gibt deren Einheit auf. So zeigt die überkommene T.ordnung bereits mit dem Entstehen der nachkonstantin. Massenkirche (größere Zahl der T.bewerber, vielschichtigere T.motivation) erste Auflösungstendenzen und zeitigt im Laufe des MA insbes. deshalb eine insgesamt erhebl. Umorientierung, weil mit dem Ende der Missionssituation in der Regel Unmündige, (noch) nicht zur Glaubensentscheidung fähig, in die Kirche aufgenommen werden.

[2] *Skizzierung der Entwicklungen:* Papst Gregor II. verpflichtet Bonifatius 719 auf die Disziplin der *römischen* Initiationsliturgie (MGH Epp. sel. I, 18⁴ Nr. 12). Die Rezeption der röm. T.liturgie erfolgt dann v. a. im Rahmen der karol. Liturgiereform. Aus der römisch-frk. T.liturgie (mit Spuren aus den *altspan.* und *altgall.* T.riten) entwickelt sich von der Mitte des 10. Jh. ab die T.praxis des Hoch- und SpätMA nördl. und südl. der Alpen. Später weichen die regionalen, diözesanen T.ordnungen nur noch unwesentl. voneinander ab.

[3] *Zum Text- und Ritengefüge:* Die darstellend-erzählenden Q. zur T.ordnung im FrühMA (Epistula ad Senarium des Johannes Diaconus, ein frk. Florilegium [Mitte 8. Jh.], Alkuins Brief zur Avarenmission und an Oduin, T.umfrage Karls d. Gr. mit den Antworten der Metropoliten) bedürfen wie die Liturgiebücher selbst (Ordines [→Ordo, II], →Sakramentare sowie, äußerst rar, Dokumente pfarrl. Praxis) einer bes. Hermeneutik, da sie »retrospektive und prospektive Züge« (KLEINHEYER) vereinen. Sie dokumentieren insgesamt nicht mehr eine rein röm. T.ordnung, sondern schon Übergänge zur röm.-frk. T.-praxis. Ordo Romanus 11, »die spätantik-frühma. röm. T.ordnung, der Zeuge des sog. Sieben-Skrutinien-Ritus, ist die ergiebigste und für die weitere Entwicklung bedeutsamste Quelle« (KLEINHEYER). Der dort beschriebene T.ritus setzt ein am Dienstag der 3. Woche der Quadragesima mit der Denuntiatio scrutinii und mündet in die eigtl. T.feier innerhalb der Ostervigil mit Litanei, T.wasserweihe, dreifachem Glaubensbekenntnis bei dreifacher Immersion, Chrisamsalbung des Hauptes durch einen Priester, dann die Confirmatio episcopi mit der Datio stolae, casulae, chrismalis et decem siclorum, der Handauflegung unter Gebet, der Bezeichnung der Stirn mit Chrisam (→Salbung, I), der Pax zw. Bf. und Neugetauftem, der Eucharistie. Daß schon »über dem ganzen Sieben-Skrutinien-Ritus ein Hauch von Künstlichkeit« (KLEINHEYER) liegt, hat wesentl. damit zu tun, daß trotz gewandelter Bedingungen überhaupt nur zaghaft Adaptationen des überlieferten T.ritus an die neuen Bedürfnisse vorgenommen werden. Die katechumenalen Feiern, für die Christwerdung Erwachsener konzipiert, werden zunächst als gegliederte, je eigens terminierte Feiern (wie in OR 11) weiter tradiert und erscheinen schließlich (erstmals im Pontificale romano-germanicum) nurmehr als Eröffnung eines eingliedrigen T.rituals. Diese Form des T.gottesdienstes mit den auf die rituellen Elemente reduzierten, blockartig an den Anfang gestellten »Skrutinien« herrscht seit dem HochMA vor und hat in etwa folgende Abfolge: nach Geschlechtern getrennte Aufstellung (voneinander abweichende Exorzismus-Orationen [→Exorzismus]), zuweilen (erst im Laufe der Zeit ritualisierte) Einleitungsfragen (Namenserfragung [→Personenname], wobei Paten [→Patenschaft] für die unmündigen Kinder antworten, Exsufflatio (dreimaliges exorzist. Anblasen) mit Begleitformel, Bezeichnung(en) mit dem Kreuz (→Kreuzzeichen) (Stirn, Herz/Brust; mit Begleitformel[n]), Gruppe von drei Orationen, dreigliedrige Salzzeremonie (Exorzismus und Segensgebet über das Salz; Salzdarreichung mit Begleitspruch; Abschlußgebet), Exorzismen (auch mit Zeichenhandlungen: Stirnsignation, Handauflegung), (zuweilen rudimentär verkürzte) Traditio des Evangeliums, des Herrengebetes (→Pater noster) und des Glaubensbekenntnisses (→Credo, →Symbolum), Schlußexorzismus und Effata-Ritus. Nach Oration und Gesang folgt der Zug zum T.brunnen (→T.becken, →T.schale), T.wasserweihe (präfationsartiger Auftakt durch Alkuin; unterdessen Symbolhandlungen), Eingießen von Chrisam in Kreuzesform unter Gebet, dann der eigtl. T.akt: Namenserfragung, Absage an den Bösen und Zusage an Christus (Abrenuntiatio), präbaptismale Salbung mit Katechumenenöl (Text), Erfragung des T.willens (Antwort der Paten), dreimaliges (kreuzförmiges) Untertauchen (im SpätMA noch vorherrschend) und seit dem 8. Jh. im Westen nachweisbare aktivisch formulierte trinitar. T.formel, schließlich die postbaptismale Chrisamsalbung (Scheitelsalbung in Kreuzform) mit Begleitformel, Anlegen der Stirnbinde bzw. des T.kleides (Formeln), Friedensgruß. Ist der Bf. anwesend, folgt das Chrisamkreuz der →Firmung, dann die T.kommunion (auch für den ungefirmten Neophyten; bei Säuglingen unter der Gestalt des Weines, ab dem 12. Jh. aufkommend: Reichung der Ablutio). Die T.kommunion des neugetauften Säuglings besteht in der Westkirche vereinzelt bis ins SpätMA fort.

[4] *Im Hoch-und SpätMA* finden sich die Formulare in handl. Agenden (zur gewöhnl. Sakramentenspendung; →Rituale) für den Pfarrseelsorger, in Diözesanritualien und Abschriften davon, in Missalien. Gelegentl. wird spürbar, daß die Redaktoren der Hss. selbst das zusammengebastelte Riten- und Textgefüge nicht mehr verstanden haben. Die liturg. Bücher konservieren »mit ihrem in die Oster- und Pfingstvigil integrierten, bfl. geleiteten Initiationsritual einen archaischen Idealzustand, ... der in der frühma. frk. Kirche längst die Ausnahme von der Regel geworden war« (HEINZ). Trotz manchem Versuch, den altkirchl. *T.termin* zurückzugewinnen (etwa: 2. Synode v. Mâcon 585; 17. Synode v. Toledo 694; karoling. Bf.skapitularien), geht die Tendenz eindeutig auf eine vom Verlauf des Kirchenjahres unabhängige Spendung. In Gallien beginnt sich die T.vorbereitung schon im 6. Jh. von der Quadragesima zu lösen: dort waren Hl.nfeste als T.tag (Johannes d. T.) sehr beliebt. Bestimmend wird das Bestreben, möglichst bald nach der Geburt die T. zu spenden. Erster *T.ort* ist die →Taufkirche/Pfarrkirche (→Pfarrei). Die Auflösung der Einheit und der sachgerechten Reihenfolge der Sakramente der Eingliederung (im Westen) nimmt ihren Ausgang bei der Reservation der zweiten postbaptismalen Salbung (→Firmung) für den Bf. in der röm. Tradition (Innozenz I. an Bf. Decentius v. Gubbio [DS 215]) bei erfolgendem Ausbau der Pfarrorganisation. Aufgrund der nur bescheidenen Zahl der pfarrl. Praxis belegenden Dokumente bleibt weithin offen, wie die rituelle Ausgestaltung auf der Ebene der Pfarrkirchen konkret ausgesehen, welche Wandlungen sie mitgemacht hat: eine Anpassung an örtl. Verhältnisse und insgesamt erhebl. Vereinfachung der Initiationspraxis steht mit Recht zu vermuten. Kurzformulare gibt es auch für die Krankent., ebenso einen T.ordo für einen sich bekehrenden Heiden.

S. K. Langenbahn

Lit.: A. JILEK, Die T. (Hb. der Liturgik, hg. H.-C. SCHMIDT-LAUBER-K.-H. BIERITZ, 1995), 294–332, hier 302–306 – A. HEINZ, Eine Hildesheimer Missalehs. in Trier als Zeuge hochma. T.praxis [BA-TrABt. 95, Nr. 404], Die Diöz. Hildesheim in Vergangenheit und Gegenwart 52, 1984, 39–55 – A. ANGENENDT, Der T.ritus im frühen

MA (Sett. cent. it. 33, 1985), 275–321 [mit Disk. ebd. 323–336] – A. HEINZ, Die Feier der Firmung nach röm. Tradition, LJB 39, 1989, 67–88 – B. KLEINHEYER, Die Feiern der Eingliederung in die Kirche, 1989 (Gottesdienst der Kirche 7, 1 = Sakramentl. Feiern, 1), 96–136.

Taufe Christi
I. Frühchristentum – II. Abendländisches Mittelalter – III. Byzanz.

I. FRÜHCHRISTENTUM (Ikonographie): Die T. C. durch Johannes wird in der bibl. Erzählung (Mt 3, 13–17 und Par.) durch die Stimme Gottes (Hinweis auf Göttlichkeit Christi) und die Taube des hl. Geistes zur Offenbarung der →Dreifaltigkeit. Die Taube ist schon den frühesten Bildern der T. C. beigegeben: →Johannes d. T. in Philosophengewand oder Fell tauft den (meist nackt in kindl. Gestalt im Wasser stehenden) Jesus durch Handauflegung (Belege: KOROL). Durch die östl. Kunst erscheinen dann folgende zusätzl. Details: im 5. Jh. die Hand Gottes (Belege: KÖTZSCHE), assistierende Engel und die Personifikation des Jordan, im 6. Jh. begleitende Johannesjünger (Belege: ENGEMANN, 22) und z. T. das Motiv des 'fliehenden' Jordan (Belege: E. DINKLER-VON SCHUBERT, RAC VIII, 89f.). Die in Pilgerberichten seit dem 6. Jh. erwähnte Kreuzsäule am Ort der T. ist in der Kunst erst seit dem 11. Jh. belegt.
J. Engemann

Lit.: LCI IV, 247–255 – RAC XIII, 438–441 [KÖTZSCHE]; 510–513 [KOROL] – G. RISTOW, Die T. C., 1965 – J. ENGEMANN, Palästinens. Pilgerampullen im F. J. Dölger-Inst. in Bonn, JbAC 16, 1973, 5–27 – L. KÖTZSCHE-BREITENBRUCH, Das Elfenbeinrelief mit Taufszene aus der Slg. Maskell im Brit. Mus., JbAC 22, 1979, 195–208 – A. M. FAUSONE, Die Taufe in der frühchristl. Sepulkralkunst, 1982.

II. ABENDLÄNDISCHES MITTELALTER: Die Nachwirkungen der frühchr.-byz. Kunst sind noch bei manchen karol. Darstellungen der T. zu beobachten, z. B. auf dem Elfenbeinrelief »Christus als Sieger«, um 800, in Oxford (Bodl. Libr. Ms. Douce 176): Neben Johannes d. T. steht Christus als Kind, dem Täufer gegenüber ragt eine Felswand empor, die Taube des Hl. Geistes verdeutlicht die Theophanie. Bereits um 1000 treten alle trinitar. Bildmotive in Erscheinung, die die Theophanie repräsentieren, z. B. auf dem Vorderdeckel eines Evangeliars aus Reichenau, 960/980 (München, Bayer. Staatsbibl. clm 4451): Das Sichöffnen des Himmels als Zeichen des Anbruchs der eschatolog. Gnadenzeit verbildlicht die Rechte Gottvaters, die aus einer Wolke hervorragt, umgeben von sechs huldigenden Engeln, Gottvater sendet die Taube des Hl. Geistes zur Ausrüstung Christi mit der Kraft des Geistes zur Übernahme des göttl. Auftrages; auch die Personifikationen von →Sonne und Mond (antiken Ursprungs) bezeugen diese Gotteserscheinung; die jugendl. Gestalt Christi steht in den sich auftürmenden Wassern des Jordans (Verdeutlichung des Eintauchens), links am Ufer steht ein Engel mit dem Tauftuch bereit, und rechts vollzieht Johannes d. T. die T. durch Handauflegung als zeremoniales Zeichen. Die Miniatur des Aethelwold-Benedictionale, Winchester, 971/964, fußt auf einer karol. Komposition, die in einem Relief eines Metzer Elfenbeinkästchens aus dem 9. Jh. erhalten ist (Braunschweig, Herzog Anton Ulrich-Museum, Inv.-Nr. MA 59), sie zeigt die antike Personifikation des Jordans, die Gestalt Christi umgibt eine →Mandorla, in diesem Zeichen erscheinen auch Hl. Geist-Taube und sechs adorierende Engel. Auch noch das Evangeliar Ottos III., um 995, stellt Christus (dessen Haupt mit einem Kreuznimbus hervorgehoben ist) als Jüngling im Wasser des sich auftürmenden Jordans dar, über ihm schwebt die Hl. Geist-Taube, die überragende Gestalt des greisen Täufers segnet Christus, der sich segnend an die das weiße Tauftuch tragenden Engel wendet (München, Bayer. Staatsbibl.).

In der Kunst des HochMA werden weitere Bildmotive in die Darstellung der T. integriert: Die Miniatur des Hitda-Evangeliars, Köln, um 1020 (Darmstadt, Hess. Landes- und Hochschulbibl., Cod. 1640, fol. 75r) bereichert die Szene mit dem Sternenhimmel, mit Beischriften und der Charakterisierung des Wassers des Jordans als Unterwelt. Gegen Ende des 11. Jh. tritt an die Stelle der Hand Gottes die Halbfigur Gottvaters (Zeichen der Vermenschlichung), die in der hochroman. und got. Kunst immer häufiger dargestellt wird, z. B. Miniatur des Krönungsevangeliars des Kg.s Wratislaw von 1086 (Prag, Universitätsbibl.); Bronzerelief des Taufbeckens des Reiner v. Huy, 1107/18 (Lüttich, St. Barthélemy); Bronzetaufbecken der Dome St. Maria zu Hildesheim (1240/50) und St. Paulus zu Münster (1345), die die T. stets im eschatolog. Kontext veranschaulichen. Ein weiteres Bildmotiv, das für das SpätMA bestimmend wird, bringen die T.-Darstellungen aus dem Skriptorium in →Helmarshausen: Die Engel reichen Christus nicht nur das weiße Tauftuch des Himmels, sondern auch das violette Gewand der Passion, z. B. Evangeliar Heinrichs des Löwen, um 1180 (Wolfenbüttel, Herzog August Bibl., Cod. Guelf. 105, Noviss. 2°); Evangeliar aus Helmarshausen, gegen 1195 (Trier, Domschatz).

In der Bilderwelt der got. Kathedralen wird das Motiv des sich auftürmenden Wassers des Jordans, das die nackte Gestalt Christi bedeckt, beibehalten, Johannes d. T. nimmt das Eintauchen Christi vor, die Hand Gottvaters ragt segnend aus dem Himmel, die Zahl der huldigenden oder assistierenden Engel, die Christus das Tauftuch reichen, wechselt von eins bis drei (Sens, Kathedrale St-Étienne, linkes Westportal, Tympanon, nach 1184; Reims, Kathedrale Notre-Dame, innere Westwand des Mittelschiffes, 1250/60; Auxerre, Kathedrale St-Étienne, rechtes Westportal, Tympanon, gegen 1260).

Die T. steht in typolog. Parallele, vornehml. in hochma. Hss. der →Biblia pauperum, des →Speculum humanae salvationis und der →Concordantia caritatis, verbunden mit den Bildmotiven Sintflut (Gen 6, 1–9, 17), Durchzug durch das Rote Meer (Exodus 14), Teilung des Jordans durch Elija (2 Kg 2, 1–8), Ehernes Meer (2 Chr 4, 1–6) und Übergang über den Jordan mit der Bundeslade (Jos 3, 1–17). Von prägender Bedeutung ist die Darstellung der »T. als Brautbad der Ecclesia«, z. B. Miniatur der Hs. 180, fol. 3r, der Bibl. S. D. Joachim Egon Fürst zu Fürstenberg, Donaueschingen, 12. Jh.: Die vorbildl. T. im Jordan als ein Vorgang ereignender Reinigung und Heiligung aller Quellen und Wasser ist hier mit der Darstellung der Personifikation der Kirche nach dem Brautbad verbunden – die Ecclesia versinnbildlicht die in der Kirche personifizierte Gemeinschaft der Getauften mit dem göttl. Bräutigam.

Die spätgot. Malerei bevorzugt die dreifigurige Komposition mit Christus in der Mitte zw. Johannes d. T. und dem Boten des Himmels mit dem violetten Gewand der Passion oder dem weißen Tuch des Himmels als Zeichen der sündenfreien göttl. Reinheit. Der Wechsel des T. ritus im frühen 14. Jh. vom Eintauchen des Täuflings zum Begießen aus einer Schale, Muschel, Kanne oder aus der Hand spiegelt sich unmittelbar in der Darstellung der T. z. B. bei Giotto, Fresko der Arenakapelle in Padua, um 1305, bereichert durch Licht- und Raum-Darstellung; Rogier van der Weyden, Tafelbild eines Johannesaltares, Brüssel, 1456 (Berlin, Staatl. Museen PKB); Johann Koerbecke, Tafelbild eines Johannesaltares, Münster, 1460/70 (Münster, Westf. Landesmus.), verbunden mit symbol. Anspielungen aus dem Reich der Natur, z. B. weiße und violette Lilien als Zeichen der Reinheit und der beginnenden Passion Christi.

Die Spätzeit des MA variiert die Darstellung der drei wichtigsten Phänomene der T. als Offenbarungsszene: Das Sichöffnen des Himmels, das Herabkommen des Hl. Geistes und die Stimme Gottvaters. Die Darstellungen der T. zeigen zu dieser Zeit stets die Infusio (Begießen), z.B. Gemälde des Piero della Francesca, um 1460/70 (London, Nat. Gall.), mit der Nebenszene der Imitatio der T.; Gerard David, Triptychon des Jean des Trompes, um 1500 (Brügge, Stedelijk Museum voor Schone Kunsten) mit den Nebenszenen »Predigt Johannes' d. T.« und »Zeugen der T.«.

Nach der anfängl. Dominanz der Darstellung der T. in Evangeliaren und Psalterien und neben den späteren monumentalen Schilderungen in Bauplastik und Altarbaukunst, meist in christolog. und johanneischen Bildzyklen, lebt die Vergegenwärtigung dieses bibl. Ereignisses in spätma. liturg. Hss. fort, z.B. Pedro d'Aponte, Miniatur im Missale und Brevier Ferdinands d. Kath., fol. 61v, Neapel, 1504/16 (Bibl. Apost. Vat.). G. Jászai

Lit.: LCI IV, 247–255 – LThK² IX, 1323–1327 – G. SCHILLER, Ikonographie der christl. Kunst, I, 137–152 – J. M. PLOTZEK, Die T. als Brautbad der Ecclesia (Fschr. P. BLOCH, 1990), 45–55.

III. BYZANZ: Eines der größten Feste der Epiphanie des Herrn (Fest: 6. Jan.) markiert zugleich den Beginn des öffentl. Lebens Jesu. Als älteste Darstellungen (2. Jh.) gelten die Malerei in der Lucina-Gruft der Calixtus-Katakombe und ein Relief auf dem Sarkophag aus Sta. Maria Antiqua in Rom: Ein älterer Mann in Philosophentracht legt einem Jüngling die Hand aufs Haupt; von oben stürzt sich eine Taube herab. Die christl. Taufe ist Nachfolgerin älterer paganer wie jüd. Initiationsriten und wird als solche ältere, nichtchristl. Bildprägungen aufgegriffen haben. Die spätere Entwicklung des Bildtyps ab dem 5. Jh. fügt zum Grundbestand weitere Bildmotive hinzu: Zu Christus als Täufling und →Johannes dem Täufer treten dienende Engel mit Tüchern (reliefierte Säulentrommel im Archäol. Mus. Istanbul) und die Personifikation des Jordanflusses (später ein sich abwendender Flußdämon: Mosaiken im Baptisterium der Orthodoxen und der Arianer sowie Elfenbeintafel der Maximianskathedra in Ravenna). Die Zahl der Engel, anfänglich zwei, wird ab dem 12. Jh. vermehrt. Die Theophanie ist durch die Geisttaube und die Strahlen vom Himmel verbildlicht. Es folgen die Hand Gottes ebenso wie Sonne und Mond, die den kosm. wie eschatolog. Bezug herstellen. In die gleiche Richtung weisen der Baum, an den die Axt gelegt ist (nach dem Inhalt der Johannespredigt; Hosios Lukas) und der himml. Thron (Cod. Vat. Urb. gr. 2 und Par. gr. 75). Das Kreuz am Ufer des Jordan wird auf eine durch Pilgerberichte bekannte Kreuzmemorie an der vermuteten Stelle der Jordantaufe bezogen. Als letztes Erweiterungsmotiv wird ab dem 14. Jh. Christus stehend auf einer Steinplatte oder auf den im Jordan liegenden gekreuzten Höllenpforten gezeigt, unter denen Schlangen hervorzüngeln (Gračanica), ein Hinweis auf den in der Anastasis vollzogenen Sieg Christi über die Dämonen der Hölle, der in der Taufe dem Getauften vermittelt wird. Ähnlich bereits die Bildaussage des Chludov-Psalters (fol. 72v) zu Ps 73,13, mit Hinweis auf den Tod Pharaos im Wasser. Auch der Theophanie- und Parusiebezug ist schon im Kuppelmosaik des Baptisteriums d. Orthodoxen in Ravenna durch die Apostelprozession des mittleren sowie die Throne u. Altäre d. unteren Registers impliziert. Die in mittelbyz. Bildprogrammen zu beobachtende Gegenüberstellung v. Taufe u. Anastasis paßt in dieses Bedeutungsbild. M. Restle

Lit.: J. STRZYGOWSKI, Iconographie der T., 1885 – A. DE WAAL, Die T. auf vorkonstantin. Gemälden der Katakomben, RQSuppl. 10, 1896, 335–349 – F. J. DÖLGER, Antike und Christentum 11, 1929, 70ff.; 111, 1936, 63ff. – G. MILLET, Iconographie de l'évangile, 1960², 170ff. – G. SCHILLER, Ikonographie der christl. Kunst, 1975, 137–152, 346–388 – D. WESSEL, Jordantaufe auf dem Schlangenstein (Fschr. K. WESSEL, 1988), 375–384.

Taufkirche, -nverfassung. Die Kirche des 3. und 4. Jh. ist im Westen zunächst noch eine städt. und bfl. Kirche. Auf dem Lande gab es v.a. im Osten frühzeitig chr. Gemeinden, die von →Chor- und Landbf.en, die vermutl. vom Stadtbf. eingesetzt waren, geleitet wurden. Ab dem 5. Jh. ist im Osten, im 6. Jh. in Gallien und Spanien und wohl auch in Mittel- und Oberitalien noch auf dem Boden des röm. Kirchenrechts auf dem Lande das Großpfarreisystem der T.n, der plebes baptismales oder plebes, entstanden. T.n sind Kirchen auf dem Lande, die der →Seelsorge dienten, und in denen die →Taufe gespendet wurde. Die Entwicklung der T. hängt damit zusammen, daß der Bf. infolge der Ausbreitung des Christentums Funktionen delegieren mußte. Der Priester (oder Diakon) an der T. versah sein Amt in Vertretung des Bf.s. Neben der Spendung der Taufe zu Ostern und zu Pfingsten (später auch an anderen Festtagen) gehörte zu seinen Aufgaben bald die Abhaltung des ordentl. Hauptgottesdienstes an Sonn- und Feiertagen, das Begräbnisrecht, die Einsegnung der Ehe und auch der Erwerb der Zehnten. Kennzeichnend für die T. ist der Taufbrunnen (→Baptisterium, →Taufbecken). Der Sprengel der T., der lose umschrieben war, wurde als parochia bezeichnet, diocesis verschwand ab dem 9. Jh. An der Spitze der T. stand der plebanus, der auch andere Bezeichnungen führen konnte. Die vermögensrechtl. Verselbständigung der T. führte auch zur organisator. Unterhalb der T. entstandenen Basiliken, Oratorien und Kapellen. Der plebanus führte über sie die Oberaufsicht. An den T.n entstanden nach dem Vorbild der bfl. Kathedrale Presbyterien. Der plebanus wurde zum Landarchipresbyter. Die T.norganisation (T.nverfassung) war unterschiedl. verbreitet, fand sich v.a. in Italien, aber auch im Frankenreich und in Spanien. In Dtl. und Österreich war die Zahl der T.n viel geringer. Hier wurden sie auch als Urkirchen (auch karol. Urkirchen) bezeichnet. In Italien behauptete sich die T.norganisation zum Teil bis in das späte MA. Das →Eigenkirchenwesen hat die alte T.n- und Urkirchenorganisation von unten her durchlöchert und schließlich völlig aufgelöst. Die bisher den T.n vorbehaltenen Rechte wurden von den Eigenkirchen übernommen. In Nord- und Mittelitalien wurde zunächst die Zahl der bfl. T.n vermehrt. Aber auch hier entstanden auf dem Boden des Eigenkirchenrechts Kirchen mit begrenzten Pfarrechten. Das Taufrecht verblieb bei der alten T. Im Frankenreich kamen T.n durch die Säkularisation von Kirchengut unter Karl Martell in Laienhand. Nördl. der Alpen sind die T.n den Bm. durch die Säkularisationen des 7./8. Jh. größtenteils verlorengegangen. In Italien wurden sie auch zu bfl. Eigenkirchen und an den plebanus verpachtet. Bei einzelnen T.n haben sich Pfarrerwahlen durch Klerus und Volk erhalten (Italien). Als ecclesia matrix (zum Begriff s.a. X.5.40.22; 3.48.3) wurden T.n im Hinblick auf die von ihr abhängigen niederen Kirchen bezeichnet. Diese niederen Kirchen konnten sich selbst zu T.n entwickeln. Um eine alte T. zu erkennen, ist es notwendig, archäolog. den Taufbrunnen festzustellen. Auch das Patrozinium kann darauf hinweisen. Auf zahlreichen Konzilien und Synoden wurde die Entwicklung der T.n und T.nverfassungen vorangetrieben. Es geht dabei um Taufrecht und Taufpflicht, wo und wann die hl.

Messen und Sakramente und Sakramentalien zu feiern und zu empfangen sind, aber auch um seelsorgl. und vermögensrechtl. Fragen (z. B. Rom 402, Agde 506, Toledo 693, Tribur 895, Arles 813 und Mainz 813). S. ferner C. 16. q. 1 c. 54; C. 13 q. 1 c. 1 Gr. p [19, 80]; C. 16 q. 1 c. 44 Gr. p., 45, 46). →Pfarrei. R. Puza

Lit.: – Pfarrei – FEINE, 99, 132, 166, 182ff., 187, 201, 403 – PLÖCHL I, 172, 209ff., 346f., 352ff. – TRE XXV, 87f., 102 [Lit.] – M. AUBRUN, La paroisse en France des origines au XVe s., 1986, 12ff.

Taufpate → Patenschaft

Taufschale. Bis ins späte 15. Jh. war die →Taufe durch dreimaliges Untertauchen (immersio) üblich, doch sind in Q. vereinzelt auch Übergießen (infusio) und Besprengen (aspersio) belegt. Die sog. T.n Friedrich Barbarossas und Widukinds (beide Kunstgewerbemus., Berlin) aus dem 12. Jh. können nicht mit Sicherheit mit dem Taufakt in Verbindung gebracht werden. Die Gravierung auf dem Grund der Barbarossa-Schale zeigt die Immersionstaufe des 'imperator' gen. Kindes unter Mitwirkung des Taufpaten Otto v. Cappenberg. Da Friedrich bei der Taufe aber diesen Titel noch nicht führte, kann die gravierte Darstellung erst nach seiner Ks. krönung 1155 entstanden sein. Es scheint sich also um ein Gedächtnisbild zu handeln, ähnl. wie die auf die Kirchweihe bezogenen Darstellungen zweier Schalen in Riga und Halle (Mitte des 11. Jh.). Denkbar wäre auch, daß alle drei Schalen der Aufnahme von hl. →Öl dienten, das sowohl bei der Taufe als auch bei der Kirchweihe Verwendung fand, und dann nachträgl. mit entsprechenden Bildern versehen wurden (RENSING, HOFFMANN). Nach Bildq. scheint gegen Anfang des 14. Jh. die Immersionstaufe langsam durch die infusio verdrängt worden zu sein. Auf der Florentiner Baptisteriumstür gibt Andrea →Pisano Johannes d. Täufer eine kleine Schale in die Hand (1330–36); im 15. Jh. ist dieser Wandel des Taufritus auch n. der Alpen zu belegen (z. B. Halderner Altar des Meisters v. Schöppingen [Münster, Westfäl. Landesmus.]). Bernt →Notke ersetzt um 1475 auf dem Schonenfahreraltar (Lübeck, Mus. für Kunst- und Kulturgesch.) die Schale durch ein kleines Fläschchen. Als Realie erhalten hat sich eine größere Anzahl von meist Nürnberger Messingbecken vom Ende des 15. und Anfang des 16. Jh., die nach der Reformation sowohl in evangel. als auch kath. Kirchen als Taufschüsseln verwendet wurden.

U. Surmann

Lit.: LCI IV, 247–255 – Lex. der Kunst, 1994, 223f. [Lit.] – LThK^2 IX, 1319f. – RDK II, 151–163 – H. BERGNER, Hb. der Kirchl. Kunstaltertümer in Dtl., 1905, 333–335 – A. GRAF, Die got. Taufschüssel der Pfarrkirche Lassing bei Selzthal, 1954 – TH. RENSING, Der Kappenberger Barbarossa-Kopf, Festschr. 32, 1954, 165–183 – Karl d. Gr., Auss. Kat. Aachen 1965, 502f., Nr. 684 – K. HOFFMANN, Taufsymbolik im ma. Herrscherbild, 1968, 82–88 – H. APPUHN, Beobachtungen und Versuche zum Bildnis Ks. Friedrichs I. Barbarossa in Cappenberg, AaKbll 44, 1973, 129–792 [Lit.] – Die Zeit der Staufer, I, Ausst. Kat. Stuttgart 1977, Nr. 536, 394–396 [Lit.] – D. KÖTZSCHE, Der Dionysius-Schatz (Stadt Enger – Beitr. zur Stadtgesch., II, 1983), 41–62 – Kunstgewerbemus. Berlin. Bildführer: Kunsthandwerk vom MA bis zur Gegenwart, 1989^2, 21, Nr. 2, 25, Nr. 9 – Rosgartenmus. in Konstanz, Die Kunstwerke des MA, bearb. B. KONRAD, 1993, 224f., Nr. 7. 20 – M. HÜTT, »Quem lavat unda foris...«, 1993, 183–207 – W. GOEZ, »Barbarossas T.«, DA 50, 1994, 73–88 – F. NIEHOFF, Sog. T. Ks. Friedrichs I. (Heinrich d. Löwe und seine Zeit, Auss. Kat. Braunschweig 1995), 52–54, Nr. A 13.

Taula de Canvi ('Wechseltisch'), katal. Frühform der Bank (→Bankwesen), urspgl. Ort, an dem bei einem *canvista* Geldwechsel- und andere Finanztransaktionen stattfanden. Gegen Ende des 13. Jh. vollzog sich eine Differenzierung in kleine Wechselgeschäfte durch meist ambulante Händler, andererseits größere Transaktionen durch fest installierte *Taules*, wobei die Benutzung einer Decke die Garantie ('Deckung') der Einlagen anzeigte. Die Einrichtung solcher T.s in den Städten war zunächst kgl. Recht; erste Regelungen (unter Festlegung von Wechselkursen) wurden erlassen in Valencia (1247), Barcelona (→Recognoverunt proceres, 1284), auf den Corts (→Cortes) v. Valencia (1283), Barcelona (1290, 1299) sowie Lérida (1301). Feste Kontoführung, Wechselbrief- und Darlehensgeschäfte führten zur Blüte der katal. Handels- und Versicherungsgesellschaften, aber auch zu intensiven städt. Eingriffen, bis der Zusammenbruch der Barceloneser *Taules* (1381) eine schwere Wirtschaftskrise auslöste und Anlaß gab zur Gründung einer durch die Stadt finanziell abgesicherten und von ihr kontrollierten Depositenbank, der *Taula de Canvi de Barcelona*. Aufgrund des Beschlusses (1400) des Consell de Cent (→Consejo de Ciento) wurde die T. am 20. Jan. 1401 unter Benutzung einer Decke mit dem Stadtwappen eröffnet, hieß seit 1468 *Taula de Canvi dels comuns depòsits de la Ciutat* und bestand bis 1865, in dauerndem Konkurrenzkampf mit den privaten Banken. Valencia folgte 1407, erhielt 1408 ein kgl. Privileg und brachte die T. in der Llotjha (span. Lonja, 'Loge, Kaufhaus, Börse') unter, ohne daß die Institution hier (Liquidation bereits 1416, Neugründung erst 1519) oder in anderen Städten (Gerona, Zaragoza) aber längere Kontinuität erreichte. Beeinflußt vom katal. Vorbild war die →Casa di S. Giorgio in →Genua (gegr. 1408). Außer der Barceloneser T. gingen alle vergleichbaren Institutionen (→Montes) im 15. Jh. unter. L. Vones

Lit.: Dicc. d'Hist. de Catalunya, 1992, 1040 – Gran Enc. Cat. XIV, 226–228 – J. C. AYATS, F. UDINA, S. ALEMANY, La »taula« de cambio de Barcelona (1401–1714), 1947 – S. CARRERES ZACARÉS, La Taula de Cambis de Valencia (1408–1719), 1957 – A. PONS, La banca mallorquina en temps de Ferran el Catòlic (V Congr. de Hist. de la Corona de Aragón, Bd. IV, 1962), 143–200 – A.-E. SAYOUS, Els mètodes comercials a la Barcelona medieval, 1975 – R. CONDE, Las actividades y operaciones de la banca barcelonesa trecentista, Revista Española de Financiación y Contabilidad 17 (n° 55), 1988, 115–182 – A.-E. SAYOUS, Commerce et finance en Méditerranée au m. â., 1988 – A. M. ADROER I TASIS – G. FELIU I MONTFORT, Hist. de la T. de Barcelona, 1989.

Tauler, Johannes OP (um 1300–61), trat jung in den Dominikanerkonvent seiner Heimatstadt Straßburg ein. Nach der im Orden üblichen Ausbildung wurde er zum Predigt- und Seelsorgedienst v. a. bei den Dominikanerinnen und Beginen ausersehen; für die Ordenshochschule war er nie bestimmt. Spätestens um die Jh. mitte schloß T. sich, wie es das Meisterbuch Rulman →Merswins nahelegt, der Gottesfreundebewegung an. In der Folge des Machtkampfs zw. Ludwig dem Bayern und Johannes XXII. verließen die Dominikaner 1338 die unter dem Interdikt stehende Stadt Straßburg. T. verbrachte das Exil bis 1342/43 in Basel, weilte 1339, 1343, 1346 und wohl 1355/56 in Köln. In diesen Jahren verschaffte er sich Hss., nachweisl. die Summen des →Thomas v. Aquin, das 'Horologium sapientiae' Heinrich →Seuses. Er befaßte sich mit dem Buch 'Scivias' →Hildegards v. Bingen, auch kam der 'Liber specialis gratiae' →Mechthilds v. Hackeborn in seinen Besitz, er erhielt Kenntnis der Offenbarungen →Mechthilds v. Magdeburg, die unter dem Titel 'Das fließende Licht der Gottheit' zw. 1343–45 im Basler Gottesfreundekreis um →Heinrich v. Nördlingen ins Obdt. übertragen wurden. Rund 80 authent. Predigten T.s sind ca. 200 Hss. überliefert: Da T. eine Lehre nie systematisch ausformulierte, muß sie aus ihnen abgeleitet werden. Das Hauptanliegen T.s bildet der Vollzug des myst. Wegs, beginnend mit Umkehr und Einkehr im Sinne der Lebensbesserung wie im Sinne einer Rückkehr in den ungeschaffenen Ursprung, wozu alle menschl. Kräfte im Gemüt (*gemuet*) oder im Seelengrund (*grunt*) gesammelt werden müssen. Dem Schema vom dreifachen Weg (nach →Dionysius Areopagita und →Gregor d. Gr.) folgend, hat der äußere mit dem inneren Menschen mitzugehen bis zur Einung mit Gott, in der auch die Vernunft transintellektuell überstiegen wird. Das plotin. Philosophem vom dreifachen Menschen aufnehmend, erklärt T. den über dem äußeren und dem inneren vernunfthaften stehenden »dritten Menschen« als gottfähig und gottförmig, ja, wie T.s Abgrundspekulation zeigt, als »übergängig« in Gott. Da, im Obersten und Tiefsten, vermag sich die am innertrinitar. Prozeß teilhabende Gottesgeburt im Menschen zu vollziehen. Der Mensch wird von Gott überformt, er wird (bei bleibender Seinsdifferenz) aus Gnade das, was Gott von Natur ist, gemäß der bis zu den Kirchenvätern zurückverfolgbaren Formel. Immer bleibt eine spezif. Selbsterkenntnis, aus der tiefe Demut, Gelassenheit und geistige Armut sich ergeben, die Voraussetzung der unio mystica. Auch Frömmigkeitsübungen, so das Gebet und der kirchl. sakramentale Weg (insbes. die Eucharistie) können zur Einheitserfahrung mit Gott führen. T. sieht die Einheit von tätigem und beschaul. Leben als Ergebnis der unio-Erfahrung, sie macht die Berufung eines jeden Menschen aus. Obschon sehr selbständig, führt T. Autoritäten an: neben ntl. Gewährsleuten die Kirchenväter →Augustinus, →Gregor d. Gr., dann →Dionysius Areopagita, unter den Möchstheologen →Bernhard v. Clairvaux und ohne namentl. Erwähnung, da pseudonym überliefert, →Wilhelm v. St. Thierry, unter den Viktorinern →Hugo und →Richard, ferner die Dominikanerscholastiker →Albertus M., →Thomas v. Aquin, →Dietrich v. Freiberg und Meister →Eckhart, außerdem den Ordensvater →Dominikus. Von den heidn. Philosophen schätzte T. Aristoteles, Plato und bes. Proklus (durch →Berthold v. Moosburg vermittelt). Die Nachwirkung der T.-Predigten ist unabsehbar, wobei indes bei mehrmaligen redaktionellen Überarbeitungen seit dem 1. Drittel des 15. Jh. in den T.-Drucken (Leipzig 1498, Augsburg 1508, Basel 1521, 1522²) myst. Aussagen abgeschwächt oder zurückgenommen wurden. Unter den pseudo-tauler. Schriften fanden die Göttlichen Lehren (von Petrus Canisius 1543 in die Taulerausg. übernommen) und das Buch von geistl. Armut (durch Daniel Sudermann T. zugesprochen) weite Verbreitung. L. Gnädinger

Textausg.: Die Pr. T.s aus der Engelberger und der Freiburger Hs. sowie aus Schmidts Abschriften der ehem. Straßburger Hss., hg. F. VETTER, 1910 (DTM XI) [Nachdr. 1968] – A. L. CORIN, Sermons de T. et autres écrits mystiques, 1924, 1929 – J. T., Pr., Übertr. und eingel. W. LEHMANN, 2 Bde, 1913, 1923² – J. T., Pr., Übertr. und hg. G. HOFMANN, 1961, 1979 – J. T.s Pr., in Ausw. übers. und eingel. L. NAUMANN, 1923 – J. T., Pr., hg. und übers. L. GNÄDINGER, 1983 [Ausw.] – Das Buch v. der geistigen Armut, Aus dem Mhd. übertr. und mit einem Nachw. und Anm. von N. LARGIER, 1989 – *Lit. (Ausw.):* J. T., ein dt. Mystiker. Gedenkschrift zum 600. Todestag, hg. E. FILTHAUT, 1961, 460–479 [Bibliogr. bis zum Erscheinungsjahr] – La Mystique rhénane, Coll. de Strasbourg 16–19 mai 1961, 1963 – I. WEILNER, J. T.s Bekehrungsweg, Stud. zur Gesch. der kath. Moraltheol. 10, 1961 – J. A. BIZET, J. T. de Strasbourg, 1968 – D. MIETH, Die Einheit von vita activa und vita contemplativa in den dt. Pr. und Traktaten M. Eckharts und bei J. T., Stud. zur Gesch. der kath. Moraltheol. 15, 1969 – A. M. HAAS, Nim din in selbes war. Stud. zur Lehre von der Selbsterkenntnis bei M. Eckhart, J. T. und H. Seuse, Dokimion 3, 1971 – DERS., Myst. Erfahrung im Geiste J. T.,s, Internat. Zs. »Communio« 5, 1976, 510–526 – R. KIECKHEFER, The Role of Christ in T's Spirituality, DR 96, 1979, 176–191 – DERS., The Notion of Passivity in the Sermons of J. T., RTh 48, 1981, 198–211 – B. GORCEIX, Amis de dieu en Allemagne au siècle de Maître Eckhart, 1984 – L. STURLESE, T. im Kontext. Die philos. Voraussetzungen des »Seelengrundes« in der Lehre des dt. Neuplatonikers Berthold v. Moosburg (Beitr. zur Gesch. der dt. Spr. und Lit. 109, 1987), 390–426 – A. M. HAAS, Die Arbeit der Nacht. Myst. Leiderfahrung nach J. T. (Die dunkle Nacht der Sinne, hg. G. FUCHS, 1989), 9–40 – J. G. MAYER, Die »Vulgata«-Fassung der T.-Pr. Zur Überlieferung der T.predigten von den Hss. des 14. Jh. bis zu den ersten Drucken [Diss. Eichstätt 1990] – L. GNÄDINGER, J. T. Lebenswelt und myst. Lehre, 1993 – S. ZEKORN, Gelassenheit und Einkehr, Studien zur systemat. und spirit. Theol. 10, 1993.

Taus (Domažlice), **Schlacht bei** (14. Aug. 1431). Der letzte (5.) Kreuzzug gegen die →Hussiten wurde nach langjährigen, von den Hussiten in den Nachbarländern ausgetragenen Kämpfen und erfolglosen Verhandlungen zw. Hussiten, Kirche und Kg. Siegmund geführt. Die von Kard. →Cesarini bei Weiden versammelten Truppen drangen Anfang Aug. in das Kgr. Böhmen Richtung Tachau (Tachov) ein und belagerten die seit einigen Jahren von Hussiten beherrschte Stadt Taus (8. Aug.). Am 14. Aug. trafen die hussit. Heere ein, die schlecht koordinierten Kreuzheere gerieten in Panik und räumten unter Verlusten das Schlachtfeld. M. Polívka

Lit.: FR. v. BEZOLD, Kg. Sigmund und die Reichskriege gegen die Hussiten, III, 1877 [1976], 132–164 – F. M. BARTOŠ, Husitská revoluce, II, 1966, 87–95 – F. ŠMAHEL, Husitská revoluce, III, 1993, 231–244.

Tausch, in geldloser Zeit einzige friedl. Möglichkeit zum entgeltl. Erwerb von Waren und Ausgangspunkt allen Handels (→Tauschhandel). Seine Bedeutung im Verhältnis zum →Kauf ist reziprok zum Entwicklungsstand der Geldwirtschaft. Entsprechend wichtig war er im geldarmen Wirtschaftsleben des FrühMA. Doch auch noch in der sich entwickelnden Geldwirtschaft des Hoch- und SpätMA spielte der T. eine Rolle: Für Bauern und Ritter, so lange diese Bevölkerungsschichten kaum Bargeld zur Verfügung hatten und das Kreditwesen wenig geordnet war, im Fernhandel wegen der Gefahren beim Geldtransport. Hier bot der T. zudem die Chance, auf dem Rückweg gewinnversprechende Waren mitzubringen: Beim Baratt-(=Beut-)handel, also dem T. von Ware gegen Ware, der begriffl. eher als Doppelkauf erscheinen mag, wurde der Preis der Ware nur als Rechnungsgröße zur Bestimmung des Umfangs der Gegenleistung benötigt. Ungeprägtes Edelmetall, etwa lötiges Silber, nahm eine Zwischenstellung zw. T.gut und Zahlungsmittel ein. In der ma. Vorstellung war der T. vom Kauf kaum zu unterscheiden, wie u. a. das späte Auftreten des Begriffes ('tauschen': 15. Jh.; 'T.': 16. Jh.) zeigt. Die römischrechtl. Differenzierung zw. dem Kauf als Konsensual- und dem T. als Realvertrag wurde im MA n. der Alpen nicht rezipiert. A. Cordes

Lit.: »Kauf, -recht – HRG V, 131–133 [W. OGRIS] – W. EBEL, »T. ist edler als Kauf«. Jacob Grimms Vorlesung über Dt. Rechtsaltertümer (Fschr. H. KRAUSE, 1975), 210–224.

Tauschhandel ist die Form des Handels in der →Naturalwirtschaft. Bei der Annahme, daß T. dem geldwirtschaftl. Handel vorangegangen sei, hat die etymolog. Ableitung von pecunia aus *pecus,* 'Vieh', eine Rolle gespielt. Außerdem schreibt Tacitus, Germania 5, die Germanen hätten nur im Handel mit den Römern Geld gekannt, »interiores simplicius et antiquius permutatione mercium utuntur«. Im FrühMA erstreckte sich der T. auf Gegenden außerhalb des ehem. Röm. Reiches und innerhalb desselben auf jene, wo die →Geldwirtschaft durch die Völkerwanderung ganz oder teilweise zusammengebrochen war. Etwa 507 gab Theoderich d. Gr. Befehl an die Bewohner von Noricum zum Viehtausch mit den Alamannen, zu einer mercatio, die beiden Seiten Vorteile bringen würde (Cassiodor, Varien III, 50). →Ermoldus Nigellus bezeugt, daß die

Friesen ihre Tuche im Elsaß gegen Wein eintauschten. Trotzdem wuchsen gerade die Friesen rasch in die Geldwirtschaft hinein. Allg. vergleiche man die in den frk. Volksrechten in Geld berechneten Deliktbußen mit den Angaben der Germania (12) des Tacitus, wo sie noch aus Pferden und Rindern bestanden.

Die These vom generellen Zusammenbruch des geldwirtschaftl. Handels in der späteren Merowingerzeit wird heute nicht mehr vertreten. Es besteht eher die Tendenz einer Überschätzung der entgegenstehenden Zeugnisse. Die Münzen der zahlreichen merow. Münzmeister waren zumindest für den Kleinhandel zu groß. Zu Amuletten umgeformte Münzen sowie Münzwaagen lassen diesseits und jenseits der ehem. röm. Reichsgrenze darauf schließen, daß Münzen in Hände kamen, die nicht an Geldwirtschaft gewöhnt waren. Die ersten Markturkk. deuten auf eine allmähl. Ausdehnung des geldwirtschaftl. Handels hin. 833 und 861 erhielten →Corvey und →Prüm Marktprivilegien jeweils mit der ausdrückl. Begründung, daß es sonst keine Handelsmöglichkeiten im weiten Umkreis gäbe. Die große Zahl von Marktprivilegien des 10. Jh. östl. des Rheins läßt erkennen, daß sich in diesen Gegenden die Geldwirtschaft generell erst damals verbreitet hat. Man wird mit einem Nebeneinander von T. und Geldwirtschaft in einem sich ausdehnenden Gebiet rechnen müssen. Auch die Juden am Rhein beteiligten sich nach den →Responsen des 10. und 11. Jh. an dem weiterlebenden T. Ein Jude verkaufte an adlige Herren, die mit Vieh bezahlten, das sie von ihren Feinden geraubt hatten. Nach →Adam v. Bremen tauschten im 11. Jh. sächs. Kauffahrer in Preußen Wollgewänder gegen Marderfelle (IV, 18). Wenn er von den Preußen lobend sagt, »aurum et argentum pro minimo ducunt«, kann man daraus auch auf eine fehlende Geldwirtschaft schließen.

In gewisser Weise ist dem T. der Geschenkeaustausch zuzurechnen, um so mehr, wenn es dabei um Mengen von Gebrauchswaren ging, wie bei dem von →Notker (Gesta II, 8, 9) geschilderten Empfang arab. Gesandter durch Karl d. Gr. Daneben gab es einen Austausch anläßl. der Geschenkeverteilung des Kg.s an seinen Adel auf dem Maifeld. Bei dieser Gelegenheit erhielt der Kg. auch Warengeschenke von seinen Getreuen, wie es aus einem Brief Karls d. Gr. an →Fulrad v. St-Denis (MGH Cap. I, Nr. 75) wissen.

Einen breiten Raum nimmt im FrühMA und später die Verwendung von normierten Sachgegenständen als Zahlungsmittel ein. Man kann darin eine Übergangsform vom T. zum geldwirtschaftl. Handel sehen. Archäolog. sind für Zahlungszwecke normierte Eisenbarren in Schweden, England und in der Pfalz nachgewiesen. In churrät. Urkk. des frühen 9. Jh. wird der Grundstückspreis alternativ in gewogenem Eisen oder in Gold- und Silbergeld angegeben. In den ältesten Novgoroder Urkk. wird als Zahlungsmittel neben Silber Marderfell (Kun) genannt. Die westl. Mark entspricht →Grivna, ursprgl. ein Wort für Halsschmuck. In Prag waren nach →Ibrāhīm ibn Yakūb im 10. Jh. kleine, dünne, wie Netze gewebte Tücher das Zahlungsmittel. In Genueser Notariatsurkk. des 12. Jh. werden Grundstückspreise, Mitgiften, Morgengaben und Kommunalanleihen in Pfunden Pfeffer bemessen. In Schweden werden im 14. Jh. als Bodenzins alternativ Mark, Pfennige und Ellen Tuch genannt. Das Tuchgeld war weit verbreitet. Einem päpstl. Kollektor in Norwegen wurden auch »dentes de roardo, zonae de corio« gegeben. In Dänemark sprach man vom Heringsgeld. In einem Emdener Strafenregister des 15. Jh. sind Bußen alternativ in Geld oder in Kühen verzeichnet.

Die Verbreitung der Geldwirtschaft von S nach N bezeugt die etymolog. Herkunft der skand. Öre vom lat. aureus. In der Ausdehnung der Öre über Geld hinaus auf Gegenstände, sogar auf Ackerstücke, sieht man eine Rückkehr zur Tauschwirtschaft wegen Geldmangels. Eine andere, überlegenere Reaktion auf Geldmangel ist der bargeldlose Verkehr, etwa die gegenseitige Verrechnung ausgetauschter Waren nach Geldwert, die sicherl. vom T. deutl. zu unterscheiden ist. Sie ist uns etwa in dem Handlungsbuch des Danzigers Johann Piß (1421–56) als Beutung (= *butinge*) bezeugt (W. STARK). Eigentüml. ist, daß es auch Widerstände gegen die Umstellung vom T. auf die Geldwirtschaft gab, so in Novgorod noch im 15. Jh. von seiten der Deutschen, die fürchteten, daß dadurch ihre Waren für die Russen billiger würden. Ab 1465 gab es Verbote, Tuche anders als gegen Wachs und Pelzwerk abzugeben. R. Sprandel

Lit.: A. DOPSCH, Naturalwirtschaft und Geldwirtschaft in der Weltgesch., 1930 – H. VAN WERVEKE, Economie-Nature et Economie-Argent: Une discussion, Annales 3, 1931, 428–435 – J. WERNER, Fernhandel und Naturalwirtschaft im ö. Merowingerreich nach archäolog. und numismat. Zeugnissen, 42. Ber. der Röm.-Germ. Komm., 1961 – A. AGUS, Urban Civilisation in Pre-Crusade Europe, 1965 – R. SPRANDEL, Das ma. Zahlungssystem nach hans.-nord. Q. des 13.–15. Jh., 1975 – ST. LEBECQ, Marchands et navigateurs frisons du haut MA, 1983 – W. STARK, Über Platz- und Kommissionshändlergewinne im Handel des 15. Jh. (Hans. Stud. VI, 1984), 130–146 – Unters. zu Handel und Verkehr der vor- und frühgesch. Zeit in Mittel- und Nordeuropa, hg. K. DÜWEL u.a., 3, 1985; 4, 1987 – P. SPUFFORD, Money and its Use in Medieval Europe, 1988.

Tauschierung, in der 2. Hälfte des 19. Jh. gebildeter, von mfrz. *tauchie* (Rabelais 1530), it. *tausia* (ursprgl. Färbung) abgeleiteter Oberbegriff für Verfahren polychromer Gestaltung von Metalloberflächen durch Auf- und Einlegen anderer Metalle. Der mlat. Bezeichnung operatum ad damasquinum (1440) entsprechen frz. *damasquiner* (um 1550), dt. *damasculieren* (1577 daraus das heutige Synonym für T. *Damaszierung*) sowie – heute nur für Waffen-T. verwendet – it. *damaschinatura*, engl. (aus opus de Damasce 1445) *Damascening/Damaskeening*. Der älteste it. Begriff *tanccia* (1540), *tausia* (Vasari 1550) kommt (ebenso wie span. *ataugia/atauxia*) von arab. *taušiyya* (Färbung), auch das it. Synonym *agemina* sowie *azzimini* (Tauschierer) haben arab. Wurzeln.

Während der Bedeutungsgehalt der heut. engl. (*damascene work, inlay*) und frz. Begriffe (*damasquinure, incrustation*) weit genug ist, um sich mit den hist. T.sarbeiten und der entsprechenden schriftl. Überlieferung zu decken, trifft dies für den dt. Begriff T. nicht zu, da ihm im Historismus eine sich einseitig an damaliger Handwerkspraxis orientierte Definition zugeordnet wurde.

Die T. ist kein terminus technicus, sondern Oberbegriff für mehrere Verfahren der polychromen Gestaltung von Metalloberflächen durch Auf- und Einlegen anderer, farbl. kontrastierender Metalle und Legierungen.

Als Grundmetalle (Ein-/Auflagemetalle in Klammern) wurden Gold (Eisen), Silber (andersfarbige Silberlegierung), Kupfer (Gold, Silber, Messing, Zink), Bronze (Gold, Silber, Elektron, Kupfer, Eisen), Messing (Silber, Kupfer), Zink (Gold, Silber) und Eisen/Stahl (Gold, Silber, Bronze, Kupfer, Messing, andere Eisenlegierung) verwendet. Darüber hinaus wurde der polychrome Charakter der T. oft durch die Kombination mit Email und Niello sowie im Orient mit dunklen Pasten (Mossul-Bronzen), Kitten und nichtmetall. Einlagen gesteigert.

Nach der Grundform der Ein- und Auflagen unterscheidet man *Punkt-, Linien-, Flächen-* und *Relief-T.* (s.u.). Nach Art der Plazierung unterscheidet man zwei Arten der T. Bei der *Oberflächen-T.* (*aufgeschlagene T.*). wird ein Metall in Form von Draht, Folie oder Blech auf ein anderes aufgelegt. Die Verbindung erfolgt mechan. durch Aufreiben oder -schlagen in die aufgeraute Oberfläche des Grundmetalls, durch Nieten, Kitten und Löten oder Oberflächendiffusion auf einer Quecksilberschicht (Biringuccio). Bei der *Flach-T.* (*eingeschlagene T.*) werden Draht, Folie oder Blech in die Vertiefungen eines Grundmetalls eingelassen und anschließend bündig abgearbeitet. Die Vertiefungen werden durch Stichel, Meißel, Punzen oder Ziehschaber (Persien), durch Aussparung beim Guß oder durch Ätzen (Venedig) erzeugt. Die Bindung erfolgt im Prinzip wie bei der Oberflächen-T. Wenn keine Bündigkeit der Oberfläche vorliegt, handelt es sich nicht um eine Flach-T., wohl hingegen um eine Sonderform der *eingelegten T.* Eine weitere Sonderform der eingelegten T. ist die *Relief-T.*, die sich von der Flach-T. durch die plast. Ausbildung der Einlagen unterscheidet.

Nach ihrer Herkunft werden benannt: *Bidri-Arbeiten* (Bidar/Pakistan, seit 14. Jh.), schwarz gefärbte Zinklegierungen mit Gold- und Silber-T.; *Koftgari-Arbeiten* (pers. Ursprung, in Indien hochentwickelt), Waffen und Rüstungen aus Stahl mit Gold- und Silber-T.; *Mossulbronzen* (Mossul/Irak, Blütezeit 13./14. Jh.), signierte Bronzegeräte mit Gold-, Silber- und Kupfer-T., häufig auf geschwärztem Grund (entsprechende Arbeiten aus Ägypten werden als *Mamluken-*, aus Persien als *Timuriden-* und von nach Venedig ausgewanderten Syrern als *Azzimina-Bronzen* [KGM Berlin] bezeichnet). Unter *Toledo-Arbeit* (Spanien) versteht man Stahlarbeiten (u. a. Schmuck) mit Gold-T. Die Ausstellung derartiger Arbeiten auf der Pariser Weltausstellung von 1867 löste eine Wiederbelebung der T. aus und führte zur heute noch gültigen Namensgebung.

Die T. wurde in der 2. Hälfte des 4. Jt. v. Chr. in Anatolien aus der Plattierung entwickelt (Schwertgriff, Arslantepe). Über Kreta verbreitete sich die T. nach Griechenland und erreichte schon in der älteren Bronzezeit Mitteleuropa, wo sie seit der röm. Ks.zeit vermehrt auftritt. In der Merowingerzeit (Schwerpunkt im 7. Jh.) fand die T. ihre wohl stärkste Verbreitung im Abendland, wie zahllose Funde silber- und messingtauschierter eiserner Waffen-, Gürtel- und Riemenbeschläge aus Nordfrankreich, Belgien, den Niederlanden, dem Rheinland, Elsaß, der Schweiz, Baden-Württemberg, Südostbayern und dem langob. Italien belegen.

Die goldtauschierten Bronzetüren an der konstantinischen Apostelkirche stifteten eine lange Tradition, die in den gold- bzw. silbertauschierten Türen des Lateranbaptisteriums (461-468) und weiterer Türen des 11. (Rom, Venedig, Pisa) und 12. Jh. (Ravello, Venedig, Canosa, Tróia) fortlebte.

Nördl. der Alpen entwickelt sich die T. seit karol. Zeit auf eisernen Waffen (goldtauschierte Spatha, GNM Nürnberg; »Säbel Karls d. Gr.«, Aachen) und auf Sporen, seit dem 11. Jh. auch auf Streitäxten. Die T. der Schwertfegermarken in Buntmetall auf der Schwertklinge ersetzt im 13. Jh. die bis dahin üblichen Inschriften und (seltener) Ornamente. Während der ags. beeinflußte kupferne →Tassilo-Kelch mit Silber-T. einzeln dasteht, gibt es tauschierte Bronzearbeiten des 12. Jh. vorwiegend im Rhein-Maas-Gebiet, darunter Leuchter, Aquamanile (Taube, NM Budapest; Greif, KHM Wien; Drache VAM London) und eine »Handhabe« unklarer Bestimmung (RLM Bonn). Silber-T. in Verbindung mit Braunfirnis ist am kupfernen Samson-Reliquiar (Niedersachsen, Anfang des 13. Jh.) nachweisbar.

In Nordeuropa entwickelte sich im 9.-11. Jh. eine hohe T.skunst an Waffen der Wikinger, während in Irland im 9.-12. Jh. T.en auf Fibeln (Tarafibel), Sakralgerät (Ardaghkelch), Reliquiaren (Molaise-R., Clogán Oír), Reliquienkreuzen (Cong) und Krummstäben (Clonmacnoise) entstehen. Gleichzeitige Belege für die T. aus England finden sich auf Scheibenfibeln (Strickland brooch), Rauchfässern (Canterbury), Leuchtern (Gloucester candlestick, Tassilo-Leuchter), Krümmen, Steigbügeln und Hiebschwertern (Seax).

Erste Kontakte mit der hochentwickelten islam. T.skunst auf europ. Boden ergaben sich während der →Omayyaden-Periode in Córdoba, später am maur. Hof v. →Granada. Der nachhaltigste Einfluß ging jedoch von den Kreuzzügen aus, in deren Folge die Europäer neben pers. und ägypt. die ihrem Zeitgeschmack bes. entsprechenden syr. T.sarbeiten kennenlernten, die von ven. Kaufleuten trotz päpstl. Handelsbeschränkungen auf dem Wege über Zypern nach Europa importiert wurden. Die syr. Handwerker lieferten an europ. Auftraggeber (Bronzebecken des Hugo v. Lusignan, † 1359, MN Florenz) und übernahmen auch christl. Motive (Hl. e, Leben Jesu). Seit dem 14. Jh. arbeiteten syr. Handwerker in Venedig. Der Impuls, der von den oriental. T.sarbeiten ausgegangen war, führte zu einer Blüte der T. im 16. Jh. in verschiedenen Ländern.

Wichtige Q. für die Technik der T. sind →Theophilus, →al-Jazarī, Biringuccio (1540), Vasari (1550), Cellini/Vita (1558-68) und Garzoni (1585/dt. 1619). J. Wolters

Lit.: A. Rieth, Anfänge und Entwicklung der Tauschiertechnik, Eurasia Septentrionalis Antiqua 10, 1936, 186-198 – W. Holmquist, Tauschierte Metallarbeiten des N aus Römerzeit und Völkerwanderungszeit, 1951 [Lit.] – S. Gent, Die Ziertechnik des Tauschierens, gold und silber, union und schmuck 11, 1958, 1, 23ff. – O. Untracht, Jewelry, Concepts and Technology, 1982 – Tauschierarbeiten der Merowingerzeit, hg. W. Menghin (Mus. für Vor- und Frühgesch., Staatl. Museen zu Berlin, SMPK, Bestandskat. 2), 1994 [Lit.] – Tanzīl fiḍ-ḍa, Jüd. Metallhandwerk in Damaskus (Ausst. Jüd. Regionalmus. Mittelfranken), 1995.

Tausendgüldenkraut (Centaurium erythraea Rafn/Gentianaceae). Der mit dem Kentauren Chiron in Verbindung gebrachte griech.-lat. Name *centaurium* (Plinius, Nat. hist. 25, 66) für die bereits in der Antike hochgeschätzte, nach einer großen und einer kleinen 'Art' unterschiedene Pflanze (Dioskurides, Mat. med. III, 6 und 7) wurde im MA als Zusammensetzung aus centum ('hundert') und aurum ("Gold/Gulden') mißdeutet, woraus dann im 15. Jh. die bis heute übl. dt. Benennung entstand. Die ebenfalls schon antike Bezeichnung *fel terrae* sowie analog dazu ahd. *ertgalla* (Steinmeyer-Sievers III, 526; IV, 365; V, 42) verweist dagegen auf den bitteren Geschmack der bisweilen auch *febrifuga* bzw. *fieberkraut* gen. Pflanze. Die *centaurea* (Mlat. Wb. II, 461) galt als vorzügl. Wundheilmittel, das gemäß der Überlieferung sogar die Fleischstücke im Kochtopf wieder zusammenwachsen ließ (Albertus Magnus, De veget. VI, 311; Konrad v. Megenberg V, 33); ferner verwendete man *dusentgulden* zur Förderung der Verdauung und der Menstruation, bei Verhärtung der Leber und der Milz, Blasen- und Nierenbeschwerden, Lendenschmerzen, Augenleiden sowie Wurmkrankheiten (Circa instans, ed. Wölfel, 30f.; Gart, Kap. 83). Auch in der Sympathiemedizin (→Marcellus Empiricus) und im Volksaberglauben spielte das fast in ganz Europa verbreitete Enziangewächs, z. T. aufgrund der roten Blütenfarbe, eine vielfältige Rolle. P. Dilg

Lit.: Marzell II, 321-331 – Ders., Heilpflanzen, 178-183 – HWDA VIII, 710-713 – W. F. Daems, Der Kentaur Chiron und die »Gracenije«, Schweiz. Apotheker-Zeitung 115, 1977, 525-528.

Tausendundein Tag, von dem Orientalisten F. Pétis de la Croix (Mitwirkung des Schriftstellers A. Lesage unwahrscheinlich) als Gegenstück zu →»Tausendundeine Nacht« verfaßte Geschichtensammlung (1710-12). Sowohl die Zuschreibung der Autorschaft an einen (hist. glaubwürdigen) zeitgenöss. pers. Derwisch Mokles als auch die Anführung einer pers. Hs. als Vorlage sind lit. Fiktion im zeittyp. Stil orientalisierender Konventionen. Die meisten Geschichten der von einer Rahmenerzählung umspannten Slg sind aus →»Fereǧ baʿd eš-šidde« übertragen, einem wohl schon im 14. Jh. entstandenen osman. Repräsentanten der seit dem 10. Jh. belegten gleichnamigen arab.-islam. lit. Gattung. U. Marzolph

Ed. und Lit.: V. CHAUVIN, Bibliogr. des ouvrages arabes, IV, 1900, 123-132, 219-221 – A. WIENER, Die Faraǧ baʿd aš-šidda-Lit., Islam 4, 1913, 270-298, 387-420 – F. Pétis de la Croix, Les mille et un jours, contes persans, ed. P. SEBAG, 1980 – I. BALDAUF, Freude nach Bedrängnis? Lit. Geschichten zw. Osman., Pers. und Tatar. (Fschr. A. TIETZE, 1994), 29-46.

Tausendundeine Nacht, bekannteste arab.-islam. Slg. von Märchen, Fabeln, romant. und erbaul. Geschichten, in deren Rahmenerzählung eine kluge Frau den enttäuschten grausamen Herrscher durch nächtelanges Erzählen von seinem Haß auf das weibl. Geschlecht heilt.

Die Geschichte der Slg. läßt sich aufgrund sekundärer Erwähnungen (10. Jh.) bis zu einer pers. Fassung namens »Hezār afsāne« (evtl. bereits 8. Jh.) zurückverfolgen. arab. ist ein Fragment aus dem 9. Jh. erhalten. Die frz. Übers. (1704-17) von Antoine Galland, durch die das Werk weltberühmt wurde, basiert in den Anfangsteilen auf dem ältesten erhaltenen arab. Ms. (15. Jh.).

T. stellte in der →Arab. Lit. ursprgl. einen inspirierenden Rahmen für die von der gelehrten Welt seit jeher eher geringgeschätzte narrative Kreativität dar. Während das Werk in den frühen Fassungen einen nach hinten offenen Rahmen und bis auf einen relativ kleinen Bestand keinen festen Nukleus an Geschichten aufwies, wurde durch die von Galland ausgelöste enthusiast. Rezeption in Europa eine Nachfrage produziert, die erst im 18./19. Jh. in der Kompilation »vollständiger« arab. Versionen resultierte. E. LITTMANNS Modell einer aus verschiedenen zeitl. Schichten (ind., pers., arab. aus Bagdad, Kairo) erwachsenen Slg. orientiert sich wie die meisten traditionellen Unters.en an inhaltl. Kriterien, ohne daß hieraus tatsächlich auf Ursprung oder Alter einzelner Erzählungen geschlossen werden könnte. Demgegenüber haben jüngere Studien das Bewußtsein dafür geschärft, daß die vorliegenden gedruckten Rezensionen von T., die auf den Kompilationen des 18./19. Jh. basieren, eher zufällige Zusammenstellungen von Material divergierenden Ursprungs sind. Die darin verwerteten Geschichten finden sich ebenso wie viele weitere inhaltlich vergleichbare ohne Inkorporierung in die Rahmenerzählung in einer schier unüberschaubaren Anzahl arab. Mss. Derartige Geschichten weisen teils beträchtl. Alter auf wie etwa die von Galland in T. integrierten Erzählungen Sindbad des Seefahrers oder das von H. WEHR edierte »Buch der wunderbaren Erzählungen«.

Aufgrund des heterogenen Charakters der Slg. müssen auch die zahlreich festgestellten Parallelen zw. T. und Werken der ma. europ. Lit.en weniger als konkrete Nachwirkung eines kanon. Textes denn als – über unterschiedl. Instanzen vermittelter – Widerhall populärer Erzählungen gelten, die teils erst zu einem sehr viel späteren Zeitpunkt Bestandteil der Slg. wurden. Spuren der Rahmenerzählung finden sich etwa bei den it. Novellisten →Sercambi oder in Ariosts »Orlando furioso« (→Roland, C. I), weitläufige Adaptationen sind für Ramon Lull (→Raymundus Lullus), →Dante und →Boccaccio ebenso wie für →Chaucer oder die ma. isländ. Sagalit. (→Saga) diskutiert worden. U. Marzolph

Ed. und Lit.: EI² I, 358-364 [E. LITTMANN] – V. CHAUVIN, Bibliogr. des ouvrages arabes, IV-VII, 1900-03 – N. ABBOT, A Ninth Century Frgm. of the »Thousand Nights«, Journal of Near Eastern Stud. 8, 1949, 79-89 – E. LITTMANN, Die Erzählungen aus den Tausendein Nächten, I-VI, 1953 – Das Buch der wunderbaren Erzählungen und seltsamen Geschichten, ed. H. WEHR, 1956 [hierzu A. SPITALER, Oriens 34, 1994, 387-403] – H. GROTZFELD-S. GROTZFELD, Die Erzählungen aus »Tausendeiner Nacht«, 1984 – M. MAHDI, The Thousand and One Nights (Alf Layla wa-Layla) from the Earliest Sources, I-III, 1984-94 [Ed., Einl.] – W. WALTHER, T., 1987 – M. MUNDT, Zur Adaptation oriental. Bilder in den Fornaldarsǫgur Norðrlanda, 1992 – D. PINAULT, Story-Telling Techniques in the Arabian Nights, 1992 – R. IRWIN, The Arabian Nights, 1994.

Tavernikalstadt. Erstmals wurde 1230 in einem ung. Stadtprivileg festgehalten, daß vom Stadtgericht nicht nur beim Kg., sondern auch vor dem →Tarnackmeister Berufung eingelegt werden kann. Der Tarnackmeister urteilte in der kgl. Kurie zusammen mit adligen Beisitzern in Angelegenheiten der Bürger. Ende der 1430er Jahre gelang es einer Städtegruppe, das Tavernikalgericht an sich zu ziehen. Diese sieben T.e gehörten zu den reichsten des Landes (→Buda, →Kaschau/Košice, →Preßburg/Bratislava, Tirnau/Trnava, →Ödenburg/Sopron, Preschau/Prešow, Bartfeld/Bardejów). Ende des 15. Jh. trat noch Pest hinzu und übernahm den zweiten Platz. Seither durfte der Tarnackmeister nur in der Stadt Buda urteilen, seine Beisitzer wurden von den sieben bzw. acht Städten gewählt. Diese verabschiedeten auch Statuten und vereinheitlichten mit dem »ius tavernicale« ihr Recht auf der Basis der Budaer Stadtrechte; s. a. →Stadt, I, II.

A. Kubinyi

Lit.: I. SZENTPÉTERY, A tárnoki itélőszék kialakulása, Századok 67, 1934, 510-590 – Š. MERTANOVÁ, Ius tavernicale, 1985.

Tavistock, ehem. Abtei OSB (Devonshire) am westl. Rand des Dartmoor, einer der wichtigsten Vorposten des ma. engl. Mönchtums an den Grenzen von Cornwall. Gegr. zw. 970 und 980 von dem Ealdorman Ordgar of Devon und seinem Sohn Ordulf, verdankt die Abtei ihr Ansehen v. a. der Translation der Reliquien des hl. Rumon (6. Jh.) nach T. 997 brannte die Abtei bei einem Überfall der Wikinger ab; doch wurde bald ein neues Gebäude errichtet, und T. gehörte 1086 im →Domesday Book zu den 30 reichsten Kl. im Land. Trotzdem blieb die Abtei immer sehr isoliert und von der Ausbeutung ihrer Ländereien durch den lokalen Adel bedroht. 1377, nachdem die Versäumnisse der aufeinanderfolgenden Äbte v. T. an herausragender Stelle in den Visitationsprotokollen der Bf.e v. Exeter erschienen waren, zählte der Konvent nur noch 14 Mönche. Im 15. Jh. zeichnete sich ein gewisser Aufschwung ab. Einige Mönche begannen ein Studium im Gloucester College in Oxford, und die Abtei besaß 1525-34 ihre eigene Druckerpresse. Am 3. März 1539 übergaben der Abt und 20 Mönche das Kl. an Heinrich VIII. Nur noch geringe Reste der Kl.gebäude sind erhalten. R. B. Dobson

Lit.: H. P. R. FINBERG, T. Abbey, 1951 – D. KNOWLES, The Religious Orders in England, III: The Tudor Age, 1959.

Tavola Rotonda → Tafelrunde

Taxe, Taxgebühr, päpstliche. Die päpstl. Kurie erhebt Gebühren für die Ausstellung von Urkk., für die Übertragung von Pfründen (→Beneficium, III) und für die Gewährung bestimmter Gnadenerweise.

[1] In der apostol. Kanzlei werden regulär vier T.n

gefordert: a) für das →Konzept, b) für die →Reinschrift, c) für das →Siegel, d) für die Registrierung. Dazu kommt bei der expeditio per cameram (→Kanzlei, B. 2) e) die »taxa quinta« der →Sekretäre. Die Höhe der T. richtet sich nicht nach dem Arbeitsaufwand bei der Ausstellung der Urk., sondern nach ihrem Rechtsinhalt. Generell sind die T.n umso höher, je später sich die Kurie mit der Ausstellung von Urkk. für bestimmte Materien zu befassen begann; Gnadensachen (v. a. Pfründenverleihungen und →Ablässe) werden höher taxiert als Justizsachen. Die Taxhöhe wurde mehrfach durch Kanzleiordnungen geregelt, so v. a. durch →Johannes XXII. Er führte auch das Prinzip ein, daß die vier (bzw. fünf) T.n gleich hoch zu sein haben. Die Taxierung erfolgt anhand der Reinschrift durch die Funktionäre der →Skriptoren (→Reskribendar) und ist für die übrigen T.n maßgebend, jedoch erfolgt bei der Besiegelung eine Überprüfung der T., die zu einer Erhöhung oder Verminderung führen kann. Taxfreiheit (Gratis-Expedition) können die Angehörigen der Kurie beanspruchen (»gratis pro socio«), außerdem in Rom anwesende Arme (»gratis pro deo«). Ferner kann der Papst Taxfreiheit anordnen (»gratis de mandato«). Gratis werden ferner die Urkk. expediert, die die Kurie aus eigenem Antrieb erläßt (»de curia«, auch fiktiv als verdeckte Taxbefreiung), sowie die litterae rescriptae, sofern die Neuausstellung von der Kurie verschuldet wurde. Auch teilweise Taxbefreiung ist möglich. Die Taxquittung erfolgt auf der Urk. selbst durch Kanzleivermerke an verschiedenen festgelegten Stellen, teilweise mit Angabe des Datums. Neben den regulären T.n muß der →Petent u. a. Gebühren im Supplikenregisterbüro (→Papstregister) und für die →Sollicitatores zahlen; dazu kommen mißbräuchl. Trinkgeldforderungen und T.n »pro labore«. Ähnlich wie in der Kanzlei ist das Taxwesen bei der Ausstellung der →Breven, der Urkk. der Poenitentiarie (→Poenitentiar), der apostol. →Kammer und der →Rota geregelt.

[2] Bei der Übertragung von Pfründen sind neben den →Annaten, →Servitien und Quindennien v. a. T.n für die Eintragung und Löschung der Zahlungsverpflichtung und Zahlungsquittung zu zahlen.

[3] Die Datarie verlangt bei der Gewährung bestimmter Gnadenerweise die Zahlung der Kompositionen, für die es im SpätMA v. a. bei Ehedispensen (→Dispens, →Ehe, B. II) feste Tarife gibt. Th. Frenz

Lit.: Bresslau I, 329–346 – H. Denifle, Die älteste Taxrolle der apostol. Pönitentiarie, ALKGMA 4, 1888, 201–238 – M. Tangl, Das Taxwesen der päpstl. Kurie bis zur Mitte des 15. Jh., MIÖG 13, 1892, 1–106 – L. Schmitz-Kallenberg, Practica cancellariae saeculi XV exeuntis, 1904, 51–62 – J. Trenchs Odena, Las tasas apostólicas y el »gratis« papal en la primera mitad del siglo XIV, Anuario de Estudios Medievales 7, 1970/71, 313–335 – Th. Frenz, Papsturkk. des MA und der NZ, 1986, 79f., § 147f.

Taxis. An den Namen der Familie, die im Bergamaskischen beheimatet war und dort seit dem 12. bzw. 13. Jh. bezeugt sein soll, knüpft sich die Entstehung der nz. →Post in Dtl. Maximilian I. zog die T., die mit dem Kurierdienst bereits in päpstl. und ven. Diensten Erfahrungen gesammelt hatten, an seinen Hof und betraute sie mit der Errichtung einer Botenlinie Innsbruck–Brüssel (1489/90). *Franz v. T.* (1459–1517) verlegte 1501 das Zentrum der Einrichtung nach Brüssel, schloß 1505 mit Philipp I. v. Spanien einen Vertrag über die Errichtung einer Botenverbindung zw. den Niederlanden, dem dt., frz. und span. Hof und traf 1516 mit Karl I. v. Spanien eine Vereinbarung, die Linien nach Italien zu verlängern. Das Besondere dieser Verbindungen war die – gelegentl. schon früher praktizierte – Postierung (*posta*) von Boten in regelmäßigen Abständen, die eine raschere Beförderung der Briefe erlaubte und der Familie nachträgl. den Ruf der »Erfindung« der Post einbrachte. Die als Unternehmergesellschaft von Brüdern und Neffen agierende Familie wurde 1512 geadelt, spaltete sich in mehrere Linien auf und besaß im Reich die 1597 zum Regal erklärte Post als Lehen.

Th. Szabó

Lit.: BWbDG III, 2898–2905 – M. Dallmeier, Q. zur Gesch. des europ. Postwesens 1501–1806, 1977 – M. Piendl, Das fsl. Haus Thurn und T., 1980 – W. Behringer, Thurn und T., 1990.

Taxis ton akolouthion → Byzantinische Musik, VII

Te Deum, zusammen mit dem Hymnus Gloria in excelsis weitestverbreiteter Hymnus der Westkirche aus altkirchl. Tradition (z. B. Cyprian v. Toulouse [Mitte 6. Jh.]: »Jede Kirche auf der Welt hat ihn angenommen und singt ihn« [MGH Epp. Karol. 3, 436]), mit festem Platz im →Stundengebet (Sonntagmorgen: z. B. Benediktregel 11, 8). Die Autorschaft (in der NZ oft genannt: Nicetas [v. Remesiana?]) muß offenbleiben. Das MA spinnt gern den (legendären) Bericht weiter, →Ambrosius und →Augustinus hätten ihn bei der Taufe des letzteren (Ostern 483) verweise alternierend verfaßt (z. B. Hinkmar v. Reims, De praedest. 29, MPL 125, 290 B, deshalb »Ambrosianischer Lobgesang«). – Gewöhnl. in 20 Doppelverse gezählt; Teile: 1–13 Gotteslob, 14–23 Christuslob (altkirchl. Exegese von Ps 23 aufgreifend), 24–29 (spätere) Psalmverse (»capitella per psalmos«). Mögliche (nicht unbestrittene) Schichten und Bearbeitungen des (hypothet.) Urtextes liegen vor dem MA, dessen textus receptus textkrit. gut gesichert ist (Original von V. 23 aber : »aeterna ... gloria munerari« statt »in gloria numerari«). – Der bevorzugte liturg. Ort bringt den Hymnus am Ostersonntagmorgen in Verbindung mit dem Osterspiel (Visitatio sepulcri, →Geistliches Spiel [1]) als dessen Abschluß, was Auslöser des bis in die NZ expandierenden Gebrauchs des Hymnus als großer Gesang bei Festlichkeiten unterschiedlichster Art wird, gar im Sinn späterer »Nationalhymnen«. Das MA kennt schon Übersetzungen, auch verfremdende Bearbeitungen (»Te Mariam laudamus«) und auch Parodien, Zeichen der selbstverständl. Kenntnis des Hymnus aus regelmäßigem Gebrauch. Die Geschichte des Hymnus im MA ist noch nicht monograph. bearbeitet. A. Häußling

Lit.: MGG XIII, 164–172 [K.-H. Schlager, W. Kirsch] – P. C. Langeveld, Liturg. Woordenboek, II, 1968, 2649–2652 [Lit.] – E. Kähler, Te Deum laudamus, 1958 – S. Zak, Das T. D. als Huldigungsgesang, HJb 102, 1982, 1–32.

Tebaldeo, Antonio, it. Dichter, * 1463 in Ferrara, † 1537 in Rom. T. hielt sich von 1435 bis 1498 am Hof der →Gonzaga in →Mantua auf, stand dann in →Ferrara im Dienst der →Lucrezia Borgia und zog 1513 nach Rom, wo er von Leo X. gefördert wurde und mit berühmten Zeitgenossen wie Raffael und B. Castiglione Freundschaft schloß. Er dichtete in Latein und in der Volkssprache: Neben vielfältigen und eleganten lat. Carmina verfaßte T. zahlreiche →Sonette, Capitoli und →Strambotti in der Volkssprache, die ihm sofort Erfolg und die Anerkennung als einer der wichtigsten Hofdichter einbrachten. Unter den versch. Gedichtsammlungen, die zu Lebzeiten des Autors veröffentlicht wurden, ist v. a. die 1498 in Modena erschienene Sammlung von Bedeutung. Sie ist wie ein →Canzoniere gegliedert; auf ein einleitendes Widmungssonett für Isabella d'Este folgen verschiedene einen Jahrestag feiernde Texte, die eine innere Chronologie des Werkes bilden; am Ende der Sammlung offenbart der Dichter reuevolle, spirituelle Umkehr mit dem Capitolo in terza rima »Vergine sacra, gloriosa, eterna«. M. Picone

Lit.: s.a. →Petrarkismus – A. T., Rime, hg. T. BASILE–J. J. MARCHAND, 5 Bde, 1989–92 – M. DANZI, Sulla poesia di A. T., GSLI 1994 – C. DIONISOTTI, Appunti sul T. (Fschr. C. BOZZETTI, 1996) [Lit.].

Technik der Buchmalerei. Ma. Angaben zur T. d. B. sind seit dem 11. Jh. überliefert (→Heraclius-Traktat, →Mappae Clavicula, →Theophilus). Exakte Anweisungen, verbunden mit Mustern der einzelnen Arbeitsschritte finden sich nur ausnahmsweise (Göttinger →Musterbuch). Trägermaterial ist im MA vorwiegend →Pergament, das zur besseren Haftung von Schrift und Malerei mit Bimsstein geschliffen, in byz. Hss. auch mit Bindemittel eingestrichen wird; seit dem 15. Jh. wird daneben auch →Papier verwendet. Luxushss. der Spätantike, des FrühMA und der Renaissance können purpurne (→Purpurhss.), blaue (gefärbt mit →Indigo) oder schwarze (gefärbt mit Eisengallustinte) Seiten enthalten. In der →Buchmalerei werden fast alle im MA bekannten Farbmaterialien benutzt: anorgan. natürl. und künstl. Pigmente, organ. Farbmittel pflanzl. und tier. Herkunft. Die Bindemittel sind wasserlösl., es sind v. a. Clarea (defibrilliertes Eiweiß), Pflanzengummi, Ichthyocollon (Hausenblase des Stör). Unterzeichnungen sind mit Tinten, Tuschen oder Silberstift ausgeführt. Der Auftrag der Farben erfolgt meist in wenigen dünnen Schichten. Blattmetalle sind bis zum 12. Jh. selten. Die Metalle werden direkt auf das Pergament oder eine dünne rote bzw. grüne Grundierung aufgetragen. Seit dem 12. Jh. setzen sich zunehmend Blattmetalle durch, die auf einen plast., rot, grün oder schwarz angefärbten Kreide- bzw. Gipsgrund (Assis) aufgelegt werden. Die Metalle werden jetzt zumeist hochglänzend poliert; Goldgründe sind bisweilen graviert oder punziert, häufiger mit Tuschen und Tinten floriert.

D. Oltrogge

Lit.: RDK IV, 1463–1492 – H. ROOSEN-RUNGE, Farbgebung und Technik frühma. Buchmalerei, 1967 – Reclams Hb. der künstler. Techniken, I, 1984, 55–123 [H. ROOSEN-RUNGE] – D. OLTROGGE, R. FUCHS, S. MICHON, Laubwerk – Zur Texttradition einer Anleitung für Buchmalerei aus dem 15. Jh., Würzburger med. hist. Mitt. 7, 1989, 179–213 – R. FUCHS–D. OLTROGGE, Unters. rhein. Buchmalerei des 15. Jh., Imprimatur 14, 1991, 55–80.

Teck, Hzg. e v. Seit etwa 1186 nannte sich ein jüngerer Zweig der Hzg. e v. →Zähringen nach der am Trauf der Schwäb. Alb, 35 km sö. von Stuttgart gelegenen Burg T. Das Herrschaftsgebiet der Hzg. e v. T. war nur klein, doch waren sie nach dem Aussterben der Zähringer und →Staufer die ranghöchsten Fs.en in →Schwaben. Hzg. Konrad II. v. T. führte für Rudolf v. Habsburg die Verhandlungen über dessen Ks.krönung mit dem Papst in Lyon und wurde, als es Albrecht v. Österreich verwehrt wurde, seinem Vater unmittelbar im Kgtm. zu folgen, von der österr.-schwäb.-pfälz. Partei am 30. April 1292 in Weinheim an der Bergstraße zum Kg. gewählt. Als »electus in regem« starb er jedoch bereits einen Tag später (ermordet?). Die von seinem älteren Bruder Ludwig I. abstammende Linie des Hauses verkaufte ihre Hälfte an der Herrschaft T. 1303 an Österreich und residierte dann in Oberndorf am oberen Neckar (ausgestorben 1363 mit Hermann III., Oberstem Schenk des Kl. St. Gallen). Die von Konrad abstammende jüngere Linie verkaufte ihre Hälfte 1381/85 an →Württemberg und residierte dann in Mindelheim bei Augsburg (ausgestorben 1432 mit Ulrich, Oberstem Hauptmann Kg. Sigmunds in Italien, und 1439 mit dem 1420 von Venedig verjagten Patriarchen Ludwig [VI.] v. Aquileia). Der Besitz der T. verhalf dem Hause Württemberg 1495 zum Erwerb des Hzg. stitels.

A. Wolf

Lit.: I. GRÜNDER, Stud. zur Gesch. der Herrschaft T., 1963 – R. GÖTZ, Hzg. Konrad und die Kg.swahl v. 1292 (Beitr. zur Heimatkunde des Bezirkes Kirchheim unter T. 13, 1971), 51–58 – A. WOLF, Kg. für einen Tag: Konrad v. T., gewählt, ermordet (?) und vergessen (Schriftenreihe des Stadtarchivs Kirchheim unter T. 17, 1993, 1995²).

Tecklenburg, Gf.en v. Ein Anteil des Erbes Gf. Heinrichs v. Zutphen fiel nach 1119 an Gf. Egbert aus der Familie der Gf.en v. →Saarbrücken, der sich seit 1139 nach der Burg T. (nw. Westfalen, westl. von Osnabrück) nannte. Zeitweilig hatten die Gf.en v. T. die Vogteien über die Bm.er →Münster (bis 1173) und →Osnabrück (bis 1236) sowie das Stift Metelen (ab 1173) inne, zudem das Schenkenamt des Ebm.s →Mainz. In ständiger Auseinandersetzung mit den Bm.ern sowie den Gf.en v. →Ravensberg bauten die T.er ihr Territorium aus und sicherten es durch intensive Kl.politik. 1184 Verkauf der Burg T. an Ebf. →Philipp I. v. Köln, Rücknahme als kölln. Lehen. Nach der Ermordung Ebf. →Engelberts I. v. Berg 1225 erlitten die T.er Rückschläge. Der von Ravensberg unterstützte Versuch Kölns und Osnabrücks, die Gft. zu zerschlagen (1227), mündete in Friedensschlüsse (1231 [Ravensberg], 1232 [Köln], 1236 [Osnabrück, Verlust der Vogtei]). Die Witwe Gf. Heinrichs, Jutta v. Ravensberg, verkaufte 1248 den Besitz um Vechta und im Emsland an das Bm. Münster und besiegelte das Absinken zur zweitrangigen Macht in Westfalen. Otto II. v. Bentheim übernahm 1262 das Erbe seiner Frau Heilwig und übertrug T. an seinen ältesten Sohn Otto III. T. fiel 1328 an Nikolaus, Sohn Gunzelins IV. v. Schwerin und Neffe Ottos IV. v. T. Territoriale Gewinne (1365 Rheda, 1385 Iburg) konnten die Verluste an Münster und Osnabrück 1385–1400 nicht aufwiegen. 1493 Teilung in die Gft. T. (mit Rheda) und Lingen.

M. Mersiowsky

Lit.: J. BAUERMANN, Die Abkunft der ersten Gf.en v. T., Jbb. Hist. Ver. Gft. Ravensberg 68, 1972, 9–42 – W. KOHL, Gft. T. (Köln Westfalen 1180–1980, I, 1980), 194–196 – M. MATSCHA, Heinrich I. v. Müllenark, Ebf. v. Köln, 1992.

Tedbald (s.a. Thibaud, Thibaut)

1. T. I. Tricator ('Thibaud le Tricheur'), Gf. v. →Blois, →Tours, →Chartres und →Châteaudun, † 975/977; Verwandter →Hugos v. Arles; Sohn von Tedbald d. Ä., Vizegf. v. Tours und Blois, und Richilde, Enkelin S. v. Karls d. K.; ∞ Ledgarde, Tochter Gf. →Heriberts II. v. →Vermandois, um 944/946 (Kinder: Odo, Hugo, Emma). Folgte um 940 seinem Vater. Unterstützte zunächst seinen Lehnsherrn →Hugo d. Gr. gegen den westfrk. Kg. →Ludwig IV. und wurde deswegen auf der Synode v. Laon (948) exkommuniziert. Seine geschickte Heiratspolitik verschaffte ihm einen Anteil am Erbe Heriberts II. v. Vermandois sowie die Kontrolle über die nördl. →Bretagne mit der Gft. →Rennes. Das Machtvakuum nach dem Tode Hugos d. Gr. (956) nutzte er durch den Erwerb der Gft.en Chartres und Châteaudun zum Aufbau einer selbständigen Herrschaft, die sich auch in seiner Titulatur »nutu Dei comes« niederschlug. Als er 962 eine Niederlage gegen Gf. →Richard I. v. Rouen, einen Schwager →Hugo Capets, erlitt, wandte er sich von den →Robertinern ab und näherte sich dem westfrk. Kg. →Lothar an. T. gilt als Begründer der Machtstellung des Hauses Blois-Champagne.

R. Große

Lit.: F. LOT, Les derniers Carolingiens, 1891 – PH. LAUER, Le règne de Louis IV d'Outre-Mer, 1900 – F. LOT, Études sur le règne de Hugues Capet et la fin du X⁣e s., 1903 – F. LESUEUR, Thibaud le Tricheur, comte de Blois, de Tours et de Chartres au X⁣e s., Mém. de la Société des Sciences et Lettres de Loir-et-Cher 33, 1963, 5–242 – K. F. WERNER, L'acquisition par la maison de Blois des comtés de Chartres et de Châteaudun (Mél. J. LAFAURIE, 1980), 265–272 – Y. SASSIER, Hugues Capet. Naissance d'une dynastie, 1987 – K. F. WERNER, Die Ursprünge

Frankreichs bis zum Jahr 1000, 1989, 497f., 515-519 – P. CRINON, A propos de deniers inédits de Blois (Xe s.): le monnayage à la Tête dans les domaines de Thibaud de Tours et Thibaud Ier (durant les deux premiers tiers du Xe s.), Bull. Soc. française de numismatique 48/1 (Jan. 1993), 467-472.

2. T. III., *Gf. v.* →*Blois* (T. I. als Gf. der →Champagne), * um 1010, † 29. Sept. 1089, ☐ Épernay, St-Martin; Sohn von Odo II. und Ermengarde v. Auvergne, ∞ 1. Garsende, Tochter Gf. Herberts 'Éveille-chien' v. →Maine, verstoßen vor 1049 (Sohn: Stephan Heinrich), 2. Adela v. Bar-sur-Aube, Tochter Gf. Rudolfs IV. v. →Valois, um 1060 (Söhne: Philipp, Odo, Hugo). Erbte nach dem Tode des Vaters (1037) die Gft.en Blois, →Tours, →Châteaudun und →Chartres, während sein jüngerer Bruder Stephan II. Gf. v. →Meaux und →Troyes wurde. 1041 beteiligte sich T. am gescheiterten Aufstand gegen den frz. Kg. →Heinrich I. und verlor an dessen Verbündeten, Gf. Gottfried Martell v. Anjou (→Angers), die Touraine (1044). Nach dem Tode seines Bruders Stephan (1045/48) übernahm er für dessen unmündigen Sohn Odo III. die Regierung der Champagne; als Odo 1066 mit Wilhelm dem Eroberer nach England zog und dort blieb, fielen seine Gft.en an T., der so die Einheit der Hausbesitzungen wiederherstellen und konsolidieren konnte. Zudem starb 1074 mit Gf. Rudolf IV. v. Valois ein gefährlicher Konkurrent, dessen Fsm. nach dem Klostereintritt seines Erben Simon (1077) aufgeteilt wurde. T.s von Konflikten nicht immer freies Verhältnis zur frz. Krone spiegelt sich auch in seiner Titulatur als Pfalzgf. wider, die bis 1048 und seit 1077 belegt ist. 1054 leistete er Ks. →Heinrich III. den Lehnseid. Er unterstützte die Ideen der Kirchenreform, ohne daß es im Konflikt zw. Kg. und Papst zum Bruch mit Philipp I. kam. In seinem Herrschaftsbereich begünstigte er die Ausbreitung der →Cluniazenser und trat bes. als Förderer der Abtei →Marmoutier hervor. R. Große

Lit.: J. BOUSSARD, L'éviction des tenants de Thibaut de Blois par Geoffroy Martel, comte d'Anjou, en 1044, M-A 69, 1963, 141-149 – M. BUR, La formation du comté de Champagne v. 950-v. 1150, 1977.

3. T. IV., *Gf. v.* →*Blois* (T. II. als Gf. der →Champagne), * um 1090/95, † 10. Jan. 1152 in →Lagny-sur-Marne, ☐ ebd., St-Pierre; Sohn von Gf. Stephan Heinrich v. Blois und →Adela v. England, Tochter →Wilhelms des Eroberers, ∞ Mathilde, Tochter Hzg. Engelberts II. v. Kärnten, 1123 (elf Kinder, u. a. Heinrich, Tedbald, Stephan). Erbte nach dem Tode des Vaters (1102) die Gft.en Blois, →Châteaudun, →Chartres, →Sancerre, →Provins und →Meaux; zudem erhielt er 1125, als sein Onkel, Gf. Hugo der Champagne, in den →Templerorden eintrat, dessen Lehen. Bis 1109 regierte Adela für ihren Sohn, der 1107 zum Ritter geweiht wurde; sie konnte ihren Einfluß bis zum Eintritt ins Kl. 1122 wahren. Auf die Unabhängigkeit seines Fsm.s von den →Kapetingern bedacht, stützte sich T. auf seinen Onkel, Kg. →Heinrich I. v. England. In seinen Bemühungen, 1135 dessen Nachfolge anzutreten, kam ihm jedoch sein jüngerer Bruder →Stephan zuvor. Als sich ihm 1141 erneut der Griff nach der engl. Krone anbot, lehnte er ab. Statt dessen konzentrierte er sich fortan auf den Aufbau seiner Stellung im Osten Frankreichs, was 1142/43 zur bewaffneten Auseinandersetzung mit Kg. →Ludwig VII. führte. T. war mit →Bernhard v. Clairvaux befreundet und galt als äußerst freigebig gegen die Kirche; als junger Mann soll er den Eintritt in den Prämonstratenserorden erwogen haben. Er erkannte die Bedeutung des internationalen Handels und förderte gezielt die →Champagnemessen. Der Schwerpunkt seines Fsm.s verlagerte sich unter ihm von den Loiregft.en in die Champagne. R. Große

Lit.: M. BUR, La formation du comté de Champagne v. 950-v. 1150, 1977 – D. BERG, England und der Kontinent, 1987 – Y. SASSIER, Louis VII, 1991 – S. TEUBNER-SCHOEBEL, Bernhard v. Clairvaux als Vermittler an der Kurie, 1993, 201-206.

4. T. III., *Gf. v.* →*Champagne*, * 13. Mai 1179 in →Troyes, † 24. Mai 1201, Sohn von →Heinrich I. (47. H.) und →Marie de France (1. M.), ∞ 1. Juli 1199 Blanca v. Navarra, Tochter Kg. →Sanchos VI. (Kinder: Tochter, →Tedbald [IV.]). T. regierte nach dem Tode seines Bruders →Heinrich II. († 1197) zunächst unter Vormundschaft der Mutter († 1198). Er wurde 1198 von Kg. →Philipp II. Augustus mit den Gft.en Champagne und Brie belehnt, obwohl Heinrich II. zwei Töchter hinterlassen hatte. Enger Verbündeter seines Kg.s gegen →Richard Löwenherz, kämpfte T. 1198 in der Schlacht v. →Vernon. T. nahm am 4. Dez. 1199 während eines Turniers auf seiner Burg Ecry (Champagne) mit seinem Verwandten Gf. Ludwig v. Blois das Kreuz. Da der Kreuzzug von Venedig aus in das Hl. Land führen sollte (4. Kreuzzug, →Kreuzzüge B. IV), verhandelten Gottfried v. →Villehardouin und Milo v. Bréban im Namen T.s, der als Führer des Unternehmens betrachtet wurde, mit dem Dogen Enrico →Dandolo. T. starb jedoch während der Kreuzzugsvorbereitungen. H. Brand

Lit.: H. D'ARBOIS DE JUBAINVILLE, Hist. des ducs et comtes de Champagne, IV, 1864, 73-100 – E. H. MCNEAL-R. L. WOLFF (A. Hist. of the Crusades II, hg. K. M. SETTON, 1969), 158-164 – J. W. BALDWIN, The Government of Philipp Augustus, 1986, 160, 196f., 412.

5. T. IV. ('Thibaut le Chansonnier', auch: 'der Große', 'der Postume'), *Gf. v.* →*Champagne* und Brie, Lehnsherr der Gft.en →Blois, →Chartres und →Sancerre; Kg. v. →Navarra (Teobaldo I.); bedeutender →Trouvère.

I. Als Graf von Champagne – II. Als König von Navarra – III. Literarische Bedeutung.

I. ALS GRAF VON CHAMPAGNE: * 3. Mai 1201 in →Pamplona (eine Woche nach dem Tode des Vaters, Gf. →Tedbalds III. v. Champagne), † 8. Juli 1253, ☐ Pamplona, Kathedrale, kgl. Grablege; ∞ 1.: Mitte Mai 1220 Gertrud v. →Dagsburg, Witwe von →Thiébaut I., Hzg. v. Lothringen, Tochter Gf. Alberts II., geschieden 1222; ∞ 2.: 1222 Agnes v. →Beaujeu (→Beaujolais), Tochter Guichards IV. d. Gr., Sire de Beaujeu; ∞ 3.: 22. Sept. 1232 Margareta v. →Bourbon, 1253-56 Regentin v. Champagne und Navarra, Tochter Archambaults VIII. v. →Dampierre, Sire de Bourbon; Kinder: Blanca, →Tedbald [V.], Peter, Eleonore, Beatrix, Margareta, Heinrich; außerehel.: Margareta, Wilhelm, Elide, Berenguela. Bis 1222 führte seine Mutter, Blanca v. Navarra, die Regierung (Abwehr der Ansprüche von Philippine, der jüngeren Tochter →Heinrichs II. [48. H.], gelang nur mit Hilfe Kg. →Philipps II. Augustus). T. trat 1225/26 in Gegensatz zu Kg. →Ludwig VIII. und geriet in Verdacht, ihn vergiftet zu haben. Die Aussöhnung mit der frz. Regentin →Blanca v. Kastilien (1227) führte zum Konflikt mit einer von →Peter I. (Pierre Mauclerc), Hzg. der →Bretagne, geführten Koalition, die 1230 eine erfolglose Invasion in T.s Gft. unternahm. Durch seine Heiratspolitik und eine Annäherung an Pierre Mauclerc verlor T. die Gunst Kg. →Ludwigs IX. Um seiner Tante Alix, Tochter Heinrichs II. und Kgn. v. →Zypern, ihre Erbansprüche abkaufen zu können, veräußerte er die Gft.en Blois, Chartres, Sancerre und die Vizegft. →Châteaudun an den Kg. (1234/35). Seit 1234 Kg. v. Navarra, führte T. 1239-40 einen wenig erfolgreichen Kreuzzug ins Hl. Land. Seine schwankende Bündnispolitik wurde v. a. von den Ritterorden stark kritisiert. 1240 kehrte er nach Frankreich zurück und widmete sich dem administrativen Ausbau seiner Grafschaft. H. Brand

II. Als König von Navarra: Da T.s Onkel →Sancho VII., Kg. v. →Navarra, keine legitimen Leibeserben hatte, eröffnete sich für T. die Aussicht auf das navarres. Erbe; er reiste nach →Tudela (wohl 1224) und erreichte hier eine Einigung mit Sancho VII. (unter Abwehr konkurrierender Ansprüche →Kastiliens und →Aragóns). Nach Sanchos Tod (1234) sicherte die Krönung durch den Bf. v. →Pamplona die unangefochtene Anerkennung T.s, der somit die kurze dynast. Herrschaft des Hauses →Blois-Champagne (bis 1274) auf dem navarres. Thron begründete und sich selbst mehrfach in Navarra, das ihm Titel und Würde eines Kg.s verschaffte, aufhielt. In seiner Eigenschaft als Kg. hatte T. auch 1239–40 den Oberbefehl des von ihm initiierten ›Kreuzzugs der Barone‹ inne.

T. führte in Navarra Institutionen frz.-champagn. Prägung ein: Kanzlei, Finanzverwaltung, bes. aber das Amt des →Seneschalls (*Sénéchal-Gouverneur*), zunächst mit dem champagn. Adeligen Pons de Duyme (1234–36) besetzt, dann aber durch eine kluge Entscheidung T.s dem navarres. Großen Sancho Fernández de Monteagudo (1243–53) übertragen. Umsichtig bemühte sich der Kg. um Verständigung mit den mächtigen Nachbarn (Kastilien und Aragón, →Béarn und →Aquitanien); im Innern verfolgte dieser frz. Fs. eine den Traditionen der Iber. Halbinsel verpflichtete Politik: Erlaß bzw. Bestätigung von→Fueros, Zusammenwirken mit dem Adel, der ihm – in Navarra ein Novum – den Lehnseid leistete, mit dem er aber auch Bündnisse und Dienstverträge südeurop. Typs ('convenienzas') auf der Basis einer gewissen Gleichrangigkeit schloß. T. trug die Schulden seines Vorgängers ab und setzte dessen Politik des Gebietserwerbs im Umkreis v. Tudela fort, förderte kirchl. Institutionen (Hospiz v. →Roncesvalles; Benediktinerabteien), befreite dörfl. Gemeinschaften und bot jüd. und muslim. Minderheiten Schutz. B. Leroy

Lit.: *zu [I]*: H. d'Arbois de Jubainville, Hist. des ducs et comtes de Champagne IV, 1864, 101–347 – S. Painter (A Hist. of the Crusades, II, hg. K. M. Setton, 1969), 463–485 – J. Richard, Saint Louis, 1983 – C. Taittinger, Thibaud le Chansonnier, comte de Champagne, 1987 – J. Le Goff, Saint-Louis, 1996 – *zu [II]*: B. Leroy, Les hommages en Navarre sous les règnes de Thibaut I et Thibaut II (1234–70), Bull. phil. et hist. I, 1969, 1972, 100–113 – J. M. Lacarra, Hist. política del reino de Navarra..., II, 1972 – M. Martín González, Coll. dipl. de los reyes de Navarra de la dinastía de Champaña, I, 1987 – B. Leroy, Le royaume de Navarre, les hommes et le pouvoir, XIIIᵉ–XVᵉ s., 1995.

III. Literarische Bedeutung: T. (Thibaut) war ein bedeutender Trouvère, dem mit Sicherheit mehr als 60 Stücke zugeschrieben werden können. Etwas mehr als die Hälfte sind höf. Liebeskanzonen, davon fünf mit Refrain; 16 Stücke sind dialogisiert: zwei →Pastourellen, neun Jeux-partis und fünf »débats« (→Streitgedicht), davon zwei für die →Trouvère-Lyrik singuläre Stücke, nämlich ein Dialog mit der Dame und einer mit Amor (frz. weibl., als Dame angesprochen). 9 Stücke sind religiösen Inhalts: drei Kreuzzugslieder, ein polit. Rügelied, vier Marienlieder sowie ein →Lai. Intertextuelle Bezüge sind bes. deutl. zu →Gace Brulé, doch ist T. durchaus eigenständig: Er hält wenig vom Frühlingseingang und thematisiert in der Liebeslyrik v. a. die Erinnerung, den Liebesschmerz, den er in bewußtem Verzicht auf Vernunft erleidet, sowie das süße Gefängnis, in welchem sich sein Herz befindet, z. T. mit kühnen Metaphern (nur mit geschlossenen Augen und mit schwarzem Herzen vermag er die Dame zu sehen). Zu T.s bes. Diktion gehören Anspielungen auf lit. Reminiszenzen (Jason, Narziß, Piramus und Tisbé (→Pyramus und Thisbe), Caesar, Roland, Olivier, Ganelon, →Tristan) und berühmt gewordene Vergleiche (Phönix, Einhorn, weißer Hirsch, Pelikan). Vereinzelt finden sich auch Personifizierungen, die an den →Roman de la Rose erinnern (Beau Semblant, Beauté, Dangier). In fünf Hss. findet sich beinahe das ganze Œuvre T.s in fast ident. Reihenfolge, was auf eine frühe »Gesamtausgabe« schließen läßt. Im Gegensatz zu den modernen Editionen ist diese hsl. Ausgabe jedoch nicht nach Gattungen geordnet. Einige von T.s Liedern waren Vorbilder für →Contrafacta. M.-R. Jung

Ed.: A. Wallensköld, 1925 – K. J. Brahney, 1989 [mit engl. Übers.] – Monumenta monodica medii aevi, XII: Trouvères-Melodien, II, hg. H. Van der Werf, 1979 – *Lit.*: R. W. Linker, A Bibliogr. of Old French Lyrics, 1979 – DLFMA², 1424 – New Grove XVIII, 765 – Thibaut de C., hg. Y. Bellenger – D. Quéruel, 1987 – M.-G. Grossel, Le milieu litt. en Champagne sous les Thibaudiens (1200–1270), 1994.

6. T. V., Gf. v. →*Champagne* und Brie, Kg. v. →Navarra (Teobaldo II.).
I. Als Graf von Champagne – II. Als König von Navarra.
I. Als Graf von Champagne: * 1238, † 4. Dez. 1270 in Trapani (Sizilien), ⌑→Provins; Sohn von Tedbald IV., ⚭ 6. April 1255 Isabella v. Frankreich, Tochter Kg. →Ludwigs IX. d. Hl. T. erbte 1253 das Kgr. Navarra (trotz Zusagen seines Vaters an seine Schwester Blanca) und die Gft. en Champagne und Brie. Er regierte bis 1255 unter der Vormundschaft seiner Mutter Margareta v. Bourbon. T. verbrachte die meiste Zeit in seiner Gft. und am frz. Kg.shof und ließ sich in Navarra von einem Gouverneur vertreten. Sehr enges Verhältnis zu Kg. Ludwig IX., der ihn als seinen Sohn betrachtete. T. gehörte 1259 zu den →Pairs, die in dem für die frz. Rechtsgesch. wichtigen Prozeß Enguerrand IV. v. →Coucy wegen dreifachen Mordes verurteilen sollten. Seine wichtige Rolle am Kg.shof veranlaßte T. 1263 zum Erwerb eines Hôtels in der Rue St-André-des-Arts in Paris. Seinen Machtbereich konnte er in mehreren Konflikten mit Hzg. →Hugo v. Burgund (um →Luxeuil, 1258), Gf. Hugo v. →Chalon (ebenfalls um Luxeuil, 1265) und Gf. →Thibaut v. Bar (um die Burg Lugny in Lothringen, 1266/67) in östl. Richtung ausbauen. Nahm 1270 am Kreuzzug Kg. Ludwigs IX. nach Tunis teil (→Kreuzzüge, B. VI). Auf dem Rückzug des Heeres nach dem Tod des Kg.s starb er am 4. Dez. 1270 in Trapani. Sein Tod wurde in →Rutebeufs »Complainte du roi de Navarre« beklagt. H. Brand

II. Als König von Navarra: Obwohl durch seine Tätigkeit am frz. Hof stark gebunden, führte T. im Kgr. →Navarra eine aktive Regierung. 1258 empfing er in →Pamplona Krönung und Königsweihe, erstmals in Nachahmung des Weihezeremoniells (→Sacre) der →Kapetinger, nach dem Vorbild Ludwigs d. Hl. n. T. verstärkte die kgl. Rechte über das traditionell von bfl. Stadtherrschaft dominierte Pamplona, machte in Navarra die neuen →Bettelorden heimisch, förderte aber auch die →Grammontenser. Er baute die Institutionen frz. Typs aus, die teils mit Amtsträgern aus der Champagne, teils aus Navarra/Pamplona besetzt wurden (Amt des Gouverneurs/ Seneschalls, Kanzlei, Finanzverwaltung. Rechnungswesen für die Staatseinkünfte, 1259–66 erste Register; 1259 Einteilung des Landes in vier 'Merindades' unter →Merinos). Sorgsam war T. darauf bedacht, die großen Adelsfamilien an sich zu binden (Lehnseid, Rat) und die →Hidalgos, die nach eigener Ligabildung trachteten, zu überwachen. Er erließ →Fueros (insbes. für die Stadtviertel der 'francos' in Pamplona), befreite Bauern und zog sie an dem →Realengo. Nach Besetzung der gascogn. Gft. →Bigorre (1265) geriet er in Gegensatz zu →Béarn und damit zur anglo-aquitan. Macht. Ein Schiedsspruch des Kg.s v. Frankreich (der die Gft. Bigorre annektierte) beendete diesen 'Gascognekrieg'. In Anknüpfung an die Haustraditionen und das Vorbild Ludwigs d. Hl.n nahm er 1267 das Kreuz und sandte von den Stationen der Kreuzfahrt (1269–70) 'chartae' an Städte und Dörfer, Adel und Klerus seines Kgr.es, das er der Regentschaft seines Bruders →Heinrich I. (49. H.) unterstellt hatte. T. war am Sterbebett Ludwigs d. Hl.n in Tunis zugegen, faßte in Karthago sein Testament ab und starb Ende 1270 in Trapani; seine Frau Isabella, die ihn auf der Kreuzfahrt begleitet hatte, verstarb 1271 auf dem Rückweg. B. Leroy

Q. und Lit.: zu [I]: H. d'Arbois de Jubainville, Hist. des ducs et comtes de Champagne, IV, 1864, 365–439 – J. R. Strayer (A Hist. of the Crusades, II, hg. K. M. Setton, 1969), 508–518 – J. Richard, Saint Louis, 1983 – J. Le Goff, Saint-Louis, 1996 – zu [II]: →Tedbald IV. [B. Leroy, 1969/72, J. M. Lacarra, 1972, B. Leroy, 1995] – Teobaldo II de Navarra, ed. Gobierno de Navarra, 1985 – M. R. García Arançón, Colecc. dipl. de los Reyes de Navarra de la dinastía de Champaña, II, 1985.

Teer, dickflüssiges, durch Schwelung (trockene Destillation) aus Holz und Torf gewonnenes dunkles Öl. Das allen Küstenanliegern der Nord- und Ostsee gemeinsame Wort geht auf idg. *deru-* 'Eiche', 'Baum' zurück und bezeichnete den von Harzstämmen stammenden eingedickten Saft, eine pflanzl. Substanz, die v.a. beim Bau von →Schiffen zum Kalfatern (vgl. »Teerhof« in Bremen als ehem. Schiffbauplatz), dann auch als Wagen- und Radschmiere Verwendung fand. Das ndl./ndt. Wort dringt erst seit dem 16. Jh. in die allg. Hochsprache ein, häufig als Synonym für →Pech oder Bitumen, auch für Petroleum, 1517 erstmals als Übers. für pix rotarta (Wagenpech) belegt.

D. Hägermann

Lit.: Grimm, DWB XI, 1, 1, 344 – H. Lüschen, Die Namen der Steine, 1968, 191 [Bitumen].

Tegernsee, Kl. OSB in Oberbayern. Wohl um 760 (nach der Haustradition 746 oder 765) gründeten die beiden besitzmächtigen Brüder Adalbert und Otgar am ungerodeten Tegernseeufer das Kl. T. Adalbert wurde erster Abt, während Otgar erst spät in das Kl. eingetreten sein soll. Nach der Passio I brachte ihr Vetter Uto die Reliquien des hl. Quirinus um 765 aus Rom, die T. eine große Anziehungskraft verschafften. Nach 788 wurde T. Kg.skl. In der Aachener Liste v. 817 ist T. in der 1. Kolumne der Kg.skl., die zum Kriegsdienst und zu dona annualia verpflichtet waren. T. war wohl das reichste Kl. Bayerns; ihm gehörten im 9. Jh. die Filialkl. Ilmmünster und →St. Pölten/Niederösterreich. T.s Stärke zeigt sich auch in den 17 klösterl. →Eigenkirchen, die es 804 gegen Freisinger Diözesanansprüche letztl. behalten konnte.

Spätestens im 10. Jh. kommt es zu einem raschen Verfall des Kl. Die T.er Überlieferung betont, Hzg. Arnulf habe dem Kl. in der Ungarnzeit 11 800 Hufen und 22 Salzpfannen entrissen; nur 114 Hufen habe das Kl. gerettet. Die Entfremdungslisten des 11. Jh. zeigen, daß der (entfremdete) Lehenbesitz durchgehend in hochadliger Hand war. 978 gründete Ks. Otto II. das Kl. T. erneut, brachte aus St. Maximin in →Trier Abt Hartwig (978–982) und zwölf Mönche; gleichzeitig wurde die Gorzer Reform (→Gorze) eingeführt. 1001 erhielt Abt →Godehard v. Niederaltaich durch Hzg. Heinrich IV. (= später Kg. Heinrich II.) auch die Abtwürde von T., um die Gorzer Reform durchzusetzen. Wegen mangelnden Erfolgs verließ er nach einem Jahr T. Entscheidenden Anteil am kulturellen Aufschwung T.s hatte der Mönch, Lehrer, Schreiber, Dichter und Briefsammler →Froumund († 1006/12). Von da an wurde T. bis ins 12. Jh. eines der wichtigsten Zentren der Lit., Kalligraphie und Gelehrsamkeit.

1017 wurde →Ellinger auf Initiative Godehards v. Niederaltaich von Ks. Heinrich II. als Abt in T. eingesetzt. 1026 zum Rücktritt gezwungen, wurde er 1031 erneut Abt v. T., gleichzeitig mit der Reform des Kl. →Benediktbeuren beauftragt. 1041 gelang es Bf. Nitger v. Freising, der T. in die Diözesanhoheit herabdrücken wollte, Ellinger erneut abzusetzen. Durch Ellinger entstand der T.er Kreis innerhalb der Gorzer-Trierer Reform, der wiederum eine Reihe anderer Kl. befruchtete. Im letzten Drittel des 11. Jh. wurde in T. der →»Ruodlieb«, der erste fiktionale Roman und 'Ritterspiegel' des MA, gedichtet.

Abt Udalschalk v. T. (1092–1113) gründete zw. 1098 und 1102 auf T.er Boden die cella beati Martini, das spätere Stift Dietramszell. Das nachmalige Augustinerchorherrenstift entstand als Eigenkl. der Benediktiner v. T. Im 12. Jh. bestimmten v.a. Metellus mit seinen Quirinalen, Heinrich v. T., der um 1170 eine neue Passio seines Klosterhl.n Quirin schrieb, und der aus T. stammende →»Ludus de Antichristo«, ersterhaltenes Aufführungsdrama in Dtl. (1155?), das geistige Gewicht T.s. 1177 erhielt Abt Rupert die Pontifikalinsignien, 1193 erklärte Ks. Heinrich VI. T. ausdrückl. zur unmittelbaren ksl. Abtei, was wohl wegen der Vogteiprobleme und des Adelseinflusses nötig wurde. Seit 1275 sind vier Erbämter der Abtei bezeugt, die vom benachbarten Adel besetzt wurden.

Im 13./14. Jh. sank T. zu einem Adelskl. (mit Sanktionierung des Privateigentums) herab. Verfall, Güterschleuderung, Verschuldung und innere Schwäche waren die Folge. Erst das 15. Jh. zeigt wieder eine Hochblüte des Kl. 1426 beauftragte Johann Grünwalder nach einer Visitation Kaspar Ayndorfer, die Abtei T. zu übernehmen. Ayndorfer (1426–61), der die Melker Observanz (→Melk) einführte, gilt als Neustifter und Reformator T.s. Der T.er Mönch P. Ulrich Stöckl, Reimdichter, Gesandter der bayer. Benediktinerabteien auf dem Konzil v. →Basel, wurde Abt und Reformator des Kl. →Wessobrunn (1438).

Unter Abt Ayndorfer gehörten die bedeutenden Mönche P. Johannes Keck († 1450), P. Conrad v. Geisenfeld (Reformator des Kl. →Ettal), Bernhard v. Waging und Conrad Ayrinschmalz (1447–92) zum Kl. Unter letzterem, seit 1461 Abt, wurde T. in bes. Weise geistiges Zentrum der Melker Reform, aber auch literar. Zentrum des Frühhumanismus. T. stellte die Äbte für zahlreiche bayer. Benediktinerkl. W. Störmer

Lit.: P. Lindner, Familia S. Quirini in T., Oberbayer. Archiv 50, 1897, 1898 – B. Schmeidler, Studien zur Gesch.sschreibung im Kl. T. vom 11. bis zum 16. Jh. (Schrr. zur bayer. Landesgesch. 20, 1931) – J. Weissensteiner, T., die Bayern und Österreich, AÖG 133, 1989 – L. Holzfurtner, Gründung und Gründungsüberlieferung (Münchener Hist. Studien, Abt. Bayer. Gesch. 11, 1984), 41ff., 113ff.

Tegernseer Briefsammlung, zw. 1178 und 1186 von Schreibern des Kl. →Tegernsee an vier Stellen in den Clm 19411 eingetragen; sie besteht aus 306 meist undatierten und nur hier überlieferten Briefen. Etwa die Hälfte sind echte Schreiben Tegernseer, aber auch klosterfremder Provenienz zu reichs- und lokalpolit. Ereignissen des 12. Jh. Die andere Hälfte befaßt sich mit den kleineren Dingen des klösterl. Alltags, auch mit Rechtsfragen und mit dem literar. Leben. Diese Schreiben sind offenbar mehrheitl. fingiert und dienten als Briefmuster (→Brief, A. IV. [2]). Da die gesamte Briefslg. in enger Beziehung zum übrigen Inhalt der Hs. steht (so zu den Auszügen aus den »Gesta Friderici« des →Otto v. Freising mit allen Briefen und Urkk., zu →Alberichs v. Montecassino »Breviarium de dictamine«, den »Praecepta dictaminum« des Albertus Samaritanus, den Briefmustern des Henricus Franciegna, einer wertvollen Liebesbriefmusterslg., →Wipos und →Otlohs Proverbia, dem →»Ludus de Antichristo«, zu

Gedichten über die Taten des Herakles, auf Maria und zu einer Reihe weiterer Materials zur Erlernung der →Ars dictaminis), ist nunmehr beabsichtigt, die gesamte Hs. in der Reihenfolge der Einträge zu edieren bzw. bei vorhandenen Editionen nach dem neuesten Forsch.sstand zu regestieren. H. Plechl

Ed.: künftig in MGH Epp. DK – Lit.: H. PLECHL, Studien zur T. B. des 12. Jh. I-IV, DA 11-13, 1955-57 [Datierung von etwa 150 Briefen, Erforsch. der durch sie belegten reichs- und lokalpolit. Ereignisse] – DERS., Die Tegernseer Hs. Clm 19411, ebd. 18, 1962, 418-501 [Entstehung und Gesamtinhalt der Hs.; Lit.].

Tegni Galeni, Isagoge ad → Articella, →Johannitius

Teja (Theia), Kg. der →Ostgoten, † 552; Sohn eines Fritigern, Namensvetters des →Fritigern, Siegers v. →Adrianopel (378). T. hatte mehrere Brüder, der jüngste hieß Aligern. Ein gleichnamiger arian., wohl ostgot. Comes Teia in Italien (494/495), der in dieser Eigenschaft drei Briefe von Papst →Gelasius I. erhielt, könnte entsprechend der gentilen Namengebung und dem Altersunterschied Großvater T. s gewesen sein.

T.s Name wird zum ersten Mal im Frühjahr 552 genannt, als er als →Comes v. →Verona und zugleich Befehlshaber eines großen Gotenheeres die Via Postumia überfluten ließ, um den Vormarsch des Römerheeres unter →Narses zu verhindern. Nachdem T. um den 1. Juli 552 als letzte Verstärkung zweitausend Reiter seinem Kg. →Totila zugeführt hatte, eröffnete dieser die Schlacht auf den Busta Gallorum, die mit der Katastrophe der Ostgoten endete. T. überlebte, erreichte →Pavia und nahm dort das Kgtm. an. Er reorganisierte sein Heer, versuchte mit den →Franken eine antiröm. Allianz zu begründen und ließ zahlreiche röm. Geiseln töten. Als Narses den got. Kg.sschatz, der in Cumae unter T.s Bruder Aligern aufbewahrt wurde, bedrohte, nahm T. die Schlacht am Mons Lactarius an, wahrscheinl. am 30. Okt. 552. Sein »heldenhafter« Tod und die abermalige Niederlage beendeten das ostgot. Kgtm. in Italien. H. Wolfram

Lit.: PLRE 3, 2, 1224; vgl. PLRE 2, 1057 – H. WOLFRAM, Die Goten, 1990³, bes. 358-360.

Teichwirtschaft, Anlage und wirtschaftl. Nutzung künstl. Seen und Teiche (segenae, *fischweiden*) zur Aufzucht von Süßwasserfischen, insbes. Karpfen, Hecht und Zander, auch Forelle, bereits im frühen Mönchtum (Fischteiche des Kl. Vivarium, →Cassiodor, III) und seit der mittleren Karolingerzeit in normativen Q., so im →Capitulare de villis (c. 21) zur Versorgung der Kg.shöfe, belegt. Da seit dem 9. bzw. 10. Jh. →Fisch als Nahrungsmittel in Ergänzung zu Fleisch, Gemüse und Getreide, v. a. aber als Fastenspeise (→Fasten, →Ernährung, A.II.4) insbesondere geistl. Gemeinschaften (an ca. 140-160 Tagen im Jahr) mehr und mehr an Bedeutung gewann, empfahl sich zur Eigenversorgung wegen der schlechten Haltbarkeit von Fisch und der langen Transportwege insbes. in küstenfernen Gebieten und flußarmen Regionen die Anlage künstl. Seen, häufig in Verbindung mit Mühlteichen. Seit dem 13. Jh. finden sich vermehrt Hinweise auf Fischabgaben höriger Bauern in →Urbaren südt. Kl., von hier aus verbreitet sich die T. an der unteren Donau, v. a. in Böhmen. Auch in NW-Deutschland läßt sich T. nachweisen, sieht doch der →Sachsenspiegel für das Abfischen »in tichen, die begraben sin« eine zehnmal höhere Geldstrafe vor als für den verbotenen Fischfang »in eines anderen mannes wazzere an wilde wage« (Ssp., Ldr. II, 28). D. Hägermann

Lit.: W. ABEL, Gesch. der dt. Landwirtschaft, 1978³, 49 – PH. DOLLINGER, Der bayer. Bauernstand vom 9. bis zum 13. Jh., 1982, 169, 179 – H. ZUG-TUCCI, Il mondo medievale dei pesci tra realtà e immaginazione (L'uomo di fronte al mondo animale nell'alto medioevo, Sett. cent. it., 1985), 291ff. – M. MONTANARI, Der Hunger und der Überfluß. Kulturgesch. der Ernährung in Europa, 1993, 96ff.

Teilbau (frz. →*champart* von lat. campipars), alle Formen der Grundstücksleihe, bei denen vom Bearbeiter des Bodens kein fester Zins, sondern ein Anteil am Ertrag verlangt wird. Die Abgabe einer Ertragsquote war bereits seit der Karolingerzeit, insbes. für Wein und Salz, bekannt, doch gelangte der T. erst in der Form der Teilpacht (→Pacht) seit dem 11. Jh. zu größerer Verbreitung, da die Grundherren im Zuge der Auflösung des →Villikationssystems bei der Vergabe des bisherigen Herrenlandes frei aushandelbare Pachtverträge bevorzugten. Neben der Naturalien- und Geldfixpacht bot sich insbes. bei wertvollen Besitzstücken, wie z. B. →Fronhöfen, der T. als ideale Übergangslösung nach Aufgabe der Selbstbewirtschaftung an, weil er dem Verpächter weiterhin Einfluß auf die Wirtschaftsführung ermöglichte. In diesen Fällen wurde die Zeitpacht mit kurzen Laufzeiten von drei, sechs oder neun Jahren bevorzugt, doch sind auch die Lebenszeit- und die Erbpacht im T. verbreitet. Zusätzl. ist auf die häufige Vergabe von Rodeland im T. zu verweisen. Hierbei spielte wohl die Unsicherheit über den zu erwartenden Ertrag eine wesentl. Rolle. Außerdem konnte der Grundherr auf diese Weise am besten von der Melioration des Bodens profitieren.

Bei dem gegenwärtigen Forschungsstand läßt sich die Verbreitung des T.s in Europa nur schwer abschätzen. Er findet sich weithin in Italien, Spanien, Frankreich, Flandern und Dtl., doch gibt es kaum Belege für England und die dt. Siedlungsgebiete im Osten.

T. ist theoret. bei allen landwirtschaftl. Produkten anwendbar, allerdings stehen Wein- und Getreidebau eindeutig im Vordergrund. Daneben findet man Quoten vom Heu, von Baum- und sonstigen Ackerfrüchten, schließlich auch die Ertragsteilung bei der Viehzucht. Von großer Bedeutung für die Einschätzung des T.s ist die Höhe der Ertragsquote, da sie sich auch auf das Interesse des Verpächters an der Betriebsführung auswirkt. Die äußerste tragbare Belastung scheint die Halbpacht (frz. *métayage*, it. *mezzadria*) gewesen zu sein, zumal oft zusätzl. noch der →Zehnt zu entrichten war. Sie war nicht denkbar ohne eine Beteiligung des Herrn an der Ausstattung des Hofes mit Vieh und Geräten, an einem Zuschuß zu den Dünge- und Erntekosten sowie an der Stellung des Saatgutes. Konnte der Verpächter somit noch stark in den Produktionsprozeß eingreifen, so war der Pächter zumindest vor den wirtschaftl. Folgen einer Mißernte geschützt, denn beide trugen Kosten und Risiken zu gleichen Teilen. Neben der Halbpacht ist noch der T. zu einem Drittel oder Viertel sehr häufig, doch entfiel bei diesen und noch niedrigeren Quoten die Beteiligung des Herrn. In jedem Fall war eine aufwendige Kontrolle bei der Ernte notwendig. Viele Aufseher überwachten am Feld, an der Kelter oder in der Scheune die korrekte Abgabe der Herrenquote.

Mit Ausnahme des Weinbaus, bei dem die klimat. bedingten Ertragsschwankungen den T. weiterhin sinnvoll machten, setzte in Dtl. am Ende des 14. Jh. ein Verdrängungsprozeß zugunsten der Fixpacht ein, der am Ende des 16. Jh. weitgehend abgeschlossen war. Wichtigster Grund dürfte die durch das Ansteigen der Löhne bewirkte Verteuerung der Erntehelfer und Kontrolleure gewesen sein. Warf der T. aber keine deutl. höheren Gewinne mehr ab als die Fixpacht, dann war er wegen der Ernterisiken und des umständl. Überwachungssystems nicht mehr attraktiv für die Verpächter. Hinzu kommt, daß den um einen planbaren Finanzhaushalt besorgten

Landesherren die Fixpacht vorteilhafter erschien als die teilweise extrem schwankenden Einkünfte aus dem T. In Italien und Frankreich blieb der T. bis in die NZ weit verbreitet. K.-H. Spieß

Lit.: HRG V, 141–143 - A. Dopsch, Die Wirtschaftsentwicklung der Karolingerzeit vornehmlich in Dtl., I, 1921² – Ph. Dollinger, Der bayer. Bauernstand vom 9. bis zum 13. Jh., 1949 [dt. 1982] – Les revenus de la terre, complant, champart, métayage en Europe occidentale (IXᵉ–XVIIIᵉ s.), 1987 – K.-H. Spiess, Teilpacht und T. verträge in Dtl. vom frühen MA bis zur NZ, ZAA 36, 1988, 228–244 – Ch. Reinicke, Agrarkonjunktur und techn.-organisator. Innovationen auf dem Agrarsektor im Spiegel niederrhein. Pachtverträge 1200–1600, 1989.

Teilhabe, gr. μετέχειν, μέθεξις, lat. participatio, mhd. *teilheftikeit*, der Grundgedanke und der Grundterminus der Philosophie Platons und ihrer philos. und theol. Wirkungsgeschichte. Nicht die Ideen (→Idee) als solche, womöglich in jenseitiger Abtrennung (unplaton. Begriff »Chorismos«) unter Geringachtung der realen Welt sind der Grundgedanke Platons, sondern die Erkenntnis unserer endl. Realität in ihrer zwiefältigen 'Teilhaftigkeit': Partizipatives Sein bedeutet zwar positive Manifestation des Idealen, die Ideen werden in der abbildlichen realen Konkretion sichtbar, zugleich meint es aber auch die Defizienz der Endlichkeit, ihr Zurückbleiben hinter dem, auf das sie verweist.

Der philolog. Befund bestätigt die Zentralstellung des T.-Gedankens: Für die 'Ideen' gibt es in Platons Schriften keinen hervorgehobenen Terminus (ἰδέα wird zu einem solchen erst seit Cicero – vgl. Cicero, Orator ad M. Brutum 3, 10), für die T. läßt sich eine deutl. Terminologisierung von μετέχειν und μέθεξις, entsprechend der chronolog. Ordnung der Dialoge, aufweisen. Die T. als der Grund für das Was-Sein und Daß-Sein der Einzeldinge ist Thema der Mitteldialoge Platons (Phaidon, Symposion, Politeia), die Spätdialoge Parmenides und Sophistes behandeln die T. unter den Ideen selbst, die noch nicht letzte Prinzipien sind, da ihre jeeigene Natur (φύσις) der Ergänzung durch die T. an jeweils höheren und vollkommeneren Ideen bedarf. Die differenzierten T.-Relationen zw. Ideen zu analysieren ist Aufgabe der »Dialektik«.

Über die T. begründen die Ideen sowohl einander als auch die Einzeldinge. Die Materialität der Einzeldinge und ihre Bindung an einen bestimmten Ort wird von Platon nicht als eine positive Bestimmung gesehen, der T. begriff wäre also ungeeignet, die mitkonstitutive Funktion der sogenannten platonischen »Materie« (Platon spricht nur von einer »dritten« Gattung, Timaios 48e 3ff.) für die Einzeldinge zu bezeichnen. Aus formal ähnl., inhaltl. aber genau entgegengesetzten Gründen kann auch die »Idee des Guten« (Politeia VI, 506 e 3ff.) nicht partizipiert werden. Sie ist letzter »transzendenter« (ἐπέκεινα – Pol. VI, 509 b 9f.) Grund aller vielheitl. Seienden, selbst aber »jenseits« aller Vielheit in absoluter relationsloser Einheit (Platon, Parmenides, 1. Hypothese, 137 c 4 – 142 a 8).

T. bedeutet aber gerade Vermittlung vieler, je-einzelner Bestimmungen. Die Materie kann nicht partizipiert werden, weil sie 'nichts ist', nur aufnehmendes Prinzip, – Gott ist impartizipabel, weil er 'alles ist', in der Weise des einen absoluten Grundes von allem.

Mit diesen Aussagen Platons (teilweise schon von der Wirkungsgesch. her gelesen) ist das Bedeutungsfeld der Begriffsgeschichte (im einzelnen noch wenig erforscht) abgesteckt.

Für Aristoteles war gerade der T. begriff Ansatzpunkt seiner Kritik an der platon. Ideenphilosophie: er sei nur eine »poetische Metapher« (Aristoteles, Met. 991 a 20ff.),

nicht geeignet, die Trennung zw. sinnfälliger Welt und Eigentlichkeit der Ideen (der nzl. so genannte »Chorismos«) zu überbrücken.

Die außerchr. Neuplatoniker (ab 3. Jh.) wandten sich nach der langen metaphys. Enthaltsamkeit der skept. Platon. Akademie verstärkt dem Problem der transzendenten Weltbegründung zu. Zentraler Platontext war die 1. Hypothese des »Parmenides« mit seinem extrem relationslosen Einen. Dieses »Übereine« ist zwar letzter Urgrund der Welt, aber nicht in der Weise der T.; als Eines über aller Vielheit ist es »ab omnibus imparticipabile« – von keinem Seienden partizipierbar (Proklos in der ma. Übersetzung seines Parmenideskommentars, hg. Klibansky, und Labowsky, Corpus Platonicum Medii Aevi, London 1953, 34).

Bereits vor den Neuplatonikern hatte am Ende des 1. vorchr. Jh. die wichtigste Modifikation der Ideenmetaphysik zw. Platon und Augustinus stattgefunden: die Ideen, bei Platon noch in ungeklärter Stellung zw. den Einzeldingen und der ureinen Idee des Guten, werden zu urbildlichen Gedanken Gottes. Damit schwindet das Problem eines Dualismus in der Letztbegründung (viele Ideen – eine Idee des Guten), es bleibt das Problem der Pluralität der Ideen in Gott.

Das Übereine der Neuplatoniker kann nicht Ort vieler Ideen sein, deshalb ist es ja auch nicht partizipabel. Plotin sieht konsequenterweise erst die erste Hypostase des Einen, den Geist – νοῦς als Gesamtheit aller Ideen an.

Die Christen haben dank ihres trinitar. Gottesbildes weniger Probleme: Die Vermittlung an die Vielheit geschieht schon innergöttlich. Ort der Ideen ist für Augustinus das Verbum, die zweite Person in der Gottheit, die Ideen gründen sich in der Selbsterkenntnis Gottes (De civ. Dei 11, 10. MPL 41, 327). Damit ist der chr. Gott letztl. dann doch partizipabel, er ist ja auch als der sich Offenbarende dem Menschen sehr viel näher als das 'übertranszendente Eine' der Neuplatoniker.

Auskünfte über Ausdifferenzierungen des T.-Denkens finden sich in Spätantike und MA v.a. bei den 'Platonikern', etwa Pseudo→Dionysius Areopagita, →Johannes Scotus Eriugena, Schule v. →Chartres, →Bonaventura, Meister→Eckhart, →Nikolaus v. Kues. Die Aristoteliker vom 13. Jh. an, v.a. →Thomas v. Aquin, sehen in der Aussage des →Substanz-Charakters der endlich Seienden ein zentrales christl. Weltverständnis gewahrt: trotz ihrer Verwiesenheit auf den göttl. Ursprung hält die endl. Schöpfung ihren Eigenstand durch. Das »platonische« T. denken dagegen betont die Nähe des Geschöpfes, v.a. des Menschen, zu Gott. Der Mensch ist nicht Gott, aber 'göttlich' – das T. prinzip basiert auf der Andersheit zw. Participans und Participatum – so wie bei Platon das einzelne Seiende etwa nicht das Schöne an sich (= Idee), aber 'schön' ist. Das aristotel. Substanz-Denken tendiert zur Verselbständigung der Welt, das platon. T.-Denken zur pantheist. Alleinheit. Aristoteles und Platon zusammen liefern die philos. Hilfen zum Zusammenhalt der Spannungseinheit des chr.-ma. Gott- und Weltverständnisses.

Die großen Denker des MA rezipieren deshalb vielfach beide Traditionen. So findet sich bei Thomas v. Aquin ein breiter, differenzierter Gebrauch des T.-Begriffs, der allerdings auch all die in der Tradition herausgebildeten Bedeutungserweiterungen des bei Platon streng eingegrenzten Terminus' enthält. Thomas verwendet participare aber auch, und zwar gerade an themat. zentralen Stellen, im präzisen platon. Sinne: »Was nicht das Sein ist, es aber hat (quod habet esse et non est esse), ist Seiendes durch T.« (S. Th. I, 3, 4). »Durch T. ist etwas in irgendeiner Sache, wenn das, was irgendeinem zukommt, nicht in seiner ganzen Fülle in ihm sich findet, sondern defizient (quando illud, quod attribuitur alicui, non plenarie invenitur in eo, sed deficienter)« (S. Th. I, 108, 5). In diesem engen, aber metaphys. schwerwiegenden Sinne sagt Thomas das Höchste, was christl. über den Menschen gesagt wurde, die gnadenhafte Überhöhung seiner Natur (→Gnade), mit Hilfe des T.-Begriffes: Die Gnade ist »eine gewisse T. an der Göttlichen Natur – sc. gratia est quaedam participatio divinae naturae« (S. Th. I–II, 112, 1 c et passim).

Diese ontolog., partizipative Gnadenlehre hat ihren Höhepunkt bei Thomas, die Würde des Menschen aufgrund seiner T. an der Göttl. Natur kennt aber die ganze christl. Tradition: Die Hinzufügung eines Tropfen Wassers in den Wein bei der Gabenbereitung in der Eucharistiefeier wird (heute verkürzt) in dem bereits altchristl. Ordo Missae mit dem Gebet begleitet. ... »laß uns teilhaben an der Gottheit dessen (eius divinitatis esse consortes), der unsere Menschennatur angenommen hat« (consortes lt. Kontext gleichbedeutend mit particeps). H. Meinhardt

Lit.: LThK², s.v. Partizipation – HWP, s.v. Idee, Chorismos, T. [in Vorber.] – H. MEINHARDT, T. bei Platon, 1968 – DERS., Das Eine vor den Gegensätzen, Arch. f. Begriffsgesch. XXII, 2, 1978, 133–153 – CH. P. BIGGER, Participation. A Platonic inquiry, 1968 – G. v. BREDOW, Platonismus im MA, 1972 – W. J. CARROL, Participation in Selected Texts of Pseudo-Dionysius the Areopagite's The Divine Names, 1981 – s.a. →Idee, →Platon – Platonismus, →Substanz, →Eine (das) – Einheit, →Neuplatonismus.

Teilpacht → Pacht, →Teilbau

Teke-oğullari, Zweig der Ḥamīd-oğullarī und Dynastie eines türk. Emirates um →Antalya und Korkuteli (Istanoz). Die Eroberung Antalyas (wohl zw. 1314 und 1319) durch den Hamīd-oğli Felek ed-Dīn Dündar markiert den Beginn der Dynastie. Erster →*beg* war der Bruder Dündars, Yūnus, dessen Söhne sich das Territorium der T. ztw. teilten. Als kleine Macht behaupteten sich die T. zw. den →İlchānen, den Karamaniden (→Karaman), den ägypt. →Mamlūken und dem lat. Kgr. →Zypern, das zw. 1361 und 1373 Antalya hielt, bis 1391 Bāyezīd I. ihr Territorium für die Osmanen eroberte. Auch nach der Schlacht v. Ankara 1402 verloren die Osmanen die Kontrolle nie ganz und beseitigten den letzten Prätendenten der T. 1423. Ch. K. Neumann

Lit.: B. FLEMMING, Landschaftsgesch. von Pamphylien..., 1964 – M. C. Ş. TEKİNDAĞ, Teke-ili ve Tekeoğullari, Tarih Enstitüsü Dergisi 7/8, 1977, 55–95.

Telec, bulg. Khan 761–764, aus dem Geschlecht Ugain, gelangte durch einen Umsturz zur Herrschaft, bei dem Khan Vinech und das ganze herrschende Geschlecht der Wokil ermordet wurden. T.s antislav. Politik ließ einen gr. Teil d. slav. Stämme in Byzanz Zuflucht suchen. In Angriffen gegen das Byz. Reich verwüstete er Ostthrakien. Ks. →Konstantin V. unternahm einen Feldzug gegen Bulgarien zu Land und auf See. Die Schlacht auf dem Anchialosfeld (30. Juni 763) führte auf beiden Seiten zu großen Verlusten. Schließlich entschieden seine Mißerfolge in den Kriegen gegen Byzanz sein Schicksal: Er wurde mit seinem gesamten Anhang ermordet, und Sabin bemächtigte sich der Herrschaft. V. Gjuzelev

Lit.: ZLATARSKI, Istorija, I/1, 208–215.

Telerig, bulg. Khan 768–777, unmittelbarer Nachfolger des ermordeten Khans Pagan. T. vermochte zu Anfang seiner Regierungszeit die unsichere Lage im Innern des bulg. Reiches zu stabilisieren und erlangte nach dem gescheiterten Feldzug Ks. →Konstantins V. ztw. Frieden mit Byzanz. 773 gelang es ihm, den slav. Stamm der Berziti, der im zentralen Teil →Makedoniens siedelte, zum Anschluß an Bulgarien zu bewegen. Seine Heerzüge stießen auf den militär. Widerstand von Byzanz. T. machte durch List die »geheimen Freunde« des byz. Basileus in Bulgarien ausfindig, ließ sie gefangensetzen und umbringen (774). Seine proslav. Politik weckte die Opposition eines Teils des protobulg. Adels. T. mußte in Byzanz Zuflucht suchen, wo er zum Patrikios (→Patricius, II) ernannt wurde und unter dem Namen Theophylaktos zum Christentum übertrat. V. Gjuzelev

Lit.: ZLATARSKI, Istorija, I/1, 226–238

Telesphorus v. Cosenza, angebl. Priester und Eremit, nach dem sich die im Abendländ. Schisma verbreitete Schrift »Libellus de causis, statu, cognitione ac fine instantis schismatis et tribulationum futurarum« (Erstdr. Venedig 1516) nennt. Ausgehend von der Vision endzeitl. Erneuerung der Kirche (→Joachim v. Fiore) greift sie die Ideen vom anti-chr. Ks. »Friedrich« und kommenden »Engelpapst« (→Pastor angelicus) auf, der mit Hilfe des frz. Ks.s »Karl« die Kirche aus Bedrängnis befreien und zur apostol. Armut zurückführen wird. Neben Schriften Joachims sind ps.-joachit. Texte aus Spiritualenkreisen und weitere Schriften prophet. Anspruchs (z.B. →Arnalds v. Villanova) verarbeitet. Die 1. Fassung (ca. 1356) wurde 1386 dem nun eingetretenen Schisma angepaßt. Dagegen wendet sich 1392 der dt. Theologe →Heinrich v. Langenstein. J. Schlageter

Lit.: LThK² IX, 1347 – E. DONKEL, AFrH 26, 1933, 29–104, 282–314 – B. MCGINN, »Pastor angelicus«: Santi e Santità nel sec. XIV (Atti XV Conv. Internaz. Assisi, 1989) – Il Profetismo gioachimita tra Quattrocento e Cinquecento (Atti III Congr. Internaz. di Studi Gioachimiti, 1989).

Tell (Weißes Buch v. Sarnen 1470: *were ich witzig, ich hiessi anders und nit der Tall*; Bundeslied [→Historisches Lied] 1477: *Wilhelm Thell*), galt seit dem 15. Jh. als einer der Gründerväter der schweiz. →Eidgenossenschaft und war deren Landesheld. Mit seinem Tyrannenmord – gemäß Aegidius Tschudi 1307, gemäß K. MEYER 1291 – soll der Urner dem im Zusammenhang mit dem sog. →Ewigen Bund angebl. erfolgten Befreiungskampf der drei Waldstätte Uri, Schwyz und Unterwalden zum Durchbruch verholfen haben. Die T.geschichte ist in sagenhafter Überlieferung nach der Mitte des 15. Jh. erstmals faßbar; aber noch im 16. Jh. wurde sie sehr unterschiedl. erzählt. Aegidius Tschudi gab dem komplexen Sagenstoff im »Chroniçon Helveticum« die heute geläufige Form. Friedrich Schiller folgte im Drama »Wilhelm T.« (1804) Tschudis Darstellung, in den entscheidenden Szenen bis in den Wortlaut, und machte damit den altschweizer. Mythos zu einem Thema der Weltlit. T.s hist. Existenz wurde seit dem 16. Jh. immer wieder angezweifelt; die eigtl. Kontroverse begann aber erst mit der wiss. Gesch.sschreibung des 19. Jh. (ablehnend J. E. KOPP [1835], krit. W. OECHSLI [1891], bejahend K. MEYER [1927]). Beim heutigen Stand der Forsch. läßt sich nur sagen, daß es für die Existenz T.s vor der Mitte des 15. Jh. keine eindeutigen Zeugnisse gibt und das angebl. Befreiungsgeschehen samt T. und Tellentat in keiner Weise in den polit. und sozialen Rahmen der Zeit um 1300 paßt. B. Stettler

Q. und Lit.: Das Weiße Buch v. Sarnen (Q.werk zur Entstehung der schweiz. Eidgenossenschaft, III/1, 1947) – Das Lied von der Entstehung der Eidgenossenschaft (ebd. III/2. 1, 1952) – Aegidius Tschudi, Chronicon Helveticum III, ed. B. STETTLER (Q. zur Schweizer Gesch. NF I, VII/3, 1980) [mit ausführl. Einl.].

Teller. Nach Ausweis der schriftl. und archäolog. Q. hat es T. als Bestandteil des Tischgeschirrs im heutigen Sinne im frühen MA nur sehr selten gegeben. So fand sich in dem unter dem Kölner Dom ausgegrabenen Knabengrab des 6. Jh. das Frgm. eines gedrechselten Holztellers, dem die flachen Holzscheiben mit erhöhtem Rand des hohen MA sehr ähnlich sind (DOPPELFELD). Die runden Brettchen, z.T. auch ohne bes. Profilierung des Randes, wurden als Unterlagen für Speisen benutzt. Schon in der älteren Lit. werden Scheiben aus Brot als T. erwähnt. Die durch archäolog. Funde bereits seit langem bekannteren flachen Holzteller mit profiliertem Rand des 13. Jh. sind auf Bildern des hohen und späten MA und der Frühen NZ häufig vertreten. Zur Dokumentation des Hausrates gehobener Qualität werden die Eßbrettchen gelegentl. auch als Metallteller dargestellt (HUNDSBICHLER, Abb. 276). In Spezialarbeiten zum flachen Holzteller (SCHIEDLAUSKY, RENAUD) wird deutl., daß diese T. form noch lange auf den Eßtischen benutzt wurde.

Die vielfach geäußerte Ansicht, daß T. der heute geläufigen Form erst im 15. oder 16. Jh. aufkommen, ist seit langem nicht mehr haltbar. Bereits im 12. Jh. gibt es sie in flacher Ausführung mit breitem oder schmalem Rand und vertiefter Innenfläche (NEUGEBAUER, Abb. 1A–E). Auch aus dem 13. Jh. und der Zeit bis um 1500 sind profilierte T., z.T. mit steilen oder geschwungenen Rändern, bekannt (MÜLLER, 288ff.; KOLCHIN, 51ff. Pl. 44–46; FALK, Abb. 2, 3, 5, 7, 8; NEUGEBAUER, Abb. 5B–D). Bei allen Stücken handelt es sich um gedrechselte Holzteller, die z.T. mit eingeritzten Marken auf der Standfläche oder an anderen Gefäßteilen besetzt sind. Aufgemalte oder eingebrannte Verzierungen sind selten. Bei den Exemplaren des späten MA und der Frühen NZ sind die zwangsläufig entstehenden Drehrillen innen und gelegentl. auch außen als z.T. sehr feine Verzierungselemente anzusprechen. T. aus Ton gehören zum Programm der Töpferei in Siegburg (→Steinzeug; →Töpfer). Von der Mitte des 12. Jh. an werden dort flache Irdenware-T. mit erhöhtem Rand hergestellt. In den Niederlanden werden T. aus roter Irdenware im 14. und 15. Jh. produziert. Z.T. sind sie mit geometr. und figürl. Motiven, häufig Vögel, in einfacher Maltechnik verziert (BRUIJN, 1979). T. aus Fayence werden im ma. Spanien hergestellt. Mit den Arabern erreichte die Fayencetechnik die Iber. Halbinsel offenbar bereits im 12. Jh. Gefäße, darunter auch T., sind jedoch erst für das 13./14. Jh belegt. Im 15. Jh. werden Lüsterverzierungen vielfach zusammen mit blauer Bemalung flächendeckend auf große T. aufgetragen (CAIGER-SMITH). Diese in viele Teile Europas exportierte span.-maur. Keramik wird durch Ausgrabungen in wachsenden Stückzahlen v.a. in See- und Handelsstädten nachgewiesen (HURST-NEAL). T. aus →Glas sind für die zweite Hälfte des 15. Jh. durch ven. Produktion belegt. Metallteller sind sehr selten. Im 15. Jh. gibt es kleine Schalen aus Zinn und ab etwa 1500 sind auch Zinnteller bekannt (Keur van Tin, Kat. Nr. 52, 53, 139, 140, 266–268).

Definiert werden T. als runde oder scheibenförmige Geräte von flacher oder tiefer Form mit erhöhtem Rand, auf die Speisen gelegt und zerteilt werden und von denen gegessen wird. Um auf neutralem Wege die richtige Bezeichnung zu finden, hat es sich als praktikabel erwiesen, Maßverhältnisse zu ermitteln. Ist das Verhältnis Durchmesser zu Höhe größer als 1:5, handelt es sich um einen T. Sind die Proportionen geringer als 1:5, liegt eine Schale (Durchmesser unter 20 cm) oder eine Schüssel (Durchmesser über 20 cm) vor. A. Falk

Lit.: J. G. N. RENAUD, Houten gedraaide gebruiksvoorwerpen uit de middeleeuwen, Oudheidkundig Jaarboek 12, 1943, 41–47 – W. NEUGEBAUER, Typen ma. Holzgeschirrs aus Lübeck (Frühe Burgen und Städte, Beitr. zur Burgen- und Stadtkernforsch. 1954), 174–190 – G. SCHIEDLAUSKY, Über den flachen Holzteller, Anz. des Germ. Nationalmus. 1954–59, 170–191 – O. DOPPELFELD, Das frk. Knabengrab unter dem Chor des Kölner Domes, Germania 42, 1964, 156–188 – A. CAIGER-SMITH, Tin-Glaze Pottery in Europe and the Islamic World, 1973 – Keur van Tin uit de havensteden Amsterdam, Antwerpen en Rotterdam, 1979 – A. BRUIJN, Pottersvuren langs de Vecht, Rotterdam Papers III, 1979 – J. G. HURST–D. S. NEAL, Late Medieval Iberian Pottery imported into the Low Countries, ebd. IV, 1982, 83–110 – A. FALK, Holzgeräte und Holzgefässe des MA und der NZ aus Lübeck, ZAMA 11, 1983, 31–48 – H. HUNDSBICHLER, Nahrung (Alltag im SpätMA, 1986²), 196–231 – B. A. KOLCHIN, Wooden Artefacts from Medieval Novgorod, 1989 – U. MÜLLER, Die Kleinholzfunde (Die Latrine des Augustinereremiten-Kl. in Freiburg i. Breisgau, 1995), 285–316.

Temesvár (Timişoara), Stadt am Fluß Temesch, nach der ung. Landnahme im 10. Jh. Residenz des ung. Fs.en Galod (Glad) und seines Nachfolgers Ajtony (Ochtum), der gegen den Willen Kg. Stephans I. zur gr. Kirche tendierte. Nach dem Sieg über Ajtony (1008) organisierte Kg. Stephan den Komitat und die Erzdechantei um T., ein comes wird in Urkk. erst um 1117 erwähnt. Seit 1330 gab es in der Stadt drei Pfarrkirchen (ô Eligius, Georg, Martin) und die Kl. der Minoriten und Dominikaner. Noch bevor sich Karl I. Robert v. Anjou endgültig als Kg. in Ungarn durchsetzen konnte, machte er T. zu seiner Residenz (1315–23) und erbaute einen Palast. Im Sept. 1397 hielt Kg. Siegmund hier eine Parlamentsversammlung ab. T. erlangte bedeutende Bedeutung als Befestigung gegen die Türken, in der Banus v. →Severin und der Kapitän v. Temes residierten, sie wurde von den →Hunyadi mit einem Kastell verstärkt. 1514 war T. letzter Stützpunkt des Bauernführers Georg Dózsa, und 1552 fiel es schließlich in die Hände der Türken. Gy. Györffy

Lit.: D. CSÁNKI, A Hunyadiak kora Magyarországon, VII, 1–92 – T., red. S. BOROVSZKY, 1914, 1–43.

Tempel v. Jerusalem. Die Zerstörung des von →Salomo errichteten, nach dem Exil und seit 20/19 v. Chr. unter Herodes erneuerten T. durch Titus i. J. 70 n. Chr. galt in der chr. Lit. als Erfüllung der Weissagungen Jesu, die Vereitelung des von →Julianus Apostata geplanten Wiederaufbaus durch Brand (Erdbeben: BROCK) und frühen Tod als Gottesurteil. Der T. wurde im frühchr. und ma. typolog. Denken Vorbild der Kirche Christi, aber auch des →Himmlischen Jerusalem. Um 600 ist der Kirchenbezug in einem Mosaik des T.s vor dem Altar der Marienkapelle des Mosesheiligtums am Berg Nebo verbildlicht, ein Gegenstück zu Bildern in palästinens. Synagogen, die z.T. den T. und den Thoraschrein verbinden und, wie schon Münzen des Bar-Kochba-Aufstands (132–135) mit T.fassade und Bundeslade, die Hoffnung auf Wiederaufbau und messian. Zeit zum Ausdruck brachten. In chr. Lit. und Kunst des MA nahm der T., bes. nach Eroberung der Stadt i. J. 1099 (→Jerusalem, →Kreuzzüge), erhebl. Rang ein, was auch seine Ausstattung betraf: Bundeslade (Mosaik in →Germigny-des-Prés, Anfang 9. Jh.), »Salomon.« Säulen des 12./13. Jh. (z.T. nach 1 Kön 7, 21 mit Jachin und Boas beschriftet; vgl. NAREDI-RAINER, 139–154), Taufbecken in Form des Ehernen Meeres (1 Kön 7, 23–26; Belege: BLOCH, 1963/64), große →Siebenarmige Leuchter (als Nachbildung der →Menora lit. gesichert; Stellen: BLOCH, 1961, 55f.). Ma. Erwähnungen des T.s selbst sind trotz Kenntnis der islam. Entstehung der Bauten auf dem Tempelberg legendär und zwiespältig. Der Zentralbau des Felsendoms galt als Templum Salomonis (z.B. Wiener Hs. der →Bible moralisée, Chronik des Hartmann →Schedel) oder als Templum Domini; dann war die Al-Aqşa-Moschee Templum Salomonis. Vor diesem liegt in Kreuzfahrerplänen (Belege: KRINSKY, KÜHNEL) ein Claustrum Salomonis, das in der ma. Lit. bisweilen als Vorbild des Kreuzgangs im →Kloster galt (Belege: DYNES).

J. Engemann

Lit.: LCI IV, 255-260 - P. BLOCH, Siebenarmige Leuchter in chr. Kirchen, Wallr.-Rich. Jb. 23, 1961, 55-190 - DERS., Nachwirkungen des Alten Bundes in der chr. Kunst, Monumenta Judaica, Ausst.kat. Köln 1963/64, Hb 735-786 - R. HAUSSHERR, Templum Salomonis und Ecclesia Christi, ZK 31, 1968, 108-121 - C. H. KRINSKY, Representations of the Temple of J. Before 1500, JWarburg 33, 1970, 1-19 - TH. A. BUSINK, Der T., 1-2, 1970-80 - W. DYNES, The Medieval Cloister as Portico of Solomon, Gesta 12, 1973, 61-69 - The Temple of Solomon, hg. J. GUTMANN, 1976 - S. P. BROCK, PalExpl. Quart. 108, 1976, 103-107 - H. ROSENAU, Vision of the Temple, 1979 - B. KÜHNEL, From the Earthly to the Heavenly Jerusalem, 1987 - P. v. NAREDI-RAINER, Salomos Tempel und das Abendland, 1994 - Die Reise nach Jerusalem, Ausst.kat. Berlin 1995/96.

Temperamentenlehre. Grundelemente der durch das Viererschema der →Humoralpathologie bestimmten ma. T. finden sich bereits im antiken Corpus Hippocraticum (Peri diaites, Peri physeos anthropou), wo körperl. Disposition und geistige Verfassung des Menschen auf bestimmte Kombinationen der Qualitäten (Feucht, Trokken, Warm, Kalt) zurückgeführt werden. In den (pseudo)aristotel. Problemata werden Symptome der Melancholie ausführlich beschrieben und humoralpatholog. gedeutet (Probl. XXX, 1). →Galen begründet nicht nur Krankheiten, sondern auch Charaktereigenschaften mit dem Überwiegen eines der vier Körpersäfte. Um 200 n. Chr. gebraucht Sextus Empiricus erstmals die Begriffe polyhaimos (sanguinicus) und phlegmatodes (phlegmaticus). Zusammen werden die vier Temperamente (sanguinicus, melancholicus, cholericus und phlegmaticus) allerdings erst im 12. Jh. genannt ('Philosophia' des →Wilhelm v. Conches). →Hugo de Folieto überliefert die Meinung zeitgenöss. Ärzte, »daß die Sanguiniker süß seien, die Choleriker bitter, die Melancholiker traurig und die Phlegmatiker gleichmütig« (De medicina animae).

In Spätantike und frühem MA wurde die Abhängigkeit seel.-charakterl. Konstitutionen von den humores häufig kommentiert, ohne daß die entsprechenden Temperamente benannt wurden (Pseudo-Galen, Pseudo-Soranus, →Beda, →Isidor v. Sevilla, der Autor der Sapientia artis medicinae). Wichtig wurde der phantasiereiche, Vindicianus zugeschriebene Brief an Pentadius (4. Jh.), der den im 13. Jh. in Salerno verfaßten Vindician. Merksprüchen zugrundelag. Während die gen. Autoren die Melancholie völlig negativ werteten, vertrat Rufus v. Ephesus bereits im 2. Jh. die These, daß sie häufig »Menschen von feinem Verstand und großem Scharfsinn« auszeichne. Nach der von orthodoxen ma. Galenisten (darunter arab. Ärzten wie Haly, →Avicenna, Ḥunain b. Isḥāq (→Johannitius) oder westl. Autoren wie →Constantinus Africanus) vertetenen »strengen« Humoralpathologie galten bestimmte Qualitäten-Komplexionen allerdings nicht als Konstitutionen im Sinn der T., sondern als »klinische« Krankheitsdispositionen. In diesem Sinne ordnete Constantinus z. B. der Qualität calidus die Eigenschaften »intellectus bonus, homo multum facundus, mobilissimus, audax, iracundus, libidinosus, multum appetens et cito digerens« zu, und →Averroes schloß bei melanchol. Symptomen auf Erkrankungen bestimmter Hirnkammern ('Colliget'). Dagegen kompilierte der byz. Mönch Meletios im 9. Jh. in seiner Schrift 'Peri tes tou anthropou paraskeues' eine humorale Charakterlehre.

Im Gegensatz zum Autor der Problemata verband →Alexander Neckam intellektuelle und künstler. Leistungen mit dem sanguin. Temperament, ebenso →Albertus Magnus, der freilich durch die Konstruktion einer ebenfalls geistige Leistungen begünstigenden, wenigen Menschen vorbehaltenen Melancholia non naturalis den Brückenschlag zu Aristoteles suchte. →Wilhelm v. Auvergne hielt den Melancholiker in bes. Weise der christl. Askese fähig, während →Hildegard v. Bingen den humor melancholicus kritisch von Adams Sündenfall ableitete. Im Regimen Salernitanum erscheinen die Melancholiker als geborene Geistesarbeiter (»Hi vigilant studiis, nec mens est dedita somno«).

Über den Melancholiekult gewinnt die T. in der Renaissance ihre höchste Bedeutung (Antonio Guainerio, Marsilio →Ficino), wobei seit dem HochMA astrolog. Aspekte Einfluß gewinnen. Dürers Melencolia I (1514) gilt als Höhepunkt dieser Entwicklung. Auch die übrigen Temperamente wurden häufig dargestellt (Augsburger Kalender 1480, Straßburger Kalender 1502, Dürers Vier Apostel 1526).

K. Bergdolt

Lit.: R. KLIBANSKY, E. PANOFSKY, F. SAXL, Saturn and Melancholy. Stud. in the Hist. of Natural Philos., Religion and Art, 1964 - E. SCHÖNER, Das Viererschema in der antiken Humoralpathologie, Sud-Arch Beih. 4, 1964 - H. FLASHAR, Melancholie und Melancholiker in den med. Theorien der Antike, 1966 - G. HARIG, Verhältnis zw. Primär- und Sekundärqualitäten in der theoret. Pharmakologie Galens, NTM 1973, 64-81 - F. LENHARDT, Temperamentenbilder (Nürnberger Kod. Schürstab II, hg. G. KEIL, 1983, 182-185).

Temperantia → Mäßigkeit

Tempier, Étienne, Bf. v. →Paris seit 7. Okt. 1268, † 3. Sept. 1279. Nachrichten über Herkunft und Persönlichkeit von T. fehlen; sein erhaltenes Werk umfaßt nur drei unedierte Predigten (Paris, Bibl. Nat. lat. 16481). Bekannt ist lediglich, daß er Mag. theol. und Kanoniker an Notre-Dame de Paris war; 1263 wurde er Kanzler des Kathedralkapitels und damit auch der Univ. (→Paris, D. III), mit der er wegen der ohne Genehmigung der Magister erteilten Lehrbefugnisse (→licentia) einen Konflikt austrug. Zum Bf. erhoben, war T. einer der Testamentsvollstrecker Kg. →Ludwigs d. Hl.n, geriet aber durch Verteidigung der Rechte der Pariser Kirche in Gegensatz zu Ludwigs Sohn, Kg. →Philipp III. In der Gesch. des MA ist T.s Name aber in erster Linie verbunden mit den beiden Verurteilungen des 'lat. Averroismus' (→Averroës, II; →Aristotelesverbote) vom 10. Dez. 1270 (in 13 Artikeln) und 7. März 1277 (in 219 Artikeln). Wie groß war hieran der persönl. Anteil des Bf.s? Er wurde zweifellos durch eine Mehrheit der Theologiemagister, welche Listen der inkriminierten Lehrsätze erstellt hatten, zum Einschreiten gedrängt; darüber hinaus hatte ihn der Papst um Eröffnung eines Verfahrens ersucht. Doch darf getrost auch angenommen werden, daß der autoritäre und konservative Bf. der eigenständigen Entwicklung des philosph. Lehrbetriebes und dem massiven Einbruch des Aristotelismus in die Theologie voll Ablehnung gegenüberstand; angesichts der in seinen Augen skandalösen Unruhen, die seit mehreren Jahren die Artistenfakultät erschütterten, nahm er die Gelegenheit wahr, um seine Autorität als Hüter der moral. Grundsätze zur Geltung zu bringen.

J. Verger

Lit.: DThC XV/1, 99-107 [P. GLORIEUX] - R. HISSETTE, Enquête sur les 219 articles condamnés à Paris le 7 mars 1277, 1977 - DERS., É. T. et ses condamnations, RTh 47, 1980, 231-270 - J. CHÂTILLON, L'exercice du pouvoir doctrinal dans la Chrétienté du XIIIᵉ s.: le cas d'É. T. (DERS., D'Isidore de Séville à s. Thomas d'Aquin, 1985) - L. BIANCHI, Il vescovo e i filosofi, 1990 - F.-X. PUTALLAZ, Insolente liberté, 1995.

Templer

I. Gründung - II. Zwischen Orient und Okzident - III. Verteidiger des Heiligen Landes - IV. Innere Organisation - V. Vernichtung des Ordens.

I. GRÜNDUNG: Der Orden der T., der erste geistl. →Ritterorden, wurde 1120 in →Jerusalem durch →Hugo v. Payns

(29. H.) aus der Champagne gegründet. Seine Aufgabe bestand im Schutz der nach dem 1. →Kreuzzug in großer Zahl nach Jerusalem strömenden →Pilger; sein Name geht zurück auf den 'Tempel', dem Haupthaus des Ordens in Jerusalem, dort, wo sich nach der Überlieferung der »Tempel Salomons« befand. Bald beteiligten sich die T. ebenso wie die →Johanniter aktiv an den Kämpfen zur Verteidigung der lat. Fsm.er. Die Regel des neuen Ordens wurde im Jan. 1129 auf dem Konzil v. →Troyes in Gegenwart des hl. →Bernhard v. Clairvaux neugefaßt. Die Vereinigung der beiden Funktionen des Gebets und des Kampfes in einer einzigen Institution widersprach der zu Beginn des 11. Jh. entwickelten Theorie (vgl. z. B. →Adalbero v. Laon) von den 'drei →ordines', die den Betenden, Kämpfenden und Arbeitenden ihren jeweiligen Platz zuwies. Der Einfluß des hl. Bernhard dominierte bei der Durchsetzung des Ideals der »nouvelle chevalerie« der T., deren Mission er in seinem Werk »De laude novae militiae« feierte. Diese Entwicklung vollzog sich mit der Übernahme der Idee des gerechten Krieges (→bellum iustum) durch Gesellschaft und Kirche des lat. Westens; sie war auch eine Folge der →Gregorian. Reform. Der Kreuzzug eröffnete dem westl. →Rittertum seinen eigenen Heilsweg. Dadurch war der T.orden (wie die anderen großen Ritterorden) für die Ritter das wichtigste Mittel, um zu →Askese und Heiligung (und damit zur Integration ihrer Existenz in die christl. Gesellschaft) zu finden; ebenso bildete er gleichsam den Stoßtrupp der expandierenden christl. Kräfte. Er war, obwohl im Orient entstanden, eine authent. Schöpfung der westl. Christenheit. Durch die Bulle »Omne datum optimum« (1139) empfingen die T. ihre Privilegien und wurden unmittelbar der päpstl. Autorität unterstellt. 1147 erhielten sie das Recht, auf weißem Mantel das rote Kreuz zu tragen.

II. ZWISCHEN ORIENT UND OKZIDENT: Der T.orden fand im Westen die materiellen und menschl. Ressourcen, die ihm sein Wirken im Osten erst ermöglichten. Rasch flossen ihm Gaben und Almosen zu. Die T. galten ebenso wie die Johanniter als Männer des Gebets, deren Fürsprache als bes. wirksam galt, da sie die durch das Leben und Leiden des Erlösers geheiligten Stätten bewachten. In den west- und mitteleurop. Ländern entstand ein (bes. in Frankreich dicht geknüpftes) Netz von T.häusern, die in →Kommenden (*commanderies*), Balleien (*baillies*) und Provinzen (*provinces*) verwaltet wurden. Auf der Iber. Halbinsel erkannte das Kgtm. rasch den Wert des Ordens für die →Reconquista. Insbes. der Kg. v. Aragón betraute T. und Johanniter mit dem Schutz und der Wiederbesiedlung (→Repoblación) der neueroberten Grenzzonen; zu diesem Zweck errichteten die T. mächtige Burgen wie →Monzón und Miravet. Bei alledem vernachlässigte der T.orden nie seine eigtl. Bestimmung, die Verteidigung von Jerusalem; lediglich die T. in Portugal schlugen einen eigenen Weg ein und konzentrierten sich gänzl. auf ein Wirken im Rahmen des Kgr.es (ab 1319 als →Christusorden).

Die T.häuser im Westen waren in der Regel bescheidene feste Häuser mit einer einfachen Kapelle auf rechtwinkligem Grundriß (die berühmten, als Rotunden/Zentralbauten errichteten →Heiliggrabkapellen bildeten nur eine geringe Minderheit). Diese Ordensniederlassungen waren Zentren von Grundherrschaften (→Seigneurie), deren Erträge zu einem Teil in den Orient zur Deckung der militär. Kosten geschickt wurden (*responsiones*). Auf eine Steigerung des Profits bedacht und der Geldwirtschaft zugewandt, verstanden es die T., intensiven und innovativen →Landesausbau zu betreiben; wichtige Beispiele sind die →Bewässerung des Rio-Cinca-Tals in Aragón, die Errichtung eines Systems von Mühlen an der Aude (Südfrankreich), die Übernahme des vierjährigen Fruchtwechsels (*assolement quadriennal*) in der Normandie, die profitable Nutzung der Handelsmessen. Die T. gaben dem Geldverkehr wichtige Impulse, da sie zur Erfüllung ihrer Mission im Osten zu Experten der Anlage und Überweisung von Geldmitteln wurden, so daß Pilger, Fs.en, Geschäftsleute und Kleriker ihre Dienste in Anspruch nahmen. Unabhängig von ihren eigenen Fonds wickelten sie den Zahlungsverkehr von Privatpersonen ab, und namentl. die Kg.e v. Frankreich und England vertrauten ihnen ihren Schatz (→Trésor) an.

III. VERTEIDIGER DES HEILIGEN LANDES: Im lat. Orient mit seiner ständigen Verteidigungsbereitschaft stellten die Ritterorden, unter ihnen die T., mehr als die Hälfte der Kämpfer; im 13. Jh. standen fast alle großen Burgen (→Burg, D.I) in ihrer Obhut. Die T. richteten regelrechte Marken zur militär. und wirtschaftl. Kontrolle der strateg. wichtigen Grenzzonen ein: Baġrās im N des Fsm.s →Antiochia; Chastel Blanc und →Tortosa in der Gft. →Tripoli; Safed, La Fère und →Chastel Pélerin im Kgr. Jerusalem. Ihr Mut und ihre Disziplin wurden allg. geschätzt, auch wenn ihr Verhalten gelegentl. durch Tollkühnheit, oft durch Arroganz geprägt war. Manchmal beeinträchtigten sie durch Ausweitung ihrer Mission in verhängnisvoller Weise die polit. und militär. Entscheidungen der Kreuzfahrerstaaten (z. B. in der Schlacht v. →Ḥaṭṭīn, 1187); die maßlose Rivalität zw. T.n und Johannitern erwies sich im Krieg v. St-Sabas (Akkon, 1258) für beide Orden als rufschädigend. Bei der aussichtslosen Verteidigung von Akkon (1291) bewiesen die T. ihren ungebrochenen Willen zur Selbstaufopferung.

IV. INNERE ORGANISATION: Das Hauptquartier der T. war anfängl. Jerusalem (al-Aqṣa-Moschee, über dem vermeintl. 'Templum Salomonis'). Nach 1187 verlegten sie ihren Sitz nach Akkon, dann auf die Burg Chastel Pélerin, die 1291 der letzte von den Lateinern geräumte Stützpunkt war. Danach zogen sie sich nach →Zypern zurück, wo sie bis zur Aufhebung des Ordens ihr Haupthaus unterhielten. Der Orden wurde geleitet von einem Meister, dem im Rat und hohe Würdenträger (Seneschall, Marschall u. a.) zur Seite standen. Im 13. Jh. wurde der Meister im Westen durch einen Generalvisitator vertreten. An der Spitze der Ordensprovinzen war ein Meister, den Kommenden stand ein →Komtur (*commandeur* – *praeceptor*) vor. Die Brüder des Ordens teilten sich in *frères de couvent* (Ritter, *sergents*, Kapläne), welche die drei Gelübde des Gehorsams, der Keuschheit und der Armut abgelegt hatten, und in *frères de métiers*, die für die wirtschaftl. Aufgaben zuständig waren. Die *confrères* des T.ordens nahmen nur zeitweilig und gleichsam als Hilfskräfte am Leben des Ordens teil; manche schlossen sich ihm im Alter an, um während des Lebensabends an den Wohltaten und Gebeten des Ordens teilzuhaben. Der T.orden rief hauptsächl. wegen seiner Privilegien und seines arroganten Auftretens Kritik hervor, so bei Publizisten und Moralisten wie dem Chronisten →Matthaeus Paris sowie den Dichtern Jacquemart →Giélée (»Renart le Nouvel«; →Renart, II) und Gervais du Bus (→»Fauvel«), die aber durchaus auch gegen andere religiöse Orden polemisierten. Im übrigen konnte der T.orden bis zu seinem gewaltsamen Ende neue Mitglieder, für welche der Orden offenbar attraktiv blieb, rekrutieren.

V. VERNICHTUNG DES ORDENS: Sie wurde ausgelöst nicht durch innere Zerfallserscheinungen, sondern durch die zielbewußte Aktion Kg. →Philipps IV. des Schönen v.

Frankreich, der am 13. Okt. 1307 alle T. des Kgr. es unter der – offensichtl. unberechtigten – Anklage der →Häresie und Blasphemie verhaften und die Güter des Ordens konfiszieren ließ. Papst Clemens V. ordnete seinerseits kurz darauf die Gefangennahme der T. in der ganzen Christenheit an. Die frz. Monarchie führte den Häresieprozeß gegen die T. (1307–10 bzw. bis 1314) offensiv als großen polit. Prozeß (→Templerprozeß), bewußt im Bestreben, die staatl. Autorität gegen die päpstl. Gewalt zu stärken. Die anderen weltl. Souveräne Europas, auch wenn sie von der Schuld der T. nicht immer überzeugt waren, taten wenig zu deren Schutz, zumal die Ausschaltung des Ordens auch ihre Machtstellung gegenüber der Kirche kräftigte. Das Papsttum vermied eine offene kirchl. Verurteilung, vollzog aber auf dem Konzil v. →Vienne (1312) die Aufhebung des Ordens, dessen Güter den Johannitern übertragen wurden. A. Demurger

Bibliogr.: M. Dessubré, Bibliogr. de l'ordre des templiers, 1928 [Neudr. 1966] – H. Neu, Bibliogr. des T. ordens (1927–56), 1965 – Q.: J. Michelet, Le Procès des Templiers, 1841–51 [Neudr. 1987] – La règle du Temple, ed. H. de Curzon, 1886 – M. d'Albon, Cart. gén. de l'ordre du Temple (1119–50), 1913–22 – G. Lizerand, Le dossier de l'affaire des Templiers, 1923 [Neudr. 1989] – R. Sève-A.-M. Chagny-Sève, Le procès des templiers d'Auvergne, 1986 – Lit.: DSAM XV, 152–161 [Lit.] – M.-L. Bulst-Thiele, Sacrae domus Militia Templi..., 1974 – P. Partner, The murdered Magicians. The Templars and their Myths, 1981 – A. Demurger, Vie et mort de l'ordre du Temple, 1985 – R. Hiestand, Kard. bf. Matthäus v. Albano, das Konzil v. Troyes und die Entstehung des T. ordens, ZKG 99, 1988, 295–325 – F. Bramato, Storia dell'ordine dei Templari in Italia, 1991–94 – P. de Saint-Hilaire, Les sceaux templiers, 1991 – G. Martinez-Diez, Los Templarios en la corona de Castilla, 1993 – M. Barber, The New Knighthood. A Hist. of the Order of the Temple, 1994 – M. Miguet, Templiers et Hospitaliers en Normandie, 1995.

Templerkirchen, Kirchen des bes. in Frankreich begüterten →Templerordens, z. T. kleine runde oder achteckige Zentralbauten mit Chor (Paris, Laon, St. Mary in London, Cambridge Little Marplestead, Dover, Metz), aber auch einfache Saalkirchen mit Chor (St. Matthäi in Braunschweig, Berlin-Tempelhof, Tempelberg/Krs. Fürstenwalde, Lietzen/Krs. Seelow). Die T. wurden nach der Auflösung des Templerordens 1312 zumeist von →Johannitern übernommen und verändert. G. Binding

Lit.: E. Lambert, L'architecture des Templiers, 1955 – G. Binding-M. Untermann, Kleine Kunstgesch. der ma. Ordensbaukunst in Deutschland, 1985.

Templerprozeß, spektakulärer polit. Prozeß, dessen Protagonisten der kgl. Siegelbewahrer Guillaume de →Nogaret, Papst →Clemens V. und Kg. →Philipp IV. 'der Schöne' v. Frankreich waren. Die Verhaftung der →Templer (T.) des gesamten Kgr. es →Frankreich erfolgte (nach sorgfältiger, geheimer Vorbereitung durch die kgl. Beauftragten) im Morgengrauen des 13. Okt. 1307 in »einer der außergewöhnlichsten Polizeiaktionen aller Zeiten«. Bereits am 14. Okt. machte in →Paris ein Manifest die den T.n zur Last gelegten Verbrechen öffentlich kund: angebl. →Apostasie, →Gotteslästerung (Verunglimpfung der Person Christi), obszöne Riten, Sodomie und Götzendienst; diese Anklagen wurden durch die im Verlauf des Häresieprozesses erpreßten Geständnisse »erhärtet«. Seit dem 16. Okt. ersuchte der Kg. in Briefen Fs.en und Prälaten, nach seinem Beispiel die T. in ihren Herrschaftsgebieten gleichfalls gefangenzusetzen. Die Antworten der Fs.en fielen lau und ausweichend aus.

Vom 19. Okt. bis zum 24. Nov. 1307 wurden 138 gefangene T. im unteren Saal des 'Temple' zu Paris vom Inquisitor Guillaume de Paris verhört, unter vielfacher Anwendung der →Folter durch kgl. Beamte. Ein Großteil der Gefangenen legte die geforderten Schuldbekenntnisse ab. Am 27. Okt. protestierte Papst Clemens V. beim Kg. gegen den Gebrauch der Folter; bereits am 22. Nov. aber wies er in der Bulle »Pastoralis praeeminentiae« die Fs.en der Christenheit an, auch ihrerseits alle T. festzunehmen, forderte jedoch anschließend, alle Ordensleute dem päpstl. Gericht zu überstellen. Im Dez. 1307 widerrief der Ordensmeister, Jacques de →Molay, sein anfängl. Geständnis, und der Papst suspendierte die Befugnisse des Inquisitors bis zum Febr. 1308.

Dessenungeachtet gaben der Kg. und seine Räte das Spiel keineswegs verloren. Gestützt auf eine große Versammlung in Tours (März 1308) und einen von Pierre →Dubois verfaßten Propagandatext, traf Philipp IV. mit Clemens V. in Poitiers zusammen (Mai 1308); als Sprachrohr des Kg.s bewog Guillaume de →Plaisians den Papst, das harte Vorgehen gegen die T. zuzulassen. Vom 22. Juni bis zum 1. Juli 1308 wurden 72 T. dem Papst zum Verhör vorgeführt, doch blieben die hohen Würdenträger (unter ihnen Jacques de Molay und der Visitator Hugues de Pairaud) zu Chinon in Haft. Sie wurden verhört durch drei Kardinallegaten, Bérenger Frédol, Étienne de Suisy und Landolfo Brancaccio, doch wohnten auch Nogaret und Plaisians den Einvernahmen bei. Der Papst lehnte es beim Verlassen von Poitiers zwar ab, eine Verurteilung der T. auszusprechen, machte in der Folgezeit aber zunehmend Konzessionen: Der Inquisitor Guillaume de Paris wurde im Amt bestätigt, in den Diöz. wurden Kommissionen gebildet zur Eröffnung eines regelrechten kanon. Prozesses gegen die T., die dennoch im Gewahrsam des Kg.s blieben. Zugleich wurde das Schicksal des T. ordens den Entscheidungen eines allg. Konzils, das durch die Bulle »Regnans in coelis« einberufen wurde, unterworfen. Eine päpstl. Kommission hatte die Untersuchungen über den Orden als solchen zu führen. Die erste der Diözesankommissionen eröffnete ihre Sitzungen in Paris am 8. Aug. 1309, besetzt mit ergebenen Anhängern des Kg.s wie Gilles Aycelin, Ebf. v. Narbonne, oder Guillaume Bonnet. Bei den nun wieder verstärkt anlaufenden Verhören wurde (in Frankreich, aber nun auch in England und Dtl.) abermals die Folter eingesetzt. Im Frühjahr 1310 waren 573 T. vernommen worden.

Zwar ernannte der Orden, in einem letzten Sichaufbäumen, vier Delegierte (Pierre de Bologne, Renaud de Provins, Bertrand de Sartiges und Guillaume de Charbonnet), die vor der Kommission Protest einlegen sollten, dennoch verhängte das Provinzialkonzil v. Sens (11. Mai 1310), unter Vorsitz des Ebf.s und kgl. Gefolgsmannes Philippe de →Marigny, 54 Todesurteile gegen »rückfällige« T., die ihre früheren, erpreßten Geständnisse widerrufen hatten und deshalb am 12. Mai 1310 in Paris verbrannt wurden. Diejenigen T., die an ihren Schuldbekenntnissen festhielten, kamen dagegen frei. Vor den lodernden Scheiterhaufen brach der Widerstand des Ordens zusammen.

Nachdem die kirchl. Kommission am 5. Juni 1311 ihre Arbeit für beendet erklärt hatte, trat das Konzil v. →Vienne am 16. Okt. 1311 zusammen. Am 22. März 1312 approbierte Papst Clemens die Aufhebung des Ordens in der Bulle »Vox in Excelso«; am 2. Mai (Bulle »Ad providam«) wurden die Güter der T. den →Johannitern übertragen; am 6. Mai 1312 erging die päpstl. Weisung an die Provinzialkonzilien, ihre Prozesse gegen die T. fortzusetzen. Für die dem päpstl. Reservatrecht unterstehenden hohen Würdenträger des Ordens wurden drei Kard. e, Nicolas de Fréauville, Arnaud d'Auch und Arnaldo Novelli, als delegierte Richter eingesetzt (22. Dez. 1313). Ihr Spruch (18. März 1314) verurteilte die vier Angeklagten, den Ordensmeister Jacques de Molay, den Visitator v. Frankreich Hugues de Pairaud, die Praeceptoren (Komture) v. Normandie bzw. Poitou-Aquitanien, Geoffroy de Charnay und Geoffroy de Gonneville, zu ewigem Kerker, doch wurden Molay und Charnay, die unbeugsam auf ihre Unschuld pochten und das Urteil ablehnten, noch am gleichen Tage auf der Île de la Cité verbrannt.   E. Lalou

Q. und Lit.: →Templer [bes. J. MICHELET, 1841–51; G. LIZERAND, 1923; A. DEMURGER, 1985] – M. BARBER, The Trial of the Templars, 1978 – R. SÈVE-M. CHAGNY-SÈVE, Le procès des templiers d'Auvergne, 1986.

Templon. Das Wort T. (τέμπλον oder τέμβλον) begegnet erstmals nach dem Bilderstreit in der Vita des Priesters Philippos (AASS 3, 28–33), bei →Theodoros Studites im 9. Jh. (Jamboi 43, MPG 99, 1796A) wie auch späterhin in Klostertypika und meint die Abtrennung zw. Chor (→Bema) und allg. Kirchenraum (Naos). Es ist damit die Fortsetzung der bereits in frühchristl. Zeit bestehenden Abschrankung des Altars, die *cancelli* (καγκέλλοι) oder κιγκλίδες genannt wurden und aus einfachen Pfosten mit dazwischen eingestellten Schrankenplatten bestanden, welche ihrerseits wieder auf Abschrankungen profaner Gebäude (Gerichtsgebäude, aber auch Hippodrom) zurückgreifen. Die erhöhte Form mit aufgesetzten Säulchen und abschließenden Epistylbalken entstand wohl schon im 5. Jh. Die Zwischenräume zw. den Säulchen über den Schrankenplatten waren mit Vorhängen verschließbar. An ihre Stelle traten auch, bes. später, →Ikonen. Das Wort Ikonostas(is) (→Bilderwand) taucht erst in komnen. Zeit auf und bezieht sich auf die zunehmend reicher werdende Ausstattung mit Ikonen. Als Materialien für T. a sind Mauerwerk, Stein, Holz, aber auch Metall durch erhaltene Denkmäler oder Quellen belegt.   M. Restle

Lit.: RByzK III, 326–353 [M. CHATZIDAKES] – K. HOLL, Die Entstehung der Bilderwand in der gr. Kirche, Arch. für Religionswiss. 9, 1906, 365–384.

Temporale (Proprium de tempore), Bezeichnung für die Gesamtheit der Herrenfeste bzw. der Feier der Erlösungsmysterien im →Kirchenjahr, im Unterschied zum Sanktorale (Gedächtnisfeier der Hl.n), wie sie in Kalendarien und Liturgiebüchern eingetragen sind. Eine differenzierte Benennung der verschiedenen Zyklen des Jahreskreises kennt das MA nicht (RIGHETTI, 4). Die Entwicklung des T. entspricht der schrittweisen und in den einzelnen Kirchenfamilien des W und des O z. T. voneinander abweichenden Ausbildung des Kirchenjahres. Hauptkern des T. bildet die Osterfeier, mit den 50 sich anschließenden Tagen (Pentekoste) und der vorbereitenden Zeit (Quadragesima, dann um Quinquagesima, Sexagesima und Septuagesima erweitert). Parallel zu diesem formte sich bis ins 6. Jh. ein Weihnachtszyklus (Advent, →Weihnachten, Epiphanie) aus. Auch die Sonntage nach Epiphanie und nach Pentekoste sowie weitere Herrenfeste mit bestimmtem oder bewegl. Kalenderdatum (z. B. Darstellung, Verkündigung, Verklärung des Herrn, Fronleichnam) sind zum T. hinzuzurechnen. In den ältesten Kalendarien und liturg. Büchern sind T. und Sanktorale miteinander verbunden (vgl. Sakramentar von Verona, gregorian. Sakramentare, Bobbiomissale, Gelasiana des 8. Jh.). Im sog. Altgelasianum (Cod. Vat. Reg. lat. 316) sind hingegen (schon) Herrenfeste, Hl.nfeste (aber mit den Formularen für die Adventssonntage) und Sonntage per annum in jeweils drei Büchern angeordnet (s. a. →Missale, →Sakramentar). In den Plenarmissalien röm. Tradition des Hoch-MA setzte sich eine Trennung zw. Sanktorale und T. durch, mit Ausnahme der Hl.nfeste zw. Weihnachten und Weihnachtsoktav (Neujahr), die im T. blieben, sowie einiger Herrenfeste mit festem Kalenderdatum, die im Sanktorale verzeichnet wurden.   P. Carmassi

Lit.: ECatt XI, 1905–1908 [G. LÖW-A. RAES] – M. RIGHETTI, Manuale di storia liturgica, II: L'anno liturgico, 1955², 1–467 – H. AUF DER MAUR, Feiern im Rhythmus der Zeit, I: Herrenfeste in Woche und Jahr, Gottesdienst der Kirche 5, 1983 – M. AUGÉ u. a., Anàmnesis 6: L'anno liturgico, 1988 – A. VERHEUL, L'année liturg.: de l'hist. à la théol., Questions liturgiques, Studies in Liturgy 74, 1993, 5–16 – PH. HARNONCOURT-J. AUF DER MAUR, Gottesdienst der Kirche 6,1, 1994, 264–271.

Temporalia (bona oder res temporalia, bona ecclesiastica) sind der Gesamtbesitz einer kirchl. jurist. Person an bzw. die Ausstattung eines Kirchenamtes mit Gütern und Rechten. Die Trennung von →Spiritualia und T., basierend auf der von →Ivo v. Chartres und dessen Schüler →Hugo v. Fleury vorgenommenen Unterscheidung von T. und Spiritualia, führte zur Beendigung des →Investiturstreits im →Wormser Konkordat (1122). In den ma. Q. ist der Begriff der T. nicht immer eindeutig zu bestimmen. Der Übergang zu den Spiritualia ist fließend. Dies gilt ganz bes. für den Inhalt des Rechts an den T. einer Kirche. Neben dem Begriffspaar Spiritualia und T. treten als weitere Kategorie die res spirituali adnexae (vgl. →Patronatsrecht, Alexander III.), über die die Kirche, wie über die Spiritualia, das Jurisdiktionsrecht beanspruchte.

Die T. umfaßten alle Rechte und Güter, die nicht unmittelbar geistl. Charakter hatten. Dazu gehörten dos ecclesiae, Widum, regalia usw. Von Anfang an haben die Ortskirchen auch unbewegl. Vermögen erworben. Seit den ksl. Edikten v. 313 und 321 waren corpora fidelium und auch Kirchen vermögensfähig. Nach dem Untergang des Röm. Reiches blieben Kirchen, Diöz.n und Abteien rechtsfähig. Ab dem 9. Jh. wurde das Vermögen der Diöz.n und Abteien geteilt, daraus entwickelten sich die →Benefizien. Die Rechte der Eigenkirchenherren (→Eigenkirche) wurden sukzessive zurückgedrängt. Am Ende der Entwicklung war jede kirchl. Funktion, jedes kirchl. Amt mit einem →Vermögen verbunden.

Verfügungsberechtigt über die T. waren der Bf., die Pfarrer, die Kanoniker und sonstige Inhaber von Benefizien. Sie hatten allerdings nur ein Nutzungsrecht. Hier war der Laieneinfluß bes. groß. Die Kirche versuchte, bei den T. möglichst freie Hand zu gewinnen. Vgl. dazu die Entwicklung im Benefizialwesen, die langsame Zurückdrängung des Eigenkirchenwesens durch Patronat und →Inkorporation.

Neben die alte ecclesia, die das ganze Pfarrvermögen umfaßte, trat auf Pfarrebene die neue ecclesia, später als →fabrica ecclesiae, auch Lichtergut, bezeichnet. Sie unterschied sich vom Pfarrbenefizium, war dem vermögensrechtl. Zugriff des Pfarrers entzogen und wurde von eigenen Organen verwaltet. Die Frage der Nutzung der T. war zu klären, der die Unterhaltsrechte des Amtsträgers gegenüberstanden. Der Ausgleich wurde z. B. bei Kl. zugehörenden Pfarreien in den verschiedenen Pertinenzverhältnissen und nachfolgend in den Inkorporationsverhältnissen (pleno iure bzw. quoad t. tantum) gefunden. In der Frage, ob Kirchengründung Nutzungsrechte entstehen läßt, war die ma. Lehre uneins. Die Temporalienpertinenz schloß den Nutzgenuß an den T. ein.   R. Puza

Lit.: HRG V, 144f. – Nov. Dig. It. XIII, 184ff. [proprietà ecclesiastica] – PLÖCHL II, 406 – D. LINDNER, Die Lehre von der Inkorporation in ihrer gesch. Entwicklung, 1951.

Temura → Buchstabensymbolik, II

Tendilla (Guadalajara), Gf.en v., seit 1467 Titel eines Zweiges des um Guadalajara begüterten Geschlechts der →Mendoza, der ebenso wie die Hzg.e v. →Infantado (seit

1475) und die Gf. en v. La Coruña del Conde (Burgos, seit 1468) von Iñigo López de →Mendoza († 1458; 1. M.), dem ersten Marqués v. Santillana, abstammte und große Wertschätzung bei den →Kath. Kg.en genoß. Zum ersten Gf.en v. T. wurde 1467 Iñigo López de Mendoza († 1479) erhoben, zweiter Gf. wurde sein gleichnamiger Sohn (1442–1515), der zugleich den Titel eines Marqués v. →Mondéjar (1512) trug und 1492–1515 Generalkapitän v. Granada war, dritter Gf. und zweiter Marqués v. Mondéjar dessen Sohn Luis Hurtado de Mendoza. Die Gf.en v. T. hatten noch Loranca, Meco, La Guardia, Aranda del Duero und Mondéjar inne und erhielten die Ermächtigung, ein →Mayorazgo zu bilden. L. Vones

Lit.: A. GONZÁLEZ PALENCIA–E. MELE, Vida y obras de Don Diego Hurtado de Mendoza, 3 Bde, 1941–43 – J. R. L. HIGHFIELD, The Catholic King and the Titled Nobility of Castile (Europe in the Late MA, 1965), 358–385 – J. CEPEDA ADÁN, El Gran T., Cuadernos de Hist. I, 1967, 159–168 – Iñigo López de Mendoza, Correspondencia del conde de T., I (1508–09), ed. E. MENESES GARCÍA, 1974 – H. NADER, The Mendoza Family in the Spanish Renaissance, 1979, bes. 150ff. – E. COOPER, Castillos señoriales de Castilla de los siglos XV y XVI, 2 Bde, 1980–81 – s.a. Lit. zu →Mendoza (F. LAYNA SERRANO, 1942), →Mondéjar (J. CEPEDA ADÁN, 1962).

Tenedos (heute Bozcaada, Türkei), fruchtbare Insel (39 km²) in der N-→Ägäis. Infolge ihrer geogr. Lage am Eingang der →Dardanellen (20 km ssw.) seit der Antike von naut. und militär. Bedeutung und Station der byz. Kriegsflotte. Frühbyz. der Prov. Insulae (Nesoi) der Diöz. Asiane und mittelbyz. dem →Thema Aigaion Pelagos zugehörig, ist T. spätestens 431 (wahrscheinl. bereits 342) Bm. (spätestens ab 10. Jh. Suffragan v. Mitylene) und ab dem 2. Viertel des 14. Jh. ztw. eigener Metropolitensitz. Die Polis von T. wurde durch ein Erdbeben zw. 478 und 491 zerstört; vielleicht auch deswegen unter Justinian I. Neubau eines Getreidespeichers (Kapazität eine »volle Flottenladung«) zwecks Zwischenlagerung des von Alexandria für Konstantinopel gelieferten Getreides (Prokop, aed. 5. 1. 7–16). Nach der Eroberung v. Byzanz durch die Kreuzfahrer wurde T. 1204 wahrscheinl. der ʻsecunda pars domini imperatoris' zugeschlagen, doch dürfte es zunächst Piratennest, dann unter ven. und später unter byz. Kontrolle gewesen sein. Während des Bürgerkrieges auf der Seite →Johannes' V. Palaiologos, wurde T. von der genues. Flotte geplündert und 1352 gegen 20000 Dukaten an die Venezianer verpfändet. 1376 Besetzung durch Venedig, wodurch 1377 der Krieg mit Genua ausgelöst wurde; die im Frieden v. Turin (1381) vereinbarte Entmilitarisierung und Entvölkerung wurde erst 1385 abgeschlossen. Wahrscheinl. bereits ab 1405 erneute Besiedlung und etwas später Befestigungspläne, wogegen Genua 1431 opponierte. 1454 türk. Inbesitznahme von T. und 1478/79 Neubau der – trotz mehrfacher Umbauten erhaltenen – Festung durch Mehmed II. J. Koder

Lit.: A. PHILIPPSON–E. KIRSTEN, Die gr. Landschaften, IV, 1959, 219f. – Oxford Dict. of Byzantium, 1991, 2025 – F. THIRIET, Vénise et l'occupation de T. au XIVᵉ s., MAH 65, 1953, 219–245 – M. BALARD, La Romanie Génoise, 1978, 85–91 – F. THIRIET, Le transfert de Ténédiotes en Romanie Vénitienne (1381–85), TM 8, 1981, 521–529 – E. MALAMUT, Les îles de l'empire byz., 1988, passim – A. E. MÜLLER, Getreide für Konstantinopel, JÖB 43, 1993, 5–11.

Tenencia, Begriff des aragones. Rechts, der Amtslehen (honores) in Form von Burgen oder befestigten Orten bezeichnete, die vom Kg. unmittelbar und nur auf Zeit an Adlige vergeben wurden, wobei oft mehrere T.s in einer Hand lagen. Der *tenente* war zur Leistung von Rat und Heerfolge verpflichtet, v. a. aber zur Stellung von Mannschaft zur Bewachung und Verteidigung der T. Er verfügte dort über die Gerichtsrechte und Regalien sowie über die dem Kg. zu leistenden Abgaben (die diesem in Aragón zur Hälfte weiterhin zustanden). Die T. trat zuerst im 11. Jh. in Navarra-Aragón auf, möglicherweise nach maur. Vorbild. Das unter →Sancho III. Garcés (1004–35) bereits voll ausgebildete System diente v. a. der Grenzsicherung. Später wurde es auch zur Sicherung der Herrschaft im Inneren verwandt, so 1076, als Sancho I. Ramírez Navarra seinem Reich inkorporierte und es mit einem Netz von T.s an strateg. wichtigen Punkten überzog, oder als Alfons I. nach der Heirat mit Urraca v. Kastilien-León aragones. *tenentes* in Kastilien (u. a. Soria, Burgos, Alava) einsetzte. Als die Institution später auch in Kastilien-León übernommen wurde, führte dies zu einer Feudalisierung öffentl. Ämter. Der *tenente* oder *senior* fungierte hier als Vertreter des Kg.s zur Sicherung der Verteidigung von Städten, die unmittelbar zum →Realengo zählten. Für administrative Aufgaben war ihm häufig ein →Merino beigegeben, in Städten fungierte ein →Alcalde als sein Stellvertreter und Anführer der Bürgerwehr. Ab dem 13. Jh. verschwand die T. in Aragón – die rein verwaltungstechn. Aufgaben wurden von einem Baile übernommen – und verlor auch in Kastilien ihren amtsrechtl. Charakter.

U. Vones-Liebenstein

Lit.: C. CORONA BARATECH, Las t.s en Aragón desde 1035 a 1134, EEMCA 2, 1946, 379–396 – J. M. LACARRA, »Honores« et ».t.s« en Aragon (XIᵉ s.), AM 80, 1968, 485–528 – AG. UBIETO ARTETA, Los »Tenentes« en Aragón y Navarra en los siglos XI y XII, 1973 – L. G. DE VALDEAVELLANO, Curso de Hist. de las Instituciones españolas, 1975⁴ – A. UBIETO ARTETA, Hist. de Aragón: Divisiones Administrativas, 1983, 83–90.

Tenor, Terminus zur Benennung bestimmter musikal. Phänomene und Funktionen in der Ein- und Mehrstimmigkeit, sowie eine Stimm- bzw. Stimmlagenbezeichnung; von lat. tenere ('halten') abgeleitet, entstammt er der lat. Grammatik und bezeichnet dort die Gruppe der Tonhöhenakzente.

[1] *Einstimmigkeit:* In der Musiktheorie bezeichnet T. Tonhöhe oder Saitenspannung (→Cassiodor), Länge des Atems (→Hucbald), Tondauer (→Guido v. Arezzo), →Finalis (→Jacobus v. Lüttich), die nach Tonarten verschiedenen Vortragsmodelle (→Rezitationstöne) der →Psalmodie (→Aurelian) sowie den Reperkussionston, also den Ton innerhalb der Vortragsmodelle, auf dem im wesentl. rezitiert wird (Aurelian, bes. →Johannes Affligemensis), schließlich den ersten Ton des saeculorum amen und auch die gesamten Psalmen- →Differenzen.

[2] *Mehrstimmigkeit:* Seit dem 13. Jh. wird die den vorgegebenen Cantus tragende Tiefstimme T. genannt (→Johannes de Garlandia, →Franco v. Köln, Anonymus St. Emmeram). Es handelt sich um einen →gregorian. Gesang oder ein Stück daraus, dem zur Ausschmückung eine oder mehrere Stimmen beigegeben sind; die liturg. Ausgangsmelodie steht dabei zunächst im Vordergrund, wird in der →Notre-Dame-Schule und der →Ars antiqua jedoch zunehmend zur Konstruktionsbasis: sie wird gedehnt, rhythmisiert, wiederholt etc. und verliert mitunter ihre liturg. Funktion. Folgerichtig kann ein T. schließlich nichtliturg. Musik entnommen oder frei erfunden werden (→Johannes de Grocheo), er gibt in diesem Stadium jedoch noch nicht seine Basisfunktion des musikal. Satzes auf. Diese Aufgabe geht allmähl. verloren, wenn dem T. ein →Contratenor gegenübertritt und dieser nicht mehr allein tiefste und damit Fundamentstimme ist. Während im Lauf dieser Entwicklung in verschiedenen frz. und it. Satztypen im 14./15. Jh. die Oberstimme zum Melodieträger wird, bleibt dem T. bes. im dt. Bereich die Fundamentfunktion erhalten, etwa im T.lied oder in der mehr-

stimmigen Bearbeitung liturg. Cantus firmi, wobei der T. als melodietragende Hauptstimme häufig hervortritt. Der Terminus T. wird seit dem 13. Jh. auch zur Stimmbezeichnung in prakt. Quellen, schließlich zur Bezeichnung für eine an einen bestimmten Ambitus gebundene Stimmlage. Bei der Entstehung des zykl. →Ordinarium missae spielt die sog. T.-Messe eine Rolle: Eine nicht dem gregorian. Meßrepertoire entnommene Melodie wird allen Sätzen des Ordinariums als T. zugrundegelegt und schafft so zykl. Einheit. B. Schmid

Lit.: Hwb. der musikal. Terminologie, 1972ff. s.v. – MGG s.v. – NEW GROVE s.v. – RIEMANN s.v. – D. HOFFMANN-AXTHELM, T./Contratenor und Bourdon/Fauxbourdon [Diss. masch. Freiburg/Br. 1970].

Tenorio, Pedro, Ebf. v. →Toledo 1377-99, * um 1328, † 18. Mai 1399 in Toledo, ▭ Kapelle San Blas im Klaustrum der Kathedrale v. Toledo, gehörte einer aus Galizien stammenden, im Kgr. Toledo ansässigen Familie aus der Oligarchie von →Talavera an (Eltern: Diego Alfonso T. und Juana Duc). T., Kanoniker des Kathedralkapitels v. Zamora, Archidiakon v. Toro und Calatrava im Kapitel v. Toledo, stand im kast. Bürgerkrieg auf seiten →Heinrichs (II.) v. Trastámara, was ihm und zwei seiner Brüder die Verbannung eintrug. Diese nutzte er zur weiteren Ausbildung in Toulouse, Perugia und Rom, v.a. im kanon. Recht, das er bei →Baldus de Ubaldis hörte und in dem er den Doktorgrad erwarb. Mit Hilfe des avign. Papsthofes nach Kastilien zurückgekehrt, geriet er 1367 in der Schlacht v. →Nájera in Gefangenschaft, aus der ihn der Kard.legat Gui de →Boulogne befreite. Seit 1371 Bf. v. →Coimbra, wurde er am 13. Jan. 1377 von Gregor XI. als Nachfolger des Gómez Manrique († Ende 1375) zum Ebf. v. Toledo bestellt. Er entfaltete in seiner Erzdiöz. eine reiche, v.a. auf den Klerus gerichtete Reformtätigkeit (Synode v. Alcalá 1379, ed. SÁNCHEZ HERRERO, 243–281) und eine bemerkenswerte Bautätigkeit. Mit der Thronbesteigung Johanns I. v. Kastilien 1379 und der Mitgliedschaft im →Consejo Real begannen sein polit. Einfluß und die Phase seiner reichsweiten, von Bf. →Gutierre v. Oviedo und Kard. Pedro Fernández de Frías unterstützten Kirchenreform, sowie seine die Haltung Kastiliens bestimmenden Bemühungen zur Lösung des Großen Schismas. Nach dem Tod Johanns I. gehörte er führend dem Regentschaftsrat für den minderjährigen Thronfolger →Heinrich (III.) an, in dem er die Opposition seines alten Feindes Juan García →Manrique, Ebf. v. Santiago, traf. Wegen des (wohl unberechtigten) Verdachts des Hochverrats 1393 in Haft genommen, konnte er sich erst spät wieder rehabilitieren, ohne seine frühere Stellung wiederzugewinnen. Die Sedisvakanz nach seinem Tod (Testament vom 4. Nov. 1398) dauerte bis 1403.
 L. Vones

Lit.: DHEE IV, 2549f. – Eugenio Narbona, Vida y hechos de don P. T., Madrid 1624 – L. SUÁREZ FERNÁNDEZ, Don P. T. (Estudios dedicados a MENÉNDEZ PIDAL, IV, 1953), 601–627 – DERS., Castilla, el Cisma y la crisis conciliar (1378–1440), 1960 – J. GOÑI GAZTAMBIDE, La embajada de Simón de Cramaud a Castilla en 1396, Hispania Sacra 15, 1962, 165–176 – J. F. RIVERA RECIO, Los arzobispos de Toledo en la baja edad media, 1969, 95–98 – L. SUÁREZ FERNÁNDEZ, Nobleza y Monarquía, 1975² – J. SANCHEZ HERRERO, Concilios Provinciales y Sinodos Toledanos de los siglos XIV y XV, 1976 – F. J. FERNÁNDEZ CONDE, Gutierre de Toledo, obispo de Oviedo, 1978 – M. del Pilar GARCÍA GUZMÁN, El Adelantamiento de Cazorla en la Baja Edad Media, 1985, bes. 60–62 – R. SÁNCHEZ SESA, Don P. T. y la reforma de las Órdenes monásticas, En la España Medieval 18, 1995, 289–302.

Tenso → Tenzone

Tenure, die sich aus Landübertragung ergebenden Rechtsbeziehungen zw. Lehnsherren und Vasallen (→Lehen, IV). Nach der norm. Eroberung bildeten sich verschiedene Arten der T. heraus, die sich nach den zu erbringenden Leistungen unterschieden. Für Ritterlehen war urspgl. Waffendienst zu leisten, die Entsendung eines Vertreters war jedoch – außer bei den Kronvasallen – möglich. Der Vasall mußte Gerichtsfolge leisten und unterlag Zwangsmaßnahmen, wenn die geschuldeten Dienste oder Abgaben nicht erbracht wurden. Bereits im 12. Jh. wurden Rechtsstreitigkeiten zunehmend vor kgl. Gerichten ausgetragen. Der Militärdienst konnte zunächst durch die Zahlung von Schildgeld (→scutage) abgelöst werden, er trat schließlich ganz in den Hintergrund. Gewichtig wurden die dem Lehnsherren zustehenden Rechte der →Vormundschaft (custodia) über den minderjährigen Erben, der Verheiratung der Erbin (maritagium) und des →Heimfalls (escheat). Außerdem standen dem Herren einmalige Sonderzahlungen zu (Ritterschlag des ältesten Sohnes, Heirat der ältesten Tochter, Lösegeld), deren Sätze im 1. Statut v. Westminster (1275) festgelegt wurden. Dem volljährigen Erben war die Übernahme des Ritterlehens nach Zahlung der Erbschaftsabgabe (→relevium) gesichert. Die Witwe hatte auf Lebzeiten Anrecht auf ein Drittel des Landes des Ehemanns (dower); wenn Nachkommen geboren worden waren, hatte der Witwer Anrecht auf das Lehen seiner Frau (t. by curtesy of England). Unfreie T. (villeinage) war nicht durch kgl. Gerichte garantiert, eine gewisse Rechtssicherheit bot das ortsübliche Hofrecht, im 15. Jh. der Übertragungsvermerk in der Akte des Gutsgerichts (→copyhold). Der Besitzer, dessen persönl. Status von der T. unberührt blieb, hatte bei Heirat der Tochter eine Abgabe (merchet) zu leisten, nach seinem Tode stand dem Herren das →Besthaupt (heriot) zu. Kirchen konnten Land für undefinierte spirituelle Dienste erhalten, das außerhalb der weltl. Gerichtsbarkeit war (libera elemosina, frankalmoin). Bei Streitfällen um den Status des Landes entschied ab 1164 eine Jury (Assise »Utrum«). Daneben bestanden regionale Arten der T. (z.B. in Kent [→gavelkind] und Northumberland [drengage]).
 J. Röhrkasten

Q. und Lit.: Glanvill, ed. G. D. G. HALL, 1965 – J. HUDSON, Land, Law and Lordship in Anglo-Norman England, 1994.

Tenxwind v. Andernach, † nach 1152. Aus rhein. Ministerialengeschlecht stammend, gehörte sie mit ihrem Bruder Richard der Springiersbacher Observanz der Regularkanoniker an, dessen weibl. Zweig sie dort, vermutl. seit dem Tod ihrer Mutter Benigna, nach Maßgabe ihres Bruders leitete. Als magistra des 1129 nach Andernach verlegten Nonnenkonvents schrieb sie zw. 1148 und 1150 an →Hildegard v. Bingen und kritisierte aufgrund ihres Armutsideals die soziale Zusammensetzung und liturg. Praxis des Benediktinerinnenkl. Überlieferungsgeschichtl. setzte sich Hildegards autoritativ vorgetragene, aber schwach begründete Antwort durch und führte zu einer redaktionellen Verfälschung der Anfrage T.s.
 M.-A. Aris

Ed. und Lit.: Hildegardis Bingensis Epistolarium, ed. L. VAN ACKER (CChrCM 91), 1991, EP LII und LIIr S. 125–130 – A. HAVERKAMP, T. v. A. und Hildegard v. Bingen (Institutionen, Kultur und Gesellschaft im MA [Fschr. J. FLECKENSTEIN, 1984]), 515–548 – L. VAN ACKER, Der Briefwechsel der Hl. Hildegard v. Bingen, RevBén 98, 1988, 141–168, hier 144–146.

Tenzone, Tenso, (von 'tendere', kämpfen, sich auseinandersetzen), Gattung der Troubadourlyrik mit charakterist. Dialogform in Kanzonenstrophe. Auf die Einladung oder Herausforderung des Dichters, der zuerst das Wort nimmt, diskutieren zwei Dialogpartner, im allg. von Strophe zu Strophe abwechselnd Themen verschiedenster

Art (polit., moral., lit. Fragen; auch Invektiven und persönl. Angriffe sind nicht selten). Knapp hundert Beispiele sind erhalten. Handelt es sich bei einem der beiden Dialogpartner um keine reale Person und ist die T. das Werk eines einzigen Dichters, spricht man von fiktiver T. Die T. folgt üblicherweise dem metr.-musikal. Vorbild der höf. →Canzone und weist ihrer Natur gemäß eine gerade Zahl von Strophen auf (die Ausnahmen werden als unvollständig angesehen), sie bevorzugt Doppelstrophen mit gleichem Reimschema (coblas doblas), um die dialog. Struktur zu betonen. Entsprechend dieser Definition weist die T. einige verwandte Züge mit der →Pastourelle auf (dialog. Struktur mit alternierenden Strophen, Vorliebe für die coblas doblas), zeigt aber v. a. starke Ähnlichkeit mit dem Partimen. Die beiden Gattungen werden überdies in den ma. Hss., die den Dialogdichtungen gesonderte Abteilungen widmen, vermischt. Der Unterschied, der in einigen Fällen, was die Form des Textes betrifft, so gut wie nicht hervortritt, scheint in der Art und Weise zu bestehen, in der die Debatte vorgeschlagen wird: Im Partimen präsentiert der Dichter, der die Diskussion eröffnet, zwei Alternativen und bietet dem anderen die Wahl der Position an, die er verteidigen will, in der T. geht hingegen die Diskussion durch eine an den Dialogpartner gestellte Frage oder Bitte sofort in medias res. Während im prov. Partimen oder im Jeu-parti, seinem frz. Äquivalent, in der Regel fiktive, fast theoret. Fragen höf. Kasuistik behandelt werden, mit denen sich beide Diskussionsteilnehmer in gleichem Maße beschäftigen, geht die Debatte in der T. von – zumindest in den Prämissen – real erscheinenden Situationen und Problemen aus, die die Diskussionspartner persönlich und individuell betreffen. Durch das breite Spektrum der behandelten Themen, die Vielfalt der Töne und Ausdrucksmöglichkeiten bezeugt die T. vielleicht mehr als jede andere Gattung der Troubadourdichtung, wie tief diese lyr. Tradition mehr als eineinhalb Jahrhunderte lang in der Gesellschaft verwurzelt war. Ein beachtl. Teil der von Frauen (trobairitz) verfaßten Dichtung ist ebenfalls in Dialogform gehalten (T., Partimen, Coblatausch).

Die kennzeichnenden Merkmale der Gattung erscheinen bereits in den ältesten erhaltenen Beispielen, die um 1140 anzusetzen sind, der T. zw. Uc Catola und →Marcabru, Ausdruck gegensätzl. Auffassungen der Liebe in der höf. Gesellschaft, man könnte sagen, von zwei Kulturen und zwei Modellen des menschl. Lebens, sowie in der T. zw. »Maistre« (→Cercamon) und Guillalmi, dessen polit.-institutionellen Hintergrund das heikle Problem der Nachfolge in der Herrschaft über Poitou bildet. In der 2. Hälfte des 12. Jh. nimmt die T. am Prozeß der Durchsetzung der Troubadourdichtung als lyr. Diskurs über die »höfische« Liebe teil und manifestiert die für die Bildung dieser Tradition so wichtigen Phänomene der Intertextualität und Interdiskursivität. V. a. sind zu beachten die beiden T.n von →Bernart de Ventadorn mit »Lemozi« und mit einem »Peire«, in denen Bernart seine eigenen Enttäuschungen ausdrückt, und die T. zw. →Guiraut de Bornelh und Kg. Alfons II. v. Aragon, in denen eine Kernfrage der höf. Gesellschaft diskutiert wird, d.h., die – von dem Herrscher verteidigte – Möglichkeit, daß ein Ritter aus den höchsten Schichten ein guter »fin aman« sein kann. An die Seite dieser Streitgedichte kann die (fiktive?) T. zw. einer »domna« und einem »amic« gestellt werden, die in den Hss. →Raimbaut d'Arenga zugeschrieben wird und als deren Protagonisten Raimbaut und Azalais de Porcairagas gelten. Mit seltener dramat. Intensität stoßen hier die männl. und die weibl. Auffassung von der Liebe in der höf. Gesellschaft aufeinander. In die gleiche Zeit wird das berühmte Streitgedicht über den →»trobar clus« und den »trobar leu« zw. Guiraut de Bornelh und Raimbaut d'Aurenga datiert: die beiden setzen sich für eine dunkle und elitäre Dichtung bzw. für ein einfacher zugängl. Liebeslied ein (es ist wahrscheinl., daß in scherzhaft-iron. Weise die Dinge auf den Kopf gestellt sind, d.h. daß jeder die Position verteidigte, zu der in Wirklichkeit der andere tendierte). Einige folgende Beispiele sind Symptome für einen gewissen Kristallisationsprozeß der höf. Kultur: so wird z. B. in den beiden fiktiven T.n mit Gott Amor, die gegen Ende des 12. Jh. von Raimon Jordan und von →Peirol verfaßt wurden, die in den Texten der vorhergehenden Generation spürbare Intensität schwächer, der Geschmack, der das Thema bestimmt und der Ton der Diskussion ist der gleiche, der den Erfolg des zeitgenöss. höf. Partimen herbeiführt. Gleichzeitig huldigen die fiktiven T.n des Mönchs v. →Montaudon (zwei mit Gott, eine mit dem hl. Julianus, dem hl. Petrus und dem hl. Laurentius) der Mode der scherzhaften, leichtfüßigen Texte. Scherzhaften und selbstiron. Hintergrund hat auch die fiktive T. des →Raimbaut de Vaqueiras, in der einem prov. Spielmann (Gegenbild des Autors) eine Frau aus Genua gegenübergestellt wird, die ihm in ihrem Dialekt erwidert. Die Situation ist ähnlich wie in der Pastourelle, jedoch in das städt. Milieu Norditaliens transponiert. Gegensatzpaare sind das sprachl.-kulturelle System der aristokrat. geprägten höf. Dichtung (das sich in dieser Situation als der Verlierer erweist) und die im Aufstieg begriffene Welt der Kommunen. – Natur und Thema der Diskussionen scheinen bisweilen zu degenerieren: In Texten wie der T. zw. Raimbaut de Vaqueiras und Mgf. Alberto Malaspina und einigen der Debatten, an denen →Aimeric de Peguilhan während seines Aufenthaltes in Italien teilnahm, tritt der persönl. Angriff (bis hin zu Beleidigungen und Schmähungen) stark in den Vordergrund. Auch dies sind Aspekte der Entwicklung der T. im Lauf des 13. Jh. Einerseits geht die Vorliebe, mehr oder weniger traditionelle Themen in den gewohnten Formen zu debattieren, nicht völlig verloren und bleibt v. a. im eher engeren Milieu erhalten: so z. B. die verschiedene T.n zw. Gui und Eble d'Ursel, Gui de Cavaillon, Lanfranc →Cigala und →Guiraut Riquier am Ende des Jh. am Hof v. Rodez. Andererseits führten die Kriege in Okzitanien (ein Echo findet sich in der fiktiven T. zw. zwei Kriegsmaschinen »gata« und »trabuquet«, die Raimon Escrivan während der siegreichen Verteidigung von Toulouse gegen das Kreuzfahrerheer unter Simon de Monfort verfaßte) und die Verschärfung der polit. und institutionellen Konflikte dazu, daß die T. anderen, schärferen Formen des Streitgedichtes wich, dem Tausch von Coblas und kurzen Sirventesen (immer mit gleichen Reimschemen), in denen die Verfasserschaft des Textes jedes der Protagonisten gesichert ist: Es handelt sich dabei um eine fast symbol. Auflösung der höf. »guten Gesellschaft« des 12. Jh. Derartige Formen können als Abkömmlinge der T. angesehen werden, reduziert auf das Minimum (die Nähe ist v. a. bei den metr. Strukturen mit coblas doblas evident); durch sie läßt sich auch die strukturelle Verwandtschaft mit dem (ebenfalls zu Recht T. gen.) Sonettentausch der it. Lyrik des 13. Jh. erkennen. St. Asperti

Lit.: R. ZENKER, Die provenzal. T., 1888 – D. J. JONES, La tenson provençale, 1934 – M. L. MENEGHETTI, Il pubblico dei trovatori, 1984, 1992^2 – GRLMA II/1, fasc. 5, 1–15 [s.v. T.; E. KÖHLER] – DLFMA, 1416f. – D. RIEGER, Formen trobadoresker Streitkultur, RF 106, 1994, 1–27.

Teodosije (s.a. →Theodosie), serb. Schriftsteller, * um die Mitte des 13. Jh., † um 1328. Über sein Leben ist nur bekannt, daß er als Priestermönch im Kl. →Hilandar lebte und im Auftrag des Kl. nach →Serbien reiste. In seiner lit. Tätigkeit knüpfte T. an das Werk →Domentijans an. Er überarbeitete die Vita des hl. →Sava und verfaßte Offizien für die beiden serb. Heiligen (hl. Simeon [→Stefan Nemanja], hl. Sava). Der Inhalt wurde beibehalten (außer einigen latinophilen Stellen), an die Stelle der hochstilisierten Rhetorik des Domentijan trat jedoch eine konkrete farbige Erzählweise. Selbständig ist die Vita des hl. Petar Koriški, der um die Mitte des 13. Jh. als Einsiedler in der Höhle Koriša (bei Prizren) lebte. T. schrieb um 1310 nach Erzählungen der Schüler und der lokalen Tradition folgend. Der Stoff wurde jedoch in eine strenge hagiograph. Form gepreßt. →Hagiographie, C. II; →Serb. Sprache und Lit.   S. Ćirković

Ed. und Lit.: N. RADOJČIĆ, Dva Teodosija Hilandarca, Glas 218, 1956, 1–26 – M. DINIĆ, Domentijan i T., Prilozi za književnost, jezik, istoriju i folklor 25, 1959, 5–12 – C. MÜLLER-LANDAU, Stud. zum Stil des Sava-Vita T.s, 1972 – T., Žitije svetog Save, ed. L. MIRKOVIĆ, 1984 [SS. VII–XL, Vorw. D. BOGDANOVIĆ].

Tephrike (arab. Abrīq, armen. Tiwirik, heute Divriği), Stadt und Festung in der Osttürkei, an einem Zufluß des Euphrat und einer ma. Route von Syrien/Mesopotamien über →Melitene nach Ostanatolien. Um 850 vom Führer der →Paulikianer, Karbeas, im Gebiet des Emirs v. Melitene und mit dessen Hilfe gegr., wurde es unter seinem Nachfolger Chrysocheir Hauptstadt eines Paulikianer-Staates, der mit Byzanz kämpfte. Um 870 führte der byz. Gesandte Petros Sikeliotes vergebl. Friedensverhandlungen in T., denen 878 die Eroberung durch Ks. Basileios I. folgte. Unter Ks. Leon VI. wird T. mit dem Namen Leontokome →Kleisura und um 940 eigenes →Thema. 1019 bekam der Armenier David von Vaspurakan als Ersatz für sein Land neben anderen Gebieten in →Kappadokien auch →Sivas mit T. Nach der Schlacht von →Mantzikert (1071) kam T. in den Besitz einer Nebenlinie der in Erzincan residierenden Mengücekiden, die seit 1228 unter der Oberhoheit der →Selğuqen standen und großartige Bauten errichteten (1180 Kale Camii; 1229 Ulu Cami mit Hospital). Erstmals 1398 im Besitz der →Osmanen, dann wieder der →Mamlüken, wurde T. 1516 endgültig osmanisch.   F. Hild

Lit.: EI² II, 349f. – Tabula Imperii Byzantini II, 1981, 294f.. – V. EID, Ost-Türkei, 1990, 100–106 – Oxford Dict. of Byzantium, 1991, 2025.

Tepl, Kl. OPraem in Böhmen. Als Kompensation für ein nicht erfülltes Kreuzzugsversprechen gründete der westböhm. Adlige Hroznata 1193 an einem der böhm. Landestore beim Ort T. das Stift, das von Mönchen aus →Strahov besiedelt wurde. Hroznata trat selbst in das Kl. ein und verwaltete als Propst die von ihm eingebrachten bedeutenden Besitzungen. In Zusammenarbeit mit den Päpsten Coelestin III. und Honorius III. und den mit ihm befreundeten Herrschern →Heinrich Břetislav (87. H.) und →Otakar I. Přemysl sicherte er seine Gründung. Im Verlauf einer Fehde eingekerkert, starb er 1217 und wurde in T. als Märtyrer verehrt. 1232 wurde die roman. Stiftskirche in Anwesenheit Kg. Wenzels I. geweiht. 1233 besaß T. 90 Ortschaften, darunter die durch →Bergbau wichtige Propstei Lichtenstadt. Nach der Schlacht v. →Dürnkrut 1278 wurde T. vom Heer Rudolfs v. Habsburg geplündert, im 14. Jh. durch Geldforderungen Kg. Johanns bedrückt und durch die Pest 1380/81 fast ausgelöscht. Abt Bohusch († nach 1423) suchte die wirtschaftl. Lage durch Förderung der Städtchen T. und Lichtenstadt und durch das Anwerben dt. Siedler zu verbessern. Das Stift überstand die Hussitenzeit unbeschadet, doch der benachbarte Adel (Plauener, Schwamberger) beraubte es z. T. seines Besitzes. Abt Sigismund († 1506) gelang es, das 1467 geplünderte Kl. durch Förderung von Bergbau und Teichwirtschaft, durch Unterwerfung der widerspenstigen Stadt T. sowie durch geistl. Reformen zu neuer Blüte zu bringen; er schuf die Grundlage der berühmten Bibliothek.   P. Hilsch

Lit.: S. BRUNNER, Ein Chorherrenbuch, 1883, 589–637 – NOVOTNÝ I/3 – K. DOLISTA, Tepelský klášter v pozdní gotice a renesanci, Minulostí západočeského kraje 5, 1967, 173–197 – J. ČECHURA, Vývoj pozemkové držby kláštera v Teplé v době předhusitské, ebd. 24, 1988, 205–225.

Teppiche, orientalische, mobile Bodendekorationen, sind seit dem frühen MA in Europa sehr begehrt, v. a. für kirchl. und höf. Gebäude, wohl wegen der Abstraktion ihrer Muster sowie der Leuchtkraft und Dauerhaftigkeit ihrer Farben. Ein Knüpft. besteht immer aus waagerechten Reihen von Knoten, die einzeln um eine oder mehrere senkrechte Ketten des Grundgewebes geknüpft werden; durch dicht angepreßte waagerechte Schüsse, die sich mit weiteren Knotenreihen abwechseln, bildet sich der Flor. Zu den Knüpft. n zählen nicht die sog. aufgeschnittenen Noppent. aus Reihen von gewebten, dann aufgeschnittenen Schlaufen, die auch schon sehr früh vorkommen, ebenso wie Flachgewebe, darunter Kelims. Knüpft. werden bis heute auch außerhalb der Länder des Islams produziert. Knotenarten, unabhängig von den Ländern ihrer Entstehung und ihres Vorkommens, sind: symmetrische, türkisch genannte, asymmetrische, persische sowie spanische. Für Grundgewebe und Knoten werden mehrere Arten von Wolle, Baumwolle und Seide verwendet. Immer ist ein inneres T. feld von den rahmenden Bordüren umgeben. Im Feld werden meistens hochstilisierte, geometrisierte Muster, auch von Blüten, bevorzugt, die theoret. im sog. unendl. Rapport unbegrenzt fortsetzbar sind; die Bordüren schneiden einen Teil daraus aus. Wie sehr Zufälle der Erhaltung unser Wissen einschränken, läßt sich aus dem 1949 in Pasyrik im Altaigebirge gefundenen, techn. wie künstler. erstaunl. perfekten T. eines skyth. Fs. engrabs folgern (4. Jh. v. Chr., St. Petersburg). Vereinzelte Fragmente (Chotscho bei Turfan, Ostturkestan, jetzt Berlin) erlauben die Vermutung einer T. produktion im 5. Jh. in Zentralasien. Die Herstellungsländer vieler heute verstreut aufbewahrter kleiner Fragmente aus Fusṭāṭ, Ägypten, ließen sich bisher nicht verbindl. nachweisen. Die 1906 in Konya gefundenen acht T. und Fragmente einer Gruppe wurden wohl für eine dort um 1230 vollendete Moschee der Selğuqen geknüpft (Istanbul, Türk ve Islam Eserleri Müzesi), 1930 fand man andere im ebenfalls anatol. Beyşehir; Felder mit geom. Musterreihen werden meistens von Bordüren mit Sternderivaten oder breiten kufischen, wohl nicht lesbaren Buchstaben gerahmt. Wenige erhaltene Beispiele sowie Abbildungen auf europ. Gemälden beweisen die Herstellung von selğuq. T.n im späten 13. Jh. und im frühen 14. Jh., darunter einer kleinen Gruppe mit hochgeometrisierten emblemartigen Tieren in Quadraten oder Achtecken. Im 15. Jh. beginnt die Produktion zweier – vermutl. in der Region von Uşak hergestellten – Gruppen osman. T., die konventionell nach ihrem Vorkommen auf Gemälden von Holbein und Lorenzo Lotto benannt werden. Eine Gruppe ägypt. T., durch die begrenzte Zahl ihrer Farben, überwiegend Blau, Rot und Grün, und unverwechselbare geom. Konstellationen oftmals abwechselnd um Acht- und Vielecke gekennzeichnet, werden nach den →Mamlüken benannt. Als ältester span. T. (14. Jh., Berlin, Mus. für Islam. Kunst) gilt der sog. Synagogen-T., der einen Baumstamm mit waagerechten Ästen und mit darauf registerartig angeordneten Motivpaaren aufweist, sowie eine

Bordüre mit dem wiederholten Kürzel für das islam. Glaubensbekenntnis. Erhaltene iran., armen., kaukas. und zentralasiat. T. sind sicher erst in das 16. Jh. zu datieren. Das Ende der islam. Kunst 1492 in Spanien sowie die osman. Eroberungen von Tabriz 1514 und von Kairo 1517 bedeuten einen Einschnitt: oftmals neuerfundene Gruppen kommen bei den safavid. T.n des Irans wie bei den osman. der Türkei auf, liegen aber außerhalb unseres zeitl. Rahmens. Aus den Archiven der Türkei, Indiens und Venedigs u. a. könnten in Zukunft unsere Kenntnisse noch sehr erweitert werden. K. Brisch

Lit.: EI², Suppl. fasz. 3-4, 1981, s.v. Bisāṭ – W. v. BODE–E. KÜHNEL, Vorderasiat. Knüpft., 1955⁴ – E. KÜHNEL–L. BELLINGER, Cairene Rugs and others technically related, 15ᵗʰ–17ᵗʰ Cent., 1957 – A. C. EDWARDS, The Persian Carpet, 1960² – K. ERDMANN, Europa und der Orient., 1962 – S. I. RUDENKO, Frozen Tombs of Siberia, 1970 – K. ERDMANN, Der oriental. Knüpft., 1975⁴ – G. SCHÜRZ, Orient und Okzident: Der oriental. T. in der westl. Lit., Ästhetik und Kunst, 1990 – V. ENDERLEIN, Wilhelm v. Bode und die Berliner T.sammlung, 1995.

Terbunien → Travunien

Terenz im Mittelalter und im Humanismus. Der lat. Dichter Publius Terentius Afer (um 195/190–159 v. Chr.), dessen sechs Komödien erhalten sind, gehört zu den meistgelesenen Schriftstellern der Spätantike und des MA. Er fungiert neben Vergil und den Prosaautoren Sallust und Cicero bereits in der »Quadriga« des Arusianus Messius (4. Jh.), erscheint dann wieder in karol. Zeit (Bücherkatalog im Codex Diez B 66, Berlin) und erlebte eine starke Verbreitung, wie die überaus umfangreiche hsl. Überlieferung beweist, die nur der Vergil- und Horaz-Tradition nachsteht. Bis heute sind rund 750 Hss. bekannt, die – ohne Unterbrechung – aus der Zeit vom 9. bis zum 15. Jh. stammen. Noch auf die Spätantike geht der Codex Vat. lat. 3266 zurück (nach seinem späteren Besitzer, dem Humanisten Bernardo Bembo als Cod. Bembinus bezeichnet).

Der Erfolg des T. im MA beruhte weniger auf einem Interesse für das dramat. Genre an sich als auf seinen stilist. Qualitäten und dem Reichtum der Komödien an Versen, die sich als Sentenzen mit Lebensweisheit und moral. Belehrung verwenden ließen und daher vielfach in →Florilegien (z. B. Floril. Gallicum 120 Verse) erscheinen. Deshalb wurde T. früh in den Kanon der Schulautoren, den →Gerbert v. Aurillac während seiner Lehrtätigkeit in Reims erstellte, als Beispiel für den komischen Stil aufgenommen. Ohne Unterbrechung blieb T. bis zum Humanismus Bestandteil der Schullektüre. Im Rahmen des Lehrbetriebs wurde der Text kommentiert, mit einem Epitaph und verschiedenen →Accessus sowie Inhaltsangaben in Prosa nach ma. Tradition oder in Versen (spätantiken Ursprungs, die Sidonius Apollinaris zugeschrieben wurden), ausgestattet. Die spätantiken Kommentare des →Aelius Donatus und Eugraphius lebten hingegen nur bis in das 11. Jh. weiter und wurden bald durch einfacher strukturierte, dem Schulgebrauch angepaßte Kommentare ersetzt. Bereits um die Mitte des 9. Jh. sind das Commentum Monacense (München Clm 14420, mit Material aus Brescia) sowie das bereits Sedulius Scotus bekannte (der daraus die Einleitung zum »Eunuchus« zitiert) Commentum Brunsianum bezeugt. Im 11./12. Jh. entstanden die »Expositio« und andere Kommentare mit fortlaufendem Text, die ein reges Interesse für stilist. Fragen widerspiegeln und wichtige Nachrichten über das antike Theater und die Aufführungspraxis der Komödien bringen.

Die T.-Hss. sind häufig von Viten begleitet. Die älteste, die sog. »Vita Ambrosiana« ist anscheinend spätantiken Ursprungs; ihr Name geht auf die Hss. in der Bibl. Ambrosiana zurück, die Angelo Mai seiner Edition zugrundelegte. Der älteste Textzeuge dieser Vita, der Cod. Oxford, Bodl. Auct. F. 6. 27, entstand Ende des 10. Jh. im Umkreis des otton. Hofes und bewahrt die Subscriptio von drei ksl. Prinzessinnen, Verwandten Ks. Ottos III. Die »Vita Monacensis« und die »Vita Brunsiana« sind mit den erwähnten Kommentaren verbunden. Sie vermischen Terentius Afer mit dem röm. Senator Terentius Culleo. Der bereits in Orosius, Advers. Paganos IV, 19, 6 begegnende Irrtum wurde erst von →Petrarca in seiner »Vita Terentii« bereinigt, der sich auf die Zeugnisse bei Livius und Valerius Maximus stützte.

Die in den ma. Lateinschulen übliche T.-Lektüre setzte sich auch im 14. Jh. fort: Giacomino da Mantova schrieb, gestützt auf frühere Materialien, einen T.-Kommentar (Incipit »Circa expositionem huius libri«). In seiner Edition verschmolz Pietro da Moglio, ein Freund Petrarcas und Professor in Bologna, alte Kommentare wie das »Commentum Monacense« und die »Expositio«. Ende des 14. Jh. wurde T., wie Sozomeno da Pistoia bezeugt, in der Schule des Francesco da Buti gelesen, der auch eine Einleitung zu den Komödien schrieb. In Frankreich verfaßte Anfang des 15. Jh. der frz. Humanist Laurent de Premierfait, der dem Kreis des Hzg.s Jean de Berry nahestand, einen T.-Kommentar. T. erscheint weiterhin im Lehrprogramm der humanist. Schulen: Um die Mitte des 15. Jh. wurde er von Lorenzo Guglielmo Traversagni an der Univ. Wien eingeführt, danach las Caius Auberinus in Cambridge über ihn. Unter den dt. Humanisten von →Schedel bis →Albrecht v. Eyb genoß T. großes Ansehen. In den humanist. Miszellanhss. der Univ. Basel, Leipzig und Freiburg ist er häufig vertreten.

Obwohl T. ein gerngelesener Schulautor war, scheinen die Versuche, ihn nachzuahmen, nicht eben zahlreich gewesen zu sein. Im 10. Jh. versuchte →Hrotsvit v. Gandersheim gegen die am otton. Hof., v.a. vom Kanzler Brun v. Köln geübte Lektüre, ihre eigenen Komödien an die Stelle der »unmoralischen« Stücke des lat. Komödiendichters zu setzen. Ein weiterer Versuch, eine Komödie zu schreiben, wurde erst von Petrarca unternommen, der jedoch seine »Philologia Philostrati« selbst wieder vernichtete, da sie das Vorbild T. seiner Meinung nach nicht erreichte.

Erst in humanist. Zeit wurden im Umkreis der Universitäten Italiens dramat. Texte verfaßt, die sich erklärtermaßen an den Komödien des T. inspirierten und zur Aufführung geeignet waren. Im 15. Jh. hatte T. nicht nur als Theaterautor eine Vorbildfunktion, sondern galt weiterhin als Muster des eleganten Gesprächsstils. Zu seinem Erfolg trug auch die Wiederentdeckung und Verbreitung des Kommentars des Aelius Donatus bei.

T. war einer der wenigen klass. Autoren, deren Werke mit großen Illustrationszyklen ausgestattet wurden. Eine Gruppe karol. Hss. reproduziert mit geradezu archäolog. Werktreue ein spätantikes Vorbild, das in den östl. Reichsteilen entstanden ist. Hervorzuheben sind ferner die in Paris in Auftrag gegebenen Miniaturenzyklen einer Gruppe von Hss. aus dem Umkreis des Hzg.s Jean de Berry. C. Villa

Lit.: J. ABEL, Az-ó-és közérkori Terentiusbiographiak, 1887 – R. SABBADINI, Biografi e commentari di Terenzio, SIFC 5, 1897, 289–397 – L. W. JONES–C. R. MOREY, The Miniatures of the Mss. of Terence Prior to the Thirteenth Cent., 1931–32 – Y.-F. RIOU, Essai sur la tradition manuscrite du »Commentum Brunsianum« des comédies de Térence, RHT 3, 1973, 79–113 – G. BILLANOVICH, Terenzio, Ildemaro, Petrarca, IMU 17, 1974, 1–60 – C. BOZZOLO, Laurent de Premierfait et Térence (Vestigia [Fschr. G. BILLANOVICH, I, 1984]), 93–129 – C. VILLA, La »lectura Terentii«, 1984.

Teresa

1. T. v. Portugal, Kgn. v. →León, * um 1177, † 1250, Eltern: Kg. →Sancho I. v. Portugal und Dulce v. Barcelona, ⚭ 1191 Kg. →Alfons IX. v. León. Papst Coelestin III. verweigerte aus polit. Erwägungen die notwendige Dispens und löste die Ehe 1194 ungeachtet dreier bereits geborener Kinder wegen zu naher Verwandtschaft unter Androhung von Exkommunikation und Interdikt auf. Nachdem die bei der Hochzeit übertragenen, reichen *arras* (→Arra, Arras) wieder restituiert und ihr die Einkünfte von Villafranca del Bierzo zugesprochen worden waren, betrieb T. die leones. Thronfolge ihres Sohnes Fernando († 1214), griff nach dem Tod Alfons' IX. (1230) wieder aktiv in das polit. Leben ein und verfocht die im Vertrag v. Benavente an Ferdinand III. v. Kastilien abgetretenen Rechte ihrer Töchter Sancha und Dulcia. Später zog sie sich in die von ihr gegr. Zisterze Villabuena im Bierzo, dann in das ptg. Kl. →Lorvão zurück. L. Vones

Lit.: J. GONZÁLEZ, Alfonso IX, 2 Bde, 1944 – DERS., El reino de Castilla en la época de Alfonso VIII, 3 Bde, 1960 – M. RODRIGUES PEREIRA, Um desconhecido tratado entre Sancho I de Portugal e Afonso IX de Leão, RevPort 17, 1978, 105–135 – J. GONZÁLEZ, Reinado y diplomas de Fernando III, 3 Bde, 1980–86 – L. VONES, Gesch. der Iber. Halbinsel im MA, 1993, 99–101, 104.

2. T., Frau →Heinrichs v. Burgund, Gf.en v. →Portugal, Kgn., * um 1070 als älteste, aber illegitime Tochter →Alfons' VI. v. León und Kastilien, † 1130, ▢ Braga, Kathedrale. Seit dem Tod ihres Vaters ließ sich T. als Infantin intitulieren. Nach Heinrichs Tod (1112) führte sie für ihren minderjährigen Sohn →Alfons (I.) Henriques die Herrschaft in Portugal, seit 1117 mit dem Titel einer Kgn. Wiederholt fiel sie in das von ihrer Halbschwester Kgn. →Urraca v. León und Kastilien beherrschte →Galicien ein, wurde aber im Gegenzug 1120 von Urraca belagert. T. verband sich damals mit dem Gf.en Ferdinand aus dem Geschlecht der →Traba, das Urracas »Fremdherrschaft« über Galicien bekämpfte. Die sich verstärkende Machtposition Ferdinands, dem T. eine Tochter gebar, stand zunehmend den Interessen des heranwachsenden Sohnes Alfons (Schwertleite 1125) im Wege. 1127 kam es zur Kraftprobe zw. T. und Urracas Sohn und Erben →Alfons (VII.) v. León und Kastilien, der Portugal wieder seinem Reich eingliedern wollte. Sein Sieg über T. und das mit ihr getroffene Arrangement (eine Art der Lehnsabhängigkeit) wurden für Alfons Henriques zum Signal: Er besiegte Ferdinand in Guimarães (24. Juni 1128) und übernahm selbst die Herrschaft in Portugal, während T. sich mit Ferdinand nach Galicien zurückzog. P. Feige

Q.: Doc. Medievais Portugueses. Doc. Régios, I, hg. R. PINTO DE AZEVEDO, 1958 – *Lit.:* J. FERRO COUSELO, A Rainha Dona T. (Bracara Augusta 14–15, 1963), 378–381 – P. SEGL, Kgtm. und Kl.reform in Spanien, 1974 – P. FEIGE, Die Anfänge des ptg. Kgtm.s und seiner Landeskirche, GAKGS 29, 1978, 139–193 – s.a. Lit. zu →Alfons I., →Heinrich v. Burgund, →Portugal.

3. T. de Entenza (d'Entença), Gfn. v. →Urgel, Vizegfn. v. Ager, Baronin v. →Entenza, Alcolea de Cinca und Antillón (1314–27), * um 1301, † 28. Okt. 1327 in Zaragoza, ▢ Zaragoza, Franziskanerkonvent; Eltern: Gombald de Entenza, Baron v. Alcolea de Cinca, und Konstanze v. Antillón (Tochter des Gf.en Alvar I. v. Urgel); ⚭ 10. Nov. 1314 Infant →Alfons v. Aragón (3. A.). Aufgrund einer Übereinkunft ihres kinderlosen Großonkels Gf. Ermengol X. (de Cabrera) v. Urgel und Kg. Jakobs II. v. Aragón wurde sie Erbin der Gft. Urgel. Durch ihre nach dem Tod Ermengols geschlossene Ehe fiel die Gft. an die Krone. Als der erstgeborene Infant und Thronerbe Jakob verzichtete, wurde Alfons 1319 Thronfolger (Krönung Anfang April 1328 in Zaragoza). T., Teilnehmerin am Feldzug zur Eroberung Sardiniens und Mutter des späteren Peter IV. v. Aragón, war jedoch fünf Monate vor der Krönung (Testament am 23. Okt. 1327) im Kindbett gestorben. L. Vones

Lit.: Gran Enc. Catalana XIV, 334 – Dicc. d'Hist. de Catalunya, 1992, 1044 – J. E. MARTÍNEZ FERRANDO, Jaime II de Aragón. Su vida familiar, 2 Bde, 1948 – DERS., Jaume II o el seny català – Alfons el Benigne, 1963² – S. SOBREQUÉS, J. E. MARTÍNEZ FERRANDO, E. BAGUÉ, Els descendents de Pere el Gran [Nachdr. 1968] – S. SOBREQUÉS I VIDAL, Els barons de Catalunya, 1970³, bes. 82f. – A. DE FLUVIÀ, Els primitius comtats i vescomtats de Catalunya, 1988, 32.

Ternant, burg. Adelsfamilie, Stammburg T. (in der Gft. →Nevers), fügte ihr am Ende des 14. Jh. die Burg La Motte d'Othoisey (die fortan La Motte-T. hieß), gelegen im eigtl. Hzm. →Burgund, hinzu. *Hugues de T.* fungierte als →Chambellan und Rat Philipps v. Burgund, Gf. v. Nevers (1406–14). Hugues' Sohn *Philippe de T.* († 1458 [?]) war einer der führenden Ratgeber Hzg. →Philipps des Guten, der ihn zu einem der ersten Ritter des →Goldenen Vlieses erkor. 1437 →Prévôt de Paris, tat sich T. durch glänzende Tjosts und Waffentaten hervor, bes. bei der burg. Eroberung v. →Luxemburg (1443: vom Hzg. mit der Beuteteilung betraut). Er gründete in T. eine Kollegiatkirche (1444: Marmorgrabmal, Stiftung zweier [erhaltener] Altäre). Aus seiner Ehe mit der pikard. Adligen Isabeau de →Roye gingen mehrere Töchter hervor; eine heiratete Hugues de Thoisy, der 1478 La Motte-T. gegen Kg. →Ludwig XI. verteidigte, eine andere war vermählt mit Louis de →La Trémoille, dem sie 22 Kinder gebar; der einzige Sohn, *Charles,* der zusammen mit →Karl d. Kühnen erzogen wurde und das Amt des →Capitaine v. Château-Chinon erhielt, starb jedoch, ohne legitime männl. Erben zu hinterlassen. J. Richard

Lit.: G. DE SOULTRAIT, Inventaire des titres de Nevers de l'abbé de Marolles, 1873 – Les chevaliers de la Toison d'Or au XVᵉ s., hg. R. DE SMEDT, 1994 [M. TH. CARON].

Terra. [1] Der Begriff 't.' wird nach herrschender Meinung in frühma. Q. (bis ca. 1100) untechn. benutzt. In Übers.en entspricht ihm meist *erda,* nur selten der (nicht polit. gemeinte) Begriff *lant.* T. meint demnach a) den festen Teil der Erdoberfläche im Gegensatz zu Wasser/Himmel; b) den Raum in einem unbestimmten Sinn; c) ein bestehendes Gebiet, das durch Angaben zu Geographie und Bevölkerung spezifiziert werden kann. Am geläufigsten ist die Bedeutung d) Wirtschaftsland im allg. bzw. e) Acker(land) im speziellen. – [2] Als Rechts- und Herrschaftsbegriff: a) T. kann Land unter einem bes. Recht bezeichnen (t. salica). b) T. wird von der Forsch. als einer von mehreren Q.begriffen für das (ggf. erst im Entstehen begriffene) Territorium der Landesherren betrachtet (neben »territorium«, »provincia«, »regio«; krit. dazu: SCHUBERT). In diesem Sinne wurde T. wohl zuerst in geistl. Territorien verwendet. Gegenüber BRUNNERS Frühdatierung geht die Forsch. heute erst vom 12. Jh. an von einer techn. Verwendung des Begriffs aus. Bei der näheren verfassungsrechtl. Bestimmung des Begriffs wird teils der verbandsmäßige Aspekt der T. (als Rechtsgenossenschaft/Landesgemeinde), teils die von den »domini terrae« beherrschte Fläche betont. In früheren Q. überwiegt der Verbandscharakter, seit dem Beginn des 14. Jh. gewinnt im Kontext des Ausbaus der →Landesherrschaft der Gebietsaspekt an Bedeutung. Der genaue verfassungsgeschichtl. Gehalt des Begriffs T. wird regional zu differenzieren sein. BRUNNER betrachtete T. als lat. Äquivalent des von ihm zum verfassungsgeschichtl. Zentralbegriff erklärten »Landes«. Dieses definierte er auf der Basis südostdt. Q. als Rechtsgemeinschaft das Land bebauenden und beherrschenden »Leute«, die nach einheitl. Landrecht lebte und sich im Landgericht organisierte. Seine Kritiker prononcierten teils die Rolle der Landesherren bei der Entstehung von Ländern, teils bestritten sie die Präexistenz des Landrechts vor der Landesherrschaft. G. DROEGE hielt die Existenz autogener Herrschaftsträger, die sich dem landrechtl. Schutz eines »dominus terrae« unterstellten, für konstitutiv für eine (rhein.). T. W. JANSSEN definierte T. als Bannbezirk und betonte die Bedeutung der Ausbildung einer Ämterstruktur für die Entstehung einer T. im modernen Sinne. Für das Erzstift Trier kann M. NIKOLAY-PANTER eine techn. Verwendung des Begriffs T. erst im 14. Jh. nachweisen. c) Ausgehend von der administrativen Durchdringung des werdenden Landes kann T. auch Amt bedeuten. Ch. Reinle

Lit.: O. BRUNNER, Land und Herrschaft, 1965⁵ – G. DROEGE, Landrecht und Lehnrecht im hohen MA, 1969 – G. KÖBLER, Land und Lehnrecht im FrühMA, ZRGGermAbt 86, 1969, 1ff. – W. JANSSEN, Niederrhein. Territorialbildung (Soziale und wirtschaftl. Bindungen im MA am Niederrhein, hg. E. ENNEN–K. FLINK, 1981), 95ff. – M. NIKOLAY-PANTER, T. und Territorium in Trier an der Wende vom Hoch- zum SpätMA, RhVjbll 47, 1983, 67ff. – O. HAGENEDER, Der Landesbegriff bei O. BRUNNER, Annali dell'Istituto italo-germanico in Trento 13, 1987, 153ff. – M. WELTIN, Der Begriff des Landes bei O. BRUNNER..., ZRGGermAbt 107, 1990, 339ff. – K. GRAF, Das »Land« Schwaben in den späten MA, ZHF Beih. 14, 1992, 127ff. – E. SCHUBERT, Fsl. Herrschaft und Territorium in den späten MA, 1996.

Terra di Lavoro, Provinz von →Kampanien. Das von Plinius als Liburia bezeichnete Kerngebiet (zw. Pozzuoli, Cuma und Capua) erfuhr im MA Erweiterungen. Der Name änderte sich zu Leboria, Terra Laboria und Terra Laboris. Die Grenze zur »Campania Romana« bildete im Norden San Germano. In geograph. Hinsicht reichte das Gebiet vom Taburno an den Grenzen des Principato Ultra, dem Matese an den Grenzen des Molise zu den Monti Aurunci im Westen, wobei Bergland und Ebenen miteinander abwechselten, was sich in einem ausgewogenen demograph. Verhältnis der städt. und ländl. Bevölkerung widerspiegelte, die aus verschiedenen ethn. Komponenten, mit einem sehr aktiven jüd. Anteil, bestand. Die wichtigsten Städte waren →Capua, ein Zentrum langob. Kultur, →Gaeta, das mit der byz. Tradition verbunden war und →Aversa, die Normannenfestung. Große Bedeutung hatten auch die Abteien OSB →Montecassino, →San Vincenzo al Volturno und San Lorenzo (Aversa), die ihre Besitzungen und vor allem ihren kulturellen und institutionellen Einfluß auf die ganze Provinz ausdehnten. In den kleineren Zentren Arce, Aquino, →Caserta, →Nola, Pozzuoli, Sora, Telese und Vairano blieb die röm. Tradition verwurzelt. Die fruchtbare T. d. L. ist häufig unter Kriegsschäden als Schauplatz vieler Kämpfe zw. dem Hzm. →Neapel, dem Fsm. Capua und dem normann. Aversa, und später der Machtkämpfe nach dem Tode →Wilhelms II., die unter dem Feudaladel ausbrachen, der verschiedenen, im →Catalogus Baronum verzeichneten Traditionen folgte (in Capua herrschten die milites vor, in Aversa war der Adel hingegen an den »mos Francorum« gebunden). In der von Friedrich II. mit der Schaffung der Justitiariate durchgeführten polit.-administrativen Reform wurde die Terra Laboris mit dem Molise verbunden und verlor einen Teil an das Fsm. Benevent. Diese Neuordnung blieb jedoch auf die rechtl. Ebene beschränkt, da die traditionelle Konnotation der Provinz in der Mentalität und den Traditionen der Bevölkerung erhalten blieb. Die T. d. L. zeichnete sich weiterhin durch besondere Dynamik aus, hatte mit Sicherheit die stärkste Bevölkerungszahl und bildete die größte Einnahmequelle für den Fiskus, wie die Abgabenlisten zeigen. Auch in der Entwicklung städt. Selbstverwaltung in Süditalien hatte sie eine Vorreiterrolle inne: beispielhaft ist dafür Gaeta, das erst 1233 seine polit. Autonomie verlor, jedoch zumindest seine früheren Steuerfreiheiten bewahren konnte.

P. De Leo

Lit.: IP VIII, 62ff. – A. LEPRE, T. (Storia del Mezzogiorno, V, 1986), 97–234.

Terra sigillata → Siegelerde

Terracina, Hafenstadt im südl. Latium an der Küstenstraße nach Kampanien in strateg. günstiger Lage. Die volskische Gründung (Anxur) wurde 406 v. Chr. von den Römern erobert und entwickelte sich durch den Bau der Via Appia im 3. Jh. v. Chr. zum Stützpunkt der röm. Kontrolle über das südl. Latium und zu einem Zentrum blühenden städt. und religiösen Lebens (Jupiter Anxur-Tempel). Auch in der Spätantike bildete T. einen wichtigen Verkehrsknotenpunkt zw. Rom und Kampanien, wie die Erhaltungsarbeiten an der Via Appia (mindestens bis zur 1. Hälfte des 6. Jh.) bezeugen. Seit dem Ende des 5. Jh. ist T. Bf.ssitz. Procopius v. Caesarea betont die militär. Bedeutung der Stadt. Ein Brief Gregors d. Gr. an Bf. Agnellus bezeugt die Existenz einer Stadtmauer, deren Erhaltung dem Bf. und der gesamten Bevölkerung oblag. Neuere Untersuchungen datieren die außergewöhnl. gut erhaltenen Reste des spätantiken Mauerrings eher in die erste Hälfte des 5. Jh. (Honorius/Valentinian III.) als in die Zeit der Gotenkriege. In der 2. Hälfte des 8. Jh. wurde die Stadt zum Streitobjekt zw. dem Papsttum und den Byzantinern, als diese nach dem Verlust Roms den mittleren und südl. Küstenstreifen am Tyrrhen. Meer von den Stützpunkten Neapel, Gaeta und T. aus kontrollieren wollten. T. kam wahrscheinl. zw. 780 und 790 (Daten ungesichert) wieder unter päpstl. Kontrolle und blieb mit wenigen Schwankungen bis 1870 unter päpstl. Oberherrschaft. Briefe Johannes' VIII. (872–882) bezeugen, daß T. und sein Umland von den Angriffen der Araber gegen die Küste Latiums betroffen waren. Im 10. und 11. Jh. erwarben Seitenlinien der Familie der Duces v. Gaeta ebenso wie mächtige stadtröm. Familien wie die Crescentier Besitzungen in T. und in seinem Territorium. Die Bf.e standen in enger Verbindung zum Benediktinerorden, in erster Linie zu →Montecassino. Die Kathedrale (eines der Hauptwerke der Romanik im südl. Latium) wurde 1074 von Bf. Ambrosius OSB geweiht und dann mit allen Pertinenzen Abt →Desiderius v. Montecassino (bis zu seiner Papstwahl 1086) unterstellt. 1088 wurde in der Kathedrale das Konklave abgehalten, in dem Urban II. gewählt wurde. Im 12./13. Jh., als sich der stadtröm. und päpstl. Einfluß auf Latium konsolidierte, unterstand die Stadt der Signorie wichtiger röm. Familien, die in enger Verbindung mit den päpstl. Interessen standen: →Frangipani, →Annibaldi und →Caetani. Im 13. Jh. erlebte T. jedoch auch eine Periode kommunaler Selbstverwaltung. Während der Kämpfe zw. den Päpsten und den letzten Staufern und dem Aufkommen der Anjou in der 2. Hälfte des 13. Jh. war T. wie die anderen Städte des südl. Latium an der Grenze von Kirchenstaat und Kgr. Sizilien dem polit. Wechselspiel der Großmächte unterworfen und wurde zusehends in seiner Autonomie eingeengt. Zum Teil war seine Schwäche auch auf seine mangelnde wirtschaftl. Entwicklung zurückzuführen. Trotz seiner Küstenlage war T., im Unterschied zur Nachbarstadt →Gaeta, nie stricto sensu allein auf das Meer ausgerichtet. Obgleich der Fang von Seefischen zu den wirtschaftl. Ressourcen zählte, war die Wirtschaft T.s auch stark durch die Pontin. Sümpfe im Hinterland geprägt. F. Marazzi

Lit.: N. CHRISTIE–A. RUSHWORTH, Urban fortification and defensive strategy in fifth and sixth cent. Italy: The case of T., Journ. of Roman Archaeology 1, 1988, 73–88 – G. FALCO, I Comuni della Campagna e della Marittima nel Medio Evo (Studi sulla storia del Lazio nel Medioevo II, 1988), 419–690 – E. PARLATO–S. ROMANO, Roma e il Lazio, 1992 – M. R. COPPOLA, T. Il foro emiliano, 1993² – M. DI MARIO, T., urbs prona in paludes., 1994 – P. SKINNER, Family power in Southern Italy. The Duchy of Gaeta and its neighbours, 850–1139, 1995 – F. MARAZZI, Il Patrimonium Sancti Petri dal IV. s. agli inizi del X. Struttura amministrativa e prassi gestionali, 1996 – DERS., Proprietà pontificie lungo il litorale tirrenico laziale (Castelporziano III, scavi e ricerche, hg. M. G. LAURO, Sopr. Archeol. di Ostia) [im Dr.].

Terragium (terraticum, *terrage*), in sehr allg. Sinne eine →Abgabe, die einen proportionalen Anteil des Ertrags einer landwirtschaftl. Fläche (terra) umfaßt. Ursprüngl., d. h. vom 9. bis in die Mitte des 12. Jh., hatte t. eine stärker eingegrenzte, spezif. Bedeutung: Es bezeichnete in der Regel den Anteil, der für neugerodetes Land (→Rodung) an den Grundherrn zu entrichten war. In dieser Bedeutung kann t. nicht mit dem üblichen Grundzins gleichgesetzt werden. Vielmehr mußte t. häufig (und das gilt insbes. für Regionen im heut. Nordfrankreich und südl. Belgien: →Hennegau, →Picardie) für neugebrochenes Land neben dem Grundzins geleistet werden, belief sich auf einen festgelegten Teil der Ernte (1/9, 1/11) und wurde erhoben zusammen mit einem →Zehnt (1/10), der auch nicht dem üblichen Kirchenzehnt entsprach. Beide, t. und Zehnt (*disme et terrage*), bildeten, wenn sie in bezug auf neugerodetes Land genannt sind, anscheinend ein Herrenrecht, das dem früheren Eigentümer des Ödlandes auch noch zustand, wenn er es an einen anderen Eigentümer veräußert hatte. T. wurde daher als Abgabe für die ursprgl. Genehmigung des Grundherrn zur Rodung erklärt, eine Art des *Rottzehnt*, als dessen Ursprung das karol. *Medem* gelten kann, das auch ursprgl. nur für zeitweilige Überlassung von Rodungsland entrichtet wurde. Letzteres ist noch im 13.–14. Jh. bei t. auf 'sarts' (von frz. *essarts*, 'Rodungen') in der Gft. →Namur der Fall. Nach einem gewissen Zeitraum konnten der temporäre Erwerb von Rodungsland dauernden Charakter erhalten. Im Laufe des 12. Jh. ging (außer in den genannten Gebieten) die ursprgl., spezif. Bedeutung von t. verloren; das Wort bezeichnete nunmehr den eigtl. Grundzins, der ebenfalls aus einem Anteil am Ernteertrag, der aber zumeist höher lag (1/7, 1/4, 1/2), bestand. →Champart, →Teilbau.

A. Verhulst

Lit.: J. F. NIERMEYER, Lex. Minus, 1976, s.v. terraticus – L. GENICOT, L'économie rurale namuroise au bas MA, I, 1943, 251–253 – J. ESTIENNE, L'agriculture en Picardie aux XII² s. (Position Thèses Éc. d. Chartes, 1946), 53 – R. FOSSIER, La terre et les hommes en Picardie, 1968, 323, 328f.

Terrassa (arab. Tarràja; Katalonien, comarca Vallès Occidental, Bm. Barcelona), ursprgl. Grenzbefestigung nahe des Sitzes des westgot. Bm.s →Ègara, dessen Besatzung sich 801 den Franken ergab, während die Burg 856 bei einer maur.→Razzia völlig zerstört wurde. Ab dem 10. Jh. ist die Burg im Besitz der Gf.en v. →Barcelona bezeugt, die dort einen Vikar einsetzten und ab dem 12. Jh. die Vgf.en v. →Cardona, später die →Montcada damit belehnten. Um die gfl. Präsenz in der Stadt zu sichern, errichtete Anfang des 12. Jh. der gfl. Dienstmann Berengar Sanla, dessen Familie sich nach T. nannte, eine weitere Burg. Seine Erben stellten sie 1344 zur Errichtung einer Kartause zur Verfügung (Sant Jaume del Valparadís), im 15. Jh. nach Montealegre verlegt). Die ursprgl. Bf.skirchen v. Ègara, Sant Pere, Sant Miquel und Santa Maria, mit ihrem ausgedehnten Parrochialbezirk kamen 1113 im Tausch gegen die Besitzungen des Stiftes Sant Adrià de Besòs an die Abtei →St-Ruf in Avignon, die dort das Priorat Santa Maria errichtete, das wie die Stifte Santa Maria in Besalú und Sant Ruf in Lérida bis zur Säkularisierung 1592 den katal. Zweig der Kongregation bildete. T., dessen Wollfabrikation seit dem 13. Jh. einen Aufschwung nahm, besaß seit dem Privileg Peters IV. von 1336 einen Stadtrat (4 Geschworene und 10 Räte). Entscheidenden Einfluß auf die Bürgerschaft nahm der Stadtrat v. Barcelona (1391–1473), dem →Martin I. die Stadt verpfändet hatte.

U. Vones-Liebenstein

Q. und Lit.: J. M. MARTÍ BONET u. a., Pergamins de l'Arxíu hist. de T. 1208–76, 1976 – P. PUIG I USTRELL, Pergamins del Priorat de Santa Maria de T., 1979 – S. CARDÚS, T. medieval, 1984² – J. M. BENAUL u. a., Hist. de T., 1987 – P. PUIG I USTRELL u. a., Pergamins de l'Arxíu hist. comarcal de T., 1278–1387, 1988 – Simposi Internacional sobre les Esglésies de Sant Pere de T., 1992 – P. CATALÀ I ROCA, Els Castells Catalans, II, 1991², 144–160 – Catalunya romànica XVIII, 1991, 231–367 – U. VONES-LIEBENSTEIN, St-Ruf und Spanien, 1996.

Terrisius v. Atina, wohl Zögling des Kl. Montecassino, dem sein Heimatort gehörte, Schüler des →Bene Florentinus in Bologna, Rhetoriklehrer an der Univ. Neapel, erscheint erstmals 1237 im Dienst des →Thaddaeus v. Suessa bei der Untersuchung einer Abtswahl in Montecassino. Als Literat am Hofe →Friedrichs II. verfaßte er 1246 einen Brief über die Verschwörung gegen den Ks. Erhalten sind ferner kulturgesch. interessante Briefe und Gedichte, darunter eines auf Friedrich II.

H. M. Schaller

Ed. und Lit.: W. WATTENBACH, Über erfundene Briefe in Hss. des MA, SPA.PH, 1892, 93–95 [dazu H. M. SCHALLER, Stauferzeit, 1993, 135] – F. TORRACA, Maestro Terrisio di A., ASPN 36, 1911, 231–253 – C. A. GARUFI, Ryccardi de Sancto Germano Chronica, MURATORI², 7, 2, 1938, 193 – H. M. SCHALLER, Zum Preisgedicht des T. v. A. (DERS., Stauferzeit, 1993), 85–101 – M. FEO, Il cavallo perfetto, Invigilata Lucernis 15–16, 1993–94, 99–145.

Terryglass, Treffen v. Diese Königsbegegnung (*dál*) fand 737 in T. (Tír dá glass, Gft. Tipperary, südl. Irland) zw. →Aéd Allán mac Fergaile, dem Kg. der →Cenél Eógain, und Cathal mac Finguine, dem Kg. der →Eóganachta (→Munster), statt; beide bewarben sich um die Würde des →Hochkönigs. Voraussetzung des Treffens waren die Erfolge Aéd Alláns (736–743), der eine lange Vorherrschaft seiner Dynastie innerhalb des Verbandes der nördl. →Uí Néill begründete und 738 auch das Kgr. Leinster (→Laigin) entscheidend besiegen sollte. Aéd Alláns wichtigster Konkurrent aus Munster, Cathal, hatte zwar in begrenztem Maße die inneren Auseinandersetzungen der Uí Néill auszunutzen verstanden (733 Angriff auf →Brega), konnte aber (im Unterschied zu Aéd Allán) seine Oberherrschaft über Leinster nicht wahren. Die Begegnung v. T. signalisiert daher das Wiedererstarken der Solidarität im Lager der Uí Néill; sie führte wohl zu einer formellen Absprache zw. den beiden Kg.en (Abgrenzung der Einflußsphären). Die Inkraftsetzung der 'Lex Patricii' weist daraufhin, daß nun auch Kg. Cathal die Suprematie der Kirche v. →Armagh anerkannte.

D. Ó Cróinín

Lit.: F. J. BYRNE, Irish Kings and High-Kings, 1973, 209f.

Tertiarier, Bezeichnung für Laien, die sich der geistl. Leitung eines →Bettelordens (→Franziskaner, →Dominikaner, →Augustiner, →Karmeliter, →Serviten) anvertrauen und häufig dessen Disziplin und Lebensform übernehmen, dabei jedoch weiterhin in der Welt leben. Neben dem männl. Zweig des Ordens (Erster Orden) und dem weibl. Zweig (Zweiter Orden) entsteht so ein Dritter Orden (daher die Bezeichnung T.), der sich aus Laien zusammensetzt, die als Einzelpersonen oder in Gemeinschaften leben können. Um Entstehung und Entwicklung der Dritten Orden zu verstehen, muß man bis auf die evangel. Armutsbewegung des 12. Jh. zurückgehen, die ganz vom Bußgedanken durchdrungen war. Nicht zuletzt durch die Auswirkungen der →Gregorian. Reform wuchs in dieser Zeit die Zahl der Laien gewaltig an, die danach strebten, das Seelenheil zu erlangen, das ein alleiniges Anrecht der Kleriker und Mönchen zu sein schien. Einerseits entstanden dabei heterodoxe, sich an den Evangelien inspirierende Bewegungen, andererseits nahmen die Fälle zu, in denen Laien, sowohl Männer als auch Frauen, sich dazu entschlossen, den Rest ihrer Tage im Kl. zu beschließen, nachdem sie einen Großteil ihres Lebens in der Welt zugebracht hatten (z. B. die Konversen bei den →Zisterziensern). Viele, die nicht völlig in eine klösterl. Gemeinschaft eintreten wollten oder konnten, wurden →Oblaten (einer Kirche oder eines Benediktiner- oder Prämonstratenserkl.), indem sie »se et sua« schenkten und dem Superior der Kommunität, der sie sich offerierten, Gehorsam gelobten. Vielfach blieben diese Oblaten oder Oblatinnen außerhalb der Kl.mauern und konnten ein intensives Gebetsleben mit prakt. Tätigkeiten, v.a. der Fürsorge für Arme und Kranke, verbinden. Alle diese Lebensformen waren jedoch nicht für Laien geeignet, die nicht auf ihre Arbeit und den Ehestand verzichten wollten oder konnten, den die Kirche immer stärker als Kennzeichen des Laienstandes ansah (ordo coniugatorum) und der – zumindest prinzipiell – nicht als Hindernis für die Erlangung der christl. Vollkommenheit betrachtet wurde. Die Röm. Kirche zeigte sich bereit, diesem v.a. im städt. Bereich verbreiteten Trend entgegenzukommen, und erkannte unter Innozenz III. im ersten Jahrzehnt des 13. Jh. den Dritten Orden der →Humiliaten an, nachdem sich diese mit der Kirche versöhnt hatten, sowie die Lebensform der →Pauperes catholici des →Durandus v. Huesca. Anfang des 13. Jh. verbreiteten sich immer stärker die Büßergemeinschaften oder Bußbruderschaften: Männer und Frauen, die in der Welt lebten und eine ähnl. Lebensform wählten, wie sie in der Urkirche den bekennenden und reuigen Sündern auferlegt worden war, bevor sie wieder mit der Kirche ausgesöhnt wurden. Diese Lebensform erhielt in Italien erstmals eine ausgebildete Organisation und schriftl. Fixierung (1221–28) im »Memoriale propositi fratrum et sororum de poenitentia in propriis domibus existentibus«, das vom apostol. Legaten Hugolin, Kard. v. Ostia, ratifiziert und von allen Büßergruppen der Romagna übernommen wurde. Wer diesem Regelwerk folgte und sich den Büßern anschloß, verzichtete auf Spiel, Prunk, ausgesuchte Speisen und Schauspiele, verpflichtete sich zu einem ernsten und bescheidenen Leben und mußte sich öffentl. und privat jeder Gewalttätigkeit enthalten. Die Brüder und Schwestern sollten sich in ungefärbte und geringwertige Stoffe kleiden, auf kostbare Schleier, gefältelte Hauben, auffällige Hüte und betont mod. Schuhe verzichten und sich stattdessen mit Schleiern aus Hanf oder Leinen begnügen und Ledergürtel tragen, um sofort für ihre Umwelt als Büßer erkennbar zu sein. Außerdem sollten sie häufiger als »normale« Christen die Sakramente empfangen, d.h., dreimal im Jahr beichten und zur Kommunion gehen. Sie verpflichteten sich auch zum →Stundengebet oder ersatzweise zu einer entsprechenden Zahl von Gebeten. Man verpflichtete sich auch zur materiellen und moral. Unterstützung der Kranken, zur Teilnahme an Begräbnissen und zu Gebeten für die verstorbenen Bruderschaftsmitglieder. Schwerer in die Tat umzusetzen waren andere Pflichten der Büßer: Führung eines »enthaltsamen« Lebens (das heißt in Befolgung der kanon. Vorschriften für das Eheleben) und Ablehnung des →Eides und des Militärdienstes, was die Büßer häufig in Konflikt mit den korporativen Organisationen, für die ein Eid konstitutiv war, und mit den kommunalen Autoritäten brachte, die im Kriegsfall nicht auf die Hilfe so vieler Mitbürger verzichten wollten. Der hl. →Franziskus v. Assisi galt lange Zeit als »Erfinder« dieser Form des Büßerlebens, die ihm auch Papst Nikolaus IV. in der Bulle »Supra montem« (1289) zuschreibt. In Wirklichkeit führten Franziskus selbst und seine ersten Gefährten in einer Frühphase ihrer Konversion ein Büßerleben in Formen, die man sich als sehr ähnl. den im »Memoriale« beschriebenen vorstellen muß. Sicher ist jedoch, daß die Bußpredigten der Franziskaner und Dominikaner und später der anderen Mendikantenorden zu einer gewaltigen Bekehrungswelle unter den Laien führten. Bereits in den ersten Jahrzehnten des 13. Jh. gab es zahlreiche Menschen, v.a. Frauen, die den Lehren der Fratres folgten und den Weg zur spirituellen Vollkommenheit beschritten, dabei jedoch weiterhin in der Welt, häufig in ihren eigenen Häusern, lebten. Es waren oft die Büßer des hl. Franziskus und des hl. Dominikus, die die Güter verwalteten, die von Wohltätern den Bettelorden geschenkt worden waren, die diese jedoch aufgrund ihrer Verpflichtung zu freiwilliger Armut und zum Verzicht auf Besitz und Einkünfte aller Art nicht annehmen konnten. Die begeisterte Aufnahme dieser neuen Lebensformen, die sich oft jeder Kontrolle durch die kirchl. Hierarchie entzogen, begann jedoch die kirchl. Autoritäten zu beunruhigen. In den laikalen Gruppen der →Beghinen, →Begarden und wirklichen oder vermeintlichen Büßer erkannte man den Nährboden für viele heterodoxe Strömungen. So bemühte sich die röm. Kirche, v.a. seit dem Konzil v. →Lyon (1274), die Laienbewegungen in zuverlässige religiöse Einrichtungen einzubinden. Der Franziskanerpapst Nikolaus IV. wollte sie alle unter die geistl. Leitung der Franziskaner stellen, deren Habit sie auch tragen sollten. In der bereits zitierten Bulle »Supra montem« unterstrich der Papst die Verantwortlichkeit der nunmehr auch im jurid. Sinn als T. zu Bezeichnenden für die Verteidigung der Orthodoxie und die Bewahrung des Friedens. Diese im Sinne des Franziskanerordens getroffene Lösung konnte jedoch von den anderen Bettelorden und den mit ihnen verbundenen Laien nicht akzeptiert werden. Entschiedenen Widerstand leisteten v.a. die Dominikaner, deren General Munio v. Zamora bereits 1285 eine Regel für die Bußbrüder des hl. Dominikus ausgearbeitet hatte, die sich im wesentl. auf das »Memoriale« von 1221–28 stützte. Sie betonte, entsprechend dem geistl. Anliegen des Predigerordens, als Aufgaben der Mitbrüder die Verteidigung des Glaubens und das Apostolat. Die Regel des Dritten Ordens der Dominikaner wurde jedoch viel später bestätigt. Erst nachdem →Katharina von Siena am Beispiel ihres eigenen Lebens durch die Orthodoxie ihrer Lehre und durch ihre Treue zum röm. Papsttum die Verdienste der Büßer des hl. Dominikus, zu denen sie gehörte, aufgezeigt hatte, wurde die Lebensform dieser Bußbrüder approbiert (1405, 1439). Der Generalminister →Raimund v. Capua setzte sich, v.a. mit Hilfe von Thomas (Tommaso) →Caffarini, für die Approbation der Regel der Büßer des hl. Dominikus und für die Heiligsprechung Katharinas v. Siena ein.

Auch bei den anderen Bettelorden gab es ähnl. Entwicklungen, wenngleich die Approbation ihrer Dritten Orden oft sehr spät erfolgte. Die Augustiner erhielten in einer Bulle v. 1399 das Recht anerkannt, »mantellate und pinzochere« in ihre Obödienz aufzunehmen und sie der Privilegien des Ordens teilhaftig werden zu lassen. 1470 folgte eine analoge Konzession für Männer. Ähnl. verlief die Entwicklung der Karmeliter-T., deren vorwiegend kontemplativer Charakter jedoch früh zu einer Klausur der Frauengemeinschaften führte, die sich viel stärker dem Gebet als karitativen Tätigkeiten widmeten. Allen Drittordensregeln war das Verbot gemeinsam, den T. orden zu verlassen, ausgenommen bei Eintritt in einen religiösen Orden mit Ablegung feierl. Gelübde. Bereits gegen Ende des 14. Jh. nahm die Zahl der T.-, bes. aber der T. innengemeinschaften zu, die nicht mehr in der Welt, sondern in Klausur lebten. Die Lebensweise der Regulart. glich sich immer stärker dem Leben der Mitglieder der Ersten und Zweiten Orden an. Auf diese Weise ging jedoch ein Großteil der religiösen Aufbruchstimmung verloren, die für die Anfänge der Dritten Orden kennzeichnend war, als es mögl. schien, das Streben nach christl. Vollkommenheit mit einem – wenn auch strengen und verzichtreichen – Leben in der Welt in Einklang zu bringen. Nicht von ungefähr wurden diese ursprgl. Funktionen der Dritten Orden zusehends häufiger von den →Bruderschaften übernommen (Zusammenschlüsse von Laien zu Gebet und karitativem Wirken), die am Ende des MA eine großartige Blütezeit erlebten. G. Barone

Lit.: LThK² IX, 1374–1378; III, 492–493 – DSAM XII, 1011–1023 – DIP I, 372–374; IV, 511–515; 960–965 – G. G. MEERSSEMAN, Dossier de l'Ordre de la Pénitence au XIIIᶜ s., 1961 – L'Ordine della Penitenza di S. Francesco d'Assisi nel sec. XIII, hg. O. SCHMUCKI, 1973 – Francescanesimo e vita religiosa dei laici nel '200, 1981 – La »Supra montem« di Niccolò IV (1289): genesi e diffusione di una regola, hg. R. PAZZELLI–L. TEMPERINI, 1988 – E. MENESTÒ, Problemi di identità cristiana di ieri e di oggi nella »Supra montem« di Niccolò IV (Niccolò IV: un pontificato tra Oriente ed Occidente, hg. E. MENESTÒ, 1991), 157–170.

Tertry. Der Erbe der austras. Hausmeierdynastie →Pippin II. (der Mittlere) erreichte nach der Ermordung →Ebroins 680 die Anerkennung seiner austras. Vormachtstellung durch den neuen neustr. Hausmeier →Waratto, der aber schon 686 starb; dessen Nachfolger, sein Schwiegersohn →Berchar, hatte starke Gegner im neustr. Adel, die nun Pippin zum Eingreifen ermunterten. Bei T. an der Somme (zw. Péronne und St-Quentin) erfocht er 687 den entscheidenden Sieg. Nach Berchars Ermordung im folgenden Jahr übernahm er das Hausmeieramt, respektierte aber das Thronrecht der →Merowinger: er »nahm Kg. Theuderich (III.) samt seinen Schätzen bei sich auf« (Cont. Fredeg.). In der Rückschau sahen schon karol. Annalen den Sieg v. T. als gesch. Wende (Ann. Mett. pr.: »Pippinus singularem Francorum obtinuit principatum«), und auch die moderne Historiographie bewertet 687 als Epochenjahr, das den endgültigen Aufstieg der →Karolinger einleitete. U. Nonn

Q.: Cont. Fredeg. 5; Liber hist. Fr. 48 (MGH SRM II) – Annales Mettenses priores ad a. 690 (MGH SRG 10) – Lit.: H. BONNELL, Die Anfänge des karol. Hauses, 1866, 125–127 – I. HASELBACH, Aufstieg und Herrschaft der Karlinger in der Darstellung der sog. Annales Mettenses priores, 1970 – R. A. GERBERDING, The Rise of the Carolingians and the Liber hist. Francorum, 1987 – R. SCHIEFFER, Die Karolinger, 1992, 25f.

Tertullian im MA. Der chr. Schriftsteller Quintus Septimius Florens Tertullianus († nach 220) wurde in frühchr. Zeit vielfach mit hoher Wertschätzung genannt, freil. auch wegen seiner späteren Wendung zum →Montanismus mit Vorbehalt zitiert; Augustinus nennt ihn unter den Häretikern, das um 500 entstandene →Decretum Gelasianum führt ihn unter den Apocrypha auf. Anders als bei den meisten Autoren der frühchr. Zeit, von denen zahlreiche Werke wenigstens in Resten aus der Spätantike unmittelbar erhalten geblieben sind und die insges. ein Mehrfaches von dem ausmachen, was an Resten profanantiker Lit. direkt erhalten geblieben ist, besitzen wir von T. keine Zeile aus dem Altertum selbst. Bekannt war T. dem MA namentl. aufgrund seiner Nennung in der Chronik und der Schrift »De viris illustribus« des →Hieronymus (c. 53), und sein Name wird nicht selten, v. a. in hist. Werken genannt; doch sind Kenntnis seiner Werke und direkte Zitate aus diesen vergleichsweise selten.

Die zahlreichen Traktate T.s sind in mehreren Slg. en verschiedenen Umfangs, die zu verschiedener Zeit unter verschiedenen Aspekten angelegt wurden, auf uns gekommen: dem sog. corpus Trecense (Troyes 523), angelegt vielleicht von →Vincentius v. Lérins; dem corpus Ottobonianum (Vatic. Ottob. lat. 25) mit gutem Text; dem corpus Corbeiense (ehem. in Corbie und Köln, Hss. verloren, erhalten nur durch alte Drucke); dem corpus Agobardinum (Paris lat. 1622, im Auftrag →Agobards v. Lyon geschrieben); dem corpus Cluniacense (2 Cluniacenser Hss., 10. und 11. Jh.), vielleicht im Kreise des →Isidor v. Sevilla entstanden.

Eine bes. Überlieferung weist die berühmteste Schrift T.s, das »Apologeticum«, auf. Es ist nicht nur am häufigsten abgeschrieben worden, sondern läßt (was erst nach langem Bemühen erkannt wurde) zwei auf den Verf. selbst zurückgehende Fassungen erkennen. Von diesen ist die ältere nur durch ein Frgm. einer Hs. erhalten, die sich wahrscheinl. bereits in karol. Zeit – in Fulda befunden hat, dann jedoch, als sie von Franciscus Modius kollationiert worden war, mit dem Großteil der alten bibliotheca Fuldensis verloren ging. Die übrigen vergleichsweise zahlreichen Hss. des Apologeticum geben, mit manchen Korruptelen und Spuren der Kontamination, in etwa die endgültige Fassung des Autors wieder.

Die wenigen tatsächl. Benützungen und Zitate aus T. beschränken sich auf eine Slg. von Exzerpten, die man, ohne einen Beweis zu haben, mit →Wilhelm v. Malmesbury in Verbindung gebracht hat (London B. L. Harley 2969, 14. Jh.), und auf →Vinzenz v. Beauvais, der Stellen aus dem Apologeticum zitiert, die nicht auf Zitat bei Kirchenvätern wie Hieronymus beruhen können. In humanist. Zeit hat T. seit dem frühen 15. Jh. starke Beachtung gefunden. F. Brunhölzl

Lit.: MANITIUS I–III – SCHANZ-HOSIUS III, 330ff. – P. LEHMANN, T. im MA (DERS., Erforschung des MA, V, 1962), 184ff. – C. BECKER, T.s Apologeticum. Werden und Leistung, 1954 – W. BÜHLER, Philologus 109, 1965, 121ff. – Praefationes der krit. Ausgaben.

Teruel (Turolium), Stadt in der Estremadura →Aragóns. Im 11. Jh. Etappe auf dem Weg von Córdoba nach Zaragoza, wurde T. nach der Eroberung →Valencias durch die →Almohaden (1171) von →Alfons II. gegr., um die Grenze seines Reiches nach S militär. abzusichern. Unter Jakob I. wurde T. dann Ausgangsbasis für die Eroberung des Kgr. es Valencia, an dessen Wiederbesiedlung sich seine Bewohner aktiv beteiligten. Ursprgl. innerhalb der 1142 dem Concejo v. Daroca zugewiesenen Grenzen gelegen, konnte T. sich erst nach 1177 und der Gewährung eines eigenen →Fuero durch Alfons II. entwickeln. Dieses bedeutende Stadtrecht wurde noch 1482 von den →Kath. Königen beschworen, nachdem der Stadt bereits 1347 von Peter IV. v. Aragón als Dank für ihre Haltung im Kampf gegen die Adelsunionen der Titel einer ciudad zuerkannt worden war. Gemäß dem Fuero regelte ein durch Säckelwahl bestimmter Stadtrat (ein Richter, ein Schreiber, acht [später vier] →Alcalden, vierzehn [später acht] Geschworene) die Geschicke der Bürgerschaft und der zur Stadtmark (comunidad de villa y tierra) zählenden Gemeinden, im ganzen 64 Ortschaften (aldeas, zunächst in vier, später sechs sog. sesmas zusammengeschlossen). Ein seit 1331

(Privileg Alfons' IV. zugunsten der Gemeinden) schwelender Konflikt bezügl. der Ausübung der Jurisdiktionsgewalt in minderschweren Fällen (bis zu einem Streitwert von 30, später 200 Solidos) wurde erst 1450 mit Waffengewalt gegen den Willen des Stadtrats gelöst. Als Vertreter des Kg.s fungierte 1171–1257 ein *tenente* (→Tenencia), im SpätMA wurde er durch einen Alcalden abgelöst, dem ein *Justicia* beigegeben war. Das 15. Jh. war von Kämpfen zw. den Familien Marcilla und Muñoz bestimmt, die zum Caballero-Adel zählten. 1484 widersetzte sich die Stadt, die eine bedeutende jüd. Aljama besaß, vergebl. der Einrichtung eines Inquisitionstribunals. Die folgenden Prozesse schwächten die städt. Wirtschaft, die v.a. in den Händen von Konvertiten lag. Von den 505 Feuerstellen (1488) verblieben nach der Pest v. 1492 nur noch 395 (1495). Kirchl. zählte T. bis 1577 zum Bm. →Zaragoza und war Sitz eines Archipresbyterats. Die Pfarrkirche Santa Maria de Mediavilla wurde 1342 zur Kollegiata erhoben, daneben gab es ein Hospital (12. Jh.), ein Klarissenkl. (seit 1368) und einen Franziskanerkonvent (1391/92). U. Vones-Liebenstein

Lit.: zahlreiche Artikel in der Zs. »T.« – M. Gorosch, El fuero de T., 1950 – J. Caruana, Fuero latino de T., 1974 – Ders., Hist. de la provincia de T., 1956 – S. Sebastián-A. Solaz, T. monumental, 1969 – R. Ferrer Navarro, Aspectos económicos de la Inquisición turolense a fines del s. XV, Ligarzas (Valencia) 7, 1975 – A. M. Barrero, El Fuero de T., 1979 – A. Ubieto Arteta, Los Amantes de T., 1979 – D. J. Buesa Conde, T. en la Edad Media, 1980 – A. Ubieto Arteta, Hist. de Aragón: La formación territorial de Aragón, 1981; Divisiones administrativas, 1983; Los pueblos III, 1986, 1241–1243 – M. I. Falcón Pérez, Las ciudades medievales aragoneses (La ciudad hispánica, II, 1985), 1195–1198 – Aragón en al Edad Media VIII (Fschr. A. Ubieto Arteta, 1989) [Beitr. M. D. Cabanes Pecourt, J. J. Morales Gómez, M. J. Torreblanca Gaspar, C. Orcástegui Gros].

Tervel, bulg. Khan 701–721, Sohn von Khan →Asparuch, aus dem Geschlecht Dulo, verhalf dem entmachteten byz. Ks. →Justinian II. 705 erneut zur Herrschaft. Zum Dank erhielt T. den →Caesar-Titel und das Gebiet →Zagora südl. des Balkangebirges. Der Versuch Justinians, diese Vereinbarung rückgängig zu machen, scheiterte in der Schlacht bei →Anchialos (708). T. nutzte die Zwietracht im Byz. Reich, verwüstete Ostthrakien und rückte bis Konstantinopel (712) vor. 716 schloß T. mit Byzanz einen polit. wie wirtschaftl. Klauseln enthaltenden Friedensvertrag. Byzanz wurde dem bulg. Staat gegenüber zu Abgaben verpflichtet, andererseits leistete T. kraft dieses Vertrags bei der Abwehr der arab. Belagerung Konstantinopels (717–718) entscheidende Hilfe. Seine aktive Politik stärkte die Autorität des jungen Staates. Erhalten ist ein Bleisiegel mit einem Brustbild T.s und der gr. Umschrift: »Gottesmutter, hilf dem Caesar Tervel«. V. Gjuzelev

Lit.: Zlatarski, Istorija, I/1, 162–192 – V. Gjuzelev, La participation des Bulgares à l'echec du siège arabe de Constantinople en 717–718, Études hist. 10, 1980, 91–113 – M. Kajmakamova, T. – pălkovodec i politik, Voennoistoričeski sbornik, 50/2, 1981, 101–107.

Terzi, Adelsfamilie in →Parma. Nach einer panegyr. Tradition, die mit der Überlieferung vieler anderer Familien des nordit. Kleinadels gemeinsame Züge aufweist, stammen die T. von Parma angeblich wie die gleichnamigen und mutmaßl. verwandten Familien in anderen Städten von Longofredus ab, der um die Mitte des 10. Jh. in der Mark Treviso und im Territorium von Bergamo Jurisdiktionen erworben haben soll. Mit viel größerer Wahrscheinlichkeit verknüpft eine Urk. Kg. Wenzels von 1387 die T., Herren v. Sissa, mit den Cornazzani, Nobiles dieser Gegend, die von Pietro dei Rossi, dem Parteigänger Ludwigs d. Bayern, verfolgt wurden. Das Vorkommen gleicher Namen in beiden Geschlechtern könnte ein weiteres Indiz für die aufgrund der Urk. vorgeschlagene Herleitung sein. Die T. könnten demnach einen der Zweige einer Familie bilden, die Ende des 11. Jh. aufstieg, als Oddo da Cornazzano »cortem de Pizo cum castro« erhielt. Durch die Gunst Friedrichs I. und Friedrichs II. erlebten sie eine Machtentfaltung. Die T. von Sissa waren, wie bereits die Cornazzano, treue Anhänger der kaiserl. Partei und verbündeten sich später mit den →Visconti, in deren Dienst Mitglieder der Familie als Heerführer, Kommissare und Gouverneure wirkten. Die Familie konnte sich trotz des Hasses und Grolls, den die unselige Signorie des Ottobono T. (→T., Ottobono) erregt hatte, halten und blieb vom 16.–18. Jh. eine der bedeutendsten Familien Parmas.
P. M. Conti

Lit.: I. Affo', Storia di Parma, 1792ff., passim – A. Pezzana, Storia di Parma, 1837ff., passim – A. Manni, T. ed Estensi, Atti e memorie della Deput. ferrarese di storia patria, 1925.

T., Ottobono, † 1409, galt als einer der fähigsten und tapfersten →Condottieri seiner Zeit; hauptsächlich ihm verdankt Gian Galeazzo →Visconti seine militär. Erfolge. Nach dem plötzl. Tod Gian Galeazzos (1402) geriet die Visconti-Herrschaft in eine Krise, die sich O. T. wie andere Heerführer zunutze machte. 1403 wurde er Kommissar der Visconti in →Parma und übernahm im folgenden Jahr zusammen mit Pier Maria dei →Rossi die Signorie über die Stadt, geriet jedoch mit diesem sofort in einen heftigen Konflikt. Er setzte sich durch und regierte in Alleinherrschaft die Stadt mit so unerhörter Grausamkeit, daß er im Mai 1409 von Niccolò III. d'→Este in einen Hinterhalt gelockt und getötet wurde. Seine Leiche wurde, was auch für die damaligen Sitten ungewöhnlich war, auf brutale Weise geschändet. Parma blieb einen Monat unter der nominellen Signorie des Sohnes von O., *Niccolò*, und wurde dann von dem Mgf.en Este erobert, der die Stadt bis 1420 hielt, danach fiel es wieder unter die Herrschaft der Visconti.
P. M. Conti

Lit.: →Terzi.

Terzine, it. Strophenform; Metrum der »Divina Commedia« (ABA BCB CDC usw.), über dessen Erfindung verschiedene Hypothesen bestehen: →Dante Alighieri soll es aus einer Sonderform der Sirventesenstanze oder aus dem Schema der kettenförmig verbundenen Terzette des →Sonetts oder aus der vorangegangenen Erprobung der Doppelsestine abgeleitet haben. Das Vorbild der »Commedia« bewirkte eine rasche Rezeption der »verketteten« T. durch die lehrhafte und allegor. Dichtung; seit dem Humanismus wurde sie auch als Metrum für die satir.-burleske (»capitolo bernesco«), für die religiöse und die bukol. Dichtung und für Versepisteln verwendet. Im 19. Jh. erlebte die T. eine neue Blüte, die ursprgl. der Danteverehrung der klassizist. Dichter (Monti, Foscolo) zu verdanken ist, aber auch der Wertschätzung ihrer narrativen Funktionalität (Carducci, Pascolis »Poemetti«, D'Annunzio). Auch im 20. Jh. fand das Metrum das Interesse von Dichtern wie Saba, Pasolini, Fortini, Bertolucci usw.
G. Capovilla

Lit.: F. Gavazzeni, Approssimazioni metriche sulla terza rima, Studi danteschi, LVI, 1984, 1–82 – G. Gorni, Metrica e analisi letteraria, 1993, 95–111, 301–310 – P. Beltrami, La metrica it., 1994², 279–283.

Teschen (poln. Cieszyn), Stadt und Kastellaneiburg in Oberschlesien am Fluß Olsa, heute z. T. in Polen (ma. Siedlungszentrum am rechten Ufer der Olsa), z. T. in Böhmen (neues Stadtviertel Český Těšín am linken Ufer) gelegen. Die 1155 erstmals erwähnte Burg T. sicherte den Olsaübergang an der Kreuzung der wichtigen Handelsstraßen von der Mähr. Pforte und dem Flußtal der Waag nach Schlesien und Kleinpolen. Sie wurde im Verlauf der 2. Hälfte des 10. Jh. auf dem Schloßberg errichtet (archäolog. Befund), die einfache roman. Nikolaus-Kapelle in der Burg wahrscheinl. in der 1. Hälfte des 11. Jh. Am Ende des 13. Jh. wurde T. Hauptstadt der Fsm.s der T.er→Piasten. Anstelle der Holz-Erde-Burg erbauten sie im 14. Jh. ein steinernes Schloß. Die Siedlung vor der Burg wird 1223 erwähnt, die Stadt T. um 1260 zu dt. Recht gegr. Damals entstand auch das neue, Ende des 15. Jh. ummauerte Siedlungszentrum im SO der Burg. Das Dominikanerkl. ist hzgl. Gründung (vor 1263). Nach dem Aussterben der Piasten fiel T. 1653 an die Habsburger. A. Wędzki

Lit.: Katalog zabytków sztuki w Polsce. VI Województwo katowickie, H. 3: Miasto Cieszyn i powiat cieszyński, 1974 – W. Kuhn, Die Städtegründungspolitik der schles. Piasten im 13. Jh., 1974 – M. Landwehr v. Pragenau, Gesch. der Stadt T., bearb. W. Kuhn, 1976 – B. Trelińska, Kancelaria i dokument książąt cieszyńskich 1290-1573, 1983 – K. Żurowska, Studia nad architekturą wczesnopiastowską, 1983.

Teschen, Johannes v., Verf. alchem. Schriften, 14. Jh. Sein Herkunftsname (v. Tetzen, T., Thesen, Theschin, Thessin; J. Ticinensis) bezieht sich vermutl. eher auf →Teschen (Oberschlesien) als auf Tetschen (Nordböhmen); die Identität mit J. Thessin/de Theschin, 1392/97 Rektor der Kirche in Kazimierz, Altarist und Vizedekan des Domkapitels in Krakau, ist ungesichert. T.s Name ist mit einem Lehrgedicht »Lumen secretorum« (auch: »Processus de lapide philosophorum«) verknüpft, das das 'mysterium' der alchem. Kunst unter Gebrauch von Decknamen und allegor. Rätselreden beschreibt, ferner mit einem Prosa-»Aenigma« metalltransmutator. Inhalts und einer Antiphona in phryg. Tonart (Mellon Ms. 5, aufgezeichnet um 1400; bislang ältestes Zeugnis vertonter Alchemica). Die lat. Überlieferung in Hss. und Drucken, aber auch dt. Übers.en zeigen, daß die Rezeption des T.-Corpus bis in das 18. Jh. anhielt. J. Telle

Lit.: Verf.-Lex.² IV, 774-776 [J. Telle; Drucke, Lit.] – Thorndike III, 642f. – Thorndike-Kibre, s.v. John of T. – W. Schmitt, Eine hsl. Slg. alchem. Traktate aus Böhmen, Stifter-Jb 7, 1962, 179, 189 – L. C. Witten-R. Pachella, Alchemy and the Occult. A Catalogue of Books and Mss. from the Collection of Paul and Mary Mellon given to Yale Univ. Libr., III, 1977, 26-41 [mit Antiphona-Reproduktion] – P. Vágner, Příspěvek ke starším dějinám české chemie, Dějiny věd a techniky 17, 1984, 98f.

Tesserae → Mosaik

Testa, Heinrich → Pappenheim

Testament

A. Recht – B. Politisches Testament – C. Literatur

A. Recht

I. Römisches und gemeines Recht – II. Rechte einzelner Länder Europas – III. Judentum – IV. Byzantinisches Recht.

I. Römisches und gemeines Recht: T. (lat. testamentum, 'Zeugnis', 'Mittel zur Bezeugung', näml. des Willens des Erblassers) war im röm. und gemeinen Recht ein einseitiger, widerrufl., an persönl. Errichtung gebundener, förml. Rechtsakt, der als Geschäft von Todes wegen mit dem Tod des Erblassers wirksam wurde. Nach dem Recht des →Corpus iuris civilis konnte der Erblasser ein T. mündl. oder schriftl. vor sieben, auf dem Lande (ruri) auch vor fünf Zeugen entweder diktieren oder selbst schreiben. Er mußte den Text in Anwesenheit aller Zeugen als sein T. bezeichnen und unterschreiben; am selben Tag mußten die Zeugen unterschreiben und siegeln. Der Inhalt des T.s brauchte den Zeugen nicht bekannt zu sein; der Erblasser konnte ihnen eine verschlossene Urk. vorlegen. Für manche Personen und für Ausnahmesituationen waren Formerleichterungen vorgesehen. Auch durch Einreichung zu den Akten des Gerichts oder der Munizipalbehörde (apud acta) konnten T.e errichtet werden. Im MA wurde die Beiziehung eines Notars üblich, und Form und Inhalt der T.e waren ein Gegenstand auch der Notariatskunst (→ars notariae). Eigenhändige, ohne Zeugen errichtete T.e (holograph. T.e) kamen erst im 15. Jh. in Nordfrankreich auf.

Ein gültiges T. konnte nur errichten, wer die Testierfähigkeit (testamenti factio) hatte. Unfähig waren u. a. Unmündige, Geisteskranke und entmündigte Verschwender, nicht jedoch Frauen. Ein T. mußte eine Erbeinsetzung (heredis institutio) enthalten, der Gebrauch bestimmter Worte war dafür aber nicht (mehr) vorgeschrieben. Der Erblasser konnte auch eine Gemeinde (civitas), eine öffentl. oder private Körperschaft (corpus) oder die Kirche (den Bf.) als Erben einsetzen oder sein Vermögen frommen Zwecken (piae →causae) widmen. Es war mögl., einen Ersatzerben zu berufen für den Fall, daß der Erstberufene nicht Erbe werde (substitutio vulgaris); auch konnte der Erblasser für seinen Erben, falls dieser als Unmündiger sterben sollte, einen Erben bestimmen (substitutio pupillaris). Dagegen war es nicht möglich, einen Erben auf Zeit zu berufen (Semel heres, semper heres); einer Erbeinsetzung beigefügte Befristungen und Bedingungen waren wirkungslos. Der Erbe und Erbeserbe konnte jedoch verpflichtet werden, die Erbschaft einem Dritten herauszugeben (substitutio fideicommissaria). Darin liegen Ansatzpunkte für die moderne Nacherbeneinsetzung und für das Institut der T.svollstreckung. Neben Erbeinsetzungen konnten T.e Vermächtnisse (legata) und Fideikommisse enthalten, auch unter Befristungen, Bedingungen und Auflagen, insbes. die Zuwendung einzelner Sachen und Rechte, z.B. die Bestellung eines →Nießbrauchs, ferner die Berufung eines Vormunds und die Freilassung von Sklaven. Durch→Fideikommiß, d. i. 'Treue (scil. des Bedachten) aufgetragen', konnte der Erblasser seiner Familie oder einem bestimmten Kreis von Nachkommen sein ganzes Vermögen oder Teile desselben (meist Grundbesitz) auch so zuwenden, daß es nicht veräußert werden konnte. Daraus sind die späteren Familienfideikommisse entstanden. Enthielt die Urk. keine Erbeinsetzung, so konnte sie als Kodizill gültig sein, wenn der dahin gehende Wille des Erblassers in der Urk. ausgedrückt war (Kodizillarklausel). Kodizille (lat. 'Schreibtäfelchen', 'kleine Schr.en') konnten keine Erbeinsetzungen enthalten. Sie wurden vor fünf Zeugen errichtet und mußten durch ein T. bestätigt werden, doch war die Bestätigung (confirmatio) für Vermächtnisse und Fideikommisse nicht erforderlich.

Der Erblasser mußte seinen Kindern ein Drittel oder die Hälfte des Vermögens als Pflichtteil hinterlassen (Nov. 18), sofern kein Enterbungsgrund gegeben war (Nov. 115, 3-4), oder, falls er kinderlos starb, seinen Eltern und Geschwistern ein Viertel, sog. falzid. Quart (nach der lex Falcidia, 40 v.Chr.). Über den Rest konnte er anders verfügen.

Nicht vorgesehen war die Möglichkeit einer erbvertragl. Bindung an Verfügungen von Todes wegen; die Verpflichtung zu einer solchen unter Lebenden galt als sittenwidrig und war unwirksam. Die ma. Juristen suchten vergebl., eine Bindung des Erblassers zu ermöglichen. Der Widerruf des T.s erfolgte durch ein neues gültiges T. oder durch Vernichtung oder Durchstreichung der Urk., ausnahmsweise durch mündl. Erklärung vor drei Zeugen.
→Erbrecht, A. P. Weimar

Lit.: M. Kaser, Das röm. Privatrecht, 1971-75², I, 678ff.; II, 475ff. – E. Bussi, La formazione dei dogmi di diritto privato nel diritto comune II,

1939, 153–231 – E. M. MEIJERS, T.s olographes (DERS., Études d'hist. du droit, I, 1956), 246–264 – H. COING, Europ. Privatrecht, I, 1985, 564ff. – G. VISMARA, Scritti di storia giuridica, VI, 1988 – P. WEIMAR, Erbvertrag und gute Sitten (Misc. D. MAFFEI IV, 1995), 231–246.

II. RECHTE EINZELNER LÄNDER EUROPAS: [1] *Deutsches Recht:* Die Germanen kannten kein T., sondern nur geborene, nicht gekorene Erben. Der Befriedigung zweier Bedürfnisse diente (in der Antike wie im MA) das Aufkommen von T.en: Bei vielen Kindern erlaubt es zwecks Vermeidung existenzgefährdender Nachlaßzersplitterung bäuerl. Betriebe die Auswahl eines Hof- oder Anerben (→Anerbenrecht) und die Versorgung der übrigen durch Abfindungen. Kinderlosen Erblassern ermöglicht es überdies eine Erbenwahl; ihr dienen auch die röm. →Adoption (minus plena) und die frk. →Affatomie.

a) *Frühmittelalter:* Das zeugenlose privatschriftl. T. führte Valentinian III. 446 n. Chr. für die w. Reichshälfte ein. In Justinians Corpus iuris civilis wurde es nicht übernommen, überlebte aber seit der →Lex Romana Visigothorum unter Westgoten und in frk. Auszügen aus dem »Breviarium Alarici«. Nach der klass., bis heute gültigen Definition →Isidors (Etym. 5, 24, 7) muß der Testator eigenhändig den ganzen Text schreiben und unterschreiben.

Mit der Christianisierung förderte die Kirche als Vorkämpferin des T.sgedankens (eigennützig) entgegen germ. Rechtsüberzeugung die Freiheit zu Vergabungen mortis causa zu frommen Zwecken (ad pias causas); sie brachte letztl. das T.srecht unter ihre Jurisdiktion. Nach →Augustinus' Lehre vom Sohnesteil Christi (Sermo 86 c. 13, MPL 38, 529) sollte jeder Gläubige zum eigenen Seelenheil (in bonum animae, →Ablaß) einer kirchl. Institution eine gleiche Erbportion zuwenden wie einem leibl. Kinde (→Seelgerät). Die Spende der Sterbesakramente (→Sakrament) und die Gewährung des kirchl. Begräbnisses (→Begräbnis, C) ließen sich an entsprechende Bedingungen knüpfen; in der →Beichte war ihre Erfüllung überprüfbar. In merow. T.en leben röm. Urkk.klauseln fort. Anderwärts erfolgten →Schenkungen von Todes wegen (donationes post obitum).

b) *Hoch- und Spätmittelalter:* Nach dem →Sachsenspiegel mußte der Verfügende bei der donatio post obitum, gegürtet mit Schwert und Schild, ohne fremde Hilfe ein Roß besteigen können: Aus körperl. Leistungskraft schloß man auf geistige Gesundheit. Später genügte die »sana mente«-Klausel (»bei meinen vernünftigen Sinnen«). Auf dem Siechbett waren Verfügungen nicht oder nur eingeschränkt statthaft.

Um das Vermögen Geistlicher (zumindest das bewegl.) aus den familiären Bindungen zu lösen, schuf die Kirche entgegen dem von den weltl. Obrigkeiten beanspruchten →Spolienrecht das Kleriker-T. vor dem Pfarrer und zwei bis drei Zeugen. Seit Ende des 13. Jh. begegnen in den Städten Bürger-T.e vor dem Rat (in Köln und Lübeck ca. ab 1280) in vielfach variierender Gestalt, auch als gemeinschaftl. T.e, meist von Ehegatten, sowie Erbverträge. In Pestzeiten stieg ihre Zahl an. Strikte Formgebote bestanden nicht. Eine Erbeinsetzung war unnötig, solange das Prinzip der Universalsukzession noch nicht galt; gebündelte Vermächtnisanordnungen (Verteilungst.e) genügten. Caput et fundamentum bildeten jetzt die Zuwendungen für das Seelenheil. Widerrufsverzichte hielt die Kirche für verbindl. – Die Reichsnotariatsordnung v. 1512 kodifizierte das Siebensiegel-T. Für notarielle T.e genügten vielfach nach kanon. Vorbild zwei bis drei Zeugen. Die meisten röm. T.sregeln wurden vom gemeinen Recht rezipiert.

c) *Testamentsvollstrecker:* Seit dem langob. →Salmann förderte die Kirche nachdrückl. das Institut der T.svollstreckung zwecks Ausführung des Testatorwillens, namentl. der Verfügungen zugunsten kirchl. Zwecke. Sie war um so wichtiger, solange noch keine Erben als Universalsukzessoren bestimmt werden mußten. Der oder die vom Testator benannten Exekutoren (oft Ordensgeistliche, später Schöffen, bei größeren Nachlässen zwei bis vier; oft Verwandte, zuweilen auch ein Miterbe) unterstanden der Aufsicht des Bf.s, in den Städten des Rates (die als Vorläufer der Nachlaßgerichte sie auch ernennen und abberufen konnten). Sie mußten u.U. für das Begräbnis sorgen, jedenfalls den Nachlaß in Besitz nehmen (→Gewere) und verwalten, ein →Inventar errichten, die Schulden begleichen, die testamentar. Anordnungen ausführen, die Auseinandersetzung unter mehreren Erben vollziehen und etwaige Prozesse führen. Meist wurde ihnen eine Vergütung zugewendet; sie fiel höher aus, wenn (z. B. für minderjährige Erben) ein Wirtschaftsbetrieb fortzuführen war. →Pfleger, →Erbrecht, B. I.   A. Wacke

Lit.: HRG V, 152–166 – K. KROESCHELL, Dt. Rechtsgesch. II, 1973, 1989⁷, 77, 81f. – G. KÖBLER, Bilder aus der dt. Rechtsgesch., 1988, 200–206 – B. KASTEN, Erbrechtl. Verfügungen des 8./9. Jh., ZRG GermAbt 107, 1990, 236–338 – M. BEUTGEN, Gesch. der Form des eigenhändigen T.s, 1992 – Actes à cause de mort, RecJean Bodin 60, 1993, I, II [bes. 257–266] – FR. BAUER-GERLAND, Das Erbrecht der Lex Romana Burgundionum, 1995, 78ff., 166ff. – A. OFFERGELD, Die Rechtsstellung des T.svollstreckers, 1995, 17–40.

[2] *Englisches Recht:* Das T., aus der ags. *cwithe,* einer Schenkung, die erst nach dem Tod des Schenkers rechtskräftig wird, sowie der letzten Verfügung des Sterbenden hervorgegangene Form der Übertragung des Nachlasses, konnte schriftl., aber auch mündl. abgelegt werden. Die Anwesenheit von Zeugen war notwendig. Formale Kriterien gab es nicht, das T. konnte aus den Notizen nach mündl. vorgebrachten Wünschen ebenso wie aus einer vollständigen Notariatsurk. bestehen. Übliche Elemente waren die auf eine Invokation folgende Übertragung der Seele an Gott und die Hl.n, Anweisungen, das Begräbnis, karitative Spenden und Seelgerätstiftungen betreffend, sowie eine Liste der restl. Legate. Schließlich wurden die Vollstrecker, manchmal auch Überwacher, außer dem Zeugen genannt. Die Besiegelung des Schriftstücks durch den Testator war üblich, aber nicht zwingend vorgeschrieben. Während Testatoren zu ags. Zeit ihr Land noch weitervererben konnten, war im 12. Jh. dazu bereits die Zustimmung des Erben notwendig. Es erfolgte schließlich eine strikte Trennung: der nach Primogenitur bestimmte Erbe erhielt das Land, während sich das T. nur auf die →Fahrhabe bezog. Ausnahmen waren das unter *socage* und unter *burgage* gehaltene Land, über das gemäß dem ortsüblichen Gewohnheitsrecht testamentar. verfügt werden konnte. Zuweilen wurden die Bestimmungen über Land und Fahrhabe getrennt, so daß sich eine Unterscheidung zw. der das Land betreffenden »ultima voluntas« (*will*) sowie dem sich auf die Fahrhabe beziehenden »testamentum« andeutete. Sie hat sich jedoch in der Praxis nicht durchgesetzt. In einigen Gebieten Englands bestand der Brauch, die Fahrhabe zw. Ehefrau, Kindern und Testator gleichmäßig zu teilen, das T. bezog sich dann nur auf das dem Ehemann zur freien Verfügung verbleibende Drittel. Vor dem zuständigen Kirchengericht erfolgte die Eröffnung des T.s sowie die Einsetzung der benannten Vollstrecker, die ein Inventar des Nachlasses zu erstellen hatten und zu rechtl. Vertretern des Verstorbenen wurden. Beim Fehlen eines T.s oder wenn keine Vollstrecker benannt waren, setzte der kirchl. Ordinarius einen Ver-

walter des Nachlasses ein. Erst ab 1285 konnten die Vollstrecker auch den Rechtsgang vor kgl. Gerichten wählen. Verheiratete Frauen besaßen nach dem Common Law keine Fahrhabe und konnten nur mit Zustimmung des Ehemannes ein T. aufsetzen. →Erbrecht, B. III.

J. Röhrkasten

Lit.: F. Pollock–F. W. Maitland, Hist. of English Law..., II, 1898² [Neudr. 1968], 314-356 – W. Holdsworth, A Hist. of English Law, III, 1923³, 547-595 – M. M. Sheehan, The Will in Medieval England, 1963.

[3] *Skandinavien:* Im spät christianisierten Skandinavien (um 1000) mußte die Kirche das röm. rechtl. und kanonist. begründete Schenkungs- und T.srecht gegen die Vorstellungen und Bestimmungen des einheim. Erbrechts durchsetzen, nach dem altererbtes Gut durch das Mitsprache- und Wiederkaufsrecht der Erben von individueller Veräußerung prakt. ausgeschlossen war (→Erbrecht, B. II; →Odal). Anknüpfend an das einheim. Institut der Gabe und der (notwendigen) Gegengabe konnte die Kirche schon früh erreichen, daß ein Christ einmal in seinem Leben den zehnten Teil seines gesamten Vermögens zum eigenen Seelenheil der Kirche geben sollte. Dieser sog. 'Hauptzehnt' fiel mit der frühen Einführung des →Zehnten weg. Der entscheidende Durchbruch zu einer unanfechtbaren, individuell bestimmten Vergabe zumindest eines Teils des Familienerbes erfolgte in Norwegen bei der Errichtung des Ebm.s Nidaros 1252/53 (→Drontheim). Bei dieser Gelegenheit wurde zw. Kgtm. und Kirche ausgehandelt, daß jedermann den zehnten Teil seines ererbten Gutes und ein Viertel des hinzuerworbenen Gutes entweder an eine kirchl. Institution zu seinem Seelenheil, an Verwandte oder an andere Personen vermachen darf. Dieser Kompromiß fand Eingang in die norw. →Landschaftsrechte (außer →Gulaþingslög) und in das Reichsrecht v. 1274/75. Das Wort T. erscheint zum ersten Mal im 'Christenrecht' des Ebf.s Jon Raude v. 1273, der damit und auf einem Provinzialkonzil v. 1280 versuchte, ein unbegrenztes Testationsrecht einzuführen. Unter dem Druck des Adels mußten diese Forderungen jedoch zurückgenommen werden, das 'Christenrecht' erlangte niemals Rechtsgültigkeit, und die Kirche mußte unter Kg. →Hákon V. Magnússon (1308/09) wieder auf den Kompromiß in den Landschaftsrechten zurückgehen.

Auch in Schweden waren die Widerstände gegen die kirchl. Ansprüche stark. In mehreren päpstl. Bullen an schwed. Kg.e (Ersterwähnung des Wortes T. 1171/72) wird beklagt, daß bei testamentar. verfügten Schenkungen an die Kirche immer noch die Zustimmung der Erben notwendig sei und daß ein Unterschied zw. gesunden und kranken/sterbenden Testatoren gemacht werde. Generell gilt auch in Schweden, daß über ein Zehntel des ererbten Gutes testamentar. verfügt werden kann. In den Götalagar kann ein Gesunder seinen gesamten Kopfteil am Erbe geben, ein Kranker/Sterbender dagegen nur die Hälfte. In den Svealagar kann das gesamte hinzugewonnene Gut testamentar. vermacht werden. Hier haben aber gegenüber den Götalagar die Erben ein größeres Mitspracherecht.

In Dänemark gilt seit dem Privileg Kg. →Waldemars I. für das Kl. Tømmerup v. 1161 die Regel, daß Schenkungen an kirchl. Institutionen ein halbes Kopfteil (am erbl. Vermögen) nicht überschreiten dürfen. Diese Regelung wird von den meisten dän. Landschafts- und Kirchenrechten übernommen. Das erste bekannte T. stammt von 1201 (Ebf. →Absalon). Wie auch im übrigen Skandinavien sind die meisten T.e an kirchl. Institutionen gerichtet.

Ein T. erlangt Rechtsgültigkeit, wenn es vor mindestens zwei Zeugen ausgefertigt und dem Erblasser vorgelesen wurde, und wenn dieser dabei im Vollbesitz seiner geistigen Kräfte war. In vielen Fällen wird ein T. sexecutor benannt. H. Ehrhardt

Lit.: KL III, 224-233; V, 653-663; XV, 310-315; XVIII, 218-233 [Lit.].

[4] *Italienisches Recht:* Die Antike überlieferte dem MA einen einseitig getroffenen Akt der letztwilligen Verfügung, mit welchem der Erblasser (de cuius) über den ihm zustehenden Vermögensanteil für einen frommen Zweck verfügte (pro anima). Er stand auf der gleichen Ebene der Schenkungen und Legate in der Kategorie der ultimae voluntates: Erbe (heres) war der legitime Erbe, gewöhnlich der erstgeborene Sohn.

Im Langobardenreich verfügte der Erblasser über die eigenen Güter durch Schenkungen, die erst nach seinem Tode wirksam werden sollten (»donationes reservato usufructu«, mit dem Vorbehalt der Nutznießung zu Lebzeiten oder »post obitum«). Nach Liutprand c. 6 kann ein Kranker eine einfache mündliche Erklärung seines Letzten Willens abgeben. Im FrühMA ist die Vergabung von Todes wegen im allgemeinen nicht widerrufbar: dies erforderte die Garantie der Ausführung der Schenkungen um des Seelenheils willen.

Um das Jahr 1000 ist eine Evolution zu erkennen: das Rechtsgeschäft mortis causa nähert sich wieder dem röm. Vorbild, wie man im Libellus de verbis legalibus sieht. Mit der Schule v. →Bologna wird das T. in den Formen des röm. Rechts perfektioniert, enthält aber nicht notwendigermaßen die Einsetzung des Erben und bewahrt als »caput« die Verfügung »pro anima«; aus religiösen Gründen bleibt ein gewisser Vorbehalt gegen die Zulassung des freien Widerrufs des T.s. Zivilrechtler und Kanonisten (→Dinus de Rossonis, →Johannes Andreae, Guillelmus →Duranti, Jacques de →Revigny, →Petrus de Bellapertica, →Cino da Pistoia) diskutierten die Gültigkeit eines T.s, das unwiderruflich mit einem Eid bekräftigt wurde. Die Bedeutung, die dieser Frage beigemessen wurde, beweist, wie lebendig noch die Tradition des unwiderrufl. Rechtsakts von Todes wegen war, der die Gültigkeit und Erfüllung des frommen Legates sichern sollte. →Bartolus schloß dann definitiv aus, daß ein T., mochte es auch beschworen sein, unwiderrufl. sei. Die T.slehre kehrte damit wieder zur Testierfreiheit zurück. G. Vismara

Lit.: E. Besta, Le successioni nella storia del diritto it., 1961 – G. Vismara, Appunti intorno alla heredis institutio. La successione volontaria nelle leggi barbariche, Heredem instituere nelle fonti medievali, La revocabilità del testamento giurato nella dottrina di Guglielmo Durante a Bartolo da Sassoferrato (Scritti di storia giuridica, Le successioni ereditarie), 1988.

[5] *Recht der Iberischen Halbinsel:* Das Rechtsinstitut des T.s geriet in spätröm. und westgot. Zeit in eine Krise und erfuhr gegenüber der strengen, von der röm. Rechtskultur geprägten Form manche Modifikation. Nach den ersten Jahrhunderten der Reconquista, während derer das T. zeitweilig zu verschwinden drohte, gewann es im SpätMA, v. a. unter dem Einfluß des Gemeinrechts, wieder an Bedeutung.

Bereits in westgot. Zeit war die Einsetzung eines Erben, die 'heredis institutio', nicht mehr einziger Zweck und Grundlage des T.s. Die →Siete Partidas insistierten auf der Notwendigkeit der Einsetzung eines Erben, ohne jedoch – in Übereinstimmung mit denjenigen Gebieten, die keinen gemeinrechtl. Einfluß erfahren hatten – die Abfassung eines T.s verbindl. vorzuschreiben. Später kam der T. in Katalonien, mit Ausnahme von Tortosa, und in Navarra wieder die klass. Rolle bei der Einsetzung des Erben zu.

Andererseits führte die Möglichkeit, den Erben einzusetzen, auch dazu, daß ein Erblasser vorsorgl. einen Ersatzerben bestimmen konnte.

Vor der Rezeption des Gemeinrechts waren die verschiedenen Formen des T.s aus dem 'Liber iudicum' (→Liber iudiciorum) oder dem kanon. Recht übernommen worden. Als Sonderform hatte sich das kommissar. T. herausgebildet. →Erbrecht, B.VI; →Testament, literar., C. II.   J. Lalinde Abadía

Lit.: P. Merêa, Sobre o t.o hispánico no século VI, Acta Univ. Conimbrigensis, 1948, 105–119 – M. Alonso y Lamban, Les formas testamentarias en la alta edad media en Aragón, Rev. de Derecho Notarial 5, 1954, 7–196 – J. Bastier, Le t. en Catalogne du IXe au XIIe s., RHDFE, 1973, 374–417 – M. de Cérez de Benavides, El t.o visigótico, 1975 – A. García Gallo, Del t.o romano al medieval. Las líneas de su evolución en España, AHDE 47, 1977, 425–497 – A. M. Vidina Abelló, La Successió Testada a la Catalunya Altomedieval, 1984.

III. Judentum: Jüd. Erbrecht (→Recht, C) ist in seinen bibl. Grundsätzen vom Intestatprinzip (→Erbrecht, A. I) gekennzeichnet. Erbberechtigt waren auch beim Vorhandensein von Kindern beiderlei Geschlechts nur die Söhne, wobei der Erstgeborene doppelt so viel erbte wie seine Brüder. Bei vier Brüdern erhielt der älteste also zwei Fünftel, die anderen drei bekamen jeweils nur ein Fünftel. Waren nur Töchter vorhanden, erbten diese den väterl. Nachlaß zu gleichen Teilen. Diese Gesetze galten grundsätzl. auch im ma. Judentum. Doch schon in der Spätantike ermöglichte das rabbin. Recht (→Rabbinat) dem Erblasser, über eine testamentar. Schenkung zu Lebzeiten die bibl. Vorschriften zu umgehen und sein Vermögen nicht nur an seine gesetzl. Erben nach eigenem Belieben zu verteilen, sondern es auch an gar nicht Erbberechtigte weiterzuvermachen.

Im MA sind uns aus dem muslim. und chr. Spanien (11./12. Jh.) sowie aus Südfrankreich (12. Jh.) hebr.-aram. Formulare (→Urkunde) erhalten, die Aufschlüsse über Form und Inhalt jüd. T.e liefern. Das gewöhnl. T. bestand in Anlehnung an die Vorschriften des spätantiken rabbin. Rechts aus einer Verfügung, die ein Sterbender in schwerkrankem Zustand in sicherer Erwartung des Todes, aber noch im Vollbesitz seiner geistigen Kräfte, von seinem Bett aus vor Zeugen erließ; diese brachten seine Worte in Schriftform. Ein solches T. verlor seine Rechtskraft, wenn der Testator von seiner Krankheit genas oder wenn er es vor seinem Tod noch durch ein anderes ersetzte. Eine weitere Form des T.s bestand in der Übereignung des Grundstocks eines Vermögens zu Lebzeiten an den Begünstigten, wobei sich der Testator bis zu seinem Tode den Nießbrauch an den verschenkten Werten vorbehielt. Rechtl. zulässig war auch das 'lieblose T.', in dem der Erblasser sein Vermögen so gut wie gänzlich an nicht erbberechtigte Personen vermachte und den eigtl. Erben (aus Rücksicht auf das bibl. Gesetz) nur symbol. Minimalbeträge hinterließ. Seit dem 11. Jh. sind aus der europ. wie oriental. Judenheit T.e überliefert, die auch ausführl. Ermahnungen an die Erben (gottesfürchtiges Leben, Vermeiden von Lastern, Erwerb von Gelehrsamkeit im jüd. Gesetz) enthalten. Diese T.e gehören in erster Linie der ethischen Traktatlit. an; die darin enthaltene rechtserhebl. Materie ist von eher nachgeordneter Bedeutung.

H.-G. v. Mutius

Lit.: I. Abrahams, Hebrew Ethical Wills, I–II, 1948 – M. Cohn, Wb. des jüd. Rechts, 1980, 112ff. – H.-G. v. Mutius, Jüd. Urk.formulare aus Marseille, 1994, 24f. – J. Rivlin, Schiṭre Qehillat Al-Yassana min ha-Mea ha-achat 'esre, 1994, 217ff. – H.-G. v. Mutius, Jüd. Urk.formulare aus Barcelona, 1996, 48ff.

IV. Byzantinisches Recht: In die byz. Gesetzesslg.en und -kompendien sind die das T. ($\delta\iota\alpha\theta\eta\kappa\eta$) betreffenden Normen des justinian. Rechts weitgehend unverändert übernommen worden. Die Einführung einer beschränkten Testierfähigkeit des Gewaltunterworfenen reflektiert den Wandel sozialer Verhältnisse, einige andere, eher periphere Erweiterungen oder Einschränkungen der Testierfreiheit wurden ethisch motiviert. Bei den Formvorschriften herrscht eine Tendenz zur Vereinfachung; insbes. wurden die Zeugenzahlen herabgesetzt. Was die inhaltl. Erfordernisse (Erbeinsetzung, ggf. ausdrückl. und begründete Enterbung, Berücksichtigung des Pflichtteils u. a.) anbelangt, so zeugen gelegentl. reformator. wirkende Formulierungen eher von moral. Bemühen als von normativer Stringenz. Auf derselben Linie liegt die Begünstigung von Vermächtnissen zu frommen Zwecken. Der nach der lex Falcidia auf ein Viertel festgesetzte Teil der Erbmasse, der dem mit Legaten belasteten Erben bleiben mußte, wurde in Anlehnung an den Pflichtteil auf ein Drittel erhöht. Die T.seröffnung sollte nach Nov. 44 von →Leon VI. nicht mehr allein dem Quaestor, sondern allen Jurisdiktionsbeamten obliegen. Fast ohne gesetzl. Normierung entwickelte sich das Institut des T.svollstreckers, für den bezeichnenderweise dasselbe Wort wie für den Vormund ($\dot\epsilon\pi\iota\tau\rho\sigma\sigma\varsigma$) verwendet wurde. Beinahe gegen das Gesetz wuchs die Bedeutung von bei Gelegenheit von Eheschließungen getroffenen erbvertragl. Regelungen. – Die wenigen überlieferten T.e, die überwiegend zugunsten von Kl. und wohltätigen Einrichtungen errichtet worden sind oder solche stiften, ergeben vermutl. kein repräsentatives Bild von der byz. Testierpraxis. Eine Zusammenstellung und systemat. Unters. fehlt.

L. Burgmann

Lit.: K. E. Zachariae von Lingenthal, Gesch. des gr.-röm. Rechts, 1892³ [Nachdr. 1955], 146–185, 202–207 – D. Simon, Erbvertrag und T., ZRVI 24/25, 1986, 291–306 – Ders., Vertragl. Weitergabe des Familienvermögens in Byzanz (Hommes et richesses dans l'Empire byz., II, hg. V. Kravari, J. Lefort, C. Morrisson, 1991), 183–196.

B. Politisches Testament

Der Ausdruck 'polit. T.' wurde erstmals 1752 von Friedrich d. Gr. in Anlehnung an frz. Vorbilder gebraucht, als er die Erfahrungen seiner Regierungstätigkeit für die Nachwelt niederschrieb. Obwohl er – im Bewußtsein, daß »der Augenblick des Todes den Menschen und seine Projekte zerstört« – seinem Nachfolger ausdrückl. keine Vorschriften über die künftige Regierung des Landes machen wollte, hat sich der Begriff polit. T. in einem weiteren Sinne für alle Verfügungen eingebürgert, in denen Regenten ihre Nachfolge regeln und Maßnahmen für die Herrschaftsausübung nach ihrem Tod treffen. Gelegentl. wurde zusätzl. noch ein »privates« T. ausgestellt, in dem persönl. Wertsachen vermacht, Stiftungen für das Seelenheil errichtet oder Schulden geregelt wurden, doch vermischen sich häufig beide Materien in einer Urk. Fungierte das polit. T. als Nachfolgeordnung, dann wurde es meist gar nicht als letztwillige Verfügung, sondern vorausschauend Jahre vor dem Tod ausgefertigt. Es begegnet auch als Eventualverfügung vor Antritt eines Kriegszuges oder einer Pilgerfahrt. Da Veränderungen in der polit. oder persönl. Konstellation zu Revisionen führten, gibt es von einigen Herrschern mehrere polit. T.e.

Von besonderer Bedeutung, aber noch nicht vollständig erfaßt und vergleichend interpretiert sind die T.e der ma. Kg.e. Für die 36 frk.-dt. Kg.e von Pippin bis Konrad IV. sind 39 (Schlögl), für die 13 röm.-dt. Kg.e von Rudolf I. bis Maximilian I. sechs Stücke (Heimann) überliefert, doch handelt es sich nicht ausschließl. um polit. T.e. So liegt für Karl d. Gr. neben der zu dieser Q.gattung zählenden →Divisio regnorum v. 806 auch noch das von →Einhard überlieferte »private« T. des Jahres 811 vor. Weitere bekannte polit. T.e sind die →Ordinatio imperii Ludwigs d. Frommen v. 817, das sog. Staats-T. Ks. Friedrichs II. und die beiden Erbfolgeregelungen Karls IV. Zählte in frk. Zeit das Reich selbst zur Erbmasse, über die der Kg. zugunsten seiner Söhne verfügte, so zielte in der Folgezeit in Dtl. das polit. Vermächtnis auf die Designation eines Nachfolgers, während in den Erbmonarchien eine eventuelle Vormundschaft des Kronprinzen im Mittelpunkt stand. Hinzu trat in beiden Fällen die Versorgung nachgeborener Söhne, der Ehefrau oder der Töchter.

Auf der Ebene der Fsm.er und Gft.en führte das Verblassen des Amtsgedankens seit dem 13. Jh. zu einer Patrimonialisierung der Herrschaft, die jetzt insgesamt als disponible Erbmasse angesehen und somit zum Objekt von Nachfolgeregelungen wurde. Die seit der Mitte des 15. Jh. stark zunehmenden polit. T.e der Landesherren befassen sich zusätzl. zur Erbfolge mit Vormundschaftsfragen, künftigen Bündnissen zw. den Söhnen, gemeinsamen Eroberungen, der Verheiratung der Töchter, der Beilegung von Rechtsstreitigkeiten oder der Aufbewahrung von Hauskleinodien und Büchern. Seit der Reformation kommen noch kirchl.-religiöse Anweisungen hinzu. Dank ihrer auf die nächste Generation zielenden Planungsperspektive sind die landesherrl. T.e höchst aufschlußreiche Zeugnisse für den polit. Gestaltungswillen und das dynast. Selbstverständnis der Aussteller (→Dispositio Achillea). K.-H. Spieß

Ed.: H. SCHULZE, Die Hausgesetze der regierenden dt. Fs.en, 3 Bde, 1862–83 – H. v. CAEMMERER, Die T.e der Kfs.en v. Brandenburg und der beiden ersten Kg.e v. Preußen, 1915 – Florilegium testamentorum ab imperatoribus et regibus sive principibus nobilibus conditorum..., hg. G. WOLF, 1956 – Die polit. T.e der Hohenzollern, bearb. R. DIETRICH, 1986 – *Lit.*: A. SCHULTZE, Das T. Karls d. Gr. (Aus Sozial- und Wirtschaftsgesch. Gedächtnisschr. G. v. BELOW, 1928), 46–81 – W. SCHLÖGL, Diplomat. Bemerkungen über die T.e dt. Herrscher des MA (Grundwiss.en und Gesch. [Fschr. P. ACHT, 1976]), 157–168 – A. GERLICH, Seelenheil und Territorium. T.recht von Fs.en und Gf.en im SpätMA (Land und Reich ... [Festg. M. SPINDLER zum 90. Geb. I, 1984]), 395–414 [Ed.] – H.-D. HEIMANN, »T.«, »Ordenunge«, »Giffte under den Lebendigen«. Bemerkungen zu Form und Funktion dt. Kg.s- und Fs.en-T.e sowie Seelgerätstiftungen (Ecclesia et Regnum [Fschr. F.-J. SCHMALE, 1989]), 273–284 – K.-H. SPIESS, Erbteilung, dynast. Räson und transpersonale Herrschaftsvorstellung... (Die Pfalz, hg. F. STAAB, 1990), 159–181 – H.-D. HEIMANN, Hausordnung und Staatsbildung..., 1993 – K.-H. SPIESS, Familie und Verwandtschaft im dt. Hochadel des SpätMA, 1993, 199–289.

C. Literatur

I. Französische und altprovenzalische Literatur – II. Literatur der Iberischen Halbinsel – III. Englische Literatur.

I. Französische und altprovenzalische Literatur: Als selbständige lit. Texte treten T.e in der frz. Lit. erst im SpätMA auf. Die größte Verbreitung fand das »T.«, das Jean de Meun gegen Ende des 13. Jh. verfaßt hat (116 Mss., oft zusammen mit dem →Roman de la rose; ca. 530 Alexandriner-Vierzeiler). Es enthält keine Vermächtnisse, ist auch keine →Ars moriendi, sondern ein Rückblick von religiöser und moral. Warte aus, mit z. T. satir. Handlungsanweisungen »ad status«. Die anderen T.e sind alle als Parodien oder Persiflagen zu lesen; sie verwenden ein jurid. Vokabular und enthalten ein Inventar von Legaten (frz. »legs«, afrz. »lais«). Singulär ist hier das altprov. bissige polit. T. des Katalanen →Cerverí de Girona (1274). Hundert Jahre später gibt sich das in Briefform gehaltene T. »par esbatement« von E. →Deschamps schon im Titel als Persiflage zu erkennen. Im höf. Bereich entsteht in der Nachfolge der »Belle dame sans merci« von Alain →Chartier (1424) die »Confession et t.« von Pierre de Hauteville († 1488), eine Parodie der Ars moriendi und der Legate, welche der aus Liebe Todkranke den verschiedensten Liebhabern vermacht. Der »Lais« (1456) und das »T.« (1461) von →Villon setzten neue Maßstäbe. Wenn das burleske »T. de la mule Barbeau« von Henri →Baude (1465) noch einer der wenigen volkssprachl. Texte im Gefolge des »testamentum asini« ist, stehen alle andern T.e in der Nachfolge Villons. Es handelt sich um kürzere, für ein populäres Theaterpublikum bestimmte T.e, die bis weit ins 16. Jh. belegt sind. M.-R. Jung

Ed. und Lit.: W. H. RICE, The European Ancestry of Villon's T.s, 1941 – V. R. ROSSMAN, François Villon. Les concepts médiévaux du t., 1976 – J. CL. AUBAILLY, Le monologue, le dialogue et la sottie, 1976 – Pierre de Hauteville, La Confession et Testament de l'amant trespassé de deuil, ed. R. M. BIDLER, 1982 – DERS., La Complainte de l'amant trespassé de deuil [...], ed. R. M. BIDLER, 1986 – D. INGENSCHAY, Alltagswelt und Selbsterfahrung. Ballade und T. bei Deschamps und Villon, 1986 – S. BUZZETTI GALLARATI, Le T. de Jehan de Meun, 1989 [mit Ed.].

II. Literatur der Iberischen Halbinsel: Letzte Willenserklärungen sind bereits aus westgot. Zeit erhalten. Die Überlieferung wird jedoch erst mit dem 12. Jh. reichhaltiger. Unter Kg. →Alfons X. v. Kastilien nehmen die T.e jene feste formale Gestaltung an, die sie bis in das 16. Jh. bewahren. Die →Siete Partidas (p. VI) und auch die Stadtrechte regeln Einzelheiten des T.swesens. Weisheitssprüche und Erbauungslit. empfehlen die rechtzeitige Abfassung eines rechtsgültigen T.s. In der sprachl. Ausformung werden die T.e immer stärker vom Kanzleistil und kirchl. Redeformeln geprägt. Die letzten Verlautbarungen hoher geistl. oder weltl. Persönlichkeiten nehmen als Vermächtnis oft einen feierl. belehrenden Ton an und enthalten kultur- und mentalitätsgeschichtl. aufschlußreiche Hinweise. Das T. des Prinzen Carlos (→Karl) de Viana (Documentos inéd. Archivo de la Corona de Aragón, 26, 1864, 111ff.) bietet ein Beispiel hochstilisierter fsl. T.e. Das T. der →Katholischen Könige stellt ein bedeutendes polit. und geistl. Dokument dar (R. GARCÍA Y GARCÍA DE CASTRO, Virtudes de la Reina cat., 1961, 391–421). In bürgerl. Kreisen erstarren die Sprachformen unter der Tradition berufsmäßiger Schreiber schneller. Mit dem Aufkommen des Buchdrucks wurden Werke und Musterslg.en it. Juristen verbreitet (Andreas Barbatia, Barcelona 1493; Arnaldo Barbazano, 1501). Die Verwendung solcher Vorlagen trug zur stereotypen Vereinheitlichung in der Ausdrucksweise beim Aufsetzen von T.en bei.

Bes. Ausformungen sind apokr. T.e Adams, Hiobs, Abrahams, Salomos oder der Patriarchen. Auch Jesus wurde ein vor dem Kreuzestod abgefaßtes T. zugeschrieben. Als Erzeugnis der Volksfrömmigkeit fand das sog. T. Christi Aufnahme in geistl. Spielen, Traktaten und Andachtsbüchern, z. B. in der katal. 'Passió de Jesucrist' (14./15. Jh.) oder im 'Pèlerinage de la vie humaine' des →Guillaume de Degulleville. Seit dem späten 14. Jh. sind zahlreiche satir., burleske und erot. T.e bekannt. Das Testament d'en Bernat Serradell de Vich (1429, von Fr. Bernat de Vinclera?) besteht aus einem T. und der Beschreibung einer Jenseitsreise. Schon →Cerverí de Girona hatte in sein Verstestament (1274) satir. Anspielungen und Scherze eingestreut. Im Testament d'en Bernat Serradell vermacht der Vater seinem Sohn die Sünden und den schlechten Ruf sowie Seele und Leib der Hölle. Das Fernando de la Torre zugeschriebene Testamento del Maestre de Santiago verwendet das T. als Rahmen für die Selbstdarstellung des Alvaro de →Luna im polit. Gedicht. Die Romanze Aquella Luna hermosa gibt sich als T. des verurteilten Luna. Das burleske Tier-T. (z. B. Esel) hat eine lange Überlieferung.

In der konventionellen Liebesdichtung des 15. Jh. auf der Iber. Halbinsel fanden sich zahlreiche Parodien des T.s, in denen der unglückl. Liebhaber vor seinem Liebestod den Letzten Willen verfügt. →Testament, rechtl., A. II. 5.

D. Briesemeister

Lit.: DHE III, 756–769 – I. SICILIANO, F. Villon et les thèmes poétiques du MA, 1934, 190ff., 313ff. – P. GARCÍA DE DIEGO, El testamento en la tradición, Revista de dialectología y tradiciones populares 3, 1947, 551–557; 9, 1953, 601–666; 10, 1954, 300–377, 400–472 – J. PÉREZ VIDAL, Testamentos de bestias, ebd. 3, 1947, 524–550 – P. LE GENTIL, La poésie lyrique esp. et port. à la fin du MA, 1, 1949 – H. GARCÍA GARCÍA, La forma del testamento en la España visigotica, Estudios hist. y documentos de los Archivos de Protocolos, Barcelona, 3, 1955, 218–228 – J. AMADES, El testamento de animales en la tradición catalana, Rev. de dialectología y trad. pop. 18, 1962, 339–394 – G. SCALIA, Il Testamentum asini e il lamento della lepre, StM 3, 1962, 129–151.

III. ENGLISCHE LITERATUR: Volkssprachl. T.e sind aus der ae. Zeit (vgl. CAMERON; WHITELOCK) und dann wieder ab dem späten 14. Jh. (vgl. WELLS; FURNIVALL) überliefert. Das T. als literar. Form tritt ebenfalls ab dem späten 14. Jh. auf, und zwar mit ganz unterschiedl. Zielen. Das früheste ist →Usks († 1388) »T. of Love«, eine von →Boethius beeinflußte Allegorie mit polit.-autobiograph. Hintergrund, die Usk schrieb, um seine Freilassung aus dem Gefängnis zu erreichen. Usks Werk ist in Prosa, die späteren sind in Versen. →Lydgates († 1449/50) »T.« ist eine Mischung aus Gebet, Sündenbekenntnis und →Autobiographie. →Henryson († ca. 1500) verfaßte »The T. of Cresseid« dagegen als eine Art Fortsetzung und Korrektur zu →Chaucers »Troilus and Criseyde«: zur Strafe für ihre Treulosigkeit wird Criseyde aussätzig, während Troilus weiterlebt und sie nicht mehr erkennt. →Dunbars († um 1513) komisches und makkaron. »T. of Maister Andro Kennedy« ist eine →Parodie auf die Form des T.s; vgl. auch »Colyn Blowbol's T.« (BROWN-ROBBINS, 4020). →Lindsays († 1555) »The T. and Complaint of Our Sovereign Lord's Papingo« (1530) leitet schon zur Renaissancelit. über.

H. Sauer

Bibliogr.: CAMERON, OE Texts, B.15.6 – NCBEL I, 506f., 639–646, 658–662, 2426f. – Manual ME, 4.X [Nr. 4, 61]; 6.XVI [Nr. 177] – J. E. WELLS, A Manual of the Writings in ME, 1916 (und 9 Suppl.e), Kap. X.9 [Nr. 48; 62] – C. BROWN–R. H. ROBBINS, The Ind. of ME Verse, 1943 – *Ed.:* [ae.]: D. WHITELOCK, Anglo-Saxon Wills, 1930 – [me.]: F. J. FURNIVALL, The Fifty Earliest English Wills ... 1387–1439, EETS 78, 1882 – W. W. SKEAT, Chaucerian and Other Pieces, 1897 [Usk] – H. N. MACCRACKEN, EETS, S. 107, 1911, 329–362 [Lydgate] – *Lit.:* A. C. BAUGH, A Lit. Hist. of England, 1967² – J. A. W. BENNETT–D. GRAY, ME Lit., 1986 – Old and ME Lit., hg. J. HELTERMAN–J. MITCHELL, 1994.

Zum Testament im irischen Bereich →Audacht, →Edocht.

Testamentum Domini Nostri Jesu Christi, angebl. von den Aposteln Johannes, Petrus und Matthäus verfaßt, gehört zu den altchr. Kirchenordnungen. Der Text wurde sicher erst nach 450 geschrieben, wahrscheinl. in monophysit. Kreisen →Syriens, vorgeschlagen werden auch Ägypten und Kleinasien. Ursprgl. gr., blieb er nur in syr., kopt., äthiop. und arab. Übersetzungen erhalten. Der Text geht von einem fiktiven Gespräch Jesu mit den Aposteln vor seiner Himmelfahrt aus: Zeichen des Antichristus vor dem Weltende. Dann folgen Vorschriften für Bau und Einrichtung der Kirche, über Klerus, Eucharistiefeier und chr. Leben; in einem ordnenden Teil ist das T. von der Traditio apostolica (→Hippolytus v. Rom) abhängig.

K. S. Frank

Ed.: J. E. RAHMANI, 1899 [Neudr. 1968[– *Lit.:* B. STEIMER, Vertex traditionis. Die Gattung der altkirchl. Kirchenordnung, 1992 [Lit.].

Testone (von it. *testa* 'Kopf'), ursprgl. Bezeichnung für Mailänder Goldmünzen (um 1450), seit 1472 für erstmals in Mailand in Anlehnung an die ven. →*Lira tron* geprägte Silbermünze im Gewicht von 9,65 g, bald darauf Bezeichnung für andere größere it. Silbermünzen des ausgehenden 15. Jh. Der T., in vielen it. Münzstätten geschlagen, wurde alsbald auch im Ausland übernommen, so als *Tostão* in Portugal, als *Teston* in Frankreich und als →*Dikken* in der Schweiz und in Süddtl. Auch der 1482 erstmals in Tirol ausgebrachte →Pfundner ist in der Reihe der T.i zu sehen.

P. Berghaus

Lit.: Wb. der Münzkunde, hg. F. v. SCHROETTER, 1930, 688 – P. GRIERSON, Coins of Medieval Europe, 1991, 182, 227.

Teterow (Mecklenburg-Vorpommern), slav. Inselburg auf der Nordspitze einer Insel im T.er See; eine südl. anschließende befestigte Vorburgsiedlung bildete wahrscheinl. die älteste Anlage (9. Jh.), im 10. Jh. wurde an diese eine kleinere Burg (40×70 m) angefügt, deren starker Holz-Erde-Wall an der Vorderfront eine Kastenkonstruktion und dahinter eine Rostkonstruktion aufwies. 1057 bei der Eroberung Zirzipaniens durch den Abodritenfs.en →Gottschalk teilweise zerstört, wurde die Burg anschließend wieder aufgebaut. Im 12. Jh. wurden Burg und Vorburg aufgelassen. Die Verbindung zu dem in Ufernähe moorigen Festland erfolgte über eine 750 m lange Holzbrücke und einen anschließenden, mit Knüppeldämmen und Erdanschüttungen befestigten Weg.

P. Donat

Lit.: W. UNVERZAGT–E. SCHULDT, T., ein slaw. Burgwall in Mecklenburg, 1963 – HERRMANN, Slawen, 1985, insbes. 224f.

Tetrachord, konstitutives Element des griech und ma. →Tonsystems, das aus vier Tönen im Umfang einer Quart (2 Ganztöne und 1 Halbton) besteht. Das Tonsystem setzt sich aus einer Folge von miteinander verbundenen oder unverbundenen T.en zusammen. Im griech. diatonischen System, das von →Boethius dem MA vermittelt wurde, liegt der Halbton zw. dem 1. und 2. Ton jeden T.s (H-E, E-a, h-e, e-aa). Die →Musica enchiriadis (9. Jh.) propagiert ein System aus unverbundenen T.en (Γ-C, D-G, a-d, e-aa mit B und F in der unteren und h und fis in der oberen Oktave), in dem auf jeder Stufe eine Quinte, nicht aber eine Oktave gebildet werden kann. Durchgesetzt hat sich im MA das ausführl. bei →Hermann v. Reichenau behandelte System (A-D, D-G, a-d, d-g). Seit →Guido v. Arezzo löst die Hexachordlehre die T.lehre weitgehend ab.

M. Bernhard

Lit.: M. MARKOVITS, Das Tonsystem der abendländ. Musik im frühen MA, 1977 [Lit.].

Tetraevangelium. Die Festlegung des bibl. ntl. Kanons auf die vier kanon. Evangelien in ihrer bis heute in allen Überlieferungsträgern üblichen Reihenfolge (Mt, Mc, Lc, Jo; →Evangeliar) ist bereits im Papyrus 45 aus dem 3. Jh. bezeugt, der nach den 4 Evangelien auch die Apostelgeschichte enthält. Von den großen Unzialhss. sei hier der Cod. Basel, Univ. Bibl. AN III 12 aus dem 8. Jh. (Nr. 07) genannt. Das älteste datierte gr. T. liegt im Cod. St. Petersburg, Russ. Nat. bibl. gr. 219 aus dem Jahre 835 (Nr. 461) vor. Für die liturg. Verwendung des T.s sowie zu Konkordanzzwecken dienen die eusebian. →Kanonestafeln und die entsprechenden Sektionen (1162) sowie die Kephalaia, die Überschriften tragen können. Verhältnismäßig selten weisen T.a für den liturg. Vortrag bestimmte Zeichen der ekphonet. Notation auf.

Im slav. Bereich beginnt die Tradition der T.a mit den zwei glagolit. Codices Marianus und Zographensis aus dem 10.–11. Jh., die aus dem (west)-bulg. Raum stammen.

Ch. Hannick

Lit.: C. HÖEG, La notation ekphonétique, 1935 - R. DEVREESSE, Introduction à l'étude des mss. grecs, 1954 – CH. HANNICK, Das NT in altkirchenslav. Sprache (Die alten Übers. en des NT, die Kirchenväterzitate und Lektionare, hg. K. ALAND, 1972), 403-435 – K. ALAND–B. ALAND, Der Text des NT, 1982 – K. ALAND, Kurzgefaßte Liste der gr. Hss. des NT, 1994².

Tetragamiestreit, polit.-kirchl. Kontroverse um die vierte Ehe Ks. →Leons VI., der nach dem Tod von drei Ehefrauen seine Geliebte Zoe Karbonopsina, die ihm 905 den Thronerben →Konstantin VII. geboren hatte, zu heiraten wünschte. Die Orthodoxie, die in der monogamen →Ehe ein Abbild der myst. Beziehung zw. Christus und der Kirche sieht, gestattet eine Wiederverheiratung nach dem Tod des Ehepartners allenfalls einmal, ausnahmsweise zweimal. So erhob sich gegen das Vorhaben des Ks.s heftiger kirchl. Widerstand. Der amtierende Patriarch →Nikolaos Mystikos zeigte sich zunächst nachgiebig, taufte den Thronerben am 6. Jan. 906, schien anfangs auch die im April 906 vor einem Priester geschlossene Ehe zu akzeptieren, schloß sich aber im Jan. 907 der rigorist. Gegenpartei an. →Euthymios, der ihn im Febr. 907 ablöste, duldete nunmehr die Ehe mit Zoe, die inzwischen auch von Papst →Sergius III. genehmigt worden war. Auch Ks. Leon verstand seinen Fall als Ausnahme, denn er erließ selbst Gesetze gegen die vierte Ehe. Nach seinem Tod 912 dauerte die kirchl. Auseinandersetzung an, bis mit dem Tomus Unionis 920 eine Einigung der Parteien erzielt wurde.　F. Tinnefeld

Q.: Vita Euthymii Patriarchae CP., ed. P. KARLIN-HAYTER, 1970 [ausführl. Bibliogr.]. - *Lit.:* Oxford Dict. of Byzantium, 1991, 2027 [s.v.; Lit.], 2093 [Tomus Unionis] – P. KARLIN-HAYTER, Le synode à Constantinople..., JÖB 19, 1970, 59-101 – N. OIKONOMIDES, Leon VI's Legislation..., DOP 30, 1976, 173-193.

Tetragramm ist eine erst bei Philon, De vita Moisis II, 132, aufgekommene, nicht bibl. belegte Bezeichnung für den aus vier Konsonanten (Radikalen) bestehenden göttl. Eigennamen *jhwh* (Ex 3, 14). Man sah durch das T. bes. die Unaussprechlichkeit des Wesens Gottes bezeichnet (Hieron, Epist. 25; Isidor, Etymol. VII, 1, 16; Moses Maim., Doctor perplex. I, 61; Thomas v. A., S. th. I, 13, 9; Heinrich v. Gent, Summa 73, 9; Arnald v. Villanova, Allocutio de T. aton). Vokalisation (Lesart 'Iehova' hsl. bei Raimundus Martin, Pugio fidei III, 3, 2; Nikolaus v. Kues, Serm. I Op. omn. XVI, 1991, 1-19, vgl. App. z. St.) und Schreibung (Transliteration ΠΙΠΙ durch unkundige griech. Bibelkopisten) waren oft ungewiß. M. Laarmann

Lit.: →Name Gottes – HWPh VI, 389-396 [Lit.] – Celui qui est. Interpretations juives et chrétiennes d'Exodes 3, 14, hg. A. DE LIBERA – E. ZUM BRUNN, 1986 – W. BEIERWALTES, TFil 56, 1994, 313-336 [Giov. Pico della Mirandola, Reuchlin] – F. MULLER, Bibl. d'Humanisme et Renaissance 56, 1994, 327-346 [dt. und ndl. Kunst].

Tetrameter, in der antiken griech.-lat. Metrik Bezeichnung für einen aus vier rhythm. Einheiten (Metren) bestehenden Vers. Vor allem der trochäische und daktyl. T. leben im MA in größerem Umfang fort. Der trochäische katalekt. T. ($-\cup-\stackrel{\times}{-}/-\cup-/-\cup-\stackrel{\times}{-}/-\cup-$) ähnelt stark dem trochäischen Septenar der archaischen Zeit. Im lat. MA tritt zu der metr. Verwendung infolge des Verschwindens der Silbenquantitäten eine rhythm. Form. Beim ma. metr. trochäischen T. gibt es im wesentl. drei Neuerungen: Verschwinden der letzten beiden Silben; Verschwinden der Elisionen und der möglichen Ersetzung von einer Länge durch zwei Kürzen (wobei die ma. Prosodie in gewissem Umfang von der klassischen abweicht; vgl. die Verslehre→Bedas). Auch die Struktur der Akzentuierung variiert: Im allg. ist der Rhythmus im 2. Halbvers regulär: am verbreitetsten ist die Form $-\cup-\cup-\cup-\cup$, im Lauf der Zeit findet sich häufiger die Struktur $-\stackrel{\times}{-}-\stackrel{\times}{-}-\cup-\stackrel{\times}{-}$, die dem rhythm. Versbau entstammt. Im MA bedienen sich u. a. folgende Autoren des metr. trochäischen T.s: →Eugenius v. Toledo, →Walahfrid Strabo, →Smaragdus und zahlreiche Hymnographen.

Einige der frühesten Belege für die Verwendung des rhythm. trochäischen T.s finden sich bei dem Mythographen →Fulgentius, der im Carmen »Thespiades, Hippocrene quas spumanti gurgite« vom Schema der klass. Prosodie abweicht, aber auf den akzentuierenden Rhythmus und die Einhaltung der Silbenzahl (15, im Griech. als »polit. Vers« bezeichnet) achtet, gleiches gilt für das vielleicht bekannteste Stück dieser Dichtungen »Apparebit«.

Unter den verschiedenen metrischen und akzentuierenden Formen, die die Dichter für den trochäischen T. entwickeln, gewinnt die stärkste Kontur der Typus 4p + 4p + 7pp, wobei die Einführung des Reims zu größerer Eleganz und Raffinesse beiträgt (vgl. Abaelards Hymnus »Illi sursum, hi deorsum iuges agant gratias, / caeli summa, terrae ima laudes reddant consonas, / nullas laude fas sit esse partes mundi vacuas«). Rhythm. trochäische T. oft in dreizeiligen Strophen wie die metr. Entsprechungen bei →Prudentius und →Venantius Fortunatus wurden in den Kriegs- und Siegesliedern MGH PP I 116, II 138, in PP I, 19, 119 (s.a. PP III, 815f., PP IV 1162 und PP V, 776) angewendet, ferner auch von →Paulus Diaconus, →Petrus v. Pisa, →Gottschalk, →Adam v. St-Victor, →Thomas v. Aquin. In die roman. und slav. Sprachen wurde dieses Versmaß nie als ganzes übernommen, sondern nur in der Form von Halbversen (woraus sich z. B. der Achtsilber [Ottonario] herleitet): Noch in der mlat. Periode war die Strophe 8 p, 8 p, 7 pp entstanden, die sich auch als 8 p + 8 p + 7 pp deuten läßt, die sog. tripertitus caudatus (vgl. das →Stabat mater) sowie der Typus 8 p, der in dem »Dies irae begegnet.

Der daktyl. T. ($-\cup\cup-\cup\cup-\cup\cup-\cup\cup$) ist in das MA v. a. in der monostich. Form des →Prudentius (Peristephanon III) und des →Boethius (Cons. phil. V 2) gelangt, findet sich im mlat. Versbau jedoch nur relativ selten. Er begegnet bei →Sedulius Scotus, in reindaktyl. Form im c. XXII des Walahfrid Strabo, bei Gottschalk, vielleicht auch →Hrabanus Maurus, →Ademar v. Chabannes und →Alfanus v. Salerno. Bes. interessant ist die von →Heiric v. Auxerre (Vita sancti Germani) geschaffene Distichenstrophe, die aus einem Phalaecaeus und einem daktyl. T. besteht: Heiric will damit Boethius, Cons. phil. III 4 (Phalaecaeus + alkaischer Zehnsilber) nachahmen, folgt dabei aber der Lehre seines Lehrers →Lupus v. Ferrières, der irrtüml. den alkaischen Zehnsilber des Boethius als »dactilicum archilocheum tetrametrum catalecticum« deutete. Einige sehen im daktyl. T. den Ursprung des frz. Decasyllabe und des it. Endecasillabo.　E. D'Angelo

Lit.: W. MEYER, Ges. Abhandl. zur mlat. Rhythmik, 1905 – D. NORBERG, Introduction à l'étude de la versification lat. médévale, 1958 – P. KLOPSCH, Einf. in die mlat. Verslehre, 1972 – L. CORONATI, La dottrina del tetrametro trocaico di Beda, Romanobarbarica 6, 1981/82, 53-62 – A. MENICHETTI, Problemi della metrica (Letteratura it., V, 1, 1984), 349-390 – D. NORBERG, Les vers lat. iambiques et trochaïques au MA et leurs répliques rythmiques, 1988 – J. LEONHARDT, Dimensio syllabarum, 1989 – D'A. S. AVALLE, Dalla metrica alla ritmica (Lo spazio letterario del Medioevo, I, 1, 1992), 391-476 – M. GASPAROV, Storia del verso europeo, trad. it., 1993.

Tetramorph, 'Viergestaltiges Wesen' (griech.), bildl. Darstellung der in Ez 1 und 10 beschriebenen Cherubim mit den Gesichtern von Mensch, Stier, Löwe und Adler (→Evangelistensymbole), vier Flügeln, Händen und Rädern, allerdings schon im Himmelfahrtsbild des →Rabbula Codex mit den sechs Flügeln der Seraphim (Is 6, 1-3) versehen. Im MA wird die menschl. Gestalt stärker sichtbar, z. B. bei den inschriftl. als Seraphim bezeichneten, mit den Füßen auf zwei Rädern stehenden T.en im Weltgerichtsbild des Hortus deliciarum (→Herrad v. Landsberg), in der Gewölbemalerei der Krypta der Kathedrale v. Anagni, auf byz. liturg. →Fächern (MANGO, 147-154). Der inhaltl. Bezug des Bildmotivs zu den vier Evangelisten ist beim tiergestaltigen T. mit vier unterschiedl. Köpfen und Füßen betont, das als Reittier der Ecclesia dient (z. B. Kreuzigungsbild des Hortus deliciarum; Worms, Skulptur am s. Portal des Domes). J. Engemann

Lit.: LCI IV, 292-295 – M. M. MANGO, Silver from Early Byzantium, 1986.

Tetricus. 1. T., hl., Bf. v. →Auxerre 691–706, † an einem 18. März (Fest 6. Juni), ▭ Auxerre, St-Eusèbe, stammte aus dem 'pagus' v. →Sens, besaß dort die 'villa' Marsangis, die er seiner Kirche hinterließ. Abt v. St-Germain, wurde er zum Bf. geweiht und empfing nunmehr die Priesterwürde. Er setzte vier Archipresbyter in seiner Kathedrale ein, gab den Klerikern Statuten und verlieh dem liturg. Gebet aller Pfarreien seiner Diöz. eine Ordnung, die die von seinem Vorgänger →Aunacharius eingeführten Gewohnheiten modifizierte. T. wurde von seinem Archidiakon Raginfred ermordet und genoß die Verehrung eines Märtyrers. Der Bf.ssitz blieb drei Jahre nach seinem Tode vakant. J. Richard

Q. und Lit.: Gesta pontificum Autissiodorensium, ed. L. M. DURU, I, 1850 – H. ATSMA, Kl. und Mönchtum im Bm. Auxerre bis zum Ende des 6. Jh., Francia 11, 1983, 11 f. [Lit.].

2. T., hl. (Fest 20. März), Bf. v. →Langres, † 18. März 572/573; aus einer Familie des →Senatorenadels, Sohn v. Gf. Gregor v. →Autun und der Armentaria, folgte 539/540 seinem Vater auf den Bf.ssitz v. Langres nach, auf den dieser als Witwer gewählt worden war. Wie Gregor residierte auch T. in →Dijon. Er war ein Großonkel Gregors v. Tours. T. nahm an mehreren Konzilien teil (Orléans 549, Paris 551/552, vertreten 567/570 in Lyon). Er errichtete eine Kapelle über dem Grab seines Vaters in St-Jean de Dijon. Als der aufständ. Sohn von →Chlothar I., Chramn († 560), vor Dijon erschien, befragte T. ein frommes Orakel, aufgrund dessen er dem Empörer den Einlaß in die Stadt verwehrte. T. verstarb mit 90 Jahren; sein Verwandter Silvester, der ihm nachfolgen sollte, starb vor der Weihe. Venantius Fortunatus schrieb sein Epitaph (Carm. IV 3). J. Richard

Q.: Gregor v. Tours, Hist. IV, 16. V, 5; Vita Patrum VII, 4 – Lit.: M. HEINZELMANN, Gregor v. Tours, Zehn Bücher Gesch., 1994, 12, 16f., passim.

Tetschen (Děčín), Stadt am rechten Ufer der →Elbe in Nordböhmen; Name (zuerst 'provincia Dechinensis', 'Dazana') wohl von der přemysl. Burg auf dem Areal der späteren got. Burg und des Schlosses abgeleitet. Unter der Burg entstand eine kleine Siedlungsagglomeration mit Zollstelle (Salzzoll, erwähnt 1146). Um 1260 gründete Kg. Otakar II. Přemysl s. der Burg eine befestigte Kg.sstadt (erwähnt 1283), die aber Mitte des 14. Jh. verlassen wurde; erst jüngst konnte sie archäolog. nachgewiesen werden. Um 1305/06 errangen die →Wartenberger die Herrschaft T. (bis 1511). Sie errichteten und befestigten n. der Burg eine neue Stadt (Stadtrechte bestätigt 1406, 1412), die in den Hussitenkriegen große Schäden erlitt. 1444 nahm das Heer der Sachsen und des Oberlausitzer Sechsstädtebundes Stadt und Burg T. ein. P. Hilsch

Lit.: L. KÄS, Die Stadt T., 1888 – H. PREIDEL, G. HANKE, A. HERR, Heimatbuch T.-Bodenbach, 1969 – M. ZÁPOTOCKÝ, Slovanské osídlení Děčínska, Archeologické Rozhledy 29, 1977, 521-533 – J. SMETANA, K počátkům města Děčína, Z minulosti Děčínska a Českolípska 4, 1985, 241-277 – T. VELÍMSKÝ, Město na Louce, 1991 – DERS., Die präurbanen Zentren in Nordwestböhmen auf dem Weg zur Stadt (Burg-Burgstadt-Stadt, 1995), 241-255.

Tetzen, Johann v. → Teschen, Johannes v.

Teufel
A. Christliche Glaubensvorstellungen – B. Volkskunde – C. Ikonographie – D. Literatur

A. Christliche Glaubensvorstellungen
I. Bibelexegese – II. Theologie.

I. BIBELEXEGESE: Im AT spielt »hasatan« ('der Verleumder'; von der Septuaginta mit »diabolos« wiedergegeben) eine untergeordnete Rolle. Er zählt zu den Gottessöhnen (vgl. Ijob 1 und 2), tritt vorwiegend als Kläger auf (Sach 3, 1 f.; Ps 109, 6) und ist die Personifikation der Gott allein zukommenden Funktion (Am 3, 6; Jes 45, 7), das vom Menschen ausgehende Böse aufzudecken (1 Chr 21, 1). Das Wissen, daß der Mensch vor Gott verantwortl. ist, bleibt auch im Judentum erhalten. Zwar stärker dualist. gefärbt (Jub und Test XII), bleibt der T. Geschöpf Gottes, das – einmal abtrünnig geworden (slav Hen 29, 4 f.; Vita Ad. et Ev. 12-16) – als Gegner Gottes und Verführer des Menschen auftritt. Die Vielfalt synonymer Bezeichnungen (u. a. Mastema, Beliar/Belial, Sammael) zeigt, daß er – einem mytholog. Wesen gleich – nur undeutlich umschrieben werden kann; dennoch wird Satan (T.) mehr und mehr zum Eigennamen.

Das NT behält alle jüd. Motive bei, versucht aber den T. noch stärker in seinen Aggressionen gegen Gott und den Menschen darzustellen. Er ist der »Feind« (Mk 4, 15; Mt 13, 39), der »Böse« (Mt 13, 19. 38), der »Herrscher dieser Welt« (Joh 12, 31; Apg 26, 18) und nach apokalypt. Sprechweise der »Gott dieses Aions« (2 Kor 4, 4). Er versucht, die kommende messian. Heilszeit zu verhindern, wird aber – vgl. die zahlreichen Exorzismen – durch das »eu-anggelion« seiner Macht beraubt (Mk 3, 22; 3, 27; Lk 10, 18; Joh 12, 31). Endgültig überwunden wird er durch den Kreuzestod Jesu (1 Kor 2, 8; Joh 12, 31; Apk 12, 7-12). In der Zeit der nachösterl. Gemeinde ist ihm noch eine kurze Frist vergönnt, seine Wut auszutoben (Apk 12, 12; →Antichrist); doch im Glauben vermag der Christ zu widerstehen. A. Sand

Lit.: Bibl.-hist. Handwb. III, 1966, 1674-1676 [G. MOLIN] – LThK² X, 1-4 [R. SCHNACKENBURG] – RGG VI, 705-707 [F. HORST] – Theol. Begriffslex. zum NT, II, 1977, 1057-1064 [H. BIETENHARD] – Theol. Wb. zum NT II, 1935, [Nachdr. 1957], 69-80 [W. FOERSTER-G. VON RAD].

II. THEOLOGIE: In der Vorstellung breiter Volksschichten des MA verschmolzen die wenigen T.saussagen der Bibel (s. Abschn. I) mit heidn. Götter- und Dämonenglauben. Auch das Dämonische wurde als teuflisch gesehen. Vom T. (ahd. *tiufal*) wurde im Singular (Satan, Luzifer) wie im Plural gesprochen. Dualist. Irrlehren wie der Priszillianismus (→Priscillian) veranlaßten →Leo I. 447 zu erklären, daß der T. keineswegs eine »aus dem Chaos und der Finsternis« entsprungene Ursubstanz und damit Prinzip des Bösen, sondern urspgrl. ein gutes Geschöpf Gottes gewesen sei. »Daher wäre auch der T. gut, wenn er in dem, als was er gemacht wurde, verblieben« wäre (DH 286). 574 bestätigte die Synode v. Braga diese Lehre und verwarf die Meinung, der T. könne »Donner, Blitz und Unwetter« oder gar »die Bildung des menschl. Leibes« im Mutterschoß bewirken (DH 462). Dennoch wurde im Volksglauben des FrühMA vielfach dem T. und seinen dämon. Helfern Macht über Leben und Tod eines Menschen zugesprochen. Mittels der schwarzen Magie glaubten einige, sich den T. und den Seinen dienstbar machen zu können. Schon unter →Karl d. Kahlen wurden solche Praktiken verboten (vgl. auch Decretum Gratiani II causa 26. 5. 12). Im 11./12. Jh. konnten →Albigenser und →Katharer, dualist., bogomil. Gedankengut aufgreifend, im 12./13. Jh. dem T.sglauben bes. in Südfrankreich, im Rheinland und Ober- und Unteritalien neue Impulse geben. Ihnen gegenüber betonte das 4. Laterankonzil 1215, daß der T. und die anderen Dämonen »von Gott ihrer Natur nach gut erschaffen«, aber »durch sich selbst böse« wurden. Am Ende der Zeit werden alle Menschen gerichtet, »damit jene die ewige Strafe und diese mit Christus die immerwährende Herrlichkeit empfangen, je nach ihren Werken, ob sie gut waren oder schlecht« (DH 800, 801). Am Ende des MA ist wieder verstärkt von den seit dem 11. Jh. erwähnten Sekten der Satanisten oder Luziferaner, von Hexenkonventen und T.spakten die Rede. Die Schultheologie des 12. Jh. (→Anselm v. Laon) konzentrierte das Augenmerk auf die teufl. Dämonen in der sittl.-religiösen Lebenswelt und widmete den kosm. Dämonen wenig Beachtung (nach C. PAYEN eine epochale Wende). Im 13. Jh. schrieb der schles. Magister →Witelo (um 1268) den 1. philos. Traktat über die Dämonen und grenzte die Frage nach den gestürzten →Engeln aus. Darüber handelte auch →Roger Bacon im unvollständig überlieferten Opus minus (»De caelestibus«). Ein Engelsturz ist philos. nicht denkbar! Die scholast. Theol. sah aber die teufl. Dämonen im ganzen Werk der Schöpfung; Volksglaube und Lehramt bejahten auch das Dasein von →Hexen und Zauberern (vgl. die Bulle →Innozenz' VIII. »Summis desiderantes« [1484] und den Hexenhammer des Heinrich Institoris [1487]).

Die theol. Reflexion über den T. fußte auf den bibl. Grunddaten und den Aussagen der Kirchenväter, v. a. auf Augustinus (de civ. dei IX, 1; 13; 19). Betont wurde, 1. daß die T. ursprgl. →Engel waren, von denen sich ein Teil unter der Führung Luzifers aus Stolz, freiwillig und endgültig von Gott abgewandt habe; deswegen sei 2. der »Ort« der T. die Hölle, die schreckl. Gottferne; 3. bemühten sich die T. darum, den einzelnen Menschen wie auch die Menschheit insgesamt von der Vollendung in Gott abzubringen. In der Endzeit sucht der T. mit Hilfe des →Antichrist selbst die Heilsgeschichte des Menschen zu verwirken. Er scheitert an der größeren Erlösungsmacht Christi. →Alkuin sah den T. als einen gefallenen Engel, der sich aus Stolz ein für allemal gegen Gott entschieden habe (Interr. et resp. in Gen. II; MPL 100, 526 B). Für →Anselm v. Canterbury zeigt sich im T. das Wesen der Ursünde und im Sturz des T.s (De casu diaboli) das Unheilsgeschehen der →Sünde: Der T. verwirkte die ursprgl. Gnade der Rechtheit des freien Willens, entzog sich selbst dem Anspruch der zum Heil führenden Freiheits-Ordnung und setzte so, unendl. schuldhaft geworden, selbst das ihn in den Ruin treibende Unheil. Der erlöste Mensch soll die Stelle der gefallenen Engel in der himml. Ordnung einnehmen (Cur deus homo I c. 16–18), wie auch →Bernhard v. Clairvaux, augustin. Gedankengut aufgreifend, betonte (Dom. in Kal. Nov.; opera omnia V, 306). Während →Hugo v. St. Victor die spätpatrist. T.slehre zusammenfaßte und Luzifer als einen Engel dachte, der bereits im Moment seiner Erschaffung begehrte, Gott überlegen zu sein, rückte für →Rupert v. Deutz die Frage nach der Überwindung des T.s durch Christus ins Zentrum seiner Überlegungen. Für Rupert besteht der erste Sieg des Wortes Gottes im Sieg über den T. Dieser habe sich der Anmaßung der Gottgleichheit schuldig gemacht, wird aber nicht sogleich aus dem Himmel vertrieben, sondern läßt sich von anderen Engeln anbeten (De victoria Dei Verbi I, 8–9). Der Logos bezeugt Luzifers Geschöpflichkeit. Erst als der T. und seine Anbeter dieses Zeugnis bestreiten und damit von neuem sündigen, werden sie von den gottgetreuen Engeln unter der Führung →Michaels aus dem Himmel gestoßen (ebd. I, 18). Die Scheidung der guten Engel von den bösen, den T.n, sieht Rupert am ersten Schöpfungstag mit Blick auf Gen 1, 4 vollzogen. Diese Genesisinterpretation findet im MA v. a. durch die »Historia scholastica« des →Petrus Comestor weite Verbreitung. Der Fall des T.s wirkt den antagonist. Charakter der Gesch., der sich auf das Ende der Zeit hin verschärft. Nur dank der göttl. Wortes kann der gefallene Mensch von der Sogkraft dieses sich negativ verdichtenden Geschichtsprozesses erlöst werden. →Petrus Lombardus, der in seinen Sentenzen (Sent. II d. 2 c. 6–d. 8) die Fragen zur Dämonologie zu sammeln und die Aussagen über den T. zu systematisieren sucht, unterstreicht den Prozeßcharakter der Engel und der T. Die Frage, ob die Engel vollkommen und glückselig geschaffen worden seien, verneint er. Sie hätten aber allesamt die vollkommene Glückseligkeit (beatitudo) erlangen können, sofern sie ihre Freiheit in rechter Weise gebraucht und mit der göttl. Gnade kooperiert hätten. Die Sünde und das Unglück eines Teils der Engel, der T., bestehen darin, nicht mit der Gnade Gottes mitwirken zu wollen (Sent II d. 5, c. 6). In dieser Entscheidung haben die T. endgültig den Himmel (Empyreum) verlassen und befinden sich teils auf der Erde, teils in der Hölle (d. 6, c. 5). Die Macht Luzifers ist gewaltig, aber durch den Willen Gottes begrenzt. Das Innerste des Menschen vermag der T. nicht zu erfassen, nicht sich substantiell mit der menschl. Geist-Seele zu vereinigen (d. 8, c. 4). Am Ende der Zeit wird der Antichrist nochmals von seiner Macht und Ohnmacht des T.s beeindruckendes Zeugnis ablegen (d. 6, c. 6). Damit schuf der Lombarde die theol. Grundlage für weitere philos.-theol. Reflexionen. Bei →Thomas v. Aquin (Com. Sen. II, d. 1–11; De malo q. 14; S. th. I, 63 und 64) setzt die Lehre über den T. die Angelologie voraus. Der Engel wird als reiner, im Stande der Gnade geschaffener Geist angesehen, dem auf Grund seines geschaffenen Willens die natürl. Fähigkeit eignet, sich wider besseres Wissen nicht für das ihm vom Schöpfer gesetzte Endziel zu entscheiden. Aus Stolz verweigerte der T. seinem Schöpfer den Gehorsam und strebte danach, wie Gott der Urheber seiner eigenen Seligkeit zu sein (S. th. I, 63 a. 3). Nicht im Augenblick seiner Erschaffung, wohl aber im Moment seiner ersten geistigen Entscheidung stand der Engel am »Ende des Weges«: als T. (Quol. 9, 8 ad 2). Er verwirkte damit endgültig seine Seligkeit. Schuld- und Straf-Übel treffen seine Geistnatur. Luzifer und seine Anhänger haben zwar nicht ihr natürl. Wissen von Gott verloren. Ihr Wissen aber führt nicht zur Liebe, sondern zum Haß. Ihr Wille verharrt im Bösen (S. th. I, q. 64 a. 1–2). In der Hölle empfinden sie Schmerz über ihre Verdammnis und über die Erkenntnis ihres Selbstwiderspruchs: nicht zu wollen, wozu der Wille geschaffen ist (a. 3). Um den Heilsplan Gottes zu boykottieren, suchen sie die Menschen von Gott abzubringen und für das Böse zu gewinnen (a. 4). →Bonaventura sieht den T. dadurch konstituiert, daß dieser als Engel nicht zum Höchsten strebt, sondern in Selbstüberschätzung sich selbst zum Prinzip nimmt und ehrgeizig sich selbst zu seinem eigenen Zweck macht (Sent. II d. 5 a. 1 f und d. 6; Brev. II. c. 7). So ist er auch darauf bedacht, den Menschen von Gott ab- und auf sich selbst hinzulenken. →Johannes Duns Scotus widmet dem T. in seinem Werk keine bes. Aufmerksamkeit. Er erwähnt ihn innerhalb seiner Angelologie. Der Fall des T.s geschieht erst nach einer gewissen

Zeit seines noch engelhaften Daseins (Reportata Parisiensia II d. 4 q. un). Das, was einen Teil der Engel zu T.n macht, ist nicht die Selbstüberhebung und der Stolz, sondern die überzogene Selbstliebe. Obwohl im Bösen verstockt, gibt es T., die gute Willensregungen und gute Einzeltaten vollbringen (d. 7 q. 3 schol. 7); zwar nicht absichtl. (ex bonitate completa in specie), aber doch objektiv (ex genere). Mit Verweis auf die eigene Lebenserfahrung und die Universalität der Herrschaft Gottes betont auch Martin Luther, daß der Mensch den T. letztl. nicht zu fürchten braucht.   M. Gerwing

Lit.: Dict. du Diable et de la Démonologie, hg. J. TONDRIAU u. a., 1968 – TRE VIII, 286–300 – G. ROSKOFF, Gesch. des T.s, 2 Bde, 1869–73 [Neudr. 1987] – A. JAULMES, Essai sur le satanisme et la superstition au MA [Diss. Montauban 1900] – E. LANGTON, Supernatural. The Doctrine of Spirits, Angels and Demons from the MA until the Present Time, 1934 – A. VALSENSIN, P. MESSIAEN, A. BÉGUIN u. a., Satan, Ét. Carmélitaines 27, 1948, 521–666 – E. v. PETERSDORFF, Daemonologie, 2 Bde, 1956–57 – H. A. KELLY, The Evil, Demonology and Witchcraft, 1968 – A. WINKLHOFER, Traktat über den T., 1969 – B. P. McGUIRE, God-Man and the Devil in Medieval Theology and Culture, Cah. de l'Inst. du MA Grec et Latin de L'Univ. de Copenhague 18, 1976 – Die Mächte des Guten und Bösen. Vorstellungen im 12. und 13. Jh. über ihr Wirken in der Heilsgesch., hg. A. ZIMMERMANN, 1977 – T., Dämonen, Besessenheit, hg. W. KASPER-K. LEHMANN, 1978 – Le diable au MA. Doctrine..., Senefiance 6, 1979 – J. B. RUSSELL, Lucifer. The Devil in the MA, 1984 – J. DELUMEAU, Angst im Abendland, 2 Bde, 1985 – P. DINZELBACHER, Die Realität des T.s im MA (Der Hexenhammer. Entstehung und Umfeld des Malleus maleficarum von 1487, hg. P. SEGL, 1988), 151–175 – A. ANGENENDT, Das FrühMA, 1990 – I. GRÜBEL, Die Hierarchie des T.s, 1991 – L. HÖDL, Dämonologie und Aufklärung im 12. und 13. Jh. Theol. und Aufklärung (Fschr. G. HORNIG, 1992), 8–28 – H. VORGRIMLER, Gesch. der Hölle, 1993 – A. DI NOLA, Der T. Wesen, Wirkung, Gesch., 1994² – K. HEDWIG, Sub ratione mali, Salzbg. Jb. für Philos. 39, 1994, 93–107 – M. GERWING, Vom Ende der Zeit. Der Traktat des Arnald v. Villanova über die Ankunft des Antichrist in der akadem. Auseinandersetzung zu Beginn des 14. Jh., BGPhMA NF Bd. 45, 1996.

B. Volkskunde

T. ist Sammelbegriff für das Prinzip des absolut Bösen und zugleich Synonym für zahlreiche, in der Magiologie der frühen NZ systematisierte T.sgestalten wie Belial, Behemoth, Luzifer, Satan usw. Der T. begegnet im populären Glauben sowohl als Einzelgestalt, als Anführer der teufl. Heerscharen als auch als plurales dämon. Wesen. Die T.svorstellungen sind in allen sozialen, intellektuellen und kulturellen Schichten präsent. Die frühchr. Theol. unterstellt in ihrer Auseinandersetzung mit dem gnost. und manichäist. →Dualismus den T. der Allmacht Gottes und integriert damit das Prinzip des Bösen in den Heilsplan. Dies findet u. a. seinen Ausdruck in der Verehrung des Erzengels →Michael, der in Vertretung Gottes den Kampf mit dem T. aufnimmt. Dennoch sieht der Volksglaube im T. den gleichwertigen Gegenspieler Gottes.

Der T. war, so für das MA v. a. Thomas v. Aquin, in allen Bereichen des Lebens und Denkens gegenwärtig (»Omnia, quae visibiliter fiunt in hoc mundo, possunt fieri per daemones«; Quaest. disp. de malo, qu. 16, 9). Treten Krankheiten, Naturkatastrophen oder Todesfälle plötzlich und außerhalb des empir. erfahrbaren Rhythmus auf, führte man sie auch auf teufl. Verursachung zurück (→Besessenheit). Der T. wurde damit nicht nur zum Höllenfürsten und Peiniger der auf ewig Verdammten, sondern auch zum Handlanger des Todes, wie es etwa der Text »Himmel und Hölle« umschreibt: »In dero hello da ist dot ane tod« (Bamberg?, 2. H. 11. Jh.). Als konsequente Fortsetzung dieser Vorstellung erweist sich die im MA v. a. durch bildl. Darstellungen weit verbreitete, auf die apokryphen »Acta Pilati« zurückgehende Erzählung von der Fahrt Christi in die Vorhölle. In dem Bedeutungsspektrum von Tod, →Hölle, verbotener Magie und dem mit der Abwendung von Gott verbundenen unchr. Lebenswandel machten die ma. Dämonologie und Satanologie die T.svorstellung zu einem umfassend einsetzbaren gesellschaftl. Erziehungs- und Disziplinierungsinstrument und zur Legitimation des Vorgehens gegen nichtkonforme Ideen, Verhaltensweisen und Gruppen; hierzu gehörten im MA Minoritäten wie die Juden, die man u. a. mit dem →Antichrist in Verbindung brachte (Adso v. Montier-en-Der, †992: »Libellus de ortu et de tempore Antichristi«), aber auch polit. oder religiös abweichende Gruppen wie die →Katharer, denen man ähnl. wie den aufständ. →Stedinger Bauern 1233/34 oder den Angehörigen des →Templerordens T.sverehrung vorwarf.

Das ma. T.sbild erweist sich nur innerhalb der Aberglaubenskritik als einheitl.; Gott, nicht jedoch einem anderen Wesen oder Objekt darf ein Kult zukommen. Dahinter verbergen sich unterschiedl. hist. Überlieferungs- und Glaubensschichten. So wird die Durchsetzung chr. T.svorstellungen im »Sächsischen Taufgelöbnis« (um 772) sichtbar, das den Täufling anhält, sowohl den Werken und Worten des T.s wie den nun dämonisierten Göttern Donar, Wotan und Saxnôt abzuschwören. Hinzu kommen bibl., spätantike, neuplaton. und gnost. Spekulationen, ferner vielfältige Synkretismen, wie sie v. a. durch den →Picatrix« des Ps.-Maǧrīṭī vermittelt worden sind. Dies führte zu einem umfassenden Repertoire an Bildern, Funktionen und Vermittlungsprozessen. Der T. begegnet etwa in der Gestalt von Tieren (z. B. Kröte, Schlange, Drache). Leviathan (u. a. Ijob 3, 8; Ez 29, 3–4) wurde im MA zum Symbol für Satan (Isidor v. Sevilla, Etym. VIII, 11, 27; Hrabanus Maurus, De univ. VIII, 3: »serpens diabolus«). Das apokryphe »Evangelium des Bartholomäus« (5. Jh.) schildert ihn als tausendsechshundert Ellen lang, vierzig Ellen breit, mit achtzig Ellen langen Flügeln, von finsterem Wesen und stinkenden Rauch aus den Nasenlöchern ausstoßend (IV, 12). Er tritt in menschl. Gestalt, v. a. aber als Monstrum auf; so bilden Darstellungen des Jüngsten Gerichts ihn häufig als ein Unwesen ab, dessen Gesicht sich auf dem Bauch befindet. Dieser Bildtyp geht auf die antike laograph. und naturwiss. Lit. zurück (z. B. Plinius, Hist. nat. V, 46), wurde etwa von Isidor v. Sevilla (Etym. XI, 3, 17) dem MA vermittelt und reicht weit in die NZ hinein. Ebenso besitzt die Vorstellung von der Materialisation der dämon. Wesen ihren Ursprung in der u. a. von Augustinus tradierten neuplaton. Diskussion über die Körperlichkeit medialer Wesen: Der T. oder Dämon bildet sich einen sichtbaren Leib aus Faulstoffen an abgelegenen Plätzen in Wald- und Moorgebieten. Daraus ergibt sich einerseits die Überzeugung vom (Schwefel-)Gestank des T.s wie die Angst vor Plätzen wie Mooren, andererseits die Vorstellung von der Unvollkommenheit der Körperbildung: Der Incubus, obwohl häufig mit außergewöhnl. Schönheit begabt, ist am kalten Sperma zu erkennen.

Eine zentrale Rolle spielt der T. als Verursacher mag. Effekte innerhalb der ma. Magietheorie. Aus der von Augustinus formulierten Theorie vom Kommunikationsvertrag, der den Dämonen durch eine vereinbarte (Zeichen-)Sprache an den Menschen bindet, entwickelte Thomas v. Aquin den stillschweigenden wie ausdrückl. T.spakt, der zugleich die offizielle Abschwörung von Gott bedeutet. Der Vertrag verpflichtet den T., dem Menschen bei allen Formen der verbotenen Magie (magia daemonica, magia illicita) zu helfen. Damit schuf Thomas v. Aquin die Grundlage für die Verrechtlichung des crimen magiae und damit auch für die Hexenverfolgung der frühen NZ.

Die Vermittlungsträger und -stränge elitären Wissens an die Ungebildeten waren vielfältig. Neben dem überreichen Bilderangebot in den Kirchen (s. Abschnitt C. I.) und den Predigten stellte v. a. die →Exempel-Lit. ein wichtiges Tradierungsmedium zur Verfügung (vgl. →Caesarius v. Heisterbach). Weit verbreitet war die den späteren Fauststoff präfigurierende →Theophiluslegende; sie prägte die antijüd. Vorstellung vom Juden als rechter Hand des T.s und als T.sbündner. Die Auseinandersetzung mit dem T. bzw. den Dämonen zählt seit der Kirchenväterzeit zum festen Bestandteil der Hagiographie (z. B. Versuchung des hl. →Antonius Eremita). Eine wichtige Rolle als Retterin vor dem T. kommt hier insbes. →Maria zu; als apokalypt. Frau zertritt sie den Kopf der Schlange, in der ma. Legende, etwa vom »T. und dem Maler«, fungiert sie ähnl. wie in der Theophiluserzählung als unerbittl. Widersacherin Satans.

Eine weitere Schaltstelle populären Wissens um den T., aber auch für kollektive Ängste bildete das ma. →Mysterienspiel, das zahlreiche T.szenen, unter ihnen den »Höllenrat«, enthält, eine Beratung zw. Luzifer, Satan und Belial über die Art der Aufnahme des Kampfes mit Gott (z. B. Egerer Fronleichnamsspiel). Aus solchen Traditionsträgern entwickelten sich zahllose Sagen vom betrüger. Wirken des T.s auf Erden, etwa als Baumeister von Kirchen und Brücken, bei denen er stets als der geprellte und unterlegene Partner erweist. Ma. T.sglaube und T.sängste erreichten nicht von ungefähr gerade in den Wirren der Reformation ihren Höhepunkt und führten nun nicht nur zu einer eigenen T.slit. (z. B. J. Weier, De Praestigiis Daemonum, 1563; Theatrum Diabolorum, 1569), sondern auch zu den um Kabbalistisches und Esoterisches angereicherten Systematisierungsversuchen der frühnzl. Naturphilosophie und -mystik (z. B. H. C. Agrippa v. Nettesheim, De occulta philosophia sive de magia libri tres, 1531).   Ch. Daxelmüller

Lit.: G. Roskoff (s. Abschn. A. II) – H. Loewe, Die Juden in der Marienlegende, Monatsschrift für Gesch. und Wiss. des Judentums 56, NF 20, 1912, 257-284, 385-416, 612-621 – O. H. Moore, The Infernal Council, MP 16, 1918, 169-193; 19, 1921/22, 47-64 – M. Rhodes, The Apocryphal New Testament, 1924, 174 – M. J. Rudwin, The Devil in Legend and Lit., 1931 – E. v. Petersdorff, Daemonen, Hexen, Spiritisten. Mächte der Finsternis einst und jetzt, 1-2, 1960 – R. Villeneuve, Le Diable, 1963 – H.-G. Richard, Marienlegenden aus dem Alten Passional, 1965, 84–86 – A. Rosenberg, Die Praktiken des Satanismus vom MA bis zur Gegenwart, 1965 – L. Kretzenbacher, Eschatolog. Erzählgut in Bildkunst und Dichtung (Volksüberlieferung [Fschr. K. Ranke, 1968], 133–150 – E. Lehner-J. Lehner, Devils, Demons, Death and Damnation, 1971 – H. Haag, T.sglaube, 1974 – W. Brückner-R. Alsheimer, Das Wirken des T.s Theol. und Sage im 16. Jh. (Volkserzählung und Reformation, hg. W. Brückner, 1974), 393-519 – Witchcraft. Cat. of the Witchcraft Collection in Cornell Univ. Libr., hg. M. J. Crowe, 1977 – D. Harmening, Superstitio, 1979 – C. Lecouteux, Les monstres dans la litt. allemande du MA, 1-3, 1982 – B. Gloger-W. Zöllner, T.sglaube, 1984 – A. Borst, Die Katharer, 1991, 115-119, 258 – H. Vorgrimler, Gesch. der Hölle, 1993 – Ch. Daxelmüller, T.spakt. Gestalt und Gestaltungen einer Idee (F. Möbus, F. Schmidt-Möbus, G. Unverfahrt, Faust. Annäherung an einen Mythos, 1995), 11-20.

C. Ikonographie

I. Westen – II. Osten.

I. Westen: Die ma., von antiken Dämonenbildern abgeleitete T.sdarstellung übernimmt aus ihren vorchristl. Quellen wesentl. Darstellungselemente wie die schwarze oder blaue Körperfarbe, die Menschen- oder Eidolongestalt sowie Flügel und Schlangenhaar. Dennoch gibt es während des MA anders als für Hl.e und bibl. Personen keine allgemeinverbindl. Ikonographie: Grundsätzlich lassen sich zwar ikonograph. zwei Gattungen von T.n unterscheiden, deren Darstellungsmodi sich jedoch gegenseitig beeinflussen und überschneiden können: solche in Tiergestalt und monströse menschengestaltige T. Als tiergestalige Verkörperungen des T.s fungieren meist →Schlange, mitunter mit Menschengesicht (v. a. in →Sündenfall-Darstellungen), und →Drache (→Michael, →Margareta v. Antiochien), aber auch →Löwe (→Daniel in der Löwengrube), →Bär, →Bock und →Fledermaus sowie Mischwesen wie Sirenen, Kentauren und Satyrn (→Fabelwesen), dies außer auf roman. Kapitellen vorwiegend in den Höllendarstellungen hoch- und spätma. Weltgerichtsbilder. Menschengestaltige T. treten meist als kleine (geflügelte, nackte) Knaben, Engel, Eidola oder Äthiopier auf, seit dem 6. Jh. oft im ikonograph. Zusammenhang der Heilung der Besessenen, der →Höllenfahrt Christi (z. B. Torcello, 12. Jh.) und der Scheidung der Schafe und Böcke (hier die erste Darstellung des T.s als blauer Engel in S. Apollinare Nuovo in Ravenna, seit dem 8. Jh. auch bei der Versuchung Christi (z. B. Arnulf-Ciborium), der →Simon-Magus-Geschichte der Petrus-Vita (Müstair, Wandmalereien, um 800), als Seelenwäger in Psalterillustrationen, und im Weltgericht, hier meist als ausgemergelte Eidolontypen mit fratzenhaften Gesichtern, aber auch als muskulöse Hadestypen. Mit Hörnern und Fledermausflügeln, oft mit fellbedeckten Körpern, erscheinen T. seit dem 12./13. Jh., so in Florenz, Baptisterium, und in Venedig, San Marco.

Bes. in der Kunst des SpätMA werden T. und →Hölle zum Gegenstand oft phantast. Imaginationen. Seit dem 15. Jh. entsteht eine große Zahl neuer T.stypen: menschl.-tier. Mischwesen, meist unbekleidet, behaart und unbehaart, mit Ziegen- und Widderhörnern, Hufen oder Klauen, geflügelt und ungeflügelt, mit Schwänzen und fratzenhaften, mitunter hundeähnl. Gesichtern, platten oder langen, korkenzieherartigen Nasen und langen Ohren, oft einem zweiten Gesicht an Stelle des Geschlechts. Trägerszenen sind seit dem HochMA häufig Hl.n- und Mönchslegenden, so die →Theophiluslegende (z. B. Moissac und Notre Dame de Paris), die Versuchung des hl. Antonius (z. B. Grünewalds Isenheimer Altar in Colmar, Kupferstich Schongauers) oder Philippus als Teufelsaustreiber (z. B. Menabuoi, Belludi-Kapelle in Padua), im SpätMA, v. a. in Hss.illustrationen und Frühdrucken, Ars-moriendi-Texte (T. und Engel am Bett des Sterbenden) und Satansprozesse, so der in der volkssprachl. Fassung reich illustrierte »Belial« des →Jacobus de Theramo, wo der Protagonist seiner Funktion als Rechtsgelehrter entsprechend auch bekleidet und mit Attributen seines Juristenstands ausgestattet dargestellt ist.

Szen. Höllendarstellungen bieten während des ganzen MA vielfältige Möglichkeiten zu äußerst phantasiereichen Verbildlichungen des T.s. Neben Höllenbildern (mit den Minimalelementen Finsternis, Feuer, Höllenfürst, T. und Sünder) in karol. Psaltern (z. B. Stuttgart, Biblia Fol. 23; Utrecht Cod. 484), im »Hortus deliciarum«, um 1170, und in Stundenbüchern (z. B. »Très Riches Heures« des Duc de Berry) tauchen die Hölle bevölkernde T. v. a. in Darstellungen des Jüngsten Gerichts und des →Descensus Christi auf. Erster Höhepunkt der Höllendarstellung im Kontext der Weltgerichtsikonographie sind die Tympana frz. Kathedralen des 12. Jh., häufig mit Höllenrachen oder Höllentor (z. B. Amiens, Bourges, Chartres, Bayeux, Conques, Poitiers), zuweilen mit dem schlangenumwundenen Hades (Conques). Im Zentrum der Hölle thront mitunter Luzifer als Menschenfresser (z. B. Florenz, Baptisterium; Fresken von →Giotto, Padua, Arena-Kapelle, und Nardo di Cione, Florenz, S. Maria Novella). Mit →Signorellis Fresken im Dom von Orvieto endet die ma. Höllenikonographie Italiens, während die nördl. Tafelmalerei des 15. Jh. (van →Eyck, →Memling, →Petrus Christus, →Bosch) das Thema mit neuen Akzenten versieht.

Frühestes westl. Denkmal der oft in Psalter- und Biblia-pauperum-Illustrationen dargestellten Höllenfahrt Christi ist ein Fresko in Müstair, um 800. Im 10./11. Jh. tritt die Fesselung Satans hinzu (z. B. Elfenbeinbecher in St. Petersburg, Eremitage, um 980), der meist an eine Säule gebunden und von weiteren T.n umringt im weit geöffneten Höllenrachen steht. Auch in den spätma. Darstellungen (z. B. Illustrationen des »Belial« oder der »Biblia pauperum«, Holz- und Metallschnitte des 15. Jh.) wird die Hölle vorwiegend als von T.n bevölkerter Tierrachen, seltener als mit Fratzen verzierte Festung dargestellt. N. H. Ott

Lit.: De duivel in de beeldende Kunst. Ausst.-Kat. Stedelijk Mus. Amsterdam 1952 – D. GRIVOT, Le diable, 1960 – H. DANIEL, Devils, Monsters and Nightmares, 1964 – D. GRIVOT, Images d'anges et des démons, 1981 – The Iconography of Hell, ed. C. DAVIDSON-T. H. SEILER, 1992 – L. LINK, The Devil. A Mask without a Face, 1995.

II. OSTEN: Als Name neben T. (Diabolus, διάβολος 'Verwirrer') auch →Satan (as, hebr.). Die Darstellung als Tier oder Zwitterwesen (Schlange, Drache, Löwe) im Anschluß an Ps 90. 13 (super leonem et draconem ambulabis...) in Repräsentationsbildern, wo Christus auf das böse Prinzip vertretende Tier oder Fabelwesen tritt, es mit der Lanze ersticht und besiegt (Ebfl. Kapelle, Ravenna). Auch auf hl. Krieger (→Georg u. a.) übertragbar, bes. in Ägypten, bald auch sonst verbreitet. Tier oder Fabelwesen ist aber auch bei diesen Repräsentationsdarstellungen durch Dämon oder gar hist. böse Personen wie Diokletian (als Ausbund des Bösen) ersetzbar. Als Fabelwesen tritt der T. auch – durch den Text angeregt – in »narrativen« Illustrationen zur Versuchung der Stammeltern Adam und Eva im Paradies auf: vor der bösen Tat als Schlange auf Beinen (einer Giraffe ähnlich), danach durch den Schöpfer zur Strafe ihrer Beine beraubt und als kriechende Schlange dargestellt (Oktateuch in der Saray-Bibl. Cod. 8, Istanbul). Die Darstellung in Menschengestalt mit Flügeln und blau wie ein Dämon beginnt in S. Apollinare nuovo zu Ravenna, wo der gute Lichtengel (in Hellrot) neben dem gefallenen, bösen (in der Nachtfarbe Blau) gestellt wird (Luzifer, der Lichtträger, vor und nach seinem Fall?). Dunkles Blau (Grau) bleibt die Grundfarbe bei der Darstellung von T., Dämon und Versucher, sei es im AT bei Job (Patm. 71, fol 25) oder im NT bei der Versuchung (Par. gr. 74 und den Mosaiken von S. Marco in Venedig), der Austreibung von Dämonen (bereits Rabula-Cod., 6. Jh.) und im Weltgericht (Torcello). Die Flügel können dabei auch wegfallen, insbes. wenn es um den Fall der Götzenbilder (als Dämonen angesehen) geht (Flucht nach bzw. Einzug in Ägypten), bes. bei der Übertragung auf Historienbilder (Einzug [adventus caesaris] Konstantins in Rom nach der Schlacht an der Milvischen Brücke in paläolog. Malereien von Pyrgos auf Kreta [1314/15]). Über die Darstellungsweise als Dämon auch mit Hades, dem Herrscher der Unterwelt (mit Flammenhaar und Büschelschoß), verbunden in Darstellungen der Anastasis und des Weltgerichts sowie des reichen Prassers. Die Darstellung des Hades auf einem Elfenbeintäfelchen des Metropolitan Museum, New York, mit der Kreuzigung Christi, bei der das Kreuz durch den aufgerissenen Leib des Hades in den Boden gepfählt erscheint (nach Hymnen von →Romanos Melodos; nicht unumstritten, doch erlaubt die Beischrift AΔOY ohne den in den übrigen Inschriften des Elfenbeins üblichen Kürzungsstrich keinesfalls die Lesung AΔ(αμ)OY für Adam anstelle von Hades). M. Restle

Lit.: LCI IV, 295–300 [B. BRENK] – M. FRAZER, Hades Stabbed by the Cross of Christ, Metropolitan Mus. Journal 9, 1974, 153–161.

D. Literatur
I. Mittellateinische Literatur – II. Romanische Literaturen – III. Englische Literatur – IV. Deutsche Literatur – V. Skandinavische Literatur – VI. Slavische Literaturen.

I. MITTELLATEINISCHE LITERATUR: T., Dämon, Satan, Draco, Adversarius u. v. a. m. 150 verschiedene Dämonen, nicht Namen des Teufels zählte Johannes v. Scheven in seiner »Margarita exorcistarum« (B. BISCHOFF, Anecdota novissima, 1984, 96f.). Die im Lebensgefühl des ma. Menschen stark verwurzelte Angst vor der Hölle und vor der Bedrohung durch den T. tritt auch in der Lit. an vielen Stellen zutage. Der T. steht hier gewöhnl. anstelle der psycholog. Motivierung böser Taten und Gedanken. So dürfte er nächst Gott die in der ma. Lit. am meisten genannte Person sein. Er übt Einfluß aus, ohne daß er dabei in sichtbarer Gestalt erscheinen muß. An seine ständige Präsenz mahnt den Kleriker das tägl. Abendgebet (Komplet). Sichtbar und oft auch greifbar tritt der T. in zahllosen Erzählungen in Erscheinung. Dabei nimmt er vielerlei Gestalten an, er erscheint als Mann oder Frau unterschiedl. Stände, auch als Mönch, sogar als Jungfrau Maria, als Tier (Hund, Schwein, Fledermaus, Krähe, Kröte u. a.) oder als Phantasiefigur. Mit dem T. wirkt eine Vielzahl von Dämonen, die z. T. eigene Namen tragen. Als Versucher und Verführer wird der T. in den Hl.nlegenden und Wundererzählungen (→Mirakel) dargestellt. Die →Exempla des hohen und späten MA sind voll von T.geschichten, z. T. mit komischem Einschlag. Der T.s-Pakt – er wird vom T. immer eingehalten, während der Mensch sich am Ende zu entziehen sucht – ist Gegenstand der Legenden von →Theophilus und →Robert dem Teufel. →Hexen und Zauberer stehen mit dem T. im Bunde, Zauberwesen (Merlin) und bes. böse Menschen sind Kinder (→Antichrist). Gelegentl. ergreift der (oder ein) T. von Menschen gegen deren Willen Besitz (→Besessenheit); einen poet. Exorzismus bieten die →Carmina Burana (= CB) mit Nr. 54, desgleichen einen 'Teufelsspruch' (Nr. 55). Viele lat. Sprichwörter und Redensarten handeln vom T. (vgl. H. WALTHER, Proverbia sententiaeque latinitatis medii aevi, 1963ff., Register s. v. 'Daemon'). Mindestens seit dem 12. Jh. kursierten satir. →'Teufelsbriefe' (P. LEHMANN, Die Parodie im MA, 1963², 58ff., 69). →Visionen zeigen T. als Akteure, v. a. bei den Qualen der Verdammten. Die lat. geistl. Spiele des MA geben dem T. – im Gegensatz zu vielen volkssprachl. Spielen – nur ausnahmsweise eine Rolle, doch tritt er z. B. im Benediktbeurer Weihnachtsspiel auf (CB 227 ff.), als stumme Figur auch schon im →Sponsus, ferner im Benediktbeurer Passionsspiel (CB 16*, vgl. Vs. a 123). Im →Belial führt der T. einen Prozeß gegen Christus. G. Bernt

Lit.: s. a. Abschnitt A; →Dämonologie – F. C. TUBACH, Index exemplorum, 1969 – Santi e demoni nell'alto medioevo occidentale, Sett. stud. it. 26, 1989.

II. ROMANISCHE LITERATUREN: Die bibl. Erzählungen von T.n (Sündenfall, Austreibung von Dämonen durch Jesus, Offb) sind in zahlreichen →Bibelübersetzungen enthalten (älteste frz. Fassung der Genesis v. Evrat, Ende 12. Jh.; mindestens acht Versionen der Offb Ende 12.–Anfang 14. Jh.). Auch das Evangelium Nicodemi (→Apokryphen) mit dem Bericht über Christi Abstieg zur Hölle wurde mehrfach übersetzt.

In der Hagiographie und im moral.-didakt. Schrifttum erscheint der T. als allgegenwärtiger Versucher der Menschen. V. a. fromme Einsiedler sind seinen Nachstellungen ausgesetzt (zahlreiche Beispiele in den afrz. 'Vies des pères' ca. 1250). In der 'Vida de San Millán' berichtet →Gonzalo de Berceo z. B., wie die T. versuchen, Milláns Bett in Brand zu stecken. Hl.e wie →Antonius der Eremit widerstehen schwersten Anfechtungen, andere lassen sich (meist zur Unzucht) verführen, können allerdings durch Reue und Buße gerettet werden. Unter den Sünderhl.n liefern die T.sbündner den spektakulärsten Beweis für Gottes Barmherzigkeit; v. a. die →Theophiluslegende ist in zahlreichen (meist frz.) Fassungen behandelt worden. →Robert le Diable dagegen büßt für eine Sünde seiner Mutter und entgeht so der Verdamnis.

Der T. erscheint in vielerlei Gestalt (männl. Asketen etwa als schöne Frau) und zieht Nutzen auch aus kleinen Sünden: Ein T., der auf einem Kohlblatt sitzt, wird von einer Nonne verschluckt, als sie gierig ißt, ohne das Kreuzzeichen zu machen; er entweicht erst, als ihr der Priester die Kommunion bringt (Vies des pères XXXVIII, auch lat. Fassg. überliefert). Als →Exempel warnen derartige Erzählungen vor den Gefahren des Lasters oder propagieren religiöse Praktiken (wer bestimmte Feiertage einhält, tägl. die Messe hört o. ä., ist vor dem T. sicher).

Widersacher des T.s sind die Hl.n (die zu Lebzeiten und nach ihrem Tode den Sündern beistehen, Besessene heilen etc.), und v. a. Maria: In der narrativen Kurzform des Marienmirakels (→Maria) beschützt sie nicht nur die Frommen, die regelmäßig zu ihr beten und sie verehren, sie tritt auch für Sünder ein, die sie erst in höchster Not anrufen. Da der T. gegen die Gottesmutter immer unterliegt, verliert er seinen Schrecken und kann zum Gegenstand des Spottes werden: Im afrz. →Fabliau 'Saint Pierre et le jongleur' (13. Jh.) wird berichtet, wie die T. auf Seelenfang gehen und die Hölle in der Obhut eines Spielmanns zurücklassen; der hl. Petrus kommt und verführt ihn zum Würfelspiel um die Seelen der Verdammten, die er nach und nach alle befreit (vgl. auch die unerfreul. Erfahrungen des T.s mit einer Bauernseele in 'Le pet au vilain' von →Rutebeuf). In mündl. Überlieferung leben solche schwankhaften T.sgeschichten bis in die Gegenwart fort.

Vom komischen T. der Fabliaux führt der Weg zu den *diableries* der spätma. →Mysterienspiele. Noch ohne komische Untertöne ist der Auftritt des T.s bei der Darstellung des Sündenfalls im afrz. 'Jeu d'Adam et Eve'; in →Rutebeufs 'Miracle de Théophile' (ca. 1260) muß sich der T. von Maria den von Theophilus unterschriebenen Pakt mit Gewalt entreißen lassen. Während in diesen frühen Stücken gewöhnl. nur ein T. auftritt, lassen die Mysterienspiele seit der 'Passion du Palatinus' (14. Jh.) die →Hölle mit all ihren Heerscharen erscheinen; die einzelnen T.sfiguren tragen meist bibl. Namen. Arnoul →Grébans monumentaler 'Mystère de la Passion' zeigt die T. als Antagonisten des göttl. Erlösungsplans. In späteren *Mystères* werden die *diableries* mehr und mehr zu Intermezzi, die durch drast. Komik das Unterhaltungsbedürfnis des Publikums befriedigen; in den →Moralitäten dagegen können T., etwa als Ankläger der Sünder vor Gottes Gericht, eine durchaus ernsthafte Rolle spielen.

In der Romanlit., speziell in der Artustradition (→Artus), kommt es zu einer Symbiose chr. und vorchr. (antiken oder kelt.) Dämonenglaubens: Der Zauberer →Merlin gilt als Sohn des T.s; die beiden Ungeheuer, mit denen der Yvain →Chrétiens de Troyes im Château de Pesme-Aventure zu kämpfen hat, werden unterschiedslos als T. und als Söhne eines *netun* (»Kobold, Dämon«, <lat. Neptunus) bezeichnet. Eine eindeutige Unterscheidung zw. T.n und Dämonen ist nicht möglich.

Die Hölle als Sitz des T.s wird in Jenseitsreisen bzw. -visionen (→Vision) dargestellt: Die →Navigatio sancti Brendani wurde ins Frz. (12. Jh.), Okzit. und It. übersetzt. In →Raouls de Houdenc 'Songe d'enfer' werden die Örtlichkeiten der Hölle allegor. gedeutet; ein moral.-didakt. Anliegen verfolgt auch der 'Livre de la Deablerie' des Eloi d'Amerval (Ende 15. Jh.). Die umfassendste und tiefgründigste Deutung ma. Höllenvorstellungen bietet →Dante Alighieri im ersten Teil (Inferno) der Divina Commedia.

A. Gier

Lit.: GRLMA VI/2, Nr. 1404-1924 [Bibel-Übers.en] – DLFMA² [s. Bible française; Vie des Pères; Eloi d'Amerval] – EncDant II, s.v. Demonologia – H. WIECK, Die T. auf der ma. Mysterienbühne Frankreichs, 1887 – A. GRAF, Miti, leggende e superstizioni del Medio Evo, 2 Bde, 1892/93 – A. WÜNSCHE, Der Sagenkreis vom geprellten T., 1905 – D. D. R. OWEN, The Vision of Hell. Infernal Journeys in med. French Lit., 1970 – Le Diable au MA. Doctrine, problèmes moraux, représentations, 1979 – A. GARROSA RESINA, Magia y superstición en la lit. cast. med., 1987.

III. ENGLISCHE LITERATUR: Der T. als Gegenspieler Gottes ist fester Bestandteil der religiös geprägten ma. engl. Lit.: Luzifer, Fs. eines der zehn Engelchöre im Himmel, empört sich aus Neid und Stolz gegen Gott, wird in die Hölle gestürzt und dort zum Satan. Von da führt er mit seinen aus Engeln zu T.n gewordenen bösen Geistern den Kampf gegen die für den Platz des gefallenen Engelchors im Himmel bestimmten Menschen. Als Schlange verführt er Eva im Paradies (→»Genesis A«, »Genesis B«, →»Christ and Satan«; →»Cursor Mundi«). In der Wüste bekämpft er als Versucher Christus (→»Christ B«, »Christ and Satan«, »Cursor Mundi«). In Christi Höllenfahrt unterliegt der T. mit seinen höll. Heerscharen dem siegreichen Christus (»Harrowing of Hell« [→»Descent into Hell«], »Christ and Satan«, »Cursor Mundi«). Bis zum Jüngsten Gericht tritt der T. mit seinen bösen Geistern in Gestalt der Schlange, des Drachens oder anderer Monster als Versucher und Verderber auf, um die Menschen durch Schreckensvisionen und ird. Verlockungen in die Qualen der Hölle zu stürzen. Hl.e widerstehen heroisch, oft mit Hilfe eines Apostels oder Engels (→»Guthlac A«, →»Juliana«, →»Katherine«-Gruppe). Die endgültige Niederlage erleidet der T. beim Jüngsten Gericht, wenn die gerettete Menschheit seine Stelle im Himmel einnimmt, während er mit den Verdammten in den ewigen Qualen der Hölle jammernd versinkt (»Christ and Satan«, →»Judgement Day I«, »Judgement Day II«, »Christ C«, »Cursor Mundi«, »Doomsday« [Wakefield]). In der homilet. und paränet. Lit. ist der T. die Schreckgestalt, die der ungehorsamen und verdammten Seele drohenden Höllenqualen verkörpert. Generell wird der T. in der ma. Lit. immer für moral.-didakt. Zwecke verwendet, jedoch erreicht er auch selbständigen literar. Wert, etwa in der ae. Epik, wo er heroische oder gar trag. Züge annehmen kann, oder in den spätme. Dramenzyklen (und ihren Vorläufern, etwa dem →»Northern Homily Cycle«): Hier wird er dem Publikum als Versucher und Verderber vor Augen geführt, aber auch schon als 'dummer' T., der gegen Gott den kürzeren zieht. Im ae. →»Physiologus« (III, 3) und im me. »Bestiary« (→Bestiarium, A. VII) wird der die sorglose Seele anlockende und in den Abgrund der Hölle reißende T. durch den Wal symbolisiert, der die auf seinem Rücken als scheinbarer Insel Feuer machenden Seeleute in die Tiefe reißt. Im spätme. →Drama (VI) taucht mit Titivillus ein kurioser weiterer T. namentl. auf, der alle während des Gottesdienstes verschluckten oder ausgelassenen Gebetsteile aufsammelt und in einem Sack als Beweisstücke gegen die zu richtende Seele vorbringt.

R. Gleißner

Lit.: J. B. Russell, Lucifer: The Devil in the MA, 1984 – W. Bomke, Die T.sfiguren der me. Dramen, 1990 [Lit.].

IV. Deutsche Literatur: Der T. als ein existentielle Grundfragen aufgreifendes Motiv ist lit. vielfältig bearbeitet worden. So taucht er v. a. in lit. Variationen bibl. und apokrypher Texte (so etwa ausführlich in der Schilderung von Christi →Descensus im 'Evangelium Nicodemi'; Apokryphen, A), in der →Visions- und Jenseitslit. wie in allegor. Werken (z. B. als Seelenwäger in »Der Seele Rat«, Anf. des 14. Jh.) auf. Das noch in der karol. Mission wurzelnde »Sächs. Taufgelöbnis« (9. Jh.) setzt in seiner Absage (abrenuntiatio) die 'diaboles' mit den heidn. Gottheiten Donar, Wotan und Saxnôt gleich. In zwei Reimpaarsprüchen Trierer Provenienz vom Ende des 9. Jh. wird die Hilfe Christi gegen den T. (vielleicht als Einleitung eines →Exorzismus) angerufen. Die in einem alem. Arzneibuch vom Ende des 15. Jh. überlieferte »Teufelsbeschwörung« versucht den offensichtl. für geheiligt gehaltenen, dem Bereich der kirchlich unerlaubten Nigromantie zugehörigen Text durch Runenschriftverwendung zu verschlüsseln.

Wohl aus der 1. Hälfte des 13. Jh. stammt das Reimpaarfragment »Lucifer und Jesus«, das wie das →»Anegenge« (um 1180) Schöpfung, Luzifers Sturz, Sündenfall und Erlösung zum Thema hat und das Erlösungswerk als Streit Gottes gegen den T. darstellt. Die bibl. Reimpaarerzählung »Von Luzifers und Adams Fall« thematisiert die Erschaffung der Engel, die Auflehnung Luzifers und seinen Sturz und im Schlußteil (»Des teuffels buch«) Luzifers und seiner Gesellen Wirken in der Hölle.

Seit dem 13. Jh. ist der T. beliebter Gegenstand der zuweilen ins Obszöne gewendeten Mären- und Bispellit.: In »Des Teufels Ächtung« wird einem unerfahrenen Mädchen der Beischlaf als den 'tiuvel aehten' erklärt (T. und Hölle fungieren als Metaphern für das männl. und weibl. Genitale); nach der Hochzeitsnacht findet das Mädchen diese Bußleistung anderen, wie Pilgerfahrten, Fasten und Beten, weit überlegen. Das Schwankmäre »Der Teufel und der Maler« steht im Traditionszusammenhang von Kurzerzählungen, die, wie »Bruder Rausch« u. a., über das Treiben des T.s im Kl. berichten, um Mißstände zu kritisieren. Im »Ritter in der Kapelle« widersteht ein Ritter während einer nächtl. Bußübung den ausführlichst geschilderten Anfechtungen des T.s und erlangt Gottes Gnade. Die ebenfalls anonyme rheinfrk. »Teufelsbeichte« variiert die häufiger tradierte Episode vom T., der beichtet, aber dennoch die Absolution nicht erlangen kann. Im »Richter und T.« des →Strickers holt der T. einen betrüger. und ungerechten Richter zu sich.

Zentrale Handlungsfigur ist der T. im ma. →geistl. Spiel (→Drama, V). Sowohl in den frühen liturg. Ausformungen als auch im Oster-, Passions- und Weihnachtsspiel, in Weltgerichts-, Antichrist- und Legendenspielen (z. B. die Spiele von »Theophilus« und »Frau Jutten«) hat der T. einen festen Platz; die zunächst streng dem liturg. Ritus eingegliederten Auftritte weiten sich zu umfängl., oft burlesken T.szenen mit häufig ständesatir. Ausrichtung (→Ständelit.). In der wohl zu Anfang des 15. Jh. am Bodensee entstandenen Reimpaardichtung »Des →Teufels Netz«, die mit einem Dialog zw. Christus und Satan schließt, ziehen die T. mit einem Seelenfangnetz durch die Welt, um alle Stände in ihre Gewalt zu bringen.

Wo in den geistl. Spielen nach Christi erfolgreicher Befreiung der Vorväter im Descensus die Verwirrung der T. Anlaß zu burlesken Szenen gibt, setzt der populärkanonist. →»Belial« des →Jacobus de Theramo (→Satansprozesse) mit einer strengen jurist. Regeln folgenden Beratung der T. über das weitere Vorgehen ein. Der in den Volkssprachen breit überlieferte Text dient sowohl der Diskussion der Erlösungstheologie als auch als formalisiertes Prozeßhandbuch: Der rechtskundige T. Belial vertritt als Kläger die Höllengemeinde in einem förml. Besitz- bzw. Eigentumsverfahren gegen Christus. Knüpften Jakob Ayrer (1597) und Sebastian Wild (Dramatisierung 1566) noch an den ma. »Belial« an, so sind die Lasterteufel-Bücher der 2. Hälfte des 16. Jh. eigenständige Schöpfungen der frühen Neuzeit ohne unmittelbare Wurzeln in der ma. T.sliteratur.

N. H. Ott

Lit.: G. Roskoff, Gesch. des T.s, 1869 – H. W. Schmidt, Die Darst. von Christi Höllenfahrt in den Spielen des MA, 1915 – weitere Ed. und Lit. s. unter den einzelnen Stichwörtern.

V. Skandinavische Literatur: Die seit dem 11. Jh. zunehmend konkrete Vorstellung des T.s (altnord. *djöfull, fjándi, úvinr*) ist ab dem frühen 13. Jh. auch in der skand. Lit. greifbar, und zwar einerseits in Gestalt der →Dämonen, andererseits in Form der Diabolisierung alter Götter (→Polytheist. Religionen, I) und drittens in dem vom Kontinent übernommenen T.s- und T.sbundlegenden. Die Vorstellung von T.n in der Gestalt der antiken 'daimones' begegnet uns neben der direkten Übers. von dæmon = djöfull in der Hagiographie sogar bei →Snorri Sturluson, wo sie auch die mythograph. Beschreibung der heidn. 'Schwarzalben' (*dökkalfar*) durchdringt, die u. a. als »dunkler als Pech« und damit gemäß der ikonograph. Tradition der T. und Dämonen als nachtschwarz = unsichtbar dargestellt werden; möglicherweise spielen alte Troll-Vorstellungen in diese Alben-Beschreibungen hinein. Diese nachtschwarzen teufl. Dämonen finden sich häufig in den got. →Kalkmalereien. Auch die Episode der →»Grettis saga« (Kap. 39), in der ein häßl. Jüngling Grettir in der Kirche - erfolgreich - in Versuchung führt, dann plötzlich verschwunden ist und als unreiner Geist interpretiert wird, zeigt diesen Aspekt des T.sglaubens, der dem kontinentalen, über die hagiograph. Lit. nach Skandinavien gelangten Volksglauben entspricht. In dieser hagiograph. Tradition steht auch der »Thorsteins Þáttr skelks«, in welchem der T. dem ängstl. Protagonisten von der höll. Qualen der alten Sagenhelden Hilditönn, Sigurðr Fáfnisbani (→Siegfried) und Starkaðr beschreibt. Der T./ Dämon als Versucher nimmt auch eine zentrale Stellung in den Revelationes der hl. →Birgitta v. Schweden (nach Mitte des 14. Jh.) ein.

Die Diabolisierung bzw. Dämonisierung der heidn. Hauptgötter hat schon ältere Wurzeln, wie das »Sächs. Taufgelöbnis« aus dem 9. Jh. (abrenuntiatio) zeigt: »end ec forsacho allum diaboles uuercum and uuordum, Thunaer ende UUôden ende Saxnôte ende allum thêm unholdum thê hira genôtas sint«; in der skand. Lit. findet sich diese Diabolisierung – wohl wegen des beträchtl. zeitl. Abstands zur Christianisierung – jedoch eher in der spätma. Schemalit. der →Fornaldarsögur und Märchensagas, wo etwa eine Riesin dem T., der als →Odin gezeichnet wird, einen mag. Mantel stehlen muß (»Egils saga einhenda«). Wenn dagegen der Gott →Loki als T. dargestellt wird, dann eher wegen seiner zwiespältigen Stellung im nord. Pantheon und seinen Tierverwandlungen (Fliege, Pferd). Andererseits findet sich jedoch die Identifikation der von

→Thor geköderten Midgardschlange (→Midgard) als T. entsprechend dem atl. Bild des Leviathan als T.

Direkt der europ. Lit. entnommen sind die T.sbundlegenden der »Callinius saga« (beruhend auf der →Theophiluslegende) und der erst nachma. »Faustus saga« sowie eine T.slegende über den hl. →Dunstan unter dem Titel »Af hinum helga Dunstano«. In diese Tradition der Volkserzählung gehört wohl auch ein als T. entlarvter Zauberer in der »Dínus saga dramblála«. R. Simek

Lit.: KL III, s.v. Djævel – J. B. RUSSEL, Lucifer: The Devil in the MA, 1984 – G. W. WEBER, Siðaskipti, Sagnaskemmtun, 1986.

VI. SLAVISCHE LITERATUREN: Der T. nimmt eine hervorragende Stellung in den südslav. bzw. in der russ. Lit. des MA ein. Meistens in »Satanael« umbenannt, taucht Satan in Apokryphen auf, wo er als der erstgeborener Sohn Gottes und als Herrscher über die sündhafte Welt erscheint. Dem Einfluß des →Bogomilentums wird diese dualist. Sichtweise der Welt zugeschrieben, die in Texten wie →»Interrogatio Johannis« die Erde als Reich Satans, den Himmel als Kgtm. Gottes versteht. In einem Gespräch zw. Jesus und seinem Schüler Johannes beschreibt z.B. der anonyme Autor des genannten – in zwei lat. Abschriften vom 12. und 14. Jh. erhaltenen – Textes die Entstehung der Erde und des Lebens auf ihr als T.s Werk, dem nur das Kommen Christi entgegentreten konnte. Offensichtl. wird dabei der Einfluß kanon. Schriften, v.a. der Offb. Die als Übers. aus dem Gr. erkennbaren altbulgar. Texte »Vision des Isaia« und »Der Streit Christi mit dem Teufel« werden in das 11.–13. Jh. datiert. Auch sie beziehen sich auf den Kampf zw. Gut (Jesus) und Böse (T.) um die Herrschaft über die Menschheit. Ähnlich wird Satan in dem apokryphen Enoch-Buch und Baruch-Buch dargestellt. Sicherlich unter dem Einfluß dieser Texte handeln viele Erzählungen der südslav. Volkslit. von der Übereinkunft Adams mit dem T., von dem Kampf zw. Jesus und Satan(ael) um die Seele des verstorbenen Adam, von dem Kampf zw. Erzengel Michael und Satan (von einem Text in einer allerdings aus dem 16. Jh. stammenden Slg. beeinflußt) usw. Nicht selten wird die Feindschaft zw. Gott und T. durch den Bruch einer anfänglich tiefen Freundschaft erklärt. Gott hat in diesen Texten den T. vom eigenen Schatten geschaffen, oder ihm die Erde bis zum Kommen Christi überlassen. A. Ioannidou

Lit.: D. ANGELOV, B. PRINOV, G. BATUKLIEV, Bogomilstvoto v Bǎlgarija. Vizantija i zapadna Evropa v izvori, 1967 – P. DINEKOV, Bǎlgarski folklor, 1972 – V. TERRAS, Handbook of Russian Literature, 1975 – J. IVANOV, Livres et légendes bogomiles, 1976 – D. PETKANOVA-TOTEVA, Apokrifna literatura i folklor, 1978 – Pamjatniki literatury Drevnej Rusi XII v., 1980, 148–153 – Slavjanskie drevnosti, I, hg. N. I. TOLSTOJ, 1995, 113–115.

Teufels Netz, des, eine um 1420 im Bodenseegebiet entstandene, zw. sozialeth. Ständekritik (→Ständelit.) und geistl. Didaktik oszillierende, in vier voneinander unabhängigen Redaktionen (4 Hss. mit 700–13700 Vv.) überlieferte Reimpaardichtung, schildert in der Form eines Dialogs zw. einem Eremiten und dem ›Teufel die Verführbarkeit des Menschen: Wer sich vor den ihr Schleppnetz durch die Welt ziehenden Knechten des Teufels (den Sieben →Todsünden, die, obgleich satirisch verfremdet, nach katechet. Systematik ausführlich erläutert werden) nicht hütet, verfängt sich unweigerlich darin. Die Antwort des Teufels auf die Frage des Einsiedlers, nach dem Leben in der Hölle mündet in eine detaillierte Ständecharakteristik und -kritik. Nicht zuletzt in der abschließenden Diskussion zw. Christus und dem Teufel über ihren Anspruch auf die guten bzw. bösen Seelen zeigt sich der Appellcharakter des Werks: nur die Beachtung geistl. Unterweisung schützt davor, dem Teufel anheimzufallen. N. H. Ott

Ed.: Des T. N., hg. K. A. BARACK, 1863 [Neudr. 1968] – Lit.: Verf.-Lex.² IX, 723–727 – G. FRIEBERTSHÄUSER, Unters. zu »Des tüfels segi«, 1966 – B. BOESCH, Zu Sprache und Wortschatz der alem. Dichtung »Von des tüfels segi«, Alem. Jb. 71/72, 1973, 46–73 – A. EHLERS, Des T. N. Unters. zum Gattungsproblem, 1973 – F.-J. SCHWEITZER, Tugend und Laster in illustrierten didakt. Dichtungen des späten MA, 1993, 249–325.

Teufelsbriefe, fingierte anonyme schriftl. Äußerungen des →Teufels oder anderer Protagonisten der Unterwelt. An die chr. Kirche, den Klerus oder Teile desselben gerichtet, enthalten sie zunächst den Dank der Hölle für die ihr durch Vernachlässigung der Seelsorge und klerikale Verderbtheit zahlreich zugeführten Seelen. Seit dem 12. Jh. überliefert, befassen sich die am weitesten verbreiteten Langformen des späten 14. und 15. Jh. im Rahmen satir.-polem. Klerus- und Ordenskritik mit der Situation der spätma. Kirche und werden in der Reformationszeit (im weiteren bis ins 19. Jh.) adaptiert.

Die T. des 12. und 13. Jh. bestanden aus einer kurzen Botschaft innerhalb eines →Exempels, wie dies zuerst →Wilhelm v. Malmesbury in den »Gesta regum Anglorum« (beendet um 1125) über zwei sehr gebildete Kleriker aus Nantes erzählt; intendiert ist eine Umkehr zum Mönchtum. Über →Hélinand de Froidmont (Chronik zu 1094–95, eine Predigt) gelangte das Exempel in das »Speculum historiale« des →Vincenz v. Beauvais und (u.U. verändert) in Exempelslg.en und Predigthandbücher. Ein formelhaftes Modell eines sehr kurz eingeführten T.s erscheint bei →Jakob v. Vitry (erster »Sermo vulgaris«) und →Odo v. Cheriton (Sermo de tempore zu Joh 10, 11), als T. vor einer Synode bei →Salimbene (MGH SS 32, 419) und →Thomas v. Cantimpré (»Bonum Universale de Apibus« I, 20, 8).

Der älteste selbständige T. »Beelzebub princeps demoniorum...« an Klerus und Mönchtum, ein Nachtrag wohl des späten 12. Jh. in Clm 22201, fand (bearb. zusammen mit der Erzählung über die Kleriker v. Nantes) eine gewisse Verbreitung im dt. sprachigen Raum. Im späten 13. Jh. (nach 1261) entstand ein sich auch gegen die (Bettel-) Orden richtender T. »Princeps regionis Jehennalis...« mit einem langen, rhetor.-stilist. ausgefeilten Antwortschreiben des Papstes.

Am weitesten verbreitet (mehr als 100 Hss., 14.–18. Jh.) ist die »Epistola Luciferi« (EL; »Lucifer princeps tenebrarum...«), die Matteo Villani und der erste Fortsetzer des →Matthias v. Neuenburg in ihren Berichten zu 1351 (ohne Text) im Umkreis Clemens' VI. und der Kurie in Avignon auftauchen lassen. Die zeitgenöss. Kirchen- und Kleruskritik widerspiegelnd, ist sie an die infolge teufl. Eingebungen lasterhaften, vom apostol. Ideal abweichenden Kirchenoberen als Wegbereiter des →Antichrist gerichtet. 1353 verband Pierre de Ceffons in Paris u.a. mit dem Antwortschreiben Christi an Innozenz VI. Ihre Verbreitung in der Zeit des Großen Schismas (1378–1417) und der Konzilien ist im deutschsprachigen Raum mit Namen und Schrr. →Heinrichs v. Langenstein verbunden, ihre Überlieferung auch weiterhin überwiegend dt. Provenienz (Zuschreibungen u.a. an Nicole Oresme, die Hussiten). Adressaten und hsl. Überlieferungsverbände verweisen auf wechselnde propagandist. oder lit. (fingierter →Brief) Funktionen der EL, insbes. in Zusammenhang mit dem →Konziliarismus und den böhm. Reformbewegungen sowie später im Protestantismus (erste Drucke). Die EL als Modell nutzen die Pierre d'→Ailly zugeschriebene, die Konziliaristen verspottende »Epistola Leviathan« (»Leviathan, princeps mundi...«, um 1381), die an Giovanni →Dominici gerichtete »Epistola Sathanae« (»Sathanas, Regnorum Acherontis Imperator...«), die →Dietrich v. Nieheim 1408 im »Nemus unionis« (VI, 29) überliefert, die »Epistola sub tipo dyaboli directa domino Clementi« (»Princeps tenebrarum, speculator...«), d. h. an Clemens VII. als Robert v. Genf, in Hs. Wolfenbüttel, HAB, 32. 10 Aug. 2° (vor 1409), sowie die vielleicht aus franziskan. Milieu stammende, engl. Mönche in ihren teufl. inspirierten Lebensformen bestärkende »Epistola Belial« (»Belial apostatarum prepositus...«; Hs. Oxford, Bodl., Digby 98) und ein »Mandatum perversi decani ac iniqui« aus universitär-student. Umkreis (Clm 22404, wohl 1455). Vom 15. bis 18. Jh. entstanden volkssprachl. (engl., frz., dt., tschech.) T. als Bearbeitungen der EL oder freie Nachbildungen. S. Schmolinsky

Q. und Lit.: EM II, 786 – RGG III[1], 30f. – P. LEHMANN, Die Parodie im MA, 1963[2], 58–70 – G. ZIPPEL, La lettera del Diavolo al clero, dal secolo XII alla Riforma, BISI 70, 1958, 125–179 – F. C. TUBACH, Ind. exemplorum, 1969, Nr. 3032 – H. C. FENG, Devil's Letters: Their Hist. and Significance in Church and Society, 1100–1500 [Diss. Northwestern Univ. Evanston 1982] – J. B. RUSSELL, Lucifer, 1984, 87–89.

Teurnia (Name vorkelt., spätantik Tiburnia, heute St. Peter in Holz, 4 km westl. Spittal/Drau), an der Drautalstraße, Ausgangspunkt der Straße zum Radstädter Tauernpaß mit Siedlungsspuren auf dem Holzer Berg seit dem 11. Jh. v. Chr. Unter Ks. Claudius (41–54) wurde T. municipium, und es folgte der Ausbau der Stadt (17 ha): Wohnterrassen, Forum, Therme, Grannus-Apollo-Tempel. 275 führten Alamanneneinfälle zur Aufgabe der Wohnterrassen am Bergfuß. Um die Hügelkuppe wurde schließl. eine Stadtmauer errichtet. Vermutl. seit dem beginnenden 5. Jh. war T. Hauptstadt Binnennoricums (453 Tiburnia metropolis Norici; →Noricum), wurde 468 durch die Goten und im folgenden Jahrzehnt durch die Alamannen belagert, nach 493 bis 536/539 Sitz der militär. und zivilen Provinzverwaltung im Ostgotenreich; vermutl. wurde auch eine arian.-got. Kirchenorganisation eingerichtet. Der schismat. Bf. Leonianus nahm an der Synode (572–577) in Grado teil. Letzte Nennung des Bm.s 591, gegen 610 Ende der Stadt mit der Slaweneinwanderung. Durch archäolog. Grabungen wurde die Bf.skirche am westl. Ausläufer des Stadthügels entdeckt (2 Bauperioden: Apsidenkirche [Anfang 5. Jh.], Kirche mit Trikonchos und seitl. Hallen [1. Hälfte 6. Jh.]). Außerhalb der Stadtmauern befindet sich die Kirche mit dem bekannten Mosaik in der seitl. Memorialkapelle. Bestattungen fanden sich v. a. im Narthex und in den seitl. Hallen. Westl. schloß ein Friedhof (2. H. 6. Jh.) an. Ein zweites Gräberfeld (5./6. Jh.) lag an der Ostseite des Holzer Berges in den Ruinen der ehem. Wohnterrassen. Die Bf.skirche wurde im Zuge der Karantanenmission (nach 756) nicht wieder aufgebaut. Frühma. Kirchen (8. Jh.) und eine Burg sind östl. von Spittal faßbar. F. Glaser

Lit.: R. EGGER, Die frühchr. Kirchenbauten im südl. Norikum, 1916, 12ff. – F. GLASER, T.: Römerstadt und Bf.ssitz, 1992.

Teuzo

1. T., Diakon und Mönch, lebte wahrscheinl. im 11. Jh. Verfaßte zwei kurze grammatikal. Abhandlungen (Wolfenbüttel Gud. lat. 2° 64, fol. 91v–92r) »De quinque generibus verborum« und »De appellatione scilicet et vocabulo secundum dialectiam« sowie eine Versifizierung (in Hexametern) von drei Kapiteln der Vita des hl. →Saba(s) v. Palästina (Bibl. Vat. Arch. S. Pietro A 5, fol. CCLVIIr–CCLXv), die u. a. beachtl. hohes kulturelles Niveau zeigen. T. war anscheinend mit den Kl. Montecassino und S. Saba in Rom verbunden. M. Cortesi

Ed. und Lit.: M. CORTESI, Teuzone e Bellizone tra grammatica e agiografia (La biblioteca di Pomposa, 1994), 67–150.

2. T., Schüler des hl. →Johannes Gualbertus, † 1095, Abt v. S. Paolo di Razzuolo (Diöz. Florenz). Die Vallombrosian. Tradition schrieb ihm eine als verloren geltende Vita seines Lehrers zu, die der von Andreas v. Strumi verfaßten Biographie vorangicng. Die neuere Forsch. zieht jedoch deren Existenz in Zweifel. Als T.s Werk galt auch ein Kommentar zur Regula s. Benedicti mit einem Widmungsbrief an einen Bf. Odalricus (FABRICIUS 515; MONGELLI, 446). Die Zuschreibung wird von J. LECLERQ jedoch in Frage gestellt (vgl. auch G. MICCOLI). M. Cortesi

Lit.: T. SALA–B. DOMENICHELLI, Diz. storico biografico... dell'ordine di Vallombrosa, II, Florenz o. J. [1929], 276 – Bibl.SS 12, 446 [G. MONGELLI] – J. A. FABRICIUS, Bibliotheca latina mediae et infimae aetatis, VI, 1858, 515 – J. LECLERQ, Le Commentaire de T. sur la Règle Bénédictine, SMBO 64, 1952, 5–12 – G. MICCOLI, Pietro Igneo, 1960, 134 – S. BOESCH GAJANO, Storia e tradizione vallombrosane, BISI 76, 1964, 105.

3. T. (Teuço), Mönch v. Pomposa, Neffe eines Bf.s Teuzo (vielleicht Teuzo v. Chieti, 1073–74), agiert im Namen des Abtes Hieronymus v. Pomposa in Urkk. vom 17. März 1087 und Jan. sowie Dez. 1103 (Grunderwerb bei Galliera und Budrio [Bologna]). T. war auch (bis 1115) Abt v. Pomposa und schrieb 1087 hier die Hs. der Epitome des Justin mit Kolophon, die von Lovato Lovati gerettet wurde (Brit. Libr. Add. 19906). M. Cortesi

Q.: A. SAMARITANI, Regestae Pomposiae, I, 1962, nrr. 333, 335, 387 (s. a. M. FANTI, Fonti bibliogr. ed archivist. per la storia delle chiese pomposiane della dioc. di Bologna [Anal. Pomposiana 1, 1965, 297]) – Lit.: G. BILLANOVICH, La bibl. dei papi, la bibl. di Pomposa e i libri di Lovato Lovati e del Petrarca (La civiltà comacchiese e pomposiana dalle origini preistoriche al tardo medioevo, 1986), 619–623 – DERS. Tradizione classica e cultura letteraria (Dall'eremo al cenobio, 1987), 285–287, 290 [mit älterer Lit.]. – M. CORTESI, Teuzone e Bellizone tra grammatica e agiografia (La bibl. di Pomposa, 1994), 68f., 104–106.

Tewkesbury, ehem. engl. OSB-Abtei in Gloucestershire am Zusammenfluß von Severn und Avon, erhielt ihren Namen angebl. von Theokus, einem Einsiedler mit unbekannter Herkunft, der dort im 7. Jh. lebte. Eine kleine religiöse Gemeinschaft von vier oder fünf Mönchen wurde 715 in T. gegründet. Aber sie war bereits lange aufgelöst worden, als im Jahre oder um 980 das Kl. T. als Tochterkl. der Abtei Cranborne in Dorset erneut gegründet wurde. 1102 kehrte sich die Beziehung zw. beiden Häusern unerwartet um: Geraldus v. Avranches, Abt v. Cranborne, verlegte seine Abtei nach T., wo sie sich rasch zu einem der bedeutendsten Kl. im w. England entwickelte. Im Okt. 1123 wurde die großartige neue Abteikirche in Gegenwart von fünf Bf.en geweiht. Im späten 12. Jh. umfaßte der Konvent mehr als 50 Mönche, deren Zahl bis 1347 allmähl. auf 37 sank, aber dann bis zur Auflösung der Abtei bei 35 oder 37 Mönchen stehenblieb. Ein anderer Beweis für den Einfluß der Gemeinschaft v. T. ist ihr Besitz von nicht weniger als sechs Tochterkl. (Bristol, Cardiff, Deerhurst, Goldcliff, Llantwit-Major und Cranborne) und eines Armenhauses im *borough* T. Die Abtei erfreute sich bes. einer umfangreichen Patronage durch die Adelsfamilien der →Clare und der →Despenser. Glücklicherweise blieb nach der Übergabe der Abtei durch Abt Wakeman am 9. Jan. 1540 an Heinrich VIII. die Kirche als Pfarrkirche der Stadt weitgehend erhalten.
R. B. Dobson

Q. und Lit.: W. DUGDALE, Monasticon Anglicanum, II, 1830 – Annales Monastici, I, RS, ed. H. R. LUARD, 1864 – VCH Gloucestershire, II, 1907 [R. GRAHAM] – C. L. KINGSFORD, English Historical Lit. in the Fifteenth Century, 1913.

Tewkesbury, Schlacht v. (4. Mai 1471), beendete die zweite Phase der →Rosenkriege. Der Sieg Eduards IV. stärkte das Haus York und vernichtete die Lancaster-Partei. Eduard hatte zuvor seinen Bruder→George, Duke of Clarence, wieder für sich gewinnen können, London besetzt, sich Kg. Heinrichs VI. bemächtigt und am 14. April 1471 eine siegreiche Schlacht in →Barnet geführt, während Kgn. →Margarete v. Anjou, Gemahlin Heinrichs, in Weymouth (Dorset) landete, wo sich ihr Adlige der Lancastrians (Duke of Somerset, Earl of Devon) anschlossen. Die lancastr. Streitkräfte rückten nach Exeter und Bristol vor. Eduard, der sie verfolgte, holte sie in der Nähe der →T. Abbey ein. Das kleinere lancastr. Heer befand sich in der Defensive. Als seine Vorhut dem Angriff einer Reitertruppe Eduards aus dem Hinterhalt nicht standhalten konnte, löste sich die ganze lancastr. Kampflinie in wilder Flucht auf. Viele der gefangengenommenen oder in die Abtei geflüchteten Lords und Ritter der Lancastrians wurden hingerichtet. Margarete v. Anjou, deren Sohn→Eduard zu den Gefallenen gehörte, geriet in Gefangenschaft. Bis zur Usurpation des Throns durch Richard (III.) kam die Partei der Lancastrians fast völlig zum Erliegen.→England, E.II. A. Goodman
Lit.: →Rosenkriege.

Textilien
A. Westen – B. Byzanz – C. Osmanisches Reich

A. Westen
I. Herstellung und Verarbeitung – II. Handel und Gewerbe.

I. Herstellung und Verarbeitung: Im FrühMA wurden Woll- und Leinentuche für Eigenbedarf und Handel auf dem vertikalen Gewichtswebstuhl gefertigt, bei dem durch Schrägstellung eine Fachbildung über die Webgewichte an den Kettfäden ermöglicht wurde. Daneben existierte der senkrechte Rahmenwebstuhl mit beidseitig am Gestänge befestigten Kettfäden, auf dem von unten nach oben gewebt wurde. Die Tuchherstellung war außer in den wenigen (prä)urbanen Siedlungen auf dem Lande verbreitet und, abgesehen vom Walken, Frauenarbeit. Materialbeschaffung und Produktion waren z.T. innerhalb der Grundherrschaft getrennt, wo die einen Flachs zu liefern, die anderen zu verarbeiten hatten (→Prümer Urbar). Bisweilen in größerem Stil erfolgte die Weberei in den schon im 6. Jh. bezeugten grundherrl. →Gynäceen. Die in Webkellern bzw. -häusern z.T. abgeschlossen arbeitenden Frauen (um 735 bei Ellenweiler/Elsaß sogar ca. 40) erhielten neben Verpflegung, Unterkunft und Kleidung allenfalls begrenzte Zuteilungen. Spätestens im ausgehenden 12. Jh. machten diesen Einrichtungen die Entfaltung des städt. Gewerbes und die zunehmende Auflösung der →Villikationsverfassung ein Ende.

Im hohen MA wandelten sich mit Bevölkerungszunahme, Siedlungsverdichtung und Urbanisierung, verstärkter Mobilität, Wirtschaftswachstum und »kommerzieller Revolution« die Bedingungen. Das sich in den Städten konzentrierende, aufblühende Gewerbe organisierte, differenzierte und spezialisierte sich; Tuche einzelner Orte (z.B. →Stamford, →Arras) erlangten einen solchen Ruf, daß sie andernorts nachgeahmt wurden. In der Wollweberei wurde der Grad an Zerlegung der Produktion bes. stark. Neben Unternehmergruppen bildeten sich verschiedene, meist (wie →Weber, →Walker, Scherer, seltener →Färber) in eigenen Zünften zusammengeschlossene zentrale Berufszweige und etliche, z.T. von Frauen ausgeübte Hilfsgewerbe. In →Florenz umfaßte der techn. Prozeß der Wolltuchherstellung im 14./15. Jh. als Hauptarbeitsgänge nach dem Sortieren der Wolle die Wäsche und mechan. Reinigung durch Wollzupfer und Wollschläger, entweder das Färben der Wolle oder die Vorbereitung zum Spinnen durch Wollkämmer und Wollkratzer, das Spinnen, Kettschären, Markieren und Schlichten, Weben, Noppen (mechan. Glätten mit kleinen Messern und Zangen), Waschen und Walken, Scheren, Strecken auf dem Tuchrahmen, Aufrauhen mit der Kardendistel und das erneute Scheren, evtl. das Färben des Tuchs und das erneute Aufspannen, schließlich die letzte Vorbereitung zum Verkauf. Ähnl. aufwendige Verfahren sind aus anderen Tuchgewerbezentren und -landschaften wie →Flandern bezeugt; an weniger bedeutenden Standorten war der Grad berufl. Spezialisierung weitaus geringer.

Der Aufschwung des Textilgewerbes wurde durch techn. →Innovationen begünstigt. Wesentl. war im hohen MA die Einführung des im 11. Jh. in Osteuropa, im 12. Jh. im Westen nachgewiesenen horizontalen Trittwebstuhls. Er erleichterte die Arbeit v.a. über die Fachbildung durch Heben und Senken der Schäfte mit den Füßen und ermöglichte kompliziertere Webmuster. Eine weitere, die Produktivität vergrößernde Innovation war der seit dem 13. Jh. u.a. in Flandern eingesetzte Zweimannwebstuhl für breitere Stoffbahnen. Das →Spinnen hingegen, für das vielfach auf überschüssige Arbeitskräfte auf dem Lande zurückgegriffen wurde, erfolgte auch später noch häufig vom Rocken auf die Spindel. Daneben wurde im Baumwoll- und Wollgewerbe seit dem 13. Jh. das Handspinnrad üblich, das die zwei- bis dreifache Garnmenge in derselben Zeit ermöglichte, jedoch aus qualitativen oder sozialen Gründen z.T. der Beschränkung unterlag (Zulassung für Schußgarn in Speyer um 1260/80). Erst im 15. Jh. kam das Flügelspinnrad auf, das ein gleichzeitiges Drehen und Aufwickeln des Fadens ermöglichte. Das Radprinzip wurde auch zum Spulen verwendet. Im Leinengewerbe gab es in →Köln im 14. Jh. 13 Garnzwirnräder; die 1478 belegten vier Räder wurden sogar mit Pferdekraft betrieben. Ein größeres Gerät war auch das Luccheser Seidenzwirnrad, dessen Einführung in der rhein. Metropole 1412/13 verboten wurde. Im Leinengewerbe fand ferner vereinzelt das Mühlenprinzip zum Flachsbrechen Anwendung.

Insgesamt blieb der Grad der Mechanisierung im Textilgewerbe freilich relativ gering. Als größere Anlage im Wollgewerbe setzten sich – jedoch nicht für die hochwertigen fläm. Tuche – die Walkmühlen (→Mühle, II.1) stärker durch, die durch Schlagen die in einer Lauge befindl. Tuche verfilzten und deren spätere Festigkeit erhöhten. Walkmühlen, die das mühevolle Stampfen der Tuche mit den Füßen ersetzten, sind seit dem 10. Jh. in Italien (962 bei Penne, 973 Diöz. Parma, 985 bei Verona), seit dem 11. Jh. in Frankreich belegt. Sie lassen sich im 12. Jh. in weiteren Räumen (Katalonien, Steiermark, Südschweden, England, Lothringen) nachweisen und nahmen seit dem 13. Jh. beträchtl. zu. Zunächst v.a. im Besitz von Kl. (bes. →Zisterziensern), arbeiteten mehr und mehr Anlagen für Städte, befanden sich – von Wasserkraft abhängig – aber z.T. außerhalb der urbanen Zentren. Im kleinstädt. und ländl. Bereich konnten sie eine Zentralfunktion für die Umgebung erfüllen, waren Kristallisationspunkte des Gewerbes sowie Koordinierungs- und Herrschaftsinstrumente.

Produktinnovationen ergaben sich durch die Verwendung neuer oder durch die andersartige Kombination vorhandener Rohstoffe und Techniken in Tuchherstellung und Färberei. In letzterer, für die seit dem 12. Jh. der gezielte Anbau von Färbepflanzen wie →Krapp, →Waid oder→Wau als Sonderkulturen wichtig wurde, gewannen mit weitgespannten Handelsverbindungen einzelne neue Farbstoffe an Bedeutung (Brasilholz, →Indigo). Bei den verwendeten Fasern ist bes. die Umstellung auf →Baumwolle hervorzuheben, die in Italien seit dem endenden 12. und dem 13. Jh. in größerem Umfang verarbeitet wurde, in Mitteleuropa mit Schwerpunkt in Oberdeutschland ab der 2. Hälfte des 14. Jh. (→Barchent). In der Weberei kamen neben der traditionellen Leinwand- und Köperbindung neue Muster auf, bes. im Seidengewerbe (→Atlas, →Damast, →Seide). Als Erzeugnis der Seidenweberei, die in Italien, v. a. in →Lucca, in größerem Umfang im 12. Jh. einsetzte, wurde mit einer Änderung des Geschmacks in der Zeit der Renaissance anstelle der traditionellen Luccheser Stoffe mit Darstellungen von Tieren, Menschen und Fabelwesen der →Samt beliebt. Kennzeichnend ist für die Herstellung von Tuchen insgesamt eine zunehmende Diversifizierung an Sorten, im späten MA und in der NZ ein vermehrter Übergang von schweren Tuchen zu leichteren Erzeugnissen und Mischgeweben. Als Wolltuche gewannen die engl. *Worsteds* und die Produkte der »neuen« und der neuen »leichten« Draperie in den Niederlanden an Bedeutung, und es wurde hier z. T. an ältere Traditionen wie die bereits im 13. Jh. übl. Fertigung von Sayen angeknüpft (Sayetterie von →Hondschoote). In Deutschland ging längerfristig ein Trend zu den Zeugen als glatten, wenig oder gar nicht gewalkten T. aus Kammwolle. Neben ältere Mischgewebe aus Wolle und Leinen, die wie das bes. in Frankreich und den Niederlanden verbreitete Tirtei z. T. verdrängt wurden, traten v. a. Tuche mit Baumwoll- (Barchent, Bombasinen, Fusteinen) bzw. Seidenanteil (z. B. Burrat, Trippen).

Nachfrage und Absatzchancen führten im Hoch- und SpätMA nicht zuletzt zur Ausschöpfung weiterer Kapazitäten, zu produktivitätssteigernden organisator. Veränderungen und Maßnahmen der Marktsicherung. Das Interesse an einer exportfähigen, standardisierten Massenware schlug sich in einem Bestreben nach Qualitätssicherung nieder (Produktionsvorschriften, Schau, Warenzeichen; →Beschauzeichen). Die Besiegelung von Tuchen, für die bes. Bleiplomben verwendet wurden, findet sich seit dem 13. Jh. etwa gleichzeitig in Italien, Frankreich, Flandern, England und Deutschland und wurde für Handelsprodukte mehr und mehr üblich. Eine Warenzeichennachahmung oder -fälschung ließ sich indessen nicht verhindern und kam ebenfalls bereits im 13. Jh. vor.

Zentralisierte Großbetriebe in der Art von Manufakturen entstanden in der hoch- und spätMA. Tuchherstellung nur partiell. Die Anbindung an den Fernhandel förderte aber die Einschaltung kaufmänn. Kapitals, die Zerlegung des Arbeitsprozesses die Herausbildung von Koordinatoren und Produktionslenkern aus dem Handwerk. Gerade in der Textilherstellung setzte sich so – im Wollgewerbe NW-Europas seit dem 13. Jh. faßbar – der »Verlag stärker durch, der – verbunden mit Vorschußleistungen – die wirtschaftl. Nutzung fremder Arbeitskraft und Zusammenfassung einer dezentralisierten Produktion bis hin zur Anpassung an Marktbedürfnisse erlaubte. Speziell im spätma. Baumwoll- und Seidengewerbe mit den teuren Rohstoffen spielte er eine entscheidende Rolle, weniger im Leinengewerbe, wo im Bodenseeraum erst mit dem Färber und Kaufmann Ulrich Imholz in der 1. Hälfte des 15. Jh. ein Unternehmer im großen Stil begegnet. Das Spektrum der Verleger im Wollgewerbe reichte von Großhändlern und Gesellschaften über spezialisierte Kaufleute (Wollhändler, Gewandschneider) bis zu Handwerkern aus verschiedenen Berufen, bes. aber Webern. V. a. in Verdichtungszonen bildete sich neben dem innerstädt. ein stadtübergreifender, umlandbezogener, vereinzelt sogar ein überregionaler Verlag heraus.

Durch eine gesteigerte Nachfrage und eine Produktion in größerem Umfang wurden im hohen und späten MA überhaupt die Erschließung des (Um-)Landes von Zentren aus bis hin zur Bildung von Wirtschaftseinheiten sowie die Entstehung ganzer Textilgewerbelandschaften gefördert. Das Umland fungierte speziell als Lieferant von Rohstoffen (Flachsanbau, Schafzucht), sofern diese nicht aus der Ferne bezogen wurden, und stellte ein billiges Arbeitskräfteangebot bes. für vorbereitende Tätigkeiten zur Verfügung, v. a. das →Spinnen (im spätma. Oberdeutschland auch Herstellung von Wepfen, d. h. gezetteltem Leinengarn). Einzelne Woll- und Leinenverarbeitungszentren banden eine größere, relativ fest umrissene Zone in ihrem Umkreis an sich, aus der sie Garn bezogen, und trafen hierüber sogar mit anderen Städten Vereinbarungen (1476 in Oberschwaben). Darüber hinaus verdichtete sich das Gewerbe durch eine Weberei in kleineren Städten und auf dem Lande, die das vorhandene städt. Marktangebot vergrößerte und z. T. mit anderen (geringerwertigen) Sorten ergänzte (z. B. *draps enversins* in Lothringen im 15. Jh.), mehr und mehr aber zur Konkurrenz wurde.

Dies und das Hinzukommen oder Aufsteigen neuer Gewerbelandschaften (bes. in England, Holland) trugen im SpätMA zu Krisenerscheinungen in älteren Zentren bei. Letztere reagierten auf Beeinträchtigungen durch die Umlandweberei mit der Verschärfung von Kontrollen, Verboten und weiteren Gegenmaßnahmen bis hin zur Gewalt (→Gent 1314, →Ypern 1322 u. ö.). Z. T. veränderten sie aber auch ihr Warenangebot, indem sie Tuche von geringerer Qualität produzierten oder die Herstellung von Luxuserzeugnissen forcierten (Seide, Tapisserie). Ebenso suchte man – bes. in weniger bedeutenden Zentren – durch Imitation bekannter Sorten neue Marktanteile zu gewinnen (1476 Ypersches Tuch in Freiburg i. Br., neue Draperie in Göttingen). Kennzeichnend für das SpätMA und die frühe NZ ist eine Zunahme von Maßnahmen zur Gewerbeförderung, die parallel zur herrschaftl. Durchdringung und Ausbildung frühmoderner Staaten auch auf territorialer Ebene erfolgten.
R. Holbach

Lit.: W. Endrei, L'évolution des techniques du filage et du tissage du MA à la révolution industrielle, 1968 – W. v. Stromer, Die Gründung der Baumwollindustrie in Mitteleuropa, 1978 – A. Geijer, A Hist. of Textile Art, 1979 – A. Bohnsack, Spinnen und Weben, 1981 – Produttività e tecnologie nei secoli XII–XVII, ed. S. Mariotti (Atti III Sett. di Prato, 1981) – M. F. Mazzaoui, The Italian Cotton Industry in the Later MA, 1981 – W. Endrei–G. Egan, The Sealing of Cloth in Europe, Textile History 13, 1982, 47–75 – Cloth and Clothing in Medieval Europe, hg. N. B. Harte–K. G. Ponting, 1983 – R. Kaiser, Fälschungen von Beschauzeichen als Wirtschaftsdelikte im spätma. Tuchgewerbe (Fälschungen im MA, 5, 1988), 723–752 – P. Malanima, I piedi di legno. Una macchina alle origini dell'industria medievale, 1988 – B. Tietzel, Gesch. der Webkunst, 1988 – E. E. Ploss, Ein Buch von alten Farben, 1989[6] – Textiles of the Low Countries in European Economic Hist., hg. E. Aerts–J. H. Munro, 1990 – K.-H. Ludwig, Spinnen im MA unter bes. Berücksichtigung des Arbeitens »cum rota«, Technikgesch. 57, 1990, 77–89 – L. v. Wilckens, Die textilen Künste von der Spätantike bis um 1500, 1991 – La draperie ancienne des Pays-Bas: débouchés et stratégies de survie, ed. M. Boone–W. Prevenier, 1993 – La seta in Europa, hg. S. Cavacciochi (Atti XXIV Sett. di Prato, 1993) – R. Holbach, Frühformen von Verlag und Großbetrieb in der gewerbl. Produktion (VSWG Beih. 110, 1994) – K.-H. Ludwig, Die Innovation der Nockenwelle, Technikgesch. 61, 1994, 227–238.

II. Handel und Gewerbe: Neben Wolltuchen waren im MA Leinen-, Baumwoll-, Seidentuche und die Mischungen aus Leinen und Baumwolle, Barchent, aus Wolle und

Leinen, Tirtei, sowie aus Wolle und Seide, Serge, im Handel. In die vorstädt. Zeit des FrühMA reicht nur der Handel mit Woll- und Leinentüchern zurück. Auf Bauernhöfen wurde beides für den Eigenbedarf und für den Handel erzeugt. Tuche gehörten zu den jährl. Abgaben der Hintersassen an den Grundherrn. Allein das Kl. →Fulda bezog im 10. Jh. von seinen fries. Besitzungen jährl. 600 Wollmäntel. Der Umschwung zu einer städt. Tuchproduktion für den Fernhandel erfolgte n. der Alpen zuerst in Flandern. Eines der frühesten Zeugnisse ist das Lehrgedicht »Conflictus ovis et lini«, das etwa 1070 von Wenrich v. Trier verfaßt wurde. Darin wird neben der Herrentracht aus Flandern u. a. rotes, nicht in der Wolle gefärbtes Tuch aus Schwaben und naturfarbenes, regendichtes Tuch, Loden, von der Donau genannt. Es gab also neben teurem Tuch aus Flandern weitverbreitet einheim., schlichtere Ware. Wie der Titel des Gedichtes sagt, gab es auch eine heftige Konkurrenz mit den auf den Markt strebenden Leinentüchern. Ypern scheint die erste fläm. Stadt gewesen zu sein, die für den Fernhandel produziert hat. Erst in der 2. Hälfte des 11. Jh. gegründet, werden ihre Tuche schon um 1100 in Novgorod als gängige Ware genannt. Kaum später tauchen diese Tuche in den Notariatsregistern von Genua auf, vier Sorten aus Ypern, zwei aus Gent, eine aus Arras und anderen Orten. Ein wichtiges Dokument der fläm. Tuchproduktion des 13. Jh. ist das Testament des Jehan →Boinebroke aus Douai, dessen Rolle als Kaufmann-Verleger allerdings lange Zeit überschätzt wurde. In dem Testament wird eine Vielzahl von Gliedern des Tuchgewerbes genannt, die ihm gegenüber Forderungen hatten. Wenn er auch nicht als ihr Verleger angesehen werden darf, so war er doch mit dem Handel der Rohstoffe und der verschiedensten Zwischenprodukte beschäftigt.

Das fläm. Tucherzeugungszentrum, eine Stadtlandschaft, dehnte sich zieml. auf ganz Nordwesteuropa aus, wobei sich das Schwergewicht im ausgehenden MA auf Brabant, Holland und dann auch auf Mittelengland verlagerte. Obwohl es zieml. bald ein vergleichbares Zentrum in Ober- und Mittelitalien gab, waren Tuche die wichtigsten Waren, die im 13. Jh. über die →Champagnemessen von Flandern nach Italien gehandelt wurden. Lange Zeit behielt Flandern einen Vorrang wegen der Färberei, insbes. der Rotfärbung (→Scharlach). Es war das Schicksal der Zentren, daß sich mehr und mehr die fortgeschrittenen Techniken auf andere Landschaften übertrugen. Schon 1208 hießen die Färber in Wien Flandrer. Außerdem hingen die Tuchstädte von der – bald auswärtigen – Versorgung mit →Wolle ab, Flandern von der engl., Italien von der span. Wolle. Die Schwierigkeiten der Wollversorgung scheinen eine Ursache für die Ausbildung des Barchentgewerbes in Oberitalien gewesen zu sein. In Genua gab es am Anfang des 16. Jh. 2303 Seidenweber gegenüber 423 Wollwebern. In der Städtelandschaft von Flandern selbst ist die Verlagerung der Produktion von größeren Städten wie Ypern auf neue, kleinere wie Dixmude, Langemark und Hondschoote zu beobachten. Alle Städte achteten auf ihre Spezialität, und ihre Namen waren im Fernhandel Sortenbezeichnungen. Als 1287 an der engl. Küste ein Schiff unterging, waren darin Tuche aus Ypern, Gent, Poperinge, Dixmude, Brügge, Ghistelles, Tournai. In den entsprechenden Aufzählungen des 14. Jh. treten die Brabanter Sorten stärker in den Vordergrund. Allein das Geschäftsbuch eines einzigen Hamburger Kaufmanns, Vicko v. Geldersen, 1367-92, nennt 40 Sorten der Niederlande und Frankreichs. Ein Genueser Notariatsregister 1308/09 gibt Preisunterschiede. Die fläm. Tuche, insbes. die roten aus Ypern, stehen weit an der Spitze. Frz. Tücher kosten die Hälfte oder Dreiviertel, einheim. Tücher, darunter auch Serge aus Genua selbst, noch weniger.

Der Produktionsprozeß ist in mehrere Etappen vom Spinnen der Wolle bis zum Gewandschnitt auf verschiedene Branchen, die oft eigene Zünfte bilden, aufgegliedert. Eine Sonderrolle spielt das Walken auf Walkmühlen, die nur selten im Besitz von Walkmeistern sind, sonst in dem von Zünften oder gar der Stadt. Im übrigen verbindet sich die Zunftverfassung verschiedentl. mit Großproduktion, entweder in Form von Manufakturen oder häufiger – dezentralisiert – in Form von Verlagen. Die Inhaber von Großbetrieben können Mitglieder von Zünften sein, etwa der der Gewandschneider (→Schneider) oder – wie in Straßburg – der der Walker. In dem letzteren Fall spielt es eine Rolle, daß der Aufbau einer Walkmühle Kapital voraussetzt, das dann auch etwa zum Aufbau von Webstühlen genutzt werden kann. Im übrigen war es wichtig, ob eine der Zünfte Zugang zum Fernhandel bekam, wodurch die Gewinne vergrößert werden konnten. Am ehesten gelang dieses den Gewandschneidern, deren Zunft dadurch zur Kaufleutezunft wurde. Sie reservierten sich das Recht zum Detailverkauf in der eigenen Stadt und kämpften um das entsprechende Recht in fremden Städten. Durch ihre Kontrolle über die Absatzpreise gerieten andere Tuchmacherzünfte unter Druck. Insbes. die Weber wurden dadurch zu Aufständen provoziert, in die sie andere mitrissen, denen sie aber den Namen gaben, wie bei dem Weberaufstand in Köln 1371.

Der große Abstand in den Verdienstmöglichkeiten zw. der Wolltuch- und der Leinentuchproduktion spiegelte sich darin wider, daß die Leinenweber viel weniger angesehen waren, manchmal sogar zu den →unehrl. Berufen gehörten. Diese Diskriminierung erstreckte sich allerdings nicht auf die Leinenproduktionslandschaften n. und s. des Bodensees und in Obersachsen (→Leinen). In →St. Gallen und in →Konstanz z. B. war man auch durch strenge Qualitätskontrollen bedacht, das Ansehen des Gewerbes hochzuhalten. Eine Sonderrolle spielt die Chemnitzer Bleiche, die 1357 (→Chemnitz) vom Landesherrn an vier Kaufleute verpachtet wurde, die dadurch Preise, Löhne und Qualität kontrollierten. In beiden Landschaften war die Leinenproduktion auf Stadt und Land verteilt. Nicht reibungslos stellte sich eine gewisse Arbeitsteilung ein. In den für das Land ungünstigen Fällen wurde dieses auf das Spinnen beschränkt. Das Landgewerbe war ein Betätigungsfeld von städt. Verlegern.

Im Wolltuchgewerbe gab es neben →Meistern ohne eigene Werkstatt, die z. B. in →Manufakturen arbeiteten, neben verlegten Meistern auch Gesellen oder Knechte in einem zünftler. Familienbetrieb. Insbes. die Walker- und Weberknechte oberrhein. Städte machten von sich reden, indem sie sich interregional organisierten und durch verschiedene Maßnahmen für mehr Rechte kämpften.

Die Wolltuchherstellung in it. Städten, insbes. in Florenz, ist durch die vertikale Konzentration mehrerer Produktionsvorgänge bei einem Unternehmer gekennzeichnet. Einzelne Produktionsvorgänge wurden durch Knechte ausgeführt. Die Färber, die in Städten n. der Alpen oft angesehene Zünfte bildeten, waren mit dem Knechtstatus in Florenz nicht zufrieden, beteiligten sich an den Unruhen des 14. Jh. (→Ciompi) und strebten – schließlich ohne Erfolg – das Recht auf eine eigene Zunft und damit betriebl. Selbständigkeit an. Ein Sonderfall, auch in der Überlieferungsgesch., ist Francesco →Datini († 1410) aus Prato. Er war ein vielseitiger Geschäftsmann. Im Mittelpunkt seines Unternehmens standen Tuchproduktion und -handel. Er war in Prato dominierendes Mitglied der Arte della Lana und gründete verschiedene Gesellschaften im ganzen Mittelmeergebiet, die sich mit dem Ankauf von Wolle, der Tuchproduktion und dem Absatz beschäftigten. Aus den Geschäftsbüchern dieser Gesellschaften erfahren wir z. B., daß sich die Kosten der Herstellung zu etwa 40% auf die Wolle, 10% auf das Färben, 10% auf das Spinnen und zu 8% auf das Weben, der Rest auf die übrigen Arbeitsgänge verteilen. An der Herstellung von 223 Tuchen waren 1000 Personen beteiligt, die 6100 Teiloperationen durchführten.

Im SpätMA erlauben uns die Q. eine Vorstellung von den Quantitäten in Produktion und Handel. Gerechnet wird in Tuchen, deren Größe allerdings von Ort zu Ort schwankte. In Ypern wurden 1313 92500 mit Plomben versehen. Am Ende des Jh. war es nur ein Bruchteil davon. Dafür stieg die Produktion einer Vielzahl von fläm. Kleinstädten, mit Dixmude an der Spitze, die schon 1403 10500 Tuche hinausgehen ließ. Die Brabanter Tuchstädte sind Mecheln, →Löwen (Louvain) und →Brüssel. Die Zahlen verraten, daß diese Städte nach einem großen Aufschwung um 1300 im Verlauf des 14. Jh. ebenfalls bereits ihre Produktion einschränken müssen, in Mecheln z. B. von 30000 auf 9000. Aus Holland kennen wir die Tuchproduktion von →Leiden. Sie steigt im letzten Jahrzehnt des 14. Jh. von 2400 Tuchen auf fast 10000, 1476 sind es 21000; 1521 wird mit 29000 der Höhepunkt überschritten. In Köln stieg die Jahresproduktion im 14. Jh. wohl auf 20000 Tuche in Wolle, zuzügl. 8000 in Tirtei, um im 15. Jh. dann auf weniger als ein Viertel zu sinken. Dabei spielte die Konkurrenz der Sartuch-, d.h. Baumwolltuchproduktion, die 1460 auf mehr als 9000 stieg, wohl eine Rolle. Aus →Frankfurt a. M. kennen wir genaue Zahlen erst aus der Schrumpfungszeit des 15. Jh.: 3360 Wolltuche. In →Freiburg i. Ü. wurden in derselben Zeit allerdings noch über 10000 produziert. Über Florenz erfahren wir durch die Stadtchronik der →Villanis, daß es dort in der 1. Hälfte des 14. Jh. 300 Betriebe gab, die auf 200 absackten und zunächst 100000, dann noch 70–80000 Tuche produzierten. In St. Gallen wurden um 1400 jährl. 2000, 1530 etwa 10000 gebleichte Leinentücher produziert, in →Augsburg schon 1410 87000 Tuche Barchent. In →Brügge produzierten 1523 86 Webstühle über 40000 Baumwolltuche. Die Produktionszahlen der Städte werden durch Transitzahlen von den Zollstellen ergänzt. Der Tuchexport aus →London schwankt in der 1. Hälfte des 15. Jh. zw. 10000 und 20000, erreicht und übersteigt 1474 die 30000. Aber London war offenbar nicht die wichtigste engl. Tuchexporthafen. Aus →Hull brachten allein die →Merchant Adventurers, die Gilde der engl. Tuchexporteure, schon Ende des 14. Jh. fast 60000 Tuche fort.

Die an sich sehr ergiebigen hans. Zollisten sind damit nicht richtig vergleichbar, weil sie unterschiedl. Tuchmaße verwenden. Immerhin stehen Wolltuche mit 160000 lüb. Mark Warenwert in →Lübeck 1368 weit an der Spitze aller Handelsgüter, was etwa 16000 der vorher genannten engl. Tuche entspräche, aber es handelte sich wohl überwiegend um teurere fläm. Tuche. Der Leintuchhandel ist mit 1300 Mark vergleichsweise marginal. Nicht von allen wichtigen Handelsrouten haben wir Zollzahlen. Aber der Export von Tuchen in den Nahen Osten, der für die europ. Zahlungsbilanz wichtig war, läßt sich mit einer exemplar. Nachricht quantifizieren. Ein ven. Doge berichtet 1423, daß Florenz jedes Jahr 16000 Tuche nach Venedig liefert, die in den Nahen Osten und nach Griechenland weitergehen. Über 50000 von anderen it. Herkunftsorten kämen hinzu.

R. Sprandel

Lit.: G. de Poerck, La draperie médiévale en Flandre et en Artois, 1951 – H. Ammann, Dtl. und die Tuchindustrie Nordwesteuropas im MA, HGBll 72, 1954, 1–63 [Neudr.: WdF 245, 1973] – Produzione, Commercio e Consumo dei Panni di Lana, hg. M. Spallanzani (Atti II Sett. di Studi Prato, 1976) – W. Endrei, Unidentifizierte Gewebenamen – namenlose Gewebe (Handwerk und Sachkultur im SpätMA, 1988), 233–251.

B. Byzanz
I. Allgemein – II. Frühbyzantinische Zeit – III. Mittelbyzantinische Zeit – IV. Spätbyzantinische Zeit.

I. Allgemein: Das Byz. Reich übernahm aus der Antike die Tradition einer breitgefächerten und hochspezialisierten Textilproduktion unter Beibehaltung vieler Formen häusl. Spinnens und Webens in Stadt und Land. Textile Rohstoffe waren bes. Schafwolle (→Wolle), Ziegenhaar, Flachs, seit dem 6. Jh. auch einheim. Rohseide, später verbreitet auch →Baumwolle, dazu vereinzelt Kamelhaar. Hergestellt wurden auch verschiedene Mischgewebe. Veredelt wurden bes. Seidenstoffe (→Seide, B), auch durch die Einarbeitung von Goldfäden. Ein hoher Bedarf bestand auch an Wohnt. (Teppiche) und Gebrauchst. für →Seefahrt (Segel, Schiffstaue, Transportsäcke) und Kriegführung (Schutzkleidung). Die Herstellungstechnik war individuell geprägt und machte kaum Veränderungen durch, als Einrichtungen zu gemeinsamer Nutzung sind nur Leinenwaschplätze auf dem Lande und Rollmagazine bzw. Tuchmangen in der Hauptstadt bekannt.

II. Frühbyzantinische Zeit: In frühbyz. Zeit lagen die Zentren der Textilherstellung im O des Reiches. In der syr. Großstadt →Antiocheia wurden T. im 4. Jh. bes. aus Leinen und Wolle, aber auch aus Seide hergestellt. Sowohl die häusl. als auch die professionelle Weberei war v. a. Sache der Frauen (→Frau, D I), verbreitet war auch die Werkstattarbeit von Sklavinnen (→Sklave, B). Die Existenz von Walkern und Färbern ist ebenfalls bezeugt. Selbst eine relativ kleine Stadt wie Korykos in Kilikien verfügte nach Grabinschriften aus dem 5./6. Jh. über Woll- und Leineweber, Zügelweber, Brokatwirker, (Purpur-)Färber im Zusammenspiel mit Purpurschneckenfischern, Walker, speziell auch für Segeltuch, und schließl. über eine Vereinigung, Korporationen der Leinenverkäufer bzw. -weber (Segelherstellung) im Hafen d. Stadt.

III. Mittelbyzantinische Zeit: In mittelbyz. Zeit wurde →Konstantinopel zum Zentrum der Textilherstellung. Hier gab es nicht nur staatl. Seidenwebereien, sondern auch andere staatl. Tuchherstellungs- und verarbeitungsbetriebe, darunter Färbereien und →Gynäceen. Das →Eparchenbuch (frühes 10. Jh.) kennt neben verschiedenen Tätigkeiten im Bereich der Seidenproduktion bes. die Leinwandhersteller und Färber, die aber nicht mit eigenen Korporationen ausgewiesen sind. Im 11. Jh. gelang es augenscheinl. den mit der Herstellung von Wollstoffen beauftragten Frauen der Hauptstadt, sich korporativ zusammenzuschließen und jährl. ein eigenes Fest zu begehen. Insgesamt waren die Textilproduktion gegenüber dem Textilhandel, die Leinen- und Wolltuchproduktion gegenüber der Seidenherst., die Neben- gegenüber den Hauptgewerben und die weibl. gegenüber der männl. Produzenten benachteiligt. Die hauptstädt. Leinwandhändler bezogen ihre Ware v. a. aus verschiedenen Reichsprovinzen, z. T. wohl von ländl. Produzenten, aber auch aus →Bulgarien und anderen Nachbarländern. Im Unterschied zu ihnen durften die Leinwandverarbeiter von Konstantinopel ihre Erzeugnisse nicht in Läden und an Ständen feilbieten, sondern mußten sie auf ihren Schultern auf die Marktplätze tragen und an den Markttagen verkaufen. Neben Konstantinopel konnten sich in mittelbyz. Zeit auch verschiedene Provinzstädte als Tuchzentren weiter behaupten bzw. neu profilieren, als Seidenzentren nach →Korinth und →Theben und zugleich mit feinen Leinengeweben →Thessalonike, mit einem bes. haltbaren Drillichstoff vielleicht →Laodikeia. Neben städt. Handwerkern und bäuerl. Rohstofferzeugern und partiellen Rohstoffverarbeitern spielten auch Frauen- und Männerkl. sowie grundherrschaftl. Haushalte als Textilproduzenten für den Eigenbedarf und als Anbieter auf dem Markt eine Rolle. Bekannt sind v. a. die (unfreien) Seidenstickerinnen (und Tuchweberinnen) und die wertvollen und umfangreichen textilen Geschenke der großgrundbesitzenden Witwe Danelis aus →Patras im 9. Jh.

IV. SPÄTBYZANTINISCHE ZEIT: Das verstärkte Vordringen it. Händler in den byz. Raum während der Kreuzzüge und ihre Dominanz in der Romania seit dem 4. →Kreuzzug (1204) trafen die professionelle Tuchproduktion der Byzantiner, bes. ihre Seidenherstellung, aber auch die anderen textilen Bereiche in substantieller Weise. Der byz. Markt wurde mit tragleichten und wohlfeilen Tuchen aus dem Westen überschwemmt, der systemat. Aufkauf und Export von textilen Rohstoffen, bes. Rohseide und Baumwolle, schmälerte die einheim. Produktionsbasis. Byz. Tuchhändler wurden auf den Detailverkauf importierter Tuche zurückgedrängt. Die häusl. Tuchproduktion blieb aber bis zum Reichsende erhalten, auch konnten sich byz. Produzenten einige Sonderbereiche wie die Herstellung und Ausschmückung liturg. Gewänder sichern. Byz. Traditionen wirkten vielleicht auch hinein in die Entwicklung verschiedener lat. und türk. Orte und Territorien des östl. Mittelmeerraumes zu bedeutenden Textilzentren. Manche Spezialisten der byz. Textilherstellung tauchten im 14./15. Jh. erneut im lat. Westen auf, Goldfadenhersteller für die Textilproduktion siedelten sich um die Mitte des 15. Jh. sogar in →London an. Eine dem Westen vergleichbare Entwicklung spezieller Tuchstädte und ganzer Textillandschaften war aber in Byzanz durch die Spezifik der inneren Strukturen und den Druck der westl. Wirtschaftsexpansion kaum noch möglich, auch wenn einzelne textile Erzeugnisse, wie z. B. Kopfbedeckungen aus Thessalonike, bis in die Spätzeit als eine Art Handelsmarke fungieren konnten. K.-P. Matschke

Lit.: Oxford Dict. of Byzantium, 1991, s. v. textiles – F. R. TROMBLEY, Korykos in Cilicia Thrachis: The Economy of a small Coastal City in Late Antiquity (s. V–VI), The Ancient Hist. Bull. I/1, 1987, 16–23 – A. P. KAZHDAN, Derevnja i gorod v Vizantii IX–XVV., 1960 – A. E. LAIOU, The Festival of »Agathe«, Comments on the Life of Constantinopolitan Women (Byzance. Fschr. A. STRATOS I, 1986), 111–122 – K.-P. MATSCHKE, Tuchproduktion und Tuchproduzenten in Thessalonike und in anderen Städten und Regionen des späten Byzanz, Byzantiaka 9, 1989, 49–87 – F. HILD–H. HELLENKEMPER, Kilikien und Isaurien (Tabula Imperii Byz. 5), 1990.

C. Osmanisches Reich
An Gebrauchst. ist kaum etwas erhalten, doch wurde nach Ausweis der osman. Steuerregister in Westanatolien →Baumwolle angebaut. Baumwollstoffe wurden auf dem Lande gewebt, bes. in Hamid (Pisidien) und Teke (Pamphylien). Beliebt war ein grober Stoff namens *bogast*, der als Futter für Kaftane in Gebrauch war. Nicht in allen Gegenden, in denen Baumwolle gewebt wurde, ist sie auch als landwirtschaftl. Produkt nachweisbar. Wahrscheinl. wurden die Weber, die an solchen Orten tätig waren, durch Kaufleute versorgt.

Luxust., bes. →Teppiche und Seidengewebe, sind vereinzelt erhalten. Neben einigen auf das 13. Jh. datierten Teppichen aus Konya und Beyşehir sind Teppiche des 14.–15. Jh. (zwei dekoriert mit stilisierten Vogelmotiven) erhalten (vgl. auch die bildl. Darstellungen auf Gemälden der Schule →Giottos, frühes 14. Jh., sowie des Sienesen Domenico di Bartolo, 1440–45). Aus dem späten 15. und frühen 16. Jh. sind die (wegen ihrer Darstellung auf Bildnissen von Hans Holbein d. J. so bezeichneten) Holbeinteppiche erhalten (Originale im Mus. für Islam. Kunst, Istanbul). Die große Zahl der auf Bildern der Spätgotik und Renaissance überlieferten Teppiche weist auf Import (über venezian. Mittelsmänner) nach Süd- und Westeuropa hin; neben Teppichen aus Anatolien und Iran (→Persien) wurden auch ägypt. Teppiche in Europa wie am osman. Hof geschätzt.

Ist über Teppichherstellung und -handel wenig bekannt (neben Herstellung durch Nomaden gab es wohl auch organisierte Werkstätten, die aber erst in späterer Zeit bezeugt sind), so enthalten die Kadiamtsregister v. →Bursa Informationen über die Herstellung von Seidenstoffen (s. im einzelnen →Seide, C). Die Seidenweberei wurde in größeren Werkstätten betrieben, vielfach mit Sklaven und Sklavinnen, die aber oft nach einigen Dienstjahren freigelassen wurden; manche Kaufleute beteiligten ihre Freigelassenen auch am Geschäft. Daneben gab es freie, in Zünften organisierte Handwerker. Im Falle von Streitigkeiten über die Qualität der Ware berief der Kadi erfahrene Meister, die über den Handwerksbrauch Auskunft geben. Daher sind uns einige bei der Seidenmanufaktur zu beachtende Regeln durch die Kadiamtsregister bekannt. Am osman. Hofe wurden schwere, mit Gold- und Silberfäden durchwirkte →Brokate bevorzugt. Beliebte Motive waren Blumen und Rankenwerk, bis zur Mitte des 16. Jh. nach timurid. Mustern angefertigt. Osman. T. wurden vielfach exportiert, bes. in die Gebiete nördlich des Schwarzen Meeres, v. a. auch nach Zentraleuropa. Ein Katalog der in europ. Museen vorhandenen Stücke ist in Vorbereitung. S. Faroqhi

Lit.: EI², s. v. Ḥarīr [H. INALCIK] – T. Öz, Türk Kumaş ve Kadifeleri, T. 1, 1946 – F. DALSAR, Türk Sanayi ve Ticaret Tarihinde Bursa'da Ipekçilik, 1960 – K. ERDMANN, Europa und der Orientteppich, 1962 – S. FAROQHI, Notes on the Production of Cotton and Cotton Cloth in 16th and 17th Cent. Anatolia, The Journal of Europ. Econ. Hist. VIII, 2, 1979, 405–417 – W. v. BODE – E. KÜHNEL, Antique Rugs from the Near East, 1984.

Textkritik, d. h. die Zuweisung bzw. Aberkennung von überlieferten Varianten und Texten in Bezug auf einen präsumptiven Autor und der Vorschlag neuer, als autornäher vermuteter Varianten (Konjekturen), diente als zentrale humanist. Aktivität des 14. bis 16. Jh. (→Humanismus) dem Bemühen, die in hist. Distanz neu entdeckte und als vorbildl. definierte Antike (→Antikenrezeption) zu rekonstruieren. Aus diesem Grunde kommen ihre Resultate zumal der klass. Dichtung und Kunstprosa zugute; Fachlit., patrist. und spätantike Texte treten demgegenüber zurück. Sie steht damit als Fundamentalaspekt der Texterklärung neben der Rekonstruktion von Biographie, Prosopographie, von hist. Chronologie und klass. Sprachnorm, der zunehmenden Beachtung archäol. Zeugnisse und nimmt vergleichbare, systemat. umfassendere und gleichfalls humanist. wie historist. orientierte Bemühungen des frühen 19. Jh. vorweg, einer Epoche, von der sich die T. des Humanismus durch das Fehlen einer expliziten, kontinuierl. praktizierten und vermittelten Methodik abhebt. Die Forsch. ist denn auch erst auf dem Wege, vereinzelte Bemerkungen mit der textkrit. Praxis zu einzelnen Autoren durch führende Humanisten (→Petrarca, →Salutati, →Poliziano) zu einem Gesamtbild zusammenzufügen.

Kommentierung und Kritik eines bestimmten Textes

entwickeln sich im Rahmen eines immer dichter geknüpften Netzes von zahlreichen altbekannten und neu zugängl. bzw. nichtkanon. Texten, die Sacherklärungen, intertextuelle Hinweise und Varianten der 'indirekten' Tradition vermitteln. Über die punktuellen Erfolge der Frühhumanisten (→Lovato, →Mussato) seit dem ausgehenden 13. Jh. und die umfassenderen Ansätze Petrarcas hinaus – zu seiner lebenslangen Suche nach Cicero-Codices vgl. etwa sen. 16, 1 – haben Sucher und Finder wie →Poggio anläßl. der Konzilien und auf ausgedehnten Reisen bzw. →Niccoli als Spinne im Netz seiner Beziehungen stets ein waches Auge auf seltene Texte.

Humanist. Textarbeit und T. ließ sich zunächst nur auf der Basis eigener Bestände oder einer gut ausgestatteten Bibliothek eines Freundes bzw. einer (halb)öffentl. eines Mäzens praktizieren. Petrarcas Büchersammlung etwa dürfte mehrere hundert Stück betragen, die Coluccio Salutatis soll aus mehr als 800 Bänden bestanden haben, so auch die Niccolò Niccolis, die nach seinem Tod in der in San Marco eingerichteten Bibliotheca Medicea publica aufging. Petrarca allerdings hütete seine Schätze eifersüchtig; Niccoli war schon zu Lebzeiten großzügiger, und mit der Zugänglichkeit seiner Bücher in San Marco war die Hoffnung Salutatis auf Einrichtung von bibliothecae publicae (De fato 2, 6) partiell erfüllt worden. Nach dem Vorbild der alexandrin. Bibliothek und unter Florentiner Einfluß entwickelten sich auch die systematischer angelegten Bibliothekspläne von Tommaso Parentucelli, seit 1447 Papst →Nikolaus V. Im Umfeld von Papstbibliothek und röm. Universität fanden Gelehrte wie →Valla, Giovanni →Tortelli und später Polizian Anstellung, Anregungen und Arbeitsmöglichkeiten.

Der intensivere Umgang mit Codices unterschiedl. Epochen und Provenienzen führte zu vermehrter kodikolog. Erfahrung und ersten Ansätzen genauerer Hss.beschreibung, bezogen v. a. auf die äußere Gestalt und Zusammensetzung sowie Schrifttypen (litterae antiquae, Longobardae etc.) des hsl. produzierten Buches. Entsprechend häufig finden sich Hinweise, man habe Korrekturen ex litterarum similitudine o. ä. vorgenommen.

Die Auswertung der für die Beurteilung einer Hs. maßgebenden Varianten setzt mit ihrer möglichst vollständigen Vergleichung (Kollation) ein. War schon im MA eine punktuelle Übernahme einzelner Varianten zumal bei neuen Kopien häufiger vorgenommen worden, so reichte dies Verfahren dem sich herausbildenden method. Bewußtsein der Humanisten nicht mehr aus, zumal nach Einführung des Buchdrucks, als das neue Medium mit seinem festen, eindeutigeren Text in größerer Distanz zu der Kollationsvorlage wahrgenommen wurde. Wurden früher (und auch später immer wieder) nur erwägenswerte Varianten, mit eigenen Konjekturen vermischt, übernommen, so setzte Polizian auch terminolog. mit seiner Trennung der Schritte eines primären *conferre* und eines sekundären, wertenden *emendare* theoret. und prakt. neue Maßstäbe. Im Vordergrund standen dabei naturgemäß die älteren, autoritativen Exemplare, die zumal in Florenz über die Entdeckungen Poggios in Florentiner Bibliotheken zugängl. waren.

Polizian entwickelte auch als erster dank seiner Erfahrung im Umgang mit älteren Exemplaren Argumente und Kategorien im Rahmen der seit dem 19. Jh. sog. Recensio, der hist. Rekonstruktion einer Hs.genealogie zum Zweck einer von der Vulgata unabhängigen Textkonstitution bzw. als Basis überlieferungsgeschichtl. als rezeptionsgeschichtl. Untersuchungen. So hat er z. B. in dem Archetyp des Valerius Flaccus die Versetzung eines Blattes um vier Folien in der Schlußlage diagnostiziert und aus der Existenz dieser Versetzung in allen bekannten Hss. den richtigen Schluß gezogen, daß es sich in jenem Codex eben um den Archetyp handele, »e quo fluxisse opinor et caeteros, qui sunt in manibus« (Misc. 1, 5; vgl. 2, 2). Bei dieser Versetzung handelt es sich also um ein bes. sinnfälliges Beispiel eines – nach P. MAAS gesprochen – Bindefehlers. Auch im Falle der Überlieferung von Ciceros Familiares identifizierte er den Laur. Med. 49, 7 mit Hilfe eines falsch eingebundenen Quinio als Vorlage der it. Recentiores (Misc. 1, 25). Nicht nur die Bedeutung der Kategorie 'Archetypus', sondern auch der Terminus ist ihm, wie anderen Humanisten seiner Generation, geläufig. Spricht G. →Merula in seiner Plautus-Ausgabe (Venedig 1472) noch von einem liber, »a quo, velut archetypo, omnia deducta sunt quae habentur exemplaria«, so ist Polizian in seinem Komm. zu Statius' Silvae (praed. zu silv. 1) eindeutiger: »... in Poggiano libello, a quo uno archetypo cetera exemplaria emanarunt«.

Einen Text currente calamo, d. h. bei der Abschrift mit oder ohne Heranziehung einer weiteren Hs. zu emendieren, dies ist vom MA bis zum Humanismus vor der Ära des Buchdruckes, von →Lupus v. Ferrières bis zu Poggio Bracciolini immer wieder praktiziert worden. Allerdings haben sich die Humanisten, vermeintl. im Besitz besserer Lateinkenntnisse, hier bes. Freiheiten genommen. Salutati (De fato 2, 6), der im Vergleich zahlreicher Hss. zu Seneca, epist. 107, 11 und Augustin, civ. 5, 8 den lat. Wortlaut von Cleanthes, frg. 527 von Arnim festlegen wollte und über die angetroffene varietas entsetzt war, hat sich über die Ursachen dieser Irrtümer Gedanken gemacht, sie in der Unachtsamkeit der Kopisten wie in der vorschnellen Änderungssucht der Halbgebildeten aufgesucht und ausführlich beschrieben. Inwieweit dagegen Petrarca und Vallas »Emendationes Livianae« als Ausnahmen gelten müssen, bleibt noch genauer zu untersuchen. Polizians Praxis jedenfalls unterschied sich von anderen zeitgenöss. Zunftgenossen dadurch, daß er bei einem textkrit. Problem, statt eine Konjektur zu improvisieren (emendatio ope ingenii), die ältesten, präsumptiv zuverlässigsten Textquellen konsultierte und die entsprechende Provenienz seines Lösungsvorschlages skrupulös dokumentierte.

Die Anfertigung zahlreicher, relativ übereinstimmender Abschriften einer als autoritativ geltenden Vorlage hat sich schon seit dem 14. Jh., d. h. mit Ausstrahlung der Kopien Petrarcas eingebürgert. Neuere Forschungen haben z. B. die zentrale Rolle auch der Exemplare Poggios und →Guarinos, von Vorlagen aus der Vaticana seit Nicolaus V. und der Bottega Vespasiano da →Bisticciis in Florenz dokumentiert. Der Buchdruck, der den Text der Klassiker seit etwa 1470 fixierte, hat jedenfalls auch jenen 'Interpolationen' ein langes Leben in der Textvulgata gesichert. Zugleich stellte er in Sammelwerken (Observationes oder Annotationes bis hin zu Polizians Miscellanaea) den zunehmend professioneller, d. h. in der Regel als Universitätsprofessoren agierenden humanist. Philologen ab 1475 ein Medium zur Verfügung, mit dem sie aus dem Gleichmaß des laufenden Kommentars ausbrechen und das Licht der eigenen Kompetenz vor den Kollegen, ggf. in der Polemik mit ihnen, leuchten lassen konnten. In welchem Ausmaß und mit welchem method. Bewußtsein das 16. Jh. (→Erasmus, P. Victorius, J. J. Scaliger) den Anregungen des 15. Jh. folgte, bleibt im Detail noch zu erforschen.
P. L. Schmidt

Lit.: H. RÜDIGER, Die Wiederentdeckung der antiken Lit. im Zeitalter der Renaissance (Gesch. der Textüberl. der ant. und ma. Lit. 1, 1961),

511–580 – B. L. ULLMAN, The Humanism of Coluccio Salutati, 1963 – S. RIZZO, Il lessico filologico degli umanisti, 1973 – B. L. ULLMAN–P. A. STADTER, The Public Library of Renaissance Florence, 1972 – E. J. KENNEY, The Class. Text, 1974 – P. L. SCHMIDT, Die Überl. von Ciceros Schrift 'De legibus', 1974 – DERS., Polizian und der it. Archetyp der Valerius-Flaccus-Überl., IMU 19, 1976, 241–256 – R. RIBUOLI, La collazione Polizianea del codice Bembino di Terenzio, 1981 – V. BRANCA, Poliziano e l'umanesimo della parola, 1983 – A. GRAFTON, Defenders of the Text, 1991, 47–75 – M. D. REEVE, The Rediscovery of Class. Texts in the Renaissance (Itinerari dei testi ant., hg. O. PECERE, 1991), 115–157 – S. RIZZO, Per una tipologia delle tradizioni manoscritte di classici lat. in età umanistica (Formative Stages of Classical Traditions, hg. O. PECERE–M. D. REEVE, 1995), 371–407.

Textura, alte Bezeichnung für eine nichtkursive, konstruierte →got. Buchschrift. Sie hat sich aus der frühgot. Minuskel entwickelt, die gegen Mitte des 11. Jh. in N-Frankreich entstanden ist und sich in ihrer schmäleren Form gegenüber der mehr quadrat. allg. durchsetzte. Die seit Mitte des 13. Jh. bezeugte, in verschiedenen Ausprägungen vorliegende vollendete T. zeigt folgende Merkmale: Streckung und gerade Aufrichtung aller Schäfte, Betonung des Mittelbandes, Bogen- und Schaftbrechung, Aufsetzen aller Buchstaben (ausgenommen solcher mit Unterlänge und des h-Bogens) auf der Zeile, Umwandlung der älteren Gabelungen der Schaftansätze zu auf die Spitze gestellte, sich berührende Quadrate bzw. Rechtecke, Bogenverbindung sowie 'rundes' r nach Bogen. Die Ausbreitung der T. wurde wesentl. durch die von Scholaren aus ganz Europa besuchten Hohen Schulen Frankreichs gefördert. In Italien und S-Frankreich dagegen hat sich die →Rotunda ausgebildet. P. Ladner

Lit.: B. BISCHOFF, Paläographie des röm. Altertums und des abendl. MA, 1986², 171–183 – W. OESER, Beobachtungen zur Strukturierung... der T., ADipl 40, 1994, 359–439.

Thābit ibn Qurra (Tābit ibn Qurra), Abu l-Ḥasan ibn Zahrūn al-Ḥarrānī, arab. Astronom, geb. 836 in Ḥarrān (Obermesopotamien), gest. 18. Febr. 901 in →Bagdad. In seiner Jugend als Wechsler tätig, bedeutete für ihn die Begegnung mit dem ältesten der →Banū Mūsā, der als Mathematiker und Astronomen berühmten drei Brüder, eine Wende in seinem Lebensweg. Muhammad ibn Mūsā, der Th.s Sprachkenntnisse schätzte, lud ihn nach Bagdad ein. Hier bildete sich Th. unter Anleitung der Banū Mūsā als Mathematiker, Astronom und Philosoph aus, folgte den drei Brüdern als Haupt ihrer Schule nach und begründete eine eigene 'Dynastie' von Gelehrten; unter seinen in ihrer Mehrzahl als bedeutende Wissenschaftler bekannten Nachfahren ist bes. der geniale Mathematiker Ibrāhīm ibn Sinan hervorzuheben.

Das wiss. Schaffen Th.s gliedert sich in Übers.en und auf eigener Forschung beruhende Werke. Er übersetzte zahlreiche gr. Texte ins Arab., darunter »De sphaera et cylindro« des →Archimedes, Buch V–VII der »Conica« des Apollonius und die »Einführung in die Arithmetik« des Nikomachos v. Gerasa. Auch revidierte er von anderen angefertigte Übers.en (so u. a. der »Elemente« des →Euklid, des →Almagest des →Ptolemaeus). Th.s umfangreiches astronom. Werk soll (nach arab. biobibliograph. Enzyklopädien) um die 30–40 Titel umfaßt haben, doch sind – neben Fragmenten – nur neun Schriften unter seinem Namen überliefert (von denen ihm aber das Werk über die Ermittlung des Sonnenjahres fälschl. zugeschrieben wurde). Der bereits aus diesem kleinen Textcorpus erkennbare hohe Rang des astronom. Werks von Th. ist unter drei Aspekten zu sehen: 1. Verbindung von Beobachtungen und Theorie; 2. Mathematisierung der Astronomie; 3. Divergenzen zw. 'physikal. Astronomie' und 'math. Astronomie'.

In Th.s Werk findet sich eine klare Erläuterung der Beziehung zw. Theorie und fortgesetzten Beobachtungen der Gestirne. Hatte Ptolemaeus in seinen Schriften einen großen Teil von Empirismus bewahrt, so untersucht Th. eine bestimmte Anzahl von Überlegungen und geometr. Modelle des Ptolemaeus unter Reduzierung der empir. Bestandteile und betont, bes. in den Fragmenten, den Konflikt zw. einer globalen Konzeption des Universums und einer rein theoret. und math. Analyse der Bewegung eines jeden Himmelskörpers dieses selben Universums.

Abgesehen von der Anwendung in math. Problemen der →Astronomie oder der →Statik ist Th.s math. Werk auch an sich bedeutend und umfaßt sowohl Geometrie als auch geometr. Algebra und Zahlentheorie. Th. verfaßte z. B. drei meisterhafte Traktate zur Infinitesimalrechnung. Im ersten, »Über die Ausmessung der Parabel«, ermittelt er den Flächeninhalt eines Parabelsegments nach einer Methode, die sich von derjenigen des →Archimedes unterscheidet. Im zweiten Traktat, »Über die Ausmessung der Paraboloide«, berechnet er die Rauminhalte nach einer Art, die von derjenigen des Archimedes in dessen (nicht ins Arab. übersetzter) Abhandlung »Über Konoide und Sphäroide« abweicht. Im dritten Traktat, »Über die Schnitte und Oberfläche des Zylinders«, stellt er den Flächeninhalt einer Ellipse und ihrer Segmente fest und entwickelt hier von den Banū Mūsā ausgearbeitete neue geometr. Methoden weiter.

Das Studium der Infinitesimalverfahren tritt im Werk Th.s immer wieder auf. In der Astronomie benutzt er Verfahren, die das Problem der Sichtbarkeit von zunehmenden Gestirnen untersuchen, ebenso in seiner Abhandlung »Über die Verlangsamung und Beschleunigung der eklipt. Bewegung...«. Auch in der Statik wendet Th. in seinem Buch »al-Qaraṣṭūn« ('Über die Balkenwaage') das Infinitesimalverfahren an. Er befaßte sich noch mit weiteren Gebieten, insbes. der Zahlentheorie, wo das erste Theorem über befreundete Zahlen seinen Namen trägt.

Th., ein talentvoller Übersetzer, war vor allem einer der hervorragendsten Mathematiker aller Zeiten. Sein Ruhm im islam. Osten wie im Westen, die lat. Übers. mehrerer seiner Schriften, die hebr. Übers. anderer Werke, bezeugen seine Bedeutung. R. Rashed

Ed. und Lit.: DSB XIII, 288–295 [ältere Lit.] – SEZGIN III, 260–263; V, 264–272; VI, 163–170 et passim – F. J. CARMODY, The Astron. Works of Th., 1960 – W. R. KNORR, Ancient Sciences of the Medieval Trad. of Mechanics (Suppl. agli Annali dell' Istituto e Museo di Storia della Scienza, Fasc. II, 1982) – B. A. ROZENFEL'D–A. P. IUSKEVICH, Th. Matematicheskie traktaty, 1984 – Th., Œuvres d'Astronomie. Texte établi et traduit par R. MORELON, 1987 – R. MORELON, Th. and Arab Astronomy in the 9th cent., Arabic Sciences and Philosophy 4, 1994, 111–139 – R. RASHED, Mathématiques infinitésimales du IXe au XIe s., Bd. I, 1996.

Thaddaeus. 1. Th. v. Parma →Taddeo da Parma

2. Th. v. Suessa, ✠ 18. Febr. 1248 bei der Verteidigung der ksl. Lagerstadt Victoria vor Parma. Der städt. Richter Th. bot Ks. →Friedrich II. 1229 die Unterwerfung seiner Heimatstadt (Sessa Aurunca, Prov. Salerno) an. 1231 erscheint er im Dienste des Ks.s mit einer diplomat. Mission betraut, und seitdem war er, oft zusammen mit →Petrus de Vinea, der wichtigste Unterhändler des Ks.s bei den ober- und mittelit. Städten sowie bei Gregor IX. und Innozenz IV. Seit 1236 Großhofrichter, begegnet er im Register von 1239/40 in der hohen Stellung eines Relators. Gemeinsam mit Petrus de Vinea leitete er ztw. auch die Kanzlei; seit 1239 für Appellationen, seit 1244 auch für Petitionen an den Ks. zuständig. Zuletzt unterstand ihm dabei auch der ksl. Schatz. 1245 verteidigte er seinen Herrn auf dem Konzil v. →Lyon (1. L.). H. M. Schaller

Lit.: G. PEPE, Taddeo da Sessa e la politica religiosa di Federico II, Civiltà Moderna 3, 1931, 745–764 (auch in DERS., Lo stato ghibellino di Federico II, 1951²) – M. OHLIG, Stud. zum Beamtentum Friedrichs II. in Reichsitalien von 1237–1250 [Diss. Frankfurt a. M. 1936], 130–133 – W. HEUPEL, Der siz. Großhof unter Ks. Friedrich II., 1940.

Thaddäus, →Apostel, in den Apostellisten der Synoptiker aufgeführt; da in Joh 14,22 ein weiterer Judas neben →Judas Ischarioth und in Apg 1,13 ein Judas, Sohn des Jakobus, erscheint, ergab sich seit Origenes der Doppelname Judas Th. Seine Biographie besteht ausschließlich aus Legenden und Verwechslungen. In der Erzählung über Christus und →Abgar ist Th. der von Jesus versprochene Jünger. Bis hin zur →Legenda aurea werden sein Wirken und Martyrium in Persien angesiedelt, stets in Gemeinschaft mit Simon Zelotes (Kananäus), der in der hl. Sippe als sein Bruder gilt (→Anna; BLINZLER, 126–129). In Apostelzyklen nehmen beide von Anfang an den letzten Plätze ein, im Mosaik des Baptisteriums der Orthodoxen (Ravenna, 5. Jh.) Judas Zelotes (!) neben Simon Kananäus; bei ma. Darstellungen mit Verteilung des Glaubensbekenntnisses (→Symbolum) tragen sie Schriftbänder mit den letzten Artikeln. Wegen der unsicheren lit. Überlieferung zum Martyrium trägt der teils jugendl., teils bärtig dargestellte Th. unterschiedl. Attribute: Hellebarde, Keule, Schwert, Beil, Steine (Beispiele: LECHNER; dort auch zu den ganz seltenen szen. Darstellungen). J. Engemann

Lit.: LCI VIII, 423–427 [M. LECHNER] – P. DOUNY, Simon et Jude, Apôtres, 1947 – O. CULLMANN, Der zwölfte Apostel, 1966 – J. BLINZLER, Die Brüder und Schwestern Jesu, 1967.

Thalassios, Mönch, geistl. Schriftsteller, 7. Jh. Der Obere eines lyb. Kl. war mit →Maximos Homologetes befreundet, der ihm seine »Quaestiones« widmete. Er gehört mit Maximos zu den Erneuerern der geistl. Lehre des →Evagrios Pontikos, wobei die gegenseitige Abhängigkeit diskutiert wird. Th. verfaßte 4 Centurien »De caritate et continentia«, lose aneinandergereihte Aussprüche über das geistl. Leben, die, knapp und präzise formuliert, leicht ins Gedächtnis eingehen. Die Spruchslg. gehört zu den besten Leistungen der byz. Spiritualität des 7. Jh. K. S. Frank

Ed. und Lit.: MPG 91, 1428–1470 – DSAM XV, 323–326.

Thamar, Kgn. v. →Georgien, * um 1160, † 1213. Ihre Regierung markiert die letzte Phase des »Goldenen Zeitalters«, das von Th.s Großvater David I. (1089–1125) eingeleitet wurde und durch die Mongoleneinfälle (1220, dann 1236) sein Ende fand. Die Kgn. trat 1184 die Nachfolge ihres Vaters Georg III. an. Sie neutralisierte zunächst die feudale Opposition, um die Kräfte des Landes auf die Auseinandersetzung mit den →Selǧuqen konzentrieren zu können (Siege der georg. Heere 1195 in Schamkor, 1203 in der Provinz Basian). Die Kgn. unterhielt enge Beziehungen zum 1204 errichteten byz. Ksr. v. →Trapezunt. Unter Th. erreichte die georg. Kultur, die starke iran. Einflüsse (→Persien) aufnahm, aber doch ihren eigenständigen georg. Charakter bewahrte, ihren Höhepunkt: Basili der Ezosmodzghuari ('Oberhofmeister') verfaßte eine panegyr. Vita der Kgn. (eingefügt in die georg. Annalen). Bekannter sind die Oden, in denen Schota Tschachruchadse die Kgn. und ihre Zeit feierte. Schota Rustaweli schrieb das glanzvolle Hauptwerk der georg. Lit., das Epos »Vephkhistqaosani« ('Der Mann im Pantherfell'), das als Spiegel der ma. Ideale in einer gewissen Parallele zur höf. Dichtung des abendländ. MA steht. Th. wird von der georg. Kirche als Hl. verehrt. M. van Esbroeck

Lit.: M. LORTKIPANIDZE, Istorija Gruzii XI-načala XIII veka, Tbilissi 1974 – s.a. →Georgien [D. M. LANG, 1966], →Georg. Sprache und Literatur.

Thane → Thegn

Thangmar. 1. Th. (Thankmar, Tammo), * 900/905, † 28. Juli 938, Sohn Kg. →Heinrichs I. und dessen erster Frau Hatheburg. Die zweite Ehe des Kg.s mit →Mathilde und die Nachfolgeregelung im Kgtm. zugunsten seines Halbbruders →Otto I. drängten Th. zunehmend ins Abseits. Als ihm Otto I. das Erbe Hatheburgs in →Merseburg zugunsten seines Bruders →Heinrich (30. H.) vorenthielt und die legatio des verstorbenen Gf.en Siegfried an der sächs. Ostgrenze dessen Bruder →Gero I. und nicht Th. übertrug, sah sich Th. um die beanspruchte Teilhabe an der Kg.sherrschaft gebracht und verbündete sich 938 mit Hzg. →Eberhard v. Franken gegen Otto I. Während des fehdeähnl. Konflikts besetzte Th. Burg Belecke (an der Möhne), wo er seinen Halbbruder Heinrich gefangennahm, und die →Eresburg. Bei deren Rückeroberung durch Otto I. ermordete ein Vasall Heinrichs Th. in der dortigen Peterskirche; zuvor hatte Th. mit der Niederlegung seiner goldenen Halskette (kgl. Herrschaftszeichen) auf den Altar demonstrativ auf seine Rechte als Kg.ssohn verzichtet. K. Görich

Lit.: ADB XXXVII, 652f. – BWbDG III, 2862f. – W. GLOCKER, Die Verwandten der Ottonen..., 1989, 46–53 – J. LAUDAGE, Hausrecht und Thronfolge, HJb 112, 1992, 23ff.

2. Th., presbyter und decanus monasterii in →Hildesheim, * ca. 940/950, † 25. Mai (1003? 1013? 1027?), Sachse. Im Prolog der Vita Bernwardi (VB; ed. G. H. PERTZ, MGH SS 4, 1841, 754–782) bezeichnet sich Th. als deren Autor und als Lehrer Bf. →Bernwards v. Hildesheim, in dessen Auftrag er die VB zu schreiben begonnen habe. Die Urfassung der VB ist verloren, die älteste erhaltene Hs. entstand 1192/93 anläßl. der Kanonisation Bernwards. Sie integriert ältere Überlieferung, die deutl. hagiograph. Tendenz und innere Uneinheitlichkeit der VB begründen aber den Verdacht, die durchgehende Autorschaft Th.s könnte eine Fiktion sein (GÖRICH–KORTÜM). Im Konflikt zw. Ebf. →Willigis v. Mainz und Bernward um die Diözesanzugehörigkeit des Kl. →Gandersheim war Th. ein kanonistisch versierter Berater seines Bf.s. Er begleitete ihn 1000/01 nach Rom, nahm in seinem Auftrag an Synoden teil und trug im Dez. 1001 in Todi den Gandersheimer Streit Ks. Otto III. und Papst Silvester II. (→Gerbert v. Aurillac) vor. Die Identifizierung von Th.s Handschrift (SCHUFFELS) gibt Einblick in seine kanonist. Studien. K. Görich

Lit.: ADB XXXVII, 651f. – K. GÖRICH–H.-H. KORTÜM, Otto III., T. und die VB, MIÖG 98, 1990, 1–57 [Lit.] – K. GÖRICH, Der Gandersheimer Streit zur Zeit Ottos III., ZRGKanAbt 79, 1993, 56–94 – Bernward v. Hildesheim und das Zeitalter der Ottonen, 1993, I, 407ff.; II, 10ff., 476, 483, 488 [H. J. SCHUFFELS].

Thann, Stadt im →Elsaß, gegr. wahrscheinl. zw. 1287 und 1296. Die Engelburg, deren Ruinen noch heute die Stadt überragen, beherrschte das Tal der Thur, eine wichtige Handelsstraße, die das Rheintal mit Lothringen verband. Am Fuße der Burg richteten die Gf.en v. →Pfirt eine Zollstätte ein. Durch die Heirat der letzten Vertreterin dieses Hauses mit →Albrecht II. v. Österreich kam Th. 1324 an Österreich und wurde zum Hauptort einer etwa 50 Ortschaften umfassenden Vogtei. Bereits 1304 bestand eine universitas burgensium. Wirtschaftl. Wohlstand sicherten der Stadt nicht nur die Lage am Handelsweg und die Weinberge, sondern auch die Wallfahrt zum hl. Theobald. Der Bau der Kirche, die seit 1442 von dem von St-Amarin nach Th. verlegten Kollegiatstift betreut wurde, zog sich von 1324 bis 1516 hin. Durch mehrere Privilegien erlangten der Stadtrat und das Stadtgericht ein hohes Maß an Selbständigkeit (Münzrecht 1387), doch blieb der von der vorderösterr. Regierung ernannte Schaffner oberste Behörde. Gegen Peter v. →Hagenbach, der die an Karl d. Kühnen verpfändeten habsbg. Besitzungen mit Härte verwalten wollte, leisteten die Th.er Bürger 1473 Widerstand. Die blutige Unterdrückung des Aufstands führte u. a. zum Sturz des Landvogts (1474). F. Rapp

Lit.: M. BARTH, Zur Gesch. der Th.er Theobalduswallfahrt, Annuaire de la Soc. d'hist. des régions de Th.-Guebwiller, 1948-50 – J. BAUMANN, Hist. de Th. des origines à nos jours, 1981.

Theater → Drama, →Geistl. Spiel, →Mirakelspiele, →Mysterienspiele

Thebaische Legion (Fest: 22. Sept.). Eine aus dem Orient herangezogene chr. Legion, die von →Mauritius geführt wird, verweigert bei Agaune (→St-Maurice d'Agaune) den Befehl zu einer heidn. Zeremonie oder zu einer Christenverfolgung. Daraufhin läßt Ks. Maximian sie zweimal dezimieren und schließlich alle niedermachen. Da einige Truppenteile vorausgeeilt sind, zieht sich das Martyrium bis nach Xanten hin. Die behaupteten Fakten zu 285 oder 302 passen nicht zueinander. Doch beweisen eine Grabkapelle und die vor 450 aufgezeichnete Ortstradition (MGH SRM III, 32-41) die frühe Verehrung. →Gregor v. Tours kennt die Hl.n v. Agaune, die sein Kg. →Guntram verehrte, als legio sacra Thebeorum auch in Köln (MGH SRM I/1, 534f.; I/2, 80, 87). Die Legende wurde fortlaufend weiter ausgebaut (ed. CHEVALLEY) und noch um 1000 neugefaßt (Passio Geronis; AASS Oct V, 36-40). Sie spiegelt die Kultverbreitung entlang der von St-Maurice nach N, W und S führenden Römerstraßen durch Pilger und Bauleute. Zur T. L. gehören Exuperius, Candidus und ein Veteran Victor, danach Innocentius und Vitalis (MartHieron, 521f.). Früh wurden zugeordnet →Ursus und Victor in Solothurn, später Felix in Zürich, Cassius und Florentius in Bonn, Gereon in Köln und Victor in Xanten, auch Tyrsus in Trier. In Italien zählen dazu Hl. wie Adventus in Turin, Alexander in Bergamo und andere in Mailand, Pinerolo und Como, in Frankreich →Victor v. Marseille. Dargestellt werden die populären Märtyrer in der Regel als Fußsoldaten in röm. und zeitgenöss. Rüstung. Szenenfolgen finden sich in Essen-Werden und in Saanen (Kt. Bern). K. H. Krüger

Lit.: LCI VIII, 429-432 [Kartenskizze] – LThK² X, 14 – G. KENTENICH, RhVjbll 1, 1931, 339-350 – W. LEVISON, Aus rhein. und frk. Frühzeit, 1948, 59-62 – J. M. THEURILLAT, L'abbaye de St-Maurice, 1954, 11-20 – D. VAN BERCHEM, La martyre de la L. T., 1956 – F. PRINZ, Frühes Mönchtum, 1965, 107-111 – E. EWIG, Spätantikes und frk. Gallien, II, 1979, 94, 303f. – S. PRICOCCO, L'isola dei santi, 1978, 204-244 – É. CHEVALLEY, La passion anonyme, Vallesia 45, 1990, 37-120 [Ed.] – s. a. →Mauritius.

Theben (Θῆβαι; in westl. Q. [E]stivas, Destivas, Destinas u. ä., in arab. Istības, Istīfas), Stadt in Böotien (Griechenland), ca. 28 km sw. des zugehörigen Hafens Euripos (→Euboia) gelegen. Die Befestigungen der frühbyz. Metropolis von Böotien (innerhalb der Prov. Achaia/Hellas des Illyrikum) wurden nach Zerstörungen durch das Erdbeben v. 551 noch unter Justinian erneuert, so daß Th. auch während der slav. Einwanderung stets besiedelt und als Sitz des →Strategos bzw. →Dux ab Ende 7. Jh. Hauptstadt des Themas →Hellas sowie späterhin des *horion* (Steuerbezirks) Th. und Euripos war. Vor 325 Sitz eines Bf.s, vor 870 eines autokephalen Ebf.s, vor 1048 eines Metropoliten (mit bis zu 5 Suffraganen) und nach 1204 ztw. eines lat. Ebf.s. Die blühende Produktion von Seiden- und Purpurgewändern, deren Qualität selbst bei den Selğuqen gerühmt wurde, begründete den Reichtum der Stadt (zahlreiche Kirchenbauten; erhalten die 872/877 von einem Strategen gestiftete Gregorios Theologos-Kirche). Th. wurde 1147 durch die norm. Eroberung unter →Roger II. (2. R.) kurzzeitig zerstört, welcher die Seidenarbeiter(innen) nach Palermo entführte (→Seide, A. II), doch wurde der Schaden vermutl. durch die Ansiedlung von jüd. Fachleuten (z. T.) kompensiert (Benjamin v. Tudela spricht um 1165 von etwa 2000 Juden in Th., von denen allerdings ein erhebl. Teil bereits vor 1147 dort gelebt haben mochte). Th. war bereits lange vor 1198 wen. und genues. Handelsstützpunkt. 1204 wurde das Gebiet (in der Partitio Romaniae) den peregrini zugesprochen und nach der Eroberung Konstantinopels dem Leon→Sgouros, der sich in Griechenland seit etwa 1200 ein unabhängiges Herrschaftsgebiet eingerichtet hatte, von →Bonifaz I. v. Montferrat entrissen, welchen Othon de la →Roche mit (dem Hzm v.) →Athen und Th. belehnte. Die nach ihrem Erbauer St-Omer benannte Stadtburg war bis Anfang 14. Jh. meist Herrschersitz; hier wurde im Mai 1262 der Friedensvertrag zw. Achaia, Athen, Euboia und Venedig geschlossen. 1311 eroberte die →Katal. Kompa(g)nie nach ihrem Sieg bei Halmyros Th. und das gesamte Hzm. und regierte von Athen aus. 1331 Zerstörung von St-Omer (nur Donjon erhalten) angesichts eines drohenden (letztl. mißglückten) Angriffes Gautiers VI. v. →Brienne, was die Plünderung von Th. samt Umland durch den Paša v. Aydin, Umur, 1339/40 erleichterte. 1363 erste türk. Besetzung, 1378 Eroberung durch die →Navarres. Kompa(g)nie, die von hier aus ein Herrschaftsgebiet zu erobern suchte, die Stadt jedoch bald an den Herrscher v. Korinth, den Florentiner Raineri →Acciaiuoli, abtreten mußte. Seine Nachfahren hielten Th. bis zur osman. Machtübernahme (1460), waren jedoch im 15. Jh. durch häufige Plünderungen türk., aber auch von Mistra aus operierender byz. Banden spätestens seit 1435 gezwungen, die türk. Oberhoheit anzuerkennen. J. Koder

Lit.: Tabula imperii Byzantini, I, 1976, 269-271 – S. BOWMAN, Jews in 14th cent. Th., Byz 50, 1980, 403-409 – S. SYMEONOGLOU, The Topography of Thebes from the Bronze Age to Modern Time, 1985 – A. G. K. SABBIDES, Ηβυζαντινή Θήβα 996/7-1204 μ.Χ., Historikogeographika 2, 1988, 33-52 – J. FERLUGA, Th. bizantina quale centro economico nel XII secolo, Rivista Bizantinist. I/4, 1991, 19-29 – Oxford Dict. of Byzantium, 1991, 2032 – PH. KALAITZAKES, Διάγραμμα της ιστορίας των Εβραίων της Θήβας κατά τον μεσαίωνα, Byz. Domos 7, 1994, 23-37.

Theben (Devín) → Devín

Theben-Neudorf → Devínska Nová Ves

Thebenroman (Roman de Thèbes [R. T.]), der erste der drei afrz. Romane mit antiken Themen (→Aeneasroman, Trojaroman v. →Benoît de Sainte-Maure) und somit einer der ersten höf. Romane; entstanden um 1150; überliefert in einer kurzen (10 500 Vss., 3 Hss. 13. und 14. Jh.) und einer jüngeren langen Fassung (13 200 und 14 600 Vss., 2 Hss. Ende 13. Jh.) sowie in zwei Frgm.en (um 1200). Die z. T. stark divergierenden Fassungen gehen auf einen Text eines anonymen norm. Klerikers zurück, der möglicherweise am Hof der Plantagenêt gewirkt hat. Die ersten 600 Vss. erzählen die Ödipuslegende, wohl nach Glossen gewisser Thebais-Hss. Dann folgt der Text der Thebais des →Statius, läßt aber die mytholog. und andere Teile aus, stellt manches um und fügt Neues hinzu, wie Elemente der →Chanson de geste, der →Kreuzzugsdichtung und der Liebesthematik, hier z. B. die romanhafte Verlobung der Antigone mit Parthenopeus. Der Tod der Protagonisten wird in kunstvollen Totenklagen der Frauen betrauert. Weitere Ergänzungen sind die der Kreuzzugsepik entlehn-

te Verproviantierungsepisode sowie die feudalrechtl. Gerichtsverhandlung gegen den theban. Überläufer Daire le Roux. Bei der Schilderung des Todes der verfeindeten Brüder und der Niederlage der Argiver lehnt sich der frz. Autor an Statius an, legt danach jedoch bes. Gewicht auf den Marsch der Argiverinnen und die Weigerung Kreons, ihnen die Bestattung der Toten zu erlauben. An der Seite des athen. Fs.en Theseus schreiten sie deshalb zur Eroberung Thebens. Eine bes. am Schluß verkürzte Prosafassung fand Anfang 13. Jh. Eingang in die →Histoire ancienne und damit weite Verbreitung. 1420–22 entstand die engl. Bearb. des John →Lydgate. C. Jacob-Hugon
Ed.: L. Constans, 2 Bde, 1890 – D. P. Ripley [Diss. Univ. of North Carolina 1960] [Vs. 1–5394] – G. Raynaud de Lage, 2 Bde, 1968–71 – Ders., Romania 90, 1969, 402–409 [Frgm.e] – F. Mora-Lebrun, 1995 – M. de Visser-van Terwisga, Hist. ancienne jusqu'à César, 1995 [Prosaversion] – *Lit.*: DLFMA, 1992², 1315–1317 [Lit.] – GRLMA IV – R. Blumenfeld-Kosinski, The Tradition of the Old French R. T., 1983 [Diss. Princeton Univ. 1980] – A. Petit, Naissance du roman. Les techniques litt. dans les romans antiques, 1985 – G. Widmer, Les plaintes funèbres du R. T., Studi francesi e provenzali 84/85, hg. M.-R. Jung–G. Tavani, 1986, 65–91 – Romanist. Zs. für Literaturgesch. 12, 1988 [Kolloquiumsakten] – U. Schöning, Th.–Eneasroman–Trojaroman, 1991 – M. Lynde, A Text Transformed: Prose Textuality and Notions of Hist. in the 13ᵗʰ-Cent. Version of the R. T. [Diss. Indiana Univ. 1993] – C. Croizy-Naquet, Thèbes, Troie et Carthage, 1994 – A. Punzi, Oedipodae confusa domus. La materia tebana nel Medioevo lat. e romanzo, 1995 – D. Blume, Motivierungstechnik im R. T. und im Roman d'Eneas, 1996.

Thedald, Ebf. v. →Mailand seit Spätherbst 1075, † 25. Mai 1085 in der ebfl. Feste Arona am sw. Ufer des Lago Maggiore. Nach dem Tode →Erlembalds, des Anführers der →Pataria, wurde der Mailänder Kleriker Th., der vielleicht der kgl. Hofkapelle angehört hat, von →Heinrich IV. anstelle des 1070/71 eingesetzten Gottfried, der sich gegenüber dem von Patarenern und Reformpapsttum unterstützten Atto nicht durchzusetzen vermochte, zum neuen Ebf. erhoben. Das kgl. Eingreifen in die Angelegenheiten der Mailänder Kirche führte jedoch zu ernsthaften Spannungen mit →Gregor VII., der im Verhalten Heinrichs IV. einen Bruch früherer Zusagen erblickte. Th., der sich in Mailand wohl nicht dauerhaft behaupten konnte und auf den Fastensynoden 1076–80 wiederholt mit Exkommunikation und Absetzung bedroht wurde, gehörte zu den zuverlässigsten Anhängern des sal. Kgtm.s in Reichsitalien. 1077 hatte der nach Dtl. heimkehrende Kg. seinen dreijährigen Sohn Konrad Th. und lombard. Bf.en anvertraut. Auf der Synode zu →Brixen (1080) soll er als Kandidat für den päpstl. Stuhl in Betracht gezogen worden sein (Landulf, Hist. III, 32 = Muratori² IV/2, 126). 1081 befand er sich neben anderen Bf.en in der Umgebung des Kg.s, als das Hofgericht zu Lucca →Mathilde v. Tuszien verurteilte. Tatkräftig unterstützte er Heinrich IV. bei seinen Kämpfen um Rom und hatte wesentl. Anteil an der Einnahme der Leostadt (1083). Als führender Repräsentant des oberit. Episkopats widersetzte er sich selbstbewußt den zentralist. Bestrebungen des Reformpapstums. T. Struve
Q. und Lit.: JDG H. IV. und H. V., 2, 1894, 573ff. und passim – IP VI/1, 51f. Nr. 112–*118 – Hauck III, 786 – G. Schwartz, Die Besetzung der Bm.er Reichsitaliens unter den sächs. und sal. Ks.n, 1913, 82f. – G. L. Barni, Dal governo del vescovo a quello dei cittadini (Storia di Milano, III, 1954), 1–236, bes. 198ff., 204ff., 212ff. – C. Zey, Die Synode v. Piacenza und die Konsekration Th.s zum Ebf. v. Mailand im Febr. 1076, QFIAB 76, 1996.

Thedbald → Theobald, →Tedbald

Thegan (Theganbertus), Biograph Ks. →Ludwigs d. Fr., * vor 800 (?), † 20. März 849/853. Th. stammte aus vornehmem frk., wohl im Maas-Mosel- oder Mittelrheingebiet ansässigen Geschlecht. Nicht vor 814 wurde Th. →Chorbf. v. →Trier und spätestens 842 Propst v. St. Cassius und St. Florentius in →Bonn; 844 setzte er in Münstereifel die aus Rom überführten Gebeine der hl. Chrysanthus und Daria bei. →Walahfrid Strabo, der 825 in einem Brief Th.s Gelehrsamkeit rühmte, war, als er (zw. 840 und 849) einen Prolog zu dessen »Gesta Hludowici imperatoris« verfaßte, zurückhaltender und suchte das unkultivierte Latein Th.s mit der Inanspruchnahme durch Amtspflichten zu erklären. Zweck der bewußt nur bis zum Sommer 835 geführten, in weiten Passagen parteiischen »Gesta« war es, den Ks. zu rechtfertigen und gegen seine Feinde – v. a. jene, die 833 an seiner Absetzung und Kirchenbuße mitwirkten, wie Ebf. →Ebo v. Reims – zu verteidigen. Letzterem brachte Th. bes. Haß entgegen, wohl auch weil dieser den Chorepiskopat entschieden bekämpfte. Dagegen setzte sich Th. für ein gutes Verhältnis zw. Ludwig d. Fr. und dessen Sohn Ludwig d. Dt. ein, während er Ks. Lothar I. ablehnte. Trotz der oft heftigen Polemik enthalten die »Gesta« viele zuverlässige Nachrichten, die Th. von bestinformierten Gewährsmännern erhielt; schriftl. Q. hat er kaum benutzt. Schon kurz nach Erscheinen von Walahfrid bearbeitet und danach immer wieder rezipiert, hat das heute noch in 14 Hss. vorliegende Werk das Bild über Ludwig d. Fr. stark bestimmt. – Ein Nachtrag, wohl von einem Angehörigen des Stifts St. Kastor in →Koblenz, behandelt die Jahre 836 und 837.
W. Eggert
Ed.: Theganus, Gesta Hludowici imp./Astronomus, Vita Hl. imp., MGH SRG 64, ed. E. Tremp, 1995, 1–52 [Vorw.], 167–278 [lat. und dt.] – *Übers.*: AusgQ V, 1956, 213–253 – *Lit.*: Verf.-Lex. IV, 422–426 – Brunhölzl I, 394f. – Wattenbach-Levison-Löwe III, 332–335 – H.-G. und I. Oomen, Zur Überlieferungsgesch. von Th.s Vita Hludowici imperatoris (Fschr. H. Löwe, 1978), 159–171 – E. Tremp, Stud. zu den Gesta Hludowici imperatoris des Trierer Chorbf.s Th., 1988 (MGH Schr. 32) – Ders., Th. und Astronomus, die beiden Gesch.sschreiber Ludwigs d. Fr. (Charlemagne's Heir, hg. P. Godman–R. Collins, 1990), 691–695.

Thegn, Angehöriger des Dienstadels im ags. England, der im Dienst der Kg.e und Adligen stand. Nach der Beschreibung des »Thegn's Law«, das am Anfang der →»Rectitudines singularum personarum« aus dem 11. Jh. erscheint, sollte dem Th. per Urk. Land übertragen werden, der sich dafür zu drei Leistungen verpflichten mußte: Dienst im *fyrd* (→Heer, A. III, 1), Instandsetzungsarbeiten bei Befestigungen und beim Brückenbau. Diese Verpflichtungen waren für alle Th.s obligator., ganz gleich, von wem sie ihr Land erhalten hatten. Doch mußten bei vielen Besitzungen auf kgl. Befehl zusätzl. Dienste versehen werden, z. B. die Instandhaltung der Wildgehege bei kgl. Residenzen und die Überwachung der Küste. Th.s, deren Grundbesitz mindestens fünf →Hufen (*hides*) umfaßte, bildeten den berufsmäßigeren »ausgewählten *fyrd*« der späteren ags. Kg.e. Nach den Gesetzen →Knuds d. Gr. bestand das →Besthaupt (*heriot*) bzw. das →Heergewäte, das beim Tod eines Kg. bes. nahestehenden Th. diesem anheimfiel, aus vier Pferden, zwei Schwertern, vier Speeren und Schilden, einem Helm, einem Panzerkleid und 50 goldenen →Mancusa. Th.s hatten auch Hofämter am Kg.shof inne und bezeugten die kgl. Urkk. nach den →*ealdormen* und den *gesiths* (→Earl, I). Die Schicht der Th.s spielte eine wesentl. Rolle bei der Tätigkeit der Gft.s- (→*shire*) und Hundertschaftsgerichte (→*hundred*), und der Kg. richtete häufig seinen →*writ* an den Bf., den Earl und alle seine Th.s in einem bestimmten *shire*. Nach der norm. Eroberung wurde 'Th.' durch den lat. Begriff 'homines' ersetzt. In Schottland blieb der Begriff bedeutend länger in der Form *thane* erhalten und bezeichnete einen Verwalter eines besonderen kgl. Besitzes. A. Harding

Q.: LIEBERMANN, Gesetze I, 1, 356-358, 444-453; 2, 218f., 680-683 – Lit.: H. R. LOYN, The Governance of Anglo-Saxon England, 1985 – Medieval Scotland, Crown, Lordship and Community, ed. A. GRANT–K. J. STRINGER, 1993 [A. GRANT].

Thekla, hl., Märtyrerin von Iconium (→Konya), Protagonistin der »Acta Pauli et Theclae«, eines Teils der umfangreichen »Acta Pauli«, verfaßt im 2. Jh. von einem Presbyter aus Kleinasien, der nach Tertullian wegen dieser Schrift abgesetzt worden sein soll. Inhalt: Das Mädchen Th. wird vom Apostel Paulus zum Christentum bekehrt. Wegen des Bruchs ihres Verlöbnisses und des Besuchs des Apostels im Gefängnis zum Flammentod verurteilt, aber auf wunderbare Weise gerettet, schließt sie sich Paulus an, wird in Antiochia von den wilden Tieren, denen sie im Zirkus vorgeworfen wird, verschont, gibt sich selbst die Taufe durch Sprung in ein Wasserbecken voller Seehunde, wird errettet und von einer Adligen an Kindesstatt angenommen, folgt dann Paulus nach Myra und beschließt ihre Tage friedlich in Seleukia (Isauria). Das Ende der Erzählung erfuhr in der Folge verschiedene Erweiterungen: nach einer lokalen Tradition soll Th. sich in eine Berghöhle bei Seleukia zurückgezogen haben, wo sie Angriffe des Teufels zu bestehen hatte. Der Vergewaltigung durch im Auftrag einheim. Ärzte (die über die Wunderheilungen der Jungfrau erbost waren) stehende Männer entging die neunzigjährige Th. durch Flucht in eine Felsspalte, die sich hinter ihr schloß. Nach einer anderen vermutl. in Rom entstandenen und mit dem Grab einer gleichnamigen örtl. Märtyrerin verbundenen Version gelangte Th. auf der Suche nach Paulus erst nach dessen Tod nach Rom, überlebte den Apostel nur kurze Zeit und wurde an der via Ostiense nicht weit von seinem Grab bestattet. T. war eine der berühmtesten Hl.n der frühen Christenheit: ein von Basileios v. Seleukia († 468) exkommunizierter Presbyter (nicht Basileios selbst) verfaßte den Traktat »De vita et miraculis sanctae Theclae« (BHG 1717f.). Das Zentrum ihres Kultes war ein Gotteshaus auf einem Hügel bei Seleukia (heute Meriamlik); zu ihren Ehren entstanden jedoch v. a. im O, aber auch im W zahlreiche Kirchen. Fest: (byz. Synaxare) 24. Sept., (Martyrologium Romanum) 23. Sept. Sie ist Schutzpatronin gegen Feuer, wilde Tiere, Schlangen, Pest (Este, Venetien) und wird in der Todesstunde angerufen. Dargestellt wird sie meist an einen Pfahl gebunden oder in betender Haltung zw. wilden Tieren.

F. Scorza Barcellona

Q.: BHG 1710-1722 – BHG Nov. Auct. 1710-1721 – BHL 8020-8025 – BHL Nov. Suppl. 8020a – Bibliotheca hagiogr. orientalis 1152-1156 – G. DAGRON, Vie et miracles de s. Thècle, SubHag 62, 1978 – H. FROS, Inédits non recensés dans la BHL, AnalBoll 102, 1984, 375 – Lit.: Bibl. SS XII, 176-181 – Vie des Saints IX, 477-482 – LCI VIII, 432-436 – LThK² X, 18f. – V. RORDORF, S. Thècle dans la tradition hagiogr. occid. – Augustinianum 24, 1984, 73-81 – DERS., Tradition and Composition in the Acts of T., Semeia 38, 1986, 43-52 – K. COOPER, A Saint in Exile: the early med. Thecla..., Hagiographica 2, 1995, 1-23.

Thema, gr. θέμα. Als Nachfolgeeinrichtung von →*Provincia* (griech. *eparchia*) bezeichnet Th. (pl. Themata) einen byz. Verwaltungsbezirk. Der Terminus ist entgegen anderen Erklärungen (DÖLGER und PERTUSI: Aktenbündel >militär. Stammrolle, >Truppe, Truppengebiet; HOWARD-JOHNSTON: Ableitung von mongol. 'tymen') wohl 'Zuweisungs-', im weiteren 'Aufstellungs- (und Operations-)Gebiet' in Kleinasien für diejenigen byz. Heeresteile, die zuvor anderorts stationiert waren. Durch den Verlust großer Gebiete in Ägypten und im Nahen Osten an die muslim. →Araber und die Bedrohung Kleinasiens ergab sich dort vor bzw. um Mitte des 7. Jh. die Neueinweisung der 'exercitus Orientalis', 'Armeniacus' und 'Thracensis' sowie des 'Obsequium', wodurch die kleinasiat. Th. Anatolikon, Armeniakon, Thrakesion und Opsikion entstanden (eine inhaltl. Parallelisierung zu arab. *ǧund/aǧnad* ist daher kaum denkbar); wenig später brachte der slav. Druck am Balkan die Einrichtung der Th. Thrake und Hellas mit sich. Existierten die von einem Strategos geleiteten militär. Th. anfangs getrennt von der Zivilverwaltung der Provinzen, so übernahmen sie allmählich die Kompetenzen der letzteren (als Vorläufer der Zusammenführung werden justinian. Maßnahmen und die →Exarchate betrachtet), um diese bis zur 2. Hälfte des 8. Jh. zu verdrängen. Parallel dazu und bedingt durch die Rückeroberung verlorener Reichsterritorien vermehrten sich die Th. (teilweise ursprgl. Turmai bzw. →Kleisuren) bei gleichzeitiger – auch mit der Gefahr durch zu große Machtkonzentration und daraus resultierender Usurpationsgefahr zu begründender – Reduzierung der Größe (Teilung der »Ur-Th.«), so daß die →Konstantin VII. Porphyrogennetos zugeschriebene (vielleicht bereits unter →Leon VI. entstandene) Materialsammlung »De thematibus« 17 asiat. und 12 europ. Th. kennt. Auf dem Zenit der mittelbyz. Reichsausdehnung (1. Drittel 11. Jh.) bestanden knapp 50 Th. (hierzu im einzelnen →Byz. Reich, A. III, mit Übersichtskarte), wobei die Zivilverwaltung einem *krites* ('Richter') bzw. →Praetor oblag. Wurden die Th.-Soldaten anfangs im Prinzip besoldet, so mußten bei Ausbleiben regelmäßiger Bezahlung die (erbl.) Soldatengüter (*stratiotika ktemata*; →Stratiot) nach der Mitte des 8. Jh. als Existenzgrundlage geduldet und schließlich im 10. Jh. institutionalisiert werden. Die Struktur der Th. war ab 1071 (→Mantzikert) und insbes. unter den →Komnenen starken Veränderungen unterworfen. Nach 1204 begegnete noch fallweise der Name Th., die charakterist. Organisationsform existierte jedoch nicht mehr. →Heer, Heerwesen, B. I; →Dux, →Katepan(o), →Strategos. J. Koder

Lit.: M. GELZER, Die Genesis der byz. Th. verfassung, 1899 – Const. Porfirog., De thematibus, ed. A. PERTUSI, 1952 – ST. KYRIAKIDES, EEBS 23, 1953, 392-394; Hellenika 13, 1954, 339 – A. PERTUSI, Nuova ipotesi sull' origine dei »temi« biz., Aevum 28, 1954, 126-150 – F. DÖLGER, Zur Ableitung des byz. Verwaltungsterminus θέμα, Historia 4, 1955, 189-198 (abgedr. in: DERS., Paraspora, 1961, 231-240) – A. PERTUSI, La formation des thèmes byz., Ber. XI. Internat. Byz.kongr., 1958, 1-40 (Korreferat v. G. OSTROGORSKY, ebd.) – J. KARAYANNOPOULOS, Die Entstehung der byz. Th.ordnung, 1959 – N. OIKONOMIDÈS, Les premières mentions des thèmes dans la chronique de Théophane, ZRVI 16, 1975, 1-8 – J. D. HOWARD-JOHNSTON, Th. (Maistor. Stud. R. BROWNING, 1984), 189-197 – R. J. LILIE, Die zweihundertjährige Reform. Zu den Anfängen der Th.organisation im 7. und 8. Jh., Byzslav 45, 1984, 27-39, 190-201 – I. SHAHID, Heraclius and the Th. System, Byz 57, 1987, 391-406; Byz 59, 1989, 208-243 – M. GREGORIU-IOANNIDU, Στρατολογία και έγγεια στρατιωτική ιδιοκτησία στο Βυζάντιο, 1989 – A. KONSTANTAKOPULU, Χώρος και εξουσία στο έργο του Κωνσταντίνου Πορφυρογέννητου (Περί τῶν θεμάτων) (Scopelos Symp. Proceed. 1989), 113-129 – J. KODER, Zur Bedeutungsentwicklung des byz. Terminus θέμα, JÖB 40, 1990, 155-165 – Oxford Dict. of Byz., 1991, 2034f. – M. GRIGORIOU-IOANNIDU, Les biens militaires et le recrutement en Byzance, Byzantiaka 12, 1992, 215-226 – A. STAVRIDOU-ZAFRAKA, Slav Invasions and the Th. Organization in the Balkan Peninsula, Byzantiaka 12, 1992, 165-179 – G. PRINZING, Byz. Forsch. 19, 1993, 113-126 – TH. PRATSCH, Untersuchungen zu »De thematibus« ... (Varia V, 1994), 13-145 – M. GREGORIU-IOANNIDU, Γύρω από την πρώτη μνεία »θεμάτων« στον Θεοφάνη, Byzantiaka 15, 1995, 225-245.

Themistios, griech. Rhetor, geb. um 317, gest. 388, entstammte einer gebildeten heidn. Landbesitzerfamilie aus Paphlagonien und lebte spätestens seit 345 in Konstantinopel (seine Schulgründung in diesem Jahr). Th.' im wesentl. dem Aristotelismus verpflichtete Philosophie orientierte sich an der polit. Praxis. Er stand in der Gunst der Ks. und war Erzieher des Thronfolgers →Arcadius, fungierte 357 als Gesandter in Rom, 358-359 als Proconsul und 383-384 als Praefectus urbis in Konstantinopel. Einflußreichster Sophist des 4. Jh., hinterließ Th. 34 (erhaltene) Reden, orientiert am Vorbild von Dion Chrysostomos. Sie bilden eine wichtige Q. für seine Zeit.

J. M. Alonso-Núñez.

Ed.: Orationes: W. Dindorf, 1832 – G. Downey-A. F. Norman, 1965-74 [ält. Lit.] – Paraphrases: M. Wallies, H. Schenkl, R. Heintze u. a. (Comm. in Aristotelem Gr. V, 1899-1900) – *Lit.*: PLRE I, 889-894 – RE V A, 1642-1680 [W. Stegemann] – Kl. Pauly V, 677f. – Tusculum-Lex., 1983³, 768f. – L. J. Daly, The Mandarin and the Barbarians. The Response of Th. to the Gothic Challenge, Historia 21, 1972, 351-379 – S. A. Stertz, Th., a Hellenic Philosopher-Statesman in the Christian Roman Empire, Class. Journal 71, 1976, 349-358 – G. Wirth, Th. und Constantians, Byz. Forsch. 6, 1979, 293-317 – L. J. Daly, In a Borderland. Themistius' Ambivalence toward Julian, BZ 73, 1980, 1-11 – B. Colpi, Die Paideia des Th., 1987.

Themo Judaei de Monasterio, aus Münster/Westfalen, 1349 erstmals quellenmäßig faßbar, als er in Paris zum Magister artium promovierte. 1350 ist er rector scolarium an der Schule des Schottenkl. in →Erfurt. Seine ausgeprägten Aktivitäten im Erfurter Wissenschaftsbetrieb belegen mehrere Texte. 1353 ist er als Procurator der Natio Anglicana wieder in Paris bezeugt. Ihm gelang die Aufnahme in das von →Robert de Sorbon gestiftete Collegium, wo er bis 1371 nachweisbar ist. Mit seinen Quaestionen zu den libri Meteorum, die nicht nur handschriftl., sondern auch in einer Reihe von Inkunabeln und Frühdrucken vorliegen, gehört Th. zu den bedeutendsten Wissenschaftlern des 14. Jh. Sein Interesse galt aber auch der →Mathematik und bes. der →Astronomie, wovon sein Komm. und seine Quaestionen zur »Sphaera« des →Johannes de Sacrobosco sowie seine Quaestionen zur Bewegung des Mondes Zeugnis ablegen. S. Lorenz

Lit.: H. Hugonnard-Roche, L'œuvre astronomique de Thémon Juif, 1973 – S. Lorenz, Studium generale Erfordense, 1989, 290-303.

Themse, einer der Hauptströme Englands; in röm. Zeit Tamesis, in frühen engl. Chroniken Tamis, Tamisa, Tamensim. Die Quelle liegt in den sw. Cotswolds bei Thameshead in Gloucestershire. Auf einer Gesamtlänge von 338 km (davon rund 100 unter Gezeiteneinfluß) durchquert die Th. sechs Gft.en und mündet zw. Sheerness und Shoeburyness in die Nordsee. Zu den Nebenflüssen w. der Chilterns zählen Churn, Coln, Windrush, Evenlode, Cherwell, Ock und Thame. Nach der Durchquerung der Chilterns ändert sich der Flußverlauf abrupt nach O und nimmt das Wasser von Kennet und Loddon mit auf. Die Bedeutung der bereits im MA bis nach Oxfordshire hinein schiffbaren Th. als Verkehrs- und Transportweg für die wirtschaftl. Entwicklung des Landes und der an ihr entstehenden Städte kann nicht hoch genug eingeschätzt werden. Herausragendstes Beispiel ist das als typ. Fluß- und Hafenstadt angelegte →London (London Bridge seit röm. Zeit; *bridgemaster*-Amt seit 1300); daneben sind auch →Oxford, Maidenhead und →Reading zu nennen. Entlang der Th. entstanden zahlreiche kgl. und bfl. Paläste (u. a. Westminster, Tower, Greenwich, Richmond, Hampton).

B. Brodt

Q. und Lit.: R. Curtis, The Th. Passport, 1970 – K. Fiedler, The Th. in Story, 1971 – The Th. Book [ersch. jährl.].

Theobald

1. Th., *Ebf. v.* →*Canterbury* 1138-61, vorher Prior und Abt v. Le→Bec. Als Ebf. wurde er in die Rivalität zw. Kg. →Stephan v. Blois und Ksn. →Mathilde (→England, A. VII) verwickelt, doch unterstützte er meistens Stephan v. Blois, während er gleichzeitig die Nachfolge von Mathildes Sohn Heinrich v. Anjou förderte. Ein Hauptgegner in dieser Zeit war Heinrich, Bf. v. Winchester und Bruder Kg. Stephans (→Heinrich v. Blois, 80. H.), der jedoch gelegentl. auf der Seite Mathildes stand. Heinrich v. Winchester wurde von Papst Innozenz II. zum päpstl. Legaten in England ernannt und als solcher beanspruchte er eine rivalisierende Vorherrschaft in der engl. Kirche. Einige dieser Probleme wurden beseitigt, als Heinrichs Legatengewalt mit dem Tod von Innozenz II. 1143 erlosch, aber es wurde doch teilweise notwendig, Heinrichs Ansprüche zu widerlegen. Deshalb richtete Th. in Canterbury eine Rechtsschule ein, an welcher der it. Jurist →Vacarius lehrte. Berühmte Persönlichkeiten, v. a. →Thomas Becket, besuchten diese Schule. 1148 kam es zu einem Konflikt mit Stephan v. Blois, als Th. trotz des kgl. Verbots zur Synode →Eugens III. nach Reims reiste, wo er auch →Johannes v. Salisbury (170. J.) traf. Th. besänftigte den Zorn des Papstes gegen Stephan und den engl. Episkopat, von dem die meisten Mitglieder den Kg. unterstützten. Th. und Stephan versöhnten sich, aber 1152 brach erneut ein Streit aus, als Th. sich weigerte, Stephans Sohn Eustachius zu krönen, und deshalb aus England flüchten mußte. Als Eustachius 1153 starb, förderte Th. das Zustandekommen des Vertrags v. 1153 zw. Stephan und Heinrich v. Anjou und förderte die friedl. Thronbesteigung Heinrichs II. 1154. Nach der umstrittenen Papstwahl v. 1159 riet Th. 1160 Heinrich II., der frz. Partei zu folgen und Alexander III. gegen Victor IV. zu unterstützen. Vor seinem Tod schlug er Thomas Becket als seinen Nachfolger auf dem Ebf.sstuhl vor.

J. S. Critchley

Q. und Lit.: John of Salisbury, Letters, ed. W. J. Millor u. a., 1955 – A. Saltram, Th. Archbishop of Canterbury, 1956 – C. R. Cheney, On the Acta of Th. and Thomas, Archbishops of Canterbury, Journ. Soc. Archivists 6, 1981, 467-481.

2. Th. *Bf. v. Lüttich* →Bar, Theobald v.

3. Th. (Thibaud) **v. Étampes,** spätes 11. und frühes 12. Jh., erster bezeugter Magister, der an den Schulen v. →Oxford lehrte, nachdem er vorher in →Caen unterrrichtet hatte; seine Lehrtätigkeit in Oxford begann wohl wenige Jahre vor 1100. Aus einigen seiner Briefe wird geschlossen, daß er Theologie unterrichtete. Das Zeugnis eines zeitgenöss. Gelehrten läßt Th. dagegen nur als Magister der Artes liberales, der in Oxford um die 60 oder 100 Schüler hatte, erscheinen. Was immer auch der genaue Lehrgegenstand Th.s war, bekannt ist, daß er intellektuelle Debatten mit jungen Klerikern und dem gefeierten Logiker→Roscelin führte. Anscheinend setzte Th. seine Tätigkeit in Oxford bis in die Jahre nach 1120 fort, mehrere Jahrzehnte vor der Anerkennung Oxfords als vollentwickelte→Universität. A. B. Cobban

Lit.: T. E. Holland, The Univ. of Oxford in the Twelfth Cent. (Collectanea II, hg. M. Burrows, Oxford Hist. Soc. 16, 1890), 141f., 151-159 – A. B. Emden, A Biographical Register of the Univ. of Oxford to A. D. 1500, III, 1959, 1754 – R. W. Southern, From Schools to University (The Hist. of the Univ. of Oxford, I, hg. J. Catto, 1984), 5f.

4. Th. (Thibault, Thibaut) **v. Langres,** Magister, Vertreter ma. →Zahlensymbolik, 2. Hälfte des 12. Jh., verfaßte den Traktat »De quatuor modis quibus significationes numerorum aperiuntur«. Unmittelbares Anliegen ist die Zählung der Sakramente. Trotz Bezugs auf die Bibel, Augustinus, Boethius, Beda Venerabilis, Hugo v. St-Victor entfaltet der Traktat keine theol. oder gesch. Inhalte; er ist eine Art Methodologie zum symbol. Gebrauch der Zahl in der Theol.; Impulse des Traktates sind nicht nachgewiesen. F. Courth

Ed.: R. Deleflie, Thibaut de L. Traité sur le symbolisme des nombres, 1978 [mit Übers.] – H. Lange, Thibaut de L., De Quatuor Modis, Cah. de l'Inst. du MA grec et lat. 29, 1979, 29–108 – *Lit.*: H. Meyer, Die Zahlenallegorese im MA, 1975 – H. Lange, Les données mathématiques des traités du XIIe s. sur la symbolique des nombres, Cah. de l'Inst. du MA grec et lat. 32, 1979.

5. Th. (Thibaud) **v. Provins,** hl. (Fest: 30. Juni, erste Julitage; Patron der Köhler und der it. polit. Geheimgesellschaft der Carbonari), * um 1033 in →Provins, † 30. Juni 1066 in Salanigo (Oberitalien), ◻ Vicenza, Kathedrale, später in das Kl. Vangadizza (Diöz. Adria) überführt; stammte aus adliger Familie, Vater: Arnulf v. Provins, Mutter: Willa (Gisela), Bruder: Arnulf, Abt v. →Ste-Colombe in Sens und St-Pierre in →Lagny. Th. lehnte den Waffendienst ab und führte mit seinem Freund Walter ein weltabgewandtes Leben. Sie pilgerten nach →Santiago de Compostela und Rom und ließen sich schließlich um 1058 als Eremiten in Salanigo nieder, wo Walter nach zwei Jahren starb. Bf. Liudigerus v. Vicenza weihte Th. zum Priester, und seine Mutter zog zu ihm. Abt Petrus v. Vangadizza nahm ihn 1066 in seine Mönchsgemeinschaft auf. Papst Alexander II. sprach ihn 1066–68 heilig. R. Große

Q.: BHL II, 8031–8044; Nov. Suppl., 8032a–8038f – IP VII/I, 146f. – *Lit.*: Bibl. SS XII, 196f. [Lit.] – LThK[2] X, 22 – J. M. B. Clauss, Die Hl.n des Elsaß, 1935, 129–134, 229–231 – Vies des Saints, VI, 525–528 – M. Bur, La formation du comté de Champagne v. 950–v. 1150, 1977, 243f.

6. Th. de Sexannia (fälschl. de Saxonia) OP, Theologe. Um die Mitte des 13. Jh. gehört Th. zu den 'viri boni', die im Mai 1248 im Zuge des Revisionsverfahrens gegen den Talmud in Paris das Gutachten unterzeichneten, das zu dessen erneuter Verdammung und Verbrennung führte (→Talmudverbrennungen). Damit reihte er sich in Tradition dominikan. Inquisitoren ein, die sich neben den Untersuchungen chr. →Häresien auch dem Judentum widmeten. Ob es Verbindungen Th.s zu anderen Vertretern seines Ordens in dieser Richtung wie etwa →Konrad v. Marburg gab, muß offen bleiben. Th. erstellte eine lat. Kurzfassung von Talmudexzerpten, wahrscheinl. auf Veranlassung von Eudes v. Châteauroux. Im Zuge des ursprgl. Pariser Verfahrens gegen den Talmud 1240–42 wurde erstmals eine solche Materialslg. als notwendig erachtet, die schließlich die Basis des Urteilsspruchs v. 1242 darstellte. Angereichert mit zusätzl. Material publizierte Th. später daraus seine »Excerpta in Talmud«. Sie entfalteten eine starke Wirkungsgesch. in der antijudaist. Polemik, wenn auch keine Originale überliefert sind. B. Lawall

Q.: H. Denifle–É. Chatelain, Chartularium Univ. Paris., I, 1899, 211 n. 178, Anm. 12 – *Lit.*: A. Patschovsky, Der Talmudjude (Juden in der chr. Umwelt des MA, hg. A. Haverkamp–F.-J. Ziwes, 1992), 13–27 – Th. Kaeppeli–E. Panella, Scriptores OP medii aevi, IV, 1993, 292–296 [Lit.].

7. Th. Die wohl erste lat.-metr. Bearbeitung (inc. Tres leo naturas et tres habet inde figuras) des →Physiologus, deren Entstehung im Italien des ausgehenden 11. oder beginnenden 12. Jh. vermutet wird, ist durch Subskription mit dem Namen eines Th. verbunden, dessen Identifizierung trotz etlicher Versuche nicht gelungen ist. In rund 300 Versen werden 12 bzw. 13 Tiere, darunter auch Sirenen und Onocentauren, nach ihren Eigenschaften beschrieben und allegorisiert. Das Versmaß wechselt: Hexameter und Distichen herrschen vor; in sapph. Strophen wird über die Schlange gehandelt, in daktyl. Tetrametern in syllabam über die Spinne und in stichisch verwendeten Adoniern über die Taube. Allenthalben findet sich in den Versen Reim, zumindest Assonanz. Eigenständigkeit in der Auswahl, inhaltl. Straffung der Vorlage(n) und mit Bedacht gewählte poet. Mittel, die einem an sich sperrigen Stoff gefällige Konturen verleihen, machen es verständlich, daß das kleine Werk neben lange bewährten lit. Stoffen seinen Platz (auch in der →Schullektüre) finden konnte und weit verbreitet war. Seine Beliebtheit zeigt sich überdies in mitunter reichen Glossen und Kommentaren sowie darin, daß es seinerseits Vorlage für volksprachl. Fassungen wurde. E. Heyse

Ed.: T.i »Physiologus«, ed. P. T. Eden, 1972 (Mittellat. Studien und Texte VI) – *Lit.*: Manitius III, 731ff. – Verf.-Lex.[2] s.v. – N. Henkel, Stud. zum Physiologus im MA, 1976 (Hermaea NF 38) – G. Orlandi, La tradizione del »Physiologus« (L'uomo di fronte al mondo animale nell'alto medioevo, II, 1985).

Theodahad, Kg. der →Ostgoten 534–536; Sohn von Amalafrida, Schwester →Theoderichs d. Gr.; Bruder von →Amalaberga; ⚭ Gudeliva, wohl Mutter seiner Kinder Theudegisclus und Theodenantha. Nach dem frühen Tod des von Theoderich als Nachfolger designierten →Eutharich war Th. der einzige →Amaler seiner Generation in Italien, wurde aber dennoch bei der Erbfolgeregelung übergangen. Th. besaß große Ländereien in der Toskana und widmete sich als Privatmann philos. Studien. Nach dem Tode Theoderichs (526) übernahm dessen Tochter Amalasuintha (→Amalasuntha) im Namen ihres Sohnes →Athalarich die Herrschaft bis zu dessen Tod (2. Okt. 534). Im Nov. 534 Kg. und Mitherrscher Amalasuinthas geworden, bemühte sich Th. um die Anerkennung durch Konstantinopel. Ende 534 konfinierte er seine Cousine auf einer Insel des Bolsenasees. Hier wurde Amalasuintha spätestens am 30. April 535 aus Rache ermordet. Dadurch befand sich Th. automatisch in einem »Krieg, der jeden Vertragsfrieden ausschließt«, mit Ks. →Justinian I. Th. zog dem ksl. Feldherrn →Belisar bis Rom entgegen, in dessen Umgebung der Großteil der got. Streitmacht konzentriert wurde. Hier kam es Ende Nov. 536 zum Abfall des Heeres. Th. versuchte zu fliehen, wurde aber unterwegs von einem persönl. Feind im Auftrag des neuen Kg.s →Vitigis ermordet. H. Wolfram

Lit.: PLRE 2, 1067 – H. Wolfram, Die Goten, 1990[3], bes. 336–341.

Theodard. 1. Th., hl., Ebf. v. →Narbonne 885–895, ◻ S. Martin (später St-Théodard) de Montauriol (→Montauban), entstammte dem frk., der welf. Partei nahestehenden Adel, wurde unter Ebf. Sigebold (866–885) in das Kapitel v. Narbonne aufgenommen und nach dessen Tod zum Ebf. gewählt. Dank der intensiven Zusammenarbeit mit Gf. →Wifred el Pelós v. Barcelona erreichte er eine Unterstellung aller katal. Bm.er unter die Metropolitangewalt Narbonnes. Zur Absicherung seiner Metropolitanstellung erwarb Th. ein Privileg des westfrk. Kg.s Odo (890) und hielt Synoden in Port (?) und Urgel ab. 887 überführte er die Reliquien des hl. Antonius v. Apomeia nach Narbonne. Seine Ende des 11. Jh. im Rahmen des Streits um die Wiedererrichtung der Metropole →Tarragona entstandene Vita greift auch auf zeitgenöss. Nachrichten zurück. U. Vones-Liebenstein

Q. und Lit.: AASS Mai I, 142–156 – LThK[2] IX, 23 [Lit.] – R. d'Abadal i de Vinyals, Els primers comtes catalans, 1958, 154–165 – R.-H. Bautier, La prétendue dissidence de l'épiscopat catalan et le faux concile de 'Portus' de 887–890, Bulletin philologique et hist. 1961 (1963), 477–498 – E. Magnou-Nortier, La société laïque et l'Église dans la Province ecclésiastique de Narbonne, 1974, 327–329, 338–342 – I. Schröder, Die westfrk. Synoden von 888 bis 987 und ihre Überlieferung

rung (MGH Hilfsmittel 3, 1980), 122–135 – U. Vones-Liebenstein, Katalonien zw. Maurenherrschaft und Frankenreich (Das Frankfurter Konzil, 1996) [im Dr.].

2. Th., hl., Bf. v. →Tongern/→Maastricht, zeitgenössisch nur belegt in einem diplomat. Zeugnis aus →Stablo/ →Malmedy (ca. 6. Sept. 669/670), in welchem der Bf. sich in die Abgrenzung des Gebietes der Abtei einschaltet. Nach der »Vita Landiberti« (8. Jh.) widmete sich Th. der Erziehung des hl. →Lambertus, der ihm im Bf. samt nachfolgte. Th. wurde wahrscheinl. im 'Bienwald' bei Speyer ermordet. Heiligenverehrung (Fest 10. Sept.) bildete sich aus um Th.s Grabstätte in →Lüttich (Reliquien im 10. Jh. bezeugt, um 1147 Weihe einer Th.-Krypta in der Kathedrale St. Lambert), wo sein Kult bis zum Ende des Ancien Régime gepflegt wurde. Ph. George

Q.: J. Halkin–C.-G. Roland, Chartes de Stavelot-Malmedy, I, 1909, n° 6 – Vita Landiberti, ed. B. Krusch, MGH SRM VI, 1890, 35–47 – Sigebert v. Gembloux, Vita et passio Th. i, ed. J. Schumacher, Bull. Soc. d'Art et d'Hist. du Dioc. de Liège 51, 1975, 1–43 – *Lit.*: BHL, 8046–8049 – BNB XXIV, 753f. – BiblSS XII, 209–211 – LCI VIII, 442f. – LThK² X, 23 – M. Werner, Der Lütticher Raum in frühkarol. Zeit, 1980, 100–107, 236–241 – J.-L. Kupper, Leodium (Gams V/2, hg. S. Weinfurter–O. Engels, 1982), 53 – Ders., Sources écrites: des origines à 1185 (Les fouilles de la place St-Lambert, I, hg. M. Otte, 1984), 33 – E. Gierlich, Die Grabstätten der rhein. Bf. e vor 1200, 1990, 318–320.

Theodelinde → Theudelinde

Theoderich (s. a. Dietrich)

1. Th. d. Gr., Kg. der →Ostgoten, * 451 (eher als 456), † 30. Aug. 526. Der →Amaler Th. wurde noch außerhalb des Römerreichs geboren. Sein Vater war Thiudimir, der mittlere von drei Brüdern (ältester: Valamir, Ostgotenkg. in →Pannonien 456/457 und 468/469; jüngster: Vidimir). Th.s Mutter Ereleuva lebte mit ihrem Mann in nicht vollgültiger Ehe. Sie folgte ihrem Sohn nach Italien, wo sie als Kgn. galt und als Katholikin den Taufnamen Eusebia trug. Th. schloß seine erste vollgültige Ehe, die man kennt, wohl 493, mit der Merowingerin →Audofleda (Schwester →Chlodwigs), von der er seine Erbtochter Amalasuintha (→Amalasuntha) hatte. Aus (mindestens) einer älteren Verbindung gingen die 493 bereits heiratsfähigen Töchter Thiudigotho und Ostrogotho hervor, über deren Mutter (oder Mütter) nichts bekannt ist.

Th. lebte von etwa 459 bis gegen 469 als →Geisel in Konstantinopel und erlernte hier zumindest die Grundregeln der schriftl. antiken Verwaltungspraxis, so daß er sicher kein Analphabet war, wie später behauptet wurde. Als Th. spätestens 469 zu den pannon. Ostgoten zurückkehrte, war sein Vater (nach dem Tode des Onkels Valamir) Kg. geworden. Bereits um 470 unternahm Th. mit den Gotenkriegern des verstorbenen Onkels seinen ersten erfolgreichen Kriegszug, von dem an er sein Kgtm. datierte. In der zweiten Jahreshälfte 473 verließen die Amaler mit ihren Völkern Pannonien: Thiudimir und sein Sohn Th. zogen nach Makedonien, wo Th. dem 474 verstorbenen Vater als Kg. nachfolgte. Bis 488 hatte sich Th. sowohl gegen den kgl. Konkurrenten Theoderich Strabo († 481) als auch gegen die ksl. Schaukelpolitik zu behaupten. Th. wurde 481 Heermeister (→Magister militum), trat am 1. Jan. 484 in Konstantinopel den Konsulat (→consul) an (spätestens damals im Besitz des röm. Bürgerrechtes). Da er sich der ksl. Macht auf die Dauer nicht gewachsen sah, schloß er mit →Zenon 488 einen Vertrag, wonach er nach Italien ziehen und »nach der Besiegung Odoakers für seine Mühen an der Stelle des Ks.s, bis dieser dorthin komme, herrschen solle«. Nach jahrelangen Kämpfen, einer abermaligen Erhebung zum Kg. 493 und der Ermordung →Odoakers erhielt Th. 497 die ksl. Anerkennung, die seine Herrschaft in Italien (→Italien A. I. 3) auf Dauer zu sichern schien.

Aus gegebenem Anlaß versuchte Th., sein italisch-got. Regnum gleichsam als Ebenbild des (übergeordneten) Kaiserreichs zu definieren. Kaiserlich war des Gotenkg.s Herrschaft über die röm. Bürokratie; doch blieb das Recht Konstantinopels gewahrt, Senatoren, Patrizier und die West-Konsuln – auf Vorschlag Ravennas – zu ernennen. Th. entschied über die Zugehörigkeit zum Senat, übte die Blutgerichtsbarkeit wie das Gnadenrecht über alle Bewohner Italiens aus und besaß die Hoheit in kirchl. Angelegenheiten; eine Zuständigkeit, die über Th.s heermeisterl. Befugnisse wesentlich hinausging.

Da Th. den inneren Frieden Italiens sicherte, konnte er auch wie ein Ks. wirtschaften. Dem allg. Wohlergehen diente das →Edictum Theoderici, welches das Kunststück fertigbrachte, das röm. Kaiserrecht den gegebenen Umständen anzupassen, ohne in das Vorrecht der ksl. Gesetzgebung einzugreifen. Der rasch erwirtschaftete Überschuß wurde für eine intensive, obgleich zumeist restaurative Bautätigkeit verwendet (Repräsentations- und Nutzbauten, etwa Wasserleitungen: Wiedererrichtung des trajan. Aquädukts in Ravenna; Verteidigungsanlagen). Die herrliche Ausgestaltung der Königsstadt →Ravenna ist diejenige Leistung der Epoche Th.s, die am ehesten das Prädikat schöpferisch verdient.

Th.s Staat bestand aus der ital. Präfektur, einem röm. verwalteten Großraum von durchaus ksl. Dimensionen, der die spätantike Staatlichkeit bruchlos fortsetzte. Seit jeher bestand die Gewohnheit, daß der Ks. durch persönl. Beauftragte, comites (→comes I. 1), in den bürokrat. Instanzenzug eingriff und ihn überwachte. Diese Möglichkeit baute Th. als 'comitiva Gothorum' aus. Der Inhaber eines solchen Auftrags besaß militär., in Ausnahmefällen auch zivile Aufgaben und die damit verbundenen richterl. Befugnisse. Unmittelbar in den Jahren nach 493 gelang Th. die got. Ansiedlung in Italien, ohne größere Eingriffe in die herkömml. Besitzstruktur vornehmen zu müssen. Wahrscheinl. wurde kein Grund und Boden konfisziert, vielmehr dürfte die wirtschaftl. Grundausstattung der Gotenheeres aus Anteilen des regulären Steueraufkommens genommen worden sein.

Nach Niederlage und Tod seines Schwiegersohnes →Alarich II. (507) wurde Th. bis 511 in einen mehrjährigen innergot. Krieg verwickelt, der mit dem Ergebnis endete, daß er auch Kg. der →Westgoten wurde. I. J. 515 verheiratete er den westgot. Amaler →Eutharich mit seiner Tochter Amalasuintha und designierte ihn zu seinem Nachfolger. Diese Ordnung umfaßte alle Elemente von Th.s eigenem Kgtm., nämlich Zugehörigkeit zu den Amalern, Designation durch den Vorgänger und bald auch die ksl. Bestätigung (518 durch den neuen Ks. →Justin I.). Th.s Erbfolgeordnung scheiterte aber bald; sein Schwiegersohn starb 522/523, und die röm. Opposition nahm direkt mit dem Ks. Verbindung auf. Die Antwort Ravennas war die unbarmherzige Verfolgung der röm. Senatoren, in deren Fall →Boethius und sein Schwiegervater →Symmachus verstrickt wurden. Als Th. am 30. Aug. 526 – wie der Erzketzer Arius – an der Ruhr verschied, waren die meisten Katholiken von der Höllenfahrt des einst so gerechten Gotenherrschers überzeugt.

Th.s gentile Politik vereinigte röm. wie germ. Erfahrungen. Germanisch war die Heirats- und Bündnispolitik, mit der er Westgoten, →Burgunder, →Franken, →Thüringer und →Vandalen an sich zu binden und damit die Sicherheit Italiens zu gewährleisten suchte. Folgte Th. dem Vorbild ksl. Barbarensieger, war er »Sieger und

Triumphator«, »Verbreiter des röm. Namens« und »Beherrscher und Besieger der Barbarenvölker«, wie ihn die goldene Festmünze feierte, die er wahrscheinl. anläßlich seiner Dreißigjahrfeier prägen ließ. Tatsächlich gelang Th. die Wiedergewinnung röm. Provinzen sowohl westl. der Alpen als auch in Pannonien südl. der Drau. Anscheinend wollte Th. ein zweiter Konstantin sein, wie dies die Architektur des berühmten Mausoleums zu Ravenna verdeutlicht. Was die gentile Tradition betrifft, so suchte sie Th. im Sinne der amalischen Familie zu monopolisieren. Der Großteil der got. Bibelüberlieferung (→Bibelübers., VIII) stammt aus dem Italien Th.s. – Zur Sagenüberlieferung und lit. Gestaltung →Dietrich v. Bern.   H. Wolfram

Lit.: PLRE 2, 1077–1084 – H. Wolfram, Die Goten, 1990³, 268–327.

2. Th. I. (Theoderid), Kg. der →Westgoten 418–451. Der Herrschaftsantritt des wohl über seine Frau mit den Balthen versippten Th.s fällt zusammen mit der durch ein foedus vereinbarten westgot. Landnahme in Gallien (Prov. Aquitania II, verschiedene civitates der Prov.en Novempopulana und Narbonensis I; dort v. a. →Toulouse, das zur sedes regia wurde), die zur Entstehung des Tolosan. Reiches führte und mittelbar den Prozeß der Auflösung des weström. Reiches einleitete. Th.s Bemühungen, →Arles zu erobern und damit einen im foedus nicht vorgesehenen Zugang zum Mittelmeer zu gewinnen, scheiterten 425 und 431 am Widerstand des →Aëtius, ebenso der Versuch, die Herrschaft 436/437 bis an die Rhône auszudehnen und Narbonne zu besetzen. Ob der nach der Beendigung der Belagerung von Toulouse und dem Sieg über Litorius 439 mit dem gall. Praetorianerpräfekten →Avitus geschlossene Vertrag das Ausscheiden der Westgoten aus dem foedus bedeutete, ist strittig. Episode blieb ein im einzelnen nicht mehr durchschaubares Zusammenspiel mit den →Vandalen unter Kg. →Geiserich, dessen Sohn Hunerich von 429(?)–442 mit einer Tochter Th.s verheiratet war. Auch das 449 durch eine Ehe der zweiten Tochter Th.s mit Rechiarius, dem Kg. der Spaniensueben (→Sueben), eingeleitete Bündnis zeitigte keine nennenswerten Ergebnisse. Unter dem Eindruck der bedrohl. Lage, in die auch das junge Westgotenreich durch den Angriff →Attilas geriet, kam es trotz des seit Jahren gespannten Verhältnisses zur Teilnahme der Westgoten an der von Aëtius gegen die →Hunnen aufgebotenen Streitmacht. Th. fiel in der Entscheidungsschlacht auf den →Katalaun. Feldern 451. Die lange Regierungszeit Th.s begünstigte die Entstehung einer westgot. stirps regia in der Linie der 'jüngeren Balthen' (die vier ältesten der sechs Söhne Th.s gelangten zur Herrschaft). Belegt sind legislator. Akte Th.s.   G. Kampers

Q. und Lit.: Kl. Pauly V, 684 – PLRE II, 1070f. – D. Claude, Gesch. der Westgoten, 1970, 28ff. – M. Heinzelmann, Gall. Prosopographie, Francia 10, 1982, 702f. – H. Wolfram, Die Goten, 1990³, 178ff., 206f., 225ff.

3. Th. II., Kg. der →Westgoten 453–466; (wohl mütterlicherseits) Enkel →Alarichs I., Sohn →Theoderichs I.; Nachfolger seines älteren Bruders Thorismund, den er im Bund mit seinem Bruder Frederich gewaltsam beseitigte. Auf eine zunächst römerfreundl. Haltung Th.s deuten die Vernichtung span. →Bagaudes durch eine westgot. Militäraktion und v. a. Th.s führende Rolle bei der Ausrufung seines Lehrers und Freundes →Avitus zum Ks. 455 in Arles. Erfolgte der siegreiche Feldzug gegen die →Sueben, die unter Kg. Rechiarius, Th.s Schwager, in die Prov. Baetica eingefallen waren, noch in ksl. Auftrag, so versuchte Th. nach dem Tod des Avitus im Herbst 456 mit wechselndem Erfolg, aus der Konkursmasse des zunehmend in Agonie verfallenden Westreiches möglichst viel herauszuholen. Während die Einnahme von →Arles am Widerstand des mit Ks. →Maiorianus verbündeten →Aegidius scheiterte (458), gelang Th. nach dessen Tod 465 die Eroberung röm. Gebietes an der Loire. Die mit Unterbrechungen geführten Kämpfe in Spanien gelangten 465 zu einem Abschluß mit der Konsolidierung des Suebenreiches unter Kg. Rechimund/Remismund, der eine Westgotin heiratete. Damals wurden die Sueben durch den westgot. Missionar Aiax zum Arianismus (→Arius) bekehrt. Vielleicht reicht die westgot. Landnahme auf der 'Tierra de Campos' in diese Zeit hinauf. Umstritten ist, ob das →Edictum Theoderici auf Th. zurückgeht. 466 wurde Th. von seinem Bruder →Eurich ermordet.   G. Kampers

Q. und Lit.: PLRE II, 1071f. – D. Claude, Gesch. der Westgoten, 1970, 30f. – St. Hamann, Vorgesch. und Gesch. der Sueben in Spanien, 1971, 112ff. – H. Wolfram, Die Goten, 1990³, 184ff., 206ff.

4. Th., Gegenpapst vom Sept. 1100 – Jan. 1101 in der Zeit →Paschalis' II. 1084 begegnet er als Kard.diakon v. S. Maria in Via Lata. Er wurde einer der führenden Anhänger des Gegenpapstes →Clemens III. und von diesem zum Kard.bf. v. Albano (nicht S. Rufina) erhoben. 1098 führte er eine Legation nach Dtl. an. Nach dem Tod Clemens' III. (8. Sept. 1100) wurde Th. von den Wibertinern nachts in der röm. Peterskirche zum Nachfolger gewählt, geweiht und inthronisiert. Auf dem Weg zu Ks. Heinrich IV. wurde Th. von Anhängern Paschalis' II. gefangen (Jan. 1101), nach Rom gebracht und bis zum Tod (1102, durch Grabstein gesichert) im Dreifaltigkeitskl. zu La Cava (Kampanien, im norm. Herrschaftsbereich) in Kl.haft gehalten.   G. Schwaiger

Lit.: LP II, 298 – Jaffé² I, 772, 345 – R. Hüls, Kard.e, Klerus und Kirchen Roms 1049–1130, 1977, 92f. – C. Servatius, Paschalis II., 1979, 69–72, 339f. – G. Tellenbach, Die w. Kirche vom 10. bis zum frühen 12. Jh., 1988, 201–208.

5. Th. (Dietrich), Bf. v. →Leal, gen. Th. v. Treiden (Thoreyda), SOCist, † 15. Juni 1219 bei →Lyndanisse, Nordestland. Als mutmaßl. Angehöriger des Kl. →Loccum wurde er 1186 von Bf. →Meinhard v. Üxküll für die Livenmission angeworben und gründete bei Thoreyda an der Treidener Aa mit Erfolg ein eigenes Missionszentrum. Gegen aufkommende gewaltsame Bedrohungen fand er im oft aufgesuchten Rom Unterstützung, wodurch die livländ. Kreuzzüge begründet wurden. Er hatte Verbindungen zur skand. Mission in →Estland und wurde wichtigster Mitarbeiter Bf. →Alberts v. Riga (seit 1199). Mit ihm hatte er durch Verhandlungen mit der westfäl. Zisterze→Marienfeld die Vorbereitungen zur Gründung des Kl. →Dünamünde getroffen, dessen erster Abt er 1205 wurde. Wiederholt Statthalter für Bf. Albert, dürfte er 1202 den →Schwertbrüderorden als militär. Schutz gegründet haben. Seit 1211 Bf. der Esten mit Sitz in Leal, stand er mitten in den polit. Auseinandersetzungen der werdenden livländ. Mächte (→Livland, B). Als Parteigänger des Kg.s v. →Dänemark wurde er von den Esten erschlagen.

B. Jähnig

Lit.: L. Arbusow, Livlands Geistlichkeit, Mitauer Jb. für Genealogie, Heraldik und Sphragistik, 1901, 122; 1902, 71; 1911–1913, 213 – P. Johansen, Nord. Mission, Revals Gründung und die Schwedensiedlung in Estland, 1951 – F. Benninghoven, Der Orden der Schwertbrüder, 1965 – Stud. über die Anfänge der Mission in Livland, hg. M. Hellmann, 1989.

6. Th. v. Erfurt, Philosoph, möglicherweise identisch mit Theoderich v. Magdeburg, Mag. art., Rektor am Erfurter Marienstift, wo er auch lehrte. Vor 1350 verfaßte er in averroist. Richtung die Quaestiones s. I–III l. De

anima (Krakau, BJ, cms 742, f. 157r–193v) und Quaestiones s. De substantia orbis (ed. Z. KUKSEWICZ, 1985); unsicher ist die Autorschaft des Physik-Komm.s.
M. Markowski

Lit.: K. MICHALSKI, La lutte autour de l'âme au XIVᵉ au XVᵉ s. (VIᵉ Congr. internat. des sciences hist., Oslo 1928), 116–118 – C. LOHR, Traditio 29, 1973, 154f. – J. PINBORG, Neues zum Erfurter Schulleben des XIV. Jh., Bull. de Philos. Médiévale 15, 1973, 150 – Z. KUKSEWICZ, Averroistic Fourteenth Cent. Bolognese Textes in the Ms BJ 742, Mediaevalia philos. Polon. 29, 1988, 36 – S. LORENZ, Studium Generale Erfordense, 1989, 303–309.

7. Th. v. Fleury (Th. v. Amorbach), Schriftsteller, † wohl nach 1018, wahrscheinlich dt. Herkunft, war erst Weltgeistlicher, dann lebte er als Mönch und Priester längere Zeit im Kl. →Fleury. Von dort reiste er 1002 nach Rom, wo er sich jahrelang aufhielt; er begegnet auch in Montecassino. Vermutlich schon vor 1010 verließ er Italien. Er wirkte dann in der Abtei →Amorbach, betrachtete sich aber weiterhin als Floriazenser. – In Italien und Deutschland entstanden Th.s hagiograph. Werke: Viten des hl. Firmanus (BHL 3001) und Papst→Martins I. (BHL 5596) sowie eine »Passio sanctorum martyrum Triphonis et Respitii« (BHL 8340) mit einem offenbar von Th. inspirierten Prolog beim Priesters Leo, der Th.s Leistungen und Tugendhaftigkeit rühmt; die »Illatio s. Benedicti« (BHL 1122) behandelt die Rückholung der in Sicherheit gebrachten Benediktreliquien nach Fleury; weitere Hagiographica sind verloren. Erst nach dem Italienaufenthalt verfaßte Th. einen Komm. zu den Kath. Briefen und eine für dt. Leser bestimmte Darstellung der Consuetudines von Fleury; beide Schriften spiegeln seine krit. Haltung gegenüber der Weltgeistlichkeit.
J. Prelog

Ed.: AASS Nov. IV, 1925, 370ff. – CCM VII/3, 1984, 3–60 – *Lit.*: DSAM XV, 694–696 – Verf.-Lex.² IX, 747–753 [F. J. WORSTBROCK; *Lit.*] – A. DAVRIL, Un moine de Fleury ... (Études ligériennes d'Hist. ..., hg. R. LOUIS, 1975), 97–104 – BRUNHÖLZL, II, 189, 583.

8. Th. Strabo ('der Schieler'), 471 thrak. Heermeister und oberster Heermeister im Osten 473/474, 475/476, 478/479. Er war der Sohn des Triarius, Neffe der Frau →Aspars, und hatte zwei Brüder; ⚭ Sigilda, Sohn: Rekitach. Th.s Zugehörigkeit zu den →Amalern verneint Iordanes, Getica 270, ist jedoch mit großer Wahrscheinlichkeit zu erschließen. Nach dem Sturz Aspars 471 forderte Th. dessen Ämter und ließ sich in Thrakien von einem ostgot. Föderatenheer 471 (eher als 473) zum Kg. ausrufen. Diese Kg.serhebung enthält bereits alle Elemente der Erhebung →Odoakers von 476. Ein barbar. Heer in röm. Diensten suchte seine Forderungen nach wirtschaftl. Absicherung durchzudrücken, indem es seinen General zum Kg. machte. Folgerichtig verlangte Th. die ksl. Anerkennung als einziger Gotenkg. und schlug vor, die röm. Armee durch seine Föderatenkrieger zu ersetzen. Die folgenden acht Jahre sind gekennzeichnet einerseits durch den Kampf Th.s mit seinem Namensvetter →Theoderich um die Vorherrschaft über die Balkangoten, andererseits durch den Versuch der beiden, sich auf Kosten des anderen in Konstantinopel durchzusetzen. 481 kam Th. bei einem Unfall ums Leben.
H. Wolfram

Lit.: PLRE II, 1073–1076 – H. WOLFRAM, Die Goten, 1990³, bes. 268–276.

9. Th., von etwa 1350 bis gegen 1380 in Prag tätiger Maler (in diesem Zeitraum urkundl. erwähnt). Einzig gesicherter Auftrag 1365: 130 Tafeln mit Halbfiguren von Heiligen – »totius militis celestis« – um die zentrale Kreuzigung in der Kreuzkapelle der Burg →Karlstein. Th. war dabei wohl das Haupt einer mindestens vierköpfigen Werkstatt. Die laut Zuschreibung von G. SCHMIDT eigenhändigen Gestalten (z.B. der Kreuzigungstafel) wirken zwar urtümlich-monumental, sind jedoch ausschließlich reliefhaft angeordnet, dem Raum gegenüber indifferent, dabei teigig, wie aus weicher Substanz geknetet und nahezu ohne disegno. Th. bedient sich absolut maler. Stilmittel. Die Linie hat weder dekorative noch gliedernde Bedeutung; die Monumentalität der Figuren entsteht dadurch, daß farbige Flächen aneinanderstoßen – auch sie ohne harte Kontraste.
G. Fritzsche-Laipple

Lit.: K. M. SWOBODA, Gotik in Böhmen, 1969, 196–204 [G. SCHMIDT; dort ältere Lit.] – K. STEJSKAL, Karl IV. und die Kultur und Kunst seiner Zeit, 1978, 129–134 – Die Parler und der Schöne Stil 1350–1400, Ausst.Kat. Köln 1978, 2, 758–763 [J. PEŠINA].

Theodizee → Übel

Theodo, Hzg. der →Bayern, wohl seit ca. 680, zumindest vor 696–ca. 717/718; aus dem Geschlecht der →Agilolfinger, Eltern unbekannt. Mit Th. beginnt die Q.überlieferung aus Bayern selbst. Die Hzg.sherrschaft Th.s gewann eine gefestigte Stellung nach innen und außen, die in den Bf.sviten positiv hervorgehoben wird. Er berief drei oder vier »Missions- bzw. Reformbf.e« (besser Hofbf.e) in sein Land: →Rupert (Salzburg), →Emmeram, wohl auch →Erhard (Regensburg), →Korbinian (Freising), die aus dem Frankenreich kamen. Allesamt trafen sie den Hzg. und seinen Hof in →Regensburg.

Th., der offenbar engen Kontakt mit dem Alamannenhzg. hatte, griff in die langob. Thronwirren ein, verteidigte Bayern gegen eindringende →Avaren und traf Absprachen mit dem Papst. Als erster bayer. Hzg. ging Th. 715 nach Rom, bereitete mit dem Papst einen Organisationsplan für die bayer. Kirche vor, der 716 erlassen, aber bestenfalls ansatzweise durchgeführt werden konnte. Wie ein Kg. teilte Th. vor 715 seine Herrschaft unter seinen Söhnen. Schon 702 saß Theodbert in Salzburg. Bald nach Th.s Tod bekämpften sich die Hzg.ssöhne.
W. Störmer

Lit.: SPINDLER I², 1982, 156–162 – H. BERG, Christentum im bayer. Raum um 700 (Der hl. Willibald – Klosterbf. oder Bm.sgründer?, hg. H. DICKERHOF u.a., 1990), 69–113 – W. STÖRMER, Die bayer. Hzg.skirche (ebd.), 116–122 – J. JAHN, Ducatus Baiuvariorum, 1991, 25–75.

Theodofrid, erster Abt v. →Corbie, wurde von Kgn. →Balthild aus →Luxeuil, wo er Mönch war, in die von ihr 657/661 gegr. Abtei Corbie geholt, deren Leitung er übernahm. Später – letztmals 683 – begegnet er als Bf. (wohl v. Amiens). – Wahrscheinl. ist der Abt mit dem Dichter Th. identisch, der einen abecedar. Rhythmus über die sechs Weltalter (25 Strophen mit Refrain, SCHALLER 878) und vielleicht auch die »Versus de nominibus sanctorum« (27 Strophen mit Refrain, SCHALLER 4) verfaßte. Zu Unrecht wurde demselben Autor der kosmograph. Rhythmus »Versus de Asia et de universi mundi rota« (SCHALLER 1106) zugeschrieben.
J. Prelog

Ed.: MGH PP IV/2, 559–564, 630–635 – *Lit.*: L. LEVILLAIN, Examen crit. des chartes ... de Corbie, 1902, 59–68 – D. NORBERG, La poésie lat. rythmique du haut MA, 1954, 41–53 – BRUNHÖLZL, I, 154.

Theodor (s.a. Theodoros, Theodorus)

1. Th. Petros, Zar v. →Bulgarien 1186–90, 1196–97, organisierte zusammen mit seinem Bruder,→Asen I., den bulg. Aufstand gegen die byz. Fremdherrschaft und die Wiederherstellung des bulg. Zarenreichs (1186–88). Er wurde in der Kirche des Hl. Demetrios in →Tărnovo bei ihrer Weihe unter dem Namen Petros zum Zaren erhoben. Als die Armee des 3. Kreuzzuges die Balkanhalbinsel durchquerte (1189–90), nahm Th. mit Ks. →Friedrich I. Barbarossa Verhandlungen auf und bot ihm Unterstützung bei eventuellen Kriegshandlungen gegen das Byz. Reich an. Dafür verlangte er, als 'imperator Grecie' aner-

kannt zu werden. Im Sommer 1190 trat er wegen einer Erkrankung Asen I. den Thron ab; er übernahm die Verwaltung von NO-Bulgarien und der →Dobrudža von →Preslav aus. Nachdem Asen von seinem Vetter Ivanko ermordet worden war (1196), eroberte Th. die Hauptstadt Tărnovo und übernahm erneut die Zarenkrone, doch fiel auch er bald einem Mord zum Opfer.
V. Gjuzelev

Lit.: SłowStarSłow 4, 1970, 107 – BLGS III, 1979, 432f. – Zlatarski, Istorija, II, 410-483; III, 1-105 – I. Božilov, Familijata na Asenevci (1186-1460). Genealogija i prosopografija, 1985, 40-42.

2. Th. Svetoslav, *Zar v.* →*Bulgarien* 1300-21, Sohn des Zaren →Georg I. Terter. Seine Kinder- und Jugendjahre verbrachte er als Geisel in Byzanz und bei der →Goldenen Horde. Nach seiner Heimkehr gelang es ihm, mit Hilfe eines Teils der Bojaren v. →Tărnovo den Thron zu besteigen. Wegen der Ermordung des Sohns von →Nogaj, Čaka, gab der tatar. Chan Toktu das Gebiet nördlich des Donaudeltas (Zentrum: Festung Maurokastro am Schwarzen Meer) an Bulgarien zurück. Der byz. Versuch, gegen Th. Rivalen aus der Gruppe emigrierter Aristokraten aufzustellen, scheiterte. Nach dem erfolgreichen Krieg gegen Byzanz (1303-07) vermochte Th. die bulg. Herrschaft über Nordthrakien und das Schwarzmeergebiet wiederherzustellen. Er knüpfte dauerhafte Friedensbeziehungen zu der Goldenen Horde, dem Byz. Reich und →Serbien. 1318 besuchte Kg. →Stefan Uroš II. Milutin die bulg. Hauptstadt Tărnovo. Th. belebte die Handelsbeziehungen und die polit. Kontakte zu Venedig und Genua, beteiligte sich aktiv am byz. Bürgerkrieg (1320-21). Die vermehrte Silberförderung in seiner Zeit führte zu verstärkter Münzprägung und erhöhtem Münzumsatz und stärkte die zentrale Herrschaft des Zaren. V. Gjuzelev

Lit.: BLGS IV, 1981, 336f. – Istorija na Bălgarija, III, 1982, 299-308, 317-319 [V. Gjuzelev] – Oxford Dict. of Byzantium, 1991, 2047f. – Z. Pljakov, Bălgarovizantijski otnošenija pri Teodor S., Palaeobulgarica 16, 1992, 93-108.

3. Th. I. Laskaris, *byz. Ks. v.* →*Nikaia* 1205-21, * um 1175, † Nov. 1221, ∞ Tochter des Ks.s Alexios III. Angelos, führte den Titel → 'Despotes'. Infolge der Eroberung Konstantinopels durch die Kreuzfahrer 1204 (→Kreuzzug, 4.; →Lat. Ksr.) floh er nach Kleinasien und bildete um Nikaia ein byz. Widerstandszentrum, das sich (nach Th.s Ausrufung zum Ks., noch 1205) zum byz. Nachfolgestaat entwickelte. 1208 ließ er sich durch den auf sein Betreiben hin erhobenen Patriarchen→Michael IV. zum Ks. krönen. Th. kämpfte auch mit den unmittelbar benachbarten →Selǧuqen, die von Th.s Schwiegervater Alexios, der nach wie vor den Ks.titel beanspruchte, zum Krieg angestachelt wurden. 1211 schlug Th. jedoch den Sultan der Selǧuqen und nahm Alexios gefangen. 1214 zwang er den lat. Ks., →Heinrich v. Flandern, zur Anerkennung der Grenzen und Autonomie des Reiches v. Nikaia. Th.s langfristiges Ziel war stets die Rückgewinnung von Konstantinopel; dem diente seine Vermählung mit der Schwester des lat. Ks.s →Robert v. Courtenay, dem er im Gegenzug seine Tochter Eudokia als Gemahlin anbot. Um die Gunst des Papstes zu erlangen, leitete er in Nikaia Verhandlungen über eine mögliche Kirchenunion ein. 1219 schloß er einen Handelsvertrag mit den Venezianern, der diesen Freihandel im ganzen Reich v. Nikaia gewährte. Da Th. keine Söhne hinterließ, folgte ihm sein Schwiegersohn →Johannes (III.) Vatatzes nach. Th. schuf geordnete wirtschaftl., administrative und militär. Strukturen und ermöglichte so seinen Nachfolgern eine aktive Weiterführung der Politik zur Befreiung Konstantinopels.
D. M. Nicol

Lit.: BLGS IV, 298-300 – Oxford Dict. of Byz., 1991, 2039f. – A. Gardner, The Lascarids of Nicaea, 1912 – M. J. Angold, A Byz. Government in Exile, 1975 – A. Stauridu-Zaphraka, Νίκαια και Ήπειρος τον 13° αιώνα, 1990 – G. Prinzing, Das byz. Ksm. im Umbruch (Legitimation und Funktion des Herrschers, hg. R. Gundlach–H. Weber, 1992), 135-143.

4. Th. II. Laskaris, *byz. Ks. v.* →*Nikaia* seit Nov. 1254, † 16. Aug. 1258, Sohn von Ks. →Johannes III. Vatatzes. Th. stand den von seinem Vater begünstigten Aristokraten argwöhnisch gegenüber und zog stattdessen Männer von geringerer Herkunft ins Vertrauen. Er wahrte den Frieden mit den →Selǧuqen und dem bulg. Zaren →Ivan II. Asen, seinem Schwiegervater, stand dagegen in scharfem Gegensatz zum rivalisierenden Fs.en v. →Epiros, →Michael II. Nach Th.s Tod brachen um die Vormundschaft für den erst achtjährigen Erben, →Johannes (IV.) Laskaris, blutige Konflikte aus, die dem Usurpator→Michael (VIII.) Palaiologos die Erringung der Macht in Nikaia, dann (1261) die Eroberung Konstantinopels ermöglichten. – Der gesundheitlich geschwächte Th., der mehr Gelehrter als Staatsmann und Soldat war, erwarb sich bleibende Verdienste durch die Förderung u. a. von Nikephoros →Blemmydes und Georgios →Akropolites sowie als Verfasser eigener theol., philos. und rhetor. Werke. Eine Briefsammlung ist erhalten. D. M. Nicol

Ed..: Th.i Ducae Lascaris Epp. CCXVII, ed. N. Festa, 1898 – Peri christianikes theologias logoi, ed. Ch. Krikones, 1988 – Encomio dell' imp. Giovanni Duca, ed. L. Tartaglia, 1990 – Satira del pedagogo, ed. Ders., 1992 – *Lit.:* J. B. Pappadopoulos, Théodore II Lascaris emp. de Nicée, 1908 – M. J. Angold, A Byz. Government in Exile, 1975 – C. N. Constantinides, Higher Education in Byzantium in the Thirteenth and Early Fourteenth Cent., 1982 – s. a. Lit. zu Th. I. Laskaris [G. Prinzing, 1992, 161-165].

5. Th. Komnenos Dukas (Angelos), *byz. Fs. v.* →*Epiros* (seit 1215), Ks. 1224-30, † nach 1253, Halbbruder und Nachfolger →Michaels (I.) Komnenos Dukas, der Herrschers über Epiros. 1217 trat Th. hervor, als er den neugekrönten lat. Ks. →Peter v. Courtenay gefangennahm. Durch eine Reihe erfolgreicher Feldzüge vertrieb er die Lateiner aus→Thessalien und die Bulgaren aus dem westl. →Makedonien. Im Dez. 1224 zogen seine Truppen in die Stadt →Thessalonike ein, in der sich Th. 1227 vom Ebf. v. →Ohrid, Demetrios →Chomatenos, zum Ks. krönen ließ. So wurde dort in Konkurrenz zu →Nikaia ein neues (doch nur kurzlebiges) byz. Exilkaisertum begründet. Im März 1230 wurde Th. von den Bulgaren bei →Klokotnica besiegt und gefangengenommen. Der in der Gefangenschaft geblendete Th. durfte 1237 nach Thessalonike zurückkehren und setzte hier seinen Sohn Johannes als Ks. ein. Schließlich unterlag er aber in demütigender Weise seinem Rivalen, Ks. →Johannes III. Vatatzes v. Nikaia, der 1246 Thessalonike annektierte. Th. beschloß sein Leben als Gefangener in Kleinasien. D. M. Nicol

Lit.: BLGS IV, 301f. – D. M. Nicol, The Despotate of Epiros, 1957, 1984 – G. Prinzing, Das Ksm. im Staat v. Epeiros (The Despotate of Epirus. Proceedings of the Internat. Symposium, Arta, 1990, hg. E. Chrysos, 1992), 17-30 – Oxford Dict. of Byzantium, 1991, 2042.

6. Th. I. Palaiologos, *Despot v.* →*Morea* 1380/81-1407; * nach 1350 in Konstantinopel, † 1407 (als Mönch), jüngster Sohn Ks. →Johannes' V. Palaiologos, ∞ 1384 Bartolomea Acciaiuoli (→Athen, II). Als designierter Statthalter v. →Thessalonike wurde Th. mit dem Vater und einem Bruder vom ältesten Bruder, Ks. →Andronikos IV., 1376-79 im Anemas-Turm gefangengehalten. Ab 1382 als erster →Despot nach →Mistra gesandt, wurde Th. 1393/94 von Sultan Bāyezīd I. zur Heeresfolge in Thessalien gezwungen; 1395/96 Eroberung von →Korinth und Sieg über die →Navarres. Kompa(g)nie. Ange-

sichts mehrfacher türk. Einfälle in die Peloponnes versuchte Th., 1397 Korinth und 1402 Mistra an die →Johanniter v. Rhodos abzutreten (scheiterte am Widerstand der Bevölkerung), und residierte 1402–04 in →Monemvasia.
J. Koder

Q. und Lit.: PLP, Nr. 21460 – D. A. ZAKYTHINOS, Le despotat grec de Morea, 1975², I, 125–165, 340–348 – Manuel II. Palaeologus, Funeral Oration on his Brother Th., ed. J. CHRYSOSTOMIDES, 1985 – Oxford Dict. of Byzantium, 1991, 2040.

7. Th. II. Palaiologos, Despot v. →Morea 1407–43; * nach 1394 in Konstantinopel, † 1448 in Selymbria an der Pest, Sohn Ks. →Manuels II. Palaiologos, ⚭ 1421 Cleope Malatesta. Th. lebte 1400–03 in Methone und ab 1405 in →Mistra am Hof seines Onkels, des Despoten →Theodor I., wurde 1407 dessen Nachfolger (ztw. Obhut des Vaters und 1416 seines Bruders Johannes). Trotz türk. Einfälle (Turahan Bey, 1423) gelang Th. und seinen jüngeren Brüdern und (ab 1428) Mitherrschern, →Konstantin (XI.), byz. Ks. 1449–53) und →Thomas, die Erweiterung des Despotats durch Siege über den letzten Fs.en v. Achaia, Centurione II. →Zaccaria (1428 Übergabe der Hauptstadt Glarentza), und über den Gf.en v. →Kephallenia, Carlo →Tocco, sowie durch die Eroberung v. →Patras (1429). Nach Streit mit seinem Bruder →Johannes VIII. (9. J.) um dessen Nachfolge in der Ks.würde und Zwistigkeiten mit seinen Brüdern und Mitherrschern tauschte Th. die Despotenwürde gegen das Herrschaftsgebiet Konstantins in →Selymbria.
J. Koder

Q. und Lit.: PLP, Nr. 21459 – D. A. ZAKYTHINOS, Le despotat grec de Morea, 1975², I, 165–225, 348–354 – E. TRAPP, Τα τελευταία χρόνια του Θ. Παλαιολόγου, Byzantina 13, 1986, 957–965 – Giorgio Sfranze, Cronaca, ed. R. MAISANO, 1990 – Oxford Dict. of Byzantium, 1991, 2041 – O. J. SCHMITT, Zur Gesch. der Stadt Glarentza im 15. Jh., Byzantion 65, 1995, 98–135.

8. Th. I., Papst seit 24. Nov. 642, *Jerusalem, † 14. Mai 649 in Rom, ⌐ ebd., St. Peter; Sohn eines Bf.s. Nach dem Versagen →Honorius' I. führte der Grieche Th. den Kampf gegen den →Monotheletismus energ. fort. Patriarch Pyrrhos I. v. Konstantinopel mußte nach dem Tod Ks. →Herakleios' Paulos II. weichen, fand Unterstützung beim aufständ. byz. Statthalter in Afrika und kam mit →Maximos Homologetes nach Rom. Da Pyrrhos den Monotheletismus verwarf, anerkannte ihn Th. als Patriarchen, exkommunizierte aber den rückfällig Gewordenen, ebenso Paulos, der sich offen monothelet. geäußert hatte. Th. sandte Bf. Stephan v. Dor als päpstl. Vikar in die schwer zerrüttete Kirche Palästinas. Zum →Typos Ks. Constans' II. nahm er nicht mehr Stellung, bereitete aber die Lateransynode v. Okt. 649 noch vor (→Martin I.).
G. Schwaiger

Q. und Lit.: LP I, 331–335; III [Reg.] – JAFFE² I, 228–230; II, 698 – MANSI X, 699–708 [Briefe] – LThK² X, 27 – J. RICHARDS, The Popes and the Papacy in the Early MA, 1979, 184–186 – J. N. D. KELLY, Reclams Lex. der Päpste, 1988, 87f. – O. CAPITANI, Le relazioni tra le vite di Teodoro I e Martino I del LP (Studi e Ricerche sull'Oriente Cristiano 15, 1992), 5–14 – Martino I (649–653) e il suo tempo (Atti del 28 congr. storico internazionale, Todi 1991), 1992 – M. GRESCHAT – E. GUERRIERO, Storia dei papi, 1994, 127–147 [H. H. ANTON] – PH. LEVILLAIN, Dict. hist. de la papauté, 1994, 1620f.

9. Th. II., Papst (Dez. 897); Römer, Nachfolger des →Romanus. In seinem 20tägigen Pontifikat bemühte sich Th. um Ordnung der schweren röm. Wirren. Er ließ die Leiche des →Formosus in ursprgl. Grab in St. Peter ehrenvoll beisetzen und auf einer Synode die Beschlüsse der »Leichensynode« →Stephans VI. aufheben sowie die Weihen des Formosus für gültig erklären.
G. Schwaiger

Q. und Lit.: LP II, 231 – JAFFE² I, 441 – MANSI XVII, 221 – E. DÜMMLER, Auxilius und Vulgarius, 1866, 72 – H. ZIMMERMANN, Das dunkle Jh., 1971 – J. N. D. KELLY, Reclams Lex. der Päpste, 1988, 132 – PH. LEVILLAIN, Dict. hist. de la papauté, 1994, 1621.

10. Th., Gegenpapst (Ende 687); röm. Presbyter, bereits nach dem Tod →Johannes' V. 686 Kandidat der röm. Miliz gegen den Archipresbyter Petrus. Nach dem Tod →Konons (21. Sept. 687) wurde Th. (jetzt Archipresbyter) erneut von einer Fraktion gegen den Archidiakon →Paschalis (3. P.) erhoben. Im Streit beider Rivalen wurde im Okt./Dez. 687 →Sergius I. gewählt und mit Zustimmung des Exarchen v. Ravenna ordnungsgemäß geweiht. Th. (nicht geweiht) unterwarf sich sofort, so daß die Bezeichnung Gegenpapst kaum zutrifft.
G. Schwaiger

Lit.: LP I, 368–372, 377f. – JAFFE² I, 243f. – E. CASPAR, Gesch. des Papsttums, II, 1933, 621–623 – J. RICHARDS, The Popes and the Papacy in the Early MA, 1979, 206–208 – M. GRESCHAT – E. GUERRIERO, Storia dei papi, 1994, 127–147 [H. H. ANTON].

11. Th. (Theodul, Joder) **v. Octodurus**, hl. (Fest: 16. Aug.); erster Bf. im Wallis, wurde 379–380 in der Diöz. Octodurus(m) (Martigny) eingesetzt. Er erscheint unter den Unterzeichnern der Akten des Konzils v. Aquileia (381) und der Synode v. Mailand (390). →Eucherius v. Lyon schreibt Th. die Auffindung der Gebeine der Märtyrer der →Thebaischen Legion zu (→St-Maurice d'Agaune). Bisweilen wird Th. mit einem gleichnamigen Bf. v. Sion vom Anfang des 6. Jh. verwechselt; die Acta eines Mönchs Ruodpertus (11. oder 12. Jh.) machen ihn hingegen zu einem Zeitgenossen Karls d. Gr. In diesen Traditionen wird sein Leben durch Wundertaten ausgeschmückt; so soll er den Teufel gezwungen haben, eine Glocke von Rom herzutragen und soll von einer sehr geringen Traubenernte Wein im Überfluß erhalten haben. Seine Reliquien wurden in Sion (→Sitten) seit dem 12. Jh. verehrt, und sein Kult verbreitete sich vom Wallis nach Savoyen, Vorarlberg, in die Franche-Comté und in das Gebiet der →Walser in Norditalien. In diesen Regionen gehört er zu den wichtigsten Schutz- und Kirchenpatronen. Er gilt als Schützer der Glocken, der Winzer, der Kühe und als Wetterpatron. Dargestellt wird er im bfl. Gewand, zu Füßen eine Glocke, die von einem Teufel getragen wird. Weitere Attribute sind ein Schwert in der Hand (Symbol der Jurisdiktionsgewalt über das Wallis, die Karl d. Gr. seinem Zeitgenossen Th. verliehen haben soll) und Weintrauben.
F. Scorza Barcellona

Q.: BHL 8088 – BHL Novum Suppl. 8088a – Lit.: Vies des Saints VIII, 289–290 – Bibl. SS XII, 257f. – LCI VIII, 456–458 – LThK² X, 28f. – M. BESSON, Monasterium Acaunense, 1913, 72–77 – L. LATHION, Théodore d'Octodure et les origines chrétiennes du Valais, 1961 – F.-O. DUBUIS, St. Théodule, patron du dioc. de Sion et fondateur du premier sanctuaire d'Agaune, Ann. valais. 56, 1981, 123–159.

12. Th. v. Antiochia, um 1195 als Jakobit in der Hauptstadt des Kreuzfahrerrsm.s Antiochia geboren, † (Freitod) vor Nov. 1250. Studierte in Antiochia Syrisch, Latein, gr. Philos. bzw. Wissenschaft; während zweier aufeinanderfolgender Studienperioden bei Kamāladdīn Mūsā b. Yūnus (1156–1242) in Mosul lernte er die Philos. von →al-Fārābī und Ibn Sīnā (→Avicenna) wie auch die Werke von Euklid und Ptolemaios kennen; später studierte er Medizin in Bagdad. Nach zwei mißlungenen Versuchen, sich an kleinasiat. Höfen zu etablieren, ging er – etwa um 1225 – in den Dienst von Ks. →Friedrich II., erhielt von ihm ein Lehen und wurde sein Hofphilosoph, Arzt, Astrologe und Übersetzer. Er forderte Leonardo →Fibonacci in math. Fragen heraus, unterrichtete →Petrus Hispanus (den künftigen Papst Johannes XXI.) in Medizin und disputierte 1238 bei Brescia mit Roland v. Cremona OP philos. Probleme. Seine einzige erhaltene Schrift, die kurze Epistola Theodori philosophi ad imperatorem Fridericum (K. SUDHOFF, SudArch 9 [1915], 4–7), legt die Grundregeln zur Erhaltung der Gesundheit dar. Er übersetzte ins Latein Averroes' Vorwort zu dessen Komm. über Aristoteles' Physik, des Aristoteles' De animalibus, und das Jagdbuch des Falkners Moamin. Als sein Versuch, heimlich in den Orient zurückzukehren, fehlschlug, wählte Th. den Freitod; eine ksl. Urk. vom Nov. 1250 erwähnt ihn als verstorben. B. Z. Kedar

Q.: Bar-Hebraeus, Muḫtaṣar ta'rīḫ ad-duwal = Historia compendiosa dynastiarum, hg. mit lat. Übers. E. POCOCKE (Oxford, 1663), 521–522 (S. 341 des lat. Teiles); hg. ṢĀLIḤĀNĪ, 1890, 477–478 – *Lit.*: H. SUTER, Beitr. zu den Beziehungen Ks. Friedrichs II. zu zeitgenöss. Gelehrten des Ostens und Westens, insbes. zu dem arab. Enzyklopädisten Kemâl ed-din Jûnis, Abh. zur Gesch. der Naturwiss. und der Medizin, hg. O. SCHULZ, IV, 1922, 1–8 – B. Z. KEDAR–E. KOHLBERG, The Intercultural Career of Theodore of Antioch, Mediterranean Hist. Review [im Dr.].

13. Th. Bar Koni, syr. Schriftsteller, Verf. des auf 791/792 datierten, in elf Bücher gegliederten »Buches der Scholien«. Das 11. Buch ist ein Bericht über 94 Häresien, der seinen Autor schon in früher Zeit berühmt gemacht hat. Th.s Denken zeigt sich hier oft, doch keineswegs immer von seinem großen Vorgänger →Epiphanios v. Zypern († 402/403) beeinflußt. Die sehr ausführl. Notiz über den →Manichäismus (Nr. 58–59) ist eine unentbehrl. Quelle. Die ersten zwölf Notizen des Werkes sprechen über griech. Philosophie. Unter Nr. 80 wird →Kyrillos v. Alexandria behandelt. – Eine dem Th. früher gleichfalls zugeschriebene Kirchengesch. sowie Leichenreden sind nicht erhalten. M. van Esbroeck

Ed., Bibliogr. und Lit.: A. SCHER, Th. i B. K. liber Scholiarum, 1910–12 [erste Ed.] – R. HESPEL–R. DRAGUET, Théodore B. K., Livre des Scholies, I–V, 1981; VI–XI, 1982 [grundlegend] – R. HESPEL, Théodore B. K. ..., rec. d'Urmiah, 1984 (Corpus scriptorum Christianorum orientalium, 447–448).

Theodora

1. Th. I., Ksn. 527–548, Gattin →Justinians I., * 497, † 28. Juni 548 an einem Krebsleiden, ▭ Apostelkirche in Konstantinopel. Th., Tochter eines Bärenwärters am Zirkus in Konstantinopel und bereits im Kindesalter in das »byz. Schaugeschäft« (BECK) hineingezogen, agierte als geschickte und attraktive Schauspielerin in den moralisch nicht immer einwandfreien mimischen Aufführungen ihrer Zeit. Um 518 folgte sie offenbar als Mätresse einem sonst unbekannten Hekebolos, der zum Gouverneur der Pentapolis (im heut. Libyen) ernannt worden war. Th. scheint ihn jedoch bald verlassen zu haben und kehrte über Alexandria und Antiocheia nach Konstantinopel zurück. In jenen Hauptstädten Ägyptens und Syriens kam sie mit den Patriarchen →Timotheos IV. v. Alexandria und →Severus in Kontakt, welche in der →Christologie die monophysit. Richtung vertraten; dank dieser Begegnung blieb Th. ein Leben lang die heiml. Beschützerin der →Monophysiten, gegen die sich der Ks. aus Gründen der Staatsräson wenden mußte. Th. hatte den anstößigen Beruf der Schauspielerin aufgegeben und verdiente der Überlieferung zufolge ihren Lebensunterhalt durch Wollspinnen. Auf welche Weise sie den um rund 15 Jahre älteren Justinian, damals Berater seines ksl. Onkels →Justin, kennenlernte, ist nicht bekannt. Um die Hochzeit, die schließlich 525 stattfand, zu ermöglichen, waren jurist. Schranken, die der vormaligen Aktrice gesetzt waren, aufzuheben, mußte Th. in den Rang einer Patricia erhoben werden. 527 fand mit allen vorgeschriebenen Riten die Krönung des Ks. paares statt. Th. wußte sich sehr bald beim Volke und beim Heer Autorität zu verschaffen und nahm auf die Regierungsgeschäfte erhebl. Einfluß; noch im 12. Jh. sprach der Gesch.sschreiber Johannes →Zonaras (14, 6, 1) davon, daß die Herrschaft Justinians keine Monarchie, sondern die Macht zweigeteilt gewesen sei. Beim →Nika-Aufstand v. 532 hatte die Standhaftigkeit der Ksn. den Thron gerettet; nach der Niederwerfung der Insurrektion widersetzte sie sich der Absicht Justinians, den Gegenks. →Hypatios zu begnadigen, wohl das markanteste Beispiel, wie Th. die ksl. Personalpolitik bald mit Haß, bald mit Gunsterweisung mitzubestimmen vermochte. Sie verlangte die →Proskynese, empfing auswärtige Gesandte, baute sich ihren eigenen Informationsdienst auf und sorgte dafür, daß auch in der Außenpolitik ihre Stimme gehört wurde. Zweifelsohne suchte sich Th., wie es im quasi-absolutist. Machtsystem lag, nach Kräften zu bereichern. Das byz. Seidenmonopol (→Seide, B) wußte sie für ihre Privatschatulle zu nutzen ebenso wie die häufigen Vermögenskonfiskationen. Ihre Güter in den verschiedenen Landesteilen brachten ihr jährl. 50 Goldpfund ein und erforderten eine eigene Vermögensverwaltung. Ihre Gegner bezichtigten die Ksn. der Geheimjustiz, der Giftmischerei, der Folterung.

Die Novelle 8, 1 zur Verwaltungsreform nennt ausdrückl. Th. als Miturheberin. Eine solche Mitwirkung darf weiter bei Justinians Fürsorgemaßnahmen zur Eindämmung von →Prostitution und Mädchenhandel (Novelle 14), zur Festigung der Ehe (Novelle 117 und 134), zur Hebung der sozialen Stellung der Schauspielerinnen angenommen werden. Auf der asiat. Seite des Bosporus errichtete Th. eine Heimstatt für 500 Dirnen namens Metanoia ('Buße'). Kirchen, Kl., Waisen- und Krankenhäuser versah sie mit reichen Gaben, wie es der Philanthropie einer byz. Herrscherin entsprach. Das Mosaikbild der Kirche San Vitale in Ravenna (545–547), das Justinian im Ornat darstellt, hat seit unmittelbares Pendant, das Th. in ähnl. Anordnung, aber durchaus selbständiger Auffassung wiedergibt, eine zeitgenöss. Anerkennung ihrer ungewöhnl. Persönlichkeit. In seinen »Anekdota« stellte der Historiker →Prokopios v. Kaisareia das Ks.paar als die Inkarnation des Bösen dar und trug aus dubiosen Q. verleumder. Klatschgeschichten zusammen. Die monophysit. Gesch.sschreiber (Zacharias Rhetor, Johannes v. Ephesos, Barhebraeus) begegneten dagegen Th. mit begründeter Dankbarkeit und Sympathie. J. Irmscher

Lit.: PLRE III B, 1992, 1240f. – R. BROWNING, Justinian und Th., 1981 – H.-G. BECK, Ksn. Th. und Prokop, 1986 – J. IRMSCHER (Die Frau in der Antike, 1988), 89ff. – Oxford Dict. of Byzantium, 1991, 2036f.

2. Th. II., Ksn., hl. (Fest: 11. Febr.), * ca. 815 in Ebissa (Paphlagonien), Tochter eines →Drungarios oder Turmarches Marinos und der Theoktiste Phlorina, arm. Provenienz, † nach 867, ▭ Gastriakl.; ∞ Juni 830 Ks. →Theophilos; fünf Töchter (Thekla, Anna, Anastasia, Pulcheria, Maria) und zwei Söhne (Konstantin, Michael). Nach dem Tod Theophilos' (20. Jan. 842) war Th. Regentin für den noch minderjährigen →Michael III. Ihre Herrschaft, in der Politik maßgebl. durch den Logotheten Theoktistos bestimmt, war gekennzeichnet von innerer Stabilität und außenpolit. und militär. Erfolgen gegen die Araber. 843 wurde eine Synode einberufen, die das Konzil v. →Nikaia v. 787 bestätigte und den Bilderkult offiziell wiederherstellte (11. März); der erste Fastensonntag wird seither in der orth. Kirche als →»Sonntag der Orthodoxie« gefeiert. Am 20. Nov. 855 übernahm Michael, beeinflußt von Th.s Bruder →Bardas, selbst die Macht, Theoktistos wurde ermordet. Th. wurde am 15. März 856 offiziell abgesetzt, 858 in das Gastriakl. geschickt, einige Jahre später aber wohl wieder aus der Haft freigelassen und mit einer Funktion bei Hofe ausgestattet. A. Külzer

Lit.: A. Markopoulos, Βίος τῆς αὐτοκράτειρας Θεοδώρας (BHG 1731), Symmeikta 5, 1983, 249–285 – R. Jenkins, Byzantium: The Imperial Centuries AD 610–1071, 1966, 154–160 – P. Karlin-Hayter, La mort de Th., JÖB 40, 1990, 205–208 – D. Nicol, A Biographical Dict. of The Byz. Empire, 1991, 120f.

3. Th. III., Ksn. 21. April–12. Juni 1042 (zusammen mit ihrer Schwester →Zoe), Jan. 1055–Aug. 1056, * in den achtziger Jahren des 10. Jh., † Aug. 1056; dritte Tochter von Ks. Konstantin VIII. (1025–28) und der Helena. Zu Beginn der Regierung Ks. →Romanos' III. Argyros (1028–34) wurde Th. mit der Verschwörung von Prousianos und Konstantin Diogenes in Verbindung gebracht und gezwungen, in das Petrion-Kl. zu Konstantinopel einzutreten. Im April 1042 wurde sie in Zusammenhang mit dem von Patriarch →Alexios Studites unterstützten Aufstand gegen Ks. →Michael V. aus der Kl. haft freigelassen, am 21. April in der Hagia Sophia zur Ksn. gekrönt. Sie regierte zusammen mit ihrer Schwester Zoe, blieb auch nach deren dritter Heirat mit →Konstantin IX., die diesen die Herrschaft übernehmen ließ, im Palast. Nach dem Tod von Zoe (1050) und Konstantin (Jan. 1055) regierte die stets unverheiratete Th. als Alleinherrscherin bis zu ihrem Tod. Sie besaß einen autoritären Regierungsstil, die eigenmächtige Bestellung von Klerikern brachte ihr die Feindschaft von Patriarch →Michael I. Kerullarios ein. Th. bestimmte unmittelbar vor ihrem Tod den Patrikios →Michael VI. Bringas zum Nachfolger. A. Külzer

Lit.: H. Mädler, Th., Michael Stratiotikos, Isaak Komnenos. Ein Stück byz. Ks. gesch., 1894, 17–27 – D. Nicol, A Biographical Dict. of The Byz. Empire, 1991, 121 – Oxford Dict. of Byzantium, 1991, 2038.

4. Th. die Ältere, † nach 914, Gattin des röm. Senators →Theophylakt und mit dem Titel vesteratrix an dessen Stadtregiment beteiligt, Mutter →Marozias und Theodoras der Jüngeren, von →Liutprand v. Cremona als sittenlos angefeindet. R. Schieffer

Lit.: →Theophylakt.

Theodoret, Bf. v. Kyrrhos seit 423, * 393 Antiocheia, † um 460 Kyrrhos, 416 Mönch, bedeutender Theologe der sog. Schule v. →Antiocheia. Zw. den Konzilien v. Ephesos (431) und Chalkedon (451) war er als Gegner des →Kyrillos v. Alexandreia und Verteidiger des →Nestorios maßgebl. an der Suche nach Lösungen im Streit um die →Christologie beteiligt (433 Union v. Antiocheia). 449 wurde er von der sog. »Räubersynode« in Ephesos verurteilt, 451 in Chalkedon rehabilitiert. Aufgrund seiner Verurteilung im →Dreikapitelstreit 553 sind seine dogmat.-polem. Werke (außer dem »Eranistes«, 447) nur fragmentar. erhalten. Er verfaßte gewichtige Kommentare zu den Ps, Hld und den Propheten, eine Forts. der Kirchengeschichte des →Eusebios (4. E.), die für die Gesch. des syr. Mönchtums bedeutsame »Historia religiosa« sowie eine Gesch. der Häresien (»Haereticarum fabularum Compendium«), apologet. Schriften (»Graecarum affectionum curatio« u. a.) und hinterließ eine umfangreiche Korrespondenz. E. Grünbeck

Ed.: CPG 6200–6288 – *Lit.*: DSAM XV, 418–435 [Lit.] – Oxford Dict. of Byzantium, 1991, 2049 – G. Koch, Strukturen und Gesch. des Heils in der Theol. des Th. v. Kyros, 1974 – P. Canivet, Le monachisme syrien selon Th. de Cyr, 1977 – J.-N. Guinot, L'exégèse de Th. de Cyr, 1995.

Theodorich v. Gorcum (Th. Franconis, Theodericus Pauli; Dirk/Thierry Frankenszoon Pauw[els]), ndl.-burg. Chronist, * um 1416/17, † 1493, Vizedekan des Kapitels St. Martin und Vincent zu Gorcum (Gorinchem, Holland), kompilierte ein umfangreiches »Chronicon universale«, in dessen Zusammenhang vielleicht die »Historia de cladibus Leodinensium« über den Krieg zw. →Lüttich und →Burgund (1465–68) stand; wohl auf das Zeugnis des burg. *homme d'armes* Jacques Deyn gestützt, artikuliert der Bericht eine gegen Lüttich gerichtete Tendenz und ist oft durch vergröbernde Darstellung der Ereignisse geprägt. Es werden Th. auch lokale Chroniken (Arckel, Gorcum, Holland, Utrecht) und hagiograph. Werke (hll. Suidbert, Barbara, Apollinaris) zugeschrieben. Ph. George

Ed. und Lit.: BNB XIV, 714–716 – LThK² X, 35 – NBW I, 1401 – De cladibus Leodinensium, ed. P. F. X. Ram, 1844, 185–232 – J. Kervyn de Lettenhove, Chroniques relatives à l'hist. de la Belgique sous la domination des ducs de Bourgogne, I, 1876, 233–328 – W. Focke, Theodericus Pauli..., 1892 – S. Balau, Les sources de l'hist. de Liège au MA, 1903, 639–641 – W. Paravicini, Gui de Brimeu. Der burg. Staat und seine adlige Führungsschicht unter Karl d. Kühnen, 1975 – M. Carasso-Kok, Rep. van verhalende hist. bronnen uit de middeleeuwen, 1981, 243–249 [Lit.].

Theodoricus (s. a. Dietrich, Theoderich, Theodorich, Thierry)

1. Th. (Thierry), Ebf. v. →Besançon, bezeugt Mai 872 bis 895/900. Als Inhaber der seinem Vorgänger übertragenen 'regalia' (Abtei Bregille, Zoll, vielleicht Münze) sicherte Ebf. Th. die Aufrechterhaltung der öffentl. Gewalt während einer Periode, in der die kgl. Herrschaft über das burg. Juragebiet mehrfach in Frage stand. Zunächst den westfrk. →Karolingern treu ergeben, empfing der Ebf. den Ks. →Karl d. K. anläßl. seiner Romzüge (875–877) in Besançon und nahm an den Konzilien v. →Ponthion (876) und Troyes (878) teil. Die umstrittene Wahl seines Suffragans →Hieronimus v. Lausanne und mehrere Exkommunikationsfälle brachten ihn in lebhaftere Beziehungen zu Papst →Johannes VIII. (878, 879). Parteigänger von →Boso auf der Versammlung v. →Mantaille (879), bat Th. das Papsttum um Hilfe gegen die Angriffe eines Anhängers von →Karl III. d. Dicken auf Besitzungen der Kirche v. Besançon. Th. unterstützte als führender Prälat des entstehenden Kgr.es →Burgund das Kgtm. →Rudolfs I. (888), dessen →Erzkanzler er bis zur Eroberung der Diöz. Besançon durch →Zwentibold blieb (895–900); der Ebf. schloß sich Zwentibold an, von dem er Gnadenerweise empfing (Rückgabe der 'villa' Pouilley-les-Vignes). Nach der Wiedergewinnung der Juraregion durch Rudolf (um 900) wird Th. nicht mehr erwähnt; seine Nachfolge rief eine ernste Krise hervor, in welcher der kgl. Kandidat (Ayminus, er fungierte 914–915 als Ebf.) und der (schließlich siegreiche) Kandidat des Kathedralkapitels, Berengar, Neffe und wohl Notar von Th., um die ebfl. Würde stritten.

G. Moyse

Q.: MGH DD Rudolf., 39f. – *Lit.*: Hist. de Besançon, hg. C. Fohlen, 1981², 217–222 [B. de Vregille].

2. Th. (Dietrich), hl., Bf. v. →Minden 853–880, ✕ 2. Febr. 880, ▭ Kl. →Ebstorf. Aus sächs. Adel stammend (aus Erbgut gründete er das Kanonissenstift →Wunstorf; MGH DD LD, 140), wurde Th. bald nach dem 16. Sept. 853 Bf. v. Minden. Er gehörte zu den wenigen Sachsen, die Ludwig d. Dt. als Berater heranzog, offenbar v. a. in außenpolit. Fragen; belegt ist seine Tätigkeit als ostfrk. Unterhändler in Worms (4. Juni 859; MGH Cap. 2, 446), ferner seine Anwesenheit beim Frieden v. Koblenz (5. Juni 860), den Synoden v. Worms (868) und Köln (27./28. Sept. 870). 865 vertrat Th. die Kirchenprov. Köln bei der Weihe Bf. → Rimberts v. →Hamburg-Bremen, den er zuvor zum Kg. geleitet hatte (MGH SRG 55, 89f.). Am 2. Febr. 880 fiel er mit Hzg. →Brun v. Sachsen, Bf. Markward v. Hildesheim u. a. sächs. Großen in der Schlacht gegen die →Normannen an der Unterelbe und wurde später als einer der 'Märtyrer v. Ebstorf' verehrt.

K. van Eickels

Lit.: Bibl. SS IV, 894 – GAMS V. 1, 89f. – LThK² X, 54 – E. GISBERT, Mindener Jb. 5, 1930/31, 6–8 – H. HARTHAUSEN, Die Normanneneinfälle im Elb- und Wesermündungsgebiet, 1966 – K. ORTMANNS, Das Bm. Minden, 1972, 11–13, 17–19 – Die Kl.gemeinschaft v. Fulda im früheren MA, 2. 2, hg. K. SCHMID, 1978, 506, 516.

3. Th. Cerviensis → Borgognoni Tederico dei

4. Th. Monachus → Historia de antiquitate regum Norvagensium

5. Th. Teutonicus → Dietrich v. Freiberg (24. D.)

6. Th. (Dietrich) (de) **Vrie** v. Osnabrück, OESA, angesehener Prediger und geistl. Schriftsteller, * um 1370, † nach 1434. Er wirkte als Lektor in den Augustinerkl. Himmelpforten bei Wernigerode (um 1414), Osnabrück und Köln (nach 1419). 1416–18 war er Konzilsprediger in Konstanz (2 Sermones, ed. in: AnalAug 33, 1970, 44–74) und verfaßte eine Konzilsgeschichte »De consolatione Ecclesiae« (Köln 1484 und Helmstedt 1697, ed. H. v. d. Hardt). In seinem »Tractatus de conceptu Virginis« um 1434 (ed. P. de Alva, Löwen 1664) trat er für die Lehre von der Unbefleckten Empfängnis ein. Zu anderen hsl. überlieferten Werken siehe ZUMKELLER, Handschriften, 374–380. A. Zumkeller

Lit.: DSAM XVI, 1278–1280 – LThK² X, 36f. [ältere Lit.] – Marienlex. II, 194 – TH. BECKMANN, Das ehem. Augustiner-Eremitenkl. zu Osnabrück, 1970, 33f. – A. ZUMKELLER, AnalAug 33, 1970, 13–29 – A. KUNZELMANN, Gesch. der dt. Augustiner-Eremiten, II, 1970; IV, 1972, passim – Das Konstanzer Konzil, ed. R. BÄUMER, 1977, passim – D. GUTIÈRREZ, Gesch. des Augustinerordens, I, Teil 2 [dt.], 1987, 187–189 – A. ZUMKELLER (Reformbemühungen und Observanzbestrebungen im spätma. Ordenswesen, ed. K. ELM, 1989), 461, 466f.

Theodoro (Θεοδωρώ, im FrühMA: Dory/Doros), befestigte Hauptsiedlung der 'Gotthia' (Gebiet der gr.-byz. missionierten Krim-Goten). Trifft die vorherrschende Identifizierung Th.s mit den Ruinen und der verlassenen 'Höhlensiedlung' auf dem 90 ha großen Plateau des jetzt 'Mangup(-Kale)' gen. Burgberges zu, dann lag Th. am N-Rand des sw. Krim-Gebirges. Es kontrollierte seit seiner erstmaligen Befestigung unter →Justinian I. im Rahmen des Limes Tauricus den Hauptzugang aus dem Steppengebiet der →Krim nach →Chersonesos (ca. 25 km sw. von Th.). 704/705 nahm Ks. →Justinian II. nach seiner Flucht aus Chersonesos von hier aus Kontakt auf zum Khagan der →Chazaren, was die Grenzlage (und von Ende 8. Jh. bis Anfang 10. Jh. die anzunehmende Zugehörigkeit) Th.s zum Machtbereich der Chazaren beleuchtet. Wohl ab Ende 10. Jh. stand Th. wieder unter byz. Herrschaft. Im 14.–15. Jh. war Th., das nach 1395 der als Exarch auf die Krim entsandte Priestermönch Matthaios (PLP, Nr. 17310) in einem Gedicht verherrlichte (mit Hinweis auf eine sonst unbekannte 9jährige mongol. Belagerung [1395–1404?]), Hauptstadt eines selbständigen Fsm.s. Zu ihm gehörte auch die Küstenfestung Kalamita/Inkerman (n. von Chersonesos) samt ihrem Hafen. Die Osmanen eroberten Th. erst nach halbjähriger Belagerung Ende Dez. 1475. G. Prinzing

Q. und Lit.: Sbornik grečeskich nadpisej christianskich vremen iz Rossii, hg. V. V. LATYŠEV, 1896 [Nachdr. 1974], 48–58 – A. A. VASILIEV, The Goths in the Crimea, 1936, passim – I. S. ČIČUROV, Vizantijskie istoričeskie sočinenija, 1980, 124f., passim – A. G. GERCEN, Krepostnyj ansambl' Mangupa (Materialy po archeologii, istorii i etnografii Tavrii I, 1990), 86–166, 242–271 [Lit., Kartenskizzen] – I. S. PIORO, Krymskaja Gotija, 1990 – The Oxford Dict. of Byzantium, 1991, 654f. [s.v. Dory] – V. A. SIDORENKO, »Goty« oblasti Dori Prokopija Kesarijskogo i »Dlinnye steny« v Krymu (Materialy po archeologii, istorii i etnografii Tavrii 2, 1991), 105–118 [identifiziert Doros mit Inkerman] – N. I. BARMINA, Mangupskaja bazilika v svete nekotorych problem krymskogo srednevekov'ja (Antičnaja drevnost' i srednie veka, vyp. 27, 1995), 77–84.

Theodoros (s.a. Theodor, Theodorus)

1. Th. v. Tarsos, *Ebf. v.* →*Canterbury* 668–690, * 602 in Tarsos in der griechischsprachigen Provinz →Kilikien, † 19. Sept. 690. Seine frühe Erziehung ist unbekannt. Da seine Bibelexegese sich an →Antiochia orientiert, könnte er möglicherweise dort eine erste Ausbildung erhalten haben, auch hatte er Kontakt zum syr. Christentum, entweder in Antiochia oder vielleicht weiter östl. in →Edessa. Später ging er nach Konstantinopel, vielleicht auf der Flucht vor dem pers. Einfall in Kilikien 613 oder vor dem arab. 637. In Konstantinopel studierte er – vielleicht zusammen mit Stephanos v. Alexandria – die Inhalte des byz. Lehrplans: Ziviles und Kanon. Recht, Rhetorik, Philosophie, Medizin, Komputistik und Astronomie. Danach lebte er in Rom als Mitglied einer Gemeinschaft von kilik. Mönchen im Kl. St. Anastasius ad aquas Salvias (heute →»Tre Fontane«). Zusammen mit anderen Mitgliedern dieser Gemeinschaft war er möglicherweise mit dem Konzept der Akten der Lateransynode v. 649 befaßt, die ausdrückl. die Verurteilung der ksl. Politik des →Monotheletismus beinhalteten. In diesem Fall hätte er in engem Kontakt zu Papst Martin I. und →Maximos Homologetes gestanden, die beide wegen ihrer Haltung auf dieser Synode von Ks. Konstans II. verurteilt und eingekerkert wurden.

Als Th. Papst Vitalianus als mögl. Kandidat für den vakanten Erzbischofssitz v. Canterbury vorgeschlagen wurde, zögerte dieser zunächst – vielleicht wegen Th.' Verwicklung in die Lateransynode. Schließlich ernannte der Papst ihn zum Ebf., aber unter der Bedingung, daß →Hadrian, ein Mönch aus Neapel, Th. nach England begleitete. Th. wurde 668 vom Papst geweiht und erreichte 669 (nun im Alter von 67 Jahren) England, um sein Episkopat anzutreten. Seine erste Aufgabe war die Reorganisation der engl. Kirche (→England, F.I). Er besetzte einige vakante Bf.sstühle und teilte sehr große Diöz.en (z.B. die Diöz. von Bf. →Wilfrid v. York) in mehrere Untereinheiten auf. Th. ordnete eine Reihe von jährl. Nationalsynoden zur Verkündung des Kirchenrechts an, wobei die erste 672 in →Hertford abgehalten wurde. Sein bedeutendstes Vermächtnis stellt die Kathedralschule dar, die er und Hadrian in Canterbury einrichteten und in der der Lehrplan metr., astronom. und komputist. Studien umfaßte, aber hauptsächl. auf das Studium der Bibel ausgerichtet war. Die kürzl. veröffentlichten Bibelkommentare aus der Kathedralschule zum Pentateuch und zu den Evangelien (vgl. →Glossen, I; IV. 2) stellen das umfangreichste Beispiel der antiochen. Bibelexegese dar, das im Lat. Westen erhalten geblieben ist. Th. verfaßte auch (durch Diktat) eine Reihe von Bußsatzungen (→Bußbücher), und die neuere Forsch. schreibt ihm eine ungedruckte »Passio S. Anastasii« (BHL 410b) zu sowie den »Laterculus Malalianus« (eine exeget. Abhandlung über das Leben Christi, teilweise fußend auf dem »Chronicon« von →Johannes Malalas) und eine Anzahl von trochäischen Achtsilblern, nach dem Vorbild der gr. anakreont. Verse. M. Lapidge

Q. und Lit.: Beda, Hist. eccl. IV, 1ff. [ed. B. COLGRAVE–R. A. B. MYNORS, Bede's Ecclesiastical Hist., 1969] – P. W. FINSTERWALDER, Die Canones Theodori und ihre Überlieferungsformen, 1929 – B. BISCHOFF–M. LAPIDGE, Biblical Commentaries from the Canterbury School of Th. and Hadrian, 1994 – Archbishop Th., ed. M. LAPIDGE, 1995 – J. STEVENSON, The »Laterculus Malalianus« and the School of Archbishop Th., 1995 – →Glossen, I; IV. 2.

2. Th. Abū Qurra, *Bf. v. Harran,* * um 750 in Edessa, † nach 820; Mönch in Mar Saba, bedeutender melchit. Theologe (→Melkiten), beeinflußt durch das Werk des

→Johannes Damaskenos. In gr. und zur ältesten chr.-arab. Lit. gehörenden arab. Schriften verteidigt er chr. Dogmen, Bilderverehrung und kirchl. Lehramt gegen Häretiker, Juden und Muslime. W. Cramer

Ed. und Lit.: CPG 8075a, b – I. DICK, Th. Abuqurra, Traité de l'existence du créateur, 1982–DERS., Th. Abuqurra, Traité du culte des icônes, 1986 – LThK² X, 37f. [ältere Edd.; Lit.] – Oxford Dict. of Byzantium, 1991, 2041 – BECK, Kirche, 833 – I. DICK, Muséon 72, 1959, 53–67 – DERS., OrChrP 12, 1962, 209–223, 319–332; 13, 1963, 114–129 – S. H. GRIFFITH, Muséon 92, 1979, 29–35 – DERS., Paroles de l'Orient 14, 1987, 79–107.

3. Th., *Bf. v. Heraklea* (Thrakien), † um 355, gehörte zur antinicaenischen Opposition im O um →Eusebios v. Nikomedeia. Er nahm an den Synoden v. Tyros (335), Antiocheia (341), Sardika (343?) teil und war Mitglied mehrerer gewichtiger Delegationen. Er verfaßte bedeutende Kommentare zu Mt, Joh, Apg und Ps, in denen er bes. die literale Exegese pflegte. E. Grünbeck

Ed. und Lit.: CPG 3561-3567 – Dict. enc. du Christianisme ancien, II, 1990, 2406 – M. SIMONETTI, Lettera e/o allegoria, 1985, 135f.

4. Th., *Bf. v. Mopsuestia* seit 392, * um 350 Antiocheia, † 428; Schüler des →Diodoros v. Tarsos, bedeutender Vertreter der Theologie und Exegese der sog. Schule v. →Antiocheia. Th. wurde im →Dreikapitelstreit als Vorläufer des →Nestorios verurteilt (Konzil v. Konstantinopel 553). Nur wenige seiner Schriften sind fragmentar. oder in syr. Übers. erhalten (Disputatio mit den Makedonianern, Katechet. Homilien u. a.). Th. entwickelte in der Auseinandersetzung mit →Apollinaris v. Laodikea eine →Christologie, die die Unterscheidung von Gottheit und Menschheit in Jesus Christus stark betonte. Im Streit um den Pelagianismus (→Pelagius) ergriff er Partei für →Julianus v. Aeclanum. In seinen Kommentaren benutzte er die sprachwiss. und grammat. Methoden der antiken Homer-Exegese und arbeitete den hist. Kontext der bibl. Schriften heraus. Er reduzierte die christolog. Interpretation des AT auf das Äußerste und lehnte die Allegorese ab.
E. Grünbeck

Ed. und Lit.: CPG 3827-3873 – DSAM XV, 385-400 [Lit.] – Dict. enc. du Christianisme ancien, II, 1990, 2407-2410 – Oxford Dict. of Byzantium, 1991, 2044 – R. A. NORRIS, Manhood and Christ. A Study in the Christology of Th. of M., 1963 – C. SCHÄUBLIN, Unters. zu Methode und Herkunft der Antiochen. Exegese, 1974, 84-155 – A. GRILLMEIER, Jesus der Christus im Glauben der Kirche, I, 1982², 614-634 – L. FATICA, I commentari a Giovanni di T. di M. e di Cirillo di Alexandria. Confronto fra metodi esegetici e teologici, 1988.

5. Th., *Bf. v. Pharan* (Sinaihalbinsel), frühes 7. Jh. In den christolog. Streitigkeiten nach dem Konzil v. →Chalkedon erscheint Th. als dezidierter Vertreter des →Monenergismus. Fragmentar. erhalten sind nur ein Brief an Sergius v. Arsinoe (in Ägypten) und eine Auslegung von Vätertexten (CPG 7601f.). Die erhaltenen Auszüge wurden 649 (Lateransynode) und 681 (III. Konzil v. Konstantinopel) verurteilt. – Vermutl. mit →Theodoros v. Raithu identisch. K. S. Frank

Lit.: W. ELERT, Der Ausgang der altkirchl. Christologie, 1957.

6. Th. v. Raithu, Mönch und *Abt des Kl. Raithu* (Sinaihalbinsel), frühes 7. Jh. Ist er identisch mit →Theodoros v. Pharan, dann muß er schließlich Bf. v. Pharan geworden sein. Dem Mönch Th. wird eine »Praeparatio« zugeschrieben (CPG 7600), die einen Häresienkatalog enthält und sich um eine eigene Deutung des Dogmas von Chalkedon müht (wichtige philos. Begriffsbestimmungen). Wird auch als Autor des »Liber de Sectis« (CPG 6823) vorgeschlagen. K. S. Frank

Lit.: M. RICHARD, Opera Minora, II, 1977, Nrr. 55, 60 – J. SPEIGL, Der Autor der Schr. 'De Sectis' über die Konzilien und Religionspolitik Justinians I., AHC 2, 1970, 207-230 – Dict. enc. du Christianisme ancien, II, 1990, 2411f. – Oxford Dict. of Byzantium, 1991, 2044.

7. Th. v. Tabennese, *Kl. abt*, * um 314 in Esneh (Oberägypten), † 368, monast. Schüler des →Pachomios. Während einer Krise des pachomian. Kl. verbandes bestimmte ihn der Generalabt →Horsiese um 350 zum Koadjutor. →Hieronymus übersetzte einen Osterfestbrief des Th. an seine Kl. (kopt., griech. Zwischenlied) 404 mit weiteren pachomian. Schriften ins Lat. In neuester Zeit Erweiterung des Bestandes kopt. Originaltexte von ihm durch neue Funde. Th. Baumeister

Q. und Lit.: DSAM XV, 414-418 [Lit.] – A. BOON, Pachomiana lat., 1932, 105f. – L. TH. LEFORT, Œuvres de s. Pachôme et de ses disciples, CSCO 159-160, 1956, 37-62 [38-62] [kopt.; frz. Übers.] – B. STEIDLE (Erbe und Auftrag 44, 1968), 91-119 – M. KRAUSE, Der Erlaßbrief Theodors (Fschr. H. J. POLOTSKY, ed. D. W. YOUNG, 1981), 220-238 [Lit.].

8. Th. Anagnostes → Theodoros Lector (12. Th.)

9. Th. Daphnopates → Daphnopates

10. Th. Euchaïta, hl., Beiname: τήρων ('Soldat'), später auch στρατηλάτης ('Feldherr'), aus Euchaïta, dem nach 971 nach den Hl. n umbenannten Thedoropolis (= Çorum?) bei Amaseia. In der älteren Vita erleidet der Soldat Th. 306 den Feuertod (Fest: 17. Febr.). Die namentl. Anrufung im →Anaphora-Gebet sichert ihm einen zentralen Platz in der Liturgie. Er ist Patron des byz. Heeres und der Stadt →Venedig (dort nach 828/829 durch den Evangelisten Markus verdrängt). Die Ausschmückung der Legende (u. a. Drachenkampf; Endstadium bei →Symeon Metaphrastes) führte zu einem zweiten hl. Th. aus E. oder Herakleia (Beiname: ausschließl. στρατηλάτης, Fest: 8. Febr.). Tradiert ist (für den τήρων) der Bau einer Wallfahrtskirche in E. bereits unter Ks. Anastasius, dann auch in Konstantinopel. Kultzentren im W sind Rom (SS. Cosma e Damiano, S. Teodoro), Ravenna und Venedig (Palastkapelle S. Teodoro, in S. Marco aufgegangen).

Die Ikonographie beider Hl. n ist prakt. ident., so daß sie ohne Zunamen in Beischrift – bes. auch in der Übergangszeit – nicht zu trennen sind: dunkles gelocktes Haar, spitzer Bart; Kleidung: entweder Hofgewand (fußlanger Chiton und Chlamis [als Soldaten gelegentl. mit Maniakion ausgezeichnet]) oder Kriegsgewand (kurzer Chiton, Panzer und Waffen, Chlamys am Rücken) (Basileios-Menolog, Harbaville-Triptychon, Daphni, Cefalù, H. Teodoros und Metropolis in Mistras). Die Haltung kann die eines Betenden (→Orans) sein (H. Demetrios in Thessalonike, Reliquiar Halberstadt, Emailikreuz Berlin) oder aber die eines angreifenden Kriegers (Sv. Kliment in Ohrid, Sv. Nikita in Čučer, Kariye Camii in Konstantinopel neben dem Tornikes Grab). Th. zählt auch zu den Reiterhl. n, wobei beide Th. paarweise (wie Sergios und Bakchos, Demetrios und Georgios oder Merkurios und Prokopios) dargestellt werden. Das in die spätere Vita aufgenommene Drachenkampfmotiv führt zur Darstellung als drachentötender Reiter. Bereits im 9. Jh. wird Th. im ägypt. Antonioskl. mit Krone auf dem Haupt und einen Knaben vor der Drachenschlange rettend abgebildet. In diesen Zusammenhang gehört auch die Identifikation der Hl. n im slav. Volksglauben mit dem phantast. »Thrakischen Reiter«. M. Restle

Lit.: RByzK II, 1049-1059 – H. DELEHAYE, Les légendes grecques des saints militaires, 1909 – L. MAVRODINOVA, S. Théodore, évolution et particularités de son type iconographique..., Bull. de l'Inst. des Arts 13, 1969, 33-52 [bulg., frz. Zusammenfassung].

11. Th. Hyrtakenos, Lehrer der Grammatik und Rhetorik in Konstantinopel z. Z. Ks. Andronikos' II. (1282–

1328), * vor 1270 (?) in Hyrtakos (Artake) bei Kyzikos. Die geringen Kenntnisse über sein Leben entstammen v. a. einer im Cod. Paris. gr. 1209 überlieferten Slg. von 93 Briefen, die, zw. 1315/16 und 1327/28 entstanden und in der Regel an hochgestellte Persönlichkeiten wie Andronikos II., Patriarch →Johannes Glykys, Nikephoros Chumnos oder Theodoros →Metochites gerichtet, in manchmal zudringl. Tonfall Bitten um Unterstützung durch Geld oder Naturalien enthalten. Th. hat dabei, dem Zweck entsprechend, seine Lebenssituation dramatisiert, die erbetenen Geschenke (epp. 1, 2, 92: Pferd; epp. 31, 37, 49, 78 u. a.: ausgefallene Kleidung) lassen kaum an echte Armut denken. Aus seinem Œuvre sind überliefert: eine Deklamation an Andronikos II., eine Lobrede auf die Theotokos, ein Enkomion auf den wundertätigen Anachoreten Aninas, eine Ekphrasis des Gartens der hl. Anna, auf der Basis eines von ihm gesehenen Bildes, sowie Leichenreden auf Ks. Michael IX. († 1320), Ksn. Irene v. Montferrat und auf Nikephoros Chumnos. A. Külzer

Lit.: Oxford Dict. of Byzantium, 1991, 966f. – PLP, Nr. 29507 – A. KARPOZILOS, The Correspondence of Th. H., JÖB 40, 1990, 275–294 – DERS., Books and Bookmen in the 14th Cent., ebd. 41, 1991, 255–276, 256–259, 272f.

12. Th. Lector (Anagnostes), Kirchenhistoriker, † um 530. Der Lector an der Hagia Sophia in Konstantinopel faßte die älteren Kirchengeschichten des →Sokrates, →Sozomenos und →Theodoret zu einer Historia tripartita zusammen (durch die bearbeitende Übers. des →Epiphanios Scholastikos zur Hist. tripartita →Cassiodors geworden). Selbständig arbeitete Th. in seiner Forts. der Kirchengeschichte für die Jahre 439–518 (nur in Fragmenten und in einer Epitome des 7./8. Jh. erhalten, welche die Rekonstruktion ermöglichte). K. S. Frank

Ed. und Lit.: Kirchengesch., ed. G. C. HANSEN, 1995² – Dict. enc. du Christianisme ancien, II, 1990, 2406f. – Oxford Dict. of Byzantium, 1991, 2042.

13. Th. Meliteniotes, byz. Kleriker und Literat, † 8. März 1393, διδάσκαλος τῶν διδασκάλων (leitender Lehrer an einer Klerikerschule?) und Großsakellarios 1360, Archidiakon des Palastklerus v. Konstantinopel 1368, Palamit (→Palamismus), Antilateiner; unterschrieb 1368 das synodale Anathema gegen Prochoros Kydones; Adressat des Demetrios →Kydones und des Joseph →Bryennios. Th. M. verfaßte v. a. zwei voluminöse Werke, eine Evangelienharmonie mit Kommentar und die ᾽Αστρονομικὴ Τρίβιβλος (Buch I, arithmet. Einleitung; B. II, Astronomie des Ptolemäus; B. III, astronom. Tafeln der Perser). – Seine Identität mit einem Meliteniotes unbekannten Vornamens, der ein allegor. Gedicht auf die personifizierte Enthaltsamkeit (σωφροσύνη) verfaßte, gilt seit F. DÖLGER (der u. a. auf direkte Benutzung des Ptolemäus hinweist) als wahrscheinlich; gemäß PLP, 17848 kommt aber auch Demetrios Meliteniotes (PLP, 17849) als Verfasser in Frage. F. Tinnefeld

Ed.: Astronomie: Tribiblos Astronomique (Komm.), ed. R. LEURQUIN, I, 1990; II, 1993 – *Gedicht:* E. MILLER, Notices et Extraits des mss. de la Bibl. Nat. 19/2, 1858 – *Lit.:* Oxford Dict. of Byzantium, 1991, 1336f. – PLP, 17851 (M., Th.); 17848 (M.) – F. DÖLGER, Q. und Vorbilder zu dem Gedicht des Meliteniotes Εἰς τὴν σωφροσύνην [Diss. 1919, ungedr.] – DERS., Annuaire de l'Institut de Philologie et d'Hist. Orientales et Slaves 2, 1933/34, 315–330 – V. TIFTIXOGLU, Digenis, das »Sophrosyne«-Gedicht des Meliteniotes und der byz. Fünfzehnsilber, BZ 67, 1974, 1–63 – F. TINNEFELD, Demetrios Kydones, Briefe I/2, 1982, 508–511.

14. Th. Metochites →Metochites

15. Th. Prodromos →Prodromos

16. Th. Scholastikos, einer der bedeutenderen Verf. byz. jurist. Lit. der Epoche nach dem Tode Justinians, stammte aus Hermupolis. Sein in gr. Sprache verfaßter Kommentar zum Codex Iustinianus (σύντομος κῶδιξ) basiert auf den Kodexkommentaren des →antecessor Thalelaios. Die nur bruchstückhafte Rekonstruktion des Werkes erfolgte aus den Basilikenscholien (→Basiliken) sowie aus jurist. Sammelhss., deren Zusammensetzung erst in neuerer Zeit aufgeklärt werden konnte. Von Th. stammt auch eine zw. 567 und 602 geschriebene Kurzfassung des Inhalts der Novellen Justinians (→Corpus iuris civilis, I. 4), die allerdings nicht so weit verbreitet war wie jene seines Zeitgenossen Athanasios v. Emesa. P. E. Pieler

Ed.: Kodexkomm.: C. G. E. HEIMBACH, Basilicorum libri LX, Bd. 6: Prolegomena, 1870, 8off. – H. J. SCHELTEMA, Fragmenta breviarii a Theodoro Hermopolitano confecti, Stud. byz. et neohell. Neerlandica, 1972, 9ff. – H. R. LUG, Ein Bruchstück des Codexkomm.s des Th., Fontes Minores, 1, 1976, 33ff. – *Novellenepitome:* C. E. ZACHARIÄ v. LINGENTHAL, Anekdota, 1843, 7ff. – *Lit.:* P. E. PIELER, Byz. Rechtslit. (HUNGER, Profane Lit., II), 436.

17. Th. (Spoudeios) lebte im 7. Jh., stammte aus Konstantinopel, genoß eine mäßige Bildung. Seine und seines Bruders Theodosios v. Gangrai näheren Lebensdaten sind unbekannt. Der Beiname deutet entweder auf persönl. Einsatz für den Glauben oder auf Zugehörigkeit zur Bruderschaft der Spoudeioi hin. Als Freund des Papstes Martin I. berichtet er in seinem 'Hypomnestikon' von dessen Gefangennahme, Haft, Prozeß und Verbannung. Er schließt mit seinem Besuch am Grabe Martins I. am 20. Aug. 668, erwähnt wohl die Fortdauer der Verfolgung, nicht aber die Ermordung Konstans' II. Pogonatos am 16. Juli bzw. Sept. 688. Somit dürfte das Hypomnestikon Ende 688, spätestens Anfang 689 geschrieben sein. Vielleicht sind ihm auch die Commemorationes ad Romanos und ad Africanos zuzuschreiben. Mit Martin I. und anderen Opfern des →Monotheletismus (Maximos Homologetes, Anastasios Apokrisarios) hielt er Verbindung durch Briefe und Besuche. B. Plank

Ed. und Lit.: R. DEVREESSE, Le texte grec de l'Hypomnesticum de Théodore Spoudée. Le supplice, l'exil et la mort des victimes illustres du Monothélisme, AnalBoll 53, 1935, 49–80 – Lat. Übers.: MPG 90, 193–202 – Commemoratio: MPL 129, 591–599 – S. PETRIDÈS, Les Spoudaei de Jérusalem et de Constantinople, EO 4, 1900, 225–231 – BECK, Kirche, 462.

18. Th. Studites, Theologe, Abt und Reformator des byz. Klosterlebens, * 759, † 826; lebte seit 780 als Mönch in dem von seinem Onkel Platon geleiteten Kl. Symbolon in Bithynien, seit 782 mit Platon zusammen im neu gegr. Kl. Sakkudion, wo er 794 Abt wurde. Im sog. →Moichianischen Streit wurde er wegen seines Widerstands gegen die kirchenrechtl. unzulässige 2. Ehe Konstantins VI. 795/796 nach Thessalonike verbannt, kehrte aber nach dessen Sturz wieder nach Sakkudion zurück. 798 ging er, angebl. wegen eines arab. Einfalls, nach Konstantinopel, wo er Abt des →Studiu-Kl. wurde, das er in den folgenden Jahren reformierte. Als führender Exponent des bilderfreundl. Mönchtums gewann er schnell polit. Einfluß. In seinen theol. Schriften und zahlreichen Briefen pflegte er eine eigenwillige Sprache mit volksspracht. Anklängen und Neologismen. 806 geriet er in Streit mit Patriarch →Nikephoros I. wegen dessen Versuchs, durch einen Kompromiß den Moichian. Streit beizulegen, wurde deshalb 809 verhaftet und zusammen mit Platon und seinem Bruder Joseph auf die Prinzeninseln verbannt. Unter dem den Studiten nahestehenden Ks. Michael I. wurde er 811 wieder Abt des Studiu-Kl. Beim Neuausbruch des →Bilderstreits erschien er 815 nicht auf der bilderfeindl. Syn-

ode, agitierte aber gegen ihre Beschlüsse; daraufhin wurde er von Leon V. wieder verbannt, zunächst nach Metopa am Apollonias-See in Bithynien, dann 816 wegen fortgesetzter Kontakte zu seinen Anhängern nach Boneta in Phrygien (am Salzsee östl. v. Chonai) und 819 nach Smyrna. 821 durch Michael II. freigelassen, lebte er an verschiedenen Orten in Bithynien und starb auf der Insel Prinkipo bei Konstantinopel; sein Leichnam wurde 844 nach der endgültigen Beilegung des Bilderstreits in das Studiu-Kl. überführt.
A. Berger

Ed.: Jamben auf verschiedene Gegenstände, ed. P. Speck, 1968 – Th.i St.ae Epistulae, ed. G. Fatouros, 2 Bde, 1992 [Werkliste mit Verz. der Ausg.: I, 21*–38*] – *Q.*: Vita Th.i St.ae, MPG 99, 233–328 – *Lit.*: A. Dobroklonskij, Prep. Fedor, ispovednik i igumen studijskij I, 1913, 396–590 – I. Hausherr, St. Théodore Stoudite, 1926 – J. Leroy, La réforme stoudite, OrChrP 153, 1958, 181–214 – Beck, Kirche, 491–495 – P. Speck, Konstantin VI., 1978 – Oxford Dict. of Byzantium, 1991, 2044f. – Fatouros, a. O. 1*–38*.

19. Th. Synkellos, Politiker und Schriftsteller, 1. Hälfte 7. Jh.; die Identifizierung mit dem Patriarchen Theodoros I. v. Konstantinopel (677–679, 686–687) ist aus chronolog. Erwägungen unwahrscheinl. Das →»Chronicon Paschale« nennte Th. als Mitglied der kleinen byz. Gesandtschaft, die im Verlauf der Belagerung Konstantinopels 626 durch Perser und Avaren zum avar. Khan geschickt wurde (rec. L. Dindorf, 1832, 721, 9). Th. ist aller Wahrscheinlichkeit nach der Verf. einer anonymen Homilie, die eben diese Belagerung zum Thema hat und am 7. Aug. 627 (Jahrestag der Befreiung) vorgetragen wurde. Verschiedene Hss. nennen ihn auch als Autor einer Rede über die Überführung des als Reliquie verehrten Theotokosmantels von der Blachernenkirche zu Konstantinopel in die Hagia Sophia; die Datierung dieses Ereignisses ist umstritten, aber eher in Zusammenhang mit den Avarenvorstößen 619 oder 626 zu sehen als mit dem Russenangriff 860.
A. Külzer

Lit.: Oxford Dict. of Byzantium, 1991, 2048 – J. Wortley, The Oration of Th. S. (BHG 1058) and the Siege of 860, Byz. Stud. 4, 1977, 111–126 – S. Szadecky-Kardoss, Th. Dér, Th. Olajos, Breviarium homiliae Th.i S.i, De obsidione avarica Constantinopolis (BHG 1078m), AnalBoll 108, 1990, 147–182.

20. Th. Teron → Theodoros Euchaïta (10. Th.)

Theodorus Priscianus, wohl aus Nordafrika, Wende des 4. zum 5. Jh., Schüler des Vindicianus, Autor einer therapeut. Schrift (B. 1: an der Körperoberfläche sichtbare Krankheiten, B. 2: innere Krankheiten [zuerst die akuten, dann die chronischen], B. 3: Frauenkrankheiten [unvollst.]), eine von ihm selbst gekürzte lat. Fassung seines jetzt verlorenen, vermutl. wenig originellen Werkes in gr. Sprache; es enthält v. a. Rezepte, eingeleitet von kurzen Bemerkungen zu Ursache und Erscheinungsbild der Krankheit (beachtl. Schilderung des epilept. Anfalls in 2, 47). Die nur fragmentar. überlieferte Physica brachten mag. Heilmittel, die sie kurze Zeit später in die erweiterte Redaktion der B. 1–3 Eingang fanden. Die breite, bis jetzt nur in Umrissen erforschte Überlieferung (gyn. auch selbständig), z. T. unter anderem Namen, sowie die Exzerpierung (z. B. im lat. Oribasius, bei Petroncellus und im Passionarius Galieni [Gariopont]) belegen die Bedeutung des Th. für die ma. Medizin. Die Q.frage bedarf dringender Klärung (Ps. Gal. eup.?, Soran. gyn.). Auch für Datierungsfragen wichtig sind die erst jüngst erkannten Beziehungen zum Liber Byzantii. – Ein einflußreiches spätantikes Büchlein zur Diätetik (Diaeta Theodori), wo u. a. eine Bearbeitung von Hipp. vict. II verwendet ist, stammt – bis auf die Eingangsworte – nicht von ihm.
K.-D. Fischer

Lit.: Bibliogr. des Textes Médicaux Lat., 1987, 571 [Werke]; BTML 204 [Diaeta]; 572 [Th. Meyer, Einl. und Anm. en zur dt. Übers.] – RE V A, 1866–1868 – Schanz-Hosius IV/2, § 1127 – A. Beccaria, Sulle tracce di un antico canone lat. di Ippocrate al Galeno, I, IMU 2, 1959, 33f. – R. Joly, Les versions lat. du Régime pseudo-hippocratique, Scriptorium 29, 1975, 15 – P. Migliorini, Eufemismi e varianti lessicali in Teodoro Prisciano, Anazetesis 6/7, 1982, 24–35 – Dies., Elementi metodici in Teodoro Prisciano (Les écoles médicales à Rome, 1991), 231–240 – K.-D. Fischer, Der Liber Byzantii, ein unveröffentl. gr. therapeut. Hb. in lat. Übers. (Akten Ve Coll. internat. »Textes lat. médicaux de l'Antiquité et du Haut MA«, Brüssel, 4.–6. Sept. 1995) [Coll. Latomus; im Dr.].

Theodosie, bulg. Mönch, 1. Hälfte des 14. Jh., Begründer einer Häresie, die sich an Elementen der Lehre der →Bogomilen, der →Beg(h)arden, Luziferaner und der →'Brüder des freien Geistes' anlehnte. Als Grundlage diente der Aufruf Jesu Christi: »Wer mein Jünger sein will, der verleugne sich selbst und nehme sein Kreuz auf sich und folge mir.« (Mt 16, 24). Er predigte die absolute geistige und körperl. Freiheit der Gedanken und der Taten und sprach sich gegen die Ehe aus. Seine in Mönchskleider gehüllten Anhänger (Männer, Frauen, Jugendliche) folgten ihrem Lehrer auf Schritt und Tritt. Er selbst zeigte sich ihnen unbekleidet und ließ sie das gleiche tun. Unter dem Einfluß des Hesychasten →Theodosij v. Tărnovo wandten sich Th. und viele seiner Anhänger von ihrem häret. Glauben ab und lebten hinfort in strengster Einsamkeit.
V. Gjuzelev

Lit.: K. Radčenko, Religioznoe i literaturnoe dviženie v Bolgarii v epohu pered tureckim zavoevaniem, 1898, 217f. – A. Rigo, Monaci esicasti e monaci bogomili, 1989, 125, 175–177, 202–208, 212–214.

Theodosij v. Tărnovo, einer der wichtigsten und aktivsten Vertreter des →Hesychasmus in Bulgarien und auf der Balkanhalbinsel, * ca. 1300, † Nov. 1363 in Konstantinopel. Nach seinem Mönchsgelübde im Nikolakl. in Arčar, Kreis →Vidin, weilte Th. in verschiedenen Kl. in Tărnovo, Červen und Sliven. 1335–46 lebte er in Paroria im Kl. des Begründers des Hesychasmus, →Gregorios Sinaites, war sein nächster Gefährte und übersetzte sein Hauptwerk »Nützliche Ratschläge« ins Bulgarische. Nach dem Tode des Lehrers war Th. Mönch auf dem →Athos, in Saloniki und Konstantinopel. Nach der Rückkehr nach Bulgarien (ca. 1348) gründete er unweit von →Tărnovo das Kl. v. Kelifarevo, wo er Schüler und Anhänger verschiedener Länder um sich scharte. Sein Kl. wurde zum Zentrum für die Verbreitung des Hesychasmus in Südosteuropa, Th.s Tätigkeit und Werk förderten die Annäherung Bulgariens an die Standards der byz. Bildung und Kultur. Zu Th.s unmittelbaren Schülern gehörten der Patriarch →Evtimij, →Kiprian und →Dionisij (1. D.). Seine letzten Lebensjahre verbrachte Th. in Konstantinopel. Patriarch →Kallistos I. v. Konstantinopel verfaßte seine Vita (nur in bulg. Übers. erhalten).
V. Gjuzelev

Q.: Žitie i žizn' prepodobnago otca našego Theodosija, hg. V. N. Zlatarski, Sbornik za narodni umotvorenija, nauka i knižnina, 20, 1904, 3–41 – *Lit.*: V. Sl. Kiselkov, Tărnovski. Th. Tărnovski, 1926 – V. Gjuzelev, Bulgarien zw. Orient und Okzident. Die Grundlagen seiner geistigen Kultur vom 13. bis 15. Jh., 1993.

Theodosios (s. a. Theodosius)
1. Th. III., byz. Ks. 715–25. März 717; Steuereinnehmer in Adramyttion, einer Hafenstadt an der NW-Küste Kleinasiens, wurde (Sommer?) 715 von den gegen →Anastasios II. rebellierenden Seetruppen des Themas →Opsikion zum Ks. ausgerufen. Seine kurze Regierungszeit (in die ein Friedensschluß mit den Bulgaren fällt) war gekennzeichnet von der dauernden Opposition des Generals des Themas Anatolikon, →Leon (III.), der ihn am 25. März

717 absetzte. Über Herkunft und Familie ist nur bekannt, daß er einen Sohn hatte, der mit ihm nach der Abdankung Kleriker wurde. Eine Identität mit dem späteren Metropoliten v. Ephesos (754), der auch als Sohn des Ks.s →Tiberios II. genannt ist, ist eher unwahrscheinlich.
P. Schreiner

Q. und Bibliogr.: Theophanes, ed. C. DE BOOR, 1883, 385, 19–390, 26 – I. ROCHOW, Byzanz im 8. Jh., 1991 [Ind.] – Oxford Dict. of Byzantium, 1991, 2052.

2. **Th.**, Patriarch v. Alexandria seit 535, † 566 in Konstantinopel. Vor seiner Erhebung war Th. Sekretär seines Vorgängers. Als erklärter →Monophysit mußte er schon ein Jahr später sein Amt aufgeben und wurde in Konstantinopel interniert. Das Exil dauerte etwa bis zu seinem Tode, doch stand Th. in der Gunst der Ksn. →Theodora und monophysit. Kreise der Reichshauptstadt. Seit 538 war Th. der unbestrittene Führer der monophysit. Kirchen, die er organisierte und erfolgreich führte. Von seinem lit. Werk – Predigten, Briefe, theol. Abhandlungen – sind die gr. Originale nur fragmentar. erhalten, daneben syr. und kopt. Übers.
K. S. Frank

Ed. und Lit.: CPG 7130–7159 – Dict. enc. du Christianisme ancien, II, 1990, 2421 – T. ORLANDI, Giornale It. di Filologia, Ser. II, 2, 1971, 175–185 – W. H. C. FREND, The Rise of the Monophysite Movement, 1972.

3. **Th. Diakonos,** ansonsten kaum bekannter Autor einer nur im Cod. Paris. suppl. gr. 352 vollständig überlieferten Schrift »De Creta capta« ("Ἅλωσις τῆς Κρήτης in 1039 Zwölfsilbern und fünf Akroasen). Sie schildert mit der Rückeroberung →Kretas unter →Nikephoros Phokas (2. N.) einen der größten militär. Erfolge des Byz. Reiches gegen die Araber, die die Insel seit 826 besetzt hatten. Der Text, der auch auf die Taten des Feldherren in Syrien eingeht, wurde vor der Eroberung Aleppos (23. Dez. 963) fertiggestellt und zw. dem Tod Ks. Romanos' II. (15. März 963) und der Krönung des Nikephoros zum byz. Ks. (16. Aug. 963) veröffentlicht, am ehesten anläßl. seines triumphalen Zuges nach Konstantinopel im April 963. Die in einer von Attizismen durchsetzten Koine gehaltene, an Zitaten aus den Tragikern und aus antiken Historikern (Herodot, Xenophon) reiche Schrift ist von →Georgios Pisides beeinflußt. Th. vergleicht Nikephoros u. a. mit Achill, Philipp v. Makedonien und Caesar, der Feldzug wird als Sieg des Lichtes über die Finsternis gefeiert. Die Zuschreibung einer im Cod. Athous Lavra 124 überlieferten Akolouthie auf den Tod des Nikephoros Phokas an Th. ist zumindest unsicher.
A. Külzer

Ed. und Lit.: Oxford Dict. of Byzantium, 1991, 2053 – L. PETIT, Office inédit en l'honneur de Nicéphore Phocas, BZ 13, 1904, 398–420 – N. M. PANAGIOTAKES, Θεοδόσιος ὁ Διάκονος καὶ τὸ ποίημα αὐτοῦ, 1960 – Th. D. De Creta capta, ed. H. CRISCUOLO, 1979 – DERS., Aspetti letterari e stilistici del poema "Ἅλωσις τῆς Κρήτης di Th. D., Atti dell'Accad. Pontaniana NS 28, 1979, 71–80.

4. **Th. Melitenos** galt lange als Redaktor eines Überlieferungszweiges der sog. Epitome der Symeon Logothetes-Chronikgruppe (→Symeon Magistros), verdankt jedoch in Wirklichkeit seine Existenz einer Fälschung des Symeon Kabasilas und der Gutgläubigkeit des ersten Herausgebers (TH. L. F. TAFEL, 1859) nach der einzigen Hs. im Mon. gr. 218 (11. Jh.). Dabei bezieht sich »Melit(t)enos« nicht auf die Provenienz des erfundenen Autors aus →Melitene, sondern auf ein ebenfalls imaginäres Mitglied der Familie →Melissenoi.
P. Schreiner

Lit.: O. KRESTEN, Phantomgestalten in der byz. Lit.gesch., JÖB 25, 1976, 207–222.

5. **Th. Monachos,** italobyz. Autor der 2. Hälfte des 9. Jh., verfügte über eine gute grammat. und rhetor. Bildung. In der Gefangenschaft zu Palermo verfaßte er einen Brief an den Diakon Leon über die arab. Eroberung v. →Syrakus (878), die er als Augenzeuge miterlebt hatte. Nur ein Teil des Originaltextes ist erhalten (cod. Paris, Bibl. Nat. 3032, 10. Jh. X), eine lat. Übers. jedoch vollständig überliefert. Ein Vergleich mit scheinbar analogen Berichten (v. a. Johannes →Kaminiates und →Eustathios v. Thessalonike) ist insofern unangemessen, als die Schilderung des Th. erklärtermaßen rhetor. Züge trägt und, ausschließl. auf pathet. Details konzentriert, von echter Historiographie weit entfernt ist.
E. V. Maltese

Ed.: C. O. ZURETTI, La espugnazione di Siracusa nell'800 (Cent. della nascita di Michele Amari, I, 1910), 165–173 [gr. Text, lat. Übers.] – Lit.: Tusculum-Lex., 1983², 780f. – HUNGER, Profane Lit., I, 359f.; II, 113 – B. LAVAGNINI, Siracusa occupata dagli Arabi, Byzantion 29–30, 1959–60, 271–279 – G. DE ANDRÉS, Carta de Teodosio el Gramatico..., Emerita 41, 1973, 377–395.

Theodosiupolis (heute Erzurum), Stadt in (türk.) Armenien an der wichtigen Karawanen- und Heerstraße durch das obere Euphrattal nach Persien, als Bm. zu Kaisareia (→Kayseri) in →Kappadokien gehörig. Urspgl. armenisch Karin und Kg.sresidenz in der Landschaft Karenitis, von Ks. →Theodosius II. 415 in Th. umbenannt und befestigt, dann kurzfristig Anastasiupolis und von Ks. →Justinian I. neuerl. als Festung ausgebaut, diente es als Bollwerk gegen →Sāsāniden und Araber, die es 653 eroberten und in Qaliqala (= Karin Kale [Burg]) umbenannten. Nach mehrmaligem Besitzwechsel 949 von den Byzantinern zurückerobert, wurde Th. Sitz eines Strategen, also eigenes →Thema (979–ca. 1000 an den Georgier David v. Tao [Iberia] abgetreten). Als die →Selǧuqen 1048/49 das östl. von Th. gelegene Arzān (Artze) eroberten, flohen dessen Einwohner in das feste Th., das danach den neuen Namen Arzān-ar-Rūm bekam. 1080 Hauptstadt der türk. Saltukiden und 1201 von den Rumselǧūqen erobert (Grab [Türbe] des Emir Saltuk und Çifte Minare Medresesi).
F. Hild

Lit.: EI² II, 730f. – KL. PAULY V, 698f. – Oxford Dict. of Byzantium, 1991, 2054 – E. HONIGMANN, Die Ostgrenze des Byz. Reiches, 1935, passim – N. OIKONOMIDÈS, Les listes de préséance byz. des IXᵉ et Xᵉ s., 1972, 355 – V. EID, Ost-Türkei, 1990, 146–155.

Theodosius (s. a. Theodosios)
1. **Th. I. d. Gr.,** röm. Ks. 379–395, * 11. Jan. 347 (345) in Cauca (NW-Spanien), † 17. Jan. 395 in →Mailand. Seit 368 nahm Th. im Stab seines gleichnamigen Vaters (369 mag. equitum) an Feldzügen in →Britannien und gegen die →Alamannen teil. 374 besiegte er als 'dux Moesiae' die →Sarmaten. 376 heiratete er Flacilla († 386). Nach der Niederlage des Ks.s →Valens bei →Adrianopel (9. Aug. 378) erhob Ks. →Gratian Th. am 19. Jan. 379 in Sirmium zum Augustus. Th. wurde die 'praefectura Orientis' einschließl. Thrakiens – vorübergehend auch →Dakien und →Makedonien – unterstellt. Auch beim Neuaufbau der Armee des Ostens setzte Th. die 379 schon weit gediehene Germanisierung fort, doch finden sich neben Germanen wie Richomer und →Stilicho auch noch Generale röm. Herkunft. Dem Versuch einer teilweisen Integration der ansonsten entschieden bekämpften Barbaren diente auch das Bündnis von 382, bei dem sich unter Zusicherung der Autonomie auf Reichsboden angesiedelte Goten zur Waffenhilfe verpflichteten. Kraft seiner Stellung als Ks. von Gottes Gnaden verfügte der auf Einheit im Glauben bedachte, erst im Herbst 380 getaufte Ks. am 28. Febr. 380 ein für alle Untertanen verbindl. Bekenntnis (CTh 16, 1, 2). Dies auf dem Beschluß des Konzils v. Nicaea (325) beruhende und noch heute für die meisten Christen gültige Bekenntnis (→Nikaia, 1. ökumen. Konzil) ließ er auf dem

Konzil v. →Konstantinopel im Sommer 381 (dem sog. 2. ökumen. Konzil) kirchlich sanktionieren. Th., der damit aber keine vom Ks. gelenkte Staatskirche schuf, erließ nun Gesetze gegen Häretiker (CTh 16, 6, 5, 16ff.). Zurückhaltender blieb Th. bis 391 gegenüber den Heiden, welche er sogar in höheren Ämtern beließ. Den sich 384 im W gegen Gratian erhebenden →Maximus (orth. Katholik) besiegte er im Sommer 388. 389 besuchte er Rom. Bis 391 meist in Mailand, setzte er →Valentinian II. als Mitregenten im W ein. Schon 388 (Maßregelung orth. Fanatiker) geriet Th. in Konflikt mit dem an sich auf Zusammenarbeit bedachten →Ambrosius. Als Th. im Frühjahr 390 nach Unruhen in Thessalonike einen harten Vergeltungsbefehl zu spät widerrief, erging von Ambrosius eine an Weihnachten 390 befolgte Aufforderung zur Buße. Erst durch die Legende wurde aus dem »Sieg der Bußgewalt über den reuigen Sünder« (W. ENSSLIN) der Sieg des Bf.s über den Ks. Der nach wie vor seine Autorität wahrende Th. ging nun schärfer gegen die Heiden vor: Nach dem Besuch von Tempeln und Opfern (24. Febr. 391) wurde schließlich jeglicher Götterkult verboten (8. Nov. 392 – CTh 16, 10 und 12). Nach dem Sieg (5./6. Sept. 394 am Frigidus) über den im Sommer 392 von Arbogast erhobenen →Eugenius – den letzten von der heidn. Senatsaristokratie unterstützten Usurpator – durfte der gegenüber dem Besiegten milde Th. hoffen, daß die Reichseinheit unter ihm und seinen zu Augusti erhobenen Söhnen →Arcadius (* 377), im O, und →Honorius (* 384), im W, gesichert war. Die Uneinigkeit der Machthaber nach seinem Tod zerstörte diese Hoffnungen. Unter Th., der das Reich in seinem Bestand bewahrte, gab es Ansätze zu Reformen, gelang es insgesamt, eine weitere Verschlechterung im wirtschaftl. und sozialen Bereich zu verhindern. Lit. und Kunst (Ausbau Konstantinopels) erlebten eine relative Blüte. Für kirchl. Kreise bald als 'der Große' geltend, wurde Th. von den meisten Q. (wie den Kirchengeschichtsschreibern →Sokrates, →Sozomenos, →Theodoret, den Rednern →Libanios, Pacatus, →Themistios, aber auch →Ambrosius und →Claudian) günstig beurteilt, scharfe Kritik klingt an bei dem auf den Heiden →Eunapios zurückgehenden →Zosimos. A. Lippold

Lit.: RE, Suppl. XIII, s.v. [A. LIPPOLD] – W. ENSSLIN, Die Religionspolitik des Ks.s Th. d. Gr., 1953 – W. MÜLLER-WIENER, Bildlex. zur Topographie Istanbuls, 1977 – A. LIPPOLD, Th. d. Gr. und seine Zeit, 1980² – K. G. HOLUM, Theodosian Empresses, 1982 – A. DEMANDT, Die Spätantike, 1989 – H. WOLFRAM, Die Goten, 1990³ – E. P. GLUSCHANIN, Der Militäradel im frühen Byzanz, 1991 – TH. GRÜNEWALD, Historia 41, 1992, 462–481 – R. KLEIN, Eos 82, 1994, 85–121 [Th. und christl. Kirche] – ST. WILLIAMS–G. FRIELL, Th., the Empire at Bay, 1994 – R. DELMAIRE, Les institutions du Bas Empire Romain, 1995.

2. Th. II., röm. Ks. 408–450, * 10. April 401, † 28. Juli 450, seit 402 mit seinem Vater →Arcadius, seit 408 allein Augustus im Osten. Der fromme, auf die Würde des Ksm.s und das Wohl der Kirche bedachte, nur selten in der Öffentlichkeit erscheinende Th. regierte fast nie selbständig, sondern wurde gelenkt von Persönlichkeiten wie dem praefectus praetorio Anthemius, dem magister officiorum Helio (414–427), dem praepositus sacri cubiculi Chrysaphius (seit 440), seiner Schwester →Pulcheria (399/453; seit 414 Augusta), seiner Gemahlin →Eudokia (seit 421 Augusta, † 460) sowie →Attikos, →Nestorios und Proklos, den Bf.en v. Konstantinopel. Mächtige Militärs germ. Herkunft, wie Ardabur, →Aspar oder Plinta traten relativ wenig am Hof hervor. Gewisse Aktivität zeigte Th. auf den von ihm einberufenen Konzilien (z. B. →Ephesos 431 und 449), blieb aber auch da Spielball der eigtl. Akteure (Bf.e →Kyrillos und →Dioskoros v. Alexandria). Greifbar wird persönl. Engagement bei dem v. a. der Minderung innenpolit. Spannungen dienenden Eingreifen in innerkirchl. Auseinandersetzungen (bes. seit 425). Bekämpft wurden unter Th. Häretiker, Heiden und teils auch Juden. Die unter Th. erfolgte Sammlung der seit 312 ergangenen Kaisergesetze (→Codex Theodosianus) wurde gemeinsam mit dem Westks. →Valentinian III. publiziert, der kurz zuvor mit Th.' Tochter Eudoxia verheiratet wurde. Dennoch schritt die Entfremdung zw. Ost und West weiter fort. Ungeachtet der Wahrung des Besitzstandes blieb die Reichsverteidigung schwächlich, v. a. gegenüber den →Hunnen im Donauraum (Verhandlungen mit →Attila 448/450; vgl. bes. Priscus frg. 7f., 12f.). Hervorgehoben seien aus der Zeit des Th. noch der Bau der Landmauer und eine Neuorganisation der Hochschule v. Konstantinopel. Durch den Codex – von 438 an noch Novellae – kennen wir nicht nur zahlreiche Gesetze des Th., sondern dürfen auch mit relativ geringer Überarbeitung rechnen. – Von lit. Q. sind hervorzuheben neben den Fragmenten des →Priscus (reserviert gegenüber Th.) die Chroniken des Marcellinus Comes, →Chronicon Paschale, →Johannes Malalas, →Theophanes, die gegenüber Th. panegyr. Kirchengeschichten des →Sokrates und →Sozomenos sowie die Konzilsakten (ACO I; MANSI, 4–6).

A. Lippold

Lit.: W. E. KAEGI, Byzantium, 1968 – G. G. ARCHI, Th. II e la sua codificazione, 1976 – W. HAHN, Die Ostprägung des Röm. Reiches im 5. Jh., 1989 – J. HARRIS (P. MAGDALINO, New Constantines, 1994), 35–44 – weitere Lit. →Theodosius I.

3. Th., Bf. v. Oria (Apulien) im letzten Viertel des 9. Jh. Nach Aufgabe des zerstörten →Brindisi schuf Th. ein neues geistl. Zentrum der lat. gebliebenen Diöz. in Oria, indem er auf der Akropolis eine mit röm. Reliquien dotierte Kathedrale errichtete und den Gebeinen des paläst. Eremiten Barsanufius eine Kirche am Ortsrand widmete. Ebenso erwarb er eine Reliquie des nach Benevent in Sicherheit gebrachten Bm.sheiligen Leucius. Für Hadrian III. und Stephan V. reiste T. 884–885 zum Patriarchen →Photios und zu Ks. Basileios I., um die kirchl. Beziehungen zu normalisieren. Obwohl Untertan des gr. Ks.s, verstand sich Th. als Anwalt der röm. Obödienz, deren Lehren er auch im Dialog mit der großen Judengemeinde in →Oria vertrat. Auf einer Synode in Oria wandte er sich im Okt. 887 gegen Mißachtung des Zölibats, Simonie und Priestereigentum, um dem Verfall von Bildung, Liturgie und Sitten Einhalt zu gebieten. N. Kamp

Lit.: Spicilegium Casinense 1, 1888, 377–381 – F. A. ERRICO, Cenni storici sulla città di Oria 1906, 146–150, 213–224 – V. GRUMEL, Les lettres du pape Étienne V..., RevByz 11, 1953, 129–155 – T. PEDIO, La chiesa di Brindisi..., Arch. stor. Pugliese 16, 1962, 15–17.

4. Th. Archidiaconus, Verf. oder Redaktor einer Beschreibung des Hl. Landes und angrenzender Länder: »De situ terrae sanctae«/»Expositio civitatis Jerusalem«, wohl zw. 518 und 530 geschrieben. Das kompilator. Werk vereinigt →Itinerarien, Pilgerberichte, Städtelisten, eine Provinzliste, Bibelauszüge und Erzählungen. Ohne lit. Ansprüche, zeigt der Text deutl. Stilunterschiede; er ist ungenau und fehlerhaft in seinen Angaben, enthält jedoch einiges Eigengut an Informationsmaterial über Heilige und Märtyrer, bibl. Lokalisationen u. a. K. S. Frank

Ed.: CSEL 38, 1898 [= CCL 175, 1965] – dt. Übers.: H. DONNER, Pilgerfahrt ins Hl. Land, 1979, 190–231 – engl. Übers.: J. WILKINSON, Jerusalem Pilgrims before the Crusades, 1977, 63–71, 184–192 [Q. des Th.].

5. Th. Diaconus, nach dem in seiner Zugehörigkeit zweifelhaften Kolophon Kompilator der Aktenslg. Cod.

Veron. 60 [58] fol. 37–126 (Ende des 7. Jh. in Bobbio geschrieben) mit Akten zur Kirchengesch. des 4./5. Jh. und Synodalkanones. Die erstmals von Maffei (1738) und den Ballerini (1755/56) beschriebene und ed. Slg. besteht aus 30 Stücken und ist zw. 8. und 10. Jh. mit Akten des karthag. Konzils 419 (fol. 1–36) vereint worden. Am wichtigsten ist eine umfangreiche, aus dem Griech. übersetzte alexandrin. Slg. mit z. T. nur hier überlieferten Texten zu Athanasios und den Synoden v. Nikaia, Sardika (22 Hist. Athanasii), einem Dossier zum antiochen. Schisma, afrikan. Synodalakten v. 397 und 421 und mit Synodalkanones aus der lat. und gr. Tradition. Die alexandrin. und antiochen. Dossiers gehören zu den im Zusammenhang der Auseinandersetzungen zw. Afrika und Rom Anfang des 5. Jh. im O angeforderten Akten, die später um das kanonist. Material vermehrt wurden.

H. Ch. Brennecke

Ed.: MPL 56 – Ecclesia orientalis monumenta iuris I 2. 2. 4, 1939, 625–671 – A. Martin, SC 317, 1985 – *Lit.*: E. Schwartz, Zs. für die ntl. Wiss. und die Kunde der älteren Kirche 35, 1936, 1–23 – W. Telfer, Harvard Theol. Review 36, 1943, 169–246 – E. Schwartz, Ges. Schr. III, 1959, 30–72.

Theodotos. 1. Th., Bf. v. Ancyra (Galatien), Theologe, * nach 381(?), † 438/446, nahm als Bf. v. Ancyra (Galatien) am Konzil v. →Ephesos 431 teil. Bedeutender Vertreter der Partei des →Kyrillos v. Alexandria. Mit →Nestorios, mit dem er ursprgl. befreundet war, diskutierte er mehrmals und griff ihn in mehreren Schriften scharf an. Th. vertrat eine Zweinaturenlehre, ohne die Einheit der Naturen in Christus ergründen oder begriffl. erfassen zu wollen. Sein bevorzugtes Interesse galt der Mariologie (bes. der 'immerwährenden Jungfrauschaft'). Sein lit. Werk (Erklärung des Symbolums v. Nizäa, Gegen Nestorios, Predigten [CPG 6124–6141]) ist unvollständig, z. T. nur in Übers. erhalten (MPG 77). K. S. Frank

Lit.: Marienlex. VI, 1994, 386 – M. Aubineau, Une homélie de Théodote d'Ancyre sur la nativité du Seigneur, OrChrP 26, 1960, 221–250 – L. Cignelli, Maria nuova Eva, 1966, 157–201.

2. Th. Melissenos, Patriarch v. →Konstantinopel 1. April 815–Jan. 821, Beiname: Kassiteras 'Zinngießer'. Sein Vater war →Strategos unter Ks. →Konstantin V. und wie dieser Ikonoklast, seine Mutter Schwägerin desselben Ks.s. Zuvor Hofbeamter, wurde Th. auf Betreiben Ks. →Leons V. nach Absetzung →Nikephoros' I. gegen die kanon. Regeln aus dem Laienstand zum Patriarchen erhoben. Unter ihm tagte das Lokalkonzil April 815 in der Hagia Sophia, das die zweite Phase des →Bilderstreites offiziell eröffnete, Kultbilder Christi und der Hl.n als »Pseudo-Ikonen« verurteilte und bilderfreundl. Bf.e verbannte. Dem Bilderkult wohlwollend gesinnt, lehnte es Papst →Paschalis I. 817 ab, Gesandte des Patriarchen zu empfangen. F. Tinnefeld

Lit.: P. Alexander, The Iconoclastic Council..., DOP 7, 1953, 35–66 – F. Winkelmann, Quellenstud. ..., 1987 [zur Familie] – W. Treadgold, The Byz. Revival, 1988 – V. Grumel-J. Darrouzès, Les Regestes des Actes du Patriarcat de Constantinople, I/2–3, 1989², Nr. 408–411 – Oxford Dict. of Byzantium, 1991, 2054.

Theodulf, Bf. v. →Orléans, Abt v. →Fleury, Theologe und Dichter, * um 760 wohl in Nordspanien oder Septimanien, † 821; Westgote. Aus seiner Heimat mußte er fliehen und kam um 780 an den Hof Karls d. Gr. (→Bildungsreform), wo er als Theologe und Dichter wirkte. Spätestens 798 machte ihn Karl zum Bf. v. Orléans und Abt v. Fleury; 801 verlieh ihm Papst Leo III. die persönl. Würde eines Ebf.s. Bei Karls Nachfolger, Ludwig d. Frommen, stand Th. zunächst ebenfalls in Gunst; aufgrund der Beschuldigung, 817 an der Verschwörung von Ludwigs Neffen, →Bernhard v. Italien (2. B.), gegen den Ks. teilgenommen zu haben, wurde Th. dann jedoch 818 abgesetzt und in Angers in Kl.haft gehalten. Obwohl er seine Unschuld beteuerte, starb er 821 im Exil (vielleicht in Le Mans).

Wenn es z. T. auch bezweifelt wurde, so ist Th. wohl doch der Autor der um 790 im Namen Karls d. Gr. geschriebenen →»Libri Carolini«, einer umfangreichen Stellungnahme der frk. Kirche zu den Thesen Ostroms hinsichtl. der →Bilderverehrung (s. a. →Bilderstreit). Aus dem Bemühen um eine Reform seiner Diöz. entstand um 800 sein erstes lat. Kapitular (»Capitula Theodulfi«, →Capitula episcoporum), eine Art kurzgefaßtes Handbuch für die Pfarrpriester von Th.s Diöz. Der erste Hauptteil befaßt sich vorwiegend mit der Lebensführung und den Amtspflichten der Priester; der zweite Hauptteil enthält Ermahnungen, die die Priester ihrer Gemeinde geben sollen. Das Werk ist in fast 50 Hss. überliefert und wurde, wohl im 10./11. Jh., sogar zweimal in Ae. übersetzt. Ein zweites Kapitular ließ Th. zw. 800 und 813 folgen, das jedoch keine so starke Verbreitung fand. 809 stellte Th. auf Wunsch Karls d. Gr. die Abhandlung »De processione Spiritus Sancti« zusammen, über den Ausgang des →Hl. Geistes von Vater und Sohn. Um 812 verfaßte er im Auftrag seines Metropoliten Magnus v. Sens die Schrift »Liber de ordine baptismi«. Wahrscheinl. redigierte er auch die Beschlüsse der Synode v. Chalon (813). Stetig arbeitete er an der Revision des Bibeltextes, was sich noch an mehreren Hss. verfolgen läßt (Theodulfbibeln; →Bibel, B. I, 1, a). Ob unter seinem Namen überlieferte Predigten von ihm stammen, ist unsicher. Literar. am bedeutendsten sind Th.s Gedichte, von denen ca. 80 erhalten sind, viele davon allerdings nur in der Erstausgabe von J. Sirmond (1646). Die meisten sind in Distichen verfaßt; ihre Länge ist sehr unterschiedl. Sie zeugen von der umfassenden Belesenheit und Bildung Th.s, gleichzeitig aber auch von seiner scharfen Beobachtungsgabe. Der Inhalt ist häufig bibl.-theol.-moral.; manchmal geht Th. jedoch ins Satirische, etwa in den »Versus contra iudices«, einem Bericht über seine Visitationsreise als Kg.sbote. In »Ad Carolum regem« hat man eine »Parodie auf die Herrscherpanegyrik gesehen. Literar. Niederschlag fand ferner Th.s Kontroverse mit dem Iren →Cadac (Andreas). Aus Th.s Exil stammen einige Briefgedichte sowie ein später vielbenutztes Prozessionslied für den Palmsonntag (»Gloria, laus et honor«). H. Sauer

Ed.: Libri Carolini: H. Bastgen (MGH Conc. II. Suppl., 1924) – *Capitula*: H. Sauer, Theodulfi Capitula in England, 1978 – P. Brommer (MGH Capitula Episcoporum, I, 1984), 73–184 – *Synode v. Chalon*: A. Werminghoff (MGH Conc. II.1, Concilia Aevi Carolini, 1906), Nr. 37 – *Dichtung*: E. Dümmler (MGH Poetae latini aevi Carolini, I, 1881), 437–581 – *andere Werke*: MPL 78, 353–379 – MPL 105, 187–380 – *Lit.*: Verf.-Lex² IX, 764–772 – D. Schaller, Philol. Unters. en zu den Gedichten Th.s v. Orléans, DA 18, 1962, 13–91 – P. Brommer, Die bfl. Gesetzgebung Th.s, ZRGKanAbt 60, 1974, 1–120 – Ders., Die Rezeption der bfl. Kapitularien Th.s, ZRGKanAbt 61, 1975, 113–160 – Brunhölzl, I, 288–299, 549f. – E. Dahlhaus-Berg, Nova antiquitas et antiqua novitas, 1975 [mit umfassendem Forsch.s bericht] – D. Schaller, Th.s Exil in Le Mans, MJb 27, 1992, 91–101.

Theoger → Dietger

Theokratie → Sakralität

Theoktiste, hl. (Fest: 9. bzw. 10. Nov.), * Methymna auf →Lesbos, Nonne, 18jährig von den Sarazenen entführt, entkommt diesen und führt – nach dem Vorbild der →Maria v. Ägypten, von der auch ikonograph. Elemente übernommen wurden – auf Paros ein Reklusinnenleben. Nach 35 Jahren wurde sie von einem Jäger entdeckt, der sie nach ihrem Tod dort begräbt, die Insel jedoch erst verlassen kann, nachdem er zuvor ihre als Reliquie abgetrennte Hand dem Grab wiedergegeben hat. Der zeitlose Vorwurf wurde um 920 vom Biographen →Niketas Paphlagon, der sich auf den Bericht des parischen Einsiedlers Symeon beruft, in sein zeitgenöss. hist. Ambiente verlegt und dem Geschmack der makedon. Renaissance entsprechend gestaltet; eine leicht überarbeitete Version stammt von →Symeon Metaphrastes. J. Koder

Ed.: Th. Ioannu, Μνημεῖα ἁγιολογικά, 1884, 18–39 [Symeon Metaphrastes] – Synaxarium eccl. Constantinopolitanae, ed. H. Delehaye, 1902, 206f. – AASS Nov. IV, 224–233 – *Lit.*: BHG 1723–1726b – Oxford Dict. of Byzantium, 1991, 2055f. – H. Delehaye, La vie de sainte Th. de L., Byzantion 1, 1924, 191–200 – N. B. Tomadakes, Περὶ τοῦ βίου καὶ τῆς ἑορτῆς τῆς ἁγίας Θεοκτίστης τῆς Λεσβίας, Charisterion Orlandos I, 1965, 108–116 – O. Karsay, Der Jäger v. Euböa, ActaAntHung 23, 1975, 9–14 – A. Kazhdan, Hagiographical Notes, BZ 78, 1985, 49f.

Theoktistos, Eunuch, hoher byz. Beamter unter der amor. Dynastie, † 20. Nov. 855 (Datum nach F. Halkin, Byzantion 24, 1954, 11–14). Michael II., der 820 mit seiner Hilfe durch Ermordung Leons V. Ks. wurde, erhob ihn zum πατρίκιος und χαρτουλάριος τοῦ κανικλείου, Ks. Theophilos in die führende Position eines λογοθέτης τοῦ δρόμου. Nach dessen Tod 842 übernahm er die Regentschaft für den minderjährigen Ks. Michael III. zusammen mit dessen Mutter →Theodora und bestimmte in den folgenden Jahren maßgebl. die byz. Politik. V. a. spielte er eine führende Rolle bei der Wiederherstellung des Bilderkultes im März 843 (J. Gouillard, Trav. Mém. 2, 1967, 122f.), konnte im gleichen Jahr als Kommandant einer Flottenexpedition den Arabern vorübergehend Kreta abringen, erwies sich als fähiger Finanzpolitiker und förderte das Bildungswesen. Schließlich ließ ihn →Bardas, ein Bruder der Ksn. Theodora, mit Unterstützung einer Hofclique und im Einvernehmen mit Ks. Michael III. ermorden (F. Winkelmann, Q.studien zur herrschenden Klasse von Byzanz..., 1987, 79f.), verbannte Theodora in ein Kl. und übernahm die Führung des Staates. F. Tinnefeld

Lit.: Ostrogorsky, Geschichte³, 183–186 – W. Treadgold, The Byz. Revival 780–842, 1988 – Oxford Dict. of Byzantium III, 1991, 2056.

Theoleptos, Metropolit v. Philadelphia 1284–1322, * ca. 1250 in Nikaia, † 1322, heiratete dort und wurde Diakon. Nach dem Abschluß der Union v. Lyon 1274 (→Lyon, Konzilien v., 2.) organisierte er in Nikaia und Bithynien den Widerstand dagegen, besuchte dabei evtl. den →Athos, wo er von →Nikephoros Hagioreites in das myst. Leben eingeführt wurde. Ks. →Michael VIII. ließ ihn für kurze Zeit ins Gefängnis werfen. Nach der Freilassung wurde Th. Einsiedler und Mönch, nach dem Zusammenbruch der Union bald nach dem Herrschaftsantritt →Andronikos' II. Metropolit v. Philadelphia. Th. war mitverantwortl. für die Absetzung des Patriarchen Gregorios' II. Kyprios 1289, leitete die Verteidigung seiner Stadt gegen die Türken 1304 und war ein glühender Widersacher der →Arseniten. Er gehörte zu den Ratgebern des Ks.s, war bekannt mit Theodoros →Metochites und Nikephoros →Gregoras, pflegte enge Beziehungen zur Chumnos-Familie: Th. war geistiger Vater der Eirene (Eulogia) Chumnaina und Berater des von ihr restaurierten Doppelkl. Philanthropos Soter (Konstantinopel). Das Schrifttum (asket. und polem. Traktate, Homelien, liturg. Dichtungen, Briefe) des Th. ist zum größten Teil unediert. A. Külzer

Lit.: PLP, Nr. 7509 – D. J. Constantelos, Mysticism and Social Involvement in the Later Byz. Church: Th. of Philadelphia – a Case Study, Byz. Stud./Études Byz. 6, 1979, 83–94 – Oxford Dict. of Byzantium, 1991, 2056f. – A. C. Hero, The Life and Letters of Th. of P., 1994.

Theologia crucis → Kreuz, Kruzifix, B; →Passion, A

Theologia Deutsch → Franckforter

Theologie

A. Westen – B. Ostkirche

A. Westen

I. Wort- und Begriffsgeschichte – II. Entwicklung.

I. Wort- und Begriffsgeschichte: Etymolog. meint Th. eine Darlegung oder ein Sprechen über →Gott. Platon verwendet 'Theologia' als Bezeichnung für die 'Mythologie', das Wissen über die Götter (Pol 2.18; 379a); Aristoteles spricht von der ersten Philosophie, die göttl. Dinge erörtert, als von 'philosophia... theologike' (Metaph. E.1; 1026a 18–19). Panaitios v. Rhodos (2. Jh. v. Chr.) und Varro († 37 v. Chr.) geben drei Bedeutungen von 'theologia' an: mytholog. Erklärungen des Ursprungs der Welt (daher werden Orpheus, Homer und Hesiod als 'theologoi' bezeichnet); philos. Rede über die Götter als personifizierte Naturkräfte; öffentl. Verehrung (die ein bestimmtes Wesen als Gott anerkennt). →Tertullian (Ad nationes 2.1) und →Augustinus (De civ. Dei 6.5) machten sich Varros Ideen zunutze, aber wandten den Begriff der Th. nicht auf den chr. Diskurs über Gott an: die 'vera theologia' in Augustins »Civitas Dei« (6.8) bezieht sich auf die platon. Lehre, daß die Erde das Werk Gottes ist.

Die griech. Kirchenväter machten häufigeren Gebrauch vom Begriff der 'theologia'. →Origenes wandte ihn auf die wahre Lehre von Gott (Contra Celsum 6.18) und Jesus Christus (ebd. 1.24) an; →Eusebios v. Kaisareia benutzt ihn ebenfalls für die wahre Gottesdoktrin (Hist. eccl. 1.1.7; 2. Prol. 1) und gibt einem seiner Werke den Titel »De ecclesiastica theologia«. In seiner »Hist. eccl.« (1.17) führt er auch die Unterscheidung zw. 'theologia' und 'oikonomia' ein, die in der 2. Hälfte des 4. Jh. bei den kappadok. Kirchenvätern →Basilius und →Gregor v. Nazianz klass. Ausprägung findet: 'theologia' bezieht sich auf das Studium von Gott-Vater, Sohn und Hl. Geist in bezug auf ihr innergöttl. Leben; 'oikonomia' bedeutet den Plan Gottes zur Wiederherstellung der Gemeinschaft zw. Gott und den Menschen durch Jesus Christus (→'Heilsplan'). Ps.-→Dionysius gebraucht 'theologia' in vielerlei Bedeutungen: symbolisch oder mystisch; positiv oder negativ; verborgen oder klar; er faßt Th. einerseits als Wissen (episteme) über Gott, andererseits (und dies häufig) als von Gott sprechende Schrift auf. Seine Werke, die im MA viermal ins Lat. übersetzt wurden, hatten großen Einfluß, nicht zuletzt weil ihr Autor als Schüler des Apostels →Paulus galt.

Im Westen erschien der Begriff der Th. im Sinne einer chr. Gottesehre nach Augustin erst wieder bei →Abaelard; er gebrauchte zeitweilig das Gegensatzpaar 'theologia' (bezogen auf die →Trinität) und 'beneficia' (bezogen auf Christus und die →Sakramente). Abaelard verfaßte unter dem Titel »Theologia« mehrere (stets unvollendete) Werke, die den Begriff bereits als geheiligte Disziplin oder Wissenschaft über die göttl. Dinge auffaßten; doch standen hierfür üblicherweise Begriffe wie 'sacra doctrina', 'sacra pagina' (Hl. Schrift: Hinweis auf die bibl. Grundlage der Th.; →Bibel) oder 'divinitas'. Blieben diese Bezeichnungen auch im 13. Jh. noch in Gebrauch, so wurde der Begriff der Th. jedoch schrittweise zum vorherrschenden Terminus, bes. im Zuge der intensiven Diskussion über die grundsätzl. Frage, ob Th. eine →'Wissenschaft' (scientia) sei (→Scholastik). →Thomas v. Aquin führt in seiner »Summa theologiae« den Wortgebrauch des →Aristoteles als erste Philosophie an und sieht die chr. Th. als den wiss. Aspekt der 'sacra doctrina', welche für ihn die umfassendere Vorstellung, einschließl. der göttl. Offenbarung, Hl. Schrift, Katechese usw., darstellt (S. Th. 1.1).

II. ENTWICKLUNG: Dominanten Einfluß auf die westl. Th. des MA übte →Augustinus aus, hinsichtl. der Methode wie des Inhalts; er lehrte, daß es sowohl notwendig sei zu verstehen, um zu glauben, als auch zu glauben, um zu verstehen. Unter Berufung auf Is 7.9, »Nisi credideritis, non intelligatis«, vertrat Augustinus (Sermo 43.7.9) die Suche nach →Weisheit (sapientia), in deren Mittelpunkt Gott stand, bei der jedoch die Vernunft (→ratio) unter Anwendung grammat. und rhetor. Methoden genutzt werde. Da Augustinus alle Dinge als Zeichen bzw. Symbole, die Gott repräsentierten, ansah, bezog er sowohl sinnl. Erfahrungen als auch die Fertigkeiten der Wissenschaften und der »artes« (Künste) ein; dieser Gebrauch geschaffener Dinge zur Erkenntnis des Göttlichen mündete ein in →Wissen (scientia). Diese Thematik entwickelte Augustinus in seinem Werk »De doctrina christiana«, das in bezug auf die Methoden der Behandlung von Zeichen, Exegese und Homiletik höchsten Einfluß auf das theol. Denken gewann; in »De Trinitate« wandte er in exemplar. Weise den Gebrauch der Hl. Schrift und die Analogien der menschl. Psychologie (→Seele) an, um so ein Verständnis der Mysterien des Glaubens zu gewinnen. Seine Konzeption der Th. als Suche nach dem Verständnis des Glaubens bildete für die Theologen des MA einen konstanten Leitfaden, doch interpretierten sie die augustin. Grundvorstellungen unterschiedlich mit stark variierenden Methoden.

→Boethius war für spätere Jahrhunderte ein anderer methodolog. Führer. Für ihn schloß die spekulative oder theoret. →Philosophie die Th. ein, deren Gegenstand immaterielle und unbewegte Formen sind, z.B. Gott, Engel, Seelen (Komm. zur »Isagoge« des →Porphyrius). Boethius' weitverbreitetes Hauptwerk »Consolatio philosophiae« entwickelte umfangreiche Denkkonzepte zur Idee der Glückseligkeit (beatitudo), dem natürl. Verlangen danach, der Vorsehung und ihrem Verhältnis zu →Freiheit und Verdienst des Menschen sowie der Ewigkeit Gottes. Seine »Opuscula sacra« boten einflußreiche Definitionen der Natur, des Individuums und der Person (»individuelle Substanz einer rationalen Natur«) und führten die neuplaton. Vorstellungen (→Platonismus) von einer →Teilhabe am Sein und am Guten in das theol. Denken ein; Boethius' Unterscheidung zw. →Subjekt (»quod est«) und →Form (»esse«) in zusammengesetzten Seienden wurde später zu einem fundamentalen Element der →Metaphysik.

Im frühen MA folgten bedeutende Theologen wie →Cassiodor, →Gregor d. Gr., →Isidor v. Sevilla und →Beda dem augustin. Programm einer Anwendung grammat. Erklärungen (oft verbunden mit allegor. Denken; →Allegorie), um so die Hl. Schrift zu interpretieren und theol. Probleme zu erörtern. Gregors »Moralia in Job«, eine ausführl. allegor. Exegese des atl. Buches →Hiob, beeinflußte in starkem Maße spätere Moraltheologie und Spiritualität (bes. in Hinblick auf die →Sünde, die 'vita contemplativa et activa«, göttl. Belohnung und Strafen usw.). Isidor bot in seinen »Etymologiae« zahlreiche Definitionen der Th. und trug wie Gregor d. Gr. zur Fixierung des ma. Denkens in bezug auf Himmel, Fegfeuer und Hölle bei. Beda mit seinem enzyklopäd. Wissen bezog in seiner Bibelexegese die Lehren der Kirchenväter ausgiebig ein und entwickelte in der »Historia ecclesiastica« eine Th. der Geschichte.

Die →'Karolingische Renaissance' des 9. Jh., deren Protagonisten →Alkuin, →Hrabanus Maurus, →Hinkmar v. Reims und →Johannes Scotus (Eriugena) waren, führte Debatten mit byz. Theologen über →Filioque und →Bilderstreit; andere lebhafte Diskussionen, von denen einige durch kirchl. Zensur beendet wurden, hatten die Christologie (→Adoptianismus), →Prädestination und →Eucharistie (→Paschasius Radbertus versus →Ratramnus v. Corbie) zum Gegenstand.

Im 11. Jh., als sich in Frankreich die Kathedralschulen (→Domschule) entwickelten, führten Theologen wie →Lanfranc und →Berengar den Gebrauch der →Dialektik ein, um ein Verstehen dessen, was geglaubt wurde, zu ermöglichen; diese Methode wurde von →Abaelard ausgebaut und fand rege Nachfolge in den Schulen (→Scholastik). →Bernhard v. Clairvaux und andere erteilten ihr jedoch eine scharfe Absage; sie begründeten diejenige theol. Richtung, die dann als »monast. Theologie« bezeichnet wurde. Das theol. Glaubensverständnis der Mönche war kontemplatives Wissen, Frucht ihrer 'lectio divina', eine fromme Reflexion über die Schrift und ihre Auslegung mit Hilfe der Kirchenväter (s. a. →Mystik). Ihr Interesse an der persönl. spirituellen Entwicklung (→Spiritualität) führte sie zu wichtigen und originellen Einsichten in die menschl. Psychologie (→Seele).

Während sich diese Entwicklungen vollzogen, erschien die eindrucksvolle Gestalt →Anselms († 1109). Sein theol. Denkansatz, von platon. und cartesian. Geist (avant la lettre!) geleitet, wich von den Methoden seiner Vorgänger ab. Keineswegs war Anselm der 'erste scholast. Theologe', denn er wandte keine autoritativen Sätze an, um Fragen zu stellen oder Antworten zu finden. Die von ihm entwickelte Th. trug stärker unabhängige Züge, beruhte sie doch auf einer sorgfältigen Analyse von Worten und Begriffen eher als auf der →Dialektik oder den →Syllogismen. Anselm benutzt die Dialogform (→Dialog) in seinen Schriften nicht, um eine scholast. →Disputation wiederzugeben, sondern als pädagog. Mittel, um seine Leser zu Wahrheiten, die er bereits gefunden hat, hinzuführen; hierbei macht er manchmal auch Gebrauch von 'natürl. Vernunftgründen' (»rationes necessariae«), deren Aufgabe es ist, bestimmte Glaubenswahrheiten außerhalb des Glaubens zu verankern, so in »Cur deus homo«. Die einzelnen Werke Anselms bilden in ihrer Gesamtheit ein geschlossenes Corpus theol. Reflexion, geprägt durch die Anwendung der augustin. Sicht, die Anselm als »fides quaerens intellectum« charakterisierte; für Anselm wird Th. so zu einer Übung für das gegenwärtige, irdische Leben zw. dem anfängl. Glauben und dem Erreichen der 'visio beatifica'. Sein bedeutendes theol. Denken, das Anselm in einem monast. Umfeld entwickelt hatte, erlangte in den neuen Schulen erst im 13. Jh. größeren Einfluß da, nun, bedingt durch den nun vorherrschenden scholast. Lehrbetrieb, seine Argumente autoritative Geltung erlangten, ohne daß aber seine Methode Anwendung fand.

Die Schulmänner suchten ihrerseits ein Verständnis des Glaubens durch Anwendung der Vernunft, indem sie die Ansätze der spekulativen Grammatik und Dialektik nutzten. Die scholast. Lehrmethode verband die hergebrachte Ehrfurcht vor Autoritäten (Hl. Schrift, Kirchenväter, einige Philosophen und Naturphilosophen) mit der Anwendung der dialekt. Argumentation. Abaelards »Sic et non« zeigte, daß einander widersprechende Sätze der Autoritäten einer Interpretation bedurften, deren Regeln er im bedeutenden Vorwort seines Werkes entwickelte.

Die →scholast. Methode umfaßte die →'lectio' eines Textes, bei der dieser gelesen und kommentiert wurde; dies erfolgte in einer logischen, eher artifiziellen Manier, bei der Exempel und Metaphern im Streben nach klarer Aussage oft auf abstrakte Konzepte reduziert wurden, wodurch die reiche rhetor. Tradition (→Rhetorik) eine gewisse Verarmung erfuhr. Texte wurden in kleine logische Einheiten aufgegliedert und nach bestimmten Formeln (Divisio, →Distinctio) analysiert. Der 'lectio' angefügt wurde die →'quaestio', die →Anselm v. Laon eingeführt hatte und die von Abaelard weiterentwickelt wurde; die 'quaestio' sollte durch Gegenüberstellung gegensätzl. Argumente die verschiedenen Aspekte eines Problems beleuchten; in der späteren vollen Ausprägung dieser Gattung stand am Schluß der Argumentationen die persönl. Problemlösung durch den Magister ('determinatio'). Durch Eingehen auf die Argumente seines Gegners konnte der Magister oft einige von dessen Auffassungen akzeptieren, den Rest aber verwerfen. Die Methode der Quaestio war so dominierend, daß scholast. Gelehrte, wenn sie →»Summae« verfaßten, für die individuellen Teile dieser Werke regelmäßig auf die Form der Quaestio zurückgriffen. Die scholast. Untersuchungsmethode beinhaltete einen unpersönl., streng formalisierten Ablauf des Denkvorgangs. Ein wesentl. Bestandteil der Scholastik war die →spekulative Grammatik, die ihre Schlüsse auf der Grammatik aufbaute, da diese als eine Spiegelung der metaphys. und theol. Wahrheiten angesehen wurde. Diese method. Einheitlichkeit verdeckt oft die reiche Vielfalt und Originalität der Positionen ma. Theologen. Die scholast. Methode führte einerseits zum Verlust eleganter Diktion und imaginativer Darstellungsweise, ermöglichte andererseits aber eindeutige Bezeichnung des behandelten Gegenstandes, förderte eine klare Sprechweise und gab Anstoß zu krit. Analyse und objektiver Haltung.

Waren die scholast. Theologen mit autoritativen Texten befaßt, die mit ihren eigenen Anschauungen oder denjenigen anderer Autoritäten kollidierten, dann neigten sie dazu, eine zw. beiden Auffassungen vermittelnde Position einzunehmen oder den Text dergestalt zu interpretieren, daß er mit der eigenen Auffassung harmonisierte.

Zwei östl. Autoren, Ps.-Dionysius (→Dionysius, hl.) und →Johannes Damaskenos, hatten beträchtl. Wirkung auf die Theologen des 12. und 13. Jh. Als erste vermittelten sie dem Westen zahlreiche Elemente des Neuplatonismus (→Platonismus) und beeinflußten die Th. und Spiritualität einer Reihe von Denkern, u. a. →Johannes Scotus Eriugena, →Hugo und →Richard v. St. Victor, →Bonaventura, →Albertus Magnus und →Thomas v. Aquin. Von Albertus Magnus ausgehend, erreichten diese Denkansätze via →Ulrich v. Straßburg, →Dietrich v. Freiberg sowie →Berthold v. Moosburg die großen Vertreter der →Mystik, Meister →Eckhart, Johannes →Tauler, Heinrich →Seuse und →Ruysbroek. Das Hauptwerk des Johannes Damaskenos, »Pege gnoseos«, das ins Lat. übersetzt wurde (»De fide orthodoxa«), vermittelte als systemat. Werk dem W wichtige Elemente des patrist. Denkens sowie der Philosophie des →Aristoteles und anderer im östl. Bereich bekannter Denker.

Die Vätertexte zur Hl. Schrift wurden in den großen 'Glossae' (→Glossen, →Bibel) der Schule v. →Laon, v. a. von →Gilbert v. Poitiers und →Petrus Lombardus, durchgängig aufgeführt. Als häufig zitierte autoritative Texte fanden sie vollen Eingang in den Schulbetrieb. Der Wortsinn der Hl. Schrift wurde (in außergewöhnl. Maße) von →Andreas v. St. Victor und Thomas v. Aquin nachdrückl. betont. Andere Slg.en der Lehrsätze und Meinungen der Väter mündeten ein in →Florilegien und →Sentenzensammlungen; das einflußreichste dieser Sammelwerke war der »Liber Sententiarum« des →Petrus Lombardus. Die Komm. zu diesem Hauptwerk entstanden im 12. Jh. noch auf persönl. Initiative, doch drang das Werk im 13. Jh. in die Hörsäle der →Universitäten ein; seine Kommentierung wurde zum obligator. Objekt der Baccalare, die den Grad des Magisters erwerben wollten, eine Praxis, die bis zum Ende des MA anhielt.

→Gilbert v. Poitiers (Gilbertus Porreta), der als bedeutender Kommentator der »Opuscula sacra« des Boethius dessen metaphys. Denken weiterverfolgte, trug auch zur theol. Methodologie bei: die Th. ist eine eigene 'facultas'; die Th. hat einerseits Prinzipien, Regeln oder Axiome, die sie mit denen anderer Wiss. gemeinsam hat, doch andererseits auch ihre eigenen; beim Sprechen von Gott dürfen nicht die Prinzipien anderer Wissenschaften auf die Th. übertragen werden, die Regeln der Logik, Grammatik, Dialektik und Rhetorik müssen beachtet werden. →Alanus ab Insulis folgte Gilbert hinsichtl. der Prinzipien und verfaßte zwei Werke der deduktiven Th., in denen er auf klar definierten Axiomen aufbaute.

Im 12. Jh. trat auch ein systemat. Typ der theol. Schrift auf, die →Summa; Abaelards einander folgende Versuche, Hugos v. St. Victor »De sacramentis« und die »Summa sententiarum« waren bedeutende frühe Vorbilder für die späteren, weitaus extensiveren Werke dieser Gattung. In den Universitäten des 13. Jh. waren die drei Aufgaben eines Magisters (Professors) der Th. die folgenden: kontinuierl. Exegese der Schrift; Leitung bzw. Durchführung von 'quaestiones', Erörterungen zu vorgeschriebenen Gegenständen des Unterrichts oder aber zu Problemen, die nach freiem Belieben aus der Hörerschaft artikuliert wurden ('quaestiones quodlibetales'; →Predigt). Außerhalb dieses etablierten universitären Pflichtenkanons nahmen einige Magister eine Revision ihrer frühen Sentenzenkommentare vor oder verfaßten weitgespannte Summae; zu nennen sind die »Summa aurea« des →Wilhelm v. Auxerre, die der Franziskanerschule angehörende »Summa Fratris Alexandris« sowie die »Summa theologiae« des Thomas v. Aquin.

Das Auftreten von Übersetzungen der »Analytika«, »Topika« und der »Soph. Elench.« des →Aristoteles hatte bereits im 12. Jh. vorhandene Entwicklungen verstärkt und z. T. neue in Gang gesetzt, einschließlich einer Reflexion über die Natur der Th. selbst. Dies führte im 13. Jh. zu intensiven Debatten über die Frage, ob die Th. eine →Wissenschaft (scientia) sei. Die Anhänger Augustins (die →Franziskaner und frühen →Dominikaner) verfochten die Auffassung, daß Th. primär →Weisheit (sapientia) ist, die, wie →Bonaventura sagt, »principaliter ut boni fiamus« (1. Sent., proem., 3) studiert wird; eine 'scientia' stellt die Th. nur in dem weiten Sinn eines sicheren Wissens dar. Thomas v. Aquin, der die aristotel. Vorstellung einer Unterordnung der Wiss. (Subalternation) vertritt, war der Auffassung, daß die Th. durch den →Glauben ihre sicheren ersten Gründe von dem höheren Wissen der Seligen her erhält; von diesem Fundament aus gelangt er in genuin wiss. Beweisführung (→Logik) zu seinen Schlüssen. Diese Debatte ging auch nach dem Aquinaten weiter und sollte spätere Einführungen in das theol. Denken, etwa von →Heinrich v. Gent, →Joh. Duns Scotus u. a., stark beeinflussen.

Im 13. Jh. wurden weitere Werke des Aristoteles (»De anima«, »Ethica«, »Physica«, »Metaphysica«) rezipiert; mit ihnen kamen auch die Werke seiner großen Kommentatoren →Avicenna und →Averroes und anderer muslim. und jüd. Denker im Abendland zu Ehren. Hatten Aristoteles' früher rezipierte Werke die Methoden der Th. befruchtet, so vermittelten die »neuen« Werke Bekanntschaft mit bis dahin unbekannten Denkansätzen und veränderten die theol. Diskussion auf vielen Gebieten. Zwar hatte die Schule v. →Chartres bereits im 12. Jh. die →Natur der Dinge, ihre innere Konsistenz und Finalität entdeckt, doch wurde dieser (bis dato erst wenig diskutierte) Themenkomplex nun auf neuer Basis zum Gegenstand breiterer Diskussion. Zunächst versuchten die besorgten kirchl. Autoritäten die Verbreitung der neuen Lehren durch Verbote (→Aristotelesverbote) zu unterbinden, doch um die Mitte des 13. Jh. waren die Werke des Aristoteles weitverbreitet und wurden von Studenten vielbenutzt. Die Rezeption von Aristoteles und Averroes an der Artistenfakultät v. Paris führte Magister wie →Siger v. Brabant dazu, philos. Konklusionen für unvereinbar mit dem Glauben zu halten (wenn er auch nie die sog. 'doppelte Wahrheit' vertrat). In Paris wurden 1270 13 Lehrsätze, 1277 (→Tempier, Étienne) 219 Lehrsätze verurteilt; die letzte Gruppe inkriminierter Thesen umfaßte auch theol. Sätze, selbst solche des Aquinaten.

→Joh. Duns Scotus schuf eine Synthese von augustin. Th. und einem vom Gedankengut des Avicenna durchdrungenen Aristotelismus. Gottes Selbstbetrachtung ist »theologia in se«, die wahrste Th. »Theologia nostra« kennt Gott durch die Offenbarung und den Gebrauch des Begriffs des unendlich →Seienden. Indem Scotus den Primat der →Liebe und des →Willens betont, konfrontierte der Denker die »de facto-«Ordnung der Dinge mit ihrer Ordnung »in se«, wobei er oft 'formale' →Distinktionen (weder log. noch reale) heranzog; obwohl Scotus 'notwendige Gründe' nach dem Vorbild Anselms und →Richards v. St. Victor anführt, lehnt er es ab, die Th. als Wiss. im eigtl. Sinne zu verstehen; dessenungeachtet ist sie für ihn eine primär prakt. Disziplin und verfügt über ebenso sichere Wahrheiten wie andere Wissenschaften.

→Wilhelm v. Ockham verwarf Scotus' formale Distinktionen und vertrat, daß lediglich Individuen existierten; nach seiner Auffassung gab es keine universalen oder allgemeinen Naturen. Als Reaktion auf den Gedanken der philos. Unabhängigkeit betonte Ockham mit Nachdruck den Vorrang des Glaubens vor der Vernunft und die absolute Freiheit des allmächtigen Gottes bei der Schöpfung. Die gegenwärtig existierende Schöpfung, die aus Gottes geordneter Macht hervorging, ist daher durch und durch kontingent, so kann Gott dank seiner absoluten Gewalt alles tun, was nicht in sich widersprüchlich ist; Gott kann auch unmittelbar tun, was durch sekundäre Ursachen (causae) getan werden könnte. Von daher bestreitet Ockham die →Analogie in der Th., die keine Wissenschaft, aber das höchste Wissen ist.

Eine derartige Methode schwächte das traditionelle Ideal eines Glaubens, der um 'Verstehen' (d.h. rationale Fundierung) bemüht war. →Gregor v. Rimini, der möglicherweise Luther beeinflußt hat, entwickelte einen prakt. 'Fideismus' außerhalb dieser traditionellen Vorstellungen. Andere wie Pierre d'→Ailly und Gabriel →Biel wandten sich stärker dialekt., krit. Fragestellungen zu, bei denen oft das Problem, was Gott dank seiner Allmacht im jeweils behandelten konkreten Fall tun könne, im Vordergrund stand. Angesichts der Dürre ihrer subtilen Erörterungen entwickelten spirituell orientierte Gläubige (→Mystik, →Devotio moderna, →Brüder und Schwestern vom Gemeinsamen Leben) Bewegungen, deren theol. Vorstellungen sich von den zentralen Glaubensmysterien entfernten. Ein Ockhamist, Jean Gerson (→Johannes Carlerius de Gerson), bemühte sich, die spirituelle Th. zu systematisieren und sie mit der systemat. Th. zu verbinden, doch fand sein Ansatz keine Nachfolger. Ebenso bemühte sich →Nikolaus v. Kues um das augustin.-anselm. Erbe der Einheit von Glauben und Erkennen. Sein Denken und dessen Wirkungsgeschichte liegen aber außerhalb der Universitäts-Th.

Der Niedergang einer lebendigen Th. bei diesen letzten Theologen – die Reformtheologen ausgenommen – kann zumindest zum Teil zurückgeführt werden auf die Tatsache, daß sie im Gegensatz zu den theol. Denkern des 12. und 13. Jh. den bibl. und patrist. Grundlagen nur noch geringe Beachtung schenkten. Es muß die Frage gestellt werden, ob ihre komplizierte, hoch formalisierte Argumentationsweise nicht das 'Licht des Glaubens', das in der Vergangenheit die Suche nach rationalem Verstehen zugleich angefacht und gemildert hatte, mehr und mehr verdunkelte.
W. H. Principe

Lit.: DThC XV/1, 341–502 – Dict. of the MA IX, 582–617 – GRABMANN, Scholast. Methode – DERS., Ma. Geistesleben – Die patrist. und scholast. Phil., hg. B. GEYER, 1928 [Nachdr. 1960] – R. SEEBERG, Lehrbuch der Dogmengesch., 3, 1930[4] – M. GRABMANN, I divieti ecclesiastici di Aristotele sotto Innocenzo III e Gregorio IX, 1941 – O. LOTTIN, Psychologie et morale au XIIe et XIIIe s., 1942–60 – J. DE GHELLINCK, Le mouvement théol. du XIIe s., 1948[2] – A. FOREST, F. VAN STEENBERGHEN, M. DE GANDILLAC, Le mouvement doctrinal du XIe au XIVe s., 1951 – LANDGRAF, Dogmengesch. – GILSON, Hist. I–IV, 1952–56 – J. CAYRÉ, Patrologie et hist. de la théol. 2, 1955[2] – M.-D. CHENU, La théol. au douzième s., 1957 – P. VIGNAUX, Phil. au m. â., 1958 – H. CLOES, La systématisation théol. pendant la 1ère moitié du XIIe s., Ephemerides theol. Lovan. 34, 1958 – H. DE LUBAC, Exégèse médiév., I–II, 1959–64 – J. LECLERCQ, The Love of Learning and the Desire for God, 1961 – H. OBERMAN, Scholastik und Reformation, 1963 – É. GILSON, Le thomisme, 1965[6] – H. OBERMAN, Forerunners of the Reformation, 1966 [Nachdr. 1981] – The Cambridge Hist. of the Bible, hg. P. R. ACKROYD et al., 1967 – J. LECLERCQ, F. VANDENBROOKE, L. BOUYER, A Hist. of Christian Spirituality, 2, 1968 – M.-D. CHENU, La théol. comme science au XIIIe s., 1969[3] – D. LUSCOMBE, The School of Peter Lombard, 1969 – A. LANDGRAF, Introd. ..., hg. A.-M. LANDRY, 1973 – E. GÖSSMANN, Antiqui und Moderni im MA, 1974 – F. VAN STEENBERGHEN, Introd. à l'étude de la phil. méd., 1974 – R. HISSETTE, Enquête sur les 219 articles condamnés à Paris le 7 mars 1277, 1977 – J. PELIKAN, The Christian Tradition, 2, 1978 – F. VAN STEENBERGHEN, Thomas Aquinas and Radical Aristotelianism, 1980 – A. MAURER, Medieval Philos., 1982[2] – W. PRINCIPE, Introd. to Patristic and Med. Theol., 1982[2] – B. SMALLEY, The Study of the Bible in the MA, 1983[3] – The Hist. of the Univ. of Oxford, 1, hg. J. CATTO, 1984 – Le moyen âge et la Bible, hg. P. RICHÉ-G. LOBRICHON, 1984 – Gesch. der christl. Spiritualität, 1–2, 1993–199? – J. P. TORRELL, La théol. cath., 1994.

B. Ostkirche

Die Lehren von dem einen Gott in den drei Personen Vater, Sohn und Heiliger Geist und von der Menschwerdung einer dieser drei Personen, nämlich des Sohnes, zum Heil von Mensch und Kosmos bilden das theol. Fadenkreuz des Christentums, durch das es sich von anderen monotheist. Religionen deutl. unterscheidet. Hatten diese bibl. grundgelegten (vgl. etwa Mt 28, 20 und Joh 1, 17) Lehren in den trinitar. und christolog. Auseinandersetzungen des 4. und 5. Jh. geistige Klärung und durch die Konzilien v. →Nikäa (325), →Konstantinopel (381), →Ephesos (431) und →Chalkedon (451) ihre kirchl.-synodale Grunddefinition gefunden, so blieben doch die Einheit Gottes in der Dreiheit seiner Personen und die Einheit der Person Christi in der Zweiheit seiner Naturen, der göttl. und der menschl., noch lange zentrale Themen der byz. Th. Der Neuchalkedonismus des 6. Jh. zeigte auf, daß die Hypostase des Gottmenschen Jesus Christus die des ewigen göttl. Logos ist, dem die menschl. Natur, die er zuvor nicht besaß, in der Inkarnation »enhypostasiert« wurde (Leontios v. Jerusalem). Ist damit die ungetrennte Einheit Christi gegen den →Nestorianismus gesichert, so erweist sich der Kampf gegen den →Monotheletismus im 7. Jh. mit der schließlichen Definition der realen Unterschiedenheit von göttl. und menschl. Willen in Christus (vgl. Lk 22, 42) durch das 3. Konzil v. Konstantinopel (680) umgekehrt als fortgesetztes Ringen um die Unvermischtheit seiner beiden Naturen. Auch im →Bilderstreit des 8. und 9. Jh., dessen eigtl. Thema die Frage nach der Abbildbarkeit Christi darstellt, spiegelt sich das Grundproblem seiner Zwei-Einheit wider: Wird die Ikone Christi als Abbild des göttl. Logos als solchem interpretiert, so verstößt sie gegen das strikte Verbot der Darstellung Gottes im Bild (Ex 20, 4f.), wenn aber als Abbild seiner Menschheit, so ist sie der nestorian. Zertrennung verdächtig. Das Dilemma löst sich schließlich in der Einsicht, daß es sich um ein Bild des einen menschgewordenen, also sichtbar und damit auch abbildbar gewordenen, göttl. Logos handelt. Ein weiteres Mal erhitzen alte trinitar.-christolog. Fragestellungen die Gemüter im 12. Jh., als um die rechte Auslegung des Ausspruchs Christi »Mein Vater ist größer als ich« (Joh 14, 28) eine Kontroverse entbrennt, die auf einer gesamt-orthodoxen Synode 1166 zu Konstantinopel beigelegt wird.

Mit einer Thematik trinitar. Art setzt auch die Reihe der großen Auseinandersetzung mit Neuerungen der lat. Th. und Kirchenpraxis ein: Der Zusatz »filioque« zum überall in liturg. Gebrauch stehenden Glaubensbekenntnis des 1. Konzils v. Konstantinopel (381), der den überzeitl. Hervorgang des Hl. Geistes aus dem Vater mit seiner zeitl. Sendung auch durch den Sohn in die Welt (Joh 15, 26) in eins zu setzen scheint, erfährt erstmals durch den Patriarchen Photios im 9. Jh. entschiedenen theol. Widerspruch. Der Streit um den Gebrauch von Azymen (ungesäuertes Brot) bei der eucharist. Liturgie, von den Lateinern nicht vor dem 8. Jh., von den Armeniern schon vorher, eingeführt, zieht i. J. 1054 den Abbruch der kirchl. Gemeinschaft zw. Ost und West nach sich. Er wäre kaum von Dauer gewesen ohne die gleichzeitig in der sog. →Gregorian. Reform erfolgte Umgestaltung des altkirchl. röm. Primats zum universalen jurisdiktionellen Supremat, der erst im 13. Jh. nach ersten Versuchen seiner prakt. Durchsetzung im Rahmen der →Kreuzzüge von den Byzantinern als realer Anspruch wahrgenommen und durch theol. Traktate systemat. bekämpft wurde. Ein weiteres »klassisches« Kontroversthema brachte die lat. Lehrentwicklung des 13./14. Jh. im Bereich der Eschatologie hervor, welche die endgültige Entscheidung über das ewige Los des Menschen bereits einem individuellen Gericht unmittelbar nach seinem Tod zuspricht und somit die Frage nach Sinn und Funktion des allg. Endgerichts (Mt 25, 31–46) aufwirft.

Soteriolog. Interesse entspringt schließlich der letzte große byz. Beitrag zur christl. Th.: Die der palamit. Gotteslehre des 14. Jh. eigene Unterscheidung von Wesen (οὐσία) und Wirkweisen (ἐνεργείαι) Gottes antwortet auf die Frage, inwieweit der vergöttlichte (2 Petr 1, 4), will sagen begnadete, Mensch an Gott selbst teilhat, und inwiefern Gott auf immer der unzugängliche, jenseitige bleibt. Indes knüpft der theol. →Palamismus kaum an die überlieferte Trinitätslehre und Christologie an, steht vielmehr in bemerkenswerter Analogie zur fast gleichzeitigen Kabbala des sefard. Judentums mit seiner Unterscheidung des Ên Sof, d. h. des an und für sich verborgenen Gottes, und seiner Sefirôt, durch die er nach außen wirkt.

P. Plank

Lit.: M. JUGIE, Theologia dogmatica christianorum orientalium, 5 Bde, 1927ff. – BECK, Kirche – J. MEYENDORFF, Le Christ dans la théol. byz., 1969 – S. SAKKOS, Ὁ πατήρ μου μείζων μού ἐστιν, 2 Bde, 1968 – J. MEYENDORFF, Byz. Theology. Hist. Trends and Doctrinal Themes, 1974 – G. PODSKALSKY, Theol. und Philos. in Byzanz, 1977 – A. GRILLMEIER, Jesus der Christus im Glauben der Kirche, I/II, 1/II, 2/II, 4 (bisher ersch.), 1979–90: T I, G I – K. WESSEL, Dogma und Lehre in der orth. Kirche von Byzanz (Hb. der Dogmen- und Theologiegesch., I, hg. C. ANDRESEN, 1982), 284–405 – G. PODSKALSKY, Christentum und theol. Lit. in der Kiever Rus' (988–1237), 1982 – H.-G. BECK, Gesch. der orth. Kirche im byz. Reich, 1980 – G. PODSKALSKY, Griech. Theol. in der Zeit der Türkenherrschaft 1453–1821, 1988 – A. LOUTH, Knowing the Unknowable: Hesychasm and the Kabbalah, Sobornost (Oxford) 16, H. 2, 1994, 9–23 – P. PLANK, Patriarch Nikephoros II. v. Jerusalem (vor 1166–1173/76) und die konstantinopolitan. Synoden seiner Zeit, Orthodoxes Forum 9, 1995, 19–32.

Theologische Tugenden. Die Dreiheit der th. T. →Glaube, →Hoffnung und →Liebe faßt nach dem Apostel Paulus – 1 Kor 13, 13, vgl. 1 Thess 1, 3 und Kol 1, 4 – die christl. Lebensform in der Gemeinde zusammen. Diese Idee der Synthese wurde in der patrist. Theol. vertieft und erweitert. Augustin setzte diese Dreiheit in Bezug zu den sieben Gaben des →Hl. Geistes, den acht Seligpreisungen und vier Kardinaltugenden (→Tugenden und Laster). Im vielgelesenen Enchiridion ad Laurentium de fide, spe et caritate (CCSL 46, 49–114) machte er die drei T. zum Schlüssel der katechet. Unterweisung in der Glaubenslehre. Dieser augustin. Tradition folgten im MA die Summa Sententiarum (c. 1138) und die Schule →Abaelards: »Tres sunt in quibus humane salutis summa consistit: fides scilicet, sacramentum et caritas« (Roland Bandinelli, Sententiae, ed. A. M. GIELT, 1). Für die dt. Symbolisten (→Symbolismus, deutscher), bes. für →Rupert v. Deutz, De glorificatione Trinitatis VI, 19 sind die th. T. die heilspädagog. Kräfte zur Erneuerung der Gottebenbildlichkeit, die im Sündenfall durch die dreifache Begierlichkeit verwirkt wurde. In der Schule des →Anselm v. Laon heißen sie auch die »trinitates gratiae« (vgl. O. LOTTIN, Psychologie, V, 247). In den Summen dieser Schule hatten die drei th. T. noch keinen festen literar. Ort. Die (ungedr.) Summa »Nostrae iustitiae« (Cod. Vat. Ross. 241 f. 154rb) behandelt sie (Glaube und Hoffnung in aller Kürze, Liebe traktathaft) im Anschluß an Sündenfall und Erbsünde. Auch →Petrus Lombardus kannte die nähere Bestimmung »theologisch« der drei T. noch nicht. Er disputierte im 3. Buch der Sententiae (dist. 23–32, ed. Rom 1981, 141–187) im Kontext der Heilslehre die drei T., die im Unterschiedlichen zusammengehören. In Liebe erfülltes Glauben und Hoffen ist vollkommen (ebd. d. 25 c. 5, ed. 188); im Verhältnis zu den sittl. (Kardinal-)T. sind nur die th. T. heilshaftig und wahre Tugend. Die Glossen und Komm. zu den Sentenzenbüchern mußten fortan dem Thema bes. Aufmerksamkeit schenken. In den Schulen der →Porretaner wurde der Unterschied der »virtutes catholicae« (Glaube, Hoffnung und Liebe) von den »virtutes politicae« intensiv diskutiert: →Alanus ab Insulis, De virtutibus ... (c. 1160, ed. O. LOTTIN, Psychologie, VI, 45–92, bes. 48–49), →Simon v. Tournai, Institut. theol. (Cod. lat. 132, Oxford, Merton Coll., f. 133ra), Magister Martinus, Summa (Cod. lat. 209, bibl. munic. Toulouse, f. 142rb–143vb: »catholicum vero officium est congruus actus unius cuiusque personae secundum instituta religionis catholicae«). Die kath. T. Glauben, Hoffen und Lieben verleihen auch den polit. T. den Rang der »virtus catholica«, die durch ihre religiöse Bestimmung und Vollzugsweise als solche ausgezeichnet ist. Auch in der Summa des →Praepositinus (1190/95, Cod. lat. 71, Bibl. Comm. Tode, f. 109va–110rb) wird das Verhältnis von polit. und kath. Tugend diskutiert und deren Begründungsverhältnis befragt. In der Überformung durch die Gnade des Glaubens werden die natürl. Tugenden wirklich und wahr. Gaufried v. Poitiers spricht in seiner Summe (Cod. lat. Paris. 15747, f. 44va) ebenso wie →Wilhelm v. Auxerre in der Summa Aurea, III tr. 11 und 12 (ed. J. RIBAILLIER, 180, 185, 194 u. ö.) von den th. T. Diese Summa ist für die Gesch. des Begriffes bestimmend geworden. Die th. T. zielen unmittelbar auf Gott und variieren in dieser Zielbestimmung insofern, als Glauben, Hoffen und Lieben die höchste Form der Befriedigung und Ergötzung in Gott schenken. Fortan gehörten der Begriff und die Unterscheidung zw. natürl. und gnadenhafter Tugend zur Schulüberlieferung. Die th. T. sind gnadenhaft von Gott geschenkt, und darum bezeichnet sie→Alexander v. Hales in der Sentenzenglosse (III d. 33AE n. 5, ed. Quaracchi 1954, 387) als »virtutes divinae«. Sie betreffen nicht den sittl. Umgang mit den Dingen, die »utenda« (in der Sprache Augustins), sondern die »fruenda« (ebd. 388). Der Gnadencharakter der th. T. gab der Theol. die Frage nach der Identität und Differenz von Tugend und Gnade auf. →Thomas v. Aquin, S. th. I–II, q. 62 (vgl. mit Quaest. disp. De virtutibus in communi, q. 1 a. 10) begründete die th. T. als Prinzipien des übernatürl. Lebens. Glauben, Hoffen und Lieben ertüchtigen Erkennen und Wollen zur Teilhabe am göttl. Leben. »Sie heißen th., sei es weil sie Gott zum Inhalt haben ... sei es weil sie allein von Gott uns eingegossen werden, sei es weil sie allein durch die göttl. Offenbarung in der Hl. Schrift, ... uns übergeben werden.« (S. th. I–II q. 62 a. 1). In den Schulen des 14. und 15. Jh. wurden Zusammenhang und Zusammenhalt von sittl. und th. T. diskutiert. Wenngleich die sittl. und th. T. ihre eigenen Prinzipien und Ziele haben, fordern und fördern sie sich wechselseitig (so →Durandus de S. Porciano, Sent. III d. 36 q. 1, ed. 1571 fol. 278). Unter dem Vorbehalt der (bedingungslosen) »acceptatio« des Menschen und seines Handelns durch Gott ist es für den Franziskanertheologen →Wilhelm v. Ockham eine Frage, ob wir den übernatürl. Habitus der theol. Tugenden notwendig zum verdienstl. Handeln und zur Seligkeit brauchen (Sent. III q. 9, ed. 1982, 276–314). Unbeschadet dieser dialekt. »nominalist.« Befragung der th. T. haben sich die Ordenstheologen sehr um die »Psychologie« der th. T. bemüht, die Grundlage der Spiritualität und Mystik sind. Im Unterschied zu den sittl. Tugenden zentrieren sie nicht in einer bestimmten Mitte (zw. auszugrenzenden Extremen), sondern zielen auf das je Höhere hin (Thomas v. Aquin, S. th. I–II q. 64 a. 4; Franziskus de Mayronis OFM, Sent. III d. 23–33, q. un., ed. 1520, f. 172rB). Im »Itinerarium mentis in Deum« (c. 4) verbindet→Bonaventura die th. T. mit dem Dreischritt der Reinigung, Erleuchtung und Einigung der Geistseele des Menschen zur Wiedererlangung der Gottebenbildlichkeit. In der »Devotio moderna« des Heinrich Herp(ius) (Harphius) († 1478 in Mecheln) fand diese Tradition begeisterte Aufnahme (vgl. D. Loer, Theologia mystica, Köln 1538, f. 110r–v). Joh. →Tauler OP sah in der Predigt (ed. G. HOFMANN, 1979, 64) die th. T. in den oberen Kräften der Seele so wirken: der Glaube nimmt den (Selbst-)Verstand, die Hoffnung die Sicherheit und die Liebe den Eigensinn. Die reife Frucht der th. T. sind nach Thomas v. Aquin (S. th. I–II q. 68) die Gaben und Charismen des Geistes (ebd. a. 4 ad 3). L. Hödl

Lit.: s. Einzelstichwörter – DSAM XVI, 485–497 – Dt. Thomas-Ausg., Bd. 11: I–II, 49–70: Die Grundlegung der menschl. Handlung, 1940 – O. LOTTIN, Psychologie et Morale aux XIIe et XIIIe s., I–VI (8 Bde), 1942–60 [passim] – M.-M. PHILIPON OP, Rev. thom. 59, 1959, 451–483 – O. LOTTIN, RTh 30, 1963, 277–298 – R. CORDOVANI, Augustinianum 7, 1967, 419–447 – R. JAVELET, Image et ressemblance au XIIe s., I–II, 1967.

Theologus (canonicus th.), an einem Dom- oder Kollegiatkapitel tätig, unterrichtet die Priester in der Hl. Schrift und in allen Angelegenheiten der →Seelsorge. Nach den Vorschriften des IV. →Laterankonzils v. 1215 (c. 11 = Liber Extra 5. 5. 4) soll er eine Kanonikatspfründe erhalten, ohne eigtl. →Kanoniker zu werden. In manchen bfl. Wahlkapitulationen wurde bestimmt, daß dieses Amt auch von einem Kanonisten ausgeübt werden könne. Das Konzil v. Trient hat die eigtl. Bedeutung des Th. noch einmal in Erinnerung gerufen (sess. V. c. 1 de reform.). Seither wird angestrebt, daß der Th. womögl. Doctor theologiae ist. Nach dem CIC v. 1917 (cc. 398ff.) kann die Tätigkeit des Th. auch durch einen Lehrauftrag im Seminar ersetzt werden. Nach der Einführung des CIC v. 1983 ist das Amt des Th. weitgehend abgeschafft worden (Ausnahmen u. a. in Linz und St. Pölten). H.-J. Becker

Lit.: DDC III, 568 – F. SENTIS, Die praebenda theologica und poenitentialis in den Kapiteln, 1867 – PH. HOFMEISTER, Bf. und Domkapitel, 1931, 85, 104, 161f. – H. TILLMANN, Papst Innocenz III., 1954, 155.

Theon von Alexandrien, neuplaton. Mathematiker und Astronom des 4. Jh., Vater der bekannten Mathematikerin →Hypatia, wirkte vermutl. am Museion in Alexandrien, wo er i. J. 364 eine Sonnen- und eine Mondfinsternis beobachtete, durch die seine wiss. Tätigkeit genau datiert werden kann. Er publizierte einen umfangreichen Kommentar zum →Almagest in 13 Büchern, von dem kürzl. einige bisher verloren geglaubte Teile in einer vatikan. Hs. wieder entdeckt wurden, sowie zwei weitere Kommentare zu den Handlichen Tafeln von →Ptolemaeus. Th.s sonstige erhaltenen Werke betreffen v. a. Editionen der Schriften →Euklids und Ptolemaeus', worunter insbes. seine Edition der Elemente hervorzuheben ist. Arab. Quellen schreiben ihm ferner Abhandlungen über die →Armillarsphäre und das →Astrolabium zu, deren Zuweisung jedoch umstritten ist und von denen bloß die erste in arab. Übersetzung vor kurzem aufgefunden wurde (SEZGIN). Th.s Bedeutung liegt weit weniger in seiner Originalität als Mathematiker begründet, als in der Tatsache, daß einige der wichtigsten gr. Texte beinahe ausschließl. in seiner Bearbeitung überliefert wurden. So dauerte es z. B. bis ins frühe 19. Jh., bis F. PEYRARD im Ms. Vaticanus Graecus 190 eine abweichende Fassung der Elemente Euklids entdeckte, die wohl eine ältere, von Th. unabhängige Redaktion des Textes darstellt.

E. Neuenschwander

Ed.: A. ROME, Commentaires de Pappus et de Th. d'Alexandrie sur l'Almageste, 3 Bde, 1931–43 – A. TIHON, Le 'Petit Commentaire' de Th. d'Alexandrie aux Tables Faciles de Ptolémée, 1978 – J. MOGENET –A. TIHON, Le 'Grand Commentaire' de Th. d'Alexandrie aux Tables Faciles de Ptolémée, 2 Bde, 1985, 1991 – Lit.: DSB XIII, 321–325 [ältere Lit.] – SEZGIN V, 180–186, 401; VI, 101f. – A. TIHON, Le calcul de l'éclipse de Soleil du 16 juin 364 p. C. et le 'Petit Commentaire' de Th. d'Alexandrie, Bull. de l'Institut Hist. Belge de Rome 46/47, 1976–77, 35–79 – DIES., Th. d'Alexandrie et les 'Tables Faciles' de Ptolémée, AIHS 35, 1985, 106–123 – DIES., Le livre V retrouvé du 'Commentaire à l'Almageste' de Th. d'Alexandrie, L'Antiquité Classique 56, 1987, 201–218 – D. ROQUES, La famille d'Hypatie, Revue des Études Grecques 108, 1995, 128–149.

Theonest, hl., Bf. und Märtyrer, dessen hist. Persönlichkeit schwer faßbar ist. Zwei Passiones schildern ihn als Bf., der in Altino bei Treviso (Veneto) zusammen mit seinen Gefährten Tabra und Tabrata den Märtyrertod gefunden hat, nachdem ihn eine lange Pilgerfahrt nach Rom, Mailand, Aosta, Mainz (wo zwei weitere Reisegefährten, Ursus und Albanus, den Märtyrertod erlitten hatten) und wieder nach Italien geführt hatte. Nach seiner

Enthauptung sei Th. mit dem Kopf in den Händen bis zum Ort seiner Grablege gegangen. In den Passionen ist Th. ein Zeitgenosse eines Ks.s Theodosius bzw. ein Bf. v. Philippi (Makedonien?), der an einem Konzil v. Karthago teilgenommen habe. Man nimmt an, daß das Zentrum seines Kultes Treviso war, wo er 710 unter den Titelhl.n eines Kl. erscheint. Wahrscheinlich geht auf diese Zeit eine verlorene Passio zurück, als deren Bearbeitungen aus dem 10. Jh. die erhaltenen Passiones gelten können, die die Verehrung des Th. in Mainz bezeugen, wo er vielleicht mit einem Bf. Theomastus (6. Jh.?) gleichgesetzt wurde. Th. wird erstmals im Martyrologium des →Hrabanus Maurus kommemoriert, von wo sein Gedächtnis in das Martyrologium Romanum überging (30. Okt.). F. Scorza Barcellona

Q.: BHL 8110–8114 – BHL Nov. Suppl. 8113f. – AASS Oct. XIII, 335–348 – H. Fros, Inédits non recensés dans la BHL, AB 102, 1984, 376 – Lit.: Bibl. SS XII, 354–358 – LCI VIII, 459–460 – LThK² X, 82f. – E. Ewig, Die ältesten Mainzer Bf.sgräber, die Bf.sliste und die Th.legende (Ders., Spätantikes und frk. Gallien, II, 1979), 171–181 – F. Staab, Die Mainzer Kirche. Konzeption und Verwirklichung in der Bonifatius- und Th.-Tradition (Die Salier und das Reich, hg. S. Weinfurter, II, 1991), 31–77.

Theopaschismus. Theopaschiten entfalteten in vier Varianten die Lehre, daß Gott gelitten hat. 1. Als erster sprach Ignatios v. Antiochien († ca. 109) in diesem Sinne vom Leiden Jesu Christi (Rom 6,3; Eph 1,1). Rigorose Verfechter der Einheit Gottes (Noet v. Smyrna, Praxeas) glitten freilich Ende des 2./Anfang des 3. Jh. zur monarchian. Häresie des Patripassianismus ab. 2. Nachdem →Diodoros v. Tarsos den verkürzenden Th. des →Apollinarios v. Laodikeia Ende des 4. Jh. zurückgewiesen hatte, lehnten die Antiochener diesen ab und unterstellten nicht nur Apollinaristen und Arianern, sondern zu Unrecht auch den Anhängern des →Kyrillos v. Alexandrien theopaschit. Irrlehren. 3. In der Folge entwickelten die syr. Monophysiten theopaschit. Bekenntnisformeln, indem sie 468/470 das Trishagion durch »Der für uns gekreuzigt worden ist« erweiterten (→Petrus Fullo) oder »Einer aus der Dreifaltigkeit hat (im Fleische) gelitten« formulierten. 4. Seit 519 bemühten sich skyth. Mönche – gegen den →Nestorianismus – um päpstl. und ksl. Anerkennung letzterer Formel, was nach anfängl. Ablehnung 533 durch Ks. →Justinian I. und 534 durch Papst →Johannes II. geschah. J. Hofmann

Lit.: LThK² X, 83 – Beck, Kirche, 285, 375f. [Lit.] – R. M. Hübner, Melito v. Sardes und Noet v. Smyrna (Fschr. W. Schneemelcher, hg. D. Papandreou, 1989), 219–240 – A. Grillmeier, Jesus der Christus im Glauben der Kirche, 1, 1990³, 20, 56, 379 – H. R. Drobner, Lehrbuch der Patrologie, 1994, 94f., 130 [Lit.] – J. Speigl, Formula Iustiniani, OKS 44, 1995, 105–134 [Lit.].

Theophanes
1. Th. III., Metropolit v. →Nikaia seit Ende 1364, † 1380 oder später. Da die Stadt bereits 1330 von den Türken erobert worden war, hielt sich Th. zumeist in Konstantinopel auf (Beteiligung an Lokalsynoden: Jan. 1370, Mai 1371, Juni 1380). Er gehörte zu den Parteigängern des ehem. Ks.s →Johannes VI. Kantakuzenos und teilte dessen Einstellung in der Kontroverse um den →Palamismus. 1367/68 wohnte Th. einer Gesandtschaftsreise zu →Jovan Uglješa nach Serrhes bei, um über die Rückkehr der serb. Kirche zum Patriarchat v. Konstantinopel zu verhandeln; im Nov. 1370 dürfte er kurzzeitig den Metropoliten v. Ankyra vertreten haben. Th. gehörte zu den fruchtbarsten Schriftstellern der Palaiologenzeit: er verfertigte einen Traktat in drei Büchern (B. 4 und B. 5: Auszüge von B. 1–3) gegen die Lateiner, wobei es bes. um die →Filioque-Thematik ging, ferner, wohl auf Anregung Johannes' VI., zwei Schrr. an den lat. Patriarchen Paulus v. Konstantinopel über Probleme der palamit. Theologie. Erhalten sind weiter: eine »Oratio eucharistica«, kirchl. Dichtungen, eine für die byz. Mariologie wichtige Abh. über die Gottesmutter, drei Briefe an seine Gemeinde in Nikaia und eine Disputation gegen die Ewigkeit der Welt, wohl eine Antwort auf die »Summa theologica« des →Thomas v. Aquin. Sein Hauptwerk bildet der äußerst umfangreiche und wohlkomponierte »Tractatus adversus Judaeos« (3 B.), der Unterschiede zw. bibl. und zeitgenöss. Judentum aufzeigt und, frei von übermäßiger Polemik, wichtige Informationen über die Juden in spätbyz. Zeit enthält.
A. Külzer

Lit.: DSAM XV, 516f. – DThC XV, 513–517 – PLP, Nr. 7615 – Beck, Kirche, 746f. – E. Trapp, Die Metropoliten v. Nikaia und Nikomedeia in der Palaiologenzeit, OrChrP 35, 1969, 186f. – G. Prinzing, »Contra Judaeos«: ein Phantom im Werkverz. des Theophylaktos Hephaistos, BZ 78, 1985, 350–354 – I. D. Polemis, Th. of Nicea: His Life and Works, 1996.

2. Th. Byzantios, byz. Historiker, 2. Hälfte des 6. Jh., dessen Werk nur durch das relativ umfangreiche Resümee in der Bibl. des →Photios (cod. 64) bekannt ist. Es umfaßte den Zeitraum von 572 (vielleicht schon 565) bis 581 (?) und widmete sich bes. den Beziehungen zu den Turkvölkern (darunter der Hinweis auf den Schmuggel der Seidenraupe aus »China«; →Seide, B.) sowie den Sāsānidenkriegen. Obwohl es chronolog. dem Werk des →Theophylaktos Simokates vorangeht, gibt es keinen Hinweis, daß dieser es benutzte. P. Schreiner

Ed. und Lit.: Photios, Bibl., ed. R. Henry, I, 1959, 76–79 – Hunger, Profane Lit., I, 309 – Tusculum Lex., 1982³, 785 – Oxford Dict. of Byzantium, 1991, 2062.

3. Th. Continuatus, Serie von Ks.biographien (813–961), nur chronolog., aber nicht stilist. in der Forts. des →Theophanes (hsl. in ihrer Gesamtheit ohne Titel), in Auftrag gegeben von →Konstantin VII., mit deutl. publizist. Zwecken im Sinne einer Ideologie der makedon. Ks.hauses (→Makedon. Dynastie). Ein erster Teil widmet sich den Ks.n der vormakedon. Familien (813–866), ein zweiter (Buch V) aus der Feder Konstantins VII. selbst umfaßt die Regierungszeit seines Großvaters (→Basileios I.), der vierte jene →Leons VI. und Konstantins VII. (886–948). Der fünfte, unvollendete Teil bricht 961 ab, sollte aber wohl bis 963 (Tod →Romanos' II.) reichen. Abgesehen von Buch V sind die Autoren anonym und alle Identifizierungsversuche bleiben Hypothese (u.a. Joseph →Genesios, Theodoros →Daphnopates). Das nur in einer einzigen originalen Hs. überlieferte Werk ist trotz einer gewissen ideolog. Ausrichtung die wichtigste Q. für eine der bedeutendsten Perioden der byz. Gesch. P. Schreiner

Ed. und Lit.: Th. C., ed. I. Bekker, 1838 – Vom Bauernhof auf den Ks.thron. Leben des Ks.s Basileios I., übers. L. Breyer, 1981 [B. V] – J. N. Ljubarskij, Th. C., Žisneopisanija vizantijskich carej, 1992 [russ. Übers., Komm.] – Hunger, Profane Lit., I, 339–343 – Oxford Dict. of Byzantium, 1991, 2061f.

4. Th. Graptos, * um 775 in der Moabitis (Palästina), † 11. Okt. 845, □ →Chora-Kl. zu Konstantinopel, Dichter kirchl. Hymnen und Hl. als verfolgter Bekenner der Bilderverehrung (→Bilderstreit). Seit seinem 22. Lebensjahr Mönch in der Sabas-Laura (→Sabas, hl.) bei Jerusalem, gehörte zusammen mit seinem Bruder Theodoros und dem Mönch Job zur Begleitung des →Michael Synkellos (31. M.), den Patriarch Thomas v. Jerusalem 813 zur Erörterung des →Filioque nach Rom entsandt hatte. Lage Jerusalems nach Rom entsandt hatte. Ks. →Leon V. ließ die Gruppe unterwegs in Konstantinopel als Bilderverehrer in Haft nehmen, aus der das Brüderpaar erst 820 freikam. Anschließend Übersiedlung ins Sosthenion-Kl. am Bosporos; Ks. →Theophilos verbannte die Brüder dann auf die Insel Aphusia im Marmarameer und ließ beiden nach Verhören in Konstantinopel am 18. Juli 839 zwölf von ihm selbst verfaßte iamb. Trimeter auf die Stirn tätowieren (Brandmarkung als Häretiker; daher ihr Beiname: 'Graptoi/γραπτοί'). In erneuter Verbannung (Apamea/Bithynien) starb Theodoros an einem 27. Dez. zw. 841 u. 844, während Th. nach Beendigung des Bilderstreits (843) noch kurzzeitig Metropolit v. →Nikaia wurde. – Von ihm sind 19 Idiomela überliefert (in den Hss. keine einheitl. Zuschreibung) und 162 teilweise noch unedierte Kanones.   G. Prinzing

Q. und Lit.: Beck, Kirche, 516f. [Editionsverz. zu Th.] und passim – ThEE 6, 1965, 205f. – BHG Nrr. 1793, 1793e – Tusculum-Lex., 1982³, 786f. – Oxford Dict. of Byzantium, 1991, 2062 – Th. Xydes, Byz. Hymnographia, 1978, 137–145 – W. Treadgold, The Byz. Revival 780–842, 1988 – M. F. Auzépy, TM 12, 1994, 183–218.

5. Th. Homologetes (Confessor), byz. Chronist, * um 760 in Konstantinopel, † 12. März 817 oder 818 in Samothrake. Th. stammte aus einer hohen adligen Familie. Nach dem Tod des Vaters, des Strategen Isaak, übernahm Ks. →Leon IV. Vormundschaft. Nach glänzender Karriere am Hof entschloß er sich mit 26 Jahren, ebenso wie seine (gleichfalls der Aristokratie entstammende) Frau, ins Kl. zu gehen. Th. wurde Hegumenos des von ihm an der Südküste des Marmarameeres gegr. Kl. Megas Agros (Sigriane) und schrieb hier Hss. ab. Anhänger des Patriarchen →Tarasios sowie Freund und Mitarbeiter des Chronisten →Georgios Synkellos, wurde Th. als Gegner des Ikonoklasmus nach Samothrake verbannt, wo er sein Leben beschloß. Auf Anregung von Georgios Synkellos setzte er dessen Weltchronik von 285 bis 813 fort und verwertete z. T. die von seinem Vorgänger gesammelten Materialien; dabei wandte er ein streng annalist. Schema an, auf der Grundlage der Herrscher- und Patriarchenlisten. Für die Zeit vom 4. bis zum 6. Jh. stützte er sich in erster Linie auf die Kirchenhistoriker →Priskos, →Prokopios, →Johannes Malalas und →Theophylaktos Simokates. Für die Zeit von 602 bis 813 ist Th. Hauptquelle und häufig einziger Zeuge, nicht zuletzt infolge der Verluste zahlreicher seiner Vorlagen (auch syr. und arab. Hss.) durch den →Bilderstreit. Die bilderfreundl. Tendenz und der Verzicht auf themat. Stoffgliederung mindern keineswegs den unschätzbaren Wert dieses Quellenwerks. Sein Stil ist trotz der lit. Bildung des Th. gewollt schlicht gehalten und zeigt häufig Einflüsse der Volkssprache.

In der 2. Hälfte des 9. Jh. übersetzte →Anastasius Bibliothecarius Th. für seine »Chronographia tripartita«; die ihm vorliegende Fassung war weniger ausgearbeitet als die uns durch die griech. Hss. überlieferte Redaktion (deren älteste, Oxon. Bodl. Wake 5, stammt vom Ende des 9. Jh.). Der Codex Vindob. Hist. Gr. 76 überliefert eine vulgärgr. Paraphrase des Th.   R. Maisano

Ed.: C. de Boor, 2 Bde, 1883–85 [Nachdr. 1963] – Lit.: Hunger, Profane Lit. I, 334–339 [Lit.] – J. Karayannopoulos-G. Weiss, Q.nkunde zur Gesch. v. Byzanz, 1982, 338f. [Lit.] – C. Mango, Who wrote the Chronicle of Th.?, ZRVI 18, 1978, 9–17 – I. S. Čičurov, Vizantijskie ist. socinenija: »Chronografija« Feofana, »Breviarij« Nikifora, 1980 – T. A. Duket, A Study in Byz. Historiography. An Analysis of Th.' Chronographia and Its relationship to Theophylact's Hist. [Diss. Boston, 1980] – I. S. Čičurov, Feofan Ispovednik – Publikator, redaktor, avtor?, VV 42, 1981, 78–87 – H. Turtledove, The Chronicle of Th. (602–813), 1982 [engl. Übers., Einl., Komm.] – I. S. Čičurov, Mesto 'Chronografii' Feofana v rannevizantijskoj istoriogr. tradicii, 1983 – I. Rochow, Malalas bei Th., Klio 65, 1983, 459–474 – Dies., Byzanz im 8. Jh. in der Sicht des Th., 1991, 358 – S. Efthymiadis, Le panégyrique de s. Théophane le Confesseur par s.

Théodore Stoudite (BHG 1792b), AnalBoll 111, 1993, 259–290 [Add. in: AnalBoll 112, 1994, 439–447] – D. Olster, Syriac Sources, Greek Sources and Th.' Lost Year, Byz. Forsch. 19, 1993, 215–228.

Theophanie → Epiphanie

Theophanu, Ksn., * ca. 960, † 15. Juni 991 in Nimwegen, ▢ Köln, St. Pantaleon; Nichte des byz. Ks.s Johannes I. Tzimiskes. Anstelle der Porphyrogenneta Anna, wie nach der Brautwerbung Ebf. →Geros v. Köln erwartet, heiratete sie am 14. April 972 in Rom den Sohn Ottos I. und Mitks. →Otto II. und wurde zur Ksn. gekrönt. Eine Prachturk. besiegelte die reiche Morgengabe, die Fsm. er Capua und Benevent (seinerzeit der Tochter →Hugos v. Arles an Byzanz mitgegeben) brachte sie als Mitgift ein. Kinder: Sophia (* 975), Adelheid (* 977), →Mathilde (* 978), ungenannt (* 979) und →Otto (III., * 980).

Bis zum Tode Ottos II. (7. Dez. 983) trat sie nur als »consors regni« bzw. »coimperatrix« an der Seite ihres Gatten in Erscheinung, anhand ihrer wachsenden Interventionen in den Diplomen ist allerdings eine wohl nicht von ihr betriebene, langsame Verdrängung der Schwiegermutter →Adelheid vom Hof zu beobachten. Ohne Wissen vom Tod Ottos II. wurde am Weihnachtsfest 983 Otto III. in Aachen gekrönt; Th. und Adelheid hielten sich bis Ende April 984 in Pavia auf und trafen erst Mitte Juni in Dtl. ein. Während dieser Zeit suchte der Hzg. v. Bayern, →Heinrich d. Zänker (31. H.), gestützt auf sein Recht als Vormund und wohl noch auf rudimentäre Mitherrschaftsansprüche, das Kgtm. dem geschäftsunfähigen Kind streitig zu machen. Ebf. →Willigis v. Mainz setzte noch 984/985 die Regentschaft Th.s für ihren Sohn, die höchstens auf einer vagen Rechtsbasis beruhte, durch. Die bereitwillige Unterstützung durch Willigis (Erzkanzler) und Bf. Hildebold v. Worms (Kanzler) leitete ein institutionalisiert enges Verhältnis des Reichsepiskopats zur Kg.sherrschaft ein. Indem Th. ihre Schwiegermutter schrittweise aus dem Regentschaftsrat verdrängte, ihr 987 das Wittum uneingeschränkt bestätigte, vollendete sie die Individualsukzession. Indem sie ferner 984 den Abt →Unger v. Memleben zum gleichzeitigen Bf. v. Posen einsetzte, bahnte sie die spätere Ostpolitik ihres Sohnes an zum Nachteil der sächs. Adelsopposition, die zusammen mit Heinrich d. Zänker dem Böhmenhzg. zuneigte. Und durch schnelle Anerkennung Hugos Capet als Kg. Frankreichs festigte sie die immer noch unsichere Zuordnung Lothringens dem Reich. Obwohl nach ihrem Tod die Regentschaft für drei Jahre auf Adelheid überging, ließ sich der von Th. eingeschlagene Weg nicht mehr ändern.

O. Engels

Lit.: JDG O. II., Bd. 1, 1902, 1967² [K. Uhlirz] und O. III., Bd. 2, 1954 [M. Uhlirz] – Byzantium and the Low Countries in the Tenth Century, hg. V. D. van Aalst-K. N. Ciggar, 1985 – Ksn. Th., Begegnung des Ostens und Westens um die Wende des ersten Jt., hg. A. v. Euw-P. Schreiner, 2 Bde, 1991 – G. Wolf, Ksn. Th., Prinzessin aus der Fremde, des Westreichs große Ksn., 1991 – O. Engels, Th., die w. Ksn. aus dem Osten (Die Begegnung des Westens mit dem Osten, hg. Ders.-P. Schreiner, 1993), 13–36 – The Empress Th., hg. A. Davids, 1995 – Propyläen Gesch. Dtl.s I, 1994, 546–581 [J. Fried] – G. Althoff, Otto III., 1996, 37–72.

Theophilos

1. Th., byz. Ks. 829–842, * 812/813, † 20. Jan. 842; Sohn Ks. →Michaels II. und seiner ersten Frau Thekla, im Frühjahr 821 zum Mitks. gekrönt. Im Juni 830 Heirat mit →Theodora (III.), nachdem er bei einer zuvor erfolgten Brautschau die Dichterin →Kassia abgelehnt hatte. Th. war Schüler von →Johannes (VII.) Grammatikos, den er 838 zum Patriarchen v. Konstantinopel bestellte. Obgleich ein großer Bewunderer der arab. Welt, war Th.

gezwungen, gegen diese vielfältige Kriege zu führen; er mußte z.B. 831 den Verlust →Palermos und 838 nach der Niederlage bei Dazimon die Einnahme Amorions (Stammsitz seiner Dynastie) hinnehmen. Th. suchte mit Gesandtschaften zu den Franken, nach Venedig und Córdoba Unterstützung gegen das Kalifat zu finden; zur besseren Verteidigung des Reiches errichtete er die neuen →Themen Paphlagonia und Chaldia sowie die kleineren Militäreinheiten (→Kleisuren) Charsianon, Kappadokeia und Seleukeia. Religiös und selbst Hymnenschreiber, war er nach dem Vorbild seines Paten, Ks. →Leons V., und im Einverständnis mit Johannes VII. und →Leon Mathematikos (9. L.) Anhänger des Ikonoklasmus (→Bilderstreit), der unter ihm seine letzte Blüte erlebte.   A. Külzer

Lit.: Oxford Dict. of Byzantium, 1991, 2066 – R. JENKINS, Byzantium: The Imperial Centuries AD 610–1071, 1966, 146–152 – J. ROSSER, Th. (829–842); Popular Sovereign, Hated Persecutor, Byzantiaka 3, 1983, 37–56 – W. TREADGOLD, The Byz. Revival 780–842, 1988, 263–329 – D. M. NICOL, A Biographical Dict. of the Byz. Empire, 1991, 128f.

2. Th., *Patriarch v. →Alexandria* seit ca. 385, * um 345, † 412. Er griff hart gegen die heidn. Minderheit durch (391 Zerstörung des Serapeions) und bemühte sich um die Beilegung des Antiochen. Schismas. Nach anfängl. Begeisterung für →Origenes und ersten Schlichtungsversuchen verurteilte er Origenes (Synode 400 oder 401) und vertrieb die origenist. Mönche aus der Nitrischen Wüste. Auf der →Eichensynode 403 setzte Th. die Verurteilung und Verbannung Bf. →Johannes Chrysostomos' v. Konstantinopel durch, bei dem die Origenisten Schutz gesucht hatten. Von seinen Schriften sind nur wenige Briefe und Homilien erhalten.   E. Grünbeck

Ed. und Lit.: CPG 2580–2684 – J. DECLERCK, Th. d'A. contre Origène. Nouveaux frgm. s de l'Epistula synodalis prima, CPG 2595, Byzantion 54, 1984, 495–507 – P. NAUTIN, La lettre de Th. d'A. à l'Eglise de Jérusalem et la reponse de Jean de Jérusalem (juin-juillet 396), RHE 69, 1974, 365–394 – Lit.: Dict. enc. du Christianisme ancien, II, 1990, 2426 – DSAM XV, 524–530 [Lit.] – Oxford Dict. of Byzantium, 1991, 2065 – A. FAVALE, Teofilo d'Alessandria, Scritti, vita e dottrina, 1958 – E. A. CLARK, The Origenist Controversy, 1992, 105–121.

3. Th., *Bf. v. Kastabala* (Cilicia II) seit ca. 358, zuvor Bf. v. Eleutheropolis (Palästina; vgl. Sozomenos, Hist. eccl. IV 24, 13), † ca. 377; bekannter Vertreter der Homoiousianer (→Homoiousios); als Gegner der ksl. Religionspolitik wahrscheinl. von Ks. Konstantin abgesetzt. Er unterschrieb die homoiousian. Petition an Ks. Jovinian (Sokrates, Hist. eccl. III 25, 3) und kam mit anderen kleinasiat. Homoiousianern, die dem Bekenntnis v. →Nikaia zustimmten, 366 nach Rom zu Papst →Liberius (Sokrates, Hist. eccl. IV 12, 3; Sozomenos, Hist. eccl. VI 10, 4). Seine enge Verbindung mit →Eustathios v. Sebaste belastete die Beziehung zu →Basilius d. Gr. und verhinderte die Einigung (Basilius, Ep. 245; vgl. Ep. 130; 244). Im Streit um die Gottheit des Hl. Geistes gehört Th. in das Lager der →Pneumatomachen.   K. S. Frank

Lit.: Oxford Dict. of Byzantium, 1991, 2065 – W. LÖHR, Die Entstehung der hömoischen und homöusian. Kirchenparteien. Stud. zur Synodalgesch. des 4. Jh., 1986 – H. C. BRENNECKE, Stud. zur Gesch. der Homöer, 1988.

4. Th. Ein Rechtslehrer dieses Namens arbeitete nach dem Zeugnis der Const. Imperatoriam maiestatem (533) an der Gestaltung der (lat.) Institutionen Justinians mit. Ob dieser Th. mit dem →antecessor identisch ist, der die sog. (griech.) Institutionenparaphrase verfaßt hat, kann nicht mit Sicherheit gesagt werden. Die Paraphrase geht wohl auf die Zusammenfassung von Index und Paragraphai aus einer Institutionenvorlesung des antecessor Th. zurück. Sie ist als einziges Stück der Unterrichtslit. der Rechtslehrer Justinians vollständig erhalten. Von Th. stammt auch ein Digestenindex, von dem einige Reste erhalten sind. In Ansehung der Mitarbeit am →Corpus iuris civilis und wegen der großen Verbreitung der griech. Institutionenparaphrase in Byzanz, die den lat. Text alsbald verdrängt hat, kann Th. als einer der bedeutendsten antecessores gelten. →Basiliken, -scholien.   P. E. Pieler

Ed.: C. FERRINI, Institutionum graeca paraphrasis Theophilo antecessori vulga tributa... 2 Bde, 1884/97 [= Jus Graeco-Romanum III, 3ff.] – neue Ed. in Vorber. (Groningen) – Lit.: H. J. SCHELTEMA, L'enseignement de droit des antécesseurs, 1970, 17 – P. E. PIELER, Byz. Rechtslit. (HUNGER, Profane Lit. II), 419–421 – N. VAN DER WAL – J. H. A. LOKIN, Historiae iuris Graeco-Romani delineatio, 1985, 40f.

Theophilus Presbyter. »Theophilus, humilis presbyter«, demütige Selbstnennung des Verf.s der »Schedula diversarum artium« (»De diversis artibus«); aufgrund neuerer Forsch. endgültig identifiziert als der auch aus der sakralen Kunstgesch. bekannten Priester- und Goldschmiedemönch →Roger (oder Ruger) v. Helmarshausen. – »Theophilus qui et Rugerus« in der Wiener Hs. der »Schedula« –, im Lebenslauf auf etwa 1070 bis nach 1125 eingegrenzt. Nach Stationen im Kl. →Stablo und in St. Pantaleon in Köln gelangte Th. in das nordhess. →Helmarshausen. Das dortige Kl. (Reliquientranslation des hl. Modoald 1107) gewann als neue Wirkungsstätte des Th. und als aktives Zentrum sakraler Kunstgestaltung an Ansehen. Überliefert ist u.a. das Modoald-Vortragekreuz aus vergoldetem Kupferblech mit Gravierungen, aber fehlender Vorderseite (Köln, Schnütgen-Museum), ein aus Eichenholz, vergoldetem Silberblech, getrieben, punziert und nielliert gearbeitetet, mit Perlen und Edelsteinen geschmückter Tragaltar und ein etwas einfacheres, sog. Abdinghofer Portabile (Paderborn, Diözesanmuseum), ein mit Emails, Steineinlagen und vergoldeten Evangelistensymbolen verzierter Einbanddeckel eines Helmarshauser Evangeliars (Trier, Domschatz).

Der bes. Ruhm des Th. gründet sich auf seine früh konzipierte »Schedula«, eine handbuchartige Zusammenfassung techn. und kunstgewerbl. Verfahren, die auf prakt. Erfahrungen und Fertigkeiten des Autors, schriftl. Vorentwürfe, teilweise auch auf Vorlagen wie die →»Mappae clavicula« zurückzuführen ist und 1122/23 fertiggestellt wurde. Das in zahlreichen Abschriften, die ältesten aus dem 12. Jh. in Wolfenbüttel und Wien, überlieferte Werk behandelt nach einer Apologie der Verknüpfung geistl. und handwerkl. Tätigkeit und Rechtfertigungen einer Niederschrift »der für die Menschheit im Dienste Gottes nützl. Künste und Neuerungen« (*novitates*) in drei Büchern auf einzigartige, auch um theol. Fundierung der →artes mechanicae bemühte Weise die Malerei, die Glaserei sowie Technologien der Metallerzeugung, -be- und -verarbeitung. Nach dem pädagog. Programm des Th. im Prolog des ersten Buchs soll ein eifriger Schüler »diversarum artium schedulam« studieren, um zu erfahren, was »Graecia« an Farbarten und -mischungen hervorgebracht hat, »Ruscia« an Schmelzen und Niello, »Arabia« an Treib-, Guß-, und durchbrochenen Arbeiten, »Italia« an diversen Gefäßen, Steinschnitt und golden verzierter Beinschnitzerei, »Francia« an kostbarer Vielfalt der Fenster und »Germania« an feiner Gold-, Silber-, Kupfer-, Eisen-, Holz- und Steinarbeit.

Die Bedeutung der »Schedula« für die Kunst-, Kultur- und Technikgesch. des MA ist kaum zu überschätzen. Noch im 15. und 16. Jh. wurde das Werk von humanist. Naturforschern rezipiert. Th. gibt Anweisungen und bietet Rezepte für die Zubereitung und Verwendung natürl. Farben, für Gold- und Silberauflagen, das mehrmalige

Mahlen des Goldes, die Verwendung von Imitaten usw. Im zweiten Buch der »Schedula« über die Glasgefäß- und -fensterherstellung geht er von der Errichtung und Funktion der Brenn-, Streck- und Kühlöfen aus sowie von der Bereitung der Rohstoffe v. a. für Flachglas, wonach ausführl. Informationen über die Glasmalerei sowie das Zusammensetzen und Verlöten der Fensterteile folgen, aber auch prakt. Hinweise auf die Ausführung von Reparaturarbeiten und die Herstellung gläserner Fingerringe. Im dritten, dem umfassendsten Buch beschreibt Th. Werkstätten sowie -plätze und zugehöriges Werkzeug wie Blasebälge, Ambosse, Hämmer, Sägen, Drahtzieheisen, Feilen, Stichheln usw., die zur Herstellung und Verzierung liturg. Geräte aus den verschiedenen Metallen, aus Holz und Elfenbein dienen, läßt aber auch zahlreiche Angaben über Erzeugnisse für den Alltag einfließen. Erläutert werden zudem technikgeschichtl. wichtige Verfahren, darunter die Goldamalgation, die Gold-Silber-Scheidung, der Treibprozeß bei der Silbererzeugung, und Geräte wie die Drehbank. Vorzügl. Auskünfte gibt Th. schließlich zum Glockenguß (sog. Th.-Glocken, →Glocke, II), und zwar im insgesamt längsten Kapitel. K.-H. Ludwig

Ed. und Übers.: Technik des Kunsthandwerks im zwölften Jh. Des Th. Presbyter Diversarum artium schedula, ed. W. THEOBALD [im 1. Buch – Malerei – unvollständig; Neuausg. 1984 mit Einführung und Forsch.-sergebnissen bis 1981 durch W. v. STROMER] – Th., De diversis artibus. Th., The Various Arts, ed. C. R. DODWELL, 1961 – On Divers Arts. The Foremost Medieval Treatise on Painting, Glassmaking and Metalwork, ed. J. G. HAWTHORNE–C. S. SMITH, 1963, 1979 – *Lit.*: →Roger v. Helmarshausen – P. W. HANKE, Kunst und Geist. Das philos. und theol. Gedankengut der Schrift »De Diversis Artibus«..., 1962 – L. WHITE jr., Th. redivivus, Medieval Religion and Technology, Coll. Essays, 1978, 93–103 – Das Reich der Salier 1024–1125, Ausst. kat. Speyer, 1992, 384ff.

Theophilus-Legende

I. Mittellateinische Literatur – II. Romanische Literaturen – III. Deutsche Literatur – IV. Englische Literatur – V. Ikonographie.

I. MITTELLATEINISCHE LITERATUR: Die ursprgl. gr. Legende von Th. aus Adama in Kilikien enthält als ein wesentl. Element den Teufelspakt: Th. verschreibt gegen Zusicherung des ird. Erfolges seine Seele dem Teufel, wird jedoch am Ende durch das Eintreten der Gottesmutter gerettet. Als Autor der lat. Version der gr. Th. (bekannt als »Poenitentia Theophili« BHL 8121–22) gilt der Diakon Paulus v. Neapel (zw. 840 und 875); sie ist (ebenso wie die Vita der hl. Maria Aegyptiaca [BHL 5415] des gleichen Autors) Karl dem Kahlen gewidmet. Die Übers. des Paulus erfreute sich seit dem Ende des 9. Jh. enormer Verbreitung (vgl. die – unvollständige – neueste Auflistung von 111 Hss.) und bot das Material für eine große Zahl von Neufassungen und Bearbeitungen in Prosa und Versen. Die Ursache für die Beliebtheit dieses Teufelsbündler-Motivs und für seine reiche lit. Gestaltung liegt in seinem erzähler. Reiz und seiner doppelten Verwendung als →Exempel: Zur ursprgl. Interpretation als Verkörperung des Bußgedankens kam später eine 'marianische' Interpretation hinzu, die rasch in den Vordergrund trat: Sie betonte bei der Th.-Geschichte die machtvolle Rolle der Hl. Jungfrau Maria als Fürsprecherin bei Gott für die Vergebung der Sünden. Die 'marianische' Interpretation ist den Fassungen des 10. Jh. noch fremd: Sowohl der »Vita Theophili Atheniensis«, einer Prosabearbeitung des Stoffes, in der der Name der Stadt, die den Schauplatz der Handlung darstellt, mißverstanden wird (entstanden vor der Mitte des 10. Jh., vielleicht in →Bobbio), als auch der Verslegende von →Hrotsvit v. Gandersheim in 455 leonin. Hexametern. Die Verwendung der Th. in marian. Kontext wird jedoch seit Anfang des 11. Jh. häufiger, sowohl in Traktaten und Predigten über die hl. Jungfrau (→Fulbert v. Chartres, →Petrus Damiani, später →Bernhard v. Clairvaux, →Honorius Augustodunensis, →Bonaventura, →Albertus Magnus) als auch in Marienmirakelsammlungen (Boto v. Prüfening, →Nigellus [Wireker], →Caesarius v. Heisterbach), Gebeten und Hymnen. Ebenfalls zur Mariendichtung (→Maria, III) zählt das Th.-Gedicht des →Rahewin (3. Viertel des 12. Jh.) in 651 zumeist gereimten Hexametern oder Distichen und die rhythm. Dichtung in 400 Alexandrinern im Cod. Parisinus lat. 2333 A (14. Jh.). Der Bußgedanke und die narrativen Elemente an sich werden in einem unedierten Gedicht in leonin. Hexametern betont, das in der Hs. Darmstadt 749 Gevehardus v. Grafschaft zugeschrieben ist (BHL 8124d; 12. Jh.); ebenso in der eine Zeitlang ohne Grund →Marbod v. Rennes zugeschriebenen Dichtung in leonin. Hexametern (BHL 8124, 12. Jh.) sowie in dem rhythm. Gedicht, das u. a. in der Hs. Paris, Arsenal 903 erhalten ist. Die Legende wurde auch in viele Exempel- und verkürzte Heiligenvitensammlungen aufgenommen (→Vinzenz v. Beauvais, →Jacobus de Voragine, →Aegidius v. Zamora, →Petrus Calo, Petrus de Natalibus, →Antoninus v. Florenz und Johannes →Herolt), im allg. mit marian. Konnotation. V. a. aber wurde die Th.-Legende ein Kernstück der Sage von Dr. Faustus. P. Chiesa

Lit.: AASS Febr. I, 486–497 – W. MEYER, Radewins Gedicht über Th. und die Arten der gereimten Hexameter (Gesammelte Abh. zur mittellat. Rhythmik, I, 1905), 59–135 – A. GIER, Der Sünder als Beispiel. Zu Gestalt und Funktion hagiograph. Gebrauchstexte anhand der T., 1977 – P. CHIESA, L'»Historia Theophili Atheniensis«: il più antico rifacimento latino della »Poenitentia Theophili«, Aevum 68, 1994, 259–281.

II. ROMANISCHE LITERATUREN: Als eines der ältesten und umfangreichsten Marienmirakel ist die Th. in fast allen Mirakelslg.en enthalten: Die älteste frz. Version findet sich in Adgars 'Gracial' (ca. 1165–70, als zweites Stück); →Gautier de Coinci beginnt seine 'Miracles de Nostre Dame' mit der Th., die um ein Mehrfaches umfangreicher ist als alle folgenden Geschichten (über 2000 Verse, mit ausgedehnten, hochrhetor. Monologen des Protagonisten). Zwei anglonorm. Versionen gehören dem 13. Jh. an. In den kast. 'Milagros de Nuestra Señora' →Gonzalos de Berceo (164 vierzeilige Strophen) steht die Th. an letzter Stelle; die 'Cantigas de Santa Maria' Kg. →Alfons X. des Weisen bieten (als drittes von über 350 erzählenden Gedichten) eine Kurzfassung (40 Verse und Refrain). Inhaltl. Unterschiede zw. den narrativen Fassungen gibt es kaum, direkte oder indirekte Q. ist stets die lat. Version des Diakons Paulus v. Neapel. →Rutebeufs dramat. Bearbeitung (663 Verse) basiert auf Gautier de Coinci und war wohl zur Aufführung bei einem Marienfest (vielleicht Mariä Geburt) bestimmt. In Florenz entstand im 15. Jh. eine →Sacra rappresentazione über die Th.

Als →Exemplum ist die Th. in Predigten (frz.: 'Sermon d'Amiens', ca. 1276) und Slg.en von Beispielerzählungen weit verbreitet (katal.: 'Recull de Eximplis', kast.: 'Libro de exenplos por A. B. C.' des Clemente Sánchez, beide 15. Jh.). Auch in der religiösen Lyrik Frankreichs wird häufig auf die Th. Bezug genommen, mehrere *prieres Theophilus* geben als Rollengedichte die Gebete des Sünders zu Maria wieder. Noch in François →Villons 'Testament' ('Ballade por prier Nostre Dame') wird Th. als Beispiel für Gottes Gnade genannt. A. Gier

Lit.: K. PLENZAT, Die Th. in den Dichtungen des MA, 1926 [Neudr. 1967] – M. ZINK, La prédication en langue romane avant 1300, 1976 – A. GIER, Der Sünder als Beispiel. Zu Gestalt und Funktion hagiograph. Gebrauchstexte anhand der Th., 1977.

III. Deutsche Literatur: Obgleich die dt. volkssprachl. Lit. keine selbständigen Fassungen der Th. kennt, wurde sie schon seit dem 12. Jh. in größere Werke integriert: In der »Rede vom Glauben« des armen Hartmann (Mitte 12. Jh.) dient sie als Beispiel für die Begnadung von Sündern 'per spiritum sanctum', im fragmentar. »Ave Maria« →Bruns v. Schönebeck (um 1270-80) der Lobpreisung Marias als Gegenmacht des →Teufels. Als verbreitetstes aller Marienmirakel (→Drama, V) wurde die Th. häufig, lat. Tradition folgend, in dt. Legendare, Predigt- und Exempelsammlungen (z. B. »Speculum ecclesiae«, 1130/50; »Hoffmannsche Predigtslg.«, um 1200; →»Passional«, um 1300; →»Legenda aurea« ab Mitte 14. Jh.; »Der Heiligen Leben« Ende 14. Jh.; →Hagiographie, B.III) sowie in Dichtungen zum Lobpreis Marias (→Maria, C. V) als 'mater misericordiae' eingefügt (z. B. »Rhein. Marienlob«, 2. Viertel 13. Jh.; →Konrads v. Würzburg »Goldene Schmiede«; Peters v. Arberg Tageweise »Ach starker Gott«, Mitte 14. Jh.). – Als eigenständige Fassungen des Stoffs sind aus dem 15. Jh. neben →Schernbergs Teufelsbündlerspiel drei wohl auf eine gemeinsame Vorlage zurückgehende mnd. Theophilus-Spiele (Hss. in Stockholm, Trier, Wolfenbüttel) sowie zwei niederrhein. Aufführungszeugnisse (Deventer 1436, Bocholt 1459) überliefert. Im Vorspiel der Trierer Fassung wird der Beispielfall zu grundsätzl. Kritik an der Verweltlichung des Klerus genutzt, doch soll auch dieser Text wie alle anderen Bearbeitungen des Stoffs die Erkenntnis von der grenzenlosen Fürbittemacht Marias vermitteln. N. H. Ott

Ed.: Th., ed. R. Petsch, 1908 – Die Stockholmer Hs. Cod. Holm. Vu 73, ed. L. Geeraedts, 1984, 245–273 – *Lit.:* s. Abschn. II (K. Plenzat, 1926; A. Gier, 1977) – Verf.-Lex.² IX, 775–782 – E. Ukena, Die dt. Mirakelspiele des SpätMA, 1975, 150–186 – V. Krobisch, Das Trierer Theophilusspiel (Franco-Saxonia [Fschr. J. Goossens, 1990]), 309–318.

IV. Englische Literatur: Wenigstens neun Versionen der Th. in engl. Sprache sind zw. 1280 und 1572 überliefert; sie machen die Gesch. zu dem verbreitetsten Marienwunder (→Maria, hl., C.VI) in England. Außer in drei Predigtslg.en, einer Übers. des »Alphabetum narrationum« und der späten Fassung W. Forrests v. 1572 (Whiteford, 1990, Boyd, 1964) wird das Mirakel in Legendarien tradiert, zuerst im →»South English Legendary« (200 Langzeilen in einer unabhängigen Slg. von Wundern), und erscheint dann in Übers.en der →»Legenda aurea« (als Teil der »Geburt Mariens«) in der »Gilte Legende« (ca. 1438) und in →Caxtons »Golden Legend« (1483). Da einige Hss. der »Gilte Legende« entreimte Ergänzungen des Verslegendars enthalten, ergab sich hier eine ungewollte Wiederholung der Gesch. (Görlach, 1972, 54–56). Daneben existiert eine unabhängige Fassung in sechszeiligen Strophen (642 Zeilen, gedr. Boyd, 1964, 68–87) in einer romanzenähnl. Form des 15. Jh. – Die Q.frage und die Abhängigkeiten der engl. Fassung untereinander sind weitgehend ungeklärt, wohl auch, weil Theophilus keinen festen Platz im Hl.nkalender und damit in den Legendarien einnahm. Der Stoff fehlt in der bekannten Predigtslg. →Mirks (um 1400) und in W. de Wordes Slg. der Marienwunder v. 1496; ebenso fehlen dramat. Bearbeitungen. M. Görlach

Bibliogr.: ManualME 2. V [273] – *Ed. und Lit.:* C. D'Evelyn–A. J. Mill, The South English Legendary, EETS 235, 1956, I, 221–227 – B. Boyd, The ME Miracles of the Virgin, 1964, 68–87 – M. Görlach, The 'South English Legendary', 'Gilte Legende', and 'Golden Legend', 1972 – Ders., The Textual Tradition of the South English Legendary, 1974 – P. Whiteford, The Myracles of Oure Lady, 1990.

V. Ikonographie: Die vier Kernszenen der Th. (Teufelspakt, Theophilus bereut, Maria kämpft mit dem Teufel, Maria legt Theophilus im Traum den Vertrag auf die Brust) sind seit dem 12. Jh. bildlich überliefert, so auf einem Relief in →Souillac (1. Hälfte 12. Jh.), auf Miniaturen des Ingeborgpsalters (Anf. 13. Jh., Chantilly, Musée Condé) und von Jean →Pucelle (1335, Paris, Bibl. Nat.) sowie in zwei Glasfenstern der Kathedrale v. Le Mans (Ende 13. Jh.). Der Wunderbericht des Bf.s an das Volk und weitere Szenen werden am Tympanon des Nordportals (um 1250), Teufelspakt, Theophilus' Reue und Marias Kampf mit dem Teufel auf Vierpaß-Reliefs (1215/18) in der Kapelle St-Michel et St-Martin an der Nordseite von Notre-Dame de Paris dargestellt. Zu einem Zyklus von 18 Szenen ist die Th. auf einem Glasfenster der Kathedrale v. Laon erweitert. In den meisten Bildwerken wird Theophilus als Diakon in der Dalmatik dargestellt.
N. H. Ott

Lit.: E. Midoux, Les vitraux de la cathédrale de Laon, 1882, H. 4, 12–42 – A. Reau, Iconographie de l'art chrétien, II/1, 1956, 628; III/2, 1959, 1257 – L. Kretzenbacher, Teufelsbündler und Faustgestalten im Abendlande, 1968, 34–41.

Theophrast im MA. Das umfangreiche, nahezu alle Gebiete des Wissens umfassende Werk des Theophrastos v. Eresos (um 370 bis 287 v.Chr.), des Schülers und Nachfolgers des Aristoteles, hat sich nur zu einem geringen Teil erhalten: von den bei Diogenes Laertios (5, 36–57) genannten rund 200 Titeln die 'Pflanzengeschichte', die 'Ursachen der Pflanzen' und die 'Charaktere', dazu noch Bruchstücke aus anderen Werken. Einfluß und Wirkung des Th. in der gr. Welt sind vielfältig und bedeutend; selbst dem syr.-arab. Raum ist er gegen Ende der Spätantike (wohl durch Priscianus Lydus) vermittelt worden. Gleichwohl scheinen Verluste seiner Schriften bereits im Altertum eingetreten zu sein. Dem lat. Westen kam im wesentl. die Aufgabe zu, bis zur Wiedergewinnung der verbliebenen Reste durch die Humanisten die Erinnerung an einen bedeutenden Namen wachzuhalten. – Als der Nachlaß des Th. (zusammen mit dem des Aristoteles) 84 v. Chr. nach Rom gekommen war, beginnt man hier sich ausdrückl. auf ihn zu berufen (so Varro und Cicero), und zwar, wie die Art der Zitate vermuten läßt, auf Grund unmittelbarer Kenntnis seiner Schriften. Verwiesen wird auf Th. auch bei Seneca d. J., Columella, Plinius d. Ä. (sehr häufig), Quintilian, bei Gellius, Apuleius u. a. Soweit diese Autoren dem MA bekannt werden, ist damit zu rechnen, daß zumindest die Erinnerung an des Th. Namen weitergegeben wird. Die Kenntnis ganzer Schriften oder auch nur ihrer Titel bleibt den folgenden Jahrhunderten offensichtl. versagt, sie verblaßt immer mehr und führt über Hinweise auf einzelne (z. T. wohl auch erfunden) Lehren oder anekdotenhafte Berichte nicht hinaus. – Dagegen muß dem Hieronymus das Werk des Th. noch näher vertraut gewesen sein: Er verweist des öfteren nachdrückl. auf ihn als Autorität und bietet darüber hinaus die Übers. eines sonst nicht überlieferten *aureolus Theophrasti liber de nuptiis* (adv. Iovin. 1, 47). Aus ihr wird immer wieder zitiert (oft im 12. Jh., aber auch noch von →Jeremias de Montagnone u. a.); sie ist häufig gesondert überliefert (s. Katalog von Bobbio s. IX./X., Becker 32, 433). – Allen, die sich in der chr. Spätantike noch um Th. bemüht haben, zeigt sich →Boethius überlegen (de hypotheticis syllogismis prol.). – Mit dem Hinweis auf einen sonst nicht bekannten Peplus des Th. (den auch Diogenes Laertios nicht verzeichnet und der an den ps.aristotel. Peplos gemahnt) erläutert →Johannes Scotus (nach ihm →Martin v. Laon und →Remigius) eine Stelle in der

Enzyklopädie des →Martianus Capella (5, 435). In vielem ungeklärt und umstritten ist die hsl. Überlieferung des Th.; sie setzt in byz. Zeit ein (s. X./XI.). - Ins 13. Jh. gehören Bruchstücke von lat. Übers.en, die →Bartholomaeus v. Messina und →Wilhelm v. Moerbeke zugeschrieben werden. Hauptsächl. wohl auf Übers.en beruht das Wissen, um das Th. die scholast. Gelehrsamkeit (z. B. die des →Albertus Magnus) vermehrte. In humanist. Zeit entstehen Ausgaben, Übers.en und Komm.e in großer Zahl, darunter auch von Th.s botan. Werken (→Pflanzenkunde). Erst jetzt finden die 'Charaktere' bes. Aufmerksamkeit. Isaac Casaubonus († 1614), der sie durch einen Komm. erschließt, nennt sie »goldenes Büchlein« und bringt damit die geänderte Wertschätzung, die Th. von nun an widerfährt, zum Ausdruck. E. Heyse

Lit.: MANITIUS I–III [Reg.] – RE Suppl. 7, 1354ff. – N. G. WILSON, The mss. of Th., Scriptorium 16, 1962, 96ff. – C. B. SCHMITT, CTC Vol. II, 1971, 239ff. – W. KLEY, Th.s Metaphys. Bruchstück und die Schrift περὶ σημείων in der lat. Übers. des Bartholomaeus v. Messina, 1936 – E. FRANCESCHINI, Sulle versioni lat. medievali del περὶ χρωμάτων (Autour d'Aristote: Recueil d'études ... à Monseigneur A. MANSION), 1955 – Th.us of Eresus. Sources for his Life, Writings, Thought and Influence, I–II, hg. W. W. FORTENBAUGH u.a., 1993² (Philosophia Antiqua 54) – L. D. REYNOLDS–N. G. WILSON, Scribes and Scolars, 1991³ – R. W. SHARPLES, Th.us of Eresus. Sources for his Life, Writings, Thought and Influence, V: Sources on Biology, 1995 (Philosophia Antiqua, 64).

Theophylakt, röm. Senator und Konsul, † ca. 924/925. Erstmals 901 als Pfalzrichter belegt, begegnet Th. jedoch v. a. im Zusammenhang mit der Rückkehr Sergius' III. auf den päpstl. Thron 903/904. Er unterstützte also die Gegner des →Formosus und wird seither in den Q. auch als 'vestararius' der päpstl. Kammer und als 'magister militum' bezeichnet. Der Einfluß röm. Adelsfamilien auf das Papsttum soll seit Th. zugenommen haben, insbes. habe seine Frau →Theodora die päpstl. Politik maßgeblich mitbestimmt. Laut dem polem. Zeugnis →Liutprands v. Cremona (Ant. II, 48) soll Sergius III. sogar mit Theodoras Tochter →Marozia (∞ →Alberich I. v. Spoleto) den späteren Papst Johannes XI. gezeugt haben. Ab 905 ist Th. auch mit dem Titel 'dux' und als 'senator Romanorum' belegt. Er förderte wahrscheinl. die Allianz Papst Johannes' X. mit den südit. Adligen zu einer gemeinsamen Schlacht gegen die Sarazenen am →Garigliano (915). Diese verschiedenen Initiativen bezeugen v. a. Th.s Verdienste um eine Konsolidierung der Verhältnisse in Rom und Mittelitalien; die neuere Forschung sieht hier sogar die Voraussetzungen für den Prozeß des →Incastellamento. Weitere, eher liturg.-hagiograph. Zeugnisse zur stadtröm. Kultgesch. ergänzen das Bild von Th. und seiner Familie, die sich gerade zu Beginn des 10. Jh. auch um eine monast. Erneuerung in Rom bemühte (S. Maria in Via lata, Tempulo etc.). K. Herbers

Q.: E. DÜMMLER, Auxilius und Vulgarius, 1866 – H. ZIMMERMANN, Papstregesten 911–1024 (RI II/5, 1969), 15, 24, 39 – Lit.: P. FEDELE, Ricerche per la storia di Roma e del papato nel secolo X, Archivio della R. Deputazione Romana di storia patria 33, 1910, 177–247; 34, 1911, 75–115, 393–423 – B. HAMILTON, The House of Theophylact and the Promotion of the Religious Life among Women in the Tenth Cent. Rome, Studia Monastica 12, 1970, 194–217 [= DERS., Monastic Reform, Catharism and the Crusades, 1979, n. IV.] – H. ZIMMERMANN, Das dunkle Jahrhundert, 1971, 41ff. – P. TOUBERT, Les structures du Latium médiéval, 1973, 966–974 – K. GÖRICH, Otto III., Romanus Saxonicus et Italicus, 1993, 237, 253.

Theophylaktos

1. Th., Ebf. v. →Ohrid ca. 1088/92–1126, * um 1055, † 1126, aus Euboia stammend, Angehöriger der Familie Hephaistos. Th., Schüler des Michael →Psellos, war Erzieher des Konstantinos Dukas (* 1074; Sohn Ks. →Michaels VII.), für den er einen →Fürstenspiegel verfaßte. Als Ebf. v. Ohrid trug er wesentl. zur Gräzisierung seines Kirchensprengels bei und entfaltete eine reiche lit. Tätigkeit. Seine hagiograph. Werke über Heilige des bulg. Raumes (Fünfzehn Märtyrer v. Tiberiupolis, BHG 1199; Clemens v. Ohrid, BHG 355) sind wertvolle hist. Quellen. Er verfaßte auch eine am 6. Jan. 1088 vorgetragene panegyr. Rede an Ks. →Alexios I. Komnenos, eine Abh. über die lat. Irrtümer, eine Apologie des Eunuchenwesens sowie Gedichte und Briefe. Seine Kommentare zu den vier Evangelien, die zum Grundstock der byz. Exegese zählen, wurden sehr früh (vermutl. um die Mitte 14. Jh.) in Bulgarien ins Kirchenslav. übersetzt; Fragmente einer ostslav. Übers. derselben begegnen bereits im 13. Jh.
Ch. Hannick

Ed.: Vizantijski izvori za istoriju naroda Jugoslavije III, 1966, 257–360 [R. KATIČIĆ] – Théophylacte d'Achrida discours, traités, poésies, Lettres, ed. P. GAUTIER, 1980–86 – Lit.: Tusculum-Lex., 1982³, 791f. – SłowStarSłow VI, 1977, 59f. [W. SWOBODA].

2. Th., byz. Exarch (→Exarchat, II; →Ravenna, I). Alleinige Q. über sein Wirken ist der →Liber Pontificalis. Nach längerer Sedisvakanz wurde im Jahr 701 als Nachfolger des Exarchen Johannes II. Plakys der 'kubikularios' Th. aus Sizilien von Ks. →Tiberios II. zum neuen Exarchen ernannt und blieb in diesem Amt bis zum Jahr 705. Als einziges Ereignis während seiner Amtszeit ist die Revolte der Armee bekannt, als sich Th. auf dem Weg von Sizilien nach Ravenna befand; dabei wirkte Papst →Johannes VI. als Vermittler. P. Schreiner

Q. und Lit.: LP I, 1955², 383 – A. GUILLOU, Régionalisme et indépendance dans l'empire byz. au VIIᵉ s., 1969, 211 – Storia di Ravenna, hg. A. CARILE, II, 2, 1992, 382.

3. Th. Simokates, byz. Historiker, * ca. 580/590 in Ägypten (wohl Alexandreia), † nach 628, Familienname Simokates (vielleicht 'der Stumpfnasige', 'Stumpfwang'), kam um 610 nach Konstantinopel, wirkte im Kreise um Patriarch →Sergios I. und vielleicht am Hof von Ks. →Herakleios, obwohl keiner seiner verschiedenen Titel zwingend auf eine Hoffunktion hinweist. Er verfaßte neben kleineren rhetor. Werken und fiktiven Briefen ein Gesch.swerk über die Regierungszeit des Ks. →Maurikios (582–602) mit einem ausführl. Rückblick auf die Jahre 572–582. An das Werk konnte der Verf. wohl nicht mehr letzte Hand anlegen, geschweige denn – wie wohl beabsichtigt –, es bis in die Zeit des Herakleios fortsetzen. Trotz des komplexen Aufbaus mit zahlreichen Einschüben, der z. T. unlösbaren chronol. Probleme und einer oft schwer verständl. Sprache ist die »Historia« die einzige zusammenhängende Q. über die Auseinandersetzung mit den Säsäniden nach 572 und das Ende der byz. Herrschaft im Balkanraum durch das Vordringen der →Avaren und →Slaven. Während die Vorgänge im W nur ganz am Rande berücksichtigt werden, übermitteln verschiedene Exkurse einmalige Nachrichten zur frühen Gesch. der Turkvölker und sogar des chines. Reiches. Th. S. stellt im allg. eine höchst zuverlässige Q. dar, die auch in annalist. Umformung von →Theophanes übernommen und von →Photios (cod. 65) ausführl., aber z. T. eigenwillig exzerpiert wurde. P. Schreiner

Ed. und Lit.: Th.i Simocattae Hist., ed. C. DE BOOR, ed., corr. curavit P. WIRTH, 1972 – Th. S., Gesch., übers. und erl. P. SCHREINER, 1985 – M. WHITBY–M. WHITBY, The Hist. of Th. S., 1986 [engl. Übers.] – T. OLAJOS, Les sources de Théophilacte Simocatta historien, 1988 – M. WHITBY, The Emperor Maurice and his historian, 1988 – P. SCHREINER, Byzslav 51, 1990, 53–57 [zu weiteren Übers.en] – Oxford Dict. of Byzantium, 1991, 1900f.

Theoria → Mystik, A. II

Theorianos, byz. Streittheologe, Diplomat (in Q. als »μαίστωρ καὶ φιλόσοφος« bezeichnet) im Dienste Ks. →Manuels I. Komnenos. In dessen Auftrag verhandelte er 1169 und 1171 mit dem armen. →Katholikos Nersēs IV. Šnorhali (1166–73) über die Anerkennung des Konzils v. →Chalkedon (451) durch die Armenier und den möglichen Vollzug einer Kirchenunion mit dem ökumen. Patriarchat. Die Verhandlungen in Hṙomkla am oberen Euphrat führten jedoch nicht zu dem von byz. Seite angestrebten Erfolg. Dies gilt auch für die syr.-jakobit. Kirche (→Jakobiten), die 1171 in die Gespräche miteinbezogen wurde. Von den Disputationen liegen Protokolle sowohl in gr. als auch in armen. Sprache vor (letztere unediert). Trotz seiner offenbar armen. Herkunft benötigte Th., der auch »λίζιος« ('Lehnsmann') des Ks.s genannt wird, für die Unterredungen einen Übersetzer. Th. ist auch Autor eines Briefes über die bekannten Differenzen zw. gr. und lat. Kirche an eine geistl. Gemeinschaft in Palästina.

L. M. Hoffmann

Lit.: Beck, Kirche, 628 [Ed.] – J. Ferluga, La ligesse dans l'empire byz., ZRVI 7, 1961, 118f. – B. Zekiyan, St. Nersès Snorhali en dialogue avec les Grecs (Armenian Stud. in memoriam H. Berbérian, 1986), 861–886 – P. Magdalino, The Empire of Manuel I Komnenos, 1993, 75f., 106f, 319 – Oxford Dict. of Byzantium, 1991, 2069.

Theorica medicinae. Die scholast. Einführungsschrift in die Medizin – nach der arab. »Isagoge« des →Johannitius und unter Berufung auf Zeugen der klass. Antike – beginnt mit dem Satz: »Medicina dividitur in duas partes, id est in theoricam et practicam«. Heilkunde gliedert sich in Theorie und Praxis; beide im Verbund machen das Ganze der Heilkunst aus (totum integrum medicinae). Bereits in einem frühen Wissenschaftskatalog hatte Al-Fārābī (gest. 950) die Medizin eingeteilt in Theorie (ars speculativa) und Praxis (ars activa). Beide im Vereine bilden das Ganze, die »regula« (arab. *qānūn*). Seinen »Canon medicinae« ließ →Avicenna mit den lapidaren Worten beginnen: »Es hat mir am Herzen gelegen, vor allen anderen Dingen das Wort zu ergreifen zu den gemeinsamen, allgemein verbindlichen Prinzipien eines jeden der beiden Teile der Heilkunde, ihrer Theorie nämlich und ihrer Praxis« (Canon, ed. Basileae 1556, p. 5). Unter dem Stichwort Theorie (*naẓarīya*) behandelt Avicenna die unveränderl. Prinzipien sowie die Säfteverhältnisse (*amruʾl-aḫlāt*) und das Kräftespiel (*al-quwān*) des Organismus. Von dieser physiolog. Basis aus will er alsdann die Ursachen (*al-asbāb*) der Krankheiten und ihre Erscheinungen (*al-ʿaraḍ*) angehen. Betont wird bei allen theoret. Erörterungen das erstrebte Gleichgewicht mit der Praxis (*ʿamalīya*).

Mit seinem »Liber pantegni« führte →Constantinus Africanus große Teile jener »Theorica« vor, die ein Arzt einfach beherrschen müsse, ehe er den Eingriff wagt (priusquam curare incipit). Der Terminus »t.« läßt sich in der lat. Scholastik bereits bei →Boethius nachweisen (vgl. W. Kranz, RhM 99, 1956, 191). In seiner »Divisio philosophiae« (ed. Baur, 1903) hatte →Dominicus Gundissalinus um die Mitte des 12. Jh. in Toledo »t. et practica« als »partes integrales« einer jeden Heilkunde herausgearbeitet, die erst das Ganze der Medizin (integrum totum) ausmachten und zum gebildeten Arzt (medicus perfectus) führen würden. »Th.« beschreibt die Phänomene Gesundheit (sanitas), Krankheit (aegritudo) wie auch das Übergangsfeld (neutralitas) als Gleichgewicht der körperl. Abläufe. Sie gliedert sich dabei in drei Teile: Physiologie (→res naturales), Hygiene (res non naturales) und Pathologie (res contra naturam). Dieses System der Medizin kommt in zahlreichen Hss. des 13. und 14. Jh. sowie in Frühdr. als »Arbor Divisionis Medicinae« zur Darstellung. Unter »Th.« werden aufgeführt: 1. »Naturalia« (Elemente, Säfte, Temperamente, ferner: virtutes, actiones, spiritus). 2. »Nonnaturalia« (aer, cibus et potus, motus et quies, somnus et vigilia, excreta et secreta, affectus animi). 3. »Praeternaturalia« (morbus, causa, signum). Hinzu treten als »Additiva«: Lebensalter (aetates), Farben (colores), Gestalt (figura) und Geschlecht (sexualitas): Medizin erscheint – alles in allem – als von der Theorie geleitete Handlungswissenschaft. Bereits in der Antike war »techne therapeutike« interpretiert worden als eine von der Theorie geführte Handlung. Dieser Grundbegriff einer Heilkunst, gleichgewichtig zw. Theorie und Pragma, ist von dem scholast. Leitbild der »ars« aufgegriffen worden und findet sich noch im Begriff der »kunst« bei Paracelsus. Bei aller Polemik gegen den griech.-arab. Geist bekennt auch er sich zu dieser »theoric«, wenn er schreibt: »das ich ein philosophus bin und on euer leiren und geigen, ist billich, so sol es auch sein« (ed. Sudhoff VIII, 39).

H. Schipperges

Lit.: H. Schipperges, Die arab. Med. als Praxis und als Theorie, SudArch 43, 1959, 317–328 – Ders., Zum Gleichgewicht von med. Theorie und ärztl. Praxis, 1970.

Theorica planetarum → Astronomie, VI

Theorie (θεωρία, lat. speculatio, seit Cicero, nat. deor. 1, 50 u. a. auch contemplatio, Schau, Betrachtung) heißt bei Platon (Resp. 517d4) Schau der Ideenwelt. Gemäß →Plotin (Enn. III, 8, 7, 1) geht alles aus Betrachtung hervor und ist Betrachtung. →Proklos (In Parm. Plat. S. 521, 69 Steel) nennt die erste Hypothesis des platon. Parmenides theoria (geistige Schau), die im Schweigen endet; vgl. auch Ps.-Dionys, De theol. myst. 1, 1 u. a. →Augustinus (De immort. a. 6, 10 u. a.) versteht unter contemplatio die Schau Gottes im ewigen Leben; →Anselm v. Canterbury (Monol. c. 66) nennt die Gottesschau speculatio. Unzweifelhaftes Erfassen des Wahren ist contemplatio gemäß →Bernhard v. Clairvaux (De consideratione 2, 2, MPL 182, 745b); sie setzt Gnade und setzt eifriges Bemühen und Streben voraus (Sermones de diversis 87, MPL 183, 704b). Nach Alanus ab Insulis ermöglicht nur die intellectualitas Schau des Göttlichen (Theol. regulae 99, MPL 210, 673; In cant. canticorum, MPL 210, 66d). →Richard v. St. Victor (Beniamin maior 1, 6, MPL 196, 70ff.): Erkenntnis der göttl. Wahrheit ist die höchste der sechs contemplatio-Stufen; vgl. hierzu →Thomas v. Aquin, S. th. II–II q. 180 a. 4 obi. 3 und ad 3. →Boethius modifiziert die aristotel. (Met. 1026a 18ff.) Dreiteilung der betrachtenden Wissenschaften: Physik, Mathematik, Metaphysik (Theologie) (De trin. 2, S. 8, 5ff. Stewart–Rand–Tester). Diese Einteilung wird in den Kommentaren der Schule v. →Chartres zu De trin. übernommen; sie ist auch für die Scholastiker gültig, vgl. z. B. Thomas v. Aquin, Expos. super librum Boethii de trin. q. 5 a. 1. Die wiss. speculatio ist Vorstufe zur vollständigen Schau der Wahrheit (= contemplatio, S. th. I–II q. 3 a. 6; II–II q. 180 a. 3). Die Th.-Auffassung des →Nikolaus v. Kues vereinigt mit aristotelischen unter dem Einfluß des Proklos platon. Bestandteile: Th. vollendet sich in der schweigenden intellektuellen Anschauung (vgl. die Randnoten zum Parmenides-Komm. des Proklos, hg. K. Bormann, Cusanus-Texte III 2.2, 1986).

K. Bormann

Lit.: G. R. Evans, Speculatio and Speculativus: Boethius and the Speculative Theology of the Twelfth Cent., Classical Folia 32, 1978, 69–78 – HWP IV, 1024–1026 [Kontemplation, L. Kerstiens] – H. G. Senger, Nikolaus v. Kues, Die höchste Stufe der Betrachtung, 1986, 61ff.

Theosophie, Tübinger. Vermutl. in Alexandria verfaßte zw. 474 und 491 ein unbekannter Autor, der für 501 oder

507/508 den Weltuntergang erwartete, eine religiöse Schrift zu dem Nachweis, daß die gr. Sprüche der Orakel, Sibyllen und Weisen mit der Bibel übereinstimmen. Das Werk ist (nach ERBSE, XXff.) jedoch nicht als Werbeschrift für das Christentum zu verstehen, sondern als Empfehlung für die Lektüre solcher heidn. Texte, aus denen auch Gottes Wort gehört werden könne. Ein frühestens im 7. Jh. verfaßter Auszug war in einer Hs. enthalten, die, ursprgl. im Besitz →Reuchlins, 1870 bei der Belagerung Straßburgs verbrannte. Eine Abschrift davon wird in Tübingen aufbewahrt. Dazu kommt aus dem originalen Text ein größeres zusammenhängendes Stück über die Sibyllenorakel.   J. Gruber

Ed.: H. ERBSE, Theosophorum Graecorum fragmenta, 1995 – *Lit.*: RE V A, 2248-2253.

Theotimos, nach 381, vor 392 Bf. v. Tomi (Constanza) und Metropolit der Skythia, † nach 408 (in Ephesos 431 ist sein Nachfolger, daher nicht ident. mit Th. des cod. enc. von 458! [ACO II 5 p 24, 31]). Nach Hieronymus Verfasser von Traktaten in Dialogform, nach Sokrates »Philosoph«, der auch als Bf. den philos. Habitus behielt. Teilnehmer einer von →Johannes Chrysostomos 400 in Konstantinopel einberufenen Synode. 402/403 ebd. Kritiker der von →Epiphanios geforderten Verurteilung des →Origenes (Frgm. seiner Origenesapologie Sok. VI 12, 5f.). Die hagiograph. Tradition berichtet von Wundern im Zusammenhang missionar. Bemühungen bei den Hunnen (Ostgoten?), weshalb er von ihnen »Gott der Römer« genannt wurde. In Chalkedon (actio III) als 'sanctus' und Garant der 'fides nicaena' genannt, dann auch liturg. verehrt (20. April).   H. Ch. Brenneke

Q.: AASS April II, 755f. – Hieron. vir. ill. 131 – Pallad. vita s. J. Chrys. 13 – Sok. h. e. VI 12, 4-7 – Sozom. h. e. VII 26, 6-9; VIII 14, 8-11 – Theod. Anagn. epit. 290 – ACO II 1, 2 p. 118 [314] (II 3, 2 p. 125 [384]) – Martyrol. Rom. 146f. – *Lit.*: LE QUIEN, Oriens christianus I, 1740, 1211f. – RE II, 5, 2255.

Theotokarion (Θεοτοκάριον), liturg. Buch der byz. Kirche mit Gesängen zu Ehren der Gottesmutter (Theotokos), die jedes Jahr während acht Wochen nach den acht Kirchentönen tägl. gesungen werden (→Oktoechos). Die insges. 56 Hymnen (acht Gruppen zu je sieben Gesängen) sind das Werk von 22 Hymnographen (u. a. →Andreas v. Kreta, →Josephos Hymnographos, →Johannes Damaskenos, →Theodoros Studites, Paulos v. Amorion, Manuel v. Korinth, →Metrophanes, Theophanes v. Nikaia). Die Zusammenstellung der Hymnen erfolgte jedoch in spätbyz. Zeit. Die älteste gedruckte Ausg. des Th. stammt von A. Landos (Venedig 1643). Der hsl. Tradition v. Grottaferrata entspricht die Slg. von Ph. Vitali, Παρακλητικὸν σὺν Θεῷ ἁγίῳ τῆς ὑπεραγίας Θεοτόκου, 1738.
   H.-J. Feulner

Ed.: S. EUSTRATIADES, Θεοτοκάριον, 1931 [nur die drei ersten Töne] – Θεοτοκάριον νέον ποικίλον..., [Athen] 1992 – K. KIRCHHOFF–CH. SCHOLLMEYER, Hymnen der Ostkirche, 1979³, 77-211 – *Lit.*: LThK² X, 96 – Marienlex. VI, 389 – BECK, Kirche, 551, 603 – K. ONASCH, Kunst und Liturgie, 1993², 364.

Theotokos → Maria, hl., A. I; →Ephesos, Konzil, I

Therapeutik in der →Klostermedizin des frühen und hohen MA verbindet antike Traditionen mit den Grundsätzen christl. Lebensordnung (→Gesundheit, →Krankheit). Alle Th. nimmt daran zunächst ihren Weg über die Praxis der →Diätetik im Sinne der →res non naturales (→Regimina). Wort und Weisung des Arztes und tätige Einsicht helfen dem Patienten, das Maß heiler Lebensmitte wiederzufinden und sich darüber hinaus auf das ewige Heil auszurichten (→Seelsorge, →Christus medicus). In den Übergangsbereich geistig-suggestiver Einflußnahme gehören so auch die Musik und Rituale, wie →Benediktionen oder Heilhandlungen (→Beschwörung, →Magie [Iatromagie]). – Ein weiterer Schritt der Th. ist die Anwendung der →Materia medica, des gottgegebenen Heilmittelschatzes aus den drei Naturreichen: Die gr.-byz. und röm. Überl. vermischt sich hier mit volksmed.-empir. Elementen, (→Kräuterbücher, →Pflanzenkunde, →Arzneiformen, →Arzneibücher), wobei zw. Nahrungsmittel, Heilmittel und Gift fließende Übergänge bestehen. Die archaische Organotherapie tritt schon früh hinter die Phytotherapie zurück. Die Wirkung der Arzneimittel entspricht entweder den elementaren Eigenschaften der →Simplicia und ihrer Kombinationen (→Composita) im Sinne der →Humoralpathologie (z. B. →Purgantia), oder sie wird aus äußeren Merkmalen wie Form, Farbe, Geruch etc. abgeleitet. (→Signaturenlehre, Similewirkung, →Magie [→Iatromagie, →Magia naturalis]). In der Bildersprache der ma. Symbolismus wird, wie bei →Hildegard v. Bingen, jedes Heilmittel zum bes. Zeichen Gottes für sein Heilswerk am Menschen. – Die →*Chirurgie* (wundärztl. Maßnahmen) steht als dritte Möglichkeit und ultima ratio der Th.: Neben Knochenbruchbehandlung und Wundversorgung gilt es, überflüssige Schadmaterie abzuführen durch →Aderlaß, →Schröpfen, →Klistier, Abszeßöffnung oder Brennen, während →Steinschnitt und Starstich Spezialisten überlassen bleibt. – Straffe Rationalisierung erfährt die Th. durch die *arab.* →*Medizin* und deren Rezeption durch die *Scholastik* im 12. Jh.: Die Gliederung der Th. in Diätetik, Pharmazeutik und Chirurgie wird festgeschrieben und bestimmt in dieser Reihenfolge das Handeln. Die therapeut. Praxis wird dabei durch eine gleichwertige Theorie gestützt, die auf der Grundlage einer stark erweiterten →Qualitäten- und Gradenlehre eine quantifizierende Pharmakologie mit strengen Wirksamkeitskriterien entwickelt. – Einen eigenwilligen Höhepunkt erfährt die ma. Th. noch einmal bei →Paracelsus: Der gute Arzt weiß im »Lichte der Natur« die äußeren Zeichen und Geheimnisse (→arcanum) der Arzneien zu deuten (→Signaturenlehre). Das »Amt Vulcani«, die »Alchemie« dringt zum wirksamen Kern der Heilmittel vor und führt sie im Menschen zu deren Vollendung. Das macht den Arzt zum »Sachwalter Gottes« und seiner Barmherzigkeit.   H. H. Lauer

Lit.: HWP V, 976-984 – H. SCHIPPERGES, Heilmittel als Heilsmittler im MA, Arzt und Christ Jg. 1960, 205-214 – DERS., Tradition und Strukturwandel der Materia Medica, PharmZ, 107, 1962, 343-347 – DERS., Ärztl. Bemühungen um die Gesunderhaltung seit der Antike, Heidelberger Jb. 7, 1963, 112-163 – H. BIEDERMANN, Medicina magica: Metaphys. Heilmethoden in spätantiken ma. Hss., 1972 – D. GOLTZ, Ma. Pharmazie und Med., dargestellt an Gesch. und Inhalt des Antidotarium Nicolai, VIGGPharm, NF 44, 1976 – K. H. ROTHSCHUH, Konzepte der Medizin in Vergangenheit und Gegenwart, 1978 – H. SCHIPPERGES, Die arab. Medizin und das Humanum ihrer Th. (Psychiatr. Therapie heute, hg. H. TELLENBACH, 1982), 31-50 – W. SCHMITT, Das Regimen sanitatis des MA [w.o.] 51-63 – H. M. KOELBING, Die ärztl. Therapie. Grundzüge der Gesch., 1985 – H. SCHIPPERGES, Paracelsus im Horizont der Heilkunde, Schweizer. Rundschau für Med. 80, 1991, 1452-1460 – Das Lorscher Arzneibuch und die frühe ma. Med., hg. G. KEIL–P. SCHNITZER, 1991 – G. KEIL, Phytotherapie im MA, SH 20, 1994, 7-38.

Theres (bei Schweinfurt). Die Burg der älteren →Babenberger fiel nach ihrer Niederlage in der Babenberger Fehde 906 an das Reich. Die zugehörigen Güter verwendete Kg. Heinrich II. 1010 zur Dotation des Bm.s →Bamberg. 1041/45 gründete Bf. Suidger v. Bamberg in Th. ein OSB Kl. (ð Stephan und Vitus), das er 1047 als Papst (→Clemens II.) bestätigte; doch blieb der Bf. v. →Würzburg geistl. Ordinarius. Von Pfgf. Botho v. Kärnten († 1104) wurde Kl. Th. aus dem Erbe der Mgf.en v. →Schweinfurt reich beschenkt. Bf. Otto I. v. Bamberg ließ das Kl. 1120 durch Mönche aus →Hirsau reformieren. Vögte waren bis ca. 1200 die G.fen v. Abenberg. A. Wendehorst

Lit.: GP III/3, 219f. – GS NF 1: Bm. Würzburg, 1, 52–55 – K. HALLINGER, Gorze-Kluny, I, 1950, bes. 390–392 – Germania Benedictina, II, 1970, 304–308 – H. RAMISCH, Mon. Theresiana, Hist. Ver. Bamberg, 117. Ber., 1981, 57–65.

Therese → Teresa

Theriak. Berühmtestes und traditionsreichstes Arzneimittel unter den →Composita, dessen Gesch. sich bis in das 3. Jh. v. Chr. zurückverfolgen läßt. Als der wesentl. Vorläufer des einst so begehrten Medikaments gilt ein →Antidot, das der Kg. v. Pontos, Mithridates VI. Eupator (um 132–63), erfunden hat, um sich damit vor dem Biß giftiger Tiere und vor möglichen Anschlägen (→Gift) zu schützen. Die Vorschrift für dieses später sog. Mithridat(i)um oder Mithridat wurde nämlich – in die Hand der Römer gelangt und in das Lat. übersetzt – zum Vorbild für zahlreiche Nachfolgepräparate, die uns →Galen in seinen beiden Büchern 'De antidotis' überliefert hat. Am bedeutsamsten davon ist zweifellos diejenige Variante, die das Antidot des Mithridates zum eigtl. Th. weiterentwickelte und die auf Andromachos d. Ä., den Leibarzt des Ks.s Nero, zurückgeht: Fügte er doch seinem aus insgesamt 64 Ingredienzien zusammengesetzten und 'Galene' (also 'beruhigende' Arznei) gen. Mittel erstmals das Fleisch von Vipern bei, das seitdem den charakterist. Bestandteil jener schwarz-braunen Latwerge (→Elektuarien) darstellte, die noch im 19. Jh. unter dem Namen 'Theriaca Andromachi (senioris)' bekannt war. Obschon diese Zubereitung – wie auch das weiterhin benutzte Mithridat – in der Folgezeit häufig abgewandelt wurde, bildete die Grundstruktur gleichwohl eine Art kanonischer Rezeptur, die neben ca. 60 meist pflanzl. →Simplicia, darunter v. a. das für die Wirkung maßgebl. →Opium, auch drei gesondert herzustellende und ihrerseits aus mehreren Inhaltsstoffen bestehende →Confectiones umfaßte: aus Schlangenfleisch und Brotteig gefertigte sowie aus Meerzwiebel und Ervenmehl bereitete →Trochisci und eine aus 18 verschiedenen Pflanzendrogen zusammengesetzte, mit Falerner Wein verarbeitete aromat. Paste. Die schließlich mit Honig als Vehikel vermengte Latwerge ließ man in der Regel fünf bis zwölf Jahre lang reifen, bevor sie zur Anwendung kam. – Der im lat. Schrifttum angebl. zuerst bei Scribonius Largus (1. Jh. n. Chr.) erscheinende Name des Th. leitet sich im übrigen von dem griech. Adjektiv theriakos ('wilde, insbes. giftige Tiere betreffend') ab, das sich aus der exakten Bezeichnung 'antidotos theriake' zu griech. theriake bzw. lat. *theriaca* verselbständigte und einmal auf die spezif. Anwendung gegen Schlangen- und sonstige Tiergifte, zum anderen auf den wichtigsten Inhaltsstoff verweist, da nach der alten 'similia similibus'-Vorstellung v. a. das Vipernfleisch das jeweilige Gift unschädlich machen sollte.

Indes hatte schon Galen die sachl.-begriffl. Basis dafür geschaffen, daß sich das Indikationsspektrum der verschiedenen Th.rezepturen in den folgenden Jahrhunderten immer mehr ausweitete: zunächst bei den arab. Autoren, die – wie etwa →Ibn Ġulġul, →Avicenna oder →Averroes – dem *tiryāq* eine hervorragende Rolle beimaßen und z. T. sogar eine eigene Speziallit. widmeten. Doch auch in der abendländ. Heilkunde des MA begegnet das zu den sog. Confectiones magnae zählende, aus unterschiedl. vielen Ingredienzien bestehende und meist innerl. angewandte Präparat (das seinen Namen allerdings auch anderen Zubereitungen [ohne Schlangenfleisch] lieh!) in einer Fülle von Texten: so im →Lorscher Arzneibuch (um 795) als *tyriaca*, zudem als *antidotum / antidotus theriace* und in Form des *antidotus theriacae diatessaron* ('aus vier Stücken'), ferner in vorsalernitan. Rezeptslg. en des 9. und 10. Jh. als *antidotum tiriace / tyriaca / thiriacum* u. ä. sowie im →Antidotarium Nicolai (Mitte des 12. Jh.), das neben dem *metridatum* (der »mater omnium antidotorum«) auch *tyriaca magna Galieni* und ebenfalls *tyriaca diatesereon* verzeichnet. Die später einsetzende wiss. Diskussion konzentrierte sich dabei hauptsächl. auf Montpellier, wo man – gefördert durch die zweite Rezeptionswelle des →Arabismus und durch Autoren wie →Bernhard v. Gordon ('Tractatus de tyriaca') oder →Arnald v. Villanova ('Epistola de dosibus tyriacalibus') – um die Wende vom 13. zum 14. Jh. intensiv die diesbezügl. Probleme erörterte: die Auswahl der zu verwendenden Schlangen, die (Gift-)Wirksamkeit (die man – wie schon in der Antike – bisweilen experimentell an Tieren und vereinzelt sogar am Menschen erprobte), die Haltbarkeit bzw. Qualität, die Aufbewahrung und v. a. die Dosierung. Den Höhepunkt erreichte diese theoret. Auseinandersetzung zweifellos in den gegen 1325 zu Avignon entstandenen 'Questiones de tyriaca' des →Wilhelm v. Brescia, um anschließend vulgarisiert in die breite Flut spätma. Gesundheitsregimina, lat. bzw. landessprachiger Th.traktate und Arzneibücher einzumünden, womit sich zugleich Frühformen der schriftl. Arzneimittelwerbung verbinden. In diesem Zusammenhang kommt der →Pestpandemie des sog. Schwarzen Todes von 1348 eine entscheidende Bedeutung zu, da man seitdem den populären *triaker, driakel, dryackers* u. ä. nicht nur als bevorzugtes Pestmittel einsetzte, sondern ihm auch all jene Wunderkräfte zuschrieb, die bis in das 18. Jh. hinein und bes. in Frankreich seinen Ruf als die klass. →Panacee schlechthin sicherten. Andererseits verführte der Glaube an die polyvalenten Eigenschaften dieses ebenso kostbaren wie kostspieligen Arzneimittels aber auch vielfach zur unsachgemäßen Anfertigung durch Unbefugte bzw. zu betrügerischen Verfälschungen, wie sie nicht zuletzt von quacksalbernden Th.krämern feilgeboten wurden. Eine deshalb notwendige behördl. Überwachung der komplizierten, namentl. den Apothekern anvertrauten Zubereitung (→Pharmazie) war indes bereits eingeführt worden, seit man in Italien die Großherstellung des Th. aufgenommen hatte: So schrieb schon 1258 in Venedig – dem Zentrum der Th.fabrikation – das 'Capitolare de spetialibus' u. a. vor, daß dieser gewinnbringende Exportartikel nur unter der Aufsicht von eigens dazu bestellten Prüfern angefertigt und erst nach deren Begutachtung sowie frühestens sechs Monate nach der Bereitung verkauft werden dürfe. Offenbar befolgte man auch im allg. diese Richtlinien, da gerade der ven. Th. jahrhundertelang kaum von seinem Rang als qualitativ bestes Präparat eingebüßt hat, was zudem als früher Beleg für einen pharmaz. Markenschutz gewertet werden kann. In Dtl. behauptete dagegen Nürnberg die führende Stellung auf diesem Gebiet, denn 1442 hatte der dortige Rat nach dem Vorbild Venedigs ebenfalls bestimmt, daß kein Th. ungeprüft das amtl. Gütesiegel erhalten dürfe. Die Zubereitung fand dabei – wie auch in der Folgezeit und andernorts – meist öffentl. unter ärztl. Kontrolle statt, indem man die einzelnen Ingredienzien (deren Zahl im 17. Jh. mitunter nahezu 400 betrug) auf sog. Schautischen über mehrere Tage hinweg ausstellte, bevor man sie in Anwesenheit verschiedener Würdenträger und des interessierten Publikums zusammenmischte: eine Zeremonie, wie sie z. B. ein Holzschnitt aus H. →Brunschwigs 'Liber de arte distillandi de compositis' (Straßburg 1512) in vereinfachter Form vor Augen führt. Welch einzigartige Position unter den Medikamenten der (selbst heute noch in manchen Apotheken anzutreffende) Th. fast 2000 Jahre lang einnahm, beweist nicht zuletzt der Ehrentitel »domina medicinarum«, mit dem man dieses einstige Universalheilmittel in der Lit. wiederholt ausgezeichnet hat. P. Dilg

Lit.: G. Watson, Theriac and Mithridatium, 1966 (Publications of the Wellcome Historical Medical Library, NS, 9) – M. McVaugh, Theriac at Montpellier 1285–1325 (with an edition of the 'Questiones de tyriaca' of William of Brescia, SudArch 56, 1972, 113–144 – D. Goltz, Ma. Pharmazie und Medizin. Dargestellt an Gesch. und Inhalt des Antidotarium Nicolai, VIGGPharm, NF 44, 1976 – T. Holste, Der Th.krämer. Ein Beitr. zur Frühgesch. der Arzneimittelwerbung, Würzb. med. hist. Forsch. 5, 1976 – Ders., Vom Dosis-Problem zum Arzneimittelbegleitschein. Wege der Vulgarisierung bei der Th.-Diskussion, MedJourn 13, 1978, 171–185 – L. Winkler, Galens Schrift 'De Antidotis'. Ein Beitr. zur Gesch. von Antidot und Th. [Diss. Marburg 1980] – T. Holste–G. Keil, Ein Straßburger altdt. Th.traktat (gelërter der arzenie, ouch apotëker [Fschr. W. F. Daems, Würzb. med. hist. Forsch. 24, 1982], 511–522 – P. Dilg, Theriaca – die Kgn. der Arzneien, DAZ 126, 1986, 2677–2682.

Thérouanne (Tarvenna, Tervanna, ndl. Terwaan; gelehrter Name: Morinum), Stadt und Bm. in Nordfrankreich, →Artois (dép. Pas-de-Calais, arr. St-Omer).

[1] *Stadt:* Vorort der Civitas der Morini, wurde Th. um die Mitte des 7. Jh. Bf.ssitz, doch blieb die von Mauern umwehrte Stadt von bescheidener Dimension (zwei Pfarreien 'intra muros') und wurde von den Nachbarstädten →Aire und →St-Omer weit überflügelt. In den Kämpfen zw. den Kg.en v. →Frankreich und Hzg.en v. →Burgund (bes. unter →Karl d. Kühnen) blieb die bfl. Herrschaft ('Régale de Th.') eine frz. Enklave im burg. Artois. Häufig belagert (1513) und eingenommen (1303, 1346, 1486, 1537), wurde die Stadt 1553 auf Befehl Ks. Karls V. geschleift, so daß nur mehr die dörfl. Siedlung im Bereich des alten Faubourg St-Martin 'outre eau' fortbestand; die ma. Stadtwüstung ist heute wichtige archäol. Forschungsstätte.

[2] *Bistum:* Die Diöz. Th. umfaßte die gesamte Civitas, den westl. (Hauptort →Boulogne) wie den östl. Teil. Der erste sicher belegte Bf. war der von Kg. →Dagobert geförderte hl. →Audomarus († um 670), der die große Abtei Sithiu (St-Bertin/→St-Omer) gründete. Seine (schlecht belegten) Nachfolger waren oft Mönche aus Sithiu. Im 10. Jh. diente Boulogne lange als Bf.ssitz. Eine Krise erschütterte das Bm. im 11. Jh. 1077–99: Die Anhänger der →Gregorian. Reform sahen sich nacheinander konfrontiert mit vier, vom Gf.en v. →Flandern unterstützten (und immer wieder ausgewechselten) Bf.en, bis sich schließlich die Papsttreuen mit Johannes v. Warneton (1099–1130) durchsetzten. Die Bf.e des 12. Jh. waren vorwiegend Regular-, dann Säkularkanoniker. Unter den avignones. Päpsten hatten oft Südfranzosen das Bm. inne, im 15.–16. Jh. dann Mitglieder von ndl. Adelsfamilien. Insgesamt amtierten 57 Bf.e.

Die Diöz. Th. war gespalten, sprachlich (der S pikardofrz., der N fläm.) wie politisch: Bis zum späten 11. Jh. gehörte der größere Teil zur Gft. →Flandern, der kleinere zur Gft. →Boulogne; unter →Philipp II. Augustus zerfiel das Diözesangebiet in drei Teile, infolge der Annexion des Artois durch →Frankreich; unter den Hzg.en v. →Burgund war es zw. 1416 und 1477 erneut vereinigt, danach wieder zw. zwei gegner. Staaten geteilt, den ndl. Territorien →Maximilians und den Besitzungen des Kg.s v. Frankreich (Boulonnais und Bf.sstadt Th.). Außerdem unterstand→Calais mit seinem Umland seit 1347 der engl.

Monarchie und war de facto dem Ebm. →Canterbury unterstellt. Nach der Zerstörung von Th. (1553) hob der Papst die Diöz. auf (Bulle »Super universas«, 12. Mai 1559) und teilte Gebiet und Güter unter die neuen Bm.er Boulogne, St-Omer und Ypern auf.

Die Diöz. war begrenzt im S durch den Fluß Canche, im W durch Kanal und Nordsee (bis zur Mündung der IJzer), im O durch den Mittellauf der Leie und der Clarence. Sie umfaßte 6007 km^2 und zählte ab 1350 mindestens 517 Pfarreien. Das Archidiakonat Th. im S war gegliedert in 14 Dekanate (zuzügl. der Stadt Th.) mit frz. Sprache; das Archidiakonat Flandern zählte 9 Diakonate, mehrheitlich flämischsprachig. Um 1350 bestanden 10 Säkularkapitel, 17 Abteien und Propsteien der Regularkanoniker, 2 Viktorinerabteien, 13 Benediktiner(innen)abteien, 8 Zisterzienser(innen)abteien, eine Cluniazenserabtei, 2 Kartausen, 1 Wilhelmitenabtei, 12 Bettelordenskonvente (davon 4 in →Ypern) und zahlreiche Beginenhäuser. Vier Abteien kamen im 14.–15. Jh. ab. B. Delmaire

Q.: T. Duchet–A. Giry, Cartulaires de l'église de Térouanne, 1881 – O. Bled, Regestes des évêques de Th., 500–1553, 2 Bde, 1904–08 – Lit.: J. Malbrancq, De Morinis et Morinorum rebus, 1639 – O. Bled, Th., une ville disparue, Bull. hist. med. et philol., 1894, 191–216 – Ders., Les évêques de St-Omer depuis la chute de Th., 1, 1898 – H. van Werveke, Het bisdom Terwaan van den oorsprong tot het begin van de veertiende eeuw, 1924 – J. Toussaert, Le sentiment religieux en Flandre à la fin du MA, 1963 – H. Bernard, Remarques et hypothèses sur le développement urbain de Th., Septentrion 10, 1980, 41–60.

Thesaurar → Kammer, IV

Thesaurus pauperum (im MA auch als »Summa medicinalis Magistri Petri Yspani« bzw. »Summa experimentorum medicarum« bekannt), umfangreichstes erhaltenes Werk des Petrus Hispanus (später Papst →Johannes XXI.), eines der bedeutendsten scholast. Ärzte des MA (ca. 1210–77). Es handelt sich um eine im SpätMA mehrfach modifizierte Rezeptkompilation im Stil einer »Armenapotheke«, die noch die »Florilegia« und →Kräuterbücher des 15. und 16. Jh. beeinflußte. Der Th. besteht aus einem Prolog und 55 »a capite ad calcem« geordneten Kapiteln. Der Titel spielt auf Gott, den »pater pauperum« an, dessen Schöpfung Heilpflanzen und -kräfte für alle Menschen vorsieht. Als med. Autoritäten werden →Dioskurides, →Galen, →Avicenna, →Constantinus Africanus oder →Gilbertus Anglicus angeführt. Wie viele scholast. Gelehrte bringt Petrus Hispanus auch eigene Erfahrungen ein (»hoc manibus meis experimentavi«) und empfiehlt, die Wirkkräfte der Natur zu beachten (»redeamus ad naturalia«). Das Werk steht in der Tradition der durch Dioskurides etablierten »Materia medica«, wobei letztlich Gott selbst über den Erfolg jeder Therapie entscheidet (»summus medicus Christus, qui sanat ut vult omnes infirmitates«). Petrus Hispanus arbeitete am Th. wahrscheinl. jahrelang seit 1247, als er zum »physicus« an der neugegr. Univ. →Siena ernannt wurde. K. Bergdolt

Lit.: H. Schipperges, Arzt in Purpur. Grundzüge einer Krankheitslehre bei Petrus Hispanus (ca. 1210–1277), 1994 [Lit.].

Thessalien, Landschaft in Zentralgriechenland zw. den Thermopylen im S, dem Olymp im N und dem Pindus im W. In der Spätantike eigene Prov. mit der Metropolis →Laris(s)a am Fluß Peneios (im MA Salabria), der östl. von Larissa zw. Olymp und Ossa durch das Tempetal (wie die Thermopylen wichtiger Engpaß zw. N- und S-Griechenland) die →Ägäis erreicht. Larissa war auch ztw. Residenz des Strategen des →Themas →Hellas. Daneben wurden im MA →Trikkala im W und Neai Patrai (Hypate) im S zu neuen Verwaltungszentren. Der urspgl. wichtigste Hafen Demetrias (Ausfuhr von landwirtschaftl. Produkten) wurde vom phthiot. Theben (Nea Anchialos mit bedeutenden byz. Kirchen), Halmyros und schließlich Bolos abgelöst. In der Umgebung von Demetrias siedelten seit dem 7. Jh. die slav. Belegeziten, die Blachoi (→Vlachen) sind in Th. seit dem 10. Jh. nachweisbar; der Ausdruck »Megale Blachia« ist im SpätMA synonym mit Th. Nach einem Überfall der Araber auf Demetrias 901/902 wurde Th. im 10. Jh. von den →Bulgaren eingenommen und im 11. Jh. von den →Normannen heimgesucht (1082/83 vergebl. Belagerung von Larissa). Nach der Eroberung Konstantinopels auf dem 4. →Kreuzzug 1204 wurde O-Th. frk., während sich die Epeiroten und Nizäner um W- und S-Th. stritten, wo schließlich Johannes Dukas ein unabhängiges Fsm. in Neai Patrai errichtete. In O-Th. herrschten die Maliasenoi, die zahlreiche Kl. gründeten (Makrinitissa und Nea Petra-Kl. am Pelion bei Bolos). 1271 siegten die Byzantiner in einer Seeschlacht bei Demetrias gegen die Venezianer von →Euboia. Bei Halmyros in Th. (und nicht, wie allg. behauptet wird, am Kephissos in Böotien) besiegte die →Katal. Kompa(g)nie 1311 Gualtier v. →Brienne, den Hzg. v. →Athen, und übernahm 1319 auch das Fsm. Neai Patrai. In W-Th. herrschten dagegen Stephan Gabrielopulos, dann Johannes →Orsini v. →Epeiros, bis 1335 wieder die Byzantiner die Macht übernahmen. 1348 besetzte →Stefan Dušan Th., sein Nachfolger Simeon Uroš wählte Trikkala zur serb. Residenz. Dessen Sohn Johannes zog sich 1373 unter dem Mönchsnamen Joasaph auf die →Meteora-Kl. zurück. 1393 wurde Th. von den →Osmanen erobert. Zu den bedeutendsten byz. Bauten Th.s gehört neben den Meteora-Kl. die 1283 anstelle eines antiken Heiligtums errichtete Kirche Porta Panagia (mit Dachtransept) bei Pyle, westl. von Trikkala. F. Hild

Lit.: Tabula Imperii Byzantini, I, 1976 [neugr. 1987] – SłowStarSłow VI, 64–66 – Oxford Dict. of Byzantium, 1991, 2073f. – P. MAGDALINO, Between Romaniae: Thessaly and Epirus in the Later MA, Mediterranean Hist. Review 4, 1989, 87–110.

Thessalonike (Saloniki, slav. Solun), Stadt und Ebm. in Nordgriechenland.
I. Spätantike und frühbyzantinische Zeit – II. Mittelbyzantinische Zeit – III. Spätbyzantinische Zeit.

I. SPÄTANTIKE UND FRÜHBYZANTINISCHE ZEIT: Seit der Gründung in hellenist. Zeit (wohl 316/315 v. Chr.) war Th. durchgängig ein wichtiges städt. Zentrum des südl. →Makedonien; in der altchr. Tradition genoß die Stadt hohes Ansehen wegen ihrer frühen Gemeinde ('Thessalonicherbriefe' des Apostels →Paulus). – Bedeutung und Wohlstand von Th. hingen wesentlich ab von der wechselnden polit. Konstellation im Balkan- und Ostmittelmeerraum; diese Faktoren entschieden über den jeweiligen Radius des Hinterlandes und den Stellenwert der großen Landverbindungen, deren Kreuzungspunkt Th. bildete (zum einen die Route von den Meerengen hin zur →Adria, zum anderen die Straße durch das Axiostal; →Straße, Abschn. II, III).
Am Ende des 3. Jh. wählte der röm. 'Tetrarch' →Galerius (293–311), der Teile der Balkangebiete und Kleinasiens beherrschte, Th. als eine seiner Hauptresidenzen. Er errichtete einen Palast auf unbebautem Gelände im SO der Stadt, im Schutze einer Befestigungsmauer, die um die Mitte des 3. Jh. gegen die Goteneinfälle restauriert worden war. Der berühmte 'Galeriusbogen' bildete als Rest eines monumentalen 'Tetrapylos' vielleicht den Eingang des Palastes, dessen umfangreiche Überreste durch Grabungen festgestellt wurden. Die Gesch. von Th. im 4.–6. Jh. ist schlecht erhellt; einige bekannte Episoden lassen sich nur unter Schwierigkeiten in ihren hist. Zusammenhang einordnen. So residierte →Konstantin d. Gr. (306–337), noch auf der Suche nach einer geeigneten Hauptstadt, ztw. in Th. und soll den Hafen ausgebaut haben. →Theodosius d. Gr. (379–395) empfing in Th. sogar die Taufe. Die Geschichtsschreibung kennt aber in erster Linie das Theodosius zur Last gelegte Blutbad an der im Hippodrom versammelten Bevölkerung von Th., brutale Vergeltungsaktion für die Tötung des Stadtpräfekten während eines Volksaufstandes. Der nach dieser Gewalttat 390 offen aufgebrochene kirchenpolit. Konflikt des Ks.s mit →Ambrosius v. Mailand hat bei den Historikern die Klärung der zugrundeliegenden Vorgänge in Th. aus dem Blickfeld gedrängt. Schließlich ist aus dem späten 5. Jh. bekannt, daß die Bevölkerung des von den →Goten bedrohten Th. dem Präfekten mißtraute und ihn daher aufforderte, die Stadtschlüssel dem Bf. auszuliefern.

Sind die schriftl. Q. über diese Periode dürftig, so geben doch archäolog. und baugesch. Zeugnisse einigen Aufschluß. Der Christianisierungsgrad der Stadt wird anhand der (noch nicht systematisch erforschten) Gräber (mit Malereien) der Ost- und Westnekropole deutlich. Die Errichtung der Befestigungen, die das Stadtbild noch bis in die Mitte des 19. Jh. geprägt haben, geht höchstwahrscheinl. auf das mittlere 5. Jh. zurück und steht vielleicht im Zusammenhang mit einer Verlegung des Verwaltungssitzes der Präfektur Illyricum orientale (→Illyricum) nach Th. Eine sichere Datierung mehrerer teilweise erhaltener Kirchen ist dagegen nicht möglich. Die der Theotokos geweihte Basilika (heute Acheiropoietos) ist wohl in die 2. Hälfte sowie das letzte Viertel des 5. Jh. zu datieren; H. Demetrios, die Kirche des großen Stadtpatrons →Demetrios, entstammt wohl den Jahren um 520 (aber auch eine Frühdatierung, auf das letzte Viertel des 5. Jh., hat noch Anhänger); in derselben Periode könnte die Umwandlung der als Galeriusmausoleum errichteten Rotunde in eine mit Mosaiken geschmückte Kirche (geweiht den hll. Asomaten [→Engel, D. III], heute H. Georgios) stattgefunden haben (doch wird auch hier eine Frühdatierung, 2. Hälfte des 5. Jh., vorgeschlagen); die Entstehung der Christus-Latomus-Kirche (heute H. David), bemerkenswert durch ihr Apsismosaik, ist wohl für Mitte des 6. Jh. anzusetzen. Unsicher bleibt die Bauzeit der ersten Sophienbasilika, deren Fundamente unter dem heut. Kirchenbau festgestellt wurden und die als Kathedrale gedient haben muß. Die Datierung der (in wesentl. Zügen erhaltenen) Kuppelbasilika der H. Sophia ist vollends umstritten (Hypothesen: von Ende des 6. Jh. bis Zeit um 787).

II. MITTELBYZANTINISCHE ZEIT: Seit dem Ende des 6. Jh. wurde die Lage in Th. vom Slavenproblem (→Südslaven) bestimmt. Die ersten Slaveneinfälle und die Festsetzung slav. Bevölkerungsgruppen im Umland der Stadt bilden den Hauptgegenstand des großen hagiograph. Zyklus der →Miracula S. Demetrii (ab 630), der lebendigen Schilderung einer Stadt, die zuvor enge Beziehungen zu ihrem Umland gepflegt hatte (ländl. Grundbesitz und agrar. Tätigkeit der Stadtbewohner, durch die Slaveninvasion aber in Isolation geraten war. Die von einem ksl. →Eparchen regierte Stadt, an deren Verwaltung aber auch →'Archonten' (d. h. Notabeln) sowie der (oft dieser städt. Führungsschicht entstammende) Metropolit starken Anteil hatten, war mit →Konstantinopel während der fakt. Blokkade durch Slaven fast nur über den Seeweg verbunden (Versorgung durch Geleitzüge; →Flotte, A. II). Diese bedrohl. Lage erklärt den begeisterten Empfang, den die Stadt dem Ks. →Justinian II. nach seinen Slavensiegen bereitete (689).

Es sind wieder im wesentl. hagiograph. Texte, die über die Gesch. der Stadt im 9. und 10. Jh. Aufschluß geben, hinsichtlich einer möglichen Rolle von Th. während des Ikonoklasmus (→Bilderstreit) aber wenig aussagen (mit Ausnahme der Tatsache, daß 840–843 der dem Ikonoklasmus verpflichtete große Gelehrte →Leon der Mathematiker den Metropolitansitz innehatte). Zur selben Zeit wuchsen dort die hll. →Konstantin und Method auf und erlernten den slav. Dialekt des Hinterlandes als Voraussetzung für die spätere Missionstätigkeit. Die Bioi (Viten) der hll. Georgios Dekapolites, Elias d. J. und Fantinos vermitteln kein klares Bild der wirtschaftl. Situation, die durch die bulg.-byz. Kriege (→Bulgarien, II; →Byz. Reich, D. III) belastet war, zumal die bulg. Herrscher einer Abwicklung ihres Außenhandels über Th. ablehnend gegenüberstanden. Wichtigstes Ereignis des frühen 10. Jh. war die arab. Plünderung von 904 (Bericht des Johannes →Kaminiates).

Der Sieg Ks. →Basileios' II. über den Zaren →Samuel (1014) und die Ansätze zur Wiedergewinnung der byz. Kontrolle im Balkanbereich verliehen der Stadtentwicklung von Th. neue Impulse. Die Bedeutung als Fernhandelszentrum (→Handel, B; →Stadt, L) wird beleuchtet durch den →»Timarion«, eine byz. →Satire des 12. Jh., deren Autor u. a. die große Demetriosmesse (→Messe, II) schildert. Byz. Kaufleute aus allen Reichsteilen trafen hier mit Abendländern, Ägyptern, Syrern und Bulgaren zusammen. Auch eine zweite verheerende Plünderung (Bericht des Ebf.s →Eustathios), diesmal durch →Normannen (1185), konnte den Aufwärtstrend nicht ernsthaft stören. Noch für den Beginn des 13. Jh. belegen zahlreiche Zeugnisse die Handelsfunktion von Th.: Die Stadt exportierte Nahrungsmittel (namentl. Weizen), die auf den Domänen großer weltl. und kirchl. Grundherren, aber auch von kleineren Landbesitzern erzeugt wurden, importierte andererseits insbes. Tuche. Th. trieb bevorzugt Handel mit Griechenland, der westl. Balkanhalbinsel (→Serbien, →Ragusa) und →Venedig.

III. SPÄTBYZANTINISCHE ZEIT: Auch Th. erlag 1204 dem Angriff der lat. Kreuzfahrer (→Kreuzzug, 4.; →Lat. Ksr.) und wurde zur Hauptstadt des lat. Kgr.es Th. unter →Bonifaz v. Montferrat, der aber bereits 1207 im Kampf gegen die Bulgaren fiel. 1224 gelangten Stadt und Region wieder in byz. Besitz; der byz. Herrscher v. →Epiros, →Theodor Komnenos Dukas, nutzte diesen Machtgewinn 1227 zur Ks.krönung, doch beendete seine Niederlage gegen den bulg. Zaren →Ivan II. Asen (→Klokotnica, 1230) rasch die Hoffnung auf Erringung der byz. Ksm.s. 1246 wurde Th. von →Johannes III. Vatatzes, dem byz. Ks. in →Nikaia, erobert; damit hatte sich Nikaia als Anwärter auf das 1261 wiederhergestellte Gesamtreich durchgesetzt.

Die Gesch. von Th. im 14. Jh., deren Darstellung einer neuen Synthese bedürfte, war geprägt durch die sich rasch verschlechternde Situation des Byz. Reiches; im Zuge der voranschreitenden innen-und außenpolit. Krise geriet Th. in ein zunehmend gespanntes Verhältnis zur Hauptstadt Konstantinopel. Schon zu Beginn des 14. Jh. betrieb die Ksn. Irene v. →Montferrat, Gemahlin des Palaiologen →Andronikos II., in Th. eine weitgehend unabhängige Politik; ihr Schwiegersohn, →Stefan Uroš Milutin v. Serbien (∞ 1299 →Simonida/Simonis), übte in Th. starken polit. Einfluß und trat auch als Kirchenstifter hervor. Th. ergriff Partei im Bürgerkrieg zw. Andronikos II. und →Andronikos III. Noch erbitterter ausgetragen wurde der seit 1341 auflodernde Konflikt zw. →Johannes VI. Kantakuzenos und dem von der Stadt Th. nachdrücklich unterstützten →Johannes V., dessen führender Anhänger, der 'Megas Dux' Alexios →Apokaukos, in Th. eine starke Machtposition besaß. In Th. entbrannte der 'Zelotenaufstand' (→Zeloten), auf dessen Höhepunkt die Apokaukos-Anhänger 1342 den von Kantakuzenos eingesetzten Statthalter und weitere Aristokraten vertrieben. Nach dramat. Peripetien mußte sich die Stadt aber 1349 Kantakuzenos ergeben. Die Motive der Zelotenbewegung konnten bislang nicht schlüssig erhellt werden, doch ist unübersehbar, daß in ihr zugleich polit. und soziale Triebkräfte, deutlich gerichtet gegen die traditionellen Eliten, wirksam wurden. Feindselige Ablehnung des →Palamismus verband sich mit der geschickten Propaganda der Apokaukos-Anhänger, die Kantakuzenos und seine Parteigänger als Feinde der Religion anprangerten.

Die angespannte polit. Situation Th.s in der 1. Hälfte des 14. Jh. verhinderte weder eine wirtschaftl. Blüte noch reiche künstler. und intellektuelle Ausstrahlung, zumindest bis 1340. Es erfolgte die Stiftung zahlreicher Kirchen und Kl. (bes. bedeutend die prachtvoll mit Fresken und Mosaiken geschmückte Apostelkirche, weiterhin H. Katharina, H. Nikolaos Orphanos u. a.). Große Gelehrte wie Nikolaos →Kabasilas oder Demetrios →Kydones stehen für die wichtige Rolle der Stadt im spätbyz. Geistesleben, das auch durch das Wirken des (in Th. zunächst heftig umstrittenen) Metropoliten Gregorios →Palamas geprägt wurde.

In den späten Jahren des 14. Jh. verschlechterte sich die Lage der nun stärker isolierten Stadt. Sie wurde 1383–87 von Manuel Palaiologos, dem späteren Ks. →Manuel II., regiert, fiel 1387 aber in die Hand der →Osmanen. Nach der osman. Niederlage von Ankara gegen →Timur (1402) kam Th. 1403 noch einmal an Byzanz (Regierung durch einen byz. →Despoten), wurde 1423 dann an Venedig abgetreten. Als die Stadt 1430 nach kurzer Belagerung auf Dauer dem Osman. Reich einverleibt wurde, war sie bereits stark entvölkert und empfing erst im 16. Jh. durch die Ansiedlung vertriebener span. Juden (→Sefarden) neue Impulse.

J.-M. Spieser

Lit.: Oxford Dict. of Byzantium III, 1991, 2071–2073 – O. TAFRALI, Topogr. de Thessalonique, 1913 – A. VAKALOPOULOS, Hist. of Thessaloniki, 1963 – J.-M. SPIESER, Inventaire…, TM 5, 1973, 145–180 [Epigraphik] – DERS., Thessalonique et ses monuments du IVe et au VIe s., 1984 – Thessalonique I, 1985 [Jubiläumsbd.] – D. M. NICOL, Thessalonica as a Cultural Center in the Fourteenth Cent. (Stud. in Late Byz. Hist. and Prosopogr. Var. Repr., Art. X, 1986) – K.-P. MATSCHKE, Tuchproduktion in Th. und in anderen Städten…, Byzantiaka 9, 1989 – M. I. RAUTMAN, Patrons and Buildings in Late Byz. Thessaloniki, JÖB 39, 1989 – PH. MALINGOUDIS, Die Hungersnot in Th., ebd. 40, 1990 – H. HUNGER, Laudes Thessalonicenses (Εταιρεία Μακεδονικών Σπουδών…, 1992), 99–113 – P. SPECK, De mir. S. Demetrii…, Varia V, 1993, 255–532 – K.-P. MATSCHKE, Die Zeloten, Byzslav 55, 1994, 19–43 – A. LAIOU (Βυζαντινή Μακεδονία, 1995), 183–194 – s. a. Lit. zu Makedonien [A. VACALOPOULOS, 1973] – →Miracula s. Dem. [P. LEMERLE, 1981]; →Manuel II. [G. T. DENNIS, 1960].

Thetford, Stadt in der engl. Gft. Norfolk am s. Ausläufer des Breckland und am Zusammenfluß von Little Ouse und Thet. Das 631 erstmals erwähnte Th. war in ags. Zeit von hoher polit. und wirtschaftl. Bedeutung; die dort hergestellte Th.-Ware ist weit über Ostanglien nachweisbar. Ausgrabungen haben in Th. zahlreiche Töpferwerkstätten und auch Metallverarbeitung nachgewiesen. 869 diente Th. einer dän. Armee als Winterquartier. 959–1189 war Th. kgl. Münze. Der ausführl. Eintrag im →Domesday Book führt Th. als kgl. burgus und gibt den steuertechn. Wert für 1066 mit £ 36, für 1086 jedoch mit £ 76 an. Zugleich erwähnt diese Q. für 1066 943 burgenses mit unterschiedl. Lehnsverhältnissen in der Stadt, was eine

Gesamteinwohnerzahl von rund 3 500 vermuten läßt. Ungeachtet des höheren fiskal. Wertes der Stadt hatte sich die Zahl der burgenses i. J. 1086 auf 720 verringert; darüber hinaus werden nun 224 leerstehende Häuser in Th. verzeichnet. Ein Grund dafür lag in der Verlagerung des Ortes auf die Südseite der Ouse im Verlauf des 11. Jh. Die Grundfläche des seit ags. Zeit befestigten Th. lag bei rund 75 ha. 1250 war Th. als borough, vill and half-hundred vor dem →Eyre vertreten. Bis 1300 unterstand Th. der Krone, dann ging die Stadtherrschaft auf die Gf.en →Warenne über. Aus einem Brief des Norwicher Bf.s Herbert de Lozinga aus dem Jahre 1105 geht hervor, daß die innerstädt. Administration Th.s in der Hand eines praepositus lag; Athselinus war zugleich Priester. Mit Ausnahme einer singulären Nennung eines Bürgermeisters (→mayor) i. J. 1313 ist dies der einzige Beleg für die Ausbildung einer von den Bürgern Th.s gewählten polit. Selbstverwaltung. Städt. Freibriefe lassen sich nicht nachweisen, auch fehlt ein Beleg für eine Gilda Mercatoria. Th. entsandte im MA nie Abgeordnete in das →Parliament. Wohl aufgrund früherer Veranschlagung zu den Borough Aids des 13. Jh. als royal borough wurde Th. 1306-36 neunmal mit dem städt. Zehnten besteuert; die Lay Subsidy v. 1334 legte die Steuersumme auf £ 16 fest. Zu diesem Zeitpunkt hatte der wirtschaftl. Niedergang der Stadt, dessen St. John Baptist Hospital 1232 das Messerecht erhalten hatte, bereits verstärkt eingesetzt. 1071–95 war Th., in dem das Domesday Book zwölf Kirchen verzeichnet hatte, Bf.ssitz; St. Mary's war Kapitelkirche. Herbert de Lozinga verlegte den Bf.ssitz 1095 nach →Norwich. In der Valuation v. 1254 wurde die Zahl der städt. Kirchen gleichfalls mit zwölf angegeben, in vorreformator. Zeit war sie auf fünf (St. George, St. Cuthbert, Holy Trinity, St. Mary the Less und St. Peter) zurückgegangen. 1020–1160 ist ein bedeutendes OSB-Priorat nachweisbar; 1335 begründeten die Dominikaner eine Niederlassung, ihnen folgten 1389 Augustiner-Eremiten. B. Brodt

Q. und Lit.: F. BLOMEFIELD, The Hist. of the Ancient City and Burgh of Th. ..., Fersfield 1739 – J. WILKINSON, The Architectural Remains of the Ancient Town and Borough of Th., London 1822 – A. L. HUNT, The Capital of the Ancient Kingdom of East Anglia, the »Mighty City in the East«: Being a Complete and Authentic Hist. of the Ancient Borough Town of Th., 1870 – The Life, Letters, and Sermons of Bishop Herbert de Lozinga, hg. E. M. GOULBURN–H. SIMONDS, 2 Bde, 1878, I, 174–178 – A. CROSBY, A Hist. of Th., 1986.

Theudebald, Hzg. der →Alamannen, * vor 709, † 746 (?). Der Bruder des alam. Hzg.s →Lantfrid vertrieb 727 den Abt →Pirmin von der Reichenau »aus Haß gegen Karl (Martell)« (Hermann v. Reichenau). Seit Lantfrids Tod 730 Haupt des antiarnulfing. Widerstands, verbannte Th. 732 Pirmins Nachfolger →Heddo, wurde aber selbst von →Karl Martell vertrieben. Seinem Einfall ins Elsaß 741 folgte 742 die Verwüstung Alemanniens durch die Hausmeier, die er 743 zusammen mit dem Hzg. v. →Bayern, →Odilo, erfolglos angriff. Th. – und mit ihm das alem. Hzm. – fand sein Ende wohl auf dem Gerichtstag v. →Cannstatt. U. Nonn

Lit.: B. BEHR, Das alem. Hzm. bis 750, 1975 – Die Gründungsurkk. der Reichenau, hg. P. CLASSEN (VuF 24, 1977).

Theudebert. 1. Th. I., merow. Kg., † 547. Nach →Theuderichs I. Tod Ende 533 sicherte sein Sohn Th. sich das Erbe gegen den Zugriff seiner Onkel →Childebert I. und →Chlothar I. Der söhnelose Childebert schwenkte bald zu Th. über, beteiligte ihn an der endgültigen Aufteilung des burg. Erbes →Chlodomers (Gewinn einer Verbindung zw. dem Reimser Reich und der aquitan. Enklave) und adoptierte ihn schließlich. Die Krise des Reiches der →Ostgoten und →Justinians Kriegseröffnung führten zunächst zu gemeinsamem Vorgehen der merow. Kg.e gegenüber dem Ks. und den Ostgoten, erweckten aber bes. Th.s »Ehrgeiz, das Erbe der Goten im alten it. Kernland des Imperiums selbst anzutreten« (EWIG). Abgesichert durch Bündnisse mit den →Langobarden (Ehe mit der Kg.stochter Wisigarda; nach deren frühem Tod Ehe seines Sohnes →Theudowald mit ihrer Schwester Waldrada) und →Gepiden, gewann Th. nach und nach →Churrätien, die →Raetia II (→Augsburg) und die beiden norischen Provinzen (späteres Ober- und Niederösterreich, Kärnten; →Noricum); 545 besetzte er große Teile der Provinz Venetien, vermied aber die direkte Konfrontation mit dem Ks. Die Prägung von Goldmünzen mit eigenem Bild und Zirkusspiele in Arles zeigen sein imperiales Auftreten. Der Tod des »Th. rex magnus Francorum« (Marius v. Avenches) dürfte den Ks. erleichtert haben. U. Nonn

Q.: Gregor v. Tours, Hist. Fr. III, 1–36 (MGH SRM I²) – Marius v. Avenches, Chronica (MGH AA XI) – Prokop, Gotenkrieg (Fonti 23–25) – Lit.: R. COLLINS, Theodebert I, »Rex Magnus Francorum« (Fschr. J. M. WALLACE-HADRILL, 1983), 7–33 – F. BEISEL, Th. magnus rex Francorum, 1993 – E. EWIG, Die Merowinger und das Frankenreich, 1993², 36–40.

2. Th. II., merow. Kg., * 586, † 612, ⌑ St. Gereon, Köln (?). Nach dem Tod →Childeberts II. 596 führte zunächst dessen Mutter →Brunichild die Regentschaft im austroburg. Reich; bei der anschließenden Teilung unter ihre Enkel Th. und Theuderich II. erhielt Th. ein verkleinertes Austrasien (mit der Residenz →Metz), was die Rivalität schürte, obwohl Th. und Theuderich zunächst noch gemeinsam agierten (600 Sieg über den neustr. Kg. →Chlothar II., 602 Zug gegen die Basken; s. auch zum folgenden →Theuderich II.). Im Zuge der sich ab 610 verschärfenden Auseinandersetzungen unterlag Th. 612 bei Toul und Zülpich, wurde gefangengenommen und mit seinen Söhnen auf Befehl Theuderichs II. getötet. – Th. bot 610–612 dem aus dem austroburg. Reich vertriebenen hl. →Columban Schutz und wies ihm →Bregenz als neue Wirkungsstätte zu. U. Nonn

Q. und Lit.: →Theuderich II.

Theudelinde, langob. Kgn. 589–626, * ca. 570/575, † 22. Jan. 627, Vater Hzg. Garibald v. Bayern, Mutter Walderada, ⚭ 1. Kg. →Authari, 2. Kg. →Agilulf, Kinder: Kg. →Adalwald, Gundperga, ⌑ S. Giovanni in Monza. Th. entstammte väterlicherseits der Familie der bayer. →Agilolfinger, mütterlicherseits als Enkelin des Langobardenkg.s Wacho der Dynastie der Lethingen. 588 wurde sie nach dem Scheitern eines Heiratsprojekts mit Kg. →Childebert II. dem langob. Kg. Authari verlobt, den sie am 15. Mai 589 nach ihrer Flucht vor den Franken bei Verona heiratete. Ihr mit ihr nach Italien geflohener Bruder Gundoald († 616) wurde von seinem Schwager zum Hzg. v. Asti erhoben. Seine Nachkommen herrschten (mit Unterbrechungen) 656–712 als Kg.e über das Langobardenreich. Nach dem frühen Tod ihres Gemahls im Sept. 590 vermählte sich Th. mit dem Turiner Hzg. Agilulf, der im Mai 591 in Mailand förmlich zum Kg. erhoben wurde. Die brillante Agilolfingerin scheint ihre Zeitgenossen fasziniert und großen Einfluß auf die Politik ihres neuen Gatten gewonnen zu haben. Insbes. trug die Katholikin, die im Briefwechsel mit Papst →Gregor d. Gr. stand, entschieden dazu bei, daß ihr arian. Gemahl sich der kath. Kirche annäherte, ihr geraubte Besitzungen zurückgab und einigen vor den Langobarden geflüchteten Bf.en die Rückkehr in ihre Diözesen gestattete. Das Kg.spaar favorisierte zeitweise die schismat. Drei-Kapitel-Kirche in Nordostitalien. 603 ließen sie ihren einzigen Sohn Adal-

wald kath. taufen. 613 stellten sie dem Iren →Columban Land für die Gründung seines Missionskl. →Bobbio zur Verfügung. Th. gestaltete das in der Nähe der Hauptstadt →Mailand gelegene →Monza zur kgl. Sommerresidenz aus und ließ dort einen prachtvollen Palast und die Basilika S. Giovanni Battista, den sog. Dom, errichten, in dessen Schatz sich noch heute hochwertige Kunstgegenstände aus ihrem Besitz befinden. Nach dem Tod Agilulfs führte sie zuerst als eine Art Regentin die Regierungsgeschäfte für ihren minderjährigen Sohn Adalwald, der aber auch noch nach Erlangen seiner Volljährigkeit unter ihrem Einfluß stand und eine prononciert prokath. und byzanzfreundl. Politik betrieb, die die heftige Opposition traditionsverhafteter Kräfte in seinem Reich provozierte. Th. starb wenige Monate nach dem Sturz ihres Sohnes.
J. Jarnut

Q.: Paulus Diaconus, Hist. Langob., ed. L. BETHMANN-G. WAITZ, MGH SS rer. Lang., 1878, III, 29, 35; IV, 5–9, 21f., 25, 27, 30, 40f. – Lit.: HARTMANN, Gesch. Italiens, II/1, bes. 68f., 98f., 168–170, 204–208 – G. P. BOGNETTI, Milano longobarda (Storia di Milano, II, 1954), bes. 112–128, 145–148, 152–157 – DERS., S. Maria foris portas di Castelseprio e la storia religiosa dei Longobardi (DERS., L'età longobarda, II, 1966), bes. 170f., 179–184, 226f., 196–302 – K. H. KRÜGER, Kg.sgrabkirchen, 1971, bes. 346f., 352, 356f. – R. SCHNEIDER, Kg.swahl und Kg.serhebung im FrühMA, 1972, 27–32 – H. FRÖHLICH, Stud. zur langob. Thronfolge [Diss. Tübingen I, 1980], bes. 97–107, 121–123 – J. JARNUT, Gesch. der Langobarden, 1982, 41–46, 53–57 – DERS., Agilolfingerstudien, 1986, 58–61.

Theuderich

1. **Th. I.**, merow. Kg., * vor 484, † Ende 533, ⚭ Suavegotta, Tochter des burg. Kg.s →Sigismund. Der älteste Sohn →Chlodwigs I. aus einer vorehel. Verbindung teilte nach dem Tod des Vaters 511 das Reich mit seinen drei Halbbrüdern und erhielt ein gutes Drittel der Francia (den NO mit allen rechtsrhein. Gebieten) sowie aus dem aquitan. Block die Auvergne und das Limousin – den weitaus größten Anteil; Residenz wurde →Reims. Bereits 508 hatte er in Chlodwigs Auftrag einen Feldzug in die →Auvergne unternommen. Jetzt wurde er als einziger bereits im Mannesalter stehender Sohn »zum Garanten für den Bestand des Reiches in den Grenzen von 511« (EWIG). Seine Expansionsinteressen richteten sich auf Germanien, wo er 531 mit →Chlothar I. und sächs. Unterstützung gegen die Thüringer (→Thüringen) zog (bedeutender Sieg an der Unstrut); der thür. Kg. Herminafrid, 533 zum Besuch eingeladen, wurde in Zülpich durch Sturz von der Stadtmauer getötet. Th. gewann die thür. Gebiete an Saale, mittlerer Elbe und Main; die Eroberungen nördl. der Unstrut überließ er den →Sachsen gegen Tribut. Trotz massiven Drängens seiner Krieger beteiligte er sich 532 nicht am burg. Feldzug seiner Brüder; sein Sohn →Theudebert I. aber eroberte in seinem Auftrag große Gebiete im südl. →Aquitanien. Nach Th.s Tod vermochte Theudebert das Erbe gegen den versuchten Zugriff seiner Onkel zu behaupten.
U. Nonn

Q.: Gregor v. Tours, Hist. Fr. II, 37f.; III, 1–23 (MGH SRM I²) – Lit.: E. EWIG, Die frk. Teilungen und Teilreiche (511–613), AAMz 1952, Nr. 9, 651–674 (= DERS., Spätantikes und frk. Gallien, I, 1976, 114–134) – DERS., Die Merowinger und das Frankenreich, 1993², 31–36.

2. **Th. II.**, merow. Kg., * 587, † 612/613. Nach dem Tod →Childeberts II. 596 führte zunächst dessen Mutter →Brunichild die Regentschaft in Austroburgund; bei der anschließenden Teilung unter ihre Enkel Th. und →Theudebert II. erhielt Th. Frankoburg. (Residenz: Chalon-sur-Saône), erweitert um Teile Austrasiens (Saintois, Elsaß, Thurgau): dieser Zugewinn schürte die Rivalität der Brüder. 600 besiegten sie noch gemeinsam den neustr. Kg. →Chlothar II., der auf zwölf Gaue beschränkt wurde; ein Zug gegen die →Basken und die Errichtung eines Grenzhzm.s als Schutzwehr war ihre letzte gemeinsame Aktion. Nur knapp konnte 605 ein Bruderkrieg vermieden werden. Bei einem Treffen in der elsäss. Pfalz Selz 610 zwang der mit einem Heer erschienene Theudebert den Th. zur Rückgabe der austras. Gebiete, geriet aber 611 in einen Krieg mit den (von Brunichild und Th. aufgehetzten?) →Avaren. Darauf ging Th. 612 zum Angriff über, erfocht zwei Siege bei Toul und Zülpich, zog in Köln ein und ließ die gefangenen Bruder und dessen Söhne töten. Vor dem Entscheidungskampf mit Chlothar II. »hauchte« der erst 25jährige Th. »in seinen Sünden sein ungerechtes Leben aus und starb« (Lib. hist. Fr. 39).
U. Nonn

Q.: Fredeg. IV, 16–39 – Lib. hist. Fr. 37–39 (MGH SRM II) – Ionas, Vita Columbani I, 18–29 (MGH SRG 37) – Lit.: E. EWIG, Die frk. Teilungen und Teilreiche (511–613), AAMz 1952, Nr. 9, 687–692 (= DERS., Spätantikes und frk. Gallien, I, 1976, 145–150) – DERS., Die Merowinger und das Frankenreich, 1993², 48–52.

3. **Th. III.**, merow. Kg., * 649/656, † 690/691. Nach dem Tod des neustroburg. Kg.s →Chlothar III. proklamierte der Hausmeier →Ebroin dessen Bruder Th. zum Kg., der sich aber gegen den von den Großen präferierten austras. Kg., seinen Bruder →Childerich II., nicht durchsetzen konnte und ins Kl. St-Denis verbannt wurde. Nach Childerichs Ermordung im Herbst 675 wurde er zurückgeholt und als Kg. wiedereingesetzt, blieb aber in den chaot. Jahren des Bürgerkriegs stets ein Werkzeug Ebroins. Nach der Ermordung →Dagoberts II. Ende 679 und Ebroins 680/681 erkannten ihn auch die Austrasier unter →Pippin d. M. an; »die gesamtfrk. Monarchie war wiederhergestellt, aber unter einem Schattenherrscher, der den Kämpfen der Großen um die Macht nicht wehren konnte« (EWIG). Neue Spannungen mit den Neustriern führten 687 zu Pippins entscheidendem Sieg bei →Tertry (Vermandois); dieser respektierte aber das merow. Thronrecht und »nahm Kg. Th. samt seinen Schätzen bei sich auf und kehrte nach Auster zurück und lenkte alles von Hof« (Cont. Fred. 5), während der bedeutungslose Kg. bis zu seinem Tod im neustr. Kronland residierte.
U. Nonn

Q.: Cont. Fred. 2–6 – Lib. hist. Fr. 45–49 (MGH SRM II) – Lit.: E. EWIG, Die frk. Teilreiche im 7. Jh., Trierer Zs. 22, 1953, 121–143 [= DERS., Spätantikes und frk. Gallien I, 1976, 207–229] – DERS., Die Merowinger und das Frankenreich, 1993², 161–189.

4. **Th. IV.**, merow. Kg., * nach 711, † 737. Nach dem Tod →Chilperichs II. 721 setzte der Hausmeier →Karl Martell Th., den noch nicht mündigen, im Kl. →Chelles erzogenen Sohn →Dagoberts III., als Kg. ein. Von diesem »Schattenkg.« wissen die Q. keinerlei Aktivitäten zu berichten: der fakt. Herrscher war Karl Martell, der den Thron nach Th.s Tod denn auch unbesetzt ließ.
U. Nonn

Lit.: E. EWIG, Die Merowinger und das Frankenreich, 1993², 202–206.

Theudoald, frk. Hausmeier, † nach 715. Nach Ermordung des Hausmeiers →Grimoald (April 714) berief sein schon todkranker Vater →Pippin d. M. unter dem Einfluß seiner Gattin →Plektrud dessen unehel. Sohn Th. zum Nachfolger. Nach Pippins Tod (16. Dez. 714) besiegten neustr. Empörer die Austrasier in blutiger Schlacht bei Compiègne (26. Sept. 715); anstelle des geflohenen Th. erhoben sie einen der Ihren, →Raganfrid, zum neuen Hausmeier. Ob Th. nach dem Metzer Annalen »wenig später sein unschuldiges Leben beendete« (so die bisherige Forsch.) oder 723 noch lebte (Zeugenunterschr.) und gar mit dem 'Thedald' der Lorscher Annalen († 741: MGH SS I, 24) ident. ist (COLLINS), muß offenbleiben.
U. Nonn

Q.: Cont. Fredeg. 6–8 – Lib. hist. Fr. 49–51 (MGH SRM II) – Ann. Mett. priores (MGH SRG 10) – Lit.: R. SCHIEFFER, Die Karolinger,

1992, 32–38 – R. COLLINS, The »Afterlife« of an Arnulf. Mayor of the Palace: Th. Son of Grimoald II (Karl Martell in seiner Zeit, hg. J. JARNUT, U. NONN, M. RICHTER, 1994), 229–235.

Theudowald, merow. Kg., * um 533, † 555, ⚭ Waldrada, Tochter des Langobardenkg.s Wacho. Nach dem Tod des bedeutenden Kg.s des austras. Reichsteils, →Theudebert I., Ende 547 folgte ihm Th., sein einziger Sohn aus einer Verbindung mit der Romanin Deoteria. Die Erfolge der expansiven Italienpolitik seines Vaters konnte Th. nicht halten, zumal Ks. →Justinian das frk.-langob. Bündnis sprengte und sein Feldherr →Narses 552 in Italien einmarschierte; zwar blockierten die Franken die Straße nach Verona, vermieden aber direkte Kämpfe. Ein von Th. unterstützter Feldzug der alem. Hzg.e nach Italien scheiterte 554. In Toul berief Th. 550 ein austras. Konzil ein. Der Kg. »war, wie man sagt, schlimmen Sinnes« (Gregor v. Tours); nach längerem Siechtum starb er bereits 555 kinderlos (sein Tod war angebl. von seltsamen Naturerscheinungen angekündigt worden). Seinen Reichsteil erbte sein Großonkel →Chlothar I.   U. Nonn

Q.: Gregor v. Tours, Hist. Fr. III, 27; IV, 6–9 (MGH SRM I²) – Lit.: E. EWIG, Die frk. Teilungen und Teilreiche (511–613), AAMz 1952, Nr. 9, 674f. (= DERS., Spätantikes und frk. Gallien, I, 1976, 133–135) – DERS., Die Merowinger und das Frankenreich, 1993², 40.

Theutberga, frk. Kgn., † nach 869, ⚰ Metz, St. Glodesindis. Th., aus dem Haus der→Bosoniden (Schwester des Laienabts Hukbert v. St-Maurice d'Agaune, Tante Kg. →Bosos v. Vienne), heiratete im Nov. 855 Kg. →Lothar II. (2. L.). Seit 857 versuchte der Kg. zunächst in einem weltl. Verfahren, dann seit 860 auf mehreren Synoden, seine Ehescheidung durchzusetzen, und nutzte immer neue Argumente aus dem sich erst formierenden kirchl. Eherecht (860–863 Synoden in Aachen und Metz, MGH Cap. 2, 463–469). Ziel war die Legitimierung seiner Verbindung mit →Waldrada und des daraus hervorgegangenen Sohnes →Hugo (6. H.). Gegen die vom Episkopat aus dem 'regnum Lotharii' ausgesprochene Scheidung und gegen die Erhebung Waldradas zur Kgn. 862 leisteten Ebf. →Hinkmar v. Reims (MGH Conc. 4, Suppl. 1) sowie die Päpste →Nikolaus I. und →Hadrian II. energischen Widerstand (Exkommunikation der Ebf.e v. Köln und Trier 863, erzwungene Wiederaufnahme Th.s 865, Zurückweisung ihres Scheidungsbegehrens 867). Der Ehestreit Lothars und Th.s von 857 bis 869, Versuch dynast. Sicherung im 'regnum Lotharii' und Zeugnis für die fallbezogene Behauptung kirchl. Normen, wurde letztlich durch die Opposition von Lothars Oheimen →Karl (4. K.) und →Ludwig (2. L.) entschieden, die sich nach dem »erbenlosen« Tod des Neffen 869 seines Reiches bemächtigten.

B. Schneidmüller

Lit.: DÜMMLER², 2 – S. KONECNY, Die Frauen des karol. Kg.shauses, 1976, 103–117 – TH. BAUER, Rechtl. Implikationen des Ehestreites Lothars II., ZRGKanAbt 111, 1994, 41–87 [Lit.].

Theutgaud → Thietgaud

Thibaud (s. a. Tedbald, Theobald)
1. Th. de Étampes →Theobald v. Étampes (3. Th.)
2. Th. de Marly, * 1120–35, † 1190, frz. adliger Autor aus der Familie der →Montmorency. Zw. 1182 und 1185 entsagte er der verdorbenen Welt, trat in die Abtei OCist Notre-Dame du Val ein und verfaßte bei dieser Gelegenheit eine Art privater Predigt in 17 Alexandriner-Laissen (ca. 850 Verse, 3 Mss.). Des Lateins unkundig (»ne sai de lettres«), bezieht er seine theol. Kenntnisse z. T. aus frz. Texten (»Roman de Saint-Fanuel«), schöpft jedoch in seiner →Contemptus mundi-Dichtung v. a. aus persönl. Erfahrung. Alle Stände sind in der →Hölle anzutreffen; bes. heftig kritisiert werden die Großen dieser Welt. Der in seiner Art singuläre Text muß im Zusammenhang mit anderen und von anderer Warte aus geschriebenen Dichtungen gesehen werden; vgl. →Stephan (Étienne) v. Fougères, →Hélinand de Froidmont, →Guiot de Provins, →Hugues de Berzé, →Renclus de Moliens.   M.-R. Jung

Ed. und Lit.: H. K. STONE, Les vers de T., 1932 [Ed.] – DLFMA², 1426 – Neues Hb. der Lit.wiss. 7, 1981, 398–402.

Thibaut
1. Th. I. (Theobald), Gf. v. →Bar und →Luxemburg 1190–1214, * um 1158/60, † Febr. 1214, ⚰ →Trois-Fontaines; Sohn des Gf.en Renaud II. v. Bar (1149–70) und der Agnès v. →Champagne, ⚭ 1. Lauretta v. →Looz, Tochter: Agnès; 2. 1189 Ermesinde v. →Bar-sur-Seine, Kinder: Henri, Agnès; 3. 1198 Ermesinde v. Luxemburg, Kinder: Renaud, Isabelle. – Zunächst Herr v. Briey und →Stenay, folgte er 1190 seinem auf dem 3. →Kreuzzug verstorbenen Bruder Henri nach, während die beiden anderen Brüder, Renaud und Hugues, dank der Verwandtschaft zu Kg. →Philipp II. v. Frankreich in →Chartres kirchl. Karriere machten. Th.s Politik stand unter doppeltem Vorzeichen: auf regionaler Ebene bestimmt von der Gegnerschaft zu den Hzg.en v. →Lothringen, im weiteren Umfeld von den widerstreitenden Einflüssen des Kg.s v. →Frankreich und des durch den welf.-stauf. Thronstreit erschütterten Ksm.s. Th. vermählte seine Tochter Agnès mit dem Erben des Hzm.s Lothringen, Ferri (→Friedrich [25. F.]), suchte andererseits Hzg. →Simon II. seinem Willen zu unterwerfen und bekämpfte später in ähnl. Weise auch den Vater seines Schwiegersohnes, →Friedrich (24. F.). Nachdem Th. seine zweite Gemahlin verstoßen hatte, eroberte er 1197 Luxemburg (Heirat mit der jungen Erbtochter, doch erreichte er nicht die dauernde Sicherung der Gft. Luxemburg für sein Haus). Als Herr eines weiträumigen Territorialkomplexes an den Grenzen von Lothringen und Champagne, entlang der →Maas, spielte Th. souverän »das Zünglein an der Waage« zw. seinem Vetter, dem Kg. v. Frankreich, und den um die Macht im Reich ringenden Kontrahenten →Philipp v. Schwaben und →Otto IV., wobei Th. insgesamt der Koalition Kapetinger/Staufer zugewandt war. Er hinterließ seinem Sohn Henri II. eine gefestigte, wohlverwaltete Gft.   M. Parisse

Lit.: M. GROSDIDIER DE MÂTONS, Le comté de Bar, 1922 – M. PARISSE, La noblesse lorraine, XIᵉ–XIIIᵉ s., 1976 – G. POULL, La maison souveraine et ducale de Bar, 1994.

2. Th. II., Gf. v. →Bar 1239–91, † wohl Ende 1291, ⚰ Bar-le-Duc, St-Maxe; Sohn von Henri II. (1213–39) und Philippe v. →Dreux; ⚭ 1. Jeanne v. →Dampierre; 2. Jeanne v. Toucy, 12 Kinder (Gf. Henri III. [→Heinrich (29. H.)]; Jean; Renaud v. Bar, Bf. v. Metz [→Bar (4. B.)]; Thiébaut, Bf. v. Lüttich [→Bar (6. B.)]; Erard [v. Pierrepont]; Pierre [v. Pierrefort]; Philippe, Gfn. v. Burgund; Yolande; Alix; Marie, Dame d'→Apremont; Marguerite, Äbt. v. St-Maur de Verdun; Isabelle). Th., der bereits in jungen Jahren seinem auf dem Kreuzzug verstorbenen Vater nachfolgte, führte als würdiger Nachfolger seines Vaters und Großvaters die Gft. Bar auf den Höhepunkt ihrer Machtentfaltung. Als Konkurrent von Ferri III. (→Friedrich [26.]), doch aktiver als dieser, verstand es Th., seine Besitzungen und Lehnsrechte unter geschickter Ausnutzung der Feudalinstitutionen kontinuierlich zu erweitern (Kontrolle über etwa 80 →Burgen), seinen Machtbereich auf Kosten der Bf.e v. →Verdun und →Toul auszudehnen und bis ins Herzland v. →Lothringen vorzudringen. Mit Erfolg kopierte er die kgl. frz. Regierungspraktiken, verlieh seiner Gft. solide Verwaltungsstrukturen (Gliederung in →Bailliages) und nutzte die ertragreichen wirtschaftl. und fiskal. Ressourcen, über die er durch Kontrolle des Tals der →Maas, die Nähe zur →Champagne und seine Präsenz im Moseltal verfügte. Th. gründete die Stadt →Pont-à-Mousson und die Zitadelle v. La Mothe, ausgestattet mit Jahrmärkten und Säkularkapiteln. In reichem Maße erließ er Privilegien (→chartes de franchises) und Statuten für 'villes neuves' (mit 'Freiheiten' bewidmete ländl. Siedlungen). Seine ehrgeizige Familienpolitik war deutlich auf Frankreich ausgerichtet. Es gelang dem Gf.en, seine Parteigänger auf den lothr. Bf.ssitzen →Metz und Verdun zu etablieren.

M. Parisse

Lit.: →Thibaut I.

3. Th. de Champagne, Trouvère→Tedbald IV., Gf. v. Champagne (5. T.)

Thidrekssaga → Dietrich v. Bern [3]

Thiébaut (s.a. Tedbald, Theobald). **1. Th. I.,** Hzg. v. →Lothringen seit Okt. 1213, * um 1190/95, † 17. Febr. 1220, Sohn von Ferri II. (→Friedrich [25. F.]) und Agnès de →Bar; Brüder: Hzg. Matthäus II.; →Jakob, Bf. v. Metz; Renaud; zwei Schwestern. Th. war verlobt (1206) und vermählt (1212/13) mit Gertrud v. →Dagsburg (kinderlose Ehe), konnte damit seinem Hzm. die reichen Dagsburger Besitzungen hinzufügen (Metzer Hochvogtei, Territorien in Elsaß, Lothringen und Lütticher Land). Seine Machtstellung gefährdete jedoch die Position der Gf.en v. Bar in Lothringen wie auch diejenige der →Staufer im →Elsaß, zumal sich Hzg. Th. mit dem →Welfen →Otto IV. verbündete. Nach der Niederlage v. →Bouvines mußte Th. →Friedrich II. huldigen (Sept. 1214). Der Hzg. verstrickte sich auch in die Konflikte des Metzer Patriziates mit dem Bf. (Intervention Friedrichs II., 1215; →Metz). Im Erbfolgestreit der →Champagne verbündete er sich mit den Vasallen, die der Gfn. Blanche Widerstand leisteten. Zur Rückgewinnung des (seinem Vater von Friedrich II. als Pfandschaft übertragenen) Rosheim unternahm er einen brutalen Kriegszug ins Elsaß, woraufhin der erzürnte Kg. mit den Gf.en v. Bar und Champagne gegen ihn eine Allianz schloß. Der in Amance bei →Nancy belagerte Hzg. unterwarf sich, leistete Pfandschaften und mußte ein Jahr lang im Gefolge Friedrichs II. verbleiben. Er starb bald nach seiner Rückkehr, ohne seine Situation grundsätzlich gebessert zu haben. Seine Witwe Gertrud heiratete Th.s Gegner →Tedbald IV. v. Champagne, an den sich der Nachfolger Matthäus II. enger anlehnte.

M. Parisse

Lit.: Le Mercier de Morière, Le duc Matthieu II, 1893 – E. Duvernoy, Actes des ducs de Lorraine (Mém. Soc. Arch. lorr., 1924) – G. Poull, La maison ducale de Lorraine, 1962.

2. Th. II., Hzg. v. →Lothringen 1304-12, * um 1260, † 1312, Sohn von Hzg. Ferri III. (→Friedrich [26. F.]) und Margarete v. →Champagne; ∞ Isabella v. Rumigny, Kinder: Ferri IV. (→Friedrich [27. F.]), Matthäus, Hugo, Margarete, Isabella, Maria. Schon zu Lebzeiten des Vaters aus der Vormundschaft entlassen, verwaltete er das Wittum seiner Gemahlin (Rumigny, →Florennes) und die ihm vom Vater übertragenen Herrschaften (Prény, Neufchâteau), leistete dem Gf.en v. →Champagne und dem Kg. v. →Frankreich den Lehnseid. Er erneuerte seinen Lehnseid 1299 in →Quatrevaux und diente dem Kg. v. Frankreich 1302 bei →Kortrijk gegen die Gft. →Flandern. Als Hzg. wandte er sich in kleinen Schritten vom frz. Lager ab, um allmähl. dem Reich näherzutreten; seinen Sohn Ferri verlobte er mit Elisabeth v. Österreich, Tochter Kg. →Albrechts (1306). In Lothringen suchte er sich →Toul und →Remiremont unterzuordnen und wahrte ein gutes Verhältnis zum Gf.en v. →Bar.

M. Parisse

Lit.: A. M. Marionnet, Le règne de Th. II. [Ms.], 1947 – →Thiébaut I. [G. Poull].

Thierri I. (Dietrich), Hzg. v. →Lothringen 1070-1115, Sohn von Gerhard I. und Hadwide, ∞ 1. Hedwig v. →Formbach, Kinder: Simon, Gertrud, Oda; 2. Gertrud(e) v. Flandern, Tochter des Gf.en →Robert d. Friesen, Kinder: →Dietrich 'v. Elsaß' (er erbte von mütterl. Seite die Gft. →Flandern), Gerhard, Heinrich, Baudouin, Ermengard. Zu Beginn seiner Regierung mußte er die Gft. →Vaudémont seinem Bruder und Vasallen Gerhard überlassen. Ab 1075 unterstützte er Kg. →Heinrich IV. im Kampf gegen den →Sachsenaufstand (→Homburg a. d. Unstrut, 1075) und gegen Papst →Gregor VII. (→Worms, 1076). Th. trieb aber v. a. Politik im regionalen Umfeld, in Kontakt mit den großen Abteien →Remiremont und →St-Dié.

M. Parisse

Lit.: E. Duvernoy, Actes des ducs de Lorraine, Mém. Soc. Arch. Lorraine, 1912 – G. Poull, La maison ducale de Lorraine, 1968.

Thierry. 1. Th. v. Chartres, ca. 1100, † ca. 1155/56, der Herkunft nach Bretone, daher auch der Name Theodoricus Brito. Seine vielbeachtete Tätigkeit als Lehrer der →Artes liberales in Chartres (ca. 1130, wieder nach 1141) und Paris (nach 1136) ist schwer zu datieren. Th.s Schüler →Clarembald v. Arras bezeichnet ihn als den »führenden Philosophen von ganz Europa« (Ep. ad Dominam 3, ed. N. Häring, Studies and Texts 10, 225f.), →Otto v. Freising nennt Th. und seinen Bruder →Bernhard v. Chartres »uiri doctissimi« (G. Frid. I. 49; MGH SRG 46, 68). Am Ende des MA bezeichnet →Nikolaus v. Kues Th. als berühmtesten Autor, den er zu lesen bekam (Apol. Doct. Ign.; Phil.-Theol. Schriften I, 1964, 544).

Schriften: Th.s »Heptateuchon« ist ein Lehrbuch der sieben Freien Künste (Prolog, ed. E. Jeanneau, Lectio Philosophorum, 1973, 37-39, 90f.). Ferner sind bekannt sein Komm. zu Ciceros »De inventione« und zur »Rhetorica ad Herennium« (ed. K. M. Fredborg, Studies and Texts, 84). Daß Th. auch Aristoteles kommentiert hat, ist in seinem Schrifttum wie in dem seiner Schüler angedeutet, so die »Topica«, »Analytica« und »De sophisticis elenchis«. Seine Grabplatte bezeugt, er habe zu seiner Zeit als erster in Gallien die log. Schriften des Aristoteles gelesen und promulgiert. Theol. Interesse zeigen Th.s Kommentar zum Hexaemeron der Gen »De sex dierum operibus« (ed. N. Häring, AHDL 22, 1955, 184-216) sowie insbes. zur Trinitätslehre des →Boethius (ed. N. Häring, Studies and Texts, 20).

Lehre: Wie Boethius verbindet Th. platon. und aristotel. Denken. Nach platon. Art betont er die seins- und erkenntnismäßige Entzogenheit Gottes, bedient sich aber zugleich unter dem wachsenden Einfluß des Aristoteles für seine Schöpfungs- und Gotteslehre des Quadriviums, d. h. jener vier Disziplinen aus den sieben Freien Künsten, die zur Erkenntnis des Schöpfers führen: Mathematik, Musik, Geometrie und Astronomie. Auch für die inhaltl. Darstellung der Gottes- und Schöpfungslehre ist Th. von Aristoteles geleitet.

So sieht er den dreifaltigen Gott als *Wirkursache* bei der Erschaffung der Materie tätig, als *Formalursache* bei der Formung und Ordnung der geschaffenen Dinge; als *Zielursache* wirkt Gott durch Liebe und Leitung. Die Wirkursache ist der Vater, die Formalursache der Sohn und die Zielursache der Hl. Geist. *Materialursache* sind die vier Elemente (Erde, Wasser, Luft, Feuer). Sie sind als Urmaterie vom Schöpfer aus Nichts erschaffen. Von diesen vier geschaffenen Elementen als ungeordnete Urmaterie ausgehend, hat es nach Th. eine Evolution hin zum geordneten Weltall gegeben. Dabei war das Feuer (Himmel) als leichtestes Element in steter rotierender Bewegung; sie komprimierte und erleuchtete die Luft und verdichtete das Wasser; aus dem erhitzten Wasser lagerte sich die Erde ab. Nach dieser Erklärung ist der dreifaltige Gott bleibend als Formal- und Zielursache bei der Weltentstehung und -erhaltung ordnend tätig.

So sehr sich Th. theol. Themen zuwendet, sind seine Antworten doch philos. geprägt; er trägt das Ergebnis seiner rationalen Analyse an das bibl. Zeugnis heran. Damit ist die Methode früherer Kommentatoren umgekehrt, die sich erst die bibl. Aussage ansahen und dann festzustellen versuchten, wie der Text mit ihrem physikal. Wissen harmonierte. Heilsgesch. Konturen hat Th.s Gottes- und Schöpfungslehre kaum. Das liegt darin begründet, daß er das bibl. Glaubenszeugnis aus dieser kirchl. Gestalt zu unkonturiert voraussetzt, um die Reichweite seiner gedankl. Vermittlung adäquat bestimmen zu können. F. Courth

Lit.: NCE XIV, 89f. [N. M. HÄRING] – N. M. HÄRING, Life and Works of Clarembald of Arras (Studies and Texts 10, 1965) – DERS., Commentaries on Boethius and his School by Th. of C. (Studies and Texts 20, 1971) – DERS., Chartres und Paris Revisited (Essays in Honour of A. CH. PEGIS, hg. J. R. O'DONNELL, 1974), 268–329 – E. MACCAGNOLO, Rerum Universitas. Saggio sulla filosofia di Teodorico di C., 1976 – F. COURTH, Trinität. In der Scholastik (HDG II/1b, 1985), 58–60 – The Latin Rhetorical Commentaries by Th. of C., hg. K. M. FREDBORG (Studies and Texts 84, 1988).

2. Th. de Vaucouleurs, Verf. einer frz. Übers. der Johanneslegende (→Apokryphen, A; →Johannes d. Evangelist) in über 6600 achtsilbigen Versen (13. Jh.; 2 Mss.: Bern 388 und Carpentras 467 mit gegen 40 Miniaturen). Th. hat seine lat. Q. in der Apostelkirche St-Arnoul in Metz gefunden, wo auch als Reliquie ein Zahn des Apostels verwahrt wurde. Die Johanneslegende ist noch in einer anonymen Versbearbeitung in Alexandriner-Vierzeilern (3 Mss.) und in Prosa in den meisten frz. Legendarien erhalten (vgl. auch →Legenda aurea, II). M.-R. Jung

Ed. und Lit.: A. HUBER, Eine altfrz. Fassung der Johanneslegende, 1919 (ZRPh, Beih. 53) – EM, s.v. Johannes Evangelista [ohne Bezug auf die frz. Texte].

Thiers, Stadt in der östl. →Auvergne (dép. Puy-de-Dôme), im 6. Jh. Sitz eines 'castrum' (Tigernum), in dem eine aus Holz errichtete Kirche lag (St-Symphorien im späteren 'Quartier du Moûtier'); nach Auffindung eines als Ruhestätte des hl. Genesius angesehenen Grabes ließ der Bf. v. Clermont, Avitus I. (571–594), ein zweites Sanktuarium (St-Genès) erbauen. Th. wurde damit zur zweikernigen Siedlung: Im 11. Jh. wurde zum einen in der Kirche St-Symphorien ein von →Cluny abhängiges Kl. (1011) eingerichtet (Le Moûtier), zum anderen bei der Kirche St-Genès, Sitz eines Kapitels, eine neue Burg erbaut.

Seit dem 13. Jh. bildete Th. infolge seiner Grenzlage einen Zankapfel zw. dem kapet. Kgtm., den Gf.en v. →Forez und dem Haus →Bourbon. Die Herren v. Th., eine der bedeutendsten auvergnat. Adelsfamilien, besaßen die Burg und den bei St-Genès gelegenen →Burgus ('ville haute'), der kontinuierl. Wachstum verzeichnete, unbeschadet der Konkurrenzgründung einer →Neustadt ('ville neuve') durch den von →Alfons v. Poitiers unterstützten Abt. Doch mußte Guy VIII. v. Th., nachdem er den Einwohnern des Burgus gegen entsprechende Zahlungen bereits Privilegien (*franchises*) eingeräumt hatte, aus Geldmangel seine Seigneurie dem Gf.en v. Forez, Jean I., erst verpfänden, dann verkaufen (1301). Die Stadt fiel schließlich (durch Heirat) an das – zielbewußt in die Auvergne vordringende – Haus Bourbon (1371). Zu Beginn des 15. Jh. umwehrte Ludwig II. v. Bourbon die (bis 1527 bourbonische, dann kgl. frz.) Stadt mit einer neuen Mauer. Im 16. Jh. wurde Th. zum Zentrum der gewerbl. Produktion (Messerschmiede, Papierherstellung), erhielt ein →Konsulat (1567–69) und zählte zum Kreis der 13 »bonnes villes« der Auvergne. G. Fournier

Lit.: H. JACQUETON, Études sur la ville de Th., 1894 – A. BIGAY, L'abbaye du Moûtier, Essai hist., 1934 – DERS., Le vieux Th. (L'Auvergne litt. et artistique, 1946) – G. FOURNIER, Châteaux, villages et villes d'Auvergne au XVe s., d'après l'Armorial de Guillaume Revel, 1973, 86–90.

Thietgaud (Theutgaud, Theotgaud), Ebf. v. →Trier 847–863/868, † 27. Jan. 868, versuchte, vielleicht durch die von →Ebo v. Reims geweihten Kleriker und durch pseudoisidor. Gedankengut (→Pseudoisidor. Dekretalen) beeinflußt, den Primat in der Belgica I und II zu erreichen, scheiterte aber gegenüber seinem Rivalen →Hinkmar v. Reims. Mit Ebf. Gunthar v. Köln unterstützte er Kg. Lothar II. in dessen Ehestreit, wohnte den drei Synoden in Aachen (Jan. 860–April 862) bei und geriet in der Folge auch in Konflikt mit Papst Nikolaus I. Auf der Metzer Synode (Juni 863) mit einer Legation an den Papst betraut, wurde er zusammen mit Gunthar von Nikolaus I. im Okt. 863 in Rom exkommuniziert und abgesetzt. Trotz ztw. Unterstützung Ks. Ludwigs II. erreichte er weder bei Nikolaus I. noch bei Papst Hadrian II. seine Wiedereinsetzung. Hadrian II. ließ ihn Ende 867 nur zur Laienkommunion zu und wies ihm den Aufenthalt im Kl. des hl. Gregor auf dem Clivus Scauri in Rom zu. Dort starb Th. 868 (Nekrolognotiz des Kl. St. Maximin: cf. GP X, 36 Nr. *45); über schreckl. Todesvisionen berichtete die Vita Gregorii des →Johannes Diaconus (92. J.). K. Herbers

Q.: GP X/1, 28 Nr. *20–36; Nr. *45 [E. BOSHOF] – A. GOERZ, Mittelrhein. Reg., I, 1876 [Ndr. 1974], 163 Nr. 570–188 Nr. 663 – Johannes Diaconus, S. Gregorii Magni Vita, MPL 75, 237 – Lit.: H. SCHMIDT, Trier und Reims in ihrer verfassungsrechtl. Entwicklung, ZRGKanAbt 18, 1929, 1–111, 77–105 – J. HEYDENREICH, Die Metropolitangewalt der Ebf. e v. Trier 1938, 86f., 111–121, 148 Nr. 27–31 [Reg.] – H. FUHRMANN, Einfluß und Verbreitung der pseudoisidor. Fälschungen, 1972–74, 197–199, 225 – W. HARTMANN, Die Synoden der Karolingerzeit im Frankenreich und in Italien, 1989, 274–284 – W. GEORGI, Ebf. Gunthar v. Köln und die Konflikte um das Reich Kg. Lothars II., JbKGV 66, 1995, 1–33 – K. HERBERS, Leo IV. und das Papsttum in der Mitte des 9. Jh., 1996, 341.

Thietmar. 1. Th. v. Merseburg, Bf. v. →Merseburg seit 1009 und Geschichtsschreiber, * 25. Juli 975, † 1. Dez. 1018, ☐ Merseburg. [1] *Leben*: Th. entstammte der Familie der Gf.en v. Walbeck als dritter Sohn Gf. Siegfrieds († 991) und seiner Gemahlin Kunigunde. Er war verwandt mit den →Stader Gf.en, den →Billungern, den →Ekkehardingern, verfügte aber auch außerhalb Sachsens über einflußreiche Verwandte wie die →Konradiner oder die Mgf.en v. →Schweinfurt. Das Wissen um seine Herkunft und hochadlige Verwandtschaft hat sich in Th.s Chronik vielfach niedergeschlagen. Seine erste Erziehung erhielt Th., der für die geistl. Laufbahn vorgesehen wurde, bei seiner Großtante Emnild im otton. Familienstift →Quedlinburg. I. J. 990 wurde er ins Magdeburger Domstift aufgenommen; aus diesem Anlaß stiftete sein Vater den Magdeburger Kanonikern ein zweitägiges convivium. Der Verbundenheit gegenüber →Magdeburg gab er in seiner Chronik später vielfach Ausdruck, nicht zuletzt durch zahlreiche Memorien verstorbener confratres. Durch die Vermittlung des Magdeburger Ebf.s →Tagino bei Heinrich II. erreichte Th. 1009 die Promotion auf den

Merseburger Bf.ssitz, obgleich er kein Mitglied der kgl. Hofkapelle gewesen war. Th.s Wirken als Bf. war geprägt von den Problemen um die Wiederherstellung des Bm.s Merseburg, dem nach seiner Meinung weiterhin Besitzungen vorenthalten wurden, sowie von überaus häufigen Aufenthalten des Kg.shofes in Merseburg. Th. gehörte zu den Sachsen, die Heinrich II. gegen →Bolesław Chrobry nachdrückl. unterstützten, von Vorbehalten wegen seines Bündnisses mit den →Lutizen abgesehen.

[2] *Werk:* Th.s Chronik stellt als hist. Q. wohl einen Glücksfall dar, ist als literar. Leistung aber alles andere als unumstritten. Geschrieben für die Nachfolger im Bf.samt, bietet sie einmal eine detaillierte und parteiische Geschichte der Einrichtung, Aufhebung und Wiedererrichtung des Bm.s Merseburg. In dieser Hinsicht ist sie pragmat. Geschichtsschreibung, die Argumente gegen zukünftige Angriffe auf Status und Besitz Merseburgs bereitstellt. Zugleich ist sie aber auch Zeugnis für Th.s Geschichtsauffassung, die das Geschehen um die Einrichtung und Aufhebung seines Bm.s als Einwirken Gottes begreift, so etwa die Niederlage v. Cotrone (982, →Capo Colonne) und den →Slavenaufstand (983) als Folgen der »Sünde« der Zerstörung des Bm.s Merseburg (981). Für die Reichsgesch. seit den 80er Jahren des 10. Jh. liefert die Chronik wertvolle Informationen, für die Zeit Heinrichs II. gewinnt sie geradezu den Charakter einer Leitüberlieferung. Trotz einer deutl. Affinität namentl. zur Politik Heinrichs II. bewahrt Th. sich genügend Unabhängigkeit, um auch andere Meinungen zu Wort kommen zu lassen. Dies ist nicht zuletzt dadurch begründet, daß seine Urteile seiner Amtsstellung, seiner adligen Herkunft und seinen religiösen Auffassungen verpflichtet sind. Kaum ein Geschichtsschreiber seiner Zeit läßt unmittelbareren Einblick in die Gedankenwelt und Mentalität eines hochadligen Klerikers zu als dieser sächs. Gf.ensohn, der nach eigener Aussage klein, unansehnl. und im Gesicht entstellt war. Zwar ist seine Religiosität geprägt von Angst vor Strafe und Verdammnis, vom Glauben an Vorzeichen, Visionen und Erscheinungen, doch ist auffällig, wie durchgehend er religiösen und kanon. Verhaltensmustern Priorität zubilligt, auch und gerade wenn sie mit adligen oder polit. Vorstellungshorizonten in Konflikt geraten. Immer wieder unterbricht er seinen Erzählfluß, um seine Verpflichtung zum Gedenken an verstorbene Verwandte, Freunde oder confratres auch in der Geschichtsschreibung zu erfüllen. Die Angst um sein Seelenheil ist allgegenwärtig und wird nur durch die Gewißheit gemildert, durch fromme Werke Sünden ausgleichen zu können, indem er anderen Gebetshilfe leistet. Zahlreiche exempla dieser Thematik lassen erkennen, wie Th. seine diesbezügl. Seelsorge betrieben haben wird. Erhalten hat sich der Codex, dem Th. seine Verpflichtungen zum Gebetsgedenken anvertraute. Zur Te-igitur-Initiale trug er wohl eigenhändig eine Gebetsbitte für sich ein: »Sacerdos Dei, reminiscere Thietmari fratris tui peccatoris et indigni«. In das →Necrolog dieses Codex ließ Th. auch mehrere hundert Namen einschreiben, die wohl Heinrich II. aus Quedlinburg nach Merseburg transferieren ließ.   G. Althoff

Ed.: Die Chronik des Bf.s Th. v. M. und ihre Korveier Überarbeitung, hg. R. Holtzmann (MGH SRG NS 9, 1955²) – Faks.-Ausg.: Die Dresdner Hs. der Chronik des Bf.s Th. v. M., hg. L. Schmidt, 1905 – Die Totenbücher v. Merseburg, Magdeburg und Lüneburg. hg. G. Althoff–J. Wollasch (MGH LM NS 2, 1983) – *Lit.:* →Merseburg – R. Holtzmann, Über die Chronik Th.s v. M., NA 50, 1935, 159–209 – H. Lippelt, Th. v. M. (Mitteldt. Forsch.en 72, 1973) – G. Althoff, Adels- und Kg.sfamilien im Spiegel ihrer Memorialüberlieferung (Münstersche MA-Schr. 47, 1984) – E. Karpf, Von Widukinds Sachsengesch. bis zu Th.s Chronicon (Sett. cent. it. 32, Bd. 2, 1986) – 547–580 – K. Görich, Otto III. Romanus Saxonicus et Italicus, 1993, 62–86 – H. Hoffmann, Mönchskg. und rex idiota. Studien zur Kirchenpolitik Heinrichs II. und Konrads II. (MGH Studien und Texte 8, 1993), 151–176 – Herrschaftsrepräsentation im otton. Sachsen, hg. G. Althoff–E. Schubert (VuF [im Dr.]) [Beitr. von G. Althoff; E.-D. Hehl].

2. Th., erster Bf. v. →Prag , † 2. Jan. 982. Der gebildete sächs. Priestermönch war schon vor der Bm.sgründung »aus Gründen des Gebets« nach Prag gekommen, sprach perfekt slav. und war mit dem böhm. Fs.en →Boleslav II. befreundet (→Cosmas v. Prag). Zwar war die Gründung des Bm.s Prag im Zusammenwirken von Fs., Ks., Papst und dem bisherigen Diözesanbf. v. →Regensburg wohl Ostern 973 auf dem letzten Hoftag Ottos I. beschlossen worden. Doch erfolgte die Investitur Th.s durch Otto II. und seine Weihe durch Ebf. →Willigis v. Mainz vermutl. erst im Jan. 976 im elsäss. Brumath. Ihr war in Prag die Wahl durch Klerus und Volk auf Geheiß Boleslavs vorangegangen. Wegen der Auseinandersetzungen zw. Otto II. und dem bayr. Thronprätendenten →Heinrich (31. H.), zu dessen Anhängern Boleslav zählte, wurde Th. wahrscheinl. erst 977 in Prag inthronisiert. Sein Wirken im neuen, bisher nur formell christianisierten Bm. beschränkte sich angesichts des herrschenden Eigenkirchenrechts (→Eigenkirche) auf die Weihe neuer Kirchengebäude und die Taufe noch heidn. Böhmen. Am Ende seines Lebens soll er an seinem Heil gezweifelt haben, weil er das verstockte Volk nicht habe retten können.   P. Hilsch

Lit.: Novotný I/1, 1912 – F. Graus, Böhmen zw. Bayern und Sachsen, Historica 17, 1969, 5–42 – P. Hilsch, Der Bf. v. Prag und das Reich in sächs. Zeit, DA 28, 1972, 1–41.

Thing → Ding

Thingeyrar, ältestes Kl. OSB in →Island, gegr. 1133 im Bm. →Hólar. Die spätere hagiograph. Tradition schrieb die Kl.gründung dem ersten Bf. v. Hólar, →Jón Ögmúndarson († 1121); zu; seine Beteiligung kann sich jedoch nur auf Gewährung von Zehnteinnahmen beziehen. Die Schule v. Th. erlangte große Bekanntheit, und der wohl recht kleine Konvent war von bes. literar. Dynamik geprägt. Die frühen Äbte Vilmundr Thórólfsson und Hreinn Styrmisson gingen aus der Domschule v. Hólar hervor, Abt Karl Jónsson († 1212/13) verfaßte eine Biographie Kg. →Sver(r)irs Sigurdarsson (→Sverris saga), den er drei Jahre begleitet hatte. Die Olav Tryggvasons saga (Verf. Oddr Snorrason; →Olafssagas) und hagiograph. Werke über Bf. Jón Ögmúndarsson (Verf. Gunnlaugr Leifsson, † 1218) entstanden ebenfalls in Th. Im 14. Jh. hatte das Kl. unter dem spätberufenen Mönch und nachmaligen Bf. v. Hólar, Laurentius Kálfsson († 1330), und den Äbten Gudmundr und Arngrímur († 1361/62, Verf. einer Vita des Bf.s v. Hólar, →Guðmundr Arason, † 1237) eine führende Stellung im geistigen und monast. Leben Islands inne, die auch durch die norw. (ab 1262) und dän. Fremdherrschaft (ab 1389) nicht gebrochen wurde. 1402/04 erlagen jedoch alle Mönche bis auf einen der Pest. Die norw.-dän. Reformation führte 1542 zur Aufhebung von Kl. und Schule.   T. Nyberg

Lit.: J. Helgason, Islands Kirke fra dens Grundlæggelse til Reformationen, 1925 – H. Pálsson, »Stofnun Þingeyraklausturs« (Ders., Tólfta öldin: Þættir um menn og málefni, 1970), 92–102 – P. Koppenberg, Hagiograph. Stud. zu den Biskupa Sögur, 1980, 109–120.

Thióndolfr ór Hvini → Ynglingatal

Thøger (Theodgarus), hl., Priester, Missionar im n. Jütland, † um 1060. Nach fragmentar. liturg. Texten war Th., Sohn vornehmer thür. Eltern, als Kapellan des Kg.s →Olaf Haraldsson aus England nach Norwegen gekommen. Nach Olafs Tod (1030) verließ er Norwegen und begab sich nach Dänemark. Begünstigt sowohl von der peripheren Lage der nordjüt. Inselwelt als auch von →Magnus (2. M.; Sohn Olafs), 1042–47 Kg. v. Dänemark, konnte Th. in Vestervig innerhalb der w. Mündung des Limfjords eine erste Kirche erbauen, von der aus er sich der Seelsorge der Inselbewohner von Thy widmete und wo er an einem 24. Juni starb. Seine Gebeine wurden an einem 30. Okt., vielleicht schon 1067, erhoben und in der Pfarrkirche neben dem im späten 12. Jh. erbauten Augustinerstift Vestervig beigesetzt. Patron Nordjütlands und des Bm.s Børglum. T. Nyberg

Q.: Vitae Sanctorum Danorum, hg. M. Cl. Gertz, 1908–12, 1–26 – Lit.: KL XVIII, 253–255 – G. Iversen, Sct. Th. af Vestervig, Sydthy Årbog 1986, 60–80.

Thoire et Villars → Villars

Thoisy, Jean de, Kanzler v. →Burgund, * um 1350, † Mai 1433, entstammte als Sohn von Pierre de Th. einer Familie aus Th.-l'Évêque, die den Beinamen 'Barboul' trug. Th. studierte in Paris, wurde Provisor der Sorbonne, Lizentiat beider Rechte, Archidiakon v. →Ostrevant. In den Rat (→Conseil) Hzg. →Philipps des Kühnen v. Burgund berufen, war er Sekretär des Kanzlers Jean →Canart (1396–1405) und wurde zum Bf. v. →Auxerre (13. Nov. 1409), dann v. →Tournai (1410) erhoben. In seiner Diöz. bekämpfte er →Lollarden und →Hussiten. Nach dem Tode Hzg. Johanns (→Jean 'sans Peur') wurde er anstelle von Jean de Saulx zum Kanzler v. Burgund ernannt (7. Dez. 1419) und spielte bei den Verhandlungen, die zum Vertrag v. →Troyes (1420) führten, eine erstrangige Rolle. 1422 trat er das Kanzleramt an Nicolas →Rolin ab, blieb aber Vorsitzender des hzgl. Rates. Der Hzg. belohnte Th.s Dienste, indem er seine Brüder *Laurent* und *Regnault,* beide in der hzgl.-burg. Finanzverwaltung tätig, nobilitierte. Sohn von Regnault war *Geoffroy de Th.* (1418–72), der dem hzgl. Hofhalt (→Hôtel) angehörte und die hzgl. Schiffe ins Mittelmeer überführte. J. Richard

Lit.: P. Champion–P. de Thoisy, Bourgogne, France, Angleterre au traité de Troyes. J. de Th., év. de Tournai, 1943.

Tholey, Abtei OSB (Saarland, Krs. St. Wendel). Der frk. Adlige und Diakon →Adalgisel-Grimo bestimmte 634 in seinem Testament, daß sein Besitz in »Teulegio« samt der dort von ihm errichteten »loca sanctorum« an das Bm. →Verdun fallen sollte. Wohl noch im 7. Jh. hat sich dort ein Kl. zunächst kolumban. Prägung gebildet. Im 10. Jh. geriet Th. zunehmend unter Einfluß von →Trier und wurde Sitz eines der fünf unter Ebf. →Radbod eingerichteten Archidiakonate. Erster urkundl. belegter Abt ist Eberwin († ca. 1040), der u. a. eine Vita des hl. →Simeon v. Trier verfaßte. Der 1066 ermordete Trierer Ebf. selekt Kuno v. Pfullingen fand seine Grablege in Th. und war fortan Mitpatron neben dem hl. →Mauritius. Autor seiner Vita mit scharfer antipäpstl. Tendenz war der Th.er Mönch Theoderich. Abt Hugo (1264–80) begann mit dem Bau der heute noch bestehenden frühgot. Abteikirche. Nach einer Phase des Niedergangs trat der Konvent 1483 dem →Bursfelder Verband bei; sieben Reformmönche vorwiegend ndl. Herkunft aus Laach sorgten unter Abt Gerhard v. Hasselt für einen neuen Aufschwung des Kl., dessen Mönche 1793 vor den Revolutionstruppen fliehen mußten (Wiederbesiedlung 1950). St. Flesch

Lit.: F.-J. Reichert, Die Baugesch. der Benediktinerabtei Th., 1961 (Veröff. des Inst. für LK des Saarlandes, 3) – Th. 634–1984 (Sonderdr. aus SMGB 96, 1985) – W. Haubrichs, Die Th.er Abtslisten des MA (Veröff. der Komm. für saarländ. Landesgesch. 15, 1986) – F. Staab, Wann beginnt die monast. Tradition Th.s?, Zs. für die Gesch. der Saargegend 36, 1988, 17–25 – St. Flesch, Die monast. Schriftkultur der Saargegend im MA, 1991, 80ff., 145ff. (Veröff. der Komm. für saarländ. Landesgesch. 20).

Thomas, Apostel. In allen Aufzählungen der →Apostel in den Evangelien genannt, gewinnt Th. bei Joh 20, 24–29 durch seinen Zweifel an der →Auferstehung Christi, der bei einer →Erscheinung des auferstandenen Christus behoben wird, individuelle Gestalt. Diese Szene ist neben Darstellungen in Apostelzyklen seit dem 5. Jh. das häufigste Th. bild; typisch ist der ausgestreckte Finger des Th., unmittelbare Berührung der Seitenwunde Jesu nimmt im MA zu, bisweilen ergreift Christus den Arm des Th. (schon auf palästinens. Ampulle des 6. Jh.). In ma. Apostelzyklen mit Verteilung des Credo trägt Th. den Text, der sich auf die Auferstehung bezieht. Obwohl die apokryphen Thomasakten (Hennecke–Schneemelcher, 2, 289–367) früh von theol. Schriftstellern verworfen wurden, hatten ihre Erzählungen über sein Wirken, seine Wunder und sein Martyrium in →Indien (Lit. zu den heutigen ind. Thomas-Christen: Grafe) großen Einfluß auf die ma. Lit., v. a. die →Legenda aurea (mit veränderter Martyriumsversion), und über diese auf die ma. Ikonographie (Denkmälerverz.: Lechner). Anknüpfend an die Bezeichnung als »Zwilling« bei Joh 11, 16 und 21, 2 wurde Th. zum Zwillingsbruder Jesu (hierzu Blinzler, 31–35); seinen Zweifel an der leibl. Aufnahme der →Maria in den Himmel behebt deren vom Himmel fallender Gürtel (Denkmälerverzeichnis zur »Gürtelspende«: Nitz).
J. Engemann

Lit.: LCI II, 281f. [Gürtelspende]; IV, 301–303; VIII, 468–475 [M. Lechner] – TRE XVI, 102–116 [Indien, H. Grafe] – Marienlex. III, 1991, 55f. [G. Nitz] – M. Bussagli, The Apostle St. Th. and India: By East and West 3, 1952, 3–10 – G. v. der Osten, Zur Ikonographie des ungläubigen Th. angesichts eines Gemäldes von Delacroix, Wallraf-Richartz Jb. 27, 1965, 371–388 – J. Blinzler, Die Brüder und Schwestern Jesu, 1967 – H. Appuhn, Kl. Wienhausen 1986, 40–43.

Thomas
1. Th. der Slave, byz. Gegenks. 821–823, * um 770, † 823, höherer byz. Offizier (Turmarch), war schon am Usurpationsversuch v. 803 – wie auch →Leon [V.] und →Michael [II.] – beteiligt. Als Michael durch Mord an Ks. Leon V. am 25. Dez. 820 auf den Thron gelangt war, erhob sich Th. in Kleinasien an der Spitze seiner Truppen, beschlagnahmte Steuern und gewann weitere Anhänger. Nach Siegen über einen ks. treuen Strategen sowie über einfallende Araber ließ er sich vom Patriarchen v. Antiochia (auf arab. Gebiet, mit Billigung des Kalifen) zum Ks. krönen, sammelte die Flotte in Attaleia, belagerte von Dez. 821 an Konstantinopel, konnte es aber nicht einnehmen. Die bulg. Intervention Ende 822 bahnte Michael den Weg zum Sieg über Th. (Mai 823), der sich mit Getreuen noch bis Okt. in einigen thrak. Städten hielt, dann aber ausgeliefert und gepfählt wurde. Die ausführl., 120 Jahre jüngeren Q. (→Genesios, →Theophanes continuatus) überliefern zu Th. und zur Anfangsphase noch eine zweite, wenig glaubhafte Version, die im Kern auf Michaels II. Lesart zurückgeht, der im Brief v. 10. April 824 an Ludwig d. Fr. Th. diffamiert, den Beginn des Aufstands in Leons Zeit rückverlegt, den Ks. mord anderen beilegt. Da sich mit den polit. auch soziale Aspekte verbanden, besaß die Erhebung des Th. eine für den Ks. und die Zentralregierung gefährl. breite Akzeptanz. H. Köpstein

Lit.: F. Barišić, Dve versije u izvorima o ustanku Tomi, ZRVI 65/66, 1960, 145–169 [frz. Résumé] – P. Lemerle, Th. le Slave, TM 1, 1965, 255–297 – SłowStarSłow 6, 1977, 105f. – H. Köpstein, Zur Erhebung des Th. (Stud. zum 8. und 9. Jh. in Byzanz, hg. H. Köpstein–F. Winkelmann, 1983), 61–94.

2. Th., *Duke of* →Clarence, * Sept. 1388, † 22. März 1421, ☐ Canterbury, Kathedrale (Grabmal um 1440); 2. Sohn von Heinrich Bolingbroke (1399 als Heinrich IV. Kg. v. England) und seiner ersten Frau Mary →Bohun; ⚭ 1412 mit Margaret Holland. Bei der Thronbesteigung seines Vaters wurde Th. zum Seneschall v. England und zum Knight of the Bath ernannt und später auch in den →Hosenbandorden gewählt. Während seiner vorwiegend militär. Laufbahn diente er als Th. »of Lancaster« für mehrere Jahre als kgl. →*lieutenant* in Irland, doch war er für längere Zeit abwesend. Er kämpfte gegen die Waliser bei der Rebellion unter →Owain Glyn Dŵr; 1411 trat er in den kgl. Rat seines Vaters ein. Im Juli 1412 wurde er zum Earl of Aumale und zum Duke of Clarence ernannt, einen Monat vor seiner Leitung eines erfolglosen Feldzugs nach Frankreich. Bei der Thronbesteigung seines Bruders als Heinrich V. 1413 kehrte Th. aus Frankreich zurück und erhielt seinen Titel im Parlament v. 1414 bestätigt. Im folgenden Jahr leitete er das Gerichtsverfahren in Southampton, bei dem eine kleine Gruppe von Verschwörern angeklagt wurde, den Sturz des Kg.s geplant zu haben. Th. war bei der Belagerung v. →Harfleur (Aug.–Sept. 1415) anwesend, erkrankte aber und kehrte nach Hause zurück. Als →*constable* des kgl. Heeres nahm er an der Invasion der Normandie 1417-19 sowie an den Belagerungen v. →Caen (1417) und →Rouen (1418-19) teil. Im Mai/Juni 1420 bezeugte er die Besiegelung des Vertrags v. Troyes und Heinrichs V. Heirat mit →Katharina v. Frankreich. Anfang 1421 erhielt er das Kommando in Frankreich, während der Kg. sich in England aufhielt. Als Th. an der Spitze einer Streitkraft in der Nähe der s. Grenze der Normandie auf eine frz.-schott. Truppe in Baugé (Anjou) traf, wurde er besiegt und getötet. Sein illegitimer Sohn, Sir John Clarence, barg den Leichnam seines Vaters auf dem Schlachtfeld. Th. hinterließ keine legitimen Kinder. – Bei seinen Zeitgenossen galt Th. als tapferer, aber ungestümer Soldat und Heerführer, obwohl feststeht, daß er die Niederlage in Baugé durch seinen überstürzten Angriff verschuldet hat, ohne die Unterstützung seiner Bogenschützen abzuwarten. C. T. Allmand

Lit.: Peerage III, 258–260 – DNB XIX, 638–640.

3. Th., *Despot v. Ep(e)iros* → Ep(e)iros, I

4. Th., *Duke of* →Gloucester, gen. »of →Woodstock« nach seinem Geburtsort, * Jan. 1355, † um den 9. Sept. 1397, ☐ Westminster Abbey; jüngster Sohn Kg. Eduards III. v. England und der →Philippa v. Hennegau, ⚭ 1374 Eleanor, Miterbin des großen →Bohun-Besitzes; 1376 zum →Constable of England ernannt, 1377 zum Ritter geschlagen. Als sein Neffe als Richard II. den engl. Thron bestieg, wurde Th. erneut zum Constable ernannt und dann zum Earl of →Buckingham erhoben. Später wurde er Ritter des →Hosenbandordens. Nachdem er 1380 durch das Anrecht seiner Gattin Earl of Essex geworden war, ging er in dieser Gft. gegen die sich wiedererhebenden Rebellen während der →Peasants' Revolt v. 1381 vor. Als Constable führte er den Vorsitz bei der Gerichtsverhandlung gegen Sir John Ainesley, der 1380 des Verrats angeklagt worden war, und bei dem berühmten Prozeß gegen Scrope v Grosvenor (1386-90). Im Aug. 1385 wurde Th. zum Duke of Gloucester erhoben, auch fälschl. bekannt als Duke of →Aumale. In dieser Zeit geriet er jedoch zunehmend in Gegensatz zu dem jungen Kg., zu dessen Politik und engen Freundeskreis. 1386 gehörte er zu den Gegnern Michaels de la →Pole, Earl of Suffolk, und im Nov. 1387 unterzeichnete er die gegen Robert de →Vere gerichteten Anklagen, die Angriffe auf kgl. Beamte im »Merciless Parliament« v. 1388 (→England, D. III. 2) hervorriefen. Th. lehnte den Ausgleich mit Frankreich ab, der zum Waffenstillstand v. 1396 führte. Als er im folgenden Jahr eine Verschwörung gegen den Kg. anzettelte, wurde er im Juli auf seinem Landsitz Plesshey in Essex gefangengenommen, in Calais inhaftiert und dort um den 9. Sept. 1397 ermordet, nachdem er ein Geständnis seiner Verschwörung gegen die Krone abgelegt hatte. Seine Besitzungen wurden von der Krone eingezogen.

Th. war ein Mann mit einem tiefen Sinn für die öffentl. Verantwortung des Kgtm.s, er kritisierte diejenigen, die das kgl. Amt mißbrauchten, um ihre eigenen Ziele zu erreichen. Er war stolz auf seine Stellung in der Gesellschaft und zeigte sich ziemlich intolerant gegenüber denjenigen, die eine andere Meinung vertraten. Wie viele Adlige seiner Zeit war er ein frommer Mann. Er besaß eine Abschrift der engl. Übersetzung der Bibel von John →Wyclif, auch verfaßte er eine kurze Abhandlung über die Aufgaben des engl. Court of Chivalry. C. T. Allmand

Lit.: Peerage V, 719–728 – DNB XIX, 633–638 – The Black Book of the Admiralty, ed. T. Twiss, I, 1871, 300–328 – A. Tuck, Richard II and the English Nobility, 1973.

5. Th., *Earl of* →Lancaster, * um 1278, † 22. März 1322; Sohn von →Edmund, Earl of Lancaster (5. E.), und seiner 2. Gemahlin Blanche v. Navarra, Neffe von Eduard I. und Cousin von Eduard II.; ⚭ Alice, Tochter von Henry de →Lacy, Earl of Lincoln. Macht und Reichtum des bedeutenden engl. Earldoms Lancaster vermehrte Th. in Opposition zu Eduard II. Während der letzten Regierungsjahre Eduards I. nahm Th. an den schott. Feldzügen des Kg.s teil, und eine enge Beziehung entwickelte sich zw. dem alten Kg. und dem jungen Earl. Als Eduard II. 1307 den Thron bestieg, unterstützte Th. ihn zunächst, aber der wachsende Einfluß von Piers →Gaveston am Hof bedrohte Th.' Interessen, und 1309 verband er sich mit den Opponenten des Kg.s die (→England, D. I) die »Ordinances«, ein Reformprogramm. Jedoch wurde 1312 eher Gaveston als die Reform das Hauptproblem, und Th. spielte eine führende Rolle bei der Gefangennahme und Hinrichtung von Gaveston im Juni 1312. Obwohl Th. sich oberflächl. mit Eduard aussöhnte, blieb ihr Verhältnis sehr gespannt. Th. verweigerte den Dienst bei Eduards schott. Feldzug und führte so die engl. Niederlage in →Bannockburn (24. Juni 1314) herbei. Diese Demütigung Eduards ermöglichte es Th., eine führende Position in der engl. Politik als Leiter des kgl. Rats für die nächsten vier Jahre einzunehmen. Obwohl Th. nominell mit der Durchführung der »Ordinances« betraut wurde, machte er sich wegen seiner Selbstherrlichkeit bei vielen Lords unbeliebt, und durch den Vertrag v. Leake (1318) verlor er den größten Teil seiner Macht. 1319 verließ er die Belagerung v. Berwick unter dem Verdacht, daß er stärker an dem Schutz seiner eigenen Besitzungen vor den schott. Einfällen interessiert war, und Gerüchte über ein heiml. Abkommen zw. Th. und →Robert I. (»the Bruce«) verbreiteten sich. Die zunehmende Machtstellung der →Despenser am kgl. Hof bewirkte jedoch erneut einen Zusammenschluß der baronialen Opponenten des Kg.s, und Th. versuchte, den N für eine Verbannung der kgl. Favoriten zu gewinnen. Im Herbst 1321 kämpfte er im N gegen den Kg., und am 16. März 1322 wurden seine Streitkräfte in →Boroughbridge besiegt. Th. selbst wurde am 22. März in Gegenwart des Kg.s des Verrats angeklagt und hingerichtet. Er stand bald im Ruf eines Märtyrers für die Sache der Reform. Da Th. keinen Sohn hinterließ, wurde 1327 sein Bruder Henry in das Earldom eingesetzt. A. Tuck

Lit.: J. R. MADDICOTT, Th. of Lancaster 1307-1322, 1970 – P. CHAPLAIS, Piers Gaveston, 1994.

6. Th. Palaiologos, *Despot v.* →Morea 1430-60; * 1409

in Konstantinopel, † 1465 in Rom, jüngster Sohn Ks. →Manuels II. Palaiologos, kam 1417/18 nach →Mistra, wo er seit 1428 gemeinsam mit seinen Brüdern →Theodor II., →Konstantin (XI., byz. Ks. 1449-53) und (ab 1449) →Demetrios (1. D.) als Despotes regiert. Th. wirkte an der Gebietserweiterung des Despotats v. Mistra durch Inbesitznahme der Reste des frk. Fsm.s Achaia (1428 Glarentza, 1429 Patras) mit, heiratete 1430 Caterina, die Tochter Centurione II. Zaccarias, des letzten Fs.en, und herrschte von Chlemutsi bzw. Glarentza aus über die nordwestl. Peloponnes. Nach 1453 neigte er, anders als sein osmanenfreundl. Bruder und Mitherrscher Demetrios in Mistra, zu westl. Unterstützung und floh daher bei der türk. Eroberung der Peloponnes 1460 unter Mitnahme der Kopfreliquie des Apostels Andreas über Kerkyra zu Papst Pius II. nach Rom. Seine Tochter →Sophia heiratete 1472 Ivan III. J. Koder

Lit.: PLP, Nr. 21470 – D. A. ZAKYTHINOS, Le despotat grec de Morea, 1975², I, 226-297, 345-358 – Giorgio Sfranze, Cronaca, ed. R. MAISANO, 1990 – Oxford Dict. of Byzantium, 1991, 2077f. – O. J. SCHMITT, Zur Gesch. der Stadt Glarentza im 15. Jh., Byzantion 65, 1995, 98-135.

7. Th. I., *Gf. v.* →Savoyen seit 1189, † 1233, Beiname

'der Ghibelline' (wegen seiner konstanten Parteinahme für die →Staufer), gab der staatl. Entwicklung und zweiten Expansion Savoyens richtungweisende Impulse. Th. stand bis zur Volljährigkeit (1191) unter Vormundschaft des Mgf.en →Bonifaz v. Montferrat, baute ein erträgl. Verhältnis zu →Heinrich VI. auf, unterstützte energisch →Philipp v. Schwaben, der seinerseits die savoy. Expansion förderte, und half →Friedrich II., der ihn zum →Reichsvikar in der Lombardei (1226) bestellte und in die →Provence entsandte. In Savoyen setzte Th. (als neues Moment fsl. Administration) um 1200 in den gfl. Burgen zunehmend Kastellane ein, ausgestattet mit umfassenden militär. und zivilen Vollmachten, doch abberufbar, vielleicht auch bereits besoldet. Gleichzeitig band Th. seine Vasallen durch zielbewußte Infeodationen verstärkt ein. Auch initiierte er eine Politik der Privilegienverleihung an eine Reihe von Städten (u. a. →Aosta, um 1195; →Chambéry, 1232). Der Erwerb von Chambéry schuf die Voraussetzungen für den Aufbau eines am Weg zum Mt. Cenis (→Alpenpässe) gelegenen Zentralortes, der zudem von bfl. Gewalten denkbar weit entfernt war. An der Peripherie der Gft. wurde die Expansion vorangetrieben: Im W bereitete der Abschluß eines →Paréage (1196) mit dem Abt v. St-Rambert (Bugey) das savoy. Vordringen in die →Bresse vor, in Zusammenwirken mit den Herren v. Beaujeu (→Beaujolais). Im N bildete die Übertragung von Moudon durch Philipp v. Schwaben (1207) den Ansatz zu einem allmähl. Vorrücken ins Waadtland (Pays de Vaud), auf Kosten der Bf.e v. →Lausanne und der →Zähringer. Im O war Th. bestrebt, den savoy. Einfluß in →Piemont zu erweitern (Erwerb von Besitzungen im S von →Turin). Die intensiven Beziehungen zum unteren Tal der →Rhône gipfelten in der Heirat der Tochter des Gf.en, Beatrix v. Savoyen, mit →Raimund Berengar V. v. →Provence (1219). Die polit. Blickrichtung des Hauses Savoyen auf die Gesamtheit des alten Kgr.es →Burgund nahm am Ende der 44jährigen Herrschaft des Fs.en und unter seinen (stärker dem Papsttum zugewandten) Nachfolgern zunehmend Gestalt an. B. Demotz

Lit.: →Savoyen – L. VAN WURSTEMBERGER, Peter der Zweite, IV, 1858 – D. CARUTTI, Regesta Comitum Sabaudiae, 1889 – C. W. PREVITE-ORTON, The Early Hist. of the House of Savoy (1000-1233), 1912.

8. Th. of Woodstock → Thomas, Duke of Gloucester (4. Th.)

9. Th. I., *Bf. v.* →Breslau 1232-68, aus hohem schles.

Adel (Rawicz) stammend und jurist. gebildet (Mag. und Dr. decret.), bereits 1220 Breslauer Domherr. In der Leitung des Bm.s und des Bm.sbesitzes stützte er sich auf seine adlige Verwandtschaft und rang mit den Hzg.en v. →Schlesien um die Freiheit der Kirche und des Kirchengutes ('schles. Investiturstreit'). Er war an zahlreichen Kirchen- und Kl.gründungen beteiligt, besuchte alle Provinzialsynoden und bemühte sich um eine Verbesserung des innerkirchl. Lebens. Die dt. Siedlung förderte er auf bfl. Besitz ebenso, wie er auf weltl. Grund und Boden auf die überkommenen kirchl. Zehntrechte pochte und dadurch immer wieder in Streit mit den Landesherren geriet. 1256 befand er sich sechs Monate lang in Gefangenschaft Hzg. Boleslaws II. v. Liegnitz. In seine Regierungszeit fallen der verheerende Mongolensturm v. 1241, der Tod und die Heiligsprechung der schles. Hzgn. →Hedwig, die Breslauer Synode v. 1248, einschließl. eines dt.-poln. Fastenstreits, und der Neubau des heutigen Breslauer Doms seit 1244, in dessen Chor er in einem Doppelgrab mit Bf. →Thomas II. begraben liegt. J. J. Menzel

Lit.: ADB XXXVIII, 67-69 – J. PFITZNER, Besiedlungs-, Verfassungs- und Verwaltungsgesch. des Breslauer Bm.slandes, 1926, 70-133 – T. SILNICKI, Dzieje i ustrój kościoła katolickiego na Śląsku, 1953, 155-192 – Gesch. Schlesiens, hg. L. PETRY u.a., I, 1988⁵, 110-136.

10. Th. II., *Bf. v.* →Breslau 1270-92, Sohn des schles.

Gf.en Boguslaw v. Strehlen und der Schwester Bf. →Thomas' I., dessen Politik Th. energ. fortsetzte. In Hzg. →Heinrich IV. v. Schlesien-Breslau traf er auf einen ebenbürtigen Gegner. Bei dem erneut ausbrechenden Streit ging es vordergründig um 65 im Grenzwald angelegte neue Dörfer, tatsächl. jedoch um das gegenseitige Verhältnis von hzgl. und bfl. Gewalt, insbes. um die Stellung des Bf.s im geschlossenen Neisse-Ottmachauer Bm.sland. Im Verlaufe des eskalierenden Streits mußte der Bf. nach Ratibor flüchten, sich dort jedoch dem nachrückenden Hzg. unterwerfen, worauf sich beide versöhnten (1288): Hzg. Heinrich stiftete die Kreuzkirche in Breslau, Bf. Th. das Kollegiatstift in Ratibor. 1290 erteilte Heinrich IV. auf dem Sterbebett dem Breslauer Bm. ein großes Freiheitsprivileg, das dem Bf. den entscheidenden Schritt zur Landeshoheit im Neisse-Ottmachauer Bm.sland ermöglichte. J. J. Menzel

Lit.: ADB XXXVIII, 69-71 – →Thomas I.

11. Th. Becket, hl. (Fest: 29. Dez.), Ebf. v. →Canter-

bury, * 21. Dez. vielleicht 1120 in London, † 29. Dez. 1170 in Canterbury. Th. sollte als Sohn eines Londoner Kaufmanns dessen Beruf ergreifen, fand aber nach Schulausbildung bei den Augustinern von Merton und einem – nur undeutl. erkennbaren – Studium in Paris etwa von 1143 an Aufnahme in den Haushalt des Ebf.s →Theobald v. Canterbury. Dieser entsandte ihn zu jurist. Studien nach Bologna und Auxerre, weihte ihn zum Diakon und setzte ihn 1154 als Archidiakon v. Canterbury ein. Th. neigte zu anspruchsvollem Lebensstil, nahm dabei aber alle Aufgaben – u. a. auch Gesandtschaften an den päpstl. Hof – mit großem Engagement wahr. Kg. →Heinrich II. wurde auf ihn aufmerksam und machte ihn 1155 zu seinem Kanzler. Als Freund und enger Vertrauter des Kg.s führte er dessen Politik durch, auch wenn sie sich gegen Interessen der Kirche richtete. Heinrich II. ließ ihn 1162 zum Metropoliten v. Canterbury erheben und hoffte, an ihm einen Helfer zu haben bei der Wiederherstellung der Kronrechte im kirchl. Bereich, die während der Anarchie (→England, A. VII) beeinträchtigt worden waren. Th. gab jedoch bald das Kanzleramt auf, praktizierte eine asket. Lebensweise und trat uneingeschränkt für die Freiheiten der engl. Kirche und ihre Bindung an das Papsttum ein. Th. hat selbst gesagt, er sei aus einem Patron der Schauspieler und Jagdliebhaber zu einem Hirten der Seelen geworden. Als Heinrich II. 1163 auf einer Synode zu Westminster ein Programm zur Erneuerung und wohl auch Ausweitung der »Gewohnheiten des Reiches« vorlegte, leistete Th. zusammen mit einigen seiner Mitbf.e Widerstand und erklärte, er wolle zwar an den consuetudines festhalten, aber nur unter Vorbehalt seines Standes (salvo ordine). Der Ebf. suchte Rückhalt an Papst Alexander III., der aber angesichts des seit 1159 bestehenden Papstschismas (Viktor IV.) vorsichtig taktierte. Th. stimmte 1164 einer Reihe vom Kg. in →Clarendon vorgelegter Konstitutionen, die das Verhältnis von geistl. und weltl. Gewalt regeln sollten, mündl. zu, weigerte sich jedoch, den Text zu besiegeln. Er wandte sich v. a. gegen das dritte Kapitel, das den Gerichtsstand des Klerus betraf und nach seiner Auffassung einen Übergriff der Kg.sgewalt enthielt. Dadurch wurde der Bruch zw. Heinrich und Th. unheilvoll vertieft. Der Kg. ließ den Ebf. vor einem feudalen Gericht in Northampton wegen angebl. Veruntreuungen während seiner Kanzlerschaft anklagen und wegen →Felonie verurteilen. Th. widersprach, appellierte an den Papst und ging ins Exil nach Frankreich, wo er sich von Nov. 1164 bis Herbst 1170 aufhielt. Die →Temporalien von Canterbury wurden beschlagnahmt. Heinrich II. suchte vergebl. bei Alexander III. die Absetzung des Ebf.s zu erreichen. Dieser wollte bei einer Begegnung mit dem Papst in Sens seine Würde resignieren, weil er sie unkanon. erhalten habe, wurde aber von neuem mit der bfl. cura betraut und 1166 zusätzl. zum Legaten für England ernannt. Er ließ sich in der OCist-Abtei →Pontigny nieder, wo er theol. Studien nachging und einen umfangreichen Briefwechsel mit Freunden und Gegnern führte. Es kam mehrfach zu Treffen zw. Heinrich II. und Th., die von Animosität geprägt waren. Die Kurie und der frz. Kg.shof suchten zu vermitteln. Im Nov. 1169 schien bei Verhandlungen am Montmartre nahe Paris die Versöhnung nahe. Es war so gedacht, daß Th. nach England zurückkommen und die Frage der »Gewohnheiten« ausgeklammert werden sollte. Letztl. konnte aber der beiderseitige Widerwille gegen eine Einigung nicht überwunden werden. Th. verlangte plötzl., der Kg. solle ihm einen Friedenskuß geben. Dieser weigerte sich, weil er eine solche Geste vorher ausgeschlossen hatte. Daraufhin reiste der Ebf. ab. Im Frühjahr 1170 ließ Heinrich II. seinen ältesten Sohn durch den Ebf. v. York und andere Bf.e zum Mitkg. krönen. Dadurch wurde ein von Canterbury beanspruchtes Recht verletzt. Am 22. Juli nahm Th. bei Gesprächen in Fréteval das Angebot zur Rückkehr an. Am 30. Nov. setzte er nach England über und verhängte – aufgrund einer päpstl. Vollmacht – die Suspension über die an der Krönung beteiligten Bf.e sowie über einige, die ihm bes. verhaßt waren, auch die Exkommunikation (→Foliot, Gilbert). In Canterbury jubelten Klerus und Volk dem Ebf. zu, doch begegnete er bei manchen seiner früheren Mitarbeiter auch kühler Reserve. Th. zog in den folgenden Wochen mehrfach an der Spitze eines ritterl. Aufgebots durch das Land. Am Weihnachtstag verkündete er öffentl. die Exkommunikation gegen diejenigen, welche die Rechte von Canterbury verletzten und Zwietracht schürten. Inzwischen hatten drei gemaßregelte Bf.e den Kg. in der Normandie aufgesucht und sich über Th. beschwert. Heinrich II. tat im Zorn eine unverantwortl. Äußerung mit der Folge, daß vier seiner Ritter nach England eilten, um gewaltsam gegen Th. vorzugehen. Sie erreichten den Ebf. am 29. Dez. in Canterbury und forderten ihn auf, seine Maßnahmen zurückzunehmen und das Land zu verlassen. Als er nachmittags zur Vesper in die Kathedrale ging, äußerte er: »Ich bin bereit, für meinen Herrn zu sterben, damit in meinem Blut die Kirche Freiheit und Frieden gewinnen kann«. Th. wich dem Martyrium nicht aus. Die vier Ritter folgten ihm und töteten ihn in der Kathedrale mit ihren Schwertern.

Kaum ein anderes Ereignis jener Jahre rief im gesamten Abendland solche Erregung hervor wie dieser Mord. Th. wurde schon kurz nach seinem Tode als Martyrer verehrt. Alexander III. kanonisierte ihn am 21. Febr. 1173 und entsprach damit einer allg. erhobenen Forderung. Heinrich II. beteuerte, er habe die Tat nicht gewollt, konnte aber nur durch den verbalen Verzicht auf die Konstitutionen v. Clarendon 1172 die Versöhnung mit der Kirche erlangen. Die Wallfahrt zum Grab Th.' in Canterbury (→Canterbury-Wallfahrt) wurde der nach →Santiago de Compostela gleichgestellt. Zahllose Pilger aus verschiedenen Ländern suchten Canterbury auf bis zum Jahre 1538, als Kg. Heinrich VIII. den Schrein zerstören ließ. Eine Reihe zeitgenöss. Viten Th.' liegt vor: zu nennen sind v. a. die Schriften des Edward Grim, der Zeuge des Mordes war, des Wilhelm FitzStephen, der dem Haushalt des Ebf.s angehörte, und des →Herbert v. Bosham, der ihn ins Exil begleitete. Der kurzen Vita aus der Feder des →Johannes v. Salisbury fügte Alanus v. Tewkesbury eine Slg. von Briefen zur Lebensgeschichte des Ebf.s hinzu. Literar. Berühmtheit erlangte die Canterbury-Wallfahrt durch Geoffrey →Chaucers »Canterbury Tales«.

Bei dem Streit zw. Th. und Heinrich II. handelte es sich um die Auseinandersetzung zw. einer universalkirchl. Reformströmung und dem herkömml. engl. Staatskirchentum. Die harte Haltung des Ebf.s wurde nicht von allen seinen Mitbf.en gebilligt und stieß bei manchen wohlorientierten Zeitgenossen auf Widerspruch. So meinte der Augustiner →Wilhelm v. Newburgh am Ende des 12. Jh., Th. habe bei der Verhängung der geistl. Strafen über die Bf.e »glühend vom Eifer der Gerechtigkeit gehandelt – ob aber auch voll Weisheit, das wisse nur Gott; der heiligste Papst Gregor (I.) hätte wohl in feiner und vertrauender Eintracht mit dem Kg. milder gehandelt und über diejenigen Punkte hinweggesehen, die man ohne Gefährdung des Glaubens dulden kann, um der Zeit und des Friedens willen«. K. Schnith

Q.: Materials for the Hist. of Th. B., hg. J. C. ROBERTSON–J. B. SHEPPARD, 7 Bde (RS, 1875–85) [Viten, Briefe etc.] – W. J. MILLOR–C. N. L. BROOKE, The Letters of John of Salisbury II, 1979 – *Lit.:* T. BORENIUS, The Iconography of St. Th. of Canterbury, 1929 – P. A. BROWN, The Development of the Legend of Th. B., 1930 – D. KNOWLES, The Episcopal Colleagues of Archbishop Th. B., 1951 – R. FOREVILLE, Le jubilé de St. Th. B. 1220–1470, 1958 – B. PÜSCHEL, Th. B. in der Lit., 1963 – D. KNOWLES, Archbishop Th. B.: a Character Study (The Historian and Character, 1964), 98–128 – Th. B., Actes du Colloque Internat. de Sédières 1973, hg. R. FOREVILLE, 1975 – U. NILGEN, The Attitude towards Death in the Becket Circle (Canterbury Cathedral Chronicle 77, 1983), 34–44 – F. BARLOW, Th. B., 1986 [Q. und Lit.] – P. AUBÉ, Th. B., 1988 [dt. 1990].

12. Th. de Cantilupe, Bf. v. Hereford →Cantilupe, Thomas de

13. Th. Agni OP, *Patriarch v.* →*Jerusalem*, † 1277; aus Lentini (Sizilien), Prior v. Neapel, nahm 1243 die Profeß von →Thomas v. Aquin entgegen. Um 1258 von Papst →Alexander IV. zum →Legaten 'a latere' und Titularbf. v. →Bethlehem ernannt, seit 18. April 1259 in →Akkon (bedeutende Tätigkeit: Vermittlung im sog. 'Krieg v. St. Sabas', Koordination des frk. Vorgehens angesichts der drohenden Mongoleninvasion: Hilfsappell an →Karl v. Anjou). Die Entscheidung des Kronrates des Kgr. es →Jerusalem, im Krieg zw. →Mongolen und ägypt. →Mamlūken neutral zu bleiben, den Durchzug von mamlūk. Truppen aber zu gestatten (→Goliathsquelle, 1260), geht wohl maßgebl. auf Th. zurück. 1262 nach Europa zurückberufen, wurde Th. zum Ebf. v. →Messina ernannt und im Sept. 1263 zum päpstl. Vikar in der Stadt Rom ernannt (Kreuzzugspredigt gegen →Manfred v. Sizilien). Nach dem Sieg Karls v. Anjou über Manfred (→Benevent, 1266) wurde Th. am 18. April 1267 von →Clemens IV. auf das Ebm. →Cosenza transferiert. Seit 21. April 1272 Patriarch v. Jerusalem (verbunden mit Administration des Bm.s Akkon, Legatengewalt in Jerusalem, Nordsyrien und Zypern, Disziplinarrechten über die geistl. Ritterorden und Religiosen), traf er am 8. Okt. 1272 an der Spitze eines von Papst →Gregor X. gestellten Söldnerkontingents (500 Mann) ein. Er verstand es, die Position des Patriarchen nachdrückl. zu stärken. Im Zuge seiner durch päpstl. Überweisungen (1276: 12000 *livres tournois* durch →Hadrian V.) unterstützten Verteidigungsanstrengungen griff er auch in die Streitigkeiten des Kgr. es Jerusalem ein (nach dem Rückzug →Hugos III. v. Lusignan Einsetzung Balians v. →Ibelin als 'Bailli' des Kgr. es, 1276; Konflikte zw. Ritterorden und städt. Kommunen). Th. verfaßte die Vita des hl. →Petrus Martyr (AASS Apr. III, 686–719).

S. Schein

Lit.: G. Fedalto, La chiesa latina in Oriente, 1976 – J. Riley-Smith, Latin Titular Bishops in Palestine and Syria, CathHR 64, 1978, 1–15 – B. Hamilton, The Latin Church in the Crusader States, 1980 – S. Schein, The Patriarchs of Jerusalem in the Late Thirteenth Century – Seignors Espiritueles et Temporeles? (Outremer. Stud. to J. Prawer, ed. B. Z. Kedar u. a., 1982), 297–305.

14. Th., *Metropolit v. Klaudiupolis* (nördl. Kleinasien), der in der ersten Phase des →Bilderstreites in seinem Sprengel die Kultbilder entfernen ließ, ist nur bekannt durch einen Brief des Patriarchen →Germanos I. (MPG 98, 164–188), der ihn, auffallend behutsam, zurechtweist und die Verehrung der Kultbilder verteidigt (→Byz. Reich, B. III [1]). Von drei Briefen ähnl. Inhalts an verschiedene Adressaten der letzte (Stein, 87f.; Speck, 268), ist dieser jedenfalls nach Sommer 726 verfaßt (Speck, 277). Stein datiert ihn auf 729, in die Zeit unmittelbar vor dem Rücktritt des Germanos (730). Speck plädiert für Abfassung durch den bereits abgedankten Patriarchen, also frühestens 730, aber vielleicht auch erst nach der Pest d. J. 746. Sie veranlaßte Ks. →Konstantin V. zu intensiveren bilderfeindl. Maßnahmen, die auch Th.' anfangs eher bilderfreundl. Gesinnung, die der Brief des Germanos andeutet, beeinflußt haben könnten.

F. Tinnefeld

Lit.: D. Stein, Der Beginn des byz. Bilderstreites, 1980 – P. Speck, Artabasdos, 1981, Anh. V, 267–282.

15. Th. d'Angleterre. Der Verf. der sog. 'höfischen' Version des →Tristan, die in neun verschieden langen Fragmenten erhalten ist, bezeichnet sich selbst als Thomas (v. 2134) oder Tumas (v. 3125). Sein Werk ist dank der dt. Neubearbeitung des →Gottfried v. Straßburg und der altnord. Version des Bruder Robert (»Tristrams saga«) rekonstruierbar. Er war wahrscheinl. ein Kleriker, der in England, vielleicht am Hofe →Heinrichs II. wirkte, da er dieses Land mehrmals erwähnt, behauptet, daß »Londres est mult riche cité« (v. 2651) und ein noch archaisches Anglonormannisch verwendet (Röttiger, Bédier). Die Entstehungszeit des »Tristan« ist in der Forsch. kontrovers: vor 1157 (Roncaglia, Punzi) oder zw. 1172 und 1176 (Fourrier). Die Versuche, Th. mit dem gleichnamigen Autor des »Roman de Horn« oder mit →Thomas v. Kent, dem Verf. des »Roman de Toute Chevalerie«, zu identifizieren (Blakeslee) haben sich als vergebl. erwiesen.

L. Rossi

Ed.: Le Roman de Tristan par Th., hg. J. Bédier, 2 Bde, 1902–05 – Le Roman de Tristan par Th., hg. F. Lecoy, 1992 – M. Benskin, T. Hunt, I. Short, Un nouveau fragment du Tristan de Th., Romania 113, 1994, 289–319 – Bibliogr.: D. J. Shirt, The Old French Tristan Poems, A bibliographical guide, 1980 – Lit.: GRLMA IV, 1978 – DLFMA 1992², 1429f. – W. Röttiger, Der Tristan des Th., ein Beitr. zur Kritik und Sprache desselben, 1883 – A. Fourrier, Le courant réaliste dans le roman courtois en France au MA, 1960, 19–109 – A. Roncaglia, La statua d'Isotta, Cultura Neolatina 31, 1971, 41–67 – M. R. Blakeslee, The Autorship of Th.'s Tristan, PQ 64, 1985, 555–572 – A. Punzi, Materiali per la datazione del Tristan, Cultura Neolatina 48, 1988, 9–71.

16. Th. v. Aquin OP, hl. (Fest 7. März).
I. Leben – II. Würdigung.

I. Leben: * 1224/5 in Roccasecca (bei Neapel), † 7. März 1274 im Kl. Fossanova (Latium), ⌐ seit 1369 in Toulouse, Jakobinerkirche, aus der Familie der Gf.en v. Aquino (Eltern Landulf v. A. und Theodora Caracciolo), wurde als Knabe den Benediktinern Montecassinos anvertraut. Um 1239 begann er das Studium an der Univ. Neapel, wo er unter Petrus de Hibernia die damals bestmögl. Ausbildung in den »artes liberales« erhielt. 1244 trat er in den 1215 gegr. Dominikanerorden ein, dessen Ideal, ein Leben in apostol. Armut, dem Studium und der Betrachtung gewidmet, ausgerichtet auf Unterrichtung und Verteidigung des Glaubens, er für das erstrebenswerteste hielt (contemplari et contemplata aliis tradere. Vgl. S. Th. II–II 188, 6). Auf dem Wege nach Paris, wo er sich weiter ausbilden sollte, wurde er von seiner Familie entführt, die vergeblich versuchte, ihn von seinem Entschluß abzubringen. Th. sollte eine angesehene Stelle in der Kirche bekommen, um so Besitz und Einfluß seiner Familie zu fördern. Nach einjähriger Haushaft konnte Th. 1245 nach Paris gehen, wo er bis 1248 studierte. Dann folgte er →Albertus Magnus, der in Köln ein studium generale des Ordens errichten sollte (Anfang der späteren Univ.). Th. wurde baccalaureus biblicus Alberts und verfaßte zw. 1248–52 (nach neuen Erkenntnissen) einen Komm. zu Jesaia (Betonung des Literalsinnes), vielleicht auch die unvollst. Postilla super Jeremiam und die Postilla super Threnos. Weiterhin besorgte er Hörernachschriften von Alberts Vorlesungen über De divinis nominibus des Ps.–Dionysius und die Nikom. Ethik. Der Kontakt mit Albertus Magnus hat die Entwicklung des Th. sehr gefördert. Er erklärte den Studierenden das gesamte (ins Latein) übersetzte Werk des Aristoteles und führte sie auf dem Weg der Erforschung der Natur der Dinge zur Glaubenserkenntnis.

1252 kehrte Th. nach Paris zurück, um als baccalaureus (bis 1256) über die Sentenzenbücher des →Petrus Lombardus zu lesen. Das Scriptum super libros Sententiarum ist grundlegend für die Theol. des Th. In diesen Jahren schrieb er De ente et essentia und De principiis naturae. Im Frühjahr 1256 zum Magister befördert, konnte er wegen des Mendikantenstreites sein Amt erst nach einigen Monaten ausüben. Zwischenzeitlich verteidigte er die Rechte der Mendikanten in seiner gegen →Wilhelm v. Saint-Amour gerichteten Schrift Contra impugnantes Dei cultum et religionem. Sein Magisteramt an der theol. Fakultät der Pariser Universität trat er im Herbst 1256 an

(Disputatio Vortrag über die Theol. nach Ps 103, 13: »Rigans montes« und Predigt). Unsicher ist, welche Bibelbücher Th. in den nächsten drei Jahren im Unterricht behandelte. Er verfaßte die 29 Quaestiones disputatae de veritate, die bes. über erkenntnistheoret. Probleme handeln. Etwa 1256/57 kommentierte er Boethii De Trinitate (Wiss.- und Methodenlehre, Natur der Theol.), wahrscheinl. auch die boeth. Kleinschrift De hebdomadibus (Partizipationslehre) und verteidigte die Mendikanten in Quaestiones quodlibet.

Nach 3 Jahren reiste Th. 1259 über Valenciennes, wo er im Auftrag des Generalkapitels des Ordens mit anderen Magistern die Studienordnung regelte, nach Italien, vielleicht zuerst nach Neapel, und vollendete bis 1264 die Summa contra gentiles, ein Hb. der Missionstheol. (Darstellung der natürl. Wahrheiten zu Glaubenssystemen und Widerlegung der Irrtümer). Beauftragt mit dem Unterricht an der Ordensschule zu Orvieto (1261–1265), erklärte Th. das Buch Hiob (über das Übel und die Vorsehung). Der Komm. betont den Literalsinn und gilt als ein Höhepunkt der ma. Exegese. Auf Bitten Urbans IV. schrieb Th. Contra errores graecorum, eine krit. Wertung eines Libellus des Nikolaus v. Durazzo. In seiner Einführung sagt Th. Wichtiges über die Aufgaben des Übersetzers. In der Schrift De rationibus fidei contra Saracenos, Graecos et Armenios ad Cantorem Antiochae beantwortet er Argumente gegen den kath. Glauben, warnt aber vor dem Versuch, Glaubenswahrheiten mit der Vernunft zu beweisen. Aus diesen Jahren stammt auch der Komm. zu Ps.-Dionysius, De divinis nominibus (Partizipationsmetaphysik; negative Theologie). Zw. 1263 und 1268 stellte Th. auf Wunsch des Papstes aus Vätertexten einen Komm. zu den vier Evangelien zusammen (Catena aurea), worin er bisher im lat. Westen nicht oder kaum Bekanntes aus den griech. Vätern zusammentrug. Obwohl er die Texte kürzen mußte, wußte Th. doch den Wortlaut und Stil der Texte von 57 gr. und mehr als 25 lat. Vätern und kirchl. Schriftstellern zu erhalten und eine kontinuierl. Erklärung der 4 Evangelien zu bieten. Das gesammelte Material, bes. auch die in Montecassino oder im päpst. Archiv eingesehenen Texte der großen Konzilien, zeigte sich von wesentl. Bedeutung für die Behandlung der Trinitätslehre und Christologie in der S. Th. Aus den Jahren in Orvieto (1264) stammt auch das Officium de festo Corporis Christi, das Th. im Auftrag Urbans IV., z. T. aus bereits vorliegenden Texten zusammenstellte. Die meisten Historiker neigen jetzt dazu, die Autorschaft des Th. für das Offizium, wie auch für einige Gebete und den Hymnus Adoro te anzuerkennen. In Orvieto gewann Th. →Reginald v. Piperno als Sekretär (socius) und fing an, Aristotelesübersetzungen →Wilhelms v. Moerbeke zu benützen.

Beauftragt mit der theol. Ausbildung seiner Mitbrüder in Rom (1266) scheint Th. auf eine anfängl. geplante Neubearbeitung seines Sentenzenkomm.s verzichtet zu haben und nahm die Summa theologiae in Angriff, in der er die Themen der Theologie in gebotener Kürze und einer dem Stoff angemessenen Ordnung für Studierende erklären wollte. Der sehr umfangreiche 2. Teil (I^a–II^{ae} und II^a–II^{ae}) wurde zw. 1270 und 1272 in Paris verfaßt, der in Paris begonnene 3. Teil wurde 1272/73 in Neapel weitergeführt, blieb aber unvollendet.

In Rom schrieb Th. seine Responsio ad fr. Joannem Vercellensem de articulis 108 ex opere Petri de Tarentasia (ein Gutachten, worin er den späteren Papst gegen Verdächtigungen verteidigt), die Quaestiones disput. de potentia, de anima und de spirit. creaturis, wie einen Komm. zu Arist. De anima, wahrscheinlich auch zu De sensu et sensato und De memoria et reminiscentia. Etwa 1265/66 verfaßte er De regno (oder De regimine principum) ad regem Cypri (unvoll.).

Im Herbst 1268 kehrte Th. nach Paris zurück, wo neue Konflikte entstanden waren. Er beabsichtigte, die Benützung der aristotel. Philos. in der Theol. und die vita religiosa der Mendikanten zu verteidigen und den Monopsychismus der Averroisten zu bekämpfen. Dort las er über die Evangelien nach Mt und Joh, wahrscheinlich auch über die Paulusbriefe. Die Bibelkomm.e sind z. T. reportationes, d. h. Hörernachschriften, die gegebenenfalls von Th. selbst durchgesehen wurden. Er verteidigte in quaestiones quodlib. und Kleinschriften das Ideal und Leben der Mendikanten (De perfectione spiritualis vitae, Contra doctrinam retrahentium a religione, gegen Gerhard von Abbeville gerichtet), widerlegte heterodoxe Aristoteliker (De unitate intellectus, gegen →Siger v. Brabant) und Gegner (De aeternitate mundi, eine Antwort auf eine quaest. disp. von Joh. →Peckham). Er verfaßte die Quaest. disput. de malo, de virtutibus in communi, de caritate, de correctione fraterna, de spe, de virtutibus cardinalibus und de unione Verbi incarnati. Während seines 2. Magisteriums in Paris schrieb Th. auch De substantiis separatis (unvoll.; Wertung der platon. und arist. Positionen) und Komm.e zum Liber de causis, Peri hermeneias (1271; unvollendet), Analytica posteriora, Ethica Nicom., Physica, Metaphysica (fortgesetzt in Neapel) und Politica (unvoll.).

Dank seines ungeheuren Konzentrationsvermögens konnte Th. simultan Texte verschiedener Abhandlungen mehreren Sekretären diktieren. In seinen Komm.en war er bestrebt, die Authenzität des Textes zu sichern, die besseren Übers.en und eine umfangreiche Dokumentation zu benützen. Auseinandergehende Meinungen werden in eine höhere Synthese eingebunden. Obwohl er als Mag. Theol. nie über die Werke Aristoteles unterrichtete, hat er trotz äußerster Beschäftigung die Hauptschriften des Aristoteles kommentiert, offenbar um sie brauchbar zu machen für das Studium der Theol., eine realist. Philos. zu entwickeln und Aristoteles zu verteidigen und zu korrigieren. Schwierige Textstellen wurden mit Hilfe der Prinzipien (secundum intentionem) des Aristoteles erklärt.

In diesen Jahren wurde Th. in doktr. Fragen oft um seine Meinung gebeten. Die wichtigsten Antworten sind: Responsio ad fr. Joannem Vercellensem de articulis 42, De forma absolutionis sacramentalis ad generalem magistrum, De motu cordis ad Magistrum Philippum de Castrocaeli, De mixtione elementorum ad Magistrum Philippum de Castrocaeli, Responsio ad lectorem Venetum de articulis XXX, Responsio ad lectorem Venetum de articulis XXXVI, De regimine Judaeorum ad Ducissam Brabantiae, De sortibus ad Dominum Jacobum de Burgo (?). Nach dreijähr. Magisterium in Paris konnte Th. nach Italien zurückkehren. Vom Orden beauftragt, ein studium generale zu gründen, wählte er Neapel als Sitz der neuen Schule. Dort las er über die ersten 54 Psalmen. Er schrieb weiter am 3. Teil der S.Th. unter Benützung einer umfangreichen bibl. und patrist. Dokumentation. In der Theol. arbeitete Th. in dauernder Gedankenverbundenheit mit den Vätern, bes. Augustin. Auch diktierte er die Komm.e zu dem noch ausstehenden Teil der Metaphysik, zu De caelo et mundo (unvoll.), De gener. et corr. (unvoll.), Meteora, verfaßte das Compendium theologiae (unvoll.) und predigte in der Fastenzeit 1273 tägl. in der Kl. kirche S. Domenico Maggiore. Seine in der Volkssprache gehaltenen Predigten/Konferenzen sind in lat. Sprache erhalten: Über das Credo, Pater noster, Ave Maria und die 10 Gebote.

Am 6. Dez. 1273 erlebte Th. eine innere, geistige Erfahrung, vielleicht gleichzeitig auch einen gesundheitl. Zusammenbruch nach den langen Jahren übermenschl. Anstrengungen. Er diktierte nicht mehr. So sind mehrere Schriften unvollendet geblieben. Im Auftrag des Papstes begab er sich Ende Januar 1274 zum 2. Konzil v. Lyon. Einen Brief an Abt Bernhard v. Montecassino über eine schwierige Stelle in Gregors Moralia scheint Th. unterwegs geschrieben zu haben. Ein Unfall zwang den bereits kranken Th., die Reise abzubrechen. Er starb am 7. März in der Abtei OCist →Fossanova. Nach Wilhelm v. Tocco soll Th. in seinen letzten Tagen den Mönchen das Hld erklärt haben, ein Text wurde aber nie gefunden. Die Mönche hegten große Verehrung für den verstorbenen Th. und erbaten seine Hilfe in Schwierigkeiten. Th.s Hinscheiden wurde tief betrauert vom Lehrkörper der facultas artium in Paris.

Philos. Grundpositionen der Theol. des Th. waren auch unter den Pariser Theologen umstritten. Einige Lehrsätze des Th. wurden zensiert (implicite in der Verurteilung von 219 Artikeln durch Bf. →Tempier 1277, namentl. von den Bf.en →Robert Kilwardby und Johannes Peckham). Der Franziskaner →Wilhelm de la Mare rügte in seinem Correctorium mehrere Aussagen der S. Th. Die Dominikaner verteidigten die Lehre des Th., die bald im Orden vorgeschrieben wurde. Einige unvollendet gebliebene Werke wurden von Mitbrüdern oder Schülern »ergänzt«: der Komm. zu den Politica ab III, 6 von Petrus v. Auvergne, De regno, ab II 4, von Ptolomaeus v. Lucca (→Bartholomaeus v. Lucca). Verschiedene Dominikaner, bes. Cajetan, komplettierten den Komm. zu Peri hermeneias. Kurz nach dem Tod des Th. wurde unter Leitung v. Reginald v. Piperno der III. Teil der S. Th. mit Texten aus dem Sentenzenkommentar vervollständigt. Nicht authentisch sind die meisten Predigten, die in den Ausgaben (Piana [1570/71] und Vivès) veröffentlicht wurden. Bis jetzt sind nur etwa 10 Predigten als echt gesichert. Die meisten, wenn nicht alle der folgenden Kleinschriften, die übrigens in einigen Katalogen der Werke des Th. fehlen, dürften unecht sein: De instantibus, De natura verbi intellectus, De principio individuationis, De natura generis, De natura accidentium, De natura materiae, De quattuor oppositis (diese Opuskel werden meistens zusammen erwähnt), De demonstratione (von Grabmann als echt anerkannt), De differentia verbi divini et humani, De sensu respectu singularium, De natura luminis (die letzten beiden Opuskel enthalten Auszüge aus Th.s Komm. zu De anima).

II. Würdigung: Papst Johannes XXII. sprach Th. am 18. Juli 1323 heilig. Die früheren Verurteilungen einiger seiner Lehren (in Paris und Oxford) wurden widerrufen (1325). Im Orden und an der Pariser Univ. galt er als Communis doctor, und Pius V. ernannte ihn zum Kirchenlehrer. Mit ungewöhnl. Denkkraft begabt, mit Konzentrationsvermögen, Gedächtnis und Sensibilität, war Th. liebenswürdig und frohmütig, führte aber ein Leben der Stille und Betrachtung. Die Ordensschriftsteller und Biographen →Bartholomaeus v. Lucca und →Wilhelm v. Tocco rühmen überdies seine begnadete Spiritualität. Eigentümlich für Th. ist, daß er alles Subjektive beiseite läßt, ständig auf die Wirklichkeit und die göttl. Offenbarung hört und Methoden anwendet, die jeweils dem Gegenstandsbereich der Untersuchung angemessen sind. Ihrer Wirklichkeitsbezogenheit verdankt die Lehre des Th. ihren Wahrheitsgehalt und bleibende Aktualität. Die Originalität in der strengen Durchführung derselben Prinzipien, die Denkkraft und die Tiefe des Th. machten großen Eindruck. Die Hörer erfuhren seine Darstellungsweise als neu, im bes. die Betonung der Autonomie in der natürl. Ordnung.

Obwohl Theologe, gilt Th. als einer der größten Philosophen. Ausgehend von grundlegenden Thesen des Aristoteles – über Denken und Sein, →Form und Materie, →Akt und Potenz – begründete Th. seine Positionen in der Anthropologie, Ethik und Metaphysik:

Die aristotel. Kosmologie ist für Th. eine philos. Hypothese, die jederzeit von besseren Einsichten abgelöst werden kann. Der Begriff der Potentialität der Materie wird streng durchgeführt. Der kosm. Lebensprozeß ist in der Differenz des beseelten Lebens letztendl. auf die Erzeugung menschl. Lebens ausgerichtet. Dieses ist wiederum in seiner Differenz eine unaufhebbare Einheit. Die Geistseele konstituiert die Leibwirklichkeit in ihrer jetzt- und endzeitl. Ganzheit des Lebens. Die körperl. Existenz dient der Entfaltung des Verstandes. Die Geistseele kann nicht durch Zeugung, sondern nur durch Schöpfung entstehen; diese ist dem Zeugungsprozeß der Eltern vor und über.

Die Ethik des Th. ist aristotelisch, aber durchleuchtet von neuen Einsichten. Einziges Endziel des Menschen ist die Anschauung Gottes. Auf Grund der fundamentalen Neigung seiner Natur erfährt und erkennt der Mensch zugleich die sittl. Verpflichtungen in der Ordnung des Naturgesetzes, das Th. in der Zwei-Einheit von Schöpfungs- und Naturordnung interpretierte. Das sittl. gute Handeln ist ebenso natur- wie vernunftgemäß und begründet die Tugenden des Menschen. Neu ist die Lehre vom Gewissen, dem Urteilsspruch des theoret. Verstandes im Lichte der sittl. Prinzipien.

Alles Seiende ist so geartet, daß es etwas ist, eins ist und sich dem Verstand mitteilt und vom Willen erstrebt wird. Diese transzendentalen Bestimmungen und die (ontolog.) Differenz von Akt und Potenz alles Seienden eröffnen den Wegweis zur natürl. Gotteserkenntnis (quinque viae). Gott übersteigt unser Erkenntnisvermögen; wir wissen eher was Gott nicht ist (→negative Theologie). Unsere Aussagen über Gott (Attribute) sind aber nicht leer und unnütz; sie bezeichnen (significare) Gott als schöpfer. Urgrund im Modus der →Teilhabe (participare) alles Wirklichen am Ursprung.

Als erster hat Th. Unterschied und Beziehungen zw. Natur und übernatürl. Ordnung klar dargestellt. Th. hat die Welt nicht nur von Gott her betrachtet, sondern ihr einen eigenen Wert beigemessen: das göttl. Recht, das in der Gnade fundiert, eliminiert das menschliche Recht, das von der Vernunft herrührt, nicht (S. Th. II-II, 10, 10). Obwohl die Theol. keine Evidenz erreicht, hält Th. sie für ein sicheres Wissen, das auf der in der Bibel enthaltenen, von der Kirche erklärten göttl. Offenbarung beruht und damit dem göttl. Wissen untergeordnet ist. Als Theologe verfaßte Th. wertvolle Bibelkommentare, bes. zu Job, Joh und Röm. Philolog. nicht immer befriedigend, unterscheidet seine Exegese sich durch ihren doktrin. Charakter, die Suche des Literalsinnes, tiefes Verständnis für die bibl. Botschaft und Rückgriff auf die Zentralgedanken der einzelnen Schriften als Erklärungsprinzipien. Die lex nova (Röm) wird als die Gnade des hl. Geistes gedeutet.

Die Summa theologiae, das Hauptwerk des Th., gilt als das tiefste, bestens geordnete und meist kath. Werk der kirchl. Tradition. Der 1. Teil handelt von Gott, wie auch über den Ausgang der Geschöpfe aus Gott. Der 2. Teil enthält Grundlegendes zur Rückkehr der vernunftbegabten Geschöpfe zu Gott (exitus-reditus). Im 3. Teil wird die fakt. Rückkehr in Christus, den Erlöser, dargestellt. Die

S. Th. blieb unvollendet, ihr Lehrgebäude ist aber weitgehend Gemeingut der kath. Theol. geworden. L. Elders

Ed.: Opera omnia: Ed. Parma, 1852–73, 25 Bde [Neudr. 1948–50] – Ed. Vivès, 1871–82, 34 Bde – Ed. Leonina, 1882ff. – Ed. Marietti, 1948ff. – Dt. Thomasausg. [Übers. der S. Th. mit Komm.en] – *Lit.:* Fontes vitae Sancti Thomae Aquinatis (Suppl. der Revue thom. 1911/34) – G. M. Manser, Das Wesen des Thomismus, 1949 – M.-D. Chenu, Introduction à l'étude de saint Th., 1954² – M. Grabmann, Die Werke des Hl. Th., 1967 – E. Gilson, Le thomisme, 1972⁶ – W. Kluxen, Philos. Ethik bei Th., 1980² – J. Weisheipl, Friar Th. His Life, Thought and Works, 1983² – O. H. Pesch, Th. Grenze und Größe ma. Theologie, 1988 – L. Elders, Die Metaphysik des Th. in hist. Perspektive, I, 1985; II, 1987 – P. Torrell, Initiation à Saint Th., 1993 [neueste Biogr.] – L. Elders, La philosophie de la nature de saint Th., 1994.

17. Th. v. Bailly, * Bailly bei Versailles, † 9. Juni 1328. Weltkleriker, um 1300 Kanonikus und Mag. theol. der Univ. Paris, seit 1301 ebd. Mag. theol. actu regens, an den weltgeistl. Lehrern →Heinrich v. Gent und →Gottfried v. Fontaines orientiert. 1304 von Benedikt XI. zusammen mit Stephan de Sugiaco als Koadjutoren des altersschwachen Pariser Ebf.s Simon v. Matifas vorgesehen; seit 1314 Pönitentiar der Pariser Kirche, Provisor des Kollegs Bons Enfants und zugleich Dekan der theol. Fakultät; ab 1316 bis zu seinem Tod Kanzler der Univ. Von den sechs unter seinem Namen von Glorieux edierten Quodlibets stammen nur die beiden ersten sicher von Th., während die übrigen vier aufgrund kodikolog. und doktrinärer Kriterien sehr disparaten Autoren zuzuweisen sind (Stroick).
M. Laarmann

Ed.: Quodlibets, ed. P. Glorieux, 1960 – *Lit.:* HLF 35, 301–310 [V. Langlois] – LThK² IX, 135 – O. Lottin, Psychologie et Morale aux XIIe et XIIIe s., III/2, 1949, 519f.; IV/1, 1954, 686 [Qdl. I, 11: virtus infusa] – V. Heynck, FSt 45, 1963, 235–237 [Qdl. II, 15: confessio informis] – Zu Pseudo-Th. v. B.: C. Stroick, Heinrich v. Friemar, 1954, 112–116, 126–128, 162f., 171 [Qdl. IV, 6] – L. Hödl, Joh. Quidort v. Paris, De confessionibus audiendis, MGI 6, 1962, 10–16, 21f. [Qdl. IV, 14] – Th. W. Köhler, Der Begriff der Einheit ... nach ... Jakob v. Metz OP, StAns 48, 1971, 166f. [Qdl. IV, 4] – C. Zuckermann, RTh 49, 1982, 184, 188 [Qdl. V, 13: Schlüsselgewalt] – M. Laarmann, Deus, primum cognitum [in Vorber.] [Qdl. VI, 3].

18. Th. v. Bellinghen → Thomas v. Cantimpré (22. Th.)

19. Th. Bradwardine → Bradwardine, Thomas

20. Th. v. Britannien → Thomas d'Angleterre (15. Th.)

21. Th. de Buckingham, Theologe, * um 1300, † nach 1356, seit 1324 Mitglied des Merton College, Oxford (→Mertonschule). In dem um 1335 entstandenen Sentenzen-Komm. (ed. Paris 1505) führte er als einer der ersten die Methode der calculationes ein. 1346 Doktor der Theol. und Kanzler zu Exeter; kurz danach schrieb er die „Quaestiones disputatae" (New Merton College, cms 134); im Zusammenhang mit den Oxforder theol. Kontroversen sprach er sich für den Indeterminismus augustin. Prägung aus. M. Markowski

Lit.: M.-D. Chenu, Les „Quaestiones" de Th. de B., Studia mediaevalia, 1948, 229–241 – H. A. Oberman, Archbishop Thomas Bradwardine a Fourteenth Cent. Augustinian, 1957 – J. A. Robson, Wyclif and the Oxford Schools, 1961.

22. Th. v. Cantimpré, Augustinerchorherr und später Dominikaner, * ca. 1201 in Bellinghem bei Leeuw St. Pierre südwestl. v. Brüssel, stammte aus der adligen Familie De oder Du Mon, † ca. 1270 (1263/93 Kaufmann [nach Thorndike, 374], 1270/72 Walstra, 1270 Debroux). Wegen eines Gelübdes des Vaters im Alter von 5 Jahren einem Kl. in Lüttich übergeben, trat Th. nach der Anhörung einer ihn sehr beeindruckenden Kreuzzugspredigt des →Jakob v. Vitry gegen die Albigenser 1217 als Novize in das Augustiner-(Viktoriner-)Chorherrenstift →C. bei Cambrai ein. Nach 15 Jahren dort wechselte er um 1232 in Löwen zum Dominikanerorden über, studierte bald danach bei →Albertus Magnus in Köln und war etwa 1237–1240 in Paris (1238 Teilnahme an einem Ordenskapitel nach Bonum universale, 1, 19, 5) im Konvent St-Jacques tätig. Ohne Mag. theol. zu sein, kehrte er dann nach Löwen zurück, wo er 1246 Subprior und Lektor wurde. Um 1241 vollendete Th. nach 14–15jähriger Materialsammlung seine Naturenzyklopädie »de natura rerum«, die er danach 1225/26 begonnen hatte (vgl. Thorndike, 373: zw. 1228 und 1244; Carus, 212: zw. 1233 und 1247/48). Terminus post quem ist die Aufschließung einer neuen Zinnmine in Dtl. (vgl. 15, 6 »De stanno«), die →Matthaeus Paris in den »Chronica maiora« auf 1241 datiert. Ferner kennt Th. (Prolog, Zeile 29f.) Jakob v. Vitry noch als lebend. In 1, 26 (De ossibus, Z. 16–21) erwähnt Th. Jakob als Bf. v. Akkon, hat also diesen Abschnitt vor 1225 geschrieben (vgl. Ferckel, 1913). Dessen von Th. benutzte »Historia orientalis« entstand aber selbst bereits 1220 oder 1221/23. Durch den Rückverweis im Prolog seines nach eigener Angabe im 59. Lebensjahr (bon. univ. 2, 30, 46) verfaßten (nach Meyer, 94, 1256, nach Carus, 213, 1263 begonnenen) und →Humbert v. Romans († 1277, Ordensgeneral 1254–63) gewidmeten »Bonum universale de apibus« sicherte er seine Autorschaft an der Naturenzyklopädie (zit. bei Meyer, 92 und Walstra, 150f.). Nicht haltbar ist die Behauptung, Th. sei Suffraganbf. des Bf.s v. Cambrai Nicolas de Fontaines (1249–72) gewesen. Sein Wirken als sprachkundiger Generalprediger seines Ordens nach 1246 in Belgien, Frankreich und Dtl. ist nicht eindeutig gesichert. Jedenfalls läßt das »Bonum universale« rhetor. Geschick erkennen, und der »liber de natura rerum« sollte ja gerade als Hilfsmittel für den Prediger dienen, um durch belehrende und unterhaltsame Stoffe aus der Natur den Glauben zu stärken.

Werke: 1. »Liber de natura rerum« (ca. 1225/26–1241). Da Th. viele Q. zu einem Netzwerk verschiedenartiger Informationen über die Natur verarbeitet hat, kann nur eine genaue Analyse klären, wo eine Quelle aufhört und die nächste beginnt. Irrtüml. Zuschreibungen kommen vor. In der teilweise recht selbständigen Formulierung ist bisweilen der Einfluß des scholast. Unterrichts in Form von »Quaestiones« zu erkennen, die aber keine Parallele zu den »Quaestiones de animalibus« des Albertus Magnus haben. Erste Autoritäten sind für Th. →Aristoteles, danach →Plinius, →Solinus und →Ambrosius. Einige seltene Zitate ohne Nennung der entsprechenden Autoritäten lassen erkennen, daß er lange Zeit an der Naturenzyklopädie gearbeitet hat, zu der ihn (Epilog, Z. 10–12) die Bemerkung des Augustinus über die Nützlichkeit eines Naturbuches (de doctr. Christ. 2, 39, 59) angeregt haben will. In Wirklichkeit aber dürfte das Erscheinen des lat. Aristoteles, v. a. »de animalibus«, 1–19, in der Übertragung des →Michael Scotus ein auslösendes Moment gewesen sein. An vielen Stellen streut Th. 'moralisationes' in die alphabet. angeordneten tierkundl. Bücher (4–9) ein, betont jedoch angesichts der Fülle der zusammengetragenen Motive insgesamt eher den naturwiss. Aspekt. Wie Bartholomaeus Anglicus gibt er am Prologende eine Einteilung der ursprüngl. 19 Bücher, zu denen ein zwanzigstes »de ornatu celi et motu syderum« hinzugesetzt ist, welches fast ausschließl. aus dem nicht als Q. gen. zweiten Buch der »Philosophia mundi« des →Wilhelm v. Conches exzerpiert ist. Die Erstausgabe von Boese kennzeichnet die unterschiedl. Bearbeitungsschritte aufgrund seiner

Entdeckung, daß der Codex Harleianus 3717 ein Handexemplar des Th. darstellt (BOESE, 1969), in das viele Ergänzungen eingetragen sind. Von den über 100 mehr oder weniger vollständigen Hss. der 19 bzw. 20 Bücher bieten nur zwei den ursprgl. Text, viele andere den insbes. um viele Heilmethoden und Rezepte im 1. Buch ergänzten Text des Handexemplars. Aber danach gab es noch weitere Ergänzungen, die von BOESE ebenfalls gekennzeichnet sind und vielleicht nicht mehr von Th. stammen, v. a. die in den illuminierten Hss. Wahrscheinl. noch zu Th.' Lebzeiten entstand im österr.-bayer. Raum in Kreisen der Benediktiner oder Zisterzienser eine kürzende Bearbeitung, die CHR. FERCKEL, 1912 »Thomas III« nannte und als Vorlage des »Buches der Natur« des →Konrad v. Megenberg erwies. Auch die Textgesch. dieser Bearbeitung, welche der Originalfassung den Rang ablief, umfaßte mehrere Stufen (ULMSCHNEIDER, 1992 und 1994, VOLLMANN), die teilweise durch erhaltene Hss. manifestiert sind. →Konrad v. Megenberg hat in seiner dt. Bearbeitung (ca. 1348/50) wie →Vinzenz v. Beauvais im »Speculum naturale« sowohl die Vulgata der Überlieferung (Thomas III b) als auch Thomas III a (Zur Nachwirkung s. HÜNEMÖRDER, 1994) benutzt. Ferner gibt es vom »liber de natura rerum« noch eine Reihe von bisher kaum untersuchten Sonderversionen.

2. »Bonum universale de apibus« (1256–63) in zwei Teilen mit dem von Th. im Prolog gerechtfertigten authent. Titel. Buch 1 mit 25 Kap. behandelt Leben und Stellung der Prälaten, Buch 2 mit 57 Kap. Entsprechendes für die Untergebenen (subditi). Textgrundlage, die durch allerlei erbaul. Geschichten (sententiae et narrata) im christl. Sinne erläutert wird, ist Kap. 9, 1 aus seinem »Liber de natura rerum«, aber mit leichten Textänderungen. Diese sind auch charakterist. für die insgesamt 6 weiteren Erwähnungen von Naturdingen aus dem »liber de natura rerum«. Darüber hinaus zitiert er häufig Aristoteles in Übereinstimmung mit jenem Werk. Bemerkenswert ist die genaue Kenntnis der »epistulae morales« des Seneca. Die eingestreuten offenbar exakten Daten geben wertvolle Hinweise für die Prosopographie der Dominikaner, aber auch anderer Orden im 13. Jh. Daß Th. damals bereits sehr alt war, läßt sich aus seiner Bitte im Widmungsbrief an den Anreger und Adressaten, Humbert v. Romans, für seine Seele eine Messe zu lesen, und aus der Wiederholung gegenüber dem Leser (2, 57, 69) erschließen, während er am ursprüngl. Schluß des »Liber de natura rerum« (19, 7) nur eine Fürbitte bei Gott erbeten hatte.

3. Heiligenleben: Von T. besitzen wir noch fünf Heiligenleben, für die er sich auf Aussagen von deren Zeitgenossen stützte, nämlich über Johannes v. →Cantimpré († 1205/10, verfaßt 1223–28 und nach 1260, ed. R. GODDING), über die Begine →Maria v. Oignies (1177/78–1213, verfaßt 1231, ed. AASS), über →Christina Mirabilis v. St-Trond (1150–1224, von 1232, ed. AASS), →Margarete v. Ypern (1216–1237, von 1240, ed. MEERSSEMAN) und über →Lutgart v. Tongern, die Schutzpatronin von Flandern (1182–1246, nach 1246, ed. AASS). Ch. Hünemörder

Ed.: H. BOESE, Th. Cantimpratensis Liber de natura rerum, Teil I: Text, 1973 – Thomas III (vorläufig): Projektgruppe B 2 des SFB 226 Würzburg-Eichstätt unter Ltg. v. B. K. VOLLMANN, Th. v. C., Liber de naturis rerum, Redaktion III (Thomas III), 1992 [dazu Kommentarbd. von CH. HÜNEMÖRDER in Vorber.] – Bonum universale de apibus, ed. G. COLVENER, Duaci 1597, 1605 und 1627 [Neuauflage bei W. A. VAN DER VET, Het bienboc van Th. van C. en zijn exempelen (Diss. La Haye 1902)] – eine moderne Ed. ist ein Desiderat – R. GODDING, Vita Ioannis Cantimpratensis, RHE 76, 1981, 241–316 – G. MEERSSEMAN, Vita Margaretae de Ypris (Les frères prêcheurs et le mouvement dévot en Flandre au XIIIe s., APraed 18, 1948), 106–130 – AASS Jun. III, 231–262 (Lutgart); Jun. IV, 666–678 (Maria v. Oignies); Jul. V., 637–660 (Christina) – Lit.: Verf.-Lex^2 IX, 839–851 [CH. HÜNEMÖRDER; K. RUH] – THORNDIKE 1923, 1958^5, 372–398 – H. F. MEYER, Gesch. der Botanik, 4, 1857 [Neudr. 1965], 91–96 – J. V. CARUS, Gesch. der Zoologie, 1872 (Gesch. der Wiss.en in Dtl., Neuere Zeit, Bd. 12), 211–233 – A. KAUFMANN, Th. v. C., 1899 – C. FERCKEL, Die Gynäkologie des Th. v. Brabant, ausgewählte Kap. aus Buch I de naturis rerum beendet um 1240 (Alte Meister der Medizin und Naturkunde 5, 1912) – B. ROISIN, La méthode hagiographique de Th. de C. (Miscellanea hist. i. h. A. DE MEYER, 1946), 546–557 – G. J. J. WALSTRA, Th. de C., De naturis rerum. État de la question, Vivarium 5, 1967, 146–171; 6, 1968, 46–61 – H. BOESE, Zur Textüberlieferung von Th. Cantimpratensis' Liber de natura rerum, APraed 39, 1969, 53–68 – A. DEBROUX, Th. de C. (vers 1200–1270). L'homme et son œuvre écrite, Essai de bibliogr., 1979 – H. ULMSCHNEIDER, Ain puoch von Latein ... daz hât Albertus maisterlich gesamnet. Zu den Q. von Konrad v. Megenberg 'Buch der Natur' anhand neuerer Hss.funde, ZDA 121, 1992, 36–63 – DIES., Ain puoch von Latein. Nochmals zu den Q. von Konrads v. Megenberg 'Buch der Natur', ebd. 123, 1994, 309–333 – CH. HÜNEMÖRDER, Des Zisterziensers Heinrich v. Schüttenhofen 'Moralitates de naturis animalium'. Beobachtungen zu seiner Q.benutzung und zur frühen Rezeptionsgesch. von Bartholomaeus Anglicus und Thomas III (Licht der Natur. Medizin in Fachlit. und Dichtung [Fschr. G. KEIL, hg. J. DOMES u. a., GAG 585, 1994]), 195–224.

23. **Th. v. Capua**, † Aug. 1239 in Anagni, aus der Familie Eboli, 1209 an der Univ. Vicenza. Innozenz III. weihte ihn zum Subdiakon und ernannte ihn zum Notar der päpstl. →Kanzlei, die er 1215–16 leitete. 1215 zum Ebf. v. Neapel gewählt, blieb er auf Wunsch des Papstes an der Kurie; 1216 Kard.diakon v. S. Maria in Via lata, dann Kard.priester v. S. Sabina, wohl 1219 von Honorius III. zum Leiter der Pönitentiarie (→Poenitentiar) berufen. Seit 1227, unter Gregor IX., mit zahlreichen polit. Missionen betraut, beteiligt an den Friedensverhandlungen mit Ks. Friedrich II. in →San Germano 1229/30, auch danach als Vermittler zw. Papst und Ks., als Legat in Ober- und Mittelitalien und als delegierter Richter tätig. Th. förderte die Bettelorden, verfaßte religiöse Dichtungen, eine Ars dictandi, eine Formularslg. für die Pönitentiarie sowie eine Summa dictaminis mit 623 systemat. geordneten Briefen, die aber auch Texte anderer Diktatoren enthält und erst um 1270 zusammengestellt wurde.

H. M. Schaller

Ed.: M. LÜTOLF, AnalHym Reg., 1978, Nr. 4744, 6935, 13067, 14883, 24048, 27848 – H. CH. LEA, A Formulary of the Papal Penitentiary, 1892 – E. HELLER, Die Ars dictandi des Th. v. C., SAH.PH 1928/29, 4. Abh. – S. F. HAHN, Collectio monumentorum, I, 1724, 279–385 [Teiled. der Summa] – E. HELLER, Der kuriale Geschäftsgang in den Briefen des Th. v. C., AU 13, 1935, 198–318 – Lit.: DBI 42, 266–271 – H. M. SCHALLER, Stud. zur Briefslg. des Kard.s Th. v. C., DA 21, 1965, 371–518 – A. PARAVICINI BAGLIANI, Cardinali di Curia e »familiae« cardinalizie dal 1227 al 1254, I–II, 1972 – N. KAMP, Kirche und Monarchie im stauf. Kgr. Sizilien, I/1, 1973, 315–317 – W. MALECZEK, Papst und Kard.skolleg von 1191 bis 1216, 1984, 201–203.

24. **Th. v. Celano**, * um 1190 in Celano (Abruzzen), † um 1260, ▭ in der Franziskanerkirche von Tagliacozzo. Th. wurde 1215 von →Franziskus selbst in den Minoritenorden aufgenommen. 1221 begleitete er →Caesarius v. Speyer nach Dtl., der dort nach einem früheren fehlgeschlagenen Versuch die Ausbreitung des Franziskanerordens fördern sollte. Unter der Führung des Caesarius hatte Th. am raschen Erfolg des Ordens Anteil und wurde 1223 Kustos der Rhein. Provinz. Zum Zeitpunkt des Todes von Franziskus befand er sich nicht in Italien, konnte jedoch an dessen Kanonisation und Translation teilnehmen (1228, bzw. 1230). In der Zeit zw. seiner Rückkehr nach Italien und dem Frühjahr 1230 (als spätestes Enddatum) vollendete er die erste Biographie des hl. Franziskus im Auftrag Papst →Gregors IX., der ein enger Freund des Hl.n gewesen war und dessen rasche Kanonisation betrieben hatte.

Wir wissen nicht genau, weshalb gerade Th. mit der Biographie beauftragt wurde; jedenfalls erweist er sich in der Vita I als Mann von hoher Bildung und als eindrucksvoller Hagiograph. Infolge der Umwandlungen innerhalb des Ordens hielt es der Generalminister Crescentius v. Jesi in den 40er Jahren für angebracht, eine zweite Biographie des Gründers verfassen zu lassen, die den neuen Erfordernissen der Gemeinschaft entsprach. 1244 wurden alle Mitglieder des Ordens, die von Wundern oder Taten des hl. Franziskus wußten, aufgefordert, einen schriftl. Bericht darüber an ihren Generalminister zu senden. Das auf diese Weise gesammelte Material wurde Th. übergeben, der daraus in großem Umfang für seine Vita II (1246–47) des hl. Franziskus schöpfte. In ihr verläßt er das traditionelle Schema der Biographie, um statt dessen durch die Franziskus zugeschriebenen Handlungen dessen Tugenden darzustellen und ihn zur Verkörperung franziskan. Vollkommenheit zu machen.

Die Materialien, die sich auf die Wundertaten des hl. Franziskus bezogen, wurden schließl. gesammelt, geordnet und bewertet in dem »Tractatus de Miraculis« (1252–53), der mit einer Reihe wunderbarer Begebenheiten beginnt, die die Echtheit der Stigmata bestätigen sollen. Th. starb einige Zeit danach, als er Kaplan der Klarissen von Val di Varri war. Mit aller Wahrscheinlichkeit ist Th. auch die Legende der hl. →Clara zuzuschreiben, die im Auftrag Papst Alexanders IV. entstand, während ihm die Verfasserschaft der Vita des hl. →Antonius (die sog. »Assidua«) abzusprechen ist. Das Wirken des Th. als Biograph des hl. Franziskus wurde prakt. durch die Entscheidung des Generalkapitels v. 1266 zunichte gemacht, das alle Franziskus-Biographien, die der Legenda Maior des hl. →Bonaventura vorausgingen, die zum offiziellen Text des Ordens geworden war, vernichten ließ. Die meisten erhaltenen Hss. der Werke des Th., darunter auch die »Legenda ad usum chori«, wurden gerettet, da sie sich in Bibliotheken außerhalb des Ordens befanden (vom »Tractatus« ist z. B. nur eine einzige Hs. erhalten).

Lange Zeit wurde Th. als konformist. Hagiograph angesehen, der den »laxist.« Tendenzen Gregors IX. und des Vikars und späteren Generalministers des Ordens →Elias entgegenkam, eine Interpretation, die v. a. von P. SABATIER vertreten wurde, der den Quellen den Vorzug gab, die seiner Meinung nach auf die »Drei Gefährten« (Tres socii) des Franziskus und insbes. auf Frater Leo und auf die Rigoristen zurückgeführt werden konnten. In den letzten Jahren wurde Th. von der Forsch. weniger scharf beurteilt und seine tiefe Spiritualität eines Franziskaners der ersten Stunde ins rechte Licht gerückt, der die Umwandlungen der franziskan. Ordensfamilie mit Sorge, zuweilen mit Verzweiflung, betrachtete. G. Barone

Ed.: Viten, Tractatus: Anal. Franciscana X, 1926–41, 1–331 – Vita s. Clarae: ed. F. PENNACCHI, 1910 – Lit.: s.a. →Franziskus, →Franziskaner – F. DE BEER, La conversion de s. François selon Th. da C., 1963 – S. SPIRITO, Il francescanesimo di fra T. da C., 1963 – T. da C. e la sua opera di biografo di S. Francesco, 1985 – E. PASZTOR, La fraternità di Francesco e T. da C. (I Compagni di Francesco e la prima generazione minoritica, 1992), 81–108 – M. A. ROMANO, »Tractatus de miraculis b. Francisci«, Hagiographia II, 1995, 187–250 – J. DALARUN, La malavventura di Francesco d'Assisi. Per un uso storico delle leggende francescane, 1996, capp. III und IV.

25. Th. v. Chobham, engl. Theologe in Paris und Salisbury, † zw. 19. Okt. 1233 und 17. Febr. 1236, aus Chobham (Gft. Surrey, Südengland), von illegitimer Abkunft. Er studierte (wohl schon seit vor 1178) in Paris, v.a. an der Artistenfakultät, hörte aber auch bei angesehenen Theologen wie →Petrus Cantor († 1197) und vielleicht dem Kanzler →Petrus Pictaviensis († 1205). Um 1190/92 nach England zurückgekehrt, gehörte er der bfl. Kurie v. London, dann v. →Salisbury an, unter dem Reformbf. Herbert Poore. Th. wurde um 1208 zum Subdekan gewählt. Zw. 1222 und 1228 erneut in Paris, lehrte er als Theologiemagister, hielt seine 'inceptio' (sermo VIII) und predigte an Kirchen. 1228 wieder in Salisbury, zeugte im Kanonisationsprozeß des hl. →Osmund und nahm an einer Dekanwahl (Nachfolger von Richard Poore) teil. Er hinterließ ausschließl. pastoraltheol., von Petrus Cantor beeinflußte Werke. Seine weitverbreitete Bußsumme (über 100 Hss.) »Summa confessorum« (um 1215, Erstdruck 1485) wendet sich in origineller Weise auch den sechs anderen Sakramenten und den Ständen ('status') der Gesellschaft (Mönche, Kaufleute, Richter usw.) zu. Die »Summa de arte praedicandi« (zwei Hss.) behandelt die →Predigt, ihre Formen, Themen, jeweiligen Adressaten und Kunstgriffe (dieser letzte Abschnitt stark von der klass. →Rhetorik geprägt). Die »Sermones« umfassen 25 Predigten für ein gebildetes Publikum. Unediert sind die »Summa de commendatione uirtutum et exterpatione uitiorum« und die »Postillae super Euangelium« (beide München, Bayer. Staatsbibl.). J. Longère

Ed.: Summa confessorum, ed. F. BROOMFIELD, 1968 – Summa de arte praedicandi, ed. F. MORENZONI, 1988 (CChrCM, 82) – Sermones, ed. DERS., 1993 (CChrCM, 82 a) – Lit.: DSAM XV, 794–796 – F. MORENZONI, Des écoles aux paroisses. Th. et la promotion de la prédication au début du XIIIe s., 1995.

26. Th. de Courcelles, Theologe der Pariser Univ., * wahrscheinl. um 1400 im Amiénois, † 23. Okt. 1469 in Paris, ▭ ebd., Notre-Dame. Kanoniker in Amiens, Laon und Thérouanne, trat Th., während des →Hundertjährigen Kriegs angloburg. Parteigängers, erstmals 1431 im Prozeß gegen →Jeanne d'Arc hervor, wobei der Mitredaktor der lat. Version der Prozeßakten seine auch die Folter Jeannes einschließende Position im Nullitätsprozeß 1456 vergessen zu machen suchte. Mit rhetor. Brillianz wirkte der theol. Magister und mehrfache Rektor für seine Univ. auf dem Kongreß v. →Arras 1435 und warb danach als Redner auf den großen Klerusversammlungen in Frankreich (→Bourges 1438/40) und den Reichstagen in Dtl. (Nürnberg 1438/43, Mainz 1439/41, Frankfurt a.M. 1442) für das Konzil v. →Basel, in das er seit 1433 inkorporiert war. Seit 1437 formulierte er zudem zahlreiche Dekrete, stellte eine (1500 gedruckte) Slg. Konstanzer Konzilsbeschlüsse zusammen, wurde mit der Redaktion der »Gesta« der Versammlung betraut und verfaßte 1440 jene Programmschrift »Grande Periculum«, welche u. a. die Erhebung Felix' V. durch die Synode rechtfertige, an der er als Mitglied des Wahlausschusses und Konklaves wie als Redner der Basler Delegation zu dem ehem. Hzg. v. Savoyen direkt beteiligt war. Exponierter Konziliarist, (bisweilen auch Dr. theol. gen.) Lehrer an der Konzilsuniv., in Savoyen u.a. als Kanoniker zu Lausanne bepfründet, nahm den Sekretär Felix' V. indes das von diesem angebotene Kardinalat nicht an, sondern suchte mit opportunist. Geschick und unter Ausnutzung seiner Pariser Verbindungen den Übergang an den Hof des ehem. und seinerseits versöhnungsbedachten Gegners, Kg. Karl VII. v. Frankreich, in dessen Auftrag er sich schließlich sogar an der Liquidation von Konzil und Schisma beteiligte und dabei u. a. die Revokationsbulle »Tanto nos pacem« Papst Nikolaus' V. mitverfaßte. Der Provisor der Sorbonne und Gönner v. St-Victor war als Kanoniker (1447), Poenitentiar (1451) und Dekan (1458) von Notre-Dame noch mehrfach für Papst (Reform des Ordens v. →Fontevrault) und Kg. (Gesandter auf dem Kongreß v. Mantua 1459) tätig. Heribert Müller

Lit.: DBF IX, 959f. – DHGE XIII, 951f. – H. MÜLLER, Die Franzosen, Frankreich und das Basler Konzil, I, 1990, 213f., 411–414 [Lit.].

27. Th. Diplovatatius → Diplovatatius, Thomas

28. Th. v. Eccleston OFM, ca. 1230–32 nach Gründung der Prov. Anglia dem Orden beigetreten, verfaßte nach 26jähriger Materialslg. einen ca. 1258/60 abgeschlossenen »Tractatus« über die Frühgesch. der engl. Ordensprov. (→Franziskaner, B. IV). In 15 themat. strukturierten Kapiteln bot Th. eine materialreiche Darstellung des Lebens der ersten Brüdergeneration in England mit wichtigen, nur von Th. überlieferten Informationen u. a. über die Spiritualität der Fratres, deren »primitiva puritas« und strenge Armutspraxis, die Prinzipien bei der Ernennung von Predigern und Lektoren sowie über verwaltungstechn. Entwicklungen in der Anglia. Die Darstellung, vielfach mit marginalen Ergänzungen, wirkt in der Stoffbehandlung wirr, in der sprachl. Gestaltung unbeholfen und trägt den Charakter einer Rohfassung. Obwohl Th. zumeist mündl. überliefertes Material verwendete und nur selten selbst Augenzeuge war, erweist sich seine Darstellung weitgehend als zuverlässig, trotz der Tendenz, die Lebensweise der ersten Generation als vorbildl., ja unerreichbar für jüngere Fratres zu verherrlichen. D. Berg

Ed. und Lit.: Tractatus Fr. Th. vulgo dicti de E., ed. A. G. LITTLE, 1951² – Franziskan. Q.schrr. 6, 1957, 30–35 – A. GRANSDEN, Historical Writing in England, I, 1974, 553 [Register] – Espansione del Francescanesimo, 1979, 123ff. – I compagni di Francesco e la prima generazione minoritica, 1992, 353 [Register] – D. BERG, Gesch.sschreibung und hist. Bewußtsein (Frate Francesco d'Assisi, 1994), 243ff.

29. Th. of Erceldoune. Vater (Th. E. V., † vor 1294) und Sohn (Th. E. S.) aus Earlston verschmolzen im schott. Bardenidol Th. E. Die →Ballade (B. II, 4) »Thomas the Rhymer« widmet Th. E. V. 18 Vierzeiler, meist »abcb« oder »abab«. Die Versromanze »Th. of E.« liegt von fünf Hss. des 15./16. Jh. am reinsten im →Thornton Ms. (Lincoln Cathedral MS 91) von 1430–40 in nördl. Mundart vor. Die 700 Verse von Vor- und drei Hauptfitten (→Fitte) zu (oft vierhebig-achtsilbig) kreuzreimenden Vierzeilern neigen zu Balladenstil, -tempo und -kohärenz. »Th. of E.« greift zu Stab- und Binnenreim, etymolog. Figuren, Farb-, Tier- und Zahlensymbolik. Ortsnamen lokalisieren die Traum- und Visionendichtung in Schottland. Im Natureingang eines Maimorgens auf den Huntley Banks trifft Barde Th. E. (V.) eine Fee. Der Liebesakt verwandelt die Fee und Seherin in ein häßl. Weib. Vom Eildon Hill erschauen Fee und Th. E. vier Wege zu Himmel, Paradies, Fegefeuer und Hölle. Fitte I schließt mit Th. E. Abschiedsbitte um ein Wahrheitszeichen; Fitten II, III entfalten Th. E.s (S.) Suche und Prophetien über Kron- und Landesschicksal bis 1388. »Th. of E.« schöpft aus kelt. Q., europ. Volksgut, →Geoffrey of Monmouth, →Giraldus Cambrensis, →»South English Legendary«, »Sir Orfeo«, »Awntyrs of Arthure« und Zeitgesch. Unklar bleiben Identität von Th. E. V./S., Verfasserschaft der Texte, Mündlichkeit/Schriftlichkeit, Entstehung von »Th. of the R.« (vor oder nach »Th. of E.«?). H. Weinstock

Bibliogr.: NCBEL I, 475f. – ManualME 5, XIII, 1524–1527, 1719–1722; 6, XV, 1762f., 1801–1803 – *Ed.*: D. S. BREWER-A. E. OWEN, The Thornton Ms., 1975 – I. NIXON, The E, I, 1980; II, 1983 – *Lit.*: Dict. of the MA X, 1988, 146–149 – E. B. LYLE, The Relationship between Th. the R. and Th. of E., Leeds Studies in English 4, 1970, 23–30.

30. Th. v. Erfurt, Sprachphilosoph und Logiker, studierte um oder kurz vor 1300 an der Pariser Artistenfakultät und war anschließend in Erfurt als magister artium an der Schule v. St. Severi und der des Schottenklosters tätig. Seine Lebensdaten sind nur aus Hss. seiner Werke oder aus Kommentaren zu diesen, wo er gelegentl. auch als Th. Occam bezeichnet wird, rekonstruierbar. Als Zeitraum seiner wiss. Wirksamkeit gilt bes. das erste Viertel des 14. Jh. Das insgesamt den Einfluß der Pariser Artistenfakultät dokumentierende Werk des Th. umfaßt nach heutigem Kenntnisstand die Hauptschrift »Novi modi significandi« (auch »Tractatus de modis significandi sive grammatica speculativa«) und das elementare grammat. Lehrgedicht »Fundamentum puerorum« sowie Kommentare zur »Isagoge« des Porphyrius, zu »Peri hermenias« (»De interpretatione«) und den »Praedicamenta« (»Categoriae«) des Aristoteles und zum anonymen »Liber sex principiorum«. Aufgrund der »Novi modi significandi«, die bis zur Richtigstellung durch M. GRABMANN lange →Johannes Duns Scotus zugeschrieben wurden, gilt Th. neben Radulphus Brito, →Boethius und →Martinus de Dacia, →Siger v. Courtrai und →Simon v. Faversham als Hauptvertreter der Schule der →Modisten. Die von diesen repräsentierte Tradition der →spekulativen Grammatik hatte nicht zuletzt dank Th., dessen »Novi modi significandi« ihr am weitesten verbreitetes Lehrbuch in Mitteleuropa waren, in Erfurt einen bedeutenden Standort. Ch. Kann

Ed. und Lit.: M. GRABMANN, Th. v. E. und die Sprachlogik des ma. Aristotelismus, SBA.PPH 2, 1943 – J. PINBORG, Die Entwicklung der Sprachtheorie im MA, BGPhMA 42, 2, 1967 – G. L. BURSILL-HALL, Grammatica Speculativa of Th. of E. [Einf., Ed., Übers.], 1972 – D. GABLER, Die semant. und syntakt. Funktionen im Tractatus »De modis significandi sive grammatica speculativa« des Th. v. E. Die Probleme der ma. Semiotik, 1987 – S. LORENZ, Studium Generale Erfordense, 1989, 312–325.

31. Th. de Francia, legendärer Gründer der Kongregation v. Mantua OCarm →Connecte, Thomas.

32. Th. v. Froidmont OCist, * um die Mitte des 12. Jh. in Beverley, verfaßte auf der Basis der Vorgängerviten eine stilist. glänzende Vita des →Thomas Becket (zw. 1214 und 1224; vermutl. zur Translatio v. 1220). Sein Brief an den Mitbruder H. (→Helinand v. Froidmont?) vergleicht die Lebensformen der →Zisterzienser und →Kartäuser. Von den wechselvollen Abenteuern seiner elf Jahre älteren Schwester handelt sein Opus geminum »Hodoeporicon et pericula Margarite Iherosolimitane«. Die nach der Einnahme Jerusalems 1187 in sarazen. Gefangenschaft geratene Margareta trat später in die Zisterze Montreuil-sur-Laon ein. P. G. Schmidt

Ed. und Lit.: Dict. des Auteurs Cisterciens, 1975, 681f. [fehlerhaft] – P. G. SCHMIDT, Peregrinatio periculosa (Fschr. F. MUNARI, 1986), 461–485 – DERS., Th. v. F., 1989 – Th. v. F., Die Vita des Hl. Thomas Becket, ed. DERS., 1991.

33. Th. v. Gaeta, aus der Familie der Maltacia, 1191–93 Notar Kg. →Tankreds, dann Diplomat der Ksn. →Konstanze I. bei Coelestin III. und Innozenz III.; unter des letzteren siz. Regentschaft 1199–1200 Notar der kgl. →Kanzlei, 1202 Magister iustitiarius der kgl. Kurie, 1204 und 1206 Unterhändler der Machthaber in Palermo, 1212–13 Friedrichs II. bei Innozenz III. Während Friedrichs Aufenthalt in Deutschland (1212–20) diente er dessen Gemahlin Konstanze; nach 1220, nun wohl als Privatmann, mahnte er den Ks. mehrfach in Briefen, zuletzt 1226, zum Frieden mit dem Papst (Honorius III.) und zur milderen Behandlung der Untertanen. Das Briefbuch des frommen und lit. hochgebildeten Th. ist eine wertvolle hist. Quelle. H. M. Schaller

Ed. und Lit.: P. KEHR, Das Briefbuch des Th. v. G., QFIAB 8, 1905, 1–76 – H. M. SCHALLER, ADipl 3, 1957, 283f. – H. ZIELINSKI, DA 36, 1980, 451f. – DERS., Tancredi et Willelmi regum diplomata, 1982, XXf. – R. NEUMANN, Parteibildungen im Kgr. Sizilien während der

34. Th. (Gallo) v. Vercelli (Th. v. St-Victor; Th. Gallus), † 5. Dez. 1246 in Vercelli, Augustiner-Chorherr in St-Victor (→Paris, C. II [5]), Mystiker, Mitbegründer der Abtei St. Andreas, Vercelli, wo er 1224 zum Prior und 1226 zum Abt bestellt wurde. Beschuldigt, bei der Auseinandersetzung →Friedrichs II. mit dem Papsttum Anhänger des Ks.s zu sein, verlor er 1243 die Abtswürde und wurde exkommuniziert. Es scheint, daß Th. kurz vor seinem Tod nach Vercelli zurückkehren konnte. Neben kleineren Traktaten und Briefen (ed. J. WALSH, 1963, 199-220) verfaßte er, Paris 1218, eine Realkonkordanz zur Bibel, Kommentare zu Isaias (ed. G. THÉRY, 1936, 146-162), zum Hld (ed. J. BARBET, 1967, 65-232) und zum Corpus Dionysiacum, u. a. Glossae super Caelestem Hierarchiam, 1224; Glossae super Theologiam Mysticam, 1232-33 (ed. M. ALONSO, Petro Hispano, Expositio librorum Beati Dionysii, 1957, 512-671) sowie eine dreiteilige Explanatio: exp. theologiae mysticae, Vercelli um 1241 (ed. G. THÉRY, 1934); exp. de divinis nominibus, Vercelli 1242; exp. caelestis hierarchiae, Ivrea 1244. Th. war befreundet mit →Antonius v. Padua, →Egidius v. Assisi, →Robert Grosseteste. Von seiner myst. Theologie zeigte sich noch →Johannes Carlerius de Gerson beeinflußt. M. Gerwing

Lit.: DSAM XV, 800-816 – M. CAPELLINO, Tommaso di San Vittore, 1978 [Lit. 207-214] – M. CAPELLINO, Tommaso il primo abate di S. Andrea, 1982 – K. RUH, Gesch. der abendländ. Mystik, II, 1993 – P. DINZELBACHER, Chr. Mystik im Abendland, 1994.

35. Th. del Garbo →Del Garbo, Tommaso

36. Th. Good v. Docking, Franziskaner, Exeget, * Docking/Norfolk, † nach 1269; Siebenter OFM-Lehrer zu Oxford um 1264-66. Gemäß Oxforder Schule (→Robert Grosseteste, →Roger Bacon) wird Theologie als Bibelauslegung verstanden, in die Th. naturwiss. und ethische Fragen sowie klass. und kirchl. Autoritäten einbezieht. Doch hat er einen Sentenzenkomm. verfaßt (erwähnt 1372 in Bibl. CanA York), der verschollen scheint. Am beginnenden Armutstreit zw. Franziskanern und Dominikanern nimmt Th. teil; kritisiert bes. auch ma. Bilderverehrung. J. Schlageter

Werke (hsl.): Komm. zu Dt, Jes, Paulinen (außer Röm), z. T. zu Ijob, Lk (RBMA 5, 356-361) – Lit.: A. G. LITTLE, Th. D. and his Relations to Roger Bacon, Essays in History, 1927, 301-331 – B. SMALLEY, The Study of the Bible in the MA, 1959 – J. I. CATTO, New Light on Th. D., MARS 6, 1968, 135-149 – DERS., The Early Oxford Schools: The Hist. of the Univ. of Oxford, 1, 1984 – R. LAMBERTINI, Momenti della formazione dell'identità francescana (1255-1279), Atti del XVIII Convegno internaz. Assisi, 1992, 125-172.

37. Th. de Hibernia (von Irland), * vor 1265/75, † nach 1316, wahrscheinl. 1329, sicher vor 1338; vor 1295 Mag. artium. Bacc. theol., an der Sorbonne bis etwa 1306, später wohl in Paris Weltgeistlicher (eine Ordenszugehörigkeit ist nicht belegt). In steter Verbindung mit der Sorbonne benutzte er deren Bibliothek, vermachte ihr Hss. – Weiteste Verbreitung (über 180 Hss., bes. auch in Dtl.) erlangte der umfangreiche, 1306 vollendete »Manipulus florum«, eine alphabet. nach Schlagwörtern geordnete, patrist. und röm. Autoren zitierende Auctoritates-Sammlung (→Florilegien), die zumeist auf Exzerptsammlungen des 13. und 12. Jh. gründet; in der β-Tradition ist →Johannes Gallensis als Vorgänger genannt. Der »Manipulus florum« wurde ein Hb., dessen Verwendung als Fundgrube →Petrarca (contra cuiusdam Galli calumnias apologia) Johannes v. Hesdin vorhält. – 1316 und vor 1321 entstanden drei kleine, aufeinander aufbauende Traktate: »De tribus punctis religionis Christiane« (für Seelsorger), »De tribus ordinibus hierarchie angelice et ecclesiastice«, meist: »De tribus hierarchiis« (für monarch. Organisation der Kirche) und »De tribus sensibus (oder: expositionibus) sacre scripture« (über die Schriftsinne); weit verbreitet war nur der erste der Traktate (über 120 Hss.), bes. in Böhmen, da →Ernst v. Pardubitz ihn 1349 in seine Provinzialstatuten für die Erzdiöz. Prag aufnahm. Th. wurde bisweilen mit Th. Hibernicus (OMin in L'Aquila, Schüler des Petrus de Hibernia, † ca. 1270) sowie mit Th. Palmer (OP, wohl aus Palmerstown in der Gf. Kildare, 1391 in Winchester u. ö. in England bezeugt, zuletzt 1415) gleichgesetzt. E. Rauner

Lit.: R. H. und M. A. ROUSE, Preachers, Florilegia and Sermons: Studies on the 'Manipulus florum' of Th. of Ireland, 1979.

38. Th. de Jorz OP, † 13. Dez. 1310 in Grenoble. 1297 als Magister und Prior in Oxford nachgewiesen, 1297-1303 Ordensprovinzial in England, am 13. Dez. 1305 zum Kard. erhoben. Erhalten sind drei Predigten von 1291/92 und ein Brief an Robert v. Winchester, Ebf. v. Canterbury. Die Zuschreibung eines Sentenzenkomm.s ist zweifelhaft. W. Senner

Lit.: A. B. EMDEN, A Biographical Register of the University of Oxford, 2, 1958, 1023 – M. GRABMANN, Neu aufgefundene lat. Werke dt. Mystiker (1922) (Gesammelte Akademie-Abh. 1, 1979), 16 – TH. KAEPPELI–E. PANELLA, Scriptores OP medii aevi, 4, 1993, 371f. [Bibliogr.].

39. Th. (Hemerken) a Kempis (Th. Malleolus a Kempis; Th. v. Kempen), * um 1379/80 in Kempen bei Krefeld, † 25. Juli 1471 Kl. Agnetenberg bei Zwolle, bedeutender Vertreter der →Devotio moderna, kam dreizehnjährig durch seinen älteren Bruder Johannes († 1342, Augustiner-Chorherr in Windesheim) nach Deventer in die Schule des Johannes Boom. Dort geriet Th. in Kontakt mit den →Brüdern vom Gemeinsamen Leben und unter den Einfluß des Florentius →Radewijn, in dessen Haus er seit 1398 mit zirka 20 Brüdern lebte. 1399 trat Th. in das Augustiner-Chorherren-Kl. St. Agnes bei Zwolle ein, wurde 1414 zum Priester geweiht, 1425 Prior, 1447/48 Subprior und dazwischen Novizenmeister und Prokurator. Th. war Seelsorger, Prediger und Verfasser von zahlreichen asket., myst. und homilet. Schriften (Chronica montis St. Agnetis, Sermones, Meditationes, Traktate, Gebete, über hundert Cantica), Briefen und Biographien. Er betätigte sich als Kopist zahlreicher Hss. (viermal die gesamte Bibel, das Meßbuch, die Werke Bernhards v. Clairvaux) und als scriptor (Schreiber) der →Imitatio Christi (Autograph: Kgl. Bibl. Brüssel, HS 5855-61), deren Text er schließlich kompiliert, überarbeitet und ediert hat. M. Gerwing

Lit.: Th. H. a K., opera omnia, hg. M. J. POHL, 1902-22 – Imitatio Christi, ed. T. LUPO (Storia e Attualità 6, 1982) – R. R. POST, The Modern Devotion. Confrontation with Reformation and Humanism, 1968 – H. N. JANOWSKI–G. GROOTE, Th. v. K. und die Devotio Moderna, 1978 – J. VAN ENGEN, Devotio Moderna, 1988 – Serta Devota in memoriam Guillelmi Lourdaux, hg. W. VERBEKE–M. HAVERALS u. a., 2 Bde, 1992/95 – G. KRANZ, Th. v. K., 1993 – M. GERWING, Die sog. Devotio Moderna (Jan Hus – zw. Zeiten, Völkern, Konfessionen, hg. N. KOTOWSKI–F. SEIBT, 1996).

40. Th. Kent →Kent, Thomas

41. Th. v. Kent, Autor der nach 1250 entstandenen, anglonorm. →Romanze »Roman de Toute Chevalerie«, mit der der im MA sehr beliebte Alexanderstoff (→Alexander d. Gr., B. VIII) in England verbreitet wurde. Die Romanze ist verschiedenen frz. und lat. Vorlagen verpflichtet, v. a. der »Zacher Epitome« von Julius Valerius, einer Kurzfassung des Ps.-Callistenes, und der »Collectanea rerum memorabilium« von →Solinus. Sie diente ihrerseits als Vorlage für die vor 1350 (wohl ca. 1300) entstandene me. Romanze »Kyng Alisaunder«. Die klass. Bildung und der religiöse Ton lassen im Autor einen Angehörigen des Klerus vermuten, über dessen Person ansonsten nichts bekannt ist. – Das Werk ist in drei umfangreichen, z. T. reich illustrierten Mss. und einem Frgm. erhalten. Das älteste Ms. ist Cambridge, Trinity College O.9.34. M. L. Thein

Bibliogr.: GRLMA IV/2, 468 – GromPhil II, 581 – R. BOSSUAT, Manuel bibliogr. de la litt. du MA, 1951, 981–989 – D. C. CABEEN–U. T. HOLMES, A Critical Bibliogr. of French Lit., I: The Medieval Period, 1952², 942–945 – *Ed.:* P. MEYER, Alexandre le Grand dans la litt. française du MA, I, 1886, 195–235 [Auszüge] – B. FOSTER–I. SHORT, Anglo-Norman Texts, 29–31, 32–33, 1976–77 – *Lit.:* P. MEYER, Alexandre le Grand dans la litt. française du MA, 1886, Bd. II, Kap. 10, 273–299 – H. SCHNEEGANS, Die Sprache des Alexanderromans von Eustache v. Kent, ZFSL 31, 1907, 1–30 – The Medieval Alexander, hg. G. CARY–D. J. A. ROSS, 1956 – D. J. A. ROSS, Alexander Historiatus, A Guide to Medieval Illustrated Alexander Lit., 1988², 25–27.

42. Th. Magistros, byz. Grammatiker und Philologe aus →Thessalonike, seit 1301 sicher belegt, † bald nach 1346. Aus seiner Schule gingen bedeutende byz. Gelehrte hervor (u. a. Gregorios →Akyndinos, höchstwahrscheinl. Demetrios →Triklinios). Th., der sich sowohl mit Prosa als auch mit Versdichtung beschäftigte, schuf mit der Ἐκλογὴ ὀνομάτων καὶ ῥημάτων Ἀττικῶν das letzte bedeutende attizisierende →Lexikon der byz. Lit., gestützt v. a. auf Thukydides und Aristophanes. Th. kompilierte (oft geringwertige) Scholien zu Aischylos, Sophokles, Euripides und Pindar. Nicht erweisbar ist, daß seine philolog. Tätigkeit im Sinne einer Antizipation von krit. Editionsmethoden gewertet werden kann. Die rhetor. Schriften (→Rhetorik, II) des Th. sind in erster Linie Schuldeklamationen (etwa Reden der Väter zweier Gefallener der Schlacht v. Marathon). Zwei dieser Reden, deren Thema der Streit der athen. Politiker Demosthenes und Leptines bildet, galten lange als Werk des kaiserzeitl. Rhetors Ailios Aristeides (2. Jh. n. Chr.). In einem →Fürstenspiegel handelt Th. die gewohnten Topoi des Genres ab, angereichert um einige prakt., meist wirtschaftl. Ratschläge. Eine weitere Schrift befaßt sich mit der Sozialstruktur des Reiches und den Pflichten der Untertanen. Es sind etwa zehn Briefe erhalten. E. V. Maltese

Ed.: Thomae Magistri... Ecloga vocum Atticarum, ed. F. RITSCHL, 1849 [Neudr. 1970] – Fünf Reden Th. Magisters, hg. F. W. LENZ, 1963 – MPG 145, 215–548 – *Übers.:* W. BLUM, Byz. Fürstenspiegel, 1981, 49–53, 99–193 [Teilübers.] – *Lit.:* Tusculum-Lex., 1983³, 798f. – HUNGER, Profane Lit., I, 164; II, 71–73 – N. G. WILSON, Scholars of Byzantium, 1983, 247–249 – S. SKALISTES, Θ. Μ., βίος καὶ ἔργον, 1991.

43. Th. v. Marga, Nestorianer, seit 832 Mönch, bald Abt im Kl. Bēt ᶜĀbē, dann Sekretär des nestorian. Patriarchen Abraham II. (837–850), schließlich Bf. v. Marga und Metropolit v. Beth Garmai, während sein Bruder die Würde eines Katholikos bekleidete. Th. verfaßte drei Werke: »Geschichten über einige Heilige« (verloren); »Geschichte des Kl. des Rabban Kyprian« in Birta; »Buch der Oberen« (5 Bücher; vollendet nach 850), d. h. die Gesch. des Kl. Bēt ᶜĀbē unter Einbeziehung des nestorian. Mönchtums vom 6.–9. Jh., eine wichtige Quelle für die nestorian. Kl.- und Kirchengesch. J. Aßfalg

Ed.: E. A. W. BUDGE, 1893 [mit engl. Übers.] – P. BEDJAN, 1901 – BKV² 22, 1915, 289–317 [O. BRAUN, dt. Auszüge] – *Lit.:* A. BAUMSTARK, Gesch. der syr. Lit., 1922, 233f. – J.-B. CHABOT, Lit. syrienne, 1934, 110f. – J.-M. FIEY, T. de M., Le Muséon 78, 1965, 361–366 – DERS., Assyrie Chrétienne, I, 1965 – I. ORTIZ DE URBINA, Patrologia Syriaca, 1965², 217 – M. ALBERT u. a., Christianismes Orientaux, 1993, 365.

44. Th. Occam → Thomas v. Erfurt (30. Th.)

45. Th. v. Pavia OMin, † um 1280; zw. 1240 und 1258 Lektor in Parma, Bologna und Ferrara. 1245 begleitete er den Generalvikar OMin Bonaventura da Iseo zum Konzil v. →Lyon. Seit 1258/60 bis 1278 Provinzialminister der Toskana. 1267 begleitete Th. Kg. →Karl I. v. Sizilien auf seinem Feldzug in die Toskana; bei anderen Gelegenheiten weilte er an dessen Hof. Reisen führten ihn nach Dalmatien, Paris, Köln und Prag. Salimbene schreibt ihm ein umfangreiches Geschichtswerk zu, eine Predigtsammlung und ein wegen seiner Masse »Bos« gen. theol. Werk. Als authentisch gelten heute die »Gesta imperatorum et pontificum« (nicht vor 1279 zu datieren, Verfasservermerk in der ältesten Hs.) sowie die »Distinctiones Bos« (Haupths. Bibl. Laur. in Florenz). DELORME schreibt ihm den »Dialogus de gestis sanctorum fratrum Minorum« und die pseudo-bonaventurian. »Ars concionandi« zu. GAMBOSO schließt bei seinen Forschungen über die Hagiographie des hl. Antonius des Th. Verfasserschaft der Legenda I »Assidua« und der im »Dialogus« enthaltenen Vita aus. D. Ciccarelli

Ed. und Lit.: Salimbene, MGH SS XXXII, 333, 430 – Gesta imperatorum et pontificum, hg. E. EHRENFEUCHTER, MGH SS XXII, 483–528 – G. GOLUBOVICH, Bibl. bio-bibliografica della Terra Santa, I, 1906, 309–316 – Diz. francescano. I mistici, I, 1995, 733–754 – Dialogus de gestis sanctorum fr. Minorum, ed. F. DELORME, 1922 – E. LONGPRÉ, Les »Distinctiones« de fr. T. de Papie, AFH 16, 1923, 3–33 – V. GAMBOSO, Vita del »Dialogus« e »Benignitas«, 1986.

46. Th. v. Perseigne (wahrscheinl. auch Th. Cisterciensis) OCist, Ende 12./Anfang 13. Jh. Mit dem Namen des Th. wird in einigen der über 60 Textzeugen ein umfangreicher Kommentar zum Hld verbunden, der aufgrund der Widmung an Bf. Pontius v. Clermont-Ferrand zw. 1170 und 1189 datiert werden kann. Feingliedrige Distinktionen, engmaschige, kompilator. Arbeitsweise sowie die mutige Verwendung profanantiker Dichtung verleihen dem Werk über den exeget. Anspruch hinaus enzyklopäd. Charakter. Diese Eigenschaften kennzeichnen auch die bisher nicht edierte Schrift »De praeparatione cordis«, als deren Autor Th. gesichert ist. Ob aufgrund der gelegentl. Zuschreibung seines Kommentars an Thomas de Vaucelles die Identität des Th. mit dem Verfasser einer Sermonessammlung (vgl. SCHNEYER) behauptet werden kann, ist derzeit nicht entscheidbar. Beeinflußt von →Hugo und →Richard v. St. Victor, vertritt Th. mit diesen gegen zeitgenöss. Tendenzen ein integratives Wissenschaftskonzept, in dem er die Bibelauslegung als Inbegriff eines wissenschaftl. Weltverhältnisses versteht, und bezeugt damit die Wechselwirkung zw. zisterziens. und viktorin. Theologie im 12. Jh. M.-A. Aris

Ed. und Lit.: MPL 206, 17–862 – RBMA V, 374–378; IX 410 – DSAM XV, 796–800 [Bibliogr.] – J. B. SCHNEYER, Rep. der lat. Sermones des MA..., 5, 1974, 673–708.

47. Th. (Pseudo-Thomas) → Thomas v. Aquin (16. Th.)

48. Th. Ringstead (Ringstede), engl. Dominikanertheologe, Bf., * vermutl. in Parva (Gft. Norfolk), † 15. Jan. 1366 in Shrewsbury, stud. in Cambridge, wird zum 15. Sept. 1348 als Mag. theol. erstmals erwähnt (Scriptum super I et II Sententiarum, Hs. Erfurt Cod. A 4, fol. 1–20) und hinterließ einen einflußreichen Komm. zu den Spr (lectura super Proverbia Salomonis, gekürzt ed. Paris 1519; 20 Hss. erhalten). Th. war canonicus poenitentiarius des Bm.s →Ely u. wurde um 1353 päpstl. Pönitentiar in Avignon für die engl. Nation. 1356 schickte Innozenz VI. ihn als Nuntius zu Kg. Eduard III. 1357 Bf. v. →Bangor Fawr, Carnarvon/→Caernarfon (Ernennung am 21. Aug., Weihe in Avignon am 17. Sept. 1357). M. Gerwing

Lit.: RBMA V, nn. 8171f. - B. SMALLEY, Engl. Friars and Antiquity, 1960 - P. ZUTSHI-R. OMBRES, The Dominicans in Cambridge 1238-1538, AFP 60, 1990, 313-373.

49. Th. (III.) v. Saluzzo, ca. 1356–1416, ab 1396 Mgf.

v. →Saluzzo, Verf. des »Chevalier errant« (C. E.), eines vor 1405 fertiggestellten umfangreichen Romans in Vers und Prosa. In Paris läßt Th. eine Hs. (Paris, BN fr. 12559) des C. E. illustrieren und kehrt 1405 mit dieser und anderen Hss., u.a. die interpolierte Fassung des →Fauvel (Paris, BN fr. 146), nach Saluzzo zurück. Die Illustrationen dieser beiden Hss. bildeten z.T. die Vorlagen für die Fresken im Schloß La Manta, die nach dem Tod des Th. von dessen Sohn veranlaßt wurden. Der im Roman verarbeitete Stoff ist enzyklopäd., finden sich doch neben langen Passagen zur Welt-, Kirchen- und Zeitgesch. zahllose lit. Reminiszenzen, Legenden und →Exempel. Die allegor. Reise beginnt im Land des Liebesgottes, in welchem die ma. Romanfiguren agieren, geht dann in das Reich der Fortuna, wo hist. Persönlichkeiten auftreten, und endet im Haus de Connaissance, in welchem die negativen Peripetien von Amor und Fortuna in der Perspektive der göttl. Liebe aufgehoben werden. Wichtig als Rezeptionsdokument eines adligen Lesers, ist der C. E. jedoch mehr, denn hinter der Fülle des Stoffes verbirgt sich die Suche nach der 'Connaissance'. Die Erzählhaltung des Autors ist komplex, denn die Geschichte wird sowohl in der ersten wie in der dritten Person erzählt. Lesefrüchte und persönl. Erleben des Autors ergeben eine in ihrer Art singuläre 'Consolatio'. M.-R. Jung

Ed.: M. J. WARD [Diss. Univ. of North Carolina 1984] – *Lit.:* DLFMA 1992², 1440 – P.-Y. BADEL, Le Roman de la Rose au XIVᵉ s., 1980 – E. RUHE, Der C. E. auf enzyklopäd. Fahrt (Artusrittertum im späten MA, hg. F. WOLFZETTEL, 1984), 159–176 – M. L. MENEGHETTI, Il ms. fr. 146 della B. N. di Parigi e gli affreschi della Manta, Romania 110, 1989, 511–535 [auch in: La Sala baronale del Castello della Manta, hg. G. ROMANO, 1992 (mit Farbtaf.)] – A. M. FINOLI, Fête de cour et fête de ville dans le C. E., Fifteenth-Cent. Stud. 19, 1992, 33–53 – F. BOUCHET, Le C. E.: lectures de la description et description de la lecture, Bien Dire et Bien Aprandre 11, 1993, 81–104 – C. SEGRE, Appunti su Le C. E. (Mél. M. BURGER, 1994), 355–360.

50. Th. Schelling → Schelling, Thomas

51. Th. v. Split → Toma v. Split

52. Th. v. Štítné, * um 1335 in Štítné (Südböhmen),

† vor 1409 (wohl 1401) in Prag; niederadliger Herkunft, studierte in Prag, erreichte jedoch keinen akadem. Grad. Um 1380 siedelte Th. nach Prag um und widmete sich der geistigen Schriftstellerei, wobei ihn bes. die Reformlehre des →Milíč z Kroměříže beeinflußte. In zahlreichen Schriften und Traktaten gab Th. Anweisungen für das harmon. Funktionieren der chr. Standesgesellschaft (v.a. »Büchlein vom Schachspiel«, Traktat »Über neun menschl. Stände, die den neun Engelschören ähnlich sind«). Er forderte im Sinne der zeitgenöss., insbes. von der →Mystik und →Devotio moderna beeinflußten Reformgedanken die Verinnerlichung des religiösen Denkens bei allen sozialen Schichten (»Sechs Bücher über die allg. chr. Angelegenheiten«). Die engen Beziehungen seiner Tochter Anna zur Bethlehemskapelle um 1400 belegen seine Verbindung auch zu dem Reformkreis um Johannes →Hus. Hauptsächl. Verdienst Th.' sind die Übersetzungen zahlreicher fremdsprachiger theol. Texte ins Tschechische. M. Polívka

Ed.: Knížky šesttery o obecných věcech křesťanských, ed. K. J. ERBEN, 1852 – Knížky o hře šachové a jiné, ed. F. ŠIMEK, 1956 – Sborník Vyšehradský, ed. F. RYŠÁNEK, 2 Bde, 1960–69 – *Lit.:* J. GEBAUER, O životě a spiscích Tomáše Štítného, 1923 – J. M. KLASSEN, The Nobility and the Making of the Hussite Revolution, 1978.

53. Th. v. Straßburg (de Argentina) OESA, überragender Theologe und Ordensgeneral, * vor 1300 Hagenau

(Elsaß), † 1357 Wien. Nach Studien in Padua (um 1315/16) und Lehrjahren in Straßburg, hielt er um 1336 in Paris seine Sentenzenlesung und wurde 1341 Mag. Theol. 1343–45 war er Provinzial und 1345–57 Generalprior der Augustiner. Als solcher hat er durch sog. »Additiones« die Ordenskonstitutionen den Zeitverhältnissen angepaßt. Sein Sentenzenkommentar (5 Druckausg.), der alle 4 Bücher umfaßt, wurde wegen seiner Stoffülle, Prägnanz und Klarheit weit über seinen Orden hinaus bis in die NZ hinein geschätzt. Er trug Th. den Ehrentitel »doctor acutus« ein. Von seinen Predigten und sonstigen Schriften ist nichts erhalten geblieben.

In seiner Lehre ist T. ein treuer, aber selbständiger Schüler des →Aegidius Romanus. Neue Wege ging er in der Frage nach dem Grund der Prädestination, den er in dem von Gott vorausgesehenen Mitwirken des Menschen sieht, und mit seiner positiven Stellungnahme zur Lehre von der unbefleckten Empfängnis Mariens. Auch vertrat er über die »potestas Dei absoluta« gelegentl. Sätze, die den Einfluß der Via moderna kundtun. A. Zumkeller

Lit.: DSAM XV, 872f. – LThK² X, 147f. – NCE XIV, 122f. – Marienlex. VI, 412f. – ZUMKELLER, Augustinerschule, 212–214 [ältere Lit.] – DERS., Handschriften, 383–387 – F. FERNANDEZ, La evidencia de la existencia de Dios en la Escuela Agustiniana del siglo XIV, 1965 – P. VARA, Archivo Teológico Agustiniano 2, 1967, 57–83 – A. KUNZELMANN, Gesch. der dt. Augustiner-Eremiten II, 1970, 195–202 u.ö. – K. BINDER (Studia mediaevalia ... P. C. BALIĆ dicata, 1971), 259–281 – C. MATEOS ALVAREZ, Doctrina inmaculista de Th. de S., 1975 – B. HAMM, Promissio, Pactum, Ordinatio, 1977, passim – D. GUTIÉRREZ, Die Augustiner im MA 1256–1356, 1985 [dt.], 65, 98f., 175f. u.ö. – L. A. KENNEDY, Augustiniana 38, 1988, 118–128.

54. Th. v. Sutton (Th. de Sutona, Th. Anglicus), engl.

Dominikanertheologe, * um 1250 in der Nähe von Lincoln, † um 1315, v.a. bekannt durch seine Fortführung der unvollendeten Komm.e des Thomas v. Aquin zu den aristotel. Schr. »Perihermeneias« und »De generatione et corruptione« (ed. E. KELLEY, 1976; CH. LOHR, Traditio 29, 1973, 185–187). Am 20. Sept. 1274 von Walter Giffard, Ebf. v. York, zum Diakon geweiht, predigte er im Schuljahr 1292/93 in der Oxforder Dominikanerkirche und nahm um 1285 in Oxford seine Lehrtätigkeit auf. Th. war schon Dozent (socius), als er Dominikaner wurde. Sein Werk (vollständiger Überblick: W. SEŃKO, 1970) umfaßt die Quästionen der »vier Quodlibeta« (ed. M. SCHMAUS-M. GONZÁLEZ-HABA, 1969), von denen der Stamser Kat. (entstanden um 1305–15) aber nur zwei nennt, die »Quaestiones ordinariae« (ed. J. SCHNEIDER, 1977), die Traktate »Contra pluralitatem formarum« (ed. P. MANDONNET, Thomae Aquinatis Opusc. omnia, V, 308–346), »De productione formae substantialis«, »De ente et essentia« (ed. W. SEŃKO, 1970, 233–259), die Kontroversschr. »Liber propugnatorius contra I Sent. Duns Scoti« (Echtheit zweifelhaft), »Super IVum librum Sent. Duns Scoti«, »Contra Quodl. Joh. Duns Scoti« (ed. J. SCHNEIDER, 1978), »Contra I–III lib. Sent. Roberti Cowton« (hs.), »Impugnat. Aegidium Rom.« und lat. Predigten (J. B. SCHNEYER, Rep. sermonum V, 672). M. Gerwing

Lit.: J. J. PRZEZDZIECKI, Selected Questions from the Writings of Th. of S. (Nine Medieval Thinkers, hg. J. R. O'DONNELL, 1955), 309–378 – B. HECHICH, De immaculata conceptione B. M. V. secundum Th. de S. ..., 1958 – F. J. ROENSCH, Early Thomistic School, 1964 – W. SEŃKO, Trzy studia nad spuscizna i pogladami Tomasza Suttona dotyczacymi problemu istoty i istnienia, Studia medievistyczne II, 1970, 111–283 – S. WŁODEK, La génération des êtres naturels dans l'interprétation de Th. S. (Die Auseinandersetzungen an der Pariser Univ. im XIII. Jh., hg. A. ZIMMERMANN, 1976), 349–360 – E. KELLEY, Two Early English

Thomists. Th. S. and Robert Orford, The Thomist 45, 1981, 345–387 – J. F. WIPPEL, Th. of S. on Divine Knowledge of Future Contingents (Quodlibet II, qu. 5) (Knowledge and the Sciences in Medieval Philos., Proceedings of the Eighth Internat. Congress of Medieval Philos., Helsinki 1987, hg. M. ASZTALOS u.a., II, 1990), 364–372 – F.-X. PUTALLAZ, La connaissance de soi au MA: Siger de Brabant, AHDL 59, 1992, 89–157 – O. BOULNOIS, Question disputée sur l'abstraction d'un concept unique, ebd. 60, 1993, 293–331.

55. Th.v. Tolentino OMin, sel. (Fest in Tolentino 6., im OFM 9. April), * um 1260 in Tolentino (Marken), † 1321 in Tana (bei Bombay). Th. trat 1275 in den Minoritenorden ein. Er wurde als Anhänger des →Angelus Clarenus und der in den Marken wirkenden →Spiritualen eingekerkert. 1289 erlangte er die Freiheit wieder und begab sich im folgenden Jahr als Missionar nach Armenien, wo er die Freundschaft Kg. Hethums II. errang, der ihn 1291 zu Nikolaus IV. und zu den Kg.en v. Frankreich und England sandte, um Hilfe gegen die Sarazenen zu erbitten. 1295 verteidigte er die Spiritualen vor dem Generalminister Johannes v. Morrovalle. 1307 erwirkte er im Auftrag →Johannes' de Monte Corvino, des ersten Ebf.s v. Peking, bei Clemens V. Unterstützung für die Mission. 1320 schiffte er sich in Hurmuz mit seinen Mitbrüdern Jakobus v. Padua, Petrus v. Siena und Demetrius v. Tiflis nach China ein. In der Nähe des heutigen Bombay mußten sie bei der Salsette-Insel landen, wurden in Tana von einigen nestorian. Christen empfangen, jedoch von Muslimen gefangengenommen und am 9. April (Petrus am 11.) 1321 enthauptet. Ihr Martyrium ist, v.a. durch →Odoricus v. Pordenone bezeugt, der 1326 ihre Gebeine auf dem Seeweg nach Zaitūn (Ch'üanchov, China) übertrug. Seit dem 14. Jh. werden sie im Martyrologium Franciscanum kommemoriert und als Selige bezeichnet (Kult 1894 bestätigt).
D. Ciccarelli

Lit.: AASS Aprilis, I, 1866, 51–56 – Vie de Saints, IV, 24–26 – C. MARIOTTI, Breve istoria del b. Tommaso da T. e dei suoi compagni, 1894 – G. GOLUBOVICH, Biblioteca bio-bibliografica della Terra Santa, 1906–07, II, 70–71, 110–112; III, 211–213 – H. DELEHAYE, Saints de T., AnalBoll 61, 1943, 5–28.

56. Th. v. Vercelli → Thomas (Gallo) v. Vercelli (34. Th.)

57. Th. v. Villanova OESA, hl. (Fest: 22. Sept.), * 1486 Fuenllana (Ciudad Real), † 8. Sept. 1555 Valencia, angesehener Prediger und geistl. Schriftsteller. Nach Lehrjahren als »magister artium« in Alcalá (1513–16) trat er 1516 in das Augustinerkl. v. Salamanca ein. Seit 1519 war er Prior in verschiedenen Kl. und 1527–29 und 1534–37 Provinzial. 1544 wurde er Ebf. v. Valencia, erfüllt vom Geist der tridentin. Kirchenreform und gerühmt wegen seines asket.-anspruchslosen Lebens und seiner vorbildl. karitativen Tätigkeit, bes. für Arme und Kranke. Seine Predigten und geistl. Schriften bieten einen wertvollen Beitrag zur spirituellen Lit. seiner Zeit. A. Zumkeller

Ed.: Conciones, zuletzt in 6 Bdn., Manila 1881–97 – Opúsculos castellanos, Valladolid 1885 – Von der göttl. Liebe nach dem hl. T. v. V., übers. F. KAULEN, 1896[2] – *Bibliogr.:* Rev. Agustiniana 28, 1987, 671–725 – *Lit.:* Bibl.SSXII, 591–595 – DSAM XV, 874–890 [ältere Lit.] – ECatt XII, 252 – LThK[2] X, 150 – Marienlex. VI, 413–415 – NEC XIV, 123f. – Wb. der Mystik, ed. P. DINZELBACHER, 1989, 496–498 – G. DE SANTIAGO VELA, Ensayo de una Bibl. Ibero-Americana de la Orden de S. Agustin VIII, 1931, 223–302 – P. JOBIT, L'évêque des pauvres: S. T. de V., 1961 – A. TURRADO, Espiritualidad agustiniana ... en S. T. de V., 1966 – T. AUTIERO, V Centenario della nascita di S. T. da V., 1990 – Rev. Agustiniana 32, 1991, 523–577; 33, 1992, 1399–1451 – Religion y Cultura 27, 1991, 691–730; 28, 1992, 71–93 – Rev. española de teología 52, 1992, 425–446.

58. Th. Waldensis, Th. (Netter) v. Walden OCarm, engl. Theologe, * um 1372 in Saffron Walden (Gft. Essex), † 2. Nov. 1430 in Rouen, ▭ ebd., Karmeliterkirche. In London in den Karmeliterorden eingetreten, wurde Th. 1396 zum Priester geweiht. Er studierte und lehrte Theologie an der Univ. Oxford (Bac. Theol.), war Hofprediger Kg. Heinrichs IV. und nahm als dessen Gesandter 1409 am Konzil v. →Pisa teil. Dort trat er als Verfechter der Konzilsautorität hervor. Als angesehenes Mitglied der Univ. durfte Th. im Okt. 1411 deren Wünsche an den Kg. herantragen. Seine Kritik an der Lehre →Wyclifs kommt erstmals in einer Auseinandersetzung um 1410/11 mit dem späteren →Hussiten Peter Payne zum Ausdruck. Am 25. Sept. 1413 war er am Prozeß gegen den Lollardenführer, Sir John →Oldcastle, beteiligt. In der Eigenschaft eines kgl. →Beichtvaters sowie (seit 1414) als Provinzial seines Ordens war er Mitglied der engl. Delegation am Konzil v. →Konstanz. 1419 reiste er als Gesandter nach Polen und Litauen sowie zum Hochmeister des Dt. Ordens. Er hielt 1422 die Leichenpredigt auf Kg. Heinrich V. und wurde bald darauf Beichtvater des jungen Heinrich VI., mit dem er sich im April 1430 nach Frankreich begab, wo er kurz darauf verstarb. – In seinem dreibändigen Hauptwerk »Doctrinale Antiquitatum Fidei Catholicae contra Wiclevistas et Hussitas« (1421/28 auf Anregung Heinrichs V. verfaßt) betonte er u. a. die »congregatio fidelium«, vertreten durch ein allg. Konzil als oberste Autorität in der Kirche. Außerdem hinterließ er die »Fasciculi Zizaniorum magistri Johannis Wyclif cum tritico«. K. Walsh

Ed. und Lit.: Doctrinale..., 3 Bde, ed. B. BLANCIOTTI, 1757–59 [Nachdr. 1967] – Fasciculi Zizaniorum, ed. W. W. SHIRLEY, 1858 – B. ZIMMERMANN, Monumenta Hist. Carmelitarum, I, 1907, 442–484 – BRUO II, 1343f. – F. X. SIEBEL, Die Kirche als Lehrautorität nach dem »Doctrinale antiquitatum fidei catholicae ecclesiae«..., Carmelus 60, 1958, 3–70 – K. S. SMITH, An English Conciliarist? Th. Netter of Walden (Popes, Teachers, and Canon Law in the MA, ed. J. R. SWEENEY – S. CHODOROW, 1989), 290–299 – TH. TURLEY, Ab apostolorum temporibus: the Primitive Church... (Studia i. h. ... A. M. STICKLER, ed. R. J. CASTILLO, 1992), 559–580 – M. HARVEY, England, Rome and the Papacy 1417–1464, 1993, 289 [Register].

59. Th. Waleys → Waleys, Thomas

60. Th. (v.) Walsingham → Walsingham, Thomas

61. Th. v. Wasserburg, als apothecarius und expertus chirurgicus 1499 in Wasserburg (am Inn?) nachweisbar. Als Autor von Rezepten (u. a. Wundsalben, Magenpulver) und Kurztraktaten gewann er seit 1480 überregionalen Einfluß und wurde noch im 17. Jh. als Pharmazeut bzw. Alchemist geschätzt (Neudr. des »Pars-cum-parte«-Texts zum [pseudo]paracels. »Manuale«, Straßburg 1618). Von Andreas Libavius wird »Magister Thomas« irrtüml. als »Lehrmeister Paracelsi« vorgestellt (»Von der Panacea Amwaldina«, Frankfurt a. M. 1595). V. a. in der ersten Hälfte des 16. Jh. wird Th. in mehreren Sammelwerken rezipiert (z. B. »digestio, von maister Th. v. W. gearbeidet«, 1564, »Wundheilung und Ätzmittel von maister Thomas apotekarius«, 16. Jh., vgl. KEIL). Die Personalunion von Arzt und Apotheker ist für die Zeit um 1500 bereits ungewöhnl. (EIS). K. Bergdolt

Lit.: Verf.-Lex.[2] IX, 892f. [G. KEIL; Lit.] – G. EIS, Th. v. W., ein dt. med. Schriftsteller des 15. Jh., Med. Monatsschr. 2, 1948, 260 – A. KNAPP, Th. v. W., ein obd. Wundarzt und Apotheker des 15. Jh. [Diss. München 1954].

62. Th. Wilton (Wylton), engl. Theologe, † um 1327. 1288–1301 Mag. Phil. und Mitglied des Merton College, Oxford (→Mertonschule), seit 1304 Univ.sstudium, seit 1308 an der theol. Fakultät, 1312–16 Mag. theol. in Paris; erneuter Aufenthalt in Paris 1320–22. 1320–24 Kanzler der St. Paul's Cathedral in London. Th., Schüler des →Thomas v. Sutton und Lehrer von →Walter Burleigh, polemi-

sierte in Oxford gegen die Anschauungen von →Averroes (Komm. zur »Physik«), wurde jedoch in Paris zum Anhänger der averroist. Theorie und Repräsentanten des Pariser Averroismus. E. Jung-Palczewska
Ed.: Phys. I, q. 13, ed. M. Schmaus, SBA.PPH 9, 1956 – De anima intellectiva, ed. W. Senko, StM 3. ser. 5, 1964 – Phys. IV, q. 30, ed. C. Trifogli, Documenti e studi sulla tradizione filosofica medievale I, 2, 1990 – Utrum plura accidentia eiusdem speciei possint esse simul in eodem subiecto, ed. J. R. Andrews–G. J. Etzkorn, Mediaevalia Philos. Polonorum XXXII, 1995 – *Lit.*: LThK² X, 152 – J. Weisheipl, Rep. Mertonense, MSt 31, 1969, 222–224 – Ch. Lohr, Traditio 29, 1973, 190f. – M. G. Henninger, Th. W.'s Theory of Relations, Documenti e studi sulla tradizione... I, 2, 1990 – C. Trifogli, Il problema dello stato ontologico del tempo nelle Quaestiones super Physicam di Th. W. e di Giovanni di Jandun, ebd. – E. Jung-Palczewska, Th. W. i dyskusje o nieskończonej mocy Bozej, 1993 – Dies., Th. W. and His Quaestion on the Infinite Power of God, Mediaevalia Philos. Polonorum XXXII, 1995.

63. Th. v. York, Franziskanertheologe, † um 1260. Lehrte 1253–56 in Oxford, ab 1256 in Cambridge. Verfaßte um 1245 eine Summe chr. orientierter Metaphysik »Sapientiale«, indem er den hochma. Aristotelismus in das bisherige augustin. System einzufügen suchte. Dem diente auch seine »Comparatio sensibilium«. Mit der älteren →Franziskanerschule vertritt Th. den ontolog. Gottesbeweis, Illuminationslehre, Pluralität der Seelenformen, zeitl. Anfang der Welt. Chr. Denken hat für ihn Vorrang vor heidn. »Weltweisheit«. Eine Grundoption seines Ordens verteidigt Th. gegen den Pariser Magister →Wilhelm v. St-Amour, als er 1256 die franziskan. Armutslehre entfaltete (»Manus qui contra omnipotentem tenditur«). Er betont v.a. die päpstl. Autorisierung der franziskan. Lebensform. Diese Schrift, in ihrer Zuordnung zu Th. lange umstritten, hat durch die ihr folgende Diskussion (Gegenschrift →Gerhards v. Abbeville, dazu →Bonaventura, →Thomas v. Aquin, Johannes →Peckham) bes. Bedeutung. J. Schlageter
Ed.: M. Bierbaum, Bettelorden und Weltgeistlichkeit an der Univ. Paris, FSt Beih. 2, 1920 – É. Longpré, Th. d'Y. et Matthieu d'Acquasparta, AHDL I, 1926/7, 269–308 – J. P. Reilly, A Sermon of Th. of Y. on the Passion, FStud 24, 1964, 205–222 – *Lit.*: DSAM XV, 890f. – DThC XV/1, 781–787 – LThK² X, 151f. – NCE XIV, 124f. – F. Pelster, Th. v. Y. als Verf. des Traktats »Manus qui contra Omnipotentem«, AFrH 15, 1922, 3–22 – É. Longpré, La I^e somme métaphysique du XIIIe s., AFrH 19, 1926, 875–930 – R. Lambertini, Apologia e crescita dell'identità francescana (1255/79), Nuovi Studi storici 4, 1990 – J. Merino, Storia della filosofia francescana, 1993.

Thomaschristen →Indien; →Ostkirchen, II; →Thomas, Apostel

Thomasin v. Zerklaere, mhd. Autor, Kleriker am Hof des Patriarchen v. →Aquileja (1204–18→Wolfger v. Erla). Ein Nekrolog der Stiftskirche v. Aquileja nennt einen 'Tomasinus de Cerklara' ohne Jahresangabe. Th. ist Verf. des »Welschen Gastes« (14752 Reimpaarverse), der ersten umfangreichen höf. Verhaltens- und Morallehre (→Kultur und Gesellschaft, höf.) in dt. Sprache (entstanden 1215/16; v. 11709–22, 12228). Der Autor nennt sich selbst (v. 75) und gibt an, noch keine 30 Jahre alt zu sein (v. 2445). Deutsch ist für ihn Fremdsprache, da er nach eigener Aussage roman. Muttersprachler ist (v. 67–74). Das Werk ist in 23 Hss. und Frgm. überliefert, von denen 13 illustriert sind (4 weitere mit Raum für Bilder). Der bis zu 120 Bilder umfassende, variierende Zyklus dürfte in seiner Grundkonzeption autorisiert sein. Das Werk ist in 10 Bücher unterschiedl. Länge und Kapitelzahl eingeteilt: Buch I beginnt mit einer Hofzucht als Jugendlehre und benennt lit. Gestalten aus Antiken-, Artus-, Karls- und Tristanroman als Leitbilder (Lektüre- und Rezeptionsempfehlungen, v. 1023–1162). Es schließt sich eine Minnelehre an, die Th. zuvor eigenständig in roman. Sprache abgefaßt haben will. Die folgenden Bücher bieten moralphilos. und -theol. Unterweisungen in praxisnaher Form, immer orientiert am Herrscher und der Adelsgesellschaft. Th., hochgebildet und geprägt durch die Schule v. →Chartres (insbes. →Alanus ab Insulis), orientiert sich an den Tugenden 'staete', 'mâze', 'reht' und 'milte'. Seine Behandlung der Tugenden und Laster mündet in eine Psychomachie (v. 7385ff.). Es folgen Exkurse zu den Seelenkräften, den Artes liberales, den fünf Sinnen und den fünf körperl. und äußeren Vorzügen. Buch VIII nimmt die Tugend der 'mâze' zum Ausgangspunkt für Zeitkritik (Otto IV. [v. 10471ff.], Walther-Schelte [v. 11191ff.]) und schließt mit einem Kreuzzugsaufruf (v. 11347ff.). Den Schlußpunkt setzt die Behandlung von 'reht' (Polemik gegen Ketzer, v. 11347ff.) und 'milte' in den beiden abschließenden Büchern. Hof- und Zeitkritik durchziehen das gesamte Werk. Die Forsch. konzentriert sich auf einzelne, aber zentrale Aspekte: Rezeptionsmodi des höf. Romans, volkssprachl. Umsetzung der zeitgenöss. Philosophie der Schule v. Chartres, Zeitkritik und Walther-Schelte (→Walther v. der Vogelweide). Das gegenwärtige Bild zeigt Th. als konservativen Moralisten, der das fiktionale Experiment des höf. Romans und die Konzeption des 'homo novus' bei Alanus – verbunden mit einer 'laus temporis acti' – einem konservativ-didakt. Verständnis unterwirft. H.-J. Schiewer
Ed.: H. Rückert, 1852 [Nachdr. 1965] – CPG 389 der UB Heidelberg (Faksimilia Heidelbergensia 4), 1974 – F. W. v. Kries, 4 Bde, 1984f. [dazu: J. Bumke, ADA 98, 1987, 13–20] – *Lit.*: Verf.-Lex.² IX, 896–902 – H. Teske, Th. v. Z. Der Mann und sein Werk, 1933 – D. Rocher, Th. v. Z. Der Welsche Gast, 2 Bde, 1977 – Ch. Huber, Höf. Roman als Integumentum?, ZDA 97, 1986, 79–100 – A. Borst, Die Naturwiss. in einer Bilderhs. des 13. Jh., Braunschweig. Wiss. Ges., Jb. 1986, 205–223 – F. P. Knapp, Integumentum und âventiure, Lit.wiss. Jb. 28, 1987, 300–307 – Ch. Huber, Die Aufnahme und Verarbeitung des Alanus ab Insulis in mhd. Dichtungen, 1988, 23–78 – K. Düwel, Lesestoff für junge Adlige, Fabula 32, 1991, 67–93 – W. Haug. Lit.theorie in dt. MA, 1992², 228–240 – M. Nix, Unters. zur Funktion der polit. Spruchdichtung Walthers v. d. Vogelweide, 1993, 246–250 – Ch. Huber, Zur ma. Roman-Hermeneutik (German Narrative Lit., hg. V. Honemann, 1994), 27–38 – D. Rocher, Th. v. Z.: ein Dichter... oder ein Propagandist im Auftrag? (Wolfger v. Erla, hg. E. Boshof, 1994), 325–343.

Thomasinus Armannini v. Bologna, 1259 als Notar, 1295 als verstorben erwähnt. Verf. einer kurzen, Microcosmus genannten Ars dictandi (Bern, Burgerbibl. 161), die ihre Definitionen weitgehend aus dem Candelabrum des →Bene v. Florenz (ed. C. Alessio, 1983) übernimmt, aber eigene Beispiele gibt. Eine umfangreichere Ars, auf die Th. verweist, scheint verloren. H. M. Schaller
Ed.: G. Bertoni, Il »Microcosmo« di Tommasino d'Armannino, AR 5, 1921, 19–28.

Thomismus, Bezeichnung für das von →Thomas v. Aquin entwickelte Lehrgebäude wie auch für die thomist. Schule. In den Jahren 1268 bis 1277 führten heterodoxe Lehren an der Artistenfakultät der Pariser Universität zu Auseinandersetzungen. Thomas bekämpfte sie, verteidigte aber den Gebrauch philos. Prinzipien in der Theol. Es bildete sich eine Gruppe Theologen, die glaubten, den Weg des Th. bekämpfen zu müssen. Johannes →Peckham, Regens des Studiums der Franziskaner zu Paris, organisierte den Widerstand. In einigen der von Bf. →Tempier 1277 verurteilten 219 Artikel wurden implicite auch Lehrsätze des Th. zensuriert. Unmittelbar wurde Thomas' Lehre der Einzigkeit der substantiellen Form von Ebf. →Robert Kilwardby (1277) und seinem Nachfolger John

Peckham (1284 und 1286) verurteilt. Wilhelm de la Mare OMin beanstandete in seinem Correctorium (um 1279) 118 Lehrsätze von Thomas. – Peckham, de la Mare und andere wie →Heinrich v. Gent versuchten, die traditionelle Lehre des z. T. von Avicenna und Avicebron inspirierten Augustinismus von →Wilhelm v. Auvergne, →Alexander v. Hales, →Johannes de Rupella und →Bonaventura zu sichern, wie etwa die Pluralität der substantiellen Formen im Menschen, die Erleuchtungstheorie, den Primat des Willens, den direkten Zugang zu Gott, die Zusammensetzung der geist. Substanzen, usw. Der Augustiner →Aegidius v. Rom dagegen verteidigte Hauptlehren des Thomas. Die Zensuren von 1277 hemmten die Entwicklung einer autonomen Philos. und damit die Aufnahme des Th., förderten andererseits die Entstehung entgegengesetzter Schulen. Die Dominikaner – mit Ausnahme einiger Gegner wie R. Kilwardby, Durandus v. St-Pourçain und Dietrich v. Freiberg – organisierten die Verteidigung des Thomas. Das Generalkapitel von 1279 forderte von Dominikanern Respekt für seine Lehre; 1286 wurde allen empfohlen, sie zu verteidigen. Zw. 1280 und 1290 erschienen fünf Widerlegungen des Correctoriums, Correctoria corruptorii genannt. Sie zeugen von einem wachsenden Bewußtsein, einer eigenen Schule anzugehören. Bes. aktiv waren →Richard v. Knapwell, →Thomas v. Sutton, →Aegidius v. Lessines, →Johannes Quidort und →Bernhard v. Trilia. Meister →Eckhart verteidigte Thomas, ohne allerdings dessen Lehre voll zu übernehmen. In Italien gab es viele Bewunderer: Ptolomaeus (→Bartholomaeus) v. Lucca, →Remigius v. Florenz, der Lehrer von Dante, und Johannes v. Neapel. →Joh. Capreolus, der princeps thomistarum, ist der bedeutsamste Verteidiger des Th. (Defensiones theologiae divi Thomae Aquinatis, 1409–32). →Petrus Nigri verfaßte um 1475 den Clipeus thomistarum, gegen Scotisten und Nominalisten wie Franziskus v. Meyronne und →Wilhelm v. Ockham gerichtet. Wegen dieser Sachlage war der Th. zuerst eher apologetisch und polemisch als positiv. Am Ausgang des MA und Anfang der NZ stehen die großen Kommentatoren Cajetanus und Ferrariensis. Als »Lectio Thomasina« bzw. als des »Thomasinus« Schriften wurde der Sentenzenkommentar des →Wilhelm Petri de Godino OP († 1336) überliefert (Erlangen UB Cod. 505). Gegen die »Thomatistae« schrieb 1303/04 Arnald v. Villanova (vgl. H. FINKE, Aus den Tagen Bonifaz' VIII., 1902, CXXIII); der Franziskanertheologe Petrus de Aquila († 1361) schrieb von den »Thomistae«.　　　　　　　L. Elders

Lit.: P. GLORIEUX, Les premières polémiques thomistes, I: Le Correctorium Corruptorii, 1927 – J. KOCH, Durandus de S. Porciano, BGPhMA 26, 1, 1927 – M. GRABMANN, Johannes Capreolus der Princeps Thomistarum und seine Stellung in der Gesch. der Thomistenschule, DTh 1944, 85–109, 145–170 – R. ZAVALLONI, Richard de Mediavilla et la controverse sur la pluralité des formes, 1951 – F. J. ROENSCH, Early Thomistic School, 1964 – F. VAN STEENBERGHEN, La philosophie au XIIIᵉ s., 1966 – P. GLORIEUX, Pro et Contra Thomam. Un survol de cinquante années (Sapientiae Procerum Amore. Mél. J. P. MÜLLER), StAns 1974, 555ff. – R. IMBACH, Deus est intelligere (Thomas und Eckhart), 1976.

Thopia, Adelsfamilie, beherrschte vom 14. bis zum Beginn des 15. Jh. Mittelalbanien. Als erstes Mitglied der Familie wird ein 'Theopia miles' erwähnt, der 1274 in die Dienste →Karls I. v. Anjou trat. Der Aufstieg der Th. wurde von den Anjou gefördert, deren 'Regnum Albanie' auf die Zusammenarbeit mit einheim. Geschlechtern angewiesen war. *Tanush* (Tanusius) *Th.* verwaltete als 'comes Albanie' 1329–38 das Gebiet zw. Mati und Shkumbi und erhielt von Kg. Robert v. Neapel eine jährl. Provision. Sein Bruder *Dominicus* wurde 1336 Kapellan des Kg.s. Der bedeutendste Vertreter der Familie war *Karl Th.* (1358–88), dessen Mutter angebl. eine illegitime Tochter Kg. Roberts war. Er trat erstmals 1358 durch seinen Sieg bei Acheloos über den Despoten v. Epiros, →Nikephoros II. (Dukas), hervor. In der Folgezeit baute er seine Hausmacht aus. Um 1360 war →Dyrr(h)achion vollständig vom Territorium der Th. eingeschlossen. Ab 1362 begann Karl Dyrr(h)achion zu belagern, das er 1368 erstmals einnahm, bis 1383 aber mehrfach wieder an die Anjou verlor, denen er es am Schluß wahrscheinl. abkaufte. Die Eroberung von Dyrr(h)achion brachte Karl in Gegensatz zu den Venezianern, die ihm noch 1366 das ven. Bürgerrecht verliehen hatten, und zu seinem Schwager Balša II. (Karl ∞ Vojsava, einer Tochter Balšas I.) Balša II. gelang es 1383, Dyrr(h)achion zu erobern. Karl wandte sich türk. Chronikberichten zufolge an die Türken, mit deren Hilfe er am 18. Sept. 1385 seinen Widersacher in der Ebene von Savra schlug (→Balša). 1386 konnte er wieder in Dyrr(h)achion einziehen, verhandelte aber wegen der Türkengefahr schon bald mit den Venezianern über eine Übergabe. 1387 erklärte sich der 'Princeps Albanie' (so 1381 in einer Inschrift am Kl. des hl. Johannes Vladimir in Elbasan) bereit, die Stadt zu verkaufen oder gegen Territorien auf Kreta oder Negroponte einzutauschen. Karls Sohn und Nachfolger *Georg* (1388–92) übergab im Aug. 1392 die Stadt den Venezianern. Nach Georgs Tod zerfiel das Fsm. der Th. rasch: Kruja übernahm seine Schwester Helena, die restl. Besitzungen kamen an *Niketa Th.* (aus einer Seitenlinie der Familie), der sie um 1415 an die Türken verlor.　　　　　　　　　　　　　　　　P. Bartl

Q. und Lit.: Acta et diplomata res Albaniae mediae aetatis illustrantia, 1–2, hg. L. v. THALLÓCZY, K. JIREČEK, E. v. ŠUFFLAY, 1913, 1918 – Acta Albaniae veneta saeculorum XIV et XV, 1–13, hg. G. VALENTINI, 1967–72 – A. DUCELLIER, La façade maritime de l'Albanie au MA, 1981.

Thor (an. *Thórr*; vgl. südgerm. →*Donar*), einer der skand. Hauptgötter der Wikingerzeit, zur Götterfamilie der →Asen gehörend. In der nordgerm. Mythographie Sohn des →Odin und der Jörð ('Erde', auch Fjörgyn, Hlóðyn), Bruder →Balders, Mann der Sif, Vater der Söhne Móði und Magni sowie der Tochter Thruðr ('zornig', 'stark', 'kräftig'); diese und andere ihm zugeordnete Personifikationen sind allerdings wohl spätere, allenfalls skald. Kenningar (→Kenning) ableitbare Zutaten (z. B. Tanngrisnir und Tanngnjóstr, die Namen der beiden, seinen Wagen ziehenden Böcke, die aber an sich ein frühes Attribut des Gottes [Opferritus] darstellen). Folklorist. Requisiten bzw. Charakterzüge sind der Kraftgürtel, die Eisenhandschuhe und der Stab Gríðarvölr, der unmäßige Appetit und Durst des Gottes und seine äußere Erscheinung. Wichtigstes Attribut Th.s ist jedoch der Hammer Mjöllnir, der – ursprgl. ja Werkzeug, nicht Waffe – auf Th.s Verbundenheit mit den Menschen hinweist und zudem in spätheidn. Zeit zum Symbol des Heidentums in Antwort auf das christl. Kreuz avancierte (auf Grabsteinen, Runensteinen und Amuletten). – Th. ist Protagonist von Mythen, die sich in erster Linie mit seiner Funktion der Stärke und der Verteidigung des Menschengeschlechts gegen die Mächte des von Riesen und Dämonen bewohnten Utgard beschäftigen. Sie sind in skald. Kenningar sowie durch die hochma. Mythographie der →Snorra Edda, aber auch in Eddaliedern (→Edda) belegt; Th.s Fischfang (edd. →Hymiskviða) gilt schon auf wikingerzeitl. Bildsteinen und Grabkreuzen als Indiz für heidn.-christl. Synkretismus im Norden und in England (Gleichsetzung von Th./Midgardschlange mit Christus/Leviathan). Th. als Wanderer und siegreichen Kämpfer gegen die Riesen Utgards finden wir in den mytholog. Erzählungen von Th. bei Utgarðaloki und Th.s Reise nach Geirröðargarð sowie in der sog. Heimholung des Hammers (schwankhafte edd. →Thrymskviða). Die Götter in Asgard verteidigt Th. dagegen in der Geschichte vom Riesen Hrungnir, der nach Valhall eindringt. – Auch die bei →Adam v. Bremen (IV, 26) bezeugte Beziehung Th.s zu Donner und Blitz, Wind und Regen dürfte kaum die Deutung als Gewittergott zulassen, sondern weist eher auf seine enge Beziehung zum menschl. Leben und dessen Bedürfnissen. Die Beliebtheit Th.s manifestiert sich auch in der Flut skand. Personennamen auf Th. und die ähnlich häufigen, vielfach aber wohl sekundären Ortsnamen. Bleibt die bei Adam v. Bremen und in Sagas erwähnte Verehrung von Th.sstatuen in norw., schwed. und isländ. Tempeln auch mehr als fraglich, so zählte Th. mit Odin und Freyr doch zur Trias der wikingerzeitl. Hauptgötter. R. Simek

Lit.: R. Simek, Lex. der germ. Mythologie, 1984, 390–399, 402–405 – F. Jónsson, Odin og Tor i Norge og på Island i det 9. og 10. Århundret, ANF 17, 1901 – F. R. Schröder, Indra, Th. und Herakles, ZDPh 76, 1957 – W. Gschwantler, Christus, Th. und die Midgardschlange (Fschr. O. Höfler I, 1968) – E. Marold, »Th. weihe diese Runen«, FMASt 8, 1975 – P. M. Sørensen, Th.'s Fishing Expedition (Words and Objects..., hg. G. Steinsland, 1986) – L. Motz, The King, the Champion and the Sorcerer, 1996.

Thora → Tora

Thórarinn loftunga ('Th. Lob-Zunge'), isländ. →Skalde des 11. Jh., im an. Skáldatal als Skalde der Dänenkg.e →Knud d. Gr. und seines Sohnes →Svein Alfivason aufgeführt. Von der für Knud 1026 verfaßten Höfuðlausn ('Hauptteslösung') ist allerdings nur der Refrain (*stef*) erhalten, die Entstehungsgeschichte erzählt jedoch →Snorri Sturluson in der »Heimskringla« (Óláfs saga helga, kap. 172). Über Knuds Kriegszug gegen Norwegen 1028 hat Th. die »Tøgdrápa« verfaßt (acht Strophen erhalten), später auf Svein die »Glælognskviða« ('Meeres-Stille-Gedicht'), wobei die 10 erhaltenen Strophen Svein zum chr. Friedensfs.en stilisieren; beide stehen statt im →Dróttkvætt im einfacheren Metrum des Kviðuháttr, jedoch mit ausführl. Kenninggebrauch (→Kenning).
R. Simek

Thorbjörn hornklofi (»Th. Hornklaue«), isländ. →Skalde am Hof Kg. →Haralds Schönhaar v. Norwegen an der Wende vom 9. zum 10. Jh. gilt als Verf. des »→Haraldskvæði« (auch »Hrafnsmál«), eines noch 23 Strophen umfassenden Preisgedichts auf Kg. Harald, das in einem dem →Málaháttr nahestehenden vorskald. Metrum abgefaßt ist und Haralds krieger. Taten bes. in der Seeschlacht vom Hafrsfjord (ca. 885–890) als Gespräch zw. einer Walküre und einem Raben präsentiert. Von der später (Anfang 10. Jh.) entstandenen »Glymdrápa« ('tönendes Gedicht') sind nur 9 Strophen erhalten, die bereits in einem strengen →Dróttkvætt abgefaßt sind. R. Simek

Thorfinn, Jarl der →Orkney-Inseln, † um 1065, Sohn von →Sigurd digri und einer Tochter von Malcolm, Kg. der Schotten (wahrscheinl. →Malcolm II.); ∞ Ingebjorg, Tochter von Finn Arnesson, mehrere Söhne und Töchter. Als sein Vater wegen der Schlacht v. →Clontarf (1014) nach Irland ging, wurde Th. im Alter von fünf Jahren zu seinem Großvater gesandt – ein wichtiges Ereignis für das Verhältnis der Jarle der Orkney-Inseln zum schott. Kgr. Th. erhielt Unterstützung bei seinem Versuch, sich selbst in den n. Earldoms zu etablieren, und verbrachte einen Großteil seiner Jugendzeit im Kampf mit seinen älteren Halbbrüdern um eine Teilung der Inseln. Kap. 20 der →»Orkneyinga saga« berichtet von der Auseinandersetzung Th.s mit »Karl Hundason«, der die Macht in Schottland übernommen hatte (wahrscheinl. →Macbeth, *mormaer* of Moray und Kg. v. Schottland). Als erfolgreicher Krieger war Th. in der Lage, seine Macht auf die gesamte Provinz v. →Ross und nach der Saga sogar weiter s. bis nach →Fife auszudehnen. Seine Stellung auf den Orkney-Inseln wurde jedoch von seinem Neffen Rognvald Brusison bedroht, der sein Erbteil beanspruchte und den Th. schließlich besiegte und tötete. In seinem letzten Lebensabschnitt herrschte Th. ungehindert in einem ausgedehnten Reich in Schottland, aber auch in Irland. Er unternahm eine Pilgerreise nach Rom und setzte einen Bf. »iussu papae« auf den Orkney-Inseln ein, wo er eine Kathedrale in →Birsay errichtete. B. E. Crawford

Lit.: B. E. Crawford, The Early Earls and Bishops of Orkney (Orkney Heritage, II, 1983) – Dies., Scandinavian Scotland, 1987.

Thorkill, dän. Jarl, † 1024; Sohn des Strut Harald, in der →Jómsvíkinga saga erwähnt als einer der Jomswikinger, nach der Ags. →Chronik soll er 1012 Ebf. →Ælfheah v. Canterbury erschlagen haben. Um 1012 verband er sich mit dem ags. Kg. →Ethelred II., segelte aber nach dessen Flucht und dem Tod des dän. Kg.s →Sven Gabelbart nach Dänemark, wo er Svens Sohn →Knud aufforderte, England anzugreifen. Nach der Eroberung Englands teilte Knud das Land in vier Teile und übertrug Th. East Anglia. 1021 geächtet, söhnte sich Th. zwei Jahre später mit Knud aus und starb als Jarl v. Dänemark (→Reichsverweser).
I. Skovgaard-Petersen

Q. und Lit.: →Jómsvíkinga saga – Two of the Saxon Chronicles Parallel, ed. C. Plummer, I–II, 1892–99 – The Reign of Cnut: King of England, Denmark and Norway, ed. A. Rumble, 1994.

Thorlak (Þórlákr) **Þórhallsson**, hl., Bf. v. →Skálholt, * 1133, † 23. Dez. 1193, Sohn von Þórhall und Halla, wurde von einem Priester in Oddi erzogen und 1152 zum Priester geweiht. Während des Studiums 1153–59 in Paris (St. Victor) und Lincoln (augustin. Domkapitel) entwickelte er eine Vorliebe für die mönch. Lebensform, entsagte nach seiner Rückkehr der Ehe und gründete in enger Zusammenarbeit mit Bf. Klœngr v. Skálholt um 1168 →Thykkvibœr, das erste Augustinerkl. Islands, das er als Prior, seit 1171 als Abt, leitete. Von Klœngr zum Nachfolger im Bf.samt designiert, übernahm er nach dessen Tode 1176 Skálholt und empfing 1178 in Drontheim von Ebf. →Eystein die Bf.sweihe. Th.s anfängl. Einsatz zur Beseitigung des auf Island bes. ausgeprägten →Eigenkirchenwesens (→Island, III [2]) wurde durch den Widerstand der großen Familien Islands und die Machtübernahme Kg. →Sver(r)irs in Norwegen zurückgebunden. Th.s Wirken war stark auf pastorale Betreuung gerichtet. Bereits zu Lebzeiten stand er im Ruf der Heiligkeit. Sein Leichnam wurde am 20. Juli 1198 erhoben; seine Vita geht auf dieses Ereignis zurück. Th.s Grab wurde zu Islands wichtigstem Wallfahrtsort, seine Person stand programmat. für die Freiheit der Kirche von laikalem Einfluß; die Th.-Verehrung erhielt zusätzl. eine nationale Note, als Island 1262 sich dem norw. Kgtm. unterwerfen mußte. Bei der gewaltsamen Reformation Islands 1542–50 wurde der Schrein geplündert, die Gebeine Th.s beerdigt. T. Nyberg

Q. und Lit.: BHL, Nr. 8273–8274 – Bibl. SS 12, 458f. – J. Helgason, Islands Kirke fra dens Grundlæggelse til Reformationen, 1925 – I. Skovgaard-Petersen, Islandsk egenkirkevæsen, Scandia 26, 1960, 230–296 – Þorláks saga helga, hg. Á. Egilsdóttir, 1989.

Thorn (poln. Toruń), Stadt an einer verkehrsgünstigen Stelle am rechten Ufer der unteren →Weichsel, bereits seit dem 8. Jh. besiedelt. Als der →Dt. Orden 1231 die Weichsel überschritt, errichtete er seine befestigte Niederlassung zuerst an einem anderen, 6 km stromaufwärts gelegenen

Platz (das spätere Dorf Alt-Th.). Mit der →Kulmer Handfeste wurden am 28. Dez. 1233 auch die Rechtsverhältnisse der neu gegr. Stadt Th. geregelt, die 1236 an die heutige Stelle verlegt wurde, wo man anfangs nur direkt am Fluß siedelte. 1251 wurde die Handfeste erneuert, etwa gleichzeitig dehnte sich die Siedlung nach N aus, die →Deutschordensburg wurde im SO der Stadtanlage am Weichselufer errichtet. 1264 gründete der Dt. Orden ebenfalls nach kulm. Recht eine Neustadt, die sich an die Ostseite von Altstadt und Burg anlehnte. Th.s Lage an einer wichtigen Wasserstraße und an der Grenze zu Polen begünstigte seine Entwicklung zum Hauptstützpunkt und Versorgungszentrum des Dt. Ordens. Th. wurde zur Drehscheibe im Warenverkehr (Kupfer, Wachs, Asche, Pech, Felle und Häute, Quecksilber, Eisen, fläm. Tuche) zw. seinem poln.-slovak.-ruthen. Hinterland sowie Dtl., Skandinavien, England, Flandern und den Niederlanden. Schon am Ende des 13. Jh. traten die Kaufleute Th.s in der →Hanse auf. Vertreter Th.s erschienen 1347 in der Satzung des Brügger Kontors als Alderleute. Th. repräsentierte ebenso wie →Elbing die preuß. Hansestädte und war Mitglied der →Kölner Konföderation, dem gegen Dänemark gerichteten Kriegsbündnis. Doch in den folgenden Jahren dominierte →Danzig. Gleichzeitig entwickelte sich Th. zu einem lokalen Marktort und Handwerkszentrum. Die städt. Oberschicht setzte sich aus westfäl., rheinländ. und schles. Einwanderern zusammen. Die unteren Bevölkerungsschichten stammten überwiegend aus dem Umland. Am Anfang des 15. Jh. hatte Th. einschließl. der Vorstädte ca. 11000 Einwohner. 1403 verlieh der Dt. Orden das Stapelrecht als Schutzmaßnahme gegen die Konkurrenz der poln. Städte. In der 1. Hälfte des 15. Jh. waren Getreide und Holz für den Export von Bedeutung. Negativ wirkten sich die Kriege des Dt. Ordens mit Polen (1409–35) auf den Handel Th.s mit dem Hinterland aus. Nach dem 1. →Th.er Frieden spielte die Stadt eine wichtige Rolle in der Ständeopposition gegen den Dt. Orden. Hier hatte der 1453 einberufene heiml. Rat des →Preuß. Bundes seinen Sitz, und der Aufstand gegen die Ordensherrschaft begann mit der Erstürmung der Th.er Ordensburg (6. Febr. 1454), die nach der Eroberung abgerissen wurde. Nach der Einverleibung der Neustadt in die Altstadt am 8. März erhielt Th. eine einheitl. Verwaltung, die Neustadt behielt nur das Schöffengericht. Th. huldigte am 28. Mai 1454 dem poln. Kg. Kasimir IV. und erhielt Privilegien (1454, 1457), die u. a. die Zerstörung der konkurrierenden Stadt Neissau auf dem gegenüberliegenden Weichselufer versprachen. Der mit dem 2. →Th.er Frieden 1466 endende Dreizehnjährige Krieg schwächte Th. finanziell und wirtschaftlich. Z. H. Nowak

Lit.: K.-O. Ahnsehl, Th.s Seehandel und Kaufmannschaft um 1370, 1961 – H. Baranowski, Bibliogr. miasta Torunia, 1972 – Th., Kgn. der Weichsel 1231–1281, hg. B. Jähnig–P. Letkemann (Beitr. zur Gesch. Westpreußens 7, 1981) – A. Czacharowski, Neue poln. Forsch.en über die ma. Gesch. Th.s (Die Stadt in Preußen, hg. U. Arnold, 1983) – M. Biskup, Historia Torunia, I, 1 (1454–1548), 1992 – J. Tandecki–Z. Kozieł, Toruń, Atlas Historyczny Miast Polskich, I: Prusy Królewskie i Warmia, hg. A. Czacharowski, H. 2, 1995.

Thorner Frieden (1. und 2.). Der 1. Th. F. (1. Febr. 1411) stand am Ende der militär. Auseinandersetzung zw. dem →Dt. Orden einerseits sowie dem poln. Kg. Władysław-Jagiełło und dem mit ihm verbündeten Gfs.en Witold v. Litauen andererseits, die in der Schlacht v. →Tannenberg (1410) gegipfelt hatte. Trotz der katastrophalen Niederlage des Dt. Ordens konnte der Hochmeister →Heinrich v. Plauen (78. H.) tragbare Friedensbestimmungen aushandeln: Der territoriale Bestand des Ordens blieb im wesentl. erhalten, doch mußte Schemaiten abgetreten werden, und kleinere Grenzregulierungen im S, z. T. unter Schiedsvorbehalt, gingen zu Lasten des Ordens. Für Gefangenenauslösung und Burgenräumung mußte sich der Hochmeister zur Zahlung von 100000 Schock böhm. Groschen verpflichten, ein Betrag, der die Finanzkraft des Ordens nahezu erschöpfte, der aber nicht der Hauptgrund für den nach 1411 einsetzenden Niedergang des Ordens war.

Der 2. Th. F. (19. Okt. 1466) unter Hochmeister Ludwig v. Erlichshausen und Kg. Kasimir IV. v. Polen markierte das Ende eines langjährigen Konfliktes zw. dem Dt. Orden als Landesherrschaft und den preuß. Ständen, die sich Anfang 1454 im w. Ordensland vom Orden losgesagt und im März Rückhalt beim poln. Kg. gesucht hatten, was den 13 Jahre währenden sog. Städtekrieg auslöste. Durch die Bestimmungen verlor der Ordensstaat den W seines Territoriums an die Oberhoheit der Krone Polens: Pommerellen, das Kulmer Land und Michelau, die Städte Marienburg, Stuhm, Elbing und Christburg samt Umland. Das Bm. Ermland wurde als selbständiges Territorium unter poln. Schirmherrschaft genommen. Der verbleibende Ordensstaat im ö. Preußen mußte den poln. Kg. als Oberen anerkennen, was nachträgl. als Lehnsabhängigkeit gedeutet wurde. Der 2. Th. F. leitete den endgültigen Niedergang des Ordensstaates →Preußen ein.

C. A. Lückerath

Q.: Die Staatsverträge des DO in Preußen im 15. Jh., hg. E. Weise, I, 1970, 82ff., Nr. 82–85; II, 255, 262ff., Nr. 403–410 – Lit.: K. Forstreiter, Vom Ordensstaat zum Fsm., 1951 – E. Weise, Die staatsrechtl. Grundlagen des Zweiten Th. F.s, ZOF 3, 1954, 1–25 – M. Hellmann, Beitr. zur Gesch. des 13jährigen Krieges im Ordensland Preußen, JGMODtl 8, 1955 – M. Biskup, Trzynastoletnia wojna z zakonem Kryzackim 1454–66, 1966 – W. Noessel, Michael Küchmeister, Hochmeister des Dt. Ordens 1414 bis 1422, 1969, 58ff. – K. Neitmann, Die Staatsverträge des Dt. Ordens in Preußen (1239–1449), 1986, 162ff., 378ff.

Thornton-Handschrift (Lincoln, Kathedrale, MS 91), eine Sammelhs. me. Vers- und Prosaschriften nebst einigen lat. Texten. Sie ist die berühmtere von zwei von Robert Th. (vor 1418–1469), Lord of the Manor of East Newton (Yorkshire), zw. ca. 1430 und ca. 1450 zusammengestellten Hss. Nach dem Verlust verschiedener Bll. und deren Texten beinhaltet das Ms. jetzt noch mehr als sechzig Texte in Th.s Hand und besteht aus drei Teilen: →Romanzen, erbaul. Texten und einer prakt. med. Schrift. Verschiedene Stücke kommen allein in dieser Hs. vor (»Life of Alexander« in Prosa [→Alexander d. Gr., B.VIII], der alliterierende →»Morte Arthure«, in einer anderen als der von →Malory benutzten Fassung, und der schweifreimende »Sir Percyvelle« [→Parzival, III]). Die religiösen Texte umfassen einige von Richard →Rolle und das »Mixed Life« von Walter →Hilton. Neben Th.s anderem Ms. (British Library, MS Add. 31042) verkörpert das Lincoln-Ms. die Bemühungen eines frommen gebildeten Laien, Material für private Lektüre und Lesen im Familienkreis zusammenzustellen. Die Hs. wurde über mehrere Generationen hinweg von der Th.-Familie benutzt und geschätzt. T. Graham

Ed. und Lit.: D. S. Brewer–A. E. B. Owen, The Th. MS, Faks., 1977² – G. R. Keiser, Lincoln Cathedral Library MS 91: Life and Milieu of the Scribe (Studies in Bibl. 32, 1979), 158–179 – Ders., To Knawe God Almyghtyn: Robert Th.'s Devotional Book (Spätma. geistl. Lit. in der Nationalsprache, hg. J. Hogg, II, 1984), 103–129 – J. J. Thompson, Robert Th. and the London Th. MS, 1987 – P. Hardman, Reading the Spaces: Pictorial Intentions in the Th. MSS, MAe 63, 1994, 250–274.

Thoronet, Le, Abtei SOCist in der sw. →Provence (Diöz. Fréjus; dép. Var), geht zurück auf die 1136 von

Mönchen aus Mazan gegr. Abtei Ste-Marie de Floriège (comm. Tourtour), deren (wohl aus Besitz der Familie Castellane stammendes) Land den Mönchen 1146 von Gf. →Raimund Berengar (II.) bestätigt wurde. Nach Übertragung der Grundherrschaft Séguemagne (1147, wohl Schenkung Wilhelms v. Châteaurenard) wurde die Abtei (vor 1157) an den günstigeren Standort v. Le Th., in einem bewaldeten Tal unweit von Lorgues, verlegt (1176 Besitzbestätigung durch Kg./Gf. →Alfons [I.]). Der Aufbau der neuen Abtei zog sich bis ins frühe 13. Jh. hin. Das im wesentl. vor 1250 errichtete Patrimonium umfaßte v.a. Grundbesitz im näheren Umkreis (Gründung zweier →Grangien), die Grundherrschaft über Lorgues sowie Weiderechte. Die erste Filiation, auf der Insel Porquerolles (spätes 12. Jh.), erwies sich als Fehlgründung. Die weiteren Tochterabteien waren zisterziens. Frauenkl.: St-Pons de Gémenos (1205), das wiederum St-Pierre de l'Almanasse in Hyères (1220) gründete; Notre-Dame du Mt-Sion in Marseille (1242); St-Pierre en Demueyes in Châteauvieux (1234). Le Th., als dessen Abt am Ende des 12. Jh. der frühere Troubadour →Folquet v. Marseille fungierte, hatte damals etwa 20 Mönche, 1416 noch 12, 1433 nur noch 4. Die in Verfall geratene Abtei wurde damals als →Kommende an Griffin, Bf. v. →Ross (Schottland), übertragen. N. Coulet

Lit.: E. Barbier, L'abbaye cist. du Th. au MA, 1994 – N. Coulet, L'abbaye du Th. au début du XVe s. (Papauté, Monachisme et théories politiques, 1994), I, 243–252.

Thouars, Stadt und Vicomté in Westfrankreich, →Poitou (dép. Deux-Sèvres, arr. Bressuire), am (namengebenden) Fluß Thouet, einem Nebenfluß der →Loire.

[1] *Vicomté:* Auf merow. Münzen genannt, wird das 'castrum' 762 (Zerstörung durch →Pippin III.) erwähnt. Die Vicomté Th., belegt 833, ist die älteste der Gft. Poitou (erster Vicecomes namentl. 876 erwähnt). Das vizegfl. Haus, das regionalen erbrechtl. Gewohnheiten (Anfall des Erbes zunächst an ältesten Sohn, dann aber an dessen jüngere Brüder, erst nach ihnen Erbfolge der Söhne des Ältesten) folgte, erlosch 1370 im Mannesstamm; die Vicomté fiel durch Heirat zunächst an das Haus →Craon, dann an das Haus →Amboise, schließlich an den später berühmten frz. Heerführer Louis II. v. →La Trémoille (1460–1525), der aber die Vicomté erst nach Aufhebung einer von Kg. →Ludwig XI. verhängten Konfiskation (1472–83) in Besitz nehmen konnte. Die Vicomté, die einen Großteil des Bas-Poitou bis zur Küste umfaßte, hatte nicht weniger als 1700 Lehen. Th. war Sitz eines der drei Archidiakonate des Bm.s Poitiers und eines weiträumigen Dekanats, aus dem Ende des 12. Jh. das Dekanat Bressuire herausgelöst wurde.

[2] *Stadt:* Die Burg und befestigte Stadt, in Bergspornlage, war in den Kriegen zw. →Plantagenêt und →Kapetingern (12.–13. Jh.) oft umkämpft. Die poitevin. Herren schlossen sich hier 1372 dem frz. Feldherrn Bertrand →Du Guesclin gegen England an. – Wichtige kirchl. Einrichtungen sind: Regularkanonie St-Laon, gegr. Ende des 11. Jh. (mit Hl.-Grab-Kapelle, Stiftung und seit 1479 Grablege der Margarete v. Schottland, † 1445, Gemahlin des Dauphin Ludwig [XI.]), St-Médard (roman., im 15. Jh. umgebaut), Notre-Dame-du-Château (Neubau und Kapitelgründung durch Stiftung der Gabrielle de →Bourbon, Gemahlin von Louis II. v. La Trémoille), Kapitel St-Pierre-du-Châtelet; Franziskanerkonvent (1358), Dominikanerkonvent (1359), Spitäler (Aumôneries) St-Michel und St-Lazare (beide 'extra muros'). R. Favreau

Q.: Cart. de l'abbaye... de St-Laon de Th., ed. H. Imbert, 1876 – Documents inédits sur Th., ed. Ders., 1879 – Cart. ... de l'aumônerie St-Michel de Th., ed. B. Ledain–A. Richard, 1901 – Archives de la maison de La Trémoille, ed. Ch. Samaran, 1928 – Lit.: H. Imbert, Notice sur les vicomtes de Th., Mém. Soc. Antiq. de l'Ouest 29, 1864, 321–423 – Ders., Hist. de Th., Mém. Soc. statist., sc. et arts de Deux-Sèvres, 2e sér. 10, 1870.

Thrakien (gr. Thrake, lat. Thracia), benannt nach dem idg. Volk der Thraker, umfaßt in spätantiker und frühbyz. Zeit den SO der Balkanhalbinsel (→Balkan), begrenzt im N vom Balkan-Gebirge (Haimos), im O vom →Schwarzen Meer, im S von Marmara-Meer und Ägäis und im W vom Nestos-Fluß und den Gebirgen Pirin und Rila; die N-Grenze der röm. Prov. Thracia lag bis etwa 200 n. Chr. nördl. des Haimos. Im Zuge der Verwaltungsreformen der Ks. Diokletian und Konstantin wurde die Prov. Th. in vier kleinere Prov.en unterteilt: im NW Thrake (Hauptstadt: →Philippopel), im SW an der Ägäis Rodope (Traianupolis), im SO Europe (Herakleia), das Hinterland der neuen Reichshauptstadt Konstantinopel, und zw. Thrake und Europe gelegen Haimimontos (→Adrianopel). Diese Einteilung blieb, freilich modifiziert, für die byz. kirchl. Administration bestimmend. Außerdem bezeichnete Th. auch eine Diöz., die das nördl. an Th. anschließende Gebiet bis zur Donau (Prov.en Moesia secunda und Scythia) miteinschloß. 376–378 war Th. von den Westgotenkriegen betroffen. Unter Ks. →Anastasios I. wurde zum Schutz der Reichshauptstadt die von Selymbria bis zum Schwarzen Meer reichende 'Lange Mauer' (etwa 65km westl. v. Konstantinopel) erbaut (restauriert?). Ab 585 wiederholt Kämpfe gegen →Avaren und Slaven, bis etwa 615 das Verteidigungssystem im inneren Illyrikum zusammenbrach, in der Folge Ansiedlung von Slaven. Ab 680 wurde die Rivalität zw. den Byzantinern und Bulgaren, die sich damals nördl. des Haimos etabliert hatten, v.a. in Th. ausgetragen. Ende 7. Jh. wurde zur Abwehr der Bulgaren im ostthrak. Hinterland Konstantinopels das →Thema Thrake (territorial etwa der frühbyz. Prov. Europe entsprechend) eingerichtet. Um die Wende 8./9. Jh. wurde westl. des Thema Thrake mit dem Thema Makedonia (→Makedonien; Zentrum Adrianopel) ein weiterer Kommandobereich geschaffen, so daß die Begriffe Thrake und bes. Makedonia eine neue, vom herkömml. Inhalt abweichende Bedeutung erhielten. 813 und 814 drangen Bulgaren unter Khan →Krum bis Konstantinopel vor. In der Folge wurde die byz.-bulg. Grenze auf einer Linie von Debeltos nach Konstanteia (d. h. vom Golf v. Burgas in westsüdwestl. Richtung nach Chaskovo) festgelegt. 894–927 stand Th. im Zeichen für Byzanz gefährl. Kriege gegen die Bulgaren →Symeons d. Gr. In den Kämpfen Ks. →Basileios' II. gegen das Bulgarenreich →Samuels, der byz. Ks. 1018 siegreich beendete, wurden mit den Städten Philippupolis und Mosynopolis (bei Komotini nahe der Ägäisküste) als Zentren eigene Kommandobereiche geschaffen, nämlich die Themen Philippupolis und Boleron (das etwa der Prov. Rodope entsprach). Es folgte eine Epoche relativer Ruhe, bis 1185 durch den 'Aufstand' der Bulgaren unter den Brüdern →Theodor Petros und →Asen, später unter →Kalojan, Th. erneut Schauplatz byz.-bulg. Auseinandersetzungen wurde. Bes. der SO Th.s war von den Ereignissen um die Eroberung →Konstantinopels durch die Lateiner (13. April 1204) betroffen: In dem kurz darauf getroffenen Teilungsübereinkommen (partitio imperii Romanie) wurde, wie O-Th., das die Lateiner z. T. kontrollierten, geteilt: der O (Umgebung Konstantinopels) ging an den lat. Ks. v. Konstantinopel, der W (an der unteren Marica) an die Kreuzritter und das Land dazwischen an die Venezianer. Nach wechselvollen Kämpfen in O-Th. fielen 1207 mit →Bonifaz v. Mon(t)-

ferrat und Kalojan die mächtigsten Kontrahenten durch Tod aus. Als der S Th.s weitgehend an den 1227 in Thessalonike gekrönten →Theodor Komnenos Dukas v. Epirus gefallen war und dieser nahe daran war, die Lateiner aus Konstantinopel zu vertreiben, scheiterte am 9. März 1230 bei →Klokotnica sein Angriff gegen die Bulgaren, so daß das Boleron und die Städte Adrianupolis und →Didymoteichon an →Ivan Asen II. fielen. Im Juli 1261 gelang →Michael VIII. Palaiologos die Wiederherstellung der byz. Herrschaft über Konstantinopel. In dem wenig später einsetzenden byz.-bulg. Krieg konnte sich der Feldherr →Michael Glabas Tarchaneiotes (24. M.) 1263 in Sozopolis und dessen Hinterland durchsetzen. Byz.-bulg. Konflikte, in die ab 1264 auch die →Tataren verwickelt waren, entbrannten mehrmals um die Schwarzmeerstädte →Mesembria und →Anchialos. Viele Orte im S Th.s wurden 1304-08 von der →katal. Kompa(g)nie heimgesucht. 1320-22 war Th. Schauplatz des Bürgerkrieges zw. Ks. →Andronikos II. und seinem Enkel Andronikos III. Nach Andronikos' III. Tod standen einander die Regentschaft für den minderjährigen →Johannes V. Palaiologos und →Johannes (VI.) Kantakuzenos, der sich am 26. Okt. 1341 in Didymoteichon zum Ks. ausrufen ließ, gegenüber. Die Regentschaft kooperierte zunächst mit dem bulg. Zaren Ivan Alexander, Kantakuzenos mit dem das Rodopegebiet kontrollierenden Bulgaren →Momčilo. Schließlich beherrschte Kantakuzenos fast ganz S- und O-Th., als er sich 1346 in Adrianopel und 1347 in Konstantinopel krönen ließ. 1336 gab es die ersten Türkeneinfälle nach Th., 1352 setzten sich die Türken in →Gallipoli auf der thrak. Chersones dauerhaft fest. Trotz des gegen die Türken gerichteten byz.-bulg. Bündnisses v. 1355 dauerten Streitigkeiten um die Schwarzmeerstädte an; 1365 und 1366 Eingreifen →Amadeus' VI. v. Savoyen zugunsten der Byzantiner. 1359-75 wurde der Großteil Th.s türk. Byz. blieben, von Konstantinopel abgesehen, bloß die Marmarameerstädte →Selymbria, Herakleia, Raidestos, Panidos (1381-85 Herrschaftsgebiet Andronikos' IV. Palaiologos) und ein Schwarzmeerküstenstreifen mit den Städten Mesembria, Anchialos, Sozopolis, Agathopolis, der unter der Bezeichnung Zagora 1369 als Apanage Michael Palaiologos (Sohn Johannes' V.) übertragen wurde. Diesen Besitz verlor Byzanz nach der Niederlage der chr. Heere bei →Nikopolis (Sept. 1396), erhielt ihn aber nach dem Sieg der Mongolen über die Osmanen zurück (Juli 1402). Die (allerdings 1411-13 türk.) Zagora-Besitzungen fielen ebenso wie die erwähnten Städte am Marmarameer erst 1453 mit Konstantinopel an die Türken. Als letztes Stück Th.s wurde Ainos (seit spätestens 1384 Besitz der genues. →Gattilusio) 1456 türkisch. P. Soustal

Lit.: SłowStarSłow VI, 1977, 119-123 – Oxford Dict. of Byzantium, 1991, 2079f. – R.-J. LILIE, JÖB 26, 1976, 7-47 – V. VELKOV, Cities in Thrace and Dacia in Late Antiquity, 1977 – C. ASDRACHA, Byzantina Sorbonensia 7, 1988, 221-309 – Akten Symposium »Byz. Thrace«, ed. CH. BAKIRTZIS (= Byz. Forsch. 14, 1989) – P. SOUSTAL, Th., TIB 6, 1991 [Lit.] – CH. BAKIRTZIS, Das byz. Th. (Th., 1994) – I. KARAGIANNOPULOS, Το βυζαντινό διοικητικό σύστημα στα Βαλκάνια (4ος-9ος αι), 1994 – C. ASDRACHA, Inscriptions byz. de la Thrace orientale ... (XIIᵉ-XVᵉ s., Archaiologiko Deltio 43, 1988), 1995, 219-291 – Constantinopel and its Hinterland, ed. C. MANGO-G. DAGRON, 1995.

Threnos, spezielle lit. Gattung der Trauerrede der byz. Zeit. Im meist anonym überlieferten Th. überwiegt die wiederholte leidenschaftl. Klage, im Unterschied zum Paramythikos (Trauerrede) bzw. Epitaphios (→Epitaphium, IV) fehlt der feierl. bzw. enkomiast. Charakter. Der Th. bevorzugt die Verwendung von Versen sowie der Volkssprache, um einen breiteren Hörerkreis anzusprechen. Th.oi verbinden sich v. a. mit einem hist. Ereignis (Schlacht, Stadteroberung), sie beklagen den Verlust, indem sie den Wert des Verlorenen deutl. machen, weshalb für sie die gattungsspezif. Normen des →Enkomions gelten. Nur in wenigen Fällen werden hist. Fakten mitgeteilt, diese werden vielmehr vorausgesetzt; wiedergegeben wird das Bild einer Stimmung. Eine bes. Gattung bilden die Th.oi auf die osman. Eroberung →Konstantinopels 1453 (Halosis). Die allg. Betroffenheit über das Ereignis artikuliert sich in der Aufnahme von Elementen aus den Laudes auf Konstantinopel. Die Verbreitung dieser auch in der armen. Lit. verbreiteten Th.oi beweist die Kraft der byz. Reichs- und Ks.idee, die durch die poet. Verarbeitung des Wunschbildes in der durch den endgültig scheinenden Untergang entstandenen Identitätskrise Halt sucht. G. Schmalzbauer

Lit.: S. LAMPROS, Μονῳδίαι καὶ θρῆνοι ἐπὶ τῆς ἁλώσεως τῆς Κωνσταντινουπόλεως, Νέος Ἑλληνομνήμων 5, 1908, 190-269 – E. FENSTER, Laudes Constantinopolitanae, 1968 – A. K. Sanjian, Two Contemporary Armenian Elegies on the Fall of Constantinople 1453, Viator 1, 1970, 224-261 – BECK, Volksliteratur, 161-166 – M. ALEXIOU, The Ritual Lament in Greek Tradition, 1974 – A. PERTUSI, La caduta di Costantinopoli, 2 Bde, 1976 – G. EMRICH, Der T. über Timur Lenk, Materialia Turcica 4, 1980, 1-16 – Die Eroberung Konstantinopels i. J. 1453 aus armen. Sicht, übers. M. K. KRIKORIAN-W. SEIBT, 1981 – A. PERTUSI, Testi inediti e poco noti sulla caduta di Costantinopoli, 1983.

Thron
A. Allgemein. Spätantike. Frühchristentum – B. Mittelalterlicher Westen – C. Byzanz

A. Allgemein. Spätantike. Frühchristentum
Sehr vereinfachte Definition: Als Th. (gr. Θρόνος, lat. solium) wird ein Sitz mit hoher, gerade endender Rückenlehne bezeichnet, als →Kathedra ein Sessel mit gewölbter, im Bogen endender Rückenlehne, obwohl diese Eingrenzung sich erst bei Cassiodor (in Ps. 1,1; 6. Jh.) findet und der Begriff Kathedra auch für andere Formen gebraucht und öfters mit Th. synonym verwendet wurde; zudem entsprechen erhaltene bfl. Kathedren im →Synthronon ihm meist nicht. Bes. wichtig ist die Feststellung, daß der Sitz für Beamte, Würdenträger und den Ks. auch in der Spätantike meist der Sessel (lat. sella [-curulis, -campestre]) ohne Arm- und Rückenlehnen blieb, oft mit geschweiften Beinen als →Faltstuhl. Die sella des Ks.s stand allerdings schon früh auf bes. hohem Podium (subsellium). Daneben bezeugen bildl. Darstellungen (z. B. Münzbilder) im späten 3. und 4. Jh. auch die Verwendung des zuvor vorwiegend Göttern vorbehaltenen Th.es durch lebende Ks. Durch Ablehnung dieser Entwicklung wollte MATHEWS zeigen, daß Bilder Christi auf einem mit Gemmen geschmückten Th. nicht vom Ks.-, sondern vom Götterbild beeinflußt seien, doch wird diese These auch durch →Thronbilder Christi mit ksl. Diadem (seit theodosian. Zeit) widerlegt. Kathedren mit gerundeter Rückenlehne finden sich in der röm. Kaiserzeit v. a. bei Philosophen- und Lehrerdarstellungen und im häusl. Bereich, bes. bei Frauen. Auch sie sind seit dem 4. Jh. als Beamtensitz gesichert (z. B. Probianusdiptychon, um 400), im Mausoleum in Centcelles (Mitte 4. Jh.) wohl auch für Ks. (so zuletzt: ARBEITER-KOROL; Ablehnung mit unzureichender Begründung: WARLAND). Wegen dieser späten Übernahme des Th.es durch Beamte und den Ks. dürften die unterschiedl. Erklärungen des Aufkommens der bfl. Kathedra als Anlehnung an Beamten- und Kaiserth.e (KLAUSER, INSTINSKY, STOMMEL u. a.) hinfällig sein, vielmehr legt die frühe literar. Bezeugung des Begriffs Kathedra für den Sitz und das Amt des Bf.s die Annahme einer Übernahme aus dem Bereich des Lehrers und Phi-

losophen nahe. Ledigl. die Entwicklung der bfl. Kathedra zu einem erhöhten und aufwendigen Th. seit dem 4. Jh. könnte durch eine Angleichung an staatl. Aufwand erklärt werden (Zusammenfassung dieser Problematik: DRESKEN-WEILAND). J. Engemann

Lit.: →Cathedra Petri, →Faltstuhl, →Kathedra – KL. PAULY V, 92, 261, 790 – LCI IV, 304f. – RAC XVIII, s.v. Kathedra [J. DRESKENWEILAND; im Dr.] – TH. KLAUSER, Der Ursprung der bfl. Insignien und Ehrenrechte, 1949 – H. U. INSTINSKY, Bf.stuhl und Ks.th., 1955 – E. STOMMEL, Bf.stuhl und Hoher Th., JbAntChrist 1, 1958, 52–78 – E. CHRYSOS, Historia 18, 1969, 119–128 – A. ALFÖLDI, Die monarch. Repräsentation im röm. Ks.reiche, 1970 – H. U. INSTINSKY, RQ 66, 1971, 65–77 – H. GABELMANN, Antike Audienz- und Tribunalszenen, 1984 – A. ARBEITER–D. KOROL, Madrider Mitt. 30, 1989, 289–331 – TH. F. MATHEWS, The Clash of Gods, 1993 – R. WARLAND, Röm. Mitt. 101, 1994, 175–202.

B. Mittelalterlicher Westen

I. Kirchlicher und weltlicher Bereich – II. Ikonographie und Monumente.

I. KIRCHLICHER UND WELTLICHER BEREICH: In der syr. Kirche des frühen 3. Jh. entwickelte sich die Cathedra zum Abbild des göttl. Th.es (Paulus v. Samosata, 268; so auch 849 auf der Synode v. Savonnières, MGH Conc. III, 465). Diese und in der Merowingerzeit die steinerne Cathedra in Metz waren bereits ortsfest. In der Regel aber wurden noch im kirchl. und weltl. Bereich mehrere transportable sellae gleichzeitig benutzt. Dennoch galt die Th.setzung seit dem 6. Jh. als ein konstitutives Zeichen des Herrschaftsantritts; bei den Langobarden wird dies allerdings nicht recht sichtbar. Die mit der Th.setzung häufig verbundene Schilderhebung (Herkunft aus dem Heerkgtm.?), im 13. Jh. noch in Navarra nachweisbar, hatte nur eine ergänzende Funktion (→Gundowald, 6. Jh.); sie fand ebenfalls im kirchl. Bereich Eingang (Ebf. →Wilfrid v. York, 664).

Auch der Papst besaß mehrere »sellae« gleichzeitig bis zum 7. Jh. als Sinnbild seines Bf.samtes. Seit dem 8. Jh. fand die Th.setzung zuerst auf der »sella pontificalis« im Lateranpalast statt, anschließend erfolgte die litug. »inthronisatio« in der Basilika; die weltl. »sella« wandelte sich im 9. Jh. zum »pontificale« bzw. »apostolicum solium« (Zeichen der weltl. Herrschaft). Bis zum 12. Jh. rivalisierte diese mit der »sedes marmorea« (»thronus principis apostolorum«) in der Apsis v. St. Peter, wurde aber seit dem →Investiturstreit zugunsten der ekklesiolog. Bedeutung der »sedes patriarchalis« in der Apsis der Lateranbasilika entwertet. Das 875 von Karl d. Kahlen geschenkte faldistorium blieb trotz mehrfacher Benutzung ohne symbol. Bedeutung, bis ihm im 12./13. Jh. die Annahme zugeschrieben wurde, es handle sich um die »cathedra s. Petri« des 1. Jh. (→Cathedra Petri). – Auch Abtsstühle bzw. -th.e wurden seit dem späten MA üblich.

In offenkundiger Parallele dazu steht die Entwicklung des weltl. Th.es. Seit der Karolingerzeit waren Th.e (feststehend oder nicht) vor dem Kirchenportal für Gerichtssitzungen nicht selten. Der »thronus publicus« bzw. das »totius regni archisolium« (Wipo c. 6) im Atrium der Aachener Pfalzkapelle ist erstmals für Kg.swahl Ottos I. 936 bezeugt, ebenfalls der steinerne Th. innerhalb der Pfalzkapelle (Karl d. Gr. erst durch →Otto v. Freising zugeschrieben); jener wurde zw. 1138 und 1152 beseitigt, womit auch die weltl. Th.setzung entfiel. Der Aachener Karlsth. kann das Vorbild für den bronzenen Ks.stuhl Heinrichs IV. in Goslar gewesen sein; jedenfalls gab es im Reich mehrere (feste?) Th.e gleichzeitig. – Für den Prager Hradschin ist ebenfalls eine »sedes principalis« im Freien bezeugt, und in Burgund fand der kirchl. Akt nach einer weltl. Th.setzung im Freien statt. Die südit. Normannen besaßen mehrere feste und bewegl. Th.e; in der »capella palatina« Palermos benutzte Friedrich II. ein von seinen Vorgängern stammendes und mit deren Bildnissen geschmücktes, nach byz. Vorbild mit Porphyrplatten getäfeltes faldistorium. In England gab es im 13. Jh. in Windsor, Winchester und Woodstock feste Th.e, die u. a. die stete Anwesenheit des Kg.s symbolisieren sollten. Eduard I. ersetzte die bis dahin benutzte ornamentierte Bank durch den für Erstkrönungen bestimmten »Coronation Chair« in der Westminster Abbey, ein mit Metall verkleideter Holzstuhl, in den der »Stone of Scotland« (→Scone) eingelassen wurde. Einen nunmehr einzigen Th. aus vergoldetem Silber, zwecks Reisen in Einzelteile zerlegbar, ließ sich Kg. Martin I. v. Aragón anfertigen; einen ähnl. Th. schenkte schon 1311 Venedig Ks. Heinrich VII. Die span. Taifen-Kg.e und die Kg.e v. Asturien, León und Kastilien müssen über das 12. Jh. hinaus Th.e (auch für die Th.setzung) benutzt haben, über deren Aussehen wenig bekannt ist.

Nach dem Vorbild der Altarsetzung von Kl.vorstehern im 13. Jh. gab es erstmals 1308 eine solche für den soeben gewählten dt. Kg. Heinrich VII. O. Engels/G. Kreuzer

Lit.: P. E. SCHRAMM, Herrschaftszeichen und Staatssymbolik, I, III, 1954–56 – H. U. INSTINSKY, Bf.sstuhl und Ks.th., 1955 – E. STOMMEL, Bf.sstuhl und Hoher Th., JbAC 1, 1958, 52–78 – H. BEUMANN, Grab und Th. Karls d. Gr. zu Aachen (Karl d. Gr., hg. W. BRAUNFELS–P. E. SCHRAMM, IV, 1967), 9–38 – R. SCHMIDT, Zur Gesch. des frk. Kg.sth.s, FMASt 2, 1968, 45–66 – P. E. SCHRAMM, Ks., Kg.e und Päpste, IV/1, 1970, 113–122, 270–283 – R. SCHNEIDER, Kg.swahl und Kg.serhebung im FrühMA, 1972, 190–196, 213–218, 258–261 – N. GUSSONE, Th. und Inthronisation des Papstes von den Anfängen bis zum 12. Jh., 1978 – M. MACCARONE, Die Cathedra s. Petri im HochMA, RQ 75, 1980, 171–205; 76, 1981, 137–172 – O. ENGELS, Kgtm. und Stände in Spanien während der späteren MA (Das spätma. Kgtm. im europ. Vergleich, hg. R. SCHNEIDER [VuF 32], 1987), 100f. – R. SCHNEIDER, Wechselwirkungen von kanon. und weltl. Wahl (Wahlen und Wählen im MA, hg. DERS.–H. ZIMMERMANN [VuF 37], 1990), 145–154 – DERS., Bfl. Th.- und Altarsetzungen (Fschr. H. JAKOBS, hg. J. DAHLHAUS u. a. [Beih. zum AK 39], 1995), 1–15.

II. IKONOGRAPHIE UND MONUMENTE: Der ma. Th., der die Amtsgewalt symbolisierende Sitz des geistl. wie weltl. Herrschers in Palästen und bevorzugte Kirchen, geht auf die oben genannten (s. Abschnitt A) antiken Grundformen zurück. Als Material dienten Stein und Holz (kelt. bzw. germ. Ursprung) sowie Edelmetall und Elfenbein, die auf den Th. Salomons (2 Kön 10, 18 ff.) zurückgehen, der oft zum Vorbild für die Ausgestaltung des ma. Th.es wird (Stufen, Armlehnen, Löwen usw.).

Herausragende Beispiele: sog. Th. Kg. Dagoberts (622–638), Paris, Bibl. Nat., 7. (?) bis 9. Jh.: Faltstuhl mit löwenartig gestalteten Beinen aus gegossener Bronze. Arm- und Rückenlehnen sind spätere Zufügungen, der Name ist seit Abt →Suger v. St-Denis überliefert; sog. Th. Karls d. Gr., Aachen, Münster: ein Marmorsessel mit Eichensitz von ca. 935/936 auf Unterbau mit vier Pfosten und sechs (ehemals sieben?) Stufen. Ob der Hohlraum unter dem Sitz früher die Stephansbursa barg, ist umstritten. Als totius regni archisolium seit dem 10. Jh. neben der Krone und der hl. Lanze wichtigstes Herrschaftszeichen der dt. Kg.e. Der Oberbau stammt vielleicht tatsächlich aus der Zeit Karls; sog. Cathedra Petri, Rom, St. Peter: Eichenholzgerüst mit abnehmbarer Rückenlehne, wie die Rückseite des Sitzes mit offenen Arkaturen. Die Vorderseite wurde vielleicht aufgrund einer »Bauplanänderung« durch eine Holzplatte mit Elfenbeintafeln ersetzt. Elfenbeinstreifen im Throngerüst deuten auf eine Entstehung im Umkreis Karls des Kahlen, der den Th. wohl zu seiner

Kaiserkrönung 875 mitbrachte. Ob er den seit dem 12. Jh. als Cathedra Petri bezeichneten Th. später Papst Johannes VIII. schenkte, ist umstritten. H. Drechsler

Lit.: H. APPUHN, Zum Th. Karls d. Gr., Aakbll 24/25, 1962/63, 127–136 – L. HUGOT, Der Königsth. im Aachener Dom, 29. Tagung der Koldewey-Gesellschaft 1976, 1978, 36–42 – H. ROTH, Kunst und Handwerk im frühen MA, 1986, Nr. 68 – H.-W. GOETZ (Fschr. H. KÜHNEL, 1992), 11–47 – L. NEES, Audiences and Reception of the Cathedra Petri, Gazette des Beaux-Arts 122, 1993, 57–72 – N. STAUBACH (Fschr. K. HAUCK, 1994), 383–402 – U. GROSS, Dagobertth. (Die Franken. Wegbereiter Europas. Kat. Ausst. Mannheim, 1996).

C. Byzanz

I. Weltlicher und kirchlicher Bereich – II. Monumente und Ikonographie.

I. WELTLICHER UND KIRCHLICHER BEREICH: [1] *Kaiser:* Die Institution des Th.es der röm. Ks. wurde von →Konstantin übernommen und in der Folge von allen Nachfolgern im Kaiseramt. Der Th. spielt in der offiziellen bildl. Kaiserdarstellung eine geringe Rolle, da der Ks. meist stehend repräsentiert ist. In nichtoffiziellen Darstellungen (Bildbegleitung von Texten) begegnet er jedoch an einer Vielzahl von Stellen, die unter diesem Gesichtspunkt einer eingehenden Interpretation bedürften, wie überhaupt eine gründliche Untersuchung des Th.es fehlt. Th. ist zunächst jede mit Rücken- und Armlehne versehene Sitzgelegenheit, auf welcher der Ks. (oder Mitglieder der ksl. Familie) bei repräsentativen, offiziellen Anlässen, bes. Empfängen, Platz nimmt. Daneben ist unter Th. auch ein von einem Baldachin (= Himmel) bekrönter *Bereich* zu verstehen (vgl. →Konstantin Porphyrogennetos, De ceremoniis, ed. REISKE, 521, 9ff.), in welchem der Ks. (erst seit dem 10. Jh.?) wochentags rechts sitzt und die linke Seite Christus freihält, am Sonntag aber links, da der ehrenvolle rechte Platz dann Christus vorbehalten bleibt, und man vom »leeren« Th. spricht, ein Begriff, der zuerst in Zusammenhang mit dem (nominell) von Christus geführten Vorsitz der Konzilien begegnet. Im Kaiserpalast v. Konstantinopel gab es in jedem Fall mehrere Th.e (vgl. Konst. Porph., ebd., 587, 5–10). Als Thronsaal dienten der Chrysotriklinos (in dem sich auch der seit →Arkadios nicht mehr benutzte Thron Konstantins befand) und die Magnaura mit dem von mechanischen Tieren (→Automat) umgebenen sog. Thron Salomons (von Ks. →Theophilos im 9. Jh. rekonstruiert), welchen auch →Liutprand v. Cremona schildert.

Über Thronsäle verfügten auch die auswärtigen Residenzen (z.B. →Nikaia, →Mistra), wo die Existenz von Nischen oder apsidalen Konstruktionen auf den Th. schließen läßt. Auch in das Feldlager wurde ein Th. mitgenommen (z.B. Miniatur in der Madrider Hs. des Johannes →Skylitzes, f. 201v). Wenn der (die) Ks. in der H. Sophia an der Liturgie teilnahm(en), wurde auf einem eigenen Podium ebenfalls ein Th. aufgestellt. Dieser diente jedoch niemals der →Krönung, die immer auf dem →Ambo vorgenommen wurde. Der Th. ist ein (fast) ausschließlich zeremonielles (und ideolog.) Objekt, dem keine konstitutive Bedeutung zukommt.

[2] *Patriarch und Bischof:* Herkunft und Funktion des Th.es kirchlicher Würdenträger steht nicht mit dem Kaiserkult in Verbindung, sondern geht auf einen schon in frühchristl. Zeit geübten Brauch zurück, sitzend das Wort Gottes zu verkündigen. Im 4. Jh. begegnet dafür (analog zum Kaiserkult?) das Wort 'thronos'. Seit dem Konzil v. →Chalkedon (451) nimmt nach der Handauflegung der Bf. auf dem Thron Platz, womit symbolisch die Inbesitznahme des Bm.s angedeutet wird, wie dies noch im 15. Jh. der Liturgiekommentar des →Symeon v. Thessalonike festhält. P. Schreiner

Lit.: O. TREITINGER, Die oström. Ks.- und Reichsidee, 1956[2], 32–34, 56–57, 133–134, 199 [mit Q.] – ThEE 6, 1965, 556f. – P. SCHREINER, Omphalion und Rota Porphyretica (Mél. I. DUJČEV, 1979), 401–405 – Oxford Dict. of Byzantium III, 1991, 2082f.

II. MONUMENTE UND IKONOGRAPHIE: Das Wort Th. bezeichnet in der Regel einen »Stuhl mit Rück- (und oft auch Seiten-) Lehne mit Fußbank« (KL. PAULY). Solche Sitze mit Rücklehnen sind seit der kret.-myken. Zeit (ohne daß wir allerdings die Bezeichnung dafür wissen) bekannt. Bei Homer sitzen Götter, Kg.e und adlige Herren auf Th.en. Auch der leere Th. (Hetoimasia, →Thronbild) wie die Totenkathedra (in den Katakomben in Stein erhalten) sind bereits gebräuchlich. In der röm. Hofkunst für Ks., Ksn. oder Ks.mutter üblich (Münzen von Arcadius und Theodosios II.: Abb. Byzance, Expos. Louvre 1992/93, 161 und 165). Die sella curulis in der Form des faldistoriums ist Sitz des Consuls und von den Consulardiptychen bekannt (z.B. Areobindus, Clementinus und Anastasius), zeigt allerdings auch gerade Stuhlbeine (so bei Magnus 518) und sogar Rücklehne (Amtsdiptychon des Rufius Probianus, nach 395). Die Th.bank kann allerdings auch ohne Rücklehne vorkommen (so beim Iunius Bassus-Sarkophag) für den thronenden Christus, für die thronende Maria mit Kind (Elfenbein vom Bucheinband aus St-Andoche: Byzance, Expos. Louvre 1992/93, 73f.; Mosaik über dem SW-Eingang der Hagia Sophia in Konstantinopel). Die geschwungenen Löwenfüße der sella curulis werden auch als Füße der Th.bank verwendet, wohl wegen ihres ikonograph. Sinns (so beim Berliner Diptychon) und sogar frontal gedreht (bereits beim Iunius Bassus-Sarkophag), können allerdings auch weiterhin beim faldistorium auftreten. Die Form der Rücklehne kann rechteckig und gerade aufrecht sein (so bei den eingangs zitierten Münzen von Arcadius und Theodosios II.), scheint aber von Anfang an der Körperform angepaßt gerundet aufzutreten (Katakomben, Maximianskathedra). Verzierende Schweifung der im übrigen gerade aufragenden Rücklehne führt zum sog. lyraförmigen Th. (Nomisma des Theophilos und seiner Frau, 829–842: Byzance, Expos. Louvre 1992/93, 203; Mosaik über dem Haupteingang zum Naos der Hagia Sophia in Konstantinopel) oder – unter Einbeziehung weiterer Rundung(en) am oberen Lehnenrand (wie beim Rufius Probianus-Elfenbein) – zu rosettenartig gebildeten Rücklehnen (wie beim Elfenbein der thronenden Madonna mit Kind im Petit Palais, Paris). Außer Christus und Maria sitzen auch die Evangelisten, Apostel und die 24 Ältesten (Parusie) auf Th.en. Der Th. selbst wird durch reichen Edelsteinbesatz geschmückt und durch (purpurnes) Sitzkissen und Fußschemel ergänzt. Die verschiedenen Th.-Formen werden offensichtl. während der gesamten byz. Zeit verwendet (Trachy oder Stamenon des Manuel Dukas v. Thessalonike: ohne Lehne; Par. gr. 2144 (Hippokrates-Hs. von 1338); nebeneinander gerade und gerundete Rücklehne; vgl. Byzance, Expos. Louvre 1992/93, 496, 499 und 456f.). Bereits früh (ab 2. Jh. und Constitutio apostolica von 380) wird den Bf.en ein Th. (vom Th. des Moses abgeleitet) ihrer Macht zugestanden, der in der Apsis (Synthronon) aufgestellt als Ort der bfl. Predigt diente. Erhaltene Bf.sth.e: Maximianskathedra in Ravenna, ganz mit Elfenbein belegt; Th. des Hl. Marcus in Venedig (Ausst.-Kat. Köln 1984, Nr. 7, 106–114); steinerne Platten von einem Th. aus Malakopea (Kappadokien) werden mit →Johannes I. Tzimiskes in Verbindung gebracht (TH. ULBERT, Studien zur dekorativen Reliefplastik des ö. Mittelmeerraumes, 1969, 11 und 70; weitere, ähnlich trapezoidale Platten bei SODINI-KALOLOTSAS, Aliki II, 1984, 106).

M. Restle

Lit.: KL. PAULY V, 790–LCI IV, 304f. – TH. KLAUSER, Die Cathedra im Totenkult, 1927 – G. M. A. RICHTER, The Furniture of the Greeks, Etruscan and Romans, 1966.

Thronbild. Auf frühchristl. Darstellungen des 'leeren' Thrones Christi (Beispiele: BRANDENBURG, 136–140; ENGEMANN, 42–46) haben Stellen des AT und NT zur Verbildlichung der Macht Gottes durch seinen Thron ebenso eingewirkt wie hellenist. und kaiserzeitl. Nachrichten über die stellvertretend-repräsentative Funktion des Herrscherthrons, bis hin zur Proskynesis der Senatoren vor dem Sessel des Caligula auf dem Kapitol (Cass. Dio 59, 24, 3f.; Belege: ENGEMANN, 45). Die Aufstellung des Thrones Christi mit dem Evangelienbuch bei Konzilien ist seit 431 gesichert (QQ und Miniaturen: WALTER). Die übliche Bezeichnung des Th.es als 'leerer' Thron ist nicht wörtl. gemeint. Herrscherthrone trugen Insignien; auf kaiserzeitl. Reliefs mit Götterthronen sind ihnen die Attribute der jeweiligen Gottheit beigegeben (ravennat. Beispiele: BESCHI). Auf und bei chr. Th.ern finden sich in unterschiedl. Auswahl: Christogramm, Gemmenkreuz, Diadem, Purpurgewand (beim Berliner Relief [BRANDENBURG] mit Kaiserfibel), Buch, apokalypt. Buchrolle mit 7 Siegeln, Taube des Logos oder des Hl. Geistes, seit dem 7. Jh. das apokalypt. Lamm. Die oft vermuteten trinitar. Bedeutungen von Th.ern lassen sich aufgrund dieser Attribute nicht belegen, zumal bisweilen Christogramme oder Bilder der Apostelfürsten auf den Thronknäufen erscheinen. Das Th. am Apsisbogen in S. Maria Maggiore in Rom weist wohl tatsächl. auf die Wiederkehr Christi zum Gericht (secundus adventus) hin, weil es an Stelle des im Rahmen der →Kindheitsgeschichte Jesu fehlenden Bildes der →Geburt Christi, des primus adventus, steht; trotzdem muß vor der verallgemeinernden Deutung christl. Th.er als Thron des Weltenrichters, die durch die ma. Hetoimasiebilder (s. u.) verursacht wurde, gewarnt werden (zum wissenschaftsgesch. Problem v. BOGYAY, 1190f.): Die Beispiele des 4. Jh., v.a. das monumentale Thronrelief in Berlin, zeigen noch keine apokalypt. Motive, abgesehen davon, daß auch solche später nicht grundsätzl. auf die →Parusie hinweisen, wie auch nicht jedes →Kreuz das Zeichen des Menschensohns ist: Die Buchinschrift beim Th. über dem Ausgang der Hagia Sophia in Istanbul nennt Christus als die Tür für die Schafe (Joh 10, 7–9); den mit der Apsisstirnwand in SS. Cosma e Damiano in Rom beginnenden Th.ern mit apokalypt. Lamm (→Agnus Dei; WISSKIRCHEN, 52–55) sind keine Parusiehinweise beigegeben, sondern weitere →Apokalypt. Motive. Das Th. mit Buch und Taube im Altarraumgewölbe der Koimesiskirche in Nikaia (noch vorikonoklast.) und seine zahlreichen Nachfolger im O und (unter byz. Einfluß) auch im W (WULFF) weisen auf die überzeitl. Herrlichkeit Christi hin, die Einfügung des Th.es als Zentrum von Bildern der Geistaussendung (→Pfingsten) auf den Hl. Geist (nach dem Bildersturm). Erst seit dem 11. Jh. wurde in byz. Bilder des →Weltgerichts ein Th. mit den Leidenswerkzeugen (→Arma Christi) und dem Buch des Lebens eingefügt; sein kunstgesch. Name Hetoimasie stammt von der seit dem 12. Jh. belegten Beischrift ἡ ἑτοιμασία τοῦ θρόνου (Herrichtung des Thrones), einem Text, der die gr. Formulierung von Ps 9, 8 u. a. aufgreift.

J. Engemann

Lit.: LCI IV, 305–313 – RByzK II, 1189–1202 [v. BOGYAY] – RDK VI, 144–154 – O. WULFF, Die Koimesiskirche in Nicäa und ihre Mosaiken, 1903 – B. BRENK, Tradition und Neuerung in der christl. Kunst des 1. Jt., 1966, 71–73, 98–100 – CH. WALTER, L'iconographie des conciles dans la tradition byz., 1970 – H. BRANDENBURG, Ein frühchr. Relief in Berlin, Röm. Mitt. 79, 1972, 123–154 – J. ENGEMANN, Zu den Apsistituli des Paulinus v. Nola, JbAC 17, 1974, 21–46 – L. BESCHI, I rilievi ravennati dei 'troni', Felix Ravenna 127/30, 1984/85, 37–80 – R. WISSKIRCHEN, Das Mosaikprogramm von S. Prassede in Rom, 1990.

Thronstein. Besonderheit ma. Edelstein-Allegorese (→Edelstein [gegr. auf Ex 24,9f., Ez 1,26, Offb 4,2f.]) und frühma. exeget. Kommentare (Beda Venerabilis, Ambrosius Autpertus, Hrabanus Maurus u. a.). Den Farben Grün (Jaspis, Smaragd), Blau (Saphir) und Rot (Sardis, Karfunkel) sind je eigene Bedeutungsfelder zugewiesen: Grün/Blau sind Farben des Himmels bzw. des »Gläsernen Meeres« (Offb 22,1) und zugleich Schemel der Majestät Gottes (Jes 66,1), Rot ist Farbe Adams und der Passion (Gregor d. Gr., Moralia). Einbezogen sind auch rechtsallegor. Vorstellungen: Jaspis = Gericht des Wassers, Sardis = Gericht des Feuers (Victorinus de Poetovio/Pettau). Beispiele des Th.s sind in frühma. Goldschmiedekunst zahlreich. Am →Talisman Karls d. Gr. (Reims) war eine Kreuzreliquie zw. viereckigem Grünstein (Weltgeviert) und ovalem Saphir (Horizont) eingeschlossen. Am →Goldaltar von Mailand sitzt Christus über viereckigem grünem Th., dem Codex-Aureus-Deckel von St. Emmeram (München) die Majestas Domini über Saphir (mit Siegelschrift). Grünstein und Saphir erscheinen auswechselbar, neben Farbe sind Form und Anbringung bestimmend für die Bedeutung. An der →Reichskrone sind Smaragde als Th.e, Saphire als »Gläsernes Meer« gedeutet worden. An der Stelle des (verlorenen) »Waisen« sitzt ein Saphir in Dreieckfassung, entsprechende Th.e begegnen an der Krone der Goldenen Madonna (Essen) und der →Stephanskrone (Budapest). Im erweiterten Sinne als Th.e zu verstehen sind kreuzförmig gruppierte Grünsteine oder Saphire (Theodelindedeckel, Monza; Codex-Aureusdeckel, München; Reliquiario del Dente, Monza; Lotharkreuz, Aachen).

V. H. Elbern

Lit.: PH. SCHMIDT, Edelsteine, 1948, v. a. 69ff. – H. M. DECKER-HAUFF, Die Reichskrone (Herrschaftszeichen und Staatssymbolik, II, hg. P. E. SCHRAMM, 1955), v. a. 596ff. – H. SCHADE, Der Stein unter dem Throne Gottes, Geist und Leben 36, 1963, 115ff. – CHR. MEIER, Gemma Spiritalis, I, 1977, v. a. 118ff., 142ff.

Thrymskviða ('Lied von Thrymr'; auch »Hammarsheimt« ['Heimholung des Hammers']), schwankhaftes mytholog. Eddalied, das den Diebstahl des Hammers Mjöllnir durch den Riesen Thrymr und dessen Heimholung durch Thor und Loki parodist. beschreibt. Von den 32 Strophen (Versmaß →fornyrðislag) schildert der größte Teil (11–32), wie der Riese als Pfand für die Götterwaffe →Freyja zur Frau will und die Götter scheinbar darauf eingehen, indem sie →Thor als Braut verkleidet zur Hochzeit nach Utgard senden. Riesenhochzeiten dienen auch in der Sagalit. als unterhaltsame Einschübe; hier ist das Fest durch die Anwesenheit des Gottes mit seinem enormen Appetit zusätzl. gesteigert, wobei die Zweifel des Riesen an seiner furchterregenden Braut ein zusätzl. humorist. Element einbringen. Als Thrymr schließlich den Hammer als Brautgeschenk an Thor übergibt, erschlägt dieser damit Thrymr und dessen Familie (Str. 31/32). Eine einzige Zeile im Codex Regius versucht den Rahmen nach der Hochzeit notdürftig zu schließen. Die Th. ist wohl sehr spät zu datieren (12., vielleicht 13. Jh.), denn weder bei Snorri Sturluson noch in der Skaldendichtung ist ein Hinweis darauf zu finden, auch ein Mythos des Hammerdiebstahls (oder des Hammers als Brautgeschenk) ist sonst nicht belegt; der sprechende Name des Riesen Thrymr ('Lärm') ist sicher ebenfalls jung. Lit. war das Lied dagegen im SpätMA umso wirksamer, rímurartige Verfassungen unter dem Titel »Thrymlur« sind in Island schon um 1400 zu finden, Volksliedfassungen später in ganz Skandinavien. R. Simek

Lit.: Kindlers Lit. Lex. VI, 1971 [H. Beck] – F. R. Schröder, Thors Hammerholung, PBB (Tübingen) 87, 1965 – H. M. Heinrichs, Satir.-parodist. Züge in der Th. (Fschr. H. Eggers, 1972) – A. Jakobsen, Th. som allusjonsdikt, Edda 84, 1984.

Thulr (an. *þulr* 'Sprecher') steht in den edd. →Vafþrúðnismál als Selbstbezeichnung des Riesen, der mytholog. Wissen verkündet, in den →Hávamál wird Odin im Zusammenhang mit dem Runenerwerb als *fimbulþulr* ('mächtiger Sprecher') bezeichnet. Abgesehen von solchen mytholog. Belegen scheint die Bezeichnung etwa die Bedeutung von →'Skalde' gehabt zu haben und hängt mit dem an. Verb *þula* 'sprechen', 'rezitieren', 'murmeln' zusammen. Das Th. entsprechende ae. *þyle* glossiert 'orator', und im →Beowulf bezeichnet das Wort wohl ebenfalls 'Dichter', 'Skalde'. Die ältere Annahme eines vom Skalden irgendwie zu unterscheidenden Standes des Th. – als Rezitator (ausschließl.?) einer alliterierenden, mnemot. Dichtung? – ist wenigstens für die ma. Quellen in keiner Weise zwingend; →Thulur. R. Simek

Lit.: KL XX, s.v. – W. H. Vogt, Der frühgerm. Kultredner, Acta Philologica Scandinavica 2, 1927 – Ders., Die Þula zw. Kultrede und edd. Wissensdichtung, 1942.

Thulur (an. sg. *þula* 'Wortreihe', 'Liste'), Listen poet. Synonyme bzw. mytholog. Personen- und Ortsnamen in Form von Merkversreihen. Sie finden sich bes. in den Hss. der Snorra-Edda und dienten als Hilfe bei der Abfassung von Skaldengedichten zu einer Zeit, als diese v.a. aus antiquar. Interesse heraus betrieben wurde. Ältere Th. sind bes. in den didakt. Liedern der Liederedda (Alvíssmál, Grímnismál, Rigsþula, Zwergenverzeichnis der Völuspá) integriert, die z. T. überhaupt aus umrahmten Th. hervorgegangen sein mögen. Für das FrühMA sind die Th. somit als Wortverzeichnisse zu definieren, welche der mündl. Weitergabe von mytholog. und/oder poetolog. Wissen dienten, das sie durch Stabreim und Gruppenbildung mnemotechnisch aufbereiteten; →Thulr. R. Simek

Lit.: KL XX, s.v. – W. H. Vogt, Stilgesch. der edd. Wissensdichtung, I, 1927 – Ders., Die Þula zw. Kultrede und edd. Wissensdichtung, 1942 – E. Polomé, Old Norse Religious Terminology, The Nordic Languages and Modern Linguistics, 2, 1975.

Thur(e)y, Pierre de, frz. →Kardinal der Zeit des Gr. →Abendländ. Schismas, † Dez. 1410 in seinem Palast zu →Villeneuve-lès-Avignon, ▭ ebd. Th. war Sohn des burg. Adligen Gérard de Thurey (dép. Saône-et-Loire), Marschalls v. →Burgund; sein Onkel Guillaume war Ebf. v. →Lyon (1358–65), desgleichen sein Bruder Philippe (1389–1415), in Bündnis- und Klientelbeziehungen zu Aycelin de →Montaigu und Gui de →Boulogne stehend. Pierre de Th. studierte kanon. Recht an der Kurie v. Avignon und erhielt die 'custodia' der Kirche v. Lyon (Sept. 1272), war Dr. leg., hat am →Parlement v. Paris, →Maître des Requêtes de l'Hôtel, trat (nach Jean de La →Grange und Simon de →Cramaud) in den Dienst des Hzg.s →Jean de Berry. Von →Clemens VII. zum Bf. v. Maillezais (1382) und Kard. v. S. Susanna (1385) erhoben, propagierte Th. im Namen Kg. →Karls VI. die Rechtmäßigkeit der päpstl. Gewalt Clemens' VII. und begleitete als Legat den jungen Kg. →Ludwig II. v. Anjou, Konkurrenten von →Ladislaus v. Anjou-Durazzo, nach Neapel (1390–93). In Paris stand der Kard. zum Hzg. →Ludwig v. Orléans in feindl. Verhältnis (wegen dessen Nachgiebigkeit gegenüber →Benedikt XIII. und den Aspirationen auf ein Adria-Kgr., 1393); Th. vertrat als Wortführer der kgl. Regentschaft dagegen die 'via cessionis' und den Plan eines Konzils. Nachdem Th. mit dem 1403 aus Avignon entflohenen Benedikt XIII. in Marseille zusammengetroffen war, bereitete er in Livorno (Sommer 1408) das Konzil v. →Pisa vor (1409), für das ihn der gewählte Papst →Alexander V. zum Nuntius für Frankreich und Generalvikar für →Avignon und →Comtat-Venaissin ernannte. Vor seinem Tode befriedete er diese Gebiete mit Hilfe seines Bruders, des Ebf.s. Zu den wichtigsten Benefizien des Kard.s zählte das cluniazens. Priorat Pont-St-Esprit, das er als →Kommende besaß (1409–10). Der Dichter Giovanni Moccia schätzte Th. als Humanisten.

M. Hayez

Lit.: Dict. hist. papauté, 1994 – É. Baluze–G. Mollat, Vitae paparum Avenionensium, 1927, 802–866, passim – N. Valois, La France et le Grand Schisme d' Occident, I–IV, 1896–1902 – H. Millet (MEFRM 93, 1981), 713–790.

Thurgau (Nordostschweiz), erwähnt seit 741–746 in mehreren Urkk. des Kl. →St. Gallen (Durgauia, Turgauia). Der →Gau des frk. Reiches umfaßte ursprgl. wohl das ganze Grenzgebiet zu Rätien zw. dem Unterlauf der Aare, der Innerschweiz und dem Bodensee. Bereits zur Zeit der Ersterwähnung bestand mit dem Zürichgau eine sich allmähl. verselbständigende kleinere Verwaltungseinheit. Erster gesicherter Gaugf. ist 760→Warin. Seit 836 sind mit Adalbert und dessen Sohn und Enkel Adalbert dem Erlauchten resp. Burkhard mehrmals Th.grafen aus dem Umfeld der →Udalrichinger und der mit ihnen versippten →Hunfridinger belegt, bevor der Gau zusammen mit dem Zürichgau und der Markgft. Rätien in Hzg. →Burchard I. v. Schwaben gelangte. Um 912 bricht mit (dessen Sohn?) Udalrich die Reihe namentl. bekannten Gaugf.en des Th. ab. Im späten 11. Jh. sind die →Zähringer und ab 1094 die Gf.en v. Dillingen-Kiburg als →Landgf.en des Th. belegt, 1264–1415 die →Habsburger. Das Gebiet der Lgft. umfaßte zu dieser Zeit nach der Ablösung der Abtei St. Gallen und der Gft.en→Toggenburg, Kiburg und Andelfingen nur noch einen kleinen Teil der ursprgl. Gaugft. Der Th. verzeichnete im 14. Jh. eine vergleichsweise hohe Anzahl freiherrl. Adelsgeschlechter (darunter mehrere namentl. bekannte Minnesänger) und wurde seit dem späten 14. Jh. Zuwanderungsgebiet für den emigrierenden eidgenöss. Adel. 1415 kam der Th. im Rahmen der gegen Österreich verhängten →Reichsacht an das Reich, welches 1417 das Landgericht und die Vogtei Frauenfeld an der Bf. v. →Konstanz, die Landvogtei 1418 wieder an Österreich verlieh. 1460 rissen die sieben eidgenöss. Orte die Landvogtei endgültig an sich. Das Landgericht tagte noch bis 1499 unter Konstanzer Obhut, bevor es zugunsten der Eidgenossenschaft ausgelöst und ebenfalls nach Frauenfeld verlegt wurde. E. Eugster

Lit.: HBLS VI, 741ff. [Lit.] – W. Meyer, Die Verwaltungsorganisation des Reiches und des Hauses Habsburg-Österreich im Gebiet der Ostschweiz 1264–1460 [Diss. Zürich 1933] – E. Herdi, Gesch. des Th.s, 1943 – R. Sablonier, Adel im Wandel, 1979.

Thüring v. Ringoltingen, Verf. des Prosaromans →»Melusine«, * um 1415, † 1483 in Bern, gehörte der stadtadligen Oberschicht von →Bern an (seit 1435 Mitglied des Großen Rats, Schultheiß, Pfleger des Münsterbaus). Seiner Familie, den erst im 14. Jh. aus dem Simmental nach Bern zugewanderten 'Zigerli', gelang durch erfolgreiche Handels- und Kreditgeschäfte der rasche Aufstieg in der Berner Oberschicht, die sich durch Erwerb feudaler Herrschaftsrechte, Eheverbindungen und Aneignung kultureller Deutungs- und Legitimationsmuster des Adels immer stärker adligen Repräsentationsformen anpaßte, im Falle der Zigerli nicht zuletzt durch Übernahme des Namens eines im frühen 15. Jh. ausgestorbenen Rittergeschlechts 'von Ringoltingen'.

Wurde bereits Th.s Vater als »nobilis vir Rodolphus de Ringoltingen« bezeichnet, so war für Th. die (imaginäre) adlige Genealogie schon selbstverständlich. Sein 1456 abgeschlossener Prosaroman »Melusine« gehört in den gesellschaftspolit. Kontext am Vorabend des 'Twingherrenstreites' (1469-71), in dem die stadtadlige Oberschicht ihre Vormachtstellung gegen die große Mehrheit der Bürgerschaft verteidigte. Th. widmete seinen Roman dem Mgf.en Rudolf v. Hochberg (→Baden), Gf.en v. →Neuenburg, der in Bern 'Burgrechte' wahrnahm und mit dem Schultheiß Th. in rechtl., ökonom. und polit. Hinsicht eng verbunden war, ihm wohl auch Beziehungen zum Hof Hzg. →Philipps d. Guten v. →Burgund, dem Rudolf als Rat und Kammerherr (seit 1458) angehörte, ermöglichte und vielleicht sogar die frz. Vorlage, die »Melusine« des Cou(l)drette (um 1400), zur Verfügung stellte.

Th.s Melusinen-Roman entspricht dem Interesse an der Vermittlung adliger Legitimationsmuster insofern, als ein 'fremd abenthewer' von Entstehung und Begründung feudaler Herrschaft aus Wunder und Mythos erzählt. Die notwendige Bedingung feudaler Herrschaft, 'alt Herkomen' und daraus resultierende 'ere', können hier nicht vorausgesetzt, sondern müssen geschaffen werden. Damit aber stellt der Roman ein Argumentationsfeld bereit, das dem Autor und seinem stadtadligen Publikum vertraut ist und Identifikationsmöglichkeiten an die Hand gibt. Das betrifft zum einen die Möglichkeiten sozialen Aufstiegs, die im Roman entworfen und erprobt werden, zum anderen das Verhältnis von Öffentlichkeit und Heimlichkeit, das an der problematischen Ehe der Fee Melusine und Reymunds, des Adligen ohne Land, zu Tage tritt. Reymund gelingt die Begründung seines Territoriums und seiner Herrschaft mit Hilfe der wunderbaren Kräfte seiner Frau, die Söhne wie Herrschaftszeichen gebiert und auf diese Weise die Genealogie der Herren v. →Lusignan begründet. Zugleich sind es diese wunderbaren Kräfte Melusines, die sie am neu entstehenden Hof stigmatisieren und das Scheitern ihrer Ehe mit Reymund hervorrufen. Zwar sind Ehe und Herrschaft »in Ehren« (d.h. in den legitimen Formen feudal-öffentl. Repräsentation) beschlossen und dementsprechend anerkannt worden. Zugleich aber besteht Melusine auf Zeiten der Heimlichkeit und des Rückzugs aus der höfischen Öffentlichkeit, um ihre »zweite Existenz« als Mahrte zu leben und dem Fluch ihrer Mutter Persine zu genügen, ruft damit aber das Mißtrauen des Hofes und ihres Gatten hervor, das ihre höf. und ehel. Gemeinschaft zerbrechen läßt. Gleichwohl ist die Weltherrschaft der Söhne Melusines und Reymunds damit nicht in Frage gestellt, sondern ebenso »wahr« wie die »Historia« von den Wundern Melusines selbst, die bis in Th.s Zeiten – worauf er in seinem Vorwort eigens verweist – an den steinernen Zeugen ihrer Bautätigkeit ersichtlich sei.
W. Röcke

Lit.: J.-D. MÜLLER, Melusine in Bern (Lit.–Publikum–Hist. Kontext, hg. G. KAISER, 1977), 29–77 – Romane des 15. und 16. Jh., hg. J.-D. MÜLLER, 1990, 9–176 – s.a. Lit. zu →Bern (R. FELLER, 1946).

Thüringen, Thüringer
A. Archäologie – B. Geschichte

A. Archäologie

Ein mit den Thüringern zu verbindender archäol. Formenkreis bildete sich erstmals um die Mitte des 5. Jh. heraus. Die wenig früher vollzogene Stammesbildung der Thüringer hatte offenbar die Voraussetzung dafür geschaffen, daß die zu gleicher Zeit bei vielen Germanenstämmen aufkommende Reihengräbersitte (geostete Körperbestattungen mit Beigaben in fortlaufend belegten Gräberfeldern; →Grab, A.I) sich auch in Th. als allgemeingültige Beisetzungsform durchsetzen konnte. Aus den solcherart organisierten und ausgestatteten Gräbern stammt fast das gesamte Q.material zur Archäologie der Thüringer. – Die thür. Fundprovinz ist Bestandteil des sog. Östlichen Reihengräberkreises, zu dem außerdem noch der langob. Formenkreis beiderseits der mittleren Donau, der gepid. in Theiß-Ebene und Transsilvanien sowie eine Fundgruppe in Böhmen gehören. Letztere, für die kein Stammesname überliefert ist, muß in engem Zusammenhang mit Th. gesehen werden. Der Kern der thür. Fundprovinz nimmt das Gebiet zw. Thüringer Wald und Elbe/Mulde ein, also das Flußgebiet von Saale und Unstrut sowie das n. Vorland des Harzes. Lockere Streuung weiter nach N, vereinzeltes Ausgreifen über den Thüringer Wald ins Maingebiet sind zu konstatieren, jedoch findet die in den Schriftq. bezeugte Anwesenheit von Thüringern an der Donau bei Regensburg sowie am Niederrhein im archäol. Befund keine Bestätigung.

Siedlungsplätze wurden bisher nur in geringem Umfang erforscht; die bekanntgewordenen Aufschlüsse zeigen die zeittyp. Bauformen bäuerl. Anwesen: ebenerdige Pfostenbauten und eingetiefte Grubenhütten. Die wenigen derartigen Befunde, mehr aber noch die ungleich häufiger festgestellten Bestattungsplätze – auch sie ein Element der Siedlungstopographie – geben Hinweise auf die Struktur frühma. Siedlungen. Namentl. die frühma. Anfänge von thür. Städten wie →Weimar, →Erfurt, →Mühlhausen u.a. haben sich auf diese Weise erhellen lassen.

Die Bestattungssitten der Thüringer weisen im 5. bis 7. Jh. vielfach noch urtüml., heidn. anmutende Züge auf. Neben der generell vorherrschenden Körperbestattung wurde in Einzelfällen immer noch die früher in Germanien übliche Brandbestattung geübt. Pferdebestattungen kommen ähnlich häufig vor wie bei den benachbarten heidn. →Sachsen. Gräber von Hunden, Opfergruben mit Schädel und Extremitäten von Pferden sind im gleichen Zusammenhang zu sehen, ebenso die Beisetzung unter Grabhügeln bzw. innerhalb von Kreisgräben. Übrigens sind die Gräberfelder des FrühMA in Th. im Gegensatz zu denen des w. Merowingerreiches durchweg verhältnismäßig klein und nur selten über einen längeren Zeitraum hinweg belegt, namentl. sind die recht zahlreichen bereits in frühmerow. Zeit einsetzenden Gräberfelder nur vereinzelt bis ins 7. Jh. in Benutzung geblieben. Mit aller Vorsicht kann daraus auf eine wenig dichte und noch vielfach instabile Besiedlung geschlossen werden.

Unter den als Grabbeigaben überlieferten Sachgütern des 5. bis 7. Jh. lassen sich einzelne Fundprovinzen herausstellen, womit in erster Linie eine regionale Zuordnung, weniger eine ethn., getroffen sein soll. Eine solche thür. Regionalform läßt sich unter den von Frauen getragenen Bügelfibeln ausmachen: Die kerbschnittverzierten Stücke sind verhältnismäßig klein, und die eine ihrer Zierplatten, die Kopfplatte, zeigt einen von Vogelkopfprotomen gebildeten oder sonstwie gezackten Umriß. Unter der Tonware sind es auf der Drehscheibe gearbeitete, dünnwandige Schalen mit geglätteter Oberfläche und einpolierten Mustern, die sich in ähnl. Weise als ein typ. thür. Produkt darstellen. Diese und andere regionaltyp. Sachformen verschwinden jedoch im Laufe des 6. Jh. und werden durch ein Formengut nach merow.-frk. Standard ersetzt.

Schließlich lassen die archäol. Q. einen Migrationsvorgang erkennen, der in den Schriftq. nicht ausdrückl. bezeugt ist: Allem Anschein nach sind im Verlauf der Merowingerzeit erhebl. Teile der thür. Bevölkerung nach W und S abgewandert. Das ö. Stammesterritorium (jenseits der Saale) erscheint im 7. Jh. prakt. frei von Funden thür. Charakters, ist also offensichtl. von den Thüringern geräumt worden. Früher oder später sind hier Slaven nachgerückt. Diese haben in der Folgezeit auch weiter w. liegende thür. Kerngebiete bis hin zum Main siedlungsmäßig durchsetzt, was nur bei schütterer Vorbesiedlung möglich erscheint. Andererseits ist thür. Zuzug in entfernten Gebieten des Merowingerreiches anhand archäol. Zeugnisse deutl. auszumachen, so in Rheinhessen und an der oberen Donau (Schretzheim). Dieser W-Drift thür. Bevölkerungsgruppen steht eine – zahlenmäßig zweifellos geringere – O-Wanderung von Franken gegenüber, die mit der Ausbreitung der frk. Herrschaft über Th. nach 531/534 zusammenhängt (z. B. Adelsgräber v. Allach).

H. Ament

Lit.: B. SCHMIDT, Die späte Völkerwanderungszeit in Mitteldtl., 3 Bde, 1961, 1970, 1976 – G. BEHM-BLANCKE, Ges. und Kunst der Germanen. Die Thüringer und ihre Welt, 1973 – Die Germanen. Gesch. und Kultur der germ. Stämme in Mitteleuropa, II, 1983, bes. 502–548 – A. WIECZOREK, Mitteldt. Siedler bei der frk. Landnahme in Rheinhessen (Das Dorf am Mittelrhein, 1989), 11–101 – W. TIMPEL, Das frk. Gräberfeld v. Allach, Krs. Erfurt (Alt-Th. 25, 1990), 61–155 – DERS., Archäol. Forsch. zur Frühgesch. thür. Städte (Frühgesch. der europ. Stadt, 1991), 191–199.

B. Geschichte

I. Das Königreich der Thüringer – II. Thüringen in fränkischer Zeit – III. Ottonisch-salische Zeit – IV. Thüringen in ludowingischer Zeit – V. Thüringen im Spätmittelalter.

I. DAS KÖNIGREICH DER THÜRINGER: Die Thüringer, die sich im 4./5. Jh. in dem Raum zw. Thüringer Becken, unterer Saale und Mulde, mittlerer Elbe und n. Harzvorland als neuer gentiler Großverband formierten, wobei sie möglicherweise an den Namen der hier im 1./2. Jh. ansässigen Hermunduren anknüpften, treten erstmals Ende des 4. Jh. in der schriftl. Überlieferung als Toringi entgegen (→Vegetius Renatus). Nach 454, von vorübergehender hunn. Oberherrschaft befreit und in engen Kontakten mit den Ostgoten und Langobarden stehend, stiegen sie rasch zum mächtigsten germ. Reich außerhalb der ehem. röm. Reichsgrenzen auf. Mit ihrem weiten Herrschaftsgebiet zw. Donau, oberem Maintal, Werraraum, mittlerer Elbe, Braunschweiger Gegend und Altmark bildeten sie in dem ostgot. Bündnissystem Theoderichs d. Gr. den wichtigsten Machtfaktor ö. des Rheins gegen das expandierende →Frankenreich. Das enge ostgot.-thür. Zusammengehen wurde um 510 mit der Heirat Kg. Herminafrids, des ranghöchsten der drei Söhne des ersten sicher bezeugten thür. Kg.s Bisin, und Theoderichs Nichte →Amalaberga besiegelt. Als Theoderichs Tod 526 den Thüringern den ostgot. Rückhalt nahm, unterwarfen die merow. Kg.e Theuderich I. und Chlothar I. 531 die Thüringer nach einer vernichtenden Niederlage an der Unstrut ihrer Herrschaft. Die Kg.sfamilie wurde durch Flucht, Deportation (Herminafrids Nichte →Radegunde) und Mord (Herminafrid 534 in Zülpich) ausgelöscht. Die Folgen für Th. waren weitreichend: Zerschlagung des Thüringerreiches, dauerhafter Verlust der polit. Selbständigkeit, Verkleinerung des Siedlungs- und Herrschaftsgebiets auf den seitdem als Thuringia bezeichneten Raum zw. Harz, w. Werraraum, Thüringer Wald und Saale, Zwangsumsiedlung großer Bevölkerungsteile und Umorientierung vom got.-langob. zum galloroman.-frk. Kulturhorizont.

II. THÜRINGEN IN FRÄNKISCHER ZEIT: Trotz überaus lückenhafter Q.lage lassen schriftl. und archäol. Zeugnisse bereits in merow. Zeit eine enge polit. und kulturelle Einbindung Th.s in das Frankenreich erkennen. Mehrfache Heereszüge unter kgl. Führung nach Th. (555/556, 562, 596), die Mitwirkung thür. Truppen bei den innerfrk. Auseinandersetzungen 612/613, der Aufenthalt Kg. Dagoberts I. mit Bf. →Arnulf v. Metz in Th. 623/629, Dagoberts I. Maßnahmen gegen die Wendengefahr seit 631, Gräber hochgestellter Franken in Th. sowie die seit Ende des 6. Jh. zunehmenden frk. Einflüsse auf das thür. Grab- und Gebrauchsinventar bezeugen das Gewicht Th.s als frk. Grenzregion gegen die zur Saale nachrückenden →Slaven und →Avaren. Bereits damals dürfte →Erfurt zentrale Funktionen für das frk. Kgtm. eingenommen haben. Als Hzm. begegnet Th. erstmals mit dem von 634 von Dagobert I. eingesetzten, wohl frk. dux →Radulf, der nach seiner siegreichen Empörung gegen den austras. Kg. Sigibert III. 641 eine selbständige, quasikgl. Stellung in Th. behauptete. In den folgenden Jahrzehnten innerfrk. Wirren entglitt Th. weiter der frk. Oberherrschaft. Spätestens um 700 gelangte es unter Einfluß des in Würzburg residierenden Hzg.s Heden (→Hedene), der eine Mainfranken, das Grabfeld und Th. umfassende Hzg.sherrschaft ausübte und 704/716 durch Schenkungen in Innerth. (→Arnstadt, Großmonra) und im Grabfeld den ags. Bf. →Willibrord zur Missionsarbeit in Th. zu gewinnen suchte.

Nach dem gewaltsamen Ende Hedens 717/719 wurde Th. unter den Karolingern erneut und weit intensiver von frk. Herrschaft erfaßt. An die Stelle polit.-administrativer Zusammenfassung unter einem →dux trat wohl noch vor 780 die Einführung der Gft.sverfassung (→Grafschaft). Seit 722/725 schuf →Bonifatius mit päpstl. Vollmacht und im Zusammenwirken mit der christianisierten thür. Oberschicht und den karol. →Hausmeiern die Grundlagen der thür. Kirchenorganisation und der Einbeziehung Th.s in die frk. Reichskirche. Folgenreich war neben dem Bau von Kl. und Kirchen (→Ohrdruf, Erfurt, Sülzenbrücken) v. a. die Gründung eines für Th. bestimmten Bm.s in Erfurt 742. Seine kurz nach 750 von Bonifatius selbst vorgenommene Aufhebung und Eingliederung in die Diöz. →Mainz begründete die kirchl. Abhängigkeit Th.s von Mainz und bildete den Ausgangspunkt für die spätere Territorialherrschaft der Mainzer Ebf.s in Th. Großen Anteil an der kirchl. Erschließung Th.s besaßen auch die 744 bzw. 769/775 gegr. Kl. →Fulda und →Hersfeld. Sie bildeten nach ihrem Übergang an Karl d. Gr. 774/775 eine wesentl. Stütze des Kgtm.s, das mit einem dichten Netz von Kg.sgütern, mit frk. Siedlung und mit einem Burgensystem im Hochseegau die frk. Herrschaft in Th. zum Schutz gegen die vordringenden →Sachsen und →Sorben weiter verstärkte. Der »locus regalis« Erfurt fungierte als wichtigste kgl. Pfalz und als zentraler, 805 der Aufsicht eines Kg.sboten (→missus) unterstellter Kontrollort für den frk.-slav. Handel. Der große, 786 von Th. ausgehende Hardrad-Aufstand und die Aufzeichnung der →Lex Thuringorum 802/803 im Auftrag Karls d. Gr. zeigen, daß trotz vielfältiger frk. Einflußnahme starke gentile Traditionen in Th. fortlebten und einen polit. Faktor bildeten. Möglicherweise trug auch dies dazu bei, daß Th. bei den zahlreichen Reichsteilungsprojekten und tatsächl. Teilungen des 9. Jh., obgleich zunächst weder als regnum noch als ducatus zusammengefaßt, durchweg einen klar definierten Reichsteil darstellte. Mit der wachsenden inneren Instabilität des ostfrk. Reiches, dem zunehmenden Druck von Slaven und Ungarn auf die ö. Grenzen und mit der Verfestigung des ostfrk. Reiches Ludwigs d. Dt. nach 833/843 gewann Th. als Grenzregion und als integraler ostfrk. Reichsteil erneut an polit. Gewicht. Schon 839 wurde Th. als ducatus zusammengefaßt und unterstand gemeinsam mit den vorgelagerten →Marken – diese wurden seit 849 als Sorbenmark bzw. limes Sorabicus neu organisiert – bis 908 kontinuierl. hohen Amtsträgern im Range eines dux oder *marchio*. Anders als in den Nachbarräumen entstammten die thür. Markhzg.e des 9./frühen 10. Jh. fast durchweg landfremden Adelsfamilien, zuletzt den rivalisierenden ostfrk. →Babenbergern und →Konradinern. Neben diesen griffen seit dem Tode Ludwigs d. Dt. (876) von N her zunehmend auch die mit den Karolingern und Babenbergern versippten sächs. Liudolfinger (→Ottonen) nach Th. aus. Sie verfügten nicht nur über Hausgüter im n. Th. und im →Eichsfeld, sondern gewannen unter Hzg. →Otto v. Sachsen († 912; 25. O.) mit dem Laienabbatiat des Kl. Hersfeld erhebl. Einfluß im gesamten thür. Raum. Damit war die Stellung der Liudolfinger in Th. so stark geworden, daß seit Hzg. Otto und dessen als »Saxonum et Turingorum praepotens dux« (→Liutprand v. Cremona) bezeichneten Sohn und künftigen Kg. Heinrich I. das thür. Markhzm. nicht mehr erneuert wurde. Th. als ein Raum, in dem sich möglicherweise wegen der mächtigen Stellung des Kg.s, der Kl. Fulda und Hersfeld sowie des Mainzer Ebf.s keine Familien von Hzg.srang formieren konnten, bildete somit zu Beginn des 10. Jh., d.h. in der Entstehungszeit des sog. »jüngeren Stammesherzogtums« (→Herzogtum), die einzige Großregion des ostfrk. Reiches auf gentiler Grundlage, die weder als Dukat zusammengefaßt noch von einer eigenen Führungsspitze polit. repräsentiert wurde.

III. OTTONISCH-SALISCHE ZEIT: Mit dem Übergang des ostfrk. Kgtm.s an die Liudolfinger 919 rückte Th. in unmittelbare Nähe der neuen kgl. Kernlandschaften im ö. Sachsen; zugleich wandelte es sich infolge der otton. Ost- und Missionspolitik von einer Grenzregion zu einem Binnenraum und wurde zur Ausgangsbasis für die polit. und kirchl. Integration der neueroberten slav. Gebiete zw. Saale und Elbe. Dem breiten Gürtel kgl. Pfalzen von →Nordhausen bis →Merseburg im N als einer Zone unmittelbarer Kg.sherrschaft standen in der Mitte und im S Th.s mit Arnstadt, Ohrdruf, Wechmar, →Heiligenstadt, →Mühlhausen, Gebesee, Erfurt, →Saalfeld, Dornburg und Kirchberg (bei Jena) zahlreiche weitere, meist häufiger aufgesuchte Pfalzorte gegenüber. Die für die slav. Missionsgebiete 968 neu gegründeten Bm.er Magdeburg, Merseburg und →Zeitz wurden vom Kgtm. mit umfangreichen Gütern in Th. ausgestattet. Ihre Gründung führte zugleich zur Festlegung der im O noch offenen Mainzer Bm.sgrenze an der Saale und im Orlagau. Gleichfalls auf den Kg. gingen die wichtigsten Kl.stiftungen des 10. Jh., Nordhausen und →Memleben, zurück. Auch unter Otto I. und seinen Nachfolgern wurde das 908 erloschene thür. Markhzm. nicht erneuert. Statt dessen kam es zur Einsetzung einheim. Adelsfamilien als Gf.en, von denen als mächtigste die →Ekkehardinger und die Gf.en v. →Weimar auch als Mgf.en in den neu eingerichteten, 985 in der Mark →Meißen zusammengefaßten Marken ö. der Saale tätig wurden. Vergleichsweise unbedeutend war demgegenüber die Rolle des Mainzer Ebf.s. Doch scheint dieser noch vor 1021/31 in Erfurt unter ungeklärten Umständen die Kg.spfalz sowie die kgl. Münz-, Markt- und Zollrechte erlangt zu haben. Daß das in karol. Zeit erkennbare, in älteren gentilen Traditionen wurzelnde thür. Eigenbewußtsein trotz der engen Anbindung Th.s an Sachsen und der Aufhebung des thür. Dukats fortlebte und in Schwächephasen des otton. Kgtm.s polit. wirksam wurde, zeigen die thür. Hzg.swahl Mgf. →Ekkehards v. Meißen um 1000 und die eigens für die Thüringer unter Führung Gf. Wilhelms II. v. Weimar anberaumte Nachwahl Kg. Heinrichs II. 1002, bei der die Thüringer große kgl. Zugeständnisse erreichten.

Gegenüber der otton. Zeit mit ihrer Fortsetzung und Intensivierung der in frk. Zeit entstandenen Macht- und Herrschaftsverhältnisse in Th. brachte die Salierzeit tiefgreifende Umbrüche. Die Schwierigkeiten für die sal. Kg.e, die bisherigen kgl. Kernräume in Ostsachsen und Th. zu sichern, erwiesen sich trotz des zunächst erfolgreichen Aufbaus einer Kg.slandschaft im Harzumland mit →Goslar durch Konrad II. und Heinrich III. kaum mehr als lösbar, als nach dem frühen Tode Heinrichs III. 1056 und der Minderjährigkeit Heinrichs IV. Sachsen und Th. seit 1069 und vollends nach dem Ausbruch des →Investiturstreits zum Zentrum der Fürstenopposition gegen Heinrich IV. und Heinrich V. wurden. Nach dem sächs.-thür. Bündnis v. 1073 und dem auf Th. und Sachsen konzentrierten Gegenkgtm. →Rudolfs v. Rheinfelden (1077–80) ging Th. dem Zugriff Heinrichs IV. weitgehend verloren. Die Rückgewinnungsversuche Heinrichs V. scheiterten nach anfängl. Erfolgen endgültig 1115 mit seiner Niederlage am →Welfesholz. Der sich vor 1056 andeutende, nach 1056/69 beschleunigte Rückzug des Kgtm.s aus Th. öffnete anderen Kräften den Raum und legte mit Grund für die künftige territoriale Zersplitterung Th.s. Während die führenden einheim. Adelsfamilien des 10. Jh. ausstarben (zuletzt 1112 die Gf.en v. Weimar), formierten sich seit der 2. Hälfte des 11. Jh. zahlreiche neue, vom Kgtm. weitgehend unabhängige gfl. Herrschaften (wie der Gf.en v. →Schwarzburg-Käfernburg, Tonna-→Gleichen, →Klettenberg, →Beichlingen, →Ho[h]nstein u. a.), unter denen die Schwarzburg-Käfernburger und v. a. die vor der Mitte des 11. Jh. als Mainzer Lehnsleute zugewanderten Ludowinger die mächtigsten waren. Letzteren gelang es gegen unter Ludwig d. Bärtigen († um 1080) und Ludwig d. Springer († 1123), durch geschickte Heirats- und Besitzpolitik von ihrer Rodungsherrschaft bei Friedrichroda aus mit dem Erwerb von Sangerhausen, der →Wartburg und der Neuenburg das Thüringer Becken weiträumig zu übergreifen und in Gegnerschaft zum sal. Kgtm. eine bedeutende Machtposition aufzubauen. Gleichzeitig hiermit verlief der Aufstieg der Mainzer Ebf.e zur zweiten großen territorialen Kraft in Th. Ausgehend von den alten Stützpunkten Erfurt, Dorla, Heiligenstadt und Jechaburg, an denen spätestens um 1100 die fünf Mainzer Archidiakonate in Th. eingerichtet wurden, bauten die Ebf.e, allen voran →Siegfried I. (5. S.) und →Adalbert I. (11. A.), gezielt eine mächtige geistl. Landesherrschaft in Th. auf, als deren Mittelpunkt Erfurt fungierte, das spätestens Mitte des 11. Jh. ganz unter Mainzer Herrschaft gelangt war und rasch zur größten Stadt des gesamten mitteldt. Raumes aufstieg. Eng mit den gewandelten Herrschaftsverhältnissen und der Opposition gegen das sal. Kgtm. verbunden war das Ausgreifen neuer monast. Strömungen nach Th. Bedeutende Kl.neugründungen waren Saalfeld, wo Ebf. →Anno II. v. Köln 1071/72 das Siegburger Mönchtum (→Siegburg) einführte, St. Peter in Erfurt, das die Mainzer Ebf.e 1072/92 zunächst siegburg., dann hirsauisch reformierten, und das 1085 gegründete, hirsauisch geprägte ludowing. Hauskl. →Reinhardsbrunn. In bemerkenswerter Weise blieben auch in dieser Zeit beschleunigter herrschaftl. Zersplitterung die alten gemeinschaftsstiftenden Traditionen lebendig und polit. wirksam (gemeinsames Vorgehen der Thüringer gegen die Mainzer Zehntforderungen in den 60er/70er Jahren des 11. Jh., große Zusammenkünfte der Thüringer auf ihrem alten Versammlungsplatz der Tretenburg bei Gebesee 1073, 1123). Sie trugen entscheidend dazu bei, daß Th. trotz des Fehlens einer integrierenden Obergewalt weiterhin eine hist.-polit. Einheit blieb.

IV. THÜRINGEN IN LUDOWINGISCHER ZEIT: Auf die derart umschriebene und zusammengehaltene »provincia« Th. bezog sich die 1130/31 von Kg. Lothar III. neu geschaffene Lgft. Th. (→Landgraf, -schaft). Sie diente nach dem weitgehenden Rückzug des Kgtm.s der kgl. Stellvertretung in Th. in der Landfriedenswahrung und der höchsten Gerichtsbarkeit. 1131 dem Ludowinger Ludwig I. († 1140) als erbl. Reichslehen übertragen, zielte sie zugleich darauf ab, die dominierende Stellung der Ludowinger, die 1122 durch den Erwerb umfangreicher Herrschaftsrechte in Nordhessen weiter angewachsen war, zu legitimieren und in die Herrschaftsordnung des Reiches zu integrieren. Mit der Lgft. war erstmals seit langem wieder eine Obergewalt für Th. geschaffen. Als Inhaber dieser übergfl., herzogsähnl. Würde wurden die Ludowinger, die spätestens um die Mitte des 12. Jh. in den Kreis der Reichsfs.en aufstiegen, für über ein Jahrhundert zur bestimmenden polit. Kraft. Der Übergang Lgf. Ludwigs I. 1138 auf die stauf. Seite und die Heirat (um 1150) seines Sohnes Lgf. →Ludwig II. (42. L.) mit einer Halbschwester Friedrichs I. leiteten ein enges stauf.-ludowing. Zusammengehen ein, das mit kurzen Unterbrechungen bis 1243 anhielt. Während das stauf. Kgtm. unter Friedrich I. mit gezielter Kg.sgutpolitik im n. Th. (→Kyffhäuser), dem städt. Ausbau von Mühlhausen, Nordhausen und Saalfeld (seit 1180) sowie mit der verstärkten Inanspruchnahme von Erfurt als bevorzugtem Aufenthaltsort sein Interesse an Th. bekundete, stieg der weite ludowing. Herrschaftskomplex zum wichtigsten Machtfaktor in der Mitte des Reiches auf und gewann im Konflikt Ks. Friedrichs I. mit Heinrich d. Löwen, im stauf.-welf. Thronstreit und im Kampf Ks. Friedrichs II. mit dem Papsttum größtes polit. Gewicht. Lgf. →Ludwig III. (1172-90; 43. L.) konnte 1179/80 als Lohn für seine Staufertreue die Pfgft. Sachsen (im wesentl. den Hassegau) als zweites Reichslehen erwerben. Sein Bruder Lgf. →Hermann I. (1190-1217; 8. H.) suchte nach 1198 durch häufigsten stauf.-welf. Parteiwechsel territoriale Gewinne zu erzielen, machte aber Th. zum Schauplatz der meisten militär. Auseinandersetzungen des Thronstreits. Das 1211 mit den Kg.en v. Böhmen und Ungarn und den →Andechs-Meraniern geschlossene antiwelf. Bündnis, in dessen Zusammenhang Hermanns Sohn→Ludwig IV. (1217-27; 44. L.) mit der ung. Kg.stochter →Elisabeth verlobt wurde, leitete die Wende zugunsten Friedrichs II. ein. Ludwig IV. erwirkte 1226/27 von Friedrich II. für sich bzw. seinen Sohn Hermann II. die Eventualbelehnung mit den Marken Meißen und Lausitz und eröffnete damit die Aussicht auf ein ludowing. Herrschaftsgebiet zw. Oder und oberer Lahn. Sein Bruder →Heinrich Raspe (1227-47; 72. H.) stand nach dem erneuten Ausbruch des päpstl.-ksl. Konflikts 1237/38 zunächst auf seiten Friedrichs II. Dieser bestellte ihn 1241 zum Reichsverweser und sicherte ihm 1243 in einer Eventualbelehnung für →Heinrich d. Erlauchten (60. H.) den Übergang der ludowing. Reichslehen an die in weibl. Linie von den Ludowingern abstammenden wettin. Nachkommen zu. Durch päpstl. Vergünstigungen, finanzielle Leistungen und die Aussicht auf die Kg.swürde zum Parteiwechsel gewonnen, wurde Heinrich Raspe nach der 1245 erfolgten Absetzung Friedrichs II. am 22. Mai 1246 von wenigen geistl. Reichsfs.en zum Kg. gewählt. Mit seinem kinderlosen Tod am 16. Febr. 1247 auf der Wartburg starben die Ludowinger im Mannesstamm aus.

Trotz ihrer wachsenden reichspolit. Bedeutung waren die Lgf.en innerhalb Th.s von einer geschlossenen Landesherrschaft weit entfernt. Da sich die Mainzer Ebf.e mit ihrem umfangreichen Territorium und Erfurt als wichtigsten städt. Zentrum dem lgfl. Herrschaftsanspruch entzogen, konnten die zahlreichen kleineren Herrschaftsträger in Th. dank einer geschickten Schaukelpolitik ihre Unabhängigkeit weitgehend bewahren. Dennoch gelang den Ludowingern unter allen Herrschaftsträgern in Th. einschließl. des Erzstifts Mainz der wirkungsvollste Aufbau einer Territorialherrschaft. Als bevorzugtes Mittel dienten ihnen neben zahlreichen, fast das gesamte Th. erfassenden Kirchen- und Kl.vogteien ein gezielter Burgenerwerb und eine planmäßige, eng auf die Burgen bezogene Städte- und Stadtgründungspolitik. Eng damit verbunden war der Aufbau einer umfangreichen, über die gesamte Lgft. verteilten →Ministerialität, an deren Spitze die Inhaber der erstmals 1178 bezeugten →Hofämter standen. Das fsl. Selbstverständnis der Lgf.en dokumentierten der an ksl. Pfalzbauten orientierte Ausbau der Wartburg, Runneburg (Weißensee) und Neuenburg seit der 2. Hälfte des 12. Jh. und das literar. Mäzenatentum Hermanns I. Während sich die Lgf.en gegenüber den von ihren territorialen Rivalen geförderten Zisterziensern (→Walkenried, Volkenroda, Georgenthal) eher zurückhaltend verhielten, traten sie im 13. Jh. als wichtigste Förderer des →Dt. Ordens (zwei thür. Hochmeister: Hermann v. →Salza, Lgf. Konrad) auf. Das rasche Vordringen der neuen religiösen Armutsbewegungen des 13. Jh. nach Th., wo sie ihr Zentrum seit den 20er Jahren in den großen Mendikantenkonventen und Beginengemeinschaften Erfurts fanden, wird am Beispiel der Lgfn. Elisabeth (1207-31) am eindrucksvollsten sichtbar. Ihre Heiligsprechung 1235 und feierl. Erhebung 1236 schuf mit der Deutschordensniederlassung an ihrer Grablege in →Marburg nach Reinhardsbrunn das zweite große religiöse Zentrum der Ludowinger. Außerhalb der Lgft. gelegen, wurde es nach Heinrich Raspes Tod mitsamt den hess. Territorien der Ludowinger von Th. losgelöst.

V. THÜRINGEN IM SPÄTMITTELALTER: Heinrich d. Erlauchten gelang es, seine mit der Eventualbelehnung von 1243 erworbenen Erbansprüche im sog. thür.-hess. Erbfolgekrieg gegenüber dem thür. Adel, dem Ebf. v. Mainz und Sophie v. Brabant, Tochter Lgf. Ludwigs IV., durchzusetzen und die lgfl. Oberhoheit und das ludowing. Erbe in Th. für die →Wettiner zu gewinnen. Für die Lgft. und damit in vieler Hinsicht auch für Th. bedeutete dies der Verlust der fsl.-dynast. Selbständigkeit, die Loslösung von Hessen und die Umorientierung nach O auf die wettin. Kernräume ö. von Saale und Elbe. Die Durchsetzung der wettin. Vorherrschaft in Th. gestaltete sich als ein langwieriger Prozeß, der sämtl. anderen polit. Kräfte Th.s sowie lange Zeit auch das Kgtm. miteinbezog, die territoriale Zersplitterung des thür. Raumes allerdings keineswegs aufheben konnte. Anderseits blieb auch in wettin. Zeit die Lgft. über alle polit. Wechselfälle und territorialen Verschiebungen hinweg die wichtigste Klammer für den Zusammenhalt Th.s als geogr.-hist. Einheit.

Nachdem innerwettin. Streitigkeiten 1277 zur Einschaltung des Kgtm.s, 1286 zur Errichtung eines kgl. Landfriedens in Th. und 1289/90 zum unmittelbaren Eingreifen Kg. Rudolfs v. Habsburg (Hoftag in Erfurt) geführt hatten, bot 1294 der Verkauf der Lgft. Th. durch Lgf. →Albrecht d. Entarteten (20. A.), Sohn Heinrichs d.

Erlauchten, an Kg. Adolf v. Nassau dem Kgtm. die Möglichkeit, Th. unmittelbar für das Reich einzubehalten. Dies führte unter Adolf v. Nassau 1294/95 und Albrecht v. Habsburg nach 1304 zu massiven kgl. Eingriffen in Th. und zeitweilig zu fast völliger Verdrängung der Wettiner. Die Niederlage kgl. Truppen gegen ein wettin. Aufgebot 1307 bei Lucka und die Kg. Heinrich VII. gewährte wettin. Zustimmung zum Übergang Böhmens an die Luxemburger bewirkten 1310 die Annullierung des Kaufgeschäfts v. 1294 und den definitiven Verzicht des Kgtm.s auf Th. Für die Wettiner, d.h. für Albrechts d. Entarteten Sohn und Alleinerben →Friedrich d. Freidigen († 1323; 15. F.), seit 1307/08 fakt. Inhaber der Lgft. Th., des Pleißenlandes und der Mark Meißen, waren erst jetzt die Voraussetzungen für den kontinuierl. Aufbau einer Oberherrschaft in Th. gesichert.

In den folgenden Jahrzehnten bildete das nur kurzzeitig 1368/72 getrübte, enge Verhältnis der wettin. Lgf.en zu den Ks.n Ludwig d. Bayern und Karl IV. eine der wichtigsten Grundlagen, die Vorherrschaft in Th. zu erringen und den thür. Herrschaftsbereich erhebl. über die Grenzen Th.s zu erweitern. Das von den Wittelsbachern 1349 betriebene Gegenkgtm. Gf. →Günthers XXI. v. Schwarzburg gegen Karl IV. blieb Episode. In den Fehden, die Th. angesichts der unsicheren inneren und äußeren Situation und der vielen Herrschaftsträger nahezu das gesamte 14. Jh. hindurch heimsuchten, setzten Lgf. Friedrich d. Freidige und sein ab 1328 selbständig regierender Sohn →Friedrich d. Ernsthafte († 1349; 16. F.) zunächst v.a. das Mittel des →Landfriedens (1308, 1310, 1315, 1338) ein. Endgültig gesichert war die wettin. Vorherrschaft aber erst, nachdem sich Friedrich d. Ernsthafte mit Hilfe Erfurts im sog. →Grafenkrieg 1342–46 gegen den fast geschlossenen Widerstand der übrigen Kräfte Th.s unter Führung des Ebf.s v. Mainz durchgesetzt hatte. Während sich Mainz bis auf seine Stellung in Erfurt weitgehend aus Th. zurückzog und sich auf das Eichsfeld konzentrierte, die Gf.en v. Schwarzburg ihre Positionen an der mittleren Saale verloren und die Gf.en v. Gleichen und v. Weimar-Orlamünde zur Bedeutungslosigkeit herabsanken – Weimar fiel 1346 an die Wettiner –, bauten die Wettiner, die zuvor schon an der mittleren Saale das Erbe der Herren v. →Lobdeburg an sich gebracht hatten, ihre territorialen und landesherrl. Rechte in Th. weiter aus. Gleichzeitig kam es zu erhebl. territorialen Gewinnen außerhalb der Lgft.: →Coburg (1347), Hildburghausen (1374), →Pleißenland (mit Altenburg) seit 1310 und endgültig 1372/73. Wichtigste Kräfte des herrschaftl. noch immer sehr zersplitterten thür. Raums neben den Wettinern waren die auf mehrere Linien verteilten Gf.en v. Schwarzburg, die 1356 durch Erbverbrüderung mit den Gf.en v. Honstein im n. Th. Sondershausen und Frankenhausen erwarben, sowie der 1304 aus den größten thür. Städten Erfurt, Mühlhausen und Nordhausen gegründete thür. Dreistädtebund. Mehr noch als in territorialer Hinsicht erwies sich Erfurt dank seiner Wirtschaftskraft und geistigen Blüte als das alles überragende städt. Zentrum. 1392 wurde die Erfurter Universität gegründet (→Erfurt, VI).

Hatte sich das Ausbleiben von Erb- und Länderteilungen nach 1263/88 für die Wettiner fast ein Jahrhundert hindurch als stabilisierender Faktor erwiesen, so folgte mit der durch den Tod →Friedrichs d. Strengen (1381; 17. F.) bedingten →Chemnitzer Teilung v. 1382 ein bis zur →Leipziger Teilung v. 1485 reichendes Jahrhundert dynast. Teilungen und häufiger wettin. Herrscherwechsel. Sie führten zusammen mit den seit den 30er Jahren zunehmenden Einfällen der →Hussiten auch im 15. Jh. zu großer polit. Instabilität. 1382 ging die Lgft. Th. mit Ausnahme weniger, der osterländ. Linie geleisteten Abtretungen (Freyburg, Dornburg, →Jena, →Orlamünde) unverändert als selbständiges Fsm. an Lgf. →Balthasar († 1406) und dessen Sohn →Friedrich d. Friedfertigen († 1440; 41. F.) über. 1440 fiel sie an die Brüder →Friedrich II. († 1464; 33. F.) und →Wilhelm III. († 1482) aus der allein überlebenden, 1423 mit Kursachsen (Wittenberg) belehnten osterländ.-kursächs. Linie. Die Altenburger Teilung 1446 und der sog. →Sächs. Bruderkrieg 1446–51 brachten die Lgft. Th. zusammen mit den henneberg. Erwerbungen (Coburg) und Teilen des Osterlandes (Weißenfels, Jena) an den jüngeren Bruder Wilhelm III. Dessen erbenloser Tod 1482 führte 1485 in Leipzig zu einer erneuten, nunmehr definitiven Teilung unter Friedrichs II. Söhnen →Ernst († 1486; 6. E.) und →Albrecht († 1500; 18. A.). Sie wies Hzg. Ernst als Begründer der Ernestin. Linie neben Kursachsen und dem Westteil des Osterlandes (Altenburg, Weida, Plauen) den Großteil der Lgft. Th. zu; Hzg. Albrecht erhielt von der Lgft. einen schmalen, von Ekkardsberga über Weißensee bis Langensalza reichenden n. Streifen. Die Leipziger Teilung sprengte damit erstmals die Grenzen der alten Lgft. Th., löste Th. aus der Gemeinschaft der wettin.-meißn. Länder und bildete die Grundlage für die Ausbildung der frühnz. sächs.-ernestin. Staaten.

Bis auf die Schwarzburger Gft.en, die zusammen mit dem großen Erfurter Territorium gleichsam einen Riegel in der Mitte Th.s bildeten, sowie die Reichsstädte Mühlhausen und Nordhausen und einige kleinere geistl. und weltl. Territorien umfaßte die wettin. Lgft. im 15. Jh. einen Großteil des thür. Raumes. Der Schwerpunkt verlagerte sich dabei von →Eisenach/Wartburg, das um 1390/1425 v. a. mit Johannes →Rothe das Zentrum thür. Landesgeschichtsschreibung bildete, über Gotha nach Weimar, das im 15. Jh. zur Hauptresidenz aufstieg. Dank der seit Mitte des 14. Jh. systemat. ausgebauten Ämterverfassung, als deren Mittelpunkte v. a. die zahlreichen lgfl. Burgen und Städte dienten, gelang eine weitgehend geschlossene Landesherrschaft. Sie schloß auch zahlreiche nicht landesherrl. Kl. und Stifte innerhalb der Lgft. mit ein und führte, begünstigt durch die territorialpolit. Entmachtung des Mainzer Ebf.s, namentl. unter Wilhelm III., zu einem von religiösen Reformbemühungen getragenen landesherrl. Kirchenregiment, für das u.a. die Landesordnung v. 1446, das sog. Sittenmandat v. 1452 und Reformmandate für geistl. Gemeinschaften kennzeichnend waren. Die Erfurter Univ., das Erfurter Kartäuserkl., die reformierten Augustinereremiten und das 1447/51 reformierte Erfurter Peterskl. (wichtigstes Zentrum der →Bursfelder Kongregation) schufen ein Klima religiöser Erneuerung und kirchl. Reform, das im Zusammenwirken mit dem weitentwickelten wettin. Kirchenregiment eine der wesentl. Grundlagen für die Entstehung und rasche Ausbreitung der Reformation in Th. bildete.

M. Werner

Bibliogr. und Lit.: H. Patze, Bibliogr. zur thür. Gesch., 1965 – Hist. Stätten Dtl. IX, 1965, 1989² – Gesch. Th.s, hg. H. Patze–W. Schlesinger, I, II, 1–2, 1973/74 – Die dt. Kg.spfalzen, II: Th., bearb. M. Gockel, 1984–91 – F. Schwind, Th. und Hessen im MA (Aspekte thür.-hess. Gesch., hg. M. Gockel, 1992), 1–28 – M. Werner, Die Anfänge eines Landesbewußtseins in Th. (ebd.), 81–137 – Hessen und Th., 1992 – *zu [I]*: B. Schmidt, Die Thüringer (Die Germanen, hg. B. Krüger, Bd. 2, 1983), 502–547 – K. Peschel, Th. in ur- und frühgesch. Zeit, 1994 – *zu [II]*: W. Schlesinger, Zur polit. Gesch. der frk. Ostbewegung vor Karl d. Gr. (Ausgewählte Aufsätze von W. Schlesinger 1965–79, hg. H. Patze–F. Schwind, 1987), 1–48 – M. Gockel, Erfurts zentralörtl. Funktionen im frühen und hohen MA (Erfurt.

Gesch. und Gegenwart, hg. U. Weiss, 1995), 81–94 – *zu [III]:* H. Patze, Die Entstehung der Landesherrschaft in Th., 1962 – H. Eberhardt, Archidiakonate und Sedes im mittleren Th., HJL 39, 1989, 1–22 – *zu [IV]:* W. Hess, Hess. Städtegründungen der Lgf.en v. Th., 1966 – F. Schwind, Th. und Hessen um 1200 (Der Lgf.enpsalter, Komm.bd., hg. F. Heinzer, 1992), 185–215 – J. Petersohn, Die Ludowinger. Selbstverständnis und Memoria eines hochma. Fs.engeschlechts, BDLG 129, 1993, 1–39 – *zu [V]:* W. Leist, Landesherr und Landfrieden in Th. im SpätMA 1247–1263, 1975 – S. Lorenz, Studium Generale Erfordense. Zum Erfurter Schulleben im 13. und 14. Jh., 1989 – B. Streich, Zw. Reiseherrschaft und Residenzbildung. Der wettin. Hofim späten MA, 1989 – M. Schulze, Fs.en und Reformation, 1991 – H. M. Harnisch, Th. in der Politik Ks. Karls IV., ADipl 39, 1993, 319–326 – P. Moraw, Die ältere Univ. Erfurt im Rahmen der dt. und europ. Hochschulgesch. (Erfurt. Gesch. und Gegenwart, hg. U. Weiss, 1995), 189–205.

Thüringisches Volksrecht → Lex Thuringorum

Thuróczy, Johannes (János), ung. Kanzlist und Chronikschreiber, ca. 1435–90, verfaßte zu Beginn der 80er Jahre des 15. Jh. die Gesch. der Thronstreitigkeiten nach dem Tod Kg. Ludwigs I. († 1382), basierend auf Lorenzo dei Monaci und ung. Überlieferungen, wobei er für die Gesch. des 15. Jh. Daten der Kanzlei bzw. hist. Angaben von ihm selbst konzipierter Urkk. verwendete. Dieses Werk ergänzte er später durch Berichte der ung. Chronistik bis zum Jahre 1342 und durch die Lebensbeschreibung Kg. Ludwigs I. von Küküllei (→Chronik, M. III); als Einleitung fügte er eine Zusammenstellung antiker Skythienberichte (→Skythen) hinzu sowie als Anhang das »Carmen Miserabile« des Ebf.s →Rogerius v. Split über den Mongolenzug v. 1242. Das Werk erschien 1488 zuerst in Brünn, dann in Augsburg. P. Kulcsár

Ed. und Lit.: J. de Thurócz, Chronica Hungarorum, ed. E. Galántai-J. Kristó, 1985 – Commentarii, comp. E. Mályusz, 1–2, 1988 – Chronicle of the Hungarians, übers. F. Mantello, komm. P. Engel, 1991.

Thurzó (v. Bethlenfalva), **Johann**, ung. Unternehmer und Oberkammergf., * 30. April 1437 Leutschau (Löcse/Levoca), † 10. Okt. 1508 Nagybánya (Baia Mare), ▭ Leutschau; Sohn eines Leutschauer Bürgers, Begründer des Th.-Fugger-Konsortiums für Erzbergbau in Oberungarn (heutige Slowakei). Ursprgl. für die geistl. Laufbahn bestimmt, übernahm Th. um 1460 das väterl. Unternehmen und gründete in Krakau eine Firma für Erzhandel. Nachdem er die ven. »geheimen« Methoden für die Gewinnung von Kupfer aus Bleierzen sowie die Technik der Entwässerung alter Bergwerke durch »Wasserkunst« erlernt hatte, pachtete oder erwarb er durch seine 1475 gegründete Gesellschaft zahlreiche Bergwerke in den niederung. →Bergstädten (u.a. aus den Besitzungen des Johann Corvin, dem Erben des →Hunyadi-Vermögens), einschließl. der Kupfergruben in Neusohl (Banska Bistrica), wo er Kupferhütte und Hochofen errichtete. Nach einigen Jahren in Goslar gewann er 1495 Jakob →Fugger für die Errichtung eines gemeinsamen Unternehmens (mit 50% Gewinnbeteiligung) zur Entwicklung und Vermarktung der ung. Silber-, Kupfer- und Bleiproduktion. Die Ehe seines Sohnes *György/Georg* (1467–1521) mit Anna Fugger stärkte die geschäftl. Verbindung. Die Th.-Fuggersche »Vereinigte Ung. Handelsgesellschaft« verfügte um 1500 über den Großteil der Metallproduktion Mitteleuropas. Als Oberkammergf. v. →Kremnitz/Körmöcbánya (1496–1507) – Pächter und kgl. Aufseher des Bergbaus und der Münze – war Th. maßgebl. beteiligt an der Gründung der ersten »Sozialversicherung« der Bergleute, der sog. *körmöci láda* (»Kremnitzer Truhe«). Die ung. Opposition gegen die »ausländ. Ausbeutung des Landes« erschwerte die Entwicklung des Konsortiums, aus dem die Fugger sich allmähl. zurückzogen. *Elek/Alexius* (1490–1543), Johanns jüngerer Sohn, wurde 1525 kurz eingekerkert, doch blieb er weiterhin hoher Würdenträger am Hofe. J. M. Bak

Lit.: G. Wenzel–T. Zsigmond, János Szaniszló és Ferenc, négy egykorú püspök, 1878 – G. Wenzel, A Fuggerek jelentősége Magyarország történetében, 1882 – A. Péch, Alsó-Magyarország bányamívelésének története, 2 Bde, 1884–87 – E. Reinhardt, J. Th. v. B., Bürger und Konsul von Krakau in Goslar 1478–1496, 1928 – Zs. Hermann, Jakob Fugger, 1976 [Lit.].

Thykkvibœr (Þykkvibœr), ältestes Augustinerkl. Islands, gegr. 1168 von →Þórlákr Þórhallsson, der als Prior und Abt das Kl. bis zu seiner Ernennung zum Bf. v. Skálholt 1174/76 leitete und wohl auch zur Gründung des Tochterkl. →Flatey 1172 anregte. Zeugnis des hohen geistigen Niveaus in Th. ist das Bußgedicht →Harmsól, das der dortige Kanoniker Gamli Ende 12. Jh. schrieb. Brandr Jónsson, seit 1247 Abt v. Th., 1262–64 Bf. v. →Hólar, gilt allg. als Übersetzer der Alexandersaga (→Alexander d. Gr., IX) und der Makkabäerbücher (→Gyðinga saga); er war vielleicht an der Übersetzung weiterer bibl. Bücher beteiligt (→Stjórn). Sein Nachfolger Runólfr Sigmundarson (1264–1307; Verf. der Augustinus saga) übernahm als Offizial während der Auseinandersetzung von Bf. Árni Þorláksson v. →Skálholt (1269–98) um die Patronatsrechte ztw. die Leitung des Bm.s (Auslandsreise 1288–91). Während der Konflikte zw. dem Kl. und zwei Augustinerbf.en v. Skálholt 1343–60 verfaßte ein Mitglied von Th. das geistl. Gedicht →Lilja. Th., 1402 von der Pest schwer getroffen, blieb dem Bm. stets eng verbunden und wurde bei der Reformation aufgehoben.

T. Nyberg

Lit.: J. Helgason, Islands Kirke fra dens Grundlæggelse til Reformationen, 1925 – K. Wolf, Scandinavian Stud. 60, 1988, 371–400; 62, 1990, 163–188 – Íslensk bókmenntasaga, I, hg. G. Nordal, S. Tómasson, V. Ólason, 1992, 415–418, 485–499.

Thymian (Thymus-Arten/Labiatae). Der in ganz Europa und Westasien wildwachsende, formenreiche Quendel oder Feld-Th. (Thymus serpyllum L. emend. Mill.) und der aus dem westl. Mittelmeergebiet stammende Echte oder Garten-Th. (Thymus vulgaris L.) lassen sich bei den antiken Autoren nur bedingt mit herpyllos/serpyllum bzw. mit thymos/thymus (Dioskurides, Mat. med. III, 38 und 36; Plinius, Nat. hist. 20, 245f. und 21, 56f.) identifizieren, wobei sich letzterer höchstwahrscheinl. auf eine →Saturei-Art bezieht. Im MA wurde jedenfalls die lat. Bezeichnung *serpillum* für beide, nahverwandten Gewächse gebraucht, während die dt. Namensformen des Quendel – wie z.B. *chenela* (Steinmeyer–Sievers III, 402) oder *quenula* (Hildegard v. Bingen, Phys. I, 32) von lat. cunila (→Dost) abgeleitet sind. Hingegen taucht *t(h)imus* im ma. Fachschrifttum nur relativ selten auf (Albertus Magnus, De veget. VI, 457; Alphita, ed. Mowat, 186), zumal sich der Garten-Th. offenbar erst seit dem 12. Jh. nördl. der Alpen – zunächst wohl in England – eingebürgert hat. Die stark duftenden Th.-Arten, die nicht zuletzt ein beliebtes Gewürz für Speisen und Wein lieferten, setzte die ma. Heilkunde v.a. gegen Husten, Leib- und Kopfschmerzen, Magenleiden, Harnzwang und giftige Tierbisse sowie als blähungs-, stein- und menstruationstreibendes Mittel ein (Circa instans, ed. Wölfel, 113; Gart, Kap. 348). Im übrigen schrieb der Volksglaube dem Quendel, bes. den daraus gewundenen, am Antlaßtag (→Gründonnerstag) geweihten Kränzchen, apotropäische Kräfte zu. P. Dilg

Lit.: Marzell IV, 699–717 – Ders., Heilpflanzen, 208–213 – HWDA VII, 417–420 – B. Noack, Zur Gesch. des Th. [Diss. Leipzig 1936] –

H. KÜSTER, Wo der Pfeffer wächst. Ein Lex. zur Kulturgesch. der Gewürze, 1987, 206-209 und 258-260.

Tiara, päpstl. Kopfbedeckung. Ihre Herkunft ist unsicher. *Kamelaukion*/Camelaucum (korrumpiert zu »camaurum«) bedeutete ursprünglich die Kopfbedeckung schlechthin im unspezif. Sinne, die je nach Bedeutung des Trägers unterschiedl. ausgestaltet sein konnte. Laut Flavius Josephus (Antiq. Iud. I, 3) trugen Priester des AT eine runde Haube (= *cassis*), die auch Ohren und Nacken bedeckte; so auch in Alexandrien (→Kyrillos). Ikonograph. taucht sie im 14. Jh. auf den Grabmonumenten Clemens' VI. und Urbans VI. wieder auf. Hieronymus (ep. 64, 13) und Isidor (Etym. XIX 21, 3f.) bezeichnen die Haube bereits als T. Die von der stadtröm. Entwicklung unbeeinflußten, auf Isidor zurückweisenden Hüte der Bf.e in mozarab. Miniaturen des 10. und 11. Jh. zeigen die hohe kon. Form. Papst Silvester I. nahm laut »Constitutum Constantini« von Konstantin das »frigium« (die weiße, phrygische Mütze) an, jedoch nicht die ksl. »diadema« bzw. »corona«. Fortan wurde neben der nicht überhöhten Haube das »frigium« (jetzt = »regnum« oder »corona«) benutzt; letzteres entwickelte sich seit dem Ende des 9. Jh. - wohl unter byz. Einfluß - zur kon. zulaufenden, oben noch abgerundeten Spitze. Eine Herleitung aus dem Alten Bund, wie im 12. Jh. für die Mitra (→Pontifikalien), fand für die T. nicht statt; der Begriff T. - ursprgl. iran. - ist seit dem 12. Jh. vereinzelt, seit dem 13. Jh. häufiger belegt. Seit Mitte des 11. Jh. trug der Papst die T. auch während der Liturgie, Innozenz III. nahm jedoch wieder eine grundsätzl. Trennung vor: Die Mitra (Symbol des Hohenpriestertums) blieb der Liturgie vorbehalten, die T. (»insigne imperii«, Ausdruck für die gesamte, auch den geistl. Bereich umfassende »plenitudo potestatis«) dagegen dem außerkirchl. Raum. Schon früh zeigte die T. am unteren Rand eine diadematige Bordüre, die bereits mit einer Krone kombiniert sein konnte. Nur so ist verständl., daß Gregor IX. mit einer »diadema duplex« gekrönt worden ist und man bei der T. Bonifatius' VIII. um 1300 (Diadem und zwei Kronen) von »Triregnum« sprechen konnte. Ihre Endgestalt erreichte die T. unter Clemens VI.: Die Borte war nun deutl. durch eine Krone mit Blüten und Zacken (wie die beiden anderen) ersetzt, alle drei Kronen in gleichem Abstand zueinander. Die in den Nacken fallenden zwei »fimbriae« (ebenfalls am unteren Ende der Mitra) waren funktionslos gewordene Bänder, dienten ursprgl. der Befestigung des Camelaucum und blieben jetzt nur Autoritäten vorbehalten. Der Ebf. v. Benevent benutzte (um 1200 nachweisbar) eine T., die die weitere Entwicklung der päpstl. T. zum Triregnum nicht mitmachte und in der Liturgie anstelle der Mitra gebraucht wurde, weil er meinte, er müsse sich von den vielen Suffraganen seiner Provinz abheben. Paul II., der auf dem Verso seiner Bleibullen die Apostelfs.en durch das Papstbildnis mit der T. ersetzt hatte, verbot 1466 diese beneventan. Sonderform. O. Engels

Lit.: Dict. hist. de la papauté, hg. PH. LEVILLAIN, 1994, 1622-1626 [R. BAVEILLOT-LAUSADE; Lit.] – E. PILTZ, Kamelaukion et mitra, insignes byz. impériaux et ecclésiastiques (Acta Univers. Upsaliensis, Figura, NS 15, 1977) – G. B. LADNER, Der Ursprung und die ma. Entwicklung der päpstl. T. (Fschr. R. HAMPE, 1980), 449-481 – T. KOLIAS, Kamelaukion, JÖB 32, 3, 1982, 493-502 – B. SCHIMMELPFENNIG, Die T. des Ebf.s v. Benevent (Fschr. H. ZIMMERMANN, 1991), 363-371.

Tiber (it. Tevere), Fluß in Mittelitalien, Länge 396 km. Der T. entspringt mit zwei Quellen (»vene del Tevere«) in ca. 1300 m Seehöhe auf dem Südhang des Monte Fumaiolo im Toskan.-Romagnol. Apennin. Nach weniger als einem Kilometer vereinigen sich die beiden Quellen zu einem Wasserlauf, der in der Folge durch die Apenninenwälder und die enge Ebene des Tibertales fließt. In Umbrien berührt der T. die Städte Città di Castello, Umbertide, →Perugia, →Todi und →Orvieto; seine wichtigsten Nebenflüsse sind dort Chiascio und Paglia. Auf seinem Weg durch Latium nimmt der T. in der Nähe von →Orte als wichtigsten Nebenfluß den Nera auf, durch dessen Wasserreichtum er den Charakter eines Flusses annimmt; er durchquert Rom und teilt sich dort in zwei Mündungsarme, die sog. Fiumara, die →Ostia Antica berührt, und den schiffbaren Fiumicino-Kanal. Obwohl er nur unter Schwierigkeiten mit Schiffen zu befahren ist, hatte der T. seit der Antike und das gesamte MA hindurch große wirtschaftl. Bedeutung für den internen Güterverkehr und v.a. für Rom als Zugang zum Meer. Aus diesem Grund unternahmen in fast jeder hist. Periode die Autoritäten, insbes. die Päpste, beachtl. Anstrengungen, um die Sicherheit des Verkehrs zu gewährleisten (sowohl auf dem Fluß als auch bei den Brücken oder Fähren) und um durch häufige Meliorisationsmaßnahmen den Flußlauf zu regulieren. Der T. war für seine zahlreichen, hist. dokumentierten Überschwemmungen, die v.a. Rom betrafen, berüchtigt. Von nicht geringer Bedeutung für das MA erwies sich jedoch die wirtschaftl. Funktion des letzten Abschnitts des Flusses, der das Eingangstor in die Stadt der Päpste bildete. M. Luzzati

Lit.: E. REPETTI, Diz. geogr., fisico, storico della Toscana, V, 1843, 524 – Diz. di toponomastica: storia e significato dei nomi geografici it., 1990, s.v. – A. ESCH, Roma come centro di importazioni nella seconda metà del Quattrocento et il peso economico del Papato (Roma capitale [1447-1527], hg. S. GENSINI, 1994), 107-143 – La Valtiberina, Lorenzo e i Medici, hg. G. C. RENZI, 1995.

Tiberianus, wahrscheinl. ident. mit dem 336/337 bezeugten Praefectus praetorio Galliarum G. Annius T. (PLRE I, 911f.). Erhalten sind drei Gedichte: Carmen 1 (Anth. Lat. 809) schildert in 20 trochäischen Tetrametern einen locus amoenus, carm. 2 (Anth. Lat. 719b) zeigt an mytholog. Beispielen den Fluch des Goldes (anonym überliefert, von →Servius für T. bezeugt), carm. 4 (Anth. Lat. 490) ist das älteste lat. Beispiel eines philos. Hymnus mit neuplaton., stoischen und orphischen Elementen, vielleicht durch →Porphyrios beeinflußt, carm. 3 (Anth. Lat. 810) gibt in zwölf Hendekasyllaben am Beispiel eines des Fliegens unfähigen Vogels die Warnung, sich allzusehr auf sein Glück zu verlassen; die Zuweisung dieses anonym überlieferten Gedichts an T. ist unsicher, ganz hypothet. die Zuschreibung des »Pervigilium Veneris« (Anth. Lat. 191; ed. L. CATLOW, 1980; HLL § 551). J. Gruber

Ed.: S. MATTIACI, 1990 [Einl., Text, it. Übers., Komm.] – *Lit.*: HLL § 552.

Tiberios. 1. T. I., byz. Ks., * wohl gegen Ende der 1. Hälfte des 6. Jh., † 14. Aug. 582 in Konstantinopel, wurde am 7. Dez. 574 als comes excubitorum von →Justin II. (dessen Geisteskrankheit sich abzuzeichnen begann) zum Cäsar (→Caesar, II) proklamiert und übernahm damit praktisch die Führung des Reiches, bis er am 26. Sept. 578, noch zu Lebzeiten Justins, zum Ks. ausgerufen wurde. Durch seine lange Quasi-Regentschaft war er mit den Hauptproblemen des Reiches bestens vertraut (Avaren- und Perserkriege), konnte aber in seiner kurzen Regierungszeit (Kontakte zu Merowingern und Westgoten nachweisbar) an keiner Front das Reich dem Frieden näher bringen, was erst seinem Schwiegersohn →Maurikios möglich war. P. Schreiner

Q. und Lit.: Theophylacti Simocattae Historiae, ed. C. DE BOOR, 1887 [Ind.] – Theophylaktes Simokates, Gesch., übers. und erläutert P. SCHREINER, 1985 [Ind.] – E. STEIN, Stud. zur Gesch. des byz. Reiches,

1919 [Ind.] – M. Whitby, The Emperor Maurice and his Historian, 1988 [Ind.] – Oxford Dict. of Byzantium, 1991, 2083f.

2. T. II., byz. Ks., Geburtsort und -zeitpunkt unbekannt, † 706, trug bis zur Thronbesteigung den Namen 'Apsimaros', was auf iran. oder armen. Abkunft hindeutet. Als →Drungarios des Flottenverbandes der Kibyrraioten (Ägäis) begleitete er 697 im Auftrag des Ks.s Leontios den Patrikios Johannes mit dem Ziel einer Rückeroberung Nordafrikas und wurde nach der Ermordung des Johannes auf Kreta zum Ks. ausgerufen (698). T. brach den Flottenfeldzug ab, kehrte in die Hauptstadt zurück, setzte Leontios ab und nahm ihn nach der Verstümmelung in Klosterhaft. Seine Regierungszeit, über die nur →Theophanes und →Nikephoros Patriarches berichten, ist gekennzeichnet von militär. Unternehmungen gegen die Araber (teilweise unter Führung seines Bruders Herakleios als 'monostrategos') und einer straffen Verwaltungsführung. Im Sommer 705 floh T. vor dem herannahenden früheren Ks. →Justinian II., wurde aber ergriffen und (im Winter?) 706 in Konstantinopel hingerichtet.

P. Schreiner

Lit.: A. Stratos, Byzantium in the Seventh Century, 5, 1980, 84–126 – Oxford Dict. of Byzantium, III, 1991, 2084.

Tibialia, röm. →Beinschienen, im Unterschied zu den griech. Klemmschienen zum Binden eingerichtet und ohne Kniestücke, die es aber als getrennte Zusatzstücke gab.
O. Gamber
Lit.: O. Gamber, Waffe und Rüstung Eurasiens, 1978.

Tibull im Mittelalter. Von Zeitgenossen und in der Folgezeit bis Martial hochgeschätzt, ist der Dichter Albius Tibullus seit dem 2. Jh. n. Chr. nur noch wenig gelesen und zitiert worden (letzte Erwähnung im Altertum bei Apollinaris Sidonius). Wahrscheinl. haben sich schon damals die Gedichte des Lygdamus, der Panegyricus Messalae und die Sulpiciagedichte an sein Werk angeschlossen, und dieses Corpus Tibullianum hat dann in sehr wenigen, vielleicht nur einem einzigen Exemplar das Zeitalter der Papyri überdauert. – Im MA ist das Werk des T. selten gewesen wie das des →Properz und des →Catull; wo man T. kannte, galt die Aufmerksamkeit nicht dem Dichter der Elegien, sondern den in seinem Werk enthaltenen sentenziösen Versen. Die früheste Erwähnung des T. im MA in einem Bücherverzeichnis um 800 (Berlin Diez. B. 66) spricht von 2 Büchern. Selbst wenn es sich um das Teilverzeichnis einer Hofbibliothek Karls d. Gr. handelte, wie vielfach ohne Beweis angenommen wird, kann das gen. Exemplar nicht die Stammhs. unserer Überlieferung gewesen sein, da diese das Corpus Tibullianum voraussetzt. Das zu postulierende karol. Exemplar aber ist in humanist. Zeit verlorengegangen. Was für Jahrhunderte allein sichtbar ist, sind Auszüge bzw. Exzerpte in Florilegien: bes. das im 11. Jh. in Freising nach unbekannter Vorlage kopierte Florilegium (jetzt München lat. 6292) und, mit diesem nicht verwandt, das seit dem 12. Jh. in einer Reihe von Hss. verbreitete Florilegium Gallicum; die in diesem enthaltenen T.-Exzerpte sind um die Mitte des 13. Jh. in das Speculum historiale des →Vinzenz v. Beauvais aufgenommen worden und haben mit diesem weiteste Verbreitung gefunden. Kenntnis des T. bei →Hildebert v. Lavardin ist unbegründete Vermutung, dagegen erwähnt ihn im 13. Jh. →Richard v. Fournival in seiner Biblionomia. In jüngerer Zeit wurde versucht, nach Auffindung weiterer Details Teile der Überlieferungsgesch. zu rekonstruieren, etwa, daß das Freisinger Florilegium von Lobbes gekommen sei; aber nicht eine dieser neuen Thesen trägt der Tatsache Rechnung, daß die Kombination von Verbin-dungen, die bloße Möglichkeiten sind, keine Gesch. der Überlieferung ergibt. – Die auf uns gekommenen Hss. des vollständigen Werkes enthalten alle das Corpus und sind durchweg humanistisch; die älteste von ihnen (und einzige aus dem 14. Jh.), Mailand, Ambros. R 26 sup., befand sich im Besitz des Coluccio →Salutati; die übrigen Exemplare gehören alle ins 15. Jh. Hinzu kommt ein Fragment unbestimmten Alters (ab 3,4,65), das sich im Besitz des Juristen Jacques Cujas († 1590) aus Toulouse befand (Fragmentum Cuiacianum) und allein durch die Kollation Scaligers bekannt ist. Die Humanisten, zu deren ersten Angelo →Poliziano gehörte, haben dann auch den Elegiker T. wieder gesehen. Ed. pr. (Venedig?) 1472.
F. Brunhölzl
Lit.: Schanz-Hosius – M. v. Albrecht, Gesch. der röm. Lit., I, 1992, 603ff. – L. D. Reynolds, Texts and Transmission, 1983 420ff. [Rouse] – R. Sabbadini, Le scoperte dei codd. latini e greci ne' sec. XIV e XV, 1905–14, II, 256f.

Tie. In Nordwestdtl. und angrenzenden ndl. Gebieten (Ostgelderland, Overijssel) bezeichnet T. gewisse dörfl. Versammlungsplätze, auf denen die Bauern über ihre Angelegenheiten berieten, Feste feierten, Rechtsgeschäfte tätigten und unter dem Vorsitz des Bauernmeisters Gericht abhielten. Gehäuftes Auftreten ist zw. Hannover, Magdeburg und Kassel zu verzeichnen, wobei die hd./nd. Sprachgrenze meist nach S hin nicht überschritten wird. Eine Verbreitung über die Elbe hinaus im Zuge der Ostsiedlung ist zu vermuten. Die Etymologie von T. ist ungeklärt. Vorzugswürdig erscheint die Zusammenstellung mit ae. *tig, tigh* 'Anger', 'Hof', 'Platz' und an. *teigr* 'Stück Land', 'Wiesen-', 'Ackerstreifen' (J. de Vries). Als Flurbezeichnung ist T. schon im 5. Jh. von den Sachsen nach England gebracht worden. Was Dorfplätze zum T. machte, ist unbekannt. Es steht zu vermuten, daß sich mit dem Begriff eine bes. rechtl. Konnotation verband. Heute liegen T. meist als Anger mitten im Dorf, gelegentl. aber auch an dessen Rand in der Flur. Sie können von Steinen und Mauern eingefaßt sein, am Rande Bänke und in der Mitte einen Tisch aus Stein aufweisen. Um den T. oder in seiner Mitte stehen meist →Linden. Seltener sind T. in Städten bezeugt, soweit diese aus Dörfern erwuchsen und in →Burschaften gegliedert waren. Nach dem ältesten Soester Stadtrecht v. 1120 hielten dort *burrichtere* auf ihrem T. Gericht über unrechtes Maß und Gewicht sowie über der Höhe nach begrenzte Schuld- und Schadensersatzklagen. T. sind ferner für Hildesheim (a. 1284), Brakel (a. 1357), Hameln, Paderborn, Aschersleben und Magdeburger Neustadt (alle 14. Jh.) belegt.
J. Weitzel
Lit.: HRG V, 228f. [R. Schmidt-Wiegand].

Tiel, wichtiger früh- und hochma. Handelsplatz (heut. Niederlande, Prov. Gelderland) an einem Mündungsarm des →Rheins, der Waal, deren Bedeutung seit dem 9. Jh. zunahm, infolge Versandung des 'Krummen Rheins', an dem das ältere →Dorestad lag. Der Name 'T.', erstmals 889 belegt, steht für eine der großen ksl. Zollstellen (→Zoll), eingerichtet spätestens 896, anläßl. der Zollbefreiung Kg. →Zwentibolds für die unter Schutzherrschaft der Kirche v. →Utrecht stehenden Leute, die zuvor bereits vom Zoll zu Dorestad befreit gewesen waren, was T. (wie →Deventer) als Nachfolger v. Dorestad erscheinen läßt. Kurz vor 950 wurde in T. eine steinerne Burg erbaut, die Otto I. im selben Jahr an das Bm. Utrecht schenkte. Seit 972 bestand in T. auch ein ksl. Hof, der 1000 ebenfalls in kirchl. Besitz überging. Inzwischen hatte sich T. zu einem blühenden Zentrum des Englandhandels (→England, H. I) entwickelt und besaß am Beginn des 11. Jh. eine Münzstätte. Eine Kirche, errichtet möglicherweise im späten

9. Jh. (Empfang von Reliquien der hl. →Walburga aus →Eichstätt), wurde vor 1022 in ein Kl. umgewandelt. In einer berühmten Passage von »De diversitate temporum« (1021/24) schildert →Albert v. Metz die Handelsleute v. T. auf wenig schmeichelhafte Weise. Nach diesem Chronikbericht besaßen sie bereits eine Kaufmannsgilde (→Gilde), die älteste bekannte in den Niederlanden, hielten gemeinschaftl. Trinkgelage ab und sprachen selbständig Recht (ihrer Behauptung nach aufgrund eines ksl. Privilegs). Handelsgüter waren in erster Linie Produkte aus dem Rheinland (z. B. Wein, Eisenwaren), die u. a. nach England gingen, von wo aus die T.er Kaufleute um 1000 Wolle und Schweinefett, wohl auch Häute, Zinn und Blei auf den Kontinent brachten.

Mit einer Plünderung durch →Normannen (1000) setzten Schwierigkeiten ein. Schon bald behinderten 'Friesen' (d. h. am Rheinarm Merwede angesiedelte Holländer) den T.er Englandhandel. Eine Beschwerde der T.er Kaufleute bei Ks. Heinrich II. führte zu einer Intervention des Hzg.s v. →Niederlothringen, der aber vom Gf.en →Dietrich III. v. →Holland geschlagen wurde, woraufhin T. 1018 verwüstet wurde. Der Verfall, der durch Verlegung des Reichszolls von T. nach →Kaiserswerth unter Friedrich Barbarossa (vor 1174) schließlich besiegelt wurde, hatte seine Hauptursache wohl im Aufstieg →Kölns in der 2. Hälfte des 12. Jh., obwohl die T.er mit den Kölnern zu →London damals bereits in einer Genossenschaft zusammengeschlossen waren. Köln übernahm die einstige Schlüsselfunktion von T. im Englandhandel.
A. Verhulst

Q. und Lit.: Alg. Geschiedenis der Nederlanden, II, 1950, 194f. [H. VAN WERVEKE] – H. MÜTTER, Het ontstaan van de stad T., BGN 9, 1955, 161–189 – J. B. AKKERMANS, Het koopmansgilde van T. omstreeks het Jaar 1000, TRG 30, 1962, 409–471 – W. J. ALBERTS–H. P. H. JANSEN, Welvaart in wording, 1964, 45, 52–55 [J. F. NIERMEYER] – S. LEBECQ, Marchands et navigateurs frisons du haut m. â., 1983, I, 146f., 161–163.

Tiepolo, eine der ältesten und bedeutendsten Familien des Patriziats von Venedig. Ein *Bartolomeo* erhielt 1049 das Amt eines »procuratore di S. Marco« und starb wahrscheinl. 1062. Im 12. Jh. besaß die Familie erst bescheidene wirtschaftl. und polit. Bedeutung, erlebte aber im 13. Jh. einen steilen ökonom. und polit. Aufstieg, als einer ihrer wichtigsten Vertreter, *Jacopo*, das Dogenamt bekleidete. Zeugnis seines Erfolges sind umfangreiche Besitzkäufe auf dem Festland, v. a. im Gebiet von →Treviso, wo er auch ein Kastell erwarb. Die Söhne des Dogen, *Giovanni* und *Lorenzo*, erwarben auch die Gft.en Cherso (Cres) und Ossero (Osor) in Dalmatien. *Pietro*, Sohn des Giacomo, Podestà v. Treviso (1236) und von Mailand (1237), führte die Mailänder Truppen in der Schlacht v. →Cortenuova gegen →Friedrich II.; er wurde gefangengenommen und über Cremona und Pisa nach Trani deportiert, wo er auf Befehl des Ks.s gehängt wurde. *Giacomo*, Sohn des Lorenzo, war das Haupt einer Faktion, die die Interessen der Handwerker und Gewerbetreibenden vertrat, und befehligte die ven. Flotte in Syrien (1268) und bei Ancona (1275). 1290 nahm er an einem Kreuzzug zur Befreiung v. Ptolemais (→Akkon) teil. Nach dem Tode des Dogen Giovanni →Dandolo (1288) war er der Kandidat der Popolaren für die Dogen-Nachfolge. Der Maggior Consiglio, der eine Wiederholung der heftigen Nachfolgekämpfe der Vergangenheit fürchtete, bewog Giacomo, seine Kandidatur zugunsten des Pietro →Gradenigo zurückzuziehen, der dann 1297 die sog. »Serrata del Maggior →Consiglio« veranlaßte. Giacomo zog sich in eine Villa im Gebiet von Treviso in das Privatleben zurück. Sein Sohn *Baiamonte* (s. u.) ist der Urheber der berühmten, fehlgeschlagenen Verschwörung von 1310. Die Familie bewahrte auch in der NZ eine führende Rolle und zählte herausragende Politiker in ihren Reihen. Bes. bekannt ist Niccolò, ein geschickter und gebildeter Diplomat, der Missionen bei Clemens VII. und Karl V. abwickelte und Podestà in einigen italienischen Städten Venetiens war.
P. Preto

1. T., Baiamonte, Sohn des Giacomo, Schwiegersohn des Marco →Querini, † wahrscheinl. 1328 bei Verwandten in Kroatien. Als Angehöriger einer der mächtigsten ven. Patrizierfamilien durchlief er eine rasche polit. Karriere. Als Kastellan v. Koron und Modon (1300–01) wurde er wegen Unterschlagung öffentl. Gelder zu einer großen Geldbuße verurteilt, danach war er Podestà v. Nona (1302–03). Der Groll über die aufsehenerregende Verurteilung, die traditionelle Feindschaft seiner Familie gegen die Familie →Gradenigo, die verbreitete Unzufriedenheit über den negativen Ausgang des Ferrara-Krieges gegen den Papst und vielleicht auch die Mißstimmung weiter Kreise des Adels wegen der sog. »Serrata del Maggior →Consiglio« (1297) trieben B. T. und seinen Schwiegervater, die berühmte Verschwörung von 1310 ins Werk zu setzen: am 15. Juni dieses Jahres versuchte eine Gruppe von Verschwörern, den Dogenpalast zu besetzen, um den Dogen Piero Gradenigo zu töten und die Regierung zu stürzen und danach vermutl. eine Signorie zu errichten. Der Staatsstreich scheiterte jedoch, viele Verschwörer wurden gefangengenommen und erhängt, andere, die fliehen konnten, wurden von dem zu diesem Anlaß geschaffenen →»Consiglio dei Dieci«, das eines der wichtigsten Regierungsorgane Venedigs werden sollte, hartnäckig verfolgt. B. T. floh über →Treviso nach Dalmatien. Von seiten der Regierung und der offiziellen Geschichtsschreibung fiel er einer postumen »Damnatio memoriae« anheim und galt als Beispiel eines »pessimus proditor« (Erzverräter), erfuhr aber eine anachronist. Rehabilitierung zur Zeit des demokrat. Munizipalismus von 1797 als emblemat. Held und Märtyrer der Freiheit.
P. Preto

Lit.: C. TENTORI, Il vero carattere politico di B. T., 1798 – G. CRACCO, Società e stato nel medioevo veneziano, 1967, passim – P. PRETO, B. T.: traditore della patria o eroe e martire della libertà? (Continuità e discontinuità nella storia politica, economica e religiosa [Fschr. A. STELLA, 1993]), 217–264 [Lit.].

2. T., Jacopo (Giacomo), Sohn des Lorenzo, † 19. Juli 1249. Gestützt auf seine Familie, die in jener Zeit einen steilen polit. Aufstieg erlebte, durchlief J. T. eine rasche und erfolgreiche polit. Karriere. Als erster Hzg. v. Candia (→Kreta) organisierte er die ven. Herrschaft über die Insel und unterdrückte zahlreiche Revolten lokaler Elemente, die von den Genuesen aufgestachelt worden waren. Als Podestà v. Konstantinopel (1219), das während des vierten →Kreuzzugs (1204) erobert worden war, schloß er mit →Theodor Laskaris einen Vertrag ab. 1221 und 1227 war er Podestà in →Treviso und vertrat dann Venedig bei der Unterzeichnung der zweiten →Lombardischen Liga gegen Friedrich II. in Verona. Am 16. März 1229 wurde er durch Losentscheid gegen Ranieri →Dandolo zum Dogen ernannt. Er führte Venedig in zahlreiche Kriege gegen Friedrich II. und die Ghibellinen Norditaliens und unterdrückte eine Reihe von Revolten in Candia (Kreta) und Zara (Zadar). 1232 erließ er die →»Promissio maleficiorum«, 1242 ließ er die Statuten des »Comune Veneciarum« redigieren, eine wichtige Etappe in der Kodifizierung der Gesetze Venedigs. Im Mai–Juni 1249 dankte er ab und starb wenige Wochen später.
P. Preto

Lit.: H. KRETTSCHMAYR, Gesch. von Venedig, 1920, II, 35f. – G. CRACCO, Società e stato nel medioevo veneziano, 1967, 61–63, 83f., passim – G. Cozzi, Repubblica di Venezia e stati it. Politica e giustizia dal sec. XVI al secolo XVIII, 1982, 82f., 219–228, 237f., 244f., 270, 303, 321f., 367, 384, 391, 410 [Lit.].

Tierbilder → Bauplastik, →Evangelistensymbole, →Physiologus, →Tierkreis, →Tierornamentik, →Tiersymbolik

Tierbücher → Bestiarium

Tierepos

I. Allgemein. Mittellateinische, deutsche und romanische Literatur – II. Englische Literatur – III. Byzantinische Literatur.

I. ALLGEMEIN. MITTELLATEINISCHE, DEUTSCHE UND ROMANISCHE LITERATUR: Das T. als Gattung ist keinesfalls aus der antiken Epenparodie mit animal. Protagonisten (»Froschmäusekrieg«) ableitbar, sondern eine Erfindung des MA, ein Produkt der Wechselwirkung von gelehrtschriftl. und volkstüml. Tradition und des germ.-roman. Kulturkontaktes im (ehemal.) karol. Mittelreich Lotharingien. Es ist ein Episodengedicht, bestehend aus einzelnen, einer mehr oder minder kohärenten epischen Gesamtstruktur eingefügten Tierschwänken. Der Tierschwank unterscheidet sich von der abstrakteren und lehrhafteren →Fabel durch ein Mehr an illustrativer Ausschmückung, Belebung des Raumes, Plastizität der Akteure, Kontingenz und v. a. Komik der Handlung. Da es sich hier nur um eine graduelle Differenzierung handelt, können die meisten Schwänke des jeweiligen T. auf Fabeln und weit seltener auf Motive anderer Gattungen (Mythos, Märchen, Naturkunde etc.) zurückgeführt werden und sich umgekehrt bei Neubearbeitung der Fabelgattung durchaus wieder annähern (so im 'Reinhart Fuchs'). Selbst kaum schwankhaft umgestaltete 'originale' Fabeln finden neben den Schwänken im T. ihren Platz. Obwohl der Tierschwank der →Allegorie noch ferner steht als die Fabel, die ihrerseits schon als fiktive Erzählung (fabula im Sinne der chr. Poetik und Hermeneutik) in Ermangelung eines sensus spiritualis an sich keiner Allegorese zugängl. ist, schreckt man gelegentl. auch vor einer solchen nicht zurück (vgl. z. B. →Odo v. Cheriton), auch nicht im spätma. T.

Den stoffl., seit dem 9. Jh. schriftl. überlieferten Kern der ältesten Tierepen bildet das Motiv vom Hoftag des (kranken) Löwen, ein Motiv, dessen Herkunft (aus der äsopischen Fabel oder aus mündl., vielleicht germ. Erzählgut?) und ursprgl. Gestalt nicht gesichert sind. Es liegt der Binnenerzählung der →»Ecbasis cuiusdam captivi« (11. Jh.) zugrunde, liefert aber ebenso wie deren Außenfabel vom geflohenen und durch den Wolf verlockten Kalb nur das eher magere pseudo-episch Skelett für eine sprunghafte Aneinanderreihung zoomorpher Abbilder menschl. Fehlverhaltens. Damit steht die »Ecbasis« einer Verssatire wie dem »Speculum stultorum« des →Nigellus de Longo Campo (1179/80), die freilich nicht nur auf epische Kontinuität, sondern auch auf durchgängige Verwendung echten Tierpersonals verzichtet, näher als dem ersten T. im engeren Sinne, dem →»Isengrimus« von ca. 1148/49. Dieser entstammt wie die »Ecbasis« dem monast. Milieu und macht nun neben der Hoftagsfabel das frühma., in der »Fecunda ratis« →Egberts v. Lüttich (ca. 1023) erstmals ausdrückl. belegte und auch in der »Ecbasis« erwähnte Motiv vom Wolf als Mönch zum zweiten Kristallisationspunkt einer die 24 Episoden einigermaßen integrierenden epischen Gestaltung. Generell dominiert im T. die gegenbildl. Komik, welche aus der persiflierenden Inversion von Texten, Handlungen, Gebräuchen aus anderen lit. Gattungen und anderen kulturellen Kontexten entsteht. Im »Isengrimus« herrscht sie allein und entstammt ganz überwiegend dem klerikalen Bereich (Bibel, Liturgie, Legende etc.), dagegen im ersten volkssprachl. T., den ältesten Branchen des afrz. »Roman de →Renart« aus dem späteren 12. Jh., vorwiegend dem höfisch-ritterl. Milieu (Heldenepos, Höf. Roman, Minnesang), ebenso dann in den anschließenden mhd., me. und mndl. Bearbeitungen. Das Kernmotiv vom Hoftag des Löwen wird auch hier aufgegriffen, aber zur Satire auf die Hofgerichtsbarkeit umgeformt. Das Schwankhafte des »Renart« vererbt sich am stärksten dem mndl. T. »Van den Vos Reynaerde« (Mitte 13. Jh.?), das anderen 'grotesken' Formen der Komik am ehesten Eingang gewährt. Daneben dringen aber auch geistl. Elemente wieder stärker ein, um so mehr dann in die spätma. Fortsetzungen und Ableger. Das Publikum weitet sich nun auf mehrere Stände aus, zuerst allmähl., z. B. bei Jacquemart →Giélée aus Lille, oder im umfangreichen »Renart le Contrefait« eines Klerikers aus Troyes (1319–40), dann aber vermehrt mit den ersten Drucken, insbes. dem volksseelsorger. genutzten mnd. »Reynke de Vos« von 1498 und der Umarbeitung in mndl. Prosa 1479 (Gouda) bzw. 1485 (Delft). Auf dem Goudaer Druck beruht auch die me. Übersetzung von →Caxton (Westminster 1481), während man zuvor im Me. nur einzelne Tierschwänke des »Roman de Renart« bearbeitet hatte.

Kaum ein anderes lit. Erbe des MA ist dann auch noch im nz. Europa so eifrig und getreu bewahrt worden wie das T.　　　　　　　　　　　　　　　　F. P. Knapp

Lit.: →Allegorie, →Bispel, →Ecbasis captivi, →Fabel, →Isengrimus, →Nigellus, →Renart – H. R. JAUSS, Unters. zur ma. Tierdichtung, 1959 – Aspects of the Medieval Animal Epic, hg. E. ROMBAUTS–A. WELKENHUYSEN, 1975 – F. P. KNAPP, Das lat. Tierepos, 1979 [Lit.] (Erträge der Forsch. 121) – DERS., Über einige Formen der Komik im hochma. T., Wolfram-Stud. VII, 1982, 31–54 – Reinardus. Yearbook of the Internat. Reynard Society, 1988ff. – H. MENKE, Bibliotheca Reinardiana, I, 1992 [Lit.].

II. ENGLISCHE LITERATUR: Vor →Caxtons »Reynard« (→Renart, IV) ist kein ganzer Zyklus überliefert. Nur zwei Texte erzählen eine Episode: →Chaucers »Nun's Priest's Tale« das Abenteuer von Fuchs und Hahn (»Canterbury Tales«, Ende 14. Jh.), das jedoch eher der Tradition der →Fabel zuzurechnen ist, und »The Fox and the Wolf« (»F. and W.«), das inhaltl. Branche IV des »Roman de Renart« (»R. R.«) entspricht. Nicht episch, sondern Tanzlieder sind dagegen »Fox and Goose« und »The False Fox«. Ob weitere me. Texte (Episoden oder Zyklen) verlorengegangen sind, ist umstritten. In England entstandene lat. und anglonorm. Slg. en von Fabeln und bildl. Darstellungen belegen, daß Figuren und Inhalte des T. populär waren, aber nicht unbedingt in Form des T. Da kaum engl. sprachige höf. Lit. existierte, auf die ein T. parodist. reagieren konnte, wäre das Fehlen der Gattung (wie die Seltenheit des →Fabliau) nicht verwunderlich.

Auch »F. and W.« ist nur in einer Hs. überliefert (Digby 86, um 1260, sprachl. überwiegend südl.). In 295 paarweise reimenden Achtsilbern wird die (auch als Fabel verbreitete) Gesch. von Fuchs und Wolf im Brunnen erzählt. Hinweise auf einen zykl. Zusammenhang fehlen. Die Erzählung besteht etwa zur Hälfte aus direkter Rede und zeigt zahlreiche inhaltl. Abweichungen von Branche IV des »R. R.« (wie die iron. Beichte des Wolfes), der die eher indirekte Q. bildet. Das Didakt. tritt zurück, trotz Anklängen an allegor. Traditionen überwiegt eine profane Haltung. Die Tiere sind kreatürl. tierhafte Individuen. Mit dem Fabliau hat »F. and W.« gemeinsam die Freude am Überlisten, elementare Bedürfnisse (aber nicht erot. Natur) als Handlungsmotor, Elemente antiklerikaler Satire, direkte Erzählweise und Antihelden (List, Egoismus).

K. Weimann

Bibliogr.: Manual ME, 9. XXIV, 3144-3151 – Brown-Robbins, The Ind. of ME Verse, 1943, 35 – *Ed.:* J. A. W. Bennett–G. V. Smithers, Early ME Verse and Prose, 1968², 67-76 – C. und K. Sisam, The Oxford Book of Medieval Engl. Verse, 1970, 24-35 – *Lit.:* R. M. Wilson, The Lost Lit. of Medieval England, 1970, 124-126 – H. Bergner, »The Fox and the Wolf« und die Gattung des T. in der me. Lit., GRM 23, 1973, 268-285 – F. Le Saux, Of Desire and Transgression: the ME »Vox and Wolf«, Reinardus 3, 1990, 69-79.

III. Byzantinische Literatur: Tierepen im strengen lit. Sinn gibt es in der Byz. Lit. nicht. Vergleichbar den ma. westl. Tiergeschichten sind die volkssprachl. spätbyz. »Vierfüßlergeschichte« (Διήγησις τῶν τετραπόδων ζώων) und das »Vogelbuch« (→Pulologos), beides vom jeweiligen Kg. (Löwe bzw. Adler) einberufene Delegiertenversammlungen mit dem Auftritt einiger markanter Tiere im Paar oder zu dritt im z.T. wüst ausartenden Streitgespräch: lustig derbe Unterhaltung mit Seitenhieben auf soziale Einrichtungen der Zeit, trotz der im Prolog gepriesenen didakt. Intention Volksbelustigung bei künstler. Vortrag. Daneben steht »Die Legende vom Esel« in zwei Versionen (Συναξάριον τοῦ τιμημένου γαδάρου und Γαδάρου, λύκου καί ἀλουποῦς διήγησις ὡραία), auch dies eine derb-spaßige Erzählung mit vielen märchenhaften Elementen, als »Synaxar« in ungereimten, als Diegesis in gereimten byz. Fünfzehnsilbern. Sieger über Wolf und Fuchs bleibt der Esel, der sich nunmehr mit dem Zunamen 'Nikos' schmücken darf. Die uns heute bekannten Fassungen dieser Tiergeschichten sind im 14. bzw. 15. Jh. anzusetzen. Westl. Einflüsse werden zwar postuliert, sind aber auch mit der Anwesenheit von frk. Kultur im Byz. Reich nach 1204 zu erklären. Eine östl. Herkunft gerade der Tierparlamente ist nicht auszuschließen. →Parodie.

H. Eideneier

Ed.: V. Tsiouni, Παιδιόφραστος διήγησις τῶν ζώων τῶν τετραπόδων, 1972 – I. Tsabare, Ὁ Πουλολόγος, 1987 – C. Pochert, Die Reimbildung in der spät- und postbyz. Volkslit., 1991 (Eselgeschichte) – *Lit.:* Beck, Volksliteratur, 173-177.

Tierfabel → Fabel

Tiergart, Johannes, Jurist, Generalprokurator des →Dt. Ordens, Bf. v. Kurland (→Kuren), * ca. 1380, † 28. Nov. 1456; entstammte einer Danziger Ratsherren-Familie. 1402 als Baccalaureus in Prag bezeugt, wurde er 1408 in Bologna, 1411 in Leipzig immatrikuliert. Er hat offensichtl. den Magistergrad erworben. 1419 übernahm er – nun wohl Priesterbruder des Dt. Ordens – dessen Vertretung am päpstl. Hof. In diesem Amt des Generalprokurators verblieb er bis 1428. 1425 wurde er mit dem Bm. Kurland providiert. Nach der Aufgabe seines röm. Amtes war er noch päpstl. Legat in Fermo und später in Spoleto. Seit 1432 ist er in seinem Bm. bezeugt, doch war er auch weiterhin für den Orden tätig.

H. Boockmann

Lit.: Altpreuß. Biogr., I, 1941, 308 [K. Krollmann]; II, 1967, 734 [H. Koeppen] – Die Berichte der Generalprokuratoren des Dt. Ordens an die Kurie, III, hg. H. Koeppen, 1966, 1971.

Tiergarten, -gehege → Wildgehege

Tierhaltung. Das Wort 'T.' hat in der Gesch. der Zoologie mehrere Bedeutungen, seitdem der Mensch Wildtiere in Gehegen (→Wildgehege) verschiedenster Art konzentrierte und von da aus zu Aufzucht, Zähmung, Unterhalt, Pflege überging, bis hin zum Zusammenleben mit dem Tier unter einem Dach. Nur diese letzte Stufe wird hier behandelt: die Haltung von echten nützlichen 'Haustieren' in unmittelbarem Umkreis des Menschen.

Die Abgrenzung dieser T. zu den »frei« lebenden Tieren sowie zur →Viehhaltung war im MA wie auch heute fließend. Die meisten in Häusern anzutreffenden Tiere waren und sind als Parasiten wie Fliegen und Mäuse von einer Beziehung zum Menschen ausgeschlossen. Auch das Hausgeflügel (einschließl. des *huszhan*) und die Tauben (*husztuben*), Schwalben, Störche und andere Vögel, die auf Dächern etc. nisteten, hatten keine haustierartige Beziehung zu den Menschen. Die Bindung der Tiere an den Menschen hatte ihren Ursprung in der (kollektiven oder individuellen) Zähmung, die ein stark gefühlsmäßiges Verhältnis zw. Mensch und Tier hervorbrachte, selbst wenn dieses nicht einheitl. Züge trug.

Zwei domestizierte Tierarten sind bereits seit der Jungsteinzeit bzw. seit dem Chalkolithicum belegt: der →Hund (mytholog. und lit. Archetyp in der griech.-röm. Welt Argos, der treue Hund des Odysseus) und das →Pferd (am bekanntesten Bukephalos, das legendäre Streitroß Alexanders d. Gr.). Die Zähmung des Hundes begann in prähist. Zeit (vor mindestens 15000 Jahren) mit der Aufzucht von Jungwölfen in der Gesellschaft von Kindern und der Verwendung von Hunden als Jagd- und Kriegsgefährten sowie Wächtern; im MA verloren die Hunde ihre verachtete Stellung als Verzehrer von Abfällen und konnten sich, bes. in der Gesellschaft der Damenwelt, als »canis socius et fidelis« (*levrette, bichon, griffon*: Schoßhündchen) profilieren und hatten zu Füßen der Tafel ihren Platz (Darstellungen z. B. bei Van Eyck und Carpaccio, in zahllosen Werken der Buchmalerei, stilisiert in der Grabplastik als Verkörperung der Treue). – Ebenso wie beim Hund entwickelten sich verschiedene Rassen und Typen des Pferdes, entsprechend ihrer Funktion und Verwendung etwa als *Streitroß* (*coursier*), das (zumindest nach den lit. Belegen) der enge Freund und Gefährte des →Ritters war, worauf die (emblemat.) Namengebung und Biographie von berühmten Pferden großer Protagonisten der 'chansons de geste' hindeuten ('Veillantif' des Roland, Stute 'Gringuliette' des Parzival, 'Bayard' der vier Haimonskinder u.a.). Das Tabu, das auf dem Verzehr von Hundefleisch (absolut) sowie Pferdefleisch (weitgehend, bes. ausgeprägt beim edleren Roß, *destrier*) liegt, erstreckt sich auch auf den (relativen) Neuling unter den führenden Haustieren, die →Katze, die bei →Isidor v. Sevilla (etym. 12, 2, 38) durch ihren begierigen Mäusefang charakterisiert wird (lat. 'musio', 'muriceps', 'musipulus'). Seit der Karolingerzeit tritt mit größerer Eindeutigkeit die Hauskatze in der Gesellschaft des Menschen auf, belegt etwa in der Vita Gregors d. Gr. oder in einem Gedicht von →Ermoldus Nigellus. Ein Beweis für die familiäre Beziehung zw. Mensch und Katze ist (ex negativo) die genaue Beobachtung ihrer »moral.« Fehler: Die Katze wird als faul, gefräßig, diebisch, grausam, lüstern, widersetzlich, als Nachttier von diabol. Art charakterisiert. Seit dem 13. Jh. häufen sich die ikonograph. Darstellungen, welche Katzen am Herd, zu Füßen des Tisches und in der Intimität des Haus- und Wohnbereiches zeigen.

Auch andere dem Hause nahestehende Tiere konnten auf individueller Grundlage in eine familiäre Verbindung mit ihrem Herrn oder ihrer Herrin eintreten: der Ochse 'Rouge' mit dem 'vilain' in der Versdichtung →»Aucassin et Nicolette«, die Kühe 'Brune' und 'Blere' im →Fabliau, der Hammel 'Robin-Mouton' mit seiner liebenswürdigen Schäferin (→Hirtendichtung, Bukolik, Pastorale). Ferner sind zu erwähnen die gezähmten und dressierten großen Raubkatzen, die als 'Leoparden' bezeichnet wurden, in der Regel aber Geparden waren; ein Halsband kennzeichnete ihre Zahmheit und Verwendung im fsl. Jagdwesen. Manchmal weisen der viereckige Kopf, der Backenbart und die Krallenform das dargestellte Tier eher als Pardel/Luchs aus, der sich durch ebensogroße Anhänglichkeit an den Hausherrn auszeichnet. Die Erwähnungen und Darstellungen nehmen seit der Zeit der Kreuzzüge stark zu, etwa in der Buchmalerei und Plastik (z. B. adliger Pilger/Kreuzfahrer mit Jagdgepard am Portal der Kathedrale v. Fidenza, Antelami-Werkstatt, um 1215/20), aber auch in den schriftl. Q. (Rechnungen, Chronikberichte).

Wichtigster Jagdgefährte bleibt auch im SpätMA der →Falke (s. a. →Beizjagd, -traktate), der seit ca. 742 vom 'accipiter' unterschieden, aber bereits in den 'Barbarenrechten' des 6. Jh. (Lex Salica, Lex Burgundionum) genannt wird. In der Feudalepoche verwendete man mindestens sechs Falkenarten, ferner Vögel des 'Niederflugs' und →Adler zur Jagd (Ausgrabung der 'Volerie' Karls V. am Louvre). Ks. Friedrich II. erklärt in seinem berühmten Werk »De arte venandi cum avibus«, daß die Abrichtung der Falken ganz und gar auf Liebe und Zuneigung beruhe.

Lediglich wegen ihrer Schönheit wurden Schwäne und Pfauen gehalten. Zahlreich waren Käfigvögel, die etwa als Randilluminationen im Stundenbuch der Katharina v. Kleve (1435–45) dargestellt sind oder in schriftl. Q. erwähnt werden: So besaß 1412 Burkhard Münch in Basel sieben große und kleine Vogelkäfige. Der it. Humanist Bonfini berichtet in seiner Chronik des ung. Hofes unter Matthias Corvinus über die Stadt Wien: »In den Sälen und Sommerstuben halten sie so viele Vögel, daß der, so durch die Straßen zieht, wohl wähnen möchte, er sey inmitten eines grünen lustigen Waldes« (zit. nach G. WACHA). Eines der verbreitetsten Motive und Topoi der ma. Lit., bes. seit dem 12. Jh., ist der Vogelgesang als Kennzeichen der frühlingshaften und sommerl. Natur (→locus amoenus, →Natureingang); seltener ist der Gesang des Vogels im Käfig genannt. Bei den Darstellungen von Kindern, die einen Vogel (oder gar Schmetterling!) an der Leine führen, bleibt fraglich, ob es sich um eine realist. oder eine symbol. Darstellung (»Seelenvogel«?) handelt.

Papageien und verwandte Vögel (Kakadus, Aras usw.) waren im späten MA und der frühen NZ beliebt (Haltung in Volieren und Tiergärten; als Präparate in fsl. Kunst- und Wunderkammern). Der →Strauß wird äußerst selten, aber sehr naturgetreu dargestellt. Es sind aber mit Vorliebe die Säugetiere, die als Gefährten bei →Spiel und Zerstreuung und wohl auch als »Ersatzobjekt« von Zuneigung fungierten. Am meisten genannt und abgebildet werden die →Affen (Magots, Meerkatzen, etc.). Sie tollen in den wohlhabenden Häusern herum und werden von Gauklern und Spielleuten zu grotesken Tänzen, Schaukämpfen und Musikdarbietungen eingesetzt (z. B. F. Cossa, Palazzo Schifanoia, Ferrara, um 1460).

Zu nennen sind auch die Bären (Tanzbären), die zu ihren Bärenführern eine Art Gefühlsbeziehung zu entwickeln vermochten. In den Menagerien fanden sich auch Löwen, Giraffen und Dromedare. Äußerst selten begegnen wir im Abendland vor dem 16. Jh. domestizierten Elefanten (→Elephas), die zwar sensationelle Aufmerksamkeit, aber keine echten Gefühle weckten. Nur drei Exemplare sind sicher bezeugt: der Elefant Karls d. Gr., ein Geschenk Hārūn-ar Rāšīds; der Elefant Friedrichs II. (in Cremona); der Elefant Heinrichs III. (in London), ein Geschenk Ludwigs d. Hl. n. R. Delort

Lit.: G. WACHA, Tiere und T. in der Stadt (Das Leben in der Stadt des SpätMA, 1980²), 229–260 – L'uomo di fronte al mondo animale nell'alto Medioevo, 2 Bde, 1985 (Sett. cent. it.) – M. ZINK, Le monde animal et les représentations dans la litt. frç. au MA (Le monde animal et ses représentations, Coll. Toulouse, 1985), 47–71 – C. BECK, Le faucon, 1990 – L. BOBIS, Les neuf vies du chat, 1991 – L'homme, l'animal domestique et l'environnement au MA, 1993 [Einl. R. DELORT] – N. BENECKE, Archäol. Stud. zur Entwicklung der Haustiere, 1994 – R. DELORT, Les animaux ont une histoire, 1994² [dt. 1987].

Tierkreis. Am Himmel ist die →Ekliptik der Großkreis, auf dem die Sonne ihren scheinbaren jährl. Umlauf um die Erde vollzieht. Der T. ist ein Band von 12 →Sternbildern, die entlang der Ekliptik liegen. Im engeren Sinn ist der T. ein Band, eine 'Zone', entlang der Ekliptik mit einer Abweichung von 7° nördl. und südl. davon, innerhalb deren der →Mond und die →Planeten ihre (scheinbaren) Umläufe um die Erde (nach dem antik-ma. geozentr. →Weltbild) ausführen. Nach antik-ma. Definition ist daher die Ekliptik »der Kreis, der durch die Mitte des T. es verläuft«. Die 12 Sternbilder des T. es (Aries, Taurus, Gemini, Cancer, Leo, Virgo, Libra, Scorpius, Sagittarius, Capricornus, Aquarius, Pisces) sind von unregelmäßiger Ausdehnung und Größe. Für die exakten Berechnungen in der →Astronomie und →Astrologie wurde daher – schon in spätbabylon. Zeit – die Einteilung des T.es normiert, man setzte dafür statt der ungleich großen T.bilder 12 T.zeichen (signa) zu je 30° an; der Gesamtumfang des Kreises beträgt 360°. Die T.bilder und ihre Namen stammen bereits aus babylon. Zeit, sie wurden von den Griechen und über diese von der arab.-islam. und europ. Wiss. übernommen und bis heute beibehalten (VAN DER WAERDEN; SCHARF). Die Ekliptik wurde auch »der schiefe oder geneigte Kreis« genannt, da sie gegen den Äquator geneigt ist ('Schiefe der Ekliptik'; Neigungswinkel nach Ptolemaeus 23° 51' 20"; moderner Wert 23° 27'). Die beiden Schnittpunkte der Ekliptik mit dem Äquator sind die Äquinoktien (Frühlings- und Herbsttagundnachtgleiche), die Punkte der größten Entfernung der Ekliptik vom Äquator sind die Solstitien (nördl. Entfernung: Sommersonnenwende; südl. Entfernung: Wintersonnenwende). Aus der Schiefe der Ekliptik ergab sich für die alte Astronomie das wichtige Problem der 'Aufgangszeiten' (ἀναφοραί, arab. maṭāliʿ, lat. ascensiones), d. h. für einen gegebenen Horizont die Bestimmung der Dauer der Aufgangszeiten der T.zeichen bzw. ihrer Einzelgrade gemessen in Äquatorgraden (die zugleich die Zeit in 'äquatorialen', d. h. gleichen, Stunden angeben: 360° = 24ʰ). Tabellar. Aufstellungen der entsprechenden Werte finden sich in den meisten →Tafeln. Die Rotation der Erdachse bewirkt eine langsame Verschiebung des Frühlingspunktes auf der Ekliptik, die sog. Präzession, deren Wert Ptolemaeus mit 1° in 100 Jahren zu groß ansetzte (im islam. und europ. MA meist 1° in 66 oder 70 Jahren; →Planeten, II; →Sterne, Sternbilder, III). Positionsangaben der Planeten und der →Fixsterne wurden in der Antike und im islam. und europ. MA üblicherweise in ekliptikalen Koordinaten (Länge und Breite) angegeben. Bei den Fixsternen hatte das die prakt. Folge, daß für eine jeweilige Epoche nur die Länge gemäß der Präzession umgerechnet werden mußte, während die Breite stets gleich blieb. Ausgangspunkt für die Positionsberechnung der Fixsterne war dabei meist der Sternkatalog im →»Almagest« von Ptolemaeus (Epoche: 137 n. Chr.). Der Stern Regulus, αLeonis, hatte z. B. bei Ptolemaeus die Länge Leo 2° 30' (2° 30' im Zeichen Löwe oder, bei durchgehender Zählung, 122° 30'), bei →aṣ-Ṣūfī (mit Präzession für 964) Leo 15° 12', bei →Johannes v. Gmunden (1430) Leo 18° 59', bei Johann Stoeffler (1500) Leo 19° 38'. Wenn es also in einem Text heißt, ein Stern stehe in einem bestimmten Zeichen, so bedeutet das, daß seine ekliptikale Länge in dieses Zeichen fällt. Sternverzeichnisse aufgrund unabhängiger eigener Beobachtung waren demgegenüber äußerst selten (islam. Raum: »az-Zīǧ al-mumtaḥan« [»Tabulae probatae«] der

Astronomen des Kalifen al-Ma'mūn, Epoche 829–30; in Europa: Sterntafel des →Johannes v. London, Paris 1246; KUNITZSCH 1989, III; KUNITZSCH 1966, Typ VI). Die Positionen der Planeten wurden ihrerseits meist aus Tafeln errechnet, seltener direkt am Himmel beobachtet.

Während so der T. in der Astronomie nur die eine Aufgabe des Ordnungselements am Himmel hatte, kamen ihm in der Astrologie viele Funktionen zu, und die einzelnen Zeichen erfuhren mannigfache Einteilungen und Zuordnungen. Die wichtigsten seien hier erwähnt (weiteres s. BOUCHÉ-LECLERCQ; HÜBNER 1982 und 1995). Die 12 T.zeichen wurden in vier Trigone (ar. muṯallaṯāt, lat. triplicitates) eingeteilt, deren jedes einem der vier →Elemente zugeordnet war und je einen Planet als Tag- und Nachtherrscher besaß:

Trigon	Element	Tag-herrscher	Nacht-herrscher
1. Aries, Leo, Sagitt.	Feuer	Sonne	Jupiter
2. Taurus, Virgo, Capric.	Erde	Venus	Mond
3. Gem., Lib., Aquar.	Luft	Saturn	Merkur
4. Canc., Scorp., Pisc.	Wasser	Venus	Mars

Im Zusammenspiel mit den Planeten ergaben sich folgende weitere Gliederungen: 'Häuser' der Planeten (arab. bait, pl. buyūt; lat. domus, domicilium):

Planet	Taghaus	Nachthaus
Sonne	Leo	–
Mond	–	Cancer
Saturn	Capric.	Aquarius
Jupiter	Sagitt.	Pisces
Mars	Scorpius	Aries
Venus	Libra	Taurus
Merkur	Virgo	Gemini

'Erhöhung' (ar. šaraf; lat. exaltatio) und 'Erniedrigung' (ar. hubūṯ; lat. deiectio, casus) der Planeten:

Planet	Erhöhung	Erniedrigung
Sonne	Aries 19°	Libra 19°
Mond	Taurus 3°	Scorpius 3°
Saturn	Libra 21°	Aries 21°
Jupiter	Cancer 15°	Capric. 15°
Mars	Capric. 28°	Cancer 28°
Venus	Pisces 27°	Virgo 27°
Merkur	Virgo 15°	Pisces 15°

'Bezirke' (arab. ḥadd, pl. ḥudūd; lat. facies, termini): Jeder der 5 Planeten (also ohne Sonne und Mond) hat in jedem der 12 Zeichen eine Anzahl Grade (einen 'Bezirk'), in denen er bes. Einfluß ausübt. Für die Zuweisung dieser Grade gab es verschiedene Systeme, die nebeneinander bestanden und benutzt wurden; s. BOUCHÉ-LECLERCQ, 206ff.

Verschieden von den oben erwähnten 'Häusern' der Planeten sind die 12 'Häuser' der Dodekatropos (Zwölfortelehre), deren jedes bei der Horoskopstellung (→Horoskop) einem bestimmten Lebensbereich zugeordnet ist (vgl. den ma. Merkvers »Vita, lucrum, fratres, genitor, nati, valetudo, / Uxor, mors, pietas, regnum benefactaque, carcer«). Einheitl. fixiert sind hier nur die Anfänge von vier Häusern (die vier cardines): der Anfangspunkt des 1. Hauses (arab. aṭ-ṭāli', lat. ascendens), des 4. (arab. watad al-arḍ, lat. imum caelum), des 7. (arab. al-ġārib, lat. descendens) und des 10. Hauses (arab. al-'āšir, lat. medium caelum). Die Bestimmung der Spitzen (Anfangspunkte) der dazwischen liegenden Häuser variiert je nach verschiedenen Systemen. Die Häuser und ihre Grenzen sind nicht deckungsgleich mit den 12 T.zeichen, sie liegen als eigenes System über diesen; Aszendent (Anfangspunkt des ganzen Systems) kann jeder Grad des T.es sein.

Als ägypt. Element wurde in das Gebäude der Astrologie bereits im Altertum ferner noch das System der Dekane eingefügt (arab. waǧh, pl. wuǧūh, und ṣūra, pl. ṣuwar; lat. facies, decani; auch lat. adorogen < arab. ad-darīǧān < ind. drekkāṇa < δεκανός), d.h. die Einteilung des T.es in 36 bzw. die Teilung jedes T.zeichens in 3 Abschnitte zu je 10°. Das europ. MA erreichten die Dekane in einer direkten antik-lat. Überlieferung, die noch – stark korrupt – die altägypt. Namen bewahrt hat (BOUCHÉ-LECLERCQ, 215ff., 232f. [Tab.]; GUNDEL 1936, a, b; SCHERER, 212ff.), sowie – ohne Namen – in einer über das Pers. und Arab. gelaufenen Überlieferung (→Abū Ma'šar, Introductorium maius), die zusätzl. die 'Paranatellonten' der einzelnen Dekane angibt (d.h. Sterne und Sternbilder, die gleichzeitig mit den Dekanen bestimmte charakterist. Stellungen am Himmel einnehmen; ed. K. DYROFF; BOLL, Beilage 6).

Die Astrologie des europ. MA stellt kein geschlossenes, einheitl. Lehrgebäude dar, vielmehr sind in ihr die Lehren der verschiedensten Autoritäten aus verschiedenen Zeiten und Kulturen zusammengeflossen. Manche ma. Autoren behelfen sich daher, indem sie zu einzelnen Sachpunkten die Lehren verschiedener Quellen unverbunden nebeneinanderstellen ('Alī ibn Abī r-Riǧāl, 1. Hälfte 11. Jh., lat. Haly Abenragel, Liber completus).

In den aus dem Arab. übersetzten Texten werden gelegentl. auch die arab. Namen der T.zeichen übernommen, die jedoch nicht in den allg. Gebrauch eingingen, ganz im Gegensatz zu den zahlreichen Sternnamen. Die astrolog. Interpretation der T.zeichen, der Dekane und der Paranatellonten führte im MA zu einer reichen Bildtradition (→Sterne, Sternbilder, IV). P. Kunitzsch

Lit.: RE X A, s.v. Zodiakos [R. BÖKER, H. GUNDEL] – EI² VII, Art. Minṭaḳat al-Burūdj [W. HARTNER, P. KUNITZSCH] – A. BOUCHÉ-LECLERCQ, L'astrologie grecque, 1899 [Nachdr. 1963] – F. BOLL, Sphaera, 1903 – al-Bīrūnī, The Book of Instruction in the Elements of the Art of Astrology, ed. R. R. WRIGHT, 1934 – W. GUNDEL, Dekane und Dekansternbilder, 1936 [Nachdr. 1969] – DERS., Neue astrolog. Texte des Hermes Trismegistos, 1936 [Nachdr. 1978] – A. SCHERER, Gestirnnamen bei den idg. Völkern, 1953 – Hypsikles, Die Aufgangszeiten der Gestirne, ed. V. DE FALCO, M. KRAUSE, O. NEUGEBAUER, 1966 – P. KUNITZSCH, Typen von Sternverz.en, 1966 – B. L. VAN DER WAERDEN, Erwachende Wiss., II, 1968 – W. HÜBNER, Die Eigenschaften der T.zeichen in der Antike, 1982 – DERS., Zodiacus Christianus, 1983 – J.-H. SCHARF, Die nomina anatomica..., Verh. Anat. Ges. 80, 1986, bes. 38f. – DERS., Die Herkunft einiger T.zeichen, Die Sterne 62, 1986, 159–163 – P. KUNITZSCH, The Arabs and the Stars, 1989 – Hermetis Trismegisti de triginta sex decanis, ed. S. FERABOLI, 1994 – W. HÜBNER, Grade und Gradbezirke der T.zeichen, 1995.

Tierkunde. Waren die Kirchenväter Ambrosius, Augustinus und Hieronymus noch im Besitz des naturkundl. Wissens der Spätantike, so blieb das frühe MA für Informationen über die Tiere auf sehr wenige Werke angewiesen. →Isidors Etymologien boten im 12. Buch nur stümperhafte etymolog. Ableitungen der Namen und wenige Eigenschaften der Tiere, welche →Hrabanus Maurus im

9. Jh. in »de universo« theol.-moralisierend auslegte. Wo wie in England die »Naturalis historia« des Plinius vorhanden war, etwa bei →Beda Venerabilis, wurde sie nicht nur für astronom.-meteorolog. Schriften wie »De natura rerum«, sondern auch für dessen exeget. Schriften herangezogen. Auch →Solinus bot in Verbindung mit der Geographie tierkundl. Informationen, meist nach Plinius. Ähnlich ging der außerdem noch kosmograph. Werke der Spätantike verwendende Gelehrte →Dicuil (1. Viertel 9. Jh.) in seinem »Liber de mensura orbis terrae« vor. Im 12. Jh. wuchs sich der →»Physiologus« aus dem 2. Jh. durch Aufnahme neuer Tiere und anderer Motive zu einem vielbenutzten Bestiarium aus. »De bestiis et aliis rebus« von →Hugo de Folieto spiegelt diesen Prozeß wider, indem man ihm nicht nur das Vogelbuch, den Aviarius, sondern auch zwei unterschiedl. erweiterte Physiologi als 2. und 3. Buch unterschob. Ein viertes Buch stellt in einer Art Lexikon »De proprietatibus et epithetis rerum« von 'Ablactatus' bis 'Vultur' die Eigenschaften v. a. der Naturgegenstände zusammen. Sowohl didakt. als auch religiöse Zielsetzung verfolgen Versifikationen etwa von Isidor wie »De naturis animalium« des →Konrad v. Mure (ca. 1255). Im 12. Jh. wurde im Zuge des vermehrten Interesses an der Natur Plinius erneut in aktualisierter, d. h. verkürzter Form verbreitet. Dieses läßt auch in Frankreich die anonyme Plinius-Epitome (MS 478 der Medizinschule in Montpellier) aus →Clairvaux erkennen. Im ersten Drittel des 13. Jh. entstanden zwei bemerkenswerte Werke zur Zoologie: 1. Das wahrscheinl. umfangreichere von ihnen wird von →Thomas v. Cantimpré als »Experimentator«, d. h. der 'Praktiker', vielfach exzerpiert. Es muß sich um eine Enzyklopädie, also um jene seit dem 13. Jh. v. a. für naturkundl. Wissen benutzte lit. Form, gehandelt haben. Ein in 12 Hss. erhaltenes, ebenso wie »De proprietatibus rerum« des →Bartholomaeus Anglicus mit einer Vorrede beginnendes Werk (Cum proprietates rerum...) ist nahezu mit dem »Experimentator« ident. Das nach den Zitaten zusätzl. Sondergut läßt sich teilweise noch in einer nur in einer Wolfenbütteler Hs. des 13. Jh. erhaltenen Kurzversion wiederfinden. 2. Der von Thomas als »Liber rerum« bezeichnete Text läßt neben etymolog. Vorliebe auch offenen Blick für das Aussehen der Tiere, z. B. die überwiegenden Farben ihrer Federn oder ihres Felles, sowie ihre Lebensweise erkennen. Dies schließt nicht aus, daß an diese Realien in Form eines Bibellexikons religiöse Deutungen geknüpft waren. Als früheste Enzyklopädie mit tierkundl. Inhalt kennen wir die beiden ersten Bücher von »De naturis rerum« des →Alexander Neckam († 1217) mit noch geringer Aristoteles-Rezeption. →Vinzenz v. Beauvais zitiert ihn im »Speculum naturale« aus der von ihm ebenso wie das Originalwerk Thomas I/II exzerpierten 3. Fassung der Naturenzyklopädie des Thomas v. Cantimpré. Deren Kompilator entnahm, wahrscheinl. um 1250 in Wien, seine Zitate aus Alexander und anderen Autoren aus einer noch unedierten naturkundl. Enzyklopädie aus England (Ps.-John Folsham, † 1317), welche in 3 Hss. in zwei unterschiedl. Fassungen und in einer Epitome des 13. Jh. vorliegt. →Arnoldus Saxos Enzyklopädie »De floribus rerum naturalium« ('floribus' Konjektur für 'finibus'; um 1230) ist überwiegend aus Zitaten aus den naturwiss. Werken des Aristoteles zusammengesetzt. Dafür, daß man einen Exkurs über die Natur des Hl. Landes erwartete, spricht um 1220, daß →Jakob v. Vitry († 1240) dieses Gebiet in den Kap. 84–93 seiner »Historia orientalis«, einer wichtigen Q. für Thomas v. Cantimpré, enzyklopädieartig behandelt hat. Dessen »de natura rerum« in 19–20 Büchern entstand ca. 1225/26–1241 und stellte die Tiere in alphabet. Reihenfolge in den einzelnen Gruppen (Vierfüßer, Vögel, Wassertiere, Fische, Schlangen und 'Würmer') ausführl. dar. Daraus zitieren sehr eingehend →Albertus Magnus in den Büchern 22–26 von »de animalibus«, worin er als krit. Denker viele Irrtümer z. T. mit eigenen Erfahrungen widerlegt, und →Vinzenz v. Beauvais. Um etwa ein Drittel verkürzt, aber anderswo, v. a. aus Ps.-John Folsham (s. o.) erweitert, wurde Thomas III in 16 Büchern zur wichtigen Vorlage für die dt. Bearbeitung (ca. 1348/50) des »Buches der Natur« des →Konrad v. Megenberg. Andere dt. Übersetzungen des 15. Jh. blieben wirkungslos. Zahlreiche lat. Traktate des MA über Tiere sind noch unerforscht und ungedruckt. Bis ins 15. Jh. hinein erscheinen, auf der Grundlage der älteren, neue naturkundl. Enzyklopädien als weitere, nicht sehr originelle Kompilationen von z. T. beachtl. Umfang, darunter die des Dominicus Bandini aus Arezzo (THORNDIKE, III, 560–567). Erst von den vierziger Jahren des 16. Jh. an zeichnen sich die lat. Traktate über Tiere durch nz. Geist aus.

Ch. Hünemörder

Q.: →Albertus Magnus, →Alexander Neckam, →Arnoldus Saxo, →Bartholomaeus Anglicus, →Dicuil, →Hrabanus Maurus, →Hugo de Folieto, →Isidor v. Sevilla, →Jakob v. Vitry, →Konrad v. Megenberg, →Konrad v. Mure, →Solinus, →Thomas v. Cantimpré – s. a. →Jagdtraktate – Thomas von Cantimpré, Liber de naturis rerum, Redaktion III (Thomas III), hg. B. K. VOLLMANN, 1992 – →Vincentius Bellovacensis, Speculum naturale, 1624 [Neudr. 1964] – *Lit.:* THORNDIKE III – B. VAN DEN ABEELE, La Litt. cynégétique (Typologie des Sources du MA Occidental, fasc. 75, 1996).

Tiermedizin

I. Allgemein – II. Wege der Überlieferung – III. Tierarzt – IV. Hippiatrik – V. Bedeutende Persönlichkeiten und Werke – VI. Die Einführung des Buchdrucks.

I. ALLGEMEIN: Infolge der großen soziokulturellen, ökonom., v. a. aber militär. Bedeutung des →Pferdes als Reit-, Zug- und Tragtier (s. a. →Saumtier) stehen im MA hippolog.-hippiatr. Texte quantitativ und qualitativ an erster Stelle. Tierärztl.-lit. vernachlässigt sind Wiederkäuer (Rind, Schaf, Ziege), Schwein und Hausgeflügel. Antikem Vorbild entsprechend finden sich diesbezügl. Kapitel in der Agrarlit., mit Beginn des Buchdrucks auch in der Hausväterlit. (→Agronomie). In Markt- und Metzgerordnungen (→Fleisch, Fleischer) sowie in Stadt- und Landrechten sind außerdem die Mängel von Schlachttieren und ihres Fleisches verzeichnet. Traktate zur Haltung, Zucht und med. Versorgung von →Falken und →Hunden finden sich v. a. im Rahmen der →Jagdlit.

II. WEGE DER ÜBERLIEFERUNG: Stark vereinfacht folgt die tierheilkundl. Lit. des europ. MA zwei großen Überlieferungssträngen: 1. Sie stellt sich zum einen als ein Q.konglomerat griech.-röm. Provenienz dar, das über byz. Kompilationen (Hippiatrika, →Geoponika), durch arab. und pers. Vermittlung oder durch unmittelbare Rezeption (Avicenna, Albertus Magnus) verarbeitet und sukzessive nicht nur in Griech. oder Latein, sondern ab der Mitte des 13. Jh. auch in den Landessprachen bekannt und partiell tradiert wird. Den antiken Fundus bilden dabei a) spätantike griech. Hippiater (Apsyrtos, Anatolios, Theomnestos, Hierokles etc.) und lat. Mulomedici (Pelagonius, »Chiron«, Vegetius), die die Basis der tierärztl. = pferdeärztl. Fachlit. im eigtl. Sinn schufen, und b) Kapitel naturenzyklopäd. (Aristoteles, Plinius), agrarkundl. (Cato, Varro, Celsus, Columella, Palladius) und med. Schriften (z. B. Celsus), in denen selbst wiederum vereinzelt Tierheilkundliches enthalten ist.

2. Zum anderen entsteht unter →Friedrich II., dessen Marescallus maior Jordanus Ruffus die Hippologie und

Hippiatrie spätantiker Prägung fortschrittl. weiterführt (s. Abschnitt V), mit dem Roßarzneibüchlein des Meister Albrant ein neuer, von antiken Vorlagen unabhängiger Zweig der hippiatr. Lit., der wirkungsgesch. die größte Bedeutung erlangte (Beginn der dt. Fachprosa). Die 36 knappen Heilanweisungen (u. a. Rotz, Hufleiden) sind von jegl. Theorie befreit und richten sich nicht an gelehrte Kreise wie Jordanus Ruffus, sondern an den Praktiker (Hufschmied, Kurschmied etc.). Durch Abschrift und Erweiterung entstehen im Laufe der Jahrhunderte Slg.en mit bis zu 1000 Rezepten. Übersetzt wurde Albrants Büchlein seit dem 15. Jh. u. a. ins Tschech. (mehrmals; erste Ausbreitung über Böhmen), Poln., Ung., Schwed. etc. und nicht zuletzt ins Lat. Es ist das am weitesten verbreitete pferdeheilkundl. Kompendium des späten MA und der frühen NZ. Die hippolog.-hippiatr. Texte in der Tradition der Antike (mit einer bislang nur durch byz. und arab. Lit. füllbaren Lücke zw. ca. 600 und 1250) und die in der Regel auf Indikation und Therapie reduzierten Roßarzneislg.en (mit einem mehr oder weniger großen Albrant-Kernbestand) beherrschen die tierärztl. Lit. bis ins 18. Jh.

III. TIERARZT: Der »Veterinär« des MA (und der NZ bis Ende des 18. Jh.) ist in erster Linie »Roß«arzt, wobei der Beruf kein akadem. Fachstudium kennt. Hauptträger der lit. und handwerkl. Wissensvermittlung sind Stallmeister (Marstaller) und Leiter von Reitschulen (insbes. Italiens). Die Zeit von ca. 1250 (Beginn mit Jordanus Ruffus) bis ca. 1750 (erste École vétérinaire in Lyon 1762) wird deshalb auch Stallmeisterzeit genannt. Kenntnisse werden im »Meister-Lehrlings-Verhältnis« durch mündl. und prakt. Unterweisung, durch Reisen, durch selbständige Tätigkeit in Marställen oder in eigener Praxis erworben. Die med. Versorgung der übrigen Haustiere obliegt in der Regel den einschlägigen Berufszweigen (Bauern, Hirten, Schäfer, Jäger, Falkner, Wasenmeister, Scharfrichter, Porkgelzer etc.). Das med. Konzept ist wie in der Humanmedizin die →Humoralpathologie.

Spanien beschreitet Ende des 15. Jh. einen eigenen Weg. Unter den →Katholischen Königen wird ein »Tribunal del Protoalbeiterato« als Examinationsbehörde für Schmiede (*herraderos*) und Tierärzte (*albeitares*) errichtet, das bis ins 19. Jh. tätig bleibt.

Berufsbezeichnungen sind in der Regel a) griech.-lat.: ἱππιατρός (daraus arab. baiṭar), (medicus) veterinarius, equarius medicus, mulomedicus, m. pecuarius, m. iumentarius; b) germ. Ursprungs: *marschalk, marschall, marescalcus;* c) dt.: *roßar(t)zt, p(f)erd(e)arz(e)t.* Gegen Ende des 14. Jh. wird lokal (v. a. Stadt- und Armeeroßarzt (Köln) und auf der anderen Ebene der T., bei den Schmieden, zw. Beschlag- und Kurschmied differenziert (Ulm). Im 15. Jh. wird die Hierarchie 1. Stallmeister, 2. Roßarzt und 3. Beschlag-, Kur-, Reitschmied berufsständ. mehr oder weniger manifest. Ab ca. 1535 ist auch *Vie(c)harzt* gebräuchlich. Davon abtrennbar, ist der *roßschauer* oder *viechteiler* als gerichtl. Sachverständiger tätig.

IV. HIPPIATRIK: In der Regel gehen nur die der antiken Tradition folgenden Texte inhaltl. ins Detail, wobei Pferdehaltung und -zucht (Hippologie) und Pferdeheilkunde (Hippiatrie) oft getrennt abgehandelt werden. Fast regelmäßig wird auf das ideale Exterieur der Pferde, (Zahn-)Altersbestimmung (bis hin zu Roßtäuschertricks), Bedeutung des Fiebers (= Infektionskrankheiten), Seuchen sowie auf allg. Therapiemethoden (v. a. Aderlaß, Brennen) eingegangen. Die Krankheiten werden meist »a capite ad calcem« und – mit Ausnahme der reinen Rezeptslg.en – nach dem klass. Schema Symptome, Diagnose, Differentialdiagnose, Ätiologie bzw. Pathogenese, Therapie (inkl. Arzneizubereitung) und Prognose beschrieben. Rezeptslg.en und Register schließen die Werke ab (z. T. mit Heilanweisungen für Rinder, Schafe, Ziegen und Schweine, im arab. Schrifttum auch für Kamele).

Die Palette der Krankheiten reicht von Erkrankungen der Haut (Räude, Satteldruck, Verletzungen), des Auges (Nachtblindheit, Leukom), der Extremitäten oder der Geschlechtsorgane bis hin zu schwer erkennbaren inneren Leiden (Dämpfigkeit) und insbes. Infektionskrankheiten (versch. Rotzformen, Druse), wobei Erkrankungen der Atemwege und verschiedene Formen der Kolik einen tierartspezif. breiten Raum einnehmen.

Die in der Spätantike begründete, hochstehende Semiologie und Diagnostik wird auf Marstallebene zwar fortgesetzt, mit Ausnahme der infolge des Hufbeschlags erweiterten Indikationen aber nicht innovativ ausgebaut. Neben allg. Untersuchungsmethoden werden auch spezielle Diagnoseverfahren angewandt (rektale Untersuchung, grobsinnl. Untersuchung von Nasenausfluß, Harn, Kot, Blut, Sperma, Punktaten). Zur Untersuchung und Behandlung werden die Pferde mitunter abgelegt oder im (seit Columella belegten) Notstand festgebunden. Bei den Schmieden und anderen Tierheilkundigen klaffen Theorie und Praxis hingegen zunehmend auseinander. Insbes. aus Mißverständnis der Humorallehre wird die Diagnostik immer stärker simplifiziert, was im Bereich der Prophylaxe und Therapie zur Durchführung sinnloser Operationen führt (routinemäßiger Aderlaß, Ballenstechen etc.).

Das Spektrum der pflanzl., tier. und mineral. Heilmittel erscheint unerschöpflich. Das Arzneiwissen ist trotz Polypragmasie in der Anwendung aber fundiert. Therapeut. Vorgehen und Arzneiwahl sind erstaunlich spezifiziert. So werden z. B. Ektoparasitosen mit Schwefel-, Quecksilber- oder Arsenikpräparaten und respirator. Erkrankungen mit pharmakohist. verifizierbaren Expectorantia, Bronchospasmolytika und Hustensedativa therapiert. Innerl. werden Arzneien über Futter und Trank oder durch Maul und Nüstern mittels Horn bzw. Trichter verabreicht. Klistiere sind ebenfalls gebräuchlich. Kauterisiert wird insbes. bei Lahmheiten und im Gelenkbereich. – V. a. in der Volkstierheilkunde ist die Therapie aber auch von Aberglauben und Magie durchsetzt (Zauberformeln, Notfeuer); Elemente der Dreckapotheke sind ebenfalls vorhanden. Der sog. »Zweite Merseburger Zauberspruch« (aufgezeichnet 10. Jh., gegen Beinverrenkung beim Pferd) gilt als ältester dt. Tiersegen. Auch Hufrehe-, Wurm-, Tritt- und Weidesegen sind bekannt. Der Situation in der Humananatomie vergleichbar (Andreas Vesalius) wird die Tier- = Pferdeanatomie erst durch Carlo Ruini (Anatomia del Cavallo, Venedig 1598) auf eine gesicherte wiss. Grundlage gestellt.

V. BEDEUTENDE PERSÖNLICHKEITEN UND WERKE: Die angebl. im Auftrag →Chosroes I. Anūširwān (Mitte 6. Jh.) angefertigte Pferdeheilkunde des Ipocras Indicus (I. = persisch?) wird auf Befehl Karls I. v. Anjou (1277) durch Moses v. Palermo aus einem bis jetzt unbekannten arab. Original ins Lat. übersetzt. – Die »Anatomia Cophonis« (→Copho) ist nicht für die T. geschrieben, sondern führt die auf dem Tiermodell basierende Anatomie des Galen zum Unterricht für Mediziner fort. – Die im Werk der →Hildegard v. Bingen angeführten Tierkrankheiten (Seuchen, Husten, etc.) lassen mangels spezif. Symptome in der Regel nur unsichere hist. Diagnosen zu (Physica, z. B. »schelmo« [IV, 4], »strengel« oder »heuptsichtum« [IX, 5]; Causae et curae, z. B. Arzneien für Schweine [IV].

– Die Pferdeheilkunde (»Marescalcia equorum«, »De cura equorum« et al.) des Jordanus Ruffus († nach Febr. 1256), »Imperialis Marescallus maior« von →Friedrich II., wird zum wiss. Standardwerk des SpätMA und der frühen NZ. Ruffus erweist sich als präziser Beobachter, kundiger Praktiker und guter Literaturkenner. Die Schrift ist method. klar gegliedert (1. Hippologie, 2. Hippiatrie, 3. Pferdebeurteilung). Sie verbreitet sich in zahlreichen lat. Fassungen und volkssprachl. Übers.en (it., siz., frz., katal., prov., dt.). Ein reich ill. Ms. (13. Jh., 66 Bilder, südit.) enthält der Codex 78 C 15 (Teil 1) des Berliner Kupferstichkabinetts. – Im Auftrag von Kg. →Manfred überträgt Bartholomäus v. Messina zw. 1260 und 1266 die Hierokles-Kapitel der griech. Hippiatrika unter dem Titel »Liber Hieroclis ad Bassum, De curatione equorum« ins Lat. Ob die Übers. der Epitome der Hippiatrika ins Lat. (später auch It.) ebenfalls sein Werk ist, bleibt zu überprüfen. – Der Einfluß der sich streng an Aristoteles anlehnenden »Tierkunde« (De animal. libri XXVI) des →Albertus Magnus auf die Entwicklung der T. (vgl. z. B. VII, 2, 2) wird im allg. überschätzt. Der »Tractatus de equis« (De anim. XXII, 55–93; 1408 erstmals ins Dt. übers.) fußt nicht auf Aristoteles, sondern auf einem anonymen »Liber de cura equorum«. – Der Chirurg und Bf. Teodorico dei →Borgognoni (Theodorich v. Cervia) beschreibt in seiner hauptsächl. aus Vegetius und Ruffus (s.o.) kompilierten »Practica equorum« (Teil III, Kap. 37) als Besonderheit die Anwendung von Bilsenkrautsamen zur Ruhigstellung von Pferden bei Operation. – U. a. wird diese Methodik in der »Marescalcia« des Laurentius Rusius (zw. 1320 und 1347 Hoftierarzt in Rom) weiter ausgebaut. Rusius' Schrift gilt weniger fachl. als vielmehr lit. als herausragendes Werk des 14. Jh. (ed. P. DELPRATO–L. BARBIERI, 2 Bde, 1867). – Etwa gleichzeitig entsteht in span. Sprache das reich bebilderte »Libro de menescalcia et de albeyteria et fisica de las bestias« von Johan Alvarez de Salamiella aus der Gascogne (Mitte 14. Jh.), eine Auftragsarbeit für den Gf.en Johan de Béarn. – Offenbar nur ein einziges Werk, der in Katal. geschriebene und 10 Kapitel umfassende »Tractat de les mules« von Mossén Manuel Dieç, Stallmeister unter Alfons V. v. Aragon († 1458), befaßt sich ausschließl. mit dem Maultier (Zucht, Haltung, Schulung, spezif. Krankheiten). – Neuere it. Studien bzw. Texteditionen haben bislang noch keine fachhist. Würdigung erfahren (D. TROLLI, Studi su antichi trattati di veterinaria, 1990; DIES., Hippiatria. Due trattati emiliani di mascalcia del sec. XV, L. BRUNORI CIANTI–L. CIANTI, La Pratica della Veterinaria nei Cod. Mediev. di Mascalcia, 1993, Abb.). – In der frz. Lit. stellte sich »La Chirurgie des Chevaux« eines anonymen Verf. des 14. Jh. als afrz. Fassung der »Albertusvorlage« heraus (K.-D. FISCHER, Würzburger med.hist. Forsch. 24, 1982, 235). Als fachl. Besonderheit wird die Kastration am stehenden Hengst beschrieben (ed. B. PRÉVOT–B. RIBÉMONT, Le cheval en France au MA, 1994, 349–428). – Die Pferdeheilkunde des Guillaume de Villiers (15. Jh.), die u. a. auf Ipocras und Ruffus fußt, ist wegen ihrer Kapitel über Augenkrankheiten bemerkenswert (POULLE-DRIEUX, 1994, 329–336). – In der Anglistik begann die Erforschung ma. Texte über Pferdeheilkunde erst Anfang der 70er Jahre mit der auszugsweisen Veröffentlichung des anonymen »Boke of Marchalsi« (A 15th Century Treatise on Horse-Breeding and Veterinary Medicine [MS Harley 6398], ed. B. ODENSTEDT, 1973). – Wie der bei Albertus Magnus überlieferte Pferdetext (s. o.) basiert ein aus dem 1. Viertel des 15. Jh. stammender spätma. Pferdetraktat (A Late ME Treatise on Horses [MS Sloane 2584], ed. A. CH. SVINHUFVUD, 1978) nicht auf Aristoteles, sondern auf einem anonymen »Liber de cura equorum«, von dem sich Reflexe auch bei Th. dei Borgognoni, Laurentius Rusius und Ps.-Lanfrancus finden. – In der arab. Lit. ragen vier Werke heraus: Das »Buch der Landwirtschaft« (Kitāb al-filāḥa) von Ibn al-ʿAwwām aus Sevilla (gest. 1206) (frz. Übers. J.-J. CLÉMENT-MULLET, 1864–67 [Nachdr. 1972]): Im 33. Kapitel sind insges. 111 Pferdekrankheiten, v. a. Hufleiden und Lahmheiten, nebst Therapie dokumentiert. In geringem Umfang werden auch Krankheiten von Rind, Kamel, Maultier und Esel abgehandelt. – Das »Buch über Pferdeheilkunde« (Kitāb al-baiṭara) von Ibn al-Aḥnaf (1209): Von 148 Blättern zeigen 37 Illustrationen von Pferde und deren Behandlung (FROEHNER, 1936). – Abū-Bakr b. Badr b. al-Munḏir (1339/40) verfaßte ein umfangreiches Werk, das sich u. a. durch Ausführungen über die Ethik tierärztl. Tätigkeit auszeichnet (Le Nâcérî, übers. M. PERRON, 3 Bde, 1852, 1859, 1860). – Das zweibändige »Buch über Pferdeheilkunde« (Kitāb al-baiṭara) von Al-Ṣāḥib Tāj al-Dīn (gest. 1307) ist fachhist. ebenfalls noch nicht genau analysiert (Book on Veterinary Medicine, Part I, ed. F. SEZGIN, 1984).

VI. DIE EINFÜHRUNG DES BUCHDRUCKS: Sie verhilft der Renaissance auch in der T. zum Durchbruch. Bald im Druck erscheint das umfangreiche agronom. Werk des →Petrus de Crescentiis, das sich in den hippiatr. Kapiteln stark an Ruffus anlehnt (Dt. »Nutz der Ding, die im Feld gebaut werden« Speyer, 1493). Laurentius Rusius' »Liber marescalcie« wird ab 1489 in Lat., ab 1533 in Frz. und ab 1543 in It. gedruckt. Die Pferdeheilkunde des Jordanus Ruffus erscheint in der it. Übers. von G. Bruno als »La cirogia delli cavalli« 1492 in Venedig. Die Renaissancelit. im eigtl. Sinn beginnt eher spät mit der ersten Ausgabe der Ars veterinaria oder Mulomedicina des Vegetius (Basel 1528). Die Hippiatrika-Slg. wird zunächst von Johannes Ruellius in Lat. (Paris 1530), dann von Simon Grynaeus in Griech. (Basel 1537) und nach Edd. in It. und Frz. schließlich von Gregor Zechendorffer auf der Basis der Ruelliusausgabe in Dt. herausgegeben (Roßartzney, Nürnberg 1575).

J. Schäffer/K.-D. Fischer

Lit.: zu [II,1]: Q. und Lit. zur spätantiken und byz. Lit.: →Geoponika – Claudii Hermeri Mulomedicina Chironis, ed. E. ODER, 1901 – P. Vegeti Renati Digestorum artis mulomedicinae libri, ed. E. LOMMATZSCH, 1903 [Neuausg. A. ÖNNERFORS, in Vorber.] – Corpus Hippiatricorum Graecorum, ed. E. ODER–C. HOPPE, I, 1924; II, 1927 – Palladii Rutilii Tauri Aemiliani opus..., ed. R. H. RODGERS, 1975 – Pelagonii ars veterinaria, ed. K.-D. FISCHER, 1980 – Zur Überlieferungsgesch.: G. BJÖRCK, Zum Corpus Hippiatricorum Graecorum, Uppsala Univ. Årsskrift 1932 (5), 1–91 – DERS., Griech. Pferdeheilkunde in arab. Überlieferung, Le Monde Oriental 30, 1936, 1–12 – A.-M. DOYEN, Les textes d'hippiatrie grecque, L'Antiquité Classique 50, 1981, 258–273 – DIES., Un manuel grec de médecine vétérin. [Diss. masch., Louvain-la-Neuve, 1983] – J. SCHÄFFER, Zur Semiotik und Diagnostik in der Pferdeheilkunde der Spätantike, Pferdeheilkunde 2, 1986, 139–166 – DERS., Das Corpus Hippiatricorum Graecorum – ein umstrittenes Erbe, SudArch 71, 1987, 217–229 – K.-D. FISCHER, Ancient Veterin. Medicine, Medizinhist. J. 23, 1988, 191–209 [Bibliogr.] – W. SACKMANN, Eine bisher unbekannte Hs. der Mulomedicina Chironis aus der Basler Univ.bibl., SudArch 77, 1993, 117–120 – K.-D. FISCHER, Flavius Vegetius Renatus, HLL, § 604.2 [im Dr.] – zu [II,2]: Q. und Lit. zur Albrant-Forschung: H. J. VERMEER (Fachlit. des MA [Fschr. G. Eis, hg. G. KEIL u. a., 1968]), 499–534 – Verf.-Lex.[2] VIII, 242–244, 704–705 [G. KEIL] – W. CROSSGROVE, Die dt. Sachlit. des MA, 1994, 79–81 – Veterinärhist. Übersichtsarbeiten: W. PERINO, Die Pferdearzneibücher des ausgehenden MA und der beginnenden NZ, 1958 – D. LUDVIK, Unters. zur spätma. dt. Fachprosa (Pferdebüchern, 1959) – S. OEHRL, Vergleichende Stud. zur altdt. Pferdeheilkunde, 1966 – zu [III]: R. FROEHNER, Materialien zu einer tierärztl. Standesgesch., Vet.-hist. Mitt. 4–7, 1924–27 – D. REICHELT, Herkunft und

Berufsbezeichnung, 1965 – J. N. ADAMS, Pelagonius and Latin Veterinary Terminology in the Roman Empire, 1995, 51–65.

[1] *Gesamtdarst.:* G. B. ERCOLANI, Ricerche storico-analitiche sugli scrittori di veterinaria, I, 1851, 294–452 – L. MOULÉ, Hist. de la Médecine Vétérin., Bull. de la Soc. Centr. de Médecine Vétérin., NS, T. 13, 1895, 376–489; T. 14, 1896, 628–664; T. 16, 1898, 545–564; T. 17, 1899, 326–473; T. 18, 1900, 44–64, 93–128, 168–192, 243–256, 285–298 – F. SMITH, The Early Hist. of Veterin. Lit. and its British Development, I, 1912–18, 38–122 – E. LECLAINCHE, Hist. de la Médecine Vétérin., 1936, 97–144 – R. FROEHNER, Kulturgesch. der Tierheilkunde, 2, 1954, 1–192 – E. LECLAINCHE, Hist. Illustrée de la Médecine Vétérin., T. 1, 1955, 145–198 – V. CHIODI, Storia della Veterinaria, 1957, 139–184 – W. WINDISCH, Titelbibliogr. der dt. sprachigen Veterinärhistorik (1900–57), 1957, 64–73 – J. F. SMITHCORS, Evolution of the Veterin. Art, 1965, 111–153 – G. BEAUJOUAN, Y. POULLE-DRIEUX, J.-M. DUREAU-LAPEYSSONNIE, Médecine humaine et vétérin. à la fin du MA, 1966 – SEZGIN 3, 341–380 – ULLMANN, Nat., 427–451 – D. KARASSZON, A Concise Hist. of Veterin. Medicine, 1988, 110–231 – R. H. DUNLOP–D. J. WILLIAMS, Veterin. Medicine, An Ill. Hist., 1996, 203–235 – *Biogr.:* G. W. SCHRADER–E. HERING, Biogr.-lit. Lex. der Thierärzte aller Zeiten und Länder..., 1863 [dazu: O. RITTER V. TROLL-OBERGFELL, Ergänzungen und Berichtigungen..., Beitr. Gesch. Vet.-Med. 3, 1940/41; 4, 1941/42; 5, 1942/43; 6, 1943/44; 7, 1944/45] – Tierheilkunde und Tierzucht, hg. V. STANG–D. WIRTH, 11 Bde, 1926–37 mit Index – Verf.-Lex.² IV, 308–311 [G. KEIL u.a.] – [2a] *Verschiedene Spezies und Sachgebiete (Diss.):* A. WERK, Die angebl. practica avium et equorum des Lanfrancus de Mediolano (14. Jh.), Giessen, 1909 – F. HAUPTMANN, Die Tierhaltung des dt. MA im Lichte des Sachsenspiegels, Leipzig, 1931 – W. HAUCKE, Die Tierheilkunde im mnd. Schrifttum, Berlin, 1930 – H. PITZL, Albertus Magnus. Tierforschung, Tierheilkundiges..., München, 1959 – A. HICKERTSEDER, Parasitenprobleme beim Haustier im MA und ihre wichtigsten Behandlungsverfahren, München, 1989 – S. JEDWILLAT, Eine hist. Studie zur Entwicklung der Kenntnis und Theorie der Tierseuchen sowie ihrer Bekämpfung unter Berücksichtigung der Gesetzgebung in der dt. sprachigen Raum vom MA bis zum Vorabend des Dreißigjährigen Krieges, Berlin, 1993 – [2b] *Verschiedene Spezies und Sachgebiete (Aufsätze):* R. FROEHNER, Tierheilkundl. in den naturwiss. Schriften der Hildegard v. Bingen, Vet.-hist. Mitt. 8 (6), 1928, 21–24; (7), 26–28 – W. RIECK, Veterinäres in vatikan. Urkk. (1316–1378), Berliner tierärztl. Wschr. 50 (25), 1934, 429–431 – R. FROEHNER, Die Krankheiten der Schweine, Hunde, Rinder, Esel, Elefanten bei Albertus v. Bollstädt, Vet.-hist. Mitt. 17 (11), 1937, 81–85; (12) 1937, 94–96 – G. STEGER, Berenschneider, Nonnenmacher, Pagenstecher, Wiener tierärztl. Monatsschr. 60 (4), 1973, 143–146 – [3a] *Pferdeheilkunde [Pf.] (Diss.):* E. DOLZ, Die Pf. des Bf.s Theodorich v. Cervia (Abh. I), Berlin, 1935/37 – G. KLÜTZ, Die Pf. des Bf.s Theodorich v. Cervia (Abh. II), Berlin, 1936 – W. HEINEMEYER, Die Pf. des Bf. Theodorich v. Cervia (Abh. III), Berlin, 1936 – L. SCHNIER, Die Pf. des Laurentius Rusius, Berlin, 1937 – W. WIEMES, Die Pf. des Albert v. Bollstädt, Berlin, 1938 – W. SCHWARTZ, Die Pf. des Johan Alvarez de Salamiella, Berlin, 1939/45 – L. SIMMET, Veit Hündlers Roßarzneibuch, München, 1955 – P. HUFENDIEK, Altit. Pferdeheilkunst des Augustinus Ballugantes, Hannover, 1961 – O. BEDERKE, Liber de cura equorum, Hannover, 1962 – D. SCHMITT, Pferdeheilkundl. Bearb. von Albertus Magnus, Jordanus Ruffus und Meister Albrant im Heidelberger Cod. palat. germ. 408, Hannover, 1965 – G. SPONER, Die Pf. des Ipocras Indicus, Hannover, 1966 – E. ROSENTHAL, Die Pf. des Ubertus de Curtenova, Hannover, 1969 – F.-G. HEDICKE, Stud. zur altit. Pf. des Magisters Joanne Facio Patarino da Amendolara (1474), Hannover, 1971 – M. DECKER, Stud. zu Julians Barnes Jagdbuch »Boke of Huntyng« und zum anonymen Pferdeheilbuch »Boke of Marchalsi« (MS Harley 6398), Hannover, 1974 – M. GÜNSTER, Stud. zu der vom Magister Bartholomäus de Messina durchgeführten lat. Übertragung der griech. Hippiatrica-Kapitel des Hierocles, Hannover, 1974 – G. BEICHELE, Die Entwicklung der Osteologie des Pferdes in der Stallmeisterzeit, München, 1979 – G. SCHREIBER, Ein Beitr. zur Kenntnis des ma. Pferdes, Berlin, 1979 – TH. HIEPE, Das »Buch über die Stallmeisterei der Pferde« von Jordanus Ruffus aus dem 13. Jh., München, 1990 – E. SHIRZADIAN, »Farasnameh«. Ein pers. Text über Pf. aus dem 11.–13. Jh., München 1991 – [3b] *Pferdeheilkunde [Pf.] (Aufsätze):* R. FROEHNER, Die Tierheilkunde des Ibn al-Awam, Vet.-hist. Mitt. 10, 1930, 25–58 – DERS., Die Tierheilkunde des Abu Bekr ibn Bedr, Vet.-hist. Jb. 4, 1931, 1–150 – DERS., Die Pf. des Ahmad ibn Hasan ibn al-Ahnaf (1209), Hauptner Instrumente, Katalognachtr. 1936, 39–56 – W. RIECK, Zur Pathologie der Pferdeseuchen im MA (Fachlit. des MA [Fschr. G. EIS, hg. G. KEIL u.a., 1968]), 277–292 – J. ZAHLTEN, Die »Hippiatria« des Jordanus Ruffus, AK 53, 1971, 20–52 – J. BOESSNECK, Roßarzneibücher aus der Stallmeisterzeit als Q. der Volkstierheilkunde, Ethnomed. V (3/4), 1978/79, 481–487 – K.-D. FISCHER–J. A. M. SONDERKAMP, Ein byz. Text zur Altersbestimmung von Pferden, SudArch 64, 1980, 55–68 – K.-D. FISCHER, Zum Cod. 78 C 15 des Berliner Kupferstichkab., MJb 15, 1980, 155–161 – DERS., Zur Erstveröffentlichung einer spätme. Pf. (aus Ms. Sloane 2584), Würzburger med. hist. Forsch. 24, 1982, 221–238 – DERS., Moses of Palermo (28ᵉ Congrès Int. d'Hist. de la Méd., Paris 1982, Bd. I, 1983), 278–281 – Verf.-Lex.² V, 752–756 [G. KEIL] – W. SCHWARTZ, Das Multierbüchlein des Mossén Manuel Dieç (XV. Jh.), Tierärztl. Umschau 41 (6), 1986, 417–423 – J.-L. GAULIN, Giordano Ruffo et l'art vétérin., Micrologus 2, 1994, 185–198 – Y. POULLE-DRIEUX, Pratique de l'hippiatrie à la fin du MA (Comprendre et maîtriser la nature au MA, Fschr. BEAUJOUAN, 1994), 329–336 – [4] *Rind:* H. SCHLAPPINGER, Curae boum ex Corpore Gargili Martialis, Beitr. Gesch. Vet.-Med. 2, 1939/40, 65–74 – M. HORZINEK, Die bujatr. Rezepte des Cod. Vindob. 3463 [Diss. Hannover 1962] – A. BECKER, Altit. Buiatrik im MS XII E 26 [Diss. Gießen 1986] – K.-D. FISCHER, Gargilius Martialis, HLL, § 452.1 [im Dr.] – [5] *Schwein:* G. A. GACH, Die Finnigkeit des Schweinefleisches in hist. Beleuchtung, Vet.-hist. Jb. 2, 1926, 65–98 – K. SUDHOFF, Die erste Tieranatomie von Salerno und ein neuer salernitan. Anatomietext, AGNT 10 (NF I, 1927/28), 1928, 136–154 – G. W. CORNER, Anatomical Texts of the Earlier MA ..., 1927 – J. SCHÄFFER, »porci habent squinantiam« (Ibn Sina) – Ein Beitr. zur Gesch. der Schweineheilkunde im MA, Dt. tierärztl. Wochenschr. 100, 1993, 211–218 – DERS., »Sweme sine swin siech sint...« (der sassen speyghel, Bd. 2, hg. M. FANSA, 1995), 189–201 – [6] *Beizvögel:* →Beizjagd, →Beizvögel, →Falkentraktate – B. VAN DEN ABEELE, La fauconnerie au MA, 1994 – DERS., Illustrer une thérapeutique des oiseaux de chasse: les mss. enluminés du Moamin latin (Comprendre et maîtriser la nature au MA, Fschr. G. BEAUJOUAN, 1994), 557–577 – [7] *Hund:* →Jagdhunde, →Jagdtraktate – Kynosophion des Demetrios Pepagomenos (Aeliani varia historia etc., ed. R. HERCHER, 1866), 587–599 – H. TJERNELD, Moamin et Ghatrif: Traités de Fauconnerie et des Chiens de Chasse, 1945 – H. MATTHEIS, Die Hundesheilkunde des Moamin [Diss. Hannover 1967] – P. ASSION, Altdt. Fachlit., 1973, Tiere und Jagd, 121ff. – G. BISE, Das Buch von der Jagd von Gaston Phoebus, Comte de Foix, 1978 [bes. Kap. 16] – K.-D. FISCHER, Alcon sive de cura canum venaticorum. Krit. Textausg., Humanist. Lovan. 32, 1983, 266–288.

Tierornamentik bei Germanen und Reiternomaden in Spätantike und frühem Mittelalter.

I. Die germanischen Tierstile I–III – II. Der sog. anglo-karolingische Tierstil – III. Die Tierornamentik bei den Goten – IV. Das Tierornament bei den Hunnen – V. Die Tierornamentik bei den Avaren.

I. DIE GERMANISCHEN TIERSTILE I–III: Der germ. Welt war die Verwendung des Bildes seit alters her wesenhaft fremd, so auch die des Tieres; wurde das Abbild dennoch als Teil der geistig-religiösen Vorstellung Gegenstand künstler. Ausdrucksvermögens, so war dies stets mit einem Rezeptionsvorgang aus dem hochkulturlich-mediterranen Bereich verbunden. Dies gilt schon für das erste kurze und folgenlose Intermezzo bei den kaiserzeitl. Germanen des 3. Jh.: Aus dem durch röm. Importe vermittelten Bildangebot erfolgte eine sehr spezifische, vermutlich auf die germ. Götterwelt bezogene Motivauswahl mit Eber, Bock, Wolf und Hund als Tiersigna, die im Sinne der figürl. Darstellungsweise als Ganzfiguren abgebildet wurden.

Ganz anders verhält es sich mit dem neuerl. Rezeptionsvorgang in der Zeit um 400 bzw. zu Anfang des 5. Jh., mit dem das ausgelöst wurde, was dann als Stile I–III der »germ. T.« nach B. SALIN (1904) zu einem festen Begriff in der Nomenklatur von Archäologie und Kunstgeschichte wurde und die germ. Kunst während des gesamten Früh-MA außerordentl. exklusiv kennzeichnete: Im Gegensatz zum figürl. Abbild des Tieres im 3. Jh. wurde dieses nun figürlich-linear, als weitestgehend abstrakt, wiedergegeben. Wiederum ist es das röm. Kunstgewerbe mit seinen

Bildvorlagen, das zur Ausbildung von Stil I bei den Germanen führte, klar faßbar an den spätröm. kerbschnittverzierten Metallgürteln mit meist randlich applizierten naturalist. dargestellten Tieren in Form von Vierfüßlern, von Meerestieren und Mischwesen. Diese Militärgürtel wurden auch von germ. Soldaten in reichsröm. Diensten getragen, die in ihre rechtsrhein. Heimatgebiete zurückkehrten; auf diese Weise, also durch personale Mobilität, gelangten die röm. Tierbilder in die germ. Stammesgebiete. Ihre zunächst noch und kurze Zeit weitgehend getreue Übernahme – v. a. der Seewesen – durch germ. Künstler an Trachtzubehör (Fibeln) und Waffen (Ortbänder) erfolgte im s. Skandinavien im sog. Nordseekreis spätestens zu Beginn des 5. Jh., was stilist. als Nydam-Stil bezeichnet wird; auf dessen Grundlage kam es hier zur Herausbildung des Stiles I der germ. T. im letzten Viertel des 5. Jh., verbunden mit einer grundlegenden Änderung der Darstellungstechnik: Die in der Transformationsphase (Nydam-Stil) entsprechend den röm. Vorbildern noch rundplast. modellierten (und randl. applizierten) Tierkörper wurden nun flacher dargestellt und bedeckten die platten Innenfelder der Ornamentträger (meist →Fibeln); die Tiergestalten sind mit einer sog. Konturlinie umgeben. Das kennzeichnende grundsätzl. Merkmal von Stil I ist aber die additive Komposition, d. h. die Tierfiguren setzen sich aus klar voneinander getrennten Einzelteilen zusammen; erst das Erkennen dieser einzelnen Körperteile macht das auf den ersten Blick nicht mehr klar identifizierbare Tier als Ganzes verstehbar, sozusagen lesbar mit Kopf, Leib sowie mit Vorder- und Hinterbein mit Fuß und Zehen. Stil I wird in vier zeitl. kaum divergierende »Stilphasen« A–D gegliedert (HASELOFF, 1981) mit unterschiedl. regionalen Schwerpunkten; diese sind insofern von Bedeutung, als von ihnen die unterschiedl. Rezeption des Stiles I auf dem Kontinent abhängt: Die im Nordseeraum verbreitete Stilphase I D wurde bei den →Alamannen in der Mitte des 6. Jh. übernommen und die Stilphase I B aus dem Ostseeraum bei den →Langobarden in Pannonien; dem Rezeptionsvorgang ging jeweils eine 'Experimentierphase' voraus, indem man skand. Originale, die auf den Kontinent gelangt waren, kopierte, bis der fremde Tierstil dann von den alamann. und langob. Goldschmieden voll verstanden und somit eigenständig verarbeitet werden konnte; im frk. Stammesgebiet ist – von einem weitgehend kurzfristigen Intermezzo in der Zeit um 500 abgesehen – dieser Rezeptionsvorgang nicht gelungen.

Daß Stil I nur bei Alamannen und Langobarden eigenständig rezipiert und heimisch wurde, beweist auch die Tatsache, daß die Transformation von Stil I zu Stil II nur bei ihnen möglich war; bereits zur Zeit von Stil I gelangten mediterrane Kunstströmungen nach Norden, v. a. die →Flechtbandornamentik. Wiederum ist es also der mediterrane Raum, der stilbildend auf die germ. T. einwirkte, d. h. Stil II entwickelte sich nicht 'zwangsläufig' genetisch aus Stil I. Der germ. Tierstil II entstand somit aus dem Aufeinandertreffen von zwei völlig unterschiedl. Ornamentformen, dem Tierstil I und der mediterranen Flechtbandornamentik; dadurch, daß die klass. mediterrane Flechtbandkomposition den neuen Stil bestimmt, ist Stil II nichts wesenhaft anderes als ein zoomorphisierter Flechtbandstil. Er bildete sich vermutl. zuerst bei den Alamannen aus; die im entwickelten Stil I bereits bandförmig 'konstruierten' Tiere wurden im Stil II nun bis zur weitgehenden Auflösung ihrer Körperlichkeit verlängert; das Besondere und Neue an Stil II liegt also auch darin, daß auf die Wiedergabe des gesamten Tieres mit allen seinen Körperteilen, wie zuvor im Stil I, verzichtet wurde, das

Tier als Ganzes nicht mehr wichtig ist. Auf funktional unterschiedl. Ornamentträgern (Trachtzubehör, Waffen, Reitzubehör) und in unterschiedl. Techniken (im 7. Jh. auf Tauschier- und Preßblecharbeiten) bleibt Stil II das kennzeichnende 'Ornament' bei Alamannen, Bajuwaren und Langobarden in Italien, ebenso gelangte er ins ags. England und war auch im frk. Stammesgebiet weit verbreitet. In der 2. Hälfte des 7. Jh. hatte sich Stil II 'überlebt', d. h. die Tiere sind mit ihren zuletzt noch fadenartigen Gebilden so stark stilisiert, daß sie als solche meist nur noch an ihren Köpfen erkennbar sind.

Anders verlief die Tierstilentwicklung im Ursprungsgebiet des germ. Tierstils, in Skandinavien; hier ging sein Bedeutungsinhalt nicht verloren, d. h. Stil II blieb wesenhaft bis zum Ende des 7. Jh. unverändert (mit den Stilphasen der Vendelstile A–D). Unter dem Einfluß des auch mediterran geprägten insularen Kunstkreises bzw. unter starker Einwirkung des auf dem Kontinent verbreiteten sog. anglo-karol. Tierstiles (II) entstand der Stil III (Vendelstile D–F) des 8. Jh. mit nun wieder das Gesamthafte des Tieres stärker betonenden langen bandförmigen und elegant geschwungenen Körpern; sie bilden den Höhepunkt der germ. T. des frühen MA. Auf Stil III folgen ab dem späten 8. Jh. die skand. Kunststile der Wikingerzeit.

Die inhaltl. Deutung der T. ist nach wie vor eines der schwierigsten Probleme frühma. Kunstbetrachtung; wenn überhaupt, so vermittelt die Rezeptionsgeschichte von Stil I nach röm. Vorbildern noch die besten Hinweise (s. o.); es fällt auf, daß aus dem großen röm. Motivangebot nur eine sehr spezif. Auswahl getroffen wurde: Raubvogel, Eber, Schlange und nicht identifizierbare Vierfüßler. Man wählte somit wohl das aus, was – wie schon bei den Germanen des 3. Jh. – mit bestimmten, vermutl. religiös relevanten Bedeutungsinhalten verbunden war; in diese Richtung weisen insbes. die Mensch-Tier-Mischwesen. Das mächtige, gefürchtete und verehrte Tier nahm als Tiersignum dann eine Mittlerrolle zw. dem Menschen und dem Sakralen ein. Diese so verstandene Tiersymbolik verlor – jedenfalls auf dem Kontinent – mit Stil II im 7. Jh. bei schon weit fortgeschrittener Christianisierung ihren Bedeutungsinhalt im Sinne von Mensch-Tier-Glaubensvorstellungen und dürfte nur noch ornamental verstanden worden sein.

II. DER SOG. ANGLO-KAROLINGISCHE TIERSTIL: Eine neuartige T. begegnet auf dem Kontinent erst wieder in der 1. Hälfte des 8. Jh. nach mindestens einem halben Jh. einer tierornamentlosen Zeit; dieser Tierstil – u. a. auch als Tassilo-Kelch-Stil bezeichnet – hat seinen Ursprung in der insularen Kunst im letzten Viertel des 7. Jh. Dort (Irland/Northumbrien) bildete sich auf der Grundlage von Stil II unter Hinzunahme von kennzeichnend kelt.-ir. Stilzügen (Nackenschopf, entenartige Köpfe mit langen Kiefern und spiralartigen Einrollungen, Schenkelspirale, flechtwerkartige Ausbildung des Schwanzes und die S-förmig geschwungene Komposition des Tierkörpers) und unter mediterranem Einfluß in Northumbrien (vergleichsweise naturnahe Wiedergabe des Tieres; Pflanzenornament) ein neuer Tierstil heraus. Liturg. Gerätschaften mit dieser T. gelangten durch dingl. und personale Mobilität auf dem Hintergrund der ags. Mission in der Zeit um 700 und in der 1. Hälfte des 8. Jh. auf den Kontinent (→Willibrord und →Bonifatius), wo der Stil nur unwesentl. umgeprägt wurde; dieses vergleichsweise naturalist. Tierornament erscheint in zwei Stilrichtungen, zum einen mit einem Bandwerk überzogen, das – von den Tierkörperteilen ausgehend (Zunge, Schwanz, Nackenschopf) – noch organ. zum Tier gehört und zum anderen von einem Linien-

bzw. Netzwerk bedeckt, das keinen organ. Zusammenhang mit dem Tier mehr aufweist und vegetabile Züge trägt. Vom Kontinent sind rund 100 Denkmäler im anglo-karol. Tierstil bekannt: Gegenstände sakralen Charakters (darunter der →Tassilo-Kelch und der ältere Lindauer Buchdeckel) und profane Ornamentträger (Schmuck, Reitzubehör, Waffen, Trachtzubehör, meist in Form von Riemenzungen); sie sind verbreitet in den Kerngebieten des Karolingerreiches, wegen der Beigabenlosigkeit der Gräber als Einzel- bzw. Streu- und Flußfunde (soweit sie nicht aus Kirchenschätzen stammen) und in dessen n. Randgebieten bei den heidn. Sachsen und Friesen noch aus Grabfunden, allesamt aber bezeichnenderweise ö. der germ.-roman. Sprachgrenze. Mit dem hist. datierten Tassilo-Kelch (768/769 bzw. 70er Jahre des 8. Jh.) ist der anglo-karol. Tierstil noch bis in das letzte Drittel des 8. Jh. nachgewiesen. Gegen Ende des 8. Jh. erscheinen mit der karol. Renovatio völlig neue und andersartige Kunstströmungen, in denen das Tierornament germ. Prägung auf dem Kontinent endgültig bedeutungslos wurde (weitestgehend nur noch in Hss., weiterhin mit Stilbezügen zur insularen T. und zum anglo-karol. Tierstil). Erst in der Romanik lebt das Tierornament wieder auf.

III. Die Tierornamentik bei den Goten: Als einzige der germ. Großstämme haben die →Goten die Tierstile I und II nicht übernommen; dies hat sicherl. chronol.-regionale Gründe: Ihre Siedelgebiete lagen weit ab von den Rezeptionsräumen von Stil I auf dem Kontinent (→Westgoten im tolosanischen Bereich und in Spanien und →Ostgoten in Italien). Das einzige zoomorphe Motiv bei den Goten, insbes. bei den Ostgoten, war das Adlermotiv, das als Ganzbild in Gestalt von Adlerfibeln und randlich an weibl. Trachtzubehör (Gürtelschnallen) begegnet sowie stereotyp in verkürzter Form mit Adlerköpfen (pars pro toto) an letzterem (Fibeln und Gürtelschnallen). Mit alt tradierten religiösen Vorstellungen scheint das Abbild des Adlers nicht verbunden zu sein, da es in den kaiserzeitl. Stammesgebieten der Goten nicht belegt ist; es erscheint erst in der ersten Hälfte des 5. Jh., als die Ostgoten unter fremder Herrschaft lebten. Man darf daher annehmen, daß die Ostgoten das Adlermotiv aus der reiternomad.-hunn. Welt übernahmen.

IV. Das Tierornament bei den Hunnen: Das dominierende zoomorphe Motiv in der hunn.-reiternomad. Kunst ist die Adlersymbolik; sie hat ihren Ursprung in Innerasien. Von dort brachten sie die Hunnen bei ihrer Westexpansion (375) in die Herrschaftsgebiete an unterer und mittlerer Donau mit (bis 456). Hier wie dort wurde der Adler jedoch nur höchst selten als Ganzbild wiedergegeben, sondern regelhaft nur als pars pro toto auf höchst unterschiedl. Weise; als Raubvogelköpfe an Diademen, an Trachtzubehör (Gürtelschnallen, Riemenzungen) und an Waffen sowie als gefiedertes Muster an Sattelblechen, wiederum an Waffen und v.a. an den Goldblechen von Funeralbögen. Im innerasiat. Herkunftsraum der Reiternomaden findet sich das Adlerbild auch am sog. Weltenbaum; dies deutete darauf hin, daß die mag. Adlersymbolik Teil schamanist. Glaubensvorstellungen war.

V. Die Tierornamentik bei den Avaren: Der vielteilige Gürtel kennzeichnet die avar. Männertracht seit den ersten Auftreten dieser Reiternomaden im Mitteldonaubecken (568); diese spezif. Gürtelmode ist somit innerasiat. Ursprungs. In der Früh- und Mittelavarenzeit (2. Hälfte des 6.-letztes Viertel des 7. Jh.) bestehen die Beschlagteile des sog. Nomadengürtels aus gepreßtem oder glattem Blech; erst mit dem Beginn der Spätavarenzeit (letztes Drittel des 7. und 8. Jh.) wird der Gürtelbesatz des weiterhin vielteiligen Gürtels nun in Gußtechnik hergestellt (sog. gegossene Bronzeindustrie), ausnahmslos verziert mit vegetabilen Mustern (Ranken) und insbes. mit dem Abbild des Greifen; er erscheint als ein Mischwesen aus Löwenleib mit Adlerkopf und Adlerflügeln. Die wichtige Herleitung dieses Greifenbildes ist in der Forschung von alters her umstritten und damit auch dessen symbol. Bedeutung. Die ung. Forschung leitet die avar. figuralen Darstellungen, insbes. den Greif, genuin aus der Kunst der Steppenvölker ab und verbindet somit auch die gegossenen 'Greifen-Rankengürtel' mit einer innerasiat. Zuwandererwelle ins Avarenreich. Eine andere Theorie sieht im Adlergreifen das »Heilsbild« der Avaren, welches von den →Sāsāniden übernommen worden sei unter direkter Anlehnung an den Pfauendrachen (»Senmurw«). Diese Herleitungsversuche überzeugen aus unterschiedl. Gründen nicht; der pflanzl. Dekor und der Greif dürften sehr wahrscheinl. aus dem Motivrepertoire der mediterran-byz. Kunst entlehnt worden sein. Hierfür spricht, daß die Abbildung des Greifen bei den Avaren nicht erst mit den gegossenen spätavar. Garnituren erstmals aufscheint, sondern spätestens bereits auf Gürtelzubehör aus Preßblech aus der späten Frühavarenzeit und der Mittelavarenzeit (ca. 620–670/680); dies ist zudem jene Periode in der avar. Kunst, die am stärksten mit direkten und indirekten Einwirkungen durch Byzanz geprägt ist, v.a. kenntl. in der Frauentracht und im Schmuck.

V. Bierbrauer

Lit.: Enc. arte mediev. II, 1992, 15–21 [G. Haseloff] – B. Salin, Die altgerm. Thierornamentik, 1904, 1935[2] – G. Haseloff, Der Tassilo-Kelch, 1951 – J. Werner, Beitr. zur Archäologie des Attila-Reiches, 1956 – G. Haseloff, Der Silberbecher aus der Regnitz bei Pettstatt, Landkrs. Bamberg, Jahresber. Bayr. Bodendenkmalpfl. 17/18, 1970/77, 132–177 – V. Bierbrauer, Die ostgot. Grab- und Schatzfunde in Italien, 1975 – G. Haseloff, Die germ. T. der Völkerwanderungszeit. Stud. zu Salin's Stil I, 3 Bde, 1981 – E. Bakka, Westeurop. und nord. T. im überregionalen Stil III, Stud. zur Sachsenforsch. 4, 1983, 1–56 – G. Haseloff, Stand der Forsch.: Stilgesch. Völkerwanderungs- und Merowingerzeit (Fschr. T. Sjovold, 1984), 109–124 – F. Daim, Der awar. Greif und die byz. Antike (Typen der Ethnogenese unter bes. Berücksichtigung der Bayern, hg. H. Friesinger–F. Daim, Bd. 2, Symposium Zwettl 1986 [1990]), 273–303.

Tierpark → Wildgehege

Tierprozesse (-strafen). Es handelt sich um gerichtl. Verfahren gegen Tiere, die wie Menschen wegen einer Missetat strafrechtl. zur Verantwortung gezogen wurden. Von den T.n sind Fälle zu unterscheiden, in denen aus rechtsrituellen Gründen Tiere bei der Hinrichtung eines zum Tode verurteilten Menschen vernichtet worden sind, so z. B. das Mithängen von Hunden, das Mitertränken bei der Strafe des »Säckens« oder bei der Sodomie das Mitverbrennen des zur →Unzucht mißbrauchten Tieres. Auch die im christl. Aber- und Dämonenglauben begründeten ma. Tierbannungen gehören nicht zu den T.n. Diese begriffl. Eingrenzung vorausgesetzt, sind T. zwar für die griech. und nach einer umstrittenen Ansicht auch für die röm. Frühantike bezeugt, nicht aber für die germ. und frühma. Epoche. Erst im 13. Jh. kommen sie in Frankreich erneut auf und breiten sich von da an allmähl. über ganz Westeuropa aus. Insgesamt geht es um Verfahren, in denen u.a. Haustiere wie Rinder und Schweine wegen begangener Verletzungen angeklagt und nach entsprechender Verurteilung gehängt, erwürgt, lebendig begraben, verbrannt, erschlagen, enthauptet, ertränkt oder verstümmelt worden sind. – Schwierig und noch keineswegs gelöst ist die Frage, welches die Ursachen für die T. des SpätMA gewesen sind. Sicher dürfte sein, daß sie, anders als in der Frühantike, weder rein sakraler Natur waren noch in der Anerkennung des Tieres als einem selbstverantwortl. handelnden Genossen des Menschen wurzelten. Die Entstehungsgründe dürften statt dessen in einer christl.-religiösen (Ex 21, 28), mit aber- und wundergläubigen Elementen versetzten Weltanschauung zu suchen sein. W. Sellert

Lit.: HRG V, 237ff. – K. v. Amira, Tierstrafen und T., MIÖG 12, 1891, 545ff. – E. P. Evans, The Criminal Prosecution and Capital Punishment of Animals, 1906 – H. A. Berkenhoff, Tierstrafe, Tierbannung und rechtsrituelle Tötung im MA, 1937 – H. Thoma, Ein Gottesgericht an Tieren, ZRGGermAbt 70, 1953, 325–329 – W. Sellert, Das Tier in der abendländ. Rechtsauffassung (Studium generale, Vorträge zum Thema Mensch und Tier, Tierärztl. Hochschule Hannover, 1984), 6–84.

Tierschaden. Nach einer bestimmten ma. Rechtsvorstellung sind Tiere, die einen Schaden verursacht hatten, bestraft worden (→Tierprozesse, -strafen). Im übrigen ging es um die Frage, ob und wer für den T. haften sollte (Tierhalterhaftung). Bereits das röm. Recht hatte hier differenzierte Regelungen entwickelt und Haftungsbegrenzungen bestimmt (D. 9, 1, 1). Auch die sog. Stammesrechte der germ.-frk. Zeit regelten Tatbestände der Tierhalterhaftung. Schadensersatzpflichtig war grundsätzl. der »Herr« des Tieres. Davon gab es allerdings Ausnahmen, so z. B. wenn er das Verhalten des Tieres nicht zu steuern vermochte, weil er es vermietet oder verliehen hatte (Edictus Rothari 327). Gleiches galt, wenn er eidl. versicherte, daß er die Bösartigkeit des Tieres nicht gekannt und folglich mit einer Schädigung nicht zu rechnen gebrauchen hatte (Lex Burgundionum 18. 1). Zum Teil recht unterschiedl. war die Ersatzleistung geregelt. Überwiegend konnte sie durch Überlassung des Tieres an den Geschädigten oder dessen Sippe, aber auch durch Zahlung eines »Manngeldes« abgegolten werden.

Folgt man dem sächs. Recht, so hat sich im MA die Tierhalterhaftung nicht wesentl. verändert (Ssp. Ldr. 40, 1–5). Wiederum war es der »Herr«, der für den T. haftete, es sei denn, er hatte die Aufsicht über das Tier einem anderen übertragen. Befreiung von einer Ersatzleistung in Geld war möglich, wenn das Tier dem Verletzten zur Abgeltung des Schadens überlassen wurde. Neuerungen in der Tierhalterhaftung ergaben sich mit der Aufnahme röm.-kanon. Rechts in Dtl. (→Röm. Recht, Rezeption). Teils wurden dessen Regelungen angenommen, ohne die alten ganz aufzugeben, teils wurden aber auch die herkömml. Haftungstatbestände mit den wiss. Methoden des fremden Rechts umgeformt und verfeinert. Trotz aller partikularrechtl. Besonderheiten wurde überall versucht, den für den T. Verantwortl. genauer zu bestimmen und die Voraussetzungen der Tierhalterhaftung präziser zu regeln. W. Sellert

Lit.: HRG V, 231–237 – H. Isay, Die Verantwortlichkeit des Eigenthümers für seine Thiere, JherJb. 39, 1898, 209–322 – O. Behrens, Die Haftung für Tierschäden in ihrer geschichtl. Entwicklung [Diss. Göttingen 1906] – K. Fath, Die Haftung für Tiere nach röm. Recht, älterem dt. Recht und nach dem Bürgerl. Gesetzbuch [Diss. Heidelberg 1906] – W. Sellert, Das Tier in der abendländ. Rechtsauffassung (Studium generale, Vorträge zum Thema Mensch und Tier, Tierärztl. Hochschule Hannover, 1984), 6–84 – A. Laufs, Das Tier im alten dt. Recht (Forsch. zur Rechtsarchäologie und rechtl. VK 7, 1985), 109–129.

Tiersymbolik

I. Quellen – II. Vorgehensweise und Wirkungsbereiche.

I. Quellen: Die ma. T. hat verschiedene Wurzeln. Einige Symbolträger entstammen der antiken Kultur (z. B. →Phönix und →Kentaur). Die Zahl der symbol. Tiere wird im christl. Kontext erhebl. gesteigert. Die Mehrheit stammt aus drei Texttraditionen, die sich gewissermaßen wechselseitig beeinflussen.

1. Die in der Bibel vorkommenden Tiere werden im MA immer wieder in Betracht gezogen. Genesiskommentare, wie das Hexaemeron des →Basilius und mehr noch sein lat. Nachfolger, die 'Homeliae super Hexaemeron' des Ambrosius, bilden eine wichtige Q. Andere Bibelkomm.e, wie die 'Moralia in Job' Gregors d. Gr., tragen auch zur T. bei. Im HochMA kommen dazu die in die 'Glossa ordinaria' und weitere Hilfsmittel zur Bibelexegese eingeflossenen Tierallegoresen. Als bibl. Symboltiere sind bes. hervorzuheben: Hirsch, Lamm (→Agnus Dei), Tiere des →Tetramorph (→Adler, Löwe, Stier), →Taube, usw.

2. Die Gattung des →Physiologus und der späteren →Bestiarien bildet ein spezif. Schrifttum zur geistl. Deutung der Tierwelt. Seit dem Eingang des gr. Physiologus in den lat. Westen (4. Jh.) ist dieser Text nicht wegzudenken aus der Naturallegorese. Die anfängl. geringe Zahl der Tiere (etwa 40) wächst in den Bestiarien auf mehr als 100 Arten an (Vierfüßer, Vögel, Fische). Einen Sonderfall bildet das Aviarium des →Hugo v. Folieto (1135–50): hier werden nur Vögel behandelt. Die Tiere werden z. T. heilsgeschichtl., z. T. (und im SpätMA überwiegend) moral. gedeutet. Kennzeichnende Symboltiere sind hier: →Affe, →Biber, →Charadrius, →Elephas, →Einhorn, →Löwe, →Pelikan usw. Illustr. Physiologus-Hss. und Bestiarien sind v. a. im 12. und 13. Jh. belegt.

3. Die ma. Enzyklopädien behandeln die Tierwelt fast immer ausführlich. Einige aus ihnen schließen allegor. Deutungen ein, an erster Stelle 'De rerum naturis' des →Hrabanus Maurus, später auch die Enzyklopädie des →Alexander Neckam (um 1200–10), und in geringerem Maße die des →Thomas v. Cantimpré (um 1240). Andere, nicht moralisierte Enzyklopädien wurden entweder durch Randnotizen (→Bartholomaeus Anglicus) oder durch Bearbeitungen mit Deutungen versehen. Im SpätMA entwickelt sich eine reich verbreitete, aber noch wenig erforschte Gattung von moralisierenden Naturbüchern oder Naturexempelsammlungen (z. B. 'Liber de proprietatibus rerum moralisatus' oder 'Tractatus Septiformis de moralitatibus rerum', um 1280–90). Zw. Didaktik und Homiletik treten auch Mischwerke auf (z. B. Repertorium morale des Pierre →Bersuire). Die Zahl der möglichen Symbolträger wird hier nochmals gesteigert: so werden im Liber de naturis animalium cum moralitatibus des Heinrich v. Schuttenhofen (?, vor 1299) 266 Tiere gedeutet.

II. Vorgehensweise und Wirkungsbereiche: 1. Die ma. T. findet ihre theoret. Basis in der (augustin.) Vorstellung vom »Buch der Natur«, wobei die einzelnen Wesen für eine spirituelle Deutung offenstehen. Jedes Tier kann aufgrund seiner proprietates oder naturae gedeutet werden, in bonam partem sowie in malam partem. Meist werden die Tiere in Bestiarien und Enzyklopädien nur wenig beschrieben; der Hauptakzent liegt auf deren Verhalten, das verschiedene Deutungen ermöglicht. So ist der Geier, der aus der Höhe seine Beute erspäht, Symbol für Christus (Hrabanus Maurus, Hugo v. Folieto); weil er sich von Kadavern ernährt, gleicht er aber dem Sünder (Hrabanus Maurus) oder dem Teufel (Bestiaire des →Pierre de Beauvais, vor 1206); seine angebl. Parthenogenese macht aus ihm einen Beweis der jungfräul. Empfängnis Christi (Ambrosius). Im Physiologus (B, cap. V) ist die Möglichkeit der Ambivalenz explizit formuliert. Nur wenige Tiere haben einen fast konstanten Symbolgehalt: z. B. wird der Pelikan fast immer positiv gedeutet, als Sinnbild des Opfertodes Christi und der Eucharistie. Im christolog. Sinne begegnet man außerdem öfters Lamm, Hirsch, Löwe, Adler, Phönix, Charadrius, Taube. Die frühchr. Symbolik des →Fisches für Christus verschwindet im MA. Symboltiere für Maria sind Taube, Einhorn, →Biene. Zur Seite des Teufels treten hauptsächl. →Schlange, Affe, Sirene, Kentaur, →Bock, →Katze, Wolf, →Hund, →Fuchs, →Eule, →Rabe. Es bilden sich kontrastierend gedeutete Tierpaare: Taube vs. Rabe, Hirsch vs. Schlange, Adler vs. Schlange. Tiere symbolisieren Bevölkerungsgruppen, so z. B. die Eule die Juden. Auch treten Tiere als Symbol für Tugenden und Laster auf. Die im SpätMA klass. Analogien sind Löwe/Hochmut, Maulwurf/Geiz, Ziege/Wollust, Eber/Wut, Schwein/Eßgier, Hund/Neid, Esel/Faulheit. Der Etymachietraktat bietet zu dieser Thematik zahlreiche weitere Analogien. Als Hl.n- oder Märtyrerattribute werden im SpätMA immer mehr Tiere gedeutet, so z. B. Lamm →Agnes, Schwein →Antonius, Löwe →Hieronymus, →Thekla.

2. Die T. tritt in mehreren Bereichen zu Tage. Sie wirkt stark in der Predigtlit. des SpätMA, z. T. durch den Einfluß der →Exempel. Wegen der Stereotypie der Tiersymbole ist die Quellenfrage in diesem Bereich manchmal schwierig zu lösen: Die volkssprachl. Dichtung nimmt Tiersymbole in geringerem Maß auf (z. B. →Thibaut de Champagne). Bes. auffällig ist die T. in der bildenden Kunst. Die Vielfalt der Bedeutungsträger aus den Bestiarien und Naturbüchern wird hier aber auf ikonograph. erkennbare Tiere reduziert: so gibt es weitaus mehr symbol. Vögel in Texten als in der bildenden Kunst.

B. van den Abeele

Ed.: s. →Physiologus, →Bestiarien, →Enzyklopädien, sowie die gen. Autoren – Hugo v. Folieto: W. B. CLARK, The Medieval Book of Birds. Hugh of Fouilloy's Aviarium, 1992 – Lit.: W. VON DEN STEINEN, Altchr. ma. T., Symbolon 4, 1964, 218–243 [allg. Bibliogr.] – G. PENCO, Il simbolismo animalesco nella lett. monastica, Studia Monastica 6, 1964, 7–38 – P. GIRKON, Das Bild des Tieres im MA, Studium Generale 20, 1967, 199–212 – D. SCHMIDTKE, Geistl. Tierinterpretation in der dt.sprachigen Lit. des MA (1100–1500), 1968 – M. GERHARDT, Zoologie médiévale: préoccupations et procédés (Methoden in Wiss. und Kunst des MA, 1985), 231–248 – U. SCHWAB, Das Tier in der Dichtung, 1970 – L'uomo di fronte al mondo animale nell'alto medioevo, 1–2, 1985 – M. VINCENT-CASSY, Les animaux et les péchés capitaux: de la symbolique à l'emblématique (Le monde animal et ses représentations au MA, 1985), 121–132 – M. PASTOUREAU, Bestiaire du Christ, Bestiaire du Diable (DERS., Couleurs, images et symboles, 1990), 85–110 – M. M. DAVY, L'oiseau et sa symbolique, 1992 – D. SCHMIDTKE, Geistl. Tierinterpretation (Geistl. Aspekte ma. Naturlehre, 1993), 26–39 – J. VOISENET, Bestiaire chrétien. L'imagerie animale du Haut MA (V^e–XIe s.), 1994 – Ikonographie: A. H. COLLINS, Symbolism of Animals and Birds Represented in Englands Church-Architecture, 1913 – J. SCHNIER, The Symbolic Bird in Medieval and Renaissance Art, American Imago 9, 1952, 89–117 – V. H. DEBIDOUR, Le Bestiaire sculpté du MA en France, 1961 – F. KLINGENDER, Animals in Art and Thought to the End of the MA, 1971 – P. MICHEL, Tiere als Symbol und Ornament, 1979 – P. TESTINI, Il simbolismo degli animali nell'arte figurativa paleocristiana (L'uomo di fronte al mondo animale nell'alto medioevo 2, 1985), 1107–1168 – G. ROTH-BOJADZHIEV, Stud. zur Bedeutung der Vögel in der ma. Tafelmalerei, 1985 – J. R. BENTON, The Medieval Menagerie. Animals in the Art of the MA, 1992 – C. HICKS, Animals in Early Medieval Art, 1993.

Tiesenhausen, Vasallengeschlecht in →Livland. Eggelbertus de Tisenhusen, Ministeriale der Gft. Hoya, Schwager Bf. →Alberts I. v. Riga, 1210 als Pilger in Livland, 1210/11 Vogt v. Treiden, 1224 zweite Kreuzfahrt, vom Bf. v. Dorpat mit Anteilen von →Odenpäh belehnt, nahm 1225 an der Eroberung des dän. besetzten Wierland teil. Die T. bekleideten hohe Ämter im Erzstift Riga und im Stift Dorpat, stellten stets den Bannerherrn des Ebf.s, im 16. Jh. auch den Ritterschaftshauptmann. Als einzige Livländer ernannte Ks. Karl IV. 1375 Bartholomäus T. und seinen Vater Johann, Ks. Siegmund 1417 die Brüder Johann und Engelbert zu ksl. Haus- und Tafelgenossen. Mit Hilfe des →Gesamthand-Erbrechts (1417) erwarben sie einen ausgedehnten Lehnsbesitz (Burgen Bersohn und Erlaa, 4 weitere im Stift Dorpat, 40 Höfe, Aftervasallen) und bildeten mit anderen Großvasallen eine bedeutende militär. und polit. Macht mit wechselnden Parteinahmen im Kampf zw. den Bf.en und dem Dt. Orden. Eine mit Hilfe von »Silvesters Gnade« (→Stodewescher) angestrebte Geschlechterherrschaft mit den Rosen, Üksküll und Ungern scheiterte aber am Widerstand der kleineren Vasallen (1523).

H. v. zur Mühlen

Lit.: P. JOHANSEN, Die Estlandliste des Liber Census Daniae, 1933 – H. LAAKMANN, Großgrundbesitz im Erzstift Riga, SBRiga 1936 – Genealog. Hb. der balt. Ritterschaften. Estland I, 1939ff. – A. V. TRANSEHE-ROSENECK, Die ritterl. Livlandfahrer des 13. Jh., 1950.

Tifernas, Lilius (Lilio Libelli, Arcilibelli), Humanist, * 1418 wahrscheinl. in Città di Castello, † 1486 in Ceprano (Latium), bisweilen mit seinem Landsmann Gregorius →Tifernas verwechselt. Raffale Maffei gen. il Volterrano (1451–1522) nennt T. seinen Lehrer. T. studierte kanon. Recht bei Ludovico Pontano (1435?) in Siena und war Mitarbeiter →Bessarions und vielleicht auch des Nuntius C. Garaton in Konstantinopel. 1443 wurde er zum 'Cancelliere dei Priori' von Città di Castello ernannt. Sein Mandat war mehrmals durch polit. Verwicklungen unterbrochen; er konnte sich aber von 1450 bis 1465 als Kanzler auch dem lit. Schaffen widmen. Er übersetzte Lukian (»De veris narrationibus«), Pseudo-Epiphanios (»Super dominicam sepulturam et descensionem ad inferos«) und Pseudo-Chrysostomos (»De patientia in Iob« und »De poenitentia«). In der Folgezeit übte er in verschiedenen Städten Ämter aus, lehrte Rhetorik in Perugia (1470–72), war Präzeptor der Söhne des Federico da →Montefeltro in Urbino und wurde 1476 von Sixtus IV. zum Kastellan der Rocca v. Ceprano ernannt, wo er seine letzten Lebensjahre der Übersetzung und Kommentierung des größten Teils der Werke Philons widmete.

M. Cortesi

Lit.: U. JAITNER-HAHNER, Humanismus in Umbrien und Rom. L. T., Saecula Spiritalia 26, 1993.

Tifernas, Publius Gregorius, Dichter und Humanist (Gräzist), Verfasser zahlreicher Reden, * um 1413/14 in Ranza bei Cortona, † Anfang 1464 in Venedig. Nannte sich nach Tifernum (Città di Castello), wo er sich nach dem Tod des Vaters mit seiner Mutter und den Brüdern niedergelassen hatte. Sein in Perugia begonnenes Medizinstudium schloß er wahrscheinl. in Neapel ab, nachdem er in Mistras und Konstantinopel Griech. gelernt hatte. 1440–47 lebte er am Hofe →Alfons v. Aragón in Neapel und lehrte wahrscheinl. Griech. und Medizin. Er stand dabei in Kontakt mit L. →Valla und Panormita. Seit 1449 übersetzte er für →Nikolaus V. u. a. »De mundi fabrica« des Ps.-Timaios, »De regno« des Dion Chrysostomos, vier Traktate des Theophrast sowie die »Magna Moralia« und die »Ethica Eudemia« des Aristoteles. Seinem Landsmann Lilius →Tifernas werden in neuester Zeit die Übers.en zweier Homilien des Ps.-Chrysostomos (JAITNER, 314) sowie von Lukians »De veris narrationibus« entgegen Bartolomeo →Facio (»De viris illustribus« 26, JAITNER, 271) zugeschrieben. Nach dem Tod des Papstes hielt T. sich kurze Zeit bei F. →Sforza in Mailand auf und stellte dort die Übers. der Teile v. Strabos »Geographia« fertig (Africa, Asia), mit der ihn der Papst beauftragt hatte. Bis 1459 hatte er in Paris den ersten Griechisch-Lehrstuhl

inne. Er fühlte sich jedoch fern von Italien nicht glückl. und bemühte sich vergeblich bei →Pius II. um einen Ruf an die Kurie. Erst 1460 fand er eine Stelle in Mantua bei Ludovico →Gonzaga. Seit 1462 lebte er in Venedig, wo er mit Antonio Iacopo Marcello (dem er eine Oratio consolatoria widmete) und mit den →Barbo in Beziehung stand.
M. Cortesi

Lit.: Gregorii Vita, Vat. lat. 6845, ff. 157r – 160v – B. Facii, De viris illustribus, ed. L. Mehus, Florenz 1745 – L. Delaruelle, Une vie d'humaniste au XVe s. Gregorio T., MAH 19, 1899, 9–33 – A. Mancini, Gregorio Tifernate, ASI 81, 1923, 72f. – K. Müllner, Reden und Briefe it. Humanisten, 1970, 173–191 – U. Jaitner-Hahner, Humanismus in Umbrien und Rom. Lilius Tifernas, Saecula Spiritalia 26, 1993.

Tigernach, hl., † 549/550, nach der Tradition Sohn des Coirpre, eines Kriegers der →Laigin (Leute aus Leinster), und der Derfraich, Tochter eines Kg.s Eochaid im südl. →Ulster. T. wurde von seinem Vater nach Leinster zurückgebracht und auf Weisung der hl. →Brigida v. Kildare getauft, als junger Mann von räuber. Kriegern entführt nach Britannien, wo er im Kl. →Whithorn unter der geistl. Leitung der hl. →Monenna zur monast. Lebensform fand (→peregrinatio), zog später als Pilger nach Rom und brachte Reliquien der hll. Apostel Petrus und Paulus nach Irland. Seinen Ruhm als Heiliger verdankt er der Gründung des Kl. →Clones (Monaghan).
G. MacNiocaill

Q. und Lit.: Vitae Sanctorum Hiberniae, ed. C. Plummer, 1910.

Tigernán Ua Ruairc, Kg. v. →Bréifne (im westl. Irland), † 1172, unterstützte Toirdelbach Ua Conchobair († 1156) bei seinen Versuchen, die Oberherrschaft in →Irland zu gewinnen. T. tritt erstmals 1128 hervor, als er, von Conchobar MacLochlainn, dem Kg. der Ulaid (→Ulster), besiegt, durch Überfälle (Tötung von Gefolgsleuten des Bf.s →Cellach v. →Armagh) von sich reden machte. Mehrfach wurde er gezwungen, den Mac Lochlainn Geiseln zu stellen (1132, 1149); in den späten 40er Jahren entzog er Toirdelbach Ua Conchobair seine Unterstützung, um nach dessen Tod aber wieder die Ansprüche des Sohnes, →Rory, gegen die wachsende Vormacht von Muirchertach MacLochlainn († 1166) zu verteidigen. In diesen Kämpfen war T. darauf bedacht, sein Herrschaftsgebiet in östl. Richtung, gegen Meath (→Mide), zu erweitern. Seine Schirmherrschaft über geistl. Institutionen, insbes. →Kells, weist auf Erfolge seiner Territorialexpansion hin. Ab 1170 kämpfte T. gegen die anglonorm. Invasoren; er wurde von Milo de Cogan besiegt (1171) und erschlagen (1172).
G. MacNiocaill

Q. und Lit.: The Annals of Loch Cé, ed. W. M. Hennessy, 1871 – G. MacNiocaill, Notitiae as Leabhar Cheanannais, 1961 – Medieval Ireland 1169–1539, hg. A. Cosgrove, 1987 – D. Ó Cróinín, Early Medieval Ireland 400–1200, 1995.

Tignonville, Guillaume de, hoher frz. Beamter, Literat, † 1414, diente seit 1391 Hzg. →Ludwig v. Orléans, dem Bruder von Kg. →Karl VI., stand von April 1401 bis 30. April 1408 als kgl. →Prévôt (garde de la prévôté) der Stadtverwaltung v. →Paris vor, war zugleich kgl. →Chambellan und übte für den Hzg. wie den Kg. diplomat. Missionen aus (Bretagne, Italien, Avignon, England, Dtl.). 1408 verdrängte ihn Pierre des →Essarts aus dem Prévôt-Amt, woraufhin der Kg. (Mai 1408) T. zum *maître extraordinaire* der →Chambre des Comptes ernannte (bis Juli 1410 im Amt). T. nahm als Angehöriger der 'Cour amoureuse de Charles VI' am Pariser Literaturbetrieb regen Anteil. Er übersetzte aus dem Lat. die →»Dicta philosophorum«; dieses weitverbreitete Prosawerk ist in mindestens 38 Hss. überliefert, ebenso in einer prov. Übers. und zwei engl. Versionen.
E. Lalou

Lit.: G. Dupont-Ferrier, Gallia regia de 1328 à 1515, IV, 1954, 307f. – DLFMA^2, 647 – s.a. Lit. zu →Dicta philosophorum.

Tile Kolup → Dietrich Holzschuh (25. D.)

Tilleda, Dorf in Sachsen-Anhalt. Als Schenkung Karls d. Gr. an das Kl. →Hersfeld erscheint *Dullide* im Breviarium Lulli, eine kleine militär. Siedlung aus dem 8. Jh. ist archäol. nachgewiesen. Die auf einem Terrassensporn unterhalb des →Kyffhäusers gelegene imperatoria curtis ging 972 als Mitgift von Otto II. an →Theophanu; damals begann ihr Ausbau zu einer →Pfalz mit Steinbauten, Kirche und Festhalle. Es folgten ein stattl. Hauptgebäude mit Wohnturm für den Kg., Kirche (mit Westempore) und einem 25 m langen Saal. Nach zweimaliger Zerstörung wahrscheinl. in den Sachsenaufständen 1073–76 und 1115–18 sowie Jahrzehnten der Bedeutungslosigkeit wurden unter Friedrich I. Teile der Pfalz umgebaut, der Pallas erhielt eine Heißluftheizung, ein zweiter Pallas wurde errichtet. Ein Aufenthalt des Ks.s ist für 1174 bezeugt, T. wird im →Tafelgüterverzeichnis des röm. Kg.s genannt. 1194 fand hier die Aussöhnung Ks. Heinrichs VI. mit Heinrich d. Löwen statt, seitdem verlor T. an Bedeutung. Die Gesamtanlage bestand bei 5,7 ha Fläche aus einer Hauptburg mit 52 und einer Vorburg mit 214 Häusern, in denen Handwerk und Handel nachzuweisen sind. Holzerdemauern, mörtelbefestigte Steinmauern und der Steilabfall des Geländes dienten als Schutz. Unterhalb der Pfalz entwickelte sich um den Alten Markt und die Nikolaikirche eine Händlersiedlung, der jedoch der Aufstieg zur Stadt nicht gelang.
K. Blaschke

Lit.: P. Grimm, T. Eine Kg.spfalz am Kyffhäuser, T. 1: Die Hauptburg, 1968; T. 2: Die Vorburg und Zusammenfassung, 1990 – Ders., Beitr. zu Handwerk und Handel in der Vorburg der Pfalz T., ZA 6, 1972, 104–147.

Tilo v. Kulm, mhd. Autor, bezeugt für die Jahre 1352 und 1353 als Kanoniker des Bm.s →Ermland, bearbeitete einen (ohne Verfassernamen überlieferten) lat. »Libellus septem sigilorum« in einem dt. Versgedicht (6284 Verse), das er nach Auskunft der lat. Subscriptio am 8. Mai 1331 abschloß und im Versprolog dem kurz zuvor neugewählten Hochmeister des →Deutschen Ordens, →Luther v. Braunschweig, widmete. Die einzige Hs. wird heute in Thorn (UB Toruń, Rps 6/I) aufbewahrt. Das Gedicht »Von siben ingesigeln« deutet die christolog. Heilstatsachen Inkarnation, Taufe, Passion, Auferstehung, Himmelfahrt, Ausgießung des Heiligen Geistes und Jüngstes Gericht in Analogie zur Öffnung der sieben Siegel in der johanneischen Apokalypse (Kap. 5 und 6) unter bes. Berücksichtigung der atl. Typologien. Eine längere Einleitung ergänzt den Hauptteil um die heilsgeschichtl. Ereignisse von der Erschaffung und dem Sturz der Engel über die Schöpfung, den Sündenfall des Menschen und die Vertreibung aus dem Paradies bis zum trinitar. Erlösungsbeschluß. Insgesamt bestimmen nicht Nacherzählung, sondern Reflexion und Belehrung das auch stilistisch anspruchsvolle Gedicht, das sich damit in charakterist. Weise von der übrigen →Deutschordensliteratur abhebt.
D. Kartschoke

Ed.: K. Kochendörffer, T.s v. K. Gedicht Von siben Ingesigeln (DTMA 9), 1907 – *Lit.:* Verf.-Lex.^{2} IX, 932–935 [A. Masser].

Timār, im Osman. Reich (→Osmanen, IV) Zuweisung einer Steuerquelle (→Steuer, O), häufig auf dem Lande, gegen berittene Teilnahme an Feldzügen. Daneben wurden T.e auch an Mitglieder der osman. Verwaltungsbehörden vergeben. T.e hatten eine bestimmte Größe, die in Geld (*akče*) gemessen wurde; um diese Größen einzuhalten, konnte etwa ein Dorf unter mehreren Inhabern aufgeteilt werden bzw. ein T. aus Einnahmen mehrerer Dörfer bestehen. Den nötigen Überblick verschaffte sich die osman. Verwaltung, indem sie regelmäßig Aufnahmen von Steuerpflichtigen und zu zahlenden Steuern veranlaßte. Aus den Jahren 1431-32 stammt das erste erhaltene Register mit Zuweisung von T.en. Um ein T. zu beantragen, mußte der Kandidat nachweisen, daß er nicht zu den Untertanen (→re'āyā) gehörte. Nach der osman. Eroberung wurden lokale Aristokratien oft durch Zuweisung eines T.s in den Staatsapparat einbezogen. Im 15. Jh. war es nicht unbedingt erforderlich, daß der Kandidat für die Zuweisung eines T.s Muslim war; bes. in Albanien sind christl. T.-Inhaber bezeugt, allerdings erfolgte die Islamisierung in den folgenden Generationen. T.e wurden nicht auf Lebenszeit verliehen und waren auch nicht erblich. Versetzungen von T.-Inhabern in andere Regionen des Reiches waren häufig. Der Sohn eines verstorbenen T.-Inhabers besaß das Recht, sich um die Verleihung eines T.s zu bewerben, erhielt am Anfang seiner Karriere aber nur ein T. niederer Kategorie (*kılıç*); die Zuschläge, die sein Vater sich eventuell durch krieger. Leistungen verdient hatte, gingen nicht auf den Sohn über. Neben den Söhnen von T.-Inhabern erhielten auch ehem. →Janitscharen zuweilen T.e zugewiesen. T.-Inhaber vertraten die Verwaltung des Sultans gegenüber den Bauern, die ohne Erlaubnis der T.-Inhaber das Dorf nicht verlassen durften. Doch gestatteten es die geringen Mittel und die häufige Abwesenheit auf Feldzügen vielen T.-Inhabern nur in beschränktem Maße, die ihnen aufgrund ihres Steuereintreibungsrechts zustehenden Eingriffsmöglichkeiten auch in die Tat umzusetzen. S. Faroqhi

Lit.: H. Inalcik, Timariotes chrétiens en Albanie au XVe s. d'après un registre de t.s ottomans, Mitt. des österr. Staatsarchivs 4, 1952, 118-138 - Ders., Hicri 875 tarihli suret-i defter-i sancak-i Arvanid, 1954 - N. Beldiceanu, Le t. dans l'État ottoman, 1980.

Timarion, byz. →Satire, anknüpfend an Lukians Nekyomanteia. In Dialogform berichtet T. seinem Freund Kydion von seinem Besuch der Demetria (Messe in Thessalonike am Fest des Stadthl.n Demetrios) und von seinen anschließenden Leiden: Auf der Rückreise von einer Fieberkrankheit befallen, wird er von zwei Todesdämonen für tot erklärt und in den →Hades verschleppt. U.a. trifft er dort seinen Lehrer, den Philosophen Theodor v. Smyrna; dieser vertritt ihn als Anwalt vor dem Totengericht und erwirkt schließlich aufgrund med. Gutachten die Rückführung T.s in die Welt der Lebenden, freilich gegen die Zusage, ihm einige ird. Delikatessen zu besorgen. Dank der Nennung hist. Personen, u.a. bes. des Theodor, läßt sich der T. in die 1. Hälfte des 12. Jh. datieren. Der Autor des Werkes (nur in einem Codex erhalten) bleibt trotz einiger ansprechender Versuche (Dräseke: T.; Romano: Nikolaos Kallikles; Hunger: Theodoros Prodromos; Baldwin: Michael Italikos) im dunkeln. Der T. gibt ein kultur- und mentalitätsgesch. Bild der Zeit. Satirisch, jedoch ohne derb-drast. Verunglimpfungen, werden Ärzte und Philosophen aufs Korn genommen, die Freßsucht der Byzantiner, das Erschrecken, auch im Hades Mäuse zu finden; soziale Unterschiede bleiben auch in der Unterwelt erhalten. Bemerkenswert ist die krit. Einstellung gegenüber Autoritäten, die auch vor der Religion nicht haltmacht (Christen werden einige Male Galiläer gen., der ikonoklast. Ks. Theophilos führt wegen seines Gerechtigkeitssinnes den Gerichtsvorsitz), weshalb noch Großlogothet →Konstantinos Akropolites († vor 1324) das Buch wegen des versteckten Heidentums verbrennen wollte.

G. Schmalzbauer

Ed. und Übers.: A. Ellissen, T.s und Mazaris' Fahrten in den Hades, Analekten der mittel- und neugr. Lit. 4, 1860, 1-185 - R. Romano, Timarione, 1974 - B. Baldwin, T., 1984 [Engl. Übers., Komm.] - S. V. Poljakova-I. V. Felenkovskaja, Vizantijskij satiričeskij dialog, 1986 [Übers., Komm.] - *Lit.*: Hunger, Profane Lit., II, 151-154 - M. Alexiou, Lit. Subversion and the Aristocracy in Twelfth Cent. Byzantium: A Stylistic Analysis of the T. (cap. 6-10), Byz. and Modern Greek Stud. 8, 1982/83, 29-45 - E. Konstantinou, Byz. Medizin im Lichte der anonymen Satire T., Byzantina 12, 1983, 159-181 - K. H. Leven, Das Bild der byz. Medizin in der Satire T., Gesnerus 47, 1990, 247-267 - D. R. Reinsch, Zum überlieferten Text des »T.« (Fschr. M. Sicherl, 1990), 161-170 - E. Th. Tsolakes, Τιμαρίων. Μία νέα ἀνάγνωση (Μνήμη Σταμάτη Καρατζά, 1990), 109-117 - D. R. Reinsch, Zur Identität einer Gestalt im T., BZ 86/87, 1993/94, 383-385.

Timo, bayer. Pfalzgf. und →missus, bezeugt ca 830-ca. 837. T. ist einer der drei Pfalzgf.en Bayerns im 9. Jh. Seine Vorfahren, erstmals 753 in Thulbach b. Moosburg und Freising greifbar, gehören zu den Wohltätern des Kl. Moosburg. T. ist v.a. lit. bezeugt, und zwar im →»Carmen de Timone comite et de miraculo fontis s. Corbiniani«. Das wohl in →Freising oder →Weihenstephan vor 834 entstandene, an Kg. Ludwig d. Dt. gerichtete Gedicht ist ein Loblied auf die Amtsführung des T. Dem Kg. wird vorgetragen, wie vorbildl. sein comes und missus den ma. Ort verwaltete. In der anschließenden Mirakelerzählung vom Hund des T. scheinen Spuren adliger 'Standeskultur' auf. W. Störmer

Q.: MGH PP II, 120-124 - Th. Bitterauf, Die Traditionen des Hochstifts Freising, I, 1905, Nr. 603 - J. Widemann, Die Traditionen des Hochstifts Regensburg, 1943, Nr. 29 - *Lit.*: W. Störmer, Früher Adel, 1973, 414ff., 500ff.

Timotheos

1. T. I., nestorian. →Katholikos (→Ostkirchen, II), * 728, † 823. Als Meister folgte T. zunächst der Lehre des Mystikers Abraham bar Dashandad. Als Katholikos (seit 780) knüpfte er enge Beziehungen mit dem →Kalifen v. →Bagdad an. Er erweiterte den Bereich der nestorian. Kirche (Indien, Turkestan, China, Jemen, Gebiete am Kasp. Meer). Auf seine Initiative entstand die Sammlung des »Buches der Synhados«, d. h. der nestorian. Konzilsakten. T. verfaßte Traktate über Astronomie, Homiletik, Theologie (diese drei verloren) und Kirchenrecht. Seine Briefsammlung vereinte einst 200 Stücke (nur 59 enthalten, nicht alle ediert), unter ihnen eine Kontroverse mit dem Kalifen al-Mahdī (→Abbasiden, II). Zur Bestätigung seiner Wahl berief T. 781 eine Synode ein, eine weitere (790) behandelte Rechtsfragen. M. van Esbroeck

Ed. und Lit.: L. Cheikho, La discussion qui eut lieu entre le Calife al-Mahdī et le Catholicos Timothée I, Al-Machriq 19, 1921, 359-374, 408-418 - A. Mingana, The Apology of Timothy the Patriarch before the Calife Mahdi, Woodbrooke Stud. 2, 1928, 1-162 - Timothei Patriarchae I. Epp. (Corpus scriptorum Christianorum orientalium, 1953) [urspgl. 1915, ed. O. Braun] - H. Putman, L'Église et l'Islam sous Timothée I, 1975 [Lit.].

2. T. I., *Patriarch v.* →*Alexandria* 381-385, Nachfolger seines Bruders Petrus II., nahm 381 am Konzil v. →Konstantinopel teil und widersetzte sich erfolgreich der Wahl →Gregors v. Nazianz zum Bf. v. Konstantinopel. Sein Protest gegen Kanon 3, der dem Bf. v. Konstantinopel den zweiten Rang nach dem von Rom zuspricht, blieb vergebens. Von ihm sind 18 Kanones zu disziplinar. Fragen überliefert. E. Grünbeck

Ed.: CPG 2520-2530 - *Lit.*: Dict. encycl. du Christianisme ancien II, 1990, 2451 - J. Martikainen, T. I. und der Messalianismus (Makarios-Symposion über das Gebet, hg. Ders.-H.-O. Krist, 1989), 47-60.

3. T. III. Ailuros, *Patriarch v.* →*Alexandria*, † 477, erhoben 457 nach der Ermordung seines chalkedonian.

Vorgängers Proterios. Schon als Priester unter →Dioskoros I. Anhänger eines gemäßigten Monophysitismus (→Monophysiten), war er erbitterter Gegner der Formel v. →Chalkedon und des Tomus Leonis (→Leo I. d. Gr.). Um 460 von Ks. →Leon I. abgesetzt, konnte er erst um 475, unter dem Usurpator →Basiliskos, wieder nach Alexandria zurückkehren. Seine grundlegende Refutatio des Konzils v. Chalkedon ist nur in armen. Übers. erhalten, einige andere Schrr. und Fragmente in syr. Übers. Ähnlich wie →Severus v. Antiocheia bestand er darauf, daß es nur eine göttl. Natur in Jesus Christus gebe, die die menschl. vollständig und unvermischt in sich aufgenommen habe.   E. Grünbeck

Ed. und Lit.: CPG 5475–5491 – Dict. encycl. du Christianisme ancien, II, 1990, 2451 f. – Oxford Dict. of Byzantium, 1991, 2086 – J. Lebon, La christologie de Timothée Aelure, RHE 9, 1908, 677–702 – R. Y. Ebied–L. R. Wickham, Timothy Aelurus. Against the Definition of the Council of Chalcedon (After Chalcedon, hg. C. Laga u. a., 1985), 115–166 – A. Grillmeier, Jesus der Christus im Glauben der Kirche, II/4, 1990, 7–35.

4. T. IV., *Patriarch v.* →*Alexandria* 517–535, befreundet mit →Severus v. Antiocheia, gehörte zu den Gegnern des Konzils v. →Chalkedon und des Tomus Leonis (→Leo I. d. Gr.) und hatte sich gleichzeitig mit der radikal monophysit. Partei um →Julianos v. Halikarnassos auseinanderzusetzen. Nach seinem Tod trennten sich die beiden Gruppierungen endgültig. Von T. sind eine Homilie und einige Frgm. e erhalten.   E. Grünbeck

Ed. und Lit.: CPG 7090–7100 – Dict. encycl. du Christianisme ancien II, 1990, 2452 – J. Maspéro, Hist. des patriarches d'Alexandrie, 1923 – A. Grillmeier, Jesus der Christus im Glauben der Kirche, II/4, 1990, 42–44.

5. T., *Bf. v. Berytos*, Schüler des →Apollinaris v. Laodikeia. Er suchte eine Einigung zw. dem Apollinarismus und der Großkirche und erlangte die Anerkennung durch Papst →Damasus I. (Papst seit 366; Leont., Adv. fraud. Apoll. 151: MPG 86/2, 1976). Möglicherweise unterschrieb er die Verurteilung der Apollinaristen in Konstantinopel 381. 377 (oder 374) erstmals verurteilt (Theodoret, H. E. V 9f.) wurde er nach dem Edikt des Theodosius 388 nach Thrakien verbannt. Wenige Fragmente seines Werkes sind überliefert.   E. Grünbeck

Ed. und Lit.: CPG 3723–3726 – Dict. encycl. du Christianisme ancien II, 1990, 2450 – H. Lietzmann, Apollinaris v. Laodicea und seine Schule, 1904, 153–157, 277–286 [Frgm.], u. ö.

6. T., Presbyter an der »Großen Kirche« in Konstantinopel, Verf. eines später in die byz. kanon. Überlieferung eingegangenen Handbuchs über die Rekonziliation von Häretikern (De iis qui ad ecclesiam accedunt). Nach dem notwendigen Aufnahmeritus teilt T. die Häresien in drei qualitativ unterschiedene Gruppen: 1. die getauft werden müssen: u. a. Angehörige gnost. Gruppen, Manichäer, Montanisten, Ebioniten, Eunomianer, Paulinisten, Photianer, Markellianer, Sabellianer; 2. die gesalbt werden müssen: Quartodezimianer, Novatianer, Arianer, Pneumatomachen und Apollinaristen; 3. die nur ihre bisherige Häresie anathematisieren müssen: Meletianer, Messalianer, Nestorianer, Eutychianer und alle Gegner von Chalkedon, die genau differenziert werden. In der Charakterisierung der Häresien folgt T., der nach dem 5. ökumen. Konzil (553) und vor Beginn des monerget./monothelet. Streites zu datieren ist, der häresiolog. Tradition, die er für die Zeit nach Chalkedon fortsetzt.   H. Ch. Brennecke

Ed.: MPG 86, 11–74 – V. Beneševič, Syntagma XIV titulorum sine scholiis, 1906 [Nachdr. 1974], 707–738 – *Lit.*: Bardenhewer V, 26 – Beck, Kirche, 401 f. – Diz. patristico e di antichità christiane II, 1983, 3455.

Timūr (von türk. *temür* 'Eisen'; pers. Timur i Leng 'Timur d. Lahme'; davon abgeleitet die im Westen verbreitete Variante Tamerlan), zentralasiat. Eroberer, geb. 8. April 1336 in Keš (Transoxanien), gest. 19. Jan. 1405 in Otrar, Mitglied einer Adelsfamilie aus dem türk. Clan der Barlas, die ihre Abstammung – fälschlich – auf →Dschingis Chān zurückführte. Im Machtkampf mit dem Činggisiden Tuġluk Temür (1348–63) und dessen Sohn Iljās, dem Statthalter v. Samarqand, die er 1363 besiegte, gewann er die Herrschaft über Transoxanien und proklamierte sich am 10. April 1370 zum »Nachfolger des Čaγatai und Nachkommen Dschingis Chans«, d. h. er beanspruchte als legitimer Erbe des mongol. Welteroberers aufzutreten. Gleichwohl setzte er Činggisiden zum Schein als Khane ein und beanspruchte erst seit 1388 den Titel Sultan für sich.

Zuvor hatte T. in langwierigen Feldzügen Choresmien (1379–88) und im O das Tarim-Becken (1399/1400) unterworfen. Doch suchte erst die Annexion →Persiens (1380–87) die Grundlage für die Bildung eines Großreiches. 1391 und 1395 intervenierte T. in der →Goldenen Horde. 1395 stürzte er in einem Feldzug, der ihn bis vor die Tore von →Rjazan' führte, deren Khan →Toḫtamyš. T. gründete zwar die Rechts- und Verwaltungsstruktur seines Reiches auf die in der →Yāsa verankerte Gesetzgebung Dschingis Chāns, führte aber seine Kriege als Vorkämpfer eines orth. →Islams, so 1398 in Indien, als er die Sultane v. Delhi unter dem Vorwand bekämpfte, ihre Hindu-Untertanen zu nachsichtig behandelt zu haben.

Folgenreicher war indes der Westfeldzug, den T. (1400–04) gegen die →Mamlūken und den mit ihnen verbündeten osman. Sultan →Bāyezīd I. (1389–1403) unternahm. T. schlug den Mamlūkensultan an-Nāṣir Faraġ (1399–1412), erstürmte →Aleppo und →Damaskus und nahm am 10. Juli 1401 auch →Bagdad ein. Der Sieg über Bāyezīd und dessen Gefangennahme in der Schlacht bei →Ankara (20. Juli 1402) stürzte das →Osman. Reich in eine schwere Krise und verzögerte das Ende des mit T. verbündeten →Byz. Reiches um ein halbes Jahrhundert. T. starb noch während der Vorbereitungen zu einem Feldzug gegen China am 19. Jan. 1405.

T. verfolgte seine Eroberungen sehr zielstrebig und nicht selten unter Anwendung gezielter Terrormaßnahmen, denen ganze Landstriche und zahllose Menschenleben zum Opfer fielen (z. B. Eroberung von Isfahan, Delhi und Bagdad). Doch gelang es ihm nicht, seiner Reichsgründung Dauer zu verleihen, was nicht zuletzt auf das Fehlen einer Thronfolgeregelung zurückzuführen ist. Dennoch führten die Förderung von Handel und Gewerbe und die planmäßige Umsiedlung von Gelehrten, Künstlern und Handwerkern aus den eroberten Gebieten v. a. in der Hauptstadt →Samarqand zu einer kulturellen Hochblüte, die auch unter seinen Nachfolgern, bes. seinem Enkel →Uluġ Beg (1447–49), anhielt. Vom Glanz der Hofhaltung T.s legen nicht nur die Berichte auswärtiger Gesandter (→Clavijo u. a.), sondern auch die erhaltenen Baudenkmäler Samarqands beredtes Zeugnis ab. In Samarqand regierten T.s Nachkommen bis 1500, in Herāt bis 1507. In Indien gründete ein Timuride, Bābur, das Reich der Mogulen.   H. Göckenjan

Lit.: EI[1], 842–846 [L. Bouvat] – B. F. Manz, The Rise and Rule of T., 1989 – J.-P. Roux, Tamerlan 1991 – T. Nagel, T. der Eroberer, 1993.

Tinchebrai, Schlacht v. (28. Sept. 1106). Seit 1087 waren England und die Normandie voneinander getrennt (→England, A. VI). Der engl. Kg. Heinrich I. suchte das unter der Herrschaft seines Bruders →Robert II. (29. R.) stehende Hzm. zu gewinnen. Er landete im Sommer 1106 mit einem Heer in der Normandie und belagerte die Burg T. Während Heinrich über potente Bundesgenossen verfügte, war Robert weitgehend auf sich allein gestellt. Er griff das zahlenmäßig stärkere Invasionsheer bei T. an und suchte dessen Linie zu durchbrechen. Die hzgl. Truppen wurden aber von den Seiten her niedergeworfen und erlitten schwere Verluste. Robert und viele seiner Soldaten gerieten in Gefangenschaft. Bei dem Kampf, der kaum eine Stunde dauerte, kam dem Fußvolk eine wichtige Rolle zu. Bis zum Frühjahr 1107 stellte Heinrich die Ordnung in der Normandie wieder her. Doch wurde seine Stellung erst 1119 endgültig gesichert, als er den frz. Kg. Ludwig VI., der ihm den Besitz des Hzm.s streitig machte, bei →Brémule besiegte. K. Schnith

Lit.: D. BERG, England und der Kontinent, 1987 [Lit.] – D. BATES, Normandy and England after 1066, EHR 104, 1989, 851–880.

Tinctoris, Johannes (Tinctor, Teinturier, de Vaerwere, Färbers), Musiktheoretiker und Komponist, * um 1435 Braine l'Alleud bei Nivelles (Brabant), † wohl vor oder in 1511. Er immatrikulierte sich am 1. April 1463 an der Univ. Orléans, wo er zur gleichen Zeit die Chorknaben an der Kathedrale unterrichtete. Um 1472 trat er in die Dienste Kg. Ferdinands v. Neapel als Lehrer für dessen Tochter Beatrice. 1479 für wenige Tage in Ferrara nachweisbar, ist er 1480 wiederum in Neapel, wo damals der Musiktheoretiker Gafurius lehrte. 1511 wurde seine Pfründe in Nivelles an einen Nachfolger übergeben. Von seinen Musiktraktaten am bekanntesten wurde das erste gedruckte Musikwörterbuch (»Terminorum musicae diffinitorium«). Für die Musik in Theorie und Praxis sowie für die Musikauffassung der Renaissance gehören seine Schrr., die eine profunde Kenntnis der antiken und ma. Lit. und eine Vertrautheit mit der Musik seiner Zeit verraten, zu den wichtigsten Quellen. H. Leuchtmann

Ed.: Schriften: A. SEAY, J. T. Opera Theoretica, CSM 22, 3 Bde, 1975–78 – L. ZANONCELLI, Sulla estetica di J. T. con ed. critica, traduzione e commentario del Complexus effectuum musices, 1979 – J. T. Terminorum musicae diffinitorium. Faks. der Inkunabel 1495, ed. H. BELLERMANN–P. GÜLKE, 1983 – Übers.: A. SEAY, J.T., The Art of Counterpoint, Musicological Stud. and Documents 5, 1961 – DERS., The Proportionale Musices of J.T., Journal of Music Theory 1, 1957, 22–75 – DERS., J.T., Concerning the Nature and Propriety of Tones, 1976² – DERS., Proportions in Music, 1979 – Ed.: Kompositionen: W. W. MELIN, J.T.: Opera omnia, CMM XVIII, 1976 – Lit.: MGG s.v. – NEW GROVE s.v. – RIEMANN s.v. – W. E. MELIN, The Music of J.T. [Diss. Ohio State Univ. 1973] – L. BALMER, Tonsystem und Kirchentöne bei J.T., 1978 – B. J. BLACKBURN, A Lost Guide to T.'s Teachings Recovered, Early Music Hist. 1, 1981, 29–116 – R. WOODLEY, J.T., A Review of the Documentary Biographical Evidence, JAMS 43, 1991, 217–248.

Tinctura (Tinctio 'Färbung', 'Streichung', 'Benetzung'; von lat. tingere, 'färben', 'befeuchten'; Tinktur). [1] Färben im allg. techn. und künstler. Bereich (u. a. →Tinte). – [2] Als Zentralbegriff der ma. →Alchemie (Abschn. I, III) einerseits das Ziel der durch Farbänderung angezeigten und als substantiell verstandenen Stoff-Wandlung (→Transmutation) selbst (Rote Tinktur: Gold; Weiße Tinktur: Silber), andererseits das umwandelnde, 'färbende' agens (→Stein der Weisen; →Magisterium; →Elixir) als letzte, höchste Stufe des alchemist. Opus magnum (Projektion oder Tingierung). – [3] Seit dem 16. Jh., bes. durch →Paracelsus, aber schon in der ma., v.a. islam. Analogie (Alchemie-Medizin) angelegt, auch heilende, verändernde Arznei(form) mit →Panacee-Charakter. Deutl. später der Medizin assimiliert als die ebenfalls alchemist. Begriffe Elixier und Essentia, hat T. als gefärb-te pflanzl. oder mineral. Auszüge oder Lösungen erst im 17. Jh. allerorten in die Arzneibücher Eingang gefunden.
G. Jüttner

Lit.: →Alchemie, Abschn. I, III – M. KRÜGER, Zur Gesch. der Elixiere, Essenzen und T. en [Diss. Braunschweig 1968] – W. SCHNEIDER, Gesch. der Pharmazeut. Chemie, 1972, 94ff.

Tinkal (Tinkar; sanskr. ṭankana), Natriumtetraborat, Borax (pers. būraq; arab. bauraq; mdt. baurach, borach). Gewonnen seit alters in tibet. Boraxseen, ist T. im frühen MA (Borrax veneta) nach Europa importiert und als »Salz der Goldschmiede« vorwiegend als Metall-Lötmittel (Chrysokolla) genutzt worden. Als Borax bezeichnet wurden im MA aber auch Soda, →Pottasche, Salpeter (→Nitrum) sowie Steinsalz. Med. ist T. seit dem MA als Antiseptikum und zu Schälkuren (Borsalbe) genutzt, heute aber als tox. erkannt worden. G. Jüttner

Lit.: D. GOLTZ, Stud. zur Gesch. der Mineralnamen, SudArch, Beih. 14, 1972.

Tinnis, Stadt mit Hafen im Nildelta, seit dem 9. Jh. berühmt für Leinenweberei, seit dem 10. Jh. für farbigen qaṣab, ein lockeres, feines Leinengewebe für Turbane, Schleier und Frauenkleider. Als neue Spezialität kam im 11. Jh. būqalamūn hinzu, eine nur hier produzierte Seide mit changierenden Farben. Neben dem 'privaten'→ṭirāz, der ausschließl. für den →Kalifen arbeitete, gab es 'öffentl.' Werkstätten; bis 971 Exporte nach West und Ost. Die Abegg-Stiftung in Riggisberg (Kt. Bern), das Benaki-Museum (Athen) und das Islam. Museum (Kairo) besitzen fünf Leinenfragmente mit Seidenwirkereien aus dem 'privaten' ṭirāz v. T., die 995 bzw. 1031/32 datiert sind. Neben Textilien wurden auch Eisenwaren hergestellt. Die Bevölkerung, im 11. Jh. 50000 männl. Einwohner, litt unter hoher Steuerlast und Überschwemmungen. 1192 wurde T. von den Teilnehmern des 3. →Kreuzzugs zerstört.
L. v. Wilckens

Lit.: Ars Islamica 13/14, 1948, 93–97 [R. B. SERJEANT] – Ma. Textilien, 1: Die Textilslg. der Abegg-Stiftung, I, 1996, 22–24, 44–45, 52.

Tino di Camaino, it. Bildhauer, Sohn des Architekten Camaino di Crescentino; * um 1280 in Siena, † 1337 oder 1338 in Neapel; Schüler des Giovanni →Pisano, der zw. 1284 und 1296 in Siena tätig war. Gegen 1300 folgte T. seinem Lehrmeister nach Pisa, wo er für den Dom 1306 den Altar des hl. Ranieri vollendete und zw. 1313 und 1315 das Grabmal Ks. Heinrichs VII. schuf. 1315 wurde T. in Pisa zum Dombaumeister ernannt. Als Parteigänger der →Guelfen verließ er jedoch im selben Jahr die Stadt und kehrte zurück nach Siena, wo er bis 1318 am Grabmal des Kard. Riccardo Petroni arbeitete. Zw. 1318 und 1323 weilte T. in Florenz. Werke dieser Jahre sind u.a. die Grabmäler der Bf.e Gastone della Torre und Antonio degli Orsi. Danach, von ca. 1323 bis zu seinem Tod, war T. in Neapel tätig, wohin er von →Robert d. Weisen gerufen wurde und wo er mit seiner Werkstatt mehrere Grabdenkmäler für Angehörige des Hauses Anjou schuf (u. a. für die Mutter Roberts d. Weisen, Kgn. Maria v. Ungarn, in S. Maria Donnaregina, und für Hzg. Karl v. Kalabrien, in S. Chiara). Außer durch Giovanni Pisano ist Tino auch durch die zeitgenöss. Malerei, v.a. durch →Giotto, beeinflußt worden. Freundschaft verband ihn mit dem Maler Pietro →Lorenzetti. J. Poeschke

Lit.: W.-R. VALENTINER, T. di C. A Sienese Sculptor of the Fourteenth Cent., 1935 – G. KREYTENBERG, T. di C.s Grabmäler in Florenz, Städel-Jb. 7, 1979, 33–60 – DERS., Das Grabmal von Ks. Heinrich VII. in Pisa, Mitt. des Kunsthist. Inst. Florenz 28, 1984, 33–64 – V. HERZNER, Herrscherbild oder Grabfigur? Die Statue eines thronenden Ks.s und das Grabmal Heinrichs VII. von T. di C. (Ikonographia. Fschr. D. DE CHAPEAUROUGE, 1990), 26–77.

Tinte
I. Westen – II. Byzanz.

I. WESTEN: T.n (atramenta), aus wässrigen Lösungen von Farbstoffen hergestellte Schreibflüssigkeiten, im Sprachgebrauch häufig nicht unterschieden von Tuschen, die aus hochdispersiven Pigmentaufschwemmungen bestehen, sind seit der Antike und während des MA in großer Vielfalt bekannt. Zu den einfachen Gebrauchst.n sind zu zählen: Die aus dem Sekret der T.ndrüse einiger Kopffüßler gewonnene, zw. Braun und Graubraun getönte, wenig lichtbeständige Sepia (vgl. Plinius, Nat. hist. XXXV, xxv, ed. KÖNIG, 43); schwarze T.n (Tuschen), die mit Ruß und Gummi, teils auch mit Öl und Fischleim zubereitet wurden (Plinius, ebd., 41 f.) und die temperaturempfindl. sind; seit dem 3. Jh. nachweisbare schwarze T.n aus Metall-Gallussäure-Verbindungen, zu deren Herstellung neben Gerbstoffen (insbes. aus Galläpfeln), Binde-(Gummi, Honig) und Lösungsmitteln (Wasser, gelegentl. Wein oder Essig), metall. Salze (Eisen- und Kupfersulfat) verwendet wurden (vgl. →Martianus Capella, De nuptiis III, 225), was unter Einwirkung von Feuchtigkeit zur Durchfressung des Pergaments (»Fensterchen«) führen konnte; spätantik scheint eine bis ins 13. Jh. benutzte, aus Weißdorn- oder Schlehenzweigen unter Zusatz von Wein, z. T. auch von Eisensulfat oder Ruß bereitete braune T. zu sein (vgl. →Theophilus Presbyter, Schedula I, 45). Im Früh-MA herrschten auf dem Kontinent dunkelbraune, gelegentl. auch grünl., im insularen Bereich vorwiegend schwarze oder schwarzbraune T.n vor. – Außerdem wurden farbige T.n für Auszeichnungen hergestellt: Rote T. aus dem Pigment von →Mennige (minium) oder aus →Zinnober (cenobrium), hauptsächl. benutzt zur Hervorhebung von Initialen, Anfangszeilen, Schlußschriften sowie von ganzen Textpartien, aber auch blaue, grüne und gelbe T.n, seit dem 12. Jh. häufig in abwechselnder Folge. Während der Gebrauch von Purpurt. (encaustum, über deren umstrittene Gewinnung vgl. ROOSEN-RUNGE, Farbgebung, II, 26ff.) den byz. Ks.n zur Unterfertigung von Urkk. vorbehalten blieb (Cod. Iustinianus I, 23, 6) und nur selten nachgeahmt wurde (etwa von Karl d. Kahlen, vgl. BRESSLAU II, 506; von langob. Fs.en S-Italiens), fanden meist auf Purpurpergament geschriebene Gold- und Silbert.n seit der Antike, selbst im christl. Bereich für Evangeliare und Psalterien, reichl. Anwendung; nicht bezeugt ist ihr Gebrauch bei den Iren, Langobarden und in merow. Zeit; seit etwa Mitte des 12. Jh. wird er allg. selten. Goldt. ist auch für Prunkausfertigungen von dt. und ags. Herrscherurkk. verwendet worden (Liste bei BRÜHL, darunter: Otto I. für die röm. Kirche, MGH DD O. I. 235; Dotalurk. der Theophanu, MGH DD O. II. 21; Konrad II. für Parma, MGH DD K. II. 218). – Wie zahlreiche Ill. lehren, sind die Pulte ma. Schreiber häufig mit zwei T.nhörnern für schwarze und rote T. ausgestattet. →Goldschrift; →Schreibgerät. P. Ladner

Lit.: W. WATTENBACH, Das Schriftwesen im MA, 1896², 233–261 – H. ROOSEN-RUNGE, Farbgebung und Technik frühma. Buchmalerei, 2 Bde, 1967 – DERS., Die T. des Theophilus (Fschr. L. DUSSLER, 1972), 87–112 – C. BRÜHL, Purpururkk. (Fschr. H. BEUMANN, 1977), 3–21 – G. BOSSHAMMER, Technolog. und Farbrezepte des Kasseler Cod. medicus 4° 10, 1977 – F. und T. BRACHERT, Zinnober, Maltechnik, Restauro 84, 1980, 153–156 – V. TROST, Die Metallt.nrezepte aus der Hs. Aa 20 der Hess. Landesbibl. Fulda (Diversarum artium studia [Fschr. H. ROOSEN-RUNGE, 1982]), 185–197 – B. BISCHOFF, Paläographie des röm. Altertums und des abendländ. MA, 1986², 32–34 – V. TROST, Gold- und Silbert.n, 1991 – DIES., Skriptorium. Die Bücherherstellung im MA, 1991, 21–25.

II. BYZANZ: Byz. Texte aus dem 12.–15. Jh. überliefern eine große Anzahl (meist uned.) T.nrezepte, die vielfach recht individuelle Mischungen der einzelnen Kopisten aufweisen und sich neben den unbedingt nötigen Grundsubstanzen auch lokaler Naturprodukte bedienen. Vor dem Abschluß endgültiger Untersuchungen (s. u. Bibliographie) können hier nur sehr allg. Hinweise gegeben werden.

Für die normale Tätigkeit des Schreibers am wichtigsten sind die *Schwarztinten* (μέλας, μελάνι[ον]), auf der Basis von Galläpfel, Vitriol und Gummi (arabicum), unter Beigabe von Wasser und (teilweise) Essig. Die Mengenzusammensetzungen sind verschieden je nach Verwendung der T. für →Papier oder →Pergament. Daneben lassen sich drei Arten von *Rottinten* unterscheiden: eine auf der Grundlage von Zinnober (κιννάβαρι), zwei mittels des sog. Brasilholzes (βαρξίδον). In unterschiedl. Weise werden diesen Substanzen Gummi, Feigenmilch u. ä. zugesetzt, um die Verschreibbarkeit zu erleichtern. Am umfangreichsten ist die Variationsbreite bei *Goldtinten* (χρυσογραμμία, χρυσολοίφη), von denen viele unter Verwendung von Gold(staub, -blättchen), manche jedoch nur mit Produkten wie Safran oder Ocker hergestellt werden, welche einem dem Gold ähnlichen Farbeffekt erzielten. Über die der Ks.kanzlei vorbehaltene sog. *Purpurtinte* besitzen wir verständlicherweise kein Rezept; ihre offensichtl. recht unterschiedl. Zusammensetzung muß noch durch techn. Untersuchungen geklärt werden. P. Schreiner

Lit.: Oxford Dict. of Byzantium, 1991, 995 – vgl. künftig: StT [komm. Ed. byz. T.nrezepte durch D. OLTROGGE und P. SCHREINER; in Vorber.].

Tintenfaß, -horn → Schreibgeräte

Tintenfisch → Weichtiere

Tjost → Turnier

Tipoukeitos, byz. Rechtsbuch (→Byz. Recht, II. 4), ein Repertitorium, das den Inhalt der →Basiliken in der Reihenfolge der Bücher, Titel und Kapitel des Gesetzbuches relativ ausführlich wiedergibt. Die Bezeichnung 'T.' ist nicht (wie früher angenommen wurde) als Autorenname zu verstehen, sondern Sachtitel, gebildet aus den Worten τί ποῦ κεῖται ('was wo steht'). Verfasser ist der Richter *M.* (wohl Michael) *Patzes,* der nach noch heute herrschender Annahme ein Kompendium schaffen wollte, das den Basilikentext in kürzerer und daher überschaubarer Form darbieten sollte. Denkbar ist freilich auch, daß das Werk für den Unterricht bestimmt war. Zahlreiche Verweisungen im Text sollten das Auffinden von inhaltl. konnexen Stellen erleichtern, erwiesen sich jedoch als bes. Crux, da sie mit den Zählweisen der Basilikeneditionen nicht übereinstimmen. Das vor 50 Jahren rege wiss. Interesse am T. ist mittlerweile weitgehend erloschen. Doch sollten die Neued. der Basiliken durch H. J. SCHELTEMA und die jüngste Basilikenthese von A. SCHMINCK zur Wiederaufnahme der Auseinandersetzung mit der Frage motivieren, wie die Basilikenausg. angelegt war, die der Richter Patzes verwendet hat. P. E. Pieler

Ed.: *M. κριτοῦ τοῦ πατζῆ Τιπούκειτος,* ed. C. FERRINI, I. MERCATI, F. DÖLGER, ST. HÖRMANN, E. SEIDL, 5 Bde, 1914–57 – Lit.: L. WENGER, Die Q. des röm. Rechtes, 1953, 713f. [ält. Lit.] – P. E. PIELER, Byz. Rechtslit. (HUNGER, Profane Lit., II), 462 – N. VAN DER WAL–J. H. A. LOKIN, Historiae iuris Graeco-Romani delineatio, 1985, 102f. – SP. TROIANOS, Οἱ πηγές του βυζαντινού δικαίου, 1986, 123 – →Basiliken.

Tipperary, kleine Stadt und Gft. im südl. Mittelirland. T. erscheint im 2. Viertel des 13. Jh. als Gft. (im Sinne eines Verwaltungssprengels), stand seit 1328 weitgehend unter Kontrolle der Earls of →Ormond, durch deren 'libertas' (*franchise*) es unter der engl. *Lordship* v. →Dublin ein starkes Maß an Autonomie, bis ins 16. Jh. hinein, bewahren konnte. Das Städtchen hatte im übrigen keine nennenswerte strateg. oder wirtschaftl. Bedeutung.

G. MacNiocaill

Lit.: Medieval Ireland, 1163–1534, hg. A. Cosgrove (A New Hist. of Ireland, II, 1993).

Tiptoft (Tibetot), **John**, Gf. v. Worcester seit 1449, * 1427/28 in Everton, 1470 zum Tode verurteilt; entstammte einer anglo-norm. Familie, besuchte das Balliol College, Oxford. Zeit seines Lebens versah T. wichtige Ämter in England. Wegen seiner, in zeitgenöss. Q. (»Book of Howth«; Warkworths »Chronicle«, »Mirror for Magistrates«; »The Infamous End of the Lord T.«) wohl übertrieben dargestellten Grausamkeit erhielt er den Beinamen 'Butcher of England'. T., ein gebildeter Literat und Mäzen, sammelte Hss., die der Univ. Oxford übergeben wurden. Während eines Aufenthalts in Italien (1458–61) hörte er in Florenz Vorlesungen von →Argyropoulos, studierte in Padua und in Ferrara bei →Guarino, einem Schüler v. Manuel→Chrysoloras, und hielt in Rom eine Rede vor Papst Pius II. Zusammen mit R. Sanseverino, der die Reise in »Viaggio in Terra Santa« beschrieb, besuchte T. das Hl. Land. T.s schriftl. Nachlaß besteht neben amtl. Dokumenten und einigen Briefen aus Übersetzungen, unter ihnen die Übers. von Ciceros »De amicitia« (→Cicero, A. IX) und der »Controversia de nobilitate« von Buonaccorso v. Montemagno (»The Declamacion of Noblesse«), beide 1481 von →Caxton gedruckt.

P. Lendinara

Bibliogr.: ManualME 3. VII [43, 44]; 7. XX [236, 241] – Lit.: DNB XIX, 891–894 – J. Tait, Letters of J. T. to the Univ. of Oxford, EHR 35, 1920, 570–572 – H. B. Lathrop, The Translations of J. T., MLN 41, 1926, 496–501 – R. Weiss, A Letter-Preface of John Free to J. T., The Bodl. Quart. Rec. 8, 1935–37, 101–103 – Ders., The Library of J. T., ebd., 157–164 – Ders., Another T. Ms., ebd. 234f. – R. J. Mitchell, J. T. 1427–70, 1938 – W. F. Schirmer, Der engl. Frühhumanismus, 1963² – M. Schlauch, The Doctrine of 'Vera Nobilitas' as Developed after Chaucer, Kwartalnik Neofilologiczny 17, 1970, 119–127.

Ṭirāz. Die urspgl. pers. Bezeichnung für →Stickerei erhielt im Arab. mehrere Bedeutungen: 1. gestickter oder gewirkter Dekor im allg.; 2. in Gewebe aus Leinen, Baumwolle oder Mischgewebe aus Leinen und Baumwolle (mulḥam), aus Seide oder Wolle mit Stickerei oder Wirkerei eingetragene oder mit Malerei aufgetragene, schmükkende Bänder, die oft mit Inschriften versehen wurden (Segenssprüche, Name des regierenden Herrschers oder Auftraggebers, Herstellungsort); 3. derartig geschmückte Staats- und Ehrengewänder; 4. Werkstätten, die solche Textilien herstellten; dabei unterschied man 'öffentl.' (ṭirāz ʿāmma), die privat betrieben wurden, und 'private' (ṭirāz ḫāṣṣa), die ausschließl. für den Hof des →Kalifen arbeiteten.

L. v. Wilckens

Tírechán, Bf. und hibernolat. Autor des 7. Jh., stammte aus 'Tír Amolngid' (dem 'Land der Amolngid', heute Tirawley, Gft. Mayo, Prov. Connacht, im westl. Irland), galt als unmittelbarer Nachkomme des Amolngid mac Nath Í, Kg.s v. →Connacht und →Hochkg.s v. Irland, der als unmittelbarer Nachfolger des sagenberühmten Kg.s →Niall Noígiallach, 'heros eponymos' der →Uí Néill, angesehen wurde. Die Bf.swürde des T. bezog sich wohl auf das Kgr. Connacht. - T.s »Itinerarium« des hl. →Patrick, eine der bedeutendsten Q. für das →Irland des beginnenden FrühMA (bes. für den nachrichtenarmen Westen), will das Leben des Hl.n kommemorieren, indem es zahlreiche (v. a. westir.) Kirchen nennt, denen Beziehungen zu Patrick zugeschrieben werden. T. bezeichnet sich als Schüler des →Ultán moccu Conchobair, Bf.s der Dál Conchobair, deren wichtigste Kirche Ard mBrecain (Ardbraccan, Gft. Meath) war. Das »Itinerarium« hebt an mit einem Auszug aus einem (heute verlorenen, wohl im Besitz Ultáns befindl.) Buch (»apud Ultanum«), das offenbar eine kurze Beschreibung der mühevollen Missionsarbeit Patricks im Kgr. Meath (→Mide) und eine Liste der vom Hl.n geweihten Kleriker enthielt; T.s »Itinerarium« war vielleicht zunächst als Kontinuation dieses Werkes konzipiert. Der erste Teil wurde wohl in Meath (im Gebiet der Uí Néill), der zweite Teil in Connacht abgefaßt, wobei T. offensichtl. zahlreiche an den Kirchen selbst besucht hat, bilden doch (z. T. mündl.) Überlieferungen, die er bei den 'seniores' der kleineren Kirchen sammelte, die Grundlage seines Werkes.

D. Ó Cróinín

Lit.: J. F. Kenney, Sources for the Early Hist. of Ireland, 1929, 329–331 – L. Bieler, Patricisan Texts in the Book of Armagh, 1979 – C. Swift, T.s Motives in Compiling the Collectanea: an Alternative Interpretation, Ériu 45, 1994, 53–82.

Tîrgovişte, Stadt in Rumänien, am Fuß der Südkarpaten (→Karpaten) auf dem rechten Ufer der Ialomita, nach Curtea de →Argeş und →Cimpulung dritte Residenz der Fs.en der →Valachei von 1383–1559. Blütezeit unter →Mircea d. A. (1386–1418) und →Vlad Tepes (1456–62), 1459 aber von Sultan →Meḥmed II. erobert und gebrandschatzt. Unter →Radu IV. d. Gr. (1495–1508), der den serb. Mönch und Drucker Makarios nach T. holte, entwickelte sich die Stadt zu einem frühen Buchdruckzentrum für kirchenslav. Lit. Aus T. stammte der um die Ausbildung der rumän. Literatursprache verdiente Drucker und Bibelübersetzer Coresi (2. Hälfte des 16. Jh.).

Als Fs.ensitz trat T. seit der 2. Hälfte des 15. Jh. zugunsten →Bukarests zunehmend in den Hintergrund. Von der weitläufigen ma. Residenz, die als erste in der Valachei ein rechteckiges Atrium umschloß, blieb nach dem Brand von 1595 nur der sog. Chindia-Turm erhalten. – Die Kirche (Dreikonchenanlage) des seit der Zeit Mirceas d. A. bestehenden Kl. Dealu (nahe T.) wurde 1498–1501 von Radu IV. als →Grablege für die Herrscherfamilie erbaut.

H. Göckenjan

Lit.: Gh. I. Cantacuzino, Probleme ale raportului dintre inceputurile aşezărilor urbane medievale şi curtile din Tara Românească, Studia Valachica 2, 1970, 95–111 – C. Serban, Despre cultură orăşenească în ţările române in evul medii, Studii 25, 1972, 743–765.

Tirol, Gft. (seit 1918/19 geteilt zw. Österreich und Italien).

I. Geschichte – II. Gesellschaft und Wirtschaft.

I. Geschichte: [1] *Spätantike:* In der Antike gehörten das Inntal ö. der Zillermündung zur Provinz Noricum, w. davon bis Finstermünz sowie der Vinschgau, das Silltal und das obere Eisacktal zur Provinz Rätien, das Pustertal, einschließl. des Bezirkes Lienz, ebenfalls zu Noricum sowie die Bereiche im Eisacktal s. von Klausen und im Etschtal s. der Talstufe an der Töll (bei Meran) zur it. regio Venetia et Histria. Die röm. Herrschaft (seit 16/15 v. Chr.) bewirkte eine weitgehende Romanisierung der ursprgl. rät. Bevölkerung. Bedeutung besaßen die Gebirgsregionen für die Verbindung zw. Italien und der Grenze des Imperiums an der Donau. Der Bau von Straßen über den Reschen (1504 m) und über den Brenner (1370 m) setzte – den natürl. Gegebenheiten folgend – auch für das MA entscheidende Akzente. Einfälle der Alamannen und anderer Germanen nahmen seit dem 3. Jh. zogen die Bewohner der Alpentäler schwer in Mitleidenschaft. Die ostgot. Herrschaft unter Theoderich brachte noch einmal relative Sicherheit.

[2] *Frühmittelalter:* In der 2. Hälfte des 6. Jh. drangen Franken vom W, Langobarden vom S, Baiern vom N und

Slaven vom O in das Gebiet des späteren T. vor. Während der frk. Vorstoß durch den Vinschgau ohne Folgen blieb, residierte in →Trient ein langob. Hzg., dem zunächst auch das Gebiet von →Bozen unterstand. Die slav. Oberhoheit und Besiedlung erfaßten das Drautal mit dem heutigen Ostt., wo es um 600 zu Zusammenstößen mit den bayer. →Agilolfingern kam, die ihre Herrschaft bereits damals über den Brenner nach S, in das Eisacktal, ausgedehnt hatten. Um 680 ist ein bayer. Gf. in Bozen bezeugt, und auch der Vinschgau dürfte seit dem 7. Jh. zumeist unter bayer. Kontrolle gestanden haben. Die polit. Durchdringung der Alpentäler durch die Agilolfinger verband sich mit regen kolonisator. Initiativen, wobei das Inntal, der Grenzbereich gegen die Slaven und die Weinbaugebiete von Bozen und Meran bevorzugte Ansatzpunkte für geistl. und weltl. Grundherren im bayer.-schwäb. Voralpenland bildeten. Die Folge war eine allmähl., bis ins späte MA sich hinziehende Eindeutschung der Bevölkerung.

Bereits in der Spätantike war das Christentum allg. verbreitet. Kultkontinuität ist an mehreren Orten s. wie n. des Brenners archäolog. gesichert. Dem seit der Mitte des 4. Jh. bezeugten Bf. v. Trient unterstand das Etschtal bis vor Meran; der Vinschgau zählte zur Diöz. →Chur, und die seit der 2. Hälfte des 6. Jh. nachweisbaren Bf.e v. Säben (bei Klausen im Eisacktal; vor 1000 nach →Brixen verlegt) übten auch im Pustertal und im Inntal Rechte aus. Die Zugehörigkeit dieses Bm.s zum Metropolitanverband von →Aquileia wurde im 8. Jh. gelöst; Säben bildete spätestens seit 798 als Suffragan von →Salzburg einen Bestandteil der bayer. Kirchenprovinz. Die sich damit ergebende Nordorientierung der maßgebl. kirchl. Institution hat ebenfalls wesentl. zur geistig-kulturellen und auch polit. Anbindung der Gebirgstäler an den bayer.-süddt. Raum beigetragen. Auf der gleichen Ebene liegt die Gründung der Kl. in →Scharnitz (763) und →Innichen (769, durch Hzg. →Tassilo III.).

[3] *Hochmittelalter:* Mit der Einbeziehung des Langobardenreiches und Bayerns in das Frankenreich durch Karl d. Gr. und v. a. durch die Erneuerung des Imperiums durch Otto I. wuchs das Gewicht der Gebirgsregion als maßgebl. Transitraum zw. der Mitte und dem S des Kontinents. Die meisten Italienzüge der Ottonen, Salier und Staufer führten über den Brenner oder den Reschen (→Alpenpässe). Der polit. und insbes. der strateg. Bedeutung trugen die Herrscher Rechnung, wenn sie im Rahmen des sog. otton.-sal. Reichskirchensystems (→Reichskirche) den Bf.en Gft.srechte übertrugen: Heinrich II. 1004 die Gft. Trient an den dortigen Bf.; Konrad II. 1027 noch die Gft.en Bozen und Vinschgau; Konrad II. 1027 die Gft. Norital (= Eisacktal und »Tiroler« Inntal) an den Bf. v. Brixen; Heinrich IV. 1091 die Gft. Pustertal an den Bf. v. Brixen. Randgebiete des späteren Landes T. erhielten »auswärtige« Hochstifte: →Freising das Cadore durch die Ottonen; →Regensburg die Gft. Unterinntal und das Gebiet am obersten Tir. Inn. Damit lösten sich die Alpentäler mehr und mehr aus den größeren polit. Zusammenhängen (Hzm. Bayern, Hzm. Kärnten, Mgft. Verona). Im →Investiturstreit profilierte sich Bf. Altwin v. Brixen als Stütze Heinrichs IV. Die vom Salzburger Metropoliten entscheidend geförderte kirchl. Reform führte sodann seit etwa 1130 zur Gründung einer Reihe von Kl.: St. Georgenberg, →Marienberg, Wilten, Neustift bei Brixen, San Michele all'Adige, San Lorenzo bei Trient, Au bei Bozen. Sie alle waren von Beginn an eingebunden in die süddt.-österr. Kl.landschaft. Unter den Bf.en ragt →Hartmann v. Brixen (1140–64) als Ratgeber Friedrichs I. und Seelsorger hervor. Er und seine Nachfolger erhielten weitere Regalien, und die Ausbildung geistl. Territorien an Eisack, Etsch und Inn schien unaufhaltsam. Im Laufe des 12. Jh. gewannen aber zunehmend einzelne Gf.engeschlechter an Macht: die →Eppaner (sw. von Bozen), die T.er (Schloß T. bei Meran, seit etwa 1140 bezeugt) und die im Alpenvorland verankerten →Andechser, die v. a. im Inntal bei →Innsbruck ein Machtzentrum besaßen. Neben Eigengütern trugen insbes. Vogteirechte zum Aufstieg dieser Familien bei. So errangen die T.er um 1150 die Vogtei über Trient; die Brixner Vogtei nahmen wenig später die Andechser wahr.

[4] *Spätmittelalter:* Gf. Albert III. v. T. (ca. 1200–54) erlangte auch die Vogtei über Brixen und schaltete die konkurrierenden Adelsgeschlechter aus. Sein Enkel →Meinhard II. (1259–95) – väterlicherseits ein Gf. v. →Görz – schuf sodann mit Gewalt, Geld, Geschick und Glück die den Alpenhauptkamm überspannende Gft. T. zw. der Mündung des Ziller in den Inn im NO, dem Becken von Reutte im NW, Arlberg und Unterengadin im W, der Mündung des Avisio in die Etsch im S und der Mühlbacher Klause am Eingang des Pustertales im O. Das neue polit. Gebilde fand in der 1. Hälfte des 14. Jh. als Reichslehen Anerkennung und wurde zum Zankapfel zw. Luxemburgern, Wittelsbachern und Habsburgern, denn mit Meinhards wenig tüchtigem Sohn Heinrich erlosch 1335 die T.er Linie der Görzer Gf.en im Mannesstamm. Seine Tochter →Margarethe Maultasch übertrug 1363 ihre Rechte auf das Land ihren nächsten Verwandten, den habsbg. Hzg.en v. Österreich. Ansprüche der Wittelsbacher wurden mit militär. Einsatz und Geld abgewehrt. Die Funktion als Brücke zw. den habsbg. Herrschaften im SW und im SO des Reiches prägte nun zusätzl. zur N-S-Einbindung der Gesch. T.s. Dieser neuen Aufgabe trug man um 1420 durch die Verlegung der Residenz von Schloß T. bei Meran nach Innsbruck Rechnung. Von 1379 bis 1490 regierte eine eigene Linie der Habsburger in T. (→Leopold III. [8. L.], →Friedrich IV. [30. F.], →Siegmund [3. S.]). Ihr unterstanden zumeist auch die habsbg. Herrschaften vor dem Arlberg. In den in ihrem Umfang eingeschränkten Hochstiften über Trient und Brixen sicherten sich die T.er Landesfs.en einen starken Einfluß. Selbst →Nikolaus v. Kues vermochte sich als Bf. v. Brixen nicht von diesen Beeinträchtigungen zu befreien. Im SO (Primiero 1373, Valsugana 1412) und im S (Lodron 1396, Arco 1440) erfuhr die Gft. Erweiterungen. Die habsbg. Niederlagen gegen die →Eidgenossen (→Sempach, →Näfels) kosteten auch T.er Rittern das Leben. Als 1406 die Appenzeller über den Arlberg nach T. vorstießen, blieb dies eine Episode ohne Folgen. Das fast gleichzeitige Vordringen Venedigs im Etschtal bis Rovereto bedrohte zwar nur indirekt T., doch kam es 1487 zu einer militär. Konfrontation (bei Calliano), ohne Veränderungen im Besitzstand zu bewirken. Da eben damals wegen der Mißwirtschaft Siegmunds der Übergang T.s an die Wittelsbacher drohte, griffen die Landstände ein und sorgten dafür, daß Siegmund 1490 Maximilian I., seinen nächsten habsbg. Verwandten, als Nachfolger akzeptierte. Die 1504/05 zu T. geschlagenen Gebiete von Rattenberg, Kufstein und Kitzbühel hatten im MA zum Hzm. Bayern gezählt. Teile des Pustertals und des heutigen Ostt.s unterstanden bis 1500 den Gf.en v. Görz.

II. GESELLSCHAFT UND WIRTSCHAFT: Der zumeist aus der →Ministerialität hervorgegangene Adel gewann seit Beginn des 14. Jh. einen wachsenden Einfluß. Eine Beteiligung der Städte an der Regierung läßt sich fallweise seit der 2. Hälfte dieses Jh. nachweisen. Nach 1400 treten auch die Gerichte mit ihrer oft der bäuerl. Oberschicht entstammenden Abgesandten polit. in Erscheinung. Eine gezielte Förderung des Bauernstandes – gegen adlige und kirchl. Herrschaftsinhaber – betrieb offenbar bereits Meinhard II. Die entscheidende Ausbildung der oftmals polit. sehr wirkungsvoll auftretenden Landstände erfolgte um 1420 in Zusammenhang mit dem Konflikt Friedrichs IV. mit den T.er Adligen, deren Emanzipationsbestrebungen trotz Unterstützung durch das Reichsoberhaupt erfolglos blieben. Seit damals sind auch bäuerl. Delegierte im T.er Landtag vertreten.

Alle T.er Städte sind Neugründungen des MA. Um 1000 entstand die Bf.sstadt Brixen, die als Residenz einige Bedeutung erlangte. Bozen wurde vom Bf. v. Trient wohl im 12. Jh. ins Leben gerufen, von Meinhard II. seiner Kontrolle unterworfen und stieg zum wirtschaftl. Zentrum des Landes empor. Innsbruck verdankt den Gf.en v. Andechs seine Entstehung und erfuhr durch Meinhard II. eine wesentl. Erweiterung. Dieser Landesfs. betrieb eine planmäßige Städtepolitik, die um 1300 Meran (Münze), →Hall (Saline), →Sterzing und Glurns zu Städten aufsteigen ließ. Bruneck und Klausen unterstanden dem Bf. v. Brixen. Lienz war Residenz der Görzer Gf.en.

Über den eigenen Bedarf hinaus wurden seit jeher →Wein und →Käse produziert. Bes. im Zuge des hochma. Siedlungsausbaus erlangte der Export von Wein nach Süddtl. große Bedeutung. Käse erzeugte man auf den sog. →Schwaighöfen. Die Salzgewinnung in Thaur bzw. Hall ist seit 1232 bezeugt; sie erfuhr durch Meinhard II. um 1280 nachhaltige Förderung. Der Abbau von Erzen erlangte erst seit etwa 1420 größere Bedeutung, als man bei →Schwaz und Rattenberg im Inntal, bei Gossensaß-Sterzing im Eisacktal, bei Pergine und in Primiero im heutigen Trentino große Silber- und Kupfervorkommen entdeckte (→Kupfer, →Silber). Innerhalb kurzer Zeit stieg T. zum montanist. Zentrum Europas empor. Die Förderung nahm einen ungeahnten Aufschwung; Spezialisten strömten ins Land. Zunächst einheim. und gegen Ende des 15. Jh. auch auswärtige Unternehmer machten große Gewinne (→Fugger). V.a. profitierte der Landesfs. vom Bergsegen. An der primären Einrichtungen der Bergwerke schlossen sich Verarbeitungsbetriebe mit einer vielfältigen Infrastruktur und zahlreichen Beschäftigten an, so daß T. im ausgehenden MA v.a. diesem Wirtschaftszweig eine ökonom. Blüte verdankte. Daneben beruhte der oftmals gerühmte Reichtum der T.er Landesfs.en seit Meinhard II. in erster Linie direkt und indirekt auf Einnahmen aus dem überregionalen Handel und Verkehr. Im Zuge einer allg. Steigerung der Frequenzen des internat. Güteraustausches gewannen die Straßen über den Brenner und den Reschen als günstigste Verbindungen zw. Venedig und Süddtl. seit etwa 1200 stetig an Bedeutung. Die Gf.en v. T. sorgten für die Sicherheit der Reisenden und den Ausbau der Verkehrswege. Dafür kassierten sie beträchtl. Einnahmen aus den Zöllen.

Die soziale Lage der bäuerl. Bevölkerung war bereits im hohen MA durch das Zurücktreten der Bedeutung der →Leibeigenschaft gekennzeichnet. Seit dem 13. Jh. begann sich zudem – wohl auch durch landesfsl. Förderung – die freie Erbleihe (→Emphyteusis) auszubreiten. Damals präsentierte sich auch bereits die dörfl. Selbstverwaltung als wesentl. Element bäuerl. Zusammenlebens, und im ausgehenden MA dürften die T.er Bauern ein relativ hohes Maß an Freiheiten und wirtschaftl. Möglichkeiten genossen haben. Auch ihre fallweise Teilhabe an ständ. Aktionen legt diese Annahme nahe.　　　　　　J. Riedmann

Q.: Acta Tirolensia, 5 Bde, 1886–1990 – T.er UB, I/1–I/3, bearb. F. HUTER, 1937–57 – H. WIESFLECKER, Die Reg. der Gf.en v. T. und Görz, 2 Bde, 1949–52 – CH. HAIDACHER, Die älteren T.er Rechnungsbücher, 1993 – *Lit.*: O. STOLZ, Gesch. des Landes T., 1, 1955 – H. WIESFLECKER, Meinhard II., 1955 – J. RIEDMANN, Die Beziehungen der Gf.en und Landesfs.en v. T. zu Italien bis 1335, 1977 – J. FONTANA u. a., Gesch. des Landes T., I, 1990² – W. BAUM, Margarete Maultasch, 1994.

Tiron, Ste-Trinité de, Abtei OSB in der westfrz. →Perche (Diöz. Chartres, dép. Eure-et-Loire), Haupt einer Kongregation, wurde 1114 von →Bernhard v. T. mit Unterstützung Bf. →Ivos v. Chartres errichtet, nachdem eine erste Klostergründung auf Besitzungen des Gf.en v. der Perche, Rotrou, in der nahegelegenen Pfarrei Brunelles 1109 wegen Streitigkeiten mit den →Cluniazensern gescheitert war. Da der Bau des neuen Kl. auf Allodialbesitz der Kirche v. →Chartres erfolgte, sollte es bis zum Ende des 12. Jh. wiederholt zu Auseinandersetzungen um den Rechtsstand von T. kommen. Privilegien der Päpste Calixt II. (1119), Innozenz II. (1132), Eugen III. (1147) und Alexander III. (1164) bestätigten die Rechte und Besitzungen des Ordens, reiche Schenkungen der Kg.e Ludwig VI. v. Frankreich, Heinrich I. v. England (Errichtung eines Dormitoriums) und David IV. v. Schottland wie auch der Gf.en Tedbald v. Blois (Stiftung eines Hospizes) und Rotrou v. der Perche ermöglichten bis Ende des 12. Jh. die Gründung zahlreicher Tochterkl. in Westfrankreich und Schottland. Auf den seit dem 13. Jh. jährlich abgehaltenen Generalkapiteln waren außer dem Abt v. T. auch die Äbte der wichtigsten abhängigen Abteien anwesend: Anières (Diöz. Angers), Arcisses (Diöz. Chartres), St-Michel de Bois-Aubry (Diöz. Tours), St-Léonard de Ferrières (Diöz. Poitiers), Joug-Dieu (Erzdiöz. Lyon), Le Trochet (Diöz. Dôle), sowie La Pélice und Le Gué de l'Aunai (Diöz. Le Mans). Weniger eng war die Bindung an die Kl. Cathmeis in Wales und Roxburgh in Schottland.

Die ursprgl. Ausrichtung des Konvents war eremitisch. Bernhard v. T. führte die Benediktregel ein und ergänzte sie durch eigene, nicht erhaltene Consuetudines, die bes. Wert auf Handarbeit, Armut, Enthaltsamkeit, Schweigen und Weltabgeschiedenheit legten. Nach Art der Asketen bekleideten sich die Mönche mit Tierhäuten. Die eremit. Ideale gerieten nach Bernhards Tod bald in Vergessenheit, die Handarbeit wurde nun an →Konversen und Diener delegiert. Berühmt war v. a. die Klosterschule. Im 15. Jh. wurde die Abtei von engl. Truppen gebrandschatzt. Ende des 15. Jh. scheiterte ein Reformversuch; 1629 schloß sich T. der Maurinerkongregation an.　　U. Vones-Liebenstein

Lit.: L.-H. COTTINEAU, Rép. topo-bibliogr. des abb. et prieurés, II, 1939, 3162f. – LThK² X, 207 – NCE XIV, 171 – L. MERLET, Cart. de Thiron, 2 Bde, 1883 – J. v. WALTER, Die ersten Wanderprediger Frankreichs, 1906, 1972², II, 1–65 – J. DE BASCHER, La »Vita« de St. Bernard d'Abbeville, RevMab 1980, 411–450 – B. BECK, Les origines de l'ordre de T., Revue de l'Avranchin 57, 1980, 241–254 – J. DE BASCHER, L'abbaye et l'ordre de Thiron, Cahiers percherons 3, 1993, 17–46 – C. GILBERT, Une abbaye tironienne en Touraine: St-Michel de Bois-Aubry, BullMon 151, 1993, 139–167.

Tironische Noten, röm. Kurzschrift (→Stenographie), deren Alphabet aus der Reduzierung teils von Kapital-, teils von Kursivbuchstaben besteht. Bei den so gebildeten Chiffren wird unterschieden zw. groß geschriebenem Hauptzeichen (Wortzeichen, nota), das in Form eines oder mehrerer Buchstaben das Wort bedeutet, und kleinem Beizeichen (Auxiliar, titulus), das die Flexionsendung ausdrückt. Den Grundstock der T. N. hat wohl Ciceros Sekretär M. Tullius Tiro geschaffen. Der häufige Gebrauch der T. N. seit dem 1. Jh. n. Chr. etwa bei Senatsverhandlungen und Prozessen oder für Reden und lit. Werke ließ die Zahl der Noten erhebl. ansteigen, so daß sich in den aus karol. Zeit überlieferten, aber auf einen Archetyp des 5. Jh. zurückgehenden »Commentarii Notarum Tironianarum« (CNT) rund 13000 Noten aufgereiht finden. Während in der röm. Antike dem Unterricht in T. N. beachtl. Bedeutung zukam (Martial, epigr. XIV, 208; Preisedikt v. 301; Prudentius, Peristephanon IX), wurde er seit dem FrühMA v. a. auf die klösterl. Schulsphäre beschränkt, wo die Zeichen in der Reihenfolge der CNT auswendig gelernt und häufig mit Hilfe des Psalters geübt wurden; wegen der unpädagog. Anordnung der Noten in den CNT versuchte man in karol. Zeit, übersichtlichere Gruppierungen vorzunehmen (z. B. »Notae Bernenses«). Früh ist der Gebrauch von T. N. in der merow. Kanzlei bezeugt, wo sie auf Originalen der 1. Hälfte des 7. Jh. erscheinen. Mit dem Verfall des Kanzleiwesens z. Z. Ludwigs d. Dt. ist auch die Kenntnis der teilweise stark verwilderten T. N. zurückgegangen. In der westfrk. Kanzlei dagegen wurden sie bis in die Mitte des 10. Jh. und in Italien bis 900 einigermaßen korrekt verwendet. Auch im Wissenschafts- und Schulbereich hat sich die Kenntnis der T. N. nur ausnahmsweise über das 9. Jh. hinaus erhalten; doch weisen innerhalb dieses Zeitraumes weit über 300 Hss. solche auf, häufig als Marginal- oder Interlinearglossen. Schwerpunkt des Studiums der T. N. lag im 9. Jh. in Frankreich, bes. in Tours, Fleury, Micy, St-Denis, St-Germain-des-Prés, St-Amand, Reims und Corbie; in Dtl. ist die Beschäftigung mit ihnen nur sporad. v. a. in Köln, Fulda, Regensburg und Salzburg nachzuweisen. Eine verwandte Methode ist die in Italien und vielleicht auch in Spanien vom 9. bis 11. Jh. verwendete Silbentachygraphie. P. Ladner

Lit.: U. F. Kopp, Lex. Tironianum, 1817 [Neudr. 1965] – W. Schmitz, Notae Bernenses, Panstenographikon I, 1874, 195–208, 337–463, Taf. – Commentarii Notarum Tironianarum, ed. Ders., 1893 – G. Costamagna u. a., Notae Tironianae…, 1983 – B. Bischoff, Paläographie des röm. Altertums und des abendländ. MA, 1986², 110–112 [Lit.] – T. N., hg. P. Ganz, 1990.

Tisch → Möbel

Tischler. Im Zuge der Entfaltung bürgerl. Wohnkultur seit dem 13. Jh. entwickelte sich das Handwerk des T.s aus dem älteren des →Zimmermanns (lat. lignarius) durch Spezialisierung auf die Herstellung von →Möbeln. Seit dem 13. Jh. ist im Oberdt. der Begriff *Schreiner* (mhd. *schrînaere* – lat. scrinarius, seltener: arc[ul]arius, capsarius) verbreitet. Die Bezeichnung *Kistler* (*kistenere* – cistarius, cistifex) für das T.handwerk hält sich in zahlreichen süd- wie norddt. Sprachvarianten bis in die NZ. Oft ident. mit dem Begriff des T.s war im Norddt. die Bezeichnung *S(ch)nitker*. – T. und Zimmermann benutzten ähnl. →Werkzeuge: Beil und Ziehklinge. Kennzeichnend für die T.arbeit wurde jedoch der Hobel, der für die Flächenglättung seit dem SpätMA wieder unentbehrl. wurde. Der T. arbeitete nicht mit Balken, sondern mit hand- oder mühlengesägten Brettern und Leisten; sein Werkstück ist gehobelt und beidseitig bearbeitet, seit dem 15./16. Jh. in der Regel gefugt und verleimt. Truhen und Schreine waren vor dem Tisch die ersten Werkstücke, die dem Handwerk den Namen gaben: Um die Mitte des 13. Jh. entstand in Frankreich der Beruf der *Huchiers* ('Truhenmacher'). 1380 wird erstmals ein Wiener T. genannt, Ende des 14. Jh. ist der Begriff auch in Breslau nachweisbar. Frühnz. setzte sich in W- und Oberdtl. bei gleichem Berufsbild der Begriff des Schreiners, in N-, Mittel- und O-Dtl. wie in Böhmen, Mähren und Österreich hingegen die Bezeichnung des T.s fest. Die Begriffsvielfalt umreißt die Berufsbreite: 1326 wird in Frankfurt a. M. ein *kistenere slozere* genannt, der offenkundig seine Werkstücke zugleich mit Scharnieren und Schlössern versah (→Schlosser). Wohl eher eine Frankfurter Ausnahme war die Tatsache, daß im 14. Jh. das Handwerk des kistenere – vielleicht sogar vornehml. – von Juden ausgeübt wurde. Im selben Jh. werden dort *ladenmechere* genannt, die mit Laden oder Türen versehene Möbelstücke verfertigten. Abgrenzungsstreitigkeiten zw. den einzelnen holzverarbeitenden Handwerkern währten bis in die Frühe NZ. Daher wurden etwa in Lübeck zw. 1457 und 1505 die Tätigkeitsbereiche der einzelnen T.handwerke zunftrechtl. voneinander abgegrenzt: einfacher Möbelbau und die Anfertigung von *kisten* war den *kistenmakern* erlaubt, auch den *kunthor makern*, die wiederum höherwertiges Mobiliar, darunter Zahltische, herstellten sowie Holzvertäfelungen, die andernorts *panelmaker* anfertigten. Die Erwähnung zünft. Vereinigungen spiegelt die Verselbständigung des T.-handwerks: 1356 Brügge, 1382 Paris, 1386 Breslau, 1397 Köln, 1408 Wien, 1473 Frankfurt a. M., 1498 Lüneburg, 1519 Augsburg, 1555 Bremen. Seit dem 16. Jh. wurden in Dtl. Meisterstücke (meist Schrank und Tisch) üblich. Aus der Intarsientischlerei entwickelte sich ein weiterer neuer Beruf, der des Ebenisten. R. S. Elkar

Lit.: F. Hellwag, Die Gesch. des dt. T.handwerks vom 12. bis zum 20. Jh., 1924 – F. Lerner, Das Frankfurter Schreinerhandwerk im Wandel der Zeiten, 1987 – R. S. Elkar, Schreiner in Franken (Möbel aus Franken, hg. Bayer. Nationalmus., 1991), 28–45.

Tischsitten, Tischzuchten
A. Tischsitten – B. Tischzuchten

A. Tischsitten

Der Begriff T., der noch aus der »alten« Kulturgesch. stammt, kann definiert werden mit den soziokulturell und kontextuell bedingten Normen und Verhaltensweisen beim (gemeinschaftl.) Essen und Trinken. Infolge der Andersartigkeit der ma. Tischkultur (z. B. Essen mit den Fingern, rechtl. Implikationen und Gemeinschaftsbezug des Essens) und wiederholter Schilderung von Auswüchsen (Völlerei, Trunksucht, schlechtes Benehmen) reizt das Studium der T. häufig zu oberfläch. Kulturvoyeurismus, der an der ma. Mentalität und an den Intentionen der Quellen (Vorbild vs. Abschreckung) vorbeigeht: Der eigtl. Hintergrund der T. ist das religiös fundierte Ideal des »züchtigen« (= verantwortungsbewußten) Umganges mit Triebhaftigkeit und Ichbezogenheit im Rahmen von Essen und Trinken (s. Abschnitt B). Insofern sind höf. T. Ausdruck für die höchste christl. Tugend, die Demut (= der sozial verträglichste Stand der Persönlichkeitsentwicklung, →Tugenden und Laster), und infolgedessen zählen die T. (wie etwa die →Ernährung oder die →Kleidung) zu den zentralen Standesabzeichen des ma. →ordoDenkens. Eine spezif. Regelung erfährt die Tischkultur in den Regeln der →religiösen Orden. Schriftl. faßbar werden T. erstmals im 12. Jh. Tafelszenen auf ma. Bildern repräsentieren dasselbe Ideengebäude und dürfen ebensowenig als Wiedergaben unmittelbarer Ist-Zustände aufgefaßt werden. Sehr wahrscheinl. sind Darstellungen der T. durch die Rezeption der frz. Hofsitten mitgeprägt, haben aber ältere Vorstufen und behalten dem Prinzip nach bis weit in die NZ ihre Verbindlichkeit. Exemplar. Anregungen zur festl. Ausgestaltung von Mahlzeiten und Tischzeremoniell geben Mitte des 13. Jh. Bf. →Robert Grosseteste v. Lincoln in seinen Anweisungen zur Haushaltsführung und der engl. Franziskaner →Bartholomaeus Anglicus in seinem Traktat »De proprietatibus rerum«. Da viele Einzelheiten profaner T. aus Westeuropa und (nicht zuletzt aus Gründen von Selbstdarstellung oder Personencharakteristik) aus dem Milieu des →Adels überliefert sind, ist unser Bild entsprechend einseitig. Es erfaßt eher Ideal- und Ausnahmesituationen und viel weniger den Alltag. Ein sprachl. Indiz hierfür ist der Begriff Tafel. Er bezeichnet strenggenommen einen leicht transportablen und nur im Anlaßfall (ganz nüchtern mittels zusammenlegbarer Schragen oder Böcke) aufgestellten Teil der häusl. →Möbel. Literar. Symbol für den gedachten Gegensatz zu »Höflichkeit« und »Zucht« ist der →»Bauer«. Dies bedeutet aber kein Fehlen von T. im bäuerl. Milieu, sondern soll – wohl ohne direkten Standesbezug – einfach potentielle Mängel im individuellen Bewußtseinsstand um Sinn und Auftrag der T. signalisieren. Im Umgang mit Gästen, also im gesellschaftl. Anlaßfall, offenbaren die T. Kriterien aus den christl. Werken der →Barmherzigkeit (Fremde beherbergen, den Hungrigen zu essen, den Durstigen zu trinken geben). Entsprechende Indizien sind: das spontane Abtreten eines Anteils je Gang als →Almosen an Bedürftige (→Armut und Armenfürsorge, also keineswegs spezif. Armenspeisen); die Freundlichkeit und Selbstlosigkeit des Gastgebers; seine persönl. Zuwendung und Obsorge für die Gäste; und v. a. deren standesgemäße Bewirtung. Ihr qualitatives Niveau entspricht dem legitimen Aufwand (= das je nach dem sozialen/mentalen Status Unerläßliche bis maximal Zulässige, →Luxusordnungen). Ein typ. Indikator hierfür ist die Anzahl der Gänge: Je bedeutender eine Tischgesellschaft oder auch der Anlaß zum Essen (z. B. eine Frühmahlzeit, ein Fest- oder Sonntag), desto mehr Speisen (zehn, zwölf oder darüber) – desto kleiner allerdings auch die je Speise verzehrte Teilmenge. Außer in den Quantitäten spiegelt sich der angemessene Aufwand auch in der von Speiseordnungen getroffenen sozialen Hierarchisierung von Abläufen (z. B. Reihenfolge der Bedienung) und Strukturen (z. B. Sitzordnung), in hygien./rituellen Obliegenheiten (weiße Tischlaken, Handwaschung vor/nach dem Essen) bzw. generell im Grad der »Köstlichkeit«. Dieser ma. Terminus meint den sozial und mental adäquaten Aufwand an Tafelgeräten, an Ingredienzien, an →Weinen, →Gewürzen und sonstigen Exotismen, an gestalter. Effekten sowohl der Speisen als auch des Eßplatzes (z. B. kostbare Textilien als Wandschmuck) sowie an Zeremoniell – also alles, was die Würde des Gastes oder des Gastgebers zu visualisieren vermag. Die Sitzordnung soll (unter Bedachtnahme auf die Damen) damit korrelieren: Die Priorität des Vor-Sitzes ist in der Regel durch die Singularität und Ausgestaltung des betreffenden Sitzmöbels unterstrichen (z. B. Armlehnen, Sitzkissen, Scherenstuhl). Die beiden ihm benachbarten Bei-Sitze sowie ein allfälliger Gegen-Sitz sind die nächsten Ehrenplätze. Maßgebl. geprägt sind die T. ferner durch die im MA für »gutes« Essen kennzeichnenden, ganzheitl. orientierten medizin.-diätet. Rücksichten (→Regimina): die passende Wahl der Stätte des Essens; vegetabiler Schmuck (auf den Tischen, auf dem Fußboden etc.); die kundige Zusammensetzung, Zubereitung und Abfolge der Speisen; gute (= nach ihrer diätet. Wirkung ausgewählte oder aufbereitete) Weine; die Kleinheit der Essensmenge pro Gang; kommunikationsfreudige Sitznachbarn; die musikal. Umrahmung des Essens (→Musik); eine großzügig bemessene Dauer. Schließlich gehört hierher auch der richtige Zeitpunkt des Essens. Er schwankt im Jahreslauf mit dem Sonnenstand (die Hauptmahlzeit etwa 3 1/2 Stunden nach Sonnenaufgang, um 8.30/10.30 Uhr, das Abendessen etwa 1 1/2 Stunden vor Sonnenuntergang). H. Hundsbichler

B. Tischzuchten

I. Allgemeines – II. Begriff – III. Inhalt – IV. Lateinische und deutsche Literatur – V. Romanische Literaturen – VI. Englische Literatur.

I. ALLGEMEINES: Die Tischsitten, also Verhaltensstandards für das Benehmen bei Tisch, werden zeit- und gesellschaftsabhängig im MA und in der frühen NZ durch die Textgattung der Tischzuchten (Tz.) kodifiziert. Diese Kodifizierungen geben Auskunft über die angestrebten Normen, nicht aber darüber, inwieweit diese erfüllt wurden. Da selbst die erzählende Lit. und sogar die Historiographie meist lehrhafte und/oder idealisierende Tendenz aufweisen, vermögen auch diese Quellen kein unverfälschtes Bild davon zu geben, welche T. in der Gesellschaft des MA tatsächlich herrschten.

II. BEGRIFF: Als Tz. werden im dt. Sprachraum Texte bezeichnet, die überwiegend in Reimpaarversen, im Spät-MA und in der frühen NZ auch in Prosa, Kinder, aber auch Erwachsene, über das Benehmen bei Tisch, insbes. über den Umgang mit dem Tischgerät, über das Essen bestimmter Speisen, über die richtige Art zu trinken und über das Verhalten zu den Tischnachbarn informieren und belehren wollen; zuweilen werden auch die Pflichten des Gastgebers, der Diener oder Anweisungen zum Decken des Tisches beigegeben. Tz. sind sowohl als eigenständige Texte als auch als deutlich abgrenzbare Abschnitte innerhalb umfangreicherer Kodifizierungen von Verhaltensstandards überliefert, ohne daß dies auf die vermittelten Normeninventare Einfluß hätte. Seit Mitte des 14. Jh. wird u. a. in der Verwendung der Gattungsbezeichnung Tz. in Überschriften ein Gattungsbewußtsein erkennbar (nicht dagegen in lat., frz., engl., it., ndl. Texten). Tz. gehören zur →lehrhaften Lit. und antworten, nach den jeweiligen materiellen, sozialen und kulturellen Einflüssen einer Epoche verschieden, auf ein nicht zeit- und gesellschaftsgebundenes Grundbedürfnis nach der Regulierung menschl. Interaktionen und der Einpassung des Einzelnen in die gesellschaftlich erwünschten Verhaltensnormen, ein Bedürfnis, das bes. dann virulent zu werden scheint, wenn eine wachsende Anzahl von Menschen auf engem Raum zusammenlebt (ELIAS) und wenn eine soziale Gruppe sich gegen andere abzugrenzen wünscht.

Über die Entstehung und Entwicklung der Normeninventare ist noch wenig bekannt; als mögliche Quellen werden genannt Jesus Sirach 31, 12–34 40; ein in ein umfangreiches Werk inserierter Traktat »Über die guten Sitten beim Essen und Trinken« des al-Ġazzālī (gest. 1111), wobei Vermittlungswege in den Okzident allerdings ungeklärt sind, vgl. KINDERMANN; die in der »Disciplina clericalis« (entstanden nach 1106) des →Petrus Alfonsi enthaltenen Anweisungen eines Vaters an seinen Sohn, wie er sich bei Tisch zu verhalten habe. Tz. wurden seit dem 12. Jh. schriftlich kodifiziert, zunächst in lat. Sprache; seit dem 13. Jh. entstanden dt. Texte, es folgten Ende 13./Anfang 14. Jh. frz., prov. und it., im 14. Jh anglonorm., im 15. Jh. engl. Texte, wobei den ältesten volksspracht. Exemplaren meist – soweit bisher erforscht – lat. Q. zugrunde liegen (GLIXELLI, NICHOLLS). Forschungen über das Verhältnis der verschiedenen volksspracht. Texte zueinander fehlen.

III. INHALT: Die Regelinventare der (dt., aber auch der lat. sowie der übrigen volksspracht.) Tz. lassen sich auf neun Bereiche beziehen, von denen meist wenigstens sechs berührt werden: 1. Vorbereitungen für das Mahl, Dienen bei Tisch; 2. Beginn des Mahles, 3. allgemeine Anweisungen zum Essen; 4. spezielle Anweisungen zum Essen (Handhabung und Essen bestimmter Dinge); 5. Anweisungen zum Trinken; 6. Anweisungen zum allg. Verhalten bei Tisch; 7. Ende der Mahlzeit; 8. nach Abschluß der Mahlzeit; 9. allg. Anweisungen und Erörterungen; verzichtet wird am ehesten auf Bereich 8; in frühen Texten dominieren Anweisungen aus dem Bereich 3, in späteren solche aus Bereich 6 (vgl. VOIGT, 303). Bei kulturhist.-

soziolog. Lektüre der Texte ist dem lit. bedingten Beharrungsvermögen der Anweisungen Rechnung zu tragen.

IV. LATEINISCHE UND DEUTSCHE LITERATUR: Die lat. Texte des 12. Jh. (→»Disticha Catonis«, »Facetus Cum nihil utilius« [kurz: »Facetus«]), die Tz.-Regeln verstreut zw. anderen Verhaltensanweisungen enthalten, entstammen ebenso wie die »Thesmophagia« des Reinerus (12. oder 13. Jh.?), die umfangreichste unter den selbständigen lat. Tz., geistl.-gelehrtem Milieu und fungierten im doppelten Sinne als Schultexte: sie vermittelten zugleich mit der Sprache auch die Normen des Verhaltens bei Tisch. Als älteste dt. Tz gilt ein Abschnitt (v. 471–526) aus Buch I von →Thomasins v. Zerklaere »Welschem Gast« (1215/16); die erste selbständig überlieferte Tz. ist mit →Tannhäusers Namen verbunden (Zuschreibung umstritten) und wird auf die Mitte des 13. Jh. datiert (älteste Hs: 14. Jh.). Textvergleiche haben gezeigt, daß ein Großteil der späteren dt. Tz. auf ihr basieren (WINKLER). Zu den im 13. Jh. entstandenen Werken gehören die »Cato-Interpolation« als Teil der sog. dt. Rumpfbearbeitung des »Cato«, die Tz.-Lehren in Konrads v. Haslau »Der Jüngling«. Während Thomasins Lehren sich erkennbar an ein adliges Publikum wenden, fehlen textinterne Indizien zur Identifizierung der Adressaten in den späteren Tz. meist. Man vermutet, daß sich die Tz. seit dem 14. Jh. in erster Linie an ein stadtbürgerl. Publikum wenden, wobei dieses die Verhaltensstandards des Adels zu übernehmen bemüht ist. Zu nennen sind u.a.: »Rossauer Tz.«, »Karlsruher Tz.«, »Ain spruch der zu tisch kert«, »Der kindere hovescheit«, die Tz. aus dem Liederbuch der Clara Hätzlerin, »Siegburger Tz.«, »Niederdt. Prosa-Tz.«. Parallel zu den Tz. des 15. Jh setzen die verkehrten oder umgekehrten Tz. (auch grobianische Tz.) ein, die durch das iron. Lob des falschen Gegenteils auf die geltenden Regeln aufmerksam machen wollen (»Der liederl. Tag«, S. Brant: Das Narrenschiff, 2. Aufl., Kap. 110a, Th. Murner: Schelmenzunft, Kap. 21; F. Dedekind: Grobianus, dt. Fassung von C. Scheidt, Hans Sachs: Die vmbkert disch zuecht, Die verkert tischzuocht).

Daß es sich bei den Tz. um eine Textsorte handelt, die grundsätzlich offen ist für Ergänzungen, Kürzungen und Abwandlungen, wird an den Textzeugen deutlich, die sich trotz zuweilen wörtl. Übereinstimmungen kaum je zu widerspruchsfreien Stemmata anordnen lassen (vgl. jedoch WINKLERS Versuch, die selbständigen Tz. zu Gruppen zusammenzustellen, wobei er jedoch immer wieder punktuelle Übereinstimmungen auch zw. Texten verschiedener Gruppen konstatieren muß; Verzeichnis der Ed. einzelner Textzeugen 442–445; ausführl. Inventar der hsl. und gedr. Textzeugen bei VOIGT 312–354).

V. ROMANISCHE LITERATUREN: Von den drei frz. Texten geht der älteste (nach GLIXELLI wohl noch 13. Jh.) wohl auf eine in Frankreich entstandene lat. Vorlage (Quisquis es in mensa) zurück, in der beiden folgenden beruhen auf dem jeweils vorhergehenden Text. Der prov. Text (14. Jh.) ist unabhängig sowohl von der lat. Vorlage als auch von den frz. Versionen, während das in it. Sprache verfaßte »De quinquaginta curialitatibus ad mensam« des →Bonvesin de la Riva (Anf. 14. Jh.) wohl wiederum auf dem lat. Text fußt.
T. Ehlert

Lit.: zu [A]: →Aquamanile, →Besteck, →Fasten, →Gabel, →Gastlichkeit, →Löffel, →Teller-G. SCHIEDLAUSKY, Essen und Trinken. T. im MA (Bibl. des Germ. Nat.mus. Nürnberg 4, 1956) – A. HAUSER, Vom Essen und Trinken im alten Zürich. T., Kochkunst und Lebenshaltung vom MA bis in die NZ, 1962 – H. HUNDSBICHLER, Reise, Gastlichkeit und Nahrung im Spiegel der Reisetagebücher des Paolo Santonino (1485–1487) [Diss. Wien 1979] – J. BUMKE, Höf. Kultur. Lit. und Gesellschaft im hohen MA, Bd 1, 1986 – J. DI SCHINO, The Splendour of the Table. The Art and Pleasure of the Renaissance Banquet, 1992 – zu [B. I–V]: DLFMA², 330–331 – A. BÖMER, Anstand und Etikette nach den Theorien der Humanisten, Neue Jb.er für das klass. Altertum, Gesch. und dt. Lit. und für Pädagogik 14/1904, 223–242, 249–285, 330–355, 361–390 – P. MERKER, Die Tz.lit. des 12. bis 16. Jh., Mitt. der Dt. Gesellschaft zur Erforschung vaterländ. Sprache und Altertümer in Leipzig 11/1913, 1–52 – S. GLIXELLI, Les contenances de table, Romania 47, 1921, 1–40 – Höf. Tz. Nach den Vorarbeiten A. SCHIROKAUERS, hg. TH. P. THORNTON, 1957 – Grobianische Tz. Nach den Vorarb. A. SCHIROKAUERS, hg. TH. P. THORNTON, 1957 – H. KINDERMANN, Über die guten Sitten beim Essen und Trinken. Das ist der 11. Buch von al-Ghazzālī's Hauptwerk. Übers. und Bearbeitung als ein Beitrag zur Gesch. unserer Tischsitten, 1964 – N. ELIAS, Über den Prozeß der Zivilisation. Soziogenet. und psychogenet. Untersuchungen, 2 Bde, 1969² – J. G. NEUER, The Historical Development of Tz.lit. in Germany [PhD masch. UCLA 1970] – A. WINKLER, Selbständige dt. Tz. des MA [Diss. Marburg 1982 (mit Editionsteil)] – A. VEIJALAINEN, Fest und Tz. in der dt. höf. Lit. des MA [Diss masch. Innsbruck 1983] – Manger et boire au MA, Actes Coll. Nice (oct. 1982), 1984 – J. GARRISSON, D'où viennent nos manières de table, L'Histoire 71, 1984, 54–59 – B. K. WHEATON, L'office de la bouche. Hist. des moeurs de la table en France 1300–1789, 1985 – CH. VOIGT, Forsch. en zu den selbständigen dt.sprachigen Tz. des MA und der frühen NZ [Diss. Stuttgart 1995] – Verf.-Lex.² IX, 941ff.

VI. ENGLISCHE LITERATUR: Obwohl die Gattung der Tz. in England seit dem 12. Jh. heimisch ist (vgl. den lat. »Urbanus magnus«), tauchen anglonorm. Versionen erst seit der 2. Hälfte des 13., me. – mit der eventuellen Ausnahme von »Urbanitatis« (Ind. 4149, 4153; spätes 14. Jh.?) – gar erst im 15. Jh. auf. Diese sind überwiegend in →rhyme royal oder gereimten Zweizeilern abgefaßt und oftmals Teile von größeren *courtesy books* (c. b.s), unter denen John Russells »Book of Nurture« (Ind. 1514; in Vierzeilern; 1440) das bedeutendste ist und ebenso wie das »Sloane C. B.« (Ind. 4152) der Unterweisung des Personals eines großen Haushalts dient. Späte Vertreter, die »Generall Rule« (IPMEP 688), das 1508 von de Worde gedruckte »Book of Keruynge« (IPMEP 754; STC² 3289–3293) und das eventuell schon in das 16. Jh. gehörende »For to serve a lord« (IPMEP 189), zeigen Prosa. Die größte hsl. Verbreitung fand unter →Lydgates Namen laufende Version des →Robert Grosseteste zugeschriebenen »Stans Puer ad Mensam« (Ind. 2233; anonyme erweiterte Fass.: Ind. 1694), neben der auch eine genauere Übers. des lat. Originals existiert (Ind. 1501). – Als offene Textsorte tauchen die Tz. in Hs. und Druck nicht selten als Versatzstücke in verwandten Gattungen oder Slg.en religiös-moral. und didakt.-prakt. Inhalts auf. So sind →Caxtons »Book of Curtesye« (Ind. 1919; gedruckt 1477–78 [= STC², 3303f.]), »Lyttyll Childrene« (Ind. 1920) und Lydgates »Stans Puer ad Mensam« auch in Richard Hills *commonplace book* überliefert. »Urbanitatis« findet sich im Anschluß an →Mirks »Instructions for Parish Priests« als Teil der »Constitutions of Masonry« (Ind. 4149), oder das aus der Mitte des 15. Jh. stammende »Lytyll Childrene« wird 1497 von de Worde mit interlinearer frz. Übers. als Konversationsbuch unter dem Titel »A Lytyll Treatise for to Lerne Englysshe and Frensshe« gedruckt. Wenn auch der Verfasser des »Babees Book« (Ind. 1576) ausdrückl. Kinder »kgl. Blutes« im Sinn hat (s. a. das »Black Book« Eduards IV.), so sind c. b.s zunehmend von den Interessen der Gilden, Kaufleute und Reisenden bestimmt.
K. Bitterling

Bibliogr.: ManualME 9.XXII, 1993, 196–201 – C. BROWN–R. H. ROBBINS, The Ind. of ME Verse, 1943 [Suppl. 1954; Ind.] – A. W. POLLARD–G. R. REDGRAVE u. a., A Short-Title Cat. of Books Printed in England..., 1976–86² [STC²] – R. E. LEWIS u. a., Ind. of Printed ME Prose, 1985 [IPMEP] – *Ed.*: F. J. FURNIVALL, The Babees Book, EETS OS 32, 1868 [Rev. Ed.: 1904] – E. RICKERT, The Babees Book, 1908 [Übers.] – R. W. CHAMBERS, EETS OS 148, 1914 [IPMEP 688] –

D. Knoop, G. P. Jones, D. Hamer, The Two Earliest Masonic MSS, 1938, 146–151 – J. Nicholls, A Courtesy Poem from Magdalene College Cambridge Pepys MS 1236 (Notes and Queries 227, 1982), 3–10 [Ind. 1501] – *Lit.:* S. Gieben, Robert of Grosseteste and Medieval C. B.s, Vivarium 5, 1967, 47–74 – D. Bornstein, Mirrors of Courtesy, 1975 – J. Nicholls, The Matter of Courtesy, Medieval C. B.s and the Gawain-Poet, 1985.

Titel

I. Spätantike – II. Byzanz – III. Südosteuropa.

I. Spätantike: Unter dem Oberbegriff 'T.' lassen sich von den Phänomenen der röm. Antike 1. die vom Inhaber eines polit. Amtes oder einer administrativen Funktion respektive eines Offizierspostens offiziell geführte Bezeichnung seiner Stellung (z. B. →praetor/→consul oder →praefectus praetorio/→magister militum/→dux) und 2. Ehrenprädikate erfassen, die einen überindividuellen und techn. Charakter haben und einen bestimmten Rang innerhalb der Gesellschaft bzw. in einer ihrer Teilbereiche (Hof/Senat) markieren (z. B. vir illustris/comes primi ordinis). Als Sonderfall tritt die sog. 'Kaisertitulatur' hinzu, die heterogene Elemente (so etwa gegenwärtig wie früher bekleidete prestigeträchtige Ämter, Epitheta, welche spezielle Qualitäten, auch deren konkrete Umsetzung in polit. Leistungen attestieren) zu dem Zweck vereint, den Herrscher als →princeps zu präsentieren.

Während der Bezug zw. öffentl. Tätigkeit und sozialem Status ebenso gewahrt bleibt wie die Hervorhebung der »Leute von Rang« (ordo) aus der übrigen Bürgerschaft und v. a. die gesellschaftl. Schichtung mit dem Senatorenstand (→Senatorenadel) an der Spitze, ist die Spätantike bei T.n der Gruppe 1 neben der Fortdauer republikan. Magistraturen, von denen das Consulat nach wie vor viel Ansehen genießt, von einer Umgestaltung in Verwaltung und Heer gekennzeichnet, welche die Entstehung neuer Positionen – d. h. auch neuer T. – bringt. Damit einher geht die Ausbildung einer Karriere im Dienst des Ks.s (comitatus/castra/militia), die klar von der die traditionellen republikan. Magistraturen integrierenden und dadurch Mitgliedschaft im →Senat einschließenden Senatslaufbahn abgegrenzt wird, jedoch ihre Absolventen bei Erreichen der höheren Chargen zu Mitgliedern des Senatorenstandes macht.

Daß der ordo senatorius jetzt nicht länger auf Männer mit Sitz im Senat (sowie deren Frauen, Söhne und Enkel) beschränkt und daher nicht mehr automat. durch die republikan. Ämterlaufbahn im Inneren strukturiert ist, erklärt das die Spätantike bes. charakterisierende Bestreben, mit Hilfe von T.n der Kategorie 2 differenzierte Hierarchien zu schaffen: So etabliert sich einerseits für den gehobenen 'comitatus' mit der Einteilung in (aufsteigend) 'comites tertii', 'secundi', 'primi ordinis' eine eigene Rangordnung. Wo nicht durch eine Funktion erworben, kann der T. eines →'comes' gesondert verliehen werden. Dies erfolgt nicht nur, um jemand in den Genuß von Privilegien kommen zu lassen, sondern auch, um Leuten mit einer senatus-Karriere (z. B. temporär am Hof weilenden Gesandten der curia) dort einen Platz anzuweisen (Analoges bei der Aufnahme von Hofbeamten in den Senat durch Erteilung des Grades eines z. B. Quaestoriers). Zum anderen kreiert man für den ordo s. als Ganzem ein neues System (vgl. bes. CTh 6,5ff.), in dem die Ämter beider denkbarer Laufbahnen positioniert und ihre Träger damit in die Ränge der 'viri clarissimi', 'spectabiles', 'illustres' (aufsteigend) eingestuft werden. Merkmal der Epoche ist demnach fraglos ein ausgeprägtes Bedürfnis nach exakten Regelungen, kaum freilich schlicht 'byz.' T.sucht.

A. Pabst

Lit.: Neben den Einträgen unter Verweisworten s. (mit weiterer Lit.) Jones, RRE [Neudr. 1986] – H. Löhken, Ordines dignitatum, 1982.

II. Byzanz: Byzanz übernahm in ideolog. und polit. Nachfolge des →röm. Reiches von diesem ein komplexes System der Staatsverwaltung (→Staat). Jahrhundertelang kontrollierten staatl. Institutionen fast das gesamte gesellschaftl. und wirtschaftl. Leben des Reiches. Unter solchen Bedingungen entwickelte und erhielt sich sehr lange ein zahlreiches, hierarchisch organisiertes und häufig auch professionell ausgerichtetes Beamtentum (→Beamtenwesen). Es bildete die gesellschaftl. Elite; deshalb erhielten viele seiner Angehörigen neben der Würde, mit der die Funktion des einzelnen bezeichnet wurde, auch einen T. (ἀξίωμα), durch den ihr gesellschaftl. Status ganz unmittelbar bestimmt wurde, ohne daß hieraus notwendigerweise konkrete Pflichten folgten. Unabhängig von der verschiedenen Herkunft dieser T. – aus dem Senatoren-, Militär- oder Hofdienst –, lag ihre Grundbedeutung stets an dem Platz, den die T.träger in Anwesenheit des Ks.s anläßl. großer Hofzeremonien einnahmen. Allerdings änderten die T. in den verschiedenen Perioden der Gesch. von Byzanz ihre Physiognomie, indem ihre Zahl variierte und die Tendenz aufwies, sich zu vergrößern. In der frühbyz. Zeit, bis ungefähr zum Anfang des 7. Jh., gab es wenige solcher T., und sie waren generell mit der Zugehörigkeit zum →Senat verbunden, so daß sie auf die gesellschaftl. Leiter nicht weit nach unten reichten. 'Illustres', 'Spectabiles', 'Clarissimi', seit dem 6. Jh. auch 'Gloriosi' als höchster Rang, waren die bedeutsamsten und zugleich verbreitetsten Ehrent. außerhalb der an Funktionen gebundenen Nomenklatur. In der sog. mittelbyz. Zeit vom 7. bis zum 11. Jh., insbes. im 9. und 10. Jh., in der Zeit der größten Bedeutung der entfalteten byz. bürokrat. Maschinerie, wurde das System auf neue Grundlagen gestellt. Die T. wurden zahlreicher und entlang der gesamten hierarch. Leiter in eine bestimmte Beziehung zu den Funktionen gesetzt. Drei T. – →Caesar, →Nobilissimus und Kuropalates – waren der Kaiserfamilie vorbehalten. Die anderen T. wurden durch Aushändigung eines Zeichens (διὰ βραβείου) verliehen; in der Regel wurden die Titelträger zugleich durch eine →Urkunde (διὰ λόγου) in eine bestimmte Funktion eingewiesen. Ohne im voraus strikt geregelt zu sein, bestand eine Korrelation zw. beiden Faktoren. Allmähl. etablierte sich der Vorrang von Angehörigen angesehener Familien bei der Verleihung höherer Würden, und es entwickelte sich die auch gesetzl. verankerte Praxis des T.kaufes. Im 11. Jh. begann eine T.inflation; sie manifestierte sich im Anwachsen der Zahl und im Erfinden immer komplizierterer Bezeichnungen und einem deutlicheren Vorrang der Aristokratie bei der Zuteilung unabhängig von der Übernahme einer Funktion. Sogar die T. der Kaiserfamilie unterlagen dieser Tendenz. Am Ende des 11. Jh. erschien der neue T. des →Sebastokrator, im 12. Jh. →Despotes. Im 12. Jh. wurde die Verwandtschaft mit der Kaiserfamilie entscheidender Faktor für die Zuteilung der meisten T. In der spätbyz. Zeit, nach dem 4. Kreuzzug und bes. nach Erneuerung der Ks.herrschaft in Konstantinopel 1261 verschwand die Unterscheidung zw. T. und Funktion, und die gesamte aufgeblähte hierarch. Liste der ksl. Bürokratie wurde eine einfache Sammlung von Ehrentiteln nicht nur ohne wirkl. Inhalt, sondern auch ohne Pflicht der Inhaber, am Hofe zu erscheinen. Diese gesamte Entwicklung berührte die Hierarchie kirchl. Ämter fast gar nicht; sie waren dauerhaft nach neun Pentaden geordnet. →Taktika, 3.

Lj. Maksimovic

Q. und Lit.: Notitia dignitatum, hg. O. Seeck, 1876 [Nachdr. 1962] – J. B. Bury, The Imperial Administrative System in the Ninth Cent.,

1911 – E. STEIN, Unters. zur spätbyz. Verf.s- und Wirtschaftsgesch., Mitt. zur Osman. Gesch. 2, 1923-25, 1–62 – A. VOGT, Constantin VII Porph., Le Livre des Ceremonies, I–II, 1935, 1940 – G. KOLIAS, Ämter- und Würdenkauf im früh- und mittelbyz. Reich, 1939 – F. DÖLGER, Aus den Schatzkammern des Hl. Berges, 1948 – H. GLYKATZKI-AHRWEILER, Recherches sur l'administration de l'empire byz. aux IXe–XIe s., 1960 – OSTROGORSKY, Gesch.^{3} – A. HOHLWEG, Beitr. zur Verwaltungsgesch. des oström. Reiches unter den Komnenen, 1965 – The Cambridge Medieval Hist., IV, 1967, 21ff. – R. GUILLAND, Recherches sur les institutions byz., I–II, 1967 – L. BRÉHIER, Les institutions de l'empire byz., 1970^2 – J. DARROUZÈS, Recherches sur les ὀφφίκια de l'Église byz., 1970 – G. OSTROGORSKY, Observations on the Aristocracy in Byzantium, DOP 25, 1971, 1–32 – N. OIKONOMIDÈS, Les listes de préséance byz. des IXe et Xe s., 1972 – G. WEISS, Oström. Beamte im Spiegel der Schrr. des Michael Psellos, 1973 – J. VERPEAUX, Pseudo Kodinos, Hierarchie des offices, 1976^2 – J.-C. CHEYNET, Dévaluation des dignités et dévaluation monétaire dans la seconde moitié du XIe s., Byzantion 53, 1983, 453–477 – The Byz. Aristocracy, 9th to 13th Centuries, ed. M. ANGOLD, 1984 – F. WINKELMANN, Byz. Rang- und Ämterstruktur im 8. und 9. Jh., 1985 – LJ. MAKSIMOVIĆ, The Byz. Provincial Administration under the Palaiologoi, 1988 – P. SCHREINER, Byzanz, 1994^2.

III. SÜDOSTEUROPA: Die ältesten T., Rang- und Amtsbezeichnungen bei den Südslaven sind durch allg. Termini (archont, hegemon, rix) der fremdsprachigen Q. überdeckt. *Knez* (von germ. **kuningaz*), *voevoda* (belegt bei den Magyaren Mitte des 10. Jh.), *župan* und *ban* waren wohl Bezeichnungen der Oberhäupter in den Sklavinien. Die T. in der protobulg. herrschenden Schicht (→Bulgarien) sind besser erhalten und lassen sich in die Gruppen der inneren und der äußeren Boljaren (*boliades*) einordnen (*kauchanos, ičirgu boila, bagatur, kopan, sampsis, minik, alobogotur*). Nach der Christianisierung im Laufe der Slavisierung gewannen Termini, verbreitet durch die Übersetzungen der Bibel und liturg. Schriften, an Bedeutung (*velmuž, sanovnik, vlastel*). Mit der Krönung Symeons (913) kamen nicht nur *Zar* (von Caesar) und *samodržac* (zum Autokrator, belegt Anfang des 11. Jh.), sondern auch andere Hoft., von denen nur wenige belegt sind, in Gebrauch. Während der byz. Herrschaft (1018–1185) wurde die byz. Komponente verstärkt, bes. in der Lokalverwaltung (*protosevast, sevast*). Außerhalb des byz. Bereiches behaupteten sich →*župan* (bei den Serben war Großžupan, *megajupanus* der Herrschert.) und →*Ban* (Kroatien, Ungarn, Bosnien). Über Kroatien verbreitete sich der T. *kral* (seit 1217 in Serbien, 1377 in Bosnien). Das zweite Bulgar. Reich nahm sich Byzanz zum Vorbild und trat auch das Erbe der vorangehenden Perioden an, in denen schon die byz. Bezeichnungen vertreten waren. Mit der Ks. kröung Stefan Dušans (1346) wurde das byz. System auch in →Serbien übernommen. Die byz. T., teils übersetzt wie *stavilac*, waren an den Höfen der Territorialherren vertreten. Bei den Albanern (→Albanien) überwogen zuerst die byz. T. (*sevastos, panhypersevastos, kephale*, später auch *sevastokrator, despot*), hinzutraten die slav. (*kaznec, voevoda*). Die slavisierten byz. T., übernommen von den Balkanstaaten, überkreuzten sich in der →Valachei und →Moldau mit typ. westl. wie Palatinus (*vornic*) und Burggraf (*porkolab*), woraus ein buntes System entstand, das auch in der NZ erhalten blieb.   S. Čirković

Lit.: S. NOVAKOVIĆ, Vizantiski i činovii titule u srpskim zemljama XI–XV veka, Glas 78, 1908, 178–279 – S. BOBČEV, Titli i službi v oblasnoto upravlenie na starovremska Bulgarija spored gramotite na bulgarskite care, Izvestija ID 11–12, 1932, 228–248 – P. PETROV, O titulah »sevast« i »protosevat« v srednevekovnom bulgarskom gosudarstve, VV 16, 1959, 52–65 – B. FERJANČIĆ, Despoti u Vizantiji i južnoslovenskim zemljama, 1960 – M. ANDREEV, Služhbite na provincialnoto upravlenie na srednevekovna Bulgarija i srednevekovna Srbija spored danni na darstvenite gramoti na bulgarskite i srbskite vladeteli ot XIII i XIV vek, Godišnik SU, Jur. fak. 58, 2, 1967, 1–31 – V. GJUZELEV, Funkcite i rolata na kavhana v života na Purvata bulgarska duržava (VII–XI v.), Godišnik SU, Fil. fak. 60, 3, 1967, 131–159 – P. KOLEDAROV, Le titulariat des boyards dans la Bulgarie médiévale et sa porté dans les autres pays, Études hist. 4, 1968, 191–212 – N. STOICESCU, Sfatul domnesc si marii dregători din Țara Românească si Moldova (sec. XIV–XVII), 1968 – B. FERJANČIĆ, Sevastokratori i kesari u srpskom carstvu, Zbornik Fil. fak. 10-1, 1970, 254–269 – V. GJUZELEV, Ičirgu boilate v Purvata bulgarska duržava (VII–XI v.), Godišnik SU, Fil. fak. 65, 3, 1973, 123–181 – I. BOŽILOV, Les Bulgares dans la préséance et l'administration byz., EBalk 14, 1978, 112–120 – HR. KOLAROV, Titulatura i pulnomoštija vladetelskoj vlasti v srednevekovnoi Bolgarii, ebd. 14, 1978, 89–101 – PH. MALINGOUDIS, Über drei T. byz. Ursprungs im ma. Bulgarien, ebd. 14, 1978, 78–83.

Titelkirchen, röm., sind heute den Kard. priestern zugewiesene Kirchen. Ihre Entstehungsgesch. ist mit der Entwicklung der Struktur der röm. Diöz. verbunden. Die T. bedeuteten eine Dezentralisierung der Seelsorge. Aus dem →»Liber pontificalis« sind wir über die Einteilung der röm. Kirche durch Papst Clemens I. (um 91–101) in sieben Regionen, die wiederum in T. gegliedert waren, informiert. Er schreibt die Zuteilung von T. an die röm. Priester den Päpsten Evaristus (um 101–109), Dionysius (259–268) und Marcellus I. (308–309), der angebl. die Zahl der T. auf 25 gebracht habe, zu. Am Anfang des 4. Jh. sind aber nur 18 T. nachweisbar, sieben weitere wurden im selben Jh. errichtet. Die Zahl 25 war also erst um 400 erreicht. Alle anderen röm. Kirchen waren in gewissem Sinne den T. unterstellt, da sie von ihnen aus versorgt wurden. Die T. bildeten zusammen die röm. Kirche. Der Ursprung der Bezeichnung 'Titelkirche' liegt im dunkeln. Mehrere Thesen werden vertreten: 1. Sie gab dem →Kardinal den Titel. 2. Sie geht auf den Namen des Eigentümers, der in einer Inschrift aus Marmor am röm. Wohnhaus angebracht war, zurück. 3. Sie wurde jenen röm. Presbytern als 'Titel' zugewiesen, die allg. zum Dienst an der Kirche von Rom bestimmt waren. Die dritte Erklärung deckt sich am weitesten mit der jurist. Q. und der antiken Lit. Die T. waren Vorläufer der Pfarreien im heutigen Sinn. Die Titelpriester hatten über die gemeinrechtl. Befugnisse als Mitglieder des bfl. Presbyteriums hinaus eine Reihe von Rechten: das Recht zu taufen, das Bußsakrament zu spenden und das Recht zur Eucharistiefeier. Sie versahen schon seit dem 4. Jh. den Gottesdienst an den Zömeterialbasiliken, der später jedoch nur an den drei großen Grabeskirchen v. S. Pietro, S. Paolo und S. Lorenzo fuori le mura erhalten blieb. Die T. waren Filialen der vom Papst geleiteten Pfarrei Rom, deren Verwaltungszentrum seit dem 4. Jh. der Lateran bildete. Die mit der Leitung dieser Kirchen beauftragten Presbyter (presbyteri titulorum) wurden später zu den presbyteri cardinales, im Unterschied zu den presbyteri parochiales. Sie nahmen an der Papstliturgie teil, durften selbst jedoch nur zelebrieren, wenn sie zuvor das fermentum erhalten hatten, das sie zum Zeichen der Gemeinschaft mit dem Papst in den Kelch legten. Ab dem 6. Jh. und insbes. in den ersten Jahrzehnten des 8. Jh. betrafen die Änderungen in der stadtröm. Kirchenverfassung in erster Linie diese röm. presbyteri titulorum. Nur der jeweilige presbyter prior einer Titelkirche verblieb im Presbyterium des Bf.s v. Rom. Damit war der terminus cardinalis in Rom auch auf Priester anwendbar geworden, wurde sogar so sehr zum nomen genericum für diese presbyteri priores der T., daß bis ins 12. Jh. 'cardinalis' allein genommen in der Regel nur Kard. priester bedeutete. Im 12. Jh. hatten die Kard. priester sogar quasibfl. Rechte in ihren T.

Die ältesten bekannten T. gebäude (Basiliken) sind seit der 2. Hälfte des 4. Jh. S. Pudenziana, S. Pietro in Vincoli, S. Cecilia, S. Sabina, des Pammachius (= SS. Giovanni e

Paolo) u. a. Über die T. sind wir auch informiert durch die röm. Synoden v. 499 (das erste sichere Verzeichnis) und 595, den Kat. v. Salzburg (karol. Zeit), die Liste des Anonymus v. Einsiedeln (9. Jh.) und den Kat. Leos III. (795–816) im »Liber pontificalis«. Ein Verzeichnis von Pietro Mallio aus der Zeit Alexanders III. gibt 28 T. an, sieben für jede der vier Patriarchalkirchen. Für *S. Pietro* sind dies: S. Maria in Trastevere, S. Crisogono, S. Cecilia, S. Anastasia, S. Lorenzo in Damaso, S. Marco, SS. Martino e Silvestro; für *S. Paolo*: S. Sabina, SS. Nereo e Achilleo, S. Prisca, S. Sisto, S. Balbina, S. Marcello, S. Susanna; für *S. Maria Maggiore*: SS. Apostoli, S. Ciriaco in Terme, S. Eusebio, S. Pudenziana, S. Vitale, SS. Marcellino e Pietro, S. Clemente; für *S. Lorenzo*: S. Prassede, S. Pietro in Vincoli, S. Lorenzo in Lucina, S. Croce in Gerusalemme, S. Stefano in Celio Monte (S. Stefano Rotondo), SS. Giovanni e Paolo, SS. Quattro Coronati. Später entstehen mit der steigenden Zahl von Kard.priestern neue T. R. Puza

Q. und Lit.: →Liber pontificalis – DACL XIV/2, 2883–2895 – ECatt XII, 152–158–LThK² X, 209f. – J. P. Kirsch, Die röm. T. im Altertum (Studien zur Gesch. und Kultur des Altertums 9, 1918) – G. Matthiae, Le chiese di Roma dal IV al X sec., 1962, 54–77 – C. G. Fürst, Cardinalis, 1967, passim – N. Del Re, La Curia Romana, 1970³, 10 – R. Weigand, Unbekannte (Überlieferungen von) Dekretalen zum Kard.skollegium (Studia i. h. ... A. M. Stickler, hg. R. J. Card. Castillo Lara, 1992), 612.

Titularbischof (episcopus titularis), der auf den Titel einer untergegangenen Diöz. geweihte Bf. Er hat keine Gewalt in seiner virtuellen Diöz. (früher deshalb, weil er aus ihr vertrieben wurde oder gar nicht in ihren Besitz gekommen ist). Die Bezeichnung ist im MA noch unterschiedl. und dürfte wohl erst durch Leo XIII. 1882 gemeinrechtl. eingeführt worden sein. In den ma. Q. werden T. und →Weihbf. noch nicht unterschieden. Beide sind Vertreter des Bf.s in pontificalibus; Vorläufer sind die →Chorbf.e. Bei den T.n handelt es sich ursprgl. um Bf.e, die im 12. und 13. Jh. in den Ländern ö. der Elbe, bes. Preußen und Livland, ihre Diöz.n nicht in Besitz nehmen konnten und vorübergehend von Diözesanbf.en mit bes. Weiheaufträgen betraut wurden. Nach den Kreuzzügen waren es regelmäßig Bf.e lat., wieder in die Hände der Muslime gefallener Sitze. Auf sie galt eine weitere Weihe als zulässig. Clemens V. sah sich allerdings veranlaßt, die Einsetzung und Konsekration solcher Bf.e »ohne Klerus und Volk« von der bes. päpstl. Erlaubnis abhängig zu machen (Clem. 1. 3.5). Solche Bf.e durften dann mit dauerndem Amtsauftrag in anderen Bm.ern als Hilfsbf.e fungieren. T.e werden bald auch vom Papst an der Röm. Kurie und im Gesandtschaftswesen eingesetzt. R. Puza

Lit.: Feine, 371f., 374 [Lit.] – Plöchl III, 228ff. – B. Rupp, Der Titularepiskopat in der röm.-kath. Kirche mit bes. Berücksichtigung der dt. Weihbf.e, 1917 – J. B. d'Onorio, La nomination des évêques, 1986, 13f.

Titulus
I. Allgemein. Mittellateinische Literatur – II. Frühchristliche Ikonographie.

I. Allgemein. Mittellateinische Literatur: T., Aufschrift, Inschrift auf Dingen aller Art, die ihren Träger nennt, erläutert oder sonst zu ihm Stellung nimmt, z. B. auf Bildwerken, Bildern und Miniaturen, Gebäuden und ihren Teilen, verschiedenem Hausrat, Gewändern und Gewandteilen, Büchern und lit. Werken, Grabmalen (→Epitaph, →Inschriften); überwiegend in Versen verfaßt. Abschriftl. oder als Lit.form auch ohne materielle Verbindung zu einem konkreten Gegenstand (→Epi-

gramm). Tituli sind aus dem ganzen MA in sehr großer Zahl erhalten. Die Inschriftenpoesie bes. des frühen MA setzt spätantike Traditionen fort, die in der lit. Überlieferung der Autoren, in erhaltenen Denkmälern und v. a. in Slg.en, z. B. röm. christl. Inschriften zugängl. waren, die zur Unterrichtung der Pilger, gelegentl. auch aus antiquar.-lit. Interesse zusammengestellt wurden. In der Karolingerzeit hatte auch die T.dichtung am Aufschwung der lit. Kultur teil: →Alkuin und →Hrabanus Maurus z. B. dichteten umfangreiche Zyklen von Kirchen-Tituli. Als Form dienten vorwiegend die klass. Versmaße, Hexameter und Distichon, Mode vom 10. Jh. an auch mit Reimen. Rhythm. Tituli wie MGH PP 1, 416 Nr. 10 sind die Ausnahme. G. Bernt

Ed.: →Einzelne Autoren; →Inschriften – MGHPP – F. Buecheler, A. Riese, E. Lommatzsch, Anthologia latina, 1895 – J. B. de Rossi, Inscriptiones christianae urbis Romae, 1888 [ma. Slg.en] – *Lit.*: De Rossi [vgl. Ed.] – G. Bernt, Das lat. Epigramm im Übergang von der Spätantike zum frühen MA, 1968 – Szövérffy, Weltl. Dichtungen, 767 – R. Favreau, Les inscriptions médiévales, TS 35, 1979 – W. Koch u. a., Lit.ber. zur ma. Epigraphik (1985–1991), 1994.

II. Frühchristliche Ikonographie: Von den vielfältigen Bedeutungen des lat. Begriffs T. sind für die Kunstgeschichte bes. die des Bereichs der (Namens-)Aufschrift wichtig. 1. Haus-(Besitzer-)Inschriften, die zur Bezeichnung der frühchr. →Titelkirchen führten (→Kardinal); 2. Grabinschriften (→Epigramm, →Epitaphium, →Inschriften); 3. der T., den →Pilatus bei der →Kreuzigung Christi anbringen ließ (Joh 19, 19–22), später als Reliquie verehrt (Pilgerbericht der →Aetheria 37, 2); v. a. aber 4. Beischriften zu bildl. Darstellungen (Steinmann), für die z. B. →Paulinus v. Nola den Begriff T. verwendet. Sie können den Auftraggeber nennen, wie z. B. in Rom die Eingangswandinschrift in S. Sabina (5. Jh.) und die Apsistituli in SS. Cosma e Damiano (6. Jh.) und S. Prassede (9. Jh.) oder in Nikopolis die Beischrift des Dumetios zum Erde-Ozean-Mosaik (6. Jh., Kitzinger), seltener auch den Künstler: Umschrift zum Mosaik der Meerespersonifikation, Apostelkirche Madaba/Jordanien (Piccirillo). Die Texte nennen allenfalls Bildinhalte, erklären bisweilen auch deren Bedeutungen, aber sie erwähnen kaum die Anordnung der Motive, da der Leser sie vor Augen hatte. Daher erlauben z. B. die Tituli des Paulinus v. Nola für seine nicht erhaltenen Apsisbilder in Nola und Fundi unterschiedl. Rekonstruktionen (Ihm, Engemann) und ist es strittig, wo sich die Darstellung von Maria mit Kind und Märtyrern in S. Maria Maggiore in Rom befand, die ein T. Sixtus' III. beschriebe (Klauser). Die sog. Tituli Historiarum im Dittochaeon des Aurelius →Prudentius (Pillinger) sind vielleicht nur dichter. Epigramme.
J. Engemann

Lit.: Lex. der Kunst, Neubearb. 1994, VII, 347 – E. Steinmann, Die Tituli und die kirchl. Wandmalerei..., 1892 – S. Merkle, De ambrosian. Tituli, RQ 10, 1896, 185–222 – E. Kitzinger, DOP 6, 1951, 83–122 – C. Ihm, Die Programme der chr. Apsismalerei..., 1960 – Th. Klauser, Rom und der Kult der Gottesmutter Maria, JbAC 15, 1972, 120–135 – J. Engemann, Zu den Apsistituli des Paulinus v. Nola, JbAC 17, 1974, 21–46 – R. Pillinger, Die Tituli Historarum, 1980 – M. Piccirillo, The Mosaics of Jordan, 1993.

Titurel, schon um 1270 (vorher Marner XV, 16?) Name für die Frgm.e des stroph. Schionatulander-und-Sigune-Romans von →Wolfram v. Eschenbach, den der Fortsetzer Albrecht (wohl nicht: 'v. Scharfenberg'; →28. Albrecht) bezeugt (1988A), dessen Werk dann diese Benennung übernahm (Jakob →Püterich v. Reichertshausen, »Ehrenbrief« Str. 100) und seit Georg Wolfram Panzers »Annalen« (1788) in der Neuzeit trug. Nach Lachmanns

Wolfram-Edition 1833 setzte sich »T.« für Wolframs Torso, »Jüngerer T.« (J.T.) für Albrechts Werk durch. Die Benennung gründet sich auf die Nennung des (für die Handlung bedeutungslosen) ersten Gralskönigs T. (→Gra[a]l, II) in der ersten Zeile von Wolframs erstem Frgm. In der Forsch. ist umstritten, ob Wolfram ein fragmentarisch-poet. Werk zumindest als Arbeitsresultat gewollt hat; die meisten neueren Interpretationen beziehen den Fragmentcharakter in die Sinnerschließung ein. Die Überlieferung von Wolframs T. deutet auf eine Weiterarbeit am Text (durch den Autor? weitere Wolfram-Strr. im J.T.?), die mit dem J.T. fortgeführt wurde. Hier wurde in der komplizierten Überlieferung (zwei Redaktionen, Mischhandschriften) auf die Wolfram-Strr. mehrfach (?) zurückgegriffen. Albrecht verwandte Wolframs T.-Strr. in elaborierter Abwandlung und schuf damit seinerseits ein oft nachgeahmtes Vorbild (→Heinrich v. Mügeln, →Hadamar v. Laber, Ulrich →Fuetrer, Felix Fabri u.a.).

Die Frgm.e Wolframs wurden, entsprechend umgedichtet und erweitert, in den ca. 6300 Strr. umfassenden J. T. integriert (Str. 500–814, 1173–1221). Nach einem Prolog (in Anlehnung an Wolframs »Parzival« und »Willehalm«) wird die Geschichte des Gralsgeschlechts berichtet (Gralstempel mit Auslegung Str. 329–602), es folgen Sigunes Geburt, Tschionatulanders Ausbildung, Liebe der beiden Jungen (nach Wolfram), Gahmurets Tod, Parzivals Geburt und die Brackenseil-Episode (nach Wolfram) mit Sigunes Forderung nach dessen Besitz. Bei Artus' Hoffest wird der Text verlesen (Str. 1874–1927): eine ritterl. Lebenslehre. Erst 3000 Strr. später ist der Brackenseil-Konflikt mit dem für Tschionatulander tödlichen Zweikampf mit Orilus abgeschlossen, es folgt Parzivals Gesch. mit Erweiterungen des von Wolfram im »Parzival« Erzählten, Loherangrins Schicksal, die Überführung des Grals nach Indien. Der Schluß ist, da Albrecht anscheinend seine Gönner verlor (→Heinrich den Erlauchten, Mgf.en v. →Meißen, und seine Söhne), zügiger erzählt, hier nennt er sich auch erstmals als Autor, während er vorher die Fiktion, Wolfram sei der Erzähler, durchgeführt hat; im 'Verfasserfragment' (23 Strr.) wird der Vorgang ausführlicher dargestellt. Albrecht hat v.a. Wolframs Werke, aber auch andere dt. höf. Romane benutzt sowie den frz. Lancelot-Graal-Zyklus (der Gral als Abendmahlsschüssel), den »Grand Saint Graal« und →Geoffreys v. Monmouth »Historia regum Britanniae«, daneben Naturkundliches. Albrecht gibt seinem Werk keine durchgehend heilsgeschichtl.-chronikal. Struktur, sondern schiebt immer wieder moral. und religiöse Lehren ein, die nicht mehr (wie im klass. Artusroman) über die Aventiuren symbolhaft vermittelt werden, sondern in der exemplar. Person Tschionatulander sowie in Kommentaren verfestigt sind. Daneben steht adlige Repräsentation in Hoffest, Turnier und Schlacht. Der Tod Tschionatulanders zeigt, daß die irdische Vollkommenheit der Vergänglichkeit unterworfen ist, Sigunes Trauer bewahrt die Gültigkeit der Ideale. Die Eindeutigkeit der Lehre wird durch die Vieldeutigkeit der Sprache gebrochen: in der elaborierten Bildlichkeit, der syntakt. Kompliziertheit und weitbogigen Rhythmik und Reimtechnik wirkt die Trivialität der Heilslehren verrätselt und bedeutungsvoll. Die Strophe ist, wie eine (vielleicht auf Wolfram zurückgehende) Melodie bezeugt, sangbar. Mit dem 'Parzival' zusammen erscheint der J. T. 1477 in einem anscheinend wenig rezipierten Straßburger Druck (Johann →Mentelin), aus dem ihn bis 1842 die Romantiker (A. W. und F. SCHLEGEL, GÖRRES, ROSENKRANZ) kennen und schätzen lernten; bis nach 1810 (DOCEN) galt er als Werk Wolframs, mit BENECKE und LACHMANN (Wolfram-Edition) setzt die Abwertung ein, die erst in der neueren Forschung weitgehend aufgegeben wurde. V. Mertens

Ed.: B. J. DOCEN, Erstes Sendschreiben über den T. enthaltend: die Frgm.e einer Vor-Eschenbachischen Bearbeitung des T., 1810 – K. A. HAHN, Der 'J. T.' (Bibl. des ges. dt. Nat.-Lit. 24), 1842 – E. PETZET, Über die Heidelberger Bruchstücke des J. T., 1903, 1904, 287–320 – W. WOLF, Der 'J. T.', Ausw., 1952 – W. WOLF–K. NYHOLM, Albrechts v. Scharfenberg 'J. T.', 4 Bde (DTMA 45, 55/61, 77, 99), 1955–95 – *Lit.*: [für Forsch.gesch. 19. Jh. wichtige Werke des frühen 19. Jh.]: F. SCHLEGEL, Europa, Bd 2, 2, 138 – A. W. SCHLEGEL, Rez. Docen, Heidelberger Jbb. der Lit., 1811, 1073ff. – G. F. BENECKE, Rez. Docen, GGA, 1812, 928 – K. ROSENKRANZ, Über den T. und Dantes Komödie, 1829 – S. BOISSERÉE, Über die Beschreibung des Tempels des hl. Grales... (T., Kap. III), AAM, phil.-philol. Cl. 1, 1835, 307–392 – *Lit.*: Wolfram-Stud. 8, 1984 [W. WOLF] [Übers. der ält. Lit.] – U. WYSS, Den 'J. T.' lesen (Germanistik in Erlangen, hg. D. PESCHEL, 1983), 95–113 – R. KRÜGER, Stud. zur Rezeption des sog. 'J. T.', 1986 – K. NYHOLM, Zum Problem der Wolfram-Rezeption im 'J. T.', Akten des VII. Internat. Germanistenkongr. 8, hg. A. SCHÖNE, 1986, 194–203 – E. SCHMID, 'Da stuont aventiur geschriben an der strangen', ZDA 117, 1988, 79–97 – K. NYHOLM, Der Orient als moral. Vorbild im 'J. T.' (Begegnungen mit dem »Fremden«, hg. E. IWASAKI, Akten des Internat. Germanistenkongr. VIII, Bd 7, 1991), 275–284 – H. GUGGENBERGER, Albrechts 'J. T.', Stud. zur Minnethematik und zur Werkkonzeption, 1992 – K. NYHOLM, Zur Ausg. eines Epigonen: Albrechts 'T.', Editio 6, 1992, 12–25 – W. SCHRÖDER, Die sog. Hinweis-Strr. nebst 'Kunst-Strr.' und Aventiure-Gespräch in der Überlieferung des 'J. T.', 1993 – D. HUSCHENBETT, Über Wort, Sakrament und Gral in Spruchdichtung, J.T. und bei Wolfram (Fschr. E. NELLMANN, 1995), 184–198.

Tivoli (lat. Tibur), Stadt in Mittelitalien (Latium), ca. 30 km ö. von Rom, in strateg. günstiger Lage an der Einmündung des Anienetals in die Campagna Romana. Latin. Gründung, 338 v. Chr. von den Römern erobert, danach civitas foederata (Villen reicher Römer, Exil bedeutender Persönlichkeiten). Auf das Territorium von T. bezieht sich die älteste erhaltene Privaturk. Italiens, die sog. Charta Cornutiana vom 17. April 471, eine Kirchenstiftung des »Flavius Valila, comes et magister utriusque militiae«. Während der Kämpfe zw. den Goten und den Byzantinern (→Ostgoten) hatte T. große strateg. Bedeutung und wurde häufig umkämpft. Anscheinend verstärkten die Goten die Mauern (547–548) und hielten die Stadt bis zur endgültigen Niederlage des Kg.s →Teja (553). Nach der byz. Rückeroberung scheint T., das in der Spätantike zur Provinz »Flaminia et Picenum« gehört hatte, der Provinz »Valeria« angegliedert worden zu sein. Nach der langob. Landnahme (→Langobarden) blieb T. in byz. Hand. Aus dem reichen Grundbesitz der röm. Kirche (vgl. Gregor d. Gr., Q. der 1. Hälfte des 8. Jh.) im Territorium der Stadt wurde im 7./frühen 8. Jh. das 'Patrimonium Tiburtinum' gebildet. Im 9. und 10. Jh. ist von der Stadt und ihren Institutionen nur sehr wenig bekannt. Im Territorium von T. hatten – v.a. in Richtung auf die →Sabina (N) und auf das Anienetal (O) – röm. (SS. Cosma e Damiano in Mica Aurea) und nichtröm. Kl. (→Farfa, →Subiaco, →S. Andrea del Soratte) zahlreiche Besitzungen (in einigen Fällen anstelle von Besitzrechten der röm. Kirche). Das erhaltene Urkundenmaterial zeigt, daß sich die städt. Bevölkerung in eine Schicht kleinerer Grundbesitzer und eine starke Aristokratie aus consules und duces gliederte, die sich um den Bf. als polit. und sozio-ökonom. Mittelpunkt gruppierte (DELOGU). Im 11. Jh. wurde mit neuer Mauerring errichtet, der das Stadtareal beträchtl. erweiterte. Im Zusammenhang damit ist auch eine Vermehrung der städt. Institutionen und der Beginn einer territorialen Expansion zu sehen, die – entsprechend den patrimonialen Interessen der Kirche von T. – sich v.a. in Richtung auf Rom zu bewegte. Der daraus resultierende Konflikt mit Rom erklärt die kaiserfreundl. Haltung von T., das sich mit Heinrich IV. verbündete. Im 12. Jh. verstärkte sich nach dem Niedergang der →Crescentier die Expansionspolitik von T. sowohl gegen Rom als auch im Anienetal, gegen Subiaco. Zw. 1143 und 1259 wurde T. wiederholt von den Päpsten und von der Kommune Rom angegriffen. Die harten Bedingungen des Friedens v. 1259 waren eine Folge der antiröm. Politik T.s an der Seite der Staufer: Die Ernennung des Rektor oder Podestà von T. sollte von nun an durch die Kommune Rom durchgeführt werden; die Stadt verlor einen großen Teil ihres Territoriums, das sich in der Folge große röm. baroniale Familien (→Orsini, →Colonna, →Capocci) und Klöster (S. Paolo f. l. m., S. Gregorio al Celio) zu eigen machten.

F. Marazzi

Lit.: O. Bertolini, Roma di fronte a Bisanzio e ai Longobardi, 1941 – I. Belli Barsali, I problemi dell'abitato di T. nell'Alto Medioevo, Atti e Memorie della Società Tiburtina di Storia e Arte 52, 1979, 127–148 – P. Delogu, Territorio e cultura fra T. e Subiaco nel Medio Evo, ebd., 25–54 – S. Carocci, T. nel Basso Medioevo. Società cittadina ed economia agraria, Nuovi Studi Storici 2, 1988.

Tkadleček, wertvollstes Werk der alttschech. Prosa, entstanden nach 1406, in welchem der von seiner Geliebten verlassene Liebhaber T. ihren Verführer, das personifizierte Unglück, anklagt. Das anonyme Streitgespräch lehnt sich nur in der ersten Hälfte direkt an die nicht erhaltene Urfasssung des »Ackermann aus Böhmen« von →Johannes v. Tepl an; der Streit Ackermanns mit dem Tod wird vom Autor des T. in den weniger schicksalsschweren Konflikt der enttäuschten Liebe mit dem Unglück umgesetzt. Die im hohen Stil geführten Wechselreden, überladen mit rhetor. Figuren (Parallelismus, Wortreihen, rhythmischen Satzabschlüssen) und gelehrten Zitaten aus Autoritäten, erörtern die Kernfrage, inwieweit ein Mensch sein Schicksal bestimmen kann und ob er dabei durch den Willen Gottes eingeschränkt wird. Zuletzt wird der Sieg des Unglücks stoisch ergeben hingenommen. Das Kunstwerk mit vielschichtiger, meist noch nicht entschlüsselter Allegorie und einem wirksamen kompositor. Gegensatz zw. emotionsgeladenen und philosophierenden Passagen bezeugt das hohe Niveau der Kunstrezeption unter den vorhussit. tschech. Intellektuellen.

J. Vintr

Ed.: F. Šimek, 1974 – *Lit.*: W. Schamschula, Der Ackermann aus Böhmen und T., Bohemia 23/2, 1982, 307–317 – P. Trost, Nochmals zum alttschech. T., Welt der Slaven, 1982, 262–268 – R. Ulbrich, T. und Ackermann, 1985.

Tlemsen (berb. *Tilimsān* 'Quellen'), das antike Pomaria an der Stelle des späteren Agādīr im ONO der heutigen Stadt in W-Algerien, von den →Almoraviden nach 1079 als Tāgrārt ('das Lager') gegr. Westl. davon lag der Ort, den die →Meriniden während der achtjährigen Belagerung T.s (1299–1307) mit Freitagsmoschee, Palast und einer Zitadelle als Maḥallat al-Manṣūra erbauten. Idrīs I. v. Fās (→Idrisiden) errichtete 790 eine Moschee in Agādīr an der Stelle des noch existierenden Minaretts der Freitagsmoschee. Den Almoraviden verdankt die Stadt ihre großartige Freitagsmoschee (12. Jh.), deren Miḥrāb-Dekoration von den →Almohaden vollendet wurde. 1197 kam der bedeutende 'andalus.' Mystiker Abū Madyan hierher, der zum Stadtpatron wurde. Nach 1326 schuf Yaġmurāsan von den Banū ʿAbdalwād (→ʿAbdalwādiden) ein Reich, dessen Hauptstadt T. war. Aus dieser Zeit stammt der festungsartige Palast (Mašwar). Von Meriniden, →Ḥafṣiden und umwohnenden Beduinen bedrängt, belagert und besetzt, hielt sich der Staat mühselig, zuletzt unter der Suzeränität der Spanier in Oran, bis der türk. Paša v. Algier, Ṣalāḥ Raʾīs, die Stadt 1555 endgültig eroberte.

H.-R. Singer

Lit.: EIⁱ VIII, 801–805 [Q.; A. Bel] – G. Marçais, T., 1950.

Tmutarakan' (Tmutorokan'; aruss. Entlehnung von alttürk./chazar. Rangbezeichnung *tam()an tarqan*, deren Deutung umstritten ist; mittelgriech. Tamatarcha; lat. Matrica), Stadt und ztw. aruss. Fsm. auf der Halbinsel →Taman' (nördl. Küste des →Schwarzen Meeres), im Gebiet der altgriech. Kolonie Hermonassa, die im 4. Jh. n. Chr. von den Hunnen zerstört wurde.

Eine Neugründung der Stadt erfolgte durch im 6. Jh. eingewanderte türk. bzw. chazar. Verbände, die ihr den neuen Namen gaben. Als Tamatarcha wird T. zuerst im 8. Jh. in den byz. →Notitiae episcopatuum genannt. Die Eroberung des Reiches der →Chazaren (965) durch den Fs.en v. →Kiev, →Svjatoslav, führte auch zur Einnahme von T., das 1022 erstmals als aruss. Fsm. erwähnt wird. Als bedeutendes Handelszentrum mit polyethn. Bevölkerung (Griechen, Chazaren, Čerkessen, Ostslaven, Juden, Armenier, Alanen u. a.) und Sitz eines Ebf.s (Eparchie) erlebte die Stadt T. ihre Blütezeit unter →Mstislav (988–1036), der die benachbarten Čerkessen (aruss.: Kasogen) unterwarf und von T. aus seinem Bruder→Jaroslav I. dem Weisen die Herrschaft über die Kiever Rus' streitig machte.

Angriffe der →Kumanen unterbrachen zu Beginn des 12. Jh. die Verbindungen zu den anderen aruss. Fsm.ern. Von den Versuchen, T. wiederzugewinnen, berichtet noch das →Igorlied. Vorübergehend von Byzanz beherrscht und einem čerkess. Fs.en unterstellt, gehörte T. im 13. und 14. Jh. zum Reich der →Goldenen Horde. Die Stadt war Sitz eines unter Papst →Clemens VI. (1342–52) gegr. lat. Ebm.s.

H. Göckenjan

Lit.: SłowStarSłow VI, 1, 91–96 [W. Swoboda] – K. H. Menges, T., ZslPh 29, 1961, 128–133 – A. V. Gadlo, Tmutorokanskie ètjudy 1–3, VLGU, 1989, 1, 20–33; 2, 1989, 9–20; 3, 1990, 2, 21–33 – E. P. Alekseeva, Voporosy vzaimosvjazej narodov Severnogo Kavkaza s russkimi v otečestvennoj istoričeskoj nauke, 1992, 49–105.

Tobias. Im atl. Buch des alten T. und seines gleichnamigen Sohnes nehmen die Pflichten den Toten gegenüber, der Rat zum Almosenspenden und der hohe Familiensinn einen bes. Platz ein; zugleich wird darin auch die Fürsorge Gottes – durch das Wirken des Erzengels Raphael – im Alltag der Juden in der Verbannung erkennbar. Ma. exeget. Schr. trugen zur Popularisierung bei (z. B. Beda Venerabilis, In librum beati Patris T. ae allegorica interpretatio [MPL 91, 923–938], Anfang 8. Jh.; Matthaeus v. Vendôme, Liber de Tobia [MPL 205, 933–980], um 1185). Die frühchr. und frühma. Kunst kennt ausschließl. die Szenen mit T. und dem Fisch, da die gr. Buchstaben des Wortes Fisch in christolog. Heilszusammenhang gedeutet wurden. Ein frühes Beispiel für die Darstellung des jungen, vom Erzengel Raphael beschützten T. zeigen die Wandmalereien in der Münsterkirche zu Essen (frühes 11. Jh.). In ma. Buchillustrationen wird die Gesch. des T. selten dargestellt (z. B. Heilung des alten T. durch seinen Sohn, Miniatur eines Antiphonars, 12. Jh., Stiftsbibl. St. Peter, Salzburg; Miniatur mit drei Szenen, Gumbertsbibel, gegen 1180/90, Erlangen, UB; Bibel der Bibl. Arsenal, Paris, ms. 5211, fol. 296v, um 1250). Bisweilen erscheinen Szenen auch in der Monumentalplastik (z. B. Saujon [Charente-Maritime], St-Jean, Kapitell der alten Kirche St-Martin, 1140/50; Chartres, 12 Szenen in den Archivolten des rechten Seitenportals der Nordfassade der Kathedrale Notre-Dame, um 1220). Auch in typolog. Bilderzyklen (Biblia pauperum; Bible moralisée; Speculum humanae Salvationis) sind Darstellungen aus dem Leben des jungen T. zu finden, z. B. Vermählung Mariens mit Joseph – Vermählung des T. mit Sarra (Tob 7, 11–13); Blindenheilungen Jesu – T. heilt die Blindheit des Vaters (Tob 11, 13f.); der auferstandene Jesus und die Jünger von Emmaus – der Engel Raphael bringt T. zu Raguel (Tob 7, 1f.); z. B. Bible moralisée, Oxford, Bodl. Libr. ms. 270b, fol. 188–197v, 13. Jh.; seltener in typolog. Darstellungen der Zehn Gebote, zum 4. Gebot (»Du sollst Vater und Mutter ehren«) oder im »Ordo prophetarum« (T. als Praefiguration Christi wegen seiner Glaubenstreue). Wanderschaft und Heiltätigkeit des jungen T. – zusammen mit seinem Schutzengel Raphael (1 Hen 9, 1) – wurden ein Lieblingsthema der it. Gemäldemalerei des 15. Jh., z. B. bei A. Baldovinetti, San Giovanni Valdarno, S. Maria delle Grazie, um 1470; A. del Pollaiuolo, 1465, Turin, Museo Civico; Filippo Lippi, 1472/82, Washington (Lord Duveen of Millbank); A. del Verrocchio, um 1480, London, Nat. Gallery; Fr. Botticini, T. mit den drei Erzengeln, Florenz, Uffizien, 1480/90. G. Jászai

Lit.: LCI IV, 320–326 – LThK² X, 215–217 – E. H. GOMBRICH, T. und der Engel: Das symbol. Bild, 1986, 36–41.

Tocco, aus →Benevent stammende it. Adelsfamilie in →Ep(e)iros. Die T. waren treue Helfer der angiovin. Monarchie in Neapel (→Anjou, II). →Philipp v. Tarent ernannte in den Jahren nach 1330 *Guglielmo T.* zum Gouverneur v. →Korfu. 1357 erhielt sein Sohn *Leonardo* († 1375/76) von Robert v. Tarent die Insel →Kephallenia verliehen (mit der Würde eines 'Pfalzgf.en') und annektierte die Nachbarinseln Ithaka, Leukas und →Zakynthos. Seine zwei Söhne *Carlo I.* († 1429) und *Leonardo* standen zunächst unter Vormundschaft ihrer Mutter Maddalena aus dem florent. Hause →Buondelmonti. Maddalenas Bruder *Esau* († 1481) wurde durch Heirat erster it. Signore (Despotes) v. →Ioannina in Epiros (1388). Nach seinem Tode trat Carlo auf Bitte der Bevölkerung die Regierung in Ioannina an, das er vor der bereits nach →Arta (südl. Epiros) vorgedrungen – →Albanern schützte. Seine Taten werden in der →»Chronik der Tocco« geschildert. Carlo erhielt seinen byz. Despotes-Titel (→Despot) 1415 von Ks. →Manuel II. bestätigt. Für kurze Zeit konnte der Fs. (nach Rückeroberung von Arta) noch einmal das alte Territorium von Epiros in seiner Hand vereinigen.

Die Nachfolge des von Carlo I. eingesetzten Neffen *Carlo II.* wurde von illegitimen Söhnen angefochten; diese riefen die →Osmanen zu Hilfe, die noch im Jahr ihrer Eroberung von →Thessalonike (1430) auch Ioannina einnahmen, Arta aber erst 1449 eroberten. Die wieder nach Unteritalien zurückgekehrten T. (Carlos II., Sohn *Leonardo III.*, † 1494 in Neapel) führten noch im 17. Jh. den Titel der Despoten v. Arta. D. M. Nicol

Q. und Lit.: →Chronik der T. [G. SCHIRÒ, 1975] – D. M. NICOL, The Despotate of Epiros, II, 1984.

Tocco, Karolus de, aus Tocco bei Benevent, it. Rechtslehrer und -praktiker. Er studierte in Piacenza (und Mantua?) Zivilrecht, bei →Placentinus, Cyprianus, →Johannes Bassianus und →Otto Papiensis, sowie langob. Recht bei einem unbek. Ber... und lehrte in Piacenza beides selbst. Sein Landsmann →Roffredus de Epiphanio war sein Schüler. T. kehrte dann nach Benevent zurück und veröff. 1210/15 einen (den einzigen) Glossenkomm. zur →Lombarda, die im Kgr. Sizilien bis in die frühe Neuzeit als geltendes Recht angesehen wurde; auch ist T. in Salerno (und Capua?) als Richter bezeugt. Von seinen »akadem. Schrr.« sind ein kompilator. →Commentum zu den Büchern 2 bis 4 des Codex Iustinianus (Ms Paris lat. 4546, fol. 16–85) und Glossen zu Digesten und Codex erhalten geblieben. P. Weimar

Ed.: Leges Lôngobardorum cum glossis D. Caroli de T. Siculi, Venedig 1537 [Neudr. 1964, mit Einl. v. G. ASTUTI] u. ö. – Lit.: DBI XX, 304–310 [G. D'AMELIO] – SAVIGNY, V, 174–183 – COING, Hdb. I, 186, 219 [Lit.] – HRG II, 657ff. [H. E. TROJE] – E. CORTESE-G. D'AMELIO, Prime testimonianze manoscritte dell'opera die Carlo di T. (Istituto Lombardo, Atti del convegno »I glossatori«, Milano–Varenna 1971, 1973), 85–108 – G. D'AMELIO, Una regola continuità: il tardo diritto longobardo nel Mezzogiorno (Per F. CALASSO. Studi degli allievi, 1978), 371–411 – E. CORTESE, Il diritto nella storia medievale, II, 1995, 120, 126f., 332–335.

Tod, Sterben

I. Medizin – II. Theologische und religiöse Vorstellungen – III. Philosophie – IV. Sozial- und Mentalitätsgeschichte – V. Volkskunde – VI. Ikonographie.

I. MEDIZIN: Der ma. Arzt zählte die Betreuung Todkranker, Unheilbarer und Sterbender nicht a priori zu seinen Aufgaben. Ausnahmen bildeten in der Regel die Leibärzte von Ks.n, Kg.en und Päpsten, die das Sterben ihrer Herren verfolgten, die Agonie lindern halfen und v. a. den Todeseintritt bezeugten. Obwohl sich die ma. Medizin seit Benedikt und Cassiodor auch durch die christl. caritas legitimierte, fielen Pflege, Tröstung und »Begleitung« gewöhnl. Sterbender – wie die Krankenpflege überhaupt – Laien (bes. zu Hause), Ordensmitgliedern (in der Benediktinerregel war zunächst nur die Pflege kranker Mitbrüder vorgeschrieben) und dem sich aus Orden, Bruderschaften sowie freiwilligen Privatleuten rekrutierenden Personal der Hospitäler zu, in denen Ärzte so gut wie keine Rolle spielten (Ausnahme Hospitäler der Ritterorden und einige kommunale Hospize). Die protrahierte Behandlung aussichtsloser Fälle setzte den Arzt in der Öffentlichkeit eher dem Verdacht der Geldgier oder Eitelkeit aus. Da Krankheit und Leiden auch als göttl. Strafen oder Prüfungen aufgefaßt wurden (Hildegard v. Bingen, Bernhard v. Clairvaux) bzw. als Läuterung (Ambrosius, in Ansätzen noch bei Petrarca), erschien es, sobald sich das Ende andeutete, zudem problemat., der offensichtl. Entscheidung Gottes entgegenzusteuern. In ärztl. Deontologien des 14. Jh. (Johannes Jacobi, Jacme d'Agremont) war allerdings – auch in hoffnungslosen Fällen – eine Erstuntersuchung vorgeschrieben, sofern sie der Sterbende wünschte. Zu Pest- und Seuchenzeiten wurde dem Arzt dabei das Risiko einer Infektion zugemutet. Handelte es sich tatsächl. um die Pest und schien der T. des Patienten sicher, galt der Abbruch der Therapie keineswegs als ethisches Versagen des Arztes. Dieser in vielen ärztl. Traktaten kolportierten Meinung stand freilich eine vielfältige Kritik an Feigheit und Flucht vieler Ärzte gegenüber (Boccaccio, Petrarca). In jedem Fall hatten diese aber die Pflicht, den Patienten zur Beichte aufzufordern bzw. einen Priester rufen zu lassen (an einigen Orten auch den Notar).

Bis zum 14. Jh. sind Sektionen Verstorbener durch den Arzt selten nachweisbar (im allg. zum Ausschluß von Verbrechen). Die Leichenschau bzw. ärztl. Bestätigung des T.es war im MA nur in Ausnahmefällen (z. B. nach Hinrichtungen Prominenter) üblich. In Einzelfällen (Herrschertod auf Reisen, Kreuzzüge) erfolgte die Einbalsamierung bzw. Kochung der Gebeine. Zu Sektionen vgl. →Anatomie. K. Bergdolt

Lit.: G. RATH, Ärztl. Ethik in Pestzeiten, Münchner Med. Wochenschr. 99, 1957, 158–160 – D. W. AMUNDSEN, Medical Deontology and Pestilential Disease in the Late MA, JHM 23, 1977, 403–421 – N. OHLER, Sterben und T. im MA, 1990 – K. BERGDOLT, Der Schwarze T. in Europa. Die große Pest und das Ende des MA, 1994.

II. THEOLOGIE UND RELIGIÖSE VORSTELLUNGEN: [1] *Westen:* a) *Biblisch:* Im AT ist »mawet« das Erlöschen des

Lebens, nicht – wie im Platonismus – die Trennung von Seele und Leib. Gott gibt seine »ruach« (Lebenskraft) nur für eine begrenzte Zeit (1 Kön 17, 17; Ijob 34, 14). Als »adam« (Erdhafter) kehrt der Mensch zur Erde zurück (Ps 146, 4; Koh 12, 1–7) und gehört dem Totenreich (»scheol«) an. Zum Problem wurden der T. eines Frühverstorbenen (Jes 38, 10; Ps 102, 24f.), der T. ohne Begräbnis (Jes 14, 19; Jer 16, 4–7) oder das Aussterben einer Sippe (Jer 22, 30; Am 8, 10). Doch die Überzeugung dominierte, daß Gott dem T. überlegen ist (Am 9, 2; Jes 7, 11; Ijob 26, 8; in Jes 25, 8 ist die Vernichtung des T.es angedeutet).

Durch die Heroisierung der Gefallenen findet in der Makkabäerzeit eine erste Aufwertung des T.es statt (1 Makk 13, 25–30); sie war Anfang einer allmähl. Entwicklung der Auferstehungserwartung (Dan 12, 2f.; 2 Makk 7, 9. 14). Sie wurde gefördert durch die jüd. Apokalyptik, durch die Weisheitslit. (Sir 15, 6; Weish 2, 33), v. a. durch Schriftkundige pharisäischer Observanz (Apg 23, 8; Jos. bell. Jud. II 163; Jos. ant. XVIII 14).

Das Verhältnis zum T. im NT setzt AT und Judentum voraus. Die Auferstehungshoffnung wird vertieft und durch den Glauben an die Auferweckung Jesu gefestigt (Apg 2, 24; 1 Kor 15). Der T. wird zu einem unübersehbaren Zeichen des Bruches zw. Gott und Mensch, der aus dem Sündersein des Menschen resultiert. Jesus verkündet die Auferstehung der Toten (Mk 12, 18–27 par. Mt 22, 23–33; Lk 20, 27–40), ohne jedoch den T. selbst zu thematisieren. Nach den Ostererfahrungen der frühen Gemeinden nimmt die Überzeugung mehr und mehr Gestalt an, daß die Macht des T.es gebrochen ist, wenn auch erst auf Verheißung hin: Christus hat den T. besiegt (Apg 2, 24; Joh. 20, 1), in der kommenden messian. Zeit wird für ihn kein Platz mehr sein (Offb 1, 18; 20, 13f.; 21, 4). In der Taufe wird der Christ in T. und Auferstehung Jesu hineingenommen (Röm 8, 23); im Harren auf die kommende Heilszeit lebt der Jünger frei von T.esfurcht (Hebr 2, 14; 1 Kor 15, 57f.). A. Sand

Lit.: LThK² X, 218–221 – Hb. theol. Grundbegriffe II, 661–670 – P. HOFFMANN, Die Toten in Christus, 1966 – G. GRESHAKE–G. LOHFINK, Naherwartung, Auferstehung, Unsterblichkeit, QD 71, 1975² – Auferstehung und Unsterblichkeit, hg. E. HORNUNG–T. SCHABERT (Eranos NF 1, 1993).

b) *Scholastik:* T. und St. (mors/mori, gelegentl. unterschieden zw. »mors esse in fieri« und »in facto esse mors«: Thomas v. Aquin, S. th. III. q. 50 a. 6 cor.) sind in der ma. →Eschatologie keine beherrschenden Themen, da spekulative Interesse sich mehr den postmortalen Zuständen und Geschehnissen zuwandte. Auf dem Hintergrund eines von T. und St. intensiv durchstimmten Lebensgefühls (vgl. →Notker Balbulus: »media vita in morte sumus«), das sich nach den abendländ. Pestkatastrophen des 14. Jh. noch verstärkte und das lit. Genus der »ars moriendi« und der »Sterbebüchlein« (→Johannes Carlerii Gerson) weiter anwachsen ließ, hatte das Befassen mit dem St. seinen vorzügl. Ort in der asket.-spirituellen Unterweisung, wo unter Bezugnahme auf das Mysterium der passio Christi und der Sakramente das Ideal des »christl. Sterbens« erhoben wurde, etwa nach dem Grundsatz Bonaventuras: »Gehen wir mit Christus, dem Gekreuzigten, aus dieser Welt zum Vater« (Itinerarium, 47, 155). Unter diesem Aspekt unterschied man einen zweifachen T.: den der Seele (in der schweren →Sünde) und den des Leibes (→Honorius Augustodunensis, Elucidarium III/1). →Hugo v. St. Victor unterschied mit Bezug auf den letzteren einen »seligen« (guten) T. von einem »schlech-ten«, d.h. das »Sterben im Herrn« (Offb 14, 13), das in Glaube, Hoffnung und Liebe geschah, von einem St., auf das die Übel folgten.

Die Ontologie des T.es wurde vornehmlich im Zusammenhang mit den Fragen der Anthropologie, der →Erbsünde und der Christologie behandelt. Dabei konzentrierte sich das Interesse auf die Frage nach dem Ursprung und dem Grund des T.es, nach seiner Allgemeinheit und nach seinem Wesen, wobei in die letzte Fragestellung auch das Leib-Seele-Verhältnis einbezogen wurde.

Die Ursprungsfrage beantwortet →Julian v. Toledo in dem ersten Versuch einer Gesamteschatologie mit dem Hinweis auf Adam nach Röm 5, 12 (Prognosticum I 1: MPL 96, 461, 19), was →Petrus Lombardus mit Augustinus begründet: »quia in omnibus trahitur iniquitas ex Adam et vinculum mortis« (Sent. II d. 30 c. 7). Wenn dabei der T. einerseits auch als natürlich angesehen wurde (»consequens ex necessitate materiae«), so bleibt andererseits die theol. Deutung als Strafe für die Sünde in Geltung, die das ursprüngl. »posse non mori« in das »debitum mortis« verwandelte (Thomas, S. th. II. II. q. 164 a. 1 ad 1; Aegidius Rom., De res., q. 2 ad 3). Schon damit war eine rein platon. Deutung des T.es abgewehrt. Dies bestätigt sich auch bei der Wesensbestimmung des T.es, die allgemein (im Anklang an Platons »Phaidon«) mit der Formel »separatio animae et corporis« getroffen wird (Thomas, S. c. gent. II, 57), wobei aber eine wirkl. Affizierung des ganzen Menschen nach Leib und Seele gemeint ist (vgl. bes. Wilhelm v. Ware, Quaest. ad Sent. IV q. 26 contra 1 und 2). Als wesentl. Folge dieser »Trennung« wird die Beendigung des status viae mit Ausschluß jeder weiteren Bekehrungs- und Verdienstmöglichkeit anerkannt (Thomas, S. c. gent. IV, 92–95, wogegen allerdings Cajetan die umstrittene Auffassung von einer letzten Wahlmöglichkeit im ersten Augenblick nach der Trennung vertrat. In I q. 64 a. 2. n. 18). Die damit gegebene Frage nach der Wirklichkeit des toten Leibes wurde von den Schulen unterschiedlich beantwortet. Auf dem Grunde der einen Wesensform und der Ablehnung jegl. Aktualität der materia prima nimmt die Schule des Thomas die Einführung einer neuen Form an (→Johannes v. Paris), während →Joh. Duns Scotus und seine Richtung die »entitas humana« ins Nichts zurücksinken lassen (Ord. IV 43 q. 1 n. 4). Die Fortexistenz der anima separata und damit die →Unsterblichkeit der Seele, die Albertus Magnus als reine Glaubenswahrheit festhalten möchte, versteht Thomas v. Aquin als Vorzug ihres subsistierenden geistigen Seins und dessen Inkorruptibilität, ohne jedoch ihren defizienten Zustand zu verkennen, insofern die Trennung »praeter rationem suae [animae] naturae« gelegen ist (S. th. I q. 89 a. 1 cor.). In dem Gedanken von der Verarmung der leibgetrennten Seele und ihrer »versehrten Unsterblichkeit« gewinnen der Ernst und das Dunkel des T.es ihre volle Bedeutung, werden jedoch (bei anhaltendem Bezug der Seele zum fehlenden Leibe) durch die Hoffnung auf die Auferstehung der Toten erhellt, die am auferstandenen Christus Halt gewinnt (S. th. III q. 50 a. 1 ad 5). An der Allgemeinheit des T.es wird auch angesichts der scheinbaren Ausnahme, die aus 1 Kor 15, 51; 1 Thess 4, 15; 2 Tim 4, 1 herausgelesen wird, festgehalten (S. th. I. II. q. 81 a. 3 ad 1).

L. Scheffczyk

Lit.: L. HÖDL, Anima forma corporis. Philos.-theol. Erhebungen zur Grundformel der scholast. Anthropologie im Korrektorienstreit (1277–1287), ThPh 41, 1966, 536–556 – H. J. WEBER, Die Lehre von der Auferstehung der Toten in den Haupttraktaten der scholast. Theol., Freiburger theol. Stud. 91, 1973 – TH. SCHNEIDER, Die Einheit des Menschen, BGPhMA NF 8, 1988[2] – L. SCHEFFCZYK, Unsterblichkeit bei Thomas v. Aquin auf dem Hintergrund der neueren Diskussion SBA.PPH 1989, H. 4 – R. SCHENK, Die Gnade vollendeter Endlichkeit. Zur transzendentaltheol. Auslegung der thoman. Anthropologie, Freiburger theol. Stud. 135, 1989 – L. OTT, Eschatologie in der Scholastik (HDG IV/7b, 1990) – PH. ARIÈS, Gesch. des T.es, 1995[7].

[2] *Ostkirchlich-byzantinischer Bereich:* In platon. Terminologie (Phd. 67d) definiert die Ostkirche den T. als Trennung von →Seele und Leib. Diesen über →Clemens v. Alexandria und →Gregor v. Nyssa vermittelten Ansatz greift die griech.-patrist. bzw. die byz.-theol. Tradition immer wieder auf (u. a. →Joh. Damaskenos/Joh. v. Dam., Exp. fid. 100, 1–26 [ed. KOTTER]); Greg. →Palamas, Ad Xen. mon., § 10–15 [ed. CHRESTU]). Für Gregor v. Nyssa flößt der T. als ein dem Leben immanentes Ereignis jedem Menschen eine gewisse Furcht ein (De an. et res., MPG 46, 13A), da er einem Schiffbruch gleich alle physisch-materiellen Seinszusammenhänge auflöst und damit auf einen Zustand verweist, der über jedes menschl. Begreifen hinausgeht: die Seele verliert ihr Gefährt (Plato, Phdr. 246b), von dem Wahrnehmung und Verstehen bislang abhängig waren. Dagegen betont →Joh. Chrysostomos, daß nicht der T. selbst ein Übel bedeute, sondern daß die Todesfurcht einzig in einer materiell-diesseitig ausgerichteten Lebensweise ihren Grund habe (Exp. in Ps. 110, 2 [PG 55, 281f.]). Als Korrektiv kann hier die wiederum platon. μνήμη (bzw. μελέτη) τοῦ θανάτου (Plato, Phd. 81a) als der vorbereitende Gedanke an die Todesstunde fungieren, der ein Kriterium für gutes und schlechtes Handeln aufzeigt. Bes. in der monast. Tradition führt dieser Gedanke zu einer konsequenten Abwertung des Diesseits, so daß der T. als Eintritt in die jenseitige Welt Befreiung von großen Mühen bedeutet (→Gregor v. Nazianz, Or. 7. 21 [ed. CALAVET-SEBSTI]; →Niketas Stethatos, De an., § 73 [ed. DARROUZÈS]). Ziel des Asketen muß es sein, der Welt sukzessiv zu 'entsterben', um auf diese Weise den T. bereits in das Leben einzubeziehen und seinem tatsächl. Eintritt jeden Schrecken zu nehmen (u. a. →Maximos Homologetes/Maximus Conf., Quaest. ad Thal. 61, 36–76 [ed. LAGA], →Joh. Klimakos, Scalae par., gr. 6 [MPG 88, 793B–800A]). Die dann vollzogene Trennung von Seele und Leib verlangt im Kontext der ostkirchl. Auferstehungslehre, daß die »gute« Seele an einem als zeitlos gedachten Ort auf das Weltgericht wartet, während die »schlechte« schon vorab die Strafen der Verdammnis erleiden muß. Zum Gericht allerdings führt Gott Seele und Leib in einem schöpfer. Akt wieder zusammen (u. a. →Phil. Monotropos, Dioptra 84, 32–104, 33 [ed. LAVRIOTES]). Eine weitere, oft behandelte theol. Frage ist die, ob der T. determiniert sei. Einen als vorhersehbar gedachten ὅρος ζωῆς lehnt man meistenteils ab (so schon Basileios/ →Basilius, In Gord. Mart., MPG 31, 505B; dann sehr eindrücklich bei Nikolaos v. Methone, Πρὸς τὸν ἐρωτήσαντα εἰ ἔστιν ὅρος ζωῆς καὶ θανάτου 248, 18–250, 25 [ed. DEMETRAKOPULOS]) und verweist allenfalls auf den ewigen, jedem menschl. Denken unzugängl. Ratschluß Gottes.

Vor diesem Hintergrund verwundert es nicht, daß man in Byzanz gemäß röm. Vorbild – mit Ausnahme von Ks.n oder prominenten Mönchsheiligen – keinen ausgeprägten Totenkult feststellen kann. Dem röm. Modell folgte auch die Organisation des Bestattungswesens (s. a. →Begräbnis, B. II; →Friedhof, C; →Grab, B), das in der Hand bes. (teils staatl., teils kirchl. Verwaltung unterstehenden) Korporationen lag (CIC, Nov. 43, 59; Leon VI., Nov. 12).

Diese kümmerten sich (nach Meldung eines Todesfalles) um alles Notwendige wie Totenklage, feierl. Leichenzug und Grablege. Sämtl. Kosten für ein normales Begräbnis wurden aus öffentl. Zuwendungen an diese Korporationen bestritten, Gebühren nur bei aufwendigeren Bestattungen erhoben (erweiterter Leichenzug oder bes. prunkvolles Totenbett, von denen in Konstantinopel drei zur Verfügung standen). Vermögendere Angehörige gaben auch eine Grabrede (ἐπιτάφιος λόγος) in Auftrag, die anläßl. der Beisetzung oder bei Totengedenken nach Jahresfrist kommemoriert wurde (zur ostkirchl.-byz. Praxis des Totengedenkens s. jetzt STEINDORFF). Grabreden geben bisweilen Aufschluß über Begräbnisform oder Teilnehmer eines Leichenzugs (so Theod. Hexapterygos, In Steph. Chor., 225f. [ed. SIDERAS]).   L. M. Hoffmann

Lit.: Oxford Dict. of Byzantium, 1991, 593f. – H. BECK, Vorsehung und Vorherbestimmung in der theol. Lit. der Byzantiner, 1937 – CH. WALTER, Art and Ritual of the Byz. Church, 1982, 137–144 – D. ABRAHAMSE, Rituals of Death in the Middle Byz. Period, Greek Orth. Theol. Review 29, 1984, 125–134 – Nik. Blemmydes, Gegen die Vorherbestimmung der Todesstunde, ed. W. LACKNER, 1985, XXXI–XCIV – CH. APOSTOLOPOULOS, Phaedo Christianus 1986 – G. DAGRON, Ainsi rien n'échappera à la réglementation (Hommes et richesses dans l'Empire byz., II, 1991), 155–182 [zum Begräbniswesen] – A. SIDERAS, Die byz. Grabreden, 1994 – L. STEINDORFF, Memoria in Altrußland, 1994.

[3] *Judentum:* Die Akzeptanz des T.es – des Übergangs von 'Dieser Welt' in die 'Kommende Welt' – als natürl., unvermeidbares Ende kreatürl. Lebens (Maimonides, MN III, 10 zu Gen 1, 31) sowie als Teil der Schöpfungsordnung (Gen 2, 7; 3, 19) lenkte im Judentum die Reflexion über das Sterben nicht primär auf die Frage nach dessen Ursprung – wenngleich T. auch als Vergeltung für Sünde verstanden wird (Gen 3, 22–24; bShab 55a) –, sondern auf das »Wie« des Sterbens, somit weniger auf den T. nach erfülltem, langem Leben als vielmehr auf den vorzeitigen individuellen bzw. kollektiven T. – z. B. den des Kindes, Gerechten und Martyrers – sowie auf den plötzl., jähen T. Angekündigt bzw. herbeigeführt wird der T. durch den T.esengel, der oft mit Sam(m)ael (→Satan) oder dem bösen Trieb identifiziert wird. Die vielfältigen, häufig vom Volksglauben beeinflußten Betrachtungsweisen erforderten weder eine systemat.-dogmat. Zusammenfassung noch eine verbindl. Lehre. Sie umfassen bereits in bibl. Texten vorhandene und in rabbin.-talmud. Zeit entwickelte Gedanken vom »Schattendasein« des Verstorbenen (einer »verdünnten« Existenz) sowie unter Einfluß philos. Gedankenguts entstandene Auffassungen vom T. als Freisetzung der in den Körper eingekerkerten Seele (→Seele, III) zur Rückkehr zu ihrem Ursprung bzw. als Trennung von »Seele/Geist« und »Leib/Materie« ebenso wie die unterschiedl. Vorstellungen einer im T. einsetzenden Seelenwanderung. Da die neue Existenz dem Verstorbenen nicht mehr ermöglicht, im Toragehorsam die Gebote zu erfüllen, sind auf dem Friedhof Mitzwot ('religionsgesetzl. Vorschriften') verboten, die er nicht erfüllen kann, z. B. Tragen von Schaufäden (*Zizit*) bzw. Lesen der Tora, um ihn nicht zu beschämen. Andererseits gelten viele religionsgesetzl. Vorschriften, die beim Umgang mit einem Verstorbenen vor kult. Unreinheit schützen. Weit verbreitet ist die Vorstellung, daß der T. weder die Identität des Menschen noch seine geistigkörperl. Einheit auflöst, und der (verwesende) Leib sich der Verantwortung vor Gott nicht entziehen kann. Da Teil menschl. Identität und Wohnort der Seele, ist der Leib mit Respekt zu beerdigen (→Begräbnis, D; →Friedhof, D), wovon viele religionsgesetzl. Bestimmungen zeugen

(Shulchan ʿAruk; Aaron Berachja aus Modena: Maʿabar Jabbok). Das Los der Trauernden sollen zahlreiche Trauerbräuche erleichtern. Sie betreffen die Zeit zw. T. und Begräbnis (ʿAninut, z. B. Befreiung von vielen religiösen Pflichten), die sieben folgenden Tage (Šibʿah, z. B. Sitzen auf umgestülpten Liegen, Einreißen der Kleidung, Verzicht auf Körperpflege), die Zeit bis zum dreißigsten Tag nach der Beerdigung (Šelošim, z. B. Verzicht auf Haareschneiden und Teilnahme an öffentl. Veranstaltungen, v. a. Hochzeiten) – sowie das erste Jahr. Die schlichte (aufgrund des Auferstehungsglaubens geforderte) Erdbestattung (cf. Dt 21, 23) in einem einfachen Sarg oder nur im Gebetsmantel (Tallit) besorgt meist eine Beerdigungsbruderschaft (Chäbrah qaddiša), während der (älteste) Sohn des Verstorbenen das Qaddiš-Gebet am offenen Grab spricht. Das seit dem MA in Deutschland eingeführte Qaddiš Jatom wird von einem Sohn während der elf Monate nach dem T. der Eltern und zur Jahrzeit gesprochen. Es wurde von allen Juden übernommen. Im übertragenen Sinn bedeutet T. als Folge des Nichtbefolgens der →Tora 'geistl. T.', d.h. Nichtteilhabe an der 'Kommenden Welt'.

R. Schmitz

Lit.: H. RABINOWICZ, A Guide to Life, Jewish Laws and Customs of Mourning, 1964 – M. LAMM, The Jewish Way in Death and Mourning, 1969 – R. SCHMITZ, Jenseitsvorstellungen im Judentum (Reinkarnation oder Auferstehung, hg. H. KOCHANEK, 1992), 63–84 – E. E. URBACH, The Sages, 1994³.

[4] *Islamischer Bereich:* Die heidn. →Araber glaubten nicht an ein Jenseits; nicht einmal die Vorstellung eines Schattenreiches war unter ihnen verbreitet. Der T. war darum ein Schlußpunkt, vom »Schicksal« bestimmt wie das Geschlecht eines Kindes, der tägl. Lebensunterhalt und das individuelle Glück; man sah ihm entgegen in einer heroischen, diesseitsbezogenen Lebensauffassung. Wenn jemand allerdings gewaltsam ums Leben gekommen war, so fand sein Geist keine Ruhe, bis sein Blut gerächt war. Indem der →Islam ein Gericht nach dem T.e annahm, änderte er das Koordinatensystem; der T. wurde dadurch zum Übergang, und der Sinn des Lebens lag nun in der Bewährung im Hinblick auf eine außerird. Instanz. Der Mensch war in Gottes Hand, das Leben von Gott individuell geschenkt und der T. ein von Gott vorherbestimmter »Termin«. Die Blutrache wurde soweit wie möglich durch das Blutgeld ersetzt; allerdings vertrat man eine Zeitlang noch die Meinung, daß Mord an einem Glaubensgenossen nicht durch zeitl., sondern nur durch ewige Höllenstrafe im Jenseits gesühnt werden könne. Totenklage war, obwohl weiter praktiziert, seitdem religiös verpönt, da sie als Kritik an göttl. Ratschluß verstanden werden konnte. Das Begräbnisritual war nüchtern, das Grab selber normalerweise unauffällig. →Friedhöfe galten als heilig, wurden aber nicht gepflegt. Über der Bahre wurde ein Gebet gesprochen; man erkannte den sozialen Rang des Verstorbenen daran, wer dies tat (bzw. verweigerte). An der Zahl der Gebetseinheiten unterschied man Sunniten und Schiiten.

Der Lebensgeist (rūḥ), den Gott dem Menschen eingehaucht hat, verläßt diesen beim T.; was aufersteht, ist die Person (nafs). Diese »Person« ist eine leibseel. Einheit; jedoch sah man nicht immer und überall einen Anlaß, deswegen nun auch anzunehmen, daß die Seele den T. überdauert. Allerdings geht dem allg. Weltgericht ein iudicium speciale voraus, die Befragung und eventuelle Bestrafung des Menschen im Grabe; hierzu meinten die Theologen zumindest ein Bewußtsein des Toten voraussetzen zu müssen. Der T. selber wurde nicht als Strafe gesehen; er ist nicht »der Sünde Sold«, da man die Vorstellung der Erbsünde nicht kannte. Er besteht im Zerfall des Leibes; man hat dies anfangs häufig mit atomist. Kategorien, später eher naturphilosophisch beschrieben. Im Volke spielte die Vorstellung vom T.esengel Isrāfīl eine große Rolle. Die Theologie beschäftigte sich längere Zeit mit der Frage, ob mit einem Mord der von Gott gesetzte T.estermin (den er ja vorherweiß) mißachtet werde. Selbstmord galt als Sünde, da in ihm Gottes Eigentum vernichtet wird. Ein Sonderfall war der Heldent., das »Blutzeugnis« im Ǧihād. Der Gefallene geht mit seiner Seele sofort ins Paradies ein; die Leichenwaschung gilt durch sein Blut als vollzogen.

J. van Ess

Lit.: El² II, 441f.; III, 1246ff.; VI, 910f. – H. RITTER, Das Meer der Seele, 1955, 34ff. – TH. O'SHAUGHNESSY, Muhammed's Thoughts on Death, 1969 – E. GRÄF, Auffassungen vom T. im Rahmen islam. Anthropologie (Der Mensch und sein Tod, hg. J. SCHWARTLÄNDER, 1976), 126–145 – M. ABDESSELEM, Le thème de la mort dans la pensée arabe, des origines à la fin du IIIᵉ/IXᵉ s., 1977.

III. PHILOSOPHIE: Die Lehren der antiken Denker über T. und St. sind – wie zahlreiche Texte zeigen – im MA ebenso wie heute gut bekannt. Achtung gilt dem Bemühen vieler Philosophen, die Unausweichlichkeit des St.s ohne eine Einschränkung des Ideals sittl. Lebensführung hinzunehmen, und auch die These, wahre Philosophie sei »cura et studium et sollicitudo mortis«, findet Zustimmung. Gebildete Poeten, ebenfalls von antiken Vorbildern beeinflußt, propagieren gelegentl. übermütige T.verachtung, gepaart mit einem fast leichtfertig erscheinenden Gottvertrauen. Gegenstand philos. Nachdenkens sind T. und St. vorwiegend als ein mit der organ. Natur gegebenes und verwobenes Phänomen, allgemein 'corruptio' genannt, und als eine ständige vom Menschen als schreckenerregend empfundene Bedrohung des eigenen Lebens. Entstehen, Wachsen und Vergehen der Lebewesen sind naturhafte Vorgänge, von denen es keine Ausnahme gibt. Das Vergehen ist die Folge der durch keine natürl. seinsgebende Form ausschöpfbaren Potentialität der Materie, die stets ungesättigt bleibt und zudem der zerstörenden Wirkung einander entgegengesetzter Bestandteile unterliegt. Auch der menschl. Organismus vergeht und zerfällt. Dieses Vergehen ist Auflösung der Einheit von lebengebender Form und Materie, von Lebensprinzip und Körper, und somit dessen Verfall. Nun kann allerdings etwas Geistiges, da einfach, nicht zerfallen. Die Aktivitäten des Menschen sind geistig geprägt und entspringen also einem Prinzip, das unzerstörbar ist. Wie der Mensch vom T. betroffen wird, hängt demnach davon ab, ob der Seele als dem Lebensprinzip die einzelnen Menschen geistige Fähigkeiten wesenhaft zukommen, oder ob diese Wirkvermögen einem von den Individuen getrennt existierenden und mit ihnen nur wie mit seinen Werkzeugen verbundenen Geist entspringen, der also ein einziger für alle Menschen ist, was als Lehre des span.-arab. Philosophen →Averroes betrachtet wird. In diesem Fall ist der T. das absolute Ende des menschl. Individuums, wenn auch nicht der Menschheit, die durch eine ununterbrochene Folge immer neuer Individuen im Lauf der Gesch. dem Geist ständig neuen Ausdruck gibt. Ist hingegen die Seele des einzelnen wesenhaft geistig, so ist die Trennung von Seele und Leib zwar ein Ende der die menschl. Person konstituierenden Einheit von Materie und Geist, aber keine Aufhebung der Existenz der individuellen Seele, so daß folglich eine vom Schöpfer bewirkte Wiederherstellung der integralen Person unter Wahrung ihrer Identität nicht undenkbar ist. Die averroist. Auffassung, breit diskutiert, wird durchweg verworfen, häufig gestützt auf philos. Gegengründe, allerdings nicht solche, die der Naturphilosophie zugerechnet werden. Das Verständnis des T.es und einer Fortexistenz der Seele wird auch beeinflußt davon, ob man das höchst vielfältig erscheinende Sein des einzelnen Menschen durch eine einzige beseelende Form erklärt oder ob man mehrere, den Lebensstufen entsprechende Seinsformen annimmt, von denen nur die ranghöchste, die geistige, dem Vergehen entzogen ist. Das Mit- und Gegeneinander philos. und theol. Erwägungen über das Wesen des Menschen hat viele recht subtile Diskussionen und Theorien zur Folge. – Der Behauptung des Aristoteles, der T. sei das den Menschen am meisten Ängstigende, wird zugestimmt, wenn dabei als Maßstab das dem Menschen während seines ird. Daseins Erfahrbare und Erkennbare genommen werden. Über Gutes und Schlechtes im Hinblick auf Verstorbene lassen sich philos. bestenfalls Vermutungen anstellen. Auf Kritik stößt die These, der T. sei das Ende aller Schrecken, falls sie bedeutet, der T. des Menschen sei dessen unwiderrufl. Ende, so daß etwa von Verantwortung, Glück, Gerechtigkeit oder von Vergeltung und Strafe sinnvoll nur in bezug auf sein ird. Dasein gesprochen werden könne. A. Zimmermann

Lit.: J. Pieper, T. und Unsterblichkeit, 1968 – Tommaso d'Aquino nel suo settimo centenario, Bd. 7, o. J. – A. Zimmermann, Natur und T. gemäß Thomas v. Aquin, Misc. Mediaev. 21/2, 1992, 767–778.

IV. Sozial- und Mentalitätsgeschichte: Die Einstellung zum T. im christl. MA unterscheidet sich von der anderer Perioden insofern er durchgehend nicht als das Ende des Lebens, sondern als ein Schritt *innerhalb* des Lebens angesehen wurde (zu den seltenen Skeptikern →Unglaube). Nach →Beda (Hist. eccl. 2, 13) wäre gerade die Sinngebung des T.es durch die christl. Vorstellungen vom ewigen Weiterleben im Jenseits für die Germanen ein Argument für den Religionswechsel gewesen. Im FrühMA reflektieren die Q. das Ende des ird. Daseins wenig. Oft wird aber berichtet, daß der T. sich ankündigte, sei es erkennbar für die Umwelt durch ein bestimmtes Aussehen (ahd. »*feigi*«, an. »*veigr*«), sei es durch einen Traum (Heiligenviten). Die erstaunl. Furchtlosigkeit vor dem Sterben, die in der an. Lit. viele Männer auszeichnet – der heldenhafte Schlachtentod, der Nachruhm bringen würde, war eher zu wünschen als zu fürchten –, prägt auch die im HochMA aufgezeichnete volkssprachl. Heldendichtung. Vorbildl. Sterben als öffentl. Akt scheint bei den Spitzen der christl. Gesellschaft nicht selten gewesen zu sein (z. B. →Wolfgang v. Regensburg). Viel mehr als die Sterbestunde selbst haben die Jenseitserwartungen die Menschen beschäftigt; ihre →Visionen sind voll der entsetzlichsten Folterkammerphantasien, denen gegenüber die positiven Bilder meist deutl. zurücktreten. – Trotz der Christianisierung blieben die →Toten gegenwärtig: Zahllos sind die Berichte von ihren →Erscheinungen. Man empfand ihnen gegenüber zwiespältig: Einerseits vermengten sich vorchristl. Ahnenverehrung und christl. Fürsorge (Hostie als Wegzehrung, »viaticum«; »planctus«, →Gebetsverbrüderungen). Man betete für sie, obschon die Seelen nach der offiziellen Dogmatik entweder schon im Himmel waren, also der Fürbitte nicht bedürftig, oder in der Hölle, also nicht mehr befreibar – aber die →Visionslit. zeigt deutlich, daß auch ein dritter Ort der postmortalen Reinigung bereits geglaubt wurde (→Fegfeuer). Andererseits fürchtete man das ganze MA über die Toten, bannende Riten sollten dafür sorgen, daß sie nicht als Wiedergänger in ihren früheren Wohnstätten spukten.

Gegen Ende des HochMA scheint sich das Verhältnis zum T. zu ändern. Zögernd wird er zum Gegenstand des Nachdenkens: Ein frühes Beispiel ist die ae. Elege »The Grave« (um 1100?). »Von des todes hugede« [Erinnerung]predigt →Heinrichs v. Melk um die Mitte des 12. Jh. unter Verwendung makabrer Themen (Leichenbetrachtung). Da sich die hochma. Laienkultur bewußter auf das Leben konzentriert, soll auch das St. bewußter gemacht werden, um zum →»contemptus mundi« zu bekehren. Andererseits wurde eine Umorientierung der Kriegergesellschaft auf religiöse Ziele hin forciert (→Kreuzzüge): der Schlachtentod für den himml. Gefolgsherrn wird als ideales Mittel zum Sündenablaß propagiert und dem Märtyrertod gleichgestellt (Bernhard v. Clairvaux, De laude novae militiae). Aber erst seit der 2. Hälfte des 12. Jh. begegnet in der europ. Lit. der personifizierte T.: eine intellektuelle Neuschöpfung offensichtl. zum Umgang mit einer vordem nicht so bewußtgemachten Angst. Um 1195 stattet →Helinand v. Froidmont in den »Vers de la Morz« die Tödin mit Bogen, Stein, Keule, Netz, Klinge, Rasiermesser, Sichel und Stachel aus. Sie zeigt hier schon ganz das Verhalten, das im weiteren MA so oft beschrieben werden sollte: sie schlägt aus dem Hinterhalt zu, verschont keinen Stand, rächt Ungerechtigkeit, macht alle gleich. Helinand spricht die Relation zw. T.esfurcht und Weltgenuß klar aus: »Car cui deliz del siecle voint / Mout part de lui s'ame dolent [Denn wem zu sehr die Freude an der Welt kommt, von dem scheidet die Seele sehr schmerzlich] (Str. 25).

Für das SpätMA ist eine bislang ungekannt intensive Beschäftigung mit der Sterbestunde charakterist., die als *der große Schmerz* bezeichnet wird. Ein guter Teil der existentiellen Angst konzentriert sich nun auf den äußersten Augenblick dieses Lebens, letztl. ein Symptom der Säkularisierung. Denn die in vielen Text- und Bildvarianten zur Meditatio mortis auffordernden →Totentänze, die »Ubi sunt«-Gedichte, die Legenden und Fresken von der Begegnung der →drei Lebenden und der drei Toten, die Jedermannspiele, sie alle handeln vom Vergehen dieses Erdenlebens, dieser körperl. Schönheit, nicht vom Jenseits. Die 'Doppel[decker]gräber' zeigen den Toten einmal in der Kraft seiner Jugend und darunter als verwesenden Leichnam voller Gewürm. Um sich nicht zu bald vom ird. Sein trennen zu müssen, bemalte man das Antlitz vornehmer Verstorbener, nahm eine Totenmaske ab, verwendete beim Begräbnis eine »effigies«, ein Porträt.

Das St. wird nun endgültig christianisiert, denn kanon. Recht verbot den Ärzten, den Kranken Medikamente zu geben, ehe sie gebeichtet hatten (Geiler v. Kaysersberg, Totenbüchlein, vgl. Lateranum IV, c. 22). Die wachsende Bedeutung des »guten St.s«, d. h. einer von Reue erfüllten letzten Stunde (→Ars moriendi), konzentrierte die Entscheidung über Heil oder Unheil im Jenseits in jenem kurzen Moment. Die forcierte Bewußtmachung des St.s und die Zunahme einer bewußten weltl. Lebenseinstellung scheinen so direkt zusammenzuhängen; das »memento mori« führte zu einem verstärkten »carpe diem« und vice versa.

Wenn der T. als eigene Macht, als handelnde Persönlichkeit, in den Texten auch schon seit dem Ende des hohen MA präsent ist und im Bereich bildkünstler. Schaffens seit etwa 1300, dann wird diese Entwicklung doch entscheidend verstärkt durch die Katastrophe des »Schwarzen Todes« (→Pest). Nicht nur die Lit. (z.B. →Bonvesin de la Riva, »Libro delle tre scritture«; →Machauts »Le Jugement dou Roy de Navarre«; →Johannes v. Tepl [Saaz], »Der Ackermann aus Böhmen«; Friar Grimston, »Poems on Death«), sondern auch die bildende Kunst umkreisen T.es- und Makaberthemen (s. Abschnitt

VI). Im 14. und 15. Jh. wird die T.espersonifikation von einem dämonenähnl. Wesen zum Knochenmann umgewandelt: Der T. wird zum Toten. Meist ausgerüstet mit Fernwaffen wie Pfeil und Bogen oder Wurfspeer, erfüllt er als Abgesandter Gottes dieselbe Funktion wie dieser selbst in den Pestbildern: dort löscht der Herr selbst mit solchen Waffen seine Geschöpfe aus, Manifestation des neu aktivierten atl. Gottesbildes. Die Medien, in denen das Jenseits vorgestellt wurde, erweiterten sich gleichzeitig enorm, Zeichen der »visuellen Frömmigkeit«, die die Epoche charakterisiert: Nicht nur werden ältere eschatolog. Schilderungen nun illuminiert, auch jede got. Kirche hat ihr Weltgerichtsportal oder -fresko; fast jede größere Stadt sah ihre Bürger tagelang dabei, in den Kostümen von Engeln und Teufeln, Erretteten und Verdammten das Endgericht vorwegzunehmen.

Die Präsenz der Toten in Gestalt der →Armen Seelen prägt im SpätMA nun auch die Äußerungen der Hochkultur in sehr deutl. erhöhtem Maß. Der Armen-Seelen-Kultus wird fest in Liturgie, Paraliturgie und Bruderschaftswesen eingebunden, wovon die ungeheure Zahl der gestifteten Seelenmessen sowie die Errichtung von Allerseelenaltären und -kapellen (z. B. All Saints College in Oxford) Zeugnis ablegen (→Ablaßwesen). Dazu kommt, daß Totenerscheinungen im ausgehenden MA so sehr in das Blickfeld auch der Theologen treten, daß sie in Handbüchern für Exorzisten diskutiert werden. Man mußte ja damit rechnen, daß ein Totengeist einen Lebenden befallen konnte und exorziert werden mußte, wie der Bericht »De spiritu Guidonis« (1323) wußte. Es zirkulierten auch volkssprachl. Erlebnisberichte wie der verbreitete des Großbauern Arnt Buschmann, der 1437/38 eine Reihe von Erscheinungen eines Vorfahren erlebte, der um Erlösung von den Fegfeuerstrafen bat. Es gehört zu den noch zu untersuchenden Mutationen der Mentalitätsgeschichte, wieso sich die Einstellung zu den Toten binnen sehr kurzer Zeit in einem großen Teil Europas so radikal ändern konnte, wie dies mit der Reformation der Fall war. Dieselbe Generation, die eben noch nicht zu überschätzende Beträge für den Kultus der Armen Seelen ausgegeben und ungezählte Stunden ihrer Lebenszeit dem Gebet für diese gewidmet hatte und die die gleiche Hilfe auch von ihren Kindern für sich erwartet hatte, weigerte sich plötzlich, weiterhin an Fegfeuer und Totenerscheinungen zu glauben. Europa wurde in zwei Zonen gespalten, die durch ganz verschiedenes Verhalten den toten Vorfahren gegenüber gekennzeichnet waren.

S. a. →Zeremoniell (Totenzeremoniell des Herrschers).
P. Dinzelbacher

Lit.: KL III, 429ff. – A. Prieto, El sentimiento de la muerte a través da la lit. española (siglos xiv y xv), Riv. de literaturas modernas 1960, 115-170 – Le Sentiment de la Mort au MA, hg. C. Sutto, 1979 – J. Chiffoleau, La comptabilité de l'audelà, 1980 – H. Platelle, La mort précieuse, RevMab 288, 1982, 151-174 – A. Tenenti, La vie et la mort à travers l'art du XVᵉ s., 1983² – L. Breure, Doodsbeleving en levenshouding..., 1987 – J. Huizinga, Herbst des MA, 1987, 159-176 – La idea y el sentimiento de la muerte en la hist. y el arte de la Edad Media, hg. M. Nuñez – E. Portela, 1988 – P. Dinzelbacher, An der Schwelle zum Jenseits. Sterbevisionen im interkulturellen Vergleich, 1989 – A. Guiance, Muertes medievales. Mentalidades medievales, 1989 – A. M. Haas, T.esbilder im MA, 1989 – F. S. Paxton, Christianizing Death..., 1990 – P. Dinzelbacher, St./T. (Europ. Mentalitätsgesch., hg. Ders., 1993), 244-260 – R. Gigliucci, Lo spettacolo della morte..., 1994 – Cl. Lecouteux, Au-delà du merveilleux, 1995 – D. Schäfer, Texte vom T. Zur Darstellung und Sinngebung des T.es im SpätMA, 1995 – M. Camille, Master of Death, 1996 – P. Dinzelbacher, Angst im MA. Teufels-, T.es- und Gotteserfahrung, 1996 – Du guoter t. (Tagungsakten Akademie Friesach) [im Dr.] – Der T. der Mächtigen (Tagungsakten Salzburg), hg. L. Kolmer [im Dr.].

V. Volkskunde: Die christl. Kirche versteht sich als streitend im Diesseits, als triumphierend im Jenseits und als leidend im Purgatorium. Dies verleiht dem T. seinen teleolog. Sinn als Durchgangsstadium zu einer anderen Existenz und zugleich als Wartezustand auf das endgültig richtende Jüngste Gericht, damit aber auch als definitives Ende der menschl. Entscheidungsfreiheit zw. einem guten und schlechten Lebenswandel, zw. Tugend und Laster. Erst die im HochMA populär werdende →Fegfeuerlehre löste die starre Dichotomie von Paradies und Hölle auf und ermöglichte es dem Menschen, nachträgl. Läuterung und Rettung vor der ewigen Verdammnis sowohl durch vorsorgende Strategien zu Lebzeiten als auch durch Initiativen der Angehörigen und Nachkommen zu erlangen. Der Mensch ist biolog. wie geistig mit der Geburt auf seinen T. hin angelegt, das Leben wird zur Vorbereitung auf die Sterbestunde. Das kirchl. vermittelte Ideal vom guten St. gerät somit innerhalb der ma. Gesellschaft zu einem zentralen Disziplinierungsinstrument, das Konformität mit verbindl. religiösen und sozialen Normen erzeugt und sich in zahlreichen, sich teilweise hist. verändernden und anpassenden Vorstellungen, Handlungsweisen und Riten einen Ausdruck schafft. Hierbei ist der sich im 12. Jh. anbahnende radikale Wandel des Frömmigkeitsverständnisses hin zu einer kontemplativen Betrachtung und Nachfolge des am Kreuz qualvoll sterbenden Christus zu berücksichtigen. Erziehungs- und Informationsmedien bilden hier v. a. die Liturgie, die Predigt, die Dienstleistungen der Kirche bei der Inszenierung des St.s und des T.es, aber auch Lerninstrumente wie die Bilderzyklen der Kirchen (vorbildhafter T. Christi, Marias und der Hl.n, [Vor]hölle und Jüngstes Gericht als Warnbilder).

Der T. war in der ma. Gesellschaft sowohl real als auch als geistiges Ziel der ird. Existenz allgegenwärtig, der Vorbereitung auf eine die Ewigkeit im Paradies garantierende Sterbestunde standen zahlreiche Hilfsstrategien zur Verfügung (→Ars moriendi). Vom sozialen Stand und dem wirtschaftl. Vermögen hingen individuelle Leistungen wie der Erwerb von →Ablässen oder die Finanzierung von Seelstiftungen, Spitälern, Gedenk- und Gebetstagen über den T. hinaus ab (»Dreißiger«, »Vierziger«).

Auf diese sozialen wie kulturellen Initiativen übte insbes. die Purgatoriumslehre einen entscheidenden Einfluß aus. Zu den wichtigsten, bereits zu Lebzeiten zu treffenden Vorsorgemaßnahmen zählte das →Seelgerät, wobei den Meßreihen bes. Bedeutung zukam (vgl. Alte Kapelle, Regensburg, Graner-Altar, 1488?). Meßstiftungen und Jahrtagsstiftungen, die Einrichtung von Spitälern, aber auch von öffentlichen Speisungen der Armen (»Seelwekken«) verfolgten neben dem institutionalisierten Totengedächtnis die Absicht, das Seelenheil eines Verstorbenen der Gemeinschaft der Lebenden ans Herz zu legen. Ein häufiges Institut in ma. Testamenten bildete die Bereitstellung einer Geldsumme für Wallfahrten zum Seelenheil des Stifters (z. B. Kgn. Margarethe I. v. Dänemark 1411, Ausstattung von insgesamt 130 Pilgern für Wallfahrten ins Hl. Land, nach Santiago di Compostela, Canterbury und andere süd- und mitteleurop. Stätten); es fällt auf, daß im SpätMA solche Wallfahrtslegate mehr und mehr den Besuch von Orten im Nahraum des Stifters förderten. Nicht zuletzt aber garantierten die ma. Zünfte und →Bruderschaften die Vor- und Nachsorge des T.es, Beerdigung, Totengedenken, Unterstützung der Hinterbliebenen. Eine wichtige Rolle fiel auch den Kerzenstiftungen zu, für die man etwa in der Friedhofsmauer Oculi einfügte oder aufwendige Armenseelen-Leuchten schuf (→Totenleuchte). Diesem im SpätMA überbordenden Brauch setzte die

Reformation ein Ende. Schließlich aber wurde der hl. →Christophorus als Seelenführer und Schützer vor einem jähen, d. h. unvorbereiteten T. zu einem populären Garanten für die Sterbestunde.

Zum weiten Komplex der Vorbereitung auf einen guten T. zählte sicherlich auch die T.esvorahnung, häufig durch Orakel, Träume und Visionen, bei denen nicht zuletzt der →Teufel als Kämpfer um die Seele des Sterbenden auftrat. Mit der Vorstellung vom Teufel am Sterbebett ist die Funktion des Erzengels →Michael als Seelenwäger zu verbinden.

Die vom sozialen Stand abhängigen Maßnahmen für eine gute Sterbestunde, die Beerdigung und das Totengedächtnis dürfen dennoch nicht übersehen lassen, daß hinter der Idee vom Jüngsten Gericht die Auffassung von der Gleichbehandlung stand. Darstellungen, etwa am Fs.enportal des Bamberger Domes, zeigen eindringl., daß von der Verdammnis alle Schichten, mithin auch Papst und Bf., Ks. und Fs., betroffen sein können. Diese Vorstellung fand ihre eindrucksvollste Ausprägung in den spätma. →Totentänzen.

Das St. bedeutete im MA wie in der frühen NZ soziale Geborgenheit, Verpflichtung und Erlebnis der Gemeinschaft sowie kirchl. Zuständigkeit bei der Begleitung des St.s und der Betreuung der Angehörigen. Für die Gestaltung des T.es diente sicherl. das Vorbild des T.es der Hl.n und insbes. Marias als prägendes Leitbild, das in symbol. und rituelle Handlungen übersetzt wurde. Der ursprgl. klösterl. Brauch, dem Sterbenden eine Kerze in die Hand zu drücken oder zu seinen Häupten aufzustellen, fand über die Darstellung der im Kreis der Apostel geborgen sterbenden, eine Sterbekerze in der Hand haltenden Maria Eingang in die populäre Sterbekultur. Wichtige Hinweise für die Inszenierung des St.s im MA, aber auch für das Repertoire der Trauer- und Klagegebärden vermittelt das illuminierte Sakramentar des Bf.s Warmundus v. Ivrea (Anfang 11. Jh.): Um den Sterbenden kümmern sich die Angehörigen, der Körper wird auf die Erde auf das mit Asche bestreute Büßertuch gelegt, was spätere Forscher häufig als dämonenabwehrenden Akt deuteten; hierbei schlägt sich die Frau an die Brust und zerreißt ihr Gewand. Im Augenblick des T.es verläßt die Seele den Körper, und ein Priester spendet die letzte Wegzehrung (viaticum). Anschließend wird der Tote gewaschen, in ein Leichentuch gehüllt und in Begleitung der Geistlichen und Angehörigen zur Aufbahrung in die Kirche gebracht. Die Beerdigung erfolgt ohne Sarg; Bestattungen im Sarg bildeten im MA die Ausnahme und blieben auch später meist den Wohlhabenden vorbehalten. Erst im 16. Jh. trat ein Wandel ein, der dazu führte, daß infolge der Sargbestattungen die Friedhöfe zu klein wurden.

Die normativen Rituale umfaßten ausschließl. den »normalen«, nicht jedoch den »ungewöhnlichen« T. und das St. der Menschen, die am Rande oder außerhalb der Gesellschaft lebten. Ungetauft verstorbene Kinder begrub man am Rande oder jenseits der Friedhofsmauern, da sie noch mit der Erbsünde behaftet und infolge des Fehlens der Taufe keine Mitglieder der Kirche waren. Sie gehörten dem populären Glauben zufolge zu jenen Wesen, die entweder in ein Schattenreich ohne Freude und Leid kamen oder aber im Grab keine Ruhe fanden (→Tote, →Totenheer). In verschärftem Maße aber galt diese Verweigerung Randgruppen u. Außenseitern, Selbstmördern u. Hingerichteten, die häufig verbrannt wurden u. deren Asche man in alle Winde zerstreute. Ch. Daxelmüller

Lit.: s. a. →Arme Seelen; →Fegfeuer; →Totentanz – HOOPS², VI, 174–177 – K. ERSLEV, Tre Gavebreve af Dronning Margrethe fra Aaret 1411, Kirkehistoriske Samlinger, III/3, 1881/82, 367–379 – P. BERGER, Religiöses Brauchtum im Umkreis der Sterbelit. in Dtl., 1966 – H. L. COX, Die Bezeichnungen des Sarges im Kontinental-Westgermanischen, 1967 – A. HAHN, Einstellungen zum T. und ihre soziale Bedingtheit, 1968 – T. S. BOASE, Death in the MA, 1972 – C. HARBISON, The Last Judgment in Sixteenth Cent. Northern Europe, 1976 – K. STÜBER, Commendatio animae. Sterben im MA, 1976 – CH. DAXELMÜLLER-M.-L. THOMSEN, Ma. Wallfahrtswesen in Dänemark, Jb. für VK NF 1, 1978, 155–204 – W. HARTINGER, ... denen Gott genad, 1979 – PH. ARIÈS, Gesch. des T.es, 1980 – Death in the MA, hg. H. BRAET, 1983 – M. LAUWERS, La mort et le corps des saints. La scène de la mort dans les Vitae des Haut MA, Le MA, 1988, 21–50 – L. KOLMER, Spätma. Testamente, ZBLG 52, 1989, 475–500 – J.-C. SCHMITT, Die Logik der Gesten im europ. MA, 1992 – CH. DAXELMÜLLER, Der Untergrund der Frömmigkeit. Zur Gesch. und Pathologie religiöser Bräuche, Saeculum, 1996.

VI. IKONOGRAPHIE: Bereits die griech. Kunst zeigt den T. als geflügelten bärtigen Greis oder geflügelten jungen Mann: als Thanatos, Zwillingsbruder des Schlafes (Hypnos), der eine verlöschende Fackel hält. Skelett- und T.esdarstellungen v. a. auf spätantiken Trinkgefäßen mahnen im Lebensgenuß an St. Die chr. Kunst macht schon früh die Überwindung des T.es durch Christi T. zu ihrem Thema, um den Menschen zu mahnen, sich durch entsprechendes Verhalten im Leben die Teilnahme an Christi Erlösung und somit am ewigen Leben zu sichern. Eine eigentl. Personifikation tritt vereinzelt erst etwa ab dem frühen 11. Jh. auf. Erste künstler. Formulierungen sind noch widersprüchl., vorwiegend jedoch veranschaulicht als eine Schrecken erregende Gestalt (Uta-Evangeliar, Regensburg, um 1002; München, Staatsbibl., Clm 13601, 3v). Die Beschäftigung mit dem Jenseits, die im frühen MA fast ausschließl. Adel und Geistlichkeit vorbehalten war, erfuhr seit dem Ende des HochMA, beeinflußt durch die zahlreichen religiösen Bewegungen, aber auch ausgelöst durch die sozialen Probleme, Naturkatastrophen und Seuchen, insbes. die Pest, zunehmende Popularisierung. Mit dem Aufkommen des Holzschnitts fand sie ab dem späten MA Eingang in alle Schichten. Das ganze Leben wurde auf ein gutes Sterben hingeordnet. V. a. seit dem 15. Jh. propagierte die Lit. die »Kunst des Schönen Sterbens« (→Ars moriendi).

Im Lauf des MA nimmt die äußere Erscheinung des T.es verstärkt die Gestalt einer Leiche an. Ab dem 14. Jh. wird er als regelrecht mumifizierte Gestalt gezeigt, mit unter der Haut durchschimmerndem Knochengerüst und auffälligem »Bauchschnitt« oder auch im Zustand der Verwesung begriffen, von Würmern und Schlangen zerfressen, bis er dann schießlich im 15. Jh. als Skelett gezeigt wird – ein Motiv, das vorgebildet ist in Abbildungen des Adamsgrabes unter dem Kreuz Christi auf Golgatha (eine der ältesten Darstellungen als Skelett im Hortus deliciarum der Herrad v. Landsberg, um 1170; vgl. auch Straßburger Münster, Tympanon des W.-Portals, 1270).

Maßgebl. für die Entwicklung der T.esikonographie war neben der Bibel auch die ma. Buß- und Erbauungslit. (→Memento Mori, Ars moriendi, →Contemptus mundi, Vadomori usw.). Der T. mit Augenbinde, hinweisend auf sein blindes Walten ohne Ansehen der Person, erscheint z. B. in der frz. Kathedralskulptur des 13. Jh. (Reims, Amiens, Paris). Weit verbreitet war das Sinnbild des »Schnitter T.« (abgeleitet aus Job 5, 26) – anfangs eine Sichel haltend, später eine Sense –, das auch von der it. Kunst übernommen wurde (vgl. das v. a. in Italien beliebte Thema »Triumph des T.es«: Fresko des Campo Santo v. Pisa, um 1360/70; Fresko auf der Außenwand der Chiesa dei Disciplini in Clusone, 1485). Erweiterung der Schnittersymbolik im »Reiter T.« (beeinflußt von Offb 6, 7f.), damit verbunden auch die Vorstellung vom »T. als Jäger« (Ps 7, 13/14; Holzschnitt in »Ackermann aus Böhmen«, Johann v. Tepl, Bamberg 1461, f. 10). Im frz. oder im von diesem beeinflußten dt. Kunstraum häufiger vertreten ist auch das Motiv des T.es als Totengräber, mit Sarg und Schaufel (Pariser Totentanz v. 1425, gedr. 1485; Fabliaux-Hs., 13. Jh.; Brüsssel, Bibl. roy. Ms. 9411, 21v). In Dtl. ist der »T. als Spielmann« verbreitet, der, vermutl. in Verbindung mit der Darstellung der Legende von den →drei Lebenden und den drei Toten, das Thema des →Totentanzes vorbereitete. Mit dem Motiv des →Weltgerichts verknüpft, tritt das Bild des T.es ab dem 14. Jh. als Teil des Zyklus von den Vier Letzten Dingen auf.

Neben dem T. wurde auch die Schilderung der Sterbestunde ein ab dem HochMA immer häufiger gewähltes Motiv. Sie erscheint in der chr. Ikonographie in Zusammenhang mit Darstellungen der Ars moriendi, ferner des T.es der Gerechten und des Heuchlers, T. der Schächer, und Szenen der Krankensalbung (ab dem 14. Jh. Teil des Zyklus der Sieben Sakramente, vgl. Rogier v. d. Weyden, Sakramentsaltar, rechter Innenflügel; um 1440, Antwerpen, Mus. voor Schone Kunsten). Abgesehen vom weihevollen Sterben in Martyrien- und Hl.nzyklen galt insbes. der T. der Jungfrau→Maria im Kreise der Apostel seit dem 10. Jh. und vermehrt noch im 14./15. Jh. (Konrad v. Soest, um 1420; Dortmund, Marienkirche) als Exempel eines guten T.es.
M. Grams-Thieme

Lit.: LCI IV, 213f. [St.], 327-332 [T.] – A. REUTER, Beiträge zu einer Ikonographie des T.es [Diss. Straßburg 1913] – E. DÖRING-HIRSCH, T. und Jenseits im SpätMA, 1927 – R. HELM, Skelett- und T.esdarstellungen bis zum Auftreten der Totentänze, 1928 – R. RUDOLF, Ars moriendi, 1957 – J. HUIZINGA, Herbst des MA, 1975[11], 190-208 – H. ROSENFELD, Der T. in der christl. Kunst (Der T. in Dichtung, Philos. und Kunst, hg. H. H. JANSEN, 1989[2]), 94-106 – N. OHLER, Sterben und T. im MA, 1994[2].

Tod Mariens → Koimesis, →Maria, hl.

Toda Aznárez, Kgn. v. →Pamplona (→Navarra), † 970 im Alter von etwa 90 Jahren, ▢ →San Millán de la Cogolla (an der Seite ihres Sohnes García Sánchez). Als Tochter des Gf.en Aznar II. v. →Aragón entstammte T. einem mit sämtlichen christl. Dynastien der Iber. Halbinsel sowie mit des muslim. Fs.enfamilien des Ebrotales verwandten Geschlecht. Gemahlin von →Sancho I. Garcés, der 905 unter Ausschaltung seines Verwandten Fortun Iñiguez eine neue Dynastie in Navarra-Pamplona begründete, fungierte T. nach dem Tode ihres Mannes (925) und der Regierung ihres Schwagers Jimeno Garcés († 931) als Regentin für ihren Sohn →Gárcia Sánchez (931-970), dessen Regierung sie auch nach seiner Volljährigkeit über Jahrzehnte führend mitgestaltete. Hauptproblem war das spannungsreiche Verhältnis zum Kalifat→Córdoba unter ᶜAbdarraḥmān III., der 920 die Navarresen bei Valdejunquera besiegte, 923 bei →Viguera aber zurückgeschlagen wurde. Im Vorfeld einer erneuten muslim. Offensive gegen den Norden ergriff T. 934 die Initiative zu einer Begegnung mit dem Kalifen in Calahorra und erreichte eine Art Nichtangriffspakt, mußte jedoch als Gegenleistung eine Unterstellung von Navarra sowie →León und →Kastilien (regiert von ihren Schwägern →Ramiro II. bzw. →Fernán González) unter Oberhoheit des Kalifen anerkennen (Entsendung der jüngeren Söhne T.s als Geiseln an den Hof v. Córdoba). Dieser Gleichgewichtszustand hielt aber nur kurze Zeit; in den folgenden Auseinandersetzungen (937, 939, 941) galt T. als Architektin der chr. Siege (→Simancas-Alhándega und Atienza, 939) und der in Córdoba geschlossenen Abkommen (958 Begegnung anläßlich des Konflikts zw. ihren um das leones. Erbe rivalisierenden Enkeln →Sancho I. 'el Craso' und →Ordoño IV.).
B. Leroy

Lit.: A. CAÑADA JUSTE, De Sancho Garcés I a Sancho Garces III el Mayor (926-1004), 1987 – →Navarra.

Todesstrafe ist die rechtsförml. Tötung wegen begangenen Unrechts. Der Streit um Wesen und Herkunft der germ. T. betrifft zwar im Kern vor dem MA liegende Sachverhalte, wirkt jedoch vielfach auf das Verständnis der (früh)ma. T. ein. Neben der Sakral- oder besser Strafopfertheorie v. AMIRAS (1922) stehen die die T. als Reinigungs- und Abwehrzauber deutende Lehre REHFELDTS (1942) und die Theorie von der Auslieferung des Täters als Un-Menschen an die Un-Welt (HASENFRATZ, 1982; →Strafe, C.I). Für das FrühMA ist andererseits die Verhängung von T.n aus rationalem (Herrschafts-)Kalkül in röm.-antiker Tradition zu erwägen. Lehren der christl. Kirche haben stets nachhaltig und mit unterschiedl. Zielsetzung auf die Entwicklung gerade der T. Einfluß genommen. Das Phänomen T. ist ferner bestimmt durch das anfängl. sakrale Bedürfnis, →(Blut-)Rache zu üben, durch die länd. Gliederung der Gesellschaft sowie durch die Unterscheidungen von →handhafter und übernächtiger sowie von ehrl. und unehrl. Tat. Der Vollzug der T. weist durchgehend apotropäische Elemente aus: man fürchtete den →»bösen Blick« des Hinzurichtenden und die Rache, die er als Wiedergänger nehmen könnte. Deshalb wurde zumindest die Leiche zerstückelt, im Wasser oder Moor versenkt, verbrannt, der Fäulnis oder den Tieren zum Fraß überlassen. Das Talionsprinzip (→Talion) und das Bedürfnis nach Wiederherstellung der gebrochenen Ordnung durch analoge Sühneformen brachten das Verbrechen und seine Ausführung »spiegelnde« T. hervor.

Eingangs des MA stehen gewisse »Archetypen unrechten Handelns« (BADER): insbes. →Mord, →Totschlag, →Diebstahl, →Brandstiftung, →Raub, Untreue, →Notzucht. Nähere rechtl. Qualifikation und Beschreibung erfuhren sie erst unter den Bedingungen des frk.-dt. Gerichtsverfahrens. Vor dessen Ausbildung fehlt es an jegl. Anhaltspunkten für eine regelmäßig geübte, Verbrechen verfolgende und im nachhinein aburteilende »öffentl. Kriminalgerichtsbarkeit«. Erweisl. sind nur spontane und okkasionelle Tötungen – vornehml. solche bei handhafter Tat. Soweit bei ihnen gewisse Rechtsformen – insbes. die Verklarung der Tötung – zu beachten waren, handelt es sich nicht (nur) um Racheakte, sondern (auch) um T.n. Daß gewisse Verhaltensweisen auch außerhalb handhafter Tat als todeswürdig erachtet wurden, ist zu vermuten. Inwieweit sich solche Einschätzungen jedoch realisierten und zumindest ansatzweise formalisiert umgesetzt wurden, ist unbekannt. Dasselbe gilt von den Formen der sog. Familien- oder Sippengerichtsbarkeit. Die Etablierung frk. Gerichtsbarkeit aktivierte die überkommenen Archetypen des Unrechts und differenzierte sie zugleich in sühnbare und in todeswürdige Handlungen aus. Dabei bleibt nicht selten unklar, in welchem Verhältnis »volksrechtl.« Buße und »amtsrechtl.« T. zueinander stehen (sollten). Der Großkg. stärkte jedenfalls nicht nur die Bußgerichtsbarkeit, sondern ging zum Schutz seiner Herrschaft und zentraler Gemeinschaftswerte nach röm. Vorbild auch gegen den nicht handhaften Täter, selbst gegen den Freien, mit Untersuchung, Verfahren und Todesurteil vor. Dabei unterstützte ihn grundsätzl. die Kirche, in der es offensichtl. unterschiedl. Haltungen zur T. gab. Seit dem 6. Jh. wurde also vermehrt die T. angedroht: für polit. Delikte (Untreue, Verrat, →Majestätsverbrechen), für die Verletzung von Amtspflichten, für mißbilligte geschlechtl. Verbindungen, sogar für Raub und Totschlag als »ehrl.« Taten. Eine weitere Wurzel der T. liegt in den gerichtl. gegen Sklaven verhängten peinl. Sanktionen. Sie traten insbes. dann ein, wenn der Herr für die von Sklaven verwirkte Bußzahlung nicht einstehen wollte (NEHLSEN). Auch dem zahlungsunfähigen, von den Verwandten nicht ausgelösten Bußschuldner drohte die T. Andererseits war die primäre T. häufig ablösbar. Vollstreckt wurden T.n im FrühMA durch die Gehilfen des Richters (Gf.en) in dessen Gegenwart, am kgl. Hofe je nach Hinrichtungsform und Stellung des Delinquenten auch durch höheres Hofpersonal (Pfgf., Haushofmeister). Vornehml. der zahlungsunfähige Bußschuldner wurde durch den Verletzten oder dessen Familie hingerichtet.

Spätestens mit dem Niedergang der Zentralität im frk. Reich ging auch die T. zurück. Außerhalb handhafter Tat ist sie offenbar vom ausgehenden 9. bis zum späten 11. Jh. selten verhängt und vollzogen worden (ALTHOFF, DIESTELKAMP, DILCHER, WILLOWEIT), obwohl sie bekannt war. Erst im Zuge der →Gottes- und →Landfrieden trat die T. wieder vermehrt in Erscheinung, wobei sie wohl zunächst weniger vom Vergeltungsgedanken beherrscht, denn als eine Form der Ausstoßung des Täters aus der menschl. Gemeinschaft verstanden wurde. Mit dem neuerl. Aufkommen der T. dürfte eine Schwächung des alten kirchl. Bußgedankens und -wesens korrespondieren. Zuerst traf die T. dabei wiederum den zahlungsunfähigen, unfreien Delinquenten (Kölner Gottesfrieden 1083). Die Landfrieden belegten seit dem 12. Jh. die gravierenden Friedbruchfälle wie Totschlag, Raub, Brandstiftung, Diebstahl, Notzucht mit der T. Sie stellten dabei weder auf das Erfordernis der Handhaft ab noch nahmen sie auf den Stand des Friedbrechers Rücksicht. Diese Strafdrohungen wuchsen im Laufe der Zeit mit dem gemeinen Strafrecht an. Nach Ssp. Ldr. II, 13, 5, liegt schließlich bei allen zu Leben gehenden Straftaten ein Friedensbruch vor. Den Höhepunkt der Ausbreitung der T.n stellt die Fülle der T.n im Reichsstrafgesetzbuch v. 1532, der sog. »Carolina«, dar. Die Unrechtsbewältigung durch Bußleistung, z. B. in Gestalt der Totschlagssühnen, wurde gleichwohl nicht gänzl. verdrängt. Die Ablösbarkeit der T. blieb im MA grundsätzl. erhalten. Im ausgehenden Hoch- und im SpätMA geriet die Verhängung der T. mehr und mehr in die Hand der Territorialherren und Städte als Träger der peinl. oder Hochgerichtsbarkeit. Diese setzten die T. im Kampf gegen →»landschädl. Leute«, →Raubritter und (See-)Räuber unter weitgehender Auflösung überkommener Verfahrensgarantien breitflächig ein.

Die Formen der T. blieben im MA relativ konstant und waren insgesamt vielgestaltig. Sie folgten der Unterscheidung von ehrl. und unehrl. Tat, hatten »spiegelnden« Charakter und berücksichtigten das Geschlecht der Delinquenten. Schwachsinnige, (kleine) Kinder und Schwangere sollten der T. nicht unterliegen. T.n für Tiere hat es – jedenfalls im MA – nicht gegeben. Grundformen der T. waren das »ehrliche« Enthaupten, das schmachvolle Erhängen, das Ertränken und das Verbrennen. Als qualifizierte Formen sind vornehml. das Lebendbegraben mit Pfählung, das Rädern und das Vierteilen bekannt. Die T.n konnten durch Zwicken mit glühenden Zangen und Schleifen zur Gerichtsstätte geschärft werden. Der Vollzug (v. HENTIG, SCHILD, SCHEELE) nahm zunehmend grausamere Züge an. Alle Hinrichtungen erfolgten öffentlich.

J. Weitzel

Lit.: →Strafe, C.I – →Halsgericht – H. v. HENTIG, Die Strafe, I, 1954, 159–380 – G. ALTHOFF, Kg.sherrschaft und Konfliktbewältigung im 10. und 11. Jh., Frühma. Stud. 23, 1989, 264–290 – B. DIESTELKAMP, Das Gericht des dt. Kg.s im Hoch- und SpätMA und das peinl. Strafrecht (Fschr. R. LIEBERWIRTH, 1991), 37–45 – F. SCHEELE, »... die sol man alle radebrechen«. Todeswürdige Delikte und ihre Bestrafung in Text und Bild der Codices picturati des Sachsenspiegels, 1992 – G. DILCHER, Mord und Totschlag im alten Worms (Fschr. E. KAUFMANN, 1993), 91–104 – D. WILLOWEIT, Unrechtsfolgen in Hof- und Dienstrechten des 11. und 12. Jh. (Fschr. W. TRUSEN, 1994), 109–127 – K. S. BADER, Zum Unrechtsausgleich und zur Strafe im FrühMA, ZRGGermAbt 112, 1995, 1–63 – J. WEITZEL, Strafe und Strafverfahren bei Gregor v. Tours und in anderen Q. der Merowingerzeit (Recht im frühma. Gallien, hg. H. SIEMS, 1995), 109–126.

Todfall → Besthaupt, →Gewandfall

Todi (lat. Tuder), Stadt in Mittelitalien (Umbrien). Seit dem Bundesgenossenkrieg Civitas Romana (Tribus Clustumina), seit der Triumviratszeit Colonia fida Tuder. T.s Nähe zu Rom und die Lage an der Via Amerina begünstigten offenbar ein rasches Eindringen des Christentums (Katakomben bei Villa S. Faustino, einziges bekanntes frühchristl. Coemeterium in Umbrien). Möglicherweise wurde der Bf.ssitz um die Mitte des 4. Jh. errichtet. Wie viele Städte →Umbriens wurde T. von →Theoderich besetzt (483). 537 von den Truppen →Belisars eingenommen, 552 definitiv von →Narses erobert. Abgesehen von zwei kurzen Besetzungen durch die →Langobarden 592 und 593 und einer (wenig gesicherten) langob. Besetzung i. J. 748, blieb T. von da an jahrhundertelang unter byz. Herrschaft. Durch die Übereinkommen auf polit. und religiöser Ebene zw. dem Papsttum und den Franken wurden die päpstl. Territorien Italiens, unter ihnen das →Patrimonium beati Petri, zu dem T. gehörte, de facto der dominatio des Ks.s unterstellt, da die verschiedenen ksl. Schenkungsversprechen an die Päpste (754, 774, 817) nur wenig konkrete Wirksamkeit besaßen. Erst 962 (Otto I. an Johannes XII.) wurde die Pertinenz des Papstes anerkannt. Bereits seit dem 9./10. Jh. war der Contado von T. unter mächtigen Signorendynastien aufgeteilt; bes. wichtig waren die Arnolfi. Weihnachten 1001 trafen Papst Silvester II. und Ks. Otto III. in T. zusammen, wohin der Papst eine Synode berufen hatte, um über einige kirchl. Fragen in Dtl. zu entscheiden. Das ganze 11. Jh. hindurch war nicht eindeutig festgelegt, ob T. vom Papsttum oder vom Reich abhing, obwohl Heinrich II. 1020 Papst Benedikt VIII. T. bestätigt hatte. Diese Situation blieb bis zum Pontifikat →Innozenz' III. bestehen. Es ist nicht bekannt, wer in dieser Zeit die Macht in der Civitas Tudertina ausübte (Gf.en?), obgleich der Bf. weiterhin der anerkannte Repräsentant der Stadt war. Das Mönchtum fand in T. seine bedeutendste Verkörperung in der Abtei San Lenucio (gegr. wohl in der 2. Hälfte des 10. Jh.). In einem Diplom Friedrichs I. Barbarossa für diese Abtei findet sich der erste Beleg für Konsuln (1177); die Kommune entstand jedoch sicher vor 1169, als die ersten internen Kämpfe in T. auftraten. 1198 wurde T. durch direkte Intervention Innozenz' III. wieder dem Patrimonium der Kirche eingegliedert; 1201 ernannte die Kommune ihren ersten Podestà. Im 13. Jh. konnte T. seine bereits im 12. Jh. begonnene Expansionspolitik v. a. nach S und SW durch eine Reihe von Bündnissen mit anderen Kommunen verstärken. Nach der Unterwerfung von Amelia (1208) und von Terni (1217) begann die Stadt den hundertjährigen Krieg gegen →Orvieto um den Besitz des Kastells Montemarte. Während der avignones. Periode des Papsttums machte T. sich unabhängig. 1328 gewährte es dem Gegenpapst Nikolaus V. und Ks. Ludwig d. Bayern Aufnahme. Als die Päpste nach Rom zurückkehrten, versuchte T. vergeblich, seine Unabhängigkeit zu bewahren. Als das Papsttum die Stadt nicht unterwerfen konnte, betraute es verschiedene Adlige mit der Signorie. Bonifaz IX. setzte 1392 →Malatesta v. Rimini zum Präfekten von T. ein, dann Andrea Malatesta v. Pesaro zum Vikar, 1396 schließlich Biordo →Michelotti, der die Stadt bis 1388 hielt. 1432 ernannte Eugen IV. Francesco →Sforza zum Vikar v. T. Die rasche und verwirrende Abfolge von Signoren und päpstl. Gouverneuren trug dazu bei, daß in T. im ganzen 15. Jh. immer wieder Tumulte und Unruhen (jeweils unter der Führung der beiden mächtigsten Familien, der guelf. Atti und der ghibellin. Chiaravalle ausbrachen. 1496 setzte Vitellozzo →Vitelli den Kämpfen ein gewaltsames Ende: Nach T. gesandt, um eine Reihe von Übergriffen des Altobello Chiaravalle zu richten, besiegte er die gegner. Partei und ließ alle Befestigungswerke der Kommune schleifen. Nach Verlust seiner Selbständigkeit blieb T. von da an unter päpstl. Herrschaft. E. Menestò

Lit.: L. LEONII, Memorie storiche di T., 1856 – DERS., Cronaca dei vescovi di T., 1889 – G. CECI, T. nel medioevo (487-1303), 1897 – G. BECATTI, Forma Italiae – Regio VI – Umbria, I: Tuder-Carsulae, 1936 – G. CECI-U. BARTOLINI, Piazze e palazzi comunali di T., hg. M. PERICOLI, 1979 – Le cronache di T. (s. XIII–XVI), ed. G. ITALIANI, C. LEONARDI, F. MANCINI u. a., 1979 – M. TASCIO, T. Forma e urbanistica, 1989 – E. MENESTÒ, Omaggio a T.: la città tra alto e basso medioevo (Spazi, tempi, misure e percorsi nell'Europa del bassomedioevo. Atti Accad. Tudertina, 1996), 1-41.

Todsünde. »Sünde zum Tod« ist in der bibl. Sprache (1 Joh 5, 16-17) die Sünde, die dem ewigen Gericht verfallen ist und vom Reiche Gottes ausschließt (Gal 5, 19-21). →Sünde und →Tod (zeitl. und ewiger) gehören nach Röm 5, 12-21 zusammen: der zeitl. Tod deckt auf, was in der Sünde wirkl. geschieht: das ewige Unheil. Die theol. Unterscheidungen zw. leichteren und schwereren Sünden (M. J. ROUET DE JOURNEL, Enchiridion patrist.: Basilius: nr. 978; Ambrosius: nr. 1300; Hieronymus:nr. 1382) haben heilspädagog. Bedeutung. Am Beispiel des Sündenfalles im Paradies Gen 3, 1-7 machte Augustin in seinen Erklärungen die Elemente der T. deutl.: suggestio, delectatio, consensio (De sermone Domini in monte I, c. 12, n. 34). Neben der allg. Bestimmung der Sünde als »Tat, Rede oder Begierde gegen das ewige Gesetz« (Contra Faustum Manichaeum, XXII, 27, CSEL 25. 1, 621) hat die psycholog. Erklärung der T. im Lichte der bibl. Urgesch. die ma. Theol. nachhaltig beeinflußt. Richard v. St. Victor (1173) mußte die (von einem nicht näher bekannten Bernhard) gerichtete Anfrage über den Unterschied von tödl. und vergebbarer (veniale) Sünde mit den zeitgenöss. Theologen (Robert v. Melun, Simon v. Tournai) dahin beantworten, daß er auf die Straffolge des ewigen Todes der T. hinwies (vgl. ed. J. RIBAILLIER, 1967, 291-293). Erst am Schluß des Schreibens sammelt er sachl. Gründe: die T. ist Selbstverderben, Verletzung des Nächsten, Verachtung Gottes. Petrus Lombardus gewann im 2. Sentenzenbuch (d. 24 c. 10-12, ed. 1971, 457f.) aus der augustin. Psychanalyse der T. die Unterscheidungslehre, welche die Theologen des 12. und 13. Jh. beschäftigt hat. Wenn die niedrigere Vernunft den sinnl. Reizen folgt, die höhere aber sich widersetzt, ist es eine leichtere Sünde; stimmt aber auch die höhere Vernunft dem Reiz und Ergötzen zu, ist es T. Die höhere Vernunft – im Sündenfall-Gleichnis: Adam, der Mann – muß seine Überlegenheit über die niederere – in der bibl. Analogie: Eva, die Frau – erweisen, sie trägt die Schuld der T. Die Zustimmung zum niederen Begehren gewinnt in der scholast. Bestimmung von T. eine dominierende Rolle (vgl. Bonaventura, Sent. II d. 24 p. 2, a. 2 q. 2; Robert Kilwardby OP, Sent. II, q. 122-125 [ed. G. LEIBOLD, 1992, 312-321). Nach Thomas v. Aquin (S. th. I-II q. 74, a. 4) kann die T. nur in der Vernunft, nicht in der Sinnlichkeit ihren Sitz haben; diese ist auch nicht Bedingung, sondern nur Voraussetzung der T. Sofern aber die Vernunft der 'delectatio' zustimmt, ist es T. (a. 4) – eine Meinung, der sich Albert d. G. nicht anschloß (ebd. a. 8: »... consensus in delectationem non est peccatum mortale«).

Von →Abaelard her ist die andere Bestimmung unterwegs: die Sünde hat ihren Sitz im menschl. Wollen; T. ist die freiwillige Zustimmung. Im Widerstreit der ratio mit der Begierde kann sich der Wille gegen die 'conscientia' entscheiden. Die verkehrte Absicht ist die eigtl. Sünde (Ethica c. 13-18, ed. D. E. LUSCOMBE, 54-84). Weil er das Objektive der subjekt. Zustimmung außer acht ließ, wurden entsprechende Thesen auf der Synode v. Sens (1140, DENZINGER-SCHÖNMETZER, Enchiridion, nr. 729, 730) verurteilt. In der 2. augustin. Definition ist der Wille konstitutiv für die T. »Sünde ist der Wille, festzuhalten oder zu erlangen, was die Gerechtigkeit verbietet« (Thomas v. Aquin, S. th. I-II q. 71, a. 6 arg. 2). Sünde ist die Abkehr von Gott in der schuldhaft schuldig gebliebenen Liebe. »Mortale peccatum tollit caritatem«, lautet eine vielzitierte Sentenz (Präpositinus, Summa II, Hs. Todi 71, fol. 102rb, Wilhelm von La Mare, Sent. II d. 42, a. 3, ed. H. KRAML, 533). Thomas v. Aquin analysierte in der Moraltheol. (I-II q. 72-89) die T. als sittl. Akt und in den Quaest. de malo als (privatives) Sein. Die T. verkehrt die Ausrichtung des Menschen auf das letzte unabdingbare Ziel, nämlich Gott, und ist darum todbringend und schwer; sofern die Sünde auf dem Weg zum Ziel abirrt, ist sie »veniale« (III q. 88 a. 1). Von dieser letzteren kann nur analog von Sünde gesprochen werden (ebd. a. 2). So eindeutig die begriffl. Unterscheidung ist, so schwierig sind die Grenzen moralpsycholog. zu ziehen (ebd. a. 3-6). Die Schwere der T. bemißt sich ebenso nach den objektiv. wie subjektiv. Elementen des sittl. Aktes (q. 73 a. 1-10). Die objektive Indikation des freien sittl. Aktes in der Theol. des Thomas hat in der Diskussion des Heinrich v. Gent und des Johannes Duns Scotus heftige Kontroversen ausgelöst, die für die pastorale Praxis (im Bußsakrament) irritierend waren. Zur Unterscheidung der T. haben spätma. Theologen – Heinrich v. Langenstein (1397), Johannes Carlerius de Gerson († 1429) u.a. – Regeln erarbeitet (vgl. J. VENNEBUSCH), in denen sich die scholast. Diskussion spiegelt. L. Hödl

Lit.: →Sünde – DSAM XII, 790-853 – M. DE WACHTER, Le péché actuel selon s. Bonaventure, 1967 – Dt. Thomas-Ausg., 12: Die Sünde – H. WEBER, TThZ 82, 1973, 93-119 – J. VENNEBUSCH, Die Unterscheidung von peccatum mortale ... nach Heinrich v. Langenstein (Fschr. H. WEBER, 1994), 177-190.

Toggenburg, Landschaft (Schweiz, seit 1803 im Kt. St. Gallen). Wohl seit dem 2. Jh. wurden Alpen im Ober-T. vom noch roman. Rheintal her genutzt, bezeugt durch Flurnamen und die Zugehörigkeit zum Bm. Chur (bis 1484). Die westl. Teile wurden seit dem 7. Jh. durch →Alamannen besiedelt. Das Kl. →St. Gallen erwarb schon früh Grundbesitz und gewährte Rodungsprivilegien. Das Geschlecht der T.er, 1044 erstmals belegt, erwarb Ende des 12. Jh. Uznach; seit dem frühen 13. Jh. standen die Festen Alt-T. und Lütisburg, 1228 erhielt Lichtensteig das Stadtrecht. 1226 mußte Friedrich II. v. T. die Vogtei über das seit dem ersten Viertel des 12. Jh. bestehende Kl. St. Johann im Thurtal (Alt-St. Johann) und die Stadt Wil abtreten. Im 13./14. Jh. dehnten die T.er ihre Macht ins Gasterland, Rheintal, Vorarlberg, St. Galler Oberland und Prättigau aus. Die Bevölkerung des T. war vielfältig: Bürger von Lichtensteig mit zahlreichen Freiheiten, gfl. Eigen-, Gotteshaus- und Vogtleute, Reichsfreie in Gerichten und Freivogteien sowie Hintersassen. Im 14. Jh. band sich das Haus T. an →Habsburg und erlitt die Niederlage bei →Näfels (1388). Friedrich VII. v. T. verband sich 1400 mit →Zürich, 1417/19 aber auch mit →Schwyz und →Glarus, die alle drei die toggenburg. March und damit den Zugang zu den Bündner Pässen erwerben wollten. Nach seinem Tod (30. April 1436) entbrannte der →Zürichkrieg. Das T. ging an die Freiherren v. Raron über, die es 1468 an die Abtei St. Gallen verkauften; die Landschaft konnte dank der 1399 aufgezeichneten Rechte im Kl.staat ihre Selbstbestimmungsrechte wahren. Wirtschaftl. lassen die seit dem 13. Jh. belegten Mühlen auf Getreideanbau schließen, die Produktion von Leinwand kann schon vor 1400 angesetzt werden. Seit der Reformation (1524-31) ist der östl. Teil des T. mehrheitl. protestant., der westl. mehrheitl. kath.

H. Bischofberger

Lit.: E. A. ROTHENFLUE, T.er Chronik, 1887 – H. BÜCHLER, Das T., 1992 [Lit.].

Toḫtamyš, Khan der →Goldenen Horde (1376-99, gest. 1406), Činggiside. In den inneren Wirren, von denen die Goldene Horde seit 1357 heimgesucht wurde, trat T. gegen seinen Onkel Urus Khan und dessen Söhne als Mitbewerber um die Khanswürde an, wurde wiederholt (1376, 1377) vertrieben und fand Zuflucht am Hofe →Timurs in Samarqand. Mit dessen Hilfe gewann T. die Alleinherrschaft in der Horde erst, als sein mächtigster Gegner, der Emir →Mamāi, am 8. Sept. 1380 auf dem →Kulikovo pole besiegt worden war. T. unternahm einen Vergeltungsfeldzug gegen →Moskau, verheerte die Stadt am 26. Aug. 1382 und unterwarf erneut die russ. Fsm.er. Durch den Machtgewinn verleitet, wandte er sich im Bündnis mit den Mamlūken seit 1387 gegen Timur, der ihm 1391 und 1395 mit erfolgreichen Gegenoffensiven antwortete. T. floh zum litauischen Gf.en →Witowt, mit dem er am 12. Aug. 1399 an der Worskla seinem tatar. Gegenspieler, Khan Temür Qutlug, unterlag.

H. Göckenjan

Lit.: EI¹, 874-876 – →Goldene Horde [G. VERNADSKY, 1953; B. SPULER, 1965²; CH. J. HALPERIN, 1985].

Toir(r)delbach. 1. T. Ua Conchobair, Kg. v. →Connacht (Westirland), Bewerber um das ir. →Hochkönigtum, * um 1088, † 1156; wurde 1106 mit Unterstützung des Kg.s v. →Munster, →Muirchertach Ua Briain, Kg. v. Connacht. In den Jahren 1115-31 war er dann bestrebt, die Machtstellung von Munster zu zerschlagen; 1125 hatte er seine Oberhoheit über die Kgr.e Ua Ruairc, Ossory (→Osraige), Meath (→Mide) und →Dublin errichtet, wobei er in geschickter Weise militär.-strateg. Maßnahmen und polit. Herrschaftstechniken kombinierte: Er schützte sein Stammland Connacht durch Befestigungen, baute Brücken über den Shannon, die seine militär. Beweglichkeit in jeder gewünschten Richtung gewährleisten, setzte in breitem Umfang Flotten ein, bediente sich aber auch des »Divide et impera«, indem er die konkurrierenden Dynastien in Munster und Meath gegeneinander ausspielte, und sicherte sich durch großzügige Landschenkungen die Unterstützung der kirchl. Zentren (→Clonmacnois; Bm. →Tuam, 1123, 1127). Seine Vormachtstellung war 1131 zwar anerkannt, wurde aber weiterhin von den Dynastien der →Mac Carthaig und der →O Brien (Ua Briain), im Verbund mit anderen Kg.sfamilien, bekämpft. Zudem wurde T.s Position auch durch innerdynast. Streitigkeiten geschwächt: Als eine Gruppe seinen Sohn Ruaidrí (→Rory) gegen ihn zum Kg. erheben wollte, setzte er diesen gefangen (bis zum Tode seines Lieblingssohnes Conchobar). Seine Stellung wurde auch bedroht von der wachsenden Macht des Kg.s Muirchertach →MacLochlainn und dem Abfall von →Tigernán Ua Ruairc, bis T. um 1150 zu einer Einigung mit den MacLochlainn gelangte. Bis zu seinem plötzl. Tod (1156) kämpfte T. um die Behauptung der Hegemonie in Irland.

G. MacNiocaill

Lit.: D. Ó CORRÁIN, Ireland before the Normans, 1972 – D. Ó CRÓINÍN, Early Medieval Ireland (400-1200), 1995.

2. T. Mór Ua Briain, Kg. v. Thomond (im westl. Irland, Gft. Clare und südl. Gft. Galway), † 1306. T. ist erstmals bezeugt anläßl. seiner Niederlage gegen den angloir. Lord Thomas de →Clare bei Quin (Gft. Clare) 1279, von der er sich aber rasch erholte. 1281 teilte T. die Herrschaft über Thomond mit seinem Bruder Domnall, der im selben Jahr ermordet wurde. Ein Feldzug der Clare gegen T. 1285 erwies sich als Fehlschlag; von nun an übte T. starken Druck auf das Territorium der Clare aus.

G. MacNiocaill

Q. und Lit.: The Annals of Inisfallen, ed. S. MACAIRT, 1951 – Medieval Ireland 1169-1539, hg. A. COSGROVE, 1987.

Toison d'or → Goldenes Vlies, Orden v.

Tokat, im MA und in der osman. Epoche wichtige Festung und Verkehrszentrum in Nordanatolien. Die byz. Festung Dókeia wurde wenige Jahre nach der Schlacht v. →Mantzikert (1071) dem Emir Dānišmend übertragen und blieb während der Herrschaft der Dânišmendiden in ihrem Besitz (→Dānišmend-nāme). T. teilte unter den →Selǧuqen bzw. →Ilchänen das Schicksal des größten Teils von Anatolien. Ab der Mitte des 14. Jh. gehorchte die Stadt →Eretna bzw. seinen Nachfolgern und dem Qadi Burhāneddīn. 1392 wurde sie →Bāyezīd I. ausgeliefert. →Timur konnte T. 1402 auf dem Weg nach →Ankara nicht einnehmen. Nach der Unterdrückung des Hauses →Karaman durch →Meḥmed II. flüchteten sich Angehörige der Dynastie zu →Uzun Ḥasan, die T. in der Folge (1471) fast vollständig zerstörten. Im 16. Jh. gewann T. die alte Bedeutung zurück. Im Türk. vorosman. T. zählte bereits eine größere Zahl von Moscheen, Medresen (Gök Medrese ca. 1275) und Derwischenkonvente (u. a. eine Niederlassung der →Mevleviye). 1455 wurden 1000 kopfsteuerpflichtige Nicht-Muslime erfaßt.

K. Kreiser

Lit.: IA s.v. – P. WITTEK, Von der byz. zur türk. Toponymie, Byzantion 10, 1935, 11-64 – A. GABRIEL, Monuments turcs d'Anatolie, II, 1934 – Türk Tarihinde ve Kültüründe Tokat Sempozyumu, 1987.

Toke, Heinrich, * um 1390 als Bürgersohn in Bremen, † 10. Jan. 1455 in Magdeburg; studierte seit 1406 in Erfurt (1411 Mag. art., um 1418/26 Dr. theol.; 1419 erster Dekan der philos. Fakultät und 1424 Rektor in Rostock). 1426 Kanoniker (Lektor) am Domstift in →Magdeburg, seit 1434 in Bremen, vertrat er den Ebf. v. Magdeburg und die Univ. →Erfurt 1432-1437/38 am Konzil v. →Basel. Bei der Wahl zum Ebf. v. →Bremen (damals Scholaster am Domstift) 1441 unterlegen, war T. seit 1447 bis zu seinem Tod Thesaurar an St. Gangolf in Magdeburg. Nur wenig erfolgreich als Kirchenreformer in Magdeburg und gegen das angebl. Blutwunder v. →Wilsnack (deshalb in Flacius Illyricus' »Catalogus testium veritatis« aufgenommen), wirkte T. hingegen auf dem Basler Konzil, bes. bei Verhandlungen mit den →Hussiten (Eger 1432, Prag 1433, Regensburg 1434) und durch Entwürfe zur Kirchen- und Reichsreform (1432 »De ecclesia militanti catholica«; 1442 »Concilia wie man die halden sol«). Mit dem Ebf. v. Bremen nahm er 1438 am Reichstag in Nürnberg, 1439 für

den Ebf. v. Magdeburg am Reichstag in Mainz teil. Vielfältige Angaben enthält sein Tagebuch (»Rapularius«).
M. Kintzinger

Lit.: LThK² X, 233 – GS I/I, 1. 2, 1972; I/II, 1933 – E. KLEINEIDAM, Universitas Studii Erffordensis, 2 Bde, 1964–69 – H. BOOCKMANN, Der Streit um das Wilsnacker Blut, ZHF 9, 1982, 385–408 – H. J. SIEBEN, Traktate und Theorien zum Konzil, 1983.

Toledo, Stadt und Ebm. in Spanien, →Kastilien.
A. Stadt – B. Erzbistum – C. Konzilien

A. Stadt

I. Im Westgotenreich – II. Im Emirat/Kalifat von Córdoba und in den Taifenreichen – III. Im Königreich Kastilien.

I. IM WESTGOTENREICH: Die seit der Epoche der röm. Eroberung der →Hispania bezeugte Stadt (lat. Toletum) spielte lange eine nur bescheidene Rolle und gewann ihre Bedeutung erst nach der Landnahme der →Westgoten auf der Iber. Halbinsel (seit dem späten 5. Jh.). Das westgot. Kgtm. wählte die Stadt zur Hauptstadt, auf die sich fortan das polit. und kulturelle Leben konzentrierte, in deren heut. Stadtbild aber nur noch wenige materielle Spuren an die einstige Rolle als westgot. 'urbs regia' erinnern. Als westgot. Konzilsstadt (→Abschn. C), in der sich mit dem III. Konzil (→Reccared I., 589) die Konversion der Westgoten vom Arianismus (→Arius) zum Katholizismus vollzog, wurde T. zum großen Zentrum der westgot. Gesetzgebung in Spanien (→Leges Visigothorum) und genoß als 'Forum Judiciorum' hohes Ansehen, wie die toledan. C. bis zum Ende des MA nicht müde wurden zu betonen: »el libro del Fuero, que fue fecho en T.« (→Fuero, →Neogoticismus).

II. IM EMIRAT/KALIFAT VON CÓRDOBA UND IN DEN TAIFENREICHEN: Die muslim. Epoche (711–1085) gliedert sich in T. (arab. Ṭulayṭula) – entsprechend der Periodisierung der gesamten muslim. Hispania (→al-Andalus) – in vier Perioden: 1. die Herrschaft von den Kalifat in Damaskus, dann Bagdad abhängigen Statthalter (711–756); 2. das Emirat der →Omayyaden in →Córdoba (756–929); 3. das Kalifat der Omayyaden in Córdoba (929–1031); 4. die Taifenreiche/→Mulūk aṭ-ṭawāʾif (1031–85). Während der zweiten dieser Perioden befand sich die Stadt fast ständig im Aufstand gegen die cordobes. Zentralgewalt. Als der 912 an die Macht gekommene, aber erst seit 929 den Kalifentitel führende ʿAbdarraḥmān III. 932 die Unterwerfung von T. durchsetzte, hatte er einen entscheidenden Schritt zur Einigung von al-Andalus unter seiner Herrschergewalt getan.

Nach dem Zerfall des Kalifats in Einzelherrschaften fiel T. an die →Banū dī n-Nūn, eine arabisierte Berberdynastie. Unter al-Maʾmūn (1043–75) erreichte die toledan. 'taifa' ihre größte Ausdehnung und konnte für kurze Zeit sogar Córdoba annektieren. Damals gewann T. große kulturelle Ausstrahlungskraft, dank dem Einfluß bedeutender Gelehrter wie Kadi Ibn Ṣāʿid, der Agronomen Ibn Baṣṣāl und Ibn Wāfid u. v. a.

Die zentrale Frage, wie tiefgreifend die Arabisierung bzw. Islamisierung war, die T. während seiner 374 Jahre dauernden muslim. Epoche erfahren hat, wird kontrovers beurteilt. Nach E. LÉVI-PROVENÇAL hielt die Bevölkerungsmehrheit trotz der islam. Herrschaft am röm. Katholizismus fest und zählte zu den →'Mozarabern', wobei LÉVI-PROVENÇAL den Begriff des 'Mozarabers' offensichtl. nicht in seiner Grundbedeutung 'Arabisierter', sondern im verengten, aber gängigen Sinne als 'Christ, der einer islam. Herrschaftsgewalt unterworfen ist' verstand. Seine Ansicht, es habe in T. solche 'mozarab. Christen' in großer Zahl gegeben, wird heute vielfach bestritten, bes. entschieden von M. DE EPALZA und M. J. RUBIERA, die das Überleben eines lokalen Christentums bis ins 10. Jh. fast vollständig verneinen und in den um 1085 in T. hervortretenden chr. Mozarabern nahezu ausschließlich Zuwanderer aus dem nördl. Spanien sowie z. T. konvertierte Muslime sehen. Auch wer diesen extremen Standpunkt nicht teilt, wird festhalten müssen, daß das lokale Christentum am Vorabend der Reconquista nur mehr schwach vertreten war, die Arabisierung dagegen tiefe Spuren hinterlassen hatte: Die Verwurzelung T.s in der hispanoarab. Zivilisation artikuliert sich mit bes. Deutlichkeit in den städt. Siedel- und Hausformen, die weit stärker als dem europ. Städtewesen dem nordafrikan. Typ der *madīna* als dem europ. Städtewesen verpflichtet waren. Der muslim. Einfluß machte sich allerdings im ersten Jahrhundert der arab. Herrschaft noch wenig bemerkbar; erst nachdem die hispanogot. Kultur im 10. Jh. weitgehend zum Erliegen gekommen war, erschloß sich T. verstärkt der hispanoarab. Gesittung. So steht die Vitalität der toledan. Kirche in der unmittelbar nachwestgot. Epoche (Streit um den →Adoptianismus, →Elipandus) deutlich dem Verstummen der kirchl. Kräfte in den Zeiten des Kalifats und der Taifenreiche (10.–11. Jh.) gegenüber.

III. IM KÖNIGREICH KASTILIEN: Die beiden Jahrhunderte, die dem Einzug Kg. →Alfons' VI. (→Reconquista) in das eroberte T. (Mai 1085) folgten, bildeten in T. die eigtl. 'mozarab.' Periode (im Sinne von *mustaʿrib* 'arabisiert'). Noch bis zum Ende des 13. Jh. fungierte das Arab. in T. als die übliche schriftl. Verkehrssprache; erhaltene lat. und roman. Sprachzeugnisse entstammen fast ausschließl. der kgl. Sphäre oder sind Übersetzungen aus dem Arabischen. Auch die mündl. Kommunikation dürfte noch für einen längeren Zeitraum vom Arab. dominiert worden sein, obwohl die in T. verbliebenen Muslime nur mehr eine recht kleine Minderheit bildeten. Die um 1085 in T. lebenden mozarab. Christen, die ihren traditionellen Ritus weiterpflegten, konzentrierten sich mehrheitlich am Rande der Stadt, wo der chr. Kult keine Unterbrechung erfahren hatte; sie wurden seit der Zeit Alfons' VI. und bes. nach der Ankunft der streng islam. Almohaden (1147) maßgeblich verstärkt durch Neuankömmlinge aus dem muslim. Süden. Das mozarab. Bevölkerungselement vermochte eine Zeitlang die aus dem nördl. Spanien zugewanderten Gruppen (Kastilier und 'Francos': frz.-westeurop. Siedler) zu assimilieren. Gleichzeitig war T., mindestens bis zur Schlacht v. Las →Navas de Tolosa (1212), die Grenzstadt par excellence, an deren Mauern sich die muslim. Rückeroberungsfeldzüge der →Almoraviden und →Almohaden brachen und die andererseits den kast. Vorstößen in den muslim. Süden als Basis diente.

T. war aber auch eine jüd. Stadt (→Sefarden); die während der muslim. Ära wie nach 1085 stets präsente jüd. Bevölkerung erfuhr (ähnlich wie die Mozaraber) Verstärkung durch starke Zuwanderung um die Mitte des 12. Jh. Das Wirken von jüd. wie arab.-mozarab. Intellektuellen in T. erklärt die herausragende Bedeutung von T. als Zentrum einer weitgespannten Übersetzertätigkeit im 12. und 13. Jh. (→Übersetzer).

Die komplexe Rolle des Ebf.s →Rodrigo Jiménez de Rada (1209–47) hatte in verschiedenen Bereichen weitreichende Folgen: nicht nur in kirchl. wie kultureller Hinsicht, sondern auch auf administrativem und wirtschaftl. Gebiet. Aus →Navarra zugewanderte Personengruppen bezeugen den wachsenden nordspan. Einfluß im T. des 13. Jh.; dessenungeachtet stand das mozarab. Moment immer noch im Zenit. In T. wirkten mehrere Ebf.e aus eng miteinander verwandten mozarab. Familienverbänden: Gonzalo →García Gudiel (1280–99), Gonzalo Díaz →Palomeque (1299–1310) und Gutierre Gómez (1310–19); eine Reihe ritterl. Familien von mozarab. Herkunft integrierte sich dem kast. Adel (→Nobleza), was am deutlichsten an der wechselvollen Geschichte des Adelsgeschlechts der Álvarez de T. (→Toledo, Álvarez de) ablesbar ist.

Das 14. Jh. war auch in T. von einer Serie von Krisen überschattet: der Großen Pest von 1349, über deren Verlauf in bezug auf T. wenig bekannt ist; den Bürgerkriegen der Zeit Kg. →Peters d. Grausamen, die in einer dreizehnmonatigen Belagerung der Stadt (April 1368–Mai 1369) gipfelte; der polit. und monetären Krise von 1391, die in eine Welle furchtbarer, von Andalusien ausgehender Judenpogrome einmündete.

Im 15. Jh. vollzog sich in T. ein wirtschaftl. Aufschwung ohnegleichen, der sich allerdings wohl weitgehend auf den städt. Bereich beschränkte, während die dem Einfluß von T. unterstehenden ländl. Gebiete längere Depressionsphasen erlitten. Das soziale Leben wurde beherrscht vom Problem der jüd. *conversos* (→Konversion), nachdem der Pogrom von 1391 und die Predigt von Vicent →Ferrer (1411) eine starke Konvertitenbewegung ausgelöst hatten. Dieser Prozeß trug zur Ausbildung eines Handelsbürgertums in T. bei; andererseits erlebte T. die Errichtung der mit der Verfolgung 'schlechter' Konvertiten befaßten Inquisition (1485). Eine Etappe auf dem Weg zur antijüd. Politik markiert in T. der Aufstand des Statthalters Pedro →Sarmiento (1449), der in seinem »Sentenzenstatut« den Ausschluß der neubekehrten Juden von allen öffentl. Ämtern anordnete und damit einen der ersten Versuche unternahm, das Prinzip der 'limpieza de sangre' ('Reinheit des Gebluts') durchzusetzen, damit aber bei weltl. und kirchl. Autoritäten noch auf Ablehnung stieß, so daß diese Vorstellung erst im 16. Jh. Eingang in Gesetzgebung und Rechtspraxis finden konnte.

Die kleine muslim. Minderheit hatte sich seit Mitte des 13. Jh. konstituiert und bestand wohl vorwiegend aus Nachkommen kriegsgefangener andalus. Muslime, die als Bedingung ihrer Freilassung zwar nicht das Christentum annehmen mußten, aber auch nicht in ihre Heimat zurückkehren durften. Sie genossen religiöse Duldung (eigenes Bethaus), bis das kgl. Edikt von 1502 die →Mudéjares vor die definitive Wahl des Glaubenswechsels oder aber Exils stellte. Die muslim. Gemeinschaft (*aljama*) v. T. hatte bis zu diesem verhängnisvollen Datum trotz ihrer begrenzten Kräfte eine führende Rolle unter den im Kgr. Kastilien lebenden Muslimen gespielt.

J.-P. Molénat

Q.: A. GONZÁLEZ PALENCIA, Los mozárabes de T. en los siglos XII y XIII, 4 Bde, 1926–30 – F. CANTERA BURGOS–P. LEÓN TELLO, Judaizantes del arzobispado de T. habilitados por la Inquisición en 1495 y 1497, 1969 – C. TORROJA MENÉNDEZ, Cat. del Arch. del Monasterio de S. Clemente de T., 1973 – Cat. del Archivo de Obra y Fabrica de la Catedral de T., 1977 – J. A. GARCÍA LUJÁN, Privilegios reales de la Catedral de T., 2 Bde, 1982 – F. J. HERNÁNDEZ, Los Cartularios de T. Cat. doc., 1985 – *Lit.*: *zu [I]*: R. COLLINS, Mérida and T.: 550–585 (Visigothic Spain: New Approaches, hg. E. JAMES, 1980), 189–219 – T. y Carpetania en la Edad Antigua, 1990 [bes. L. A. GARCÍA MORENO, 231–249] – Concilio III de T. XIV Centenario, 589–1989, 1991 – J. ORLANDIS, Le royaume wisigothique et son unité religieuse (L'Europe héritière de l'Espagne wisigothique, CNRS, 1992), 9–16 – *zu [II]*: EI¹, s.v. T. [E. LÉVI-PROVENÇAL] – EI², s.v. T. [J.-P. MOLÉNAT; in Vorber.] – J. PORRES MARTÍN-CLETO, Hist. de Tulaytula (711–1085), 1985 – C. DELGADO VALERO, T. islámico: ciudad, arte e hist., 1987 – E. MANZANO MORENO, La Frontera de al-Andalus en época de los Omeyas, 1991 – M. J. RUBIERA, Les premiers Mores convertis ou les prémices de la tolérance (Tolède/T. XIIe–XIIIe, hg. L. CARDAILLAC, 1991), 102–111 – M. DE EPALZA, Les mozarabes. État de la question, Rev. du Monde Musulman et de la Méditerranée 63–64, 1992, 39–50 – ᶜA. M. NAᵃNAᵓI, Al-Islām fī Ṭulayṭula, o. J. – *zu [III]*: A. SICROFF, Les controverses des statuts de »pureté de sang« en Espagne du XVe au XVIIe s., 1960 – E. BENITO RUANO, T. en le s. XV. Vida política, 1961 – R. PASTOR, Poblamiento, frontera y estructura agraria en Castilla la Nueva (1085–1230), CHE 47–48, 1968, 171–255 – R. PASTOR, Problèmes d'assimilation d'une minorité: les Mozarabes de T., Annales, 1970, 351–390 – H. GRASSOTTI, Don Rodrigo Ximénez de Rada, gran señor y hombre de negocios en la Castilla del s. XIII, CHE 55–56, 1972, 1–302 – R. PASTOR, Del Islam al Cristianismo. En la frontera de dos formaciones económico-sociales, T. s. X–XIII, 1975 – J. GAUTIER-DALCHÉ, À. T. à la fin du XIIIe s., les enseignements d'un contrat de mariage et d'un testament (Fschr. E. PERROY, 1973), 183–198 – P. LEÓN TELLO, Judíos de T., 2 Bde, 1979 – R. IZQUIERDO BENITO, El patrimonio del Cabildo de la Catedral de T. en el siglo XIV, 1980 – R. IZQUIERDO BENITO, Precio y salarios en T. durante el s. XV (1400–1475), 1983 – J.-P. MOLÉNAT, L'urbanisme à T. aux XIVe et XVe s. (La ciudad hispánica durante los siglos XIII al XVI, t. 2, 1985), 1105–1111 – DERS., Les Musulmans de Tolède aux XIVe et XVe s. (Mél. J. GAUTIER-DALCHÉ, 1983), 175–190 – DERS., Quartiers et communautés à Tolède (XIVe–XVe s.), En la España Medieval 12, 1989, 163–189 – R. IZQUIERDO BENITO, La industria textil de T. en el s. XV, 1989 – J.-P. MOLÉNAT, Campagnes et Monts de T., XIIIe–XVe s. [Thèse Univ. Paris IV-Sorbonne, 1991; im Dr.] – DERS., L'oligarchie municipale de T. au XVe s. (T. et l'expansion urbaine en Espagne, 1450–1650, 1991), 159–177 – L. VONES, Gesch. der Iber. Halbinsel im MA, 1993, s.v. [Register] – J.-P. MOLÉNAT, L'arabe au T. du XIIIe au XVIe s., Al-Qanṭara 15, 1994, 473–496 – DERS., Les Francs de T. aux XIIe et XIIIe s. à travers les documents de la pratique (Fschr. M.-T. LORCIN, hg. P. GUICHARD–D. A. BIDON, 1995), 59–72 – J.-P. MOLÉNAT–J. PASSINI, T. a finales de la Edad Media, I, 1995.

B. Erzbistum

Als 1. Bf. wird Melan(c)tius (300) genannt; das Martyrium der hl. Leocadia wird für 305 (?) angenommen, erste Synoden fanden 400 und 447 statt. T. war Suffragan v. Cartagena; infolge Eroberung der levant. Küste wurde es Metropole der Carpentina (westl. Zone der Carthaginensis), seit 554 kirchl. Zentrum der ganzen Carthaginensis und 610 als deren Metropole mit 20 Suffraganen anerkannt. Seit 681 war der Ebf. zugleich →Primas der westgot. Kirche (→Westgoten), als solcher Präsident aller Generalkonzilien, Konsekrator des Kg.s und aller span. Bf.e, die er zusammen mit dem Kg. approbierte, womit alle anderen Metropoliten überflüssig wurden. Trotz islam. Eroberung setzte sich die Funktionsfähigkeit des Erzstuhles fort, Namen der Bf.e sind z. T. bis zur →Reconquista v. 1085 bekannt. →Elipandus (um 750–nach 798) beanspruchte als letzter den Vorrang eines Primas, mußte aber wegen der Verurteilung des →Felix v. Urgel (→Adoptianismus) die geistl. Führung der westgot.-mozarab. Kirche an →Asturien (s.a. →Beatus v. Liébana) abtreten.

1088 lebte die Primatialstellung wieder auf. Sie blieb auf die kast. Krone beschränkt; ohnehin bezogen sich ihre Kompetenzen auf die noch nicht zurückeroberten Bf.sstühle und wurden von den Metropoliten v. →Santiago und →Tarragona heftig bestritten. Nunmehr nur noch als Suffragane blieben zugeordnet →Palencia, →Segovia, →Osma, →Sigüenza, Albarracín→→Segorbe, →Cuenca, →Jaén, →Córdoba, →Valencia, →Orihuela und Cartagena; im 12. Jh. wechselte der nw. Teil zur Prov. Santiago über, 1388 Segorbe zur neuen Prov. →Zaragoza, und 1492 wurde Valencia selbständige Metropole. Im 12. Jh. konsolidierte sich das Kathedralkapitel, das Bm. zählte die→Archidiakonate T., →Talavera, →Madrid, Alcalá, Guadalajara, Calatrava, Capilla und Alcaraz. Die Ebf.e v. T. fungierten seit 1206 als Großkanzler Kastiliens, deshalb war ihr Sitz ungewöhnl. gut dotiert, bes. im Zuge der →Reconquista in südl. Richtung. Die mozarab. Liturgie (→Mozaraber) mußte 1088 nicht in allen Pfarreien der röm. weichen, wurde aber erst auf Betreiben des Kard.s Jiménez de→Cisneros (1495–1517) in ihren Restbeständen gesichert. O. Engels

Q.slg.en und Q.übersichten: R. GONZÁLVEZ RUIZ(–A. GARCÍA), Cat. de los mss. jurídicos mediev., 1970 – DERS., La Bibl. Capitular en el s. XIV, 1973, 29–56–DERS. (-J. JANINI), Cat. de los mss. litúrgicos, 1977– DERS., Los códices mozárabes toledanos en los inventarios antiguos (Hist. Mozárabe, 1978), 45–78–J. A. GARCÍA LUJÁN, Privilegios reales de la Catedral de T. (1086–1462), 2 Bde, 1982 – R. GONZÁLVEZ RUIZ, Las bulas incunables y los orígines de la imprenta toledana: V Cent. de la Imprenta en T., 1984 – DERS.(-K. REINHARDT), Cat. de los mss. bíblicos, 1985 – F. J. HERNÁNDEZ, Los Cartularios de T., Cat. documental (Mon. eccl. Toletanae hist.), 1985 [Regesten] – *Lit.:* H. FLÓREZ, España Sagrada, V, VI – Guia de los Archivos y las Bibliotecas de la Iglesia en España, 1985, I, 477–482; II, 327f. [Lit.] – DHEE IV, 2564–2571 – J. F. RIVERA RECIO, El Adelantamiento de la Cazorla. Hist. gen., I, 1948 – DERS., Encumbramiento de la sede toledana durante la dominación visigótica, Hispania Sacra 8, 1955, 1–32 – E. BENITO RUANO, T. en el siglo XV, 1961 – J. F. RIVERA RECIO, La Iglesia de T. en el s. XII, I, 1966; II, 1976 – DERS., Los arzobispos de T. en la baja Edad Media, 1969 – J. F. O'CALLAGHAN, The Order of Calatrava and the Archbishop of T. (Stud. to J. F. O'SULLIVAN, 1971), 63–88 – J. F. RIVERA RECIO, Los arzobispos de T. desde sus orígines hasta fines del s. XI, 1973 – M. L. DE GUADALUPE BERAZA, El diezmo de la Iglesia de T., 1978 – G. KAMPERS, Zum Ursprung der Metropolitanstellung v. T., HJb 99, 1979, 1–27 – L. VONES, Die »Hist. Compostellana« und die Kirchenpolitik des nordwestspan. Raumes (1070–1130), 1980, bes. Kap. IV – O. ENGELS, Reconquista und Landesherrschaft, 1989 [Ind.] – L. VONES, Gesch. der Iber. Halbinsel im MA, 1993 [Register] – D. MANSILLA, Geografía eclesiástica de España, 2 Bde, 1994.

C. Konzilien

Von den 18 bekannten Synoden gelten sieben als Provinzialsynoden und elf als Generalkonzilien des→Westgotenreiches (Toletanum III/589, IV/633, V/636, VI/638, VII/646, VIII/653, XII/681, XIII/683, XV/688, XVI/693, XVII/694); das Toletanum XVIII/703 (?) ist in der Collectio Hispana nicht erfaßt, deshalb sein Protokoll unbekannt. Die beiden unterschiedl. Arten von Synoden mit später je eigenem »Ordo de celebrando concilio« schälten sich auf dem Toletanum III heraus. Eine feste Periodizität gab es nicht, obwohl 589 für die Provinzialsynoden jährl. eine Sitzung vorgesehen war. Die Unregelmäßigkeit ergab sich aus dem Konvokationsrecht des Kg.s, das zumindest für die Generalkonzilien eindeutig ausgeübt wurde. In weiten Teilen tagte das einzelne Konzil ohne den Kg., dieser aber überreichte in der Anfangsphase den 'tomus regius' mit den Beratungsthemen und bestätigte (nicht regelmäßig) die Beschlüsse am Ende mit der 'Lex in confirmatione concilii', womit diese Geltung auch im weltl. Recht erhielten. Vorbild waren offensichtl. die allg. Konzilien des röm. Imperiums, die bis zum Chalcedonense (→Chalkedon, 451) einschließl. auch als verbindl. anerkannt wurden. Mehr als Glaubensfragen wurden disziplinar. Angelegenheiten behandelt. Auf Betreiben →Isidors v. Sevilla (633) sollte das Generalkonzil als gemeinsame Repräsentation der romanisch geprägten Kirche und des germanisch geführten Staates dienen, geriet aber bes. seit der 2. Hälfte des 7. Jh. unter den Einfluß des Kgtm.s; auch auf Provinzialsynoden wurden weltl. Themen (Steuergesetzgebung) behandelt, weswegen Magnaten der Region oder des Hofes, aber auch Äbte an der Seite der von Anfang an hauptverantwortl. Bf.e unter den Unterschriften auftauchen. Die Auswirkung der Collectio→Hispana (→Kanonesslg.en, →Kanon. Recht) auf die Kanonistik nach dem Ende des Westgotenreiches war beträchtlich.

O. Engels

Lit.: CH. J. BISHKO, Spanish Abbots and the Visigothic Councils of T. (Stud. F. C. METCALF, 1941), 139–150 – J. M. LACARRA, La Iglesia visigoda en el s. VII y sus relaciones con Roma, Sett. cent. it. 7/1, 1960,

353–384 – R. D'ABADAL I VINYALS, Els concilis de T. (Homenaje J. VINCKE, I, 1962/63), 21–45 – J. VIVES, Concilios visigóticos e hispanoromanos, 1963 [Ed. der Texte] – G. MARTÍNEZ DÍEZ, La colección canónica hispana, 1966 (estudios) – DERS., Los concilios de T., Anales Toledanos 3, 1971, 119–138 – E. GALLEGO BLANCO, Los Concilios de T. y la sucesión al trono visigodo, AHDE 44, 1974, 723–739 [dazu: A. IGLESIAS FERREIROS, AHDE 40, 1970, 653–682] – H. J. SIEBEN, Die Konzilsidee der Alten Kirche, 1979, 501–510 und passim – J. ORLANDIS–D. RAMOS LISSÓN, Die Synoden der Iber. Halbinsel bis zum Einbruch des Islam, 1981 – M. KLÖCKENER, Die Liturgie der Diözesansynode, 1986, 39–62 – H. J. SIEBEN, Die Partikularsynode, 1990, 19f., 44–46.

Toledo, Vertrag v. (20. Nov. 1368; am 6. April 1369 in Paris ratifiziert), geschlossen in der Endphase des kast. Bürgerkriegs zw. dem kast. Thronprätendenten →Heinrich (II.) v. Trastámara und Kg. Karl V. v. Frankreich. Im Kern beinhaltete der Bündnisvertrag die Zusicherung gegenseitigen militär. Beistands im Falle eines Angriffs durch feindl. Mächte sowie die Abmachung, in einem solchen Fall nur gemeinsam Frieden zu schließen. Heinrich gewährte dem frz. Kg. Unterstützung zur See gegen England und erhielt selbst sofortige militär. Hilfe (Entsendung der Söldnerführer Arnoul d'→Audrehem und Bertrand →du Guesclin) für seinen Kampf gegen Peter I. v. Kastilien, da erst die Eroberung v. Sevilla die kast. Flottenhilfe sicherstellen konnte. Das geheimgehaltene Abkommen befreite Heinrich aus der polit. Abhängigkeit von Aragón und ersetzte diese durch ein festes Bündnis mit Frankreich. L. Vones

Lit.: G. DAUMET, Étude sur l'alliance de la France et de la Castille au XIVe et au XVe s., 1898 – P. E. RUSSELL, The English Intervention in Spain and Portugal in the Time of Edward III and Richard II, 1955 – L. SUÁREZ FERNÁNDEZ, Política internacional de Enrique II, Hispania 16, 1956, 16–129 – J. VALDEÓN BARUQUE, Enrique II de Castilla, 1966, 135ff.

Toledo, Álvarez de, großes Adelsgeschlecht in →Kastilien, aus →Toledo, teilte sich seit dem späten 14. Jh. in die beiden Hauptzweige der *Hzg. e v. Alba* und *Gf. en v. Oropesa*. Die Familie geht zurück auf den Mozaraber *Illán Pérez* aus San Román, der in Toledo 1139 als *ṣāḥib al-madīna* (Stadtoberhaupt) bezeugt ist; sein Sohn *Esteban Illán* (gest. 1208) soll bei der Durchsetzung des jungen Kg.s →Alfons VIII. in Toledo eine entscheidende Rolle gespielt haben. Die Nachkommen von Illán Pérez und Esteban Illán monopolisierten im 12.–14. Jh. eines der beiden höchsten Richter- und Verwaltungsämter in Toledo, nämlich das Amt des →*alguacil* bzw. *alcalde mayor* (→Alcalde). Zwar gerieten Mitglieder der Familie bisweilen mit dem Kgtm. in schweren Konflikt (1289 auf Befehl →Sanchos IV. Hinrichtung des Alcalden *García Á. I.* [sowie seines Bruders *Juan Á.*] wegen 'ungerechten Gerichts'); gleichwohl verstanden es die Á. de T., ihre Stellung zu festigen (*García Á. II.*, Sohn des hingerichteten Juan Á., war zu Beginn des 14. Jh. erneut Alcalde und ist 1328 als Zeuge einer Urk. belegt). Seine Söhne (oder Enkel?) *García Á. III.* und *Fernán Á.* spielten eine wichtige Rolle im Thronstreit zw. →Peter dem Grausamen (1350–69) und seinem illegitimen Halbbruder →Heinrich II. Trastámara (Kg. 1369–79). Zunächst im Dienst des legitimen Kg.s, verstanden es die Brüder, sich durch zeitgerechten Parteiwechsel die Gunst der siegreichen neuen Dynastie der →Trastámara zu sichern: García Á., der von Kg. Peter zum Meister des Santiago-Ordens (→Jacobusorden) ernannt worden war, erhielt von Heinrich II. (gegen Verzicht auf dieses Amt) die Herrschaft Oropesa, dann die Herrschaft Valdecorneja (mit Piedrahita als Hauptort). Der Besitz dieser beiden →Señoríos, strategisch vorteilhaft gelegen im S bzw. N der Sierra de Gredos, diente als Basis künftiger Besitz- und

Machterweiterung, durch die sich die Á. de T. aber von ihren toledan. Wurzeln entfernten.

Nach dem Tode von García Á. III. teilte sich die Familie: *Fernán Á.*, legitimierter Bastard des Verstorbenen, behielt nur die südl. der Sierra gelegenen Domänen, aus denen seine Nachkommen die Gft. Oropesa bildeten (Führung des Gf.entitels bereits durch *Fernán Á.*, † 1462, offizielle Verleihung der Gf.enwürde an dessen gleichnamigen Sohn 1477). Die nördl. Besitzungen fielen dagegen an den Onkel des Bastards, *Fernán Á.*, der es (unter obskuren jurist. Bedingungen) verstand, seine Besitzansprüche durchzusetzen. Fernán Á., der als 2. Herr v. Valdecorneja und Marschall v. Kastilien bei der verlustreichen kast. Belagerung v. Lissabon 1384 an der Pest starb, war der Begründer der Linie der späteren Hzg.e v. Alba. Der große Repräsentant des Geschlechts in der 1. Hälfte des 15. Jh. war *Gutierre Gómez* (auch: Gutierre Á. de T.), Bf. v. Palencia, 1442–45 Ebf. v. Toledo. Er erreichte bei Kg. →Johann II. 1429 die Übertragung der Herrschaft Alba de Tormes (im Gebiet v. Salamanca), die er an seinen Bruder, *Fernán Á.*, weitergab. Dieser führte seit 1439 den Titel des Gf.en v. Alba, sein Sohn *García Á. de T.* seit etwa 1470 dann den Hzg.stitel. J.-P. Molénat

Q.: A. González Palencia, Los Mozárabes de T. en los siglos XII y XIII, 4 Bde, 1926–30 – Crónicas de los Reyes de Castilla, Bibl. de Autores Españoles 66, 68 [Neudr. 1966] – P. León Tello–M. T. de la Peña Marazuela, Inventario del Arch. de los Duques de Frías, 3, 1973 – F. J. Hernández, Los Cart. de T., Cat. doc., 1985 – *Lit.:* S. de Moxó, Los antiguos señoríos de T., 1973 – M. C. Gerbet, La noblesse dans le royaume de Castille, 1979 – M. J. Suárez Alvarez, La villa de Talavera en la Edad Media, 1982 – A. Franco Silva, Oropesa, Anuario de Estudios Med. 15, 1985, 299–314 – J. M. Monsalvo Antón, El sistema político conceijil. El ejemplo del señorío medieval de Alba de Tormes y su concejo de villa y tierra, 1988 – C. I. López Benito, La nobleza salmantina ante la vida y la muerte (1476–1535), 1991 – J.-P. Molénat, La noblesse tolédane du XVe s. et ses origines (Les sociétés urbaines, 1991), 203–218 – Ders., Campagnes et monts de Tolède du XIIe au XVe s. (Thèse Univ. Paris IV–Sorbonne, 1991) [in Vorber.].

Toledot Jeschu → Jesus Christus, IV

Tolensanen → Tollenser

Toleranz, Tugend geduldigen Ertragens abweichender Überzeugungen, die Duldung eines Übels, in engerem Sinn das Gewährenlassen anderer *religiöser* Bekenntnisse. In dieser Bedeutung erwächst T. aus der prakt. Notwendigkeit des Staates, das gesellschaftl. Zusammenleben zu ermöglichen, indem Minderheiten in das bestehende System integriert werden. Dies kann von der Gewährung des bloßen Existenzrechts bis hin zu voller Gleichberechtigung gehen (Religionsfreiheit der NZ).

Das Röm. Reich nahm mit seiner Ausdehnung die Götter unterworfener Völker auf. Staatl. Intoleranz entstand, wenn eine fremde Religion die Reichseinheit gefährdete; da die Christen das einigende Band des Opfers für den Ks. und dessen göttl. Verehrung ablehnten, wurden sie verfolgt. 313 brachte das Mailänder Abkommen T. für alle Kulte. Die Erhebung des chr. Glaubens zur Staatsreligion durch Theodosius führte 392 zum Verbot der heidn. Kulte. Nun wurden die Häretiker verfolgt, denn die Religionseinheit sicherte die Reichseinheit.

Grundlegend für das gesamte MA war die Unterscheidung zw. Ungläubigen und Häretikern: Der Zugang zum Glauben kann nur freiwillig geschehen und Ungläubige (Juden, Heiden) dürfen nicht zum Glauben gezwungen werden; Häretiker jedoch müssen verfolgt werden, da sie von der bereits erkannten Wahrheit wieder abgefallen sind (→Häresie). Diese Argumentation findet sich am ausgefeiltesten bei Thomas v. Aquin (S. th. II II q 10–11); kirchenamtl. wurde T. gegenüber Juden 602 von Papst Gregor I. verkündet und mehrfach wiederholt (bes. Innozenz III.; IV. Laterankonzil).

Die Verfolgung der Häretiker (Ketzer) wurde immer mehr Aufgabe der weltl. Gewalt. Wurde die Todesstrafe anfangs abgelehnt (z. B. Bf. →Wazo v. Lüttich 1050), änderte sich dies mit dem verstärkten Auftreten von Häresien ab dem 12. Jh., bes. der →Katharer: Einer zunächst milderen kirchl. Theorie (→Bernhard v. Clairvaux: argumentieren statt töten) stand eine härtere weltl. Praxis gegenüber: 1184 wurde die bfl. Inquisition zur systemat. Ketzeraufspürung eingerichtet. Im Kreuzzug gegen die →Albigenser bürgerte sich die Ketzerverbrennung ein; durch die Ketzergesetzgebung Friedrichs II. (zuerst 1224) wurde sie verbindl. und von Papst →Gregor IX. auch im kirchl. Recht verankert.

Unter dem Eindruck der osman. Eroberung Konstantinopels schrieb 1453 →Nikolaus v. Kues das Werk »De pace fidei«, in dem er von der »einen Religion in der Vielfalt der Riten« spricht. Die Humanisten Marsilio→Ficino und Giovanni →Pico della Mirandola nahmen *eine* Wurzel aller Religionen an, deren Erscheinungsformen daher friedl. nebeneinander bestehen könnten. Thomas Morus schließlich forderte (ähnlich wie →Marsilius v. Padua im 14. Jh.) eine rein *staatl.* Gesetzgebung.

Ähnlich wie das Christentum konnte der →Islam Anhängern anderer Religionen T. gewähren, da und sofern diese als 'Buchreligionen' an der einen göttl. Offenbarung teilhaben. In den muslim. Ländern galten Juden und Christen als 'Schutzbürger', deren Glauben unangetastet blieb, und die sogar relative Autonomie besaßen. Als Nichtmuslime mußten sie jedoch die Kopfsteuer zahlen und waren daher nicht voll gleichberechtigt. T. endete, wo Muslime ihren einmal angenommenen Glauben verlassen wollten: Apostasie wurde mit dem Tod bestraft. O. Lellek

Lit.: LThK² X, 239–246 – RGG VI, 933–946 – Staatslexikon, V, 1989⁵, 485–489 – A. Matagrin, Hist. de la tolérance religieuse, 1905 – A. Vermeersch-Sleumer, Die T., 1914 – A. Cherel, Hist. de l'idée de tolérance, RHEF 27, 1941, 129ff.; 28, 1942, 9–50 – S. L. Guterman, Religious Toleration and Persecution in Ancient Rome, 1951 – G. Mensching, T. und Wahrheit in der Religion, 1955 [Lit.] – C. Cahen, L'Islam et les minorités confessionelles au cours de l'hist., Table Ronde 126, 1958, 61–72 – J. Gauss, T. und Intoleranz zw. Christen und Muslimen in der Zeit vor den Kreuzzügen, Saeculum 19, 1968, 362–389 – Zur Gesch. der T. und Religionsfreiheit, hg. H. Lutz, 1977 [Lit.] – A. Mitscherlich, T. Überprüfung eines Begriffs. Ermittlungen, 1979³ – A. Kaufmann, Die Idee der T. aus rechtsphilos. Sicht (Fschr. U. Klug, I, 1983), 97ff. – Religiöse T., hg. H. R. Gugglsberg, 1984 – A. Th. Khoury, Im Islam (Religionswiss. Stud., 8, 1986²) [Lit.] – T. Texte zur Theorie und polit. Praxis, hg. C. Herdtle–Th. Leeb, 1987.

Tollenser (Tolensanen), am Tollensesee im ö. Mecklenburg siedelnder slav. Stamm, dessen Gebiet (provincia Tholenz) erstmals in der verfälschten Gründungsurk. des Bm.s →Havelberg (948) genannt wird. 955 gehörten die T. zu den von Otto I. in der Schlacht an der →Raxa besiegten Stämmen und mußten seitdem jährl. Tribut in Silber zahlen, wovon das Ebm. →Magdeburg einen Zehnt erhielt. Die T. waren an dem großen →Slavenaufstand von 983 beteiligt und zählten zu den vier Kernstämmen des Bundes der heidn. →Lutizen, die sich 1057 in einem Bürgerkrieg gegenseitig bekämpften und seitdem ihre Macht einbüßten. Ch. Lübke

Lit.: Ch. Lübke, Reg. zur Gesch. der Slaven an Elbe und Oder, II–IV, V [Ind.], 1985–88.

Tollkirsche (Atropa bella-donna L./Solanaceae). Die in fast ganz Europa, in Vorderasien und Nordafrika verbreitete Giftpflanze, deren kirschenähnl. Früchte nach Verzehr u. a. Verwirrung und Tobsuchtsanfälle hervorrufen und in größeren Mengen tödl. sind, wird in der Antike mit einiger Sicherheit nur bei →Theophrast als mandragoras erwähnt. Auch im MA fehlt es an zuverlässigen Belegen für die erst seit dem 16. Jh. bekannter gewordene T., zumal sie mögliche Namen wie morella, solatrum, strignum bzw. st(r)ignus (von griech. strychnos) oder uva lupina mit anderen Nachtschattengewächsen teilt; lediglich die Angaben bei Hildegard v. Bingen (Phys. I, 52), die vor dem Genuß der (wegen ihrer toll machenden Wirkung) *dolo* gen. Pflanze ausdrückl. warnt und diese mit dem Teufel in Verbindung bringt, könnten sich sehr wohl auf die T. beziehen. Eine eindeutige Identifizierung erlaubt dagegen eine Abb. aus dem sog. →Rinio-Codex (2. Viertel des 15. Jh.), dann auch ein Holzschnitt aus dem Mainzer →Gart der Gesuntheit von 1485, der die T. als *uva versa* (so benannt nach den 'verkehrt' sitzenden Beeren) und *dolwortz* verzeichnet (Kap. 419). Der heute übliche, aus dem It. stammende Name Belladonna scheint im übrigen erst um die Mitte des 16. Jh. in Venedig aufgekommen zu sein und verweist vielleicht auf die verführerische Schönheit der glänzend schwarzen Beeren, hauptsächl. aber wohl auf die Verwendung des daraus gewonnenen Saftes, dessen sich die Damen als kosmet. Mittel (v. a. zur Pupillenerweiterung) bedienten. P. Dilg

Lit.: MARZELL I, 516–523 – DERS., Heilpflanzen, 216–220 – HWDA VIII, 1011–1015 – E. GERHARD, Beitr. zur Gesch. einiger Solaneen [Diss. Basel 1930], 3–32 – T. R. FORBES, Why is it called »beautiful lady«? A note on belladonna, Bull. of the New York Academy of Medicine 53, 1977, 403–406 – B. SCHWAMM, Atropa belladonna. Eine antike [!] Heilpflanze im modernen Arzneischatz, QStGPh 49, 1988.

Tolomei, Bernardo, sel. (Fest: 19. Aug.), Gründer der Olivetanerkongregation, * 1272 in Siena (Taufname Giovanni), † 1348 ebd. an der →Pest; stammte aus einer adligen Familie. Nach einer religiösen Krise zog er sich 1313 mit zwei Gefährten, Patrizio Patrizi und Ambrogio Piccolomini, in das einsame Accona zurück, ein Landgut seiner Familie im SW von Siena (Diöz. Arezzo), und nahm den Mönchsnamen B. an. Die rasch wachsende Gründung in Accona, der man den bibl. Namen Monte Oliveto ('Ölberg') gegeben hatte, wurde vom Bf. v. →Arezzo, Guido v. Tarlati, am 26. März 1319 kanon. approbiert, mit der Auflage, ein Kl. nach der Benediktinerregel zu errichten. Von ihr wichen die neuen Mönche jedoch in einigen Punkten ab, so z. B. im Hinblick auf die nur einjährige Amtszeit des Abtes. Infolge T.s großer Demut wurde Patrizio Patrizi der erste Abt. Ihm folgte T. 1321 nach und wurde bis zu seinem Tod jedes Jahr in ununterbrochener Folge wiedergewählt. Einziges Zeugnis seines religiösen Gedankengebäudes sind ca. 40 Briefe, die erst in neuerer Zeit entdeckt und publiziert wurden (A. DONATELLI, Giovanni B. T. Padre e Maestro di Monaci, 1977, 93–181). Von seiner Begräbnisstätte hat sich jede Spur verloren, was ein Hindernis für seine mehrmals betriebene Kanonisation war. 1644 wurde er schließlich seliggesprochen.

Olivetanerkongregation: Bereits 1322 hatte T. seine Kommunität erweitert und an den Stadttoren Sienas das Kl. S. Benedetto a Porta Tufi gegründet; andere Kl. an verschiedenen Orten der Toskana folgten, so daß der Orden 1344 bereits zehn Häuser hatte: so entstand die Kongregation OSB von Monte Oliveto (»Olivetaner«), die von Clemens VI. am 21. Jan. 1344 die kanon. Approbation erhielt.

Die Kongregation, die als eine Erweiterung der Mönchsfamilie von Monte Oliveto aufgefaßt wurde, hatte zunächst nur einen einzigen Abt, denjenigen des Mutterhauses, der jährl. gewählt wurde; die Superioren der einzelnen Häuser hatten nur den Rang eines Priors. Nach der päpstl. Approbation wurde die Annualität der Abtwahl aufgehoben und die Autonomie der einzelnen Kl. verstärkt, obgleich sie weiterhin in dem Gründungskl. - nun zur Unterscheidung von den anderen Kl., die häufig außer der Observanz auch den Namen Monte Oliveto übernahmen, Monte Oliveto Maggiore genannt - ihren Mittelpunkt sahen. Die in ein weißes Ordenshabit gekleideten, zönobit. lebenden Olivetaner-Mönche verbreiteten sich rasch auch außerhalb der Toskana: 1400 umfaßte die Kongregation bereits 23 Kl. (mit 318 Mönchen) und hatte sich von Mittelitalien aus nach Padua, Bologna, Genua und Mailand ausgedehnt, 1450 waren es bereits 30 Kl. (Niederlassungen in Venedig, Neapel, Ferrara etc.) mit insgesamt 379 Mönchen. Nicht immer handelte es sich dabei um Neugründungen, da die Olivetaner auch zur Reform berühmter alter Kl. berufen wurden, wie →Santa Giustina in Padua (1408) und →Montecassino (1494), wo sie sich jedoch nicht einwurzeln konnten, zum Unterschied etwa von Rodengo (bei Brescia), →Sassovivo (bei Foligno), S. Vittore in Mailand etc. In der 2. Hälfte des 15. Jh. entstanden weitere Olivetanerkl. in Ligurien (Finalpia), Abruzzen (L'Aquila) und in Apulien (Tarent, Lecce, Bitonto usw.). In dieser Zeit blühten in der Kongregation die humanist. Kultur und die Renaissancekunst, v. a. die →Buchmalerei und die Holzarbeiten (Intarsien).

Die Kongregation hatte ursprgl. keinen weibl. Zweig, 1433 wurde ihr jedoch von der hl. →Franziska v. Rom († 1440) das berühmte Kl. der Oblatinnen von Tor de' Specchi in Rom affiliert. G. Spinelli

Q. und Lit.: AASS Aug., IV, 1867, 464–477 – Antonii Bargensis Chronicon Montis Oliveti (1313–1450), ed. P. LUGANO, 1901 – Bibl. SS XII, 518–525 – DIP II, 1493–1496 – S. LANCELOTTI, Historiae Olivetanae libri duo, 1623 – P. LUGANO, Origine e primordi dell'Ordine di Monte Oliveto, 1903 – DERS., Monte Oliveto Maggiore nel VI centenario della fondazione (1319–1919), 1919 – Saggi e ricerche nel VII centenario della nascita del B. B. T. (1272–1972), 1972 – Alla riscoperta di un carisma. Saggi di spiritualità e storia olivetana, hg. R. DONGHI-G. PICASSO, 1995 – Regarder le rocher d'où l'on vous a taillés, hg. Abbaye N.-D. de Maylis, 1996.

Tolomeo da Lucca →Bartholom(a)eus v. Lucca (11. B.)

Tolosanisches Reich → Toulouse, →Westgoten

Tolowa (lat. Tolowa, Tholowa; lett. Tālava), im 13. Jh. Großgau der →Letten und Bündnis von Burgbezirken (castrum, provincia). →Heinrich v. Lettland bezeichnet T. als »terra Lettorum de Tholowa« (urkdl. »terra, que T. dicitur«). T. wurde von einer Schicht hoher Adliger (seniores), u. a. Thalibaldus de Beverin mit seinen drei Söhnen und Russinus de Sotecle, regiert. Der Chronist nennt die Letten v. T. orth. Christen und Zinspflichtige von →Pskov. Seit 1208 war T. mit dem →Dt. Orden gegen die →Esten verbündet, 1214 traten die Söhne Thalibalds zum kath. Glauben über. 1224 wurde T. zw. Bf. →Albert I. v. Riga und dem →Schwertbrüderorden geteilt. Die Teilungsurk. v. 1224 und die Urk. v. 1259 beziehen sich auf ein Landgebiet, das sich auf Trikaten, Wolmar, Burtneck und die Wasserscheide zw. Gauja (Livländ. Aa) und Düna erstreckt. Ē. Mugurēvičs

Q.: Heinrici Chronicon, ed. Ā. FELDHŪNS–Ē. MUGURĒVIČS, 1993, XI, 7; XVIII, 3; XX, 5; XXVIII, 9; XXIX, 3; 372–377 – Liv-, Esth- und Kurländ. UB, I, 1852, Nr. 70 – MittLiv 13, 1881, 20–23 – Lit.: H. LAAKMANN, Estland und Livland in frühgesch. Zeit (BL I, 1939), 207 – M. HELLMANN, Das Lettenland im MA, 1954, 42.

Toma v. Split (T. Splićanin, Thomas archidiaconus Spalatensis), * um 1201, † 8. Mai 1268, wirkte nach dem Studium der Theologie und Jurisprudenz in Bologna als Notar und Kanoniker, ab 1230 als Archidiakon an der Metropolitankirche in →Split. In einer bewegten Zeit von

Auseinandersetzungen zw. der kroat. ländl. und der städt. Bevölkerung, von kirchl. Konflikten zw. den Anhängern der lat., kirchenslav. Liturgie (mit glagolit. Schrift; →Alphabet, III) und den →Patarenern, von Rivalitäten unter den dalmatin. Städten (→Dalmatien, II) und von Machtansprüchen kroat. Feudalherren setzte sich T. für die Rechte und Freiheiten der Stadt ein, indem er sie durch Einführung des »regimen Latinorum« nach dem Vorbild it. →Kommunen umzugestalten suchte. 1239 berief er zur Wahrung des Friedens Gargano de Arscindis aus Ancona als→Podestà. Der romtreue T. strebte nach Vorherrschaft der Kirche über die weltl. Macht sowie nach voller Autonomie und Unabhängigkeit von den ung.-kroat. Kg.en. Neben der Einschränkung des Einflusses der Laien bei der Wahl des Ebf.s waren Reformen des Klerus, der Gesetzgebung und der städt. Verwaltung Leitlinien seines Wirkens. T.s von subjektiver und parteipolit. Einstellung nicht freie »Historia Salonitana« (→Chronik, P. I, 2) ist eine wichtige Quelle für die kroat. Gesch. während der Zeit des nationalen Kgtm.s. St. Hafner

Ed. und Lit.: EncJugosl. VIII, 348 – F. RAČKI, Thomas archidiaconus, Hist. Salonitana (Mon. spectantia historiam Slavorum Meridionalium 26, 1894) – F. ŠIŠIĆ, Priručnik izvora hrvatske historije, 1914, 151–155 – G. NOVAK, Povijest Splita, I, 1957, 128–130, 548f. – Kronika T. arcidjakona, 1960 [kroat. Übers. V. RISMONDO] – N. KLAIĆ, Povijest Hrvata u ranom srednjem vijeku, 1971, 22–28 – →Kroatien, →Kroat. Sprache und Lit.

Tómas saga erkibiskups (Thómas s. e.), Sammelbezeichnung für zwei vollständige und zwei fragmentar. →Sagas, in denen bald nach dem Tod →Thomas Beckets († 1170) das Leben, bes. die Auseinandersetzung mit Kg. →Heinrich II. und die Ermordung des auch in Norwegen und Island sehr populären Hl.n erzählt wird. Eine vollst. norw. Version (erhalten in der Hs. SKB 17, 4°, um 1300) beruht auf der lat. Schrift »Quadrilogus«, die hagiograph. Texte des →Johannes v. Salisbury, Alanus v. Tewkesbury, →Herbert v. Bosham, Wilhelm v. Canterbury und eine »Passio« des Benedict v. Peterborough zusammenfaßt.

Die Hs. Tómasskinna (GKS 1008 fol., um 1400) bietet die den Geistlichen Bergr Gunnsteinsson († 1211) und Jón Holt († 1302) zugeschriebene vollständige isländ. Fassung, für die neben der norw. Version das »Speculum historiale« des →Vinzenz v. Beauvais und eine verlorene Thomas-Vita des →Robert v. Cricklade (etwa 1173) benutzt wurden. R. Volz

Faks.: Thomasskinna (GKS 1008, fol.), ed. A. LOTH, 1964 (Early Islandic Mss. in Facs. 6) – Ed.: C. R. UNGER, 1869 [mit lat. Übers.] – E. MAGNÚSSON, I–II, 1875–83 (RS 65, 1–2) [mit engl. Übers.] – Lit.: KL XVIII, 249–251 [H. BEKKER-NIELSEN] – R. SIMEK–H. PÁLSSON, Lex. der an. Lit., 1987, 349 – P. G. FOOTE, On the Fragmentary Text Concerning St. Thomas Becket in Stock. Perg. Fol. Nr. 2, Saga-Book 15, 1957–61, 403–450 – P. HALLBERG, Stilsignalment och författarskap i norrön sagalitteratur, 1968 (Nordistica Gothoburgensia 3) – ST. KARLSSON, Icelandic Lives of Thomas a Becket: Questions of Authorship, 1973, 212–243 (Proceed. of The First Internat. Saga Conference 1971).

Tomaso. 1. T. Morosini, lat. Patriarch v. Konstantinopel →Lat. Kaiserreich [2], →Morosini

2. T. da Modena, * 1325 oder 1326 in Modena, † 1379 ebd.; vermutl. Schüler des →Vitale da Bologna und ein Hauptvertreter des um die Mitte des 14. Jh. in der it. Malerei allg. zunehmenden Realismus, der sich v. a. im physiognom. und mim. Ausdruck der Figuren und in der erzähler. Vielfalt der szen. Darstellungen äußert. Außer in Modena war er in Treviso, wo er sich 1349–54 oder bis 1358 und zw. 1360 und 1366 aufhielt, tätig. Zu seinen Hauptwerken gehören die 1352 datierte Serie von Angehörigen des Dominikanerordens im Kapitelsaal v. S. Niccolò in Treviso, eine Freskenfolge mit Szenen aus dem Leben der hl. Ursula (Treviso, Museo Civico), sowie ein Diptychon und ein Triptychon in der Kreuzkapelle auf Burg →Karlstein. Nachhaltigen Einfluß übte T. auf die böhm. Malerei (→Theoderich v. Prag) aus. Ein Aufenthalt T.s in Prag, am Hof Karls IV., ist jedoch nicht nachweisbar. J. Poeschke

Lit.: L. COLETTI, T. da M., 1963² – M. MURARO, T. da M.: Le storie di Sant'Orsola, 1987 – R. GIBBS, T. da M., 1989.

Tombeor de Notre Dame (Tumbeor Nostre Dame), Del, in mindestens fünf Hss. anonym überlieferte Dichtung (Conte pieux) aus 684 paarweise gereimten Achtsilblern in pikard. Dialekt. Um 1220/30 nach den »Miracles Nostre Dame« des →Gautier de Coinci – vielleicht vom Verf. des →»Le Chevalier au barisel« und »Del'Hermite et del Jougleour« – geschaffen, stellt die Erzählung einen professionellen Springer und Tänzer vor, der sich in ein Zisterzienserkl. zurückzieht. Da er das lat. Stundengebet nicht mitzumachen versteht, springt und tanzt er vor einer Marienstatue. Die Gottesmutter belohnt seine in Demut vorgeführte Kunst, indem sie ihm den Schweiß abtrocknet und ihn in der Todesstunde mit Engelsgefolge abholt. – Jules Massenet hat den Stoff für seine Oper »Le Jongleur de Notre-Dame« (1902) aufgenommen. L. Gnädinger

Ed. und Lit.: W. FOERSTER, Romania II, 1873, 315ff. – F. BRUN, 1887 – H. WÄCHTER, RFI, 1903, 223–288 – E. LOMMATZSCH, 1920 – L. ALLEN, De l'Hermite et del Jougleor. A Thirteenth Cent. »Conte Pieux«. Text with Introduction and Notes, Including a Study of the Poem's Relationship to »Del Tumbeor Nostre Dame« and »Del Chevalier au Barisel«, 1925 – Der Tänzer unserer lieben Frau, 1964.

Tomich, Pere, katal. Historiograph, † um 1481, Sohn des Batlle (→Bayle) v. Bagà und Prokurators der Baronien Pinós und Mataplana, stieg im Dienst der Adelsfamilie Pinós auf, 1446/47 Kastellan der Burg Aristot in Urgel. Seine 1438 vollendeten »Histories e conquestes dels reys d'Aragó e comtes de Barcelona« waren Dalmau de Mur, Ebf. v. →Zaragoza (Bruder des Bernat Galceran de Pinós, Vgf. v. Illa und Canet), gewidmet und reichten von der Erschaffung der Welt bis zu den Anfängen der Regierung Kg. Alfons' V. v. Aragón (1416); sie erlangten eine große Fernwirkung (erster Druck Barcelona 1495, dann 1519; spätere, bis 1516 weitergeführte Fassung 1534). Der Wert der mit zahlreichen Legenden angereicherten Chronik besteht v. a. in der Schilderung der siz.-it. Unternehmungen (unter übertriebener Betonung der Leistung des Hauses Pinós) und des Anteils der katal.-aragones. Adelsgeschlechter daran. Scharfe Kritik an den ins Kast. und It. übersetzten »Histories« des T. übte Pere Miquel→Carbonell in den »Cròniques d'Espanya«. L. Vones

Ed.: P. Tomic, Histories e conquestes..., 1970 [Faks.-Nachdr. des Drucks von Zaragoza 1534]; 1990 [Faks.-Nachdr. der Ausg. von Barcelona, 1886] – Lit.: Dic. d'Hist. de Catalunya, 1992, 1052 – Gran Enc. Catalana XIV, 1980, 502 – J. MASSÓ TORRENTS, Historiografia de Catalunya en català, RHi 15, 1906, 595–603 – M. DE RIQUER, Hist. de la lit. catalana, I, 1980, 504–507.

Tomislav (lat. Tamislaus u. ä.), Herrscher in →Kroatien, (erstmals 914 erwähnt, 928 regierte wohl schon sein Nachfolger Trpimir II.). T. wehrte anscheinend mehrfach Angriffe der Ungarn ab und besiegte ein bulg. Heer unter dem Befehl von Alogobotur, Heerführer Zar →Symeons d. Gr. Die damalige Stärke von kroat. Heer und Flotte wird auch von Konstantin Porphyrogennetos (DAI 31, 68–70) bestätigt. Die Annahme der älteren Forsch., T. habe von Byzanz Herrschaftsrechte über die dalmat. Städte erhalten (→Dalmatien, II), gilt als überholt. Entgegen der Interessen T.s wurde im Rahmen der kirchl. Neuorganisation auf den Synoden v. Split 925 und 928 nicht das auf kroat. Territorium gelegene Bm. →Nin, sondern →Split zur Metropolie für die Region erhoben. Während die kroat. Herrscher im 9. und 10. Jh. zumeist als dux oder comes bezeichnet wurden, wird T. in den päpstl. Briefen als rex tituliert, doch ist der Bericht von der Krönung eines Kg.s Svetopelek auf einer 'planities Dalmae' bei →Pop Dukljanin entgegen älterer Ansicht nicht Beleg für eine Krönung T.s in Duvno; gleichermaßen fehlen Zeugnisse für die Übersendung kgl. Insignien durch den Papst. So verweist der kgl. Titel wohl auf das Ansehen, das man T. als unabhängigem und starkem Herrscher beimaß. – Neuerdings hat M. EGGERS, stark auf Pop Dukljanin gestützt, versucht, T. als Angehörigen einer Dynastie mit Herrschaftszentrum in Bosnien einzuordnen. I. Goldstein

Lit.: F. ŠIŠIĆ, Gesch. der Kroaten, 1917–DERS., Povijest Hrvata u doba narodnih vladara, 1925, 1990² – N. KLAIĆ, Povijest Hrvata u ranom srednjem vijeku, 1975 – J. FERLUGA, L'amministrazione biz. in Dalmazia, 1978 – N. BUDAK, Prva Stoljeća Hrvatske, 1994 – M. EGGERS, Das Großmähr. Reich – Realität oder Fiktion?, 1995 – I. GOLDSTEIN, Hrvatski rani srednji vijek, 1995.

Tommarp, Abtei OPraem im sö. →Schonen, Dänemark (heute Schweden), Ebm. →Lund, wurde während der Bürgerkriege um 1150 bei einem zum Zentralort ausgebauten Kg.shof von Ebf. →Eskil gestiftet, 1155 vom Papst, 1161 von Kg. →Waldemar I. in den Schutz genommen. Inmitten eines fruchtbaren Agrargebiets gelegen, verfügte die Abtei über großen Landbesitz (fünf Wassermühlen) und entwickelte sich zu einem bedeutenden Zentrum des geistigen Lebens und der Seelsorge; der Ort T. erhielt Stadtrecht. Die im 14. Jh. verarmte Abtei (Brand der an T. übertragenen, um 1200 neuerrichteten Petrikirche kurz vor 1304; Unruhen während der Holsteinerherrschaft unter Gf. →Gerhard III., 1326–40; Pest 1350) wurde von Kg. →Erich v. Pommern (1412–39) bestätigt; Ebf. Peder Lykke (1418–36) regte die Ordensreform an (1443), doch nahmen die Dienstverpflichtungen gegenüber dem Kg. zu. T. wurde 1539 aufgehoben und an Mogens Gyldenstierne verliehen, die Abteikirche abgerissen (Pfarrkirche St. Marien erhalten). T. Nyberg

Q. und Lit.: C. WALLIN, T.s Urkundsbok 1085–1600, I–VI, 1955–91 – DERS., Premonstratenserna och deras kl. i Skåne, Skånska kl., hg. E. CINTHIO, Skånes Hembygdsförbund, 1987/88, 63–81.

Tomos Leonis, Lehrschreiben des Papstes →Leo I. d. Gr. an Bf. →Flavian v. Konstantinopel, das in der zweiten Sitzung des Konzils v. →Chalkedon am 10. Okt. 451 vorgetragen wurde. Inhaltl. richtet er sich gegen die monophysit. Lehre des →Eutyches mit dem Ziel, der rechtgläubigen →Christologie zum Sieg zu verhelfen. Die Verlesung des T. L., auf der sog. Räubersynode (449) verhindert, wurde erst durch den Tod Ks. Theodosius' II. und die Einberufung des Konzils v. Chalkedon unter Ksn. →Pulcheria ermöglicht. Bereits am 31. Okt. 450 war er auf einer Synode in Konstantinopel feierlich promulgiert und vorher schon ins Griech. übersetzt worden.

Im T. L. unterstreicht Leo seinen Glauben an die zwei Naturen in Christus, deren Eigenart trotz der Vereinigung in einer Person nicht verloren geht (»Agit utraque forma«). Dieser Sprachgebrauch war für →Maximos Homolegetes in seiner Auseinandersetzung mit den Monotheleten wegweisend. Der in die Konzilsdefinition v. Chalkedon integrierte T. L. läßt jedoch in seiner Erklärung der Einheit der Person Christi noch manche Frage offen.
F. R. Gahbauer

Ed.: ACO II/2, 1, 24–33 – S. TAROUCA, C., S. L. Magni T.us ad Flavianum Episc. Constantinopolitanum additis Testimoniis Patrum, 1932 – Lit.: A. GRILLMEIER, Jesus der Christus im Glauben der Kirche, I, 1979, 734–750 – H. ARENS, Die christolog. Sprache Leos d. Gr., 1982 – ST. O. HORN, Petrou Kathedra, 1982, 181–184 – H. J. SIEBEN, Die Konzilsidee der Alten Kirche, 1982, 121–133.

Ton. Das mhd. Wort *dôn* (von lat. *tonus*) bedeutet ebenso wie *wîse* 'Melodie'. Allerdings ist bei dem Begriff ein dependentes Strophenschema mit festem metr. Bau und Reimschema immer mitgedacht, ferner stroph. Wiederholbarkeit. →Leichs oder Leichversikel fallen daher nicht unter den Terminus 'Ton'. Verwendet wird er für alle stroph. Melodien des dt. MA. In der roman. und dt. Minnelyrik (→Minnesang) des 12. und 13. Jh. ist Verwendung eines T.s für mehr als ein Lied selten. Wo sie dennoch begegnet, spricht man von Kontrafaktur (→Contrafactum). In T.en abgefaßt sind außerdem der größte Teil der Heldenepik (→Heldendichtung), das →Historische Lied, das Liebeslied des SpätMA, die Sangspruchdichtung (→Spruchdichtung) und der Meistergesang (→Meistersinger). In den beiden letztgenannten Gattungen wird derselbe T. für völlig unterschiedl. Themenbereiche und ab Mitte des 13. Jh. auch zunehmend von mehreren Autoren verwendet.

Die Strukturschemata von T.en sind nicht festgelegt, doch überwiegt die Kanzonenform (→Canzone: stollige Form; →Vers- und Strophenbau) in zahlreichen Abwandlungen. Minnesang, spätma. Liebeslied und Historisches Lied gebrauchen auch durchkomponierte oder zweiteilige Formen.

Um T.e bei Mehrfachverwendung bezeichnen zu können, wurden Namen eingeführt; die Tonangabe ersetzte in vielen Fällen die Beigabe der Melodie. Die einfachste Form der Benennung ist die Zitierung des Initiums der primären oder bekanntesten Strophe (»in dem Thon: Es kam ein alter Schweizer gangen«) oder, wenn ein solcher existierte, des Titels. Daneben stehen weitere Möglichkeiten, z. B. ein inhaltl. Merkmal zum Namen zu erheben ('Spiegelweise' – in zwei Strophen →Konrads v. Würzburg mit diesem Namen kommt ein Spiegel vor), einen Hinweis auf den Gebrauch zu geben (Hofton) oder ein formales Kennzeichen von Strophenform oder Melodie zur Namensbildung heranzuziehen: Lange Weise, Zarter T., Würgendrüssel ('Kehlenwürger').

Vielfachverwendung und damit Tonangabe als Ersatz der Melodiebeigabe ist v. a. in folgenden Bereichen üblich: in Heldenepik, Sangspruchdichtung, Meistergesang und Historischem Lied. Auch der Name des Tonkomponisten kann Teil des Namens sein. In Sangspruchdichtung und Meistergesang wird die zweigliedrige Tonangabe (Frauenlob, Grüner T.) geradezu Gattungsnorm. Der älteste zu einem T. notierte Name ist der der Frau-Ehren-T.s von →Reinmar v. Zweter, der bereits in die 'Maness. Liederhs.' (→Liederhs., 1) eingetragen ist. – Zum T. im heut. (musikal.) Sprachgebrauch →Tonsystem. J. Rettelbach

Lit.: NEW GROVE XIX, 1980, 49f. [H. BRUNNER] – H. BRUNNER, Die alten Meister, 1975 – J. RETTELBACH, Variation – Derivation – Imitation, 1993.

Tonar, Tonale (auch: Intonarium, Denominatio modorum u. a.), ma. Hs. mit einer Slg. von Choral-Gesängen, die nicht nach ihrer Stellung im →Kirchenjahr, sondern nach ihrer Tonalität, d. h. nach den acht Kirchentönen angeordnet sind. T.e sind häufig lit. Q. wie Antiphonarien und Gradualien oder auch Traktaten angegliedert. Wie auch die eingeschlossenen Merkverse und Modell-Melodien erweisen, waren sie für die Gesangspraxis und den Theorieunterricht bestimmt. Die ältesten Belege sind aus dem für die Formulierung der ma. Musiktheorie bedeutsamen Bereich Nordfrankreich (St-Riquier, Metz, Corbie) erhalten und gehen bis ins 9. Jh. zurück, in eine Zeit des

Übergangs von mündl. zu schriftl. Überlieferung von Melodien. Der Inhalt besteht v. a. aus Antiphonen und den von der Psalm-Formel zur Antiphon führenden, variablen Anschlüssen, den »differentiae«. Der Umfang des Repertoires an weiteren Offiziums- und Meßgesängen hängt davon ab, ob ein »Volltonar« mit vielen Hunderten von Incipits (seltener den vollständigen Melodien) oder ein »Kurztonar« mit nur wenigen Beispielen angelegt wurde. Als Lehrschrift für die Oktav-Skalen und die Intervalle der melodischen Tonalität bleibt der T. in seiner kurzen Form bis zum Ende des MA erhalten. K. Schlager

Lit.: MGG XIII – NEW GROVE XIX – W. LIPPHARDT, Der karol. T. v. Metz (LQF 43, 1965) – M. HUGLO, Les Tonaires (Publications de la Soc. Frç. de Musicologie, 3e sér., II, 1971) – F. E. HANSEN, H 159 Montpellier, Tonary of St. Bénigne de Dijon, Transcribed and Annotated (Studier og publikationer fra Musikvidenskabeligt Institut Aarhus Univ. II, 1974) – H. BECKER, Das Tonale Guigos I. (Münchener Beitr. zur Mediävistik und Renaissance-Forsch. 23, 1975).

Tonarten → Kirchentonarten

Tondo (it.), Rundbild, in allen Techniken, auch als Relief, vorkommend; die Form kann symbol. Bedeutung haben (→Kreis). Der T. ist bereits in der Antike verbreitet, in Byzanz kann er für Ikonen verwendet werden (Maria Orans, 11. Jh., London, V&A). Als Teil eines größeren Ganzen, dann meist als →Medaillon bezeichnet, kommt die Bildform im MA sehr häufig vor, etwa bei Goldschmiedearbeiten, Glasgemälden, Buchmalereien (Bible moralisée, frz., um 1250, Wien) oder innerhalb von Architektur. Als unabhängiges Werk ist der T. weit seltener. Um 1400 bringt die frz. Hofkunst gemalte, z. T. große, mehrfigurige Tondi hervor (Pieta Jean→Malouels, Paris). Eine bes. Blüte erlebt der T. im 15. Jh. in Italien, v. a. in Florenz, wo sich viele der großen Maler an dem Format versuchten; bevorzugtes Thema ist die Madonna (→Botticelli, Florenz), doch gibt es auch szen. Darstellungen wie die Anbetung der Könige (Domenico Veneziano, Berlin). Vgl. →Desco da parto. S. Kemperdick

Lit.: M. HAUPTMANN, Der T., 1936 – K. WEITZMANN, Die Ikone, 1978 – E. MAURER, »Wohlgefühl« im Bildformat. Notizen zum Rundbild in der Glasmalerei, Bull. de la Cathédrale de Strasbourg 15, 1982, 59–67 – C. STERLING, La peinture médiév. à Paris 1300–1500, 1987 – R. G. KECKS, Madonna und Kind. Das häusl. Andachtsbild im Florenz des 15. Jh., 1988 – R. J. M. OLSON, Lost and Partially Found: The T., a Significant Florentine Art Form, artibus et historiae 27, 1993, 31–65.

Tongerlo, Kl. OPraem im heut. Belgien, um 1130 im Hzm. →Brabant als prämonstratens. →Doppelkl. durch Giselbert, einem lokalen Grundherrn, gegr., der es aus seinem Besitz dotierte und dort als Konverse eintrat. Die Gründung wurde durch Papst Eugen III. 1146 bestätigt und in einer um 1148 verfaßten, aber auf ca. 1133 vordatierten und dem Bf. v. Cambrai zugeschriebenen gefälschten Urk. erwähnt. Nachdem der Laienbesitz von →Eigenkirchen untersagt worden war, erwarb das Kl. durch Schenkungen neben Grundbesitz mehrere Kirchen, die mit päpstl. Erlaubnis seit 1164 und bis in die NZ von Ordenspriestern aus T. Betreuung erhielten. Schon um die Mitte des 12. Jh. wurden die Frauen aus dem Doppelkl. T. entfernt und in einem der Wirtschaftshöfe des Kl. in Broechem (Eeuwen) angesiedelt. 1390 erhielt Abt Johann Brief (1385–99) das päpstl. Privileg der Pontifikalien. Abt Johann Geerts (1400–28) wurde ständiger Ratgeber der Hzg. e v. Brabant und nahm 1415 am →Konstanzer Konzil teil. Mitglieder des Konvents studierten an den Univ. en in Paris, Köln, Heidelberg und später in Löwen. 1411 entstand ein Prämonstratenserinnenkl. im benachbarten Herentals. Ende des 15. Jh. besaßen die Äbte v. T. das Kollationsrecht in 40 Kirchen und hatten die Herrschaftsrechte über T. sowie über zehn weitere Städte und Dörfer inne. Sie gehörten während des ganzen MA der geistl. Vertretung in den Landständen von Brabant an. Im Laufe des 15. Jh. wurde das wohlhabende Kl. T. ständig von Kommendataräbten bedrängt, aber es gelang ihm immer wieder, wenn auch unter erhebl. finanziellen Verlusten, sich von der →Kommende zu befreien. L. C. van Dyck

Lit.: H. DE RIDDER-SIMOENS–L. MILIS, T. en zijn studenten op het keerpunt van de MA en de Moderne Tijden, Ons Geestelijk Erf 44, 1970, 405–431; 45, 1971, 290–332 – E. VAN MINGROOT, De stichtingsoorkonde van de abdij van T.: echt of vals?, Archief- en Bibliotheekwezen in België 43, 1972, 615–654 – M. H. KOYEN–L. C. VAN DYCK, Abbaye de T. (Monasticon belge VIII, 1, 1992), 263–375.

Tongern (ndl. Tongeren, frz. Tongres), Stadt und früher Bf. ssitz im heut. Belgien (Prov. Limburg, nw. v. Lüttich), in röm. Zeit Vorort der 'Civitas Tungrorum' (innerhalb der Prov. Germania inferior), verlor in der späten Kaiserzeit seine militär.-logist. Bedeutung, erschloß sich aber dem frühen Christentum, dessen vieldiskutierte Anfänge sich in der Legende des hl. Bf. s →Servatius kristallisieren. T. wird als erster Sitz des später nach →Maastricht, dann →Lüttich verlegten Bm. s angesehen. Nahezu einziger Anhaltspunkt für eine mögliche zentralörtl. Rolle von T. im FrühMA (die näherer Erhellung durch archäol. Forschungen bedarf) ist die sehr alte Liebfrauenkirche ('prima cis Alpis'), bei der ein 'monasterium' entstand, das nach 800 in ein Kapitel mit den Rechten eines →Archidiakonats umgewandelt wurde und dessen kirchl. Bedeutung sich in der 'Bannkreuzprozession' konkretisierte, seinen Ausdruck aber auch in karol. Kapitularien fand (Zuweisung von Abgaben neugegr. Kapellen und Kirchen an die Mutterkirche in T.). Brände und Zerstörungen, die zw. etwa 800 und 1200 den Ort schädigten, haben die schriftl. Spuren für die Zeit vor dem 13. Jh. stark verwischt.

T., das als karol. Krongut dem Bf. v. Lüttich übertragen wurde, war als eine der 'duytschen' Städte hinsichtl. der Verwaltung und Gerichtsbarkeit immer eng mit dem Bm. Lüttich verbunden, bes. seit dem großen Immunitätsprivileg Ottos II. (980), auf das sich die fürstbfl. Gewalt der Bf. e v. Lüttich gründete. Am Ende des 12. Jh. hatten sich in T. drei Mächte etabliert: der Fürstbf., der Vogt und das Damenstift Unserer lieben Frauen. Das aufstrebende Stadtbürgertum sollte sich bald als vierte Macht konstituieren. Die inmitten einer ertragreichen Agrarregion gelegene Stadt erlangte im Transitverkehr (Landverbindung zw. Dtl. und der fläm. Nordseeküste: →Köln und →Brügge) eine gewisse Bedeutung. Ihr Wohlstand fand Ausdruck im Bau der Stadtmauer und der Liebfrauenkirche (reicher Kirchenschatz). T. war Heimatstadt der Mystikerin →Lutgard v. T. (1182–1246) und Wirkungsstätte des Stiftsdekans und Liturgikers →Radulfus de Rivo (vor 1350–1403). J. Helsen

Lit.: H. BAILLIEN, T. van Romeinse civitas tot middeleeuwse stad, 1979 – J. HELSEN u. a., 2000 jaar T.: 15 vóór Chr. tot 1985, 1988 – J. GERRITS u. a., Hist. steden in Limburg, 1989 – Steden des Tijds. Hist. stadstypen in de Nederlanden, hg. M. VAN ROOIJEN, 1990.

Tonne, zentrale, vielartige Rechen-, Maß- und Gewichts-, Verpackungs- und Bemessungseinheit des älteren Wirtschaftens in N-Europa – für trockene und flüssige Produkte, für Ackerflächen, Aussaat und Besteuerung. Größere Einheiten (→Fuder, Lasten) wurden nach T.nzahl gerechnet. Die T. war u. a. als Schiffspfund (netto) oder (Schiffs-)Pfund Schwer (brutto) bestimmter Güter ein real wägbares Gewicht in der Größenordnung des Saum von 2 Wage oder 2½–3 Zentner. Sie war definiert (z. B. Hansetag 1337, Köln 1486, Lübeck 1469/87, Lüneburg 15.–17. Jh.) als Vielfaches von Basiseinheiten wie

Pfund und Liespfund, Quartier und Stübchen. Je nach Produkt (Schütt- bzw. Litergewicht!) und Form (Bauch- oder Schmalband) finden sich Vereinbarungen über Norm-T.n in einem Kernbereich zw. etwa 120 l (Hering) und 200 l (Salz).
H. Witthöft

Lit.: H. Ziegler, Flüssigkeitsmaße, Fässer und T.n in Norddtl. vom 14. bis 19. Jh., BGLG 113, 1977, 276–337 – H. Witthöft, Umrisse einer hist. Metrologie..., 1979 – Ders. u. a., Dt. Maße und Gewichte des 19. Jh. (Hb. der hist. Metrologie, Bd. 2–4), 3 T.e, 1993, 1994.

Tonnengewölbe → Gewölbe

Tonnenrock, um 1400 in Italien entstandener Unterleibsschutz des →Plattenharnisches aus Bauch- und Gesäßreifen, der in Dtl. – bisweilen auch in W-Europa – immer mehr an Weite und Länge zunahm, bis er um 1440 bis zu den halben Oberschenkeln reichte. Um 1450 wurde der T. wieder verkürzt und verschwand um 1460. In seiner mächtigsten Form um 1440 hat sich der T. beim »Kempfküriß« für den sportl. Zweikampf zu Fuß bis ins 16. Jh. erhalten.
O. Gamber

Lit.: O. Gamber, Harnischstud. VI, JKS 51, 1955.

Tonnerre, Stadt im nördl. →Burgund, am Armançon, einem Nebenfluß der Yonne (dép. Yonne). [1] *Grafschaft:* In der Merowingerzeit ist Tornodorum als 'castrum', Sitz eines Archidiakons und (im 8. Jh.) als Gf.ensitz belegt. Der 'pagus Tornodorensis' unterstand der Civitas v. →Langres, der Gf. hielt seine Burg als Lehen des Bf.s v. Langres. Die Abtei St-Michel erhob sich auf einem benachbarten Hügel. Aus der Gft. lösten sich einzelne Adelsherrschaften (→Seigneurie) heraus: Rougemont, Sitz der Vicomtes; Ligny-le-Châtel; Montbard. Der erste namentl. bekannte Gf. war vielleicht der spätere Ebf. v. Sens, der hl. Ebbo (um 750). Seit dem Ende des 9. Jh. tritt ein Gf.enhaus auf, durchgängig mit den Leitnamen 'Guy' und 'Miles'. Miles IV. (Ende des 10. Jh.) vermählte sich mit der Erbtochter des Gf.enhauses v. →Bar-sur-Seine, doch hinterließ der Enkel, Hugo Reinhard, Bf. v. Langres, die Gft. T. dem Gf.en Wilhelm, der bereits die Gft.en→Nevers und→Auxerre besaß (1060). Er war auch Stifter der großen Abtei →Molesme (1075).

Die drei Gft.en T., Nevers und Auxerre blieben vereint bis zum Tode des Prinzen Jean-Tristan († 1270), Sohn von →Ludwig d. Hl.n und Gemahl der ältesten Tochter Odos v. Burgund. Nach einem Prozeß teilten die drei Töchter von Odo das Erbe: T. fiel an Margarethe v. Burgund († 1308), Kgn. v. Sizilien durch ihre Heirat mit →Karl v. Anjou. Die 1285 verwitwete Kgn. zog sich nach T. zurück und stiftete hier 1293 das bedeutende (erhaltene) →Hospital. Sie vermachte die Gft. ihrem Neffen Wilhelm v. →Chalon, Gf. v. Auxerre, und seinen Nachkommen. Einer von ihnen, Ludwig II. v. →Chalon, geriet wegen Entführung der burg. Hofdame Jeanne de Perellos in Händel mit dem Hzg. v. Burgund, Johann (→Jean sans peur), und schloß sich der gegner. Partei der →Armagnacs an. Der Hzg. nahm T. 1414 ein und konfiszierte die Gft., obwohl seine→Suzeränität sich nur auf drei ihrer Kastellaneien (Laignes, Griselles, Cruzy) erstreckte. Hzg. →Philipp d. Gute übertrug die Gft. seinem Schwager →Arthur de Richemont, der sie im Frieden v. →Arras (1435) aber wieder aufgeben mußte. Die Gft. kehrte zurück in den Besitz von Margarethe v. Chalon, Schwester von Ludwig II. und Gemahlin von Olivier de Husson.

[2] *Stadt:* Die Stadt T. entwickelte sich am Fuße des Hügels um eine dem hl. Aignan geweihte Pfarrkirche, an deren Stelle später die Kirche St-Pierre trat. Die Stadt, die eine gewisse Bedeutung gewann, erhielt in der 2. Hälfte des 12. Jh. Privilegien, so die älteste Freiheitsurk. (→charte de franchises) vom Gf.en Guy (1174), später erweitert durch den Gf.en (und späteren Ks. v. Konstantinopel) →Peter v. →Courtenay, die Gfn. Mahaut (1224) und Odo v. Burgund (1261). Der Wohlstand von T. beruhte teilweise auf dem lebhaften Handel mit Wein, der auf dem Wasserweg (über Armançon, Yonne und Seine) nach Paris transportiert wurde.
J. Richard

Lit.: J. Fromageot, T. et son comté, 1973 – M.-Th. Caron, Vie et mort d'une grande dame, Jeanne de Chalon, Francia 1980, 147–190.

Tonplastik. Die T. genießt als Gattung im Rahmen der Kunstgesch. keine zentrale Aufmerksamkeit. Mytholog. kam ihr ein hoher Rang hinsichtl. der Anfänge von →Plastik überhaupt zu. Gen 2, 7 berichtet, daß der Schöpfergott aus Erde eine Gestalt formte und sie durch Einhauchen des Odems zum lebenden Menschen machte. Plinius, Nat. hist. XLIII, 151ff., berichtet von der »Erfindung« der Plastik durch einen Töpfer, der Ausbreitung in Etrurien und der Rolle der Tonfiguren an den Tempeln. Lebensgroße, archaische Plastiken zeugen davon. Im übrigen findet die T. bei den Römern wie im MA ihre Aufgaben im kleineren Format von Bildwerken und Gefäßen des religiösen Brauchtums, Votiv- und Götterbildern, Spielzeug etc. Mit der Entwicklung des Kachelofens im Verlauf des 14. Jh. kommt dessen plast. Zier hinzu, die im weichen Stil um 1400 höf. Eleganz erreichte. Tönerne →Bauplastik ist meistens volkskunsthaft; eine Ausnahme sind die mit Modeln gezierten Werkstücke der Backsteinproduktion des luzern. Zisterzienserkl. St. Urban in der zweiten Hälfte des 13. Jh. Zur souveränen künstler. Leistung auf der Höhe der gleichzeitigen Stein- und Holzplastik der internat. Gotik um 1400 bis Mitte 15. Jh. gelangt in derselben Epoche die dt. T. Einen ersten Höhepunkt um 1400 bilden die Figuren der sitzenden Apostel in Nürnberg. Die mit Tonfiguren bühnenhaft bevölkerten →Retabel wie Karden a. d. Mosel, Kronberg i. Taunus und die Kreuztragungsgruppe aus Lorch (Frgm.e in Berlin) erinnern an nld. Plastik. Um dieselbe Zeit erlebt Italien ein Wiedererwachen der T. 1410 lieferte →Donatello eine solche Statue am Dom zu Florenz. Fast alle Hauptmeister der it. Frührenaissance schufen im 15. Jh. T.en. Mit Luca →della Robbia begann in den 1440er Jahren der Siegeszug seiner Erfindung der polychromen glasierten Terracottaplastik.
A. Reinle

Lit.: H. Wilm, Die got. T. in Dtl., 1929 [grundlegend] – R. Schnyder, Die Baukeramik und der ma. Backsteinbau des Zisterzienserkl. St. Urban, 1958 – Ders., Ofenkeramik des 14./15. Jh., Ausstellungsbeih. Schweiz. Landesmus. Zürich, 1992 – J. Poeschke, Die Skulptur der Renaissance in Italien, I: Donatello und seine Zeit, 1990.

Tønsberg (anorw. Tûnsberg), Stadt in →Norwegen, südl. v. →Oslo, am Westufer des Oslofjords, Hauptort der Landschaft Vestfold (Viken). T. wird bei →Ordericus Vitalis (»Hist. eccl.«, um 1130) als eine der sechs norw. 'civitates' erwähnt (→Norwegen A. I. 2) und soll nach →Snorri Sturluson bereits unter Kg. →Harald Schönhaar († 930) ein Handelsplatz ('kaupstaðr') gewesen sein, doch sind (bei wikingerzeitl. Besiedlung des Ortes) städt. Züge erst seit dem 11. Jh. erkennbar (→Stadt, H). Ob ein Zusammenhang zw. dem Niedergang des südlicher gelegenen Handelsplatzes →Kaupang und dem Aufstieg von T. besteht, bleibt unklar. Ausschlaggebend könnte die Nähe von T. zum Kg.shof Sæheim (Sem) gewesen sein.

Die sich in der Uferzone dem. im 12. Jh. befestigten Burgberg (Slottsfjellet, später: T.shus) und dem 'Hügel' (Haugar), Versammlungsort des Huldigungsthings der Landschaft Viken ('Haugathing'), erstreckende Siedlung besaß zwei parallel zur Strandlinie verlaufende Straßenzüge (mit Quergassen zu den Landungsbrücken) und umfaßte ein besiedeltes Areal von ca. 450 zu 250 m (um 1250); die Einwohnerzahl überstieg kaum 1500 Personen.

T. war stark in die Kämpfe der 'Bürgerkriegszeit' (ca. 1130–1240) verwickelt, war Hochburg der →'Bagler', kam dann aber für längere Zeit in die Hand der →'Birkebeiner' (unter →Sverrir Sigurdarsson) und gewann im 13. Jh. zunehmende Zentralfunktionen: nach 1240 Sitz kgl. Steuer- und Finanzverwaltungsinstitutionen, unter →Hákon Hákonarsson (1217–63) Ausbau des Kg.shofes (mit Kollegiatkapelle St. Michael), Neubefestigung der Burg. Als eine der kgl. Residenzstädte war T. Tagungsort von Reichstreffen, doch lief ihm →Oslo, das zudem noch Bf.ssitz war, bald den Rang ab.

Es bestanden Fernhandelsbeziehungen (v. a. mit Dänemark und den Niederlanden), die bald unter den Einfluß der →Hanse gerieten (hans. Faktorei seit Mitte des 12. Jh., 'Wintersitzer' erstmals erwähnt unter →Hákon V. Magnússon, 1299–1319). Eine wichtige Rolle spielten Kaufleute (Getreidehandel) und Handwerker (Schuhmacher) aus →Rostock.

Die Stadtverwaltung unterstand kgl. Amtsträgern (seit Mitte des 12. Jh. belegt: *gjaldkeri, lagman, fehirde*). Der Geltungsbereich (*takmark*) des norw. Stadtrechts (*Bylov*) wurde für T. 1276 festgelegt. Unter →Magnús Lagabœtir (1263–80) wurde T. Sitz eines Lagthings (→Ding, II). Am Anfang des 14. Jh. bestanden in T. (neben der einflußreichen kgl. Kollegiatkapelle) vier Kirchen, ein Hospital und zwei Kl. (Prämonstratenser, Franziskaner). H. Ehrhardt

Lit.: O. A. Johnsen, T.s historie, 1, 1929 – Ders., T. gjennom tidene, 1971 – R. L. Tollnes, Kaupang und T. als Beispiele einer Stadttopographie, Kiel Papers 1972, 41–50 – K. Helle, Norge blir en stat (1130–1319), 1974, passim – Urbaniseringsprosessen in Norden, 1: Middelaldersteder, hg. G. A. Blom, 1977.

Tonsur, Scheren einer kahlen Stelle auf dem Kopf eines (Ordens-)Geistlichen; das kreisrund ausgeschorene Haupthaar galt als klerikales Standesattribut. Die T. wurde durch Abt oder Bf. erteilt und bereitete unter Sprechen der Formel »Dominus pars« und der Einkleidung mit dem Gewand die niederen kirchl. →Weihen vor. Damit verbunden war die Zugehörigkeit zu einem Rechtsstatus und die Inkardination in eine Diöz., für deren Dienst der Priester geweiht wurde (C. 12 q. 1 c. 7; X 1. 36. 6). Als Trauerbrauch auch vor- und außerchr. bezeugt, war die urspgl. asket. Übung ein Unterwerfungsgestus vor Gott. Gepflegte Haartracht galt als Zeichen des Weltsinns; auf dem Konzil v. Agde 506 (c. 15; 20) wurde verboten, die Haare lang wachsen zu lassen. Seit der →Regula magistri wurden Mönche dem Klerus zugerechnet und auch mit der T. versehen. In der Regel als →Aurelianus v. Arles wird sie als gleichbedeutend mit der Aufnahme ins Kl. aufgefaßt (Kap. IV). Auf der Synode v. Bourges 1031 wurde die prima tonsura als erste Stufe der →Ordination verpflichtend (c. 7). Über untonsurierte Kleriker verhängte man 1072 in Rouen das →Anathem (c. 2), nur die Träger erhielten in Poitiers 1100 alle geistl. Standesprivilegien (c. 1; X 1. 14. 11); ohne T. wurde kein →Beneficium gewährt (York 1194, c. 9). Zu den vielgestaltigen Typen zählte im frühma. Osten das völlige Abschneiden des Haares (tonsura s. Pauli) oder die Schur in Kreuzesform, während seit dem 6. Jh. in Gallien das teilweise Scheren des Kopfes üblich war. Indem man Ober- und Unterteil des Haares abschnitt, entstand die t. a s. Petri; später verbreitete sich dieser als Nachbild der Dornenkrone Christi empfundene Kranz (corona clericalis) und reduzierte die Schur auf eine kleine Rundung am Scheitel. Im kelt. Bereich entwickelte sich die t. a s. Joannis oder s. Jacobi, die auch als t. a Simonis Magi verspottet wurde (Beda, Hist. Eccl. gentis Angl. IV, 1; V, 21). Den iro-schott. Einsiedlern wurde die vordere Kopfhälfte bis zu einer Linie von Ohr zu Ohr geschoren, die Haare des Hinterkopfes blieben nebst Vollbart stehen. Ludwig d. Fr. bestimmte 817 auf der Aachener Reichsversammlung, daß die Köpfe in der Zeit der vierzigtägigen Fastens nur am Karsamstag, sonst alle vierzehn Tage und in der Osteroktav rasiert werden. 1240 setzte die Synode v. Worcester die Maße des Schnitts fest (c. 21). Die Kopfrasur sollte jeden Monat erneuert werden (Avignon 1337, c. 46). Die Größe der T. hatte ungefähr vier Finger breit zu sein (Palencia 1388, c. 3), ihr Durchmesser richtete sich nach den klerikalen Graden. S. a. →Degradation. A. Rüther

Lit.: DACL XV, 2430–2443 – DDC VII, 1289–1293 – DThC XV, 1228–1235 – ECXII, 308f. – LThK² X, 250f. – NCE XIV, 199f. – RGG³ VI, 949f. – C. Bock, Tonsure monastique et tonsure cléricale, RDC 2, 1952, 373–406 – L. Trichet, La tonsure, 1990.

Tonsystem regelt die Beziehungen der Töne eines bestimmten Tonbestandes untereinander. Im MA lassen sich grundsätzl. zwei verschiedene T.e unterscheiden: das heptaton. und das im 9. Jh. in der →Musica enchiriadis beschriebene System.

Gültig ausgeprägt war das ma. T. mit der zweioktavigen heptaton. (= siebentönigen) Skala A-a-a' im Dialogus des Ps.-Odo, wobei die Halbtöne zw. H und C sowie E und F liegen und die Struktur im Oktavabstand wiederholt wird (was dem modernen T. entspricht). Grundlage ist die diaton. Skala des Boethius. Ps.-Odo fügt unten im Ganztonabstand das Γ hinzu. Seit →Guido v. Arezzo wird die Leiter nach oben bis dd oder ee erweitert. (Vor Ps.-Odo existieren auch andere Versuche, die Töne zu benennen, etwa eine Reihe A B C F H I M O X Y CC DD FF NN II in der Alia musica; verwendet werden außerdem die gr. Tonnamen.) Die Ps.-Odon. Skala kann in Tetrachorde, später auch in Hexachorde eingeteilt sein. Berno v. Reichenau gliedert in folgende strukturident. Tetrachorde (jeweils Ganzton–Halbton–Ganzton):

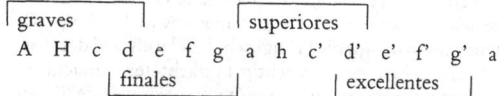

Durch die Überschneidung der Tetrachorde bei d und d' ist die Repetition in der Oktav gewährleistet. Die zu didakt. Zwecken eingeführte Gliederung in (ebenfalls strukturident.) Hexachorde geht auf Guido v. Arezzo zurück, das System wurde aber erst nach ihm ausgebaut. c–a bezeichnet man als Hexachordum naturale (dem Tetrachord der Finales wird dabei oben und unten je ein Ganzton angehängt), f–d' als Hexachordum molle (wobei das b anstelle des h verwendet wird, um die Strukturidentität aufrechtzuerhalten) und g–e' als Hexachordum durum. Jedes Hexachord kann jeweils auch in der Oktave beginnen (also auch auf c', f', g' und Γ). Die sechs Tonstufen eines jeden Hexachords werden unabhängig von den Tonbuchstaben mit den Silben ut re mi fa sol la bezeichnet (→Solmisation). Bei den seit →Aurelianus (3. A.) geläufigen →Kirchentonarten, deren Grundtöne dem Finaltetrachord (vgl. Skizze) entsprechen, bleiben die Halbtonschritte jeweils unverändert zw. h und c bzw. e und f. Diese finden sich innerhalb der Skalen an jeweils anderer Stelle, da jede Tonart auf einer anderen Tonstufe beginnt.

Beim System der Musica enchiriadis werden an das Finaltetrachord unten eines und oben zwei jeweils ebenfalls strukturident. Tetrachorde angehängt. Der entscheidende Unterschied zum oben beschriebenen System ist, daß Oktavrepetition nicht zustande kommt, da sich die Tetrachorde nirgends überschneiden, sondern jeweils im Ganztonabstand aneinandergereiht werden.

Der Tonvorrat der byz. Musik ist nach dem →Oktoechos (Achttonsystem) gegliedert. Dessen innere Struktur ist bis heute nicht geklärt. Früher nahm man streng diaton. Bau an, heute schließt man das Vorkommen von Chromatismen nicht mehr aus. B. Schmid

Lit.: MGG¹ - MGG², s.v. Byzanz - M. Markovits, Das T. der abendländ. Musik im frühen MA, 1977 [Lit.] - M. Bernhard, Traditionen im ma. T. (Fschr. Th. Göllner, hg. B. Edelmann-M. H. Schmid, 1995), 11-23 [Lit. in Fußnoten].

Tontafeln, -scherben. Tonscherben (Ostraka) von zerbrochenen Vasen und Töpfen stellten einen v. a. in Ägypten, aber auch in Griechenland, N-Afrika, Italien (Rom: Monte Testaccio) und Spanien vom 1. Jh. v. Chr. [?]-5./6. Jh. n. Chr. verwendeten, im Vergleich zu →Papyrus und →Pergament jedoch untergeordneten Beschreibstoff dar. Die Schrift wurde mit →Tinte geschrieben oder - selten - vor dem Brand eingeritzt. Neben Ostraka in gr. und seltener in lat. Sprache kommen seit dem 3. Jh. zunehmend kopt. Stücke vor. Überliefert sind Rechnungen, Quittungen, Briefe, literar. (selten), bibl., patrist. und liturg. Texte. P. Ladner

Lit.: DACL XI, 203-206; XIII, 70-112 - O. Guéraud, Ostraca grecs et latins de l'Wâdi Fawâkhir, Bull. IFAO 41, 1942, 141-196 - R. Marichal, L'écriture latine du Ier au VIIe s., Scriptorium 4, 1950, 133f.; 9, 1955, 130 - H. Hunger, Antikes und ma. Buch- und Schriftwesen (Gesch. der Textüberlieferung 1, 1961), 30 - R. Seider, Paläographie der lat. Papyri, I, 1972, 25f., Taf. 1 (2) - B. Bischoff, Paläographie des röm. Altertums und des abendländ. MA, 1986², 31 [Lit.].

Toparcha Gothicus ('der gotische Statthalter'; auch: »Anonymus Hase«), drei gr. Textfrgm.e, die (in starker Anlehnung an Thukydides) chronolog. und topograph. vage über einen Winterfeldzug (Überquerung des zugefrorenen Dnepr) gegen Maurokastron, über einen Barbarenangriff auf das Gebiet des T. G. in den »Klemata« (Krim), und schließlich, nach dem Sieg des T. G., über dessen Besuch bei einem Barbarenfs.en nördl. der Donau berichten, der den T. G. in seinem Amt bestätigt. Die Unechtheit der für die Frühgesch. Rußlands und der russ.-byz. Beziehungen als wichtig betrachteten, sprachl. inkonsistenten Frgm.e wies Ševčenko nach, der sie für eine »Schöpfung« des ersten Herausgebers, Hase, hält, wogegen u. a. von Božilov erwägenswerte Argumente vorgebracht wurden. J. Koder

Ed.: Leo Diaconus, Hist., rec. C. B. Hase, 1819, 254-259 - Die Frgm.e des T. G. (Anonymus Tauricus) aus dem 10. Jh., hg. F. Westberg, 1901 [Nachdr. mit Vorwort v. I. Ševčenko, 1975] - *Lit.:* I. Ševčenko, The Date and Author of the So-called Fragments of T. G., DOP 25, 1971, 115-188 - Hunger, Profane Lit., I, 371f. - I. Božilov, Hase's Anonym and Ihor Ševčenko's Hypothesis, ByzBulg 5, 1978, 245-259 - Ders., Anonimŭt na Chaze, 1979 - A. N. Sacharov, Vostočnyj pochod Svjatoslava i 'Zapiska grečeskogo toparcha', Istorija SSSR 1982/83, 86-103.

Topas → Edelsteine

Topf → Gefäß

Töpfer, -ei, -scheibe. Der Begriff T. (lat. [luti]figulus, lutarius, von lutum 'Lehm') war v. a. im östl. Mitteldtl., in W- und O-Preußen beheimatet. Synonyme sind: →Haf(f)ner (S-Dtl., Österreich), Pött(k)er (N-Dtl.), Kannenbäcker oder oulner bzw. Euler (von olla 'Topf', ollarius - Mittelrhein, Westerwald). Hauptberufl. T.ei kann vornehml. durch archäolog. Forsch.en schon für das FrühMA angenommen werden. Ma. Abb. zeigen T. wie T.in bei der Arbeit an Blockscheiben, die auf einer feststehenden Achse gelagert sind (im Unterschied zur mitdrehenden Achse der Spindelscheiben). Dabei sind Formblock oder Formscheibe oben durch senkrechte Speichen mit der Drehscheibe unten verbunden; diese bewegt der T. mit dem Fuß. Zur T.ei gehörte die Zubereitung des Tons: das Lagern (»Sumpfen«), Mischen, Reinigen, Wässern und Walken. Bis ins 14. Jh. wurden Gefäße z. T. vorgeformt und auf der Scheibe vollendet, später ganz gedreht. Mit einer Schnur schnitt sie der T. von der drehenden Unterlage ab. Sie trockneten dann, wurden ggf. mit Henkel und Tülle versehen und durch Ritzungen, Stempelungen oder mit Matrizenabdrücken verziert. T. verfertigten überdies Kacheln (1150 älteste überlieferte Ofenkachel). Für den Brand bauten sie Öfen, so daß auch der Kachelofenbau zu einem Arbeitsgebiet der Hafner wurde. Die Glasurtechnik (→Keramik) machte 1299 mit den ersten Fayenzen (→Faenza), der Erfindung der Salzglasur im 15. Jh. und der Verbreitung der Fayenceproduktion in Mitteleuropa (1526 in Nürnberg, 1560 in den Niederlanden) bedeutende Fortschritte. R. S. Elkar

Lit.: A. Rieth, 5000 Jahre T.scheibe, 1960 - H. Doepgen u. a., Keramik im Landkr. Bonn, 1969 - L. A. Boger, The Dict. of World Pottery and Porcelain, 1971 - U. Leinweber u. a., T.ei des Reinhardswaldes vom 12. bis zum 20. Jh., 1983 - W. Janssen, Massenfunde ma. Keramik (Fschr. O. Olsen, 1988), 231-245 - U. Mämpel, Keramik 1985 - S. Eules, »der hafner gesellen lobliche Bruderschaft«, 1991.

Topfhelm, gegen Ende des 12. Jh. aus einem hochrunden →Helm mit starrer Gesichtsplatte durch Verkürzung der Glocke und Verlängerung der Helmwände bis über die Ohren entstanden, im →»Nibelungenlied« um 1200 als »Helmfaß« erwähnt; die ursprgl. vorspringende Visierplatte um 1220/30 mit den neuerl. verlängerten Helmwänden abgegliedert. Der T. saß über der Ringelkapuze und einem halbrunden, eisernen »Häubel«, dessen Erhöhung in der 2. Hälfte des 13. Jh. zu einer röhrenförmigen Erhöhung des T.s führte. Im frühen 14. Jh. nahm der T. in der Tiefe zu und hatte in W-Europa meist einen spitzen Scheitel. Die Ausbildung einer sphär.-kon. Beckenhaube als Unterhelm anstelle des runden Häubels führte um 1340 abermals zu einer Erhöhung des T.s, dessen Wände außerdem verlängert wurden, so daß er nun auf den Schultern aufsaß. Gegen Ende des 14. Jh. entstand aus dem T. der »froschmäulige« →Stechhelm. Der T. trug schon um 1200 gelegentl. eine herald., plast. Zier (Zimier) und etwas später eine zweigeteilte »Helmdecke«. Im Innern war er gepolstert und mit einem Kinnriemen versehen. O. Gamber

Lit.: H. Schneider, Die beiden T.e von Madeln, ZAK 14, 1953 - O. Gamber, Die Bewaffnung der Stauferzeit (Die Zeit der Staufer, Ausst.-kat., III, 1977), 113-118.

Topia → Thopia

Topik, (ars) topica (localis), (τέχνη) τοπική, Lehre von der Verwendung der τόποι (loci) in der Argumentation (Darstellung). Wichtig für die antike (und ma.) T. sind bes.: im dialekt. Bereich Aristoteles' Topiká und →Boethius' De differentiis topicis, im rhetor. Aristoteles' Rhetorik, die Rhetorica ad Herennium, um 80 v. Chr., Ciceros De inventione, De oratore und Topica (zu beiden Bereichen gehörig) sowie Quintilians Institutio oratoria, um 100 n. Chr. Für die Bedeutung des zentralen (von der →Mnemotechnik beeinflußten?) Begriffes loci (tópoi) findet Cicero die von ihm Aristoteles zugeschriebene (aber so nicht belegte) Formel quasi sedes, e quibus argumenta promuntur, und die - gültig bleibende - 'techn.' Definition von locus als argumenti sedes (Top. 7f.), als 'Wohnstätte' des Arguments (in der man es finden und aus der man es 'hervorholen' kann). Diese (auch sedes et quasi domicilia, fontes, quasi thesauri und tamquam elementa [vgl. Aristot. Rhet. 2, 26 στοιχεῖον] genannten [De orat. 2, 162; 1, 94; De fin. 4, 10; Top. 25]) loci faßt die T. als ars inveniendi (Cic. Top. 6) für den Redner, Philosophen, Juristen (Literaten und Dichter) in Schemata zusammen, damit er an den übersichtl. gegliederten (Fund-)'Orten' die nötigen Argumente für seine Beweisführung (bzw. Gedanken für seine Darstellung) finden kann. Die loci(-Gruppen) sind hier regiones (De orat. 2, 147), Stoff-(materia-)Bereiche (materiale T.). Als Beispiel eines solchen Schemas möge die Gliederung der loci in 'personis attributa' (nomen, natura, victus etc.) und 'negotiis attributa' 'den Geschäften [Tätigkeiten] zugeordnete Umstände' (continentia cum ipso negotio, gestio negotii etc.: De inv. 1, 34-44) dienen und die Aufteilung Top. 8 alii (loci) in eo ipso, de quo agitur, haerent, alii adsumuntur extrinsecus (mit angeschlossenen Untergliederungen). Neben dem definitionsgemäßen Sinn 'Fundort' (vgl. oben 'Wohnstätte') kann locus auch in die Bedeutung argumentum übergehen, so, wenn Rhet. Her. 1, 3, 4 nostrorum argumentorum expositio und contrariorum locorum dissolutio aufeinanderfolgen (vgl. s.v. locus ThLL 1594, 48ff.; 22f., und LAUSBERG, Reg. p. 740). Auch in üblichen Formeln wie locus a (ex) persona etc. (neben denen auch argumentum a (ex) persona etc. geläufig ist) wird locus zu dem Sinn '(aus persona abgeleitetes) Argument' tendieren. Und nach Cicero wurden argumenta, die in viele causae übertragbar sind, loci communes genannt (De inv. 2, 48), gr. τόποι κοινοί, »Gemeinplätze« (im Sinne von 'vielen causae gemeinsam, allg. verwendbar [gültig, üblich]', nicht von 'abgedroschen'). Solche loci comm. sind pathet.-amplifikator. Thesen, wie etwa 'in parricidam' (Tiraden gegen Verwandtenmord im allg.), die in den Epilog z.B. einschlägiger Gerichtsreden zur Steigerung der Vorwürfe gegen den jeweiligen einzelnen parricida eingebaut wurden. Thesen dieser Art wurden unter der Bezeichnung loci comm. bereits in den rhet. praeexercitamina als Redeübungen trainiert; schon die Sophisten schrieben vergleichbare Ergüsse, die zu Ciceros Zeit dann loci comm. hießen (Brut. 46f.).

An der Wende zum MA beschreibt Boethius De diff. top. 1174 D (MPL 64) locus zunächst ciceron. als argumenti sedes und läßt die technischere Deutung 'vel (id), unde ... conveniens trahitur argumentum' folgen. 1185 A erklärt er dann, daß (aus der Sicht der Dialektik) argumenti sedes konkret partim als maxima propositio, als 'Maxime' (eine in sich evidente Feststellung, ähnlich dem aristotel. Axiom) verstanden werden könne, und partim als propositionis maximae differentia (als Unterschied einer 'maxima' von der anderen; diesen 'differentiae' entsprechen übliche loci-Typen wie [locus] a toto, a parte etc.; vgl. GREEN-PEDERSEN 61, 63, 46ff.). Die 'maxima' bildet als Praemisse im →Syllogismus (bzw. Enthymem) die Basis (sedes) für die Schlußfolgerung (conclusio); sie ist nicht inhaltl., sondern durch ihren Evidenzgrad bestimmt (formale T.).

Im lat. MA hat der differenzierte formal-log. Toposbegriff des Boethius große Nachwirkung, auch in der Zeit des in der Hochscholastik starken Einflusses von Aristoteles' Topiká. So bestimmt etwa →Petrus Hispanus (Summulae logicales 5, 6ff.) den locus boethianisch als sedes argumenti und unterteilt ihn in 'locus maxima' und in 'locus differentia maximae' (der wieder ein locus intrinsecus, extrinsecus oder medius - mit jeweils weiteren Subgliederungen - sein kann: das ist die [auf Boethius gegründete] standard list of loci im philos. MA: GREEN-PEDERSEN 46ff.). Neu gegenüber Boethius erklärt Petrus z.B. den locus a definitione als habitudo (Beziehung) definitionis ad definitum (5, 10). Die habitudo-Deutung (nach →Abælard: vgl. PINBORG 162) bleibt auch bei den späteren ma. Logikern aktuell (GREEN-PEDERSEN 319, 323, 326; vgl. 269 zu T. und consequentia-Lehre, →Logik, III). - →Albertus' Magnus Formulierung 'loci sive considerationes, per quas (scil. argumentamur)' Topica 7, 24, 4 zeigt, daß bei locus auch in der formalen T. die Bedeutung Argument/Gedanke naheliegen kann.

Im rhetor. (materialen) Strang der ma. T., der die Lit. außerhalb der Logik beherrscht, führt →Isidor in weitgehend ciceron. Tradition die Beschreibung der topica (für tópoi sive loci als argumentorum sedes, fontes sensuum et origines dictionum vor (Etym. 2, 30, 1.; 29, 5: nach Cassiodor, Inst. 2, 124-5 MYNORS). Auch →Remigius v. Auxerre bringt in seinem Martianus Capella-Kommentar (im Rhetorikabschnitt) die sedes-Interpretation von locus und verweist dazu auf Cicero und Boethius (p. 110, 10-12 LUTZ); von der locus = 'maxima'-Gleichung des Boethius sagt er aber nichts. Doch im 12.Jh., im literar. Aufschwungsjahrhundert, stellt →Thierry v. Chartres in seinem De inv.-Komm. die sedes-Auffassung von locus vor und fügt hinzu, daß in ratione disserendi (in der Dialektik) die maximae propositiones aut earum differentiae als loci argumentorum fungieren, führt also die ciceronisch-rhetor. (materiale) und die formal-log. boethian. Toposdeutung differenzierend zusammen. Er äußert in seinem Rhet. Her.-Komm. auch die (schon antike) Ansicht, daß die loci comm. sententiae generales seien, die der Argumentations-amplificatio (im Epilog) dienen (vgl. Abs. 1), und daß die Rhet. Her. 3, 4, 8 'locos' ponit pro argumentis, also den Terminus 'loci' für 'argumenta' setzt (p. 127f.; 262, 94; 290, 78; 284, 81 FREDBORG) - auch er ein Zeuge, daß nach ma. Denken locus (schon in der Antike) auch Argument (Gedanke) heißen kann (vgl. Abs. 3 Ende). Außer →Johannes v. Salisbury, der Isidors (oben zitierte) Toposdefinition aufgreift (Metalog. 3, 9, 151; vgl. v. Moos 423 Anm. 856), verdient noch →Matthaeus v. Vendôme Beachtung, weil er in seiner Ars versificatoria die Toposlehre in den descriptio-Abschnitt eingebaut hat. Für ihn ist - aliter ... quam in logica facultate, wie er betont - ein argumentum sive locus ... a natura eine (lobende oder tadelnde, beschreibende) Aussage über eine natürl. Eigenschaft (proprietas) einer persona (1, 76) in einer Dichtung; locus ist dabei gleichbedeutend mit argumentum. Als Beispiel eines solchen locus, einer solchen descriptio einer (Körper-)Eigenschaft steht 1, 80 dann Statius, Thebais 1, 414 Celsior ille (Polynices) gradu etc. - Zur T. im gr. MA sei wenigstens auf die byz. Übers. von Boethius' De diff. top. durch Holobolos verwiesen, die z.B. argumenti sedes mit ἐπιχειρήματος ἕδρα wiedergibt (1, 2, p. 96 NIKITAS).

Die - neben der Bedeutung sedes argumenti - oben festgestellten Sinn-Nuancen (für loci comm.: 'allgemeine Thesen, generales sententiae, bes. zur Argumentationssteigerung im Epilog'; für locus: 'Argument, Gedanke, Beschreibung einer [körperlichen] Eigenschaft in einer Dichtung') zeigen, daß im antiken und ma. Toposverständnis durchaus Verbindungslinien zum - speziell auch auf das lat. MA bezogenen - Toposbegriff von E. R. CURTIUS zu finden sind, ein Umstand, der die moderne, weitgehend lit.wiss., kontroverse Toposdiskussion nicht immer angemessen berücksichtigt. F. Quadlbauer

Lit.: Material des ThLL und MlatWb - Lexicon mediae et infimae Latinitatis Polon., tom. V, 1978-84 - Lex. Latinitatis Nederland. medii aevi, 1991, s.v. locus - E. R. CURTIUS, Europ. Lit. und lat. MA, 1948[7] - C. E. LUTZ, Remigii Autissiod. Commentum in Martianum Capellam, II, 1965 - J. PINBORG, T. und Syllogistik im MA (Sapienter ordinare, hg. F. HOFFMANN u.a., 1969) - Toposforschung, hg. P. JEHN,

1972 – Toposforschung, hg. M. L. BAEUMER, 1973 – J. MARTIN, Antike Rhetorik, 1974 – J. J. MURPHY, Rhetoric in the MA, 1974 – L. BORNSCHEUER, T., 1976 – DERS., Bem. zur Toposforschung, MlatJb 1976, 312–320 – E. STUMP, Boethius and Peter of Spain on the Topics (Boethius and the Liberal Arts, hg. M. MASI), 1981 – M. C. LEFF, The Topics ... to Boethius, Rhetorica, 1983, 23–44 – N. J. GREEN-PEDERSEN, The Tradition of the Topics in the MA, 1984 – L. BORNSCHEUER, T. (Reallex. der dt. Lit.gesch. IV), 1984 – K. M. FREDBORG, The Latin Rhet. Commentaries by Thierry of Chartres, 1988 – P. v. MOOS, Gesch. als T., 1988 – H. LAUSBERG, Hb. der lit. Rhetorik, 1990³ – D. Z. NIKITAS, Boethius' De top. diff. und die byz. Rezeption, 1990 – L. CALBOLI-MONTEFUSCO, Die T. in der Argumentation; J. KOPPERSCHMIDT, Formale T. (Rhetorik zw. den Wiss., hg. G. UEDING, 1991), 21–34; 53–62.

Topographie, städt., Vorgang der Erfassung und Wiedergabe des Geländes mit seinen Formen und den auf ihm befindl. Gegenständen in ihrer räuml. Verteilung, dann auch die Gesamtheit der vermessungstechn. und begriffl. erfaßten und in Karte bzw. Plan wiedergegebenen Objekte, hier im Unterschied zur ganzen Erde (Geographie) oder zu einer (Groß-)Landschaft (veraltet: Chorographie), insbes. bezogen auf den engen Raum (Topos) der Stadtlandschaft (→Städtelandschaften). Gegenstand der T. ist regelmäßig auch die Lage des Siedlungskörpers (→Stadt, A) in seiner unmittelbaren Umgebung sowie die Bewertung dieser Lage, hier v. a. als Schutz- (auf einem Hügel, einer Flußinsel, an Landengen, auf trockenem Baugrund im Niederungsgelände) und als Verkehrslage (an alten Straßen, Fluß- und Gebirgsübergängen, Naturhäfen). Der sog. topograph. Dualismus entsteht, wenn sich neben einer Befestigung in Schutzlage eine Siedlung an der Land- oder Wasserstraße entwickelt (→suburbium).

[1] *Siedlungskörper allgemein:* Die nicht vom konkreten Relief abhängigen Unterschiede des städt. vom ländl. Siedlungskörper gehen v. a. auf den Einfluß der städt. Lebensweise zurück, die sich in Gesellschaftsstruktur und Wirtschaftsform ausdrückt (P. J. MEIER, 1909–14; →Stadt; →Stadtdorf, 2). Sie werden sichtbar in intensiverer Überbauung und höherer Stockwerkszahl; städt. Gebäude sind in Abhängigkeit vom Angebot der jeweiligen Landschaft in der Regel zumindest teilweise aus höherwertigem und damit dauerhafterem Baumaterial (Naturstein; gebrannte Ziegel seit dem HochMA in größerem Umfang zuerst in den Handelsstädten Flanderns und der Niederlande) als die der ländl. Siedlungen errichtet (Holz-, Fachwerkbau, Lehmziegel). Innerhalb des kombinierten Stadtbegriffes nennt deshalb STOOB (1956/70; vgl. HAASE, 1958, 1965) die Stadtt. als eins der Kriterien zur Bestimmung von Stadtqualität. Das Baumaterial beeinflußt die Ortsfestigkeit von Gebäuden und ganzen Siedlungen; die Verlegung oder auch nur Regulierung eines Baukörpers wird schon im Hinblick auf die nötigen Investitionen im Falle von Steinbauweise in der Regel nur bei vorhergegangenen Zerstörungen in Betracht gezogen. Im Rahmen der bewußten Gestaltung der städt. T. sind Grund- und Aufriß als konzeptionelle Einheit zu sehen (Stadtgestalt); die in den frühnz. →Stadtansichten überproportional hoch gestellten wichtigen Gebäude folgen unter diesem Aspekt dem Wunsch nach der Ausbildung einer »Stadtkrone« mit Hilfe von Türmen v. a. im Stadtzentrum.

Während sich die Planung von Aufrißelementen in der Regel ohne größere Eingriffe in den bestehenden Grundriß realisieren läßt, betrifft Grundrißplanung in erster Linie bisher nicht überbaute Flächen. Sehr frühe Gestaltungselemente sind dabei nicht immer wirkl. ganz ausgeführten Kirchenkreuze frühma. →Bf.sstädte; sie sind allerdings eher für die Sakralt. bezeichnend als für die städt. T., da sie meist weit über den damaligen Stadtkörper hinausgreifen. Die in Mitteleuropa am häufigsten vorkommende Planform des städt. Grundrisses ist die des ostdt. Kolonialraums; im Verlauf der ma. →Ostsiedlung setzte sich letztl. eine einzige Grundform durch, die des gitterförmigen, auf den zentralen Markt (in Schlesien: Ring; →Platz) mit den Rathaus bezogenen, häufig mit einem bes. Kirchplatz ausgestatteten und bis an den Mauerkranz reichenden Straßennetzes (Reichenbach/Schlesien). Ohne ursächl. damit in Zusammenhang zu stehen, kann dieser antiken Vorstellungen entlehnte ostdt. Kolonialgrundriß geradezu als Indiz für die ursprgl. Beleihung mit dt. →Stadtrechten gelten. Er ist jedoch auch, v. a. links des Rheins, (in Resten) in ehem. röm. coloniae und castra und bei ma. Gründungen anzutreffen (→Stadttypen; →Bastiden; →Aigues-Mortes; →Carcassonne). Einfachere Grundrisse haben z. B. Kreuz- oder Leiterform, teilweise durch Scharen von Seitenstraßen zur Rippenform (u. a. in Zähringer-Städten) ausgebaut. Vom Grundriß her geplante Stadtanlagen verlangen nach Möglichkeit die Lage in der Ebene oder reichen nur bis an deren Rand. Erst seit der Renaissance wird bei geplanten Stadtgrundrissen bes. Wert auf geradlinige Straßenführung gelegt.

Je höher das Alter des städt. Baukörpers ist, desto mehr zeigt der Grundriß Züge des Werdens ohne Gesamtkonzeption für die Fortentwicklung der Grundform. Ein großer Marktplatz wird z. B. später oft nicht nur mit dem Rathaus, sondern auch mit einem Häuserblock besetzt. Die städt. T. befindet sich in stetem Wandel, so lange die Stadt lebt, d. h. sich den sich wandelnden Verhältnissen, insbes. der Wirtschaft, anpaßt; dagegen hat eine nach modernen Begriffen maler. oder romant. Stadt (→Rothenburg o. T.) den Anschluß an die Entwicklung verloren. Bes. deutl. wird der Wandel, wenn die Stadt ihre Hauptfunktion wechselt oder auch nur grundlegend modernisiert; z. B. hat die →Festungsstadt durch den Flächenbedarf der Wälle und Gräben einen ganz anderen Charakter als die Burgstadt. Auch bei der Ablösung einer Kultur durch eine andere, z. B. im Orient bei der Übernahme röm. und/oder hellenist. geprägter Städte durch die Araber (→Damaskus) oder auf der Iber. Halbinsel (→Stadt, F), zeigt sich das häufig in einer Überschichtung verschiedener Gestaltungsmomente des städt. Siedlungsbildes. Zum Wandel kommt das Wachstum hinzu, das natürl. bes. an den Rändern des Baukörpers ansetzt; es vollzieht sich oft in Schalenform, kann sich jedoch wegen der →Befestigung auch in innerer Verdichtung und Überbauung verbliebener Freiflächen oder in der Entstehung von →Vorstädten an den wichtigeren Fernwegen ausdrücken.

[2] *Städtebauliche Elemente:* Die Bauglieder des Stadtkörpers (KEYSER, 1958) werden im Regelfall durch lineare Grenzen voneinander geschieden, die zwar z. B. durch Steine oder Mauern gekennzeichnet (*vermarkt*, →Markscheidewesen) und in Karten dargestellt werden können, jedoch als ledigl. rechtsbegriffl. Konstrukt nicht wirkl. sichtbar sind. Alle städtebaul. Elemente bauen sich auf der Parzelle (dem →Grundstück) als kleinster Einheit auf. Wie sich in der Agrarlandschaft (Acker-, Wiesen- und Garten-) Parzellen zu Parzellenverbänden (z. B. Gewannen) und diese sich zu Parzellenkomplexen zusammenfügen, deren mehrere schließlich die Flur bilden (UHLIG/LIENAU; →Stadtflur), so baut sich die Stadt aus Parzellen, Blöcken und →Stadtvierteln auf. Dabei können geplante und ungeplante Einheiten nebeneinander stehen (je größer die Stadt, desto häufiger).

STOOB (1956/1970) zählt zur T. den Stadtgrundriß, die →Befestigung, die Stadtkirche und die Kl. der Bettelorden, KEYSER (1958) sieht den Stadtkörper aus Grundstücken, Baublöcken, Straßen, Plätzen, Wasserläufen, öffentl. Gebäuden (→Gemeindebauten) und Befestigungen zusammengesetzt. Am stärksten wird der Grundriß durch das Straßennetz (→Straße) geprägt, das seinerseits vom innerstädt. Relief und den Flußübergängen, v. a. wenn sie als →Brücken ausgebaut sind, abhängig ist. Die Hauptstraßen, bes. in alten Städten fast regelmäßig Abschnitte von Fernwegen und oft schon früh gepflastert (via lapidea, Steinweg), zeichnen sich gegenüber den von Wohnhäusern bestandenen Nebenstraßen auch durch ihre Breite aus, die gegenläufigen Wagenverkehr ermöglichen sollen. Ist die Stadt neben dem Fernweg an einem nur locker auf diesen orientierten Kristallisationskern entstanden, zieht sie die Straße später auch in sich hinein. Im ehemals röm. beherrschten Bereich bewahren viele Städte im Kern das an den Haupthimmelsrichtungen orientierte Straßennetz (cardo, decumanus), jedoch werden selbst in der Altstadt in der Regel nur einige Stücke oder Spuren des alten Planes im heutigen Straßennetz sichtbar. Teilweise bilden sich die Umrisse des röm. Kastells noch in der NZ im Straßenverlauf ab (→Köln, →Straßburg, →Wien).

Das Negativbild des Straßennetzes sind die Baublöcke, die zumindest im Stadtzentrum fast immer in streifenförmige Parzellen geteilt sind: jedes Hausgrundstück soll Zugang zur öffentl. Straße haben. Die Blöcke sind zunächst oft nur einseitig, zumindest später in der Regel zweiseitig, keineswegs immer von drei oder vier Seiten erschlossen (CONZEN). Einer Hauptstraße oder dem Markt zugewandte Blöcke werden an der gegenüberliegenden Seite meist von einer weniger bedeutenden Straße begrenzt, die zunächst als Rückseitenstraße der Erschließung des hinteren Grundstücksteils dient, später oft (bei Verdichtung) die Funktion einer Wohnstraße erwirbt.

Baublöcke fügen sich (mit Freiflächen, s. u.) zu Stadtvierteln unterschiedl. Ausrichtung und/oder Entstehungszeit zusammen, um so deutlicher ausgeprägt, je größer und komplexer der städt. Baukörper ist. Zusätzl. überbaute Flächen können unselbständige →Stadterweiterungen, (zeitweise) rechtl. selbständige →Neustädte oder auch Vorstädte in Anknüpfung an Verkehrswege sein.

Außer den Straßen wirken die Plätze gliedernd auf den Baukörper ein; der wichtigste Platz ist der →Markt, der sich mit der Zeit in mehrere (Spezial-)Märkte auflösen kann. Bes. in den bedeutenderen Städten erwächst er (genet.) aus dem frühma. Fernhandelsmarkt, v. a. in den mittleren und kleineren Städten aus dem lokalen Markt für den ländl. Umkreis. Als städtebaul. Element ist der (ursprgl.) Fernhandelsmarkt sehr oft als Straßenmarkt, also als Verbreiterung der Handelsstraße entstanden; diese Marktform kommt jedoch v. a. in S-Dtl. auch als Leitelement in Gründungsstädten (→Gründerkonsortium) vor, die ledigl. Bedeutung für ein näheres Umland hatten. Gerade in größeren Städten tritt er nicht allzu wirkungsvoll hervor, ist in seiner Funktion dort aber regelmäßig durch einen Marktplatz abgelöst worden, der entweder die Straße flächenhaft erweitert oder neben ihr gut erreichbar als selbständiger Platz entsteht. Bei slav. Vorbesiedlung wird der Marktplatz eher neben der vorhandenen Handelsniederlassung angelegt (→Lübeck). In einer auf den Handel ausgerichteten Stadt wird er bei Plananlagen zum Orientierungspunkt des Grundrisses (Erfassung von Grundrißtypen nach Form und Stellung des Marktes: GRADMANN, DÖRRIES, PLANITZ). Um den Markt konzentrieren sich von den öffentl. Gebäuden die der Stadtgemeinde und oft die Stadtpfarrkirche, während sich landesherrl. Einrichtungen oft bewußt von ihm absetzen.

Den äußeren Rand des Stadtkörpers bildet die Befestigung, seit dem 13. Jh. meist als →Stadtmauer ausgebildet. Sie schließt, da fast regelmäßig auf Zuwachs gebaut und nach der Ideallinie des Kreises strebend, meist auch landwirtschaftl. genutzte Flächen ein. Durchlässe durch die Mauer werden bes. gesichert und von der Zahl her auf das Notwendigste beschränkt; unter diesem Aspekt können auch aus der Stadt führende Wege abgeschnitten bzw. auf das nächstliegende Tor hin umgeleitet werden. Vor der Mauer liegt ein Graben, der, wo immer möglich, mit Wasser gefüllt ist und als Reservoir für Löschwasser und als Fischteich dient. Insbes. kleinräumig richten sich Mauer und Graben nach den topograph. Gegebenheiten, und erst die seit dem 15. Jh. mit fortschreitender Waffenentwicklung entstehenden Befestigungen bestimmen ihrerseits die T. der Städte.

Das Verhältnis zum Stadtherrn drückt sich normalerweise in der T. nicht aus, doch kann eine Differenzierung des Stadtkörpers in deutl. voneinander geschiedene, etwa getrennt umfestigte Viertel auf unterschiedl. Rechtsstellung, auch auf die Unterstellung unter verschiedene Herren zurückgehen (→Hildesheim, →Quedlinburg).

[3] *Topographische Quellen:* An Q.n zur räuml. Stadtentwicklung stehen v. a. Karten und Pläne für den Grundriß, Stadtansichten für den Aufriß zur Verfügung. Außerdem sind die Ergebnisse der archäolog. Forsch. heranzuziehen, da die Überlieferung hinreichend genauer Karten und auch nur annähernd realist. Ansichten erst in der NZ einsetzt, vorhandenes Material also nur rückschreitend ausgewertet werden kann. Die Einordnung des Grundrisses als Urk. zur Stadtgesch. (ROTHERT) ist zwar richtig, hängt aber von der Dokumentation ab; eine Interpretation ohne genaue Kenntnis der weiteren Überlieferung führt in die Irre. Exakte Parzellenpläne (Katasterkarten) als Grundlage topograph. Untersuchungen werden u. a. in Städteatlanten publiziert. Sie entstammen jedoch in der Regel frühestens dem ausgehenden 18. Jh. und geben zuverlässige Hinweise auf die ma. Parzellierung erst nach Ausscheiden späterer Umstrukturierungen. Voraussetzungen der Nutzung des Stadtplans als Gesch.sq. sind a) individuelles Bodeneigentum mit nur schwierig zu verändernden Grenzen und b) die →Kontinuität der Besiedlung selbst bei Verlust der städt. Verfassung (→Wüstung).

[4] *Übertragung:* Der Begriff ist in Kombinationen wie z. B. Verfassungs- oder Sozialt. aufgenommen worden, um die räuml. Aspekte verfassungsrechtl. und gesellschaftl. Differenzierung ansprechen zu können.

H.-K. Junk (†)

Bibliogr.: B. SCHRÖDER-H. STOOB, Bibliogr. zur dt. hist. Städteforsch., 1986–96 – A. SIMMS–F. OPLL, Historic Town Atlases, 1995 – Q.: Rhein. Städteatlas, 1972ff. – Dt. Städteatlas, 1973ff. – Westfäl. Städteatlas, 1975ff. – Österr. Städteatlas, 1982ff. – *Lit.:* TH. HALL, Ma. Stadtgrundrisse, o. J. – R. GRADMANN, Die städt. Siedlungen des Kgr.es Württ., 1914 – H. DÖRRIES, Entstehung und Formenbildung der niedersächs. Stadt, 1929 – H. AUBIN, Vom Altertum zum MA, 1949 – H. ROTHERT, Westfäl. Stadtpläne, Städtewesen und Bürgertum als gesch. Kräfte (Gedächtnisschr. für F. RÖRIG, hg. A. v. BRANDT-W. KOPPE, 1953), 423–435 – O. F. TIMMERMANN, Gdr. und Altersschichten der Hansestadt Soest, Spieker 5, 1954, 19–57 – C. HAASE, Stadtbegriff und Stadtentstehungsschichten in Westfalen, WF 11, 1958, 16–32 – E. KEYSER, Städtegründungen und Städtebau in NW-Dtl. im MA, 1958 – DERS., Der Stadtgrundriß als Gesch.sq., Studium Generale 16, 1963, 345–351 – E. HERZOG, Die otton. Stadt, 1964 – Flur und Flurformen, hg. H. UHLIG–C. LIENAU, 1967 – M. R. G. CONZEN, Alnwick, 1969² – Stadterweiterung und Vorstadt, hg. E. MASCHKE–J. SYDOW, 1969 – H. STOOB, Forsch.en zum Städtewesen in Europa, I, 1970 – Vor- und Frühformen der europ. Stadt im MA, hg. H. JANKUHN u. a., 1973–74 – P. LAVEDAN–J. HUGUENEY, L'urbanisme au MA, 1974 – K. GRUBER, Die Gestalt der dt. Stadt, 1976² – C. HAASE, Die Entstehung der westfäl. Städte, 1976³ – H. Carter, The Map in Urban Hist., Urban Hist. Yearbook, 1979, 11–31 – E. Ennen, Die europ. Stadt des MA, 1979³ – E. Guidoni, Die europ. Stadt [it. 1978], 1980 – H. Planitz, Die dt. Stadt im MA, 1980⁵ – B. Schwineköper, Die Problematik von Begriffen wie Stauferstädte... (Südwestdt. Städte im Zeitalter der Staufer, hg. E. Maschke–J. Sydow, 1980), 95–172 – E. Ennen, Frühgesch. der europ. Stadt, 1981³ – P. Hofer u. a., Der Kellerplan der Berner Altstadt, 1982 – M. Schmitt–J. Luckhardt, Realität und Abbild in Stadtdarstellungen des 16. bis 19. Jh., 1982 – L. Benevolo, Die Gesch. der Stadt [it. 1975], 1984² – H. Boockmann, Die Stadt im späten MA, 1987² – G. Schwarz, Allg. Siedlungsgeogr., 1989⁴ – →Stadt.

Toppler (Tobler), **Heinrich**, Bürgermeister v. →Rothenburg o. T., * 1340/50 ebd., † 13. Juni 1408 ebd.; stammte aus zugezogener, aufgestiegener Familie. Durch Erbe und Heirat wurde T. zum größten Grundbesitzer u. mächtigsten Mann der Stadt. 1373 erstmals Bürgermeister und 1388 Feldhauptmann des →Schwäb. Bundes, führte er die Stadt in schwieriger Zeit durch ein starkes persönl. Regiment auf den Gipfel ihrer Macht. Seine Koalitionen gegen ihre fsl. Gegenspieler stützten sich auf das Vertrauen Kg. →Wenzels, nach dessen Absetzung sein polit. System ins Wanken geriet. Nach der Niederlage der Stadt gegen Bgf. Friedrich VI. v. Nürnberg suchte diese einen Sündenbock. T., vom Rat gefangengesetzt, starb unter ungeklärten Umständen im Verlies. A. Wendehorst

Lit.: Die Kunstdenkmäler v. Bayern, Mittelfranken 8, 1959, 550 [Register] – L. Schnurrer, H. T. (Frk. Lebensbilder, 2, 1968), 104–132 – Ders., Der Bürger als Grundherr (Städt. Um- und Hinterland in vorindustrieller Zeit, hg. H. K. Schulze, 1985), 61–75 – Ders., H. T. (Reichsstädte in Franken [Ausst.Kat.], Aufsätze 1, 1987), 338–345.

Tor → Portal, →Stadttor, →Tür

Tora. Der hebr. terminus Torah (Lehre, Unterweisung) beinhaltet im speziellen Sinn die fünf Moses zugeschriebenen bibl. Bücher (Pentateuch: Gen, Ex, Lev, Num, Dt), steht aber gleichzeitig für die gesamte Bibel und umfaßt schließl. das gesamte Korpus des traditionellen jüd. Religionsgesetzes, das als schriftl. und mündl. T. Moses auf dem Sinai gegeben, von Generation zu Generation tradiert, studiert, interpretiert und den Erfordernissen der Zeit adaptiert wird. Erschaffen vor der Erschaffung der Welt (GenR 1, 4; bPes 54a; Jehuda ha-Levi, Kusari 3, 73; Josef Albo, Sef. ha-ʿIqqarim 3, 12) ist sie der Schöpfungsplan Gottes (mAb 3, 14), Schöpfungs- und Weltordnung, die einerseits (durch Studium) den Bestand der Welt garantiert (mAb 1, 2; bPes 68b, bNed 32a) und andererseits die prinzipielle Gültigkeit und ihren Offenbarungscharakter niemals verliert (bSan 10, 1). Die Harmonie zw. Vernunfterkenntnis und T. nachzuweisen, bemühten sich die philos. Theologen des MA, sei es durch die Einteilung in Vernunft- und (verstandesmäßig nicht unmittelbar einsichtige, dennoch zu befolgende) Offenbarungsgebote (Saadja Gaon, Sef. Emunot we-deʿot, Kap. 3), in allgemeingültige Regelungen (z. B. die noachid. Gebote) und spezif. israelit. (rational kaum zu begründende) Gebote, sowie durch die von B. Spinoza und M. Mendelssohn vorgenommene Reduktion der T. auf ihren polit., eth. und pädagog. Wert. Bei Gegnern dieses rationalist., philos. orientierten Strebens fanden Werke, die philos. Vorstellungen zur Förderung von T.praxis und T.frömmigkeit integrierten, breite Zustimmung, so das »Sef. Chobot hal-Lebabot« ('Buch der Herzenspflichten') von Bachja ibn Paqudah und der »Kuzari« von →Jehuda ha-Levi, der in seiner T. theologie die Einzigartigkeit der T., Israel und Land Israel hervorhebt. Urspgl. allen Menschen gegeben (ExR 5, 9; bShab 88b; bAZ 3a), wurde sie nur von den Juden angenommen (Mek. Ex 20, 2), die durch ihren T. gehorsam auf die Erlösung Israels und aller Völker sowie die Vollendung der Gesch. in messian. Zeit hinwirken. Der Glaube an die auch in dieser Zeit Unveränderlichkeit und ewige Gültigkeit der T. (Maimonides zählt ihn zu den '13 Glaubensartikeln'), der von den meisten philos. Theologen des MA hervorgehoben und von →Josef Albo im Sef. ha-ʿIqqarim III, 13–23 ausführl. dargelegt wird, wurde zu einem Kernpunkt islam. und chr. Polemik. In der kabbalist. Sicht (→Kabbala) verkörpert die T. mit ihrer →Buchstaben-, Zahlen-, Namen- und Wortsymbolik Gottesnamen, kosm. Schöpfungskräfte Gottes, die in die Sefirotlehre einbezogen wurden. Ihre Einbindung in die Lehre von den sieben Schöpfungsperioden/ Weltzeitaltern (Shemittot) im Sef. hat-Temunah (14. Jh.) sowie in eine Buchstabenspekulation, die auf der Annahme eines defektiven Alphabets fußt, führte zur Ansicht einer defektiven T. im gegenwärtigen Zeitalter, die erst bei Vollendung der Perioden als vollkommene T. (wieder) in Erscheinung tritt und somit eine Vorstellung von einer Veränderbarkeit der T. sowie die antinomist. Theologie Schabbetaj Zbis ermöglichte.

Auf eine Pergamentrolle von einem speziell ausgebildeten T.-Schreiber für den gottesdienstl. Gebrauch sorgfältig geschrieben, wird die T.rolle eingehüllt im T.mantel, zusammengebunden mit einem T.wimpel, geschmückt mit T.schild und T.krone im T.schrein aufbewahrt, von ein reichverzierter Vorhang verhüllt. Im einjährigen Zyklus insbes. an →Sabbat-, Fest- und Fasttagen wird die in 54 Wochenabschnitte (Parashah) eingeteilte T. im Synagogendienst gelesen, wobei Abschluß und Beginn des Zyklus als Fest (Simchat Torah 'T.freude') mit in fröhl. Umzügen getragenen T.rollen begangen wird.
R. Schmitz

Lit.: S. Schechter, Some Aspects of Rabbinic Theology, 1961, 116–169 – L. Jacobs, Torah as Divine Revelation (God, Torah, Israel, 1990), 24–54 – J. Maier, Gesch. der jüd. Religion, 1992, 391–397 – Ders., Die Kabbalah, 1995.

Torcello, kleine Insel im nördl. Teil der Lagune von →Venedig. Neuere archäolog. Grabungsbefunde (Archäolog. Museum) haben die Existenz einer röm. Siedlung aus dem 1./2. Jh. n. Chr. erwiesen. Die eigtl. Entwicklung der Insel setzte jedoch im 5. Jh. ein, als ein Teil der Einwohner der benachbarten Stadt Altinum (Altino) vor den Barbareneinfällen nach T. flüchtete. Im gesamten frühen und hohen MA war T. eines der wichtigsten Handels- und Wirtschaftszentren des Dukats Venedig (bei →Konstantinos VII. Porphyrogennetos als »großes Emporion« bezeichnet) und Sitz zahlreicher Kirchen und Kl. sowie Bm. (seit dem 9. Jh. belegt, 1818 von Pius VII. aufgehoben). Seit den ersten Jahrzehnten des 13. Jh. wurde T. von einem Podestà verwaltet, dessen Jurisdiktion auch auf Burano, Mazzorbo, Ammiana und Costanziaco ausgedehnt war. In der NZ spielte T. nur mehr eine periphere Rolle. Hervorzuheben sind die bedeutenden Kirchen S. Maria Assunta (erbaut 639; mit reicher Mosaikdekoration) und S. Fosca.
M. Pozza

Lit.: LThK² X, 253 – M. Tombolani, Saggio stratigrafico a T. (La Venetia dall'antichità all'alto medioevo, 1988), 205–214 – Statuta sive reformationes Torcelli del 1462–1465, ed. A. Rizzi (Statuti della laguna veneta dei s. XIV–XVI, ed. G. Ortalli, M. Pasqualetto, A. Rizzi, 1989), 117–123.

Tordesillas, Santa Clara de, Klarissenkl., auch S. María la Real de T. (Prov. Valladolid, Bm. Palencia, Kastilien), das 1363 auf Anregung Peters I. v. Kastilien als Seelgerätstiftung für María de →Padilla von beider Tochter, der Infantin Beatrix, mit Zustimmung von Bf. Gutierre v. Palencia im ehem. Kg.spalast gegründet, reich dotiert und für einen Konvent von 30 Nonnen bestimmt worden war. Nach der Bestätigung durch Papst Urban V. (27. Febr. 1365) und den erforderl. Umbauarbeiten ist für 1372 erstmals eine Äbt. bezeugt. Auf Bitten der Kgn. →Johanna Manuel ernannte Papst Clemens VII. Fernando de Illesca 1380 zum Visitator des Ordens, der den Konvent v. S. Clara in T. zum Reformzentrum und Haupt der Häuser des Ordens in Kastilien machte. Die fortbestehende Autonomie der einzelnen Häuser veranlaßte →Isabella d. Kath., 1494 Francisco Jiménez de →Cisneros zum Visitator aller Klarissenkonvente in Kastilien zu ernennen, der trotz heftigen Widerstands des bisherigen Visitators v. T., Bernardino de Guaza, das Kl. reformierte und der Kongregation der Franziskaner-Observanten unterstellte. T. stand Damen des Kg.shauses offen, wie Juana de Castro oder Johanna Manuel, und diente manchmal auch als Gefängnis, wie 1384 für →Leonor Téllez de Meneses oder 1430 für Eleonore v. Aragón. U. Vones-Liebenstein

Lit.: V. LAMPÉREZ Y ROMEA, El Real Monasterio de T., 1913 – E. GONZÁLEZ HERRERA, El Real Monasterio de T., 1965 – J. GARCÍA ORO, Cisneros y la reforma del clero español en tiempo de los Reyes Católicos, 1971 – J. CASTRO TOLEDO, Colección diplomática de T., 1981 – A. URIBE, Primer ensayo de reforma franciscana en España. La Congregación de S. María la Real de T., Archivo Ibero-Americano 45, 1983, 217–347.

Tordesillas, Vertrag v. (7. Juni 1494). Obwohl die in der Prov. Valladolid am Duero gelegene Stadt T. in der ma. Gesch. Kastiliens wiederholt eine nicht unerhebl. Rolle spielte, ist ihr Name insbes. mit dem gleichnamigen Vertrag verknüpft, in dem Portugal und Kastilien ihre Schiffahrts- und Expansionsinteressen (→Expansion) im Atlantik neu gegeneinander abgrenzten. Die weit ins 14. Jh. zurückreichende Rivalität beider Mächte im Atlantik (→Atlant. Inseln) hatte über mehrere vertragl. Zwischenstufen mit dem Vertrag v. Alcáçovas 1479 und der darin fixierten, in O-W-Richtung verlaufenden Trennungslinie durch das Kap Bojador aus ptg., inzwischen ganz auf die Umrundung →Afrikas ausgerichteter Sicht (→Guinea) scheinbar ihre Beilegung erfahren. →Kolumbus' Absicht, auf einem nördl. dieser Linie verlaufenden Seeweg in westl. Richtung nach Asien zu gelangen und sein scheinbarer Erfolg in kast. Diensten hatte diese Rivalität wieder aufleben lassen, zumal Kolumbus auf seinem Rückweg 1493 witterungsbedingt zunächst in Lissabon landete und Kg. →Johann II. v. Portugal somit unmittelbar von den Ergebnissen dieser Fahrt erfuhr und sogleich gegenüber den →Kath. Kg.en die Verletzung des Vertrages v. Alcáçovas reklamierte. Diese erlangten noch im gleichen Jahr fünf verschiedene Bullen Papst →Alexander VI., die ihnen die neuentdeckten und im W noch zu entdeckenden Gebiete zusprachen und eine in N-S-Richtung durch den Atlantik verlaufende Trennlinie vorschlugen. Gestützt auf diese Rechtstitel, erreichte die kast. Krone eine Revision des Vertrages v. Alcáçovas im Vertrag v. T., in dem eine 370 Seemeilen westl. der Kapverd. Inseln in N-S-Richtung verlaufende Trennlinie der beiderseitigen Expansionsinteressen vereinbart wurde. Östl. dieser Linie sollten alle Entdeckungsrechte an Portugal fallen, westl. dieser Linie Kastilien das Entdeckungsrecht besitzen. Die ebenfalls vereinbarte genaue Fixierung dieser Linie ist trotz entsprechender Verhandlungen nie erfolgt. In einem 2. Vertrag vom gleichen Tag (als »afrikan. Vertrag v. T.« bezeichnet), streben beide Mächte eine Festlegung der Grenzen des Reiches v. Fes (Marokko) an, da Kastilien diesem gegenüber Reconquista-Ansprüche (→Reconquista) erhob, und einigen sich über Seefahrts- und Fischfangrechte im Seegebiet zw. den Kanar. Inseln und der westafrikan. Küste. Beide Verträge beziehen sich unausgesprochen auf entsprechende päpstl. Verleihungen und enthalten keine Vereinbarungen, um gemeinsam diese Abmachungen gegenüber Dritten durchzusetzen. Dennoch wird die Fixierung der Trennlinie schon von Franz I. v. Frankreich an in der Folgezeit immer wieder als eine Teilung der Welt zw. Portugal und Kastilien/Spanien interpretiert. Während v. a. die ptg. Historiographie die Modernität des räuml. Denkens der ptg. Außenpolitik aus diesen Abmachungen herzuleiten sucht, betont die nichtiber. Historiographie v. a. mit Blick auf die Rolle des Papsttums in dieser Vertragspolitik die eher ma. Prägung, obwohl beide iber. Reiche schon in jener Zeit keinerlei Bedenken hatten, in anderen Fällen gegenüber päpstl. Normsetzungen andere Rechtfertigungsgründe für ihre Politik ins Feld zu führen.
H. Pietschmann

Lit.: L. ADÃO DA FONSECA, O tratado de Tordesilhas e a diplomacia luso-castelhana no séc. XV, 1991 – J. A. DE CARVALHO–L. ADÃO DA FONSECA, Do imaginário do Atlântico ao Atlântico imaginado, 1993 – O Testamento de Adão, hg. Arquivos Nacionais/Torre do Tombo, 1994 – L. ADÃO DA FONSECA–J. M. RUIZ ASENCIO, Corpus documental del tratado de T., 1995 – S. OLMEDO, El dominio del Atlántico en la Baja Edad Media, 1995.

Torec → Artus, →Jakob v. Maerlant (23. J.)

Torelli, Familie aus Bologna (Spitzenahn Gf. Adalbertus, ca. 953–ca. 981), begann ihren Aufstieg im städt. Leben während des →Investiturstreits, verzweigte sich dann in versch. Zentren der Poebene und erlangte in wirtschaftl., gesellschaftl. sowie polit. Hinsicht in den Stadtkommunen Macht. Ihre stärkste Stellung scheint sie in →Ferrara gewonnen zu haben, wo sie im Lauf des 12. Jh., gestützt auf vorteilhafte Abhängigkeitsverhältnisse von der Kirche von →Ravenna und von S. Maria di →Pomposa, mit den einflußreichsten Häusern der Kommune und des Contado, Adelardi oder Marcheselli, Casotti und später →Este, wetteiferte. Diese erste Blüte verdankten die T. *Salinguerra I.* (1123–62), gefolgt von *Torello* (1164–96), der die Vorherrschaft in der Kommune Ferrara beim Erlöschen der direkten Linie der Adelardi an sich ziehen wollte und dadurch in einen dauernden Gegensatz mit den Este geriet (seit 1183). Den Gipfel ihrer Macht erreichten die T. in der Zeit von 1100 bis Mitte des 13. Jh.: als Anhänger der ksl. Partei bereits unter Heinrich VI., dann unter Otto IV., und Friedrich II., stellten sie zahlreiche Podestà in den Kommunen Ferrara, Modena, Mantua und Verona und spielten so eine bedeutende Rolle in der Politik der Poebene. Eine prägende Gestalt dieser Aufstiegsperiode war *Salinguerra II.* (vor 1191–1245). Durch enge Verbindungen mit den Monticoli und den da →Romano in Venetien einflußreich, hatte er auch infolge seiner Investitur durch Innozenz III. mit den →Mathildischen Gütern im Modenese und Bolognese (1215) in der Emilia ein Machtzentrum gewonnen. Er übte das Podestà-Amt in mehreren zumeist kaiserfreundl. Städten aus, v. a. jedoch – abwechselnd mit Azzo VI. und Aldobrandino d'→Este – in Ferrara. Nach dem Zeugnis des Chronisten →Ricobald unterstützte er in Ferrara die Schichten der Handwerker und Unternehmer gegen die von den Este repräsentierten adligen Grundbesitzer und versuchte, die wirtschaftl. und polit. Einflußnahme von →Venedig auf die untere Poebene zu hindern. 1240 wurden seine Maßnahmen jedoch von einem Feldzug des Legaten →Gregor v. Montelongo zunichte gemacht, der als Führer einer guelf. Koalition mit einer List Ferrara unter die Kontrolle der guelf.-päpstl. Partei, unter die Herrschaft der Este und den militär. Schutz Venedigs stellte, das dabei seine eigenen Interessen verfolgte. Salinguerra starb wenige Jahre darauf im Exil in Venedig. Seine

Erben zerstreuten sich in andere Städte, darunter →Parma und →Fano.

Ein anderer Zweig der Familie, der in direkter Linie von Vasallen Mathildes v. Canossa abstammte, setzte sich im 12. Jh. in Reggio E. und in dessen Contado fest, wo er einen späten und nur ephemeren Aufstieg erlebte. Da die →Visconti-Herrschaft nach dem Tode des Gian Galeazzo (1402) auch im Reggiano in eine Krise geriet, wurde von den Hzg.en v. Mailand das Kastell →Guastalla i. J. 1406 *Guido T.* und seinen Erben verliehen; 1428 wurde es zur Gft. erhoben und ging 1539 auf Ferrante Gonzaga v. Mantua über.
A. Vasina

Lit.: P. LITTA-PASSERINI, Famiglie celebri d'Italia, VII, 1819-83 – A. CASTAGNETTI, Società e politica a Ferrara dall'età postcarolingia alla signoria estense (sec. X–XIII), 1985, passim.

Torf, seit dem 17. Jh. übliche Bezeichnung für den Brennstoff aus der ersten Stufe der Inkohlung aus Flach- und Hochmooren (→Moor), zunächst (und fortwährend) im Nd. in der allgemeineren Bedeutung von 'Scholle', 'Erdklumpen', 'Rasenstück' überliefert (Lehnsentsprechungen im mlat., it. *turba*, frz. *tourbe*), z. B. in der Werdener Prudentiusglosse des 10. Jh. (für lat. cespes), zugleich auch zur Bezeichnung eines Übergabesymbols bei Immobiliengeschäften (*torf* und *twīg*), seit dem 12. Jh. in Q. aus Flandern/Nordfrankreich bereits in der Bedeutung des Brennmaterials belegt. Im SpätMA erfolgt eine zunehmende Begriffsverengung – mit Ausweitung des T.abbaus – auf den Brennstoff; das seit dem 13. Jh. belegte Verbum turbare entspricht dem nd. *torf steken unde graven* (Stadtrecht Hannover). Gelegentl. wurde T. entsprechend Plaggen zur Düngung karger Böden verwandt.
D. Hägermann

Lit.: GRIMM, DWB XXI, 881 – J. NIERMEYER, Mediae Lat. Lex. Minus, 1976, 1048 [turba].

Torgau, Stadt in →Sachsen. 973 verlieh Ks. Otto II. dem Ebf. v. →Magdeburg den Honig- und Handelszehnten im slav. besiedelten Gau »parvum Neletiki ubi Turguo stat«. Das altslav. Wort *torgov* 'Marktort' deutet auf Handelsverkehr am Übergang der Fernstraße von Leipzig nach Frankfurt a. d. O. über die Elbe hin. Der Bau einer dt. Burg auf dem w. Hochufer vor 1000 kann als sicher angenommen werden. Bei ihrem Ausgreifen in die Niederlausitz bezogen die →Wettiner T. in ihr Herrschaftsgebiet ein. 1119 übereignete Mgf. Konrad sein 'praedium' T. mit der (Marien)kirche an das Kl. →Reinhardsbrunn, der dabei gen. 'mercatus' deutet auf die Entstehung einer Kaufmannssiedlung mit der Nikolaikirche, woraus sich die Stadt wohl nach der Mitte des 12. Jh. entwickelte. 1267 erscheint T. als civitas, 1234 gab es hier ein Kl. OFM. Rat und Bürgermeister sind für 1343 bzw. 1359 bezeugt. 1375 gingen die Niedergerichte, 1379 die Obergerichte an die Stadt über. Die Burg wurde am Ausgang des MA im Rahmen des Kfm.s Sachsens zur Residenz ausgebaut.
K. Blaschke

Q. und Lit.: C. KNABE, UB v. T., 1902 – K. BLASCHKE, Die gesch. Entwicklung der Stadt T. von den Anfängen bis zu Beginn des 19. Jh. (Die Denkmale der Stadt T., bearb. P. FINDEISEN-H. MAGIRIUS, 1976), 13–27.

Torhalle bezeichnet eine meist gewölbte Durchfahrt unter einem Torbau, allgemein einräumig, selten, wie in der Pfalz Gelnhausen 1170/73, zweischiffig. Auch ein freistehender Bau wie im Atrium des Reichskl. Lorsch (um 800) oder im Kl. Frauenchiemsee wird T. genannt (→Triumphbogen).
G. Binding

Tornow, Siedlungskomplex in der Niederlausitz (→Lausitz), dessen archäolog. Erforschung (1961–1969) folgendes Bild ergab (HERRMANN): Im Anschluß an völkerwanderungszeitl. Besiedlung entstanden slav. Siedlungen, deren Zentrum nach dem 7./8. Jh. eine Burg war. Die runde Niederungsburg mit Wassergraben und Holz-Erde-Wall in Rostkonstruktion mit recht geringem Durchmesser (innen ca. 30 m, außen ca. 70 m) ist für das ganze Gebiet typ. (»Typ T.«). Die vor der Burg gelegenen acht Gehöfte hatten z. T. großräumige Pfostenbauten als Haupthäuser. Burg und Siedlung brannten in der 2. Hälfte des 8. Jh. nieder, und die neu errichtete Burg erhielt einen anderen Grundriß (19 zweistöckige Speicherbauten, im Zentrum ein unterkellertes Wohngebäude). Mehr als 70 Getreidedepots erlaubten erstmals durch botan. Analysen statist. gesicherte Aussagen zur Fruchtfolge im Getreideanbau (JÄGER). Burg und Siedlung, wohl eine der 30 civitates des slav. Stammes der Lusizi im →Geographus Bavarus, wurden im 9. Jh. erneut zerstört und aufeinanderfolgend durch mehrere Siedlungen ersetzt, darunter in der 2. Hälfte des 12. Jh. ein n. der ehem. Burg gelegenes Dorf, aus dem das hochma. T. erwuchs. Burgen vom Typ T. wurden nach Dendrodaten und Fundanalysen über mehrere Jahrhunderte erbaut. Eine generelle frühe Datierung dieses Typs ist, ohne daß entsprechende Daten im Einzelfall vorliegen, daher ebensowenig gerechtfertigt wie Folgerungen, die Burgen vom Typ T. seien erst seit der 2. Hälfte des 9. Jh. (DULINICZ) oder gar erst unter dt. Einfluß im 10. Jh. (HENNING) errichtet worden.
J. Herrmann

Lit.: J. HERRMANN, T. und Vorberg, 1966 [K.-D. JÄGER u. a.] – DERS., Die germ. und slaw. Siedlungen und das ma. Dorf T., Krs. Calau, 1973 – DERS.-K.-U. HEUSSNER, Dendrochronologie, Archäologie und Frühgesch. vom 6. bis 12. Jh. in den Gebieten zw. Saale, Elbe und Oder (Ausgrabungen und Funde 36, 1991), 155–290 – J. HENNING, Germanen–Slawen–Deutsche, PZ 66, 1991, 119–133 – DERS.-K.-U. HEUSSNER, Zur Burgengesch. im 10. Jh. (Ausgrabungen und Funde 37, 1992), 314–324 – M. DULINICZ, Problem datowania grodzisk typu T. i grupy T.-Klenica, Archeologia Polski 39, 1994, 31–49.

Toro (bei Zamora), **Schlacht v.** (1./2. März 1476), geschlagen im Zuge des kast. Erbfolgekrieges zw. den Truppen Ferdinands II. v. Aragón und Alfons V. v. Portugal unter Führung der Kard.e →Mendoza und →Carrillo (1. C.) auf dem Feld zw. Peleagonzalo und San Miguel de Gros bzw. bei Castro Queimado. Trotz der zumindest im Nachhinein empfindl. Niederlage für den ptg. Kg. führte sie keine endgültige Entscheidung des Konfliktes herbei, ließ aber die Sache der präsumptiven kast. Thronerbin →Johanna 'la Beltraneja' (Nichte, seit 29. Mai 1479 Gattin Alfons' V.) aussichtslos werden. In der Folge konnten die →Katholischen Kg.e ihre Stellung innerhalb der Krone Kastilien entscheidend festigen; zur Erinnerung an diesen Sieg errichteten sie in Toledo das Kl. San Juan de los Reyes.
L. Vones

Lit.: F. M. SOUSA VITERBO, A Batalha da Touro, 1900 – A. MACHADO DE FARIA, Gonçalo Pires Bandeira, herói na batalha de T., Anais da Acad. Portuguesa da Hist., 2ª s., 9, 1959, 119–147 – J. PÉREZ, Ferdinand und Isabella, 1989 – T. DE AZCONA, Isabel la Católica, 1993³, 281ff.

Toros de Guisando, Vertrag v. (19. Sept. 1468), zur Regelung der strittigen Thronfolge im Kgr. Kastilien geschlossen zw. der kast. Infantin →Isabella ('d. Kath.') und Kg. →Heinrich IV. bei dem Ort T. (benannt nach seinen prähist. Stierstatuen) unweit von Ávila. In dem unter starker Beteiligung der führenden Männer des Kgr.es, Juan →Pacheco, Alfonso →Carrillo, Alfonso de →Fonseca und Alvaro de →Stúñiga, und durch Vermittlung des päpstl. Legaten Antonio de Veneris ausgehandelten Vertrag erkannte Heinrich IV. nach dem plötzl. Tod seines Rivalen Alfons XII. das Thronfolgerecht seiner von der

Gegenpartei unterstützten Halbschwester Isabella an und gab seine Gemahlin →Johanna v. Portugal sowie die Ansprüche der (als illegitim von der Thronfolge ausgeschlossenen) Tochter →Johanna 'la Beltraneja' preis. Zwar unterwarf sich Isabella gleichzeitig, doch hatten ihre Thronfolgeansprüche hinfort eine neue rechtl. Grundlage, die im Titel einer 'princesa e primera heredera' und in der Übertragung des →Principado de Asturias ihren Ausdruck fand. Die Infantin gestand Heinrich IV. außerdem zu, bei der Wahl ihres zukünftigen Gemahls ein Vorschlags- und Zustimmungsrecht ausüben zu dürfen, ohne daß ihr Wille übergangen werden solle. Obwohl dem Pakt v. T. kein einheitl. polit. Einvernehmen zugrundelag, bildete er einen entscheidenden Baustein für die isabellin. Herrschaftsnachfolge. L. Vones

Lit.: B. Cuartero y Huerta, El pacto de los T. ..., 1952 – L. Suárez Fernández, En torno al pacto de los T., Hispania 23, 1963, 344–365 – Mª I. del Val Valdivieso, Isabel la Católica, Princesa, 1974 [Vertragstext: 365–372, Nr. 3] – W. D. Phillips jr., Enrique IV and the Crisis of Fifteenth-Cent. Castile 1425–80, 1978 – J. Torres Fontes, El príncipe don Alfonso y su itinerario. La contratación de G. 1465–68, 1985² – T. de Azcona, Isabel la Católica, 1993³, 140ff. – L. Vones, Gesch. der Iber. Halbinsel im MA, 1993, 226.

Torquemada, Tomás de, OP, span. Großinquisitor, * 1420 in Valladolid, † 16. Sept. 1498 in Ávila, vielleicht Abkömmling einer Converso-Familie, Neffe des Kard.s →Johannes de Turrecremata (184. J.); zuerst Dominikaner im Konvent S. Pablo in Valladolid, weilte dann in Piedrahita, schließlich Prior v. Santa Cruz in Segovia, Beichtvater und Ratgeber der →Kath. Kg.e sowie, gefördert von Kard. →Mendoza, erster Großinquisitor für die Krone Aragón (1483) mit ausgedehnten Vollmachten, nachdem er bereits 1482 als Inquisitor in Kastilien aufgetaucht war. T.s allmächtige Funktion, die bald auf die Krone Kastilien ausgedehnt wurde und ihm 1483 den Vorsitz im 'Consejo de la Santa y Suprema Inquisición General' eintrug, erhielt ihre päpstl. Bestätigung durch →Innozenz VIII. (3. Febr. 1485). Unter seiner Leitung wurde die Inquisition, die in erster Linie gegen die vermeintlich judaisierenden →Konvertiten vorging, mit einer geschlossenen territorialen Organisation, einem Netz von Tribunalen, versehen und zu einem Instrument der monarch.-staatl. Machterhaltung ausgebaut, v. a. nach der Ermordung des Inquisitors Pedro de Arbués in Zaragoza (13. Sept. 1485). Bekannt für seine rigorose Haltung (frühe, vorwiegend antijüdisch argumentierende Reformschrift »Las cosas que debían remediar los Reyes«), gehörte T. zu den entschiedenen Verfechtern einer radikalen Trennung von Juden und Konvertiten und war führend an der Vorbereitung des Pogroms von 1492 beteiligt. Gegen Ende seines Lebens gründete er den Dominikanerkonvent Santo Tomás (de Aquino) in Ávila, in dem er das Statut der *limpieza de sangre*, der Reinheit des Blutes, als Norm einführte. Zusammen mit Juan de Chaves und Diego de →Deza, seinem Nachfolger als Großinquisitor, faßte er »Instrucciones« für die Inquisition ab (1484 für Sevilla, 1485 für Valladolid, 1488 für Avila). L. Vones

Lit.: DHEE IV, 2576f. – E. Lucka, T. und die span. Inquisition, 1926 – N. López Martínez, Los judaizantes castellanos y la inquisición en tiempos de Isabel la Católica, 1954 – H. Beinart, Tomás de T.s Memorandum to Queen Isabella [Hebr.], Proceedings of the Sixth World Congress of Jewish Stud., II, 1976, 3–26 – Hist. de la Inquisición en España y América, I, hg. J. Pérez Villanueva–B. Escandell Bonet, 1984² [Lit.]. – B. Leroy, L'Espagne des T., 1995.

Torquetum → Turquetum

Torre, Alfonso de la, jüd. *converso* aus der Gegend von Burgos, Baccalaureus der Univ. Salamanca, verfaßte um 1440 auf Bitten des Priors Juan de Beaumont für den Prinzen →Karl v. Viana die »Visión deleytable«, eine enzyklop. Kompilation des überlieferten Wissens in fiktional-allegor. Einkleidung. Im 1. Teil werden die Sieben Freien Künste im Rahmen einer Traumvision beim Aufstieg zum Sitz der Wahrheit abgehandelt und in Lehrgesprächen vorgestellt. Der 2. Teil bietet einen Abriß der prakt. Verhaltenslehre (Kardinaltugenden, Lehre von der Gesellschaft, Ökonomie, Regierungskunst), sie führt zur Erkenntnis der letzten Bestimmung des Menschen. Das Werk war außerordentl. verbreitet und beliebt (über 12 erhaltene Hss., 4 Inkunabeldrucke, eine katal. Fassung [1484]). Noch im 16. Jh. entstand eine wiederholt aufgelegte it. Übers. sowie eine darauf fußende Rückübers. ins Span. (1626, 1663!). T. stützt sich auf →Martianus Capella, →Isidor v. Sevilla, →Maimonides (Mostrador e enseñador de los turbados, 1432 übers.), →al-Gazzalī, →Alanus ab Insulis. Curtius bringt T. mißverständl. mit Spaniens »kultureller Verspätung« in Verbindung, weil er »so gut wie alles ignoriert, was die europ. Lit., Wiss. und Philos. seit 1200 produziert hat.« Unklar ist, ob T. die Ethik des Aristoteles übersetzte (Sevilla 1493), mit der sich auch Karl v. Viana ebenfalls beschäftigte (Philosofia moral de Aristotil, 1509). D. Briesemeister

Ed.: Toulouse 1489, Faks. 1983 – J. García López, 1991 – Katal. Übers. La Visió delectable, Barcelona 1484 [Faks. 1911] – Lit.: J. P. W. Crawford, The Seven Liberal Arts in the V. d. of A. de la T., RR 4, 1913, 58–75 – Ders., The V. d. of A. de la T. and Maimonides' Guide of the Perplexed, PMLA 28, 1913, 188–212 – Curtius, 1954, 525 – J. de D. Mendoza Negrillo, Fortuna y providencia en la lit. castellana del siglo XV, 1973 – C. Mota, Sobre la fortuna del compendio de las Eticas de Aristóteles... (IV Congresso da Ass. Hisp. de Lit. Medieval, 2, 1992), 549–561.

Torrellas, Schiedsspruch (Übereinkunft) **v.** (8. Aug. 1304; ratifiziert 9. Aug.), von einer Kommisssion unter Vorsitz Kg. →Dinis' v. Portugal erlassen, der noch der Infant Johann v. Kastilien und Ximeno de →Luna, Ebf. v. Zaragoza, angehörten (ed. del Estal, I/1, 362–370, Nr. 213). Er beendete den seit 1296 andauernden Krieg zw. Kastilien und Aragón um die Zugehörigkeit des Reiches v. →Murcia. →Jakob II. v. Aragón, der seine Ansprüche auf Murcia als Kompensation für die Hilfe zugunsten von Alfons de la →Cerda im kast. Erbfolgekrieg ansah, mußte sich gegenüber →Ferdinand IV. v. Kastilien mit einer Teilung begnügen und erhielt den nördl. Reichsteil einschließl. Alicante, Elche, Orihuela, Guardamar, Cartagena, Crevillente, Elda, Novelda, Villena u.a. (heutige Prov. Alicante), während der S mit der Hauptstadt Murcia bei Kastilien blieb. Die neuen Gebiete wurden verwaltungsmäßig dem Kgr. →Valencia als Territorium 'ultra Sexonam' bzw. als 'Procuración General de Orihuela' zugeordnet. Der genauere Verlauf der Grenzziehung u. a. längs des Flusses Segura erforderte Nachverhandlungen und gelangte im Vertrag v. Elche (19. Mai 1305, ed. del Estal, I/1, 420–422, Nr. 250) zum Abschluß. L. Vones

Lit.: Dic. d'Hist. de Catalunya, 1992, 1051f. – J. Torres Fontes, La delimitación del sureste peninsular, 1951 – C. González Mínguez, Fernando IV de Castilla, 1976, 173ff. – J. Torres Fontes, La reincorporación de Cartagena a la Corona de Aragón, AHDE 50, 1980 – J. M. del Estal, Conquista y Anexión de las tierras de Alicante, Elche, Orihuela y Guardamar al Reino de Valencia por Jaime II de Aragón, 1982 – Ders., El reino de Murcia bajo la soberanía de Aragón (1296–1305). Corpus documental, I/1, 1985; I/2, 1990 [Ed. der wichtigsten mit T. zusammenhängenden Instrumente] – M. T. Ferrer i Mallol, Organitzaciò i defensa d'un territori fronterer, 1990 – F. de Moxó y Montoliu, La Casa de Luna, 1990, 131ff. – A. Masiá de Ros, Relación castellano-aragonesa desde Jaime II a Pedro el Ceremonioso, 2 Bde, 1994 [II: Apéndice documental].

Torrelles, katal. Rittergeschlecht aus dem Vallès. Der Spitzenahn Bernhard v. T. († 1131), Sohn eines Mir, besaß den Turm T. de Llobregat im Bereich der Burg Cervelló. Der Erwerb der Burgen Rubí, Roca del Vallès (1405) und Sant Boi de Llobregat sowie der Baronie v. Montbui (1408–90) erweiterte den Einfluß der T. im Umland v. →Barcelona. Den Aufstieg seit Beginn des 14. Jh. verdankten sie der Gunst des Kg.shauses, in dessen Dienst sie als Ratgeber Jakobs II. v. Aragón (Arnald I. v. T., † 1320) und Martins I. (Raimund v. T., † vor 1421), als Kämmerer, Gesandte und v. a. als Feldherren zu Lande und zur See (v. a. →Sardinien; 1408 Sieg Peters v. T. in der Schlacht v. →Sanlurí) tätig waren. Die Heirat Raimunds mit einer Tochter Konstanzes v. Aragón (1406) verstärkte die Bindung an das Kg.shaus: zusammen mit seinem Bruder Peter wurde er als Vormund Friedrichs v. Aragón, Gf. v. Luna, eingesetzt und unterstützte 1411 dessen Kandidatur als Kg. v. Aragón und Sizilien. Im 15. Jh. spaltete sich das Geschlecht in zwei Linien: die Barone v. T., Gf. en v. Ischia und Vgf. en v. Rueda und Perellós, die der Ehe Peters v. T., Vizekg. v. Sardinien († 1419), mit der aragones. Adligen Urraca López de Gurrea entstammten, sowie die Barone v. la Roca, als deren erster Martin Joan v. T. († um 1497), der eine wichtige Rolle am Hof des Princeps v. Gerona spielte, seit 1468 bezeugt ist. U. Vones-Liebenstein

Lit.: Gran Enc. Catalana XIV, 1980, 552–554 – Dicc. d'Hist. de Catalunya, 1992, 1054.

Torres, Judikat, der den nw. Teil →Sardiniens umfaßte und vom Coghinasfluß begrenzt wurde; seine Hauptstadt Ardara lag in der Kuratorie Meilogu, einem der 19 Verwaltungsbezirke, in die das regnum unterteilt war. Der Judikat T. war Sitz einer Erzdiözese und von sieben Suffraganbm. ern. Seit dem 10. Jh. hatten mindestens zehn Generationen von Herrschern aus dem Haus Lacon-Gunale den Thron inne, die letzten beiden stammten aus der Familie →Visconti bzw. aus dem stauf. Kaiserhaus. – Ardara war um die Jahrtausendwende zur Hauptstadt des Judikats erhoben worden, wahrscheinlich nach den Einfällen der Araber, die T. entvölkert hatten. Gleichwohl blieb die Funktion der Stadt T. (Porto Torres) als Landeplatz weiter bestehen. Gegen Ende des 11. Jh. wurde dort die bedeutende Basilika S. Gavino erbaut. Im 12. Jh. erlebte die Stadt eine neue Blüte und entwickelte sich zu einem für den Mittelmeerhandel sehr wichtigen Hafen. Direkte Nachrichten über den Judikat sind erst seit der Mitte des 11. Jh. erhalten. Bes. Bedeutung hatten die Herrscher Mariano I. (1065–1112?) und sein Sohn Costantino I. (1082–1124), die ihr Land den religiösen Kräften aus dem Ausland öffneten und eine rege Außenpolitik betrieben. Während ihrer Herrschaft ließen sich die Benediktiner v. →Montecassino, die →Kamaldulenser und die →Vallombrosaner im Judikat nieder, zahlreiche Kl. wurden gegründet und neue Kirchen errichtet. Ferner knüpften beide Herrscher enge Beziehungen mit den Kommunen →Pisa und →Genua an. Costantino I. sandte 1113 ein Kontingent, das sich im Hafen von T. mit der pisan. Flotte vereinigte, um die →Balearen von der arab. Besetzung zu befreien. Sein Sohn Gon(n)ario (1116–53) mußte in den Wirren der Nachfolgekämpfe nach Pisa fliehen und kehrte 1130, begleitet von pisan. Galeeren und von seinem Schwiegervater Ugo Ebriaci, zurück, mit deren Hilfe er die Macht wiedererlangte. Er regierte unter dem Schutz der Pisaner, denen er dafür Konzessionen und Privilegien in seinem Reich überließ. Nach einer Reise in das Hl. Land und einer Begegnung mit dem hl. →Bernhard v. Clairvaux dankte er ab, zog sich nach Clairvaux zurück und hinterließ den Thron seinem Sohn Barisone II. (1147–ca. 1191). Die letzte Judicissa Adelasia (1219–59), Tochter Marianos II., stand nach dem Tod ihres Gatten Ubaldo Visconti († 1238) im Zentrum zahlreicher Heiratsprojekte (des Papstes, des Ks.s, Genuas und Pisas), die darauf abzielten, das sard. Kgr. dem guelf. und ghibellin. Einfluß zu unterstellen. Die Verhandlungen führten schließlich zur Eheschließung der Judicissa mit dem Sohn Friedrichs II. →Enzo. Weniger als ein Jahr nach der Heirat verließ Enzo 1239 seine Residenz Sassari, um seinen Vater im Kampf gegen die guelf. Kommunen zu unterstützen. Vor ihrem Tod (1259) setzte Adelasia den Hl. Stuhl als Erben ein. Das Logudoro wurde Schauplatz erbitterter Kämpfe zw. den →Doria, den Judices von →Arborea, die sich dessen Kuratorien des Kgr. es teilten, während Sassari sich mit den Kuratorien Romangia und Flumenargia als Kommune konstituierte. P. Simbula

Lit.: Genealogie medioevali di Sardegna, hg. L.-L. Brook, F. C. Casula, M. M. Costa u. a., 1983 – →Sardinien.

Torriani → Della Torre

Torrigiano di Torrigiani, Pietro (Petrus Turrisanus), ca. 1270–1350, nach dem florent. Geschichtsschreiber Filippo →Villani der bedeutendste Schüler Taddeo →Alderottis, war Medizinprofessor in Bologna und (1306–11) Paris, später Kartäuser in Bologna. Er verfaßte einen Kommentar zur »Ars parva« →Galens (»Plus quam commentum«), der in Bologna 1489 als Inkunabeldruck erschien (»Trusiani Monachi Carthisiensis commentum in librum Galieni qui microtegni intitulatur«). Entgegen der vorherrschenden aristotel. Lehre lokalisierte P. T. das Zentrum der Wahrnehmungen im Gehirn (und nicht im Herz). Für Motorik und Sensorik postulierte er unterschied. Nervensysteme. Im übrigen übernahm er Thesen traditioneller Autoritäten der scholast. Medizin (Aristoteles, Galen, Avicenna, Schule v. Salerno). Einige Passagen lassen vermuten, daß P. T. auch anatom. Lehrsektionen durchführte. K. Bergdolt

Lit.: Biograph. Lex. der hervorragenden Ärzte aller Zeiten und Völker, V [Nachdr. 1962], 612 – Sarton III, 839f. – N. Siraisi, Taddeo Alderotti and his Pupils. Two Generations of Medical Learning, 1981, 64–66.

Torriti, Jacopo OMin, Architekt, Maler und Mosaizist der 2. Hälfte des 13. Jh., signiert und datiert 1291 das Apsismosaik von S. Giovanni in Laterano (mit Selbstbildnis in Franziskanerkutte und mit Architektenwerkzeug), 1295 das Apsismosaik von S. Maria Maggiore. T. war wohl auch der Architekt des östl. Erweiterungsbaus von S. Giovanni (Signaturen jedoch als »Pictor«). Die Wertschätzung T.s durch seine päpstl. Auftraggeber belegt ein weiteres verlorenes, 1296 datiertes Votivmosaik aus der Kapelle →Bonifatius' IV. (Fragment im Puschkinmus.). Über Herkunft, Lebensdaten und frühere künstler. Tätigkeiten T.s ist nichts bekannt. Die ihm zugewiesenen postcimabuesken Wandmalereien (u. a. Genesisszenen) von S. Francesco in Assisi könnten teilweise auch von anderen röm. Malern stammen. Sowohl bei seinen Arbeiten im Lateran (der Bildstreifen mit der Apostelreihe ist im wesentl. gut erhalten) als auch in S. Maria Maggiore erweist sich T. als Kenner der von Konstantinopel ausgehenden Formensprache, die in →Sopoćani (60er Jahre des 13. Jh.) einen ihrer Höhepunkte findet und sich in Hss. wie dem Vat. gr. 1153 (Makedonien, 80er Jahre?) widerspiegeln, die zur Verbreitung dieser 'Manier' im Okzident beigetragen haben. Die äußerst geringen Dimensionen der Tesserae (S. Maria Maggiore z. T. weniger als 5 mm Seitenlänge), wie sie zu jener Zeit für die Zentren der Mosaikkunst im O. charakterist. waren, könnten – auch im Vergleich mit dem Mosaik der →Sancta Sanctorum-Kapelle – auf die Mitarbeit byz. Mosaizisten hinweisen. Der Maltechnik der griech. Welt (v. a. der Ikonen) verhaftet ist auch die Farbgebung (kontrastierende Rot- und Blautöne), die zu Unrecht manchmal Einflüssen der frz. Gotik zugeschrieben wird. Trotz starker byz. Komponenten verrät die Zeichnung den Einfluß der röm. Malerei. Bei einer beträchtl. Anzahl anonymer Werke, zumeist Mosaiken, vom Ende des 13./Anfang des 14. Jh. wird eine Abhängigkeit von T. angenommen; sie sind eher der röm. Schule im allg. zuzuschreiben, von deren Hauptvertretern, abgesehen von Filippo Rusuti, in diesem Zeitraum nur wenig bekannt ist. V. Pace

Lit.: A. Tomei, Iacobus T. Pictor. Una vicenda figurativa del tardo duecento romano, 1990 [mit vollst. Lit.] – V. Pace, Per I. T., frate, architetto e »pictor« [Mitt. Kunsthist. Inst. Florenz, im Dr.].

Torroella (Torrella, Torrellas), **Pere**, katal. Dichter, schrieb zw. 1436–86, ztw. Majordomus im Dienst des Prinzen →Karl v. Viana, lebte sowohl am Hof v. Navarra als auch seit 1456 am neapolitan. Hof Alfons' V. in enger Beziehung zu Giovanni→Pontano. Sein Tod wird in dem Roman »Hist. de Grisel y Mirabella« von Juan de Flores legendär-fiktional als rituelles Strafopfer beschrieben. T. verfaßte katal. (zumeist Liebesgedichte) und kast. Gedichte; von ihm stammt das erste bekannte →Sonett der katal. Lit. Die kast. Kompositionen sind im →Cancionero de Stúñiga enthalten. In dem Gedicht »Tant mon voler« stellt er seine Belesenheit mit zahlreichen Zitaten kast., katal., prov. und frz. Dichter zur Schau. Die frauenfeindl. »Coplas de las calidades de las donas« (vor 1458) lösten einen heftigen Dichterstreit aus (z. B. Hernán Mexía, »Los Defectos de las condiciones de las mugeres«). Daraufhin verfaßte T. ein »Razonamiento en defensión de las donas« in Prosa. Auf Karls Gattin Agnes v. Kleve († 1448) schrieb er eine katal. Totenklage in Prosa. T. stand in Briefwechsel u. a. mit Dichtern wie Ramón Llull, Francesc Ferrer und Pedro de Urrea. D. Briesemeister

Ed.: The Works, ed. P. Bach y Rita, 1930 [dazu P. Bohigas, Estudis Universitaris Catalans 17, 1932, 320–325] – Cancionero de Estúñiga, ed. N. Salvador Miguel, 1987 – Lit.: M. de Riquer, Hist. de la lit. catalana, III, 1964, 161–186 – P. Cocozzella, P. T., Pan-Hispanic Poet of the Catalan Pre-Renaissance, Hispanófila 29, 1986, 1–14 – J. C. Rovira, Los poemas al amor de Lucrezia d'Alagno y Alfonso V de Aragón, BRAE 67, 1987, 77–107.

Torroja, katal. Adelsgeschlecht, dessen von den Vgf.en v. →Urgel abstammender Ahnherr, Ecart Mir (1077–87), zur Kurie des Gf.en v. Urgel gehörte und die Burgen Tarroja de Segarra und Solsona besaß. Im 12. Jh. wählte die Familie die Regularkanonie Santa Maria de →Solsona zu ihrer →Grablege und schloß sich eng an Gf. →Raimund Berengar IV. v. Barcelona an: Berengar († 1160) war einer der *comitores* des Gf.en, Peter wurde Bf. v. →Zaragoza (1154–84) und Arnald Großmeister der →Templer in Katalonien (1181–84). Wilhelm, Bf. v. →Barcelona (1144–71) und Ebf. v. →Tarragona (1172–74), gehörte der Vormundschaftsregierung für Alfons II. an und förderte die Regularkanoniker (1155 Gründung v. Santa Eulàlia del Camp) und Zisterzienser. Die Heirat Raimunds II. v. T. († 1196) mit Gaia v. Cervera, Tochter der Almodis v. Barcelona, vertiefte die Bindung an das Gf.enhaus. Sein Sohn Raimund III. († 1195) heiratete Sibylla v. →Arborea und vertrat bis zum Kompromiß v. Oristano 1192 die Rechte seines Neffen Hugo Pons in Sardinien. Eliardis v. T. war Regentin der Vgft. Bas (1221–31). Der Besitz der Familie fiel durch die Heirat der Erbtochter Agnes mit Raimund Fulco IV. 1217 an die Vgf.en v. →Cardona.

U. Vones-Liebenstein

Lit.: Gran Enc. Catalana XIV, 1980, 575f. – Dicc. d'Hist. de Catalunya, 1992, 1057 – J. Serra I Vilaró, Senyoríu de la vescomtal família Miró, Butlletí del Centre Excursionista de Catalunya 19, 1909 – D. Costa y Bafarull, Memorias de la ciudad de Solsona y su Iglesia, I, 1959², 185–195 – P. Catalá I Roca, Castells Catalans, VI/2, 1979, 782–787 – A. Llorens I Solé, La valurosa ajuda bèllica i diplomàtica, Medievalia 7–8, 1987/88, 253–263.

Torsionsfalle, wahrscheinl. aus Ostasien stammender, über Zentraleuropa auch in das nordeurop. Jagdwesen tradierter Fallentyp, für den eine durch verschiedene Kraftmomente hervorgerufene schnelle Drehbewegung etwa eines Schlagbügels, eines Schlagnetzes oder einer Klappe kennzeichnend ist. Neben der altertüml. Verwendung einer gedrehten Schnur findet sich v. a. der gespannte Bogen als Kraftspeicher, da der Fangerfolg entscheidend von der eingesetzten Spannkraft und der Schnelligkeit und Exaktheit der Drehbewegung abhängt. Bes. Bedeutung besaßen im europ. Jagdwesen nach dem T.nprinzip funktionierende fallenähnl. Fangeinrichtungen vom Typ des →Vogelherds, bei dem der Fang nicht durch eine selbsttätig arbeitende Stellvorrichtung, sondern durch einen Menschen bewerkstelligt wurde. S. Schwenk

Q. und Lit.: Olaus Magnus, Historien der Mittnächtigen Länder, Basel 1567, Buch 18, Cap. 28 – S. Lagercrantz, Contributions to the Question of the Origin of Torsions Traps (Acta Ethnologica, 1937), 105–130 – S. Schwenk, Zur Terminologie des Vogelfangs im Dt. [Diss. Marburg 1967].

Tort, Bernhard, Ebf. v. →Tarragona 1145–63, † 28. Juni 1163 in London, stammte aus katal. Adel, wurde im Mai 1145 von Eugen III. in Viterbo konsekriert und erhielt das Pallium. Er begleitete Gf. →Raimund Berengar IV. auf den Feldzügen gegen Almería (1147), Tortosa (1148) und Lérida (1149). 1147 nahm er als erster Ebf. seit der arab. Eroberung seinen Sitz in Tarragona, wobei er →Tortosa bis 1151 mitverwaltete. Nach anfängl. Einverständnis kam es bald zu einem tiefergreifenden Zerwürfnis mit dem Princeps v. Tarragona, Robert Bordet, und zur engen Zusammenarbeit des Ebf.s mit dem seit 1153 an der Stadtherrschaft beteiligten Gf. en v. →Barcelona. Nachdem Anastasius IV. 1154 die Kirchenprov. →Tarragona in ihrem alten Umfang bestätigt hatte, betrieb die Ebf. die Restitution der inzwischen von Barcelona und Vic entfremdeten Gebiete, begann mit dem Bau der Kathedrale und konstituierte ein Domkapitel nach den Consuetudines v. →St-Ruf. Er starb, als er in Erfüllung des Testaments Raimund Berengars IV. dem Kg. v. England die Vormundschaft über Alfons II. antragen sollte.

U. Vones-Liebenstein

Lit.: DHGE VIII, 753 – Gran Enc. Catalana XIV, 1980, 577 – Dicc. d'Hist. de Catalunya, 1992, 1058 – E. Morera y Llauradó, Tarragona cristiana, I, 1981², 566 – U. Vones-Liebenstein, St-Ruf und Spanien, 1996.

Tortelli, Giovanni (Aretinus), Humanist und Grammatiker, * um 1400 (spätere Datierung Ribuoli, 158), † kurz vor dem 26. April 1466 in Rom. Nach Studien in Florenz (Freundschaft mit L. →Bruni, C. →Marsuppini, Palla →Strozzi und L. →Valla) und Mantua (→Vittorino da Feltre) und an der Artistenfak. in Bologna vollendete er in Konstantinopel 1435–37 bei Joh. Eugenikos seine Griechischstudien. Kard. Giuliano Cesarini berief ihn zu seinem Sekretär am Konzil v. →Ferrara-Florenz und eröffnete ihm eine Laufbahn an der Kurie. In dieser Zeit entstanden die Übers. der Romulus-Vita Plutarchs, Auszüge aus den Akten des Konzils v. Ephesos, Aufzeichnungen über beim Konzil v. Ferrara-Florenz diskutierte Fragen (Autogr. Ferrara Ms. Antonelli 545), die »Vita b. Zenobi episcopi florentini« (Autogr. Florenz, Bibl. Naz., XXX VIII 134), die den Griechen den Ruhm von Florenz vor Augen führen sollte, sowie die »Vita Athanasii«. Nach dem Theologiestudium in Bologna (1445 Dr., Übers. der »Analytica posteriora«) wurde er 1449 zum päpstl. Kämmerer ernannt und von →Nikolaus V. zum Mitarbeiter bei der Gründung der →Vatikan. Bibliothek bestellt. Ende 1451 übergab er dem Papst sein Hauptwerk »Commentariorum grammaticorum de orthographia dictionum e Graecis tractarum libri« (Autogr. Vat. lat. 1478). Durch den Tod des Papstes (1455) verlor er sein Amt als Bibliothekar und bekleidete danach eine nur noch zweitrangige Position an der Kurie. In seinen letzten Lebensjahren überarbeitete er einige seiner älteren Abhandlungen wie »De medicina et medicis« (ed. L. BELLONI–D. M. SCHULLIAN, 1954) und übersetzte vielleicht philos., math. und physikal. Kleinschriften (Vat. lat. 3122; CORTESI-MALTESE). M. Cortesi

Q. und Lit.: Vespasiano da Bisticci, Vite, hg. A. GRECO, II, 1976, 61–64 – G. MANCINI, G. T. cooperatore di Niccolò V nel fondare la Bibl. Vat., ASI 78, 1920, 161–282 – M. REGOLIOSI, Nuove ricerche intorno a G. T., IMU 12, 1969, 129–196 – M. CORTESI, Il »Vocabularium« greco di G. T., IMU 22, 1979, 449–483 – R. RIBUOLI, F. Filelfo e G. T. (F. Filelfo nel V cent. della morte, 1986), 159–161 [frühere Lit.] – W. BROWN–C. KALLENDORF, Two Humanist Annotators of Virgil: C. Salutati and G. T. (Supplementum Festivum [Fschr. P. O. KRISTELLER, 1987]) – M. CORTESI–V. MALTESE, Per la fortuna della demonologia pselliana in ambiente umanistico (Dotti biz. e libri greci nell'Italia del sec. XV, 1992), 129–192 – E. V. CORTESI, Tecnica versoria e composizione agiografica nella »Vita Athanasii« di G. T. (La traduzione dei testi religiosi, hg. C. MORESCHINI–G. MENESTRINA, 1994), 197–223 – F. VIOLONI, La »Vita s. Zenobii« di G. T., Aevum 68, 1994, 407–424.

Tortona, Stadt in Oberitalien (Piemont). Die Siedlung der Ligurer auf einem Ausläufer des Apennin am linken Ufer des Flusses Scrivia dehnte sich durch die Erhebung zur röm. Kolonie (um 120 v. Chr.) zur Ebene hin aus. Im 4./5. Jh. war T. Sitz des »praefectus Sarmatum gentilium«, zur Zeit →Theoderichs Getreidedepot für Ligurien. 539 von Byzanz erobert, wurde es erst Anfang des 7. Jh. von den Langobarden unterworfen; in karol. Zeit war T. eine der wichtigen Städte der »Alpes Cottiae«. Im 10. Jh. bauten die Bf.e ihre Macht aus, die häufig als Kapelläne und Kanzler der kgl. Hofkapelle fungierten. So z. B. Gerebertus, der 979 von →Otto II. die Stadt und ihren Districtus (im Umkreis von drei Meilen) erhielt, die damit der Kontrolle der →Otbertiner (Obertenghi), in dem Mark sie gehörte, entzogen wurden. Im Lauf des früheren MA wurde der untere Teil der Stadt allmählich aufgegeben, während sich auf dem Hügel um die Kathedrale S. Lorenzo der Sitz der weltl. und geistl. Macht konzentrierte. Unter der Herrschaft der kaisertreuen Bf.e entwickelte sich die kommunale Organisation der Stadt (erster Beleg von Konsuln 1122). T. war von Anfang an mit →Mailand verbunden und mit →Pavia verfeindet, das 1107 zusammen mit →Cremona und →Lodi den Borgo niederbrannte. Die Verbindung mit Mailand erwies sich zur Zeit →Friedrichs I. Barbarossa für die Stadt als folgenschwer, da der Ks. sie nach mehr als zweimonatiger Belagerung am 18. April 1155 zur Übergabe zwang und ihre Befestigungen schleifen ließ. Erst 1176 erlangte die Kommune die Aussöhnung mit dem Ks. und die Anerkennung des Rechtes der Konsulwahl. Im Lauf des 13. Jh. dehnte die Kommune ihre polit. Autorität auf ein weites umliegendes Territorium aus und erwirkte 1248 von Friedrich II. das Münzrecht. In der ersten Hälfte des 14. Jh. war T. in die Kämpfe zw. →Visconti und →Anjou um die Vormacht in der Region verwickelt; 1314 wurde die Stadt von Marco Visconti besetzt, fiel 1323 an die Anjou und unterwarf sich 1347 endgültig Luchino Visconti, womit sie in die Mailänder Signorie eingegliedert wurde. R. Bordone

Q.: Le carte dell'archivio capitolare di T., ed. F. GABOTTO–V. LEGE, 1905 – Il »Chartarium Dertonense«, ed. F. GABOTTO, 1909 – Lit.: U. ROZZO, T. nei secoli, 1971 – F. OPPL, Stadt und Reich im 12. Jh., 1986, 438–445.

Tortosa (lat. Dertosa, arab. Tartusha), Stadt, Bm. und Taifenreich in Katalonien (Prov. Baix Ebre), bereits in westgot. Zeit als Bm. bezeugt (516–694), zw. 713–718 von den Mauren erobert. Nach vergebl. Versuchen Ludwigs d. Fr. und der Gf.en v. →Barcelona, die Stadt im 9. und 10. Jh. wiederzugewinnen, wurde sie nach dem Fall des Kalifats v. Córdoba 1035/36–99 von Taifen (→Mulūk aṭ-ṭawā'if) regiert (seit 1060 →Hūdiden v. Zaragoza), die den Gf.en v. Barcelona →Parias entrichteten. Die Eroberung durch die →Almoraviden (1099) beendete die wirtschaftl. und kulturelle Blüte der Stadt. Nach vielen Vorbereitungen (1136 Vertrag mit Wilhelm v. Montpellier, 1146 mit Raimund v. Montcada und mit Genua) eroberte 1148 ein chr. Heer unter Gf. →Raimund Berengar IV. v. Barcelona T. Nachdem die Ansprüche Genuas 1153 finanziell abgelöst und die Stellung des Montcada als Bgf. in einem Richtspruch der gfl. Kurie definiert worden waren, erhielten die →Templer, denen ein Fünftel der Stadt zugefallen war, 1181 durch Kauf alle kgl. Rechte in T. Bis 1294, als Jakob II. durch Tausch mit den Templern und Ablösung der Rechte der →Montcada erneut in den Besitz der Stadt gelangte, kam es häufig zu Konflikten der Einwohner mit den Templern und den Montcada, die schließl. durch die Redaktion des »Llibre de les Costums« (1272/79) beigelegt wurden. 1329 übertrug Alfons IV. T. als Marquesat an seinen Sohn, den Infanten →Ferdinand (14. F.), bei dessen Tod 1363 es definitiv an die Krone zurückfiel. Das 14. Jh. war eine Zeit wirtschaftl. Blüte T.s (Ausbau der Textilindustrie, Bau einer Llotja [1369–73], Erweiterung der Stadtmauer, Baubeginn der Kathedrale [1347; Mitte des 18. Jh. fertiggestellt]).

Das ehem. westgot., später mozarab. Bm. T. erhielt, nach einer Interimsverwaltung durch Ebf. Bernhard →Tort v. Tarragona, mit Abt Gaufred v. St-Ruf (1151–65) seinen ersten Bf., der sein Kapitel nach der Augustinus-Regel und den Consuetudines v. →St-Ruf konstituierte und das Bm. reorganisierte. Unter seinen Nachfolgern waren so bedeutende Bf.e wie →Jakob v. Aragón ([13. J.]; 1362–69), Pedro de Luna (1397–1406) und Odo v. Montcada (1415–73; nahm am Konzil v. →Basel teil). Hier fand auch 1413–14 die Disputation v. T., ein wichtiges theol. Streitgespräch zw. Christen und Juden, statt (→Religionsgespräche, IV). U. Vones-Liebenstein

Lit.: DHEE IV, 2885–2887 – Dic. Hist. de Catalunya, 1992, 1058f. – Gran Enc. Catalana XIV, 1990, 580–587 – E. BAYERRI Y BERTOMEU, Hist. de T. y su comarca, 8 Bde, 1933–59 – DERS., Los Códices Medievales de la Catedral de T., 1962 – P. CATALÀ I ROCA, Els Castells catalans IV, 1973, 538–563 – P. SCHICKL, Die Entstehung und Entwicklung des Templerordens in Katalonien und Aragon, SFGG. GAKGS 28, 1975, 91–228 – Costums de T., Estudis, 1979 – R. HIESTAND, Reconquista, Kreuzzug und hl. Grab, SFGG. GAKGS 31, 1984, 136–157 – L. PAGAROLAS, La comanda del Temple de T.: primer període (1148–1213), 1984 – J. M. FONT RIUS, Estudis sobre els drets i institucions locals en la Catalunya medieval, 1985, 75–92, 141–193 – A. VIRGILI, Conquesta, colonització i feudalització de T. (s. XII), Estudi General (Girona/Barcelona) 5–6, 1985–86, 275–289 – J. P. KERN, Die Besetzung der aragon. Bf.sstühle unter Peter IV., Johannes I., Martin I. (1336–1410), SFGG. GAKGS 32, 1988, 148–263 – J. FUGUET SANS, L'arquitectura dels Templers a Catalunya, 1995, 69–153.

Tortosa (arab. Ṭarṭūs), Stadt an der Küste von →Syrien. Die seit der Antike bezeugte Siedlung (Antarados) gegenüber der Insel Arados (arab. Ǧazīrat Arwād, heute Ruwād) wurde 638 von den Muslimen erobert und zerstört. Unter dem Kalifen →Muʿāwiya wiederaufgebaut, wurde T. zur arab. Garnisonsstadt. Im 10. Jh. vorübergehend von Byzanz besetzt, nahmen die Kreuzfahrer die Stadt während des 1. →Kreuzzuges Anfang 1099 ein, verloren sie aber rasch wieder an den Emir v. →Tripolis. 1102 eroberten die Kreuzfahrer unter →Raimund v. St-Gilles mit genues. Flottenunterstützung T. erneut und begannen 1123 mit dem Bau der Kathedrale, deren kostbares Marienbild zahlreiche Wallfahrer anzog. Um die Stadt, der sich →Nūraddīn 1152 kurzfristig bemächtigt hatte, künftig besser verteidigen zu können, übergab Kg. →Balduin III. v. →Jerusalem sie zw. 1152 und 1158 den →Templern, die sie stark befestigten und den wichtigen Hafen ausbauten. 1188 drang →Saladin kampflos in die von Verteidigern entblößte Stadt ein, konnte aber die von den Templern hartnäckig verteidigte Festung nicht vollständig einnehmen und zog nach Zerstörung der Stadt wieder ab. Das zügig wiederaufgebaute T. erlitt Schäden durch das Erdbeben von 1202. Nachdem →Baibars 1270 die Stadt angegriffen hatte, sahen sich die Templer zu Gebietsabtretungen an den Sultan gezwungen. Noch vor Ablauf des mit →Qalāwūn eingegangenen Waffenstillstands (15. April 1282) auf zehn Jahre und zehn Monate eroberte Sultan al-Ašraf Ḫalīl am 3. Aug. 1291 die Stadt. Allein die stark befestigte Insel Ruwād blieb noch im Besitz der Templer, die sich von hier aus noch einmal in T. festsetzten (1300–02), bevor T. und Ruwād von den →Mamlūken endgültig eingenommen und die Festungswerke geschleift wurden (Jahreswende 1302/1303). Christl. Wiedereroberungsversuche (1367–69, 1518) schlugen fehl. T. verfiel und wurde im SpätMA bedeutungslos.

P. Thorau

Lit.: EI¹ IV, 736ff. – R. Dussaud, Topographie hist. de la Syrie, 1927, 121–125 – W. Müller-Wiener, Burgen der Kreuzritter, 1966, 52f. [Abb. 34, 35] – P. Thorau, Sultan Baibars I., 1987, 225f.

Tortur → Folter

Torturm → Befestigung, A, →Turm

Tosafot, Tosafisten. Die zunächst in gaonäischer Zeit (→Saadja Gaon) nicht fortlaufende Kommentierung des talmud. Corpus (→Talmud) im oriental. sowie arabischsprachigen nordafrikan. Bereich (Chanael Ben Chuschiel, 11. Jh.) erreichte zu Beginn des hohen MA im franko-aschkenasischen Bereich v. a. durch den Kommentar des R. Salomo Ben Isaak (→Raschi) zu fast allen Talmudtraktaten einen Höhepunkt. Raschis Kommentar, der in den Talmudausgaben mitgedruckt zum traditionellen Lernstoff gehört, wurde ab dem 12. Jh. fortgeführt, ergänzt und kommentiert in den *Tosafot* ('Zusätzen'), die nicht nur Aufschluß über den Lehrbetrieb, sondern auch Einblick in jüd. Alltagsleben des 12. und 13. Jh. bieten. Aus Schülermitschriften des Lehrvortrages und anschließender Diskussion, vom Meister gewöhnl. korrigiert, ergänzt um Lehrmeinungen und Probleme der Schule(n), bemüht um Bereinigung innerer Widersprüche durch »Denkakrobatik« ('Pilpul'), entstand ein kollektives Werk. Es entwickelte sich eine Bewegung, die für Jahrhunderte zunächst in Deutschland und Frankreich, später auch in Spanien die Methode des Tora-Lernens (→Tora) bestimmte. Hervorragende Tosafisten, meist Schüler, Schwiegersöhne und Enkel Raschis, sind Isaak Ben Natan (gest. 1170), die Enkel Raschis: Samuel Ben Meir (Raschbam, gest. 1174), Jakob Ben Meir (Rabbenu Tam, gest. 1171), Isaak Ben Meir (Ribam, 12. Jh.) sowie Isaak Ben Samuel v. Dampierre (gest. 1185), auf dessen Schüler Samson Ben Abraham v. Sens (12./13. Jh.) die erste wichtige Slg. zurückgeht, die mit weiteren Slg.en den Teil der Tosafot bildet, die am Außenrand jeder Talmudausgabe gedruckt werden. Weiter ist noch zu nennen Elieser Ben Samuel v. Metz (gest. 1198), →Elieser Ben Joel ha-Levi (gest. 1225) sowie der berühmte R. →Meir v. Rothenburg (gest. 1293).

R. Schmitz

Lit.: E.E. Urbach, The Tosaphists: Their Hist., Writings and Methods, 1986⁵ [hebr.] – G. Stemberger, Einl. in Talmud und Midrasch, 1992⁸.

Toscana → Toskana

Toscanelli, Paolo dal Pozzo, florent. Arzt, Kosmograph, Astronom, Mathematiker, Philosoph, * 1397 in Florenz, † 1482 ebd., unterhielt weitreichende wiss. Kontakte, befaßte sich aber auch intensiv mit der Welt der Reisenden und Fernkaufleute. Freund Cosimo de →Medicis, aber auch näher bekannt mit →Nikolaus v. Kues, der ihn zu seinem Dialogpartner im »Dialogus inter cardinalem Sancti Petri episcopum Brixinensem et Paolum physicum Florentinum, de circuli quadratura« machte. T. hinterließ eine reiche Bibliothek, jedoch nur ein einziges, ihm sicher zugeschriebenes Ms. mit astron., geodät. und geogr. Studien, in dem u. a. zwei Kartenzeichnungen und eine rechteckige Kartenskizze mit Gradeinteilungen erhalten sind. Diese und seine Korrespondenz mit dem ptg. Kanoniker, Arzt und Höfling Sernão Martíns de Roriz und mit →Kolumbus über die Möglichkeit, Asien auf dem westl. Seeweg über den Atlantik zu erreichen, haben die Forsch. über T. nachhaltig beschäftigt. Ein Brief von T. an Martíns und zwei Briefe an Kolumbus, in denen T. das Projekt einer Westfahrt unterstützt, geogr. Angaben mit Entfernungsangaben macht und zwei eigene Kartenskizzen als Beilagen zu dem Brief an Martíns und einem an Kolumbus erwähnt, haben aufgrund der problemat. Überlieferung in Form von Abschriften von der Hand des Kolumbus oder seines Bruders Bartolomé, des Bartolomé de las Casas und Kolumbus' Sohn Hernando Colón die Forsch. in gegensätzl. Lager gespalten. Eine radikale Minderheit betrachtet alle drei Briefe als Fälschungen, die Mehrheit hält jedenfalls den Brief an Martíns für echt, da aus anderem Zusammenhang feststeht, daß T. schon lange vor diesem auf das Jahr 1474 datierten Brief mit ptg. Botschaftern in Rom über das Problem sprach, doch beurteilt sie die Briefe an Kolumbus wiederum teils als echt, teils als gefälscht. Kolumbus selbst hat in seinen Briefen T. nie erwähnt, doch fand sich die auf ihn zurückgehende Kopie in dem Exemplar der Beschreibung Asiens von Enea Silvio Piccolomini (→Pius II.), die Kolumbus eigenhändig kommentierte. Unstritig ist, daß T. das Projekt einer Westfahrt nach Asien, v. a. unter Rückgriff auf Marco →Polo und Niccolò dei →Conti unterstützte, aber schwer zu deutende, ja, fragwürdige geogr. und Entfernungsangaben lieferte. Die heute vielfach als T.-Karte verbreitete Skizze basiert auf späteren Rekonstruktionsversuchen auf der Grundlage der o. a. Originalskizzen, die aber sicher nicht den Martíns und Kolumbus übersandten Kartenzeichnungen entsprachen, und den in den Briefen enthaltenen Angaben. Vielsagend ist, daß als Mittler dieser Korrespondenz der Florentiner Lorenzo Giraldi feststehen dürfte, Angestellter des Handelshauses der Gualtierotti, das schon bald nach Vasco da Gamas Fahrt auf der ptg. Route mit Asien Handel trieb.

H. Pietschmann

Lit.: G. Uzielli, La vita e i tempi di P. dal P. T. (Raccolta di documenti e studi pubblicati dalla R. Commissione colombiana pel quarto centenario della Scoperta dell'America, T. V, Bd. 1, 1894) – S. Crinò, Come fu scoperta l'America, 1943 – P. E. Taviani, Cristoforo Colombo. La genesi della grande scoperta, 1982 – Cartas de particulares a Colón y Relaciones coetáneas, hg. J. Gil–C. Varela, 1984.

Toskana (it. Toscana, mlat. Tuscia), Region in Mittelitalien. Von allen Regionen Italiens bietet die heutige T. in geogr. Hinsicht – mit Ausnahme Siziliens und Sardiniens – das geschlossenste und eigenständigste Erscheinungsbild. Aber auch in polit.-administrativer Hinsicht hatte die T. zweifellos seit jeher ihre eigene Charakteristik. Seit dem 2. Jh. n. Chr., v. a. seit der Neuordnung der Reichsverwaltung unter Diokletian, wurde das früher »Etruria« gen. Gebiet, das in etwa der heutigen T. entspricht, als »Tuscia« bezeichnet. In der 2. Hälfte des 4. Jh. unterschied man die »Tuscia annonaria« (die mit der Aemilia verbunden wurde) von der »Tuscia urbicaria« südl. des Arno. Der Niedergang des Röm. Reiches und die bis zum 10. Jh. andauernden Invasionen schädigten die T. wahrscheinlich weniger als andere Gebiete, auch die Angriffe der Sarazenen richteten sich nicht in erster Linie gegen diese Region. Dank der relativ isolierten Lage »Tusziens« war die Welle der Invasoren aus N und S bereits gebrochen, als sie in der T. ankam. Vielleicht war dies einer der Gründe für den raschen Aufstieg der T. in Italien und in Europa bald nach der Jahrtausendwende.

Zwei Jahrhunderte lang (568–774) unter langob. Herrschaft, wurde »Tuscia« als Hzm. mit dem Vorort (oder wichtigstem Zentrum) →Lucca organisiert. Allmählich gewannen nach der Durchsetzung des Christentums auch die Bf.sstädte an Bedeutung, einige davon etrusk. Ursprungs wie →Chiusi, Roselle, Populonia (Bf.ssitz später nach →Massa Marittima verlegt), →Arezzo, Sovana, →Volterra, andere wie →Pisa, →Lucca, →Fiesole, →Pistoia, →Florenz und →Siena stärker von der röm. Tradition geprägt.

In langob. Zeit wurden die Via Aurelia und teilweise die Via Cassia aufgegeben, und es setzten sich als Verkehrswege die Via Romea oder →Via Francigena durch (Radicofani, Siena, Val d' Elsa, Lucca), die den Zugang zu den fruchtbaren Hügeln der mittleren T. und deren zahlreichen halbstädt. Zentren und Klöstern erschloß.

Die Ablösung der langob. durch die fränk. Oberherrschaft trug zur Entwicklung »Tusziens« bei, das immer stärker einheitl. Züge annahm. Die Gf.en v. Lucca, die das Gebiet verwalteten, erhielten in der 2. Hälfte des 9. Jh. den Titel 'Mgf.en v. Tuszien'. Das Gebiet war in Gft.en unterteilt, an deren Spitze Mitglieder zumeist frk. Adelsfamilien standen.

Die Mgft. Tuszien, die nach 1000 an die Herren von →Canossa überging, bestand zwar in formaler Hinsicht weiter, es hatten sich jedoch nunmehr von Ort zu Ort neue Kräfte in der Region entwickelt. Adels- oder Bf.sherrschaften, aufstrebende Schichten von Kaufleuten in den Städten, häufig auch im Kampf miteinander, trachteten mit Erfolg danach, sich der Kontrolle der Zentralgewalt (des Mgf.en, Kg.s oder Ks.s) zu entziehen.

Die Entstehung und rasche Entwicklung der Kommunen (Ende des 11./Anfang des 12. Jh.) führte dazu, daß sich die Herrschaft der großen Signorenfamilien (→Aldobrandeschi, →Malaspina, →Della Gherardesca, →Guidi, etc.) nur noch in den peripheren Teilen der T. halten konnte (Lunigiana, Garfagnana, toskan.-emilian., toskan.-romagnol. und toskan.-umbr. Apennin, Maremma bei Siena und Grosseto). Diese waren jedoch nie völlig von der polit. Kämpfen ausgenommen, da sie sowohl als potentielle Verbündete der städt. Faktionen als auch als Schauplätze und Stützpunkte der Interventionen auswärtiger Mächte in der T. fungierten, in erster Linie des Reiches, das vom 11.–14. Jh. seinen Einfluß in der Region geltend machte, v. a. unter →Heinrich IV., →Friedrich I., →Heinrich VI., →Friedrich II., →Heinrich VII. und →Karl IV.

Die zentralen Gebiete der T. waren hingegen durch die kommunale Bewegung charakterisiert, die den Städten, der Landschaft, dem Menschenschlag und der Wirtschaft ihr typisches Gepräge gab, das sie zum großen Teil noch heute bewahren.

Bei allen lokalen Unterschieden lassen sich drei Hauptkennzeichen der kommunalen Bewegung der T. ausmachen: 1. Die institutionelle Organisation, die großen Teilen der gesellschaftl. Kräfte in den Städten die Möglichkeit zur Teilnahme am polit. Leben bot, was heftige und andauernde innere Konflikte mit sich brachte (vgl. etwa →Dantes Verse), aber auch zu einem kollektiven polit. und kulturellen Wachstum führte, das für die Gesch. Italiens und Europas fundamentale Bedeutung gewinnen sollte. 2. Die Unterwerfung des Umlandes (→Contado) durch die Städte, so belastend sie auch für die ländl. Bevölkerung gewesen sein mag, bildete institutionelle Formen aus (→Landgemeinde, →Teilbau [mezzadria]), die eher zu einer Osmose als zur klaren Trennung von Städtern und Contadobewohnern führten. 3. Eine wesentl. Rolle spielte die wirtschaftl. Expansion in Gebiete außerhalb der T. Sie manifestierte sich zuerst (→Pisa) in Expeditionen, die zur Gründung von Handelskolonien (an den Küsten des Hl. Landes und in Nordafrika), aber auch zu Niederlassungen führten (→Sardinien); später bildeten Pisa, bald aber auch Lucca, Siena, Pistoia, Arezzo und v. a. →Florenz ein Netz von Handelsniederlassungen und Banken aus, das schließlich ganz Italien (von Venetien bis Apulien, von Ligurien bis Sizilien), große Teile Europas (Frankreich, Spanien, England, Niederlande, Deutschland, Böhmen, Polen, Balkanhalbinsel) und die byz. und arab. Küsten des Mittelmeers überzog.

Diese »T. außerhalb der T.« trug wesentlich zum Wohlstand und Aufschwung des Mutterlandes bei. Trotz einer Reihe schwerer Epidemien, v. a. der →Pest von 1348, zählte die Region um die Mitte des 15. Jh. zw. 300000 und 400000 Einwohnern. Die durchwegs aus Stein erbauten Städte wurden mit profanen und kirchl. Gebäuden von hoher künstler. Qualität ausgestattet. Auch die öffentl. Einrichtungen wurden zusehends perfektioniert (Finanz- und Steuerverwaltung [vgl. den florent. →Kataster d. J. 1427], Schulen und Universitäten in Arezzo, Siena und Pisa, Spitäler, Lebensmittelversorgung), die Infastrukturen verbessert (Wasserleitungen, Straßen, Wasserwege und Transportmittel). Der Ackerbau wurde intensiviert, Viehzucht und Abbau von Bodenschätzen (Silber im Gebiet von Siena, Alaun im Gebiet von Volterra, Eisen auf der Insel →Elba) gefördert. Auch die Formen des Kreditwesens auf internat. wie auf lokaler Ebene (hier auch dank der zahlreichen jüd. Darlehensgeschäfte) wurden perfektioniert. V. a. auf dem Textilsektor vervielfältigten sich die Unternehmen, deren Arbeitsorganisation frühkapitalist. Ansätze zeigt.

Die Steigerung der Lebensqualität hatte fundamentale Wirkungen auf jeden kulturellen Aspekt der Region. Toskaner sind die ersten drei großen Protagonisten der it. Lit. (Dante, →Boccaccio, →Petrarca), und im wesentlichen toskan. ist auch der →Humanismus. In Florenz lebten und wirkten am Übergang von MA und früher NZ Niccolò →Machiavelli und der Geschichtsschreiber Francesco Guicciardini. In den beiden letzten Jahrhunderten des MA ist der toskan. Primat vielleicht noch augenscheinlicher in den bildenden Künsten (→Giotto, Giovanni →Pisano, →Masaccio, →Donatello, Leon Battista →Alberti, Leonardo da Vinci).

Wenn es auch nicht immer den Anschein hat, so bewahrte die toskan. Gesellschaft eine sehr starke religiöse Prägung und Ausrichtung, wie einflußreiche Gestalten wie →Katharina v. →Siena, Giovanni →Dominici,

→Bernhardin v. Siena, Bf. →Antoninus v. Florenz, Girolamo →Savonarola zeigen. Die Ortskirchen – obgleich stark unter dem Einfluß und Druck weltl. Interessen – widmeten seit dem 14. Jh. offenbar der Seelsorge größere Aufmerksamkeit: so stammen z. B. die ältesten in großem Umfang erhaltenen regulären Taufregister aus der T.

In polit. Hinsicht bestand unter den vier größten Kommunen, Florenz, Pisa, Lucca und Siena, bis zur Mitte des 13. Jh. im wesentl. ein gewisses Gleichgewicht. Die Prägung des Goldflorins (1252) durch Florenz (→Gulden) und die Niederlage Pisas durch Genua in der Seeschlacht an der →Meloria (1284) sind symbol. Eckdaten für den Aufstieg von Florenz. Trotz des Versuchs des Ghibellinen Castruccio →Castracani, Lucca die Hegemonie in der Region zu sichern (1320–28), setzte sich im Lauf des 14. Jh. Florenz, das von der Kirche und von den →Anjou unterstützt wurde, als Vormacht in der T. durch. Allmählich verleibte sich Florenz eine Reihe von Städten und Territorien ein (→Arezzo, Colle Val d' Elsa, Montepulciano, →Prato, →Pistoia, →San Gimignano, Volterra, das Casentino, das Mugello und einen Teil der Romagna), ging aber nur langsam dazu über – nicht ohne heftige innere Auseinandersetzungen –, einen rational organisierten Territorialstaat zu bilden.

V. a. unter dem Druck der →Visconti im N (→Mailand) Ende des 14./Anfang des 15. Jh. erkannten die Florentiner die Notwendigkeit, die verschiedenen Mitglieder ihres Staates enger an die Hauptstadt zu binden.

Die Eroberung von Pisa und dessen Territorium (1406) bot Florenz den seit langer Zeit angestrebten Zugang zum Meer und die Möglichkeit, definitiv seine Vorherrschaft über die Region zu konsolidieren. Im Lauf des 15. Jh. kamen noch einige Erwerbungen dazu (z. B. Borgo San Sepolcro und →Cortona), aber erst Mitte des 16. Jh. wurde Siena unterworfen. Zwar konnten die Republik Lucca und andere kleinere mehr oder weniger periphere Gebiete (wie die estens. Garfagnana oder das Fsm. →Piombino) ihre Unabhängigkeit bewahren, man kann jedoch behaupten, daß gegen Ende des MA und Beginn der NZ die ursprgl. »Tuscia-Toscana« mit dem florent. Staat zusammenfiel, der sich nicht von ungefähr später Großhzm. »Toscana« nannte.

Aufstieg, Expansion und Konsolidierung des florent. Staates erforderten einen langen, durch kriegerische und diplomat. Auseinandersetzungen mit der Kirche, den anderen Staaten Italiens und den europ. Großmächten gekennzeichneten Prozeß. Mit diesen Konflikten war auch ein langsamer und schwieriger Prozeß interner institutioneller Veränderungen verbunden: von den Auseinandersetzungen zw. den →Guelfen und →Ghibellinen und zw. Bianchi und Neri (»Weiße« und »Schwarze«), der Vorherrschaft des »popolo grasso« in den ersten Jahrzehnten des 14. Jh., der Signorie des Hzg.s v. Athen (1343, →Brienne, Gautier VI.), dem →Ciompi-Aufstand (1378) – dem letzten Versuch, die unteren Schichten der städt. Bevölkerung an der polit. Macht zu beteiligen –, über das oligarch. Stadtregiment, in dem die →Albizzi dominierten, zur Kryptosignorie des Cosimo d. Ä., Piero, Lorenzo il Magnifico und Piero di Lorenzo de' →Medici.

Obgleich in erster Linie das florent. »Modell« die Aufmerksamkeit der Landeshistoriker gefunden hat, ist die Dynamik der inneren polit. Konflikte in ihrer Verbindung mit sozialen und wirtschaftl. Auseinandersetzungen in den anderen Städten der T. von nicht geringerem Interesse; dies gilt sowohl für die großen Zentren (Pisa, Siena, Lucca, Arezzo, Pistoia) als auch für die kleineren Städte (Pescia, Volterra, San Gimignano). Eine ausgezeichnete Basis für die mit der T. beschäftigten it. und nichtit. Forschergenerationen bildet das umfangreiche Urkundenmaterial (von den Hunderten früh- und hochma. Pergamenten in Lucca bis zu den Tausenden spätma. Notariatsregistern in Florenz und den außerordentl. Archivschätzen zahlloser weltl. und kirchl. Institutionen).

M. Luzzati

Lit.: P. MALANIMA, La formazione di una regione economica: la T. nei s. XIII–XVI, Società e Storia 20, 1983, 229–269 – M. LUZZATI, Firenze e la T. nel Medioevo, 1986 [Lit.] – R. MANSELLI, La Repubblica di Lucca, 1987 [Lit.] – La T. nel s. XIV, hg. S. GENSINI, 1989 – Etruria, Tuscia, T. L'identità di una regione attraverso i secoli, hg. M. LUZZATI, 1992 – R. FUBINI, Italia quattro cent., 1994.

Töss, ehem. Dominikanerinnenkl. an der Töss bei →Winterthur (Kt. Zürich, Schweiz), 1233 von Gf. Hartmann (IV.) v. →Kiburg gestiftet. T. befolgte seit seiner Gründung die Augustinerregel und die Konstitutionen von St. Marx in Straßburg. 1245 unterstellte Innozenz IV. T. der dt. Ordensprovinz, die endgültige Inkorporation erfolgte 1267. Die cura monialium wurde von den Zürcher Dominikanern ausgeübt; Heinrich →Seuse aus dem Konstanzer Konvent pflegte Beziehungen zu T. Der Engelberger cod. 141 des Büchleins der ewigen Weisheit entstand vor 1378 in T. Das früher Seuses geistl. Tochter Elsbeth →Stagel(in) zugeschriebene Schwesternbuch v. T. wird heute als ständig neu bearb. Werk eines Schwesternkollektivs angesehen. Die frühesten Textzeugen aus dem 15. Jh. stammen aus reformierten Dominikanerinnenkl. T. selbst wurde im 15. Jh. nicht reformiert. Polit. geriet T. nach dem Aussterben der Kiburger (1264) in den Machtbereich der Habsburger. Mit der Verpfändung der Gft. Kiburg an →Zürich (1424) kam T. unter die Herrschaft Zürichs (endgültig 1452) und wurde im Verlauf der Reformation 1525 aufgehoben.

M. Wehrli-Johns

Q.: F. VETTER, Das Leben der Schwestern zu T., 1906 – Nhd. Ausg.: M. WEINHANDL, 1921 – C. GÜNTHER, 1923 – Lit.: M.-C. DÄNIKER-GYSIN, Gesch. des Dominikanerinnenkl. T. 1233–1525 (289. Neujahrsbl. der Stadtbibl. Winterthur, 1958) [Lit.] – K. GRUBMÜLLER, Die Viten der Schwestern v. T. und Elsbeth Stagel, ZDA 98, 1969, 171–204 – E. EUGSTER, Adlige Territorialpolitik in der Ostschweiz, 1991, 86–109.

Tostado, El → Madrigal, Alonso de

Tostig, Earl v. Northumbrien, ✕ 25. Sept. 1066 in der Schlacht v. →Stamford Bridge; Sohn des Earl →Godwin v. Wessex; ⚭ 1051 Judith, eine Halbschwester Gf. →Balduins V. v. Flandern. 1051 mußte er zusammen mit Godwin ins Exil nach Brügge gehen. 1055 wurde er von →Eduard d. Bekenner als Earl in Northumbrien eingesetzt. 1063 unternahm er mit seinem Bruder →Harald Godwinson einen Feldzug gegen Wales. T. hatte gute Kontakte zu Kg. Malcolm III. v. Schottland, war aber in Northumbrien unbeliebt wegen seiner Steuerforderungen und weil er im Verdacht stand, südengl. Gewohnheiten einführen zu wollen. Als im Herbst 1065 ein Aufstand gegen ihn ausbrach, mußte er das Land verlassen. Sein Bruder Harald unterstützte ihn nicht. T. ging nach Flandern, warb dort Söldner an und verheerte mit einer Flotte die Isle of Wight sowie die Küsten von Kent und Lincolnshire. In Yorkshire zurückgeschlagen, sammelte er im Sommer 1066 in Schottland neue Streitkräfte. Er schloß sich dem norw. Kg. →Harald Sigurdsson bei dessen Unternehmen gegen England an und fand bei Stamford Bridge den Tod. Seine Witwe heiratete →Welf I. (IV.) v. Bayern.

K. Schnith

Lit.: M. W. CAMPBELL, T. Displaced, Annales de Normandie 22, 1972 – P. A. CLARKE, The English Nobility under Edward the Confessor, 1994, bes. 191–194.

Tote

I. Recht – II. Volkskunde.

I. RECHT: Der ma. Glaube an das Zusammengehören von Lebenden und T.n – zunächst in der Abstammungseinheit der →Sippe (und des Volkes), später in der Gefolgschaft der Hl.n, dann in der Gemeinschaft aller Gläubigen in dem einen Corpus Christi – führte zu einer vielfältigen Anerkennung der Rechtsstellung der Abgeschiedenen, anfangs durchaus noch als dieselbe leibl. Gestalt (als »lebender Leichnam«), dann als ein durchscheinender »Seelenleib« (nach Art eines Gespenstes), schließlich als immaterielle (vergeistigte) Seele, die aber mit überird. Kräften in die ird. Welt einwirken konnte. Im Rechtsverkehr wurden einerseits die Hl.n als Eigentümer der ihnen geweihten Kirchen und des Kirchenvermögens angesehen. Ähnl. sprach man den Abgeschiedenen allg. ein Eigentumsrecht an den Grabbeigaben zu. Auch der Stifter blieb nach seinem Tod weiterhin durch den Personenverband, den er mit der →Stiftung des Vermögens konstituiert hatte, in einer fortbestehenden realen Beziehung zu den Lebenden, dergestalt, daß z.B. der Abgeschiedene selbst bei der Speisung der Armen als anwesend vorgestellt wurde. Allg. erkannte man dem Verstorbenen ein Drittel seines Vermögens als »Totenteil« zu, der für sein Heil (»pro salute animae«) rechtl. zu verwenden war. Andererseits sind noch im 16. Jh. Fälle einer schuldrechtl. Klage »uf ainen toten man« überliefert, in der die Abgeschiedene auf Zahlung geklagt wurde. – Allg. (und über den Rechtsverkehr hinaus) wirkte der soziale (und rechtl.) Unterschied zu Lebzeiten nach dem Tode weiter. Zu erwähnen sind v.a. die höchst unterschiedl. Bestattungsgebräuche (→Begräbnis). – Im Strafrecht konnte der Abgeschiedene einerseits weiterhin Opfer sein: etwa als im Eigentum Geschädigter bei Grabfrevel oder -beraubung; der Leichnam konnte mißhandelt und verletzt werden; der rechtl. geschützte Name konnte beleidigt werden. Vergleichbares galt für die (wesentl.) Teile des Leichnams, v.a. für die →Reliquien der Hl.n. Andererseits konnte der Leichnam (die Reliquie) auch bestraft werden: entweder für »Taten«, die der Abgeschiedene selbst »begangen« hatte – so z.B. durch Beleidigung, Verunehrung oder Züchtigung der Hl.ndarstellung oder der Reliquie, wenn die erbetenen Wunder ausgeblieben waren –, oder für Missetaten, die der Betroffene zu Lebzeiten begangen hatte. So mußte der tote Gehängte oder Geräderte am Galgen oder am Rad verfaulen; oder der hingerichtete Leichnam wurde verbrannt oder zerstückelt; oder man verweigerte dem verstorbenen Missetäter das Begräbnis in geweihter Erde. Sogar vor der Verurteilung oder Vollstreckung Verstorbene waren so zu behandeln; bereits bestattete Ketzer (→Häresie) wurden ausgegraben, verstümmelt und verbrannt. Zugleich wurde damit die gefährl. Kraft des Leichnams beseitigt, ebenso das sinnl. Andenken (etwa an einen Ketzer bzw. dessen Lehre) ausgemerzt. Konsequent kannte das MA auch eine Klage gegen den toten Mann, mit der auf den (zumindest möglichen) Vorwurf eines →Totschlags erwidert wurde, indem der Erschlagene als ertappter Missetäter behauptet und im allg. Handhaftverfahren (→Handhafte Tat) beweismäßig überführt wurde. Doch galt auch die Kehrseite: die Verwandten oder Freunde des Erschlagenen konnten Klage mit dem toten Mann (oder der toten Hand, später ersetzt durch ein aus Wachs verfertigtes Leibzeichen) erheben, indem sie den T.n vor Gericht brachten und als seine – des eigtl. Klägers – Vertreter auftraten. Im frühen MA wurde wohl auch ein Recht des Erschlagenen gegenüber seiner Sippe auf Gerächtwerden angenommen (mit der Sanktion des Wiedergängertums des Ungerächten), weshalb das →Wergeld als dem T.n gegeben gelten konnte. Auch in dem trotz des archaischen Scheins erst spätma. Institut der →Bahrprobe wurde der T. als aktiver Prozeßbeteiligter gesehen: durch das Feuchtwerden der blutigen Wunden überführte er seinen Mörder, führte damit den bösen Menschen der sühnenden und vergeltenden Bestrafung zu. Dieses Interesse an einem gerechten Urteil ließ manche Hl.e oder – mit deren bzw. Gottes Hilfe – sonst Verstorbene dem in Beweisnot befindl. Unschuldigen als Eideshelfer (→Eid) oder gar Zeuge zur Seite treten. Auch die Vorstellung, daß die gerechtesten Richter eigtl. die T.n seien, fand sich zuweilen, weshalb dann Gericht vor Grabsteinen der Ahnen oder in der Kirche des toten Hl.n oder allg. auf dem Friedhof oder zumindest nach Vorladung der T.n als Beisitzer oder Gerichtszeugen abgehalten wurde. Schließlich ist noch auf die Auswirkungen des allg. T.nglaubens für die Behandlung der zum Tode Verurteilten hinzuweisen. Die Angst vor dem →bösen Blick oder dem Wiedergängertum (→Wiedergänger), später die Sorge um das Seelenheil des Verurteilten führten im SpätMA zunehmend zu Maßnahmen der Betreuung und Begleitung im Sterben; auch die Sitte der Henkersmahlzeit ist in diesem Zusammenhang zu nennen.

W. Schild

Lit.: H. SCHREUER, Das Recht der T.n, Zs. für vergleichende Rechtswiss. 33, 1916, 333; 34, 1916, 1 – R. HIS, Der T.nglaube in der Gesch. des germ. Strafrechts, 1929 – K. FRÖLICH, Germ. T.nrecht und T.nbrauchtum im Spiegel neuerer Forsch., Hess. Bl. für VK 43, 1952, 41 – P. E. WALLEN, Die Klage gegen den T.n im nordgerm. Recht, 1958 – H. TÜTKEN, T.ngericht und T.nkammer in Geismarer Q., Göttinger Jb., 1964, 165 – N. KYLL, Tod, Grab, Begräbnisplatz, T.nfeier, Rhein. Archiv 81, 1972 – H. HATTENHAUER, Das Recht der Hl.n, 1976 – Zum Grabfrevel in vor- und frühgeschichtl. Zeit, hg. H. JANKUHN, H. NEHLSEN, H. ROTH, 1978 – O. G. OEXLE, Die Gegenwart der T.n (Death in the MA, hg. H. BRAET–W. VERBEKE, 1983) – C. LECOUTEUX, Gesch. der Gespenster und Wiedergänger im MA, 1987 – M. BORGOLTE, Die Stiftungen des MA in rechts- und sozialhist. Sicht, ZRGKanAbt 105, 1988, 71 – J.-C. SCHMITT, Die Wiederkehr der T.n, 1995.

II. VOLKSKUNDE: Die T.n verbleiben in der Gemeinschaft der Lebenden (communio vivorum et mortuorum). Die Überzeugung vom Tod als Übergangsstadium zw. ird. und jenseitiger Existenz aber führte im MA zu zahlreichen Glaubensvorstellungen. Er war in der Erfahrungswelt des Menschen stets präsent, sei es im alltägl. Umgang mit dem Sterben und dem Sterbenden oder in der Konfrontation mit den (Pest-)Epidemien, die zu ersten Sektionen zur Erkennung der Todesursache führten, sei es durch die Bestattung in oder bei der Kirche (ad sanctos) im Zentrum der Städte und Siedlungen (→Friedhof). Der Gang zum Grab und der Blick auf den verwesenden oder austrocknenden Leichnam bedeutete einen Akt der Jenseitsvorsorge ebenso wie der religiösen Didaxe von der Vergänglichkeit der ird. Welt. Unverweslichkeit des Leibes galt hingegen als Zeichen der Heiligkeit. Die bisweilen geringe Bestattungstiefe auf den Friedhöfen führte dazu, daß entweder als Folge des Verwesungsprozesses oder durch Tiere Leichenteile an die Erdoberfläche gelangten; das häufig belegte Erzählmotiv von der aus dem Grabe herauswachsenden Hand als Strafe für einen Meineid oder für Gewalt des Kindes gegen seine Eltern mag hier seinen empir. Hintergrund besitzen. Der T. besaß zudem eine ihm eigene Form des Nach-Lebens: Er konnte als Wiedergänger (Nachzehrer) erscheinen, wenn er infolge einer zu Lebzeiten ungebüßten Freveltat keine Ruhe fand. Berichte vom →Totenheer und von wiederkehrenden T.n, die z.B. auf dem Friedhof tanzen oder an einer Messe teilnehmen, finden sich häufig in der ma. Exempel-Lit. Laut einer

Legende, die nachträgl. in die im 13. Jh. vom St. Galler Mönch Balther verfaßte Vita des hl. Fridolin eingefügt wurde, steht Urso von den T.n auf und bestätigt vor Gericht seine Schenkung von Ländereien an das Kl. Säkkingen. Auch die →Armen Seelen erscheinen den Lebenden und helfen ihnen, falls man für sie gebetet hat. Die Faszination wie die Furcht vor den T.n zeigt sich nicht zuletzt in der Formel »Requiem eternam dona eis domine« des Begräbniszeremoniells. Lit. wie archäolog. gut bezeugt ist im MA der Brauch, dem T.n eine Münze in die Hand, in den Mund (insbes. unter die Zunge) zu legen oder Augen und Mund sorgfältig zu schließen, um sein Wiederkehren zu verhindern. Es kann nicht ausgeschlossen werden, daß der Nachzehrerglaube durch die großen Pestepidemien aktiviert wurde. Eine extreme Form des Schutzes bot die Exhumierung, Zerstückelung oder Pfählung des Leichnams (gepfählte ma. Moorleiche im Mus. von Varberg, Schweden).

Auf antiken Ursprung aber führt sich mit der Nekromantie ein Kernpunkt der ma. wie nachma. Magiediskussion zurück: Der Verkehr der Lebenden mit dem T.n mittels →Beschwörung dient der verbotenen Wahrsagung und der Erlangung verborgenen Wissens durch den T.n. Diese mag. Technik, die entgegen anderer Interpretationen nicht im »Indiculus superstitionum et paganiarum« erwähnt ist – Artikel 2 »De sacrilegio super defunctos, i. e. dadsisas« bezieht sich lediglich auf das Verbot des heidn. T.nkultes – taucht zwar selten in der kirchl. Verbotslit., so in Kanon 34 eines engl. Konzils v. 1080 auf (»Qui mortuos consulunt, vel maleficia tractant [...]«), findet sich jedoch häufig im theol. Schrifttum. Dies verweist auf gelehrte und keinesfalls populäre Traditionen; so nennt Thomas v. Aquin ausdrückl. die Nekromantie (»per mortuorum aliquorum apparitionem vel locutionem«; S. th. II. 00. 95, 3), auch Joh. →Hartlieb bezieht sich im »puoch aller verpoten kunst, ungelaubens und der zaubrey« auf sie, die er als die »allerböst« mag. Kunst erklärt (Kap. 22) und zu der er auch die Praxis zählt, einen T.nschädel durch Räucherungen und Zauberformeln zum Sprechen zu bringen (Kap. 37).

Das strikte Verbot der Anatomie als wiss. Erkenntnishilfe im MA steht sicherl. in Zusammenhang mit der Überzeugung vom T.n als einem möglicherweise Wiederkehrenden und dadurch in einer metanormalen Form Weiterlebenden. Hierzu scheint die weit verbreitete Verwendung von Leichenteilen zu therapeut. und mag. Zwecken in Widerspruch zu stehen, wobei etwa den Körperteilen von ungetauft verstorbenen Kindern und Hingerichteten, z.B. dem »Diebsdaumen«, bes. Wirksamkeit zugeschrieben wurde. Die elitäre Magiologie betrachtete das Leichenfett von Kindern als wichtigen Bestandteil der für die Ausfahrt zum Hexensabbat notwendigen Hexensalbe, aber auch anderer Zaubermittel; ob diese Rezepturen und mag. Schutz- und Zauberpraktiken jedoch auch den ländl. und städt. Unterschichten bekannt waren oder lediglich Diskursmaterie der Gelehrten bildeten, kann nicht mit Sicherheit entschieden werden; immerhin fanden sich an der ins 9. oder 10. Jh. datierbaren Leiche einer wahrscheinl. rituell ermordeten Frau (Goldberg bei Türkheim, Oberbayern) Spuren für die Vermutung, daß Teile des Schädels zur Anfertigung von Amuletten und Pulver gedient hatten. Ch. Daxelmüller

Q. und Lit.: EM VI, 436–447 – L. Lavater, Von Gespänsten, unghüren, fällen und anderen dingen, 1569 – J. A. Herbert, Cat. of Romances in the Department of Mss. in the Brit. Mus., III, 1910, 386, 476 – F. Pfister, Zur Gesch. der techn. Ausdrücke der Wahrsagekunst, Obdt. Zs. für VK 7, 1933, 44f. – M. Hain, Arme Seelen und helfende T., Rhein. Jb. für VK 9, 1958, 54–64 – L. Röhrich, Erzählungen des späten MA und ihr Weiterleben in Lit. und Volksdichtung bis zur Gegenwart, 1–2, 1962/67 – H. Homann, Der Indiculus superstitionum et paganiarum und verwandte Denkmäler, 1965 – P. Berger, Religiöses Brauchtum im Umkreis der Sterbe-Lit. in Dtl., 1966 – L. Petzoldt, Der T. als Gast. Volkssage und Exempel, 1968 – F. C. Tubach, Ind. Exemplorum: A Handbook of Medieval Religious Tales, 1969, 1981² – A. Dieck, Postmortale Lageveränderungen in vor- und frühgesch. Gräbern, ArchKbl 4, 1974, 277–283 – D. Harmening, Superstitio, 1979 – Ph. Ariès, Gesch. des Todes, 1980 – S. Berg, R. Rolle, H. Seemann, Der Archäologe und der Tod, 1981 – T. Schürmann, Nachzehrerglauben in Mitteleuropa, 1990 – W. Hartinger, Religion und Brauch, 1992 – Ch. Daxelmüller, Zauberpraktiken, 1993 – Himmel, Hölle, Fegefeuer, Das Jenseits im MA (Red. P. Jetzler), 1994 – M. M. Rind, Menschenopfer, 1996, 174.

Tote Hand (*todte Hand*, manus mortua, *mainmorte, manomorta, doode hand*). In einem späten Sinn bezeichnet t. H. alle geistl. Stiftungen und Korporationen wie Kirchen und Kl. hinsichtl. der unbewegl. Güter, die sie besitzen. In einem techn.-jurist. Sinn sind damit die Güter gemeint, die moral. oder jurist. Personen (welcher Art auch immer) zugehören (so heute noch in Italien; auch: *imposta* [Steuer] *di manomorta*). Hist. betrachtet hat sich der Begriff im Feudalrecht entwickelt. Von dort gelangte er in das gemeine Recht und in das Kirchenrecht, wo im Benefizium lehensrechtl. Formen übernommen wurden. Mit manus mortua werden (in verschiedenen Verbindungen) einige Einrichtungen gemeint: 1. Das Heimfallsrecht des Lehensherrn (→Heimfall); dementsprechend das Verbot an den Vasallen bzw. Leibeigenen (glebae adscriptus, servus), über seine Güter zu verfügen. 2. Die fiskal. Abgaben, die der Leibeigene oder der Vasall zahlen mußte, um sich von diesem Verbot zu befreien. 3. Das Recht des Lehensherrn, den toten Vasallen, der ohne männl. Erben gestorben ist, zu beerben; und →Fideikommisse und andere ähnl. Einrichtungen. Der Vasall oder der Leibeigene hatte selbst kein Recht, zu vererben, wenn er keine ehel. Kinder besaß, ausgenommen waren fromme Vermächtnisse. Später mußten die Erben in der Seitenlinie eine Taxe bezahlen, bzw. der Lehensherr nahm sich einen Teil der Erbschaft. Als homines (gentes) manus mortuae wurden die Korporationen, Kommunitäten und Vereinigungen bezeichnet, deren Existenz dauernd ist und die wegen der dauernden Erneuerung ihrer Mitglieder keinen Erbgang kennen, ursprgl. aber auch die Leibeigenen, die dem Recht der t. H. unterlagen (frz. *mainmortable*). So werden dann mit Gütern der t. H. alle jene Güter bezeichnet, die moral. Personen (Kommunen, staatl. Körperschaften, Spitälern, religiösen Kongregationen usw.) zugehören. Der Begriff taucht in der Q. schon im 12. Jh. auf (du Cange). Im Lehensrecht war der Grund für die Regelungen um die t. H. der, daß verhindert werden sollte, daß die Lehensgüter in die Hand von Personen außerhalb des Lehensverbandes gerieten. Diese Regeln brachten dem Lehensherrn aber auch zeitweilige Einkünfte. Der Erwerb von solchen Gütern durch moral. und jurist. Personen hat dazu geführt, daß der Erbfall wegfiel, weshalb man diese Güter dann als Güter der t. H. bezeichnete. 'Hand' ist hier im Sinne von Eigentum/Besitz gemeint, aber auch in dem Sinn, daß die t. H. das Gut festhält und nicht mehr veräußert. Dagegen hat man seit dem 13. Jh. in ganz Europa sog. →Amortisationsgesetze erlassen. Die t. H. konnte z.B. Güter nur gegen Bezahlung einer eigenen Abgabe erwerben. Auch laufende Steuern, die von der t. H. anstelle der Grund- und Erbschaftssteuern zu bezahlen waren, wurden eingeführt (z. B. in Italien die imposta di manomorta). R. Puza

Lit.: du Cange V, 251ff. – Dig. It. XV, 1903ff., s.v. Manomorta – Enc. del diritto XXV, 1975, 542–545 [Manomorta] – Nov. Dig. It. X, 1964

[Neudr. 1980], 187f. [Manomorta, imposta di] – H. C. LEA, The Dead Hand, 1900 – V. DEL GIUDICE, Manuale di diritto ecclesiastico, 1959⁹, 423 – J. GOODY, Die Entwicklung von Ehe und Familie in Europa, 1986, 144ff.

Totengericht → Weltgericht

Totengräber. Hauptamtl. T. sind in dt. Städten seit dem SpätMA nachzuweisen: So wurde z. B. in Köln 1335 Tielman, der *dodengrever*, erwähnt, der ein Haus auf dem Fremdenfriedhof, dem *ellendigen kirchoyve*, bewohnte. Aufgabe der wenig angesehenen T. war es, die Gräber auszuheben und die dabei zutage tretenden Skelettreste im Beinhaus aufzuschichten; ferner hatten sie auf dem Kirchhof, der zugleich als Versammlungs-, Fest- und Marktort diente, für Sauberkeit zu sorgen, und sie sollten verhindern, daß die Grabstellen, die oft nur eine geringe Tiefe aufwiesen, von Hunden und freilaufenden Schweinen aufgewühlt wurden. Wo ein T. fehlte, wurde das Ausschachten der Gräber vom Küster übernommen oder als Auftragsarbeit vergeben. Im Winter, wenn der Boden gefroren war, galt ein höherer Lohn; ebenso gab es unterschiedl. Tarife für Erwachsenen- und Kindergräber. Neben ihrer eigtl. Beschäftigung verrichteten die T. weitere Arbeiten: So leerte und wartete 1459 der Hildesheimer T. mit seinen Gehilfen die Aborte und übernahm Aufgaben bei der Straßenreinigung.   S. Kreiker

Lit.: H. DERWEIN, Gesch. des christl. Friedhofs in Dtl., 1931.

Totenheer, auch »Wildes Heer«, »Wütendes Heer«, »Wilde Jagd« oder »Nachtgejaid«, weit verbreitete Vorstellung von der nächtl. Erscheinung Verstorbener bzw. dämon. Wesen. Es setzt sich aus Toten, vereinzelt auch aus Lebenden, aus Dämonen und ungetauft gestorbenen Kindern zusammen. Angeführt wird das T. von Wotan, ihm folgt der »Getreue Eckhardt« (vgl. Johannes Praetorius, »Blockes-Berges Verrichtung«, 1669). Andere Überlieferungen verbinden es mit Dietrich v. Bern, Frau Hulde (Holda, Holle) und Frau Perchta. Das Motiv begegnet u. a. in ma. Erlebnisberichten; 1091 bezeugte der Priester Gauchelin die Wilde Jagd (»familia Harlechini«) in der Normandie (Ordericus Vitalis, Hist. eccl. VIII, 17). Als Kriegerschar seien teufl. Wiedergänger 1098 einem Mönch bei Worms erschienen (Johannes Trithemius, Hirsauer Annalen). Das T. ist beliebte Diskurs- und Exempelmaterie in der Lit. sowohl des MA als auch der frühen NZ, wobei v. a. die unterschiedl. Zusammensetzungen und Funktionalisierungen auffallen; auch Arme Seelen konnten als Wildes Heer auftreten (z. B. A. Hondorff, Promptuarium Exemplorum, 1595, 64v). Dämonolog. Aspekte werden in der Gleichsetzung mit der teufl. Heerschar deutl. (z. B. J. Bodin, De Magorvm Daemonomania, 1591). Hans Sachs widmete dem T. ein Gedicht.

Ob ein Zusammenhang der ma. Vorstellungen vom T. mit dem von Tacitus erwähnten »feralis exercitus« besteht (Germania 43, 4), bleibt spekulativ. Die Kontinuität stellte man durch die falsche Etymologie des Namens »Wotan« als »Wut« oder »wütend« (got. *wōps*) her (Adam v. Bremen IV, 26: »Wodan id est furor«). Daraus schloß man, daß sich das Gefolge des Gottes aus besessenen, verzückten Mitgliedern geheimer Bünde rekrutiere; diese Theorie sah man durch missionszeitl. Q. bestätigt: Die »unholdun« des sächs. Taufgelöbnisses (Vat. Bibl., Cod. Pal. 577) identifizierte man mit den Genossen von Donar, Wotan und Sachsnot; darin vermutete man eine Reminiszenz an die Formel des Bannspruchs des Münchener Nachtsegens »Wûtanes heer und alle seine man«.

    Ch. Daxelmüller

Lit.: J. H. GALLÉE, As. Sprachdenkm., 1894, 248 – O. DRIESEN, Der Ursprung des Harlekin, 1904 – O. HÖFLER, Kult. Geheimbünde der Germanen, 1, 1934 – K. MEISEN, Die Sagen v. wütenden Heer u. wilden Jäger, 1935 – F. RANKE, Das Wilde Heer u. d. Kultbünde d. Germanen. Eine Auseinandersetzung mit O. HÖFLER (DERS., Kleinere Schrr., 1971) – O. HÖFLER, Verwandlungskulte, Volkssagen und Mythen, 1973 – CH. DAXELMÜLLER, Bibliogr. barocker Diss.en zu Aberglaube und Brauch I, Jb. für VK NF 3, 1980, 213, Nr. 318 – M. RUMPF, Luxuria, Frau Welt u. Domina Perchta, Fabula 31, 1990, 97–120.

Totenklage → Planctus

Totenleuchte, monumentalste Form des chr. Lichtträgers, wenigstens in seinen roman. Verwirklichungen Frankreichs. Im dt. sprachigen Bereich bleibt sie meist eine bildstockähnl. Laterne auf eckigem oder säulenhaftem Schaft mit Lichthäuschen, errichtet auf dem Friedhof, meist beim Beinhaus oder neben einem Ölberg. Eine Ausnahme bildet die fialenhaft hochstrebende T. von 1481 neben der Stiftskirche Klosterneuburg, wo sich unter den Lichtbehälter Reliefs der Passion hinziehen. Eine Gruppe von gut einem Dutzend Beispielen in den frz. Departementen Anjou, Auvergne, Charente inférieure, Dordogne, Limousin, Maine, Poitou und Vienne lassen eine mit der gleichzeitigen roman. Architektur zusammenhängende Steinmetzkunst erkennen. Ob der von Jean Mabillon 1683 von seinem Iter Germanicum heimkehrend in Luxeuil neben der Hauptüre der Abteikirche notierte »Pharus« ein Ableger dieser frz. Gattung war, weiß man nicht. Bezeichnenderweise bietet eine sehr frühe frz. Q. die erste Nachricht von einer solchen Leuchte. Gregor v. Tours berichtet 573/575, Kg. Chlodwig sei 507 am Vorabend seines Sieges über den Westgotenkg. Alarich II. bei der Belagerung v. Poitiers vor sein Zelt getreten und habe aus dem Hilariuskl. das Licht des Pharus geshen, was er für ein gutes Vorzeichen nahm. Petrus Venerabilis, Abt v. Cluny 1122–56, schreibt in »De miraculis« II, 27 (MPL 189, 942f.): »In Charlieu steht in der Mitte des Friedhofes ein steinernes Bauwerk, auf dem sich zuoberst der Platz für eine Lampe befindet. Diese erleuchtet jeweils die Nacht hindurch jenen geweihten Ort mit ihrem Schein, aus Ehrfurcht zu den Gläubigen, die dort ruhen. Es sind Stufen vorhanden, um hinaufzusteigen, und oben ist genügend Platz für zwei oder drei Leute zum Stehen oder Sitzen«. – Die Normalform zeigt einen quadrat. Stufensockel, der auch einen Freialtar tragen kann. Der Schaft ist meist zylindrisch und endet in einem Kegeldach mit Kreuz. Eine Wendeltreppe führt im Innern zu einem Lampenraum mit Lichtschlitzen. Die reichste Durchformung zeigt Fénioux (Charente inférieure) mit einem als Säulenbündel gestalteten Schaft und Säulenkranz um die Lichtkammer. Es besteht eine enge Verwandtschaft zu den Westtürmen von Notre-Dame la Grande in Poitiers. Mausoleumhaft verschlossen, mehr einem Karner oder Beinhaus ähnl., wirkt die Rotunde v. Sarlat (Dordogne) zweigeschossig mit bombiertem Kegelabschluß. – Symbolik: Der Leuchtturm ist ein frühchr. Grabmotiv der Hoffnung und Erlösung; er gehört auch zu den Prototypen des → Campanile.

    A. Reinle

Lit.: E. M. VIOLLET-LE-DUC, Dict. raisonné de l'architecture, VI, 154–161 – R. DE LASTEYRIE, L'architecture religieuse en France à l'époque romane, 1912, 719–723 – H. REINHARDT, Der St. Galler Klosterplan, 1952, 29f.

Totenoffizium (officium defunctorum), seit dem 8. Jh. zum →Stundengebet der Mönche und Kanoniker gehörende →Fürbitte für Verstorbene, mit Namensrezitation nach Laudes und Vesper, vom 14. Jh. an auch zur Vigil. Die Anfänge dieses Totendienstes liegen in Sterbebeistand und Nachtwache. Neben den liturg. Tagzeiten konnten als →Stiftung bes. Seelmessen an Gedenktagen (drei Tage, eine Woche, ein Monat oder ein Jahr nach Tod oder Begräbnis) gelesen werden. Am Datum des Sterbetages wurde üblicherweise im Chor nach dem Vortrag des Martyrologiums an die in →Necrologien verzeichneten Personen erinnert. Im 11. Jh. verbreitete sich von →Cluny aus der Brauch, am Tag nach →Allerheiligen der Seelen aller Toten zu gedenken; ab 1311 allg. als anniversarium omnium animarum festl. begangen. A. Rüther

Lit.: LThK² X, 277 – J. Biarne, Le Temps du moine d'après les premières règles monastiques d'Occident (Le Temps Chrétien de la fin de l'antiquité au MA, 1984), 99–128 – M. Huglo, L'Office de prime au chapitre (L'Église et la mémoire des morts dans la France médiévale, ed. J.-L. Lemaître, 1986), 11–16.

Totenroteln (engl. *obituary rolls*, frz. *rouleaux des morts*; →Rotulus), basierend auf dem Dogma von der Gemeinschaft der Hl. n, nach dem ein myst. Band zw. Lebenden und Toten besteht, müssen in Verbindung mit den →Gebetsverbrüderungen (fraternitates, societates usw.; →Memoria, Memorialüberlieferung) gesehen werden, die seit dem 8. Jh. auftreten, ausgehend von der ags. Welt (Einfluß des hl. →Bonifatius, †754). Bei den Klerikern bestand der Wunsch, die Namen der Verstorbenen ihrer Gemeinschaften durch Dokumente des Totengedenkens, die zur Versendung bestimmt waren und von Boten (→Botenwesen) befördert wurden, bekanntzumachen. Zwei Typen dieser Dokumente bildeten sich heraus: kurze Mortuarien und die eigtl. T.

Die kurzen Mortuarien (breves, brevia; →Brief), die in der Regel von kleinem Umfang waren und daher zumeist nur schlecht überliefert sind, konnten in regelmäßigen Abständen zw. zwei kirchl. Institutionen ausgetauscht werden: in den meisten Fällen wurden sie, nach dem Zeugnis der monast. Consuetudinalüberlieferung, in mehreren Exemplaren hergestellt und den Empfängern überbracht. Sie bieten in der Regel einfache Namenslisten.

Rasch erhielten jedoch die eigtl. T. das Übergewicht; sie enthielten zum einen die Todesmitteilung (encyclica), zum anderen die Eingangsbestätigungen (tituli) der einzelnen Kirchen, denen die T. überbracht worden waren. Dieser Typ des Dokuments existierte während des gesamten MA bis ins 16. Jh.; der Totenrotel des John Islip, Abt v. Westminster († 1532), der wegen der Aufhebung der engl. Kl. durch Kg. Heinrich VIII. nicht mehr kursierte, kann gleichsam als 'terminus ad quem' angesehen werden. Für das gesamte MA beläuft sich die Zahl der bekannten T. auf ca. 300, die entweder als Originale (vollständig erhaltene bis zu 30 m Länge, einige Opisthographen, häufiger aber fragmentar. überkommene Exemplare), in Kopien oder durch Erwähnungen überliefert sind. Das erste erhaltene Exemplar von Bedeutung ist der Totenrotel des Abtes Hugo v. St-Amand († 1107).

Die T. wurden zumeist von Benediktinerkl. und Kanonikerstiften versandt; sie galten einfachen Mönchen und Äbten, doch beschränkten sie sich vom 11. Jh. im wesentl. auf verstorbene Würdenträger; T. aus dem Bereich der Kartäuser und Zisterzienser sind selten, aus dem der Bettelorden fehlen sie ganz; erwähnenswert ist ein Totenrotel aus dem zur Kongregation v. →Fontevrault gehörenden Kl. Fontaine-les-Nonnes (bei Meaux) für den monachus ad succurendum Guillaume des →Barres († 1233). Gibt es bis ins 12. Jh. noch einige Beispiele für T. aus Südeuropa (Katalonien, Italien), so wurde in der folgenden Periode dieser Brauch offensichtl. nur noch in west- und mitteleurop. Ländern (Nordfrankreich, heut. Belgien, England, Bayern und Österreich) praktiziert. In Kastilien und Portugal waren T. anscheinend unbekannt.

Die T. erfuhren im Laufe des MA eine starke Entwicklung. Die Enzykliken, die rühmende Angaben über die exemplar. Qualitäten des Verstorbenen machen (oft eingebettet in Bibelzitate), doch nur wenige Hinweise auf die jeweilige Laufbahn geben, können seit dem 13. Jh. mit einer dem Text vorausgehenden Illumination geschmückt sein, seit dem 14. Jh. kann ihm eine Liste der Gebetsverbrüderungen (societates) angefügt sein. Die 'tituli' sind im 9.–11. Jh. oft in Form langer Gedichte gehalten; sie zeichnen sich allerdings oft durch unklare Angaben, schlechte Qualität, willkürl. und ungeordneten Charakter der Inschriften aus. Seit dem 13. Jh. gewannen sie an Präzision, wohl eine Folge der Kritik, die →Balderich v. Bourgueil, Ebf. v. Dol († 1130), artikuliert hatte, doch wurden sie andererseits auch auf stereotype Formelhaftigkeit reduziert. Die T. geben nur selten Hinweise auf die Persönlichkeit der Boten, der Botendienst wurde wohl lange zumeist von Laienbrüdern verrichtet. – Die quellenkundl. und hist. Forsch. (Mentalitätsforsch., Prosopographie, →Itinerare) verdankt den T. vielfältige Informationen.

J. Dufour

Lit.: L. Delisle, Rouleaux des morts du IXᵉ au XVᵉ s., 1866 – M. Bruchet, Les rouleaux des morts du Saint-Sépulcre et de Saint-Aubert de Cambrai, 1914 – Fr. Bünger, Admonter T. (1442–96), 1935 – N. R. Ker, Mortuary Briefs (Worcestershire Hist. Society, 1960), 53–59 – E. Krausen, Totenrotel-Slg. in bayer. Kl. und Stifte, AZ 60, 1964, 11–36 – J. Dufour, Le rouleau mortuaire de Boson, abbé de Suse (vers 1130), Journal des savants, 1976, 237–254 – Ders., Les rouleaux et encycliques mortuaires de Catalogne (1008–1102), CCMéd 20, 1977, 13–48 – N. Huyghebaert, Les documents nécrologiques, 1985² [TS].

Totentanz
A. Ikonographie – B. Literatur
A. Ikonographie
Darstellung einer meist durch erläuternde Verse ergänzten Figurenreihe in Reigenform, bei der eine lebende Figur, als Vertreter eines Standes oder Lebensalters gekennzeichnet, und ein Toter (verwesender Leichnam, mumienartig mit »Bauchschnitt« oder Skelett) jeweils Paare bilden. Die ikonograph. Wurzel liegt vermutl. im Zug der Verdammten in Weltgerichtsbildern, wo Teufel die Stelle der Toten einnehmen (Reims, Notre Dame, Gerichtsportal, um 1230; Bamberger Dom, Fs. enportal, nach 1230). Seit der Mitte des 14. Jh. von Frankreich (Danse macabre) nach Deutschland, der Schweiz, den Niederlanden ausstrahlend; darüber hinaus in Italien, Spanien, Österreich, England und auch verschiedenen an der Ostsee gelegenen Ländern (Dänemark, Finnland, Estland) nachgewiesen. Verbreitetste Form in der Monumentalmalerei, hier v. a. auf Kirchhofsmauern, an Kapellen oder Beinhäusern – quasi als bildhaftes, ins Monumentale gesteigertes »Memento Mori« –, aber auch in der Druckgraphik, in Blockbüchern, Bilderbogen und Einblattdrucken thematisiert, sowie als »Bild im Bild« (Simon Marmion, Altartafeln mit Szenen aus dem Leben des hl. Bertin, 1455–59, rechter Flügel; Berlin, Gemäldegalerie). Die meisten Wandbilder sind nicht mehr erhalten, doch vielfach in Nachzeichnungen, Kopien oder Kupferstichen überliefert. Ältestes erhaltenes Beispiel: Fresko in der Abteikirche St. Robert, La Chaise-Dieu (Auvergne), um 1410. Die Figuren bewegen sich mit gemessenem Schritt (La Chaise-Dieu; Berlin, Marienkirche, nördl. Turmhalle, um 1484; Paris, Friedhof der Franziskanerkl. Aux SS. Innocents, 1424; zerstört, in Holzschnitt von 1485 überliefert) oder in wildem springendem Tanz, wobei die Toten in Aktion sind und die Lebenden eher zögerlich bzw. resigniert oder sich sträubend (Großbasel, Kirchhofsmauer des Dominikanerkl., um 1440; zerstört, durch Merianstiche überliefert, einige

Fragmente im Hist. Mus. Basel). Eine Auflösung in Einzelpaare ist v. a. in druckgraph. Beispielen zu bemerken. Die Reigen werden vielfach eingeleitet durch Predigerdarstellung (dominikan. Einfluß; z. B. Basel), zuweilen erweitert durch Hinweise auf den Sündenfall, die Kreuzigung Christi (franziskan. Einfluß; z. B. Berlin) oder das Jüngste Gericht, auch durch Totenorchester oder dudelsackpfeifenden Tod. Attribute der Toten sind u. a. Sichel oder Sense (antiken Ursprungs, Hinweis auf Kronos/Saturn), Musikinstrumente, Särge (meist in Frankreich). Eine ungebräuchlichere Darstellungsform ist der Tanz der Toten, in diesem Fall Skelette, für sich allein (Hartmann Schedels Weltchronik, Nürnberg 1493, B. CCLXIII). Die wenigen bekannten it. T.e, die in das späte 15. bzw. das 16. Jh. datiert werden und relativ gut erhalten sind, verbinden das Thema mit dem »Triumph des Todes« (Clusone, Giebelfeld der Chiesa dei Disciplini, 1485).

Während die roman. Länder in der NZ das Bildthema des T.es aufgaben, behauptete es sich in den nord. Ländern – mit künstler. Höhepunkt in den Holzschnitten H. Holbeins d. J. – bis in die Gegenwart. M. Grams-Thieme

Lit.: LCI IV, 343–347 – LThK² X, 277–279 – W. STAMMLER, Der T., 1948² – J. M. CLARK, The Dance of Death in the MA and the Renaissance, 1959 – S. COSACCHI, Makabertanz, 1965 – H. ROSENFELD, Der ma. T., 1974 – R. HAMMERSTEIN, Tanz und Musik des Todes, 1980 – Bilder und Tänze des Todes, Ausst.-Kat. Unna, Paderborn 1982, 9–27 – G. KAISER, Der tanzende Tod, 1982 – M. BARTELS, T.e, kunsthist. Betrachtung (Der Tod in Dichtung, Philos. und Kunst, hg. H. H. JANSEN, 1989²), 79–93 – Der T. der Marienkirche in Lübeck und der Nikolaikirche in Reval (Tallinn), hg. H. FREYTAG, 1993 – Tanz und Tod in Kunst und Lit., hg. F. LINK, 1993.

B. Literatur

I. Deutsche Literatur – II. Romanische Literaturen.

I. DEUTSCHE LITERATUR: Die dt. T.-Tradition ist wie die frz. eine Erscheinung des 15. Jh.; ihre Entstehung und Ausbildung läßt sich weder (wie in der Forschung manchmal versucht) mit der Pestkatastrophe von 1348 noch mit späteren Seuchen direkt in Verbindung bringen. Sie gehört vielmehr, u. a. von →Dominikanern und →Franziskanern gefördert, in den allg. Rahmen der Todesdidaktik (→Contemptus mundi, →Memento mori, →Ars moriendi; →Tod), in der die Aufforderung zu einem christlichbußfertigen Leben in Text und Bild zunehmend drastischen Ausdruck fand: Die Standesvertreter, die von ihren toten, auf Musikinstrumenten spielenden Pendants in einen paradoxen Tanz hineingezogen werden und widerständig oder zerknirscht Bedauern über das im Leben Versäumte äußern, sind weniger definitiv Verdammte als Zielscheiben des Spottes und der Sozialkritik (die auch die Geistlichkeit einschließt). Mit der Aktualisierung von Bezugsmöglichkeiten (z. B. in städtischem Rahmen) hängt wiederum sowohl die Veränderung/Ausweitung des Figurenpersonals als auch generell die für die Gattung charakterist. Text-(Bild-)Variation zusammen.

Obdt. begegnet der T. (je 24 vierzeilige Strophen der Standesvertreter und der Kadaver) in nichtillustrierten Hss. seit den vierziger Jahren des 15. Jh., zunächst im Wirkungsraum der Wandgemälde von Ulm und Basel (um 1440). Zugrunde liegt ein lat. Text, der im Wechsel mit dem dt. (nur die Verse der Standesvertreter) unikal erhalten ist in einer Hs. des Augsburger Humanisten Sigismund Gossembrot. Eine in einer anderen Gossembrot-Hs. überlieferte »Vermahnung der geistl. und weltl. Stände Deutschlands« ist von einfachen Federzeichnungen (Tod als Reigenführer) begleitet, dürfte aber, auch wenn Illustrationen ansonsten erst in den →Blockbüchern (seit den sechziger Jahren) auftauchen, weder in Text noch in Bild die älteste dt. T.-Tradition repräsentieren (anders HAMMERSTEIN). Ein dominantes Text-Bild-Modell formierte sich erst im Druck mit den Holbeinschen T.-Holzschnitten (seit 1538).

Unter Einfluß der frz. »Danse macabre« wurde die obdt. Fassung im mitteldt. Raum zu achtzeiligen Strophen umgearbeitet und auf 38 Figuren erweitert. Dieser sog. »Mittelrhein. T.«, überliefert (mit sich grotesk verrenkenden Todesfiguren) in einer illustrierten Prachths. burg. Stils und seit 1488/89 mehrfach gedruckt, diente seinerseits als Textgrundlage für den sog. »Jüngeren vierzeiligen T.« (in dem daneben andere Contemptus-mundi-Texte verwertet sind) und für die T.-Fassung in den Vergänglichkeitsbüchern des Wilhelm Werner v. Zimmern (der die Bilder aber teilweise durch die neueren von Holbein ersetzen ließ). Auch der 1463 in der Lübecker Marienkirche angebrachte (und wenig später nach Reval übernommene) T., der das Modell des Reigentanzes (24 Tanzpaare) am klarsten verwirklichte, geht mitteldt. (über eine verlorene mndl. Zwischenstufe) auf die »Danse macabre« zurück; gedruckt 1489 (als umfangreiches Erbauungsbuch), und 1520 bildete es die Basis für den dän. T. (um 1550).

Ch. Kiening

Lit.: R. HAMMERSTEIN, Tanz und Musik des Todes, 1980 – E. KOLLER, T. (Innsbrucker Beitrr. zur Kulturwiss. Germanist. Reihe 10, 1980) – B. SCHULTE, Die dt. sprachigen spätma. T.e (Nd. Stud. 36, 1990) – Kat. der dt. sprachigen ill. Hss. des MA, I, 1991, 271–328 – CH. KIENING, Contemptus mundi in Vers und Bild am Ende des MA, ZDA 123, 1994, 409–457, 482 – DERS., T.e-Ambivalenzen des Typus, Jb. für Internat. Germanistik 27, 1995, 38–56.

II. ROMANISCHE LITERATUREN: In Frankreich ist die früheste T.darstellung 1424 im Arkadenumgang des Beinhauses beim Franziskanerkl. Saints Innocents in Paris bezeugt (heute zerstört, nur die dazugehörigen Verssprüche sind hsl. überliefert). Die Holzschnittfolge der von Guyot Marchant 1485 in Paris gedruckten »Danse macabre« (GW 7943) folgt wahrscheinl. dieser Bildvorlage und stellt jeweils eine Gestalt im Tanzschritt mit dem eigenen Gerippe dar, umrahmt von Doppelbögen und achtzeiliger frz. Bildinschrift. Das Büchlein hattte solchen Erfolg, daß Marchant 1486 eine in Text- und Figurenreihe erweiterte Ausgabe herausbrachte (»Danse macabre nouvelle«, GW 7944). Neben geistl. und weltl. Würdenträgern treten u. a. Schulmeister, Gefängniswärter, Pilger, Hirt, Narr und Bewaffnete auf. Zusammen mit einer Art lat. Fassung und der »Danse macabre des femmes« (1486, GW 7945 Miroer salutaire pour toutes gens), u. a. mit Amme, Geburtshelferin, Schwangerer, Mädchen, Nonne, Schäferin, Hexe, Bäuerin, Bürgersfrau, Kammerzofe, Jungvermählter, Greisin, sind allein bis 1500 sechs Ausgaben aus Marchants Offizin und 9 weitere Drucke nachgewiesen, die in volkstüml. Erbauungsschriften jahrhundertelang nachgedruckt bzw. nachgeahmt wurden. Marchant druckte selbst den »Kalendrier des bergiers« 1499 (GW 5915) mit der »Danse macabre des femmes« zusammen. Die in diese Ausgaben aufgenommenen Texte verweisen auf verwandte Motive spätma. Todesdichtung und -didaktik (Mors de la Pomme, Débat du corps et de l'âme, Dit des trois morts et des trois vifs). Vado Mori-Sprüche (13. Jh.) stellten ebenfalls den Abschied von der Welt im Figurenreigen dar.

Die kast. »Dança general de la Muerte«, in der Escorial-Hs. IV-b-21 zusammen mit anderen erbaul.-moralist. Schriften überliefert, ist älter als der Pariser T. Zwar fehlen hier außer den Bildern auch Spielmann, Liebhaber und Kind, dafür treten die Gestalten des Rabbiners, muslim. Gesetzeslehrers, Steuereinnehmers, Schatzverwalters,

Leibwächters, Bauern sowie zwei Jungfrauen auf (möglicherweise irdische Schönheit und Eitelkeit). Die Stimme des Predigers bildet den Rahmen für den szenischen Aufzug. MS. 381 der Biblioteca Publica, Toledo, enthält das mlat. Gedicht »Mors cunctis imperat una« mit der Reihe männl. und weibl. Gestalten der Danse macabre und Danse des femmes. Einzelne Totentanzszenen finden sich auch in Zierleisten für Stundenbücher, die Simon Vostre in Paris auf span. druckte.

Pere Miquel Carbonell schrieb die verhältnismäßig getreue katal. Übers. der frz. Danse macabre ab und fügte nach 1490 eine Fortsetzung mit 25 Figuren – zumeist höf. Amtsträgern, einem Blinden und in der Gestalt des Archivars sich selbst – und erbaul. Betrachtungen hinzu.

D. Briesemeister

Ed: Katal. Fassung in Colección de documentos inéd. del Archivo de la Corona de Aragón 28, 1865, 267–317 – Danse macabre, 1925 [Faks. der Ausg. 1486] – La Danse m. de 1485, 1969 [Faks.] – Dança general de la muerte, ed. M. MARCIALES, 1972; ed. J. M. SOLÁ-SOLÉ, 1981; ed. M. MORREALE, Rev. de Lit. Medieval 3, 1991, 9–50 – The Danse macabre of women, ms. fr. 995 BN Paris, ed. A. TUKEY HARRISON, 1994 – *Lit*.: P. VIGO, Le danze macabre in Italia, 1901 [Nachdr. 1978] – F. WHYTE, The Dance of Death in Spain and Catalonia, 1931 [Nachdr. 1977] – A. MACHABEY, A propos de la discussion sur la D. M., Romania 80, 1959, 118–129 – A. D. DEYERMOND, El ambiente social e intelectual de la D. de la m. (Actas del III Congr. Internac. de Hispanistas 1970), 267–276 – J. SAUGNIEUX, Les Danses macabres de France et de l'Espagne et leurs prolongements litt., 1972 – C. BLUM, La représentation de la mort dans la litt. fr. de la Renaissance, 1, 1989 – J. COROMINAS, Diccionari etimològic i compl. de la llengua cat. 5, 1990, 340–341 – A. M. ALVAREZ PELLITERO, La D. de la m. entre sermón y el teatro, BH 93, 1991, 13–29.

Zur Englischen Literatur s. →Drei Lebende und drei Tote, II [2].

Totila (Beiname Baduila [Kämpfer]), Kg. der Ostgoten 542–552, Neffe des Ostgotenkg.s Hildebad (540/541) und Großneffe des Westgotenkg.s Theudis (531–548). Nach dem Untergang des →Vitigis 540 hatte sich nördl. des Po ein ostgot. Kgr. erhalten, dessen Befehlshaber mit dem Ks. günstige Kapitulationsbedingungen verhandelten. Einer von ihnen war der Comes T. v. →Treviso, den die Goten in Pavia eher Mitte 542 als 541 zum Kg. erhoben, um ihnen »die Herrschaft über die Italiker« zurückzugewinnen. T. war bis gegen 550 in vielen, teils spektakulären Schlachten sehr erfolgreich, nahm sowohl Ende 546 wie zu Jahresbeginn 550 Rom ein, konnte jedoch niemals die Stadt halten, geschweige denn den Frieden oder gar die Anerkennung Ostroms erringen. Das gleiche gilt für T.s Ansehen in der gentilen Welt. Seine Bewerbung um die Hand einer frk. Kg.stochter wurde 549/550 unter dem Hinweis auf den Verlust Roms abgelehnt. Angeblich hatte T. eine revolutionäre Sklavenpolitik betrieben, als er Unfreie in seine Armee aufnahm. Tatsächl. wollte T. 546/547 damit die ökonom. Grundlage seiner senator. Gegner zerstören. Als Ks. →Justinian I. um die Jahresmitte 550 den Angriff auf Italien über Istrien und Venetien befahl und nach dem Tod seines Neffen dafür den fähigen Feldherrn →Narses gewann, waren T.s und des ostgot. Kgtm.s Tage gezählt. Um den 1. Juli 552 kam es auf der Hochebene der Busta Gallorum zur Schlacht, in der T. und 6000 seiner Reiterkrieger fielen. Es gibt zwei Nachrichten über seinen Tod: Die eine besagt, er sei zu Schlachtbeginn von einem Pfeil tödlich getroffen worden. Die andere Version läßt ihn auf der Flucht durch den Gepiden Asbad umkommen.

H. Wolfram

Lit.: PLRE 3, 1328–1332 – H. WOLFRAM, Die Goten, 1990³, bes. 352–359 – A. SCHWARCZ, Überlegungen zur Chronologie der ostgot. Kg.serhebungen bis zum Herrschaftsantritt T.s Ethnogenese und Überlieferung (VIÖG 31, 1994), 117–122.

Totschlag (homicidium, *manslacht*) war die Herbeiführung des Todes eines Menschen, in manchen Rechten auch einer (entwickelten) Leibesfrucht durch Mißhandlung der Schwangeren. Im Unterschied zum modernen Strafrecht (§ 212 StGB) war kein Tötungsvorsatz vorausgesetzt, sondern der Wille zu einer →Körperverletzung oder schweren Mißhandlung ausreichend; auch Tötung in →Notwehr – heute straflos – wurde als T. angesehen. Allg. galt im frühen MA das Individuum noch wenig, weshalb im Vordergrund das Interesse der Hinterbliebenen stand; erst in der →Gottes- und →Landfriedensbewegung wurde der T. zu einem an sich strafwürdigen Verbrechen. Doch muß gesehen werden, daß es sich in den meisten Fällen (und in Abgrenzung zum →Mord [freilich in den Q. oft ebenfalls als »T.« bezeichnet]) um Taten im Affekt oder im Verlauf von Streitigkeiten (häufig im Wirtshaus), damit um verständl. und jedem nachvollziehbare Taten, handelte. Von daher ist erklärl., daß der T. während des gesamten MA im Regelfalle nicht peinl. bestraft wurde, sondern als Konflikt mit den Hinterbliebenen oder Freunden des Opfers betrachtet und im Wege von Vergleichsverhandlungen mit ihnen bereinigt wurde. In den Volksrechten war die Bußleistung des →Wergeldes festgesetzt, die an die Sippe des Getöteten zu geben war zur Wiederherstellung der durch die Tat herabgesetzten (und entehrten) Rechtsposition und zunehmend auch der materiellen Versorgung. Im SpätMA kam die Sorge der Angehörigen für das Seelenheil des unvorbereitet Gestorbenen hinzu, was zu einem differenzierten und z. T. entehrenden Sühneverfahren (mit Steinkreuzsetzung, Wallfahrt, Messelesen, Abbitte am Grab) unter Beteiligung der – dafür auch durch Geldzahlung entlohnten – Obrigkeit (und/oder der Kirche) führte. Nur bei Ertappung auf →handhafter Tat oder bei sonstiger schneller Ergreifung des Täters war häufig (im Sinne auch des Prinzips der →Talion) →Todesstrafe (v. a. Enthauptung) vorgesehen, die aber – wie allg. normiert – durch Geldzahlung ablösbar war. Zudem gab es zahlreiche Freistätten (Asyle), die dem fliehenden Täter Schutz boten und zugleich die Möglichkeit für seine Familie oder Freunde eröffneten, Verhandlungen einzuleiten. In den Stadtrechten wurde vielfach die Verbannung des Täters vorgeschrieben, die zur sozialen Abkühlung der Emotionen der Hinterbliebenen führte und ebenso die Möglichkeit zur Aufnahme des Sühneverfahrens bot. In schweren Fällen allerdings (verbunden mit Bruch eines Sonderfriedens oder mit Auflauern oder mit »Mordwaffen«, bei Vorbedacht oder bei Tötung eines Verwandten – mit Sonderregelungen bezügl. der Kindestötung – oder des Herrn) wurde der T. als unehrl. und unredl. (und mit Mord vergleichbare) Tat angesehen und mit Todesstrafe (oft Rädern) geahndet. Dagegen blieb die Tötung eines Friedlosgelegten (Geächteten), eines auf handhafter Tat Ertappten, in gerechter Notwehr und in gerichtl. →Zweikampf im wesentl. sanktionslos.

W. Schild

Lit.: HRG V, 286 – CH. RIGGENBACH, Die Tötung und ihre Folgen, ZRGGermAbt 49, 1929, 57 – R. HIS, Das Strafrecht des dt. MA, II, 1935, 75 – W. J. SONNEN, T.sühnen im Bereich des Hzm.s Berg, AHVN 132, 1938, 1 – K. ROETZER, Die Delikte der Abtreibung, Kindstötung und ihre Bestrafung in der Reichsstadt Nürnberg [Diss. Erlangen 1957] – H. JÄNICHEN, Schwäb. T.sühnen im 15. und 16. Jh., Zs. für Württ. Landesgesch. 19, 1960, 128 – J. A. KRAUS, T.-Sühne im 15. Jh., Hohenzoller. Heimat, 1962, 35 – J. STREB, Über die Kindestötung [Diss. Frankfurt 1968] – K. KOHN, Nürnberger T.sühnen, Das Steinkreuz 27, 1971, H. 2, 21 – W. SAAL, Bräuche um das Sühnen von T.en im MA, Sächs. Heimatbll. 21, 1975, 223, 244 – J. B. GIVEN, Society and Homicide in 13th-Century England, 1977 – K. KASTNER, Der Kindsmord: hist., rechtl. und literar. Aspekte, Neue Jurist. Wochenschr., 1991, 1443 – G. DILCHER, Mord und T. im alten Worms (Überlieferung, Bewahrung und Gestaltung in der rechtsgeschichtl. Forsch., hg. ST. BUCHHOLZ u. a., 1993), 91.

Totum-pars ('Ganzes-Teil'). Die T.-p.-Beziehungen haben einen zentralen Stellenwert in der gesamten aristotel. Scholastik: Neben den Beziehungen von Kontinua und Aggregaten zu ihren Teilen werden auch die Verhältnisse von Materie und Form (bes. auch von Körper und Seele; →Form/Materie), Gattung und Art, Art und Individuum, usw. als verschiedene Arten von T.-p.-Beziehungen behandelt. Die autoritativen Grundlagen hierfür bilden zahlreiche Stellen bei Aristoteles (bes. Metaphysik V, 25ff., 1023b12–1024a28) und Boethius (bes. Liber de divisione, MPL 64, 875–892). Im wesentl. lassen sich vier Arten von T.-p.-Beziehungen im ma. Gemeingut auflisten (vgl. z. B. noch CHAUVINUS): 1. Das t. universale (auch: distributivum) ist das in der kategorialen Hierarchie (→Kategorien) Höhere, also Allgemeinere in bezug auf das ihm Untergeordnete, weniger Allgemeine; dieses heißt 'p. subiectiva' ('untergeordneter Teil'). So ist die Gattung das t. universale in bezug auf die Arten und Individuen, die Art das t. universale in bezug auf die Individuen. Wesentl. für diese T.-p.-Beziehung ist, daß das t. von allen seinen p. tes einzeln ausgesagt wird, da das kategorial Allgemeinere sich ganz auf alles ihm Untergeordnete 'verteilt' (distribuitur). Diese Beziehung ist nach heutigen Begriffen also transitiv und somit nicht mit der Element-Klasse-Beziehung vergleichbar. – 2. Das t. essentiale ist etwas wesensmäßig Zusammengesetztes, eine Wesenseinheit: Damit ist auf der Ebene der Individuen die Zusammensetzung aus Materie und Form, auf der Ebene der Arten die Zusammensetzung aus Gattung und Artunterschied gemeint. Wesentl. für diese T.-p.-Beziehung ist die beiderseitige reale Untrennbarkeit, bloß begriffl. Trennbarkeit der Teile: Bei realer Trennung der p. tes geht das t. verloren. – 3. Das t. integrale ist etwas quantitativ Zusammengesetztes, wobei die Teile im allg. in einer räuml. Beziehung zueinander stehen. Die Hauptarten sind: kontinuierl. t. integrale (z. B. Linie) und nichtkontinuierl. bzw. diskretes t. integrale (z. B. Herde; auch: t. collectivum, aggregativum). Die Teile eines kontinuierl. t. integrale sind nur mögliche Teile (in potentia), die Teile eines diskreten t. integrale sind wirkl. Teile (in actu); deshalb bilden kontinuierl. Ganze auch eine stärkere Einheit. Ferner sind die Teile danach zu unterscheiden, ob sie von gleicher Art (homogen, z. B. Wasser) wie das t. integrale sind oder von verschiedener Art (heterogen, z. B. Haus). Auch die Unterscheidung von wesentl. und akzidentellen Teilen ist üblich, da z. B. der Verlust eines Haares nicht den ganzen Menschen zerstört, wohl aber der Verlust des Kopfes. Im Unterschied zum t. essentiale kann das t. integrale nicht von seinen p. tes ausgesagt werden. – 4. Das t. potentiale bzw. potestativum, virtuale schließl. ist etwas aus verschiedenen Vermögen Zusammengesetztes, insbes. die Seele als Ganzes in bezug auf ihre Vermögen als Teile. – In der Logik spielt die T.-p.-Beziehung eine Rolle bei bestimmten Schlußregeln (»loci a toto ad partem [und vice versa]«) und bei bestimmten →Sophismata, wobei bes. die Unterscheidung einer kategoremat. und einer synkategoremat. Verwendung von 't.' wichtig ist: Im ersten Fall bedeutet 't.' »aus allen seinen Teilen zusammengesetzt«, im zweiten »jeder Teil«. Der Satz »Der ganze Sokrates ist kleiner als Sokrates« ist in der ersten Verwendung falsch, in der zweiten wahr. H. Berger/W. Gombocz

Q. und Lit.: Petrus Abaelardus, Dialectica, hg. L. M. DE RIJK, 1956, V, 1, 4, 546–562 – Thomas v. Aquin, In libr. Metaphys., lib. 5, lect. 21 – Albertus de Saxonia, Sophismata, Paris 1502 [Nachdr. 1975], Nr. 45–49, d1vb–d5ra – Ders., Perutilis logica, Venedig 1522 [Nachdr. 1974], IV, 21, 33vb–36ra – R. GOCLENIUS, Lex. philos., Frankfurt 1613, 788–796, 1112ff. – S. CHAUVINUS, Lex. philos., Leeuwarden 1713², 469, 672f. – HWP III, 3–20 – Hb. of Metaphysics and Ontology, hg. H. BURKHARDT–B. SMITH, II, 1991, 663–675 – The Cambridge Hist. of Later Medieval Philos., hg. N. KRETZMANN u. a., 1982, 211–245 – D. P. HENRY, Medieval Mereology, 1991 [Lit.].

Toul, Stadt und Bm. in Ostfrankreich, →Lothringen (dép. Meurthe-et-Moselle).
I. Stadt – II. Bistum und Hochstift.

I. STADT: [1] *Früh- und Hochmittelalter:* In der Spätantike war das am Oberlauf der →Mosel gelegene T. Hauptort der gall. Leuker und wohl seit Ende des 4. Jh. Bf. ssitz. Stets im Schatten der Nachbarstadt →Metz stehend, verdankte es seine Entwicklung der Lage an der Verkehrsachse von →Lyon über Metz und →Trier an den →Rhein. Nur wenige Zeugnisse sind aus Spätantike und Merowingerzeit überliefert (städt. Kontinuität auf niedrigem Niveau); erst im 9. Jh. wird die äußere Gestalt der Stadt erkennbar. Der Ausbau der bfl. Stadtherrschaft erfolgte während des 9. und 10. Jh. über den Erwerb von Immunitätsrechten (erste Verleihungen an die T. er Kirche spätestens z. Zt. Bf. →Frothars um 825–830) und wirtschaftl. Hoheitsbefugnissen. Kg. Heinrich I. übertrug dem Bf. 927 die Einkünfte der Gft. aus den Marktzöllen. Die Ansprüche auf die vollen Gft. srechte wurden 974 von Ks. →Otto II. bestätigt. Vor dem Hintergrund polit. (Zugehörigkeit zum Reichsverband seit 925) und wirtschaftl. Konsolidierung gelang eine Ausgestaltung der Stadt auf dem Weg der Gründung neuer geistl. Institutionen seit der Zeit des bedeutenden, als heilig verehrten Bf.s →Gauzlin (922–962), v. a. aber unter dem aus Köln stammenden, 1050 von Papst →Leo IX. (Bf. v. T., † 1054) kanonisierten Bf. →Gerhard (963–994). 1069 wurden von Bf. Udo die Rechte der Gf. en nach Konflikten um die Stadtherrschaft festgelegt (Beschränkung ihrer Hoheitsgewalt; Erwähnung von 'meliores civitatis' und gemeindl. Mitspracherechten; starke Position der geistl. Gemeinschaften).

[2] *Kirchliche Ausstattung bis zum Hochmittelalter:* Zentrum war die Kathedralgruppe (Patron St. Stephan; bis zum 9. Jh. zusätzl. Marienpatrozinium; Tauf-, später Pfarrkirche Johannes d. T.). Weitere Kirchen innerhalb der spätantiken Ummauerung (das Ende 3./Anfang 4. Jh. befestigte 'castrum' umfaßte ca. 11ha) waren Ste-Geneviève (→Genovefa) und St-Vaast (→Vedastus). An ihrer sw. Peripherie, am Marktplatz, bestand das nach 963 gegr., 1065 vom Bf. neu eingerichtete Stift St. Gangolf, das seitdem einen raschen Aufschwung nahm und u. a. durch die Zuweisung von Markt- und Zolleinkünften mit der städt. Wirtschaft eng verflochten war. Auf das frühe 7. Jh. geht das im südl. Vorstadtbereich (eigener 'vicus', Pfarrkirche St. Maximin) gelegene OSB-Kl. St. Aper/Evre (Bf. des 6. Jh.) zurück, das sich v. a. nach der Reform Bf. Frothars 836/838 festigte und als wirtschaftl. (Priorate) und kult. Zentrum (Bibliothek, Kl. reform) Bedeutung erlangte. Mit einem Neubau der bis zum 10. Jh. als bfl. Grablege dienenden Kl. kirche begann man in der Mitte des 11. Jh. Das dem ersten Bf. v. T. geweihte Benediktinerkl. St. Mansuy, auf spätantikem Gräberfeld nö. der Stadt gelegen, wurde nach Anfängen unter Gauzlin (947) v. a. von Gerhard unter Förderung des Kultes verselbständigt bzw. eigtl. begründet. Eine Konsolidierung von Grundherrschaft (Jahrmarkt) und Abtei (eigene Siedlung) gelang seit der 2. Hälfte des 11. Jh. Bereits 1091 wurde vor den Mauern T.s (nach 1400 Verlegung in die Stadt) das wirtschaftlich stets schwache Regularkanonikerstift St. Leo eingerichtet. Von der Mitte des 11. Jh. an wird ein

Siedlungsausbau im Vorstadtbereich faßbar, der sich in die Pfarreibezirke um die merowingerzeitl. Kirchen St. Anian (seit 13. Jh. Notre-Dame) und St. Amant teilte; beide Siedlungen waren seit Mitte des 12. Jh. einzeln ummauert.

[3] *Städtische Entwicklung vom 12. bis zum frühen 14. Jh.:* Die konkrete Ausprägung und Entwicklung der bfl. Stadtherrschaft ist kaum zu erkennen. Neben den wenig hervortretenden Gf.en (1261 Übergang der Gft. an die Bf.e) sind bfl. belehnte Vögte und Meier nachweisbar (Rechtsprechung; militär. und wirtschaftl. Funktionen). Das maximal 60 Kanoniker umfassende, zunehmend selbständige Domkapitel (Privilegien Papst Leos IX.) verfügte mit seinem qualifizierten Personal über eine bes. starke Position. Erstmals 1182 wird von Konflikten mit den 'cives' über die wirtschaftl. Betätigung und geistl. Standesvorrechte der Handel treibenden Dienstleute des Kapitels berichtet. Seit Ende des 12. Jh. sind vereinzelt Vertreter einer städt. Führungsgruppe (1104: 'optimates urbis') namhaft zu machen, die sich aus dem bfl. Umfeld (Wechsler u. a.) rekrutierten und zunehmend selbständig handelten. Kurz vor 1200 ist die Existenz einer Stadtgemeinde nachzuweisen, zugleich wird das Stadtsiegel erwähnt; es zeigte bis zum 14. Jh. die Steinigung des Stephanus. Eine begrenzte Ausweitung stadtgemeindlicher Kompetenzen ging mit dem Bau einer neuen Stadtmauer um 'castrum' und Vorstadtpfarreien ab 1240 einher. Die bis in die NZ nicht mehr erweiterte Stadtfläche umfaßte ca. 25 ha. Ab etwa 1220 begann ein aufwendiger, erst im 16. Jh. vollendeter got. Neubau der Kathedrale. Relativ spät ließen sich die Bettelorden in T. nieder: Vor 1247 wurde der Dominikaner-, um 1265 ein Franziskanerkonvent eingerichtet. Neben einem älteren, dem Domkapitel unterstehenden Hospital wurde um 1250 auf bürgerl. Initiative ein Hl.-Geist-Spital gegründet; seit 1263 sind Beginen nachzuweisen.

Eine institutionelle Verfestigung der gegenüber Bf. und Geistlichkeit stets vergleichsweise schwachen Stadtgemeinde ist seit etwa 1250 zu beobachten. An der Spitze der Stadt standen ein Schöffenmeister und eine Gruppe von 10 bzw. 15 Geschworenen, die vom Bf. auf städt. Vorschlag bestimmt wurden (iurati', 'prud'hommes', 'justiciers'). Im SpätMA bildete sich zudem ein 40köpfiger Rat heraus; daneben sind Mitspracherechte der geistl. Institutionen bezeugt. Wichtige kommunale Funktionen erfüllte St. Gangolf (13. bis 14. Jh. gotischer Neubau). Seit der Mitte des 13. Jh. kam es zu auch militär. ausgetragenen Konflikten der Stadt mit dem Bf.en und dem Domkapitel. Von 1237 an – v. a. im 14. Jh. – schloß die Stadt Schutzverträge (→Garde; finanzielle und militär. Verpflichtungen) mit den erstarkenden, zunehmend in die städt. Belange eingreifenden territorialen Nachbarn →Lothringen und →Bar ab. Die Bf.sherrschaft geriet seit dem Ende des 13. Jh. in Stadt und Hochstift in eine permanente Krise, verstärkt durch zunehmenden Druck (→Frankreichs (1300 städt. Schutzvertrag mit dem frz. Kg.). 1297 – im Zusammenhang innerstädt. Konflikte – erfolgte die erste Kodifikation eines Stadtrechts (revidiert 1306 und 1330). Die Geistlichkeit, verstärkt durch die Präsenz auswärtiger Kl. (Besitz, Stadthöfe), blieb bis in die NZ, bei zunehmendem Gewicht der 1357 in einer Bruderschaft organisierten →Notare, eine bestimmende Kraft in der Stadt.

[4] *Wirtschaft:* T. war stets ein grundherrschaftlich bestimmter, agar. orientierter Nahmarkt. Am Beginn des 10. Jh. befanden sich →Markt, →Münze und →Zoll (1033 Marktzoll genannt) in bfl. Hand; vom 10. Jh. bis nach 1360 bfl. Münzprägung. Bis weit in die NZ wichtig blieb der seit dem 9. Jh. bezeugte Weinbau (→Wein). Die wenigen, seit dem 12. und 13. Jh. nachweisbaren Zünfte waren formell stadtherrlich organisiert und erlangten kein polit. Gewicht. Der seit Anfang des 12. Jh. belegte Jahrmarkt bei St. Mansuy blieb der wichtigste Termin im städt. Wirtschaftsleben. Schon 1245 werden →Lombarden genannt; bis zur Mitte des 14. Jh. besaß T. eine bescheidene Funktion als Geldmarkt. Eine wirtschaftl.-demograph. Stagnation zeichnete sich seit dem 14. Jh. ab (1349 Pest; in den 1360er Jahren schwere Krise im Weinbau; Herausbildung neuer städt. Zentren, Märkte und Verkehrswege im Umland; Bedeutungsverlust der zunehmend erstarrenden klösterl. Grundherrschaften); 1427 Ansiedlungserlaubnis für Juden und Wechsler (Wechslertafel bestand bis zum 15. Jh.).

[5] *Der Ausgang des Mittelalters:* Die schweren, auch mit der regionalen polit. Konstellation zusammenhängenden innerstädt. Konflikte des 14. Jh. (um 1300, 1338/39, 1368/69) zw. einer führenden Gruppe der relativ geschlossen agierenden Bürger und dem Domkapitel, das wiederum in Beziehung zu einzelnen städt. Familien stand, ergaben sich aus den nachdrückl. beanspruchten und kaum eingeschränkten geistl. Sonderrechten; 1405 Festlegung der bis in die NZ gültigen Verfassung zw. Bf. und Stadt. Das Verhältnis T.s zum Reich blieb trotz der formellen Position als →Reichsstadt (Privileg Karls IV., 1367) wenig ausgeprägt; politisch entscheidend war neben der Nachbarschaft zu Bar und Lothringen (die auch beträchtlichen Einfluß auf die stagnierenden T.er Kl. und ihre Grundherrschaften gewannen) die v. a. seit dem 15. Jh. bestimmende Einbindung in die frz. Machtsphäre; 1552 Übergang der Stadt an das Kgr. Frankreich.

II. Bistum und Hochstift: [1] *Früh- und Hochmittelalter:* Die Diöz. an oberer Mosel, →Maas und Meurthe entsprach weitgehend dem Stammesgebiet der 'Leuci'. Erster verbürgter Bf. in der mit Unsicherheiten behafteten frühma. Bf.sliste ist →Auspicius (um 471). In der Karolingerzeit exponierte polit. Stellung des reformorientierten Bf.s →Frothar (813–849; Nähe zum Herrscherhaus; benachbarte kgl. Pfalzen Gondreville und Savonnière). Die seither formell fixierte Zugehörigkeit zum Trierer Metropolitanverband war spätestens seit dem Ende des 13. Jh. faktisch bedeutungslos. Im 10. Jh. wurde der nur begrenzt wirksame Kult der hl. Bf.e Mansuetus und Aper propagiert und für die T.er Kirche ein Apostolizitätsanspruch erhoben. Von Bf. →Gerhard bis zum Beginn des 12. Jh. (Abfassung der 'Gesta episc. Tull.', MGH SS VIII) stammten die in der Politik der →Ottonen und →Salier eingebundenen Bf.e aus dem Reich, wobei das Grenzbm., die Stadt und das stets sehr bescheidene Hochstift, dessen Anfänge auf das 7. Jh. zurückgehen, nur ein geringes polit. Gewicht besaßen. Characterist. für T. ist der Gegensatz zw. der großen Ausdehnung des Bm.s zum einen und dem geringen Gewicht von Kathedralstadt und Hochstift zum anderen. Überaus stark war die Beteiligung der zahlreichen geistl. Gemeinschaften des Bm.s an der Kloster- und Kirchenreform des 10.–11. Jh. (→Lotharing. Reform; Kathedralschule), die ihren Höhepunkt unter Bf. Bruno erreichte (Papst →Leo IX.) und mit einer seit dem 11. Jh. stark intensivierten innerdiözesanen Tätigkeit der Bf.e einherging. Eine Ausweitung des Netzes geistl. Institutionen seit der Mitte des 11. Jh. erfolgte zunächst mit der adligen Gründung zahlreicher OSB-Priorate, seit Ende des 11. Jh. breiteten sich dann die Reformorden im Bm. aus. Von 1107 bis nach der Mitte des 13. Jh. wurden vom Kapitel dem lothr. Adel entstammende Bf.e gewählt. Seit dem 12. Jh. ist - trotz der persönl. Autorität und den

Kontinuitäten im Bf. samt – eine zunehmende territoriale Konkurrenz der Bf.e gegenüber den aufstrebenden Hzg.en v. Lothringen festzustellen, die im O und S des kleinen Hochstifts ihre Herrschaft festigten (Nähe der späteren Residenz →Nancy). Bereits ab 1178 wurde der Burgort Liverdun zum wichtigsten bfl. Stützpunkt ausgebaut (Stift, Münzstätte, Befreiung der Bewohner). Einblick in die bfl. Grundherrschaft gibt ein um 1286 verfaßtes Einkünfteverzeichnis.

[2] *Spätmittelalter:* Die Situation war von Stagnation und ständiger Gefährdung des Hochstifts angesichts der übermächtigen Konkurrenz des Adels überschattet. Die Beziehungen der Bf.e zum Reich verloren nach der Mitte des 13. Jh. weiter an Bedeutung; bis zum Ende des Jahrhunderts fanden in der Region dt.-frz. Herrschertreffen statt. Seit dem Ende des 13. Jh. führte die überwiegende Besetzung des Bf.sstuhles durch das Papsttum zu häufig kurzen Episkopaten meist landfremder bzw. schwacher Bf.e und zu einem nachhaltigen Macht- und Autoritätsverlust der Oberhirten.

Vom 10. Jh. an werden →Archidiakone genannt, für die seit dem 11. Jh. räumlich fixierte Zuständigkeitsbereiche im Bm. bezeugt sind. Das Subsidienregister von 1402 nennt sechs Archidiakonate (darunter das mit St. Gangolf verbundene Großarchidiakonat für T. und sein Umland; die Archidiakone residierten im Domkapitel), 23 Dekanate und etwa 680 Pfarreien. G. Bönnen

Lit.: J. Choux, Recherches sur le dioc. de T. au temps de la réforme grégorienne. L'épiscopat de Pibon, 1952 – J. Schneider, L'avouerie de la cité de T., M-A 69, 1963, 631–640 – Ders., T. dans la seconde moitié du XIIe s. (Fschr. E. Ennen, 1972), 185–191 – Ders., Sur le droit urbain de T. au MA (Mél. E. Perroy, 1973), 273–282 – N. Gauthier, L'évangélisation des pays de la Moselle, 1980 – J. Schneider, Tensions en milieu urbain à la fin du XIIIe s.: le cas de la cité de T. (Études en souvenir de R. Fiétier, II, 1982), 179–191 – G. Bönnen, Die Bf.sstadt T. und ihr Umland während des hohen und späten MA, 1995 [Lit.].

Toulon, Stadt und Bm. in der →Provence, am Mittelmeer, hervorgegangen aus der kleinen röm. Siedlung 'Telo Martius', erwähnt erstmals im Itinerar des Antoninus; Bm. seit dem 5. Jh. Der Bf. Cyprianus (525–541) verfaßte die Vita seines Freundes →Caesarius v. Arles. Die Bf.sliste ist für 636 bis 879 unterbrochen. 1178 und 1199 erlitt T. Piratenüberfälle. Der wirtschaftl. Aufschwung setzte ein im 12. Jh., gestützt auf den Hafen (Küstenschifffahrt) und die von →Karl I. v. Anjou 1259 erworbenen Salinen (Handel mit →Salz im prov. Hinterland, auf der Basis des Salzmonopols [→Gabelle], aber auch in →Genua). T. beherbergte seit Mitte des 13. Jh. Bettelordenskonvente, Errichtung einer Stadtmauer im 1. Viertel des 14. Jh. Das zunächst einer Seitenlinie der Vicomtes v. →Marseille unterstehende T. fiel durch Erbschaft und Gebietstausch an die alleinige →Seigneurie Karls v. Anjou. Am Beginn des 14. Jh. stand T. als Verwaltungszentrum einer kleinen 'Baillie' von sechs Gemeinden (aus der ehem. 'viguerie' v. St-Maximin) vor und errang einige städt. Rechte (1289 durch →Karl II.: Parlament, Wahl von →Syndics; 1314 durch →Robert v. Anjou Wahl eines zwölfköpfigen Rates). Die wirtschaftl. Situation verschlechterte sich im frühen 14. Jh. (Schädigung des Hafenverkehrs durch den angevin.-aragones. Konflikt). Die Pestepidemie von 1348 provozierte eine heftige Judenfolgung. Bedrohung durch Söldnerbanden (Arnaud de →Cervole, 1357) führten zum Neubau der Mauern (1366). Im Krieg der Union v. Aix stand T., das →Ludwig v. Anjou bekämpfte, im Gegensatz zu den meisten (proangevinisch handelnden) Gemeinden des Umlandes. Auch nach dem Frieden v. 1388 setzten sich die Kämpfe fort (Raymond de →Turenne, genues. Pirat Baude Spinola in Brégançon). T., das 1368 und 1417 nur knapp der Verlegung seines Bf.ssitzes in das aufstrebende Hyères entging, erlitt in dieser Krisenzeit eine demograph. Schwächung (Beginn des 14. Jh.: ca. 600 Herdstellen, 1471: ebenso 238). N. Coulet

Lit.: GChrNov V, 1911 [J.-H. Albanès] – G. Lambert, Hist. de T., I-II, 1886–87 – Hist. de T., hg. M. Agulhon, 1980, 20–41 [P.-A. Février–R. Boyer].

Toulongeon, burg. Adelsfamilie. Die Seigneurs de T. (Burg T., dép. Ain, comm. Germagnat) stammten aus der Franche-Comté (→Burgund, 5) und dienten den Hzg.en v. →Burgund. *Jean* († 1427), Marschall v. Burgund, errang gegen Frankreich den Sieg v. Cravant (1423), bevor er in frz. Gefangenschaft fiel. Sein Bruder *Antoine* († 29. Sept. 1432), der ihm im Marschallamt nachfolgte, war unter Hzg. Johann (→Jean sans Peur) Hauptmann (*gardien*) v. →Troyes und →Champagne (1417), besiegte →René v. Anjou bei Bulgnéville (1431) und wurde zum Ritter des →Goldenen Vlieses gekürt (27. Nov. 1431). Ein weiterer Bruder, *André*, ist 1418 als *grand →écuyer* bezeugt, wurde mit einer natürl. Tochter Hzg. →Philipps des Guten vermählt und sollte 1432 ebenfalls mit dem burg. Hausorden ausgezeichnet werden, war aber bereits mit →Bertrandon de la Broquière ins Hl. Land gezogen und verstarb dort. *Claude* († nach 1502), Sohn von Antoine, war Sire de la Bastie, fungierte als hzgl. →*chambellan*, wurde 1472 zum Generalstatthalter v. Burgund (→*lieutenant général*) erhoben, organisierte den burg. Widerstand gegen →Ludwig XI. v. Frankreich (1477–80), mußte daher vor der Rache des Kg.s in →Brüssel Zuflucht suchen und empfing hier 1481 von →Maximilian die Halskette des Goldenen Vlieses. Er beschloß sein Leben im Hzm. Burgund, wo er 1476 Guillemette de →Vergy geheiratet hatte. J. Richard

Lit.: J. Richard, Claude de T., Handelingen van de k. Kring van Oudenheiden van Mechelen 95, 2, 1991, 175–187 – Les chevaliers de l'ordre de la Toison d'Or au XVe s., hg. W. Paravicini, 1994, 37, 72 [M. Th. Caron].

Toulouse, Stadt, Bm./Ebm. und ehem. Gft. in Südwestfrankreich, westl. Languedoc.

I. Stadt – II. Grafschaft – III. Bistum/Erzbistum – IV. Universität – V. Konzilien und Synoden – VI. Coutumes.

I. Stadt: [1] *Spätantike und Frühmittelalter:* Eine städt. Siedlung bestand bereits vor der Eroberung →Galliens durch Caesar; an ihrer Stelle gelegen, wurde Tolosa im 1. Jh. n. Chr. zur röm. Stadt (Colonia) und war in der späten Kaiserzeit ein wichtiges Handelszentrum (Umschlagplatz für it. Weine, die von →Narbonne nach →Bordeaux gingen). Die 'Stadt der Minerva' ('Palladia Tolosa' bei →Martial) war Wirkungsstätte von Rechtsgelehrten und Rhetoren und hatte berühmte Schulen (→Ausonius); die drei Brüder Ks. →Konstantins d. Gr. wurden in T. erzogen.

Seit dem 1. Jh. n. Chr. mit einer Backsteinmauer, die ein Areal von 90 ha umschloß, befestigt, besaß T. eine Reihe von Monumenten (Capitol, Theater, Amphitheater, Thermen). Am Beginn der Christianisierung stand der hl. →Saturninus (Martyrium um 250 unter Decius). T. widerstand dank des Bf.s Exuperus zu Beginn des 5. Jh. der Invasion der →Vandalen. 413 wurde es vom Kg. der →Westgoten, Athaulf, erobert und rasch Hauptstadt ('Tolosan. Reich'). 439 schlug →Theoderich den Angriff des röm. Heerführers Litorius zurück. 506 verkündete →Alarich II. die →Lex Romana Visigothorum, doch unterlag er schon im folgenden Jahr bei →Vouillé dem Kg. der →Franken, →Chlodwig.

Unter der Herrschaft der →Merowinger war T. nur

noch Provinzstadt, in der merow. Teilherrscher (→Chlothar, →Childebert [511-561], →Charibert, →Chilperich [567-584] und →Guntram, Vormund →Chlothars II.) einander ablösten. Kg. →Dagobert konstituierte den ehem. westgot. Herrschaftsbereich als Teilreich →Aquitanien (→Regnum) für seinen Bruder Charibert (630-632), vereinigte es aber nach dessen Tod wieder mit →Neustrien und hinterließ es →Chlodwig II. (639-657).

T. war Sitz des Hzg.s →Eudo v. Aquitanien, der im Juni 721 den Sarazeneneinfall zurückschlug. 767 nahm →Pippin III. die Stadt dem Hzg. Waifar ab. Pippins Sohn →Karl d. Gr. inkorporierte T. dem Regnum Aquitanien, als dessen Vorort die Stadt wieder fungierte. Ks. →Karl d. K. belagerte T. 844 erfolglos, doch wurde es 849 vom Gf.en Fredelo kampflos dem Ks. übergeben. Trotz Waffenhilfe der →Normannen konnte →Pippin II. v. Aquitanien die Stadt 864 nicht zurückerobern; sie wurde zum Sitz der Tolosaner Gf.endynastie.

[2] *Topographische und institutionelle Entwicklung im Hochmittelalter:* Das frühe städt. Leben konzentrierte sich auf mehrere Siedlungskerne: im S das *Château Narbonnais*, möglicherweise schon Sitz der westgot. Kg.e, sicher aber der Gf.en, die Kirche *La Daurade* und (außerhalb der Civitas) die Abtei *St-Sernin*. Seit dem 10. Jh. begünstigte das Aufleben von Handwerk und Handel den demograph. Aufschwung. Ein Markt bildete sich bei St-Sernin heraus; bei der Kirche St-Pierre-des-Cuisines entstand ein Handwerkerviertel (Lederverarbeitung), im N der Stadt ein neuer Burgus, um 1140 mit der Stadt durch eine gemeinsame Mauer vereinigt. Am Knotenpunkt der beiden Siedlungen wurde zu Beginn des 13. Jh. die 'maison commune' (→Kommune) errichtet, Sitz der →Konsuln; die Werkstätten zum Neubau der Basilika St-Sernin und der Kathedrale St-Étienne nahmen ihren →Baubetrieb auf. In T. siedelten sich zahlreiche Zuwanderer an, herbeigelockt durch die gewährten Privilegien.

Das Fehlen einer echten stadtherrl. Gewalt erlaubte es den städt. 'prudhommes' (→probi homines), spätestens ab 1152 einen gemeinsamen Stadtrat ('commun conseil de la cité et du faubourg') zu errichten, dessen Kern sechs 'capitulaires', vier Richter ('juges') und zwei Vögte ('avocats') bildeten. Stand dieser Rat zunächst unter gfl. Einfluß, so assistierte er seit 1189 den 24 Konsuln (deren Zahl 1269 auf zwölf, zu Beginn des 15. Jh. dann auf acht beschränkt wurde); diese nahmen um 1300 den Namen von *capitouls* an, bildeten sie doch das Kapitel (lat. Capitulum, okzitan. *capdol*), das seit 1189 unabhängig die städt. Regierung in der Stadt und ihrem Bannbezirk (*gardiage*) ausübte (aufgrund des vom Gf.en →Raimund V. in Gegenwart des Bf.s Fulcrannus am 6. Jan. 1189 in der Kirche St-Pierre-des-Cuisines beschworenen Friedens). Als veritable städt. Republik dehnte T. seine Macht auf das ländl. Umland aus; die Konsuln fungierten als Gesetzgeber (Erlaß von Ordonnanzen/ 'Établissements', Friedensverträge mit benachbarten Ortschaften, denen bei Verstößen Straffeldzüge drohten).

[3] *Albigenserkrieg und Übergang an den König von Frankreich:* Während des Albigenserkreuzzugs (→Albigenser, II) war T. wiederholt Ziel feindlicher Angriffe: Zw. 1211 und 1219 belagerten die Heere Simons v. →Montfort dreimal die Stadt, dann die Armee des Kapetingerprinzen →Ludwigs (VIII.); die Gf.en v. T. verliehen ihrer treuen Hauptstadt dagegen erweiterte Freiheitsprivilegien. Der Vertrag v. →Meaux-Paris (1229), der den Kreuzzug beendete, veränderte jedoch tiefgreifend die Situation von T., das von einer Stadtrepublik nach Art der it. Kommunen zu einer Provinzstadt des Kgr.es →Frankreich absank. Das Kgtm. richtete hier die dritte Sénéchaussée (→Seneschall, III) des Languedoc ein (1271); mit dem weitgehenden Verlust der polit. Unabhängigkeit und dem Wegfall des Grafenhofs war auch die kulturelle Rolle als Brennpunkt der okzitan. Kultur (→Altprovenzal. Lit., →Troubadourdichtung) ausgespielt. Der Seneschall mit Sitz im Château Narbonnais, nun Königspalast, beschnitt durch strikte Kontrolle die städt. Autonomie. Kg. →Philipp III., der fünfmal in T. weilte, war gleichwohl bestrebt, die Bevölkerung zu versöhnen (Gewährung von Abgabenbefreiungen [→*leudes*, →*péages*], 1279 Amnestie zur Rehabilitation und Repatriierung von Nachkommen verurteilter →Katharer, Regelung der Konsularwahlen durch die Ordonnanz v. Nîmes 1283, regelmäßige Abhaltung eigener →Parlements in T., schriftl. Aufzeichnung der →Coutumes).

[4] *Spätmittelalter:* Unter Rücknahme eines Teils dieser Zugeständnisse hob aber Philipp IV. das Parlement wieder auf (1291), und Karl VI. reduzierte die Zahl der Capitouls ztw. auf vier (1389). Die Stadt diente während des→Hundertjährigen Krieges durchweg als Nachschubbasis für die kgl. frz. Truppen. Um 1345 umwehrte sie sich mit einer neuen Mauer; die Bevölkerungszahl schrumpfte in dieser Krisenzeit, zunächst durch die Schwarze →Pest (1349), dann infolge des Großen →Abendländ. Schismas, das der Univ. v. T. einen Teil der Studenten (aus den »urbanistisch« gebliebenen Gebieten) entzog.

T. entging 1355 der Eroberung durch den »Schwarzen Prinzen« →Eduard. Die Unzufriedenheit mit den Fiskallasten entlud sich in blutigen städt. →Revolten (1357, 1382). Die schwersten Konflikte traten jedoch während des Bürgerkrieges der →Armagnacs und Bourguignons auf; 1418-20 bemächtigten sich die Bourguignons der Stadt, die schließl. vom Dauphin →Karl (VII.) für die Armagnac-Partei zurückerobert wurde und fortan dem »roi de Bourges« eine verläßl. Stütze war. Ihre Treue wurde belohnt durch die Wiedererrichtung des Parlement (provisorisch 1420, dauernd 1444).

Am 7. Mai 1463 (unter den Augen des entsetzten Kg.s →Ludwig XI.) wurde T. von einer verheerenden Feuersbrunst heimgesucht (anschließend Gewährung einer Steuermäßigung). Insgesamt stand die späte 15. Jh. aber im Zeichen einer wirtschaftl. Erholung: Der Friede begünstigte gewinnbringenden Export von →Waid und →Getreide nach England, Spanien und in die Niederlande; it. Bankiers führten die damals modernsten Techniken des Wechselverkehrs ein. Dank seines Parlement wurde T. zum Zentrum des Justizwesens im gesamten Languedoc. Die Repräsentanten der Stadt nahmen bei den →États provinciaux eine dominierende Position als Wortführer ein. Dieses Goldene Zeitalter sollte bis zu den Religionskriegen des 16. Jh. andauern.

Im SpätMA verwaltete der (erstmals unter den letzten Gf.en v. T. auftretende) Seneschall einen Amtssprengel (»Sénéchaussée de T. et d'Albigeois«), der in sechs Gerichtsbezirke, *jugeries* (Albigeois, Lauragais, →Rieux, Rivière, Verdun, Villelongue, eingeteilt war; hinzutrat die *viguerie* v. T., welche die Stadt und ihren Bannbezirk (*gardiage*) umfaßte. Die erstinstanzl. Justizausübung oblag den Richtern an der Spitze der jeweiligen *jugerie*, in der *viguerie* dem *juge ordinaire* v. T. In der Stadt selbst stand seine Gerichtsbarkeit seit 1189 in Konkurrenz mit der anerkannten Jurisdiktion der *capitouls*. Letztinstanzl. wurden Prozesse vom Parlement entschieden. Die kgl. ('ordentl.') Finanzen unterstanden der Verantwortlichkeit eines *trésorier-receveur* (→Receveur), die 'außerordentl. Finanzen' (vor der Einrichtung der États de Languedoc im

15. Jh.) den drei *élus sur le fait des aides* (→Aides, →Gabelle), deren Sprengel die Diocèse civil (Élection) v. T. bildete. Eine Münzstätte war seit der Grafenzeit in Betrieb. Hinsichtl. der innerstädt. Verwaltung bestand eine Einteilung nach (aus den Pfarrbezirken hervorgegangenen) *capitoulats*, deren Zahl entsprechend der Anzahl der *capitoulats* schwankte; nach dem letzten Stand gab es acht *capitoulats* (La Daurade, Saint-Étienne, Pont-Vieux, La Pierre-St-Géraud, La Dalbade, St-Pierre-des-Cuisines, St-Barthelemy, St-Sernin). Seit dem 13. Jh. bildeten die beiden Stadtkerne, Civitas/Cité (das von der röm. Mauer umschlossene Gebiet) und Burgus/Bourg (der sich seit dem FrühMA um St-Sernin entwickelnde Bereich), eine Einheit.

II. GRAFSCHAFT: [1] *Die Anfänge:* Die als →Mark gegen →Sarazenen und Vasconen (→Aquitanien, →Gascogne) errichtete Gft. T. unterstand zunächst Gf.en, die von den →Karolingern ernannt wurden (sog. 'Amtsgf.en'). Der erste von ihnen, Chorson (778–790), wurde 787 von den Vasconen gefangengenommen; an seine Stelle trat ein Vetter Karls d. Gr., →Wilhelm d. Fr. (vor 741–812), der sich nach verdienstvollem Kampf gegen die Sarazenen 806 in die Abtei Gellone (→St-Guilhem-du-Désert) zurückzog. Einer seiner Nachfolger, Fredelo, übte die Funktionen des Gf.en unter dem bloßen Titel eines 'custos civitatis' aus, gleichsam als Vertreter des eigtl. Inhabers der Grafengewalt, Wilhelm II., der in Katalonien gefangengenommen und hingerichtet wurde (Barcelona, 850).

Fredelo steht am Anfang des Gf.enhauses v. T. (Raimundiner), das mit Fredelos Bruder Raimund I. (852–863) und seinen Neffen Bernhard (865–877) und Odo erstmals die Grafengewalt ausübte. Der Herrschaftsbereich der Gf.en v. T., der zunächst die Mark Toulouse umfaßte, dann aber auf das Toulousain beschränkt wurde, erweiterte sich unter der Regierung Bernhards auf die Gft.en →Rouergue und →Quercy, die Bernhard durch Heirat erwarb, sowie Carcassès (→Carcassonne) und →Razès, die er als Beneficien innehatte. Nach dem Tode Odos (918) wurden die Territorien geteilt unter die beiden Söhne Raimund II. und Ermengol, den Begründern der beiden Zweige T. und Rouergue. Nach dem Tode Raimunds II. (923) vereinigte dessen einziger Sohn, Raimund III. Pons (923–950), den Tolosaner Staat durch die Ausübung der Lehnshoheit (Suzeränität) über die Gft.en Carcassonne, →Albigeois, Rouergue und Quercy; ztw. war er auch Hzg. v. Aquitanien (936–941). Aufgrund der Heirat mit Emma v. →Provence konnte Raimunds Sohn Wilhelm III. 'Taillefer' († 1037) die Herrschaften →Tarascon und Terre d'Argence seinen Territorien einverleiben.

[2] *Im 11. und 12. Jh.:* Das während des 11. Jh. mehrmals geteilte Tolosaner Fsm. wurde nach dem Tode Wilhelms IV. (1093) von dessen Bruder, →Raimund IV. v. St-Gilles, wieder vereinigt; der Fs., der 1096 als Befehlshaber des südfrz. Kreuzfahrerheeres ins Hl. Land zog (→Kreuzzug, Erster) und dort bis zu seinem Lebensende († 28. Febr. 1105) verblieb, war bereits seit 1065 Herr der Gft.en Rouergue, →Nimes und →Narbonne, weiterhin der Gft.en →Gévaudan, →Agde, →Béziers, des Pays d' →Uzès und vielleicht des →Vivarais; er intitulierte sich als »Gf. v. T., Hzg. v. Narbonne und Mgf. v. Provence« und vererbte seinen Nachkommen ein Fsm., dessen Grenzen (trotz der Ansprüche der Hzg.e v. Aquitanien) bis ins 13. Jh. stabil blieben.

Bei seiner Kreuznahme übertrug Raimund v. St-Gilles sein Fsm. dem älteren Sohn Bertrand, der ebenfalls ins Hl. Land aufbrach († 1112 ebd.) und seine Güter wiederum dem jüngeren Bruder, Alfons Jordan, übergab. Unter Ausnutzung der durch Besitzwechsel und Abwesenheit der Gf.en entstandenen Schwächung besetzte der Hzg. v. Aquitanien, →Wilhelm IX., zweimal T. (1098–1100, 1114–19) und vererbte seiner Tochter →Eleonore Rechte, die Eleonores erster Gemahl, Kg. →Ludwig VII. v. Frankreich, durch eine Belagerung von T. (1141) zu realisieren versuchte, ebenso der zweite Ehemann der Gfn., Kg. →Heinrich II. Plantagenêt; zwar mußte Heinrich 1159 die Belagerung von T. aufheben, doch konnte er seine Lehnshoheit 1173 dem Sohn von Alfons Jordan, Raimund V. (1148–94), aufnötigen.

In feindseliger Rivalität zu den Gf.en v. →Barcelona (seit 1137 Kg.en v. →Aragón), die den mittelmeernahen Teil des Languedoc (über das Haus →Trencavel) zu kontrollieren trachteten, setzte Raimund V. 1163 seine Lehnshoheit gegenüber dem Vizgf.en v. Carcassonne, der Vizgfn. v. Narbonne und dem Herrn v. →Montpellier durch. 1176 annektierte er die Gft. →Melgueil, stellte seine Autorität über Nîmes wieder her und unterdrückte die vom Kg. v. Aragón geschürten Revolten. 1154 heiratete er Constance, die Tochter Kg. →Ludwigs VI. v. Frankreich, und verstieß sie 1165. Unter Raimunds V. Regierung erwarb T. definitiv seine städt. Privilegien; in dieser Zeit begann auch die verhängnisvolle Ausbreitung des Katharertums.

[3] *Albigenserkrieg und Übergang an das Königreich Frankreich:* Die religiöse Frage begann die Politik der Gft. zu beherrschen. Gegen den 1207 exkommunizierten →Raimund VI. (1194–1222) wurde der Albigenserkreuzzug (→Albigenser, II) entfesselt. Das IV. →Laterankonzil beraubte Raimund seiner Besitzungen und setzte den Befehlshaber des Kreuzzugs, Simon de →Montfort, zu einem Gf.en v. T. ein, doch konnte Raimund, nach dem Tode Montforts vor T. (25. Juni 1218), einen Großteil seiner Länder zurückgewinnen. Nach seinem Tod (1222, immer noch im Stande der Exkommunikation) hinterließ er seinem Sohn →Raimund VII. (1222–49) die schwere Aufgabe, einem neuen, vom frz. Kg. persönlich geführten Kreuzzug standzuhalten. Im Frieden v. →Meaux-Paris (12. April 1229) verlor Raimund VII. alle westl. Besitzungen sowie das Quercy an die kapet. Monarchie und mußte der Heirat seiner Erbtochter Jeanne mit einem Bruder des Kg.s, →Alfons v. Poitiers, zustimmen. Während der Kriegs- und Krisenzeit hatten die Gf.en v. T. den Ausbau der städt. Privilegien von T. hinnehmen müssen. Nach dem Vertrag v. Meaux war Raimund VII. bestrebt, die direkten und indirekten Folgen für seine Herrschaft zu mildern. Als Teilnehmer an einem Kg. v. England gegen →Ludwig d. Hl.n v. Frankreich gesteuerten Koalition wurde er von der Niederlage v. →Taillebourg (1242) mitbetroffen. Sein Versuch einer Zurückdrängung der »libertés toulousaines« blieb ohne durchschlagenden Erfolg. Nach dem Tod des Gf.en (1249) ließ die Regentin v. Frankreich, die 'Königinmutter' →Blanca v. Kastilien, die Gft. für Sohn und Schwiegertochter beschlagnahmen. Alfons v. Poitiers (obwohl selten persönlich präsent) war auf Beschneidung der Autonomie von T. bedacht und führte, meist gestützt auf den Einsatz von kgl. Beamten, die kapet. Verwaltungspraktiken ein. Nach dem Tod von Alfons und seiner Gemahlin (1271) ließ der Kg. v. Frankreich in Anwendung des Vertrags v. Meaux ab Okt. 1271 die Gft. T. durch seine Kommissäre in Besitz nehmen; die Tolosaner Unabhängigkeit war beendet.

III. BISTUM/ERZBISTUM: [1] *Die Anfänge:* Die Diöz. v. T. gehörte ursprgl. zur Kirchenprovinz →Narbonne und umfaßte das Gebiet der antiken 'civitas Tolosana'. Im SpätMA wurde auf Bestreben des avignones. Papsttums das Diözesangebiet verkleinert: 1295 (unter →Benedikt XII.) durch Gründung des Bm.s →Pamiers, wodurch T. etwa 350 Pfarreien, Priorate und Kirchen sowie sechs Abteien verlor; 1317 (Bulle »Salvator noster« →Johannes' XXII.) durch Schaffung der Bm.er →Rieux, Mirepoix, →Montauban, Lombez, Lavaur und →St-Papoul. Als Kompensation wurde T. zum Ebm. erhoben, dessen Provinz territorial dem alten Diözesangebiet entsprach.

Der erste Bf. v. T. war der hl. Martyrer →Saturninus († 250). Unter seinen Nachfolgern war der namhafteste der hl. Exuperus, Freund des hl. →Hieronymus und tatkräftiger 'defensor civitatis' (Verteidigung gegen die Vandalen), der die Translation des Leichnams des hl. Saturnin aus der Église du Tour, seiner ältesten Grabstätte, in die Basilika, die später seinen Namen erhielt (St-Sernin), vornahm. Die nachfolgende Periode ist schlecht erhellt: Die Bischofsliste ist nach dem Episkopat des hl. Germier (um 691-695) unterbrochen, um erst mit Aricius (um 785-790) wieder fortgesetzt zu werden.

844 erhielt Bf. Samuel von Karl d. K. ein →Immunitätsprivileg zugunsten der Kathedrale St-Étienne und der Kl. Ste-Marie de la Daurade und St-Sernin. Samuel war wohl beteiligt an der Ausarbeitung eines →Kapitulars, in dem Karl d. K. dem Episkopat des südl. Gallien die Abstellung von Mißbräuchen vorschreibt.

[2] *Im 11.-12. Jh. und während des Albigenserkrieges:* Im frühen MA standen die Bf.e v. T. wohl zumeist den Häusern der Gf.en und Vizgf.en v. T. nahe (Hugo I., Atto/Aton, Raimund I.). Das 11. Jh. wurde dominiert von der bedeutenden Persönlichkeit des Isarn, der um 1071 gewählt wurde und die →Gregorian. Reform durchsetzte, das Kathedralkapitel reformierte und die Mensa canonialis wiederherstellte. Isarn vertrieb die Kanoniker aus St-Sernin, das er mit Benediktinern aus →Moissac besetzte, wurde aber zur Wiederherstellung des alten Zustands genötigt, woraufhin er Moissac die Kirche La Daurade übertrug. Auf den Konzilien von 1079 und 1080 verteidigte er sich gegen Anklagen, die seiner Amtsführung galten.

Die Bf.e des 12. Jh. entstammten zumeist der örtl. Aristokratie, so Amiel Simplicius und Raimund v. →Lautrec (Ketzerpredigt des hl. →Bernhard v. Clairvaux, 1145). Ihre Nachfolger im späten 12. Jh. und in der 1. Hälfte des 13. Jh., Fulcrannus, Foulques de Marseille, Raimund du Fauga, waren v. a. mit der kathar. Häresie und dem Albigenserkreuzzug konfrontiert (→Albigenser, →Katharer). Foulques förderte die Mission des hl. →Dominikus, der in T. 1215 den Predigerorden (→Dominikaner) gründete. Raimund du Fauga setzte in seiner Diöz. die →Inquisition der Dominikaner ein; im Okt. 1235 mußte er vor dem städt. Aufstand in T. seine Diöz. räumen und konnte erst ein Jahr später, unter dem Schutz des päpstl. Legaten, wieder zurückkehren. 1270 übernahm Bertrand de l'Isle Jourdain, ein Enkel von Raimund V., die Nachfolge Raimunds du Fauga und ließ als wohlhabender Prälat große Bauten errichten (got. Chor von St-Étienne). Am Ende des 13. Jh. stand der kurze Episkopat des hl. →Ludwig v. Anjou.

[3] *Im 14. und 15. Jh.:* Die Ebf.e v. T. des 14. Jh. wurden üblicherweise durch den Papst ernannt. Der erste von ihnen, Jean-Raymond de →Comminges, soll nach dem Tode Johannes' XXII. die Papstwürde abgelehnt haben. Sein Nachfolger Guillaume de Laudun war ein Dominikaner, der zugunsten von Raimond de Canillac zurücktrat. Jean de →Cardaillac († 1390) war der erste Ebf. des Großen →Abendländ. Schismas. 1401, im Zuge des Obödienzentzuges, stand der vom Kathedralkapitel zum Ebf. gewählte Propst Vidal de Castelmaurou († 1410) dem von →Benedikt XIII. eingesetzten Pierre Ravat gegenüber, der nach einem Aufstand von seinen Anhängern gewaltsam inthronisiert wurde (13. Nov. 1406). Der aus T. stammende Bernard de Rosier (Ebf. 1451-72), der bereits vor seiner Wahl eine glühende ultramontane Propaganda entfacht hatte, ließ 1452 die →Synodalstatuten erneuern. Hector de Bourbon, ein natürl. Sohn des Hzg.s v. Bourbon, machte dank seines Einflusses erfolgreich vor dem Parlement v. Bordeaux seine Ansprüche gegen den regulär vom Kapitel gewählten Neffen von Bernard de Rosier geltend und steht damit am Anfang einer langen Reihe von Prälaten, die im 15. und 16. Jh. das Ebm. T. durch kgl. Gunst erlangten.

[4] *Klosterwesen:* Auf dem Gebiet der Diöz. T. bestanden im 13. Jh. sechs Benediktinerabteien (Lavaur, Mas d'Azil, Mas-Garnier, Rieux, St-Papoul und Sorèze), ein von →Cluny abhängiges Kl. (Lézat), sechs Zisterzienserabteien (Belleperche, →Boulbonne, Calers, Eaunes, Feuillans, →Grandselve), eine Prämonstratenserabtei (La Capelle). Die ehem. Benediktinerabteien St-Antonin de →Pamiers und St-Volusien de →Foix sowie das Benediktinerpriorat Notre-Dame de Lombez waren seit dem 12. Jh. in der Hand der augustin. Regularkanoniker. In T. selbst hatten die Regularkanoniker seit 1073 das Kathedralkapitel und das Stift St-Sernin inne. Cluny kontrollierte nicht weniger als drei Priorate, Notre-Dame de la Daurade und St-Pierre-des-Cuisines, die von Moissac abhingen, St-Antoine, eine Gründung von Lézat. Die geistl. Ritterorden der →Templer und →Johanniter hatten jeweils ein Priorat, dem zahlreiche Komtureien unterstanden. Die großen Bettelorden (→Dominikaner, →Minoriten, →Karmeliter und →Augustinereremiten) besaßen jeweils eine Niederlassung in T., desgleichen auch Orden und Kongregationen wie die →Mercedarier und →Trinitarier, die Frères de la Pénitence (→'Sackbrüder'), die Frères de la Mère de Jésus-Christ, mit ihrem schwarzweißen Habit als 'Frères Pies' bekannt, der Ordre de la Sainte-Croix, der 1256 errichtet worden war. An Frauenkongregationen bestanden – neben den Dominikanerinnen des Kl. →Prouille, das der hl. Dominikus 1207 gegründet hatte – Häuser der Zisterzienserinnen (Oraison-Dieu, Valnègre), des Ordens v. →Fontevrault (Grâce-Dieu, Lespinasse, Longages) und der Minorettes v. T.

IV. UNIVERSITÄT: Die Gründung einer Univ. wurde dem Gf.en durch den Vertrag v. Meaux (1229) auferlegt; sie wurde von Papst Gregor IX. mit den Privilegien der Univ. →Paris bewidmet (1233), erhielt von Innozenz IV. ihre erste Ordnung (1245) und arbeitete 1309-14 die Statuten aus, die das universitäre Leben in T. für die nächsten Jahrhunderte bestimmen sollten. Die Univ. unterstand der Aufsicht des Kanzlers der Kirche v. Toulouse; an der Spitze stand ein →Rector, gewählt auf drei Monate aus den 'doctores regentes' (Lehrstuhlinhabern); ihm zur Seite ein 'consilium', in dem neben den Professoren auch die Baccalare und Studenten durch zwei Repräsentanten vertreten waren.

Die Univ. T. erlangte hohes Ansehen durch ihren Rechtsunterricht. Nach 1270 hatten ihre Lehrer für gemeines Recht (Arnaud Noubel, Guillaume und Pierre de →Ferrières, Arnaud und Jean Arpadelle, Guillaume de Cunh, Pierre de Mortemart) europ. Rang; die Argumente der 'Doctores Tholosani' werden in vielen zeitgenöss. Werken als Autoritäten zitiert. Die zahlreichen Lehrer des kanon. Rechts bildeten die kirchl. Führungskräfte aus. Der Theologieunterricht war den Lektoren der Bettelorden in der Stadt übertragen, war aber dessenungeachtet der universitären Körperschaft integriert. Des weiteren bestand eine namhafte Artistenfakultät, während die med. Fakultät mit nur zwei bis drei Lehrstühlen geringere Bedeutung hatte. Für die wachsende Studentenschaft wurden, zumeist im 14. Jh., zahlreiche →Kollegien gegründet.

Das Universitätsleben wurde durch das Große Schisma stark beeinträchtigt. Wegen ihrer Treue zu →Benedikt XIII. zog sich die Univ. T. die Feindschaft der mächtigen Alma mater von →Paris zu; das Niveau des Studienbetriebs sank, nur noch wenige Gelehrte (wie der Jurist Bernard de Rosier und der Theologe →Raimundus v. Sabunde) hatten internationalen Ruf. Erst seit dem späten 15. Jh. kam es zu einer Blüte, v. a. dank der Initiative des →Parlement, das von 1470 bis 1516 die Reorganisation des Lehrbetriebs und seiner Institutionen durchsetzte.

V. KONZILIEN UND SYNODEN: Nach DEVIC und VAISSÈTE fanden im MA in T. insgesamt zwölf Konzilien und Synoden statt (nach heutigem Forschungsstand ist das Konzil von 1160 [Anerkennung von →Alexander III. gegen →Victor IV. durch Frankreich und England] auszunehmen, da es nicht in T., sondern in Beauvais stattgefunden habe).

Neben dem schlecht belegten Konzil von 829 (Ludwig d. Fr.) und den Konzilien von 1005 und 1022 sind die Konzilien von 1060/61, 1068 und 1090 als »gregorian.« Kirchenversammlungen erwähnenswert. Auf dem Konzil von 1110 führte der päpstl. Legat Richard, Bf. v. Albano, den Vorsitz; das Konzil von 1118 beschloß einen Kreuzzug in Spanien (→Reconquista).

Das auf Weisung Papst Victors II. 1056 tagende Konzil unter Vorsitz des Ebf.s v. Narbonne, Guifred, verurteilte in 13 Kanones die →Simonie der Kleriker und Mönche und die Usurpation von Kirchengut durch Laien und propagierte das Keuschheitsgebot der Kleriker.

Das Konzil v. 1079, dem die päpstl. Legaten →Hugo v. Die und →Amatus v. Oloron präsidierten, exkommunizierte zwei »simonist.« Bf.e (Peter v. Rodez und Frothar v. Albi) und bedrohte mit Exkommunikation jedwede Usurpation von kirchl. Gütern und Zehnten, löste damit eine Welle der Restauration des Kirchenvermögens aus.

Am 8. Juli 1119 leitete Papst →Calixt II. in Person zu T. ein Konzil, an dem u. a. mehrere Kard.e sowie die Ebf.e v. Tarragona, Auch, Narbonne, Arles und Aix teilnahmen. Das Konzil erließ zehn Kanones über die Kirchenzucht.

Im Herbst 1229 berief der Kardinallegat Romanus Frangipani ein regionales Konzil nach T. Es diente der Anwendung der Klauseln des Vertrags v. →Meaux-Paris zur Beendigung des Albigenserkrieges (Ausnahmeverfahren im Kampf gegen Häretiker).

VI. COUTUMES: Dem Gewohnheitsrecht v. T. lagen z. T. Gebräuche des röm. Rechts, wie sie im Westen des röm. Reiches vor der Rechtskodifikation unter Justinian (→Corpus iur. civ.) üblich waren, zugrunde. Die Ausbildung der →Coutumes entwickelte sich seit dem 12. Jh. mit der Erneuerung des wirtschaftl. und sozialen Lebens, unter starkem Einfluß der städt. Rechtsprechung und Jurisprudenz. Die Vertreter dieser munizipalen Jurisdiktion bekämpften im 13. Jh. mehrfach das vordringende gelehrte Recht, das auf der Basis des Corpus iuris an den Universitäten gelehrt wurde. Die Coutumes v. T. wurden 1286 schriftlich fixiert und feierlich im Namen des Kg.s v. Frankreich promulgiert; sie blieben, mehrfach stark abgeändert, bis zur Frz. Revolution (1789) gültiges Recht. Hauptsächlich Bestimmungen des Privatrechts umfassend, wurden sie nicht nur in der Stadt T., sondern auch im Umland angewandt (*gardiage* und *viguerie* v. T.). H. Gilles

Lit.: G. CATEL, Hist. des comtes de T., Toulouse 1623 – C. DEVIC-J. VAISSÈTE, Hist. générale de Languedoc, I–XII, 1872–89 – R. LIMOUZIN-LAMOTHE, La commune de T. et les sources de son hist. (1120–1249), 1932 – A. VIALA, Le Parlement de T. et l'administration royale laïque, 1429–1525 environ, 1953 – J. H. MUNDY, Liberty and Political Power in T., 1050–1230, 1954 – PH. WOLFF, Commerces et marchands de T. (vers 1350–vers 1450), 1954 – M. CASTAING-SICARD, Les contrats dans le très ancien droit toulousain (Xᵉ–XIIIᵉ s.), 1959 – Y. DOSSAT, Saisimentum comitatus Tholosani, 1966 – M. LABROUSSE, T. antique, 1968 – H. GILLES, Les Coutumes de T. (1286) et leur premier commentaire (1296), 1969 – PH. WOLFF, Hist. de T., 1974² – DERS., Le dioc. de T., 1983 – H. GILLES, Univ. de T. et enseignement du Droit (XIIIᵉ–XVIᵉ s.), 1992 – J. R. MAGNÉ-J. R. DIZEL, Les comtes de T. et leurs descendants, les T.-Lautrec, 1992.

Tour Landry, Chevalier de la → La Tour Landry, Geoffroy

Touraine, hist. Landschaft, ehem. Provinz und früheres Hzm. in Westfrankreich, entsprach im wesentl. der 'Civitas Turonum' und der Diöz. v. →Tours, umfaßt in etwa das sich um Tours, beiderseits der →Loire, erstreckende dép. Indre-et-Loire.

Die im 4. Jh. begründete Kirche v. Tours stieg durch das Wirken des hl. →Martin (371–397) zur führenden kirchl. Institution des nördl. →Gallien auf. Der hl. Bf., der sich oft als Einsiedler nach →Marmoutier zurückzog, begründete in mehreren ländl. Gemeinden der T. Klerikergemeinschaften; diese Ansätze zum Aufbau eines ländl. Pfarrwesens wurden von seinen Nachfolgern fortgesetzt. 470 gliederte Kg. →Eurich das Gebiet der T. (ganz oder teilweise) dem Reich der →Westgoten ein, die versuchten, den Arianismus einzuführen. Doch drangen bald die →Franken in das von Kg. →Chlodwig nach der Schlacht v. →Vouillé (507) besetzte Gebiet vor.

Ausgehend von St-Martin, das Pilgerströme anzog, wurde eine Reihe von großen Abteien errichtet oder reorganisiert (Marmoutier, →Cormery, St-Julien de Tours, St-Mexme de →Chinon, →Villeloin). Persönlichkeiten wie der Bf. und Geschichtsschreiber →Gregor v. Tours (573–594) und der Ratgeber Karls d. Gr., →Alkuin (um 730–804), Abt v. St-Martin, begründeten den hohen Rang der T. im geistigen Leben des Früh- und HochMA. Das Gebiet diente vom 6. Jh. bis ins 9. Jh. als Operationsbasis der frk. Expansion in der Armorica (→Bretagne) und nach →Aquitanien. Verschont von der muslim. Invasion (Sieg →Karl Martells bei →Poitiers, 732), erfuhr die T. bis zur Mitte des 9. Jh. eine wirtschaftl. Blüte. Nachfolgend wurde die Region durch Einfälle der →Normannen (zw. 853 und 903) schwer geschädigt. Die →Robertiner bzw. →Kapetinger, die maßgebl. im Kampf gegen die Normannen geführt und das Laienabbatiat v. St-Martin an sich gezogen hatten, überließen die T. und ihre Nachbarregionen auf längere Sicht den beiden ihnen als Vasallen untergeordneten Fs.enfamilien, den Gf.en v. →Angers (Anjou) und den Gf.en v. →Blois. Die Besitzungen der beiden heftig rivalisierenden Geschlechter waren stärkstens miteinander verzahnt (Anjou: →Amboise, →Loches und Montrichard; Blois: Tours, Montsoreau, Chinon und →Saumur). Beide Seiten bauten ein Netz von →Befestigungen auf, zunächst hölzerne Turmburgen, dann steinerne →Donjons. Im frühen 11. Jh. errangen die Anjou definitiv den Sieg (Schlachten v. Pontlevoy, 1016, St-Martin-le-Beau/S. Martinus de Bello/St-Martin la Bataille, 1034); die angevinisch gewordene T. bildete 1154 einen Eckpfeiler des Festlandbesitzes der →Plantagenêt (sog. →Angevin. Reich). Trotz der militär. Konflikte vollzog sich ähnlich wie in anderen westfrz. Gebieten starker Landesausbau (Rodungstätigkeit), entstanden →Kastellaneien und wurde die Reorganisation des kirchl. Lebens in Angriff genommen. Bf. Theotolon v. Tours setzte →Cluniazenser in St-Julien an; Abt →Gauzbert restaurierte Marmoutier; auch wurden neue Abteien gegr. (→Beaulieu-lès-Loches, Preuilly, Noyers). Infolge der Gregorian. Reform wurden zahlreiche Pfarrkirchen dem →Patronat von Äbten unterstellt. Kg. →Heinrich II., der häufig in Chinon residierte, ließ die ersten *turcies* (Loiredämme, →Deich- und Dammbau) gegen die gefürchteten Hochwasser errichten.

Von 1188 an unternahm →Philipp II. Augustus, Kg. v. →Frankreich, große Anstrengungen zur Eroberung der T., die 1205 der frz. →Krondomäne angeschlossen wurde. Nach dem Tode des Seneschalls des Anjou, Guillaume des →Roches († 1222), vermochte die kapet. Monarchie gegenüber der lokalen Aristokratie die administrative Autorität ihrer →Baillis durchzusetzen. Das Land erlebte eine neue Wirtschaftsblüte, die sich in der zentralen Bedeutung des *Tournois* (→Denier, →Gros tournois, →Turnose) für das europ. Währungswesen des MA widerspiegelt. →Zisterzienser (La Clarté-Dieu) und geistl. →Ritterorden faßten Fuß in der T.; die got. Baukunst blühte auf.

1322 wurde die T. (nicht aber das Anjou) dem künftigen Kg. →Jean/Johann (II.) als →Apanage übertragen. Ab etwa 1350 hatte die Region unter den Verwüstungen des →Hundertjährigen Krieges zu leiden; es kam zu engl. Einfällen, Plünderungen durch Söldnerkompagnien, Bauernaufständen und →Epidemien. Von der T. aus bereitete →Jeanne d'Arc (Chinon, 1429) die Befreiung v. Orléans vor, doch hielten die Kriegswirren noch bis zur Mitte des 15. Jh. an.

Nach dem Ende der Feindseligkeiten (1453) profitierte die T. dann von der Präsenz der großen Valois-Kg.e →Karl VII., →Ludwig XI., →Karl VIII., →Ludwig XII. und Franz I., deren glanzvolle Hofhaltung und Bautätigkeit (»Loire-Schlösser«) dem wirtschaftl. Wiederaufschwung starke Impulse gaben. Die Städte (Tours, Loches, Chinon, Amboise) traten in ihr Goldenes Zeitalter ein und erlebten im 16. Jh. ihre große Blütezeit.

G. Devailly

Lit.: G. N. Oury, Hist. religieuse de la T., 1975 – C. Lelong, T. romane, 1977 (Zodiaque) – C. Croubois, L'Indre-et-Loire: la T. des origines à nos jours, 1982.

Tournai (ndl. Doornik), Stadt in Belgien, an der →Schelde, Prov. →Hennegau.
I. Stadt – II. Bistum.

I. STADT: Die am Ursprung der Stadtentwicklung stehende röm. Siedlung Turnacum (Tornacum), die sich als Stadt der Gallia →Belgica II im Laufe des 1. Jh. n. Chr. entwickelte, war Verkehrsknotenpunkt eines weiträumigen Straßennetzes und umfaßte in der röm. Ks.zeit ein Areal von 40 ha, das sich an beiden Ufern der Schelde erstreckte. Im 4. Jh. wurde T. zum Vorort einer 'civitas' und wichtigen Glied in der Kette von Befestigungen, die das röm. Reich gegen die vordringenden Germanen errichtete. Trotz dieser Verteidigungsmaßnahmen besetzten die Franken um 430 die Stadt. T. fungierte bis 486 als Hauptstadt eines frk. Kleinreiches, als dessen bedeutendster Herrscher →Childerich, der Vater →Chlodwigs (→Merowinger), hervortritt; sein reich ausgestattetes Kg.sgrab wurde 1653 aufgefunden (→Childerichgrab).

Mit Ausnahme einiger dunkler Perioden erfuhr T. bis ins späte MA einen kontinuierl. territorialen, demograph. und wirtschaftl. Aufschwung, stark gefördert durch das blühende Tuchgewerbe (→Textilien, A) und den Handel mit Bruchsteinen; dieser Aufstieg fand seinen Ausdruck in der Errichtung einer Stadtbefestigung, die sich in zwei Phasen vollzog: Ein erster Mauerring entstand Ende des 12. Jh., ein zweiter, wesentl. weiterer im letzten Viertel des 13. Jh.

Die urbane und fortifikator. Entwicklung wurde in nicht unerhebl. Maße von der strateg. Lage der Stadt beeinflußt: T. beherrschte den Lauf der Schelde und bildete den Kreuzungspunkt großer Straßen, v. a. aber wurde die Gesch. der Stadt über die Jahrhunderte von ihrer Bedeutung als Grenzstadt geprägt. Seit dem Vertrag v. →Verdun (843) trennte die Schelde die Bereiche des Westfrk. Reiches bzw. Frankreichs von den Gebieten Lotharingiens und des Ostfrk. bzw. Dt. Reiches, wobei diese Grenze 1289 leicht nach Osten verschoben wurde.

T., das sich um 1147 als →Kommune konstituierte, befreite sich 1188 von der seit dem 9. Jh. ausgeübten bfl. Stadtherrschaft und unterstand fortan unmittelbar der Krone Frankreich; 1341 wurde die Kommune zum einzigen 'Seigneur' (→Seigneurie) des Territoriums v. T. Die städt. Institutionen lagen in dieser Zeit noch in den Händen der Aristokratie; erst 1423 setzte eine demokrat. Umwälzung die Teilung der Macht durch: Die Stadt wurde nunmehr regiert von einer Versammlung, bestehend aus vier Kollegien (*Consaux*), denen der →*prévôts* und →*jurés*, der *mayeurs* und *échevins* (→Schöffen), der *eswardeurs* sowie der *doyens* und *sous-doyens* der in 36 *bannières* gegliederten →Zünfte.

Die Gesch. T.s im ausgehenden MA stand meist im Zeichen wirtschaftl. Schwierigkeiten, z. T. ausgelöst durch Pestepidemien (während des gesamten 15. Jh.) und Naturkatastrophen (Hochwasser, Frostperioden); das konstante Defizit und die drückenden Fiskallasten ließen finanzielle Probleme entstehen; infolge des schlechten Funktionierens der Verwaltungsinstitutionen machte sich auch polit. Instabilität bemerkbar. Diese Krisenerscheinungen führten zu einem Bevölkerungsrückgang; ein völliger Niedergang konnte aber vermieden werden, zumal zwei neue, aufstrebende Wirtschaftszweige (hochwertige Teppichwirkerei, Waffen- und Rüstungsproduktion) sich in T. etablierten. Es galt auch, die Schwierigkeiten, denen die Stadt während der Konflikte zw. dem Kg. v. Frankreich und dem Hzg. v. Burgund ausgesetzt war, zu überwinden: Burgund erreichte das Ziel einer Einverleibung von T. nicht, dies gelang erst Ks. Karl V. (1521), nachdem die Stadt kurz zuvor einige Jahre unter engl. Besatzungsherrschaft (1513–18) gestanden hatte.

Auf kirchl. Gebiet war die Bf.sstadt T. in 14 Pfarreien unterteilt, die auf beiden Ufern der Schelde lagen und bis zum Ende des Ancien Régime teils dem Bm. T. (links der Schelde), teils dem Bm. →Cambrai (rechts der Schelde) zugehörig waren. Diese bes. Situation lag im Grenzcharakter von T. begründet. Die Stadt beherbergte zahlreiche bedeutende kirchl. Einrichtungen; an erster Stelle ist neben dem Kathedralkapitel Notre-Dame die große Abtei OSB St-Martin zu nennen, eines der reichsten Benediktinerkl. der alten Niederlande.

II. BISTUM: Das Christentum hielt seinen Einzug am Ende des 3. Jh. oder zu Beginn des 4. Jh. mit dem missionar. Wirken des hl. Piatus (Piat); die kleine Christengemeinde verfügte über eine eigene Kultstätte, überlebte aber die Invasionen des frühen 5. Jh. nicht. Nach Wiedereinkehr ruhiger Verhältnisse erfolgte eine Rekonstituierung und der Aufbau einer Kirchenorganisation mit Einsetzung eines eigenen Bf.s: nach jüngsten Unters.en wird angenommen, daß der Bf.ssitz T. vermutl. vor dem Ende des 5. Jh. zugunsten eines gewissen Theodor errichtet wurde. In der Folgezeit – wohl zw. 626/627 und 637/638 – wurde das Bm. mit →Noyon (auf personaler Grundlage) vereinigt; diese Union bestand bis 1146. Seit dem FrühMA vollzog sich der Ausbau des Diözesangebietes, das im Verlauf des 9. Jh. seine endgültigen Grenzen erreichte und sich von der Schelde bis zur Nordsee erstreckte; es umfaßte einen Großteil des Tournaisis sowie der alten Gft. →Flandern (unter Einschluß des kgl. gft. Flandern). Dieses weiträumige Gebiet der dem Ebm. →Reims unterstehenden Diöz. war untergliedert in drei Archidiakonate (T., →Brügge, →Gent) sowie elf (später zwölf) Dekanate, die 497 Pfarreien (1331) umfaßten (bis zur Mitte des 16. Jh. waren acht weitere Pfarreien hinzukommen). Im Zuge der Neuordnung der Diözesanverhältnisse um die Mitte des 16. Jh. (s. a. →Cambrai) wurden die – als eigene Bm.er konstituierten – Archidiakonate Brügge und Gent 1559 von T. abgetrennt.

Die dem Bf. wohl seit dem frühma. Anfängen zur Seite stehende Klerikergemeinschaft erhielt erst aufgrund der →Institutiones Aquisgranenses v. 816, welche die →Kanoniker einem einheitl. Rechtsstatus unterwarf, ihre eigtl. Organisation als Kathedralkapitel (→Kapitel, I) mit ursprgl. 30 Kanonikern (43 am Beginn des 13. Jh.). Das Kathedralkapitel wurde zur unbestreitbar bedeutendsten und angesehensten kirchl. Einrichtung in T. Seine dominierende Rolle auf den Gebieten des öffentl. Gebetes, Pfarrdienstes, Unterrichts und der wohltätigen Stiftungen ließ die (in der 2. Hälfte des 12. Jh. zu einem der bedeutendsten spätroman. Sakralbauten des Scheldereaums erweiterte) Kathedrale Notre-Dame (got. Chor des 13. Jh.) zur »bevorzugten Stätte des Gebetes der Diöz., zum Zufluchtsort der Entrechteten und Zentrum der gelehrten Studien« werden. J. Nazet

Lit.: zu [I]: Dict. hist. et géogr. des communes du Hainaut, 1940 [P. ROLLAND] – Communes de Belgique. Dict. d'hist. et de géogr. administrative, 1–2, Wallonie-Bruxelles, 1980), 1482–1488 [CH. VRANCKEN–G. PREUD'HOMME] – P. ROLLAND, Hist. de T., 1956 – F. VERCAUTEREN, T. (Plans en relief de villes belges levés par des ingénieurs français, XVIIe–XIXe s., 1965), 163–206 – J. DUMOULIN, L'organisation paroissiale de T. aux XIIe et XIIIe s. (Horae Tornacenses, 1971), 28–47 – M. AMAND, T., de César à Clovis, 1972 – G. DESPY, Naissance de villes et de bourgades (La Wallonie. Le Pays et les Hommes. Hist. – économies – sociétés, I, 1975), 110, 112, 113 – R. BRULET, Les fouilles du quartier St-Brice à T., 1990, 11–14 [Einl.] – J. PYCKE, »Urbs fuerat quondam, quod adhuc vestigia monstrant«. Réflexions sur l'hist. de T. pendant le Haut MA (V^e–Xe s.) (La genèse et les premiers s. des villes médiévales dans les Pays-Bas méridionaux. Actes 14e Coll. internat. Spa 1988, 1990), 211–233 [Bibliogr. bis 1985] – J. NAZET, Les institutions religieuses de T. et du Tournaisis vers 1600, Albums de Croÿ XI, 1991, 77–95 – J. DUMOULIN, L'organisation paroissiale de T. au XVe s. (Les Grands S.s de T., 1993), 257–278 – J. PAVIOT, T. dans l'hist. bourguignonne (Les Grands S. de T. 12e–15e s., 1993), 59–78 – T. Une ville, un fleuve, hg. F. THOMAS-J. NAZET, 1995 – L. VERSLYPE, Aux origines de Notre-Dame de T., Bull. de la Soc. tournaisienne de paléontologie et préhist. VI, n° 5, mai 1996, 179–187 – zu [II]: F. JACQUES, Le dioc. de T. (1690–1728) et ses divisions archidiaconales et décanales de 1331 à 1789, 1973 – J. PYCKE, Le chapitre cathédral de T. de la fin du XIe à la fin du XIIIe s., 1986.

Tournai, Simon v., * ca. 1130, † ca. 1201. Sein Schrifttum erweist ihn als bedeutenden Theologen des 12. Jh. Die »Disputationes« zeigen Einfluß →Odos v. Ourscamp († nach 1171); ihm folgt er 1165 als theol. Lehrer an der Domschule in Paris, wo er zuvor zehn Jahre als Magister artium wirkte. S. bewundert Abaelard und ist Gilbert v. Poitiers derart verpflichtet, daß er als Porretaner der zweiten Generation gilt. Dem entsprechen verstärkte Rezeption des Aristoteles; er, nicht mehr Platon, ist für S. *der* Philosoph; ferner seine differenzierte theol. Denkform und Verstehenslehre, Nähe zu Boethius sowie seine Trinitätslehre. F. Courth

Ed.: Disputationes, 1932 – Institutiones in sacram paginam, VGI 1, 1967 – Expositio Symboli S. Athanasii, AHDL 43, 1976, 135–199 – M.

SCHMAUS, Die Texte der Trinitätslehre in den Sententiae des S. v. T., RTh 4, 1932, 59–72, 187–198, 294–307 – *Lit.:* GRABMANN, Scholastik, II, 535–552 – N. M. HÄRING, S. of T. and Gilbert of Poitiers, MSt 27, 1965, 325–330 – DERS., Zwei Redaktionen des Komm. zum Apost. Glaubensbekenntnis von S. v. T., MSt 35, 1973, 333–338.

Tournament of Tottenham, The. Die vor 1450 in N-England entstandene alliterierende Reimdichtung von 234 Versen Länge, überliefert in drei eng verwandten Hss., von denen zwei aus der 2. Hälfte des 15. Jh. stammen, schildert in neunzeiligen Strophen aus je vier durch gleichen Reim verbundenen Langzeilen mit öfter auch fehlender →Alliteration (C. IV.), gefolgt von fünf zwei- oder dreihebigen Kurzversen mit dem Reimschema bcccb, Vorbereitung, Verlauf und Ausgang eines Turniers, das bäuerl. Junggesellen in Tottenham nahe London um den Preis der Tochter eines Gutsverwalters und ihrer aus Huhn, Schwein, Kuh und Mähre bestehenden Mitgift austragen. Als Waffen dienen Dreschflegel, Harken und Keulen; Töpfe, Schaffelle und flache Weidenkörbe ersetzen Rüstung und Schild. Am Ende vereint die Hochzeit die blessierten Kämpen zu fröhlicher Feier.

In bewußt volkstüml., bisweilen derber Sprache, die freilich auch konventionelle Elemente der →Romanzen verwendet, parodiert die zu den späten Vertretern des *mock-heroic* gehörende balladenhafte Erzählung die höf.-ritterl. Tradition, insbes. das Turnierwesen, zielt zugleich auch gegen das Bauerntum und trägt mithin auch Merkmale der Ständesatire. Burleske Züge rücken die wohl für die Schicht des städt. Bürgertums geschriebene →Parodie in die Nähe der Schwanklit. K. Dietz

Bibliogr.: ManualME 9.XXIV, 1993, 3164f., 3493f. – *Ed. und Lit.:* ME Verse Romances, ed. D. B. SANDS, 1966, 313–322 – ME Poetry, ed. L. J. und N. H. OWEN, 1971, Nr. 32 – The T. of T. and The Feest, ed. B. HOFFMAN [Diss. SUNY-Stony Brook 1984].

Tournoi de Chauvency. Vom sonst unbekannten Jacques Bretel vielleicht im Auftrag Gf. Henris de Salm († 1292) gegen Ende des 13. Jh. verfaßt, erzählt das T. in 4563 paarweise gereimten Achtsilbern den Ablauf eines Turniers, das 1285 in Chauvency (Meuse) auf Initiative des Gf.en v. Chiny, Louis de Loos, stattgefunden hat. Die Handlung erstreckt sich über 6 Tage, von denen die ersten drei minuziös die Vorbereitungen der *joutes*, die letzten drei das eigtl. *tournoi* und die Schlußfestivitäten beschreiben. Die Mehrzahl der Teilnehmer ist hist. belegbar, und es ist sicher zulässig, das T. mimet. als einen im Auftrag erstellten Ereignisbericht eines Turniers zu lesen, eine äußerst schmale, aber wohl doch auszumachende Tradition, für die der zeitgenöss. »Roman du Hem« des Sarrasin ein weiteres Beispiel darstellt. Im Gegensatz zu letzterem mimen die Kämpfer im T. allerdings keine Roman-Figuren, sondern tragen ihre eigenen Namen. Das T., von großer Bedeutung für die Turnierkunde, ist für die Lit. geschichte dank der Schilderung der Festivitäten mit amourösen Dialogen, verschiedenen Tanzformen und 35 eingestreuten Refrains ebenfalls von Interesse. Erhalten sind 2 Hss. und ein Frgm. (alle Ende 13.-Anfang 14. Jh.) sowie eine Abschrift der 17. Jh. Die beiden ma. Hss. sind Sammelhss., von denen eine das T. zusammen mit der Prosa-Fassung A des »Roman des Sept Sages« (wohl erst nachträgl. zusammengebunden), die andere (Oxford, Bodl., Douce 308 [= Chansonnier I], reich ill., stark lothring. gefärbt) zusammen mit Liedern und den »Voeux du Paon« des →Jacques de Longuyon (ebenfalls lothring. Ursprungs) überliefert. R. Trachsler

Ed.: M. DELBOUILLE, 1932 – *Lit.:* GRLMA VI/1, 279, 305; VI/2, nr. 6324 – DLFMA, 1992², 726f. – E. TREVISAN, »Le tournoi« de Jacques Bretel ... Étude litt. et socio-historique, 1980 [Lit.].

Tournoiement Antechrist → Huon de Mery

Tournoiement des dames → Huon (III.) d'Oisi

Tournoiement d'Enfer, allegor. Dichtung in reimpaarigen *octosyllabes*, die unvollständig (2048 v.) und lückenhaft in einer Hs. des 14. Jh. (Paris, BN, fr. 1807) erhalten ist. Der Text ist um die Mitte des 13. Jh. in dem Gebiet zw. Blois, Tours und Orléans entstanden (wie sich aus Inhalt und Sprache erschließen läßt) und folgt der Tradition der Psychomachia des →Prudentius, die im 13. Jh. breite Nachwirkung erlebte (»Tournoiement d'Antechrist« des →Huon de Mery, »Bataille des sept arts« von →Henri d'Andely, »Bataille de' Enfer et de Paradis«, »Bataille de Caresme et de Carnage« u. a.).

Inhalt: Der Autor begegnet einem Knappen, der ihn zu einem Turnier begleitet, an dem sein Herr Charité teilnehmen muß. Dort scharen sich Humilité, Amour, Pitié, Largesse, Paix, Abstinence, Loyauté, Virginité, Chasteté, Charité und stellen sich den entsprechenden Lastern zum Kampf. Das Kampfgeschehen wird in rund 1000 Versen geschildert; es ist nicht klar, ob der anschließende, verlorene Teil der Dichtung umfangreich war. Abgesehen von der allegor. Struktur, die jedoch nichts Auffälliges hat und für die Motivation des Dichters, diesen Text zu verfassen, nicht entscheidend ist, erwecken die langen moralsatir. Passagen (Unterdrückung der Armen durch die Reichen, der Schwachen durch die Mächtigen) bes. Interesse. Der mit Sicherheit nur verderbt erhaltene Text bietet häufig Schwierigkeiten, z. T. sind diese jedoch auch auf die ungewöhnl. und komplexe Formulierung (viel wird mit Wortspielen und Sinnverdrehungen gearbeitet) zurückzuführen. – Der Autor kennt einige wichtige frz. Stoffe wie Tristan und Roland in verschiedener Textgestalt, er besitzt mit Sicherheit Kenntnisse des Lat. und der liturg. Schriften und spielt (in vager Form) auf exeget. Texte an. Dies kann ausreichen, um das gesellschaftl. Umfeld seiner Satire zu bestimmen, läßt jedoch keine sicheren Schlüsse auf seine Bildung zu. A. Vitale Brovarone

Lit.: GRMLA VI/1, 222 – A. LÅNGFORS, Le T. Poème allégorique et satirique tiré du ms. frç. 1807 de la Bibl. Nat., Romania 44, 1915-17, 511-518.

Tournois → Münze, B. III [2]

Tournus, St. Philibert de (Trenorchium, Tinurtium im »Itinerarium Antonini«), Abtei OSB im südl. →Burgund (dép. Saône-et-Loire), ursprgl. ein gallo-röm. 'castrum', wo 197 Septimius Severus seinen Gegner Albinus besiegte. →Gregor v. Tours berichtet im »Liber de gloria martyrum«, I, 2 c. 52 (MGH SRM I/2, ed. B. KRUSCH, 1885, 75) vom Martyrium des hl. Valerianus i. J. 177, der in T. bestattet wurde. Ob und wann an dessen Grab ein Kl. entstand, ist offen, doch dürfte dies kaum vor dem 6. Jh. der Fall gewesen sein. Genaueres erfährt man erst i. J. 875, als die Mönche v. →Noirmoutier die Reliquien des hl. Philibert (→Filibertus) vor den →Normannen nach T. retteten, das ihnen der heutige Kg. →Karl d. Kahle übertragen hatte. Von den →Ungarn 937 zerstört, folgte mit dem Wiederaufbau die Blütezeit der Benediktinerabtei vom 10. bis zum 13. Jh. In diese Epoche fällt auch der Monumentalbau der roman. Klosterkirche (ca. 1000–1120). Die nach 950 begonnene Basilika, deren Vorbild teilweise in der Kathedrale v. →Clermont(-Ferrand), aber auch in der mozarab. beeinflußten Kathedrale v. →Le Puy zu suchen ist, wurde sowohl durch ihren Gewölbebau als auch mit ihrer dreischiffigen Krypta, um die sich drei radial angelegte Kapellen gruppieren, zum Vorbild für zahlreiche roman. Kirchen Burgunds. Charakterist. sind die gemauerten Bögen und Säulen. Das auch geistig bedeutende Kl. wurde schon von Kg. →Boso v. Niederburgund (879–887) mit Ländereien im Mâconnais und Prioraten beschenkt. Es hatte von 889 bis 1316 eigenes →Münzrecht, außerdem kontrollierte es wegen seiner Lage an der Saône den Salzhandel (→Salz) nach S und W, wodurch es reich wurde. Der Beschluß des Provinzialkonzils v. 946, der allen Familienvätern der Diöz. →Autun, →Besançon, →Chalon und →Mâcon eine jährl. →Wallfahrt nach T. vorschrieb, förderte ebenfalls den Aufstieg der Abtei.

Seit dem HochMA setzte sich T. aus zwei Orten zusammen, die 1 km voneinander getrennt waren: Die Abtei (mit dem Grab des hl. Valerianus sowie dem Philibertschrein in der großen Krypta des 10. Jh.) wurde im N von einer Mauer umgeben. Südl. davon lag das ursprgl. röm., nach den Normanneneinfällen 889 neu befestigte rechteckige 'castrum'. T. erhielt im 12. und 13. Jh. mehrere päpstl. Privilegien, die das Kl. unmittelbar Rom unterstellten, geriet aber schon seit Kg. →Ludwig d. Hl. (1215–70) unter die Herrschaft der Krone Frankreichs, was den Niedergang der Abtei beschleunigte. Die Gesch. des Kl. endete 1498, als es →Kommende wurde. F. Prinz

Lit.: DACL XV/2, 2565–2570 – R. POUPARDIN, Monuments de l'hist. de abbayes de St. Philibert, 1905 – E. GRIFFE, La Gaule chrétienne à l'époque romaine, I, 1947, 94, 98, 110 – R. OURSEL, T., 1971 – H. CURÉ, St-Philibert de T., 1903, 1984² – St-Philibert de T. Hist., archéologie, art (Actes du Coll. d'Études Romanes, T., 15-19 juin 1994, 1995).

Tours, Stadt und Ebm. in Westfrankreich (Sitz des dép. Indre-et-Loire), hist. Zentrum der →Touraine.

I. Spätantike und Frühmittelalter – II. Hochmittelalter – III. Spätmittelalter.

I. Spätantike und Frühmittelalter: Die Vorgängersiedlung Caesarodunum entstand als galloröm. Stadt wohl zu Beginn des 1. Jh. n. Chr. auf einem hochwassersicheren, das linke Ufer der →Loire beherrschenden Hügel; sie verfiel bereits am Ende des 2. Jh. Weder Name, Grundriß noch Monumente (mit Ausnahme des Amphitheaters) gingen auf die spätere Stadt über.

In der 2. Hälfte des 4. Jh. (um 370) wurde ein Castrum mit einem befestigten Areal von ca. 9 ha im östl. Teil des Hügels erbaut; es war Sitz des Bf.s der *Civitas Turonum* und wurde zur Metropole der Lugdunensis III. Als erster gesicherter Bf. kann Litorius (Lidorius, 337–371) gelten; der Pontifikat des hl. Gatian (3. Jh.) dürfte dagegen legendarisch sein.

Das Castrum der Civitas war zweifellos eine nur locker besiedelte Zone und diente wahrscheinl. als gelegentl. Zufluchtsort für die Bevölkerung der umliegenden Gebiets, fungierte aber als Sitz der weltl. und geistl. Gewalt (erster Kathedralbau). Über das Suburbium, das den übrigen Bereich des Hügels einnahm, läßt sich für diese frühe Periode nichts Sicheres aussagen.

Die Gesch. von T. wurde aufs stärkste geprägt durch den hl. →Martin (Bf. 371–397), der den Zeitgenossen als Asket und mutiger Bekenner des Glaubens galt und bereits ein Jahrhundert nach seinem Tode als größter Hl. und Wundertäter →Galliens verehrt wurde. Bf. Perpetuus ließ 471, bereits während der kurzen Besetzung T.' durch die arian. →Westgoten, über der bis dahin einfachen Grabstätte des Hl.n eine aufwendige Basilika errichten. Der frk. Kg. →Chlodwig, der 507 das Westgotenreich v. →Toulouse zerschlug (→Vouillé), hatte den hl. Martin als Sieghelfer angerufen und besuchte auf dem Rückweg vom siegreichen Westgotenfeldzug T. und das Grab Martins; der damit einsetzende Martinskult der →Merowinger, die den Hl.n als großen Schirmherrn der 'gens Francorum' verehrten, erreichte mit dem lit. und kirchl. Wirken →Gregors v. T. (Bf. 573-593/594) seinen glanzvollen Höhepunkt.

Im 6. Jh. war die Civitas v. T. ganz auf die Martinsverehrung hin orientiert. Das Castrum (die eigtl. Civitas), die wohl im N den Sitz des merow. →Comes beherbergte, umfaßte im SW die Episkopalgruppe (St-Gervais et St-Protase, Notre-Dame) sowie die unter Gregor neuerbaute Kathedrale, den Ort der Weihe Martins. Knapp 2 km westl. davon lagen die Basilika, in welcher der Leichnam des Hl.n ruhte, und das große Kl., das seinem Dienst geweiht war (St-Martin), sowie eine Reihe weiterer Kirchen und kleinerer Kl. (Notre-Dame-la-Pauvre, St-Pierre-et-St-Paul, St-Médard, St-Lidoire, St-Venant und zwei Frauenkl.). Diese Entwicklung war durch den wachsenden Zustrom von Wallfahrern bedingt. Zw. der Civitas und dem Komplex um St-Martin erstreckte sich eine agrar. Siedlungszone, in der das Priorat St-Vincent und die Abtei St-Julien, gegr. mit Unterstützung Gregors, lagen. Am rechten Ufer der Loire befand sich der einstige Ruhesitz des hl. Martin, die große Abtei →Marmoutier. Die Bf.e hatten den ausschließl. Vorsitz bei den liturg. Feiern an den drei Zentren des Martinskultes und fungierten als Verteidiger ('defensores') der Civitas, notfalls auch gegen den kgl. Comes.

→Karl d. Gr., wie seine Vorgänger ein eifriger Martinsverehrer, setzte seinen gelehrten Ratgeber →Alkuin zum Abt v. St-Martin ein (796-804); hier war an die Stelle der Mönche bereits kurz zuvor ein Kapitel von 200 Kanonikern getreten. Unter Alkuins Einfluß (→Bildungsreform Karls d. Gr.) wurde St-Martin mit seinem berühmten →Skriptorium eines der großen Zentren der Karol. Renaissance (→Buchmalerei, A.V).

II. HOCHMITTELALTER: Die Überfälle der →Wikinger, bes. 853 und 903, verschonten zwar die Cité, deren Befestigungen instandgesetzt worden waren, fügten aber St-Martin und namentl. Marmoutier schwere Schäden zu; sie beschleunigten im übrigen nur eine bereits in Gang befindl. Entwicklung. Seit dem Ende des 10. Jh. zerfiel die Einheit der aus der Spätantike überkommenen Cité. Der →Burgus, der sich sehr frühzeitig um die Basilika St-Martin gebildet hatte (837) und 918 befestigt wurde, nahm als 'Châteauneuf de St-Martin' rasch den Charakter einer kleinen Stadt mit diversifizierten Funktionen an. Das Kapitel v. St-Martin genoß wie die Abtei Marmoutier →Exemtion (1096) und nutzte diese, um den Ebf. vollständig aus der Organisation des sich nun ganz auf die Ende des 11. Jh. in grandiosen Dimensionen neuerrichteten Basilika v. St-Martin konzentrierenden Martinskultes zu verdrängen. Das Laienabbatiat v. St-Martin hatte der Kg. v. Frankreich inne. Der fakt. Vorsteher des Kapitels war der Thesaurar (*trésorier*); ihm unterstand die Münzprägung (sie war zumindest seit dem 13. Jh. von europ. Geltung: →*Denier*, →*Gros tournois*; →Turnose), er übte die Herrschaft über den Châteauneuf aus und unterband erfolgreich alle Bestrebungen der Bürger, eine →Kommune zu bilden (1122-1305).

Im Osten, am rechten Loireufer, bestand der Burgus der Abtei Marmoutier, der im 9.-11. Jh. blühte, durch eine Brücke mit der befestigten Cité verbunden war, später jedoch verfiel. Im Zuge des wechselvollen Ringens zw. den Gf.en v. Anjou (→Angers) und →Blois unterwarf der Gf. v. Anjou 1044 die Cité seiner Herrschaft; er kontrollierte damit auch die große Loirebrücke und hatte die →Garde über die Abtei St-Martin inne, die durch Bautätigkeit und Reformen einen Aufschwung erfuhr.

Ein Palast der Gf.en entstand im nw. Bereich der Cité; der südl. Bereich verblieb dem Ebf., ging jedoch zunehmend an das Kathedralkapitel über, das sich zunehmend der seigneurialen Rechte des Ebf.s bemächtigte; selbst der hochangesehene Dichter und Kirchenreformer →Hildebert v. Lavardin (Ebf. 1125-34) vermochte diese Entwicklung nicht aufzuhalten.

Während der Burgus v. Marmoutier bis zu seinem Verfall am Ende des 12. Jh. ein Schattendasein führte, blühte der befestigte 'Bourg des Arcis' im 11. Jh. als erfolgreiche Konkurrenzsiedlung am Ausgang der Brücke auf und bildete fortan den Zugang zur Kathedrale, die Mitte des 12. Jh. in größeren Dimensionen rekonstruiert wurde und sich an die westl. Mauer der Cité anlehnte. Vor ihrem Tor lag die Abtei OSB St-Julien, die im 10. Jh. restauriert und reformiert worden war; die entlang der beiden Hauptstraßen siedelnden Bewohner unterstanden der Seigneurie v. St-Julien. In dieser Zone mit noch reichlich vorhandenem Baugrund errichteten im 13. Jh. die vier Bettelorden ihre Konvente (Franziskaner und Dominikaner nahe dem Bourg des Arcis, Karmeliter und Augustiner nahe dem Châteauneuf).

Am Ende des 12. Jh. litten die drei, sehr ungleich entwickelten städt. Siedlungen unter dem Konflikt zw. den Kg.en v. Frankreich (→Kapetinger) und den Gf.en v. Anjou, die mit →Heinrich II. Kg.e v. England geworden waren (→Plantagenêt, →Angevin. Reich). Durch den Sieg des Kg.s →Philipp II. Augustus (1202) fiel T. der frz. Monarchie zu, die sich mit der Errichtung des Amtssitzes für den kgl. →Bailli und einer kgl. Burg, am Platz des gfl. Palasts, in T. etablierte. Es begann der großangelegte Ausbau der Kathedrale und der Abteien St-Julien, St-Martin und Marmoutier. Ein Netz von 15 Pfarreien, dessen Herausbildung im 11. Jh. begonnen hatte, verklammerte die drei städt. Siedlungskerne stärker miteinander.

III. SPÄTMITTELALTER: Die Verteidigungsbedürfnisse während des →Hundertjährigen Krieges führten zum definitiven Zusammenschluß der einzelnen Burgi. Ein neuer, 1356 begonnener Mauerzug umfaßte den Châteauneuf und das Zentrum; er wurde mit den Mauern von Les Arcis und der Cité verbunden, beschrieb ein enges Rechteck und schloß ein Areal von 58 ha ein. Zur Bewachung und Instandhaltung dieser Befestigung bildete sich eine neue städt. Gemeinschaft, an deren Spitze ein ständiges Kollegium gewählter Ratsherren (*élus*) sowie ein Steuereinnehmer (→*receveur*) standen. 1385 wurde die institutionelle Vereinigung mit der Cité durchgeführt. Damit hatte sich T. als kgl. Stadt (*bonne ville*) konstituiert. Sie regelte eigenständig, doch in engem Zusammenwirken mit den kgl. Repräsentanten ihre Verteidigungs- und Verwaltungsangelegenheiten, war Zentrum der Gerichtsbarkeit und des Fiskalwesens. T. war Vorort und Verwaltungssitz der (zum Hzm. erhobenen) Touraine, die sie auf den Versammlungen der *États* repräsentierte, spielte aber noch keineswegs die Rolle eines dominierenden wirtschaftl. Zentrums der Region. Ohne ihre religiöse Komponente aufzugeben, war die *bonne ville* in erster Linie eine polit. Körperschaft, konstituiert im Rahmen eines modernen monarch. Staates, und hob sich somit grundsätzl. ab sowohl von der frühma. 'cité martinienne' als auch vom hochma. Konglomerat der Burgus-Siedlungen.

Von 1444 an wurde T. infolge der Zeitereignisse zu einem wichtigen Sitz des Königshofes und der Regierung. Der eng mit T. verbundene und häufig im nahen Schloß Plessis residierende →Ludwig XI. (er nannte sich bisweilen »l'un des anciens citoïens«) erlegte der Stadt 1462 eine Umbildung ihrer städt. Verfassung auf (nach dem Vorbild der →Établissements de Rouen jährlich wechselnder

Bürgermeister/*maire* u. permanent amtierende Schöffen/*échevins*). Die Stadt wurde zum Tagungsort wichtiger →*États généraux* (1468, 1484, 1506) und großer Versammlungen des Gallikan. Klerus (1493, 1510). Der hl. →Franziskus v. Paola († 1507), den Ludwig XI. aus Kalabrien nach Plessis berufen hatte, gründete den Orden der Minimen (→Paulaner).

Nach Beendigung des Krieges mit England (1453) erlebte T. einen starken demograph. Aufschwung und entwickelte wirtschaftl. Dynamik (Erneuerung der Topographie: Parzellierung weiträumigerer Grundstücke, v. a. im Stadtkern; Verschmelzung der Cité und des Châteauneuf zu einem neuen Viertel); die wachsende Bevölkerung umfaßte nicht zuletzt mit der Residenzfunktion verbundene Personengruppen (polit. und administratives Personal, für den Hof arbeitende Handwerker und Gewerbetreibende, namentl. Italiener). Bereits 1448 wurden auf Initiative von Jacques →Coeur die Magazine der kgl. →Argenterie nach T. verlegt; 1470 wurde die Seidenmanufaktur (→Seide, A. IV) eingeführt; nach it. Vorbild entstanden auch Rüstungsbetriebe mit Geschützgießereien. Eine Handvoll großer Familien aus T. (Beaune de→Semblançay, Briçonnet [→Jean, →Guillaume B.], Bohier, Berthelot, Poncher, Fumée) stieg im Königsdienst auf und monopolisierte allmähl. die kgl. Finanzverwaltung sowie das öffentl. Kreditwesen, gestützt auf ihre engen Verbindungen zur it. Hochfinanz v. →Lyon. Das →Mäzenatentum des Hofes, des neuen Patriziats und des hohen Klerus machten T. im späten 15. Jh. zu einer Pflegestätte des Humanismus, v. a. aber zum Zentrum der frz. Frührenaissance (Musiker Johannes→Ockeghem; Maler Jean →Fouquet, Jean Bourdichon und Jean Clouet; Bildhauer Michel →Colombe u. a.). Die neuen Architekturformen fanden Anwendung in kirchl. und profanen Bauvorhaben (Pfarrkirchen, Kreuzgang v. St-Martin, Vollendung der Kathedrale, Stadtpaläste). T., das um die 20000 Einw. zählte, erreichte in dieser Epoche den Höhepunkt seiner Bedeutung.

B. Chevalier

Q.: J.-M. Delaville le Roulx, Registres des comptes municipaux de la ville de T. (1358-80), 2 Bde, 1878-81 – A. Giry, Les Établissements de Rouen, II, 1885 – *Lit.*: P. Gasnault, Doc. financiers de St-Martin de T. à l'époque mérovingienne, Journal des Savants, 1970, 82-93 – B. Chevalier, T., ville royale, 1356-1520, 1975 – Brühl, Palatium I, 100-110 – H. Galinié–B. Randoin u.a., Les archives du sol à T., survie et avenir de l'archéologie de la ville, 1979 – R. Kaiser, Bf.sherrschaft zw. Kgtm. und Fs.enmacht, 1981, 422-433 u.ö. – L. Piétri, La ville de T. du IVᵉ au VIᵉ s., 1983 – Hist. de T., hg. B. Chevalier, 1985, 1-152–Ch. Lelong, La basilique St-Martin de T., 1985–C. Mabirela Caille, Evolution topogr. de la cité de T. des origines jusqu'au XVIIIᵉ s., 3 Bde [Thèse Paris I, 1988] – Sh. Farmer, Communities of St. Martin. Legend and Ritual in Medieval T., 1991.

Tours, Synoden v. In T. tagten oft wichtige Kirchenversammlungen, u.a.: 1. Das Teilreichskonzil v. 567 ist als kirchl. Reaktion zu verstehen auf die zerrütteten staatl. Zustände in der Merowingerzeit. – 2. T. beherbergte 813 eines der von Karl d. Gr. initiierten, über das Reich verteilten fünf Konzile mit dem Ziel der Kirchenreform. – 3. Das unter dem röm. Legaten Hildebrand (→Gregor VII.) 1054 abgehaltene Konzil zwang →Berengar (8. B.) zur Beeidigung der orth. Abendmahlslehre, ohne den Fall damit abzuschließen. – 4. 1060 wurden unter dem päpstl. Legaten Stephan Beschlüsse gegen die→Simonie gefaßt. – 5. und 6. Die unter dem Vorsitz der Päpste Urban II. 1096 bzw. Alexander III. 1163 zusammengetretenen Konzile beschäftigten sich v. a. mit tagespolit. Themen. H. Mordek

Q. und Lit.: Mansi – Hefele-Leclercq – Diz. dei concili V, ed. P. Palazzini, 1966, 370ff. – J. Th. Sawicki, Bibliogr. synodorum particularium, 1967 – Konziliengesch., hg. W. Brandmüller, R. A, 1986ff.

Tours und Poitiers, Schlacht v. → Poitiers, Schlacht v. (732)

Tower → Donjon, →London

Towneley Cycle, einer der vier erhaltenen spätme. *mystery*- (oder *miracle*-) *play*-Zyklen (→Mysterienspiele, II). »T.« war der Name der Besitzer der Hs. (entstanden um 1450) im 17./18. Jh. (heute Huntington Libr., San Marino, Calif., MS HM 1). Inhaltl. umfaßt der T.-Zyklus 32 z. T. unvollständige Einzelspiele (»pageants«) über bibl. Stoffe, von der Schöpfungsgesch. bis zum Jüngsten Gericht; z. T. haben auch die Apokryphen und Volkslegenden eingewirkt. Örtl. sind die T.-Spiele mit Wakefield (südl. von Leeds) verknüpft (daher auch »Wakefield Plays«). In ihrer Aufführungsart entsprachen sie dem zunehmenden Spieltrieb im SpätMA, dadurch unterschieden sie sich von den vorausgehenden →geistl. Spielen und waren zugleich Vorläufer des elisabethan. Dramas. Aufgeführt wurde bei Tageslicht auf *pageants* (zweistöckigen Wagen) außerhalb der Kirche; die Schauspieler waren meist Handwerker der Zünfte. Im Gegensatz zu den »moralities« (→Moralitäten, III) waren die mysteries, somit auch die T.-Spiele, weniger auf Moral als auf Vermittlung der bibl. Gesch. und auch – in einzelnen komisch-realist. Szenen – auf Unterhaltung bedacht; in Ansätzen findet sich auch Sozialkritik. Durch diese Merkmale und durch die überzeugende, z. T. realist. Charakterisierungstechnik (unter Verwendung umgangssprachl. Ausdrücke) sind v. a. die sechs Spiele des sog. »Wakefield Master« (alle in neunzeiliger Reimstrophe) bekannt geworden, darunter das Spiel von Noah und die zweite von zwei Schäferszenen (»Secunda pastorum«); die Szene der Überführung des Schafdiebs Mak und seiner Frau Gill, die das Diebesgut in der Kinderkrippe versteckt hält und ein Baby vortäuscht, gilt als Meisterwerk des engl. religiösen Dramas. Die farcenhafte Szene kontrastiert effektvoll mit der anschließenden Anbetung des Jesuskindes. –→Drama, VI. M. Markus

Ed.: G. England–A. W. Pollard, The T. Plays, EETS ES 71, 1897 – A. C. Cawley, The Wakefield Pageants in the T. Cycle, 1958 – J. R. Brown, The Compl. Plays of the Wakefield Master, 1983 – *Lit.*: C. S. Danner, The Staging and Significance of Selected Wakefield New Testament Mystery Plays, 1984 [Diss. Abstr. Internat. 45 (4), 1110 A].

Towton, Schlacht v. (29. März 1461), Entscheidungsschlacht der 1. Phase der →Rosenkriege (→England, E. I, II). Der Sieg Eduards IV. errichtete die Herrschaft des Hauses →York. Sein Griff nach der Krone war durch das Versäumnis des Lancastrian-Heeres, den Sieg in →St. Albans im Febr. 1461 auszunutzen, erleichtert worden. Dieses hatte sich ungeordnet mit Heinrich VI. und Kgn. →Margarete v. Anjou (6. M.) nach Yorkshire zurückgezogen. Eduard IV. konnte nun seine Herrschaft im s. England begründen. Nach der Aushebung umfangreicher Streitkräfte beabsichtigte er, York zu erobern. Die Lancastrian-Streitkräfte konnten die Überquerung des Flusses Aire in Ferrybridge durch Eduards Heer nicht verhindern, und am 29. März stießen die feindl. Heere bei T. aufeinander. Es gibt keinen zuverlässigen Bericht von der Schlacht. Zeitgenossen betonten die sehr umfangreichen Streitkräfte, Heftigkeit und Länge des Kampfes sowie die schweren Reiterangriffe. Die in die Flucht geschlagenen Lancastrians konnten sich nicht mehr sammeln und York nicht mehr verteidigen. Eduard nahm die Stadt am folgenden Tag ein. Kg. Heinrich und seine Gemahlin flohen nach Schottland. A. Goodman

Lit.: →Rosenkriege.

Traba, Gf.en v., große Adelsfamilie aus →Galicien (Stammbesitz in Trastámara, zw. dem Tamar [Tambre]-

Fluß und dem Atlantik [Playa de T.]). Hist. Bedeutung gewannen erstmals die Brüder *Gonzalo Froílaz* als Bf. v. →Mondoñedo (1070[?]–1109) und bes. Gf. →*Pedro Froílaz* († 1128), der die 'custodia' des jungen →Alfons (VII.) v. León und Kastilien, des Sohnes des Gf.en →Raimund v. Galicien († 1107) und der Kg.stochter →Urraca, erhielt und nach dem Tode von Urracas Vater, Kg. →Alfons VI. († 1109), neben Urraca, ihrem 2. Mann →Alfons I. v. Aragón und dem Bf. →Diego II. Gelmírez v. →Santiago de Compostela zu den Protagonisten im Wettstreit um die Zukunft des Reiches zählte. Pedro Froílaz arbeitete unter großem persönl. Einsatz als Anführer einer galic. Adelspartei für seinen Schützling auf ein galic. Kgtm. hin: 1111 betrieb er die Krönung seines Infanten durch Bf. Diego Gelmírez zum Kg. v. Galicien, geriet aber kurz darauf in aragon. Gefangenschaft. 1113 leisteten er und seine Familie dem Bf. einen speziellen Treueid. 1121 zerstörte der Bf. die T.-Burg Raneta. 1122 ließ Urraca den Gf.en und seine Söhne in Ketten legen. Dennoch erlebte Pedro Froílaz noch die Thronbesteigung Alfons' VII. nach dem Tod seiner 1126 verstorbenen Mutter.

Pedro Froílaz hatte aus zwei Ehen 15 Kinder. Sein Sohn *Fernando Pérez de T.* setzte im entstehenden Kgr. Portugal, seit 1121 mit Kgn. →Teresa v. Portugal liiert, die Anti-Urraca- und Pro-Alfons-Politik der T. fort. Aus Portugal vertrieben, ging er an den Hof Alfons' VII. und beeinflußte ihn dahingehend, sein Doppelreich unter seine beiden Söhne aufzuteilen. Alfons bestellte den Gf.en v. Galicien gar zum Erzieher seines jüngeren Sohnes →Ferdinand (6. F.), des künftigen Kg.s v. León, der 1178 in 2. Ehe die Tochter seines einstigen Tutors, *Teresa Fernández*, heiratete. Weitere T.-Mitglieder haben noch dem Hof →Alfons' IX. v. León und lange Zeit auch der Metropolitankirche v. Compostela angehört. Der bedeutendste Vertreter des Geschlechts, das in enger verwandtschaftl. Beziehung zu den →Lara stand, war Rodrigo Gómez. Mit dem Aussterben der T. und ihrer Zweige ging ihr Einfluß zu Beginn des 14. Jh. auf die →Castro über. 1113 übertrug Pedro Fróilaz das T.-Eigenkl. S. Julián Martín de Jubia der Abtei →Cluny. Zukunftweisender war der Empfang des Kl. →Sobrado (1118) als Schenkung Urracas und ihres Sohnes Alfons (nachdem Gf. Pedro Froílaz im Vertrag v. Tambre [Mai 1117] die Versöhnung beider vermittelt hatte). 1142 führten Fernando Pérez de T. und sein Bruder *Bermudo* in diesem bevorzugten Kl. der T. mit Mönchen aus →Clairvaux die Zisterzienserregel (→Zisterzienser) ein.

P. Feige

Q. und Lit.: Os Livros de Linhagens (IV, Tit. XIII), Portugaliae Mon. Hist. SS I, 1856, 268f. – S. MONTERO DÍAZ, La Colecc. Diplomática de S. Julián Martín de Jubia (977–1199), 1935 – S. DE MOXÓ, De la nobleza vieja a la nobleza nueva, Cuadernos de Hist. 3, 1969, 1–210, 86–90 – Gran Enc. Gallega XXIX, 1974, 133f. – Enc. Temática de Galicia. Hist., 1988, 129f. [Stammtafel des Pedro Froílaz de T.] – s.a. Lit. zu →Pedro Froílaz, →Historia Compostellana, →Sobrado.

Trabesanlagen erscheinen in frühchr., früh- und hochma. Kirchen als bes. feierl. Form der →Chorschranken. So in Alt-St. Peter in Rom vor der Confessio mit zwölf gewundenen hellenist. Steinsäulen gestaltet. Diesen Typ zeigt ein Relief des Elfenbeinkästchens, 5. Jh., im Museum v. Pula/Pola, Istrien. Das älteste erhaltene Beispiel steht im Oratorium der hl. Giustina in Padua, um 500, mit vier Säulen, das Gebälk in der Mittelachse nach dem Schema des herrscherl. Ehrenbogens hochgebogen. Ein Frgm. des 11. Jh. aus S. Martino im Museum v. Spalato/Split. Ein später Ableger ist die T. mit bekrönendem Apostelzyklus von 1394 in S. Marco in Venedig.

A. Reinle

Lit.: P. L. ZOVATTO, La basilica di S. Giustina, 1970, 19–63.

Trabzon → Trapezunt

Tracht. Der Begriff T. kommt erstmals in schriftl. Q. des ausgehenden 15. Jh. mit der Bedeutung »das, was vom Menschen auf dem Körper getragen, oder die Art, wie es getragen wird« vor. Er bezeichnet damit die →Kleidung, und zwar die Gesamtheit aller Kleidungsstücke. Erst in der NZ wird der Begriff T. mit bestimmten Assoziationen verknüpft, wie Modet., Standest., Amtst., Nationalt., Volkst. etc., unterstützt und gefördert durch die Diktion der Kostümlit. des 19. und 20. Jh.

E. Vavra

Lit.: GRIMM, DWB XXI, 989f. [Neudr. 1984] – I. LOSCHEK, Reclams Mode- und Kostümlex., 1987, 454f. – I. PETRASCHEK-HEIM, Die Sprache der Kleidung. Wesen und Wandel von T., Mode, Kostüm und Uniform, 1988².

Tractoria (tracturia; it. *Trattoria*). Der Begrifflichkeit des staatl. röm. Postwesens (cursus publicus) entlehnt, verbinden sich auch für die Zeit vom 6. bis zum 9. Jh. mit t. bestimmte, oft detailliert ausformulierte Ansprüche (stipendia) auf tägl. Beförderungs- und Beherbergungsleistungen (evectio – humanitas: Pferde, Beipferde [Ochsen] bzw. Brot, Getreide, Wein, Bier, Speck, Fleisch, Käse, Geflügel, Eier, [Gewürze], Öl, Salz, Holz, Pferdefutter), die im Gegensatz zur Spätantike ihren privilegierten Empfängern, v. a. kgl. →Missi, zu allermeist nicht von staatl. Einrichtungen (Pfalzen, Kg.shöfen), sondern von weltl. und geistl. Amtsträgern geschuldet wurden (coniectus). Als t. wird dementsprechend auch eine einfache, aber besiegelte Urk. bezeichnet, die solche Rechte (aber auch Zollbefreiungen bzw. -einnahmen) verbrieft. T. sind aus einigen germ. Nachfolgereichen bekannt, so der Ost- und Westgoten, seit dem 7. Jh. insbes. in frk. Formelslg.en (Formulae Marculfi, Formulae Imperiales; →Formel) und in (sehr seltenen) Diplomen im Wortlaut überliefert. Neben dem Kg. sind Hausmeier, Bf.e und Äbte als Aussteller belegt. Empfänger sind auch Pilger, Straftäter auf Bußgang und geistl. Institutionen, so 716 das Kl. Corbie zur Organisation seines Bezugs an Öl aus Fos. Letzte Belege für die t. stammen von 845/846 bzw. 846. Mit dem Zerfall karol. Staatlichkeit geht die t. in gfl. exactiones (mansiones et paratas) auf, von denen zahlreich erhaltene Immunitätsprivilegien befreien. Inwieweit das hochma. gistum (→Gastung) bzw. →servitium regis an die t. direkt anknüpft, muß offen bleiben.

D. Hägermann

Lit.: T. SICKEL, Acta regum et imperatorum Karolinorum, I, 1867, 396ff. – BRUNNER, DRG II, 309ff. – F. L. GANSHOF, La T. Contribution à l'étude des origines du droit de gîte, TRG 8, 1928, 69ff. – BRÜHL, Fodrum, 110ff.

Tractus, Teil des →Proprium missae, gehört zu den Gesängen nach der Lesung und vor dem Evangelium in den Messen der Quadragesima und bei Vigilfeiern (Ostern, Quatember), aber auch zur Karfreitagsliturgie. Entstehungszeit und Herkunft sind offen (frühe Kirche oder MA; altgall., röm. Solopsalmodie?). Die mehrere Verse bis zu fast einem ganzen Psalm (91[90] 1. Fastensonntag) umfassenden Texte sind Psalmen und bibl. Cantica (Karfreitag, Ostervigil) entnommen. Das Repertoire der frühesten Hss. (8.–10. Jh.; s. HESBERT) umfaßt 21 T.gesänge; die Zahl wächst im MA stark an. Die Vortragsweise ist gegenüber der des →Graduale melod. getragener, immer im 2. oder 8. Modus, und die Verse werden (ursprgl.?) durchgehend (tractim) ohne Responsum gesungen (wovon manche dem Namen T. ableiten wollen), zunächst wohl solist., im frühen MA von mehreren Sängern und seit dem hohen MA wechselchörig. Die kompositor. Gestalt der T.gesänge ist aufgrund paläograph.-semiolog. Forsch. als text- und wortgebundene »rhetor. Psalmodie« bestimmbar (KAINZBAUER).

H. B. Meyer

Lit.: MGG XIII, 607–612 – R. J. Hesbert, Antiphonale Missarum Sextuplex, 1935 – J. A. Jungmann, Missarum sollemnia, I, 1962⁵, 550–552 – H. Hucke, T.-Stud. (Fschr. B. Stäblein, 1967), 116–120 – X. Kainzbauer, Der T. tetrardus. Eine centolog. Unters., Beitr. zur Gregorianik 11, 1991 – D. Hiley, Western Plainchant. A Handbook, 1995, 82–85, 500–503.

Traditio c(h)artae, ein von der klass. Rechtsgesch. geprägter Begriff, der die im frühen MA bezeugte Übergabe einer rechtsförml. Geschäftsurk. vom Aussteller (dem Veräußerer) an den Empfänger (Erwerber) meint. Die T. c. ist dabei eine Sonderform der vielfältigen sakral-symbol. Handlungen, mit denen insbes. Grundstücksgeschäfte rechtsförml. vollzogen wurden, und die dingl. Einweisung (→Investitur) in die Grundstücke erfolgte im frk. Raum häufig mittels Erdscholle oder Zweig (= t. per festucam). Die mit der →Charta als Vertrags- und Investitursymbol vorgenommene Übereignung konnte im Urkk.text auch als »tradere (donare etc.) per (hanc) cartolam« bezeichnet werden (davon abgeleitet der Forsch.sbegriff t. per cartam). Die T. c. kam zunächst im kirchl. Umfeld auf, wo die Streulage der Grundstücke die älterem Rechtsempfinden nach erforderl. körperl. Anwesenheit der Rechtspartner auf den zu veräußernden Grundstücken erschwerte und wo sich als Sonderform die t. (c.) super altare (also das Niederlegen der Charta auf dem Kirchenaltar) entwickelte. Die T. c., die an jedem Ort erfolgen konnte, wurde häufig im Text der Urkk., v.a. in der Schreiberunterfertigung, in der Regel in verkürzter Form, erwähnt (»ego N. notarius hanc cartolam post traditam [post traditionem; post tradita ipsi doti ad ipsa ecclesia] complevi et dedi«). Solche und ähnl. Formeln lassen den Schluß zu, daß die T. c. nach der Niederschrift des Kontextes, aber vor der Unterfertigung durch den Schreiber erfolgte. Daß die Übergabe der Charta an den Erwerber nicht die für den Vollzug des Geschäfts allein maßgebl. rechtsförml. Handlung darstellte, belegen andere Schreiberunterfertigungen, in denen die T. c. auf die Zeugen bezogen (»post tradita ante [coram] testibus«; »p. t. in testium presentia«) oder an ihrem neben ihr oder an ihrer Stelle die Beglaubigung durch die Zeugen (roboratio testium) erwähnt wird. Die von H. Brunner im Rahmen seiner klass. Privaturkk.lehre vertretene Auffassung, daß es schon in spätröm. Zeit eine T. c. in rechtserhebl. Funktion gegeben habe, trifft nicht zu (→Privaturkunden). Mit dem Rückgang der Schriftlichkeit n. der Alpen am Ausgang des 9. Jh. kommt dort die T. c. außer Gebrauch, in Italien ist sie noch im 10. Jh. bezeugt.

H. Zielinski

Q. und Lit.: HRG I, 597f.; V, 296f. – H. Steinacker, 'T. c.' und 't. per cartam'…, ADipl 5/6, 1959/60, 1–72 – P. Classen, Fortleben und Wandel spätröm. Urkk.wesens im frühen MA (Recht und Schrift im MA, hg. Ders., 1977 [= VuF 23]), 13ff., bes. 38–41.

Traditio legis → Gesetzesübergabe

Traditionsbücher, seit dem 9., verstärkt seit dem 12. Jh. angelegte Slg.en von mehr oder weniger in ein Formular (→Formel) gekleideten Aufzeichnungen über Schenkungs- (und Tausch-)akte über Grundbesitz (und Zubehör) in Gestalt von Einzellagen, →Rotuli und Codices. Diese enthalten Abschriften von cartae und notitiae (Urkk. und 'Notizen'), seit dem 11. Jh. auch fortlaufende Eintragungen über aktuelle Rechtsgeschäfte ohne vorausgegangene Einzelausfertigung und nehmen damit den Charakter spezieller Kopialbücher und Register zugleich an.

T. sind v.a. von kirchl. Einrichtungen, insbes. Kl., angelegt worden zur Rechts- und Besitzstandssicherung; sie überliefern aus schriftarmer Zeit den weitaus überwiegenden Teil des heute bekannten Urkk.materials. Verbreitungsgebiete der T. sind v.a. Bayern, der Südosten (Österreich), später auch der Südwesten (Schwaben) im Zuge der →Hirsauer Reformen (z. B. Kl. Reichenbach). Für Bayern sind 37, für Österreich 13 Codices bekannt, die mit Freisinger (Dom), Regensburger (St. Emmeram) und Mondseer Slg. en bereits im 9. Jh. einsetzen, ihren Höhepunkt jedoch im 12. Jh. haben. Auch der berühmte Weißenburger Traditionscodex wurde im 9. Jh. angelegt, während die bekannten T. aus Lorsch (Codex Lauresshamensis) und aus Fulda (Codex Eberhardi, zugleich Kopialbuch) erst Mitte des 12. Jh. anläßl. umfassender Restitutionsbemühungen zusammengestellt worden sind.

Die in den T.n niedergeschriebenen Traditionsnotizen wenden sich zu allermerst mit ihrem →Protokoll »notum sit omnibus« oder dergleichen an eine Öffentlichkeit, machen damit den Akt »landeskundig« (Johanek) und geben ihm Rechtssicherheit über den Beweis der als Tatzeugen genannten Personen hinaus. Diese rechtssichernde Qualität blieb den T.n auch nach verstärktem Aufkommen der Siegelurk. seit 1100 zumindest in Bayern bis ins 13. Jh. voll erhalten und garantierte ihre Einschätzung – analog zu den besiegelten Schriftstücken – als registra authentica (Garstener T., 1233). Zur rechtssichernden Funktion der T. durch Öffentlichkeit und Zeugenbeweis trat nicht selten ein administrativer Aspekt hinzu, etwa durch Anwendung topograph. Ordnungskriterien bei Aufnahme der Traditionsnotizen im Interesse eine effizienteren Wirtschaftsführung. Doch blieben zunächst T. und →Urbare in der Regel noch unverbunden überliefert. Seit dem 11. Jh. wurden aber zahlreiche T. um urbariale Aufzeichnungen, Zensualenverzeichnisse, Prozeßakten (Reichersberg, Herrenchiemsee), auch →Fälschungen, seit dem 13. Jh. v.a. um aktuelle Auslaufregister für Grundleiheangelegenheiten angereichert, so daß diese Mischcodices zu Vorläufern der sog. Salbücher des 14. Jh. wurden.

Die jurist. und administrativen Funktionen wurden ferner ergänzt und vertieft durch historiograph. Elemente, die teils in einleitenden allg. Begründungen zur Anlage des Codex (so bereits der Mönch Cozroh im Vorwort des von ihm zusammengestellten Freisinger Traditionsbuchs, teils in der Gründungsgesch. der jeweiligen Institution, der sog. fundatio, niedergelegt sind, insbes. als Klostergesch. (Ebersberg, Mondsee), die sich zur »Stifterchronik« (Patze) ausweiten kann. Fundatio, Genealogien, dokumentiert durch großformatige Miniaturen (Formbach, Dießen), und Traditionsnotizen verbinden sich zu einem unlösbaren Ganzen. Dies gilt auch für das einzige bedeutende 'laikale' Traditionsbuch, das (gegen 1165 zusammengestellt) der Gf.en v. Falkenstein, der Gründer von Kl. Weyarn (→Codex Falkensteinensis). In dieses Umfeld gehört schließlich auch der sakrale Aspekt der durch genealog. Details und →Nekrologien über die »Alltagssphäre« (Borgolte) herausgehobenen T., die →memoria und traditio, Gebetsgedenken und Güterschenkung zu einer rechtl. und dauerhaften Einheit verknüpfen.

D. Hägermann

Lit.: HDG, Lfg. 34, 297f. – O. Redlich, Die Privaturkk. des MA, 1911, 79ff. – J. Widemann, Die Traditionen bayer. Kl., ZBLG 1, 1928, 225ff. – P. Johanek, Zur rechtl. Funktion von Traditionsnotiz, Traditionsbuch und früher Siegelurk. (Recht und Schrift im MA, hg. P. Classen, 1977 [= VuF 23]), 131ff. – H. Wanderwitz, T. bayer. Kl. und Stifte, ADipl 24, 1978, 359ff. – M. Borgolte, Stiftergedenken im Kl. Dießen. Ein Beitr. zur Kritik bayer. T., FMASt 24, 1990 – S. Molitor, Das Traditionsbuch. Zur Forsch.sgesch. einer Q.gattung und zu einem Beispiel aus SW-Dtl., ADipl 36, 1990, 61ff.

Traduzianismus (von lat. tradux), Lehre, gemäß der die menschl. Seele von den Eltern stammt und bei der Zeugung zugleich mit dem Körper übermittelt wird (Gegensatz: Kreatianismus, laut dem Gott jede Seele einzeln erschafft). Sie teilt sich in einen materialist. (die Seele entsteht aus der materiellen Substanz des Samens) und einen spirituellen T. (Generatianismus: Die Seele entstammt der Seelensubstanz der Eltern), wobei die Begriffe in der Forsch. nicht einhellig verwendet werden. Von →Tertullian eingeführt und in seiner materialist. Form vertreten, spielte der T. v. a. im W eine Rolle: Diese Richtung lehnte Augustinus während der Auseinandersetzung mit dem Pelagianismus (→Pelagius [3. P.]) zwar ab, befürwortete jedoch den spirituellen T., der die Weitergabe der Erbsünde besser zu erklären schien als der mehrheitl. bevorzugte Kreatianismus. Seiner Autorität ist es zuzuschreiben, wenn die 498 von Anastasius II. in einem Brief an die Bf.e Galliens verurteilte Lehre (DENZINGER-SCHÖNMETZER, nr. 360) u. a. von Fulgentius, Gregor d. Gr., Alkuin und Hrabanus Maurus nicht völlig ausgeschlossen wurde. Entschieden dagegen äußerte sich im 12. Jh. Petrus Lombardus, ihm folgten Albertus Magnus, Thomas v. Aquin, Bonaventura, Richard v. Mediavilla, Aegidius Romanus und andere, so daß seit der Scholastik der T. endgültig verworfen war. B. Klein-Ilbeck

Lit.: DThC XV, 1350–1365 – LThK² IV, 668f.; X, 302 – NCE XIV, 230 – I. TOLOMIO, L'origine dell'anima nell'alto medioevo, Medioevo 13, 1987, 51–73.

Tragaltar. Für diese Sonderform des christl. →Altars geht aus den ma. Benennungen tabula, mensa, lapis, ara, altare portatile, – mobile, – gestatorium, – itinerarium (Betstein, Reisealtar) viel von Charakter, Material, Gestalt und Verwendung hervor. Als bewegl. Gerät diente er für die Zelebration der Messe auf Reisen, Pilgerschaft, in Kriegszeiten, bei Krankheit, meist außerhalb des Gotteshauses. Voraussetzung war eine Weihe, für die ein Ordo seit dem 8. Jh. bezeugt ist (Sakram. v. Gellone, Paris BN lat. 12048). Im 9. Jh. ist Stein als Material gefordert (Hinkmar v. Reims 857), als früheste Beispiele sind jedoch Holztafeln bezeugt, so für die hll. →Ewalde (Beda, Hist. Eccl. 5,10), St. Willibrord und Kapläne Karls d. Gr. Schon früh begegnende Verbindung mit Reliquien dürfte bald zum kastenförmigen T. geführt haben (Essen-Werden, Frk. Kasten 8. Jh.), zugleich zur Aufbewahrung der Altargeräte dienend. Das älteste Portatile klass. Tafelform liegt im Adelhauser T. (Freiburg, Mus.) vor, einer hölzernen Tafel mit Altarstein aus Porphyr zw. flankierenden Emailkreuzen. Im T. mit Reiseziborium Ks. Arnulfs (Ende 9. Jh.) ist ein miniaturisierter vollständiger Altar des FrühMA erhalten (München, Residenz). Tafelförmige T.e, rechteckig oder seltener quadratisch, sind durch das ganze MA üblich, teilweise figürlich und symbolisch verziert (Paris, Mus. Cluny, T. Spitzer; München, BNM, T. aus Watterbach; Conques, T. der hl. Fides). T.e byz. Charakters sind im Welfenschatz erhalten (Berlin, KGM), manche tragen edle Altarsteine. Das Diptychon der sog. Heinrichsportatile (München, Residenz) ist ein Kreuzreliquiar nach byz. Vorbild, mit (jüngerem) Kristall als Altarstein, durch rückseitige Darstellungen zum Meßkanon als T. ausgewiesen.

Aus der Entwicklung des kastenförmigen T.s, mit frühesten Beispielen in Essen-Werden, Trier (Andreasportatile) und Hildesheim (Niello-Kästchen) ergeben sich neue materielle, gestalterische und liturg. Möglichkeiten. Der T. wird zunehmend als miniaturisiertes »altare fixum« gebildet, differenziert nach Basis (meist über Füßen), Stipes und Mensa. Alle Teile werden mit Bildwerk in weitgespannter ikonograph. Programmatik überzogen, oft mit typolog. betontem Hinweis auf den Opfercharakter der Messe, ferner mit Aufschriften zu Funktion, Stiftung und (selten) Künstler. Damit verbunden ist die Ausstattung in aufwendigen Techniken der Goldschmiedekunst wie Treibarbeit, Email, Gravierung, Durchbruchsarbeit, Bekleidung mit (Elfen-)Beinreliefs und eingelegten Miniaturen. Die Hochblüte des ma. T.s entfaltet sich im niedersächs. Umkreis des →Roger v. Helmarshausen und v. a. in der →Maas-Kunst des 12. Jh., mit ca. 10 kostbaren Exemplaren allein in Köln. Die Mehrzahl der ca. 150 T.e des MA läßt sich in Dtl. nachweisen. Seit dem 13. Jh. nimmt der Gebrauch des T.s deutlich ab. Er darf nur mit bfl. Erlaubnis benutzt werden, und man kehrt zur schlichten Tafelform zurück. – Für die kirchl. Weihe des T.s sind mehrere, aber nicht allg. verbindl. Ordines überliefert, im Gegensatz zum »altare fixum« unterbleibt oft eine Salbung. Auch für ein Reliquiensepulkrum, bei tafelförmigen T.en ohnehin nicht die Regel, hat die Kirche keine allg. Vorschrift erlassen, doch paßt sich der T. auch hier weitgehend dem festen Altar an. – Im byz.-ostkirchl. Bereich wird der T. vertreten durch das →Antiminsion, seit dem 8.–9. Jh. zunehmend üblich (vgl. Erwähnung im Liber de caerimoniis Konstantins VII. Porphyrogennetos, †959). V. H. Elbern

Lit.: DACL I, 2 3187f. – Dizionari terminologici. Suppletile Ecclesiastica I, 1987, 36f. – J. BRAUN, Der christl. Altar in seiner gesch. Entwicklung, 1, 1924, 42ff., 419ff. – V. H. ELBERN, Der Adelhauser T., Formenschatz und Ikonographie (Nachdr. des Dt. Inst. für merow.-karol. Kunstforsch. 8, 1953) – R. A. RALEGH RADFORD, The Portable Altar of St. Cuthbert (The Relics of St. Cuthbert, hg. C. F. BATTISCOMBE), 1956, 326ff. – V. H. ELBERN, Der frk. Reliquienkasten und T. von Werden (Das erste Jt. – Textbd. I, 1962), v. a. 465ff. – D. KÖTZSCHE, Der Welfenschatz im Berliner Kunstgewerbemus., 1973, v. a. Nrr. 3–14, 25–27 – Kat. Ornamenta Ecclesiae, 1985, 1 C 33ff., 2 F 45ff. – V. H. ELBERN, Die Goldschmiedekunst im frühen MA, 1988, 78ff., 114ff.

Träger (Trager), seit dem 13. Jh. eine v. a. im süddt. Raum verbreitete Bezeichnung für den Inhaber eines Gutes oder Rechts. Im bes. wurde derjenige T. genannt, der ein Gut oder Recht für einen anderen empfing oder innehatte, als dessen Vertreter oder Treuhänder (→Treuhand). Hier wäre namentl. der Lehnsträger zu nennen, der ein →Lehen für lehnsunfähige Personen wie Minderjährige, Frauen oder geistl. Gemeinschaften empfing. Bei einer Gesamtbelehnung konnten mehrere Geschwister oder ganze Familien durch einen T. repräsentiert werden. Eine große Rolle spielte die T.schaft endlich im bäuerl. Recht. Gerade im dt. Südwesten wurde die längst durch Erbteilung zersplitterte bäuerl. →Hufe im SpätMA gegenüber dem Grundherrn durch einen T. vertreten, der für die Zinszahlung und die Erfüllung der sonstigen Pflichten einzustehen hatte. K. Kroeschell

Lit.: C. SCHOTT, Der 'T.' als Treuhandform, 1975.

Trägheit (lat. acedia, acidia, gr. ἀκηδία) ist gewöhnl. dt. Übers. für das Laster »acędia«, das scholast. Autoren als »Traurigkeit hinsichtlich des geistig Guten« bestimmen. Acedia wird zumeist – eine bedeutende Ausnahme bildet Gregor d. Gr. – unter die sieben oder acht Hauptlaster gerechnet. Das MA hindurch suchten lat. und landessprachl. Autoren – in so unterschiedl. Gattungen wie →Tugend- und Lasterkatalogen, →Bußbüchern, Predigten und scholast. Quästionen –, dieses Laster zu bestimmen, seine Wurzeln und Folgelaster zu benennen und seine Heilmittel zu identifizieren. Dieser Diskurs spiegelt die Bandbreite der Verwendung des Terminus ἀκηδία in der Septuaginta wider wie auch den Einfluß der Beschreibung dieses Lasters durch Johannes →Cassian in seinen »Collationes« und »Instituta«. Cassian bezeichnet T. (acedia) als das fünfte der acht Hauptlaster, das er mit »Angst oder Langeweile des Herzens« (»anxietas seu taedium cordis«) gleichsetzt. Er folgt der griech. monast. Tradition, wie sie bei →Evagrius Pontikos formuliert wurde, in der Unterscheidung von zwei Arten von acedia: die eine, die um die Mittagszeit zum Einschlafen verführt, die andere, die dazu verleitet, seine Zelle zu verlassen. Cassians Liste der Tochtersünden der acedia: Müßiggang, Schläfrigkeit, Schroffheit, Unruhe, Unrast, geistige und leibl. Unbeständigkeit, Geschwätzigkeit und Neugier (otiositas, somnolentia, importunitas, inquietudo, pervagatio, instabilitas mentis et corporis, verbositas und curiositas), war im MA sehr einflußreich, ebenso seine These, daß die Handarbeit deren bestes Heilmittel sei. Gregor d. Gr. hingegen nimmt acedia nicht in seine Liste der Hauptlaster auf, weil er offensichtl. nicht überzeugt war, daß, anders als von seinen patrist. Vorgängern befürchtet, Schläfrigkeit und Unrast eine derart ernste Quelle sittl. Unordnung sind. In der Lasterliste Gregors entspricht tristitia am besten der acedia Cassians. Gregors tristitia hat jedoch andere Folgelaster als Cassians acedia; diese ähneln andererseits Cassians Verständnis der tristitia. Laut Gregor sind die Folgelaster der tristitia: Bosheit, Verbitterung, Zaghaftigkeit, Verzweiflung, T. hinsichtl. der Gebote, das Abschweifen des Geistes in Richtung auf das Verbotene (malitia, rancor, pusillanimitas, desperatio, torpor circa praecepta, vagatio mentis circa illicita). Ab dem 12. Jh. wurden acedia und tristitia oftmals als Synonyme angesehen. →Petrus Lombardus z. B. bezeichnet in seinen »Sentenzen« acedia bzw. tristitia als das dritte der sieben Hauptlaster.   M. J. Tracey

Lit.: Prakt. Lex. der Spiritualität, 1988, s. v. [S. WISSE] – S. WENZEL, The Sin of Sloth: Acedia in Medieval Thoughts and Lit., 1967 – L. L. BRONSON, »My heart is harden'd.« Marlowe's Dr. Faustus and the Thomistic Concepts of desperatio and acedia, Aquinas 25, 1982, 465–478 – R. JEHL, Melancholie und Acedia. Ein Beitrag zur Anthropologie und Ethik Bonaventuras, 1984 – L. GIORDANO, »Morbus acediae«. Da Giovanni Cassiano a Gregorio Magno alla elaborazione medievale, Vetera Christianorum 26, 1989, 221–245.

Tragudia, neben den Katalogia und den Parallages mündl. überlieferte Lieder des gr. MA, die in seltenen Fällen, wenn sie aufgezeichnet wurden, bis in neugr. Ausläufer verfolgt werden können. Der Bezug zur antiken, namengebenden Tragödie geht über das trag. Lied der Spätantike und zeigt die starke Bindung an die musikal. Aufführung, von denen markante ältere und neugeschaffene 'Opernarien' ihren geradlinigen Weg nach Byzanz fanden, ohne sich um das immer wieder geäußerte Verdikt durch die chr. Kirche zu scheren. Greifbar sind T. v. a. als epische Lieder im Umfeld der heroischen Kämpfe zw. dem Byz. Reich und dem Islam, die in den Versroman →Digenes Akrites einmünden und über sie hinausgehen. So das Armurislied als Brücke zw. der schriftl. fixierten Digenes-Version und den neugr. »akriteischen« Liedern aus der mündl. Überlieferung. Schwer faßbare weitere Fragmente von Liedern aus byz. Zeit bezeugen einerseits eine Fülle an Themen und andererseits die mehr ephemere Existenz bei fehlender schriftl. Aufzeichnung.   H. Eideneier

Lit.: BECK, Volksliteratur, bes. 48–63, 110–113, 163–165 – Basileios Digenes Akrites kai to Asma tu Armure, ed. S. ALEXIU, 1985; 1990 [zusammen mit To Asma tu Hyiu tu Androniku].

Traken (litauisch Trakai [*trakas* 'gerodete Waldfläche'], russ. und poln. Troki), Stadt in →Litauen am See Galvė, 25 km w. von Wilna. Nach chronikal. Berichten verlegte Gfs. →Gedimin vor 1323 die fsl. Residenz von T. nach →Wilna, doch blieb T. weiterhin polit. Zentrum Westlitauens; 1337 wird erstmals ein Fs. v. T. erwähnt.

[1] *Burgen:* In der 1. Hälfte des 14. Jh. wurde die Steinburg Alt-T. errichtet, die im 14. Jh. verfiel. Das polit. Zentrum wurde in der 2. Hälfte des 14. Jh. 4 km w. nach Neu-T. verlegt, wo im 14. Jh. bis zu Beginn des 15. Jh. auf der Halbinsel und der Insel steinerne Burgen gebaut und wiedererrichtet wurden; Residenz des Fs.en →Kynstute. Neu-T. wurde 1375 und 1377 vom →Dt. Orden angegriffen und war 1381/92 Objekt von Auseinandersetzungen zw. litauischen Fs.en unter Beteiligung des Ordens. Seit der Zeit →Witowts bis zum Beginn des 16. Jh. war T. Residenz der Gfs.en, verlor jedoch später die Funktionen von Residenz und Verteidigungsburg; 1413 Sitz des →Wojewoden v. T.

[2] *Stadt:* Im 14. Jh. entstand neben den Burgen von Neu-T. eine städt. Siedlung, die Anfang des 15. Jh. →Magdeburger Recht erhielt. 1397/98 siedelte hier Witowt gefangene Tataren und aus der Krim stammende Karaimen an, die 1441 die Selbstverwaltung erhielten. Mitte des 15. Jh. gab es zwei Burgen und zwei städt. Gemeinden mit Selbstverwaltung, in denen sich Kaufleute aus dem ö. und w. Europa aufhielten (ca. 3–4000 Einw.). Im 2. Viertel des 16. Jh. stagnierte die städt. Entwicklung.   Z. Kiaupa

Lit.: A. SZYSZMAN, Osadnictwo karaimskie na ziemiach Wielkiego Księstwa Litewskiego, 1936 – A. BALIULIS, S. MIKULIONIS, A. MIŠKINIS, Trakų miestas ir pilys, 1991.

Tralles (Τράλλεις), Stadt und Bm. (Suffragan v. Ephesos in der Prov. Asia) in W-Kleinasien, an der Stelle, wo von der wichtigen Straße durch das Tal des Mäander (Büyük Menderes) eine Straße nach Karien abzweigt; heute spärl. Ruinen auf einer Terrasse n. oberhalb der Vilayet-Hauptstadt Aydın, am Fuße des Mesogis-Gebirges. Zerstörung durch Erdbeben 27 v. Chr. Aus T. stammte →Anthemius, gemeinsam mit →Isidor v. Milet Baumeister der Hagia Sophia in Konstantinopel. Unter Justinian. I. missionierte →Johannes v. Ephesos in den Bergen um T. Heiden, Juden und Anhänger des →Montanismus. Seit dem 8. Jh. zum byz. →Thema Thrakesion gehörig. Nach der Schlacht v. →Mantzikert (1071) erstmals von den Türken besetzt, nach der Schlacht v. →Dorylaion (1097) zurückerobert, 1176 erneut vorübergehend türk., wurde T. wichtige Festung an der S-Front des Reiches v. →Nikaia. Nach der Rückeroberung Konstantinopels 1261 aufgegeben, wurde T. 1264 unter dem Despotes →Johannes Palaiologos (11. J.) wieder für einige Zeit byz. Von Andronikos II. 1280 wiederaufgebaut und Andronikopolis/Palaiologopolis gen., hatte T. angebl. 36000 Einw., wurde aber 1284 von den →Menteşe Oğullarï erobert und in Güzel Ḥiṣār umbenannt. Im 14. Jh. kam T. unter die Herrschaft der →Aydın Oğullarï, deren Gebiet 1425 osman. wurde. Erst im 19. Jh. übernahm Güzel(ce)hisar den Namen der Prov. Aydın als Stadtnamen.   F. Hild

Lit.: EI² (frz.) I, 806 – KL. PAULY V, 921f. – Oxford Dict. of Byzantium, 1991, 2103f. – RE VIA/2, 2093–2128 – A. FAILLER, La restauration et la chute définitive de T. au 13ᵉ s., REB 42, 1984, 249–263 – O. SAĞDIÇ, Aydın, 1988.

Trancoso, Schlacht v. (Ende Mai/Anfang Juni 1385; wahrscheinl. 29. Mai, sicher vor 9. Juni), im Zuge des Krieges um die Nachfolge Kg. →Ferdinands I. v. Portugal geschlagen, auf die auch →Johann I. v. Kastilien (∞ ptg. Erbtochter →Beatrix) aufgrund der Verträge v. →Badajoz und →Elvas Anspruch erhob. Eine starke Vorhut des kast. Invasionsheeres mit 300 *jinetes* drang von Ciudad Rodrigo aus bis nach Viseu vor und wurde auf dem Rückmarsch bei T. von ptg. Truppen geschlagen. Trotz geringer militär.

Folgen wirkte sich der Schaden für die Kampfmoral noch bei der vernichtenden kast. Niederlage in →Aljubarrota aus.
L. Vones

Lit.: S. M. Dias Arnaut, A Bathalha de T., 1947 – P. E. Russell, The English Intervention in Spain and Portugal in the Time of Edward III and Richard II, 1955, 379f. – C. Batlle, La fecha de la batalla de T., Anuario de Estudios Medievales 3, 1966, 525–527 – L. Suárez Fernández, Hist. del reinado de Juan I de Castilla, 1977, I, 210–212.

Tränengabe (donum lacrymarum), das seit den Wüstenvätern hochgeschätzte Charisma, aus Frömmigkeit weinen zu können im Gedenken an die eigene Sündhaftigkeit, aus Himmelssehnsucht oder Mitleid mit dem Passionschristus. Schon in frühma. Hl.nviten erwähnt (z. B. Rimbert, Vita S. Ansgari 35), wurde die T. im Rahmen der Asketik u. a. von →Cassian, →Gregor I., →Petrus Damiani, →Katharina v. Siena behandelt; im O von →Johannes Klimakos und →Isaak v. Ninive. Bei hoch- und spätma. Hl.n (z. B. Gilbert v. →Sempringham, † 1189; Johannes v. Bridlington, † 1379) und bes. Mystikerinnen (z. B. →Maria v. Oignies), am extremsten Margery →Kempe, konnte sie in Form stundenlanger Weinkrämpfe auftreten. Dies war auch ein Hinweis zur Unterscheidung der Geister, denn Hexen war es unmöglich zu weinen (Institoris, Malleus 3, 15, 11). Die T. wurde gelegentl. auch im Sinne einer der Taufe vergleichbaren Gnade verstanden (Ps.-Augustinus, Scala paradisi; Wolfram v. Eschenbach, Parzival 28, 14ff.). Spätma. Andachtslyrik und -bilder (der Beweinung Christi und Einzeldarstellungen der weinenden Mutter Gottes oder Magdalenas) forderten den Betrachter zur Erweckung der T. auf.
P. Dinzelbacher

Lit.: DSAM IX, 287–303 – LThK² X, 305 – M. Lot-Borodine, Le mystère du don des larmes dans l'Orient chrétien (O. Clement u. a., La douloureuse joie, 1974), 133–195 – L. Gnädinger, Feuertränen, Caterinas v. Siena Tränen-Lehre und T.-Erfahrung, Geist und Leben 54, 1981, 85–98 – H. Hamburgh, The Problem of Lo Spasimo of the Virgin in Cinquecento Paintings: Sixteenth Century Journal 12, 1981, 45–76 – G. Schleusener-Eichholz, Das Auge im MA, 1985, 723ff. – K. Lochrie, Margery Kempe and Translations of Flesh, 1991, 172ff.

Trani, Stadt und Bm. in Süditalien (Apulien) an der Adria (Gebiet v. Bari), deren Name (*trana* oder *traina* 'Bucht') und Entwicklung eng mit der Spätantike mit dem kleinen Hafen verknüpft sind; in der →Tabula Peutingeriana und beim →Geographus Ravennas als Turenum/Tirenum verzeichnet. T. war bereits Anfang des 6. Jh. Bf.ssitz (Bf. Eutychius). 834 Gastaldat des langob. Hzm.s →Benevent, erscheint es 887 als abhängig vom byz. Reich, obgleich die örtl. lat.-langob. geprägte Bevölkerung in ihren alten Traditionen verwurzelt blieb. Trotz wiederholter Eroberungsversuche durch die Sarazenen im 9. und 10. Jh. vertiefte T. seine Bindungen an den Osten, wozu v. a. seine Rolle als Handelshafen beitrug (Niederlassung levantin. Kaufleute, starke, während des ganzen MA von den Herrschern geförderte Judengemeinde). Nach dem Fall von →Canosa in der 2. Hälfte des 9. Jh. nahm T. die Bevölkerung des Hinterlandes auf und verstärkte seine Befestigungen. Um die strateg. wichtige Stadt (Verbindungsglied zw. dem Landweg von Benevent nach Apulien und dem Seeweg nach Byzanz und in das Hl. Land) und das angrenzende Gebiet weiterhin an sich zu binden, erhob Byzanz T. zum Ebm., auch um eine Art Gegengewicht zu dem lat. geprägten →Bari zu schaffen. Diese Rolle T.s wird deutl., als das Ebm. sich dem Schisma des →Michael Kerullarios anschloß, was die Absetzung Bf. Johannes' durch Papst Nikolaus II. zur Folge hatte (1059). Nach einem gescheiterten Eroberungsversuch durch die Normannen (1042) wurde die Stadt schließl. 1073 von →Robert Guiscard eingenommen. Die Kreuzzugsbewegung verlieh T. neue Impulse. Auch das Netz der von →Montecassino, →Cava, Banzi und →San Vincenzo abhängigen Kl. OSB, die bereits vor der norm. Eroberung eine wichtige Rolle gespielt hatten, verdichtete sich. Die örtl. Gewohnheitsrechte wurden in den »Ordinamenta et consuetudo edita per consules civitatis Trane« gesammelt. Im 11./12. Jh. erfuhr die Struktur der Stadt durch den Bau der neuen Kathedrale und der Templerkirche (Ognissanti) entscheidende Veränderungen. Befestigungssystem und Kastell wurden unter Friedrich II. ausgebaut, der auch die alten Privilegien erweiterte und die Flotte verstärkte. Am Ausgang der Stauferherrschaft wurde die Stadt Sitz eines ven. Konsulats. In angevin. Zeit bekam auch T. die allg. Übelstände des Regnum, v. a. den Fiskalismus, zu spüren, obgleich seinem Hafen bes. Fördermaßnahmen zuteil wurden. Zw. 1309 und 1316 führte die Stadt einen Handelskrieg mit Venedig um die Kontrolle des Hafens, der durch ein Zollabkommen beendet wurde. In den Kämpfen während und nach der Herrschaft →Johannas I. wurde T. wegen seiner strateg. günstigen Lage zum Zankapfel der gegner. Parteien: 1348 besetzte →Ludwig v. Anjou, Kg. v. Ungarn, die Stadt für kurze Zeit, bevor sie dem Fs.en v. Tarent, Robert v. Anjou († 1364), überwiesen wurde. Danach fiel sie an die Krondomäne. Im Lauf des 15. Jh. war T. die begehrte Apanage von Kondottieren und Staatsmännern im Dienste der Krone (Alberico da Barbiano, † 1409; Muzio Attendolo →Sforza und sein Sohn Francesco; Sergianni →Caracciolo). Nach dem Tode Johannas II. († 1435) wechselte T. im Kampf zw. den Anjou und den Aragonesen häufig die Seite. Trotz der polit. Instabilität wuchs T.s Bevölkerungszahl (v. a. Seeleute, Fischer, Kaufleute), was zu einer Reihe von Auseinandersetzungen um Privilegien mit dem von den Pelagano geführten städt. Adel führte. Obgleich Ferdinand I. die aufsteigenden Schichten förderte, stieß er wegen der lastenden Abgaben auf Widerstand. 1481 fielen die Türken, die im Vorjahr →Otranto zerstört hatten, an der Küste von T. ein. Die Venezianer machten sich dies zunutze, um eine Kontrolle der unteren Adria durchzusetzen, und bedrohten die Stadt. 1495 unterstand T. einige Monate lang →Karl VIII., wurde dann aber von Ferdinand II. an Venedig abgetreten, das sich verpflichtete, den Hafen zu erneuern und eine moderne Schiffswerft zu errichten.
P. De Leo

Lit.: IP VIII, 288 – N. Kamp, Kirche und Monarchie im stauf. Kgr., I. 2, 1975, 544 – C. D. Fonseca, T. Itinerari e centri urbani nel Mezzogiorno normanno-svevo (Atti delle decime giornate normanno-sveve), 1993, 365–384.

Trank (lat. *potio, poculum* [auch →Gift-, Liebes- oder Zaubertrank], *potus*; arab. *šarāb* [→Sirup]), gehört zu den ältesten →Arzneiformen und spielte bes. als Wundtrank in der chirurg. Praxis eine bedeutende Rolle. Seine Bestimmung zum baldigen Gebrauch war v. a. durch die Art der Vehikel bedingt, für die man in der Regel überall erhältl., indes teilweise leicht verderbl. Flüssigkeiten verwendete, u. a. Wasser, Wein, Bier, Essig, Milch, Molke, Most, Gerstenwasser ('ptisana', bisweilen auch für 'Arzneitrank' generell) oder Fleischbrühe, meist unter Zusatz von →Honig oder (später) →Zucker als Konservierungsmittel. Zur Bereitung eines T.s wurden die Ingredienzien zuerst pulverisiert und dann mit dem Vehikel übergossen bzw. gekocht, anschließend oft durch ein Leinentuch koliert; damit die Wirkkraft der Arzneidrogen in das Extraktionsmittel übergehe, legte man diese auch in einem Säckchen eine Zeitlang in die entsprechende Flüssigkeit. Häufig war der T. warm einzunehmen, wobei man durch Eintauchen eines glühenden Eisens temperierte. Die 'potio sancti

Pauli' (auch 'potio maior') des →Antidotarium Nicolai stellt eigtl. ein →Elektuarium dar, das – wie andere Latwergen auch – bei Bedarf zu einem T. verarbeitet werden konnte. Eine spezielle Zubereitung ist der *lûtertranc* (lat. claretum), ein aromat., mild laxierender Kräuterwein mit Honig. F.-J. Kuhlen

Lit.: →Arzneibücher, →Chirurgie, →Rezeptliteratur – D. Goltz, Ma. Pharmazie und Med., VIGGPharm NF 44, 1976, passim.

Transenna, durchbrochen ('à jour') gearbeitete Platte, meist aus Stein, benannt nach dem lat. Wort für Gitter. Schon in hellenist. und kaiserzeitl. Architektur für Abschrankungen (in Bauten, um Brunnen und Gräber u. a.) beliebt, meist mit rauten-, quadrat- und schuppenförmigen Öffnungen. Auch in frühchr. und ma. Baukunst neben geschlossenen Reliefplatten für Schranken (Cancelli) aller Art verwendet, neben dem Profan- und Grabbereich v. a. im Kirchenbau des W und O, z. B. um das →Bema (→Chorschranken) und zur Trennung von Mittel- und Seitenschiffen (Beispiele für T.e der byz. Kunst: Delvoye). Neben den o. erwähnten Gitterformen finden sich reichere Gliederungen mit Flechtbändern, Ranken, Kreuzmotiven und Vögeln, bes. seit dem 6. Jh. (ravennat. Beispiele: Deichmann, Abb. 61–67, 77–87). Der Entwicklung im Bereich der Schranken folgten T.e als Fensterverschlüsse (ausführl. unter →Fenster III. 2). In den Bereich der Gitter zum Verschluß von →Türen gehört in frühchristl. Zeit die T. der Reliquienöffnung des Altars (fenestella confessionis, →Altar III. b, →Reliquiengrab). J. Engemann

Lit.: →Fenster, →Chorschranken – RByzK I, 900–931 [Cancelli, Ch. Delvoye] – F. W. Deichmann, Ravenna, I: Gesch. und Monumente, 1969.

Transept → Querhaus

Transformation. Bezeichnen die Begriffe →Kontinuität bzw. sein Korrelat Diskontinuität gegensätzl. Positionen der Bewertung des kulturellen Übergangs von der Antike zum →Mittelalter und somit gleichsam These und Antithese eines Urteils über die vielfältigen Zusammenhänge zweier Weltzeitalter, kann der Begriff der T. das Gesamtphänomen konkreter fassen. Grundlegende Ergebnisse der Archäologie, der Kirchengesch. und Volkskunde, der Agrar-, Wirtschafts-, Institutionen- und Rechtsgesch., der Literatur- und Kunstgesch. ergaben in den letzten Jahrzehnten ein ebenso differenziertes wie stringentes Bild des Vorgangs der T. zw. Spätantike und FrühMA. Man kann sagen, daß kein Phänomen der ersteren ohne spezif. Umwandlung in die neue Epoche übernommen worden ist. Außer acht bleiben hier die regional sehr unterschiedl. Bevölkerungs- und Substanzverluste (→Bevölkerung, A) durch Krieg (Völkerwanderung etc.) und →Epidemien infolge der Zerstörung der städt. hygien. und Entsorgungs-Systeme (Aquädukte, Kloaken). Es sind dies Phänomene, die v. a. am Beginn der Diskussion über die Kontinuitätsfrage eine große Rolle spielten. Aber selbst in diesem Fall hat sich durch die moderne Stadtgeschichtsforschung (→Stadt, A, B) ein wesentlich genaueres Bild ergeben. Der entscheidende Vorgang der T. der antiken Stadt ist hier die topograph. Umpolung von den alten paganen Zentren mit ihren munizipalen Repräsentationsbauten auf die neuen Lebenszentren einer chr. =Civitas, nämlich auf den Bereich der Bf.skirchen, Kl., Kultzentren, wie der Märtyrer- und Heiligenkirchen (z. B. →Basilikalkl.). Diese bildeten die neuen städt. Siedlungskerne innerhalb wie außerhalb der antiken Stadtmauern. Um diese chr. Zentren entstehen Pilgerhospize (→Hospital, →Xenodochium) und manchmal sogar neue Badeanlagen für →Pilger und Gläubige, während die alten Großthermen als Stätten von heidn. 'luxuria' veröden, desgleichen die Kampfarenen. Die Stadt als solche existierte somit weiter, wenn es auch insgesamt einen gewaltigen Rückgang der Einwohnerzahlen gegeben hat. Ähnliches gilt für die ländl. Regionen, wo schon seit dem 2. Jh., d. h. noch vor den germ. Invasionen, ein Rückgang der Besiedlung feststellbar ist, dem erst, nach Ausweis der Gräberfelder, im 7. Jh. ein Wiederanstieg der Bevölkerung wie der Siedlungsfläche folgt. Regionale Unterschiede treten aber durch Einzelforschungen immer stärker hervor. So hat sich für die Vorderpfalz am Mittelrhein ergeben, daß seit dem 3. Jh. nur etwa ein Drittel der Siedlungen verlassen und zahlreiche Gräberfelder kontinuierlich weiterbelegt wurden, die galloröm. Bevölkerung also auch auf dem Lande fortlebte, wohingegen im Kölner Raum ein gravierender Rückgang der Besiedlung festzustellen ist. Pollenanalyt. Untersuchungen in Südbayern bestätigen einerseits eine Schrumpfung der Anbaufläche nach dem Ende der röm. Herrschaft, belegen aber auch die Kontinuität des Ackerbaus von der Eisenzeit bis ins MA bei Fortdauer röm. Getreidesorten und Flursysteme, v. a. in der Nähe weiter benutzter Römerstraßen. Hier wie in Italien und Gallien bestand die T. v. a. im Übergang von der hochorganisierten antiken Latifundienwirtschaft zur ma. →Grundherrschaft, die bes. von Kirchen und Kl. organisiert, aber auch von Kg. und Adel betrieben wurde. Genaue Analysen von Reihengräberfriedhöfen (→Grab, A; →Friedhof) haben für Lothringen ergeben, daß die germ. Zuwanderung seit dem 4./5. Jh. zu einem Wandel der Siedlungsstruktur führte. Es gab jetzt ein Nebeneinander der ursprgl. galloröm. Bevölkerung mit den Germanen. Man hat dies als »ethn. Leopardenfellmusterung« bezeichnet, wobei sich im allg. die galloroman. Bevölkerung um die fortbestehenden antiken Civitates und Bf.sstädte konzentrierte, wohingegen sich die germ. Siedlungen überwiegend auf dem Land finden. In einem zweiten Schritt der T. dieses Siedlungsbildes wuchs der Anteil gemeinsamer Bestattungen von Romanen und Germanen auf ein und demselben Friedhof, d. h. es setzte eine ethn. Integration und Symbiose ein: Voraussetzung für die Entstehung der ma. Völker Europas. Solche Verschmelzungsprozesse nahmen oft lange Zeit in Anspruch. An der mittleren Mosel wurde noch im HochMA romanisch gesprochen, und in der sog. 'Alpenromania', etwa in →Churrätien, konnte sich das roman. Element bis heute gegen die alam. Zuwanderung erhalten.

Was die Staatlichkeit und die Rechtsordnung anbelangt, so ist festzustellen, daß im frk. Großreich (→Franken, -reich) als Nachfolger des Imperium Romanum (→Röm. Reich) nördl. der Alpen die röm. Kopf- und Grundsteuern, selbst für Kirchen, fortbestanden, und damit zu wichtigen Grundlagen der Kg.sherrschaft wurden. Die T. bezog sich hier v. a. auf den neuen staatl. »Überbau«, der an die Stelle der spätröm. (diokletian.) Reichsstruktur getreten war. Ähnliches gilt für die Fortdauer röm. Praxis im →Urkundenwesen und in der kgl. Verwaltung, die sich, wie dies schon in der Spätantike der Fall gewesen war, stark auf die organisierte und fiskalisch ertragreiche bfl. Stadtherrschaft (→Bischofsstadt) stützte. Kontinuität und T. sind hier ebenso deutlich wie im Rechtsleben, wo nach heutiger Kenntnis die sog. »germ. Stammesrechte« mit dem ältesten, der »Lex Salica«, dem Frankenrecht an der Spitze, in ihrer Rechtssubstanz in hohem Maße spätröm. Traditionen, nämlich röm. Vulgarrecht übernommen haben (→'Leges'). Seit dem frühen 12. Jh. setzte mit der systemat. wiss. Bearbeitung und 'Rezeption' des Justinian. Rechtes eine tiefgreifende T. der europ. Rechtskultur ein (→Bologna, B; →Corpus iuris civilis; →Glossatoren; →Dekretalisten).

Die →Kirche war als geistige Macht in ihrer sakralen und zugleich polit. Herrschaft das stärkste Kontinuum zw. Spätantike und FrühMA und damit der wichtigste Faktor kultureller T. Als kirchl. Stadtherrschaft verwandelte sie bereits in der chr. Antike grundlegend den Charakter der spätantiken Stadt. Wichtiger noch war aber das Doppelgesicht der Kirche insgesamt, denn einerseits konservierte sie, wenn auch sehr selektiv, das kulturelle Erbe des Altertums und dessen Denkformen in Philosophie, Theologie und Herrschaftspraxis, andererseits gab sie dieses chr.-antike geistige Erbe, wenn auch in stark limitierter und umgedeuteter Form, durch die →Mission an die germ. wie slav. Welt weiter. Mit anderen Worten: Die Kirche war selbst die Hauptträgerin, der vitale Kern und zugleich das wichtigste Objekt der allg. T. der antiken Welt ins MA hinein. Durch das weitgespannte Kommunikationsnetz ihrer Bm.er und Kl., das sich infolge der Mission ständig erweiterte und verdichtete, entfaltete sie die stärkste Integrationskraft. Was ihre kulturell selektierende Wirkung anbelangt, so hatte die Kirche schon lange vor dem Zusammenbruch des Imperium Romanum und in scharfer Auseinandersetzung mit heidn. Kultur und Philosophie wie mit starken – als →Häresien ausgeschiedenen – Strömungen innerhalb des Christentums selbst (→Christologie) sowohl Kontinuität als auch Diskontinuität praktiziert und damit wohl die entscheidendste und dauerhafteste T. der Antike bewirkt. Es wurden seit den großen Reichskonzilien des 4. und 5. Jh. und von den Kirchenvätern →Ambrosius, →Hieronymus, →Augustinus und →Gregor d. Gr. Entscheidungen von großer Tragweite getroffen, welche Kulturtraditionen vom Christentum akzeptiert oder zumindest toleriert werden konnten oder aus religiösen und moral. Gründen abgelehnt, ja unterdrückt werden mußten. Beispielsweise gingen Teile der stoischen →Ethik in adaptierter Form in die kirchl. Sittenlehre über (→Naturrecht). Was die Schulen anbelangt, so bewirkte die letztlich unaufhebbare Spannung zw. christl. Glauben und hochkultureller paganer Tradition, daß es keine ungebrochene pädagog. und geistige Kontinuität zw. dem auslaufenden heidn. Schulwesen und der kirchl., bes. der mönch. Ausbildung gibt (→Erziehungs- und Bildungswesen). Letztere zielte als »Erweckungserziehung« im Sinne Max Webers auf eine bewußte Loslösung von der 'Welt', deren Werte in hohem Maße tabuisiert wurden. Abgesehen von der Vermittlung philolog.-grammatikal. Kenntnisse zum Verständnis der Hl. Schrift (→Bibel, A.I) und der Kirchenväter richtete sich in der chr. Spätantike und erst recht im FrühMA die Unterweisung in Kl. und Domstift (→Dom-, →Klosterschule) vornehmlich auf das Einüben einer neuen Lebensform: Nicht →Grammatik und →Rhetorik, die paganen Kulturwissenschaften, sondern →Liturgie und →Psalter standen im Mittelpunkt. Letzterer bot als religiöser Text Grammatik, Lexikon und große Dichtung in einem. Auch der zentrale Begriff der →Lesung (lectio) bedeutete keine organisierte Tradierung von kulturellen Standards, sondern war v.a. gemeinschaftl. →Gebet und Gebetsunterweisung im belehrenden Gespräch. Hier wird die transformierende Kraft des Christentums bes. deutlich: Traditionelle Bildungselemente werden gleichsam als 'Spolie' in einen neuen religiösen Kontext eingeordnet, so daß man von einer bewußt gebrochenen Kontinuität sprechen kann. Wie ambivalent jedoch der Jahrhunderte währende kulturelle Selektions- und Rezeptionsvorgang war, der den Kern der geistigen T. des antiken Erbes bildete, zeigt die Haltung des →Mönchtums gegenüber dem oft als obszön bewerteten antiken Kulturerbe. Einerseits kam es zu einer immer wieder bekräftigten Ablehnung der polytheist.-erot. Kulturtraditionen aus asket. Motiven (→Askese, →Sexualität), andererseits stehen wir vor der Tatsache, daß fast alles, was uns an paganer Lit. des Altertums überliefert ist, über kirchl. und monast. →Skriptorien auf uns gekommen ist. Im Grunde handelt es sich um ein Paradoxon, das der →Antikenrezeption des MA ebenso anhaftet wie jeder 'Renaissance' und 'Bildungsreform' im kirchl. Bereich, deren Kern die Auseinandersetzung mit der heidn. Antike sein mußte. Die zahlreichen Handschriftenwanderungen (→Handschrift, →Codex) seit dem 6./7. Jh. aus dem Mittelmeerraum nach West- und Mitteleuropa und ebenso die Herstellung von →Palimpsesten aus antiken Texten zeigen die Ambivalenz von transformierender Rezeption und Selektion des antiken Erbes unter kirchl. Aspekt.

Mit einer bes. Art der T. hat man es bei der Übernahme antiker Kultur über den →Islam (→Araber) zu tun, da es sich hier um eine zweifache Umformung handelt: Erstens um die Übernahme antiker Technologie, Medizin, Agrartechnik und Philosophie in der Auswahl einer neuen Weltkultur, die relativ rasch in den alten zivilisator. Zentren des Vorderen Orients und Nordafrikas erfolgte und daher viele hochkulturelle Standards übernehmen und assimilieren konnte. Zweitens gelangten mit der islam. T. und Weiterentwicklung v.a. des philosoph. Erbes (→Platon, →Aristoteles) durch arab.-islam. Gelehrte, wie →Avicenna und →Averroes, neue Interpretamente in die chr. Welt, die in Akzeptanz wie Widerspruch Wesentliches zur Ausformung der →Scholastik als der ersten kreativen →Philosophie des europ. MA beigetragen haben. Bei diesem T.svorgang spielten die islam. und jüd. (→Sefarden) Gelehrten in Córdoba, Salamanca, Toledo, Granada und im unterit.-siz. Reich Ks. Friedrichs II. eine bedeutende Rolle (→Übersetzer: 'Schule v. Toledo'). Ähnliches gilt für den raschen Anstieg der materiellen Kultur Europas durch den engen Kontakt mit der arab.-islam. Welt in Spanien und Süditalien. Der gleichsam »osmotische« kulturelle Austausch zw. Islam und chr. Welt wurde durch die →Kreuzzüge eher gestört als gefördert. – Zur Frage der Bedeutung der byz.-westl. Kulturbeziehungen →Byz. Reich, bes. Abschn. F; →Byz. Literatur; →Griech. Lit. und Sprache.

F. Prinz

Lit.: C. N. Cochrane, Christianity and Classical Culture, 1944 – M. L. W. Laistner, Christianity and Pagan Culture in the Later Roman Empire, 1951 – E. Levi, Weström. Vulgarrecht. Das Obligationenrecht, 1956 – F. Prinz, Frühes Mönchtum im Frankenreich, 1965, 1988², 449ff. – F. Rosenthal, Das Fortleben der Antike im Islam, 1965 – O. Gigon, Die antike Kultur und das Christentum, 1967 – D. Illmer, Formen der Erziehung und Wissensvermittlung im frühen MA, 1971 – H. Bernhard, Beitr. zur röm. Besiedlung im Hinterland von Speyer, Mitt. des Hist. Ver. der Pfalz 73, 1976, 37-165 – P. Brown, Die letzten Heiden, 1978 – Ders., Augustinus v. Hippo, 1982² – B. Bischoff, Paläographie und frühma. Klassikerüberlieferung (Ders., Ma. Studien 3, 1981), 55-72 – W. Kleiber, Das moselroman. Substrat im Lichte der Toponymie und Dialektologie (Zw. den Sprachen, hg. W. Haubrichs-H. Ramge, 1983), 153-192 – M. Gechter, Zur ländl. Besiedlung der Rheinlande in röm. Zeit, BJ 186, 1986, 377-396 – Herrschaft und Kirche, hg. F. Prinz, 1988 – G. Diepolder, Aschheim im frühen MA, II, 1988, bes. 183-217 – H. Küster, Vom Werden einer Kulturlandschaft, 1988 – F. Stein, Die Bevölkerung des Saar-Moselraumes am Übergang von der Antike zum MA, Archaeologia Mosellana 1, 1989, 89-195 – A. Angenendt, Das FrühMA, 1990 – J. Durliat, Les finances publiques de Dioclétien aux Carolingiens (284-889), 1990 – G. Crespi, Die Araber in Europa, 1992 – R. Kaiser, Das röm. Erbe und das Merowingerreich, 1993 – M. Montanari, Der Hunger und der Überfluß. Kulturgesch. der Ernährung in Europa, 1993, bes. 10–50 – M. Fuhrmann, Rom in der Spätantike, 1994 – Gesch. der arab. Welt, hg. U. Haarmann, 1994 – F. Prinz, Formen, Phasen und Regionen des Übergangs von der Spätantike zum FrühMA (Zur Kontinuität zw. Antike und MA am Oberrhein, hg. F. Staab, 1994) – F. Prinz (Gebhardt, 10. Aufl., §20, 21) [in Vorber.].

Transgression, aus der Terminologie der Geologie in die hist. Geographie und →Altlandschaftsforschung übernommener Begriff, der langandauernde Perioden (in der Regel mehrere Jahrhunderte) bezeichnet, in denen das Meer weit in den Küstenbereich vordringt und v. a. durch Überflutung weiter Gebiete (z. B. der gesamten belg. Nordseeküste; →Nordsee), Sedimentierung (*Klei, Schlick*) sowie Grundwasserstau hinter Strandwällen und Dünengürteln die küstennahe Landschaft verändert. Die Ursachen von T.en liegen vornehml. in Wandlungen des →Klimas, wobei insbes. Langzeiterwärmungen, die das Eis der Polarregionen abschmelzen lassen, im Bereich der Nordsee und des Nordatlantiks zu Erhöhungen des Meeresspiegels und damit zu T.en führen. In anderen Regionen (z. B. Küsten der Ostsee und des Mittelmeeres) lösen auch tekton. Bewegungen der Erdkruste, verbunden mit klimat. Faktoren, Erhöhungen bzw. Senkungen des Meeresspiegels aus. In beiden Fällen ist unregelmäßiger Wechsel von Perioden der T. und jenen der Regression, in denen der Meeresspiegel absinkt oder stagniert, festgestellt worden. T.sphasen in hist. Zeit beschränken sich im Einzugsbereich der Nordsee auf die Periode bis ca. 1000 n. Chr.; mit der Errichtung erster Deiche (→Deich- und Dammbau) konnten die von T.en verursachten Überflutungen großer Gebiete zunehmend verhindert oder doch begrenzt werden. Seit der Zeit um 1000 konnten nur noch eingeschränkte Überschwemmungen historisch festgestellt werden. Ein Bezug auf eine T.sphase ist nicht erkennbar, so daß nach einigen Forschern der Begriff der T. für die Zeit nach 1000 für das Nordseeküstengebiet nicht mehr anwendbar ist. Stattdessen wird für diese Periode mit dem Begriff der »Sturmflutfrequenz« operiert; diese wird auf eher komplexe Ursachen zurückgeführt (zyklonale Störungen in Verbindung mit Windrichtung, Küstenmorphologie, Gezeiten usw.).

Für das erste Jahrtausend unserer Zeitrechnung wird im Nordseeraum dagegen eine T.sphase (bekannt als 'T. Dünkirchen II' oder 'Frühma. T.') angenommen; sie soll von ca. 300–600 n. Chr. gedauert haben und ließ durch großräumige Überflutungen weite Teile der Nordseeküste (Küstensäume des späteren Belgien, der seeländ. Inseln, Frieslands, Norddtl.s) nahezu unbewohnbar werden, mit Ausnahme von Habitaten auf Restdünen oder künstlich errichteten Hügeln (→Wurten, Warften). Dieser 'T. Dünkirchen II' soll bis in die Periode kurz vor Beginn unserer Zeitrechnung eine als 'Dünkirchen I' oder 'Vorröm. T.' bezeichnete T.sphase vorausgegangen sein. Umstritten ist die Annahme einer weiteren, ins hohe MA reichenden T., 'Dünkirchen III', angesetzt auf die Zeit ungefähr vom 9. bis zur Mitte des 12. Jh. Die Zuordnung der für Teile Flanderns, Seelands und Frieslands festgestellten Überschwemmungen von 838, 1014, 1042 und 1134 zu einer echten T. muß dabei aber fraglich erscheinen.
A. Verhulst

Lit.: The Quaternary Hist. of the North Sea, hg. E. Oele–R. T. E. Schüttenhelm, 1979 – Transgressies en occupatiegeschiedenis in de kustgebieden van Nederland en België, hg. A. Verhulst–M. K. E. Gottschalk, 1980–K. E. Behre, Meeresspiegelverhalten und Besiedlung während der Zeit um Christi Geburt in den Nordseemarschen, Offa 47, 1986, 45–53 – Sea Level Changes, hg. M. J. Tooley–I. Shennan, 1989.

Transhumanz (frz. und engl. *transhumance,* it. *transumanza,* span. *trashumancia*), Form der bewegl. Weidewirtschaft (→Weide), bei der die Herde von Lohnhirten (→Hirt, →Viehhaltung), dem Besitzer oder dessen Angehörigen auf eine zumeist längeren (bis ca. 800km), einen Tag bis zu drei und mehr Wochen dauernden Wanderung zu mindestens zwei, jahreszeitl. wechselnden Weidegebieten getrieben wird. Trotz Neuerungen ist die Ausübung der T. seit Ende des 19. Jh. stark rückläufig und aus manchen Landschaften verschwunden. Zwar reicht die T. mindestens bis in die Antike zurück (z. B. Varro II, 2:8–11; III, 17:6–9; Columella VI, 22), doch sind die mannigfaltigen Formen der nach Raum und Zeit sehr variablen T. erst seit dem 19. Jh. typisiert und klassifiziert worden. Durch Entlehnung aus der Umgangssprache wurde der wiss. Ausdruck geprägt (< frz. transhumer < lat. trans + lat. humus 'Gegend'). Zw. T., Almwirtschaft (→Alm) und Nomadismus (→Nomaden) bestehen viele Übergänge. Von der Almwirtschaft unterscheidet sich die T. durch Fehlen enger Beziehungen zw. Heimgut und benachbarter Bergweide sowie der winterl. Einstellung. Vom Nomadismus unterscheidet sich die T. durch die bodenstete Siedlung am Hauptbetriebsort und das Fehlen von ethn. Einheiten (Stämmen) bei der Herdenwanderung. Diese wird bedingt durch den klimat. und vegetativen Gegensatz zw. Winter- (Tiefland-) und Sommer- (Gebirgs-) weide. Weitere, die Trassen der Herdenwanderung bestimmende Faktoren sind v. a. die Rechte des Durchzugs und der Benutzung von Rast- und intermediären Weideplätzen, die Lage von obligator. Zollstationen, ferner territoriale, polit. und betriebswirtschaftl. Faktoren. Verbreitet war die T. bis weit ins 19. Jh. in großen Teilen des Mediterrangebietes und darüber hinaus, namentl. in Regionen mit höheren, im Sommer kühlfeuchten, im Winter kalten, oft schneebedeckten Gebirgen und angrenzenden trokkenen, aber im Winter warmfeuchten Tiefländern: von Portugal bis Kaukasien und Armenien, vom Atlasgebirge bis in die Karpaten. In Spanien erstreckten sich manche Herdenwanderungen von N nach S durch die Iber. Halbinsel. Hauptformen der T. sind aufsteigende aus Tieflandsiedlungen (*t. normale*), absteigende aus Gebirgssiedlungen (*t. inverse*) und zwischenständige, wenn sich der Ausgangsort zw. Sommer- und Winterweide befindet (*t. mixte*).

Wenn sich Belege für die T. seit dem 13./14. Jh. häufen, so sind dafür wachsende Schriftlichkeit und Jurisdiktion ebenso verantwortl. wie eine Zunahme der Konflikte um Durchzug und Weiden als Folge des hochma., mit Bevölkerungswachstum verknüpften →Landesausbaus. Nach dem spätma. Bevölkerungsrückgang, der weite Teile von Südeuropa erfaßt hatte, folgte, regional um die Mitte des 15. Jh. beginnend, ein erneuter, mit Intensivierung der T. verbundener kräftiger Anstieg der Bevölkerung. So war regional die transhumante Weidewirtschaft, die oft Herden mit jeweils mehreren Tausend →Schafen, daneben →Ziegen, umfaßte, bedeutend für die Wiederbesiedlung oder die Weiternutzung entvölkerter Landstriche, doch auch für die Zerstörung der natürl. →Umwelt. Die gestiegenen Wollpreise (→Wolle) und eine wachsende Nachfrage nach →Fleisch begünstigten die Ausdehnung der T., die sich seit dem 15. Jh. auch dank ihrer Bedeutung für die Steuereinnahmen des Staates und die Pachterträge der Kommunen verbreitete. Es ergab sich eine erneute Zunahme von Nutzungskonflikten: zw. weltl. und geistl. Grundherren und Bauern, auch zw. einheim. und fremden Bauern- und Unternehmerherden. Auf der Iber. Halbinsel (→Mesta) vollzogen sich im Zusammenhang mit →Reconquista und →Repoblación sowie regionalen Kriegen manche Sonderentwicklungen, so bei den Zeitphasen von Wüstungsprozessen und ihren landschaftl. Auswirkungen. Oft stärkten sie die Latifundien und damit Ausdehnung und Intensivierung der T. Das gilt z. B. für manche ehemals bevölkerten muslim. Siedlungsgebiete im südiber. Tiefland, wo Ende des 13. Jh. Adel und Templer weite Gebiete in Besitz nahmen und der raumgreifenden T. anheimgaben. Bes. in Spanien und Italien hat die mit Extensivierung und Verwilderung von Kulturland sowie Verstärkung der Erosion einhergehende T. zu einer Zunahme der →Malaria beigetragen, daraus resultierten neue →Wüstungen mit folgender Ausdehnung der T. H. Jäger

Lit.: E. MÜLLER, Die Herdenwanderungen im Mittelmeergebiet, Petermann's Mitt. 84, 1938, 364–370 – R. AITKEN, Routes of T. on the Spanish Meseta, The Geogr. Journal 106, 1945, 59–69 – TH. HEUBERGER, Die kulturgeogr. Bedeutung der Wanderschäferei in Süddtl., Forsch. zur dt. Landeskunde 109, 1959 – TH. SCLAFERT, Cultures en Hte-Provence. Déboisements et pâturages au MA (Les hommes et la terre, IV, 1959) – B. HOFMEISTER, Wesen und Erscheinungsformen der T., Erdkunde 15, 1961, 121–135 – F. BRAUDEL, La Méditerranée et le monde méditerranéen à l'Époque de Philippe II, Bd. I, 1966 – A. BEUERMANN, Fernweidewirtschaft in Südosteuropa, 1967 – U. SPRENGEL, Wanderherdenwirtschaft im mittel- und südostit. Raum, Marburger Geogr. Schrr. 51, 1971 – G. RINSCHEDE, Die T. in den frz. Alpen und in den Pyrenäen, Westfäl. Geogr. Stud. 32, 1979.

Transitus, Übertritt von einem Orden in einen anderen. Die →Regula s. Benedicti (Kap. LX/LXI) erlaubte fremden Priestern und Mönchen den Verbleib im Kl., wenn sie die Regel in ganzer Strenge befolgten. Johannes XI. hatte →Cluny 931 zugestanden, alle Religiosen, die dessen Observanz folgen wollten, aufzunehmen. Mit dem Erscheinen monast. und kanonikaler Verbände strengerer Lebensführung kam es zu Veränderungen. Doch blieb der Wechsel zw. den Gruppen an Zustimmung und Empfehlung von Oberen gebunden, der Eintritt von Flüchtlingen verboten. Während der Gregorian. Reform durften Kl. jede geeignete Person annehmen, selbst gegen den Willen von deren alten Superioren. Nach Gratian sollte dieser T. bei Nonnen und Schwestern zu einer strikteren Lebensgestaltung führen (C. 20 q. 4 c. 1). Urban II. untersagte Mönchen, Kanoniker zu werden (C. 19 q. 3 c. 1). Alexander III. gestattete hingegen Chorherren, in mönch. Kongregationen zu gehen (X 3. 31. 10), Innozenz III. jede Hinwendung zu einer rigoroseren Vita (X 3. 31.18). Begünstigte dieser umstrittenen Entscheidungen waren →Zisterzienser und →Kartäuser. Im 12. Jh. mußten sich ganze Konvente, die Statuten suchten, →Cîteaux anschließen. Durch das Aufkommen der mobilen Bettelorden verstärkte sich die Tendenz, in Gemeinschaften zu wechseln, deren Konstitutionen als angenehmer galten. Honorius III. verbot 1217 den Predigerbrüdern, ihren Ordo aufzugeben, sofern die neu aufgesuchten Kommunitäten gemäßigtere Gewohnheiten beachteten. Nach dem Abfall zahlreicher Minoriten untersagte Gregor IX. 1238 diesen, einen anderen religiosen Stand zu wählen. Martin IV. bestrafte 1281 jede Flucht von Professen zu fremden Observanzen (Extravag. com. 3. 8. 1). Zwar anerkannte das Konzil v. Vienne die Versetzung von Personal in andere Häuser, beschränkte aber Amt oder Würde am neuen Ort. Während Clemens V. jeden unbegründeten Umzug für ungültig erklärte, autorisierte Benedikt XII. 1335 die Aufnahme flüchtiger oder ungehorsamer Angehörigen anderer Orden bei den Mendikanten.
A. Rüther

Lit.: DDC VII, 558f. – DIP VI, 1214–1230 [Lit.] – M. A. DIMIER, Saint Bernard et le droit en matière de T., RevMab 34, 1953, 48–82 – G. MELVILLE, Das Übertrittsproblem in kanonist. Behandlung von Gratian bis Hostiensis (Fschr. N. BACKMUND, 1978), 205–243.

Transitus-Mariae-Berichte, legendäre apokryphe Erzählungen über den Heimgang Mariens (als »Transitus«, »dormitio« oder »assumptio« bezeichnet), die, inhaltlich variierend, in griech., lat., syr., kopt, arab. und äthiop. Fassung vorhanden waren. Die Ursprungsfrage erfährt bislang keine einheitl. Beantwortung (judenchr. palästin. Milieu: V. ARRAS; syr. Bereich: HAIBACH-REINISCH). Die hsl. Zeugnisse reichen nicht weiter als bis zur 2. Hälfte des 5. Jh. Die älteste Form des T.-M. liegt im T. des Ps.-Melito vor, als dessen Vorbild die gnost. Acta Johannis gelten, die wohl am Anfang des 5. Jh. eine orthodoxe Überarbeitung erfuhren. Durch die im Decretum Gelasianum (Anfang des 6. Jh.) erfolgte Einreihung unter die Apokryphen ist das Bekanntsein des T. zu dieser Zeit in Rom gesichert (wenn auch nicht dessen Fassung). Die Wirkungsgeschichte der T. varianten erstreckte sich von Syrien bis Irland und von der Antike bis zum MA. Während die oriental. Kirchen die Apokryphen im allg. wohlwollend aufnahmen, was auch für die gall. (Gregor v. Tours, † 594) und irische Kirche gilt, trat im Abendland seit der Karolingerzeit das Interesse am T. M. zurück (so bei Beda Venerabilis, im Ps.-Hieronymus ep. 9, im Ps.-Augustinus sermo 208), wobei die Befürwortung der Aufnahme Mariens mehr auf theol. Konvenienzgründe setzte. Erst seit dem 11. Jh. gewann die Legende des Ps.-Melito im Zuge der wachsenden Marienverehrung mit ihren phantasievollen Details (Engelserscheinungen, Zusammenkunft der Apostel, Herabkommen Christi) an Einfluß. Obwohl von der Kirche und der Liturgie ignoriert, ging die Legende in die Volksfrömmigkeit ein und erfuhr durch Übers. in die Volkssprache, durch Bearbeitungen, Nachdichtungen und dramat. Gestaltungen weite Verbreitung. Die theol. Bedeutung des T. liegt in dem Umstand, daß sich hier der »sensus christianus« einen volkstüml. Ausdruck für die Überzeugung von einem bes. Schicksal des Leibes Mariens in Angleichung an das Geschick des Leibes des Sohnes schuf.
L. Scheffczyk

Ed.: W. WRIGHT, Contributions to the Apocryphal Lit. of the NT, Journal of Sacred Lit. and Biblical Record (NS, VI/VII), 1865 – C. TISCHENDORF, Apocalypses apocryphae Mosis, Esdrae, Pauli, Joannis, item Mariae dormitio, additis evangeliorum apocryphorum supplementis, 1886 – M. JUGIE, Johannes Thessalonicensis, Dormitio dominae nostrae Deiparae ac semper Virginis Mariae, 1925, PO 19 – DERS., La lit. apocryphe sur la mort et l'assomption de Marie à partir de la seconde moitié du VIe s., EO 29, 1930, 265–295 – A. WENGER, L'assomption de la T. S. Vierge dans la Tradition Byz. du VIe au Xe s. Ét. et Documents, Archives de l'Orient Chrét. V, 1955 – V. ARRAS, De T. M., Apocrypha Aethiopica, 2 Bde, 1973 – *Lit.:* Marienlex. IV, 1992, 115f. [J. B. BAUER] – O. FALLER, De priorum saeculorum silentio circa assumptionem B. Mariae Virginis, 1946 – C. BALIĆ, Testimonia de assumptione BVM ex omnibus saeculis, 1, 1948 – M. HAIBACH-REINISCH, Ein neuer »T. M. e« des Ps.-Melito, 1962.

Translatio Imperii, variantenreiches Deutungsschema für den Verlauf der Weltgesch. (s. a. →Translatio studii). Für das MA entscheidend war die Vermittlung des in antiken Texten vorhandenen Gedankens durch Hieronymus, der die Floskel »regna transferre« in von ihm übersetzte Texte des AT sowie in seine Weltgesch. einfließen ließ. Maßgebl. wirkten u. a. Dan 2, 21: »(Deus) transfert regna et constituit« und Sir 10, 8: »Regnum a gente in gentem transfertur propter iniusticias et iniurias…«. Die hier angesprochenen Komponenten des Schemas: Gott als Urheber der T., Versagen und Sünde bzw. virtus und Sittenreinheit als Grund der T. I., werden nicht überall hervorgehoben. Oft erscheint die T. I. als ein weiterer Erklärung nicht bedürftiger Vorgang. Für die ma. Version der T. I. kam die Unterteilung der Gesch. in eine Abfolge von Weltreichen hinzu, deren schwankende Zahl durch des Hieronymus' Daniel-Exegese durchweg auf vier festgelegt wurde: das babylon., das medisch-pers., das griech. und das Röm. Reich. →Orosius hat das Vier-Reiche-Schema mit dem der T. I. verbunden, Babylon steht am Anfang, das Röm. Reich am Ende der Weltgesch. Die eschatolog. geprägte Version des Schemas blieb bis zum 9. Jh. weitgehend ohne aktuelle Bedeutung. Chroniken, die das Bild der durch die T. I. verknüpften Vier Reiche in vollem Umfang ausführten, entstanden erst wieder seit dem Ende des 11. Jh.

Die Ks.krönung Karls d. Gr. wurde zunächst nicht im Sinne einer T. I. gedeutet; erst die »Vita Willehadi« enthält um 850 die Notiz, die ksl. Gewalt sei durch Wahl des Röm. Volkes auf die Franken transferiert worden. Wohl schon vor Karls Ks.krönung war indes die →Konstantin. Schenkung entstanden, in der es heißt, der Ks. habe sein Imperium in den O transferiert, dort eine nach ihm benannte Stadt gebaut und hier sein Imperium etabliert, nachdem er zuvor alles, was zum W des Reiches gehörte, der Verfügungsgewalt des Papstes Silvester und von dessen Nachfolgern überantwortet habe. Die Deutung von Karls Ksm. als des von den Römern durch Wahl auf die Franken übertragenen Imperium Romanum ist zunächst kaum rezipiert worden. →Regino v. Prüm meinte um 900, das Röm. Reich sei untergegangen. →Widukind v. Corvey spricht von einem seit Heinrich I. bei den Sachsen weilenden Imperium Francorum, ohne aber den Vorgang von 919 explizit mit T. I. Francorum zu umschreiben, wie es →Hrotsvit v. Gandersheim in den »Gesta Oddonis« tat. Die mit Otto II. einsetzende Forcierung der Ansicht, das gegenwärtige Reich sei das fortdauernde Imperium Romanum, warf zugleich die Frage auf, wie das Volk zu benennen sei, das dieses Reich jetzt innehabe. →Adam v. Bremen war um 1075 der erste, der erklärte, die »summa imperii Romani« weile nunmehr bei den populi Teutonum (I, 10). Um 1100 wird das mit der T. I. verknüpfte Vier-Reiche-Schema in der Chronik →Frutolfs v. Michelsberg systemat. ausgestaltet. Das seit Ks. Konstantin bei den Griechen weilende Imperium Romanorum geht unter Karl d. Gr. auf die Kg.e der Franken über, danach wird es auf die Sachsen übertragen. Eine weitere T. I. wird nicht erwähnt. Die (lat.) Ks.chronik spricht um 1115 von einer coniunctio des Imperium Romanum mit dem →Regnum Teutonicum, das hier ident. ist mit dem Regnum Francorum. Die auch in anderen Q. bezeugte Gleichsetzung von Teutonici und Franci wurde um 1150 von →Otto v. Freising problematisiert, aber aufrechterhalten: Manche begriffen Heinrichs I. Aufstieg zum Kgtm. als Beginn des Regnum Teutonicorum, er aber war der Meinung, dieses sei nur ein (auch anders benannter) Teil des Regnum Francorum (Chron. VI, 17). In einer Friedrich Barbarossa zugeschriebenen Rede an die Römer wird von Otto der Heerkaisergedanke ausgebreitet: Franken oder Deutsche verdanken das Ksm. dem Schwert (Gesta Frederici II, 3 2).

Die Entstehung der kurialen T. I.-Theorie (GOEZ) wurde vorbereitet durch die Aufnahme des »Constitutum Constantini« ins →Decretum Gratiani (um 1140). Um 1160 begegnet eine Frühform dieser Lehre in einem auf den Namen Papst Hadrians IV. gefälschten Schreiben an Ebf. Hillin v. Trier. Ausgestaltet und präzisiert erscheint sie unter Papst Innozenz III., der sie 1199/1203 nutzte, um sein Eingreifen in den Thronstreit zu rechtfertigen. 1202 stellte er in einem Brief an Hzg. →Berthold V. v. Zähringen (Venerabilem) fest, daß der Apostol. Stuhl das Röm. Imperium auf die Deutschen (in Germanos) in Gestalt Karls d. Gr. übertragen habe. U. a. auch auf diese dann ins Kirchenrecht übernommene Lehre stützten die Päpste fortan ihren Anspruch auf Approbation von Person und Wahl des von den Deutschen erhobenen röm. Kg.s und später auf das Recht, beim Fehlen eines approbierten Kg.s als Vikare über das Reich verfügen zu können. Der direkt attackierte Philipp v. Schwaben begegnete ihr 1206 mit dem Verweis auf Dan 2, 21: »Es ist Gott, der die Reiche transferiert«. Rudolf I. (1279), Albrecht I. (1303) und Karl IV. (1346) haben die kuriale Theorie als rechtens anerkannt. Die in ihr enthaltene Möglichkeit, der Papst könne das Imperium auf ein anderes Volk übertragen, wurde zwar gelegentl. erwogen, aber nie realisiert. Seit der Mitte des 13. Jh. gehörten Bekämpfung oder Rechtfertigung der kurialen Lehre sowie des damit verflochtenen »Constitutum Constantini« zu den Standardthemen vieler Traktate: →Alexander v. Roes, →Lupold v. Bebenburg, →Konrad v. Megenberg, →Nikolaus v. Kues und andere haben sich damit befaßt. Ihre Durchschlagskraft verlor sie seit den Tagen Ludwigs d. Bayern weniger durch die Fragwürdigkeit ihrer hist. Basis als vielmehr durch die theoret. Erörterung der Grundlagen weltl. und geistl. Herrschaft sowie mit den 1356 in der →Goldenen Bulle stillschweigend gezogenen Konsequenzen aus dem →Rhenser Kurverein (Weistum) der Kfs.en und dem →'Licet iuris' Ludwigs d. Bayern (1338), wonach die Wahl durch die Mehrheit der Kfs.en ausreiche, die Herrschaft des röm. Kg.s zu begründen. H. Thomas

Lit.: W. GOEZ, T. I., 1958 – E. E. STENGEL, Der Heerks. (DERS., Abh. und Unters.en zur Gesch. des Ks.gedankens im MA, 1965), 1–169 – Gesch.sschreibung und Gesch.sbewußtsein im SpätMA, hg. H. PATZE, 1987 [Register: s.v. T. I.] – H. THOMAS, Julius Caesar und die Deutschen (Die Salier und das Reich, hg. ST. WEINFURTER, III, 1991), 245–278.

Translatio studii, Vorstellung, daß im Laufe der Gesch. das große Zentrum des →'studium' (der Gelehrsamkeit, Kultur und höheren Bildung) bei vermeintl. substantieller Identität von einem Ort zum anderen »gewandert« sei. Schon in der klass. Antike präsent, wurde diese Idee im beginnenden MA von →Cassiodor und →Isidor v. Sevilla stärker ausgeführt und von Autoren der Karolingerzeit, bes. →Notker Balbulus (»Gesta Karoli magni«), akzentuiert. Einige Gelehrte betonten nachdrücklich die t. s. von Athen nach Rom (→Romidee) und von da aus ins Frankenreich (→Bildungsreform Karls d. Gr.); andere »christianisierten« diesen Vorstellungskomplex, indem sie auf altägypt. und bibl.-alttestamentl. Ursprünge abhoben (Abraham, Baum der Erkenntnis im Irdischen Paradies). Bei allen unterschiedl. Ausprägungen des Deutungsschemas war die Idee der t. s. verbunden mit der parallelen Vorstellung der →Translatio Imperii, wobei Wissenserwerb und Förderung der Gelehrsamkeit als notwendiges Korrektiv der polit. Macht und des Herrschertums betrachtet wurden (→Fürstenspiegel).

Manche frz. Autoren des MA wiesen dem hl. →Dionysius eine zentrale Rolle bei der t. s. zu; in erster Linie wurde diese jedoch →Karl dem Gr. in seiner Eigenschaft als Erneuerer des Reiches und Prototyp des der Bildung zugetanen chr. Herrschers zugeschrieben. Diese Grundidee wurde in der Folgezeit variiert, so von Denkern des 12. Jh., insbes. →Otto v. Freising im Sinne der stauf. Kaiseridee und zugunsten →Friedrich Barbarossas. Die stärkste Wirkung entfaltete die Idee der t. s. jedoch in Frankreich und wurde hier bis weit ins 15. Jh. propagiert. Seit der Zeit →Philipps II. Augustus und →Ludwigs IX. d. Hl.n ermöglichte sie, das Image des Kg.s v. Frankreich, des »allerchristlichsten Kg.s« und »Ks.s in seinem Kgr.e«, um die Dimension der Gelehrsamkeit zu bereichern und die Vorrangstellung der Univ. Paris (→Paris, D), des Sitzes des 'studium' in unmittelbarer Nachfolge von Athen und Rom, gebührend zu feiern. Damit gewann die Pariser Univ. einen unerreichbaren Vorsprung vor allen anderen kirchl. Bildungsinstitutionen und konnte ihre selbstbewußte Rolle als »natürl. Ratgeberin« des kapet. Kgtm.s, die als »älteste Tochter« besonderen Königsschutz genoß, in vollem Maße entfalten.

Der Gedanke der t. s. nimmt in Texten aus dem Bereich der Univ. Paris (bis hin zu den Sermones des →Johannes Carlerius de Gerson im frühen 15. Jh.) einen gewichtigen Platz ein, ebenso in den Schriften aus dem engeren Umfeld der kapet. Monarchie und Ideologie, so im »Speculum historiale« des →Vinzenz v. Beauvais (1254), den »Grandes →Chroniques de France« aus →St-Denis sowie der Traktat- und Übersetzungslit. der Zeit Karls V. (Nikolaus v. →Oresme). Im Idealbild →Karls V. (1364–80), des 'roi sage', der stets den klugen Rat seiner Universität aufmerksam anhörte, verschmolzen Geist und Macht in vorbildhafter Weise und zur höheren Ehre ('gloire') des chr. Glaubens.
J. Verger

Lit.: A. G. JONGKEES, T. s.: les avatars d'un thème médiéval (Misc. med. J. F. NIERMEYER, 1967), 41–51 – A. PATSCHOVSKY, Der hl. Dionysius, die Univ. Paris und der frz. Staat, 1978, 9–31.

Translation (von Reliquien)

I. Terminologie – II. Historische Entwicklung.

I. TERMINOLOGIE: Der Terminus T. beinhaltet die Übertragung des Körpers eines Hl.n oder sonstiger →Reliquien; im weiteren Sinn kann der Begriff alle rituell-liturg. Vorgänge im Zusammenhang mit Auffindung (inventio, revelatio) und Erhebung (elevatio), Überführung (translatio, advectio, illatio, processio), Empfang (receptio, adventus) und Niederlegung (depositio) solcher Reliquien oder Hl.nkörper beinhalten. Die gen. Begriffe, jeweils auch zur Bezeichnung entsprechender Kirchenfeste herangezogen, wurden gleichzeitig auch als Gattungstitel der lit. Beschreibung der erwähnten Vorgänge verwendet (T.sberichte). Im engen Zusammenhang mit T.en sind die rituellen und liturg. Formen zu sehen, die beim Adventus von Herrschern und Bf.en, bei →Prozessionen und insbes. bei der →Kirchweihe zur Anwendung kamen.

II. HISTORISCHE ENTWICKLUNG: Bis zum 4. Jh. stand der Märtyrerkult in engstem Zusammenhang mit dem Totenkult, der durch röm. Sakralrecht reglementiert war, das die Störung von Gräbern verhinderte. Eine Weiterentwicklung der Hl.nverehrung in der chr. Gesellschaft des röm. Reiches ermöglichten v. a. theol. Positionen, die sich aus der nicän. Definition vom Wesen Christi, v. a. der Klärung seiner 'Mittlerschaft', ergaben (aus der das Sühneopfer, die Messe, die Verdienste der Märtyrer und Hl.n, ihre Anrufung und ihr Kult resultierten [MÜLLER, 154f., nach J. H. NEWMAN]). Die Zuordnung von Reliquien zu Altären schien Offb 6, 9 nahezulegen, wonach die Seelen der Märtyrer (zu denen bald die übrigen Gerechten und Hl.n hinzutraten) ihren Platz am Fuß des himml. Altares hatten. Selbst wenn mit gelegentl. T.en in der ersten Hälfte des 4. Jh. zu rechnen ist, fanden die ersten eindeutig bezeugten Überführungen nach 350 statt, häufig unter Anteilnahme der Ks.: 354 ließ der Cäsar Gallus die Gebeine des Märtyrers und Bf.s v. Antiochien Babylas nach Daphne überführen, um den dortigen Apollokult zu verdrängen (Rückführung 362 durch Julian Apostata, 381 erneute T. nach Antiochien). Charakterist. ist die Einholung der Leiber der Apostel Timotheus, Andreas und Lukas nach Konstantinopel durch Constantius II. (356 und 357), nachdem sich dessen Vater Konstantin d. Gr. für seine letzte Ruhestätte noch mit Kenotaphien der zwölf Apostel begnügt hatte. Für den systemat. Zusammenhang von T.en mit Kirchweihe und eucharist. Kult bedeutungsvoll sind die Vorgänge bei der Auffindung und T. der Gebeine der Märtyrer Gervasius und Protasius von 368 in Mailand durch Bf. →Ambrosius; die weitere Verbreitung der Blutreliquien dieses Märtyrers durch T.en noch im 4. Jh. illustriert das »De laude sanctorum« des Bf.s →Victricius v. Rouen. Bes. Aufsehen erregten auch die Inventio (im Zusammenhang mit einer Vision) und T. (nach Jerusalem) der Gebeine des Erzmärtyrers →Stephanus i. J. 415, die eine reiche Lit. anregten und Aufnahme in prakt. alle Festverzeichnisse fanden. Im →Martyrologium Hieronymianum (ca. 600) finden sich daneben nur noch sechs weitere spezif. Einträge zu T.en im außergall. Bereich (T.en von Aposteln und Märtyrern), während die gleiche Q. fast 20 T.sfeste zu gall. Märtyrern und Bekennern anführt, unter denen die T.en →Martins v. Tours (8.–11. Nov. 397: von Candes nach Tours; 4. Juli 470: Umbettung bei der Weihe der Perpetuus-Basilika), des →Saturninus v. Toulouse (30. Okt., um 400) und des →Germanus v. Auxerre (adventus et exceptio corporis ab Italia: 22. Sept. 448) vorbildhaft gewirkt haben; überhaupt dürfte Auxerre mit acht T.sfesten und seinen Prozessionsordnungen vom Ende des 6. und 7. Jh. (»Institutio de rogationibus« von Bf. →Aunacharius) die weitere Entwicklung in Gallien entscheidend beeinflußt haben. Die Schrr. →Gregors v. Tours belegen, daß in merow. Zeit T.en ein zentrales Instrument sowohl für die systemat. Verbreitung von traditionellen Hl.n in Form von Teilreliquien gewesen sind (Ausbau der Christianisierung, Ausstattung von Altären der Kirchen auf dem Land) als auch für die Kanonisierung zeitgenöss. Hl.r durch den Episkopat im Zusammenhang mit der Propagierung entsprechender chr.-sozialer Wertvorstellungen. Im 8. Jh. lag der Schwerpunkt der T.en auf der Einführung röm. Märtyrerreliquien, was sowohl auf einen Wandel der röm. consuetudo bezügl. der Teilung und Entnahme von Reliquien zurückging als auch die von den Karolingern angeregten polit. Beziehungen mit dem Papsttum; die bes. Gewichtung solcher röm. Märtyrerreliquien ist auch im Zusammenhang mit einem mehr auf Rom bezogenen, stärker institutionellen ekklesiolog. Weltbild zu sehen. Zusehends sind es die Kl., die sich nun mit Reliquien reich ausstatten. Gleichzeitig läßt sich eine erhebl. Ausweitung der – auch das feierl. Umhertragen von Reliquien betreffenden – Prozessionsliturgie anhand der aus dem 8./9. Jh. erhaltenen Ordines feststellen, die z. T. in monast. Consuetudines eingeflossen sind. Bes. Stellenwert erhielten T.en aus der Zeit Ludwigs d. Fr., wobei v. a. die in den Reichsannalen erwähnten Überführungen des hl. →Sebastian von Rom nach St-Médard v. Soissons (826) und der Hl.n Marcellinus und Petrus nach Michelstadt (827) zu nennen sind: die erstere wegen der Bedeutung der Reliquien und ihres Urhebers, des Erzkaplans →Hilduin (v. St-Denis), die zweite wegen der lit. Gestaltung des T.sberichts durch →Einhard, die speziell den Typus der T. als 'frommer Diebstahl' (furtum sacrum) ähnl. stark beeinflußt hat wie der Bericht über die Überführung des Ordensgründers Benedikt (und dessen Schwester Scholastica) von Montecassino nach Fleury-sur-Loire durch →Adrevald. Die seit dem 9. Jh. als selbständige Schrr. erscheinenden Berichte lassen den Einsatz von T.en für den Ausbau der chr. Institutionen (Versorgung ganzer Territorien mit hl. →Patronen) erkennen; entsprechend bringen sächs. Autoren in ihren Berichten über die T.en der Hl.n Vitus von St-Denis nach Corvey

(836), Liborius von Le Mans nach Paderborn (836), Alexander von Rom nach Wildeshausen (851), Pusinna von Binson nach Herford (860), Marsus nach Essen (864), Gorgonius nach Minden (Mitte 10. Jh.) usw. ein deutlich entstehendes sächs. 'Nationalgefühl' zum Ausdruck. Häufige Anlässe für T.en gaben im 9. Jh. die Einfälle der →Normannen, vor denen die Reliquien in Sicherheit gebracht werden mußten. Die weitere Entwicklung ist gekennzeichnet von der Vervielfältigung der Hl.nfeste und damit der Gelegenheiten, die vorhandenen Reliquien zu erheben, auszustellen und prozessionell umherzuführen; zusätzl. wurden seit dem 11. Jh. Ostensionsfeste eingeführt und Reliquienprozessionen auch außerhalb der eigtl. Hl.nfeste durchgeführt (*quêtes itinérantes*). Seit dem 13. Jh. übernahm der Hl. Stuhl zusehends die Kontrolle über das Abhalten von T.en.
M. Heinzelmann

Lit.: –Reliquien, I – S. Benz, Zur Gesch. der röm. Kirchweihe nach den Texten des 6.–7. Jh. [6.–9. Jh.] (Enkaia. Ges. Arbeiten zum 800jährigen Weihegedächtnis der Abteikirche Maria Laach, 1956), 62–109 – M. Sot, Organisation de l'espace et historiographie épiscopale dans quelques cités de la Gaule carolingienne (Le métier d'historien au MA, hg. B. Guenée, 1977), 31–43 – Le culte et les reliques de saint Benoît et de sainte Scholastique, 1979 – M. Heinzelmann, T.sberichte und andere Q. des Reliquienkultes, 1979 [Lit. bis 1979] – Translatio sancti Viti martyris, bearb. und übers. I. Schmale-Ott, 1979 – R. Michałowski, Le don d'amitié dans la société carolingienne et les »Translationes sanctorum« (Hagiographie. Cultures et sociétés IVe–XIIe s., 1981), 399–416 – Y. Duval, Loca sanctorum Africae, 1982 – H. Guillotel, L'exode du clergé breton devant les invasions scandinaves, Mém. de la Soc. d'hist. et d'archéol. de Bretagne 59, 1982, 269–315 – M. McCormick, The Liturgy of War in the Early MA, Viator 15, 1984, 1–23 – Ders., Analyzing imperial ceremonies, JÖB 35, 1985, 1–20 – Sacrae reliquiae (Ornamenta ecclesiae. Ausst.-Kat. des Schnütgen-Mus., hg. A. Legner, III, 1985), 19–184 – H. Fros, Liste des t.s et inventions de l'époque carolingienne, AnalBoll 104, 1986, 427–429 – M. McCormick, Eternal Victory, 1986 – G. L. Müller, Gemeinschaft und Verehrung der Hl.n, 1986 – Y. Duval, Auprès des saints, corps et âme. L'inhumation »ad sanctos« dans la chrétienté d'Orient et d'Occident du IIIe au VIIe s., 1988 – P. Saint-Roch, L'utilisation liturgique de l'espace urbain et suburbain (Actes du XIe Congrès internat. d'Archéol. chrétienne, 2, 1989), 1105–1115 – Santi e demoni nell'alto medioevo occidentale (sec. V–XI), 2 Bde, 1989 – P. Dinzelbacher, Die 'Realpräsenz' der Hl.n in ihren Reliquiaren und Gräbern nach ma. Q. (Hl.nverehrung als Gegenwart, hg. Ders.–D. R. Bauer (1990), 115–174 – Wattenbach-Levison-Löwe, H. VI, 1990 – J. Dubois–J.-L. Lemaître, Sources et méthodes de l'hagiographie médiévale, 1993, 280–292 – A. Angenendt, Hl. und Reliquien, 1994 [Lit.] – P. Dufraigne, Adventus augusti, Adventus Christi, 1994 – S. Haarländer, Die Reliquien der Bf.e., Hagiographica 1, 1994, 117–158 – Politik und Hl.nverehrung im HochMA, hg. J. Petersohn, 1994 – A. Dierkens, Réflexions sur le miracle au haut MA (Miracula« prodiges et merveilles au MA, 1995), 9–30.

Transmund ('v. Clairvaux'), →Notar der päpstl. Kanzlei, † 1186/87, ist an der Kurie 1185–86 als →Vizekanzler in Vertretung des abwesenden Kanzlers bezeugt. Er wird seit dem frühen 13. Jh. in Hss. – wahrscheinl. unzutreffenderweise – als Mönch v. →Clairvaux bezeichnet. Von T. stammt die Urfassung einer noch nicht edierten →Ars dictandi, die im 13. Jh. in Clairvaux und anderswo mehrmals überarbeitet und erweitert wurde, wobei insbes. Briefmuster und später die (zu Unrecht T. zugeschriebene) Albanuslegende hinzukamen. Als Darstellung der kurialen Stillehre übte das Werk erhebl. Einfluß aus, bes. hinsichtl. des →Cursus.
J. Prelog

Lit.: M. Plezia, T.us (Kultura średniowieczna i staropolska, 1991), 163–169 – Rep. der Artes dictandi des MA, hg. F. J. Worstbrock, I, 1992, 99–111 [Lit.].

Transmutation. Die 'transmutatio metallorum', die Umwandlung von 'unedlen' Metallen (z. B. Blei, Quecksilber) in 'Edelmetalle' (Gold, Silber), beruht auf der Annahme einer andauernden Schöpfung und Vervollkommnung auch der 'leblosen' Stoffe, ein langsamer 'Reifungsprozess', den der Alchemist sich als Beschleunigung vorstellt. Die T. als ein Hauptziel der →Alchemie wird auch als Läuterung, Erlösung der unvollkommenen, 'kranken' Materie verstanden, ein Vorgang, dem sich der Laborant auch selbst unterzieht und damit die Verbindung zu Religion und auch zur Heilkunde herstellt (Gewinnung der →Panacee, des →Elixirs). Letzteres in den alchem. Verfahrensstufen zu gewinnen, ist zunächst das Hauptziel, denn dies Elixir, die →Tinctura, der →»Stein der Weisen«, ermöglicht erst die T. (→Magisterium; Opus magnum), indem die vorbereitete Materie damit tingiert wird (auch Projektion oder Insemination gen.). Die Materie wird erst zur →Materia prima zurückgeführt, um dann ihre 'edlere' Entelechie zu erhalten. Der Gedanke der T. ist somit Teil aristotel.-scholast. Naturphilosophie (beeinflußt von Neuplatonismus, Gnosis und islam. Hermetik), entwickelt aus Elementenlehre (→Elemente) und Dualitäts-, später Triasprinzip (→Paracelsus). Wie kein anderer naturkundl. Gedanke hat die T. die Lit. und Ikonographie des MA und der beginnenden NZ, v. a. in der Allegorese, befruchtet.
G. Jüttner

Lit.: –Alchemie; s. a. Lit. zu Einzelartikeln – H. Biedermann, Handlex. der Mag. Künste, 1968 – C. G. Jung, Psychologie und Alchemie, 1944 – H. Gebelein, Alchemie, 1991 – A. Roob, Das Hermet. Museum. Alchemie und Mystik, 1996 [Abb.].

Transportmittel → Fuhrwesen, →Verkehr

Transsilvanien → Siebenbürgen

Transsubstantiation, Wesensverwandlung, theol. Terminus, den zum ersten Mal Orlando Bandinelli (→Alexander III.) um 1140/42 benutzte (Sentenzen, hg. A. Gietl, 1891, 231) und der rasch zum Schlüsselbegriff jener Lehre avancierte, nach der in der Feier der →Eucharistie aus Brot und Wein Leib und Blut Christi werden. Die Lehre von der T. rekurriert auf die urkirchl. Erfahrung der Gegenwart Christi beim Herrenmahl (vgl. 1 Kor 10; 1 Kor 11; Mk 14,45; Joh 6), setzt den Glauben an die Realpräsenz voraus und sucht – im Sinne der scholast. 'fides quaerens intellectum' und geformt von aristotel. Seinsverständnis – das eucharist. Wandlungsgeschehen zu reflektieren und zu formulieren. Unmittelbarer Anlaß der T.slehre war der Abendmahlsstreit (→Abendmahl) des 11. Jh., der mit Hilfe differenzierter Schullogik jene Debatte aus dem 9. Jh. aufgriff, die über das rechte Verständnis des in der Messe vom Priester über das eucharist. Brot gesprochene Wort »Dies ist mein Leib« geführt wurde. →Paschasius Radbertus hatte den Sakramentsrealismus des →Ambrosius v. Mailand (De sacramentis, ed. Fontes Christiani III, 75–203; De mysteriis, ebd., 205–255) zur Identitätslehre umgestaltet. Wein und Brot waren ihm nicht sakramentales Zeichen und Abbild, sondern »wahrhaft dasselbe Fleisch, das von Maria geboren, das gekreuzigt und begraben wurde« (De corpore et sanguine Domini IV, 3; MPL 120, 1279). Gegen diese Totalidentifizierung des eucharist. mit dem hist. Leib Christi hatten zeitgenöss. Theologen wie →Hrabanus Maurus, →Gottschalk v. Orbais, →Johannes Scotus (Eriugena), bes. aber →Ratramnus v. Corbie protestiert. Nach Ratramnus empfangen die Gläubigen in den eucharist. Gaben den Leib des Herrn nicht 'in veritate', sondern 'in figura, in mysterio, in virtute' (De corpore et sanguine Domini, cap. 88; MPL 121, 164f.). Im 11. Jh. prononcierte →Berengar v. Tours die spiritualist.-intellektuale Eucharistieauffassung. Seine Hauptargumente entstammten der Logik und Grammatik. Er negierte die Möglichkeit, daß das Brot »der Substanz nach« Leib

Christi werde, die Erscheinungsformen (Akzidentien) des Brotes aber blieben. Er betonte die Identität des Subjekts der bibl. Einsetzungsworte für die Dauer des Satzes (Rescriptum, hg. Huygens, RCL, 65, 1070/71), schenkte aber der Kopula 'est' kaum Beachtung. →Lanfranc und übrigen Gegner Berengars reagierten scharf. Es ging um das wahre Verständnis der realen Gegenwart des 'corpus Domini' im Hier und Jetzt der sakramentalen Feier. →Guitmund v. Aversa bezeichnete das Wandlungsgeschehen als eine »substantielle Umwandlung« (substantialiter transmutata). Das »Wesen der Dinge wird gewandelt« (substantia mutari), »aber der frühere Geschmack, Farbe und die übrigen sinnenfälligen Akzidentien bleiben« (De corpore et sanguine Domini 18, MPL 150, 430). Zu den Frühformen der T.slehre gehört auch das von Gregor VII. Berengar vorgelegte Bekenntnis v. 1079. Hier ist ebenfalls von einer substanzhaften Wandlung (substantialiter converti) der eucharist. Gaben »in das wahre (veram), eigene (propriam) und lebendigmachende (vivificatricem) Fleisch und Blut unseres Herrn Jesus Christus« die Rede (Denzinger-Schönmetzer, 700). Obwohl die Eucharistielehre noch zu sehr von der Alternative Symbol oder Wirklichkeit bestimmt war, betonte →Petrus Pictaviensis (57. P.), daß es keinen besseren Ausdruck gebe als 'transsubstantiari', um den gemeinten Sachverhalt zu Wort zu bringen (Sentenzen V 12, MPL 211, 1247 B). Das IV. Laterankonzil v. 1215 (Denzinger-Schönmetzer, 802) betonte gegenüber den →Albigensern, daß Leib und Blut Christi unter den Gestalten von Brot und Wein wahrhaft gegenwärtig sind: aufgrund der durch die Kraft Gottes bewirkten T. des Brotes in den Leib und des Weines in das Blut Christi (speciebus… transsubstantiatis). In der Hochscholastik wurde die T.slehre begriffl. kritischer reflektiert und theol. so definiert, daß die Realpräsenz Christi deutl. als tragende Vermittlerin zw. den sakramentalen Zeichen und der erstrebten Christusverbundenheit wahrgenommen wurde. →Thomas v. Aquin ging vom Glaubensargument aus. Aus der realen Gegenwart Jesu folgerte er, »daß die Substanz des Brotes nach der Konsekration nicht fortbestehen kann«. Das Wort Jesu »Dies ist mein Leib« würde unwahr, »wenn die Substanz des Brotes dort verbliebe; denn nie ist Brotsubstanz der Leib Christi« (S. th. III, 75, 2). Der gesamte Vorgang kann »mit dem Eigennamen *transsubstantiatio* benannt werden« (ebd., 75, 4). Für Thomas bezeichnete Substanz im Kontext aristotel. Seinsmetaphysik den akthaften Ursprung und das Gehaltensein des konkreten, aus Form und Materie bestehenden Dinges. Er suchte die eucharist. T. als Wandlung des aktuellen Ursprungs des Gehaltenseins von Brot und Wein in ihrem Dasein durch den Schöpfer-Gott selbst zu verstehen. Brot und Wein erfahren keine physikal. Transformation, werden aber durch die Konsekration ihres immanenten Eigenstandes enthoben. Der Schöpfer erwählt sich diese Zeichen. Durch sie vermittelt er die Gemeinschaft mit dem inkarnierten →Logos (S. th. III q. 73–83; S. c. g. IV, c. 61–69). →Bonaventura betonte, daß nach der T. in jedem der beiden sakramentalen Zeichen die leibl. Gegenwart Christi enthalten ist (Brevil. 6, 9). In Anknüpfung an Ps 34, 9 (»Kostet und seht, wie süß der Herr ist«) entwickelte er eine Eucharistiemystik (Sent. IV d 10 p 1 a 1 q 1), die im 14./15. Jh. u. a. von →Rudolf v. Biberach (De septem itineribus VI, 6), →Dorothea v. Montau (Septilium tr. 3, c. 7–8); Heinrich →Seuse (Horologium sap. II c. 4) im →Malogranatum (3, 1, 24) und in der →Devotio moderna (→Imitatio Christi IV) rezipiert wurde. Da →Johannes Duns Scotus die ontolog. Struktur (Substanz und Akzidentien) eines Dings (→res) in Frage stellte, wurde für ihn auch die Lehre von der T. fragwürdig. Er akzeptierte sie »vor allem wegen der Autorität der Kirche« (Rep. IV d. 11, 3 n 13). In der wachsenden Kritik an der Eucharistielehre sah →Johannes Quidort den Antichrist am Werk (de antichristo, Oxford, Bodl. Libr. Can. Pat. Lat. 19, fol. 26r). Ohne die T.slehre aufgeben zu wollen, reflektierte er die Konsubstantiation (de modo existendi, ed. Pattin, 1977, 190–206), von der in Anwendung des Ökonomieprinzips →Wilhelm v. Ockham meinte, sie sei vernünftiger und einfacher zu lehren als die T. (Opera theol. IX, 450). Das Zusammensein beider Substanzen würden auch →Marsilius v. Inghen und Pierre d'→Ailly lehren, falls sie nicht der kirchl. Doktrin widerspräche. Im Gegensatz zu John →Wyclif (Denzinger-Schönmetzer, 1151–1155) erhob Johannes→Hus keine Einwände gegen die T.slehre. Martin Luther sprach sich zur Erklärung der Realpräsenz gegen die T.slehre und für das Konsubstantiationsmodell aus. Er verglich das seinshafte Miteinander von Brot und Leib Christi mit der →hypostat. Union. Das Konzil v. Trient sah sich veranlaßt, erneut die T. zu definieren (Denzinger-Schönmetzer, 1651f.). M. Gerwing

Lit.: J.-R. Geiselmann, Die Eucharistie der Vorscholastik, 1926 – F. Holböck, Der eucharist. und der myst. Leib Christi, 1941 – N. M. Häring, Berengar's Definitions of Sacramentum and their Influence on Mediaeval Sacramentology, MSt 10, 1948, 109–146 – J.-H. Fahey, The Eucharistic Teaching of Ratramn of Corbie, Mundelein (Ill.), 1951 – B. Neunheuser, Eucharistie in MA und NZ, 1963 – L. Hödl, Der T.sbegriff in der scholast. Theol. des 12. Jh., RTh 31, 1964, 230–259 – H. Jorissen, Die Entfaltung der T.slehre bis zu Beginn der Hochscholastik, 1965 – F. Pratzner, Messe und Kreuzesopfer, 1970 – A. Gerken, Theol. der Eucharistie, 1973 – L. Scheffczyk, Die Heilszeichen von Brot und Wein, 1973 – J. Wohlmuth, Realpräsenz und T. im Konzil v. Trient, 2 Bde, 1975 – G. Macy, The Theologies of the Eucharist in Early Scholastic Period, 1984 – E. Keller, Eucharistie und Parusie, 1988 – H. Jorissen, Wandlungen des philos. Kontextes als Hintergrund der frühma. Eucharistiestreitigkeiten (Streit um das Bild, hg. J. Wohlmuth, 1989), 97–111 – R. Messner, Die Meßreform Martin Luthers und die Eucharistie der Alten Kirche, 1989 – L. Hödl, Die theol. Auseinandersetzung mit Berengar v. Tours im frühscholast. Eucharistietraktat 'de Corpore Domini' (Auctoritas und Ratio. Stud. zu Berengar v. Tours, hg. P. Ganz, R. B. C. Huygens, F. Niewöhner, 1990), 69–88 – P. Browe, Die Verehrung der Eucharistie im MA, 1990³ – H. de Lubac, Corpus mysticum, 1995².

Transsumpt. Das T. (→Insert, →Beglaubigung, →Vidimus) ist eine Urk., in die zum Zweck der Bestätigung oder Vervielfältigung eine andere Urk. im Wortlaut aufgenommen wurde und die den übernommenen Text kenntl. macht (Transsumierung); es geht über die stillschweigende Aufnahme von mehr oder weniger umfangreichen Teilen einer →Vorurkunde weit hinaus. Die Anfänge können in Italien im 9. Jh. belegt werden, wo man in über Gerichtsurteile ausgestellten Urkk. die im Lauf der Verhandlungen vorgelegten Urkk. einrückte (→Placitum). Durch die Berührung mit dem it. Urkundenwesen drang die Transsumierung in die →Ks.- und Kg.surkunden ein. 1072 kann das Verfahren, noch unvollständig ausgebildet, in einer Urk. Ks. Heinrichs IV. nachgewiesen werden. Seit dem 12. Jh. gewann das T. an Bedeutung und setzte sich im 13. Jh. endgültig durch. Unter Ks. Friedrich II. ist es, wohl unter dem Einfluß it., genauer siz., →Notare, häufig belegbar. Hier enthält in der Regel die →Narratio der Bestätigungsurk. den vollen Wortlaut der vorgelegten Urk., einschließl. →Protokoll und Eschatokoll, woran sich in der →Dispositio die Bestätigung anschließt. Erweiterungen oder Beschränkungen der eingerückten Urk. wurden in der Dispositio ausdrückl. aufgeführt. Seit Rudolf v. Habsburg stellt das Verfahren die übliche Form der Bestätigung älterer Urkk. dar. In der Papstkanzlei ist das T. im 12. und 13. Jh. oft angewandt worden. Hier wurden

Beschädigungen der im T. aufzunehmenden Urk., soweit eindeutig ergänzbar, mit bes. Buchstaben dargestellt (litterae tonsae), ansonsten Lücken gelassen. Man verwahrte sich ausdrückl. davor, daß der Empfänger des T.s mit diesem neues Recht erlange. Die Transsumierung durch Ebf. e und Bf. e kann in Dtl. seit dem 13. Jh. belegt werden. Auch städt. Behörden wandten das Verfahren an. Im 14. Jh. erlangte in Dtl. die Transsumierung durch öffentl. Notare immer größere Bedeutung. J. Spiegel

Lit.: BRESSLAU I, 90ff.; II, 310ff. – K. A. KEHR, Norm. Kg.surkk., 1902, 125 – O. REDLICH, Einl. (W. ERBEN, Ks.- und Kg.surkk. des MA, 1907), 35 – TH. FRENZ, Papsturkk., 1968, §§ 127, 141 – W. KOCH, Reichskanzlei in den Jahren 1167 bis 1174, 1973, 63ff. – J. SPIEGEL, Besiegelungstechnik, ADipl 41, 1995.

Transzendentalien. [1] *Terminologie und Quellen:* Die im 13. Jh. herausgebildete Lehre von den transcendentia handelt von den Bestimmungen, welche die aristotel. →Kategorien übersteigen. Solcherart sind »Seiendes«, »Eins«, »Wahres« und »Gutes«, weil sie allen Dingen gemeinsam sind. Das erste Auftreten des Terminus transcendentia ist unsicher. H. KNITTERMEYER (Der Terminus, 16) betrachtet Albert d. Gr. als dessen Urheber. Der Terminus wird erst im Scotismus geläufig; im 13. Jh. werden meistens die Ausdrücke communissima und prima verwendet. Die Bezeichnung transcendentalia ist nicht im MA belegt. Die unterschiedl. Semantik hängt mit der Q. der Lehre von den T. zusammen. Aristoteles' Ausführungen über das Seiende und das Eine (Metaph. IV, 2) wurden zum Ausgangspunkt der ma. Doktrin. Seine Kritik an Platons Idee des Guten (Nicom. Ethik I, 4) wurde als ein Hinweis auf die Transzendentalität des Guten gedeutet. Kern der Kritik ist, daß es keine Idee des Guten geben könne, da das Gute sich in allen Kategorien findet. Eine zweite wichtige Q. ist Avicenna, insbes. dessen Lehre von den ersten Konzepten »Seiendes«, »Ding« (res) und »Notwendiges«; sie werden nicht mehr von bekannteren Begriffen her erworben (Metaph. I, 5).

[2] *Anfang:* Die »Summa de bono« →Philipps des Kanzlers, ca. 1225–28 verfaßt, enthält die erste Formulierung der T.lehre. Im Prolog bemerkt er: »Allgemeinst (communissima) sind diese: ens, unum, verum, bonum« (ed. WICKI, 4). Philipp befaßt sich in den elf einführenden Quästionen v. a. mit zwei Problemen: die Frage nach der Identität und Differenz der communissima (q. 1–3) und die nach ihrem Verhältnis zu demjenigen, was Gott eigen (proprium) ist. Seine Lösung der ersten Frage wurde für die ma. Lehre grundlegend. Die »Allgemeinsten« sind gemäß ihren supposita ident., gemäß ihren Begriffen jedoch verschieden. Die übrigen T. fügen, wie das Eine bei Aristoteles, dem Seienden eine Negation hinzu, eine Ungeteiltheit (indivisio): verum ist die Ungeteiltheit von esse und id quod est, bonum die von Akt und Potenz. Die Allgemeinheit des Begriffs »gut« ist eine Gemeinsamkeit secundum prius und posterius, die von späteren Denkern durch »Analogie« ausgedrückt worden ist. »Gut« wird primär von Gott ausgesagt, von den Geschöpfen in Beziehung zu ihm. Philipps Darstellung hat im 13. Jh. eine starke Nachwirkung (z. B. in Alberts d. Gr. Frühschrift »De bono«).

[3] *Weiterentwicklung:* Die →Alexander v. Hales zugeschriebene Summa theologica (I, tract. 3) enthält eine ausführl. Darlegung der T., die als metaphys. Grundlage für die Behandlung »der göttl. Einheit, Wahrheit und Gutheit« dient (ed. QUARACCHI I, 112–200). Die Eigenart der T.lehre Bonaventuras zeigt sich in der Auflösung (resolutio) unserer Begriffsinhalte in ein Erstes. Die Rückführung auf »Seiendes« ist unvollständig, da Seiendes als unvollkommen oder vollkommen, abhängig oder absolut gedacht werden kann. Privationen und Defekte sind nur durch die positiven Bestimmungen erkennbar. Eine vollständige Erkenntnisanalyse ergibt, daß das ersterkannte Sein das göttl. Sein ist (Itinerarium III, 3 und V). →Albertus M. bezieht als erster die Lehre von den T. in die Diskussion über den Gegenstand (subiectum) der Metaphysik ein. In seinem Kommentar zur Metaphysik argumentiert er, daß die Erste Philos. von den prima und transcendentia handelt (I, tr. 1, c. 3). →Thomas v. Aquin bietet eine systemat. Ableitung der T. in De veritate 1.1. Neben den traditionellen Bestimmungen »Seiendes«, »Eins«, »Wahres« und »Gutes« führt er res und aliquid, die →Avicenna entnommen sind, auf. »Seiendes« ist das Erste in der Ordnung der T. Die übrigen T. drücken eine Seinsweise aus, die jedem Seienden entweder in sich zukommt, wie res und unum, oder in dessen Hinordnung auf ein anderes. Diese Hinordnung kann zweifach geschehen. Erstens gemäß der Teilung des einem vom anderen; das drückt »etwas« (aliquid) aus. Zweitens gemäß der Übereinstimmung (convenientia) eines Seienden mit einem anderen. Dasjenige, was mit jedem Seienden übereinstimmen kann, ist die Seele. Verum drückt das Übereinstimmen mit dem Verstand, bonum mit dem Strebevermögen aus. Die Erneuerung des Thomas besteht darin, daß er die Bestimmungen »wahr« und »gut« in Beziehung zum Menschen versteht, der durch sein geistiges Vermögen eine Offenheit für alles besitzt. Die Neuheit der Lehre des →Heinrich v. Gent besteht in der Zentralstellung des Begriffs res. Dieses »Allgemeinste« teilt sich in die nur denkbare Realität und die Realität, welche geeignet ist, auch wirkl. zu existieren (Quodl. VII, qq. 1 und 2, ed. G. A. WILSON, 1991, 26f.). Meister →Eckharts »Opus tripartitum« erhält seine philos. Grundlegung in der »T.-Metaphysik« (J. KOCH) des ersten Werkes, des »Opus propositionum«. Eckhart beabsichtigte, in den ersten vier Traktaten des Thesenwerkes vom »Seienden«, »Einen«, »Wahren« und »Guten« zu handeln. Eigentüml. für seine Lehre ist es, daß er die T. mit Gott identifiziert.

[4] *Neufassung:* →Joh. Duns Scotus versteht Metaphysik als scientia transcendens (In Metaph., prol.), faßt die Lehre jedoch auf eine neue Weise. Er erweitert den Bereich der T., da es für ihren Sinngehalt nicht wesentl. sei, daß sie mit den communissima ident. sind, sondern daß sie außerhalb jeder Gattung sind und dem Seienden zukommen, insofern es hinsichtl. des Endlichen und Unendlichen indifferent ist (Ordinatio I, d. 8, p. 1, q. 1). Scotus unterscheidet vier Schichten der T.: (a) Seiendes; (b) die mit Seiendem konvertiblen T.: das Eine, Wahre und Gute; (c) die disjunktiven T., die nur paarweise dem Seienden zukommen, z. B. endlich oder unendlich (der wichtigste Bereich für Scotus); (d) reine Vollkommenheiten, z. B. »Weisheit«, die ihrer Natur nach nicht begrenzt sind. »Seiendes« ist ein schlechthin einfacher Begriff, der deshalb nicht analog, sondern univoce von →Substanz und Akzidenz, von Gott und Kreatur ausgesagt wird. Die Eindeutigkeit des »Seienden« besteht in der Widerspruchslosigkeit: »dasjenige, was dem Sein nicht widerstreitet« (Ordin. IV, 8, 1, 2). Die Auslegung des Seienden geschieht durch die modi, die immer mit Seiendem verbunden sind, d. h. die disjunktiven T. Sie ermöglichen dem Menschen den Weg zur philos. Gotteserkenntnis. →Wilhelm v. Ockham deutet das Verhältnis zw. den T. mit Hilfe der Suppositionstheorie (→Logik, III). Wenn die T. personale Supposition haben, sind sie identisch; besitzen sie dagegen suppositio simplex, dann stehen sie für distinkte Begriffe, weil das Eine, Wahre und Gute etwas anderes konnotieren. Verum

konnotiert den Akt des Erkennens, bonum den Akt des Wollens (Summa logicae I, 10).

Die Transzendentalwiss. des Joh. Duns Scotus war maßgebl. für die Entwicklung von der ma. zur nz. Metaphysik. Die wichtigste Station der Vermittlung waren die (1597 veröffentlichten) Disputationes metaphysicae des Suárez, deren qq. 2–11 von den T. handeln. J. A. Aertsen

Lit.: H. Knittermeyer, Der Terminus transzendental in seiner hist. Entwicklung bis zu Kant, 1920 – H. Kühle, Die Lehre Alberts d. Gr. von den T. (Philosophia Perennis, Festg. J. Geyser, I, 1930), 131–147 – H. Pouillon, Le premier traité des propriétés transcendantales, la 'Summa de bono' du Chancelier Philippe, Rev. néoscolastique de philosophie 42, 1939, 40–77 – A. B. Wolters, The Transcendentals and their Function in the Metaphysics of Duns Scotus, 1946 – B. Halcour, Tractatus de transcendentalibus entis conditionibus (Assisi, Bibl. com. Cod. 186), FSt 41, 1959, 41–106 – K. Bärthlein, Die T.lehre der alten Ontologie, I: Die T.lehre im Corpus Aristotelicum, 1972 – K. Albert, Meister Eckharts These vom Sein, 1976, 109–189 – J. A. Aertsen, Ockham ein Transzendentalphilosoph?, hg. E. P. Bos – H. A. Krop, 1987, 3–13 – L. Honnefelder, Scientia transcendens. Die formale Bestimmung der Seiendheit und Realität in der Metaphysik des MA und der NZ (Duns Scotus–Suárez–Wolff–Kant–Peirce), 1990 – J. A. Aertsen, The Medieval Doctrine of the Transcendentals, Bull. de philos. médiév. 33, 1991, 130–147 [Lit.] – Ders., Medieval Philos. and the Transcendentals, The Case of Thomas Aquinas, 1996.

Transzendenz. Das vom spätlat. transcendentia (das [Hin-]Übersteigen; selten belegt) erst Mitte des 17. Jh. gebildete Fremdwort bezeichnet in spezif. Verwendung verschiedene Sachverhalte, die zum einen schon Reflexionsgegenstand antiker Philos. waren, zum anderen zu den zentralen Aussagen christl. Offenbarung und Theologie gehörten: (1) ontolog. dasjenige, was jenseits der erfahrbaren Welt (meta-physica) liegt (z. B. Ideen); (2) gnoseolog. den Akt des Übergangs von einem niederen zu einem höheren Erkenntnisvermögen, den Erkenntnisüberstieg (transcensus); (3) theologisch das durch Offenbarung Vermittelte, das Übernatürliche, Absolute: Gott, das Jenseitige (→Immanenz); (4) in heilsgeschichtl. Dimension das Eingehen in die ewige Seligkeit. – In der lat. Tradition wird die transzendierende (Erkenntnis-)Bewegung meist durch verba movendi wie transgredi, transire, transilire, aber auch mit trans(s)cendere, die T. des Objekts mit excedere, superare u. ä. beschrieben.

Mit ihrer Metaphysik hatte die Antike der Sache nach ein T.-Verständnis entwickelt und dem MA unter einem Doppelaspekt hinterlassen: der Frage nach einem Seiendes übersteigenden Sein einerseits, der nach dessen Ursacheprinzip andererseits. Die platon. Zweibereichslehre mit der Welt des Werdens und der diese bestimmenden Welt der Ideen, v. a. der Idee des Guten, die alle Ideen an Kraft und Mächtigkeit überragt und somit über das Sein (die Ideen) hinausragt (ἐπέκεινα τῆς οὐσίας... ὑπερέχοντος, Staat VI, 509b9), und die Vorstellung des überseienden Einen plotin. Prägung (Enn. VI 9, 3, 39f.; 9, 6, 1ff.) haben philos. T.-Vorstellungen begünstigt, theol. geradezu herausgefordert. Mit dem Versuch, den χωρισμός, die Kluft zw. den beiden Welten, durch →Teilhabe zu überbrücken, hatte der Platonismus ein Vorstellungsschema bereitgehalten, nach dem T. mit Immanenz und vice versa zusammengedacht werden konnte. Nicht zuletzt förderte das aristotel. Konzept eines ersten, unbewegten →Bewegers (Met. 1012b31, 1072a25, 1074a37) das ma. T.-Denken, das dann diesen und die Idee des Guten mit Gott zu identifizieren vermochte. Für das MA wurde Augustinus rezeptions- und überlieferungsgeschichtlich wichtig. Er tradierte: Weil Gott, der alles (In Ioh. evang. tract. II, 2), auch das menschl. Erkenntnisvermögen (De ordine II, IX, 27), übersteigt, unkörperhaft ist, transzendierten schon die Platoniker bei ihrer Gottsuche alles Körperhafte, Seelische und veränderl. Geistige (De civ. dei VIII 6; →Petrus Lombardus, Sent. I d. 3 c. 1 n. 3). Er selbst lehrte den stufenweisen Erkenntnisaufstieg (gradibus ascendere, Conf. X, VIII, 12) zu Gott über Sinne, Körperwelt und Himmelsgrenze hinaus ins Innere des Menschen, um dann aus der Innenschau in unseren Geist zu gelangen, auch diesen dann zu überschreiten, um schließlich die Region der Weisheit zu berühren, die alles erschafft (ascendere internus, venire in mentes nostras, transcendere eas; ebd. IX, IX, 24). Ähnlich bestimmten im 12. Jh. →Hugo v. St-Victor (De vanitate mundi II, MPL 176, 715B), Meister Eckhart im 14. Jh. (Sermo LIV, 2 n. 532) den Aufstieg zu Gott als einen auf Selbsttranszendieren gerichteten Verinnerlichungsprozeß. Letzterer verwendet dafür mhd. *durchgân* und *übergân*, z. B. Predigt 10 u. 80. Der gnoseol. Aspekt der T. wurde bei Augustinus durch einen anthropolog.-heilsgeschichtl. (die Zeit, d. h. das Zeitliche überschreiten, um mit Gottes Hilfe zeitlose Existenz zu gewinnen: Ut ergo et tu sis, transcende tempus, In Ioh. ev. tr. XXXVIII 10) ergänzt und bei →Johannes Scotus Eriugena durch einen anthropo-christologischen T.-Aspekt reflektiert: die in Christus mit der Gottheit vereinte, in sie verwandelte Menschheit transzendiert alles (De div. nat. V 25). Seligwerden ist ein T.-Prozeß, das Überschreiten von Raum, Zeit und Grenzen der menschl. Natur (ebd. I 40). – Ps.-→Dionysius Areopagita sprach, wie später →Nikolaus v. Kues, v. a. von der Sprach-T. und den sich aus der T. Gottes ergebenden Konsequenzen für theol. Redeweisen (De theol. myst., Kap. 3).

Mit der lat. Übers. (12. Jh.) des anonym arab. überlieferten →Liber de causis (ed. Pattin II 19f.; IV 37f.; V [VI] 57; X [XI] 100) wurde die schon von Ps.-Dionysius aufgenommene neuplaton. T.-Theologie des Proklos weiter verbreitet, nicht zuletzt durch Kommentierungen wie die von →Albertus Magnus, →Roger Bacon und →Thomas v. Aquin, der – gnoseolog. – als T.-Prinzip das Erkenntnisprinzip des Menschen bestimmte, weil es die Materie überschreitet (S. th. I q. 118 a. 2 c.) und – epistemolog. – das wegen seiner Erhabenheit den Verstand Überschreitende (Super Boetium De trin., q. 6 a. 2, resp.; ed. Leon., tom. L, 165, 117 sqq.), zuhöchst Transzendente als Gegenstand der Theologie benannte (S. th. I q. 1 a. 5). Wenn →Joh. Duns Scotus Metaphysik erstmals (Honnefelder, 403ff.) eine T.-Wiss. (scientia transcendens; In Met., Prolog.) nannte, dann nicht deshalb, weil sie vorzugsweise über T. handele, vielmehr darum, weil ihr Objektbereich die transcendent(al)ia seien, die Meister Eckhart dagegen in seiner T.-Lehre behandelte, weil die kategorienüberschreitenden termini transcendentes, sonst prädikativ benutzt, für ihn proprie und substantiv nur von Gott im Sinn einer Identitätsaussage ausgesagt werden können (Opus tripartitum. Prol. in opus propositionum, n. 25). – →Nominalismus und →Konzeptualismus bestritten den 'T.'-Charakter der Transzendentalien, nicht die metaphys. T. schlechthin.

Die bei →Petrarca (De suiipsius et multorum ignorantia) und Heinrich Cornelius Agrippa v. Nettesheim (De incertitudine et vanitate scientiarum ...) ins völlig Unerkenn- und Unsagbare gesteigerte T. Gottes unterlief regressiv jede T.-Philos. und T.-Theol. An deren Stelle traten kompensatorisch das skeptizist. Lob der stultitia praedicationis (1 Kor 1, 21) und fundamentalist.-fideistisch eine dem Evangelium immanente transzendente Wahrheit und Ethik. Durch Nikolaus v. Kues erhielt die T.-Philos. eine neue Kolorierung und Dimension: Seine hochgesteigerte T.-Theol. (De docta ign. I 3) provozierte einen method. geleiteten doppelten Erkenntnistranszens (ebd. I 12; De ven. sap. 10 n. 89) und die transzendierende Methode der →Docta ignorantia (»das Unbegreifliche in nicht begreifender Weise in belehrter Unwissenheit zu erfassen im Übersteigen der unveränderl. Wahrheiten«, D. ign. III n. 263) um einer T.-Erkenntnis mit transzendierendem Symbol- und Begriffsgebrauch (transcendenter uti) willen, in der alles, auch das Gegensätzliche, koinzidiert (→Coincidentia oppositorum).

H. G. Senger

Lit.: HPhG III, 1540–1556 [E. Simons] – RGG VI, 989–997 [H. Blumenberg] – J. B. Lotz, Immanenz und T., Schol 13, 1938, 1–21 – R. Gumppenberg, Bewußtsein der T., 1974 – H. G. Senger, Die Sprache der Metaphysik (Nikolaus von Kues, hg. K. Jacobi, 1979), 74–100 – K. Riesenhuber, Die Selbstt. des Denkens zum Sein. Intentionalitätsanalyse als Gottesbeweis in »Proslogion«, Kap. 2 (Philos. im MA, hg. J. P. Beckmann u. a., 1987), 39–59 – L. Honnefelder, Scientia transcendens, 1990 – A. de Libera, Uno, unione, e unità: dall'uno trascendentale all'Uno trascendente (AA. VV., L'uno e i molti, hg. V. Melchiorre, 1990), 249–282 – T. Zu einem Grundwort der klass. Metaphysik, hg. L. Honnefelder–W. Schüssler, 1992 [F. Riecken, bes. 75–92; J. Stallmach, 183–192] – S. a. →Transzendentalien.

Trapeza, griech. Wort (τράπεζα von τετράπους, 'Vierfuß') für Tisch, Eßtisch, aber auch Bank im modernen Sinn; im chr. Bereich Altartisch und (pars pro toto) →Refektorium in Kl. gemeinschaften. Seine Lage innerhalb des Kl. zeigt stets eine bes. Beziehung zum Katholikon, der Hauptkirche der Gemeinschaft, da das gemeinsame Mahl der Mönche (→Typikon) mit der Liturgie und den Stundengebeten gekoppelt war. Seine architekton. Grundform ist die einer rechteckigen Halle. Dazu können eine Apsidiole (als Platz des Hēgumenos) oder querschiffartige Erweiterungsräume (Kl. bei Herakleia am Latmos) treten, die der T. Kreuzform (Athos, Megistē Lavra) geben. Die Eindeckung erfolgt in der Regel durch einen offenen Dachstuhl oder eine Holzdecke; Einwölbung ist eher selten. Die Speisetische, für kleinere Gruppen auch sigmaförmig oder lang und schmal, können in der Mitte oder, samt den dazugehörigen Bänken, auch entlang der Längsseiten angeordnet sein. Neben Holz ist auch Stein bzw. Mauerwerk bevorzugtes Material dafür. Zur Ausstattung gehört in der Regel auch ein Lesepult für die beim sonst schweigend eingenommenen Mahl zu hörenden Lesungen. Ausstattung mit Wandmalereien ist häufig, wobei nicht nur der Raum, sondern auch Tische samt Bänken aus dem anstehenden Fels gearbeitet wurden (Kappadokien, Georgien u. a.).

M. Restle

Lit.: A. K. Orlandos, Monasteriake Architektonike, 1958 – P. M. Mylonas, La t. de la Grande Lavra au Mont Athos, Cah. Arch 35, 1987, 143, 157 – RByzK, s.v. Kl.architektur.

Trapezunt (gr. ἡ Τραπεζοῦς, Trapezus; türk. Trabzon), Stadt in der nö. Türkei, an der Südostküste des →Schwarzen Meeres; 1204–1461 Sitz des byz. Teilreiches der 'Großkomnenen' (→Komnenen).

I. Antike und ältere byzantinische Zeit – II. Das Reich von Trapezunt – III. Frühe osmanische Zeit.

I. Antike und ältere byzantinische Zeit: Gegr. von Griechen aus dem pont. →Sinope (wohl 7. Jh. v. Chr.), wurde T. in hellenist. Zeit dem Pont. Reich eingegliedert, 64 n. Chr. vom Röm. Reich annektiert; wichtiger Kriegs- und Handelshafen seit Ks. Hadrian. Um 257 erlitt T. einen Überfall der nordpont. Boranen und →Goten, wurde aber rasch wiederaufgebaut. T. war seit dem 3. Jh. Bm., Metropolie und Ebm. des Patriarchats v. →Konstantinopel seit dem 9. Jh. Stadtpatron war ein Märtyrer der diokletian. Christenverfolgung, der hl. Eugenios (spätes 3. Jh.), dessen Bild noch auf den Münzen der Großkomnenen v. T. (13.–15. Jh.) erscheint.

Bis ins 6. Jh. gehörte T. zur Prov. Pontos Polemoniakos, dann zur Prov. Armenia I. Die Stadt war ein bedeutender byz. Militär- und Flottenstützpunkt (→Byz. Reich, H. II) in den Kriegen mit →Persien (6.–7. Jh.). In der Zeit Ks. →Justinians I. wurden die Mauern der Zitadelle neu befestigt und ein Aquädukt errichtet. T. war seit dem 9. Jh. Sitz des Themas →Chaldia. Nachdem die Stadt schon in frühbyz. Zeit neben →Tarsos eine nicht unbedeutende Rolle als Handelsort und Zollstelle an der byz. Ostgrenze ('Seidenstraße'; →Handel, B. II) gespielt hatte, fungierte sie im 9.–10. Jh. als einen der Handelszentren zw. Byzanz und der oriental. Welt, den Ländern des Kaukasus und der →Krim. In T. wurden Jahrmärkte abgehalten, es bestand ein eigenes Zollamt. 1071 wurde T. von den →Selğuqen erobert. Diese wurden aber bereits 1075 vertrieben von Theodoros Gabras, dem Dux des Themas, der sich auf das örtl. Heeresaufgebot stützte und die bis 1140 regierende halbunabhängige Fs.endynastie v. Chaldia, die Gabraden, begründete.

II. Das Reich von Trapezunt: Kräfte eines regionalen Separatismus, der durch die Gabraden-Herrschaft gestärkt worden war, nutzten die Eroberung Konstantinopels durch die Kreuzfahrer (1204) zur Schaffung eines selbständigen pont. Staates aus, des Reiches v. T. (1204–1461). Die Gründer waren Enkel des Ks.s →Andronikos I. Komnenos († 1185), Alexios und →David († 1214), die den Titel 'Großkomnenen' angenommen hatten und starke militär. sowie polit. Unterstützung der mächtigen Kgn. v. →Georgien, →Thamar, genossen. Dennoch waren die Großkomnenen v. T. zur erhofften Restauration des Byz. Reiches nicht imstande; nach Niederlagen (1205–14) gegen die Selğuqen und den erfolgreicheren Ks. v. →Nikaia, →Theodor I. Laskaris, gingen ihnen Sinope, das den Selğuqen überlassen wurde, und die Städte v. Paphlagonien, die an Nikaia fielen, verloren. Kerngebiet des Reiches v. T. war die Küste Nordanatoliens von der Mündung des Flusses Çoruh bis Amisos (→Samsun); in der 1. Hälfte des 13. Jh. unterstand dem Reich v. T. auch die Südküste der Krim mit →Chersonesos. Die konkurrierenden Ansprüche der Rum-Selğuqen wurden hier durch den Sieg Ks. Andronikos' I. v. T. (1223) zurückgewiesen. T. erkannte die Oberhoheit der nach Kleinasien vordringenden →Mongolen (Tataren) an (1243) und eroberte (wohl mit mongol. Hilfe) für kurze Zeit Sinope zurück (1254–65).

Seit 1260–80 setzte eine Annäherung der Großkomnenen an das von Nikaia restaurierte Byz. Reich ein. Der Patriarch v. Konstantinopel anerkannte gewisse Sonderrechte des Metropoliten v. T. (1261); Ks. Johannes II. v. T. verzichtete zugunsten der Annahme des →Despotentitels offiziell auf seine byz. Thronansprüche und vermählte sich (1281/82) mit der Tochter von Ks. →Michael VIII. Palaiologos. Aber im 14. Jh. kehrten die Großkomnenen zum Gebrauch eines (regional begrenzten) Ks.titels zurück.

Nach der Entstehung des Großreiches der mongol. →Ilchāne (1256) und der Verlegung der Orienthandelsroute von →Bagdad nach →Tābrīz und T. wurde T. seit 1270/80 zum wohl bedeutendsten Zentrum des abendländ. Kaufleute im Fernhandel mit →Persien, Mittelasien und →China (→Levantehandel). Nach 1280 entstanden hier genues., 1319 ven. Faktoreien. Das Reich v. T. entfaltete eine ertragreiche Agrarproduktion (Wein, Rosinen [→'Südfrüchte'], Öl, Oliven, Honig, Wachs, Haselnüsse). Neben Viehhaltung wurde auch Getreideanbau betrieben (u. a. in den südl. Gebieten, die aber bereits in der 2. Hälfte des 13. Jh. von den →Türken besetzt wurden); Brotgetreide war knapp und mußte (wie Salz und Fisch: →Stör) großenteils aus den westl. und nördl. Schwarzmeergebieten importiert werden. Als Kaufleute spielten Italiener und Angehörige der lokalen gr. Bevölkerung eine dominierende Rolle. Hohe Beamte und große Grundbesitzer nahmen am Handel zwar nicht unmittelbar teil, partizipierten aber stark an den reichen Fiskaleinnahmen des →Kommerkion. Haupttyp des Grundeigentums waren kleine und mittlere Erbgüter (sowohl weltl., als auch klösterl.). Die größeren Besitzungen standen zumeist im Besitz des Ks.s und einiger mächtiger Aristokratenfamilien (Kabasitai, Tzanichitai, Scholarioi u. a.). Krisenfaktoren wie die ungünstige Landverteilung, die Störungen des Handels um die Mitte des 14. Jh. und die Einfälle von →Turkmenen führten 1340–55 zur zeitweiligen Schwächung der Ks.gewalt, zu Aufständen der Aristokratie und Bürgerkriegen. Eine Wiederherstellung der zentralen Regierungs- und Verwaltungsstrukturen vollzog sich durch die Konsolidierung der ksl. Domäne unter Alexios III. (1349–90), der auch die Reichsgrenze festigte und dynast. Bündnisse mit turkmen. Emiren schloß. Zu Anfang des 15. Jh. erkannte das Reich v. T. die Oberhoheit →Timurs an und unterhielt seitdem enge dynast. Beziehungen mit den →Aq-Qoyunlu. Seit Mitte des 15. Jh. war T. jedoch der wachsenden Bedrohung durch das →Osman. Reich ausgesetzt. Versuche, mit westeurop. Staaten und regionalen Gewalten (Aq-Qoyunlu, anatol. Emirate, georg. Fsm.er) eine antiosman. Koalition zu bilden, blieben erfolglos. 1461 ergab sich das von den Truppen →Meḥmeds II. belagerte T.; das Reich v. T. war gefallen. T. wurde zum Sitz eines Vilayets des Osman. Reiches.

S. P. Karpov

Q.: →Panaretos, Michael – A. Papadopulos-Kerameus, Fontes hist. imp. Trapezuntini, 1897 [Neudr. 1965] – *Lit.:* Dict. of the MA XII, 1989, 168–170 – Oxford Dict. of Byz., 1991, 2112f. – J. Fallmerayer, Gesch. des Ksm.s v. T., 1827 – W. Miller, Trebizond, the Last Greek Empire, L., 1926 – Chrysanthos, Ἡ Ἐκκλησία Τραπεζοῦντος, 1933 – A. A. Vasiliev, The Foundation of the Empire of Trebizond, Speculum 11, 1936, 3–37 – E. Janssens, Trébizonde en Colchide, 1969 – A. Bryer, The Empire of Trebizond and the Pontos, 1980 – Ders.-D. Winfield, The Byz. Monuments and Topography of the Pontos, T. 1–2, 1985 – S. P. Karpov, L'Impero di Trebisonda, Venezia, Genova e Roma 1204–1461, 1986 – G. Prinzing, Das byz. Ksm. im Umbruch (Legitimation und Funktion des Herrschers, hg. R. Gundlach-H. Weber, 1992), 171–176 – P. Schreiner, Neue höf. Zentren im Byz. Reich (Höf. Kultur in Südosteuropa. AAG, Phil.-hist. Kl., 3. F., Nr. 203, 1994), 43–47.

III. Frühe osmanische Zeit: Trabzon wurde in der Folge einer koordinierten See- und Landoperation unter Leitung v. →Meḥmed II. erobert. Die Aussagen von Zeitzeugen (→Ḍursun Beg, Mihailović) über die Einnahme der Stadt sind widersprüchlich. →Kritobulos will von einer 26tägigen Belagerung wissen. Der Ks. und seine Familie erhielten freies Geleit. Die überwiegende Mehrzahl der griech., armen. und jüd. Einw. blieb am Ort. Das Verhältnis zw. der einheim. Bevölkerung und der weitgehend durch Deportationen (*sürgün*) aus Inneranatolien angesiedelten Muslime lag 1486 bei ca. 4:1. Die Zahl der Christen ging erst Mitte des 16. Jh. merklich zurück. Das Hinterland v. T. behielt dagegen seinen christl. und griech. Charakter fast vollständig, was am Beispiel des *bandon* v. Matzouka gezeigt werden konnte. K. Kreiser

Lit.: H. W. Lowry, Trabzon Şehrinin islâmlaşma ve Türkleşmesi 1461–1583. Trabzon Örneğinde Osmanlı Tahrir Defterinin Şehirleşme Demografik Tarihi için Kaynak Olarak Kullanılması, 1981 – Continuity and Change in Late Byz. and Early Ottoman Society,

hg. A. Bryer–H. Lowry, 1986 – C. Imber, The Ottoman Empire 1300–1481, 1990.

Trappe, La (Trappa Domus Dei), Notre-Dame de, Abtei in Nordfrankreich, Perche (dép. Orne, comm. Soligny-La T.), wurde 1122 von Rotrou II., Gf.en des →Perche, mit Mönchen aus der zur Kongregation v. →Savigny gehörenden Abtei Breuil-Benat gestiftet, zum Gedächtnis an die auf der →Blanche-nef (25. Nov. 1120) umgekommene Frau und den Schwager des Gf.en. Der Sohn Rotrou III. vermehrte die väterl. Schenkungen und förderte die Errichtung von Gebäuden. 1147 wurde die Abtei, die eine Bulle Eugens III. erwirkt hatte, →Cluny affiliert. Sie erfreute sich der Gunst Kg. →Heinrichs II. v. England, mehrerer Päpste des 13. Jh. (Innozenz III., Honorius III., Alexander IV., Martin IV., Bonifatius VIII.) und Kg. →Philipps des Schönen v. Frankreich, dessen Gemahlin →Johanna hier eine Stiftung machte. Nach wiederholten engl. Angriffen im →Hundertjährigen Krieg wurde die verfallene Abtei zweimal von ihren Mönchen aufgegeben (1360, 1381) und konnte im späten 14. Jh. die Abgaben an den Papst nicht mehr aufbringen, was ihr prompt die Exkommunikation eintrug. Seit dem 15. Jh. →Kommende, fristetete La T. ein dürftiges Dasein, um erst durch eine Reform (1662) neuen Auftrieb zu erhalten. G. Devailly

Q. und Lit.: Charceney, Cart. de l'abbaye N. D. de la T., 1899 – Hist. de la Grande T., 2 Bde, 1911 – L. Aubry, L'abbaye de la T., 1979.

Trasignies → Trazegnies, Gilles de

Trastámara. Der Beginn der span. Dynastie der T. ist mit dem Sieg →*Heinrichs II*. (20. H., 1369–79), des Gf.en v. T. (Galizien), dem illegitimen Sohn Alfons' XI. und der →Leonor de Guzmán, im Bürgerkrieg gegen Peter I. v. Kastilien gleichzusetzen. Dank der Unterstützung des Adels und Frankreichs (Vertrag v. →Toledo, 1368) gelang es Heinrich vor 1373 mit Aragón und Portugal Frieden zu schließen und ein breites polit. Programm aufzustellen, das die Förderung der hochadligen Verwandten des Kg.s ebenso einschloß, wie die Übertragung von Hofämtern und Herrschaften an andere Adlige, die Entwicklung neuer Verfassungsinstitutionen (→Consejo Real, Audiencia, Rechnungskammer) und die Zusammenarbeit mit den Städten in den →Cortes zur Durchführung von Münzreformen und zur Erhöhung der Steuerlasten. Ihm folgte sein Sohn, →*Johann I*. (6. J., 1379–90), dessen Mutter, →Johanna Manuel, in direkter legitimer Linie von Ferdinand III. abstammte. Johann setzte das Bündnis mit Frankreich fort, bekannte sich zur Avignoneser Obödienz und wollte die Thronansprüche seiner Gattin →Beatrix (einzige Tochter Ferdinands I. v. Portugal) auf den ptg. Thron geltend machen, eine Absicht, die er jedoch nach dem Aufstand →Johanns (12. J.), des Großmeisters des Ordens v. Avís (Sieg bei →Aljubarrota, 15. Aug. 1385) fallen lassen mußte. Infolgedessen kam es zum Einfall des Portugiesen und seines Verbündeten →John of Gaunt, Duke of Lancaster (∞ Konstanze, Tochter Peters I.), in Kastilien. Erst die Heirat des Thronerben →*Heinrich* (III.; 21. H., 1390–1406) mit →Katharina v. Lancaster (Tochter Johns of Gaunt) beendete den Krieg. Bestehen blieben aber starke polit. Spannungen: Aufstände hoher Adliger (Alfonso →Enríquez [1. E.]), drückende Steuerlasten und Geldentwertungen, die die Cortes nur gegen eine größere Beteiligung am kgl. Regierungsapparat akzeptierten. Heinrich III. gelang es aber seit 1394, mit seinen hochadligen Verwandten fertigzuwerden und das Aufkommen eines neuen Hochadels zu fördern (u. a. →Mendoza, →Stúñiga, →Pimentel, →Velasco, →Manrique, Enríquez). Gleichzeitig konsolidierte er die Verfassungs-,

Steuer- und Münzreformen und festigte durch eine Stärkung der kgl. Machtbefugnisse seine Herrschaft, deren große Linien unter den Kath. Kg.en wieder zum Tragen kamen. So befahl er u. a. die Wiederaufnahme des Krieges zur Eroberung →Granadas, um eine Ausrichtung aller Kräfte und Mittel auf seine Person hin zu erreichen: Nutznießer dieser Politik war sein Bruder →*Ferdinand* (1. F.), der gemeinsam mit Katharina v. Lancaster die Vormundschaft über seinen Sohn →*Johann II.* (7. J., 1406–54) innehatte und den für 1407 vorgesehenen Kriegszug anführte. Ferdinand war gegen Granada siegreich (1410 Eroberung v. Antequera), stützte sich auf den Hochadel, um seine Söhne – Alfons, Johann, Heinrich und Sancho – an dessen Spitze zu setzen, bestieg 1412 den Thron v. Aragón und verheiratete seine Tochter Maria mit Johann II., so daß bei seinem Tod (1416) die polit. Macht in den Händen seiner Söhne, der Infanten v. Aragón, und des Hochadels lag. Die Zeit Johanns II. und seines Sohnes →*Heinrichs IV.* (22. H., 1454–74) war eine Zeit wirtschaftl. und demogr. Wachstums, der Konsolidierung der sozialen und polit. Vorherrschaft des Adels und der verfassungsrechtl. Entwicklung des monarch. Staates. Dabei wechselten Perioden, in denen Parteigänger einer größeren kgl. Macht (Alvaro de →Luna, Günstling Johanns II.) herrschten, mit solchen ab, in denen verschiedene Adelsgruppen die Oberhand gewannen (Juan →Pacheco, Marqués v. Villena, unter Heinrich IV.). Der Krieg gegen Granada wurde 1430–39 und erneut 1455–62 wiederaufgenommen. Nach dem Bürgerkrieg 1465–68, der Anerkennung →*Isabellas d. Kath.* (7.I., Schwester Heinrichs IV.) als Thronerbin und ihrer Heirat mit ihrem Vetter →Ferdinand (2. F., Sohn Johanns II. v. Aragón) wurde mit der Eroberung Granadas (1482–92) ein langgehegter Plan verwirklicht, jedoch trat Kastilien nun in das Bündnissystem Aragóns ein: Rekuperation des Roussillon (1493), Neapolitan. Kriege (1495, 1501), dynast. Verbindungen mit England, Portugal und Flandern. Mit der letzten Vertreterin der T.-Dynastie, Isabellas Erbtochter, →*Johanna 'la Loca'* (5. J., 1470–55), der Gemahlin Ehzg. →Philipps d. Schönen v. Habsburg und Burgund und Mutter von Ks. Karl V., gingen die span. Länder an das Haus →Habsburg über. M. A. Ladero Quesada

Lit.: R. MENÉNDEZ PIDAL–J. M. JOVER ZAMORA, Hist. de España, Bd. XIV, XV, XVIII, 1964ff. – L. VONES, Gesch. der Iber. Halbinsel im MA, 1993.

Traù → Trogir

Trauer, -bräuche → Tod

Traufe → Dach

Traufenrecht ist im MA eine städt. Gebäudedienstbarkeit. Es ist bereits dem röm. Recht als das Recht (lat. [N.] ius), entweder den fremden Tropfenfall (lat. [N.] stillicidium) auf das eigene Grundstück abzuwenden oder den eigenen Tropfenfall in das fremde Grundstück einzuleiten, bekannt. Bei dem T. geht es also um eine nachbarrechtl. Frage, welche wie dichter Bebauung unmittelbar an der Grundstücksgrenze auftritt. Das geltende Recht beschreibt dabei bereits →Eike v. Repgow im →Sachsenspiegel mit den Worten: »Niemand soll seine Dachtraufe (mnd. *ovese*) in den Hof eines anderen hängen lassen« (Ssp. Landrecht II 49 § 1, S. 1). Hiervon kann aber durch besonderer Vereinbarung abgewichen werden. In der Folge wird der T. erforderl. Bauabstand meist öffentlichrechtl. durch Baurecht festgelegt. Belegt ist das Wort T. anscheinend erst seit dem 19.Jh. G. Köbler

Lit.: HRG III, 818 – HEUMANN-SECKEL, 1907[9], 555a – R. HÜBNER, Grundzüge des dt. Privatrechts, 1930[5] – GRIMM, DWB XXI, 1935 – H. MITTEIS–H. LIEBERICH, Dt. Privatrecht, 1981[9], §33 I – W. DEHNER, Nachbarrecht im Bundesgebiet, 1991[7].

Traum, ahd. mhd *troum*, gr. ὄναρ, ὄνειρος, ἐνύπνιον, lat. insomnium, seel. Vorgang im →Schlaf mit lebendigphantast. Wirklichkeitscharakter, oft verbunden mit Angst- oder Wunschvorstellungen (Alpt. →Incubus). T.e an geheiligten Stätten vermitteln Heilung (Inkubation). Der Volksglaube aller Zeiten, so auch die Bibel, schreiben dem T. prophet. oder hellseher. Kräfte zu.

[1] *T.deutung* läßt sich weit in die antiken Hochkulturen zurückverfolgen. Sie findet im europ. MA ihren lit. Niederschlag in alphabet. oder sachl. geordneten *T.büchern*, die auf spätantike bzw. byz. oder arab. Vorlagen zurückgehen. Deren Höhepunkt, die ὀνειροκριτικά des Artemidoros v. Ephesus (Daldis, 2. Jh. n.Chr.) wurden als Ganzes zwar erst 1538 mit der lat. Übers. durch Janus Cornarius rezipiert, beeinflußten aber nachhaltig die T.buchlit. des MA, so den 1165 den »Liber Thesauri occulti« des Paschalis Romanus (gekürzte dt. Übers. Hans Lobenzweig um 1450). Hier finden sich auch bereits T.interpretationen aus dem ὀνειροκριτικόν eines Aḥmad b. Sīrīn bzw. Apomasar (→Abū Ma ͨ šar?), das 1175/76 von →Leo Tuscus erstmals vom Gr. ins Lat. übers. wurde (nach späterer Übers. gedr. Frankfurt 1577). Bei den volkstüml. T.büchern sind ferner die alphabet. »Somnialia Danielis« (Dn 2, 1–15), die durch Losverfahren ermittelnden »Somnialia Joseph« (Gen 37, 1–12), die laienastrolog. T.lunare (→Lunar) sowie am »Liber ad Almansorem« (II 24) des →Rhazes orientierte T.deutungen (z. B. bei →Konrad v. Megenberg) zu unterscheiden. T.mantik fand kirchl. Kritik, so durch →Johannes v. Salisbury (Policrat. II, 17).

[2] *T.theorien* beschäftigen sich seit der Antike v. a. mit dem Wahrheitsgehalt von T.en. →Platon hält im »Timaios« (71 E) T.prophetie für möglich, →Aristoteles (»De insomniis«, »De divinatione per somnum« PN 458b–464b 15) gibt eine rein psychobiolog. Erklärung d. T.es: Im →Schlaf strömt das Blut zum →Herzen, dem Sitz des Gemeinsinns, zurück und mit ihm die darin enthaltenen Impulse (αἱ ἐνοῦσαι κινήσεις) der Sinnesorgane, die als Spuren früherer wirkl. Wahrnehmung sich hier vermengen und Erinnerungsbilder und T.gesichte (φαντάσματα) hervorrufen. Den scheinbar prophet. Charakter mancher T.e führt Aristoteles auf Zufall, auf eine mögliche Erwartungshaltung des Schläfers oder dessen erhöhte Sensibilität für feinste innerkörperl. Befindlichkeiten zurück, wie sie z. B. Krankheiten, Genesung oder Tod ankündigen. →Cicero (De divinatione 2) lehnt eine divinator. Deutung von T.en ab, während die gr. Ärzte, wie schon der Autor der [ps]hippokr. Schr. »De diaeta« (Lib. IV) oder →Galen im T. sowohl rein humorale und diagnost. verwertbare Ursachen (z. B. Galen »De dignatione ex insomniis liber«, K. VI, 832–835) als auch das Heilwirken des Asklepios für möglich halten. In diesem Sinne entwickelt sich eine Klassifikation der T.e vom wertlosen, körperl. bedingten T. bis zum »wahren« Offenbarungst., so bei Artemidoros, →Porphyrius, Philo, →Calcidius und →Macrobius, dessen für das MA wirkungsmächtige T.theorie im Komm. zu Ciceros »Somnium Scipionis« fünf aufsteigende T.arten kennt: insomnium, visum, somnium, visio, oraculum. In der Patristik, bei →Augustinus (De genesi XII), →Tertullian (De anima 43–49) und →Gregor d. Gr. (Dialogi IV, 50) kommt in die Gliederung eine chr.-moral. Dichotomie von dämon. und göttl. T.en. Nach →Hildegard v. Bingen erkennt die ja aus Gott stammende Seele trotz leibl. Verflochtenheit im T. bisweilen Zukünftiges (H. SCHIPPERGES, 1992, 153f.). Auch der jüd. →Talmud und die islam. Tradition des →Ḥadīṯ kennen wahre, von

Engeln stammende u. irreführende T.e der Dämonen. Arab. Philosophen, wie →al-Kindī, →al-Fārābī, →Avicenna oder →Averroës suchen Islam und hellenist. Philosophie zu vereinbaren: Im prophet. T. wirkt die Emanation göttl. Intelligenzen. Die psycholog.-physiolog. Erklärungen des T.vorgangs stützen sich dagegen auf Aristoteles und Galen (z. B. Avicenna in De anima und Canon I, 2,3,3; III, 1, 1, 6; →Haly Abbas bzw. →Constantinus Africanus Pantechne, lib. theor. X, 2). Unter Einfluß des →Arabismus treten auch im lat. W peripatet.-neuplaton. Interpretationen des T.geschehens hervor, so bei →Albertus Magnus, der bei Deutung von T.gesichten verschiedene Modifikationen astraler Influenz unterscheidet (»De somno et vigilia« III) oder bei →Vinzenz v. Beauvais (Spec. nat. XXVII, 52–61). V. a. ein Wilhelm v. Aragón in seinen Expositiones visionum, quae fiunt in somniis... (gedr. Lyon 1520, 1532, Basel 1585 mit den Opera des →Arnald v. Villanova) bringt T.e und astrolog. Konstellationen in diagnost. Zusammenhang.

[3] *T. in der Literatur:* In der christl.-doktrinalen und weltl. Lit. bekommen T.e seit dem 12. Jh. zunehmend eine formale, Aussage und Verlauf der Handlung konstituierende Funktion. Dabei lassen sich antik-frühchristl. Vorbilder und Spuren zeitgenöss. T.theorien überall nachweisen, so bei →Alanus ab Insulis (»De planctu naturae«), im →Roman de la Rose, in den Liebest.en des Jean →Froissart, den allegorisierenden T.fiktionen des →Guillaume de Machaut, den frommen Pèlerinages des →Guillaume de Deguilleville. Von Frankreich aus wirken Impulse auf das übrige Europa, nach England auf →Chaucer (Legend of Good Woman, House of Fame), →Langland (Vision of Piers Plowman), auf die moralisierenden T.episoden des →Pearl-Dichters oder nach Italien auf →Dante Alighieri und →Boccaccio. S. a. →Visio(n). H. H. Lauer

Q. *und Lit.*: Dict. MA XII, 475–478 [Lit.] – Enc. of Religion IV, 482–486 – Enc. of Religion and Ethics V, 28–40 – EJud (engl.) VI, 208–212 – HWDA [Ind.] – JL IV/2, 1039–1041 – RE s.v. Traumdeutung – RGG VI, 1001–1005 – THORNDIKE II, 290–302 – Verf.-Lex² IX, 1014–1028 [Lit.] – M. STEINSCHNEIDER, Das T.buch Daniels und die oneirokrit. Lit. des MA, Serapeum 24, 1863, 193–201, 209–216 – P. DIEPGEN, T. und T.deutung als med. naturwiss. Problem im MA, 1912 – J. H. WASZINK, Die sog. Fünfteilung der T.e bei Chalcidius und ihre Q., Mnemosyne 3. Ser. 9, 1941, 65–85 – J. JACOBI, T.bücher, Ciba Zs. 9, 1945, 3567–3580 – W. v. SIEBENTHAL, Die Wiss. vom T., 1953 – H. GÄTJE, Philos. T.lehren im Islam, ZDMG 109, NF 34, 1959, 258–285 – W. C. CURRY, Chaucer and the Ma. Sciences, 1960² – CH. DAHLBERG, Macrobius and the Unity of the Roman de la Rose, StP 58, 1961, 573–582 – Artemidorus Daldianus, Onirocriticum libri V, übers. F. S. KRAUSS, hg. R. A. PACK, 1963 – W. SCHMITT, Ein dt. T.büchlein aus dem späten MA, StN 37, 1965, 96–99 – DERS., Das T.buch des Hans Lobenzweig, AK 48, 1966, 181–218 – G. HOFFMEISTER, Rasis' T.lehre. T.bücher des SpätMA, AKu 51, 1969, 137–159 – H. GÄTJE, Stud. zur Überlieferung der aristotel. Psychologie im Islam, 1971 – J. S. HANSON, Dreams and Visions in the Graeco-Roman World and Early Christianity (Aufstieg und Niedergang der röm. Welt, II: Prinzipat, ed. W. HAASE, 23/2, 1980), 1395–1427 – N. H. STENEK, Albert on the Psychology of Sense Perception (Albertus Magnus and the Sciences, hg. A. WEISHEIPL, 1980), 263–290 – ST. M. OBERHELMAN, Galen, On Diagnosis from Dreams, JHM 38, 1983, 36–47 – C. H. L. BODENHAM, The Nature of the Dream in Late Ma. French Lit., MAe 54, 1985, 74–86 – A. M. PEDEN, Macrobius and Medieval Dream Lit., MAe 54, 1985, 59–73 – ST. M. OBERHELMAN, The Diagnostic Dream in Ancient Medical Theory and Practice, BHM 61, 1987, 47–60 – Il Sogno in Grecia, hg. G. GUIDORIZZI, 1988 – D. GALLOP, Aristotle on Sleep, Dreams, and Final Causes, Boston Area Coll. in Ancient. Philos. 4, 1988, 257–290 – T.e im MA. Ikonolog. Studien, hg. A. PARAVICINI BAGLIANI–G. STABILE, 1989 – S. MACALISTER, Aristotle and the Dreams: A Twelfth-Cent. Romance Revival, Byzantion 60, 1990, 195 – Hildegard v. Bingen, Heilkunde, übers. und erl. H. SCHIPPERGES, 1992 – ST. F. KRUGER, Dreaming in the MA, 1992 [Lit.] – Aristoteles, De insomniis, De divinatione per somnum. Übers. und erl. PH. J. VAN DER EIJK (W. in dt. Übers. hg. H. FLASHAR 14.3, 1994) [Lit.] – P. C. MILLER, Dreams in Late Antiquity, 1994 [Lit.].

Traumbücher → Lunar

Traumgesicht vom Kreuz → »Dream of the Rood«

Traversari, oberit. Familie byz. dukaler Tradition, die im späten 9. Jh. das Kastell (mit Taufkirche) Traversara zw. Ravenna und Forlì zum Mittelpunkt ihrer dukalen (und später comitalen) Herrschaft machte und unter dem örtl. Adel hervorzutreten begann. Das frühe Abhängigkeitsverhältnis von der Herrschaft der Ebf.e und Äbte v. Klöstern der alten Hauptstadt des →Exarchats führte die T. notwendigerweise dazu, sich in Ravenna festzusetzen, obgleich sie Streubesitz und Rechte von anderer Art in den ländl. Teilen der Romagna und außerhalb besaßen (Gebiet v. Ferrara, Gebiet v. Forlì, Forlimpopoli, Cesena, Sarsina und Rimini). Vom 10. zum 12. Jh. wuchs ihre Machtstellung in →Ravenna und in der Region derartig an, daß sie über die Kirchen der Stadt bestimmen konnten und zahlreiche ihrer Güter und Rechte usurpierten. V. a. machten sie sich die wiederholten Krisen der örtl. kirchl. Institutionen und der Macht der Metropoliten v. Ravenna zunutze. In einem dieser Momente, während und nach dem Schisma Wiberts (Gegenpapst →Clemens III.) zeichnete sich ein *Petrus T.* in Ravenna als capitaneus et valvassor vermutl. der örtl. Kirche aus. Einige Jahrzehnte danach, 1115, begegnet ein vielleicht gleichnamiger Nachkomme bereits als Consul der aufstrebenden Kommune Ravenna.

Der höhere Aufstieg der T. in der städt. Gesellschaft, als ihn die anderen Familienzweige (*Deusdedit, Onesti* etc.) der Sippe der »ex genere ducum« erreichten, wurde durch eine auf Dynastien germ. Herkunft gerichtete Heiratspolitik gefördert, wie die Verbindung mit den Gf.en Guidi aus dem Zweig v. Dovadola (forlives. Apennin); außerdem wurden enge verwandschaftl. Beziehungen mit den Adelardi von Ferrara und den →Malatesti von Rimini geknüpft. Ein anderer *Pietro T.* (vielleicht der Enkel des oben genannten) betrieb, zusammen mit anderen Vertretern der städt. Führungsschicht, eine ks.freundl. Politik unter den Staufern Friedrich I. und Heinrich VI. sowie unter Otto IV.; von 1187 bis 1270 wiederholt Podestà in der Kommune Ravenna, erlangte er derartige Autorität, daß er als »dominus civitatis« anerkannt wurde. Als sein Sohn *Paolo*, der seinem Vater als Podestà nachgefolgt war, 1238 die ks.freundl. Politik aufgab und zu der bolognes.-faentin. guelf. Gruppierung überging, geriet die Familie in eine krit. Phase, die sich später als irreversibel erwies. Als nach Paolos Tod 1240 Ravenna von Friedrich II. belagert und erobert wurde, mußten die übrigen T. (zusammen mit anderen Familien der Stadt, die die stauf. Sache verraten hatten) für mehrere Jahre nach Apulien ins Exil gehen. Nach ihrer Rückkehr fanden die T. keinen polit. Raum mehr in der Kommune, um an ihre glanzvolle Tradition anzuknüpfen, und spürten immer stärker die Konkurrenz der einst im Exil mit ihnen solidar. Familie →Da Polenta, die nun die Signorie in Ravenna übernahm. Die Mitglieder der »domus Traversariorum« versuchten vergebl., zu einem neuen Aufstieg zu gelangen, indem sie den Versuch des Ghibellinen Gf. Guido v. →Montefeltro unterstützten, sich 1275–83 von Forlì aus der päpstl. Romagna zu bemächtigen. Mehrmals bemühten sie sich danach hartnäckig, ihre Stellung in Ravenna wiederzugewinnen, blieben jedoch isoliert und wurden stets aus der guelf. Stadt vertrieben. Bereits Anfang des 14. Jh. war ihr Abstieg nicht mehr aufzuhalten. A. Vasina

Q. *und Lit.*: P. CANTINELLI, Chronicon, RIS², 1902, 38–39 – J. LARNER, The Lords of Romagna, 1965, passim – Salimbene de Adam, Cronica,

1966, 534 – A. TORRE, I Polentani, 1966, 3, 9f., 13, 44, 63, 84 – A. VASINA, I Romagnoli, 1964, 8, 12, 46ff. – DERS., Dai T. ai Da Polenta (Storia di Ravenna, III, 1993), 555–603.

Traversari, Ambrogio → Ambrosius Traversari (4. A.)

Travunien, Herrschaftsgebiet an der Adriaostküste zw. Dubrovnik (→Ragusa) und →Kotor; wichtigster Ort Trebinje (ca. 15 km nördl. v. Dubrovnik). Der Name T. ist wahrscheinl. illyr. Herkunft; jedoch auch slav. Etymologien werden angeboten. Das Land der 'Terbouniotes' wird bei →Konstantin Porphyrogennetos (De adm. imp. 34) als eine der slav. Herrschaftsbildungen (→Südslaven) an der Adriaostküste, südwestl. von →Hum, nordöstl. von Duklja (→Zeta), erwähnt. Nach »De adm. imp.« war dem Land die →župa der Kanaliten, der später zu Dubrovnik gehörige Küstenstreifen Konavli, als eigenes Gebiet untergeordnet. Seit dem Anfang des 11. Jh. war T. politisch mit Hum verbunden und gelangte am Ende des 12. Jh. unter die Herrschaft der Nemanjiden (→Nemanja). In der Intitulatio der serb. Herrscher ist T. als eines der 'Küstenländer' aufgeführt. Durch die Gewinnung von T. erhielt →Tvrtko I. v. Bosnien 1377 Zugang zur Bucht v. Kotor. Das westkirchl. Bm. T. gehörte nach kurzfristigen Ansprüchen von →Bar zur Provinz Dubrovnik. Wegen des Konfliktes zw. Dubrovnik und →Uroš I. mußte Bf. Salvius (1250–76) seine Residenz nach Dubrovnik verlegen; seine Nachfolger waren 'vicarii' des Ebf.s v. Dubrovnik. Im zunehmend orthodox geprägten Hinterland bewahrte das westkirchl. Bm. Kotor, gestützt auf den Schutz der Nemanjiden, bis ins 14. Jh. einzelne Rechte. Insbes. im Gebiet um Trebinje konzentrieren sich Fundorte spätma. kyrill. →Inschriften. L. Steindorff

Lit.: JIREČEK, I–III – V. J. KORAĆ, Trebinje, I, 1966 – E. TURK SANTIAGO, Probleme der Herrschaftsbildung im ma. Serbien, 1984 – J. LEŚNY, Studia nad początkami serbskiej monarchii Nemaniczów (połowa XI–koniec XII wieku), 1989.

Trazegnies (Trasignies), **Gilles de,** gen. 'le Brun', * 1199, † 1276, Ratgeber Kg. →Ludwigs IX. d. Hl.n v. Frankreich, →Connétable de France; entstammte als 2. Sohn von Gilles de T., Herrn v. →Trazegnies, dem Adel des →Hennegau; Vasall der Gfn. →Margarete, die er gegen das Haus →Dampierre unterstützte. T. nahm am →Kreuzzug v. 1248 teil, auf dem ihn Ludwig d. Hl. wegen seiner Rechtlichkeit, Frömmigkeit und Tapferkeit nach dem Tode Humberts v. →Beaujeu († Mai 1250) zum Connétable ernannte. Als enger Ratgeber des Kg.s empfing T. ein kgl. Lehen. 1266 befehligte T. das vom Sohn des Gf.en v. Flandern nach →Sizilien entsandte Truppenkontingent und zeichnete sich in der Schlacht v. →Benevent (1266) aus. T. nahm 1267 nochmals das Kreuz, konnte aber aus Altersgründen am Kreuzzug Ludwigs d. Hl.n nach →Tunis nicht teilnehmen. ANDRÉ DU CHESNE hat irrtümlich angenommen, daß T. mit Simonette, Schwester von →Joinville, vermählt gewesen sei. J. Richard

Lit.: BNB XXV, 577–581 [E. PONCELET] – J. RICHARD, Saint Louis, 1983.

Tre Fontane, Abtei am Stadtrand von Rom an der Via Laurentina. Sie umfaßt folgende Gebäude: Die Kirchen S. Paolo alle T. F. und S. Maria Scala Coeli sowie Kl. SS. Vincenzo ed Anastasio ad Aquas Salvias. Infolge der kult. Bedeutung des Ortes (Enthauptung des hl. Paulus) war die Abtei ein wichtiges Wallfahrtsziel, die Pauluskirche und das Kl. S. Anastasio sind bereits im 7. Jh. erwähnt. Die Randlage und die ungünstige klimat. Situation (Sumpfgebiet) behinderten teilweise die Entfaltung des Ortes, der mehrfach aufgegeben wurde. Die Pauluskirche geht mindestens auf das 6. Jh. zurück und umschließt drei Quellen, die entsprungen sein sollen, als das abgeschlagene Haupt des Apostels dreimal auf der Erde aufschlug. Die nach einer Vision des hl. →Bernhard benannte Kirche S. Maria Scala Coeli erhebt sich auf einem frühchristl. Friedhof und wird erstmals in der Vita Papst →Leos III. erwähnt. Das Kl. S. Anastasio wurde während der ersten Hälfte des 7. Jh. gegründet und war von griech. Mönchen besiedelt. 772 von →Hadrian I. wieder aufgebaut und von Karl d. Gr. und vielen Päpsten des 9. Jh. mit Schenkungen ausgestattet, war Ende des 10. Jh. bereits aufgegeben, als es dem hl. →Nilus geschenkt wurde, der sich jedoch dort nicht niederlassen wollte. 1081 gehörte die noch immer aufgegebene Abtei zu S. Paolo fuori le mura OSB. Sie wurde von den →Zisterziensern (erster Abt seit 1141 Bernardo Paganelli [→Eugen III.]) besiedelt und war Aufenthaltsort des hl. Bernhard v. Clairvaux. Anfang des 14. Jh. lebten in dem Kl. 15 Mönche und der Abt; seit 1419 war die Abtei Kommende. Sie besaß relativ umfangreiche Besitzungen v. a. in einigen »Castelli« rund um Rom und an der Küste der Maremmen. T. di Carpegna Falconieri

Lit.: Il regesto del monastero di S. Anastasio ad Aquas Salvias, ed. I. GIORGI, ASRSP I, 1878, 49–77 – M. ARMELLINI, Le chiese di Roma dal sec. IV al XIX, neu hg. C. CECCHELLI, 1942, 2, 1166–1172 – Monasticon Italiae, I, hg. F. CARAFFA, 1981, 84f. – A. M. ROMANINI, La storia architettonica dell'abbazia delle T. F. a Roma. La fondazione cistercense (Fschr. A. DIMIER, 1992), 653–695 – Ratio fecit diversum. San Bernardo e le arti, Arte Medievale 8, 1994, I, Nr. I – G. BELARDI u.a., Abbazia delle T. F., 1995.

Treason, in England Verrat eines Lehnsherrn durch seinen Vasallen, erscheint im späten 9. Jh. als ein bes. Vergehen in den Gesetzen →Alfreds d. Gr., die den T. als das einzige Verbrechen bezeichnen, das nicht durch eine Bußzahlung gesühnt werden konnte. Die bes. Rechtsnatur eines Verrats des Kg.s als Lehnsherrn wird bereits von →Glanvill anerkannt und zuerst bei den polit. Gerichtsverfahren gegen zwei Feinde Eduards I. behauptet, so bei dem walis. Fs.en Dafydd 1284 und bei dem schott. Aufständischen William →Wallace 1305. Diejenigen, die man dieses bes. Verbrechens überführte, wurden dazu verurteilt, am Schweif von Pferden zum Hinrichtungsplatz geschleift zu werden. Dort wurden sie zur Abschreckung für andere Rebellen gehängt, ausgeweidet und geviertelt. Um 1290 unterscheidet Britton zw. dem »großen« und dem »kleinen« T. Der »große« oder »Hochverrat« erhielt 1352 eine dauerhafte gesetzl. Definition (25 Ed. III, stat. 5, c. 2) als ein Verschwörungsvergehen, um den Kg., seine Gemahlin oder den Thronerben zu töten; um die Gemahlin des Kg.s oder des vorgesehenen Erben oder die älteste unverheiratete Tochter des Kg.s zu notzüchtigen; um gegen den Kg. gerichtete Kriege innerhalb des Kgr.es zu führen oder Feinden des Kg.s Hilfe zu leisten; um den Kanzler oder die Richter während der Ausübung ihrer Ämter zu töten. In den folgenden Jahrhunderten haben die Gerichtshöfe viele Formen der polit. Opposition gegen die Krone, die nach den Definitionen von 1352 keinen konstruktiven Verrat darstellten, als 'constructive T.s' betrachtet. Als »kleiner« T. galt bezeichnenderweise die Ermordung eines Herrn durch seinen Diener oder eines Ehemanns (dem »natürl. Herrn«) durch seine Frau.

A. Harding

Q. und Lit.: LIEBERMANN I, 45–47 – F. M. NICHOLS, Britton, 1865, I, 40f. – J. G. BELLAMY, The Law of T. in England in the Later MA, 1970.

Treasurer, Schatzmeister in England. Die ersten bekannten Inhaber des T.-Amtes im →Exchequer waren Neffen von →Roger, Bf. v. Salisbury: Nigel (Bf. v. Ely 1133–69) um 1126 und Adelelm um 1136. Nigels Sohn, →Richard v. Ely (15. R.), war T. Heinrichs II. und gilt als Verfasser des

→»Dialogus de Scaccario«. Mit der Abschaffung des →Justitiar-Amtes 1234 wurde der T. der vorsitzende Beamte des Exchequer. Die meisten ernannten T.s stammten aber nicht aus dem Kreis der ständigen Mitglieder des Exchequer. Drei der T.s Kg. Heinrichs III. waren Äbte oder Prioren. William Haverhill (1240–52), am längsten in diesem Amt, war Keeper of the →Wardrobe, und Walter →Langton, T. unter Kg. Eduard I., war der erste, der auch nach seiner Bf.sweihe T. (1295–1307) blieb. Eine lange Amtsdauer war im 14. Jh. jedoch die Ausnahme, obwohl der T. jetzt als zweites großes Staatsamt betrachtet werden konnte. Die Mehrzahl der T.s erhielt nun die Bf.swürde, einige hatten vorher das Amt des →*chancellor* inne, wie William →Edington, der Eduard III. am längsten als T. diente (1344–56). Nach 1403 waren die meisten T.s →knights oder lords, von denen Ralph Lord →Cromwell (1433–43) und Henry →Bourchier, Earl of Essex (1455–56, 1461–62, 1471–83), das Amt am längsten besaßen. Es ist unwahrscheinl., daß die T.s viel Zeit im Exchequer verbrachten. Sie nahmen regelmäßig an kgl. Rat teil, während die T.s Heinrichs V. bei seinen Frankreichfeldzügen mitkämpften. Im 15. Jh. vertraten die Inhaber des bereits lange existierenden Schreiberamtes des T. ihre abwesenden Vorgesetzten und erhielten den Titel *Under-T.* des Exchequer. R. L. Storey

Lit.: HBC, 101–107 – J. L. Kirby, The Rise of the Under-T. of the Exchequer, EHR 72, 1957, 666–677 – W. L. Warren, The Governance of Norman and Angevin England 1086–1272, 1987 – A. L. Brown, The Governance of Late Medieval England 1272–1461, 1989.

Trebnitz (poln. Trzebnica), OCist Abtei, von Hzg. Heinrich I. v. Schlesien auf Bitten seiner Frau →Hedwig v. Andechs i. J. 1202 am Katzengebirge (20 km n. Breslau) gestiftetes sowie mit urbarem Altland und waldigem Rodeland reich ausgestattetes ältestes und bedeutendstes Frauenkl. →Schlesiens, dessen erhaltene monumentale dreischiffige Basilika mit Krypta um 1240 vollendet wurde. Die ersten Nonnen kamen aus der Abtei St. Theodor in Bamberg (OSB), die erste Äbt. Petrissa aus Kitzingen (OSB). 1218 erfolgte die Aufnahme von T. in den Zisterzienserorden. Der sich in der Folge aus dem schles. Adel und Bürgertum rekrutierende Nonnenkonvent hatte im MA Äbt.nen aus den Piastenhaus. 1250 erhielt das in kolonialer Gitterform neugestaltete Markt T. dt. Stadtrecht und bildete den Mittelpunkt des weitläufigen Kl.besitzes. Nach dem Tod Heinrichs I. († 1238) lebte Hedwig als Witwe im Kl. T., wo sie 1243 starb, beigesetzt und – 1267 heiliggesprochen – als schles. Landespatronin verehrt wurde. Das einzige Hl.ngrab im ma. Schlesien entwickelte sich schnell zu einem vielbesuchten Wallfahrtsort mit weiter Ausstrahlung. T.er Tochtergründungen sind Ołobok bei Kalisch 1213, Oslavan bei Brünn 1225, Owińsk bei Posen und vielleicht Kulm an der Weichsel 1267. J. J. Menzel

Lit.: H. Grüger, T., Zisterzienserinnenabtei, Jb. der Schles. Friedr.-Wilh.-Univ. 23, 1982, 55–83 [Q. und Lit.].

Trebunien → Travunien

Tredici comuni, Territorium in der Prov. Verona (Veneto, Oberitalien) im mittleren Abschnitt der Monti Lessini, das die folgenden 13 Gemeinden umfaßt: Azzarino (heute Ortsteil von Velo Veronese), Bosco mit Frizzolana (heute Boscochiesanuova), Camposilvano (Ortsteil von Velo Veronese), Cerro, Erbezzo, Roverè di Velo (heute Roverè Veronese), Saline (heute S. Mauro di Saline), S. Bartolomeo delle Montagne (Ortsteil von Selva di Progno), Selva di Progno, Sprea mit Progno (heute Badia Calavena), Tavernole (Ortsteil von S. Mauro di Saline), Velo, Valdiporro (Ortsteil von Boscochiesanuova). Seit der 2. Hälfte des 13. Jh. wurde das Gebiet in zunehmendem Maße – gefördert durch Privilegien (seit 1287) der jeweiligen Territorialherren, der Bf.e v. →Verona, der Familie →Della Scala, der →Visconti und der Republik →Venedig – von dt.sprachigen →Walsern aus der Nachbarprovinz Vicenza besiedelt, die in der Gegend 'Cimbri' genannt wurden (von *Zimberer*, 'Zimmerer, Holzarbeiter'). Ihre Zahl betrug Anfang des 17. Jh. etwa 5000 Personen, sank aber in der Folge stark ab (ca. 1000 i. J. 1882, rund 150 i. J. 1968/69). Die Reste der alten 'cimbrischen' Traditionen werden heute gepflegt und wissenschaftl. erforscht (zwei Zeitschriften, Ethnograph. Museum). M. Pozza

Lit.: C. Cipolla, Le popolazioni dei XIII comuni veronesi, 1882, 53–179 – G. Volpato, Civiltà cimbra. La cultura dei Cimbri dei tr. C. Veronesi, 1983 – 700 anni di storia cimbra veronese, hg. G. Volpato, 1988.

Tréguier (ma. Namen: Lan-Dreger, Lantregu[i]er), nördlichste Stadt der Bretagne, Bm. Wie andere bret. Städte geht T. zurück auf ein frühma. Kl. (Val-Trécor), das nach der Überlieferung vom hl. →Tu(g)dual (wohl 6. Jh.) gegr. wurde (vermutl. Klosterbm. kelt. Typs). Im 9. Jh. wurde das Kl. von →Normannen verwüstet. Das Bm., dessen Anfänge als Diözesanbm. (nach der Mitte des 11. Jh. verfaßten Chronik v. Nantes) bereits unter →Nominoë (831–851) liegen sollen, ist erst seit dem 10. Jh. faßbar (Gründung wie →St-Brieuc im Zuge der Reorganisation der →Bretagne unter Hzg. Alain Barbetorte, 936–952?). Die Gesch. des kleinen, 101 Pfarreien umfassenden Bm.s, das lediglich bescheidene grundherrl. Ressourcen bot, kann im übrigen nur auf lückenhafter Quellengrundlage rekonstruiert werden (Verluste durch Brand des Archivs, 1632). Als Zentrum bret. Frömmigkeit bildete T. eine wichtige Station der großen Bretagne-Wallfahrt ('Tro-Breiz'); verehrt wurde hier neben Tugdual der hl. →Ivo (Yves Hélory, 1253–1303).

Im Schatten der Kathedrale blieb die Stadt T. (unter 3000 Einw.) stets von bescheidener Größenordnung und hatte im 14. Jh. unter dem Bret. Erbfolgekrieg zu leiden (1346: Profanation der Kathedrale durch engl. Belagerer, 1375 Angriff Jeans IV.). Städt. Rechte lassen sich nur anhand später Ratsprotokolle (ab 1507) rekonstruieren.

Zentrales Bauwerk war die mächtige, im 14.–15. Jh. in got. Stil umgebaute Kathedrale mit ihrem originellen Kreuzgang. Die städt. Topographie umfaßte neben einem Hospital Handwerker- und Gewerbegassen (Leder- und Tuchverarbeitung) sowie den lebhaften, dank Zollprivilegien (1450–53) der geistl. Grundherren aufblühenden Hafen am Jaudy (Wein und Salzhandel). T. hatte drei Jahrmärkte und trieb Handel auch mit entfernteren Regionen (England, La Rochelle, Bordeaux, Normandie, Paris: Ochsenhandel); für Studenten aus Stadt und Bm. T. bestand in Paris seit 1315 ein eigenes Kolleg. Seit 1484 Druckort (→Buchdruck, B. IV); 1499 Druck des »Catholicon«, eines Glossars, das neben lat. und frz. auch bret. Vokabeln einbezog. J.-P. Leguay

Lit.: P. Chauou, Une cité médiévale, Lantreguer au XVe s. (Univ. de Rennes, masch., 1969) – G. Minois, Culte des saints et vie religieuse dans le dioc. de T. au XVe s., Annales de Bretagne et des Pays de l'Ouest 87, 1980 – J.-P. Leguay, Un réseau urbain au MA, Le duché de Bretagne aux XIVe et XVe s., 1981 – J. M. H. Smith, Province and Empire: Brittany and the Carolingians, 1992, 154–161.

Treibarbeit. Als eines der wichtigsten und künstler. fruchtbarsten Felder der →Goldschmiedekunst, ist T. zu definieren als Technik der Metallbearbeitung auf kaltem Wege, im Wechsel von Treiben und Punzieren durch Hämmern und Meißeln von hinten bzw. vorn. Grundvoraussetzung ist die Dehnbarkeit des Metalls, weshalb Gold und Silber bevorzugt, aber auch Kupfer, Bronze und (v. a. im NachMA) Eisen verwendet werden können. Die techn. Vorgänge wie auch die Werkzeuge bei T. haben sich seit der Antike kaum verändert. Die Arbeit mit Treib- und Ziselierhammer geschieht über harter Unterlage oder einem Block aus sog. Treibpech, einer Mischung aus Pechmasse mit Ziegelmehl (Tenax), oder auch über einem Holzkern, der als Model dienen kann. Zum Glätten metallener Flächen wird der Planierhammer gebraucht. Spröde gewordenes Metall wird durch zwischenzeitl. Erhitzen für die Bearbeitung erneut elast. gemacht. Der bedeutende Anteil von T.en an Werken der Goldschmiedekunst ist nicht zuletzt bedingt durch Kombination mit vielen anderen Techniken (Punzierung, Ziselierung, Granulation, Gravierung, Emaillierung, Einlagen).

Künstler.-epochale Schwerpunkte der T. sind in der antiken und spätantiken Toreutik anzutreffen, weitergeführt in frühchristl. und byz. Zeit. Im ma. Abendland begegnet sie, in hohem qualitativem Standard, schon am liturg. Gerät karol. Zeit (→Einhardsbogen, →Goldaltar, Werke der Hofschule Karls d. Kahlen u. a. m.), in der otton. Goldschmiedekunst u. a. mit goldenen Sitzfiguren über Holzkern (Goldene Madonnen in Essen, Hildesheim, Paderborn). Aufschlußreich ist der erhaltene Wachskern für eine der getriebenen Figuren des Basler Antependiums im Musée Cluny zu Paris, zugleich als einzigartiges Beispiel frühma. Keroplastik (München Bayer. Nat. Mus.). Bes. Höhepunkte erreicht die Pflege der T. in der Goldschmiedekunst des Rhein-Maas-Gebietes im 12.(-13.) Jh. (→Nikolaus v. Verdun). In den »Diversarum Artium Schedula« handelt →Theophilus Presbyter (→Roger v. Helmarshausen) ausführl. 'De opere ductili'. Für die Zeit der Gotik sind Statuetten, Büsten u. a. plast. Werke als bevorzugte T.en charakteristisch, fast immer in Verbindung mit verschiedenen dekorativen Techniken.

V. H. Elbern

Lit.: s. a. →Goldschmiedekunst - Lex. d. Kunst VII, 399f. - W. THEOBALD, Technik des Kunsthandwerks im 12. Jh. Des Theophilus Presbyter Diversarum Artium Schedula, 1933 [Nachdr. 1984], v. a. Kap. XIII, LVIIIf., LXXIII, LXXVII - Gesch. der Kunst und der künstler. Techniken, hg. H. H. HOFSTÄTTER, 1967², 95-100 - J. WOLTERS, Zur Gesch. der Goldschmiedetechniken, 1, 1985 - V. H. ELBERN, Die Goldschmiedekunst im frühen MA, 1988, passim.

Treiben, allg. für die von Helfern (Treibern) und Hunden ausgeübte Tätigkeit, Wild aufzuscheuchen und mehr oder weniger schnell in Richtung auf eine Falle, eine Fangeinrichtung bzw. einen Schützen zu bewegen. Speziell ist T. die Bewegungsjagd von Wild in aufgestellte Netze hinein, in Fallgruben oder in Hecken. Ab dem 9. Jh. spielte im Rahmen der großen Hof- oder Kg.sjagden (vgl. Karl d. Gr., Alfred d. Gr.) die Treibjagd mit Netzen auf Rot-, Dam- und Rehwild in Dtl. und England eine bedeutende Rolle. Aus ihr entwickelte sich als typ. dt. Jagdart das »Eingestellte Jagen«. Bes. im nordeurop. Raum finden wir zum Schutz vor großem Haarraubwild T. auf Wölfe und Bären, bei denen die Teilnahme als Treiber gesetzl. vorgeschrieben war, etwa im Jüngeren →Westgötalagh.

S. Schwenk

Trelleborg, wikingerzeitl. Burganlage auf Seeland (Dänemark), eine der vier heute bekannten dän. →Rundburgen mit geometr. Grundriß, die als *trelleborge* ('Trelleburgen') bezeichnet werden. Die anderen Anlagen sind →Aggersborg, →Fyrkat (beide Jütland) sowie Nonnebakken (auf Fünen). Alle weisen die gleichen Grundrißprinzipien auf, weichen aber untereinander in der Größe und in verschiedenen Details ab; nur die T. verfügt über eine Vorburg. Baumaterialien waren Holz, Torf und Erde. Alle Anlagen wurden um 980 (nach dendrochronolog. und archäolog. Datierung) errichtet, d. h. gegen Ende der Regierungszeit Kg. →Harald Blauzahns; Holzteile aus der T. wurden auf 980/981 datiert. Alle Anlagen sind nur über einen kürzeren Zeitraum genutzt worden. Eine Rundburg in T. (Schonen/heute Schweden) ist möglicherweise zeitgenöss., gehört aber nicht zur engeren Gruppe der Trelleburgen.

Die Burg T. (1934-43 ausgegraben) liegt auf einer Landzunge, die durch zwei ineinandermündende Flußläufe gebildet wird. Um Platz zu gewinnen, wurde eine ältere Siedlung niedergelegt und Gelände aufgefüllt. Der genau kreisförmige Wall war 19 m breit, mit Holz verkleidet und mit inneren Holzverstärkungen versehen; der Graben war 18 m breit. Der Innenbereich der Anlage (Durchmesser: 136 m) war durch die Verbindungswege zw. den vier nach den Himmelsrichtungen angelegten Toren in vier gleichgroße Sektoren eingeteilt. In jedem Viertel befanden sich vier gleichgroße, zu einem Viereck zusammengestellte Holzhäuser mit konvex gekrümmten Wänden (Länge: 29,4 m; nur die Pfostenlöcher sind erhalten). Die Vorburg der T. war durch einen flachen, zum Hauptwall konzentr. verlaufenden Wall geschützt und bot Raum für 15 ebenfalls konvexwandige Häuser (Länge: 26,3 m), 13 davon lagen radial vom Mittelpunkt der Burg (und vermutl. auch der älteren Siedlung) mit rund 135 Erdbestattungsplätzen für etwa 150 Personen. Ein Grab (vermutl. ein Kriegergrab) enthielt 10 Skelette, zwei andere Gräber 5 Skelette. Die Mehrzahl der Bestattungen bildeten Männergräber, es konnten aber auch Frauen- und Kindergräber nachgewiesen werden.

Es wird allg. angenommen, daß die 'Trelleburgen' kgl. Ursprungs waren und daß sie als die ältesten kgl. Burganlagen gelten können. Zweck und Funktion der Burgen sind stark umstritten. Nach neueren Ansichten waren sie entweder Verteidigungsstützpunkte gegen äußere Feinde, v. a. gegen Flotten aus dem skand. Raum, oder Zwingburgen in Verbindung mit der dän. Reichseinigung oder Machtzentren, um Unruhen zu verhindern, die im Aufstand →Svend Gabelbarts gegen Harald Blauzahn und dessen Tod ca. 987 kulminierten.

E. Roesdahl

Lit.: HOOPS² X, s. v. Fyrkat [E. ROESDAHL; im Dr.] - P. NØRLUND, T., 1948 - H. SCHMIDT, The T. House Reconsidered, Medieval Archaeology 17, 1973, 52-77 - J. A. TRIMPE-BURGER, The Geometrical Fortress of Oost-Souburg (Zeeland), Château-Gaillard 7, 1975, 215-219 - O. OLSEN, Die geometr. dän. Wikingerburgen (Burgen aus Holz und Stein, hg. M.-L. HEYER-BOSCARDIN, 1979), 81-94 - N. BONDE-K. CHRISTENSEN, T.s Alder. Dendrokronologisk datering (Aarbøger for nord. Oldkyndighed og Hist., 1982), 111-152 - T. E. CHRISTIANSEN, T.s Alder, Arkæologisk Datering (ebd., 1982), 84-110 - E. ROESDAHL, Viking Age Denmark, 1982, 147-155 - DIES., The Danish Geometrical Viking Fortresses and their Context, Anglo-Norman Stud. 9, 1987, 108-126 - K. CHRISTENSEN-N. BONDE, Dateringen af T. - en kommentar (Aarbøger for nord. Oldkyndighed og Hist., 1991), 231-236 - H. SCHMIDT, Building Customs in Viking Age Denmark, 1994.

Trémaugon, Évrart de, frz. Autor, † 1386, gilt mit Sicherheit als Verfasser des →»Songe du Vergier«. Über seine frühen Jahre ist wenig bekannt. T. entstammte einer bret. Kleinadelsfamilie, studierte (dank der Förderung durch seinen Bruder Yon de T., *capitaine* unter Bertrand →Du Guesclin) ziviles und kanon. Recht in →Bologna bei Johannes v. Legnano (→Lignano). Als Dr. utr. jur. durchlief T. seit ca. 1363 eine kirchl. Karriere, lehrte seit 1369 in Paris kanon. Recht und wurde am 16. Mai 1374 von Kg. →Karl V. zum Rat und →Maître des Requêtes ernannt; seine eigtl. Aufgabe war jedoch die Abfassung des vom

Kg. nachdrücklich geförderten großen Traktats. T. beschloß seine Tage als Bf. v. →Dol. – Drei von T. zu Paris gehaltene 'lectiones'/'leçons' (1371, 1372, 1373) sind bekannt (Paris, Bibl. Nat. lat. 12461). Die erste und insbes. die dritte enthalten Passagen, die in der lat. wie frz. Fassung des »Songe du Vergier« wiederkehren. Auch belegen die zahlreichen Entlehnungen aus den Schriften des Johannes v. Legnano, v. a. aber Beginn und Titel des Werks, die Urheberschaft T. s.   M. Schnerb-Lièvre

Lit.: →Songe du Vergier.

Tremessen (poln. Trzemeszno; in ma. Q.: Sciremusine, Cheremesen), ehem. Abtei CanA, 20 km nordöstl. von →Gnesen, um 1130 gegr. von Hzg. →Bolesław Krzywousty zusammen mit seiner Ehefrau Salome v. Berg. Eine Gründungsurk. ist nicht vorhanden; die Bestätigungsurk. des klösterl. Besitzes durch Bolesławs Sohn →Mieszko III. Stary von (angebl.) 1145 ist eine Zusammenstellung des 13. Jh. anhand der Eintragungen in das Traditionsbuch. Bald nach der Gründung erbauten die Chorherren eine roman. dreischiffige Basilika mit Transsept (⌐ →Adalbert [15. A.], später auch Maria) unter spürbar schwäb. bzw. westfäl. Einfluß (Umbauten Ende des 18. Jh.). Die Abtei entwickelte sich zu einem der berühmtesten Kl. Nordpolens (Skriptorium, Schule, Bibl. mit kostbaren Hss., Kelche), doch wurden ihre Schätze nach der preuß. Säkularisation im 18. Jh. vielfach zerstreut.

Nach der späteren Adalbertslegende (»Tempore illo«, 12. bzw. 13. Jh.) soll der Körper des Märtyrers ztw. in T. deponiert und nachher nach Gnesen transferiert worden sein. Diese Nachricht gab Anlaß zur Vermutung, daß in T. i. J. 997 eine Kirche existierte, was durch den Hinweis der passio s. Adalberti aus Tegernsee gestützt wurde, daß der Prager Bf. auf seiner Missionsreise von Sachsen nach Polen und Preußen ein Kl. »ad mestris locum« gründete und mit Mönchen sowie dem Abt Astrik besetzte. Man vermutete dieses Kl. in Polen entweder in →Meseritz oder in T. (WOICIECHOWSKI), wo archäolog. Grabungen (seit 1949) die Fundamente der Basilika zutage brachten und die Rekonstruktion einer einschiffigen Kirche (JÓZEFOWICZÓWNA) erlaubten. Allerdings wird das Kl. »ad mestris locum« jetzt mit dem ung. Kl. →Pécsvárad identifiziert, und in T. durchgeführte Kontrollgrabungen stellten die Existenz einer Vorkirche vom Ende des 10. Jh. in Frage (CHUDZIAKOWA). Demnach wurde, wie es die glaubwürdige »Passio« überliefert, Adalberts Leichnam direkt nach Gnesen gebracht, und auch die Hypothese der Existenz eines Kl. OSB in T. erwies sich als falsch.   G. Labuda

Lit.: H. G. VOIGT, Adalbert v. Prag, 1898 [Q.] – T. WOJCIECHOWSKI, Szkice histor. XI wieku, 1904, 1970[4], 84ff. – Sztuka polska przedromańska i romańska do schyłku XIII wieku, red. M. WALICKI, 1971, I/2, 769–771 – K. JÓZEFOWICZÓWNA, Trzemeszno klasztor św. Wojciecha, 1978, 3ff. – J. CHUDZIAKOWA, Z problematyki badań archeologicznych zespołu poklasztornego w Trzemesznie (Acta Univ. Nicolai Copernici, Archeologia, 1992), 9–20 – B. KÜRBIS, Na progach historii, 1994, 225ff.

Tremissis → Triens; →Münze, A

Trémoille, La → La Trémoille

Trencavel, großes Fs.enhaus (Vicomtes) im Languedoc, besaß (unter Lehnshoheit der Gf.en v. →Toulouse) bis ins frühe 13. Jh. die Vizgft.en →Albi, →Nîmes, →Agde, →Béziers, →Carcassonne und →Razès; belegt seit 942 (Hatto/Aton, der den 'Castelvielh' zu Albi innehatte), verdankt die Familie ihre Bezeichnung 'T.' dem (wohl die Kampfkraft seines Trägers rühmenden) Beinamen des Vizgf.en *Raimond Bernard Aton, gen. Trencavel* (um 1074).

Der Sohn von Raimond Bernard T. und Cécile, einer Tochter des Gf.en v. →Provence, *Raimond T.* (* vor 1100, † 15. Okt. 1167), erbte 1129 Béziers, 1150 Carcassonne und Albi. Seine 2. Gemahlin, Saura, war von gfl. Rang. Raimond ließ zwar einen neuen Palast in Béziers errichten, residierte aber bevorzugt in Carcassonne. Der Kampf zw. den konkurrierenden Häusern →Barcelona und Toulouse bestimmte seine Strategie: Vor 1140 war er mit den Gf.en v. Toulouse verbündet; nach der Rückkehr vom 2. →Kreuzzug trat Raimond aber in eine Allianz mit dem Gf.en v. Barcelona ein. Nach einer Gefangenschaft (Okt. 1153 bis vor Juni 1155) in Toulouse nahm Raimond als Verbündeter Kg. →Heinrichs II. Plantagenêt und Gf. →Raimunds Berengar IV. an der Belagerung v. Toulouse teil (1159), das nur durch Eingreifen des frz. Kg.s →Ludwig VII. gerettet wurde (Friedensschluß Mai 1161). An der Seite des Gf.en v. Barcelona beteiligte sich Raimond T. 1162 auch am 3. Krieg gegen das Haus →Baux. Im Juni 1163 schloß Raimond erneut Frieden mit dem Gf.en v. Toulouse unter Anerkennung der Autorität des Kg.s v. Frankreich. Am 15. Okt. 1167 erlag er während der Sonntagsmesse in Béziers einem (nach zeitgenöss. Chronisten von einem 'Bürger' verübten) Assassinat.

Sohn von Raimond T. und Saura war *Roger v. Béziers* (* 1149, † vor Aug. 1194), altprov. 'Roilaret de Besiers'. Die Gf.en v. Toulouse und →Foix griffen nach dem Erbe des jungen Fs.en, dieser aber erreichte mit Hilfe →Alfons' II. v. Aragón die Einsetzung in seine Besitzungen (1168) und zog unter dem Schutz katal.-aragones. Söldner in Béziers ein, um Rache an seinen Gegnern zu nehmen. Roger baute die Verwaltungsinstitutionen aus und umgab sich mit Juristen und (auch jüd.) Intellektuellen. Unterpfand seines fragilen Friedens mit Toulouse war die Vermählung (1171) mit Adalais († 1199), Tochter Gf. Raimunds V. (der berühmten 'Comtesse de Burlats' der →Troubadoure). Das Fürstenpaar wurde von päpstl. Seite bald als Beschützer der 1179 durch das Laterankonzil verurteilten Häretiker (→'Albigenser', →Katharer) angegriffen (1178 bzw. 1181 vom päpstl. Legaten →Heinrich v. Marcy eingeleitete Kriegszüge gegen →Castres und den Katharerort Lavaur). Nach Beilegung interner Konflikte (um den Besitz v. Albi, 1190) schlossen Roger T. und Raimund V. v. Toulouse 1191 einen Beistandspakt. Im März 1194, kurz vor seinem Tode, unterstellte Roger seinen Sohn Raimund Roger dem Schutz des Gf.en v. Toulouse und vertraute die 'garde' seiner Territorien seinem (ebenfalls der Häresie verdächtigten) Getreuen Bertrand de Saissac an.

Der Sohn *Raimond Roger* (* 1186/87, † 10. Nov. 1209) heiratete 1203 Agnès, die Tochter von Wilhelm VIII. v. Montpellier; beider Sohn *Raimond T.* wurde 1207 geboren. Durch den Frieden, der 1198 zw. dem Kg. v. →Aragón und dem Gf.en v. Toulouse geschlossen wurde, geriet der junge T. in polit. Isolation. Im Verlauf des von Simon de →Montfort geführten *Albigenserkreuzzuges* (→Albigenser, II) zog sich Raimond Roger aus Béziers, das von den Kreuzfahrern erstürmt wurde (22.–25. Juli 1209), nach Carcassonne zurück, das Montfort vor dem 15. Aug. aber ebenfalls einnahm. Der in einem Befestigungsturm gefangengehaltene Vicomte starb am 10. Nov. (nach zeitgenöss. Gerüchten durch Gift). Am 20. Nov. leistete seine Witwe Güterverzicht zugunsten des Siegers, der die eroberten Gebiete dem Kg. v. Frankreich übergab. Der Sohn *Raimond T.*, welcher der Vormundschaft des Gf.en v. Foix anvertraut worden war, unternahm nach Erreichen des Mannesalters noch den (gescheiterten) Versuch einer Wiedereroberung seines Erbes

(1240). Die Länder seiner Vorfahren gehörten fortan zur →Krondomäne. C. Amado

Lit.: L. NOGUIER, Les vicomtes de Béziers: extinction de l'albigéisme, 1894 – J.-L. BIGET, Hist. d'Albi, 1983, 33-63 – Hist. de Carcassonne, hg. J. GUILAINE–D. FABRE, 1984, 43-60 [J.-M. CARBASSE] – Hist. de Béziers, hg. J. SAGNES, 1986, 1-94 [C. DUHAMEL-AMADO]; 95-111 [M. BOURIN].

Trense, einfachste Form des Pferdegebisses, seit Beginn der Reiterei in der Steppenkultur bekannt, anfangs aus Holz oder Bein, später aus Metall hergestellt. Das Herausrutschen aus dem Pferdemaul verhinderten beidseitige Knebel (Psalien), bald auch Ringe. Die T. konnte eine »einfache T.« aus einem Stück oder eine »gebrochene T.« mit Gelenk in der Mitte sein. An den Enden der T. war der T.-Zügel befestigt. O. Gamber

Trenta, Kaufmannsfamilie aus →Lucca, die ihr Vermögen im frühen 15. Jh. im internationalen Handel (Tuche, Häute, Goldschmiedearbeiten, Preziosen) zu →Paris und →Brügge machte. Sie stand in enger Beziehung zu den Höfen v. →Frankreich und →Burgund, aber auch zum heim. Signore Paolo →Guinigi (1400-30, †1432). Bedeutende Geschäftsleute waren *Federico T.* und seine Söhne: *Lorenzo* († 1439), *Silvano, Matteo* und *Galvano.* Letzterer war vermählt mit einer Tochter aus dem florent. Hause der →Bardi und trat als großer Kreditgeber des Hofes v. →Navarra sowie als Hüter der Preziosen Hzg. Johanns (→Jean sans Peur) v. Burgund hervor. Lorenzo war Hoffaktor und Korrespondent Paolo Guinigis; sein Ruhm als →Mäzen beruht auf dem marmornen *T.-Altar* in S. Frediano/Lucca (Kapelle S. Riccardo), den in seinem Auftrag Jacopo della →Quercia unter Mitarbeit von Giovanni di Imola 1413-22 schuf. E. Lalou

Q. und Lit.: EncIt, s.v. – L. FUMI–E. LAZZARESCHI, Carteggio di Paolo Guinigi, 1925 – L. MIROT–E. LAZZARESCHI, Lettere di mercanti lucchesi da Bruges e da Parigi (1407-21), Boll. storico lucchese, 1929.

Trentschin (Trenčín), Burg und Stadt an der Waag in der W-Slowakei. Aus der röm. Siedlung (Inschrift von 179 n. Chr.) Laugaritio (gr. Leukaristos?) hervorgegangen, war T. spätestens seit dem 9. Jh. ein regionales Zentrum, das erst im letzten Drittel des 10. Jh. von den Ungarn erobert wurde. Zw. 1002/03 und 1017/18 stand T. unter der Herrschaft Fs. →Bolesławs I. Chrobry v. Polen, der die dortige Burg mit der »provincia Wag« dem Fs.en Prokuj verlieh, der von seinem Neffen, dem ung. Kg. Stephan I., aus Siebenbürgen vertrieben worden war. Seit dem 11. Jh. war die Burg T. eine wichtige Festung und Sitz eines großen Grenzkomitats an der Grenze nach Böhmen (Mähren). Aus dem ursprgl. Sprengel der Großpfarre entstand das Archidiakonat T., das zum Bm. →Nitra/Neutra gehörte. Seit dem Ende des 13. Jh. unterstanden Burg und Herrschaft T. der Sippe →Csák, deren wichtigstes Mitglied Matthäus III. v. T. († 1321), der mächtigste Oligarch im Kgr. Ungarn, war. Im Aug. 1335 trafen sich in T. der ung. Kg. Karl I. Robert, der böhm. Kg. Johann v. Luxemburg und sein Sohn, der mähr. Mgf. Karl, sowie Vertreter des poln. Kg.s Kasimir III., um den Streit zw. Böhmen und Polen um →Schlesien zu lösen. Die provisor. T.er Vereinbarung vom 24. Aug. 1335 sollte beim Treffen der drei Herrscher in →Visegrád im Nov. 1335 bestätigt werden, doch wurde das T.er Abkommen, dessen Zustandsbeschreibung fakt. über vier Jahrhunderte gültig blieb, erst am 9. Febr. 1339 von dem poln. Kg. Kasimir in Krakau ratifiziert. R. Marsina

Lit.: O. BAUER, Poznámky k mírovým smlouvám českopolským z r. 1335 (Sborník prací věnovaných prof. Dru Gustavu Friedrichovi k šedesátým narozeninám 1871-1931, 1931), 11-22 – T., 1993, 47-58.

Trepča, Bergwerk und Bergbaustadt in →Serbien bei Stari Trg in der Nähe von Kosovska Mitrovica, erwähnt seit 1303; gefördert wurden Silber, Blei und Kupfer. Die Gemeinde der Sachsen (→Sasi) wurde durch Kaufleute und Unternehmer aus →Kotor und →Ragusa verstärkt, so daß der Markt zwei kath. Kirchen hatte (ô Maria, ô Petrus). Nach der Vertreibung von Vuk Branković (1396; →Brankovići) und der Einnahme der benachbarten Festung Zvečan setzten sich die Türken in T. fest. Sie hatten Anteil an den Zechen, eine eigene Münzstätte und strebten nach der Kontrolle der Silberausfuhr. Etwa 2 km von der ursprgl. Siedlung entfernt entstand das türk. T. (Triepza Turcha). T. gehörte zum Territorium der Brankovići, die dort über den Zoll und die Münze verfügten. Oberhaupt der Gemeinde war der *knez* (comes). T. war Sitz des *kefalija,* des Statthalters für das umliegende Gebiet. Als T. 1455 vollständig in türk. Hände fiel, lähmte dies den →Bergbau für Jahrzehnte. S. Ćirković

Lit.: M. DINIĆ, T. u srednjem veku, Prilozi KJIF 33, 1967, 3-10 [= DERS., Srpske zemlje u srednjem veku, 1978, 400-409] – N. BELDICEANU, Les actes des premiers sultans, II, 1964.

Treppe, in bescheidener Form Stiege genannt, dient der Verbindung von zwei verschieden hohen Ebenen, im Unterschied zur Rampe und Leiter mit Stufen; im Gelände als Freit., an Wänden als Außent. und im Innern eines Gebäudes als Innent. oder in der Mauer als Mauert., aus Holz oder Stein; Podeste unterbrechen den T.nlauf, entweder als gerade ein- oder mehrarmige T. oder gebrochene T., deren Läufe, zumeist an den Podesten, Richtungswechsel vollziehen (zwei- oder mehrarmige T.). Im MA hat die T. zunächst geringe Bedeutung. Im Profanbau allgemein als Außent. aus Holz (Burg Münzenberg 1160/65); Innent.n in Stein kommen erst langsam im 12. Jh. auf (engl. Donjons, einläufige T. im Palas der Wartburg um 1160, einläufige und gewendelte T. in der Pfalz Gelnhausen 1160/70), zuvor im Kirchenbau als Wendelt. (Münster in Aachen um 780/790) oder mit flacher Neigung (auch als Rampe) in Kirchtürmen (sog. Eselst., vermutl. zum Materialtransport für Tiere, Regensburger Dom um 1400). Erst in der Spätgotik erfuhr die Wendelt. als fassadengestaltendes Element in durchbrochenen T.ntürmen eine reichere Gestaltung (Wendelstein der Albrechtsburg in Meißen durch Arnold v. Westfalen 1471/81), Vorläufer sind runde oder polygonale Türme mit Wendelt. (Burg Babenhausen im Odenwald Anfang 13. Jh.). G. Binding

Lit.: Glossarium Artis. Fasz. 5. s.v. T., 1973 – F. MIELKE, Die Gesch. der dt. T., 1966 – F. MIELKE, Hdb. der T.nkunde, 1993 [Bibliogr.] – G. BECKER, Die Raumverbindungen in dem dt. Wohnbauten des MA und der Renaissance [Diss. masch. Berlin 1941] – D. PARSONS, The Romanesque Vices at Canterbury (Medieval Art and Architecture at Canterbury, 1982), 39-45 – F. MIELKE, Die T. der Wartburg als kulturgesch. Zeugnis (Burgen und Schlösser, 1989), 35-39.

Tresekammer (von lat. thesaurus, camera) bezeichnet eine fsl., später auch städt. Schatzkammer; seit dem 13. Jh. verengte sich der Begriff zur Bezeichnung eines Verwahrungsortes besonderer Schätze, der →Handfesten, insbes. der städt. Verwaltung, und wurde synonym für →Archiv gebraucht, wogegen die Trese (auch für T. verwendet) ursprgl. ein Kasten, Schrank oder truhenförmiges Behältnis zur Verwahrung von Geld, Wertsachen oder Schriftstücken (so Hamburg 1293) war. Die T. befand sich im →Rathaus (Magdeburg 1456) oder in Kirchen, so Bremen (Unser Lieben Frauen 1221?) und Lübeck (Marienkirche 1298); dort bis 1909, hier bis heute als Urkk.archiv in Gebrauch, gesichert durch zwei eiserne, mit Kupferblech beschlagene Türen mit ursprgl. vier Schlüsseln. Seit dem

15. Jh. kann die →Sakristei, eine Schreibstube, ja sogar eine Abstellkammer T. genannt werden. A. Graßmann
Lit.: GRIMM, DWB XI, Abt. 1, T. 2, 163-165 – A. GRASSMANN, Von der Trese, der Schatzkammer des Lübecker Rats, Zs. des Ver. für lüb. Gesch. und Altertumskunde 54, 1971, 87-93.

Trésor royal, Schatzamt für die Einkünfte des Kg.s v. Frankreich (→Finanzwesen, B. I, IIII). Im 11. und 12. Jh. fungierte der T., unter der Leitung des →Chambrier (cubicularius), nicht nur als zentrales Schatzamt, in dem die von den →Prévôts, den kgl. Domänenverwaltern, erwirtschafteten Einnahmen zusammenflossen, sondern auch als Aufbewahrungsort der Kleider, Juwelen, des Tafelgeschirrs und der Archive des Kg.s. Erst langsam gewann die kgl. Kasse im engeren Sinne Eigenständigkeit. Über ihre Funktionsweise ist nichts Näheres bekannt, mit Ausnahme der Ernennung eines Beauftragten für das Ausgabenwesen ('despensier') unter →Philipp I. (1060-1108).

Unter →Ludwig VII. (1137-80) treten Wechsler ('changeurs') und Schatzmeister ('trésoriers') hervor. Unter diesem Kg. wurde der T. auch aus dem 'Palais de la Cité' in den 'Temple', den Pariser Sitz des →Templerordens, verlegt. Der Orden (bzw. der Ordensschatzmeister) verwaltete fortan für den Kg. den wie eine Bank geführten T.

Die Verwaltung des T. im Temple ließ neue Typen von Quellenreihen entstehen: 'Ordinaire du T.', ein Verzeichnis der zu bestimmten Terminen vorzunehmenden Zahlungsgeschäfte; 'Extrait du T.', aufgrund von Auszügen aus dem 'Journal du T.' angefertigte Notizen zur Orientierung über den augenblickl. Stand; 'compte du T.', eine Art Rechnungsbuch, in dem Soll und Haben verzeichnet waren.

Der T. verblieb im Temple, bis ihn →Philipp d. Schöne 1295 in den Louvre überführen ließ. Doch wies der Kg. 1303 erneut alle Einnehmer (→Receveurs) an, ihre Zahlungen an den (nun von kgl. Schatzmeistern verwalteten) Temple, der aber nur noch als sicherer Aufbewahrungsort der Geldbestände diente, zu leisten. Auch nach der Verhaftung der Templer (1307) verblieb der T. im Temple. Das von Enguerran de →Marigny eingerichtete System mit zwei Kassen endete mit dem Sturz Marignys (1315). Seit 1315 war der T. im Louvre untergebracht. Er wurde verwaltet von 'Trésoriers' (zwei oder drei am Ende des 13. Jh.), denen 'clercs du t.' und ein 'changeur' zur Seite standen. Das Amt des Trésorier nahm bes. in der 1. Hälfte des 14. Jh. beträchtlich an Gewicht zu (u. a. Durchführung gerichtl. Untersuchungen: *enquêtes*, Inspektionen). Die seit 1356-57 als außerordentl. Steuern erhobenen →Aides wurden aber von anderen Fiskalbeauftragten ('généraux', 'élus') verwaltet, so daß sich die Trésoriers im wesentl. auf die Verwaltung der kgl. Domanialeinkünfte (→Krondomäne) beschränkten. Die Trésoriers legten über die von ihnen getätigten Transfers und ihre Kontrollaufgaben vor der →Chambre des Comptes Rechenschaft ab. War die Aufgabenverteilung der Trésoriers untereinander bis ins 15. Jh. fallweise und nach Bedarf geregelt, so wurden ab 1443-45 feste regionale Ressorts geschaffen: Langue d'Oïl (mit Sitz in →Tours), Langue d'Oc (→Montpellier), Pays-sur-et-Outre-Seine-et-Yonne (→Paris), Normandie (→Rouen), später Guyenne, Burgund, Picardie-Artois. – Bestimmte Trésoriers fungierten auch als Richter an der gegen Ende des 14. Jh. geschaffenen →Chambre (bzw. Cour) du T., dem Gerichtshof für Prozesse der domanialen Finanzverwaltung.

Der Kg. prüfte über seinen Rat (→Conseil) den Stand der Finanzen und der von den Trésoriers bereitgestellten Etatmittel. Die Entscheidung über die Ausgaben lag beim Kg. bzw. seinen Vertrauten (z. B. Enguerran de Marigny unter Philipp IV.; Miles de →Noyers, Henry de →Sully und Renard de Lor unter →Philipp V.). Die Trésoriers dagegen hatten nur die kgl. Einnahmen zu verwalten.

Die Entwicklung der Einnahmen sowie v. a. die Unterscheidung, die seit dem 14. Jh. zunehmend zw. der 'Privatperson' und der 'öffentl. Person' des kgl. Souveräns getroffen wurde, ließen eine Situation entstehen, die unter der Regierung →Karls V. (1364-80) zur Herausbildung von drei T.s (anstelle des urspgl. einzigen) führten. Der »traditionelle«, von den Trésoriers geleitete T. umfaßte im wesentl. die (infolge der polit. Krise verminderten) Domanialeinkünfte. Der Ertrag der Aides floß dagegen einem anderen T. zu, der unter Karl V. bes. Bedeutung gewann. Ein dritter T. wurde gebildet vom 'persönl.' Schatz des Kg.s und der sog. 'coffres' (Truhen, Schatullen), die in den wichtigsten Residenzen (Louvre, →Vincennes, →Melun usw.) wohlgesichert aufbewahrt wurden, gehütet von kgl. Familiaren (→Valet de Chambre). Dieser als Reserve dienende T. enthielt neben Gold- und Silbermünzen auch Juwelen, Goldschmiedearbeiten und kostbare Handschriften im geschätzten Wert von über 400000 Goldfranken (1368). Doch die Kriegskosten leerten rasch die 'coffres', wenn auch der Kg. von 1370 bis zu seinem Tode (1380) bestrebt war, sich seine Privatschatulle neu aufzubauen, die (ohne die 3906 im kgl. Inventar verzeichneten kostbaren Objekte) schließlich noch einen Wert von über 200000 Goldfranken repräsentierte und im Testament des Kg.s für die Bezahlung bestimmter Schulden reserviert war.

Die 1315 konstituierte, zum →Hôtel du Roi gehörende →Argenterie verwaltete die Bestände des Kg.s an Kleidern, Juwelen, kostbarem Tafelzeug und edlen Kunstobjekten. Sie hatte sich – wie der T., aber wesentlich später – aus der kgl. Chambre herausgeschält.

Am 18. März 1523 richtete Franz I. das Amt der 'Épargne' als zentrales Schatzamt ein (»trésorier de l'Épargne et receveur général des parties casuelles et inopinées des finances«). Die Épargne existierte seit dem 14. Jh., ist 1388 belegt und war eine aus dem T. und den Aides gespeiste Kasse, die große Summen für diplomat. und polit. Missionen, Reisen des Kg.s, Feste sowie Darlehen und Zuwendungen (→Pension) an hochgestellte Persönlichkeiten bereitzustellen hatte. Bereits für Karl V. ist bekannt, daß er Geldbestände aus der 'Espergne' unmittelbar in seine 'coffres' überführen ließ.

Die kgl. Ordonnanz vom 28. Dez. 1523 bestimmte jedoch, daß mit Wirkung vom 1. Jan. 1524 alle Einnahmen des Kgr.es an die Épargne zu gehen hatten. Den Trésoriers und Généraux wurde die selbständige Weisungsbefugnis entzogen; sie behielten nur mehr ihre Inspektionsaufgaben. Ihre finanzrechtl. Befugnisse gingen an den →Conseil royal über. – Zu England: →Treasurer, →Exchequer.
E. Lalou

Q.: L. DELISLE, Mém. sur les opérations financières des Templiers, Mém. Institut de France, Acad. des Inscr. et belles lettres 33, 2ᵉ partie, 1889 – J. VIARD, Les journaux du T. de Philippe VI de Valois, 1899 – DERS., Les journaux du t. de Charles IV, 1917 – R. FAWTIER, Comptes du T., hg. CH.-V. LANGLOIS, 1930 – J. VIARD, Les journaux du T. de Philippe IV, 1940 – Lit.: BORELLI DE SERRES, Recherches sur divers services publics, III, 1895, 1–90 – F. LOT-R. FAWTIER, Hist. des institutions françaises au MA, II: Institutions royales, 1958, 73–74, 142, 274 – M. REY, Le Domaine du roi et les finances extraordinaires (1388–1413), 1965 – DERS., Les finances royales sous Charles VI. Les causes du déficit (1388–1413), 1965 – R. CAZELLES, L'argenterie de Jean le Bon et ses comptes, Bull. soc. nat. des antiqu.

de France, 1966, 51–62 – Ph. Henwood, Le t. royal sous le règne de Charles VI, 1978, 91–98 – R. Cazelles, Les t.s de Charles V, Comptes rendus de l'Acad. des inscr., 1980, 214–225.

Trespass, Klage im Engl. Recht, eingeleitet bei dem Tatbestand des persönl. Angriffs oder der Beschädigung des Eigentums. Vor ca. 1200 wurden solche Schadensfälle wie Kapitalverbrechen unter Berufung auf →*felony* verfolgt und durch den gerichtl. →Zweikampf zw. den Opfern (oder ihren überlebenden Verwandten) und dem Angeklagten entschieden. Aber in der 1. Hälfte des 13. Jh. begannen die Richter des Kg.s, Geschworenengerichte bei Klagen einzuberufen, die Schadensfälle betrafen, die nicht als felony bezeichnet wurden, aber angebl. mit Gewalt und Waffen (»cum vi et armis«) begangen worden waren und deshalb T.es gegen den Frieden des Kg.s darstellten (»transgressiones contra pacem domini regis«). Diese Behauptungen wurden schnell Fiktionen, mit denen eine unbegrenzte neue Kategorie von rechtswidrigen Handlungen (*torts*) vor den Gerichtshöfen verhandelt werden konnte. Anders als die Anklagen wegen felony, die zur Hinrichtung der überführten Verbrecher führten, oder die Grundbesitzprozesse, die die Wiederherstellung des bestrittenen Besitzes zum Ziel hatten, erkannten die T.-Prozesse den erfolgreichen Klägern Schadenersatz zu und verurteilten die unterlegenen Parteien zu Geldbußen an den Kg. Seit der 2. Hälfte des 13. Jh. wurden bes. Unterkategorien von torts wie z. B. Schädigung durch Betrug, Fahrlässigkeit und Vertragsbruch unter *writs of t., t. on the case* und *assumpsit* definiert. Zur gleichen Zeit bestimmte die Ernennung der →*Justices of the Peace* mit der Gewalt, T.es im Namen des Kg.s zu ahnden, aber nicht über den Schadenersatz zu befinden, eine Kategorie von Verbrechen unterhalb der felony, die später *misdemeanours* ('mindere Delikte') genannt wurden. A. Harding

Lit.: S. F. C. Milsom, T. from Henry III to Edward III, LQR, 1958 – A. Harding, Roll of the Shropshire Eyre of 1256, Selden Society, 1981.

Tretmühle. T.n wurden im Gegensatz zu anderen →Mühlen über ein Tretrad oder eine Tretscheibe durch Menschen oder Tiere (Hunde, Esel, Pferde, Ochsen) mit den Füßen bewegt. Der Antrieb fand in Getreidemühlen Verwendung (bildl. Darstellungen des gefangenen Samson in der T.) und vornehml. seit dem 13. Jh. auch für →Kräne auf Baustellen und in Häfen, wo T.n den einfachen Flaschenzügen, Wippen, Heberollen und Winden Konkurrenz machten. Weiterhin wurden Tretträder für Stampfen und Schiffe (China) genutzt. Die wichtigste der drei Hauptformen des Antriebs waren Trettrommeln für innen laufende Menschen oder Tiere. Spätestens seit dem 15. Jh. gab es daneben von außen bewegte Sprossentreträder sowie die horizontal und schräg gelagerten Tretscheiben. In den Maschinenbüchern des 16. Jh. finden sich Verbesserungsvorschläge, unter denen sich das Sprossentretrad wegen seines optimalen Kraftansatzpunktes durchsetzte. H.-L. Dienel

Lit.: W. Ruckdeschel, Faszination Hebetechnik, 1991 – H.-L. Dienel–W. Meighörner, Der Tretradkran, 1995 – →Kran.

Treue. Das sehr alte Rechtswort T. geht auf einen germ. Wortstamm zurück, der von Anfang an mit der Bedeutung 'Vertrag, Waffenstillstand' verknüpft ist. Im →langobard. Recht heißt *treuwa* ein Vertrag, der die →Fehde beendet und das Versprechen enthält, Buße zu leisten, wenn die Reinigung von dem erhobenen Schuldvorwurf mißlingt (Liutprand c. 42). Offenbar handelt es sich um denselben Vertrag, den die →Lex Salica (c. 50) als fides facta bezeichnet. Im HochMA heißt die vereinbarte Waffenruhe treuwa, und bei den →Gottesfrieden spricht man von *trewa Dei*, bis sich die daneben aufkommende lat. Form treuga durchsetzt und behauptet. Aber auch für den bloßen Schuldvertrag bleibt das Wort gebräuchl.; von dem »in trüwen geloven« kommt die heutige Formel von »Treu und Glauben« her. Wie es scheint, war die treuwa ein Formalvertrag – durch Eidschwur oder zumindest durch Handschlag ('Handt.') begründet.

Das Interesse der Forsch. galt freilich weniger dieser Vorstellung von T., sondern vielmehr einer anderen, nämlich der T. bindung einer Person an eine andere. Diese Bedeutung war dem Wort T. in den as. und ahd. Evangeliendichtungen zugewachsen. Im →Heliand, bei →Otfrid v. Weißenburg und im ahd. →Tatian – überall ist *triuwa*, treuwa die Lehnübers. von lat. fides. Dieses Wort wiederum hat in der lat. Bibel nur noch ausnahmsweise den ursprgl. antiken Sinn der Verläßlichkeit, sondern meint als Übers. von griech. *pistis* das Vertrauen auf Gott, den Glauben an Gott. Die bekannte karol. Formel von den »fideles Dei et regis« (→Fidelis) legt die Vermutung nahe, daß dieses christl. Vorbild nicht nur in den sog. Untertaneneiden, sondern auch in der fidelitas frk. Antrustionen (→Antrustio) und ma. Lehnsleute (→Lehen, -swesen; Lehnrecht) nachwirkt. Gerade die dt. Forsch. des 19. und 20. Jh. wollte hier freilich überall germ. T. vorstellungen finden. Sie stand im Banne des Topos von der 'dt. T.', der mit dem dt. Nationalgefühl von Anfang an verbunden scheint. Er läßt sich schon um 1500 im Kreis der oberrhein. Humanisten (→Humanismus, B) erkennen und entstammt offenbar dem Germanenbild, das diese sich mit Hilfe des →Tacitus und anderer antiker Autoren gemacht haben. Die Verfassungs- und Rechtsgesch. hat die Vorstellung von der 'dt. T.' im 19. Jh. rezipiert. Bei G. Waitz, O. Gierke u. a. erscheint die T. als ein Wesenszug des dt. Rechts – von der T. des Gefolgsmanns (→Gefolgschaft), des Verwandten und des Schwurfreundes bis hin zur Vertragst. In unserem Jh. zunächst zu einem germ. Rechtsmysterium übersteigert (Cl. Frhr. v. Schwerin, W. Merk), wurde die Lehre von der 'germ. T.' in der 1959 durch F. Graus ausgelösten Kontroverse schließlich überwunden. In der neueren Lit. wirkt sie nur noch gelegentl. nach. K. Kroeschell

Lit.: Hoops² IX, 3f. – HRG V, 320–338 – F. Graus, Verfassungsgesch. des MA, HZ 243, 1986, 529–589 – K. Kroeschell, Stud. zum frühen und ma. dt. Recht, 1995, 157–181 [Ders., Die T. in der dt. Rechtsgesch., 1969]; 183–207 [Ders., Führer, Gefolgschaft und T., 1995].

Treuga Dei → Gottesfriede

Treuhand, eine der Institutionen, die die dt. Rechtsgesch. in ihrem Bild vom ma. Recht verwendet. Im wesentl. daran anknüpfend, versteht das geltende dt. Zivilrecht unter dem T.er eine Person, der ein anderer (der Treugeber) einen Gegenstand oder ein Recht mit der Verpflichtung zuwendet, diesen oder dieses zugunsten des Treugebers oder eines Dritten zu verwalten. Mit einem dieser Definition entsprechenden, allerdings nicht immer gleichen Bedeutungsgehalt wurden die Begriffe »T.er« und »T.« in Anlehnung an ma. Q.ausdrücke (*manufidelis, triuwehender*) seit der Mitte des 19. Jh. (G. Beseler, 1835) von der dt. rechtsgeschichtl. Lit. verwendet, allerdings noch neben der bisher in den Mittelpunkt gestellten Figur des →Salmanns. Erst gegen Ende des 19. Jh. ist die T. zum rechtsgermanist. Institut geworden (A. Schultze, 1895).

Die unter T. eingeordneten Geschäftsformen sind früher oder später in weiten Teilen des ma. Europa anzutreffen. Hierher gehören nicht nur die v. a. in den Urkk. seit dem 8. Jh. auftretenden Spielarten des Letztwillensvollstreckers, sondern auch Rechtsverhältnisse, die mit spätantiken Rechtswörtern wie commendare, commendatio umschrieben werden, und die auch außerhalb der Letztwillensvollstreckung anzutreffen sind (z. B. Anvertrauen einer Sache zur Aufbewahrung oder zum Verkauf). Eindeutig spätantiken Ursprungs dürfte das ein besitzloses Pfand begründende scriptum fiduciationis sein, das nicht nur in einem Kapitular v. 880 vorkommt (MGH Cap. II nr. 236), sondern auch später noch in Südfrankreich anzutreffen ist.

Seit dem 12. und 13. Jh. hat sich der Anwendungsbereich der T. erhebl. ausgeweitet. Sie kommt insbes. im Lehnrecht (→Lehen) – hier wird der T.er u. a. als Lehnsträger (*gardien*) bezeichnet – und im Privatrecht vor. Da das Lehnrecht nur für einen bestimmten Personenkreis galt (→Heerschildordnung), hat man, wenn etwa ein Lehnsgut einer nichtlehnsfähigen Person zugewandt werden sollte, einen lehnsfähigen Träger eingeschaltet, wie bei der Vergabe an Geistliche, Ritterorden, Kl., Spitäler (dort stand ein kirchl. Treueidverbot im Wege) oder an Städte, Frauenstifte, Minderjährige, Juden, Bürger und Bauern. Der Lehnsträger konnte auch die Funktion eines Vormunds (→Vormundschaft) bekleiden. Ein analoger Anwendungsbereich der T. findet sich im Grundstücksrecht, wenn der Erwerber eines städt. Grundstücks kein Bürgerrecht (→Bürger) hatte. Hier tritt ein Bürger, oft Salmann gen., im südtt.-alem. Bereich→Träger, als Erwerber auf. Ähnliches gilt auch für das bäuerl. Recht. In all diesen Fällen ist die T. ein Instrument gewesen, um ständerechtl. Beschränkungen im Interesse eines erweiterten Rechts- und Wirtschaftsverkehrs zu überwinden. Eine ähnl. Funktion und ein vergleichbarer Anwendungsbereich kamen dem engl. Institut *use* (*trust*) zu, das freilich eben wegen jenes »Umgehungscharakters« später erhebl. Einschränkungen durch den Gesetzgeber hinnehmen mußte.

Daneben wurde die T. vielfältig als Mittel eingesetzt, um zeitweilige Ungewißheiten im Hinblick auf eine Rechtsinhaberschaft zu überbrücken, und – nach wie vor – im Rahmen der Letztwillensvollstreckung verwendet. Eine bes. Form ist der Salmann als regelmäßiger Zwischenmann bei Eigentumsübertragungen. Mit der schon im MA einsetzenden Rezeption des gelehrten röm. Rechts sind auch in den Fällen der T. Umbildungen eingetreten.

K. O. Scherner

Lit.: HRG V, 342f. – G. BESELER, Die Lehre von den Erbverträgen, Erster Theil: Die Vergabungen von Todes wegen, 1835 – A. SCHULTZE, Die langob. T. und ihre Umbildung zur Testamentsvollstreckung, 1895 [Neudr. 1973] – K. BEYERLE, Das Salmannenrecht, I, 1900 – F. BEYERLE, Die T. im Grundriß des dt. Privatrechts, 1932 – P. OURLIAC-J. DE MALAFOSSE, Hist. du Droit privé, I, 1957; II, 1961 – P. S. LEICHT, Diritto privato, II: Diritti reali, 1960²; III: Le obbligazioni, 1948² – G. CHEVRIER, A propos du wadiator dans le pagus Matisconensis et de l'execution posthume du don pro anima (Album J. BALON, 1968), 79–94 – J. H. BAKER, An Introduction to English Legal Hist., 1971 – K. O. SCHERNER, Salmannschaft, Servusgeschäft und venditio iusta, 1971 – C. SCHOTT, Der Träger als T.form, 1975 – →Lehen.

Trevet(h), Nicholas OP, engl. Theologe und Humanist, * um 1258, † um 1334 in London; Sohn eines Ritters aus Somerset, Lehrer in Oxford, bevor er sich an die Univ. v. Paris begab. 1314 nahm er seine Lehrtätigkeit in Oxford wieder auf. T. ging dann nach London, wo er 1324 Lektor im Dominikanerkl. wurde. T. verfügte über Kontakte zum engl. Kg.shof und zu Dominikanern in ganz Europa, was sicherl. dazu beitrug, daß seine Schriften in weiten Kreisen bekannt wurden. T.s Textkomm.e behandeln eine große Zahl von kirchl. und klass. Themen (→Kommentar, III). Sein bedeutendster Beitrag lag wahrscheinl. in seinen Komm.en zu den Klassikern. Dank des Einflusses seines Mitdominikaners Nicholas de Prato wurde T.

von Papst Johannes XXII. beauftragt, den ersten bekannten Komm. zu →Livius zu schreiben. Sein Werk auf dem Gebiet der klass. Komm.e muß als ein wichtiges Element innerhalb der spätma. Wiederbelebung des Interesses an der Antike gesehen werden (→Ovid, V; →Seneca, I; →Boethius, II, 1). T.s chronist. Werk entwickelte sich teilweise in Zusammenhang mit seinem Interesse für die klass. Antike. Seine »Historia ab orbe condito« handelt von der Schöpfung bis zur Geburt Christi und war Hugo, dem päpstl. Nuntius, gewidmet, der ihn beauftragt hatte, eine Gesch. der vorchristl. Zeit zu erstellen. Die »Historia« scheint sich auf den europ. Kontinent größerer Beliebtheit erfreut zu haben als in England. Die anderen hist. Schriften T.s wurden durch seine Kontakte zum engl. Hof angeregt. Die »Chronicles«, eine Art Universalgesch. in anglo-norm. Sprache, wurden für Margarete v. Woodstock (⚭ →Johann II., Hzg. v. Brabant [20. J.]; Tochter Eduards I.) verfaßt. Sie sind in mehreren Kopien erhalten, wurden ins Me. übersetzt und von →Chaucer in den »Canterbury Tales« für seine »The Man of Law's Tale« benutzt. T.s »Annales sex regum Angliae« stellen einen Bericht über die Kg.e v. England von Stephan v. Blois bis zu Eduard I. dar. Obwohl es sich bei den »Annales« in erster Linie um eine patriot. hist. Darstellung handelt, zeigt seine Erzählung doch einen europ. Hintergrund. Sein wissenschaftl. Interesse wird in diesem Werk deutl., das ihn zusammen mit seinen Universalgeschichten in die besten Chronisten seiner Zeit einreiht. →Chronik, G.II, III.

J. Taylor

Ed. und Lit.: A. B. EMDEN, A Bibliogr. Register of the Univ. of Oxford to A. D. 1500, III, 1959, 1902f. – B. SMALLEY, English Friars and Antiquity in the Early Fourteenth Century, 1960, 58–65, 88–92 – A. GRANSDEN, Hist. Writing in England, I, 1974, 501–507 – R. DEAN, N. T., Historian (Medieval Learning and Lit. Essays pres. to R. W. HUNT, ed. J. J. G. ALEXANDER–M. T. GIBSON, 1976).

Trevisa, John, engl. Übersetzer, * ca. 1342 in Trevessa (St. Enoder [?]), Cornwall, † 1402. Ab 1362 Studium am Exeter College in Oxford, 1369 Mag. artium, im selben Jahr Fellow am Queen's College, 8. Juni 1370 Priesterweihe. 1378/79 mit der Südfraktion der Univ. ausgetreten, jedoch ist mehrmaliger späterer Aufenthalt dokumentiert; Auslandsreisen nach Dtl. und Savoyen (vor 1385?), nach Italien ([?], 1390 oder später). Vielleicht ab ca. 1374 (sicher ab ca. 1385) Vikar bei Thomas IV. Lord →Berkeley in Gloucestershire, zu dessen Familie er wohl schon in Cornwall Verbindungen hatte und in dessen Auftrag er Ranulph →Higdens »Polychronicon« (abgeschlossen 18. April 1387) und die Enzyklopädie »De proprietatibus rerum« des →Bartholomaeus Anglicus (abgeschlossen 6. Febr. 1398) übersetzte. Der mit Ergänzungen T.s versehenen Chronik sind ein Widmungsbrief und ein Dialog vorangestellt, in denen übersetzungstheoret. Fragen erörtert werden. Die Chronologie der übrigen Werke, Aegidius Romanus' »De regimine principum«, Richard FitzRalphs »Defensio curatorum«, Ps.-Wilhelms v. Ockham »Dialogus inter militem et clericum« und das »Evangelium des Nicodemus«, ist unsicher. – Beteiligung an der Bibelübers. ist nicht nachgewiesen.

K. Bitterling

Bibliogr.: →Enzyklopädie, III, 2 – →Higden – ManualME 3.VII, 1972, 40 [*Ps.-Ockham*]; 8.XXI, 1989, 21 [*Polychr.*] – *Ed.*: RS 41 [*Polychr.*] – A. J. PERRY, EETS OS, 167, 1925 [*Dial.*, FitzRalph; *Methodius*] – H. E. CHILDS [Diss. Univ. of Washington 1932] [*Aeg.*] – H. D. KIM [Diss. Univ. of Washington 1963] [*Nic.*] – M. C. SEYMOUR u.a., On the Properties of Things …, I–III, 1975, 1988 – DIES., Bartholomaeus Anglicus and his Encyclopedia, 1992 [Q.] – R. WALDRON, T.'s Original Prefaces on Transl. (Medieval English Sts. Pres. to G. KANE, ed. E. D. KENNEDY u.a., 1988), 285–299 – *Lit.*: R. HANNA III, Sir Thomas Berkeley and His Patronage, Speculum 64, 1989, 878–916 –

R. Waldron, J. T. and the Use of English, PBA 74, 1988 [1989], 171–202 – D. C. Fowler, J. T., 1993.

Treviso, Stadt in Oberitalien (Veneto). [1] *Stadt:* Das röm. Municipium Tarvisium war infolge seiner geogr. Lage den Invasionen der germ. Völkerschaften bes. ausgesetzt und hatte eine beachtl. militär. Bedeutung in den Gotenkriegen: Sieg der Goten 541 über die Byzantiner, Ausrufung → Totilas zum Kg. Nach der langob. Landnahme wurde T. Sitz eines Hzg.s (erster Beleg 602) und fungierte als Vorposten gegen die Byzantiner. Nach der Eroberung des Zentrums der byz. Herrschaft in »Venetia« Oderzo (638–639) durch die Langobarden erstreckte sich die Autorität des Hzg.s v. T. bis zum Fluß Livenza an der Grenze zum Hzm. → Friaul. In karol. Zeit sind T. und sein Territorium als Gft. bezeugt (829); in der folgenden Krisenzeit kam es an der Wende vom 9. zum 10. Jh. in die Einflußsphäre von → Berengar I., Mgf. v. Friaul und später Kg. und Ks. In diesen Jahren wurden die Grundlagen für die polit. Macht der Bf.skirche v. T. gelegt (Urk. Berengars I. für Bf. Adalbert 905 und 926). Seit der Mitte des 10. Jh. gehörten T. und sein Territorium zur Veroneser Mark (trug seit dem 12./13. Jh. den Namen Trevisan. Mark). Seit 958 ist Rambaldus belegt, von 972 an Gf. des Komitats T., der Spitzenahn einer gfl. Dynastie, die im SpätMA Collalto genannt wurde. Im Laufe des 11. und in der ersten Hälfte des 12. Jh. erwarben örtl. und auswärtige kirchl. Einrichtungen (die Bf.skirchen von T., → Feltre und Belluno sowie → Freising) und Adelsfamilien (→ Camino, da → Romano, da Camposampiero, Gf.en v. T., und Avvocati) allmähl. eine Reihe von Herrschaftsrechten im Distrikt von T. Während des → Investiturstreits im 11./12. Jh. vertraten die Bf.e von T. beständig eine kaiserfreundl. Politik. Auch in der Mitte des 12. Jh. blieb die Stadt kaisertreu, bis sich die Kommune konstituierte (seit 1162 sind Konsuln bezeugt); 1167 trat sie der → Lombard. Liga bei, deren Geschicke sie in den folgenden Jahren teilte. Nach dem Frieden v. → Konstanz (1183) führte die Kommune T. – die sich inzwischen in konstitutioneller Hinsicht konsolidiert hatte (Übergang vom Konsulat zum Podestariat; Abfassung von Statuten seit ca. 1207, mehrere Bearb.) und von den wichtigsten Adelsfamilien geleitet wurde – eine Reihe von Kriegen mit den Nachbarstädten, v. a. mit Belluno, und festigte ihre Autorität im Distrikt auf Kosten des Bf.s, der zusehends an polit. Einfluß verlor.

In den ersten Jahrzehnten des 13. Jh. blieb die wirtschaftl. und polit. Bedeutung des *Popolo* gering. Die Übermacht des Adels mündete schließlich in die Signorie des Alberico da Romano (1239–59), der eine gegen → Friedrich II. gerichtete guelf. Politik betrieb. Nach der Niederlage und der Ermordung Albericos und seines Bruders → Ezzelino III. (1259) wurde die kommunale Ordnung wieder eingeführt und hielt sich bis 1283. Die Außenpolitik prägte das Bündnis mit der guelf. Kommune → Padua. Die andauernde soziale und wirtschaftl. Hegemonie des hohen Adels führte dann zur Signorie des Gerardo und Rizzardo da Camino (1283–1312), die im wesentl. von einem Konsens der Bevölkerung getragen wurde (v. a. galt Gerardo als 'aequus tyrannus'). Die da Camino wurden von → Heinrich VII. als Reichsvikare anerkannt. 1313 kehrte die Stadt wieder zur kommunalen Verfassung zurück und war bis 1328 in die Kämpfe zw. der Kommune Padua, den Scaligern von → Verona (→ Della Scala), → Friedrich d. Schönen (3. F.) und dem Gf.en v. Görz um die Vorherrschaft im Territorium der Mark T. verwickelt und schließlich von Cangrande I. Della Scala erobert, der in T. starb (Juli 1329). T. verlor nun endgültig seine polit. Unabhängigkeit: 1329–38 wurde es der Herrschaft der Scaliger eingegliedert und war dann die erste Stadt der Terraferma, die seit dem Frieden v. Venedig 1339, den den Krieg zw. → Venedig, Florenz und den Scaligern beendete, der Serenissima unterstand. Die ven. Herrschaft dauerte mit kurzen Unterbrechungen (1381–84 Herrschaft Leopolds v. Habsburg, 1384–88 Signorie der da → Carrara v. Padua) bis zum Ende des 18. Jh. Im 14. und 15. Jh. wuchs in T. und in seinem Distrikt (in dem verschiedene Herrschaftsrechte erhalten blieben) die wirtschaftl. Abhängigkeit von Venedig, v. a. als Folge der Aufkäufe von Großgrundbesitz durch die ven. Patrizier.

[2] *Diözese:* Im Früh- und HochMA fanden in der Diöz. T. verschiedene territoriale Umschichtungen statt als Folge der tiefgreifenden Veränderungen innerhalb des Städtenetzes in der östl. 'Venetia': das Bm. gliederte im 7. Jh. einen Teil der Gebiete ein, die den Bf.en von Altino und Oderzo unterstanden, welche sich in die ven. Lagune geflüchtet hatten, büßte jedoch den nö. Teil an die Diözese Cèneda ein; im 10. Jh. gehörte auch ein Teil des Gebiets der Diöz. Asolo zum Territorium des Bm.s T. Die kirchl. Einteilung des Gebiets, das in Pfarrsprengel (→ Taufkirchen) unterteilt war, die auch die Grundlage für die Einteilung des zivilen Verwaltungsbezirks darstellten, kann aufgrund einer Bulle → Eugens III. (1152) genau rekonstruiert werden. Die Bf.e, im 10. bis 12. Jh. häufig dt. Herkunft, wurden bis zum 13. Jh. vom Ortsklerus gewählt. Während der Herrschaft der da Camino (1283–1312) und Venedigs (seit 1339) nahmen die polit. Gewalten dauernden Einfluß auf ihre Designierung.

G. M. Varanini

Lit.: G. Del Torre, Il Trevigiano nei sec. XV e XVI. L'assetto amministrativo e il sistema fiscale, 1990 – Storia di T., II: Il medioevo, hg. D. Rando–G. M. Varanini, 1991.

Tria regna → Materia medica, II

Triaden, walis.-ir. Gattung von Merksprüchen. Sie nennen je drei Elemente (Personen, Ereignisse, Örtlichkeiten usw.), die sich durch ein gemeinsames Merkmal in denkwürdiger Weise auszeichnen, z. B. die drei schnellsten Pferde von Britannien, die drei Eroberungen Britanniens, die drei (wichtigsten) Seen v. Irland. Die Merksprüche sind offenbar bestimmt für die Schüler der Dichterakademien, die sich so das traditionelle Wissen um die eigene Gesch. und Sage einprägen. Die Erzähler verweisen auf die T. in der stereotypen Form: »Vorliegendes war das dritte Element mit diesem Merkmal«, z. B. heißt es von Manawyddan im Zusammenhang mit seiner Kunst als Schuster: »Deshalb hieß er der dritte Goldschuster« (Pedeir Keinc y Mabinogi 54, 18), vgl. die Triade Nr. 67: »Drei Goldschuster von Britannien – Caswallawn ... Manawyddan und Llew Llawgyffes«. So spricht auch der engl. Dichter Laȝamon (fl. 1190) (→ Laȝamon's Brut) von Arthurs Schlacht gegen die Römer (in Anspielung auf eine verlorene Triade): »So wie es jene Schriften sagen, die weise Männer dichteten: Das war die drittgrößte Schlacht, die je hier geschlagen wurde« (III, 95).

Die ir. T. werden in vorliegender Form aufgrund sprachl. Kriterien ins 9. Jh. datiert, die walis. sind in Hss. des 13. und 14. Jh. überliefert. Davor liegen vermutlich mehrere Jahrhunderte mündlicher Überlieferung (→ Mündl. Lit.tradition, V, VI). Jüngere T. gehen über den Rahmen des traditionellen Wissens hinaus und sind eher witzig gemeint, z. B. »Drei Dinge hat man ungern zuhause – ein Keifweib, ein plärrendes Kind, einen qualmenden Schornstein«.

H. Pilch

Ed. und Lit.: Laȝamon's Brut, ed. F. Madden, 3 Bde, 1847 – The Triads of Ireland [krit. Text mit Übers., Anm., Glossar], ed. K.

MEYER, 1906 (Royal Irish Acad.) – Pedeir Keinc y Mabinogi, ed. I. WILLIAMS, 1930 – Trioedd Ynys Prydain [krit. Text mit Übers. und Komm.], ed. R. BROMWICH, 1961.

Tribal Hidage, ein undatiertes Verzeichnis von 35 selbständigen Stammesverbänden, die im ags. England s. des Humber siedelten. Wie ein Bericht eines Tributeinnehmers verfaßt, diente es einer Kopfsteuererhebung, die die Bevölkerung einem gesellschaftl. Verband und nicht einem Gebiet zuordnet. Es verzeichnet für jeden Stammesverband eine runde Anzahl von hides (→Hufe), insgesamt 244 100. Da das Verzeichnis mit dem Volk v. →Mercien beginnt, ist es sehr wahrscheinl., daß es z. Zt. einer merc. Oberherrschaft angelegt wurde. Aufgrund von überzeugenden Argumenten darf man aus der Einbeziehung des Volkes v. Elmet schließen, daß das Verzeichnis wohl zw. 670–690 entstanden ist, möglicherweise während der Regierungszeit von →Wulfhere (657–674). →Steuer, G.
A. J. Kettle

Lit.: C. HART, The T. H. (Transactions Royal Historical Society, 5th ser., 21, 1971), 133–157 – W. DAVIES–H. VIERCK, The Contexts of T. H., FMASt 8, 1974, 223–293.

Tribonian, byz. Staatsmann und Jurist, † 542, leitete als →Quaestor sacri palatii das Justiz- und 'Propaganda'-Ressort →Justinians I. 529–532 und 535–542, hatte also in der Zeit der Kompilation der Digesta und Institutionen die entscheidende Stellung inne (→Corpus iuris civilis, Abschn. I). Über den Verlauf seiner Karriere wissen wir nur wenig. Belegt ist seine Herkunft aus Pamphylien und seine allumfassende hohe Bildung. Vor seiner Berufung in die Zentralverwaltung durch Justinian wirkte er als Anwalt am Gericht des Praefectus praetorio per Orientem (→Praefectus). Er wird daher vermutl. in →Beirut Iura studiert haben. Als Anwalt an einem der höchsten hauptstädt. Gerichte hat er wohl die Aufmerksamkeit des Ks.s auf sich gezogen, der ihn im Zuge des Revirements v. 529 mit der Palastquaestur betraute. Daß nach Fertigstellung des Codex die Kompilationsarbeit auf das Juristenrecht ausgedehnt wurde, steht mit der Ernennung T.s sicherlich in direktem Zusammenhang; vielen Gelehrten gilt T. selbst als Urheber des Digestenplans. Unter seiner weitgehend eigenverantwortl. Leitung wurde das Digestenprojekt zügig verwirklicht. Unterbrochen hat die Karriere T.s lediglich der →Nika-Aufstand (532), der zur zeitweiligen Abberufung der leitenden Männer Justinians führte. Dennoch vollendete er Digesta und Institutionen, deren Promulgationskonstitutionen die Merkmale von T.s Stil tragen. Schon vor seiner formellen Wiedereinsetzung in die Quaestur 535 fungierte er im Amt des →Magister officiorum als 'spiritus rector' bei Erstellung des 2. Codex und sodann bei der reformator. Novellengesetzgebung Justinians (→Novellen). Mit seinem Tode erlahmt diese daher in signifikanter Weise. T.s Bedeutung liegt v. a. in seiner führenden Stellung bei der Verwirklichung der Digesten, durch welche er die europ. Rechtswissenschaft bleibend geprägt hat. Seinen Ruf verdunkelt freilich der Vorwurf →Prokops, demzufolge er zur →Korruption geneigt habe; den überragenden Ruhm seines Werkes vermag persönl. Unzulänglichkeit freilich nicht zu schmälern. P. E. Pieler

Lit.: RE VI A, 2419–2426 [B. KÜBLER] – T. HONORÉ, T., 1978 – →Byz. Recht.

Tribunal de la Corte, kgl. Gerichtshof in Kastilien-León, der, hervorgegangen aus dem bisher an der →Curia Regia angesiedelten kgl. Hofgericht, 1274 auf den Cortes v. Zamora durch Alfons X. v. Kastilien institutionalisiert wurde. Der T. bestand aus Richtern, die beständig unter Vorsitz des Kg.s tagten (jueces, alcaldes). Alfons X. setzte einen Sobrejuez (auch: Adelantado Mayor de la Corte) ein, der die Stellvertretung des Monarchen wahrnahm und die Ermächtigung hatte, an seiner Stelle zu urteilen, selbst bei Appellationen (alzadas) gegen Richtsprüche des T. oder gegen andere Gerichte des Reiches. Für Ordnung am Gerichtshof und die notwendigen Arretierungen war der Justicia Mayor (auch: Alguacil) zuständig. Auf den →Cortes v. Zamora wurde 1274 ein Ordenamiento verabschiedet, aufgrund dessen sich der T. jeden Montag, Mittwoch und Freitag zu versammeln hatte, aus 23 Richtern bzw. Alcaldes de Corte zur Beurteilung der dem Kg. sgericht vorbehaltenen Casos de Corte bestehen sollte (9 aus Kastilien, 8 für León, darunter ein Experte für den →Fuero Juzgo, 6 für Estremadura), von denen ein Teil immer den Kg. begleiten mußte, um die Rechtsprechung sicherzustellen. Zudem sollten drei erfahrene Richter als Alcaldes de las Alzadas die Appellationen gegen die Urteile des T. behandeln. Unter Sancho IV. v. Kastilien hörte der T. auf zu bestehen, wurde aber 1312 wieder eingesetzt. Im Laufe des SpätMA enwickelte sich die Zusammensetzung des T. (seit 1312 je vier aus Kastilien, León und der Estremadura; Probleme des Anteils der fijosdalgo und der Mitwirkung von Geistlichen) zu einem Streitpunkt zw. Kgtm. und Adel, bis sich die Institution im Zuge der Neuordnung der Rechtsprechung auf den Cortes v. Toro 1371 zur kgl. Audiencia mit ihren sieben Oidores (drei Prälaten, vier Juristen; später Erhöhung der Gesamtzahl auf zehn bzw. sechzehn) in Parallelentwicklung zur Chancillería (→Kanzlei, A. VI) als oberste Gerichtsinstanz der Krone wandelte, um im 15. Jh. ihren Namen zusätzl. anzunehmen (Audiencia y Chancillería).
L. Vones

Lit.: A. IGLESIA FERREIRÓS, Las Cortes de Zamora de 1274 y los casos de corte, AHDE 41, 1971, 945–971 – L. GARCÍA DE VALDEAVELLANO, Curso de Hist. de las instituciones españolas, 1975⁴, 561ff. – M. A. PÉREZ DE LA CANAL, La justicia de la Corte en Castilla durante los siglos XIII al XV, Hist. Instituciones. Documentos, 2, 1975, 383–481 – E. S. PROCTER, Curia and Cortes in León and Castile, 1072–1295, 1980, 137f., 249–253 – J. SÁNCHEZ-ARCILLA BERNAL, La administración de justicia real en Castilla y León en la Baja Edad Media (1252–1504), 1980 – D. TORRES SANZ, La administración central castellana en la baja Edad Media, 1982 – J. F. O'CALLAGHAN, The Cortes of Castile-León, 1188–1350, 1989, 158–161 – DERS., The Learned King: The Reign of Alfonso X of Castile, 1993, 42–45 – J. M. NIETO SORIA, Iglesia y Génesis del Estado Moderno en Castilla (1369–1480), 1993, 172ff. – C. GARRIGA, La Audiencia y las Chancillerías Castellanas (1371–1525), 1994.

Tribur (heute Trebur), am rechten Ufer des Rheins bei Groß-Gerau (Hessen) gelegener Ort einer ehemals bedeutenden Kg.spfalz.

[1] *Pfalz:* Der inmitten eines ausgedehnten Kg.sgutsbezirks gelegene Ort wird erstmals 829 in einer Urk. Ludwigs d. Frommen (RI I², Nr. 872) erwähnt. Ausgangspunkt für die Pfalz war ein bereits um die Mitte des 8. Jh. bestehender karol. Wirtschaftshof, von dem aus auch der spätere Reichsforst Dreieich verwaltet wurde. Seinen Aufstieg zu einer der meistbesuchten Kg.spfalzen im Rhein-Main-Gebiet verdankte T. der ihm von dem ostfrk. Herrscher Ludwig d. Dt. zugedachten Funktion einer Stärkung der kgl. Position im Frankfurter Raum. Unter Ludwig d. Dt. dürfte die an der Stelle der heutigen Pfarrkirche (St. Laurentius) zu lokalisierende Pfalz mit repräsentativen Gebäuden (palatium) und wohl auch mit einer größeren Kirche (basilica) ausgestattet worden sein. Zu einem deutl. Rückgang kgl. Aufenthalte kam es in otton. Zeit, nachdem Otto d. Gr. T. neben anderen Gütern seiner zweiten Gemahlin →Adelheid als Wittum übertragen hatte. Otto III. schenkte die curtis T. 985 seiner Tante, der Äbt. →Mathilde v. Quedlinburg (DO. III. 8), doch dürfte sie nach deren Tod wieder an das Reich zurückgefallen

sein. Jedenfalls nahmen unter den Saliern die Aufenthalte in T. wieder zu, um unter Heinrich IV. einen Höhepunkt zu erreichen. Nach 1077 brechen die Besuche in T. jedoch abrupt ab. Dennoch blieb T. bis zum Ende der Stauferzeit in der Verfügung des Reiches. 1249 wurde die Pfalz vom Gegenkg. Wilhelm v. Holland an die Gf.en v. →Katzenelnbogen verpfändet.

[2] *Reichsversammlungen und Synoden:* Die herausragende Stellung T.s ist aus der Zahl bedeutender polit. und kirchl. Versammlungen ersichtl., die hier abgehalten wurden. Auf einem von Karl III. für Nov. 887 nach T. einberufenen Reichstag setzte auf die Nachricht vom Nahen Arnulfs v. Kärnten der Abfall unter den ostfrk. Großen ein, der zur Abdankung des Ks.s und zur Herrschaftsübernahme durch den letzten handlungsfähigen Angehörigen des karol. Hauses führte. Im Mai 895 berief Arnulf selbst eine Reichsversammlung und Synode nach T. ein. Unter dem Vorsitz der Ebf.e →Hatto I. v. Mainz, →Hermann I. v. Köln und →Radbod v. Trier wurden hier Beschlüsse zum Rechtsschutz der Kirche, zur Stärkung der bfl. Autorität wie zur Festigung der kirchl. Disziplin gefaßt. Unter dem Vorsitz Konrads II., der bereits nach Abschluß seines Umritts (1025) einen Hoftag in T. abgehalten hatte, fand im Mai 1036 eine allg. Synode statt, an der neben einer stattl. Zahl von Bf.en auch der Vertreter der lothring. Reform, →Poppo v. Stablo, teilnahm. Auf einer Reichsversammlung Ende Okt./Anfang Nov. 1053 erreichte Heinrich III. von den anwesenden Fs.en die Wahl seines damals dreijährigen Sohnes (Heinrich IV.) zum Kg., verbunden mit der – freilich unter Vorbehalt erteilten – Zusage, denselben als Nachfolger anzuerkennen. Durch dieses Zugeständnis konnte der Bestand sal. Herrschaft als gesichert gelten. Weniger glückl. verliefen für Heinrich IV. die Versammlungen in T. Zwar konnte er hier im Sommer 1066 seine Vermählung mit Bertha v. Turin feierl. begehen. Doch mußte er sich auf einer im Jan. dieses Jahres abgehaltenen Reichsversammlung auf fsl. Druck zur Entlassung seines wichtigsten Ratgebers und Vertrauten Ebf. →Adalberts v. Hamburg-Bremen bereitfinden. Im Zuge der im Okt. 1076 mit der fsl. Opposition zu T. geführten Verhandlungen, bei denen Heinrich IV. selbst auf der gegenüberliegenden Seite des Rheins bei Oppenheim lagerte, mußte sich der Kg. zur Wahrung seiner Herrschaft den gemeinsam von Fs.en und päpstl. Legaten gestellten Bedingungen beugen: Er mußte sich zur Preisgabe der kg.streuen Stadt Worms sowie zur Entlassung seiner gebannten Räte bereiterklären und Gregor VII. Gehorsam geloben, Genugtuung leisten und angemessene Buße in Aussicht stellen. Das bedeutete fakt. die Zurücknahme der Beschlüsse der Wormser Synode vom 24. Jan. 1076. Eine kg.sfeindl. gesonnene Fs.engruppe kam jedoch insgeheim überein, eine Neuwahl vorzunehmen, wenn Heinrich nicht binnen Jahresfrist vom Bann gelöst sei, und forderte Gregor VII. auf, zur Schlichtung des Streits nach Dtl. zu kommen. Dies war der Anlaß für Heinrichs spektakulären Zug nach →Canossa. Die für den 24. Juni 1119 vorgesehene Reichsversammlung, auf welcher eine Verständigung Heinrichs V. mit den Fs.en erfolgen sollte, fand nicht in T. selbst, sondern wohl eher auf einer zw. Mainmündung und Rhein gelegenen Insel statt. Bei dieser Gelegenheit wurde nicht nur ein für das gesamte Reich gültiger Frieden vereinbart, sondern auch die Beilegung des Streits zw. Ks. und röm. Kirche (→Investiturstreit) in Aussicht gestellt.   T. Struve

Q. und Lit.: zu [1]: Hist. Stätten Dtl. 4, 1976³, 432f. –LThK² X, 336f. – W. DIEFENBACH, Die Ks.pfalz zu T., o. J. [1934] – M. GOCKEL, Die Bedeutung T.s als Pfalzort (Dt. Kg.spfalzen 3, 1979), 86–110 [Lit.] –*zu* [2]: DÜMMLER² 3, 287f., 395–400 –JDG K. II. Bd. 2, 161f. –JDG H. III. Bd. 2, 227f. –JDG H. IV. und H. V. Bd. 1, 489, 526; Bd. 2, 729–735; Bd. 7, 103f. –RI I², 724f. Nr. 1765 b; 767f. Nr. 1905 b; III/1, 114f. Nr. 237a; III/2, 6f. Nr. 13 –HEFELE–LECLERCQ IV/2, 697–707; V/1, 178–183; 574f. –C. ERDMANN, T. und Rom, DA 1, 1937, 361–388 – F. BAETHGEN, Zur T.-Frage, DA 4, 1941, 394–411 – H. BEUMANN, T., Rom und Canossa (Investiturstreit... [VuF 17], 1973), 33–60 – E. HLAWITSCHKA, Zw. T. und Canossa, HJb 94, 1974, 25–45.

Tribut

I. Spätantike – II. Byzanz – III. Hoch- und Spätmittelalter.

I. SPÄTANTIKE: T., Bezeichnung für Leistungen, die zw. dem röm. Imperium und Bundesgenossen vertragl. und in bestimmter, von Fall zu Fall wechselnder Form erbracht wurden. Sie sind für beide Seiten möglich, nicht nur für die socii (tributarii), obzwar solche für die Republik (φόροι) die Mehrzahl ausmachen (vgl. Tac. ann. 4, 72, 1) und abgeleitet davon das tributum als Terminus generell die Steuern (→Steuer, L. I) der Prov.en umschreibt. In der Ks.zeit, bes. bei Berührung mit barbar., polit. unentwickelten Partnern dienen T.e von seiten Roms vorwiegend der Stabilisierung von Herrschern und sozialen Verhältnissen, so daß sie gleichsam den Charakter von Subvention und »Entwicklungshilfe« im modernen Sinne gewinnen und in Verbindung mit Friedensschlüssen als unabdingbare Notwendigkeit immer wieder akut werden. Klagen über damit verbundene Abhängigkeit des Reiches führen daher in die Irre. T.zahlungen werden in fast alle Bundesgenossen erwähnt, auch →Armenien und →Persien. Im allg. hängen Loyalität und Existenz der Klientelreiche von solchen Zahlungen ab, abgegolten z. T. auch durch Truppenstellung, ab ca. 442 vielleicht auch Getreidelieferung durch →Geiserich aus Afrika. Im 5. Jh. erzwangen die →Hunnen eine drast. T.erhöhung (Verdreifachung unter →Attila zw. 435 und 447); Aufkündigung durch →Markianos war zweifellos mit ein Anlaß zum hunn. Gallienzug 451. Bei der Rettung des Sāsāniden Pērōz I. 482 durch röm. Gelder könnte es sich um eine außerordentl. Leistung in diesem Rahmen handeln.

G. Wirth

Lit.: TH. MOMMSEN, Röm. Staatsrecht, III, 1887³, 682 –J. KLOSE, Roms Klientelstaaten an Rhein und Donau, 1934, passim – D. C. BRAUND, Rome and the Friendly King, 1984, 63.

II. BYZANZ: Die Institution des T.s, sowohl von anderen Staaten als auch an andere Staaten, ist als röm. Erbe die gesamte byz. Zeit über zu beobachten. Allerdings fehlen terminolog. und interpretator. Einzeluntersuchungen, so daß an dieser Stelle nur sehr allg. Feststellungen getroffen werden können. In frühmittelbyz. Zeit verbietet es die Staatsdoktrin, erzwungene Zahlungen an Feinde als solche zu bezeichnen; sie werden vielmehr in der Q. und in der öffentl. Meinung als »Geschenke« betrachtet, um Freiwilligkeit der Leistung und polit. Unabhängigkeit vorzutäuschen. In spätbyz. Zeit, bes. in der Auseinandersetzung mit den →Osmanen, wird allerdings offen über T.e gesprochen, die nun nicht nur Geldforderungen, sondern Waffen- und Truppenhilfe beinhalten. T.leistungen erscheinen einzeln betrachtet sehr hoch (z. B. mehrere Tonnen Gold an die →Avaren im 6. Jh.), machen jedoch, nach den Überlegungen von TREADGOLD, nur einen geringen Teil des Staatsbudgets aus. T.e werden überwiegend in (Gold-)nomismata (→Nomisma) geleistet, die von den Feinden oft umgeschmolzen wurden und daher nur in geringem Umfang wieder dem Handel zuflossen.

P. Schreiner

Lit.: K.-P. MATSCHKE, Die Schlacht bei Ankara und das Schicksal von Byzanz, 1981, 64–75 – W. TREADGOLD, Byzantium and its Army 284–1081, 1995, 193–197.

III. Hoch- und Spätmittelalter: Vielfältige Formen des T.s, im eingegrenzten Sinne einer (einmaligen oder period.) Natural- oder Geldleistung an einen militär. stärkeren Kriegsgegner (und insofern abzuheben von der herrschaftl.-staatl. →Steuer), sind auch aus dem westl. und östl. Hoch- und SpätMA bekannt (bei oft verstreuter Q.überlieferung und geringer vergleichender Erforschung); sie treten v. a. im Zuge krieger. Auseinandersetzungen mit außerhalb eines Reichsverbandes stehenden, meist 'heidn.' oder 'barbar.' Völkern in Erscheinung (im 9.–11. Jh. z. B. →Wikinger/→Normannen, →Slaven, →Ungarn; im 10.–15. Jh., bes. im östl. Europa, z. B. →Kumanen, →Pečenegen, →Mongolen/→Tataren). Ein aus der Reichsgesch. des frühen 10. Jh. bekanntes Beispiel ist der von →Heinrich I. 926 mit hohem jährl. T. an die *Ungarn* erkaufte, vom Kg. jedoch zu aktiven Verteidigungsmaßnahmen genutzte Waffenstillstand (sog. →Burgenbauordnung; Errichtung bzw. Wiederherstellung einer T.herrschaft des Reiches über die im östl. Vorfeld Sachsens, dem »Aufmarschgebiet« der Ungarn, ansässigen Stämme der →*Elb- und Ostseeslaven*); die demonstrative Verweigerung des Ungarnt.s durch Heinrich I. (932) provozierte sogleich einen neuen (mit dem sächs. Sieg bei →'Riade' aber erstmals erfolgreich zurückgeschlagenen) Ungarneinfall (→Deutschland, B. II, 4). Diese heroische Episode wird auch in der nationalen Gesch.ssschreibung des 19. Jh. gern angeführt, da die (an sich schimpfl.) T.leistung des Reiches an einen fremden Eindringling hier als Bestandteil einer überlegenen polit. Strategie ihre glänzende Rechtfertigung fand. – Über die an Verbände der *Wikinger* von →Angelsachsen, aber auch von West- und Ostfranken geleisteten T.e, die im →England des 11. Jh. in eine Frühform der Steuer einmündeten, handelt der Beitrag →Danegeld. – Anders stellt sich die Situation auf der Iber. *Halbinsel* am Vorabend der →Reconquista dar, als mächtig gewordene chr. Kgr.e wie →Kastilien-León, →Navarra und →Aragón den geschwächten muslim. Taifenreichen feste T.e (→Parias) als »Schutzgelder« abverlangten. – Im *östl. Europa* errichteten krieger. Nomadenverbände (→Nomaden), die in der Regel keine festere staatl. Herrschaft über die unterworfene Bevölkerung aufzubauen vermochten, drückende T.herrschaften; wichtigstes Beispiel ist in der →*Rus'* die von der →Goldenen Horde erhobene →Tatarensteuer (13.–15. Jh.). In den dünnbesiedelten Randzonen *Nord- und Nordosteuropas* spielte die einträgl. Eintreibung von Naturalt.en (bes. →Pelzen) bei einheim. Stammesgruppen (etwa den Lappen/→Samen) durch die Kg.e v. →Norwegen und ihre Gefolgsleute (jährl. *Lappenfahrten*), aber auch durch bewaffnete Verbände aus →Novgorod (von →Karelien aus) eine nicht unerhebl. Rolle. – Die in den Kriegen des europ. SpätMA und der NZ verbreitete Erhebung bzw. Erpressung von 'Kontributionen' (Natural- und Geldabgaben) bei der Bevölkerung des Kriegsgebietes, eine von der →Prise (Requisition) und dem Lösegeld ('Ranzion') der →Kriegsgefangenen nicht immer klar zu scheidende Praxis, weist schon durch ihre Bezeichnung auf Zusammenhänge mit der alten Institution des T.s hin.   U. Mattejiet

Lit.: s. unter den angegebenen Stichwörtern.

Trichotomie, Trichotomismus, wörtl. 'Dreiteilung' oder 'Lehre von der Dreiteilung', bezieht sich im engeren Sinne auf eine an Platon, Aristoteles und Plotin orientierte Anthropologie, die den Menschen oder die menschl. Seele in 3 Teile (Geist / Seele / Leib bzw. Geist / Sinnlichkeit / Leben) gliedert (vgl. 1 Thess 5, 23). Der Trichotomismus beeinflußte die Kirchenväter der Spätantike (Irenäus, Tertullian, Origenes, Viktor v. Karthago); im MA finden sich Formen der T. im lat. Averroismus (Siger v. Brabant), bei Petrus Johannes Olivi und bei Wilhelm v. Ockham. Siger v. Brabant lehrt in den »Quaestiones in tertium de anima« unter Berufung auf Aristoteles die seinsmäßige Trennung des Intellekts von der sinnl. bzw. vegetativen Seele, die er als einzige Form des Körpers ansieht. Dagegen argumentiert Thomas v. Aquin in »De unitate intellectus contra Averroistas«. Die in der T. prinzipiell enthaltene Frage nach der Einheit der Seele stellt sich auch in bezug auf Petrus Johannis Olivi. Dieser spricht zwar in der »Summa quaestionum« von einer einzigen Seele, die jedoch nur in ihren sensitiven und vegetativen Teilen, nicht aber als anima intellectiva unmittelbare Form des Körpers sein kann. Die T. findet sich bei Wilhelm v. Ockham in Form einer Unterscheidung der anima intellectiva, der anima sensitiva und der anima als forma corporeitatis, wobei er bes. den unüberbrückbaren Gegensatz zw. Intellekt und Sinnen hervorhebt. Der Trichotomismus wurde wegen seiner anthropolog. und christolog. Konsequenzen mehrfach verurteilt, so im Konzil v. Vienne 1311–12.

H. J. Werner

Lit.: Th. Schneider, Die Einheit des Menschen: die anthropolog. Formel »anima forma corporis« im sog. Korrektorienstreit und bei Petrus Johannes Olivi, 1988[2] – E. H. Weber, La personne humaine au XIIIe s., 1991.

Triduum sacrum → Ostern

Trie, große frz. Adelsfamilie, ging hervor aus dem kleineren Feudaladel des →Vexin, Stammgüter ebd. und in der Francia/Île-de-France (v. a. westl. und östl. des Unterlaufs der Oise); die Häupter des Hauses treten u. a. als Wohltäter der Abteien Gomerfontaine und Froidmont hervor und stützten sich auf die beiden →Seigneurien T. (bei Gisors) und Mouchy-le-Châtel (bei Noailles). Der Aufstieg begann mit *Jean I.*, Seigneur de T., Mouchy und Vaumain († 1237), ⚭ Alix v. Dammartin, Schwester v. →Renaud de Dammartin, Gf.en v. Boulogne. Um 1259 folgte *Mathieu I.* v. T. seiner leibl. Kusine als Gf. v. Dammartin-Goële nach, durch Entscheid Kg. →Ludwigs IX. und gemäß dem Wunsch der Gfn. Drei Generationen lang hatte die jüngere Linie der Nachkommen Mathieus I. die Seigneurien T., Mouchy und Dammartin inne. *Mathieu IV.*, Seigneur de Mouchy, einer der führenden adligen Reformer unter Kg. →Jean le Bon, gehörte diesem Zweig an. Die berühmtesten Vertreter des Hauses entstammten dagegen einer wesentl. jüngeren Linie, den Seigneurs v. Fontenay-lès-Louvres und Vaumain.

Die T. stellten im 14. Jh. zahlreiche hohe Amtsträger der frz. Monarchie: *Mathieu*, Seigneur v. Fontenay-lès-Louvres und Pleinville († nach 1315), war Grand →Chambellan; *Renaud*, Seigneur v. Le Plessis-Gassot († 1324), und *Mathieu*, Seigneur v. Vaumain († 1344), waren Marschälle v. Frankreich (→Maréchal); *Jean*, Seigneur de Mouchy († 1325), fungierte als →Seneschall v. Toulouse; *Guillaume* († 1334) war Ebf. v. →Reims und salbte Kg. Philipp VI. v. Valois; *Renaud*, Seigneur de Sérifontaine († 1406), wirkte als Admiral (→Amiral de France). Die T., deren Devise »Aiguillon« war, verdankten ihren Aufstieg in erster Linie der kgl. Gunst, aber auch dem engen Zusammenhalt der verschiedenen Linien, trotz mehrerer Prozesse vor dem →Parlement. Dank ihrer nie aufgegebenen Verwurzelung im regionalen Bereich übten die T. auch im engeren norm.-nordfrz. Umfeld einen gewissen polit. Einfluß aus, mit *Renaud,* gen. Patrouillart, der 1356 der 'navarres. Kommission' (im Zusammenhang mit den Umtrieben →Karls 'd. Bösen' v. Navarra) angehörte, und *Charles II.*

v. T., Gf. v. Dammartin († 1400), der 1356 bei →Poitiers in Gefangenschaft geriet und später einer der Taufpaten Kg. →Karls VI. war.

Die literarhist. Bedeutung der T. beruht auf zwei afrz. Lyrikern des 13. Jh.: *Jean* und *Renaud* de T. Jean, dem zwei Chansons (eines wohl der Gfn. Maria v. Blois gewidmet) zugeschrieben werden, ist vielleicht ident. mit Jean II. v. T., gen. Billebaut, † 1302; Renaud wohl mit Renaud I. v. T., Seigneur v. Vaumain und Fontenay, Teilnehmer der Schlacht v. →Bouvines (1214). Th. Claerr

Lit.: I. Delisle, Recherches sur les comtes de Dammartin au XIIIe s., 1869 – H. Petersen Dyggve, Trouvères et protecteurs de trouvères dans les cours seigneuriales de France, Annales Acad. Scient. Fennicae 50, 1942, 136–197 – R. Cazelles, Société politique, noblesse et couronne sous Jean le Bon et Charles V, 1982.

Triens (Tremissis), spätröm. und völkerwanderungszeitl. Goldmünze im Wert eines 1/3 →Solidus, somit im Gewicht von 1,52 g. Ursprgl. in Nachahmung spätröm. und byz. Trienten war der T. eine der Hauptmünzen der Völkerwanderungszeit, beginnend bei den Vandalen und Ostgoten, im Typ deutl. verändert bei den Westgoten, Sueben und Langobarden, ganz bes. bei den Franken z. Zt. der Merowinger, deren Trienten sich im Bild allmähl. völlig von den spätröm Vorbildern absetzten. In der Regel wurde der T. zu 8 Siliquen (→Siliqua) gerechnet, wie auch auf den Münzen angegeben. Im Lauf des 7. Jh. sanken Gewicht und →Feingehalt der Trienten deutlich ab. In der Münzstätte →Dorestad läßt sich der Übergang vom goldenen zum silbernen T. nachvollziehen. Über den Fernhandel sind merow. Trienten bis nach England, Friesland und Jütland gelangt. P. Berghaus

Lit.: F. v. Schroetter, Wb. der Münzkunde, 1930, 702–704 – P. Grierson–M. Blackburn, Coins of Medieval Europe, I, 1991, 8f., 227.

Trient (it. Trento), Bm. und Stadt in Norditalien.
[1] Das *Bistum* umfaßte das Etschtal von Ala im S bis vor Meran im N sowie die dazugehörigen Seitentäler (Fleimstal, Eisacktal bis vor Klausen, Sarntal, Nonsberg). Im röm. municipium Tridentum ist seit ca. 350 ein Bf. nachweisbar. Die christl. Missionierung erreichte um 400 unter Bf. Vigilius, dem späteren Bm.spatron, einen gewissen Abschluß. Seit dem 6. Jh. gehörte die Diöz. zum Metropolitanverband von Aquileia. Z. Zt. des gut bezeugten Bf.s Agnellus (ca. 577–591) schrieb Abt Secundus v. T. ein Geschichtswerk, das nur in Auszügen bei →Paulus Diaconus erhalten blieb. Über die Bf.e des 7.–9. Jh. liegen kaum Q. vor. Erst die Italienpolitik der Ottonen ließ aufgrund der geogr. Situation des Etschtales (»vallis Tridentina«) die Bf.e v. T. im Rahmen des sog. Reichskirchensystems (→Reichskirche) wesentl. polit. Bedeutung erlangen. Kg. Heinrich II. übertrug 1004 der Kirche v. T. die Gft. T.; Ks. Konrad II. erweiterte 1027 die Schenkung um die Gft.en Vinschgau und Bozen. Damit verfügten die Bf.e über die maßgebl. öffentl.-rechtl. Gewalt im oberen Etschtal. Im →Investiturstreit standen die Oberhirten zumeist auf der Seite des Ks.s. Die kirchl. Reformideen fanden mit Bf. Altmann (1124–49) Eingang, der das Chorherrenstift S. Michele all'Adige (vor 1145) und das Kl. S. Lorenzo (OSB) bei T. (1146) gründete. Bf. Adelpret II. (1156–72) wurde von Vasallen seiner Kirche ermordet (später als Seliger verehrt). Bf. →Friedrich v. Wangen (1207–18 [49. F.]), der auch als Reichslegat in Italien tätig war, begann den Neubau des spätroman. Domes. Wohl v. a. aus strateg. Gründen verbot Ks. Friedrich II. 1236 Bf. Alderich die Ausübung aller weltl. Befugnisse und setzte ksl. Statthalter in T. ein. Eine entscheidende Wende brachte dann Gf. →Meinhard II. v. Tirol (1259–95), der – aufbauend auf die bereits seit ca. 1150 von seinen Vorfahren wahrgenommene Vogtei über T. – den Oberhirten Einkünfte und Rechte in großem Umfang entriß, so daß sich das allmähl. ausbildende Territorium der Bf.e auf den s. Teil des Bm.s beschränkte. Die Mündung des Avisio in die Etsch (ca. 5 km s. von T.) bildete seit ca. 1300 die Grenze zw. dem zum →Regnum Teutonicum zählenden Hochstift T. und der Gft. →Tirol. Zudem nahmen die Tiroler Landesfs.en, v. a. die seit 1363 auch in Tirol regierenden →Habsburger, massiven Einfluß auf die Besetzung des Bf.sstuhles und sicherten sich durch vertragl. Abmachungen (sog. Kompaktaten) die maßgebl. militär. Gewalt im Gebiet des Hochstifts, das auch vom S durch die Skaliger (→Della Scala) und dann durch Venedig bedroht wurde. Die Venezianer besetzten seit Beginn des 15. Jh. u. a. Rovereto und Riva. Unter Bf. Johannes Hinderbach (1465–86) erregte der angebl. Ritualmord an Simon v. T. (→Ritualmordbeschuldigung) größtes Aufsehen.

[2] Die *Stadt* T. besaß bereits in der Spätantike als Bollwerk gegen Invasionen aus dem N Bedeutung. Seit 569 residierten hier langob. Hzg.e, die mit den benachbarten Bajuwaren und Franken teils in Konflikte verwickelt waren, teils freundschaftl. Kontakte unterhielten. Ein wirtschaftl. Aufschwung setzte seit dem 12. Jh. ein (Zunahme des Handels und Verkehrs entlang der Etsch, Silberbergbau, Münzwesen). 1221 (?) ließen sich Franziskaner, 1229 Klarissen und 1235 Dominikaner in T. nieder. Seit 1250 entstand Buonconsiglio als wehrhafte bfl. Residenz am Rande der Stadt. Anfänge einer kommunalen Autonomie wurden durch Ks. Friedrich I. zugunsten des Bf.s unterbunden, dessen Oberhoheit auch später nie ernsthaft gefährdet war. Im 15. Jh., als die Stadt eine beträchtl. dt. Minderheit beherbergte, war T. auch fallweise auf den Tiroler Landtagen vertreten. J. Riedmann

Q.: Cod. Wangianus, hg. R. Kink (FontrerAustr II/5, 1852) – *Lit.:* J. Kögl, La sovranità dei vescovi di Trento e di Bressanone, 1964 – I. Rogger, Cronotassi dei vescovi di Trento fino al 1336... (Collana di monogr., ed. dalla Soc. per gli Studi Trentini di Scienze Storiche 38/1, 1983), 33–99 – La Regione Trentino-Alto Adige nel Medio Evo, 2 Bde (Atti della Accad. Roveretana degli Agiati, ser. VI, Bd. 25, 26, 1985/86) – Il principe vescovo Johannes Hinderbach (1465-1486) fra tardo Medioevo e Umanesimo (Pubbl. dell'Istituto di scienze religiose in Trento. Ser. maior 3, 1992) – K. Brandstätter, Vescovi, città e signori (Collana... 51, 1995).

Trienter Bergrecht, zusammenfassend für abschriftl. überlieferte Dokumente von 1185-1214, die das Silbererzrevier Monte Calisio nö. Trients betreffen. Sie enthalten Modalitäten der sog. Bergbaufreiheit, des Erbstollenbaus, weitere techn., soziale, rechtl. Innovationen sowie die älteste europ. Bergordnung v. 1208. K.-H. Ludwig

Ed.: D. Hägermann–K.-H. Ludwig, Europ. Montanwesen im HochMA. Das T. B. 1185-1214, 1986 – *Lit.:* R. Palme, Die Entstehung des Tiroler Bergrechts 1185-1214, MIÖG, 1984, 317–340 – SAT, Sez. di Cognola, Il Monte Calisio, 1992.

Trienter Codices, eine Hss.gruppe mit den Signaturen Trient, Castello del Buonconsiglio 87, 88, 89, 90, 91, 92 und Bibliotecga Capitolare, 93. Sie spiegeln das mehrstimmige Repertoire von Kirchen und Hofkapellen in Süddeutschland und Norditalien (evtl. auch des ksl. Hofes) von ca. 1400–75 wider. Sätze von →Dufay, →Binchois, →Ockeghem, it. (Zaccaria da Teramo), engl. Komponisten (→Dunstable, Power) und dt. Werke sind enthalten, ein Großteil davon anonym. Mutmaßlich nicht als Gebrauchshss. (das kleine Format ca. 30×20 cm, die bunte Mischung von Gattungen etc. sprechen dagegen), sondern als Ergebnis humanist. Sammeleifers wurde das Repertoire evtl. für den Bf. Johann v. Hinderbach von

Trient kompiliert. Zu unterscheiden ist eine ältere (cod. 87 und 92) und eine jüngere Gruppe. Die beiden älteren sind ca. 1430/35 bis 1445/50 wohl in Oberitalien entstanden (Kompilator und Hauptschreiber ist Johannes Lupi), andere Teile beider Codices verweisen in die Region Basel-Savoyen und NO-Frankreich bzw. die Niederlande. Von den übrigen ist cod. 93 (ca. 1450–56) der älteste. Große Teile des cod. 90 sind eine Abschrift aus cod. 93. Der Kopist Johannes Wiser (aus München, Rektor der Trienter Domschule) ist auch Hauptschreiber der codd. 90, 88, 89 und 91 (in der Reihenfolge, ca. 1452–1473). B. Schmid

Ed.: Denkmäler der Tonkunst in Österreich [Auswahl], Bde 14/15, 22, 38, 53, 61, 76, 120 – Faks.: (Vivarelli & Gulla), 1970 – Lit.: MGG [ältere Lit.] – I Codd. Musicali Trentini. Atti Conv. Laurence Feininger, hg. N. Pirotta – D. Curti, 1986 [Lit. bis 1985 in Fußnoten] – S. Meyer-Eller, Musikal. Satz und Überl. von Messensätzen des 15. Jh. Die Ordinariumsvertonungen der Hss. Aosta 15 und Trient 87/92, 1989 – R. J. Mitchell, The Paleography and Repertory of Trent Codd. 89 and 91, together with Analyses and Editions of Six Mass Cycles by Franco-Flemish Composers from Trent Codex 89 [Diss. Exeter 1989] – A. P. Leverett, A Paleographical and Repertorial Study of the Ms. Trento, Castello del Buonconsiglio, 91 (1378) [Diss. Princeton 1990] – N. Bridgman, Mss. de musique polyphonique. XVᵉ et XVIᵉ s. Italie (Rép. internat. d. Sources Mus. BIV/5), 1991, 461–547 [Incipitkat. und Lit.].

Trier, Stadt an der Mosel (Rheinland-Pfalz) und Ebm.
A. Stadt – B. Erzbistum

A. Stadt
I. Antike – II. Mittelalter.

I. Antike: Die geogr. Lage an der Mosel sowie an alten, teilweise noch in vorröm. Zeit zurückreichenden S-N- und W-O-Fernrouten und inmitten der einzigen größeren Talweite an der Mosel auf einer Länge von rund 240 km bot günstige Voraussetzungen für den raschen Aufstieg T.s zum Verwaltungs-, Kult- und Wirtschaftszentrum in der röm. Ks.zeit. Eine Siedlung entstand im Zusammenhang mit dem Eindringen der Römer ins Moselgebiet in den ersten Jahrzehnten des 1. Jh. v. Chr. Eine stadtartige Anlage mit rechtwinkligem Straßensystem ist allerdings erst unter Claudius (41–54 n. Chr.) nachweisbar, als der Ort mit dem Namen Colonia Augusta Treverorum zur röm. Kolonie erhoben wurde. Der Einfall germ. Chauken 173/174 gab den Anlaß zur Errichtung einer Stadtmauer, die ein Siedlungsareal von mehr als 285 ha umfaßte. Damals (um 180) entstand die Porta Nigra. Die oft gen. Zahl von 80000 Einw. in der Ks.zeit ist nach der Ansicht Schindlers auf ein reichl. Viertel zu reduzieren. Im 3. Jh. errang T. erstmals weltgeschichtl. Bedeutung: Nachdem durch die Usurpation des Postumus (260) ein »Gallisches Sonderreich« entstanden war, verlegte der Sonderks. Victorinus 269 seine Residenz hierher, doch wurde die Entwicklung zur Metropole durch das Ende des Gall. Reiches (274) zunächst unterbrochen. Der eigtl. Aufstieg begann mit der durch Diokletian geschaffenen Tetrarchie. Nachdem T. bereits 286–293 Hauptresidenz des Caesars Maximianus gewesen war, diente es 293–316 als Sitz des Caesars bzw. Augustus Constantius I. und – seit 306 – seines Sohnes Konstantin d. Gr. Um 318 wurde die Stadt Standort der gall. Präfektur und war bis 326 zeitweilig Residenz des Crispus. Von 328 bis 340 regierte Constantius II. von T. aus, das seit seiner Erhebung zur Ks.stadt als Treveri oder Treveris bezeichnet wurde. Germaneneinfälle in der Jahrhundertmitte beendeten die erste Blüte, wobei es 355 bis ca. 366 zu einer Unterbrechung der Münzprägung kam. Während Julianus bei seinem Aufenthalt in einem abseits gelegenen palatiolum (heute T.-Pfalzel) gewohnt zu haben scheint, begann mit Valentinian I. ein neuer Aufstieg T.s, das von Okt. 367 an wieder Ks.residenz war. Seit 367 weilte →Ausonius in der Stadt, der Erzieher und Berater von Gratianus war und 378/379 außerdem die gall. Präfektur innehatte. Nach dem Tod des Gratianus 383 fungierte die Stadt bis 387 als Residenz des Usurpators →Maximus Magnus. Ein denkbarer Versuch Theodosius' I., T.s Rolle noch einmal hervorzuheben (394), war zum Scheitern verurteilt, zumal in der Zeit nach seinem Tod (395) die gall. Präfektur nach →Arles verlegt wurde. In der 1. Hälfte des 5. Jh. hatte die Stadt nach der Aussage von →Salvianus vier Eroberungen durch die Franken zu erdulden. Obwohl ihr Römertum noch um 475 durch den comes →Arbogast bewahrt werden konnte, fiel sie bald danach endgültig in frk. Hand. M. Schottky

Lit.: RE II, 2347f.; VI A, 2320–2353 – W. Reusch, Augusta Treverorum, 1961 – E. M. Wightman, Roman T. and the Treveri, 1971 – Kölner Römer-Illustrierte 2, 1975, 165–179 [Beitr.: R. Schindler, H. Cüppers, E. Zahn, W. Binsfeld, Th. K. Kempf, J. G. Deckers] – H. v. Petrikovits, Die Rheinlande in röm. Zeit, 1980 – T. Ks.residenz und Bf.ssitz, 1984 [Einf. Aufs.: I. König, H. Heinen, L. Schwinden, K.-J. Gilles, W. Binsfeld, H. Cüppers; Lit.; Zeittafel] – H. Heinen, T. und das Treverland in röm. Zeit, 1988² – Ders., Zum Christentum im spätantiken T., T. er Zs. 52, 1989, 391–413 – P. Becker, Das frühe T. er Mönchtum... (Beitr. zur Gesch. und Struktur der ma. Germania sacra, hg. I. Crusius, 1989), 9–44 – A. Traeger, Ein Vergleich von spätantiker und frühfrk. Besiedlung in Nordgallien, Klio 71, 1989, 516–524.

II. Mittelalter: [1] *Topographie:* Zu Beginn des 6. Jh. wurde T. in das Großreich der Merowinger eingegliedert. Die Bevölkerung des 6. und 7. Jh. dürfte nur noch einige tausend Personen umfaßt haben, die vornehml. um die innerstädt. sowie die im Bereich der antiken Gräberfelder gelegenen christl. Kultstätten siedelten; auf das 4. Jh. gehen innerhalb der ehemals röm. Stadt die Doppelkathedralanlage (St. Peter und Liebfrauen mit Baptisterium) sowie möglicherweise St. Laurentius bei der Palastaula und St. Gervasius-Protasius in den Ks.thermen zurück; ferner auf dem n. Gräberfeld St. Maximin (Johannes Evangelist) und St. Paulin (St. Maria), auf dem s. Friedhof St. Eucharius/St. Matthias sowie wohl auch die spätere Pfarrkirche St. Medard. Im 6./7. Jh. kamen hinzu n. der Stadtmauer: St. Maria ad Martyres, St. Remigius, St. Symphorian, St. Martin sowie im NO St. Martin auf dem Berge; im Stadtbereich: St. Irminen-Oeren, St. Paulus, St. Maria ad pontem; s. der Stadtmauer: St. Germanus ad undas und im SO Heiligkreuz sowie auf dem w. Moselufer St. Isidor und St. Victor. Im 9. Jh. gab es zu T. etwa 20 Kirchen und Oratorien. Während einige Abteien (St. Eucharius, St. Martin, St. Maria ad Martyres) und Stifte (St. Paulin) dem Bf. unterstanden, sind die in der 1. Hälfte des 9. Jh. die Benediktinerregel annehmenden Monasterien St. Maximin und St. Irminen-Oeren als Kg.skl. anzusprechen (letzteres geriet um 1000 an das Erzstift). Um das Jahr 1000 umfaßte die Sakralausstattung T.s u. a. vier Benediktinerabteien (St. Maximin, St. Eucharius, St. Maria ad Martyres, St. Martin), ein Benediktinerinnenkl. (St. Irminen-Oeren) und zwei Männerstifte (Domkapitel, St. Paulin), zu denen um 1040 das bei dem röm. N-Tor gelegene Stift St. Simeon hinzukam. Seit dem 12. Jh. ließen sich an jüngeren Orden in T. u. a. nieder: Templer (vor 1180), Dominikaner (1223 oder 1227), Dominikanerinnen (1235/36), Franziskaner (1228/38), Zisterzienserinnen (1232), Sackbrüder (vor 1242), Deutschorden (vor 1250), Augustiner-Eremiten (vor 1271), Karmeliter (vor 1284), Johanniter (vor 1298) und Kartäuser (1332). Erstmalige Erwähnung einer Begine 1228; im 14. Jh. sind mehrere Beginenkonvente bezeugt.

Während des FrühMA ist mit einer etwa 10–15%igen Weiternutzung antiker Bausubstanz durch eine roman. und frk. Bevölkerung zu rechnen. Im 8. und 9. Jh. umfassen die Bezeichnungen civitas bzw. urbs noch das gesamte von der antiken Mauer umschlossene Areal. Nach dem Normanneneinfall von 882 und den damit verbundenen Zerstörungen wurde die Doppelbasilika (Dom, Liebfrauen) unter Wahrung ihres spätantiken Kerns Zentrum der ma. Stadt mit dem davorgelegenen Markt (rechtl. Fixierung durch das Marktkreuz Ebf. →Heinrichs I. von 958) sowie der neuen, das röm. Straßennetz durchschneidenden Verbindung zur weiterhin intakten steinernen Römerbrücke über die Mosel wie auch jener zum Hafen. Um das Jahr 1000 wurde die wohl noch spätantike Befestigung des Dombezirks, die etwa 7,2 ha umfaßte, erneuert.

Am Markt lag auch die T.er Judensiedlung, die wohl bis in das 10. Jh. zurückreicht (1066 erste Erwähnung der Gemeinde; 1096 Pogrom). Im 13. Jh. sind dort als Gemeindehaus, die Synagoge, die Frauensynagoge, die Mikwe, ein Warmbad und ein Hospital bezeugt. Um 1338 lebten hier auf 0,7 ha mehr als 300 Juden. Die topograph. Nähe zum Markt verweist auf Tätigkeit im Fernhandel, während Geldleihegeschäfte erst seit dem frühen 14. Jh. bezeugt sind (1262 hingegen schon ebfl. Ansiedlungsprivileg für Lombarden). Nach dem verheerenden Pogrom v. 1349 siedelten nur noch wenige Juden in T.; 1418 erfolgte ihre Ausweisung aus dem Erzstift.

T. blieb lange Zeit eine »offene Stadt«, bis im 12. und 13. Jh. in mehreren Schüben der vom ebfl. Stadtherrn und der Stadtgemeinde gemeinsam getragene Bau einer neuen Stadtmauer vorangetrieben wurde. Diese Befestigung folgte im N und W der antiken Ummauerung, blieb aber im O und v.a. S erhebl. hinter der antiken Ausdehnung zurück, so daß das ummauerte Siedlungsareal von ehemals 285 auf 138 ha verringert wurde. Im N und S T.s entstanden ausgedehnte Kl.suburbia (St. Maximin, St. Paulin, St. Eucharius/St. Matthias). Erst jetzt verschwanden große Teile der antiken Bausubstanz, die im wesentl. auf die heute noch sichtbaren Bestand reduziert wurde. Der hochma. Bevölkerungsanstieg führte zur Bebauung zahlreicher im Stadtbereich gelegener agrar. Nutzflächen. Während der 1. Hälfte des 14. Jh. lebten in T. etwa 10000 Einwohner.

[2] *Früh- und Hochmittelalter:* Im Verlauf des 6. Jh. hatten die Bf.e durch die Inbesitznahme großer Güterkomplexe und die Wahrnehmung administrativer wie seelsorgerischer Aufgaben die Rechtsnachfolge des röm. Staates angetreten und einen durchaus noch der Spätantike verhafteten Bf.sstaat etabliert. In die Amtszeit von Bf. →Nicetius (525/526–566) fallen u. a. bedeutende Baumaßnahmen zu St. Maximin und die Wiederherstellung der N-Basilika, des späteren Domes. Nach einer zeitweiligen Einschränkung der bfl. Machtposition durch die Einsetzung eines Gf.en von seiten des merow. Kgtm.s war es wohl Kg. Dagobert I., für den 624/625 ein Aufenthalt in T. bezeugt ist, der die Grundlagen einer abermaligen bfl. Stadtherrschaft legte. Bf. Weomad (762–791) wurde die bfl. Herrschaft in T. und der näheren Umgebung durch Karl d. Gr. entzogen, der sie einer neu etablierten Gft. zuschlug. Damit einher ging offenbar auch der Verlust von Münz-, Zoll- und möglicherweise auch Marktrechten. Erst 902 erfolgte eine Restitution der Rechte und Einnahmen durch Kg. Ludwig d. Kind an Ebf. →Radbod. Damit wurde eine wesentl. Grundlage für die bfl. Stadtherrschaft im MA geschaffen.

Stark in Mitleidenschaft gezogen wurde die Stadt 1008, als es im Zuge der Auseinandersetzungen um das Amt des T.er Oberhirten zw. Adalbero aus dem Hause der Luxemburger Gf.en und dem von Kg. Heinrich II. unterstützten Kandidaten Megingaud zur viermonatigen Belagerung des in der Bf.sburg (Basilika) verschanzten Luxemburgers durch seinen kgl. Verwandten kam. Unter Megingauds Nachfolger →Poppo (1016–47) setzte eine wirtschaftl. Konsolidierung der Moselregion ein, die in T. in der Realisierung großer Bauprojekte zum Ausdruck kam (Stift St. Simeon mit dazugehöriger Doppelkirchenanlage im antiken N-Tor, W-Abschluß des Domes). In die Amtszeit Ebf. →Alberos v. Montreuil (1131–52) fiel die Übertragung der bedeutenden Reichsabtei St. Maximin 1139 durch Kg. Konrad III. an das Erzstift. In einer anderen ebfl. Vorstadtabtei – St. Eucharius – fand man im Zuge der Bauarbeiten für eine neue Kl.kirche 1127 angebl. die Gebeine des hl. →Matthias. Die Bedeutung der rasch einsetzenden Wallfahrt zu diesem einzigen Apostelgrab n. der Alpen belegt ein Bruderschaftsbuch mit Einträgen von der Mitte des 12. bis zum Beginn des 13. Jh., die 4670 Namen umfassen. Dort sind u. a. Pilger aus Flandern, Brabant, dem Niederrhein, Lothringen, dem Elsaß sowie aus S- und SW-Dtl. verzeichnet.

Seit der 2. Hälfte des 11. Jh. treten ebfl. Ministeriale als eigenständig handelnde Gruppe innerhalb der städt. Bevölkerung zunehmend in Erscheinung (1066 Ermordung des vom Kölner Ebf. →Anno II. zum T.er Ebf. ernannten Konrad v. Pfullingen durch Ministeriale unter Führung des T.er Bgf.en Theoderich). Die um 1100 im ebfl. Umfeld entstandene Bm.schronik (»Gesta Treverorum«) enthält mehrere – teilweise sagenhafte – Episoden, die das Selbstbewußtsein und den Führungsanspruch dieser Gruppe zum Ausdruck bringen. Schwureinigungen (→coniuratio) v. 1131 gegen die Wahl Alberos v. Montreuil zum Ebf. bzw. v. 1157/61 zur – vom T.er Stiftsvogt mitgetragenen – Durchsetzung rechtl. Interessen wurden vornehml. von Teilen der ebfl. Dienstmannschaft getragen. Zusammen mit dem in den 40er Jahren des 12. Jh. einsetzenden Mauerbau und einer von den »Treverenses« 1149 ausgestellten Urk., die Zölle und Abgaben T.er Kaufleute in Köln regelte, welche mit dem wohl 1147 auf ebfl. Initiative angefertigten T.er Stadtsiegel – dem ältesten in Europa – beglaubigt worden war, werden diese Eidgemeinschaften gemeinhin als erste Anzeichen einer sich allmähl. herausbildenden Stadtgemeinde angesehen. Doch spiegeln diese Ereignisse keine geradlinige Entwicklung. Ferner ist zu beachten, daß das Siegel auf stadtherrl. Veranlassung zurückgeht und folgl. kein Ausdruck 'bürgerl.' Autonomiestrebens ist. Aus der ebfl. Dienstmannschaft gingen auch die Mitglieder des Schöffenkollegs hervor (1169 Schöffen erstmals erwähnt), das – nachweisl. seit 1172 – das Stadtsiegel führte. Mit der – wohl i. J. 1197 erfolgten – Resignation der pfgfl. Stiftsvogtei nach dem Tod Konrads v. Staufen durch seinen Schwiegersohn, den Welfen Heinrich, erlangte Ebf. →Johann I. (1189–1212) die uneingeschränkte weltl. Herrschaft über die Stadt T. und das Erzstift. Im Verlauf des 13. Jh. entwickelte sich das aus 14 Mitgliedern bestehende und unter Vorsitz eines »magister scabinorum« amtierende Schöffenkolleg zu einer genossenschaftl. Körperschaft, die zunehmend als Verwaltungs- und Repräsentationsorgan der Stadtgemeinde auftrat. Häufig waren die Inhaber eines Schöffenstuhls, die neben dem Ebf. auch anderen geistl. Institutionen dienstrechtl. verbunden sein konnten, zugleich Mitglieder der auf 30 Personen beschränkten, ebfl. autorisierten Wechslerhausgenossenschaft (1236 Bestätigung der Privilegien), die den lukrativen Münzwechsel in der Stadt organisierte.

[3] *Spätmittelalter:* Zu Beginn des 14. Jh. wurde im Zuge komplexer innerstädt. Auseinandersetzungen das Machtmonopol der führenden Schöffenfamilien in Frage gestellt. Ein 1303 zw. Ebf. →Dieter v. Nassau und der

Stadtgemeinde geschlossener Vertrag sah dann ein neues, zum Rat erweitertes städt. Führungsgremium vor, dem neben den 14 Schöffen 14 weitere Mitglieder angehören sollten, die sich aus neun Vertretern der Gewerbe (zwei Webern sowie jeweils einem Repräsentanten der Metzger, Gerber, Bäcker, Kürschner, Krämer, Schmiede/Steinmetzen sowie Zimmerleute/Faßbinder) und fünf Abgeordneten der Gemeinde zusammensetzten. Zwar mußte die Stadtgemeinde 1309 gegenüber Ebf. →Balduin v. Luxemburg (1307–54) erneut den alleinigen Führungsanspruch der alten Schöffengeschlechter anerkennen, doch war die Mitbeteiligung der Zünfte auch unter Balduin nicht mehr zu umgehen (seit 1344 wieder Zunftvertreter im Rat bezeugt). Seit 1365 bestand ein – im Vergleich zu 1303 – geänderter Verteilungsschlüssel innerhalb des Ratsgremiums. Neben vier Vertretern der St. Jakobsbruderschaft (u.a. Träger des städt. St. Jakobshospitals), in der kurze Zeit zuvor das Repräsentationsorgan der Gemeinde, die Bürgerbruderschaft, aufgegangen war, setzten sich die Zunftvertreter nun aus vier Webern, zwei Metzgern, zwei Bäckern und zwei Gerbern zusammen. Diesen in der Folgezeit als »große Ämter« bezeichneten Gewerben gelang somit eine Abgrenzung von den übrigen »kleinen Ämtern«, deren Beteiligung zurückgedrängt wurde. 1396 schlossen sich die vier großen und neun kleinen Ämter zur Wahrung der Interessen ihrer Mitglieder zusammen. Während des 15. Jh. lassen sich auch führende Angehörige der neun kleinen Zünfte als Inhaber städt. Ämter nachweisen. Im Zuge der Manderscheider Fehde (→Manderscheid, Gf.en v.) kam es schließlich 1432 zu einer Verfassungsänderung, woraufhin der an der Spitze der Stadtverwaltung stehende Schöffenmeister durch zwei Bürgermeister, genauer einen Schöffen- und einen Zunftbürgermeister, ersetzt wurde und somit die gestiegenen ökonom. Einfluß der potenten Zunftfamilien erwachsenen Machtansprüche ihren endgültigen institutionellen Niederschlag fanden. Die Dominanz des Textilgewerbes im städt. Rat erlitt erst eine empfindl. Einbuße, als Mitglieder der Weberzunft, daneben aber auch Schneider und Schmiede, den Reformationsversuch Kaspar Olevians i. J. 1559 unterstützten und nach dessen Scheitern die Stadt verlassen mußten.

In der 2. Hälfte des 15. Jh. führte die Stadtgemeinde zahlreiche neue Bauvorhaben durch, wie die Errichtung der Steipe – Repräsentationsbau der T.er Führungsschicht am Hauptmarkt –, die Ausführung der städt. Mühlenanlage an der Mosel sowie des städt. Brauhauses in der Mergenburg. Schließlich sei auf die Eröffnung der T.er Universität i. J. 1473 unter starker Beteiligung der Stadtgemeinde hingewiesen.

[4] *Wirtschaft*: Hinweise zur T.er Wirtschaft des Früh-MA sind spärlich. Für die späte Merowingerzeit sind Töpfereien im Altbachtal bezeugt. Einem bei →Gregor v. Tours überlieferten Mirakel sind das Fortleben des antiken T.er Hafens sowie ein aus dem lothring. Seillegebiet über die Mosel nach T. reichender Salzhandel im 6. Jh. zu entnehmen. Eine in das beginnende 9. Jh. zu datierende Notiz in der »Vita Maximini« belegt Kontakte zum fries. Fernhandel. Seit dem endenden 6. Jh. sind bis zum Ausgang der Merowingerzeit zehn oder elf Monetarprägungen überliefert, die auf einen Geldbedarf v. a. im Fernhandel verweisen. Wie die jeweilige Nennung zweier Monetare als »monetarius constitutus« zeigt, sind derartige private Münzmeister von der »civitas« öffentl. bestellt worden. Unter Kg. Pippin setzte in T. eine Denarprägung unter kgl. Aufsicht ein.

Vereinzelte hochma. Nachrichten bezeugen T.er Kaufleute in der Provence (St-Gilles) sowie auf den →Champagnemessen. Dennoch machten derartige überregionale Handelskontakte einen vergleichsweise bescheidenen Anteil an der Gesamtwirtschaft T.s aus. Enge wirtschaftl. Beziehungen bestanden zw. den Kathedralstädten T. und →Köln. Markttermine, an denen auswärtige Kaufleute vornehml. T. besuchten, waren die Heiligenfeste am Peter- und Paulstag (29. Juni), am Maximinstag (29. Mai) sowie am Paulinstag (31. Aug.). Die Moselstadt konnte sich im Verlaufe des MA dennoch nie zu einem überregional bedeutsamen Messeplatz entwickeln. Wichtigstes Exportgut war spätestens seit dem HochMA der hauptsächl. über Köln verhandelte →Wein, daneben spielten Honig und in bescheidenerem Umfang Moselnüsse eine Rolle. Seit der 2. Hälfte des 12. bis in die Mitte des 13. Jh. kam es zu einem für T. bes. gut dokumentierten Ausbau der bereits bestehenden Weinberglagen mittels Rodung und Neuanpflanzung, wobei die größte Ausdehnung in der 1. Hälfte des 14. Jh. erreicht wurde. Für diesen Zeitraum sind 49 Keltern – darunter mächtige Bannpressen – in der T.er Talweite nachgewiesen (13. Jh.: 43). Träger der marktorientierten Weinproduktion waren ansässige geistl. Institutionen und die durch Stadt- und Wirtschaftshöfe vertretenen Zisterzienserniederlassungen. Darüber hinaus besaßen prakt. alle bedeutenden Schöffengeschlechter des 13. und 14. Jh. ein wesentl. wirtschaftl. Fundament in der Weinwirtschaft. Seit dem ausgehenden 14. Jh. führten verschlechterte ökonom. und demograph. Rahmenbedingungen (Mißernten, Seuchen) zu einer Umorientierung innerhalb der stadtnahen Agrarwirtschaft und einem damit verbundenen Rückgang der Rebflächen, die häufig durch Nuß- und Obstkulturen ersetzt wurden. Obwohl seit der 2. Hälfte des 15. Jh. Intensivierungstendenzen in der Weinproduktion, u.a. durch die Einführung neuer Rebsorten (Riesling, Rotweinreben), zu beobachten sind, fand die dominante Rolle des hochma. Weinmarktes keine Fortsetzung: der spätma. Weinumschlagplatz T. hatte – trotz der Installierung eines Landkranes i. J. 1413 – nur regionale Bedeutung. Einziges bedeutsames Exportgewerbe im SpätMA war die Wolltuchproduktion, sicht- in der polit. Bedeutung der Wollenweberzunft spiegelt, auch wenn gelegentl. Nachrichten auf einen von T. ausgehenden überregionalen Handel mit Vieh, Lederwaren, Pelzen und Sonderkulturen (Öl, Nüssen) verweisen. Die Absatzrichtungen T.er Textilien führten vornehml. über die Lampartische Straße bis ins Elsaß (Straßburg, Hagenau, Zabern) sowie über das Messezentrum Frankfurt, von wo sie bis nach Darmstadt und Basel gelangten. Frankfurt a. M. dürfte auch für die über Magdeburg nach Breslau verhandelten sowie in Konstanz und Eberbach bezeugten T.er Tuche als Umschlagort fungiert haben. Insgesamt läßt sich die Moselstadt im SpätMA am ehesten als Konsumentenstadt und Zwischenhandelsplatz klassifizieren.

Im »T.er Stadtrecht« v. ca. 1190 sind Vorsteher einzelner Gewerbe (Metzger, Schuster, Weber) genannt, was auf einen gewissen Grad genossenschaftl. Organisationsformen schließen läßt. Daneben gab es die um 1215 erstmals erwähnte Gruppe der ebfl. Kammerhandwerker (Kürschner, Schuhmacher, Schmiede, Metzger), die allerdings nur einen geringen Teil der in T. arbeitenden Personen jener Gewerbe ausmachte. Neben den seit Anfang des 14. Jh. als polit. Zünfte hervortretenden genossenschaftl. Organisationsformen hat es weitere »fraternitates« wie etwa jene der T.er Eisenwarenhändler gegeben (Statuten 1285 bestätigt). Der hohe Differenzierungsgrad – auch nichtzünftiger – T.er Gewerbe wird aus der ersten überlieferten städt. Vermögenssteuerliste v. 1363/64 ersichtl., die 2470 Personen, darunter 1050 mit einer Berufsbezeichnung, aufführt (Textilgewerbe 159 Nennungen, Weinproduktion und -vertrieb 137, leder- und fellverarbeitende Berufe 147, Nahrungsmittelgewerbe 100, Bauhandwerker 87, metallverarbeitende Berufe 79, Transportwesen 52, Handel 48, »Fahrendes Volk« 16). – Die städt. Sozialstruktur wurde wie in Köln durch die Geistlichkeit mitgeprägt, deren →Privilegien häufig zu Konflikten mit den Bürgern führten. L. Clemens

Q.: G. KENTENICH, T.er Stadtrechnungen des MA, 1908 – F. RUDOLPH, Q. zur Rechts- und Wirtschaftsgesch. der Rhein. Städte, 1. T., 1915 – Lit.: G. KENTENICH, Gesch. der Stadt T. von der Gründung bis zur Gegenwart, 1915 – K. SCHULZ, Ministerialität und Bürgertum in T., 1968 – M. MATHEUS, T. am Ende des MA, 1984 – L. CLEMENS, T. – Eine Weinstadt im MA, 1993 – T. im MA, hg. H. H. ANTON – A. HAVERKAMP (2000 Jahre T., Bd. 2, 1996). Vgl. Lit., Abschnitt B.

B. Erzbistum
I. Erzbischöfe – II. Kirchenprovinz, Primat – III. Innere Organisation – IV. Domkapitel, Offizialat – V. Territorium und weltliche Verwaltung.

I. ERZBISCHÖFE: Anfänge einer christl. Gemeinde sind für das 2. Jh. anzunehmen. Die Bf.sliste, die als einzige im heutigen Dtl. in vorkonstantin. Zeit zurückreicht, setzt mit Eucharius, Valerius und Maternus in der 2. Hälfte des 3. Jh. ein. Der T.er Stuhl ist auf dem Konzil zu Arles 314 mit Bf. Agricius erstmals urkundl. belegt. Ihm wurde einer ma. Tradition zufolge (»Vita St. Agricii et Helenae«) von →Helena ein Palast übertragen, aus dem der T.er Dom hervorging. Die hier zum Ausdruck kommende Nähe zum Ks.haus sollte für das Selbstverständnis der ma. Bf.e wichtig werden (Helena-/Ks.tradition). In den Auseinandersetzungen des 4. Jh. erlangte die Sedes Vorbildcharakter für die orthodoxe Glaubenspartei im röm. Gesamtreich. Mit der Stellung der T.er Bf.e im Episkopat sind die in ihrer Historizität umstrittene, von Bf. Maximinus (330–347) präsidierte Kölner Synode 346 wie auch die ma. Zeugnisse für eine über die röm. Provinzgrenzen ausgreifende Landmission an der Untermosel vereinbar. Läßt sich bei Bf. Paulinus (347–358, 353 verbannt) eine Emanzipation von den weltl. Autoritäten erkennen, so gab es in den vormals bes. Beziehungen zu den kirchl. (Martin v. Tours, Ambrosius, Papst) im Zuge der Auseinandersetzungen um den Priscillianismus eine Entfremdung. Als →Priscillian 385 in T. hingerichtet worden war, kam es zum Schisma, das nur durch Bf. Felix' Resignation (398) beendet werden konnte. In den Umwälzungen des 5. Jh. sind im kirchl. Leben außergewöhnl. Belege von Kontinuität hervorzuheben: Die Sukzession der Bf.e blieb ungebrochen; das Ansehen der Sedes unbeschädigt (→Auspicius v. Toul). Es verwundert nicht, daß die Restaurationen des 6. Jh. (missionar. Erfassung des Mittelrheins [»Vita Goaris«]; Wiederbegründung des Bm.s →Köln) von T. bedeutsame Impulse erhielten. Die selbstbewußte Nähe zu den merow. Herrschern verdeutlicht noch Bf. →Nicetius (525/526–566) mit universalkirchl. Aktion und Geltung. Unter ihm wie unter dem ersten Träger eines germ. Namens auf der T.er Kathedra, Magnerich (566–586?), fand die bfl. Autorität auch weltl. Ausdruck (Nicetiusburg) – beide sind als »Reichsbf.e« zu apostrophieren. Seit Bf. Modoalds (nach 614–vor 646/647) Kl.gründung St. Symphorian und Bf. Numerians (647–vor 697/698) Hinwendung zum Luxeuiler Mönchtum ist der bfl. Bezug zur monast. Ausprägung ma. Kirchenlebens im T.er Sprengel greifbar. Eine Feudalisierung des Bf.samtes war mit der engen Anlehnung der »Bf.sdynastie« Basin, Liutwin, Milo an die Frühkarolinger verbunden. Bf. →Milo (722/723–761/762) wurde gegen →Bonifatius zum Exponenten des reformfeindl. frk. Episkopats. Die von Karl d. Gr. erzwungene Konzentration der bfl. Befugnisse auf kirchl. Belange korrespondierte einer autochthonen Traditionsbildung, die die älteste im Rheinland verfaßte Bf.svita (»Maximini I«) hervorbrachte. Von Ebf. Hetti (814–847) an wurden die T.er Ebf.e wieder mit weltl.-polit. Aufgaben betraut. Der Nachfolger →Thietgaud (847–868) stand im Ehestreit Kg. Lothars II. auf seiten des Kg.s und wurde 863 von Papst Nikolaus I. seines Amtes enthoben. Bedeutsam sollte für das Ebm. seine Lage an der Nahtstelle zw. dem ostfrk. und dem westfrk. Reich werden. Die Kirchenprovinz wurde durch die polit. Teilungen v. 870 (Vertrag v. →Meerssen) und 880 (Vertrag v. →Ribémont) zerschnitten, der metropolitane Vorrang bestritten. Im 895 begründeten »regnum Lotharicum« Kg. →Zwentibolds bekleidete Ebf. →Radbod (883–915) die Stellung des Erzkanzlers. Die »lothar. Phase« wurde nach der Normannenkatastrophe v. 882 wesentl. für den Wiederaufstieg und die ma. Entwicklung des Ebm.s. Die Anbindung Lothringiens an das ostfrk. Reich (923/925) trug Ebf. →Ruotger (915–931) entscheidend mit. Die otton. Herrscher bestätigten und forcierten die angelegten Tendenzen des durchweg von engen Vertrauten geleiteten Ebm.s. Erwies sich Ebf. Ludolf (993–1008) noch als Stütze des auch in Lothringen umstrittenen Kg.s Heinrich II., so führte die des Kg.s Interessen ignorierende Wahl Adalberos v. Luxemburg zur verheerenden »großen T.er Bm.sfehde« (1008–17), an deren Ende die Reorganisationen Ebf. →Poppos (1016–47) standen. Diesem gelang, gestützt auf die Schenkung der Kg.spfalz Koblenz 1018, die Festigung der ebfl. Stellung gegenüber dem in der Moselfehde erstarkten Adel. Sieht man von Ebf. →Egilbert (1079–1101) ab, so waren die Ebf.e der Zeit des kirchl. Reform und des →Investiturstreites geachtete Vermittler mit eigenem Profil. Die besonderen Beziehungen zum Papsttum zeigten sich 1049, als Ebf. →Eberhard (1047–66) zum Berichterstatter über den Fortgang der Reform erhoben wurde. Sie fanden 1120 mit der Exemtion von der Autorität aller nicht a latere gesandten →Legaten durch Papst Gelasius II. ihre Bestätigung, was auch eine Befreiung von Eingriffsmöglichkeiten des Mainzer Ebf.s bedeutete. Auf seiten des Kgtm.s verdeutlicht die Bestellung Ebf. →Brunos v. Lauffen (1101–24) zum »vicedomnus regiae curiae« unter Heinrich V. den Einfluß der T.er Kathedra. Preis der Verpflichtung auf Reichs- und Kirchenpolitik war für das Ebm. eine erstarkte Stellung »partikularer« Gewalten (Bgf./Luxemburger) und Ambitionen »äußerer« Mächte (Ebf. →Anno II. v. Köln/Pfgf.). Ebf. →Albero (1131–52) gelang es, diese Entwicklung umzukehren. Die Erhebung des T.er Pontifex zum Legaten für die Kirchenprovinzen T., Köln, Mainz, Magdeburg, Salzburg und Bremen 1137 bestätigte auch für den kirchl. Bereich das wieder gefestigte Ansehen. Albero bewies noch einmal mit der Wahl Konrads III. 1138 unter seiner Ägide reichspolit. Gewicht, bevor T. unter den Staufern hinter Köln und →Mainz zurücktrat. Als sich Ebf. Hillin (1152–69) 1165 dem Gegenpapst Paschalis III. zuwandte, wurde der T.er Stuhl an die stauf. Kirchenpolitik gebunden. Im Bm.sstreit 1183–89 stand er schließlich im Focus der Auseinandersetzung zw. Ks. und Papst. Erst Ebf. →Johann I. (1189–1212) gelang in Ansätzen eine Emanzipation und Reorganisation, die jedoch noch nicht aus dem Schatten der reichspolit. Antagonisten herausführten. Ebf. →Arnold II. v. Isenburg (1242–59) wandte sich von der stauf. Partei ab. Die schwere Krise, die für das Erzstift mit dem Kampf Ebf.

→Dieters v. Nassau (1300–07) gegen Kg. Albrecht I. heraufzog, brachte strukturelle Änderungen hervor, die für die innere Entwicklung bestimmend bleiben sollten. Mit Ebf. →Balduin (1307–54) erlangte das Erzstift in der Reichspolitik wieder gestalter. Kraft. Im 15. Jh. begannen mit Ebf. Otto v. Ziegenhain (1418–30) kirchl. Reformen (unter Johannes Rode [† 1439]; 1422 Generalversammlung der Benediktiner der Kirchenprov.en T. und Köln). Der Versuch einer Reform des Domkapitels (Provinzialsynode v. 1423) scheiterte vorerst. Die das Erzstift wirtschaftl. erschöpfende Manderscheider Fehde (→Manderscheid, Gf.en v.) änderte zwar die Rahmenbedingungen ebfl. Politik, doch gelang es →Jakob I. v. Sierck (1439–56) und Johann II. v. Baden (1456–1503), die ebfl. Autorität zu konsolidieren. Jakob I. bereitete die Gründung der Univ. (Privileg Papst Nikolaus' V. 1454) vor. Seine äußere Politik spiegelt den Niedergang der zentralen Gewalt. Der Gefahr der →Armagnaken begegnete er durch Verhandlungen, die in ein förml. Bündnis mit Kg. Karl VII. v. Frankreich (1444) mündeten. Seit 1441 Kanzler Ks. Friedrichs III., ging er, die Neutralität im Papstschisma (1439) brechend, 1445 zum Gegenpapst Felix V. über und trug zur Verlängerung der Spaltung bei. Johann II. erwies sich mit der Univ.gründung 1473 und der z. T. mit Gewalt fortgeführten Reform als tatkräftiger Landes- und Kirchenherr.

II. KIRCHENPROVINZ, PRIMAT: Schon Bf. Paulinus (347–358) wurde »Metropolit v. Gallien« (→Athanasius) genannt, doch scheint damit zunächst nur ein persönl. Ansehen bezeichnet worden zu sein. Die Bestätigung der Metropolitanverfassung für Gallien (Turin 398) hatte wohl auch eine rechtl. Überordnung der T.er Sedes zur Folge, bezeichnete doch Auspicius v. Toul im unruhigen 5. Jh. Bf. Jamblychus als »papa noster«. Unzweifelhaft ist der Metropolitanvorrang T.s im 6. Jh. bei den Bf.en Nicetius und Magnerich (archiepiscopus; pontificum caput) belegt. Unter der »Bf.sdynastie« erlosch die synodale Tätigkeit. Zwar wurde der Metropolitanverband mit den Suffraganbm.ern →Metz, →Toul und →Verdun ca. 780 unter Bf. Weomad von Karl d. Gr. wiederhergestellt, doch blieben die metropolitanen Rechte von 794 bis zum Pontifikat Ebf. Hettis wegen Parallelübertragungen an Metz suspendiert. Auch Ebf. Bertulf (870–883), dem Papst Johannes VIII. 873 das Pallium übersandt hatte, war mit einer Parallelverleihung aus polit. Rücksicht an Bf. Wala v. Metz (878) konfrontiert, der er, päpstl. Vermittlung zurückweisend, entgegentrat. Nachdem sich 880 (Vertrag v. →Ribémont) die polit. Konstellation verändert hatte, unterwarf sich Bf. Wala endgültig dem T.er Anspruch. Die Kirchenprovinz bestand mit Metz, Toul und Verdun bis zum Ende des 18. Jh. Bereits Nicetius hatte einen Vorrang vor →Reims behauptet (Provinzialsynode Toul 550). Ebf. Thietgaud beanspruchte 853 und 863 unter Berufung auf die pseudo-isidor. Primatvorstellungen den Titel »Galliae Belgicae Primas«, der in hinkmarscher Interpretation (Gleichrangigkeit mit Reims; →Hinkmar v. Reims) anerkannt wurde. Im »Reimser Streit« sieht man den Vorrang realisiert. 969 verlieh Papst Johannes XIII. Ebf. Theoderich I. (965–977) den Primat über Gallien und Germanien ad sedem. Damit war dem Anspruch Rechnung getragen, der mit der apostol. Gründungstradition, dem Verweis auf ksl. Privilegierung in der Spätantike (beide Traditionen faßbar de 8./9. Jh.) sowie den pseudo-isidor. →Dekretalen und dem »Silvesterdiplom« (→Silvester I.) vertreten wurde. Die Bestätigung 975 durch Papst Benedikt VII. bietet zugleich einen Beleg für ein bestehendes lokales Kardinalat am Dom. Höchsten Ausdruck fand der T.er Primat mit der Verlesung der Rechte in der Peterskirche in Rom 1049. 1120 deutet die Exemtion von der Gewalt aller nicht a latere gesandten Legaten darauf hin, daß die Ansprüche T.s zu reinen Ehrenrechten ohne kirchl. bzw. polit. Perspektiven reduziert waren. Die Bestätigung 1137 für Ebf. Albero blieb Episode ohne rechtl. Konsequenz. Von Reims, Mainz und Köln bekämpft, erloschen die T.er Ansprüche im 12. Jh.

III. INNERE ORGANISATION: Züge spätantiken Erbes trägt auch die Pfarrorganisation. In frk. Zeit bauten die Bf.e Nicetius und Magnerich die Landseelsorge systemat. aus. Siedlung und Pfarrsystem entfalteten sich parallel. Ansätze einer planvollen inneren Entwicklung (Abgaben, Pfarrzwang) sind in der Karolingerzeit zu beobachten. Der wesentl. vom Kgtm. protegierte Auf- und Ausbau von Großpfarreien im 9. und 10. Jh. erlebte in den folgenden Jahrhunderten eine Aufgliederung, indem den Filialkirchen Pfarrechte übertragen wurden. Schon an der Wende vom 11. zum 12. Jh. war das Pfarrsystem im Ebm. im wesentl. geschlossen. In der Stadt T. sind zu dieser Zeit mindestens fünf Sprengel wahrscheinl.: St. Gangolf, St. Gervasius, St. Laurentius, St. Maria ad pontem und St. Paulus. 16 ältere und sechs jüngere Kollegiatstifte trugen Seelsorge und Verwaltung mit. Von den Abteien sind St. Maximin und St. Eucharius/St. Matthias (seit 1127 Verehrung des einzigen Apostelgrabes n. der Alpen) hervorzuheben.

Hatten →Chorbf.e 863, als sie nach der Absetzung Ebf. Thietgauds das Ebm. leiteten, noch eine bes. Position inne, so ging nach dem Normannensturm 882 im Zuge der Reorganisation durch Ebf. Radbod ihre Zeit zu Ende. Die unter Ebf. Ruotger belegte, doch schon für etwa 900 vermutete Archidiakonatsverfassung hat sicher Aufgaben der Chorbf.e absorbiert, auch wenn die Annahme einer förml. Ersetzung Spekulation bleibt. Von fünf Archidiakonatsbezirken (Dom, Longuyon, Tholey, Karden, Dietkirchen) sind bereits 924 vier bezeugt. Ob sich die Archidiakonate an die Amtsbezirke der Chorbf.e oder die Stiftsbezirke anlehnten, ist umstritten. Sicher ist, daß T. hier westfrk./frz. Einflüsse in das Reich vermittelte. Seit dem 11./12. Jh. ist die Durchsetzung der Amtssprengel mit exemten Gebieten bzw. Kleinarchidiakonaten zu beobachten. Die bfl. Verfügungsgewalt über die Archidiakonenwürde blieb unberührt, doch ist bis zum 13. Jh. eine Verselbständigung der wohl schon seit dem 10. Jh. aus dem Domkapitel stammenden Archidiakone festzustellen. Ebf. Balduin begegnete dieser mit einer Stärkung der bfl. Jurisdiktionsgewalt (Provinzialsynode 1310; Offizialat), einer Belebung bfl. Kirchenvisitationen und bfl. Reversen (erstmals 1329). Erst 1456 kam es zu einer erneuten Entfremdung, die in die endgültige Anbindung an die Ebf.e zu Beginn des 16. Jh. mündete. Auch die Einrichtung der Landdekanate wird, als unter westfrk. (Reimser) Einfluß vollzogen, zu Beginn des 10. Jh. vermutet. Zwar erst für das frühe 12. Jh. sicher bezeugt, sind sie unter quellenkrit. Vorbehalt für das 10. Jh. belegbar. Die Landdekane blieben während des MA den Archidiakonen untergeordnet. Die fünf Archidiakonate waren während des gesamten MA in 23 Dekanate aufgeteilt.

IV. DOMKAPITEL, OFFIZIALAT: Erste Anzeichen einer organisierten Klerikergemeinschaft am Dom sind unter Bf. Nicetius festzustellen. Die Gründung des Domkapitels wird auf die Mensenteilung unter Ebf. Hetti zurückgeführt. Seit dem 13. Jh. in der Zusammensetzung auf den Adel beschränkt, verselbständigte sich das →Kapitel, auch wenn es in T., anders als etwa in Köln, keine »archidiaconi nati« gab. Am Anfang stand dabei die Ausformung und Monopolisierung eines – zunächst auf kirchl. Belange beschränkten-Konsensrechtes. Seit 1257 ist ein Ausgreifen des Kapitels auf weltl. Kompetenzen zu beobachten. Wahlkapitulationen, seit 1286 bezeugt, sind für die Ebf.e Balduin, →Boemund II. (1354–62), →Kuno II. (1362–88) und →Werner (1388–1418) nicht überliefert. In Zeiten einer Sedisvakanz oblag den Kapitularen die Leitung des Erzstifts. 1456 führten die landesherrl. Ambitionen des Domkapitels zu einer Art Nebenregierung. Eine innere Grenze der Entfremdung von der ursprgl. Aufgabenstellung lag in den widerstreitenden Interessen des im Domkapitel vertretenen Adels. Die Entfaltung kapitularer Macht erreichte im 16. Jh. ihren Höhepunkt und Abschluß.

Das →Offizialat fand im 12. Jh. Eingang (1195 frühester Beleg). Ein eigenes Amtssiegel (1246) und die Bezeichnung »curia« (1247) bestätigen die Institutionalisierung für eine Zeit, in der es, vom Domkapitel dominiert, keine prävalente Stellung gegenüber den archidiakonalen Offizialen behaupten konnte. 1299 richtete Boemund I. neben der »Officialitas Treverensis« eine zweite Kurie »Officialitas Confluentina« ein, deren Grenze sich mit der zw. dem späteren Nieder- und Oberstift deckte. Erst Balduin nutzte erfolgreich das nunmehr eng an den Ebf. gebundene Offizialat zur Begrenzung archidiakonaler Macht.

V. Territorium und weltliche Verwaltung: Die Burg des Bf.s Nicetius und die sicher bald folgende kgl. Immunität bestätigten die Übernahme weltl. Herrschaft durch die Bf.e im Zuge des Niedergangs des röm. Imperiums. Nach Steigerung zu voller, delegierter Gf.engewalt mündete sie kurz vor bzw. unter der »Bf.sdynastie« in einen T.er Bf.sstaat. Karl d. Gr. revidierte diese Entwicklung am 772 mit der Gründung einer Gft. auf Kosten des Episcopiums. Die Fundamente der späteren territorialen Entwicklung wurden in der »lotharing. Phase« gelegt. Der 897 Ebf. Radbod von Kg. Zwentibold geschenkte Bannforst im Hunsrück wird als »Grundstock des späteren Territorialstaates« verstanden. 898 und 902 wurde das Episcopium mit wesentl. Rechten einer Gft. ausgestattet. 947 bestätigte Otto I. die Immunität der T.er Kirche zusammen mit Gf.enrechten für den Ebf. War die Zuordnung zu Oberlothringen 959 geeignet, eine W-Orientierung zu betonen, so hat die erhebl. Erweiterung des Episcopiums durch die 973 erfolgte Schenkung eines kgl. Bannforstes in der Eifel das Eigengewicht erhebl. gestärkt. Das stadtherrl. Selbstverständnis der Ebf.e fand in der 958 von Otto I. →Heinrich I. erfolgten Verlegung des Marktes vor den Dom und der um 1000 ausgeführten Ummauerung des Domberings Ausdruck. Als Antagonisten der ebfl. Bestrebungen erscheinen in dieser Zeit die reichsunmittelbaren Abteien, die ihre Stellung zunächst behaupten konnten. Kg. Heinrichs II. Schenkung der Kg.spfalz →Koblenz 1018 präjudizierte die Entwicklung auf einen »Moselstaat« hin. Ebf. Albero gelang es, 1135 Bgf. Ludwig und den Vogt der Reichsabtei St. Maximin, Gf. Heinrich v. Luxemburg, als Folge von deren Übereignung 1139 durch Kg. Konrad III., zurückzudrängen. Erscheint im 12. Jh. (1158 Bergregal, 1161 Verbot einer »coniuratio«, 1197 Erhalt der Obervogtei) der Ks. noch als Mentor der bfl. Stellung, so setzt ab Beginn des 13. Jh. (»Liber annalium iurium archiepiscopi et ecclesie Treverensis«) eine Verselbständigung der Entwicklung ein. Das 13. Jh. war von verstärkten Bemühungen um die »Landessicherung« gekennzeichnet. Die Städte T. und Koblenz wurden ummauert, die Besitzungen im Westerwald durch die Burg Montabaur (1227), der Bannforst in der Eifel durch Kyllburg (1239) abgesichert, die ebfl. Stellung an Mittelrhein und Mosel durch Burgenbau bzw. -erwerb konsolidiert. Mit dem Pontifikat Dieters v. Nassau geriet die territoriale Entwicklung des Erzstiftes in eine schwere Krise. 1302 erhob sich die Koblenzer und T.er Bürgerschaft, T. schloß einen Schirmvertrag mit Gf. Heinrich v. Luxemburg (später Ks.). Zwar wurde der landesherrl. Vorrang der Ebf.e formal immer wieder bestätigt (Schiedsspruch Ks. Karls IV. 1364), doch fakt. gelang es den Nachfolgern nicht, die bürgerl. Bestrebungen nach Einschränkung der ebfl. Stellung zu überwinden. Der Adel blieb zunächst auf seine Repräsentanz im Domkapitel beschränkt. Zu einem organisator. Ausbau des Erzstiftes kam es unter Ebf. Balduin. Die Organisation des Finanzwesens mit Hilfe der Juden erlaubte es ihm, als Gläubiger Ks. Heinrichs VII. bzw. Ludwigs d. Bayern →Boppard und Oberwesel samt Rheinzoll (1312) an das Erzstift zu binden. Zw. 1320 und 1340 wurde eine dauerhafte Ämterverfassung geschaffen. Balduins Versuch jedoch, die großen territorialen Widersacher 1350/51 durch Oberamtmannstellen einzubinden, mißlang und führte nicht zu Zwischeninstanzen in der Verwaltungsorganisation. Aus der Sammelverleihung des Frankfurter Stadtrechts an 30 (1332) bzw. 15 (1346) Amtsorte und Flecken erwuchs keine Perspektive, die städt. Emanzipationsbestrebungen zu unterlaufen. Die Einteilung in Ober- (Hauptort T.) und Niederstift (Hauptort Koblenz) war dagegen von Dauer. Mit den um 1330 entstandenen »Balduineen« tat Balduin einen weiteren Schritt auf dem Weg zur Institutionalisierung der Landesherrschaft. Die volle Gerichtshoheit wurde mit den Privilegia »de non evocando« (1314) und »de non appellando« (1356) erreicht. Boemund II. und Kuno v. Falkenstein gelang es zunächst noch, die Stellung des Erzstifts zu behaupten. Doch waren auch sie schon trotz bedeutsamer Erfolge gegenüber der Bürgerschaft und den Bestrebungen des Adels auf eine reaktive Politik festgelegt, die mit empfindl. Einschnitten in die landesherrl. Rechte einherging. Mit Werner v. Falkenstein setzte ein Niedergang ein, der, in der Manderscheider Fehde gipfelnd, die Autorität der Ebf.e paralysierte. Die partikularen Gewalten erwiesen sich zwar als unübergehbare Größen, ohne eigene integrative Gestaltungskraft, so daß es Jakob I. v. Sierck gelang, die landesherrl. Gewalt wieder zu stabilisieren. Die Verwirklichung weitreichender Ansprüche des Domkapitels auf Mitregierung 1456 sollte eine den Ausgang des MA bestimmende Episode bleiben. Ch. Schieffer

Q.: GP X, 1992 [Lit.] – *Lit.:* H. Bastgen, Die Gesch. des T.er Domkapitels im MA, 1910 – A. Heintz, Die Anfänge des Landdekanats im Rahmen einer kirchl. Verfassungsgesch. des Ebm.s T., 1951 – F. Michel, Zur Gesch. der geistl. Gerichtsbarkeit und Verwaltung der T.er Ebf.e im MA, 1953 – E. Ewig, T. im Merowingerreich, 1954 [Neudr. 1973] – F. Pauly, Aus der Gesch. des Bm.s T., I–II, 1969 – R. Laufner, Die Ausbildung des Territorialstaates der Kfs.en v. T. (Der dt. Territorialstaat im 14. Jh., hg. H. Patze, 1971), 127–147 – W. Seibrich, Siedlung und Pfarrorganisation im alten Ebm. T., Archiv für mittelrhein. Kirchengesch. 28, 1976, 9–21 – H.-W. Herrmann, Das Kfsm. T. (Geschichtl. LK des Saarlandes, II, hg. K. Hoppstädter-H. W. Herrmann, 1977), 123–164 – H. J. Krüger, Die Anfänge des Offizialats in T., Archiv für mittelrhein. Kirchengesch. 29, 1977, 39–74 – N. Gauthier, L'évangélisation des pays de la Moselle, 1980 – R. Holbach, Stiftsgeistlichkeit im Spannungsfeld von Kirche und Welt, 2 Bde, 1982 – M. Nikolay-Panter, Terra und Territorium in T. an der Wende vom Hoch- zum SpätMA, RhVjbll 47, 1983, 67–123 – Balduin v. Luxemburg (Fschr. aus Anlaß des 700. Geburtsjahres, hg. F.-J. Heyen, 1985) – H. H. Anton, T. im frühen MA, 1987 [Lit.] – F.-R. Erkens, Die Bm.sorganisation in den Diöz.en T. und Köln – ein Vergleich (Die Salier und das Reich, II, hg. St. Weinfurter, 1992), 267–302 – E. Boshof, T., Oberlothringen und das Papsttum im 10./11. Jh. (L'Église de France et la Papauté [X–XIII s.], hg. R. Grosse, 1993),

365-391 – F.-J. HEYEN, Das bfl. Kollegiatstift außerhalb der Bf.sstadt im frühen und hohen MA am Beispiel der Erzdiözese T. (Studien zum weltl. Kollegiatstift in Dtl., hg. I. CRUSIUS, 1995), 35-64 – H. H. ANTON, Die T.er Bf.e und Ebf.e vornehml. in ihrem Verhältnis zum Reich in frk. und ostfrk.-frühdt. Zeit (T. Die Gesch. des Bm.s, 2: Das MA, 1996). Vgl. Lit., Abschnitt A.

Triest (it. Trieste, lat. Tergeste, Tergestum), Hafenstadt in Friaul-Julisch Venetien. Wie bei vielen anderen Städten läßt sich die Gesch. T.s in der Spätantike und im frühen MA an den Bf.slisten ablesen (Kathedrale S. Giusto); sie teilt das Schicksal des dichten Netzes von Diözesen, die das östl. Venetien und Istrien umfassen: Bildung der Kirchenprovinz →Aquileia, →Dreikapitelstreit (Teilnahme des Bf.s v. T. an der schismat. Synode v. Grado d. J. 579, 602 Rückkehr zur röm. Orthodoxie), Eingliederung in das Regnum Italiae. Die Bf.e, seit der Schenkung Lothars II. an Bf. Johannes 948 Nutznießer der kgl. Rechte auf die Stadt, waren zur Zeit der Ottonen und Salier zumeist dt. Herkunft (mindestens in zwei Fällen kamen sie aus dem Eichstätter Domkapitel). Sie unterstanden in polit. wie territorialer Hinsicht dem Patriarchat Aquileia (DH IV. 338, a. 1081). Spätestens 1139 organisierte sich ein Teil der Bürgerschaft zur Kommune, die das öffentl. Vermögen verwaltete, das Gebiet zw. Lòngera, Sistiana und dem Meer als kommunales Territorium beanspruchte und mit seiner Vertretung einen *gastaldio* und ein Kollegium von *iudices* betraute. 1202 beschworen diese Autoritäten einen Fidelitas-Vertrag mit →Venedig, der von ca. 350 Familienoberhäuptern unterschrieben wurde (was auf eine Bevölkerung von etwa 1500 Vollbürgern schließen läßt). Gleichzeitig mit dieser partiellen Anerkennung der Vorherrschaft Venedigs über →Istrien erwarb die Kommune in einem allmähl. Prozeß die Jurisdiktionsrechte der Bf.e (Strafjustiz, Appellationsgericht, das Recht, Statuten zu erlassen und Abgaben zu erheben) und bildete ein dualist. Stadtregiment aus (polit. Spitze – Großer Rat). Beide Prozesse fanden nicht vor dem Ende des 13. Jh. ihren Abschluß. Nach der nur Episode bleibenden Signorie der Familie Ranfi konsolidierte sich Anfang des 14. Jh. die Struktur der Institutionen potestas – consilium (letzteres bestand aus 180 Mitgliedern), die bereits in den meisten Kommunen der Poebene und Mittelitaliens seit rund einem Jahrhundert der Normalfall war. Es sind weder Stadtchroniken noch Beschlüsse des Consiglio erhalten; umfangreiche Statutarrechte (1315-1319) und seit der Mitte des 14. Jh. eine Reihe von Notariatsurkunden (deren öffentl. Registrierung das Stadtregiment mit ungewöhnl. Strenge anordnete) sowie Rechnungsbücher der Finanzverwaltung und Sammlungen von Gerichtsakten beleuchten jedoch anschaulich die sozialen Verhältnisse der Stadt. T. hatte zu dieser Zeit innerhalb des – noch teilweise erkennbaren – Mauerrings zw. dem heutigen Corso d'Italia und der Via San Michele etwa 5000 bis 6000 Einw. Die Bevölkerung gehörte vorwiegend der ladino-friulan. Sprachgruppe an, daneben waren dt. und v. a. slav. (großteils sloven.) Komponenten vorhanden (erste slav. Niederlassungen im 6./7. Jh. bezeugt, in karol. Zeit wurden sie als Slovenen bezeichnet). Der sloven. Bevölkerungsanteil erreichte in der Stadt eine beachtl. Höhe; in einem guten Teil der Dörfer des Territoriums stellten die Slovenen, zumeist Eigentümer von kleinen und mittelgroßen Landgütern und Weinbergen, sogar die Mehrheit. Für die städt. Bevölkerung boten Wein-, Öl- und Salzhandel, die vorwiegend von dem »tergestin.« Teil ausgeübt wurden, die besten wirtschaftl. Perspektiven; die aus weiten Teilen Italiens (Süditalien, Marken, Ligurien, Alpenraum und Poebene, Toskana) in stetigem Fluß zuwandernden Bevölkerungsgruppen waren vorwiegend als Kaufleute und Handwerker tätig, die Toskaner wie üblich im Geldgeschäft. – Das Stadtregiment betrieb eine Schaukelpolitik zw. Venedig, dem Patriarchat Aquileia und den Dynastien der Herren v. Duino und der Gf.en v. →Görz. Nach dem →Chioggiakrieg verzichtete Venedig formell auf seine Herrschaftsansprüche auf T. Die Stadt unterstellte sich 1382 Hzg. →Leopold III. v. Österreich, der mehr als andere Fs.en den Erhalt der jurisdiktionellen Souveränität, die die Kommune seit etwa einem Jahrhundert errungen hatte, zu garantieren schien, was sich in der Tat bewahrheitete (Neufassungen der städt. Statuten). Die neue Dialektik zw. Fs. und Stadt hat in T. wie in vielen anderen Gebieten Europas offenbar die Konsolidierung eines städt. Patriziats begünstigt, das sich in dreizehn Familien (»casade«) gruppierte. Seit 1469 unterstand T. noch unmittelbarer der Habsburgerherrschaft, seine polit.-wirtschaftl. Führungsschicht war im »Consiglio dei patrizi« organisiert. In der NZ nahm T. aus den verschiedenen Regionen Italiens und Europas neue Elemente auf, die in das streng oligarch. Regime integriert wurden.

P. Cammarosano

Lit.: →Istrien –→Aquileia – D. BLOISE u. a., Le magistrature cittadine di T. nel sec. XIV, 1982 – F. ANTONI, Il documento privato triestino dall' XI al XIII s., Clio 27, 1991, 197-217.

Trifels, eine der frühesten Höhenburgen an der Haardt (bei Annweiler, Krs. Südl. Weinstraße), erstmals 1081 erwähnt in Zusammenhang mit dem Eintritt Diemars de Triveils, der möglicherweise Lehnsmann der →Salier war, in das Kl. →Hirsau. Die Burg gehörte damals zu den Positionen der Gregorianer. Vielleicht hängt Diemars Weggang mit dem regionalen Gegensatz zw. Reformpartei und dem ks. treuen Bf. Huzmann v. Speyer zusammen. Die Burg war später in der Hand des Ebf.s →Adalbert I. v. Mainz und der Gf.en v. →Saarbrücken, mußte dann 1113 an Ks. Heinrich V. ausgeliefert werden. In stauf. Zeit ausgebaut, diente sie oftmals als Staatsgefängnis, Ks. Heinrich VI. hielt hier Kg. Richard Löwenherz v. England und eine Reihe von siz. Großen gefangen. Der T. war von 1125-1298 mit Unterbrechungen Aufbewahrungsort der →Reichsinsignien (Verzeichnis 1246), auch Hort des Normannenschatzes und vieler Lösegelder in Heinrichs VI. Zeit. Nach wechselvollem Schicksal seit dem Thronstreit 1198/1218 verpfändete Ks. Ludwig d. Bayer die Burg mit umfängl. Reichsgut an die Kurpfalz, von der sie 1410 an die Linie →Zweibrücken bis zum Ende des Alten Reiches kam. – Kapellenturm und Palas wurden Ende des 12. oder Anfang des 13. Jh. erbaut. Baumaßnahmen sind 1309/10, 1359, 1366 und nach 1525 bekannt. 1602 großenteils verbrannt, wurde die Burg bis Mitte des 19. Jh. weitgehend abgebrochen.

A. Gerlich

Q. und Lit.: G. BIUNDO, Reg. der Reichsfeste T., 1940 [als Ms. gedr.] – H. WERLE, Der T. als Dynastenburg, Mitt. des hist. Vereins der Pfalz 52, 1954, 111-132 – G. STEIN, Befestigungen des MA (Pfalzatlas, hg. W. ALTER, Textbd. 1, 1964), 316f. – A. DOLL, Vögte und Vogtei im Hochstift Speyer im HochMA, ZGO 117, 1969, 245-273, bes. 263 [Anm. 127] – F. SPRATER–G. STEIN, Der T., 1971[9] [Lit.] – H. BERNHARD–D. BARZ, Frühe Burgen in der Pfalz (Burgen in der Salierzeit, 2, hg. H. W. BÖHME, 1991), 153ff. [mit Grundriß] – J. KEDDIGKEIT, Grundrisse von Burgen und Schlössern (Pfalzatlas, hg. W. ALTER, Textbd. 4, 1994), 2132f.

Triforium (erstmals bei Gervasius v. Canterbury 1185 belegt: *supra quem murum via erat quae triforium appellatur*), ein in der Mauerdicke ausgesparter Laufgang zw. den Arkaden oder der Empore und der Fensterzone einer Basilika in Höhe der Seitenschiffpultdächer, zum Mittelschiff in Arkaden oder Maßwerk geöffnet. Der Laufgang kann auch entfallen, die Arkaden sind dann nur der Mauer vorgeblendet (Blend-T.) Das echte T. kann in verschiedener Weise konstruiert sein: 1. Zw. Rückwand und Arkaden entsteht ein Laufgang unter einem von Dienst zu Dienst gespannten Mauerbogen; der Gang durchbricht nicht die Gewölbedienste; jeder Abschnitt ist vom Dachboden des Seitenschiffs aus zugänglich. – 2. Statt des konzentr. Bogens ist der Laufgang mit Steinplatten oder einer Längstonne gedeckt, und die Gewölbedienste werden von dem Laufgang durchbrochen. – 3. Die Rückwand des T.s steht nicht mehr auf der Mauer über den Arkaden, sondern ruht auf den Seitenschiffgewölben bzw. auf einem der Mauer über den Seitenschiffen vorgelegten Entlastungsbogen, als Kasten-T. bezeichnet. – 4. Die Rückwand des T.s wird durchfenstert (durchlichtetes T.), so daß die Fensterzone bis auf die Seitenschiffgewölbe heruntergezogen scheint (möglich durch Abwalmung der Seitenschiffdächer), seit etwa 1230 (Beauvais, Chelles, Saint-Denis, Troyes, Straßburg Langhaus).

In der Ansicht sind zu unterscheiden das in Burgund aus antiken Motiven entwickelte Reihen-T., das immer von Dienst zu Dienst reicht, und das in der Normandie ausgebildete Gruppen-T., bei dem die zumeist unter Blendbogen gekuppelten Zwillings- oder Drillingsarkaden in die Mauer eingeschnitten sind. Beginnend mit Saint-Denis ab 1231 werden die Maßwerkstäbe der Fenster bis auf die Sohlbank des T.s heruntergezogen. Das T. kann im Langhaus, im Querschiff und auch im Chor auftreten und findet sich vornehmlich in Frankreich und im Raum von Köln und Basel in der Zeit zw. 1100 und 1260 mit nur wenigen Ausstrahlungen nach Westfalen, Holland, Nürnberg, Assisi und Roskilde. Es ist vorbereitet in Nischengliederungen der Wandzone über den Arkaden des 11. Jh. im Rheinland, in rechteckigen, radförmigen oder Arkaden-Öffnungen zum Dachraum in der Île de France und im Rhein-Maas-Gebiet erste Hälfte 12. Jh., und in Blendgliederungen in der Normandie und in Burgund um 1100. Im Rheinland findet sich das echte T. erst im 13. Jh. (Limburg a. d. Lahn 1200/1205), während das Blend-T. seit 1150 auftritt. G. Binding

Lit.: H. E. KUBACH, Rhein. Triforienkirchen der Stauferzeit, 1934 – DERS., Das T., ZK 5, 1936, 275–288 – A. WOLFF, Cluny und Chartres (Vom Bauen, Bilden und Bewahren [Fschr. W. WEYRES, 1963]), 199–218 – V. JANSEN, Superposed Wall Passages and the T. Elevation of St. Werburg's, Chester, Journ. Society of Architectural Historians 38, 1979, 223–243.

Trift, -recht. Die T., auch Wildflößerei, dient dem Massentransport von Brennholz auf kürzere Entfernungen. Die Verhüttung von Erz und das Sieden von Salz verbrauchten ungeheure Mengen an Brennholz. Im Gegensatz z. B. zu den wasserreichen Flüssen Skandinaviens erforderten die kleineren Flüsse und Bäche der Alpen die Errichtung von T.klausen aus Erde, Holz oder Mauerwerk zum Aufstauen von Bächen oder Seen (Seeklausen). Das Holz wurde in Form von Scheitern oder kurzen Stämmen (Drehlingen) von max. 2,5 m Länge (Hallholz für die Salinen 1,2 m) unterhalb der Klausen eingeworfen. Mit der Länge der Stämme wuchs die Gefahr von Verklausungen. Im Schwarzwald wurden bei der T. ganze Dörfer aufgeboten, um anlandendes Holz vom Ufer abzustoßen. Zum Auffangen des T.holzes waren große T.rechen aus Holz erforderl., mit teilweise aufwendiger Technik, um Holz oder Flöße (mit Floßgassen; →Flößerei) durchzulassen. Derartige T.rechen gab es bei großen Salinen (→Hallein, →Reichenhall), bisweilen entstanden an ihnen auch große Verhüttungsanlagen für Eisen (Hieflau und Großreifling a. d. Enns) und Edelmetall (Lend a. d. Salzach).

Erste Nachrichten über den Bau von Klausen liegen im 13. Jh. aus Tirol vor. Seit dem 15./16. Jh. wurden mit der Anlage von aufwendigen Schwemmkanälen und Wasserriesen (»Gefludern«) auch Wasserscheiden bei der T. überwunden. Der Höhepunkt der T. lag im Frühjahr, da am meisten Wasser zur Verfügung stand und kaltes Wasser besser trägt. Mit dem Aufschwung des →Bergbaus gewann das T.recht zunehmend an Bedeutung. V. a. in Saalforsten, die zu bestimmten Salinen gewidmet waren, gab es genaue Regelungen für die T. H. Dopsch

Lit.: E. NEWEKLOWSKY, Die Schiffahrt und Flößerei im Raume der oberen Donau, Bd. 3, T. II: Die T., 1964, 527–593 – E. KOLLER, Die Holzt. im Salzkammergut (Schriftenreihe des Inst.s für LK von Oberösterreich 8, 1965) – F. HAFNER, Bau und Verwendung von T.klausen in Österreich, Bll. für Technikgesch. 39/40, 1977/78, 47–64 – C. J. v. SAZENHOFEN, Handwerksfibel Flößerei und T., 1980 – F. HAFNER, Die Holzt. mit bes. Berücksichtigung ihrer Ausübung in der Steiermark (Fschr. F. POSCH, 1981), 579–598.

Trigonometrie entstand als eine Rechentechnik der →Astronomie. Bei den Griechen beruhte die T. auf der Sehne im Kreis: Die Kreisbögen, die man für astronom. Berechnungen braucht, werden mit Hilfe der entsprechenden Sehnen berechnet. In der ebenen T. wurden allgemeine Dreiecke mit Hilfe des Lots in rechtwinklige Teildreiecke zerlegt. Für sphär. Berechnungen benutzte man (zumindest in →Ptolemaeus' →»Almagest«) den Transversalensatz (»Satz des Menelaos«), d. h. zusammengesetzte Verhältnisse zw. 6 Sehnen von Bögen in einem vollständigen Viereck.

Die T. der Inder basierte nicht auf der zu einem Bogen gehörenden Sehne, sondern auf der zum doppelten Bogen gehörenden Halbsehne, d. h. auf dem das Rechnen in vielen Fällen vereinfachenden 'Sinus' (lat. Übersetzung von arab. *ǧaib* ['Busen'], mit denselben Konsonanten geschrieben wie ind. *jīva* ['Sehne', 'Halbsehne']). Neben dem Sinus kannten die Inder auch den *sinus versus* (Komplement des Cosinus) und den Tangens (Schattenwurf des Stabs); sie fanden zahlreiche Regeln für Rechnungen auf der Kugel, von denen viele mit Hilfe ähnl. Dreiecke bewiesen werden können.

Die Araber übernahmen im 9. Jh. sowohl ind. als auch gr. Ideen in der T., wobei →al-Ḫwārizmī für sein astronom. Handbuch (*Zīǧ*) hauptsächl. ind. Verfahren, →al-Battānī v. a. gr. Wissen anwandte. Einige Autoren (z. B. →Ḥabaš al-Ḥāsib) zogen auch graph. Methoden für die Lösung trigonometr. Probleme heran; derartige Verfahren findet man in mechan. Form auch bei astronom. →Instrumenten (z. B. Sonnenquadrant). Allg. trigonometr. Probleme wurden auch mit Hilfe eines sog. Sinusquadranten mechan. oder geometr. gelöst. Neben den grundlegenden →Tafeln für die Sinus- und Tangenswerte wurden auch solche von Hilfsfunktionen erstellt, die in astronom. Handbücher Eingang fanden und für die Lösung unterschiedl. astronom. und geogr. Probleme (z. B. Berechnung der Qibla) genutzt wurden.

Um 1000 vereinfachte eine Gruppe von Mathematikern (u. a. →Abū l-Wafāʾ, Abū Naṣr ibn ʿIrāq) das Rechnen auf der Kugel, indem sie eine Reihe von Lehrsätzen über das Dreieck (anstelle des Vierecks des Menelaos) herleiteten. Diese Sätze basieren auf der sog. »Regel der vier Größen«. Die wesentl. Schritte des Beweises der »regula quattuor quantitatum« finden sich bereits im 9. Jh. bei →Ṯābit ibn Qurra. Aus dieser Regel entstand als erster Lehrsatz über Dreiecke der sphär. Sinussatz; analog zur »Regel der vier Größen« wurden auch Sätze entwickelt, die mit der Schattenlänge zusammenhingen (»Tangentensatz«, »Schattenregel«). Eine frühe Gesamtdarstellung dieses Wissens findet sich im 11. Jh. im »Qānūn al-Masʿūdī« des →al-Bīrūnī. Später wurden die Verfahren verfeinert und kompliziertere Instrumente zur Lösung trigonometr. Probleme entwickelt. Wertvolle hist. Informationen über die arab. T. liefern die Schriften von al-Bīrūnī und →Naṣīraddīn.

Dank der Übersetzungstätigkeit im 12. Jh. wurden die wichtigsten arab. trigonometr. Erkenntnisse im W bekannt. Bes. einflußreich war die Übersetzung von →Ǧābir ibn Aflaḥs Kommentar zum »Almagest« durch →Gerhard v. Cremona, welche die ebene und sphär. T. in Form von Lehrsätzen auf die Berechnung von Dreiecken zurückführt. Diese Schrift bildete zusammen mit ihren lat. Kommentaren die Grundlage der T. im W. Die Kenntnis der Schattenfunktionen und des *sinus versus* stammt jedoch nicht aus Ǧābirs Schrift, sondern aus Bearbeitungen von al-Ḫwārizmīs Werk und anderen auf ind. Quellen zurückgehenden Arbeiten. Daneben, z. T. gleichzeitig mit den 'neuen' Sätzen des Ǧābir, wurde auch noch der »Satz des Menelaos« benutzt (z. B. →Richard v. Wallingford, →Simon Bredon). Besonders verbreitet waren die »Canones tabularum primi mobilis« des →Johannes de Lineriis.

Eine grundlegende Darstellung des trigonometr. Wissens findet sich in der Schrift »De triangulis omnimodis libri quinque« des →Regiomontanus (entstanden kurz nach 1460, Druck 1533), die u. a. auf den Ergebnissen von Ǧābir und al-Battānī beruht. Regiomontanus berechnete auch Sinus- und Tangenstafeln nach Verfahren, die vor ihm z. B. →Johannes v. Gmunden und →Peuerbach benutzt hatten. In derselben Tradition wie Regiomontanus steht auch →Kopernikus, dessen trigonometr. Schrift 1541 separat und 1543 als Teil von »De revolutionibus« erschien. M. Folkerts/R. Lorch

Ed. und Lit.: Traité du quadrilatère attribué à Nassiruddin-el-Toussy, trad. A. PACHA CARATHÉODORY, 1891 – A. v. BRAUNMÜHL, Vorlesungen über Gesch. der T., 2 Bde, 1900–03 – M. CURTZE, Urkk. zur Gesch. der T. im chr. MA, Bibl. math., 3. Folge, 1, 1900, 321–416 – J. D. BOND, The Development of Trigonometrical Methods down to the Close of the XVth Cent., Isis 4, 1921, 295–323 – A. BJÖRNBO, Thabits Werk über den Transversalensatz (liber de figura sectore) ..., hg. H. BÜRGER–K. KOHL, 1924 – M. C. ZELLER, The Development of Trigonometry from Regiomontanus to Pitiscus [Diss. Univ. of Michigan 1944] – Regiomontanus on Triangles, transl. B. HUGHES, 1967 – N. G. HAIRETDINOVA, On the Oriental Sources of the Regiomontanus Trigonometrical Treatise, AIHS 23, 1970, 61–66 – C. JENSEN, Abū Naṣr Manṣūr's Approach to Spherical Astronomy as Developed in His Treatise 'The Table of Minutes', Centaurus, 16, 1972, 1–19 – J. D. NORTH, Richard of Wallingford, 3 Bde, 1976 – M. V. VILLUENDAS, La trigonometría europea en el siglo XI. Estudio de la obra de Ibn Muʿāḏ, El Kitāb maǰhūlāt, 1979 – Al-Bīrūnī, Kitāb maqālīd ʿilm al-hayʾa, La Trigonométrie sphérique chez les Arabes de l'Est à la fin du Xe s. Ed. et traduction M.-TH. DEBARNOT, 1985 – N. G. HAIRETDINOVA, On Spherical Trigonometry in the Medieval Near East and in Europe, HM 13, 1986, 136–146 – *verschiedene Beiträge von* D. KING *in:* Islamic Mathematical Astronomy, 1986; Islamic Astronomical Instruments, 1987; Astronomy in the Service of Islam, 1993 – R. LORCH, Jābir ibn Aflaḥ and the Establishment of Trigonometry in the West (Arabic Mathematical Sciences, 1995).

Trikala, Stadt an der Stelle des antiken Trikke (Trikka) im NW der westthessal. Ebene, bedeutsam durch die Lage an Verkehrsrouten von →Thessalien nach Epirus (→Ep[e]iros) im W und Makedonien im N, seit dem 4. Jh. als Bm. (Suffragan der Metropolis →Laris[s]a) nachweisbar. Bei Hierokles als Trikai unter den thessal. Städten angeführt, wurden laut Prokop unter Justinian I. die Stadtmauern erneuert. Im 10. Jh. ist Trike als Stadt der Eparchie Thessalia unter dem Thema Makedonia (?) genannt. 1066 waren an einer Revolte von Bulgaren und Vlachen auch 'Trikalitai' beteiligt. 1082/83 besetzten die Normannen T. für kurze Zeit. Ab dem 11. Jh. ist die Namensform 'T.' geläufig, 'Trikke' hielt sich in der kirchl. Nomenklatur. 1258 von →Johannes Palaiologos (11. J.) erobert, wurde T. nach dem Tod des Stephanos Gabrielopulos (1333) von Johannes →Orsini v. Epiros übernommen, vor März 1336 von Ks. Andronikos III. Ab 1348 ist T. – mit kurzen Unterbrechungen – Residenz serb. Teilherrscher (Preljub, Symeon Uroš, Johannes Uroš [Förderer der nahen →Meteora-Kl.]); von etwa 1379 bis 1393 (türk. Eroberung) Herrschaft des Alexios Angelos Philanthropenos bzw. seines Sohnes Manuel unter Anerkennung der byz. Oberhoheit. P. Soustal

Lit.: Oxford Dict. of Byzantium, 1991, 2115f. – A. ABRAMEA, Byz. Thessalia mechri 1204, 1974 – B. FERJANČIĆ, Tesalija u XIII i XIV v., 1974 – J. KODER–F. HILD, Hellas und Thessalia, 1976, 277f.

Triklinios, Demetrios, byz. Philologe, Autor und Inhaber eines Skriptoriums, * um 1280 in Thessalonike, † um 1340 ebd., lehrte in seiner Heimatstadt. Er war wahrscheinl. ein Schüler des →Thomas Magistros und mit dem Kreis des →Planudes verbunden. Sein Interesse für die altgriech. Lit. konzentrierte sich bald auf die Dichtung; beachtl. metr. Kenntnisse gestatteten ihm eine eigenständige Analyse der Q. Es ist nicht sicher, daß er sich mit der →Anthologie des Planudes beschäftigt hat, hingegen gehen auf ihn die Eingriffe in der ältesten ma. Hs. der Fabeln des Babrios zurück (Brit. Mus., Add. 22087). Seine Hesioded. (Autograph, Marc. gr. 464) ist mit Kommentaren und Textemendationen (metri causa) versehen; in den Scholien der Pindared. verbindet T. eigene metr. Beobachtung mit den Erkenntnissen von Th. Magistros und →Moschopulos sowie antiker Scholiasten. Gleiches gilt für die Ed. der Aristophaneskomödien »Plutos«, »Wolken« und »Frösche« (Autograph, Paris suppl. gr. 463). T. beschränkte sich jedoch nicht auf die traditionelle byz. Schulauswahl: seine der Ed. pr. bei A. →Manutius (1498) zugrundegelegte Aristophanesed. enthält andere Komödien des Corpus (ausgenommen »Thesmophoriazusen«, »Ekklesiazusen« und »Lysistrata«); seine Aischylosed. (Autograph, Neapel II F 31) umfaßt neben »Prometheus«, »Sieben gegen Theben«, »Perser« auch »Agamemnon« und »Eumeniden«. Er stellte eine krit., kommentierte Sophokles-Gesamtausg. her (Par. gr. 2711 und Marc. gr. 470) und beschäftigte sich zw. 1310 und 1325 mehrmals mit Euripides (Cod. Laur. 32, 2). M. Cortesi

Ed.: L. MASSA POSITANO, Demetrii Triclinii in Aeschyli Persas scholia, 1963[2] – N. WILSON, Scholia Tricliniana in Aristophanis Equites, 1969 – *Lit.:* R. AUBRETON, Démétrius Triclinius et les recensions médiévales de Sophocle, 1949 – HUNGER, Profane Lit., II, passim – N. WILSON, Filologi biz., 1990, 375–383 – PLP 12, 1994, Nr. 29317 [Lit.] – A. TESSIER, Tradizione metr. di Pindaro, 1995, 55–87.

Trikonchos → Dreikonchenbau

Trinacria → Sizilien

Trinci, Signorenfamilie in →Foligno, die in der 1. Hälfte des 13. Jh. aufstieg (1226 erstmalige urkdl. Nennung von *Trincia* und *Rodolfo*, Söhne des Berardo, Enkel des Rodolfo). *Trincia* war Anhänger Friedrichs II., Konrads IV. und Manfreds. Das von ihm mit Zustimmung Manfreds »verräterischerweise« erworbene Patrimonium wurde nach seinem Tod von Bonifaz VIII. legalisiert (1296). Seine Söhne Corrado, Alvardo, Ugolino und Nallo (Ranaldo) trugen als Nachkommen »miles« den Adelstitel »domicellus«, mit dem sich auch ihre Nachkommen schmückten, die die Signorie über Foligno innehatten. *Nallo* († 1321) herrschte (als erster guelf.) →Capitano del Popolo und →Gonfaloniere della giustizia über die Kommune Foligno. 1321 folgte ihm als Anführer der guelf. Faktion und als Gonfaloniere sein Bruder *Ugolino* nach.

Dessen Nachfolger und Enkel *Ugolino Novello* (seit 1338, †1353) versuchte 1350 in den »Statuti del popolo«, die kommunalen Institutionen und die Signorie in Einklang zu bringen. Sein Sohn *Trincia* übte anfangs wie seine Vorgänger über Foligno und das Umland eine Signorie sine titulo aus, wurde aber 1367 von Urban V. als vicarius generalis in temporalibus legitimiert. 1371 erhielten Trincia und sein Bruder *Corrado* das Bürgerrecht v. Florenz. 1377 stellte sich Trincia jedoch gegen Florenz und fiel einem Volksaufstand zum Opfer. Sein Bruder *Corrado* († 1386) und sein Sohn *Ugolino* († 1415) übernahmen als päpstl. Vikare die Macht und näherten sich Florenz wieder an. Ugolino versuchte durch freundschaftl. Beziehungen zu vielen Kommunen Mittelitaliens sowie zu einigen Fs.enhäusern und Signorenfamilien Oberitaliens, die Voraussetzungen für ein Fsm. zu schaffen, das jedoch weder er noch seine Nachfolger realisieren konnten. In Foligno begann er große öffentl. Bauvorhaben und förderte Handwerk und Wirtschaft. Abbild seiner Machtfülle war der Palazzo T., den Ugolino 1407 erweitern und im Geiste des Humanismus umbauen ließ (Saal der antiken Helden, »Trojanerabkunft« der T., Foligno als neues Rom). Auf den humanist. interessierten Sohn Ugolinos, *Niccolò* († 1421) folgte, dessen Bruder *Corrado*, 1433 von Kg. Siegmund zum Pfgf.en erhoben, der die Herrschaft reorganisierte und Münzen schlagen ließ. Unter ihm erlebte Foligno eine wirtschaftl. Blüte. Sein Territorium, das er als päpstl. Vikar beherrschte, erstreckte sich von den Monti Martani zum Apennin und von Assisi bis Piediluco. Mit ihrem Reichtum förderten die T. seit Ugolino in großem Stile Künstler und Humanisten; ihr dadurch erzieltes polit. Prestige war jedoch nur von kurzer Dauer. Nach einem Aufstand gegen den Papst nahm Kard. →Vitelleschi 1349 nach monatelanger Belagerung Foligno ein; Corrado und seine Söhne *Ugolino* und *Niccolò* wurden am 15. Juni 1441 in der Festung Soriano bei Viterbo hingerichtet. Das Haus T. starb nach 1462 mit Ugolinos Bruder *Rinaldo*, Gegenbf. v. Foligno, aus.

Die T. stellten von 1326 bis 1439 eine Reihe von Bf.en v. Foligno sowie Ordensleute und gründeten und förderten Kl. Der sel. Laienbruder *Paolo* (Paoluccio) T. († 1398), ein Vetter des Signore Trincia, gründete in der Einsiedelei Brugliano bei Foligno die Bewegung der Franziskanerobservanten. M. Sensi

Lit.: M. FALOCI PULIGNANI, Le arti e le lettere alla corte dei T., GSLI I, 1883, 189–229 – G. DEGLI AZZI VITELLESCHI, Le relazioni fra la Repubblica di Firenze e l'Umbria, I, 1904 – M. V. PROSPERI VALENTI, Corrado T. ultimo signore di Foligno, 1959 – G. LAZZARONI, I T. di Foligno dalla signoria al vicariato apostolico, 1969 – M. SENSI, Una società commerciale tra i T. ed i Varano (sec. XV, Atti e Mem. Dep. storia patr. Marche 83, 1978, 179–192 – Il convento di Montefortino, 1982 – J.-C. MAIRE VIGEUR, Comuni e signorie in Umbria, Marche e Lazio, 1987 – Signorie in Umbria tra Medioevo e Rinascimento: l'esperienza dei T., 1989 – M. SENSI, Nella Foligno tardomediev.: umanisti it. e tipografi tedeschi (Pagine di Dante, 1989), 25–48 – DERS., Dal movimento eremitico alla regolare osservanza francescana, l'opera di fra Paoluccio T., 1992.

Trinini salientes (Salii, Paulini, Tripodantes, Reciproci), dreifach gereimter Hexameter (→Vers, Strophenbau) mit Reim auf der 2. und 4. Hebung: Urbs Redonis spoliata bonis viduata colonis; oft paarweise durch Endreim gebunden. (Die Verse »de contemptu mundi« des →Bernhard v. Morlas sind tripertiti dactylici.) G. Bernt

Lit.: W. MEYER, Ges. Abh. zur mlat. Rythmik, I, 1905, 85f. – P. KLOPSCH, Einf. in die mlat. Verslehre, 1972, 77f.

Trinitarier, -innen. Der Orden der T. wurde Ende des 12. Jh. von dem hl. Johannes v. Matha († 1213) als religiöse Bruderschaft von Klerikern und Laien gegr., die in Keuschheit, Gehorsam und ohne persönl. Besitz lebten. Das erste Haus der T. wurde in Cerfroid (Dép. de l'Aisne) auf einem von Margarete v. Blois, der späteren Gfn. v. Burgund, übertragenen Grundbesitz errichtet. Von Anfang an widmeten sich die T. bes. dem Mysterium der hl. Dreieinigkeit, was ein wesentl. Element ihres Ordenslebens darstellte, dessen Anfänge tief in den →Kreuzzügen wurzelten. Nach der Intention des Gründers (»propositum«) war der Loskauf der von den Ungläubigen gefangenen Christen eine Folge der Kreuzzüge. Der Orden und seine Regel wurden von Innozenz III. am 17. Dez. 1198 approbiert. In den folgenden Jahrhunderten hat die Regel mehrere Revisionen erhalten und ist durch Statuten und Konstitutionen ergänzt worden. Bald nach der päpstl. Approbation wurde die Sorge für die Befreiung der Gefangenen in die Ordensbezeichnung aufgenommen: »Ordo Sanctae Trinitatis et Captivorum«. Kennzeichen des Ordens wurde das rot-blaue Kreuz. In Zusammenhang mit den Kreuzzügen entstanden, widmete sich der Orden den barmherzigen Werken: »inter arma caritas«. Neben der Auslösung chr. Gefangener erfüllten die jeweiligen T.gemeinschaften (domus) auch andere Aufgaben: das Hospizwesen, die Sorge für Arme und Kranke, die Arbeit im kirchl. Bereich, die Erziehung und schließl. die Evangelisation. Von den anfängl. drei Gründungen (Cerfroid, Planels, Bourg-la-Reine) breitete sich der Orden rasch aus, und es entstand ein umfangreiches Netz von Häusern. So zählte die erste Generation der T. etwa 50 Gründungen. Die Anhäufung des Vermögens und wirtschaftl. Kenntnisse wurden für das Ordensleben immer bedeutender. Ein wesentl. Merkmal des Ordens war die Forderung der Regel, den dritten Teil (tertia pars) aller Einkünfte für Lösegeldzahlungen für chr. Gefangene zu reservieren. Eine bedeutende Ausnahme bildete jedoch die 1259 auf Betreiben Kg. Ludwigs IX. v. Frankreich erfolgte Gründung in Fontainebleau, die ausschließl. dem Gedächtnis des Kg.s und seiner Familie sowie der Armen- und Krankenfürsorge im Umkreis des Kl. diente. Das Vermögen der T. wuchs sowohl durch Bettel und Ablässe als auch durch Pachtzinsen. Bereits in der Frühzeit des Ordens erfolgten Gründungen in den Hafenstädten Marseille, Genua und Barcelona als Ausgangsbasen (bzw. Ankunftsorte) für die Auslösung chr. Gefangener in Nordafrika. Der Hauptsitz des Ordens entstand schließl. in der Nähe der Sorbonne in Paris, im Haus St. Mathurin. Dieses in der 1. Hälfte des 13. Jh. gegr. Haus bestand bis zur Frz. Revolution. Am Ende des MA gab es 12 Provinzen der T. mit insgesamt 150 Häusern in w. Europa.

Die *Trinitarierinnen* bildeten fast seit der Anfangszeit einen Teil des Ordens. Einige lebten im Kl. als Nonnen (z. B. in Avingaña/Spanien 1236), andere waren aktive Schwestern, die zusammen mit ihren T.brüdern arbeiteten. 1290 dienten T.schwestern gemeinsam mit den T.brüdern in dem Hospital in Meaux (Frankreich). Päpstl. Briefe von 1411 zeigen, daß Schwestern und Brüder für Arme und Pilger in Thelsford (England) sorgten. Schwestern arbeiteten gemeinsam mit den Brüdern in der Gründung von Knaresborough (England). Aber es gab auch Frauen, die getrennt von den Brüdern lebten, sie wurden allg. als »Beatae« bezeichnet. Eine Regel für diese »Beatae« erschien im »Reformatorium Fratrum O.SS.T.« der Provinz Aragón (Barcelona, 1563). Die Kongregationen der T.schwestern entwickelten sich erst in der NZ.

J. J. Gross

Q.: ANTONINO DE LA ASUNCION, Synopsis bullarii OSST medii aevi, 1921 – DERS., Ministrorum generalium OSST ser., 1936 – J. J. GROSS, The Trinitarians' Rule of Life: Texts of the Six Principal Ed.s, 1983 –

Lit.: DIP IV, 1280-1284 – DSAM XV, 1259-1274 [Lit.] – P. DESLANDRES, L'Ordre des Trinitaires, 1903 – R. v. KRALIK, Gesch. des T.ordens, 1918 – J. J. GROSS, The Trinitarian Order's Apostolate of the Ransom of Christian Captives and Works of Mercy during the First Centuries of its Hist. in Captivis Libertas, 1982 – J. PUJANA, La Orden de la SS. Trinidad, 1993 – G. LLONA, Fundador y Redentor, 1994.

Trinität

I. Biblische Grundlagen. Die ersten Jahrhunderte. Ostkirche – II. Westen.

I. BIBLISCHE GRUNDLAGEN. DIE ERSTEN JAHRHUNDERTE. OSTKIRCHE: Das Christentum ist, im Gegensatz zu Judentum und Islam, keine rein monotheist. Religion, sondern verkündet Gott als Einheit und Mehrheit zugleich: Er ist Drei, und Sie sind Einer. Grundlage für diesen Glauben ist die apostol. überlieferte Selbstoffenbarung Jesu Christi als ewiger Logos und Sohn des Vaters (Jo 1,1; 17,5) sowie die Sendung (Apg 2) des aus dem Vater hervorgehenden Geistes (Jo 15,26) als zweiter göttl. Paraklet gleich dem Sohn (Jo 14,16). Steht so zu Beginn der T.slehre die Erfahrung der göttl. Dreiheit (Mt 28,19; 2 Kor 13,13), so mußte eine Hauptaufgabe christl. Theologie in dem Bedenken der drängenden Frage nach ihrer Vereinbarkeit mit dem überkommenen israelit.-jüd. Monotheismus sein. Lösungsversuchen, die letztl. auf eine Preisgabe der göttl. Trias hinausliefen, war zu widerstehen. Sie reichten vom Modalismus, der nur eine Dreiheit von wechselnden Erscheinungsweisen des einen Gottes gelten lassen wollte, bis hin zur Behauptung der Geschöpflichkeit – und damit der Leugnung eigentl. Göttlichkeit – des Logos (→Arius, Arianer) und des Geistes (→Pneumatomachen). Die Notwendigkeit ihrer Abwehr führte zur terminolog. Klärung der kirchl. T.slehre durch die großen griech. Theologen des 4. Jh. wie →Athanasios v. Alexandreia und die Kappadokier →Basileios v. Kaisareia und →Gregorios v. Nazianz. Ihre Arbeit, die in der Formel von den drei Hypostasen (Personen) mit den verschiedenen Eigenschaften der Ungezeugtheit (Vater), der Gezeugtheit (Sohn) und des Hervorgehens (Geist) in der einen göttl. Wesenheit (οὐσία) gipfelte, galt der Verteidigung des Konzils v. →Nikaia (325), das die Gleichwesentlichkeit (ὁμοούσιος) des Sohnes mit dem Vater dogmatisiert hatte, und bereitete das Konzil v. →Konstantinopel (381) vor, das dem Geist gleiche Anbetung und Ehre mit dem Vater und dem Sohn zusprach. Hauptträger des so normativ formulierten und fortan unbestrittenen trinitar. Dogmas der Kirche die Jahrhunderte hindurch wurde dann die liturg. Leben.

Auf diesem Hintergrund tragen die innerorthodoxen trinitar. Problemstellungen des eigentl. MA eher marginalen oder ephemeren Charakter. Ob etwa der Philosoph →Johannes Philoponos mit seiner Formel von den drei μερικαὶ οὐσίαι ἤτοι φύσεις ἤγουν ὑποστάσεις (MPG 94, 748) wirkl. einen Tritheismus propagieren wollte, hängt davon ab, ob er diese Begriffe in abstraktem Sinn verstand, was eher unwahrscheinl. ist. Und als Soterichos Panteugenos 1156 und 1157 vor Synoden in Konstantinopel (MPG 140, 148-153, 177-201) darauf bestand, der Vater allein sei es, der das Selbstopfer Christi entgegennimmt, nicht die göttl. T. insgesamt, mußte er seine Verkennung der innertrinitar. Perichorese (vgl. Jo 14,10) mit der Zurücknahme seiner Ernennung zum Patriarchen v. Antiocheia bezahlen. Die wenig später entfachte Kontroverse über die rechte Auslegung des Ausspruchs Christi »Mein Vater ist größer als ich« (Jo 14,28) gehört nur insofern zur Gesch. des T.sdogmas, als die beiden konstantinopolitan. Synoden, die sich 1166 und 1170 mit ihr befaßten, auch der Auslegung τοῦ αἰτίου, die die Schriftstelle von der ewigen Zeugung des Logos aus dem Vater her versteht, die Rechtgläubigkeit bescheinigte, ohne sie freilich zu favorisieren.

Zu bleibendem Zerwürfnis zw. Ost und West führte dagegen die Zufügung des →Filioque zur Passage über das Ausgehen des Hl. Geistes aus dem Vater (Jo 15,26) in der lat. Fassung des Symbolums von Nikaia–Konstantinopel. Sie sprengte das innere Gefüge des seit dem 5./6. Jh. als liturg. Glaubensnorm rezipierten Textes, das, den großen Kappadokiern folgend, den Vater als die eine Quelle der Gottheit begreift, die Zeugung des Sohnes durch ihn wie das Ausgehen des Geistes von ihm als zwei verschiedene, nicht näher zu definierende, ewige »Zustände« versteht und in dieser bleibenden Rückgebundenheit von Logos und Geist an ihren einen Ursprung den Grund für die Einheit Gottes in seiner Dreiheit erkennt. Dementsprechend besteht Patriarch →Photios († 891) in seinem grundlegenden Werk »Über die Mystagogie des Hl. Geistes« (MPG 102, 279-392) auf dem Hervorgehen des Geistes aus dem Vater allein (ἐκ μόνου τοῦ πατρός). Um zugleich der bibl. Aussage von der Sendung des Geistes durch den Sohn (Jo 15,26; 16,7) gerecht zu werden, unterscheidet der von Patriarch →Gregorios II. Kyprios verfaßte Tomos der Blachernen-Synode von 1285 (MPG 142, 233-246) zw. dem Hervorgehen des Geistes aus dem Vater als seinem alleinigen Ursprung (αἰτία) und seiner Manifestation (φανέρωσις) nach außen durch den Sohn.

P. Plank

Lit.: A. M. RITTER, Dogma und Lehre der Alten Kirche (HDG I, 99-283) – M. JUGIE, Theologia dogmatica christianorum orientalium, II, 1933, 221-419 – ST. N. SAKKOS, Ὁ πατὴρ μου μείζων μού ἐστιν, 2 Bde, 1968 – A. PAPADAKIS, Crisis in Byzantium: the Filioque Controversy in the Patriarchate of Gregory of Cyprus (1283-1289), 1986[2] – P. PLANK, Patriarch Nikephoros II. v. Jerusalem (vor 1166-1173/76) und die konstantinopolitan. Synoden seiner Zeit, Orth. Forum 9, 1995, 19-31.

II. WESTEN: [1] *Kernbekenntnis:* Unterscheidendes chr. Credo ist der Glaube an den dreieinen Gott. In dessen Namen werden Sakramente gespendet, Gebete begonnen und beschlossen. Das sich so äußernde T.sbekenntnis folgt bibl. Zeugnis sowie dessen lehrmäßiger Konsolidierung durch die alten Konzilien. Dieser Tradition weiß sich wie der Osten so auch die lat. Theologie des MA (Früh-, Hoch- und Spätscholastik) konstitutiv verpflichtet. Neben dem Christusglauben und den Sakramenten ist die T. *das* Thema ma. Theologie. Man möchte über den trinitar. Gottesglauben so viel an Wissen und Weisheit abgewinnen wie möglich. Zur Selbstbeschränkung mahnen dabei: die Unendlichkeit des dreieinen Gottes, die nur geschöpfl. Erkenntniskraft des Menschen sowie dessen erbsündl. Verwundung (→Erbsünde). Doch ist für die Scholastik rationale T.stheologie unabweisbar: 1. weil der Verkündigungsauftrag Rechenschaft über den Inhalt des T.sbekenntnisses verlangt; 2. weil Einwände auf eine gedankl. Verteidigung dringen; 3. weil die eigene Glaubensaneignung vertieft aufzunehmen sucht, was im Bekenntnis bejaht wird. Theol. Sinnerschließung des T.sglaubens will nach ma. Verständnis nicht über das Dogma hinausgehen und zu einer höheren Einsicht gelangen; sie möchte eine, soweit dem geschöpfl. Menschen möglich, annähernde Auslegung dieses zentralen Glaubensgeheimnisses bieten. Scholast. T.slehre ist keine apriori Deduktion und Konstruktion, sondern der Offenbarung folgende krit.-erschließende Analyse kirchl. Glaubens. Diese Linien geben Raum für Positionen und Schulen. Ihnen weisen bes. drei Theologen des ausgehenden Altertums den Weg: →Boethius, →Dionysius Areopagita, →Augustinus.

[2] *Wegweiser:* Wie richtunggebend Boethius wirkt, ist daran ablesbar, daß sich immer wieder angesehene Theologen auf seine T.slehre beziehen und sie kommentieren: →Alkuin, →Remigius v. Auxerre (umstritten), die Porretaner →Gilbert v. Poitiers, →Thierry v. Chartres, →Clarembald v. Arras und schließlich →Thomas v. Aquin mit der Schrift 'In Boethium de Trinitate', in der er sich v. a. um eine verantwortl. theol. Erkenntnislehre bemüht. Bes. beeinflußt Boethius die Hermeneutik der ma. T.slehre. Von ihm übernimmt sie aristotel. Begrifflichkeit (Person) und Logik; wie er bleibt sie aber bis zur Hochscholastik platon. Denkform verpflichtet. Beide Traditionen verhelfen zu einer T.slehre, die einerseits method. fortschreitendes Beweisverfahren kennt sowie vorgebrachte Einwände aufzugreifen versteht und die andererseits um ihre Grenzen weiß.

Ähnlich findet Dionysius Areopagita angesehene Übersetzer und Kommentatoren; unter ihnen Thomas v. Aquin (Super Dionysium De div. Nom.). Mehr als der Osten ist das lat. MA fasziniert von seinem dialekt. Gottesbild; es umschließt Einheit und Vielheit in unauflösbarer Spannung. Gott ist der namenlose und vielnamige zugleich. Weil sie jede geschöpfl. Einheitsvorstellung übersteigt, wird seine Gottesvorstellung gegenüber dem Vernunftoptimismus der scholast. T.slehre als korrigierend empfunden.

V.a. ist Augustinus prägende Autorität; keiner im chr. Altertum hat wie er die scholast. T.stheologie geformt. Ihm folgend, setzt sie bei der Einheit des göttl. Wesens an und vermittelt von hier die Dreiheit der Personen. Das geschieht durch Vergleiche mit dem menschl. Geistesleben; dieses existiert nach Augustin in dreifacher Äußerung: als memoria, intelligentia, voluntas, als mens, notitia, amor. Unter den vielen geschöpfl. Abbildern und Analogien des dreieinen Gottes ist der geistbegabte innere Mensch das authentischste. Zur seinshaften Verdeutlichung dieses Denkweges kommen die Relationenlehre und der von Augustin selber nur behutsam eingebrachte Personbegriff. Rezipiert werden vom MA ferner sein Verständnis vom Vater als principium trinitatis, vom Sohn als seinem Abbild und Urbild der Schöpfung, vom Hl. Geist als donum und vinculum trinitatis sowie Augustins Impulse für eine trinitar. Geschichtstheologie. Diese Elemente bestimmen die ma. T.slehre weithin, auch bei zunehmendem aristotel. Einfluß. Spezifizierend wirkt dagegen die Übernahme seiner trinitar. Geschichtstheologie u.a. bei Rupert v. Deutz. Die neuplaton. Denkform Augustins verleiht der T.sauffassung bei →Richard v. St. Victor, →Wilhelm v. Auxerre sowie der frühen →Franziskanerschule einen dynam. Charakter und läßt Heilsgeschichte und Erlösungsglauben bewußt einbeziehen.

[3] *Gestalten und Schulen:* Indem →Anselm v. Canterbury weitreichend rationales Denken in die Glaubensvermittlung einbezieht, wird er auch für die T.sgeschichte zu einem Kristallisationspunkt. Er ist wie kaum einer vor und nach ihm Erbe Augustins; dessen psychol. T.slehre gibt er metaphys. Akzente und baut die Relationenlehre aus. Bei →Abaelard, der Schule v. →Chartres sowie den Porretanern ist ein deutliches erkenntnistheoret. Anliegen leitend. Für die Schule v. →Laôn dagegen bleiben spekulative Fragen ausgeklammert; der intellektuelle Optimismus Anselms v. Canterbury tritt zugunsten eines bibl.-traditionsbezogenen Ansatzes zurück; das bedingt den stärker heilsgeschichtl. Akzent dieser Schule. Ähnliches gilt für die →Viktoriner, deren T.slehre eine deutlich soteriolog. Perspektive besitzt, bes. ausgeprägt bei Hugo v. St. Victor und Richard v. St. Victor; zudem verbindet dieser die augustin. Relationenlehre mit dem von seinem substanzhaften Hintergrund befreiten Personbegriff des Boethius. Das geschichtstheol. Erbe Augustins aktualisieren: Rupert v. Deutz, →Gerhoh v. Reichersberg und →Joachim v. Fiore; für sie ist die gesamte Geschichte von Anfang der Schöpfung bis zu ihrer Vollendung durch den dreieinen Gott geformt. Anders als die abstrakte Verengung der hermeneut. Diskussion in den Schulen v. Chartres und Poitiers haben sie die T. als geschichtsmächtige Heilswahrheit interpretiert. Zugleich drängt bes. die Sicht Joachims, deutlicher die immanente T. zu betonen, damit die Heilsgeschichte wirklich dreifach gestufte Einheit und zielgerichtete Gottesgeschichte ist. In der Hochscholastik erscheint die T.slehre bei Thomas v. Aquin und Bonaventura bes. systematisch ausgeprägt; beide kennzeichnet weniger Originalität als synthet. Kraft, die das augustin. Erbe mit seiner spekulativen Dynamik voll entfaltet. Für beide ist die Glaubensauslegung insgesamt trinitar. Theologie. Deutlicher als Thomas gibt Bonaventura seiner T.sauslegung religiös-spirituelle Züge und macht das Mysterium für das Frömmigkeitsleben fruchtbar. Spätma. Entwürfe kennzeichnen wieder verstärkt erkenntnistheoret. und log. Interesse.

[4] *Spezifische Themen:* In dem Maße wie ma. T.slehre von der Einheit des göttl. Wesens ausgeht, um von hier die Dreipersonalität zu vermitteln, umschließt sie zwei immanente Gefahren, Tritheismus und Modalismus (→Sabellianismus). Faßt der eine die numer. Einzigkeit und seinshafte Einheit Gottes zu wenig grundsätzlich wie →Roscelin und Joachim v. Fiore, so mißlingt es dem anderen, den drei göttl. Namen, Vater, Sohn und Geist, ihren je unvertauschbaren Eigenstand zu geben, wie es Abaelard vorgeworfen wurde. Zwischen beiden Polen sucht ma. T.slehre ihren Weg. Zur Frage steht jetzt weniger wie in der Alten Kirche die Gottheit Christi und die des Hl. Geistes. Einzigkeit und Einheit Gottes als Grundaussage vorausgesetzt, ist der in der bibl. Offenbarung aufscheinende Eigenstand von Vater, Sohn und Hl. Geist zu profilieren. Dabei trifft die ma. T.sauffassung der Einwurf, trotz des Personbegriffs, der Relationenlehre und der psycholog. Analogien Augustins nicht zu einem hinreichenden Verständnis der trinitar. Personen gekommen zu sein, da eine letztlich stat. Einheitssicht Gottes leitend sei. Dieser Einwand greift bei jenen Entwürfen nicht, die ausgehen von Gott als summum bonum (Anselm v. Canterbury, Richard v. St. Victor, Wilhelm v. Auxerre, Thomas v. Aquin, Bonaventura) und als summa caritas (Richard v. St. Victor, Wilhelm v. Auxerre) oder gar wie Bonaventura von der primitas des Vaters sprechen; hier nähert sich das lat. MA behutsam östl. T.sauffassung mit ihrer größeren Dynamik. Wird diese Konvergenz akzeptiert und tritt das substanzhafte Denken der Scholastik zurück, läßt sich das beim Schisma von 1054 von Byzanz als spaltend empfundene →Filioque für lat. T.sauffassung konvenient und ökumen. konsonant interpretieren, wie auf dem Konzil v. Florenz (1438-39) initiiert.   F. Courth

Lit.: DThC XV/2 – L. Scheffczyk, Lehramtl. Formulierungen und Dogmengesch. der T. (Mysterium Salutis II, hg. J. Feier–M. Löhrer, 1967), 146–220 – J. Auer, Gott – Der Eine und Dreieine, 1978, 178–228 – F. Courth, T. In der Scholastik (HDG II/1b, 1985).

Zur Kunstgeschichte → Dreifaltigkeit

Trink- und Eßsitten → Tischsitten

Trinkstubengesellschaft → Gesellschaften, städtische

Trinoda (Trimoda) **necessitas,** falscher techn. Terminus, der im frühen 17. Jh. von John Selden geprägt wurde, um drei öffentl. Hilfeleistungen der Untertanen im ags.

England zu bezeichnen: den Heerdienst sowie die Dienste bei der Errichtung von Befestigungen und von Brücken, die fast immer in ags. kgl. Immunitätsübertragungen vorbehalten blieben. Nach Selden wurden die Lasten, trinoda (fehlerhaft für trimoda) n., zuerst in einer westsächs. Urk. v. 680 gemeinsam beschrieben. Diese Urk. wurde jedoch im späten 10. Jh. in Canterbury ausgefertigt. Die frühesten spezif. Reservatrechte in bezug auf die drei Kriegsdienste, die ihren Ursprung wohl in gewohnheitsrechtl. oder freiwillig anerkannten Verpflichtungen hatten, kommen in merc. Urkk. seit der Mitte des 8. Jh. vor. Reservatrechtsklauseln erscheinen später in Urkk. aus Kent und Wessex. Auch ist es unwahrscheinl., daß diese drei Lasten gleichzeitig entstanden sind. Der Heerdienst ist wohl älter als Brückenbau- und Befestigungsdienste, die in England stets miteinander verbunden und von großer Bedeutung bei der Abwehr der Wikingerinvasionen waren. A. J. Kettle

Lit.: STENTON³, s.v. – W. H. STEVENSON, T. N., EHR 29, 1914, 689–703 – N. BROOKS, The Development of Military Obligations in Eighth – and Ninth – Century England (England before the Conquest, ed. P. CLEMOES–K. HUGHES, 1971), 69–84.

Triodion (Τριῴδιον, russ. *triod' postnaja* 'Dreiodenbuch]'), liturg. Buch der byz. Kirche mit den Eigentexten des Kirchenjahres vom 4. Sonntag vor der Großen Fastenzeit (Sonntag des Pharisäers) bis zum Karsamstag. Seinen eigentüml. Namen erhielt das T. von der Tatsache, daß während dieser Zeit die Kanones im Orthros der Werktage anstelle der üblichen neun (bzw. acht) nur drei (bzw. vier) Oden enthalten. Für einen Großteil der Texte des T. ist ein Jerusalemer Ursprung anzunehmen, während eine jüngere Schicht v. a. den Hymnographen des Sabas- und Studiou-Kl. – ebenso die endgültige Red. – zuzuschreiben ist. Die Eigentexte für die anschließende Osterzeit sind im →Pentekostarion enthalten, das in den slav. Ausg. als *Blumen-T.* (im Unterschied zum *Fasten-T.*) bezeichnet wird. Die älteste Ausgabe des T. wurde 1522 in Venedig gedruckt. H.-J. Feulner

Ed.: Τριῴδιον κατανυκτικόν, 1994 – K. KIRCHHOFF–CH. SCHOLLMEYER, Die Ostkirche betet, I–II, 1962–63² – The Lenten T., 1978 – Lit.: LThK² X, 23 f. – P. DE MEESTER, Riti e particolarità liturgiche del Triodio e del Pentecostario, 1943 – BECK, Kirche, 250 f., 264–266, 601 – K. ONASCH, Kunst und Liturgie, 1993², 368 f. [Lit.] – K. UNTERBURGER, Der Chr. Osten 49, 1994, 44–53.

Tripartitum opus, Slg. des ung. Gewohnheitsrechts durch den Juristen und Politiker István (Stefan) →Werbőczy (1458–1541), 1517 in Wien erschienen. Zwar im Auftrag von Diät und Kg. erstellt, jedoch nie formal verkündet, wurde das T. trotzdem zum eigtl. Gesetzbuch des alten Ungarn bis ins 19. Jh. Im 16. Jh. überarbeitet und ergänzt (»Quadripartitum«, 1599), erlebte das T. 51 Auflagen einschließl. ung., dt. und kroat. Übers.en, später meist mit der Slg. früherer Gesetze als »Corpus Iuris Hungarici« (zuerst von Johann Zsáboki 1581). Die drei ungleichen Teile (134, 86 und 26 Artikel) behandeln adliges Besitz- und Erbrecht, Prozeßrecht und manche Bestimmungen des Stadtrechts. Zwar bekennt sich Werbőczy im Vorwort zum röm. Recht, doch spiegelt das T. höchstens in der Absicht der Systematisierung romanist. Tradition wider. Es enthält im wesentl. ung. Gewohnheitsrecht. Bes. bekannt wurde der immer wieder zitierte Art. 9 des ersten Teils (»primae nonus«) mit den auf die →Goldene Bulle Kg. Andreas' II. (1222) zurückgehenden Grundrechten des Adels. Theoret. bedeutend wurde auch die von Werbőczy geschaffene »Lehre von der Heiligen Krone«, die besagt, daß alle Adligen gemeinsam den »Körper« der Krone darstellen (→corona, VI). J. M. Bak

Ed.: Werbőczy István Hármaskönyve, hg. S. KOLOZSVÁRI, K. ÓVÁRI, D. MÁRKUS, 1897 – T. O. ..., Faks., hg. mit einer Einl. von GY. BÓNIS (Ma. Gesetzbücher in Faks.drucken, 2, 1971) [Bibliogr]. – Lit.: F. ECKHART, A szentkorona-eszme története, 1941 – J. KARPAT, Idee der Heiligen Krone Ungarns in neuer Beleuchtung (Corona regni, hg. M. HELLMANN [WdF 3], 1961), 349–398 – GY. BÓNIS, Einflüsse des röm. Rechts in Ungarn, IRMAE V, 1, 1964 – DERS., Középkori jogunk elemei, 1972 – J. M. BAK, Kgtm. und Stände in Ungarn im 14.–16. Jh., 1973, 74–79.

Triphiodor(os) (Tryphiodor[os]; hsl. Τρυφιόδωρος, aber eher 'Geschenk der [Göttin] Triphis'), gr. Epiker aus Ägypten, lange in das 5., durch POxy 2946 (ed. 1972) in das 3. Jh. datiert. Bezeugt ist u.a. eine 'lipogrammat. Odyssee', erhalten die 'Einnahme Ilions' ('Ἰλίου ἅλωσις; ca. 700 metr. strenge Hexameter), die →Nonnos und seine Schule formal prägte und in Byzanz als Vorbild galt: von Joh. →Tzetzes imitiert, von Maximos →Planudes ediert und glossiert. Im W wurde sie im 15. Jh. bekannt (→Filelfo, →Laskaris, →Poliziano), ca. 1504 von →Manutius hg., 1559 von M. Neander in die Schule eingeführt. U. Dubielzig

Ed.: B. GERLAUD, 1982 [mit frz. Übers. und Anm.] – E. LIVREA, 1982 – U. DUBIELZIG, 1996 [mit Scholien, dt. Übers. und Anm.] – Lit.: M. CAMPBELL, A Lexicon to T., 1985.

Tripoli(s), Stadt im nördl. →Libanon, 1109–1289 Sitz einer bedeutenden Kreuzfahrergft. Als phönik. Gründung war T. bis zum Hellenismus ein wichtiger Mittelmeerhafen, erlebte dann einen Rückgang, dem in muslim. Zeit (arab. Eroberung 640, seit frühem 11. Jh. unter den →Fāṭimiden eigenes Emirat) ein allmähl. Wiederaufstieg folgte. Am Vorabend des 1. →Kreuzzuges war T. eine blühende Stadt von ca. 20000 Einw. (Zucker-, Papierherstellung). Die Errichtung der Gft. T. war das Ergebnis der Bemühungen →Raimunds IV. v. St-Gilles um ein eigenes Fsm. im lat. O. 1103 erbaute Raimund die mächtige Burg auf dem Mons Peregrinus als Hauptstützpunkt zur Kontrolle des Landes um T.; die Stadt selbst wurde aber erst nach fünfjähriger Belagerung eingenommen (12. Juli 1109). Die Gft. T. erstreckte sich entlang der Mittelmeerküste nördl. von →Tortosa/Ṭarṭūs bis südl. von Gibelet/Ǧubail (dem alten →Byblos), umfaßte im O westlich des Orontes gelegene Binnenregionen, z. T. bis ins Libanon-Gebirge. Östl. der durch Burgen (→Burg, D. I) geschützten Grenze lagen muslim. Emirate wie →Ḥomṣ. Nach dem Tode Gf. Raimunds (28. Febr. 1105) wurden Stadt und Gft. T. von Kg. →Balduin I. an Raimunds Sohn Bertrand als Kronlehen des Kgr.es →Jerusalem übertragen. Bis zur Mitte des 12. Jh. wurde die Vererbung der Gft. in männl. Linie vom Lehnsherrn in vollem Umfang anerkannt. Die Gf.en v. T. hatten eigene Hofämter (*grands offices*) und prägten Münzen. Sie boten nur ein vergleichsweise kleines Heer auf, verfügten aber über eine starke Flotte. Wie die Kg.e v. Jerusalem unterhielten sie ihre *Haute Cour* sowie in der Gft. weitere Gerichtshöfe für nichtadlige Franken.

Die Gft. T. überstand im 12. Jh. mehrere muslim. Angriffe (1133 Kriegszug unter Zangī [→Zengiden] gegen die vom Gf.en Pons v. T. gehaltene Burg Montferrand [Barīn], die durch ein Entsatzheer Kg. →Fulcos gerettet wurde; 1137 Invasion eines Heeres aus →Damaskus, Schlacht am Mons Peregrinus, Gefangennehme und Tötung des Gf.en Pons). 1170 verwüstete ein Erdbeben T., das nach →Wilhelm v. Tyrus (XX, 18) zum »Steinhaufen und Massengrab seiner Bürger« geworden war. 1180 griff →Saladin die Gft. zu Lande und zur See an. Der bald nach der Katastrophe v. →Ḥaṭṭīn (1187) ohne Leibeserben verstorbene →Raimund III. v. T. vermachte die Gft. dem jüngeren Sohn (und späteren Nachfolger) Gf. Bohemunds III. v. Antiochia, →Bohemund IV. Von nun an wurden →Antiochia und T. gemeinsam regiert. In den Jahren nach 1270 (unter Bohemund VI., † 1279) schmolz das Territorium der Gft. T. durch die vordringenden →Mamlūken unter →Baibars (Einnahme großer Burgen wie →Krak des Chevaliers) auf die Stadt und einen schmalen Küstenstreifen zusammen. 1287 wurde die regierende Gf.endynastie abgesetzt; es bildete sich eine →Kommune unter dem Genuesen Barth. →Embriaco, Herrn v. Gibelet, der bald selbst nach der Gft. und der Errichtung einer →Signorie strebte (1288), gegen die Ansprüche von Bohemunds Schwester Lucia. Der wachsende Einfluß →Genuas veranlaßte →Venedig, im Gegenzug Sultan →Qalāwūn zum Angriff auf T. zu drängen. Nach kurzer Belagerung (ab Ende März 1289) fiel das von →Templern, →Johannitern, Italienern und Zyprioten verteidigte T. am 26. April 1289. Die frk. Siedlung überdauerte die Eroberung nur um wenige Jahre. Der Gfn. Lucia wurde weiterhin der Besitz zweier Landgüter gestattet; Peter Embriaco konnte vorerst Gibelet behalten. Nach der Einnahme v. →Akkon (14. Mai 1291) entsandte der Sultan einen Emir zur Zerstörung der Festung Gibelet; chr. Einwohner, soweit ausdrückl. als Genuesen gekennzeichnet, blieben aber unbehelligt und gehörten vielleicht zu den 1300 von einer genues. Galeere nach →Zypern evakuierten Franken. Die Templer hielten nach Räumung v. Tortosa (1291) die Insel Ruwād noch bis 1303. S. Schein

Q.: Wilhelm v. Tyrus – Continuation de Guillaume de Tyr ..., ed. G. RAYNAUD, RHCOcc II, 1887 – *Lit.*: J. RICHARD, Le comté de T. sous la dynastie toulousaine 1102–87, 1945 – J. RILEY-SMITH, The Templars and the Castle of Tortosa, EHR 84, 1969 – J. RICHARD, Le comte de T. dans les chartes du fonds des Porcellet, BEC 130, 1972 – DERS., Les St-Gilles et le comté de T., Cahiers de Fanjeaux 18, 1983 – DERS., Les comtes de T. et leurs vassaux sous la dynastie antiochénienne (Crusade and Settlement. Papers ... to R. C. SMAIL, hg. P. W. EDBURY, 1985) – R. IRWIN, The Mamluk Conquest of the County of T. (ebd.) – →Raimund IV. v. St-Gilles (J. H. HILL–L. L. HILL, 1959); →Antiochia (C. CAHEN, 1940); →Embriaci (E. REY, 1895).

Triptychon (gr. 'dreigefaltet'), aus drei Teilen bestehendes Bild; im engeren Sinne mit einer hervorgehobenen Mitteltafel, an der bewegl., halb so breite, schließbare Flügel befestigt sind; die Definition ist jedoch nicht einheitl. (LANKHEIT, PILZ, BLUM); mitunter werden auch Werke aus drei gleichgroßen, festen Tafeln als T. bezeichnet. Gebilde mit mehr als je einem Flügel zur Seiten einer größeren Mitte, meist Polyptychon genannt, können als erweitertes T. angesehen werden. Die T.-Form findet sich bei kleinen, etwa für die private Andacht bestimmten Werken, selbst Anhängern (Schmerzensmann, Paris, um 1400; München, Residenz) ebenso wie bei großen →Retabeln. T.en können in allen Materialien und Techniken vorkommen und verschiedene Gattungen, bes. Malerei und Skulptur, vereinen. Die hierarch. Struktur des T.s hebt generell dessen Inneres gegenüber der Außenseite hervor, zumeist dominiert auch die Mitteltafel; dort befindet sich gewöhnl. der wichtigste Gegenstand des Ganzen. Durch das Öffnen nur zu bestimmten Gelegenheiten ermöglichte das T. eine Bedeutungssteigerung im privaten wie öffentl. Gebrauch, wobei jedoch über die jeweilige Verwendung im Rahmen der →Liturgie meist nichts bekannt ist. Die Wandelbarkeit gewährte außerdem den Schutz des Inneren und ermöglichte eine zweite Schauseite außen; diese kann ebenfalls figürl. Darstellungen, aber auch Ornamente oder gar keine Verzierungen tragen.

Die Wurzeln des T.s, das v. a. in Nordeuropa eines der verbreitetsten chr. Bildschemata wurde, liegen in der heidn. Antike; Reste von T.en mit Götterbildnissen sind aus dem 3. Jh. überliefert (ägypt., Malibu), doch dürfte die Form erhebl. älter sein. Aus dem 10. Jh. haben sich mehrere byz. Beispiele aus Elfenbein erhalten, die in horizontale Register mit einzelnen Figuren geteilt sein können (Harbaville-T., Paris), oder in der Mitte szen. Darstellungen (Märtyrer v. Sebaste, Berlin) oder die stehende Madonna zeigen. Von Byzanz wurde die Form in den W übernommen (Kreuzabnahme aus Merzig, Mitte 11. Jh., Berlin); im Maasgebiet entstanden ab Mitte des 12. Jh. byz. beeinflußte Goldschmiede-T.en, die Kreuzreliquien enthalten (aus Stavelot, New York, Pierpont Morgan). Bereits im 12. Jh. sind verschließbare Bilder, vermutl. T.en, auch auf Altären in Xanten und Laon belegt; zwei beidseitig bemalte Flügel aus Worms von ca. 1260 (Darmstadt) stellen eventuell Reste früher Altart.en dar. Aus Elfenbein geschnitzte T.en wurden seit dem späteren 13. und während des 14. Jh. in Frankreich, v. a. in Paris, aber auch im Rheinland gefertigt. In der 1. Hälfte des 14. Jh. entstanden in Köln kleine gemalte T.en, die Reliquien enthalten können (Wallraf-Richartz-Museum 1, Köln); zur gleichen Zeit entwickelten sich in Nord- und Mitteldtl. die großen T.en (Cismar, um 1300) der wandelbaren Schnitzaltäre. Auch diese Retabel sind in zwei Register geteilt und innen mit Skulpturen, außen mit Malereien geschmückt; anders als die gen. kleinen T.en besitzen sie ein breites Querformat. In Italien wurde das klappbare Retabel im allg. nicht verwendet; im 14. Jh. sind dort jedoch kleinere, der Privatandacht dienende T.en verbreitet gewesen, deren Mitteltafel häufig die im Maßstab hervorgehobene Gottesmutter in ikonenartiger Weise zeigt (Duccio, ca. 1315, London). Mit dem 15. Jh. starb das T. in Italien weitgehend aus, während es sich in Nordeuropa noch einmal stark entwickelte. Große, außen und innen gemalte Altar-T.en, die in Norddtl. ab dem späten 14. Jh. vorkommen, blieben bis ins 16. Jh. häufig; dabei ist meist, doch nicht immer (Meister Bertram, Hannover), die Mitte hervorgehoben. Dem T.-Schema folgen auch die in vielfältiger Ausprägung im gleichen Zeitraum vorkommenden Schnitzaltäre, bei denen die Flügel häufig mit Malereien versehen sind. In der ndl. Malerei des 15. und frühen 16. Jh. spielt das T. ebenfalls eine bedeutende Rolle, sowohl im Kleinformat (Jan van →Eyck, 1437, Dresden) als auch als Altarbild (→Memling, Johannesaltar, um 1475, Brügge), dabei werden die einzelnen Bildfelder oft durch einen einheitl. Bildraum verbunden; die Abstufung der Realitätsebenen zur T.-Außenseite wird in der altndl. Malerei häufig durch Grisaillemalereien deutlich. Ab dem Ende des 15. Jh. wird das T. auch vereinzelt für profane Darstellungen verwendet, etwa für Porträts (Dürer, Oswolt Krel, 1499, München); mit den T.en Hieronymus →Boschs entstanden Werke, die trotz ihrer Größe nicht mehr für Altäre bestimmt gewesen sein können.

S. Kemperdick

Lit.: J. BRAUN, Der christl. Altar, 1924 – R. KOECHLIN, Les ivoires gothiques français, 1924 – E. KANTOROWICZ, Ivories and Litanies, JWarburg 5, 1942, 56–81 – E. PANOFSKY, Early Netherlandish Painting, 1953 – K. LANKHEIT, Das T. als Pathosformel, AAH, 1959 – S. N. BLUM, Early Netherlandish Triptychs, 1969 – W. PILZ, Das T. als Kompositions- und Erzählform in der altdt. Tafelmalerei von den Anfängen bis zur Dürerzeit, 1970 – Rhein und Maas, Ausst. kat. Köln, 1972 – D. GABORIT-CHOPIN, Elfenbeinkunst im MA, 1979 – K. WEITZMANN, Die Ikone, 1978 – The Stavelot Triptych, Ausst. kat. Pierpont Morgan Libr., 1980 – Art in the Making, Italian Painting before 1400, Ausst. kat. London, 1989 – Polyptyques. Le tableau multiple du MA au 20ᵐᵉ s., Ausst. kat. Paris, 1990.

Triquetrum (triquetum, Dreistab, regula Ptolemei, parallakt. Lineal) gehört zu den Stabinstrumenten, die in

Astronomie und Geodäsie zum Winkelmessen benutzt wurden. Es besteht aus einem senkrechten Stab (Gnomon), der zur horizontalen Drehung fähig ist, mit je einem oben und unten mit einem Gelenk befestigten Stab zur vertikalen Drehung. Das Material mußte fest genug sein, damit sich die Stäbe nicht bogen (Holz, Kupfer, Messing). Der obere Stab, die eigentl. Regula, ist mit zwei Visierlöchern (Alhidade) versehen; damit wird der Gegenstand, dessen Höhe zu bestimmen ist, anvisiert. Der obere bewegl. Stab und der Gnomon waren gleichlang (im MA ca. 1,50 Meter), der untere bewegl. Stab mußte mindestens $\sqrt{2}$ mal so lang sein. Letzterer enthielt eine möglichst genaue, linear geteilte Skala (b. →Regiomontanus in 142000 Teile), wobei die Teilung bis auf 100 als Einheit durchgeführt ist, und wird durch einen Spalt am unteren Ende des anderen bewegl. Stabes (regula) geführt. Mit dem unteren Stab kann die Sehne des gesuchten Höhenwinkels bestimmt werden, der Winkel selbst wird in einer Sehnentabelle (von →Ptolemaeus erstmals berechnet) nachgeschlagen. Dieses von Ptolemaeus im →Almagest (V, 12) beschriebene →Instrument, wurde von einigen arab. Kommentatoren erwähnt, spielte aber in der islam. Instrumentenkunst keine Rolle. Ins lat. MA gelangte es über die »Geometria incerti auctoris« (10. Jh.), eine anonyme Aufgabensammlung aus dem Umkreis der Agrimensorenschriften, die zeitweise irrtüml. Gerbert v. Aurillac zugeschrieben wurde und in zahlreichen Abschriften erhalten ist. Im 13. Jh. ist es Leonardo Pisano (→Leonardo Fibonacci), im 14. Jh. Jean de Lignières (→Johannes de Lineriis) bekannt, im ausgehenden 15. Jh. erreicht der v. Regiomontanus in Nürnberg angeleitete Bernhard Walther eine Genauigkeit von 1/2 Bogenminuten bei der Bestimmung der Sonnenhöhe; →Kopernikus benutzte einen Dreistab für Messungen, die sich ebenfalls an Regiomontanus anlehnen. U. Lindgren

Lit.: R. Wolf, Gesch. der Astronomie, 1877 – N. Bubnov, Gerberti Opera Mathematica, 1899 [Neudr. 1963] – F. Schmidt, Gesch. der geodät. Instrumente und Verfahren im Altertum und MA, 1935 [Neudr. 1988] – E. Zinner, Dt. und ndl. astronom. Instrumente des 11.–18. Jh., 1956, 1967² [Neudr. 1979] – D. J. Price, Precision Instruments to 1500 (A Hist. of Technology, hg. Ch. Singer, III, 1957) – A. Turner, Early Scientific Instruments. Europe 1400–1800, 1987.

Trishagion ('Dreimalheilig'), christolog.-trinitar. Hymnus im Stil einer liturg. Akklamation (» Ἅγιος ὁ Θεός, ἅγιος Ἰσχυρός, ἅγιος Ἀθάνατος, ἐλέησον ἡμᾶς« 'Heilig [ist] Gott, heilig der Starke, heilig der Unsterbliche – erbarme Dich unser' oder: 'Heiliger Gott, heiliger Starker, heiliger Unsterblicher, ...'), der Jes 6, 3; 9, 5 und Ps 42, 3 entnommen ist und in den Akten des Konzils v. →Chalkedon (451) im Kontext der Schlußakklamationen erstmals schriftl. auftaucht (Mansi 6, 936C), sicher aber älter sein dürfte. Die Gegner des Konzils (Syrer, Armenier, Kopten, Äthiopier) singen das T. spätestens seit →Petrus Fullo († 488) mit dem sog. theopaschit. Zusatz »ὁ σταυρωθεὶς δι' ἡμᾶς« ('der Du für uns gekreuzigt wurdest'), der von den byz. Theologen wegen ihrer trinitar. Deutung des T. als häret. bekämpft wurde. Zahlreiche byz. und syr. Theologen sowie Liturgieerklärer des MA behandelten das T. und führten seinen Ursprung auf das Vorbild der Engel und eine himml. Offenbarung zurück. Das T., zunächst Bestandteil von Buß- und Bittprozessionen, fand im 6. Jh. allg. Eingang in die Meßfeier. Im röm. Ritus erscheint das T. nur noch in den Improperien des →Karfreitags, in den oriental. Riten sowie im altgall. und mozarab. Ritus jedoch vor (bzw. zw.) den Lesungen, oft begleitet von einem Stillgebet des Priesters, sowie im →Stundengebet. Die Melodie des T. ist im byz. Ritus nicht vor dem 14. Jh. überliefert und entspricht nicht dem Achttonsystem.

Die Bezeichnung des →Sanctus der ö. →Anaphoren als T. sollte vermieden werden. H.-J. Feulner

Lit.: LThK² X, 365 – A. Baumstark, Die Messe im Morgenland, 1906, 170–173 – J. M. Hanssens, Institutiones Liturgicae de Ritibus Orientalibus, II/2, 1932, 96–156 – H. Engberding, Jb. für Liturgiewiss. 10, 1930, 168–174 – Ders., OKS 15, 1966, 130–142 – G. Kretschmar, Stud. zur frühchr. Trinitätstheol., 1956, 175f. – C. Kucharek, The Byz.-Slav. Liturgy, 1971, 399–405 – D. E. Conomos, Byz. T.a and Cheroubika of the 14th and 15th C., 1974 – H.-J. Schulz, Die byz. Liturgie, 1980², 42*–46*, 46–51 [Lit.] – P. Plank, Das T.: Gotteslob der Engel und Zankapfel der Menschen, Kirche im O 35, 1992, 111–126 – K. Onasch, Kunst und Liturgie, 1993², 369f. [Lit.] – G. Winkler, Das Gloria in Excelsis und T. (Fschr. R. Taft, 1993), 547–555.

Tristan
A. Literatur – B. Ikonographie
A. Literatur
I. Romanische Literaturen – II. Englische Literatur – III. Deutsche Literatur – IV. Skandinavische Literatur.

I. Romanische Literaturen: Die Legende von T. und Isolde (Iseut, Isotta), dem Neffen bzw. der Frau Kg. Markes (Marc) v. Cornwall, die durch einen Liebestrank aneinandergefesselt, bereit sind, sich über jede moral. und gesellschaftl. Schranke hinwegzusetzen und schließlich an ihrer überwältigenden Leidenschaft zugrundegehen, hat das Publikum seit dem MA fasziniert. Vermutl. kelt. Ursprungs ist die »Geschichte« (»Estoire«) seit dem 12. Jh. schriftl. belegt: Zuerst begegnet sie in Frankreich, England und Deutschland und verbreitet sich in der Folge in ganz Europa. Der T.-Mythos, der mit dem antiken Dionysosmythos verglichen wurde (Ruiz Capellán), symbolisiert die Verführung durch den Gesang und die Dichtkunst, das krieger. Heldenideal und v. a. die Liebesleidenschaft, die sich über jede andere menschl. Bindung hinwegsetzt. Der Name des Protagonisten, der wahrscheinl. von dem altschott. Anthroponymon Drustan abzuleiten ist, wurde durch Volksetymologie mit dem lat. Adjektiv tristis in Verbindung gebracht und nach ma. Brauch als Vorwegnahme des unheilvollen Geschicks des Helden verstanden, dessen Geburt seiner Mutter das Leben kostet und dessen ganze Existenz von Leid und Todestrieb geprägt ist. In der inzestuösen und ehebrecherischen Leidenschaft der beiden jungen Liebenden von Cornwall spiegeln sich einige Hauptkonflikte der ma. Gesellschaft (der Kontrast zw. Fin'amor und christl. Moral, zw. Rittertum und Feudalität, zw. Individuum und Gesellschaft).

Zu den ältesten Verfassungen zählen die Fragmente der »romans« in octosyllabes von →Thomas d'Angleterre und Béroul (eines Trouvère aus der Mitte des 12. Jh., vielleicht norm. Herkunft, der die sog. »Jongleurversion« [BN Paris ms. 2171] verfaßte), die sog. »Folies« in Bern und Oxford (in denen sich T. wahnsinnig stellt, um sich frei mit der Geliebten unterhalten zu können), der Lai »Chevrefueil« von →Marie de France, die Bearbeitungen des Stoffes von →Eilhart v. Oberg und →Gottfried v. Straßburg und die norw. Saga (s. Abschnitt IV). Im sog. »Tristan Rossignol« innerhalb des »Donnei des Amanz« (eines lehrhaften Textes des 12. Jh. über die Liebesthematik, der viele narrative Elemente umfaßt) verwendet der Protagonist seine Fähigkeit, Vogelstimmen nachzuahmen, dazu, der Geliebten ein Zeichen zu geben und sich so ungestört der ehebrecher. Liebe hingeben zu können. →Chrétien de Troyes, der im »Cligès« Iseuts unmoral. Betragen tadelt und damit eine Art Anti-Tristan schreibt, hat angebl. einen verlorenen Roman »Del roi Marc et d'Iseut la Blonde« verfaßt. Dank des umfangreichen Prosaromans (»T. en prose«), der Anfang des 13. Jh. entstand, und in fast alle europ. Sprachen übersetzt wurde, nimmt die Beliebtheit der T.sage im 13., 14. und 15. Jh. weiter zu. In dieser Prosafassung wird der entschieden subversive Aspekt des Ehebruchs, der in der Versfassung dominierte, etwas abgemildert und tritt hinter einer endlosen Reihe von ritterl. Aventuren zurück, deren Protagonisten die verschiedenen Helden der Artus-Tradition sind.

Zahlen- und umfangmäßig bedeutend sind die verschiedenen Bearbeitungen des T.stoffes, die im 14. Jh. in Italien entstanden (Venetien, Emilia, Toskana, Umbrien usw.). Auf der Iber. Halbinsel sind der sog. »Don Tristan de Leones« in kast. Sprache sowie katal. und galic.-ptg. Fragmente zu nennen, die mehr oder weniger getreu den frz. Vorbildern folgen und nur selten Neuerungen einführen. In diesen Prosabearbeitungen wird T. allgemein als der mutigste Held der Tafelrunde angesehen, und seine Taten und Erlebnisse gewinnen den faszinierenden Reiz der Irrfahrt und Aventure. Dieser Verführung erliegen auch die Kreise des städt. Bürgertums, in denen es Mode wird, Kinder nach den Helden der jeweiligen Lieblingsromane zu benennen. Ein weiteres Zeugnis für die Verbreitung des T.stoffes ist die Passion →Boccaccios für die Artussagen. L. Rossi

Ed.: Le roman de T., hg. J. BEDIER, Bd. 2, 1902 – T. et Yseut. Les premières versions europ., hg. C. MARCHELLO-NIZIA, 1995 [Ed. u. Übers. relevanter europ. Texte: hg. R. BOYER, D. BUSCHINGER, A. CREPIN, M. DEMAULES, C. MARCHELLO-NIZIA, D. POIRION, J. RISSET, W. SPEWOK, L. SHORT, W. SPIEWOK, H. VOISINE-JECHOVA] – Le roman de T. en Prose, hg. R. L. CURTIS, 3 Bde, 1963, 1976, 1985 – Le roman de T. en Prose, hg. PH. MENARD, 8 Bde, 1987–95 – Il T. Riccardiano, hg. E. G. PARODI, 1896 – T. Riccardiano, hg. M.-J. HEIJKANT, 1992 – Il libro di messer T. (»T. Veneto«), hg. A. DONADELLO, 1994 – M. GALASSO, Il T. Corsiniano, 1937 – G. SAVINO, Ignoti frammenti di un »T.« dugentesco, Studi di Fil. It. 37, 1979, 371–406 – El Libro del esforçado cavallero don T. de Leonis, Libro de Caballarías, hg. A. BONILLA Y SAN MARTIN, 1907, Bd. VI, 338–457 – Cuento de T., hg. G. T. NORTHUP, 1928 – A. DURANI I SANPERE, Un fragment de T. de Leonis en català, Estudis Romanics, IX, 1917, 284–316 – Fragmento de un Libro de T. galaico-portugués, Cuadernos de estudios gallegos XIV, 1962, 7–84 – *Bibliogr.:* D. J. SHIRT, The Old French T. Poems: A Bibliog. Guide, 1980 [1981] – *Lit.:* DLFMA², 1445–1450 – GRLMA IV, 1 – E. LÖSETH, Le Roman en prose de »T.«, le Roman de »Palamède« et la »Compilation« de Rusticien de Pise, 1890 [Nachdr. 1974] – E. VINAVER, Ét. sur le T. en prose, 1925 – Arthurian Lit. in the MA, hg. R. S. LOOMIS, 1959 – D. BRANCA, I romanzi it. di T. e la Tavola Rotonda, 1968 – R. ARAMON I SERRA, El T. català d'Andorra (Fschr. R. LEJEUNE, 1969, I), 323–337 – R. L. CURTIS, T. Studies, 1969 – S. EISNER, The T. Legend. A Study in Sources, 1969 – F. BARTEAU, Les Romans de T. et Iseut: introd. à une lecture plurielle, 1972 – P. GALLAIS, Genèse du roman occidental: essais sur T. et Iseut et son modèle persan, 1974 – E. BAUMGARTNER, Le T. en prose, 1975 – La légende de T. au MA, Actes du Coll. d'Amiens, hg. D. BUSCHINGER, 1982 – T. et Yseut, mythe européen et mondial, Actes du coll. d'Amiens, 1987 – T. et Iseut. De la légende aux récits en vers, 1987 – M. J. HEIJKANT, La tradizione del »T.« in prosa in Italia e proposte di studio sul »T. Riccardiano« [Diss. Nijmegen 1989] – La Harpe et l'épée. Tradition et renouvellement dans le »T. en Prose«, 1990 – G. GONFROY, Le roman de T. en prose. Concordancier des formes graphiques, I, 1990 – PH. WALTER, Le Gant de verre. Le mythe de T. et Yseut, 1990 – D. DELCORNO BRANCA, Boccaccio e le storie di re Artù, 1991 – R. RUIZ CAPELLAN, T. et Dionysos, 1995 – P. MICHON, Le T. en prose galaíco-portugaise, Romania CXII, 1991, 259–268.

II. ENGLISCHE LITERATUR: Zwei me. Versionen der T.-Sage sind bekannt: 1. Die →Romanze »Sir Tristrem« aus dem späten 13. Jh., erhalten in der →Auchinleck-Hs. (um 1330), umfaßt 3344 Verse in komplizierten elfzeiligen Strophen. Sie ist eine vergröberte Bearbeitung nach dem frz. (anglonorm.) Werk des Thomas und zeigt deutl. Spuren mündl. Überlieferung (→Minstrel; →Mündl. Literaturtradition, III; →Spielmannsdichtung, III); sie betont die abenteuerl. Elemente und vernachlässigt die moral. Probleme, die die illegale Liebe zw. T. und Isolde aufwirft. Auf den Autor der Q. beziehen sich wohl auch die Hinweise auf den Erzähler »Tomas« im Text. – 2. Im 15. Jh. baute →Malory eine andere Version in seinen großen Prosazyklus »Le Morte Darthur« ein (Bücher 8–12 bei →Caxton, Buch 5 bei VINAVER); Malorys Q. war der frz. Prosa-T. Auch Malory geht es mehr um die äußere Handlung und weniger um das Problem der schicksalhaften Liebe und des Ehebruchs; allerdings setzt er das Dreieck Marke, Isolde, T. in Beziehung zu dem Dreieck →Artus, Guinevere, →Lancelot. H. Sauer

Bibliogr.: NCBEL I, 416, 674–678 – ManuelME 1.I, 75–79, 253–256 [Nr. 43]; 3. IX, 759ff. [Nr. 2 und 9] – *Ed.:* E. KÖLBING, Die nord. und die engl. Version der T.-Sage, 1878–82 – E. VINAVER–P. J. C. FIELD, The Works of Sir Thomas Malory, 1990³ – *Lit.:* D. MEHL, The ME Romances..., 1969, 172–179 – W. R. J. BARRON, English Medieval Romance, 1987, 23–25, 153–155.

III. DEUTSCHE LITERATUR: Überragende lit. Gestaltung in der Dt. Lit. (→Deutsche Lit., III. 2) ist der mhd. höf. Versroman »T. und Isold« des →Gottfried v. Straßburg (1. Jahrzehnt des 13. Jh.), der sich auf den T.roman des Thomas v. Britannien (→Thomas d'Angleterre) als Q. beruft. Dem Werk Gottfrieds ging der ältere »Tristrant« des →Eilhart v. Oberg voraus (spätes 12. Jh.). Die Fortsetzer Gottfrieds, →Ulrich v. Türheim (1. Hälfte des 13. Jh.) und →Heinrich v. Freiberg (spätes 13. Jh.), griffen wieder stark auf Eilharts Version zurück. Zu den lit. Reminiszenzen und späteren Bearbeitungen des Stoffs, zu denen auch ein Episodengedicht mit schwankhaften Zügen zählt, »T. als Mönch« (Elsaß, Mitte des 13. Jh.), und die bis zu Hans →Sachs (»Tragedia«, 1553) reichen, vgl. die Angaben unter →Eilhart v. Oberg.

Ed. und Lit.: →Eilhart v. Oberg, →Gottfried v. Straßburg, →Ulrich v. Türheim, →Heinrich v. Freiberg.

IV. SKANDINAVISCHE LITERATUR: Die älteste skand. Fassung des Stoffes ist die anorw. Prosaauflösung »Tristrams saga ok Ísöndar« ('Die Saga v. Tristan und Isolde') des Versromans »T.« des →Thomas d'Angleterre. Laut Prolog wurde dieser Text im Auftrag des Kg.s v. Norwegen, →Hákon IV. Hákonarson, durch einen Bruder Robert i. J. 1226 übersetzt. Falls die Jahreszahl stimmt, könnte diese Saga die erste einer Reihe derartiger Übertragungen von Artusepen sein, welche man als übersetzte →Riddarasögur bezeichnet. Trotz teilweise drastischer Kürzungen ist die Saga von großer überlieferungsgeschichtl. Bedeutung, weil sie einen wichtigen Schlüssel zur Rekonstruktion von Thomas' fragmentarisch erhaltenem Werk darstellt. Zwar ist diese Saga erst in isländ. Hss. des 15. Jh. erhalten, aber die Wirkung des Werkes oder wenigstens des Stoffes war in Skandinavien enorm, wozu auch eine weitere Prosaauflösung (2. Viertel des 13. Jh., Norwegen) beitrug, nämlich das unter dem Titel »Geitarlauf« übertragene afrz. »lais Chievrefoil«, das eine Episode aus dem T.stoffkreis behandelt. In Island wurden Varianten des T.- und Isolde-Stoffes bereits im 13. Jh. in der »Kormaks saga« (über einen Skalden des 10. Jh.) sowie in der →»Grettis saga« (Spésar þáttr) verwendet, im 14. Jh. in der »Rémundar saga keisarasonar«. Eine jüngere, ebenfalls im Island des 14. Jh. entstandene Fassung der »Tristrams saga ok Ísöndar« ist die »Tristrams saga ok Ísoddar«, die jedoch Namen und sogar wichtige Handlungselemente ihrer Vorlage verändert. Gebundene Fassungen des Tristan-Stoffes finden sich im spätma. Skandinavien; im 15. Jh. entstanden T.-Balladen in Island (»Tristrams kvæði«),

Dänemark (»Tristram og Isodd«) und auf den Färöern (»Tristrams Táttur«). R. Simek

Lit.: P. SCHACH, The Saga af Tristram ok Isodd: Summary or Satire?, MLQ 21, 1960 – P. SCHACH, The Style and Structure of Tristrams saga (Scand. Studies. Essays H. G. LEACH, 1965) – P. SCHACH, Some Observations on the Influence of Tristrams saga ok Isöndar on Old Icelandic Lit., 1969 – J. HILL, The Tristan Legend, 1977 – A. GUNNLAUGSDÓTTIR, Tristán en el Norte, 1978 – M. E. KALINKE, The Saga af Tristram ok Isodd: A Parody of Arthurian Romance (Bull. bibliogr. Soc. Arthurienne 31, 1979) – M. E. KALINKE, King Arthur, North-by-Northwest, 1981.

B. Ikonographie

Mit dem →»Rolandslied« gehört der T. zu den ikonograph. am reichsten bezeugten lit. Stoffen des MA: Neben Hss.illustrationen (v. a. des frz. Prosaromans und der dt. Fassungen Eilharts und Gottfrieds) sind ca. 70 Bildzeugnisse mit T.-Zyklen oder -Einzelszenen erhalten, ca. 20 weitere werden in zeitgenöss. Inventaren erwähnt – überwiegend Gegenstände höf. Gebrauchs (Minnekästchen, Spiegelkapseln, Kämme, Schreibtafeletuis usw.) oder (als Wandteppiche und Fresken) höf. Innenräume schmükkend wie schon das früheste zykl. Zeugnis, die Fußbodenfliesen aus der Chertsey Abbey (um 1270, Brit. Mus.), die ursprgl. für eines der Schlösser Kg. Heinrichs III. v. England bestimmt waren. Die zykl. Denkmäler setzen selten, wie die vom Moroltkampf bis zum Gottesurteil reichenden Terra-verde-Fresken in Schloß Runkelstein bei Bozen, um 1400, die gesamte Handlung des Romans in eine Bilderfolge um, sondern entnehmen dem Stoffvorwurf Szenenfolgen von offensichtl. hohem Identifikationswert, v. a. Morolt- und Drachenkampf sowie Brautwerbungsfahrt (so drei niedersächs. Sticktteppiche, um 1300–1360, Kl. Wienhausen; Tischdecke in Weißstickerei, um 1375, Erfurt, Dompropstei; norddt. applizierter Wandteppich, um 1375, London, Victoria & Albert Mus.; siz. Steppdeckenpaar, um 1395, Florenz, Bargello, und London, Victoria & Albert Mus.; elsäss. Teppichfragment, 1539, Leipzig, Mus. des Kunsthandwerks; Fresken im Schloß St. Floret bei Issoire, Auvergne, um 1350; bemalte Holzdecke im Palazzo Vecchio dei Chiaramonte, Palermo, um 1380). Bes. Appellcharakter schien, wohl wegen der Verwandtschaft des Bildtyps mit Minnegärten wie Sündenfalldarstellungen, der Baumgartenszene des T. innegewohnt zu haben, von der 27 Denkmäler überliefert sind: entweder als Einzelzeugnisse (u. a. zwei Kämpferskulpturen in Brügge, um 1380, und Bourges, um 1450; zwei lederne Schreibtafeletuis, Mitte 14. Jh., in Namur und Wrocław; zwei Buchsbaumkämme, 1. H. 15. Jh., in Bamberg und Boston; drei elfenbeinerne Spiegelkapseln, Mitte 14. Jh., in Antwerpen, im Vatikan und in Paris, Cluny-Mus.) oder innerhalb von Minnesklavenreihen (z. B. gestickter Teppich, 1370, Regensburg, Stadtmus.; zwei Misericordien, um 1380, Chester und Lincoln; geschnitzte Bankbekrönung, um 1480, Tallinn, Rathaus). Auf einer Serie von sieben Elfenbeinkästchen einer Pariser Werkstatt (1. H. 14. Jh.) ist die mit einer Einhornjagd kombinierte Baumgartenszene in ein antike und ma. Erzählstoffe reflektierendes Minneprogramm (Alexander und Phyllis, Pyramus und Thisbe, Lancelot, Perceval) integriert; auf einem oberit. →Desco da parto, um 1400, betet T. im Kreise weiterer Minnehelden aus Antike und MA die gleich Maria in einer Mandorla am Himmel schwebende nackte Venus an. N. H. Ott

Lit.: R. S. LOOMIS, Arthurian Legends in Medieval Art, 1938 – D. FOUQUET, Die Baumgartenszene des T. in der ma. Kunst, ZfdPh 92, 1973, 360–370 – H. FRÜHMORGEN-VOSS, T. und Isolde in ma. Bildzeugnissen (DERS., Text und Illustration, ed. N. H. OTT, 1975), 119–139 [mit einem Kat. der T.-Bildzeugnisse v. N. H. OTT, 140–171] – N. H.

OTT, T. auf Runkelstein und die übrigen zykl. Zeugnisse des T.stoffes (W. HAUG, J. HEINZLE, D. HUSCHENBETT, N. H. OTT, Runkelstein, 1982), 194–239 – DERS., Ep. Stoffe in ma. Bildzeugnissen (Ep. Stoffe des MA, ed. V. MERTENS–U. MÜLLER, 1984), 455–459 – M. CURSCHMANN, Images of T. (Gottfried v. Strassburg and the Medieval T. Legend, ed. A. STEVENS–R. WISBEY, 1990), 1–17.

Tritheim, Johann → Johannes Trithemius (183. J.)

Tritheismus. Wo chr. Glaube und ihn auslegende Theol. die numer. Einzigkeit und wesenhafte Einheit des dreipersonalen Gottes metaphys. unzureichend fassen, zerfällt er in T., einen Dreigötterglauben. Schon die alte Kirche ist sich dessen bewußt (DENZINGER–SCHÖNMETZER, nr. 112). Im MA deutet →Roscelin v. Compiègne († 1120/25) die göttl. Personen als drei getrennte Wesen, drei Engeln vergleichbar, durch einheitl. Willen und einende göttl. Macht zusammengefaßt. Person kann der Nominalist Roscelin nur als getrennte Substanz auffassen. Bei →Joachim v. Fiore († ca. 1202) kritisiert das IV. Laterankonzil (DENZINGER–SCHÖNMETZER, nr. 803), das göttl. Wesen nur als kollektive Einheit zu verstehen. In ihr sind die drei Personen lediglich durch einen Genus-Begriff, nicht aber in untrennbarer Einheit verbunden. Diese mit der Dreipersonalität Gottes zu vermitteln, ist zentrales Anliegen ma. Trinitätstheologie, dabei gilt ihr der T. zusammen mit dem Modalismus (→Sabellianismus) als bleibende Herausforderung. F. Courth

Lit.: DThC XV, 1860–1862 – LThK² X, 365f. – F. COURTH, Trinität. In der Scholastik (HDG II/1b, 1985).

Trithemius → Johannes Trithemius (183 J.)

Triton, →Fabelwesen der oriental. und gr.-röm. Lit. und Kunst mit menschl. Oberkörper und ein- oder zweischwänzigem Fischleib. Sehr häufig in kaiserzeitl. Meerbildern, bes. auf den Meerwesensarkophagen des 2./3. Jh., v. a. als Reittier von Nereiden, oft auch mit zusätzl. Pferdebeinen und -körper über dem Fischschwanz (vgl. →Kentaur). Nach wenigen Beispielen des 4. Jh. mit chr. Inschrift (Sarkophag der Curtia Catiana, Proiectaschrein) sind Darstellungen selten (z. B. Stuttgarter Psalter fol. 117v.), vermutl., weil der T. weder im →Physiologus noch in den →Bestiarien erwähnt ist. Diese nennen regelmäßig die *Fischsirene* in Gestalt eines weibl. T.s. Schon in der Antike neben der Vogelsirene aufgetaucht (Belege: VEILLARD-TROIEKOUROFF 61), erscheint diese im →Liber monstrorum und in zahlreichen Hss. seit dem 8. Jh., schließlich seit dem 11. Jh. sehr häufig in der Bauskulptur, zunächst mit einem, später mit zwei Schwänzen. J. Engemann

Lit.: →Bestiarium, →Fabelwesen – Kl. PAULY V, 967–969 – LCI IV, 168–170 [Sirenen] – M. VEILLARD-TROIEKOUROFF, Sirènes-poissons Carolingiennes, CahArch 19, 1969, 61–82.

Tritt, Quersteg des →Steigbügels als Auflager für den Fuß. Der ursprgl. schlingenartig runde Bügel der Steppenkultur erhielt erst bei den →Avaren im 8. Jh. einen T., der auf alle europ. Bügel überging. O. Gamber

Triumph, -zug

I. Römisches Reich, Byzantinisches Reich, Frühmittelalter – II. Mittelalter, Renaissance.

I. RÖMISCHES REICH, BYZANTINISCHES REICH, FRÜHMITTELALTER: [1] *Römisches Reich:* Ein Komplex von Zeremonien (→Zeremoniell) zur Feier des militär. Sieges ('victoria') war in den frühen religiösen und hist. Traditionen Roms verwurzelt. In republikan. Zeit zogen das siegreiche Heer und sein →'imperator' (→imperium) mit Gefangenen und Beutestücken in feierl. Parade, einer bes. Form des →'adventus', nach Rom ein; die paganen Bräuche konzentrierten sich hierbei auf die Verehrung des Kapitolin. Jupiter mit Reinigungs- und Danksagungsritualen. Imperiale T.e entwickelten in der Ks.zeit ein vielfältiges, an verschiedene Adressatenkreise gerichtetes Festbrauchtum (Zirkusspiele, Danksagungsfeiern, feierl. Geschenkvergabe, Bankette usw.). Aufgrund des militär. Ursprungs des Imperatorenamts legitimierten T.e in bes. Weise die imperiale, die ksl. Herrschaftsgewalt, brachten sie doch den 'Siegescharakter' des röm. →Kaisertums exemplar. zum Ausdruck; Augustus reservierte die Abhaltung von T.en den Imperatoren. Die T.züge in Rom und anderen großen Städten des Reiches nahmen im 4.–7. Jh., als die militär. Erfolge in der Realität stl abschwächten, immer mehr zu, wobei echte oder fiktive Siege sowohl über konkurrierende röm. Machthaber (Usurpatoren) als auch über →Barbaren gefeiert wurden, ungeachtet der von →Ammianus Marcellinus (16, 10, 1ff.) artikulierten anachronist. Zeitkritik. Die Veranstalter der T.e manipulierten dabei die hergebrachten Bräuche, indem sie diese dem jeweiligen Anlaß durch Hervorhebung oder Weglassung bestimmter Momente anpaßten. Wie andere große Zeremonien wurden die ksl. T.e im 5. Jh. in den Zirkus verlegt, wobei die Siegesparade großen Wagenrennen voranging. Bes. Münzprägungen, Akklamationen, imperiale Ehrentitel ('Germanicus', 'invictus'), panegyr. Dichtungen, Monumente (→Triumphbögen, Säulen) und jährl. Gedenkfeiern steigerten den Propagandaeffekt des T.s; bei den in den Provinzen abgehaltenen Siegesfeiern trat v. a. die Verlesung des offiziellen ksl. Siegesbulletins in den Vordergrund. Besiegte Usurpatoren wurden (lebend oder tot, ggf. 'in effigie') spektakulären Demütigungen unterworfen: Verstümmelung, rituelle Absetzung und Schmähung, z. B. durch Niedertreten ('calcatio colli'), Schandritt auf einem dem sozialen Status unangemessenen Reittier, Zurschaustellung des aufgespießten Hauptes usw.

[2] *Byzantinisches Reich:* Die chr. Ks. der spätröm.-frühbyz. Ära waren bemüht, die T.e stärker ihrer heidn. Elemente zu entkleiden, doch sind vor dem 7. Jh. nur wenige genuin chr. Momente erkennbar. Allerdings entwickelten sich parallel zu den staatl. T.en kirchl. Bräuche anläßl. von Siegen (Danksagungsgottesdienste; →Akathistos-Hymnos). Erstmals führte Ks. →Johannes Tzimiskes im 10. Jh. eine chr. →Ikone auf dem Wagen des Triumphators mit. Vom 8. Jh. an traten siegreiche byz. Generäle bisweilen als dominierende Persönlichkeiten bei den T.en hervor; dessenungeachtet waren im 8.–12. Jh. die byz. Ks. darauf bedacht, ihren eigenen T. zu feiern, der oft die Form eines T.zuges vom Goldenen Horn zur Hagia Sophia und zum Großen Palast (→Konstantinopel, I) hat. Ein letzter byz. T.zug feierte die Rückeroberung Konstantinopels durch Ks. →Michael VIII. aus der Hand der 'Lateiner' (1261).

[3] *Völkerwanderungszeit und westliches Frühmittelalter:* Bis zum späten 4. Jh. begannen röm. Generäle in den Provinzen, die Ks. mit eigenen T.zügen nachzuahmen. Die germ. Herrscher schlossen sich eng an dieses Vorbild an (neben der unmittelbaren Imitation des ksl. T.es). Der triumphale Einzug →Chlodwigs in →Tours nach dem Sieg über die Westgoten reflektierte die Vertrautheit des frk. Kg.s mit dem Zeremoniell der Generäle. Auch Langobarden und Ostgoten übernahmen Elemente des spätröm. T.zeremoniells. Die westgot. Kg.e wurden durch Rivalität mit ihrem Adel dazu gedrängt, eng an das ksl. byz. Vorbild angelehnte Rituale zu entwickeln (einschließl. des T.zuges und der 'calcatio' eines überwundenen Usurpators). Die Karolinger zelebrierten T.züge beim Einzug in eroberte Städte des Mittelmeerraumes, doch betonten sie stärker das gottesdienstl. Moment, indem sie spätröm. Liturgien und Prozessionen als Ausdruck des Dankes für einen errungenen Sieg wiederbelebten (→laudes regiae) und weitere Teile der Bevölkerung in diese festl.-liturg. Handlungen einzubinden suchten. Die nachkarol. Staaten übernahmen Siegesgottesdienste, eine Entwicklung, welche die Sakralisierung des Kampfes (→Rittertum) förderte. Die Gesch. dieser späteren zeremoniellen und liturg. Adaptationen und ihre Rolle beim Entstehen der Kreuzzugsideologie muß noch geschrieben werden. →Fest, →Spiel.   M. McCormick

Lit.: J. GAGÉ, RH 171, 1933, 1–43 – DERS., Rev. d'hist. et de philos. religieuses, 1933, 370–400 – C. ERDMANN, Die Entstehung des Kreuzzugsgedankens, 1936 – K. HAUCK, FMASt I, 1967, 3–93 – Das Reich und die Barbaren, hg. E. CHRYSOS–A. SCHWARCZ, VIÖG 29, 1989, 155–180 – M. MCCORMICK, Eternal Victory 1990² – Militia Christi e Crociata nei secoli XI–XIII, 1992, 209–240 [M. MCCORMICK].

II. MITTELALTER, RENAISSANCE: Im MA verschmelzen vielfach die Formen des triumphus und des →adventus (regis), d. h. des Einzugs eines siegreichen Feldherrn in eine Stadt bzw. des Herrscherbesuchs. An den von Konstantin d. Gr. wiederbelebten und in die byz. Tradition eingegangenen Vorbildern der röm. Antike (s. Abschnitt I) inspirierten sich die T.-Zeremonien in den germ. Kg.reichen, v. a. im →Westgotenreich auf der Iber. Halbinsel.

Mit dem Christentum setzte sich ein neues Modell durch, die humiliatio-exaltatio: Nach dem Vorbild des Einzugs Christi in Jerusalem, der sanftmütig auf einem Esel ritt, sah man in dem Triumphator v. a. den Friedensbringer. Nach dem Beispiel der byz. Ks. →Herakleios – der 629 auf bloßen Füßen in Jerusalem einzog und dabei die in den Perserfeldzügen rückeroberte Reliquie des Wahren Kreuzes trug – und →Johannes I. Tzimiskes, der 959 auf den für ihn an den Stadttoren von Konstantinopel vorbereiteten T.wagen das Bild der Jungfrau Maria stellen ließ, läuft der ma. T. häufig auf eine zeremonielle Feier kult. verehrter Bilder oder Reliquien hinaus. Analog zu dem Prinzip der röm. Ks.zeit, daß ein T. nur dem Augustus zustehe, neigte man im MA zu der Ansicht, daß er nur dem rex regum, also Christus, gebühre.

Als man sich die klass. Kultur wieder in steigendem Maße zu eigen machte und gleichzeitig die weltl. Gewalt stärkere Autonomie gegenüber der geistlichen gewann und sich machtvoll eine theologia imperialis (z. T. von Byzanz übernommen, aber v. a. seit der stauf. Zeit ausgearbeitet) durchsetzte, waren die Voraussetzungen für eine Wiederbelebung und Neuinterpretation des antiken T.s gegeben. So schmückte →Friedrich II. in Nachahmung der Antike und Karls d. Gr. seine T.züge u. a. mit ungewöhnl. und exot. Tieren (z. B. mit dem typ. ksl. und 'triumphalen' Elefanten) und feierte am 17. März 1229 in Jerusalem einen adventus, damit sich die Prophezeiung der Sibylle bewahrheite, das Heilige Grab werde durch einen Herrscher aus »Kalabrien« befreit werden. Am 27. Nov. 1237 zog Friedrich wie ein Triumphator in Cremona ein und führte als Trophäen den Carroccio der Lombardischen Liga und – in Ketten – ihren militär. Oberbefehlshaber Pietro →Tiepolo im T.zug mit. – Es ist daher bezeichnend, daß es v. a. die ghibellin. Signoren sind, die im 13./14. Jh. den triumphalen Einzug wiederbelebten, der rasch richtigen Festcharakter mit →Turnieren und Schauspielen annahm. Beispiele sind die T.züge des Castruccio →Castracani in Lucca (23. Sept. 1326), der triumphale Ritt des →Cola di Rienzo durch Rom (Johannistag 1347) und der triumphale Einzug →Alfons' I. v. Aragón in Neapel (26. Febr. 1443), der auf den Reliefs des T.bogens des Castel Nuovo verewigt ist. 1492 feierten die →Katholischen

Kg. e die Einnahme von →Granada mit zwei triumphalen adventus. Im 15. Jh. ist das Fest-Schauspiel der »trionfi« in Italien sehr verbreitet, ihre Ikonographie knüpft immer deutlicher an die »Trionfi« Francesco →Petrarcas (verfaßt 1351–52) an. →Piero della Francesca, →Mantegna, Francesco del Cossa u. a. geben verschiedene Versionen von T. wagen wieder, die in den spätma. Festen, auch im Karneval, üblicherweise die Hauptrolle spielten. Stark verbreitet war im 15. und 16. Jh. auch die »T. des Todes«-Thematik, verbunden mit dem →Totentanz. Nicht ohne Zusammenhang mit den gen. Bildmotiven ist die spätma. Benennung der Tarockkarten als »trionfi–Trümpfe«.
F. Cardini

Lit.: E. Kantorowicz, The King's Two Bodies, 1957 – H. S. Versnel, T. us, 1970 – AA.VV., Memoria dell'antico nell'arte it., hg. S. Settis, 1985 – S. Bertelli, Il corpo del re, 1990 – H. Maxwell, Trionfi terrestri e marittimi nell'Europa mediev., ASI, CLII, 1994, 641–667.

Triumphbogen
I. Spätantike – II. Mittelalter.

I. Spätantike: [1] Als T. werden meist alle röm. Ehrenbögen bezeichnet, obwohl die in Zusammenhang mit Siegesfeiern errichteten, an die porta triumphalis auf dem Marsfeld anknüpfenden Bögen nur einen kleinen Teil davon bilden und ihre Bezeichnung als T. sich erst in der späten Ks. zeit durchsetzte. Ehrenbögen, meist mit einem oder drei tonnengewölbten Durchgängen, standen in der Regel über Straßen, als isolierte Torbauten von Stadttoren unterschieden. Sie trugen das Bild des Geehrten als Stand- oder Reiterstatue oder im Gespann von vier oder sechs Pferden bzw. Elefanten. Diesen Zweck von Ehrensäulen und -bögen beschrieb schon Plinius (n.h. 34, 27): Erhöhung über die übrigen Sterblichen; ihm diente auch ihr Reliefschmuck. Seit dem 4. Jh. verringerte sich die Zahl neuer Ehrenbögen (zur Statistik: Engemann, 980f.); selbst der Konstantinsbogen scheint bis auf die Attika hadrianisch zu sein (Gauer, 140, Nachtrag). Die Verwendung des T. vorbilds als Motiv der Würdearchitektur (z. B. Südvorhalle Qal' at Sem' ān) wurde im MA häufig weitergeführt (z. B. Westfassaden von Kathedralen seit dem 13. Jh.).

[2] Der LP berichtet, →Paschalis I. habe in S. Prassede außer der →Apsis auch den T. (arcum triumphalem) mosaiziert (Mosaiken: Wisskirchen). Mit dem Grundriß von Alt-St. Peter (Krautheimer) übernahm der Papst auch den Brauch, in Querschiff-Basiliken außer Apsis und Apsisstirnwand auch den Mittelschiffsbogen vor dem Querschiff im Mosaikschmuck bes. zu betonen. Allerdings sind als frühchr. Beispiele nur St. Peter und St. Paul (Dekor Leos I.: Waetzold, 64, Kat.-Nr. 835) gesichert; die Zeitstellung des Querschiffs in S. Francesca Romana ist ungewiß, die Apsisvorderwände in S. Maria Magg. und S. Lorenzo wurden erst durch Zerstörung der urspüngl. Apsis im 13. Jh. zum T. J. Engemann

Lit.: EncArteAnt I, 588–599 – RAC XIV, 966–1047 [Herrscherbild; Engemann] – RE VIIA, 1, 373–493 – R. Krautheimer, The Carolingian Revival of Early Christian Architecture, ArtBull 24, 1942, 1ff. – W. Waetzold, Die Kopien des 17. Jh. ..., 1964 – F. W. Deichmann, Qalb Lōze und Qal' at Sem' ān, 1982 – S. De Maria, Gli archi onorari di Roma e dell'Italia Romana, 1988 – R. Wisskirchen, Das Mosaikprogramm von S. Prassede in Rom, 1990 – W. Gauer, Konstantin und die Geschichte (Panchaia, Fschr. K. Thraede, 1995), 131–140.

II. Mittelalter: Die röm. Vorbilder des Ehrenbogens zur Erinnerung an einen röm. Ks. oder Feldherrn, abgeleitet von der für Triumphe bestimmten porta triumphalis auf dem Marsfeld in Rom, bzw. die Vorhalle von St. Peter in Rom werden in karol. Zeit vereinzelt aufgenommen: Torhalle im Atrium des Reichskl. Lorsch (um 800), westlich vor der dreischiffigen ersten Kl.kirche in Corvey sowie der Einhardsbogen (Nachzeichnung des 17. Jh. Paris, BN Fr. 10440), Fuß eines Kreuzreliquiars für St. Servatius in Maastricht (815/830), aber auch den Brückentor von Capua, das →Friedrich II. errichten ließ. G. Binding

Lit.: Lex. der Kunst VII, 1995, 417–419 – C. A. Willemsen, Ks. Friedrichs II. Triumphtor zu Capua, 1953 – H. Belting, Der Einhardsbogen, ZK 36, 1973, 93–121 – K. Hauck, Das Einhardkreuz, 1974 – G. Binding, Die karol. Kg.shalle (Die Reichsabtei Lorsch, hg. F. Knöpp, 1977), 2, 273–297 – W. Jacobsen, Die Lorscher Torhalle (Jb. Zentralinst. für Kunstgesch. I, 1985), 9–75 – U. Lobbedey, Grabungsbefunde zur Baugesch. der Kunstwerke von Corvey und Freckenhorst (Kunst in Hessen und am Mittelrhein 32/33, 1992/93), 71–73.

Triumphkreuz, Bezeichnung für die meist plastische, n. der Alpen nur vereinzelt gemalte (Loccum; Schulpforta) Darstellung des Kruzifixes (→Kreuz, Kruzifix) vor dem Hochchor der ma. Kirche, häufig unter dem →Triumphbogen. Der Name ist vielleicht von dort entlehnt. Eine Aufstellung des Kreuzes als Siegeszeichen in Zusammenhang mit dem Kreuzaltar ist seit dem späten 9. Jh. verschiedentl. bezeugt (St. Galler Klosterplan). Die Position »in medio ecclesiae«, d. h. auf der Mittelachse des Kirchenraumes, wird erstmals für das Gero-Kreuz des Kölner Doms so genannt, der Bezug zum »lignum vitae in medio paradisi« wird in Schriften immer wieder hervorgehoben. Frühe T.e mit Nebenfiguren auf einem Balken sind aus dem England des 11. Jh. bekannt (Canterbury; Winchester); von hier auf den Kontinent übernommen, erschließbar in Nordfrankreich (Saint-Bertin), dann, gegen Ende des 12. Jh., in Braunschweig. T.gruppen aus dem 13. Jh. haben sich in alter Aufstellung v. a. in Mitteldtl. und Skandinavien erhalten; die ursprgl. reiche Tradition in England und Frankreich ist so gut wie ganz zerstört. Neben der Montierung auf einem Balken zw. den w. Vierungspfeilern (Halberstadt, Dom; Roskilde, Dom [erschlossen]; London, Westminster Abbey [aus Abb. bekannt]) ist auch die Aufstellung über einem Lettner möglich (Wechselburg). Dän. Kruzifixe waren z. T. im niedrigen Chorbogen auf den Fußboden gesetzt. Nach frühen, meist solitären Kreuzen wird die Kreuzigung oftmals in eine Gruppe mit Maria und Johannes eingebunden; als weitere Nebenfiguren kommen Engel (Braunschweig [erschlossen]; Halberstadt, Dom), Hl.e (Bücken) und später auch Stifter (Lübeck, Dom) vor. Die ikonograph. Aussage des T.es ergibt sich aus seiner Position zw. Laienraum und liturg. Chor. Durch Bezug auf den Kreuzaltar werden Meßopfer und Kreuzesopfer Christi in Parallele gesetzt. Weitere Aspekte der Erlösung sind häufig im T. selbst thematisiert: auferstehender Adam am Fuß des Kreuzes (Halberstadt; Wechselburg), Adam und Eva (Lübeck) werden aber auch im Bildprogramm des Lettners (Wechselburg) oder in Wandmalereien (Skandinavien) fortgesetzt und vertieft etwa durch atl. Typen von Messe und Kreuzigung. Bei Bestattungen vor dem Chor wird das T. in die Auferstehungshoffnung der Verstorbenen einbezogen und erscheint als Bild der Wiederkunft Christi am Jüngsten Tag (Braunschweig, Dom). K. Niehr

Lit.: LCI IV, 356–359 – P. H. Brieger, England's Contribution to the Origin and the Development of the Triumphal Cross, MSt 4, 1942, 85–96 – A. Groneman, Het Triomfkruis..., Fédération archéolog. et hist. de Belgique, 36e congrès 1956, 395–415 – R. Haussherr, T.gruppen der Stauferzeit (Staufer, 5, 1979), 131–168 – T. im Dom zu Lübeck, 1979 – E. Nyborg – V. Thomsen, Roskilde domkirkes triumfkrucifiks, Nationalmuseets arbejdsmark, 1983, 187–200 – R. Haussherr, Die T.gruppe der Stiftsskirche zu Bücken, Niederdt. Beitr. zur Kunstgesch. 26, 1987, 23–50 – E. Nyborg, Korbue, kruzifiks og bueretabel, Hikuin 14, 1988, 133–156 – K. Niehr, Die mitteldt. Skulptur der 1. Hälfte des 13. Jh., 1992.

Trivet, Nicholas → Trevet(h), Nicholas

Trivium → Artes liberales

Trivulzi(o), Gian Jacopo de' ('le Maréchal Trivulce', auch: 'Le Seigneur Jean Jacques'), Mailänder Heerführer, seit 1494 im Dienst des Kgr.es Frankreich, * 1448 in Mailand, † 5. Dez. 1518 in Arpajon; Sohn von Antonio und Francesca →Visconti, wurde erzogen mit Galeazzo Maria Sforza, Sohn von Francesco →Sforza, Hzg. v. Mailand. T. geriet in Konflikt mit dem Usurpator →Ludovico 'il Moro', als dessen Todfeind er 1494 zu →Karl VIII. v. Frankreich übertrat. Es gelang T., →Asti für Hzg. Ludwig v. Orléans zu halten. Dieser, 1498 Kg. geworden (→Ludwig XII.), ernannte T. zum →Maréchal de France, mit dem Auftrag der Eroberung des noch von Ludovico il Moro kontrollierten Hzm.s Mailand. T.s brutales Vorgehen trieb die Einwohner zum Aufstand. Das Mailänder Gebiet ging Frankreich verloren, wurde aber 1500 zurückerobert. T. diente auch weiterhin der frz. Monarchie (Schlachten: Agnadello, 1509; →Novara, 1513; →Marignano, 1515). – Seit 1480 im Besitz strateg. wichtiger Territorien an den Paßwegen →Graubündens (Gft. Misox), beteiligte sich T. im Rahmen des Grauen Bundes, dem er 1496 (zur Sicherung vor Angriffen Massimilianos, des Sohnes von Ludovico il Moro) beigetreten war, am →'Schwabenkrieg' der →Eidgenossen gegen →Maximilian I. (1499), stand aber später als Promotor der frz. Interessen in der Schweiz (1505 Geheimverhandlungen mit Jörg →Supersaxo) im Gegensatz zur habsburgfreundl. Partei der Eidgenossen (Kard. →Schiner), verlor nach der frz. Niederlage v. Novara die Gft. Misox an die Bündner (1513–16) und zog sich völlig nach Frankreich zurück. T., der die militär. Tüchtigkeit des 'Capitaine' mit der machtbewußten Attitüde des großen Adligen verband, war wegen seines Egoismus und seiner rücksichtlosen Erpressungen berüchtigt. L. Vissière

Lit.: M. KLEIN, Die Beziehungen des Marschalls G. G. T. zu den Eidgenossen und den Bündnern, 1939 – B. CEREGHINI, Contributi per una storia della dominazione francese di Luigi d'Orléans nel ducato di Milano (1499–1513), Squarci d'archivio sforzesco, 1981.

Troas (Alexandreia T.), in der Antike bedeutende Hafenstadt an der W-Küste der gleichnamigen Landschaft, jetzt die Ruinenstätte Eski Stambul. Die hellenist. (Neu-) Gründung wurde unter Augustus Kolonie und in der Folge prächtig ausgebaut. Einer vielleicht legendären Tradition zufolge (u. a. Sozomenos II 3; Zosimos II 30) soll →Konstantin d. Gr. seine neue Hauptstadt in der Nähe von T., oder, wegen der Nähe zu Ilion, das als eine der Wurzeln Roms angesehen wurde, weiter nördl. in der gleichnamigen Landschaft, geplant und bereits mit dem Bau begonnen haben, bevor er sich für Byzanz entschied. Die Einführung des Christentums in T. geht wahrscheinl. auf den Apostel →Paulus zurück, der hier dreimal Station machte. T. war Bm. seit der 1. Hälfte des 4. Jh. (Suffragan v. Kyzikos), scheint aber bald an Bedeutung verloren zu haben. – Die zeitweise für die des homer. Troja gehaltenen Ruinen haben seit ihrer Entdeckung im 16. Jh. viel von ihrer Pracht eingebüßt, da sie u. a. für osman. Bauten in Istanbul geplündert wurden. K. Belke

Lit.: RE I/1, 1396; VIIA/1, 583f. – V. SCHULTZE, Altchr. Städte und Landschaften, II/1, 1922, 384–390 – J. COOK, The Troad, 1973, 16–20, 158f., 198–204 – G. FEDALTO, Hierarchia Ecclesiastica Orientalis, I, 1988, 149.

Trobadors → Troubadours

Trobairitz. Mit dem Feminin von *trobaire/trobador* (→Troubadours) werden in den Hss., in denen die okzitan. Lyrik überliefert ist, sowie in den entsprechenden →Vidas etwa 20 Frauennamen gekennzeichnet, denen theoret. ebensoviele 'Dichterinnen« entsprechen müßten. Eine Verifizierung ihrer realen Existenz ist jedoch nicht in allen Fällen möglich. Trotz dieser Einschränkung und obgleich die den T. zugeschriebenen Texte nur 5% der gesamten überlieferten Troubadourdichtung ausmachen, stellen sie ein besonders wichtiges Moment in der ma. Lyrik dar, eben weil sie von Frauen und vom weibl. Blickwinkel aus verfaßt sind. Legt man einen strengen Maßstab an und begrenzt das Corpus auf Dichtungen, die hist. identifizierbaren Persönlichkeiten zugeschrieben werden können (A. RIEGER, 1991), reduziert sich die Anzahl auf etwa 50 (Canzonen, Tenzonen, →Saluts) von den 84 in den Hss. mit Frauennamen verbundenen Dichtungen.

Die älteste der T. (nur eine erhaltene Canzone) ist Azalaïs de Porcaraigues, Freundin und Korrespondentin von →Raimbaut d'Aurenga († 1173), der sie mit dem Pseudonym (*senhal*) »Joglar« ('Spielmann') bezeichnet. Ebenfalls nur eine Canzone ist von Bieiris de Romans und Clara d'Anduza überliefert. Jeweils vier Dichtungen umfaßt das Œuvre von Na Castelloza und der Comtessa de Dia, die wahrscheinl. mit →Raimbaut de Vaqueiras in lit. Korrespondenz stand (A. SAKARI). L. Rossi

Ed. und Lit.: D. ERNSHAW, The female Voice in Medieval Romance Lyrik, 1988 – W. D. PADEN, The Voice of the T.: Perspectives on the Women Troubadours, 1989 – A. RIEGER, T. Der Beitrag der Frau in der altokzitan. höf. Lyrik. Ed. des Gesamtkorpus, 1991 [mit Lit.] – K. STÄDLER, Altprov. Frauendichtung (1150–1250). Hist.-soziolog. Untersuchungen und Interpretationen, 1991 – A. CALLAHAN, The T. (French Women Writers: A Bio-bibliographical Source Book, hg. E. MARTIN SARTORI), 1991 – A. SAKARI, Qui étaient la comtesse de Die et son »amic«? (Estudis de linguistica i filologia offerts a A. BADIA I MARGARIT, 1996), 253–267.

Trobar clus ('verschlossen', d.h. also, schwierig einzudringen, dem Publikum schwer zugängl.), *trobar leu* (oder *plan*: 'leicht', 'eben') und *trobar prim* (*car* oder *ric*: 'subtil', 'preziös', 'selten'), Stilrichtungen der Troubadourdichtung (→Troubadours), über die einige der großen Dichter des 12. Jh. Polemiken führten. Die Debatte, die für die Gesch. der prov. Lyrik von eminenter Bedeutung ist, flammte kurz nach der Mitte des 12. Jh. unter den Anhängern des t. clus und jenen des t. leu auf, die sich die Vorrangstellung in der lyr. Dichtkunst streitig machten. →Peire d'Alvernhe beginnt den Disput mit seinem Lob des Dichters, der »motz ... serratz e clus« schreibt (»Be m'es plazen«, PC 323, 10), und rühmt sich mehrfach, der einzige zu sein, der Texte von höchster formaler Dichte verfassen könne. Schließl. konkretisiert sich der Streit in einer berühmten Tenzone (bei der die Standpunkte der beiden Troubadoure wahrscheinl. in iron. Weise vertauscht sind) zwischen →Raimbaut d'Aurenga und →Guiraut de Bornelh (»Ara. m platz, Guiraut de Borneill«, PC 389, 10a=242, 14). Characterist. für den t. clus ist die gesuchte und häufig gerühmte gedankl. 'Dunkelheit', die auch durch rhetor. Mittel, wie sie in den Rhetoriktraktaten empfohlen werden, erreicht wird; die Inhalte sind zumeist moralist. geprägt. Die wichtigsten Vertreter sind Peire d'Alvernhe und Guiraut de Bornelh, Berufsdichter bürgerl. Herkunft, denen in den alten Troubadourbiographien (→vidas und razos) der rhetor. und formale Primat unter den älteren T. Dichtern zugewiesen wird. Die Schule des t. leu ist hingegen deutlicher mit der Liebesdichtung verbunden, vermeidet aber auch komplexe, raffinierte Anspielungen auf antike und ma. Mythen nicht und wählt v. a. eine leichtverständl. Sprache, um dem Publikum zumindest den ersten Zugang nicht zu erschweren: daher der Vorwurf einer zu ausgeprägten 'Leichtigkeit' von seiten der Anhänger des t. clus. Gegen Ende des 12. Jh. zeichnete sich eine weitere Richtung ab, der v. a. von Raimbaut d'Aurenga beeinflußte t. car, der in →Arnaut Daniel seinen größten Vertreter fand. Er betonte die raffinierte Kühnheit der formalen Erfindungskraft bes. in metr. Hinsicht und die kunstvolle Reimqualität.

Die hier skizzierten Gegensätze können jedoch nur in allg. Sinn als gültig angesehen werden, nicht zuletzt wegen der Stilschwankungen, die bei verschiedenen Troubadours seit Guiraut de Bornelh anzutreffen sind. Viele Fragen werden heute in der Forsch. intensiv diskutiert, v. a. im Hinblick auf die Gegenüberstellung von t. clus und t. leu. Nicht abgeschlossen ist bes. die Diskussion um die Position von →Marcabru, dessen Wirken vor dem Aufflammen der Stil-Polemik liegt und der mit der Schule des t. clus in Verbindung gebracht wurde, ja sogar wegen seines dunklen Stils und der Härte und Seltenheit der verwendeten Reime als deren Initiator bezeichnet wurde. Die Schwierigkeit der Texte Marcabrus hängt aber eher mit der semant. Mehrdeutigkeit der Worte und dem breiten Rückgriff auf konnotationenreiche Jargon- und Dialektwörter zusammen (deretwegen man Marcabru als »realistischen« Dichter bezeichnet hat [APPEL, JEANROY]), als mit einer gewollten und gesuchten rhetor.-syntakt. Komplexität. In Zusammenhang mit der Marcabru zugewiesenen Stellung und Interpretation seines Œuvres im Vergleich zu den Werken anderer Moralisten (Peire d'Alvernha, Guiraut de Bornelh) wird die Beziehung zw. der Debatte über den Stil und derjenigen über die Beschaffenheit des lyr. Diskurses und der besungenen Liebesleidenschaft (fin'amor) diskutiert, ein anderer wichtiger Punkt der lit. Konfrontation um die Mitte des 12. Jh; insbes. wurde vorgeschlagen, die Möglichkeit einer engeren Beziehung zw. den Anhängern des t. leu und aristokrat. lit. Strömungen (Raimbaut d'Aurenga) in Betracht zu ziehen. Die Debatte scheint jedoch eher einzelne Troubadourpersönlichkeiten als eigentl. lit. Strömungen und Gruppierungen zu betreffen. U. a. hat sich →Bernart de Ventadorn, der größte Dichter der fin'amor, mit dem man heute die Idee des t. leu par excellence verbindet, nicht explizit in der Stilkontroverse engagiert.

Die Polemik zw. den Anhängern der verschiedenen Stile konzentriert sich auf die Zeit von Peire d'Alvernha und Raimbaut d'Aurenga († um 1173). Während sich die Tendenz nach stilist. und bes. metr. Gesuchtheit in der Troubadourlyrik durchsetzt (Peire →Vidal, Arnaut Daniel) und das ganze 13. Jh. lebendig bleibt, wird der dunkle Stil, häufig mit Konnotationen, die sich von Marcabru herleiten, ein typ. Kennzeichen der polem., satir. und sich mit Themen der Zeitpolitik befassenden Dichter.

S. Asperti

Lit.: U. MÖLK, T. clus – t. leu, 1968 – A. RONCAGLIA, »T. clus«: discussione aperta, Cultura neolatina 29, 1969, 5–55 – M. MANCINI, Recenti interpretazioni del t. clus, Studi di lett. francese 2, 1969, 241–259 – E. KÖHLER, »T. clus«: discussione aperta, Cultura neolatina 30, 1970, 300–314 – L. PATERSON, Troubadours and Eloquence, 1975 – C. DI GIROLAMO, »T. clus« e »t. leu«, MR VIII, 1981–83, 11–35 – J. GRUBER, Die Dialektik des T., 1983 – S. GAUNT, Troubadours and Irony, 1989.

Trochisci (von gr. τροχίσκος 'Rädchen'; lat. pastillus, rotulus), Zeltchen, Pastillen; neben den Pillen (→Catapotia) Vorläufer der heute gebräuchlichsten →Arzneiformen Tablette, Dragée und Kapsel. Die T. stellten zunächst allerdings nur eine Konservierungsform für eingedickte oder feuchte Drogenmassen dar, die getrocknet wurden und bei Bedarf beliebig weiterverarbeitet bzw. – ähnl. wie die →Collyria – durch Auflösen in einer Flüssigkeit v. a. äußerl., mitunter auch als Klistier angewendet werden konnten; in diesem Zusammenhang sind bes. die Vipern- und die Meerzwiebel-T. zu nennen, die für die Herstellung des →Theriak gesondert anzufertigen waren. Während das →Antidotarium Nicolai acht T.-Präparate anführt, verzeichnet z.B. das Arzneibuch des (Pseudo-)→Mesuë 38 diesbezügl. Rezepturen; nach dessen detaillierten Angaben sollten die Arzneistoffe mit konsistenzgebenden, vorwiegend pflanzl. Substanzen sowie mit Gewürzen zu einer Masse verarbeitet werden, aus der dann die T. zu formen waren, die indes nicht nur äußerl. angewendet, sondern teilweise – wie Pillen – auch eingenommen wurden. Das »Lumen apothecariorum« des →Quiricus de Augustis (1492) läßt hingegen die Drogen zunächst sehr fein pulvern und durch ein engmaschiges Seidennetz seihen, damit die Arzneikräfte besser zur Wirkung gelangen; außerdem kennt es spezielle Zeltchenformen sowie·Holzbretter, deren Höhlung mit einem Zeichen versehen war, so daß sich die T. abschließend siegeln ließen.

F.-J. Kuhlen

Lit.: H. M. WOLF, Das Lumen apothecariorum von Quiricus de Augustis (Diss. München 1973) – D. GOLTZ, Ma. Pharmazie und Med., VIGGPharm NF 44, 1976, 174–178 – U. HEUKEN, Der achte, neunte und zehnte Abschnitt des Antidotarium Mesuë in der Druckfassung Venedig 1561, QStGPharm 58, 1990.

Trogir (gr. Tragoúrion, lat. Tragurium, it. Traù), Stadt an der Adriaostküste, 25 km w. von Split, auf einer Insel zw. dem Festland und der Insel Čiovo. Im 3. Jh. v. Chr. von griech. Kolonisten aus Issa (Insel Vis) gegr., ist die Stadt bei röm. Autoren erwähnt; sie gehörte damals zum Territorium von→Salona. Bei→Konstantin VII. Porphyrogennetos in der Reihe der dalmatin. Städte (→Dalmatien) beschrieben, zahlte auch T. seit 878 das tributum pacis an den kroat. Herrscher. Trotz chr. Tradition seit der Spätantike und Zeugnissen von Sakralarchitektur seit dem 6. Jh. ist T. wahrscheinl. erst zw. 928 und 1000 Bm. geworden, zu dessen Diöz. später auch →Šibenik und die Zagora gehörten. 1105 gelangte T. unter ung.-kroat. Herrschaft (→Trogirer Privilegien). Um die Mitte des 12. Jh. trat an die Stelle des Priors der comes als Stadtoberhaupt; das Amt gelangte im 13. Jh. in die Hände von kroat. Magnaten. 1322 unterstellte sich die Stadt Venedig, nach ung.-kroat. und bosn. Herrschaft von 1358–1420 blieb T. bis 1797 unter Venedig. Viele ma. Bauwerke sind erhalten: St. Maria de Platea und St. Barbara (11. Jh.), Wohnhäuser (12. und 13. Jh.), die Kathedrale Hl. Lovrijenc mit dem Portal des →Radovan von 1240, Glockenturm mit Bauphasen 14.–17. Jh.

Ž. Rapanić

Lit.: EncJugosl VIII, s. v. – Enciklopedija likovnih umjetnosti IV, 1966, 453f. – Mogućnosti 27, 1980, vol. 11–12 – N. KLAIĆ, T. u srednjem vijeku, 1985 – L. STEINDORFF, Die Vita beati Iohannis Traguriensis als Q. zur Gesch. der dalmatin. Stadt T. im 12. Jh., SOF 47, 1988, 17–36 – Majstor Radovan i njegovo doba. Zbornik radova, ed. I. BABIĆ, 1994.

Trogirer Privilegien, Gruppe von Privilegien der ung.-kroat. Kg.e an Städte in →Dalmatien (→Stadt, M), formal in der Tradition dalmat. Eidversprechen. Als Kg. →Koloman 1105 die norddalmat. Städte unterwarf, beschwor er ihnen Frieden, freie Bf.swahl bei Bestätigung durch den Kg. und den Gebrauch des alten Rechtes; er versprach einen Hafenzoll. Erhalten ist nur das Formular für →Trogir in einer teils verfälschten, auf 1108 datierten Überlieferung aus dem 14. Jh.; das Recht auf Wahl des 'comes' als Stadtoberhaupt ist Interpolation. Die authentisch erhaltenen Eide des ven. Dogen Ordelaf Faledro (1116) für →Rab und →Zadar schlossen offensichtlich an nicht erhaltenen Eide Kolomans für diese Städte an; der

Eid Kolomans für Split ist aus der Chronik des →Toma v. Split zu erschließen. In der Erneuerung des Privilegs für Trogir 1242 durch →Béla IV. ist der Eid in das Formular der ung. Kg.surkunde integriert; hier entspricht das Recht auf Wahl des 'comes' den realen Verhältnissen. 1251 bestätigte Béla IV. eine ihm vorgelegte Fälschung, derzufolge →Stephan III. 1167 →Šibenik einen dem Trogirer Formular von 1108 nachgebildeten Eid abgelegt hatte.

L. Steindorff

Ed.: T. SMIČIKLAS, Cod. dipl. CDS II–IV, 1904–06 – GY. GYÖRFFY, Diplomata Hungarica antiquissima, I, 1992 [mit Komm.] – *Lit.:* M. KOSTRENČIĆ, Die Freiheiten der dalmat. Städte nach dem Urbild v. Trogir, 1931 – N. KLAIĆ, Još jednom o tzv. privilegijama trogirskog tipa, Istorijski časopis 20, 1973, 15–87 – L. STEINDORFF, Die dalmat. Städte im 12. Jh., 1984 – DERS., Privilegien als Ausdruck kommunaler Emanzipation, Grafenauerjev zbornik, 1996, 391–402.

Troia, it. Stadt und Bm. (Prov. Foggia). Nach dem Sieg über →Meles gründete der griech. Katepan Basileios →Boioannes um 1018 mit langob. Flüchtlingen aus dem Gebiet von Ariano unweit der Ruinen des antiken Aeca auf einer die Tavoliere-Ebene beherrschenden Anhöhe des daun. Sub-Apennin T. als Hauptort eines Festungsgürtels, der die byz. Prov. Italia nach NW abschirmte. Die mit einem großen Territorium ausgestattete Siedlung an der von Benevent nach Bari führenden Via Traiana erfüllte ihre Funktion 1022, als der Feldzug Ks. Heinrichs II. vor ihren Mauern scheiterte. Während Bf. Angelus noch 1041 gegen die Normannen fiel, unterwarf Hzg. →Robert Guiscard um 1066 T. endgültig der apul. Hzg.sgewalt. Der Wechsel unterbrach den durch die Besiedlung des Tavoliere begünstigten Aufstieg zum Vorort des n. Apulien halt. Die Päpste hielten 1093, 1115 und 1127 allg. Synoden in T. ab; Calixtus II. verkündete hier 1120 den Landfrieden für Süditalien. Nach dem Tode des letzten apul. Hzg.s Wilhelm war die von der Bürgerschaft unter Führung Bf. Wilhelms (1106–41) angestrebte polit. Autonomie von kurzer Dauer. Gegen Kg. Roger II. verbündete sich T. mit dessen Widersacher →Rainulf v. Alife, allerdings um den Preis der Zerstörung der Stadt i. J. 1133. In der Krise von 1189–90 trat T. auf die Seite Ks. Heinrichs VI. und Konstanzes. Nach 1209 optierten die Bürger für Ks. Otto IV. gegen Friedrich II. Da die Troianer 1229 dem vom Kreuzzug heimkehrenden Friedrich II. die Tore verschlossen, ließ dieser 1230 die Mauern schleifen und die Stadt entsiedeln. Das bis 1250 gültige mandatum exabitacionis Troie beschränkte trotz späterer Wiederaufbaus T. langfristig auf die Rolle einer Ackerbürgerstadt, da die von Friedrich II. in der gleichen Zeit als Hauptort Apuliens favorisierte Stadt →Foggia ihre zentralen Funktionen in der →Capitanata nicht mehr abgab.

Das gleichzeitig mit der Stadt gegründete lat. Bm. entzog der Katepan Boioannes im Bunde mit dem Papst der von den Langobarden beherrschten Kirchenprov. →Benevent durch eine Exemtion, die Alexander II. 1067 definitiv bestätigte. Die norm. Hzg.e statteten die Kirche reich aus und ermöglichten damit dem seit der Mitte des 11. Jh. überwiegend norm. Bf. zu Beginn des 12. Jh. den Bau einer Kathedrale, die mit ihrem architekton. Programm, ihren Bronzetüren und Inschriften das geistl.-polit. Sendungsbewußtsein der Bf.e verkündete. →Walter v. Pagliara († 1229/31), Bf. 1189–1200, gewann als lit. Kanzler eine das Bm. überschreitende Autorität, wie sie keinem seiner Nachfolger beschieden war. Die kirchl. Entwicklung überschattete seit 1170 der wiederholt aufbrechende Konflikt mit Foggia, wo Klerus und Bürger aus dem T. überflügelnden Wachstum den Anspruch auf kirchl. Autonomie ableiteten. Das von Innozenz III. 1212 als polit. Drohung gegen T. ins Auge gefaßte Bm. Foggia wurde jedoch erst 1855 neben dem nach wie vor exemten Bm. T. errichtet.

N. Kamp

Lit.: IP IX, 1962, 200–215 [Lit.] – W. HOLTZMANN, Der Katepan Boioannes und die kirchl. Organisation der Capitanata, NAG, Phil. hist. Kl. 1960, 19–39 – J. M. MARTIN, Les chartes de T. 'I, Cod. dipl. Pugliese 21, 1976 – M. DE SANTIS, La »civitas T.na« e la sua cattedrale 1976³ – E. KIRSTEN, T., RHMitt 23, 1981, 245–270 – J.-M. MARTIN, T. et son territoire au XIᵉ s., Vetera Christianorum 27, 1990, 175–201.

Trojadichtung

I. Spätantike – II. Mittellateinische Literatur – III. Romanische Literaturen – IV. Englische Literatur – V. Deutsche Literatur – VI. Byzantinische Literatur.

I. SPÄTANTIKE: Die Sage vom Trojan. Krieg ist im heidn. und christl. →Erziehungs- und Bildungswesen allgegenwärtig: An →Homer lernen griechische, an →Vergils Äneis röm. Kinder Lesen und Schreiben; Ausgaben mit wörtl. Übers. dienen der Erlernung der jeweils anderen Sprache. Höheren Rang haben die Ausarbeitung homer. Themen im Poetik- (z. B. GDF 26, 11–21) und →Rhetorik-Unterricht sowie →Glosse, →Kommentar und Paraphrase; höchsten Anspruch erheben gnost. und neuplaton. Deutungen. Ältere ep. (→Ilias Lat.) und trag. Fassungen (Sophokles, Euripides; Seneca) bleiben erhalten, lyr. (Stesichoros, und andere ep. (Kyklos) und trag. (Pacuvius, Accius) nicht. Der Wechsel des Ks.s nach →Konstantinopel mehrt im O, der Troja-Rom-Mythos (→Romidee) im W das Interesse.

Vor diesem Hintergrund entsteht die reiche T. der Zeit. Nur Erhaltenes sei genannt: [1] *Griechisch:* →Quintus, →Triphiodor, Kolluth (um 500: »Raub Helenas«) pflegen die Sage in Epen, →Agathias (Griech. →Anthologie 9, 152–155), Julian v. Ägypten (ebd. 16, 113), Leontios (ebd. 7, 149f.; – alle 6. Jh.) u. a. in Epigrammen, die sich häufig auf Bildwerke beziehen. Mythograph. Handbücher (Ps.-Apollodor: Epitome 3–5), Slg.en (Palaiphatos 16) und Inhaltsangaben (Proklos: Chrestomathie) geben das Handlungsgerüst. In der sog. Zweiten Sophistik bearbeiten den Stoff Philostrat (3. Jh.) in dem Dialog »Heroikos«, →Libanios, (Ps.-)Nikolaos v. Myra (5. Jh.), →Chorikios u. a. in Schul- und Prunkreden, ein anderer Philostrat (3. Jh.) in Bildbeschreibungen.

[2] *Lateinisch:* Auch hier findet sich die Sage in Epos (→Dracontius: »Raub Helenas«; →Mavortius: »Urteil des Paris«) und Epigramm (Lat. →Anthologie 40 u. ö.); scherzhaft ebd. 222; auf eine Pantomime ebd. 310; →Ausonius 13, 1–26) – wer Troja nicht besingt, weist eigens darauf hin: →Sidonius carm. 9, 117–167 –, in mythograph. Slg.en (Ps.-→Hyginus fab. 89–115; →Fulgentius myth. 2, 1) und rhetor. Übungen (z. B. →Ennodius dict.). Nach griech. Vorlagen sind die ps.-hist. 'Romane' des →Dictys und des →Dares und vermutl. die Urfassung des romanhaften »Excidium Troiae« (4./6. Jh.) geschrieben.   U. Dubielzig

Ed. [soweit nicht zu den Einzelartikeln vermerkt]: E. HEITSCH, Die gr. Dichterfrgm.e der röm. Ks.zeit, I, 1963² [GDF] – *Kolluth:* E. LIVREA, 1968 [it. Übers., Komm.] – P. ORSINI, 1972 [frz. Übers., Anm.] – O. SCHÖNBERGER, 1993 [dt. Übers., Anm.] – *Ps.-Apollodor:* R. WAGNER, 1894 – J. G. FRAZER, 2 Bde, 1921 [engl. Übers., Anm.] – *Palaiphatos:* N. FESTA, 1902 – *Proklos, Chr.:* T. W. ALLEN, Homeri opera V, 1946², 93–109 – *Philostrat, Her.:* L. DE LANNOY, 1977 – *(Ps.-)Nikolaos:* C. WALZ, Rhetores Gr. I, 1832, 263–420 – *Philostrat, Eikones:* C. L. KAYSER, 1853², 379–449 – O. SCHÖNBERGER, 1968 [dt. Übers., Erläuterungen] – *Ausonius:* R. P. H. GREEN, 1991 – *Ps.-Hygin:* P. K. MARSHALL, 1993 – *Excidium Tr.:* E. B. ATWOOD – V. K. WHITAKER, 1944 – A. K. BATE, 1986 – *Lit. [allg.]:* E. ZELLWEKER, Troia. Drei Jahrtausende des Ruhms, 1947 – C. VELLAY, Les Légendes du Cycle troyen, o. J. [1958] – M. R. SCHERER, The Legends of Troy in Art and Lit., 1963 – E. FRENZEL, Stoffe der Weltlit., 1988⁷, 762–767 – *[zu Gestalten]:* LIMC – W. B. STANFORD, The Ulysses Theme, 1963 – H. HOMEYER, Die spartan. Helena und der Trojan. Krieg, 1977 – K. C. KING, Achilles, 1987 – *[zu Texten]*: S. MERKLE, Die Ephemeris belli Troiani des Diktys v. Kreta, 1989 – A. BESCHORNER, Unters. zu Dares Phrygius, 1992.

II. MITTELLATEINISCHE LITERATUR: Die Rezeption der Erzählungen vom Trojanischen Krieg, die im MA als Teil des lat. Bildungsgutes der Antike stets präsent waren, ist in zwei Schüben erfolgt: In der Historiographie verknüpft man seit dem Chronicon →Fredegarii (7. Jh.) nach röm. Vorbild den Ursprung von Völkern (Franken, Briten, Normannen) und Dynastien (z. B. Karolinger) mit Flüchtlingen aus Troja, legitimiert so genealog. den Anspruch auf Herrschaft v. a. in Chroniken bis zum 16. Jh., selten in Dichtungen wie dem »Carmen de origine gentis Francorum« für Karl d. Kahlen (MGH PP II, 141–145). Die eigtl. literarische, über Anspielungen hinausgehende Aneignung des Troja-Stoffs setzt erst im 11. Jh. ein, fächert sich dann auf je nach Verfasser-Intention, Quellenbenutzung, Versart und Publikumsgeschmack.

Zunächst suchen die Dichter bekannte Szenen formal und inhaltl. umzugestalten oder zu ergänzen: So wird Hektors Tod nicht im Epitaph, sondern in zwei rhythm. 'Planctus' neu motiviert (DRONKE, 1988); Deidamia schreibt als Ehefrau an Achilles in gereimten Distichen eine Kontrastimitation zu Ovids Briseis-Brief (STOHLMANN, 1973); →Balderich v. Bourgueil deutet die Beziehung Helena-Paris in seinem Hexameter-Briefpaar als *fatum*, nicht *amor* (Carm. 7/8, HILBERT, 1979); →Gottfried v. Reims referiert im Traum-Gedicht (vor 1085) als erster Poet den Inhalt der ganzen Troja-Geschichte (13 Distichen) und schildert daraus im Versdialog mit seiner Muse Calliope drei Bildszenen, die ihr Kleid zieren (erhalten 212 gereimte Hexameter: BOUTEMY, 1947, 350f., 358ff.).

Um 1100 entsteht der anonyme Planctus »Pergama flere volo« (CB 101), der Helena die Schuld an Trojas Fall gibt; er findet mit seinen vierfach gereimten Distichen ('Unisoni') Anklang und wird nachgeahmt, u. a. von Peter v. Saintes (um 1137), der seinem Gedicht »Viribus, arte, minis« einen Äneas-Teil anfügt wie auch der Verfasser des Liedes »Fervet amore Paris« (CB 102), und von →Hugo Primas v. Orléans, der im Carm. IX einen Griechen angesichts des wüsten Troja trauern läßt. Dagegen dichtet →Simon Aurea Capra seine »Ylias« (mit Äneas-Teil) bewußt in reimlosen Distichen, wirft Paris mangelndes Rittertum vor, kürzt Vergil nach Maßgabe der *brevitas* und erreicht doch in der letzten Version nahezu ep. Umfang (994 vv.).

Um die Mitte des 12. Jh. kommt es in der T. zu einem folgenreichen Wechsel der Vorlagen: Statt Vergil, Ovid, »Ilias Latina« u. a. benutzt man nun die spätantiken Berichte des »Excidium Troiae« und der angebl. Augenzeugen →Dictys Cretensis bzw. →Dares Phrygius; bes. dessen »Kriegstagebuch« (in der Version mit dem Dictys-Auszug über das Schicksal der Sieger und Flüchtlinge, z. B. St. Gallen cod. 197) gilt, auch in seiner versifizierten Fassung (918 Hexam., STOHLMANN, 1968), gegenüber den *figmenta poetarum* als die 'wahre' Geschichte Trojas. Die exakte Angabe von Daten ohne mytholog. Beiwerk und die Kurzcharakteristiken der Personen in Dares' dürrer Prosa lassen für dichter. Phantasie jeden Freiraum, den als erster →Benoît v. Ste-Maure nach 1160 in seinem »Roman de Troie« mit Ritter-Kämpfen und Liebesgeschichten genrebildend füllt (s. Abschnitt II). Erst 1190 veröffentlicht der Engländer →Joseph Iscanus die höchst artifizielle, der Kommentierung bedürfende »Frigii Daretis Ylias« (5 Bücher, 3673 Hexameter), und 1249 vereint der dt. Franziskaner →Albert v. Stade nochmals alles Wissen über Troja cento-artig im »Troilus« (6 Bücher, 2657 Distichen)

– beide lat. Epen sind die späte und einzige, kaum nachwirkende Antwort auf Benoîts volkssprachl. Ritter-Epos. Erst dessen Übersetzung in novellist. lat. Prosa durch →Guido de Columnis (1287) gibt der Verbreitung der Erzählungen vom Trojanischen Krieg in ganz Europa einen neuen entscheidenden Anstoß.   J. Stohlmann

Ed. und Lit.: A. BOUTEMY, Le poème »Pergama flere volo« et ses imitateurs du XIIe s., Latomus 5, 1946, 233–244 – DERS., Trois œuvres inéd. de Godefroid de Reims, RMA 3, 1947, 335–366 – M. R. SCHERER, The Legends of Troy in Art and Lit., 1963 – Anonymi Historia Troyana Daretis Frigii, ed. J. STOHLMANN, 1968 – L. GOMPF, »Figmenta poetarum« (Lit. und Sprache im europ. MA [Fschr. K. LANGOSCH, ed. A. ÖNNERFORS, J. RATHOFER, F. WAGNER, 1973]), 53–62 – J. STOHLMANN, »Deidamia Achilli«, ebd., 195–231 – H. HOMEYER, Die spartan. Helena und der Trojan. Krieg. Wandlungen und Wanderungen eines Sagenkreises vom Altertum bis zur Gegenwart, 1977 – A. LINDER, Ex mala parentela bona sequi seu oriri non potest: The Troyan Ancestry of the Kings of France and the 'Opus Davidicum' of Johannes Angelus de Legonissa (Bibl. de l'Humanisme et de Renaissance 40, 1978), 497–512 – Balderich v. Bourgueil, Carmina, ed. K. H. HILBERT, 1979 – H. HOMEYER, Beobachtungen zum Weiterleben der trojan. Abstammungs- und Gründungssagen im MA, Res Publica Litterarum 5, 1982, 93–124 – Excidium Troiae, ed. A. K. BATE (Lat. Sprache und Lit. des MA, ed. A. ÖNNERFORS, 23, 1986) – M. J. EHRHART, The Judgement of the Trojan Prince Paris in Medieval Lit., 1987 – P. DRONKE, Hector in Eleventh-Cent. Latin Lyrics (Scire litteras, ed. S. KRÄMER – M. BERNHARD, 1988), 137–148 – F. GRAUS, Troja und trojan. Herkunftssagen im MA (Kontinuität und Transformation der Antike im MA, hg. W. ERZGRÄBER, 1989, 25–43) – CH. RATKOWITSCH, Balderich v. Bourgueil, ein Dichter der 'inneren Emigration', MJb 22, 1987 (ersch. 1989), 142–165 – Le premier mythographe du Vatican, ed. N. ZORZETTI, 1995.

III. ROMANISCHE LITERATUREN: Standen die episod. lat. Trojagedichte der ersten Hälfte des 12. Jh. noch ganz im Banne der Aemulatio von Vergil und Ovid, so lenkte die Rezeption des →Dares Phrygius sowohl die lat. als auch die volkssprachl. T. in völlig neue Bahnen. Der für das gesamte restl. MA grundlegende Text ist der »Roman de Troie« von →Benoît de Sainte-Maure (um 1160). Mit Dares erzählt Benoît die Vorgesch., nämlich die Gewinnung des Goldenen Vlieses. Das bedeutet, daß nicht mehr der Raub der Helena, sondern die Bestrafung Laomedons, der den Argonauten die Landung vor Troja verweigert hatte, den Ursprung des trojan. Krieges bildet. Benoît ergänzt seine Q. mit der trag. Liebesgesch. der Medea. Der »Roman de Troie« ist reich an weiteren Frauenfiguren, von denen Briseida, eine Erfindung von Benoît, über →Boccaccio und →Chaucer bis in die NZ außerhalb der eigtl. T. immer wieder fasziniert hat. Der »Roman de Troie« ist ein Buch über die weibl. und männl. Leidenschaften. Krieg und Zerstörung sind jedoch die Folge der männl. Leidenschaften. Auch wenn das Geschehen als Historia zu lesen ist, ist der Text ein Roman, der keinerlei Bezug nimmt auf die →Trojaner-Abstammung. Für den Schluß, die Heimfahrt der Griechen, greift Benoît auf →Dictys zurück, dessen dürres 6. Buch mit deutlichen Reminiszenzen an die Odyssee und die griech. Tragiker für den ma. Autor allerdings poet. noch nicht faßbar wurde. Im 13. Jh. wurde der »Roman de Troie« viermal in Prosa umgearbeitet, von denen nur eine Fassung, Prosa 4, in Frankreich entstanden ist. Die älteste frz. Prosafassung, Prosa 1, wurde in →Morea geschrieben; sie schließt mit einer Restauratio der Troas durch Hektors Sohn Landomata. Prosa 1 fand erst im 15. Jh. in Frankreich größere Verbreitung. Die übrigen Prosaversionen entstanden alle in Italien: Prosa 2 in Norditalien, Prosa 3 in Mittelitalien und die lat. Fassung von →Guido de Columnis (11. G.) in Süditalien. Zu Beginn des 14. Jh. wurde in Neapel eine weitere frz. Prosafassung, Prosa 5, in die →Histoire ancienne eingefügt, wo sie die frz. Dares-Übers. ersetzte. Die reich illustrierte napoletan. Hs. gelangte um 1380 nach Paris, wo sie einen starken Einfluß ausübte. Dieser Prozeß bedeutet v. a. zweierlei: Mit Guidos »Historia destructionis Troiae« setzte eine neue europ. Rezeptionswelle ein, wurde doch Guidos Text in sehr viele Sprachen übersetzt; in Frankreich sind fünf Übers.en entstanden. Zum zweiten bildet die Einfügung einer Prosafassung in die »Histoire ancienne« eine Übernahme der T. in Gesch.swerke. Im 15. Jh. kommt in Frankreich die Dichtung wieder zum Zug, allerdings in bes. Formen: Mit seiner sich an Guido anlehnenden dramat. Bearbeitung kreiert Jacques →Milet das erste profane und antike Theaterstück Frankreichs, während ein Anonymus den Stoff nach Benoît als populäres Vortragsstück gestaltet. – In Italien wurde die frz. T. zunächst direkt rezipiert: Im 14. Jh. entstanden in N- und Mittelitalien mindestens acht Hss. des »Roman de Troie«, von denen die meisten reich illustriert sind, vier ven. Versübers. ist nur in Fragmenten erhalten. Die übrigen it. Übers.en sind alle in Prosa geschrieben. Noch ins 13. Jh. ist die toskan. Übers. von Prosa 3 anzusetzen (»Istorietta troiana«, 2. Hss.); 1312 übersetzte Binduccio dello Scelto Prosa 2 (1 Hs.). Später finden sich Übers.en von Teilen der frz. Prosa 1 (mit »Landomata«), vermischt mit it. Übers.en von Guido de Columnis (4 Hss., wovon 2 den Text von Ceffi benutzen). Die »Volgarizzamenti« der lat. Fassung von Guido sind zahlreich, doch waren sie, mit Ausnahme desjenigen des Florentiner Notars Filippo Ceffi (1324, ca. 23 Hss.) nicht sehr verbreitet. 1333 Übers. des Pistoiesen Mazzeo Bellebuoni (2 Hss.), weitere anonyme Übers.en meistens in nur einer Hs. (2 Hss. für die napoletan. Version), z. T. mit Erweiterungen, etwa in einer ven. Fassung (Hs. Laur. Med. Palat. 153, 15. Jh.), die nicht nur die frz. Prosa 1 und die »Histoire ancienne«, sondern auch das »Excidium Troiae« verwendet und eine Prosafassung des franko-it. »Hector et Hercule« einschiebt. Ein toskan. Anonymus ergänzt seine Guido-Übers. mit Zusätzen, z. B. Rache der Medea (7 Hss.). Nach Benzo v. Alessandria wurden auf Straßen und Plätzen am Anfang des 14. Jh. T.en noch auf Frz. vorgetragen, doch fanden wenig später Trojastoffe Eingang in die populäre T. Versdichtung der →Cantari, etwa im »Troiano« des Domenico da Montichiello. Die Cantari bilden ein nicht zu unterschätzendes Gegenstück zu den eher gelehrten hist. Prosafassungen. – Auf der iber. Halbinsel fand die frz. T. keine große Verbreitung, doch ist sie im 14. Jh. mit gewichtigen Textzeugen vertreten, die für den Hochadel angefertigt wurden. Von einer verlorenen ptg. Übers des »Roman de Troie« wurde 1350 für →Alfons XI. (16. A.) eine kast. Übers. fertiggestellt (Hs. Escorial H. j. 6 mit 70 Miniaturen), auf der die ptg. »Crónica Troyana« basiert (1 Hs.). Weiter ist eine zweisprachige Fassung erhalten (kast. und ptg. Teil; 1 Hs.) sowie eine mit Verspartien durchsetzte unvollständige kast. Prosaversion des »Roman de Troie« (2 Hss.). Guido de Columnis wurde zweimal ins Kast. übersetzt (Anonymus, Ende 14. Jh.; 1443 Pedro de Chinchilla), 1367 katal. Version von Jacme Conesa, Ende 14. Jh. aragones. Version für Juan →Fernández de Heredia. Guido wird auch in den »Sumas de historia troyana« eines gewissen Leomarte benutzt (2 Hss.), doch enthält seine Trojagesch., die auch Raoul →Lefèvre bekannt war, zahlreiche eigenständige Zusätze. Im 15. Jh. erhält die Trojalegende in Kastilien neue Impulse: Um 1442 übersetzt →Juan de Mena die →»Ilias latina«, und am Ende des Jh. verfaßt Pedro González de Mendoza eine kast. Version der lat. Teilübers. der homer. »Ilias« von Pier Candido →Decembrio. In den Cancioneros des 15. und 16. Jh. finden sich zahlreiche kürzere Gedichte mit trojan. Stoffen (Jason, Paris, Helena, Menelaus, Achilles, Polyxena, Hekuba). Es handelt sich hier gleichsam um das volkssprachl. poet. Pendant zu den kleinen lat. Trojagedichten des 12. Jh., die der Dares-Rezeption vorangegangen sind. M.-R. Jung

Ed.: Frz.: Benoît de Sainte-Maure, Le Roman de Troie, ed. L. CONSTANS, 6 Bde, 1904-12 – Le Roman de Troie en prose, ed. L. CONSTANS-E. FARAL, 1922 [Prosa 1, 1. Teil] – Le Roman de Troie en prose, ed. F. VIELLIARD, 1979 [Prosa 4] – Dares-Übers. in der Hist. ancienne, ed. M.-R. JUNG, 1996 – *It.*: Ven. Frgmt. der Übers. v. Benoît, ed. G. BERTONI, Romania 39, 1910; 44, 1915 – [Filippo Ceffi] Storia della Guerra di Troia, ed. M. DELLO RUSSO, 1868 – Istorietta trojana (A. SCHIAFFINI, Testi fiorentini del Dugento e dei primi del Trecento, 1926), 151-184 – Libro de la destructione de Troia. Volgarizzamento napoletano trecentesco da Guido delle colonne, ed. N. DE BLASI, 1986 [dazu P. PARADISI, Rivista di Lett. It. 5, 1987, 341-349] – *Span.*: Leomarte, Sumas de historia troyana, ed. A. REY, 1932 – Historia troyana en prosa y verso, ed. R. MENÉNDEZ PIDAL, 1934 – Juan de Mena, La Yliada en romance, ed. M. DE RIQUER, 1949 – Coronica Troyana, ed. F. P. NORRIS, 1970 (span. Guido-Übers.) – Historia troyana, ed. K. M. PARKER, 1975 – La versión de Alfonso XI del Roman de Troie, ed. K. M. PARKER, 1977 – *Katal.*: Jacme Conesa, Histories troyanes, ed. R. MIGUEL Y PLANAS, 1917 [Guido-Übers.] – *Ptg.*: Crónica troiana, ed. R. LORENZO, 1985 – *Lit.*: →Benoît de Sainte-Maure – →Guido de Columnis – GRLMA IV/2 n° 264, Hist. troyana; X/2 it. Übers.: n° 7050 Istorietta troiana, 7055 Binduccio dello Scelto, 7120 Filippo Ceffi, 7125 Matteo Bellebuoni – DLI II, 63-66 – DLFMA², 139-141 – Kindlers Neues Lit.lex. 19, 1992, 682-684 – E. GORRA, Testi ined. di storia trojana, 1887 [mit zahlreichen Teiled. it. Texte; dazu H. MORF, Romania 21, 1892, 18-38; 24, 1895, 88-107, 174-196] – A. G. SOLALINDE, Las versiones españolas del Roman de Troie, RFE, 3, 1916, 121-165 – A. REY-A. G. SOLALINDE, Ensayo de una Bibliografía de las Leyendas Troyanas en la Literatura Española, 1942 – Troie au MA, Bien Dire et Bien Aprandre 10, 1992 [verschiedene Autoren] – M.-R. JUNG, La légende de Troie en France au MA, 1996 [Recensio aller frz. Fassungen, Bibliogr. der Lit.].

IV. ENGLISCHE LITERATUR: Der Trojastoff war dem ma. England aus einer Reihe von klass. und ps.klass. Texten (Ovid, Vergil, dem »Excidium Troiae«, Dictys Cretensis, Dares Phrygius) bekannt, v. a. jedoch durch →Benoît de Sainte-Maures »Roman de Troie« und dessen lat. Übers. »Historia Destructionis Troiae« durch Guido delle →Colonne. Auf sie gehen die wichtigsten me. T.en zurück, soweit sie den gesamten Verlauf der Belagerung und Zerstörung Trojas darstellen. In ihnen wird der Untergang Trojas als von Augenzeugen überliefertes, hist. Ereignis gesehen, als Dichtung für das zeitgenöss. Publikum in die Volkssprache übertragen. Drei Versionen aus der 1. Hälfte des 15. Jh. sind überliefert: »The Gest Hystoriale of the Destruction of Troy« (ca. 1400) übersetzt die »Historia« in über 14000 alliterierenden Langzeilen (→Alliteration, C), wobei der Dichter sich eng an den lat. Text hält, sich zugleich aber auch einer poet. überhöhten Formensprache bedient. In freierer und volkstümlicherer Form adaptiert »The Laud Troy Book« (ca. 1400) den Stoff in über 18000 paarweise gereimten Vierhebern und wendet sich dabei ausdrückl. an ein möglichst breites Publikum, dem die Kämpfe um Troja als Krönung aller ritterl. Heldentaten angepriesen werden. John →Lydgates »The Troy Book« (1412-20) breitet den Stoff gelehrt und moralisierend in mehr als 30000 paarweise gereimten fünfhebigen Zeilen aus. Lydgate preist Guido als zuverlässigen Gesch.sschreiber und als Meister rhetor. Eloquenz, reichert seine Vorlage jedoch durch zahlreiche Lesefrüchte an, v. a. aus →Chaucer. Neben den Kompilationen nach Guido entstand eine Reihe kürzerer Versionen und Fragmente, namentl. das populäre und kunstlose Gedicht »The Seege of Troye« (ca. 1300-25), das den Gegenstand in 2000 Zeilen als Kurzromanze zusammenfaßt. Daneben lebt der Stoff in zahlreichen Verweisen, v. a. im Hinblick auf die oft zitierte Sage von der Gründung Britanniens durch Brutus.

Eine bes. Stellung nimmt die erst bei Benoît eingefügte Erzählung von Troilus und Cressida ein: Chaucers Versroman »Troilus and Criseyde« (1385-90) beschreibt in fünf Büchern die Gesch. der Liebe zw. dem Trojanerprinzen und der Tochter des Calchas als Beispiel für die Unzuverlässigkeit der Fortuna, die Fragwürdigkeit der Überlieferung und die Verantwortung des Dichters. Es ist die bedeutendste erzählende Dichtung des engl. MA. Auf sie geht wiederum Robert →Henrysons mittelschott. Gedicht »The Testament of Cresseid« (c. 1460-80) zurück, das sich als korrigierende Fortsetzung ausgibt; es wurde im 16. Jh. in Gesamtausg.n der Werke Chaucers aufgenommen (zuerst 1532). D. Mehl

Bibliogr.: Manual ME i. I. 1967 - *Lit.*: C. D. Benson, The Hist. of Troy in ME Lit., 1980 - W. R. J. Barron, English Medieval Romance, 1987 - The European Tragedy of Troilus, hg. P. Boitani, 1989 - B. Nolan, Chaucer and the Tradition of the Roman Antique, 1992 - B. Windeatt, Troilus and Criseyde. Oxford Guides to Chaucer, 1995.

V. Deutsche Literatur: Die dt. T. des MA beginnt als Rezeption des »Roman de Troie« von →Benoît de Sainte-Maure und steht so zunächst in der ps.-historiograph. →Dares-/→Dictys-Tradition mit der Argonautenhandlung als Vorgesch. und den Schicksalen der griech. Sieger als Nachgesch. des Trojan. Krieges. Das um 1195 im Auftrag →Hermanns I. v. Thüringen als Vorgeschichte zum »Eneas« des →Heinrich v. Veldeke entstandene »Liet von Troye« →Herborts v. Fritzlar nimmt - in knappem, eher historiograph. Erzählduktus - Benoîts höf.-romanhafte Züge zugunsten der Faktizität der Ereignisse teilweise zurück; Achill wird aufgewertet, die Hector-Achill-Polarität herausgestellt; dem Krieg steht Herbort christlich-distanziert gegenüber. Wirkungsmächtig wird →Konrads v. Würzburg »Trojanerkrieg« (entstanden 1281/87 in Basel, unvollendet, 33 Textzeugen), der neben Benoît lat. Q. vor allem aus der klass. Tradition des Trojastoffs heranzieht (→Ovid, →Statius, →»Excidium Troiae«, →»Ilias latina«, →Vergil u. a.) und selbst zu einer Hauptquelle der späteren dt. T. wird. Konrad erzählt eine musterhaft durchstrukturierte Summe der überlieferten Geschichten von Troja, verzichtet dabei weitgehend auf Parteinahme, stellt Trojas Untergang unter die Deutungsperspektive eines unausweichl. Verhängnisses und gestaltet den Trojan. Krieg als Wortkunstwerk ohnegleichen. Die anonyme »Trojanerkriegs-Fortsetzung« (Ende 13. Jh.) führt Konrads Torso nach Dictys und Dares unromanhaft und mit eher progriech. Tendenz zu Ende.

Die folgenden T. en greifen meist auf Konrad und/oder auf lat. Q. zurück, so wahrscheinl. die drei anderen gereimten T. en vom Ende des 13. Jh.: der Antikes arthurisierende, tradierte Fakten verdrehende »Göttweiger →Trojanerkrieg«, der schwankhafte Trojanerkrieg in der »Weltchronik« des Wieners Jans →Enikel und der »Basler Trojanerkrieg«, eine auf Konrad und »Göttweiger Trojanerkrieg« beruhende Kurzfassung. Einige Hss. der »Erweiterten Christherrechronik« (→Christherrechronik) und des sog. →Heinrich v. München (14. Jh.) enthalten eine Kompilation aus Konrad, »Göttweiger Trojanerkrieg« und Jans Enikel. Seit dem Ende des 14. Jh. entstehen Trojaprosen, konzentriert auf das Faktische und teilweise mit moralisierender Tendenz, teils nach Konrad (»Elsäss. Trojabuch« [»Buch v. Troja I«], vor 1386; »Buch v. Troja II«, Mitte 15. Jh.; beide mit zusätzl. Q., u. a. Guido), teils nach der lat. Benoît-Übertragung Guidos de Columnis (Hans Mair v. Nördlingen, Heinrich Gutevrunt, mehrere anonyme Übersetzungen). Ulrich →Fuetrers »Buch der Abenteuer« (Ende 15. Jh.) enthält einen stroph. Trojanerkrieg nach Konrad und dem »Buch v. Troja II«.

Im 16. Jh. werden Dares und Dictys neu übers. (Marcus Tatius Alpinus, 1536; Johannes Herold, 1554; Caspar Adam Moser, 1564); mit Simon Schaidenreissers Übersetzung der »Odyssee« (1537) und den »Ilias«-Übers. en von Johann Baptista Rexius (1584) und Johannes Spreng (gest. 1601) beginnt die dt. Homerrezeption. E. Lienert

Lit.: H. Brunner, Die dt. Trojalit. des MA und der Frühen NZ, Materialien und Unters.en, 1990 [Ed., Lit.] - P. Fochler, Fiktion als Historie. Der Trojan. Krieg in der dt. Lit. des 16. Jh., 1990 - H. Fromm, Herbort v. Fritslar, PBB 115, 1993, 244-278 - E. Lienert, Gesch. und Erzählen. Stud. zu Konrads v. Würzburg »Trojanerkrieg«, 1996.

Zur mittelniederländischen Literatur →Jakob van Maerlant (23. J.).

VI. Byzantinische Literatur: Ausgangspunkt ist der →Dictys zugeschriebene griech. Trojaroman - erhalten in zwei Papyrusfragmenten und der lat. Übersetzung des Lucius Septimius -, der im wesentl. die Geschehnisse vor und nach der Belagerung aus griech. Sicht schildert. Unmittelbar aus der griech. Quelle schöpfen - unabhängig voneinander - die Chronisten →Johannes Malalas (140. J.) und →Johannes v. Antiocheia (63. J.), beide 6. Jh. Die Erzählung des Malalas wird von der anonymen Ἐκλογὴ Ἱστοριῶν (dat. 886, ed. J. A. Cramer, Anecdota graeca parisiensia II, 1839) und von →Kedrenos (11./12. Jh.) übernommen. Im 12. Jh. wird das von den Chronisten überlieferte Material von Johannes →Tzetzes (v. a. Allegoriae in Iliadem, ed. J. Boissonade, 1851) und von Konstantinos →Manasses (Χρονικὴ Σύνοψις, ed. I. Bekker, 1837) verwendet. Auf Verlangen des Despoten v. Epiros, Johannes II. Komnenos Angelo-Dukas (1323-35), und seiner Gemahlin Anna verfaßte Konstantinos Hermoniakos in halbgelehrter Sprache eine »Ilias« in 8799 Achtsilbern (ed. E. Legrand, 1890); als Q. benutzte er dabei Manasses, Tzetzes und die homer. Ilias, letztere wahrscheinlich in einer mit Scholien versehenen Ausgabe. Weniger klar ist die Herleitung der - ebenfalls dem griech. Umfeld entstammenden - anonymen »Ilias byzantina« (ed. L. Norgaard-O. L. Smith, 1975), die in einer Hs. aus dem 16. Jh. überliefert ist: In 1166 polit. Versen werden die Geschichten von Paris und Achilles mit vielen Anachronismen und phantast. Zusätzen erzählt. Indirekte Quellen sind vornehml. Manasses und Tzetzes, aber auch andere Q. sind nicht auszuschließen. Parallelen finden sich zu der Prosaerzählung, die unter dem Namen des Isaak Porphyrogennetos läuft (12. Jh., ed. J. F. Kindstrand, 1979). In der »Achilleis« (drei Redaktionen: N, ed. D. C. Hesseling, 1919; L, ed. B. Haag, 1919; O, ed. O. L. Smith, 1990) hat der Held nichts Homerisches an sich; in der Redaktion N ist der Schluß jedoch durch Anfügung der Erzählung vom Tode des Achilles, analog dem Bericht in der »Ilias byzantina« und vielleicht von einem gemeinsamen Vorbild abhängig, dem homer. Stoffkreis wieder angenähert. Hermoniakos ist die Q. der »Ilias« des Nikolaos Lukanis (ed. Venedig 1526, Nachdr. 1979). Völlig unabhängig von der griech. Tradition ist die gr. Paraphrase des »Roman de Troie« des →Benoît de Sainte-Maure, in mehr als 11000 polit. Versen, die in 6 Hss. (am wichtigsten Bonon. gr. 3567, 14.-15. Jh.) überliefert ist. R. Lavagnini

Lit.: Beck, Volksliteratur, 138-139, 167-169 - E. M. Jeffreys, Constantine Hermoniakos and Byz. Education, Dodone 4, 1975, 81-109 - Dies., The Judgement of Paris in Later Byz. Lit., Byzantion 48, 1978, 112-131 - M. Papathomopulos, L' éd. crit. du *Polemos tes Troados*, Problèmes méthodologiques, Neograeca Medii Aevi, Akten zum Symposion Köln 1986, 1987, 270-283 - R. Lavagnini, I Fatti di Troia. L'Iliade biz. del cod. Paris. Suppl. gr. 926, Quaderni dell' Istit. di Fil. gr.

Univ. di Palermo, 1988 – M. Papathomopulos (Fschr. R. Milliex, 1990), 575–594 – 'Ο Πόλεμος τῆς Τρωάδος, ed. Ders.–E. M. Jeffreys, 1996.

Trojanerabstammung (der Franken). Die seit dem 7.–8. Jh. (→Fredegar-Chronik, →Liber historiae Francorum) faßbare Herkunftssage von der T. der →Franken hat nach Ausweis der Q. ihre stärkste Wirkung in den letzten Jahrhunderten des MA entfaltet (Grandes →Chroniques de France; zur lit. Ausgestaltung s. a. →Trojadichtung). Der Mythos der T. lieferte den Franzosen im SpätMA bei ihrer Auseinandersetzung mit →England die stärksten Argumente: Als biolog. Nachkommen der Franken hatten sie gleichsam die 'nationale' Pflicht, die Unterwerfung unter ein Volk geringerer Herkunft wie die Engländer konsequent zurückzuweisen. Für die Beziehungen zum Ksm. war wichtig, daß die Trojaner/Franken auf ihren Zügen nach der Vertreibung aus Troja zwar eine Zeitlang von Rom besiegt gewesen waren, aber wegen ihrer Tapferkeit rasch offiziell von den Steuern befreit wurden. Die auf herzl. Einvernehmen beruhende Allianz (sog. →Auld Alliance) zw. Franzosen und Schotten (→Schottland) wurde auch mit der gemeinsamen T. beider Völker begründet. Als Abkömmlinge Trojas waren die Franzosen auch berechtigt, ihren Fuß auf den Boden Asiens zu setzen, was ihren →Kreuzzügen hohe Legitimation verlieh. Von den Trojanern hatten die Franzosen ferner das →Salische Gesetz, die Kunst des Befestigungsbaus und sogar ihre Sprache empfangen. Mit dem Trojanermythos war allerdings das delikate Problem einer Abkunft der Franzosen von den Galliern (→Gallien) schwer in Einklang zu bringen. Nach →Rigord (um 1200) führten die Trojaner ihre Auswanderung in zwei Schüben durch: Die Gallier bildeten den ersten wandernden Verband, die Franken den nachfolgenden zweiten; für den frühen Humanisten Jean →Lemaire de Belges (um 1500) waren es die Gallier, die Troja gegründet hatten, so daß die Franken, als sie sich in der Gallia niederließen, hier ihre entfernten Verwandten wiederfanden. (Erst die spätere frz. Humanistengeneration sollte die Vorstellung einer trojan. Herkunft der Franken ganz aufgeben und die frz. Ursprünge auf die Gallier zurückführen.) Für die Franzosen der Zeit des →Hundertjährigen Krieges bildete jedoch der feste und tiefverwurzelte Glaube an die eigene T. eine Überzeugung, die allenfalls sehr zurückhaltende Kritik zuließ und die als eine tragende Säule des nationalen und dynast. Zusammenhaltes und Stolzes gelten kann.   Ph. Contamine

Lit.: Gesch. Grundbegriffe, VII, 1992, 191f., s. v. Volk/Nation [K. F. Werner; weitere Lit.] – M. Klippel, Die Darst. der Frk. Trojanersage in Gesch.sschreibung und Dichtung vom MA bis zur Renaissance in Frankreich [Diss. Marburg, 1936] – A. Bossuat, Les origines troyennes: leur rôle dans la litt. hist. du XVe s., Annales de Normandie 8, 1958, 187–197 – J. P. Bodmer, Die frz. Historiographie des MA und die Franken, AK 45, 1963, 91–118 – G. Huppert, The Trojan Franks and their Critics, Stud. in the Renaissance 12, 1965, 227–241 – C. Beaune, L'utilisation politique du mythe des origines troyennes en France à la fin du MA (Lectures médiévales de Virgile. Actes du coll. Éc. française de Rome, 1982), 1985, 331–355 – G. Melville, Troja: Die integrative Wiege europ. Mächte im ausgehenden MA (Europa 1500, hg. F. Seibt–W. Eberhardt, 1987), 415ff.

Trojanerkrieg, Göttweiger, mhd. Roman aus dem Bereich der →Trojadichtung, benannt nach Stift →Göttweig (Niederösterr.), dem Aufbewahrungsort des einzigen vollständigen Hs. Der Autor (letztes Viertel 13. Jh., Nordschweiz) nennt sich Wolfram, z. T. spielt er mit der Autormaske →Wolframs v. Eschenbach. Q. sind »Excidium Troiae«, Dares, Ovid, wohl Konrads v. Würzburg »Trojanerkrieg« sowie nachklass. Artusromane, bes. →Wirnts v. Grafenberg »Wigalois«, doch werden Quellenvorgaben spielerisch verdreht. Textkonstitutiv ist die Überlagerung arthur. und trojan. Erzählmuster in einem Parisroman: der perfekte Minneritter Paris umwirbt die unverheiratete Agamemnontochter Helena. Die Trojatradition gibt indes ein katastrophales Ende, Trojas Untergang, vor. Die Nachgesch. (Gründung Roms) gerät zur antiimperialen Burleske. Helena finder ihr Glück mit einem neuen Werber; der Trojan. Krieg erscheint so 'ad absurdum' geführt.   E. Lienert

Ed.: A. Koppitz, 1926 (DTMA 29) – *Lit.*: Verf.-Lex.^{2} III, 199–201 [H. H. Steinhoff; Lit.] – M. Kern, Agamemnon weint, 1995 – →Trojadichtung, V [H. Brunner, 1990, Lit.; E. Lienert, 1996, 350–375].

Troica-Sergij-Kl. (seit 1744 Laura; russ. Troice-Sergiev monastyr'), ca. 100km n. von Moskau, gegr. nach 1340 durch →Sergej v. Radonež. Seit dem 15. Jh. entwickelte sich das Kl. zum wichtigsten monast. Zentrum der Moskauer Rus' und erwarb umfangreichen, weit verstreuten Landbesitz. Zwei Drittel davon stammten aus Stiftungen, die Streben nach Sicherung liturg. Totensorge und Ausdruck von Sozialprestige miteinander verbanden. Durch zahlreiche Privilegien erlangte das Kl. eine der westl. →Immunität vergleichbare Rechtsstellung, wie auch die religiöse, kulturelle und wirtschaftl. Funktion des Kl. und der jüngeren Gründungen in der nordruss. 'Thebais' zahlreiche Gemeinsamkeiten mit Kl. im hochma. Westen aufweisen. – Als erster Steinbau wurde 1422 die Dreifaltigkeitskirche (Troickij sobor) über dem Grab des hl. Sergej fertiggestellt; die Ikonostase war z. T. das Werk von Andrej →Rublëv. Die Hl.-Geist-Kirche (Duchovskij sobor) mit Glockenturm über dem Kirchenraum stammt von 1476/77. Als dritte Hauptkirche entstand 1559–85 die Kirche 'Entschlafen der Gottesmutter' (Uspenskij sobor). Die hölzerne Umzäunung wurde im 16. Jh. durch eine 1,5 km lange Steinmauer ersetzt. In Verbindung mit dem Kl. entwickelte sich die Siedlung Sergiev Posad.   L. Steindorff

Lit.: A. V. Gorskij, Ističeskoe opisanie Svjatotroickoj Sergievy lavry, sostavlennoe ... v 1841 godu, I–II, 1890 – P. Gonneau, La maison de la Sainte Trinité, 1993 – L. Steindorff, Memoria in Altrußland, 1994 – Sergievo-Posadskij muzej-zapovednik. Soobščenija, 1995.

Troisfontaines, Abtei SOCist in der →Champagne (dép. Marne), eine der ältesten Gründungen →Bernhards v. Clairvaux. Schon 1118 ließ sich im Waldgebiet im ö. Teil der Diözese →Châlons eine Gruppe von Brüdern nieder. Die frühesten Förderer waren Hugo v. Vitry und →Wilhelm v. Champeaux. Von dem sich schnell etablierenden Kl. aus wurden bereits seit 1128 Tochtergründungen initiiert, benachbarte Konvente, wie das Kl. OSB Montiers-en-Argonne, in die große Filiation eingereiht, die sich bis Ungarn erstreckte. Gegen Mitte des 12. Jh. wurde die Abteikirche errichtet. Bernhard v. Clairvaux blieb mit T. aufs engste verbunden (starker Einfluß auf Abtwahlen). Die Erhebung des Abtes Hugo zum Kard.bf. v. Ostia 1150 stieß auf vehemente Ablehnung Bernhards, der darin eine Abwendung von den Ordensidealen sah. Stadthöfe und intensive Beziehungen zur städt. Bevölkerung bestanden beiderseits der Reichsgrenze, sowohl in →Reims und Châlons als auch in →Metz. Die Stellung von T. zw. dem frz. Regnum und dem Imperium zeigt sich auch in der Chronik des →Alberich v. T. († 1252), der Informationen zur Gesch. beider Reiche auswertet und bietet. Nach der Aufhebung des Kl. während der Frz. Revolution sind nur noch Ruinen der Anlage erhalten.   H.-J. Schmidt

Lit.: A. Erlande-Brandenbourg, L'abbaye de T. (135e Congrès archéol. France, 1980), 695–706.

Trommel → Musikinstrumente, B. II [3]

Trompe → Gewölbe

Trompete → Musikinstrumente, B. I [2]

Trondheim → Drontheim

Troparion, die erste Form einer Erweiterung des Bibeltextes, mit den Anfängen der byz. Hymnographie eng verbunden. Der Begriff taucht erstmalig in den Plerophorien des Johannes Rufus (6. Jh.) auf (PO 8, 179ff.) und bezieht sich auf eine Neuerung in monast. Kreisen im Umfeld von Jerusalem, die zunächst scharf abgelehnt wurde. Trotz der Begriffsidentität weist das gr. T. kaum Ähnlichkeit mit dem lat. →Tropus und der Tropierungsmethode auf, wenngleich einige äußerst seltene Beispiele, allerdings aus späterer Zeit, u. a. aus der Feder des Hymnographen →Johannes Damaskenos in einer Homilie auf die Geburt der Gottesmutter (MPG 96, 677AB), als Tropierung interpretiert werden können.

Die gattungsmäßige Definition des T. innerhalb des Systems der byz. Hymnographie leitet sich von der Herkunft des T. aus dem Ephymnion ab, einem akklamator. kurzen, wechselbaren Refrain nach bibl. Versen. Das T. gehört somit zum System des Responsorium und nicht der Antiphonie, dadurch unterscheidet es sich auch vom →Sticheron. Es ist sicherl. die älteste Form der Hymnendichtung, wobei die hymnolog. Merkmale in bezug auf Metrik und Musik wenig ausgebildet sind. Über die frühen Slg.en von T.a, die Tropologia, ist in der gr. Überlieferung so gut wie nichts bekannt. Wege der Rekonstruktion bietet dagegen die georg. Überlieferung. Zu den ältesten T.a gehören die anonym überlieferten, zw. Psalmversen (Ps 92) in Teilen und im ganzen gesungenen Hymnen am Vorfest der Geburt Christi und der Theophanien (MR II 655; MR III 129). Bes. Bedeutung erlangte das sog. T. apolytikion als Schlußhymnus der Vesper und am Beginn des Morgenoffiziums. Dieses Apolytikion bildet das inhaltl. Merkmal eines jeden Festtages. In Verbindung mit Heirmoi bilden T.a gemäß der Anordnung der 9 bibl. Oden den Kanon. Musikal. ist das T. von einer anderen hymnograph. Gattung, dem Kathisma, wenig abgegrenzt. Dadurch erklären sich Überleitungen in der Anwendung von Musterstrophen in beiden Bereichen. Das Kathisma ist genau wie das T. nicht in ma. musikal. Slg.en erhalten. Ch. Hannick

Lit.: H. Husmann, Hymnus und T., Jb. d. Staatl. Inst. f. Musikforsch. Preuß. Kulturbesitz 1971, 7–86 – K. Onasch, Kunst und Liturgie der Ostkirche in Stichworten, 1981, 363f. – Ch. Hannick, Das Tropenwesen in der byz. und in der altruss. Kirchenmusik (La tradizione dei tropi liturgici, 1990), 227–241 – Ch. Renoux, Le Iadgari géorgien et le Šaraknoc' arménien, REArm 24, 1993, 89 – C. Bergotes, Λεξικόν λειτουργικῶν καί τελετουργικῶν ὅρων 1995, 216.

Tropea, Stadt in Süditalien (Kalabrien). Am Rand eines Vorgebirges im südl. Kalabrien zw. dem Golf v. Gioia Tauro und dem Golf v. Sant'Eufemia liegt T. in der Nähe des von Plinius d. Ä. erwähnten Portus Herculis. Archäolog. Funde im Umland bezeugen einerseits bronze- und eisenzeitl. Nekropolen, andererseits bereits im 5. Jh. aktive christl. Gemeinden. In einem Brief →Pelagius' I. (559) wird eine »massa Trapeiana« erwähnt, in der die Röm. Kirche Besitzungen hatte, in einem Schreiben Gregors I. (591) das von griech. Mönchen bewohnte Kl. S. Angelo im Gebiet v. T. Nach dem Einfällen der Langobarden in Süditalien nahm T., das durch seine Lage geschützt war, Flüchtlinge auf, vergrößerte sich und wurde Bf.ssitz. 649 unterschrieb Bf. Johannes die Akten der Synode von Rom. Seit der Mitte des 8. Jh. unterstand T. dem byz. Reich und dem ökumen. Patriarchen v. Konstantinopel. 840 wurde es von den Arabern unterworfen, jedoch 885/886 zusammen mit Amantea und Santa Severina von →Nikephoros Phokas zurückerobert. Bis zur Einnahme durch die →Normannen blieb T. unter der Herrschaft des byz. Ks.s. Anfängl. zw. →Robert Guiscard und dem Großgf.en →Roger geteilt, seit 1090 in den Händen von Roger, nahm T. 1094 den lat. Ritus an. Als →Sikelgaita die Insel S. Maria der Abtei →Montecassino schenkte, dehnten die Benediktiner ihren Einfluß auf das Gebiet von T. aus. Bald zur Gft. erhoben, wuchsen T.s Bevölkerungszahl und Ansehen dank seines Hafens, der für den Handel, an dem eine zahlreiche jüd. Gemeinde regen Anteil hatte, eine wichtige Rolle spielte. Nach dem Tod →Friedrichs II. wurde T. Giordano Ruffo übertragen, unter dem die Stadt sich auf die Seite der Anjou stellte, die sie befestigten. In aragones. Zeit wurde T. Stadt der Krondomäne und blieb dies bis zum span. Vizekgr. P. De Leo

Lit.: IP, X, 37ss. – N. Kamp, Kirche und Monarchie im stauf. Kgr. Sizilien, I, 2, 1975, 996ff.

Tropen → Tropus

Trophimus, hl., vermutlich der erste Bf. v. →Arles, doch ist er als hist. Persönlichkeit angezweifelt worden (G. de Manteyer und L. Levillain ablehnend, M.-O. Garrigues zustimmend). Nach →Gregor v. Tours (Hist. Fr. I., c. 30) soll er unter Ks. Decius (249–251) mit sechs Gefährten in Rom zum Bf. geweiht und mit diesen (Catianus v. Tours, Paulus v. Narbonne, →Saturninus v. Toulouse, →Dionysius v. Paris und →Martialis v. Limoges) nach →Gallien geschickt und erster Bf. v. Arles geworden sein. Wirklich bezeugt ist er erst im März des Jahres 417 in einem Brief des Papstes →Zosimus (417–418) an den Bf. Patroclus v. Arles, demzufolge T., der erste Bf. v. Arles, aus Rom zur Mission nach Gallien gekommen sei. Im Streit zwischen den Bm.ern Arles und →Vienne um das päpstl. →Vikariat in Gallien, den Papst →Leo der Große zu entscheiden hatte, beriefen sich 450 die Bf.e der Kirchenprov. Arles darauf, daß T. vom hl. Petrus nach Gallien geschickt worden sei. Dieses Argument hatte damals aber nur dann Sinn, wenn T. wirklich aus Rom kam und damit der apostol. Rang von Arles verteidigt werden konnte. Chronologisch kann dies aber nicht heißen, daß ihn Petrus selbst geschickt hat, sondern lediglich, daß hier eine röm.-apostol. Tradition, nämlich eine Legitimation durch die →'Cathedra S. Petri', vorlag. Damit kommt als frühester Zeitpunkt für die Mission T.' die Zeit des Ks.s Decius in Frage. Allerdings ist auch das Zeugnis des Papstes Zosimus in Zweifel gezogen worden, da er seine Information unmittelbar vom Bf. v. Arles, Patroclus, bei dessen Rombesuch erhalten haben könnte, somit also eine Fehlinformation durchaus möglich wäre. Wenn spätere Quellen und seine legendenhafte Vita des 12. Jh. ihn zum Paulus-Schüler stilisierten, lag dies auf derselben Linie, eine röm. Tradition zu schaffen. Nicht stichhaltig ist das Argument für seine Historizität, die benachbarten Bf.e würden gegen die Erfindung eines T. v. Arles aus eigenem Interesse protestiert haben, falls es ihn nicht wirklich gegeben hätte (so M.-O. Garrigues). Ebf. →Caesarius v. Arles (502–542) bezeichnet ihn mit großer Selbstverständlichkeit als Apostelschüler, und für Ebf. →Ado v. Vienne (ca. 800–875), der in seinem →Martyrologium viele neue Hl.e schuf, war er dann ebenso selbstverständlich Schüler des Apostels Paulus, worin ihm →Florus und →Wandalbert v. Prüm folgten. Die Translation seiner Gebeine in die Kathedrale v. Arles erfolgte entweder 972 (M.-O. Garrigues) oder 1152 (B. Böhm), als auch seine wenig vertrauenswürdige Vita entstand. Sein Kult setzt seit dem 9. Jh. ein und wurde später durch die Jakobs-Wallfahrt nach

→Santiago de Compostela gefördert, da eine wichtige Pilgerstraße über Arles führe. Auch in der religiösen Volkslit. spielt er eine Rolle.   F. Prinz

Lit.: LCI VIII, 499f. [B. Böhm] – LThK² X, 374f. – Bibl.SS XII, 665–672 [M.-O. Garrigues] – G. de Manteyer, Les origines chrétiennes de la IIe Narbonnaise des Alpes Maritimes et de la Viennoise, 1924 – L. Levillain, St. Trophime confesseur et métropolitain d' Arles et la mission des sept en Gaule, RHEF 13, 1927, 145–189 – J.-R. Palanque, Les évechés de la Narbonnaise II, PH 1, 1950/51, 107f., 131f.

Tropologion, byz. Hymnenslg., die spätestens im 10. Jh durch das →Sticherarion und das Heirmologion ersetzt wurde. Über die Zusammensetzung des T., das im gr. Bereich weder in neumierter noch unneumierter Fassung erhalten ist, können nur Vermutungen angestellt werden; diese stützen sich v. a. auf die georg. Überlieferung der als *ladgari* bekannten Hymnenslg. Die ältesten Hss. des georg. T. (Tbilisi H-2133, Sin.iber. 18, 40, 41) stammen aus dem 9.–10. Jh. Im südit. Raum wird das T. gelegentl. auch Hagiopolites genannt, da seine liturg. Tradition auf das Jerusalemer Lektionar zurückgeht.   Ch. Hannick

Lit.: H. Husmann, Hymnus und Troparion, Jb. d. Staatl. Inst. für Musikforsch. Preuß. Kulturbesitz 1971, 7–87 – O. Strunk, Tropus and Troparion (Ders., Essays on Music in the Byz. World, 1977), 268–276 – H. Métrévéli, Le plus ancien t. géorgien, Bedi Kartlisa 39, 1981, 54–62 – J. Raasted, The Hagiopolites in 15th Cent. Italy, Boll. della Badia greca di Grottaferrata 46, 1992, 189–196.

Troppau (tschech. Opava), Stadt und Hzm. an der Oppa im mähr.-schles. Grenzland zw. Altvatergebirge, Gesenke und oberer Oder. Wenige Kilometer vom slav. Herrschaftszentrum der Burg Graetz (Hradec nad Moravici) entfernt, entstanden im Zuge der dt. →Ostsiedlung um 1200 in verkehrsgünstiger Lage am Übergang der mähr.-poln. Straße über die Oppa als neuer Mittelpunkt des Oppalandes (terra Opavia) die wirtschaftl. auf Handel und Handwerk (v. a. Tuchmacherei) gegründete Bürgerstadt T. um einen älteren Straßenmarkt sowie zwei nacheinander angelegte rechteckige Marktplätze (Nieder- und Oberring). Der seit 1204 in T. bezeugte Dt. Orden war von Anfang an im Besitz der 1216 erstmals belegten Stadtpfarrkirche St. Marien. Neben dem Dt. Orden ließen sich in T. Johanniter, Franziskaner (ihre Heiliggeistkirche diente als Grablege der schles. Přemysliden) und Dominikaner nieder. 1224 verlieh Kg. →Otakar II. v. Böhmen der bereits mit einer Mauer umgebenen Stadt neben Landbesitz in der Umgebung das Meilenrecht und Zollfreiheit in Leobschütz. 1284 erhielt T. das Stapelrecht, 1325 die Blutsgerichtsbarkeit; seit 1304 hatte es durch Vermittlung von Breslau →Magdeburger Recht. 1269 wurde Nikolaus I., ein illegitimer Sohn Kg. Otakars II. v. Böhmen, von diesem mit dem Oppa-/T.er Land ausgestattet. Dann diente es 1279–85 Kg. Otakars II. Witwe→Kunigunde zur Versorgung. 1318 erfolgte durch den Böhmenkg. Johann die Erhebung zum Hzm. T. innerhalb des Kgr. es Böhmen für Nikolaus' I. Sohn Nikolaus II. († 1365). Von 1336–65 stand das přemyslid. Hzm. T. in Personalunion mit dem benachbarten piast.-schles. Hzm. →Ratibor. Damit wurde das Hinüberwechseln T.s nach →Schlesien, das inzwischen insgesamt unter böhm. Lehnshoheit getreten war, eingeleitet. 1377 trennte eine Landesteilung das Hzm. Jägerndorf von T. ab. Das so verkleinerte T. kam 1460 durch Kauf an die böhm. Familie Podiebrad, 1485 durch Tausch an Kg. Matthias Corvinus v. Ungarn, 1490–1501 an dessen Sohn Johann, 1501–11 an Sigismund v. Polen und 1526 in die Hand der Habsburger.   J. J. Menzel

Lit.: G. Biermann, Gesch. der Hzm.er T. und Jägerndorf, 1874 – E. Frenzel, Städte im Sudeten-Land, 1969 – Opava 1224–1974, 1974 – W. Wann, Das älteste T. (T.er Heimat-Chronik, 1974) – E. Schremmer, T., 1984 – E. Seidl, Das T.er Land, 1992.

Tropus (gr. τρόπος, lat. versus; in den Hss.: u. a. tropus, tropi, versus, laus, laudes, preces, prosa, prosula), Sammelbegriff für poet.-musikal., den Gesängen der ma. →Messe hinzugefügte Zudichtungen. Neben den →Sequenzen repräsentieren die verschiedenen Formen von T.en fruchtbare neue Gattungen in der Liturgie des 10.–16. Jh. Bes. wichtig sind die T.en in der Gesch. der Lit. und Musik des 10. und 12. Jh.

Mit den sog. »gregorian.« Meßgesängen war den neuen Kompositionen der Rahmen gegeben. Text und Melodie des T. wurden in diese strenge Ordnung eingefügt, um eine neue Einheit zu formen, die von Solist und Chor oder von zwei Halbchören gesungen wurde. Die Grenzen zw. verschiedenen T.engattungen waren oft fließend, was auch die Terminologie der Hss. zeigt. Zum 'T.' zählen nicht nur Zusätze von Text und Melodie, sondern auch reine Melismen, Melismen mit Worten (z. B. melismat., dem Offertorium, Alleluia und Vers angefügte Prosulae), rein melismat. Kyriephrasen, sowie die Prosulen des T.enversus 'Regnum tuum solidum' des Gloriagesanges. Heute unterscheidet die Forsch. allg. zw. Propriumtropen, Ordinariumtropen, Prosulen und Hosanna-Prosen.

Von den Propriumsgesängen wurden jene drei am häufigsten mit T.en erweitert, die eine Handlung, eine Prozession begleiten: Introitus, Offertorium und Communio (sowohl Antiphon, Vers, Repetendum wie Gloria Patri); zu Alleluia und Offertorium können auch melismat. Prosulen treten. Bei den Ordinariumsgesängen werden Kyrie, Gloria, Sanctus und Agnus Dei mit T.en versehen, wobei die einzelnen T.enverse oder 'T.enelemente' sowohl als Einleitung und Invitation wie auch als Interkalation und Beendung eingefügt werden konnten. Ein liturg. Gesang konnte bis zu 24 einzelne T.enverse in verschiedenen Kombinationen aufweisen, wodurch die Uniformierung der liturg. Gesänge, die ideale Unitas der karol. Reform, gebrochen wurde. Ab dem 13. Jh. kommen T.en auch in Credo, Paternoster und Benedicamus vor, meist als Einleitung, seltener als Interkalation.

Die Texte der Propriumtropen interpretieren häufig die Worte der atl. Antiphonentexte und exponieren die Präfiguration Christi im AT. Die T.en können das Thema des aktuellen Festes innerhalb des liturg. Jahres erklären. Durch die T.entexte wurden im liturg. Gesang vielfältige Zeitdimensionen übereinander gelegt: die Dimension vor und außer aller Zeit (ante tempora), die hist. Dimension, in der das, was von den Propheten und Patriarchen typolog. präfiguriert worden war, in den ntl. Texten vollendet ist (in tempore) und die Dimension der aktuellen Zeit (hic et nunc, hodie). Viele T.ntexte exponieren das Singen des liturg. Gesanges als liturg. Handlung und als Mittel für die Vereinigung der ird. Sänger mit den himml. Chören (bes. häufig bei Sanctus, Gloria und Alleluia-Prosulen).

War der Wortschatz der früheren T. in allg. bibl., reflektieren die Texte seit dem 12. Jh. sowohl die intensive Fokussierung auf die Gottesmutter Maria als auch die theol.-philos. Ideen und Diskussionen der Zeit.   G. Iversen

Q. und Ed.: RISM V – Tropaires de la Bibl. Nat. de Paris, 1985 – C. Blume – H. M. Bannister, T.en des Missale im MA, AnalHymn 47, 49, 1905–06 – Paléogr. Musicale 15, 1937; 18, 1969 – M. Landwehr-Melnicki, Das einstimmige Kyrie des lat. MA, 1955/68 – G. Björkvall, G. Iversen, R. Jonsson-Jacobsson, Corpus T.orum, I–VII, 1975ff. [wird fortges.; Lit.] – J. Boe – A. E. Planchart, Beneventanum T.orum Corpus, I–VI, 1989 – Lit.: L. Gautier, Hist. de la poésie liturgique au MA, I, 1886 [1966] – K. Rönnau, Die T.en zum Gloria in excelsis Deo, 1967 – A. E. Planchart, The Repertory of Tropes at Winchester, I–II, 1977 – D. Bjork, The Kyrie Trope, JAMS 33, 1980, 1–41 – R. Jonsson – L. Treitler, Medieval Music and Language, Stud. in the Hist. of Music, 1, 1983, 1–23 – Research on Tropes, hg. G.

Iversen, 1983 – LITURG. T. EN, HG. G. SILAGI, 1985 – G. IVERSEN, T. en als liturg. Poesie und poet. Liturgie (Zusammenhänge, Einflüsse, Wirkungen, hg. J. FICHTE u. a., 1986), 383–402 – B. FISCHER–H. HUCKE, Gestalt des Gottesdienstes (Gottesdienst der Kirche, III, 1987 [Neudr. 1990]), 201–203 – La tradizione dei tropi liturgici, hg. E. MENESTÒ–C. LEONARDI, 1990 – Recherches nouvelles sur les tropes liturgiques, hg. W. ARLT–G. BJÖRKVALL, 1993 – D. HILEY, Western Plainchant, A Handbook, 1993 [Lit.] – Cantus Planus, hg. L. DOBSZAY u. a., 1990, 1992, 1993, 1995.

Troß (Train), im Militärwesen die das Gepäck der kämpfenden Truppe (→Heer) befördernden Fahrzeuge bzw. sonstigen Transporteinrichtungen sowie ggf. auch das entsprechende Personal (T. knechte). Wenn auch erzählende und dokumentar. Q. des MA hierüber meist nur verstreute Nachrichten bieten, ist die Kenntnis dieses Problemfelds als eines zentralen Teils der Logistik für die Kriegführung des MA wie anderer Epochen doch von grundlegender Bedeutung. Wichtige Fragen in diesem Zusammenhang sind: Art und Menge der vom T. mitgeführten Güter (Lebensmittelvorräte, Kleider, Zelte, Werkzeuge, Waffen, Ausrüstung, ggf. Beutestücke?); die Frage, ob diese den Kombattanten auf individueller oder kollektiver Grundlage gehörten; die Beförderungsweise (durch Träger, auf→Saumtieren, zwei- oder vierrädrigen Karren, gezogen von →Pferden oder aber Ochsen, zu Schiff?); die Frage, ob der T. auf dem Marsch und bei einer Schlacht in bes. Weise gestaffelt oder konzentriert wurde (z. B. in sicherer Distanz zum Kampfgeschehen oder in schützender Nähe zu den Kämpfern?). Auf diese Fragen, denen sich jede militär. Führung prakt. zu stellen hatte, sind entsprechend dem Typ des militär. Konflikts sowie den jeweiligen zeitl. und geogr. Rahmenbedingungen unterschiedl. Antworten gegeben worden.

Die karol. →Kapitularien spielen bisweilen auf einen T. an: Insbes. hatten die Kg. shöfe ('villae') Karren zum Wein- oder Mehltransport bereitzustellen; diese sollten mit Leder (gegen eindringende Feuchtigkeit) bespannt und zu ihrem Schutz mit Waffen (Schild, Lanze, Bogen, Köcher mit Pfeilen) versehen sein. Zwei Jahrhunderte später zeigt der Bildteppich v. →Bayeux den (Schiffs-)Transport von Waffen, Werkzeugen und Lebensmitteln. Unter Kg. Philipp II. Augustus v. Frankreich (1180–1223) hatten Kommunen und geistl. Einrichtungen dem kgl. Aufgebot nicht nur Kriegsleute (→Sergents) zu stellen, sondern auch Fuhrdienste zu leisten; diese (dem weiteren Bereich von →Gastung und →Servitium regis zuzuordnende) Verpflichtung ist für dieselben Institutionen noch am Ende des 14. Jh. belegt.

Im ausgehenden MA verfügten die Fußtruppen üblicherweise über von zwei bis vier (oder mehr) Pferden gezogene Karren zur Beförderung der 'impedimenta'; der Eigentransport durch den Infanteristen (Tornister) war im Unterschied zur NZ also offenbar weithin ungebräuchlich. Bekannt ist, daß in der Schlacht v. →Crécy (1346) die genues. Armbrustschützen (→'arbalétriers') kaum einsatzfähig waren, weil ihre Bolzen auf in der Etappe zurückgelassenen Karren lagerten. Kg. Ludwig XI. v. Frankreich (1461–83) schrieb vor, daß eine Einheit von je 15 Schützen ('francs-archers') einen Karren mitzuführen hatte. Die berittenen 'Pferdschützen' konnten über die eigtl. Montur hinaus einen Teil ihrer individuellen Ausrüstung mitführen, einen weiteren Teil von ihnen gleichfalls reisigen Knechten transportieren lassen, im übrigen aber auch auf Saumtiere zurückgreifen.

Von 1300 bis 1500 bestand die Tendenz, einen immer schwereren T. mitzuführen, bes. seit dem frühen 15. Jh. infolge der unter Obhut der Pioniere stehenden →Feldartillerie (→Lafetten, Pulver-, Munitionskarren). Nach →Froissart befahl Kg. Eduard III. v. England bei seinem Feldzug v. 1359 folgende Marschordnung: Vorhut von 500 Gepanzerten ('armures') und 1000 Bogenschützen (→'archers'), Hauptmacht ('bataille') von 3000 'armures' und 5000 'archers', T. ('grand charroi'), Nachhut von 2500 'armures'. Der 'grand charroi', dem 500 voranziehende Knechte mit Spaten und Äxten den Weg freizuräumen hatten, zog sich über zwei Meilen hin, umfaßte nicht weniger als 6000 Pferdekarren und beförderte alle Vorräte für die kämpfende Truppe, einschließl. Handmühlen und Backöfen. Mögen auch einige Zahlenangaben übertrieben sein, so vermittelt Froissarts Bericht doch ein anschaul. Bild des riesigen T. es großer Heere im SpätMA. Eine dt. Heeresordnung des späten 15. Jh. nennt 850 Wagen bei 12000 Fußsoldaten und 3000 Berittenen. Bei einer Feldschlacht wurde dieser »Fuhrpark« hinter den Linien zusammengeschoben und von Knechten bewacht, um ihn nach Möglichkeit vor Zerstörung (Brandgefahr) oder Plünderung durch den beutelustigen Feind zu sichern. Die →Hussiten (→Heer, A. IX) nutzten erfolgreich die →Wagenburg (in zeitgenöss. frz. Q. 'château sur char') gleichsam als fahrende Festung, in deren Innern die Kämpfer sich geschützt fühlten; diese Taktik wurde auch außerhalb Böhmens in großem Umfang nachgeahmt. Karl d. Kühne wie Ludwig XI. machten regen Gebrauch von ihrem 'champ de guerre'. Ph. Contamine

Lit.: C. GAIER, Art et organisation militaires dans la principauté de Liège et dans le comté de Looz au MA, 1968 – V. SCHMIDTCHEN, Kriegswesen im späten MA. Technik, Taktik, Theorie, 1990 – PH. CONTAMINE, La guerre au MA, 1992[4].

Trostbücher
I. Mittellateinische Literatur – II. Romanische Literaturen – III. Deutsche Literatur – IV. Englische Literatur.

I. MITTELLATEINISCHE LITERATUR: T. (Consolatorien), Gattung der Trostlit., die unter dem Einfluß der »Consolatio philosophiae« des →Boethius steht. Die Form des →Prosimetrum ist nicht notwendig mit dem Trostbuch verbunden. Der Stoff ist gewöhnl. in ein Gespräch gekleidet (→Dialog), das der über sein Leid klagende Autor oder eine erdachte, auch allegor. Person mit den tröstenden Personen oder Personifikationen führt. Das Trostbuch stellt entweder den Verlauf der Tröstung mit ihren Phasen und Argumenten dar, oder es gibt eine Art Handbuch der erdenkl. Trostgründe für alle Arten von Ungemach. Im ersten Fall geht die eigtl. Tröstung gewöhnl. dadurch vor sich, daß der Leidende veranlaßt wird, sich zu einer stoischen oder asket. Haltung durchzuringen. Die Reihe der T. dieser Art setzt im 11. Jh. mit dem »Paraclitus« des →Warnerius v. Basel ein ('Penitens' und 'Gratia'). Im 12. Jh. sind die T. des →Petrus v. Compostela (mit vielen Colloquenten) und des →Heinrich v. Settimello verfaßt, im 13. Jh. der »Liber consolationis et consilii« des →Albertanus v. Brescia (Melibeus, Prudentia), im 14. Jh. →Petrarcas Dialog »De remediis utriusque fortune« und etwa zur gleichen Zeit das Hauptwerk der Gattung, die »Consolatio theologie« des →Johannes v. Dambach, im 15. Jh. die »Consolatio theologie« des →Johannes Carlerius de Gerson und der »Dyalogus de consolatione inique oppressorum« des Felix →Hemmerlin. Neben den genannten findet sich eine Reihe von Werken der Trostlit., die im ganzen keine Prägung durch das Vorbild des Boethius zeigen, ohne daß im einzelnen ihr Einfluß fehlen müßte. Zu ihnen gehören als frühestes Werk die »Synonyma« →Isidors v. Sevilla (zu weiteren Texten vgl. AUER, 234f.). Andere spätma. Abhandlungen verzichten auf die Form des Dialogs, z. B. das anonyme »Viridarium consolationis« (ebd., 273) und das »Consolatorium contra metum mortis« (ebd., 274) und die »Consolatio mortuorum« (ebd., 276) des →Heinrich v. Langenstein. Vgl. auch →Contemptus mundi. G. Bernt

Lit.: A. AUER, Johannes v. Dambach und die T. vom 11. bis zum 16. Jh., 1928 – P. v. Moos, Consolatio, Stud zur mlat. Trostlit. über den Tod und zum Problem der christl. Trauer, 1971.

II. ROMANISCHE LITERATUREN: In antiker Tradition stehen T. briefe nach einem Todesfall noch bei Pierre d'→Ailly und →Nicolas Clamanges. Die durch →Vinzenz v. Beauvais verfaßte »Epistula consolatoria« (»Liber consolatorius«) sollte →Ludwig IX. beim Verlust des Erbprinzen trösten; Karl V. ließ sie 1374 ins Frz. übersetzen. →Johannes Carlerius de Gerson schrieb mfrz. den »Proesme« und die »Consolation sur la mort des amis«; T. gründe für den an Heilsungewißheit Leidenden stellte er, anknüpfend an die »Consolatio Theologiae« des →Johannes v. Dambach, in »Contre pusillanimité« (später lat. »De remediis contra pusillanimitate«) zusammen. Auch Buch 3 der »Imitatio Christi« des →Thomas a Kempis, mfrz. »Internelle consolation«, bot T. bei innerer Anfechtung. Eine eigene T. theorie exemplifiziert →Raymundus Lullus in dem 1283/85 katal. geschriebenen »Libro de Evast y Blanquerna« (Cap. 23, 49). – Am wirkmächtigsten erwies sich »De consolatione Philosophiae« des →Boethius, aprov. als Frgm. (1. Hälfte 11. Jh., 257 vv.), afrz./mfrz. in gut einem Dutzend verschiedenen Prosa- und Versübersetzungen, z. T. mit Komm., erhalten (1. Hälfte 14.–Ende 15. Jh.); eine Umarbeitung des Werkes ist »Le Roman de Philosophie« des →Simon de Freine (Ende 12. Jh., 1658 vv.); Erweiterungen bringt der sog. Anonymus v. Meun (nach 1315, 12300 vv.). Bis ins 15. Jh. häufig kopiert ist die Versbearbeitung durch →Renaut de Louhans unter dem Titel »Le Roman de Fortune et de Felicité« (1336). Von Bonaventura da Demena stammt eine franco-it. Prosaübers. (Ende 13. Jh.), eine katal. Fassung mit einem →Thomas a. Aquin zugeschriebenen Kommentar stammt aus Dominikanerkreisen (um Mitte 14. Jh.). Jean de Meun übertrug die Consolatio unter dem Titel »Li Livres de Confort de Philosophie«; ihm zugeschrieben werden eine Übers. des sog. »Epitaphium Simonis« (»Le livre Aelred de Espirituelle Amitié«) – →Ælreds v. Rievaulx (verloren) und »La Vie et les Epistres d'Abailard et d'Helois« zum T. in Liebesnot. It. finden sich Teile des Consolatio in →Dantes »Convivio«, wie auch seine »Vita Nuova« und »(Divina) Commedia« viele T. gründe und -motive zur Verarbeitung der Kontingenzerfahrung bieten. Der Florentiner Alberto della Piagentina übertrug vor 1332 die Consolatio im Stil Dantes in *terza rima*. Schmerz- und Traueräußerung bei einem Todesereignis sucht der »Dialogo consolatorio« Giannozzo →Manettis (1439) zu legitimieren. Konsolator. Heilmittel gegen widriges Geschick nennt →Petrarca in dem von Remigio Fiorentino ins It. übertragenen »De rimedi de l'una e l'altra fortuna« (Dr. 1549). →Guillaume de Machauts »Remede de Fortune« enthält eine 'Complainte' (vgl. »Complainte de Fortune« v. Georges →Chastelain), wie generell Consolatio-Lit. sich oft mit dem →Planctus, der →Contemptus mundi-, der →Ars moriendi- und der →Spiegel-Lit. berührt.

L. Gnädinger

Ed.: C. SCHWARZE, Der altprov. Boeci, 1963 – V.-L. DEDECK-HÉRY, Boethius »De consolatione« by Jean de Meun, MSt 14, 1952, 168ff. – Eine afrz. Übers. der »Consolatio philosophiae« des Boethius (Hs. Troyes Nr. 898), hg. R. SCHROTH, 1976 – Giannozzo Manetti, Dialogus consolatorius, ed. A. DE PETRIS, 1983 – Boeces: De Consolacion, hg. J. K. ATKINSON, 1996 – *Bibliogr.:* N. H. KAYLOR, The Medieval 'Consolation of Philosophy'. An Annotated Bibliogr., 1992 – *Lit.:* A. THOMAS–M. ROQUES, Les traductions françaises de la »Consolatio Philosophiae« de Boèce (HLF XXXVII/2, 1938), 419–488 – A. COMBES, Sur les »Lettres de consolation« de Nicolas de Clamanges à Pierre d'Ailly, AHDL 15–17, 1940–42, 359–389 – C. BRUNEL, Frgm. d'un ms. de la traduction catalane de la 'Consolatio' de Boèce, Romania 76, 1956, 522–524 – P. COURCELLE, La Consolation de Philosophie dans la tradition lit., 1967 – P. v. MOOS, Die T. schrift des Vinzenz v. Beauvais für Ludwig IX., MJb 4, 1967, 173–219 – DERS., Consolatio, 1972 – R. DWYER, Boethian Fictions, 1976 – The Medieval Boethius: Stud. in the Vernacular Translations of »De consolatione philosophiae«, hg. A. J. MINNIS, 1987.

III. DEUTSCHE LITERATUR: Die T. produktion des MA in dt. Sprache läßt sich in zwei Gruppen unterteilen. Auf der einen Seite stehen Übersetzungen und Bearbeitungen lat. Consolatorien (s. Abschn. I), auf der anderen Seite genuin deutschsprachige Texte. Die Übersetzungslit. setzt mit der aus dem Schulbetrieb stammenden kommentierenden Übersetzung von Boethius »De consolatione philosophiae« durch →Notker III. v. St. Gallen († 1022) relativ früh ein, doch stammen alle sonstigen Übersetzungswerke – vielleicht mit Ausnahme einer nur fragmentarisch erhaltenen Versübersetzung des Boethius – erst aus dem 15. Jh.: Es handelt sich um (vgl. zu den Einzelheiten jeweils Verf.-Lex.²) Boethius, De cons. philos. (fünf [?] Übersetzungen); →Albertanus v. Brescia, Melibeus und Prudentia (»Liber consolationis et consilii«); Francesco →Petrarca, »De remediis utriusque fortune« (eine kürzende Gesamtübersetzung aus der 1. Hälfte des 15. Jh. und Textproben bei →Niklas v. Wyle und Adam Werner v. Themar, Vollrezeption erst im 16. Jh.); Tegernseer Anonymus (Bernhard v. Waging?), »Wider klainmütikhait vnd jrrend gewissen« (Quellenkontamination: →Johannes Carlerius de Gerson, »Tractatus de remediis contra pusillanimitatem«; →Bernhard v. Waging, »Remedarius contra pusillanimes et scrupulosos«, hg. HÖVER, 1971, 153–157).

Die genuin deutschsprachige Trostschriftenproduktion erblühte im Zusammenhang mit der dt. →Mystik des 14. Jh. Das Hauptwerk bildet das (wohl für die Königswitwe →Agnes v. Ungarn geschriebene) Buch der göttl. Tröstung Meister →Eckharts (um 1318?). Zwar nicht der lit. Einkleidung nach, aber doch wegen des primär neuplatonischer Tradition entstammenden Denkgestus eines Denkens von oben her kann man die Schrift in die Boethius-Tradition einordnen. Eckhart löst das Trostproblem primär dadurch, daß er dazu auffordert, ohne Trost zu leben, d. h. ohne weltl.-ird. Tröstungen, die als 'Untrost' disqualifiziert werden. Aus pastoraler Rücksicht werden allerdings auch geläufigere Trostgründe, »denen teilweise der vorher verurteilte kreatürl. Trostbegriff zugrunde gelegt wird« (MENNECKE-HAUSTEIN, 61), angeführt. Eckharts »Buch der göttl. Tröstung« ist die einzige Trostschrift, von der bekannt ist, daß sie dem Verfasser Verfolgungen eingetragen hat.

Während Meister Eckhart sich nicht auf einen spezif. Leidensfall bezieht, ist das zweite bedeutende Denkmal der dt. Mystik zur Trostlit., Brief Nr. XII aus Heinrich →Seuses Gr. Briefbuch (= Nr. III im Kl. Briefbuch, textl. reduziert), bezogen auf die Adressatin, Elsbeth →Stagel, und ihre Krankheit. Auch hier geht es um die Sinngebung des →Leidens, freilich nur primär auf dem Weg der Identifizierung mit dem leidenden Christus. Auf weitere myst. und nichtmyst. Trostbriefe finden sich einige Verweise bei MENNECKE-HAUSTEIN, 63; 71. Die Menge der kleineren Texte aus dem weiteren Umkreis der dt. Mystik, die vom Leiden handeln (vgl. z. B. Verf.-Lex.² s. v. Kreuztragende Minne, Sprüche der Fünf Meister). Am Ausklang der dt. Mystik steht der Hiob-Traktat des →Marquard v. Lindau. W. Schmidtke

Lit.: →Abschn. I – H. Appel, Anfechtung und Trost im SpätMA und bei Luther, 1938 – A. Auer, Leidenstheologie im SpätMA, 1952 – M. Bindschedler, Die Trostgründe Meister Eckharts für die Kgn. Agnes v. Ungarn (Fschr. F. von der Leyen, 1963), 401–407 [auch in: M. Bindschedler, MA und Moderne, 1985, 154–160] – W. Höver, Theologia Mystica in altbair. Übertragung, 1971 – E. Greifenstein, Der Hiob-Traktat des Marquard v. Lindau, 1979 – D. F. Duclow, »My suffering is God«. Meister Eckhart's Book of Divine Consolation, Theol. Stud. 44, 1983, 570–586 – J. C. Frakes, Die Rezeption der neuplaton. Metaphysik des Boethius durch Alfred und Notker, PBB 106, 1984, 51–74 – J. Knape, Die ältesten Übers.en von Petrarcas 'Glücksbuch', 1986 – U. Mennecke-Haustein, Luthers Trostbriefe, 1989 – S. Grosse, Heilsungewißheit und Scrupulositas im späten MA. Stud. zu Joh. Gerson und Gattungen der Frömmigkeitstheologie seiner Zeit, 1994 – K. Ruh, Kritisches zu Meister Eckharts »Liber benedictus«, ZDA 124, 1995, 272–274 – Ders., Gesch. der abendländ. Mystik, Bd. III, 1996 [im Dr.].

IV. Englische Literatur: Lat. T. briefe in der spätantik-frühchristl. Tradition sind auch im ags. England bekannt (lat. Beileidsbriefe von Bf. Milred v. Worcester oder von Cuthbert an Ebf. →Lul v. Mainz anläßl. des Martyriums des →Bonifatius). Ae. T. briefe sind aber nicht überliefert; dasselbe scheint für me. T. briefe zu gelten. – T. motive als positive Folie im Fall einer allg. Verlustsituation sind aber sowohl in der ae. als auch in der me. Lit. vorhanden, so etwa in »þæs ofereode, þisses swa mæg« (→Deor), als Topos vom 'Tatenruhm der Toten' in der ae. heroischen Dichtung oder als Vergänglichkeitstopos des »sic transit gloria mundi« in den ae. Elegien (»Wanderer«; →Elegie, V) oder in der ae. und me. Erbauungslit.: ae. Homilien, me. →Predigten (B.V), →Wyclif, →Chaucer in den »Canterbury Tales« (»Tale of Melibeus«, »Parson's Tale«), Katechismen, Meditationen über die →Passion Christi (B. IV); in Beichtanweisungen (→Beichtformeln, C. III), asket. und spätme. myst. Schriften (Mystik, A. I): →»Ancrene Riwle«, Walter →Hilton (»The Scale of Perfection«), →»Cloud of Unknowing«, →Juliana v. Norwich, Margery →Kempe. – Fester Bestandteil sind T. motive in der me. Klagelit., wo sie allerdings wenig ausgestaltet und differenziert sind. In Gestalt der Trösterinnen in den me. Marienklagen (→Maria, C. VI) des →»Cursor Mundi« oder des geistl. →Dramas (VI) tritt der T. personifiziert auf. – Zur T.lit. zählen ebenfalls die fünf guten Einsprechungen der Engel gegen die fünf Anfechtungen des Teufels in der me. »Crafte of Dying« (→Ars moriendi, B. III). – Durchgängig ist der Einfluß der »Consolatio Philosophiae« des →Boethius auszumachen, die zw. dem Ende des 9. Jh. und dem Beginn des 15. Jh. mindestens dreimal ins Engl. übersetzt wurde (→Alfred d. Gr., Chaucer, John →Walton). Ihr Einfluß auf Chaucer kann kaum überschätzt werden, aber auch das »Testament of Love« von Thomas →Usk kann als persönl. consolatio in der Boethius-Tradition gelten. Inhaltl. und formal ist die »Consolatio« des Boethius ebenfalls in einigen spätme. Dichtungen feststellbar: »Pearl« (→Pearl-Dichter), John →Gower (»Confessio Amantis«), William →Langland (»Piers Plowman«), John →Lydgate (»Reson and Sensuallyte«), Jakob I. v. Schottland (»Kingis Quair«), Stephen →Hawes (»Pastime of Pleasure«). R. Gleißner

Lit.: M. M. Means, The Consolatio Genre in Medieval English Lit., 1972 – R. Haas, Die me. Totenklage, 1980 – P. Simms-Williams, Religion and Lit. in Western England 600–800, 1990.

Trotula (Trota), salernitan. Heilkundige des 12. Jh., kann als Autorin der »Practica secundum Trotam«, einem Traktat mit allgemeinmed., pädiatr., obstetr. und gynäkolog. Schwerpunkten, gelten. Biograph. Details der T. sind unbekannt; als mittelbare Verfasserin kommt sie noch für die 'Trot'-Abschnitte im Kompendium »De aegritudinum curatione« des verschollenen Breslauer Cod. Salernitanus in Betracht. Darüber hinaus sind mit dem Namen der T. drei weitere lat. Traktate v. a. frauenheilkundl. Inhalts verbunden: Eine ungerechtfertigte Zuschreibung, die zu vielen Spekulationen um die Person der T. und zu einem jahrhundertelangen Streit um die Verfasserschaft an den T.-Texten geführt hat. »T. maior«, »T. minor« und die eher kosmet. Wissen überliefernde Schrift »De ornatu« sind tatsächl. Kompilationen anonymer Verfasser aus antiken, salernitan. und arab. Quellen, die im europ. MA starken Einfluß im Bereich der →Frauenheilkunde ausübten. Teils einzeln, teils zusammen überliefert, sind über 120 Abschriften dieser lat. Traktate erhalten, daneben finden sich zahlreiche Übers.en, u. a. dt., ndl., engl., frz., katal. und it. Die bekannteste dt. Übers. stammt von Hans →Hartlieb, der die T.-Texte um 1465 mit der →Secreta-mulierum-Tradition zu einem umfassenden dt. Kompendium des gynäkolog.-obstetr.-sexualkundl. Wissens verbunden hat.

K. Bosselmann-Cyran

Ed.: Practica: M. H. Green [in Vorb.] – Hartliebs dt. Bearb.: K. Bosselmann-Cyran [in Vorb.] – *Lit.:* Verf.-Lex.² IX, 1083–1088 – J. F. Benton, T., Women's Problems, and the Professionalization of Med. in the MA, BHM 59, 1985, 30–53 – K. Bosselmann-Cyran, 'Secreta mulierum' mit Glosse in der dt. Bearb. v. J. Hartlieb, Würzburger med. hist. Forsch. 36, 1985.

Troubadours
I. Literaturhistorisch – II. Melodik.

I. Literaturhistorisch: T. (vom prov. *trobar*, 'finden, erfinden') ist die traditionelle Bezeichnung für eine Reihe von Dichtern aus verschiedenen Teilen Europas, die entsprechend einer in Südfrankreich entstandenen Mode, die sich danach auf dem ganzen Kontinent verbreitet hat, vom späten 11. bis zum Ende des 13. Jh. ihre von Melodien begleiteten Versdichtungen in okzitan. Koiné verfaßten. Als früheste Texte galten bislang die Dichtungen des *Coms de Peitieu*, der als Hzg. →Wilhelm IX. v. Aquitanien identifiziert wurde, am Ende der Periode stehen die *coblas* in aprov. Sprache, die →Friedrich III. v. Sizilien 1298 mit Hugo IV. v. →Ampurias wechselte. Die T. dichtungen wurden nicht nur an den prov. und frz., sondern auch an den Höfen in Norditalien (v. a. in Venetien), Katalonien und Portugal vorgetragen und mit Begeisterung gehört. Seit der Mitte des 13. Jh. in prachtvollen Hss. gesammelt, inspirierten sie Literaten und Musiker in ganz Europa (s. a. →Sizilianische Dichterschule) und gaben den Impuls zur Entstehung der nz. lyrischen Dichtung. Das in etwa 100 Hss. (von denen nur 5 die Melodien bewahrt haben) überlieferte Corpus umfaßt rund 2550 Dichtungen, die ca. 350 Autoren zugeschrieben werden können. Nur 5% davon sind Dichterinnen (→trobairitz), ihre Werke stellen 2% aller erhaltenen Gedichte dar.

Die Anfänge der T. dichtung müssen auf mindestens 1075 vorverlegt werden, wie sich aus einer neueren Entdeckung von B. Bischoff schließen läßt (Anecdota Novissima, 1984, 266–268): In »einer niederrhein. Terenz-Hs. aus dem Anfang des XI. Jahrhunderts« (London, BL, Harleianus 2750) finden sich auf dem oberen Rand von f. 94 v° einige Verse eines Liebesgedichts mit Musiknoten, in einer Sprache, die abgesehen von einigen auf den Schreiber zurückgehenden Germanismen als eine Art »Galloromanisch« oder »Protookzitanisch« erscheint.

Der Name T. selbst, der in der gesamten nz. Literaturgeschichte als Bezeichnung der ersten prov. Liebesdichter dient, hatte offenbar in den Anfangszeiten der okzitan. Lyrik eine negative Konnotation. Die ältesten Dichter bezeichneten sich gern als *chantadors*, 'Sänger', oder in scherzhafter Selbstironie als *joglars*, 'Spielleute' (was nicht selten zu Mißverständnissen führte und die Kategorie der angeblichen 'Spielleute' übermäßig erweiterte; →Spielmannsdichtung). Mindestens bis in die 70er Jahre des 12. Jh. diente der Begriff *trobadors* zur Bezeichnung von Dichterlingen ohne Inspiration, die sich bemühen, unnötig komplizierte metrische Formen und Melodien zu erfinden. Sowohl →Marcabru als auch →Cercamon z. B. kritisieren ferner die T. als Sittenverderber.

Seit dem 17. Jh. bezeichnet die Historiographie Wilhelm IX. v. Aquitanien als den ältesten T., von dem Dichtungen erhalten sind. Aber bereits um 1183 betont Geoffroi de Vigeois in seiner Chronik die Freundschaft (und Rivalität) zw. Wilhelm und seinem berühmten Lehnsmann →Eble II. de Ventadorn, auch er Verfasser von volksprachl. Liebesdichtung, den der Chronist mit seinem poet. Übernamen Cantor (prov. *Cantaire/Cantador*) definiert. Von ihm sind anscheinend keine Dichtungen erhalten, obgleich →Marcabru und →Bernart de Ventadorn in verschiedener Weise auf ihn als wichtigen literar. Lehrmeister eingehen. Der Begriff der literarischen »Schulen«, denen die verschiedenen T. angehört haben sollen, ist in der modernen Literaturgeschichte ein häufig wiederkehrendes Thema, dem vielleicht zuviel Bedeutung zugemessen worden ist. Insbes. wurde der Gegensatz zw. den Vertretern des →*trobar clus*, der verschlüsselten und hermet. Dichtweise (als dessen 'Schulhaupt' Marcabru gilt, der in der Folge von →Raimbaut d'Arenga nachgeahmt wurde), des *trobar leu*, einer einfachen und verständl. Art, zu dichten (v. a. bevorzugt von →Bernart de Ventadorn und kraftvoll verteidigt von →Guiraut de Bornelh) und den Vertretern des *trobar car*, eines pretiösen und verfeinerten Stils (dessen angesehenster Vertreter →Arnaut Daniel ist), stark hervorgehoben. Obgleich sich gewisse stilist. Unterschiede nicht leugnen lassen, sind die Polemiken unter den T. häufig nur Mittel zum Zweck und erscheinen nicht selten von subtiler Ironie geprägt. Mit Sicherheit läßt sich jedoch sagen, daß die gesamte okzitan. Dichtung für eine Elite von Kennern bestimmt ist, die imstande ist, Variationen über ein Thema und subtile Neuerungen gebührend zu würdigen. Auch aus diesem Grund kann die okzitan. lyr. Dichtung demjenigen, der die subtilen Nuancen, die aus jedem Stück ein einzigartiges, unwiederholbares dichter. und musikal. Ereignis machen, nicht erfassen kann, als monoton und zu Wiederholungen neigend erscheinen. Auch wenn die Basis des höf. Liedes stets das Lob der Frau und der Liebe bildet (insbes. als Möglichkeit der Befreiung und Emanzipation des Dichter-Ich), so ist das Repertoire der T. sehr vielfältig: Es umfaßt neben der →Canzone auch histor. und moral. →Sirventes, Tenso (→Tenzone) und Partimen sowie hybride Formen, die nur schwer den traditionellen Schemata zugeordnet werden können. Dieser themat. Vielfalt entspricht ein großer metr. und melod. Erfindungsreichtum, der in der ma. Lyrik einzigartig ist.

Traditionell unterscheidet man in der Forsch. drei große Perioden der T. dichtung. Die erste, von den Anfängen bis ca. 1150, umfaßt die bereits gen. Dichter →Wilhelm IX. v. Aquitanien, Jaufre →Rudel, →Cercamon und →Marcabru. Die zweite Periode (1150–1250) schließt die bedeutendsten Vertreter des sog. »grand chant courtois« ein. Am berühmtesten sind →Peire d'Alvernhe, →Bernart de Ventadorn, →Raimbaut d'Aurenga, →Guiraut de Bornelh, →Gaucelm Faidit, →Arnaut de Maruelh (dem die bedeutendsten →saluts d'amor [Liebesbriefe in Achtsilbern] zu verdanken sind), →Bertran de Born, →Arnaut Daniel, →Raimon de Miraval, Peire →Vidal, →Raimbaut de Vaqueiras (erster Versuch »mehrsprachiger« Lyrik). Die dritte Periode erstreckt sich von 1250 bis 1292 (dem Jahr, in dem die letzte Dichtung des Guiraut →Riquier entstand). Sie ist von moralist. Tendenzen geprägt; als ihr Hauptvertreter wird Peire →Cardenal angesehen, neben dem zumindest noch der Italiener →Sordello und der Katalane →Cerveri de Girona zu nennen sind.

Einer der Hauptgründe der sog. »Diaspora« der T. war sicher der →Albigenserkreuzzug (1208–29), der zur Vernichtung des bereits fragilen Systems der okzitan. Höfe beitrug. Vor den Repressionen flüchteten viele T. an die Höfe auf der Iber. Halbinsel und in Norditalien und verbreiteten dadurch ihre Dichtungsweise in Europa. Die Zusammenstellung großer Anthologien etwa seit 1280, v. a. in Italien, in denen Texte, die ursprgl. zum Vortrag mit Musikbegleitung bestimmt waren, schriftl. fixiert wurden, ist ein Zeichen für eine Art »Mythisierung« der T. dichtung, die sich auch in der Erfindung legendenreicher, faszinierender T. biographien (→vidas, razos) manifestierte. Die Gründung des »Consistori del gai saber« 1323 in Toulouse, das nach dem Willen seiner Gründer das Weiterleben der okzitan. Dichtung garantieren sollte, bedeutete in Wirklichkeit ihr Ende. L. Rossi

Bibliogr: A. PILLET–A. CARSTENS, Bibliogr. der T., 1933 [Nachdr. 1968] – R. A. TAYLOR, La litt. occitane du MA, 1977 – Bibliogr. de la litt. occitane du MA, hg. Assoc. Internat. d'Ét. Occitanes, 4 Bde, 1990–93, 1996 – D'A. S. AVALLE–L. LEONARDI, I mss. della lett. in lingua d'Oc, 1993 – M. L. SWITTEN, Music and Poetry in the MA, A Guide to Research on French and Occitan Song, 1100–1400, 1995 – [*zur Metrik*]: I. FRANK, Rép. métrique des t., 2 Bde, 1953–57 – P. BELTRAMI–S. VATTERONI, Rimario trobadorico prov., 2 Bde, 1988–94 – [*zur Gesch.*]: GRLMA VI, 1, 1968; II, 1, 1990 – R. NELLI, L'érotique des t., 1963 – U. MÖLK, Trobar clus – trobar leu, 1968 – L. T. TOPSFIELD, T. and Love, 1975 – G. CROPP, Le Vocabulaire courtois de T., 1975 – L. M. PATERSON, T. and Eloquence, 1975 – E. KÖHLER, Sociologia della »fin d'amor«, hg. M. MANCINI, 1976 – D. RIEGER, Unters. zum altprov. Sirventes, 1976 – U. MÖLK, Trobadorlyrik. Eine Einf., 1982 – J. GRUBER, Die Dialektik des Trobar, 1983 – M. MANCINI, La gaia scienza dei trovatori, 1984 – C. DI GIROLAMO, I Trovatori, 1989 – S. GAUNT, T. and Irony, 1989 – S. KAY, Subjectivity in T. Poetry, 1990 – Il punto sui trovatori, hg. M. MANCINI, 1991 – A. RIEGER, »Trobairitz«, 1991 – Lyrique romane médiév. La tradition des chansonniers, hg. M. TYSSENS, 1991 – M. L. MENEGHETTI, Il pubblico dei trovatori, 1992 – P. BEC, Écrits sur les t., 1992 – L. M. PATERSON, The World of the T., 1993 – S. ASPERTI, Carlo d'Angiò e i trovatori, 1995 – Cantarem d'aquesztz trobadors (Fschr. G. TAVANI, hg. L. ROSSI, 1995).

Ed. und Lit. zu T., die nicht in Einzelartikeln behandelt werden:
Alegret: *Ed.:* A. JEANROY, Jongleurs et t. gascons des XIIe et XIIIe s., 1923 – *Lit.:* U. MÖLK, Trobar clus–trobar leu, 91f. – **Amanieu de Sescars:** *Ed.:* G. E. SANSONE, Testi didattico-cortesi di Provenza, 1977 – **Arnaut Catalan:** *Ed.:* F. BLASI, Le Poesie del trovatore A. C., 1937 – **At de Mons:** *Ed.:* W. BERNHARDT, Die Werke des T. N'A. d. M., 1887 – **Bertran d'Alamanon:** *Ed.:* Le t. B. d'A., hg. J.-J. SALVERDA DE GRAVE, 1902 – *Lit.:* S. ASPERTI (Cantarem d'aquesztz trobadors, cit.), 169–234 – **Buvalelli (Rambertino):** *Ed.:* G. BERTONI, R. B. trovatore bolognese, 1907 – E. MELLI, R. B., Le poesie, 1978 – **Calega Panzan:** *Ed.:* A. CAVALIERE, Le poesie di C. P., 1938 – **Gui d'Uissel:** *Ed.:* J. AUDIAU, Les poésies des quatre t. d'Uissel, 1922 – **Gavaudan:** *Ed.:* S. GUIDA, Il trovatore G., 1979 – *Lit.:* M. PFISTER, La lingua in G., Studi Testuali, 3, 1994, 81–90 – **Guillem Augier Novella:** *Ed.:* M. CALZOLARI, Il trovatore G. A. N., 1986.

II. MELODIK: Über die Lied- und Melodiekunst der T. zu einigermaßen gesicherten Aussagen zu gelangen, ist wegen der Ausdünnung und Ambiguität der Q. schwierig. So einleuchtend die Annahme ist, der Ursprung liege vor den ersten Zeugnissen eines →Wilhelm IX. v. Aquitanien (Guilhelm de Poitiers) (1071–1126) und »L'escola N'Eblon«, so ungesichert sind die Hypothesen über die Herkunft. Guilhelm de Poitiers repräsentiert den der T. lyrik eigenen Problemkomplex: Von elf ihm zugeschriebenen

Dichtungen ist nur zu 'Pos de chantar' (P-C 183. 10) eine Melodie zu ermitteln, fragmentar., über den Umweg der Kontrafaktur. Sie verweist auf den →planctus, zugleich die »Urform« des okzitan. Klagelieds, des planh, d. h. auf schriftl. fixierte lat., religiös geprägte Poesie. Die berühmte alba des →Guiraut de Bornelh 'Reis Glorios' (P-C 242.64) wird sowohl mit Hymnen- als auch mit Kyriemelodik, auf jeden Fall mit liturg. Gesang in Verbindung gesehen. Dies ist nur ein Teil des mögl. Einzugsfeldes okzitan. weltl. Lyrik, zu dem auch der orale, volkssprachl. Bereich gehört. Schon im 16. Jh. wurde arab. Liedkunst als Einflußmoment diskutiert, in jüngster Zeit urteilt man aufgrund eingehenderer Q.kenntnis und method. Akribie abwägender (Muwaššaḥa/ḫarǧa→Arabische Sprache und Literatur).

Als hist. Phänomen wird die okzitan. Liedlyrik in Hss. (→Chansonniers) greifbar (Niederschrift bis zu 150 Jahre nach der Komposition). Zu ca. 2600 erhaltenen Dichtungen der T. sind nur reichlich 10% Melodien überliefert, namentl. in vier Hss. (G, R, W, X) – im Trouvèrebereich ist die Q.dichte entschieden größer. Die Hss. repräsentieren unterschiedl. Vermittlungswege; zahlreiche Melodien sind in mehreren, unterschiedl. stark abweichenden Versionen auf uns gekommen. Sichere Ausnahme: Die Melodien Guiraut →Riquiers, des neben Matfre →Ermengaud »letzten« T. – 89 Lieddichtungen, 48 mit Melodien, offenbar direkt aus seinem Liederbuch übertragen.

Vom historist. Konstrukt des »authentischen« Werkes ausgehend, hat man versucht, die Ursprungsfassung zu erspüren oder aus verschiedenen, abweichenden Versionen zusammenzusetzen (»musikalische Textkritik«). Gegen dieses Vorgehen richtet sich eine, die Versionen als gleichberechtigt, wenn auch nicht unkrit. wertende Analyse- und Editionspraxis. Sie favorisiert die sinnerkennende – von modalrhythm., die melod. Konturen verzerrender Aufbereitung freie – Betrachtung der Lesarten. Method. vermittelnd erscheint der Ansatz, differierende Versionen als unterschiedl. »Rekonstruktionen« einer »Matrix« zu begreifen.

Verbunden mit der für Analyse und Verstehen der T.melodik zentralen Quellenentschlüsselung ist das Rätsel der Vermittlungswege zw. T.werkstatt und »konservierender« Liederhs. Der Disput um »Liederblättertheorie« und »Repertoiretheorie« hat sich zunehmend aufgefächert – orale und schriftl. Fixierung und Weitergabe schließen einander nicht aus. Die Annahme einer in der T./Joglar- Praxis überwiegend mündl. Vermittlung der Melodien macht viele der Differenzen zw. den Fassungen verständlich.

Die Quellenlage facettiert nicht nur die melod. Erscheinungsform, sie affiziert auch die Gattungsbestimmung. Von den neun erhaltenen (profanen) alba-Texten (→Tagelied) etwa sind nur zwei mit Melodie überliefert: Guiraut de Bornelhs 'Rei glorios' (P-C 242. 64) und →Cadenets 'S'anc fui béla' (P-C 106. 14).

Die Unmöglichkeit statist. abgesicherter Gattungscharakteristik macht indes die Feststellung bemerkenswerter korrespondierender Elemente nicht überflüssig. Die Wiederholung der Verse 1 + 2 wie auch die, bei Cadenet geradezu emblemat. intensivierte Durchwirkung der Melodieverse mit der dorischen Intonationsformel $d^1 - (f^1) - a1 - d^2$ (Terzschichtung plus Quint-Quartstruktur) erweist Cadenets alba als Überformung derjenigen Guirauts de Bornelh. Beide Lieder runden die Oda continua-Form ab: Der mot-refranh »alba« bindet die Tongruppen des Melodieemblems vom Schluß ausgehend zusammen.

Das Problem der Gattungsdefinition in der T.melodik scheint nach wie vor weitgehend unlösbar. Die didakt. Handbücher der Zeit, die Razos de trobar (1190/1213), Regles de trobar (1286/1291) und die →Leys d'Amors (1332/1340) geben zu Stichwörtern wie alba, descort, planh, tenso, partimen (joc partit), sirventes, retrohencha (rotrouenge), vers und canso keine, unzureichende, ja widersprüchl. Auskunft. Sie bieten zudem fast ausschließl. Beiträge zu einer Poetologie des Textes, nicht der Musik; andererseits haben weder alba, planh und pastorela noch tenso, partimen und sirventes eine eigene musikal. Form ausgebildet. Sie folgen weitgehend der strukturell-formalen Vorgabe der canso, deren Text-Unterteilung der Strophe in frons und cauda (+ tornada [etwa: abab cdcd]) melod. nach zwei Grundrastern »ausgelegt« wird:

1. als Form mit pes-repetitiver frons: ||: **A B** :|| **CDEF** – d.h.: ||: A B :|| = frons mit zwei pedes (je pes zumeist zwei Verszeilen), CDEF = cauda – (auch als »Canzonen-Form« bezeichnet); oder, auf der Folie der Barform: **A A B**, d.h.: A [A B] = Stollen, B [CDEF] = Abgesang.

2. als »durchkomponierte« Oda continua (**A B C D | E F G H**; d.h. A B C D = frons, E F G H = cauda), ein von Dante (De vulgari eloquentia) geprägter Terminus.

Es ist indes gerade für die okzitan. Oda continua als durchkomponierte Form charakterist., daß sie einzelne, unterschiedl. verknüpfende Melodiezeilenwiederholungen aufweisen kann und von der Tongruppenverzweigung und -variation geradezu lebt, wie z. B. subtil andeutend, aber auch textgebunden hervorhebend in →Gaucelm Faidits planh auf den Tod von Richard Löwenherz 'Fortz chauza es' (P-C 167. 22; Hs. G, mvv 2/3 und 6/7).

Für die sog. »formes fixes« (→Ballade, →Virelai, →Rondeau) ist die T.kunst insofern von Bedeutung, als die canso – abgesehen vom Refrain! – einen Grundriß der Ballade (A A B) entspricht und so – cum grano salis – als deren »Vorform« angesehen werden kann. Weder Virelai noch Rondeau hingegen erscheinen in einer der T.hss. Aber es gab die dansa mit Refrain.

Beim →descort ('Zwietracht, Mißklang') – ca. 28 überlieferte Texte, drei mit Melodien – sind auch die musikal. Tatsachen widersprüchlich. Dies betrifft namentlich die an die →Sequenz gebundene Verwandtschaft mit dem →Lai, der als »Endlosform« paarweiser Wiederholung (AA BB CC ...) eine urtümliche, von der canso deutlich unterschiedene Prägung repräsentiert. →Aimeric de Peguilhans descort: 'Qui la ve en ditz' (P-C 10. 45) ist in der einen Hs. laiartig, in der anderen durchkomponiert. Doch hat der descort gewöhnl. originale Melodik, im Gegensatz zu tenso und partimen (dialogisierende Streitgedichte, letzteres dilemmatisch), die – wie das sirventes, zumeist Kontrafakta – entlehnte Melodien verwenden. Eigene Melodien haben →Peirols tenso 'Quant amors trobet partit' (P-C 366. 29), eine Oda continua, doch mit textadhäsiver Verklammerung von frons und cauda (V 2 = 5) und Tongruppenkorrespondenz (V 1+4 →9) (A B C D B E F G D_{Avar}) sowie die tenso Guirauts de Bornelh 'S' ie us quier conseill' (P-C 242. 69), mit aus pedes-Wiederholung gebildeter frons und offener cauda (||: A B :|| B_{var} C D E_{Dvar}). Wenn →Bertran de Born die fiktive (?) tenso Guirauts de Bornelh für sein sirventes 'Conseil vuoill dar' kontrafazierte, dann übernahm er eine gewiß reichere, doch nicht weniger konzise Melodie, verglichen mit seinen eigenen sirventes 'Rassa, tan creis' (P-C 80. 37), de facto eine Sirventes-Canzone und die einzige von ihm erhaltene Melodie. Möglicherweise bevorzugte man für diese streitbaren Lieder einen Lapidarstil mit einer Bandbreite von Charakteristika, die, nicht unbedingt komplett präsent, nur in textbedingter Melodie-Einfärbung »gestisch« präzis wurden: Rezitationstöne, engräumige Tonbewegung/Kontrastmelodik (Syllabik/Kurzzeilenmelismatik; Schritt-/Sprung-Melodik) – Verskadenzen vorwiegend nicht-melismatisch. Hierbei spielt freilich der Vortrag – nicht zuletzt das Tempo in Verbindung mit flexibler Rhythmik – eine wichtige Rolle.

Diese gesamte Problematik ist verknüpft mit der Frage nach den Charakteristika eines auch melod. sich ausprägenden »leichten« Stils (→trobar leu), den Guiraut de Bornelh in 'Leu chansonet' e vil' (P-C 242. 45) mit sehr ähnl. Mitteln demonstrativ gegen den »hermetischen« Stil (trobar clus) wendet. Damit verbunden ist die Frage der noch nicht geklärten, möglicherweise musikal. zu begründenden Unterscheidung von vers und canso. Als Exempel des trobar clus/ric/prim jedenfalls ist Arnaut Daniels →Sestine 'Lo ferm voler' (P-C 29. 14) beispielhaft für das sinngebende Ineinandergreifen komplexer Sestinenstruktur und Oda continua als »Entwicklungsformen«.

Verwiesen wird damit auch auf die – immer auch textmelodie-relevanten – Stilmerkmale einzelner T.: Insistierend aufsteigende Initialwendungen, textfokussierend eingesetzte Melismatik und formale wie tonale Balance unter vorherrschend verwendetem d-Modus bei →Bernart de Ventadorn; melismat. angereicherte Melodik bei Cadenet, →Folquet und Guiraut Riquier; Bevorzugung von Terz-, aber auch Quintschritten im »volksnahen« trobar leu-Stil Guirauts de Bornelh; Tonrepetition zu Beginn der Melodieverse bei Gaucelm Faidit und Folquet. In Aimeric de Peguilhans Oda continua-Auffassung erkennt man die Tendenz, innerhalb der »cauda« aus der Beziehungsvielfalt eine strukturell-formale Rundung zu erreichen. Vergleichbar ist das mit Guiraut Riquiers als »retrohencha« bezeichneten Stücken, bei denen sich die cauda – nach der Doppelversiederholung der frons – als eigenständige Wiederholungsstruktur, und damit als (relativ) geschlossener Formteil erweist. Indes ist etwa auch bei Blacasset (P-C 96. 2; vgl. die Quintsprung-Tongruppe V 5 und 8) diese Tendenz zur »eingeschnürten cauda« im Ansatz erkennbar.

Es wäre durch eingehendere Untersuchungen zu prüfen, ob sich hier nicht eine Entwicklung verfestigt, die mit Jaufre →Rudel und →Marcabru beginnt, sich u. a. über Peire →Vidals vernetzungsreiche, intervallfreudige (Terz/Quint-)Melodik und Guirauts de Bornelh formale Rückbeziehungsmelodik fortsetzt: Die Entwicklung einer trobadoresken »ars combinatoria« der Tongruppen, die speziell aus der »durchkomponierten« Form der Oda continua und in Korrespondenz mit dem Text ein »motivisches« Bezugsgeflecht und zunehmend deutlichere musikal. (Wiederholungs-)Strukturen hervortreibt, wie sie sich in der sog. »Rundkanzone« (‖: A B :‖ C D E ... B) schon früh abzeichnen. Diese integrierende Betrachtung müßte auch die Entwicklung der gerade von den T. teilweise recht frei gehandhabten [kirchen-]tonalen Modi einbeziehen. K. Kropfinger

Ed.: H. van der Werf, The Extant T. Melodies, 1984 [Bibliogr.] – Lit.: B. Stäblein, Eine Hymnusmelodie als Vorlage einer prov. Alba (Misc. H. Anglés, 2 Bde, 1958–61), 889–894 – A. Lang, Die musikal. Überlieferung des prov. Minnesangs [unveröff. Diss. Erlangen/Nürnberg 1962] – B. Stäblein, Zur Stilistik der T.-Melodien, Acta Musicol. XXXVIII, 1966, 27–46 – H. van der Werf, The Chansons of the T. and Trouvères, 1972 – H. Anglés, Les melodies del trobador Guiraut Riquier (Ders., Scripta Musicol. I, 1975), 449–529 – W. Arlt, Zur Interpretation zweier Lieder: A Madre Deus und Reis Glorios, Basler Jb. für hist. Musikpraxis I, 1977, 117–130 – P. Gülke, Mönche, Bürger, Minnesänger, 1980 – J. Gruber, Die Dialektik des Trobar, 1983 – N. Gossen, Musik und Text in Liedern des Trobadors Bernart de Ventadorn, Schweizer. Jb. für Musikwiss. NF 5/5, 1984/85, 9–40 – G. A. Bond, The Last Unpublished T. Songs, Speculum 60, 1985, 827–849 – M. Switten, The »cansos« of Raimbaut de Miraval, 1985 – W. Arlt, Musica e testo nel canto francese (La Musica nel Tempo di Dante, Quad. di Musica/Realtà, 1988), 173–197 – A Handbook of the T., hg. F. R. P. Akehurst–J. M. Davis, 1995.

Trouvère
I. Literarisch – II. Melodik.

I. Literarisch: T. (afrz. *troveor*) bezeichnet den eigenverantwortl. Verfasser eines höf. Liedes und schließt gewöhnl. die musikal. Komposition und den Vortrag ein, während der Jongleur (afrz. *jogleor*) meist dem nichthöf. Bereich zugeordnet wird und sich auf den bloßen Vortrag beschränkt. Der T.-Status bezieht sich auf ein Können, nicht auf den sozialen Stand oder Beruf. Im Zuge der Verbürgerlichung der höf. Lyrik fungieren auch Kleriker und Handwerker als T.s. Die Bezeichnung *ménestrel* (Spielmann) gilt demgegenüber für den professionellen →Spielmann, der zugleich als T. hervortreten kann (wie etwa Colin →Muset im 13. Jh.). Die T.poesie umfaßt daher im engeren Sinn die Gesamtheit individuell verfaßter Lieder innerhalb des höf. Gattungssystems Nordfrankreichs, unabhängig von registerspezif. und sozialen Unterschieden. Im weiteren Sinn wird jedoch das überlieferte Gesamtcorpus zum Gesang bestimmter Lieder (ca. 2500) einschließlich der sog. volkstüml. (oft fragmentar.) und anonymen Lieder dazugerechnet (vgl. N. Rosenberg–H. Tischler, 1981 und 1995). Der Zeitraum dieser lyr. Produktion umfaßt etwa 150 Jahre (1150–1300).

Im Rahmen einer wahrscheinl. bereits bestehenden volkstüml. und klerikalen Liedtradition begründet →Chrétien de Troyes (zw. 1160 und 1170) mit den beiden ihm zugeschriebenen Canzonen »Amors tençon et bataille« (RS 121, MW 1370) und »D'Amors qui m'a tolu a moi« (RS 1664, MW 1136) die höf. Lyrik nach dem Vorbild der →Troubadours bzw. im Wettstreit mit diesen. Als spätestes Enddatum gilt das Jahr 1328 (Thronbesteigung Philipps v. Valois), das für den Übergang zur mittelfrz. Phase der sog. »Seconde Rhétorique« (mit der Entstehung eines neuen Gattungssystems der festen Formen und der Ablösung der Lyrik von der Musik) steht. Schon davor weisen die nicht-lyr. Strophenformen (G. Naetebus, 1891) und v. a. die *dits* und *complaintes* von →Rutebeuf (Mitte 13. Jh.) auf das Vordringen einer geschriebenen, rhetor. Dichtung des *dictier* gegenüber dem afrz. Begriffsbereich des gesungenen Liedes (*chant, chançon, son, sonet* etc.).

Vom Reichtum dieser musikal. Tradition, auch im Vergleich mit Südfrankreich, zeugen die zahlreichen erhaltenen Melodien, die – relativ unabhängig vom Text – mit und ohne instrumentale Begleitung vorgetragen wurden. Dabei konnte wohl eine Melodie für mehrere Texte dienen, aber auch umgekehrt ein Text nach mehreren Melodien gesungen werden. Charakterist. für das lyr. Corpus dieses Zeitraums sind etwa 500 Tanzlieder mit fester Form und Refrain (*ballete*, →*rondel* oder *rondet de carole*, →*virelai* oder *vireli*), erhalten meist in Form von Einschüben in erzähler., dramat. oder allegor.-didakt. Werken (F. Gennrich, 1921), die →*estampie*, ein Tanzlied mit festen oder variablen Strophen ähnlich dem lyr. →Descort (W. O. Streng-Renkonen, 1930; Chr. Schima, 1995), sowie die wachsende Beliebtheit der dreistimmigen →Motette (namentl. zuerst bei →Adam de la Halle) in der zweiten Hälfte des 13. Jh. (F. Gennrich, 1958). Auch die Tanzlieder legen eine choreograph. Stimmenverteilung nahe, wie sie möglicherweise gleichfalls für das virtuose Tagelied »Gaite de la tor« (RS 2015, MW 475) anzunehmen ist. Die auffällig große Rolle der (festen oder variablen) →Refrains (N. VAN DEN BOOGAARD, 1969; E. DOSS-QUINBY, 1984) verweist ebenfalls auf die Bedeutung des musikal. und choreograph. Elements und belegt (ähnl. wie in Estampie und Motette) die Existenz eines ungewöhnl. breiten, nicht mehr individuell zuschreibbaren, zitathaften und beliebig abrufbaren Formelschatzes.

Stärker als die Troubadourlyrik (→Troubadours) steht die höf. Lyrik Nordfrankreichs mithin von Anfang an in der Nachbarschaft und unter dem Einfluß volkstüml. Tradition, die im 13. Jh. zu einem bewußten stilist. Spiel mit populären Formen, Registern, Elementen und Versatzstücken Anlaß gibt. P. BEC bescheinigt der prov. →Pastourelle, sie sei vergleichsweise »plus aristocratique, plus courtoise, plus élaborée dans son langage et dans ses structures formelles« und hebt auf der anderen Seite die pittoreske, parafolklorist. »facture [...] plus popularisante« (BEC 1977, 122) der nordfrz. Tradition hervor. Dieses Urteil scheint verallgemeinerungsfähig zu sein. In gattungstypolog. Perspektive fällt die Tatsache auf, daß eine Reihe inhaltl.-themat. bestimmter Gattungen wie das (seltene) →Tagelied (aube), das Frauenlied (chanson de femme), die Pastourelle, das religiöse Lied (chanson pieuse) sowohl in der höf. →Canzonenstrophe als auch in volkstüml. Formen oder Tanzliedern verfaßt sein können, wobei die Wahl der metr. Form zugleich stilist. und registerspezif. Konsequenzen hat. Umgekehrt kann die reverdie, ein Frühlingsgedicht mit dem zentralen Motiv der Begegnung, als myth. höf. Variante der realist. erot. Pastourelle verstanden werden, die sich in der Form der chanson de rencontre wiederum dem höf. Register annähert. Die in großer Zahl (ca. 160, gegenüber 30 prov. Beispielen) – häufig anonym – überlieferten Pastourellen bezeugen die Lust am spieler. Registerwechsel, die den soziopsychol. 'entlastenden' Charakter der Gattung gegenüber dem höf. →Minnesang deutlich macht.

Unmittelbare Rückschlüsse auf das Alter oder den »ursprünglichen« Charakter eines Liedes sind in dieser synkretist. Situation nicht möglich, da man grundsätzl. von gewollten stilist. Interferenzen ausgehen muß. So wählt etwa Kg. Richard Löwenherz für sein Klage- und Rügelied (chanson historique) »Ja nus hons pris ne dira son reson« (RS 1891, MW 42, entstanden 1192–94) nicht die bei den Troubadours übliche Canzonenform des →sirventés/serventois, sondern die archaisierende Form der →rotrouenge (aaaaaB), die bes. für das ep. Register der →chanson de toile oder chanson de femme typisch ist, aber auch in Pastourellen Verwendung findet. Ein →Audefroi le Bastart ahmt im 13. Jh. den archaischen Stil der volkstüml. ep. »Romanzen«, chansons de femme, chansons de toile oder chanson d'histoire, in einer leicht preziösen Sprache nach und verweist damit auf die Beliebtheit dieser Art von höf. Folklore, die auch in den lyr. Einschüben in erzählenden Werken (Guillaume de Dole [Jean →Renart], Le Châtelain de Couci [→Coucy, Kastellan v.], Cléomadès, Méliacin, Roman de →Fauvel usw.) deutlich wird. Bes. die oben genannte einstrophige rondel oder rondet de carole (Grundform A B a A a b A B) sowie die wahrscheinl. davon abgeleiteten dreistrophigen Refrain-Tanzlieder virelai/vireli und ballette erscheinen als Idealtypen registerübergreifender, zugleich popularisierender und höf. Gattungen. Das Corpus von 198 erhaltenen, meist anonymen rondels umfaßt auch die Namen bekannter T.s der zweiten Hälfte des 13. Jh., →Adam de la Halle, →Jean Acart de Hesdin, →Guillaume d'Amiens und →Jehannot de l'Escurel. Die ideale Mitte zw. Spielmannslyrik und höf. Spiel repräsentiert Colin →Muset (nach 1230). Bewußt variiert und vermischt er themat. und formale Tradition (von der einreimigen Spielmanns-laisse bis zur Canzonenstrophe) und benutzt die höf. Canzone z. B. auch zum Ausdruck des Registers der Lebensfreude (bonne vie) und einer fröhlichen, aus dem Kontext höf. Liebe befreiten Erotik.

Stärker als die prov. Lyrik ist die T.lyrik ungeachtet ihrer formelhaften Elemente hist. Veränderungen unterworfen. Vertreter der ersten 'Generation' (Chrétien de Troyes, Châtelain de Couci, →Gace Brulé und →Blondel de Nesle) begründen zw. 1160 und 1210 den Vorrang der höf. Canzone (»grand chant courtois«), deren Pendant, das Rügelied (serventois) in Canzonenform übrigens anders als im Prov. nur noch selten benutzt wird, während das Klagelied (planh) fast völlig verschwindet. Die satir. Poesie (A. JEANROY–A. LÅNGFORS, 1965²), dem höf. Gattungssystem weitgehend entzogen, ist jetzt v. a. Stadtpoesie und hat häufig parodist. Funktion. Das zum Vortrag an Fs.enhöfen bestimmte und je nach der Herkunft des Sängers dialektal geprägte Liedcorpus dient im Gegensatz zu den leichten Tanz- und Liebesliedern oder der 'Männerpoesie' der Pastourelle der zeremoniellen Selbstbestätigung der adligen Gesellschaft. Im Unterschied zum prov. canso ist der »grant chant courtois« weniger bildhaft und kraftvoll (z. B. tritt der Bildbereich der Freude und Jugend zurück), auch formal weniger kunstvoll, dafür jedoch psycholog. komplexer und stärker subjektzentriert (M. ZINK, 1985). Deutlich ist die Entwicklung begriffl. variierter Subjektivität innerhalb des gen. Zeitraums (vgl. G. LAVIS, 1972; G. ZAGANELLI, 1983). Psycholog. Komplexität und Gebrochenheit dokumentiert überdies der höf. descort (ein heterostroph. Lied), der bereits bei Gautier de Dargies belegt ist. In der Folge verlagert sich der soziale Schwerpunkt dieser Lyrik wenigstens teilweise von den Höfen in die nordfrz. Städte, bes. Arras; und im Zuge dieser Entwicklung setzt sich eine pikardisierende Koiné durch. (Eine Sonderrolle spielen die anglonorm., in England entstandenen Lieder.) Nicht nur treten, wie schon bisher, nichtadlige Sänger an den Höfen auf (vgl. Adam de la Halle), sondern adlige Sänger frequentieren auch städtische, von den Handwerker-→puys organisierte Feste, ja beteiligen sich sogar im Rahmen der außerordentl. beliebten Streitgedichte mit festen Spielregeln (jeux-partis) am Wettstreit mit bürgerl. Sängern. Im Gegensatz zu dem kaum repräsentierten Streitgedicht, tenson (→Tenzone), das unmittelbar Rede und Gegenrede voraussetzt, wirft im jeu-parti der Sänger der ersten Strophe ein typ. Dilemma der höf.-amourösen Kasuistik auf und läßt dem Partner die Wahl, welche Position er verteidigen will. Neben den Ritterdichtern, →Gautier d'Epinal, Jean de Neuville, →Raoul de Soissons und den hochadligen Vertretern wie Johann v. Brienne, →Philippe de Remy, Hugo v. Lusignan, Karl I. v. Anjou oder →Heinrich III., Hzg. v. Brabant, bes. aber →Tedbald (Thibaut) de Champagne, Kg. v. Navarra, dem letzten großen Vertreter höf. Lyrik, steht im 13. Jh. eine große Zahl namentl. bekannter bürgerl. Sänger (→Gautier de Coinci, →Richart de Semilli, Jean →Bodel, →Jean Bretel, →Guillaume le Vinier, Jean Erart, Lambert de Ferry, →Moniot d'Arras, Moniot de Paris u. a.) und anonymer Autoren, die sich im städt. Umfeld situieren und den höf. Preis der Dame nicht mehr als selbstverständl. Ausdruck adliger Prätention, sondern gleichsam als selbstlegitimierende 'Freizeitbeschäftigung' kultivieren.

In den Sängerwettstreiten wird die höf. Liebeskasuistik folglich zum Gegenstand häufig iron. Diskussionen. In den Liebesliedern klerikaler und handwerkl. Autoren der Stadt tritt z. B. die pucelle, die Freundin oder Geliebte (Adam de la Halle, Simon d'Authie, →Richard de Fournival), ja sogar die Ehefrau (Jacques de Cysoing, →Robert de Castel) an die Stelle der höf. Dame. Oder aber der Lobpreis gilt nicht so sehr der Dame als vielmehr dem Prinzip *Amour* selbst und tendiert insofern zur Selbstreflexivität, als die virtuose Handhabung einer vorgegebenen Problemstellung, im Extremfall sogar die Legitimität der höf. Liebeskonzeption im Vordergrund steht, und das Stichwort *Amour* die registerspezif. Gestimmtheit des Sängers bezeichnet. Bes. symptomatisch erscheint in diesem Kontext die zunehmende Bedeutung der religiösen Lyrik, die sich seit →Gautier de Coinci der etablierten Formen und Formeln der höf. Lyrik in kontrafakt. Art bedient. Überwiegend nimmt →Maria hier den Platz ein, der im höf. Lied der Dame zukommt. Das Marienlied ist so Ausdruck des Paradigmenwechsels innerhalb des höf. Systems, der sich schon Anfang des 13. Jh. bei Gautier de Coinci programmat. ankündigt (R S 491 a 526, MW 852). In den religiösen *serventois* (Canzonenstrophe mit Refrain) des SpätMA setzte sich diese städt. Tradition über das 13. Jh. hinaus bruchlos fort.

Die – wiederum im Vergleich mit den Troubadours – weitaus größere Zahl überlieferter Texte verweist, verbunden mit der Proliferation der Namen, auf den 'Demokratisierungsprozeß', der mit der epigonalen Pflege und Weiterentwicklung der Gattung verbunden ist. Die höf. Lyrik wird zum Vehikel par excellence einer in der Stadtkultur sich anbahnenden, schichtenübergreifenden »Interkulturalität«. Dies v. a. auch deshalb, weil anders als in der prov. Tradition mit ihrer programmat. Unterscheidung eines *trobar leu, trobar ric* und →*trobar clus* keine merkl. stilist. Differenzierungen zw. adlig-höf. und städt. 'Minnesang' festzustellen sind, und das mittlere und vermittelnde *trobar plan* zu einer weitgehenden stilist. Normierung führt, welche die neue kommunikative und offene Konzeption der höf. Lyrik – parallel zum höf. Roman – beleuchtet (DRAGONETTI, 1982, 71f.). Diese ständeübergreifende Tendenz bereitet das Dichtungsideal der »Seconde Rhétorique« vor. Formale und stilist. Kontaminationen, die Neufunktionalisierung volkstüml. Elemente und Formen (wie des einfachen Refrainliedes *rotrouenge*), das Interesse an unregelmäßig-heterostroph. Formen (*lai, descort, estampie*) und an spieler. Varianten einer nonsense-Poesie (*sotte chanson, fatras, fatrasie, rêverie* →Unsinnsdichtung) – all dies bezeugt die experimentelle Öffnung des höf. Systems der Lyrik zu einer 'poésie formelle' (R. GUIETTTE, 1960) neuer Art. F. Wolfzettel

Bibliogr., Repertorien: A. JEANROY, Bibliogr. sommaire des Chansonniers frç., mss. et éditions, 1918, 1965² – H. PETERSEN DYGGVE, Onomastique des t., 1934 – G. RAYNAUD, Bibliogr. des altfrz. Liedes, neu bearb. und ergänzt von H. SPANKE, 1955 [Sigle: RS] – H. J. VAN DEN BOOGAARD, Rondeaux et refrains du XII° s. au début du XIV°, 1969 – U. MÖLK-F. WOLFZETTEL, Rép. métrique de la poésie lyrique frç. des origines à 1350, 1972 [mit Anhang; Sigle: MW] – R. W. LINKER, A Bibliogr. of Old French Lyrics, 1979 – *Ed.:* K. BARTSCH, Altfrz. Romanzen und Pastourellen, 1870 [Nachdr. 1967] – E. JÄRNSTRÖM, Recueil de chansons pieuses du XIII° s., Bd. I, 1910 – F. GENNRICH, Rondeaux, Virelais und Balladen aus dem Ende des XII., dem XIII. und dem ersten Drittel des XIV. Jh., 1921 – E. JÄRNSTRÖM-A. LÅNGFORS, Recueil de chansons pieuses du XIII° s., Bd. II, 1927 – I. FRANK, T. und Minnesänger. Recueil de textes, 1952 – F. GENNRICH, Bibliogr. der ältesten frz. und lat. Motetten, 1958 – A. JEANROY-A. LÅNGFORS, Chansons satiriques et bachiques du XIII° s., 1965² – J. MAILLARD, Anthologie de chants de t., 1967 – J.-C. RIVIÈRE, Pastourelles, 3 Bde, 1974–76 – P. BEC, La lyrique frç. au MA (XII°–XIII° s.), Bd. 2: Textes, 1978 – N. ROSENBERG, H. TISCHLER, M.-G. GROSSEL, Chansons des T., 1995 (überarb. Ausg. Chanter m'estuet. Songs of the T., 1981) – H. SPANKE, Eine altfrz. Liedersig. Der anonyme Teil der Liederhss., 1925 – W. O. STRENG-RENKONEN, Les estampies frç., 1931 – H. SPANKE, Volkstümliches in der altfrz. Lyrik, ZRPh 53, 1933,

258–286 – M. ZINK, Les chansons de toile, 1978 – *Lit.:* G. NAETEBUS, Die nicht-lyr. Strophenformen des Altfrz., 1891 – F. GENNRICH, Gdr. einer Formenlehre des ma. Liedes, 1932 – R. DRAGONETTI, La technique poétique des t. dans la chanson courtoise, 1960 – R. GUIETTE, D'une poésie formelle en France au MA (DERS., Questions de litt., 1960) – J. FRAPPIER, La poésie lyrique frç. aux XII° et XIII° s., 1966 – G. LAVIS, L'expression de l'affectivité dans la poésie lyrique frç. du MA (XII°–XIII° s.), 1972 – M. ZINK, La pastourelle, 1972 – P. ZUMTHOR, Essai de poétique médiévale, 1972 – P. BEC, La lyrique frç. au MA (XII°–XIII° s.), Bd. 1: Études, 1977 – R. DRAGONETTI, Le gai savoir dans la rhétorique courtoise, 1982 – G. ZAGANELLI, Aimier – sofrir – joïr. I paradigmi della soggettività nella lirica francese dei sec. XII–XIII, 1982 – J. GRUBER, Die Dialektik des Trobar. Unters. en und Entwicklung des occitan. und frz. Minnesangs des 12. Jh., 1983 – F. WOLFZETTEL, Die ma. Lyrik Nordfrankreichs (Lyrik des MA, I, hg. H. BERGNER, 1983), 391–578 – E. DOSS-QUINBY, Les Refrains chez les t. s du XII° s. au début du XIV°, 1984 – A. JEANROY, Les origines de la poésie lyrique en France au MA, 1989³ – M. ZINK, De la poésie lyrique à la poésie personelle (DERS., La subjectivité littéraire, 1985), 47–74 – C. SCHIMA, Die Estampie [Diss. Utrecht 1995] – M. ZINK, Le MA et ses chansons, 1996.

II. MELODIK: Die Text-Melodiekunst der →Troubadours und die der T. überlappen sich zeitl. und in ihren Persönlichkeiten, aber auch in ihren Problemfeldern. Das Repertoire der T. – von →Chrétien de Troyes, →Guiot de Provins, →Gace Brulé und →Conon de Béthune bis →Adam de la Halle – dokumentieren ca. 2500 Gedichte und wenigstens 1500 Melodien; doch damit ist auch die vermittlungs- und quellenbedingte Versionsbreite der Melodien größer und komplizierter geworden.

Q.wert und Rezeptionscode der etwa zwei Dutzend →Chansonniers und Fragmente, die dieses 'gespleißte' Melodienfeld vermitteln, werden kontrovers beurteilt: 1. Es handelt sich um Dokumente schriftl. Quellenfiliation, die Spuren zurück zur Authentizität, zur »eigentl.« Fassung weisen, sich aber zugleich im Überlieferungsdelta verlieren; 2. Nicht das Stemma verbürgt 'Authentizität', vielmehr ist die Vielfalt melod. Fassungen ihre Wahrheit. 3. Eine angemessenere Annäherung an den Begriff der Authentizität, im Sinne einer Aberrationstoleranz im Feld der Lesarten, kann in der Unterscheidung eines zentralen Melodiencorpus und eines Randbereichs gesehen werden, der durch Hss. ebenfalls vermittelten »Contraposita«, als 'Neukompositionen', umfaßt. Die Frage, inwieweit zu Mehrfachkompositionen auch der Dichter-Komponist selbst beigetragen haben mag, wird hierbei nicht gestellt.

Der im 13. Jh. kulminierende Einfluß der Troubadourmelodik auf die T. melodik ist an einer Reihe von Phänomenen erkennbar; doch es gab auch Einwirkungen in umgekehrte Richtung. Wohl zw. 1197 und 1201 unterlegte der Troubadour →Raimbaut de Vaqueiras einer (instrumentalen) →Estampie seinen Text »Kalenda maya«. Die Auskunft des Kommentars (razo) über die Herkunft des Stückes erscheint glaubwürdig, da aus dem nordfrz. Raum eine fast ident. Estampie (RS 1506) – wie »Kalenda maya« Melodienpaare (*puncta*) lai- bzw. sequenzartig reihend – überliefert ist. Ist dies ein Zeichen der Wirkungsrichtung tänzer., damit auch metr. period. gebundener Formen – es gibt im okzitan. Raum weitere fünf Beispiele des Genres), so steht umgekehrt →Bernart de Ventadorns mehrfach kontrafaziertes Lerchenlied (P-C 70. 43) für die Ausstrahlung der okzitan. Canzone nach Norden – nicht anders als Jaufre →Rudels von →Walther von der Vogelweide kontrafaziertes Lied »Lanquan li jorn« die europ. Rezeptionsweite okzitan. Minnelyrik dokumentiert. Daß bei weitem nicht alle Vernetzungswege dieser Art auch musikal. dokumentierbar sind, hängt – wie etwa im Falle von Conon de Béthunes Kontrafakta »Bele douce dame chiere« (R 1325), »Mout me semont amors« (R 1837) und »Tant ai amé« (R 1420) nach Gedichten →Bertrans de Born

– mit der schmalen musikal. Überlieferungsrate aus dem Bereich der Troubadours zusammen. – Beachtenswert ist zudem, daß die frühesten erhaltenen Beispiele für den – in der Langue d'oïl seltenen – →descort einem T., →Gautier de Dargies, angehören (RS 539, RS 416).

Die Verlagerung der Genres und Werke änderte deren Wirkungskontext, doch nicht automatisch die Erscheinungsform. Das wird deutl. am Jeu-parti (oder joc partit; 182 erhaltene Stücke, davon 105 mit Melodie). Wie beim partimen sind die Melodien der Jeux-partis gewöhnl. Kontrafakta, ihre Form ist die der canso (grand chant courtois), sei es mit Wiederholung des pes in der frons oder als Oda continua. So zeigt →Guillaume li Viniers Jeu-Parti »Sire, ne me celez mie« (R 1185) die Wiederholungsform der 'Canzone' (‖: A_1 B :‖ A_2CDEFG) ebenso wie →Adam de la Halles »Adan, si soit« (R 359) und →Jehan Bretels Jeux-partis (R 693, R 1346), während des letzteren »Adan, a moi respondes« (R 950; ABCDEFG$_1$HG$_2$I) und Adam de la Halles »Assignés ci, Grieviler, jugement'« (RS 690) als Oda continua gebildet sind.

Während im Jeu-Parti der Wechsel des Gesang-Gesprächs zw. den Kontrahenten die Rezipienten hörend bindet, öffnet sich in anderen Genres die musikal. Struktur zur (virtuell) aktiven Teilnahme über den Refrain. Das wird bes. deutlich beim Rondel (Struktur A B A A B A B). Als Refrains de Caroles hat Adam de la Halle diesen Wechsel zw. Vorsänger und chor. Refrain z. B. in sein »Jeu de Robin et Marion« wie auch in →Motetten und →Rondeaux eingeblendet. In seinem Chanson-Œuvre indes hat Adam nur ein Stück (RS 612) mit Endrefrain versehen und der →Ballade angenähert. Dafür zeigen seine dreistimmigen Rondeaux mit nur einer Strophe und einem ein- bis dreilinigen Refrain, der partiell auch in der Mitte wiederholt wird, die typ. Struktur der Gattung (AB[C] AB AB AB[C] AB[C]). Ganz anders sind wiederum die Romanzen des T. →Audefroi le Bastard gebaut, die unterschiedl. Wiederholungsformen des Beginns (im Ansatz laiartig) mit Endrefrain verbinden.

Die →Pastourellen →Guillaume li Viniers (RS 1350), Jehan →Bodels (RS 367) und →Richarts de Semillis (RS 1385, RS 527) zeigen, daß im T.bereich Refrainformen und volkshafte Elemente für diese Gattung bes. Bedeutung erlangt haben. Des Troubadours →Marcabru berühmte, ca. 50 Jahre früher entstandene Pastourelle »L'autrier iost'una sebissa« (P-C 293. 30) hat keinen Refrain, doch kann man ihr schon bestimmte Strukturlinien der Gattung entnehmen: Eine überaus schlichte und eingängige, wiederholungsreiche Melodiebildung, die dem mot-refranh »vilayna« mit dem »da capo«: mv 5=6 einen, hier noch 'inneren' musikal. Refrain echogleich folgen läßt. Bemerkenswert ist, daß auch die beiden Pastourellen eines höf. T., Thibauts de Navarre (→Tedbald IV., Gf. v. Champagne) – Canzonen mit pes-Wiederholung (RS 342, RS 529) –, keinen Refrain haben.

Die in Canzonenform mit pes-Wiederholung gebildete »Chanson historique« von Kg. →Richard Löwenherz »Ja nus hons pris ne dira sa raison« (RS 1891) zeigt, daß die →Rotrouenge auch im nordfrz. Bereich keine feste Form ausgebildet hat. Melodien wie die von →Gontier de Soignies (RS 636, RS 2031) und →Guiot de Dijon (RS 21) deuten in der Verbindung von Melodiezeilenreihung und Refrainbildung bestimmbare formale Umrisse an, ohne den Schatten des grand chant courtois abschütteln zu können.

Auch für die fünf nordfrz. aubes (gegenüber neun okzitan. albas; →Tagelied) ist noch die Form der Canzone gültig. Ein Beispiel hierfür ist die Melodie von »Gaite de la tor« (RS 2015). Nicht häufiger als die alba ist in der T.kunst der →planh. Immerhin wurde →Gaucelm Faidits berühmter planh auf den Tod von Richard Löwenherz (P-C 167. 22) Vorbild für »E, serventois, arriere t'en revas« (RS 381) – und damit dessen Oda continua-Form. Gleichermaßen sind die Formvarianten der okzitan. canso für die raren Beispiele der tenson (→Tenzone) – auch in der T.kunst gewöhnl. als Kontrafaktum – verbindl. geblieben (RS 2029, →Philippe de Remi zugeschrieben, RS 925, anonym).

Die Form, in der sich gleichsam grand chant courtois und Refrain verbinden, die →Ballade (‖: AB:‖ CDE ... + refr.), erfährt bei den T. einen entscheidenden Entwicklungsschritt. Die Gesamtzahl ist freilich nicht allzu groß, und die Verbreitung schwankt von Œuvre zu Œuvre – Blondel de Nesle: 0; Gautier de Dargies: 0; Châtelain de Coucy: 1; Conon de Béthune: 0; Gace Brulé: 4; Thibaut de Navarre: 4; Moniot d'Arras: 4; Moniot de Paris: 8 [7]; Colin Muset: 0; Audefroi le Bastard: 1; Adam de la Halle: 1. Bei Moniot de Paris handelt es sich in mehreren Fällen um laiähnl. Versreihungen mit Refrain, also eher um »Annäherungen« an die (definitor. vage) »Rotrouenge«. Auch in der T.kunst besteht also unzweifelhaft ein Übergewicht des grand chant courtois. Doch innerhalb der Canzone haben sich die Gewichte verschoben: Troubadours: mit pes-Wiederholung: ca. 31%. Oda continua: ca. 45%. T.: mit pes-Wiederholung: ca. 84%. Oda continua: ca. 8%. Dies sind nur ungefähre Zahlen, bedingt durch die Forschungslage: quellenabhängige Lesartenabweichungen greifen auch strukturumwandelnd ins melod. Gefüge ein, relevant auch für die Tonartenbestimmung.

Das Übergewicht der Canzonenform mit pes-Wiederholung verändert im T.-Chanson die Gewichte der melod. Beziehungen innerhalb der cauda, v. a. aber die Korrespondenz zw. cauda und frons. Die eher locker gesponnenen Verbindungsfäden der Oda continua, die sich individuell abweichend und ausgeprägt bei sehr vielen Troubadours finden, tendieren im pedes-Gerüst des grand chant courtois zunehmend zur Verstrebung (Thibaut RS 741; Adam de la Halle RS 632; Chastelain de Coucy RS 679, Hs. K.). Die cauda selbst wird als abschlußbildendes Gegengewicht zur frons gestaltet.

Trotz formaler Verfestigung bleibt auch die Monodik der T. das, was die Troubadourkunst auszeichnet: eine hohe Kunst der flexiblen melod. Linienzüge und Tongruppenverwebung – empfindl. gegen modalrhythm. Überformung. Ist der Betonung rezitativ. Zuschnitts auch für die T.melodik soll indes nicht ausgeschlossen werden, daß bestimmte Melodien für durchlaufende rhythm. Muster komponiert wurden. Selbst wo aber modalrhythm. oder mensurale Notierung vorliegt, kann es sich um eine Redaktion des Schreibers bzw. des Auftraggebers handeln. Von späteren kompositor. Gegebenheiten, wie denen der Motette, also der Mehrstimmigkeit, pauschal auf die Troubadour- und T.rhythmik zu schließen, ist höchst problematisch.

Rhythm. Streitfragen haben allzusehr davon abgelenkt, was die zeitüberdauernde Bedeutung der Troubadours und T. ausmacht: 1. Die Setzung des Text-Melodie-Verhältnisses als künstler. Aufgabe und interpretator. Problem, 2. das dialekt. Verhältnis von variierender, doch formgenerierender Melodieentfaltung und nummerndem Raster.

K. Kropfinger

Ed.: H. van der Werf, T. Melodien I–II (Monumenta monodica Medii Aevi, XI, 1977; XII, 1979) – S. N. Rosenberg, S. Danon, H. van der Werf, Gace Brulé, 1985 – N. Rosenberg–H. Tischler, Chansons de T., 1995 – *Lit.:* MGG², Sachteil, I, 1122–1127, s.v. Ballade; III,

161–171, s.v. Estampie – TH. C. KARP, The Chansons of the Châtelain de Coucy, 1960 – DERS., The T. Ms. Tradition (Queens College Twenty-fifth Anniv. [Fschr. 1964]), 25–52 – H. VAN DER WERF, Recitative Melodies in T. Chansons (Fschr. WIORA, 1967), 231–240 – B. KIPPENBERG, Die Melodien des Minnesangs (Musikal. Ed. im Wandel des hist. Bewußtseins, 1971), 62–92 – L. TREITLER, Observations on the Transmission of some Aquitain Tropes (Aktuelle Grundfragen der musikal. Mediävistik, 1975), 11–60 – TH. C. KARP, Interrelationships between Poetic and Musical Form in T. Song (A Musical Offering [Fschr. M. BERNSTEIN, 1977]), 137–161 – H. H. S. RÄKEL, Die musikal. Erscheinungsform der T.poesie, 1977 – H. TISCHLER, A Unique and Remarkable T. Song, J. of Musicology 10, 1992 – M. L. SWITTEN, Music and Poetry in the MA. A Guide to Research on French and Occitan Song, 1100–1400, 1995.

Troyes, Stadt, Bm. (Suffraganbm. des Ebm.s →Sens) und ehem. Gft. in der sö. →Champagne (Hauptstadt des dép. Aube), am linken Ufer der →Seine.
[1] *Spätantike und kirchliches Leben des Frühmittelalters:* T. geht zurück auf den Vorort der galloröm. →Civitas der Tricasses und hieß seit augusteischer Zeit Augustobona Tricassium. Das Christentum trat seit dem beginnenden 4. Jh. in Erscheinung: Verehrung des (bei Gregor v. Tours erwähnten) hl. Märtyrers →Patroklus; erster Bf. der hl. Amator (um 300). Die Zugehörigkeit der Civitas v. T. zur Prov. Sens ist durch die →Notitia Galliarum (frühes 5. Jh.) bezeugt. Hohe Verehrung genossen der hl. Frodobert († um 673), der vom Mönchtum v. →Luxeuil geprägte Gründer und Abt des Kl. Moûtier-la-Celle, dann der bedeutende Bf. und karol. Kirchenpolitiker →Prudentius Galindo (ca. 846–861).
[2] *Politische Entwicklung im Früh- und Hochmittelalter:* Bei Gregor v. Tours wird bereits die Zugehörigkeit der Civitas v. T. zur 'Campania' (merow. Dukat, seit 10. Jh. Entwicklung zur Gft. Champagne) erwähnt. Seit der frühen Merowingerzeit (Kg. →Guntram, 567) gehörte T. (im Unterschied zum nördl. Teil der späteren Champagne) jedoch dem Verband des großen frankoburg. →Regnums mit Sitz in →Chalon-sur-Saône (→Burgund, 2) an. Die Diöz. v. T. war in der ausgehenden Merowingerzeit mehrfach Spielball der Machtkämpfe zw. Zentralgewalt und Aristokratie: Der Hausmeier →Ebroin (657–680/681) trat T. an den Dux der Champagne, Waimar, ab, mit dem er zeitweilig gegen die frankoburg. Adelsopposition (→Leodegar) verbündet war. Auch fungierte T. bei der Reichsteilung von 741 (Söhne →Karl Martells) wohl als südl. Teil des Dukats, der für den (schließl. aber ausgeschalteten) →Grifo vorgesehen war. In der Karolingerzeit wird dagegen auf einen Champagnedukat nicht mehr rekurriert; seit dem frühen 9. Jh. tritt T. dafür als Sitz eines karol. Gf.en hervor.
Wichtig als Vorstufe zur Bildung der Gft. Champagne als feudales →Fürstentum war die Herauslösung der Gft. T. aus dem Verband des entstehenden Hzm.s Burgund: Der zweite Sohn →Heriberts II. v. 'Vermandois', Robert, bereits Gf. v. →Meaux, gewann die Gft. T. durch Heirat mit einer Tochter des burg. 'princeps' →Giselbert v. Vergy (950) hinzu. Die Gft., von der mehrere →Pagi abhingen, kam so in den Besitz des in der nördl. →Francia eine Schlüsselstellung einnehmenden Fs.enhauses v. →'Vermandois' (→Heribert III., † 980/984), sodann an das mit ihm verschwägerte große Fs.enhaus v. →Blois, das allerdings lange, bis ins frühe 12. Jh., stärker auf seine westfrz. Terrritorien (Loiregebiet, Chartres; anglonorm. England: Konkurrenz mit den Anjou-Plantagenêt) orientiert war. In T., das im 10. Jh. unter Einfällen der →Normannen litt (959), ist im späten 10. Jh. ein Vicecomes bezeugt. Im 12. Jh. gingen einige stadtherrl. Rechte an den Bf. über.

[3] *Im Zeitalter der Champagnemessen:* Im 11. und 12. Jh. vollzog sich in T., dank der günstigen Lage der Stadt am Kreuzungspunkt wichtiger Verkehrswege, die städt. Entwicklung (1180 als →Kommune genannt). Dem Aufstieg zur fsl. Residenz und zum Standort einer der größten →Champagnemessen ging seit der Karolingerzeit ein Markt voraus, der in Verbindung mit der Handelstätigkeit der →Familia der großen Abtei St-Germain-des-Prés (→Paris, C. I, 2) stand und im 10. Jh. von den Einwohnern v. →Sens period. besucht wurde. Wie in den anderen großen Messestädten der Champagne (→Provins, →Lagny, →Bar-sur-Aube) waren es die Gf.en, die durch ihre gezielten Förderungs- und Schutzmaßnahmen starken Anteil am Aufschwung der Messen hatten. Bereits unter →Tedbald/Thibaud IV. (II.) († 1152) vollzog sich die Hinwendung des Hauses Blois zu den ertragreichen östl. Territorien. Der älteste Sohn, →Heinrich I. 'der Freigebige' (1152–81), erbte die ihm als reichstes Territorium vorbehaltene Champagne mit der Hauptstadt T., die er zur fsl. Hofhaltung ausbaute und in der seine Gemahlin →Marie de Champagne († 1198), Tochter Kg. →Ludwigs VII. und der Gfn. →Eleonore, durch ihr weit ausstrahlendes lit. →Mäzenatentum (→Chrétien de Troyes, →Gautier d'Arras u.a.) zum Aufblühen der höf. →Kultur und Gesellschaft in epochaler Weise beitrug.

Wirtschaftl. Grundlage dieses großen polit. und kulturellen Engagements der Gf.en waren die immensen Einkünfte aus den Champagnemessen, an denen T. mit seinen beiden großen Meßterminen (Ende Jan. bis Anfang Febr., Nov. bis Dez.) hervorragenden Anteil hatte. Der ertragreiche Warenhandel (u. a. fläm. Tuche, Seide, Korduan, Wein, Gewürze aus der Levante) wurde im 13. Jh. zunehmend übertroffen vom Geldgeschäft, getragen vornehml. von it. Bankiers und Wechslern (→Lombarden). Die Mark v. T. (→Mark) hat als eine Grundeinheit des Währungswesens die europ. Geldgesch. beeinflußt.

Innerhalb der kosmopolit. Gesellschaft dieser wohlhabenden Handelsmetropole traten auch Juden hervor (→Frankreich, D); das geistige Leben der jüd. Gemeinde v. T. wurde stark geprägt durch den großen Talmudkommentator →Raschi (1040–1105) und die von ihm um 1070 gegr. Jeschiva (Hohe Schule).

Der Wohlstand von T. in seiner Blütezeit manifestierte sich in einer Reihe aufwendiger weltl. (Stadtbefestigung) und kirchl. Bauvorhaben: Die nach 1204 begonnene Kathedrale wurde ab 1227 fünfschiffig im Stil der beginnenden Hochgotik errichtet. Ab 1263 wurde die durch Papst Urban IV. gegr. Kollegiatkirche St-Urbain von Jean Langlois zu einem feingliedrigen Meisterwerk der reifen Gotik ausgebaut. Als weitere kirchl. Institutionen sind zu nennen: St-Loup (gegr. um 841, Augustinerabtei), N.-D.-aux-Nonnains (um 657, Kanonissenstift), N.-D.-de-la-Prée (1325, Kartäuserkl.) und St-Martin-ès-Aires (1121, Augustiner) u.a. T. war Tagungsort mehrerer Synoden, zu nennen ist (neben dem von Papst →Paschalis II. abgehaltenen Reformkonzil v. 1107) das Konzil v. Jan. 1129 (Neufassung der Regel des von →Hugo v. Payns gegr. →Templerordens in Anwesenheit →Bernhards v. Clairvaux).
[4] *Spätes Mittelalter:* Der sich seit 1274 (nach dem Tod →Heinrichs III. v. Champagne und Navarra, ohne überlebenden männl. Erben) kontinuierl. verstärkende Einfluß des kapet. Kgtm.s auf die Gft. Champagne, die 1361 definitiv der →Krondomäne eingegliedert wurde, führte zusammen mit dem Niedergang der Champagnemessen (ab ca. 1320) und der allg. demograph. und fiskal. Krise des 14. Jh. zum weitgehenden Verlust der großen Fern-

handelsfunktionen. Die Stadt, die zum Regionalmarkt und Gewerbestandort (Tuchmacherei, seit 16. Jh. Wirkwarenproduktion) geworden war, behielt jedoch ihre administrative Bedeutung als Sitz eines kgl. →Bailli, v.a. aber als Tagungsort der Grands →Jours de T., des kgl. Hohen Gerichtshofes für die Gft. Champagne. Im anglofrz. Konflikt des frühen 15. Jh. gewann T. durch den hier geschlossenen Vertrag v. 1420 (→T., Vertrag v.) nochmals überregionale Bedeutung. 1429 öffnete die Stadt dem kgl. Heer →Karls VII. unter →Jeanne d'Arc freiwillig die Tore und wurde dafür mit Handelsprivilegien belohnt. U. Mattejiet

Lit: TH. BUTIOT, Hist. de T. et de la Champagne méridionale, 4 Bde, 1870–75 – A. ROSEROT, Dict. hist. de la Champagne méridionale, 4 Bde, 1942–48 – DERS., T. des origines à 1790, 1948 – J. ROSEROT DE MELIN, Le dioc. de T. des origines à nos jours, 1956 – J. BENTON, Philip the Fair and the Jours of T., 1969 – TH. EVERGATES, Feudal Soc. in the Bailliage of T., 1975 – M. BUR, La formation du comté de Champagne, 1977 [grundlegend, reiche Lit.] – Lit. zu →Champagne, →Champagnemessen.

Troyes, Vertrag v., geschlossen am 21. Mai 1420 zw. →Karl VI., Kg. v. Frankreich, und →Heinrich V., Kg. v. England. Nachdem eine sich abzeichnende Annäherung zw. dem Hzg. Johann v. Burgund (→Jean sans Peur) und dem Dauphin →Karl (VII.), die dem engl. Vordringen Einhalt gebieten sollte, durch das Assassinat v. →Montereau (10. Sept. 1419) abgebrochen worden war, knüpften Kgn. →Isabella, die mit ihrem Gemahl Karl VI. in T. Zuflucht gesucht hatte und hier einen Angriff von seiten des Dauphins befürchtete, und der neue Hzg. →Philipp (der Gute) Verhandlungen mit Heinrich V. v. England an (Mantes, Okt. 1419). Heinrich erhöhte seine früheren Forderungen, verlangte die Hand der Prinzessin →Katharina, die Abdankung Karls VI. zu seinen Gunsten und die grundsätzl. Zurückweisung der Erbansprüche Hzg. Philipps auf den frz. Thron. Philipp schloß dessenungeachtet einen Waffenstillstand mit Heinrich und setzte bei Kgn. Isabella den Abbruch ihrer Vorverhandlungen mit dem Dauphin durch. Eine engl.-burg. Allianz wurde vereinbart (Rouen, 25. Dez. 1419).

Die Verhandlungen wurden in T. fortgesetzt. Eine Notabelnversammlung akzeptierte am 9. April 1420 im Grundsätzlichen ein Abkommen, forderte aber Abmilderungen, die von Heinrich V. zugestanden wurden: Er sollte bis zum Tode Kg. Karls VI. lediglich als Erbe der Krone Frankreich fungieren, diese sollte von der Krone England rechtlich geschieden bleiben. Dem Vertragswerk angeschlossene Bestimmungen regelten die Streitfragen zw. England und Burgund; allerdings wurde für den Hzg. v. Burgund kein Platz in der Regierung des Kgr.es vorgesehen (er erhielt jedoch den Besitz der →Sommestädte).

Heinrich, der am 20. Mai in T. eintraf, vermählte sich mit Katharina am 2. Juni. Der Vertrag wurde von den Großen des Kgr.es beschworen. Die nach Paris einberufenen →États Généraux billigten ihn am 10. Dez. Hierauf forderte Hzg. Philipp 'justice' über die Mörder seines Vaters, die des →Majestätsverbrechens für schuldig befunden wurden. Der Dauphin wurde als Komplize für unfähig erklärt, die Besitzungen seines Vaters zu erben (23. Dez.).

Das engl. →Parliament bestätigte seinerseits im März 1421 den Vertrag, doch nicht ohne Hintergedanken, war doch die nunmehr konstituierte »Doppelmonarchie« für England weniger vorteilhaft, als es eine einfache Annexion Frankreichs gewesen wäre. J. Richard

Lit.: E. COSNEAU, Les grands traités de la guerre de Cent Ans, 1889 – P. DE THOISY–E. NOLIN, Bourgogne–France–Angleterre au traité de T. Jean de Thoisy, 1943 – P. BONENFANT, Du meurtre de Montereau au traité de T., 1958 – J. EHLERS, Gesch. Frkr.s im MA, 1987, 303–305 – Die frz. Kg.e des MA, hg. J. EHLERS, H. MÜLLER, B. SCHNEIDMÜLLER, 1996, 318 [H. MÜLLER].

Trpimir, Fs. der Kroaten ca. 845–vor 864, Begründer der Dynastie der →Trpmirovići, Nachfolger von Fs. Mislav. In der von ihm ausgestellten, ältesten kroat. Urk. v. 852 nennt er sich 'dux Chroatorum', auf der Steininschrift v. Rižinice bei Split ist er als 'dux Trepim(erus)' bezeichnet. Nach →Gottschalk v. Orbais kämpfte er zw. 846 und 848 erfolgreich gegen die 'Griechen', also gegen die dalmatin. Städte unter byz. Herrschaft (→Dalmatien, II); zehn Jahre später besiegte er laut →Konstantin VII. Porphyrogennetos den bulg. Khan →Boris I., was auf eine damals gemeinsame Grenze von Kroatien und Bulgarien schließen läßt. Von T.s Ansehen zeugt auch der Eintrag im →Evangeliar v. Cividale (»domnus Tripemerus«). Der Bau von Kl. und Kirchen sowie die Gründung des Bm.s →Nin machen die Herrschaft T.s zum ersten Höhepunkt des frühma. →Kroatien. I. Goldstein

Lit.: F. ŠIŠIĆ, Gesch. der Kroaten, I, 1917 – DERS., Povijest Hrvata u doba narodnih vladara, 1925 [Neudr. 1990] – N. KLAIĆ, Povijest Hrvata u ranom srednjem vijeku, 1975² – Ž. RAPANIĆ, La costa orientale dell'Adriatico nell'Alto Medioevo, Sett. cent it. 30, 1983 – DERS., Predromaničko doba u Dalmaciji, 1987 – N. BUDAK, Prva stoljeća Hrvatske, 1994 – I. GOLDSTEIN, Hrvatski rani srednji vijek, 1995.

Trpimirovići (Trpimiriden), Herrscherdynastie in →Kroatien, begründet durch →Trpimir. Insbes. im 9. Jh. ist das Verwandtschaftsverhältnis von Herrscher und Nachfolger mehrfach unklar, doch die meist friedl. Machtüberleitung zeugt von verfestigten Nachfolgeregeln, auch wenn der Herrscher auf einer 'Versammlung des ganzen Volkes' bestätigt wurde. Nicht zu den T. gehörten →Domagoj (864–878) und →Branimir (879–892). Die Abfolge der T. ist: Trpimir, →Zdeslav (878–879), →Muncimir (892–um 910), →Tomislav (um 910–926/927), Trpimir II., Krešimir I. (um 935–945), Miroslav (945–946), Michael Krešimir II. (949–969), →Držislav (969–997), Svetoslav Suronja (997–1000), Gojslav (1000–20), Krešimir III. (1000–35, zts. gemeinsam mit Gojslav), Stefan I. (1035–58), →Petar Krešimir IV., →Dmitar Zvonimir (1075–89; ∞ Schwester Kg. →Ladislaus' I. v. Ungarn), Stefan II. (1089–91), mit dessen Tod die Dynastie ausstarb. Im Nachfolgekonflikt setzte sich 1102 Kg. →Koloman v. Ungarn durch. I. Goldstein

Lit.: F. ŠIŠIĆ, Gesch. der Kroaten, I, 1917 – DERS., Povijest Hrvata u doba narodnih vladara, 1925 [Neudr. 1990] – M. BARADA, Dinastičko pitanje u Hrvatskoj 11. stoljeća, Vjesnik za arheologiju i historiju dalmatinsku 50, 1928–29 – N. KLAIĆ, Povijest Hrvata u ranom srednjem vijeku, 1975² – I. GOLDSTEIN, Hrvatski rani srednji vijek, 1995.

Trsat (< *Tarsata; it. Tersatto), Burgstadt und Wallfahrtsort, heute Stadtteil von →Rijeka (Kroatien), auf einem Hügel östl. des Flusses Rječina; nach traditioneller Ansicht schon vorgesch. Auf dem Westufer der Rječina entstand im 1. Jh. die civitas Tarsatica (Vorläufersiedlung von Rijeka). Nach MARGETIĆ bestand durchgehend nur auf dem Westufer eine Siedlung, auch noch, als 799 Mgf. →Erich v. Friaul in der Nähe von Kroaten erschlagen wurde und als Ks. Otto III. 996 hier die Gründung eines von Aquileia abhängigen Bm.s vorsah, so daß der Name erst mit Verlegung der Siedlung zu Beginn des 12. Jh. auf den Hügel übertragen wurde. Seit dem 13. Jh. gehörte die Burg T. den comites v. →Krk (→Frankopani); daran angelehnt entstand eine als Kommune organisierte Siedlung, deren Vertreter 1288 bei der Abfassung des Gesetzes v. →Vinodol anwesend waren. Unter Einbeziehung einer wahrscheinl. 1411 errichteten, 1420 urkdl. nachgewiesenen Kirche St. Marien v. Loreto stiftete Martin Frankopan 1453 ein Franziskanerkl. Ein wahrscheinl. 1524 entstandenes kroatischsprachiges Statut der Gemeinde ist in Redaktion v. 1640 erhalten. 1487–1508, dauerhaft ab 1527 war T. in habsbg. Besitz. L. Steindorff

Lit.: L. Margetić–M. Moguš, Zakon trsatski, 1991.

Trubert, erzählender Text in *octosyllabes* aus der 2. Hälfte des 13. Jh. in pikard. Dialekt, der von seinem Verf., Doumin de Lavesne, von dem nur der Name bekannt ist, als →fabliau bezeichnet wird. Geschildert wird die derbscherzhafte Epopöe eines im Wald aufgewachsenen jungen Bauern, der mit Hilfe verschiedene Verkleidungen dem Hzg. v. Burgund übel mitspielt. Er kauft eine Ziege auf dem Markt, verwandelt sie durch Anmalen in ein seltsames, buntscheckiges Tier und verführt damit die Hzgn. v. Burgund. Als Zimmermann, Soldat, Arzt und zuletzt als junges Mädchen (indem er sich als seine Schwester ausgibt) verkleidet, prügelt er den Hzg. mehrmals, überhäuft ihn mit Schande und schwängert schließl. dessen Tochter. Am Ende heiratet der Junge, immer in Frauenkleidern, den beschränkten Kg. Golias. Die verschiedenen Abenteuer dienen als Vorwand, die »hohe« Lit. – Chanson de geste und Höf. Roman – in einer amüsanten Spielmannsparodie zu verspotten (→Parodie, →Spielmannsdichtung). L. Rossi

Ed.: T., afrz. Schelmenroman, hg. J. Ulrich, 1904 – T., Fabliau du XIIIes., hg. G. Raynaud de Lage, 1974 – L. Rossi, Fabliaux Erotiques, 1992, 345–529 – Lit.: L. Rossi, T.: il trionfo della scortesia e dell'ignoranza, Studi Francesi e Portoghesi, 1979, 5–49 – P.-Y. Badel, Le Sauvage et le Sot. Le fabliau de T. et la tradition orale, 1979 – M. Bonafin, Parodia e modelli di cultura, 1990 – C. Dona, T. o la carriera di un furfante, 1994.

Truchseß (wahrscheinl. zu ahd. *truhtsâzzo* = 'Vorsteher einer Schar, eines Gefolges'). Seit frk. Zeit war das Amt des T. en mit dem des →Seneschalls, des obersten Hofbeamten, identisch. Zu dessen Pflichten gehörte die Hof- und Güterverwaltung, die Aufsicht über das Personal und die Versorgung der kgl. Tafel. In der Folgezeit trat der Tafeldienst in den Vordergrund, worauf auch die lat. Amtsbezeichnungen *dapifer*, *infertor*, *discoforus* und *propositor* hinweisen; in dt. Q. kann der T. auch *drost* (ins mlat. als *drossatus* entlehnt) oder *spîser* genannt werden. Bereits die T.e der Karolingerzeit nahmen innerhalb ihres nominellen Aufgabenbereiches allenfalls Leitungsfunktionen wahr und standen für Aufgaben im Reichsdienst zur Verfügung. Auch an den Höfen der geistl. und weltl. Reichsfs.en war das Amt des T.en seit der Mitte des 12. Jh. vertreten. In der Stauferzeit gewannen die Reichst.e (z. B. →Markward v. Annweiler) bestimmenden Einfluß auf die Reichspolitik. Seit Mitte des 13. Jh. war das Reichst.enamt im Reichsministerialengeschlecht derer von →Bolanden erblich. Von großer Bedeutung für die Herausbildung des Erzt.enamtes waren die symbol. Tafeldienste, die in otton. Zeit von Stammeshzg.en geleistet wurden: Beim Krönungsmahl Ottos I. (936) diente Hzg. →Eberhard v. Franken als T.; während des Quedlinburger Hoftages Ottos III. (986) wartete Hzg. →Heinrich II. v. Bayern an der kgl. Tafel auf. Aus diesen fsl. Ehrendiensten, die im 12. Jh. wieder in Gebrauch kamen, entwickelte sich, in Analogie zu den Reichserzämtern von →Marschall, Kämmerer (→Kammer) und →Mundschenk (→Hofämter), das Amt des Reichserzt.en, das, wie der →Sachsenspiegel um 1220 feststellte (Landrecht III. 57.2), mit dem Erstkurrecht verbunden war und vom Pfgf.en b. Rhein ausgeübt wurde. In der →Goldenen Bulle (1356) wurden die Kurwürde und das Erzt.enamt des Pfgf.en b. Rhein reichsrechtl. fixiert und die Form seiner Ehrendienste beschrieben: Auf festl. Hoftagen ritt er als archidapifer an die herrscherl. Tafel heran, saß ab und brachte dem Kg. oder Ks. vier silberne Speiseschüsseln dar (XXVII, 4); bei feierl. Aufzügen trug er dem Herrscher den Reichsapfel voran (XXII; vgl. auch XXVI). Bei seinem symbol. Tafeldienst trat dem Erzt.en nicht der Reichserbt. v. Bolanden zur Seite, sondern der Reichsküchenmeister v. Nordenberg (XXVII, 6; XXX, 3); dessen Amt war 1202 durch Abtrennung vom Reichst.enamt geschaffen worden und seit 1240 in der Familie v. Nordenberg erblich. Das Amt des Reichserbt.en wurde nach dem Aussterben derer v. Bolanden im Mannesstamm (1386) nicht mehr ausgegeben. 1526 verlieh Ks. Karl V. den bloßen Titel eines Reichserbt.en den schwäb. T.en v. Waldburg. Das Reichsküchenmeisteramt erhielten die Waldburger 1584, doch nannten sie sich weiterhin nur Reichserbt.en. →Drost. S. Kreiker

Lit.: HRG V, 374–377 – J. Vochezer, Gesch. des fsl. Hauses Waldburg in Schwaben, 3 Bde, 1888–1907 – P. Schubert, Die Reichshofämter und ihre Inhaber bis an die Wende des 12. Jh., MIÖG 34, 1913, 427–501 – W. Rösener, Hofämter an ma. dt. Fs.enhöfen, DA 45, 1989, 485–550.

Trudo (frz. Trond, ndl. Truid), hl., Presbyter und Confessor, * um 628/630, † um 690/693, Fest 23. Nov. Nach seiner Vita entstammte T. einer frk. Adelsfamilie des Haspengaues (um →Tongern, Prov. Limburg, heut. Belgien) und schloß sich aufgrund einer nächtl. Vision dem hl. →Remaclus in der villa 'Zepperen' (Limburg) als 'geistl. Sohn' an. Auf dessen Rat tradierte T. der Kirche v. →Metz (St. Stephan) sein Erbgut 'Sarchinium' (Zerkingen, heute Vorort v. St-Truiden). In Metz erhielt er seine Formung zum Kleriker.

Um 655 (?) zum Presbyter geweiht, kehrte T. in seine Heimat zurück und predigte dort das Evangelium, erbaute zu Sarchinium in Erfüllung eines schon in früher Jugend abgelegten Gelübdes um 660/662 die den hll. →Quintinus und →Remigius geweihte Kirche, in der er als Oberhaupt einer Gemeinschaft von jungen adligen Säkularklerikern lebte. T., der auch die Kirchen v. Velm und Zepperen zu nächtl. Gebet aufsuchte, wurde in Sarchinium bald nach seinem Tod als (wundertätiger) Bekenner verehrt. Seine Gründung entwickelte sich, dank der Gunst →Pippins II. († 714), zur großen Abtei OSB, die schon vor 738 das Patrozinium ihres hl. Gründers annahm (→St-Truiden/St-Trond).

Die erste Vita (BHL 8321), deren hist. Glaubwürdigkeit fraglich ist, wird dem Metzer Diakon Donatus (letztes Viertel des 8. Jh., aus dem Haspengau stammend?) zugeschrieben, gilt jedoch nach anderer Auffassung als spätere Fälschung zur Abstützung des Metzer Anspruchs auf St-Truiden. Im Zuge der Kultverbreitung (bes. Gebiete Flanderns und der Niederlande) bildete sich seit dem 11. Jh. eine bemerkenswerte Mirakelüberlieferung aus. Ikonograph. Darstellung als Presbyter oder Mönch/Abt.

M. van Uytfanghe

Q.: Vita prima, ed. W. Levison, MGH SRM VI, 273–298 – überarb. Fassungen und Miracula: BHL 8323–8327 – Gesta abb. Trud., MGH, SS X, 227–448 – Lit.: BNB XXV, 690–692 – Vies des Saints XI, 795–796 – Bibl. SS XII, 683–685 [E. Brouette] – L. van der Essen, Étude critique et litt. sur les Vitae des saints mérovingiens de l'ancienne Belgique, 1907, 91–96 – A. Paquay–J. Paquay, Sint Trudo's leven en vereering, Bull. Soc. sc. et litt. du Limbourg 47, 1933, 5–113 – E. de Moreau, Hist. de l'Église en Belgique, 1945², I, 150–153; II, 401–404 – M. Coens, Les saints particulièrement honorés à St-Trond, AnalBoll 72, 1954, 85–133, 397–426; 73, 1955, 140–192 – H. Kesters, Notice sur la Vita Trud., Bull. Soc. d'Art et d'Hist. du Dioc. de Liège 39, 1955, 187–204 – Sint T. en de literatuur. Latijnse en Nederlandse Levens van Sint-T., 1977 – A. Thijs, St-Truiden. Een greep uit zijn rijke iconografie, 1979.

Truhendingen, schwäb.-frk., seit 1129 urkdl. bezeugtes Adelsgeschlecht, benannt nach seinem Stammsitz Altentrüdingen bei Gunzenhausen (Mittelfranken), das seit 1264 den Gf. entitel führte. Früher gelegentl. angenommene Verwandtschaft mit den Staufern, deren Anhänger sie waren, läßt sich nicht nachweisen. In der 2. Hälfte des 13. Jh. wichen die von T. vor den Gf. en v. →Oettingen zurück und errichteten in Hohentrüdingen auf dem Hahnenkamm einen neuen befestigten Sitz. Dort sowie im Ries um Pfäfflingen, Dürrenzimmern und Wechingen konzentrierten sich ihre Grundherrschaft und Herrschaftsrechte. Dazu hatten die von T. die Vogtei über die fuld. Propstei Solnhofen inne, über Kl. →Heidenheim sowie über Güter des Hochstifts →Eichstätt und des Kl. →Ellwangen mit der Altmühlfurt bei der Siedlung Gunzenhausen, deren Aufstieg zur Stadt (1240/50) sie förderten. Die von T. waren in mehreren Domkapiteln, bes. in jenem von →Bamberg, vertreten; Siegfried war Bf. v. Würzburg (1146–50), Friedrich Bf. v. Bamberg (1163–65). Mit der Veräußerung der Güter am Obermain, die den von T. nach Aufteilung der meran. Herrschaft (→Andechs) zugefallen waren, gegen Ende des 14. Jh. setzte der Niedergang des Geschlechtes ein. Es erlosch, wie es scheint, mit dem zuletzt in Preußen als Angehöriger des Dt. Ordens 1458 gen. Heinrich IV.   A. Wendehorst

Lit.: H. Russ, Die Edelfreien und Gf. en v. T., 1992.

Trujillo, Stadt in der kast. →Estremadura (Prov. Cáceres), arab. Gründung, die 1165–68 zu jenem →Señorio gehörte, den →Geraldo 'Sem Pavor' in der muslim. Transierra geformt hatte, der 1169 in den Herrschaftsbereich des Fernando Rodríguez de Castro, 'el Castellano' († 1185) überging. Durch den Orden v. Santiago (→Jacobusorden) verteidigt, wurde T. 1186 durch Kg. →Alfons VIII. v. Kastilien eingenommen. Endgültig am 25. Jan. 1233 durch die Orden v. Santiago und Alcántara mit Unterstützung des Bf.s v. Plasencia zurückerobert, bildete T. zusammen mit dem Territorium v. Santa Cruz die Comunidad de Villa y Tierra de T. (→Comunidades). T. erhielt 1256 durch Alfons X. v. Kastilien den 'Fuero del Libro' und blieb der kgl. Gerichtsbarkeit bis in die 1. Hälfte des 15. Jh. unterworfen. Johann II. übertrug es zuerst seiner Schwester Katharina, dann Mitte Okt. 1440 Pedro de →Stúñiga. Schließl. geriet T. unter die Herrschaft des Condestable Alvaro de →Luna, ohne daß dieser sie jemals völlig in seine Gewalt bringen konnte, ebensowenig wie dann 1465 Alvaro de Stúñiga, Gf. v. Plasencia, der 1469 seine Ansprüche im Tausch gegen Arévalo u. den Hzg. stitel abtrat. Nachdem Heinrich IV. v. Kastilien 1472 das Territorium v. T. verkleinert hatte, übertrug er den Señorio an Juan Fernández →Pacheco, Marqués v. Villena, ohne daß dieser seine Herrschaft vor seinem Tod 1474 hätte in Besitz nehmen können. 1477 wurde T. durch →Isabella d. Kath. der Krone unterstellt, am 20. Mai 1496 wieder an den Infanten u. präsumtiven Thronfolger Johann ausgegeben. L. Vones

Lit.: G. Llabrés y Quintana, El fuero de T., Revista de Extremadura 3, 1901, 489–497 – J. González, Repoblación de Castilla la Nueva, I, 1975, bes. 290ff. – M. C. Gerbet, La noblesse dans le royaume de Castille, 1979, bes. 441ff. – G. Martínez Díez, Las Comunidades de Villa y tierra de la Extremadura Castellana, 1983, 649ff. – J. del Pino Garcá, Génesis y evolución de las ciudades realengas y señoriales en la Extremadura medieval (La ciudad hispánica durante los siglos XIII al XVI, I, 1985), 381–384 – Documentación medieval (1256–1516). Archivo Municipal de T., I–III, hg. M. Sánchez Rubio, 1992–95 – C. Fernández-Daza Alvear, La ciudad de T. y su tierra en la baja edad media, 1993.

Trullanische Synoden → Konstantinopel, ökumen. Konzilien v., 3. K.; 4. K.

Trumeaupfeiler, mittlerer Steinpfeiler eines Portals, der das Tympanon unterstützt, seit der Spätromanik und bes. in der Gotik verbreitet. Der T. kann ornamental oder figürl. geschmückt und in der Gotik durch eine vorgesetzte Figur (T.-Figur) von Christus, Maria oder eines Hl.n ausgezeichnet werden.   G. Binding

Lit.: Lex. der Kunst VII, 1994, 430 – W. Schlink, Der Beau-Dieu von Amiens, 1991.

Trumscheit → Musikinstrumente, B. II

Truso, Seehandelsplatz ö. der Weichselmündung bei →Elbing, dessen Bedeutung für den Ostseehandel im 9. Jh. aus einem Bericht des Seefahrers Wulfstan an den ags. Kg. Alfred d. Gr. hervorgeht. Wulfstan beschreibt, ausgehend von →Haithabu, daß er, ständig unter Segeln, nach sieben Tagen und sieben Nächten an die Weichsel gelangte. Diese trennte Wendland und das pruzz. Witland. Im O des Weichselhaffs erreichte er über den Ilfing einen See, »an dessen Gestade T.« stand (K. Körner). Als sicher gilt, daß sich in den Namen des »Drausen-Sees« (Drużno-See) und in der Bezeichnung der Wasserverbindung zw. diesem und dem Weichselhaff, Elbing, die Namen T. und Ilfing erhalten haben. Bemühungen, T. genauer zu lokalisieren, gehen in das 19. Jh. zurück, blieben jedoch zunächst erfolglos (B. Ehrlich). 1982 konnte 7 km sö. von Elbing am Nordostufer des Drużno-Sees bei dem Ort Janów Pomorski ein etwa 10 ha großer Fundplatz ermittelt werden, dessen topograph. Lage mit den bisher erforschten Seehandelsplätzen vergleichbar ist. Einige archäolog. Sondagen trafen auf Reste von Bauten des 8.–10. Jh., mindestens z. T. planvoll angelegt worden waren. Umfangreiche Funde aus gewerbl. Tätigkeit (Kammherstellung; Verarbeitung von Glas und Bernstein zu Perlen, von Eisen), Schmuck skand. Herkunft und arab. Münzen des ausgehenden 8. und 9. Jh. weisen auf die Bedeutung des Fundplatzes hin. Im ehem. Uferbereich des Sees fanden sich Spuren von neun Booten (M. Jagodziński, M. Kasprzycka). Funde und Fundumstände deuten auf einen Handelsplatz hin, in dem Menschen pruzz., slav. und skand. Herkunft lebten. Dieser Platz war sehr wahrscheinl. T.   J. Herrmann

Lit.: K. Körner, Ags. Texte, 1880 – B. Ehrlich, Der preuß.-wiking. Handelsort T., Elbinger Jb. 14, H. 1, 1937, 1–18 – M. Jagodziński-M. Kasprzycka, The Early Medieval Craft and Commercial Centre at Janów Pomorski near Elbąag on the South Baltic Coast, Antiquity 65, 1991, 696–715.

Trustis dominica, regia → Gefolgschaft

Tryphiodoros → Triphiodor

Tschechen → Böhmen

Tschechische Sprache und Literatur. [1] *Sprache:* Die urtschech. Stammesdialekte gehörten zum Spätwestursslavischen, von dem sie sich im ausgehenden 10. Jh. absetzten. Dieses nur durch Einzelwörter belegte Tschechisch (im 9.–11. Jh. wurde in Liturgie und Schrifttum neben dem Latein das Kirchenslav. gebraucht) wird bis Mitte des 12. Jh. als Urtschechisch, dann bis 1500 als Alttschechisch bezeichnet. Die Ausgliederung des Urtschechischen aus dem Spätursslavischen vollzog sich im lautl. und lexikal. Bereich, die Morphologie und Syntax blieben vorerst gleich. Die lautl. Unterschiede gegenüber den benachbarten slav. Sprachen entstanden im 9.–10. Jh. u. a. im Zuge der Denasalisierung der urslav. Vokale ǫ, ę zu urtschech. u, ä (z. B. zub 'Zahn', pät 'fünf') und des Ausfalls bzw. der Vokalisierung der urslav. halbvokal. Jer-Laute zum urtschech. e (z. B. den 'Tag'). Die Betonung stabilisierte sich im 12. Jh. auf der ersten Silbe. Die alttschech.

lautl. Neuerungen begannen im 12. Jh. mit dem Wandel von *ä* zu *ě* (*kóžä* > *kóžě* 'Haut'); im 13. Jh. folgte die Entstehung des *h* aus *g* sowie des *ŕ* aus *ŕ* (*bŕeh* < *bŕěg* 'Ufer'). Im 14. und 15. Jh. wurden die Langvokale durch Diphthongierungen und Monophthongierungen umgewandelt (*ó* > *uo* > *ů*: *kóžě* > *kuožě* > *kůže*; *ú* > *ou*: *lúka* > *louka* 'Wiese'; *ie* > *í*: *viera* > *víra* 'Glaube'), so daß Anfang des 16. Jh. der bis heute gültige Stand der tschech. Lautentwicklung erreicht war. Die Deklination wurde von den urslav. vokal. und konsonant. Stamm- auf die alttschech. Genus-Paradigmen (mit Gen.-Akk.-Form für Belebtheit) umgebaut, in der Konjugation wurden im 15. Jh. Aorist und Imperfekt durch eine universelle Vergangenheitsform, das Präteritum, ersetzt. Die Syntax war selbst im 15. Jh. noch nicht stabilisiert. Der Wortschatz mit religiösen, oft aus dem Altkirchenslav., und rechtl., aus dem Dt., übernommenen Termini wurde im 14. Jh. weiter ausgebaut durch Neubildungen aus dem Bereich des Rechts, der Philos. und der Wiss. (Lexika von →Klaret), in der hussit. Zeit durch volkssprachl. Ausdrücke. Die ältesten umfangreichen alttschech. Denkmäler entstanden Ende des 13. Jh., voll als Hochsprache entfaltet sich das Alttschech. im 14. Jh. unter Karl IV.; J. Hus gilt als Erfinder der bis heute im Tschech. und einigen slav. Sprachen gebrauchten diakrit. Orthographie. Die nach dem Altkirchenslav./Kirchenslav. älteste slav. Kultursprache Alttschech. beeinflußte im späten MA das Polnische, Sorbische und Slowakische.

[2] *Literatur*: Die alttschech. Lit. ist in zahlreichen Hss. gut überliefert und gründl. erforscht. Ihre gemeinslav. Anfänge liegen im 9. Jh., in altkirchenslav. Schrr. der Apostel Großmährens →Konstantin und Method. Die von Konstantin versifizierte Evangelien-Vorrede »Proglas« ist das älteste slav. Gedicht. Nach den altkirchenslav. sog. pannon. Konstantin- und Method-Legenden entstanden in Böhmen im 10. Jh. Wenzellegenden (kirchenslav. und mehrere lat. Fassungen; die wertvollste ist die z. T. als Chronik verfaßte sog. Christianlegende, um 1000); im 11. und 12. Jh. folgen lat. Vojtěch/Adalbert- und Prokoplegenden, kurz nach 1120 die auch außerhalb Böhmens bekannte »Chronica Boemorum« des →Cosmas v. Prag. Die in Tschech. geschriebene Lit., die zuerst in einigen Kirchenliedern ihren Ausdruck fand (u. a. Hymnen »Hospodine pomiluj ny« 'Gott erbarme Dich unser' [ausgehendes 10. Jh.], und Wenzellied »Svatý Václave« [12. Jh.]), entfaltet sich erst ab den letzten Jahrzehnten des 13. Jh.: für adlige Nonnen wurde der Psalter und das Evangeliar übersetzt, bald danach entstand die älteste geistl. Lyrik, zu Beginn des 14. Jh. der versifizierte Legendenzyklus (mit Stoffen aus dem NT und den Apokryphen), die Ritterepik der tschech. »Alexandreis« (→Alexander d. Gr., B. III) und die alttschech. Reimchronik des sog. →Dalimil, in den folgenden Jahrzehnten die ersten Streitgespräche und das Salbenkrämerspiel »Mastičkář«. Die Zeit Karls IV. brachte die zwei beeindruckendsten eigenständigen tschech. Beiträge zur europ. Lit. hervor, die alttschech. Liebeslyrik und Satire (→Königgrätzer Hs., →Smil Flaška z Pardubic), dazu kurz nach 1350 die tschech. Übers. der Gesamtbibel (→Bibelübers.en, XVI), aber auch Übers.en der dt. Höllenromane und die exklusive Epik mit reichl. ma. Symbolik in der Katharinenlegende. Die alttschech. Prosa beginnt mit den erzieher. Schrr. von →Thomas v. Štítné, ihren Gipfel findet sie im tschech. Gegenstück des »Ackermann aus Böhmen«, »›Tkadleček«. Als Kritiker des Sittenverfalls traten unter Karl IV. die Prediger Konrad Waldhauser und Jan →Milíč z Kroměříže auf, unter Wenzel IV. Johannes →Hus und die hussit. Bewegung. Die Lit. der Hussitenzeit brachte keine herausragenden Werke hervor, sie orientierte sich in der Predigt und den zahlreichen Kirchen- und Kriegsliedern am breiten Volk, in den apologet. Traktaten am Ausland; in oft umfangreichen Dichtungen parodierten sich die Hussiten und Katholiken gegenseitig. In seinem kirchen- und sozialkrit. Werk entfaltete originell die hussit. Gedanken Petr→Chelčický († 1460), der geistige Vater der Unität der böhm. Brüder (→Brüdergemeinde), die während der folgenden beiden Jahrhunderte das kulturelle und geistige Leben Böhmens und Mährens prägte. In den letzten Jahrzehnten des 15. Jh. kündigt sich in der tschech. Lit. der Humanismus an, mit einem tschech. Zweig der Utraquisten und einem lat. des kath. Adels. J. Vintr

Lit.: zu [1]: B. HAVRÁNEK, Vývoj spisovného jazyka českého (Čs. vlastivěda, Ergbd. 2, 1936) – M. KOMÁREK, Historická mluvnice česká – Hláskosloví, 1962² – J. VINTR, Einf. in das Studium des Tschechischen, 1982 [Hist. Entwicklung: 118–131] – A. LAMPRECHT, D. ŠLOSAR, J. BAUER, Historická mluvnice češtiny, 1986 – *zu [2]: Ed.*: Výbor z české literatury od počátků po dobu Husovu, 1957 [Anthologie] – Výbor z české literatury doby husitské, I–II, 1963–64 – *Lit.*: Dějiny české literatury I – Starší česká literatura, ČSAV, red. J. HRABÁK, 1959 – W. BAUMANN, Die Lit. des MA in Böhmen, 1978 – J. LEHÁR, Česká středověká lyrika, 1990 [mit Ed.] – W. SCHAMSCHULA, Gesch. der tschech. Lit. von den Anfängen bis zur Aufklärungszeit, 1990.

Tschenstochau → Częstochowa

Tuam, Ebm. im westl. →Irland, eingerichtet 1152 von der Reformsynode v. →Kells (bzw. Mellifont), umfaßte die Bm.er Achonry, Annadown, →Clonfert, →Elphin, →Killaloe, →Kilmacduagh, Mayo und T. (unter starker Rücksichtnahme auf den einflußreichen Kg. v. →Connacht, mit dessen Herrschaftsbereich sich das Gebiet der neuen Erzdiöz. weitgehend deckte). 1240 wurde die Diöz. Mayo, 1253 auch Annadown dem Bm. T. inkorporiert; diese Vereinigung wurde zwar ein halbes Jahrhundert später wieder aufgehoben, setzte sich aber nach 1328 (trotz mancher Widerstände) erneut durch. Mit wenigen Unterbrechungen (1257–58, 1286–1312) war das Ebm. bis zum Ende des MA stets mit einheim. Iren besetzt.

G. MacNiocaill

Lit.: Handbook of British Chronology, hg. E. B. FRYDE u. a., 1986 – Medieval Ireland 1169–1539, hg. A. COSGROVE, 1987 (A New Hist. of Ireland, II).

Túath (air. 'Stamm', 'gens'), aus der kelt. Wurzel **teuto*; vgl. walis. *tud* 'Volk' sowie die gall. Eigennamen wie Teutates, Teutomatus usw.). Der Begriff umschreibt sowohl das 'Volk' als auch das Gebiet, das es bewohnt; von daher bezeichnet t. den →Stamm wie das Stammeskgtm. Es steht auch in linguist. Verwandtschaft zum germ. Piuda (ahd. *deot*, Suffix *-isc*, daraus das Adjektiv *diutisc* [lat. theodiscus], aus dem sich die Sprach-, dann die Volksbezeichnung 'deutsch' entwickelt hat; dazu →Deutschland, A).

Im frühen →Irland bildete jede t. eine polit. Einheit mit einem eigenen legitimen Kg. Schätzungen des Bevölkerungsaufkommens für das frühma. Irland belaufen sich auf ca. 150 *thúatha* bei Annahme einer Gesamtbevölkerungszahl von ca. 500000. Das Wort t. war bis etwa 700 als Teil von Stammesnamen in regem Gebrauch (z. B. *T. Mochtaine*, ein Verband, der das Gebiet um →Armagh bewohnte; danach wurde es in dieser Form obsolet. Rechte eines Individuums beruhten auf seiner Zugehörigkeit zu einem dieser winzigen Kgr.e; die Bewohner anderer t.a wurden dagegen in rechtstechn. Sinne als 'Fremde' behandelt. Dennoch war keine t. eine isolierte Einheit; alle standen durch Vertrag (*cairde*) oder ethn. bzw. polit. Bindungen miteinander in Kontakt. Trotz der Vielzahl der Kgr.e und Stämme herrschten bei allen (soweit feststellbar) weitgehend ident. Rechtsverhältnisse, Bräuche, sprachl. und relig. Gewohnheiten. Hist. und pseudohist. Zeugnisse des späteren MA unterscheiden die üblichen t.a von nachrangigen Verbänden, den *aithech-thúatha* und *forthúatha* (→Fortuath). Obwohl die aithech-thuata oft Stammesnamen archaischer Prägung trugen (Calraige, Dartraige usw., mit der kelt. Wurzel *-rigion* 'Kgr.'), muß als wahrscheinl. gelten, daß sie hervorgingen aus (einst mächtigeren) Gruppen, die auf den Status abhängiger, abgabepflichtiger Bevölkerungen ohne eigenes Kgtm. herabgedrückt wurden. Eine vergleichbare Unterscheidung zw. *sóer-thúatha* ('freie t.a') und *dóer-thúatha* ('unfreie t.a') spiegelt die Entwicklungen einer dynast. Politik wider, die an der Stelle der älteren Stammesbeziehungen getreten war; nun genossen Familienverbände, die den größeren Dynastien (→Hochkgtm.) nahestanden, einen höheren Status. Die t.a können sich aus den in den ältesten Q.texten belegten größeren Bevölkerungsgruppen (Féni, Gáilióin, Ulaid/→Ulster, →Laigin/Leinster), die in der prähist. Zeit die polit. Landkarte Irlands beherrschten, entwickelt haben; ungeklärt bleibt, durch welche Faktoren die Zersplitterung dieses alten polit.-ethn. Systems hervorgerufen wurde. D. Ó Cróinín

Lit.: F. J. Byrne, Tribes and Tribalism in Early Ireland, Ériu 22, 1971, 128-166.

Tübingen, Stadt am Neckar (Baden-Württ.); Pfgf.en v.
I. Stadt und Universität – II. Pfalzgrafen.

I. Stadt und Universität: [1] *Stadt:* Ein Reihengräberfriedhof bei der Stiftskirche läßt eine alem. Siedlung der 1. Hälfte des 7. Jh. auf dem Sattel zw. Neckar- und Ammertal erschließen. An die Stelle dieser Siedlung trat später ein herrschaftl. Fronhof, mit dem die Pfarrkirche am Platz der heutigen Stiftskirche rechtl. verbunden war. Zwei Vorgängerbauten sind nachzuweisen, von denen der eine um 1150 und der ältere zumindest einige Zeit zuvor erfolgte. Die Burg Hohent. war vor 1078 errichtet worden, damals widerstand sie einer Belagerung Kg. Heinrichs IV. Der Bau der Burg und die Errichtung der ersten Kirche dürften im zeitl. Zusammenhang erfolgt sein. Das Patrozinium St. Georg steht den mit der 1. Hälfte des 12. Jh. einsetzenden Gründungen nahe. Die gfl. Hofhaltung ließ in der 1. Hälfte des 12. Jh. einen Markt entstehen. Um 1150 begann die Münzprägung am Ort, die ein weit über das pfgfl. Territorium hinausgehendes Gebiet versorgte. Der pfgfl. Hof war auch für den Rechtszug vieler Städte nach T. verantwortl., der bis um 1500 bestand und bei der Neuordnung des württ. Gerichtswesens um 1470 dazu führte, daß sich am Ort eines der Obergerichte des Landes entwickelte. Die Stadt wurde 1231 erstmals als 'civitas' bezeichnet; die Pfarrei an St. Georg wurde 1191 erstmals genannt. Das Augustinereremitenkl. (heute Stift) ist seit 1257 bezeugt, das Franziskanerkl. dagegen soll 1272 errichtet worden sein. Das Heiliggeistspital ist vor 1292 entstanden, zu unbekannter Zeit eine Franziskanerinnenklause (heute Nonnenhaus; 1495 nach Owen verlegt). In der Unterstadt entwickelte sich mit der seit 1377 genannten Jakobskirche eine Filialkirche. Die Entwicklung der Stadt ging somit nach dem Verkauf derselben durch die Pfgf.en 1342 für 20000 Pfd. Heller an Gf. →Ulrich III. v. Württemberg unabhängig weiter. T. wurde zu einem der wichtigsten Orte der Gft.

[2] *Universität:* Gf. →Eberhard V. im Bart († 1496) betrieb in dem seit mehr als drei Jahrzehnten in die Landesteile Stuttgart und Urach geteilten →Württemberg trotz der Zurückhaltung seines Onkels Ulrich V. die Gründung einer Hochschule. Johannes Vergenhans war im Auftrag des Gf.en dafür am päpstl. Hof tätig. Als wirtschaftl. Grundlage der Univ. sollte das Chorherrenstift Sindelfingen nach T. verlegt werden. Papst Sixtus IV. genehmigte dies 1476 ebenso wie die neue Verwendung der acht Chorherrenpfründen. Im Nov. 1476 gründete der Papst ein studium generale in T. und erteilte der neuen Hochschule das Recht, zu lehren und akad. Grade zu verleihen. Der zum päpstl. Kommissar ernannte Abt v. Blaubeuren, Heinrich Fabri, veröffentlichte im März 1477 die päpstl. Bulle, die Matrikel wurde am 9. Okt. 1477 durch den Eintrag Fabris eröffnet. Die Aula der Univ. bestand in den 1470-83 neu errichteten Stiftskirche, und oberhalb des Neckars wurde 1479-82 die Bursa als Wohngebäude für Studenten gebaut. Obwohl die wirtschaftl. Dotierung der aus den vier Fakultäten Theologie, Jura, Medizin und Philosophie bestehenden Univ. in den ersten Jahrzehnten Schwierigkeiten machte, nahm die neue Univ. einen raschen Aufschwung. Die von Ambrosius Blarer 1534 durchgeführte Reformation führte 1537 zu einer neuen Verfassung der Univ. I. Eberl

Q. und Lit.: R. Roth, Urkk. zur Gesch. der Univ. T. 1476-1550, 1877 – J. Sydow, Gesch. der Stadt T., 1, 1974 – Beitr. zur Gesch. der Univ. T., hg. H. Decker-Hauff u.a., 1977.

II. Pfalzgrafen: Die Gf.en v. T. werden Ende des 11. Jh. mit den Brüdern Anselm und Hugo erstmals erwähnt. Namen und Besitz weisen auf eine Abkunft von den Gf.en des Nagoldgaus (Anselm) und v. Kräheneck (Hugo) hin. Vor 1078 wurde die Burg Hohent. zum Hauptsitz der Familie. Umfangreiche Schenkungen an die Kll. Klosterreichenbach und →Blaubeuren, die Vogtei über letzteres und die Belagerung Hohent.s durch Kg. Heinrich IV. (1078) beweisen, daß die Familie zu dem Adel im Umkreis der Hirsauer Reform (→Hirsau) gehört hatte. Hugo († um 1152), Sohn aus der Ehe Hugos des Sohnes Gf. Anselms, mit einer Gfn. v. Arnstein, wurde kurz vor 1146 durch die Staufer zum Pfgf.en des Hzm.s →Schwaben erhoben. Ihm folgten seine Söhne Friedrich († ca. 1162) und Hugo († 1182) im Amt. Letzterer wurde durch seine Heirat mit der Erbtochter der Gf.en v. Bregenz über seinen jüngeren Sohn Hugo Stammvater der Gf.en v. →Montfort. Sein älterer Sohn, Pfgf. Rudolf († 1219), heiratete die Erbtochter der Gf.en v. Gleiberg (bei Gießen). Dessen Söhne, Pfgf. Rudolf († 1247) und Wilhelm, teilten den Hausbesitz. Über deren Söhne wurde ersterer zum Stammvater der Gf.en v. Horb und Herrenberg, letzterer zum Stammvater der Linien Böblingen und Asperg. Der Sohn von Pfgf. Rudolf, Hugo († 1267), folgte seinem Vater im Amt und stiftete die Linie Horb. Der 1268 mit dem Verkauf der Pfgf.enwürde erwähnte Pfgf. Rudolf dürfte eher als Sohn Hugos denn als dessen Bruder angesehen werden. Durch die Veränderungen im Hzm. Schwaben nach dem Tode →Konradins scheint der Verkauf keine rechtl. Bedeutung erhalten zu haben. Unmittelbar darauf wird auch der bislang eindeutig als Amtstitel genutzte Titel 'Pfgf.' von allen männl. Mitgliedern des Hauses benutzt. Die Linie Horb erlosch mit dem Tod des letzten der Söhne (Hugo, Otto, Ludwig) von Pfgf. Hugo um 1294. Über die Schwester Luitgart gelangte der Besitz des Hauses an deren Ehemann Burkhard v. Hohenberg-Nagold. Der Bruder des Pfgf.en Hugo († 1267), Rudolf Scheerer († 1277), stiftete die Linie Herrenberg. Weitere Teilungen und zunehmende Schulden seiner Nachkommen zwangen diese zum Verkauf der Herrschaften an die Gf.en v. Württemberg. Die Linie erlosch um 1391. Der dritte Sohn des Pfgf.en Rudolf († 1219), Wilhelm, teilte seine Herrschaft unter seine Söhne Ulrich (Linie Asperg) und Rudolf (Linie Böblingen). Ulrich von T.-Asperg war bis 1264/65 auch Inhaber der Herrschaft Gießen, sein gleichnamiger Sohn konnte noch die Herrschaft Beilstein erwerben, mußte aber Asperg 1308 an die Gf.en v. Württemberg verkaufen. An diese verkauften seine Söhne Ulrich, Johann und Wilhelm 1340 auch Beilstein und mit letzterem erlosch um 1357 diese Linie. Auch die Linie Böblingen mußte im 14. Jh. den gesamten Besitz im alten Stammesgebiet an die Gf.en v. Württemberg verkaufen.

I. Eberl

Lit.: C. F. v. Stälin, Wirtemberg. Gesch., Bd. 1, 1841, 561; Bd. 2, 1847, 425-451; Bd. 3, 1856, 700-709 – I. Eberl, Die Edelfreien v. Ruck und die Gf.en v. T., Zs. für württ. Landesgesch. 38, 1979, 5-63 – H. Bühler, Wie gelangten die Gf.en v. T. zum schwäb. Pfgf.enamt?, ebd. 40, 1981, 188-220 – Die Pfgf.en v. T., hg. H. Decker-Hauff u.a., 1981 – S. Lorenz, Tübinger, Staufer und andere Herrschaftsträger (Von Schwaben bis Jerusalem, hg. Ders.-K. Schmidt, 1995), 285ff.

Tübinger Rechtsbuch nennt man, nach der zuerst entdeckten Hs. (Univ. Bibl. Tübingen, Mc. 14), die Hauptq. der →Exceptiones legum Romanarum. Es handelt sich um 135 Auszüge aus dem →Corpus iuris civilis (ohne Infortiatum und Tres libri Codicis; Novellen nach der Epitome Iuliani), für einfache Bedürfnisse der Praxis, die den Einfluß Bologneser Glossatoren, insbes. des →Martinus Gosia, erkennen lassen. Die Schr. dürfte gegen 1160 im Dauphiné entstanden sein, doch ist insbes. die Entstehungszeit sehr umstritten. Zuletzt ist behauptet worden, die Schr. sei zw. 1127 und 1144 oder um 1127 entstanden. Acht erhaltene Hss. aus der Zeit von etwa 1160 bis 1250 und die Überlieferung einzelner Kapitel lassen auf eine lebhafte Benutzung schließen, u.a. bei der Aufzeichnung des Gewohnheitsrechts v. Barcelona, den Usatici Barchinonae (→Usatges).

P. Weimar

Ed: Scritti giuridici preirneriani, ed. C. G. Mor, 1980, I, 91-245 – *Lit.:* P. Weimar, Zur Entstehung des T. R.s und der Exceptiones legum Romanarum des Petrus (Stud. zur europ. Rechtsgesch., hg. W. Wilhelm, 1972; jetzt in: P. Weimar, Zur Renaissance der Rechtswiss. im MA, 1997), 1-24 – A. Gouron, Die Entstehung der frz. Rechtsschule. Summa Iustiniani est in hoc opere und T. R., ZRG 93, 1976, 138ff – Ders., La science juridique française aux XIe et XIIe s. (IRMAe I 4 d-e, 1978; jetzt auch in: A. Gouron, Études sur la diffusion des doctrines juridiques médiévales, 1987), 42-78 – Ders., Aux origines de l'influence des glossateurs en Espagne (Historia, Instituciones, Documentos 10, 1983; jetzt in: Études...), 325ff.

Tucci, ehem. Bm. in der Prov. →Baetica (Südspanien). Das in röm. Zeit zum 'conventus' v. Astigis (→Écija) gehörende T. (Martos, bei Jaén) ist als Bm. erstmals auf dem Konzil v. →Elvira (Anfang 4. Jh.) bezeugt. In westgot. Zeit ist es im 3. bis zum 10. Toletanum (589-693) mit insgesamt zwölf Belegen verhältnismäßig gut dokumentiert. T. hatte eine jüd. Gemeinde und war westgot. Münzprägestätte. Das nächste und zugleich letzte datierbare Zeugnis findet sich zum Jahr 842, als der Bf.sstuhl von einem gewissen Hostegesis usurpiert war.

G. Kampers

Lit.: DHEE IV, 2596 [J. Vives; Lit.] – Kl. Pauly V, 993 – RE VII, 1, 765 [A. Schulten] – L. A. García Moreno, Prosopografía del reino visigodo de Toledo, 1974, 111f. – A. Tovar, Iber. Landeskunde II, 1, 1974, 119f. – D. Mansilla, Geografía eclesiástica de España, I, 1994, 94f. u.ö.

Tuch → Textilien

Tucher, Fernhandelsfamilie. Die später dem Nürnberger Patriziat angehörenden T. ließen sich um 1310/20 in →Nürnberg nieder (*Konrad T.*, † 1326). Sie weisen zunächst noch niederadliges Konnubium auf und entstammten möglicherweise Casteller oder Hohenlohischer →Ministerialität. 1340 erstmals im Rat vertreten, scheint der grundherrschaftl. Besitz im Nürnberger Umland von Beginn an eine bes. wichtige ökonom. Basis der T. gewesen zu sein. Erst ab 1440, als sie eine eigene Kammer im →Fondaco in Venedig erhielten, verdichten sich Nachrichten über eine Fernhändlertätigkeit. Die spätestens seit ca. 1470 als →Handelsgesellschaft organisierte T.-Firma entwickelte neben dem Italienhandel bald intensive, über mehr als 100 Jahre aufrechterhaltene Geschäftsverbindungen nach der Schweiz und nach Frankreich (Genf und Lyon). Andere Familienmitglieder erwarben um 1460/70 Hüttenwerke und →Drahtziehmühlen im Nürnberger Umland und engagierten sich etwa gleichzeitig im aufblühenden mitteldt. →Bergbau. Vom Kreditgeschäft im großen Stil hielten sich die T. fern. Obwohl keine laufenden Geschäftsbücher aus dem MA erhalten sind, fällt bei den T.n eine intensive und vielfältige Schriftlichkeit auf. Bereits *Hans I.* († 1425), der sein Vermögen auf etwa 20000 fl. schätzte, muß eine umfangreiche und systemat. geordnete Vermögensverwaltung besessen haben. Die summar. Bilanz von *Hans IX.* († 1521) für seine Handelsfirma (1483/84) setzt mit einer systemat. Unterscheidung zw. Aktiva und Passiva die doppelte Buchführung (→Buchhaltung) nach der damals modernsten Praxis voraus. Das detailliert geführte Haushaltsbuch *Antons II.* († 1524) von 1507-17 zeigt im langjährigen Verhältnis von Sach- zu laufenden Nahrungsausgaben (60:40) einen aufwendig, aber kontrolliert geführten Hausstand. Von *Endres II.* († 1507) ist eine Aufzeichnung über die Aufgaben des von ihm verwalteten Amtes des städt. Baumeisters überliefert, die eine große Zahl wirtschafts- und kulturhistor. Daten aufweist. Ein äußerst erfolgreiches Buchprojekt der Frühdruckzeit war das Pilgerreisebuch *Hans' VI.* († 1491) v. 1482, das einen individuellen Bericht seiner Reise nach Jerusalem darstellt. Mehrere Angehörige der T.-Familie verfaßten bzw. beteiligten sich zw. 1450 und 1500 an familiär, persönl. oder stärker zeit- und stadtgeschichtl. gefärbten Aufzeichnungen, die sie u.a. mit amtl. Aufzeichnungen und Zeitungen anreichern.

J. Schneider

Bibliogr.: G. Friedrich, Das Patriziat der Reichsstadt Nürnberg (Nürnberger Forsch. 27, 1994), Nr. 1681-1762 – *Lit.:* Verf.-Lex.² IX, 1117-1132 [Q., Lit.] – L. Grote, Die T., 1961 – W. v. Stromer, Das Schriftwesen der Nürnberger Wirtschaft vom 14. bis zum 16. Jh. (Beitr. zur Wirtschaftsgesch. der Stadt Nürnberg, II, 1966), 751-799, hier 797 – U. Dirlmeier, Alltag, materielle Kultur, Lebensgewohnheiten im Spiegel spätma. und frühnz. Abrechnungen (Mensch und Objekt im MA und in der frühen NZ, 1990), 157-180.

Tuchhalle. Zum Absatz von Tuch (→Textilien) wurden seit dem 12. Jh., im späten MA auch in kleineren Zentren (etwa am Niederrhein), von Stadtherren (z.B. Huy vor 1209), Städten, Gilden oder Zünften →Gewandhäuser bzw. T.n errichtet oder erworben. Die Bindung an der T.n, für die z.T. eigene Ordnungen erlassen wurden (Brügge 1285), bot bes. Möglichkeiten zu Konzentration und Regulierung des Angebots, zur Qualitätskontrolle und über Nichtzulassung zur Ausschaltung von Konkurrenz. An einigen Hauptorten gab es mehr als eine T., wurde z.B. nach heimischer und fremder Ware, Groß- und Detailhandel (Brüssel ab 1359) oder Anbietern getrennt. Über Gebühren brachten die T.n laufende, oft an bestimmte Nutznießer verpachtete Einnahmen.

R. Holbach

Lit.: F. Schröder, Die got. Handelshallen in Belgien und Holland, 1914 – M. Battard, Beffrois, Halles, Hôtels de Ville dans le Nord de la France et la Belgique, 1948 – G. Nagel, Das ma. Kaufhaus und seine Stellung in der Stadt, 1971 – C. Dickstein-Bernard, L' organisation du commerce dans les halles aux draps, Ann. Soc. Royale d' Archéol. Bruxelles 58, 1981, 69-90.

Tuchins, Gruppen von Aufständischen (→Revolte, →Frankreich, C. VII) in den südfrz. Landschaften Haute-Auvergne und Languedoc (um 1370-80), die sich, zu

Randständigen (→Randgruppen) geworden, in Wäldern und Dickichten verbargen und dort Banden ohne festere Organisationsformen bildeten. Das *Tuchinat* wurde zwar oft eng mit der →Jacquerie assoziiert, unterschied sich von dieser Bewegung (trotz einiger Gemeinsamkeiten) jedoch durch seine Verbreitung und Dauer sowie seinen sozialen Charakter.

Das Wort 't.' tritt erstmals 1363 in →Brioude (Auvergne) auf und ist letztmals 1391 in Miremont (Languedoc) belegt. Die T., die sich ursprgl. v. a. aus den Bewohnern der armen Vorstädte von →Aurillac und →St-Flour und der durch Kriegsfolgen verelendeten, gegen drückende Feudalabgaben aufbegehrenden Landbevölkerung rekrutierten, kämpften zunächst gegen die engl. Invasoren (→Hundertjähriger Krieg). Als »Leute, die nichts zum Leben hatten«, fristeten sie ihr Dasein durch Raub und Plünderung, nicht unähnlich den gefürchteten *routiers* (Söldnerrotten, →Kompagnien), doch ohne erfahrene Anführer. Ihre Exzesse und geheimen Zusammenrottungen machten die T. bei der Bevölkerung verhaßt. Doch nahm die Agitation im Languedoc angesichts des wachsenden Fiskaldruckes allmählich stärker polit. Züge an und gewann an Einfluß auf städt. Bevölkerungskreise. Von →Le Puy aus (1378) erfaßten Aufstandswellen die Städte →Nîmes, Alès, Aubenas, Clermont-l'Hérault, →Montpellier, →Béziers, →Carcassonne, St-Antonin und →Toulouse. 1382, im »Jahr der Anfechtung«, erreichten die T. den Höhepunkt ihrer Macht (»une manière de gens appelés t. régnèrent auditpays«). Im Zeichen rücksichtsloser Steuerforderungen der als kgl. Bevollmächtigte (→*lieutenants-généraux*) fungierenden Hzg.e v. Anjou und Berry verschärften sich die Unruhen, in denen sich ursprgl. nur der Unmut über örtl. Adlige und ihre Kriegshändel entladen hatte. In Montpellier wurden die Konflikte 1379 mit größter Härte ausgetragen (Ermordung von Steuerkommissären durch eine aufgebrachte Volksmenge). Noch heftigere Ausschreitungen erlebte 1381 Béziers, wo am 2. Sept. die Konsuln bei lebendigem Leibe im Stadtpalast verbrannt wurden und am 23. Dez. eine Konspiration um sich griff, die sich die Ermordung von 40 reichen Bürgern zum Ziel gesetzt hatte (die Verschwörer wollten deren Witwen heiraten, zuvor aber die eigenen Frauen umbringen); selbst zu Kannibalismus soll es hier gekommen sein. Manche Züge des makabren Szenariums nehmen bereits das blutige Geschehen des Karnevals v. Romans (spätes 16. Jh.) vorweg. 1384 erhoben sich die T. in Arles und erschlugen den *viguier* (Amtsträger) und mehrere reiche Bürger, doch wurden die languedoz. Rotten im gleichen Jahr vom Hzg. →Jean de Berry besiegt, der eine immense Buße (800000 Goldfranken) verhängte.

Die zeitgenöss. (nordfrz.) Chronistik zeichnet von den T. ein abschreckendes Bild. Die →Chronique du Religieux de St-Denis klagt die »misérables« T. der sozialen Sünde des Verlassens ihrer Werkstätten und Äcker an, weiß ferner zu berichten, daß sie sich durch »furchtbare Eide zur gewaltsamen Abschüttelung eines Jochs, das ihren alten Freiheiten entgegengesetzt war«, verschworen hätten, schmäht sie darüber hinaus als einen Haufen von Räubern (»ramas de brigands«), die rücksichtslos alle jene totschlugen, die »nicht rauhe und schwielige Hände« hatten. Die erbarmungslose Repression der T. wurde folglich als gerechtfertigt erachtet. Andererseits deuten die vom Kg. manchen Aufständischen und selbst ganzen Gemeinden gewährten Gnadenbriefe (*lettres de rémission*) darauf hin, daß ihrem (lange Zeit in Vergessenheit geratenen) Widerstand gegen den fremden Besatzer z.T. wohl stärkeres Gewicht als ihren Aktionen gegen Elend und Steuerdruck zugemessen wurde. M. Mollat

Q. *und Lit.*: C. Devic-J. Vaissette, Hist. gén. du Languedoc, 1872-92, VII, X – M. Boudet, La Jacquerie de T. (1363-64), 1895 – E. Leroy-Ladurie, Les Paysans du Languedoc, 1966 [dt. Übers. 1983] – Hist. du Languedoc, hg. Ph. Wolff, 1967 – Documents de l'hist. du Languedoc, hg. Ph. Wolff, 1969 – M. Mollat-Ph. Wolff, Ongles bleus, Jacques et Ciompi, 1970 – G. Fourquin, Les soulèvements populaires au MA, 1972 – Hist. de l'Auvergne, hg. A. G. Manry, 1974 – M. Mollat, Les Pauvres au MA, 1978 – Y. Dossat-Ph. Wolff, Le Languedoc et le Rouergue dans le Trésor des Chartes, 1983 – F. Autrand, Charles VI, 1986 – P. Charbonnier, Qui furent les T.? (Violence et contestation au MA. 114e Congr. Soc. Sav. 1989), 1990, 235-247 – Chronique du Religieux de St- Denys (l.V, cf. I), Bd. I, Neued. 1994 (CTHS) [B. Guenée: Einl.].

Tüchleinmalerei, Malerei auf Leinwand, die auf einen Rahmen gespannt ist. Gemäß spätgot. Empfinden nicht als der →Tafelmalerei im eigentl. Sinne zugehörig, deshalb Prägung des Begriffes »Tüchlein«. Bildträger ist ein feines Flachsgewebe, das mit Wasser- und Temperafarben ohne Grundierung bemalt wird, wobei die gleichmäßige Fadenstruktur deutlich erkennbar bleibt. Mitunter ergibt sich bei deckendem Auftrag eine gouache-ähnliche Wirkung. Die Oberfläche ist matt, da normalerweise nicht gefirnißt wurde. In der Regel Beschränkung auf kleine Bildformate. Frühe Beispiele der vor dem 15. Jh. seltenen T. sind die Außenflügel des Klarenaltars im Kölner Dom, Mitte 14. Jh. (Vor Stefan Lochner, Ausst.-Kat. Köln 1974, Nr. 11, Abb. S. 78/79). Weitere Verbreitung des Gemäldetypus aber erst in der 2. Hälfte des 15. Jh. und im 16. Jh., v.a. in Deutschland und in den Niederlanden – u.a. bei Dieric →Bouts (Grablegung, um 1470; London, Nat. Gal.) und insbes. bei Hugo v. d. →Goes (sog. Kleine Kreuzabnahme, um 1480; New York, Gal. Wildenstein und Berlin, Gemäldegalerie, Madonna mit Kind, um 1476; Pavia, Mus. Civico, Pinacoteca Malaspina) –, vereinzelt in Frankreich, angebl. auch in England sowie in Italien, z. B. bei Paolo →Uccello und Andrea →Mantegna, womit die Schwelle zur Renaissance überschritten wird.
M. Grams-Thieme

Lit.: Reclams Hb. der künstler. Techniken, I, 1984 – D. Wolfthal, The Beginnings of Netherlandish Canvas Painting [Diss. New York 1983], 1989 – J. Sander, Hugo v. d. Goes, 1992, 141-205 – I. Schulte, Kölner T.: Technolog., quellengesch. und kunsthist. Studie zu Kölner Tüchleinbilder der Zeit um 1450 bis 1500 [Diss. Bonn 1995].

Tudela, Stadt in →Navarra, am Ebro und Queiles, Zentrum der südl. Teile des Kgr.es. Die in strategisch beherrschender Situation (lange Zeit einzige Ebrobrücke zw. →Calahorra und →Zaragoza) gelegene Stadt wurde gegr. um 800 von den Emiren v. →Córdoba zur Überwachung der zunehmend »separatistisch« agierenden Statthalter v. Zaragoza. In T. herrschte bis ins 11. Jh. die von einem konvertierten Christen namens Cassius abstammende Statthalterdynastie der Banū Qāsim, verschwägert mit chr. wie muslim. Familien der Region und oft im Gegensatz zur cordobes. Zentralgewalt stehend. 924 führte der Kalif ᶜAbdarrāḥmān III. persönlich eine Strafexpedition gegen die Banū Qāsim durch, der sich ein Verwüstungsfeldzug gegen das chr. Kgr. Navarra-Pamplona anschloß (Val de Junquera).

Erst 1119 wurde das stark befestigte T. von →Alfons I. 'el Batallador', Kg. v. →Aragón und Pamplona, und seinen Verbündeten Gaston v. →Béarn und Rotrou v. →Perche (der eine Zeitlang T. beherrschen sollte) erobert (→Reconquista). T. hatte nunmehr die strateg. Kontrolle über die Ebroebene und die als kgl. 'Merindad' organisierte 'Ribera', das umkämpfte Grenzgebiet Navarras zu →Kastilien und Aragón, wahrzunehmen. Die Ribera erhielt im 12. Jh. eine eigene Streitmacht mit starker Garnison in der mächtigen Burg v. T., die fortlaufend ausgebaut wurde (regelrechte Neubaukampagne unter Beteiligung aller sozioökonom. Kräfte der Stadt unter Kg. →Karl III. 'dem Edlen', 1388-92).

T., das um 1340 etwa 8000 Einw. zählte, bewahrt in seiner Topographie noch starke muslim. Züge. Eng ineinander verschachtelte Viertel mit kompakten Häuserreihen (ohne echte Platzanlagen) umgeben den Burghügel, dessen Flanken bis zur Neubefestigung (1392) noch dichte Wohnbebauung aufwies. Im W lag das Viertel der Mauren ('morería'), die gegen Zahlung einer Kopfsteuer ihre Selbstverwaltung auch unter chr. Herrschaft behielten (unter einem *Alfaqui*, 'Richter', der durchgängig von der Familie der Alpelmi gestellt wurde), Metall- und Hanfverarbeitung betrieben, aber auch als Stukkateure und Maurer, im 14. Jh. als kgl. Kanoniere tätig waren. Im Stadtzentrum und im Burgviertel blühten zwei 'juderías' auf, in denen seit dem frühen 12. Jh. (almohad. Verfolgungen) zahlreiche →Sefarden aus Südspanien Zuflucht fanden; dank der entgegenkommenden Politik der Kg.e v. Navarra genossen sie in T., gegen Zahlung einer Kopfsteuer, gemeindl. Selbstverwaltung, Recht auf freie Glaubensausübung und ungestörten Grundbesitz. Sie betrieben Handel, Darlehensgeschäfte, Weinbau, Tuch-, Leder- und Pelzverarbeitung, Luxusgewerbe für den Kg.shof. Zw. 1350-1450 wurde das blühende wirtschaftl. und intellektuelle Leben T.s geprägt von einer Reihe großer jüd. Familien (Shuaib, Menir, Falaquera, Ben Abbas, Orabuena, Amarillo, Benveniste), deren führende Mitglieder als kgl. Ratgeber und Diplomaten hervortraten.

Die Stadt wurde im Zuge der →Repoblación mit chr. Familien aus Aragón (Ferrer, Ceilludo, Villaespesa), Navarra (Renalt de Ujué) und Frankreich (Caritat) besiedelt; diese genossen als 'francos' freies Bürgerrecht und verschmolzen allmähl. mit dem stadtsässigen Adel, der 'Hidalguía' (→Hidalgo). Als Großkaufleute (Handel mit Kastilien und Aragón) wie als Hoffinanziers übernahmen diese Vertreter eines wohlhabenden Stadtbürgertums (→Patriziat, V) wichtige Regierungs- und Verwaltungsämter, etwa als städt. Bayles, Steuereinnehmer der 'Merindad' (→merino), kgl. Schatzmeister. T. hatte eine große Kollegiatkirche (seit dem 16. Jh. Kathedrale), die dem Bf. v. Zaragoza unterstand und dessen Propst (Dekan) zu den hohen Prälaten des Kgr.es Navarra zählte. Sta. Maria la Mayor wurde (wie alle großen Kirchen der Reconquista) am Platz der Großen Moschee erbaut. Die Stadt hatte mehrere Pfarrbezirke und beherbergte seit dem 13. Jh. Konvente der großen Bettelorden. Sie war neben →Pamplona eine der bevorzugten Königsstädte (Sterbeort →Sanchos des Starken, 1234). Während der Bürgerkriege des 15. Jh. wechselte die Stadt jedoch mehrmals die Partei und war ztw. von Kastilien bzw. Aragón besetzt. Nach dem Verlust der navarres. Unabhängigkeit (1512) versuchte Heinrich v. Albret-Navarra 1521 die Rückeroberung des ererbten Kgr.es, scheiterte aber definitiv vor Tudela. B. Leroy

Lit.: C. Orcastegui, T. durante los reinados de Sancho el Fuerte y Teobaldo I (EEMCA 10, 1975), 63-142 – B. Leroy, T., une ville de la vallée de l'Ebre au milieu du XIVe s. (Le paysage urbain au MA. XIe congr. de Hist. Médiév. de l'Enseign. Sup., 1981), 187-212 – Dies., T. en 1381-83 à travers le registre du notaire Martin Don Costal, Príncipe de Viana 47, 179, 1986, 723-739 [Nachdr. 1990] – Dies., Les relations de T. et de Saragosse au XIVe s. (ebd. 47, an. 3, Homen. J. M. Lacarra, 1986) [Nachdr. 1990].

Tudela, Liga v. (1460). Während des erbitterten Bürgerkrieges der →Beaumonteses (Anhänger des navarres. Erbprinzen →Karl v. Viana) und der →Agramonteses (Parteigänger seines Vaters Kg. →Johanns II. v. →Aragón und →Navarra) wurden 1460 zu T. mehrere Allianzen und Ligen geschlossen. Eine Versöhnung zw. Vater und Sohn (Frühjahr 1460) wurde rasch wieder in Frage gestellt; Karl suchte bei →Heinrich IV. v. →Kastilien Unterstützung gegen den Vater, der seinerseits die Umtriebe des kast. Adels gegen Heinrich IV. schürte. Johann II. schloß am 4. April 1460 in T. (nicht in dem gleichnamigen kleinen Ort Tudela de Duero bei Valladolid!) eine Liga mit kast. Adelsfrondeuren. Heinrich IV. beantwortete diesen feindseligen Akt durch eine Allianz mit Karl v. Viana. Doch beider Machtstellung war allzu fragil: Johann II. setzte sich in Navarra erfolgreich durch, ließ seinen Sohn einsperren (Lérida, 2. Dez. 1460) und übertrug die Regentschaft in Navarra seiner Tochter →Leonore und ihrem Gatten, Gaston v. →Foix-Béarn. B. Leroy

Lit.: E. Ramírez Vaquero, Solidaridades nobiliarias y conflictos políticos en Navarra (1387-1464), 1990.

Tudela, Vertrag v. (1231). Am Lebensabend Kg. →Sanchos VII. 'des Starken' v. →Navarra, eines der Helden v. Las →Navas de Tolosa (1212), stellte sich mit Dringlichkeit das Problem des fehlenden (legitimen) Erben im Mannesstamme. Der kränkelnde Kg. lud (wohl bereits 1224) seinen Neffen →Tedbald IV. 'le Chansonnier', Gf. en v. →Champagne (Sohn seiner Schwester Blanca), in seine Residenz T. zu Verhandlungen über die Erbfolge ein. Ein Teil des navarres. Adels akzeptierte den Übergang des Kgr.es Navarra, eines Landes hispan. Tradition, an einen frz. Fs.en; eine andere Gruppierung favorisierte dagegen die Thronfolge Kg. →Jakobs I. 'des Eroberers' v. →Aragón, eines Vorkämpfers der →Reconquista, der auf die alten dynast. Bindungen Aragóns und Navarras verweisen konnte. Jakob I. kam 1231 nach T. und verstand es, den alten Kg. zur Abänderung seiner Pläne und zum Abschluß eines Vertrages, der an eine Zusage v. 1221 anknüpfte, zu bewegen. Dennoch machten Tedbald IV. und die prochampagn. Partei nach Sanchos Tod (1234) das Rennen: Der Bf. v. Pamplona rief Tedbald rasch ins Land, krönte ihn in Pamplona und verschaffte ihm so die entscheidende Legitimation. Doch hielt sich in Navarra eine proaragones. Partei, die beim erneuten Dynastiewechsel (1274-76) und noch in den Bürgerkriegen des 15. Jh. (→Agramonteses) hervortreten sollte. B. Leroy

Lit.: J. M. Lacarra, Hist. política del reino de Navarra, desde sus origines hasta su incorporación a Castilla, Bd. 2, 1972.

Tudellén (Tudején; Festung in der Nähe v. Fitero), **Vertrag v.** (27. Jan. 1151), geschlossen zw. Kg. →Alfons VII. v. Kastilien-León sowie dessen Sohn →Sancho III., Herrscher v. Nájera, und Gf. →Raimund Berengar IV. v. Barcelona, dem 'princeps Aragonensis', mit dem Ziel, das Kgr. Navarra, in dem gerade →Sancho VI. den Thron bestiegen hatte, ähnlich wie im Vertrag v. →Carrión (1140) aufzuteilen und die Zonen für die zukünftige →Reconquista abzustecken (ed. F. Miquel Rosell, Liber Feudorum, I, 1945, 39-42, Nr. 29). Während Alfons VII. das Gebiet v. Marañon und alle Regionen jenseits des Ebro in Richtung Pamplona beanspruchte, sollten Raimund Berengar IV. die Ende des 11. Jh. Aragón inkorporierten Gebiete zufallen, wobei der westl. Teil des früheren 'Contado de Navarra' um Estella Alfons VII., der östl. Teil mit Pamplona Raimund Berengar unter der Bedingung der Lehnsnahme zugesprochen wurde. Zusätzl. gab es das Versprechen Alfons' VII., Raimund Berengar eine auf das Reich des →Ibn Mardanīš gerichtete Expansionszone zuzugestehen und das Zugeständnis, Einspruch gegen die

Eheschließung zw. der Kg.stochter Blanca v. Navarra und Sancho III. erheben zu dürfen. Außerdem sollte ihm Hilfe bei der Eroberung v. →Murcia gewährt werden, wofür der Princeps alle eroberten Gebiete vom kast.-leones. Kg. zu Lehen nehmen, Lorca und Vera aber abtreten mußte. Absicht des Vertrages war es, von seiten Kastiliens das vereinigte Aragón-Katalonien samt seinen Eroberungen lehnrechtl. in sein hegemoniales Konzept einzubeziehen, von seiten Raimund Berengars eine kast.-navarres. Koalition zu verhindern, doch war die dafür maßgebl. Ehe bereits vor dem 12. Jan. geschlossen worden. Erst die Erneuerung des Vertrags nach dem Tod Blancas v. Navarra († 1155) durch den Pakt v. Lérida (Mai 1157) gab ihm eine gesteigerte Bedeutung. L. Vones

Lit.: A. UBIETO ARTETA, Navarra-Aragón y la idea imperial de Alfonso VII de Castilla, EEMCA 6, 1956, 41–82 – M. RECUERO ASTRAY, Alfonso VII, Emperador, 1979 – J. F. ELIZAR HUARTE, Sancho VI el Sabio, 1991, 43ff. – A. BÜSCHGENS, Die polit. Verträge Alfons VIII. v. Kastilien (1158–1214) mit Aragón-Katalonien und Navarra, 1995, 29–31.

Tudmīr, ursprgl. der nach der arab. Invasion verbliebene Machtbereich des westgot. 'dux' der Carthaginensis, Theodemir (Gandaris) v. Orihuela, zw. dem Fluß Júcar und der Stadt Lorca mit den Zentren Orihuela, Lorca, Hellín und Murcia. Die neue Herrschaft *(cora),* die er sich durch einen (nicht in allen Punkten hist. gesicherten) günstigen Waffenstillstandsvertrag v. April 713 (Druck mit span. Übers. bei LLOBREGAT CONESA, 19ff.; älteste der drei Versionen bei →al-ᶜUdrī [1003–85]) mit dem arab. Feldherrn ᶜAbd al-ᶜAzīz, einem Sohn Mūsā ibn Nuṣair, als erbl. Fsm. unter Wahrung einer gewissen Autonomie im Sinne eines *dimma*-Paktes sichern konnte und in der ihm die chr. Schutzbefohlenen unterstanden, erhielt nach ihm die Bezeichnung 'T.' und bildete später die Grundlage für das Kgr. →Murcia. Abkömmlinge des Theodemir gehörten den muslim. Herrscherhaus v. Murcia bis zu dessen Erlöschen im 13. Jh. an. L. Vones

Lit.: C. E. DUBLER, Los defensores de Teodomiro (Ét. d'orientalisme dédiées à LÉVI-PROVENÇAL, I, 1962), 111–124 – E. A. LLOBREGAT CONESA, Teodomiro de Oriola, 1973 – E. MOLINA LÓPEZ, La cora de T. según al-ᶜUdrī, Cuadernos de Hist. Islámica 4, 1972 – J. VALLVÉ, La cora de T., Al-Andalus 37, 1972, 145–189 – A. M. HOWELL, Some Notes on Early Treaties between Muslims and the Visigothic Ruler of al-Andalus, Andalucía Medieval I, 1978, 3–14 – J. VALLVÉ, El reino de Murcia en la época musulmana, Revista del Instituto Egípcio de Estudios Islámicos (Madrid) 20, 1979–80, 23–64 – P. BALAÑA ABADÍA, La fecha exacta de la capitulación de T., un error de transmisión, Awraq 4, 1981, 73–77 – A. ARJONA CASTRO, Andalucía Musulmana, 1982² – I. K. SALEM, Islam und Völkerrecht, 1984, 174f. – J. VALLVÉ, La división territorial de la España musulmana, 1986, 187–191, 284–289 – M. CRUZ HERNÁNDEZ, El Islam de Al-Andalus, 1992 – P. CHALMETA, Invasión e Islamización, 1994, 214ff. – B. MÜNZEL, Feinde, Nachbarn, Bündnispartner, 1994, 85–88.

Tudor. Die T.-Familie stammte aus Wales und erlangte durch ihre Heiratsverbindungen mit den engl. und frz. Kg.shäusern Bedeutung, schließlich bestieg *Henry T.* als →Heinrich VII. 1485 den engl. Thron. Die Familie nahm den anglisierten Nachnamen »Tudor« an, nachdem *Owen ap Maredudd ap Tudur* um 1428 →Katharina, Tochter von Kg. Karl VI. v. Frankreich und Witwe von Kg. Heinrich V. v. England, geheiratet hatte. Owens Vorfahren waren Landbesitzer in N-Wales, wo sie dem Fs.en v. →Gwynedd bis 1282 dienten. *Ednyfed Fychan d. J.* († 1246) ragte besonders hervor und wurde mit Ländereien in Anglesey und Caernarfonshire belohnt; seine Heirat mit Gwenllian, Tochter des Lord Rhys († 1197), verband ihn mit den Fs.en in S-Wales. Ednyfeds Söhne dienten dem Fs.en →Llywelyn ap Gruffydd, und der älteste, *Goronwy* († 1268), war bemerkenswert wegen seiner Tapferkeit, Weisheit und Rechtschaffenheit. Die Stellung der Familie wurde durch die Eroberung von N-Wales durch Kg. Eduard I. und den Tod des Fs.en Llywelyn (1282) bedroht. Mehrere Mitglieder der Familie einigten sich mit Kg. Eduard. Auch *Tudur Hen d. Ä.* († 1311), der 1294–95 rebellierte, schloß mit den Engländern Frieden, und er und sein Sohn *Goronwy ap Tudur Hen* († 1331) wurden Kronbeamte in N-Wales. Goronwys Sohn *Hywel* († 1366) wurde Archidiakon v. Anglesey. Sein anderer Sohn *Tudur* († 1367) heiratete in dieselbe Fs.enfamilie in S-Wales wie war der Vater von →Owain Glyn Dŵr. Tudur und seine Söhne beherrschten Anglesey und dienten Kg. Eduard III. und Kg. Richard II. in Frankreich und Irland. 1400 unterstützten die Söhne Tudurs ihren Verwandten Owain Glyn Dŵr gegen den Usurpator, Kg. Heinrich IV., der ihren Schutzherrn, Richard II., abgesetzt hatte. Als die Rebellion 1408 zusammenbrach, wurde die Familie geächtet und ihre Besitzungen eingezogen. *Maredudd,* wohl der jüngste der Söhne Tudurs, diente 1405 dem Bf. v. →Bangor, floh aber wahrscheinl., um der Verfolgung zu entgehen.

Maredudds Sohn *Owen* (* um 1400) zog Nutzen aus der Versöhnungspolitik Kg. Heinrichs V. in Wales. Möglicherweise trat er in den kgl. Hofhalt ein und diente in der →Kammer (Chamber) der Kgn. Katharina. Nach dem Tod Heinrichs V. (1422) heirateten Owen und Katharina heimlich. Katharinas Lage war während der Minderjährigkeit ihres Sohnes, des späteren Heinrichs VI., schwierig, und das Parlament versuchte, ihre Heirat gesetzl. zu regeln. Owen wurde eingekerkert, als Katharina 1437 starb. Aber seit 1440 wurde er von seinem Stiefsohn, dem Kg., gut behandelt, der für die Erziehung der Kinder aus Owens und Katharinas Ehe (drei Söhne und vielleicht eine Tochter) sorgte: Der jüngste Sohn *Owen* war bis zu seinem Tod 1502 Mönch in der Westminster Abbey. Den älteren Söhnen *Edmund* und *Jasper* wurden 1452 die kgl. Earldoms v. →Richmond und →Pembroke mit einer Vorrangstellung über andere Earls übertragen. Sie wurden als Brüder des Kg.s anerkannt und mit Ländereien ausgestattet (Wert jeweils £ 1000), und Edmund wurde 1455 mit der Cousine des Kg.s, Margaret →Beaufort, verheiratet. Während der →Rosenkriege vertraten Edmund († 1456) und dann Jasper († 1495) das Haus Lancaster in S-Wales, wo sie beliebt waren. Ihr Vater Owen T. wurde nach der Schlacht v. Mortimer's Cross (1461) gefangengenommen und in Hereford auf Befehl Eduards, Earl of March (später Kg. Eduard IV.), geköpft. 1461–70 lebte Jasper als Flüchtling in Wales, Schottland und in n. England. Der einzige Sohn von Edmund und Margaret Beaufort, der wie Heinrich VI. den Namen Heinrich trug, bestieg 1485 als erster Tudorkg. den engl. Thron (→England, E. III, 2). Jasper T. begleitete ihn in die Schlacht v. →Bosworth und teilte mit ihm fast die gesamte Zeit zw. 1470–85 das Exil in Frankreich. Er blieb ein enger Berater in den ersten Jahren von Heinrichs Regierung. R. A. Griffiths

Lit.: G. ROBERTS, Aspects of Welsh History, 1969, ch. VI, VIII – R. A. GRIFFITHS–R. S. THOMAS, The Making of the T. Dynasty, 1985 – G. WILLIAMS, Henry T. and Wales, 1985 – R. A. GRIFFITHS, King and Country: England and Wales in the Fifteenth Century, 1991, ch. 6, 7.

Tuff (lat. tofus, spätlat. tufus, it. *tufo*), seit dem 11. Jh. dt. als Duf(f)-, Dub-, Top-Stein übernommen und auch zu 'tauber' Stein und Duft-Stein sowie über it. *tuffo* ('Eintauchen') zu Tauf-, Duck-Stein mißdeutet und verändert. Als Sedimentgestein aus lockeren vulkan. Auswurfmassen, oft im Wechsel mit Ergußgesteinen (Lava etc.), ist der T. auch im MA ein begehrtes Baumaterial und wurde v. a. seit dem 13. Jh. im Schichtmauerwerk (neben wechselnden Quader- und Backsteinlagen; →Mauer, Mauerwerk, 2) eingesetzt. Die Vermischung von T.brocken und Kalkmörtel ergab aufgrund der hohen Saugfähigkeit des T.es eine bes. harte Kernmasse (→Bautechnik, 2). Das poröse Gestein unterschiedl. Zusammensetzung (z. B. Aschen-, Staub-, Lapilli-, Bomben-T.) mit verschiedenen Einlagen (u. a. →Bimsstein) ist von dem Kalkt. (v. a. poröser Travertin), der Sintermasse aus Quellwasser-Absätzen, zu unterscheiden. Für das MA waren die Kriterien für T.-Arten jedoch Festigkeitsgrad und Bearbeitungsmöglichkeit (leichte Schneidbarkeit). G. Jüttner

Lit.: H. BLÜMER, Technologie und Terminologie der Gewerbe und Künste bei den Griechen und Römern, 1874–87 [III.] – H. LÜSCHEN, Die Namen der Steine, 1979.

Tu(g)dual, hl. (Fest: 30. Nov.), 6. Jh. (?), erstmals erwähnt in der »Vita Winwaloei« (→Winwaloeus, hl.) des Wrdisten v. →Landévennec (Mitte 9. Jh.). T. wurde eng assoziiert mit der westl. und nördl. →Bretagne und gilt als Gründer des Kl. →Tréguier. Verläßl. Zeugnisse über sein Leben und Wirken liegen nicht vor, obwohl drei (späte) Viten erhalten sind. Die Entstehungszeit der ältesten Vita ist umstritten, liegt aber keineswegs vor der Bm.serhebung von T. (Mitte 10. Jh.). Ihr Autor bietet nur wenige Informationen über das Leben des Hl.n, mit Ausnahme des Umstandes, daß T. mit 72 Schülern aus Britannien kam, reiche Güter in der Bretagne empfing und viele Kl. gründete. Die Behauptung, daß T. am Hofe des frk. Kg.s →Childebert zum Bf. geweiht worden sei, ist völlig unglaubwürdig, legt eine Abhängigkeit von bret. Heiligenviten des 9. Jh. nahe und entsprang wohl dem Wunsch, dem neuen Bm. eine ehrwürdige Vergangenheit zu geben und die bfl. Jurisdiktion über die aus verstreuten monast. Besitzungen hervorgegangene Diöz. abzusichern. Stark legendär. Ausschmückungen bringen die zweite und dritte Vita (T.s Reise nach Rom, seine Wahl zum Papst). Kultverbreitung auf örtl. Grundlage in der nördl. und westl. Bretagne; Reliquien im späten 11. Jh. aber bereits in Chartres und Château-Landon. Eine kleine Zahl von Ortsnamen deutet auf Verehrung auch in →Wales hin.

J. M. H. Smith

Bibliogr.: M. LAPIDGE–R. SHARPE, A Bibliogr. of Celtic-Latin Lit. 400–1200, 1985, nos. 955, 956, 957 – Lit.: F. DUINE, Memento des sources hagiogr. de l'hist. de Bretagne, 1918, no. 15 – R. COUFFON, Les 'pagi' de Dumnonée au IXe s. d'après les hagiographes bretons, Mém. Soc. d'Hist. et d'Archéologie de Bretagne 24, 1944, 1–24.

Tugenden und Laster, Tugend- und Lasterkataloge
I. Definition, Inhalt, Aufbau – II. Monastische Lasterschemata – III. Lateinische Tugend- und Lasterkataloge – IV. Landessprachliche Tugend- und Lasterkataloge.

I. DEFINITION, INHALT, AUFBAU: T.- und L.-Kat. sind Listen von Sünden oder negativen moral. Eigenschaften, von Einzelsünden und Sündenfamilien sowie von konkreten Missetaten; ferner von diesen entgegengesetzten Tugenden und positiven moral. Eigenschaften, die imstande sind, obige Übel zu heilen. Eine bestimmte ma. Gattung (s. u. R. NEWHAUSER, The Treatise on Vices and Virtues in Lat. on the Vernacular, 1993) ist der »tractatus de vitiis et virtutibus«, im allg. ein kurzes anonymes Prosawerk mit schlichten Beschreibungen der L. und der diesen zugeordneten heilenden Tugenden. Ihre Eigenschaften werden nicht immer nur aufgelistet. Häufig werden sie nach einer bestimmten erweiterten strukturierenden Metapher angeordnet, z. B. Jakobsleiter, Reise, Arzneimittel, Baum sowie Kampf zw. T. und L. Es handelt sich um eine typisch chr. Gattung, verbunden mit spezif. gesch. Entwicklungen in der westl. Theol.: dem Anwachsen einer asket., monast. Spiritualität sowie der zunehmenden Bedeutung der Bußlehre und der Ohrenbeichte. Zwei lat. geschriebene Slg.en der Hauptsünden, beide aufgelistet nach einer bestimmten genet. Ordnung, wurden Ende des 6. Jh. maßgebend: die Achtergruppe Cassians und die Siebenergruppe Papst Gregors d. Gr.

II. MONASTISCHE LASTERSCHEMATA: Evagrius Ponticus, ein in der ägypt. Wüste lebender gr. sprechender Mönch des 4. Jh., beschrieb in mehreren Schriften bestimmte böse »Gedanken« (*logismoí*) und wie der Mönch sie bekämpfen und vertreiben kann. Die acht *logismoí* des Evagrius wurden von Johannes Cassian mit geringen Änderungen ins Lat. übertragen: *gula, fornicatio/luxuria, avaritia, ira, tristitia, acedia, inanis gloria* und *superbia*. Cassians Übers.en, die weitgehend an ein monast. Publikum gerichtet waren, fanden auch in einem breiteren säkularen Publikum Verbreitung, zumindest in Spanien, dank des Einflusses auf Autoren wie Bf. Eutropius v. Valencia und Martin v. Braga. Die cassian. Achtergruppe spielt ferner eine wichtige Rolle in den irischen und ags. Bußbüchern.

Martin v. Braga popularisierte nicht nur Cassians Achtergruppe, sondern er erweiterte auch dessen Tugendlehre. In seiner »Formula vitae honestae« führte er die vier – durch ihre Rezeption in den Schriften Ciceros und Senecas bekannten – platon. Kardinaltugenden als ein zusammen mit den cassian. Heiltugenden wirkendes Mittel ein, mit dem man die L. bekämpfen kann. Damit ist ein früher, jedoch kein endgültiger Schritt getan, um die T.en als ein den L.n gegenüber paralleles System von festen und geordneten Abstraktionen zu begreifen. Das MA hindurch suchten chr. Autoren aus einem breiten Feld von katechet. Topoi, z. B. den Seligpreisungen und den Gaben des Hl. Geistes, vergleichbare Gegenstücke zu den T. Eine aus den vier Kardinaltugenden und drei theol. T. zusammengesetzte Siebenergruppe fand allerdings erst im HochMA allgemeine Anerkennung.

Die maßgebende Beschreibung der Siebenzahl der Hauptsünden (»*principalia vitia*«) stammt aus dem »Moralia in Job« Gregors d. Gr. Stolz (*superbia*) wird von Gregor als Wurzelsünde gestellt, die zu *inanis gloria, invidia, ira, tristitia, avaritia, gula* und *luxuria* führt. Obwohl es hinsichtl. der Reihenfolge der Sünden und dem ihnen zugeschriebenen Gewicht häufig zu Innovationen kam, und bisweilen auch hinsichtl. ihrer Zahl, so bleibt der Inhalt der Hauptsünden dieser Gattung 700 Jahre lang erstaunl. stabil.

III. LATEINISCHE TUGEND- UND LASTERKATALOGE: Von den cassian. und gregorian. L.schemata machten unterschiedl. Autoren des karol. Zeitalters Gebrauch. Theodulf v. Orleans verwendete eine Mischung beider Schemata in einem Text, der für die Formulierung der Moralvorbilder der karol. Renaissance von zentraler Bedeutung ist: die »Libri Carolini«, die jedoch kein repräsentatives Beispiel der gen. Gattung sind. Alcuins »Liber de virtutibus et vitiis ad Widonem comitem« enthält eine Slg. von Gemeinplätzen aus den Kirchenvätern und der Hl. Schrift. Die strukturelle Bedeutung der T. für diesen Text ist auffallend. Sie kann als ein Schritt in Richtung auf die Ausbildung einer symmetr. Tugend-Laster-Anordnung innerhalb dieses Genre gattungsmäßiger Abstraktion betrachtet werden. Der Versuch, ein moral. positiv bewertetes, zu den L.n paralleles Schema aufzubauen, wurde von Alcuins Schüler Hrabanus Maurus und später von Albuin († 1031) fortgeführt. Der »Liber de fructu et carnis spiritus« Konrads v. Hirsau betont die Gemeinsamkeiten zw. beiden Strukturen. Anhand einer strukturierenden Baummetapher bietet er parallele Systeme von T. und L.n. Die Schrift »De quinque septenis« Hugos v. St. Viktor bezeugt die Freiheit, mit der

Autoren seines Zeitalters Tugendschemata begriffen haben. Er erkennt Homologien zw. einem siebenstufigen Lasterschema und den Bitten des Paternoster, den Gaben des Hl. Geistes, und den Seligpreisungen.

Die wachsende Verbreitung von moralphilos. Texten der klass. Antike im 12. Jh., zum Teil durch Florilegien, wie etwa die »Moralia dogma philosophorum«, prägte die Vorstellung von T. in Schriften wie »De virtutibus et vitiis et de donis spiritus sancti« des Alanus ab Insulis. Man kann zugleich das rationalisierende Interesse an und die Betonung von Tugendsystemen unter den scholast. Autoren vorausahnen. Die harmatiolog. Orientierung der früheren Texte, ihr Versuch, begriffl. Waffen für den geistl. Kampf gegen die Sünde zu schmieden, weicht allmähl. einem Diskurs über die log. Bestimmung, Klassifikation, und die Beziehungen zw. den T.

Zu den umfangreichsten vorhandenen Exemplaren der T.- und L.-Kat. zählen diejenigen, die an der Univ. Paris während des zweiten Drittels des 13. Jh. geschrieben wurden, u.a. die »Summa de vitiis« von Johannes de Rupella und die »Summa de vitiis et virtutibus« Wilhelms v. Auvergne. Beide Texte wollen die Verwirrung, die Unordnung und die begrenzte Reichweite der früheren Tugendabhandlungen korrigieren. Aus dieser Zeit stammt auch die außerordentl. einflußreiche zweiteilige »Summa de vitiis et virtutibus« des Wilhelmus Peraldus. Sie ist offenkundig in Hinblick auf die Bedürfnisse von Predigern und Beichtvätern entworfen, in Verbindung mit den Reformen des IV. Laterankonzils (1215) und voll von denkwürdigen Zitaten, Anekdoten und Exempla. Auch eine der letzten großen Summen der T. und L., die »Summa de vitiis et virtutibus libri duo« von Dionysius dem Kartäuser, zeigt eine bes. Vertrautheit mit pastoralen Fragen. Sie ist ein umfassendes Hilfsmittel zur Gewissenserforschung, für Beichte und Buße. Sie belegt ferner die entscheidende Bedeutung der chr. Transformation der aristotel. Tugendlehre in der »prima secundae« der »Summa theologiae« des Thomas v. Aquin für das SpätMA.

IV. LANDESPRACHLICHE TUGEND- UND LASTERKATALOGE: [1] *Exemplarischer Überblick*: Die wachsende Produktion von T.- und L.-Kat. im SpätMA deutet auf die zunehmende Wichtigkeit der religiösen Unterweisung der Laien hin. Die it. »Fiore di virtú« des frühen 14. Jh. ist ein Beispiel eines Gattungshybrides, der Florilegien und Exemplaslg.en ebenso ähnelt wie einem Tugendtraktat. Diese Schrift scheint einen bedeutenden Einfluß gehabt zu haben, da sie in fast jede Landesprache übersetzt wurde. Die Mehrzahl von frz. Katalogen dieses Zeitalters ist eng mit der persönl. Vorbereitung auf das Beichtsakrament verbunden, wie z.B. Nicolas Bozons »Char d'Orgueil«, sowie mit katechet. Hb.er, wie etwa Johannes Gersons »Le profit de savoir quel est péché mortel et véniel«. Ein repräsentativeres frz. Beispiel einer Summe von L. und T. ist die »Somme le roi« von Bruder Laurent v. Bois des 13. Jh. Der populärste derartige me. Text ist vielleicht Richard Lavynhams »A Litil Tretys on the Seven Deadly Sins«. Der schlichte Stil und Aufbau dieses Textes stimmt mit dem Programm einer klerikalen und laikalen Ausbildung überein, wie es auf dem Konzil von Lambeth (1281) von Bf. Johannes Peckham entworfen wurde. Ein kurzer mhd. Lastertraktat »Von den Hauptsünden« zeigt die unter derartigen dt. und ndl. Werken häufig vorzufindende Orientierung auf die Predigt. Abhandlungen der L. in dichter. Form liegen in den ndl. »Spiegel der Sonden« des 14. Jh. und Josepts mnd. »Sündenspiegel« des 15. Jh. vor. Beide bearbeiten lat. Texte neu, ein typisches Phänomen der landesprachl. Werke. Das »Bůch der tugenden« ist ein wichtiges frühes Werk der sog. dt. Scholastik. Obwohl sich das Buch in erster Linie an ein gebildetes klerikales Publikum richtet, findet es dank seiner Eingliederung in ein spätma. Rechtshb. eine weitaus breitere Leserschaft.

Das »Bůch der tugenden« verweist sinnbildl. auf das Schicksal des »tractatus de vitiis et virtutibus« als einer Gattung am Ende des MA. Ein derartiger stilisierter schriftl. Diskurs über die Hauptsünden und ihre Heilmittel ist für die Humanisten und Autoren der Reformation nicht von einem maßgebl. Interesse. Die Moralpädagogik dieser Texte überlebt jedoch, insofern sie, neben anderen katechet. Schriften und Bußtexten, in Handbücher der religiösen Unterweisung eingeordnet wurde.

M. J. Tracey

Q.: Summa virutum de remediis anime, ed. S. WENZEL, 1984 – Das bůch der tugenden, ed. K. BERG–M. KASPER, 2 Bde, 1984 – Josepts Sündenspiegel, ed. E. SCHÜTZ, 1973 – *Lit.*: DSAM XII, 1, 853–862 [A. SOLIGNAC] – Incipits of Lat. Works on the Virtues and Vices, ed. M. BLOOMFIELD et al., 1979 – R. JEHL, Die Gesch. des Lasterschemas und seiner Funktion, FSt 64, 1982, 261–359 – S. WENZEL, The Continuing Life of William Peraldus's Summa vitiorum (Ad litteram. Authoritative Texts and Their Medieval Readers, hg. M. D. JORDAN–K. EMERY Jr., 1992), 135–163 – R. NEWHAUSER, The Treatise on Vices and Virtues in Lat. and the Vernacular, 1993 – F.-J. SCHWEITZER, Tugend und Laster in illustrierten didakt. Dichtungen des späten MA, 1993.

[2] *Englische Literatur*: Die Gattung existierte in England vor dem 14. Jh., ein frühes Beispiel ist »Vices and Virtues« (um 1200). Ihre Blütezeit hatte sie aber erst im SpätMA. Sie schließt Übers.en und Überarbeitungen lat. und volkssprachl. Werke (→Martin v. Bragas »Formula vitae honestae«; Johannes v. Wales »Breviloquium«; die »Fiore di virtù«; Fr. Laurent v. Blois' »Somme le roi«), aber auch Eigenproduktionen ein (Richard Lavynhams »A Litil Tretys on the Seven Deadly Sins« und mehrere anonym überlieferte Texte). In ihnen zeigt sich die Bedeutung des volkssprachl. Unterrichts in Moraltheologie für die Beichte oder die Vorbereitung von →Predigten im Zuge des →IV. Laterankonzils (1215) und des Lambeth-Konzils (1281), aber die Gattung durfte auch zu erbaul. Zwecken benutzt werden. Die engl. Traktate sind einfach in Stil und Inhalt und waren für ein nicht sehr gebildetes Publikum (zunächst Klerus oder Bettelmönche, später auch Laien) bestimmt. Sie wurden meistens in Hss. mit anderen Werken pastoralen oder erbaul. Inhalts überliefert. Traktate, die die 'four errors' behandeln (weltl. Benehmen, Fleischeslust, Habsucht, Eitelkeit), sowie die Häufigkeit von Tugendtraktaten sind für England charakteristisch.

R. Newhauser

Bibliogr.: Manual ME, VII, 1986 – *Ed.*: F. HOLTHAUSEN, Vices and Virtues, EETS 89, 159, 1888–1921 – W. N. FRANCIS, The Book of Vices and Virtues, EETS 217, 1942 – R. LAVYNHAM, A Litil Tretys on the Seven Deadly Sins, ed. J. P. W. M VAN ZUTPHEN, 1956 – *Lit.*: M. W. BLOOMFIELD, The Seven Deadly Sins, 1956 – S. WENZEL, The Sin of Sloth, 1967 – R. NEWHAUSER, The Treatise on Vices and Virtues in Latin and the Vernacular, 1993.

[3] *Romanische Literaturen*: Die scholast. Sündenlehre arbeitete die Unterscheidung zw. peccatum mortale und veniale aus. Für Seelsorge, Predigt, Katechese und Beichtpraxis mußten die theol. Erörterungen in verständl. und verwendbare Form umgesetzt werden. Dies geschieht seit dem späteren 12. Jh. in einer unüberschaubaren Fülle vielfach internat. verbreiteter Summen, Traktate, Betrachtungen, Handreichungen in lat. Sprache und in volkssprachl. Übers. Der Sündenlehre wird oft als Ergänzung und asket. Gegenmittel die Lehre von den T. zur Seite gestellt. Mit der Theologie der Sünde verbinden sich v. a. Abhandlungen über die Versuchungen und Sündenstrafen, Vorschriften der Bußordnung sowie mentalitäts-

geschichtl. »die große Furcht«. Die Siebenzahl der Todsünden, L., entspricht einer alten und bibl. reich belegten Symbolik. Für Augustinus bedeutet die Sieben sowohl die Zahl der Sünden als auch der Erlösung (7 Sakramente – 7 Todsünden. 7 T., 7 Gaben des Hl. Geistes, 7 Schalen des göttl. Zornes, 7 Freuden Mariens usw.). Die T.- und L.lehre wird in der ma. Kunst häufig veranschaulicht und in allegor. Personifikation vorgestellt. Das einflußreiche Muster für die lit. Darstellung des Kampfes zw. christl. T. und heidn. L.n um die Herrschaft über die Seele bietet →Prudentius in der »Psychomachia« (405). In →Streitgedichten und in erbaul. Lehrdichtung wird die Gegenüberstellung von T. und L. abgehandelt. Die →Raoul de Houdenc zugeschriebene »Voie de Paradis« (um 1230) stellt allegor. den Aufstieg auf der »Leiter der T.« dar, der »Songe d'Enfer« den umgekehrten Weg. →Huon de Mery schließt mit »Li Tornoiement Antecrist« daran an. In Italien faßt Bono Giamboni im »Libri de' vizi e delle virtude« die Kirchenlehre enzyklopäd. zusammen. John →Gower beschreibt im »Miroer de l'Omme« (1376–79) L. und T. in 30000 Versen.

Stephen →Langton verfaßte die wohl älteste »Summa de vitiis et virtutibus«, gefolgt von →Wilhelm v. Auvergne. Die am weitesten verbreitete Summa stammt von →Wilhelm Peraldus (Guillaume Peyraut) OP († um 1271). Von ihr hängt Laurent d'Orléans OP mit »La Somme le Roy« ab. Von dem darin enthaltenen »Livre des vices et des vertus« sind zwei kast. und eine katal. Fassung bekannt. Weit verbreitet war ferner das »Viridiarium consolationis« des Jacopo da Benevento (13. Jh.) in kast., katal. und ptg. Übertragung. Drei versch. kast. Versionen sind von dem »Fiore di virtù« (frühes 14. Jh.) bekannt, außerdem eine katal. sowie eine frz. Übers. Das Werk erschien vor 1500 mehrmals im Druck. Das »Breviloquium de virtutibus« des Franziskaners John of Wales (Johannes Vallensis) – in weit über 150 Hss. überliefert – wurde häufig ausgeschrieben und u. a. ins Katal. und It. (4 Fassungen) übersetzt.

Eine bemerkenswerte Zahl von Beichtspiegeln, T.lehren (z. B. »Libro Binario« BN Madrid 4236), Betrachtungen über 7 Arten von Versuchungen oder Furcht, Traktaten (wie Lope Fernández de Minayas »Espejo del alma«, Lope de Olmedos »Adhortationes contra octo principalia vitia«; Francesc →Eiximenis »Cercapou« und »Terç del Chrestià«; →Alfons v. Cartagena »Memorial de virtudes«; Diego de →Valera »Breviloquio de virtudes«, um 1450) sind aus dem iber. Raum im 15. Jh. erhalten. →Juan de Menas »Coplas de los siete pecados mortales« (auch »de vicios y virtudes« betitelt) wurden u. a. von Gómez Manrique fortgeführt, mehrfach glossiert und bis ins spätere 16. Jh. gedruckt. D. Briesemeister

Lit.: DSAM XVI, 497–506 – A. KATZENELLENBOGEN, Allegories of the Virtues and Vices in Medieval Art, 1939 [Neudr. 1989] – M. W. BLOOMFIELD, The Seven Deadly Sins, 1952 – S. WENZEL, The Sin of Sloth (Acedia) in Medieval Thought and Lit., 1967 – J. HOULET, Le combat des vertus et des vices, 1969 – S. WENZEL, Vices, Virtues, and Popular Preaching, Medieval and Renaissance Studies 6, 1976 – M. W. BLOOMFIELD–B.-G. GUYOT u. a., Incipits of Latin Works on the Virtues and Vices (1100–1500), 1979 – R. JEHL, Die Gesch. des L.schemas und seiner Funktion, FSt 64, 1982, 261–359 – R. NEWHAUSER, The Treatises on Vices and Virtues, 1993.

Tuğrā (türk.), ursprgl. bei den Oġusen (→Oġuz) in Zentralasien (8. Jh.) wohl Stempel bzw. Brandzeichen für Pferde, wird zum →Siegel und Emblem der Herrscher, von den →Selǧuqen (11. Jh.) bis zum Ende der →Osmanen (1922), auf allen mit ihnen verbundenen Gegenständen, auch Münzen. Sie ist ein Sinnbild der imperialen Würde des türk. Staats. Neben der Kanzlei für den Text von Staatsschreiben (*Firman*) verfügten die →Sultane über eine zweite, deren Schreiber, Inhaber eines hohen Staatsamtes, am Kopf des vollendeten Schreibens die hochstilisierte T. eintrug, meistens mit Feder. Sie besteht aus Elementen eines Protokolls in kanon. Reihenfolge, beginnend mit der Anrufung Gottes; es folgen immer der Namen des Herrschers, seine Genealogie und alle seine Titel, oft in Gold geschrieben und häufig mit Streublumen verziert. Wegen der dekorativen Ansprüche der →Kalligraphie kann die Buchstabenfolge verändert werden. Stets werden mehrere Wörter oder Buchstaben in der Mitte nach oben in lange senkrechte Linien gebündelt, andere in waagrechtem Kontrast dagegengesetzt, die rechts mit Geraden beginnen und die links in Ellipsoiden geschlossen werden, alle mit großer Verve geschrieben. Für die Form der T., die sich einem Dreieck einbeschreiben läßt, werden verschiedene Erklärungen angeboten, etwa als Vogel oder als Finger einer Hand. Für bestimmte Zwecke benutzten auch die →Mamlūken Ägyptens bis etwa zur Mitte des 14. Jh. Tuğren. K. Brisch

Lit.: EI¹ VIII, 822–826 – S. UMUR, Osmanlı Padişah Tuğraları, 1980 – Imperial Ottoman Fermans, Exhibition Catal., Mus. of Turkish and Islamic Arts, Istanbul, 1986.

Tugumir, Fs. der →Heveller, wurde nach der Eroberung der →Brandenburg durch Heinrich I. (Winter 928/929) zusammen mit seiner Schwester (Mutter des späteren Ebf.s →Wilhelm v. Mainz) in sächs. Gewahrsam genommen. Er kehrte 940 in die Brandenburg zurück, beseitigte seinen inzwischen dort residierenden Neffen und unterstellte die Burg Otto I., dem so die Tributherrschaft über die slav. Stämme »bis zur Oder« (Widukind) zufiel. T.s Todestag (25. Mai), nicht aber das Jahr, ist im Nekrolog des Nonnenstiftes Möllenbeck (nahe Corvey a. d. Weser) verzeichnet, wo wahrscheinl. seine Schwester lebte. Ob T. 948 bei der Gründung des Bm.s Brandenburg noch am Leben war, ist unsicher (Otto I. schenkte damals dem Bf. aus seinem eigenen Besitz die Hälfte der Burg). Spätere Nachrichten belegen, daß T.s Nachkommen, die mit den Gf.en v. →Haldensleben und den →Piasten verschwägert waren, gewisse Herrschaftsrechte wahren konnten.

Ch. Lübke

Q.: Widukind, II/20 – Das Nekrolog des Kl. Möllenbeck, ed. L. SCHRADER, Wigands Archiv 5, 1832, 355 – Lit.: H. LUDAT, An Elbe und Oder um das Jahr 1000, 1971, 11f. – CH. LÜBKE, Reg. zur Gesch. der Slaven an Elbe und Oder, T. II, 1985, Nr. 25, 66, 68.

Tuilettes, seitl., kleinere →Beintaschen an den Bauchreifen des it. →Plattenharnisches. Von den ursprgl. vier gleich großen Beintaschen wurden um 1440 die vorderen vergrößert, die seitl. verkleinert, letztere von den Franzosen T. genannt. O. Gamber

Lit.: O. GAMBER, Harnischstudien, VI, JKS 51, 1955.

Tuirgéis (norw. Thórgastr, Thórgils), norw. →Wikinger in →Irland, 845 faßbar, als er sein Lager am Loch Ree errichtete und von hier aus Raubzüge an beiden Shannonufern veranstaltete, bes. gegen Kl. wie →Clonmacnois, →Clonfert, Terryglass und →Lorrha. Noch im selben Jahr geriet er aber in Gefangenschaft von Máel Sechnaill, Kg. v. Meath (→Mide), der ihn im Loch Owel ertränken ließ. T. tritt (im Unterschied zu anderen Wikingeranführern) in einer Reihe von ir. Sagen stark hervor, die ihm ein bewußtes Streben nach Errichtung einer heidn. Religion in Irland zuschreiben. G. MacNiocaill

Lit.: D. Ó CRÓINÍN, Early Medieval Ireland 400–1200, 1995.

Tulle, St-Martin de, Abtei OSB (dép. Corrèze, Bm. Limoges, Kirchenprov. Bourges), im 7. Jh. gegr., vor 814

im Sinn der Regel des Benedikt v. Aniane reformiert, später von den Normannen zerstört, wurde 933 auf Anordnung des westfrk. Kg.s Rudolfs I. restauriert und zunächst dem Mönch Aimo v. St-Savin-sur-Gartempe, 935 Abt →Odo v. Cluny zur Reform übertragen. Odo setzte Adacius als Abt in T. und später auch in St-Sauveur de Sarlat und Lézat ein. Eine rechtl. Anbindung an →Cluny fand nicht statt, jedoch blieben – oft über die Person des Abtes – Kontakte zu anderen cluniazens. geprägten Kl. bestehen. Abt Wilhelm (1092–1111) erhielt Schutzprivilegien Urbans II. (1096) und Paschalis' II. (1105) für das von ihm restaurierte Kl. (weitere Privilegien: Hadrian IV. [1154], Clemens III. [1180]). Die Vogtei besaßen die Vgf.en v. →Limoges, später die Vgf.en v. →Turenne. 1317 erhob Johannes XXII. die Abtei zum Sitz eines neugeschaffenen Bm.s, das den Südteil der Diöz. Limoges umfaßte. Die Mönche bildeten das Kathedralkapitel (1517 säkularisiert). Bedeutende Bf. v. T. waren: Arnauld de St-Astier († 1333), der das Synodale v. Rodez (1289) für T. übernahm; Hugues Roger, Kardinal v. T. (1342–43; Bruder Clemens VI.) und Jean II. de Cluys (1428–44), der von Kg. Karl VII. v. Frankreich mit einer Legation nach Kastilien betraut wurde. Die Stadt – Mittelpunkt des Tuchhandels – wurde 1346 und 1369 von den Engländern besetzt und 1348 von der Pest heimgesucht; sie erhielt 1373 vom Bf. die Stadtfreiheit. *U. Vones-Liebenstein*

Lit.: LThK² X, 402f. – J.-B. CHAMPEVAL, Cartulaires des abbayes de St-Martin de T. et de Rocamadour, 1903 – J. DE FONT-RÉAULX, Pouillés de la Prov. de Bourges, 1961, 527–533 – S. VALETTE, Les origines de T., Tutela, Lemouzi 11, 1964, 78–82; 12, 1964, 71–74; 13, 1965, 85–89 – J. SACQUER, La cathédrale de T., ebd. 29–32, 1969, 289–301 – J.-L. LEMAÎTRE, Rép. des documents nécrologiques français, 1980, Nr. 2832–2835 – M. AUBRUN, L'ancien diocèse de Limoges des origines au milieu du XIᵉ s., 1981 – G. CANTIE, St-Martin de T., Bull. monumental 148, 1990, 88–90 – J. VINATIER, Hist. religieuse du Bas-Limousin et du diocèse de T., 1991.

Tüllenschäftung, die früheste Form der Schäftung von →Handfeuerwaffen (→Handbüchse, →Hakenbüchse, →Stockbüchse). Bei der T. diente in die am hinteren Ende gegossenen oder geschmiedeten Rohres befindl. Tülle eingeschobene Holzstange als Handhabe für den Schützen. *E. Gabriel*

Lit.: M. THIERBACH, Die geschichtl. Entwicklung der Handfeuerwaffen, 1886.

Tulln, Stadt an der Donau (Niederösterreich). Als röm. Militärlager Comagenis in der →Tabula Peutingeriana, dem Itinerarium Antonini und der Severinsvita erwähnt, doch besteht keine direkte Kontinuität zur späteren Stadt T. Die Nennung »iuxta Comagenos civitatem« von 791 ist als »spätantike Lesefrucht« zu werten. 859 als »fiscus qui vocatur Tullina« nach WOLFRAM »Vorort des bairischen Ostlandes und östlichste Hauptstadt Baierns«. 985/991 fand hier vermutl. das erste nachweisbare österr. Landtaiding statt; im Ungarnkrieg 1042 als »civitas Tullina« offenbar bereits mit Wehrfunktion. Die Beschlüsse des T.er Landtaidings v. 1081 führten zur Schlacht bei →Mailberg. 1108 ordnete hier Ks. Heinrich V. die im Investiturstreit zerrütteten Verhältnisse in der babenberg. Mark, doch war T. weder damals noch später landesfsl. Residenz. Seit der Mitte des 12. Jh. sind laufend Ministeriale »de Tulna« bekannt, die Funktionen im weiträumigen Landgerichtssprengel ausüben. Nach der Mitte des 13. Jh. Entstehung eines selbstverwalteten städt. Gemeinwesens (iurati und universitas civium de Tulna), dessen Recht in den Privilegien v. 1270 und 1276 erstmals kodifiziert erscheint. T. als Wirtschaftsstandort belegen die frühen Zunftprivilegien v. 1261 (Schiffer) und 1270 (Fischer). Die Fleischerordnung v. 1267 enthält zugleich den ersten Hinweis auf die örtl. Judengemeinde. Das Großkapital vertritt damals Konrad v. T., der Finanzier der Kg.e Otakar und Rudolf. Im 15. Jh. geriet T. in die Auseinandersetzung zw. Friedrich III. und Albrecht VI. und war daneben mehrmals Versammlungs- und Beratungsort der ks. treuen wie des oppositionellen Adels (Th. Ebendorfer, Chronica Austriae, passim). *M. Weltin*

Lit.: Mitt. des heimatkundl. Arbeitskreises für die Stadt und den Bezirk T., Bd. 7, 1992.

Ṭulūniden, ägypt. Dynastie türk. Herkunft (868–905). Als Stellvertreter des abbasid. Militärbefehlshabers in Ägypten gelang es Aḥmad ibn Ṭūlūn (868–884) →Ägypten und →Syrien (seit 878) seiner Kontrolle zu unterwerfen und sich vom Kalifat der →Abbasiden unter theoret. Anerkennung ihrer Oberhoheit faktisch unabhängig zu machen. Aḥmad ibn Ṭūlūn und sein fähiger Sohn und Nachfolger Ḥumārawaih (ermordet 895) stützten ihre Herrschaft auf eine starke, strikter Disziplin unterworfene Armee aus türk., sudanes. und griech. Sklaven und Söldnern. Die Beseitigung von polit. und wirtschaftl. Mißständen, die Herabsetzung von Abgaben und Lasten sowie eine Reform des Steuer- und Verwaltungswesens unter gleichzeitig gezielter Abschöpfung der kgl. Domänen ließen trotz der hohen Militärausgaben Handel und Gewerbe aufblühen und bescherten dem Land Wohlstand und Rechtssicherheit. Die beiden ersten T., die sich durch ihre tolerante Haltung gegenüber Christen und Juden auszeichneten, machten sich auch als Förderer von Wissenschaft und Kunst (T.moschee) verdient. Die Söhne von Ḥumārawaih verloren dagegen die Kontrolle über die Armee, die sie angesichts des wirtschaftl. Niedergangs nicht mehr ausreichend besolden konnten. Mit der Ermordung des Emirs Šaibān im Jan. 905 erlosch die Dynastie. *P. Thorau*

Lit.: EI¹ IV, 903–905 – Z. M. HASSAN, Les Tulunides, 1933.

Tumba → Grab

Tummler, auch Tummeler, seit dem 13. Jh. die Bezeichnung für den bei Belagerungen von Burgen und Städten von den Angreifern als Mauerbrecher verwendete →Stoßzeug. *E. Gabriel*

Lit.: B. RATHGEN, Das Geschütz im MA, 1928.

Tümmler → Becher

Tundalus → Visio Tnugdali

Tune. An der Ostseite des Oslofjordes wurde 1867 n. von Fredrikstad im Kirchspiel Rolvsöy, Östfold, ein Schiffsgrab in einem aus Blaulehm bestehenden Erdhügel von 80 m Durchmesser und 4 m Höhe entdeckt. Das Schiff von ursprgl. etwa 20 m Länge und 4,35 m Breite war aus 11–13 Eichenplanken je Seite gebaut. Sein Mast stand aufrecht, sein Steuerruder lag quer über dem Achterteil. Dort befand sich eine viereckige Grabkammer aus Eichenplanken, in der Reste eines Menschen und eines Pferdes angetroffen wurden. Die nicht mehr erhaltenen Funde eines Schwerthandgriffes an der ö. Reling sowie einer Speerspitze und eines Schildbuckels an der w. Reling weisen auf eine Männerbestattung hin. An der w. Reling lagen mittschiffs Reste von mindestens zwei Pferden. Dendrochronolog. Datierung der Grabkammer: nach 892, vermutliches Fälldatum der Planken um 910; des Schiffes: ein Plankenholz mit Splint, Fälldatum 910. T. gehört zur Gruppe der prunkvollen Schiffsbestattungen (9.–10. Jh.) beiderseits des Oslofjordes (Borre, →Gokstadschiff, →Oseberg). *M. Müller-Wille*

Lit.: H. SHETELIG, Tuneskibet, 1917 – N. BONDE–A. E. CHRISTENSEN, Antiquity 67, 1993, 575–583 – N. BONDE, Nationalmus. Arbejdsmark, 1994, 128–148.

Tunika, ein Wort semit. Ursprungs (vgl. hebr. *ktoneth*), bezeichnet ein Gewand, das weit in die vorchristl. Zeit zurückgeht und aufgrund seines elementaren Formprinzips zu den zentralen Stücken der abendländ. →Kleidung zählt: ein langes, gerade geschnittenes, gegürtetes, von Männern wie auch Frauen getragenes (eigtl. Unter-) Gewand, dessen Vorder- und Rückseite an den Schultern und seitl. aneinandergenäht ist, für den Hals und die Arme je eine Öffnung aufweist und über den Kopf angezogen wird. Diese bewährte T.-Grundform erfährt chronolog., quantitativ und qualitativ bedingt (= hinsichtl. Farben, Materialien, Dekorationen, Funktionen und sozialen Zuordnungen) breitgefächerte Variationen. Dazu können noch Spielarten in Schnitt und Trageweise kommen (z. B. eingesetzte Ärmel oder Keile; eine Schleppe; die Verwendung von Accessoires; verschiedene Arten von Gürtung und Schließen; mehrere T.en übereinander). Im MA begegnet die lat. Bezeichnung 'tunica' für eine entsprechend große Vielzahl von männl. und weibl. Kleidungsstücken aus prakt. allen sozialen Schichten. Etliche Varianten führen eigene Spezialtermini (im profanen Bereich z. B.: Subt. = *Cotte*; Supert. = *Surcôt, Cappa*). Der mlat. Begriff 'tunica' ist also eher Ober- und Sammelbegriff und erlaubt für sich allein ohne kontextbezogene Zusatzinformationen keine formalen Konkretisierungen des damit bezeichneten Gewandes. Die T. »glich sich dem Stilwandel der Epochen an«, das eheste dt. sprachige Korrelat ist →Rock. Da bis ins hohe MA »alle Kleidung auf der Grundform einer T. beruhte, ist eine strenge Abgrenzung zw. liturg. und alltägl. Gebrauch« bis dahin kaum möglich (M. BRINGEMEIER, 9, 12). Als Bestandteil der liturg. Kleidung bleibt die T. am deutlichsten auf die Funktion des Untergewandes (→Unterkleidung) beschränkt, z. T. freilich auch hier unter ganz anderslautenden Bezeichnungen (im W die Alba, weiß; im O das Sticharion, auch farbig; T. mit Ärmeln: Dalmatik). Die T.-Kleidung verliert im 14. Jh. ihre Stellung als dominierende Stileinheit, nur in der Kleidung der Gelehrten und hier bes. der Kleriker überdauert sie das MA. H. Hundsbichler

Lit.: M. BRINGEMEIER, Priester- und Gelehrtenkleidung, Rhein.-westfäl. Zs. für VK, Beih. 1, 1974 – I. LOSCHEK, Reclams Mode- und Kostümlex., 1987, 459f. – H. KÜHNEL, Bildwb. der Kleidung und Rüstung (Kröners Taschenausg. 453, 1992), 272ff.

Tunis, Stadt in Nordafrika (Maġrib, →Afrika, II), heut. Hauptstadt v. Tunesien. [1] *Antike:* Der Siedelplatz T. (Thunes, Tynes nach berber. Etymologien; Taršiš, Tartessos nach arab. Deutungen, die einen bibl. Ursprung annahmen), spätestens seit dem 6. Jh. v. Chr. als Ansiedlung einer libyschen Völkerschaft belegt, lag sw. der phönik.-hellenist. Metropole →Karthago, deren hist. Schicksal T. teilte (146 v. Chr. definitive röm. Eroberung). Die aus röm. Zeit stammenden 'Thermen des Gebamund' wurden noch von den →Vandalen im 5. Jh. n. Chr. benutzt.

[2] *Frühe arabisch-muslimische Herrschaft:* Nach der Beseitigung Karthagos, des Sitzes der byz. Militär- und Zivilverwaltung (→Exarchat, III), durch die Invasion der →Araber erlebte T. ab 692 städt. Aufstieg. Unter der Oberherrschaft der →Omayyaden errichtete der Emir Ḥassān ibn al Nuʿmān ein →Arsenal und ließ einen Verbindungskanal von T. zum Mittelmeer anlegen. Für den neuen Hafen wurden ca. 1000 Koptenfamilien aus →Ägypten angesiedelt. 732–734 wurde die große Zaitūna-Moschee erbaut, nach der Tradition über einem aus der Vandalenzeit stammenden chr. Oratorium der hl. Oliva.

Von 893 bis 903 wurde T. unter den →Aġlabiden mit neuen städt. Bauten und Einrichtungen ausgestattet. Bereits →Ibn Ḥauqal berichtet vom Wohlstand der Stadt. Unter den →Fāṭimiden, die hier vergebl. die →Schia einzuführen versuchten, machte sich T. als Ausgangspunkt der Revolte des Abū Yazīd (944) ztw. mißliebig. Die Abspaltung des Emirs al-Muʿizz (um 1050), eines Mitglieds der berber. Ṣanhāġa (→Berber), hat ihren Ursprung in diesem religions- und machtpolit. Gegensatz. Die polit.-militär. Auseinandersetzungen des 11.–12. Jh. wurden durch die Invasion der Banū Hilāl und anderer Beduinenstämme verschärft. T., das sich dem Machtanspruch der →Zīriden entzog, kam unter die Herrschaft der Banu Ḫurāsān, lebte unter Bedrohung der nomad. Banu Ryāḥ und unterstand seit 1203 der Kontrolle der Banū Gazīya, einer unter Oberhoheit der →Almoraviden stehenden Berberdynastie. Schließl. aber fiel T. an die →Almohaden, deren Joch schwer auf der Stadt lastete, die T. aber zur Hauptstadt v. Ifriqīya machten.

[3] *Die Zeit der Ḥafṣiden:* Die ztw. unter dem Expansionsdruck der Kg.e v. Sizilien (von →Roger II., 1150, bis in die Zeit der →Siz. Vesper und →Peters III. v. Aragón) stehende Stadt entwickelte sich trotz der polit. und militär. Konflikte zu einem Zentrum des internat. →Mittelmeerhandels; erste →Fondachi der it. Kaufleute wurden errichtet. Die große Berberdynastie der →Ḥafṣiden (1229–1574), die in der Glanzzeit den Kalifentitel führte, machte ihre Hauptstadt T. zu einer wirtschaftl. Metropole des Mittelmeerraumes. Abū Zakariyya' (1228–49) vollzog durch Proklamation als →Emir den entscheidenden Schritt zur Unabhängigkeit vom zerfallenden Almohadenreich; er und seine Nachfolger verliehen T. durch repräsentative Bauten (Moscheen, Madrasa) den Charakter einer reichen Herrscherresidenz. T. widerstand 1270 der Belagerung durch Kg. →Ludwig IX. d. Hl. v. Frankreich, der vor T. verstarb (→Kreuzzug, B. VI). Die Thronkämpfe nach dem Tode von Abū ʿAbdallāh al Mustanṣir (1249–77) leiteten eine Periode der Konflikte ein, die sich in der Wiederinstandsetzung der Mauern und Stadttore widerspiegelt. Mit reicher Handwerksproduktion (Kupferschmiede, Keramik) und einer großen Zahl von Kaufmannsniederlassungen fungierte T. auch weiterhin als internat. Handelszentrum. Das geistige Leben war geprägt durch Traditionen der islam. →Mystik, bedeutende →Marabute (Sidi Belḥasan, al-Murġanī, Ibn Zaitūn) sowie die bes. im 14. Jh. blühende malikit. Rechtsschule (in Nachfolge von →Mālik ibn Anas). Auf chr. Seite gewann T. dagegen durch Missionsbestrebungen der →Franziskaner (1217–20) und das von den →Dominikanern (→Raimundus Martin, 1250) begründete →'Studium' zur Pflege der arab. Sprachkenntnisse Bedeutung für die Orientmission (→Mission, II); die Brückenfunktion der Stadt fand in den scholastl. →Religionsgesprächen des katal. Philosophen →Raymundus Lullus (1293/94) mit muslim. Gelehrten beredten Ausdruck. In T. wirkte um 1400 der zum Islam konvertierte katal. Autor →Anselm Turmeda.

Im 14. Jh. verstärkte sich der Druck der →Meriniden, die T. 1348 besetzten. Die Auseinandersetzungen wurden durch internat. Spannungen verschärft (1390 Besetzung des Arsenals v. Mahdīya durch eine Koalition chr. Mächte, u.a. Franzosen, Genuesen und Engländer), doch konnte der in Constantine residierende Zweig der Ḥafṣiden die Situation retten. Das frühe 15. Jh. wurde dominiert von der Regierung des Herrschers Abū Fāris (1394–1434), der sich militär. der Bedrohung durch Aragón erwehrte (1424, 1432) und als weitblickender Schirmherr von Handel und Gelehrsamkeit hohes Ansehen in der muslim. Gesch.stradition genießt. Zw. 1450 und 1494 wurde T. von blutigen Familienfehden, Pestepidemien und Hungersnöten erschüttert. Gleichwohl wurde die reiche Stiftungs- und Bautätigkeit fortgesetzt (u. a. Bibliotheken, Schulen, Hospitäler, Märkte, Zisternen; Residenzvorstadt 'Bardo', seit 1410). Umfaßte die Stadt 1361 ca. 7000 Anwesen, so war die Zahl bis 1516 auf etwa 10000 gestiegen. Seit dem frühen 16. Jh. wurde T. jedoch zunehmend zum Spielball der beiden rivalisierenden Großmächte, des habsburg. Spanien Karls V. und des →Osman. Reiches, das T. 1573 dauernd eroberte. G. Jehel

Lit.: R. Brunschvig, La Berbérie orientale sous les Hafsides, I, II, 1940, 1947 – M. Talbi, L'Emirat aghlabide, 1966 – A. Daoutlati, T. sous les Hafsides, 1976.

Tuotilo, Mönch in →St. Gallen, * um 850, 895 erstmals erwähnt, † 27. April nach 912, wohl 913, interessiert als gut faßbarer *uomo universale*, lange bevor der Begriff geprägt wurde. →Ekkehards IV. Casus s. Galli nennt T. zusammen mit →Notker I. und →Ratpert (c. 1, c. 33), aber auch mit →Hartmann und Iso, der →Salomo (III.), den nachmaligen Abt, im Unterricht rangmäßig über die anderen stellte (c. 1, c. 36). T. wird ausdrückl. als der Verf. der Tropen für den Weihnachts- und Stephanstag 'Hodie cantandus est' und 'Omnium virtutum gemmis' bezeichnet (c. 6, c. 46), als der Goldschmied, der die Reliefarbeiten des von Salomo in Auftrag gegebenen Kreuzes, des Marienaltars und des Evangelienlesepultes für Konstanz schuf (c. 22). Daß Marcellus T., Notker und Ratpert v. a. in der Musik ausbildete, war dem Chronisten wichtig (c. 33). Ekkehard hebt T.s edlen Körperbau, aber auch seine Keuschheit hervor, seine helle Stimme, seine Fertigkeit in der Goldschmiedekunst, in der Malerei, in der Poesie und im Spiel der Saiten- und Blasinstrumente (c. 34). T.s Fähigkeiten als Botschafter der Äbte ließen ihn Reisen unternehmen, die er auch künstler. und wiss. zu nutzen wußte (c. 39); die Aufenthalte in St. Alban zu Mainz und in Metz vermerkt der Chronist speziell (c. 40, c. 45). T. ist auch der Drahtzieher mancher handgreifl. Scherze, die das Kl.leben aufheitern (c. 36), und er wußte sich gegen Feinde zur Wehr zu setzen (c. 40). Die Wertschätzung T.s als Goldschmied wird deutl. im Topos, Maria habe dem Künstler die Hand geführt (c. 45). RÜSCH schreibt T. neben den gen. drei weitere Tropen zu: 'Quoniam Dominus Jesus' (Johannes Evangelista), 'Omnipotens genitor' (Lichtmeß) sowie 'Gaudete et cantate' (Ostern); der ebenfalls T. zugeschriebene Text 'Viri Galilei' (Christi Himmelfahrt) ist verloren. Herausragendes Meisterwerk T.s sind die Elfenbeinreliefs des Evangelium Longum, Cod. Sang. 53. Duft und Schnyder interpretierten die Stelle in den Casus erstmals korrekt; mit den in c. 22 geschilderten »duas tabulas eburneas« sind nicht, wie bisher übersetzt, zwei Elfenbeintafeln gemeint, sondern zwei Diptychen, die als Wachstafeln zum Schreiben dienten. Das eine Diptychon war bereits geschnitzt und ziert heute das irische Johannes-Evangelium Cod. Sang. 60, das andere übergab Salomo III. 893/894 T. zum Reliefieren der Darstellungen der Maiestas Christi und der Himmelfahrt Mariae sowie der Begegnung des hl. Gallus mit den Bären, während der Mönch Sintram beauftragt wurde, eine Evangelienhs. zu fertigen, die dem Hochformat der Elfenbeintafeln entsprach. Korrekt ist auch Ekkehards Angabe, daß beide Diptychen aus dem Besitz Karls d. Gr. stammten. Ch. Eggenberger

Lit.: E. G. Rüsch, T. Mönch und Künstler, 1953 – J. Duft-R. Schnyder, Die Elfenbein-Einbände der Stiftsbibl. St. Gallen, 1984 – Ch. Eggenberger, Ein maler. Werk T.s?, Unsere Kunstdenkmäler 36, 1985, 243–251 – Gaudete et cantate. Seid fröhl. und singet. Tropen aus den Hss. der Stiftsbibl. St. Gallen, hg. E. G. Rüsch, 1990 – J. Duft, Die Abtei St. Gallen, II, 1991, 221–237.

Tür, allgemeiner Begriff für durchschreitbare Öffnung, bestehend aus Umrahmung und Verschluß, bei kleinen Beispielen als Pforte, bei repräsentativen als →Portal und bei monumentalen als Tor bezeichnet. T.en sind funktionell, baukünstler. und symbol. seit den ältesten Zeiten eines der wichtigsten Elemente der Architektur. Das zeigt sich in bibl. Texten und der zugehörigen Ikonographie, welche freilich nicht als Textillustration in engem Sinn zu verstehen ist. Als Gott nach Gen 3, 24 die Stammeltern aus dem Paradies vertrieben hatte, stellte er im Osten des Gartens Eden die Cherubim zur Bewachung auf. Ein Tor wird dabei nicht genannt, kommt jedoch seit der frühchristl. Kunst, Wiener Genesis 5. Jh., öfters vor, sowohl bei der Einführung als auch dann bei der Vertreibung von Adam und Eva. Auf der Hildesheimer Bronzetür um 1015 ist es ein burgähnl. Gebäude, auf dem Türsturz von Andlau um 1150 zweimal ein Säulenpaar mit Kuppeldächlein; auf dem Mosaik des Doms v. Monreale um 1182, und im Hortus deliciarum der →Herrad v. Landsberg erscheint in der Toröffnung ein Cherub als Wächter. Bei der realist.-got. Paradiesschilderung der »Tres Riches Heures« des Duc de Berry 1413/16 (→Stundenbücher) werden Adam und Eva durch einen Engel aus dem got. Gartenportal gedrängt. – In den beiden Visionen einer jenseitigen Gottesresidenz, bei Ez 40–48 und in der Offb 21–22 gehören Portale zur wesentl. Substanz dieser Architekturen. Bei ersterem wichtig das Osttor, welches geschlossen sein wird bis der Herr Israels darin erschienen ist. Das Christentum deutete ihn als den Messias Christus, den z. B. Fresken von Schwarzrheindorf um 1151 oder das Torrelief über dem Hauptportal der Kathedrale v. Sens um 1200 so zeigen. Das Thema kann aber auch auf Maria ausgedehnt werden mit dem Bild von Mariä Verkündigung wie an der Bronzetür in Hildesheim, wo das leere Faldistorium in dieser Szene der Inkarnation erscheint. Das roman. Relief der sitzenden »Gottesmutter des Dom Rupert« in Lüttich, um 1149/58, würde ohne den Text aus Ez 44, 2 auf ihrem rundbogigen Rahmen nicht als diesem Thema zugehörig erkannt. Klar ist das T.motiv, mit einem Teppich verhängt, bei →Rogiers van der Weyden Madonna im Kunsthist. Mus. Wien und monumental als figurenreiches Kathedralportal auf einer Miniatur Jean→Fouquets im Stundenbuch des Étienne Chevalier, Mus. Condé, Chantilly. Andererseits wird die T. zum Attribut Ezechiels, wie eine Miniatur im Psalterium aureum von St. Gallen um 880/890 zeigt, und der Prophet Ezechiel mit Inschrift neben Kg. David als Portalhüter um 1200 an →Antelamis Eingang des Domes v. Fidenza um 1250 plast. demonstriert. – Schließlich ist die T. auch das auffallendste Element der Ringmauer des goldenen →Himmlischen Jerusalem der Offb; seine vier Seiten öffnen sich in je drei kostbaren Portalen, in denen die Figuren der zwölf Apostel stehen. Die Miniatur im Apokalypsenkomm. des →Beatus v. Liébana aus dem 10. Jh. und der Kronleuchter in Komburg, Württbg., 12. Jh., seien Beispiele. Auf den Gedanken des Himmelstores als Haupteingang der jenseitigen Gottesstadt konzentrieren sich die Darstellungen v. a. im Zusammenhang mit dem →Weltgericht. Auch hier stellt man eine Wechselwirkung in der Schilderung zw. Malerei und gebauter Kirche als Abbild des Himmels fest. Stefan Lochners Weltgericht um 1435, Wallraf-Richartz-Mus.

Köln, schildert den Einzug der Seligen wie eine ma. Prozession in den Dom. Architekton. weniger ergiebig ist das Thema des Hölleneingangs, dessen verbreitetstes Motiv Abwandlungen des dämon. Rachens sind. Beim Abstieg Jesu in die Vorhölle zu den Gerechten des Alten Bundes werden in der ostchristl. Kunst die am Boden liegenden T.flügel gezeigt. V. a. in der Romanik gibt es einfache gemauerte Höllenpforten, wie z. B. am Tympanon von Ste-Foie in Conques, 12. Jh., wo im untersten Register die Eingänge zur himml. und höll. Wohnung nachbarl. nebeneinander liegen. – Nicht von Ezechiel und der Himmelstorsymbolik abzuleiten ist die Türsymbolik Christi, sondern direkt von seinem Gleichnis des Guten Hirten Joh 10. Dessen Kernsatz »Ego sum hostium« steht im Buch, das der Erlöser im roman. Tympanon des Doms zu Gurk vorweist. Schon in der Darstellung des Gleichnisses am altchristl. Elfenbeinkasten des 4. Jh. in Brescia wird die Pforte des Schafgeheges in der Würdeform einer Säulenarkade gestaltet. Typolog. sah man in Ri 16, 3 Samsons Raub des Stadttores von Gaza als Vorbild von Christi Auferstehung. AT und NT verknüpfen auch das Marienbild im Evangeliar → Bernwards v. Hildesheim um 1015, wo seitl. die durch Eva geschlossene Paradiesest. und die durch Maria wieder geöffnete Heilst. angefügt sind. Ein symbol. Portalthema lieferte das Gleichnis von den Klugen und Törichten Jungfrauen, Mt 25, 1-3. Vor 1140 erscheinen sie als senkrechte Borte an der Portalöffnung in St-Denis, dann an Paris Notre-Dame und Amiens. Im Cod. v. Rossano, 6. Jh. als Fries, ebenso zusammengefaßt Ende des 12. Jh. an der Galluspforte des Basler Münsters, mit Nachfolge in Egisheim, Elsaß. Am Straßburger Münster in einem Portalgewände als dramatische Statuenreihe, Ende 13. Jh. S. a. →Portalplastik. A. Reinle

Lit.: J. Sauer, Symbolik des Kirchengebäudes und seiner Ausstattung in der Auffassung des MA, 1924² - G. Bandmann, Ma. Architektur als Bedeutungsträger, 1951 - A. Reinle, Zeichensprache der Architektur, 1976, 245-287.

Tura Cosmè, it. Maler, * gegen 1431, † Ferrara 1495. Bereits 1451 für den Ferrareser Hof tätig, seit 1458 Hofmaler Borsos d'→Este. 1471 von Ercole d'Este zum Hofporträtisten ernannt, beschäftigen ihn bis 1486 v. a. die zahlreichen hier anfallenden Arbeiten – Festdekorationen für Hochzeiten, Turniere, Katafalke, Bemalen von Möbeln, Schildern, Prunkwaffen, Standarten und anderen Heraldika, Entwerfen von Silbergeschirr und Tapisserien (erhalten nur eine 'Beweinung Christi', 1475, Cleveland und Slg. Thyssen). Ebenso ist die Ausmalung der Palastkapelle von Belriguardo (1469-72) verloren; nur aus dem schon von Lionello d'Este angelegten Studiolo der Villa Belfiore (dok. 1459-63), in dem erstmals die neun Musen nach einem Programm von →Guarino Guarini (1447) dargestellt wurden, ist noch die thronende 'Erato' (? früher 'Primavera' gen., London) vorhanden. In ihrer metall. Härte und Brillianz zeigt sie T.s höf. hochartifizielle Kunst bereits in ihrer ganzen »manieristischen«, »spätgotischen« Stilisierungsmanie, die zeichner.-expressive Ansätze von →Donatello, dessen Paduaner Umgebung und →Mantegna ins Extreme steigert. 1469 folgen die Orgelflügel des Ferrareser Doms mit 'Georgs Drachenkampf' und der 'Verkündigung Mariae'; den Höhepunkt bildet das Polyptychon (1475) aus San Giorgio f. l. m. mit den Stifterfiguren des Bf.s Lorenzo und seines Bruders Prior Niccolò Roverella und Hl.n (verloren resp. Gal. Colonna, Rom) zu seiten der überhohen Mitteltafel mit der Madonna und musizierenden Engeln in einer extravaganten Thronarchitektur ganz in Rosa und Hellgrün (London), in der überwölbenden Lünette kontrapunktisch düster und hochexpressiv eine mächtige, mehrfigurige 'Pieta' (Paris). Die Einordnung der wenigen anderen Werke – kleinere Andachtsbilder ('Pieta' in Venedig, Mus. Correr und Wien; 'Madonna', Venedig, Accad.) und Teile von Polyptychen, meist stehende Einzelfiguren – lassen sich nur unsicher mit überlieferten Aufträgen verbinden und in der wenig ausgeprägten Stilentwicklung einordnen. In gewissen Arbeiten vermeint man Rückwirkungen der beiden jüngeren Ferrareser Meister, F. del →Cossa und E. de' →Roberti, zu erkennen. Als einzige umfangreiche Monumentalarbeit dieses Kreises hat sich die Ausmalung des großen Saales im Palazzo Schifanoia erhalten, wohl nach einem Programm des Hofastrologen und -historikers Pellegrino Prisciani das Thema der Monate in den Triumphen der Planeten, astrolog. Personifikationen und Szenen am Hofe Borsos d'Este entfaltend (um 1470). Ch. Klemm

Lit.: E. Ruhmer, T., Paintings and Drawings, 1958 - R. Molajoli, L'opera completa di C. T. e i grandi pittori ferraresi del suo tempo, 1974 - San Giorgio e la Principessa di C. T. Dipinti restaurati..., Ausst. kat. Ferrara, 1985 - R. Varese, Atlante di Schifanoia, 1990 - Muse e il Principe, Ausst. kat. Mailand, Poldi-Pezzoli, 1991 - J. Dunkerton, La Vergine Annunciata di C. T., Restauro 1993, H. 5, 16-22, 65f.

Turba philosophorum, lat. Titel eines arab. Werkes (»Muṣḥaf al-ǧamāʿa«) aus der Frühzeit der Rezeption gr. Kosmologie und Alchemie im Islam (um 900). Die T. fand spätestens seit dem 13. Jh. den Weg ins Lat., dann in die dt. (15. Jh.) und weitere Landessprachen; bis weit in die NZ erblickten europ. Alchemiker in der T. ein Hauptwerk ihrer Kunst. Die T. gibt sich als ein von Arisleus (Archelaos) verfaßtes Protokoll über Debatten der 'Dritten pythagoreischen Synode', einer Alchemikerversammlung, auf der namentl. genannte 'Philosophen' unter Vorsitz des Pythagoras vorab Streitfragen zu lösen suchten, die sich aus der sprachl. Verschleierung alchem. Wissens durch Decknamengebrauch ergeben hatten. Ihr Verf. besaß gute Kenntnisse der gr.-vorsokrat. Naturphilosophie, verarbeitete →Hippolytus' »Refutatio omnium haeresium« (Sermones 1-9) und verknüpfte kosmolog. Elemente der vorsokrat. geprägten Doxographie mit alchem. Lehrgut (Sermones 9-72). Die T. gehört zu den inhaltl. schwierigsten und anspruchsvollsten Werken der älteren Alchemielit. Europas (Drucke: Auriferae artis quam chemicam vocant, antiquissimi authores, sive T., Basel 1572 [1593, 1610], 1-69, 70-151 [2 Fassungen]; Theatrum chemicum V, Straßburg 1622 [1650], 1-52 [3. Fassung]). J. Telle.

Ed.: J. Ruska, T., 1931, 105-170 [lat.], 171-257 [dt. Übers.] – Übers.: The T., transl. A. E. Waite, 1896, 1976⁴ – La T. Gallica. Éd. de la version française, ed. P. Duval, Les Cahiers de Fontenay 33, 1983, 9-67 – La Tourbe des Philosophes, 1993 – Lit.: Verf.-Lex.² IX, 1151-1157 [J. Telle] – M. Plessner, The Place of the T. in the Development of Alchemy, Isis 45, 1954, 331-338 – Ders., The T. A Preliminary Report on Three Cambridge Mss., Ambix 7, 1959, 159-163 – J. Telle, Ein altdt. Spruchgedicht nach der T., ZDPh 95, 1970, 416-443 – Sezgin IV, 60-66 – Ullmann, Nat., 213-216 – M. Plessner, Vorsokrat. Philos. und gr. Alchemie in arab.-lat. Überlieferung. Nach dem Ms. ed. F. Klein-Franke, Boethius 4, 1975 – U. Rudolph, Chr. Theol. und vorsokrat. Lehren in der T., Oriens 32, 1990, 97-123 – P. Kingsley, From Pythagoras to the T. Egypt and Pythagorean Tradition, JWarburg 57, 1994, 1-13.

Turban, in der muslim. Welt männl. Kopfbedeckung aus einem kunstvoll gewundenen Tuch über einer Kappe, heute nur noch selten gebräuchlich. Auf pers. *dulband* über türk. *tülbent* werden die europ. Namen zurückgeführt; das häufigere türk. Wort ist *sarık*, das bevorzugte arab. ʿimāma (zahlreiche weitere Bezeichnungen gebräuchlich). Unklaren vorislam. Ursprungs, wurde der T. im →Islam nach dem Vorbild des Propheten →Mohammed Abzeichen der Würde des gläubigen Arabers, auch Ehrenzeichen bei

Amtseinsetzungen sowie Kennzeichen von Konvertiten zum Islam. Nie religiös vorgeschrieben, war er gleichwohl empfohlen, bes. zum Gebet. Größe und Form des T.s sowie Farbe, Art und Muster der verwendeten Stoffe, auch die Zulässigkeit von eingewebten Edelmetallstreifen und von Schmuckstücken waren Gegenstand von (nach Zeit und Land wechselnden) eingehenden, oftmals religiös begründeten Vorschriften, die zunehmend der Unterscheidung von Ständen und zivilen Rangunterschieden dienten; im Scheitel befand sich manchmal ein kurzer Stab als Stammesabzeichen. Wenn Christen und Juden T.e tragen durften, mußten sich deren Farben von denen der Muslime nach strikten Vorschriften unterscheiden; Muslime bevorzugten Weiß. Bei den Osmanen wurden T.e häufig in den Mausoleen ihrer Träger aufbewahrt oder auf deren Grabstelen in Stein nachgebildet. K. Brisch

Lit.: EI¹ VIII, 885–893 – H.-P. LAQUEUR, Osman. Friedhöfe und Grabsteine in Istanbul, Istanbuler Mitt., Beih. 38, 1993.

Turbanhelm, angebl. mit einem →Turban umwundener →Kapuzenhelm mit runder, gewölbter Glocke samt kleiner Spitze und Augenausschnitten, sowie einer geschlossenen Ringelkapuze, welche nur den Augen freiließ. Das Gesicht schützte zusätzl. ein verschiebbares Naseneisen in Stirnmitte. Der T. war pers. Ursprungs und wurde im 15. und frühen 16. Jh. von der schweren Adelskavallerie der Mamlūken und Osmanen getragen. O. Gamber

Lit.: H. R. ROBINSON, Oriental Armour, 1967.

Turenne, Burg und Vicomté im südl. Limousin (dép. Corrèze), südl. v. Brive, im 8. Jh. im Besitz von Vasallen des Hzg.s v. →Aquitanien (767 Belagerung Hzg. →Waifars durch →Pippin III.), im 9. Jh. karol. Comitat bzw. Vicecomitat (839 Absetzung des Gf.en Radulf/Raoul wegen Empörung gegen →Ludwig d. Fr.), 860 (unter Ranulph) Anerkennung der Lehnshoheit des Gf.en v. →Toulouse. T. tritt im 10. Jh. (Enkel und Urenkel Ranulphs: Bernhard und Aymar) als Vicomté hervor, die seit dem späten 10. Jh. zu den Besitzungen des Hauses →Comborn gehörte, im 14. Jh. an die Gf.en v. →Comminges kam (1331). Seit 1350 besaß das Haus →Roger (de Beaufort), das durch die ihm entstammenden zwei avignones. Päpste (→Clemens VI., →Gregor XI.) mächtig geworden war, die Vizgft. T. durch Heirat. Nach dem Tode *Raymonds v. T.* († nach 1412) fiel die Vgft. (über den mit den Roger de Beaufort verschwägerten Marschall Jean II. →Boucicaut) schließlich an die La Tour d'Auvergne (1444). Die Vgft. T. hat als selbständige Herrschaft (→Seigneurie mit ausgeprägtem Allodialbesitz), in deren südl. Bereich die bedeutende Abtei OSB →Souillac lag, noch in den Religionskriegen des 16. Jh. eine wichtige Rolle gespielt (Hugenottenstützpunkt). Teile der eindrucksvollen Burganlage des 11.–14. Jh. sind erhalten. U. Mattejiet

T., Raymond de, prov. Heerführer, * 1350/51, † (frühestens) 1412, Sohn des Guillaume II. →Roger, Gf.en v. Beaufort und Vgf.en v. T., Großneffe von Papst →Clemens VI. und Neffe von Papst →Gregor XI., erhielt 1375 die Vgft. T. anläßlich seiner Heirat mit Marie, Tochter des Gf.en Jean v. →Boulogne/→Auvergne. Seit 1373 im Dienst der avignones. →Kurie, fungierte er 1375–77 als Generalkapitän der päpstl. Truppen im →Comtat Venaissin. Er gab Gregor XI. bei seiner Rückkehr nach →Rom das militär. Geleit (1376–77). Mit der Wahl →Clemens' VII. zum avignones. Papst (→Abendländ. Schisma) sank nach 1378 der Stern des einst papstnahen Hauses Roger (Verweigerung der Herausgabe der von Gregor XI. hinterlassenen privaten Güter an T. und seine Familie durch Clemens VII.); T. zog sich auf seine Güter zurück und nahm Kriegsdienste an (Bekämpfung der engl. Söldner in der Auvergne, Teilnahme am Zug Hzg. →Jeans de Berry gegen →Flandern, 1383). Auch die neuen Herren der →Provence, Ludwig I. v. Anjou und Maria v. Blois, unterstützten die Gegner des Hauses Roger, so die Einwohner v. St-Rémy im Kampf gegen die seigneurialen Rechtsansprüche der Roger, aber ebenso Eudes de →Villars bei seiner Rückforderung der von den Roger einbehaltenen Güter seiner Gemahlin Alix des →Baux. T. eröffnete 1386 simultan im Comtat Venaissin und in der Basse-Provence den Krieg und führte (nach kurzem Waffenstillstand, 1390) und gestützt auf sieben feste Häuser 1391 neue Söldnerbanden in die Haute-Provence, die das Land furchtbar verwüsteten. Die von den États de Provence (Aix 1397) eingeleiteten Verteidigungsmaßnahmen führten erst 1399 zum Erfolg. Die Behauptung, T. sei damals in der Rhône ertränkt worden, ist romanhafte Legende. Er setzte vielmehr seine Auseinandersetzungen mit Eudes de Villars und Jean II. →Boucicaut um die strittigen Territorien vor dem Pariser →Parlement fort. Die hist. Mythenbildung um T. fand ihren lit. Höhepunkt im Epos »Nerto« (1884) des prov. Nationaldichters Frédéric Mistral.

N. Coulet

Lit.: N. VALOIS, R. de T. et les papes d'Avignon, Annuaire-Bull. de la Société de l'Hist. de France, 1889, 215–276 – R. VEYDARIER, R. de T. dans l'historiographie provençale. Un mythe national? (Evénement, identité et hist., hg. C. DOLAN, 1991), 205–220 – DERS., R. de T., la deuxième maison d'Anjou et la Provence [Thèse Montréal, 1995].

Turgot (Thurgot), Prior v. →Durham 1087–1107, Bf. v. →St. Andrews 1107–15, † 31. Aug. 1115 in Durham; stammte aus einer niederen Adelsfamilie in Lincolnshire. Nach der norm. Eroberung von den Normannen als Geisel genommen, gelang es ihm, nach Norwegen zu fliehen, wo er die Gunst Kg. Olafs errang. Als er bei seiner Rückkehr nach England an der Küste von Durham Schiffbruch erlitt, beschloß er, ein religiöses Leben zu führen. Er gesellte sich zu Aldwin v. Winchcombe, der das Kl. Jarrow (→Jarrow-Wearmouth) wieder begründete. 1074 gingen sie gemeinsam nach Schottland, um dort eine ähnl. Aufgabe für das Kl. →Melrose zu übernehmen. Nach England zurückberufen, erneuerten Aldwin und T. die Kirche in Monkwearmouth, wo T. als Benediktinermönch eintrat. 1083 ging T. nach Durham, als →Wilhelm de St-Calais, Bf. v. Durham, dort das Kathedralpriorat gründete und Aldwin zum ersten Prior ernannte. Möglicherweise zw. 1083 und 1087 (auf jeden Fall vor 1093) hatte T. die Stellung eines Beichtvaters bei Kgn. →Margarete v. Schottland inne. 1087 folgte er Aldwin als Prior v. Durham und bekleidete dieses Amt 20 Jahre. Er verwaltete die Diöz. als Archidiakon, nachdem Bf. Wilhelm verbannt worden war (1088–91), und leitete den Bau der 1093 gegr. Kathedrale. Die Beziehungen zu Bf. →Ranulf Flambard waren gespannt, aber 1107 wurde T. von Alexander I., Margaretes Sohn, zum Bf. v. St. Andrews ernannt und 1109 geweiht. Sein unfruchtbarer Episkopat war geprägt durch seine Ablehnung der Ansprüche Yorks auf die Oberhoheit über die schott. Kirche. T. war der Verfasser der »Vita Sancte Margarite«. G. W. S. Barrow

Lit.: D. KNOWLES, The Monastic Order in England, 1949 – D. E. R. WATT, Series Episcoporum Ecclesiae Catholicae Occidentalis, VI, 1, 1991.

Turibulum → Weihrauchgefäß

Turin (it. Torino), Stadt in Oberitalien (→Piemont) am Zusammenfluß der Dora Riparia und des Po. Ursprgl. ligurische Gründung, röm. Kolonie (colonia Julia Augusta Taurinorum). T. wurde Ende des 4. Jh. Mittelpunkt einer autonomen Diöz. und trennte sich unter dem ersten Bf. →Maximus († zw. 408 und 423) von der Diöz. →Vercelli ab. Anfang des 5. Jh. stand es unter der Herrschaft der →Goten und erlebte Ende des Jh. eine Invasion der →Burgunder: 497 hatte Bf. Victor eine wichtige Funktion in dem Friedensvertrag zw. dem Ostgotenkg. →Theoderich und dem Burgunderkg. →Gundobad, der auf Ansprüche südl. der Alpen verzichtete. Anfang des 6. Jh. wurde T. in das got.-byz. Herrschaftsgebiet des Sisiges eingeschlossen (Zentrum →Susa), blieb jedoch Bf.ssitz.

Nach 568 wurde T. Hauptort eines langob. Dukats (drei Hzg.e v. T., →Agilulf, →Ariwald und →Raginpert, wurden Kg.e). Mit der Ankunft der Franken in Italien Ende des 8. Jh. wurde T. Zentrum einer iudiciaria und eines comitatus und genoß die Förderung der karol. Herrscher: →Ludwig d. Fr. setzte dort einen ihm ergebenen Bf., der auch als Theologe wirkte, ein (→Claudius v. T.) und machte 825 T. zum wichtigsten Schulzentrum des südl. Piemont und Liguriens. 827 (Ratpert) und 880 (Suppo) sind frk. Comites in T. bezeugt. Danach wurde der »comitatus Taurinensis« mehr als ein halbes Jh. lang von den Mgf.en v. →Ivrea (anskar. Dynastie) verwaltet. Um 950 wurde T. selbst Mittelpunkt einer Mark (unter der arduin. Dynastie), die sich bis zum Ligur. Meer erstreckte und die Comitate T., Auriate, →Asti, Bredulo, Alba, Albenga, →Ventimiglia umfaßte. Die arduin. Mgf.en herrschten bis zum Ende des 11. Jh. (Tod der Gfn. →Adelheid 1091), danach zerfiel die Mark. Zur gleichen Zeit kämpften die Bf.e Landulf und Cunibert gegen die philoröm. Reform.

Im 12. Jh. übten die Bf.e die weltl. Gewalt über T. aus (Bf. Mainardus, v.a. aber Carolus, der 1159 von Ks. Friedrich I. Barbarossa die offizielle Anerkennung seiner Herrschaftsgewalt erwirkte). Neben der bfl. Gewalt konnte sich die Kommune nur schwach entwickeln. Ihre Consules (erstmals zw. 1147 und 1149 belegt) kamen aus dem Bf. treu ergebenen Familien des mittleren Adels. Der Bruch trat jedoch 1226 ein, als die Kommune T. der →Lombardischen Liga beitrat, während Bf. Jakob-Giacomo auf der Seite Ks. Friedrichs II. blieb. Um die Mitte des 13. Jh. entwickelte die Kommune, an deren Spitze nun ein →Podestà stand, ihr größtes autonomes Expansionsstreben und unterwarf mehrere Signorenfamilien des Contado (Piobesi, Piossasco, Scalenghe, Barge, Cavour, Mathi), wurde jedoch in ihrer Ausbreitung durch benachbarte, merkantil geprägte Kommunen wie →Chieri eingeschränkt. Die Kommune T. war nicht stark genug, um den Vorstoß der Gf.en v. →Savoyen definitiv zu hemmen (Thomas II. wurde 1255–59 von T. gefangengesetzt) und wurde 1280 von diesen erobert, nachdem die Stadt 1270–80 unter der Herrschaft →Karls v. Anjou, dann Mgf. Wilhelms VII. v. Montferrat gestanden hatte. Seit diesem Zeitpunkt wurde der kommunale Podestà durch einen Vikar-Judex ersetzt, der von den Fs.en v. Achaia, einer Linie der Savoyer, ernannt wurde. Er verwaltete T. und das westl. Piemont von dem damaligen Zentrum →Pinerolo aus. Zw. dem Ende des 13. und der Mitte des 14. Jh. rebellierten die Bürger von T. mehrmals (unter der Führung der Familien Silo und Zucca), bis Jakob v. Achaia (Giacomo d'Acaia) mit Familien, die dem traditionellen Adel fernstanden, die »Societas Sancti Iohannis« gründete, die als eine Art Parallelkommune fungierte und die zw. der Stadtbevölkerung und den Savoyern wieder friedl. Beziehungen herstellte. 1360 verlieh →Amadeus VI. der Kommune T. Freiheiten, in denen ausdrückl. Statuten aus der 2. Hälfte des 13. Jh. (insbes. von Thomas III., 1280) zitiert wurden. Daraus gingen die im »Liber catenae« gesammelten, längere Zeit gültigen Statuten hervor. Die 1404 in T. gegr. Universität brauchte bis zu ihrer Funktionsfähigkeit rund 30 Jahre; in der Zwischenzeit war das Studium von den Savoyern nach Chieri und nach Savigliano verlegt worden.

1418 starb Ludwig von Savoyen-Achaia ohne Erben. Die Hauptlinie der Savoyer unter →Amadeus VIII. gliederte das »Hzm. Piemont« in ihre Territorien ein und wählte T. zum Zentrum ihrer Herrschaften in Italien. Nach dem Tode Amadeus' VIII. (1432) institutionalisierte sich das 'Consilium Cismontanum', das savoy. Verwaltungsorgan südl. der Alpen. Im 15. und 16. Jh. wurden T. und das Piemont zum wichtigsten Teil des Hzm.s Savoyen. Folge dieser wiedergewonnenen Zentralstellung war ein Bevölkerungsanstieg in der Stadt, die dennoch sehr klein blieb: T.s Einwohnerzahl von etwa 3500 am Anfang des 13. Jh. erhöhte sich auf 4000 um die Mitte des 15. Jh. und stieg Anfang des 16. Jh. auf 5000 an. G. Sergi

Lit.: G. CASIRAGHI, La diocesi di T. nel Medioevo, 1979 – G. SERGI, Potere e territorio lungo la strada di Francia. Da Chambéry a T. fra X e XIII s., 1981 – T. e i suoi statuti nella seconda metà del Trecento, 1981 – T. nel basso medioevo: castello, uomini, oggetti, hg. R. BORDONE–S. PETTENATI, 1982 – Piemonte medievale. Forme del potere e della società (Fschr. G. TABACCO, 1985) – A. M. NADA PATRONE, Il medioevo in Piemonte, 1986 – T. fra Medioevo e Rinascimento, hg. R. COMBA–R. ROCCIA, 1993 – A. BARBERO, Un'oligarchia urbana. Politica ed economia a T. fra Tre e Quattrocento, 1995 – G. SERGI, I confini del potere. Marche e signorie fra due regni medievali, 1995.

Turiner Grabtuch, in einer Kapelle hinter der Apsis des Turiner Doms aufbewahrtes, in einem Stück gewebtes Leinentuch (4,36 m × 1,10 m), auf dem das Abbild des Körpers eines Mannes von ca. 1,81 m Länge (in Vorder- und Rückansicht) mit den Spuren von Kontusionen und Wunden am linken Handgelenk und an den Füßen zu sehen ist. Die überzeugtesten Vertreter der Echtheit sehen es als das Tuch an, in das Jesus nach der Kreuzabnahme gehüllt wurde. Die Kirche hat dies nie ausdrückl. bestätigt, obgleich sie das T. G. als »verehrungswürdige Ikone Christi« betrachtet, bei der der »Wert des Bildes den eventuellen hist. Wert übersteigt« (Kard. A. Ballestrero, 13. Okt. 1988). Die hist. Dokumentation wirft viele Probleme auf. Es gibt keine vollständige Slg. des Urkk.materials. Dokumente, die sich auf andere Grabtücher beziehen, müssen ausgesondert werden. Auch das Lirey-Dossier (Dép. Aube), die Slg. der Urkk., die die Präsenz des Grabtuchs in der von Geoffroy I. de →Charny um 1349 gegründeten Kollegiatkirche v. Lirey (Diöz. Troyes) bezeugt, ist nicht vollständig (Teiled. U. CHEVALIER 1900–03, I. WILSON, 1978). Päpstl. Bullen von 1389–90 und ein Promemoria des Petrus d'Arcis, Bf. v. Troyes, an Clemens VII. (Ende 1389) bezeugen erstmals, daß in Lirey ein Leinentuch mit dem Abbild der Vorder- und Rückseite eines hingerichteten Mannes existierte. Petrus d'Arcis stützt sich dabei auf Unters.en der Vorgänge in Lirey (seit ca. 1355) seines Vorgängers Heinrich v. Poitiers. Demzufolge sei das Bild auf dem Leinentuch die vermutl. von dem damaligen Dekan der Kollegiatkirche v. Lirey zur Initiierung einer Wallfahrt in Auftrag gegebene, geschickte Fälschung eines Künstlers gewesen, der selbst seine Missetat gestanden habe. Petrus d'Arcis ging deshalb persönl. gegen den neuen Dekan vor. Der Papst gestattete hingegen die Verehrung des Grabtuchs in Lirey (6. Jan. 1390), unter der Bedingung, daß deutl. gemacht werden müsse, daß es sich nicht um das wahre Grabtuch Christi, sondern um eine Darstellung davon handle. Hzg. Ludwig v. Savoyen, der möglicherweise das Grabtuch gekauft hatte, gab 1464 auf Klagen der Kanoniker v. Lirey zu, daß es sich in seinem Besitz befinde. 1506 begründete Papst

Julius II. das Fest des Sanctum Sudarium (4. Mai); das Grabtuch wurde in der hzgl. Kapelle in Chambéry aufbewahrt (dort 1532 durch einen Brand beschädigt), 1535–61 in der Kathedrale v. Vercelli, seit 1578 in Turin.

Die Diskussionen um die Echtheit flammten wieder auf, als 1898 Photographien ergaben, daß das Bild auf dem T. G. nicht, wie normal als Negativ, sondern als Positiv erschien. Modernste naturwiss. Untersuchungsmethoden tendieren im allg. dazu, sein Alter höher anzusetzen. Gegen die Datierung der C^{14}-Analyse von Gewebeproben zw. 1260 und 1390 n. Chr. wurde eingewendet, daß der Stoff des Grabtuchs im Lauf der Jahrhunderte vielen Eingriffen unterworfen worden sei, die das Analyseresultat beeinträchtigen könnten. Im Gegensatz zu den Historikern, die sich fast einhellig gegen die Echtheit ausgesprochen haben, sind die Naturwissenschaftler zumeist für die Authentizität des Grabtuchs. G. Casiraghi

Lit.: U. Chevalier, Autour des origines du Suaire de Lirey, avec documents inédits, 1903 – W. Bulst, Das Grabtuch v. Turin. Zugang zum hist. Jesus? Der neue Stand der Forsch., 1978 – P. A. Gramaglia, L'uomo della Sindone non è Gesù Cristo, 1978 – I. Wilson, The Turin Shroud, 1978 – G. Brunet, Le dernier des saints suaires: le Suaire de Turin, Cah. du Cercle Ernest Renan 27, 1979, 53–96 – G. Ghiberti, Sepolcro, sepoltura e panni sepolcrali di Gesù, Riv. biblica 27, 1979, 123–158 – H.-M. Feret, Mort et résurrection du Christ d'après les Evangiles et d'après le linceul de Turin, 1980 – H. Pfeiffer, La Sindone di Torino e il volto di Cristo nell'arte paleocristiana, biz. e mediev. occid., 1982 – A.-M. Dubarle, Hist. ancienne du linceul de Turin jusqu'au XIIIe s., 1985 – P. A. Gramaglia, La Sindone di Torino, Riv. di storia e lett. relig. 24, 1988, 524–568 – V. Saxer, La Sindone di Torino e la storia, RSCI 43, 1989, 50–79 – P. L. Baima Bollone, Sindone o no, 1990 – G. Intrigillo, La Sindone dopo la datazione con il radiocarbonio, 1990 – O. Petrosillo – E. Marinelli, La Sindone. Un enigma alla prova della scienza, 1990 – S. Rodante, La scienza convalida la Sindone. Errata la datazione mediev., 1994 – J.-M. Maldamé, Encore le saint Suaire de Turin, BLE 97, 1996, 280–287.

Türken, weitverzweigte, in Nord-, Zentral- und Westasien sowie Ost- und Südosteuropa verbreitete Gruppe von Völkern, deren Einheit v. a. von der Zugehörigkeit zu derselben Sprachfamilie bestimmt wird. Gemeinsame anthropolog. Merkmale fehlen jedoch. Übereinstimmungen in der materiellen Kultur (Tracht, Behausung, Waffen u. a.), der Kunst (Tierstil) und der Religion (Himmels- und Ahnenkult, →Schamanismus) sind weniger als spezif. Züge der türk. Ethnien zu werten, sondern einem zentralasiat. Kultursyndrom zuzuordnen, von dem auch mongol., tungus., finno-ugr. und idg. Verbände erfaßt wurden. Auch innerhalb der Welt der frühen T. gab es deutl. Kulturgrenzen zw. innerasiat. Steppennomaden (→Nomaden), Bauern und Stadtbewohnern (z. B. Uiguren) sowie Jägern und Rentierzüchtern (Jakuten) in der sibir. Taiga.

Die »Urheimat« der 'Prototürken' erstreckte sich vom Altai im W bis nach Transbaikalien im NO und deckt sich im Kern mit dem Gebiet der heutigen Mongolei. Unsicher ist, wann das Ethnonym 'türk' erstmals in den Q. auftaucht. So ist umstritten, ob die für das 5. Jh. von den arab. Historiker →al-Ṭabarī erwähnten 'Turk' mit den frühen T. identisch sind. Unklar ist ferner, ob die Gründer der ersten Reiternomadenreiche, die Hsiung-nu, →Hunnen und →Avaren, türk. Herkunft waren, da deren sprachl. Zuordnung aus Mangel an entspr. Sprachdenkmälern und Quellenzeugnissen nicht möglich ist.

Erste verläßliche Nachrichten über die T. stammen aus chin. Quellen. Sie vermerken zum Jahre 552, daß sich das Nomadenvolk der T'u-küe gegen seine bisherigen Herren, die (mongol.?) Jou-Jan erhob und ein eigenes Reich gründete. Die neuerdings erschlossene Bedeutung des Ethnonyms *türk* (pl. *türküt*), 'vereinigter Adel' (S. Tezcan), bezeugt die Vormachtstellung, die das neue Steppenimperium für mehr als ein Jh. in einem Gebiet behauptete, das vom Amur im O bis zur Wolga im W reichte. Einzigartige Zeugnisse für das Selbstverständnis der frühen T. und deren Weltbild sind die Inschriften in sogdischer (z. B. von Bugut um 571/580) und alttürk. Sprache (v. a. die vier sog. Orchon-Inschriften). Sie dienten als Gedenksteine, um verstorbene Fs.en oder Helden »magisch zu verewigen« (A. v. Gabain). Diese Schriftdenkmäler bieten zusammen mit den Darstellungen chin., muslim. und byz. Autoren ein umfassendes Bild von Aufstieg und Blüte der frühen T.reiche und gewähren zugleich Einblick in die Gesellschaftsordnung und Kultur der Alt-T.

Schon unter dem dritten namentlich bekannten Khagan Muqan (553–572) erfolgte eine weitausgreifende Expansion der T., die bei der Verfolgung der abtrünnigen Avaren 579 bis zur Krim vorstießen und nach Unterwerfung der Hephthaliten die Kontrolle über Sogdien und wichtige Teile der Seidenstraßen gewannen. Die Folge war ein Konflikt mit den →Sāsāniden um das Seidenhandelsmonopol, der die T. 576 veranlaßte, sich mit dem →Byz. Reich zu verbünden. Doch führten innere Wirren zur Teilung des türk. Khaganats in ein Ost- und ein Westreich. Die chin. Kaiser aus der T'ang-Dynastie (618–907) nutzten deren instabile Lage, um 630 das östl. Khaganat zu erobern und 659 auch die westtürk. Stämme der On oq (»Zehn Pfeile«) zu unterwerfen.

Erst ein Sieg der Tibeter über die Chinesen i. J. 679 verhalf den Ost-T. unter ihrem Khagan Elteriš und seinem Berater, dem »weisen Tonjuquk«, erneut zu ihrer Unabhängigkeit. 699 gelang es sogar, durch den erzwungenen Anschluß der westtürk. On oq-Stämme die Einheit des T.reiches für kurze Zeit wiederherzustellen. Doch vermochten sich die T. der seit Beginn des 8. Jh. einsetzenden arab. Invasionen (→Araber) kaum zu erwehren. Durch Abfallbewegungen von unterworfenen Stämmen zusätzlich geschwächt, erlagen die T. den Angriffen der sprachverwandten →Oghuzen, Uiguren und Karluken zw. 745 und 766.

Ein Steppenimperium war untergegangen, das an Ausdehnung und Bedeutung nur noch vom Weltreich der →Mongolen im 13. Jh. übertroffen wurde. Die glanzvolle Hofhaltung der türk. Khagane und ihrer Stellvertreter wird von so unterschiedl. Augenzeugen wie dem byz. Gesandten Zemarchos im 6. Jh. und dem chin. Pilger Hsüan-tsang im 7. Jh. bewundert. Die hohe Kultur der Alt-T., die u. a. auf einer weit verbreiteten Schriftkenntnis (v. a. der türk., von der aramäischen Kursive abgeleiteten Runenschrift und der sogdischen Schrift) beruhte, ist auch auf intensive Beziehungen zu Sogdien und →China zurückzuführen. Sogdische Kaufleute spielten eine große Rolle im Handelsverkehr, während der kulturelle Einfluß in zahlreichen vom. Lehnwörtern im Alttürkischen ablesbar ist. Die Vorliebe für chin. Spiegel und Seidenstoffe ist ebenso evident wie die Mitwirkung chin. Künstler an türk. Totengedenkstätten (Kültegin-Denkmal). Zu den religiösen Vorstellungen der frühen T. gehörten der Glaube an einen höchsten Himmelsgott (*tängri*), Animismus, Schamanismus und Ahnenkult.

Wertvolle Hinweise auf die Glaubenswelt geben die Bestattungsbräuche (Trennung von Totensanktuarien und Gräbern, Pferdeopfer und -bestattungen, 'Balbals', d. h., Grabstatuetten der Toten bzw. der von ihnen einst getöteten Feinde).

Die Erinnerung an das »türk.« Großreich blieb auch

nach dessen Zerfall bei den zentralasiat. Völkern lange lebendig. Zur Verbreitung des Namens trugen nicht zuletzt die arab., pers. und byz. Autoren bei, die über die Steppennomaden berichteten. Selbst die frk. Chronik des sog.→Fredegar weiß im 7. Jh. um die Existenz der 'Turci'. Im W knüpften v. a. die →Chazaren, die bis ca. 630 zum türk. Reich gehört hatten, an dessen Tradition an. Strittig ist aber, ob die alttürk. Ašina-Dynastie auch die Herrschaft bei den Chazaren ausübte und deren Khagan nach 630 stellte. Der Ašina-Clan scheint bei den Steppenvölkern ein Prestige genossen zu haben, das später nur noch von dem der mongol. Činggisiden (→Dschingis Chān) übertroffen wurde. Auf die Herkunft von den Ašina beriefen sich u. a. die bis 1213 regierenden Qārāhāniden und die Selǧuqen. Den dynast. Traditionen der T. und Chazaren folgten auch die frühen →Ungarn, die seit dem 6. Jh. unter westtürk. und chazar. Herrschaft gelebt hatten und deren Fs.en türk. Herkunft waren. Folgerichtig bezeichnen auch die byz. Autoren Chazaren wie Ungarn als 'Tourkoi'. Die turksprachigen Elemente in den pontischen Steppen (→Schwarzes Meer) und an der mittleren Wolga erhielten in den folgenden Jahrhunderten beträchtl. Zuzug durch die Invasionen der →Pečenegen, der in den aruss. Chroniken als 'Torki' erwähnten →Uzen und der →Kumanen. Die größte Einwanderungswelle von turksprachigen Verbänden erfolgte aber im Verlauf der mongol. Eroberungszüge (→Tataren). Sie führte bereits im 14. Jh. zur Turkisierung und Islamisierung der →Goldenen Horde.

In Zentralasien formierten sich nach dem Zerfall der türk. Hegemonialmacht im 8. Jh. die Nachfolgereiche der Uiguren, Kirgizen und Karluken. Während die Uiguren in den Oasen des Tarimbeckens und in Kansu seßhaft wurden und sich dort unter dem Einfluß von Buddhismus, Manichäismus und nestorian. Christentum zu Trägern einer reichen Kultur entwickelten, wandten sich andere Verbände nach W. Der Sieg der Araber über die Chinesen bei Talas hatte 751 dem →Islam im westl. Innerasien zum Durchbruch verholfen und den Migrationen und Reichsgründungen neue Impulse gegeben. Als erste traten die Karluken gegen Ende des 8. Jh. zum Islam über. Unter ihren Nachfolgern, den Qārāhāniden, die 840–1212 in Ost- und Westturkestan herrschten, entstand die erste islamisch geprägte türk. Lit.sprache (Fürstenspiegel Qutadġu-bilig »Glücklichmachendes Wissen« von Yūsuf aus Balāsāġūn, 1069/70, und das Wörterbuch Dīvān-ı luġāt-it Türk 'Sammelbd. der türk. Sprache' v. Mahmūd al-Kāšġarī, 1073). Byz. und muslim. Autoren (Ps.-Maurikios: Taktikon [→Taktika, 2], →Konstantin VII. Porphyrogennetos u. a. ; Mahmūd al-Kāšġarī, ar-Rāwandī u. a.) betonen übereinstimmend den krieger. Geist und die militär. Schlagkraft der türk. Nomaden. Seit al-Muʿtaṣim (833–842) verwendeten daher die abbasid. Kalifen u. a. muslim. Fs.en türk. Militärsklaven (ġulām) als Gardetruppen, deren Mitglieder bis in die höchsten Ämter gelangten und z. T. später eigene Dynastien gründeten (→Ṭūlūniden, 868–905; Ġaznaviden, 962–1190; »Sklavensultane« v. Delhi, 1206–90; →Mamlūken, 1260–1517). Als polit. Erben der frühen T. traten aber auch die →Oġuzen (→Uzen und →Turkmenen) in Erscheinung, deren Reiterheere die Grundlagen für den späteren Aufstieg der →Selǧuqen und →Osmanen schufen. H. Göckenjan

Lit.: EI¹ IV, 969–979 [W. BARTHOLD–A. SAMOYLOVITCH] – LIU MAU-TSAI, Die chin. Nachrichten zur Gesch. der Ost-T., I–II, 1958 – PTF I–II, 1959–64 – R. GIRAUD, L'Empire des Turcs célestes, 1960 – W. BARTHOLD, Zwölf Vorl. über die Gesch. der T. Mittelasiens, 1962 – G. DOERFER, Türk. und mongol. Elemente im Neupers., I–IV, 1964–75 – K. JETTMAR, H. W. HAUSSIG, B. SPULER, L. PETECH, Gesch. Mittel-asiens, HO I, 5, 5, 1966 – C. CAHEN, Pre-Ottoman Turkey, 1968 – Studia Turcica, hg. L. LIGETI, 1971 – A. v. GABAIN, Einf. in die Zentralasienkunde, 1979 – E. ESIN, A Hist. of Pre-Islamic and Early-Islamic Turkish Culture, 1980 – P. CANNATA, Profilo storico del primo impero turco, 1981 – K. CZEGLÉDY, From East to West: the Age of Nomadic Migrations in Eurasia, Archivum Eurasiae Medii Aevi 3, 1983, 25–125 – MORAVCSIK, Byzturc, 1983³ – J. P. ROUX, Hist. des Turcs, 1984 – J. P. LAUT, Der frühe türk. Buddhismus und seine lit. Denkmäler, 1986 – S. TEZCAN, Gibt es einen Namen Kök-Türk wirklich? (Türk. Sprachen und Lit. en. Materialien der ersten Turkologen-Konf. Bamberg, 1987), 357–375 – L. JOHANSON, Grenzen der Turcia (Turcica et Orientalia. Stud. G. JARRING, 1988), 51–61 – A. RÓNA-TAS, Ethnogenese und Staatsgründung. Die türk. Komponente in der Ethnogenese des Ungartums, Rhein. Westf. Akad. d. Wiss., Abh. 78, Stud. zur Ethnogenese 2, 1988, 107–142 – Cs. BÁLINT, Die Archäologie der Steppe, 1989, 239–267 – H. GÖCKENJAN, Die Welt der frühen Reitervölker (Die Mongolen und ihr Weltreich, hg. A. EGGEBRECHT u. a., 1989), 7–43 – The Cambridge Hist. of Early Inner Asia, hg. D. SINOR, 1990 – P. B. GOLDEN, An Introd. to the Hist. of the Turkic Peoples, 1992 – W. SCHARLIPP, Die frühen T. in Zentralasien, 1992 – K. H. MENGES, The Turkic Languages and Peoples, 1995 – GY. HAZAI, Byzanz und die Turkvölker (Byzanz und seine Nachbarn, hg. A. HOHLWEG, 1996), 249–262.

Türkenkriege. [1] *Allgemeine Voraussetzungen:* Der Begriff 'T.' ist eine zusammenfassende Bezeichnung für einen Komplex militär. Auseinandersetzungen des späten MA und der frühen NZ, die verschiedene Staaten West-, Mittel- und Osteuropas mit dem zur Großmacht aufgestiegenen →Osman. Reich geführt haben und die ihre Spezifik daraus beziehen, daß sie ein nach universaler Herrschaft strebendes, von expansiven Kräften getragenes, muslimisch geprägtes, in oriental. Traditionen stehendes, mit autochthonen Elementen Südosteuropas angereichertes und durch diese Symbiose originäres Gesellschaftssystem mit hist. gewachsenen europ. Regionen konfrontiert haben, die zu ersten zögernden Versuchen ansetzten, sich aus dem religiösen und polit. 'Universalismus' des christl. MA herauszuarbeiten und modernere Formen staatl. und gesellschaftl. Organisation auszubilden, die in ihrer Konsequenz auch dem Streben nach Weltherrschaft neue Dimensionen erschließen sollten. Für die Gegner der Osmanen waren die T. zunächst nichts anderes als eine Fortführung der →Kreuzzüge, und sie blieben noch lange der Kreuzzugsidee, ihrer Symbolik und ihren Parolen verhaftet, obwohl sie sich von der Tradition der 'respublica christiana', auf der sie gegründet waren, immer mehr entfernten.

[2] *Die Auseinandersetzungen des 15. Jh.:* Am Beginn stand die Schlacht v. →Nikopolis (25. Sept. 1396), in der ein v. a. aus burg. und dt. Rittern und ung. Militäraufgeboten bestehendes Kreuzfahrerheer eine vernichtende Niederlage gegen eine straff organisierte und klug geführte Armee unter dem ersten Osmanensultan →Bāyezīd I. hinnehmen mußte. Dies löste eine nach und nach ganz Europa erfassende Welle von Türkenfurcht aus und begründete einen lange wirksamen Mythos der Unbesiegbarkeit der von vielen Gläubigen mit →Gog und Magog gleichgesetzten Türken. Ein weiterer Versuch in den Jahren 1443/44, die Türken durch ein kombiniertes Heeres- und Flottenunternehmen aus Europa zu verdrängen, scheiterte in der Schlacht v. →Varna, in der der Jagiellonenkg. →Wladysław III., der päpstl. Legat Giuliano →Cesarini und viele ung. und poln. Kreuzfahrer (aber auch etwa 30000 Türken) den Tod fanden und mit der auch das Schicksal des →Byz. Reiches und der Fall seiner Hauptstadt →Konstantinopel (1453) besiegelt waren. Der osman. Versuch, diese Erfolge sofort zu einem Vorstoß nach Zentraleuropa auszunutzen, wurde allerdings 1456 durch das von einem zusammengewürfelten Kreuzfahrer-

heer vollbrachte »Wunder v. Belgrad« unter Führung des ung. Reichsverwesers und Türkenkriegshelden Johannes →Hunyadi und des franziskan. Kreuzzugspropagandisten und Volkspredigers →Johannes v. Capestrano zunichte gemacht; die aufkeimende Hoffnung auf ein unverzügl. Vordringen bis nach Jerusalem erwies sich jedoch als Illusion. Ein weiteres Kreuzzugsunternehmen, das direkt unter päpstl. Führung (→Pius II.) stehen sollte, blieb 1464 noch im Hafen v. Ancona stecken, und auch die päpstl. Bemühungen um eine Straffung des Ablaßwesens (→Ablaß) zur Beschaffung zusätzl. Finanzmittel für den Krieg gegen die 'Ungläubigen' brachte nicht die erhofften Ergebnisse. Ausgehend vom böhm. 'Ketzerkönig' →Georg v. Podiebrad, wurde schon zu diesem Zeitpunkt das Kreuzzugsmonopol des Papsttums überhaupt bestritten und die Fähigkeit der universalen christl. Mächte zur Vertreibung der Türken aus Europa offen in Frage gestellt.

[3] *Die Verteidigungsanstrengungen Ungarns:* Tatsächl. waren die antitürk. Aktivitäten des 15. Jh. nur noch der Theorie nach gemeinsame chr. Unternehmungen. Aber auch »kleine Lösungen« in der Form von Bündnissen zw. den von der Türkengefahr unmittelbar betroffenen Staaten bzw. durch die dynast. Zusammenfassung mehrerer Länder zur Bündelung ihrer Abwehrkräfte brachten nur begrenzte Resultate. Zumindest zeitweiligen Erfolg hatten dagegen Versuche →Ungarns zum Aufbau eines vorgelagerten Verteidigungsgürtels in Form von Grenzbanaten (→Banat), die von 'Militärbaronen' geführt und von einer defensiv wie offensiv einsetzbaren 'militia portalis' gesichert und durch eine Donauflottille unterstützt wurden. Vielleicht entwickelten sich damit bereits Vorformen der späteren Militärgrenze; Art und Umfang der Beteiligung von bäuerl. Kräften (1514 →Dózsa, György) an diesen Sicherungsmaßnahmen bleiben jedoch umstritten.

[4] *Türkenkrieg und Reichspolitik:* Die militär. und polit. Aktivitäten Sultan →Meḥmeds II. zur abschließenden Sicherung der türk. Herrschaft in Südosteuropa und die zunehmenden türk. Vorstöße auf Reichsterritorien bewirkten im Reich zunächst nur sehr allg. Pläne zu einer →Reichsreform als ksl. Gegenleistung für ständ. Reichshilfe gegen die Türken, zaghafte Absichtserklärungen zur Friedenssicherung wenigstens im Reichsinneren und noch zaghaftere Aufrufe zu europ. Fürstenkongressen zwecks Koordinierung antitürk. Maßnahmen, als deren Wortführer mehrfach der vom Kreuzzugsgedanken durchdrungene Hzg. v. →Burgund, →Philipp der Gute, hervortrat ('Banquet du Faisan' und Besuch des ersten 'Türkenreichstags' zu →Regensburg, 1454). Erst verstärkte Türkeneinfälle veranlaßten Ks. →Friedrich III. am Ende der 60er Jahre, seine Rüstungen für ein militär. Unternehmen gegen die Osmanen mit größerem Ernst zu betreiben, 1469 den →St.-Georgs-Ritterorden zu begründen und auf dem 'Großen Christentag' in →Regensburg 1471 präzise Vorstellungen für eine →Türkensteuer und für die Organisierung eines »kristlichen Zug(es) wider die Türken auss dem heiligen Römischen Reiche (teutscher nacion)« zu entwickeln, dessen Endziel aber wohl weiterhin der Erwerb der schon versunkenen byz. Kaiserkrone durch den Röm. Ks. (Nürnberger Reichstag 1466) und damit ein illusionäres Weltkaisertum war.

[5] *Die Auseinandersetzungen des frühen 16. Jh.:* Während der Vorstoß der Osmanen nach Italien 1480 (→Otranto) zunächst noch eine Episode blieb, löste die Besetzung von Šabac und Belgrad durch Süleymān den Prächtigen 1521 eine neue Phase der T. aus, die mit der Niederlage und dem Tod Kg. Ludwigs II. bei →Mohács 1526 das Ende der ung. Selbständigkeit brachte und die türk. Heere bis vor die Mauern von Wien führte. Gleichzeitig erreichte die reformator. Bewegung mit Luther ihren ersten Durchbruch, der die religiöse Einheit der chr. Welt endgültig zerstörte und auch den Konnex von T. n und Kreuzzug auflöste, damit auf kath. Seite ebenfalls Tendenzen zu einer Säkularisierung der T. förderte, auch wenn das Papsttum weiterhin an der Fiktion einer gemeinsamen chr. Außenpolitik gegen die 'Ungläubigen' festhielt.

Der Sieg über die türk. Eroberungsheere vor Wien (1529 und nochmals 1532) wurde auch durch ein gemeinsames Reichsheer päpstlich und lutherisch orientierter Fs.en und Städte abgesichert. Dem Reichsheer fehlte jedoch ein Mandat zur Verfolgung des Gegners über die Reichsgrenzen hinaus, und das wesentl. kleinere Heer des dt. und ung. Kg.s Ferdinand konnte beim Vorrücken nach Ungarn nur begrenzte Erfolge verzeichnen. Nach dem osman.-habsburg. Vertrag v. 1547 bildete sich ein labiles Gleichgewicht heraus, das von österr. Seite zum Aufbau einer Militärgrenze genutzt wurde und der neuartigen Konzeption eines weltl. Grenzkrieges Vorschub leistete.

Im Mittelmeerraum wurde die Republik →Venedig nach 1453 bei der Verteidigung ihrer kolonialen Positionen vom Westen lange Zeit praktisch alleingelassen und dadurch gezwungen, sich immer wieder mit den Osmanen zu arrangieren. Als die türk. Expansion zu Beginn des 16. Jh. über das östl. Mittelmeer hinausdrängte und in den Piratenflotten der Barbareskenstaaten potente Helfer fand, versuchte Ks. Karl V. als habsburg. Erbe der span. Reconquista, in den von ihm beherrschten oder kontrollierten Territorien Süditaliens und Nordafrikas mit wechselndem Erfolg einen befestigten Sperrgürtel aufzubauen. Karl konnte aber nicht verhindern, daß seine frz. Konkurrenten im Kampf um die Vorherrschaft in Europa sogar Anschluß an den türk. Gegner suchten. Damit war nach dem Zerreißen der religiösen Einheit auch die gemeinsame polit. Front gegen die Türken zusammengebrochen und der Weg frei für Entwicklungen, die die Grenzen des MA deutlich überschritten. Diese Entwicklungen wurden durch die T. zweifellos forciert; inwieweit sie von ihnen auch initiiert waren, ist Gegenstand intensiver wiss. Diskussion. K.-P. Matschke

Lit.: C. GÖLLNER, Zur Problematik der Kreuzzüge und der T. im 16. Jh., RESE 13, 1975, 97-115 – From Hunyadi to Rákóczy: War and Society in Late Medieval and Early Modern Hungary, hg. J. M. BÁK–B. K. KIRÁLY, 1982 – T. in der hist. Forsch., 1983 – D. MERTENS, Europ. Friede und T. im SpätMA. Zwischenstaatl. Friedenswahrung in SpätMA und früher NZ (Münstersche Hist. Forsch., 1, 1991), 45–90 – N. HOUSLEY, The Later Crusades (1274–1580), 1992 – W. BAUM, Ks. Sigismund, Konstanz, Hus und die T., 1993 – F.-R. ERKENS, »Und wie ein grosse Reise do tun«. Überlegungen zur Balkan- und Orientpolitik Sigismunds v. Luxemburg (Fschr. E. MEUTHEN, 1994), 739–762.

Türkensteuer, allg. Bezeichnung für →Steuern, die zur Abwehr der →Türken seit der Mitte des 15. Jh. im Reich beschlossen wurden. Das Prinzip einer allg. Geldsteuer war erstmals 1427 (Kampf gegen die →Hussiten) realisiert worden; die T. knüpfte daran an. Sie basierte auf der Pflicht jedes Christen zur Verteidigung des Glaubens und der Kirche sowie der jedes Reichsangehörigen zur Hilfe für Kg. und Reich. Dieses Begründungspaket als ein temporären militär. Erfordernis und der Christenpflicht half, grundsätzl. Bedenken gegen finanzielle Abgaben (Ausweis der Abhängigkeit oder gar Unfreiheit) und die Furcht vor deren normativem Charakter zurückzustellen. Unabhängig vom (geringen) Ertrag prägte die Steuerdiskussion des 15. Jh. die Entwicklung der Reichsfinanzen.

Erst im 16. Jh. kann von einer effizienten Erhebung gesprochen werden: Die Zahlungsbereitschaft wuchs mit dem Druck, den die immer bedrohlicheren Osmaneneinfälle erzeugten; gleichzeitig verbesserte sich auch die Steuerorganisation im Rahmen der Reichsverfassungsentwicklung. Die Bewilligung der Gelder und die Erhebungsmodalitäten wandelten sich sukzessive von einer irregulären Notmaßnahme zu einem integralen Bestandteil der Selbstorganisation des Reiches. Wichtige Stationen auf diesem Weg waren die Regensburger Decima von 1471 und ihre Augsburger Ausformung 1474. Finanziert werden sollte der Reichsanteil an einem abendländ. →Türkenkrieg entsprechend der päpstl. Forderung nach einem Türkenzehnten. Es handelte sich um eine allg., direkte und proportionale Steuer auf sämtl. Einkommen und Vermögenswerte, die jeden nach seiner individuellen Leistungsfähigkeit erfassen sollte. Durch die breitere Streuung erhoffte man sich eine Entlastung von den hohen Matrikularquoten (seit 1422). Das Projekt scheiterte in der Praxis. Kaum besser erging es dem →Gemeinen Pfennig (Worms 1495). Wenn auch primär mit dem Türkenkrieg begründet, war er doch die erste, nicht mehr auf unmittelbare Kriegskosten bezogene Abgabe. Die Höhe der Belastung, der direkte Zugriff auf sämtl. Reichsglieder ungeachtet der Herrschaftsverhältnisse und die Offenlegung der Einkommen trugen wesentl. zum Mißerfolg dieser Steuerform bei. Zudem wurde die Bedrohung militär. zunächst nur als habsbg. Territorialproblem angesehen. Neben der allg. Steuer bildete sich die Matrikularabgabe fort. Diese Steuerform war leichter zu erheben als der Pfennig und v. a. pauschal zu begleichen. Im 16. Jh. wurde die →Reichsmatrikel zu der im Vergleich zum Pfennig (bis 1551) erfolgreicheren T. Förderl. wirkte es sich aus, daß den Landesherren der Erhebungsmodus selbst überlassen wurde. So verband sich das Reichsinteresse mit der Festigung territorialer Herrschaftsstrukturen. S. Wefers

Lit.: E. Isenmann, Reichsfinanzen und Reichssteuern im 15. Jh., ZHF 7, 1980, 1–76, 129–218 – P. Moraw, Der »Gemeine Pfennig« (Mit dem Zehnten fing es an, hg. U. Schultz, 1986), 130–142 – P. Schmid, Der Gemeine Pfennig von 1495, 1989.

Turkmenen (türk. *türkmän*, Augmentativ v. *türk*, 'viele Türken', 'Türkentum'?; eine verbreitete, schon von Mahmūd al-Kāsġarī vorgenommene volksetymol. Deutung ist dagegen die Ableitung von pers. *türk mānand* 'türkenähnl.'), turksprachiges Volk in Vorder- und Zentralasien, dessen Sprache zusammen mit dem Osmanli- und Azeri-Türkischen zur SW-Gruppe der Turksprachen gehört. Die T. werden erstmals im 6. Jh. n. Chr. in der chin. Enzyklopädie des T'ung-tien als T'ö-hü-möng bezeichnet und finden seit dem 10. Jh. auch bei arab. (al-Maqdisī) und pers. Autoren (Gardīzī, Mahmūd al-Kāsġarī, Rasīd ad-Dīn u. a.) Erwähnung.

Urspgl. im Altai beheimatet, waren sie im Verband der →Oġuzen (→Uzen) nach W gewandert und hatten sich im 10. Jh. am Serafšan und Syr-Darja niedergelassen. Ihrer eigenen Überlieferung zufolge stammten die T. vom legendären Oġuz-Khan ab. Wie die Oġuzen gliederten sie sich in 24 Stämme (ḫalk). Der Name der T. wurde zum Sammelbegriff für jene oġuz. Nomaden, die zum →Islam übergetreten waren und sich als polit. gesonderter Verband von den Oġuzen getrennt hatten. Seit dem 11. Jh. bezeichneten auch die Selġuqen häufig als T. Erst seit der Mongolenzeit verdrängte das Ethnonym T. den Namen der Oġuzen. Noch im 14. Jh. bezeichnete →Ibn Battūtā auch die Osmanen als T.

Die T. bildeten nur sprachlich und religiös durch ihr Bekenntnis zum Islam eine Einheit. Urspgl. reine →Nomaden, verschmolzen manche Verbände in Transoxanien (Mā-warā'al-Nahr) und Ḫurāsān mit der iran. Bevölkerung (*Nuchurli*). Einige Gruppen wurden allmählich seßhaft. Auch in der Folgezeit blieben die Übergänge zw. turkmen. Nomaden bzw. Halbnomaden und Oasenbauern fließend.

Die T. bildeten nie ein Großreich, spielten aber bei den Eroberungszügen der →Selġuqen im W seit dem 11. Jh. eine große Rolle und trugen zur Turkisierung und Islamisierung Anatoliens in erhebl. Maße bei. Sie vermochten im 12. Jh. bis zu 300000 Krieger aufzubieten, von denen etwa ein Viertel an jedem Feldzug teilnahm. Allein im 11. Jh. wanderten in Kleinasien ungefähr 500000–700000 T. ein. Im 12. Jh. wuchs deren Zahl auf etwa eine Million an. Eine neue Immigrationswelle erreichte Anatolien als Folge des Mongolensturms. Die Zahl der neuen Einwanderer wurde auf etwa 350–400000 Menschen geschätzt.

Mangel an Weideflächen und drückende Abgaben sorgten für soziale Unruhe, die sich 1239 im stark religiös motivierten Aufstand des Bābā Isḥāq entlud (u. a. Bericht des Simon v. St-Quentin). Mit dem Zerfall des Selġuqenreiches entstanden seit ca. 1260 selbständige turkmen. Emirate (*beylikler*), deren bedeutendstes, das Fsm. der →Karaman in SW-Anatolien, eine führende Rolle im Aufstand der T. gegen die Fremdherrschaft der mongol. →Ilchāne spielte (1277).

Gefährliche Gegner erwuchsen den →Osmanen an ihrer Ostgrenze in den turkmen. Stammesföderationen der →Aq-Qoyunlu ('Weiße Hammel') und →Qara-Qoyunlu ('Schwarze Hammel'). Die Qara-Qoyunlu, denen sich auch kurd. Ethnien angeschlossen hatten, nomadisierten zw. Mosul im nördl. →Irak und dem Vansee und machten unter Qara Yūsuf (1389–1420) →Tābrīz zu ihrer Hauptstadt. Ihr bedeutendster Herrscher Ǧahān-šāh (1438–67) berief sich auf nomad. wie islam. Herrschaftstradition, wenn er die Titel *Chāqān* und →*Sultan* sich beanspruchte. 1467 wurden die Qara-Qoyunlu v. den Aq-Qoyunlu unter →Uzun Ḥasan (1453–78) aus dem oġuz. Clan der Bayindir entmachtet, der 1469 auch den Timuriden Abū Sa'īd schlug. Uzun Ḥasans Versuch, gemeinsam mit →Venedig eine antiosman. Koalition zu bilden, scheiterte aber 1473 mit seiner Niederlage gegen Sultan →Meḥmed II. Die letzte der großen turkmen. Dynastien, die Ṣafawiden, sollten, gestützt auf die turkmen. Qizilbaš ('Rotköpfe')-Stämme, in →Persien von 1501 bis 1736 regieren.

H. Göckenjan

Lit.: F. Sümer, Kara Koyunlular, I, 1967 – C. Cahen, Pre-Ottoman Turkey, 1968 – S. G. Agadžanov, Očerki istorii oguzov i turkmen Srednej Azii IX–XII vv., 1969 – H. Uzunçaşili, Anadolu Beylikleri ve Akkoyunlu Karakoyunlu Devletleri, 1969 – M. Mazzaoui, The Origins of the Safawids, 1972 – S.G. Agadžanov, Sel'džukidy i Turkmenija v XI–XII vv. 1973 – I. Melikoff, Le problème Kizilbas, Turcica 6, 1975, 49–67 – J. E. Woods, The Aqquyunlu, 1976 – F. Sümer, Oguzlar, 1980³ – E. Werner, Die Geburt einer Großmacht – die Osmanen (1300–1481), 1985 – H. R. Roemer, The Türkmen Dynasties (The Cambridge Hist. of Iran, 6, 1986), 147–188 – Ders., The Qizilbash Turcomans (M. Mazzaoui, Intellectual Studies on Islam, 1990), 27–39 – P. B. Golden, An Introd. to the Hist. of the Turkic Peoples, 1992, 366–371 – A. Dshikijew, Das turkmen. Volk im MA, 1994.

Turlupins, freigeistige häret. Sekte, deren Anhänger um 1370 in Paris verhaftet wurden, bekannt auch unter der Selbstbezeichnung 'Société des pauvres' (Gesellschaft der Armen), gilt als Teil der Bewegung der →Brüder des Freien Geistes. Als Führer treten eine Frau, Jeanne Daubenton, und ein namentlich unbekannter Mann hervor. Jeanne wurde 1373 verbrannt, ebenso der Leichnam des (fünfzehn Tage zuvor verstorbenen) Mannes. Jean Gerson

(→Johannes Carlerius) berichtet von Verfolgungsmaßnahmen gegen T. in der Île-de-France, aber auch in der Umgebung v. Lyon. Papst Gregor XI. empfahl dem frz. Kg. Karl V. (sowie dem Gf. en Amadeus VI. v. Savoyen), gegen die T. die dominikan. Inquisition einzusetzen.

1459 wurden als 'T.' bezeichnete Ketzer in Lille zum Tode verurteilt. Ihr Häresiarch, Alfons v. Portugal, verkündete, daß die Flammen nicht zum Tode führten. 1465 wurden T. angeklagt, die Gültigkeit der Sakramente und die päpstl. Autorität zu leugnen. Der Ketzerprediger Fr. Jean le Fel verglich sie mit Wölfen, die den bösen Trieben der Natur ergeben seien. Der Großteil der verfolgten T. kehrte in den Schoß der Kirche zurück, einer erlitt jedoch den Feuertod. E. Lalou

Q.: Les grandes chroniques de France, ed. P. Paris, 1836-38, VI, 334 - Jean Gerson, Opera, I, 19, 55, 114 u.a. - *Lit.*: LThK² X, 411 - R. E. Lerner, The Heresy of the Free Spirit in the Late MA, 1972 - J. Huizinga, Herbst des MA, 1975[11].

Turm. Ein T. kann auf runder, viereckiger oder polygonaler Grundfläche errichtet, freistehend oder einem Bau an- oder eingebaut den unterschiedlichsten Zwecken dienen: der Beobachtung und Verteidigung (Burg, Festung, Stadttor) und als Glockenturm (Rathaus, Kirche); über den Zweckbau hinaus kommt ihm Symbol- und Repräsentationscharakter zu (Bergfried, Geschlechtert., Rathaust.).

Im Kirchenbau unterscheidet man nach der Stellung des T.s im Bauzusammenhang: Der *Campanile*, als Einzelt. frei neben einer Kirche oder an diese nur angelehnt, ist in frühchristl. Zeit und in Italien verbreitet, beginnend mit S. Vitale in Ravenna (547 geweiht); n. der Alpen nur vereinzelt.

Der *Chort*. kann im O oder W einer Kirche (bes. in Deutschland seit dem 11. Jh.) stehen, überbaut den Altar und hat keinen eigenen Außenzugang; sein Erdgeschoß ist auf einer Seite zum Kirchenraum hin geöffnet. Der T. steht über dem quadrat. Chor oder über dem Vorchorjoch mit anschließender Apsis oder Polygonchor, oder er birgt im Erdgeschoß die Apsis. Er kommt hauptsächl. bei Saalkirchen in Süd- und Mitteldeutschland, aber auch in Frankreich, England und Skandinavien in roman. und got. Zeit vor.

Der *Westt.* ist ein zentraler, axial gelegener, zumeist quadratischer, selten runder T., dem Mittelschiff oder dem Saal westl. vorgelegt. Er enthält einen Eingang oder eine Eingangshalle im Erdgeschoß, häufig eine Empore oder Kapelle im Obergeschoß. Ende des 11. Jh. beginnend, wächst seine Beliebtheit v.a. bei den Pfarrkirchen der Gotik, bes. im niederdt. Raum, aber auch sonst in Europa. Der Westt. ohne Westeingang dient häufig als Westchor.

Die *Dreiturmgruppe* besteht aus einem quadrat. Hauptt. mit zwei runden oder eckigen Treppent.n. Der Hauptt. enthält über einem Durchgangsgeschoß eine Empore und ein oder mehrere Glockengeschosse. Dieser Typ ist in der ersten Hälfte des 10. Jh. aus dem →Westwerk hervorgegangen. Mit Beginn des zweiten Viertels des 11. Jh. wird auf das Westportal verzichtet und ein Gegenchor eingebaut. Im 1. Viertel des 12. Jh. wird dieser wieder aufgegeben zugunsten der früheren otton. Eingangslösung; im späteren 12. Jh. wird die Dreiturmgruppe allg. von der Doppelturmfassade abgelöst.

Die *Doppelturmfassade* flankiert mit ihren beiden T.n in das Mittelschiff führenden Haupteingang. Der Giebel des Mittelschiffs kann sichtbar in die Vorderflucht der T. vorgezogen oder durch einen horizontal schließenden Vorbau verdeckt sein. Die Doppelturmfassade beginnt in Deutschland mit sal. Bauten am Oberrhein um 1025/30, etwa gleichzeitig auch in Frankreich, bes. in der Normandie. Sie findet allg. Verbreitung im 12. Jh. und bei den frz. und von Frankreich beeinflußten Kathedralen der Gotik. Wenige Kirchen zeigen im 15. Jh. zwei übereck vor die Seitenschiffe gestellte Westtürme.

Der *Vierungst.* erhebt sich über der Vierung, zunächst in Holzkonstruktion (5.–9. Jh.) bis zu drei Geschossen (Tristegum), seit Anfang des 10. Jh. in Stein. Der Vierungst. kann als Zylinder, Kubus oder Achteck über dem Kirchendach aufragen; er kann mehrgeschossig sein und seinen Querschnitt ändern (Aquitanien, Auvergne, Poitou); sein Oberbau ruht seit dem 10. Jh. (Frankreich, bes. Cluny) auf Trompen. In Dtl. bildet der quadrat., zum Kirchenraum hin mit einer Flachdecke abgeschlossene, eingeschossige Vierungst. die Normalform bis 1100. Dann kommen erste achteckige Vierungst.e auf, wie sie in stauf. Zeit vorherrschend werden. Die über Trompen hochgeführten und belichteten Vierungst.e finden sich nur bei ksl. Gründungen der Salier und vereinzelt in spätstauf. Zeit; allg. bleibt aber auch die achteckige T. zur Vierung hin durch ein Gewölbe geschlossen, um seine Aufgabe als Glockent. erfüllen zu können. Es bilden sich drei Formen heraus: 1. geschlossener, achteckiger Vierungst. mit Vierungsgewölbe, Trompe über dem Gewölbe zur Überleitung ins Achteck der T.geschosse; 2. offener, achteckiger Vierungst; die Trompen leiten zum belichteten Tambour über, auf dem das Gewölbe aufsitzt; 3. achteckiger Vierungst. ohne Vierungsgewölbe, quadrat. Flachdecke in Langhaushöhe oder achteckige Decke in der Dachzone; Trompen zur Überleitung ins Achteck. In der Gotik wird der Vierungst. vom hölzernen Dachreiter verdrängt, der bei →Zisterzienserkirchen üblich war.

Weitere T.e können als quadrat., runde oder polygonale T.e an verschiedenen Stellen des Kirchengebäudes angeordnet sein: als *Chorflankent.* seitl. der Apsis oder des Chores, quadrat., aber auch rund, seit Anfang des 11. Jh.; als *Chorwinkelt.* in den Winkeln, die von Vorchor und Querhausarmen gebildet werden, bes. 11.-13. Jh.; als *Querhauswinkelt.* über dem ö. oder w. Joch des Seitenschiffs vor dem ö. oder w. Querhaus; als *Querhaust.* in der n. und s. Stirnmauer des Querhauses, rund oder polygonal, 11./12. Jh.; als *Querhausflankent.* über dem äußeren ö. und w. Joch eines dreischiffigen Querhauses oder auf Mauerecken aufgesetzt, zweite Hälfte 12. und 13. Jh.: über den Querhausarmen, als *Fassaden-*, *Eck-* oder *Winkelt.* unterschiedl. Stellung.

An Schlössern und größeren städt. Wohn- und Verwaltungsbauten kommen →Treppent.e in der Front oder bei mehrflügeligen Anlagen in den Winkeln vor, in der Spätgotik als Wendeltreppen mit reich gegliederten und durchbrochenen Mauern (Wendelstein, Albrechtsburg in Meißen). G. Binding

Lit.: RDK III, 567-575; IV, 551-556; VI, 21-24 - G. Binding, Architekton. Formenlehre, 1987², 50-59 - Lex. der Kunst VII, 1994, 459-461 - H. Kunze, Das Fassadenproblem der frz. Früh- und Hochgotik, 1912 - N. Karger, Der Kircht. in der österr. Baukunst vom MA bis 1740, 1937 - H. Schaefer, The Origin of the Two-Tower Facade in Romanesque Architecture, ArtBull 27, 1945, 85-108 - W. Orth, Fassade und Einzelt. in der kirchl. Baukunst des dt. Hausteingebietes in der Zeit von 1250-1550, 1950 - R. Kleßmann, Die Baugesch. der Stiftskirche zu Möllenbeck a.d. Weser und die Entwicklung der w. Dreiturmgruppe [Diss. Göttingen 1952] - G. Loertscher, Die roman. Stiftskirche von Schönewerd. Ein Beitr. zur Doppelturmfassade im 11. Jh. (Basler Studien zur Kunstgesch. 5, 1952) - G. Urban, Der Vierungst. bis zum Ende des roman. Stils [Diss. masch., Frankfurt/M. 1953] - G. W. Holzinger, Roman. T.kapellen in Westt.n überwiegend ländl. Kirchen im s. Teil des alten Ebm.s Köln [Diss. Aachen 1962] - K.

LIST, Der roman. Kircht. in Kippenheim (Krs. Lahr), Nachrichtenbll. der Denkmalpflege in Baden-Württ. 5, 1962, 51–58 – W. MÜLLER, Die Ortenau als Chorturmlandschaft, 1965 – R. LIESS, Die Braunschweiger T.werke (Fschr. W. GROSS, 1968), 79–127 – H. SCHNELL, Die Entwicklung des Kircht.s und seine Stellung in unserer Zeit, Das Münster 22, 1969, 85–96, 177–192.

Turmeda, Anselm → Anselm Turmeda

Turmhügel → Motte und Baillie

Turnbull, William, Bf. v. →Glasgow 1447–54, * um 1400, † 3. Sept. 1454 in Glasgow, wahrscheinl an der Pest; stammte aus einer im Grenzgebiet zu England ansässigen schott. Familie, Student der neuen Univ. v. →St. Andrews (1420 Mag. art.). Da T. die in St. Andrews vorherrschenden Nominalisten (→Nominalismus) ablehnte, wechselte er zu der noch jüngeren Univ. v. →Löwen über, wo die Realisten bestimmend waren. Hier schloß er Freundschaft mit James →Kennedy, dem Cousin Jakobs II. T. studierte in Florenz und Pavia (dort Dr.), kehrte 1439 nach Schottland zurück und erlangte rasch bedeutende Ämter sowohl im kirchl. als auch im weltl. Bereich (Vikar v. Edinburgh, Archidiakon v. Lothian, Keeper of the Privy Seal, kgl. Sekretär). 1447 zum Bf. v. →Dunkeld gewählt, wurde er, obwohl noch nicht zum Priester geweiht, auf den Bf.ssitz v. Glasgow versetzt, der im Rang dem von St. Andrews folgte. T. und Kennedy spielten eine bedeutende Rolle bei der Vermittlung der Heirat Jakobs II. mit Marie v. Geldern 1449. 1451 erlangte T. eine Bulle von Papst Nikolaus V. zur Gründung einer Univ. in Glasgow, nach dem Vorbild von →Paris, doch zeigte sie auch Einflüsse von →Köln, Löwen und St. Andrews.

G. W. S. Barrow

Lit.: J. DURKAN, W. T. Bishop of Glasgow, 1951 – DERS.–J. KIRK, The Univ. of Glasgow 1451–1577, 1977.

Turnier

A. Allgemein. Westeuropa – B. Mitteleuropa – C. Italien – D. Byzanz

A. Allgemein. Westeuropa

I. Begriff. Anfänge – II. England – III. Frankreich.

I. BEGRIFF. ANFÄNGE: Der Begriff 'T.' (torneamentum, frz. *tournoi*, engl. *tournament*) beinhaltet die Vorstellung eines Waffenganges zw. zwei (u. U. zahlreich besetzten) Parteien von Berittenen, die auf freier Fläche oder in einem abgegrenzten Gelände mit →Lanze oder (bevorzugt) →Schwert miteinander kämpfen; die charakterist. drehende Bewegung, welche die Kämpfer und ihre Pferde bei diesem Kampfspiel auszuführen hatten, hat dem T. seinen Namen gegeben. Der Begriff 'Tjost' (frz. *joute*, von lat. 'juxta') bezeichnet dagegen den →Zweikampf, bei dem die beiden Kämpfer einander zu Pferde oder zu Fuß mit Lanze, Schwert oder →'Schlagwaffen' ein Gefecht liefern (→Fechten), entweder mit scharfen ('Rennen') oder stumpfen Waffen ('Stechen'). Seltener belegt sind die dem T. synonymen Begriffe *cembel* und *bohordeis* (Buhurt), Ausdruck einer weniger brutalen, stärker »zivilisierten« T.kultur. Die ersten →Tafelrunden, die sich als 'T.gesellschaften' auf Arthur (→Artus) und die arthurian. Romane breton. Tradition beziehen, treten im 2. Viertel des 13. Jh. auf ('Table ronde' v. Hesdin, 1238). Die Spielarten des T.s, bei denen ein Ritter anderen »irrenden Rittern« den Durchgang zu verwehren hat, sind im wesentl. erst im 15. Jh. gebräuchlich.

Das T. als zentraler sportl., festl. und militär. Manifestation der ritterl. Gesellschaft (→Ritter, →Chevalier) setzt die Kenntnis einer bestimmten Technik (bzw. mehrerer Techniken), einen Sinn für den Wettkampf und die Existenz eines homogenen Milieus voraus. Seit Beginn des 13. Jh. schrieb die Legende die Ursprünge des T.s einem angevin. Herrn namens 'Geoffroy de Preuilly' zu. Hist. Belege für T.e liegen aber erst seit den Jahren um 1125/30 eindeutig und in zunehmender Dichte vor. Ein wichtiges frühes Zeugnis ist der Bericht →Galberts v. Brügge über →Karl d. Guten, Gf. v. Flandern († 1127), der mit einem Gefolge von Rittern die T.e in der Normandie, Frankreich und selbst in Gegenden außerhalb des Kgr.es zu besuchen pflegte, was ihm hohes Ansehen eintrug.

1130 untersagte das Konzil v. Clermont (Auvergne) »die Abhaltung jener abscheul. Märkte oder Jahrmärkte, auf denen die Ritter sich nach ihrer Gewohnheit zusammenfinden, um ihre Kräfte und ihre Kühnheit zu messen, was oft zum Tode von Männern und zu großer Gefahr für die Seelen führt«. Im selben Kanon wird festgesetzt, daß ein bei einem T. tödl. verwundeter Ritter zwar die Tröstungen der Religion, nicht aber ein Begräbnis an geweihter Stätte empfangen solle. Diese kirchl. Verurteilung des T.s, die erneut beim II. und III. →Laterankonzil (1139, 1179) begegnet, wurde vom Papsttum erst 1316 aufgehoben, zu einer Zeit, als das T. durch die Einführung fester Regeln weniger brutal und gefahrvoll geworden war und als nützl. Vorbereitung für den →Kreuzzug anerkannt wurde.

II. ENGLAND: Das in allen nördl. Gebieten des Kgr.es Frankreich (einschließl. des Hennegau) praktizierte T. verbreitete sich rasch auch in England: Anläßl. der Belagerung von Lincoln (1141) maßen sich die Ritter Stephans v. Blois und Roberts v. Gloucester in einem Kampf, »der 'joute' genannt wird«. Eine wichtige Etappe markieren die von Richard Löwenherz (1194) erlassenen T.regeln, die den Wert des T.s für die Ertüchtigung der engl. Ritterschaft gegenüber der frz. würdigen, von den Teilnehmern eine Einschreibgebühr fordern, zugleich aber den Mißbrauch von T.en zur Konspiration gegen den Kg. und die unangemessene Störung des Kg.sfriedens durch T.e verwerfen. Hatten dessenungeachtet T.e im England des 13. Jh. der baronialen Opposition gegen die engl. Kg.sgewalt (→Baron, III) noch Gelegenheit zu Wettkampf und Selbstdarstellung geboten, so wandelte Eduard I. (1272–1307), selber ein großer T.fechter, das T. vollends in ein Objekt kgl. Gönnerschaft und monarch. Propaganda um (»Statuta armorum«, 1292). Sein Enkel Eduard III. (1327–77) blieb dieser Haltung treu, insbes. durch Stiftung des →Hosenbandordens und den engen Anschluß an die arthurian. Tradition der Tafelrunde. Dennoch verschwand seit Mitte des 14. Jh. in England das eigtl. T. (Gruppent.) fast vollständig; unter Heinrich IV. (1399–1413) und bes. Heinrich V. (1413–22) verloren selbst die Tjosts ihre Bedeutung, lebten auch unter Eduard IV. (1461–89) im engeren Bereich des Kg.spalastes nochmals kurzfristig auf. Dafür wurden (meist als Randerscheinung des →Hundertjährigen Krieges, oft zur Bekräftigung von Waffenstillständen) seit Mitte des 14. Jh. gelegentl. T.e zw. Engländern und Franzosen oder Engländern und Schotten ausgefochten.

III. FRANKREICH: Das Kgr. Frankreich war der T.platz Europas par excellence; manchmal wird das T. schlechthin als frz. Brauch charakterisiert. Das Goldene Zeitalter des T.s waren die letzten Jahrzehnte des 12. und die ersten Dezennien des 13. Jh. Manche Fs.en (z. B. →Heinrich d. J., der 2. Sohn Kg. Heinrichs II. Plantagenêt; Gf. →Heinrich der Freigebige v. Champagne; →Philipp v. Elsaß, Gf. v. Flandern) erwarben sich auf diesem zentralen Gebiet der höf. →Kultur hohes Ansehen. Ein herausragender Vertreter der T.kultur war →Guillaume le Maréchal, in dessen Vita nicht zuletzt der materielle Preis der Tapferkeit (Lösegelder der Besiegten, Gewinn ihrer Pferde und Harnische) betont wurde. →Chrétien de Troyes führt in »Erec et Enide« das T. in die höf. Lit. ein. Die den kirchl. Gesetzen treue frz. Monarchie der Kapetinger hielt sich dagegen bei der Förderung des T.s lange Zeit zurück; von Ludwig IX. d. Hl.en (1226–70) bis zu Johann dem Guten (1350–64) bemühten sich die Kg.e vielmehr um ein Verbot des T.s, das als abträgl. für die Kreuzfahrt und den eigtl. Kriegsdienst erachtet wurde. Unter Philipp IV. d. Schönen (1285–1314) empfiehlt dagegen Pierre →Dubois das T. als Vorbereitung für den Kreuzzug. Unter Philipp VI. v. Valois (1328–50) und Johann d. Guten legt Geoffroy de →Charny dar, daß »faits d'armes de paix« (Tjost und T.) und »faits d'armes de guerre« einander ergänzen; mit beiden Arten des Waffendienstes sei Ehre zu gewinnen.

Wie in England trat auch in Frankreich das Gruppent. älteren Stils zugunsten des zunehmend ritualisierten Tjosts zurück. Unter Karl VI. (1380–1422), einem passionierten Tjoststecher, fordert →Christine de Pisan den Kg. auf, alljährl. Tjoste und T.e für den gesamten Adel zu veranstalten. Im 15. Jh. waren Tjoste und Ritterspiele ('pas d'armes') fast völlig zur Sache der großen Fs.enhäuser geworden (Hzg.e v. →Anjou: Kg. →René; Hzg.e v. →Burgund: →Philipp d. Gute, →Maximilian v. Habsburg). Die sich als »irrende Ritter« stilisierenden T.helden fanden internationale Beachtung (Jacques de →Lalaing). Am Vorabend der Renaissance wurden Tjoste und andere T.spiele (→Spiel, →Fest) unter der Leitung von Herolden als aufwendige Spektakel inszeniert und gewannen zunehmend lit. und höf. Dimension (im Zuge der seit dem späten 12. Jh. belegten, aber sich nun steigernden Rolle der höf. Dame; →Frau, C. II). Am Ende des MA begegnet auch erstmals die vom Kriegsharnisch unterschiedene 'T.rüstung'. Ph. Contamine

Lit.: M. Vale, War and Chivalry, 1981 – G. Duby, Guillaume le Maréchal, 1984 [dt. Übers. 1986] – Das ritterl. T. im MA, hg. J. Fleckenstein, 1985 [Beitr. Ph. Contamine, M. Parisse, J. Barker, M. Keen] – J. Barker, The Tournament in England 1100–1400, 1986 – J. Bumke, Höf. Kultur, 2 Bde, 1986 – M. Stanesco, Jeux d'errance du chevalier médiéval, 1988 – R. Barber–J. Barker, Tournaments, 1989 – Il tempo libero, hg. S. Cavaciocchi, Atti della XXVI Sett. di Studi, Prato, 1995 [Beitr. M. Keen, A. Ranft].

B. Mitteleuropa

Das T. findet schon bald nach seiner Entstehung von Frankreich aus über den niederlothring. Raum als kultureller Kontaktzone seine Verbreitung nach Dtl. (Mitte 12. Jh.), wobei die dt. Bezeichnung (*tornament, turnir, turnei* u. ä.) der frz. folgt. Den Boden bereitet auch hier das krieger. Kampfspiel zu Pferde, dessen Ziel und Zweck allein die Übung für den Ernstfall war, in den es durchaus selbst noch umschlagen konnte. Ohne seine militär. Bedeutung jemals ganz zu verlieren, unterscheidet sich das T. vom Kampf jedoch durch verbindl. Regelhaftigkeit, die es aus der Sphäre krieger. Auseinandersetzung immer deutlicher zu lösen vermochte und in die Sphäre höf. Lebens einzubinden erlaubte, wo es den wesentl. Kristallisationskern ritterl.-höf. Kultur (→Ritter, -tum; →Kultur und Gesellschaft, höf.) bildete; in stauf. Zeit lassen sich die →Mainzer Hoftage bzw. -feste v. 1184, 1188 als frühe Höhepunkte einer solchen Entwicklung ausmachen, die unter Ks. Maximilian eine letzte großartige Blüte erlebt. Zugleich sind sie Beispiele für die bes. Förderung, die das T. auf fsl. Ebene erfährt.

Zu den entscheidenden Regularien zählten förml. Einladung, Einhaltung und Überwachung zuvor festgelegter Kampfbestimmungen sowie die schiedsrichterl. Ausrufung des Siegers, wobei die Preisverleihung (»T.dank«) aus der Hand einer Dame das förml. Ende des T.s markierte. Bedeutender noch als der materielle Gewinn war für den Sieger der Zuwachs an ritterl. Ehre und damit verbunden die Erhöhung seines Sozialprestiges in der ritterl.-höf. Gesellschaft. Gekämpft wurde stets auf bes. eingerichtetem Platz (»in den Schranken«). Man unterschied zw. *buhurt*, einem Reitergefecht zweier Gruppen mit meist stumpfen Waffen (seit Mitte des 14. Jh. auch mit schweren hölzernen Schlagstöcken als »Kolbent.«), und *tjost*, dem Zweikampf mit angelegten Lanzen, der – wieder unter fsl. Regie – als neue T.praxis in Dtl. Mitte 13. Jh. bis in die NZ in Mode kam.

Mit der Einbindung in das höf. Fest gewinnt das T. eine Bedeutung weit über das reine Kampfgeschehen hinaus. Die höf. Festgesellschaft insgesamt identifiziert sich mit der elitären Praxis ritterl. Bewährung, welche »über die rechtl. Unterschiede zw. principes, nobiles und ministeriales hinweg ihre Gemeinsamkeit als milites manifestiert« (Fleckenstein); die verpflichtende Gegenwart der zugehörigen Damen an den Schranken überhöht – als Huld verstanden – den Kampf zum Minnedienst (→Minne). Zeitgenöss. Dichtung (zuerst →Hartmann v. Aue, »Erec«; →Ulrich v. Liechtenstein, »Frauendienst«; →Heinrich v. Veldecke, »Eneas«) spiegelt solches nicht nur, sondern förderte zugleich das reale Bemühen um Nachformung des in ihr formulierten Ideals.

Die soziale Dimension des T.s erklärt, warum das T. im SpätMA auch außerhalb des fsl. Hofes, in den Milieus von Niederadel und Stadt, begegnet: In der Stadt ist es das →Patriziat, welches durch Nachahmung ein Grundelement adliger Lebenskultur beansprucht und sich durch materiellen Aufwand prakt. demonstrieren und behaupten kann, dabei in Form der »Gesellenstechen« sogar Gelegenheit zu einem gemeinsamen egalitären Auftritt mit dem Adel findet. Der Niederadel entwickelt reagierend die von ihm überaus intensiv gepflegte T.kultur zu einem Instrument der Standespolitik. Die Teilnahme wurde exklusiv durch das Postulat eines »T.adels« (Ausschluß von Patriziat und Stadtadel) sowie durch die Einforderung ritterl.-höf. Lebensführung – beides wurde nun zu Beginn des T.s anläßl. der offiziellen Registrierung der Kämpfer durch Vorzeigen von jeweiligem Wappen und →T.helm (Zeremonie der »Helmschau«) zum Kriterium der Zulassung und im Streitfall vor der öffentl. Einteilung der jeweiligen T.gegner (»Helmteilung«) nach Heroldsauskunft schiedsgerichtl. geklärt. Der teilnehmende Adel erscheint hier, vereint über die aufwendige Organisation großer überregionaler sog. »Vier-Lande-T.e«, als Genossenschaft, die fsl. T.aufwand zu entsprechen suchte, um den spezif. Anspruch auf Herrschaft durch standesgemäß aufwendigen Lebensgestus zu untermauern. In den Q. findet dieses seine Entsprechung auch in dem synonymen Gebrauch von T. und *hof*. Außerdem suchte man die Chance, das T. als standesinterne Regelungsinstanz (Schiedsgericht) zur Vermeidung der →Fehde zu instrumentalisieren. Treibende Kraft waren die egalitären Adelsgesellschaften (→Ritterbünde, -gesellschaften), die den Kampf um Sozialprestige und das Ringen um adlige Selbstbehauptung mit Hilfe solcher T.e auch außerhalb ihrer Reihen zu forcieren trachteten. Gerade solches Bemühen jedoch leitete durch ökonom. Überanstrengung der Beteiligten das Ende dieses bedeutenden T.reigens ein. Aber →Wappen- und T.bücher noch des 16. Jh. zeugen bis heute von der sozialen Bedeutung dieser T.e, die der Niederadel im Reich aufwendig gepflegt hat und auf die er sich im Blick auf seine Tradition und Reputation auch in der frühen NZ noch bezog.

Für die Ausbreitung des T.s nach Mitteleuropa (ein Vorgang in der 2. Hälfte des 13. Jh.) erwies sich Dtl. als aktiver Mittler. Es waren dt. Ritter, die das T. u. a. nach Böhmen exportierten oder auch nach Polen und Ungarn. Allerdings blieb es dort vornehml. eine Angelegenheit des kgl. Hofes und der jeweils führenden Adelsschicht; in Ungarn bleibt der Niederadel sogar bewußt auf seine heim. Tradition fixiert und entzieht sich dem im T. propagierten Rittertum. Anderseits begegnen Adlige dieser Länder sehr bald immer wieder auch im Ursprungsland des T.s - in Frankreich - und pflegen den direkten Vergleich. Im Gebiet des →Dt. Ordens sind es dann die Preußenfahrer (→Preußenreise), welche lebendigen Kontakt zur westeurop. T.szene und zu ihrer Entwicklung knüpfen lassen. Bürgerl. T.e können am Ende des 15. Jh. für Prag nachgewiesen werden, sind aber auch andernorts in Ostmitteleuropa zu vermuten. A. Ranft

Lit.: H. WOZEL, T.e, 1979 [Abb.] - Das ritterl. T. im MA, hg. J. FLECKENSTEIN, 1985 [Lit.] - J. BUMKE, Höf. Kultur, 2 Bde, 1986 - W. H. JACKSON, The Tournament and Chivalry in German Tournament Books of the Sixteenth Century... (The Ideals and Practice of Medieval Knighthood, hg. C. HARPER-BILL-R. HARVEY, 1986) - H. H. PÖSCHKO, T.e in Mittel- und Süddtl. von 1400-1550 [Diss. Stuttgart 1987; Lit.] - L. KURRAS, Ritter und T.e, 1992 [Abb.] - K. MILITZER, T.e in Köln, JbKGV 64, 1993, 37-59 - A. RANFT, Die T.e der vier Lande: Genossenschaftl. Hof und Selbstbehauptung des niederen Adels, ZGO 142, 1994, 83-102.

C. Italien

Eine mit L. A. MURATORI beginnende gelehrte Tradition sieht als »Initiator« der ludi militares in Italien den Ostgotenkg. →Theoderich an, der Ennodius und Cassiodor zufolge Kampfspiele eingeführt haben soll, um seine Leute in Übung zu halten und dem Volk Unterhaltung zu bieten. In Wirklichkeit lassen sich die krieger. Übungen, die bei den Goten und Langobarden üblich waren, nicht für die Vorgeschichte des T.s (it. *torneo*) und des Tjost (it. *giostra*) heranziehen. Im eigtl. Sinne kann man erst seit der 2. Hälfte des 11. Jh. von T.en sprechen. Die erste gesicherte Erwähnung in Italien geht auf das Jahr 1115 zurück (»De bello Balearico« [oder b. Maioricano], Laurentius Veronensis zugeschrieben). Gleichwohl waren derartige Kampfspiele, wie sie v. a. in Frankreich, Dtl. und in den Kreuzfahrerstaaten abgehalten wurden, anscheinend in Italien bis zur Eroberung des Kgr.es. →Neapel durch →Karl v. Anjou 1266 nicht häufig. Die Verbreitung von militär. Spielen auf der Apenninenhalbinsel scheint also auf frz.-südit. Einfluß zurückzugehen. Die Q. von 1115 spricht, ziemlich allgemein, von »hastarum ludi« und »cursus equorum«, für die Preise ausgesetzt waren. Während der zweite Begriff sich auf Rennen nach Art eines 'Palio' beziehen kann, ist der erste Begriff mit den 'hastiludia' in Beziehung zu setzen, krieger. Lanzenspielen zu Wettkampf- und Übungszwecken. Zum Jahr 1158 berichtet der Chronist →Rahewin (Gesta Fred. IV, 11) im Zusammenhang mit dem Italienzug →Friedrichs I. Barbarossa von einem »certamen«, das zw. den Cremonesern und Piacentinern ausgetragen wurde, »quod modo vulgo tornoimentum vocant«, ohne jedoch dem Ereignis ausgesprochenen Charakter von Spielen zu geben, da er berichtet, es habe dabei Gefangene, Tote und Verwundete gegeben. Es bleibt daher ungewiß, ob der Chronist unter dem Begriff 'tornoimentum' Spiele, blutige Herausforderungen oder echte Kriegshandlungen verstanden wissen will. Auf die verschwimmenden Grenzen zw. Spiel und krieger. Auseinandersetzung scheint auch →Dante anzuspielen, der Begriffe, die militär. Feldzüge bezeichnen wie 'stormo' und 'gualdane' neben 'torneamenti' und 'giostra' stellt (Inferno, XXII, 6). Dieser oszillierende Sprachgebrauch Dantes findet seine Entsprechung bei den Kommentatoren der Divina Commedia. So erklärt Buti: »T. (*torneamenti*) machte man, wenn Ritter freiwillig innerhalb eines eingeschränkten Platzes zum Kampfe zusammenkamen, um Ehre zu gewinnen; in diesem T. verwundet einer den andern bis zum Tode, wenn er sich nicht als besiegt erklärt... Tjost (*giostra*) heißt es, wenn ein Ritter gegen den anderen mit angelegter Lanze anrennt..., und es als Sieg gilt, den anderen aus dem Sattel zu heben; und darin liegt der Unterschied zum T., wo man kämpft bis zum Tode«. Bei Francesco da →Barberino scheint der Unterschied zw. T. und Tjost - beides Spiele mit noch immer gefährl. und gewalttätigem Charakter, die daher von der Kirche verurteilt werden - v. a. darin zu bestehen, daß das T. von zwei gegnerischen Gruppen ausgetragen wird und wie eine Art krieger. Zusammenstoß - wenn auch in reduzierter Form - anmutet, während der Tjost aus Einzelkämpfen von jeweils zwei Reitern besteht. So gelangt man zu der berühmten Definition des →Landino: »...T.e und Tjoste sind militär. Übungen, die bei Festen und Spielen zur Unterhaltung des Volks abgehalten werden. Im T. führen Gruppen gegeneinander eine Art Kampf vor; im Tjost stellt ein Mann gegen den anderen einen Einzelkampf dar«. Es bestanden daneben auch Formen, in denen offenbar die Züge von Pferderennen mit jenen des Tjostes verschmolzen: diese *quintane, bigordi, armeggerie* waren im 14. und 15. Jh. in Italien bes. bei Festen und Feiern sehr verbreitet. In der 'giostra all'italiana', die auch in Spanien verbreitet war, verwendete man Angriffs- und Verteidigungswaffen, die sich nur wenig von den im Krieg üblichen unterschieden. F. Cardini

Lit.: EDant V, 659 [E. PASQUINI] - L. A. MURATORI, De spectaculis et ludis publicis (Antiquitates Italicae Medii Aevi, Diss. XXIX, II), 832-862 - AAVV, La civiltà del torneo, 1990 - M. SCALINI, Il Saracino, 1987.

D. Byzanz

Das T. ist in Byzanz in jedweder Form (als torneamentum, gr. τερνεμέντο, oder als *giostra*/Tjost, gr. τζουστρια) ein aus dem Westen (Frankreich) importiertes Spiel, das gesellschaftl. und mental nie wirklich Wurzeln fassen konnte, da sich hier nie ein →Rittertum als Stand entwickelt hatte und der Kavallerist im Heer nicht mit dem adligen Ritter des W gleichzusetzen ist. T.e spielen sich, in der äußerl. Art des Kampfes den westl. Spielen gleich, innerhalb des Hofes ab, und breitere Schichten der Bevölkerung haben daran auch passiv kaum Anteil. Der erste sichere Hinweis auf ein T. findet sich bei Niketas →Choniates z. J. 1159 in Antiocheia, bei dem Ks. →Manuel I. selbst auftrat. Aus der Regierungszeit dieses Ks.s stammt auch eine nur aus einer Bildbeschreibung bekannte T.schilderung. Nach 1204 begegnen in den lat. besetzten Gebieten T.e, an denen z. T. auch Griechen teilnahmen. Sie fanden auch Eingang in die lat. und nationalsprachl. Lit. dieser Regionen. Mit Ankunft der →Anna v. Savoyen in Konstantinopel (1326) belebte sich das T. wieder im O, doch gibt es schon nach 1332 keine Q. mehr darüber in den byz. Landesteilen, während sie in den ven. und frk. Gebieten bis in die Zeit der Türkenherrschaft verbreitet waren. P. Schreiner

Lit.: W. PUCHNER, Η »γκιόστρα« στη ελληνική παράδοση, Ἠπειρωτικά Χρονικά 31, 1994, 107-163 - P. SCHREINER, Ritterspiele in Byzanz, JÖB 46, 1996, 225-239 [mit Q.hinweisen].

Turnierbuch → Wappenbuch

Turnierhelm, um 1430 in Westeuropa aus dem Grand Bacinet entstandener →Helm mit Gittervisier für das →Turnier mit Streitkolben und Schwert. Da das Turnier nur dem Landadel zustand, wurde der T. zum Kennzeichen des adligen Wappens. O. Gamber

Lit.: O. GAMBER, Ritterspiel und Turnierrüstung im SpätMA (Das ritterl. Turnier im MA, hg. J. FLECKENSTEIN, 1985).

Turnose (frz. *Gros tournois*, lat. Grossus Turonensis, it. *Tornese*), Silbermünze (4,22 g), eingeführt am 15. Aug. 1266 durch Kg. Ludwig IX. v. Frankreich: →Gros tournois. P. Berghaus

Lit.: →Gros tournois – P. GRIERSON, Coins of Medieval Europe, 1991, 115.

Tŭrnovo → Tărnovo

Turov, Stadt und aruss. Fsm. im südl. Weißrußland. [1] *Stadt:* T., am Fluß Pripjat', am Handelsweg vom →Dnepr zur Ostsee gelegen, ist als zweigliedrige burgstädt. Anlage (2,5 ha) Mitte 10. Jh. archäolog. nachgewiesen. T. wird in der aruss. Chronistik (→Porest' vremennych let) als Gründung des legendären skand. Fs. en Tury 980 erwähnt. Als Zentrum des Fsm.s T. wurde es unter Fs. →Svjatoslav Izjaslavič um 1088 Bf.ssitz. Eine Steinkirche ist für die Wirkungszeit Bf. →Kyrills v. T. Ende 12. Jh. nachweisbar.

[2] *Fürstentum:* Das Fsm. T. lag im Pripjat'-Becken auf dem Gebiet der →Dregoviĉen (Städte →Pinsk, Sluck, →Grodno). Unter Vladimir d. Hl.n, dessen Sohn →Svjatopolk (1. S.) 988 Fs. v. T. wurde, gehörte es zur Kiever Rus' (→Kiev, A). T. spielte in ihren Fs.enfehden, aber auch in ihren Beziehungen zu Litauen und Polen bis zum 12. Jh. eine wichtige Rolle. Durch Erbteilungen geschwächt, verlor T. im 12. Jh. an Bedeutung und geriet unter den Einfluß des Fsm.s →Halič-Volhynien, im 14. Jh. gelangte es unter →Gedimin an →Litauen.

K. Brüggemann

Lit.: M. DOVNAR-ZAPOL'SKIJ, Očerk istorii krivičskoj i dregovičskoj zemel' do konca XII stoletija, 1891 – P. F. LYSENKO, Kiev i Turovskaja zemlja, Kiev i zapadnye zemli Rusi v XI-XIII vv., 1982, 81-108.

Turpin (Tilpin), Benediktiner aus →St-Denis, Ebf. v. →Reims 748-794, nahm 769 am röm. Konzil teil (MGH Conc. II/1, 75). Gemäß einem allerdings frühestens in der Mitte des 9. Jh. gefälschten bzw. interpolierten Brief bestätigte schon Papst Hadrian I. dem Ebf. T. die Privilegien der Reimser Metropole. Erst seit dem 11. Jh. entwickelte sich die dann zukunftsträchtige Tradition, daß T. Karl d. Gr. auf seinem Zug nach Spanien begleitet habe (→Rolandslied); im sog. →Pseudo-Turpin ist T. der angebl. Verf. des Berichtes über den Spanienzug Karls d. Gr. Umstritten bleibt, inwieweit diese Schr. (vielleicht in St-Denis) schon vor der Zusammenstellung des sog. →»Liber Sancti Jacobi« um 1150, als dessen 4. Buch sie v. a. überliefert ist, verfaßt wurde. Sie gehört jedenfalls in den Zusammenhang der epischen Dichtungen um →Karl d. Gr. Die hsl. Überlieferung (ca. 300 lat. und volkssprachl. Textzeugen) deutet auf einen sehr großen Erfolg seit dem ausgehenden 12. Jh. In Dtl. wurde eine eigene Fassung im Zusammenhang mit den Bemühungen um die Hl.sprechung Karls d. Gr. 1165 erstellt; der um 1215 gefertigte Karlsschrein zeigt Szenen aus diesem Buch sowie auch eine Darstellung T.s. Weitere Darstellungen finden sich u. a. in den volkssprachl. Fassungen des Pseudo-Turpin, die teilweise mit den Grandes →Chroniques de France überliefert sind. K. Herbers

Ed.: →Pseudo-Turpin – H. W. KLEIN, Die Chronik von Karl d. Gr. und Roland. Der lat. Pseudo-Turpin in den Hss. aus Aachen und Andernach, 1986 – K. HERBERS – M. SANTOS, Liber S. Jacobi [im Dr.] – Lit.: M. C. DÍAZ Y DÍAZ, El Códice Calixtino de la catedral de Santiago, 1988 – M. GROTEN, Die Urkk. Karls d. Gr. für St-Denis von 813 (D. 286), eine gefälschte Abt Sugers?, HJb 108, 1988, 1-36 – H. W. KLEIN, Karl d. Gr. und Compostela (Dt. Jakobspilger und ihre Berichte, 1988), 133-148 – Karl d. Gr. und sein Schrein in Aachen, 1988 [versch. Beitrr.] – A. DE MANDACH, Neues zum »Pilgerführer der Jakobswege« (Europ. Wege der Santiago-Pilgerfahrt, 1990), 41-58 – E. A. R. BROWN, St-Denis and the T. Legend (The Cod. Calixtinus and the Shrine of St. James, 1992), 51-88 – J. VAN HERWAARDEN, Op weg naar Jacobus, 1992 – A. MOISAN, Le livre de St-Jacques ou Cod. Calixtinus de Compostelle, 1992 – K. HERBERS, Expansión del culto Jacobeo por Centroeuropa (El camino de Santiago, Camino de Europa, 1993), 19-43 – A. DE MANDACH, Naissance et développement de la chanson de geste en Europe, VI, 1993 – M. SOT, Un historien et son église au Xe s.: Flodoard de Reims, 1993, 463-467, 636 – K. HERBERS, Politik und Hl.nverehrung auf der Iber. Halbinsel (Politik und Hl.nverehrung im HochMA, 1994), 177-276.

Türplastik → Portalplastik

Turquetum (Torquetum, turketum u. ä.), dreidimensionales astron. →Instrument, das die Funktionen einer →Armillarsphäre und eines →Astrolabs vereinigt. Es besteht aus einer Reihe von Scheiben (für Äquator, Ekliptik und Breite). Diese werden so eingestellt, daß die Kreise auf den Scheiben dieselbe Stellung einnehmen wie die entsprechenden Kreise am Himmel. Ein Himmelskörper wird durch eine Alhidade anvisiert, und seine Koordinaten werden mit Hilfe der Gradeinteilung auf den Scheiben abgelesen. An der Alhidade ist ein Halbkreis befestigt; auf einem durch ein Lot beschwerten Faden mit einer Perle kann die Höhe des Himmelskörpers (bzw. die Uhrzeit, gemessen in ungleichen Stunden; →Quadrant) bestimmt werden.

Der Ursprung des Instruments und auch seines Namens ist unbekannt. Wir wissen nicht, ob es von den Arabern erfunden wurde (das Universalinstrument des →Ğābir ibn Aflaḥ ist davon verschieden). Es wird in einer speziellen Arbeit von →Franco v. Polen (1284 oder früher) behandelt, etwa gleichzeitig auch in einem allg. astron. Traktat von →Bernhard v. Verdun sowie in anderen damit zusammenhängenden Texten. →Johannes v. Gmunden oder einer seiner Schüler verfaßte eine Arbeit über das Instrument. Eine ausführl. Abhandlung »De torqueto« stammt von Johannes →Regiomontanus (gedr. 1544). – Die →Kometen von 1299 und 1301 wurden mit Hilfe des T.s beobachtet (Peter v. Limoges). Die ältesten erhaltenen Instrumente stammen aus dem Besitz von Martin Bylica (hergestellt von Hans Dorn) und →Nikolaus v. Kues.

R. Lorch

Lit.: L. THORNDIKE, Franco de Polonia and the Turquet, Isis 36, 1945-46, 6-7 – E. ZINNER, Dt. und ndl. astron. Instrumente des 11.-18. Jh., 1956, 177-183, T. 11 – E. POULLE, Bernard de Verdun et le turqet, Isis 55, 1964, 200-208.

Turribius, Bf. v. →Astorga (Asturica Augusta), † um 480 in Astorga. Er pilgerte ins Hl. Land, wo er zum Priester geweiht wurde. Nach seiner Rückkehr besuchte er in Rom Papst Leo I. Mitte 5. Jh. zum Bf. v. Astorga erhoben, bekämpfte er den Priscillianismus (→Priscillian), u. a. in schriftl. Form. Als Theoderich II. Astorga zerstörte, wurde er gefangengenommen, aber später befreit.

J. M. Alonso-Núñez

Lit.: DHEE IV, 2575 – Dict. encyclopédique du Christianisme ancien, II, 1990, 2493 – L. ALONSO LUENGO, Santo Toribio de Astorga, 1939 – Hist. de la Iglesia en España, I, hg. R. GARCÍA VILLOSLADA, 1979.

Türst, Konrad, Arzt, * um 1450 in Zürich, † 1503 ebd., Sohn eines Fraumünster-Chorherrn, Studium in Basel, Pavia (Lic. med. 1482, Dr. med. 1482/83) und Ingolstadt; 'Assistent' Konrad Heingartners in Bern 1482-85; Stadtarzt in →Zürich ab 1489, 1499 durch Maximilian I. zum ksl. Leibarzt berufen. T. stand in engen Verbindungen zum Mailänder Hof (→Ludovico il Moro; Gian Galeazzo →Sforza) und zur Berner Landesregierung, hier insbes. zum Landeshauptmann Rudolf v. Erlach. – Als Repräsentant südwestdt. polit. Kräfte suchte T. am Vorabend des →Schwabenkriegs zw. der →Eidgenossenschaft und dem Ks. zu vermitteln.

T.s Reichtum spiegelt sich in einer umfangreichen Fachbibl. (noch 1545 von Konrad Geßner benutzt), die seit 1481 als Grundlage für eine umfangreiche fachlit. Tätigkeit diente. Die von T. verfaßten Fachprosa-Texte gliedern sich in eine astrolog. Gruppe (»Prophetia« für 1481; »Prognostica« auf das Jahr 1487 für Abt Johannes v. St. Emmeram; »Horoskop« für Franz Maria Sforza [1491]) und in eine diätet. Sektion (»Iatromathemat. Gesundheitsbüchlein« [1482] für Rudolf v. Erlach). Zum hist.-geogr. Bereich gehören: »Puechlin von den herrn von Habsburg« 1498 (verschollen) und »Beschribung gemeiner Eydgenosschaft« (dt. und lat., 1495/97, in drei polit. motivierten Versionen) mit Karte Südwestdtl.s in der Donnus-Projektion, in der T. nicht nur die Zehnörtige Eidgenossenschaft und ihre zugewandten Orte beschrieb, sondern auch die erste Regionalkarte europ. Kartographie lieferte, die noch der Schweiz-Karte in H. Schotts Straßburger Ptolemaeus-Ausg. v. 1513 als Vorlage diente. G. Keil

Lit.: Verf.-Lex.² IX, 1170-1174.

Tuscania, Stadt und Bm. in Mittelitalien (Latium). Die etrusk. Stadt (7.-6. Jh., Blütezeit 4. Jh. v. Chr.; ältere Siedlungsspuren auf dem Colle San Pietro [»Civita«] bereits aus dem Ende des 2. Jt. v. Chr.) erlebte einen Aufschwung durch den Bau der Via Clodia (Ende 3.–Anfang 2. Jh. v. Chr.), die Rom mit dem nw. Etrurien verband. 90 v. Chr. wurde sie Municipium. Archäolog. Funde bezeugen, daß das röm. T. auf dem Colle San Pietro mindestens bis zum Anfang des 5. Jh. weiterbestand. Auch in der Folgezeit muß T. eine gewisse Bedeutung bewahrt haben, da an den röm. Synoden v. 595 und 649 und vielleicht auch 680 ein Bf. v. T. erscheint. (Vielleicht ein Indiz [zumindest bis 649] für den Verbleib der Stadt innerhalb der byz. Sphäre?). Eine Neubesiedlung des Civita-Hügels ist im 8. Jh. archäolog. nachgewiesen, als T. sich mit Sicherheit in langob. Hand befand. Die Vita Papst Zacharias' (741–752) im LP bezeugt die Präsenz eines Gastalden in T. 768 wird T. urkdl. als civitas bezeichnet. Durch die Abkommen zw. Hadrian I. und Karl d. Gr. wurde T. der päpstl. Oberherrschaft unterstellt. Die eigtl. Macht lag lange Zeit jedoch wohl in den Händen des Bf.s und ztw. toskan. Adelsfamilien (Aldobrandeschi, Canossa). Eine für den Bf. v. T. ausgestellte Bulle Leos IV. (847–855) beschreibt die Grenzen der Diöz. (vom Tyrrhen. Meer - zw. den Flüssen Mignone und Flora - bis zur Via Cassia, eingeschlossen das Gebiet von Norchia und den Süden des Gebiets von Ferento mit dem Castrum Viterbo). Zahlreiche Besitzurkk. von →Farfa und Monte Amiata bestätigen T.s Bedeutung im 9. Jh. Der Civita-Hügel erfuhr im 9./10. Jh. eine intensive Bebauung, die im letzten Viertel des 11. Jh. in der Errichtung der Kathedrale S. Pietro kulminierte. Im 12. Jh. wurden der mächtige Komplex des Bf.spalastes und das Castrum, der die Basilika umgibt, sowie der Neubau der frühma. Taufkirche S. Maria Maggiore am Fuß des Hügels errichtet. Das Stadtzentrum dehnte sich in dieser Zeit auf den Rivellino-Hügel gegenüber der Civita aus. Die Parteinahme für das Reich während des →Investiturstreites trug Bf. Richardus 1086 die Abtretung der Territorien der Diöz. Blera und Centocelle (Civitavecchia) und den Gegenpapst Clemens III. ein. Im späten 12. Jh. kam es zur - eher schwächl. - Entwicklung kommunaler Institutionen, die bis 1266 eine im wesentl. ghibellin. Tendenz bewahrten. Die polit. und wirtschaftl. Dynamik von →Viterbo, in Verbindung mit der abnehmenden Bedeutung der Via Clodia im Vergleich zur Via Cassia, hemmte den Aufstieg von T., das 1192 seinen Bf.ssitz an Viterbo verlor. Der, häufig mit Waffen ausgetragene, Gegensatz zw. Viterbo und T. dauerte das ganze 13. Jh. an. 1297 unterstellte sich T. Papst Bonifaz VIII. und kam 1300 unter die direkte Kontrolle der Kommune Rom, die die jährl. wechselnden Podestà nach T. entsandte. Außer temporären Phasen örtl. Signorien (Matteo Orsini 1329–34; Giovanni III. di Vico, 1350–54; Francesco →Sforza, 1431–44) blieb die Stadt in der Folge im wesentl. in das Patrimonium S. Petri in Tuscia eingegliedert. F. Marazzi

Lit.: G. GIONTELLA, T. attraverso i secoli, 1980 - P. GIANFROTTA - T. W. POTTER, T. 1974. Scavi sul Colle di San Pietro, Archeologia Mediev. VII, 1980, 437-456 - J. RASPI SERRA - C. LAGANARA FABIANO, Economia e territorio. Il Patrimonium Sancti Petri nella Tuscia, 1987 - A. M. SGUBINI MORETTI, T. Il museo archeologico, 1991 - T. RASMUSSEN, T. and its Territory (Roman Landscapes, hg. G. W. W. BARKER - J. LLOYD, 1991), 106-114 - E. PARLATO - S. ROMANO, Roma e Il Lazio (Italia Romanica, 14, 1992) - A. LANCONELLI, La terra buona. Produzione... nell'agro viterbese tra Due e Trecento (Bibl. di Storia Agraria Mediev. 11, 1995).

Tuscia → Toskana

Tusculum (Tuscolo), Stadt und Bistum. Die in den Albaner Bergen (Latium) in der Nähe von Rom gelegene latin. Gründung T., heute Ruinenstätte, war in der Antike ein beliebter Villenort (Cicero). Seit dem 11. Jh. war T. Zentrum eines der sieben suburbikar. Bm.er, die einem Kardinalbf. unterstanden. Erster Bf.ssitz war seit dem 4. Jh. das benachbarte Labicum. 1058 ist erstmals ein Bf. v. T. bezeugt. Beide Titel bestanden bis zum Pontifikat →Paschalis' II. (1099-1118), in dem zum letzten Mal ein Bf. v. Labicum genannt wird. Danach führten die Bf.e dieser Diözese allein den Titel episcopus Tusculanus oder Tusculanensis. Nach der Zerstörung von T. 1191 (→Tusculum, Gf.en v.) wurde der ca. 2 km talwärts liegende Borgo Frascati Bf.ssitz; der Titel des Bf.s blieb jedoch bis 1537 (Stadterhebung von Frascati) mit T. verbunden.

T. di Carpegna Falconieri

Tusculum, Gf.en v., mächtige Familie aus Latium, die während der 1. Hälfte des 11. Jh. die polit. Vormachtstellung in der Stadt Rom innehatte. Die Gf.en v. T. waren ein Zweig der Sippe des →Theophylakt, die einen Großteil des 10. Jh. die röm. Politik dominierte. (Belegt wird diese genealog. Herleitung durch eine Inschrift d. J. 1030, in der ein junges Mitglied der Familie als Angehöriger einer »aurea progenies« und als Enkel →Alberichs II. [932-954] bezeichnet wird.) Die Genealogie der Tuskulaner (Spitzenahn wohl ein Sohn Alberichs II.) ist noch nicht genau rekonstruiert. Von ihrer unbezwingbaren Burg aus beherrschten die Gf.en v. T. einen großen Teil des s. Latium bis Terracina. Wahrscheinl. gehörten auch die Gf.en v. Galeria und die Gf.en v. Palestrina zu der gleichen Familiengruppe. Erster bekannter Träger des Toponyms 'de Tusculana' war *Gregorius*, Flottenpräfekt (999), vielleicht ein Bruder Papst →Johannes' XII. (956-964) und Sohn Alberichs II. Erster Träger des Gf.entitels (comes palatinus Lateranensis und Gf. v. T.) war hingegen dessen Sohn *Alberich* († um 1037), anscheinend der früheste Beleg für den Gebrauch des Gf.entitels in Latium. Stets auf ksl. Seite stehend, gewannen die Tuskulaner im Kampf mit den →Crescentiern die Vormacht und setzten die Wahl von drei Mitgliedern ihrer Familie zu Päpsten durch: der Söhne Gregors, →*Benedikt VIII*. (1012-24) und →*Johannes XIX*. (1024-33), sowie des Sohnes von Alberich, →*Benedikt IX*. (1033-44, 1048). Sie schufen in dieser Zeit ein effizientes System der Machtausübung, indem sie gewöhnl. dem

Papst ein Familienmitglied zur Seite stellten, das die höchsten weltl. Ämter bekleidete. Nach einem Aufstand resignierte Benedikt IX. zugunsten seines Taufpaten →Gregor VI. (1044-46), wurde im Anschluß an die Synode v. →Sutri (1046) abgesetzt, konnte die Macht jedoch für kurze Zeit wiedergewinnen. Die frühere, äußerst negative Beurteilung (»dunkle Jahrhunderte«) der Zeit des 'Adelspapsttums', d.h. der Epoche der stärksten Einflußnahme der großen Familien auf das Papsttum, wird heute in der Forschung einer Revision unterzogen. Insbes. die Tuskulanerpäpste gewinnen Kontur durch ihr ständiges Schwanken zwischen der Verfolgung von Familieninteressen und energischen Reformaktionen. Als Heinrich III., die von den Ks.n gewählten Päpste und die Kirchenreformer die polit. Szene Roms betraten, wurde die Macht der Tuskulaner geringer, ohne jedoch völlig zu schwinden: Die Gf.en v. T. spielten (mit wechselnden Bündnissen und Allianzen) bei verschiedenen Ereignissen der Geschichte Roms und Latiums von der Mitte des 11. bis zum Ende des 12. Jh. weiterhin eine Rolle. *Gregorius II.* († ca. 1058), Sohn Alberichs, war 1050-54 röm. Consul. Die Tuskulaner unterstützten wirksam die Gegenpäpste →Benedikt X. (vielleicht ein Verwandter) und Cadalus-Honorius II. Erst unter dem Pontifikat Gregors VII. schlossen sie ein Bündnis mit dem Reformpapsttum, aber noch *Ptolemaeus (Tolomeo) I.* († 1126), der von Paschalis II. 1108 nach Rom gesandt worden war, um das Patrimonium S. Petri in seiner Abwesenheit zu verwalten, erregte einen Aufstand der Stadt gegen den Papst. Er war einer der tapfersten Verbündeten Heinrichs V., so daß Pandulfus Pisanus in seiner Vita Paschalis' II. eine Analogie zw. dem Papst und dessen 'Verbündeten', den Aposteln Petrus und Paulus und dem Ks. und seinen Verbündeten, nämlich dem Abt v. Farfa und Tolomeo v. T. - beide mit dem Anathem belegt - herstellte. Tolomeos I. Sohn, *Bartholomaeus/Tolomeo II.* († 1153) war mit Bertha, der Tochter Ks. Heinrichs V. vermählt. Diese Ehe und die Bestätigung aller Besitzungen der Tuskulaner durch Heinrich V. und Lothar III. festigten die Bindung der Gf.en v. T. zum Reich noch mehr. In der gleichen Periode entwickelten die Tuskulaner ein ausgeprägt dynast. Bewußtsein und erklärten sich zu direkten Abkömmlingen der Gens Julia. Nach ihrem Kampf an der Seite →Eugens III. gegen die Kommune Rom wurden sie von der Expansion der päpstl. Gewalt im Patrimonium S. Petri erfaßt: 1151 wurde T. dem Papst geschenkt, 1155 verlieh Hadrian IV. die Stadt wieder an *Gionata,* den Sohn Tolomeos II., als Lehen, das nach seinem Tode wieder heimfallen sollte. Die letzte bedeutende Episode, in der die Gf.en v. T. eine Hauptrolle spielten, war der Feldzug an der Seite Christians v. Mainz und Friedrichs I. Barbarossa, in dem das röm. Heer in der Schlacht v. Prataporci (1167) in einer so schweren Niederlage aufgerieben wurde, daß Kard. →Boso sie mit Cannae verglich. 1170 mußten die Gf.en v. T. jedoch ihre Herrschaft definitiv an den Papst abtreten. 1191 zerstörte das Heer der Kommune Rom, eingedenk der 24 Jahre zuvor erlittenen Niederlage, die Stadt und die Burg T. vollständig. - Obgleich noch keine eindeutigen Beweise dafür vorliegen, könnte sich die röm. Adelsfamilie →Colonna von den Gf.en v. T. herleiten. Weniger sicher ist hingegen die Tradition, daß die Familie der Gf.en v. Segni von den Tuskulanern abstamme. T. di Carpegna Falconieri

Lit.: IP II (Latium), 1907, 37-46 - F. LANZONI, Le diocesi d'Italia dalle origini al principio del sec. VII (an. 604), StT 35, 1927, II, 126-128 - Rationes Decimarum Italiae nei sec. XIII e XIV, Bd. Latium, ed. G. BATTELLI, StT 128, 1946, 19 - P. BREZZI, Roma e l'Impero mediev. (774-1252) (Storia di Roma, 10, 1947), 189-220 - K.-J. HERRMANN, Das Tuskulanerpapsttum, 1973 - P. TOUBERT, Les structures du Latium médiéval, 1973, 960-1038 - H. BLOCH, Der Autor der Graphia Aureae Urbis Romae, DA 40, 1984, 55-175 - C. COLONNA, Una dinastia Romana nei sec. bui (IX-XII sec.), 1988.

Tuskulaner → Tusculum, Gf.en v.

Tuszien → Toskana

Tutia, Zinkoxid (arab. *tūtiyā* aus pers. *dūd* 'Rauch'). Wie die bergmänn. Bezeichnung →Galmei (und dort auch →Cadmia) bezeichnet T. zunächst die für →Messing wichtigen Kupfer-Zink-Mineralien und dann vermehrt deren Sublimationsprodukt. Von Metall-'Rauch' allg., eingeschränkt auf Zinkoxid, ist die Bezeichnung T. bes. im pharmazeut.-med. Bereich (→Arzneibücher) u.a. als T. officinarum für Zinkoxid (→Nihil album) mit dessen Anwendung u.a. bei Haut- und Augenleiden vom 14. bis Ende des 18. Jh. genutzt worden. G. Jüttner

Lit.: →Galmei - D. GOLTZ, Stud. zur Gesch. der Mineralnamen, SudArch Beih. 14, 1972.

Tutor (auch: curator, creditor, informator). Der v.a. in den Bereich der elterl. Gewalt (→Munt, tutela) und →Vormundschaft, der →Schutzherrschaft und des Klientelwesens verweisende Begriff 't.' ist auch in den Wortschatz der →Universität eingegangen. Er bezeichnete in den →Collegia des MA einen fortgeschrittenen Studenten, der (gegen eine kleine Bezahlung) sich persönlich um die Belange eines oder mehrerer jüngerer, nichtgraduierter Studenten kümmerte. Der T. verwaltete das Geld seines Schutzbefohlenen, wachte über sein Verhalten und erteilte ihm Repetitionen. Die Institution des T.s ist bes. charakteristisch für die Kollegien der engl. Universitäten →Oxford und →Cambridge, in denen sich das T.ensystem zugleich mit dem internen Unterricht in den Kollegien entwickelte. Bereits im 13. Jh. finden wir Vorstufen eines T.enwesens, doch erhielt es erst am New College (Oxford) gegen Ende des 14. Jh. seine volle Ausprägung, ohne daß es aber je systemat. oder obligator. Charakter erlangt hätte. Im 15. Jh. häuften sich die T.ien, bes. an King's Hall (Cambridge) und Magdelen College (Oxford); hier erscheinen neben den 'fellows' auch junge Pensionäre ('commoners'), die von T.en gegen Bezahlung betreut wurden. Das T.ensystem erweist sich somit bis in die Gegenwart als engl. Spezifikum, war aber auch in anderen Ländern keineswegs unbekannt: Im Paris des ausgehenden 15. Jh. besserten die 'boursiers' bestimmter Collèges ihre Einkünfte auf, indem sie auf ihren Stuben jüngere 'cameristes', denen sie Grammatikunterricht erteilten, mitwohnen ließen. J. Verger

Lit.: A. B. COBBAN, Decentralized Teaching in the Medieval Engl. Univ.s (Hist. of Education 5, 1976), 193-206 - The Hist. of the Univ. of Oxford, II, hg. J. I. CATTO-R. EVANS, 1992, 594-599.

Túy (Tui, Tudensis), Stadt, Bm. in →Galicien, am Nordufer des Minho an der Römerstraße, die →Porto und →Braga im S mit →Iria im N verbunden hatte. T. gehörte zur röm. Prov. Galletia, dann - inzwischen Bf.sstadt - zum Suebenreich und schließlich zum Westgotenreich. 721 von den Arabern erobert, ca. 740 von →Alfons I. v. Asturien zurückerobert, blieben T. und sein Umland noch lange den Überfällen von Arabern (921, 997) und →Normannen (844, 970/971) ausgesetzt. Wenn es in diesen Zeiten Bf.e v. T. gab, dann residierten sie oft außerhalb, wiederholt in Iria. Nachdem beide der Normanneninvasion von 1012/16 der Bf. und sein Klerus verschleppt und die Stadt zerstört worden waren, blieb die Kirche v. T. verwaist. 1069/71 restaurierten Kg. →García v. Galicien und seine Schwester Urraca die Stadt T. und ihre wieder mit einem eigenen Bf. besetzte Kirche. →Raimund v. Burgund, Gf. v. Galicien, und seine Frau →Urraca beschenkten sie und verliehen dem Bf. die Herrschaft über die Stadt (11. Febr. 1095). Mit dem Entstehen der Gft. bzw. des Kgtm.s Portugal wurde T. zu einer Grenzstadt, die die ptg. Herrscher wiederholt überfielen (Teresa v. Portugal: 1120, 1126; Alfons I. v. Portugal: 1129, 1137, 1169, 1180) und die leones. Herrscher wiederholt mit Schenkungen und Privilegien bedachten. Die metropolitane Zugehörigkeit des Bm.s T. war zw. →Santiago de Compostela und Braga umstritten, das Bm. auf zwei Kgr.e verteilt. Innozenz' III. die polit. Realitäten übergehenden Entscheidungen v. 1199–in puncto T. zu Gunsten des Bragaer Anspruchs – blieben Theorie. Im →Abendländ. Schisma v. 1378 hielten die ptg. Kleriker des Bm.s zum röm. Papst, die leones. Kleriker und ihr Bf. hingegen zum avign. Papst Clemens VII., der 1394 T. der Metropole v. Santiago de Compostela unterstellte. Aber das Ende des Schismas bedeutete nicht die Überwindung der Spaltung des Bm.s T. Erst 1441 bzw. 1452 gelang die Lösung des Problems: Die um Valença gruppierten ptg. Gebiete des Bm.s T. wurden dem in N-Afrika als Suffragan v. Braga errichteten ptg. Bm. →Ceuta unterstellt, 1512 dann direkt dem Ebm. Braga. P. Feige

Lit.: DHEE IV, s.v. – Gran Enc. Gallega XXIX, 1974, s.v. – P. GALINDO ROMEO, T. en la baja Edad Media. Siglos XII-XV, 1923, 1950² – E. PORTELA SILVA, La región del obispado de T. en los siglos XII a XV, Compostellanum 20, 1975 – J. MARQUES, Relações Económicas do Norte de Portugal com o Reino de Castela, no século XV, Bracara Augusta 32, 1978 – DERS., O censual do cabido de T. para o arcediagado da terra da Vinha 1321, ebd. 34, 1980 – E. IGLESIAS ALMEIDA, Los antiguos 'portos' de T. y las barcas de pasaje a Portugal, 1984 – M. RODRÍGUEZ ALVAREZ, Museo y Archivo Hist. Diocesano T., 1985 – J. GARRIDO RODRÍGUEZ, Fortalezas de la antigua prov. de T. ..., 1987.

Túy, Vertrag v., am 4. Juli 1137 zw. →Alfons I. v. Portugal und →Alfons VII. v. León und Kastilien auf dem Fluß Minho bei T. geschlossen. Nachdem →García Ramírez IV. v. Navarra in Kastilien eingefallen war, überschritt Alfons v. Portugal den Minho und fiel in Galicien/León ein. Ks. Alfons VII. befahl seinen galic. Gf.en, gegen Portugal zu ziehen. Während der von Ebf. →Diego II. Gelmírez v. Santiago de Compostela koordinierten Kriegsvorbereitungen griffen die Araber Portugal von S her an und überrannten die Burg Tomar. In dieser Situation suchten beide Parteien den vertragl. Ausgleich: Der vom Ebf. v. →Braga und vom Bf. v. →Porto assistierte 'infans Portugalensis' versprach dem 'Ispanie imperator', ihm auf ewig 'bonus amicus' und 'fidelis' zu sein, gelobte ihm 'securitas' für seinen Leib und seine 'terra' und sicherte ihm zu, ihm beizustehen, wenn dieser ihn um seine Hilfe bitten sollte, und den 'honor', den der Ks. ihm 'gibt bzw. geben wird', jederzeit auf Antrag zurückzugeben. Der Vertrag v. T., sprachl. dem Vokabular des Lehnswesens verpflichtet, ist kein Lehnsvertrag. Der Kastilier ist in seiner ksl. Oberhoheit anerkannt worden, aber er hat die Vertragstreue des Portugiesen nie geprüft. Und der als Herrscher v. Portugal akzeptierte Infant, der sich auch schon als 'princeps' intitulieren ließ, mußte nur noch zwei Jahre lang warten, um sich nach dem Sieg bei →Ourique den Titel 'rex' geben zu können. P. Feige

Q.: Documentos Medievais Portugueses. Documentos Regios, I, 1958, Nr. 160 – *Lit.:* P. MERÊA, O tratado de T. de 1137 do ponto de vista jurídico, RevPort 6, 1955 [Nachdr.: DERS., Hist. e direito, I, 1967, 275–306] – P. FEIGE, Die Anfänge des ptg. Kgtm.s und seiner Landeskirche, GAKGS 29, 1978, 233–244.

Tver', aruss. Stadt am Oberlauf der →Wolga, einem der bedeutendsten ma. Handelswege Osteuropas. In dem ursprgl. finno-ugr. besiedelten Gebiet (der Name T. ist vermutl. finn. Provenienz, vgl. finn. *Tihevera*; unwahrscheinl. ist die Ableitung von poln. *twierdza* 'Festung') nahe der Mündung des Flüßchens Tverca entstand Ende des 12. Jh. an der Stelle einer unbefestigten Siedlung ein aruss. →gorod. Er befand sich zunächst im Grenzbereich zw. Novgorod und Suzdal'-Vladimir; 1215 erscheint T. in einer altruss. Chronik als Teil des udel →Perejaslavl' Zalesskij.

Nach dem Mongolensturm 1237/38, der auch T. erfaßte, schuf Gfs. Jaroslav Vsevolodovič das selbständige Fsm. T. Ein Sohn des Gfs.en, Jaroslav Jaroslavič, wurde 1247 Fs. v. T. und Begründer des T.er Fs.enhauses. Unter Jaroslav, der 1264 Gfs. wurde, erfuhr T. einen raschen Aufschwung, der v. a. durch den Zustrom von Flüchtlingen vor den →Tataren befördert wurde. In der 2. Hälfte des 13. Jh. wurde auch das Bm. T. gegründet. Der Bau der Erlöserkirche und die Entstehung von T.er Teilfsm.ern fielen bereits in die Herrschaftszeit →Michail Jaroslavičs (1285–1318). Zugleich setzte die mehrere Jahrzehnte erbittert geführte Auseinandersetzung mit →Moskau um die Vorherrschaft in der →Rus' ein, in deren Verlauf auch die Stadtbefestigung v. T. ausgebaut wurde. Drei T.er Fs.en erhielten in der ersten Hälfte des 14. Jh. den →Jarlyk als Gfs.en v. Vladimir: Michail Jaroslavič (1304–17), →Dmitrij Michajlovič (1322 26 [6. D.]) und Aleksandr Michajlovič (1326–27); alle drei erlitten aber auch in dem Konkurrenzkampf einen gewaltsamen Tod in der →Goldenen Horde. Die Überlegenheit Moskaus wurde 1327 deutlich, als in T. ein Aufstand gegen die Tataren ausbrach. →Ivan I. Kalitá führte den tatar. Rachefeldzug an, bei dem T. verwüstet wurde. Fs. Aleksandr Michajlovič floh nach →Pskov. Der von Metropolit Feognost 1328 gegen Aleksandr verhängte Kirchenbann zeugt von der moskaufreundl. Haltung der Kirche, die u. a. wesentl. zum Sieg Moskaus beitrug. Aleksandr bat nach seiner Flucht den litauischen Gfs.en →Gedimin um Protektion und konnte 1337 mit tatar. Billigung nach T. zurückkehren, wurde aber zwei Jahre später zusammen mit seinem Sohn Fedor auf Betreiben Ivan Kalitàs in der →Goldenen Horde ermordet.

In der 2. Hälfte des 14. Jh. drohte das Fsm. T. zunächst zu zersplittern: Ein Abfall der Teilfsm.er Kašin, Cholm, Mikulin und Dorogobuž wurde z. T. von Moskau unterstützt. Erst →Michail Aleksandrovič (1368–99) gelang es, die fsl. Zentralmacht wieder zu stärken. Im Kräftespiel zw. Moskau, Litauen und den Tataren kam T. noch immer eine selbständige Rolle zu. Zwar wurde der T.er Fs. 1375 nach einer militär. Niederlage zum 'jüngeren Bruder' Moskaus erklärt, doch konnte er seine Autonomie mit zuletzt auch den Rückhalt in Litauen wahren. Der Verzicht auf die Vormachtstellung und auf territoriale Expansion ermöglichte T. die innere Konsolidierung. Unter Ivan Michajlovič (1399–1425) endeten die Fs.enfehden; die Stadt T. erlebte eine wirtschaftl. und kulturelle Blüte. Das T.er Selbstbewußtsein führte zur Verwendung des Doppeladlers auf den T.er Münzen (erstmals in der Rus') und zum Gebrauch des Gfs.entitels. Eine weitere Stärkung erfuhr T. durch den dynast. Krieg, der 1425 nach dem Tode →Vasilijs I. v. Moskau ausbrach. Der Gfs. →Boris Aleksandrovič v. T. (1425–61) behielt zunächst die Westorientierung seiner Vorgänger bei und blieb in dynast. Krieg neutral. Im Kampf gegen →Dmitrij Šemjaka unterstützte er jedoch →Vasilij II. und geriet in Konflikt mit →Kasimir v. Litauen (4. K.).

Der Niedergang T.s setzte nach der erneuten Konsolidierung Moskaus ein. Schon vor 1425 machten sich unter den T.er Teilfs.en Abwanderungstendenzen nach Moskau bemerkbar, das über erhebl. größere Landressourcen verfügte. Unter →Michail Borisovič, dem letzten Fs. en v. T. (1461–85), erfaßte dieser Sog auch die T. er →Bojaren. Der Verlust der Autonomie zeichnete sich zunächst auf kirchl. Gebiet ab. Bis zum Tod Boris Aleksandrovičs agierten die Bf.e v. T. zumeist in Übereinstimmung mit den T.er Fs.en und vertraten innerhalb der russ. Kirche lokale Interessen. Davon zeugen u. a. die T.er Haltung im Konflikt um den Metropoliten →Isidor v. Kiev und das Konzil v. →Ferrara-Florenz 1437–42 sowie ein Streit des T.er Bf.s Moisej mit dem Moskauer Metropoliten Ende der 50er Jahre. Doch setzten die T.er Bojaren Moisej nach dem Tod Boris Aleksandrovičs ab, und 1477 wurde mit Vassian erstmals ein Moskauer Geistlicher Bf. v. T. 1478 war T. bereits vollständig von Moskauer Territorien umgeben. Weder die langjährige Loyalität, die Michail Borisovič gegenüber Moskau wahrte (Beteiligung an Feldzügen gegen Novgorod 1471 und 1477), noch das 1484 mit Litauen eingegangene Bündnis konnten 1485 die Annexion T.s durch Moskau verhindern. G. Pickhan

Q.: PSRL I, IV, VII, X, XV, XXV – Lit.: V. S. Borzakovskij, Istorija Tverskogo knjažestva, 1876 – J. Fennell, The T. Uprising of 1327, JbGO 15, 1967, 161–179 – Ders., The Emergence of Moscow, 1968 – V. A. Kučkin, Formirovanie gosudarstvennoj territorii Severo-Vostočnoj Rusi v X-XIV vv., 1984 – E. Klug, Das Fsm. T., FOG 37, 1985, 7–355 [Lit. 331–342] – I. G. Ponomareva, Iz istorii feodal'nogo zemlevladenija Tverskogo kraja XV veka, 1986 – N. V. Žilina, Ukreplenie srednevekovoj Tveri, KSIA 183, 1986, 66–70 – V. Z. Isakov, U istokov Volgi, 1988 – P. D. Malygin, T. i Novotoržsko-Volockie zemli v XII–XIII vv., Stanovlenie evropejskogo srednevekogo goroda, 1989, 149–158 – A. E. Basenkov, Sozdanie političeskich sistem Moskovskogo i Tverskogo knjažestv v pervoj polovine XIV v., 1990 – G. V. Popov, Tverskaja ikona XIII–XVII vekov, 1993.

Tvrtko, Kg. e v. →Bosnien aus der Familie der →Kotromanići.

1. T. I., Ban (→Banus) v. Bosnien 1354–77, Kg. 1377–91 (als Kg.: Stefan T. I.); * um 1338, † 10. März 1391; Erbe seines Onkels Stefan II. († 1353), stand zunächst unter Vormundschaft seines Vaters Vladislav. Die Beziehungen zu →Ungarn waren trotz dynast. Verbindungen und bosn. Gebietsabtretungen (Land westl. der →Neretva [→Hum], 1357) lange gespannt (1363 Krieg Kg. →Ludwigs I. gegen bosn. Ketzer, 'patareni'). Das Verhältnis änderte sich jedoch grundlegend, als T. 1366 nach der Vertreibung durch seinen Bruder Vuk bei Kg. Ludwig Hilfe suchte und im folgenden Jahr die Herrschaft zurückgewinnen konnte. Die Kämpfe der serb. Territorialherren untereinander boten T. Gelegenheit zur Machterweiterung (Sieg über Nikola Altomanović im Bündnis mit Fs. →Lazar und dem Ban v. →Mačva, wobei T. die Gebiete bis zum Fluß Lim gewann). Die aus der Balšići (→Balša) gefallene Hinterland v. Dubrovnik (→Ragusa) wurde 1377 mit den Gebieten bis zum Distrikt v. Kotor von T. in Besitz genommen. T., der damals eine seine Abkunft von den →Nemanjiden betonende Genealogie verfassen ließ (er war in weibl. Linie Urenkel →Stefan Dragutins, Kg.s v. →Serbien) und sich als Erbe der 'doppelten Krone' seiner bosn. und serb. Vorfahren verstand, ließ sich im Okt. 1377 zum Kg. krönen (seitdem Kg. stitel der Fs.en v. Bosnien bis 1463). Nach dem Tode Kg. Ludwigs I. (1382) setzte T. seine Eroberungen fort (1384 Herr v. →Kotor), wandte sich 1386 in den inneren Kämpfen des Kgr.es Ungarn trotz verwandtschaftl. Bindungen gegen Kgn. →Maria und ihre Mutter und unterstützte die Anhänger Ladislaus' v. Anjou. Im Zuge seiner Unterwerfung benachbarter Gebiete →Kroatiens sowie der Küstenstädte →Dalmatiens (seit 1387) ließ er sich hier als Kg. v. Kroatien und Dalmatien intitulieren. Die Gegnerschaft zu den Balšići, Herren v. →Zeta, verwickelte T. in die Kriege mit den Türken (1388 Schlacht bei Bileća, 1389 →Kosovo). Bis kurz vor seinem Tod unterstützte T. die Gegner Kg. →Siegmunds (Versöhnung erst im Jan. 1391). T. hat die Stellung Bosniens im Staatengefüge der Balkanhalbinsel tiefgreifend verändert. S. Ćirković

Lit.: BLGS IV, 366f. [F. Kämpfer] – V. Ćorović, Kralj T. I. Kotr., 1925 – M. Dinić, O Nikoli Altomanoviću, 1932 – Ders., O krunisanju Tvrtka za kralja, Glas 147, 1932, 133–145 – S. Ćirković, Sugubi venac. Prilog istoriji kraljevstva u Bosni, Zbornik Filoz. Fak. Beograd 8/1, 1964, 343–370.

2. T. II., Kg. v. Bosnien 1404–09, 1421–43, * um 1380, † Mitte Nov. 1443. Sohn von 1., wegen Minderjährigkeit bei der Kg. swahl 1391 übergangen (→Dabiša), erst im Mai 1404 nach dem Sturz →Ostojas von den Anhängern der Anjou-Partei gewählt. Alljährl. ung. Heerzüge nach Bosnien (bis zum Blutbad v. Dobor 1409) führten 1409 zur Vertreibung T.s, der versuchte, 1414–15 mit türk. Hilfe die Macht zurückzuerobern, was ihm aber erst im Kampf gegen Stefan Ostojić gelang (1420–21). Die inzwischen fest etablierte Macht der Territorialherren beschränkte jedoch die kgl. Gewalt auf die zentralen Gebiete Bosniens. T. versöhnte sich mit Kg. →Siegmund, heiratete 1427 Dorothea v. Gara (eine Nichte Siegmunds) und designierte den Gf.en Hermann v. →Cilli als Nachfolger. Zugleich blieb er Tributar der →Osmanen. Die Schwäche der kgl. Gewalt zeigte sich während des Krieges zw. Ragusa und dem Vojvoden Radoslav Pavlović (1430–32). Die Territorialherren unterstützten Radivoj Ostojić als Gegenkg.; T. ging für kurze Zeit außer Landes (1434–35), kehrte aber nach dem Tod des Vojvoden Sandalj Hranić (15. März 1435) zurück und suchte unter Ausnutzung der inneren Kämpfe, die Magnatenfamilien →Kosače und Pavlovići zu bändigen. T. blieb passiv angesichts des →Türkenkrieges (1439–43). S. Ćirković

Lit.: BLGS IV, 367 [F. Kämpfer] – M. Dinić, Vesti Eberharda Vindekea o Bosni, Jugoslovenski istoriski časopis 1, 1935, 352–367 – S. Ćirković, Istorija srednjovekovne bosanske države, 1964 – Ders., Rusaška gospoda, Istorijski časopis 21, 1974, 5–17 – P. Živković, T. II. Tvrtković. Bosna u prvoj polovini XV stoljeća, 1981.

Twinger, Jakob →Jakob Twinger (30.J.)

Twiti, William (auch Guyllame Twici [Ms. 1, s. u.], W. Twich [Ms. 2, s. u.], W. Twety [Ms. 3, s. u.], W. Twyti [1322], W. Twity [1323], W. de Twyty [1326]), Jäger Kg. Eduards II. v. England; † wahrscheinl. 1328. Die von ihm im 1. Viertel des 14. Jh. verfaßte »Vénerie« ist der älteste in England entstandene →Jagdtraktat, überliefert in drei Mss.: 1. Ms. 8336 der früheren Collection Phillipps, Cheltenham, 1. Hälfte 14. Jh., fol. 15v–18v (seit 1949 British Mus. London, Add. Ms. 46919); 2. Ms. 424, Gonville and Caius College Cambridge, Mitte 14. Jh., p. 91–95; beides frz. Versionen; 3. Cottonian Ms., Vespasian B XII, British Mus. London, Beginn des 15. Jh., fol. 5–9; engl. Version, verbunden mit dem Namen John Gyfford, eine Übers. der frz. Vorlage. Der Anfang »Ici comence le art de venerie le quel mestre Guyllame Twiti, venour le Roy d' Engletere, fist en son temps pur aprendre autres.« (Ms. 8336, s. o.) zeigt klar die didakt. Ausrichtung des in Frage-und-Antwort-Form verfaßten Traktats, der Hase, Rot-, Dam-, Reh- und Schwarzwild, Jagdhunde, Hetzjagd, Jagdhornblasen und Curée behandelt. S. Schwenk

Bibliogr. und Lit.: H. Dryden, Le Art de Venerie, 1840 – Th. Wright – I. O. Halliwell, Reliquae Antiquae, I, 1841 – H. Werth, Afrz. Jagdlehrbücher, 1889 – A. und F. Baillie-Grohman, The Master of Game, 1904 – H. Dryden, The Art of Hunting, 1908 – J. Thiébaud, Bibliogr. des Ouvrages Français sur la Chasse, 1934 – G. Tilander, La Vénerie de T., 1956.

Tyana (hethit. Tuwanuwa, hellenist. Eusebeia, byz. auch Christupolis, heute Kemerhisar [nach dem großen, noch gut erhaltenen Aquädukt = *kemer*]), Stadt und Bm. in S-→Kappadokien, am Eingang in den Paß von →Niğde, der N- von S-Kappadokien trennt, zugleich wichtige Station an der Hauptstraße von Konstantinopel durch die Kilik. Tore nach →Kilikien und →Syrien; berühmt als Geburtsort des Neupythagoräers Apollonios v. T. 367 tagte eine Synode in T. Im Streit mit →Basilius v. Caesarea wurde der Arianer Anthimos v. T. 372 von Ks. →Valens zum Metropoliten einer neu geschaffenen Kappadokia II erhoben, die bis in das späte 14. Jh. (auch unter der Selğuqenherrschaft) bestand. In der Kappadokia II entstand unter Ks. Justinian I. mit dem hoch oben auf dem Hasan Daği gelegenen Mokissos/Iustinianupolis eine neue Metropolis, die den Machtbereich T.s stark einschränkte; im 11. Jh. verlor es auch noch Herakleia/Kybistra, das eigene Metropolis wurde. T. wurde 708 von den Arabern erobert, wobei die Bevölkerung versklavt und in das Kalifat umgesiedelt wurde. Nach erneuter byz. Besiedlung zerstörte →Hārūn ar-Rašīd 806 T. und baute eine Moschee. Der nach neuerl. Eroberung 831 groß angelegte arab. Neuaufbau wurde jedoch 833 nach dem Tod des Kalifen al-Ma'mūn im kappadok. Podandos aufgegeben und die nunmehr muslim. Einwohner in das Kalifat umgesiedelt. Die Byzantiner scheinen die ungeschützt in der Ebene gelegene Stadt nicht wieder besiedelt zu haben und zogen sich in das besser geschützte →Niğde zurück. F. Hild

Lit.: LThK² X, 417 – Kl. Pauly V, 1015 – RE VIIA/2, 1630–1642 – Tabula Imperii Byzantini, II, 1981 [s.v.] – Oxford Dict. of Byzantium, 1991, 2130.

Tyconius, Exeget und donatist. Theologe (→Donatisten), † um 392/400, von einer donatist. Synode ausgeschlossen, wohl weil er die Katholizität der Kirche aus Hl.n und Sündern bis zum Ende der Zeiten verteidigte. T. verfaßte die erste lat. Hermeneutik (Liber regularum), in der er Regeln zur spiritualisierenden Auslegung der Hl. Schrift aufstellt, mit denen Augustinus sich auseinandersetzte (De doctr. chr. III 30–37 u. ö.). Erhalten sind außerdem Fragmente eines Offb-Kommentars, der von späteren Auslegern (Primasius, Beatus, Beda u. a.) benutzt wurde. E. Grünbeck

Ed.: MPL Suppl I, 621–652 – F. C. Burkitt, 1894 [Neudr. 1967] [Liber reg.] – F. Lo Bue, 1963 [Offb-Komm.] – *Lit.:* Dict. encyclopédique du Christianisme ancien, II, 1990, 2495–2497 – DSAM XV, 1349–1356 [Lit.] – T. Hahn, T.-Stud., 1900 [Neudr. 1971] – P. M. Bright, The Book of Rules of T. Its Purpose and Inner Logic, 1987 – K. B. Steinhauser, The Apocalypse-Commentary of T. A Hist. of His Reception and Influence, 1987.

Tyler, Wat, bedeutendster Führer der sog. →Peasants' Revolt v. 1381, † 15. Juni 1381. Er blieb immer eine höchst umstrittene und rätselhafte Gestalt. Fast alle Einzelheiten seiner Laufbahn sind kontrovers: seine genaue Identität, seine gesellschaftl. und geogr. Herkunft sowie seine Beziehung zu seinem noch rätselhafteren Freund und Heerführer Jack Straw oder Rackstraw. Es steht jedoch außer Zweifel, daß T. in der Lage war, eine tatsächl., wenn auch nur temporäre Herrschaft über eine höchst ungleiche Ansammlung von rebell. Banden während der Tage vor seiner Ermordung in Smithfield außerhalb der Mauern von London auszuüben. Für die Chronisten, die auf diese turbulenten Ereignisse im Juni 1381 eingehen, ist er zweifellos der gefährlichste »Kg. der Raufbolde« und das »Idol der ländl. Bevölkerung« gewesen.

Leider sind über T.s Leben vor dem Juni 1381 keine zuverlässigen Nachrichten überliefert. Es gibt keinen wirklichen Beweis für den Volksglauben, daß er Erfahrungen als Heerführer während einiger Kämpfe des →Hundertjährigen Krieges sammeln konnte, und Jean →Froissarts Geschichte, daß er einst im Dienst des unbeliebten Londoner Kaufmanns und Höflings, Richard Lyons, in Frankreich gestanden habe, scheint sehr unwahrscheinl. Es ist eher möglich, daß T. in der Tat, wie es von dem Chronisten Thomas →Walsingham und anderen angenommen wird, von Beruf Dachdecker war. Wahrscheinlicher ist noch die Feststellung der »Anonimalle Chronicle«, daß T. 1381 als Einwohner von Maidstone in Kent lebte. Fast sofort, nachdem die Rebellen diese Stadt am 7. Juni in Besitz genommen hatten, übernahm er die Führung der Haupttruppe der aufrührer. Kentishmen. Anscheinend unter T.s Leitung zogen diese durch das n. Kent und schließlich in die Stadt →Canterbury ein, wo sie die Herrschaft am Morgen des 10. Juni ergriffen. Am folgenden Tag führte T. den größten Teil der Rebellen aus Kent in Richtung London, möglicherweise über Maidstone und gewiß über Blackheath am s. Ufer der Themse. Dort hörten die Rebellen am Morgen des 13. Juni die berühmte revolutionäre Predigt von John →Ball, der nun T.s wichtigster klerikaler Verbündeter war.

Nach dem Fehlschlag von T.s anfängl. Verhandlungen mit dem jungen Kg. Richard II. erzwangen er und die Rebellen aus Kent den Weg über die London Bridge von Southwark und Lambeth. Am späten Nachmittag des 13. Juni war der Palast von →John of Gaunt fast völlig zerstört und T. nun der tatsächl. Herrscher in London. Er konnte wohl weitgehend die heftigeren Ausschreitungen der Rebellen kontrollieren. Für die nächsten ein bis zwei Tage war er als der »bedeutendste Mann im Kgr.« anerkannt, sogar durch die unzufriedenen Vasallen von →St. Albans. Bedeutsamer war, daß T. am 14. Juni der Hauptsprecher aller Rebellen in London wurde. Ob es nun an diesem Freitag zu einem Treffen mit Kg. Richard in Mile End gekommen ist oder nicht, so ereilte T. doch am folgenden Morgen sein Tod, als er die Beschwerden seiner Gefolgsleute übergab. Diese schicksalhafte Begegnung zw. T. und Richard II. in Smithfield ist die am besten dokumentierte Episode im ganzen Verlauf der Peasants' Revolt; aber es bleibt ungewiß, ob sein Tod das Ergebnis eines zufälligen Mißverständnisses unter leicht erregbaren Umständen oder einer vorher geplanten Verschwörung durch den Kg. und dessen Gefolge war oder auf T.s unbesonnene Heftigkeit zurückgeführt werden muß, der vor der Person seines Monarchen einen Dolch zog. Auf jeden Fall wurde er tödl. verwundet, wahrscheinl. sowohl von William Walworth, dem Bürgermeister v. London, als auch von Ralph Standish, einem kgl. Landadligen. T.s Leichnam wurde in das nahe St. Bartholomew-Hospital gebracht. Es ist bezeichnend für T.s Einfluß auf seine Anhänger, daß nach seiner Ermordung Richard II. keine Schwierigkeiten hatte, die anderen Rebellen zu überreden, London zu verlassen und nach Hause zurückzukehren. Die große Revolte v. 1381 war damit beendet. R. B. Dobson

Lit.: C. E. Maurice, Lives of English Popular Leaders in the MA: T., Ball and Oldcastle, 1875 – A. Réville, Le soulèvement des travailleurs d'Angleterre en 1381, 1898 – C. Oman, The Great Revolt of 1381, 1906 [Neudr. 1969] – R. B. Dobson, The Peasants' Revolt of 1381, 1970 [Neudr. 1983] – R. Hilton, Bond Men Made Free..., 1973 – C. Barron, Revolt in London: 11th to 15th June 1381, 1981 – →Peasants' Revolt.

Tympanon → Portal

Tyniec, OSB-Kl. in Südpolen, w. von Krakau, am rechten Weichselufer, nach späterer Überlieferung von →Kasimir I. (1044?), wahrscheinl. aber von →Bolesław II. (1058–79) gegründet, spielte eine wichtige Rolle bei der

Wiederbelebung der poln. Kirche nach der Krise der 30er und 40er Jahre des 11. Jh. Als erster Abt gilt →Aaron, der spätere Bf. v. Krakau († 1059); wahrscheinl. war es aber Anchora(s), wohl ein Ire, der vermutl. von Köln, Trier oder Brauweiler über Lüneburg (St. Michael) nach T. gelangt war. Das um 1060-70 zu datierende Sakramentar v. T. (jetzt in Warschau) bezeugt enge Verbindungen zu Köln und der Kölner Hss.schule. Die ursprgl. Ausstattung des Kl. ist hauptsächl. nur aus der interpolierten Urk. des Legaten Aegidius v. Tusculum (1124 oder 1125) bekannt. Im 12. und 13. Jh. stark erweitert, galt der Besitz des Kl. (in der 2. Hälfte des 15. Jh.: 5 Marktflecken und 86 Dörfer) als der größte unter den poln. Benediktinerkl. T. hatte mehrere Tochterkl., u.a. in Elbing in →Breslau (1122-26; am Ende des 12. Jh. in ein Prämonstratenserstift umgewandelt), Łysiec (später: →Łysa Góra) und in Siecichów. Um 1403 wurde von T. aus das Kl. in Stare Troki in Litauen gegründet. Die auch von Papst Benedikt XII. (Bulle v. 1336) forcierten Bemühungen, den poln. Benediktinerkl. eine engere übergeordnete Verfassung zu geben, mit dem (Erz-)Abt v. T. an der Spitze, scheiterten; immerhin kooperierte Abt Mścisław (1386-1410) mit dem Krakauer Bf. bei der Reformierung der Abteien der Diözese. Im Bereich der ersten roman. Kl.kirche T.s aus dem letzten Viertel des 11. Jh. sind Bestattungen von zwei Äbten (Reste der Abtsstäbe, goldener Kelch mit Patene) und ein leeres Grab in exponierter Lage (möglicherweise Bestattungsplatz Bolesławs II.) nachweisbar. In der 2. Hälfte des 15. Jh. wurden Kirche und Kl. im got. Stil umgebaut. →Benediktiner, B. X.   J. Strzelczyk

Q. und Lit.: SłowStarSłow VI, 234-238 – Codex diplomaticus monasterii Tynecensis, ed. W. Kętrzyński-S. Smolka, 1875 – Folia Historiae Artium 6-7, 1971, 5-265 – P. Sczaniecki, Katalog opatów tynieckich, Nasza Przeszłość 49, 1978, 5-244 – Ders., T., 1980 – G. Labuda, Szkice historyczne XI wieku. Początki klasztoru benedyktynów w Tyńcu, Studia Źródłoznawcze 35, 1994, 23-64 – T. Sztuka i kultura benedyktynów od wieku XI do XVIII, 1994 [Kat.] – Benedyktyni tynieccy w średniowieczu, 1995.

Typar → Siegel

Typikon
I. Liturgisch – II. Monastisch – III. Kunstgeschichtlich.

I. Liturgisch: Aufgrund des in georg. Sprache überlieferten sog. Jerusalemer Lektionars bzw. Kanonarion (Materialien vom 5. bis zum 8. Jh.) besteht kein Zweifel darüber, daß liturg. Ordnungen, die späteren T.a bzw. Hypotyposeis (oder seltener Taktika genannt), sehr früh angefertigt wurden, um den Ablauf der Offizien gemäß dem Kirchenjahr festzulegen bzw. entsprechend den örtl. Gepflogenheiten festzuhalten. Das T., das bis heute im byz. Ritus zu den unentbehrl. liturg. Büchern gehört, berücksichtigt die feste Struktur der jeweiligen Offizien, die Verwendung von Hymnen und die gottesdienstl. Besonderheiten der Zelebration, einschließl. des Glockengeläutes und des Schlagens des Semantron gemäß dem Zyklus des bewegl. und des unbewegl. Kirchenjahres unter Einschluß der notwendigen Adaptationen beim Zusammenfall beider Zyklen (z. B. am Fest Mariä Verkündigung während der Karwoche). Elemente aus dem T. fanden auch Eingang in andere Chorbücher (Prophetologion, Apostolos, seltener und viel spärlicher in Hymnenslg.en (z. B. Vind. Suppl. gr. 186, 13. Jh.).

Bei der Vielfalt der Besonderheiten in Kl. und großen Kathedralkirchen unterscheidet man drei Typen von T.a: nach dem Ritus der Großen Kirche, d. h. der Hagia Sophia in Konstantinopel, für das monast. Offizium gemäß der studit. (konstantinopolitan.) oder der sabait. (Jerusalemer) Ordnung. Letztere gewann ab dem 11. Jh. die Oberhand und gilt bis heute in Kl. und sonstigen Kirchen sowohl in der gr. als auch in der slav. Welt als die übliche liturg. Ordnung, unter weitgehender Ausschaltung der lokalen Partikularismen.

Im Umfang und Aufbau weisen T.a große Unterschiede auf, unter Wahrung der Grundstruktur. Bes. zu erwähnen sind das sehr ausführl. T. des Euergetis-Kl. in Konstantinopel (12. Jh.), das T. des Muttergottes-Kl. bei Antiocheia, überliefert im Taktikon des →Nikon vom Schwarzen Berge (11. Jh.), das T. des Soter-Kl. (S. Salvatore) in Messina aus dem 13. Jh. Im slav. Bereich erfuhr das T. unter der Bezeichnung Ustav eine große Verbreitung, sowohl in Serbien (hl. Sava) als auch in Rußland, wo das durch →Feodosij Pečerskij im Kiever Höhlen-Kl. (→Kiev, C) um die Mitte des 11. Jh. eingeführte studit. T. erst im 14. Jh. durch das sabait. verdrängt wurde. Aus dem Ausgang des MA stammen aus Rußland Beschreibungen (Činovniki) von liturg. Gepflogenheiten in großen Kathedralkirchen oder in Hauptkirchen von Kl. Namhafte Autoren verfaßten Abhandlungen bzw. Kommentare zum T., so z. B. Patriarch →Philotheos Kokkinos v. Konstantinopel um die Mitte des 14. Jh. ($\Delta\iota\acute{\alpha}\tau\alpha\xi\iota\varsigma\ \tau\tilde{\eta}\varsigma\ \theta\varepsilon\acute{\iota}\alpha\varsigma\ \lambda\varepsilon\iota\tau o\upsilon\rho\gamma\acute{\iota}\alpha\varsigma$). Noch umfassender erweist sich der Komm. des Hieromonachos Markos zu den Schwierigkeiten des T. ($\Sigma\acute{\upsilon}\nu\tau\alpha\gamma\mu\alpha\ \varepsilon\acute{\iota}\varsigma\ \tau\grave{\alpha}\ \mathring{\alpha}\pi o\rho o\acute{\upsilon}\mu\varepsilon\nu\alpha\ \tau o\tilde{\upsilon}\ \tau\upsilon\pi\iota\kappa o\tilde{\upsilon}$), vermutl. ein Werk des 15. Jh. (u.a. im Cod. Vind. Suppl. gr. 197 erhalten).

II. Monastisch: Anläßl. der Gründung eines Kl. verfaßten des öfteren Stifter ($\kappa\tau\acute{\eta}\tau\omega\rho$) ein Regelwerk, in welchem die Struktur des Kl., der Ablauf des monast. Lebens im Alltag, wirtschaftl. und jurist. Grundlagen, die Aufgaben der Mönche, Speisen- und Fastenvorschriften usw. dargelegt werden. Dabei handelt es sich vorwiegend um Regelungen für das koinobit. Leben. Etwa 50 solche T.a sind erhalten, die naturgemäß sehr individuell angefertigt wurden und die geistigen Grundlagen der Askese und des Mönchtums im allg. nicht behandeln. Sie sind grundlegend zu unterscheiden von monast. Regeln wie etwa den Regulae fusius tractatae des →Basileios v. Kaisareia (CPG 2875), die u.a. ins Armen. und ins Altslav. übersetzt wurden. T.a ktetorika sind vom späten 9. bis zum 15. Jh. erhalten und bilden eine vorzügl. Q. für Kirchenrecht, Wirtschaftsgesch., Realienkunde (Speisevorschriften) und Wohlfahrtswesen.

Zu den bekanntesten und wirkungsvollen T.a ktetorika zählen das T. des Gregorios Pakurianos († 1086) für seine Gründung im heutigen Südbulgarien, ein Regelwerk, das für geogr. und armen. Mönche geschrieben wurde, die Diataxis des Michael →Attaleiates aus dem 11. Jh. für sein Waisenhaus und Kl., das T. des Kl. der Muttergottes Euergetis in Konstantinopel, verfaßt durch den Hegumenos Timotheos, Nachfolger des Gründers aus dem 11. Jh., zwei T.a für ksl. Gründungen aus der Palaiologenzeit wie das Kl. der Bebaias Elpidos.   Ch. Hannick

Ed.: A. Dmitrievskij, Opisanie liturgičeskich rukopisej chranjaščichsja v bibliotekach pravoslavnogo Vostoka I/1-2, 1895, 1917 – H. Delehaye, Deux T. a byz. de l'époque des Paléologues (Mém. de la Classe des Lettres, Acad. R. de Belgique II, 13, 1921) – J. Mateos, Le T. de la Grande Eglise, i-ii, 1962-63 – M. Arranz, Le T. du monastère du Saint-Sauveur à Messine, 1969 – P. Gautier, Le T. du Christ Sauveur Pantokrator, RevByz 32, 1974, 1-145 – Ders., La Diataxis de Michel Attaliate, ebd. 39, 1981, 5-143 – Ders., Le T. de la Theotokos Evergetis, ebd. 40, 1982, 5-101 – Lit.: The Oxford Dict. of Byzantium, 1991, 2131-2133 – P. de Meester, Les typiques de fondation, SBNE 6, 1940, 496-508 – K. A. Manaphes, Μοναστηριακά τυπικά – διαθῆκαι, 1970 – D. S. Iščenko, Cerkovni i monastyrskie ustavy (Metodičeskie rekomendacii po opisaniju slavjano-russkich rukopisej dlja Svodnogo kataloga rukopisej chranjaščichsja v SSSR, 2/2, 1976), 305-313 – I. M.

KONIDARES, Τὸ δίκαιον τῆς μοναστηριακῆς περιουσίας ἀπὸ τοῦ 9ου μέχρι καὶ τοῦ 12ου αἰῶνος, 1979 – C. GALATARIOTOU, Byz. ktetorika t.a: A Comparative Study, RevByz 45, 1987, 77–138 – J. PH. THOMAS, Private religious foundations in the Byz. Empire, 1987 – C. GALATARIOTOU, Byz. women's monastic communities: The Evidence ot the T.a, JÖB 38, 1988, 263–290 – A. PENTKOVSKIJ, Drevnerusskaja versija Tipikona Patriarcha Alekseja Studita, GIM Sin. 330 (Iz istorii liturgičeskoj tradicii Russkoj Cerkvi v XI–XIV vv.), 1996.

III. KUNSTGESCHICHTLICH: Da in der Regel mit Stiftungsdatum versehen, bilden T.a eine willkommene Hilfe bei der Datierung von (Kl.)bauten und deren Ausstattung. Auch für Lage und Anordnung einzelner Gebäude gestatten sie Rückschlüsse auf Planung und Anlage. Ausführl. T.a bzw. die sog. liturg. T.a (s. o.) mit Anweisungen für bestimmte Festliturgien enthalten meist auch wertvolle Hinweise für die (Bild)ausstattung der (Kl.)kirchen, so wenn im T. des Pantokratorkl. in Konstantinopel angeordnet wird, bei welchen Gelegenheiten wo und vor welchen Bildern (Ikonen, Mosaiken, Wandmalereien) Lampen oder Kerzen angezündet werden sollen. M. Restle

Typologie
I. Formal in der Kunstgeschichte – II. Biblische Typologie; frühchristliche Literatur – III. Frühchristliche Kunst – IV. Mittelalter.

I. FORMAL IN DER KUNSTGESCHICHTE: Reduktion der Einzelform auf eine normative Grundform, um in der vergleichenden Beschreibung die erwünschte Relativierung der Form zur Grundform ungleich genauer und dabei zuverlässiger zu erreichen. Die vergleichende Betrachtung drängt zur Gegenstandsnähe und schärft durch das Abschreiten des Umkreises verwandter Typen den Blick für die Tragfähigkeit des Vergleiches, sie macht zugleich in der Relation zur normativen Grundform den Grad der Eigenständigkeit deutlicher. G. Binding

II. BIBLISCHE TYPOLOGIE; FRÜHCHRISTLICHE LITERATUR: Bibl. T. – meist kurz T. genannt – ist eine Interpretationsmethode bibl. Geschichte. Aufgrund inhaltl. Gemeinsamkeiten werden konkrete atl. Vorgänge oder Personen mit ntl. Begebenheiten oder Christus in Beziehung gesetzt und dabei der atl. Teil dieser Gegenüberstellung als Vorankündigung (Präfiguration, Typos) des ntl. Vorganges oder Christi verstanden, dieser als Erfüllung (Antitypos) der atl. Vorankündigung. Voraussetzung für typolog. Exegese ist der Glaube an die Zusammengehörigkeit der beiden Testamente – in der Praxis gleichzeitig zu verteidigendes Postulat – und der Glaube daran, daß die Typoi von dem einen Gott des AT und NT eingerichtet seien. Die Bezeichnung T. ist zurückzuführen auf die Begriffe 'Typos' bzw. 'typikos' (Röm 5, 14; 1 Kor 10, 6 und 11) sowie 'Antitypon' (1 Petr 3, 21). Die frühesten lit. Belege für typolog. Verknüpfung finden sich in den Evangelien (Joh 3, 14: Aufrichtung der ehernen Schlange mit der Kreuzigung Jesu; Mt 12, 40: Jonas im Bauch des Ketos mit Christi dreitägigem Aufenthalt unter der Erde). Bereits in Schriften des 2. Jh. (Irenäus, Justin) ist typolog. Deutung häufig praktizierte Auslegungsmethode, eingesetzt zur Erklärung der (neuen) Religion, dabei z. T. abgleitend in eine Herabsetzung der Juden. Im 4./5. Jh. erlangte T. u. a. mit Gregor v. Nyssa, Ambrosius, Augustinus eine erste Blüte.

III. FRÜHCHRISTLICHE KUNST: In der frühchr. Kunst spielt typolog. Auslegung eine sehr viel geringere Rolle als in der zeitgleichen Literatur. Grundlage für diese Feststellung ist die Definition, daß eine typolog. Darstellung nur eine solche ist, bei der Typos und Antitypos tatsächlich im Bild sichtbar sind. Die lange bestehende Meinung, auf frühchr. Denkmälern könne der Antitypos fehlen, läßt sich nicht verifizieren. Characterist. für die frühen typolog. Darstellungen ist eine fast ausschließl. Beschränkung auf das Thema des Opfertodes Jesu Christi und der Eucharistiefeier der Kirche. Die bis jetzt frühesten typolog. Darstellungen der chr. Kunst auf den sog. Passionssarkophagen (2. Hälfte 4. Jh.) zeigen die Gabendarreichung von Kain und Abel, das Abrahamsopfer und den leidenden Hiob als Typoi des Opfertodes Jesu (z. B. Rep-Sarkophage Nr. 61 und 677). Doch ermöglicht hier nicht die Komposition oder Ikonographie, sondern nur das enge Thema dieser Denkmäler (Passion und Triumph Christi, seiner Vorgänger und Nachfolger) die Identifizierung der atl. Szenen als Typoi. Ansonsten lassen sich in der frühchr. Kunst zwei verschiedene Darstellungsweisen für typolog. Bedeutung ausmachen: a) der Antitypos (meist als Symbol oder als liturg. Gegenstand wiedergegeben) wird innerhalb der Szene des Typos untergebracht, also nicht in einem eigenen Bildfeld. Frühestes Beispiel: sw. Obergadenmosaik in S. Maria Maggiore, Rom (KARP, Abb. 29, Melchisedech mit seinen Gaben als Typos Christi und der Eucharistie), ferner die Lünettenmosaiken in S. Vitale in Ravenna (DEICHMANN, 148–159) oder drei Illustrationen im sog. Ashburnham Pentateuch (RICKERT, 204–206). b) Typos und Antitypos befinden sich in jeweils getrennten Bildfeldern. Allerdings gibt es bei jetzigem Denkmälerbestand kein Beispiel für szen. Gegenüberstellungen, also auch nicht für typolog. Zyklen, wie sie aus der ma. Kunst bekannt sind. Stattdessen ist einer Szene wiederum ein Symbol (Gemmenkreuz: Elias-Behang, SCHRENK, 132–137) oder beispielsweise ein Textblock (sog. Rossano-Codex, SEVRUGIAN, 15) gegenübergestellt. Früheste Beispiele für szenenweise Gegenüberstellungen unter typolog. Gesichtspunkten waren möglicherweise zwei Bildpaare in der Paulskirche in Jarrow (Ende 7./ Anfang 8. Jh., Beda, Hist. Abbatum 9); sie blieben jedoch nicht erhalten. S. Schrenk

Lit.: LCI IV, 395–404 – RGG³ VI, 1094–1098 – E. AUERBACH, Figura, Archivum Romanicum 22, 1938, 436–489 – L. GOPPELT, Typos. Die typolog. Deutung des AT im Neuen, 1939 – R. BULTMANN, Ursprung und Sinn der T. als Hermeneut. Methode, ThLZ 75, 1950, 205–212 – H. KARPP, Die frühchristl. und ma. Mosaiken in S. Maria Maggiore zu Rom, 1966 – F. W. DEICHMANN, Ravenna, 2: Komm. T. 2, 1976 – F. RICKERT, Stud. zum Ashburnham Pentateuch, 1986 – F. OHLY, T. als Denkform der Gesch.sbetrachtung (T., hg. V. BOHN, 1988), 22–63 – P. SEVRUGIAN, Der Rossano-Codex und die Sinope-Fragmente, 1990 – S. SCHRENK, Typos und Antitypos in der frühchr. Kunst, JbAC Ergbd. 21, 1995.

IV. MITTELALTER: Im 12. und 13. Jh. erlebte die in frühchr. Zeit grundgelegte typolog. Sehweise in der theol. Lit. und Kunst des W ihre Hochblüte, oft unter Betonung der Höherwertigkeit des ntl. Antitypus gegenüber dem atl. Typus. Die frömmigkeitsgeschichtl. Gründe für das erneute Interesse an der T. sind unklar (Auseinandersetzung mit Ketzern?). Bes. häufig sind Beispiele zur T. der Kreuzigung Christi: z. B. Kreuz des Abtes → Suger v. St. Denis; Kreuzfuß von St. Bertin, um 1160; Emailkreuze des Maaslandes (BUSCHHAUSEN, 1977; →Email); Ciborien und Tragaltäre (GAUTHIER); Typolog. Hs. »De laudibus Sanctae Crucis«, München, Bayer. Staatsbibl. Clm 14159 (BOECKLER, um 1170/80). Daneben entwickelten sich typolog. Zyklen des →Lebens Christi in allen Kunstgattungen: Amboverkleidung des →Nikolaus v. Verdun in Klosterneuburg v. J. 1181 (ante legem, sub lege, sub gratia; BUSCHHAUSEN, 1980); → Bibelillustration, → Glasmalerei, →Wandmalerei (z. B. Köln, St. Maria Lyskirchen, Mitte 13. Jh.), weitere Denkmäler: RÖHRIG; BLOCH. In den Versen des »Pictor in Carmine« (RÖHRIG; älteste Hs. in Cambridge, Corp. Christi Ms. 300, um 1200) finden sich zu 138 ntl. Themen Entsprechungen (von 2 bis zu 21) aus dem AT, aber auch aus der Natur (Beipiele: →Pelikan; →Physiologus), aus Legenden und Liturgie. Ob solche außerbibl. Allegorien im MA der T. gleichgesetzt oder (z. B. in der Wortwahl) von ihr unterschieden wurden, ist umstritten (Lit. ENGEMANN, 24; SCHRENK, 32–34). Zur Nachfolge des Pictor in der »Rota in medio rotae« vgl. RÖHRIG (2. Hälfte 13. Jh., Titel nach Ez 1,15f.). Bedeutende typolog. Bildzyklen bieten im 13. Jh. die Hss. der →Bible moralisée und der →Biblia pauperum, im 14. Jh. das →Speculum humanae salvationis und (in Abfolge des Kirchenjahres) die →Concordantia caritatis. Ganz mariolog. ausgerichtet ist die T. des →Defensorium inviolatae virginitatis beatae Mariae. J. Engemann

Lit.: LCI IV, 395–404 [P. BLOCH] – A. BOECKLER, Die Regensburg-Prüfeninger Buchmalerei des 12. und 13. Jh., 1924 – F. RÖHRIG, Rota in medio rotae, JbStiftKlosterneuburg NF 5, 1965, 7–113 – M.-M. GAUTHIER, Émaux du MA occidental, 1972² – L. GRODECKI, Les vitraux de Saint-Denis, 1976 – H. und H. BUSCHHAUSEN (Staufer, 5, 1977), 247–277 – H. BUSCHHAUSEN, Der Verduner Altar, 1980 – P. SPRINGER, Kreuzfüße, 1981 – J. ENGEMANN, Das Hauptportal der Hohnekirche in Soest, 1991 – S. SCHRENK, Typos und Antitypos in der frühchr. Kunst, 1995.

Typos (τύπος 'ksl. Erlaß'), Sept. 648 auf Veranlassung von Patriarch Paulos II. v. Konstantinopel durch →Konstans II. erlassenes Edikt, mit dem der Ks. die theol. Streitigkeiten um die göttl. und menschl. Natur Christi zu beenden versuchte. Allerdings handelt es sich nicht um eine dogmat. Klärung der Frage: vielmehr wurde die weitere Diskussion über die Redeweise von zwei Energien oder Willen in Christus verboten und unter Strafe gestellt; die Entscheidungen der vorangegangenen fünf ökumen. Konzilien schrieb man als bindend fest, und als Zugeständnis an die Gegner der Monotheleten entfernte man die sog. →Ekthesis pisteōs, ein von Patriarch →Sergios betriebenes ksl. Glaubensdekret v. 638, aus der →Hagia Sophia. Doch stieß man auf heftigen Widerstand aus Rom, wo Papst Martin I. 649 die unter der theol. Leitung des →Maximos Homologetes stehende Lateransynode einberief. Gemäß den Strafbestimmungen des T. wurden beide später des Hochverrates angeklagt. Während der zweiten Amtszeit des Patriarchen Pyrrhos wurde der T. zwar nochmals bestätigt, doch hatte sich der hist. Rahmen inzwischen geändert. Für Byzanz mußte nun die Einigung mit Rom Vorrang haben, nachdem die mono- bzw. miaphysit. Kirchen des Orients, um derentwillen der →Monotheletismus auch Anliegen der Staatspolitik geworden war, nun dem arab. Herrschaftsbereich angehörten. Indirekt aufgehoben wurde der T. durch das sechste ökumen. Konzil v. 680/681, bei dem das christolog. Dogma mit der Verurteilung des Monotheletismus seinen Abschluß fand.
L. Hoffmann

Ed.: Concilium Lateranense a. 649 celebratum, ed. R. RIEDINGER, 1984, 206.34–210.15 (ACO 2, 1) – Lit.: DÖLGER, Reg., 225 – BECK, Kirche, 292–295 – J. L. VAN DIETEN, Gesch. der Patriarchen von Sergius I. bis Johannes VI., 1972, 92–103 – H.-G. BECK, Gesch. der orth. Kirche im byz. Reich, 1980, 58–60 – J. HALDON, Byzantium in the Seventh Century, 1990, 307–317, 363–366 – Gesch. des Christentums, Bd. 4, 1994, 43f. [G. DAGRON] – G. DAGRON, Empereur et prêtre, 1996, 177–181.

Tyrann, -enmord
I. Begriffsentwicklung im Früh- und Hochmittelalter – II. Spätmittelalter – III. Tyrannenmord.

I. BEGRIFFSENTWICKLUNG IM FRÜH- UND HOCHMITTELALTER: Solange über →Herrschaft und Herrschaftsträger nachgedacht wurde, wurde die Frage verfolgt, wie 'gute' und 'schlechte' Herrschaftsübung zu unterscheiden sei. 'Tyrannos' ist seit Archilochos im Gr. nachgewiesen, ein (aus dem Lyd.) übernommenes Fremdwort, das den Monarchen, ohne nähere Qualifizierung, kennzeichnet. Solon unterschied durch Gewaltsamkeit den T. en vom rechten Herrscher, Sokrates (nach dem Bericht Xenophons) darin, daß dieser gegen den Willen der Untertanen und nicht nach den Gesetzen der Stadt regiere (Mem. 4.6.12), Platons Sokrates (Politikos 291e) ähnl., wenn er dem einen Gewalt, Armut und Gesetzlosigkeit, dem anderen Freiwilligkeit, Reichtum und Gesetz zuordnet. →Aristoteles hat dann in seiner Ethik die Gegenüberstellung analyt. vertieft und in seiner Lehre von den Verfassungstypen das Verhältnis als Entartungsrelation erfaßt.

Dem MA ist die gr. Begriffsarbeit nicht unmittelbar, auch nicht aus ihrer röm. Rezeption überkommen, sondern aus der kirchl. Überlieferung. Bis in die NZ hinein geben bibl.-atl., klass. oder kirchengeschichtl. Exempel (wie Nimrod, Tarquinius, Caesar, Nero oder Domitian) Belege ab. V. a. →Augustinus' Vermittlung wurde wesentl., der im Anschluß an Cicero den T. en als »rex iniustus« versteht (De civ. dei, 2.21, 4.3), bisweilen (etwa ebd. 5.19) aber auch einen Gewalthaber, obgleich durch seine Herrschsucht pervertiert, dennoch durch Gottes »providentia« regieren sieht. Gregor I. hat dann konstatiert: »Proprie tyrannus dicitur qui in communi re publica non iure principatur« (Moral. 12.38). →Isidor v. Sevilla legt in seiner Formel »rex a (recte) regendo« (Sent. 3.48.7; Etym. 9.3.4sq.) den Kg. eindeutig positiv fest und identifiziert emphat. 'tyranni' als 'pessimi atque improbi reges' (Etym. 9.19f.).

Damit war eine Basis gegeben, den Herrscher durch eth. (Selbst-)Bindung zu zügeln. Jede institutionelle Überlegung ist noch fern, die polit. Theorie konnte aber seit den karol. →Fs.enspiegeln jeden Fs.en an seine Amts-, Menschen- und Christenpflichten erinnern. Innozenz III. leitet in »Venerabilem« (Liber Extra 1. 6. 34) den päpstl. Approbationsanspruch bei der Wahl des röm. Kg.s aus der Gefahr her, daß die dt. Fs.en außer einem Ketzer, Heiden, Kirchenschänder oder Blödsinnigen einen T.en zum Kg. und künftigen Ks. wählen könnten. Mit der eth.-moral. Identifikation des »schlechten« Herrschers konnten immer wieder Herrschermahnung, Herrscherkritik und Widerstand Hand in Hand gehen. Die Sachsen begründeten (nach →Lampert v. Hersfeld und →Bruno v. Magdeburg) ihren Aufstand damit, daß Heinrich IV. das Recht tyrann. gebrochen habe. Gregor VII. hat mehrfach in aller Schärfe den T.en-Vorwurf gegen den dt., aber auch den frz. Kg., gegen unbotmäßige Bf.e und Adlige erhoben, die sich der päpstl. geleiteten Amtskirche nicht willig unterordnen wollten. Ihm (und anderen) erschien schließl. weltl. Herrschaft selbst – wie Tyrannei – als böse, satan. und widergöttl.

II. SPÄTMITTELALTER: Erweitert und vertieft wurde der Begriffsinhalt von 'T.' dann seit dem Übergang zum SpätMA durch Aristotelesrezeption und die gelehrte Begriffsarbeit der scholast. Univ., die lange unbeachtete Ansätze zu allg. Geltung brachten. Daß sich der T. vom Kg. dadurch unterscheide, daß er sein Eigenwohl und nicht das Gemeinwohl verfolge, wurde bald zur definitor. Scheidemünze, brachte aber auch eth. und soziale Reflexion zu neuer analyt. Schärfe. Die verfassungstheoret. Auffassung der Tyrannis als (»schlimmste«) »Entartung« der (»besten«) Monarchie förderte institutionelles Nachdenken. Auch die terminolog. Erweiterung durch »Despotie« ('Herrschaft des Hausherrn über seine Sklaven') erlaubte Annäherung an eine Unterscheidung öffentl. und privater Sphären und gestattete zugleich, durch Gebrauch des »T.en«-Vorwurfs das im Eigenwertbewußtsein des

Freien gegenüber dem ständ. unterlegenen Hörigen schlummernde Potential polit. einzusetzen. →Marsilius v. Padua etwa kann definieren, eine Herrschaft müsse als desto tyrannischer gelten, »quanto magis exit ab hiis, consensu videlicet subditorum et lege ad ipsorum commune conferens instituta« (Defensor pacis I. 9.5). Aus ähnl. Gedanken leitet →Wilhelm v. Ockham seinen Kampf gegen jeden Anspruch (eines Papstes wie eines weltl. Fs.en bzw. Ks.s) auf »plenitudo potestatis« her, da damit alle Menschen »Sklaven« (servi) der Herrscher würden: das tue u. a. der »dignitas humani generis« Abbruch.

In der schärferen Unterscheidung von Ursprung und Art der Herrschaft, wie →Thomas v. Aquin es ausdrückt (Sent. II. q. 44 a. 2), eines T.en »quantum ad modum adquirendi praelationem« bzw. »quantum ad usum praelationis«, liegt eine weitere Vertiefung des 'T. en'-Begriffs in aristotel. Tradition. →Bartolus de Saxoferrato (»De Tyranno«, c. 1355) bestimmte die Gewaltherrscher in den it. Kommunen auf ihrem Weg zur Signorie als »t. ex defectu tituli« und »t. ex parte exercitii« und zog daraus differenzierte Folgerungen hinsichtl. der Rechtsgültigkeit ihrer Regierungsakte über ihre jeweilige Regierungszeit hinaus.

III. TYRANNENMORD: Wenn damit der ma. T.enbegriff analyt. eine immer präzisere Unterscheidung von legitimer und illegitimer Herrschaftsübung erlaubte, so hatte das auch Folgen für die Reflexionen darüber, wie dem Mißbrauch von Herrschaft zu begegnen sei. Die kirchl. Tradition legte dem Christen Duldung bis zum Martyrium nahe, die T.enbeseitigung der griech. Antike und die röm. Machtkämpfe erlaubten jedoch den Appell zum Widerstand. Die äußersten Extreme finden sich, oft gleichzeitig: →Hugo v. Fleury rät, einen T.en bis zum äußersten zu ertragen, jedoch Herrscherbefehlen, die dem göttl. Gebot widerstreiten, unter Hinnahme jeder Strafe den Gehorsam zu verweigern (vgl. Act. 5.29). →Manegold v. Lautenbach dagegen fordert im Streit zw. Kg. und Papst drast. die Absetzung jedes T.en, eines Herrschers, der seine Pflicht nicht tue (Liber ad Gebehardum, c. 30). Mit solcher Sanktionsdrohung ist ein explizites →Widerstandsrecht postuliert, das mehr ist als bloße Notwehr.

Noch im 12. Jh. wird zum ersten Mal ausdrückl. der T.enmord gebilligt, freil. blieben Kompetenz, Instanz und Akteure unbestimmt: →Johannes v. Salisbury bindet den Vollzug des T.enmordes an ein (sittl. oder gesellschaftl.) Amt und die Einschränkung, daß die Tat nicht durch Gift und Eidbruch geschehe. Nach Thomas v. Aquin darf die Beseitigung eines T.en nicht als (unerlaubter) »Aufruhr« gelten, vielmehr sei der T. selber »seditiosus«. Freil. macht Thomas die Einschränkung, es dürfe nicht schlimmeres Unheil entstehen, als es die Herrschaft des T.en selber brachte. Noch deutlicher scheint (1271/73?) seine Warnung vor dem T.enmord (De regno I.6): es könne schlimmer enden, als es begonnen. Das Gebet zu Gott bleibe die letzte Zuflucht der Frommen. Die einschränkende Interpretation, Thomas meine beim statthaften T.enmord grundsätzl. nur den Usurpator, nicht den »t. exercitio«, ist nicht unmittelbar belegbar. Selbst Theologen, die Thomas ausgiebig zitierten, haben sich nicht durchgängig an seine resignative Maxime gehalten. →Johannes v. Paris identifiziert Papst Bonifatius VIII. als »hostis« Frankreichs und der Kirche, gegen den Gewaltmaßnahmen geboten seien, doch vermeidet er es konsequent, den Papst einen T.en zu nennen (De potestate regia et papali, c. 22). Für Ockham gilt eine Herrscherabsetzung (wie die Kg. →Eduards II. v. England 1326/27) durch den »populus« als Naturrecht (Octo Qu. II.8) und Widerstand auch von »mulieres« und »rustici« gegen Unrecht als selbstverständl. (ebd. VIII.6), dagegen wird ein T.enmord nirgends auch nur erwogen. Der Pariser Artist und Theologe Nicolas de Vaudémont († Ende 14. Jh.) setzt dann jedoch T.enmord als selbstverständl. voraus (Ps.-Johannes Buridan: Qu. sup. 8 libr. Polit., 3 q. 12).

In der Theorie blieb also T.enmord als Mord umstritten. Prakt. aber sollte der T.en-Vorwurf im SpätMA mannigfach zur Rechtfertigung polit. Gewalt herhalten. Als der Pariser Theologe Jean →Petit 1408 den vom Burgunderhzg. →Jean 'sans peur' veranlaßten Mord an dessen Vetter, Hzg. →Ludwig v. Orléans, vor Kg. und Rat als »T.enmord« rechtfertigte und den Ermordeten als Hochverräter gegen den Kg. bezeichnete, hat →Johannes Carlerius de Gerson schließl. auf einer Pariser Synode (1414) Thesen Petits verurteilen und seine Schrift verbrennen lassen. Auf dem →Konstanzer Konzil wurde der Dominikanertheologe Johannes v. →Falkenberg verurteilt, weil er im Interesse des Dt. Ordens, ausgehend von dem konventionellen T.enbegriff, die Tötung des Kg.s der Polen und seines gesamten Volkes für verdienstl. erklärt hatte. Solchen Einsatz des T.enmordgedankens (unterschiedlicher Prägung) an höchst verschiedenen polit. Kampffronten sollte dann Niccolò Machiavelli konsequent fortsetzen, wenn er in den »Discorsi« den Mord am Gewalthaber in einer zweckrationalen Abwägung nurmehr vom wahrscheinl. Erfolg abhängig machte (III 6).

J. Miethke

Lit. [Auswahl]: DThC XV/2, 1948–2016 – RGG² V, 1332f. – RGG³ VI, 1681–1683 – Geschichtl. Grundbegriffe VI, 1990, 651–706 – zu [I, II]: F. KERN, Gottesgnadentum und Widerstandsrecht im früheren MA, 1954² – A. BORST, Der Turmbau von Babel, 1–4, 1957–63 [Neudr. 1995] – E. REIBSTEIN, Volkssouveränität und Freiheitsrechte, Bd. 1, 1972 – D. QUAGLIONI, Politica e diritto nel trecento i., 1983 – W. STÜRNER, Peccatum und potestas, 1987 – J. M. BLYTHE, Ideal Government and the Mixed Constitution in the MA, 1992 – zu [III]: A. COVILLE, Jean Petit, La question du tyrannicide, 1932 [dazu H. HEIMPEL, HZ 149, 1933, 114–117] – F. SCHOENSTEDT, Der T.enmord im SpätMA, 1938 – H.-P. SCHNEIDER, Das ius resistendi als rechtstheol. Problem, ZRGKanAbt 90, 1973, 383–416 – H. BOOCKMANN, Joh. Falkenberg, der Dt. Orden und die polin. Politik, 1975 – D. TABER, The Theologian and the Schism. A Study of the Political Thought of Jean Gerson [PhD Thesis Stanford Univ. 1985] – K. L. FORHAN, The Uses of »Tyranny« in John of Salisbury's Policraticus (History of Political Thought 11, 1990), 397–407 – B. GUENÉE, Un meurtre, une société. L'assassinat du Duc d'Orléans, 1992 – →Widerstandsrecht.

Tyrone (Tír Eoghain), Ort und Gft. im nördl. →Irland, alter Sitz der →Uí Néill seit dem frühen MA, wurde in der frühen NZ nach der Niederlage und Unterwerfung von Hugh O Neill von der engl. Herrschaft 1603 als Gft. konstituiert.

G. MacNiocaill

Lit.: Medieval Ireland 1169–1539, hg. A. COSGROVE, 1987 (A New Hist. of Ireland, II) – D. Ó CRÓINÍN, Early Medieval Ireland 400–1200, 1995.

Tyrus (gr. Tyros), Stadt im südl. →Libanon, seit phönik. Zeit einer der großen Mittelmeerhäfen, in Spätantike und frühbyz. Zeit Hauptstadt der Prov. Syria Phoenice (→Syrien), 638 von den →Arabern erobert, 1124–91 von Kreuzfahrern beherrscht. Zur Zeit des 1. →Kreuzzuges war T. ein blühender Hafen, Flottenbasis der →Fāṭimiden. →Wilhelm v. Tyrus betont die unvergleichl. militär. Stärke der auf einer Landzunge gelegenen, zur Landseite mit dreifacher, zur Seeseite mit zweifacher Befestigung bewehrten Stadt. Die Kreuzfahrer, deren Eroberungsversuche 1108 begannen, konnten T. erst am 7. Juli 1124 einnehmen (nach am 15. Febr. 1124 eröffneter Belagerung durch ein vom Patriarchen Gormond befehligtes Heer aus dem Kgr. →Jerusalem und der Gft. →Tripoli, doch mit ven. Flottenhilfe). T. wurde der kgl. Domäne eingegliedert, doch erhielt →Venedig aufgrund des 'Pactum Wermandi' (1123) ein Drittel der Einkünfte.

Nach der Schlacht v. →Ḥaṭṭīn (1187) war T. die einzige dem Kgr. Jerusalem verbliebene Küstenstadt. Saladins Eroberungsversuche scheiterten an der tapferen Verteidigung →Konrads v. Montferrat (ab Juli 1187), der dem aus Gefangenschaft →Saladins entlassenen Kg. →Guido v. Lusignan 1188 den Einlaß verwehrte, sich im Frieden v. 1190 den Besitz v. T., →Sidon und →Beirut zusichern ließ (1191 hierfür Gf.entitel Konrads). 1225 kam T. an Ks. Friedrich II. (über seine Gemahlin →Isabella II. Yolanda v. Jerusalem, Enkelin Kgn. →Isabellas I. und ihres Gemahls Konrad v. Montferrat) und verblieb nach dem Abzug des Ks.s (1229) unter der Obhut seines →Baiulus, Riccardo →Filangieri. Doch fiel es 1243 an die baroniale Partei (→Baron, V) und unterstand der 'custodia' Balians v. →Ibelin, des Seigneurs v. →Beirut, wurde ab 1246 dann von Philipp v. Montfort († 1283) zu Lehen gehalten. 1269 erkannte Kg. →Hugo III. v. Zypern und Jerusalem nach langer Ablehnung der 'unrechtmäßigen' Übertragung, T. als 'fief de conquête' dem Montfort zu. Es fiel 1289 als erledigtes Lehen wieder an die Krone und wurde noch von Amalrich von Zypern als →Apanage gehalten, am 19. Mai 1291 wurde T. aber von den Muslimen eingenommen.

T., nach →Akkon die zweite Stadt des Kgr.es Jerusalem, fungierte als Hafen und internationales Handelszentrum (→Levantehandel). Es fungierte nach dem Fall v. Jerusalem fast durchgängig (Ausnahme: Friedrich II., Jerusalem) als Krönungsort (letzte Krönung: Heinrich v. Zypern, 1286). Seit 1124 war T. Sitz eines der vier Eb.m.er (des hochrangigsten) des Patriarchats v. Jerusalem mit den Suffraganen Beirut, Sidon, Banyas und Akkon. Berühmtester Ebf. v. T. war der große Chronist →Wilhelm v. T. (Ebf. 1175-85).

T. hatte eine aus Muslimen, Juden, oriental. Christen und Franken (einschließl. Italienern, v.a. Venezianern und Genuesen) bestehende kosmopolit. Bevölkerung. Juden spielten eine wichtige Rolle bei der Herstellung des begehrten →Glases (wohl direkter Vorläufer der Glasfabrikation in Venedig), traten auch als Geldverleiher sowie Schiffsreeder und -makler hervor, Muslime dagegen oft als Seekapitäne. Syrer waren in der berühmten Textilproduktion (bereits auf die byz. Ära zurückgehende Herstellung purpurgefärbter Stoffe: →Purpur, →Textilien) und im internationalen Handel tätig. Die von syr. Handwerkern gewebte weiße →Seide aus T. (cendal, zendado) war die wichtigste Einnahmequelle im vier. Viertel. Die ertragreiche Agrarproduktion des Umlandes (Olivenhaine, Zuckerplantagen) beruhte auf kunstreicher →Bewässerung. Bedingt durch den Verfall des 14. und frühen 15. Jh., war das einst blühende T. nach dem Zeugnis des burg. Reisenden →Bertrandon de la Broquière (1432) jedoch nicht mehr als ein Haufen Ruinen. S. Schein

Q.: →Fulcher v. Chartres – →Wilhelm v. Tyrus – Le Templier de Tyr..., ed. G. RAYMAND, RHC Occ, 1887 – Lit.: S. RUNCIMAN, A Hist. of the Crusades, 3 Bde, 1951-54 – J. G. ROWE, The Papacy and the Eccl. Province of Tyre (1100-87), Bull. of the John Rylands Library 43, 1960, 160-189 – H. E. MAYER, In the Beginnings of the Communal Movement in the Holy Land: the Commune of Tyre, Traditio 94, 1968, 443-457 – M. H. CHÉHAB, Tyr à l'époque des croisades, 1975-79 (Bull. du Musée de Beyrouth 27, 28, 31, 32) – →Jerusalem, Kgr. (H. E. MAYER, 1967; J. RILEY-SMITH, 1973; J. PRAWER, 1980).

Tysjackij, Tausendschaftsführer; in den Teilfsm.ern der Kiever Rus' (→Kiev, A) im 12.-13. Jh. der vom Fs. ernannte militär. Führer der *tysjača*. In →Novgorod, wo das Amt erstmals 1138 erwähnt wird, hatte der T. seit dem Ende des 13. Jh. v.a. polizeil.-richterl. und polit.-diplomat. Aufgaben, er nahm an Gesandtschaften teil und wurde in fast allen Verträgen genannt. Gewählt wurde der T., im 14./15. Jh. ein Angehöriger der Bojarenschaft (→Bojaren), durch das →veče aus den Reihen der →sotskie. Seit der 2. Hälfte des 14. Jh. gab es für jeden Stadtteil (konec) einen oder zwei T. (insges. 6, im 15. Jh. 7), aus deren Reihen dann der *stepennyj* T. gewählt wurde. In →Moskau zeigte das Amt des T. eine Tendenz zur Erblichkeit, es wurde zu einer Art Zwischeninstanz zw. dem Gfs.en und den nichtadligen Schichten der Bevölkerung. Nach 1374 setzte der Gfs. zur Stärkung seiner eigenen Macht keinen T. mehr ein. E. Kraft

Lit.: H. RÜSS, Der Kampf um das Moskauer T.-Amt im 14. Jh., JbGO 22, 1974, 481-493 – W. KNACKSTEDT, Moskau. Stud. zur Gesch. einer ma. Stadt, 1975, 95ff. – J. LEUSCHNER, Novgorod. Unters. zu einigen Fragen seiner Verfassungs- und Bevölkerungsstruktur, 1980, 113ff. – O. MARTYNIŠIN, Vol'nyj Novgorod, 1992, 201ff.

Tzaten, pejorative Bezeichnung der Armenier-Chalkedoniten im Grenzgebiet des byz. Reiches in Ostanatolien sowie in Nordsyrien. Der Begriff ist in armen. sowie griech. Q. vom 10. bis zum 15. Jh. bezeugt, so z. B. bei den armen. Historikern Uxt'anes (10. Jh.) und Mxit'ar Ayrivanec'i (13. Jh.), und bedeutet 'klein, gering' im Sinne von 'Halb-Armenier/Halb-Grieche'. Armen. *cat', cayt', cad* galt als Schimpfwort, das die monophysit. Armenier gegen die »abtrünnigen« Armenier-Chalkedoniten verwendeten. Es ist aus einem Ethnonymon abgeleitet, das ein nicht seßhaftes ind. Volk bezeichnet, das auch im Arab. als *zuṭṭ* bekannt ist. In der einzigen griech. Q. über die T., im Taktikon des →Nikon vom Schwarzen Berge bei Antiocheia aus dem 11. Jh. (cap. 35), wird über diese »Abweichler vom Glauben der Armenier« berichtet, daß der Sakkeliu des Antiochener Patriarchats ein Pittakion erließ, in dem er die Rechtgläubigkeit der T. bescheinigte. Kirchenrechtl. hingen sie vom Metropoliten v. Amida und Mesopotamien, einem Suffragan des Patriarchen v. Antiocheia, ab. Im Sabas-Kl. bei Jerusalem war ihnen erlaubt, das Offizium in ihrer eigenen Sprache (Armenisch) zu zelebrieren. Nikon betont mehrfach ihre Andersartigkeit, aber auch ihre Union im Glauben. Es sind also Orthodoxe, die der Herkunft nach nicht vom Griechentum abstammen und sich der armen. Sprache in der Liturgie bedienen, wobei darunter, bes. im Grenzgebiet zw. Armenien und Georgien, auch Georgier verstanden werden können. Ch. Hannick

Lit.: Oxford Dict. of Byzantium, 1991, 2136 – N. JA. MARR, Arkaun, mongol'skoe nazvanie christian..., VV 12, 1906, 1-68, bes. 31ff. [Neudr.: Kavkazskij kut'turnyj mir Armenija, 1996, 237ff.] – HR. AČARYAN, Hayeren armatakan baṙaran II, 1973, 442 – Uḫtanesi, Istoria gamoqopisa kartvelta someḫtagan, ed. Z. ALEKSIDZE, 1975, 235f. – V. A. ARUTJUNOVA-FIDANJAN, Armjane-Chalkidonity na vostočnych granicach vizantijskoj imperii (XI v.), 1980, 57ff.

Tzetzes, Johannes, byz. Gelehrter, bedeutender Vermittler und Kenner antiker Lit., * ca 1110, † nach 1160; erhielt von seinem Vater Michael T. eine gründl. klass. Ausbildung. T. diente nach der Entlassung als Sekretär des Eparchen Johannes in →Berroia bei dem Richter Nikephoros Serblias in Konstantinopel, unterrichtete Söhne angesehener Familien (Kotertzes, →Kamateros) und intensivierte seine Beziehungen zum Ks.haus: Eirene, Gattin →Andronikos' I. Komnenos, widmete er seine Theogonie, für Eirene (→Bertha v. Sulzbach), Gemahlin Ks. →Manuels I., verfaßte er Homer-Allegorien. In drei hexametr. Gedichten behandelte er die Ereignisse um Troia und schrieb Erläuterungen zu Aischylos, Aristophanes, Lykophron und Oppianos. Verloren ist der Epitaph für den Bruder Isaakios († 1138), der über Pindars Metrik arbeitete, überliefert derjenige für Theodoros Kamateros. T. zugewiesen werden Gedichte auf den Tod Manuels I. (1180) und Andronikos' I. (1185). Seine chronolog. geordneten Briefe (knapp vor 1138–vor 1166) kommentierte er in polit. Versen (Historiae bzw. Chiliaden). Bei Ks. Manuel verteidigte er den umstrittenen Patriarchen Kosmas II. Attikos (1147 abgesetzt). T. lebte seit ca. 1147 im Pantokratorkl. M. Grünbart

Ed. [Auswahl]: Carm. Iliaca: F. JACOBS, 1793 – Odyssee-Allegorien: H. HUNGER, BZ 48, 1955, 4–48; 49, 1956, 249–310 – Ilias-Allegorien: J. BOISSONADE, 1851 – A. LOLOS, Der unbekannte Teil der Ilias-Exegese des I. T. (A 97–609), 1981 – Aristophanes-Komm.: Commentarii I–IV, ed. L. MASSA POSITANO et al., 1960–64 – Historiae: P. A. M. LEONE, 1968 – Briefe: DERS., 1972 – Lit.: KRUMBACHER, 526–536 – Oxford Dict. of Byzantium, 1991, 2136 – RE VIIA/2, 1959–2010 [grundlegend] – Tusculum-Lex., 1982³, 814–817 [Ed.] – W. HÖRANDNER, Bemerkungen zu den Chiliaden des I. T., Byzantion 39, 1969, 108–120 – J. SHEPARD, T.' Letters to Leo at Dristra, Byz. Forsch 6, 1979, 191–239 – P. CESARETTI, Allegoristi di Omero a Bisanzio, 1991 – M. GRÜNBART, Prosopograph. Beitr. zum Briefcorpus des I. T., JÖB 46, 1996.

U

Ua Domnaill, ir. Dynastie im nordwestir. →Donegal, von der Mitte des 13. Jh. bis zum Ende des 16. Jh., standen in Konkurrenz zu den Ua Cannanáin. In der 2. Hälfte des 13. Jh. stärkten sie ihre Position durch Ansiedlung der MacSuibhne (MacSweeneys), einer Kriegerfamilie (→Gallóglaigh) von schott.-norw. Herkunft, die vor Ende des 14. Jh. großen Grundbesitz in der Herrschaft der Ua D. empfing. Die Ua D. (O Donnell) dehnten im späten 15. Jh. und frühen 16. Jh. ihre Macht südwärts aus, nach →Connacht (Hafenstadt →Sligo). Bedeutendstes Mitglied der Dynastie war Maghnus († 1564), unter dessen Leitung die Vita des hl. Colum Cille (→Columba) redigiert wurde. G. MacNiocaill

Q. und Lit.: Leabhar Chlainne Suibhne, ed. P. WALSH, 1920 – Annála Connacht: The Annals of Connacht, ed. A. M. FREEMAN, 1944 – K. NICHOLLS, Gaelic and Gaelicised Ireland in the MA, 1972.

Ua Ruairc, eine der drei im späten 11. Jh. um die Vorherrschaft in →Connacht (Westirland) kämpfenden Dynastien, blieb aber auf längere Sicht gegenüber den →Uí Conchobair erfolglos. Bedeutendster Repräsentant im 12. Jh. war →Tigernán Ua R., der bis 1169 seine Herrschaft von →Bréifne aus auf Meath (→Mide) ausdehnte, hier aber von dem anglonorm. Baron Hugh (II.) de →Lacy verdrängt wurde. Obwohl im späten 12. Jh. und frühen 13. Jh. unter Druck der Ua Raghallaigh stehend, konnten die Ua R. ihre Vorherrschaft in Bréifne bis 1256 wiederherstellen; ein halbes Jahrhundert später wurden sie aber von den Ua Raghallaigh aus der östl. Hälfte ihres Herrschaftsgebietes vertrieben, vermochten aber bis zum Ende des MA die Kontrolle über die westl. Hälfte zu behaupten. G. MacNiocaill

Q. und Lit: Annála Connacht: The Annals of Connacht, ed. A. M. FREEMAN, 1944 – The O Clery Book of Genealogies, ed. S. PENDER, Analecta Hibernica 18, 1951 – K. NICHOLLS, Gaelic and Gaelicised Ireland in the MA, 1972.

Ubaldini, toskan.-romagnol. Signorenfamilie, deren angebl. langob. Ursprung nicht belegt ist, die aber bereits seit dem 11. Jh. ausgedehnte Feudal- und Allodialgüter am Oberlauf des Sieve-Flusses im Mugello (zw. Toskana, Emilia und Romagna) besaß. Das Aussterben der bedeutenden toskan. Feudaladelsfamilie der Cadolinger (1113) und das Testament der Mgfn. →Mathilde v. Tuszien begünstigten das Wachstum ihrer territorialen, polit. und wirtschaftl. Macht. Gefördert von Ks. →Friedrich II., gehörten sie zu den ks. treuesten Herren der Toskana und Romagna: ein ksl. Diplom vom 25. Nov. 1220, die Bestätigung eines jetzt verlorenen Vorgängerdiploms, bietet das urkdl. Fundament für die polit. Gesch. und die genealog. Fakten der Familie. Im Laufe des 13. Jh. teilten sich die U. in verschiedene Linien, die sich zusätzl. nach der Stammburg oder dem Mittelpunkt ihres Herrschaftsbereiches nannten. Die wichtigsten Linien waren: della Pila, della Carda, di Senne, di Gagliano, di Feliccione. Die U. waren überzeugte →Ghibellinen und Gegner von →Florenz, das versuchte, ihnen die Kontrolle über die Verbindungspässe zw. Florenz, der Emilia und der Romagna zu entziehen. Nach der Schlacht v. →Montaperti (1260) traten die U. mit größter Entschiedenheit dafür ein, daß Florenz zerstört werden müsse (→Uberti, Farinata degli).

Unter den U. der wichtigsten Linie, della Pila, ist *Ottaviano* hervorzuheben, * ca. 1210, Archidiakon und später Bf. in Bologna, seit 1244 Kardinaldiakon von S. Maria in Via Lata. Bekannt für seine ghibellinenfreundl. Haltung, spielte er eine zweideutige Rolle in der Auseinandersetzung zw. dem Papsttum und →Manfred v. Sizilien und begünstigte in →Mailand den polit. Aufstieg der ghibellin. →Visconti. Aus diesem Grund machte ihn ein verbreitetes – von Dante übernommenes – Gerücht nicht nur zum Ghibellinen, sondern auch zum Häretiker. Ghibelline war auch ein anderer Prälat der gleichen Familie, Ebf. Ruggieri v. Pisa, einer der Gegner von Ugolino →della Gherardesca, der von Dante zusammen mit diesem in das Inferno versetzt wird. Die U. mußten sich schließlich Florenz beugen, das Ende des 13./Anfang des 14. Jh. mehrmals ihr Kastell Montaccianico zerstörte. In Florenz stadtsässig geworden, gehörten sie zu den Magnaten. Die Hauptlinie der Familie erlosch Anfang des 19. Jh., einige Nebenlinien bestehen bis heute. F. Cardini

Lit.: G. UBALDINI, Istoria della casa degli U., Firenze 1588 – IDELFONSO DI SAN LUIGI, Delizie degli eruditi toscani, X, Firenze 1778.

Ubald(us) v. Gubbio, hl. (Fest: 16. Mai), Bf. v. Gubbio, * um 1080/85 in →Gubbio, † 16. Mai 1160, ☐ Monte Ingino. Aus der adligen Familie Baldassini stammend, trat U., dem Willen seines Onkels und Vormunds gehorchend, als Kanoniker in S. Mariano ein. Unzufrieden mit der dort geltenden Lebensführung, schloß er sich dem Klerus v. S. Secondo an. 1104 von Bf. Johannes v. Lodi zur Mitarbeit an der Reform der Kirche in Gubbio berufen, kehrte er nach S. Mariano zurück, wo er kurz nach 1116 (wahrscheinl. 1120) die Regula Portuensis (nach S. Maria in Porto, Ravenna) einführte. U. lehnte die Wahl zum Bf. v. Perugia ab, mußte jedoch – den Q. zufolge – den Bf. ssitz v. Gubbio annehmen (wahrscheinl. 1129). →Honorius II., der ihn zum Bf. erheben wollte, soll ihn selbst konsekriert haben. Die Q. beschreiben U. als friedliebend, voll des tätigen Mitleids für Arme und Kranke, sittenstreng und in freiwilliger Armut lebend, jedoch auch von glühendem Eifer beseelt, die Lebensführung des Klerus zu reformieren. 1142 nahm S. Secondo durch sein Wirken die Regula S. Augustini an. 1155 soll U.' Intervention bei Friedrich I. Gubbio vor der Plünderung und Zerstörung durch die Kaiserlichen gerettet haben. Am 5. März 1192 wurde er von Coelestin III. kanonisiert, der in ihm wahrscheinl. nicht nur das Modell eines Reformbf.s, sondern auch den Kämpfer der Kirche gegen die gewaltsamen Übergriffe der ksl. Macht sah. Sein Kult ist in Gubbio noch lebendig (15. Mai »Corsa dei Ceri«, bei der riesige hölzerne Prozessionsstangen im Laufschritt auf den Monte Ingino getragen werden). Der Hl. wird auch im Elsaß als S. Tebald/Theobald verehrt. G. Barone

Lit.: Bibl. SS XII, 732–736 – GAMS, 699 – LCI VIII, 505–506 – LThK² X, 428 – F. DOLBEAU, La vita di s. U., vescovo di Gubbio, attrib. a Giordano di Città di Castello, Boll. Dep. st. patria per l'Umbria 74/1, 1977, 81–116 – Nel segno del santo protettore, hg. S. BRUFANI–E. MENESTÒ, 1990.

Úbeda, Stadt in Andalusien (Prov. Jaén), gegr. von ʿAbdarrahmān II. v. Córdoba (822–852) und erweitert von Mohammad I. (852–886), von →Ferdinand III. v. Kastilien im Juli 1233 endgültig erobert (Vertreibung der maur. Bevölkerung). Ú. erhielt nach der →Repoblación (seit 1235), wobei die Güter in *cuartos* zw. Kg., Siedlern, Kirche, Ritterorden und Adel aufgeteilt wurden, wohl um 1240 anläßl. der Organisation des →Concejo einen bedeutenden →Fuero in Vernacularsprache, der aus der Familie der Fueros v. Cuenca stammt (zwei verschiedene Versionen erhalten) und von Ferdinand III. (1251) und Alfons XI. (1331, 1335) bestätigt wurde. Bereits 1345 hatte Alfons XI. 13 *Regidores* aus den Reihen der →Hidalgos ernannt, um das Stadtregiment zu sichern. Ú. nahm an mehreren andalus. →Hermandades (Einungen) zur Wahrung seiner polit. Interessen teil, gehörte als Archidiakonat zur Diöz. →Jaén und war Sitz einer der Bruderschaften (*Universidades de clérigos*), die die Belange des Pfarrklerus vertraten. Im SpätMA war die Stadt von Kämpfen zw. den Cuevas und den Los Molinas zerrissen. L. Vones

Lit.: J. GONZÁLEZ, Las conquistas de Fernando III en Andalucía, Hispania 6, 1946, 574–576 – J. HIGUERAS MALDONADO, Documentos lat. de Ú., 1975 – E. TORAL PEÑARANDA, Ú., 1442–1510, 1975 – J. RODRÍGUEZ MOLINA, El Reino de Jaén en la Baja Edad Media, 1978 – Fuero de Ú., ed. M. PESET–J. GUTIERREZ CUADRADO, 1979 – M. J. PAREJO DELGADO, Grupos urbanos no privilegiados en Ú. ... (La Sociedad Medieval Andaluza: Grupos no privilegiados, 1984), 165–177 – M. J. PAREJO DELGADO, Baéza U. en la Baja Edad Media, 1986 – DIES., Las actas capitulares en el estudio del concejo bajomedieval: Ú. (Andalucía entre Oriente y Occidente, 1988), 515–525 – Las ciudades andaluzas (Siglos XIII–XVI), 1991 – Colección diplomática de Ú. (Siglo XIII), ed. J. RODRÍGUEZ MOLINA, 1992 – Colección Documental del Archivo Municipal de Ú., ed. DERS., 1994.

Übel. 1. Die nz. Unterscheidung zw. metaphys., phys. und moral. Ü. (Unvollkommenheit, Leid und Sünde) ist formal begriffl. dem MA nicht bekannt; wohl aber in Vorbereitung. Die schöpfungs- (ur-)gesch. Unterscheidung zw. dem Guten und Bösen und die scholast. Analyse des Bösen als Schuld und Strafe haben die ganze Tradition der Theologie- und Philosophiegesch. beeinflußt. Die frühchr. Apologeten (Tertullian, Irenäus u. a.) mußten sich gegen die gnost. und manichäisch-dualist. Systeme der Weltanschauung zur Wehr setzen. →Augustinus hat in den ständigen lit. Auseinandersetzungen mit der →Gnosis und dem →Manichäismus den theol. Traktat »De malo« im MA maßgebend bestimmt. Drei wichtige Gedanken Augustins blieben in der Schultheol. des MA lebendig: 1. Das Böse hat kein substantiales Wesen, es ist das Wesenlose, das Sinnlose: vgl. Conf. VII, 19. Das Böse ist darum ontolog. gesehen ein Unding. 2. Weil das Böse ein Unding ist, kann es nicht für sich bestehen; es kann sich nur durch Okkupation und Perversion am Wirklichen und Guten behaupten. Das malum ist Verderbnis und Beraubung des Guten: De mor. Manich. II, 12; Contra ep. Fundamenti 39; De natura boni 4. »Non est ergo malum nisi privatio boni«, Contra advers. legis I, 5. 3. Das Böse kann nicht von Gott stammen, denn Gott ist das vollkommen Gute, das »primum bonum«. 3. Das malum hat die komplexe Gestalt der Sünde und Strafe. Der Abfall von Gott und dem Guten ruiniert die ganze Wirklichkeit des Lebens. Leid, Not und Tod – das phys. Ü. – machen das Unheil der Sünde offenbar. Diese Sünden-Strafe ist zugleich auch die göttl. Zurechtweisung des Menschengeschlechts, das in der Schicksalsgemeinschaft der Ur- und Erbsünde der Erlösung von Schuld und Strafe bedarf. Die Gesch. der »Civitas Dei« ist die Befreiungsgesch. von Sünde und Tod. Weil Gott auch das Ü. zum Heil des Menschen zu wenden vermag, läßt er es geschehen: De civ. Dei XI, 17; XVIII, 51; XXII, 2. Gottes Barmherzigkeit ist am Ende größer als die Sünden-Strafe. Vgl. Salvian v. Marseille, De gubernatione Dei. Mit den lat. Kirchenlehrern haben die Päpste (z. B. Leo I. DENZINGER-SCHÖNMETZER, 286) und die kirchl. Synoden (vgl. Braga, DENZINGER-SCHÖNMETZER, 457, Lateranense IV, 1215, DENZINGER-SCHÖNMETZER, 80) die Lehre der Manichäer und Priszillianisten (→Priscillian) vom substanzialen Urbösen verurteilt.

Gott und das Böse, das Ü. und die Sünde – das später so benannte Theodizeeproblem – erörterten die patrist. und die scholast. Theologen im Blick auf die in der Heilsgeschichte obsiegende Gnade Gottes. →Anselm v. Canterbury fragte in den Dialogen (»De casu diaboli«, »De conceptu virginali«) intensiv mit seinen Schülern nach dem Wesen der Sünde. Diese Diskussion wurde in der Schule →Anselms v. Laon aufgenommen und fortgeführt. Die nachfolgenden Schulen →Abaelards, →Gilberts v. Poitiers und des →Petrus Lombardus haben die Frage nach dem Ursprung, Sitz und Wesen des Bösen sehr kontrovers geführt. Im Anschluß an die Ausführungen über die Ur- und Erbsünde disputierte der Lombarde in der Pariser Domschule in den Dist. 34–37 des 2. Sentenzenbuches die fundamentaltheol. und -dogmat. Probleme der Sünde und des Bösen und legte so den Grund für den scholast. Traktat »De malo«, der fortan zur Schuldoktrin gehört.

Wenn das Ü., wie der Magister (mit allen Theologen seiner Zeit) im Anschluß an Augustin lehrt, nichts anderes ist als die Verderbnis und Beraubung des Guten, dann muß es dem Guten innesein, das es zugleich korrumpiert (Sent. II d. 34 c. 4 ed. 527), dann fällt Gegensätzliches in eins und die Regel der Dialektik – »keinem Ding kann Gegensätzl. zugleich inne sein« – trügt (ebd. c. 5, ed. 528). Bereits Augustin trug der Gültigkeit der »regula dialecticorum« dadurch Rechnung, daß er das Subjekt, das auch in der Sünde Gottes Geschöpf ist und bleibt, von dessen bösem Handeln unterschied. Diese Unterscheidung macht den Blick frei für das Unterscheidende der Sünde, die als böser Wille (von Abaelard), als böse Tat (von Gilbert) bestimmt wurde. Aber Wille und Tat können als solche nicht böse sein, sondern deren Verderbnis (ebd. d. 35 c. 2–4, ed. 530–535). Die Verderbnis der Geistseele, ihrer sittl. Kräfte und Fähigkeiten ist das eigtl. Unheil der Sünde, das der Magister am Beispiel und Gleichnis des unter die Räuber Gefallenen (Lk 10, 30-34) verdeutlicht. Das Verderbnis der Sünde umfaßt Schuld und Strafe. In der Gottferne geht der Sünder der (sittl.) Kräfte und Güter des Lebens verlustig (ebd. c. 5-6, ed. 535f.). Die ewige Strafe der Sünde ist der Verlust des ewigen Lebens. Sünde und Strafe dürfen nicht kurzschlüssig aufeinander bezogen (und verrechnet) werden, sie gehören zusammen und machen das ganze Unheil aus (ebd. d. 36, ed. 536-643). Weil die Sünde wesen- und substanzlos ist, ist sie nichts, d.h. aber nicht, daß sie nicht »etwas« (»aliquid«) ist, sondern daß sie »nichtet« (»ad non-esse deducit«) (ebd. d. 37 c. 1 ed. 543). Alles Ü. - Sünde und Strafe - ist nicht etwas Erstes und auch nicht etwas Letztes. Es steht in der Macht Gottes und doch ist Gott nicht ihr Urheber. Der Lombarde beschließt mit notwendigen Berichtigungen Augustins (Retractationes) seinen Traktat über das malum.

2. In keiner der Summen des 13. Jh. - des →Wilhelm v. Auxerre, des Kanzlers→Philipp oder des →Praepositinus, welch letzterer die Contrarietät von virtus und vicium diskutierte (Todi, Cod.lat. 95 f. 99vb) - erreichte der Traktat »De malo« das theol. Niveau des Lombarden. Den Sentenzenerklärern blieb es vorbehalten, darüber weiter nachzudenken. Vor seinem Eintritt in den Franziskanerorden hat →Alexander v. Hales (vor 1224/25) als weltgeistl. Magister in Paris das Lehrbuch des Lombarden glossiert. Zu Sent. II d. 34-37, ed. 325-365 trug er seine Erklärungen bei: mit 10 Gründen beschreibt er den defizienten Modus des Bösen, das nicht effiziente, sondern nur defiziente Ursache sein kann (d. 34 n. 3, ed. 329). Gutes und Böses sind Gegensätze nur unter dem Gesichtspunkt des Privativen; diese können zusammen bestehen (n. 7, ed. 333). Nicht die angestammte, geschöpf. Güte des Menschen kann verkehrt und verderbt werden, sondern nur die (sittl.) Güte des Handelns (d. 35 n. 8, ed. 340). Auch die Strafe muß zweifach gesehen werden: hinsichtl. der Zucht und Ordnung - so gesehen kommt sie von Gott - und als Privatio (d. 35 n. 13 ed. 342). 10 Strafen folgen der Tod-Sünde (d. 16 n. 5, ed. 354f.). Mit Ps.-→Dionysius versucht die Theologie dem malum im Ganzen der Schöpfungsordnung einen Sinn zu geben. In »De divinis nominibus«, c. 4, hatte Dionysius den Traktat »De malo« vom Guten und Schönen her kontextuiert. Es gibt kein universal Böses und das Gute erstreckt sich durch alle Ordnungen des Seins: ganz gegenwärtig oder nur privativ. Alles bezeugt den Glanz des Guten. Auch Ps.-Dionysius betonte den privativen Charakter und die Nichtigkeit des Bösen. Allzu optimist. wurde aber mitunter das Böse in der jetzigen Schöpfungsordnung unter Berufung auf den höheren Nutzen, der Zweckdienlichkeit und umfassenden Gerechtigkeit betrachtet. »Malum auget decorem in universo« (vgl. W. Hübner, Misc. Med. 11, 1977, 1-26). →Albertus Magnus opponierte scharf gegen diese Argumentation. Sent. I d.46 a.6, ed. Borgnet XXVI, 435: »Sed istam solutionem aut ego non intelligo aut omnino videtur falsa...«. Was dem einzelnen Geschöpf fehlt, fehlt auch dem Ganzen. →Bonaventura OM, der Mitte des 13. Jh. in Paris die Sentenzen erklärte, machte in der Einleitung zu d. 34 des 2. Buches mit der Unterscheidung von Sünde und Strafe das Unheil des Bösen offenkundig: »...persona corrumpit naturam, ...natura corrumpit personam, ...persona corrumpit se...«. Er verurteilte (ebd. d. 34 a. 2 Q. 1) den »pessimus error« vom »summum malum«, wie er zu seiner Zeit von den →Albigensern in S-Frankreich vertreten wurde, und brachte die Glaubenslehre auf die These: nichts ist so böse, daß sich nicht auch etwas Gutes fände; und nichts ist so böse, daß nichts Schlechteres sein könnte (ebd.). Der Gegensatz von Gut und Böse betrifft nicht das handelnde Subjekt, das »indifferens« des Guten und Bösen fähig ist, sondern das Handeln selbst. Und im bösen Handeln wird das malum im Guten »substantifiziert«. Die Verderbnis des Bösen kann dem Menschen sozusagen zur zweiten Natur werden. In der Summa Alexandrina II p. 2 tr. 1-3, ed. 1930, 1-78 wurden die Fragen über das Böse, die dreifache Wirkung des »malum culpae« und das Unterscheidende desselben ausführl. diskutiert. Die mittlere und jüngere Franziskanerschule folgte dieser Diskussion. Durch die Unterscheidung von »actus primus« und »actus secundus« (Wirklichkeit und Handeln) konnte die Frage nach dem Sitz und Gegensatz der »privatio« des Bösen geklärt werden (vgl. Johannes Duns Scotus, Lectura in lib. II Sent., d. 34-37, ed. 1993, 325-370). Wenn malum nicht ohne das bonum zu bestimmen ist, kann es kein »primum malum« geben, wie Scotus ausführt (ebd. q. 4, ed. 342). Die Möglichkeit eines »summe malum« hatte die Pariser Artisten im Rahmen der aristotel. Ethik interessiert.

Thomas v. Aquin OP hat in den beiden Summen (c. gent. III c. 1-15; S. th. I q. 48-49; I-II q. 18-25) das Problem des Bösen in fundamentaltheol. und moraltheol. Sicht behandelt. In der 1. it. Lehrtätigkeit 1267/68 an der Kurie machte er das Thema zum Gegenstand der Quaest. disp. De malo, die er 1267 in Paris vollendete. Das Böse kann weder das transzendentale (ontolog.) Gute noch die letzte Bestimmung und Dynamik des Willens aufheben; es betrifft den »actus secundus«, das weite Feld der Wahl, Bewährung, Enttäuschung, Verwirrung menschl. Handelns. Es ist gottwidrig, aber niemals Widerpart Gottes in der Geschichte. Bedingung der Möglichkeit des Bösen ist die Endlichkeit des Geschöpfes und dessen Gefährdung durch das Nichts. Die (unvollkommene) Endlichkeit als solche ist positive, gesegnete Endlichkeit. Das Verderbbare ist mitunter auch das Verderbliche (Aristoteles); die endl. Freiheit ist fehlbar und fällt (Ps.-Dionysius) (vgl. R. Schenk, FThSt 135, 1989, 345-358). »Das Ganze aber, das Universum der Geschöpfe, ist besser und vollkommener, wenn es in ihm auch Geschöpfe gibt, die vom Guten abfallen können und mitunter auch abfallen, als daß es Gott verhinderte«, Thomas v. Aquin S. th. I q. 48 a. 2 ad 3; q. 49 a. 2; q. 22 a. 2. Im Fehlen und Fallen muß das Geschöpf in der privatio bezeugen, daß es nur sein kann, was es ist in der Freiheit vom Bösen. Der fortwährenden Diskussion über die »regula dialecticorum«, nach der Gegensätzl. nicht zusammenbestehen kann, begegnet Thomas (De malo q. 1 a. 1 ad 12; q. 2 a. 4 ad 10) mit Aristoteles: »...bonum et malum non sunt differentiae nisi in moralibus« und folgert daraus, daß das Gute und Böse das »esse morale« betreffen, das operative Sein im sittl. Handeln, welches Sünde und Strafe ruinieren. Im Bußverständnis der scholast. Theol. gewann das malum der Sünden-Strafe eine heilspädagog. Bedeutung, die in der Mystik große Geltung erlangte.

3. In der dt. Mystik zeichnet sich um die Wende zum 14. Jh. in der Acht auf das malum (nach A. Haas) ein doppelter Trend ab: die ontolog. »Depotenzierung« des Bösen und (gegenläufig) die potenzierte Bereitschaft zur Sühne. Die Verkehrung des Ordo durch die Sünde wird in der Buße und Sündenstrafe zum je-noch-Besseren gewendet. Dieses malum ist zugleich der Weg der Erneuerung, und selbst die Sünde kann den Einsichtigen und Wissenden zu Gott führen. Vgl. Meister Eckharts Trostbuch, in dem die »Entbösung des Bösen« (Haas) weit vorankommt. Nach →Witelo, dem schles. Philosophen und Theologen, ma-

chen Wissen und Selbsterkennen Sünde und Strafe überfällig. Im Gegenzug dazu kam bei den Mystikern (Mechthild v. Magdeburg, Heinrich Seuse OP u. a.) der erklärte Wille zur Selbstzüchtigung in christl. Passionsmystik auf.

L. Hödl

Lit.: DThC IX, 1679-1704 [E. Masson] – HWP V, 674-682 [K. Riesenhuber] – HDG II, 3b [H. Köster]; II, 3a, 1 [L. Scheffczyk] – Landgraf, Dogmengesch., I. 2, 204-281 – F. Billicsich, Das Problem des Ü.s in der Philos. des Abendlandes, 2 Bde, 1936-59 (1. Bd, 1955²) – A.-D. Sertillanges, Le problème du mal, I-II, 1941, 1952 – O. Lottin, Psychologie et morale aux XIIe et XIIIe s., I-VI, 1942-60 – C. Tresmontant, La metaphysique du Christianisme et la crise du XIII. s., 1964 – G. van Riet, RPhL 71, 1973, 5-45 [Probl. des Bösen bei Thomas] – B. de Mottoni, Medioevo 1, 1975, 29-61 [über Ulrich v. Straßburg] – Die Mächte des Guten und Bösen. Vorstellungen im XII. und XIII. Jh., hg. A. Zimmermann, Misc. Med. 11, 1977 – C. Colpe-W. Schmidt-Biggemann, Das Böse, 1993 [mit Beitr. C. Colpe, P. Schäfter, A. M. Haas, L. Hödl].

Überlingen, Ort im Linzgau (Baden-Württ.) am Nordrand des Bodensees aus der Zeit der alem. Besiedlung. Für das frühe 7. Jh. als Sitz des dux Gunzo belegt, behielt Ü. seine herrschaftl. Funktion auch nach Eingliederung Alamanniens in das Karolingerreich (770 villa publica). Wohl über die im Linzgau als Gf.en waltenden →Udalrichinger und die Gf.en v. →Bregenz gelangte Ü. Mitte des 12. Jh. in den Besitz Gf. Rudolfs v. →Pfullendorf. Nach dem Anfall von dessen Erbe an die Staufer förderte Ks. Friedrich I., der 1187 hier urkundete, den Ausbau von Ü. zur Stadt unter Verwaltung des Hzg.s v. Schwaben; 1212 diente sie Ks. Otto IV. als Stützpunkt bei dem Versuch, Friedrich II. am Vormarsch in das Reich zu hindern. 1241 wird Ü. unter den Reichsstädten in der Steuermatrikel genannt, und erstmals ist ein Rat neben dem Ammann bezeugt. Seit 1300 waren hier neben den alten Geschlechtern die Zünfte vertreten. Das Stadtrecht von Ü. wurde für viele Orte des Bodenseeraums maßgeblich. Dank einer stabilen wirtschaftl. Blüte durch Weinbau und Handel mit Getreide und Salz gehörte Ü. zu den reichsten Städten Oberschwabens im späten MA. Im ausgehenden 14. und frühen 15. Jh. gelang es Ü., das Ammannamt pfandweise an sich zu bringen, sich mit dem Blutbann belehnen zu lassen und Münze und Zoll zu erwerben, so daß die Stadt vom kgl. Stadtherrn weitgehend emanzipiert war. Th. Zotz

Lit.: Hb. der baden-württ. Gesch. II, 1995 – P. Eitel, Die oberschwäb. Reichsstädte im Zeitalter der Zunftherrschaft, 1970 – Ü. und der Linzgau am Bodensee, 1972.

Übernatürlich/Supernaturalis, zentraler theol. Begriff hochscholast. Anthropologie. Dort bezeichnet er die wesenhafte Transzendenz Gottes und dessen Unverfügbarkeit in der Hinwendung zu dem auf ihn offenen Menschen. Klass. Latinität ist der Terminus unbekannt. Vorformen begegnen in der gr. wie lat. Vätertheol. im Wortfeld von u. a.: göttlich, überirdisch, himmlisch, überhimmlisch, überkosmisch, außernatürlich, geistlich. Ps.-→Dionysius Areopagita übersetzend, gibt →Johannes Scotus (Eriugena) außerordentlich (ὑπερφυής, ὑπερφυῶς) mit supernaturalis, supernaturaliter wieder. →Thomas v. Aquin, der den Begriff zunehmend in die theol. Reflexion und Sprache integriert (vgl. De ver. q. 12 a. 7), faßt ihn komplementär zu 'natürlich'. Danach ist übernatürlich, was die Natur in ihren kreatürl. Prinzipien übersteigt, ohne dabei eine innere Bezogenheit zueinander auszuschließen (vgl. S. th. I-II q. 91 a. 4). Das Begriffspaar dient dem Aquinaten dazu, das vielschichtige Verhältnis des Menschen zu Gott auszusagen. So ist z. B. die ü. Gnade Gottes für den Menschen ungeschuldet, bleibt ihm indes nicht äußerlich, sondern entspricht ihm in seiner geschöpflichen wie in seiner verwundeten Existenz. Thomas sieht das ü. Gnadenwirken als Vollendung der auf Gott hin ausgerichteten Natur des Menschen. Beide Aspekte hat er in ihrer Eigentümlichkeit betont und so das christl. Menschenbild als unterschiedene Einheit sehen gelehrt.

F. Courth

Lit.: DSAM XIV, 1329-1352 – ECatt XI, 969-979 – LThK² X, 437-440 – A. Deneffe, Gesch. des Wortes 'supernaturalis', ZKTh 46, 1922, 337-360 – H. de Lubac, Surnaturel, 1946, 325-394.

Übersetzer, Übersetzungen
I. Lateinische Literatur – II. Die Schule von Toledo – III. Iberoromanische Literatur – IV. Italienische Literatur – V. Französische und altprovenzalische Literatur – VI. Englische Literatur – VII. Skandinavische Literaturen – VIII. Deutsche Literatur – IX. Byzantinische Literatur; slavische Literaturen.

I. Lateinische Literatur: Die ma. Übers.en aus dem Griech. bzw. Arab. ins Lat. dienen v. a. der Vermittlung theol., philos. und naturwiss. Wissens. Wissenschaftsgeschichtl. gewinnen sie immer dann an Bedeutung, wenn die polit. Verhältnisse den Vergleich des eigenen Wissenschaftsstandards mit dem einer anderen Sprachgruppe ermöglichen. Spätantiker Tradition verpflichtet, versuchen →Boethius, →Cassiodor und →Dionysius Exiguus durch ihre Übers.en das in griech. Sprache überlieferte Wissen zu bewahren. Boethius vermittelt Lehrbücher des Quadriviums sowie der platon. und aristotel. Tradition (Porphyrios: Isagoge, Aristoteles: Categoriae, De interpretatione) und bestimmt damit die philos. Terminologie im lat. MA. Cassiodor veranlaßt im Rahmen eines monast. Bildungsprogramms die Übers. griech. Vätertexte (u. a. Clemens v. Alexandrien, Johannes Chrysostomos, Didymos d. Blinde) und stellt in den Werken des Flavius Josephus und der Historia tripartita dem lat. MA historiograph. Standardlit. bereit. Dionysius sichert durch die Übers. griech. Kanonesslg.en sowie seine Schriften zum Osterfesttermin den korrekten Vollzug des kirchl. Lebens; mit der Schrift »De conditione hominis« (περὶ κατασκευῆς ἀνθρώπου) Gregors v. Nyssa, der Pachomiusvita und anderen hagiograph. Schriften fördert er die Vertiefung monast. Spiritualität. Im 9. Jh. geben die diplomat. Beziehungen der Karolinger zum Ks.hof in Byzanz Anlaß zu →Hilduins Übers. der Werke des Ps.→Dionysius Areopagita, die er mit Hilfe eines bilinguen Griechen erstellen läßt, ohne daß dadurch allerdings der im Text ausgedrückte Gedanke immer genau getroffen würde. Diese Schwächen machen die Überarbeitung durch den Hoftheologen Karls d. Kahlen, →Johannes Scotus (Eriugena), erforderlich, der nicht nur eine bis zur Unverständlichkeit wortgetreue Übers. des Corpus Dionysiacum, sondern auch der »Ambigua« sowie der »Quaestiones ad Thalassium« des Maximus Homologetes und der Schrift »Περὶ κατασκευῆς ἀνθρώπου« des Gregor v. Nyssa unter dem Titel »De imagine« vorlegt. Gleichzeitig zu Eriugena und mit dessen Übers.en vertraut, wirkt der Gelehrte →Anastasius Bibliothecarius als Ü. und damit als Vermittler zw. byz. und röm. Christlichkeit am päpstl. Hof. Die Teilnahme an der letzten Sitzungsperiode des achten ökumen. Konzils in →Konstantinopel veranlaßt ihn zur Übers. dieser und anderer Konzilsakten. Seine hagiograph. Übers.en sowie die im Anschluß an Cassidor gestaltete »Chronographia tripartita« übertragen jüngere byz. Lit. in die lat. Sprache. Hagiograph. Interessen bestimmen in der bilinguen Tradition Neapels während des 10. Jh. die Rezeption griech. Texte, die über die Übertragung des Textes hinaus in Adaptationen des jeweiligen Stoffes für das auftraggebende Publikum besteht und damit Parallelen zur Praxis volkssprachiger Übers.en erkennen läßt. Dieser Hintergrund ist auch für die Übers.

des Alexanderromans des Ps.-Kallisthenes durch Leo Presbyter (→Alexander d. Gr., IV) zu bedenken, die die ma. Rezeption dieses Textes begründet. In der 2. Hälfte des 11. Jh. wird in Süditalien die Tradition Neapels in Amalfi und Salerno fortgesetzt. Mit dem »Liber miraculorum«, einer Slg. ursprgl. griech. Mönchsgeschichten, gibt →Johannes v. Amalfi (60. J.) der religiösen Unterhaltungslit. des MA reiches, in die spätere Predigt- und Exempelliteratur aufgenommenes Material an die Hand. In →Salerno führt die Kooperation einer Gruppe von Ärzten zur Übers. med. Fachlit., um so, wie →Alfanus v. Salerno im Prolog seiner Übers. des Nemesius v. Emesa schreibt, dem Defizit an lat. sprachig überliefertem Wissen abzuhelfen. Diesem Ziel dient auch das umfangreiche Übers.swerk des →Constantinus Africanus, der aus seinen arab. Vorlagen, eher adaptierend als übersetzend, med. Handbücher für ein lat. sprechendes Fachpublikum zusammenstellt. Der so im 11. Jh. begonnene Versuch, das in griech., arab. und hebr. Sprache überlieferte Wissen für den lat. sprechenden Kulturraum zu gewinnen, führt im 12. Jh. dort zu einer Blüte der Ü. tätigkeit, wo die polit. Verhältnisse bzw. das enge Zusammenleben verschiedener Sprachgruppen die Literaturbeschaffung und -verarbeitung begünstigen. So wurde auf Veranlassung des Abtes →Petrus Venerabilis v. Cluny kurz vor 1143 erstmals der Koran ins Lat. übersetzt. In Venedig vervollständigt der Kleriker Jakob v. Venedig, griech. Vorlagen verwendend, die →Aristoteles-Übers. des Boethius um die Schriften »Analytica Posteriora«, »Topica« und »Sophistici Elenchi« zum Corpus der Logica nova. Von Pisa aus wirken bedeutende Ü. in Antiochien und Konstantinopel: →Hugo Etherianus, nach seinen Studien in Frankreich vermutl. seit 1160 in Konstantinopel ansässig und dort Berater Ks. Manuels I., behandelt in seinen Werken und Übers. en Fragen der Trinitätstheologie, deren griech. Tradition er für →Hugo v. Honau im »Liber de differentia naturae et personae« zusammengestellt hat. Sein Bruder →Leo Tuscus, in Konstantinopel als Dolmetscher tätig, übersetzt das Traumbuch des Aḥmet ben Sirin, die Schrift »Contra Francos« des Photios sowie, auf Bitten Gf. Raimunds v. Tortosa, die Chrysostomus-Liturgie ins Lat. →Burgundio v. Pisa, daselbst Richter, eignet sich als junger Mann während eines Aufenthaltes in Konstantinopel Kenntnisse in der griech. Sprache an, die ihn zu einem umfangreichen theol., naturwissenschaftl. und jurist. Übers.swerk befähigen, das sich programmat. durch sorgfältige Treue gegenüber dem Original auszeichnet. →Roger II. v. Sizilien forciert die Trilingualität seines Herrschaftsgebietes durch eine gr.-arab.-lat. Kanzlei sowie durch die Förderung jeder einzelnen Sprachgruppe und bereitet so die wissenschaftl. Rezeption griech. Überlieferung am Hof seines Nachfolgers, →Wilhelm I., vor: →Henricus Aristippus, Archidiakon v. Catania, ermöglicht durch seine Beziehungen nach Konstantinopel den Erwerb griech. Texte und übersetzt u. a. die platon. Dialoge »Menon« und »Phaidon«, Gregor v. Nazianz und Diogenes Laertius. Der Ü. des von Aristippus aus Konstantinopel erworbenen »Almagest« des Ptolemaios bleibt zwar namentl. unbekannt, kann aber mit dem ersten Ü. der »Elementatio physica« des Proklos identifiziert werden. In →Toledo entfaltet sich seit der Rückeroberung durch Alfons VI. v. Kastilien eine u. a. für die Aristotelesüberlieferung bedeutende Übers.stradition (s. Abschnitt II). Dieser ist auch →Michael Scotus verpflichtet, der am Hof →Friedrichs II. ursprgl. griech. Texte aus dem Arab. übersetzt. Die Tradition seines Vaters aufgreifend, fördert →Manfred in Sizilien die Aristotelesübers.en des →Bar-

tholom(a)eus v. Messina. An den Schulen in und um Paris wird in der 2. Hälfte des 12. Jh. das Werk des Ps.-Dionysius Areopagita in der Überarbeitung Eriugenas sorgfältig gelesen und kommentiert, woraus das Bedürfnis nach einer besseren Übers. erwächst, zu der →Johannes v. Salisbury in den 60er Jahren →Johannes Sarracenus veranlaßt. Während seines Studiums in Paris dürfte →Robert Grosseteste zur Lektüre des Dionysius angeregt worden sein, dessen Werke er durch Textkritik und Übers. ebenso erschließt, wie u. a. die »Ethica Nicomachia« des Aristoteles. In seiner Übers.sarbeit versichert er sich neben anderen der Zusammenarbeit des aus Unteritalien stammenden Nicolaus Grecus, von dem infolge seiner bilingualen Sprachkompetenz qualitätsvolle Übers. der ps.-aristotel. Schrift »De mundo« erhalten ist. Die wissenschaftsgeschichtl. Situation, welche die Übers.en im 13. Jh. veranlaßt, ist durch die universitäre Rezeption der verfügbaren Übers.en charakterisiert, die →Roger Bacon als Zeugnisse mangelnder Sprachkenntnis charakterisiert. Das nämliche Urteil läßt, seinem Biographen zufolge, →Thomas v. Aquin dafür Sorge tragen, »ut fieret nova translatio quae sententiae Aristotelis contineret clarius veritatem«, welche Aufgabe sein Freund →Wilhelm v. Moerbeke übernimmt. Durch ihn werden der scholast. Philos. zahlreiche Texte des Aristoteles und der platon. bzw. neuplaton. Philos. zugänglich. In dem Bemühen um zuverlässigere Übers.en deutet sich bereits die Ablösung der ma. Übers.stradition durch die frühhumanist. Philologie an. Gleichwohl ist ausgerechnet Wilhelm v. Moerbeke das Ziel der Kritik Leonardo →Brunis: er beherrsche weder die griech. noch die lat. Sprache hinreichend, so daß eine Aristoteles-Übers., die diesem sachl. und stilist. gerecht werde, noch ausstehe. Dieses – letztlich ungerechte – Urteil macht die veränderte Haltung des Ü.s zu seiner Vorlage deutlich und bezeugt damit die Differenz zw. der ma. und der humanist. Übers.stradition.   M.-A. Aris

Lit.: *Verzeichnisse:* J. T. MUCKLE, Greek Works Translated Directly into Latin Before 1350, MSt 4, 1942, 33–42; 5, 1943, 102–114 – A. SIEGMUND, Die Überlieferung der griech. christl. Lit. in der lat. Kirche bis zum 12. Jh., 1949 – Catalogus Translationum et Commentariorum. Mediaeval and Renaiss. Latin Translations and Commentaries, hg. P. O. KRISTELLER, bisher Bd. 1–7, 1960–92 – *Untersuchungen:* C. H. HASKINS, Studies in the Hist. of Ma. Science, 1927 – F. BLATT, Remarques sur l'hist. des traductions lat., CM 1, 1938, 217–242 – H. BOESE, Die ma. Übers. der Στοιχείωσις φυσική des Proclus, 1958 – J. MONFRIN, Humanisme et Traductions au MA, J. des Savants, 1963, 161–190 – H. SCHIPPERGES, Die Assimilation der arab. Medizin durch das lat. MA, SudArch, Beih. 3, 1964 – B. BISCHOFF, Das griech. Element in der abendländ. Bildung des MA (DERS., Ma. Studien, II, 1967), 246–275 – L. MINIO-PALUELLO, Opuscula, 1972 – W. BERSCHIN, Griech.-lat. MA. Von Hieronymus zu Nikolaus v. Kues, 1980 [Bibliogr.] (überarb. und erw.: DERS., Greek Letters and Latin MA, 1988) – M.-TH. D'ALVERNY, Translations and Translators (Renaissance and Renewal in the Twelfth Cent., hg. R. BENSON–G. CONSTABLE, 1982), 421–462 [Bibliogr.] – The Sacred Nectar of the Greeks: The Study of Greek in the West in the Early MA, hg. M. HERREN, 1988 – F. DOLBEAU, Le rôle des interprètes dans les traductions hagiogr. d'Italie de Sud (Traduction et Traducteurs, hg. G. CONTAMINE, 1989), 145–162.

II. DIE SCHULE VON TOLEDO: Die Übers.en von arab. (bzw. ins Arabische übersetzten) Werken ins Lat. und teilweise auch in roman. Sprachen, die im Bereich der Iber. Halbinsel im 12. und 13. Jh. geschaffen wurden, sind in ihrer herausragenden Bedeutung für das intellektuelle Erwachen des abendländ. Europa in breitem Umfang gewürdigt worden; sie haben sowohl das naturwiss. (→Medizin [→Arabismus], bes. →Astronomie) als auch das philos. Denken (→Philosophie, →Scholastik) des europ. MA stark gefördert. Zwar wird diese Übers.stätigkeit keineswegs zu Unrecht mit →Toledo als ihrem berühmtesten Zentrum assoziiert, wenn auch andere intellektuelle Mittelpunkte wie →Barcelona und die Städte des Ebrotals (→Tarazona, →Tudela) nicht unerwähnt bleiben sollen. Die traditionelle Bezeichnung »Schule v. Toledo« ist jedoch insofern mißverständl., als ein schulmäßig organisierter Unterrichts- und Übers.sbetrieb in Toledo zumindest im 12. Jh. nicht bestand, ungeachtet einer gewissen Unterstützung, welche die Toledaner Ü. von seiten der Ebf.e (von→Raimund, 1125–52, bis hin zu →Rodrigo Jiménez de Rada, 1208–47, und Gonzalo →García Gudiel, 1280–99) erfuhren; der Begriff der »Schule« kann daher allenfalls im metaphor. Sinn gebraucht werden. Die bes. Rolle Toledos erklärt sich im wesentl. aus der einzigartigen Situation der Stadt, die noch zwei Jahrhunderte nach der Reconquista v. 1085 ihre arabophone Prägung bewahrte, zugleich aber (bis zur Schlacht v. Las →Navas de Tolosa, 1212) eine vorgeschobene Bastion chr. (kast.) Herrschaft bildete, in der sich eine gewisse Kenntnis des Islam als wirksame argumentative Waffe angesichts der Gegenoffensiven der →Almoraviden und →Almohaden erwies.

Aufmerksamkeit verdient die Frage, welche ethnoreligiösen Gruppen innerhalb der vielfältigen Stadtbevölkerung als Träger der Übers.stätigkeit gelten können. Ausgeschlossen werden muß eine Beteiligung der in Toledo verbliebenen muslim. Restbevölkerung, infolge ihrer geringen Zahl und ihres zumeist wohl niederen kulturellen Niveaus wie ihrer (verständl.) Abneigung, das eigene Wissen dem fremden Eroberer zu übermitteln. Noch weniger kann von einem eigenständigen Anteil der mozarab. Bevölkerungsgruppe ausgegangen werden, auch wenn sie aufgrund ihrer Beherrschung des Arabischen (einschl. der Schriftsprache) als kulturelle Vermittler grundsätzl. in Frage gekommen wäre (abweichende Hypothesen, etwa von R. Lemay, bleiben spekulativ); eine Unters. zur mögl. Beteiligung von mozarab. Notaren an Übers.en hat insgesamt negative Befunde erbracht. Es ist also nach wie vor zum einen die Rolle der Zuwanderer aus dem Norden zu betonen; diese waren z.T. Kastilier (→Dominicus Gundissalinus), zumeist aber 'Francos', d. h. nicht so sehr Franzosen im eigtl. Sinne (trotz der Förderung der Übers.en durch →Petrus Venerabilis, den Abt v. Cluny; →Cluny, B. II), sondern stärker Italiener (→Gerhard v. Cremona), Dt., Briten (→Michael Scotus) und Dalmatiner. Zum anderen wurde die Übers.stätigkeit aber großenteils von Juden (→Sefarden) getragen. Für die aus Westeuropa stammenden Ü. wurde der Erwerb einer gewissen Kenntnis des Arab. in einem seit langer Zeit arabischsprachigen Milieu wohl oft begleitet und ergänzt durch den Einsatz von meist anonym gebliebenen Helfern (Mozaraber, Juden, selbst Muslime). Für Gerhard v. Cremona ist bekannt, daß er einen (nicht identifizierten) Mozaraber namens Ġālib als Helfer beschäftigte (»qui Galippo mixtarabe interpretante almagesti latinavit«). Die Juden konnten dagegen aufgrund ihrer zwei- bzw. dreisprachigen Kultur die Schwierigkeiten einer anspruchsvollen Übers.stätigkeit im ersten Anlauf meistern, ihr Anteil wird daher durchgängig als sehr hoch eingeschätzt.

Zwei Zeitabschnitte sind zu unterscheiden: a) das 12. Jh., in dem aus dem Arab. weitgehend ins Lat. übersetzt wurde, b) das 13. Jh., in dem, unter Einfluß Kg. →Alfons' X. 'd. Weisen' v. Kastilien (1252–84), aber vereinzelt auch schon vor dessen Thronbesteigung, die Übersetzungen v.a. ins Altkastilische (→Span. Lit., III), das zum Rang einer großen europ. Lit.sprache aufgestiegen war, erfolgten (s. Abschnitt III). Der Verzicht auf das Medium des Lat. schränkte allerdings die Verbreitung der Übers.en des Alfonsin. Zeitalters ein.

Zwei bemerkenswerte Züge treten bei der Übers.stechnik der Schule v. Toledo hervor: Zum einen sind die Übers.en markiert durch extremen 'ad-litteram'-Charakter ('literalismo'), oft unter Verzicht auf Wiedergabe der Eigenarten der beiden miteinander kommunizierenden Sprachen. Zum anderen zeichnet sich die toledan. Übers.sstruktur aus durch die Arbeit »à deux interprètes« (M.-Th. d'Alverny) oder »à deux niveaux de traduction«, bei der die erste Version, die eine Übers. aus dem Arab. in die roman. Vernakularsprache bildete, meist von einem (vielfach anonymen) Arabophonen angefertigt wurde, während ein Kleriker die abschließende lat. Version abfaßte. J.-P. Molénat

Lit.: A. Jourdain, Recherches critiques sur l'âge et l'origine des traductions lat. d'Aristote, 1843 – Steinschneider, Übers. – J. M. Millás Vallicrosa, El literalismo de los traductores de la Corte de Alfonso el Sabio, Al-Andalus 1, 1933, 55–162 [und weitere Arbeiten] – G. Menéndez Pidal, Como trabajaron las escuelas alfonsíes, Nueva Rev. de Filol. Hisp. 5, 1951, 363–380 – M. Alonso Alonso, Juan Sevillano, Al-Andalus 18, 1953, 17–49 [und weitere Arbeiten] – L. Thorndike, John of Sevilla, Speculum 34, 1959, 20–38 – R. Lemay, Dans l'Espagne du XIIe s. Les traductions de l'arabe au lat., Annales 18, 1963, 639–665 – C. Sánchez Albornoz, Observaciones a unas páginas de Lemay sobre los traductores toledanos, CHE 41–42, 1965, 313–324 – J. F. Rivera Recio, Nuevos datos sobre los traductores Gundisalvo y Juan Hispano, Al-Andalus 31, 1966, 267–280 – J. Vernet Gines, La cultura hispanoárabe en Oriente y en Occidente, 1978 [frz. Übers., 1985] – M.-Th. d'Alverny, Translations and Translators (Renaissance and Renewal in the Twelfth Cent., hg. R. L. Benson-G. Constable, 1982), 421–462 – Dies., Les traductions à deux interprètes... (Traductions et traducteurs au MA. Coll. internat. du CNRS, 1989), 193–206 – Dies., Marc de Tolède (Estudios sobre Alfonso VI y la reconquista de Toledo, 1992, III), 25–59 [und weitere Arbeiten] – Th. E. Burman, Religious Polemic and the Intellectual Hist. of the Mozarabs, c. 1050–1200, 1994, 15, 407 – D. Jacquart, L'école des traducteurs (Tolède XIIe–XIIIe. Musulmans, chrétiens et juifs, hg. L. Cardaillac, 1991), 177–191 – J.-P. Molénat, L'arabe à Tolède, du XIIe au XVIe s., Al Qantara 15, 1994, 473–496 – Ders., Le problème de la participation des notaires mozarabes de Tolède à l'œuvre des traducteurs, En la España Medieval 18, 1995, 39–60 – N. Roth, Jewish Collaborators in Alfonso's Scientific Work (Emperor of Culture. Alfonso X..., hg. R. I. Burns, 1990) [frz. Fassung: Chrétiens, musulmans et juifs dans l'Espagne médiévale, hg. R. Barkaï, 1994, 203–225].

III. Iberoromanische Literatur: Die sprachl. reich gegliederte Iberische Halbinsel wurde infolge des jahrhundertelangen Zusammenlebens dreier Kulturen zu einem bevorzugten Raum für Übertragungen und die Vermittlung europ. wie außereurop. Lit. Einen wesentl. Teil des ma. Textbestandes in den iberoroman. Sprachen und Dialekten bilden Übers.en (oder Übers.en von Übers.en) aus dem Arab., Hebr., Griech., Lat., Frz., It. oder auch aus dem Kast. ins Katal. oder Ptg. Durch Übers.en formten sich Wortschatz und Ausdruckskraft des *romance* – der Volkssprachen. Kg. →Alfons X. v. Kastilien förderte programmat. Übers.en in Sevilla und Toledo. In klösterl. Zentren (→Alcobaça), im Auftrag von adligen Mäzenen und gebildeten Sammlern wie Iñigo→López de Mendoza, Marqués de Santillana, oder von gelehrten Geistlichen (→Alfons v. Cartagena) wurden Übers.en gefertigt. Sie stellen nicht nur die Einbindung der geistigen Kultur der Länder auf der Iber. Halbinsel in umfassende ma. Kommunikationszusammenhänge her, sondern setzen auch einen für Europa insgesamt folgenreichen Literatur- und Wissensaustausch in Gang: Übers.en in Toledo (s. Abschnitt II) reichen die Kenntnis griech. Philosophie, Medizin, Naturwiss., Mathematik aus arab. Zwischenstufen in lat. Fassung an die abendländ. Gelehrtenwelt weiter. Die von Kg. Alfons X. in Auftrag gegebenen kast. Übers.en stellen eine für die Zeit außgewöhnl. Leistung dar. Fachschriften (Astronomie, Lapidarien, Schachspiel) wurden nicht in die Wissenschaftssprache Latein, sondern in die Volkssprache übertragen. Die »Primera Crónica General« enthält nicht nur Teilübers.en von Historikern (Sueton, Justinus, Orosius), sondern auch von Dichterken (Lukan, »Pharsalia«; Ovid); in die General Estoria sind u. a. Ovids Werke eingearbeitet.

Im theol., asket.-erbaulichen, hagiograph., didakt., katechet.-pastoralen und moralist. Schrifttum nehmen Übers.en einen beträchtl. Umfang ein. →Bibelübers.en sind seit dem 13. Jh. bekannt. Eines der ältesten span. Literaturdenkmäler, die »Vida de Santa María Egipcíaca«, folgt auch formal getreu der Vorlage einer afrz. Hl.envita. Monast. und spirituelle Bewegungen tragen zur Verbreitung von Hauptwerken ma. Frömmigkeit in Übertragungen bzw. Bearbeitungen bei, z. B. der →Imitatio Christi, →Ars moriendi, →Legenda Aurea, »De contemptu mundi« von →Innozenz III., echte und apokryphe Schriften der Kirchenväter sowie ma. Kirchenlehrer, der »Vita Christi« des →Ludolph v. Sachsen, der »Consolatio Philosophiae« des →Boethius u. a. Das franziskan. »Speculum laicorum« aus England wurde im 15. Jh. ins Kast. übertragen. It. Erbauungsbücher (Domenico →Cavalca, »Specchio della Croce«, »Viridiarium consolationis« des Jacopo da Benevento) gelangten wie die »Vita Christi« aus Deutschland in katal., kast. und ptg. Fassungen im ausgehenden 15. Jh. mehrfach in Druck. Für die Apologetik und Religionspolemik wichtige Texte wurden aus dem Arab. und Hebr. ins Lat. bzw. Kast. und Katal. übersetzt (»Epistola rabbi Samuelis«, Alfonso de Valladolid, ferner Teile aus Talmud, Koran und Kabbala). Ein weiterer umfangreicher Strang von Übers.en vermittelt antike Lit., deren Aneignung im 13. Jh. einsetzt (Seneca). Im 14. Jh. sind die für Juan →Fernández de Heredia angefertigte Thukydides- und Plutarchübers.en bedeutende Leistungen. Die Zahl der Übers.en wächst in der Zeit des frühen Humanismus in Kastilien und Katalonien erheblich an: Cicero- und Seneca-Übers.en mit Komm. des Alfons v. Cartagena sind in Hss. und Drucken weit verbreitet, Aristoteles, Plato und Ps.-Plato, Homer, Vergil, Caesar, Sallust, Titus Livius, Ovid, Plinius u. a. werden übersetzt. Im Kreis um Santillana und dank seiner Beziehungen nach Italien entstehen wichtige Übers.en (Tragödien Senecas, Dantekommentare). Unter den Ü.n ragen Nuño de Guzmán (Seneca, »Apocolocynthosis«) und Pedro Díaz de Toledo heraus. →Juan v. Lucena übertrug und bearbeitete den Dialog »De vitae felicitate« von Bartolomeo →Facio (um 1445). Zw. Leonardo →Bruni und Alfons v. Cartagena entbrannte ein heftiger Streit über die richtigen Übers.sprinzipien. Der frühe Buchdruck, v.a. Paul Hurus in Zaragoza, bringt lit. Werke in Übers. auf den Markt. Aus den neueren Literaturen wurden u. a. →Dante, →Petrarca, →Boccaccio, Marco →Polo, Brunetto →Latini und John →Gowers »Confessio amantis« übersetzt. Unter den Übers.en im Bereich des polit.-moralist. Schrifttums befinden sich →Fürstenspiegel (Aegidius de Columna), Slg.en von Spruchweisheiten (apokr. Proverbia Senecas, →Disticha Catonis, →Secretum secretorum, →Bocados de oro und arab. Sentenzensammlungen), Exempla sowie Walter →Burleighs »Liber de vita et moribus philosophorum«.

Eine wichtige Rolle spielten Übers.en bzw. Bearbeitungen für die Verbreitung von Romanstoffen (→Barlaamlegende, →Benoît de Sainte-Maures Troja-Roman in kast. und galic. Fassung, →Gral, →Tristan). Med. Fachschriften des HochMA werden noch Ende 15. Jh. in gedruckten Übers.en verbreitet (Johannes de Ketham, Bernardus Gordonius).

Für Portugal sind sowohl Übers.en aus dem Kast. (»Los diez mandamientos con su glosa«; Martín Perez, »Libro de las confesiones«, Clemente Sánchez de Vercial, Gonzalo García de Santa María) als auch aus dem Frz. (Bearbeitung des »Chastel perilleux« von Robert dem Kartäuser [† 1388] im Castelo perigoso; →Christine de Pisan, Espelho) bemerkenswert. D. Briesemeister

Lit.: M. SCHIFF, La bibl. du Marquis de Santillane, 1905 [Nachdr. 1970] – A. RUBIÓ I LLUCH, Joan l humanista i el primer periode de l'humanisme català, EUC 10, 1917/18, 1–107 – A. BIRKENMAIER, Der Streit des A. de Cartagena mit Leonardo Bruni (Vermischte Untersuchungen zur Gesch. der ma. Philosophie, 1922), 129–236 – G. MENÉNDEZ PIDAL, Como trabajaron las escuelas alfonsíes, NRFH 5, 1951, 363–380 – M. MORREALE, Apuntes para la hist. de la traducción en la Edad Media, Revista de Literatura 15, 1959, 3–10 – TH. S. BEARDSLEY, Hispano-Classical Translations Printed Between 1482 and 1690, 1970 – N. G. ROUND, Las traducciones medievales catalanas–castellanas de las Tragedias de Séneca, Anuario de Estudios Medievales 9, 1974/79, 187–227 – H. J. NIEDEREHE, Die Sprachauffassung Alfons des Weisen, 1975 – O. DI CAMILLO, El humanismo cast. del s. XV, 1976 – G. BOSSONG, Probleme der Übers. wiss. Werke aus dem Arab. in das Altspan. z. Z. Alfons des Weisen, 1979 – D. BRIESEMEISTER, Der frühhumanist. Übers.theorie in Spanien (Stimmen der Romania [Fschr. W. TH. ELWERT, 1980]), 483–517 – K.-A. BLÜHER, Séneca en España, 1983 – P. RUSSELL, Traducciones y traductores en la Península Ibérica (1400–1550), 1985 – R. RECIO, A. de Madrigal El Tostado, la traducción como teoría entre lo medieval y lo renacentista, Coronica 19, 1990/91, 112–131.

IV. ITALIENISCHE LITERATUR: In Italien spielen Übers.en aus dem Frz. und Lat. (in Anlehnung an den ma. Begriff *volgarizzare* ['in die Volkssprache übertragen'] spricht man von *volgarizzamenti*) vom Beginn der volkssprachl. Lit. an eine zentrale Rolle. Die rege und im Vergleich zu Frankreich und Spanien sehr früh einsetzende Übers.stätigkeit entspricht dem Wunsch eines neuen, gebildeten, aber volkssprachl. Publikums, das Wissensgut seiner Zeit in seiner Sprache zu besitzen. Die *volgarizzamenti* sind häufig weniger getreue Übers.en als vielmehr freie Bearbeitungen; dies gilt v. a. für die erste Phase der Übers.stätigkeit (2. Hälfte des 13. und Beginn des 14. Jh.).

Aus dem Frz. werden viele Werke ins volkssprachl. Lit., aber auch frz. Bearbeitungen lat. Werke übersetzt. Von großer kultureller Bedeutung sind die *volgarizzamenti* der Ritterlit., des Troja-Stoffes (»Roman de Troie« von →Benoît de St. Maure) und der v. a. auf Lukan und Sallust basierenden Kompilationen röm. Geschichte (»Li fet des Romains«, »Histoire ancienne«). Schon kurz nach seiner Abfassung wird der »Tresor« Brunetto →Latinis übersetzt, ebenso das »De Regimine Principum« des →Aegidius Romanus auf der Grundlage der frz. Übers.; stark verbreitet sind auch die Übers.en des »Divisament dou monde« Marco →Polos (»Milione«) und der →»Somme le roi«.

Zu den frühesten Übertragungen aus dem Lat. gehören eine ven. Übers. des →»Pamphilus« (um 1250), sowie historiograph. und verwandte Texte (→»Mirabilia Urbis Rome«, Vegetius und Orosius übersetzt von Bono →Giamboni); die kulturelle Bedeutung der Erschließung der Inhalte für das volkssprachl. Publikum steht dabei gegenüber dem sprachl.-stilist. Aspekt noch im Vordergrund. Zugleich schafft jedoch die in Italien im Rahmen der Juristenausbildung intensiv gepflegte →'ars dictaminis' die Grundlage für ein neues Interesse an der stilist.-rhetor. Form lat. Texte und Versuche, diese in der Volkssprache nachzuahmen oder frei nachzugestalten. Mit der Übers. dreier Reden Ciceros schafft Brunetto Latini das erste *volgarizzamento*, das ein klass. Modell stilist. vollgültig nachahmt. Von großer Bedeutung sind die *volgarizzamenti* von Rhetorikwerken, so der »Fiore di Rettorica« Bono Giambonis (partielle Übers. der »Rhetorica ad Herennium«) und die »Rettorica« Brunetto Latinis (partielle Übers. des »De Inventione« mit umfassendem Komm.). Zwei weitere wichtige Bereiche sind narrative Texte (die Übers. der »Disciplina clericalis«, die den »Flores historiarum« des Adam de Clermont entnommenen »Fiori e vita di filosofi«, aber auch frz. Q. entlehnte Slg.en [»Conti di antichi cavalieri«] spielen eine zentrale Rolle bei der Entstehung der Novelle) und die Erbauungslit. (zahlreiche Übers.en von Sentenzenslg.en [→»Disticha Catonis«], des auch häufig frei bearbeiteten »De miseria humane conditionis« →Innocenz' III. und der sehr einflußreichen Moraltraktate des →Albertanus v. Brescia).

Im 14. Jh. nimmt die Übers.stätigkeit neue Formen an. Die Übers.en aus dem Frz. verlieren an Bedeutung, haben aber noch Anteil an der Verbreitung der Wissens- und Erbauungslit. (»Livre de Sidrach« u.a.). Mlat. Texte spielen eine große Rolle (»De amore« des →Andreas Capellanus; »Elegia« des →Heinrich v. Settimello). Das Hauptgewicht liegt nun aber bei antiken Vorlagen: sprachl. schwierige Werke werden höchst kunstvoll übersetzt; die *volgarizzamenti* tragen so entscheidend zur Herausbildung der ital. Kunstprosa bei. Dabei stehen historiograph. Werke (Titus Livius und Valerius Maximus um 1340, beide von der jüngeren Forschung zumeist Boccaccio zugeschrieben; Sallust [Bartolomeo da San Concordio, um 1320]) und die Dichtungen von →Ovid und →Vergil im Vordergrund. Inbes. die Übers. der »Metamorphosen« durch Arrigo Simintendi stellt eine bedeutende sprachl.-stilist. Leistung dar, ebenso wie die der »Consolatio Philosophiae« Boethius' durch Alberto della Piagentina (um 1330). Daneben intensiviert sich die Übers.stätigkeit im Bereich der religiösen Lit.: wir kennen zahlreiche Übersetzungen bibl., patrist., hagiograph. Texte und von Werken der Erbauungslit. (»Legenda Aurea« des →Jacobus de Voragine, »Dialogi« Gregors d. Gr., übersetzt von Domenico →Cavalca, →»Fioretti di S. Francesco«).

Die eigtl. Phase der ma. Übers.stätigkeit endet mit dem Humanismus. Das neue Verhältnis zur Antike zielt eher auf Restitution und hist. Verständnis des lat. Textes ab als auf seine Übers. Die lat. Werke →Boccaccios und →Petrarcas (sehr bald ins It., dann in andere europ. Sprachen übersetzt) verleihen dem Lat. einen neuen Rang; bezeichnend für diese neue kulturelle Situation ist Petrarcas Übers. der Griselda-Novelle des →Decamerone«, die sich schnell in ganz Europa verbreitet. Im 15. Jh. kommt den *volgarizzamenti* nur eine kulturelle Randbedeutung zu, während die Humanisten viel aus dem Griech. ins Lat. übersetzen (z.B. L. →Bruni, auch Verf. des ersten übers.stheoret. Werkes, »De recta interpretatione«, um 1420). Eine neue bedeutende Übers.stätigkeit setzt, verbunden mit einer neuen Blüte der volkssprachl. Lit., erst in der zweiten Hälfte des 15. Jh. ein (Boiardo übersetzt Apuleius' »Der goldene Esel«, Cristoforo →Landino die »Naturalis Historia« Plinius', u.a.).   J. Bartuschat

Q. und Ed.: Il Boezio e L'Arrighetto nelle versioni del Trecento, hg. S. BATTAGLIA, 1929 – Volgarizzamenti del Due e Trecento, hg. C. SEGRE, 1953 [Lit.] – Prosatori minori del Trecento, hg. G. DE LUCA, 1954 – La prosa del Duecento, hg. C. SEGRE–M. MARTI, 1959 – Brunetto Latini, La Rettorica, hg. F. MAGGINI, 1968[2] – Prose di romanzi, hg. F. ARESE, 1976[2] – I volgarizzamenti trecenteschi dell' Ars amandi e dei Remedia Amoris, hg. V. LIPPI BIGAZZI, 1987 – Bono Giamboni, Fiori di Rettorica, hg. G. SPERONI, 1994 – *Lit.:* DCLI IV, 1986[2], 462–468 [Lit.] – GRLMA X, 2, 201–254 [Lit.] – F. MAGGINI, I primi volgarizzamenti dai classici latini, 1952 – C. DIONISOTTI, Storia e geografia della lett. it., 1967, 125–178 – C. SEGRE, Lingua, stile e società, 1974[2] – A. BUCK–M. PFISTER, Stud. zu den Volgarizzamenti röm. Autoren in der it. Lit. des 13. und 14. Jh., 1977 – M. T. CASELLA, Tra Boccaccio e Petrarca, 1985 – G. VALERIO, La cronologia dei primi volgarizzamenti dell'Eneide, MR 10, 1985, 3–18 – G. FOLENA, Volgarizzare e tradurre, 1991 – C. SEGRE, I Volgarizzamenti (Lo Spazio Letterario del Medio Evo, Bd. III, La ricezione del testo, 1996), 271–298.

V. FRANZÖSISCHE UND ALTPROVENZALISCHE LITERATUR: Der Begriff Übersetzungsliteratur muß weit gefaßt werden, da viele Texte auf lat. Vorlagen zurückgehen, jedoch keine Übers. im strengen Sinn darstellen. Das gilt schon für einen der ältesten frz. Texte, das Leodegarlied (um 1000; →Leodegar), und für viele andere. Altfrz. »translater« bedeutet stets umsetzen für ein bestimmtes Zielpublikum, d.h. Assimilation in einem zeitgenöss. kulturellen Kontext. Seit Beginn des 12. Jh. sind viele frz. und bes. auch anglonorm. Texte erhalten (→Anglonorm. Lit.; →Philippe de Thaon). Neben der Bibel und vielen Hl.nleben werden auch zeitgenöss. Texte übersetzt, in Prosa etwa die »Chronique d'Outremer« von →Wilhelm v. Tyrus (Ende 12. Jh., mit Fortsetzungen bis 1275 und guter hsl. Verbreitung), die Predigten von Maurice de →Sully (Hss. bis 15. Jh.) oder, in Versen, die »Historia regum Britanniae« von →Geoffrey v. Monmouth durch →Wace. Die bedeutende Rezeption antiker Texte in der zweiten Hälfte des 12. und am Anfang des 13. Jh. geschieht nicht in eigtl. Übers., denn die röm. Epiker Statius, Vergil, Lukan, aber auch Dares und Ovid werden in genuin neuen Texten rezipiert (→Thebenroman, →Aeneasroman, →Trojaroman, →Histoire ancienne, →Fait des Romains, →Ovid). Eine scharfe Trennung zw. dem Nachleben und der eigtl. Übers. ist somit in vielen Fällen nicht möglich. CHAVY verzeichnet bis um 1500 gegen 600 Übers.en, wovon etwa ein Fünftel lat. Texte des MA betreffen. Die Zahl der Übers.en nimmt vom 12. zum 15. Jh. kontinuierlich zu; mehr als die Hälfte der Texte stammt aus dem 15. Jh. Die Verbreitung ist äußerst ungleich: zahlreiche Texte sind in nur einer Hs. erhalten, während andere bis zu mehreren Dutzend Malen kopiert wurden (siehe unten). Mehrfachübers.en sind häufig, etwa →Barlaam und Joasaph, →Disticha Catonis, →Visio s. Pauli (DLFMA[2], 1483), →Visio Tnugdali (DLFMA[2], 1485–1486), →Sieben weise Meister (DLFMA[2], 1317–1320), →Legenda aurea, →Johannes Presbyter, Disciplina clericalis von →Petrus Alfonsi, →Pseudo-Turpin (Übers. schon Ende 12. Jh., Hss. bis 15. Jh.), →Lucidarius, →Secretum secretorum, Consolatio von →Boethius, Schachbuch von →Jacobus de Cessolis, Ovids Ars amatoria, De re militari von Vegetius, De regimine principum von →Aegidius Romanus. Manchmal sind diese Mehrfachübers.en unabhängig voneinander entstanden, oft sind die Bezüge jedoch komplex, da implizit, manchmal sogar explizit, auf ältere Versionen Bezug genommen wird. – Namentl. bekannte Ü. aus dem 13. Jh. sind Wauchier de Denain (DLFMA[2], 1501) und →Pierre de Beauvais; im 14. Jh. übersetzt Jean de Vignay, zunächst textnah, später freier v.a. für die Kgn. →Jeanne de Bourgogne (DLFMA[2], 858–860). Seit dem 14. Jh. gibt es eigtl. Übers.en antiker Texte. Jean de Meun, der schon 1284 Vegetius getreu übersetzt hat, beendet kurz vor 1305 sein »Livres de Confort de Philosophie« (Boethius). Es folgen weitere getreue oder paraphrasierende Übers.en der »Consolatio«, manchmal mit Glossen. In ca. 20 Hss. ist die Übers. dem lat. Text gegenübergestellt, womit die Übers. zur Lesehilfe wird. Insgesamt sind 166 Hss. mit Boethius-Übers.en erhalten, davon etwa 50 illustriert. Um 1354–56 überträgt Pierre →Bersuire →Livius, dem er ein Glossar voranstellt (über 60 Hss.). Zahlreiche Übersetzungen entstehen für →Karl V. (1364–80): Teile des Aristoteles lat. von N. →Oresme; die Bibel sowie Augustins »De civ. Dei« (57 Hss.) von Raoul de →Presles; →Simon de Hesdin beginnt eine Übers. des Valerius Maximus, die von Nicolas de Gonesse 1401–04 beendet wird (63 Hss.). Für Karl V. werden auch Texte des MA übersetzt: Jacques →Bauchant, Jean →Daudin (u. a. Petrarcas »De remediis utriusque fortunae«), Jean →Golein, Pierre de Hangest, Denis Foulechat (DLFMA², 376; →Johannes v. Salisbury, Policraticus) u. a. Vor der großen polit. Krise um 1410 (→Frankreich, VI) läßt sich eine Neuorientierung feststellen, da nun lat. Texte →Boccaccios übersetzt werden: »Griseldis« nach der lat. Version Petrarcas von Philippe de →Mézières (18 Hss.; eine zweite anonyme Version in 19 Hss.); am Anfang des 15. Jh. »De casibus virorum illustrium« (zwei Versionen, 62 Hss.), »De claris mulieribus« (15 Hss.) und der »Decameron« nach einer lat. Vorlage (15 Hss.) von Laurent de Premierfait, der auch Ciceros »De senectute« (25 Hss.) und »De amicitia« (15 Hss.) überträgt (DLFMA², 922–924). Erst in der zweiten Hälfte des 15. Jh. entstehen wieder zahlreiche Übers.en, v. a. am burg. Hof von →Philipp d. Guten; wichtigster Ü. ist Jean Miélot (DLFMA², 819–820). Humanist. Übers.en entstehen erst unter →Karl d. Kühnen (griech. Texte nach lat. Versionen it. Humanisten): →Xenophons »Hieron« (Charles Soillot, 5 Hss.) und »Kyrupädie« (Vasco de →Lucena, 7 Hss.), →Caesars Gall. Krieg (Jean Duchesne, um 1473, 9 Hss.; 1485 Neuübers. von Robert→Gaguin). – Übers.en ins Frz. aus anderen modernen Sprachen sind selten. Aus dem Katal. wurden anfangs des 14. Jh. vier Schriften von →Raymundus Lullus übertragen, dann im 15. Jh. zwei Texte von Francesc →Eiximenis. Aus dem Kast. übersetzt Fernando de Lucena am burg. Hof 1460 den »Triomphe des dames« von →Juan Rodriguez del Padrón. Die ersten Übers.en von it. Texten Boccaccios entstehen am Hof von Kg. →René v. Anjou, »Le roman de Troyle et Criseida« (Louis de Beauveau, 1453–1455, 10 Hss.) und »Le livre de Theseo« (anonym, um 1460, Wien, ÖNB Cod. 2617, ill.).

Etwa 80 Texte wurden aus dem Lat. ins Altprov. übersetzt, vornehml. im 13. und 14. Jh. Aus dem 12. Jh. stammt ein Johannesevangelium sowie die Slg. röm. Rechts im →Codi. Nur wenige altprov. Übers.en fanden große Verbreitung; sie sind z. T. in derselben Hs. enthalten, z. B. monast. Texte, apokryphe Evangelien oder med. Traktate. Bes. Erwähnung verdient die aus dem Frz. übersetzte chanson de geste »Fierabras« mit eigenständiger Einleitung. M.-R. Jung

Lit.: →Bibelübers., XIV – →Psalmen, B. VI – GRLMA VIII/1 [für das SpätMA] – C. Brunel, Bibliogr. des mss. litt. en ancien provençal, 1935 [Suppl. G. Brunel-Lobrichon, Bull. de l'Association internat. d'Ét. occitanes 8, 1990, 1–12] – B. Woledge-H. P. Clive, Rép. des plus anciens textes en prose fr., 1964 – R. H. Lucas, Ma. French Translations of the Latin Classics to 1500, Speculum 45, 1970, 225–253 – J. Monfrin, La connaissance de l'Antiquité et le problème de l'humanisme en langue vulgaire dans la France du XVᵉ s., The Late MA and the Dawn of Humanism (Mediaevalia Lovaniensia I, 1, 1972), 131–170 – G. P. Norton, The Ideology and Language of Translation in Renaissance France and Their Humanist Antecedents, 1984 – S. Lusignan, Parler vulgairement, 1986 – P. Chavy, Traducteurs d'autrefois, MA et Renaissance. Dict. des traducteurs et de la litt. traduite en ancien et moyen français (842–1600), 1988.

VI. Englische Literatur: [1] *Altenglische Literatur:* Ein Großteil der ae. religiösen Gedichte und fast die gesamte ae. Prosa, mit Ausnahme von beträchtl. Teilen der Ags. →Chronik, beruht auf lat. Q. (→Ae. Lit.; →Bibelübers.en, XII). Manchmal sind lat. Text und ae. Übers. in der gleichen Hs. einander unmittelbar folgend überliefert, oft aber steht die ae. Übertragung allein. Es gibt eine große Bandbreite von zieml. wörtl. Übers.en bis hin zu recht freien und selbständigen Bearbeitungen. Das Konzept der Übers. erlaubt den ae. Autoren auch, einige Überlegungen zur Lit.theorie anzustellen. →Alfred d. Gr. (Abschnitt II) ist einer der anerkannten Ü. des ags. England, der sowohl eine Übers.stheorie als auch Praxisbeispiele liefert. In seinem Vorwort zur Übers. der »Cura Pastoralis« stellt Alfred einen Maßstab für die Praxis vor, wobei er angibt, daß er »manchmal Wort für Wort, manchmal sinngemäß« übersetze. Alfred weicht jedoch von seiner eigenen proklamierten Formel (die im MA weit verbreitet war) ab in der Übers. der »Cura Pastoralis« und erst recht in seiner Wiedergabe von →Boethius, die den gewichtigen Einfluß der lat. Kommentartradition auf die »Consolatio Philosophiae« zeigt und viel zusätzl. Material einbaut. Nichtsdestoweniger umreißt Alfreds Vorwort die Bedeutung der Übers. innerhalb seines Programms kultureller Erneuerung. →Ælfric war wohl der beste Ü. früher landessprachl. Lit. hinsichtl. der Menge, Qualität und Komplexität von Aufgaben, die er sich selbst als monast. Erzieher setzte. Manchmal übersetzte er Homilien fast Wort für Wort, ein anderes Mal adaptierte er sie für sein Publikum. Seine Heiligenviten (»Lives of Saints«), die von lat. Prosa kunstvoll in ae. rhythm. (alliterierende) Prosa übertragen wurden, hatten ein spezielles Publikum gebildeter Laien. Die Q.kritik ermittelt erst langsam, wie und warum er bestimmte Werke in der gewählten Weise gestaltet hat. Und eben dieser Ælfric war es, der klar die »Sünden« der Übers. erkannte, wenn es um die heikle Eigenart der Übers. chr. Lehren ging. In bezug auf →»Apollonius v. Tyrus« (B. III), die Übers. einer ursprgl. gr. Romanze, die alle lit. Charakteristika dieses Genres aufzeigt und die Kultur einer klass. Welt heraufbeschwört, stellt sich z. B. die Frage: Welchen Autor sprach sie an, für welches Publikum schrieb er, als er sie im späten 10. oder frühen 11. Jh. übersetzte? Die Erfassung der Bedeutung der Übers. für die ags. Kultur in ihrer ganzen Tragweite könnte den Weg zu einer Neubewertung des umfangreichsten Corpus frühma. Lit. in der Landessprache bereiten. P. E. Szarmach

Lit.: F. P. Magoun Jr., Some Notes on King Alfred's Circular Letter on Educational Policy Addressed to his Bishops, MSt 10, 1948, 93–107 – P. Clemoes, Ælfric (Continuations and Beginnings, hg. E. G. Stanley, 1966), 176–209 – D. Whitelock, The Prose of Alfred's Reign (ebd.), 67–103 – J. M. Bately, OE Prose Before and During the Reign of Alfred, ASE 17, 1988, 93–138.

[2] *Mittelenglische Literatur:* Nach der norm. Eroberung (1066) war Frz. die Sprache des Adels und Lat. der schriftsprachl. Standard, der bes. in der Wiss. und bei religiösen und hist. Schriften Anwendung fand. Im 14. Jh. wurde es wieder üblich, für lit. und andere Zwecke Engl. zu schreiben. Viele beherrschten zwei oder drei dieser Sprachen und wechselten mühelos von der einen in die andere. Manchmal ist es in diesem Zeitraum schwer zu entscheiden, ob es sich um eine Übers. handelt. Überdies lehnten Autoren ihre Werke oft an solche in anderen Sprachen an, obwohl ihre Form als Übers.en problemat. ist, wie bei →Chaucers »Troilus and Criseyde«, das auf »Il Filostrato« von →Boccaccio beruht. Normalerweise wurde entweder vom Frz. oder vom Lat. ins Engl. übersetzt. Die Übers. konnte dabei in Versform sein, wie im 14. Jh. üblich, oder in Prosa, wie es im 15. Jh. die Norm war.

Übers.en spielten auf drei Gebieten eine wichtige Rolle. Der lit. Aufstieg der →Romanze in Frankreich führte zur Übers. frz. Romanzen ins Engl. Im 14. Jh. waren es normalerweise Versromanzen, die noch die frz. Versformen benutzten. Das beste Beispiel dafür ist die →Auchinleck-Hs., in der vermutl. frz. Romanzen übersetzt wurden. Der →»Morte Arthure« ist die alliterierende Übers. des frz. »Mort Artu«. Im 15. Jh. waren Prosaübers.en üblich, wie z. B. William →Caxtons Übers.en von Prosaromanzen wie »Paris and Vienne« aus dem Frz. Caxton verlegte auch →Malorys »Le Morte Darthur«, das wenige Jahre vorher übersetzt worden war.

Ein zweiter Bereich, in dem Übers.en weit verbreitet waren, war die Gesch.sschreibung. Nach dem Ende der Ags. Chronik benutzte die Gesch.sschreibung das Lat., da die meisten Autoren Mönche waren. Im 14. Jh. wurden jedoch Übers.en ins Engl. angefertigt, wie z. B. John →Trevisas Übers. des »Polychronicon« von Ranulph →Higden. Der Ü. fügte dabei Informationen hinzu, zu denen er Zugang hatte, wie dies häufig bei Übers.en der Fall war, aber insbesondere für die Gesch.sschreibung gilt.

Das dritte Hauptfeld der Übers. ist das wissenschaftl. und religiöse Schrifttum. Lat. war die Sprache der Kirche, aber die Notwendigkeit, für die Ausbildung und die religiöse Praxis jener zu sorgen, die des Lat. unkundig waren, führte zu einer Vielzahl von Übers.en. Viele wurden für Ordensfrauen oder fromme Adlige angefertigt. Die Zunahme weibl. Orden verstärkte die Übers.stätigkeit. Einer der wichtigsten Autoren auf diesem Gebiet, in dem es zahlreiche anonyme, erst vor kurzem edierte Übers.en gibt, war Richard →Rolle. Wissenschaftl. Übers.en hatten ein größeres Publikum.   N. F. Blake

Lit.: F. R. Amos, Early Theories of Translation, 1920 – Curtius – R. Ellis, The Medieval Translator, 1989 – F. M. Rener, Interpretatio: Language and Translation from Cicero to Tytler, 1989 – R. Copeland, Rhetoric, Hermeneutics, and Translation in the MA, 1991.

VII. Skandinavische Literaturen: [1] *Island und Norwegen:* Ein wesentl. Teil der erhaltenen altwestnord. Lit. geht auf ausländ. Vorbilder zurück, in erster Linie im Bereich der 'Heiligensagas', welche auf lat. Legenden und Viten beruhen (→Hagiographie, B. IX). Die meisten sind direkte Übertragungen des lat. Originals, aber gerade einige der bedeutsamsten sind eher als Kompilationsarbeiten nach verschiedenen ausländ. Q. anzusprechen (u. a. »Michaels saga«, →»Dunstanus saga«, →»Tómas saga erkibyskups«, sog. »Maríu saga« [→Maria, C. VIII]). Eine zweite bemerkenswerte Gruppe altwestnord. Übers.en sind hist. Texte wie die »Trójumanna saga« (nach →Dares Phrygius), die »Breta sögur« (nach →Geoffrey v. Monmouth) und die »Alexanders saga« (nach →Walter v. Châtillon). An dritter Stelle sind didakt. und wiss. Werke zu nennen, die allerdings nur ausnahmsweise (→»Lucidarius«; »Dialogi« →Gregors d. Gr.) vollständig übertragen wurden, sondern üblicherweise in Auszügen oder über →Florilegien nach Norwegen und Island gelangten (→Johannes de Sacrobosco, »Tractatus de Sphaera« und diverse komputist., math., kosmograph. und ethnograph. Texte). Daneben spielen Kompilationen nach lat. Vorbildern sowohl in der geistl. (→»Stjórn«) wie weltl. Lit. (»Veraldar saga«, →»Gyðingasaga«, »Rómverja saga«) eine wichtige Rolle.

Von diesen wesentlich klerikal orientierten und rezipierten Werken heben sich die im Norwegen des 2. Viertels des 13. Jh. angefertigten Übers.en frz. höf. Epen als Teil eines überliterar. Kulturprogramms des Kg.s →Hákon Hákonarson ab. Sie werden als übersetzte →»Riddarasögur« bezeichnet und gehen nicht nur auf frz. Epen, sondern auch auf frz. →Lais (→»Strengleikar«) und sogar auf verlorene lat. Werke (»Clarus saga«) zurück. Sowohl diese höf. als auch die wiss. Übersetzungslit. zeigen in geradezu auffälliger Weise, wie rege Norwegen und Island im 12. und 13. Jh. an der Rezeption kontinentaleurop. Werke Anteil nahmen. Blieb der Weg der Vermittlung auch eine »Einbahnstraße«, so stand diese Übersetzungstätigkeit zeitl. doch kaum hinter zentraleurop. Entwicklungen zurück.

[2] *Dänemark:* An ma. dän. Übers.en ist an erster Stelle die Übertragung der »Reisen« des John of →Mandeville zu erwähnen (»Mandevilles Rejse«); daneben wurde auch der »Lucidarius« (ins Altwestnord. wie Dän.) übertragen. Der dän. Arzt →Henrik Harpestreng († 1244) schrieb sein »Urtebog« nach Vorlage zweier lat. Texte, und auch sein »Stenbog« dürfte auf eine lat. Vorlage zurückgehen.

[3] *Schweden:* Einen anderen Weg ging die (einen nur beschränkten Umfang erreichende) aschwed. Übersetzungslit. insofern, als hier nicht so sehr aus dem Lat. oder Frz. übersetzt wurde, sondern vorwiegend aus anderen skand. Sprachen. Von den sog. →»Eufemiavisorna« wurden »Herr Ivan« und »Flores och Blanzeflor« aus zweiter Hand aus dem Altwestnord. übertragen, nur »Hertig Fredrik« stammt wohl direkt aus dem Frz. Die schwed. Versionen von Werken Henrik Harpestrengs beruhen auf dän. Vorlagen, und der Prosaroman »Namnlös och Valentin« sowie das (fragmentar. erhaltene) Versepos »Riddar Paris och Jungfru Vienna« sind über das Nd. vermittelt.   R. Simek

Lit.: O. Widding, H. Bekker-Nielsen, L. K. Shook, The Lives of Saints in Old Norse Prose. A Handlist, Med. Stud. 25, 1963 – L. Lönnroth, European Sources of Icelandic Saga-Writing, 1965 – M. E. Kalinke–P. M. Mitchell, Bibliogr. of Old Norse-Icelandic Romances, 1985 – R. Simek–H. Pálsson, Lex. der an. Lit., 1987.

VIII. Deutsche Literatur: [1] *Allgemeines:* Der Transfer zw. zwei Sprachen, insbes. zw. Lat. und Volkssprache, gehört zu den kulturellen Selbstverständlichkeiten des dt. MA. Eine eigene theoret. und methodolog. Diskursebene zur Übers. fehlt, doch können im jeweiligen Werkzusammenhang Fragen des Verhältnisses von Ausgangs- und Zielsprache, der Vermittlung, ihres Wahrheitsgehalts, der Ausrichtung auf Publikum und Textgebrauch u. a. m. zur Sprache kommen. Quellenmäßig faßbar sind Übers.en dort, wo sie sich in Schriftzeugnissen erhalten haben. Übersetzen im Bereich der Mündlichkeit ist vielfach bezeugt (Predigt, Unterweisung, Handel, Diplomatie), bleibt hier aber unberücksichtigt.

Die Bezeichnungen für Übers. »in idioma maternum transferre/traducere«, »interpretari«, dazu spätma. »teutonizare« verfestigen sich ebensowenig zur Begrifflichkeit wie »diuten«, »tiu(t)schen«, spätma. »bedeutschen«, »transferiren«, »an/ze dudesch wenden/keren« u. ä. Erst im SpätMA ergeben sich aus der bereits patrist. Umdeutung des Horaz-Zitats Ars poetica, v. 133f. (Kelly), die Instanz des »getriuwen tolmetzsch« (»fidus interpres«) und die antinomischen Kategorien »wort uz wort« bzw. »sin uz sin« (»verbum de verbo, sensum de sensu exprimere«). Dazu kommt die Kategorie der periphrasierendkommentierenden »umbred«-Übers. (Steer, 589–592). Übers. wird im folgenden als Teil einer umfassenden Textgeschichte verstanden und umfaßt alle Formen von Adaptation aus einer anderen Sprache von der wortbezogenen Verständnishilfe bis zur selbständigen, auch kommentierenden Bearbeitung.

[2] *Lateinisch-deutsch:* Übers.en aus dem Lat. gehören zu den geläufigen Tätigkeiten des Litteratus bzw. Klerikers, sie machen den größten Teil des ma. Übers.sschrifttums aus. Die Reformen →Karls d. Gr. schrieben die Vermittlung von Glaube, Vaterunser, Beichte, dazu regelmäßige Predigt in der Volkssprache vor. Nur weniges ist – viel-

fach fragmentarisch – erhalten. Zumal die →Predigt ist vielfach aufgrund lat. Aufzeichnung extemporierend übersetzt worden. In den Bereich monastischer Textstudien gehören u. a. die ahd. Übers.en von →Tatians Evangelienharmonie sowie von →Isidors v. Sevilla »De fide catholica«.

Innerhalb des Lateinunterrichts sind Übers.en selten belegt: →Notker III. v. St. Gallen bezeichnet seine dt. Schultextbearbeitungen als »rem paene inusitatam« (Brief an Bf. Hugo). Im SpätMA entstehen dt. Übers.en von Schultexten, meist in Reimpaaren, im Rahmen lehrhafter Unterweisung (HENKEL, 1988). Einen Sonderstatus innerhalb des üblicherweise lat. Instrumentariums der Texterschließung haben Glossen und Interlinearversionen in der Volkssprache. Sie sind funktional dem Wortverständnis des lat. Textes zugeordnet, wollen ihn jedoch nicht übersetzend vertreten (HENKEL, 1996). →Glossare und Vokabulare bezeugen den bildungsgeschichtl. Stellenwert des Transfers zw. Lat. und Dt.

Im Fortgang des MA sind Übers.en in nahezu allen Bereichen der Schriftlichkeit vertreten. In mehreren Gattungen bilden sie weitgehend oder ausschließlich den Textbestand: Antike- und Humanismusrezeption (WORSTBROCK, 1970/1976), →Legende (FEISTNER), →Fabel, →Fachliteratur (SCHNELL, 1996), Geistl. →Lied, wo die Übers. vielfach wegen der Sangbarkeit die Strophenform wahrt (BÄRNTHALER). – In vielen Fällen wird ein Text mehrfach ins Dt. übersetzt (u. a. →Cato; →Jacobus de Cessolis, →Johannes de Sacrobosco), was besonders für die →Bibelübers. zutrifft. Einen eigenen Bereich der Adaptation lat. Quellen bildet die →Bibeldichtung.

Eine neue Qualität in der Reflexion über die Übers. markiert um 1400 die sog. Wiener Schule (HOHMANN, →Heinrich v. Langenstein), Adressatenbezug und Zweckbestimmung der Übers., die Leistungsmöglichkeiten von Ausgangs- und Zielsprache werden als Kategorien einbezogen. Der Frühhumanismus diskutiert die wort- und die sinnorientierte Übers., die etwa bei H. →Steinhöwel zu einer teils kommentierend-erweiternden, teils kürzenden Übers. führt, während andererseits →Niklas v. Wyle mit dem wörtl. Prinzip auch die formale und stilist. Qualität des Lat. im Dt. zu erreichen sucht.

[3] *Deutsch-lateinisch:* Mehrfach sind Dichtungen bzw. lit. Sujets, die in mündlich-volkssprachl. Tradierung verbreitet waren, lateinisch aufgezeichnet worden: →Ratperts »Galluslied«, →»Waltharius«, »Modus Liebinc« (→»Carmina Cantabrigensia«). Seit dem ausgehenden 12. Jh. werden dt. Texte unterschiedlicher Gattungen auch lat. bearbeitet, z. T. in mehreren Fassungen: u. a. →»Herzog Ernst«, der Prolog des »Willehalm« →Wolframs v. Eschenbach, der »Gregorius« →Hartmanns v. Aue, die →»Kaiserchronik«, →»Freidank« (KUNZE, 60–63). Vom 14. Jh. an sind lat. Bearbeitungen dt. Texte selbstverständlich, oft autorisiert oder vom gleichen Verfasser, so im Schrifttum der dt. Mystik, in der Chronistik (→Andreas v. Regensburg, D. →Engelhus, S. Meisterlin, H. →Schedel u. a., SPRANDEL) oder in der didaktisch-unterhaltenden Lit. (J. Lochers Bearbeitung von S. →Brants »Narrenschiff«).

Zu berücksichtigen sind hier auch die unterschiedl. Verschriftungsstrategien von Latein und Volkssprache, die Übers.en notwendig machten: Was mündlich in dt. Sprache verhandelt wurde, ist vielfach lat. aufgezeichnet worden (Predigt, Urkunde, Rede).

[4] *Französisch-deutsch:* Frühe Zeugen des Sprachkontakts sind die ahd.-afrz. Doppelfassung der →Straßburger Eide und die beiden ahd.-lat./roman. Gesprächsbüchlein. Im Zusammenhang mit der kulturellen Führungsrolle Frankreichs im HochMA kommt es zu einer eigenen Phase der Adaptation frz. Lit. im 12. und beginnenden 13. Jh. Die Alexanderdichtung (→Alexander, B. VI) des Pfaffen →Lamprecht, das Rolandslied (→Roland, C. II) des Pfaffen →Konrad, v. a. aber der frz. eisernen Höfische →Roman bezeugen das (→Heinrich v. Veldeke, →Hartmann v. Aue, →Herbort v. Fritzlar, →Gottfried v. Straßburg, →Konrad v. Würzburg, der »Nüwe Parcival« [→Parzival, I] von Wisse und →Colin). Unterschiedlich sind die Spielräume, die die dt. Bearbeiter nutzen. Von genauer Übers. der Vorlage über selbständige Ausgestaltung im Rahmen der dilatatio materiae (WORSTBROCK, 1985) und Neuinterpretation bis zur Gestaltung einer neuen Erzählerrolle (→Wolfram v. Eschenbach) reicht das Spektrum. – Im 15. Jh. prägen den frz.-dt. Austausch u. a. die Chanson de geste-Übers.en der →Elisabeth v. Nassau-Saarbrücken, »Pontus und Sidonia« der →Eleonore v. Österreich und →Thürings v. Ringoltingen »Melusine«.

[5] *Italienisch-deutsch:* Das SpätMA bringt erstmals Übers.en aus dem It., so der »Fiori di virtù« durch H. →Vintler, von →Boccaccios »Decamerone« durch Arigo (→Schlüsselfelder), des »Filocolo« durch einen anonymen Übersetzer. Mehrfach wird aber it. Lit. durch lat. Zwischenstufen an dt. Autoren vermittelt (u. a. →Petrarca, Leonardo →Bruni).

[6] *Niederländisch-deutsch:* Innerhalb der internationalen Rezeption der ndl. →Mystik sind seit dem 14. Jh. auch dt. Bearbeitungen und Übers.en entstanden, so u. a. von Schriften J. →Ruusbroecs, G. →Grootes und des →Thomas a Kempis. Der Literaturförderung wohl des pfalzgräfl. Hofes zu Heidelberg verdanken sich dt. Übers.en (um 1450/60) von vier mndl. Romanen »Malagis«, »Reinolt von Montalban« (→Renaut de Montauban), »Ogier von Dänemark« (→Ogier le Danois) sowie »Die Kinder von Limburg« des Johann v. Soest (um 1470/80).

[7] *Griech.-dt.:* Das westl. MA hat griech. Texte in lat. Übers.en gelesen. Die ersten Übers.en direkt aus dem Griech., Reden des Demosthenes und das 12. Totengespräch des Lukian, stammen von J. →Reuchlin, der sie 1495 →Eberhard im Barte widmete.   N. Henkel

Lit.: F. J. WORSTBROCK, Zur Einbürgerung der Übers. antiker Autoren im dt. Humanismus, ZDA 99, 1970, 45–81 – DERS., Dt. Antikerezeption 1450–1550, Teil I: Verz. der dt. Übers.en antiker Autoren, 1976 – TH. HOHMANN, Heinrichs v. Langenstein 'Unterscheidung der Geister' lat. und deutsch. Texte und Unters.en zur Übers.slit. aus der Wiener Schule, 1977 (MTU 63) – L. KELLY, The True Interpreter. A Hist. of Translation Theory and Practise in the West, 1979 – G. J. M. BARTELINK, Hieronymus, Liber de optimo genere interpretandi [epist. 57], 1980 – G. STEER, Hugo Ripelin v. Straßburg, 1981 – G. BÄRNTHALER, Übersetzen im dt. SpätMA, 1983 (GAG 371) – F. J. WORSTBROCK, Dilatatio materiae. Zur Poetik des »Erec« Hartmanns v. Aue, FMASt 19, 1985, 1–30 – U. BODEMANN, Die Cyrillusfabeln und ihre dt. Übers. durch Ulrich v. Pottenstein, 1988, 180–215 (MTU 93) – N. HENKEL, Dt. Übers.en lat. Schultexte, 1988 (MTU 90) – K. KUNZE, Lat. Adaptation mhd. Lit. (Überlieferungsgeschichtl. Edd. und Stud. zur dt. Lit. des MA, hg. K. KUNZE u. a., 1989), 59–99 – Dt. Bibelübers.en des MA, hg. H. REINITZER, 1991 (Vestigia Bibliae 9/10) – R. COPELAND, Rhetoric, Hermeneutics, and Translation in the MA. Academic Traditions and Vernacular Texts, 1991 – Latein und Volkssprache im dt. MA. 1100–1500, hg. N. HENKEL–N. F. PALMER. 1992 (Forschungsber.: 1–18) – H. J. VERMEER, Skizzen zu einer Gesch. der Translation, 3 Bde, 1992–94 – Zweisprachige Geschichtsschreibung im spätma. Dtl., hg. R. SPRANDEL, 1993 – G. DICKE, Heinrich Steinhöwels 'Esopus' und seine Fortsetzer, 1994, 77–116 (MTU 103) – Übersetzen im MA. Cambridge Colloquium 1994, hg. J. HEINZLE u. a., 1996 (Wolfram-Stud. 14) [bes. die Beitr. von: N. HENKEL, A. KRASS, E. FEISTNER, B. SCHNELL] – J. THEISEN, Arigos Decameron: Übersetzungsstrategie und poetolog. Konzept, 1996.

IX. Byzantinische Literatur; slavische Literaturen: Siehe →Byzantinische Literatur, A und B; →Kirchenslavische Sprache und Literatur; →Kroatische Sprache und Literatur; →Polnische Literatur; →Serbische Sprache und Literatur; →Tschechische Sprache und Literatur.

Übersetzung, allgemeine Voraussetzungen und theoretische Grundlagen.

1. Log. Voraussetzung von Ü. ist, daß ein und derselbe Gedanke in unterschiedl. Sprachen ausgedrückt werden kann, ohne seine Identität zu verlieren. Als die einfachste Form der Aneignung eines fremdsprachigen Textes sind im lat. MA Interlinear- und Marginalglossen anzusehen, die dem Textverständnis dienen sollen, mithin an die in Schriftform vorliegende Sprache (zumeist Latein) als Zielsprache gebunden bleiben. Von diesen exeget. Hilfen sind die Ü.en im eigentl. Sinn zu unterscheiden. Die Ü. eines Textes gewinnt im MA Bedeutung, indem sie entweder das zu einer bestimmten Zeit verfügbare kulturelle Wissen aus einem fremden Sprachraum in den eigenen überträgt oder die Einheit der christl. Tradition erfahrbar werden läßt und bewahrt oder zur Kommunikation zw. den in einem Herrschaftsbereich lebenden Sprachgruppen beiträgt. Den vielfältigen Funktionen von Ü.en entspricht die dt. Bezeichnung 'Übersetzung' nur unvollkommen, insofern verschiedene Typen der Rezeption fremdsprachiger Lit. darunter subsumiert werden. Die Differenzierung der erhaltenen Ü.en nach Text- und Zielsprache, nach dem Übersetzer, seiner Technik, seinem Selbstverständnis und seinem Publikum lassen verschiedene Traditionsstränge ma. Ü.stätigkeit erkennen, die unabhängig voneinander beurteilt werden müssen. Allg. dient der ma. Übersetzer einem bestimmten Rezipientenkreis dazu, das für die jeweiligen Bedürfnisse erforderl. Wissen zur Verfügung zu stellen, sei es unmittelbar als »interpres« (Dolmetscher), sei es in Schriftform mittelbar als »translator«. Die Kommunikation von Angehörigen verschiedener Sprachgruppen, nicht zuletzt in →Mission, →Gesandtschaftswesen und Fernhandel, führt zur Entwicklung der schriftl. oder institutionellen Hilfsmittel, durch die nicht nur eine Verständigung, sondern auch die Rezeption eines als höherwertig erachteten kulturellen Wissensstandes möglich wird. Die Veranlassung einer Ü. verfolgt daher nicht nur didakt., moral. oder (kirchen-)polit. Ziele, sondern dient durch die Sicherung fremdsprachl. überlieferten Wissens der Förderung der eigenen kulturellen Entwicklung. Auf dem Hintergrund dieser unterschiedl. Ziele werden differenzierte institutionelle Formen ma. Ü.stätigkeit im Rahmen des klösterl. Wissenschaftsbetriebes (z. B. →Cassiodor: Vivarium, →Birgitta v. Schweden: →Vadstena), des (kirchen-)polit. Kanzlei- und Bildungswesens bzw. der höf. Kultur entwickelt. Die Formierung des von polit. Interessen veranlaßten Ü.swesens ist in der Anordnung →Karls d. Gr. erkennbar, die geistige Einheit des Reiches sichernde Texte nicht nur schriftl. in lat. Sprache, sondern auch mündl. in der Volkssprache zugänglich zu machen. Damit ist erstmals die Gleichrangigkeit von lat. Schriftlichkeit und volkssprachl. Mündlichkeit greifbar, wie sie im MA nicht nur für Rechtstexte bestimmend bleibt, sondern auch für das Predigtwesen vorausgesetzt werden muß. Ende des 9. Jh. modifiziert Kg. →Alfred das karol. Modell der Bildungs- und Ü.spolitik für seinen Herrschaftsbereich, wenn er für die volkssprachl. Verbreitung der Texte sorgt, aus denen die gemeinsamen Überzeugungen gewonnen werden können, die das Heil seiner Reichsangehörigen und damit die Einheit seines Reiches garantieren. Zu Beginn des 12. Jh. festigt →Roger II. v. Sizilien die Einheit seines Reiches nicht nur durch gemeinsame Rechts- und Verwaltungsstrukturen, sondern auch durch die Berücksichtigung der in seinem Herrschaftsgebiet lebenden Sprach- und Kulturgruppen, deren Austausch er durch eine organisierte Ü.stätigkeit fördert. Ähnlich verfährt im iber. Sprachgebiet →Alfons d. Weise. Im 13. Jh. drückt die Wissenschaftspolitik am Hof →Friedrichs II. und seines Sohnes →Manfred in den von ihnen veranlaßten Ü.en aus dem Griech. und Arab. nicht nur ihr weitausgreifendes Interesse, sondern zugleich die Universalität des von ihnen erhobenen Machtanspruchs aus. →Karl v. Anjou und nach ihm →Robert I. betreiben durch die von ihnen geförderten Ü.en die Latinisierung ihres Herrschaftsgebietes.

Die Haltung des ma. Übersetzers zu dem von ihm übersetzten Werk bestimmt die Ü.stechnik, mittels derer er den jeweiligen Text seinem Publikum zugängl. macht. Aufgrund der Autorität, die den Texten der Bibel und der Kirchenväter zugemessen wird, wird diesen gegenüber skrupulös auf die Entsprechung zw. Vorlage und Übertragung geachtet, während bei Texten, die dem Unterricht oder der Wissensvermittlung dienen, zumal in volkssprachl. Ü.en, nicht selten Erklärung, stilist. Bearbeitung und Übertragung ineinander verwoben werden. Als Hilfsmittel für die Rezeption fremdsprachiger Texte werden im FrühMA aus den Interlinear- und Marginalglossen nicht nur Komm.e, sondern, wenn auch seltener, Glossare extrahiert, die, alphabet. geordnet, unabhängig von ihren Q.texten überliefert werden. Für den eigentl. Ü.svorgang spielen sie gegenüber den Sprachkenntnissen des Übersetzers bzw. anderer ihm zugängl. Mitglieder einer Übersetzergruppe eine untergeordnete Rolle. Die Beteiligung mehrerer Personen unterschiedl. sprachl. Herkunft, wie sie für die Praxis in bi- und trilingualen Ü.szentren belegt ist, ermöglicht in der Herstellung einer Ü. die sprachl. und sachl. differenzierte Aneignung und Verarbeitung der Vorlage. In den volkssprachigen Ü.en läßt die auf das jeweilige Publikum bezogene Bearbeitung des übertragenen Stoffes und dessen rhetor. Gestaltung die literar. Eigenständigkeit der Ü. stärker erkennen als in der Tradition wissenschaftl. Ü.en. M.-A. Aris

Lit.: Dict. MA XII, 126–142 – NCE XIV, 245–257 – P. Heck, Ü.sprobleme im frühen MA, 1931 [Neudr. 1977] – J. Monfrin, Les traducteurs et leur public en France au MA, J. des Savants, 1964, 5–20 – B. Bischoff, The Study of Foreign Languages in the MA (Ders., Ma. Studien, II, 1967), 227–245 – S. Brock, Aspects of Translation Technique in Antiquity, Greek Roman and Byz. Studies 20, 1979, 69–87 – M. Richter, Die Sprachenpolitik Karls d. Gr., Sprachwiss. 7, 1982, 412–437 – C. Buridant, Translatio medievalis, Travaux de linguistique et de litt. 21, 1983, 81–136 – The Medieval Translator, I–V, hg. R. Ellis u. a., 1987–96 – Medieval Translators and their Craft, hg. J. Beer, 1989 (Studies in Medieval Culture 25) [Bibliogr.] – Traduction et Traducteurs au MA, hg. G. Contamine, 1989 – D. Kartschoke, In die latine bedwungin. Kommunikationsprobleme im MA und die Ü. der 'Chanson de Roland' durch den Pfaffen Konrad (PBB 111, 1989), 196–209 – R. Copeland, Rhetoric, Hermeneutics and Translation in the MA, 1991 – Translation and Transmission of Culture between 1300 and 1600, hg. J. Beer – K. Lloyd-Jones, 1995 – R. Gameson, Alfred the Great and the Destruction and Production of Christian Books, Scriptorium 49, 1995, 180–210 – Übersetzen im MA, hg. J. Heinzle u. a. (Wolfram-Studien XIV, 1996) – E. Hellgardt, Zur Mehrsprachigkeit im Karolingerreich (PBB 118, 1996), 1–48.

2. Die ma. Ü. ist, da sie in erster Linie Wissen bereitzustellen sucht, eher als lit. Handwerk denn als lit. Gattung zu verstehen. Ü.stheoret. Überlegungen werden daher im MA nicht Gegenstand eigener Traktate, sondern nehmen, im Prolog geäußert, Bezug auf die jeweils vorgelegte Ü. Den Ausgangspunkt ma. Ü.stheorie bilden die Überle-

gungen des →Hieronymus (Ep. 57, 5), der sich seinerseits auf das Vorbild Ciceros (De optimo genere oratoris 13-14: »nec converti ut interpres, sed ut orator«, »non pro verbo verbum«) und des Horaz (De arte poetica 133f.: »nec verbum verbo curabis reddere fidus interpres«) beruft. Danach versteht er die Ü. als die stilist. korrekte, vollständige Vermittlung eines bestimmten Gedankens ohne Verfälschung seines Sinnes. Von dieser Position unterscheidet sich die Auffassung des →Boethius (In isagogen Porphyrii, ed. secunda I, 1), der sich um der Integrität der jeweils zu übersetzenden Aussage willen wörtl. an seine Vorlage hält (»incorrupta veritas exprimenda est«), darin →Johannes Scotus (Eriugena) ein Vorbild, der sich als Dolmetscher, nicht als Ausleger der Werke des Ps.-→Dionysius versteht (MPL 122, 1032C: »me interpretem huius operis esse, non expositorem«). Da Eriugena, so die Kritik des →Anastasius Bibliothecarius, durch seine streng wörtl. Ü. Dionysius, den er übersetzen wollte, erneut übersetzungsbedürftig gemacht habe (MGH Epp. VII, 432, 8f.: »quem interpretaturus susceperat, adhuc reddere interpretandum«), müsse die Ü. »verbum e verbo« den Ausdrucksmöglichkeiten der lat. Sprache angepaßt (MGH Epp. VII, 411, 6: »quantum idioma Latinum permisit«) und durch die erklärende Paraphrase ergänzt werden. Im 12. Jh. wird das Ü.sprinzip einer in den Worten und deren Bedeutung, dem Stil und der Wortfolge möglichst vollständigen Entsprechung zw. Vorlage und Übertragung von →Burgundio v. Pisa verteidigt, wobei er allerdings die Grenzen bzw. Eigengesetzlichkeiten der lat. Sprache wahrnimmt und berücksichtigt. Im Sinne einer freieren Ü. gewichtet Thomas v. Aquin, bezogen auf dogmat. relevante Texte, i. J. 1263 die Richtigkeit des jeweils übertragenen Gedankens stärker als die Wörtlichkeit der Ü., wenn er vom Übersetzer verlangt, die Ausdrucksmöglichkeiten der Zielsprache zu beachten (Contra Errores Graecorum I 2°: »servet sententiam, mutet modum loquendi secundum proprietatem linguae in quam transfert«). Die in dieser Auffassung implizierte Eigenständigkeit der Ü.ssprache gegenüber der Sprache der Vorlage wird auf dem Hintergrund der arab.-lat. Ü.en von →Roger Bacon im 13. Jh. angedeutet, wenn er Sachkenntnis, bezogen auf den Inhalt eines Textes, und bilinguale Sprachbeherrschung zum Qualitätskriterium einer Ü. erhebt. Damit deutet er bereits auf die humanist. Kritik der ma. Ü.spraxis, wie sie in der Schrift »De interpretatione recta« des Leonardo →Bruni im Rückgriff auf Cicero und Hieronymus und in den »translatzen« des →Niklas v. Wyle mit Hilfe des au Horaz genommenen Topos vom »getrüwen tolmetsch«, der nicht »wort gegen wort«, sondern »sine gegen aim andern sine« vergleiche, ausgedrückt wird. Der Anspruch, als »fidus interpres« den jeweiligen Text ungeschmälert in eine andere Sprache zu vermitteln, ist für das Selbstverständnis des Übersetzers in der gesamten ma. Ü.stheorie bestimmend, auch wenn unterschiedl. beurteilt wird, ob der so erhobene Anspruch eher durch eine wörtl. Wiedergabe bzw. die bis in die Syntax entsprechende Imitation des Originals oder durch die sinngemäß wiedergebende, gelegentl. paraphrasierende Übertragung bzw. die rhetor. Ansprüchen genügende Adaptation eingelöst wird. Die Terminologie zur Bezeichnung des Ü.svorgangs ist im MA je nach der Zielsprache und dem Publikum sehr Ü. uneinheitl.; im Lat. überwiegen die Bezeichnungen »transferre« und »(con)vertere« und deren Ableitungen. Erst Bruni führt den dann rasch auch in volkssprachl. Ü. übernommenen Terminus »traducere« ein, der das gegenüber dem MA veränderte Ü.sverständnis spiegelt. M.-A. Aris

Ed. und Lit.: Hieronymus, Liber de optimo genere interpretandi (Epist. 57). Ein Komm. v. G. J. M. BARTELINK, 1980 – →Roger Bacon – →Burgundio v. Pisa – Leonardo →Bruni – W. SCHWARZ, The Meaning of Fidus Interpres in Ma. Translation, JTS 45, 1944, 73–78 – H. HARTH, Leonardo Brunis Selbstverständnis als Übersetzer, AKG 50, 1968, 41–63 – G. FOLENA, »Volgarizzare« e »tradurre«: Idea e terminologia della traduzione dal medio evo It. e Romanzo all'umanesimo Europeo (La Traduzione. Saggi e studi, 1973), 57–120 – L. G. KELLY, The True Interpreter. A Hist. of Translation Theory and Practice in the West, 1979 – B. GUTHMÜLLER, Zum Selbstverständnis der frühen it. Übersetzer (Zusammenhänge, Einflüsse, Wirkungen, hg. J. FICHTE u. a., 1986), 357–369 – P. CHIESA, Ad Verbum o ad sensum? Modelli e coscienza metodologica della traduzione tra tarda antichità e alto medioevo, Medioevo e Rinascimento 1, 1987, 1–51 – W. SCHWARZ, Schriften zur Bibelübers. und ma. Ü.stheorie, Vestigia Bibliae 7, 1987 – F. J. THOMSON, 'Sensus' or 'proprietas verborum'. Ma. Theories of Translation as Exemplified by Translation from Greek into Latin and Slavonic (Symposion Methodianum, hg. K. TROST u. a., 1988), 675–691.

Übersiebnen, strafprozessuale Erscheinung, kann auf den Überführungseid zurückgeführt werden, den ein Kläger mit Unterstützung von (häufig) sechs Eideshelfern schwören konnte. Am Anfang der Entwicklung diente der Wahrung der Rechte des einzelnen in erster Linie die Verteidigung, erst in zweiter Linie die →Klage wegen einer zurückliegenden Tat. Die Verteidigung angegriffener Rechtsgüter ging aber über den heutigen Begriff der Notwehr hinaus, indem die Handhaft (»handhafte Tat«) z. T. erhebl. die Gegenwärtigkeit des Angriffs überdauern konnte. Wurde der Angreifer in der Gegenwehr oder bei der Verfolgung getötet, erforderte die Rechtfertigung dieser Tat eine Verklarung ('Klage gegen den toten Mann'). Soweit an die Stelle des Tötungsrechtes ein Verhaftungsrecht getreten war, wird gegen den handhaften Täter geklagt. Dem 'sekundären' Charakter dieser Klage entspricht der Beweisvorzug (→Beweis) des Klägers, gegen dessen Überführungseid ein Reinigungseid des Beklagten entfiel. Während die Eideshelfer bei einem Reinigungseid reine Leumundszeugen waren, können sie bei einem Überführungseid Tatzeugen mindestens nahe kommen, so die vielgen. Schreimannen (→Gerüfte). Klar belegt ist das Ü. im Handhaftverfahren in →Lex Ribuaria 45 und in →Lex Thuringorum VII, 7 (vgl. die Besserung bei GAUPP, Das alte Gesetz der Thüringer, 1834, 362). Für das HochMA zeigt der →Sachsenspiegel Ldr. I, 64 die Klage gegen den toten Mann »mit dem Zeugnis von sieben Männern« und I, 66 das Ü. des handhaften Täters. Im Zuge der Intensivierung der Verbrechensverfolgung in den ma. Städten entfiel das Erfordernis von sechs Helfern bei wirkl. Handhaft, während es bei fehlender Handhaft, bes. bei übernächtiger Tat, an deren Stelle trat. Mit dieser Entwicklung schwenkt das HochMA auf eine aus dem FrühMA herführenden Linie ein. In der frühesten Q. zum Ü., c. 7 der →Decretio Childeberti von 596, knüpft das Ü. der fures et malefactores nicht an die Situation der Handhaft und damit den Verdacht einer bestimmten Tat an, sondern an den Tätertyp. In c. 13 der →Constitutio contra incendiarios von Ks. Friedrich I. steht das richterl. Ü. des Brandstifters in Parallele zur Notorität des Brandstifters, der statim decollandus. Im SpätMA bildete sich in Österreich gegen (→land)schädl. Leute die sog. Landfrage aus, in süddt. Städten dagegen, oft aufgrund ksl. Privilegs, das Leumundverfahren (→Leumund). Der Unterschied ergab sich daraus, daß die Städte damals bereits eine exekutive Kriminalitätsbekämpfung kannten, während auf dem flachen Land dort, wo nicht Handhaft vorlag, meist nur →Rüge und Verfestung (Acht) möglich waren. Im Verfahren der Landfrage lag die Rüge in einem *besagen mit* *sieben*, das zur Verfestung des Gerügten führte. In den Städten konnte der Rat mehrheitl., ohne daß die Siebenzahl noch eine Rolle spielte, dem ergriffenen schädl. Mann das Leben absprechen. Gemeinsam ist allen Verfahren gegen schädl. Leute, daß sie nicht vom Verletzten als Kläger betrieben werden mußten. Ob 'schädl. Mann' jeder Verdächtige (KNAPP) oder nur bestimmte gemeingefährl. Gewohnheitsverbrecher waren (v. ZALLINGER, E. MEYER), ob sich das Verfahren gegen den schädl. Mann durch Ausdehnung aus dem Handhaftverfahren entwickelt hat, eine Ächtung voraussetzte (RUTH) oder sich aus dem Rügeverfahren entwickelt hat und der schädl. Mann daher der bestimmter rügepflichtiger Taten Verdächtige war (SCHNELBÖGL), ist umstritten und wahrscheinl. nicht einheitl. zu beantworten. H. Holzhauer

Lit.: HRG II, 1555–1559 – O. v. ZALLINGER, Das Verfahren gegen landschädl. Leute in Süddtl., 1895 – H. HIRSCH, Die hohe Gerichtsbarkeit in den dt. MA, 1922, bes. 90–104 – R. RUTH, Zeugen und Eideshelfer in den dt. Rechtsq. des MA, 1922, 186ff. – H. KNAPP, Das Ü. der schädl. Leute, Zs. für die ges. Strafrechtswiss. 44, 1924, 379ff. – W. SCHNELBÖGL, Die innere Entwicklung der bayer. Landfrieden des 13. Jh., Dt.rechtl. Beitr. XIII, H. 2, 1932 – K. WAKASONE, Zur Entstehung des Übersiebnungsverfahrens (Fschr. L. CARLEN, 1989), 211–225.

Uberti

1. U., Bernardo degli, hl. (Fest: 4. Dez.), Bf. v. Parma, * ca. 1060 in Florenz als Sohn des adligen Grundbesitzers Bruno d. U., † 4. Dez. 1133 in →Parma. 1085 verzichtete U. auf sein väterl. Erbe und trat in den Orden der →Vallombrosaner ein. Unter seinem Generalabbatiat breitete sich der Orden mit einer stark zentralist. Struktur von der Toskana in die Emilia und in die Lombardei aus. 1099 erhob Urban II. U. zum Kardinalpriester von S. Crisogono. Als Legat Paschalis' II. förderte er die Kirchenreform in vielen Städten Oberitaliens, v. a. im Herrschaftsbereich der →Canossa. Mgfn. →Mathilde erneuerte die Schenkung aller ihrer Güter an den Hl. Stuhl in seine Hände (1102) und befreite ihn, als er während einer Predigt in Parma gefangengenommen wurde (1104). Die polit. Situation in Parma änderte sich jedoch (1106), so daß Paschalis II. im nahen →Guastalla ein Konzil abhalten und U. anläßlich der Einweihung der neuen Kathedrale zum Bf. der Diözese erheben konnte, die früher Cadalus (→Honorius [II.]) und Wibert (→Clemens [III.]) unterstanden hatte. Parma wurde damit zum Zentrum der Reformbewegung in der Lombardei, während die städt. Institutionen sich zur kommunalen Selbständigkeit hin entwickelten. Seit 1109 ist U. nur als Bf. bezeugt, nicht mehr als päpstl. Legat. Er behielt jedoch die Leitung der Vallombrosan. Kongregation, für die er den Schutz Ks. Heinrichs V. erwirkte (1124). Obwohl er im →Investiturstreit eine mittlere Position wahrte, wurde er zusammen mit dem Papst von Heinrich V. gefangengenommen. Im polit. Wechselspiel zwischen Ks. und Papsttum in der Zeit von →Calixtus II., →Honorius II. und →Innozenz II. hatte U.s Stimme ebenfalls noch Autorität. Bereits krank, empfing er in Verona Ks. Lothar, der zur Krönung nach Rom zog. Schon sechs Jahre nach seinem Tod wurde U. von seinem Nachfolger Bf. Lanfrancus kanonisiert (1139). Er wurde im Vallombrosan. Umkreis schon im 12. Jh. verehrt; Reliquien in Vallombrosa, Florenz und Parma (Krypta der Kathedrale). Er ist Hauptpatron des Bm.s Parma.

R. Greci

Lit.: Bibl.SS III, 49–60 [R. VOLPINI; Ed. der Vita] – I. AFFÒ, Vita di S. B. d. U., Parma 1788 – D. MUNERATI, L'azione del cardinal S. B. d. U. nella pacificazione della Chiesa parmense, Riv. di scienze stor., III, 1906, 79–86, 257–264 – M. ERCOLANI, S. B. d. U., Riv. stor. benedettina, II, 1907, 37–64 – N. PELICELLI, Vita di S. B. d. U., 1923 – G. DEL MONTE, Profilo spirituale di S. B. d. U., 1939 – R. SCHUMANN, Authority and the Commune, Parma 833–1133, 1973 (bes. App. H, 322–333).

2. U., Farinata degli. Manente di Jacopo d. U. genannt F. (sein Beiname spielt vielleicht auf die Blässe seines Gesichts an, farina 'Mehl'), * Anfang des 13. Jh. in →Florenz, † 1264, stammte aus einer Magnatenfamilie, die bereits im vorhergehenden Jh. für ihren Stolz, ihre Gewalttätigkeit, aber auch für ihre Treue zum stauf. Ks.haus bekannt war. Als U. gegen 1239 zum Oberhaupt der Familie wurde, führte er diese Tradition fort und war in Florenz der zuverlässigste und wichtigste Parteigänger Ks. Friedrichs II. Dank der Unterstützung des Ks. konnten U. und die ghibellin. Partei 1248 die →Guelfen aus Florenz vertreiben. 1258 wurde er von den Popolanen, die sich immer stärker an die Guelfen anlehnten, nach Siena verbannt. U. kämpfte in dem sienes.-ghibellin. Heer in der Schlacht von →Montaperti (1260), kehrte danach in seine Heimatstadt zurück und beteiligte sich an der erneuten Vertreibung der wichtigsten Vertreter der guelf. Partei aus Florenz (1261). Er widersetzte sich jedoch mit großer Entschiedenheit dem Plan, Florenz zu zerstören, der von allen toskan. Ghibellinen – mit bes. Nachdruck von der Kommune →Pisa und der Familie →Ubaldini – in Empoli vertreten wurde. U. war bis zu seinem Tod der Angelpunkt der ghibellin. Herrschaft in Florenz; zum Zeitpunkt seines Todes war der Stern seiner Partei jedoch schon im Sinken.

→Dante, der ihm den ganzen zehnten Gesang des Inferno widmet, und für ihn Worte der Anerkennung und Bewunderung findet, verurteilt ihn dennoch zur ewigen Verdammnis als »Patariner«, ein Begriff, der im 13. Jh. die →Katharer bezeichnete. Obgleich die guelf. Propaganda im allg. alle Ghibellinen als Häretiker ausgab, scheint in diesem Fall das beharrl. Gerücht, das in U. einen »eretico consolato« sah, d.h. einen gläubigen Katharer, der das consolamentum (→Handauflegung) erhalten hatte, keine Verleumdung gewesen zu sein. Ein Prozeß, der 1283 gegen U.s Andenken angestrengt wurde, präzisierte die Anklage, so daß Dante ihn ausdrückl. des Epikureismus beschuldigt, was in der Sprache der Zeit bedeutet, er habe nicht an die Unsterblichkeit der Seele geglaubt.

F. Cardini

Lit.: M. SANSONE, Il Canto X dell'Inferno, 1961 – A. FRUGONI, Il Canto X dell'Inferno, Nuove letture, I, 1967, 261–283 – G. PETROCCHI, Itinerari danteschi, 1969, 276–294.

3. U., Fazio (Bonifazio) **degli,** einer der vielseitigsten sog. »kleineren« Dichter des 14. Jh.s, * wahrscheinl. in Pisa, Sohn des Taddeo, Enkel des Lapo, aus der im Exil befindlichen adligen florentin. Familie Uberti; † wahrscheinl. 1367 in Verona. U. lebte vorwiegend an den Höfen in Norditalien, zuerst in Padua und in Treviso, später mehr als ein Jahrzehnt (1346–57) bei den →Visconti in Mailand, danach in Bologna im Gefolge des Giovanni Visconti d'Oleggio. Die letzten Lebensjahre verbrachte er in Verona. Er verfaßte 14 Canzonen (darunter 7 Liebeslieder, 5 mit polit. Thematik), 12 Sonette, eine Frottola und 2 Lauden, sein Name ist jedoch v. a. mit dem »Dittamondo« (»Dicta mundi«) verbunden, einem in 6 Bücher (jeweils 29, 31, 23, 27, 30 und 14 Kapitel) gegliederten gewichtigen hist.-geogr. Traktat. Das in dantesken Terzinen verfaßte, um 1345 begonnene Werk (in das gleiche Jahr ist der Beginn der lit. Reise gesetzt) wird bis zum Tode des Verfassers fortgeführt. Es schildert eine Art von imaginärem Itinerar moralist. Zuschnitts durch die damals bekannten Teile der Welt unter der Führung des Geographen Solinus. U. benutzte verschiedene Q.: →Dantes Commedia – deren Einfluß jedoch vielleicht überschätzt wurde –, die Bibel, Traktatlit. (Solinus, →Martin v. Troppau), Texte der afrz. Artuslit., die »Cronaca« des Giovanni →Villani und den »Liber peregrinationis« des Ricoldo di Monte Croce. Mit einem Wort, das Werk ist die »Summe« der Bildung eines Hofmanns, der reiseerfahren ist, aber v. a. reiche Kenntnisse heterogener Lektüre besitzt.

L. Rossi

Ed.: Il Dittamondo e le rime, hg. G. CORSI, 2 Bde, 1952 – *Lit.:* A. PELLIZZARI, Il »Dittamondo« e la »Divina Commedia«, 1905 – L. ZAMBARELLI, L'opera poetica di F. d. U., 1936 – G. PARMA, L'imitazione dantesca nel »Dittamondo« e nelle liriche morali di F. d. U., 1942 – E. RAGNI, F. d. U. e la letteratura didascalico-morale del Trecento (DCLI II, 1973), 66–71 – Storia della Lett. It., hg. E. MALATO, II, 1995, 382–387 [C. CIOCIOLA; Lit.].

Ubertino da Casale, * 1259 in Casale Monferrato (Piemont), † nach 1328, Franziskanerprediger und -theologe, Vertreter der →Spiritualen. Er verfaßte die religiöse, myst.-apokalypt. Schrift in fünf Büchern und zwei Prologen (der erste autobiographisch), »Arbor vitae crucifixae Jesu« (1305). Die ersten vier Bücher handeln vom Verbum Divinum bis zur Fleischwerdung (B. I, Wurzeln des Baumes); von der Kindheit Jesu (B. II, Stamm); von seinem Wirken in der Öffentlichkeit (B. III, Zweige); von Jesu Passion, Tod, Auferstehung und Himmelfahrt, bis zur Begegnung mit Maria in der himml. Herrlichkeit (B. IV, Baumkrone). Im B. V (Früchte) schreibt U. fast wörtl. die Teile des Apokalypsenkomm.s des Petrus Johannis →Olivi aus, die sich auf den Zustand der Kirche in der Phase des Übergangs vom fünften zum sechsten Zeitalter beziehen, die mit →Franziskus v. Assisi begann. Zum Unterschied von Olivi setzt er die Gestalt des Antichristus mysticus mit den Päpsten →Bonifaz XIII. und →Benedikt XI. und die röm. Kirche mit dem apokalypt. Babylon gleich. Der Apokalypseabschnitt ist unterbrochen von Berichten über die Anfänge des OMin (z. T. nach den »rotuli« des Frater →Leo). – Seit 1306 war U. im Gefolge des Kard.s Napoleon →Orsini in Italien und an der Kurie in →Avignon. 1310–11 verteidigte er die Spiritualen vor der Kommission von Kard.en, die →Clemens V. einberufen hatte, um die Gründe für den Zwiespalt unter den →Franziskanern klarzulegen, und verfaßte zahlreiche Kleinschriften über die Abweichungen von der ursprgl. Regel und zur Verteidigung von Olivis Andenken. Trotz der Verurteilung der Spiritualen und seiner eigenen formalen Eingliederung in die Abtei OSB →Gembloux (1317), griff er ein in die Polemik zw. →Johannes XXII. und der Leitung des Franziskanerordens über den Wert der freiwilligen →Armut zur Erreichung der evangel. Vollkommenheit: In dem »Tractatus de altissima paupertate« (1322; uned.) suchte U. Olivis Position zum »usus pauper« wiederzubeleben (das Armutsgelübde bedeutete nicht nur den Verzicht auf Eigentum, sondern auch den nur eingeschränkten Gebrauch verfügbarer Güter).

G. L. Potestà

Lit.: DSAM XV, 3–15 – B. G. GUYOT, L'»Arbor vitae crucifixae Iesu« d'Ubertin de C. et ses empreints au »De articulis fidei« de S. Thomas d'Aquin (Stud. honor. I. CH. BRADY Friar Minor, ed. R. S. ALMAGNO–C. L. HARKINS, 1976), 293–307 – G. L. POTESTÀ, Storia ed escatologia in U. daC., 1980–C. T. DAVIS, U. daC. and his conception of »altissima paupertas«, StM 3a s., 22, 1981, 1–56.

Ubertus de Bobio, it. Zivilrechtslehrer, † vor Juni 1245, stammte aus Bobbio und lehrte von 1214 bis 1227 in Parma, 1228 am neu eröffneten Studium in Vercelli, 1234 in Modena und spätestens seit 1237 wieder in Parma. U. ist wiederholt in öffentl. Funktionen bezeugt. I. J. 1227 müßte er das Gutachten erstattet haben, in dem er dafür eingetreten sein soll, daß →Blanca v. Kastilien (3. B.) die Vormundschaft über ihren Sohn, Kg. →Ludwig IX. (15.

L.), auch ohne finanziell genügend Sicherheit führen könne. Von seinen Schriften sind erhalten geblieben: Erklärungen zum Codex und zum Digestum vetus mit zahlreichen →Quaestiones sowie ein Hb. für Advokaten (Liber cavillationum), auch von →Johannes de Deo (91. J.) bearbeitet, und eine prozessuale Abhandlung »De positionibus«.

P. Weimar

Ed.: Tractatus universi iuris IV, Venedig 1584, Bl. 7 [De positionibus] – *Lit.:* SAVIGNY V, 143–147 – L. FOWLER-MAGERL, Ordo iudiciorum vel ordo iudiciarius, 1984, 215f. – G. DOLEZALEK, Repertorium mss. veterum Codicis Iustiniani, 1985 [Index] – L. SORRENTI, U. e la giurisdizione sugli scolari. Una quaestio sui limiti di esercizio del foro privilegiato, Rivista internaz. di diritto comune 4, 1993, 211–219 – E. CORTESE, Il diritto nella storia medievale, II, 1995, 418f. [Lit.].

Uc. 1. **U. Faidit** → Uc de Saint Circ (3. U.)

2. **U. (Uguet) de Mataplana,** Troubadour und Förderer von Troubadours, * um 1175, † 28. Nov. 1213, stammte aus einer der bedeutendsten katal. Adelsfamilien. Er kämpfte in den Schlachten von Las →Navas de Tolosa (1212) und →Muret (1213) und starb an den bei Muret erlittenen Verwundungen. Von ihm sind nur einige Gelegenheitsgedichte erhalten: ein gegen →Raimon de Miraval gerichtetes, in heftigem Ton gehaltenes Sirventes, eine Tenzone mit dem Spielmann Reculaire und ein Coblas-Wechsel mit einem »Blacasset«, der eher mit dem jungen Blacatz (1144–1236) zu identifizieren ist als mit Blacasset. U.s Förderung von Troubadours und sein großzügiges Mäzenatentum wurden mit besonderer Emphase von Raimon →Vidal in den »novas« »Abril issia« und »So fo el temps« gerühmt.

S. Asperti

Lit.: M. DE RIQUER, El trovador Huguet de M. (Studia Hispanica [Fschr. R. LAPESA, I, 1972]), 455–494 – DERS., Los Trovadores, 1975, 1088–1093.

3. **U. de Saint Circ,** prov. Troubadour, * ca. 1185, † nach 1257. Nach der von U. selbst verfaßten okzitan. »Vida« stammte er aus Quercy, war Sohn eines »armen Vasallen« und studierte in Montpellier, zog es jedoch vor, Spielmann statt Kleriker zu werden. Ein rastloses Leben führte ihn an die wichtigsten Höfe in Südfrankreich, Katalonien, Aragón, Kastilien und León. Seine lit. Laufbahn läßt sich zw. 1211 und 1253 ansetzen. Seit 1220 hatte er sich offenbar fest in der Mark Treviso niedergelassen. 1257 klagte ihn die Kirche v. Treviso wegen Wuchers und Häresie an. Diese Anklage erklärt sich aus der religiösen, moralist., inquisitor. Bewegung in der Mitte des 13. Jh., die jede gewinnbringende Geldleihe (der Häresievorwurf ist die Folge des ersten Anklagepunkts) als Verbrechen ansah; sie bezeugt zudem, daß U. nunmehr über mehr als ausreichende Geldmittel verfügte. Bevor er sich in Italien niederließ, lag der Schwerpunkt von U.s Schaffen auf der Lyrik, insbes. auf konventionellen, spekulativen Liebesgedichten mit stark lehrhafter und exemplar. Intention. Das Bemühen, sein Publikum zu erfreuen und zugleich zu belehren (delectare – docere), zeigte sich noch deutlicher während seines langen Dienstes am Hof des Alberico da →Romano, wo U. nicht nur als Dichter-Sänger, sondern auch und v. a. als »Philologe«, Grammatiker und Historiker der okzitan. Lit. Ansehen gewann und als Lehrer und Erzieher eines Publikums wirkte, das seine Sitten durch die Nachahmung der guten Gesellschaft in Südfrankreich verfeinern wollte. In seiner Eigenschaft als doctor provincialium stellte U. eine repräsentative Anthologie der prov. Lyrik zusammen (der berühmte »Liber domini Alberici«, der zum Teil in die heutige Hs. D eingegangen ist), verfaßte ein umfangreiches Corpus von →Vidas und »Razos« über die wichtigsten Vertreter und zu den Haupttexten der okzitan. Lit. und schrieb einen linguist.-poet.-

grammatikal. Traktat ('Donat Proensal'), um Kenntnis und Verbreitung der Lit. in Langue d'oc zu erleichtern. Sein Engagement als Dichter und Prosaschriftsteller zielte v. a. darauf, moral. Prinzipien wie Selbstdisziplin, Geradlinigkeit, Loyalität, Maßhalten, Rücksichtnahme durchzusetzen, an die er glaubte oder zu glauben vorgab.
S. Guida

Ed.: A. Jeanroy–J. J. Salverda de Grave, Poésies de U. de S. C., 1913 – *Lit.:* D. Rieger, Bona domna und mala domna. Zum »roman d'amour« des Trobadors U. de S. C., Vox Romanica 31, 1972, 76–91 – F. Zufferey, Un document relatif à U. de S. C. à la Bibl. Capitulaire de Trévise, Cultura Neolatina XXXIV, 1974, 9–14 – M. Cocco, Un »exemplum« per i »fins amans« d'Italia (U. de S. C. e Clara d'Anduza), Ann. Fac. Lett. Filos. Univ. Cagliari n. s. VIII, 1988, 103–128 – Ders., »Gran ren anparet de l'autrui saber e voluntiers l'enseignet ad autrui«, Messana n. s. 4, 1990, 121–168 – M. L. Meneghetti, U. de S. C. tra filologia e divulgazione (Il medioevo nella Marca, 1991), 115–128 – W. Burgwinkle, For Love or Money: U. de S. C. and the Rhetoric of Exchange, RR 84, 1993, 347–376 – S. Guida, Primi approcci a U. de S. C., 1996.

Uccello, Paolo, eig. Paolo di Dono, it. Maler, * Florenz 1397, † Florenz 1475. Die Ausbildung beim Bildhauer →Ghiberti 1408–16 ist im frühesten erhaltenen Werk, Szenen aus der Schöpfungsgeschichte im Chiostro Verde von S. Maria Novella, noch spürbar. 1424 in die Compagnia di San Luca aufgenommen, reiste er 1425 nach Venedig, wo er für S. Marco Mosaiken entwarf; wohl auf der Rückkehr nach Florenz, wo er ab 1431 wieder bezeugt ist, entstand das erst vor kurzem entdeckte Fresko mit der Anbetung Christi in S. Martino Magg. in Bologna. 1436 malte er im Dom in Florenz das Reitermonument des Condottiere John →Hawkwood als Illusionist. Wandgrab in der Art von Masaccios Trinitätsfresko, 1443–45 Dekorationen um die Uhr an der Innenfassade und Kartons für Glasgemälde im Kuppeltambour. In dieser Zeit entstanden die Fresken in der Cappella dell' Assunta im Dom zu Prato und die diesen nahestehende, gleichfalls nicht unumstrittene Predella aus Quarata (Mus. Arcivesc. Florenz), anschließend die stark beschädigten Fresken mit Eremitenlegenden im Kreuzgang von S. Miniato al Monte und die Darstellungen der Geschichte Noahs mit der Sintflut im Chiostro verde von S. Maria Novella. Deren größte Figur wird neuerdings mit Cosimo de' Medici identifiziert und Beziehungen zum Florentiner Unionskonzil postuliert. Im Auftrag Cosimos begann U. gegen 1440 sein erst um die Jahrhundertmitte vollendetes Hauptwerk, eine Darstellung der Schlacht v. San Romano zw. Florentinern und Sienesen 1432 auf drei monumentalen Holztafeln (Paris, Florenz, London). Spätwerke sind die Eremitentafel (Gall. dell'Accademia, Florenz), die beiden Darstellungen des Kampfes des hl. Georg mit der Drachen (Mus. Jacquemart-André, Paris; 1465, London), die Predella mit der Geschichte eines Hostienfrevels für den von Justus van Gent gemalten Sakramentsaltar in Urbino (1465–69) und das große Spalliera-Gemälde mit einer Jagd im Morgengrauen (Oxford). In der Erschließung der Waldestiefe durch die Anordnung der Bäume und die Verkleinerung der Jäger und Hunde erreicht U. den Höhepunkt seiner lebenslangen Bemühungen um die Perspektive: Brunelleschis Entdeckung und die Auseinandersetzung des neuen Bildverständnisses mit älteren Traditionen, wie die dekorative Flächigkeit der flandr. Tapisserien oder das schönlinige Faltenwerk Ghibertis, lassen ein Werk voll Spannungen entstehen, das entsprechend extrem unterschiedl. Bewertungen und eigenwillige Deutungen erfuhr.
Ch. Klemm

Lit.: W. Boeck, P. U., 1939 – J. Pope-Hennessy, The Complete Work of P. U., 1950, 1969 – E. Flaiano–L. Tongiorgi Tomasi, L'opera completa di P. U., 1971 – A. Parronchi, P. U., 1974 – A. Padoa Rizzo, P. U., Catal. completo, 1991 – F. und S. Borsi, P. U., 1993 – V. Gebhardt, P. U., Die Schlacht v. S. Romano, 1995.

Uckermark. Der seit dem 14. Jh. verwendete Begriff bezeichnet das vormalige Siedlungsgebiet der nach dem Fluß U(e)cker benannten westslav. Ukranen und Retschanen zw. Oberhavel und Randow/Welse. Es wurde 948 dem Bm. →Brandenburg zur Mission angewiesen. Im →Slavenaufstand v. 983 dem Lutizenbund (→Lutizen) zugehörig, waren die Stämme später von der poln. und pommerschen Expansion bedroht. Die im →Wendenkreuzzug 1147 errichtete dt. Herrschaft wurde von →Pommern übernommen und später mit Brandenburg geteilt. Die Scheidelinie bildete nun die Grenze der Diöz.n Brandenburg und →Kammin. Daneben besaßen wohl kleinere Herren Herrschaftsrechte. Die dt. Besiedelung setzte in allen Teilen im 13. Jh. ein; slav. Zentren wie →Prenzlau und →Pasewalk wurden zu Städten dt. Rechts (→Magdeburger Recht). Die von der Oderlinie (Oderberg) nw. vorstoßenden brandenburg. Mgf.en hatten im 1230 die s. U. im Besitz; es entstanden dort die Städte Angermünde, Templin und Lychen, im N u. a. Strasburg und Greiffenberg. Im N gründeten die pommerschen Hzg.e noch im 12. Jh. das Prämonstratenserkl. Gramzow, die brandenburg. Mgf.en zwei Zisterzienserkl.: 1258 das 1272 nach →Chorin verlegte Kl. Mariensee sowie 1299 Himmelpfort. Landesherren und Adel stifteten Zisterzienserinnenkl. (Boitzenburg, Zehdenick, Seehausen). 1250 wurde im Vertrag v. Landin das gesamte »terra Ukera« genannte Land brandenburg., doch kam nach dem Aussterben der Askanier und den folgenden Wirren 1354 das Gebiet um Pasewalk dauernd zu Pommern. Die auf Getreideexport ausgerichtete Wirtschaft in der U. wurde bes. von der →Agrarkrise betroffen, zahlreiche der im 13. Jh. gegründeten Dörfer fielen wüst.
F. Escher

Lit.: Die U. (Hist. Ortslex. v. Brandenburg VII, bearb. L. Enders, 1986) – Dies., Die U. Gesch. einer kurmärk. Landschaft vom 12. bis zum 18. Jh., 1992 – Die Ortsnamen der U. mit einem siedlungsgeschichtl. Beitr. v. L. Enders (Brandenburg. Namenbuch, T. 9, bearb. S. Wauer, 1996).

Uclés, Schlacht v. (29. Mai 1108), ausgetragen zw. einem almoravid. Heer unter Tamīn ben Yūsuf, Statthalter v. Granada, und einem chr. Heer (ca. 2400 Mann) unter Führung des Infanten Sancho, Sohn Kg. →Alfons' VI. v. Kastilien-León, um eine Schlüsselstellung 30 km südl. des Tajo und 103 km östl. von Toledo. Die Niederlage des chr. Aufgebots war um so vernichtender, als nicht nur die Burg U. verlorenging, sondern neben Sancho, dem einzigen männl. Thronfolger des Kgr.es, auch eine Reihe bedeutender Adliger, darunter →García Ordóñez, Gf. v. Nájera, während des Kampfes oder unmittelbar nachher während des von Aufständen der muslim. Bevölkerung begleiteten Rückzugs auf Belinchón ihr Leben ließen. Das Kgr. geriet auf ein Jahrzehnt in eine tiefe Krise.
L. Vones

Lit.: A. Huici Miranda, Las grandes batallas de la Reconquista durante las invasiones africanas, 1955, 102–134 – J. E. Slaughter, De nuevo sobre la batalla de U., AEM 9, 1974–79, 393–404 – J. González, Repoblación de Castilla la Nueva, I, 1975, 98f. – B. F. Reilly, The Kingdom of León-Castilla under Alfonso VI, 1988.

Udalrich

1. **U.,** Fs. v. →Böhmen 1012–33, 1033–34, †9. Nov. 1034, jüngster Sohn →Boleslavs II., stürzte 1012 seinen Bruder →Jaromir und bemächtigte sich des Thrones. Trotz seiner Lehensabhängigkeit von Ks. Heinrich II. betrieb er bald eine selbständige Außenpolitik und suchte die Ende des 10. Jh. gestoppte Expansion Böhmens zu erneuern. 1019

(oder 1020) eroberte er →Mähren und setzte seinen Sohn →Břetislav (I.) als Statthalter ein; innenpolit. strebte U. nach Sicherung der Herrschaft der →Přemysliden in Böhmen und Mähren. Seine Eigenständigkeit führte zum Konflikt mit dem Reich; 1033 zwang Ks. Konrad II. U. zum Herrschaftsverzicht zugunsten Břetislavs und hielt ihn gefangen, begnadigte ihn aber schon 1034; doch mußte U. nun die Herrschaft mit seinem 1012 gestürzten Bruder Jaromir teilen. Nur für kurze Zeit, bis zu seinem frühen Tod, konnte er sich nochmals gegen Jaromir, den er blenden ließ, und seinen Sohn Břetislav als Alleinherrscher durchsetzen. J. Žemlička

Lit.: Novotný I/1, 661–737 – H. Krzemieńska, Politický vzestup českého státu za knížete Oldřicha (1012–34), ČČH 25, 1977, 246–272 – Dies., Wann erfolgte der Anschluß Mährens an den böhm. Staat?, Historica 19, 1980, 195–243 – Dies., Břetislav I, 1986 – J. Žemlička, Expanze, krize a obnova Čech v letech 935–1055, ČČH 93, 1995, 205–222.

2. U. (Uodalricus, Ulrich), hl., Bf. v. →Augsburg 923–973, * wohl 890 Augsburg, † 4. Juli 973 ebd.; entstammte der alem. Adelssippe der Hupaldinger. Sein Vater hieß Hupold. Über seine Mutter Thietpurg (Dietpirhc, Thietpric) dürften verwandtschaftl. Beziehungen zu Hzg. →Burchard I. v. Schwaben bestanden haben und später über die Ksn. Adelheid auch zur otton. Herrscherfamilie. In St. Gallen erzogen, amtierte der Gf. ensohn schon unter Bf. →Adalbero als Kämmerer. Bei dessen Nachfolge übergangen, zog er sich aus Enttäuschung auf die elterl. Güter zurück. Nach dem Tode Bf. Hiltines wurde U. von Kg. Heinrich I. auf Bitten Hzg. Burchards I. v. Schwaben zum Augsburger Oberhirten ernannt (Nov.–Dez. 923). Während der Regierungszeit des ersten Kg.s aus dem sächs. Haus trat U. nicht bes. hervor. Er nahm lediglich an der Synode v. Erfurt (1. Juni 932) teil. U. ließ den von den Ungarn zerstörten Dom neu errichten und sicherte Augsburg durch einen Mauerring. Zur Regierungszeit Ottos I. nahm er an wichtigen Hoftagen und Synoden teil (Ingelheim 948, Augsburg 952, Rom 972, Ingelheim 972). Während des sog. Liudolfaufstandes (953–955; →Liudolf) stand U. treu auf der Seite des Herrschers. I. J. 954 vermittelte er mit Bf. →Hartbert v. Chur einen Waffenstillstand zw. Otto I. und dessen Sohn Liudolf. U. verteidigte während des Ungarneinfalls umsichtig seine Bf.sstadt und kämpfte entgegen der späteren Legendenbildung durchaus wohl selbst mit. Diese Verteidigung von Augsburg, die Kräfte des ung. Heeres band, war sicherl. entscheidend für den epochalen Sieg Ottos I. am 10. Aug. 955 auf dem →Lechfeld. Um 955 wurde U. auch das Münzrecht von Kg. Otto verliehen. Anstelle der von den Ungarn zerstörten Kirche St. Afra entstand auf U.s Initiative ein Neubau, in dem er sich eine Grablege errichten ließ. Außerhalb der ehem. Stadtmauern gründete er 968 das Kanonissenstift St. Stephan und ein Spital. Trotz seines Einflusses bei Otto I. konnte er seinen Neffen Adalbero nicht als seinen Nachfolger durchsetzen. Ebenso blieb seine Designation des Fuldaer Abtes Werinhar wirkungslos. U., der zeitweise auch Abt der Kl. Kempten und Ottobeuren war, starb, nachdem er über seine Habe letztwillig verfügt hatte. Er wurde nach mehrtägiger Aufbahrung im Dom nach St. Ulrich überführt und dort in der vorbereiteten Grablege beigesetzt. Schon etwa zehn Jahre nach U.s Tod begann sein ehem. Dompropst Gerhard, seine Vita abzufassen, die ein beredtes Beispiel für die schon andauernde Verehrung des durchaus kantigen Augsburger Bf.s ist. Die Echtheit der päpstl. Kanonisationsurk. vom 3. Febr. 993, die bisher als ältestes Beispiel ihrer Art galt, wurde neuerdings mit gewichtigen Argumenten angezweifelt (Schimmelpfennig, Wolf), aber auch energ. verteidigt (Hehl). G. Kreuzer

Q. und Ed.: W. Volkert–F. Zoepfl, Die Reg. der Bf.e und des Domkapitels in Augsburg, I, 1985, Nr. 102–159, Nachtr. 328–335 – Gerhard v. Augsburg, Vita Sancti Uodalrici [Einl., krit. Ed., Übers. besorgt v. W. Berschin–A. Häse, 1993] – Lit.: F. Zoepfl, Das Bm. Augsburg und seine Bf.e im MA, 1955, 61–77 – Bf. Ulrich v. Augsburg und seine Verehrung (Festg. zur 1000. Wiederkehr seines Todestages, 1973) – G. Althoff, Amicitiae und Pacta, 1992, 295–306 – Bf. Ulrich v. Augsburg 890–973 (Fschr. aus Anlaß des tausendjährigen Jubiläums seiner Kanonisation im Jahre 993, hg. M. Weitlauff, 1993) – B. Schimmelpfennig, Afra und Ulrich. Oder: Wie wird man heilig? Zs. des Hist. Ver. für Schwaben 86, 1993, 23–44 – G. Wolf, Die Kanonisationsbulle v. 993 für den Hl. Oudalrich v. Augsburg und Vergleichbares, ADipl 40, 1994, 85–104 – E.-D. Hehl, Lucia/Lucina – Die Echtheit v. JL 3848. Zu den Anfängen der Hl.nverehrung Ulrichs v. Augsburg, DA 51, 1995, 195–211.

3. U. v. Bamberg, nach eigener Angabe alumnus und Mitglied der Bamberger Kirche; Kompilator des 1125 Bf. Gebhard v. Würzburg gewidmeten Cod. Udalrici (CU), einer nachträgl. bis 1134 erweiterten Slg. von 20 Gedichten, bes. aber von 121 Urkk., 250 Briefen v. a. aus der Zeit Heinrichs IV. und V. von bedeutendem Q.wert, und einer Ars dictaminis, eines nur in 1 Hs. (Wien, Österr. Nat.-Bibl. 2521) überlieferten, dem Michelsberger Mönch Gottschalk († 1151) gewidmeten Kompendiums aus Exzerpten schulläufiger antiker Rhetoriken (Cicero, Quintilian, Martianus Capella, Rhetorica ad Herennium). Drei Identifizierungen des in Bamberger Nekrologen häufigen Namens wurden erwogen: mit einem Domkustos († 7. Juli 1127, zuletzt Worstbrock), einem Michelsberger Schreibermönch († 7. Jan. 1147, Jaffé) und mit dem vom Beginn der 20er Jahre bis 1146 in der Kanzlei Bf. Ottos I. tätigen dictator und Urkk.schreiber 'O I A' (Ziegler), der aber paläograph. (anders Ziegler) kaum der 1157 unterschreibende Dompropst U. († 1164) ist. Der Lehrbuchcharakter der Werke legt nahe, daß U. Lehrer der Bamberger Domschule war. J. Staub

Ed.: CU: J. G. Eccardus, Corpus hist. medii aevi, II, 1723, 1–374 – Jaffé, BRG V, 1–469 – C. Märtel, Neued. MGH [in Vorb.] – Ars: F. Bittner, Eine Bamberger Ars Dictaminis, Ber. d. Hist. Ver. Bamberg 100, 1964, 145–171 – Lit.: Repfont III, 500 [Lit.] – Verf.-Lex.² IX, 1245–1247 [Lit.] – C. Erdmann, Die Bamberger Domschule im Investiturstreit, ZBLG 9, 1936, 1–46 – Wattenbach–Holtzmann, 439–442 – H.-U. Ziegler, Der Kompilator des CU – ein Notar der Bamberger Bf.-Kanzlei?, ADipl 30, 1984, 258–281 – J. Worstbrock, Rep. der Artes dictandi des MA, I, 1992, 112f.

Udalrichinger (auch Geroldinger, Ulriche), frk.-alem. Gf.engeschlecht 8.–11. Jh., benannt nach Gf. Gerold bzw. seinem Sohn, Gf. Udalrich (I.), dem Bruder Kgn. Hildegards († 783). Der Schwager und besondere Günstling Karls d. Großen begründete seit 778 die mächtige Stellung seiner kognat. mit den alem. Hzg.en verwandten, im Elsaß und am Mittelrhein reich begüterten Familie im s. Alemannien, mit Gft.srechten im Alp-, Breis-, Thur-, Linz-, Argen- und Hegau. Der mit ksl. Billigung 816/817 unternommene Versuch der U., die Herrschaft auch auf Rätien (→Churrätien) auszudehnen, scheiterte am Widerstand der →Hunfridinger. Vor 839 wurden die U. von den mit Ludwig d. Fr. verschwägerten →Welfen aus ihren Gft.en n. des Bodensees verdrängt. Erst die neue Alemannienpolitik Ludwigs d. Dt. seit 853 ermöglichte den Wiederaufstieg der U. auf Kosten der Welfen unter Restitution ihrer alten Gft.srechte und den Bodensee nach 854/855. Die Verwandtschaft mit den Karolingern und die Kg.snähe nutzten die U. zur Erweiterung des Machtbereichs (als Gf.en in Pannonien, im Klett-, Nibel- und Rheingau) und zur Verdichtung ihrer Herrschaft im Bodenseeraum (→Bregenz und →Winterthur, Gründung v. Aadorf im

→Thurgau als Hauskl. und Familiengrablege). Wegen ihrer Beteiligung am mißglückten Aufstand →Bernhards (1. B.) gegen Kg. Arnulf (890) ztw. entmachtet, konnten die U. ihre führende Stellung im s. Alemannien durch den Anschluß (vor 911) an die zur Hzg.swürde aufsteigenden Hunfridinger weitgehend wahren. Vom großen Einfluß der U. in →Schwaben im 10. Jh. zeugen gleichermaßen die Erlangung der Gft. in Rätien (vor 926) und die Besetzung der Reichskirchen von →St. Gallen (958) und →Konstanz (979; →Gebhard [II.]) mit Familienmitgliedern. Um 1040 teilten sich die U. in die drei Linien →Buchhorn (bis 1089), Bregenz (bis vor 1152) und →Pfullendorf (bis um 1180).

H. Seibert

Lit.: E. KNAPP, Die älteste Buchhorner Urk., Württ. Vierteljahreshefte für Landesgesch. 19, 1910, 155–265 – B. BILGERI, Gesch. Vorarlbergs, I, 1971² – H.-W. GOETZ, Typus einer Adelsherrschaft im späteren 9. Jh.: Der Linzgaugf. Udalrich, St. Galler Kultur und Gesch. 11, 1981, 131–173 – M. BORGOLTE, Gesch. der Gft.en Alemanniens in frk. Zeit, VuF 31, 1984 – DERS., Die Gf.en Alemanniens in merow. und karol. Zeit, 1986 – K. SCHMID – M. BORGOLTE, Zs. für Württ. Landesgesch. 47, 1988.

Udalschalk, Abt v. St. Ulrich und Afra (→Augsburg, IV) 1127–ca. 1150, † ca. 1150 Augsburg. Obwohl vielfach mit dem Beinamen 'v. Maisach' tituliert, stammte U. nicht vom Geschlecht der Maisacher ab. 1118 begleitete er seinen Abt →Egino nach Rom. Nach 1120 war er capellanus Bf. Ulrichs I. v. Konstanz, in dessen Auftrag er eine zweite Romreise unternahm. U. setzte während seines Abbatiats die von Egino initiierte jungcluniazens. geprägte Kl.reform fort und erweiterte den Grundbesitz des Kl. erheblich. Zu seinem lit. Werk gehören eine Lebensbeschreibung Eginos (»De Eginone et Herimanno«) sowie Biographien der Bf.e →Adalbero v. Augsburg und Konrad v. Konstanz. Er dichtete und vertonte liturg. Texte und verfaßte musiktheoret. Schriften. Die Kl.kirche und Räume des Kl. waren mit seinen Versen geschmückt.

G. Kreuzer

Lit.: N. BÜHLER, Die Schriftsteller und Schreiber des Benediktinerstifts St. Ulrich und Afra während des MA, 1916, 16–26 – W. BERSCHIN, Uodalscalcs Vita S. Kuonradi in hagiograph. Hausbuch der Pfarrei St. Ulrich und Afra [= Uodalscalc-Stud. I], Freiburger Diözesan-Archiv 95, 1975, 82–106 – DERS., Hist. S. Kuonradi [= Uodalscalc-Stud. II], ebd., 107–128 – W. LIEBHART, Die Reichsabtei St. Ulrich und Afra zu Augsburg, 1982, 59–61, 81 – N. HÖRBERG, Libri Sanctae Afrae, 1983, 236–242 – R. SCHMIDT, Reichenau und St. Gallen, 1985, passim – W. BERSCHIN, Uodalscalc-Stud. III: Hist. S. Uodalrici (Fschr. F. BRUNHÖLZL, 1989), 155–164 – F. DÖRR, K. SCHLAGER, TH. WOHNHAAS, Das Ulrichsoffizium des U. v. Maisach (Bf. Ulrich v. Augsburg 890–973), 1993, 751–782.

Udel (Anteil), Teilfsm., Bezeichnung des Territoriums eines Angehörigen der →Rjurikiden-Familie im Unterschied zum Gfsm. Der Begriff ist erstmals im 14. Jh. belegt, der Sache nach jedoch bereits seit Ende des 11. Jh. anwendbar, als der Fs.entag v. Ljubeč 1097 dem Vatererbe (*otčina*) eines Fs.en den Vorrang vor dem Seniorat (→Senior, III) gab. Alle männl. Nachfahren des Fs.en wurden mit angemessenen Herrschaften ausgestattet. Die nach ihrem Hauptort benannten U. waren quasi souverän, dennoch blieb ein Gefühl der Zusammengehörigkeit erhalten, wobei →Kiev als Sitz des Gfs.en als Zentrum betrachtet wurde. Nach 1169 wurde die Macht des Gfs.en so schwach, daß man von der Zeit der Teilfsm.er spricht. Die U. besaßen ihre eigene Verwaltung, seit dem 14. Jh. z. T. sogar ihr eigenes Geld. Im Gfsm. Moskau waren die Teilfs.en ihrem ältesten Bruder als dem Thronerben in Angelegenheiten des Reiches zu polit. Gefolgschaft verpflichtet. Durch die beständigen Teilungen wurden die U. in ihrem Umfang immer kleiner, so daß der Fs. zugleich polit. Herrscher und privater Gutsbesitzer war. Ein Großteil der U.-Fs.en befand sich im Dauerkonflikt mit dem Gfs.en. Die Existenz der U. schützte die Fs.enfamilie jedoch vor der Gefahr des Aussterbens, weshalb sie von den Gfs.en, zu denen sie seit der 2. Hälfte des 15. Jh. kein machtpolit. Gegengewicht mehr bildeten, geduldet und immer wieder neugeschaffen wurden. Zu Beginn des 16. Jh. wurden sie von →Vasilij III. beseitigt.

E. Kraft

Lit.: A. V. ĖKZEMPLARSKIJ, Velikie i udel'nye knjaz'ja Severnoj Rusi v tatarskij period, 1–2, 1889–91 – M. SZEFTEL, Les principautés russes avant l'ascension de Moscou (IXᵉ–XVᵉ s.) (DERS., Russian Institutions and Culture up to Peter the Great, 1975), 613–636 – H. RÜSS, Herren und Diener, 1994, 71ff.

Udine, Stadt in Oberitalien (Friaul). U. gehört zu den ganz wenigen Städten Italiens, die keinen vorröm. oder röm. Ursprung haben. Der isolierte Hügel, auf dem der älteste Stadtkern entstand, war infolge seiner strateg. günstigen Lage bereits vor dem Anfang des 8. Jh. besiedelt, auf den bis die ersten archäolog. und epigraph. Zeugnisse zurückführen lassen.

Ausgehend von dem w. und s. Hang des Hügels, erstreckten sich die frühesten Siedlungen auf die in der Folgezeit Mercato vecchio und Mercato nuovo gen. Gebiete, während die Ost- und Nordhang aus klimat. und topograph. Gründen unbesiedelt blieben.

Abgesehen von Bodenfunden ist von den ersten Jahrhunderten U.s nichts bekannt. Der früheste urkdl. Beleg ist ein Diplom Ottos II. für den Patriarchen v. →Aquileia aus dem Jahr 983. Diese Schenkung hat die Geschichte der Stadt jahrhundertelang geprägt. Unter dem Schutz des befestigten Hügels wurden die Zehnten und Abgaben, die die Patriarchen einzogen, gespeichert; zur besseren Verteidigung wurden gegen Ende des 12. Jh. die beiden größten der Kanäle angelegt, die bis vor wenigen Jahren für die Stadt charakteristisch waren. Ungefähr 100 Jahre später wurde ein Mauerring errichtet, der die Vorstädte Poscolle, Grazzano, Cisis und Cussignano einschloß. Anfang des 14. Jh. wurde ein anderer, viel weiterer Mauerring erbaut, der in der Zeit der industriellen Expansion niedergerissen wurde.

Der topographischen entspricht im wesentl. auch die institutionelle und polit. Entwicklung: Bereits 1248 verlieh Patriarch Berthold U. das Markt- und Stadtrecht. Seine Nachfolger nahmen zuerst mit Unterbrechungen, dann dauernd in U. Residenz.

Der Feudaladel, der bereits vor den Kaufleuten, die nach 1248 in die Stadt strömten, präsent war, wurde allmähl. in die Kommune (erste Statuten im 14. Jh.) eingebunden, trat aber auf diese Weise in Konflikt mit den Patriarchen, denen er zum großen Teil seinen Aufstieg (in älterer wie in neuerer Zeit) verdankte, und denen er bis dahin häufig Unterstützung geboten hatte. Die Familie Savorgnan gewann in dieser Zeit wachsenden Einfluß und erhob sich fast zur Signorie über die Stadt, was zu blutigen Kämpfen führte: Sie fanden im 2. Jahrzehnt des 15. Jh. ihren Höhepunkt, als Patriarch Lodovico mit Kg. →Siegmunds Hilfe beinahe einen triumphalen Erfolg errungen hätte, der jedoch bald durch die Waffen Venedigs zunichte gemacht wurde: im Juni 1420 entzog die Serenissima die Stadt der weltl. Herrschaft des Patriarchen. Für U. brachte die Herrschaft Venedigs jedoch keine Nachteile: Die Stadt wurde definitiver Sitz des Patriarchen, des Statthalters der »Patria del Friuli« (→Friaul) und ihres Parlaments. Ausgenommen eine kurze Phase i. J. 1514 blieb U. bis 1797 unter der Herrschaft der Serenissima.

R. Cervani Presel

Lit.: P. S. LEICHT, Breve storia del Friuli, 1923 – DERS., Gli statuti trecenteschi di U. (Memorie storiche forogiuliesi, XXVI, 1930).

Udo. 1. U., Gf., Hzg. im →Elsaß, * vor 900, † Nov. 949, ◻ Stift Wetzlar (?); Sohn des →Konradiners Gebhard († 910), Vettern: Kg. →Konrad I. († 918), Hzg. →Eberhard v. Franken († 939), Burghard († ?), Hzg. →Hermann I. v. Schwaben († 949); ∞ (?) Gfn. v. Vermandois, Söhne: Gebhard († 938), Konrad, Hzg. v. Schwaben († 949), Udo († 982), Heribert († ?), Tochter: Judith, Gfn. v. →Stade. U. wurde von den Kg.en Konrad I. und Heinrich I. gefördert mit Rechten in der →Wetterau, im Königssondergau und im Oberrheingau. Ein Turmburgbau in Wiesbaden ist wahrscheinl. Späteres Wirken im Elsaß ist nicht genau festlegbar. U. war Sachwalter seiner Sippe auch im Blick auf das Erzstift →Mainz. Während der durch Kg. Ottos I. straffe Politik ausgelösten Reichswirren trat Hzg. Eberhard v. Franken ins Lager der Kg.sgegner über, die Vettern U. und Hermann blieben auf seiten des Herrschers. Die kg.streuen Konradiner kämpften am Oberrhein, dann bei Andernach, wo Eberhard und Hzg. →Giselbert v. Lothringen am 2. Okt. 939 den Tod fanden; nach →Thietmar v. Merseburg soll U. selbst Eberhard erschlagen haben (MGH SRG [in us. schol.], II, 34). Otto I. übertrug U. Lehen und Gf.enrechte. Im nächsten Jahrzehnt blieben U. und Eberhards Sohn Konrad Kurzbold im Lahngau zuverlässige Stützen der Kg.spolitik, nicht mehr revidiert werden konnte das Erlöschen des konradin. Hzm.s am Mittelrhein. A. Gerlich

Lit.: JDG H. I., 51, 196; JDG O. I. 73, 90ff., 117, 151, 175f. – H. BÜTTNER, Gesch. des Elsaß, 1, 1939 [neu hg. T. ENDEMANN, 1991], 155ff. – E. E. STENGEL, U. und Hermann, die Hzg.e vom Elsaß, 1951 [Abh. und Unters.en zur hess. Gesch., 1960, 441–479] – W.-A. KROPAT, Reich, Adel und Kirche in der Wetterau von der Karolinger- bis zur Stauferzeit, 1964, 41–48; 190, Anm. 21, 200 – L. FALCK, Mainz im frühen und hohen MA, 1972, 56ff., 72f. – O. RENKHOFF, Wiesbaden im MA, 1980, 47ff., 54f.

2. U., Ebf. v. →Trier seit 1066, † 11./12. Nov. 1078, ◻ Trier, Dom; ältester (?) Sohn Gf. →Eberhards (6. E.) v. Nellenburg. Es fehlt jeder Hinweis, wann und unter welchen Umständen U. Kanoniker am Domstift in Trier wurde. Klerus und Volk von Trier wählten ihn in einer für sie heiklen Lage (Mitschuld bei der Ermordung von U.s Vorgänger Konrad am 1. Juni 1066) ohne kgl. Mitwirkung zum Ebf. Gegen die von →Anno II. v. Köln erhobenen Vorwürfe der Simonie reinigte U. sich auf der röm. Synode am 30. März 1068 durch einen Eid und empfing von Papst Alexander II. das Pallium. Zeit seines Lebens stand U. als »fidus et indefessus cooperator« (Reg. Greg. II, 10) bei den Päpsten in hohem Ansehen. Die seit 1071 erkennbaren, stetig intensivierten Beziehungen zu Heinrich IV. verschafften U. einen wachsenden Einfluß auf die Reichspolitik. Auf einer Zusammenkunft der Bf.e in Straßburg (Weihnachten 1074) profilierte U. sich als Sprecher und Anführer des Reichsepiskopats, als er diesen zu einem demonstrativen Protest gegen die entwürdigende Behandlung Bf. Pibos v. Toul durch Gregor VII. veranlaßte. U.s Teilnahme am Hoftag in Worms (24. Jan. 1076) und die Unterzeichnung des berühmten Absagebriefs an Gregor VII. markieren jedoch den Wendepunkt in seiner vorbehaltlosen Unterstützung Heinrichs IV. Nach Erlangung der päpstl. Verzeihung ging U. auf Distanz zum Kg., ohne sich jedoch wie viele andere Bf.e der Fs.enopposition anzuschließen. Dank U.s auf Ausgleich bedachter Haltung suchten Papst und Kg. wiederholt seine Dienste als Vermittler. Ende 1076 überbrachte U. die in →Tribur und Oppenheim ausgehandelte »promissio« Heinrichs IV. nach Rom. Erst die Schlacht v. →Mellrichstadt (7. Aug. 1078) bedeutete das Scheitern des päpstl. Plans, durch U.s Vermittlung zu einer Verständigung mit dem Kg. zu kommen. Bei der Belagerung der Burg Tübingen fand er den Tod. H. Seibert

Q.: A. GOERZ, Reg. der Ebf.e zu Trier, 1861, 11f. – GP X,1, 1992, 65–74 – *Lit.*: N. GLADEL, Die trier. Ebf.e in der Zeit des Investiturstreites, 1932, 4–32 – K. HILS, Die Gf.en v. Nellenburg im 11. Jh., 1967, 77–82 – J. VOGEL, Gregor VII. und Heinrich IV. nach Canossa, 1983 – F.-R. ERKENS, Die Trierer Kirchenprov. im Investiturstreit, 1987 – Trier im MA, hg. H.-H. ANTON–A. HAVERKAMP, 1996 [Register].

Udo, Gf.en v. → Stade [1]

Udo v. Magdeburg-Stoff. Die seit dem 13. Jh. (2. H.) nachweisbare Erzählung von U. ist Bestandteil zahlreicher lat. Exempel-Slg.en. Erhalten sind zudem eine mhd. Versfassung (vor 1330, ed. HELM, 1897) sowie mehrere mhd. und ndl. Prosafassungen (seit 14. Jh.) und u. a. me. und tschech. Übers.en. Inhalt der verbreitetsten lat. Fassung aus dem »Speculum exemplorum« (SCHÖNBACH): U., ein versagender Schüler, erlangt durch Marias Beistand ungewöhnl. Begabung und wird Ebf. v. Magdeburg. Doch er mißbraucht sein Amt und wird, im Bett einer Äbtissin, von einem Engel dreimal vergebl. gewarnt: »Fac finem ludo, quia lusisti satis, Udo«. Ein Kleriker erlebt in einer Vision im Magdeburger Dom, wie U., vom hl. Mauritius angeklagt und von Christus verurteilt, vor dem Altar enthauptet wird, wovon für immer ein blutiger Marmorstein zur Warnung aller Bf.e zeugt. In einer gleichzeitigen Vision des Kaplans Bruno wird U. in der Hölle empfangen und gequält, bis er Himmel und Erde verflucht und in den Abgrund gestoßen wird. Der enthauptete Körper U.s wird am Morgen tatsächl. in seinem Blut im Dom gefunden, zunächst in den Sumpf geworfen, dann aber wegen andauernden Teufelsspuks verbrannt. Der Kern der Erzählung von der Bestrafung eines der »fornicatio« (Hurerei) verfallenen Klerikers entstammt Johannes →Cassians »Conlationes«, einzelnes auch →Gregors »Dialogi«. Spätere Zutat sind das Marienmirakel und die bei →Lambert v. Hersfeld beginnende kirchenpolit. motivierte hist. Applizierung auf verschiedene ma. Bf.e. Noch nach der Reformation hat der Stoff, u. a. im Jesuitendrama, zur Warnung vor dem Mißbrauch des kirchl. Amtes gedient. F. Rädle

Ed.: A. E. SCHÖNBACH, Stud. zur Erzählungslit. des MA, 3: Die Legende vom Ebf. U. v. M. (Wiener Sitz.ber., Phil.-Hist.Cl. 144, II, 1901), 2–9 (nach Speculum exemplorum) – J. KLAPPER, Erzählungen des MA, 1914, 229–231 – E. ÖHGREN, Die U.-Legende, 1955, 51–57 (nach Magnum Speculum exemplorum) – *Dt. Versfassung*: K. HELM, Die Legende von Ebf. U. v. M., Neue Heidelberger Jb. VII, 1, 1897, 95–120 – *Lit.*: Verf.-Lex.² IX, 1213–1220 [N. PALMER] – A. E. SCHÖNBACH (vgl. Ed.), 1–77 – DERS., Stud. zur Erzählungslit. des MA, 5: Nachträge zur Legende vom Ebf. U. v. M. (Wiener Sitz.ber., Phil.-Hist.Cl. 145, 1903), 78–92 – E. ÖHGREN (vgl. Ed.) – F. RÄDLE, 'De Udone quoddam horribile' (Tradition und Wertung [Fschr. F. BRUNHÖLZL, 1989]), 281–293.

Al-ᶜUḏrī (Aḥmad b. ᶜUmar b. Anas),L hispanoarab. Rechtsgelehrter (1003–85), verfaßte ein überaus wertvolles, aber nur fragmentar. bekanntes Werk über die Prov.en v. →al-Andalus. Als junger Mann verbrachte er 10 Studienjahre in Mekka. Schüler und Lehrer von Größen wie →Ibn Ḥazm, war sein bedeutendster Schüler ᶜUbaidallāh →al-Bakrī, der berühmte Geograph und Historiker. Das Frgm. – etwa ein Zehntel des Gesamtwerks – wurde zu Beginn der 50er Jahre in einer Privatbibliothek in Jerusalem entdeckt. Es enthält geogr.-hist. Nachrichten der ost- und nordostspan. Prov.en und der von Córdoba, Granada, Niebla, Medina Sidonia und Algeciras. H.-R. Singer

Ed. und Lit.: Al-ᶜU., Tarṣīᶜ al-aḫbār..., ed. ᶜA. AL-AHWĀNĪ, 1965 – F. DE LA GRANJA, La Marca Superior en la obra de al-ᶜU., Estudios de Edad Media de la Corona de Aragón VIII, 1967, 447–545.

Udvarnok (lat. udvornicus), ung. Bezeichnung der zum kgl. Hof (ung. *udvar*, von slav. *dvor* 'Hof') gehörenden halbfreien Dienstleute (→Abgaben, III; →Dienstsiedlungen), die Abgaben sowie – eingeteilt in Hundert- und Zehnerschaften (mit Ausnahme spezieller Dienste als Fischer, Winzer, Jäger, Schmiede usw.) – Fronarbeit leisteten. Da die in Hundertschaften kollektiv produzierenden U. die Höfe meist mit Getreide bzw. Brot, kleineren Tieren, Eiern usw. versorgten, wurden sie seit dem 13. Jh. nur 'Brotgeber' (1276: panisdatores, qui vulgo udvornici appellantur) gen., d. h. als Bauern angesehen. Diejenigen, die an kgl. Stifte gegeben wurden, behielten häufig die Benennung U., wurden aber oft zu den servi gezählt (z. B. in der großen Conscriptio der Propstei v. Dömös, 1138).

Gy. Györffy

Lit.: GY. GYÖRFFY, Wirtschaft und Gesellschaft der Ungarn um die Jahrtausendwende, 1983, 6off. und passim, 205ff.

Ugaunien (Vggenus), Stammesgebiet (Landschaft) im SO →Estlands zw. Wirzjerw und Peipus; Hauptburg →Odenpäh, auch →Dorpat. 1030 von →Jaroslav I. d. Weisen v. Kiev tributpflichtig gemacht, befreiten sich die Ugaunier mit Hilfe der Öseler, doch behaupteten die Russen später ztw. die Tributherrschaft. Als 1208 der →Schwertbrüderorden zur Schaffung eines eigenen Herrschaftsgebiets in U. einfiel, begann ein langjähriger Krieg gegen die Esten, in den auch →Pskov, →Novgorod und Bf. →Albert I. v. Riga eingriffen. 1212 nahmen die Ugaunier die Taufe an. 1215 brach der Krieg erneut aus. 1217/18 war U. in russ. Hand, dann wieder im Besitz des Ordens, 1220 von Dänemark zugewiesen. 1223 bedrohte ein allg. Aufruhr der Esten, von Russen 1224 unterstützt, die dt. und dän. Herrschaft. Nach Unterwerfung von Nordestland sowie →Sackala und →Fellin durch die Deutschen wurde Dorpat erobert, die Russen zum Abzug gezwungen. Der Sitz des Bm.s Estland wurde von →Leal nach Dorpat verlegt, U. ging im Stift 'Dorpat' (so seit 1235) als dessen Hauptbestandteil auf. H. von zur Mühlen

Q. und Lit.: Liv-, Est und Kurländ. UB, 1852ff. – →Heinrich v. Lettland – H. LAAKMANN, Estland und Livland in frühgesch. Zeit (BL I, 1939) – F. BENNINGHOVEN, Der Orden der Schwertbrüder, 1965 – P. JOHANSEN, Balthasar Rüssow als Humanist und Gesch.sschreiber, 1996.

Ugelnheimer, Kaufmannsfamilie, seit dem 1. Drittel des 15. Jh. in Frankfurt a. M. bezeugt, stammte ursprgl. aus Worms. Peter U. d. Ä. († 1463) legte wohl den Grundstock des Vermögens und war seit 1434 Mitglied der zweiten Frankfurter Patriziergesellschaft Frauenstein. Nach seiner Heirat (1444) mit einer Tochter Wolf Blums d. Ä. erscheint er regelmäßig als Teilhaber der →Blumgesellschaft. Zusammen mit der Witwe Wolfs d. Ä., Agnes Blum, scheint er zeitweise die Geschäfte des Handelshauses Blum geführt zu haben. Schon früh wandte er sich auch dem neuen Medium Buch und dessen Vertrieb zu. In seine Fußstapfen trat sein Sohn Peter U. d. J. (* nach 1439 Frankfurt [?], † 1488 Venedig), der 1467 den Frankfurter Bürgereid leistete. Einer kaufmänn. Ausbildung im Hause Blum folgten jurist. Studien in Padua. Als Kaufmann zunächst ebenfalls aktiver Teilhaber der Blumgesellschaft, machte er sich jedoch bald selbständig und widmete sich u. a. dem rasch aufblühenden Buch- und Kunstverlag. Mit Nicolaus →Jenson gründete er 1475 eine Handelsgesellschaft. 1481 gab er sein Frankfurter Bürgerrecht auf und ließ sich dauerhaft in Venedig nieder. Zw. 1482 und 1488 ist er als Buchhändler zudem in Mailand nachzuweisen. Über Italien hinaus reichten seine Geschäftsbeziehungen bis nach Ungarn. Nach seinem Tod führte seine Witwe Margaretha das Handelshaus weiter. M. Rothmann

Lit.: G. LUDWIG, JPKS 23, 1902, Beih. Antonello da Messina – A. DIETZ, Frankfurter Handelsgesch., 1, 1910, 263–267 – K. HAEBLER, Die dt. Buchdrucker des 15. Jh. im Ausland, 1924, 27–33 – P. MONNET, Pouvoirs, Affaires et Parenté à la fin du MA: Les Rohrbach de Francfort [Thèse Paris 1994] – Frankfurter Biogr. (Veröff. der Frankfurter Hist. Komm. XIX/2, hg. W. KLÖTZER, 1996), 489.

Uglič, Stadt und Fsm. am Nordufer der oberen →Wolga, beherrscht den Flußweg von Moskau über die Mologa nach Nordrußland. 1148 wird in der Hypathios-Chronik erstmals 'Ugleče pole' (Uglič-Feld), der ältere Name für die Stadt U., erwähnt. Ob dieser Name mit dem frühen Stammesnamen der Ugliči zusammenhängt, ist fraglich. U. wird seit 1207 als Fsm. genannt, zunächst zum Gfsm. Vladimir (→Vladimir a. d. Kljaz'ma), dann zu Rostov (→Rostov Velikij) gehörig. 1238 und 1293 wurde es von mongol. Truppen zerstört, im 14. Jh. ging es in den Besitz der Fs.enlinie v. →Moskau über. Eine wichtige Rolle spielte U. im Krieg zw. dem Moskauer Gfs.en →Vasilij II. und dessen nordruss. Vettern, den Fs.en v. Galic. Nach seiner Blendung 1446 wurde Vasilij II. in U. interniert. In seinem Testament vergab der Gfs. 1462 Stadt und Fsm. an Andrej Vasil'evič, seinen dort 1446 geborenen Sohn. Dessen Herrschaft (bis 1492) gilt als Blütezeit von Stadt und Fsm. F. Kämpfer

Lit.: A. V. ĖKZEMPLJARSKIJ, Velikie i udel'nye knjazja Severnoj Rusi v tatarskij period s 1238 po 1595 g., 1891 [Neudr. 1966] – M. N. TICHOMIROV, Rossija v XVI stoletii, 1962.

Uglješa, Johannes →Jovan Uglješa

Ugo →Hugo

Ugolino v. Orvieto (Ugolino di Francesco Urbevetano), it. Musiktheoretiker und Komponist, * ca. 1380 in Orvieto?, † 1457 in Ferrara. 1471 im Kapitel der Kathedrale zu Forlì nachweisbar, ab 1415 Kanoniker an S. Croce, Rektor an S. Antonio di Rivaldini ebd., 1425 Archidiakon bis 1439. Er vertrat 1415 die Stadt Forlì auf dem Konzil zu Konstanz, mußte jedoch als Parteigänger der Guelfen 1430 nach Ferrara flüchten. Hier wirkte er bis 1448 als Archipresbyter an der Kathedrale. Sein Hauptwerk ist der zw. 1430–1435 vollendete Traktat »Declaratio musice discipline«, ein später Versuch, aus dem Geist der Antike (Aristoteles, Boethius) die Stellung der Musik als einer scientia speculativa im Quadrivium der Freien Künste zu definieren und ihre Probleme darzulegen. Die 5 Bände der im 15. Jh. recht verbreiteten Hs. behandeln das guidon. Tonsystem, die Intervall- und Moduslehre; den Kontrapunkt, die Mensuralnotation, die Proportionen und die Monochordteilung. Die Zeit rühmte U. auch als Komponisten – die überlieferten drei Kompositionsfragmente erlauben uns kein Urteil. H. Leuchtmann

Ed.: A. SEAY, Ugolini Urbevetani Declaratio musicae disciplinae, 1960 – *Lit.*: MGG s.v. – NEW GROVE s.v. – RIEMANN s.v. – F. X. HABERL, Bio-bibliograph. Notizen über U. v. O., Kirchenmusikal. Jb. X, 1895, 40 – G. PIETZSCH, Die Klassifikation der Musik von Boethius bis U. v. O., 1929 [Nachdr. 1968] – A. HUGHES, U., the Monochord and Musica Ficta, Maison-Dieu 23, 1969, 21–39 – M. BERNHARD, Überlieferung und Fortleben der antiken lat. Musiktheorie im MA (Gesch. der Musiktheorie, hg. F. ZAMINER, Bd. 3, 1990), 67–74 – A. RIETHMÜLLER, Probleme der spekulativen Musiktheorie im MA, ebd., 174–190.

Uguccione. 1. U. della Faggiola →Della Faggiola, Uguccione

2. **U. da Lodi,** it. Dichter, wirkte in den ersten Jahrzehnten des 13. Jh., stammte wahrscheinl. aus einer cremones. Familie; von seinem Leben sind keine sicheren Nachrichten bekannt. In der sog. Saibante-Hs. (Berlin, Dt. Staatsbibl., Hamilton 390) ist sein »Libro« überliefert, eine lange Predigt über die Gefahren der Sünde und die ewige Verdammnis in monorimen Laissen (Alexandriner

und Zehnsilber). U. zeigt gute Kenntnis der afrz. religiösen (z. B. 'Vers de la mort' des →Hélinand de Froidmont, »Disputeison de l'ame et du corps« von →Philippe de Thaon) und ep. Literatur (z. B. die franko-ven. »Chansons de Roland«, →Rolandslied). In neuerer Zeit sind U. auch andere Texte in der gleichen Hs. zugeschrieben worden, v. a. eine »Istoria« in Achtsilber-Distichen (CIOCIOLA, 1991). L. Rossi

Ed.: A. TOBLER, Das Buch des Uguçon da Laodho, AAB, 1884, 3–95 – R. BROGGINI, L'opera di U. da L., Studi Romanzi, XXXII, 1956, 5–124 – *Lit.*: GRLMA VI, 1, 58–85 – E. LEVI, U. da L. e i primordi della poesia it., 1921 – C. CIOCIOLA, Nominare gli anonimi, Filologia e Critica, XV, 1990 (1991), 419–443.

3. **U. da Pisa** →Huguccio

Uhr, -macher

I. Uhr – II. Uhrmacher.

I. UHR: Als »horologium« wurden im MA alle Hilfsmittel zur Bestimmung der Tageszeit, aber auch der Jahreszeiten bezeichnet: Sonnen-, Kerzen-, Wasseru.en, astronom. →Instrumente wie →Astrolabium und →Quadrant, Aufzeichnungen über örtl. Schattenlängen oder Sternpositionen. Als »horologia« galten auch die von Pacificus v. Verona, →Gerbert v. Aurillac und →Wilhelm v. Hirsau gebauten Beobachtungsinstrumente sowie →Sternu.en, später auch Nokturlabien. S. a. →Zeitmessung, Zeitmeßgeräte.

Nach den monast. Regeltexten waren in den frühma. Kl. einfache Sonnenu.en zur Bestimmung der Tageszeit und zu kalendar. Arbeiten (Ermittlung der Äquinoktien), aber auch einfache Auslauf-Wasseru.en (»horologium aquatile«) für →Stundengebet und →Tageseinteilung v. a. zur Bestimmung der nächtl. Weckzeit, zusätzl. zur Zeitbestimmung durch Kerzen, Gebete und Hahnenschrei, in Gebrauch. Diese Klepsydren waren seit der Antike zur Befristung der Gerichtsreden und zur Einteilung der militär. Nachtwachen bekannt. Aufwendigere Wasseru.en, wie die Nachtu.en, die Kg. Gundobad 507 oder Pippin 757 aus Rom als Geschenke übersandt wurden, waren selten. Schwer zu beurteilen ist die Überlieferung der Kenntnis zur Konstruktion solcher U.en und Automaten direkt über die Architekturschrift des Vitruv oder indirekt über die durch den Islam vermittelten Schriften griech. Mechaniker.

Tradition und Weiterentwicklung antiker kalendar. Kalkulationshilfen mit Zahnradgetrieben (Antikythera-Mechanismus) sowie mit Wasseru.en angetriebener Automaten und U.en zur Zeitanzeige sind in Byzanz, v. a. aber im islam. Kulturraum seit dem 9. Jh. gut bezeugt. Im lat. Westen blieb die Kenntnis solcher Geräte dagegen sehr gering. Das belegen die zum Jahr 807 breit überlieferten Nachrichten von der Übersendung einer »arte mechanica« konstruierten Wasseru. mit astronom. Indikationen, akust. Zeitanzeige und Figurenwerken an Karl d. Gr. durch den Kalifen Hārūn ar-Rašīd, das vom norm. Kg. Roger II. 1142 errichtete und mit einer lat.-gr.-arab. Inschrift versehene »opus horologii« in Palermo und eine U. als Geschenk des Sultans al-Ašraf an Ks. Friedrich II. 1232. Bei der Konstruktion dieser als Spielwerke wie auch bei den zur öffentl. Zeitanzeige nach gleichen und ungleichen Stunden (→Tag und Stunde) und der Gebetszeiten benutzten Geräte verwendeten die islam. Konstrukteure Schwimmer, Gegengewichte, Balancierwaagen, Zahnräder, Zeigerwerke und akust. Indikationen; als Antriebsmedium wurde auch mit Sand und Quecksilber experimentiert. Detaillierte Beschreibungen finden sich bei →al-Jazarī 1205/06 und bei Übers.en islam. Fachtexte zur Konstruktion verschiedener U.en dann 1276/77 in den →»Libros del saber de astronomía«, darunter auch die einer U. mit Astrolabzifferblatt, die durch kreisförmig auf einer Welle angeordnete Quecksilberkammern reguliert worden sein soll. Von Kenntnissen der großen chin. Wasseru.en v. a. der Sung-Zeit finden sich im europ. MA keine Spuren. Techn. Weiterentwicklungen der klösterl. Wasseru.en und Weckwerke lassen sich seit der Jahrtausendwende verfolgen. Die Bezeichnung 'Klepsydra' verschwindet; die als Weckvorrichtungen verwendeten »horologia« werden größer, mit akust. Indikationen, mit →Glocken und →Glockenspielen versehen (Beschreibung einer Läutvorrichtung im Ms. Ripoll 225, 11. Jh.; Erwähnung von U.glocken in →Johannes Beleths Offizienkomm. 1164; Außenansicht eines »maizon d'une ierloge« im Skizzenbuch des →Villard de Honnecourt ca. 1230) und allg. aufwendiger gestaltet. Aber nicht jedes Kl. verfügte über eine solche anfällige und schwierig nach den wechselnden Nachtlängen zu regulierende Wasseru. (Wartungshinweise auf Schiefertafeln in der Abtei Villers-la-Ville, 1267/78).

In der 2. Hälfte des 13. Jh. häufen sich die Belegstellen. In einem Komm. zu →Johannes de Sacroboscos »De Sphaera« bemerkt Robertus Anglicus 1271, daß es den »artefices horologiorum« bisher nicht gelungen sei, eine den Erfordernissen der Astronomie entsprechende U. mit einer Welle herzustellen, die sich an einem Volltag genau einmal drehe. Die Hinweise der Folgezeit lassen jedoch vermuten, daß aus klösterl. Weckvorrichtungen bzw. Repetierschlagmechanismen verschiedene Formen mechan. U.werkhemmungen mit Kronrad, Lappenspindel und Unruhe in Radform (»corona freni«) oder als Waagbalken (*foliot, frouwen gemuete*) mit Reguliergewichten entwickelt worden sind. Diese Entwicklung ist von den Zeitgenossen nicht beachtet worden.

Nach der Wende zum 14. Jh. werden U.en mit mechan. Hemmungen auch außerhalb von Kl. in Verbindung mit städt. Glocken auf Türmen v. a. in Italien installiert. Zum Jahr 1336 berichtet eine Mailänder Chronik von der Einrichtung einer U.glocke mit einer Vorrichtung zum automat. Schlag der 24 Stunden des Tages nach der Zählzahl. Anders als die Entwicklung der U.werkhemmung wird die Installation einer U. mit Stundenschlagwerk mit Hilfe einer Schloßscheibe in der Chronistik als ein neuartiger →Automat überall gefeiert. →Petrarca bezeichnet 1353 die »horologia publica« als junge Erfindung aus dem Bereich der oberit. Städte. Die stundenschlagenden und später auch mit Zeigern und Zifferblättern versehenen öffentl. Turmu.en (*clock, grosse horloge, zytglocke*) verbreiten sich bis zum Ende des 14. Jh. rasch in der europ. Städtelandschaft und mit ihnen zeitgleich auch der Übergang zum stadtöffentl. Gebrauch der gleichlangen Stunden, »horae horologii«. Die Städte wetteiferten bei der Ausstattung der öffentl. U.en mit Glocken, Musik- und Figurenautomaten.

Erst seit der Mitte des 14. Jh. kommen auch auf Stunden oder Stundenbruchteile kalibrierte Sandu.en, »Stundengläser«, auf. Preiswert, leise und recht genau dienten sie nicht nur der Gangkontrolle der U.en, sondern den verschiedensten Befristungs- und Kontrollaufgaben bei Unterricht, Predigt, Pausenzeitkontrolle und Gremiensitzungen, dann auch in der →Navigation.

Nicht als Zeitmesser, sondern zur didakt. Demonstration astronom./astrolog. Vorgänge und Daten werden seit Beginn des 14. Jh. in den Innenräumen zahlreicher Kirchen, z. B. in Straßburg, Schauu.en mit Musik- und Figurenwerken gebaut. Echte →Planetenu.en (Planetarien) mit der Indikation der scheinbar unregelmäßigen, mechan. schwer darstellbaren Bewegungen der Planetenbahnen auf »Zifferblättern« waren dagegen sehr seltene, techn. bes. komplizierte Sonderformen (→Richard v. Wallingford, →Astrarium des Giovanni de →Dondi, →Jean Fusoris).

Kleinere gewichtgetriebene U.en finden sich schon im 14. Jh. auch in privaten Häusern; auch transportable U.en werden erwähnt. Versuche, U.en mit Zugfedern statt mit Gewichtsantrieb zu bauen, werden um 1400 in einer Vita Filippo →Brunelleschis berichtet. Nur ungenau in den Beginn des 15. Jh. läßt sich die Entwicklung der die nachlassende Zugkraft der Feder ausgleichenden »Schnecke« und damit der tragbaren U.en »ohne Gegengewichte« datieren.

II. UHRMACHER: Weckdienst und Wartung der klösterl. Wasseru.en oblagen den Sakristanen, die in dieser Funktion auch »horoscopus« genannt wurden. Um 1240 wird vom hl. Herrmann Josef aus der Prämonstratenserabtei →Steinfeld berichtet, daß er für umliegende Kl. U.en gebaut und reguliert habe. U.macher und U.wärter werden seit dem Ende des 13. Jh. als »horologiarius« bzw. »magister horologiorum« bezeichnet. U.en werden aber auch von Gold- und Waffenschmieden und von Orgelbauern konstruiert. Die meisten U.macher waren Schmiede und Schlosser, oft im Dienst von Höfen oder Städten. In Stralsund erwirbt Thiedemann *seyghermaker* 1341 das Bürgerrecht. Als eigene Berufsgruppe innerhalb der Schmiedezunft erscheinen die U.macher 1431 in Magdeburger Statuten. Zünft. organisiert werden aber nur die Hersteller kleiner U.en in großen Städten, seit dem 16. Jh. auch in selbständigen Zünften. Kompaß- und Sonnenu.macher bildeten getrennte Gewerbe. Groß- und Turmu.enbauer waren gesuchte Spezialisten, die ihre Dienste und ihre Gutachtertätigkeit häufig auf regionaler Ebene auch durch Werbe- und Empfehlungsschreiben anboten. Als U.macher betätigten sich auch Techniker, Werkmeister und gelehrte Instrumentenbauer.

U.en waren zunächst Auftragsarbeiten, im 15. Jh. hat sich dann auch ein Werkstatthandel entwickelt. Das techn. Wissen der U.macher wurde selten schriftl. weitergegeben. Die wenigen, noch nicht alle publizierten Fachtexte richteten sich durchweg an Fachleute. Gelehrte Konstrukteure wie Richard v. Wallingford und Giovanni de Dondi beschrieben v. a. die komplizierten Planetengetriebe und setzten die Kenntnis der Konstruktion einfacher U.werke voraus. Um 1380 wird im frz.-lat. »Petit traité pour faire horoleiges« die Konstruktion verschiedener Zimmeru.en beschrieben. Heinrich Halder, der in Basel und Straßburg Turmu.en gebaut hatte, hinterließ anläßl. der Errichtung einer Turmu. 1385 im Bürgerbuch v. Luzern eine ausführl. Regulieranleitung. Die um 1480 entstandenen Aufzeichnungen aus der Werkstatt des Bruders Paulus Almanus in der Nähe des päpstl. Palastes in Rom beschreiben 30 U.werke verschiedenster techn. Ausstattung und nennen ihre Besitzer, meist kirchl. Würdenträger.

G. Dohrn-van Rossum

Q.: The Almanus Ms. (Staats- und Stadtbibl. Augsburg cod. in 2° no. 209), ed. J. LEOPOLD, 1971 – The Book of Knowledge of Ingenious Mechanical Devices by Ibn al-Razzaz al-Jazari, ed. J. R. HILL, 1974 – Opera omnia Jacobi et Johannis de Dondis. Facs. du ms., edizione critica della versione A, traduction français. ed. E. POULLE, 1987ff. – *Lit.:* G. BILFINGER, Die ma. Horen und die modernen Stunden. Ein Beitr. zur Kulturgesch., 1892 [Neudr. 1969] – L. THORNDIKE, Invention of the Mechanical Clock about A. D. 1271, Speculum 16, 1941, 242f. – P. ZUMTHOR, Un traité français d'horlogerie du XIVe s., ZRPh 73, 1957, 274–287 – E. POULLE, Un constructeur d'instruments astronomiques au XVe s. Jean Fusoris, 1963 – S. A. BEDINI–F. R. MADDI-

SON, Mechanical Universe. The Astrarium of Giovanni de Dondi (Trans. of the American Philos. Soc., n. s., vol. 56, pt. 5), 1966 – E. ZINNER, Dt. und ndl. astronam. Instrumente des 11.–18. Jh., 1967^2 – D. J. DE SOLLA PRICE, Gears from the Greeks. The Antikythera Mechanism – a Calendar Computer from ca. 80 B. C. (Trans. Amer. Philos. Soc. vol. 64, no. 7, 1974, 1–70), 1975 – J. D. NORTH, Monasticism and the First Mechanical Clocks (The Study of Time, II, 1975, 381–398; Stars, Mind and Fate, 1989, 171–186) – A. D'HAENENS, La clepsydre de Villers (Klösterl. Sachkultur des SpätMA, 1980), 321–342 – E. POULLE, Équatoires et Horlogerie planétaire du XIIIe au XVIe s., 2 Bde, 1980 – D. R. HILL, Arabic Water-Clocks (Sources and Stud. in the Hist. of Arabic-Islamic Science, Hist. of Technology Ser. 4, 1981) – A. TURNER, The Time Museum, Cat. of the Collection, vol. 1, Time Measuring Instruments, pt. 3, Water Clocks, Sand-Glasses, Fire Clocks, 1984 – J. NEEDHAM, Heavenly Clockwork. The Great Astronomical Clocks of Medieval China, 1986^2 [with Suppl. by J. H. COMDRIDGE] – DERS., The Hall of Heavenly Records: Korean Astronomical Instruments and Clocks, 1380–1780, 1986 – E. POULLE, Un atelier parisien de construction d'instruments scientifiques au XVe s. (Hommes et Travail du Métal dans les villes Médiévales, hg. P. BENOIT–D. CAILLEAUX [A. E. D. E. H.], 1988), 61–67 – L. OKKEN, Die techn. Umwelt der frühen Räderu., Tractrix. Yearbook for the Hist. of Science, Medicine, Technology and Mathematics, I, 1989, 85–114 – J. WIESENBACH, Wilhelm v. Hirsau. Astrolab und Astronomie im 11. Jh. (Fschr. Hirsau, St. Peter und Paul 1091–1991, T. 2: Zur Gesch. eines Reformkl., hg. K. SCHREINER, 1991), 109–156 – G. DOHRN-VAN ROSSUM, Gesch. der Stunde. U.en und moderne Zeitordnungen, 1992 [Lit.] – G. OESTMANN, Die astronom. U. des Straßburger Münsters. Funktion und Bedeutung eines Kosmos-Modells des 16. Jh., 1993 – J. WIESENBACH, Pacificus v. Verona als Erfinder einer Sternenu. (Science in Western and Eastern Civilization in Carolingian Times, hg. P. L. BUTZER–D. LOHRMANN, 1993), 229–250 – D. R. HILL, The Toledo Water-Clocks of ca. 1075 (Hist. of Technology 16, 1994), 62–71.

Uí Bairche, Dynastie in Leinster (→Laigin), die ihren Ursprung auf Dáire Barrach (5. Jh.?) zurückführte und der Überlieferung nach mehrere Kg.e v. Leinster stellte, nämlich Muiredach Sníthe und seinen Sohn Móenach (spätes 5./frühes 6. Jh.); später traten die U. wenig hervor, wenn sie auch gelegentlich noch versuchten, die →Uí Cennselaig zu verdrängen.   G. MacNiocaill

Lit.: →Uí Briúin.

Uí Briúin, ir. Dynastie in →Connacht, führte ihre Abstammung zurück auf Brión (5. Jh.), einen angebl. Bruder des sagenberühmten Kg.s →Niall Noígiallach. Vom 6. Jh. an stellten die Uí B. eine Reihe von Kg.en v. Connacht, um die Mitte des 7. Jh. in Konkurrenz zu den →Uí Fiachrach, die sie Mitte des 8. Jh. aus ihrer alten Position verdrängten. Die Mehrzahl der Kg.e v. Connacht entstammten von nun an dem Zweig der Uí B. Aí, doch stellten die Uí B. Bréifne, welche die einst armen Landschaften Cavan und Leitrim besiedelt hatten, vier Kg.e v. Connacht (Fergal Ua Ruaire, † 966/967, und seine Nachkommen). Parallel zu dieser Einengung des Zugangs zum Kgtm. vollzog sich die Entwicklung, daß die übrigen Kg.e v. Connacht sich fortan exklusiv aus den Uí B. Aí rekrutierten, beginnend mit Conchobar († 882), nach dem sich Uí B. Aí als →Uí Conchobair bezeichneten.

G. MacNiocaill

Lit.: F. J. BYRNE, Irish Kings and High-Kings, 1973 – D. Ó CRÓINÍN, Early Medieval Ireland 400–1200, 1995.

Uí Cennselaig, ir. Dynastie in Leinster (→Laigin), die ihre Abstammung auf den Heros eponymos Énna Cennsalach (5. Jh.?) zurückführte und eine kleine Zahl von frühen Kg.en v. Leinster stellte: →Brandub († 605/608), vielleicht auch (bei unsicherer genealog. Zuordnung) Rónán († 624) und dessen Sohn Crundmáel († 656). In den Kämpfen mit den expandierenden →Uí Néill konnte Brandub die Oberhand gewinnen und den Anführer der Uí Néill, →Áed mac Ainmerech, 598 besiegen und töten; im 7. und 8. Jh. fiel Leinster dessenungeachtet großenteils unter die Herrschaft der →Uí Dúnlainge. Der einzige mächtigere Kg. der Uí C. in dieser Periode, Áed mac Colcan, wurde bei Áth Senaig (738) vom Kg. der Uí Néill, →Áed Allán, gemeinsam mit den meisten seiner Verbündeten getötet, was den Uí Dúnlainge ermöglichte, ihre Herrschaftsbildung abzuschließen und die Uí C. auf das südl. Leinster abzudrängen. Die blühende hiberno-norw. Handelsstadt →Wexford diente im 11. Jh. jedoch als kraftvolle Basis für den Wiederaufstieg der Dynastie, von →Diarmait mac Maél na mBó († 1072) bis hin zum letzten Kg., Diarmait mac Murchada (→Dermot, † 1171). G. Mac Niocaill

Lit.: →Uí Briúin.

Uí Conchobair (O'Connor), ir. Dynastie, ging zurück auf Kg. Conchobar († 882), monopolisierte seit dem frühen 12. Jh. das Kgtm. v. →Connacht (Westirland); zwei Mitglieder, →Toirdelbach († 1156) und Ruaidrí (→Rory, † 1198), strebten voll Ehrgeiz, aber mit begrenztem Erfolg nach dem →Hochkgtm. v. Irland. Ruaidrí sah sich konfrontiert mit der Konkurrenz anderer ir. Kg.e (Muirchertach MacLochlainn, →Dermot mac Murrough), v.a. aber mit der anglonorm. Invasion von 1169–71. Unter Cathal Crobderg († 1224) wurde ein Modus vivendi mit den engl. Baronen erreicht; in der Folgezeit schrumpfte das von den Uí C. kontrollierte Gebiet jedoch Zug um Zug durch Konfiskationen und das Vordringen angloir. Siedler (unter der Adelsfamilie de →Burgh). Die Widerstandskraft der Uí C. wurde geschwächt durch innere Zwistigkeiten, die im späten 14. Jh. zur Aufsplitterung in zwei gegner. Verbände führten, Ua Conchobair Donn und Ua Conchobair Ruadh.

G. MacNiocaill

Lit.: Annála Connacht: the Annals of Connacht, hg. A. M. Freeman, 1944 – Medieval Ireland 1169–1539, hg. A. Cosgrove, 1987 (A New Hist. of Ireland, II).

Uí Dúnlainge, ir. Dynastie in Leinster (→Laigin), führte ihren Ursprung zurück auf den Heros eponymos Dúnlaing (5. Jh.?). Sie kontrollierte seit dem 7. Jh. (mit kurzen Unterbrechungen) Leinster und übte über die nördl. Regionen des Landes die unmittelbare Herrschaft aus, mit Ausnahme der mächtigen hiberno-norw. Stadt→Dublin. Während des 10. Jh. suchten die Kg.e v. →Osraige die Uí D. aus ihrer Machtposition zu verdrängen, was 1036 dem Kg. Donnchad mac Gilla Pátraic auch gelang. Diese Schwächung der Uí D. förderte letztlich den Wiederaufstieg ihrer alten Konkurrenten, der →UíCennselaig.

G. MacNiocaill

Lit.: →Uí Briúin.

Uí Echdach, Dynastie, die das kleinere Kgr. Airthir in →Airgialla (nördl. Irland) beherrschte und v. a. bekannt ist, weil sie eine Reihe von Laienäbten und Unteräbten v. →Armagh (bis ins 12. Jh.) stellte. G. MacNiocaill

Lit.: Corpus Genealogiarum Hiberniae, 1, hg. M. A. O'Brien, 1962 – T. Ó Fiaich, The Church of Armagh under Lay Control, Seanchas Ardmhacha 5.1, 1969.

Uí Fiachrach, ir. Dynastie in →Connacht, führte ihre Abstammung zurück auf Fiachra (5. Jh.?), einen angebl. Bruder des sagenberühmten Kg.s →Niall Noígiallach. Die Uí F. stellten vom Ende des 5. Jh. bis zur Mitte des 8. Jh. zehn Kg.e v. Connacht, doch wurde ihre Herrschaft mehrfach von Kg.en aus der verwandten Dynastie der →Uí Briúin unterbrochen. Seit der Mitte des 8. Jh. spaltete die territoriale Expansion der Uí Briúin im zentralen und nordöstl. Connacht die Uí F. in zwei Zweige, die Uí F. in Tuaiscirt (große Teile der Gft. Mayo) und die Uí F. Aidne (südl. Gft. Galway). Damit wurde die polit. Bedeutung der Uí F. empfindlich geschwächt.

G. Mac Niocaill

Lit.: →Uí Briúin.

Uí Liatháin, Dynastie im östl. →Cork (sö. Irland), Nachbarn der Déisi (der Vorläufer der→Dál Cais), beanspruchten Abstammung von den →Eóganachta, der großen Kg.sdynastie v. →Munster. Die Uí L. erscheinen jedoch nur sporadisch in den Annalen und übten lediglich untergeordnete Herrschaftsfunktionen aus. G. Mac Niocaill

Lit.: Corpus Genealogiarum Hiberniae, 1, hg. M. A. O'Brien, 1962 – F. J. Byrne, Irish Kings and High-Kings, 1973.

Uí Maine, Dynastie in →Connacht (westl. Irland), beherrschte den südl. Teil der heut. Gft. →Roscommon und den südöstl. Teil der heut. Gft. Galway. Im 5.–6. Jh. erhoben die→Uí Néill Anspruch auf Oberherrschaft über die Uí M., die seit Ende des 6. Jh. jedoch unter Kontrolle der →Uí Fiachrach Aidne standen, bis im 8. Jh. die →Uí Briúin zur Vormachtstellung aufstiegen. Die Uí M. waren während des gesamten MA eine der bedeutenderen Dynastien in Connacht, wenn sie auch seit dem 12. Jh. im wesentl. auf das Gebiet der Diöz. →Clonfert beschränkt waren. Auch nach der anglonorm. Invasion verstanden sie es, ihr Territorium, unter der Herrschaft des führenden Familienverbandes der Ó Ceallaigh (O'Kelly), im wesentl. zu behaupten und (seit Mitte des 14. Jh.) zu einem Modus vivendi mit den anglonorm. Siedlern, bes. der Adelsfamilie de→Burgh, zu finden. G. MacNiocaill

Lit.: Corpus Genealogiarum Hiberniae, 1, hg. M. A. O'Brien, 1962 – K. Nicholls, Gaelic and Gaelicised Ireland in the MA, 1972 – F. J. Byrne, Irish Kings and High-Kings, 1973 – Medieval Ireland 1169–1534, hg. A. Cosgrove (New Hist. of Ireland, II, 1987).

Uí Néill, große und weitverzweigte ir. Dynastie, beanspruchte Abstammung vom sagenberühmten Kg. →Niall Noígallach, wurde von den frühen genealog. Überlieferungen mit dem westir. Kgr. →Connacht assoziiert. Im 5. Jh. breiteten sie ihre Herrschaft in nördl. und östl. Richtung aus, auf Kosten der →Ulaid (Ulster) und der →Laigin (Leinster); dieser Prozeß läßt sich nicht in exakten chronolog. Abläufen fassen. Die Verfügung über den durch Mythen geheiligten Kg.ssitz →Tara wechselte im späten 5. und frühen 6. Jh. offenbar zw. Uí N. und Laigin. Als Ergebnis der Expansion der Uí N. im beginnenden FrühMA entstand eine Reihe von Kgr.en, die sich halbmondartig von der Ostküste bis zur Bucht v. →Sligo im W und dann nördl. von Inishowen in →Donegal erstreckte; diese meist nur winzigen dynast. Kgr.e werden grobflächig in 'südl.' und 'nördl. Uí N.' unterteilt.

Es gibt Hinweise, daß die 1. Hälfte des 6. Jh. von den Kämpfen dieser Kg.sdynastien um die Vorherrschaft erfüllt war. In der 2. Hälfte des 6. Jh. wurde der Konkurrenzkampf dagegen stärker zw. den beiden führenden Dynastien der nördl. und der südl. Uí N. ausgetragen. In der Schlacht v. Cúl Dreimne (561) in der Gft. Sligo wurde der Herrscher v. Tara, →Diarmait mac Cerbail, von einer Gruppe der nördl. und südl. Uí N. geschlagen, ohne daß er freilich anschließend abgesetzt werden konnte; doch folgte seinem Tode (565) eine Periode der Wirren, die das Aufkommen von rivalisierenden Unterkgr.en der Uí N. (→Cenél Eogain und→Cenél Conaill im N, Uisnech im S) begünstigte, wobei die Lage durch die Konflikte mit den Laigin noch undurchsichtiger wurde. Von dieser Zeit an wechselte die Herrschaft über Tara zw. den Dynastien der Cenél Eogain und den Uisnech, fiel aber zeitweilig auch an andere Verbände der Uí N., so an Kg. →Loingsech mac Óengusso († 704), den Herrscher der Cenél Conaill; die

Nachfolge wurde im wesentl. durch militär. Stärke bestimmt, Interventionen von außerhalb der Uí N. stehenden Gruppen spielten keine Rolle mehr. Zugleich setzten die Uí N. ihre territoriale Expansion fort: Zu Beginn des 9. Jh. wurden die Grenzkgr.e v. →Airgialla (in den heut. Gft.en →Derry und →Tyrone) der Herrschaft der Uí N. unterstellt, ebenso das Gebiet um die große kirchl. Metropole →Armagh. Im selben Jahrhundert nahm die Idee eines →Hochkönigtums, das eine Herrschaft über die gesamte Insel anstrebte, allmählich Gestalt an; sie verkörperte sich in der Person des Kg.s →Máel Sechlainn, der (wenn auch gegen die Opposition konkurrierender Dynastien) 846 bis 862 über Tara herrschte. Die Kg.e v. →Munster konnten ihre angestammten Oberherrschaftsansprüche damals wegen polit.-militär. Schwäche kaum zur Geltung bringen.

Das 10. Jh. war geprägt von den Plünderungszügen und der festen Ansiedlung von →Wikingern, deren Vordringen die Uí N. allerdings zunächst wenig beeinträchtigten, zumal die Uí N.-Kg. v. Tara gemeinsam mit dem Kg. v. Leinster 944 die große Wikingersiedlung →Dublin einnehmen und plündern konnte. Auf längere Sicht wurde der Konkurrenzkampf um das Kgtm. v. Tara allerdings durch Waffenbündnisse der Kontrahenten mit wiking. Gruppen kompliziert; die Dynastien der Uí N. wurden geschwächt, und im späten 10. Jh. errang ein tatkräftiger »Außenseiter«, Kg. →Brian Bóruma aus Munster, die Oberherrschaft in Irland gegen →Malachias II. aus dem →Clann Cholmáin (südl. Uí N.; s.a. →Mide, →Brega). Nach Brian Bórumas Tod in der Schlacht v. →Clontarf (1014) wurde die Hochkg.swürde v. Irland zur Beute des militärisch und machtpolitisch Überlegenen; diese Vormachtstellung gewannen bisweilen Kg.e der Uí N.-Verbände, aber auch Herrscher aus anderen Dynastien, wie die Ua Briain/→O Brien (Toirdelbach, 1072-86; →Muirchertach, 1086-1119; →Toirdelbach Ua Conchobair, 1114-56).

Diese Periode endet mit der anglonorm. Invasion (ab 1169), die in kurzer Zeit die Herrschaft der südl. Uí N. weitgehend beseitigte; diese führten den Beinamen 'Ua Maílechlaínn' und spielten im SpätMA keine größere polit. Rolle mehr. Die nördl. Uí N., die den Beinamen 'Ua Néill' trugen, konnten die Herrschaft über ihre alten Territorien weitgehend wahren, waren allerdings über zwei Generationen mit der Rivalität der (nur begrenzt erfolgreichen) Mac Lochlainn konfrontiert. Bis zur 2. Hälfte des 13. Jh. hatten die angloir. Earls v. Ulster die Kontrolle über weite Teile der Ua Néill-Territorien errungen und behaupteten diese bis zur Ermordung Williams de →Burgh, Earl of Ulster (1333). Danach übte bis zum Ende des MA die Dynastie der Ua Néill beherrschenden Einfluß in Ulster, zw. dem Fluß Bann und Donegal, aus; der östl. Bereich wurde teilweise von angloir. Kräften kolonisiert, teilweise beherrscht von einem abgespaltenen Zweig der Ua Néill, dem sog. 'Clann Áeda Buide', wohingegen das westl. Gebiet (heut. Gft. Donegal) der Kontrolle der →Ua Domnaill, die sich traditionell auf Abkunft von den Uí N. beriefen, unterstand.

G. MacNiocaill

Lit.: G. MAC NIOCAILL, Ireland before the Vikings, 1972 - D. Ó CORRÁIN, Ireland before the Normans, 1972 - Medieval Ireland 1169-1534, hg. A. COSGROVE (New Hist. of Ireland, II, 1987).

Ukkel (frz. Uccle), Ort in Brabant, südl. von Brüssel (heute Gemeinde im südl. Vorortbereich der belg. Hauptstadt); Sitz einer karol. Gft., deren Zentrum sich aber im Zuge einer (nach unsicherer Überlieferung dem westfrk. Karolinger →Karl 'v. Niederlothringen' [33. K.], 953-991, zugeschriebenen) Residenzbildung und Stadtwerdung des 'castrum Bruocsela' nach →Brüssel verlagerte. Doch verblieb Brüssel noch für längere Zeit ein Jurisdiktionsbezirk der →Schöffen v. U., bis seit dem 12. Jh. ein eigenes Brüsseler Schöffenamt hervortrat. Die zum Verband des alten Hzm.s →Niederlothringen gehörende Gft. U. bzw. Brüssel bildete seit 1015, als sie an die Gf.en v. →Löwen fiel, einen zweiten Kristallisationskern (neben Löwen) für die Territorialentwicklung des Hzm.s →Brabant.

Lit.: →Brabant, →Brüssel.

Ulaid (Ulster), Volksgruppe und Provinzialkgr. im nördl. →Irland. Ihre frühe Gesch. im 5. und 6. Jh. liegt auf weite Strecken im dunkeln. Sie erlebten im 6. Jh. unter der Dynastie der →Dál Fíatach einen Aufstieg, doch traten vielleicht schon damals die Dynastien der →Dál nAraide und →Dál Riada als Konkurrenten auf. Bereits im 5. Jh. gerieten die U. unter anhaltenden Expansionsdruck der →Uí Néill; diese reduzierten das Gebiet der U., das sich vom Fluß Drowes im W bis zum Fluß Boyne im O erstreckt hatte, auf die östl. Hälfte der späteren Provinz Ulster. Um die Mitte des 6. Jh. verloren die U. infolge innerer Konflikte alle Gebiete westl. des Flusses Bann, und der Bereich zw. Carlingford und dem Fluß Boyne (die Ebene v. Muirtheimne) blieb in seiner Zugehörigkeit umstritten. Während des FrühMA wechselte das Kgtm. zw. den Dál Fíatach und den Dál nAraide; die Dál Riada, die nördl. der Dál nAraide ihre Sitze hatten, besaßen Gebiete sowohl im nö. Irland als auch in →Schottland, wo sie seit dem frühen 6. Jh. Landnahme betrieben. Im späteren 6. Jh. unternahm der Dál Fíatach-Kg. der U., →Báetán mac Cairill, Anstrengungen zur Eroberung und Besiedlung der Isle of →Man. Auf der Synode v. →Druim Cett (575) wurde beschlossen, daß die Flotte der Dál Riada als zum schott. Bereich gehörend betrachtet wurde und der Kg. der U. in Kriegszeiten keinen Anspruch auf ihren Dienst habe; der Militärdienst des ir. Bereichs dagegen sollte den »Männern v. Irland« gehören – eine doppeldeutige Definition.

Während des 7. und 8. Jh. hatten die U. vergleichsweise geringe polit. Kontakte mit dem übrigen Irland, trotz gelegentl. Spannungen mit den Uí Néill (z. B. Schlacht v. Emain, 759). Die Herrschaft über die U. wechselte erneut zw. Dál nAraide und Dál Fíatach, bis letztere im 10. Jh. das Kgtm. monopolisierten, allerdings unter der Oberhoheit der Uí Néill, die von den U. seit der Mitte des 9. Jh. (unter Máel Sechnaill, Kg. der Uí Néill) anerkannt wurde. Trotz einiger militär. Erfolge gegen die →Wikinger (Seeschlacht von 913) wurden die U. zunehmend an den Rand gedrängt.

Der Zug des anglonorm. Adligen John de Courcy in das nördl. Irland (1177), dem die Inbesitznahme des Gebiets östl. des Flusses Bann folgte, setzte dem Kgr. der U. ein Ende. Das im ausgehenden 13. Jh. wiederbelebte Kgr. 'Ulster' wurde von den Uí Néill beherrscht, und das ehem. Herrschaftsgebiet der U. kam unter die Kontrolle einer jüngeren Linie der Uí Néill.

G. MacNiocaill

Lit.: Corpus Genealogiarum Hiberniae, 1, hg. M. A. O'BRIEN, 1962 - K. NICHOLLS, Gaelic and Gaelicised Ireland in the MA, 1972 - F. J. BYRNE, Irish Kings and High-Kings, 1973 - J. BANNERMAN, Stud. in the Hist. of Dálriada, 1974 - Medieval Ireland 1169-1534 (New Hist. of Ireland, II, hg. A. COSGROVE, 1987).

ᶜUlamāʾ (Ulema; Plural von *ʿālim* bzw. *ʿalim*), Gelehrte der spezif. islam. Wissenschaften, islam. Theologen und Gesetzesgelehrte, Kanonisten; Status, der nach variablen Studienlängen an islam. Hochschulen und Universitäten bzw. *madāris* (→Madrasa) erreicht wurde und die so bezeichneten Kenner der islam. Religionswissenschaften auswies, seien sie nun staatl. angestellt und bezahlt (oft weniger geachtet und als der Obrigkeit zu sehr verpflichtet angesehen) oder nicht. Der Muftī, 'Rechtskonsulent, Erteiler von Rechtsgutachten', z. B. gehörte dieser Klasse an, wie auch die *fuqahāʾ* 'Kenner des islam. Rechts' (*fiqh*; →Recht, D). H.-R. Singer

Lit.: EI¹ VIII [Nachdr. 1993], 994 – EI² III, 1133f.

Ulenspegel, Til → Eulenspiegel, Till

Ulfila (Wulfila, 'kleiner Wolf'), Bf. der →Goten und Bibelübersetzer, * ungefähr 311, † vermutlich 383. Seine Vorfahren, wohl mütterlicherseits, stammten aus dem kleinasiat. Kappadokien, doch dürfte er der got. Oberschicht im Gebiet nördl. der Donau angehört haben. Sein überlieferter Lebenslauf, der sich am Beispiel Davids orientiert, läßt ihn als Dreißigjährigen zum Bf. geweiht werden, darauf sieben Jahre nördl. der Donau gewirkt haben, worauf er nach Mösien vertrieben und hier mit den Seinen angesiedelt wurde, denen er weitere dreiunddreißig Jahre lang als geistl. wie weltl. Stammesführer vorstand. Im großen und ganzen dürfte der Lebenslauf U.s, der zur Zeit der Niederschrift des Lebens U.s noch leicht zu überprüfen war, der Wirklichkeit entsprochen haben. Verbindet man ihn mit der Jahreszahl 341, als U. auf der Synode v. Antiochia zum »Bf. der Christen im getischen Land« geweiht wurde, kommt man zu einem Geburtsdatum um 311, zur Vertreibung während der ersten got. Christenverfolgung 348 und zu seinem Tod auf dem Zweiten Ökumen. Konzil v. →Konstantinopel 381. Tatsächlich dürfte er aber erst zwei Jahre später auf dem nächsten Konzil v. Konstantinopel 383 gestorben sein. Auf dem Totenbett verkündete er zum letzten Mal sein Glaubensbekenntnis »an den einen Gottvater, allein ungezeugt und unsichtbar, und an den eingeborenen Sohn, unseren Herrn und Gott, Schöpfer aller Kreatur, der nicht seinesgleichen hat – und daher ist einer aller Gottvater, der auch der Gott unseres Gottes ist –, und an den Heiligen Geist, den Lebensspender und Heiligmacher, der weder Gott noch Herr ist, sondern der treue Diener Christi, und nicht ihm gleich, sondern unterworfen und in allem dem Sohn gehorsam, wie auch der Sohn in allem Gottvater unterworfen ist«. Ein solches, im Grunde homöisches Bekenntnis stand im Widerspruch zur kath. Lehre von der Dreifaltigkeit und galt als arianisch (→Arius, Arianismus). U. hatte im Frühjahr 381 auf dem Zweiten Ökumen. Konzil vergeblich die Verurteilung des Arianismus zu verhindern gesucht. Er und seinesgleichen erreichten jedoch, daß der zweite Kanon der Kirchenversammlung verkündete: »Die Kirchen Gottes unter den barbar. Völkern aber sollen nach der Weise regiert werden, die schon unter den Vätern herrschte.« Dadurch wurde der Freiraum geschaffen, in dem der Arianismus, der im Römerreich in den Untergrund gedrängt wurde, sich als got. und vandal. Stammeskirche halten konnte. Die Grundlage dafür schuf die ulfilanische Bibelübersetzung, die von ihm und seinen Helfern nach der Ansiedlung der vertriebenen christl. Goten, 'Gothi minores', im heutigen Nordbulgarien durchgeführt wurde. Übertragen wurde das Alte wie das Neue Testament; doch blieb von letzterem nur ein größerer Teil im Codex Argenteus der Theoderich-Zeit erhalten (heute in Uppsala). Absichtlich soll U. die »Bücher der Könige, worin die Geschichte der Kriege enthalten ist«, ausgelassen haben, »um (seinem) Volk, das den Krieg liebte, eher einen Zaun für seine Schlachtenlust zu ziehen, als es eigens dafür zu begeistern«. Die normierende Kraft der Bibelübersetzung und der Glaubenseifer der Neubekehrten ließen einen »got.« Glauben entstehen, obwohl oder gerade weil sich die röm. Umwelt immer radikaler katholisierte. Aber auch der Großteil der Germania diesseits wie jenseits der Reichsgrenzen wurde von der got. Mission erreicht, so daß selbst der frk. Merowingerkönig →Chlodwig um ein Haar Arianer geworden wäre. – Zur sprachgesch. Bedeutung →Gotische Sprache, →Bibelübersetzungen, VIII. H. Wolfram

Lit.: RE IX A, 1, 512-531 – H. WOLFRAM, Die Goten, 1990³, bes. 84-94.

Ulloa, Adelsgeschlecht in →Galicien (Lugo), seit Beginn des 14. Jh. als Inhaber der Tierra de Repostería nachzuweisen, begann seinen eigtl. Aufstieg mit dem Sieg der →Trastámara und der Übertragung der Gf. enwürde v. Trastámara auf →Pedro Enríquez de Castro (1370–1400), zu dessen Gefolge Gonzalo Ozores de U. († 1402) gehörte. Mit der später wiederholt bestätigten Übertragung der Gebiete v. Monterroso und U. (1391), dem Rückkauf der Repostería (1400), der Verwaltung der zur Kirche v. Santiago gehörigen Tierra de Grobos (1402), dem guten Einvernehmen mit den Ebf.en und der Verbindung der Familie mit zahlreichen Kl., insbes. →Sobrado, wurde eine solide Grundlage für einen Herrschaftskomplex gelegt, der unter Lope Sánchez de U. (1402–65) die Stellung des auf Besitzerweiterung (Tierra de Orcellón 1441) und Besitzsicherung (→Mayorazgo 1461) bedachten Geschlechts festigte. Schließl. konnte Sancho Sánchez de U. (1465–1505) trotz heftiger Auseinandersetzungen mit den →Zúñiga und den →Sarmiento den Titel eines Gf. en v. Monterrey (Orense) erlangen. L. Vones

Lit.: J. GARCÍA ORO, La nobleza gallega en la Baja Edad Media, 1981, 159ff. – DERS., Galicia en los siglos XIV y XV, I, 1987, 267f.

Ulm, Stadt in Oberschwaben (Baden-Württ.), an der Einmündung der Blau in die Donau.
I. Stadtgeschichte – II. Wirtschaft und Kultur.

I. STADTGESCHICHTE: [1] *Früh- und Hochmittelalter*: Im Zusammenhang mit dem Donaulimes (1. Jh. n. Chr.) kam es im Bereich von U. zu einer Siedlungstätigkeit, wie Streufunde und die Reste einer villa rustica aus dem 2./3. Jh. verraten. Ein ausgedehntes Gräberfeld läßt auf eine alem. Besiedlung vom 5. bis 7. Jh. schließen. Archäolog. Funde lassen zudem einen Herrschaftshof des 7./8. Jh. zur Sicherung des Donauübergangs an der von →Konstanz/Meersburg nach U. und weiter nach →Augsburg führenden Straße vermuten. Möglicherweise steht die Errichtung der weit außerhalb des späteren Stadtgebiets gelegenen Pfarrkirche Unserer Lieben Frau mit diesem Hof im Zusammenhang. Ein Diplom Ludwigs d. Dt. v. 854 läßt erstmals nähere Einzelheiten erkennen: In der Pfalz U. hielt der Kg. einen Hoftag ab. Damit war eine Entwicklung eingeleitet, die U. neben →Bodman zur bestimmenden Pfalz in Alemannien und dann unter den Staufern zum zentralen Ort Schwabens werden ließ. Der wirtschaftl. Versorgung der Pfalz dienten zwei Hofkomplexe, der Stadelhof (im Fischerviertel) und der rechts der Donau gelegene Schwaighof. Die sächs. Herrscher sind nur gelegentl. in U. nachweisbar, aber die Salier haben seit 1027 die Pfalz fest in ihrem Itinerar verankert (u. a. sieben Aufenthalte Heinrichs III.). Zentrale Bedeutung erlangte der Ort im →Investiturstreit. Der schwäb. Adel versammelte sich im Herbst 1076 und im Frühjahr 1077 in U. und beschloß, Hzg. Rudolf v. Rheinfelden zum Gegenkg. zu erheben. Aber auch Heinrich IV. konnte sich nach seinem Gang nach →Canossa Pfingsten 1077 in der Pfalz erneut die Kg.skrone aufs Haupt setzen und über seine Feinde die Acht verhängen. Ebenfalls in U. erhob er 1079 →Friedrich

v. Staufen zum Hzg. v. Schwaben, der allerdings Zähringer und Welfen sowie deren starke adlige Gefolgschaft militär. nicht unterwerfen konnte. Noch im selben Jahr ernannte die päpstl. Partei in U. Berthold v. Rheinfelden, den Sohn Kg. Rudolfs, zum Gegenhzg. Nach den Annalen →Bertholds v. Reichenau waren auch U.er cives bei der Wahl zugegen. Ausweislich der erhaltenen Münzen war U. spätestens seit der Herrschaft Konrads II. Münzstätte. Der U.er Pfennig, urkundl. frühestens 1060 bezeugt, besaß zumindest seit dem ausgehenden 11. Jh. ein großes Verbreitungsgebiet.

Um die Mitte des 11. Jh. wird man mit einer Marktsiedlung im Vorgelände der Pfalz rechnen dürfen. Von einer Befestigung ist erstmals 1131 indirekt die Rede, als die bei der Nachfolge Heinrichs V. übergangenen Staufer sich mit Kg. Lothar III. im Krieg befanden. Der Welfe →Heinrich d. Stolze konnte die suburbia et villae U.s einäschern, nicht aber oppidum und Pfalz, wo die Staufer erfolgreich Widerstand leisteten. Erst 1134 gelang dem Kg. die Zerstörung von Marktsiedlung und Pfalz, in der sich Hzg. →Friedrich II. und sein Bruder →Konrad vergebl. zu halten versuchten. Nach der Wahl Konrads zum Kg., 1138, begann der Wiederaufbau von Pfalz und Marktsiedlung, in der Friedrich Barbarossa 1152 seinen ersten Hoftag abhielt. Während seiner Herrschaft avancierte U. eindeutig zur führenden Pfalz in Schwaben. Die entstehende Stadt erhielt eine Mauer, deren erfolgreiche Funktion für 1247 bezeugt ist. Sie umfaßte 16 ha und hatte drei Tore. Die Hauptstraßenzüge verliefen im wesentl. von W nach O. Die Stadttopographie wurde vom Pfalzkomplex im O und vom Grünen Hof im W bestimmt, einem geschlossenen Bezirk von Höfen auswärtiger Kl., unter denen der des Reichenau dominierte.

Als einzige kirchl. Institution fand das 1229 gegr. Franziskanerkl. beim Löwentor im W einen Platz innerhalb der stauf. Befestigung. Um den Mauerring lag teilweise weit abgesetzt ein Kranz kirchl. Niederlassungen: im O, unmittelbar vor der Mauer, ein Dominikanerkl. (1281), weiter ö., auf dem Gries, ein Klarissenkl. (1237 erstmals bezeugt, 1258 nach Söflingen verlegt), im N die Pfarrkirche und auf der Höhe des Michelsberges das 1183 als Pilgerspital gegr. Augustinerchorherrenstift St. Michael (1215 auf die w. gelegenen Blauinseln umgesiedelt), im W, aber näher an der Mauer, eine Deutschordenskommende, außerhalb der Mauer das 1240 erstmals erwähnte Heiliggeisthospital und das für 1246 zu erschließende Leprosenhaus, das spätere Spital der Reichen Siechen zu St. Katharina, sowie ein wohl ebenfalls ins 13. Jh. zurückreichendes Spital der Armen Siechen zu St. Leonhard.

[2] *Spätmittelalter:* Die Entwicklung zur Stadt im Rechtssinne war allem Anschein nach um die Mitte zum 13. Jh. abgeschlossen, wie die spärl. Belege zu erkennen geben. Ein Vogtvertrag v. 1255 nennt Ammann, Rat und Bürgergemeinde zu U., und 1274 bestätigte Rudolf v. Habsburg die Verleihung des Esslinger Rechts (→Esslingen). Das Interregnum bot auch U. die Gelegenheit, sich auf Dauer herrschaftl. Einflußnahme zu entledigen. Die als Reichsvögte amtierenden Gf.en v. →Dillingen starben 1258 aus, und die 1259 von Konradin mit der U.er Vogtei beauftragten Gf.en v. →Württemberg konnten sie offenbar nicht effektuieren. 1292 wurden Bürgermeister und Zünfte erwähnt, und nach einer 1296 erfolgten U.er Rechtsauskunft an die Stadt Ravensburg wurde der Ammann nicht mehr vom Kg. ernannt, sondern von 63 meliores de civitate gewählt. Das U.er Recht diente auch den Städten Memmingen, Saulgau, Biberach, Meersburg, Langenau, Dinkelsbühl, Leipheim, Kempten und Schwäbisch Gmünd als Vorbild.

Im 14. Jh. erfuhr die Stadt gegen mannigfache Widerstände einen erfolgreichen Ausbau nach innen und außen. Der mißglückte Überfall Ludwigs d. Bayern am 20. April 1316 auf die zu Friedrich d. Schönen haltende Stadt sowie das erhebl. Bevölkerungswachstum bewogen die Gemeinde zur Neuanlage der Stadtbefestigung. Es entstand ein etwa um das Vierfache, auf ca. 70 ha vergrößerter Mauerring, der die →Vorstädte Pfäfflingen im O und Westerlingen im Blauviertel einbezog. Während Pfarrkirche und Augustinerchorherrenstift außerhalb der neuen Mauer blieben, lagen jetzt alle übrigen kirchl. Institutionen und die für die Versorgung wichtigen Mühlen an der Blau innerhalb der Befestigungsanlage. 1376 wurde der Vorort Schwaighofen abgebrochen und die Bevölkerung in die Stadt umgesiedelt. Kurz darauf folgte die Verlegung des Augustinerchorherrenstifts von den Blauinseln in den Mauerring, und am 30. Juni 1377 begann man mit dem Bau des U.er Münsters. Als das Kl. Reichenau seine Patronatsrechte an der Pfarrkirche 1395 der Stadt verkaufte, waren alle Pfarrechte an der neu entstehenden Münsterkirche in U.er Hand.

Parallel zum räuml. Ausbau der Stadt, dem 1480 noch die Vorverlegung der Stadtmauer an die Donau folgte, verliefen die innere Konsolidierung und die Erweiterung der städt. Autonomie. In dem nach hartem Ringen 1345 besiegelten »Kleinen Schwörbrief« erlangten die 17 Zünfte der Handel- und Gewerbetreibenden ein zahlenmäßig knappes Übergewicht im Rat, an dessen Spitze als Repräsentant der Stadt – nunmehr unumstritten – der jährl. aus dem →Patriziat zu wählende Bürgermeister trat. Als wichtigste Etappen auf dem Weg zur reichsstädt. Hoheit sind zu nennen: die Übernahme einst dem Ammann vorbehaltener Aufgaben durch Bürgermeister und Rat, das endgültige Erlöschen der Reichsvogtei zw. 1357 und 1361, die Exemtion von Land- und Hofgerichten (1359), das Recht, →landschädl. Leute mit der Todesstrafe zu belegen (1360), und schließlich die Erlangung des Blutbanns (1397). Ihren sichtbaren Ausdruck fand diese Machtverschiebung auch im Stadtbild. Anstelle der Pfalz rückte jetzt das etwa in der Mitte zw. dieser und dem Grünen Hof errichtete, 1357 als Gewandhaus erwähnte und 1370/71 durch einen Südflügel erweiterte Rathaus ins Zentrum des polit. Geschehens. Das Interesse der wirtschaftl. prosperierenden Zünfte, den Anteil am Stadtregiment zu erweitern, fand im »Großen Schwörbrief« v. 1397 seinen erfolgreichen Abschluß. Man beschränkte die patriz. Vorrechte, und es wurde ein Großer Rat eingerichtet, in dem zahlenmäßig eindeutig die Zunftmeister dominierten. Der die Verfassungsurk. bestimmende Grundgedanke der Gleichberechtigung der »Stände« und des Zusammenhalts der Bürgerschaft bewies seine Tragfähigkeit bis zur Aufhebung des Schwörbriefes durch Ks. Karl V. i. J. 1548.

Durch den Erwerb umfangreicher Herrschaftsgebiete des Adels gelang U. mit der Zeit eine erhebl. Ausdehnung der reichsstädt. Machtstellung. Bereits der Kauf von Gütern und Rechten in vielen Dörfern des Umlandes (→Stadt-Umland-Beziehungen) durch U.er Bürger und Spitäler hatte ein beträchtl. Anwachsen der städt. Einflußsphäre zur Folge. Auch die Aufnahme auswärtiger Kl. und Angehöriger des Adels in das U.er Bürgerrecht als sog. Pfahl- oder Paktbürger (→Ausbürger) half, diese Entwicklung zu verstärken. U.s Expansionspolitik gipfelte im schrittweisen Erwerb der Herrschaft Albeck der Gf.en v. →Werdenberg sowie in der Übernahme großer

Teile der Herrschaft der Gf.en v. →Helfenstein. Damit verfügte U. am Ende des 14. Jh. über das größte, weithin geschlossene Territorium einer →Reichsstadt, das im 15. Jh. nur noch einen bescheidenen Zuwachs erfuhr. Zur Sicherung und Wahrung seiner Selbständigkeit schloß U. seit 1308 eine ganze Reihe von Bündnissen und gewann rasch eine führende Position unter den südwestdt. Städten. U. war zumeist die treibende Kraft für die diversen →Städtebünde und häufig auch ihr Tagungsort. Damit verbunden waren zahlreiche militär. Verpflichtungen, die dem städt. Aufgebot auch Niederlagen bescherten. Im 1488 etablierten →Schwäb. Bund gehörte U. zu den führenden Städten.

II. WIRTSCHAFT UND KULTUR: U.s wirtschaftl. Wachstum wird in engem Zusammenhang mit seiner verkehrsgünstigen Lage am Schnittpunkt wichtiger Straßen mit der →Donau gesehen, die ab U. schiffbar ist. Eine Donaubrücke ist erstmals 1240 erwähnt. Neben dem wichtigen Textilgewerbe wird früh die Bedeutung von Handelsbeziehungen erkennbar. Vor 1164 lassen sich U.er Kaufleute – gleichberechtigt mit denen von Regensburg, Köln und Aachen – im oberösterr. →Enns nachweisen. Im 13. Jh. traten sie in Oberitalien und auf den →Champagnemessen auf. U.s florierendes Wirtschaftsleben besaß seit dem 14. Jh. in der Produktion hochwertigen →Barchents seine wichtigste Einnahmequelle. Die Gunst der geogr. Lage bescherte ferner dem Handel mit Eisen, Salz und Wein bedeutende Gewinne. Die Prosperität spiegelt sich auch in der Bevölkerungszahl, die von etwa 9000 i. J. 1400 auf etwa 17000 i. J. 1500 wuchs.

Als nachhaltigster Ausdruck der überregionalen Bedeutung U.s im SpätMA erweist sich die kulturelle Blüte der Stadt. Sie fand ihren Ausgangs- und Konzentrationspunkt im Münsterbau und dessen künstler. Ausgestaltung. In U. wirkte der bedeutende Bildhauer Hans →Multscher. Ein weiterer Ausdruck des ausgeprägten Kulturlebens waren die zahlreichen Offizine in der Stadt, die U. seit 1473 zum Zentrum des Frühdrucks in SW-Dtl. erhoben. Hier wurden die Werke des Arztes Heinrich →Steinhöwel und des Bürgermeisters Hans Neithardt gedruckt. Überregionale Bedeutung besaß die seit 1294 nachweisbare U.er Lateinschule. S. Lorenz

Bibliogr.: Bibliogr. zur dt. Städteforsch., T. II, hg. B. SCHRÖDER–H. STOOB, 1996, 765–774 – Q. und Lit.: U.isches UB, 3 Bde, 1873–1900 – H. E. SPECKER, U., Stadtgesch., 1977–I. EBERL, Siedlung und Pfalz U., von der Gründung in der Merowingerzeit bis zur Zerstörung i. J. 1134, Zs. für Württ. Landesgesch. 41, 1982, 431–457 – H. E. SPECKER, U. (Dt. Städteatlas, hg. H. STOOB, Lfg. 3, 1984), Nr. 9 – DERS., U., Hb. der baden-württ. Gesch., 2, 1995, 731–741.

Ulme → Nadel- und Laubhölzer

Ulrich (s. a. Udalrich)

1. U. II., *Gf. v.* →*Cilli, Reichsfs., Statthalter v. Böhmen und Ungarn*, * um 1405, † 9. Nov. 1456 Belgrad; Sohn des Gf.en Friedrich II. v. Cilli und der Elisabeth Frankapan, Gfn. v. Veglia (Krk)-Modruš; ∞ Katharina (»Kantakuzina«) →Branković. Er wurde 1436 in Prag gemeinsam mit seinem Vater von Ks. Siegmund, dem Gatten von U.s Tante →Barbara v. Cilli, in den Reichsfs.enstand erhoben und von Kg. Albrecht II. 1437/38 kurzzeitig zum Statthalter v. Böhmen eingesetzt. Gegenüber dem späteren Ks. Friedrich III. mußte U. nach heftiger Fehde 1443 auf die reichsunmittelbare Stellung seiner Herrschaften verzichten und einen Erbvertrag eingehen. Der scharfe Gegensatz zu Johannes →Hunyadi, der die Erbansprüche der Cillier auf den bosn. Kg.sthron durchkreuzt hatte, wurde auf Druck von U.s Schwiegervater, dem Serbenfs.en →Georg Branković, 1448 beigelegt. Als Führer der Ständerevolution in Österreich brachte U. 1452 den minderjährigen Kg. →Ladislaus V. Postumus in seine Hand und wurde damit zum wahren Machthaber. Nach dem Tod Hunyadis zog U. 1456 mit Kg. Ladislaus an der Spitze eines Kreuzheeres nach Ungarn, wurde in Futak vom Kg. zum Statthalter (locumtenens) ernannt, aber am folgenden Tag in Belgrad von Ladislaus Hunyadi und dessen Helfern erschlagen. Kg. Ladislaus ließ Hunyadi für diesen Mord hinrichten. Mit U. erlosch das Geschlecht der Gf.en v. Cilli. Ihr reiches Erbe in Kärnten, Krain und Steiermark vermochte sich Ks. Friedrich III. im Kampf gegen die Gf.en v. →Görz (bis 1460) zu sichern. H. Dopsch

Q. und Lit.: →Cilli – F. CUSIN, Il confine orientale d'Italia, 1937 [Nachdr. 1977] – CH. THOMAS, Kampf um die Weidenburg. Habsburg, Cilli und Görz 1440–1455, Mitt. des Österr. Staatsarchivs 24, 1971, 1–86 – DIES., Cillier Urkk., 4 T.e, ebd. 35, 1982, 348–364; 37, 1984, 362–375; 39, 1986, 290–305 – P. ŠTIH, Celjski grofie, vprašanje njihove deželoknežje oblasti in dežele celjske, Grafenauer zbornik 1996, 227–256.

2. U. III. v. Spanheim, *Hzg. v.* →*Kärnten und Herr v.* →*Krain*, † 27. Okt. 1269 Cividale, ▭ ebd., Dom; Sohn von Hzg. →Bernhard II. v. Kärnten und Jutta, Tochter Kg. Otakars I. Přemysl v. Böhmen; ∞ 1. 1248 Agnes v. Andechs-Meranien, Witwe Hzg. Friedrichs II. v. Österreich, 2. 1263 Agnes, Tochter der Babenbergerin Gertrud. U. hielt sich vor 1247 wiederholt in Mähren auf, wo ihm Kg. Wenzel mit der Provinz Lundenburg (Břeclav) belehnt hatte. Durch seine erste Ehe erwarb U. Erbansprüche auf die Mark Krain. 1256 folgte er seinem Vater Bernhard als Hzg. v. Kärnten, schloß mit seinem Bruder →Philipp, dem »erwählten« Ebf. v. Salzburg, einen Schutz- und Erbvertrag und unterstützte diesen im Kampf um das Ebm. Salzburg. Philipp, der abgesetzt und durch Kg. Otakar II. Přemysl aus Salzburg vertrieben wurde, nötigte U. 1267 aufgrund einer wohl gefälschten Belehnungsurk. Kg. Wilhelms v. Holland (1249) zur Güterteilung und zur Einsetzung als Erbe von Kärnten und Krain. Als Reaktion darauf vermachte U. im geheimgehaltenen »Podiebrader Vermächtnis« 1268 seinem Vetter Otakar II. Přemysl alle seine Länder und Besitzungen. Dem Ebf. Wlodizlaus übergab er 1268 als Ersatz für die großen Schäden, die er und sein Bruder Philipp dem Ebm. Salzburg zugefügt hatten, u. a. die Stadt →St. Veit sowie Burg und Markt →Klagenfurt. U. gründete die Kartause Freudenthal b. Laibach und das Augustiner-Chorherrenstift →Völkermarkt. Nach seinem Tod konnte sich Otakar II. Přemysl im Kampf um Kärnten gegen U.s Bruder Philipp durchsetzen. Mit U. endete die Herrschaft der →Spanheimer über Kärnten. H. Dopsch

Lit.: A. v. JAKSCH, Gesch. Kärntens, II, 1929, 24–59 – A. OGRIS, Der Kampf Kg. Ottokars II. v. Böhmen um das Hzm. Kärnten, Carinthia I, 169, 1979, 57–110 – C. FRÄSS-EHRFELD, Gesch. Kärntens, I, 1984, 315–328.

3. U. I., *Gf. v.* →*Württemberg*, * um 1222, † 25. Febr. 1265, ▭ Beutelsbach, Stiftskirche (später Stiftskirche Stuttgart), ∞ 1. Mechthild v. Baden († 1258/59), 2. Agnes v. Schlesien-Liegnitz († 1265); Söhne: Gf. Ulrich II., →Eberhard I. d. Erlauchte. Seit 1238 urkundl. erwähnt, trat U. in die überregionale Politik ein, als er in der Schlacht v. Frankfurt (1246) mit 2000 Rittern von Kg. Konrad IV. zum Gegenkg. Heinrich Raspe überwechselte. Da die Schlacht damit für Konrad IV. verloren war, beeinflußte U.s Entscheidung die weitere Reichspolitik. Durch seine Eheschließung mit Mechthild v. Baden hatte er bereits umfangreichen Besitz im mittleren Neckarraum erworben, zu dem im →Interregnum noch zahlreiche Reichslehen und ehemals stauf. Besitz hinzukamen. Trotz seiner antistauf. Politik war er 1257 beteiligt, als →Konradin das Hzm. Schwaben verbrieft wurde. Dieser verlieh ihm auch 1259 die Würde eines Marschalls des Hzm.s Schwaben mit der Schutzvogtei über Ulm und das dortige Gericht. U. hat durch seine rigorose Erwerbspolitik den Grundstein zu der späteren Gft. Württemberg gelegt. In der württ. Historiographie wurde er seit dem SpätMA immer als Gründer der Gft. angesehen. I. Eberl

Lit.: C. F. v. Stälin, Wirtemberg. Gesch., 2, 1847, 482ff. – 900 Jahre Haus Württemberg, hg. R. Uhland, 1984, 38ff. – G. Raff, Hie gut Wirtemberg allewege, 1988, 1ff.

4. U. III., Gf. v. →Württemberg, * nach 1291, † 11. Juli 1344 im Elsaß, ▭ Stuttgart, Stiftskirche; Sohn Gf. →Eberhards I. v. Württemberg; ∞ Gfn. Sophie v. Pfirt († 1344), Söhne: →Eberhard II. d. Greiner, →Ulrich IV. Noch zu Lebzeiten seines Vaters schloß U. sich 1319 den Habsburgern in ihrem Kampf gegen Kg. Ludwig d. Bayern an. Im Zuge der Erbauseinandersetzungen mit diesen um die Gft. →Pfirt ging er 1325 mit Hzg. →Leopold I. v. Österreich ein neuerliches Bündnis ein, wobei ihm als Abfindung auf die Gft. Pfirt 5000 Mark Silber und jährl. 1000 Mark auf die Maut zu Linz an der Hälfte der Burg Teck, der Stadt Kirchheim und der Burg und Stadt Sigmaringen gewährt wurden. Durch seine Eheschließung war er häufig an den Auseinandersetzungen im Elsaß beteiligt. Dort hatte er auch 1324 von den Herren v. Horburg die Herrschaft Horburg, die Gft. Witckisau, das Landgericht im Leimental, die Stadt Reichenweiher sowie Burg und Stadt Zellenberg erworben. In dem Streit mit dem Bf. v. Straßburg mußte er auf seine Rechte in Zellenberg verzichten. Nach dem Tode Kg. Friedrichs trat er 1330 zu Ludwig d. Bayern über. Er blieb mit den Habsburgern eng verbunden. Später wurde er Inhaber der kgl. Landvogtei in Niederschwaben. Neben Tübingen und Teilen des Schönbuchs erwarb er Markgröningen mit der sog. Reichssturmfahne und erreichte die Öffnung vieler Burgen neckarabwärts für die Gft. Württemberg. 1343/44 befand er sich mit Habsburg in einer Auseinandersetzung wegen des Erwerbs der Gft. Ehingen-Berg an der Donau durch diese, wobei er verlor. In einem persönl. Streit fand er im Elsaß den Tod. I. Eberl

Lit.: C. F. v. Stälin, Wirtemberg. Gesch., 3, 1856, 169ff. – G. Raff, Hie gut Wirtemberg allewege, 1988, 110ff.

5. U. IV., Gf. v. →Württemberg, * nach 1315, † 24. oder 26. Juli 1366 Burg Hohenneuffen, ▭ Stuttgart, Stiftskirche; jüngster Sohn Gf. →Ulrichs III.; ∞ Gfn. Katharina v. Helfenstein († nach 1386), die Ehe blieb kinderlos. U. folgte seinem Vater zusammen mit seinem Bruder →Eberhard II. und regierte mit diesem die Gft. gemeinsam bis 1362. Da er mit seinem Bruder in den Urkk. meist gemeinsam auftritt, ist eine eigenständige Politik nicht feststellbar. Er scheint aber – soweit dies die Überlieferung erkennen läßt – in seiner polit. und persönl. Bedeutung hinter seinem Bruder zurückgetreten zu sein. U. hat jedoch bereits 1352 eine vollständige Teilung der Gft. angestrebt, da er in diesem Jahr urkundl. verbriefte, eine solche Absicht ein Jahr zuvor entweder den Gf.en v. →Helfenstein oder seinem Bruder anzuzeigen. Im Okt. 1361 kam es zum offenen Konflikt zw. den Brüdern. Gf. Eberhard II. nahm Räte seines Bruders gefangen und nötigte Burgen und Städte des Landes, ihm allein zu huldigen. Gegen die von Gf. Eberhard durchgesetzte Erbfolgeordnung, die eine Teilung des Landes ausschloß, und dessen Vorgehen klagte U. bei Ks. Karl IV., der einen Vergleich vermittelte. U. überließ daraufhin am 1. Mai 1362 seinem Bruder die alleinige Regierung des Landes, behielt sich aber Einkünfte und eigene Beamte vor. Nach seinem Tod fiel sein Landesteil an Gf. Eberhard II. I. Eberl

Lit.: C. F. v. Stälin, Wirtemberg. Gesch., 3, 1856, 227ff. – G. Raff, Hie gut Wirtemberg allewege, 1988, 167ff.

6. U. V., Gf. v. →Württemberg (der Vielgeliebte), * 1413, † 1. Sept. 1480 Leonberg, ▭ Stuttgart, Stiftskirche; jüngerer Sohn →Gf. Eberhards IV.; ∞ 1. Hzgn. Margarethe († 1444), 2. Hzgn. Elisabeth v. Bayern-Landshut († 1451), 3. Hzgn. Margarethe v. Savoyen († 1479). Zusammen mit dem älteren Bruder →Ludwig I. folgte U. 1419 seinem Vater unter der Vormundschaft seiner Mutter Henriette v. Mömpelgard (→Montbéliard) und eines 30 Mitglieder umfassenden Regentschaftsrates. An der Regierung seines 1426 mündig gewordenen Bruders wurde er 1433 beteiligt. Er setzte 1441/42 die Teilung der Gft. in einen Uracher und einen Stuttgarter Landesteil durch, wobei er letzteren erhielt. Im Städtekrieg und in der Folgezeit ergriff er die fsl. Partei. Die Parteinahme erfuhr Unterstützung durch die Vormundschaft für seine Neffen →Ludwig II. und →Eberhard V. (I.) seit 1450 und die dadurch bedingten Auseinandersetzungen mit Kfs. →Friedrich I. v. d. Pfalz. Diese wurden durch U.s dritte Ehe mit der Witwe Kfs. →Ludwigs IV. v. d. Pfalz, des Bruders Friedrichs, infolge von Vermögensstreitigkeiten des finanziell bedrängten Gf.en weiter gefördert, so daß schon 1457 mit dem Ausbruch eines Krieges gerechnet wurde. Zu diesem kam es nach Aufhebung der Vormundschaft über seinen Neffen Eberhard seit 1460. Nach kurzem Waffenstillstand griff U. mit anderen Fs.en die Pfalz an, wurde 1462 bei Seckenheim geschlagen und geriet in Gefangenschaft. Die Kämpfe und die hohe Geldsumme für seine Freilassung belasteten seinen Landesteil stark. In der Folgezeit schloß er sich seinem Neffen Eberhard an. U. hat seinen Landesteil durch Gebietskäufe weiter ausgebaut, aber auch einigen Besitz veräußert. Nachdem sein jüngerer Sohn Heinrich eine eigene Herrschaft in Mömpelgard eingerichtet bekommen hatte, trat er im Jan. 1480 seine Herrschaft an seinen älteren Sohn →Eberhard d. J. (II.) ab. I. Eberl

Lit.: ADB XXXIX, 235ff. – C. F. v. Stälin, Wirtemberg. Gesch., 3, 1856, 416ff. – G. Raff, Hie gut Wirtemberg allewege, 1988, 295ff.

7. U., Bf. v. Augsburg →Udalrich, Bf. v. Augsburg [2. U.]

8. U. II. Putsch, Bf. v. →Brixen 1427/28–37, * ca. 1350, aus zum Stadtpatriziat zählender Donauwörther Bürgerfamilie (Vater: Ratsherr Jakob P.), † 1437 Brixen, ▭ Domvorhalle. Schon 1376 als Stadtschreiber v. Donauwörth, seit 1379 als öffentl. Notar mit päpstl. und ksl. Vollmacht bezeugt, dürfte U. das Studium beider Rechte an einer it. Univ. absolviert haben. Die polit. Vita U.s vom Nahverhältnis zu Hzg. →Friedrich IV. v. Österreich-Tirol (30. F.) geprägt: 1407 dessen Kanzleinotar und -schreiber, 1412/13 dessen Sekretär und Kanzler, wurde U. 1419 zum Leiter des aufblühenden Tiroler →Bergbaus bestellt. Er erlangte ein Trienter (1412), Brixner (1414), vielleicht auch Augsburger (Supplik 1419/20) Domkanonikat sowie das Amt des päpstl. Kollektors in den Bm.ern Trient, Brixen, Chur und Konstanz (1412) und des Erzpriesters im Vinschgau (1416–25) und wurde schließlich auf Betreiben des Hzg.s zum Bf. v. Brixen gewählt (päpstl. Provision 1427). U.s Stellung als Bf. gegenüber dem Landesfsm. entsprach dem regional-kirchl. Kräftesystem in →Tirol, wo die de jure reichsfreien geistl. Fsm.er fakt. mediatisiert waren. Im Gegenzug unterstützte der Hzg. den Bf. in den Auseinandersetzungen mit dem Bf. v. →Trient wegen der Vogtei über das Stift Sonnenburg, mit dem eigenen Domkapitel und dem hochstift. Adel, angeführt von →Oswald v. Wolkenstein.

Neben tagebuchartigen Notizen aus den Jahren des Brixner Episkopats 1427–37 verfaßte U. eine lat. Meßerklärung und eine lat. Gebetsanleitung und -slg. Als Übers. lat. Erbauungslit. in die Volkssprache ragt die 1426 von U. noch als Pfarrer v. Tirol b. Meran vollendete dt. Übertragung des sog. »Lumen animae«, einer im frühen 14. Jh. angelegten, großenteils fiktiven Zitenslg. aus antiken und chr. Autoren für die Abfassung von Predigten, hervor (»Das liecht der sel«). H. Obermair

Lit.: Verf.-Lex.² VII, 924–928 [Lit.] – Helvetia Sacra I/1, 1972, 522f. – V. SCHALLER, U. II. P., Bf. v. Brixen, und sein Tagebuch 1427–37, Zs. des Ferdinandeums III/36, 1892, 225–322 – J. TRÖSTER, Stud. zur Gesch. des Episkopates von Säben-Brixen im MA [Diss. Wien 1948], 532–544 – A. SPARBER, Brixner Fs.bf.e im MA, 1968, 129–133 – M. A. ROUSE–P. H. ROUSE, The Texts called »Lumen animae«, APraed 41, 1971, 5–113 – B. SCHMIDT, U. P. und seine Übers. »Das liecht der sel« [Diss. Hamburg 1973].

9. U. v. Jungingen, *Hochmeister des* →*Dt. Ordens*, * um 1360, ✕ 15. Juli 1410 Tannenberg, 1393–96 Ordensvogt im Samland, 1396–1404 Komtur v. Balga, seit 1404 oberster Marschall. U. wurde am 26. Juni 1407 als Nachfolger seines Bruders →Konrad (22. K.) zum Hochmeister gewählt. Mit dem Kgr. Polen gab es ungeachtet der Verträge v. →Sallinwerder und Razianz Streitigkeiten, u.a. wegen der neumärk.-poln. Grenze. Trotz eines persönl. Treffens U.s mit Kg. →Władysław II. Jagiełło v. Polen und Gfs. →Witowt v. Litauen (Jan. 1408) brach in →Schemaiten ein poln.-litauischerseits wohl geschürter Aufstand aus, was im Dt. Orden als Vertragsbruch gewertet wurde. U. ließ im Aug. 1409 die Truppen in das Hzm. Dobreczin, die Kraina und in das Hzm. Masowien einrücken. Władysław Jagiełło wandte sich krieger. im Herbst 1409 gegen den Orden, worauf Kg. Wenzel einen Waffenstillstand bis zum 24. Juni 1410 mit der Unterwerfung unter seinen Schiedsspruch vermittelte. Während U. diesen im Febr. 1410 akzeptierte, lehnte der Kg. v. Polen ab, deshalb trat nach Ablauf des Waffenstillstandes für Juli 1410 der Kriegszustand ein. Zusammen mit den verbündeten Hzg.en v. Pommern stellte U. ein zahlenmäßig großes Heer auf (12 000–15 000 Bewaffnete), während Kg. Władysław Jagiełło und Gfs. Witowt ein Heer von über 20 000 Mann aufboten. Nach einem gescheiterten Vermittlungsversuch Kg. Siegmunds v. Ungarn trafen die beiden Heere bei →Tannenberg am 15. Juli aufeinander. Es kam zu einer der größten Feldschlachten des MA, die Ordensmacht unterlag, und U. fand mit über 200 Ordensrittern den Tod. C.-A. Lückerath

Lit.: ADB XIV, 720f. – Altpreuß. Biogr. I, 313f. – S. M. KUCZYŃSKI, Wielka wojna z Zakonem krzyżackim w latach 1309–1411, 1955 – Z. NOWAK, Akt rozpoczynający 'Wielką wojnęc', Komunikaty Mazursko-Warmińskie 131, 1976 – S. EKDAHL, Die Schlacht bei Tannenberg 1410, 1982 – K. NEITMANN, Die Staatsverträge des Dt. Ordens in Preußen 1230–1449, 1986, 158–165.

10. U., *Bf. v.* →*Halberstadt* seit 1150, † 30. Juli 1180, ◻ Kl. →Huysburg; seit 1133 in Halberstadt als Propst U. L. Frauen und Domherr, ab 1148 auch als Viztum nachweisbar, 1149 wohl auch Dompropst. Als Bf. betonte er seine Herrschaft gegenüber dem erstarkenden Einfluß Heinrichs d. Löwen und förderte bes. die Augustinerchorherrenstifte. 1153 setzte sich U. gegen einen Aufstand der Halberstädter Bürger und Differenzen im Klerus durch. 1154 entzog ihm Friedrich I. wegen der Nichtteilnahme am 1. Italienzug die Regalien, die ihm 1156 wieder verliehen wurden. Gegen den wachsenden welf. Einfluß verband er sich mit Mgf. →Albrecht d. Bären (1158/59 gemeinsame Pilgerfahrt). 1160 als Anhänger des Papstes Alexander III. abgesetzt, hielt U. sich im Ebm. Salzburg auf (nachweisbar 1164–68). 1176 setzte Alexander III. im Vertrag v. →Anagni die Restitution U.s durch. U. erklärte die durch Bf. Gero erfolgten Weihen für ungültig und forderte die Heinrich d. Löwen durch Bf. Gero übertragenen Lehen zurück. Heinrich d. Löwe verwüstete das Bm., brannte 1179 Halberstadt nieder und nahm U. gefangen. Nach der Freilassung suchte U. die wirtschaftl. Macht des Bm.s zu festigen. K. Bogumil

Lit.: W. HOLTZMANN, Ks. Friedrich Barbarossa und die Absetzung des Bf.s v. Halberstadt 1160, Sachsen und Anhalt 12, 1936, 179ff. – K. BOGUMIL, Das Bm. Halberstadt im 12. Jh., 1972, 235ff. – J. EHLERS, Heinrich d. Löwe und der sächs. Episkopat, VuF 40, 1992, 435ff.

11. U. I., *Bf. v. Passau* → Passau, II

12. U. II., *Bf. v.* →*Passau* 1215–21, † 31. Okt. 1221; Domkanoniker in Passau und Protonotar Hzg. →Leopolds VI. v. Österreich, war bei seiner Wahl, die gegen den Widerstand eines Teils der Kanoniker und der Passauer Bevölkerung und vermutl. nach Einflußnahme des österr. Hzg.s erfolgte, Diakon. 1215 erhielt U. die päpstl. und die ksl. Bestätigung, wurde aber erst 1216 von Ebf. →Eberhard II. v. Salzburg zum Priester und Bf. geweiht. Als enger Parteigänger Ks. Friedrichs II. erreichte U. 1217 die Belehnung mit der Gft. im Ilzgau und begann 1219 durch den Bau der Burg Oberhaus mit dem Ausbau Passaus zur landesherrl. Residenz. Mit päpstl. Mandaten ausgestattet unterstützte er die Unabhängigkeitsbestrebungen Bf. →Andreas' v. Prag von Kg. Otakar I. v. Böhmen. Im Frühjahr 1221 brach U., der bereits 1215 das Kreuz genommen hatte, nach Damiette auf und starb auf der Rückkehr, wegen seiner Territorialpolitik und der Teilnahme am Kreuzzug bei Hzg. Leopold VI. v. Österreich hoch verschuldet. A. Zurstraßen

Q. und Lit.: J. OSWALD, Das alte Passauer Domkapitel, 1933, 69 – H. FICHTENAU, Die Kanzlei der letzten Babenberger, MIÖG 56, 1948, 256 – H. DIENST, Bemerkungen zur spätbabenberg. ottokar. Kanzlei in Österreich und Steier (Landesherrl. Kanzleien im SpätMA, I, 1984), 282 – Die Reg. der Bf.e v. Passau, II: 1206–54, bearb. E. BOSHOF [in Vorb.].

13. U. III. v. Nußdorf, *Bf. v.* →*Passau* 1451–79, † 2. Sept. 1479 in Passau, ◻ ebd., Dom St. Stephan, Dompropst in →Freising, Domkanoniker in Passau. U. wurde einstimmig vom Passauer Domkapitel gegen ksl.-habsbg. und päpstl. Widerstand gewählt (ksl. und päpstl. Bestätigung 1454; Weihe 1455), nachdem er kurz zuvor im Kapitel eine auf dauernde Geltung angelegte →Wahlkapitulation aufgestellt hatte, deren Artikel u. a. stark in die Rechte der bfl. Jurisdiktionsgewalt eingriffen und die er nach seiner Wahl beeidete. U. war Hofkanzler Ks. Friedrichs III., unterstützte diesen in der Auseinandersetzung mit Hzg. Albrecht v. Österreich und erwirkte zahlreiche ksl. Privilegien für die Passauer Kirche; seine Proteste gegen die von Friedrich III. betriebene Errichtung des Bm.s →Wien (1469) waren erfolglos. Er war Parteigänger Hzg. →Ludwigs IX. v. Bayern-Landshut (31. L.) im Streit mit Donauwörth, legte zum Bau des nördl. Kirchturmes des Passauer Doms den Grundstein (1467), erneuerte die Domschule und berief 1470 in Passau eine Diözesansynode zur Kleriker- und Kl.reform ein. Ein angebl. →Hostienfrevel in der jüd. Gemeinde führte 1477 zu einem Pogrom, U. ließ an der Stelle der Synagoge die Kirche St. Salvator errichten. A. Zurstraßen

Lit.: ADB XXXIX, 231 – LThK² X, 457 – K. SCHRÖDL, Passavia Sacra, 1879, 297 – W. SCHMID, Die Juden in Passau, Ostbair. Grenzmarken 19,

1930, 65 – J. Oswald, Das alte Passauer Domkapitel, 1933, 122, 135 – A. Mayer, Die Gründung von St. Salvator in Passau, ZBLG 18, 1955, 256.

14. U. v. Ensingen → Ensinger

15. U. v. Gutenburg, mhd. Dichter, von dem die Heidelberger (Manessische) Liederhs. C einen umfangreichen Leich und ein sechsstrophiges Lied, die Weingartner Liederhs. B (→Liederbücher, Liederhandschriften) nur das Lied überliefert, ist vermutl. mit dem 1172–86 in it. Urkk. Ks. Friedrichs I. (Casale 1186), Kg. Heinrichs VI. und des Mainzer Ebf.s →Christian (Siena 1172) mehrfach erwähnten U. aus dem freiherrl. pfälz. Geschlecht der Gutenburger identisch. Er würde damit, wofür auch stilist. Merkmale sprechen, der Schule des im gleichen Umkreis bezeugten →Friedrich v. Hausen und dem Dichterkreis um Heinrich VI. nahestehen und könnte in Oberitalien mit der Kunst der →Troubadours in Berührung gekommen sein: 1186 urkundet er gemeinsam mit →Bonifaz I. v. Montferrat, dessen Hof mit der →Este in Ferrara Zentrum der prov. Liedkunst war.

U.s Lied, eine dem rhein. Hausenkreis nahestehende, wohl noch gegen Ende des 12. Jh. zu datierende Minneklage mit sechs Stollenstrophen aus Fünfhebern, erinnert in Reimschema und zwei Motiven an →Blondels de Nesle »Bien doit chanter«, der jedoch erst um 1200 dichtete. Der virtuos komponierte, dem Baugesetz des doppelten Kursus von je sechs Abschnitten folgende →Leich in 340 durch Paar-, Kreuz- und Schweifreime verknüpften, unterschiedl. langen Versen (Zwei-, Drei- und Vierheber), greift wie das Lied typ. Motive des Hohen Sangs auf und gilt als der älteste überlieferte Minneleich in dt. Sprache (anders Sayce).

Trotz seines schmalen Œuvres scheint U. noch im 13. Jh. zu den bekannteren Dichtern gehört zu haben, wie die lobenden Erwähnungen bei Dem v. Gliers, der ihn als Leichdichter preist, bei →Reinmar v. Brennenberg und bei →Heinrich v. dem Türlin, der ihn um 1220 in der »Crône« als tot beklagt, nahelegen.   N. H. Ott

Ed.: Minnesangs Frühling, I, 1988³⁸, 150–165 – Die mhd. Minnelyrik, I, ed. G. Schweikle, 1977, 248–315, 524–537 [mhd. Übers., Komm.]. – *Bibliogr.*: H. Tervooren, Bibliogr. zum Minnesang und zu den Dichtern aus 'Des Minnesangs Frühling', 1969, 67f. – *Lit.*: H. Kuhn, Minnesangs Wende, 1967², 136f. – O. Sayce, The Medieval German Lyric 1150–1300, 1982, 128–130, 371–407 – M. Eikelmann, Denkformen im Minnesang, 1988 [Register].

16. U. v. Liechtenstein, mhd. Lyriker und Epiker, * 1200/10, † 26. Jan. 1275, steir. Adliger (Ministeriale), wahrscheinl. edelfreier Herkunft. Der urkundl. zw. 1227 und 1274 sowie in mehreren Chroniken bezeugte U. spielte in den Hzm.ern →Österreich, →Steiermark und →Kärnten eine bedeutende polit. Rolle; in der Steiermark bekleidete er folgende wichtige Ämter: Truchseß (1244/ 45), Marschall (1267–72) und oberster Richter des Landes (1272). Nach dem Tode Hzg. Friedrichs II. (1246), den er in seinem »Frauendienst« ausdrücklich beklagt, unterstützte er zunächst →Otakar II. v. Böhmen, ab ca. 1260 die Ansprüche der Steirer gegen den Böhmenkg. (ausführl. dazu Spechtler, 1974, mit Regesten aller Urkk. und der Chronik-Belege).

U. ist Verfasser des ersten dt. Ich-Romans (um 1250), einer stark nach der damaligen Minnesang-Tradition stilisierten →'Autobiographie'. Das aus 1850 Strr. zu je 8 paargereimten Vierhebern bestehende Werk, nur in einer einzigen Hs. überliefert und vom Autor selbst im Epilog als »Frauendienst« betitelt, stellt die vorbildl., manchmal grotesk-komische, aber nach heutiger Meinung fiktive Karriere eines Minneritters namens U. v. L. dar, einschließl. zweier Turnierfahrten (zuerst in der Rolle der Frau Venus, dann des Kg.s Artus); auf den Dienst für eine im Sinne der Minne-Ideologie unerreichbare Dame folgt ein sehr viel weniger problemat. Dienstverhältnis. In den 'Roman' eingefügt sind 57 Lieder in der Tradition des 'Hohen Minnesangs' und ein Leich (die sich in gleicher Reihenfolge separat auch in der 'Großen Heidelberger [»Manessische«] →Liederhs.' finden), ferner drei 'Büchlein' (didakt. Minne-Abhandlungen) sowie sieben Briefe (vier gereimt, drei in Prosa). Der in letzter Zeit qualitativ immer höher bewertete »Frauendienst« erfuhr nicht kontroverse Interpretationen ('wirkl.' Lebensbeschreibung [so im 19. Jh.], reine lit. Stilisierung, polit. Schlüssel-Roman etc.). – Anschließend verfaßte U. sein sozialkrit. »Frauenbuch«, ein Streitgespräch zw. Ritter und Dame, welches der Autor schließlich selbst schlichtet.
                                                U. Müller/F. V. Spechtler

Ed.: F. V. Spechtler, 1987 und 1989 (1993²) – Übers.: Ders. [in Vorber.] – *Lit.*: Verf.-Lex.² IX [J. D. Müller; umfassende Bibliogr.] – F. V. Spechtler, Unters.en zu U. v. L., 1974 [Habil. masch.; Druck des hist. Teils in Vorber. 1997] – U. Müller, Männerängste eines ma. Herren (Variationen der Liebe, hg. Th. Kornbichler–W. Maaz, 1995] – Ich U. v. L., hg. F. V. Spechtler–B. Maier (Sammelbd. der L-Tagung 1996 [erscheint voraussichtl. 1997]).

17. U. v. Lilienfeld, Abt des OCist-Kl. →Lilienfeld 1345–51 (Wahl nach dem 24. April 1345). Seine Eltern stammten aus Nürnberg und siedelten sich in Klosterneuburg an. U. selbst nennt sich in einer Urk. »der Nürnberger«. Er könnte mit folgenden Mönchen mit dem Namen U. ident. sein: einem »Kaplan des Abtes«, der 1299 als Zeuge bei einer Rechtshandlung mit dem Stift Zwettl in Frankenberg erscheint; einem »Sekchler« (1300) und zugleich Subprior, der als Zeuge bei einer Weingartstiftung in Pfaffstätten für das Siechenhaus auftritt; einem Pförtner in Lilienfeld, der 1307 als Zeuge bei einer Weingartstiftung in Mödling für den Pitanzmeister erscheint, aber auch als Pitanzmeister und Küchenmeister vorkommt (1307). 1315 nennt man einen U. Kämmerer, der auch als Skriptor tätig war und im Lilienfelder Codex 139 am Schluß anmerkte: »Der mich schrieb, hat den Namen U., vollendet auf Anordnung des Herrn Chunradus«. Demnach hätte U. schon unter Abt Konrad II. (1285–93) als Mönch gelebt. Abt U.s letzte urkundl. Nennung ist der 6. Juni 1351. Bald darauf resigniert er und widmete sich dem Schreiben und dem Studium. Hauptwerk: →»Concordantiae caritatis«. U. starb an einem 2. Dez. Weitere Hss. U.s: Psalmenkomm. (Codex 192) und zwei Bibelkomm.e (Codex 194).

                                                N. Mussbacher

Lit.: DSAM XVI, 26f. – Xenia Bernardina I, 1891 [C. Schimek] – E. Müller, Profeßbuch des Zisterzienserstiftes Lilienfeld (SMGB, 38. Ergbd., 1996).

18. U. v. Pottenstein, frühnhd. österr. Autor, * ca. 1360, † 1416/17, Weltgeistlicher, machte Karriere im Umkreis des habsb. Hofes in →Wien, zunächst als Kaplan der Gemahlin Hzg. →Albrechts III. (frühe 90er Jahre?), erhielt nacheinander die landesfsl. Patronatspfarren Pottenstein (1396/97) und Mödling (1404, 1406) sowie die begehrte Pfründe Lorch-Enns (→Enns) und gehörte dem Kollegiatstift St. Stephan/Wien an. Aufgrund seiner Bildung ist Universitätsstudium zu vermuten.

U. ist Verf. des umfänglichsten deutschsprachigen katechet. Summenwerkes des MA. Das nur schmal überlieferte Corpus besteht aus vier Teilen: Paternoster (Kap. 1–13), Ave Maria (14–20), Credo (21–42), Magnificat/Dekalog (43–70). Die Abfassung erstreckte sich wohl von den 90er Jahren bis in die Zeit vor 1411/12. Publiziert sind nur Ausschnitte (HAYER; BAPTIST-HLAWATSCH, 1980, 1995). Das als umfassendes Nachschlagewerk der prakt. Theologie, primär für die »frumen und verstanden layen« konzipierte Kompilationswerk (die Anregung durch den als Förderer geistl. Übersetzungslit. bekannten Reinprecht II. v. Wallsee ist umstritten) verarbeitet auch eigene Predigten des Autors; im übrigen ist die Q.frage noch nicht umfassend geklärt (von BAPTIST-HLAWATSCH, 1995, für die Auslegung des 1. Gebotes drei Hauptq. ermittelt: Gulielmus Peraldus, »Summa de vitiis et virtutibus«; »Decretum Gratiani«; ein nichtidentifiziertes Sammelwerk mit zahlreichen Berufungen auf→Thomas v. Aquin; für das Gesamtwerk bislang nachgewiesene Q.: »Tractatus contra haeresin Waldensium« des Inquisitors Peter →Zwicker, 1395; →Heinrich v. Langenstein, Gutachten zum Rentenkauf, 1396, Auferstehungspredigt). Im Zuge sorgfältiger Reflexion über den Stil seines Werkes weist der Autor das »aigne dewtsch nach der latein« als unangemessen zurück und nimmt für sich in Anspruch, dem »gemainen lauf dewtscher sprach nach des lanndes gewonhait« zu folgen. U. ging es (nach BURGER) darum, sowohl Erträge scholast. als auch monast. Theologie den Laien zugänglich zu machen. In der Darstellungsweise wechseln quästionenartige Textpartien ab mit auf Überredung und Veranschaulichung zielenden Abschnitten.

Die erfolgreiche Übers. (19 Hss. und ein Frühdruck) der Cyrillusfabeln (dazu →Fabel, I, III) verfaßte U. in Enns, also wohl zw. 1411/12 und 1416/17. Sie liegt in zwei Fassungen vor. Die rhetor. geformte Vorlage vertritt einen vom äsop. Hauptstrom abweichenden Fabeltyp, es geht nicht um Verhaltenskasuistik, sondern um Belehrung über rechte oder falsche Moralnormen, die Gliederung basiert auf dem Schema der Vier Kardinaltugenden bzw. der ihnen entgegengesetzten Laster. Von den 95 Fabeln der Übers. sind verstreut nur 19 publiziert (Nachw.: BODEMANN, 143, PALMER, 146 Anm. 9). U. schwankt zw. wortgetreuer und explizierender Übers., insgesamt ist ihm aber ein sehr lesbarer Text gelungen, der den Gehalt der Vorlage eindrucksvoll vermittelt. Die Illustrationen, durch die sich U. von der lat. Tradition abhebt, sollten wohl die Rezeption in Laienkreisen erleichtern.   D. Schmidtke

Ed. und Lit.: U., Paternoster-Auslegung. Nach der Hs. a X 13 St. Peter/Salzburg, ed. G. HAYER [Diss. masch., Salzburg 1972] – J. W. EINHORN, Der Bilderschmuck der Hss. und Drucke zu U.s »Buch der natürl. Weisheit« (Fschr. F. OHLY, I, 1975), 389-424 – G. BAPTIST-HLAWATSCH, Das katechet. Werk U.s, 1980 – TH. HOHMANN, »Die recht gelerten maister« (Die österr. Lit., hg. H. ZEMAN, T. 1, 1986), 349-365 – U. BODEMANN, Die Cyrillusfabeln und ihre dt. Übers. durch U., 1988 [dazu N. F. PALMER, PBB 116, 1994, 137-146] – CH. BURGER, Theol. und Laienfrömmigkeit (AAG, phil.-hist. Klasse, 3. F., Nr. 179, 1989), 400-420 – G. BAPTIST-HLAWATSCH, U.: Dekalog-Auslegung. Das erste Gebot. Text und Q., 1995.

19. U. (v.) Richental, * ca. 1360, † 1437; Sohn eines Stadtschreibers, stammte aus einer Konstanzer Bürgerfamilie. Er fertigte ohne offiziellen Auftrag um 1420 eine umfangreiche, illustrierte Chronik zum Konzil v. →Konstanz (1414-18) an, das er als Zeitzeuge miterlebt hatte. Die Chronik basiert auf statist. Material wie Teilnehmer-, Preislisten, Personenzählungen, städt. Historiographie sowie auf mündl. Q. Vorbilder stellten oberrhein. Bilderchroniken, Wappenbücher und Weltchroniken dar. Dem annalist. und themat. organisierten Text liegen das Kirchenjahr und die bes. Feiern anläßl. des Konzils als Strukturelemente zugrunde, die durch Schilderungen herausragender Geschehnisse (Prozeß gegen Johannes →Hus, Absetzung Papst Johannes' XXIII., Belehnungen, Kon-

klave) unterbrochen werden. Einen breiten Raum nimmt die Darstellung der jurisdiktionellen Anstrengungen (Höchstpreise, Rechtsprechung) der Stadt Konstanz ein. R.s Technik, stadt-, sozial-, kirchengeschichtl. und polit. Themen miteinander zu verschränken, verstellt zwar den Blick auf eine differenzierte Betrachtung der Konzilsproblematik, eröffnet aber die Möglichkeit, die städt. Perspektiven in ein universales Ereignis einzubringen und bürgerl. Wirklichkeitssichten zu begründen.
        W. Matthiessen

Ed.: Augsburg 1483 [neue Faks.ausg. 1923]; Augsburg 1536 [Nachdr. 1936]; Frankfurt 1576, hg. M. R. BUCK, BLV, 1888 [Nachdr. 1962]; hg. O. FEGER, 2 Bde, 1964 – *Lit.:* TH. VOGEL, Studien zu R.s Konzilschr., 1911 – O. FEGER, Die Konzilschr. des U. R. (DERS., U. R., Bd. II, 1964), 21-36 [Lit.] – W. MATTHIESSEN, U. R.s Chronik des Konstanzer Konzils, AHC 17, 1985, Nr. 1/2, 71-191; 324-455 [Lit.].

20. U. v. Singenberg, mhd. Dichter, wird mit dem von 1209 bis 1228 urkundl. nachweisbaren Ulrich III. (ab 1219 als Truchseß) identifiziert. Die Familie (bis zu Ulrich III. 'v. Sittersdorf') gehört zur Spitzengruppe der St. Galler Ministerialität (→St. Gallen) mit Anspruch auf das Hofamt des Truchsessen. U.s Nachruf auf →Walther von der Vogelweide (Nr. 20, V), den er auch mehrfach seinen 'meister' nennt (Nr. 27, I; 29, III), verweist auf seine kontinuierl. lit. Produktivität. Sein Werk, überliefert in den Hss. A und C sowie mit wenigen Stücken in B, besteht aus 36 Minneliedern und Spruchtönen (ohne Berücksichtigung der Parallelfassungen). Bei starker Dominanz der Minnelyrik bestätigt die Kombination mit Gnomik (Nr. 28, 29[?]) sowie polit. (Nr. 30) und geistl. Thematik (Nr. 16, 35) inhaltlich die Orientierung an Walther, die formal am Gebrauch des König-Friedrich-Tons (Nr. 29) ablesbar ist. Der Grad der parodist. Bezugnahmen auf Walther ist umstritten (SCHIENDORFER), aber unleugbar (Nr. 27, 29). Eine hist.-biograph. Kontextualisierung seiner lit. Tätigkeit erlauben die gattungsuntypischen Schlußstrophen (VI, VII) von Nr. 22, in denen sich der Sohn des Sängerlchs und zugleich des Autors anbietet, den Vater im Minnedienst abzulösen. U. verfügt auf hohem Niveau über Themen und Typen des Minnesangs: Es finden sich dem →Wechsel verwandte Gesprächslieder (Nr. 1, 2), Dialoglieder in der Tradition →Albrechts v. Johansdorf (Nr. 5, 24, 36) sowie Variationen der Tageliedthematik (Nr. 7, 12). U. erweist sich so weniger als Epigone denn als semiprofessioneller Zeitgenosse Walthers mit hoher artist. Kompetenz.   H.-J. Schiewer

Ed.: Schweizer Minnesänger, hg. M. SCHIENDORFER, 1990, 88-138, 397f., 403, 405 – *Lit.:* U. MÜLLER, Unters. zur polit. Lyrik des dt. MA, 1974, 56-59 – M. SCHIENDORFER, U., Walther und Wolfram, 1983 – M. EIKELMANN, Denkformen im Minnesang, 1988, passim – F.-J. HOLZNAGEL, Wege in die Schriftlichkeit, 1995, passim – S. OBERMAIER, Von Nachtigallen und Handwerkern, 1995, passim.

21. U. (Engelberti) v. Straßburg OP, * um 1220, † 1277. U. studierte wahrscheinl. in Köln unter →Albertus Magnus; danach längere Zeit Lektor in Straßburg, Lehrer des →Johannes v. Freiburg; 1272-77 erfolgreiches Priorat der dt. OP-Provinz, delegierte →Dietrich v. Freiberg zur Weiterbildung nach Paris; 1277 Abberufung nach Paris, um dort mit dem Ziel eines späteren Magisteramtes als Baccalaureus sententiarius zu wirken; Tod auf dem Weg nach Paris. Das zw. 1265-74 verfaßte Hauptwerk des U. »De summo bono« gibt sich als Systematisierungsversuch philos. und theol. Gedanken des Albertus Magnus. Die beiden letzten der geplanten acht Bücher sind nicht überliefert und wohl wegen U.s Tod ungeschrieben geblieben. U.s Q. sind Augustinus und bes. Ps.-Dionysius Areopagita, auch Aristoteles, v. a. aber die Schriften und Kommentare seines verehrten Lehrers Albertus Magnus. Christologie u. Urstandslehre sind deutl. vom Sentenzenkomm. des →Thomas v. Aquin abhängig. U. folgt bei der Ausgestaltung seiner mehr traktat- als quästionenhaften Ausführungen meist einer Q., führt sie aber in eigenständiger Weise aus. So zitiert U., De summo bono I, 1, 3 innerhalb seiner Gottesbeweise affirmativ ein epikureisches Consensus gentium-Argument sowie das aristotel. (!) Höhlengleichnis im Anschluß an Cicero, De nat. deor. I, 43f.; II, 95.

M. Laarmann

Ed.: De summo bono, Buch I, ed. J. DAGUILLON, BiblThom 12, 1930, 14*–29* [Tabula quaestionum des Gesamtwerkes] – De summo bono, B. Iff., ed. B. MOJSISCH u.a., Corp. Philos. Teuton. Medii Aevi, I, 1–6, 1987ff. [bislang: B. I; II, 1–4; IV, 1–2] – B. V, ed. I. BACKES, Die Christologie, Soteriologie und Mariologie des U. v. S., I, 1975 – B. VI, 1, ed. W. BREUNING, Erhebung und Fall des Menschen nach U. v. S., 1959, 219–259 – Div. Briefe, ed. H. FINKE, Ungedr. Dominikanerbriefe des 13. Jh., 1891, 78–104 – Dt. Predigt über Joh 20, 29, ed. J. DAGUILLON, La vie spirituelle, Suppl. 17, 1927, [90]–[94] – Verloren: Scriptum super Sent.; Qdl.; Super lib. Meteor – Lit.: R. SCHÖNBERGER–B. KIBLE, Repertorium ed. Texte des MA, 1994, nr. 18934–18952 – Verf.-Lex² IX, 1252–1256 [Lit.; L. STURLESE] – TH. KAEPPELI, Scriptores OP medii aevii, IV, 1993, 418–423 – A. STOHR, Die Trinitätslehre des U. v. S., 1928 – A. DE LIBERA, U. de S., lecteur d'Albert le Grand, FZPhTh 32, 1985, 105–136 – F.-B. STAMMKÖTTER, Die philos. Tugendlehre bei Albert d. Großen und U. v. S. [Diss. Bochum 1996].

22. U. v. Türheim, mhd. Epiker der 1. Hälfte des 13. Jh., tätig am Hof Kg. Heinrichs (VII.) und Konrads IV., seine Familie im Dienst der Bf.e v. Augsburg. U. verfaßte zwischen ca. 1230 und 1250 eine dt. Fassung des »Cligès« →Chrétiens v. Troyes (nur Frgm.e), eine Fortsetzung des »Tristan«-Torso →Gottfrieds v. Straßburg (3730 vv.) und des »Willehalm« →Wolframs v. Eschenbach (»Rennewart« ca. 36000 vv.), für die der Augsburger Otto der Bogner die frz. Quelle besorgte (»Aliscans«, »Bataille Loquifer«, »Moniage Rainouart«, »Moniage Guillaume«). Gönner waren u. a. die Herren v. Neifen und Konrad v. Winterstetten. →Rudolf v. Ems nennt U. seinen 'vriunt'. U.s Werke fügen sich in die spätstauf. Literaturinteressen: Liebesthematik (»Clîes«, »Tristan«) bei Kg. Heinrich (vgl. Schwäb. Minnesänger; Rudolf v. Ems, »Wilhelm von Orlens«) und Historie bei Kg. Konrad (Rudolf v. Ems, »Weltchronik«). »Tristan« ist in sieben Hss. als Schlußstück zu Wolframs »Willehalm« überliefert und in die Willehalm-Prosalegenden (hg. BACHMANN–SINGER) sowie in die »Weltchronik« →Heinrichs v. München in Exzerpten eingegangen. »Tristan«, auf der Basis des Tristanromans →Eilharts v. Oberge, verurteilt die Ehebruchsliebe, entschuldigt den Helden mit dem Liebestrank und stellt sich damit in Gegensatz zu Gottfrieds Konzeption; »Rennewart« fällt hinter Wolframs differenzierte Position zur Heidenproblematik zurück.

V. Mertens

Ed.: Tristan, hg. TH. KERTH, 1979 – Das Tristan-Epos Gottfrieds v. Straßburg mit der Forts. d. U. v. T., hg. W. SPIEWOK, 1989 – Tristan und Isolde: Forts. des Tristan-Romans Gottfrieds v. Straßburg, mhd./nhd. v. W. SPIEWOK, 1992 – Clîes: A. BACHMANN, ZDA 32, 1888, 123–217 – A. VIZKELETY, ZDPh 88, 1962, 409–432 – Rennewart, hg. A. HÜBNER, 1938 [Neudr. 1964] – A. BACHMANN–S. SINGER, Dt. Volksbücher aus einer Züricher Hs. des 15. Jh., 1889 – Lit.: Verf.-Lex. IV, 1953, 603–608 [G. EIS] – E. K. BUSSE, U. v. T., 1913 – U. HENNIG, Frauenschilderung im Willehalm U.s v. T., PBB (Tübingen) 81, 1959, 352–370 – W. MÜLLER, Das Weltbild U.s v. T., PBB (Halle) 82, 1960/61 – B. WACHINGER, Zur Rezeption Gottfrieds v. Straßburg im 13. Jh. (Dt. Lit. des späten MA, hg. P. JOHNSON–W. HARMS 1973), 56–82 – CH. WESTPAHL-SCHMIDT, Stud. zum »Rennewart« U.s v. T., 1979 – TH. KERTH, The Denoument of the Tristan-Minne: Türheims Dilemma, Neophil. 65, 1981, 79–93 – K. GRUBMÜLLER, Probleme einer Forts., ZDA 144, 1985, 338–348 – P. STROHSCHNEIDER, 'Gotfrid'-Forts.en.

Tristans Ende im 13. Jh. und die Möglichkeiten nachklass. Epik, DVjs, 1991, 70–98.

23. U. v. dem Türlin, mhd. Epiker um 1260/70, urkundlich nicht bezeugt, ob aus St. Veit a. d. Glan/Kärnten (aus der gleichen Familie wie →Heinrich v. d. T.) ist ganz unsicher, erwogen wird auch Herkunft aus Regensburg. U. nennt sich selbst 'Meister'. Seine »Arabel« (über 10000 vv.), die Vorgeschichte zu →Wolframs v. Eschenbach »Willehalm«, ist Kg. Otakar II. Přemysl v. Böhmen gewidmet (Akrostichon), Ulrich v. Etzenbach nennt U. in seinem zw. 1271 und 1286 in Prag entstandenen »Alexander« (v. 16 225). U. erzählt nach Wolframs Andeutungen Willehalms Gefangenschaft und seine Flucht mit Arabel, er hat keine weiteren Quellen benutzt und ergänzt Wolframs und →Ulrichs v. Türheim Willehalm-Epen zu einer Trilogie. Die Autorfassung ist nur in einer Hs. überliefert, wurde anscheinend nicht fertiggestellt und von einem Redaktor ergänzt, es gibt mehrere Bearbeitungen. Die Trilogie ist in kürzender Bearbeitung in die Willehalm-Prosalegenden (hg. A. BACHMANN–S. SINGER) sowie in die »Weltchronik« →Heinrichs v. München eingegangen.

V. Mertens

Ed: A. BACHMANN–S. SINGER, Dt. Volksbücher aus einer Züricher Hs. des 15. Jh., 1889 – 'Willehalm' von Meister und v. d. T., hg. S. SINGER, 1893 – Willehalm. Mit d. Vorgeschichte U.s v. d. T. und der Forts. des Ulrich v. Türheim. Faks.-Ausg. Cod. Vind. 2670, 1974 – W. SCHRÖDER, Eine alem. Bearb. d. »Arabel« U.s v. d. T., 1981 – DERS., Arabel-Studien, I–V, 1982–88 – Lit.: M. RAUSCHER, Der hl. Wilhelm. Unters. über die Züricher Prosaversion [Diss. masch., Erlangen 1952] – B. C. BUSHEY, Neues Gesamtverz. d. Hss. der »Arabel« U.s v. d. T., Wolfram-Stud. 7, 1982 – T. MCFARLAND, Minnetranslatio und Chanson de geste-Tradition (Geistl.- u. weltl. Epik des MA in Österreich, 1987) – H. J. BEHRS, Lit. als Machtlegitimation. Stud. zur Funktion deutschsprachiger Dichtung am böhm. Königshof im 13. Jh., 1989.

24. U. v. Völkermarkt, Propst des Kollegiatstiftes St. Ruprecht in →Völkermarkt (Kärnten) seit 1233 (vielleicht schon 1231), † bald nach Mai 1266, aus dem Kärntner Ministerialengeschlecht Karlsberg-Cubertel (Covertel); Febr. 1224–Febr. 1230 Passauer Domherr und Archidiakon; seit 1246 auch als Salzburger Archidiakon in Kärnten. Längere Studienaufenthalte in Bologna oder Padua sind wahrscheinlich. Im Zusammenhang mit der Frührezeption bzw. Verbreitung des gelehrten Rechts verdienen seine für breitere Kreise bestimmten kanonist. Werke und mnemotechn., z. T. versifizierten Hilfsmittel zu den jeweils aktuellen bzw. neu publizierten Q. des Kirchenrechts Beachtung: Auszüge aus dem →Decretum Gratiani bzw. den Compilationes antiquae, verfaßt in Passau zw. 1220 und 1230, Erschließung des Liber Extra und der Novellen Papst Innozenz' IV. zw. 1241 und 1253.

W. Stelzer

Lit.: Verf.-Lex² X, s.v. – W. STELZER, Gelehrtes Recht in Österreich, 1982, 120–136 – DERS., Kanonist. Produktion in Passau in den 1220er Jahren: Ulrich Covertel alias U. v. V. (Vom ma. Recht zur nz. Rechtswiss., hg. N. BRIESKORN u.a., 1994), 183–192.

25. U. v. Winterstetten, mhd. Lyriker. Der vermutl. mit dem Dichter identische Schenk Ulrich aus dem oberschwäb. Ministerialenhaus W. und Schmalegg ist urkundlich bezeugt zw. 1241 und 1280; 1257 wird er als Augsburger Kanonikus, 1265 als Biberacher 'rector ecclesiae' erwähnt. Unter seinem Namen tradiert die Große Heidelberger Liederhandschrift fünf Leiche und 40 Lieder (in 155 Strophen); von den beiden anderen Überlieferungszeugen ist ein (verschollenes) Leichfragment mit Musiknoten versehen.

Herausragender Zug in U.s Schaffen ist seine Neigung zum artifiziellen Spiel mit Reimen und tekton. Strukturen; so mag ihn die komplizierte Gattung des →Leichs in bes.

Weise angezogen haben. Thematisch dominiert die Minne. Die Leiche reflektieren ihre Aufführungssituation und fingieren z. T. ein Tanzgeschehen. In den Liedern bevorzugt U. Fünfstrophigkeit und fast durchweg Refrainbindung, eigen ist ihm die enge Verknüpfung von Naturdarstellung und Seelenbefinden; die fünf →Tagelieder sind dreistrophig. Bes. Thematik haben die Lieder 4 (Gespräch von Mutter und Tochter), 11 und 35 (Dialoge von Frau und Mann), 37 (Männerschelte), 38 (Weltschmerz). U. wird zum »zweiten staufischen Dichterkreis« gezählt; auch steht er dem →Tannhäuser nahe. Ch. März

Ed.: Dt. Liederdichter des 13. Jh., hg. C. v. KRAUS, 1978², I, Nr. 59; II, 558–597 – *Lit.*: Verf.-Lex.² X, 55–61 [S. RANAWAKE, Lit.] – H. KUHN, Minnesangs Wende, 1967², 91–142 – S. RANAWAKE, Höf. Strophenkunst (MTU 51, 1976), passim – E. BREMER, Ästhet. Konvention und Geschichtserfahrung. Zur hist. Semantik im Minnesang U.s v. W. (Lied im dt. MA, hg. C. EDWARDS u. a., 1996), 129–145.

26. U. v. Zatzikhoven (Zatzikhofen), mhd. Autor, nennt sich selbst im Epilog seines einzigen bekannten Werks, des mhd. Artusromans »Lanzelet« (v. 9344). Die bislang unbekannte afrz. Vorlage, »daz welsche buoch von Lanzelete« (v. 9341), wurde von einer der Geiseln für →Richard Löwenherz – Hugo v. Morville – nach Dtl. gebracht. Dadurch ergibt sich als terminus post quem für die Entstehung das Jahr 1193. Obwohl zwingende Gründe fehlen, wird allg. Identität mit dem 1214 urkdl. erwähnten Leutpriester v. Lommis im Kanton Thurgau, 'Uolricus de Cecinchovin', angenommen. →Rudolf v. Ems erwähnt U. in seinen Literaturkatalogen (»Willehalm v. Orlens«, v. 2198ff.; »Alexander«, v. 3199ff.). Die Überlieferung ist schmal (2 Hss., 4 Frgm.).

Kombiniert mit einer kurzen Elternvorgeschichte (Tyrannenmord) und einer Enfance bei den Meerfrauen wird entlang eines linearen Stationenwegs die Identitätssuche, die Begegnung mit der vorherbestimmten Frau (Iblis), die Bewährung im arthur. Kontext und die eigene Herrschaftsübernahme erzählt. Im Gegensatz zu den gattungsbegründenden Werken →Hartmanns v. Aue fehlt im »Lanzelet« die Problematisierung des Protagonisten und damit auch die strukturell notwendige Doppelung in zwei Handlungszyklen. Ritterl. Initiation und Bewährung auf der Suche nach der eigenen Herkunft sind hingegen mit dem steten Wechsel der Frau verbunden (vv. 389–4957). Im arthur. Kontext bestätigen dann »Mantelprobe«, Gemeinschaftskämpfe u. a. mit Ginoverbefreiung und der minnekasuist. »Fier Baiser« (Schlangenkuß) den erreichten Status in allen Lebensbereichen (vv. 4958–8041). – Denkbar frühe Entstehung und Sonderstellung im lit. Reihe ziehen zunehmend das Forschungsinteresse auf den L., ohne daß sich vor dem Hintergrund von →Chrétien de Troyes und Hartmann, unverkennbarer Eigenständigkeit und unleugnarer Trivialität bislang ein Konsens abzeichnet. →Artus, III; →Lancelot, II. H.-J. Schiewer

Ed.: K. A. HAHN, 1845 [Nachdr. 1965, 1994] – *Lit.*: K. RUH, Der »Lanzelet« [1975] (Kl. Schriften, I, hg. V. MERTENS, 1984), 63–71 – R. PÉRENNEC, U. v. Z.: Lanzelet (Mhd. Romane und Heldenepen, hg. H. BRUNNER, 1993), 129–145 – E. HESSE, Zauber und Zauberer im »Lanzelet«, Jb. der Reineke-Ges. 3, 1994, 95–113 – E. FEISTNER, »er nimpt ez allez zeine vart«, Archiv 147, 1995, 241–254 – U. ZELLMANN, Lanzelet, 1996 [Lit.].

27. U. v. Zell, hl. (Fest: 10. Juli), * um 1029, † 1093, ☐Kl. Zell; bayer. Herkunft, Patenkind Ks. Heinrichs II. Nach Ausbildung in St. Emmeram in Regensburg Mitglied der →Hofkapelle. Trat nach einer Fahrt ins Hl. Land und dem gescheiterten Versuch, in Regensburg ein Kl. zu gründen, um 1063 in →Cluny ein, wo er bald zum Beichtvater der Mönche und Berater des Abtes →Hugo (21. H.) aufstieg. Klaustralprior in Marcigny. Strenger Asket und von unstetem Charakter, wurde U. um 1072 von Hugo als Kl. gründer nach →Rüeggisberg gesandt, war um 1075 kurze Zeit Prior v. →Payerne und gründete dann Zell (St. Ulrich) im Schwarzwald sowie das Frauenkl. Bollschweil. Richtungweisend für die Entwicklung Clunys auf Reichsgebiet war die Vermittlung cluniazens. Brauchtums nach →Hirsau durch die Consuetudines, die U. auf Bitten des mit ihm seit der Regensburger Zeit befreundeten →Wilhelm v. Hirsau und mit Unterstützung von Abt Hugo zw. 1079 und 1086 aufzeichnete (MPL 149, 633–778). E. Tremp

Q.: Vita prior, MGH SS 12, 251–253 – Vita posterior, AASS Juli III, 146–161 – *Lit.*: H. FUHRMANN, Neues zur Biographie des U. v. Z. (Fschr. K. SCHMID, 1988), 369–378 – W. STRATMANN, Gabriel Bucelin und die Vita des U. v. Z. [Diss. Regensburg 1988] – Helvetia Sacra III/2, 1991, 438–440 – A. KOHNLE, Abt Hugo v. Cluny 1049–1109, 1993, 41–43, 140–143.

Ulsenius, Theodericus (Derck van Ulssen), Humanist und Arzt, * um 1460 in Zwolle, † 1508 in s'Hertogenbosch, studierte in Löwen und Bologna und wurde 1487 Stadtarzt von Kampen. Später in Deventer tätig, war er dort mit Alexander Hegius befreundet. Seit 1492 hielt sich U. in Nürnberg auf, wo man ihn 1495 zum Stadtarzt ernannte, in welcher Eigenschaft er die Syphilisepidemie bekämpfte. Außerdem nahm er am humanist. Leben um K. →Celtis, Sebald Schreyer und →Dürer teil und machte über sie Bekanntschaft mit Ks. Maximilian I. Obgleich er sich mit den Titeln 'caesareus archiatrus' und 'poeta laureatus' schmückte, ist über deren offizielle Zuerkennung nichts bekannt. 1501 spielte U. in Linz in der von Celtis geleiteten Aufführung des 'Ludus Dianae' die von ihm selbst geschriebene Rolle des Silvanus. Infolge Bankrotts mußte er jedoch Nürnberg verlassen und wurde Medizinprofessor in Mainz (1502–03) und Freiburg (1504). Anschließend ging er, via Reichstag in Köln (1505), nach Lübeck und war zuletzt auch als Leibarzt der Hzg. e v. Mecklenburg tätig, bevor er in seine Heimat zurückkehrte. – U.' Werk, das größtenteils in Abschriften seines Kollegen Hartmann →Schedel erhalten geblieben ist, besteht aus Gedichten, med. Schriften (u. a. über die Syphilis) und einer Arbeit über Astrologie. Gedruckt erschienen die Flugblätter 'Vaticinium' (1496/97) und 'Speculator' (um 1501), ferner eine Ausgabe von Hippokrates' Aphorismen (1496) mit einem eigenen Lehrgedicht 'Clinicus pharmacandi modus' sowie von 'De insania Democriti' mit dreien seiner Gedichte (1503). C. G. Santing

Lit.: B. LAWN, Dietrich Ulsen and the 'Speculator' Broadside (DERS., The Salernitan Questions, 1963), 113–128; 156–169 – P. DILG, Der Kosmas-und-Damian-Hymnus des Th. U. (um 1460–nach 1508) (Orbis pictus. Fschr. W. F. HEIN, 1985), 67–72 – C. SANTING, Geneeskunde en humanisme. Een intellectuele biografie van Th. U. (c. 1460–1508), 1992 [mit Bibliogr.] – DIES., Medizin und Humanismus: Die Einsichten des Nürnberg. Stadtarztes Th. U. über Morbus Gallicus, SudArch 79, 1995, 138–149 – DIES., Nuremberg Renaissance Medicine and Hippocrates's Aphorisms (Hippokrat. Medizin und antike Philos., hg. R. WITTERN–P. PELLEGRIN, 1996), 531–543.

Ulster → Ulaid

Ulster-Zyklus (Ulster Cycle), Zyklus ma. ir. Sagenerzählungen (→Irische Sprache und Lit., V), in dessen Mittelpunkt die in myth. Vorzeit angesiedelte Kampf der →Ulaid (Bewohner des ir. Provinzialkgr. es Ulster) unter ihrem Kg. *Conchobar mac Nesa* gegen den von der Kgn. *Medb* v. →Connacht befohlenen Raubzug zum Fang eines berühmten Stieres der Ulaid, *Donn Cúailnge*, steht. Den Kern bildet die große epische Erzählung »Táin Bó Cúailnge« ('Der Rinderraub v. Cooley'), das Hauptwerk der

Heldenlit. des alten Irland, in dem geschildert wird, wie der junge Held *Cú Chúlainn* heroischen Widerstand gegen die Übermacht der Angreifer leistet. Um dieses Herzstück des Zyklus gruppieren sich weitere Erzählungen, von denen einige die Vorgeschichte behandeln (Geburt von Cú Chúlainn und Conchobar, Ursprung der Feindschaft zw. Conchobar und Fergus mac Róigh [der den Rinderraub unterstützt], Festmahl des Bricriu: →Fled Bricrenn), andere die Nachgeschichte (v. a. den Tod der Hauptpersonen). G. MacNiocaill

Lit.: R. Thurneysen, Die ir. Helden- und Kg.sage bis zum 17. Jh., I, 1921 – M. Dillon, Early Irish Lit., 1948 – J. Carney, Studies in Irish Lit. and Hist., 1955 – C. Ó Cadhlaigh, An Rúraíocht, 1956 – K. Jackson, The Oldest Irish Tradition: a Window on the Iron Age, 1964.

Ultán moccu Conchobair, † 657, Bf. v. Ard mBrecain (Ardbraccan, Gft. Meath), Besitzer eines Buches, das »Memorabilia« des hl. →Patrick enthielt und von →Tírechán in seiner Sammlung zum Wirken Patricks (»Itinerarium«) benutzt wurde. Spätere Generationen brachten U. auch mit Materialien über die hl. →Brigida v. Kildare in Verbindung, was aber unsicher bleibt. Auch wurde er (wie andere große Kirchenmänner seiner Zeit) später als Hl. r verehrt. G. MacNiocaill

Lit.: Genealogiae Regum et Sanctorum Hiberniae, hg. P. Walsh, 1918 – J. F. Kenney, The Sources for the Early Hist. of Ireland, 1929 – L. Bieler, Patrician Texts in the Book of Armagh, 1979 – Corpus Genealogiarum Sanctorum Hiberniae, hg. P. Ó Riain, 1985.

Uluġ Beg, timurid. Herrscher und bedeutender Mäzen (bes. der Astronomie), geb. 1394, gest. 1449, Enkel von →Tīmūr, den er als Kind auf Feldzügen begleitete. 1409 erhielt U. von seinem Vater Šāruḫ die Herrschaft über Transoxanien. In den Machtkämpfen nach Šāruḫs Tod unterlag er und wurde 1449 von seinem Sohn ʿAbd al-laṭīf ermordet. – In seiner Hauptstadt →Samarqand förderte U. (wie schon sein Großvater) Künstler und Gelehrte und ließ große Bauten errichten, so eine →Moschee, eine →Madrasa und das berühmte →Observatorium (1908 ausgegraben). Zu den dort tätigen Astronomen gehörten Qāḍīzāde ar-Rūmī und ›al Kāšī. Dieser berichtet in einem Brief an seinen Vater (um 1420), daß das auf seinen Vorschlag hin eingerichtete, damals noch im Aufbau befindl. Observatorium über einen riesigen Sextanten (Radius über 40 m) sowie eine →Armillarsphäre und ein großes →Astrolab verfügte und daß U. als fähiger Mathematiker selbst an den wiss. Diskussionen in der Madrasa teilnahm.

Die astron. Beobachtungen und Berechnungen wurden in einem Handbuch (*zīğ*) festgehalten, bekannt als »Zīğ-i ğadīd-i sulṭānī«. Es zeichnet sich durch hervorragende Genauigkeit aus; z. B. wurden die Sinuswerte auf fünf Sexagesimalstellen exakt mit einer Schrittweite von einer Minute berechnet. Obwohl die Schriften von aṭ-Ṭūsī in Samarqand bekannt waren, ist der Zīğ kaum von den Planetenmodellen der Astronomen in Marāġa beeinflußt. Große Teile des berühmten Sternenkatalogs im Zīğ (bezogen auf das Jahr 1437) wurden aus aṭ-Ṭūsīs pers. Übers. von →aṣ-Ṣūfīs »Buch der Konstellationen« übernommen; in der Einleitung sagt U., er habe dann, wenn die auf Ṣūfī zurückgehenden Koordinaten eines Sterns deutl. von den beobachteten Positionen abwichen, sie durch eigene Beobachtungswerte ersetzt. Der Zīğ war höchstwahrscheinl. in pers. Sprache abgefaßt; er gibt mehrere arab. Fassungen und Übersetzungen in andere Sprachen. Die dort enthaltenen Tafeln und die ihnen zugrundeliegenden Parameter waren sehr verbreitet.

R. Lorch

Lit.: DSB, s. v. [T. N. Kari-Niazov] – L. Sédillot, Prolégomènes des tables astron. d'Oloug-Beg, 1853 – E. B. Knobel, Ulugh Beg's Catalogue of Stars, 1917 – A. Sayili, The Observatory in Islam, 1960 – Ders., Ghyāth al Dīn al Kâshî's letter on Ulugh Bey and the Scientific Activity in Samarqand, 1960 – T. N. Kari-Niazov, Die astron. Schule von U., 1967 [russ.] – E. S. Kennedy, Stud. in the Islamic Exact Sciences, 1983 – D. King, Islamic Math. Astronomy, 1986 – P. Kunitzsch, The Arabs and the Stars, 1989 – K. Krisciunas, A More Complete Analysis of the Errors in Ulugh Beg's Star Catalogue, JHA 24, 1993, 269–280 – E. S. Kennedy, The Heritage of Ulugh Beg (Symp. Science and Technology in the Turkish and Islamic World, 1994).

ʿUmar. 1. ʿU. b. al-Farruḫān aṭ-Ṭabarī, einer der frühesten Astronomen und Astrologen der islam. Welt, arbeitete in Bagdad in der 2. Hälfte des 8. Jh., gest. anfangs 9. Jh. ʿU. wirkte vermutl. auch als Übersetzer aus dem Griech., Pers. und Syr. Die Bedeutung seiner Schriften belegen mehrere Verweise →al-Bīrūnīs. Er verfaßte einen (verschollenen) Kommentar zum »Tetrabiblos« des →Ptolemaeus und soll den »Pentateuch« des →Dorotheos von Sidon übersetzt haben. Eine seiner astrolog. Schriften wurde von →Johannes v. Sevilla ins Lat. übersetzt (»De nativitatibus«). Sein Sohn Muḥammad b. ʿUmar b. al-Farruḫān war ebenfalls Astronom und Astrologe; al-Bīrūnī erwähnt und benutzte seine astronom. →Tafeln.

J. Sesiano

Lit.: DSB XIII, 538f. – Sezgin V, 226; VI, 135; VII, 111–113, 324f.

2. ʿU. al-Ḫaiyām, Ġiyāṯ ad-Dīn Abū l-Fatḥ, hervorragender pers. Mathematiker und bekannter Dichter, geb. ca. 1048 in Nīšāpūr, gest. ca. 1131 ebd., arbeitete in verschiedenen Städten des östl. Selğūqenreichs. ʿU. hat zwei Abhandlungen über Algebra verfaßt, deren spätere u. a. die geometr. Auflösung aller Gattungen der Gleichungen 3. Grades, mit positiven Gliedern und positiver Lösung, unter Einbeziehung von Kegelschnitten erklärt, was früher nur in Einzelfällen erreicht worden war (→Mathematik, III). In der Geometrie beschäftigte er sich hauptsächl. mit Grundlagenfragen; er gehört zu den islam. Vorläufern der nicht-euklid. Geometrie. Seine Untersuchungen zur Arithmetik befassen sich sowohl mit (ind.) Rechnen, und zwar Wurzelziehen, als auch mit der mehr theoret. gr. Lehre von den Verhältnissen und ihrer Beziehung zur Musiktheorie. Zur Physik gehören ʿU.s Forschungen über die Waage, die seine Schüler →al-Ḫāzinī und al-Isfizārī entscheidend beeinflußten. In Isfahan arbeitete ʿU. an der Reform des pers. (Sonnen)kalenders mit, erstellte 1079 diesbezügl. Vorschläge und schrieb später eine Abhandlung über die iran. Neujahrsfeste mit einer Gesch. der Reformversuche (»Naurūznāme«). Neben philos. Schriften, in denen ʿU. sich als von →Avicenna beeinflußt erweist, werden ihm zahlreiche vierzeilige Gedichte (»Rubāʿīyāt«) überliefert, deren Echtheit jedoch in der Mehrheit bezweifelt wird.

J. Sesiano

Lit.: DSB VII, 323–334 [Lit.] – Scienzati e tecnologi dalle origini al 1875, II, 1975, 465–467 [Dichtung] – Kh. Jaouiche, La théorie des parallèles en pays d'Islam, 1986 [Geometrie].

Umbrien (it. Umbria), Region in Mittelitalien; Plinius d. Ä. bezeichnet ihre Bevölkerung als »gens antiquissima«, die aus 47 »Völkern« bzw. tribus bestünde. Das Territorium wurde in der Reichsordnung Diokletians auf das Gebiet zw. den Flüssen →Tiber und Nera verkleinert (»Vilumbria« bei Ptolomaeus) und in der Folge mit Tuscia (→Toskana) zu einem Verwaltungsbezirk als Teil des Vikariats Rom zusammengeschlossen. Um 333 dispensierte Ks. Konstantin die Umbrer aus verkehrstechn. Gründen von d. Teilnahme an d. jährl. Feiern in Volsinii und autorisierte die Einberufung des »provinciale concilium« im umbr. Municipium Spello, wo ein Tempel zu Ehren der ksl. Familie (gens Flavia) errichtet und die jährl. Festspiele (religiöse Riten, Schauspiele, Gladiatorenkämpfe) abgehalten werden sollten. De facto blieb U. aber mit Tuszien in einer Region verbunden, die von einem ksl. Amtsträger (Corrector, später Consularis) verwaltet wurde. Der letzte dieser Magistrate ist 459 belegt, zu einer Zeit, als U. fast nie mehr – oder nur sehr selten als Teil Tusziens – erwähnt wurde. Mit dem Eindringen des Christentums entwickelte sich rasch ein dichtes Netz kirchl. Verwaltungsbezirke: bereits im 4. Jh. sind die Diözesen →Spoleto und →Gubbio bezeugt, im 5./6. Jh. Otricoli, Narni, Terni, →Foligno, Foroflaminio, Tadino und →Perugia. Ende des 6. Jh. sind 22 Diözesen belegt. Während der Invasionen der Völkerwanderungszeit gewann eine der wichtigsten Verkehrsadern, die den N mit dem S der Halbinsel verband, die Via Flaminia, von neuem sehr große strateg. Bedeutung und mit ihr die ganze Region, die sie durchquerte. Nach der langob. Landnahme wurde das frühere Vilumbria Kernstück des Hzm.s →Spoleto und erhielt auch den Namen Valeria (Spoleto, Norcia und die →Sabina). Dieser kleine Territorialstaat erreichte durch seine Expansion in Richtung auf die Adria allmähl. beinahe den Umfang, den das vorröm. U. besessen hatte. Seit dieser Zeit gab es de facto eine »Tuscia romana« (byz.) und eine »Tuscia Langobardorum«. Diese Teilung wurde in der Folge beibehalten, als die Päpste in der Herrschaft über dieses Gebiet die byz. Ks. und die Franken die Langobarden ablösten. Nach den Schenkungen Pippins (754) und Karls d. Gr. (774) begannen die Päpste, polit. und administrative Rechte über ganz Mittelitalien geltend zu machen. Als →Innozenz III. (1198) das Hzm. Spoleto erwarb, wurden die beiden Tuszien unter päpstl. Herrschaft wiedervereinigt. Sie stand anfangs auf tönernen Füßen und wurde insbes. von den aufsteigenden selbständigen Kommunen bekämpft, gewann aber zusehends an Festigkeit, v. a. in der Zeit des Avignones. Papsttums unter dem energ. Legaten Kard. Aegidius →Albornoz, der (nach Innozenz III.) als zweiter Begründer des →Kirchenstaates gilt. U. erhielt auf diese Weise allmähl. wieder Gestalt als eigene Region. Währenddessen festigten sich die Signorien durch die Unterstützung des Kard.s Albornoz, der die Herrschaft über Städte und Territorien als päpstl. Vikariate legitimierte. Einen beachtl. Aufstieg erlebten in dieser Zeit v. a. die →Trinci in Foligno und die Gabrielli in Gubbio. Später wurde Braccio da Montone (→Fortebraccio, Andrea) absoluter Signore v. Perugia und dessen Territorium und hielt sich acht Jahre lang. Er brachte auch den ehrgeizigen Plan der Gründung eines Territorialstaates in U. der Vollendung nahe, als der Papst sich gezwungen sah, ihn gleichzeitig als Vikar über verschiedene umbr. Städte und Kastelle anzuerkennen. Nach seinem frühen Tod (1424) gewann die Kirche jedoch rasch ihre alte Macht zurück. In der sog. Restauration →Martins V. wurden die Regionen neugeordnet und wiederum weite Teile der ehemaligen beiden Tuszien in der Legation Perugia und U. vereinigt. In Perugia wurde eine Apostol. Provinzkammer (→Kammer, IV) begründet. Mit dieser Neuorganisation beginnt der Name U., der bis dahin nur in liter. Texten bewahrt wurde, wieder in Erscheinung zu treten. 1549 wurde Spoleto jedoch von Perugia losgelöst und als eigene Apostol. Delegation konstituiert. S. Nessi

Lit.: F. Lanzoni, Le diocesi d'Italia dalle origini al principio del sec. VIII, 1927, II, 1068ff. – S. Mochi Onory, Ricerche sui poteri civili dei vescovi nelle città umbre durante l'alto medio evo, 1930 – M. de Dominicis, L'Umbria nell'ordinamento della »Dioecesis Italiciana«, Boll. della Dep. di storia patria per l'Umbria 48, 1951, 5–31 – R. Volpi, Il recupero del termine »U.« nell'età moderna (Orientamenti, una regione attraverso i secoli: scambi, rapporti, influssi storici nella struttura dell'U. – X convegno di studi umbri, 1978), 109–117 – P. M. Conti, Il Ducato di Spoleto e la storia istituzionale dei longobardi, 1982.

Umma, '(religiöse) Gemeinde', 'Gemeinschaft' (heute auch 'Volk', 'Nation'), ein sehr frühes Lehnwort aus dem Hebräischen oder Aramäischen; die koran. Verwendungen des Wortes gestatten keine konzise Bestimmung der Bedeutung. Im Sprachgebrauch →Mohammeds bezog sich *umma* zunächst auf seine mekkan. Mitbürger bzw. auf die Araber insgesamt. In der frühesten medinens. Periode verstand er alle Bewohner der Oase als eine u., die Juden inbegriffen, die er indessen später, als sie sich nicht 'bekehrten', ausschloß. Im Endergebnis wurde die u. zu seiner u., der exklusiven Gemeinschaft der Muslime, von der die →Ahl al-Kitāb ('Schriftbesitzer' = Christen und Juden) ausgeschlossen blieben, die dafür aber auch muslim. Nichtaraber aller Art einschloß (*ummat Muḥammad*). H.-R. Singer

Lit.: EI¹ VIII [Reprint 1993], 1015f. [R. Paret; Lit.].

Umritt (-fahrt, -gang). Kult. U.e gehörten zum archaischen Brauchtum in vielen Kulturkreisen. Bei den Germanen unternahm die Göttin →Nerthus Umfahrten auf einem von Rindern gezogenen Wagen. Solche auch sonst bezeugten U.e dienten dem Zweck, dem Land wie der Bevölkerung Heil zu sichern und Unheil abzuwehren. Ein Nachklang und ein Hinweis auf die myth.-sakralen Wurzeln des Kgtm.s ist die Mitteilung →Einhards, daß die Merowingerkg.e auf einem Ochsenwagen durch die Lande zogen. Als kirchl. und weltl. Brauch haben sich U.e um Kirchen und Kapellen, Gerichtsstätten und -wahrzeichen, Acker- und Dorffluren durch das ganze MA erhalten, manche bis in die Gegenwart. Sie dienten auch der Besitzergreifung oder -sicherung (Grenzgang; →Grenze).

Polit.-rechtl. Bedeutung hatten die U.e von Merowingerkg.en. Bezeugt sind sie für Chlodwig (508), Theudebert (533), Chlothar I. (555) und seinen Sohn Chramn, für Gundowald (584) und Childert II. (585), anzunehmen auch für Charibert I. (561) und Chlothar II. (629). Wenn sie auch nicht zu den unverzichtbaren Erhebungsakten gehörten, so konnte doch durch sie die Kg.sherrschaft gewonnen, gesichert, angetreten oder in zeremonieller Weise zur Schau gestellt werden. Ähnlich war es später im Dt. Reich. Konstitutiven Charakter hatten die Kg.sumritte Heinrichs II. (1002) und Konrads II. (beim Dynastiewechsel 1024). Beide waren nicht durch Designation oder Erbrecht zum Kgtm. gelangt, sondern gewählt worden. Sie sahen sich genötigt, die Zustimmung der Stammesgewalten durch Huldigungsakte einzuholen und so die Reichsteile an sich zu binden. Vorstufen lassen sich schon unter Otto I. (anläßl. der Designation →Liudolfs 948), beim Regierungsantritt Ottos II. (973), unter den vormundschaftl. Regierungen für Otto III. (985, 992) und bei seiner Regierungsübernahme (994/995) ausmachen. Die Umfahrten Heinrichs III. (nach seiner Kg.serhebung 1028/29 und nach seinem Regierungsantritt 1039/40), auf denen er Stammestage besuchte und Huldigungen entgegennahm, hatten einen mehr repräsentativen Charakter. Erst Lothar v. Supplingenburg hat dann nach seiner Wahl und Krönung die U. unternommen (1125–27), in allen Stammesgebieten Hoftage abgehalten und die Regierung angetreten. Sein Nachfolger Konrad III., nur von einer Minderheit 1138 gewählt, hat seine allg. Anerkennung erst auf einem U. gefunden. Friedrich I. hat keinen förml.

U. unternommen, jedoch im ersten Jahr nach seiner Wahl (1152) alle Reichsteile aufgesucht. Bei den folgenden Staufern ist es infolge der jeweiligen polit. Verhältnisse nicht zu einem U. gekommen. In der Zeit des →Interregnums galt die Anschauung, »daß der Kg. in einem Reichslande erst dann als Herrscher anzuerkennen sei, wenn er dasselbe besucht und an gebräuchl. Stätte seinen Hof gehalten habe« (FICKER II, 2, S. 23). Mit der Wahl Rudolfs v. Habsburg (1273) durch die Kfs.en änderten sich Form und Wesen der Kg.swahl; Kg.sumritte fanden nicht mehr statt. In den dt. Territorien wurde allerdings vielfach eine Umfahrt zum Zwecke der Huldigung vorgenommen. – Eine besondere Form des U.s gehörte zu der 1256 zuerst bezeugten Zeremonie der Hzg.seinsetzung in Kärnten. Hier wurde der neue Hzg., auf einem Pferd reitend, dreimal um den Fürstenstein (bei →Karnburg) geführt, bevor er diesen zum Zeichen des Herrschaftsantritts bestieg.

Einen U. des Kg.s gab es auch in Schweden. Die »Eriksgata« bildete seit dem Ende des 13. Jh. einen Teil der Kg.serhebung, nach den Wahlen in den einzelnen Landesteilen und vor Weihe und Krönung in Uppsala. Sie wurde auch beibehalten, nachdem der Wahlakt (nach 1347) am Morastein stattfand. Sie diente nun der Bekräftigung der dort geleisteten Eide. R. Schmidt

Lit.: HRG III, 663–667 [R. SCHMIDT]; V, 421–426 [DERS.; Lit.], 432–436 [DERS.] – KL IV, 22–27 [G. HASSELBERG] – J. FICKER, Vom Reichsfs.enstande II, 2 (hg. P. PUNSCHART, 1921), Nr. 381 – U. STEINMANN, Die älteste Zeremonie der Hzg.seinsetzung und ihre Umwandlung durch die Habsburger, Carinthia 157, 1967, 469–497 – R. SCHMIDT, Zur Gesch. des frk. Kg.sthrons, FMASt 2, 1968, 50–57 – R. SCHNEIDER, Kg.swahl und Kg.serhebung im FrühMA, 1972 – O. HÖFLER, Der Sakralcharakter des germ. Kgtm.s (Das Kgtm., seine geistigen und rechtl. Grundlagen, hg. TH. MAYER [VuF 3], 1973⁴), 75–104 – G. SCHEIBELREITER, Der Regierungsantritt der röm.-dt. Kg.e (1056–1138), MIÖG 81, 1973, 1–62 – R. SCHMIDT, Kg.sumritt und Huldigung in otton.-sal. Zeit (VuF 6, 1981²), 97–233 – D. WILLOWEIT, Dt. Verfassungsgesch., 1990, 40–43.

Umstand. Die Lehre von den U.en menschl. Tuns, die zunächst seit der antiken Rhetorik als heurist. Argumentationshilfe Verwendung fand, wurde relevant für die aristotel. Handlungstheorie (Eth. Nic. III 2, 1111 a 3–6), in der Handlungs-U.e von unmittelbarer sittl. Bedeutung sind, insofern sie das konkrete freie Handeln zur rechten Tugendmitte hinleiten (am gebräuchlichsten seit dem 12. Jh. der Topoikatalog des Memorialverses: 'Quis, quid, ubi, quibus auxiliis, cur, quomodo, quando', also handelnde Person, Gegenstand, Ort, Mithelfer, von innen und außen kommende Antriebe, angewandte Mittel, Zeit). Der U. (circumstantia) bezeichnet formal »die Eigentümlichkeit einer Person oder Handlung, die als solche mindernd, steigernd oder artverändernd zu Lob oder Tadel gereicht« (Wilhelm v. Auxerre, Summa aurea II, 19, 1 ed. J. RIBAILLIER 645) und zählt neben Gegenstand (obiectum, materia) und Stärke des Willenseinsatzes (intensio) bzw. Absicht (→intentio, finis) zu den unter →Petrus Capuanus unterschiedenen drei Moralprinzipien (principia, fontes moralitatis) einer konkreten Handlung. Anknüpfend an die 'Summa Halensis' II, nr. 44–50 und →Roland v. Cremona bewertete →Thomas v. Aquin in seinen Spätschriften (De malo 2; S. th. I–II, 7, 1–4; 18, 2–4; 19,2) die U.e als quasi-akzidentelle Vollzugsmerkmale der sittl. Handlung, die in die Substanz der Handlung, den selbstbestimmten, personalen Akt der wirklichkeitsgerichteten Vernunft, einzugehen vermögen. Im Interesse einer präziseren Erkenntnis der Sünde und einer ihr angemessenen, gezielt helfenden Buße wurde die U.e-Lehre vom 12. Jh. an buß- und pastoral-theol. aspektreich vertieft (v.a. in Bußsummen; vgl. auch Laterankonzil 1215: DENZINGER-SCHÖNMETZER, 813). Die nachthoman. Diskussion, die im Kontext einer Metaphysik des sittl. Handelns auch das moral. Sein der U.e erörterte, konzentrierte sich auf die Unterscheidung externer und interner U.e, deren Anzahl und deren Einfluß auf die Moralität eines Aktes (Heinrich v. Gent, Qdl. XIII, 10; Joh. Duns Scotus, Qdl. 18; Ps.-Thomas de Bailly, Qdl. III, 13; Durandus, In II Sent. 38, 1; Wilhelm v. Ockham, Qdl. III, 16; G. Biel, Collect. III, 23, 1; IV, 17, 1, 2, 4). M. Laarmann

Lit.: HWPh I, 1019–1022 – LThK³ IV, 1181 – J. GRÜNDEL, Die Lehre v. den U.en der menschl. Handlung im MA, BGPhMA 39/5, 1963 – The Ethics of St. Thomas Aquinas, hg. L. ELDERS–K. HEDWIG, Studi Tomistici 25, 1984, 161–187 [K. HÖRMANN] – TH. NISTERS, Akzidentien der Praxis, Symposion 93, 1992 – TH. KOBUSCH, Die Entdeckung der Person, 1993, 42, 57f.

Umstand (Recht). Der U., Charakteristikum des frk. wie des ma. dt. →Gerichtsverfahrens, ist die Gerichtsgemeinde, die das aus Richter und Urteilerbank bestehende →Gericht umsteht. Bei Gerichtssitzungen wie den echten →Dingen, die der allg. Dingpflicht unterliegen, bildet die Gesamtheit der dingpflichtigen Männer den U. Der U. ist nicht nur Ausdruck der Öffentlichkeit des frk.-dt. Gerichtsverfahrens, sondern nach allg. Auffassung v.a. Verkörperung oder doch wenigstens – im späteren MA – Reminiszenz einer urspgrl. gesamturteilenden Dinggenossenschaft. Bes. Bedeutung hat die Lehre R. SOHMS von der →Vollbort des U.s erlangt, die fast allg. vom dt. rechtshist. Schrifttum übernommen wurde und Eingang in die klass. Lehrwerke der dt. Rechtsgesch. fand. Ausgehend von dem – keineswegs aussagekräftigen – Kap. 12 der »Germania« des Tacitus legte SOHM insbes. für das Volksgericht der frk. Zeit dar, daß die →Rachinburgen lediglich einen Urteilsvorschlag eingebracht hätten, der erst durch die Vollbort des U.s zum Urteil erhoben worden sei. Dieses Modell findet jedoch keine Stütze in den frk. und insbes. westfrk. Q., die überhaupt infolge weitgehenden Schweigens keine sicheren Rückschlüsse auf Funktionen des U.s zulassen. So wird sowohl die Auffassung vertreten, daß dem U. zumindest in großen Teilen des Westfrankenreichs keine rechtl. Mitwirkung als Urteil zugekommen sei (NEHLSEN-V. STRYK), als auch die Meinung, daß der U. stets mitgeurteilt habe, d.h. dem Ersturteil der Rachinburgen sein Folgeurteil angefügt habe (WEITZEL). Die Auswirkungen der Gerichtsreform Karls d. Gr. (→Schöffe, I) sind gleichfalls nicht bekannt.

Was das dt. Hoch- und SpätMA betrifft, so ist die Vollbort oder Folge des U.s hinsichtl. des von einem Schöffen oder sonstigen Urteiler gefundenen Urteils sicher bezeugt und bes. reich in den spätma. →Weistümern dokumentiert. Auch der →Sachsenspiegel kennt die Vollbort des U.s (Ldr. II 12, 10 und 14; Lnr. 69, 11). Ist das Urteil gefunden, muß der Richter den U. nach der Vollbort fragen bzw. – so die synonyme Wendung –, ob der U. dem Urteil Folge gebe. Auch nach dem nach dem Sachsenspiegel gearbeiteten »Richtsteig Landrechts« (→Buch, Johann v.) aus dem 14. Jh. hat der Richter jeweils die Vollbort des U.s festzustellen. Nach erfolgter Urteilsschelte darf der Richter die Vollbort nicht mehr einholen (Sachsenspiegel, Ldr. 12, 14). Im sächs. Schöffengericht scheint dagegen die Vollbort des U.s nicht mehr rechtl. erhebl. gewesen zu sein. Erhalten geblieben war den Mitgliedern des U.s aber das Recht der Urteilsschelte unter Einbringen eines Gegenurteils (Sachsenspiegel, Ldr. II 12, 10). In der Tat hat die Schöffenverfassung nach allg. Meinung zur Rückbildung einer Mitwirkung des U.s geführt. Wo sich die Schöffenverfassung nicht durchsetzte, verblieb es häufig beim offenen Urteilerkreis, der sich aus der versammelten Gerichtsgemeinde rekrutierte.

K. Nehlsen-v. Stryk

Lit.: HRG V, 438–442 [J. Weitzel] – R. Sohm, Die altdt. Reichs- und Gerichtsverfassung, 1871 – Grimm, RA II, 769f., 864 – K. Nehlsen-v. Stryk, Die boni homines des frühen MA, unter bes. Berücksichtigung der frk. Q. (Freiburger Abh. zur Rechtsgesch. 1, 1981), bes. 83ff. – J. Weitzel, Dinggenossenschaft und Recht (Q. und Forsch.en zur höchsten Gerichtsbarkeit im Alten Reich 15, 1985), 83ff., 511ff., passim – F. Battenberg, Dinggenossenschaftl. Wahlen im MA (Wahlen und Wählen im MA, hg. R. Schneider–H. Zimmermann [VuF 37, 1990]), 271ff., bes. 278f.

Umwelt. Aus den vielfältig miteinander verflochtenen Bereichen natürl., gebauter und gesellschaftl. U. wird hier die natürl. und naturnahe betont. In der Natur selbst wandeln sich, unabhängig vom Menschen, die Oberflächenformen mit den Küsten und die Gewässer (→Altlandschaftsforschung; →Transgression, →Deich- und Dammbau) durch endogene und exogene Kräfte, namentl. durch Erosion, flächenhafte Abtragung und Sedimentation. Neben Großräumen, deren Relief sich, wie die span. Meseta als Rumpffläche, seit dem MA kaum verändert hat, sind v.a. in zertalten und hängigen Bergländern (z.B. Südalpen, Apenninen) die Landformen und Böden stärker umgestaltet worden. In den mediterranen Gebirgen wurde die Bodendecke weithin zerstört. Dazu haben anthropogene Vernichtung des Waldes, früherer Ackerbau und ehemalige Beweidung (→Transhumanz, →Weidewirtschaft) wesentlich beigetragen. Die für die →Landwirtschaft wichtigste Grundlage, die Böden, besitzen, je nach Art und Typ, eine von Gestein, Klima, Relief, Vegetation und anthropogener Einwirkung abhängige Dynamik. Sie führt im Zeitverlauf zu erhebl. Veränderungen ihrer Fruchtbarkeit bis zur völligen Degradierung; im Falle ma. Ackerbaus auf gebösgten Hängen kann selbst in Mitteleuropa ab etwa 5–10° Neigung der gesamte Boden bis zu einer Mächtigkeit von 2 und mehr Meter abgetragen sein. Das →Klima hat sich im MA mehrfach verändert, doch waren die Schwankungen relativ gering, so daß sie sich in den altbesiedelten Gunsträumen kaum auf Vegetation, Bevölkerung und Landeskultur ausgewirkt haben, stärker jedoch an den Grenzen der Besiedlung, so in Island, im nördl. Skandinavien und in höheren Gebirgszonen (→Island II, 2; →Norwegen, C. II).

Wo der Mensch in Prähistorie, Antike und im MA durch vielfältige Aktivitäten in der Natur wirkte, haben sich sehr verwickelte Interdependenzen ergeben. Die U. in den altbesiedelten Räumen und ihren Randgebieten war am Beginn des MA schon seit ca. 4–6000 Jahren durch Landwirtschaft mit Ackerbau und Weidewirtschaft verändert worden. Die früh angelegten Prozesse wirkten im Verlaufe des MA weiter. Sie wurden nur unterbrochen, wenn es durch stärkere Abnahme der →Bevölkerung infolge von Kriegen, Seuchen (→Epidemien, →Pest) und Wanderungen zu kulturlandschaftl. Regressionsphasen kam. Erneutes Bevölkerungswachstum mit gesteigerter Landnutzung führten zu einer stärkeren Belastung der U. mit Veränderungen herbei.

Jede Landschaft und jedes Land besitzen eine eigene Umweltgeschichte. Am stärksten war am Beginn des MA die U. im Mediterranraum verändert, weil sich dort bereits in der griech. und röm. Antike reife Kulturlandschaften mit dem mediterranen Wechselklima zu einer ausgeprägten Veränderung der urspgl. Landesnatur verbunden hatten. Im MA breiteten sich die Degradationsstufen immergrüner und sommergrüner Wälder erheblich aus: im Norden der Iber. Halbinsel die atlant. Heideformation (*landas*), in der großen Mediterranregion von Portugal bis Griechenland die vielartigen *Macchien* (Buschformationen), *Pseudomacchien* (Degradationsstadien sommergrüner Wälder), die *Phrygana* (auf bes. trockenen Standorten) und schließlich die *Garrigue* durch weitergehende Degradation der Macchie. Raubzüge (→Razzia) der arab. →Seeräuber (z.B. →Fraxinetum) führten zu einer Entvölkerung der Küstenabschnitte und zur Errichtung zahlreicher Bergsiedlungen. In Verbindung mit anthropogener Bodenabtragung im Binnen-Bergland verwilderten die Flüsse im Küstentiefland, so daß sich v.a. in Italien und Griechenland die →Malaria erheblich ausbreitete. Auf der Iber. Halbinsel haben →Reconquista und wiederholte Pestepidemien die Bevölkerungszahl vermindert und durch Verwilderung des Kulturlandes zur Ausbreitung der Malaria beigetragen. Die U. des europ. Mittelmeergebiets hat durch anthropogene Wirksamkeit in Antike und MA weithin ein Gepräge erhalten, das heute als typisch mediterran angesehen wird.

Weniger tiefgreifend als dort, doch noch erheblich, waren, bedingt durch das eher ausgeglichene, gemäßigte Klima, die Veränderungen in den europ. Ländern nördl. der →Pyrenäen und der Alpen. Sie waren bis auf schmale Küstensäume, die Gewässer, Kernmoore und die Gebirge oberhalb der Baumgrenze bei Beginn der bäuerl. Wirtschaft Waldländer. Den Hauptanteil an ihrer Rodung, die von den altbesiedelten Landschaften ausging, hatten die Rodungs- und Ausbauphasen des MA (→Bergbau, →Landesausbau, →Siedlung, ländl.; →Deutschland, G; →England, H; →Frankreich, C; →Dänemark, F. I, 2; →Schweden, H; →Norwegen, C). Die Ausdehnung der atlant. Zwergstrauchheiden, die schon in prähist. Zeit einsetzte, verstärkte sich im MA durch bäuerl. Wirtschaft, städt. und gewerbl. Holzkonsum. S. a. →Alm; →Deutschland, F; →Esch; →Forst; →Wald; →Wasser u. a.

H. Jäger

Lit.: H. Lautensach, Iber. Halbinsel, 1964 – École Pratique des Hautes Études, VIe S., XI: Villages désertés et hist. économique (en Europe), XI^c–XVIII^c s., 1965 – A. Schulten, Iber. Landeskunde, 1974^2 – O. Rackham, Ancient Woodland, 1980 – H. Ellenberg, Vegetation Mitteleuropas mit den Alpen, 1982^3 – F. Tichy, Italien, 1985 – F. Mitchell, Reading the Irish Landscape, 1986 – C. Lienau, Griechenland, 1989 – The Environment. National Atlas of Sweden, hg. C. Bernes–C. Grundsten, 1992 – H. Jäger, Die Altlandschaft Fünens in siedlungsgeograph. Sicht mit bes. Beachtung der Völkerwanderungszeit, AAG, Phil.-Hist. Kl. 3. F., 200, 1992, 267–298 – K.-E. Behre–D. Kučan, Die Gesch. der Kulturlandschaft und des Ackerbaus in der Siedlungskammer Flögeln (Niedersachsen), seit der Jungsteinzeit (Probleme der Küstenforsch. im südl. Nordseegebiet, 21, 1994) – Landscape and Settlements. National Atlas of Sweden, hg. S. Helmfrid, 1994 – H. Jäger, Einf. in die Umweltgesch., 1994 – H. Küster, Gesch. der Landschaft in Mitteleuropa von der Eiszeit bis zur Gegenwart, 1995 – L'uomo e la Foresta. Atti della XXVII Sett. di Studi, Prato 1995, 1996.

Unabhängigkeitskriege, schottische → Wars of Independence

Unam sanctam, Konstitution Papst →Bonifatius' VIII., vermutl. Eigendiktat, ist durch den Konflikt mit Kg. →Philipp IV. d. Schönen v. Frankreich und durch polit.-theoret. Diskussionen über das Verhältnis von geistl. und weltl. Gewalt veranlaßt. Vom 18. Nov. 1302 datiert, doch wohl erst Aug. 1303 im Konsistorium publiziert und in das Kurialregister eingetragen (Reg. Vat. 50 fol. 387v°), dann durch Extravaganten-Slg. en verbreitet (Extravag. com. 1. 8. 1), gilt U. U., mit ihrem extremen hierokrat. Anspruch auf universale Zuständigkeit als berühmteste Deklaration zur polit. Herrschaft des →Papstes, obwohl sie keine grundsätzl. neuen Gedanken formuliert. Eingangs nach dem Nicaeno-konstantinopolitan. →Symbolum stilisiert, wird mit Bibelzitaten und deren Exegese zuerst die Einheit der kath. und apostol. Kirche, außerhalb derer es kein Heil gebe, und die Notwendigkeit und Rechtmäßigkeit ihrer Leitung durch eine Person, die des Papstes als Nachfolgers Petri, begründet, sodann mit Hilfe der →Zwei-Schwerter-Theorie die im Petrusamt verbürgte Zuständigkeit der geistl. Gewalt für den geistl. und weltl. Bereich sowie die Überordnung der geistl. über die weltl. Gewalt dargestellt. Für die Korrektur der Verfehlung eines weltl. Herrschers sei die geistl. Instanz zuständig, der fehlbare Geistliche dagegen seinem Oberen, der Papst allein Gott verantwortl.; der Gegensatz zu diesem monist., nämlich dualist. Legitimationskonzept, in dem der Herrscher gleichfalls unmittelbar zu Gott und damit parallel zum Papst steht, wird, vergleichbar dem →Manichäismus, zur →Häresie erklärt. Mit Worten Thomas' v. Aquin (»Contra errores Graecorum«) ergibt sich als Schlußfolgerung, daß es jeder menschl. Kreatur zum Heil notwendig sei, dem Papst unterworfen zu sein. Assonanzen finden sich zu →Cyprianus (4. C.), Ps. →Dionysius Areopagita, →Hugo v. St. Victor und →Bernhard v. Clairvaux, unmittelbare Vorarbeit dürfte →Aegidius Romanus mit dem Traktat »De ecclesiastica potestate« geleistet haben. Der Papst stellt damit seinen universalen Herrschaftsanspruch gegen die aufkommenden Nationalstaaten und die Lehre von der Autonomie des Staates und der Herrschergewalt. Auf frz. Druck hin hat →Clemens V. 1306 Konsequenzen aus U. hinsichtl. der Unterordnung Frankreichs unter das Papsttum durch die Konstitution »Meruit« (Extravag. com. 5. 7. 2) ausgeschlossen. Im Rahmen der Extravaganten-Slg. en und separat wurde U. mehrfach, auch krit. abschwächend, glossiert und 1375 von Gregor XI., 1516 vom V. Laterankonzil als dogmat. Aussage bestätigt.

T. Schmidt

Q.: POTTHAST, Reg. 25189 – G. DIGARD, Les registres de Boniface VIII, 4 Bde, 1884–1939, III, Nr. 5382 – AE. FRIEDBERG, Corpus Iuris Canonici, II, 1881, 1245f. – *Lit.*: DBI XII, 146–170 – Dict. Hist. de la Papauté, ed. PH. LEVILLAIN, 1994, 233–236 – LThK² X, 462 – W. ULLMANN, Die Bulle U.: Rückblick und Ausblick, RHMitt 16, 1974, 45–77 (= Scholarship and Politics in the MA, 1978, Nr. VI) – R. M. JOHANNESSON, Card. Jean Lemoine and the Authorship of the Glosses to U., BMCL 18, 1988, 33–41 – J. MULDOON, Boniface VIII as Defender of the Royal Power: U. as a Basis for the Spanish Conquest of the Americas (Popes, Teachers and Canon Law in the MA, ed. J. R. SWEENEY – S. CHODOROW, 1989), 62–73.

Unbefleckte Empfängnis → Maria, hl., A. II

Uncastillo, Vertrag v. (25. Aug. 1363), geschlossen zw. Kg. →Karl II. 'd. Bösen' v. Navarra und Kg. →Peter IV. v. Aragón mit dem Ziel der Unterstützung →Heinrichs (II.) v. Trastámara gegen Peter I. v. Kastilien sowie der gegenseitigen Hilfe gegen auswärtige Feinde. Heinrich mußte sich verpflichten, im Falle eines Sieges über Kastilien dem aragones. Kg. Toledo und Murcia, dem navarres. Kg. alle jemals zu Navarra gehörigen Gebiete abzutreten. Das von Karl II. 1364 unterzeichnete Bündnis bildete nach dem Scheitern der Übereinkunft v. →Murviedro zw. Kastilien und Aragón (1363) den Abschluß eines Vertragssystems zur Einkreisung Peters I. v. Kastilien, zu dem u. a. noch das Bündnis v. Monzón (1363) zw. Peter IV. und Heinrich v. Trastámara sowie eine Allianz zw. Aragón und Frankreich gehörten.

L. Vones

Lit.: J. ZURITA, Anales de la Corona de Aragón, ed. A. CANELLAS LÓPEZ, IV, 1978, 476ff. (Lib. VIII, cap. XLVIII) – A. PLAISSE, Charles le Mauvais, comte d'Évreux, roi de Navarre, capitaine de Paris, 1972 – J. M.ª LACARRA, Hist. del Reino de Navarra en la edad media, 1975 – J. VALDEÓN BARUQUE, La incidencia de la guerra de los Cien Años en la Península Ibérica (Pere el Cerimoniós i la seva època, 1989), 47–57 – L.

VONES, Gesch. der Iber. Halbinsel im MA, 1993, 174f. – A. MASIÁ DE ROS, Relación castellano-aragonesa desde Jaime II a Pedro el Ceremonioso, 2 Bde, 1994, bes. I, 304ff.

Unehrlichkeit, unehrliche Leute. Zu den unehrl. Leuten zählten im MA die Angehörigen verachteter Berufe, insbesondere die Henker (→Scharfrichter) und Abdecker (→Schinder) mit ihren Helfern und Angehörigen. Ihre U. war gleichsam ansteckend. Wer mit ihnen persönl. Umgang hatte oder auch nur ihr Gerät berührte, galt fortan ebenfalls als unehrl. Vielfach wurde diese U. auch auf andere niedere Bedienstete mit schmutzigen Arbeiten wie Gefängniswärter, Straßenkehrer und Abortreiniger ausgedehnt. Als unehrl. galten weiterhin auch die →Fahrenden und ähnl. soziale →Randgruppen: →Spielleute, Gaukler und Lohnkämpfer, Kesselflicker und Scherenschleifer, Dirnen und Bordellwirte (→Prostitution), Bettler (→Bettlerwesen) und →Zigeuner. Manche dieser Gruppen schlossen sich zu Genossenschaften zusammen und erlangten die rechtl. Anerkennung einer eigenen Gerichtsbarkeit (Pfeifer-, Keßlerkönige). Daneben gab es die verbreitete U. der unehel. Kinder und die Deliktsu. derer, die zu Strafen an Hals und Hand, an Haut und Haar verurteilt worden waren. Am weitesten wurde die U. ausgedehnt, wo sie auch Berufsgruppen wie die Müller, Schäfer, Barbiere oder Leineweber umfaßte. Hier gab es offenbar erhebl. regionale Unterschiede. Während im Hanseraum sehr strenge Ausschließungsregeln galten, konnten im W und S die Barbiere oder Leineweber eine eigene (rangniedrige) Zunft bilden.

Die wichtigste Wirkung der U. war der Ausschluß von allen gerichtl. Funktionen. Unehrl. Leute konnten nicht Richter, Schöffen, Zeugen, Fürsprecher oder Vormünder sein. Ferner konnten sie nicht in städt. Ehrenämter gewählt und nicht in eine →Zunft aufgenommen werden. Gerade die zunehmende Abschließung der spätma. Zünfte scheint eine wesentl. Triebkraft der immer weiteren Ausdehnung der U. gewesen zu sein.

K. Kroeschell

Lit.: HRG I, 855–858 [K. S. KRAMER] – W. DANCKERT, Unehrl. Leute. Die verfemten Berufe, 1979² – B. ROECK, Außenseiter, Randgruppen, Minderheiten, 1993, 106–118 – →Randgruppen.

Unendlichkeit Gottes, Unermeßlichkeit Gottes. Im Begriff der U. G. (infinitas) ist die Bestimmung der Unermeßlichkeit (immensitas) enthalten, die das bes. Verhältnis des Schöpfers zum Ort angibt. Es ist zu beachten, daß die 'immensitas' der bibl. ursprünglichere Gedanke ist (1 Kön 8, 27; 2 Chr 2, 5; 6, 18; Jes 40, 12; Ijob 11, 7–9). Dagegen gehen die begriffl. Präzisierungen der U., die früh in der patrist. Theol. einsetzen (Clemens v. Alexandria, Gregor v. Nazianz, Gregor v. Nyssa, Augustinus, Johannes Damaskenos), später im kirchl. Lehramt (DENZINGER-SCHÖNMETZER 75; 800; 3001), auf die gr. Philos. zurück.

In der Scholastik – anders als in der NZ – sind weniger die Paradoxien des Unendlichen wichtig, sondern die Korrekturen, die im Begriff 'infinitum' die Implikate von Materie, Form und Potentialität entfernen und damit eine theol. Prädikation ermöglichen. Abseits einiger Nebenstränge (Liber Hermetis), die die Symbolik des Unendlichen (sphaera) tangieren, führt Albertus Magnus – im Rückgriff auf Johannes Damaskenos – die Unterscheidung zw. 'infinitum per privationem' und 'per negationem' ein: Etwas kann als 'infinitum' bezeichnet werden, wenn in der Entgrenzung einer natürl. Form deren Grenze 'privative' entfällt oder wenn eine Vollkommenheit (perfectio) weder in Raum, Zeit, noch in Begriffen erfaßt ist, also nur 'negative' bestimmt werden kann (BORGNET 25, 37). Für Thomas v. Aquin, der diesen Aspekt (S. c. g. I, 43) auf seine Seinskonzeption bezieht (dico esse ... perfectissimum, De pot. 7, 2, 9), ist das 'Sein' (esse) selbst, wenn es von den endlich begrenzenden Formen 'abgelöst' (absolute) betrachtet wird, als 'infinitum' (S. c. g. I, 43) anzusehen. Dieser Begriff läßt sich auf Gott übertragen, dessen 'Wesen' in der unendlichen, alle endlichen Formen übersteigenden, doch in sich bergenden Perfektion liegt, daß er als 'Sein' subsistiert: »Manifestum est quod ipse Deus sit infinitus et perfectus« (S. th. I, 7, 1). Dagegen greift Johannes Duns Scotus auf die quantitative U. bei Aristoteles zurück (ἄπειρον, Phys. II 6, 207 a 7ff.), die zum intrinseken Modus des 'Seienden' (ens) wird. Das Unendliche (Quodl. I q. 5) ist in zwei verschiedenen Kontexten interpretierbar: Einerseits ist das 'ens infinitum' die höchste theol. Prädikation, aber zugleich auch, in Absetzung zum 'ens finitum', nur ein disjunktives Transzendental, dem gegenüber das Seiende als solches 'indifferent' ist (de se indifferens ad finitum et infinitum, Ord. I d 8 n. 141). Daher 'beschreibt' (describit) das 'ens infinitum' Gott nicht in seinem Wesen, sondern nur insoweit, als er in der Einseitigkeit eines disjunktiven Transzendentals erkennbar ist. Auch in der Metaphysik bleibt für Scotus daher der Weg zum ganz anderen, bibl. Gott Abrahams, Isaaks und Jakobs offen (E. GILSON). Da die Modalbestimmung des Unendlichen eine intensive Perfektion des Seienden ist (intensive ... in perfectione), die das Endliche ohne Maß übersteigt (Quodl. I q. 5, n. 4), sind die 'reinen Perfektionen' (sapientia, libertas, scientia, voluntas) mit dem Unendlichen kompatibel (Quodl. I q. 5, n. 9). Die Positionen des Thomas und Duns Scotus markieren die Extreme, die in der Hochscholastik in der Ausarbeitung desselben Begriffes bezogen werden: Während für Thomas das 'Sein' (esse) – von allen Eingrenzungen 'abgelöst' betrachtet – 'unendlich' (infinitum) ist und in das Wesen Gottes als 'Ipsum esse per se subsistens' führt, ist für Duns Scotus das 'ens infinitum', auch als theol. höchste Prädikation, ontolog. nur eine disjunktive Transzendentalbestimmung, die das Seiende als solches nicht ganz abdeckt und auch Gott nicht vollkommen bezeichnet. Im Rückgriff auf eine breite, vorwiegend neuplaton. Tradition versucht Nikolaus v. Kues an Leitfaden math. Modelle (Linie, Dreieck, Kreis, Kugel), die Regionen der Sinnesvorstellung (sensus) und des diskursiven Verstandes (ratio) in einer unendl. Steigerung der Größen zu übersteigen, um den Blick der Einsicht (intellectus) in 'wissender Unwissenheit' auf Gott zu richten, in dem – sichtbar in Christus – das Maximum mit dem Minimum koinzidiert (De doct. ig. I 4, n. 12). Die im MA leitenden Interpretationen des Unendlichen laufen hier nochmals zusammen.

Die *Unermeßlichkeit Gottes* (immensitas) gibt als Teilaspekt der U. die Bedingung der Möglichkeit dafür an, daß Gott, der von keinem Ort gemessen wird, doch an allen Orten und in allen Dingen gegenwärtig ist. Das Thema der All-Gegenwart Gottes, das in der Ikonographie des göttl. 'Auges' wiederkehrt (G. SCHLEUSENER-EICHHOLZ, Das Auge im MA, 1985, II, 1090ff.), findet bei Thomas v. Aquin, konsequenter als bei anderen Autoren, eine Ausarbeitung, die strikt der Konzeption des 'Seins' (esse) folgt (S. th. I, 8, 1–4). Die Ubiquität Gottes ist entitativ begründet: Gott, der 'per gratiam' in den Hl. n ist, in Christus 'per esse' (Sent. I d. 37 q. 1 a. 2), lenkt, wie die Tradition lehrt (Petrus Lombardus), durch seine Macht (per potentiam) die Bewegungen der Dinge und sieht durch seine Gegenwart (per praesentiam) alles, während er durch sein Wesen (per essentiam), das 'Sein' ist, die 'causa essendi' aller Dinge ist. Der Schöpfungsakt zielt auf das 'Sein' (esse) selbst, das als 'Akt aller Akte' den Dingen zuhöchst 'innerl.' ist (esse est ... magis intimum cuilibet, et quod profundius omnibus inest, S. th. I, 8, 1). Daher ist Gott, als 'Ipsum esse per essentiam', dem Geschaffenen gegenwärtig, weil es 'ist' (quandiu res habet esse, tandiu oportet quod Deus adsit ei, ebd.). Diese entitative Präsenz, die weder eine Vermischung der Wesenheiten, noch des Seins meint, gilt nicht nur für den Ort (S. c. g. III, 68), sondern auch für die Zeit, da die temporal existierenden Dinge in ihrem Sein 'sukzessiv' erhalten werden. »Deus enim est in rebus temporalibus per modum rerum« (Sent. I, d. 37 q. 2 a. 3). In den frühen Kosmologien der NZ, etwa bei I. Newton, sind die älteren Konzeptionen der U./ Unermeßlichkeit Gottes noch gegenwärtig.   K. Hedwig

Lit.: LThK² X, 482 [Unermeßlichkeit Gottes; R. SCHULTE] – E. GILSON, Johannes Duns Scotus, 1959 – F. J. CATANIA, Albert the Great, Boethius and Divine Infinitude, RThAM 28, 1961, 97–114 – L. SWEENEY, John Damascene and Divine Infinity, The New Scholasticism 35, 1961, 76–106 – B. LAKEBRINK, Perfectio omnium perfectionum, 1984 – L. HONNEFELDER, Scientia transcendens, 1990 [Rezension: WuW 55, 1992, 230–234].

Unfehlbarkeit (Infallibilität). Ob das Wort U. bzw. unfehlbar bereits im frühen MA vorkommt, ist fragl. (ThLL VII/1, 1336). Häufiger findet es sich erst im lat. Corpus Aristotelicum, wo es für ἀψεύδεια ('Untrüglichkeit', 'Wahrhaftigkeit') bzw. für ἀσφάλεια ('Festigkeit', 'Gewißheit', 'Zuverlässigkeit') steht. Von daher meint es allg. ein 'verläßliches' menschl. Erkennen und Agieren, wobei man bes. bei stringenten log. Ableitungen von U. spricht. Theol. erkennt man U. letztl. allein Gott zu, man bei das Zeugnis der inspirierten Hl. Schrift in irrtumsfreier kirchl. Lehre sowie unbezweifelbare Prinzipien menschl. Erkenntnis zuschreibt. Thomas v. Aquin und Bonaventura versuchen v. a. in Auseinandersetzung mit ostkirchl. Tradition und im Armutstreit (→Armut), Glaubensentscheidungen von Päpsten bzw. Konzilien in ihrer gesamtkirchl. Verbindlichkeit mit irrtumsfreier Lehre der Kirche zu identifizieren. Dabei unterscheidet Thomas die fehlbare 'Privatperson' des Papstes von seinem amtl. Dienst, in dem er für die Gesamtkirche in einer Glaubenssache ein definitives Urteil spricht, bei dem er durch 'Anstoß (instinctus) des Hl. Geistes' Gewißheit erlangt. Generell meint dann →Petrus Johannis Olivi OFM, der wahre, in Übereinstimmung mit der Gesamtkirche lehrende Papst sei irrtumslos in allg. und für andere geltender Glaubens- und Sittenlehre. Doch möglich bleibt für Olivi mit geltendem Kirchenrecht der Fall päpstl. Häresie, demzufolge jemand nur dem Anschein nach als Papst agiert und lehrt. Da sich solcher Totalausfall päpstl. Lehramtes angebl. bei Johannes XXII. in der Entscheidung über die vollkommene Armut (DENZINGER–SCHÖNMETZER, 930) im Widerspruch gegen irrtumslose und daher unveränderl. päpstl. Lehrentscheidung (Nikolaus III.: »Exiit qui seminat« 1279) manifestiert, appelliert schließlich Ks. Ludwig d. Bayer (bzw. franziskan. Berater) an ein allg. Konzil (Appellation v. →Sachsenhausen 1324). Gegen das Papsttum v. Avignon werden krit. Konzeptionen lehramtl. Autorität (nur im Konzil bzw. auch in traditionell geltender päpstl. und kirchl. Lehre) von den ksl. Kampfgefährten →Marsilius v. Padua, →Michael v. Cesena OFM und bes. →Wilhelm v. Ockham OFM entwickelt und begründet. Dagegen betonen propäpstl. Theologen unter Berufung auf Thomas v. Aquin bei aller Divergenz päpstl. Lehrentscheidungen ihren unfehlbar und widerrufl. erklärten Wahrheitskern (bes. →Petrus de Palude OP, →Guido Terrena OCarm). Solche U.skonzeption erweist sich im Konflikt mit dem →Konziliarismus bes. des Konzils v. →Basel, der sich auf eine Konzilsentscheidung (Konstanz: »Haec sancta« 1415) stützt, als Argument für eine letzte, 'a priori' irrtumslose kirchl. Instanz im päpstl. Lehramt (etwa bei →Heinrich Kalteisen OP). Doch das erfordert die stets neue Identifikation des als unfehlbar und unwiderrufl. behaupteten Wahrheitskerns kirchl. Lehre. J. Schlageter

Lit.: LThK² X, 482–487 – J. SCHLAGETER, Zur Genese der U.sdoktrin (Bonaventura. Stud. zur Wirkungsgesch., hg. I. VANDERHEYDEN, 1976) – L. HÖDL, Dignität und Qualität päpstl. Lehrentscheidungen (ebd.) – B. TIERNEY, Origins of Papal Infallibility, 1988² – H. KÜNG, Unfehlbar? Eine unerledigte Anfrage, 1989 – TH. PRÜGL, Die Ekklesiologie Heinrich Kalteisens in Auseinandersetzung mit dem Basler Konziliarismus, 1995 [Lit.] – U. HORST, Evangel. Armut und päpstl. Lehramt, 1996.

Unfreiheit
I. Allgemein; Deutsches Recht – II. Kanonisches Recht.

I. ALLGEMEIN; DEUTSCHES RECHT: [1] *Begriffsproblematik:* Die U. charakterisiert den Zustand eines Menschen, der aufgrund seiner persönl. Abhängigkeit unter der Herrschaft eines anderen steht. →Freiheit und U. sind im MA zwei grundlegende Prinzipien, die den Rechtsstatus und die soziale Schichtung der Menschen wesentl. bestimmen. Ein scharfer Kontrast zw. Freiheit (libertas) und U. (servitus) tritt bes. in den Q. des FrühMA hervor, mildert sich aber im HochMA. Bei aller Bedeutung dieser Begriffe kann man aber nicht behaupten, daß sie eindeutig und unverändert gewesen wären. Die U. kennt zahlreiche Abstufungen und unterschiedl. Formen, die sich im Laufe der Jahrhunderte verändern; daher muß der tatsächl. Grad der U. jeweils genau untersucht werden. In der wiss. Lit. wird die U. teils mit den verwandten Begriffen der Hörigkeit (→Hörige) und der →Leibeigenschaft vermischt, teils synonym verwendet. Mit dem Begriff der Hörigkeit werden dabei u. a. die verschiedenen Formen der herrschaftl. Abhängigkeit der Bauern von ihren Grundherren benannt, während der Terminus der Leibeigenschaft hauptsächl. die persönl. Bindung eines Menschen an seinen Leibherrn charakterisiert. Leibeigenschaft als histor. Ordnungsbegriff beschreibt seit dem 19. Jh. allg. die rechtl. Lage der Bauern in der vorindustriellen Gesellschaft vor dem Einsetzen der Bauernbefreiung.

[2] *Entwicklung im Mittelalter:* Die Lage der Unfreien (servi) des 9. Jh. unterscheidet sich grundlegend von der Situation der servi des 13. Jh.; zwar charakterisiert U. sowohl die einen als auch die anderen, doch umschreibt der Begriff der U. im Früh- und HochMA Lebensverhältnisse die sich nur schwer miteinander vergleichen lassen. Der karol. servus ist Eigentum seines Herrn und steht zu ihm in einer starken Abhängigkeit; man kann ihn jedoch nicht als Sklaven ansehen, da er die Möglichkeit hat, Eigentum zu erwerben und in gewissen Grenzen darüber zu verfügen. In rechtl. Hinsicht ist er zudem nicht mehr allein seinem Herrn verantwortl., obwohl dessen erbl. Besitzrecht eine nahezu uneingeschränkte Verfügungsgewalt über ihn zur Folge hat (unbemessene Frondienste, Verkaufsrecht etc.). Der Unfreie kann von sich aus nur eine vorläufige Ehe schließen, und wenn er eine Frau aus einer anderen Grundherrschaft heiratet, ist seine Ehe nichtig. Wird ein Unfreier getötet, so fällt sein →Wergeld vollständig an den Herrn; die Familie des Opfers erhält keinerlei Entschädigung. Die Geringschätzung, die auf seinem Stand lastet, verbietet ihm den Zugang zum Priestertum, auch kann er nicht als Zeuge vor dem Landgericht erscheinen. Vier Jahrhunderte später haben diejenigen, die in den Q. immer noch servi genannt werden, einen ganz anderen Status erlangt; die Belastungen und Beschränkungen, die die U. im 9. Jh. bestimmten, treffen für die meisten servi des 13. Jh. nicht mehr zu. Ihre Verpflichtungen sind jetzt im →Hofrecht verankert und können nicht mehr willkürl. verändert werden. Ihre Frondienste sind stark reduziert; viele haben infolge des Übergangs vieler Grundherren zum Rentensystem überhaupt keine Frondienste mehr zu leisten. Sie können sich verheiraten und umfangreichen Besitz erwerben. Für sie gilt im übrigen das allg. Recht, und sie unterstehen denselben Gerichten. Doch die Geringschätzung, die mit der U. verbunden ist, bleibt bestehen, ebenso das Verbot, die geistl. Weihen ohne Freilassung zu empfangen (s. Abschnitt II).

[3] *Unterschiedliche Gruppen:* Aus der Fülle der Q. bezeichnungen für Unfreie schälen sich im frühen HochMA als zuverlässige Ausdrücke u. a. servi, ancillae und proprii heraus. Sachl. zerfällt die breite Unfreienschicht im 11. Jh. je nach Art ihrer Beschäftigung, dem Ausmaß ihrer wirtschaftl. Selbständigkeit und der Nähe zu ihrem Herrn in drei große Gruppen. Erstens in die Schicht der servi casati oder manentes, die an eine feste Scholle gebunden sind, dafür aber selbständig wirtschaften können. Sie sitzen nahe den Fronhöfen des Kg.s sowie in den Fronhofverbänden des Adels und der Kirchen auf eigenen Bauernstellen (mansi) gegen Zinszahlung und Frondienstleistung. Zweitens trifft man auf eine umfangreiche Schicht von Unfreien, die einfach als proprii bezeichnet werden. Diese Großgruppe, die in Dtl. offenbar stärker vertreten war als in Frankreich, ist nicht auf Hufen angesetzt, sondern wohnt und arbeitet am Herrenhof, im Kl.zentrum oder in der Bf.spfalz. Als Unfreie sind sie zwar zu unbemessenen Frondiensten verpflichtet, verfügen aber über eine relativ große Freizügigkeit und werden vom Herrn unterhalten (praebendarii). Drittens sind schließlich die unfreien →Ministerialen (ministeriales) zu erwähnen, die allein zu höheren Aufgaben verpflichtet sind, d.h. zum Hof-, Kriegs- und Verwaltungsdienst. W. Rösener

Lit.: →Hörige, Hörigkeit, →Knecht – HRG II, 241 [E. KAUFMANN]; V, 464–470 [H. NEHLSEN] – CH.-E. PERRIN, Le servage en France et en Allemagne, 1955, 213ff. – K. BOSL, Freiheit und U. (DERS., Frühformen der Ges. im ma. Europa, 1964), 180ff. – PH. DOLLINGER, Der bayer. Bauernstand vom 9. bis zum 13. Jh., 1982, 195ff. – R. HILTON, The Decline of Serfdom in Medieval England, 1983² – W. RÖSENER, Grundherrschaft im Wandel, 1991.

II. KANONISCHES RECHT: U. (servitus) war nach dem röm. Recht, mit dem sich die Kirche auseinanderzusetzen hatte, ein Zustand, der die von ihr betroffenen Personen unfähig machte, am Rechtsleben teilzunehmen, obwohl Ulpianus unter stoischem Einfluß das →Naturrecht erwähnte, nach dem alle Menschen frei sind. In der Kirche wurden allmähl. neue Verhaltensweisen entwickelt. Calixtus I. († 222) anerkannte für die Kirche eine nach röm. Recht illegitime →»Ehe« zw. einem Freigelassenen und einer Frau aus dem Senatorenstand, wofür ihn Hippolytus tadelte. Pelagius I. († 560) bestand darauf, daß eine Ehe von (Kirchen-) Sklaven nicht gelöst werden könnte. Gregor I. gab 595 zwei Kirchensklaven (Montana und Thomas) ihre »natürliche Freiheit« zurück und gewährte ihnen das volle röm. Bürgerrecht. Die U. war in der Kirche seit dem 4. Jh. (bis 1983) ein Weihehindernis, von dem jedoch dispensiert werden konnte (und wurde). Leo I. († 461) anerkannte die Gültigkeit einer (illegitimen) höheren →Weihe eines Unfreien, und Gelasius I. († 496) gestattete einem unfreien Diakon, daß er seinem Herrn einen Ersatzmann stellte: die Ordination ging dem Eigentumsrecht des Herrn vor. Für das Eherecht war die U. bis ins HochMA ein großes Problem, weil die Herren ihren Sklaven die Ehe verbieten oder sie fakt. auflösen konnten, was sich in manchen (unterschiedl.) Konzilsbeschlüssen widerspiegelt. Die Synode v. Pistoia (864) erklärte z. B. die Ehe von unfreien Personen verschiedener Herren als »nec legale neque legitimum«.

Das →Decretum Gratiani brachte einen Fortschritt für die von der U. Betroffenen, weil es sich mit den Folgen der U. auf etl. Gebieten befaßte und ihre Lage zu verbessern suchte. Speziell im Zugang zur Weihe und zur Eheschließung war Gratian innovativ, wobei er Gedanken →Burchards v. Worms und →Anselms v. Lucca weiterführte. Geweiht werden durfte zwar weiterhin nur ein Freier und mit keinen Verpflichtungen Belasteter; hatte jedoch ein Unfreier die Weihe erhalten, so wurde dieser auch durch die unerlaubte Weihe zum Priester oder Diakon frei. Der Herr konnte nur Kompensationsansprüche an den Geweihten oder an den weihenden Bf. stellen. »Ordination macht frei!« galt sogar für die niederen Weihen, wenn der Geweihte nicht innerhalb eines Jahres in die U. zurückgerufen wurde. Für das Eherecht beruft sich Gratian auf Paulus, nach dem in Christus weder Sklave noch Freier ist (Gal 3, 28), weshalb U. kein Hinderungsgrund für eine gültige Ehe war (C. 29). Bei der »Mischehe« zw. einer freien und einer unfreien Person präzisiert er das Konsensrecht: Nur wenn der Freie um die Situation des Unfreien wußte und ihn so heiratete, war die Ehe gültig (bis 1983 geltendes Recht). Hadrian IV. erklärte in »Dignum est« (1155), daß die Ehe von Unfreien auch ohne die Zustimmung ihrer Herren gültig und unauflösl. sei. Die Dekretisten und die folgende päpstl. Gesetzgebung befaßten sich mit weiteren Details der sich aus der Ehe und der bestehenden U. ergebenden Verpflichtungen und damit, wie die Konflikte verschiedenster Art zu lösen waren, bis hin zu dem Vorschlag, daß die Kirche den Unfreien freikaufen sollte, ferner mit dem Stand der Kinder aus solchen Ehen. Generell kann man sagen, daß das kanon. Recht in »favorem libertatis et matrimonii« wirkte. A. Sahaydachny

Lit.: J. GILCHRIST, The Medieval Canon Law on Unfree Persons, SG 19, 1976, 271-301 – J. GAUDEMET, Sociétés et Mariage, 1980, passim – P. LANDAU, Frei und Unfrei in der Kanonistik des 12. und 13. Jh. (Die Abendländ. Freiheit vom 10. zum 14. Jh., hg. J. FRIED, 1991), 177-196 – A. SAHAYDACHNY, De coniugio seruorum: A Study of the Legal Debate Among Decretists and Decretalists, 1140-1215 [Diss. New York 1994].

Unfruchtbarkeit. Das Problem der menschl. U. mit seinen tiefgreifenden sozialen Implikationen (Status, Erbfolge) wurde im MA von Medizin, Theologie und Recht aufgegriffen. Im Unterschied zur erwünschten U. (→Empfängnisverhütung) war die Sterilität stets ein wesentl. Thema der Frauenheilkunde, wenngleich das antike Wissen (→Hippokrates, De mulier. III, De aëre; →Soran) über die byz. (→Paulos v. Aigina) und arab. Rezeption (→Rhazes; →Avicenna) nur bruchstückhaft in den Okzident vermittelt wurde; dort erscheint es in Enzyklopädien (→Thomas v. Cantimpré; →Gilbertus Anglicus; Johannes v. Gaddesden) wie auch in gynäkolog. Fachprosa (→Albertus Magnus; →Arnald v. Villanova; →Bernhard v. Gordon; →»Secreta mulierum«; Antonio Guainerio) und in med. Kompendien des 14. und 15. Jh. (Francesco da Piedimonte; G. Michele →Savonarola; Antonio Benedetti). Ätiolog. wurde bei Frauen anatom. (Verschluß der inneren Geschlechtsorgane) oder pathophys. Erscheinungen (Übergewicht; Verschluß des Muttermundes infolge Kälte/Trockenheit bei lokaler/globaler Dyskrasie; U. bei Amenorrhoe oder suffocatio uteri) angenommen, bei männl. U. (nach →Galen) eine venöse Ableitung des Samens. →Constantinus Africanus sowie der Theologe →Petrus Lombardus deuteten dagegen die Unfähigkeit zur Kohabitation auch als Folge von →Zauberei. Für die med. Diagnose und Geschlechtszuweisung der U. waren neben Anamnese und körperl. Untersuchung (evtl. durch Hebammen) Proben beliebt, die einen Nachweis der Durchgängigkeit der inneren Geschlechtsorgane (Riechtest bei vaginalen Räucherungen), der Fruchtbarkeit (Wachstum von Getreide in Harnprobe) oder der Qualität des Spermas (Schwimmprobe) zum Ziel hatten. Neben religiösen Praktiken wurden diätet. oder pharmakolog. Maßnahmen gegen die U. ergriffen, aber auch Anweisungen für das Sexualleben und speziell den Coitus gegeben. D. Schäfer

Lit.: H. FASBENDER, Gesch. der Geburtshülfe, 1906 – P. DIEPGEN, Stud. zu Arnald v. Villanova, ArchSud 6, 1912, 380-391 – DERS., Frau und Frauenheilkunde in der Lit. des MA, 1963 – H. RODNITE LEMAY, Anthonius Guainerius and Medieval Gynecology (Women of the Medieval World, hg. J. KIRSHNER u. a., 1985, 317-336).

Ungarische Sprache und Literatur. [1] *Historische Bedingungen:* In Ostmitteleuropa entstanden die verschiedenen volkssprachl. Literaturen erst an der Wende des 15. zum 16. Jh. Bis dahin dominierte die christl.-lat. Kultur, deren Träger – Kleriker, Mönche und Kanzleibeamte – mit der Christianisierung ins Land kamen. Dabei fehlen aber, im Gegensatz zu Westeuropa, fast alle charakterist. Merkmale der weltl. Kultur und des volkstüml. Sprachgebrauchs. So sind trotz der Ausprägung einer höf. Lebensweise (→Kultur und Gesellschaft, höf.) kaum Spuren von Heldenromanen oder Minneliedern der Troubadours in slav. oder ung. Sprache erhalten. Grundlegend für die Entwicklung der ung. Kultur und Literatur waren zwei Merkmale: Zum einen gab es keine organ. Verbindung zu dem traditionellen Gebrauch der ung. Sprache, da das Christentum den Verzicht auf die heidn. Riten, Glaubensinhalte, Volksbräuche und mündl. Traditionen verlangte; zum anderen begann die Entwicklung ziemlich spät, da die ung. Kirche noch mit der Unterdrückung der latenten heidn. Riten beschäftigt war, als im übrigen christl. Abendland bereits die Reformbewegungen (→Cluny) und die »ars nova« das geistige Leben beeinflußten.

[2] *Älteste volkssprachliche Denkmäler und ung.-lat. Literatur (11.–14. Jh.):* Die schriftl. Fixierung des Ung., einer der →finn.-ugr. Sprachen, begann erst im 11. Jh. Die frühesten ung. Sprachdenkmäler sind einige in lat. Texte eingebettete Ausdrücke (ab 1002). In der Gründungsurk. der Abtei v. Tihany (1055) sind zahlreiche ung. Wörter, zum größten Teil in Form von Toponymen (vgl. Dienstorganisation; →Dienstsiedlungen), enthalten. In einer zweiten Phase finden wir die ersten längeren Texte, sog. »Gast-Texte«, die in Form eines Anhangs an lat. Texten volkssprachl. Erläuterungen liefern. Der erste Text solcher Art ist eine Grabrede (spätes 12. Jh.), angehängt an eine lat. Kirchenregel. Obwohl es sich um eine Übers. handelt, sind Zeichen der Originalität erkennbar. In der nächsten Entwicklungsphase wurde man sich der Schwierigkeit des Übersetzens vom Lat. ins Ung. bewußt, und man erstellte Glossen und Wörterlisten als Übersetzungshilfen. Eine erste selbständige Übers. und damit die Gestaltung des ersten ausschließl. ung. verfaßten Buches ist »Die Legende vom hl. Franz v. Assisi« (um 1372). Das erste bekannte ung. Gedicht stammt von etwa 1300 und ist uns in einem dominikan. Codex überliefert; »Das Leid der Jungfrau Maria« ist eine freie Paraphrase des lat. »Planctus« von Geoffroi de Breteuil († 1196), die in der ung. Übers. von außergewöhnl. lyr. Schilderungskraft zeugt. Der Text wurde erst 1922 aufgefunden.

Für die Verbreitung der lat. ung. Schriften waren die kirchl. Institutionen – Kl.skriptorien und -bibliotheken –

verantwortlich. Die ersten Legenden aus dem 11. und 12. Jh. sind Kg. Stephan I. d. Hl. (1000–38), seinem Sohn Imre (Emmerich) und dem Bf. →Gerhard (Gellért) v. Csanád († 1046) gewidmet; in der letzten begegnet u. a. ein Hinweis auf die Volkslieder der arbeitenden ung. Frauen (vom Bf. »süße Melodie« genannt). In den Legenden über Kg. →Ladislaus I. d. Hl. (1077–95), geschrieben 1195 anläßl. seiner Kanonisation, wird das höf. Rittertum geschildert.

Im Unterschied zu den Legenden boten →Chroniken (M. III) als längere Erzählform Raum zur Gestaltung einer nationalen Mythologie. Die erste wichtige Chronik war die »Gesta Hungarorum« eines anonymen Meisters, der die annalist. Aufzeichnungen um 1200 zu ideolog. ausgerichteten komplexen Erzähltexten entwickelte. Die »Bildchronik« v. 1358 (→Chronicon pictum) gibt eine umfassende Gesch. des Herrscherhauses der →Arpaden und vervollständigt somit die frühe Gesch. der Ungarn. Als erste ung. Inkunabel wurde die sog. »Ofener Chronik« auf Veranlassung von Kg. Matthias Corvinus 1473 in Ungarn gedruckt.

[3] *Die ungarische Literatur unter dem Einfluß von Renaissance, Reformation und Türkenkriegen:* Eine spezif. Variante spätma. Literatur bildet das zw. Ritterkultur und Renaissance angesiedelte Schrifttum der sog. literatus-Schicht des mittleren Adels. Zu ihm ist die große »Chronica Hungarorum« des Johannes →Thuróczy (gedruckt 1488 in Augsburg) zu zählen. Damals, in der 2. Hälfte des 15. Jh., erlebte die von Franziskanern und Paulinern gefertigte und von Dominikanerinnen in Kl. kopierte Codex-Lit. eine späte Blüte. Das erste in ung. Sprache gedruckte Buch war die Übers. der Paulinischen Briefe (1533), gefolgt vom NT (1536) und der ganzen Bibel (1592). In lat. Sprache verfaßte der Franziskaner Pelbárt v. Temesvár (1440–1504) eine Slg. höchst populärer Predigten (z. B. »Stellarium coronae Maria Virginis«, Straßburg 1496), die bald ins Ung. übersetzt wurde und bis in die NZ als Verzeichnis möglicher Predigtbausteine diente. Der bedeutendste Predigtautor der Reformation war Péter Bornemisza (1538–84), dessen Studie »Die Versuchungen des Teufels« den Anfang der anekdot. Fiktion markiert. Die Predigtschreibung erreichte ihren Gipfel mit dem Vertreter der Gegenreformation Péter Pázmány (1570–1637), dem bedeutendsten Meister der alten ung. Prosa. Von der religiösen Lit. mit ihren lyr. Werken (Übers.en und Paraphrasen der Psalmen aus dem 16. Jh., Slg.en religiöser Hymnen und Lieder), mit ihrer Entwicklung der Prosa in Form von Bibelübers.en und mit der Ausbildung der Fiktion in der Predigtlit. gingen die wichtigsten Impulse für die ung. Literatur aus. Deren ästhet. Funktion hatte, zunächst noch auf das Lat. beschränkt, zuerst →Janus Pannonius (1434–72), der humanist. Poet von Kg. Matthias Corvinus (→Humanismus, C), in seiner Lyrik zum Ausdruck gebracht. Auf der volkssprachl. Ebene ist dieser Schritt ein Jahrhundert später durch Bálint Balassi (1554–94) vollzogen worden.

In der weltl.-polit. Sphäre dominierte jedoch ein aus der aktuellen Lage erwachsenes und mit der Identität der Ungarn eng verbundenes Motiv: das Selbstverständnis als Schutzschild des europ. Christentums gegen die von O drohende heidn. Gefahr, die konkrete Gestalt annahm, als die →Türken Ungarn angriffen. Das türk. Motiv ist in nahezu allen literar. Genres vorzufinden: in den ersten volkssprachl. Liedern (»Cantilena« von Ferenc Apáti, aus den 20er Jahren des 16. Jh.), in der gelehrten, lat. humanist. Prosa (»Ein wahrer Bericht über die Schlacht von Mohács zw. den Ungarn und den Türken« von István Brodarics, 1527), in den mündl. überlieferten Verschroniken (Sebestyén Tinódi) und auch in den zeitgenöss. Dramen, die anschaul. demonstrieren, wie bestimmte europ. Motive auf die spezif. Situation in Ungarn angewandt wurden, wie z. B. in der Paraphrase des »Dulcitius« der →Hrotsvit v. Gandersheim. In dieser längsten, unter dem Titel »Drei christliche Jungfrauen« überlieferten volkssprachl.-ung. Moralität aus dem späten 15. Jh. wird der röm. Ks. Diokletian durch den türk. Sultan ersetzt. Gy. E. Szőnyi

Q.: Régi magyar drámai emlékek, hg. T. Kardos–T. Dömötör, 1960 – J. Molnár–Gy. Simon, Magyar nyelvemlékek, 1976 [1980] – Régi magyar Kódexek, hg. L. Benkő, 1983 – W. Kirkconnel, The Hungarian Helicon. Epic and Other Poetry, 1984 – Old Hungarian Literary Reader, hg. T. Klaniczay, 1985 – *Lit.*: J. Horváth, A magyar irodalmi műveltség kezdetei Szent Istvántól Mohácsig, 1931 [1988] – L. Czigány, The Oxford Hist. of Hungarian Lit., 1982 – M. D. Birnbaum, Humanists in a Shattered World. Croatian and Hungarian Latinity in the Sixteenth Century, 1986 – Gy. E. Szőnyi, European Influences and Nat. Tradition in Medieval Hungarian Theater (Drama in the MA. Comparative and Critical Essays, hg. C. Davidson–J. H. Stroupe, 1991), 129–140 – Gy. E. Szőnyi, The Emergence of Major Trends and Themes in Hungarian Lit. (Hungarian Lit., hg. A. Paolucci–E. Molnár Basa, 1993), 32–59.

Ungarn
A. Archäologie und Siedlungsgeschichte – B. Geschichte und Wirtschaft

A. Archäologie und Siedlungsgeschichte
I. Frühgeschichte – II. Landnahmezeit.

I. Frühgeschichte: Die Frühgesch. der U. kann eher durch die finno-ugr. Linguistik (→Ung. Sprache und Lit.) als durch die Archäologie erhellt werden. Archäolog. lassen sich die U. mit einiger Sicherheit nur bis in die 2. Hälfte des 9. Jh. zurückverfolgen. Zw. der Donaumündung und dem Dnepr (→Etelköz) zeigen mehrere Gräber Bestattungsbräuche ung. Prägung (Fundorte von Frumușaica, Probota und vielleicht auch Sobbotica). Die gleichen Bräuche (trepanierte Schädel und partielle Pferdebestattung) kann man auch in den zeitgenöss. Gräberfeldern Baschkiriens beobachten (so z. B. in Tankeevka, Bol'šie Tigani usw.). Die Bestattungen im Gebiet der Flüsse Wolga und Kama sind entweder mit den im Osten verbliebenen U. zu identifizieren (Magna Hungaria) oder als ein Nachlaß der →Wolgabulgaren zu deuten. Sowohl das Gebiet zw. der Donaumündung und dem Dnepr als auch der Mittellauf der Wolga waren im 9. Jh. ein Randgebiet der Kultur v. →Saltovo und Majack. Das Kerngebiet der Kultur, das Reich der →Chazaren, spielte zu dieser Zeit sowohl polit. als auch kulturell eine führende Rolle. Nach einem gewissen »Saltovo-Optimismus« gehen die meisten ung. Forscher heute davon aus, daß Kulturspuren der Altu. nicht in dem Kerngebiet dieser Kultur zu finden sind. Nach linguist. Daten haben die U. mindestens seit dem 5. Jh. n. Chr. im Wolga-Kama-Gebiet gelebt, wo zu dieser Zeit die Sargatka-Kultur existierte. Es gab auch mehrere Versuche, einige frühere, eisen- oder bronzezeitl. Kulturen des Südurals und/oder der Wolgagegend mit den Vorfahren der U. zu identifizieren (so z. B. die Volosovo-, Andronovo-, Lomovatovo-Kultur). Doch sind diese Identifizierungen höchst hypothet., weil sie archäolog. nicht belegt werden können, sondern die Ergebnisse der finno-ugr. Linguistik auf das Fundmaterial projizieren. Bei Gy. László, I. Fodor und J. Makkay finden sich auch Anhaltspunkte für die finno-ugr. und/oder proto-ung. Interpretation einiger neolit. Kulturen w. oder ö. des Urals.

II. Landnahmezeit: Die ung. Archäologie benutzt den Begriff »Landnahmezeit« nicht nur für die Zeit der ung. Eroberung des Karpatenbeckens zw. 894 und 900, sondern auch für die ung. Raubzüge zw. 900 und 955 bis zur

Staatsgründung, d. h. bis zur Regierungszeit des Gfs.en →Géza (972–997). Mit M. JANKOVICHS Publikation über das Grab von Benepuszta 1835 beginnt die Archäologie der ung. Landnahmezeit, die ihren ersten Aufschwung an der Wende vom 19. zum 20. Jh. erlebte. J. HAMPEL systematisierte als erster das Fundmaterial und teilte die Grabfunde aus dem 10. Jh. in zwei Gruppen ein (»HAMPEL-A« und »HAMPEL-B«). Zu der ersten Gruppe zählte er die reichen Gräber mit Waffen, Pferdegeschirr und oft auch mit partiellen Pferdebestattungen. Die großen Gräberfelder mit ärml. Beigaben und Schmuckgegenständen gehörten zur zweiten Gruppe (die sog. Bijelo-Brdo-Kultur). Nach HAMPEL waren nur die Gräber der ersten Gruppe ung., die der zweiten Gruppe wurden den durch die Landnahme unter ung. Herrschaft geratenen Slaven zugeordnet. Eine sehr genaue Analyse der Metallgegenstände kennzeichnet die Methode von N. FETTICH, dessen Hauptwerk eine Zusammenfassung der altung. Kunst ist, worin er den Begriff »Taschenblechstil« für die postsassanid. Palmettenornamentik der ung. Toreutik verwendet. GY. LÁSZLÓ gilt als Schöpfer der »archäolog. Ethnographie« bei der Erforschung der landnehmenden U. Nach dem Zweiten Weltkrieg erlebte die Archäologie der Landnahmezeit ihren Aufschwung erst mit der Tätigkeit von B. SZŐKE. Ihm ist nicht nur eine Zusammenfassung der Grabfunde der Kleinen Tiefebene zu verdanken, sondern auch eine Synthese über die sog. Bijelo-Brdo-Kultur. SZŐKE beabsichtigte nicht, die ganze Gruppe »HAMPEL-B« den U. zuzuordnen. Er identifizierte vielmehr diese Gräberfelder mit dem Gemeinvolk des ung. Fsm.s und des späteren Kgtm.s, das aber nicht nur aus Slaven bestand, sondern auch aus U. und der avar. Restbevölkerung. Nach SZŐKE spielte I. DIENES eine führende Rolle in der archäolog. Forsch. der Landnahmezeit, der sich mit den charakterist. Trachtenbestandteilen und Geräten der ung. Mittelschicht (Taschen, Gürteln und Zaumzeug) beschäftigte. Auch versuchte er, die Elemente der schamanist. Religion der Altu. aus ihrer Toreutik mit Palmettenornamentik abzulesen. Die »LÁSZLÓ-Schule« betrachtet die landnehmenden U. in einem sehr breiten Rahmen, bes. einige Grabriten: Pferdebestattung, Obolus, Totenmaske usw., sowie die Bewaffnung bzw. das Pferdegeschirr: Säbel, Axt, Pfeil und Bogen, Köcher, Bogenköcher, Zaumzeug, Steigbügel usw. (u. a. Analysen von CS. BÁLINT, M. BENKŐ, I. FODOR, A. KISS, L. KOVÁCS, K. MESTERHÁZY, L. RÉVÉSZ, J. GY. SZABÓ, S. TETTAMANTI). Es folgten auch Untersuchungen zu Keramik und Siedlungen (I. MÉRI, GY. LÁSZLÓ, N. PARÁDI, K. MESTERHÁZY, I. FODOR, J. KVASSAY, G. VÉKONY etc.). Die Vorliebe für Spezialuntersuchungen hat leider ausführl. Publikationen mit katalogartiger Beschreibung der Funde rar werden lassen, was eine Vernachlässigung der Ausarbeitung einer inneren Chronologie zur Folge hatte. Doch gibt es bereits mehrere regionale Zusammenfassungen (Südwestslowakei, Südu., Siebenbürgen, das obere Theißgebiet, die Komitate Bács-Kiskun, Baranya, Csongrád, Hajdú-Bihar, Vas). Zu einer ausführlicheren Behandlung der Chronologie haben die Arbeiten von J. GIESLER und die dazu geschriebenen krit. Bemerkungen von L. KOVÁCS viel beigetragen. KOVÁCS hat auch den Katalog der Fundmünzen dieses Zeitalters zusammengestellt. Zw. 1986 und 1990 wurden die zwei reichsten Gräberfelder der landnehmenden U. in Karos archäolog. untersucht und dokumentiert (Ausgrabung von L. RÉVÉSZ).

Die U. haben während ihrer Landnahme das ganze Karpatenbecken erobert, aber vornehml. die Tiefebenen, die niedrigen Hügelgebiete und die Täler in Siebenbürgen besiedelt. Die U. waren keine »klass.« Reiternomaden (→Nomaden). Ein Teil der U. hat bereits vor der Landnahme Acker- und auch eine Art Gartenbau gepflegt. Für das ethn. heterogene Gemeinvolk war schon am Beginn der Landnahme eine fast seßhafte Lebensform charakterist., während für die reiche mittlere Schicht noch die Großviehzucht die wichtigste Beschäftigung war. Die reichsten Gräber der ung. Landnahmezeit befinden sich im oberen Theißgebiet, wo man vielleicht das erste Machtzentrum des ung. Gfs.en lokalisieren kann.   M. Takács

Lit.: *zu [I]*: I. FODOR, Verecke híres utján, 1975 – Bevezetés a magyar őstörténet kutatásának forrásaiba, I–III, hg. P. HAJDÚ, A. RÓNA-TAS, GY. KRISTÓ, 1976–80 – *zu [II]*: J. HAMPEL, Althertümer des frühen MA in U., I–III, 1905 – N. FETTICH, Die Metallkunst der landnehmenden U., ArchHung 21, 1937 – GY. LÁSZLÓ, A honfoglaló magyar nép élete, 1944 – B. SZŐKE, A honfoglaló és kora Árpád-kori magyarság régészeti emlékei, Régészeti Tanulmányok 1, 1962 – I. DIENES, Die U. um die Zeit der Landnahme, 1972 – L. KOVÁCS, Münzen aus der ung. Landnahmezeit, Fontes Archaeologiae Hung., 1989 – »Őseinket felhozád...«. A honfoglaló magyarság (Ausstellungskat., hg. I. FODOR, 1996) [Lit.] – L. RÉVÉSZ, A karosi honfoglalás kori temetők, 1996.

B. Geschichte und Wirtschaft

I. Landnahme und Zeit der Árpáden – II. Anjou-Könige – III. Von Ks. Siegmund bis Matthias Corvinus – IV. Die Herrschaft der böhm.-ung. Könige bis zur Schlacht v. Mohács.

I. LANDNAHME UND ZEIT DER ÁRPÁDEN: Das ma. U. umfaßte das gesamte Karpatenbecken (→Karpaten), einschließl. der Berge und Täler →Siebenbürgens. Im 12. Jh. wurden →Kroatien, →Dalmatien und →Slavonien ins Kgr. einverleibt, und im 13. bis 15. Jh. wurde die ung. Oberhoheit in weiten Gebieten s. der Sawe und an der unteren Donau (in den sog. →Banaten), zeitweilig auch in der Wallachei und in Teilen von Bulgarien, anerkannt. Als die Magyaren um 862 erstmals in der karol. Ostmark erschienen, gehörten alle diese überwiegend von slav. Bevölkerung besiedelten Länder zum Bulg. Reich, zu den →Marken des ostfrk. Reiches und zum Großmähr. Reich (→Mähren), dessen Verfall nach dem Tode →Svatopluks I. 894 es den vor den →Pečenegen fliehenden Magyaren erlaubte, das Karpatenbecken zu besetzen und von den Flußtälern her allmähl. zu besiedeln. Nach dem Tode Kursans, der wohl Sakralkg. war (um 904), ging die Führung in die Hände der Heerkg.e aus dem Hause →Árpáds († 907) über, doch blieben die Stammesfs.en noch für Generationen selbständig. 899 brachen ung. Truppen – wohl im Bündnis mit Kg. Arnulf gegen Kg. Berengar I. – in Italien ein, und von nun an wurden sie für Jahrzehnte zum Schrecken Mittel- und Westeuropas. Zw. 911 und 933 erreichten plündernde ung. Scharen Spanien, Frankreich, Dänemark, Apulien und die Provence. Der Erfolg dieser Züge, mit denen die Beute- und Kampflust der jungen Gefolgschaftskrieger befriedigt wurde, basierte auf der Konkurrenz der spät- und nachkarol. Herrscher. Die Raubzüge nach W endeten durch die Niederlagen gegen Heinrich I. bei →Riade 933 und Otto d. Gr. auf dem →Lechfeld 955; Beutezüge gegen das Byz. Reich, so 934 gegen Konstantinopel, schlugen fehl. Über den militär. Aspekt hinaus galt die Niederlage auf dem Lechfeld als Verlust des »Glücks«, erschütterte die Macht der als Heerführer fungierenden Stammesfs.en und begünstigte den Ausbau einer monarch. Stellung der Árpádenfs.en. Dieser Prozeß hatte freilich schon bald nach der Landnahme eingesetzt, als die Gfs.en ein Netz von dienstpflichtigen Dörfern errichteten und ihre Gefolgschaft allmähl. in Erdburgen ansiedelten.

Den entscheidenden Schritt zur Annäherung U.s an seine w. Nachbarn tat Großfs. →Géza (970/972–997), der 973 eine Gesandtschaft an den Hof Ks. Ottos II. sandte und um Missionare bat. Sein Sohn Vajk, der nach seiner Taufe den Namen →Stephan (d. Hl., 997–1038) annahm, brach als erster christl. Kg. die Macht seiner stammesfsl. Rivalen, schuf eine kgl. Verwaltung sowie eine Kirchenverfassung und erließ Gesetze, die karol. und bayer. Elemente aufnahmen. U.s Anschluß an das lat.-christl. Europa um 1000 war damit beschlossen und wurde nie wieder ernsthaft in Frage gestellt. In den folgenden Jahrhunderten wurde U.s Entwicklung durch die strateg. Lage am ö. Rand des lat. Europa und an der w. Grenze des Byz. Reiches sowie durch seine Funktion als wichtiges Durchgangsland für Pilger und Kaufleute bestimmt. Steppennomad. Traditionen verhinderten zunächst die Ausbildung von regionalen Bindungen und Immunitäten und begünstigten so die Errichtung einer starken Monarchie. Dies, verbunden mit dem schnellen Wachstum der Bevölkerung (von etwa 400000–600000 Einwohnern in der Landnahmezeit auf 1 Mio. am Ende des 11. und etwa 2 Mio. im frühen 13. Jh.) und mit der Einwanderung w. Kleriker, Ritter und bäuerl. oder städt. Siedler, erleichterte die »Anpassung« an das w. Europa.

Dank der von Stephan I. gelegten Basis überstand U. die krit., durch innere Kämpfe und ausländ. (v. a. dt.) Interventionen gekennzeichneten Jahrzehnte nach seinem Tod. Ks. Heinrich III. bekriegte U. mehrfach, um seinen Schwiegersohn, Kg. →Salomon (1063–74), in den Thronstreitigkeiten zu unterstützen, die wegen des zw. Seniorat und Primogenitur schwankenden Nachfolgeprinzips immer wieder ausbrachen. Obwohl in der Folgezeit den jüngeren Brüdern der Herrscher gesonderte Territorien, sog. Hzm.er (→ducatus), zugewiesen wurden, dauerten die Bruderkriege fort. Zweimal revoltierten die alten, der Stammesverfassung anhängenden Kräfte gegen die monarch. Ordnung: 1046 wurde u. a. der gelehrte Bf. →Gerhard Opfer eines heidn. inspirierten Aufstands; 1061 vermochte ein gewisser János, Sohn des Vata oder Vatafia, die sozial abgesunkenen Freien (rustici) aufzuwiegeln.

Unter Kg. →Ladislaus I. (1077–95) und seinem Neffen →Koloman (1095–1116) war das Kgtm. wieder stark genug, nicht nur die innere Ordnung herzustellen und durch neue Gesetze das System des Privateigentums sowie die Normen christl. Lebensweise durchzusetzen, sondern auch die Angriffe der aus dem O nachrückenden Steppenvölker (Pečenegen, →Uzen, →Kumanen) abzuwehren. Nachdem Ladislaus Slavonien annektiert hatte, nutzte er das Aussterben der kroat. Dynastie, um ihr Land zu besetzen. Die ung. Expansion im SW wurde von Koloman vollzogen, der 1106 die Huld der dalmat. Städte empfing, sich zum Kg. v. Kroatien krönen ließ und dort einen →Banus einsetzte. Ung. Präsenz an der Adria wurde zwar immer wieder durch Byzanz und Venedig in Frage gestellt, doch bestand sie – mehr oder weniger kontinuierl. – bis ins frühe 15. Jh. Neben der Orientierung auf den S blieb das traditionelle ung. Interesse im NW erhalten. Militär. Aktionen bezeugen auch das Interesse an →Halič, doch zwangen die Magnaten Kg. →Stephan II. (1116–31) zur Heimkehr und demonstrierten damit ihre wachsende Macht. Im 12. Jh. befand sich U. zw. den Reichen Ks. →Friedrichs I. und Ks. →Manuels I. Komnenos, die beide die noch immer umstrittene Nachfolgeordnung in U. benutzten, um Thronprätendenten zu unterstützen und sich in die Angelegenheiten des Landes einzumischen.

Trotz der anhaltenden äußeren und inneren Kriege machte der →Landesausbau (Abschnitt V) – u. a. mit der Besiedlung noch nicht erschlossener Grenzgebiete – große Fortschritte. Unter →Géza II. (1141–62) strömten wallon. und rheinländ. Siedler (→hospites) ins Land und erhielten eine privilegierte Stellung auf den kgl. Domänen. Die Mehrzahl der ung. Bevölkerung lebte zu dieser Zeit nicht nomad., sondern wohnte in →Grubenhäusern auf den Dörfern und wanderte nur zur primitiven Bodenbewirtschaftung zu entfernter gelegenen Feldern. Auf kirchl. und immer mehr auch auf weltl. Grundbesitz dominierte die Arbeit von Abhängigen in den sog. praedia. Während einerseits zahlreiche Belege für →Freilassungen von servi vorhanden sind, gerieten immer mehr freie Bauern und Hirten in grundherrl. Abhängigkeit. Die Viehzucht blieb zwar bedeutend – bes. in den zentralen Landesteilen –, doch wurde die Bodennutzung mit den von den hospites eingeführten und auch von den Mönchsorden geförderten Methoden allmähl. ebenbürtig. Nach den Gründungen der Benediktinerkl. (z. B. →Martinsberg, vor 997 gegr.; →Benediktiner, B.XI) entstanden bis zum 12. Jh. 17 Zisterzienser- und 33 Prämonstratenserkl. Viele ältere Benediktinerabteien, die oft von den mächtigen Adelssippen als Kultzentren und Grablegen errichtet worden waren, sowie auch kgl. Kl. und Kollegiatstifte gingen nun an die neuen Orden über. Während des Pontifikats des Ebf.s Lukas v. Gran (1158–81) wurde die ung. Kirche im gregorian. Sinne reformiert und stieg zu einem unabhängigen Machtfaktor auf. Der byz. Einfluß erreichte in der Zeit Kg. →Bélas III. (1172–96), der teilweise nach byz. Vorbild Reformen am Hofe durchführte, seine letzte Etappe. Auf Béla gehen die Anfänge der ung. kgl. →Kanzlei (A. IV) zurück. Mit seiner (2.) Frau, Margarethe Capet, Schwester Kg. Philipps II. Augustus, erlangte frz. Einfluß v. a. am Hof Geltung. Damals entstand das erste, im Originaltext auf uns gekommene ung. Gesch.swerk, die »Gesta Hungarorum« des anonymen Notars »Magister P«, das zwar für die von ihm beschriebene Landnahmezeit wenig zuverlässig ist, jedoch mit seinen heroisierenden Genealogien der um 1200 lebenden Adelssippen das wachsende Prestige der Aristokratie bezeugt.

Während sie im Streit miteinander lagen, verschenkten die Söhne Bélas III., →Emerich (1196–1204) und →Andreas II. (1205–35), zahlreiche Kg.sgüter an ihre Parteigänger, wodurch – parallel zum allmähl. Verfall des alten Systems der Burgbezirke (→Kastellanei, II) und trotz der Ermahnungen Papst Innozenz' III. an Kg. Emerich – ein Großteil des Kronlandes in die Hände der weltl. Grundbesitzer gelangte. Unter Andreas II. weitete sich U.s Einflußsphäre auf dem n. Balkan und n. der Karpaten aus: Serbien, Rama, Bosnien, Galizien und Lodomerien, Kumanien (die spätere Walachei) und Bulgarien erschienen auch im ung. Kg.stitel, dokumentierten jedoch eher bloße Ansprüche als eine tatsächl. Oberhoheit. Der von Andreas um 1211 als Stütze der Mission bei den →Kumanen ins Land geholte →Dt. Orden mußte U. bereits 1225 wieder verlassen. Im Herbst 1222 erreichten die Magnaten, unterstützt von den →servientes regis (→Adel, H), daß der Kg. einen allg. Freiheitsbrief erließ. Die →»Goldenen Bullen« v. 1222 und 1231 garantierten den Adligen – Immunität, Beschränkung des Kriegsdienstes und unbegrenzte Erbfolge auf ihren Gütern und sicherten ihnen – gemeinsam und individuell – das Widerstandsrecht zu. 1223 folgte eine ähnl. Kodifikation für die Freiheiten des Klerus, und 1224 erließ Andreas das →»Privilegium Andreanum« für die Siebenbürger →Sachsen.

→Bélas IV. (1235–70) Versuche, das entfremdete Krongut zu »rekuperieren«, verursachten einerseits Widerstand bei den Magnaten, andererseits stärkten sie den Einfluß der Kirche. Diese verlangte u. a. die Entlassung der jüd. und mohammedan. Kammerknechte, die der Krone anstelle des Landbesitzes neue Einkünfte sichern sollten.

Über U. wurde der Kirchenbann verhängt, wovon jedoch das Kg.shaus wegen der hl. →Elisabeth v. Thüringen und der sel. →Margareta v. U. ausgenommen blieb. Die Ankunft der Mongolen bewirkte eine starke Zuwanderung von Kumanen nach U., die zwar zunächst aufgenommen wurden, aber bald mit der seßhaften Bevölkerung in Streit gerieten und plündernd das Land verließen. Der Kg. verlor in ihnen eine im Kampf gegen die Steppennomaden erfahrene Kraft, und das kgl. Heer wurde in der Schlacht v. Mohi (11. April 1241) von den →Mongolen fast völlig vernichtet. Der Kg. floh nach Österreich und von dort an die dalmatin. Küste. Die Mongolen verwüsteten das Land, mußten aber wegen des Todes ihres Großkhans Ögödäi nach Innerasien zurückkehren. Der Wiederaufbau nach 1242 brachte Béla IV. den Titel eines »zweiten Gründers« von U. ein. Der Kg. legitimierte den Burgenbau der Großgrundbesitzer, unterstützte die städt. Befestigungen und die Übertragung von Privilegien an die Städte, in denen nun die Bettelorden mit insgesamt etwa 70 Konventen eine bedeutende Rolle spielten. Er errichtete neue Burgen auf kgl. Besitz. Siedler aus den Nachbarländern und ihre Schultheißen sowie die Rodungsbauern erhielten die früher nur den w. hospites verliehenen Freiheiten. Die Kumanen wurden wieder ins Land gerufen und ihre Rechtslage geregelt, womit der Kg. eine bedeutende Streitkraft für sich gewann. 1276 erreichten die servientes regis die Verbriefung ihrer Teilhabe an Verwaltung und Rechtsprechung sowie ihrer nach dem Vorbild des Hochadels gestalteten Privilegien. Diese Maßnahmen führten innerhalb eines Jahrhunderts zur Entstehung der Schicht der →Iobagie (jobbágy), doch erweiterten sie auch Einkünfte und Macht der weltl. Magnaten, die von nun an in Steinburgen im Zentrum ihrer Ländereien auch dem Kg. Widerstand leisten konnten. Unter →Stephan V. (1270–72), der jahrelang den Titel eines »rex junior« geführt und mit seinem Vater im offenen Krieg gestanden hatte, nahm die Macht der Barone (seit 1250 erscheint dieser Begriff regelmäßig in Kg.surkk.; →Baron, VII) noch zu. Stephans Sohn, →Ladislaus IV. »der Kumane« (1272–90), versuchte, sich der kirchl. und aristokrat. Vormundschaft zu entziehen, indem er sich auf die Kumanen stützte, von denen seine Mutter abstammte. An der Spitze seiner Kumanen hatte er als Verbündeter Rudolfs v. Habsburg Anteil am Sieg über Kg. →Otakar II. Přemysl v. Böhmen 1278 bei →Dürnkrut, doch war er schließl. gezwungen, gegen sie vorzugehen und fand in ihrem Lager den Tod.

Der letzte Kg. der staatsgründenden Dynastie, →Andreas III. »der Venezianer« (1290–1301), sah sich einer noch stärkeren Magnatenopposition gegenüber, da seine Legitimität in Frage gestellt wurde. Die großen Adelssippen der Güssinger, des Matthäus →Csák, der Aba, der Amadé u.a. errichteten kleine selbständige Fsm.er mit Hofämtern und eigenen Streitkräften. Um ihrer Macht ein Gegengewicht entgegenzustellen, rief Andreas III. mehrere »parlamenta« des Kleinadels und des Klerus zusammen (→Parlament, VII). Die servientes regis, die sich bereits seit dem frühen 13. Jh. in Korporationen organisierten, übernahmen allmähl. die Aufgaben der mit der Veräußerung des Kronguts zerfallenden kgl. Burgbezirke unter der Leitung des weiterhin vom Kg. ernannten →Gespans. Auch anderen minderfreien Gruppen, wie z.B. den Burgmannen (iobagiones castri), gelang es, ihre Freiheit zu behaupten oder zu erweitern und – zumindest jurist. – in die niederen Schichten des Adels (meist als »nobiles unius sessionis«) aufzusteigen. Daneben konnten weitere Bevölkerungsgruppen bis in die NZ der gutsherrl. Unterwerfung widerstehen: die zum Kriegsdienst verpflichteten Kumanen, die alan. Jászen (→Alanen) und die →Székler. Die rumän. →Vlachen dürften im 12.–13. Jh. in größerer Zahl vom Balkan nach →Siebenbürgen gewandert sein, wo sie Siedlungsrecht auf »Kg.sboden« erhielten; ob auch noch romanisierte →Daker im Karpatenbecken lebten, läßt sich weder beweisen noch widerlegen. Die Rumänen in Siebenbürgen behielten einen Sonderstatus unter der Führung von selbstgewählten 'Knezen', von denen seit dem 14. Jh. viele Zugang zum ung. Adel fanden. Ihre Sonderabgaben (Schafe, Käse, Wolle) deuten darauf hin, daß sie in der Mehrzahl →Transhumanz betrieben.

II. ANJOU-KÖNIGE: Bereits vor dem Tode Andreas' III. (1301), des letzten männl. Árpáden, meldeten verschiedene Thronprätendenten mit Unterstützung der Barone ihre Kandidatur an. Der schließlich erfolgreiche →Karl I. (Robert) v. Anjou (1308–42), unterstützt von der päpstl. Kurie und den Magnaten im S, setzte sich erst nach dem Scheitern Wenzels III. (in U. Ladislaus gen., 1301–04) und Ottos v. Wittelsbach (1304–08) durch. Nach Schlachten gegen die Oligarchen (1312 und 1326) gelang Karl die Vereinigung des Landes und die Wiederherstellung der Monarchie, wobei er sich auf eine neue Aristokratie stützen konnte, in der sich dem Kgtm. wieder treue Magnaten und aus dem Ausland zugewanderte oder aus dem mittleren Adel aufgestiegene Adelssippen zusammenfanden. Obwohl der Adel 1312 auf dem Landtag gegenüber dem päpstl. Legaten sein »Wahlrecht« betonte, konnten sich Karl und seine Nachfolger →Ludwig I. (1342–82) und →Maria (1382–95) unangefochten auf ihr Erbrecht berufen und brauchten nur selten Adelsversammlungen durchzuführen.

Unter den beiden Anjou-Kg.en erlebte U. einen einmaligen Aufschwung. Die materiellen Grundlagen des Kgtm.s wurden durch Reorganisation der kgl. Burgdomänen, von denen nahezu 120 wieder der Krone gehörten, gesichert. Zuverlässige Barone erhielten sie als »honores« auf begrenzte Zeit. Die kgl. Einkünfte aus dem Edelmetallbergbau wuchsen dank der neu eingeführten Beteiligung der Grundherren an den Einnahmen mit Hilfe dt. Bergleute und ermöglichten nicht nur dem Kg. eine prachtvolle Hofhaltung und ritterl. Lebensweise. U.s Silber- und Goldproduktion (→Bergbau, →Gold, III, →Bergrecht) wurde für den europ. Edelmetallmarkt maßgebend, und 1325 begann U., Goldgulden (floreni, →Gulden) zu prägen, die ihren Wert bis in die NZ behielten. Zum Ausgleich des Fortfalls der Gewinne aus der Münzverschlechterung wurde nach der Münzreform eine einheitl. direkte →Steuer (I. II), die sog. Portalsteuer (lucrum camerae), eingeführt. Die Landesverteidigung wurde unter Einbeziehung der bestehenden »Privatheere« der Herrscher (Kg. und Kgn.), Barone, Prälaten und der großen Adelssippen neu organisiert; diese durften jeweils →Banderien unter ihrer eigenen Fahne ins Feld führen. Daneben stellte der Gemeinadel Truppen für die Komitatsbanderien (→Komitat). Ein Gesetz v. 1351 bestimmte – ursprgl. nur für die Nebenländer, aber in der Interpretation doch verallgemeinert – die jurist. Gleichstellung aller Adligen (una eademque nobilitas). Obwohl diese Deklaration Verfassungsrang erlangte, mußten sich viele niedere Adlige zum Dienst in den familiae höherer Adliger verpflichten (familiares). Allerdings verlor kein Adliger seine »Königsunmittelbarkeit«. Die familiares dienten in den Truppen der Magnaten, verrichteten Verwaltungs- und Gerichtsaufgaben für ihre Herren und legten durch ihre Dienste die Basis für den Aufstieg auch ärmerer Sippen.

Fortschritte in der Landwirtschaft (allmähl. Verbreitung der Dreifelderwirtschaft, Einführung neuer Anbausorten, Züchtung höherwertiger Tiere), rasches Bevölkerungswachstum (bei offenbar geringen Verlusten durch Hungersnöte und Pest im 14. Jh.) und aktive Teilnahme U.s am internationalen Handel beschleunigten auch die Stadtentwicklung (→Stadt, I. II). Es formierte sich die Gruppe der kgl. Freistädte mit bes. Privilegien und eigener hoher Gerichtsbarkeit (→Tavernikalstadt). 1335 einigten sich Böhmen, Polen und U. in →Visegrád (der damaligen Residenz) darauf, ung. Waren über Mähren (Brünn) nach W zu exportieren, um den Wiener →Stapel zu umgehen. Im 14. Jh. nahm auch die Zahl der nichtprivilegierten Marktflecken (in den Q. »oppida« gen.) zu, deren Einwohner weiterhin in grundherrl. Abhängigkeit lebten. Doch boten sich ihnen bedeutende Aufstiegschancen, da sie begrenzte Freiheiten genossen und einen regen Handel (v.a. mit Wein, Vieh und auch Getreide) trieben. Im Vergleich zu den echten Städten, deren Handwerksproduktion mit den Importen nicht konkurrieren konnte, und die unter der geringen Potenz des Binnenhandels litten, entwickelten sich diese »Feldstädte« (ung. *mezővárosok*) viel schneller. Ihre Zahl stieg bis 1500 auf mehrere Hundert an, während die kgl. Städte und →Bergstädte nur einige Dutzend zählten und meist verhältnismäßig klein blieben.

Mit Ausnahme des Visegráder Treffens hatte die Außenpolitik der Anjou-Herrscher grundsätzl. dynast. Grundlagen: Ludwig I. führte mehrere letztl. erfolglose Kriegszüge nach Neapel-Sizilien, um die dortige Sekundogenitur seines Hauses zu sichern (Ernennung seines jüngeren Bruders →Andreas zum Kg. v. Neapel). Ludwigs kreuzzugartiges Vorgehen gegen die →Bogomilen, gegen →Bosnien und →Stefan Dušan v. Serbien verbündete dem Ansehen U.s, das auf dem Balkan bald Verbündete gegen die →Osmanen benötigt hätte. 1370 erbte Ludwig nach dem Tod →Kasimirs III. den poln. Thron, und die kurzzeitige Personalunion der beiden Kgr.e bewirkte die teilweise Gestaltung der poln. Adelsprivilegien nach ung. Vorbild. Doch blieb die ung. Herrschaft, die v.a. durch die Kgn. mutter→Elisabeth Piast (11. E.) ausgeübt wurde, im Nachbarland unbeliebt.

III. VON Ks. SIEGMUND BIS MATTHIAS CORVINUS: Zwar schien die Loyalität der neuen ung. Aristokratie die in Europa selten praktizierte weibl. Nachfolge zu sichern; doch war die kurze Regierung Marias, Tochter Ludwigs I. und Gemahlin des Luxemburgers→Siegmund (Kg. v. U. 1387-1437), durch wiederholte Magnatenaufstände, denen ihre Mutter zum Opfer fiel, und Revolten charakterisiert. Schließl. erlangte Siegmund mit Unterstützung einer »Liga« der Magnaten den Thron und regierte – trotz anfängl. Widerstandes – über eine lange Zeit erfolgreich. Die Barone übernahmen während verschiedener kurzer Interregna (in Abwesenheit oder bei Gefangenschaft Siegmunds) die Regierung »im Namen der Hl. Krone« (→corona, VI), d.h. eines transpersonalen Staatssubjekts. Diese Rechtskonstruktion, im 16. Jh. im Gewohnheitsrecht verankert, wurde zum Eckstein der ung. Verfassung. Die letzte Herausforderung, der Siegmund entgegenzutreten hatte, war 1403 die Krönung →Ladislaus' v. Anjou-Durazzo, Sohn→Karls III. (1386 ermordet), zum ung. Kg. in Zadar. Obwohl die Rebellion bald niedergeschlagen wurde, bewirkte sie den endgültigen Verlust Dalmatiens an →Venedig. Zur Festigung seines Kgtm.s gründete Siegmund den →Drachenorden.

Die Herrschaft Siegmunds und seiner Barone fand ganz unterschiedl. Bewertung. Sowohl die Zeitgenossen als auch die Nachwelt bezichtigten ihn der Begünstigung von Ausländern und der Vernachlässigung ung. Angelegenheiten. Manche seiner ausländ. Ratgeber, wie der Pole Stiborc, der Italiener Pipo Scolari oder die Ragusaner Tallóci-Brüder, waren höchst erfolgreich bei der Durchführung von Reformen in der Finanzverwaltung, im Heerwesen und in der Landesverteidigung. Die Niederlage des vorwiegend frz.-ung. Kreuzfahrerheeres gegen Sultan→Bāyezīd I. bei→Nikopolis veranlaßte Siegmund, die Banderien der Magnaten mit Truppen des niederen Adels, die wohl großenteils aus Söldnern bestanden, zu verstärken. Siegmund erließ ein ausführl. Gesetz über die Rechtsstellung der Städte und sicherte den Bauern Freizügigkeit zu. Da die osman. Eroberung der s. Nachbarstaaten nicht mehr aufzuhalten war und sich bei Nikopolis die Unmöglichkeit gezeigt hatte, das Heer des Sultans in offener Schlacht zu besiegen, richtete man sich auf die Verteidigung des Landes ein. Siegmunds Barone errichteten ein ung.-kroat. Verteidigungssystem, das aus einer doppelten Kette von Festungen bestand, deren Besatzungen von mobilen, meist aus südslav. Flüchtlingen rekrutierten Truppen unterstützt wurden. Es überdauerte im wesentl. ein Jahrhundert. Ofen (→Buda und Pest) wurde unter Siegmund zur prachtvollen Hauptstadt U.s. Zwar scheiterte die Univ.sgründung in Alt-Ofen 1395/1410 ebenso wie die von →Fünfkirchen 1367, doch gelang es Siegmund durch den Aufenthalt von Vertretern des Frühhumanismus in Ofen, in der kgl. Kanzlei reges Interesse an der neuen Bildung zu wecken. Im Wirtschaftsleben und Steuersystem setzte sich das Geldwesen durch, worin offenbar die Ursache eines Aufstands in Ostungarn und Siebenbürgen lag, wo Bauern und Kleinadlige 1437 gegen die Zehntforderung des Bf.s Georg Lépes zur Waffe griffen. Obwohl bald niedergeschlagen, verursachte dieser Aufstand unter der Führung von Antal→Budai Nagy die Entstehung der Drei-Stände-Union in Siebenbürgen: U., Székler und Sachsen verbrüderten sich im Kampf gegen die bewaffneten ung. und rumän. Bauern.

Da Siegmund nur eine Tochter (→Elisabeth v. Luxemburg [3. E.]) hatte, sicherte er die Nachfolge seines Schwiegersohnes →Albrecht v. Habsburg (Kg. v. U. 1437-39) durch Eide der Magnaten und Landtagsbeschlüsse. Albrecht starb aber bald nach seiner Krönung im Heerlager gegen die Osmanen, woraufhin die »Soldatenbarone« die Krone dem jungen →Władysław Jagiełło v. Polen (in U. Wladislaus I., 1440-44) anboten. Doch gebar die Kgn. witwe noch während der Wahlverhandlungen einen Sohn und ließ mit Unterstützung anderer Magnaten den Säugling →Ladislaus (V. »Postumus«, 1440-57) zum Kg. krönen. Obwohl die habsbg. Partei zunächst gegen Władysław unterlag, erlangte Ladislaus 1453 nach jahrelangem Interregnum, das dem Tode des Polenkg.s in der Schlacht bei →Varna folgte, allg. Anerkennung. In der Zwischenzeit hatten Magnaten als »Kapitäne« und 1446-52 Johannes (János) →Hunyadi als vom Landtag gewählter Reichsverweser in U. regiert. In der kg.slosen Zeit teilten die nunmehr regelmäßig tagenden →Stände (V, [2]) zahlreiche Staatsaufgaben mit der Zentralgewalt, wodurch der Landtag bedeutende Machtbefugnisse erhielt. Es war daher kein Wunder, daß nach dem frühen Tod Ladislaus' V. die Parteigänger Hunyadis nicht nur mit Magnatenbündnissen und Waffen, sondern auch unter Aufbietung eines großen Landtags danach strebten, den jüngeren Sohn des nach der Entsetzung →Belgrads 1456 gestorbenen Hunyadi auf den Thron zu heben. Matthias I. Corvinus (1458-90) versuchte zwar, die Politik seines Vaters nachzuahmen, indem er ein Söldnerheer aufstellte, eine Reform der für seinen Unterhalt nötigen Einkünfte durchführte, diese auch rigoros einforderte und den Einfluß der Aristokratie durch Heranziehung vieler homines novi zu begrenzen suchte. Doch mußte er zunächst seine Stellung unter den Dynastien Mitteleuropas festigen und konnte weniger an der Südgrenze aktiv sein. Da die Einkünfte der Krone in den besten Jahren um die 800000 Gulden ausmachten, konnte sich Matthias als bedeutender Kunstmäzen betätigen. Zwar blieb die Univ.sgründung des Kg.s und seines Kanzlers, des Graner Ebf.s Johannes →Vitéz, in →Preßburg (→»Academia Istropolitana«) 1465 wiederum nur kurzlebig, die »Bibliotheca Corviniana« (→Bibliothek, A.VIII; →Corvinen) sowie die Prachtbauten in Ofen und Visegrád zeigen jedoch seine Freigiebigkeit und seinen Kunstsinn. Er umgab sich mit it. und ung. Humanisten (→Humanismus, C), und die erste Offizin in Ofen druckte die »Chronica Hungarorum« des Johannes →Thuróczy. Die zahlreichen Kriege in Böhmen, Polen und Österreich bewiesen die Schlagkraft des Söldnerheeres, belasteten aber das Land bis an den Rand der Erschöpfung. U.s bedeutender Export von Wein, Vieh und Kupfer reichte nicht aus, um den Gegenwert der benötigten ausländ. Waren zu erwirtschaften, so daß die jährl. Ausfuhr von 150000 Gulden in Gold und Silber die Zahlungsbilanz ausgleichen mußte.

IV. DIE HERRSCHAFT DER BÖHM.-UNG. KÖNIGE BIS ZUR SCHLACHT V. MOHÁCS: Die aristokrat. Reaktion, die nach dem Tod von Matthias Corvinus den Böhmenkg. →Vladislav II. (in U. Wladislaus II., 1490–1516) auf den Thron hob, machte viele von Matthias' Reformen rückgängig oder wandte sie zugunsten der Magnaten an. Das nunmehr unbezahlte und plündernde Söldnerheer mußte von seinen eigenen ehem. Generälen zerstreut werden. Unter Vladislav und seinem Sohn Ludwig II. (1516–26) verschlechterte sich die strateg. Lage des Landes gegenüber den Osmanen ständig. Obwohl die Adelsversammlungen die Verteidigung U.s mit großen Worten propagierten, verschwand die Kriegssteuer in den Händen der Magnaten. Auch der Hof verarmte. Wirtschaftl. Not, auch infolge osman. Raubzüge, und soziale Spannungen führten dazu, daß ein für 1514 gepredigter Kreuzzug gegen die Türken in einen Bauernkrieg mündete. Harte, vom Landtag verabschiedete Strafgesetze bestimmten seitdem die »ewige Untertänigkeit« der Bauern und leiteten den Übergang der Iobagie in die gutsherrl. Abhängigkeit ein. Nachdem U. einen zehnjährigen Waffenstillstand mit den Osmanen nicht erneuert hatte, fiel Belgrad 1521 an die Osmanen, und seitdem war das Land für Angriffe vom Balkan her offen. Eine Münzverschlechterung zeigte an, daß die Staatskasse den zunehmenden Verteidigungslasten nicht gewachsen war. Hinzu kamen ständige Parteikämpfe in Adel und Aristokratie, manchmal verkleidet in »nationalen« Losungen gegen den »fremden Hof«; tumultartige Landtage verhinderten Reformbestrebungen. Ihr einziger Erfolg war die Verabschiedung einer Slg. des ung. Gewohnheitsrechts, zusammengestellt von István →Werbőczy (1517 in Wien gedr.); sie sollte noch für Jahrhunderte als »Corpus Iuris Hungarici« gelten. Ungeachtet des polit.-wirtschaftl. Verfalls verbreitete sich humanist. Kultur, und es zeigten sich die ersten Spuren der Reformation.

Als sich im Sommer 1526 Sultan Süleyman II. entschloß, U. anzugreifen, waren kgl. Heer, Adelsaufgebot und Hilfstruppen aus Böhmen unfähig, die Osmanen aufzuhalten. Das vereinigte Heer unterlag in der Schlacht v. →Mohács am 29. Aug. 1526. Der junge Kg. Ludwig starb auf der Flucht, fast alle Prälaten und Barone waren zuvor gefallen. Die Osmanen nahmen Ofen ein, verwüsteten die Stadt und zogen sich vorerst auf den Balkan zurück. Obwohl die Zeitgenossen bis zur osman. Besetzung Ofens (1541) auf eine Fortsetzung der Eigenstaatlichkeit und trotz der doppelten Kg.swahl (Ferdinand I. v. Habsburg [1526–64] und Johann v. Zapolya [1526–40]) auf eine Wiedervereinigung des Kgr.es hofften, darf die Schlacht v. Mohács als das Schlußdatum des ma. Kgr.es U. gelten. J. M. Bak

Bibliogr.: Hist. Bücherkunde Südosteuropas, hg. M. BERNATH, I,2, 1980, 755–1227 – *Q. und Reg.*: Codex diplomaticus Hungariae ecclesiasticus ac civilis, 1–11, ed. G. FÉJER, 1829–44 – MHH = Enchiridion fontium historiae Hungarorum, ed. H. MARCZALI, 1901 – I. SZENTPÉTERY–I. BORSA, Az Árpád-házi királyok okleveleinek kritikai jegyzéke, I–II, 1923–87 – Scriptores rerum Hungaricarum, 1–2, ed. E. SZENTPÉTERY, 1937–38 – Catalogus fontium historiae Hungaricae, 1–4, ed. A. F. GOMBOS, 1937–3 – J. M. BAK u.a., Decreta Regni Mediaevalis Hungariae. The Laws of the Medieval Kingdom of Hungary 1000–1526, 1ff., 1989ff. – GY. KRISTÓ, Anjou Oklevéltár. Documenta res Hungaricas tempore regum Andegavensium illustrantia 1301–87, 1ff., 1990ff. – *Lit.*: HÓMAN–SZ. v. VAJAY, Der Eintritt des ung. Stammesverbandes in die europ. Gesch., 1968 – H. GÖCKENJAN, Hilfsvölker und Grenzwächter im ma. U., 1972 – J. M. BAK, Kgtm. und Stände in U. im 14.–16. Jh., 1973 – From Hunyadi to Rákóczy: War and Society in Medieval and Early Modern Hungary, hg. DERS.–B. K. KIRÁLY, 1982 – GY. GYÖRFFY, Wirtschaft und Ges. der U. um die Jahrtausendwende, 1983 – E. FÜGEDI, Castle and Society in Medieval Hungary (1000–1437), 1986 – Louis the Great, King of Hungary and Poland, hg. G. GROSSCHMIDT–S. B. VARDY u.a., 1986 – F. MAKK, The Arpads and the Comneni, 1989 – G. PERJÉS, The Fall of the Medieval Kingdom of Hungary: Mohács 1526, Buda 1541, 1989 – A. KUBINYI, Stände und Staat in U. in der 2. Hälfte des 15. Jh., Bohemia 31, 1990, 312–325 – E. MÁLYUSZ, Ks. Sigismund in U. 1387–1437, 1990 – P. SUGAR–P. HANAK, Hist. of Hungary, 1990 – J. SZÜCS, Die drei hist. Regionen Europas (übers. B. RÁSKY), 1990 – A. KÖRMENDY, Melioratio terrae, 1995.

Ungefährwerk, eine Missetat, die *ungevahrlich, ungeverlich* oder *âne gevaerde*, d.h. ungewollt, ohne →Vorsatz begangen worden ist. Hat der Täter zwar nicht vorsätzl., aber *warlose, hinlaezec* oder *ane dank*, d.h. gedankenlos, sorglos oder – modern gesprochen – fahrlässig gehandelt, trifft ihn eine wenn auch verminderte Verantwortlichkeit. Einige meist frühma. Rechtsquellen (z.B. Lex Saxonum §54; Lex Thuringorum Kap. V §49) drohen allerdings für das U. unterschiedslos dieselbe Buße wie für das vorsätzl. begangene Delikt an. Deshalb besteht Streit darüber, ob es für die Bestrafung überhaupt auf die Schuld oder nur auf den äußeren Erfolg (Erfolgsstrafrecht) angekommen ist. Die undifferenzierte Berücksichtigung der Schuld dürfte u. a. mit der vielfach noch fehlenden Unterscheidung zw. →Schadenersatz und Strafe zusammenhängen (→Strafverfahren). Einige fortschrittl. ma. Rechtsbestimmungen sehen daher für die U.e keine peinl. Strafe, sondern nur noch eine Art Wiedergutmachungsbuße vor (vgl. z.B. Sachsenspiegel Ldr. II 38, III 38 §3). Unter dem Einfluß der Rezeption des röm Rechts tritt mit einer wiss. durchdachten Schuldlehre an die Stelle des U.s der moderne Fahrlässigkeitsbegriff. W. Sellert

Lit.: HRG V, 480f.; I, 1045ff. – R. HIS, Das Strafrecht des dt. MA, I, 1920, 86ff. [Neudr. 1964] – BRUNNER, DRG, I, 1961³, 212ff. – H. CONRAD, Dt. Rechtsgesch., I, 1962², 29ff., 146ff., 385ff. – W. SELLERT–H. RÜPING, Stud.- und Q.buch zur Gesch. der dt. Strafrechtspflege, I, 1989, 58ff.

Ungeld → Akzise

Unger, Bf. v. →Posen seit 1000, †9. Juni 1012. Als 982 (in Magdeburg?) geweihter (Missions-?)Bf. und wohl bis 992 Abt v. →Memleben (Thüringen) trat U., nach einer mehrjährigen Vakanz, die Nachfolge Bf. →Jordanus' in Polen an. U. residierte entweder in Posen oder →Gnesen, wo er

i. J. 1000 Otto III. empfing. Bei der Besetzung des in diesem Jahr errichteten Ebm.s Gnesen wurde U. übergangen; vielmehr wurde es →Gaudentius, dem Bruder des Prager Bf.s →Adalbert Vojtěch, anvertraut. U., der erfolglos gegen die Minderung seiner Stellung protestierte, erhielt ledigl. das Bm. Posen, das jedoch zunächst nicht dem Ebf. v. Gnesen unterstellt wurde. Das Begräbnis der Ende 1003 (in Meseritz?) ermordeten 'Fünf Märtyrerbrüder' zelebrierte U. als 'senex'. Auf einer Reise nach Rom wurde er 1004 inhaftiert und wahrscheinl. bis zu seinem Tode in Magdeburg festgehalten sowie zur Anerkennung der Magdeburger Obedienz gezwungen. Der in der poln. Überlieferung übergangene U. gilt in der neueren Forsch. als treuer Anhänger der Politik →Bolesławs Chrobry v. Polen.   J. Strzelczyk

Lit.: SłowStarSłow VI, 264 [Lit.] – G. Sappok, Die Anfänge des Bm.s Posen und die Reihe seiner Bf.e von 968–1498, 1937, 74–78 – G. Althoff, Adels- und Kg.sfamilien im Spiegel der Memorialüberlieferung, 1984, 304 – G. Labuda, Studia nad początkami państwa polskiego, II, 1988, 463ff. – J. Fried, Otto III. und Bolesław Chrobry, 1989, 101–116.

Ungericht (ahd. *ungirehti*, mhd. *ungerihte*, mnd. *ungerichte*, lat. *iniuria*) bezeichnet im weitesten Sinne die Regelwidrigkeit (Unrichtigkeit), speziell den Verstoß gegen die Normen von Recht und Sitte (Ungerechtigkeit, Unrecht), im engeren Sinne die Straftat. Der →Sachsenspiegel (Ldr. II 13) und verwandte Rechtsq. gebrauchen den Begriff U. in Abgrenzung von den leichteren Delikten ('Bußsachen', causae minores, *frevel*) für Verbrechen (causae maiores, maleficia), die mit Todes- oder Verstümmelungsstrafe bedroht sind (Ldr. III 52 §§ 1, 3; 78 § 1; 18 § 1; 2 § 4). Bei U.-Klage wird der Beschuldigte, falls er keine →Bürgschaft leisten kann, in Gerichtsgewahrsam genommen (Ldr. I 61 §§ 1; II 5 § 1). Der eines U. gerichtl. überführte Delinquent büßt seine Vollrechtsfähigkeit ein und wird künftig nicht mehr zum Reinigungseid (→Eid, IV) zugelassen (Ldr. I 38 § 1; 39). Zur Unterscheidung des Schwerverbrechers (z.B. Totschlag, Verwundung, Raub, Vergewaltigung) von anderen U.-Tätern bezeichnet →Eike v. Repgow den ersteren als Friedbrecher (*vredebrekēre*; Ldr. I 50 § 1; 63 § 1; III 45 § 11). Ein U., dessen Begehung die feige, ehrlose oder treubrüchige Tätergesinnung offenbart, wird mit bes. schimpfl. →Todesstrafe (Hängen, Radebrechen) bedroht (vgl. Ldr. II 13 §§ 1, 4). Der obdt. Rechtssprache ist der Begriff U. zwar nicht unbekannt, sie folgt aber der ostfäl. Differenzierung nicht; U. umschließt im →Schwabenspiegel jede, auch die leichtere Straftat (vgl. Schwabenspiegel [Normalform Uh], Ldr. 98a; 174a).

Jüngere Q. wenden den Ausdruck auf die für ein U. verhängte Buße (Strafgeld, mulctae) an. Im übertragenen Sinne wird U. synonym für die 'Peinl. Gerichtsbarkeit' (→Halsgericht, Blutbann) gebraucht; das spätma. Begriffspaar »mit gericht und ungericht« dient daher als Bezeichnung für die (niedere und hohe) Jurisdiktion insgesamt.   H. Drüppel

Lit.: Grimm, DWB XI, 818ff. – V. Friese, Das Strafrecht des Sachsenspiegels, 1898 – R. His, Das Strafrecht des dt. MA, I, 1920, 38ff., 45ff. – H. J. Munske, Der germ. Rechtswortschatz im Bereich der Missetaten, I, 1973, 225 – F. Scheele, 'di sal man alle radebrechen', I, 1992, 73ff.

Ungeziefer, Schädlingsbekämpfung
I. Spätantike, Früh- und Hochmittelalter – II. Spätmittelalter.

I. Spätantike, Früh- und Hochmittelalter: Sammelbezeichnungen wie U. und Schädling gibt es weder im Lat. noch in den Volkssprachen. Das Wort U. taucht erst im Spätmhd. als Bezeichnung für »unreines, nicht zum Opfer geeignetes Tier (Großvieh)« (Kluge, Grimm) auf. U. wird offenbar als unvermeidbarer Bestandteil der Umwelt empfunden. Schädlinge mußten gezielt bekämpft werden und tauchen daher nicht global, sondern im entsprechenden Zusammenhang auf. Antike Fachschriftsteller, die man im MA rezipierte (Cato, →Varro, →Columella, →Palladius), kennen Bekämpfungsmaßnahmen, v.a. gegen unmittelbare Nahrungsmittelkonkurrenten in Feld und Scheune und gegen Befall und Gefährdung von Nutztieren. Als »Allheilmittel« gegen Mäuse, Ameisen, Kornwurm etc. gilt amurca, ein Schaum, der beim Pressen von Olivenöl entsteht. Auch andere Absude von Pflanzen (z.B. sedum, Hauswurz, Palladius X 3) kommen vor, desgleichen Vorschriften zur Lagerhaltung und Bauweise von Lagerräumen, die das Eindringen von Schädlingen verhindern sollen.

Belege aus dem frühen MA sind häufig metaphor. gemeint, z.B. die wunderbare Reinigung der Insel Reichenau von Dämonen und Gewürm (Vita s. Pirmini c. 3). Bedenkt man, daß in der Bibel einschlägige Metaphorik vorhanden war, überrascht es, wie wenig Spuren U. in den Q. hinterlassen hat. »Wurm« ist eine ma. Sammelzeichnung für terrae monstra (Johannes Diaconus, Vita Gregorii 185f.), die vom Insekt bis zum Drachen vielerlei Unangenehmes bezeichnen kann und so am ehesten unserem Begriff U. nahekommt. Grenzfall ist ein Beleg über die Exkommunikation von Fliegen, Ratten und giftigen Würmern (Giraldus Cambrensis, Gemma ecclesiastica I 53), der einen hagiograph. Topos mit der prakt. Schädlingsbekämpfung verbindet. →Katzen als Mäusejäger scheint es nur wenige gegeben zu haben (Caesarius v. Heisterbach, Dialogus VI 7).

Gegen allerlei *houscrieche* (Kaiserchronik) gab es wenig Mittel. Das U. schuf Gott, um den Menschen Stolz zu brechen. Ameisen und Spinnen können aber auch exempla für das Gute sein, für Fleiß und Ausdauer (Honorius, Elucidarium I 12). Hartnäckig hielt sich die in Mitteleuropa kaum verifizierbare Meinung, Spinnen seien hochgiftig und für Menschen gefährl. (Notker, Gesta Karoli I 32). Ein Betthimmel »zur Abwehr von Stechmücken und Spinnen« (Alexander Neckam, De nominibus utensilium) gehörte zum Luxus. Körperinsekten hat man offenbar hingenommen. Nach antikem Vorbild meinte →Hildegard v. Bingen, daß Würmer und Läuse im menschl. Körper selbst wüchsen (Causae et Curae II, 158f.). Der Amethyst helfe gegen Hautunreinheiten und U. (Physica IV 15). Motten entstünden aus der Kleidung (Gregor d. Gr., Moralia in Hiob 5 XXXVIII 68, 268).   K. Brunner

II. Spätmittelalter: Nachrichten über U. und Schädlingsbekämpfung sind in den Bereichen Naturkunde, →Hygiene und Gesundheitswesen des MA (→Epidemien, →Krankheit, →Regimina) relativ selten belegt und auch kaum wiss. bearbeitet; inhaltl. stehen sie in den altüberlieferten Traditionen. Spätma. Erwähnungen in anderen Quellentypen (z.B. Inquisitionsprotokolle von Montaillou, Nürnberger Haushaltsgedichte, einzelne Reiseberichte, →Tischzuchten) lassen auf eine starke Intensität bestimmter Arten von U. im Alltag schließen. Indirekte Hinweise auf die »Alltäglichkeit« von U. verstärken diesen Eindruck: Der Nürnberger Holzschnitt vom Hausrat enthält unter fünf Utensilien der tägl. Toilette auch den Lauspinsel, und Sebastian →Brant ironisiert in seinem »Narrenschiff« gleich eingangs die Sinnhaftigkeit der Fliegenabwehr. Die Schere zw. den spärl. Belegen und der realen Häufigkeit von U. dürfte mit der »anderen« Mentalität und Bewußtseinslage des MA zu erklären sein: U. und Schädlinge waren als Bestandteil der Schöpfung nicht negativ kategorisiert, zumal immer auch Nutzanwendungen in Rechnung gestellt wurden, und der ma. Begriff von U. und Schädlichkeit differiert gegenüber dem heutigen z. T. beträchtl. (→Fabelwesen, →Symbolik, →Teufel): Negative Begriffsbesetzungen wie z. B. im Falle der→Spinne (aranea) stehen im Einklang mit gefährl. Wirkungen für die Gesundheit oder das Seelenheil des Menschen, die dem betreffenden Lebewesen zugeschrieben wurden. Das bis 1500 überlieferte häusl. Repertoire von U. und Schädlingen beschränkt sich hauptsächl. auf die →Laus (pediculus), den Floh (pulex), die Stechmücke (culex), die Wanze (cimex) und andere →Insekten (Fliege, Kleidermotte, Küchenschabe); die Bezeichnung »Würmer« inkludiert auch Raupen und Maden. Die Rolle von U. als potentieller Erreger oder Übertrager von Krankheiten blieb weitgehend unerkannt; bezeichnenderweise kann etwa die regelmäßige Durchseuchung mit Eingeweideparasiten erst retrospektiv durch naturwiss. Auswertungen von ma. Kloaken verifiziert werden (G. GRUPE, →Mensch, anthropologisch). Die ma.-zeitgenöss. Medizin verfolgte hinsichtl. Ursache und Wirkung gerade gegenläufige Interessen: U.-Befall wurde seinerseits auf die Unausgewogenheit der Körpersäfte zurückgeführt (→Humoralpathologie). Von da her sind auch konkrete Maßnahmen der U.- und Schädlingsbekämpfung verständlich: Nach →Hildegard von Bingen ist der Floh warm und benötigt warme und feuchte Erde; die Empfehlung zur Vertreibung von Flöhen lautet daher, künstl. getrocknete Erde in die Betten zu streuen (Physica VII, 43). Manches deutet darauf hin, daß im MA sowohl das Wissen um U. und Schädlingsbekämpfung als auch die Zugänglichkeit effizienter Gegenmittel sozialhierarch. abgestuftes Kulturgut war. So ist etwa eine alte Methode, um U. fernzuhalten, im sog. »Ménagier de Paris« nachzulesen (ein Hauswirtschafts- und Erziehungstraktat für die Spitzen der städt. Gesellschaft, um 1393, Paris, Bibl. Nat., Ms. Fr. 12477); demnach sollen Decken, Wäsche und Bekleidung beim Verstauen in den Truhen so fest aufeinandergepreßt werden, »daß den Flöhen weder Licht noch Luft noch Raum bleibt« (G. VIGARELLO, 54). Während der →Hortus sanitatis (Tractatus de animalibus, cap. 118f.) im Gegensatz hierzu ausschließl. »kurative« Maßnahmen gegen Flöhe empfiehlt (z. B. allabendl. Einreiben des Körpers mit Absinth, Besprengen des Hauses mit diversen Tinkturen), nennt er gegen Läuse ebenfalls auch präventive operationes (u. a. körpernahe Kleider aus Leinen, häufiges Wechseln, Baden). Eine Änderung der Bewußtseinsund eine Verdichtung der Überlieferungslage brachte erst die Verbindung des tradierten Wissensgutes mit dem prakt. Alltagsleben im Rahmen der gegen 1600 aufblühenden Hausväterliteratur und Ökonomik (M. LEMMER, 181). H. Hundsbichler

Lit.: N.N., Ma. Vorschrift zur Bekämpfung der Flöhe, Ciba-Rundschau 17, 1937, 693 – G. VIGARELLO, Wasser und Seife, Puder und Parfüm, 1988 – M. LEMMER, Haushalt und Familie aus der Sicht der Hausväterlit. (Haushalt und Familie in MA und früher NZ, hg. T. EHLERT, 1991), 181–191.

Unglaube

I. Geistesgeschichtlich – II. Theologiegeschichtlich.

I. GEISTESGESCHICHTLICH: In den an. Quellen ist von nur auf sich selbst vertrauenden »Gottlosen« (*godlauss*) vereinzelt schon vor der Bekehrung die Rede. Im christl. MA dagegen wurde als U. jedes von der Lehre der kath. Kirche abweichende Weltbild bezeichnet, also auch das von →Juden, »Heiden« (Muslimen) und Ketzern. U. im heutigen Sinn von Atheismus und religiöser Indifferenz wird in den Q. des Hoch- und SpätMA, als der Aufschwung der Städte und die Verbreitung der Universitäten eine neue Schicht nicht mehr klösterl. gebundener Intellektueller hervorgebracht hatte, immer wieder von einzelnen Personen behauptet, ohne daß er je zu einer organisierten oder theoret. ausformulierten Strömung geworden wäre. Manche der 1270/77 in Paris verurteilten Thesen der lat. Averroisten (→Averroes, Averroismus, II) unter →Siger v. Brabant lassen die Bedeutung Gottes kraß zurücktreten und verwerfen wesentl. Dogmen u. a. der chr. Eschatologie. Vorstufe war der 1210 verurteilte Pantheismus der →Amalrikaner. Ähnliche, zumindest stark zum U.n tendierende Einstellungen finden sich bes. unter Klerikern und Medizinern der Universitätsstädte. Bekannt ist das Ks. Friedrich II. u. a. zugeschriebene Dictum, die Welt sei von drei Betrügern irregeführt: Moses, Jesus und Mohammed. Auch seinen Spott über die Jungfrauengeburt, Transsubstantiation und das Weiterexistieren der Seele nach dem Tode findet man im 13. Jh. öfter. Dante trifft »Epikureer« wie Farinata degli→Uberti († 1264), die nicht an ein Weiterleben der Seele glaubten, in der Hölle (Inf. X). Zu den Intellektuellen aus universitärem Milieu gehörten manche →Vaganten, die in ihren Liedern bisweilen eine anscheinend bis zum U.n reichende Haltung einnehmen, auch Cecco →Angiolieri u. a. Areligiöse Tendenzen der Renaissance, philos. vorbereitet durch Occamismus (→Wilhelm v. Ockham) und →Skeptizismus, fanden ihren Höhepunkt in der säkularisierenden Diesseitswendung der neuen Epoche, die die im Vergleich zum MA weniger intensive relig. Kultur der Antike als ihr wahlverwandt erlebte. – In anderen Schichten ist aktiver U. kaum belegt, relig. Desinteresse wird jedoch in Predigten und Exempla immer wieder angeprangert, auch bei den kleinen Leuten bes. in den Städten, die das Christentum wenn schon nicht leugneten, so jedenfalls nicht praktizierten.
P. Dinzelbacher

Lit.: P. BALAN, I precursori del razionalismo moderno fino a Lutero, 1868/69 – H. REUTER, Gesch. der religiösen Aufklärung im MA, 1875/77 [Nachdr. 1963] – J. M. ROBERTSON, A Short Hist. of Freethought, I, 1914³ – F. MAUTHNER, Der Atheismus und seine Gesch. im Abendlande, I, 1922 – M. ESPOSITO, Una manifestazione d'incredulità religiosa nel medioevo, ASI 89/3, 1931, 3–48 – H. LEY, Gesch. der Aufklärung und des Atheismus, 1966ff. – A. MURRAY, Piety and Impiety in 13th Century Italy, Studies in Church Hist. 8, 1972, 83–106 – W. WEBER, Irreligiosität und [an.] Heldenzeitalter (Speculum Norroenum, ed. U. DRONKE u. a. 1981), 474–505 – A. MURRAY, The Epicureans (Intellectuals and Writers in 14th Cent. Europe, ed. B. BOITANI–A. TORTI, 1986), 138–163 – O. PLUTA, Kritiker der Unsterblichkeitsdoktrin in MA und Renaissance, 1986 – M. GOODICH, Miracles and Disbelief in the Late MA, Mediaevistik 1, 1988, 23–38 – R. N. SWANSON, Religion and Devotion in Europe c. 1215–c.1515, 1995, 329ff. – P. DINZELBACHER, L'incroyance à l'époque de la Foi, Rev. des sciences relig. [im Dr.].

II. THEOLOGIEGESCHICHTLICH: Der theol. Begriff des U.ns, der wesentl. vom bibl. Begriff bestimmt wurde (vgl. LThK² X, 495f.), ist, im Unterschied zur Bezeichnung der Ungläubigen, noch wenig erforscht. Im theol. Lehrbuch der Sententiae des →Petrus Lombardus hatte er keinen literar. Ort. Weil die Wahrheit Grund und Wesen (»ratio«) des Glaubens ist, ist U. immer auch Leugnung der Wahrheit. Die Leugnung des wahren Glaubens bedeutet die Niederhaltung der Wahrheit. Wenn Jesus Christus, Moses und Mohammed die Welt im Glauben irregeführt haben, wie Friedrich II., »rex pestilentiae«, gesagt haben soll, dann ist es um wahr und falsch, gut und böse geschehen, schreibt Matthaeus v. Acquasparta OM (um 1280) in den Quaest. de fide (ed. Bibl. Franc. Schol. Medii Aevi, I, 1857, 77f.). Juden, Heiden und Sarazenen (Muslime) sperren sich gegen die Wahrheit des Glaubens; sie sind nicht gesetz- und glaubenslos, aber im U.n befangen und verloren (ebd. q. 3, ed. 92). Die guten Werke dieser Ungläubigen seien nicht heilshaft, weil ihnen die wahre Intention, Ausrichtung auf Gott, fehle. Vgl. Petrus Lombardus, Sent. II d. 41 c. 1 (ed. 1971, 561–563). – Diese Ungläubigen drängten seit dem 12. Jh. mehr und mehr in den Raum der Gesellschaft und der Kirche. Die Theologie mußte sich mit ihnen auseinandersetzen: über die Form des äußeren Zusammenlebens (Thomas v. Aquin, S. th. II–II, q. 10 a. 9), die Toleranz ihrer religiösen Riten (ebd. a. 12, Nikolaus v. Kues, De pace fidei), die Missionierung der Heiden und Ungläubigen (ebd., a. 8), die Taufe der Kinder von Ungläubigen und über die Ehe zw. Ungläubigen. Der theol. Dialog mit den Ungläubigen, den →Anselm v. Canterbury, →Abaelard u. a. führten, sollte die Binnenwahrheit der christl. Offenbarung vor der philos. Vernunft ausweisen. Im 13. Jh., im Streit der Fakultäten, nahm dieser Dialog eine krit. Wende, derzufolge das Unterscheidende der Glaubenswahrheit (»veritas fidei«) analysiert wurde. →Bonaventura und →Petrus Johannis Olivi bezichtigten »multi clerici Parisius philosophantes« (nicht des U.ns, sondern) der heidn. Verfremdung der Theologie. In den Quaest. disp. de fidei (z. B. des Matthaeus v. Acquasparta) empfing die Gesch. des Begriffes U. neue Impulse: Die Unterscheidung zw. »infideles« und »increduli« trug der Einsicht Rechnung, daß der Mensch von Natur aus gläubig vertrauend ist, nicht aber einen bestimmten Glauben hat (vgl. Thomas v. Aquin, S. th. II–II q. 10 a. 1 ad 1). Das philos. Axiom: »Gegensätzliches ist notwendig in ein und demselben Subjekt«, eröffnet den Blick für die Frage (der »Analysis fidei«): muß in der jetztzeitigen Gläubigkeit je und je der U. im Glauben überwunden werden? In den Predigten des Johannes →Tauler wird von dieser Mühsal gesprochen. L. Hödl

Q. und Lit.: →Glaube – Thomas v. Aquin, Dt. Thomas-Ausg. Bd 15: S. th. II–II Frage 1–16, 1950 – M. P. DÉRUMAUX (Mél. S. BERNARD, 1954), 68–79 – Der Friede unter den Religionen nach Nikolaus v. Kues, hg. R. HAUBST (MitForschCusanus-Gesellschaft 16, 1984).

Unibos (korrekter »Versus de Unibove«), eine der ältesten und zugleich wohl auch umfangreichsten Schwankdichtungen des lat. MA, die als früheste Fassung des volkskundl. wohlbekannten Stoffes vom 'Bürle' (GRIMM, Kinder- und Hausmärchen Nr. 61) zu gelten hat. – Erzählt wird in vier Episoden (insges. 216 rhythm. ambros. Hymnenstrophen, jeweils zweizeilig zumeist einsilbig endgereimt), wie der Bauer Einochs über die Dummheit seiner Gegenspieler (Meier, Priester, Vogt) triumphiert: 1. Der angebl. hohe Preis, den Einochs für den Verkauf des Felles seines letzten Ochsen (daher der sprechende Name 'Unibos') erzielt hat, verleitet die drei dazu, ihren Viehbestand zu schlachten, mit dem Ergebnis, daß sie auf ihren Tierhäuten sitzenbleiben (Str. 4–67). 2. Auf des Einochs Verheißung hin, seine Zauberflöte erwecke Tote und vermöge ihnen jugendl. Schönheit zu verleihen, erschlagen die drei ihre Ehefrauen, doch die Gattinnen bleiben tot (Str. 68–114). 3. Eine aus des Einochs Besitz erworbene saugmachende Stute beschert den dreien nichts als Pferdeäpfel (Str. 115–158). 4. Von den drei Dorfvorständen schließlich in ein Faß gesperrt, um darin ertränkt zu werden, wird Einochs von einem Schweinehirten, dessen Herde er übernimmt, befreit und erfindet eine Geschichte von auf dem Meeresgrund weidenden Schweineherden, worauf sich die drei von den Klippen stürzen und den Tod finden (Str. 159–215).

Autor, Entstehungszeit und -ort des Werkes sind unbekannt. Spärl. hist. Anspielungen sowie eine wesentl. an Bibel und Liturgie orientierte Sprache legen einerseits eine Lokalisierung im niederlothr. Raum nahe, anderseits einen Geistlichen oder geistl. Gebildeten als Urheber. Die Zeit der Abfassung wird man nicht allzu weit von der Niederschrift des Codex unicus (Bruxelles, BR 10078–95) in der 2. Hälfte des 11. Jh. abrücken dürfen, der, in der Abtei St. Peter zu Gembloux entstanden, nachweisl. von →Sigebert für seinen um 1111 vollendeten Schriftstellerkatalog »De scriptoribus ecclesiasticis« benutzt wurde.
Th. A.-P. Klein

Ed.: J. GRIMM – A. SCHMELLER, Lat. Gedichte des 10. Jh., 1838, 354–383 – P. VAN DE WOESTIJNE, 1944 [mit ndl. Übers.] – K. LANGOSCH, Märchenepen, 1960², 251–305 [mit dt. Übers.] – A. WELKENHUYSEN, 1975 [mit ndl. Übers.] – TH. A.-P. KLEIN, StM 32, 1991, 843–886 – Lit.: Verf.-Lex.² X, 80–85 [B. K. VOLLMANN] – BRUNHÖLZL II, 304f., 599.

Unio mystica → Mystik, A

Union, kirchliche
I. Allgemein – II. Konzil v. Lyon (1274) – III. Konzil v. Ferrara-Florenz (1447) – IV. Weitere Unionen.

I. ALLGEMEIN: 'Kirchl. U.' ist die (moderne) Bezeichnung für die in den lat. Q. meist reductio oder reversio (Graecorum) gen. Versuche zur Überwindung des Schismas zw. Rom und den Ostkirchen. 1054 war durch die Bannung →Humberts v. Silva Candida und →Michaels I. Kerullarios die Einheit der christl. Welt endgültig zerbrochen, ein Vorgang, der (auch) als Folge eines seit der Spätantike sich vollziehenden Differenzierungsprozesses der gr.-byz. und der röm.-lat. Kultur und der Entstehung zunächst zweier Reichsteile, dann zweier unabhängiger, miteinander rivalisierender Imperien, verstanden werden muß. Die Versuche, den Bruch zu heilen, standen wesentl. unter polit. Vorzeichen, sie waren zudem mit der Hypothek weiterer Konflikte (4. →Kreuzzug, →Lat. Ksr. v. Konstantinopel 1204–61) belastet. Hindernisse einer substantiellen Einigung waren v. a. die dominierende Haltung des Papsttums gegenüber Byzanz und Orthodoxie sowie deren Stolz. Sieht man von losen Kontakten Gregors VII. und Urbans II. nach O ab, so kam es erst Mitte des 13. Jh. zum ersten Versuch eines offenen Gesprächs zw. Repräsentanten beider Seiten im byz. Nymphaion bei Smyrna, das aber mit dem Tod der Beteiligten abbrach. Die folgenden Versuche einer »U.«, die aber scheiterten bzw. über Ansätze nicht hinauskamen, wurden auf zwei Generalkonzilien der Westkirche unternommen: auf dem II. Konzil v. →Lyon 1274 und auf dem Konzil v. →Ferrara–Florenz 1447.

II. KONZIL V. LYON (1274): Nach Rückeroberung Konstantinopels durch Michael VIII. Palaiologos 1261 stand dieser vor dem Problem ständiger Bedrohung durch westl. Mächte, insbesondere durch Karl v. Anjou, der die lat. Machtpositionen im O wiederherstellen wollte. Wegen dieser Existenzgefährdung bot der byz. Ks. Verhandlungen an, die, unter Urban IV. und Clemens IV. begonnen, auf dem Konzil v. Lyon 1274 zu einem Ergebnis geführt wurden. Gregor X. leitete dabei seine Sorge um den Erhalt der letzten lat. Besitzungen im Hl. Land, wozu er Byzanz als Bündnispartner brauchte, Michael erwartete päpstl. Bestandsgarantie für Dynastie und Reich. Unter diesen Vorzeichen kam es zu einer Verständigung, die die orthodoxe Kirche fast gänzl. unberücksichtigt ließ: Michael preßte seinem Episkopat ein gewundenes Schreiben (Brief »Non solum nunc«, nur in lat. Übers. erhalten) ab, das die entscheidenden Kontroverslehren aussparte, dem zudem Patriarch →Joseph I. trotz starken Drucks die Zustimmung verweigerte. Der Ks. formulierte eindeutiger (Schreiben »Quoniam missi sunt« vom März 1274), indem er ein von Clemens IV. übersandtes Symbol akzeptierte, aber zugleich darum bat, »daß unsere Kirche das heilige Symbol betet wie vor dem Schisma« und auch die Riten der Ostkirche unverändert bleiben dürften. Mit diesen beiden Dokumenten reisten Gesandte Michaels (nicht der orthodoxen Kirche) nach Lyon und beschworen dort namens des Ks.s das Symbol, das u. a. das umstrittene →»Filioque« und die geforderte Primatsformel enthielt. Als Gegenleistung nahmen sie eine päpstl. Zusicherung entgegen, die Angriffslust Karls v. Anjou gegen Konstantinopel zu zügeln. Höhepunkt der »U.« war eine Papstmesse am 29. Juni, bei der alle gr.sprechenden Synodalen das Credo mit dem »Filioque« sowie Epistel und Evangelium auf Gr. sangen. Ein Ausgleich in den zw. beiden Kirchen umstrittenen Glaubenslehren und Ritenunterschieden (die an der Kurie nach Kataloge mit dem bezeichnenden Titel »Errores Graecorum« kursierten) wurde nicht gesucht, eine fachtheol. Diskussion der Kontroverslehren unterblieb, die Konstitution über das »Filioque« (COD 314) war eher ein Affront gegen die Orthodoxie.

Der Mehrzahl der lat. Konzilsteilnehmer blieben Charakter und Reichweite der erzielten Vereinbarungen unklar. In Byzanz führte die ksl. Religionspolitik nach Lyon zu mehrmaligem erzwungenen Wechsel im Patriarchenamt (Joseph I., →Johannes XI. Bekkos) und zu scharfen Polemiken zw. U.sbefürwortern und -gegnern. 1282 bannte Martin IV. den byz. Ks. wegen Beteiligung an der →Siz. Vesper, die Karl v. Anjou die Machtbasis nahm; damit war eine »U.« beendet, die nie über einige formelle Akte in der Konzilsaula und (kirchen)polit. Absichtserklärungen hinausgekommen war und zerbrach, als Michael seiner Sorgen ledig wurde und das Papsttum unangemessen auf eine rein polit. Entwicklung reagierte. B. Roberg

Q. und Lit.: II. Konzil v. →Lyon – TRE XXI, 637–642 [Lit.] – II Concilio II de Lione (1274) secondo la Ordinatio Conc. Gen. Lugdunensis, ed. A. Franchi, 1965 – Dossier grec de l'union de Lyon (1273–1277), ed. V. Laurent–J. Darrouzès, 1976 – A. Franchi, La svolta politico-ecclesiastica tra Roma e Bisanzio (1249–1254), 1981 – Ders., I Vespri Siciliani e le relazioni tra Roma e Bisanzio, 1984 – B. Roberg, Das II. Konzil v. Lyon (1274), 1990 – Conciliorum Oecumenicorum Decreta (COD), ed. G. Alberigo, 1991⁴ – B. Roberg, Der Kanonist Franciscus de Albano als Zeitzeuge, ZRGKanAbt 81, 1995, 340–351.

III. Konzil v. Ferrara-Florenz (1447): U.skontakte erloschen danach für fünfzig Jahre, ehe als Ks. Andronikos III. 1333/34 wieder aufnahm und 1339 den Mönch →Barlaam aus Kalabrien mit einem Konzilsvorschlag nach Avignon schickte. 1347–50 bemühten sich Johannes VI. Kantakuzenos, 1367 Johannes V. Palaiologos um die U. (Beratungen mit dem lat. Titularpatriarchen Paul). Die Konversion des Ks.s 1369 in Rom blieb ein rein persönl. Akt. Gemeinsam war allen Initiativen das Junktim »U. gegen Türkenhilfe« und die Gewißheit, daß für die Griechen eine U. nur auf einem ökumen. Konzil vorstellbar war. Dieses wurde jedoch stets von den Päpsten in Avignon (zuletzt von Urban V.) abgelehnt.

Als sich dann im W selbst die Konzilsidee – zur Beendigung des Schismas – konkretisierte, wurde sofort auch die U. einbezogen. Schon zu dem Konzil v. →Pisa 1409 eingeladen, erschienen 1415 (Tod von Manuel →Chrysoloras) und 1416–18 gr. Gesandtschaften auf dem Konzil v. →Konstanz. Die »causa unionis« bildete dort eines der vier Generalthemen, doch mußte die Realisierung auf das nächste Konzil verschoben werden. Die U.svorbereitungen gingen unter dem neuen Papst Martin V. intensiv weiter (Andreas Chrysoberges OP als Vermittler). Das Konzil v. →Basel setzte auch in der U.sfrage das Konzil v. Konstanz fort. Gr. Gesandte erschienen mehrfach in Basel, solche von Konzil (→Johannes v. Ragusa) und Papst Eugen IV. (Cristoforo Garatoni) in Konstantinopel. Das Dekret »Sicut pia mater« (7. Sept. 1434; COD 478–482) offerierte einen Kreis möglicher Konzilsorte im W. Die Verhandlungen wurden von Papst- und Konzilsseite unkoordiniert, schließlich in Rivalität geführt. Über der Ortsfrage brach das Basler Konzil auseinander. Seine Majorität verweigerte einen Ort in Italien und bestimmte 1437 Basel oder Avignon, die Minorität im Verein mit Eugen IV. Florenz, dann Ferrara. Die Griechen entschieden sich für ein Konzil mit dem Papst. Das zu Ferrara im Febr. 1438 begonnene, 1439 in Florenz fortgesetzte Konzil stellte trotz mancher Zumutungen für die Griechen und starken Erfolgsdrucks auf beiden Seiten den offensten und intensivsten Dialog von Ost- und Westkirche zw. 1054 und der jüngsten Zeit dar. Im kontroversen histor. Urteil überwiegt die Kritik. Hauptthemen der Synode waren: →»Filioque« als maximum scandalum, Purgatorium, Azymen, päpstl. Primat. Unterschätzt wurde die Bedeutung der communio in sacris. Unter den Teilnehmern sah man die Chancen einer Konvergenz der theol. Traditionen teils optimist. (→Bessarion, →Cesarini), teils skept. (→Markos Eugenikos). Am 6. Juli 1439 wurde die an Kompromißformeln reiche Bulle »Laetentur caeli« verkündet, nachdem die Bf. e bis auf Eugenikos unterschrieben hatten. Eugen IV., 1443 heimgekehrt nach Rom, nutzte den Erfolg zur Stärkung seiner angefochtenen Position im W und als Waffe gegen das Basler Konzil. So fand im W eine U. v. a. im Bereich der Kultur statt (→Renaissance). Im O scheiterte die Florentiner U. an der Rezeption. Weite Teile von Klerus und Volk lehnten die U. mit den Lateinern ab; viele Unterzeichner des Dekrets widerriefen (1440 Sendschreiben des Eugenikos) und setzten das Konzil rückblickend in schräges Licht (Silbestros →Syropulos), zumal die U. in den lat. beherrschten Teilen des O meist restriktiv umgesetzt wurde und westl. Militärhilfe nach der Katastrophe v. →Varna (1444) ausblieb. Erst am 12. Dez. 1452, kurz vor der »Halosis« durch die Türken, publizierte man die U. in der Hagia Sophia; 1484 wurde sie annulliert.

IV. Weitere Unionen: Florenz und Rom brachten eine Kette weiterer U.en, diesmal ganz im Geiste der Latinisierung: mit Armeniern (22. Nov. 1439), Kopten Ägyptens (4. Febr. 1442), Syrern (30. Nov. 1444), Chaldäern und Maroniten Zyperns (7. Aug. 1445). Diplomat. lange vorbereitet (Albert Sarteano u. a.) waren sie gemeinsam mit der Griechen-U. Ergebnis eines umfassenden U.skonzepts. Doch schlossen sich immer nur Teilgruppen größerer christl. Gemeinschaften an, was vor Ort neue Spaltungen bewirkte. – Der welthistor. Aufstieg Rußlands hängt mit der U. bzw. ihrer Ablehnung ebenso eng zusammen wie die Abtrennung der ruthen. (ukrain.) Kirche. Der unionist. Patriarch →Isidor (1436–41) wurde in Moskau abgewiesen, konnte sich aber am poln.-litauisch beherrschten Altsitz Kiev zeitweise halten. 1448 wählte Moskau mit →Jona erstmals einen eigenen Patriarchen; 1458 bestimmte der poln. Kg. Kasimir IV. →Gregor als kath.-orthodoxen Patriarchen v. Kiev, eine Entwicklung, die später in die U. v. Brest (1596) mündete. J. Helmrath

Q.: →Ferrara-Florenz, Konzil v. – Dölger, Reg. IV–V – Lit.: HKG III, 2, 589–599 – A. Leidl, Die Einheit der Kirchen auf den spätma. Konzilien, 1966 – H. Heimpel, Die Vener... Studien zur Gesch. ... der Konzilien v. Pisa, Konstanz und Basel, 1982, II, 808–830 [Konzil v. Konstanz] – Hb. der Ostkirchenkunde, hg. W. Nyssen u.a., I, 1984, v. a. 94–132 – H.-J. Sieben, Die Konzilsidee des lat. MA, 1984, 277–314 – J. Helmrath, Das Basler Konzil, 1987, 373–382 – AHC 20, 1990, 131–241; 21, 1991, 147–174, 267–417 – Christian Unity. The Council of Ferrara-Florence 1438/39–1989, ed. G. Alberigo (Bibl. Ephemeridum Theol. Lovaniensium XCVII, 1991) – Z. N. Tsirpanlis, Il decreto fiorentino di unione e la sua applicazione nell'arcipelago greco, Φησαθρίσματα 21, 1991, 43–88 – Gesch. des Christentums, IV, 1991, 107–262;

V, 1995, 9–49 – A. FRENKEN, Die Erforsch. des Konstanzer Konzils, AHC 25, 1993, 176–178 – D. PAPANDREOU, Die Konzilien v. Basel und Ferrara-Florenz. Orth. Kirche-U.sbestrebungen, 1993 – Firenze e il concilio del 1439, a c. d. P. VITI, 2 Bde (Bibl. storica Toscana 29, 1994) – PH. LUISIER, La lettre du Patriarche Copte Jean XI au Pape Eugène IV, OrChrP 60, 1994, 87–129, 519–562 – V. PERI, Orientalis varietas (Kanonika 4, 1994) – W. HRNYEWICZ, Ein Vorläufer der U.sbestrebungen der Ruthenen. Die Denkschr. des Metropoliten Misail (1476), OrChrP 44, 1995, 49–60 – H. J. SIEBEN, Vom Apostelkonzil zum Ersten Vatikanum, 1996, 261–431.

Unitores. Bei dem Missionswerk der →Dominikaner seit Anfang des 14. Jh. erfüllte auch die Societas Fratrum Peregrinantium propter Christum inter gentes, die in Kleinasien und am Schwarzen Meer wirkte, eine wichtige Rolle. Sie legte das Fundament für eine Missionstätigkeit, die auf die Bekehrung der Ungläubigen, den geistl. Beistand für die lat. Christen und die Vereinigung der nicht-unierten Christen mit dem röm. Katholizismus gerichtet war, insbes. der Armen. Kirche, die gute Beziehungen zum röm. Papsttum und zu den Bettelorden pflegte. Um 1328 besuchte →Johann v. K̕rna(y) (47. J.), der Vorsteher (*aradjnord*) des gleichnamigen Kl. und der literar. Schule (Gründung des lokalen Grundherren Gorg und dessen Gemahlin Eltik), den Bf. v. Marāgha (Aserbeidschan), →Bartholomaeus »de Podio« OP, um die kathol. Lehre kennenzulernen und Kenntnisse in der lat. Sprache zu erwerben, und lehrte seinerseits diesen Armenisch. Als sie beide ca. 1330 nach K̕rna kamen, bewogen sie die armen. Mönche und Kirchenmänner des Gebiets zur Union mit der kath. Kirche. Johann bildete aus der Kommunität einen eigenen Orden nach dominikan. Vorbild, wobei er dem Ordensmeister OP die üblichen Möglichkeiten zur kanon. Visitation, Korrektur und Reform gab. Nach seinem Besuch der Kurie in Avignon wurde Johann v. K̕rna(y) 1344 Superior der Kl. der U. Innozenz VI. approbierte den Orden am 31. Jan. 1356, einschließl. der armen.-dominikan. Liturgie und der Affiliation an den Predigerorden. Er erhob Thomas v. Djahouk auf den Bf.ssitz v. Naxičevan (12. April) und gründete in Italien (30. Juni) den Orden der Armen. Brüder des hl. Basilius (Bartholomiten) für die »citra mare« ausgewanderten Armenier, der dem Vorbild der U. folgte.

Der Orden blieb weiterhin mit dem OP verbunden und wurde 1583 eine reguläre Provinz von diesem. Auf die Diöz. Naxičevan beschränkt und unter dem in den Augen der Ostkirche stets problemat. lat. Einfluß stehend, erlosch er schließlich um die Mitte des 18. Jh. G. Fedalto

Lit.: DHGE XVIII, 1363–1369 – DIP I, 1073–1075; IV, 971–973 – R. LOENERTZ, La Société des Frères Pérégrinants, 1937, 141ff. – M. A. VAN DEN OUDENRIJN, Uniteurs et dominicains d'Arménie, Oriens Christianus, XL, 1956, 94–112; XLII, 1958, 110–133; XLIII, 1959, 110–119; XLV, 1961, 95–108; XLVI, 1952, 99–115 – DERS., Linguae Haicanae scriptores OP Congr. Fratrum Unitorum..., 1960, Nr. 15 und passim – G. PETROWICZ, Fratres U. nella Chiesa Armena (1330–1360), Euntes Docete, XXII, 1969, 309–347 – Haykakan sovetakan hanragitaran 6, 1980, 567 [Hovhannes K̕rnec̕i]; 12, 1986, 480 [K̕rnayi dproc̕].

Universale, -ia, Substantivierung der neutralen Form des lat. Adjektivs 'universalis, -e' (gr. *katholikós*); bedeutet 'das Allgemeine'. Ein zweites Adjektiv aus diesem Bedeutungsfeld ist 'communis, -e' (gr. *koinós*), 'gemeinsam', das in der Scholastik bes. in Verbindung mit 'natura/forma' oft vorkommt ('die den Einzeldingen einer Art gemeinsame [Wesens-] Form'); auch vom Verb 'communicare', 'gemeinsam machen', abgeleitete Formen finden sich häufig, wie in 'u. est res communicata/-bilis' ('ein den Einzeldingen mitgeteiltes/-teilbares Ding'). – Die U.ia sollen insbes. die Übereinstimmung (convenientia) von Einzeldingen erklären, der Erkenntnis und der Wiss. als unveränderl. Gegenstände dienen sowie als Bedeutungen allg. Namen fungieren. Die Standarddefinitionen des U. stammen von Aristoteles: Ein U. ist, was naturgemäß von mehrerem 'ausgesagt werden' (bei ihm nicht sprachl., sondern im Sinne von 'zukommen' gemeint) kann bzw. was mehreren gemeinsam ist (De int. 7, 17a38ff.; Met. VII, 13, 1038b11f., vgl. De part. anim. I, 4, 644a27f.). In seiner Ontologie (→Kategorien) trifft dies auf die Arten und Gattungen von Individuen zu, bes. auf die sog. 'zweiten Substanzen', die Arten und Gattungen der individuellen ('ersten') Substanzen; hauptsächl. diese meint denn auch der Ausdruck 'U.ia' im MA, und ihre Seinsweise ist Gegenstand des →Universalienstreits. Aber auch die in der »Isagoge« des Porphyrios (ausgehend von Aristoteles, Topica I, 4ff.) behandelten fünf sog. →'Prädikabilien' (Gattung, Differenz, Art, Proprium, Akzidens) werden insgesamt oft als 'quinque u.ia' bezeichnet, da sie alle den zugrundeliegenden Dingen gemeinsam und nicht eigentüml. sind (vgl. Isag. 2, 1441f.). Jenes Gemeinsamsein präzisiert Boethius (In Isag. ed. sec. I, 10) dahingehend weiter, daß ein U. den Einzeldingen als Ganzes (nicht bloß Teil für Teil), gleichzeitig (nicht bloß nacheinander) und wesentl. (nicht bloß äußerl.) zukommen muß. V. a. wegen der letzten Bedingung verwarf schon Aristoteles die Platon. Ideen (→Idee) als Vertreter für die U.ia (s. bes. Met. I, 9; VII, 13ff.), und mit ihm im allg. auch die lat. Scholastik, v. a. auch aus theol. Gründen: Die Annahme von ewigen und unveränderl. Gegenständen, die von Gott verschieden sind, ist mit dem chr. Glauben unvereinbar. Die neuplaton. 'gemilderte' Lehre von den Ideen im Geist Gottes hingegen ist im MA sehr einflußreich und geht in die gängige Rede vom »triplex u. ante rem, in re, post rem« (z. B. Albertus Magnus, Liber de praedicab. II, 3) ein: Das U. als ewiges Urbild im Geist Gottes besteht vor den geschaffenen Einzeldingen, als gemeinsame Natur in diesen und als von diesen abstrahierter Allgemeinbegriff im menschl. Verstand. Weitere Unterscheidungen von U.ia finden sich bes. ab dem 13. Jh. sehr oft, v. a. unter Rückgriff auf Robert Grosseteste (In Analyt. post. I, 7; vgl. z. B. Johannes Sharpe, Quaestio super u.ia, hg. A. D. CONTI, 1990, 49f.); z. B. meint das U. der Verursachung nach (in causando) Gott, dem Sein nach (in essendo) die gemeinsame Natur in den Dingen und dem Bezeichnen nach (in significando) den gemeinsamen Namen bzw. Begriff der Dinge. H. Berger

Lit.: →Universalienstreit.

Universalienstreit. Der Streit über die Seinsweise der Universalien (→Universale) bzw. das Verhältnis des Einen und Vielen ist kein typ. Phänomen der ma. Philos., sondern ein klass. Thema der gesamten Philosophiegesch. Typisch ist jedoch die Form des ma. U.s, die durch dessen genau angebbaren Ursprung bedingt ist: Nämlich die von Aristoteles in den 'Categoriae' (Kap. 5) eingeführte Unterscheidung von individuellen, konkreten (sog. 'ersten') Substanzen und deren Arten (species) und Gattungen (genera) als 'zweiten' Substanzen (mit analogen Unterscheidungen auch in den anderen Kategorien). Bezügl. dieser Arten und Gattungen formulierte →Porphyrios in seiner 'Isagoge' (Kap. 1) drei Fragen, die dem ma. U. den Rahmen vorgaben: Sind sie vom Denken unabhängig oder nicht? Wenn sie denkunabhängig sind, sind sie körperl. oder nicht? Sind sie dann von den Sinnendingen getrennt oder mit diesen verbunden? – Die Hauptpositionen, daß Allgemeinheit nur den Namen (→Nominalismus) oder nur den Begriffen (→Konzeptualismus) oder aber auch bestimmten Dingen (Realismus) zukommt, sind schon antiken Ursprungs, die auch heute noch gebräuchl. Bezeichnungen dafür gehen aber auf ma. Prägungen zurück: Schon im 12. Jh. sind die Namen 'nominales' und 'reales' in Verwendung, 'conceptistae' entstammt dem 15. Jh. – Der erste eigtl. U. zw. verschiedenen Schulen erscheint im 11./12. Jh., der zweite im 14./15. Jh. Eine Hauptquelle ist die alte Unterscheidung von Ding- und Zeichenwissenschaften (vgl. Augustinus, De doctr. chr. I, 2, 2) und die Stellung der Logik in diesem Rahmen, was noch im Wegestreit des 15. Jh. einen zentralen Punkt darstellt. Von Beginn an zeigt sich folgender systemat. Zusammenhang: Realisten verstehen die Aristotel. Kategorien als Gattungen von Dingen und fassen die Aristotel. Grundrelation des Ausgesagtwerdens (dici de, vgl. Cat. 2, 1a20–1b6) im Sinne einer realen, d. h. einer Ding-Ding-Prädikation auf, was eben die Annahme von Einzel- und allg. Dingen erfordert, für welche v. a. Aristoteles, De int. 7, 17a38f., als autoritativer Beleg dient. Für Anti-Realisten entsprechen nicht allen Kategorien auch je eigene Dingarten, ist Prädikation nur im Sinne einer sprachl. Term-Term-Relation verständl. und die Annahme allg. Dinge überflüssig und/oder unverständlich. Zu diesen rein philos. Problemen kommen auch theol., v. a. im Zusammenhang mit der →Trinität, und im SpätMA sogar polit.-ideolog. hinzu. – Die Berichte bei →Abaelard, →Johannes v. Salisbury u. a. zeigen eine große Vielfalt von Positionen im U. des 12. Jh., z. T. mit eigenen Schulnamen (vgl. Quellenverz. in: Vivarium 30, 1992, 173–210). Der Nominalismus erscheint in zwei Varianten, nämlich der extremen des →Roscelin, wonach Universalien bloße 'voces' (Laute) sind, d. h. sprachl. Ausdrücke in phys. Hinsicht; und in der gemäßigten Form des Abaelard, wonach die Allgemeinheit der sprachl. Ausdrücke in ihrer Bezeichnungsfunktion liegt, welche auf menschl. Einsetzung basiert. Für dieses Kompositum aus *vox* und *significatio* führt er den techn. Term 'sermo' ein, verwendet gelegentl. aber auch 'nomen' als Synonym: Offenbar bezieht sich die zeitgenöss. Bezeichnung 'nominales' auf Vertreter dieser Position, während Vertreter der extremen Position als 'vocales' bekannt sind. Die 'reales' hingegen sind vielfältig differenziert: Gemäß Abaelard hat →Wilhelm v. Champeaux ursprgl. einen extremen Realismus in Form einer Identitätstheorie vertreten, wonach es eine für alle Individuen ident. Substanz gibt, die durch bloße Akzidentien in Gattungen, Arten und Einzeldinge diversifiziert wird. Aufgrund der Kritik Abaelards hat sich Wilhelm dann auf eine Indifferenztheorie zurückgezogen, wonach die Einzelsubstanzen zwar kein ident., aber ein 'ununterschiedenes' (also bloß numer. verschiedenes) Wesen haben. Die sog. Collectio-Theorie setzt das Universale mit der Ansammlung dieser indifferenten Wesenheiten gleich, während die Status-Theorie Einzel- und Allgemeinheit als verschiedene Aspekte ein und desselben Dinges auffaßt (z. B. sei Platon als Platon ein Individuum, als Mensch eine Art usw.). Die Schule v. →Chartres vertritt die neuplaton. Ideenlehre (Universalien als ewige, unveränderl. Muster im Geist Gottes), →Gilbert v. Poitiers die Lehre von den 'formae nativae' (Universalien als geschaffene Abbilder jener Muster in den Dingen). Abaelard kritisiert den Realismus insgesamt, ergänzt aber andererseits seinen Nominalismus mit einer Status-Ontologie: Die einzelnen Menschen z. B. stimmen in der Beschaffenheit des Menschseins (esse hominem) überein, die aber kein Ding (res) ist; er zeigt somit zwar ein klares Bewußtsein des Unterschieds von Dingen der Aristotel. Kategorien und abstrakten Gegenständen, ist deshalb nach heutigen Begriffen aber auch nur schwer als Nominalist anzusehen. Die meisten jener Positionen des 12. Jh. scheinen nicht weit über ihre Zeit hinaus gewirkt zu haben. – Im 13. Jh. rückt der in der arab. Philos. (bes. von Avicenna) geprägte Begriff 'natura communis' in den Mittelpunkt der Diskussion: Nach →Avicenna ist jene den Individuen gemeinsame Natur in sich weder universal noch partikulär, diese Bestimmungen kommen ihr erst zu, wenn sie im Verstand bzw. in den Einzeldingen ist. Die Einheit und Seinsweise dieser Natur ist nun der Streitpunkt innerhalb des vorherrschenden Realismus: Nach →Thomas v. Aquin hat sie an sich weder Einheit noch Sein, sondern nur einen begriffl. Gehalt (ratio), während ihr →Heinrich v. Gent eine eigene Seinsweise (esse essentiae) und →Johannes Duns Scotus eine eigene Einheit, die schwächer (minor) als numer. Einheit ist, zusprechen. Auch das Individuationsprinzip (quantitativ bestimmte Materie bei Thomas, individuelle Form [→Haecceitas] bei Johannes) gehört zu diesem Problemkreis, der später schulbildend wird (Thomistae, Scotistae bzw. formalizantes u. a.). – Zu Beginn des 14. Jh. entwickelt sich in Opposition zu jenen Lehren der Konzeptualismus zu einer im und weit über das SpätMA hinaus einflußreichen Lehre, der gemäß Einheit und Gemeinsamkeit bzw. allg. Aussagbarkeit eines Universale nur im Verstand bestehen können. Nach →Petrus Aureoli kommen jene Bestimmungen aber auch nicht den realen Verstandesakten, sondern nur deren intentionalen Gegenständen zu, die ein bloßes 'esse apparens (obiectivum, intentionale)' haben. →Wilhelm v. Ockham folgt ihm anfängl., nimmt aber später nur mehr Verstandesakte an, die als 'natürl.' Zeichen und Terme einer Mentalsprache alle Bedingungen der Universalien erfüllen, was für extramentale Gegenstände unmöglich sei. Mit dieser im SpätMA wichtigen Theorie einer Mentalsprache wird die Unterscheidung Nominalismus/Konzeptualismus eigtl. hinfällig. Der U. wird jetzt v. a. auch im Rahmen der Lehre von den sog. Termeigenschaften (Bestimmung und Gewichtung der personalen und einfachen Supposition) ausgetragen; auch für die Naturphilos. ergeben sich bedeutende Konsequenzen. In seiner Realismus-Kritik setzt sich Ockham v. a. mit Duns Scotus und seinen Zeitgenossen →Walter v. Chatton und →Walter Burleigh auseinander. Letzterer verteidigt bes. entschieden zwei eng zusammengehörige realist. Thesen, nämlich (a) daß es eine reale Prädikation und somit eine »propositio in re« ('Satz in der Wirklichkeit', Sachverhalt) und (b) daß es folgl. auch denk- und sprachunabhängige Universalien gibt; diese Thesen übernimmt John →Wyclif später explizit von Burleigh. In Paris entsteht in der Auseinandersetzung mit den →Modisten ebenfalls ein Konzeptualismus/Nominalismus, der gegenüber Ockham durchaus eigenständig ist (→Johannes Buridanus, →Albert v. Sachsen, →Marsilius v. Inghen u. a.) und durch die Ausbildung von Lehrern für die neuen mittel- und osteurop. Universitäten im späteren 14. Jh. dort sehr einflußreich wird, womit der Grund für den Wegestreit (→Antiqui-moderni) gelegt ist: Die Univ. Prag ist ab den 1360er Jahren vom Pariser Konzeptualismus geprägt, ab Ende des Jh. wird aber v. a. in der Böhm. Nation der Realismus Wyclifs stark rezipiert. Daraus entsteht der auch theol., polit. und national gefärbte Prager U., der 1409 zur Auswanderung der dt. Lehrer und Studenten sowie zur Gründung der Univ. Leipzig führt und nach 1415/16 (postume Verurteilung Wyclifs, Hinrichtung von Johannes Hus und Hieronymus v. Prag in Konstanz) schließlich im komplexen hist. Phänomen der Hussitenbewegung (→Hussiten) mündet. In der Folge sind die verschiedenen realist. Schulen bemüht, sich auch von Wyclif abzugrenzen, und berufen sich auf die Autoritäten des 13. Jh., die die 'alte Lehrmethode' (via [doctrinandi] antiqua) repräsentieren, im Unterschied zur 'via moderna' Ockhams und der Pariser 'nominalistae/terministae/conceptistae'. Die Universitäten versuchen meistens, das Konfliktpotential durch Festlegung auf nur einen oder parität. auf beide Wege zu mindern. Der U. als Wegestreit an den Universitäten ist aber auch ein Machtkampf der Fakultäten (Artisten vs. Theologen), wie bes. das Pariser Nominalistenverbot Ludwigs XI. v. 1474 zeigt (dieses und weitere Dokumente bei EHRLE, 281–342). H. Berger

Lit.: → Artikel zu den gen. Personen und Begriffen – HWP I, 164–177, 407–410; IV, 65–102; VI, 494–504, 874–884; VIII, 148–156 – F. EHRLE, Der Sentenzenkomm. Peters v. Candia, 1925 – Misc. Mediaev. 9, 1974 – M. M. TWEEDALE, Abailard on Universals, 1976 – The Cambridge Hist. of Later Mediev. Philos., hg. N. KRETZMANN u. a., 1982, 411–439 – Z. KALUZA, Les querelles doctrinales à Paris, 1988 – Johannes Sharpe, Quaestio super universalia, hg. A. D. CONTI, 1990 – Texte zum U., I–II, hg. und übers. H.-U. WÖHLER, 1992/94 [Lit.] – Vivarium 30/1, 1992 [zum Nominalismus im 12. Jh.; Lit.].

Universitas, allg. Begriff für eine Personengesamtheit und für menschl. Verbände, in den theol., philos. und jurist. konzipierte sowie empir. vorfindbare Verbandsformen mit bestimmten Organisationsmustern eingehen. Zunächst gleichbedeutend zu u. und in gleich umfassendem Sinn erscheinen Ausdrücke wie corpus, collegium, societas, communitas, congregatio oder collectio, bevor sie auch als species und zur Unterscheidung gebraucht werden. Als u. bezeichnet werden umfassende und großräumige Einheiten wie die Christenheit, die Kirche, das Imperium Romanum, die Kgr.e sowie deren weitere Untergliederungen in Einzelkirchen und geistl. Gemeinschaften, weltl. Provinzialverbände und Ortsgemeinden, ferner gewillkürte genossenschaftl. Verbände wie kommunale Bürgerschaften (→u. civium), Zünfte, Bruderschaften oder student. Genossenschaften. In rechtswiss. Ausformung und Präzisierung seit dem 12. Jh. bezeichnet u. begriffl. und zur Theorie erweitert die Korporation und die jurist. Person. Die ma. Korporationslehre entwickelt sich aus wenig ausgeprägten korporationsrechtl. Ansätzen im röm. Recht und aus der Vorstellung von der Kirche als eines corpus mysticum. Die grundlegenden Fragen beziehen sich auf die Einheit der u. und auf das Verhältnis zw. der Gesamtheit und den einzelnen, auf die Herausbildung eines Gesamtwillens der u. und auf ihre Handlungs- und Rechtsgeschäftsfähigkeit. Außerdem muß der gesamtheitl. Bereich von den individuellen Rechtsbeziehungen der Mitglieder, den »res et jura singulorum«, abgegrenzt werden. Im Anschluß an die grundlegenden begriffl. Bemühungen der zivilrechtl. →Glossatoren sind es zunächst die Kanonisten, die zu noch größerer begriffl. Schärfe und Abstraktion durchstoßen, indem sie, von einem weitgehend anstaltl. geprägten Kirchenbegriff ausgehend, die u. – im Unterschied zur Gesamthand – jurist. als etwas von den sie bildenden Einzelnen völlig Verschiedenes und als rein begriffl. und fiktive Person, als jurist. Person auffassen, mit der Konsequenz freilich, daß die Korporation – als fiktives Begriffswesen ohne »anima« – zu wollen und zu handeln unfähig sei und deshalb der Stellvertretung bedürfe. Im Wege einer fictio juris und im Widerspruch zur Wirklichkeit gelangen dann Legisten wie insbesondere →Bartolus de Saxoferrato zu der Feststellung, daß im Recht die u. als Ganzes von der Summe ihrer Teile verschieden sei, ihre Identität trotz des Wechsels ihrer Glieder bewahre und im Gegensatz zur Sterblichkeit ihrer Glieder unsterbl. sei. Transpersonalität, Identität und Überzeitlichkeit werden durch die Allegorie des (Staats)Schiffs und durch den Gedanken der Unsterblichkeit des Volkes verdeutlicht. Wiederum kraft Fiktion werden »alle« kollektiv (»omnes ut universi«) von »allen« distributiv (»omnes ut singuli«) unterschieden; für korporative Beschlüsse und Akte im Unterschied zu nur übereinstimmenden Akten aller sind, wie bei den Kanonisten, der »consensus communis« und der »unicus actus«, der einheitl. Versammlungsakt, erforderl. Eng verbunden mit der korporativen Beschlußfassung sind die Frage des Quorum und das Majoritätsprinzip, das den Beschluß der Mehrheit durch Fiktion der Gesamtheit zurechnet. Wo eine Versammlung aller nur schwer mögl. oder untunl. ist, kann ein Kollegium gewählter Repräsentanten oder dessen Mehrheit anstelle der Mehrheit aller korporative Beschlüsse fassen. Für ihre Leitung und Regierung braucht die u. ein Oberhaupt, einen »rector« oder »praeses«, dem ein der Gesamtheit gegenüber selbständiger, vormundschaftl. gedeuteter Befugnisbereich zukommt und an den sich auf beschränkterem Gebiet Amtsbereiche der u. anschließen. Im Gegensatz zu den Kanonisten sind die Legisten der nicht ganz konsequenten Auffassung, daß die u. als solche willens- und handlungsfähig sei, deshalb nicht nur »per alium«, sondern auch »per se« Rechtsakte vornehmen könne. Die u. ist vermögensfähig; sie ist fähig, Rechtsgeschäfte vorzunehmen, Prozesse zu führen, und sie ist deliktsfähig. Zu ihrer öffentl.-rechtl. Rechtsfähigkeit, die eine Sphäre relativer, bei der »u. superiorem non recognoscens« eine der →Souveränität nahekommende Autonomie festlegt, gehört das Recht, Versammlungen abzuhalten und Beschlüsse über korporative Angelegenheiten zu fassen, Vorsteher zu wählen und ihnen die »jurisdictio« über die Mitglieder zu übertragen, Statuten zu geben und Umlagen oder Steuern zu erheben. Ins Leben treten derartige körperschaftl. Rechte untergeordneter universitates durch obrigkeitl. Konzession, weniger durch →Ersitzung. Dem →Konziliarismus vermittelt die Konzeption der u. ein geeignetes Kirchenmodell, wie durch sie auch der weltl. Monarch in Schranken gehalten werden kann (»rex est major singulis, universis minor«).
E. Isenmann

Lit.: HRG II, 1147–1155 [E. KAUFMANN]; 1155–1159 [A. ERLER] – O. v. GIERKE, Das dt. Genossenschaftsrecht, III, 1881 – E. H. KANTOROWICZ, The King's Two Bodies..., 1957 [dt.: 1990] – H. HOFMANN, Repräsentation, 1970 – P. MICHAUD-QUANTIN, U., 1974 – W. KRÄMER, Konsens und Rezeption, 1980.

Universitas civium. Als im 11. Jh. zum ersten Male Stadtgemeinden polit. handelnd hervortraten, lag es nahe, zur Bezeichnung des einzelnen Gemeindegenossen in lat. Texten das Wort 'civis' zu benutzen. Schwieriger war es, das Subjekt des genossenschaftl. Gesamtwillens zu bestimmen. Man sah es zunächst in der Gesamtheit der auf dem Marktplatz versammelten Genossen (universi cives), die jeder einzeln für sich, jedoch nur gemeinsam mit allen anderen die Gemeindebeschlüsse guthießen und ggf. beschworen. Aber in den rasch wachsenden Städten zeigte sich schon im 12. Jh., daß die Bürgerversammlung bloß einen Teil der Gemeinde ausmachte, da sie durch ihre Beschlüsse auch zeitweilig abwesende oder erst in Zukunft beitretende Genossen verpflichtete. Diese mit eingeschlossen, ergab sich der Begriff einer ideellen, unsterbl. Gesamtheit von Bürgern, für die die jurist. Theorie der Körperschaften den Ausdruck u. c. prägte. Je klarer die Stadtgemeinden im 13. Jh. ihre →Repräsentation durch ständige Behörden verfassungsmäßig ordneten, desto deutlicher fiel die Versammlung der universi cives in die Rolle eines Organs der u. c. zurück. Gesamthandlungen der versammelten Genossen waren in den großen Städten längst unmögl. geworden (wenn sich trotzdem in Köln die

Bezeichnung der Gemeinde als ceteri cives bis 1396 behauptete, so hängt dies mit der späten, vom Stadtherrn und von älteren Kommunalbehörden behinderten Zulassung der Kölner Handwerker zur Gemeinde zusammen). In Kleinstädten und Landgemeinden dagegen blieb das Gesamthandeln üblich; daher sprechen die Q. bestimmter Territorien zwar recht häufig von bäuerl. Genossen als cives, nur selten jedoch von einer Landgemeinde als u. c. Andererseits übertrug die jurist. Theorie ihren Korporationsbegriff auch auf die Kgr.e, indem sie dem Fs.en das Gemeinwesen gegenüberstellte, als dessen Organ sie ihn betrachtete. In diesem Zusammenhang konnte der Begriff u. c. auch den Untertanen- oder Staatsbürgerverband bezeichnen, so etwa 1324 bei →Marsilius v. Padua, der sich die höchste Staatsgewalt aus der u. c. als Gesetzgeber und der pars principans als Exekutive zusammengesetzt dachte.
E. Pitz

Lit.: O. v. Gierke, Das dt. Genossenschaftsrecht, 1–3, 1868–81 – P. S. Leicht, Storia del diritto it. Il diritto pubblico, 1950³ – K. Schwarz, Bäuerl. 'cives' in Brandenburg und benachbarten Territorien, BDLG 99, 1963 – W. Ehbrecht, U. c. Ländl. und städt. Genossenschaftsformen... (Civitatum Communitas [Fschr. H. Stoob, 1984]), 115ff. – M. Groten, Köln im 13. Jh., 1995.

Universität
A. Westen – B. Byzanz
A. Westen
I. Die Anfänge – II. Institutionelle Entwicklung und Lehrinhalte im 13. Jh. – III. Der Aufschwung des 14. und 15. Jh. – IV. Die Rolle der Universitäten für das europäische Geistesleben.

I. Die Anfänge: Die ersten ma. U.en treten um 1200 auf. Sie repräsentieren einen neuen Typ der Bildungsinstitution (→Erziehungs- und Bildungswesen), doch erreicht mit ihnen auch der Aufschwung der städt. Schulen des 12. Jh., bes. in Italien und Frankreich, seinen Kulminationspunkt. Die Schulen, die nun nicht mehr ausschließlich als →Domschulen verfaßt waren, sondern oft auf »privater« Basis arbeiteten, ermöglichten den 'magistri' sozialen Aufstieg und nahmen eine tiefgreifende Erneuerung der Fächer in Angriff (Wiederentdeckung der Aristotel. Logik, des röm. Rechts, der griech.-arab. Medizin). Am Ende des 12. Jh. führte das Wachstum der Schulen jedoch zu Problemen: Trotz der Einführung des Systems der →licentia docendi (1179) befürchtete die Kirche den Verlust ihres Lehrmonopols, zumal manche der neuen Ausbildungsstätten (bes. die Schulen für Recht und Medizin) überwiegend von Laien geführt wurden. Die etablierten Magister waren besorgt über die »Konfusion« der Fächer bei ihren jungen Kollegen. Der starke Zuzug von Studenten ließ in manchen Städten materielle Probleme entstehen.

Die ersten Univ.en wurden gegr., um diesen Herausforderungen zu begegnen. Die Initiative kam von den Beteiligten selbst, Magistern und Scholaren. Die lokalen Autoritäten, bfl. Gewalten in Frankreich, kommunale Mächte in Italien, standen diesen Zusammenschlüssen zunächst eher ablehnend gegenüber, da sie eine Schwächung ihrer Machtposition fürchteten. Doch entschlossen sich die Päpste, ebenso wie die Kg.e v. Frankreich, England und Kastilien bald zu einer Unterstützung der universitären Bewegung, um so die Entwicklung qualitätvoller Studiengänge und die Ausbildung einer hochrangigen Elite von Theologen und Juristen, die ihre Kompetenz in den Dienst der Kirche und des monarch. Staates stellten, zu fördern.

Die ältesten Univ.en waren →Bologna und →Paris. Sie müssen sich vor 1200 konstituiert haben, wenn auch die ältesten erhaltenen Statuten erst später erlassen wurden (Paris 1215, Bologna 1252) und beide Univ.en erst um die Mitte des 13. Jh. ihre volle institutionelle Ausprägung erfuhren. Auf ein fast ebenso hohes Alter blicken →Oxford, →Cambridge und →Montpellier (Medizin) zurück; sie entstanden vor 1220. Im Laufe des 13. Jh. traten etwa zehn weitere U.en hervor, alle im südl. Europa: Einige kleinere it. Zentren (Reggio, Vicenza, Vercelli, Arezzo usw.), gleichsam »Sekundärgründungen« des weitausstrahlenden Bologna, blieben kurzlebig, dagegen konnten →Padua (1222) und →Neapel (1224) nach schwierigen Anfängen einen Aufwärtstrend verzeichnen; in Südfrankreich entwickelten sich die in →Toulouse nach dem Albigenserkreuzzug v. 1229 (→Albigenser, II) gegr. Schulen ab 1234 zu einer echten U., der etwas später die Rechtsuniv. v. Montpellier (1289) und die U. →Avignon (1303) zur Seite traten. Die U.en der Iber. Halbinsel waren sämtlich kgl. Stiftungen, die später vom Papsttum bestätigt wurden; neben einigen Fehlgründungen sind die U.en v. →Salamanca (1218), →Lissabon (1288; bereits im 14. Jh. zwtw. nach →Coimbra verlegt) und →Lérida (1300) als gleichsam 'nationale' Hochschulen der drei führenden Reiche Kastilien, Portugal und Aragón zu nennen. Diese U.en, bei deren Gründung das Vorhandensein einer entsprechenden Anzahl von Magistern und Studenten sowie die Intervention der kirchl. (Toulouse) oder monarch. (Neapel, Salamanca, Lissabon) Institutionen die entscheidende Voraussetzung war, erlangten längst nicht die Bedeutung der U.en der ersten Generation.

II. Institutionelle Entwicklung und Lehrinhalte im 13. Jh.: Die im 13. Jh. entstandenen U.en folgten nicht einem einheitl. Modell. Einige (wie Paris, Oxford und die Med. Univ. v. Montpellier) entstanden als Zusammenschlüsse von Schulen; hier waren es die Magister, die (unter Wahrung der Autorität über ihre Scholaren) sich zur Konstitution einer 'universitas magistrorum et scholarium' zusammenfanden. In Bologna dagegen und anderen Hohen Schulen von vergleichbarer Struktur (Padua, Salamanca, Lérida) war die U. eine autonome Korporation von Studenten; die Magister (die aber gegebenenfalls ihrerseits in einem 'collegium doctorum' zusammengeschlossen waren) standen als mit der Lehre Beauftragte in einer nur vertragl. Bindung zur U., der sie nicht als Mitglieder im eigtl. Sinne angehörten.

Im einzelnen waren die U.en gemäß ihrer Bedeutung und der Zusammensetzung bzw. Herkunft ihres Lehrkörpers und ihrer Studentenschaft unterschiedlich verfaßt. Bestimmte gemeinsame Züge fanden sich zwar bei den meisten U.en, doch in unterschiedl. Kombination und Gewichtung. Die Schulen der einzelnen Disziplinen bildeten im Inneren der U. jeweils eine geschlossene 'facultas' (→Fakultät), an deren Spitze manchmal ein →Dekan stand; vor dem 15. Jh. waren aber U.en, die mit den Vier Fakultäten (→Artes; →Medizin; Jura: Zivilrecht [→Gemeines bzw. →Röm. Recht], →Kanon. Recht; →Theologie) ausgestattet waren, noch wenig zahlreich. An U.en mit weitem Einzugsbereich, bes. in Bologna und Paris, waren die Studenten nach ihrer landsmannschaftl. Herkunft in →Nationes zusammengeschlossen. Sehr früh entstanden auch (säkulare oder reguliere) →Collegia, die bestimmte Kategorien von Studenten (insbes. unbemittelte oder ordensgebundene) beherbergten und ihnen bisweilen auch Unterricht und Zugang zu einer →Bibliothek boten.

Weit mehr als der institutionelle Aufbau prägte die soziale und intellektuelle Orientierung den spezif. Charakter der jeweiligen U. Die U.en v. Paris und Oxford behielten stark ihren kirchl. Anstrich und widmeten sich

v. a. dem Philosophie- und Theologieunterricht. Dagegen waren die U.en des Mittelmeerraumes stärker juristisch ausgerichtet; sie bildeten einen großen Teil der Führungsschichten der südeurop. Länder aus, in denen das 'röm. Recht' seit dem 12. Jh. eine zentrale Grundlage des sozialen und polit. Lebens bildete. Neben dem →Rechtsunterricht waren→Grammatik, →Rhetorik und Medizin (die bes. an den Hohen Schulen v. Salerno und Montpellier gepflegt wurde) die vorherrschenden Fächer an südeurop. U.en.

Trotz ihrer Vielfalt hatten die U.en bestimmte Gemeinsamkeiten. Um die Mitte des 13. Jh. schufen die Juristen das Konzept des →'studium generale', um den spezif. Charakter der neuen Bildungsinstitution zu artikulieren. Dieser zeichnete sich v. a. durch Autonomie aus. Die 'universitas' war eine moral. und jurist. Person, die mit Freiheiten und Privilegien ausgestattet war. Die Ausstattung mit oft erneuerten päpstl. (daneben auch fsl.) Privilegien ermöglichte der U. eine weitgehende Selbstverwaltung, aufgrund derer sie Studenten wie Magister (Doktoren, Professoren) nach eigenem Gutdünken rekrutierte, Amtsträger (Rektor, Dekane, Prokuratoren) aus den eigenen Reihen wählte, Statuten erließ und ihre Mitglieder durch einen Treueid an sich band. Sie organisierte nach ihren eigenen Regeln das innere Leben, u. a. durch gegenseitige Hilfe, Zelebration der Gottesdienste und bes. durch eigenständige Gestaltung der Lehre in inhaltl. wie organisator. Hinsicht (Studienprogramme und Kurse, Vorlesungszeiten und Ferien, Abhaltung von →Examen, Verleihung von →Graden). Diese Freiheiten und Rechte der U. hatten nicht nur kollektiven Charakter, sondern waren auch auf das einzelne Mitglied bezogen; Magister, Studenten und einfache »Dienstkräfte« (Pedelle, Boten/nuncii, Buchhändler/→stationarii) genossen konkrete rechtl. und wirtschaftl. Privilegien (Zuschüsse zur Miete bzw. feste Tarife, fiskal. Befreiungen, eigener Gerichtsstand: →privilegium fori); sie entzogen sich weitgehend dem gerichtl.-administrativen oder steuerl. Zugriff der weltl. (oft auch der geistl.) Autoritäten der betreffenden Stadt und unterstanden im wesentl. der Kontrolle inneruniversitärer Amtsträger oder weiter entfernter Zentralgewalten (Papst, Kg. bzw. Landesherr bzw. der von ihnen eingesetzten Repräsentanten). Bei jurist. und polit. Streitigkeiten artikulierte die U. durch ihre gewählten Amtsträger (bes. den Rektor) ihre Interessen; im Falle einer (echten oder vermeintl.) Rechtsverweigerung setzte die U. bisweilen Kampfmittel ein, so den Streik (cessatio) oder gar die Selbstauflösung (Wegzug in eine andere Stadt).

Die Autonomie der U.en beinhaltete weder völlige institutionelle Unabhängigkeit noch unbegrenzte Denk- und Meinungsfreiheit. Die Autoritäten, die der U. Privilegien gewährt hatten, überwachten auch deren Vollzug und schalteten sich bei Mißbräuchen ein. Durch eine Verallgemeinerung des Prinzips der (päpstl.) Lehrerlaubnis (licentia docendi) und durch aktive Privilegienpolitik (Bestätigung bzw. Ausbau der ursprgl. Privilegien) gelang es dem Papsttum, seine Autorität auch auf die ursprgl. von Laien dominierten U.en (Rechtsschule in Bologna, Med. Schule in Montpellier) auszudehnen. Die Päpste nötigten auch die U.en, bes. die Theologiehochburgen Paris und Oxford, in den Jahren um 1220-30 die Mitglieder der neuen →Bettelorden in ihre Struktur zu integrieren. Im übrigen führte der Kanzler als Repräsentant der kirchl. Autorität in den Examenskommissionen den Vorsitz und erteilte die 'licentia'. Im Falle heterodoxer Lehrmeinungen schritten Bf. und Inquisition aufs strengste ein.

Der andere gemeinsame Charakterzug, der die U.en von den älteren Domschulen unterschied, war ihr Universalismus. Die U.en waren Institutionen der Christenheit. Ihre vom Papst oder Ks. erlassenen Privilegien wurden überall und von allen anerkannt; die von ihnen verliehenen Grade genossen universelle Geltung (»licentia ubique docendi«). Die 'studia generalia' konnten Magister und Studenten jedweder sozialer oder regionaler Herkunft aufnehmen. Dieser umfassende Anspruch lag im universellen Charakter der an den U.en gelehrten Fächer begründet. Nicht nur war Latein überall die ausschließl. Unterrichtssprache, auch das Examenssystem und Grade waren an allen U.en identisch. Die Lehrinhalte beruhten auf zwei wesentl., ihrerseits universellen Grundlagen: zum einen der chr. Offenbarung, zum anderen der antiken Wissenschaftstradition (→Antikenrezeption), diese revidiert, transformiert und ergänzt durch Kirchenväter, arab. Gelehrsamkeit und 'doctores moderni', d. h. die Kommentatoren und Denker der frühen →Scholastik des 12. Jh. Überall waren es dieselben 'Autoritäten', nämlich →Donatus, →Priscianus und →Aristoteles, →Galen und →Avicenna, das →Corpus iuris civilis und →Corpus iuris canonici, die →Bibel und die Sentenzen des →Petrus Lombardus, auf denen die streng an den Regeln der →Dialektik (lectio, →disputatio) orientierte universitäre Pädagogik basierte.

Der Erfolg der U.en im 13. Jh. ist quantitativ nur schwer meßbar. Zählten Paris und Bologna bereits Tausende von Studenten, so sind die Größenordnungen der kleineren U.en nicht recht faßbar, und in weiten Gebieten Europas (Flandern, Dtl., östl. Mitteleuropa) fehlten U.en überhaupt.

III. DER AUFSCHWUNG DES 14. UND 15. JH.: Im 14. und 15. Jh. verzeichnete die Institution der U. ihren eigtl. Aufschwung. Wenn auch alte U.en wie Paris bis zur Mitte des 14. Jh. ihren Höchststand erreichten, so blieben doch die neuen, auf fsl. oder päpstl. Initiative entstandenen U.en wenig zahlreich: Mit Ausnahme der Erhebung einiger aktiver Rechtsschulen zu U.srang (→Orléans, 1306; →Angers, 1337) konzentrierten sich die U.en in den Mittelmeerländern. Es handelte sich in aller Regel um kleine 'studia generalia', die mehr oder weniger Bologneser Vorbild folgten, sich im wesentl. dem Rechtsunterricht widmeten und eine nur lokale Ausstrahlung hatten; zu nennen sind (neben einer Reihe umstrittener bzw. gescheiterter Gründungen): →Perugia (1308), →Cahors (1332), →Pisa (1343), →Valladolid (1346), →Florenz (1349), →Perpignan (1350), →Huesca (1354), →Siena (1357), →Pavia (1361).

Das Bild gewinnt neue Züge mit der Gründung der U. →Prag (1347), der von Ks. →Karl IV. initiierten ersten U.gründung in den Ländern Mitteleuropas, denen rasch weitere folgen sollten: →Krakau (1364), →Wien (1365) und →Fünfkirchen (1367). Die Anfänge waren insgesamt sehr mühsam. Die universitäre Bewegung erreichte ihren Aufschwung erst mit dem Gr. →Abendländischen Schisma (ab 1378), als die neuen U.en Mitteleuropas aus dem Schatten von Paris, das den avignones. Päpsten treu geblieben war, heraustraten.

In der Zeit von 1378 bis 1500 wurden 13 U.en in Dtl. errichtet: →Erfurt (1379), →Heidelberg (1385), →Köln (1388), →Leipzig (1409), →Rostock (1419), →Trier (1454), →Greifswald (1456), →Freiburg i. Br. (1457), →Basel (1459), →Ingolstadt (1459), →Mainz (1476), →Tübingen (1476), →Frankfurt/Oder (1498), zu denen →Löwen in Brabant (1425) und →Dole in der Freigft. Burgund (1422) hinzutreten. In Schottland wurden drei U.en gegr. (→St. Andrews, 1411; →Glasgow, 1451;

→Aberdeen, 1495), in Skandinavien zwei (→Uppsala, 1477; →Kopenhagen, 1479); in Ungarn zwei (→Buda und die →Academia Istropolitana in →Preßburg), die durch die osman. Eroberung des 16. Jh. untergingen. Ebenso aber erlebten auch Frankreich (sieben Neugründungen: →Aix-en-Provence, 1409; →Poitiers, 1431; →Caen, 1432; →Bordeaux, 1441; →Valence, 1452; →Nantes, 1460; →Bourges, 1464) und die Iber. Halbinsel (sechs Neugründungen: →Barcelona, 1450; →Zaragoza, 1474; →Palma, 1483; →Sigüenza, 1489; →Alcalá, 1499; →Valencia, 1500) eine äußerst lebhafte Phase des U.sausbaus. Lediglich Italien (nur drei Neugründungen: →Ferrara, 1391; →Turin, 1404; →Catania, 1444) und England (keine Neugründungen) standen weitgehend außerhalb dieser europ. Bewegung. V. a. die im nördl. Europa gelegenen U.en übernahmen zumeist, in mehr oder weniger starkem Maße, das Pariser Modell der »U. der Magister«, wenn auch das Niveau dieser Neugründungen oft recht bescheiden blieb und die Artistenfakultät oft den Hauptteil der Studenten ausmachte.

Zur Ausbauphase der U.en seit ca. 1350 gehört auch die Entwicklung, daß nun an bestimmten, bereits bestehenden U.en neue, bis dahin nicht vorhandene Fakultäten (insbes. Theologie bzw. Medizin) eingerichtet wurden; ebenso entstanden, namentl. an den U.en Frankreichs, Englands und Dtl.s, zahlreiche neue Kollegien, die sich nun nicht mehr auf Beherbergung und Verköstigung ihrer Scholaren beschränkten, sondern in verstärktem Maße auch Unterrichtsaufgaben wahrnehmen.

Alles in allem läßt sich schätzen, daß im 14. und 15. Jh. die Zahl der aktiven 'studia generalia' in Europa von 13 (1300) auf 28 (1378) und 63 (1500) stieg. Obwohl völlige Fehlgründungen selten begegnen, blieben die Größenordnungen der meisten dieser U.en mit einigen hundert Studenten bescheiden, ihr Einzugsbereich mehrheitl. regional, wenn nicht sogar lokal. Im 15. Jh. hatten nur Paris und Bologna nach wie vor mehrere tausend Studenten (Paris Mitte des 15. Jh.: 4–5000); Oxford, Cambridge und Prag über 1000, Salamanca, Toulouse und Padua wohl unter 1000. Gleichwohl gestattete die Vervielfachung der »Studienplätze« durch neue U.en es einem gegenüber dem 13. Jh. stark angewachsenen (wenngleich nach wie vor insgesamt sehr geringen) Teil der Bevölkerung, eine höhere Ausbildung und gegebenenfalls universitäre Grade zu erwerben. Im ausgehenden 15. Jh. nahmen die U.en Dtl.s jährl. etwa 3000 neue Studenten auf.

Der starke Wunsch der Fs.en bzw. Landesherren, mindestens eine U. auf ihrem Territorium zu haben (alle U.en gingen von nun an auf fsl. oder städt. Initiative zurück), zeigt, welches Prestige und welcher polit. Nutzen nach wie vor (und mehr denn je) mit der Institution der U. verbunden war. Von einem »Niedergang der U.en« im ausgehenden MA kann daher nicht mit Recht gesprochen werden. Der Anteil der Graduierten, bes. der →Juristen, verzeichnete in den kirchl., städt. und fsl. Verwaltungsinstitutionen einen steigenden Anteil. Blieb die Zahl graduierter Mediziner auch gering, so bildeten die graduierten Theologen die dominierende Gruppe innerhalb der Bettelorden, und die bloßen Magistri artium (Maîtres-ès-arts) konnten immerhin kirchl. Benefizien (kanoniale Präbenden und Pfründen) erhalten oder eine Anstellung als Sekretäre und Schulmeister finden. Die persönl. Privilegierung der »echten Studenten« blieb unangetastet, wobei sich die Möglichkeiten des sozialen Aufstiegs sogar erweiterten, wohingegen die universitäre Autonomie von den öffentl. Gewalten, die, angewiesen auf die auch ideolog. Unterstützung »ihrer« U.en, aber jedes Risiko der Unordnung und der Heterodoxie vermeiden wollten. Sind auch gelegentlich politisch oder religiös abweichende Strömungen (z. B. →Lollarden in Oxford, →Hussiten in Prag) beobachtet bzw. bekämpft worden, so waren doch die U.en wie ihre Professoren und Studenten nur höchst selten Träger von gegen die Staatsmacht gerichteten Bewegungen.

Der soziale und polit. Erfolg der U.en des MA war unbestreitbar: Sie ermöglichten eine Erhöhung des kulturellen Niveaus der Führungsschichten, sorgten einerseits für den sozialen Aufstieg vieler 'homines novi', andererseits für die neue soziale Konsolidierung alter, von Abstieg bedrohter Familien, setzten in der Gesellschaft des MA die Anerkennung intellektueller Kompetenz als positiven Wert durch und erwiesen sich somit als aktives Moment der gesellschaftl. und staatl. Entwicklung. Die Leute der U.en blieben zwar nach wie vor von ihrer sozialen Herkunft aus dem Klerus geprägt, entwickelten sich aber zu einem bes. Typ unter den diversen sozialen Gruppen ('Ständen') der spätma. Gesellschaft, geprägt durch ihre Bildung, ihre Arbeitsmethoden und ihren sozialen Habitus.

IV. DIE ROLLE DER UNIVERSITÄTEN FÜR DAS EUROPÄISCHE GEISTESLEBEN: Neben dieser Bedeutung der U.en innerhalb der ma. Gesellschaft ist aber auch ihr spezifisch kultureller Beitrag hervorzuheben.

Die U. ist großenteils aus dem kulturellen Wandlungsprozeß des 12. Jh. hervorgegangen. Zwar kann hierbei ihre z. T. retardierende Wirkung nicht geleugnet werden, da die U. die sprudelnde Spontaneität des Wissensdranges dieser Epoche in feste hierarchische Bindungen einschloß und eine oft lastende Kontrolle von seiten der kirchl. Orthodoxie errichtete. Dessenungeachtet muß aber ihr bedeutsamer Beitrag auf allen Gebieten des Wissens und der entstehenden gelehrten Bildung nachdrücklich betont werden.

Vor allem erreichte die U. eine Vervollkommnung der Lehrmethoden, deren Fruchtbarkeit von einer späteren Kritik durch Humanisten und Aufklärungsphilosophen zu Unrecht verdunkelt wurde. Die aufmerksame 'lectura' der 'Autoritäten' ermöglichte eine minutiöse Exegese der Texte, die 'disputatio' bahnte den Weg zu einer großen geistigen Freiheit, gegründet auf der rationalen Strenge der dialekt. Denkmethoden. Ebenso müssen die Inhalte der universitären Lehre hervorgehoben werden: Die Philosophen in Paris und Oxford entwickelten die formale →Logik zu einer Vollkommenheit, die heute wiederentdeckt wird; mit →Albertus Magnus und →Thomas v. Aquin versöhnte die Theologie des 13. Jh. Glaube und Vernunft, Vertrauen in die göttl. Offenbarung und Wiederentdeckung der Welt; im 14. Jh. erschütterte die Kritik der Anhänger des →Nominalismus diese machtvolle Synthese, doch nur um den Problemen, die das moderne Bewußtsein bewegen sollten (Freiheit, Gnade, Heil), wieder ihre zentrale Rolle zurückzugeben, wobei sie vielleicht das naturwiss. Denken (→Physik und Naturphilosophie) aus seinen theol. Fesseln befreite. Die Wissenschaften, die sich mit Zahl und Naturerkenntnis befaßten, wurden an den U.en des MA oft vernachlässigt. Dessenungeachtet wurden an verschiedenen U.en, so im 14. Jh. in Oxford (→Mertonschule) und Paris (→Oresme, Nicole), im 15. Jh. in Padua und Salamanca verschiedene Zweige der Naturwissenschaften (Mechanik, Astronomie) begründet. Ihre Einführung in die universitären Curricula ließ die Medizin, trotz des Gewichts der überkommenen Autoritäten, vom Stadium der bloßen Erfahrungswissenschaft (die sogar z. T. noch auf Magie aufbaute) zu einer intellektuell auf rationale Prinzipien gegründeten Disziplin, die auch als solche anerkannt war, werden. Schließlich fand die Rechtswissenschaft bei den ma. Rechtslehrern minutiöse Textexegesen, aber auch Denker, die es verstanden, aus dem röm. Recht abstrakte Prinzipien eines legislativen Systems herauszufiltern; hierdurch spielten diese Juristen, auch wenn sie Gewohnheitsrecht und prakt. Jurisprudenz geringschätzten, eine zentrale Rolle bei der Wiedereinführung eines immensen Komplexes der 'romanitas' in die Traditionen der okzidentalen Kultur, auf welchen sich die moderne polit. Theorie und weite Bereiche unseres Privatrechts stützen sollten.

Die schöpfer. Rolle der großen Magister und der bedeutenden universitären Zentren wird ergänzt durch die Lehrtätigkeit der unbekannten Professoren an den kleineren U.en und schließlich das Wirken der Lehrer an den außeruniversitären Schulen und der einfachen Praktiker, die ohne schulmäßige Ausbildung Recht oder Schriftauslegung betrieben; sie alle hatten wenigstens ein fernes Echo der führenden Theorien mitbekommen und verbreiteten sie in einem breiten Umfeld.

Allerdings wies die scholast. Ausbildung Lücken auf. Die Methode des Bezugs auf eine Autorität vernachlässigte die Elemente der Beobachtung, der Erfahrung und der Quantifizierung. Alte Vorurteile führten zur weitgehenden Nichtbeachtung der Schönen Lit., der Dichtung und Lit. in den Volkssprachen, der Gesch. der Künste, der Wirtschaft und der angewandten Techniken (→artes mechanicae). Der Aufstieg dieser Bereiche zu anerkannten kulturellen Aktivitäten vollzog sich außerhalb der U.en. Ebenso hatte der →Humanismus, der seit dem 14. Jh. entstand, seinen Ursprung außerhalb der U.; wenn er auch den Lehrbetrieb der Artistenfakultät (Rhetorik, Griechischunterricht) etwas beinflußte, so vermochte er doch vor 1500 nicht in massiver Weise in den Bereich der U.en einzudringen. Hier mehrten sich im 15. Jh. die Anzeichen eines gewissen Verfalls des Unterrichtsbetriebs (Desorganisation der Vorlesungen und Examen, Abwesenheit der Professoren), der wohl auf einen Niedergang der traditionellen Fächer, die als Gefangene einer nun veralteten Pädagogik nicht wirklich innovationsfähig waren, hindeutet. Diese späten Krisenerscheinungen vermögen aber die insgesamt großen Leistungen der U. des MA für die europ. Kultur nicht zu verdunkeln. J. Verger

Lit.: H. Denifle, Die Entstehung der U.en des MA bis 1400, 1885 – Rashdall, passim – J. Verger, Les universités au MA, 1973 – A. B. Cobban, The Medieval Universities: their Development and Organization, 1975 – Les universités à la fin du MA, hg. J. Paquet–J. Ijsewijn, 1978 – Università e società nei sec. XII-XVI, 1982 – P. Classen, Studium und Gesellschaft im MA, 1983 – J. Le Goff, Les intellectuels au MA, 1985 – Schulen und Studium im sozialen Wandel des hohen und späten MA, hg. J. Fried, 1986 – O. Weijers, Terminologie des universités au XIIIe s., 1987 – Le università dell'Europa, hg. G. P. Brizzi–J. Verger, I, IV, V, 1990–94 – Gesch. der U.en in Europa, I: MA, hg. W. Rüegg, 1993 – Manuels, programmes de cours et techniques d'enseignement dans les universités médiévales, hg. J. Hamesse, 1994 – A. Maieru, University Training in Medieval Europe, 1994 – Philosophy and Learning. Universities in the Middle Ages, hg. M. J. F. M. Hoenen, J. H. J. Schneider, G. Wieland, 1995 – J. Verger, Les universités françaises au MA, 1995.

B. Byzanz

Öffentl. Hochschulen, an denen durchweg heidn. Lehrer unterrichteten, gab es in der Spätantike in mehreren Städten des östl. Röm. Reiches. In →Antiochia und →Caesarea (Palästina) studierte man →Rhetorik, in →Athen und →Alexandria →Philosophie, in Berytos (→Beirut, Rechtsschule) Jurisprudenz (→Byz. Recht). Mehr und mehr gewann aber die von Konstantin d. Gr. 330 gegründete Hauptstadt →Konstantinopel als Bildungszentrum an Bedeutung. Durch einen ksl. Erlaß von 425 (Cod. Theod. XIV, 9, 3) wurden hier privilegierte staatl. Professuren eingerichtet, v. a. für griech. und lat. Rhetorik sowie →Grammatik, aber auch für Philosophie (mit →Mathematik, Geometrie und →Astronomie) und Jurisprudenz. Erst →Justinian I. (6. Jh.) versuchte, das heidn. Bildungsmonopol zu brechen. Bald nach seinem Tod setzte wohl der Niedergang der öffentl. Hochschulen ein.

In den folgenden »dunklen Jahrhunderten« wurde Wissen auf Hochschulniveau allenfalls noch privat vermittelt. Erst um die Mitte des 9. Jh. gründete der Kaisar →Bardas, Onkel Ks. →Michaels III., aus eigenen Mitteln in Konstantinopel eine Hochschule, an der je ein Lehrer Philosophie, Geometrie, Astronomie und Grammatik unterrichtete. Wahrscheinlich an diese wohl nur ephemere Einrichtung knüpfte im 10. Jh. Ks. →Konstantin VII. mit einer entsprechenden Neugründung an, die allerdings seinen Tod kaum überdauerte. Nach ihm war es erst Ks. →Konstantin IX. (1042–55), der dem Philosophen Michael →Psellos und dem Juristen →Johannes Xiphilinos je einen öffentl. »Lehrstuhl« einrichtete, doch scheint nur Psellos Nachfolger gehabt zu haben. In der Epoche der Komnenen (12. Jh.) waren Ks. wie auch Patriarchen um die Organisation der Bildung bemüht, die aber kaum Hochschulniveau erreichte. In der frühen Palaiologenzeit (ca. 1260–1310) gewährten →Michael VIII. und →Andronikos II. bedeutenden Lehrern wie Georgios →Akropolites und Maximos →Planudes zwar finanzielle Unterstützung, aber Vermutungen, es habe im späten Byzanz eine ständige staatl. oder gar eine kirchl. Hochschule gegeben, sind unbewiesen. Erst ca. 1448, kurz vor dem Ende des Reiches, begründete, vielleicht nach abendländ. Vorbild, Ks. →Johannes VIII. eine 'Museion' genannte Hochschule, an der Johannes →Argyropulos kurze Zeit Philosophie und Rhetorik lehrte. F. Tinnefeld

Lit.: Oxford Dict. of Byzantium, 1991, 2143 – H. Hunger, Reich der neuen Mitte, 1965, 345–355 – P. Speck, Die ksl. U. von Konstantinopel, 1974 – W. Wolska-Conus, Les écoles de Psellos et de Xiphilin sous Constantin IX Monomaque, TM 6, 1976, 223–243 – P. Lemerle, Cinq études sur le XIe s. byz., 1977, 193–248 – C. N. Constantinides, Higher Education in Byzantium (1204–ca. 1310), 1982 – H. Schlange-Schöningen, Ksm. und Bildungswesen im spätantiken Konstantinopel, 1995.

Univozität. Das Thema geht auf Aristoteles zurück, der in der Kategorienlehre die Prädikationsformen der ὁμώνυμα, συνώνυμα und παρώνυμα unterscheidet (Cat. I, 1 a ff.). Die →Kategorien weisen eine onto-log. Implikation auf (Oehler). Das heißt, daß die Dinge kategorial nur dann explizierbar sind, wenn sie in ihrem λόγος erkannt und benannt werden. Die συνώνυμα, deren Extension Aristoteles genau eingrenzt (auf die οὐσία und die wesenhaften διαφοραί Cat. 5, 3 a 34), sind im Verhältnis von 'Definition', 'Name' und 'Ding' streng gebunden: der λόγος τῆς οὐσίας wird in einem gemeinsamen Namen (ὄνομα) von Dingen 'eindeutig' ausgesagt, wenn durchgehend 'dasselbe' (ὁ αὐτός) bezeichnet wird. (Cat. 1 a 7).

Während die Genese der ma. Analogielehre äußerst komplex ist, verläuft die Rezeption der συνώνυμα, von Boethius mit 'univoca' übersetzt, geradlinig: Bereits die lat. und gr. Kommentatoren (Boethius, Porphyrius) weiten die U. auf alle →Prädikabilien aus, die im MA als eindeutige Begriffe gelten (Barth). Darüber hinaus überträgt Johannes Duns Scotus in der Kritik der 'Unbestimmtheit' der analogen Termini bei Heinrich v. Gent, weniger bei Thomas v. Aquin, die U. auf den Begriff des 'Seienden' (ens). Die Seinsprädikation wird exakten, kategoremat. Reflexionsbegriffen unterstellt: das 'ens' läßt sich von Gott und den Genera, Species, spezif. Differenzen und Individuen 'in quid' aussagen, dagegen von den einfachen spezif. und individuellen Unterschieden und den transzendentalen Bestimmungen nur denominativ, als 'quale'. Die entscheidende Transposition der U. besteht darin, daß Scotus den Begriff des Seienden, der allen Differenzen gegenüber 'indifferent' ist, auf Gott und die Kreatur 'eindeutig' anwendet (Ord. I d. 3 p. 1 q. 2; d. 3 p. 1 q. 3; d. 8). Das in einem 'deminutiven' Begriff themat. Seiende bezeichnet eine minimale, aber reale Einheit, die von allem, insofern es 'ist', univok ausgesagt werden kann. In diesem 'Minimalsinn' (HONNEFELDER) liegt die Bedingung der Möglichkeit von 'Seiendem' überhaupt: »Ens, hoc est cui non repugnat esse« (Ord. IV d. 8 q. 1 n. 2). Die Diskussionen über die 'U. im Umkreis des Duns Scotus' bedürfen weiterer Klärungen, auch für Meister Eckhart, der neben einer exzessiven Attributionsanalogie im Verhältnis der Seele zu Gott mit Modellen arbeitet, die univoke Konzepte enthalten. Über den Scotismus hinaus ist die Eindeutigkeit der Begriffe zur argumentativen Stilform der modernen Philos. geworden. K. Hedwig

Lit.: T. BARTH, Zum Problem der Eindeutigkeit, PhJb 55, 1942, 300–321 – B. MOJSISCH, Meister Eckhart. Analogie, U. und Einheit, 1983 – Aristoteles, Kategorien, hg. K. OEHLER, 1984 – L. HONNEFELDER, Ens inquantum ens, 1989 – O. BOULNOIS, Jean Duns Scot. Sur la connaissance de Dieu et l'univocité de l'étant, 1988 [Rezension: PhJb 89, 1989, 417–421].

Unmündige → Alter

Unni, hl., Ebf. v. →Hamburg-Bremen seit 918 (nach 1. Okt./vor 23. Dez.), † 17. Sept. 936 in →Birka (Schweden), ▭ ebd., Haupt im Dom zu Bremen; entstammte wohl dem Geschlecht der →Billunger oder →Immedinger. Kg. Konrad I. überreichte ihm den Hirtenstab, anstatt den von Klerus und Volk gewählten Bremer Dompropst Leidrad zu bestätigen. Das Pallium erhielt er von Papst Johannes X. Nach dem Sieg Kg. Heinrichs I. über die Dänen 934 gewann er das Interesse Kg. →Haralds Blauzahn v. Dänemark und konnte dort wie in Schweden mit Einverständnis Kg. Rings als Missionar tätig sein. Bei →Adam v. Bremen als Hl. bezeichnet. W. Seegrün

Q. und Lit.: ADB LIV, 734f. – LThK² X, 521 [aber nicht Mönch in Corvey] – Reg. der Ebf.e v. Bremen, ed. O. H. MAY, I, 1937, 26f. – Bibl. SS XII, 831–833 – GAMS, Ser. V, T. II, 21 – T. S. NYBERG, Die Kirche in Skandinavien, 1986, 27, 30 – H. SCHMIDT, Skandinavien im Selbstverständnis der Bremer Kirche vom 9. bis zum 11. Jh. (Bremen. 1200 Jahre Mission, hg. D. HÄGERMANN, 1989), 33–59 – N. LUND, Norden og Europa i Vikingetid og tidlig middelalder, 1993, 163–178 [M. WARMIND].

Unreinheit

I. Christliche Theologie – II. Judentum – III. Islam.

I. CHRISTLICHE THEOLOGIE: U. ist im AT ein sozio-kultureller Begriff und meint die existentielle Bedrohung der Identität Israels; sie geht ihrem Ursprung nach wohl auf archaische Tabus zurück, hat aber v. a. eine gesch. Komponente: sie bestimmt das »gesamte soziale und phys. Universum Israels« (H. THYEN); unrein ist der Mensch nicht nur vor Gott, sondern auch gegenüber der Gemeinschaft. Er ist ein Ausgegrenzter, bis er die geforderten Reinheitsvorschriften erfüllt hat.

Das nachexil. Judentum vertiefte die Reinheitsgesetze der Priesterschrift (z. B. das Heiligkeitsgesetz) und schuf einen peniblen Vorschriftenkatalog, der dann in Mischna (und →Talmud) festgeschrieben wurde. Pharisäer und Rabbinen schwebte das Ideal vor, ganz Israel zu einem 'Reich von Priestern' zu machen (Ex 19, 6). Die Reinheitsgesetze dienten der Selbstvergewisserung des jüd. Volkes und waren typisches Merkmal der Unterscheidung von Nichtjuden. Bezügl. der Verpflichtung bestand zw. →Tora und Reinheitsgesetzen kein Unterschied.

Im NT ändert sich die Auffassung von rein und unrein radikal. Die Evangelien berichten noch, daß Aussätzige sich erst den Priestern zeigen müssen, bevor sie Kontakt aufnehmen dürfen mit den Gesunden; der →Aussatz spielt (neben den Exorzismen) in den Reinigungsberichten die größte Rolle: Der Aussätzige war wie ein Toter (Nm 12, 12), seine Heilung galt – wie die Totenerweckung – als messian. Endzeitzeichen (Mt 11, 5 par. Lk 7, 22). Da aber das Handeln Jesu (Mk 1, 24; vgl. Lk 4, 34) ganz im Zeichen des Kampfes und Sieges über Beelzebul und die unreinen Geister stand, war U. kein Thema der Verkündigung Jesu. Er selbst und seine Jünger setzten sich über die Reinheitsgesetze hinweg (Mk 7, 2–5; Mt 15, 3f.), weil sie nur 'Äußerlichkeiten' betrafen: Mt 23, 25f = Lk 11, 39f. Gerechtigkeit, Barmherzigkeit und Treue sind nun als 'Einlaßbedingungen' für das Reich Gottes die neuen Forderungen Jesu.

Das noch vom Judentum geprägte Urchristentum hatte Mühe, sich der jüd. Reinheitsvorstellung zu entziehen (vgl. Gal 2, 11–14). Nach Apg 10, 9–16 wurde Petrus erst durch eine Vision überzeugt, daß die Unterscheidung von reinen und unreinen Tieren außer Kraft gesetzt ist; selbst Paulus läß für 'Schwache' in den Gemeinden noch Reinheitsvorschriften gelten, wenn es galt, Ärgernisse zu vermeiden. Grundsätzl. siegte die Überzeugung: U. ist sittl. Fehlverhalten (Röm 1, 24; 6, 19 u. ö), ist v. a. →Unzucht (Röm 1, 24ff. u. ö.). A. Sand

Lit.: Exeget. Wb. zum NT II, 1992², 535–542 [H. THYEN] – LThK² VIII, 1145–1148 [W. KORNFELD–J. SCHMID] – Theol. Wb. zum NT III, 1935, 416–439 [F. HAUCK–R. MEYER] – J. J. PETUCHOWSKI–C. THOMA, Lex. der jüd. chr. Begegnung, 1989, 332–336 – J. NEUSNER, The Idea of Purity in Ancient Judaism, 1974 – I. M. LAU, Wie Juden leben, 1993³.

II. JUDENTUM: Die kult. Vorstellungen von rein (*tahor*) und unrein (*tame*), nach der Zerstörung des Tempels ins rabbin. Judentum übernommen, dienten zur Regelung der Beziehungen von Menschen und Dingen zu Gott sowie der Ehrfurcht vor dem Göttlichen (Maimonides, MN III, 47). Primär für Priester und Leviten bestimmt, weitete sich die rituelle Reinigungspraxis stark aus und erhielt z. T. die Funktion der Selbsterhaltung durch Abgrenzung von der heidn. Umwelt. Verschiedene Grade von U., die durch Reinigungsvorschriften (z. B. die 6. Ordnung [»Tohorot« Reinheiten] in Mischna, Tosefta und →Talmud) zu verhüten sind, werden meist übertragen auf Personen und Dinge durch Berührung (bzw. Fleischverzehr; →Fleisch, VI) von unreinen Tieren (Lv 11, Dt 14) und Aas (Lv 11, 24–28), durch Kontakt mit Wöchnerinnen, Menstruierenden, Blut- und Samenflüssigen (Lv 12, 15), mit Aussätzigen (Lv 13; 14), mit Körper- sowie Wundausscheidungen, durch Gebrechen und Hautkrankheiten sowie – im höchsten Maße – durch tote Körper (Num 19). Personen oder Dinge, die in spezif. Weise in Kontakt mit einer Quelle von U. kommen, werden unrein, übertragen in bestimmten Fällen ihre U. auf andere Personen und Dinge und müssen nach festgelegten Riten gereinigt werden. Von den vier Haupttypen, deren Wurzeln ins bibl. Schrifttum reichen – rituelle U. durch Kontakt mit Aussatz, Sekretionen der Sexualorgane, Toten und Nahrungsmitteln –, ist für die Praxis die sexuell bedingte (→Sexualität, III) sowie der Bereich der Speisegebote (→Speisegesetze) bis heute von Bedeutung. Entfallen sind jene Reinigungsriten, deren Durchführung nach Zerstörung des Tempels unmöglich war. Wesentl. Reinigungsmittel ist das rituelle Tauchbad (→Bad, B. III), das Frauen nach Menstruation und Geburt, Männer nach Pollution bzw. Geschlechtsverkehr (v. a. im islam. Bereich) sowie jeden mit anormaler Sekretion (v. a. Blut) Behafteten durch einmaliges (Gepflogenheit wurde dreimaliges) volles Untertauchen in »lebendiges« (nichtgeschöpftes) Wasser reinigt, wobei nicht das geringste Kleidungsstück den Körper vom Wasser trennen darf. Obligator. ist das Tauchbad für Proselyten (Frauen), fakultativ wird es häufig zur Vorbereitung auf Fast- und Festtage (→Fasten, C; →Fest, C) in Anspruch genommen. Rituell untaugl. gewordene sowie von Nichtjuden erworbene Geräte müssen gleichfalls einem rituellen Untertauchen unterworfen werden. Hinsichtl. der Opfer wird zw. opferfähigen (reinen, bestimmte Vorschriften erfüllende) und nichtopferfähigen (Wild-)Tieren geschieden. Die zum Genuß verbotenen (unreinen) Tiere sind hiervor streng zu trennen. Als reine (zum Genuß verwendbare) Tiere gelten: alle Landtiere, die (zugleich) gespaltene Klauen haben, Paarzeher sind und wiederkäuen (Dt 14, 3ff.); alle Fische, die (zugleich) Flossen und Schuppen haben und alle nicht in Lv 11, 13–19 und Dt. 14, 12–18 aufgezählten Vögel. Einzelheiten regeln weitere religionsgesetzl. Bestimmungen. Sie sind u. a. eingebettet in die Speisegebote, die nicht nur die sich aus dem Verbot des Genusses von Blut (Dt 12, 23f.) ergebenden Vorschriften für das rituelle Töten (Schächten) und Koschermachen von Fleisch enthalten, sondern gleichfalls alle Vorschriften, die aufgrund des Verbotes, Fleisch und Milch zusammen zu essen (Ex 23, 19; Dt 14, 21), entstanden sind. Die Begründungen für die Kaschrut-Vorschriften sind vielfältig, z. B. bewahren sie den Körper (Maimonides) bzw. die Seele (Nachmanides) vor Schaden und erhalten die Besonderheit (Verpflichtung zum Toragehorsam) des jüd. Volkes. In den Bereich von Rein und Unrein fallen auch alle Vorschriften, die sich aus dem Verbot der Vermischungen (Lv 19, 19), d.h. von Tieren, Pflanzen und Kleidern, ergeben. Große Bedeutung hat das Verbot, (Opfer-)Wein (bzw. andere alkohol. Getränke) von Nichtjuden zu trinken, um eine Assimilierung zu verhindern. Somit ist verständlich, daß in der chr. jüd. Polemik die Diskussion von »rein« und »unrein« großen Raum einnahm. Neben dem Tauchbad, bereits seit der Antike eigene Anlagen, die im MA v. a. in Deutschland durch Schachtanlagen (Mikwe; →Baukunst, C. III) mit »lebendigem« Wasser versorgt wurden, dient das Händeabspülen als Reinigen von der Verunreinigung, die durch Kontakt mit Unreinem (z. B. →Friedhof) oder »Heiligem« (z. B. Torarollen) entstanden ist. Wenn auch seit der Aufklärung versucht wird, die rituellen Vorschriften rational oder hygien. zu erklären (Reformjudentum), so ist dennoch körperl. Sauberkeit nicht gleichbedeutend mit ritueller Reinigung durch das Tauchbad in der Mikwe. Sie ist vielmehr deren notwendige Voraussetzung. R. Schmitz

Lit.: A. Wiener, Die jüd. Speisegesetze, 1895 – L. M. Epstein, Sex Laws and Customs in Judaism, 1948 – I. Klein, A Guide to Jewish Religious Practice, 1979 – L. M. Lau, Wie Juden leben, 1990².

III. Islam: Der Islam mißt seel. Reinheit und körperl. Sauberkeit große Bedeutung zu. Mit Blick auf einige gottesdienstl. Handlungen muß sich ein Muslim zunächst im Zustand ritueller Reinheit (ṭahāra)befinden, damit seine tägl. Gebete oder die Umrundung der Kaʿba (→Mekka) im Rahmen der →Pilgerfahrt überhaupt anerkannt bzw. allein schon das Berühren des →Korans und der Aufenthalt in einer →Moschee gestattet werden können. Je nach Ausgangslage mag eine Ganzkörperwaschung (ġusl) oder eine Teilwaschung (wuḍūʾ) erforderl. sein. Beides geschieht unter fließendem Wasser und erfolgt nach mehr oder weniger festgelegten Bewegungsabläufen. Diese dürfen jedoch nicht rein mechan. verrichtet werden, sondern müssen – beginnend mit der Formulierung der genauen Absicht (nīya) – vom Gedenken an Gott und dem Aussprechen gewisser Formeln begleitet sein. Fragen der rituellen Reinheit bilden traditionell das Auftaktkapitel islam. Rechtswerke.

U. (naǧāsa) stellt sich entweder fakt. (ḥaqīqī) ein oder es wird in rein religiösem Sinne darauf befunden (ḥukmī). Sie wird verursacht durch körperl. Ausscheidungen wie Samen, Urin, Exkremente, Darmgase, Blut, Eiter, Erbrochenes bzw. aufgrund des Kontakts mit weiteren, ebenfalls als unrein betrachteten Dingen wie Alkohol, Hunden, Schweinen oder nicht rituell geschlachteten Tieren. Ferner rufen besondere Zustände oder Handlungen rituelle U. hervor wie Schlaf, Bewußtlosigkeit, Berührung der Scham oder einer nicht nah verwandten Person anderen Geschlechts sowie – wie bei den Schiiten – sogar die Berührung einer Leiche oder eines Ungläubigen. Große rituelle U. (ǧanāba) läßt sich nur durch eine Ganzkörperwaschung beseitigen. Auslöser sind Sexualkontakt, Ejakulation, Menstruation (ḥayḍ), Wochenbett (nifās) und Tod. Der Märtyrer (šahīd) ist jedoch von der Totenwaschung ausgenommen. Kleine rituelle U. (ḥadat aṣġar) erfordert lediḡl. die Teilwaschung. Bei dieser werden nur das Gesicht, beide Arme bis zu den Ellbogen, ein Teil des Kopfes und beide Füße gewaschen. Entgegen schiitischer Auffassung deuten die Sunniten den betreffenden Koranvers (5:6) dahingehend, daß unter Umständen das bloße Reiben über die Schuhe (al-masḥ ʿalā al-ḫuffain) den Gebetsanforderungen zu genügen vermag. Über die genannten Verpflichtungen hinaus gibt es eine breite Palette empfohlener Dinge, die unmittelbar mit Hygiene und Körperpflege zu tun haben wie Beschneidung, Schamhaarentfernung oder die Benutzung eines Zahnhölzchens (miswāk). Manchem Eifer im Detail zum Trotz erscheinen die Regelungen insgesamt durchaus praktikabel. Wie im Falle der bereits im Koran angelegten ersatzweisen Trokkenreinigung mit Sand oder Staub (tayammum) erweist sich das islam. Recht auch im Bereich der rituellen Reinheit als um Vermeidung ungebührl. Härten bemüht.
B. Krawietz

Lit.: EI¹; EI² [vgl. dort die im Text gen. arab. Begriffe] – G.-H. Bousquet, La pureté rituelle en Islam, RHR 138, 1950, 53–71 – M. J. Maghniyyah, Ṭahārah, According to Five Schools of Islamic Law, Al-Tawḥīd 8:4, 1991, 125–145 – Ders., Ghusl and Tayamumm, According to..., ebd. 9:1, 1991, 107–132 – A. Ibn Naqib al Misri, Reliance of the Traveller. The Classic Manual of Islamic Sacred Law ʿmdat al-Salik, hg. N. Keller, überarb. Ausg. 1994, 49–100.

Unrest, Jakob, spätma. Chronist, * Niederbayern (?), † 1500, Priester der Diöz. Regensburg, 1466 Pfarrer v. St. Martin am Techelsberg (n. von Velden am Wörthersee), Vikar v. St. Urban bei Glanegg, Chorherr im Stift Maria Saal. Seine dt. verfaßten Werke werden neben eigenen Erlebnissen z. T. der Türkeneinfälle und des ʿUng. Krieges' in Kärnten auch Q., u. a. die »›Conversio Bagoariorum et Carantanorum«, die U. z. T. ins Dt. übertrug. U.s Hauptwerk, die »Österreichische Chronik«, sollte eine Forts. der »Chronik der 95 Herrschaften« sein und umfaßt die Zeit von 1435 bis zum Tod Friedrichs III. 1493 (Nachträge bis 1499). Die »Ungarische Chronik« bringt eine zusammenhängende Gesch. des Landes von Attila bis Matthias Corvinus und dazu Exkurse, z. B. über Venedig. Auffallend ist die positive Bewertung von Kg. Matthias, dem Hauptfeind Friedrichs III. Die »Kärntner Chronik«, als U.s schwächstes Werk bewertet, hat die Kärntner Gesch.sschreibung nachhaltig beeinflußt. Auf Verbindungen zum Wiener Hof läßt die 'Einziehung' von U.s Werken durch den Humanisten Ladislaus Sunthaym, wohl im Auftrag Maximilians I., schließen. H. Dopsch

Ed.: S. F. Hahn, Collectio monumentorum veterum ac recentium, 1724, I/5, 479–803 – Österr. Chronik, ed. K. Grossmann, MGH SRG NS 11, 1957 – F. v. Krones, J. U.s Bruchstück einer dt. Chronik von Ungarn, MIÖG 1, 1880, 335–372 – Lit.: F. v. Krones, Die Österr. Chronik von J. U., AÖG 48, 1872, 421–530 – A. v. Jaksch, Zur Lebensgesch. J. U.s, MIÖG 4, 1883, 463ff. – W. Neumann, Bemerkungen zu J. U. und zur Ausg. seiner Österr. Chronik, Südostdt. Archiv 2, 1959, 12–17 – Lhotsky, Quellenkunde, 405–408 – F. Zaisberger, Das Kapitel v. Maria Saal in der 2. Hälfte des 15. Jh., Carinthia I/162, 1972, 181–205 – W. Stelzer, J. U. und Ladislaus Sunthaym, ebd. I/163, 1973, 181–198 – W. Neumann, J. U. Leben, Werk und Wirkung (Gesch.sschreibung und Gesch.sbewußtsein im SpätMA, hg. H. Patze [VuF 31, 1987]), 681–694.

Unruhen → Aufruhr, →Bürgerkämpfe, städtische, →Revolte

Unruochinger, frk., seit der Zeit Karls d. Gr. nachweisbare und schon früh mit den →Karolingern in Verwandtschaft stehende Adelsfamilie, die aus dem heutigen nordfrz.-belg. Raum hervorging und auch in Alemannien, Septimanien und Italien Verwaltungsaufgaben übernahm. Die genaue Genealogie der U. vor den wichtigsten Mitgliedern – Mgf. →Eberhard v. Friaul und Ks. →Berengar I. – ist nicht voll gesichert. Ältester bekannter Ahn ist Gf. Unroch, ein Vertrauter Karls d. Gr., der auch dessen Testament mitunterzeichnete. Zum Geschlecht zählten ein Gf. Albger, der als ksl. →Missus und als Begleiter (baiolus) einer Tochter Kg. Pippins v. Italien fungierte, ein Gf. Berengar v. Toulouse und Brioude († 835), ein Gf. Unroch im westl. Flandern mit seinem Sohn Abt Adalhard v. St-Bertin († 864), im gleichen Bereich auch ein Gf. Berengar z. Zt. Karls d. K. Daß der ab 907 bezeugte Gf. Berengar v. →Namur und seine Nachkommen einem Seitenzweig der U. angehörten, ist wahrscheinlich. Die von Eberhard v. Friaul ausgehende it. Linie lebte über Eberhards Söhne, Mgf. Unroch v. Friaul und Ks. Berengar I., bis in die Mitte des 10. Jh., ja über Berengars I. Enkel, Kg. →Berengar II., und Urenkel, Kg. →Adalbert, bis in das HochMA in Burgund und Flandern weiter, im nordfrz.-belg. Raum, wo die Hauptmasse der Familiengüter lag und wohin mehrere Kinder Eberhards zurückgingen, bis um die Mitte des 10. Jh.

E. Hlawitschka

Lit.: E. Favre, La famille d'Evrard marquis de Frioul dans le royaume franc de l'ouest (Ét. d'hist. du MÂ dédiées à G. Monod, 1896), 155–162 – P. Hirsch, Die Erhebung Berengars I. v. Friaul zum Kg. in Italien, 1910 – Ph. Grierson, La maison d'Evrard de Frioul et les origines du comté de Flandre, Revue du Nord 24, 1938, 241–266 – E. Hlawitschka, Franken, Alemannen, Bayern und Burgunder in Oberitalien, 1960 passim – K. F. Werner, Bedeutende Adelsfamilien im Reich Karls d. Gr. (Braunfels, KdG I, 133–137 [zu hypothet.]; IV [Stammtafel: unter den Nachkommen von Karls d. Gr. Enkelin Gisela ∞ Eberhard v. Friaul]) – F. Vianello, Gli Unruochingi e la famiglia di Beggo conte di Parigi, BISI 91, 1984, 337–369 [zu hypothet.].

Unschuldige Kinder (Innocentes oder Infantes) wurden im christl. Abendland die bis zu zwei Jahre alten Knaben genannt, die Kg. Herodes Mt 2 zufolge in Bethlehem und Umgebung töten ließ, um den Kg. der Juden zu beseitigen, von dessen Geburt er durch die Magier wußte. In der frühchristl. Tradition werden die U. K. als Märtyrer angesehen, da sie an Christi Stelle gestorben sind. Ihre Verehrung steht mit der Liturgie des Weihnachtskreises in Zusammenhang: anfänglich wurden sie sowohl im W als auch im O am Weihnachtsfest selbst kommemoriert, später im W am Fest der Epiphanie, als man die Erzählung von der Anbetung Christi durch die Magier auf dieses Fest übertrug. Im 5. Jh. führte man an verschiedenen Daten sowohl im O (am 20. Dez. in der griech. Kirche, wo die U. K. τὰ νήπια genannt werden) als auch im W (28. Dez.; 8. Jan. in der mozarab. Kirche) ein eigenes Fest der hl. U. K. ein. Es gibt zahlreiche Predigten über die hl. U. K., v. a. in der lat., insbes. in der pseudoaugustin. Homiletik. Sie werden auch im Epiphaniehymnus des →Prudentius (Cath. XII, 93–140) gefeiert. Die Tradition nimmt an, daß es sich um Tausende Kinder gehandelt habe, bis zur symbol. Zahl 144000 (in Bezug auf Offb 7,4; 14,1).

Der Kult der hl. U. K. ist mit der Verbreitung ihrer Reliquien verbunden, die in Gallien bereits im 5. Jh. bezeugt ist. Unter den Schutz der hl. U. K. wurden Waisenhäuser gestellt. An ihrem Gedenktag wurden häufig szen. Darstellungen aufgeführt; v. a. in Mittel- und Nordeuropa fanden →Klerikerfeste mit der Wahl eines →Kinderbischofs statt. Der »Bethlehemit. Kindermord« wurde seit altersher wegen seiner erschütternden Dramatik bildl. dargestellt. F. Scorza Barcellona

Q.: BHG 823z–827e – BHL 4276–4278 – BHL Novum Suppl. 4277–4278 – Lit.: Bibl. SS VII, 819–832 – Catholicisme V, 1674–1677 – ECatt VII, 1–5 – LCI II, 509–513; VIII, 512–513 – LThK² X, 521 – LThK³ II, 336–337 – L. Réau, Iconographie de l'art chrétienne, 1956ff., II, 267–272; III, 879–680 – F. Scorza Barcellona, La celebrazione dei santi Innocenti nell'omiletica latina, StM 3ᵉ ser. 15, 1974, 705–787 – Ders., La celebrazione dei santi Innocenti nell'omiletica greca, Boll. Badia greca Grottaferrata NS 29, 1975, 105–135; 30, 1976, 73–101.

Unsinnsdichtung
I. Romanische Literaturen – II. Englische Literatur.

I. Romanische Literaturen: Ursprünge und Verbreitung der ma. U. wie auch ihre geograph. Abgrenzung lassen sich nur sehr schwer festlegen. Geht man von der – wahrscheinlichen – Annahme einer der »Dichtung des Irrealen« gemeinsamen folkloristischen Matrix aus, so weisen durch Zeit und Raum getrennte dichter. Hervorbringungen ungeahnte Berührungspunkte auf. Nach den überlieferten Zeugnissen zu schließen, stammt die größte Vielfalt an ma. Texten aus dem frz. Bereich. Zw. der 2. Hälfte des 13. Jh. (manche legen den Beginn auch auf die 1. Hälfte) und dem Anfang des 14. Jh. erscheinen in Frankreich kurze Dichtungen, die verschiedene Titel tragen: *fatrasies, soteschansons, oiseuses, resveries*. Ihnen allen gemeinsam ist der absolute Unsinn ihres Inhalts. Präzis durchgeführten metr. Strukturen steht dabei ein durchaus beabsichtigter Verstoß gegen die Logik gegenüber. Die Fatrasie (eine in der Hs. der »Fatrasies d'Arras«, Paris, Arsenal 3114, verwendete Bezeichnung) besteht in einer Strophe aus 11 Versen, die in 2 Teile geteilt ist: 6 Quinare und 5 Septenare (Schema aabaab babab). Sie steht in der v. P. Zumthor aufgestellten Skala von relativer Sinnhaltigkeit zu völliger Unsinnigkeit an der Spitze: Zwar wird das grammatikal. Gerüst respektiert, Subjekte und Prädikate sind jedoch miteinander unvereinbar. Nach dem heutigen Stand sind zwei Textzeugen überliefert: die »Fatrasies d'Arras« (54 kontrovers datierte Strophen; Anfang oder Ende des 13. Jh.?) und die 11 Fatrasies des Philippe de Beaumanoir (→5. Ph.), deren Entstehungsdatum ebenfalls umstritten ist (erste Hälfte oder Ende des 13. Jh.?). Während ihre Lokalisierung keine Probleme bietet, da beide U.en auf den frz. NW deuten, die Heimat des komischen Schauspiels, sind die hist. und gesellschaftl. Rahmenbedingungen, die diese auf den Topos der »Verkehrten Welt« zurückführbaren Erscheinungen hervorgebracht haben, weniger eindeutig. Es handelt sich dabei aber nicht eigentlich um dem Karnevalsbereich zugehörige oder kompensator. Umkehrungen der Realität. Die »Impossibilia« sind in der Tat äußerst phantasievoll: Winzige Insekten, Katzen, Mäuse oder Schnecken bringen Löwen Wunden bei und tragen ganze Städte auf ihrem Rücken, Hühner haben vier Tatzen, Ochsen sind gefiedert, Klöster und Kastelle fliegen oder schwimmen. Zahlreich sind – jedoch nur in den »Fatrasies d'Arras« – skatologische Protagonisten, die epische Heldentaten vollbringen. Überhaupt läßt sich allg. dabei von Epenparodie sprechen. Auch Rudimente der auf Antithesen beruhenden Dichtung und des *devinalh* (→Rätsel) sind häufig: Dies alles läßt eine Verbindung dieser Texte der U. mit der *chanson de menterie*, der »Lügendichtung« vermuten, mit dem Unterschied, daß etwa im Vergleich zur Besturné des Anglonormannen Richard oder zu den erhaltenen Lügendichtungen, die Fatrasie eine viel komplexere und strengere rhythm. Form aufweist. Einen deutlichen Bezug auf ein Fest – im bes. ein Charivari (→Rügebräuche) – finden wir in den ersten *Fatras*-Zeugnissen, die in der Interpolation des Chaillou de Pesstain (1316) zum Ms. E des →Fauvel enthalten sind. Die allg. Bezeichnung dafür ist *sotes-chansons*, aber der Begriff »fatras« setzt sich bald und definitiv mit →Watriquet de Couvin (1327) durch, zumindest bis zu den Kodifikationen der rhetor. Artes im 15. Jh. Der Fatras verbindet einen unsinnigen Text (Fatrasie) mit einem einleitenden oder abschließenden sinnhaltigen (lyr., religiösen oder volkstüml.) Distichon (vgl. Chaillou de Pesstain: »Au Dieus, ou pourrai je trouver / confort, secours n'alegement«). Später kommen zu den »Fatras impossibles« die »Fatras possibles«, in denen das Distichon einen sinnhaltigen Text einrahmt. Dies bedeutet das Ende der Fatrasie. – Ein anderer Typ irrationaler Dichtung, die in Frankreich mehr oder weniger zur gleichen Zeit blühte (abhängig von der Datierung des Philippe de Beaumanoir), wird im allg. als *resverie* bezeichnet. Eigentlich ist der bei Philippe de Beaumanoir übliche Begriff »*oiseuses*« bzw. der im Ms. f. Gr. 24432, BN Paris »*traverces*«. Die Dichtung endet jedoch mit dem Wort »reverie«. Auch in dem anonymen Text des Ms. f. fr. 837, BN Paris, die viele ohne Beweis als den ältesten ansehen, findet sich die Rubrik »expliciunt resveries«. Die drei Texte weisen bestimmte metr. Charakteristiken auf: Es sind Distichen, die aus zwei je 8 (oder 7 wie in der Resverie im Ms. 837 »Nus ne doit estre julis«) und 4 Silben umfassenden Versen bestehen. Beaumanoirs Resverie weist unter diesem Gesichtspunkt das größte Raffinement auf, da der *octosyllabe* regelmäßig durch einen Binnenreim skandiert wird, so daß sich das Distichon in eine Terzine auflösen läßt. Die Verknüpfungen der Disticha (Ab Bc Cd) erinnern an die prov. *coblas capcaudadas* und die *rithmi caudati*, die in den Artes dictaminis des 13. Jh. in Italien beschrieben werden. Die Wirkung eines »relativen Unsinns« wird dadurch erzielt, daß die beiden jeweils logischen Verse abrupt von einander getrennt sind und miteinander überhaupt keinen sinnhaltigen Zusammenhang haben. Sätze, die vom »gesunden Menschenverstand« eingegeben sind (häufig Sentenzen) wechseln mit schwer zu identifizierenden Passagen ab, die aus den vielfältigsten Kontexten stammen: Kneipenszenen, Dialoge zw. Rittern und Bauern, Auseinandersetzungen unter Hufschmieden, Bruchstücke von Disputen, Appelle an den Liebesgott. Die Brüche zersplittern das ganze in ein Gewirr von Stimmen, die durch den Couée-Reim eine Echowirkung erzielen.

Die zufällige Mischung verschiedener Komponenten (unter denen das Sprichwort hervortritt), die durch Reimwiederholungen zusammengehalten werden, ist für die it. U. charakteristisch, die kurze Zeit später entsteht und als *motto confetto* und *frottola* (nicht zu verwechseln mit der musikal. →Frottola) bezeichnet wird. Franco →Sacchetti, Francesco di →Vannozzo, →Antonio da Ferrara u. a. übertragen das Frottola-Schema (das für polit. Botschaften verwendet wird) auf Sprachgebilde ohne log. Inhalt. Bei der Vielfalt der Metren überwiegen Siebensilber und Fünfsilber, die manchmal zu Elfsilbern zusammengesetzt werden. In Sacchettis Frottola »Chi drieto va« (»Ne la culla / il fanciul si trastulla / insin che dorme. / Le torme fanno l'orme / e sanza forme / non si fanno usatti / I gatti [...]«) erstickt der Wohlklang den Sinn. Im Extremfall gelangt man zur reinen Lautmalerei. Der Motto confetto nähert sich der Resverie durch den »Rithmus caudatus«, die Sentenz (die in der Resverie jedoch nur fallweise auftritt) und eine gewisse Regelhaftigkeit der Metrik. Bei den »Rimi volgari« des Gidino da Sommacampagna sind es z. B. Quartinen und Terzinen aus Sieben- und Fünfsilbern (oder viersilbigen Versen): »Per superchio furore / spesso se perde honore / e chi segne valore / acquista lode.«. Die Entwicklung des Motto confetto und der Frottola giullaresca verläuft umgekehrt als diejenige der Fatrasie, die sich im 15. Jh. »normalisiert«. Beide it. Formen nähern sich dem Irrationalen, dem Abstrusen (»Pataffio«) und Burlesken (Luigi →Pulci).

Die Resveries tauchen in den Artes des 15. Jh. unter dem Namen *baguenaudes* wieder auf. Nicht zu unterschätzen ist ihre theatral. Verwendung in der →Sottie, die E. Picot von einem ursprgl. Typus ableitet (»Menus propos«), bei dem völlig unzusammenhängende Scherzworte einzelnen »sots« (»der erste«, »der zweite«, »der dritte«) in den Mund gelegt werden. In Wirklichkeit handelt es sich um eine echte Resverie, deren Distichen auf fiktive Personen verteilt sind. Diese späte Dramatisierung ist ein interessantes Zeichen für den heute verlorenen szen. Rahmen (aber auch den ebenfalls untergegangenen mit Mythos und Folklore verbundenen Kontext des Festes), der ursprgl. der U. eignete, deren transgredient-subversiver Charakter noch zum größten Teil der Entdeckung bedarf.

G. Angeli

Ed.: A. Scheler, Dits de Watriquet de Couvin, 1868 – L. C. Porter, La fatrasie et le fatras, 1960 [fatrasies d'Arras, fatrasies von Beaumanoir] – G. Angeli, Il mondo rovesciato, 1977 [3 resveries, 2 fatras von 1316] – s. a. Einzelartikel – *Lit.*: L. C. Porter, op. cit. – P. Zumthor, Fatrasie et coq-à-l'âne (Mél. R. Guiette, 1961), 5–18 – E. G. Hessing–R. Vijlbrief, Essai d'analyse des procédés fatrasiques, Romania 84, 1963, 145–170 – P. Zumthor, Langue et technique poétique à l'époque romane, 1963 – W. Kellermann, Über die afrz. Gedichte des uneingeschränkten Unsinns, Archiv f. Studium der neueren Sprachen 205, 1968, 1–22 – P. Zumthor, Langue, texte, énigme, 1975 – F. Nies, Fatrasie und Verwandtes: Gattungen fester Form? Zur Systematik afrz. U., ZPh 92, 1976, 124–137 – G. Angeli, Il mondo rovesciato, cit. – A. Martínez Pérez, La poesia medieval francesa del »non sens«: fatrasie y generos analogos, 1987 – Ders., Fatras y resveries, 1988 – P. Uhl, Observations sur la strophe fatrasique, ZRPh 107, 1991, 13–46 – Fatrasies. Fatrasies d'Arras. Fatrasies di Beaumanoir. Fatras di Watriquet, ed. D. Musso, 1993.

II. Englische Literatur: Von der Verwendung des Motivs der Verkehrten →Welt (Ind. 2805, 3778) und von impossibilia-Formeln (Ind. 4128. 4, 4236) zu satir. Zwekken ist es nicht weit zu reinen Lügenreden, die (gelegentl.) von Narren, Verrückten (Ind. 569) oder Säufern (Ind. 4256. 8) gesprochen werden. Man bedient sich der impossibilia innerhalb der Frauen- (z. B. Ind. 1355. 5, 3999, 4056. 5) und Ständesatire oder aus reinem Spaß an der Umkehrung. Scholast. Dialektik kippt in Unsinn um (Ind. 1638), Unsinnslit. erscheint unter dem Deckmantel der Prophetie (häufig überliefert: Ind. 3943, »Merlin's Prophecy«), verkleidet Obszönitäten (Ind. 569; teilweise 488. 5). Impossibilia sind in die Form des Rätsels gefaßt (Ind. 754. 5, 1354; auf die Verwandtschaft von Maria und Christus bezogen: Ind. 496). Groteske Rezepte (gegen Blindheit: Ind. 813; zur Wiederherstellung der Jungfräulichkeit: Ind. 1409. 1; Robert →Henrysons »Sum Practysis of Medecyne«) und die Arztszenen der →Mysterienspiele (→»Chester Plays«, Nr. 7; »Croxton Play of the Sacrament«) sind zusätzl. der Tradition der frz. *herberies* verpflichtet. In Nachrichten (Ind. 102. 3) und fingierten Reiseberichten (Ind. 1116) erscheint eine mit den Drolerien und narrativen Motiven an den Rändern got. Hss. vergleichbare verkehrte Welt. Insbes. burleske Lit., Narren- und Schwanklit. bedienen sich unsinniger Passagen. Beispiele finden sich v. a. in der schott. Lit. des späten MA (»King Berdok«, »Gyre Carling«, »Lord Fergus's Gaist«), wo in der teilweise an kontinentale Quodlibets erinnernden Geschichte von »Colkelbie Sow« (975 Zeilen) mit Hilfe einer absurden Häufung von rhetor. Stilmitteln ein Unsinn (*nyce cais*) an den anderen gereiht wird. Neben einigen →*carols* (GREENE, Nr. 471–474) und einer burlesken Schlachtbeschreibung in alliterierenden Versen (Ind. 3435) handelt es sich der Form nach oftmals um anspruchslose, kurze Gedichte in gereimten *couplets* (Ind. 1116: 66 Zeilen), die sich häufig als spätere Einträge und Marginalien im Kontext der Überlieferung seriöser Texte finden, z. B. theol. (Gregor I.: Ind. 45; Mystik: Ind. 754. 5) oder gramm. Lit. (Ind. 3324: u. a. vom Kampf zw. Grille und Grashüpfer in abwechselnd me. und lat. Strophen; →Priscianus: Ind. 1355. 5). Prosa (LEWIS, 456) ist selten. K. Bitterling

Bibliogr.: ManualME 5. XIII, 1975, 93f. – C. BROWN–R. H. ROBBINS, The Ind. of ME Verse, 1943 [Suppl. 1954] – R. E. LEWIS u. a., Ind. of Printed ME Prose, 1985 – *Lit.*: S. M. HORRALL, A Poem of Impossibilities from Westminster Abbey MS 34/3 (NQ 230, 1985), 453–455 [Lit.] – K. BITTERLING, On Some Lit. Traditions of 'Colkelbie's Sow' (Bryght Lanternis: Essays on the Language and Lit. of Medieval and Renaissance Scotland, ed. J. D. McCLURE–M. R. G. SPILLER, 1989), 104–117 – P. BAWCUTT, Dunbar the Makar, 1992.

Unsterblichkeit, -sglaube, -sbeweis. Niemand kann die Frage, was es mit Werden und Wachsen, Sterben und Tod auf sich hat, vermeiden. Der Gedanke, einmal spurlos ins Nichts zu versinken, werde er auch mit heroisch scheinender Geste als wahr verkündet, befremdet zutiefst. Seit je geben Philosophen davon Zeugnis, das in den von Platon geschilderten Gesprächen über die Unzerstörbarkeit der menschl. Seele bleibenden Ausdruck fand. Der Tod ist danach zwar Trennung von Seele und Leib, der unrettbar zerfällt, aber er beendet nicht die Existenz der Seele. Bibl. Texte stehen damit in Einklang, wenn auch die Auferstehungsverheißung des Neuen Bundes wesentl. mehr besagt als Todlosigkeit der Seele; denn Auferstehen wird der Mensch als leib-seel. Wesen. Dieser Frohbotschaft kann nur glaubend zugestimmt werden, und eben darin besteht der chr. U.sglaube. Die Lehre von der Todlosigkeit der Seele ist dennoch von Bedeutung, insofern sie die Wahrung der Identität der menschl. Person verstehbar macht. Nicht ohne Grund galt ihre Leugnung immer als radikalster Einwand gegen die chr. Sicht des Menschen und seiner Bestimmung. Die ma. Denker wußten also, daß die chr. Botschaft keineswegs in der Lehre von der 'U. der Seele' gipfelt, daß aber die Lehre von der Todlosigkeit der Seele großes Gewicht hat. Überlegungen dazu fanden sich in der philos. Tradition, bei Augustinus und auch bei Denkern aus dem arab. Kulturkreis. Traktate »De immortalitate animae« waren verbreitet, und das Thema wurde in zahlreichen Abhandlungen über die Seele erörtert. Allg. anerkannter Ausgangspunkt war die Erkenntnis, daß die Seele als Prinzip des dem Menschen eigentüml. instinktentbundenen weltoffenen Verhaltens, das sich im Denken und freien Entscheiden zeigt, geistig und insofern dem Werden und Vergehen stoffl. Dinge entzogen sein muß. Jeder Mensch ist unvergängl. Wahrheit zugewandt und für diese empfängl., weshalb der Tätigkeitsgrund, der das ermöglicht, selbst unvergängl. sein muß. Jeder Mensch strebt nach beständiger und unveränderl. Rechtheit des Handelns, worin sich zeigt, daß die solches Streben auslösende Seele allem Zufälligen und Stofflichen überlegen ist. Bestimmte überlieferte philos. Auffassungen machten allerdings eine ganz hieb- und stichfeste Ausformung von Beweisen für die Todlosigkeit der Seele schwierig. Platons Lehre etwa stützte sich auf den Gedanken, der Mensch sei seinem Wesen nach seine Seele, während der Leib nur deren Instrument sei. In der durch Aristoteles' Seelenlehre geprägten Tradition wurde zwar stringent dargetan, daß der Geist (νοῦς) höchstes und unzerstörbares Wirkprinzip des Menschen ist, aber es bleibt unklar, wie dieser unvergängl. Wirkgrund mit der seinsgebenden Form des einzelnen Menschen verbunden ist, ob er zur individuellen Seele gehört oder nicht. V. a. der span.-arab. Philosoph Averroes beeinflußte die Diskussion durch seine Lehre, das geistige Tätigkeitsprinzip des Menschen sei eine einzige, von den menschl. Individuen getrennt existierende Substanz, die nicht vergeht und nur für ihre Aktivitäten auf Menschen angewiesen ist. Da es unaufhörl. Menschen gibt und geben wird, hört das Wirken dieses Intellekts nie auf. Dementsprechend sind nicht die Seelen der einzelnen Menschen und erst recht nicht die einzelnen Menschen unvergängl., sondern die dem Intellekt zugeordnete Art (species) 'Mensch'. Diese 'averroist.' Lehre zwang zu einer genauen Prüfung, ob und inwieweit die Argumente für die Unzerstörbarkeit der individuellen Seele philos. nicht gesicherte Grundlagen haben, die also geglaubt werden müssen. Während einige Gelehrte dieser Frage weniger Aufmerksamkeit schenkten, veranlaßte sie andere – so Albertus Magnus und dessen Schüler Thomas v. Aquin –, die philos. Prämissen sorgfältig herauszustellen. Die beiden wichtigsten sind: Geistiges Tätigkeitsprinzip kann nur eine immaterielle Form sein, der als solcher zukommt, selbständig sein zu können, die 'subsistiert'. Nun erweist das Tätigkeitsprinzip des einzelnen Menschen sich als geistig; es enthält nämlich in sich keine Gegensätze, denn es visiert Gegensätzl. gleichermaßen erkennend auf, und in ihm wurzelt ein Verlangen des Menschen nach beständiger Existenz. Zweitens: Diese subsistierende Form ist nicht nur Tätigkeitsprinzip des einzelnen Menschen, sondern sie prägt und gestaltet den Stoff zu dessen Leib und ist damit die seinsgebende Wesensform des Individuums. Sie ist demnach individuell wie der Mensch, dessen Verstandesseele sie ist. Nur so kann der unbestreitbar wahre Befund, der in Aussagen wie: »Dieser bestimmte Mensch denkt« oder »Ich denke« sprachl. Ausdruck findet, verstanden werden. Weder die Annahme, ein einziger 'Gattungsverstand' bediene sich für seine Denkakte der Individuen, noch die Deutung der Verstandesseele als eines bloßen Bewegers des Leibes vermögen diesen evidenten Befund angemessen zu erklären. – Die Lehre von der geistigen Seele als der seinsgebenden Form des einzelnen Menschen stieß auf vielfache Kritik. Zwar läßt sie die Stellung des Menschen als des Seienden, in dem Geist und Materie zu einer Einheit finden, deutl. werden. Aber es erscheint schwer zu begreifen, wie eine immaterielle Substanz, die subsistierende Verstandesseele, zugleich Teil des Menschen, der ein subsistierendes Ganzes aus Geist und Materie bildet, sein kann.

Nachhaltige Wirkung hatten insbesondere einige Einwände, die Johannes Duns Scotus gegen die Konstruierbarkeit eines tragfähigen philos. Beweises für die Unvergänglichkeit der Seele vorbrachte. Es läßt sich nicht zwingend dartun, daß die menschl. Seele, ohne mit dem Körper verbunden zu sein, Bestand haben kann. Das Argument, nur die Fortexistenz der Seele mache eine vollkommene Gerechtigkeit möglich, bedarf, um stichhaltig zu sein, der Annahme eines richtenden Gottes, die jedoch philos. nicht bewiesen werden kann. Das dem Menschen natürl. Streben nach Bewahrung seines Daseins zu deuten als einen Ausgriff auf Unvergänglichkeit und dauerhaftes Glück, setzt voraus, daß es etwas Derartiges überhaupt gibt, und das läßt sich nur im Licht des Glaubens behaupten. Auch geht es nicht an, Angst des Menschen vor dem Tod und Flucht vor diesem mit einem Streben nach U. in Verbindung zu bringen; denn dasselbe Verhalten zeigen auch die Tiere.

Wilhelm v. Ockham, Begründer der einflußreichen nominalist. Schule, hält ebenfalls philos. Beweise der Unvergänglichkeit der Seele für unmöglich. Man kann nicht einmal beweisen, daß die Verstandesseele die seinsgebende Form des Leibes ist.

Im MA wurden sämtl. Argumente, die danach und bis heute für und wider die Todlosigkeit der Seele geltend gemacht werden, vorweggenommen. Man hat die U. der Seele allerdings nicht mit der verheißenen Auferstehung gleichgesetzt. A. Zimmermann

Lit.: Tommaso d'Aquino nel suo settimo centenario, VII, o. J., 450–480 – G. Bülow, Des Dominicus Gundissalinus Schrift von der U. der Seele, BGPhM II/ 3, 1897 – E. Gilson, Der Geist der ma Philos., 1950, Kap. 9–10 – J. Pieper, Tod und U., 1968 – W. Kluxen, Anima separata und Personsein bei Thomas v. Aquin (Thomas v. Aquin, Interpretation und Rezeption, 1974), 96–116 – O.-H. Pesch, Th. v. Aquin, 1988, 195–206 – A. Zimmermann, Natur und Tod gemäß Th. v. Aquin, Misc. Mediaev. 21/2, 1992, 767–778 – Ch. Trottmann, La vision béatifique, 1995.

Unstrut, Schlacht an der → Homburg a. d. Unstrut, Schlacht bei

Unteilbarkeit ist gemäß Parmenides (VS 28B8, 22) ein Merkmal des unveränderl. Einen Seienden. Schwierigkeiten hinsichtl. der Vielheit und Veränderung suchten Leukipp und Demokrit dadurch zu lösen, daß sie unteilbare Körper und das Leere als Prinzipien ansetzten (VS 68A1 = II 84, 10; 68A56). Platon (Tim. 53cff.) postulierte die geometr. Struktur der Atome. In der Platon. Ideenlehre ist unteilbares εἶδος das Endergebnis der Dihairesis. Xenokrates nahm unteilbare Minima in allen Dimensionen an (Fragm. 41–49 Heinze). Im späteren Platonismus ist U. gleichbedeutend mit substantieller Unveränderlichkeit (Proklos, El. theol. 208), sie kommt jeder Einheit (Henade, In Parmenidem Platonis 479, 80 Steel) und der Ewigkeit (El. theol. 53) zu. Aristoteles (Met. 1016b23ff.; vgl. auch De an. 430b6ff.) unterscheidet Grade der U. hinsichtl. der Quantität und des εἶδος; absolute U. bedeutet Ausdehnungslosigkeit. Dieses findet sich auch bei Boethius (In Porph. Comm. III, MPL 64, 97C), der außerdem das wegen seiner Festigkeit Unteilbare sowie Individuelles aufführt. Dem MA sind die antiken Lehren partiell bekannt, Neues kommt hinzu. Thomas v. Aquin (S. th. I q. 8 a. 2 ad 2) unterscheidet U. im Bereich des Kontinuum und der unstoffl. Substanzen (zum letzteren vgl. Liber de causis VI), ferner übernimmt er die von Aristoteles dargelegten Grade der U. (S. th. I q. 85 a. 8). U./Ungeteiltheit wird ferner in gleicher Bedeutung verwendet wie das transzendentale unum, vgl. Bonaventura, III Sent. 5, 1, 2 arg. 2; Thomas v. Aquin, De ver. q. 1 a. 1, S. th. I q. 29 a. 4; Heinrich v. Gent, Sum. Quaest. 2 a. 53 q. 2; Johannes Duns Scotus, Quaest. Met. 7, 13, 17. U. und Ungeteiltheit

sind die Merkmale der Individualität (→Individuum); sie kommen in höchstem Maße Gott zu, vgl. z. B. Nikolaus v. Kues, De docta ign. II 2 nr. 98. K. Bormann

Lit.: HWP IV, 300–310 [Individuum, Individualität].

Unterarmzeug → Armzeug

Unterbeinzeug → Beinzeug

Unterfertigung, -svermerk, dem Vorbild spätröm. Urkk. folgend, Bestandteile des →Eschatokolls, welche die Bekräftigung des Ausstellerwillens sowie die Kennzeichnung der Richtigkeit der →Reinschrift zum Ausdruck bringen. Die U. kann durch die →Unterschrift von Beteiligten – Aussteller, Notare, Zeugen – und durch andere Formen der Subskription wie →Signumzeile, →Monogramm oder →Rota, aber auch durch Anbringen des →Siegels erfolgen. In den Königsurkk. kam seit Pippin bis in die sal. Periode die kgl. Willenserklärung durch den Vollziehungsstrich im Monogramm zum Ausdruck. Für die korrekte Ausfertigung der Urk. steht der Schlußvermerk des →Notars oder die Zeichnung eines Angehörigen der →Kanzlei. In der Königsurk. erfolgte dies durch die →Rekognition, in der päpstl. Kanzlei im Wege der →Datum-per-manum-Formel, die seit dem 11. Jh. auch in die dt. und frz. Königsurk. Eingang fand. Die U. wird vielfach durch eigene Formeln in der →Corroboratio angekündigt, die namentl. Unterschrift durch Wörter wie legimus, approbamus u. ä. oder durch Subskriptionszeichen ersetzt. Seit dem 14. Jh. begegnet in Frankreich und im Reich zunehmend die eigenhändige U. in Königsurkk., wie man auch in bes. feierl. Diplomen auf die eigenhändige Rekognition von Kanzler und Erzkanzler zurückkam. Sollten diese Urkk. bestandteile für den Empfänger den Beglaubigungscharakter ersichtl. machen, so wurden die Kanzleivermerke, kurialem Vorbild folgend, für den internen Kanzleigebrauch in den Herrscherurkk. entwickelt. Sie sind seit dem 13. Jh. zu beobachten, gelangten wohl über frz. Vorbild in die lux. Kanzlei und wurden unter Karl IV. in der Kaiserurk. zur Regel. Auch Fürstenurkk. der Zeit weisen diese Vermerke auf. Sie dokumentieren den Fertigungsbefehl durch den Aussteller oder einen beauftragten Verantwortlichen (Relator) und bilden den Nachweis für die Verantwortlichkeit des beteiligten Kanzleipersonals. Diese beiden Aspekte verschmelzen zum U. svermerk, zu dem auch Korrektur-und Registraturvermerke auf den Urkk. – vielfach auf oder unter der Plica – hinzutreten; sie wurden fallweise auch in den →Registern hinzugefügt. P. Csendes

Lit.: HRG V, 526ff. – Bresslau – Th. Lindner, Das Urkk. wesen Karls IV. und seiner Nachfolger (1346–1437), 1882 – W. Erben, Die Ks.- und Kg.surkk. des MA, 1907 [Nachdr. 1967], 256ff. – O. H. Stowasser, Die österr. Kanzleibücher vornehml. des 14. Jh. und das Aufkommen der Kanzleivermerke, MIÖG 35, 1914, 707ff. – A. Giry, Manuel de diplomatique, 1925², 591ff. – I. Hlaváček, Das Urkk.- und Kanzleiwesen des böhm. und röm. Kg.s Wenzel (IV.) 1376–1419, 1970, 239ff. – P. Classen, Ks.reskript und Kg.surk., 1977, bes. 61ff., 114ff., 160ff. – W. Schlögl, Die U. Dt. Kg.e von der Karolingerzeit bis zum Interregnum durch Kreuz und Unterschrift, 1978 – P. Classen, Spätröm. Grundlagen ma. Kanzleien, VuF 28, 1983, 75f. – L. Saupe, Die U. in lat. Urkk. aus den Nachfolgestaaten des weström. Reiches, 1983 – P. Moraw, Grundzüge der Kanzleigesch. Ks. Karls IV., ZHF 12, 1985, 11ff.

Unterhaltungsmathematik gehört zu den ältesten Zweigen der →Mathematik und diente gemeinsam mit →Rätseln und →Rhythmomachie dem gesellschaftl. Vergnügen gebildeter Schichten. Bereits in Buch XIV der spätantiken »Anthologia Palatina« (→Anthologie, A. I) finden sich einige der späteren Aufgabengattungen (Zisternen-, Austausch-, Reihenaufgaben). Die um 800 von

→Alkuin zusammengestellten »Propositiones«, die auch arithmet. und geometr. Aufgaben enthalten, zählen zu den spärl. Resten antiker Mathematik in lat. Sprache, die vor dem Beginn der Übersetzungstätigkeit im 12. Jh. erhalten blieben. Da die U. für breitere Kreise bestimmt war, wurde sie besser als Kenntnisse der höheren Mathematik überliefert. Ihr Inhalt bleibt im wesentl. derselbe, wenn sich auch der äußere Rahmen verändert (z.B.: Die antike Aufgabe der Bestimmung der Summe einer von der Einheit ausgehenden tägl. Verdoppelung im Verlaufe eines Monats wird im MA zur Verdoppelung der Einheit auf den Feldern des inzwischen erfundenen Schachbretts).

Die U. hat auch einen didakt. Zweck: Sie soll den Lernenden auf belustigende Weise in die Mathematik einweihen oder seine Kentnisse festigen. Im algebraischen Lehrbuch →Abū Kāmils (ca. 880) bilden Scherzaufgaben den abschließenden Teil. Seinem Beispiel folgten zahlreiche spätere Mathematiker, so z. B. im W um 1150 →Johannes v. Sevilla im »Liber mahameleth«. In den Werken →Leonardo Fibonaccis (um 1220) findet man eine reiche Auswahl von Unterhaltungsaufgaben islam. (damit auch antiker und ind.) Herkunft; wegen Leonardos entscheidenden Einflusses blieb die U. ein üblicher Bestandteil der Mehrheit der it. und anderer europ. arithmet. und algebraischen Lehrbücher bis zum Beginn der NZ. Daneben finden sich auch einige Slg.en, in denen die Scherzaufgaben überwiegen, so etwa die »cautelae« des 13. Jh. bis hin zu »De viribus quantitatis« Luca →Paciolis, wo zusätzl. die im W erst kurz zuvor bekanntgewordenen →mag. Quadrate auftreten. V. a. durch den Einfluß der berühmten Slg. der »Problemes plaisans« des Bachet de Méziriac (1612) blieben diese älteren Aufgaben bis heute erhalten.

Die U. ist jedoch auch für die Entwicklung der reinen Mathematik bedeutsam. Wenn auch der Rahmen der Aufgaben das alltägl. Leben ist, erlaubt die U. fast unbeschränkte Freiheit bei der Wahl von immer verwickelteren Bedingungen (z. B. in Paciolis »Summa« klettert eine Katze auf einen Baum, um eine Maus zu erwischen; Katze und Maus klettern bei Tag gewisse Strecken, die sich jedoch, weil sie nachts hinuntergleiten, jeweils wieder vermindern; zugleich wächst der Baum zw. ihnen am Tag und wird nachts jeweils etwas kleiner). Bei fähigen Mathematikern wie Leonardo führten Aufgaben der U. zur Entwicklung von allg. Lösungsformeln, womit nicht nur das algebraische Rechnen stark gefördert, sondern – insbes. bei linearen Gleichungssystemen – das Erlangen bes. Zahlenwerte für die eine oder die andere Unbekannte ermöglicht wurde. Es ist daher kein Zufall, daß die ersten Versuche zur Deutung eines negativen Ergebnisses (bei Leonardo) und seine erste Annahme als zulässige Antwort (ca. 1430) im Rahmen dieser 'freieren' Mathematik erfolgten.
J. Sesiano

Lit.: J. Tropfke u.a., Gesch. der Elementarmathematik, 1980 – J. Sesiano, The Appearance of Negative Solutions in Mediaeval Mathematics, AHES 32, 1985, 105–150.

Unterkleidung. [1] *Allgemein*: Ein Hemd (auch *Pfait*, obwohl nicht immer als Synonym; lat. *camisia*) oder hemdartiges Kleidungsstück ist die charkterist. U. für beide Geschlechter in der ma. Gesellschaft. Im allg. ist bis in das SpätMA das Tragen von leinenen Unterhemden allerdings ein Usus höhergestellter Schichten und sozialer Gruppen. V. a. das ursprgl. oberschenkel- bis knöchellange Männerhemd wurde der allg. Verkürzung und Verengung der Oberkleidung im SpätMA angepaßt. Das Frauen- und Männerhemd war im SpätMA teilweise nach außen hin sichtbarer Teil der →Kleidung und konnte damit auch Zierfunktion erhalten. Die Unterhose (*Bruch*, lat. *femoralia* [→*Bruech*]) wurde ausschließl. von Männern getragen und war damit auch Symbol männl. Macht. Sie erfuhr bis ins SpätMA ebenfalls eine deutl. Verkleinerung. Das Tragen von (Unter-)Hosen durch Frauen ist vom MA bis weit in die NZ ein Zeichen der 'verkehrten →Welt' und wurde – bes. im 15. und 16. Jh. – oft satir.-didakt. dargestellt ('Kampf um die Hosen'). In den Oberschichten kann für manche Frauen das Tragen von Schenkelbinden vermutet werden. Männer ohne Unterhosen wurden einerseits Tölpeln oder Narren gleichgesetzt. Andererseits wurde bes. im monast. Bereich des HochMA von manchen Reformorden (z. B. Zisterzienser) das Tragen von U. – v. a. aus Leinen – und bes. von (Unter-)Hosen in Kl. als verweichlicht angesehen und abgelehnt. Die Regula Benedicti hatte die Verwendung von (Unter-)Hosen durch Mönche nur auf Reisen gestattet. Im frühen benediktin. Mönchtum war die →Tunika das einzige, untertags und nachts getragene Gewand. Benediktiner und Cluniazenser des HochMA trugen jedoch (Unter-)Hosen und Unterhemden (lat. *staminia*) bereits ständig. Für die Kartäuser läßt sich die Verwendung von Lendenbinden (lat. *lumbaria*) erkennen. Das allein in U. gewandete Auftreten von Personen konnte allg. als Zeichen freiwilliger (z. B. Pilger) oder erzwungener (z. B. Strafe) Erniedrigung angewandt und verstanden werden. →Beinkleider, →Hose.
G. Jaritz

Lit.: H. Jäger, Entstehung, Entwicklung und Wandlungsformen der menschl. U. bei den verschiedenen Völkern der Erde, Archiv für Hygiene 123, 1940, 247–282 – Ph. und C. W. Cunnington, The Hist. of Underclothes, 1951 – G. Zimmermann, Ordensleben und Lebensstandard. Die Cura corporis in den Ordensvorschriften des abendländ. HochMA, 1973, 92ff., 341–360 – G. Jaritz, Die Bruoch (Symbole des Alltags, Alltag der Symbole, hg. G. Blaschitz u. a., 1992), 395–416 – S. Metken, Der Kampf um die Hose, 1996.

[2] *Waffenkunde*: Als U. der Rüstung diente im HochMA ein knielanges, wattiertes und längsgestepptes Wams (frz. *gambeson*), welches ab 1350 immer kürzer wurde und die Gestalt der →Schecke annahm. Um 1200 gab es außerdem einen dicken Halskragen, das *golier* (von frz. *collier*), oder einen Schulterkragen aus Stoff, das *spalier* (von it. *spalliera*).
O. Gamber

Lit.: San Marte, Zur Waffenkunde des älteren dt. MA, 1867.

Unterkönigtum → Regnum

Unternehmer. Der Begriff U. wird sowohl in der Alltags- als auch in der Wissenschaftssprache fast ausschließl. für Persönlichkeiten des Wirtschaftslebens gebraucht. Mit ihm assoziiert sich der Begriff Kapitalismus und damit die Frage, wie weit beide nicht erst eine Erscheinung der NZ sind. Die geistige Konzentration des U.s, um »Marktchancen zu erkennen und zu nutzen, Kosten zu senken, neuen Bedarf zu wecken, Investitionen durchzuführen oder zu bremsen, die Produktion auszudehnen oder einzuschränken, Kredite zu beschaffen, Monopolstellungen zu erringen, zu bewahren oder zu durchbrechen, Lager zu vergrößern oder abzubauen« (M. v. Eynern), setzt in der Tat eine Abschwächung der religiös-kirchl. Orientierung des Menschen voraus, wie sie erst in der NZ eingetreten ist. Außerdem assoziiert sich mit dem Begriff U. der des Individualismus, gegen den mehr im MA als in der NZ die Normen des korporativen Wirtschaftens in Geltung waren. R. Märtins hat in Auseinandersetzung mit der älteren Forsch. und ausgehend vom Fallbeispiel ›Gent im 13. Jh.‹ den Typ eines »ma.« U.s herausgearbeitet und dem des »modernen Frühkapitalismus« abgesetzt. Dieser ma. U. zeichnet sich durch seine »Affinität zu der feudalen Führungsschicht des Adels und des Rittertums« aus. Deswegen spielt »Sozialprestige« und machtpolit. Umsetzung des Wirtschaftserfolgs für ihn eine größere Rolle als für den nach MAX WEBER gezeichneten modernen U.typ, »der in der Tätigkeit des Strebens nach möglichst viel Gewinn selbst Befriedigung fand« (S. 305–308). Die Einbindung in die Familie zeichnet den ma. U. ebenso wie den nz. aus.

Die Grundlage für die Erforschung des ma. U.s sind Briefwechsel, Rechnungsbücher und Testamente. Obwohl die Q.lage für Italien günstiger ist, konnte auch für die übrigen europ. Gebiete eine Reihe von Einzelu. und U.-Familien herausgearbeitet werden. An der Spitze steht wohl Jehan →Boinebroke aus Douai († 1285), aus dessen Testament (einer 5,5 m langen Pergamentrolle) wir wissen, daß er mit Wolle und Tuchen handelte. Er war wohl auch als Verleger tätig und vermietete Häuser an Handwerker. Im Hanseraum sind die Brüder →Veckinchusen am bekanntesten, die im beginnenden 15. Jh. Handel im Dreieck Novgorod, London, Venedig trieben und zahlreiche kurzlebige Handelsgesellschaften untereinander, mit anderen Verwandten und weiteren Personen unterhielten. Wir besitzen von ihnen Briefe und Rechnungsbücher. In Köln und Frankfurt treten größere Kaufleute und Verleger als U. erst in der Mitte des 15. Jh. hervor, so die von Johann →Rinck († 1466) gegründete Familienfirma, die über drei Generationen bezeugt ist. Familienfirmen kennzeichnen das obdt. U.tum von den →Stromers in Nürnberg, die noch in das 14. Jh. zurückreichen, bis zu den →Fuggern in Augsburg des späten 15. und 16. Jh. Ein Betätigungsfeld war der Staatskredit.

In Westeuropa ragt durch ihre Überlieferung (Briefe) die Londoner Familie Cely (→Cely Papers) heraus, deren Firma von Richard († 1482) gegründet wurde. Das Zentrum ihrer Tätigkeit war der Absatz von engl. Wolle in Frankreich. Sie gehörten zu der kleinen Gruppe der privilegierten Stapel-Kaufleute in Calais. Eine Generation älter war Jacques →Cœur († 1456), dessen Geschäfte zwar auch von Verwandten unterstützt wurden, der aber keine Familiengesellschaft gründete und schon deswegen seinen Geschäften keine Fortdauer geben konnte, weil seine Güter 1451 wegen Staatsverrats konfisziert wurden. Die langen Konfiskationsinventare sind in diesem Fall unsere wichtigste Q., sie zeigen eine große Vielseitigkeit des U.s. Sie umfaßten u. a. den Staatskredit und Bergbauunternehmen.

Die Zahl der gut bezeugten U. in Italien ist nahezu unbegrenzt. Auch für sie ist die Familiengesellschaft typisch. Davon gibt es eine Ausnahme: Francesco →Datini aus Prato, dessen Überlieferung die bedeutendste überhaupt im MA ist und der bei seinem Tode 1410 sein Vermögen mangels Erben in eine städt. Stiftung für Arme überführte. Seine Tätigkeiten reichten vom Handel, von dem verleger. Gewerbe bis zum Bankwesen. Am Staatskredit beteiligte er sich allerdings nicht. Die Familiengesellschaften machten in Italien vom 14. zum 15. Jh. eine Wandlung von starker Konzentration in die lockere Form einer Holding durch. In der Mitte des 14. Jh. erlitten die Florentiner Unternehmen →Bardi und →Peruzzi →Bankrott, weil das an den engl. Kg. Eduard III. ausgeliehene Geld nicht zurückzubekommen war. Solche Bankrotte wurden durch die neue Firmenstruktur, die schon Datini ausbildete und die dann die →Medici vollendeten, vermieden.

1991 erschien der umfassende Sammelbd. »L'Impresa ... secc. XIII–XVIII«, hg. vom F. Datini-Institut in Prato, der die ganze Breite zeigt, in der die ma. U.-Forsch. betrieben werden kann und zu der das Studium der Lehrbücher für Buchhaltung und Handelsusancen, der Strukturen von großen Kaufleute-Gilden, der Kommentare des Röm. Rechts und des Kirchenrechts, der Notariatsakten und Gerichtsprotokolle, der Staatsunternehmen, wie Bauhöfe und Werften, gehört. Kleinu. sind alle jene Handwerker, die →Werkverträge pauschal für sich und eine Gesellengruppe mit einem Fs.en oder einer Stadt abschließen. Der Anteil der U. an der Stadtregierung entscheidet darüber, wie sehr ihre Interessen, etwa in den Außenbeziehungen für den Fernhandel sowie bei der Steuer- und Preispolitik, berücksichtigt werden. Die Kennzeichnung des U.s als bürgerl. hat zeitweise den Eintritt des Adels in das U.tum behindert. Aber z. B. ostdt. und böhm. adlige Grundbesitzer haben sich im SpätMA in unternehmer. Weise der Agrar- und Minenproduktion zugewandt. Eine weitere Möglichkeit unternehmer. Betätigung bot für den Adel das →Söldnerwesen, die Gewohnheit der Städte und Fs.en, pauschale Soldverträge mit Hauptleuten und ihren Kompanien abzuschließen.   R. Sprandel

Lit.: J. STRIEDER, Stud. zur Gesch. der kapitalist. Organisationsformen, 1925[2] – C. BAUER, Unternehmung und Unternehmungsformen im SpätMA und in der beginnenden NZ, 1936 – A. SAPORI, Le marchand it. au MA, 1952 – F. REDLICH, The German Military Enterpriser and his Work, VSWG Beih. 47/48, 1964/65 – Wb. der Soziologie, 1969[2], 1206–1212 [M. v. EYNERN] – W. v. STROMER, Obdt. Hochfinanz 1350–1450, VSWG Beih. 55–57, 1970 – R. MÄRTINS, Wertorientierung und wirtschaftl. Erfolgsstreben ma. Großkaufleute. Das Beispiel Gentim 13. Jh., 1976 – L'Impresa, Industria, Commercio, Banca Secc. XIII–XVIII, 1991 – F. MELIS, L'azienda nel medioevo, 1991 – R. HOLBACH, Frühformen von Verlag und Großbetrieb in der gewerbl. Produktion, VSWG Beih. 110, 1994.

Unterrichtswesen → Domschule, →Erziehungs- und Bildungswesen, →Schule, →Universität; →Madrasa

Unterschichten → Pauperes, →Randgruppen, →Stand

Unterschrift, in Urkk. als Teil der →Unterfertigung eigenhändige oder nicht eigenhändige Unterzeichnung, mit oder ohne Namensnennung, durch Aussteller, Zeugen, Kanzleipersonal oder andere Schreiber, die durch Zeichen wie Kreuz, →Monogramm oder →Rota substituiert werden konnte. In den spätröm. Ks.- und Beamtenurkk. hielt die U. wesentl. Schritte der Beurkundung fest und war Mittel der →Beglaubigung, wobei die Ks. niemals mit ihrem Namen unterschrieben. Die byz. Kaiserurk. behielt die U. des Herrschers in manchen Urkk.arten (→Chrysobull) bei und beeinflußte insbes. das südit. und norm. Urkk.wesen – so unterschrieb Kg. Roger II. eigenhändig lat. oder griech. In den Königsurkk. der germ. Reiche wurde die Unterfertigung unterschiedl. gehandhabt. In den merow. Urkk. war die eigenhändige U. des Kg.s üblich, seit Pippin wurde diese bis in die sal. Zeit durch den Vollziehungsstrich im Monogramm ersetzt. Vereinzelt, insbes. in der kapet. Königsurk., treten Kreuze als Handmal auf. Seit dem 14. Jh. werden eigenhändige kgl. U.en in dt. und frz. Königsurkk. üblich, wobei der Brief Ausgangspunkt dieser Entwicklung war. Die Namensnennung erfolgt zumeist in Form eines Satzes in einer eigenen Zeile. Diese Übung übernahmen auch Fs.en, wie etwa Hzg. Rudolf IV. v. Österreich. Unter Ks. Friedrich III. wurden drei Varianten der ksl. U. üblich. Maximilian I. verwendete zur Vereinfachung auch einen Stempel. Wesentl. früher begegnet die U. im Bereich der Kurie. Die ältesten Papsturkk. trugen generell eine U. Seit Paschalis II. wird die päpstl. U. im feierl. →Privileg üblich, das die Kardinäle mitunterfertigten. Seit Alexander III. wird die U. des Papstes auf eine symbol. Beteiligung reduziert. Die Tradition der U. begegnet später in der päpstl. →Bulle des 15. Jh., das →Motu-proprio trägt ebenfalls die U. des Papstes, die päpstl. →Breven zumeist die des expedierenden →Sekretärs. Im Bereich der Privaturk. finden sich U.en in unterschiedl. Form und Bedeutung während des gesamten MA. Eine Besonderheit stellt die Notariatsurk. dar (→Notar), in welcher U. und Signet Voraussetzung für die Rechtsgültigkeit waren. P. Csendes

Lit.: HRG V, 526ff. – BRESSLAU – W. ERBEN, Die Ks.- und Kg.surkk. des MA, 1907 [Nachdr. 1967], 256ff. – L. SCHMITZ-KALLENBERG, Die Lehre von den Papsturkk., 1913² – B. SCHMEIDLER, Subjektiv gefaßte U.en in dt. Privaturk. des 11. bis 13 Jh., AU 6, 1918, 194ff. – B. KATTERBACH–W. PEITZ, Die U.en der Päpste und Kard.e in den 'Bulla maiores' vom 11. bis 14. Jh. (Misc. F. EHRLE, IV, 1924) 177–274 – F. DÖLGER–J. KARAYANNOPULOS, Byz. Urkk.lehre, I: Die Ks.urkk., 1968 – H. ENZENSBERGER, Beitr. zum Kanzlei- und Urkk.wesen der norm. Herrscher Unteritaliens und Siziliens, 1971, 81ff., 86ff. – H. FICHTENAU, Das Urkk.wesen in Österreich vom frühen 8. bis zum frühen 13. Jh., 1971 – H. HOLZHAUER, Die eigenhändige U. Gesch. und Dogmatik der Schriftformerfordernisse im dt. Recht, 1973 – W. SCHLÖGL, Die Unterfertigung Dt. Kg.e von der Karolingerzeit bis zum Interregnum durch Kreuz und U., 1978 – L. SAUPE, Die Unterfertigung der lat. Urkk. aus den Nachfolgestaaten des weström. Reiches, 1983 – TH. FRENZ, Die Kanzlei der Päpste der Hochrenaissance 1471–1527, 1986.

Unterwalden. In den Tälern der Sarner und der Engelberger Aa, südl. des Vierwaldstättersees, waren im Hoch-MA hauptsächl. Kl.herrschaften präsent: die Propstei Luzern (Eigenkl. der Abtei Murbach) mit Meierhöfen, das Chorherrenstift Beromünster und die Abtei Muri mit Streubesitz (v.a. Alp-Anteile). Vögte waren die Gf.en v. →Habsburg, Stifter v. →Murbach und →Muri und Erben der Stifter v. Beromünster. Im 13. Jh. zogen sie verschiedene Murenser Güter und den ganzen Besitz von Luzern-Murbach an sich. Muri und Beromünster gaben außerdem Güter an die Abtei →Engelberg ab. Diese konsolidierte ihren Besitz im oberen Engelberger Tal zum geschlossenen Territorium. In der kommunalen Organisation zerfiel U. in zwei Teile: 'das Land ob und nid dem Kernwald' (Ob- und Nidwalden). Die Freien in beiden Teilen hatten bis ins 15. Jh. einen gemeinsamen Hochgerichtssitz in Kernwald. Am Bündnis v. 1291 mit →Uri und →Schwyz waren – nach dem Wortlaut der Urk. – nur die Nidwaldner beteiligt. Das damals verwendete Siegel galt aber auch für Obwalden. 1309 wurde U. von Kg. Heinrich VII. mit Uri und Schwyz zu einer einzigen Reichsvogtei zusammengefaßt. Das setzte voraus, daß U. nun ebenfalls für reichsfrei erklärt wurde. In der eidgenöss. Politik hatte Obwalden seit dem 15. Jh. den Vorrang vor Nidwalden.

Im späten 14. Jh. vollzog sich ein Wandel der Führungsschicht: Kleinadlige (Hunwil und Waltersberg) wichen Geschlechtern bäuerl. Ursprungs (u.a. Rüdli und Wirz [Obwalden], Amstein [Nidwalden]). Gleichzeitig versuchten die Unterwaldner, ihren polit. Einfluß über den Brünigpaß ins Berner Oberland auszudehnen: Sie nahmen die dortigen Gotteshaus- und freien Vogtleute in ihr Landrecht auf. Diese Vorstöße wurden jedoch von der Stadt →Bern abgewehrt. Bei der Ausdehnung über den Gotthardpaß waren es zu Beginn des 15. Jh. hauptsächl. die Obwaldner, um 1500 die Nidwaldner, welche Uri unterstützten. F. Hitz

Q. und Lit.: Q.werk zur Entstehung der Schweizer. Eidgenossenschaft, 1933ff. – R. DURRER, Die Einheit U.s: Stud. über die Anfänge der urschweizer. Demokratie, JSchG 35, 1910, 1–356 – D. ROGGER, Obwalder Landwirtschaft im SpätMA (Obwaldner Gesch.bll. 18, 1989) – R. SABLONIER, Innerschweizer Gesellschaft im 14. Jh. (Innerschweiz und frühe Eidgenossenschaft, II, 1990), 9–233.

Unveränderlichkeit, qualifizierende Bezeichnung für das besondere Sein Gottes gegenüber dem Wandel der Kreatur. Für das AT ist Jahwe der Ewige (Gen 21, 33), dem Festigkeit und Dauer eignet. Jes (40, 28; 41, 4; 44, 6) läßt ihn alle Zeit umfassen; er ist »der Erste und auch der Letzte« (48, 12). Lebensvoll gegenwärtig sieht ihn Ps 102, 26–28. Nach Jak 1, 17 ist Gott unveränderl. in seiner Güte. Dieses lebendige Gottesverständnis erfährt in Patristik und MA zunehmende Ontologisierung. Nach Tertullian (Adv. Prax. 27) wie auch Origines (Cels. I, 21; IV, 14) und Athanasius (Ar. 1. 3) hängt die Inkarnation daran, daß sie keine Veränderung Gottes bedeutet. Für Augustinus ist die U. Zeichen wahren, göttl. Seins (Serm. 7, 7). Theol. profiliert er diese Linien beim Thema Inkarnation. Phil 2, 7 heißt für ihn nicht, der Sohn Gottes habe seine Wesensform geändert; er hat die Gestalt eines Knechtes angenommen und wurde nicht in einen Menschen verwandelt, wobei er seine göttl. U. verloren hätte (Div. quaest. 73, 2). Ähnliches gilt für das Leiden Gottes; weil unveränderl., ist er leidenslos (Civ. XII, 18). Modifikationen der seinshaften Sicht bietet die Rede von Gottes Reue (Jer 18, 8); sie gibt es, weil er treu zu seinem Bund steht (Serm. 22, 6). Augustin folgend, setzt scholast. Theol., bes. die Gotteslehre, bei der göttl. Wesenseinheit an und zählt die U. zu deren Eigenschaften. Das bekräftigen wichtige Synoden: Lateran (649) (DENZINGER–SCHÖNMETZER 501), Toledo (693) (ebd. 568); das IV. Lateranense (1215) (ebd. 800) nennt mit Petrus Lombardus (Sent. I, 8, 2) gegen Joachim v. Fiore Gott ungeteilt und einfach (ebd. 805). Die aristotel. Akt- und Potenzlehre läßt Thomas v. Aquin Gottes U. als reinen Akt verstehen (S. th. I, 9, 1). Seinshaft sind göttl. Wollen und Wirken unveränderl., nicht aber dem Ziel nach (ebd. I, 19, 7). Theol. verlebendigt diesen Gedanken die Trinitätslehre. F. Courth

Lit.: W. MAAS, U. Gottes, 1974 – J. AUER, Gott – Der Eine und Dreieine, 1978, 447–458 – M. J. DODDS, The Unchanging God of Love, 1986 – G. SANTI, L'immutabile e le sue relazioni: La definizione di Dio in Agostino, Augustinus 39, 1994, 483–491.

Unwan, Ebf. v. →Hamburg-Bremen seit 2. Febr. 1013, † 27. Jan. 1029; Eltern: Pfgf. Dietrich v. Sachsen und Angehörige der →Immedinger (daher verwandt mit Bf. →Meinwerk v. Paderborn und dessen Schwester Emma [v. Lesum, ⚭ Billunger Liudger], Wohltäterin der Bremer Kirche); Domherr in Paderborn und vielleicht in Hildesheim, Kaplan Kg. Heinrichs II., der ihn anstelle des vom Domkapitel gewählten Vizedominus Otto zum Ebf. ernannte. Das Pallium erhielt U. von Papst Benedikt VIII. U. führte in allen Kanonikerstiften seiner Diöz. die Aachener Regel (→Institutiones Aquisgranenses) ein. Nach dem Aufstand Bernhards II. Billung gegen Ks. Heinrich II. vermittelte er 1020 und eröffnete so auch der Mission bei den Ostseewenden (Bm. Oldenburg) neue Möglichkeiten nach deren Aufstand 1018. Im wiederaufgebauten Hamburg gründete er mit je drei Kanonikern aus dem Domstift Bremen sowie Bücken, Ramesloh und Harsefeld ein neues Domkapitel. Gegenüber Kg. →Knud d. Gr. v. England-Dänemark-Norwegen wahrte er 1022 die Rechte des Ebm.s, gewann dessen Freundschaft und vermittelte 1025 einen Vertrag zw. ihm und Kg. Konrad II. Für Schweden unter Kg. →Olaf Eriksson konnte er mit Thurgot v. →Skara den ersten Diözesanbf. ernennen. W. Seegrün

Q. und Lit.: ADB XXXIX, 323ff. – Reg. der Ebf.e v. Bremen, ed. O. H. MAY, I, 1937, 41–46 – GAMS, Ser. V, T. II, 25–27 – W. SEEGRÜN, Das Papsttum und Skandinavien bis zur Vollendung der nord. Kirchenorganisation, 1967, 56–62 – E. HOFFMANN, Beitr. zur Gesch. der Beziehungen zw. dem dt. und dem dän. Reich für die Zeit von 934 bis 1035, Schrr. des Vereins für Schleswig-Holstein. Kirchengesch. 33, 1984, 105–132 – H. SCHMIDT, Kirchenbau und zweite Christianisierung im fries.-sächs. Küstengebiet während des MA, NdsJb 59, 1987, 63–93 – P. JOHANEK, Die Ebf.e v. Hamburg-Bremen und ihre Kirche im Reich der Salier (Die Salier und das Reich, II, 1991), 79–112 – H. HOFFMANN, Mönchskg. und rex idiota, 1993, 64–69 – H.-J. SCHULZE, Die Ebf.e v.

Hamburg-Bremen und die Gf. en v. Stade vom Ausgang des 10. bis zur Mitte des 12. Jh. (Gesch. des Landes zw. Elbe und Weser, II, hg. H.-E. DANNENBERG–H.-J. SCHULZE, 1995), 43–104, 525.

Unze → Gewicht, →Maß

Unziale, eine mit Ausnahme von B und G aus der älteren →röm. Kursive durch »Verdichtung« bzw. »kalligraphische Ausführung« (BISCHOFF, Paläographie, 91f.) entwickelte Majuskelschrift. Sie verdankt ihren Namen MABILLON, der den Ausdruck Hieronymus, Prol. in Iob, entnommen hat, mit welchem dieser die »zollgroßen« Lettern der Luxushss. geißelte. Als Leitbuchstaben gelten A mit zunächst winkel-, später bogenförmigem linken Teil, D mit rundem Bauch und einer schräg nach links oben auslaufenden Haste, rundes E und doppelbogiges M; H und Q weisen Minuskelform auf. Die Entstehung der U., vorbereitet durch Formen wie z.B. auf dem Frgm. »De bellis Macedonicis« (um 100, CLA II^2, 207), ist wohl im 2. Jh. n. Chr. in Italien anzusetzen, die Überlieferung unzialer Schriftdenkmäler beginnt jedoch erst im 4. Jh. – Als gehobene Buchschrift verbreitete sich die U. über den ganzen Kontinent und gelangte mit der röm. Mission nach England, wo sie auch als Urkk.schrift verwendet wurde; in →Jarrow-Wearmouth findet sich neben der feinen röm. Form (→Codex Amiatinus) ein anspruchsloserer Typ (»Capitula-Typ«), der offenbar auf das Festland zurückgewirkt, dort zur Verfeinerung der damals grob geschriebenen U. und zu ihrer Aufnahme ins karol. Schriftrepertoire geführt hat.

Insgesamt sind rund 500 unziale Schriftdenkmäler überliefert, darunter noch aus spätantiker Zeit lit. und wiss. Werke; v. a. scheinen die Christen die U. der Capitalis vorgezogen zu haben; erhalten sind bibl. Bücher sowie patrist. und liturg. Werke. Seit karol. Zeit wurde ihre Verwendung für vollständige Hss. vorwiegend auf Evangeliare und liturg. Bücher beschränkt, blieb jedoch als Auszeichnungsschrift und für Versalien beliebt ('Lombarden'). Im ma. Inschriftenwesen erscheinen unziale Formen immer wieder, v. a. in der got. Majuskel. →Majuskel, →Röm. Buchschriften. P. Ladner

Lit.: E. A. LOWE, English Uncial, 1960 – B. BISCHOFF, Die alten Namen der lat. Schriftarten (DERS., Ma. Stud., I, 1966), 1–5 – J. O. TJÄDER, Der Ursprung der U., Basler Zs. für Gesch. und Altertumskunde 74, 1974, 9–40 – R. M. KLOOS, Einführung in die Epigraphik des MA und der frühen NZ, 1980 – B. BISCHOFF, Paläographie des röm. Altertums und des abendländ. MA, 1986^2, 91–98, Register.

Unzucht. [1] *Unzucht/Untucht:* Ahd. und mhd. *unzuht* sowie mnd. *untucht* (Adjektiv: *untuchtich*) bezeichnen Mangel an Zucht, Verstoß gegen Sitte und Anstand, ungeschlachtes, ungebildetes und ungebührl. Verhalten (ineruditio, indisciplinatio). In städt. Kriminalakten (gute Belege in Elsässer Urkk.büchern) wird der Terminus auf Real- und Verbalinjurien, z. B. Friedebruch, Lästerung des Gerichts (»unzuht vor gerichte«) oder Zechprellerei, bezogen. In diesem weiten Bedeutungsspektrum umfaßt der Begriff auch Momente des sexuellen (Fehl-)Verhaltens, z. B. unerlaubten Körperkontakt (»untuchtichliken betasten«) oder Ehebruch (»woker, toverie, ehebrok und andere untucht«).

[2] *Fornicatio/Luxuria:* Das sündhafte sexuelle Fehlverhalten wird im MA durch die lat. Substantive fornicatio und luxuria abgedeckt (Adjektive: luxuriosus; mnd. *unkuschlik*); Mangel an Selbstbeherrschung heißt intemperantia. Der Bereich der fornicatio wird in der Moralkasuistik in hierarch. aufsteigende Gradstufen unterteilt (→Sexualität). – Luxuria zählt in der Acht- bzw. Sieben-Lasterlehre (→Gregor d. Gr.; →Tugenden und Laster) neben invidia, ira, avaritia, gula, acedia (tristitia) zu den vitia capitalia, die aus der superbia (Überhebung) hervorgehen. Von vielen Theologen wird sie als Kausalwirkung der Völlerei angesehen.

[3] *Unzucht:* Seit dem 18. Jh. wird das nhd. Substantiv U. auf den Bereich der Geschlechtlichkeit eingeengt. Es wird sowohl als Oberbegriff für die verschiedenen Formen der moral. und justiziablen Sexualdelinquenz als auch als Übertragung der o. a. lat. Fachbegriffe verwendet. Die epochenspezif. Veränderungen im U.-Begriff sind zwingend zu beachten. B.-U. Hergemöller

Lit.: GRIMM, DWB 11/III, 2306ff. – LEXER, 1996f. – RAC I, 74–79 [Achtlasterlehre; A. VÖGTLE] – K. SCHILLER–A. LÜBBEN, Mnd. Wb., V, 1880, 84 – W. BEUTIN, Sexualität und Obszönität, 1990.

Upplandslagh (schwed. Upplandslagen, 'Uppländisches Recht'), in altschwed. Sprache abgefaßtes →Landschaftsrecht der mittelschwed. Landschaft Uppland mit den Hauptorten →Uppsala und dem frühen Bfs.sitz →Sigtuna (unter Einschluß der Teillandschaften Gästrikland und Roden/Roslagen).

Im letzten Jahrzehnt des 13. Jh. entstand die Revision und Zusammenfassung der Rechtsbestimmungen der drei uppländ. 'Volklande' Tiundaland, Attundaland, Fjædrundaland durch einen von Kg. Birger Magnússon (1290–1318) bzw. dessen Vormundschaftsregierung eingesetzten Zwölferausschuß, der unter Vorsitz des Rechtssprechers Birger Persson († 1327, Vater der hl. →Birgitta) Repräsentanten der Kirche, der Ritterschaft, der Bauern sowie des Ding- und Rechtswesens (Rechtssprecher und Urteiler) umfaßte. Erstmals in der schwed. Rechtsgesch. wurde damit ein Landschaftsrecht auch auf kgl. Initiative hin redigiert und mit einer (dem Text Rechtsgültigkeit verleihenden) kgl. Bestätigung (»Confirmatio«, Stockholm, 2. Jan. 1296) versehen, wie sie ansonsten nur das →Södermannalagh erhielt.

Der gesellschaftlich hoch angesiedelte Ausschuß arbeitete offenkundig eng zusammen mit (z. T. namentlich bekannten) Personen, die an der Univ. →Bologna studiert hatten. Der klare Aufbau des nach modernen Gesichtspunkten redigierten Textes und die Tendenz zu jurist. Reflexion legen einen Einfluß des gelehrten Rechts nahe und erklären den Vorbildcharakter des U.s für die übrigen Landschaftsrechte sowie das Reichsrecht Schwedens (→Magnús Erikssons Landslag).

Der Text ist in acht große Abschnitte (*balkær*) eingeteilt. Zentrale Themenbereiche sind Kirchenrecht, →Eidschwurgesetzgebung, →Leidang/Ledung, Erbrecht, Totschlag, Verwundungen, Diebstahl, Landbesitz, Kauf, →Solskift, Prozeßrecht. – Erstdruck 1607 (Jonas Bureus nach einer verlorenen Hs.), lat. Übers. 1700. Die erste krit., heute noch gültige Ed. aufgrund der Uppsalahs. besorgte C. S. SCHLYTER (1834). H. Ehrhardt

Ed.: C. S. SCHLYTER, Samling af Sweriges Gamla Lagar, 3, 1834 – Å. HOLMBÄCK–E. WESSEN, Svenska landskapslagar, 1, 1933 [neuschwed. Übers.]. – *Lit.:* KL XIX, 331–334 – S. HENNING, Upplandslagens redigering och dess handskrifter, ANF 48, 1932 – C. I. STÄHLE, Några frågor rörande den förste utgåvan av Upplandslagen och dess förlaga, ebd. 69, 1954 – Å. SÄLLSTRÖM, Bologna och Norden intill Avignon-påvedömets tid, 1957 – K. v. AMIRA–K. A. ECKHARDT, Germ. Recht, 1960, 98ff. – G. HAFSTRÖM, De svenska rättskällornas historia, 1978, 47ff.

Uppsala (Upsala), Stadt in der mittelschwed. Provinz Uppland (zur Rechtsgeschichte →Upplandslagh); Ebm., Universität.

I. Ortsname – II. Bistum und Erzbistum – III. Stadt – IV. Universität.

I. ORTSNAME: Der Name U. bezeichnet in den ältesten Q. nicht die heut. Stadt U., sondern das Kirchdorf 'Gamla Uppsala' (→Alt-Uppsala). Der Namenswechsel folgte der Übersiedlung des Ebm.s i. J. 1273 und hat sich in einigen Jahrzehnten durchgesetzt. Die Stadt (bzw. frühstädt. Siedlung) U. trug ursprgl. die Bezeichnung *Östra Aros* ('östl. Flußmündung'), wird aber seit 1280 in den Q. als U. erwähnt (erstmals 1280, 1286 betont »Arusie, que nunc Vppsalia dicitur«), wobei der alte Bf.ssitz zu 'Gamla Uppsala' wird (erstmals 1302: »antiquam Vpsaliam«). – Östra Aros wurde die Stadt genannt, um sie von dem westl. (Västra) Aros (→Västerås) zu unterscheiden.

II. BISTUM UND ERZBISTUM: [1] *Die Anfänge in Sigtuna und Alt-Uppsala:* Die Entstehungsgesch. des Bm.s/Ebm.s ist unklar. Nach vorherrschender Meinung entstand spätestens am Anfang des 12. Jh. ein uppländ. Bm. für Schweden (→Schweden, F. I), dessen Bf. aber (wegen des anhaltenden heidn. Kultes in Alt-U.) zunächst in →Sigtuna residierte (Florensliste, 1122: »Sigituna«). Wohl in den Jahren nach 1130 wurde der Bf.ssitz nach Alt-U. verlegt. Die Wahl der zentralen heidn. Kultstätte Alt-U. muß gleichsam als Symbolhandlung gewertet werden (definitiver Sieg des Christentums über das Heidentum) und bleibt ohne den starken Schutz des Kgtm.s, zu dessen Grundeigentum Alt-U. gehörte, undenkbar. Die Bf.skirche (teilweise erhalten: Chorpartie, Querschiff) wurde wohl um die Mitte des 12. Jh. errichtet.

1164 wurde das Bm. U. zum Ebm. erhoben; die neugeschaffene schwed. Kirchenprovinz unterstand weiterhin dem Primat v. →Lund. Das ma. Bm. U. umfaßte (im Zustand seines vollen Ausbaus) die Provinz Uppland (einschließl. →Stockholm), das schwed. Norrland und die norw. Provinz Jämtland.

Nachdem erste Versuche (um 1200), ein reguliertes Kapitel aufzubauen, unwirksam geblieben waren, gelang erst während des Aufenthaltes des päpstl. Legaten →Wilhelm v. Sabina, Bf. v. Modena (1247–48), die Gründung eines Säkularkapitels (zunächst mit nur vier Mitgliedern).

[2] *Die Verlegung nach Uppsala:* Eine Transferierung des Bf.ssitzes an einen günstigeren Ort wurde schon nach 1210 diskutiert (zunächst noch Gedanke einer Rückverlegung nach Sigtuna), aber erst in der 2. Hälfte des 13. Jh. wurde in mehreren Schritten (1258, 1270, 1271) das Vorhaben beschlossen, woraufhin 1273 die feierl. Verlegung nach Östra Aros vollzogen wurde. Aufgrund der Beschlüsse von 1270 wurde die Beibehaltung des Namens und aller Rechte festgelegt, was wohl zum späteren Namenswechsel der Siedlung an der Flußmündung (Östra Aros zu U.) beitrug. Hauptmotiv der Transferierung war das Bestreben, den Bf.ssitz in einer Stadt zu etablieren, um so auch die wirtschaftl. Nachteile (zu geringer Kirchenbesuch) des alten dörfl. Standortes zu überwinden. Die neue Domkirche wurde offenbar bereits 1273 im Stil einer got. Basilika frz. Prägung begonnen, aber nur schrittweise realisiert (endgültige Weihe erst 1435). Als Dompatrone fungieren die hll. Laurentius, →Olaf und →Erich (getötet wohl 1160 [?] in Östra Aros).

Die Bf.e v. U. waren (im Gegensatz zu den Bf.en anderer schwed. Bm.er) oft adliger Herkunft, was die soziale und polit. Spitzenstellung des Ebm.s unterstreicht. Mit dem Status des 'primus inter pares' ausgestattet, waren sie die bedeutendsten geistl. Mitglieder des schwed. →Reichsrates; polit. Tätigkeit entfalteten bes. Jöns Bengtsson (→Oxenstierna), 1448–67, und Gustav Trolle, 1514–21. Auf geistl. Gebiet traten u. a. hervor: der 1. Ebf., Stephan (um 1164); Folke Johansson Ängel (Organisator des Neuaufbaus in Östra Aros, 1274–77); Nicolaus Ragvaldi (schwed. Gesandter am →Basler Konzil, 1438–48) und →Jakob Ulfsson (Stifter der Univ., 1470–1514).

III. STADT: U. ging hervor aus einem Landeplatz nahe der Mündung des Fyrisån; hier legten Schiffe an, die zu den heidn., später dann chr. Festen und Märkten in Alt-U. unterwegs waren, war doch das ca. 8 km flußabwärts gelegene Alt-U. wegen mehrerer Flußschnellen schon in der späten Wikingerzeit zu Wasser schlecht erreichbar. Aus dieser Landungsstelle hat sich wohl ein Hafen- und Marktplatz entwickelt, der seit der 2. Hälfte des 12. Jh. stadtähnl. Charakter trug. Schon vor der Bm.sverlegung hatte Aros kirchl. Zentralfunktion (1165/67 Landpropst, 13. Jh. drei Pfarrkirchen: Hl. Dreifaltigkeit, St. Petrus, Unsere Frau). Archäolog. Funde in den Strandzonen beider Flußseiten gehen z. T. auf das späte 12. Jh. zurück und zeigen für das frühe 13. Jh. deutlich stadtartige Züge. Offizielle städt. Kriterien treten aber, wie in anderen älteren schwed. Städten, erst um 1300 auf: 1296 erstmals als 'civitas' genannt, 1302 Stadtrat belegt, 1304 Stadtsiegel, nach 1310 eigener Rechtskreis. Das älteste Stadtprivileg stammt von 1335 (nach einem wahrscheinl. Vorgänger aus der Zeit des Kg.s →Magnus Ladulås, 1275–90).

Die frühen Eigentumsverhältnisse sind unbekannt, doch ist zu vermuten, daß das spätere städt. Areal (ganz oder teilweise) kgl. Grundeigentum unterstand, weshalb die frühe Stadtentwicklung und die Verlegung des Bf.ssitzes wohl kgl. Förderung erfuhren. Die definitive topograph. Ausprägung der ma. Stadt erfolgte durch die Etablierung des Bf.ssitzes: Östl. des Flusses lag die Stadt der Bürger mit Marktplatz, Rathaus, den meisten Bürgeranwesen, der Marienkirche und dem Franziskanerkonvent (1247); westl. des Flusses erhebt sich auf einem markanten Moränenrücken die Domkirche, in ihrer Umgebung der Bf.shof, die bfl. und domkirchl. Wirtschaftsanlagen, die Höfe der Kanoniker und Präbendare, das Hl.-Geist-Spital (1292) und die Domschule (1301).

Die Einwohnerzahl der ma. Stadt ist unbekannt, doch muß U. zur Gruppe der zweitgrößten Städte im ma. Schweden gerechnet werden (den ersten Rang nehmen Stockholm, →Visby und vielleicht Åbo ein). Die Schätzung von ca. 1500–2000 Einw. (2. Hälfte des 16. Jh.) gilt wohl wesentl. auch schon für das SpätMA, wenn nicht sogar eine etwas höhere Einwohnerzahl angenommen werden muß (infolge der vor der Reformation in U. ansässigen Kleriker und ihres Personals). Das Domkapitel des SpätMA (20 Mitglieder) war das größte in Schweden; die Domkirche zählte mindestens 30 Präbendare; zwei Steuerlisten der 1560er und 1570er Jahre weisen 140–150 Bürger aus, wohl in Übereinstimmung mit der spätma. Größenordnung. In den Q. des 14. Jh. treten auch Einwohner mit dt. Namen auf, Hinweis auf eine frühe Einwanderung, die wohl bereits vor 1400 zum Erliegen kam.

Die beiden Jahrmärkte (Distingen: Monatswechsel Jan./Febr., Jahrmarkt am St.-Erichs-Tag, 17. Mai) waren v. a. für den Handel mit Pelzen und Eisenwaren von Bedeutung. Die wirtschaftl. Bedeutung der Stadt war insgesamt eher gering; Rechnungen der spätma. Fabrica ecclesiae zeigen, daß der 'Yconomus' die Geschäfte der Fabrica nicht über die Bürger v. U. abwickelte, sondern unmittelbar mit den Kaufleuten in Stockholm oder auf dem Kopparberg (späteres →Falun) handelte.

IV. UNIVERSITÄT: Sorgte die Domschule für den einfacheren Unterricht der Kleriker, so konnten schwed. Studenten universitäre Bildung zunächst nur an kontinentaleurop. Univ. (Paris, Prag, Greifswald, Rostock usw.) erwerben. Pläne einer eigenen Universitätsgründung für die schwed. Kirchenprovinz gehen zurück auf die 1. Hälfte des 15. Jh., wurden aber erst in den 70er Jahren verwirklicht: Im Febr. 1477 promulgierte Sixtus IV. die Bulle, durch die ein 'Studium generale' in U. bestätigt wurde; am Tag der hl. →Birgitta (7. Okt.) desselben Jahres fand die erste Vorlesung statt. U. wurde als vollausgebaute Univ. mit Vier Fakultäten konstituiert (die Med. Fakultät wurde aber nicht realisiert). Sie erhielt vom Papst die Konstitutionen der Univ. Bologna verliehen, während der Reichsrat die Privilegien der Univ. Paris genehmigte. Der Ebf. wurde zum Kanzler eingesetzt. Der Umfang des Lehrbetriebs liegt für die Frühzeit im dunkeln, doch entfaltete die Univ. bis ca. 1515 mit Sicherheit reguläre Unterrichtstätigkeit, noch 1526 wird die Theol. Fakultät erwähnt.

G. Dahlbäck

Lit.: *zu Bistum und Erzbistum*: Y. BRILIOTH, Den senare medeltiden 1274–1521 (Svenska kyrkans historia, 2, 1941) – G. DAHLBÄCK, U. domkyrkas godsinnehav med särskild hänsyn till perioden 1344–1527, 1977 – G. DAHLBÄCK, U.kyrkans uppbyggnadsskede. Om kyrka och kungamakt under äldre medeltid (Kärnhuset i riksäpplet, 1993), 1993 – *zur Stadt*: N. SUNDQUIST, Östra Aros. Stadens uppkomst od dess utveckling intill år 1300 (U. stads hist., 1, 1953) – S. LJUNG, U. under yngre medeltid och Vasatid (ebd., 2, 1954) – U. (Medeltidsstaden, 3, 1976) – Från Östra Aros till U., hg. N. CNATTINGIUS–T. NEVÉUS (U. stads hist., 7, 1986) – G. DAHLBÄCK u.a., Tiundaland: Ulleråker, Vaksala, U. stad (Det medeltida Sverige, Bd 1:2, 1984) – *zur Univ.*: C. ANNERSTEDT, U. universitets hist., 1, 1877 – S. LINDROTH, U. universitet 1477–1977, 1976 – A. PILTZ, Studium Upsalense. Specimens of the Oldest Lecture Notes Taken in the Mediaeval Univ. of U., 1977.

Upstallsbom (afries. *upstallesbām*), ein bei Aurich gelegener Ort, nach dem der spätma. Zusammenschluß fries. Gaue zw. Weser und Zuiderzee benannt ist. Hier trafen sich geschworene Abgesandte der einzelnen Landschaften auf Landtagen und berieten über allg. Angelegenheiten. Dabei entstanden die 17 fries. Küren (→Keuren), die 24 Landrechte, die 7 Überküren und die allg. Bußtaxen. 1231 verlor der U.er Bund seine Bedeutung. 1323 wurde in den (lat.) Leges (F. Pl.) Upstallsbomicae ein neues Bundesverfassung geschaffen. Wenig später verfiel der Bund erneut. 1361 wurde erfolglos der Versuch unternommen, den Bund durch das Groninger Statut zu erneuern. G. Köbler

Lit.: HRG I, 1302 – K. v. RICHTHOFEN, Unters.en über fries. Rechtsgesch., Iff., 1880ff. – R. HIS, Die Überlieferung der fries. Küren und Landrechte, ZRGGermAbt 20, 1899, 39 – AMIRA-ECKHARDT I, 139 – H. CONRAD, Dt. Rechtsgesch., I, 1962², 354 – G. KÖBLER, Afries.-nhd. Wb., 1983.

al-Uqlīdisī, Abūl-Ḥasan Aḥmad b. Ibrāhīm, verfaßte 952/953 in Damaskus eine umfangreiche Arithmetik, die das ind. Rechnen vermittelt: Erklärung des Stellenwertsystems, arithmet. Operationen für ganze Zahlen und (gewöhnl. und sexagesimale) Brüche, Quadrat- und Kubikwurzelziehen (→Mathematik, III; →Rechenkunst, III). Darin erklärt er Seltenheiten des Rechnens und erläutert etwaige Schwierigkeiten sowie auftretende Änderungen beim Übergang zu Papier und Tinte anstelle des mit Sand bedeckten ind. Rechenbretts. Der erfahrene Lehrer U. ist sich der Überlegenheit seiner eigenen Darstellungsweise bewußt und betont deren Vorzüge gegenüber dem Leser; jedoch beansprucht er als wichtigstes Merkmal seines Werks nie als eigene Erfindung, die Verwendung nämlich von Dezimalbrüchen (ein Punkt auf der letzten ganzen Einheit dient zur Abgrenzung der ganzen und dezimalen Stellen), mit der er →al-Kāšī und Fr. Pellos aus Nizza um 500 Jahre vorangeht. J. Sesiano

Ed. und Lit.: DSB XIII, 544–546 – A. S. SAIDAN, The Arithmetic of Al-U., 1978 (engl. Übers.; arab. 1973).

Urach, Gf. en v., Stadt (Krs. Reutlingen, Baden-Württ.). [1] *Grafen*: Die als Gf.en bezeichneten Brüder Egino (I.) und Rudolf lebten zu Zeiten Konrads II. (1024–39). Egino begann, auf der Achalm eine Burg zu errichten, die Rudolf nach dessen Tod übernahm. Von den zehn Kindern Rudolfs, der vordem im Ermstal in Dettingen seinen Sitz gehabt hatte, stifteten die beiden ältesten das 1089 geweihte Kl. →Zwiefalten. Kuno († 1092) nannte sich bereits um 1050 nach der Burg Wülflingen bei →Winterthur (Kt. Zürich), Liutold († 1098) erscheint erstmals 1075 als Gf. v. Achalm. U. gehörte gegen Ende des 11. Jh. anscheinend allein Gf. Egino (II.), wahrscheinl. ein Sohn oder Enkel Eginos (I.). Sein Comitat umfaßte den pagus Swiggerstal, dessen Kern das Tal der Erms bildete. Ob zw. Comitat und Gau und der nur archäol. faßbaren Anlage auf dem runden Berg unweit von U., einem zw. dem 3. und 10. Jh. mit Unterbrechungen besiedelten Herrschaftszentrum, Zusammenhänge bestanden, kann nur vermutet werden. Vielleicht geht auf Egino (II.) die Anlage der Höhenburg U. zurück, die allerdings in den hochma. Q. nur selten von der Wasserburg U., dem herrschaftl. Zentrum der Siedlung, geschieden werden kann. Eginos (II.) Bruder Gebhard († 1107) war 1091–1105 Abt v. →Hirsau, seit 1105 Bf. v. →Speyer und Abt v. →Lorsch.

Erhebl. Machtzuwachs brachte den U.ern in der 2. Hälfte des 12. Jh. die Heirat Eginos (IV.) mit Agnes, Erbtochter →Bertholds V. v. Zähringen, wodurch es nach 1218 zu einer Verlagerung der Herrschaft in den Schwarzwald, die Baar und die oberrhein. Tiefebene um Freiburg kam. Damit korreliert seit der Mitte des 13. Jh. die neue Namensgebung nach →Freiburg und →Fürstenberg, während die Linie U. 1261 mit Gf. Berthold ausstarb. Zw. 1251 und 1265 erwarb Gf. Ulrich (I.) v. →Württemberg schrittweise die Herrschaftsrechte und den Besitz der U.er um Erms und Neckar.

[2] *Stadt*: Grabfunde im Umkreis von U. lassen auf drei Reihengräberfelder schließen; datierbare Funde liegen nur aus der 2. Hälfte des 7. Jh. vor. Zur Lage der zugehörigen Siedlungen gibt es nur geringe Anhaltspunkte. Die günstigen Verkehrsverbindungen U.s beruhen auf dem Zusammentreffen der Täler von Elsach und Erms, die beide bequeme Albaufstiege bieten. Spätma. Bedeutung besaß der Straßenzug Ulm-U.-Tübingen-Elsaß. Die Wasserburg, spätestens in der 2. Hälfte des 11. Jh. entstanden, bildete den Ansatzpunkt zur städt. Entwicklung. Vielleicht gehörten bereits die mercatores, von denen 1188 eine Urk. Gf. Eginos (IV.) spricht, nach U. Eine Kirche ist für 1228 zu erschließen, ein Schultheiß wird 1254 gen., 1311 eine Befestigung (arces U.), und 1316 bezeugt ein Siegel erstmals U.er cives. 1357 sind die Geschworenen des Gerichts erwähnt, vor 1441 entstand ein Rathaus. Der stets präsente Einfluß des Stadtherrn verhinderte die Ausprägung bürgerl. Selbstverwaltung. Für den städt. Charakter U.s spricht, daß sich bei der Teilung →Württembergs v. 1441/42 Gf. →Ludwig I. (45. L.) entschloß, hier zu residieren. Von der umfangreichen Bautätigkeit unter Ludwig und seinen Söhnen zeugt noch heute der Stadtkern. Um 1470 begann der Baumeister →Peter v. Koblenz im Auftrag Gf. →Eberhards im Barte mit dem Bau der 1477 eingeweihten Amandus-Stiftskirche. 1477 entstand eine Papiermühle und 1478/79 richtete Konrad Fyner eine Buchdruckerei ein. Als 1482 der Hof nach →Stuttgart zurücksiedelte, verlor die Stadt ihre Funktion als Residenz.

1383 lebten in U. auf 12,8 ha Fläche innerhalb des Berings ca. 1000 Einw., für die 2. Hälfte des 15. Jh. kann man aufgrund der erhaltenen Q. eine Bevölkerung von 1000–1100 Personen erschließen. S. Lorenz

Lit.: F. QUARTHAL, Clemens und Amandus. Zur Frühgesch. von Burg und Stadt U., Alem. Jb. 1976/78, 17–29 – S. LORENZ, Bempflingen – Aus der Gesch. einer Ermstalgemeinde, 1991, 11–31 – G. KITTELBERGER, U. (Der Landkrs. Reutlingen, hg. Landesarchivdirektion Baden-

Württ. in Verbindung mit dem Landkrs. Reutlingen [Krs.beschreibungen des Landes Baden-Württ.]) [erscheint 1997].

Uradel. Im genealog. Schrifttum ist seit 1862 die Bezeichnung 'U.' für solche Familien gebräuchl., die ihren Adelsstand nicht auf eine →Nobilitierung zurückführen, sich also nicht zum →Briefadel rechnen lassen. Anknüpfungspunkt dürfte die in Adelsdiplomen und in der Lit. des 16.-18. Jh. verwendete Hervorhebung als »uralt-adeliches Geschlecht« sein. Über das wirkl. Alter des Adelsstandes und über den Adelsrang ist hierdurch nichts ausgesagt; diese lassen sich nur aus urkundl. Belegen (liber, nobilis, miles, ministerialis, homo, Getreuer, *vester Mann* u. a.) mit Vorsicht ermitteln. Daneben hat die FrühMA-Forschung vorübergehend die älteste nachweisbare Herrenschicht, die potentes und optimates der Q., als U. angesprochen. Auch das (hist. nicht falsche) Betrachtung der seit dem hohen MA in den Reichsfs.enstand (→Reichsfs.en) gelangten »regierenden Häuser« als U. ist verfassungsrechtl. ohne Belang. Die Mehrzahl der von der älteren Genealogie dem U. zugerechneten Familien dürfte jedenfalls der →Ministerialität entstammen. Als »alter →Adel« verstand sich in gesellschaftl. und standesrechtl. abwehrender Identifikation seit dem Aufkommen von Standeserhöhungen durch Diplom die jeweilige Kerngruppe von Reichsfs.en, Gf.en und reichsunmittelbarer wie landständ. Ritterschaft. E. Riedenauer

Lit.: K. Frh. v. Andrian-Werburg, U.? (Genealog. Hb. des in Bayern imm. Adels 9, 1967), 31*-38*.

Urban

1. U. I., *Papst* (hl.), Nachfolger Calixtus' I., der die Kirche v. Rom acht Jahre lang (222-230) leitete (Eusebius, Hist. eccl. VI 21. 2; 23.3). Von ihm sind keine anderen sicheren Daten belegt. Wahrscheinl. ist er mit dem in der Kalixtuskatakombe bestatteten, im Martyrolog. Hieronym. zum 19. Mai kommemorierten U. identisch, obgleich dieser dort nicht mit dem Bf.stitel genannt wird. Die Nachricht bei Eusebius scheint durch eine griech. Inschrift in der Papstkapelle der Kalixtuskatakombe bestätigt zu werden, in der Name U. von einem als Initiale von Episkopos gedeuteten E begleitet ist. Das Problem des Todesdatums und Begräbnisortes U.s kompliziert sich dadurch, daß man ihn mit einem in der Prätextatuskatakombe beigesetzten und im Martyrolog. Hieronym. zum 25. Mai kommemorierten Namensvetter verwechselt hat, der als ein in der Mitte des 3. Jh. lebender, häufig in den Briefen Cyprians erwähnter röm. Confessor angesehen wird. Der Bf. U. erscheint in der hist. nicht relevanten »Passio sanctae Caeciliae« zusammen mit anderen Personen, die die Namen von Märtyrern der Prätextatuskatakombe tragen. Ein Echo dieser zweifelhaften Q. findet sich bereits in der Notiz über U. im LP (Mitte 6. Jh.). Die Reliquien U.s, wahrscheinl. jene des Namensvetters des Papstes, wurden unter →Paschalis I. in die Basilika S. Cecilia in Trastevere übertragen. Ein beträchtl. Teil dieser Reliquien wurde von →Nikolaus I. Karl d. Kahlen übersandt (862) und gelangte über Auxerre in der Folgezeit nach Châlons-sur-Marne und in die nahe Abtei Ste-Trinité (danach Saint-Urbain-sur-Marne). Ein weiteres Zentrum des U.kultes war die ehem. Reichsabtei Erstein im Elsaß. Die erstarkende Verehrung des Hl.n brachte eine Reihe hagiograph. Texte hervor, die reine Phantasieprodukte sind. Infolge der Vermischung mit einem gleichnamigen hl. Bf. v. Langres aus dem 5. Jh., dem eine späte, hist. bedeutungslose Vita die Herrschaft über die Elemente und dadurch Schutz und Förderung des Weinbaus zuschreibt, wird Papst U. v. a. in den dt.sprachigen Ländern als Patron der Weinstöcke und Winzer angesehen (Darstellung mit den päpstl. Insignien, aber auch mit Schwert und Weintraube). Die U.-Briefe der →Pseudoisidor. Dekretalen sind gefälscht. F. Scorza Barcellona

Q.: BHL 8372-8392 – BHL Novum suppl. 8376-8390b – AASS Mai VI, 1688, 523 – LP XVIII – *Lit.:* H. Delehaye, Commentarium perpetuum in Mart. Hieron., 261-262 – Bibl.SS XII, 837-841 – Vies des Saints, V, 485 – ECatt XII, 904-905 – LCI VIII, 512-519 – LThK² X, 1293f. – L. Réau, Iconographie de l'art chrétienne, III, 3, 1293-1294.

2. U. II. (Odo v. Châtillon), *Papst* (sel.) seit 12. März 1088 (Wahl und Inthronisation in Terracina), * um 1035 in Châtillon-sur-Marne, † 29. Juli 1099 in Rom, ▭ ebd., St. Peter; entstammte einer Adelsfamilie aus der Champagne, Studien in Reims bei →Bruno d. Kartäuser, wurde Kanoniker und Archidiakon in Reims, seit 1067/70 Mönch, dann Prior in Cluny, um 1080 von Gregor VII. zum Kard.bf. v. Ostia erhoben, 1084-85 päpstl. Legat in Dtl. Mit seiner Wahl versuchten die Gregorianer, die seit den letzten Jahren Gregors VII. anhaltende Krise des Reformpapsttums zu überwinden. Die Papstnamenwahl zeigt wie bei anderen Päpsten des Reformzeitalters das programmat. Anknüpfen an die Päpste der frühen Kirche. U. bekannte sich stets zu Gregor VII., dessen →»Gregorian.« Reform er zum hist. Durchbruch verhalf. Er war in seiner Reformaktion, Kirchenregierung und Politik bei aller Entschiedenheit, Energie und Prinzipientreue sehr moderat, realist. abwägend, diplomat., konziliant, stark auch von seelsorgerl.-prakt. Interesse bestimmt.

Aus schwierigsten Anfängen heraus setzte U. sich bis 1095 als rechtmäßiger Papst durch, nicht zuletzt mit Hilfe seiner Hauptverbündeten: →Mathilde v. Tuszien, die ihn gegen Ks. →Heinrich IV. verteidigte, und der Normannen, die ihm in Süditalien ein Wirkungsfeld sicherten. Durch entschlossene Führung von Kirchenreform, Konzilsgesetzgebung, vielfältige Tätigkeit des päpstl. Gerichts, wie durch angemessene Dispensanwendung und bedingte Konzessionsbereitschaft, auch durch persönl. Auftreten und Wirken (in Italien und auf einjähriger Frankreichreise [1095-96]) verschaffte er der päpstl. Autorität weithin Geltung. Das im →Investiturstreit entstandene ksl. Papstschisma konnte U. zwar nicht beseitigen, aber den Gegenpapst →Clemens III. seit 1093 entscheidend zurückdrängen. Auch das Investiturproblem konnte nicht gelöst werden, zumal nicht im Imperium, wo Heinrichs IV. Festhalten am Gegenpapst jede Verständigung verhinderte. Aber U., dem die Zugehörigkeit eines Bf.s zu seiner Obedienz wichtiger war als eine vom Kg. erhaltene Investitur, vermochte noch nicht, den Lösungsvorschlag →Ivos v. Chartres rechtl. und kirchenpolit. zu akzeptieren. Das von ihm erneuerte Investiturverbot entwickelte U. konsequent weiter zum Verbot des Lehnseides (ligia fidelitas, hominium) für Geistliche gegenüber Laien (Konzil v. →Clermont 1095). Mit dem norm. Staatskirchenwesen fand U. sich ab: in England mit Konzessionen an Wilhelm II. um seiner Anerkennung als Papst willen und im Streit um →Anselm v. Canterbury; in Süditalien-Sizilien bes. mit dem Legationsprivileg v. 1098 für Roger I. v. Sizilien, der Gründungsurk. der →Monarchia Sicula. In Frankreich ließen es weder Papst noch Kg. zu einem eigtl. Investiturstreit kommen; hier brachte zwar der Ehehandel Philipps I. den Konflikt mit U., doch konnte der völlige Bruch vermieden und der hist. Bund zw. Papsttum und frz. Kgtm. vorbereitet werden. In Spanien förderte U. die →Reconquista und kirchl. Neuordnung (→Toledo mit span. Primat, →Tarragona, →Santiago u. a.), ebenso in Sizilien (norm. Bm.sgründungen nach Rückeroberung). U. vertrat die wesensbedingte

Überordnung der priesterl. Funktion und Gewalt über jede laikale und herrscherliche; die für ihn mögliche Kooperation mit christl. Herrschern kennzeichnet ein päpstl. Schutz- und Freiheitsprivileg für Kg. Peter I. v. Aragón (1095). U.s stärkste Ausstrahlung und seine größten Erfolge zeigten sich in den roman. Ländern, hier hatte auch sein Kreuzzugsaufruf die nachhaltigste Wirkung. U.s Kreuzzug stand im Zusammenhang mit seiner Byzanzpolitik: Die Verhandlungen (1089) mit Alexios I. und dem Patriarchen →Nikolaos III. v. Konstantinopel über die Wiederbelebung der alten Einheit von lat. und griech. Kirche scheiterten zwar, doch blieben gute Beziehungen zw. Papst und Ks. Beim Hilferuf Alexios' I. vor dem Konzil in →Piacenza (1095) verbanden sich der Wille zur Byzanzhilfe, die Idee der Reconquista und U.s geschichtstheol. Deutung des Zeitgeschehens (nach Dan 2,21) als der in Bußgeist zu vollziehenden Wiederherstellung der alten Christenheit in gottgefügter Zeitenwende. Der Kriegszug zur Befreiung Jerusalems und aller oriental. Christen und Kirchen, zu dem U. beim Konzil in Clermont (Nov. 1095) und öfter in Frankreich und Italien aufrief, entwickelte als →Kreuzzug bald hist. Eigengesetzlichkeit; sein erstaunl. Erfolg vermehrte das Ansehen des Reformpapsttums (gemäß U.s Konzeption vom Papst als Haupt der Priesterkirche und Laiengesellschaft umfassenden →Christianitas), führte aber nicht zur Einheit der gr. und lat. Christen.

Papsturkk. und Akten der wichtigsten von U. selbst geleiteten Konzilien zeigen ein breites Spektrum behandelter Materien, neben eigtl. Reformthemen (Investitur, Simonie, Priesterzölibat, schismat. und häret. Weihen und Ordinationen) etwa: →Gottesfriede und Kreuzzug, Dogmatik (→Filioque und Verständigung mit den Griechen in Bari 1098), Kirchendisziplin, Eherecht, Seelsorge, Marienverehrung, Probleme des Kirchenrechts. Viele seiner Rechtsentscheidungen gingen in Kanonesslg. und das →Decretum Gratiani ein. In der Kirchenverfassung stärkte U. die Episkopalstruktur, die ganz auf den mit Petrus identifizierten Papst als universalen Bf. und Primas der Gesamtkirche konvergieren sollte. Als Cluniazenser förderte U. die traditionellen OSB-Kl. und Kongregationen, aber auch neue Orden wie die →Kartäuser, die →Zisterzienser in den Anfängen mit →Robert v. Molesme, auch →Robert v. Arbrissel und die Wanderprediger mit neuen monast. Lebensformen. Als ehem. Kanoniker war U. bes. Gönner und Gesetzgeber der →Regularkanoniker. In U.s Pontifikat fielen der Ausbau der röm. →Kurie und die Neuorganisation der Finanzverwaltung mit päpstl. Kämmerer (aus Cluny). Es begann eine neue Phase der Entwicklung des Kard.skollegs und der Mitwirkung der →Kard.e an der päpstl. Kirchenregierung. A. Becker

Q.: IP – JAFFÉ² I, 657–701; II, 713, 752f. – GP – LP II, 293–295; III, 65 – WATTERICH, 571–620, 744–746 – Lit.: TH. RUINART, Vita, MPL 151, 9–266 – HALLER II, 433–471 – HE VIII, 177–337 – HKG III, 1, 442–450 u. ö. – SEPPELT III, 118–134 – FR. J. GOSSMAN, Pope U. II and Canon Law, 1960 – A. BECKER, Papst U. II., T. 1–2 (MGH Schr. 19, 1–2, 1964–88) – DERS., U. II. und die dt. Kirche (VuF 17, 1973), 241–275 – H. FUHRMANN, Papst U. II. und der Stand der Regularkanoniker, SBA.PPH, 1984, Nr. 2 – R. SOMERVILLE, The Letters of Pope U. II in the Coll. Britannica, MIC C 8, 1988, 103–114 – G. TELLENBACH, Die w. Kirche (Die Kirche in ihrer Gesch., 2, Lfg. F, 1, 1988), 201–216 u. ö. – C. MORRIS, The Papal Monarchy 1989, 121–153 u. ö. – I. S. ROBINSON, The Papacy 1073–1198, 1990, passim – P. LANDAU, Officium und Libertas Christiana (Duae Leges), SBA.PPH, 1991, Nr. 3, 55–96 – Gesch. des Christentums, V, 1994, passim – A. BECKER, Päpstl. Gerichtsurkk. und Prozeßverfahren z. Zt. U.s II. (Zw. Saar und Mosel [Fschr. H.-W. HERRMANN, 1995]), 39–48 – Rechtsprinzipien und Verfahrensregeln im päpstl. Gerichtswesen z. Zt. U.s II. (Landes- und Reichsgesch. [Fschr. A. GERLICH (Geschichtl. LK 42), 1995]), 53–66 – R. SOMERVILLE, Pope U. II, the Collectio Britannica and the Council of Melfi (1089), 1996 [mit Texted.].

3. U. III. (Hubert Crivelli), *Papst* seit 25. Nov. 1185 (Wahl und Krönung in Verona), † 20. Okt. 1187 in Ferrara, ⊡ ebd., Dom; als Abkömmling einer der führenden Mailänder Familien zunächst Kanoniker und Archidiakon v. Bourges, seit 1168 Archidiakon v. Mailand. Im Herbst 1182 zum Kardinaldiakon v. S. Lorenzo in Damaso erhoben, wirkte er 1183/84 als päpstl. Legat in der Lombardei. Im Mai 1185 zum Ebf. v. →Mailand gewählt, behielt er sein Kardinalat und betrat seine Diöz., die er auch als Papst innehatte, kaum. Sein kurzer Pontifikat ist v. a. von der Auseinandersetzung mit Friedrich Barbarossa geprägt (Trierer Bm.sstreit, Forderung nach Regalien und Spolien der dt. Bf.e, Bündnis des Ks.s mit Mailand, Besetzung des Patrimonium Petri durch Heinrich VI.). In Verona bis kurz vor seinem Tod blockiert, war auch sein Aktionsfeld eingeschränkt: die meisten seiner Urkk. beziehen sich auf die Mailänder Kirchenprov., wo er bes. die Kanonikerstifte förderte. W. Maleczek

Q.: JAFFÉ² II, 492–528 – IP – PU – Lit.: Diz. della Chiesa ambrosiana VI, 1993, 3776–3778 – HALLER III, 193–196 – SEPPELT III, 297–301 – K. GANZER, Die Entwicklung des auswärtigen Kardinalats im hohen MA, 1963, 134–136 – A. AMBROSIONI, Monasteri e canoniche nella politica di U. III (Istituzioni monastiche e istituzioni canoniche in Occidente. Atti Mendola, 1980), 601–631 – V. PFAFF, Sieben Jahre päpstl. Politik, ZRGKanAbt 67, 1981, 175–177 – U. III nell' VIII centenario della morte, 1987 – A. AMBROSIONI, Milano e i suoi vescovi (Milano e il suo territorio in età comunale. Atti dell'XI Congresso di studi sull'Alto medioevo, I, 1989), 291–326.

4. U. IV. (Jacques Pantaléon), *Papst*, * ca. 1200 in Troyes, † 2. Okt. 1264 in Perugia. Seit 1247 päpstl. Legat in mehreren Ländern, 1255 Patriarch v. Jerusalem; 29. Aug. 1261 in Viterbo gewählt, dort und in Orvieto residierend. U. leitete das Fußfassen →Karls v. Anjou (19. K.) in Sizilien ein (Vertrag v. 15. Aug. 1264), fungierte im dt. Thronstreit erfolglos als Schiedsrichter, stand im Konflikt zw. Krone und Baronen in England auf seiten des Kg.s, akzeptierte nach dem Untergang des lat. Ks.reiches v. →Konstantinopel die Kontaktaufnahme des byz. Ks.s →Michael VIII. B. Roberg

Q. und Lit.: Les Registres d'Urbain IV, ed. J. GUIRAUD, 4 Bde, Regbd., 1901–58 – Acta U.i IV, Clem. IV, Greg. X (1261–76), coll. A. L. TAUTU, 1953 – POTTHAST II, 1474–1541 – W. SIEVERT, Das Vorleben des Papstes U. IV., RQ 10, 1896, 451–505; 12, 1898, 126–161 – K. HAMPE, U. IV. und Manfred, 1905 – SEPPELT III, 501–511 – B. ROBERG, Die Union zw. der gr. und lat. Kirche auf dem II. Konzil v. Lyon, 1964, 29–52 – HALLER IV, 296–314, 447–451 – G. BERG, Manfred of Sicily and U. IV: Negotiations of 1262, MSt 55, 1993, 111–136.

5. U. V. (Guillaume Grimoard), *Papst* 1362–70, * um 1310 Grisac, † 19. Dez. 1370 Avignon; Sohn vornehmer Eltern aus Grisac (Diöz. Mende). Nach Studien in Montpellier trat er in das Benediktinerpriorat v. Chirac ein, wechselte dann nach St. Victor (→Marseille), 1352 Wahl zum Abt v. St-Germain d'Auxerre, 1361 v. St. Victor (Marseille). Die Päpste Clemens VI. und Innozenz VI. betrauten ihn mit vier Legationen nach Italien. Obwohl nicht Kard., wurde er nach dem Tod Innozenz' VI. (12. Sept. 1362) wahrscheinl. von Kard. Guillaume d'Aigrefeuille vorgeschlagen, am 28. Sept. 1362 zum Papst gewählt und am 6. Nov. 1362 gekrönt. U. hielt sich auch als Papst an die benediktin. Regel. Er verbot die Pfründenkumulation, schärfte die →Residenzpflicht ein, förderte die Gründung von Univ.en und versuchte erfolglos, die abendländ. Herrscher für einen Kreuzzug zu gewinnen. Seit 1365 traf U. Vorbereitungen für eine Rückkehr nach Rom; er brach am 30. April 1367 auf, schiffte sich am 19. Mai in Marseille ein und erreichte Anfang Juni Viterbo. Eine Revolte des mit den Perusinern verbündeten Francesco de Vico machte 1370 seine ohnehin schwierige Position in Rom unhaltbar. U. floh nach Viterbo, wo er von Banden des Söldnerführers John →Hawkwood bedroht wurde. Wegen des erneuten Ausbruchs von Feindseligkeiten zw. Engländern und Franzosen in Frankreich entschloß er sich, Italien wieder zu verlassen, um die Kriegsparteien auszusöhnen. Er bestieg am 5. Sept. 1370 ein Schiff in Corneto, erreichte Avignon am 27. Sept. und starb schon nach wenigen Wochen. Sein Leichnam wurde auf seinen ausdrückl. Wunsch in St. Victor (Marseille) beigesetzt. Sein Kult (als Sel.) wurde von Pius IX. am 18. März 1870 bestätigt. G. Kreuzer

Q.: Lettres secrètes et curiales, éd. P. LECACHEUX–G. MOLLAT, 1902–55 – Vitae paparum Avenionensium, I, ed. E. BALUZE–G. MOLLAT, 1914, 349–414 – Lettres, éd. A. FIERENS–C. TIHON, 1928–32 – Suppliques, éd. A. FIERENS, 1924 – Lettres communes I–XII, éd. M.-H. LAURENT, M. et A.-M. HAYET, 1954–89 – Lit.: Dict. hist. de la papauté, hg. PH. LEVILLAIN, 1994, 1679–1681 – G. MOLLAT, Les Papes d'Avignon, 1964[10], 116–129 – A.-M. HAYEZ, Les Rotuli présentés au pape Urbain V durant la première année de son pontificat, MEFRM 96, 1984, 327–394 – P. ARMAGIER, U. V., 1987 – A.-M. HAYEZ, L'entourage d'Urbain V, Ann. de la soc. des Amis du Palais des Papes 65/66, 1988/89, 31–45 – J. OSBORNE, Lost Roman Images of Pope U. V (1362–70), ZK 54, 1991, 20–32.

6. U. VI. (Bartolomeo Prignano), *Papst* seit 8. April 1378 (Wahl), * um 1328 in Neapel, † 15. Okt. 1389 in Rom. Er entstammte einer vornehmen neapolitan. Familie, studierte an der Univ. seiner Heimatstadt die Rechte, erwarb den Grad eines Dr. decret. und war i. J. 1360 Rektor der Univ. Neapel, Kanoniker an der dortigen Kathedrale und Generalvikar des Ebf.s v. Neapel. Dem Metropoliten seiner Heimatstadt (Bertrand Meissenier) verdankte er wohl seine Erhebung zum Ebf. v. Acerenza (1363) und noch im selben Jahr seine Berufung an die päpstl. Kurie in Avignon, wo er unter dem Vizekanzler Pierre de Monteruc in der päpstl. Kanzlei arbeitete. Den fähigen Kurialen ernannte Gregor XI. am 13. Jan. 1377 zum Ebf. v. Bari und übertrug ihm nach der Rückkehr nach Rom die Leitung der päpstl. Kanzlei. Ob sich Prignano um das röm. Bürgerrecht bemühte, um seine Chancen für eine Papstwahl zu erhöhen, erscheint fragl., da dies erst nach dem Ausbruch des →Abendländ. Schismas behauptet wurde. Nach dem Tod Gregors XI. (26. März 1378) konnten sich die Kard.e auf keinen Kandidaten aus ihrer Mitte einigen. Nach mehreren Wahlgängen, deren Hergang nicht mehr zweifelsfrei rekonstruiert werden kann, wurde Prignano unter dem Druck einer aufgebrachten Volksmenge, die drohte, das Konklave zu stürmen, schließlich am 8. April 1378 gewählt. Die röm. Bevölkerung, die einen Römer oder wenigstens einen Italiener gewünscht hatte, gab sich dann doch mit dem Neapolitaner zufrieden, der am 18. April 1378 (Ostersonntag) gekrönt wurde. Auch die Kard.e scheinen ihn einhellig anerkannt zu haben, wenn auch schon bald Stimmen laut wurden, die die Rechtmäßigkeit seiner Wahl bestritten. Durch sein herrisches und häufig unkontrolliertes Verhalten brachte er schon bald die Mehrzahl der Kard.e, deren Vorrechte er beschneiden wollte, gegen sich auf. Ab Ende Mai 1378 begannen sich die Kard.e unter dem Vorwand, die Hitze in Rom nicht mehr ertragen zu können, nach Anagni zurückzuziehen, bis die Mehrheit des Kard.kollegiums mit Ausnahme von vier Italienern dort versammelt war. U. selbst hatte sich mittlerweile nach Tivoli begeben. Am 2. Aug. 1378 sagten sich die in Anagni versammelten Kard.e vom Papst los und bezeichneten ihn als Antichristen, Dämon, Apostaten und Tyrannen. Der Vorschlag dreier it. Kard.e (de Borsano, Corsini, Orsini), zur Lösung der Streitfrage ein Generalkonzil einzuberufen, fruchtete nichts. Am 9. Aug. 1378 erklärten die in der Mehrzahl frz. Kard.e die Wahl U.s, weil von den Römern erzwungen, für ungültig und den päpstl. Stuhl als vakant. Am 20. Sept. 1378 wählten sie in der Kathedrale von Fondi Kard. Robert v. Genf zum Papst, der sich →Clemens VII. nannte. Ein fast 40 Jahre dauerndes Schisma hatte damit begonnen. Der frz. Kg. Karl V. sprach sich schon am 16. Nov. 1378 für Clemens VII. aus, während der dt. Kg. Wenzel sowie die Kgr.e England (1378), Ungarn, Polen, Skandinavien (1379) und Portugal (1383) sich für U. erklärt hatten. U. blieb trotz aller Schwierigkeiten hartnäckig dabei, seine rigiden Reformvorstellungen durchzusetzen. Gestützt auf die Scharen des Söldnerführers Alberico da →Barbiano gelang es ihm, Clemens VII. aus Italien zu verdrängen, der sich am 22. Mai 1379 nach Avignon zurückzog. Nachdem die ihm feindl. gesinnte Kgn. Johanna I. v. Sizilien ermordet worden war, konnte U. Karl III. v. Durazzo gegen den von Clemens VII. favorisierten Ludwig v. Anjou im Kgr. Sizilien durchsetzen. Nach der Verschwörung einer Gruppe von ihm kreierter Kard.e ließ er mehrere von diesen foltern und schließlich hinrichten. Danach sagten sich fünf der noch verbliebenen Kard.e von ihm los, zwei davon gingen zu Clemens VII. über. Vorschläge dt. Fs.en, das Schisma durch ein allg. Konzil zu beenden, beantwortete U. mit einem Kreuzzugsaufruf gegen Clemens VII. Nach einer mißlungenen militär. Unternehmung in Unteritalien (1387/88), wo sich nach der Ermordung Karls III. (1386) dessen früherer Rivale Ludwig v. Anjou durchgesetzt hatte, erhob sich sogar das röm. Volk gegen U., das er aber mit Bann und Interdikt niederhielt. Der begabte, aber unberechenbar rücksichtslose Jurist schrieb das franziskan. Fest Mariae Heimsuchung für die ganze Kirche vor. Er bestätigte die Gründung der Univ.en Heidelberg (1385), Köln (1388) und Erfurt (1389) und genehmigte die Errichtung einer theol. Fakultät an der Univ. Wien (1384). G. Kreuzer

Q.: LP II, 496–507 – Acta U.i VI et Bonifatii IX Pontificum Romanorum I–II, ed. K. KROFTA (Monumenta Vaticana res gestas Bohemiae illustrantia V, 1903–05) – Rep. Germanicum II, bearb. G. TELLENBACH, 1933–61 – Suppliques et lettres d'Urbain VI (1378–1389) et de Boniface IX (1389–1404), M. GASTOUT (Anal. Vaticano-Belgica XXIX, 1976) – Lit.: Dict. hist. de la papauté, hg. PH. LEVILLAIN, 1994, 1681–1683 – M. SEIDLMAYER, Die Anfänge des großen abendländ. Schismas, 1940, passim – O. PŘEROVSKÝ, L'elezione di Urbano VI e l'insorgere dello scisma d'occidente, 1960 – K. A. FINK, Zur Beurteilung der Gr. Abendländ. Schismas, ZKG 73, 1962, 335–343 – W. ULLMANN, The Origins of the Great Schism, 1967[2] [Nachdr. 1972] – S. FODALE, La politica napoletana di Urbano VI, 1973 – W. BRANDMÜLLER, Zur Frage nach der Gültigkeit der Wahl U.s VI. Q. und Q.kritik, AHC 6, 1974, 78–120 – M. DYKMANS, La troisième élection de pape Urbain VI, AHP 15, 1977, 217–264 – M. JACOVIELLO, Un papa napoletano nello Scisma d'Occidente: Bartolomeo Prignano, Campania Sacra 21, 1990, 72–95.

Urbar, aus ahd. *urberan* bzw. mhd. *erbern* ('hervorbringen, Ertrag bringen, Ertrag bzw. ertragbringendes Grundstück'), insbes. als Sammelbezeichnung für ein zu ökonom., administrativen und rechtl. Zwecken angelegtes Verzeichnis der Liegenschaften, Abgaben und Dienste eines Wirtschaftsobjektes, zumeist einer →Grundherrschaft oder →Villikation. [1] *Allgemein:* U.e und Urbarialien sind Teil der neuerdings stärker erforschten sog. »pragmatischen Schriftlichkeit«, die sich speziell in frühma. →Polyptychen (»Vieltafeln« nach den spätkaiserzeitl. Katastern), Hubenlisten, Heberollen (→Heberegister), Zinslisten (*censiers*), →Rotuli (Rödel), brevia, descriptiones und ordinationes niederschlagen, im SpätMA bis in die frühe NZ in Gült- und Lagerbüchern und Berainen. »U.aufzeichnungen (sind) im weiteren Sinne des Wortes Aufzeichnungen beschreibender Art, welche dazu bestimmt sind, zur Kunde des Bestandes einer Grundherrschaft zu dienen ... sie legen nicht Vorgänge rechtl. Art dar, sondern Beschreibungen von Zuständen« (R. Kötzschke). U.e bieten mithin einen authent. Einblick in einen konkreten Wirtschaftsorganismus in Zeit und Raum, zumal in die Grundherrschaft als Betriebs- und Lebensform. So vielfältig die Bezeichnungen in den Q., so unterschiedl. ist die formal-inhaltl. Ausgestaltung dieser Texte. Diese hing wesentl. vom erkenntnisleitenden Interesse der aufnehmenden Institution ab, ob mehr der Inventarcharakter des Besitzes oder die Ertragsquote (U.) in Einkünften und Dienstleistungen die Anlage des Verzeichnisses bestimmte, nicht aber ein abstraktes Formular. U.e und Urbarialien aus dem Früh- und HochMA liegen fast ausschließl. aus der Hand kirchl. Großgrundbesitzer vor, auf das Kgtm. gehen nur sehr wenige Texte zurück (→Lorsch, Kg.shof Annappes), so daß diese wohl kaum als Muster insgesamt für andere Aufzeichnungen gedient haben können. Die sog. →»Brevium exempla« aus der Wolfenbütteler Sammelhs., die auch das →Capitulare de villis enthält, verdanken dieses Rubrum ihren modernen Herausgebern in den MGH.

[2] *Früh- und Hochmittelalter:* Den Anfang der U.e bzw. Urbarialien machen ein Papyrus aus Ravenna, der bereits für das 6. Jh. grundherrschaftl. organisierte Güter der Ravennater Kirche verzeichnet, und die vor wenigen Jahrzehnten entdeckten und edierten »Comptes« aus St-Martin de Tours (um 700), die insbes. im Kontext mit Namensangaben aus einzelnen Coloniace Getreide- und Holzabgaben festhalten und offensichtl. der prakt. Wirtschaftsführung dienten, während für das Bm. Reims seit dem 7. Jh. descriptiones der villae episcopii bezeugt sind, die bis in die Tage Ebf. →Hinkmars erneuert wurden. Vom Ende des 8. bis zum Beginn des 10. Jh. sind etwa 30 U.e überliefert mit dem regionalen Schwerpunkt zw. Rhein und Seine, aber auch aus Italien; einige wenige davon sind im Original (St-Victor in Marseille, Rotulus, St-Germain-des-Prés, Codex) erhalten. Die Zunahme der Schenkungen an kirchl. Einrichtungen, die Streulage des Besitzes und die Ausformung der zweigeteilten Grundherrschaft machten offenbar zur Vermögenssicherung und zur Verwaltung derartige Aufzeichnungen unerläßl., die häufig die einzelnen Wirtschaftsobjekte in Gestalt eines Kurzinventars (Villa, Gebäude, Salland, Weinberge, Zubehör wie Mühlen) aufnahmen und die abhängigen Bauernstellen – mansus, huba – mit ihrem Besatz an Menschen, v.a. aber mit ihren Abgaben und Diensten. Diese Art strukturierter Aufnahme, die etwa den Referenzmansus kennt, der endlose Wiederholungen in der Auflistung der Bauernstellen überflüssig machte, erfolgte insbesondere bei Besitzerwechsel – so als →Staffelsee kurz nach 800 an das Bm. Augsburg ging (mit Aufzeichnung des Kirchenschatzes, der Bibliothek, der Erntevorräte und Arbeitsgeräte sowie der grundherrl. Dienstbarkeiten), Solnhofen und Hammelburg an Fulda, Friemersheim an Kl. Werden und Condé-sur-Marne im 9. Jh. an St-Remi de Reims. Häufig war der Anlaß für eine detailreiche Aufnahme, der wir im Fall von St-Germain-des-Prés die umfangreichste »laikale« Namensliste des FrühMA verdanken, die Aufteilung der Gütermasse zw. Abt und Konvent. Auch ein Teilu. von St-Denis v. 832 gibt davon Kunde. Das karol. Kgtm. hat im Interesse der eigenen Versorgung bzw. zwecks administrativen Überblicks derartige Erhebungen vornehmen lassen, möglicherweise generell, sicher aber 787 in St-Wandrille (→Fontenelle), 831 in →St-Riquier (Centula) oder 869 in →Lobbes. Gelegentl. erfolgte eine Besitzaufnahme bei äußerer Bedrohung, so in →St-Maur-des-Fossés oder in →Prüm (→Prümer U.) als Reaktion auf Normannenüberfälle. In aller Regel beziehen sich diese Texte, die nicht selten in Bibeln (St-Maur-des-Fossés), liturg. Sammelhss. (Kitzingen) oder als Bucheinschläge (St-Amand-les-Eaux) erhalten sind, fast ausschließl. auf landwirtschaftl. genutzten Besitz und dessen Ertrag, eine bedeutende Ausnahme macht das Verzeichnis von St-Maur-des-Fossés über die klösterl. Grundstücke in Paris, das wertvollen Aufschluß über die frühma. Topographie der Seinemetropole liefert. Die Aufnahme der Texte erfolgte häufig durch Kommissionen vor Ort, die sich dabei der Befragung von Dorfältesten bedienten. Eine derartige Inquisitio liegt etwa für den Ort Limonta am Comer See aus dem 9. Jh. vor, später aus Fulda und Bamberg im 12. Jh. U.e waren durchaus gerichtstaugl., wie eine Urk. Kg. Pippins I. v. Aquitanien für Cormery v. 828 lehrt. Die Kl.verwaltung war über die Detailangaben für einzelne Höfe v.a. an den Summen wichtiger Grundnahrungsmittel (insbes. Getreide und Wein) interessiert, so daß mit der Endredaktion des Textes im Kl. – so in Prüm und Lobbes – zugleich eine abstrahierende Zusammenfassung in Gestalt von Summen erfolgte, die auch, wie im Falle von Marmoutier im Elsaß (→Maursmünster), den Übergang des U.s zum hochma. censier vorbereitend, die zu erwartenden Geldbeträge anzeigte. U.e sind in der Regel Momentaufnahmen, die zumeist der aktuellen Besitzerfassung, nicht aber der ständigen, gar tägl. Verwaltung dienten und dementsprechend auf den jeweils neuesten Stand gebracht wurden. Nachträge sind daher selten. So reichen die U.e vom Kl. →Werden zwar vom 9. bis zum 13. Jh., sie sind aber nicht fortlaufend geführt. Ob und inwieweit ein Teil der linksrhein. aufgezeichneten U.e – etwa St-Remi de Reims – Zeugnis für die zumindest partielle Weiterführung der spätantiken staatl. Steuerverwaltung ablegen, bedarf weiterer Untersuchungen.

[3] *Hoch- und Spätmittelalter:* Was die »Zwischenzeit« vom ausgehenden 9. bis zur Mitte des 12. Jh. angeht, so ist die Zahl der überlieferten U.e und Urbarialen vergleichsweise marginal (u.a. aus →Essen, →Corvey, →Fulda, Kitzingen, St. Emmeram [→Regensburg], →Freckenhorst). Dies mag mit dem Verfall der Großgrundherrschaft, ihrer Umstrukturierung mit Vergabe des Sallandes, dem Verlust des Fernbesitzes, v.a. aber mit dem Zugriff der adligen Lehnsträger auf Kirchengut zusammenhängen, dem die heruntergewirtschafteten Benediktinerabteien Prüm und →Weißenburg im Elsaß im 13. Jh. durch eine kommentierte Abschrift eines alten U.s bzw. durch Neuzusammenstellung der Besitztitel zumeist vergebl. rechtssichernd zu begegnen suchten. Seit dem 13. Jh. schwillt der Strom der U.e, Rödel, Zinsregister etc. gewaltig an. Diese stellen »ein hervorragendes Material für die Demographie, die Siedlungsforsch., die Agrargesch. und allg. für die ländl. Sozialgesch. zur Verfügung« (W. Rösener). Ihre Erforschung und Edition ist ein gewichtiges Desiderat. Insbesondere Hochstifte, Dompropsteien, Hospitäler bedienten sich dieser Aufzeichnungsform zum Zwecke der Verwaltung ihrer Sondervermögen. Vollu.e sind selten. Mit Rekurs auf Urkk. und histor. Material kommt es häufig zu Mischformen zw. U.en, Chartularen (→Kartular) und →Traditionsbüchern, so etwa in Salzburg oder im berühmten oculus memorie der Zisterze →Eberbach aus dem 13. Jh. In →Niederaltaich stellte Abt

Hermann den großen Traditionscodices ein Inventar des ausgehenden 8. Jh. voran. Nicht selten sind auch →Weistümer integrierter Bestandteil von U. en. Mit Ausgang des 12. Jh. sind auch U.e weltl. Herrschaftsträger überliefert, so das U. der Gf.en v. →Falkenstein v. 1180 (→Codex Falkensteinensis) oder das älteste bayer. Hzg.su. v. 1231 sowie U. e der Babenberger und der Tiroler Gf.en aus dem 13. Jh., deren Erforschung und Herausgabe dank A. DOPSCH relativ weit gediehen sind. Prunkausfertigungen sind im SpätMA etwa im Kl. Tennenbach angefertigt worden.

Bes. im SW ist aus dem SpätMA (und der frühen NZ) eine Fülle von Lagerbüchern und sog. Berainen überliefert, in denen sich die Stufen der fsl. Landesherrschaft jeweils konkretisieren und die der territorialen Verwaltung als Fundament dienten.   D. Hägermann

Lit.: HRG V, 558ff. – J. SUSTA, Zur Gesch. und Kritik der Urbarialaufzeichnungen, SB Wien 138, 8 1898, 44f. – C. H. TAYLOR, Note on the Origin of Polyptychs (Mél. H. PIRENNE, 2, 1926), 475ff. – E. FRHR. V. GUTTENBERG, Frk. U.e, ZBLG 7, 1934, 167ff. – E. LESNE, Hist. de la propriété ecclésiastique en France 3, 1936, 1ff. – O. HERDING, Das U. als orts- und zeitgeschichtl. Q., Zs. für württ. LG 10, 1951, 72ff. – W. METZ, Zur Gesch. und Kritik der frühma. Güterverzeichnisse, ADipl 4, 1958, 183ff. – A. SCHÄFER, Die ältesten Zinsrödel im Bad. Generallandesarchiv. Rödel als Vorläufer und Vorstufen der U.e, ZGO 112, 1964, 297ff. – H. OTT, Probleme und Stand der U.interpretation, ZAA 18, 1970, 159ff. – DERS., Das U. als Q. für die Weistumsforsch. (Dt. Ländl. Rechtsq. Probleme und Wege der Weistumsforsch, hg. P. BLICKLE, 1977), 103ff. – G. RICHTER, Lagerbücher- oder U.lehre, 1979 – W. KLEIBER u. a., Hist. Südwestdt. Sprachatlas. Aufgrund von U.en des 13. bis 15. Jh., 1, 1979, 14ff. – W. GOFFART, Merovingian Polyptychs. Reflections on Two Recent Publications, Francia 9, 1981, 57ff. – J. P. DEVROEY, Les premiers polyptyques rémois, VIIᵉ-IXᵉ s. (Le grand domaine aux époques mérovingienne et carolingienne, hg. A. VERHULST, 1985), 78ff. – D. HÄGERMANN, Anm.en zum Stand und den Aufgaben frühma. U.forsch., RhVjbll 50, 1986, 32ff. – DERS., Q.krit. Bemerkungen zu den karolingerzeitl. U.en (Strukturen der Grundherrschaft im frühen MA, hg. W. RÖSENER, 1989), 47ff. – L. KUCHENBUCH, Teilen, Aufzählen, Summieren (Schriftlichkeit im frühen MA, hg. U. SCHAEFER, 1993), 181f. – E. BÜNZ, Probleme der hochma. U.überlieferung (Grundherrschaft und bäuerl. Ges. im HochMA, hg. W. RÖSENER, 1995), 31ff.

Urbild – Abbild (παράδειγμα – μίμημα, exemplar – imago). Der zugrundeliegende Gedanke entstammt dem Zentrum »platonischer« Metaphysik: Die vielheitl. kreatürl. Welt bietet sich zwar unserem Erkennen dar, wir erfassen sie aber nur in ihrer Uneigentlichkeit, Defizienz, Vordergründigkeit, die ihrerseits aber über sich hinaus weist auf eine ihr zugrundeliegende, sie in ihrem endlichen Sein begründende Vollkommenheit und Eigentlichkeit. Die vielen endlichen A.er sind, was sie sind, durch Teilnahme am vollkommenen U., ohne Mitdenken des U.es wären sie in ihrem teilhaftigen Sein nicht verstehbar.

Dieser hier allgemein gefaßte U.-A.-Gedanke variiert im Laufe der Philosophie- und Theologiegeschichte. In der systematisierten Fassung des späten Platon-Dialogs Timaios (er ist bis zum 12. Jh. nahezu einzig einschlägiger übersetzter Platon-Text) werden die Ideen als U.er (παραδείγματα) den einzelseienden teilhabenden A.ern (μιμήματα) gegenübergestellt (die »dritte Gattung« ist Platons Raum-Materie – Tim. 48 e 3ff.). Die Idee des Guten (Platons »Politeia« und »Parmenides«) ist wegen ihrer absolut vielheitüberhobenen Einheit nicht partizipabel, im Begriff des U. als auch nicht zu fassen (MEINHARDT, Th. b. Platon, 95ff.). Das Weiterdenken der platon. Ideen als urbildl. Gedanken Gottes in der Zeit der »Vorbereitung des Neuplatonismus« (W. THEILER) vermeidet die Duplizität der Letztbegründung bei Platon (Ideen – Idee des Guten), schafft aber neue Probleme für die betonte Einheitsmetaphysik der Neuplatoniker. Im absoluten Übereinen kann es noch keine vielheitbegründende Urbildlichkeit geben, Plotin siedelt sie deshalb in der ersten Hypostase des Einen, im Geist (νοῦς) an. Sein Ringen um sprachl. Ausdruck (etwa IV, 3 [27] 4, 10) offenbart die bleibende Denkschwierigkeit.

Für die christl. Theologen der ersten Jahrhunderte entschärft sich dieses Problem durch ihr trinitar. Gottesverständnis: Vielheit gründet sich bereits innertrinitarisch, also noch im Einen: Der 'gleichwesentliche – ὁμοούσιος' Sohn, die Selbstanschauung des Göttlichen Vaters, ist »der überhimmlische Ort« (Platon, Phaidros 247 c 3ff.) der die Schöpfung urbildl. begründenden Ideen, und sein Inhalt der Selbstaussage Gottes. Das Verbum, die zweite Person in der Gottheit, ist »Form aller geformten Dinge (der Welt) – forma omnium formatorum« (Augustinus, Sermo 117, MPL 38, 662). Die Frage nach dem Woher und Warum der Schöpfung weist – christl. verstanden – auf diese innertrinitar. Zeugung des Sohnes durch den Vater und die liebende Verbindung beider durch den Hl. Geist. Diese Schöpfungsbegründung durch innertrinitar. Urbildlichkeit ist das theol.-philos. spekulative Pendant der positiven Weltzuwendung in den jüd.-christl. Hl. Schriften. Höheres kann über das Ja des jüd.-christl. Gottes zur Schöpfung nicht gesagt werden, das Gewicht solcher Aussagen erhellt zudem aus ihrem hist.-zeitgenöss. Hintergrund, den weltverneinenden gnost. und manichäischen Gottesvorstellungen.

Der enge Zusammenhang zw. Weltbegründung und Trinität ist das zentrale Anliegen im Hauptwerk des →Johannes Scotus Eriugena (9. Jh.), Periphyseon: Für den Sohn gilt selbstverständlich, daß er »gezeugt, nicht geschaffen – genitus, non factus« (Symbolum Nic. – Const., DENZINGER–SCHÖNMETZER 150) ist, die in ihm enthaltenen »primordiales causae« aber sind vom Vater geschaffen (»factae« oder »creatae«); zwar war der Sohn »nie ohne die in ihm geschaffenen uranfänglichen Ursachen der Natur«, aber anders als der gleichewige (coaeternus), weil gleichwesentliche (coessentialis) Sohn sind diese Ideen nur »nicht ganz gleichewig – non omnino coaeternae« (Joh. Sc. Eriugena, Periphyseon, hg. SHELDON–WILLIAMS II, 82, Z. 1ff.). Die Bedeutung dieser sprachl. so kleinen Unterscheidung ist die Abwehr eines pantheist. Fehlverständnisses. Der urbildl. Ursprung der vielheitl. Welt liegt innerhalb der trinitar. Prozesse, ist aber nicht mit ihnen identisch.

Eine ähnl. innertrinitar. Schöpfungskausalität der urbildl. Ideen denkt auch Meister →Eckhart: Das 'Wort', in dem Gott sich vollständig ausspricht, enthält als »ratio idealis« in Einheit die »rationes« und ist als solches die »causa primordialis, essentialis et originalis« (M. E., L. W. 2, 343; 3, 37; 4, 231. 236). Eine äußerste, kaum mehr mitvollziehbare Dehnung erfährt der A.-Begriff bei →Nikolaus v. Kues im Zusammenhang seiner Geistesmetaphysik: Um »A. – imago« und »Ausfaltung – explicatio« zu trennen, wird es »einzigmal – semel« christolog. als absolute »Gleichheit – aequalitas« verstanden; die zweite Person in der Gottheit ist 'einzigmaliges' wesensgleiches A. der »complicationum complicatio – Einfaltung der Einfaltungen«, aber niemals explicatio des Vaters. Erstes A., einfachstes, aber nicht mehr gleiches, im Bereich des Geschöpflichen ist der menschl. Geist (mens), auch er noch nicht explicatio, aber U. (exemplar) für die explizierte Vielheit der extramentalen Welt. Diese metaphys. Vermittlungsfunktion des menschl. Geistes als A. und U. zugleich ist für Cusanus der seinsmäßige Ermöglichungsgrund für die Bildung einer Begrifflichkeit, die, wenn auch konjektural, auf das außergeistige real Seiende zutrifft (vgl. N. v. K., Idiota de mente, Kap. 4).

H. Meinhardt

Lit.: →Einheitsmetaphysik – Seinsmetaphysik, →Teilhabe, →Coniectura, →Complicatio – Explicatio, →Gnosis, →Manichäismus – HWP s. v. Idee – J. RITTER, Mundus intelligibilis, 1937 – W. THEILER, Die Vorbereitung des Neuplatonismus, 1964² – H. MEINHARDT, Teilhabe bei Platon, 1968 – DERS., Exaktheit und Mutmaßungscharakter der Erkenntnis (Nikolaus v. Kues, hg. K. JACOBI, 1979), 101–120 – DERS., Neuplatonismus, christl. Schöpfungsmetaphysik, Geschichtsphilosophie. Interpretationsthesen zu Eriugena-Texten (Renovatio et Reformatio, hg. M. GERWING–G. RUPPERT, 1985), 141–154.

Urbino, Stadt, Bm., Gft. und Fsm. in Mittelitalien (Marken), entstand auf dem Gelände der röm. Stadt Urbinum Metaurense und war höchstwahrscheinl. bereits in den ersten Jahrhunderten des MA Mittelpunkt eines Territoriums, das sich zw. dem Mittellauf des Foglia und des Metauro erstreckte. Seine strateg. günstige Lage auf einem Hügel an der Kreuzung antiker Verkehrswege zw. der Ebene an der Adria und den Ausläufern des Apennin trug dazu bei, daß U. auch im FrühMA ständig besiedelt war, so daß sein Status als Stadt sehr rasch (mit Sicherheit seit dem späten 6. Jh.) durch die Niederlassung eines Bf.s und die frühe Organisation einer Diöz. bestätigt wurde. Wegen seiner Bedeutung als Festungsstadt war es unvermeidl., daß U. in entscheidende militär. Operationen verwickelt wurde; so gelang es in den Gotenkriegen →Belisar, die Stadt um 583 den Ostgoten zu entreißen. Die durch diese Kämpfe und in weiteren Feldzügen (z. B. des Langobardenkg.s Liutprand in den ersten Jahrzehnten des 8. Jh.) erlittenen Zerstörungen hemmten die Entwicklung der Stadt innerhalb des antiken Mauerrings und verhinderten lange Zeit ihre Kontrolle über das Umland.

Wahrscheinl. besserte sich U.s Lage in frk.-karol. Zeit. In die sog. →Pippinische Schenkung war auch U. inbegriffen.

Im HochMA erlebte U. eine Aufschwungphase und konnte in das nähere und mit der Zeit auch weitere Umland ausgreifen, v. a. in das südl. und nordwestl. Apenninengebiet von Fossombrone bis in das Montefeltro.

Losgelöst aus dem byz. Verteidigungssystem, in dem es gleichsam einen Angelpunkt der Pentapolis Annonaria gebildet hatte, konnte U. nun eine eigene Politik und eine eigene Identität entwickeln, allerdings konditioniert durch die im ganzen recht massive Präsenz lokaler Herrschaften, auswärtiger adliger Machthaber und (Feudal-)Herren, sowie durch die konkurrierende Expansion des Patrimoniums der Kirchen von Rom und Ravenna (8.–10. Jh.). Als in zunehmendem Maße Adelsgruppen aus dem Contado und aus weiter abgelegenen Gebieten stadtsässig wurden, bildete sich in U. eine machttragende Oligarchie (aus Klein- und mittlerem Adel) heraus, die höchstwahrscheinl. im späten 12. Jh. unter dem Bf., der in spiritualibus Rom direkt unterstand und ein starkes weltl. Machtpotential besaß, die erste Kommune mit Konsuln konstituierte, deren Entwicklung jedoch bis mindestens zum zweiten Jahrzehnt des 13. Jh. andauerte. Der Einfluß des Bf.s auf die städt. Führungsschicht war offenbar bereits um das Jahr 1000 gewachsen, als die Kathedrale von der Peripherie (S. Sergio) in das Zentrum verlegt wurde (S. Maria della Rocca, vor 1069), wo sie auf Dauer verblieb. Bereits im Lauf des 12. Jh. gewann jedoch eine kaiserfreundl. Partei starken Einfluß, die im 13. Jh. die Präsenz der stauf. Herrschermacht in U. begünstigte, wobei diese ihre Vertretung und Regierungsgewalt an Vikare und Fs.en delegierte, die im allg. aus dem Haus →Montefeltro stammten. Die Übertragung des Reichsvikariates über U. durch Friedrich Barbarossa an Antonio da Montefeltro (1155) und die Vergabe des gfl. Lehens an dessen Enkel Buonconte durch Friedrich II. (1213) verbanden die Geschicke der Stadt mit der Gf.endynastie aus dem benachbarten Apenninenhochland, schwächten jedoch auch die lokalen kirchl. und weltl. Autonomien und verzögerten oder behinderten die Entwicklung der kommunalen Bewegung, die sich aber in gewissem Maße durch die häufigen Eingliederungen des Contado-Adels in die Stadt fortsetzte. Dies begünstigte eine engere Beziehung zw. U. und seinem Territorium, förderte den Zuzug in die Stadt und die Entstehung eines lebhaften Markts für landwirtschaftl. Produkte. Es entstanden neue Vorstädte außerhalb des ersten Mauerrings. Die Macht der Montefeltro in U. wurde 1234 von Friedrich II. konsolidiert, der in Anerkennung ihrer Treue den Gf.en Taddeo und Buonconte die Herrschaft über die Stadt und die Gft. verlieh.

Der lokale Episkopat, der zwar im Lauf des 13. Jh. zunehmend beim Papst und dem örtl. Guelfentum Unterstützung fand, verlor dennoch an polit. Gewicht und Einfluß gegenüber dem Ghibellinismus der Montefeltro, und dies galt auch für die Zeit nach dem Untergang des Stauferreichs. Gleichwohl bewahrte er seine starke Kontrolle über den Diözesanklerus, der ein umfangreiches ländl. Territorium betreute (Ende des 13. Jh. 34 Taufkirchen). In der Krise der Benediktinerkl. in der Stadt und auf dem Land setzten sich im 13./14. Jh. die →Bettelorden durch (Gründung der Konvente S. Agostino, S. Domenico und S. Francesco), die zumeist in recht engen Beziehungen zu den Machthabern in der Kommune, den Signoren und Fs.en standen.

Unter den Montefeltro verstärkte sich die städtebaul. Entwicklung U.s. Die Stadt zog nun nicht nur die Bewohner des Contado, sondern auch benachbarter Territorien (von Cagli, Gubbio, Casteldurante und anderer Städte) an. Die glanzvolle Zeit des großen, von Dante besungenen Condottiere Guido da →Montefeltro brachte für U. jedoch auch schwere Krisen: Nach einem erfolgreichen Feldzug unter dem Vikar Guglielmo Durante (1284–85) bekämpfte Papst Martin IV. den letzten Widerstand der Montefeltro, besetzte die Stadt, ließ ihre Mauern und Befestigungen niederlegen und gliederte sie und den Contado der Mark Ancona ein, die bereits zum Kirchenstaat gehörte. Trotz verschiedener späterer Wechselfälle verzeichnet noch die 1355–56 von Kardinalvikar →Albornoz in Auftrag gegebene »Descriptio Marchiae« die Zugehörigkeit U.s zur Mark, aber in hervorgehobener Position und an der Spitze von 54 Kastellen und 26 Villae seiner Gft.

Die Krise des avignones. Papsttums und der Kirche während des Großen →Abendländischen Schismas ermöglichte es Gf. Antonio v. Montefeltro (1375–1404), U. dem Papsttum zu entziehen, die Macht seiner Dynastie wiederherzustellen und den außergewöhnlichen Aufstieg U.s in der 2. Hälfte des 15. Jh. zur Hauptstadt eines Hzm.s in die Wege zu leiten, das in der Geschichte der Apenninenhalbinsel am Übergang zur frühen NZ eine bedeutende polit. und kulturelle Rolle spielte. Dieser Aufstieg setzte sich unter seinem Sohn Guidantonio (1404–43), einem fähigen Condottiere und Politiker, fort und erreichte nach dem trag. Tod des legitimen Erben Oddantonio (1444) unter seinem illegitimen Sohn Federico (1444–82) den Gipfelpunkt. Federico wurde von Papst Sixtus IV. als Gf. v. Montefeltro bestätigt und erhielt 1474 den Hzg.titel. Neben seinen großen Fähigkeiten als Söldnerführer und autoritativer Vertreter der Gleichgewichtspolitik in Italien, war Federico, nicht zuletzt durch seine Hinführung zur humanist. Kultur in der Jugend, auch ein bedeutender

Mäzen, der die Blüte der Literaten und Künstler an seinen Hof (in dem von dem dalmatin. Architekten Luciano Laurana erbauten neuen Hzg.spalast) berief: Männer von außergewöhnl. Begabung wie →Piero della Francesca, →Uccello, →Melozzo da Forì, Francesco di Giorgio Martini, →Brunelleschi, →Alberti u. a. führten die humanist. Hofkultur zu ihrer größten Reife und verankerten im Leben von U. wesentl. Elemente der Renaissancekultur.

Trotz wiederholter Versuche der Päpste, wieder die direkte Herrschaft über das Hzm. zu erlangen, blieb U. auch nach dem Tode Federicos in der Hand der Montefeltro, repräsentiert durch den jungen Fs.en Guidobaldo (1482–1508). Nach dem Erlöschen der Dynastie im Mannesstamm traten die →Della Rovere unter Francesco Maria ihre Nachfolge an. A. Vasina

Q. und Lit.: A. THEINER, Codex diplomaticus..., I–II, 1861–62, passim – G. FRANCESCHINI, I Montefeltro, 1970 – L. BENEVOLO–P. BONINSEGNA, U. (Le città nella storia d'Italia), 1986.

Urci, Bm. in der Prov. Carthaginiensis (?), dessen Gründung auf den 'Apostelschüler' Indalecius zurückgeführt wird. Der erste gesicherte Bf.sbeleg für die 8 km östl. →Almería gelegene Stadt findet sich auf dem Konzil v. →Elvira (Anfang 4. Jh.). Zw. 633 und 693 nahmen Bf.e v. U. an den Konzilien v. →Toledo teil, ein weiterer ist bezeugt auf dem Konzil v. Córdoba 862. Die Q. erwähnen das Bm. U. noch bis in das 11. Jh. Wann genau es auf die von den Arabern gegenüber dem zerfallenden U. gegr. Stadt Baǧǧāna (Pechina), die auch einen mozarab. Bevölkerungsteil besaß, überging, ist nicht geklärt. Mit der Vertreibung der →Mozaraber aus der Stadt durch die →Almoraviden (ca. 1125) dürfte auch das Bm. erloschen sein (Gründung der Diöz. Almería 1492). G. Kampers

Lit.: DHEE IV, 2675 – LThK³ IV, 422f. s.v. Almería – RE IX/1, 999 – L. A. GARCÍA MORENO, Prosopografía del reino visigodo de Toledo, 1974, 146 – A. TOVAR, Iber. LK, II/3, 1989, 144–146.

Urfé, Pierre, frz. Staatsmann und Heerführer, seit 1483 Grand Écuyer de France (→Écurie), † 10. Okt. 1508, ▢ La Bastie, Église des Cordelières. U. entstammte dem Adel der Gft. →Forez, war Herr v. Urfé, La Bastie, St-Géran-le-Puy, Montagu und Rochefort. 1461 diente er im Lyonnais und gehörte zur (antikgl.) Partei des Hzg.e v. →Burgund und →Bretagne. Als Begleiter Hzg. →Karls des Kühnen v. Burgund nahm er an der für Kg. →Ludwig XI. fatalen Begegnung v. →Péronne (1468) teil. Beim Frieden v. →Soleuvre (1475) gehörte er zu den burg. Parteigängern, denen der Kg. v. Frankreich Gnade gewährte. In seiner Eigenschaft als →Chambellan und Grand Écuyer des Hzg.s v. Bretagne, →Franz II., reiste U. 1480 nach Rom. 1486 stand er im Dienst des Hzg.s v. →Bourbon, war Burghauptmann (→Capitaine) v. Bourbon und Bailli v. Forez sowie Burghauptmann v. Montbrison. Bei der Thronbesteigung →Karls VIII. (1483) empfing er das hohe Amt des Grand Écuyer de France und war in dieser Eigenschaft am Einzug Karls VIII., später dann →Ludwigs XII. (1498) in Paris beteiligt. 1488 hatte er das Seneschallat v. →Beaucaire, Schlüsselposition der kgl. frz. Verwaltung in Südfrankreich, inne. Als Feldhauptmann über 50 *lances* nahm U. an der Seite Kg. Karls VIII. an der Eroberung v. →Neapel (1495), der Schlacht v. →Fornovo del Taro (Emilia) und der Belagerung v. →Novara (Lombardei) teil. Wegen der Einbehaltung der Ehrenzeichen, die er 1498 bei den von ihm geleiteten Begräbnisfeierlichkeiten für Kg. Karl VIII. getragen hatte, wurde er von der Abtei →St-Denis gerichtlich belangt und 1501 zur Rückgabe verurteilt. Im Sept. 1505 von seinem Amt zurückgetreten, starb er am 10. Okt. 1508 (Testament bereits Dez. 1504). E. Lalou

Lit.: P. ANSELME, Hist. généalog. et chronologique de la Maison royale de France, VIII, 1733 – G. DUPONT-FERRIER, Gallia regia, I, 1942.

Urfehde (ahd. *urvêhe[de]*, lat. iuramentum pacis) war eidl. bekräftigter Fehdeverzicht und stand jedenfalls anfängl. in engster Wechselbeziehung zur →Fehde als Kernelement ma. Strafrechts. In der Fehde wurde durch Schadenzufügung Druck auf den Friedens- und Rechtsbrecher ausgeübt, um ihn zu vertragl. Ausgleich mit dem Geschädigten oder seinen Hinterbliebenen zu zwingen. Der Sühnevertrag beinhaltete von seiten des Verbrechers die Leistung einer Buße an den Verletzten, später auch an kirchl. und staatl. Stellen; der Geschädigte bzw. Fehdeführende versprach die Einstellung von Gewaltmaßnahmen und die künftige Einhaltung des wiederhergestellten Friedens mit dem Straftäter und seiner Sippe (sog. 'Streiturfehde'). Mit dem Aufkommen staatl. Strafverfolgung im SpätMA veränderte auch die U. Funktion und Bedeutung grundlegend. Nun stand als Adressat des Versprechens auf Racheverzicht die von Amts wegen gegen das Verbrechertum einschreitende Obrigkeit im Vordergrund.

Im Rahmen des neuen →Inquisitions- und Akkusationsprozesses war Inhalt der U. das unter Eid abgegebene Versprechen des Straftäters, sich nicht für Gefangennahme und Haft zu rächen ('Hafturfehde') bzw., bei Landesverweisung, nicht in das Gebiet der strafenden Obrigkeit zurückzukehren. Die U. war ergänzend an die Seite der staatl. Strafe getreten. Sie konnte diese in Verbindung mit der Landesverweisung ersetzen. Nicht selten übernahm sie Aufgaben moderner Bewährungsstrafen bzw. Maßnahmen der Sicherung und Besserung (Verbot des Messertragens, Gasthausverbot). In diesem Sinn war U. eine Form der Gnade im ma. Strafrecht. Da in ihrem Kern ein Eid stand, wurde Bruch der U. als →Meineid bestraft, und zwar arbiträr, d. h. nicht immer mit den grausamen Strafen des Finger- oder Handabschlagens. Nebenfolge war →Infamie.

U.n waren v.a. im SpätMA und in der frühen NZ ausgesprochen häufig. Es wurde prakt. keine irgendwie in Haft genommene Person ohne schriftl. und formularmäßig geleistete U. bestraft oder freigelassen. Dabei ging es den territorialen Obrigkeiten nicht nur um Zwecke der Strafjustiz, sondern auch – und hier lag die verfassungsgeschichtl. Bedeutung der U. – um Wahrung ihrer strafrichterl. Autonomie als konstitutives Element der Landesherrschaft und -hoheit. Man versuchte, Freigelassenen und ihren Angehörigen durch Aufnahme entsprechender Klauseln (»mit und ohne Recht«) in das U.formular den Weg zum Rechtsschutz bei auswärtigen bzw. höheren Gerichten zu versperren. Deshalb anerkannte die Reichskammergerichtsordnung v. 1555 nur die »alte gewöhnl. U.« als rechtsgültig (T. 2 Titel 22). Auch die gelehrte Jurisprudenz bekämpfte den Mißbrauch der U. in der territorialen Strafjustiz, indem sie unter Gewalt und Zwang zustandegekommene U.n für unwirksam erklärte. R. J. Weber

Lit.: HRG V, 562–570 [Lit.] – W. EBEL, Die Rostocker U.n, Veröff. aus dem Archiv der Seestadt Rostock 1, 1938 – H. JÄNICHEN, Schwäb. Totschlagsühnen im 15. und 16. Jh., Zs. für württ. LG 19, 1960, 128ff. – A. BOOCKMANN, U. und ewige Gefangenschaft im ma. Göttingen, Stud. zur Gesch. der Stadt Göttingen 13, 1980 – R. J. WEBER, Rechtsgesch. Aspekte (U.n im Ermstal, bearb. CH. BÜHRLEN-GRABINGER, Metzinger Heimatbll., Quellenpubl. I, 1991), 33ff.

Urgel (katal. Urgell), Gft., Stadt (Seo de U., Seu d' Urgell) und Bm. im nw. →Katalonien, in den östl. →Pyrenäen und ihrem südl. Vorland.

I. Grafschaft – II. Bistum – III. Klöster und Stifte – IV. Stadt.

I. GRAFSCHAFT: Das Gebiet der Gft. U., das im W vom →Pallars, im O von der →Cerdaña begrenzt wird, ist im Nordteil durch Gebirge, im Südteil durch die fruchtbare Plana d'Urgell geprägt. Es war nur schwach romanisiert und wies im MA eine geringe Besiedlungsdichte auf. Um 788 wurde es als →Pagus konstituiert und dem Frankenreich eingegliedert. Gegen Ende des 10. Jh. verwandelte sich das Amt des →Comes infolge der fakt. Auflösung der karol. Gft.sordnung (→Graf) in ein Erbgut: Ermengol I. (992–1010) aus dem Gf.enhaus v. →Barcelona begründete das erste Gf.engeschlecht v. U., das seit 1231 durch die →Cabrera unter dem Seniorat des Hauses Barcelona und von 1314 bis zum Verlust der rechtl. Unabhängigkeit U.s (1413) wiederum durch eine Seitenlinie der Barceloneser Dynastie fortgeführt wurde. Schwäche und Zerfall des Kalifats v. →Córdoba ermöglichten es im 11. Jh. den Gf.en (Ermengol I.–V.), ihr Herrschaftsgebiet dem Lauf des Segre folgend nach S auszudehnen. Zugleich nutzten Adlige wie →Arnald Mir de Tost die Gelegenheit, ohne Auftrag der Gf.en Eroberungen durchzuführen, die sie aber nicht zu unabhängigen Herrschaften auszubauen vermochten. Ende des 11. Jh. stießen die Christen bis in die Plana d'U. vor, 1105 eroberten sie die Stadt Balaguer, denen Herrschaft Ermengol VI. zufiel. Zusammen mit Agramunt, wo die Gf.en seit 1099 (bis ins 15. Jh.) Münzen prägen ließen, entwickelte sich Balaguer zur wichtigsten Stadt der Gft. U. und zur bevorzugten Residenz der Gf.en. Die christl. Expansion wurde im 12. Jh. durch kolonisator. Maßnahmen gestützt (→Repoblación); eine weitere Ausdehnung nach S wurde jedoch durch die ebenfalls expandierende Gft. Barcelona behindert. Ermengol VI. hatte zwar nicht entscheidenden Anteil an der Eroberung v. →Lérida (1149), aber er konnte die Stadt seinem Herrschaftsbereich nicht langfristig eingliedern.

Das Gf.enhaus v. U. anerkannte fakt. die Vorrangstellung der Gf.en v. Barcelona, denen es vertragl. wie verwandtschaftl. verbunden und spätestens seit 1063 (Treueschwur Ermengols III. an →Raimund Berengar I.) zum Homagium verpflichtet war. Bis zur Vereinigung des Kgr.es →Aragón mit der Gft. Barcelona (Krone Aragón) konnten die Gf.en v. U. ihre Position im Spannungsfeld zw. beiden Herrschaften halten, danach beschränkten die mächtigen Nachbarn (unter ihnen die Gf.en v. →Foix) sowie die wachsende Macht der Vgf.en v. →Castellbó und Cabrera ihren Einfluß. Nach dem Aussterben des ersten Gf.enhauses war U. häufig von instabilen innenpolit. Verhältnissen und von Adelsaufständen gegen die Vorherrschaft der katalano-aragones. Kg.e gekennzeichnet. 1413 wurde die nominell noch unabhängige Gft. durch →Ferdinand I. endgültig der Krone inkorporiert.

II. BISTUM: Das Bm. existierte spätestens im 6. Jh., wie aus der Teilnahme der Bf.s Just an Konzilien in Toledo (527) und Lérida (546) hervorgeht. Trotz der muslim. Eroberung blieben die Seelsorgefunktion des Bm.s und die Kontinuität des Bf.ssitzes bewahrt. Wenige Jahre nach der Eingliederung in die frk. Kirchenverfassung (um 788) und einer als Reaktion darauf zu wertenden muslim. Offensive wurde Bf. →Felix wegen seiner Haltung im Adoptianismusstreit (→Adoptianismus) auf dem Aachener Konzil v. 799 abgesetzt, die Diöz. dem Ebm. →Narbonne unterstellt. Sie umfaßte nun die Gft.en U., Cerdaña, Pallars, →Ribargoza (im Verlauf des 11. Jh. dem Bm. →Roda, später dem Bm. Lérida zugeschlagen) zusammen mit dem Berguedà und einigen angrenzenden Tälern. Eine möglicherweise im 10. Jh. gefälschte, auf das Jahr 839 datierte Urk. zählt 299 Pfarrkirchen auf, die auch besitzrechtl. an den Bf.ssitz gebunden waren, eine weitere v. 1040 nennt 129 Ortschaften des Bm.s, davon 83 in der Gft. U. Unter Bf.en aus gfl. und vizegfl. Geschlechtern (981–1122) gelang es, seniorale Rechte insbes. in →Andorra (bis zur Gegenwart) und Seo de U. zu erlangen, die jedoch zugleich der Grund für anhaltende Konflikte mit lokalen Adelsfamilien, insbes. den Castellbó und Foix, bildeten. I. J. 1154 wurde die Kirchenprovinz →Tarragona wieder eingerichtet, der U. als der Ausdehnung nach größtes katal. Bm. seitdem angehört.

III. KLÖSTER UND STIFTE: Zu Beginn des 9. Jh. wurde das monast. Leben in S. Sadurni de →Tabernoles (Tavèrnoles) nach der Benediktinerregel wiederbelebt. Andere Benediktinerkl. entstanden im 10. Jh. aus Klerikergemeinschaften (S. Llorenç de Morrunys, S. Pere de Graudescales). Insgesamt wurden in U. zw. dem 9. und 12. Jh. rund 40 Kl. als gfl., adlige oder bfl. Eigenkl. gegründet und in ebenso vielen Kl. das monast. Leben erneuert. Seit dem letzten Viertel des 11. Jh. erfolgte die Errichtung von Regularkanonikerstiften bzw. die Regulierung bestehender Einrichtungen in S. Miquel zu U., Organyà, Mur, Frontanyà, Guissona, Lillet, Cellers, Ponts, Ager, →Solsona und Tremp sowie nach den Consuetudines v. →St-Ruf in Cardona. Gründung des ersten und bedeutendsten Prämonstratenserkl. Kataloniens in Bellpuig de les Avellanes (1166), des Zisterzienserkl. S. Maria de →Lavaix (1223) sowie mehrerer Frauenkl. (Benediktinerinnenkl. S. Cecília d'Elins, Zisterzienserinnenkl. Franqueses). Als erster Mendikantenorden gründeten die Dominikaner (Seo de U. 1266, Puigcerdà 1291), wahrscheinl. u. a. wegen des in N des Bm.s virulenten Katharertums (→Katharer) in U. Konvente (OFM: 1320 Puigcerdà, 1338 Seo de U., Sackbrüder: Puigcerdà vor 1270), dagegen verfügten die Ritterorden mit Ausnahme der Johanniter (Costoja, Susterris) im U. über verhältnismäßig wenige Niederlassungen.

IV. STADT: Die möglicherweise auf eine prähist. Siedlung und das von Ptolemaeus, Plinius und Strabo erwähnte 'Orgia' oder 'Orgellia' zurückgehende Stadt trägt ihren seit dem 10. Jh. bezeugten Namen 'Civitas sedis Urgelli' (Seo de U., katal. La Seu d'U.) nach ihrer Kathedralkirche. Diese wurde nach ihrer Zerstörung 793 durch Muslime unter Abd al-Mālik, vielleicht auch als eine Folge des Adoptianismusstreits, von der alten, auf einen Bergkegel über der Valira errichteten Kernstadt ('Castellciutat') an den Zusammenfluß von Segre und Valira verlegt. Zweimal (839, 1040) neu geweiht, wurde sie im 12. Jh. u. a. durch lombard. Baumeister in ihrer heut. Gestalt errichtet. Um sie herum entstand der bfl. 'vicus Urgelli' als Suburbium der gfl. Burgstadt. Als die Herrscher seit dem Ende des 11. Jh. immer häufiger in den neueroberten Gebieten des Südens residierten, stieg die frühere Vorstadt zum eigtl. Zentrum auf. Das 11. und 12. Jh. war die Blütezeit der Bf.sstadt: die Pfarrkirchen S. Pere, S. Eulàlia und das Stift S. Miquel wurden erbaut bzw. erneuert, ein Spital und der Bf.spalast errichtet. Seo de U. wuchs trotz der Plünderung durch Truppen des Gf.en Raimund Roger v. Foix und des Vgf.en Arnald v. Castellbó (1195) weiter an, und eine 'Vilanova' mit der Pfarrkirche S. Nicolau wurde nördl. des Stadtkerns angelegt. Die günstige Lage am Handelsweg zw. dem nördl. Pyrenäenraum und der Tiefebene führte zum Aufstieg der Stadt als überregionalem Marktort, an dem auch Händler aus der Provence nachweisbar sind. Aus früh bezeugten Vorformen städt. Repräsentanz (→Probi homines, katal. *prohoms*) entwickelte sich wahrscheinl. bereits im 13. Jh. eine

Ratsvertretung (*Consell*; →Consellers), die jedoch dokumentar. erst im 14. Jh. in Erscheinung tritt. N. Jaspert

Lit.: Dicc. d'Hist. de Catalunya, 1992, 1083f. – Gran Enc. Cat. XXIII, 1989², 286–291 [C. Baraut] – O. Engels, Schutzgedanke und Landesherrschaft im östl. Pyrenäenraum, 1970 – A. Pladevall–P. Català i Roca, Els monestirs catalans, 1974² – Urgellia 1, 1978ff. – C. Batlle i Gallart, La Seu d'U. medieval, 1985 – O. Engels, Reconquista und Landesherrschaft, 1989 – Alt U., Andorra (Catalunya Romànica 6, 1992) – L. Vones, Gesch. der Iber. Halbinsel im MA, 1993 – M. Riu Riu, Monacato tradicional y canónicas regulares en el obispado de U. (Papauté, monachisme et théories politiques, I, 1994), 379–391 – El comtat d'U., hg. P. Bertran, 2 Bde, 1995.

Uri. Das Reusstal südl. des Vierwaldstättersees, 853 – soweit es Kg.sgut war – von Kg. Ludwig d. Dt. der Fraumünsterabtei →Zürich geschenkt und der Reichsvogtei Zürich unterstellt, bildete im HochMA einen separaten Vogteibezirk. 1231 sicherte Kg. Heinrich (VII.) den Urnern Reichsfreiheit zu. Als Reichsvögte setzte er offenbar die Gf.en v. →Rapperswil ein, die ihrerseits umfangreiche Güter in U. beanspruchten. Sie übertrugen diesen Besitz der von ihnen gestifteten Zisterze →Wettingen. Die →Talschaft U. begann sich im 13. Jh. kommunal zu organisieren. 1291 schloß sie ein Landfriedensbündnis mit →Schwyz und →Unterwalden. Diese Verbindung erweiterte sich im 14. Jh. durch Bündnisse mit den benachbarten habsbg. Vogteien (Luzern, Glarus, Zug) und den Reichsstädten Zürich und →Bern zur ('Schweizer.') →Eidgenossenschaft.

Um die Mitte des 14. Jh. gerieten die Kl.herrschaften in eine Krise: 1359 verkaufte Wettingen seine Güter dem 'Land' (Talgemeinde) U. und übertrug seine Leute dem Fraumünster. In der Folge lösten die Urner auch die feudalen Lasten des Fraumünsters ab. Parallel dazu erneuerte sich die Führungsschicht. Der Hochadel (Attinghausen) und die Kl.-Ministerialen (Meier v. Silenen, Meier v. Erstfeld) wurden von Aufsteigern aus bäuerl. Schichten (u.a. Beroldingen) verdrängt, die sich an die Spitze der Landsgemeinde stellten. Durch Konflikte um Alpgebiete erweiterte sich das Urner Territorium am Klausenpaß auf Kosten von →Glarus, am Surenenpaß auf Kosten der Abtei →Engelberg, am Kinzigpaß auf Kosten von Schwyz. Die wirtschaftl. Orientierung (Export von Großvieh und Söldnern in die Lombardei) legte aber v. a. eine Ausdehnung nach S nahe. Die dem Gotthardpaß vorgelagerte Talschaft Urseren wurde 1410 zum Anschluß genötigt. Gleichzeitig griff U. in die oberen Tessintäler über. Zusammen mit Unterwalden und Schwyz brachte es bis 1500 die Talschaften Leventina, Blenio und Riviera und die Stadt →Bellinzona unter Kontrolle. F. Hitz

Q. *und Lit.*: Q.werk zur Entstehung der Schweizer. Eidgenossenschaft, 1933ff. – P. Hubler, Adel und führende Familien U.s im 13./14. Jh. (Europ. Hochschulschr. 3/26, 1973) – R. Sablonier, Innerschweizer Gesellschaft im 14. Jh. (Innerschweiz und frühe Eidgenossenschaft, II, 1990), 9–233.

Uriel → Airgialla

Uriel v. Gemmingen, Ebf. v. →Mainz 27. Sept. 1508– 9. Febr. 1514; * 27. Juli 1468 in Michelfeld (Kraichgau), † 9. Febr. 1514 in Mainz, ▭ ebd., Dom. Eltern: Hans (Keckhans) v. Gemmingen und Brigitte v. Neuenstein (Elsaß). Als Sproß einer Reichsritterfamilie im Kraichgau und Odenwald zunächst Domherr in Mainz, Domkustos in Worms und Kanonikus am Ritterstift St. Alban/Mainz, studierte U. in Mainz, Paris und Padua (1488 Dr. jur. utr.). 1501 Assessor am →Reichskammergericht, wählte ihn das Domkapitel 1505 zum Dekan und am 27. Sept. 1508 zum Ebf. (Weihe 24. Febr. 1509). In dem durch päpstl. Geldforderungen hochverschuldeten und seit der →Mainzer Stiftsfehde geschädigten Erzstift setzte er sich mühevoll mit der Stadt →Erfurt auseinander und lag im Kampf mit Hessen und →Hanau. In seinem Ebm. erstrebte er bessere Priesterausbildung, Reinigung der Liturgie und Abstellung des Konkubinats. Bemüht um die Schaffung der →Reichskreise 1512, koalierte er mit →Württemberg und dem →Schwäb. Bund. Sein Nachfolger wurde Mgf. Albrecht v. Brandenburg, der durch den Bildhauer Hans →Backoffen eines der bedeutendsten Grabmäler für U. errichten ließ. A. Gerlich

Lit.: F. Herrmann, Mainzer Palliumsgesandtschaften und ihre Rechnungen, Beitr. zur Hess. Kirchengesch., 2, 1905, 227–273; 3, 1908, 117–134 – H. Faulde, U. v. G., Ebf. v. Mainz (1508–14) [Diss. Erlangen 1955] – W. Dotzauer, Die dt. Reichskreise in der Verfassung des Alten Reiches, 1989 – H. Reber, Albrechts Begegnungen mit der Kunst (Ebf. Albrecht v. Brandenburg 1490–1545, hg. F. Jürgensmeier, 1991), 277–295.

Urkunde, -nwesen

A. Westliches Abendland – B. Judentum – C. Byzantinisches Reich, Altrußland, Südosteuropa – D. Osmanisches Reich

A. Westliches Abendland

I. Allgemein und Deutsches Reich – II. Papsttum – III. Westfrankenreich/Frankreich – IV. Italien – V. Böhmen – VI. Ungarn – VII. Polen – VIII. Skandinavien – IX. England – X. Schottland – XI. Niederlande und Flandern – XII. Iberische Halbinsel.

I. Allgemein und Deutsches Reich: [1] *Definition:* Die U.n (mlat. *privilegium, testimonium, praeceptum, auctoritas, apices, carta, pagina*, ahd. *urchundi*, mhd. *brief*) sind schriftl., unter Beobachtung bestimmter, nach Person, Ort, Zeit und Sache in wechselnden Formen aufgezeichnete Zeugnisse über rechtl. Vorgänge. Weiterhin zählen dazu alle im Verkehr eines Herrschers mit seinen Beamten und Untertanen oder dieser untereinander erwachsenen Ausfertigungen, die ein Rechtsgeschäft anordnen, vorbereiten, einleiten oder auf seine Ausführung bezügl. sind (Bresslau). Die U. ist also ein Erzeugnis des Rechtslebens und verfügt über einen besonderen Q.wert: sie ist kein Erzeugnis der Geschichtsschreibung, sie bietet nicht ein Bild aus der Sicht eines Erzählers, sondern sie ist ein unmittelbarer »Überrest« aus dem in seinem Kern auf Verträgen und Satzungen, also Rechtsakten aufgebauten menschl. Gemeinschaftsleben.

[2] *Urkundenarten:* Die U.n trennt man gemäß ihrer Qualität als Rechtszeugnisse in öffentl. U.n (→Papst-, →Kaiser- und Kg.su.n) sowie →Privatu.n (alle anderen U.n). Mit fortschreitender Zeit haben auch die U.n der geistl. und weltl. Fs.en und Landesherrn sowie der Städte öffentl. Charakter erlangt, im späten MA auch die von Beurkundungsstellen mit öffentl. Glaubwürdigkeit (→Notar, Notariat). Diese Unterscheidung, deren Grenzen nicht absolut festliegen, spiegelt die Diplomatik (U.nlehre) mit ihrer Großgliederung in 1. Kaiser- und Kg.su.n, 2. Papstu.n und 3. Privatu.n wider.

Das U.nwesen des MA basiert auf spätröm. Tradition. In Anlehnung daran unterscheidet man für das frühe MA zw. der schlichten Beweisu. (→Notitia) und der Geschäfts- oder dispositiven U. (→Charta). Die in der Regel objektiv (in der dritten Person) abgefaßte Notitia ist auf einen Bericht über den Vollzug eines Rechtsgeschäfts und seiner förml. Handlungen beschränkt und nennt die Zeugen, die im Streitfall zum Beweis herangezogen werden mußten. Demgegenüber stellt die in der Regel subjektiv (Nennung des Ausstellers in der ersten Person) abgefaßte Charta die rechtsetzende (dispositive, konstitutive) U. dar, die aus sich selbst heraus Glaubwürdigkeit besitzt. Sie ist strengeren Formalien unterworfen wie die Notitia. Der für das MA ursprgl. vertretene strenge Dualismus von

Charta und Notitia muß aufgrund der zahlreichen Mischformen heute relativiert werden.

[3] *Beweiskraft*: Mit dem Verfall des →U.nbeweises (nur die Kg.su. galt als »unscheltbar«) kam seit der Mitte des 9. Jh. das Privatu.nwesen und damit die →Beurkundung durch die Notitia immer mehr zum Erliegen. Damit wurde es bes. im kirchl. Bereich schwierig, erworbenen Besitz zu schützen. Die unter den Ottonen und Saliern enger werdende Verbindung zw. dt. und it. Geistlichkeit erneuerte die Kenntnis vom Rechtsgeschäft auf U.nbasis und weckte das Bedürfnis nach einem Mittel, das eine vergleichbare Glaubwürdigkeit besaß.

Eine Möglichkeit bot das seit dem 11. und 12. Jh. angewandte →Chirograph (chirographum). Man stellte zwei gleichlautende Ausfertigungen eines Vertrags auf einem Pergamentblatt neben- oder untereinander und ließ zw. beiden Ausfertigungen einen Zwischenraum. In diesen schrieb man ein oder mehrere Worte oder Zeichen, oft auch nur »chirographum«, teilte das Blatt so, daß der Trennungsschnitt durch dieses Wort führte, und händigte jedem Kontrahenten eine Hälfte des Blattes aus. Im Streitfall konnte man die Teile wieder aneinandersetzen, und diese mußten dann das Wort an der Trennungsstelle wieder exakt zeigen. Darin lag aber auch das Problem: nur mit beiden Stücken gleichzeitig war der Beweis möglich; der einzelnen Teilu. fehlte jede Glaubwürdigkeit.

Ein anderes Beglaubigungsmittel brachte die Lösung: das →Siegel. Die U.n der frk. Kg.e waren, nach antikem Vorbild, durchwegs besiegelt. Bezeichnet die →Corroboratio der merow. U.n noch die Unterschrift des Kg.s als Beglaubigungsmittel, so tritt bereits unter den Karolingern die Besiegelung neben die eigenhändige Unterfertigung. Von hier aus war es nur ein Schritt, bis das Siegel das entscheidende Merkmal der →Beglaubigung wurde. An diesem Beispiel orientierte sich auch das Privatu.nwesen, nach zögernden Anfängen im 9. und 10. Jh. setzte sich seit dem 11. Jh. der Typus der Siegelu. durch. Vorreiter waren die kirchl. Aussteller, aber schon bald zogen die weltl. Fs.en des Reiches nach. Noch im 11. Jh. fertigten nur Gf.en Siegelu.n aus, und im 13. Jh. war es bereits üblich, daß auch Edelherren, Ritter und Ministerialen ihre U.n besiegelten, ebenso die Städte. Durch die Besiegelung war die Privatu. zur dispositiven Geschäftsu. geworden, und bes. die Fs.enu.n des späten MA standen der Kg.su. nahe. Erst gegen Ende des MA trat die →Unterschrift wieder häufiger als Beglaubigungsmittel in Erscheinung, neben der sich das Siegel aber immer halten konnte.

[4] *Diplom und Mandat*: Bereits im MA war die Unterscheidung der U.n in Diplom (Präzept, →Privileg) und →Mandat geläufig. Ausschlaggebend dafür ist die Dauer der in der U. getroffenen Verfügung. Das Diplom stellt eine auf Dauer angelegte, rechtsetzende U. dar, die jederzeit zum Beweis vorgelegt werden konnte. Das Mandat bezweckte die Regelung und alsbaldige Erledigung eines einmaligen oder vorübergehenden Rechtsgeschäfts, eine weitere Verwendung des Schriftstücks war nicht notwendig. Ein weiteres Unterscheidungsmerkmal zw. Diplom und Mandat bot das Formular. Ungefähr seit dem Jahre 800 verschwand die →Inscriptio aus den Diplomen. In den Mandaten dagegen hielt sich dieser Formularteil, oft mit der →Salutatio verbunden. Man unterscheidet allg. und Spezialmandate, letztere im Gegensatz zu den allg. Mandaten an einzelne, exakt bezeichnete Personen gerichtet. Aufgrund der unterschiedl. Geltungsdauer von Diplom und Mandat ergibt sich zwangsläufig, daß wesentl. weniger Mandate als Diplome sich in den Archiven erhalten haben, die effektiv ausgefertigte Zahl der Mandate dürfte die der Diplome wohl immer erreicht, meistens aber übertroffen haben.

Die Diplome waren durch ihre Struktur höchst flexibel und konnten so für prakt. alle zu beurkundenden Rechtsgeschäfte herangezogen werden. Sie konnten dem Inhalt nach ebenso Schenkungen, Restitutionen entfremdeten Gutes, Schutz- und Immunitätsverleihungen betreffen wie Verleihungen von Markt-, Münz-, Zoll-, Forstrecht oder Zehnten. Ein großer Teil betraf auch die Bestätigung bereits früher verliehener Rechte und Freiheiten (→Transsumpt, →Vidimus). In diesen Bereich fallen auch U.n, die als Ersatz für verlorene U.n ausgefertigt wurden (Appennisu.en, Pancarten).

Seit der stauf. und nachstauf. Zeit wurden die U.n, jetzt häufig als Privileg bezeichnet, je nach ihrer graph. und formularmäßigen Ausstattung in feierl. und einfache Ausfertigungen getrennt. Zw. diese schob sich in spätstauf. Zeit noch eine »gehobene« Ausfertigung. Eine weitergehende Untergliederung war seit dem ausgehenden 13. Jh. und dann bes. seit dem 14. Jh. möglich. Neben die abgestuften Ausfertigungen der Diplome traten offene (Litterae patentes; →Litterae) und geschlossene (→Litterae clausae) Briefe, die sich durch die Art der Besiegelung abhoben. Während die verschiedenen Ausstattungsvarianten der Diplome alle ein an einem Pressel abhängendes Siegel besaßen, wurden die Litterae patentes auf der Rückseite besiegelt. Beide Formen der U. waren für jeden lesbar. Demgegenüber waren die Litterae clausae zusammengefaltet und dann erst so besiegelt worden, daß ein Öffnen der U. ohne Beschädigung des Siegels nicht möglich war. Inhaltl. traten, bes. seit dem 14. Jh., durch die Zunahme der Geldwirtschaft weitere U.ntypen auf: Verpfändungsu., Schuldu., Quittung und Anweisung, außerdem nahm die Lehnsu. (→Lehen, -swesen) einen breiten Raum ein.

[5] An der *Ausstellung* einer U. waren zumindest zwei Personen oder Parteien beteiligt. Die Partei, die in der U. ihren Rechtswillen zum Ausdruck brachte, gleichviel ob sie an ihrer Herstellung persönl. mitgewirkt, sie selbst geschrieben oder unterschrieben hatte, war der Aussteller. Diejenige, zu deren Gunsten die U. ausgestellt war, der als Zeugnis ausgehändigt wurde und die sie behielt, war der Empfänger. Aussteller und Empfänger waren in der Regel verschieden, konnten aber auch ident. sein, wenn jemand eine U. schreiben ließ, um sie selbst für sich und bei sich aufzubewahren. Die Ausfertigung konnte auch auf Bitte einer dritten Partei, des Urhebers, erfolgen, die weder mit dem Aussteller noch dem Empfänger ident. war (→Intervenient, →Petent). Weiterhin konnten in der U. →Zeugen genannt werden. Diese waren, wenn sie die der U. vorausgehende Rechtshandlung bezeugten, Handlungszeugen oder, wenn sie die Beurkundung selbst bezeugten, Beurkundungszeugen.

U.n wurden nur in seltensten Fällen vom Aussteller selbst geschrieben. Die Person, die die U. verfaßte, war der Diktator (→Diktat). Die Reinschrift (Ingrossat) stellte der Schreiber (Ingrossist, Mundator) her. Oft waren Diktator und Schreiber identisch. Das Diktat der U. kann den Aussteller als von sich selbst in der ersten Person Singular oder Plural sprechend darstellen (subjektive Fassung) oder so, daß ein anderer von ihm in der dritten Person berichtet (objektive Fassung). Durch die wachsende Bedeutung der U. entstand bes. seit dem ausgehenden HochMA für viele Aussteller die Notwendigkeit, eine eigene organisierte Beurkundungsstelle zu schaffen, die →Kanzlei. Diese entwickelte im Laufe der Zeit eigene Regeln, nach denen die aus ihr hervorgehenden U.n ausgefertigt wurden (zum

Beurkundungsgang: →Reinschrift). Eine U., die diesen Regeln entspricht, wird als »kanzleimäßig« bezeichnet. U.n, die ihre Rechtsgültigkeit verloren (z. B. im Zusammenhang mit Geldgeschäften am Ende einer Verpfändung bzw. nach der Rückzahlung der beurkundeten Schuld), wurden oft kassiert: Man schnitt das Siegel ab und brachte im Blatt waagerechte oder schräge Schnitte an, um so die Ungültigkeit darzustellen.

[6] Die U.nlehre unterscheidet bei allen U.n die *äußeren und inneren Merkmale*. Alle Gesichtspunkte, wie Beschreibstoff, →Tinte, →Schrift, Linierung, Faltung und Verschluß sowie Beschaffenheit des Siegels und der →Unterfertigungen, die nur an der Urschrift mit letzter Sicherheit beurteilt werden können, zählen zu den äußeren Merkmalen. Ihnen stehen die inneren Merkmale gegenüber, die auch an Hand einer getreuen Abschrift eindeutig festgestellt werden können (Inhalt, Sprache, Orts- und Zeitangaben, die Fassung der einzelnen →Formeln). Die Merkmale werden im Rahmen der Beurteilung, ob eine U. echt, verunechtet oder falsch ist, herangezogen (→Fälschung).

[7] Der verbreitetste *Beschreibstoff* für U.n war während des ganzen MA das →Pergament. →Papyrus spielte nur für die U.n der Merowinger bis ins 7. Jh. sowie in Italien (Papstu.n, Ravenna) eine Rolle. Das →Papier drang im Laufe des hohen MA aus dem arab. Raum über Spanien und Süditalien ins Abendland ein; es konnte in der Regel erst im SpätMA bei U.n von befristeter zeitl. Bedeutung das Pergament verdrängen. Als Schreibmittel diente der Gänsekiel und, von Prunku.n abgesehen (→Purpuru.n), eine Eisen-Gallus-Tinte, die ursprgl. schwarz war, heute aber in Folge von Oxydation unterschiedlichste Farbtöne von schwarz über braun bis in den gelbl. Bereich aufweist. Format und Größe der U.n schwankten während des ganzen MA stark. Die Schrift folgte meistens der Längsseite des Blattes. Im 11. Jh. wurde für die Kaiser- und Kg.su. der Schriftverlauf entlang der Schmalseite üblich (cartae transversae). Im SpätMA bediente man sich dieses Formats nur noch bes. großen U.n. Textl. bes. umfangreiche U.n wurden in Heftform gebunden (Libell - z. B. die →»Goldene Bulle« Ks. Karls IV. v. 1356) oder in Rollenform (→Rotulus) ausgefertigt. Um die mitunter recht langen Zeilen exakter einhalten zu können, linierten häufig Schreiber die U.n mit einem spitzen Griffel (stumpfe Linierung), mit Tinte oder einem (Blei-)Stift. Gelegentl. sind auch die Einstiche eines Punktoriums feststellbar.

[8] Die *Schrift* der Merowinger- und der Karolingeru.n bis zur Mitte des 8. Jh. stand noch in spätantiker Tradition. Erst unter Ludwig d. Dt. (Hebarhart) hielt die aus der →karol. Minuskel hervorgehende und nach dem auffälligen diplomat. Kürzungszeichen als »diplomat. Minuskel« bezeichnete Schrift Eingang in die Herrscheru.n, die diese mit ihren großen, oft reich verzierten Ober- und Unterlängen und der in →Protokoll und Teilen des →Eschatokolls verwandten langgezogenen Gitterschrift (Elongata) vom 9. bis ins 12. Jh. beherrschte. Seit dem 11./12. Jh. drangen zunehmend »gotisierende« Elemente (Brechung) in die Schrift ein und führten schließlich zur got. →U.nschrift (got. U.nkursive) des SpätMA.

[9] Die *Sprache* der U.n des frühen und hohen MA war das Lat. Von Anfängen des 12. Jh. abgesehen, drang dt. erst im 13. Jh. in die U.n ein (ältestes erhaltenes Original einer Kg.su. von Konrad IV. [1240]) und setzte sich seit dem 14. Jh., bes. in den Kanzleien der weltl. Fs.en und Städte, weitgehend durch.

[10] *Urkundenteile*: Die inhaltl. Gestaltung der U.n erhielt zuerst in den Papst-, Kaiser- und Kg.su.n feste Strukturen, die mit gewissen Abwandlungen auch in allen anderen U.n übernommen wurden. Den eigtl. Rechtsinhalt der U. bietet der →Kontext, der von einem Rahmen, dem Protokoll, umgeben ist. Dieser Rahmen zerfällt wieder in zwei Teile, den Eingangsformeln, d. h. dem Protokoll im eigtl. Sinn (auch →Eingangsprotokoll), und den Schlußformeln, dem Eschatokoll (auch Schlußprotokoll). Protokoll, Kontext und Eschatokoll setzen sich wieder aus verschiedenen Formeln zusammen. Zum Protokoll zählen →Invocatio (Anrufung Gottes zu Beginn der U. durch ein Symbol - monogrammat. Invocation - und/oder in Worten - verbale Invocation), →Intitulatio (Nennung von Namen und Titel des Ausstellers) mit Devotio (Hinweis, daß man die Stellung auf Erden der Gnade Gottes verdankt) sowie Inscriptio (Nennung des Empfängers) mit Salutatio (Grußformel). Der Kontext umfaßt →Arenga (allg. Begründung für die Ausstellung der U.), →Promulgatio/Publicatio (Bekanntmachung der in der U. enthaltenen Willenserklärung), →Narratio (Erzählung der Verhältnisse, die zur Ausstellung der U. führten), →Dispositio (Willenserklärung des Ausstellers, der eigtl. rechtl. Kern der U.), →Sanctio/Poenformel (Androhung von Strafe im Falle der Übertretung der Bestimmungen der U., auch verbunden mit der Verheißung von Belohnung für den Fall der Einhaltung) und Corroboratio (Angabe der Beglaubigungsmittel der U.). Das Eschatokoll umfaßt Subscriptiones (eigenhändige oder nicht eigenhändige Unterfertigungen der Zeugen, des Ausstellers und des an der Ausfertigung beteiligten Kanzleipersonals), →Datierung und →Apprecatio (abschließender Wunsch oder kurzes Schlußgebet). Diese Formeln stellen ein Grundgerüst dar, das je nach U.ntyp unterschiedl. ausgeformt werden konnte. J. Spiegel

Lit.: BRESSLAU-H. v. SYBEL-TH. SICKEL, Ks.u.n in Abb., 1889/91 - H. STEINACKER, Privatu.n, 1906 - W. ERBEN, Ks.- und Kg.su.n des MA in Dtl., Frankreich und Italien, 1907 - O. REDLICH, Privatu.n des MA, 1911 - H. BRESSLAU, Internat. Beziehungen im U.nwesen des MA, AU 6, 1918, 19-76 - R. HEUBERGER, Allg. U.nlehre für Dtl. und Italien, 1921 - H. STEINACKER, Die antiken Grundlagen der frühma. Privatu.n, 1927 - H. FOERSTER, U.nlehre in Abb., 1951 - L. SANTIFALLER, U.nforsch., 1968³ - F. OPPL, Das ksl. Mandat im 12. Jh. (1125-1190), MIÖG 84, 1976, 290-327 - P. CLASSEN, Ks.reskript und Kg.su.n, 1977 - DERS., Fortleben und Wandel des spätröm. U.nwesens im frühen MA (Recht und Schrift im MA [VuF 23], 1977) - W. KOCH, Die Schrift der Reichskanzlei im 12. Jh. (1125-1190), 1979 - Landesherrl. Kanzleien im SpätMA (Münchener Beitr. zur Mediävistik und Renaissance-Forsch., hg. G. SILAGI, 1984) - H. FICHTENAU, Forsch. über U.nformeln, MIÖG 94, 1986, 285-339 - J. SPIEGEL, Vom Trecento I/II zum Typ A, B, C, ..., ZBLG 55, 1992, 65-76.

II. PAPSTTUM: →Papstu.n (litterae apostolicae, auch: bullae) sind seit der Antike abschriftl., seit 788 auch als Originale erhalten. Inhaltl. spiegeln sie alle Bereiche der päpstl. Tätigkeit, bes. die Entwicklung des Primatsanspruches, wider. Sie werden in der Regel nicht frei formuliert, sondern ihr Text orientiert sich an →Formelslg.en; es bestehen strenge Formvorschriften (stilus curiae). Formal gliedert man sie in vier Kategorien: 1. →*Privilegien* sind die feierlichste Form, die (bes. seit Leo IX.) im Protokoll eine Verewigungsformel (imperpetuum) und ein aufwendiges Eschatokoll mit Rota, Monogramm und Unterschriften von Papst und Kard.en und ausführlicher Datierung erhält. Privilegien sind im 11. und 12. Jh. häufig, werden im 13. Jh. selten und kommen vom 14. Jh. an kaum noch vor. - 2. →*Litterae* sind die häufigste Form, mit verkürztem Eschatokoll und einfacher Datierung. Nach der Befestigungsart des Siegels unterscheidet man a) litterae cum serico (Siegel an Seidenfäden), vornehml. für Gnadensachen (einschließl. Ablässe); b) litterae cum filo canapis (Siegel an Hanffäden), vornehml. für Befehle und Justizsachen; c) litterae clausae (durch das Siegel am Hanffaden verschlossen), zur Geheimhaltung und zur Ehrung des Empfängers. – 3. →Bullen (im engeren Wortsinn) sind eine Sonderform der litterae cum serico mit nach dem Vorbild der Privilegien gestalteter Anfangszeile mit Verewigungsformel (»ad perpetuam rei memoriam«), seit dem 13. Jh. für Maßnahmen, die auf Dauer angelegt sind, auch für polit. wichtige Exkommunikationen. Im 15. Jh. können sie durch Aufnahme weiterer Elemente der Privilegien zur Konsistorialbulle erweitert werden. – 4. →Breven, seit 1390 nachgewiesen, sind verschlossene, extrem querrechteckige Schreiben mit »en vedette« gesetzter Intitulatio, die ursprgl. nur der diplomat. und Verwaltungskorrespondenz dienen (brevia de curia), später auch statt der litterae ausgestellt werden (brevia communia). Eine seltene Abart der Breven sind die Sekretbriefe, die nur kurzfristig am Ende der avign. Zeit verwendet werden. Eine weitere seltene Abart der Breven ist das →Motu proprio. Neben diesen vier Typen können unter bestimmten Bedingungen auch die genehmigten Bittschriften (Supliken) ohne eigtl. Ausstellung einer U. als U.nersatz dienen (sola signatura) und u. U. in ein Breve eingelegt werden (brevia supplicatione introclusa).

Der Beschreibstoff der Papstu.n ist das →Pergament; nur in der ältesten Zeit (letztmals 1057) kommt auch →Papyrus vor. Als →Siegel (Abschnitt II) dient die Bleibulle, die seit 1099 regelmäßig auf der einen Seite die Apostelfs.en, auf der anderen den Namen des Papstes aufweist. Nur die Breven erhalten das Fischerringsiegel (anulus piscatoris) in rotem Wachs. Die Schrift ist anfangs die röm. Kuriale, die im 11. Jh. von der kurialen Minuskel abgelöst wird und sich in got. Zeit zur Bastarda wandelt; hervorgehoben wird die Initiale, bei litterae cum serico der einleitende Papstname, bei Privilegien und Bullen die ganze erste Zeile. Die Breven werden seit ca. 1430 in humanist. Schrift geschrieben.

Bei der Ausstellung durch die →Kanzlei (Abschnitt B) durchläuft die U. gewöhnl. einen langwierigen, immer komplizierter werdenden Geschäftsgang, der seit dem 14. Jh. mit der Einreichung einer Bittschrift beginnt und nach deren Genehmigung (signatura) die Stadien von Konzept, Reinschrift, Kontrolle der Reinschrift, Besiegelung und (aber nicht in allen Fällen) Registrierung durchläuft; u. U. werden die U.n auch vor dem Papst verlesen. Während der Expedition sind vier, mitunter fünf →Taxen sowie zahlreiche Trinkgelder zu zahlen.

Neben dem Papst stellen auch das Kard.skolleg, einzelne Kard.e, die Kurienbehörden (bes. die Poenitentiarie [→Poenitentiar]) und die Legaten U.n aus, die sich formal oft an den Papstu.n orientieren. Ebenso stellen die Reformkonzilien des 15. Jh. U.n nach päpstl. Vorbild aus.

Th. Frenz

Lit.: BRESSLAU, passim – Dict. hist. de la Papauté, hg. PH. LEVILLAIN, 1994, 39–46 [TH. FRENZ] – P. HERDE, Beitr. zum päpstl. Kanzlei- und U.nwesen im 13. Jh., 1967² – P. RABIKAUSKAS, Diplomatica pontificia, 1972³ – TH. FRENZ, Papstu.n des MA und der NZ, 1986.

III. WESTFRANKENREICH/FRANKREICH: [1] Allgemeines: Aus dem Frankenreich bzw. Westfrankenreich/Frankreich sind Diplomata (in feierl. Form erlassene Königsu.n; →Kaiser-und Königsurkunden), die für das frühe MA in die Hauptkategorien der Präzepte und der Placita eingeteilt werden, aus der Zeit der Merowinger, bes. aber der Karolinger und frühen Kapetinger in großer Zahl überkommen (zu anderen und z. T. jüngeren Typen der U. vgl. z. B. →Charta; →Privaturkunden; s. a. →Referendar; →Hofkapelle, I, III; →Notariat, B; →Chancellerie). Im Laufe des 13. Jh. nimmt die Anzahl der Diplomata dagegen rapide zugunsten neuer U.ntypen ab (bes. der lettres patentes; →Litterae, II); die letzten Diplomata wurden von den Kg.en des frühen 14. Jh. ausgestellt: vier von Philipp IV. (Febr. und April 1310), vier von Philipp V. (Nov. 1319), fünf von Philipp VI. (1330).

[2] Merowinger und Karolinger: Es sind 38 merow. Diplomata im Original erhalten: eines in der Pariser Nat.bibliothek, die anderen im Nat.archiv. Ältestes Diplom ist ein Präzept Chlothars II. v. 625 (zw. 14. Juni und 1. Juli), jüngstes ein Präzept Chilperichs II. (28. Febr. 717). Etwa hundert Diplomata sind bekannt durch Abschriften, v. a. aber durch Formelslg.en (bes. die berühmten »Formulae Marculfi«; →Formelsammlungen, A. III).

Die Präzepte umfassen zumeist →Schenkungen an natürl. oder jurist. Personen bzw. die Bestätigung von Schenkungen. Schutz- und Muntprivilegien (→Schutz, →Munt) sind nur aus Formularen bekannt. Die älteste Immunitätsu. (→Immunität) datiert aus dem 7. Jh. Einige Diplomata sprechen Zollbefreiungen aus (→Zoll, -wesen).

Ein Drittel der im Original erhaltenen Diplomata sind →Placita (frühe →Gerichtsurkunden), erlassen vom Kg.shof (→Curia, →Hof). Ihr Aufbau unterscheidet sich von dem der Präzepten in einigen Punkten: Die Placita enthalten keine Präambel, streben nicht die Briefform an; der kgl. Befehl wird durch das Verb »jubemus« ausgedrückt, sie tragen keine Subscriptio des Kg.s.

Hinsichtl. der formalen Züge sind 13 Diplomata (die ältesten) auf →Papyrus geschrieben, die anderen auf →Pergament. In mehreren Diplomata sind durch die erste Zeile (→Eingangsprotokoll) und die kgl. Subscriptio durch Zierschrift stark hervorgehoben. Die Buchstaben sind vertikal gelängt. Das →Siegel ist unten rechtsbündig appliziert und nimmt den freien Raum zw. Subscriptio und Datum ein. An redaktionellen Zügen sind zu nennen: Die Diplomata sind lat. abgefaßt, enthalten ein Eingangs- und Schlußprotokoll, kgl. Subscriptio (Name des jeweiligen Kg.s: »rex subscripsi«), in der Regel als →Autograph, Unterfertigung der Kanzlei (»talis obtulit, recognovit«), schließl. neben der für das Wachssiegel vorgesehenen 'incisio' die Wendung »Bene valete«. Die merow. Diplomata sind datiert. Etwa dreißig tragen →Tiron. Noten, deren Deutung strittig ist.

In der Karolingerzeit nimmt die Zahl der Präzepte in hohem Maße zu, wohingegen die Placita stärker zurückgehen. Es sind erhalten (unter Einbeziehung der unter Fälschungsverdacht [→Fälschungen] stehenden Stücke): 42 Diplomata Pippins d. K. (davon 7 im Original), 12 Karlmanns (7 im Original), 262 Karls d. Gr. (40 im Original), 350–400 Ludwigs d. Fr. (80 im Original), 400 Karls d. K. (100 im Original).

Eine Kontinuität zw. merow. und karol. Diplomata ist nicht schlüssig erkennbar, jedoch eine Entwicklung. Insbes. ist eine Vervollkommnung des Formulars zu konstatieren. Die Präzepte beinhalten durchweg Schenkungen, Restitutionen, Güterbestätigungen; des weiteren erhalten sind: Präzepte über Munt, Immunität (ca. 50 Immunitätsu.n vor 814), Zollbefreiungen, Privilegierung von Gütern, Kommendationen usw. An formalen Zügen sind zu nennen: Die karol. Diplomata sind auf Pergamentblättern von größerer Breite als Länge in diplomat. Minuskel (→Karol. Minuskel, 3; →Urkundenschrift) geschrieben. Fast alle tragen Wachssiegel. Als redaktionelle Charakteristika sind hervorzuheben: Im Unterschied zu den merow. Königsu.n, die großenteils Briefen nahestehen, bieten sich die karol. Diplomata, selbst wenn sie individuellen Charakter tragen, zunehmend als Promulgation souveräner herrscherl. Maßnahmen dar. Der Aufbau besteht in der Regel aus: Eingangsprotokoll (bzw. →Chrismon), Subscriptio (→Intitulatio des Kg.s), Adresse (deren Häufigkeit im Laufe der chronolog. Entwicklung abnimmt), Präambel, Expositio und →Dispositio (mit den Worten »iubemus«, »volumus«, »sancimus«). Das Diplom trägt zwar nicht immer die Subscriptio des Kg.s, doch ist seit Karl d. Gr. die Anbringung des kgl. →Monogramms obligatorisch. Die Unterfertigung der Kanzlei findet ihren Platz zw. Text und Datum.

[3] *Kapetinger:* Die U.n der ersten →Kapetinger präsentieren sich in der feierl. Form von Diplomata, die als 'praeceptum' oder 'auctoritas' bezeichnet wurden. Bis ins 10. Jh. bewahrten sie wesentl. Züge der karol. Diplomata. Danach nahmen sie infolge der sich verbreitenden →Empfängerausfertigung stark heterogene Charakterzüge an, wurden mit Elementen der Privaturk. durchmischt und standen häufig im Zeichen der Intervention von Dritten (→Intervenienten), so der Kgn., der kgl. Prinzen, der Amtsträger ('ministeriales') des Hofes usw. In der »Aufweichung« der hergebrachten Formulare schlug sich nicht zuletzt die Schwächung der kgl. Autorität nieder.

Um die Mitte des 11. Jh. trat ein neuer Typ des feierl. Kg.sdiploms hervor, das sich vom Habitus des karol. Diploms deutl. abhob.

Die kapet. Diplomata sind von subjektiver Redaktion geprägt. Der Invocatio ist häufig ein Kreuz vorangestellt. Die Subscriptio umfaßt den Namen des Kg.s, die Intitulatio und Devotionsformel. Die Adresse tritt nur in außergewöhnl. Fällen auf. Das Schlußprotokoll (→Eschatokoll) umfaßt das kgl. Signum (Kreuz oder Monogramm), die Unterfertigungen von Dritten, die Subscriptio der Kanzlei (ggf. mit Erwähnung der Vakanz des Kanzleramtes) und das Datum (Regierungsjahr und Inkarnationsjahr, in konstanter Form seit Ludwig VI.). Die letzten kapet. Diplomata bewahren die Charakteristika der feierl. Kg.su.n des 11. Jh., bilden aber im 13. Jh. innerhalb der von der Kanzlei ausgefertigten U.n nurmehr Ausnahmen. E. Lalou

Ed. *[Merowinger, Karolinger]:* MGH DD Merow., ed. G. H. Pertz, 1872; Karol., bisher ersch.: Bd. I, Pippin, Karlmann, Karl d. Gr., ed. E. Mühlbacher u. a., 1906; Bd. III, Lothar I., II., ed. Th. Schieffer, 1966; Bd. IV, Ludwig II., ed. H. K. Wanner, 1994 – Ph. Lauer–Ch. Samaran, Les diplômes originaux des mérovingiens, 1908 [Faks.] – F. Lot, Ph. Lauer, G. Tessier, Diplomata Karolinorum, 1936–49 [Faks., frz. Bestände] – A. Bruckner, Diplomata Karolinorum, I–IV, 1970–74 [Faks., Schweizer Bestände] – L. Schiaparelli, Diplomi imperiali e reali delle cancellarie d'Italia, 1892 [Faks.] – *[westfrk. Karolinger, Kapetinger]:* Receuil des actes, hg. Acad. des inscriptions et belles lettres: A. Giry, M. Prou, G. Tessier, Charles II le Ch., 1943–55 – Ph. Lauer, Charles III le Simple, 1940–49 – Ders., Louis IV, 1914 – L. Halphen–F. Lot, Lothaire, Louis V, 1908 – R. H. Bautier, Receuil des actes d'Eudes, 1965 – M. Prou, Philippe Ier, 1908 – J. Dufour, Louis VI, 1995 – *Lit.:* G. Tessier, Diplomatique royale française, 1962 – O. Guyotjeannin, J. Pycke, B. M. Tock, Diplomatique médiévale, 1993 (L'atelier du médiéviste, 2).

IV. Italien: Das vielfältige, auf einer ungebrochenen städt. (auch laikalen) Schriftkultur fußende U.nwesen Italiens ist ein Spiegelbild seiner polit. Zerrissenheit. Fremde Eroberer (Langobarden, Franken, Normannen) haben v. a. die Entwicklung der Herrscheru. (→Königsurkunde) bestimmt. Neben dem seit dem ausgehenden 8. Jh. frk. Norditalien (→Reichsitalien), das seit dem 10. Jh. Anteil an der Geschichte des otton.-sal. Ksm.s und seines U.nwesens hatte, und einem nichtfrk. Süditalien, das seinerseits in drei weitgehend selbständige U.nterritorien zerfiel (ehemals byz. Dukate v. →Neapel, →Amalfi und →Gaeta – langob. Fsm.er v. →Benevent, →Capua und →Salerno [Langobardia minor] – griech.-byz. Territorien in →Apulien und →Kalabrien), kommt in Mittelitalien als eigenständige polit. und kulturelle Größe das Papsttum hinzu, dessen U.n das geistl. und weltl. U.nwesen nicht nur Italiens v. a. seit dem hohen MA stark beeinflußt haben.

Die Entwicklung im FrühMA ist zunächst (bis in die Zeit der Gotenherrschaft) durch das Weiterleben einer weitgehend intakten spätröm. Verwaltung bestimmt. Auf ihrem Schrifttum, das uns durch die günstige Ravennater Überlieferung zumindest auf der Ebene der →Charta bekannt ist, fußt auch das langob. U.nwesen. Die langob. Königsu. (Präzept, praeceptum) kennt im Unterschied zur merowingischen keine kgl. Unterschrift und ist auch sonst (wie die spätröm. Vorbilder) geschäftsmäßig schlicht gehalten, war aber wie die merow. Kg.su. (mit zieml. Sicherheit) besiegelt. Auch in der langob. Kanzleiorganisation ist die spätröm. Tradition dominant. Nach dem Untergang des Kgtm.s 774 wurde das langob. Präzept von den Hzg.en, jetzt Fs.en, v. Benevent ohne Bruch weiterverwandt. Erst um 900 entwickelten diese unter der neuen Dynastie der Gf.en v. Capua einen moderneren Typ, der sich eng an die frk. Königsu. anlehnte, dabei aber auch byz. und eigenständig-langob. Eigenarten aufnahm. Auffälligstes Kennzeichen dieser im Ergebnis beachtl. eigenständigen und repräsentativen beneventan.-capuan. Fs.enu. ist das große, in rot gezeichnete kreuzförmige Monogramm des Fs.en. Im langob. Fsm. →Salerno wurde das altlangob. Präzept erst im 11. Jh. modernisiert.

Als nordfrz. Normannen im 11. Jh. Süditalien unterwarfen und einigten, nahmen sie in ihren U.n unterschiedlichste Traditionen auf (neben lat.-langob. auch päpstl., byz. und sogar arab.), wodurch vorübergehend U.n sowohl in gr. als auch in lat. Sprache, ja sogar – für Bedürfnisse der kgl. Domänenverwaltung – einige arab.sprachige U.n ausgestellt wurden. Nach der Verfestigung der norm. Kg.su. in der 2. Hälfte des 12. Jh. (Kg. →Wilhelm II.) war ihr auffälligstes Merkmal die (nach päpstl. Vorbild) schon unter Kg. →Roger II. eingeführte →Rota. Auf der norm. Kg.su. fußt noch das U.nwesen der stauf. Herrscher Siziliens, insbes. Ks. →Friedrichs II., durch den auch die stauf.-dt. Ks.u. zeitweilig von norm. Traditionen beeinflußt wurde. Dabei sind allerdings U.n für Empfänger im Regnum Siciliae von solchen für dt. Empfänger, in denen das dt. Vorbild stärker dominiert, zu unterscheiden. In nachstauf. Zeit hat Italien keine eigenständige Kg.su. mehr hervorgebracht.

Was den großen Bereich der sog. →Privaturkunden betrifft, kam es schon im 8. Jh. in einzelnen U.nterritorien zur Entwicklung herrscherl. U.ntypen im Bereich der Fs.en- und B.fsu.n, die den Kg.s- resp. Papstu.n (auch in rechtl. Status) näherstanden als die gewöhnl. Charta. So haben etwa die Bf.e v. Benevent ihre U.n schon im 8. Jh. besiegelt, wobei das Vorbild der Besiegelungspraxis im byz. Süditalien eine ausschlaggebende Rolle gespielt zu haben scheint. Beachtung verdient auch, daß Italien schon in vorfrk. Zeit eine eigenständige Gerichtsu. hervorgebracht hat (Placitum), die mit den nordalpinen frk. →Placita nur den Namen gemein hat und noch im 11. Jh. verbreitet war. Im Laufe des 12. und 13. Jh. kommt es überall (regional und zeitl. differenziert) zur Ablösung der alten Charta durch (unterschiedl.) notarielle U.ntypen (→Notarsinstrumente). H. Zielinski

Q. und Lit.: →Charta, →Notitia, →Privaturkunde, →Kanzlei, →Notare – H. Zielinski, Die südlangob. Fs.enu. zw. Ks.diplom und

Charta (Scrittura e produzione documentaria nel Mezzogiorno longobardo, 1991), 191-222 – W. KOCH, Sizilisches im dt. Umfeld, ADipl 41, 1995, 291-309 – TH. KÖLZER, Die norm.-stauf. Kanzlei (1130-1198), ADipl 41, 1995, 273-289 – F. BOUGARD, La justice dans le royaume d'Italie de la fin du VIIIe s. au début du XIe s., 1995.

V. BÖHMEN: Nach ersten Ansätzen (einzelne Briefe Papst Johannes VIII.) in altmähr. Zeit (→Mähren, I, 1) findet man böhm. Empfänger vereinzelt erst seit dem Ende des 10. Jh. (Papst Johannes XV.). Anfänge der heim. U.nausfertigung entfalteten sich zuerst im Rahmen des Aktenwesens (sog. »Gründungsu.« des Leitmeritzer Domkapitels v. 1057; →Leitmeritz) und der diplomat. Korrespondenz (zw. Vratislav II. und der Kurie). Im 12. Jh. sind eine interne U. des Olmützer Bf.s →Heinrich Zdik für sein Hochstift und erste klösterl. Empfängerausfertigungen von Privilegien bzw. Gründungsu.n der Přemyslidenfs.en seit Vladislav I. belegt. Erste Spuren hzgl. Ausstellerausfertigungen sind seit →Soběslav II. (Mitte der 60er Jahre des 12. Jh.) nachweisbar. Seit Anfang des 13. Jh. wurde die Ausfertigung von U.n kontinuierlicher; neben kgl. (als Kanzler des Kg.s gilt nach anfängl. Schwankung ab 1222 ständig der Propst von Vyšehrad [→Prag]) und mähr. mgfl. U.n erschienen häufiger bfl. U.n (sowohl in Olmütz als auch in Prag), ab Mitte des 13. Jh. auch städt. und adlige U.n. Die Kanzlei Otakars II. Přemysl dehnte ihre Kompetenz auch auf die Alpenländer und die Wenzels II. zeitweise auf Polen aus. Seit dieser Zeit schrieb man mehrere Formelbücher in verschiedenen Bereichen. In der Zeit Otakars II. Přemysl wurde das Landgericht (→Landtafel) gegründet. 1283-84 erschien das erste größere Urbar (Prager Bm.), bald darauf die ersten Rechnungen. Im 14. Jh. folgte ein erhebl. Aufschwung im zentralen und regionalen Bereich sowie im öffentl. Notariat. Die Zentralverwaltung sowohl des Staates (seit der Regierung Karls IV. gemeinsame Hofkanzlei für Reich und erbl. Kgr.; →Kanzlei, A.III) als auch der Kirche (bes. nach der Erhebung Prags zum Ebm.) baute ausgedehnte Kanzleistrukturen mit umfangreichem Personal und Kanzleibüchern aus, so u.a. neben Landtafeln auch die Hoftafeln. Neben den Formelbüchern und Registern der Hofkanzlei waren bes. wichtig: Libri confirmationum, Libri erectionum und Acta iudiciaria der Generalvikare des Prager Ebm.s. Im Bereich der städt. Verwaltung wurden seit 1310 →Stadtbücher geführt. Die wirtschaftl. Entfaltung ließ ein ausgedehntes Akten- und Buchwesen entstehen. Die ursprgl. in den U.n verwendete lat. Sprache wurde seit ca. 1300 durch die dt. und seit den 80er Jahren des 14. Jh. durch die tschech. ersetzt, bis diese im 15. Jh. überwog, aber niemals ausschließl. gebraucht wurde.

I. Hlaváček

Lit.: Česká diplomatika, red. Z. FIALA u.a., 1971, passim [Ed. und Lit.].

VI. UNGARN: Aus dem 11.-12. Jh. sind wenige U.n erhalten, die meisten betreffen Kirchengründungen der Kg.e (Pannonhalma [→Martinsberg], erste U. 1001, erhalten in interpolierter Form; Tihany, 1055, erste U. im Original), manchmal auch der weltl. Großen (1061 erste Privatu.). Seit etwa 1200 war die U.nausstellung auch für Laien allg. verbreitet. Die Sprache war überwiegend lat., auch in Privatbriefen; einige Städte (z.B. Preßburg, Ödenburg) benutzten das Dt. seit dem 14. Jh., jedoch nur für interne Angelegenheiten. Das Ung. tauchte erst um 1480 u.a. in Briefen auf. Dokumente wurden normalerweise nach dem kirchl. Kalender datiert, wobei Weihnachten und Neujahr für den Jahresbeginn standen. Besonderheiten in den Kg.su.n sind die Datierung nach dem röm. Kalender (ohne Ausstellungsort), die Erzählung der Verdienste des Begünstigten in der Narratio und die Liste der amtierenden Bf.e und weltl. Würdenträger (keine Zeugenliste!) im Eschatokoll. Andere Typen von Kg.su.n gab es seit Béla IV. Kanzleiregister wurden um 1330 eingeführt; Kartulare (z.B. Liber ruber v. Pannonhalma, um 1240) sind selten. Notariatsu.n wurden nur im kanon. Rechtswesen ausgestellt, Privatu.n hatten seit dem 13. Jh. keine Beweiskraft. Beide wurden ersetzt durch die U.n der →Loca credibilia, d.h. kirchl. Institutionen (Dom- und Stiftskapitel, Konvente) mit der Befugnis, U.n mit Beweiskraft für weltl. Behörden und Privatpersonen auszustellen. Ihre Zahl wurde 1351 auf 38 limitiert. Beweiskraft besaßen auch die U.n der höchsten Würdenträger. Die kgl. Archive wurden bei den türk. Eroberungen von Ofen (1526, 1541) vernichtet. →Kanzlei, A. IV.

P. Engel

Lit.: F. ECKHART, Die glaubwürdigen Orte in Ungarn (MIÖG Ergbd. 9, 1914), 395-558 – I. SZENTPÉTERY, Magyar oklevéltan, 1930 [Neudr. 1994] – G. ÉRSZEGI, Oklevél (Korai magyar történeti lexikon, 1994), 504f. [Lit.].

VII. POLEN: U.en traten in Polen erst unter dem Einfluß der christl. Kultur in Erscheinung und spielten zunächst bei Kontakten zum Ausland eine Rolle (z.B. →»Dagome-iudex-Dokument«). In Polen selbst bestand ursprgl. kein innerer Bedarf an U.n (u.a. wegen der autoritären Machtausübung der ersten Piasten und dem Vorherrschen der Beweise durch Zeugen). Im 12. Jh. wurden U.en von der poln. Kirche gebraucht. Zahlreiche U.en bestätigten den Besitzstand der Kl.; manchmal handelte es sich um formale Falsifikate, deren Inhalt sich auf die klösterl. →Traditionsbücher (→Mogilno, →Tyniec) stützte. Im 12. Jh. erschien auch die poln. Bf.su., die oft vom Empfänger selbst und nicht vom Aussteller ausgefertigt wurde. Die bedeutendste Verbreitung der U. erfolgte im 13. Jh., also in der Zeit der inneren Kolonisation (→Ius Theutonicum) und der Einwanderung der Stadtbewohner und Bauern, die für die Anerkennung ihrer Gruppenrechte der U. bedurften. Seit dem 13. Jh. gab es auch von kirchl. (Kapitel, Kl., Offiziale) und städt. Institutionen (Vögte, Stadträte) ausgestellte U.n. Zu Beginn des 14. Jh. erschienen U.n, die von Vertretern der Monarchen (→Starosten - capitanei) und von Lokalgerichten sowie schließlich immer häufiger von Privatpersonen ausgestellt wurden.

Den Charakter einer öffentl. U. besaßen in Polen die U.n der Herrscher. Die übrigen U.n waren Privatu.n, deren Beweiskraft sich auf die kirchen- und stadtrechtl. Kreise beschränkte. Die inneren und äußeren Merkmale der poln. U. knüpften an die europ. Vorbilder an. Sie wurden durch die Siegel der Aussteller (anfangs auch der Zeugen; →Siegel, VIII), aber im kirchl. Bereich seit dem 14. Jh. manchmal auch durch Unterschriften der öffentl. →Notare (unabhängige öffentl. U.n verfügten über einen nur auf die Kirche beschränkten Beweiswert) bestätigt. Die Sprache sowohl der kirchl. als auch der Kg.su.n war das Lat. In dem Staat der Jagiellonen bediente sich die litauische Kg.skanzlei außerdem der russ. Sprache. In U.n der größeren Städte erscheint auch häufiger die dt. Sprache. →Kanzlei, A. V.

A. Gąsiorowski

Lit.: J. SZYMAŃSKI, Nauki pomocznicze historii, 1983, 472ff. – T. JUREK, Das poln. bfl. U.nwesen bis ca. 1300 (Die Diplomatik der Bf.su. von 1250, 1995), 147-158 – K. SKUPIEŃSKI, Notariat publiczny w średniowiecznej Polsce, 1997.

VIII. SKANDINAVIEN: Auch die skand. U.n sind nach den internationalen diplomat. Regeln ausgefertigt und enthalten die Hauptteile →Protokoll, →Kontext und →Eschatokoll mit deren jeweiligen Unterteilen. Das →Chrismon ist verhältnismäßig selten; nach Mitte des 13. Jh. wird der U.nstil knapper, dies bedeutet, daß →Invocatio, →Arenga und Subscriptio manchmal verschwinden; in Testamenten bleibt jedoch die Arenga ein fester Bestandteil der U.n. Die Subscriptio lebt v. a. in Dekreten über Bf.swahlen weiter und erhält in den Notariatsakten eine charakterist., nach internationalen Vorbildern gestaltete Form.

Unter U. wird in der skand. Terminologie v. a. ein rechtsstiftendes Dokument oder ein Zeugnis einer rechtsstiftenden Handlung betrachtet. Dies zeigt sich in der Anwendung von →Pergament, während Privatbriefe auf Birkenrinde (in →Novgorod und jetzt auch in →Bergen nachgewiesen) oder →Papier (seit der Mitte des 14. Jh.) geschrieben waren. So scheint die »Unionsbrief« v. 1397 auf Papier mit aufgedrückten Siegeln ein gescheiterter Entwurf einer Unionsverfassung gewesen zu sein, während die Krönungsu. v. 1397 auf Pergament mit anhängenden Siegeln dem neuen Kg. die Treue der Einwohner zusicherte und der Kgn. →Margarethe die Generalquittung für ihre Amtszeit gab (→Kalmarer Union). Im ausgehenden MA werden Dokumente auf Papier immer häufiger; Weisungen der Zentralregierungen an örtl. Verwaltungen werden um 1500 meistens auf Papier geschrieben, während Rechtstitel über Grundbesitz immer noch auf Pergament ausgestellt wurden. Während die Pergament-u.n üblicherweise mit anhängenden Siegeln versehen waren, wurden auf Papierdokumente die Siegel aufgedrückt (→Siegel, X).

Die grundlegende U.nsprache war auch in Skandinavien das Lat., aber in unterschiedl. Umfang. Auf Island blieb die Volkssprache durchweg die wichtigste U.nsprache, in Norwegen setzte Norwegisch sich im Laufe des 13. Jh. durch. In Dänemark wie in Schweden und Finnland erscheinen die ältesten U.n auf Dänisch bzw. Schwedisch während des 2. Drittels des 14. Jh., am spätesten in Dänemark. Dafür sind in allen skand. Ländern Gesetzestexte überwiegend in der Volkssprache abgefaßt. Das Lat. der skand. U.n enthält oftmals Lehnwörter aus den Nationalsprachen; als U.nsprache im Verkehr mit dem Ausland gewinnt Niederdeutsch im Laufe des 14. Jh. neben Lat. Bedeutung. Die Unionszeit seit 1380/1397 bewirkte eine gewisse Mischung der skand. Sprachen.

Feste Traditionen bei der Herstellung von U.n weisen auf die Existenz von Kanzleien der Fs.en und hohen geistl. Würdenträger hin (→Kanzlei, A. VII). Die Ausfertigung von U.n ist seit dem 11. Jh. in Norwegen und Dänemark, seit dem 12. Jh. in Schweden nachweisbar. Die zahlreichen U.n und Briefe, die im Geschichtswerk des →Saxo Grammaticus erwähnt werden, basieren nicht alle auf der hist. Wirklichkeit. Th. Riis

Lit.: KL II, 213-217, 226-236, 238-241; III, 80-98; XIII, 106-113; XV, 187-222 - N. Skyum-Nielsen, Den danske konges kancelli i 1250'erne (Fschr. A. Friis, 1963), 225-245 - Ders., Kanslere og skrivere i Danmark 1250-82 (Middelalderstudier A. E. Christensen, 1966), 141-184 - H. Schück, Rikets brev och register (Skrifter utgivna av Svenska Riksarkivet 4, 1976) - T. Riis, Les institutions politiques centrales du Danemark 1100-1332, 1977, 66-85.

IX. England: Der größte Teil der U.n, die aus ags. Zeit überdauert haben, besteht aus Kg.su.n. Es waren entweder →Chartae (*charters*, auch Diplome gen.) oder →*writs*. Die Diplome bildeten die feierlichere U.nform. Sie sind seit dem 7. Jh. erhalten und ungesiegelt. Writs sind seit dem 11. Jh. erhalten und tragen Hängesiegel. Nach der norm. Eroberung (1066) entstanden drei Hauptformen von Kg.su.n und waren bis zum Ende des MA in Gebrauch: *writs patent* und *writs close* (üblicherweise als litterae patentes und →litterae clausae bezeichnet; →Litterae) sowie *charters*. Seit der Regierung Johann Ohnelands wurden üblicherweise von der kgl. Kanzlei ausgestellte U.n mit Ort, Tag, Monat und Jahr datiert. Auch bfl. U.n sind aus dem ags. England erhalten. Im 12. Jh. und später wurden sie von Kg.su.n und Praktiken der kgl. Kanzlei beeinflußt; das gilt wahrscheinl. in noch höherem Maße von U.n von Earls und anderen Baronen. Baroniale, städt. und Privatu.n treten häufiger seit dem 13. Jh. (insbes. seit der 2. Hälfte) auf. Seit 1300 wurden auch Privatu.n gewöhnl. datiert. Briefe, die Informationen übermitteln (Sendschreiben), finden sich in vielen Briefslg.en, aber erst aus dem 15. Jh. sind sie in großer Zahl im Original erhalten. Die typ. engl. U.n nennen einen allgemeinen Empfänger und haben die Form einer einfachen Mitteilung ohne Arenga. Seit ags. Zeit war es allg. üblich, zwei Ausfertigungen einer U. auf demselben Pergamentblatt zu schreiben. Dieses wurde dann in zwei Teile geschnitten, und sowohl Aussteller als auch Empfänger erhielten ein Exemplar. Diese U.nform wird als →Chirograph oder *indenture* (vgl. →Indentures of war) bezeichnet. Das wichtigste Beglaubigungsmittel für U.n wurde jedoch die Besiegelung (→Siegel). Sogar Bauern und andere Personen niederen Standes besaßen und gebrauchten ihre eigenen Siegel, obwohl die Beweiskraft der Siegel von Unfreien zweifelhaft blieb. Eine andere Beglaubigungsform von U.n, die erst in der 2. Hälfte des 13. Jh. erschien, war die Beglaubigung durch einen öffentl. Notar mit päpstl. oder ksl. Autorisation (→Notar, F). Doch spielten die öffentl. Notare in England niemals eine so bedeutende Rolle wie im s. Europa und in Schottland. Die Bedeutung des Siegels war in England so groß, daß sogar Chirographen und Notariatsinstrumente häufig gesiegelt wurden. Die ags. U.n wurden auf Lat. oder Ae. verfaßt. Doch verschwand der Gebrauch des Ae. in U.n bald nach der norm. Eroberung. Lat. blieb die gebräuchlichste Sprache der formalen U.n bis zum Ende des MA. Im späten 13. und im 14. Jh. wurde Frz. im großen Umfang von der kgl. Verwaltung in U.n und zu anderen Zwecken gebraucht. Engl. wurde erst in U.n des 15. Jh. häufig verwendet. Eine große Zahl der in England ausgestellten U.n ist entweder im Original oder als Kopie erhalten. Das ist Folge der Anzahl der ma. Archive, die mehr oder weniger vollständig überdauert haben, und der Tatsache, daß so viele U.n von der kgl. Verwaltung auf →rolls registriert wurden, die sich heute im Public Record Office befinden. P. Zutshi

Q. und Lit.: Formulare Anglicanum, ed. T. Madox, 1702 - L. C. Hector, The Handwriting of English Documents, 1966[2] - P. H. Sawyer, Anglo-Saxon Charters, 1968 - P. Chaplais, English Royal Documents... 1191-1461, 1971 - S. Keynes, A Handlist of Anglo-Saxon Charters, 1991 - M. T. Clanchy, From Memory to Written Record: England 1066-1307, 1993[2] [Lit.].

X. Schottland: Obwohl formale U.n in Schottland nicht vor 1094 anzutreffen und allg. nicht vor ca. 1150 gebräuchl. sind, haben sich →Notitiae für Kl.kirchen seit dem späten 10. Jh. erhalten. Die frühesten Belege bilden →Chartae und Präzepte (schott. *brieves*), einfache Pergamentblätter, auf denen der Text nur auf einer Seite erschien; die Beglaubigung erfolgte mit einem Wachssiegel (→Siegel), das an einem Steg (cauda, sur simple queue) befestigt war oder an einem Streifen (sur double queue) hing, der durch Schlitze am umgebogenen Rand gezogen wurde. Die Sprache war bis vor ca. 1400 ausnahmslos Latein, aber einige Texte zeigen doch frz. Einfluß. Die Notizen wurden wohl auf Gälisch verfaßt oder ins Gälische übersetzt. Die U.nschrift war eine Form der Karol. Minuskel, die bei den Präzepten stark kursive Formen aufweist. Die Vorbilder für die erhaltenen U.n in Schottland vor ca. 1220, bes. für die Kg.su.n, waren die anglo-norm. U.n. Formale Briefe (epistolae, litterae) sind seit ca.

1100 erhalten und wurden offenbar vom weltl. Adel und auch von den Kg.en und Geistlichen benutzt. Die Chartae fanden Anwendung bei immerwährenden Schenkungen (z. B. bei *infeftments*, feoffamenta) gewöhnl. von Land, aber auch von Einkünften sowie bei der Übertragung von Rechten, die die Nutzung von wirtschaftl. oder rechtl. Privilegien gewährten. Anlaß für die Ausstellung von kgl. Chartae konnten Schenkungen sein, aber auch Bestätigungen von Schenkungen, die Adlige und andere an Kirchen oder einzelne Laien gemacht hatten. Von ca. 1100 bis 1195 enthielten Kg.su.n nur eine Angabe des Ortes (»apud X«), seit 1195 wurde der Tag des Monats hinzugefügt und seit 1221 auch das Regierungsjahr. Privatu.n hatten selten vor ca. 1300 eine Datierungsangabe und häufig keine Ortsangabe. Diese und andere Angaben wurden während des 14. Jh. in zunehmendem Maße ergänzt. In den Chartae erschienen immer Zeugen, wobei in der Regel zw. 5 und 15 angegeben wurden. Eine grundlegende Umwälzung im U.nwesen und in der U.naufbewahrung fand im 15. Jh. statt, als öffentl. →Notare, die bereits im 13. Jh. anzutreffen sind, anfingen, die Ausfertigung der U.n zu beherrschen, bei denen Landbesitz oder anderer Besitz den Besitzer wechselte. Die Chartae blieben weiterhin in Gebrauch, doch wurde das Notariatsinstrument die entscheidende U.nform bei Besitzübertragungen.

G. W. S. Barrow

Lit.: J. M. Thomson, The Public Records of Scotland, 1922 – B. Webster, Scotland from the Eleventh Century to 1603: Sources of Hist., 1975.

XI. Niederlande und Flandern: In den alten Niederlanden sind die ältesten Zeugnisse eines organisierten U.nwesens mit den Abteien verbunden, insbes. ihren Bemühungen, ihre grundherrschaftl. Besitzrechte nach den Normanneneinfällen wiederherzustellen. Die Tätigkeit der Abteien umfaßte die Aufzeichnung von vorher nicht schriftlich fixierten Rechtshandlungen in Pergamentu.n, die systemat. Erfassung der erhaltenen U.n in →Traditionsbüchern ('libri traditionum'), die Erstellung neuer 'notitiae' und 'cartae' (→Kartular, →Urbar) zum eigenen Gebrauch sowie die Anfertigung von Dokumenten (z. T. Interpolationen und →Fälschungen), die den Ks.n, den Kg.en v. Frankreich oder den Fs.en zur Bestätigung und Besiegelung präsentiert wurden. Seit dem 11. Jh. stellten die meisten →Skriptorien der Abteien U.n her. Die Bf.e waren in den alten Niederlanden die ersten Fs.en, die Kanzleien aufbauten (zur Chronologie: →Kanzlei, IX). Sie stellten U.n sowohl von öffentl. (Regierung, Verwaltung, Jurisdiktion) als auch von privatrechtl. Natur aus. Seit dem 12. Jh. erließen auch die weltl. Fs.en U.n mit diesen beiden Zielsetzungen. Der verbreitetste Typ ist derjenige der →Charta mit Zeugenlisten und doppelt anhängendem Siegel; bei diesen später als →litterae bezeichneten U.n handelt es sich aber faktisch oft um 'notitiae' und 'mandamenta' (→Mandat). Letztere haben die Funktion der Bekanntmachung von Verordnungen gegenüber den Amtsträgern und stehen im 12. Jh. dem Typ der engl. →Writs nahe: sie sind kurzgefaßt, ohne Zeugenlisten und Jahresdatierung, und mit einfach anhängendem Siegel versehen. Die 'litterae' wurden, nach dem Vorbild der frz. Kg.skanzlei (→chancellerie), in 'litterae patentes' und 'litterae clausae' eingeteilt. Die 'litterae clausae' wurden mit einem Petschaft (→Siegel) geschlossen; im Laufe des 14. Jh. wurden sie zunehmend auf →Papier geschrieben, trugen das Handzeichen des Fs.en oder eines fsl. →Sekretärs (Notars) und hatten keine Jahresdatierung. Im burg. Kanzleiwesen (seit dem späten 14. Jh.) entsprachen sie den frz. 'lettres missives'. Als kleiner U.ntyp begegnen in der burg. Kanzlei auch die 'cedulae', in der Regel Weisungen an Beamte, die nicht besiegelt, aber mit Handzeichen versehen waren.

Alle Personen im Besitz eines 'sigillum authenticum' waren berechtigt, U.n der freiwilligen Gerichtsbarkeit auszustellen, wobei der Urkunder nicht als Partei des betroffenen Rechtsgeschäfts fungierte, diesem aber einen authent. Charakter verlieh. In den alten Niederlanden treten unter den kirchl. Amtsinhabern als Urkunder hervor: die Bf.e, ihre →Offizialen (seit ca. 1200), die →Archidiakone, Landdekane (→Dekan) und selbst die Pfarrer, die hohen Würdenträger von Säkularkapiteln, die Äbte; unter den weltl. Machtträgern sind zu nennen: die territorialen Fs.en und Fsn.nen, ihre Vasallen und Lehnsträger, die Inhaber von →Kastellaneien und →Seigneurien (*heerlijkheden*), die →Schöffen bzw. 'veri jurati' (→jurés, jurati) von Städten sowie Landgemeinden bzw. ländl. Ämtern (z. B. →Vier Ambachten). Die Schöffenu.n bilden seit ca. 1230 in den alten Niederlanden den verbreitetsten U.ntyp in der freiwilligen Gerichtsbarkeit. Verschiedene privatrechtl. Abmachungen wurden von den Schöffen beurkundet: Besitz- und Eigentumsübertragungen, Eheverträge, Testamente, 'litterae obligatoriae' (Schuldbriefe) neben anderen auf Messen und Jahrmärkten geschlossenen Kontrakten. Notariatsinstrumente (→Notar, C), die seit ca. 1280 auftraten, waren in Flandern weniger verbreitet als andernorts, außer in den Milieus der it. Kaufleute und Bankiers, wenn diese mit Landsleuten Verträge schlossen. Die U.nsprache in den alten Niederlanden ist bis in die Jahre nach 1190 ausschließl. Latein. Die ältesten volkssprachl. U.n sind in frz. Sprache gehalten (seit 1194/1204), seit Mitte des 13. Jh. auch in mndl. Sprache (ältestes bekanntes Dokument eine ländl. Schöffenu. von 1249). Es sind ca. 2000 diplomat. Texte in mndl. Sprache aus der Zeit vor 1300 erhalten. Latein hielt sich am längsten in den U.n der kirchl. Institutionen und in den Notariatsinstrumenten. Bei den Territorialfs.en richtete sich die Wahl der U.nsprache vielfach auch nach den Bedürfnissen der Empfänger, so daß lat., frz., mnd., in Luxemburg (14. Jh.) auch dt. U.n ausgefertigt wurden. Im Laufe des 14. Jh. verschwand das Latein, außer in internationalen Verträgen, jedoch fast vollständig zugunsten der Volkssprachen aus dem U.nwesen.

Th. de Hemptinne

Ed. und Lit.: M. Gysseling–A. C. F. Koch, Diplomata belgica ante annum millesimum centesimum scripta (Bouwstoffen en Studiën voor de Geschiedenis en de Lexicografie van het Nederlands, I), 2, 1950–M. Gysseling, Corpus van Middelnederlandse teksten tot en met het jaar 1300, Reeks I, Ambtelijke bescheiden, 9, 1977–O. Guyotjeannin, J. Pycke, B. M. Tock, Diplomatique médiévale (L'atelier du médiéviste, 2, 1993) – Vocabulaire internat. de la diplomatique (Commission internat. de diplomatique), hg. Mª M. Carcel Orti, 1994 (Termes néerlandais, 276–285) – J. M. Murray, W. Prevenier, M. Oosterbosch, Notarial instruments in Flanders between 1280 and 1452, 1995.

XII. Iberische Halbinsel: Gemeinsame Grundlage für die Entwicklung der U.nelemente war die westgot. Tradition (obwohl die Zusammenstellung/Ed. von Canellas López nur 232 Stücke, darunter sehr wenige Originale, verzeichnet). Nach dem Bruch durch die arab. Eroberung erfolgte im Zuge der →Reconquista eine nur langsame Wiederbelebung des Schrift- und U.nwesens. Sie begann in *Asturien-León*, dessen älteste originale, aber in ihrer Authentizität umstrittene Kg.su. auf das 8. Jh. zu datieren ist (Kg. Silo, 775 Aug. 23; Faks.: Z. García Villada, Paleogr. española I/II: Album, 1974, XXXIV, Nr. 46), mit dem auf Pergament ausgefertigten Ks.diplom, ohne daß sich im eigtl. Sinne eine Kanzlei ausgebildet hätte. Dementsprechend fehlt den U.n durchgehende Normierung und einheitl. Aufbau des Formulars; als entscheidendes Beglaubigungsmittel erscheint das kgl. Signum (Titel: 'rex', 'princeps'). Die wichtigsten U.nformen dieser Epoche waren die feierl. bzw. weniger feierl. *Cartas Reales* oder *Privilegios* und die *Preceptos*, die sich v. a. im Eingangsprotokoll voneinander unterschieden, wobei die Präzepte häufig unter Auslassung von →Invocatio und →Arenga sogleich mit der →Dispositio beginnen. Üblich sind anfangs lat. U.nsprache, westgot. Kursivschrift, span. →Ära bei der Jahresangabe, Tagesdatum nach röm. Kalender, manchmal Zählung der Herrscherjahre, selten Angabe des Ausstellungsortes, in leones. Zeit dann Wochentag, häufigere Ortsangaben, Verwendung des Imperator-Titels; seit Mitte des 11. Jh. Anbringung eines →Chrismons, uneinheitl. gefolgt von Invocatio, →Intitulatio, Arenga, →Promulgatio, →Narratio, Dispositio. Dem Datum werden die Herrschaftsgebiete hinzugefügt, dafür die Kg.sjahre weggelassen und vereinzelt anstelle der Ära Inkarnationsjahre verzeichnet, als Schrift dient die 'Redonda visigótica' (Westgot. Schrift), schließlich die →Karol. Minuskel, seit Alfons VI. wird das Siegel (→Siegel, IX) als Beglaubigungsmittel eingeführt.

Mit→Alfons VI. und Kgn. →Urraca entwickeln sich im Reich v. *Kastilien-León* festere Formen der U.nausfertigung mit der klass. Einteilung (Eingangsprotokoll, Kontext, Eschatokoll), doch erst im Laufe der Regierung →Alfons' VII. (1126–57) kann man von der Ausbildung einer Kg.skanzlei mit Kanzler, Notaren und Schreibern als festem Personal sprechen (→Kanzlei, A. VI), wodurch zugleich eine neue Vielfalt der Instrumente entstand (unter Hinzufügung von →Sanctio und →Corroboratio, ausführl. Erwähnung herausragender hist. Ereignisse und hoher kirchl. Feste in der →Datierung, regelmäßiger Ortsangabe, Weglassung des Wochentages, endgültiger Ablösung der westgot. durch die karol. Schrift, erster Verwendung von Vernakularsprache, oft jedoch ohne Arenga), so als Haupterzeugnis der formvollendete, mit den Unterschriften kirchl. und weltl. Confirmanten sowie dem 'Signum regis/imperatoris' versehene, feierl. *Privilegio rodado* (schließlich mit Bleibulle besiegelt), darüber hinaus *cartas abiertas, cartas misivas*, Mandate, auf den wichtigsten Hoftagen ('curiae plenae') verabschiedete Dekrete, *Ordenamientos* und Konstitutionen, aber auch Verträge zw. Herrschern zu den Beziehungen 'inter regna', ohne daß sich bei letzteren verbindl. Formen herausgebildet hätten. Unter →Alfons IX. (1188–1230) traten noch neben eigenständigen Rechtsdokumenten und →*Fueros* die *Privilegios signados, P. non signados* und nicht in der Kg.skanzlei entstandene *Noticias* hinzu.

Eine neue Stufe der Kanzlei- und U.nentwicklung wurde unter →Alfons X. v. Kastilien (1252–84) erreicht, als in der Krone Kastilien der Gebrauch von →Papier als Beschreibstoff und die Anlage von →Registern zunehmend üblich wurde, *Privilegio rodado* (mit Illuminierung des Chrismon, des Signum, häufig der Herrschernamen), *carta abierta* und Mandate ihre endgültige ma. Form erhielten, neue Instrumente wie die *carta plomada* (anzusiedeln zw. *Privilegio robado* und *carta abierta*) auftauchten und unter →Alfons XI. (1312/25–50) die Vernakularsprache sowie die got. Kursive in der Kanzlei vorherrschend, der Gebrauch von Rücksiegeln v. a. bei Mandaten üblich wurden. Allerdings sollten *Carta abierta* und Mandat bald verschwinden, während bei →Peter I. (1350–69) die Form des *Albalá* auftauchte, bei →Heinrich II. (1369–79) die *carta misiva* gebräuchlich und unter →Johann I. (1379–90) die *Real Cédula* eingeführt wurde, schließlich kgl. Provisionen und weitere Bestätigungsu.n hinzutraten, sich die Vielfalt der Instrumente bis zu den Katholischen Kg.en noch steigerte. Die röm. Tagesdatierung verschwand völlig, und auf den Cortes v. Segovia führte Johann I. 1383 offiziell das Inkarnationsjahr anstelle der Ära ein.

In *Portugal* verlief die Entwicklung der Kg.su. aus der Gf.enu. seit den Anfängen im 12. Jh. unter Kg. →Alfons I. zunächst parallel zur Entwicklung in Kastilien-León, nahm mit wachsender Autonomie aber stärker eigenständige Züge an: Der Kg. v. Portugal schuf sich eine eigene Kanzlei, führte seit 1128 das Zeichen 'PORTUGAL' (in großen Lettern um ein Kreuz geschrieben), dann den Titel 'Portugalis rex' unter den Herrscheru.n sowie (als erster Herrscher der Iber. Halbinsel) den Vollkommenheit signalisierenden →Kreis als Grundform für sein Signum (was von den Nachfolgern Alfons' VII. v. Kastilien-León übernommen wurde).

In *Navarra* und *Aragón* bildeten sich bereits seit dem frühen 11. Jh. eigenständige Institutionen zur U.nausfertigung aus, die dem Kg.sdiplom und seinem inneren Aufbau eine bemerkenswert regelmäßige Form mit Invocatio, Intitulatio, Arenga, Promulgatio, Narratio usw. verliehen, wobei die Datierung sich mit der Sanctio verband, dabei jedoch das Inkarnationsjahr bevorzugt wurde und Herrscherjahre ebenso wie Wochentage oder Ausstellungsorte eher selten angeführt wurden. Seit dem 11. Jh. ist eine Zweiteilung des Formulars in Eingangsprotokoll und Kontext einerseits, Eschatokoll andererseits zu beobachten, wobei die kgl. Unterfertigung mit dem zentralen 'Signum regis' als eigenständige Zeile hervorsticht, aber auch die Herrschaftsgebiete ausdrückl. verzeichnet werden. Bes. charakteristisch ist das in einfacher Form gehaltene →Mandat, das schon bald, v. a. zu Beginn des 12. Jh., massive Einflüsse der Vernakularsprache aufweist. Seit 1180 wurde die gebräuchl. Ära durch das Inkarnationsjahr mit Jahresanfang gemäß dem →Calculus Florentinus abgelöst, Mitte des 13. Jh. das Pergament durch das Papier, das v. a. bei der Registerführung Verwendung fand. Während die navarres. U. im 13. Jh., bedingt durch die polit.-dynast. Entwicklung, den frz. Kanzleigebräuchen folgte, bildeten sich in der Krone Aragón, wo sich seit der Vereinigung des Kgr.es mit Katalonien (1137) allmähl. aus der bisherigen *escribania* eine *cancelleria* entwickelte, seit →Jakob I. (1213–76) die Vernakularsprache vorherrschend wurde und schließlich eine aragones. U.nschrift entstand, hauptsächl. drei eigene Formen heraus: die *Carta real*, die zumeist auf Papier ausgefertigt wurde und als Mandat, manchmal aber auch als Geleitbrief aufzufassen ist; die *Privilegios mayores*, die als Haupttyp der U. weniger ausgeformt waren als die kast. Parallelen, ohne Chrismon mit Invocatio, Promulgatio, Intitulatio begannen, Narratio, Dispositio, Corroboratio mit Angabe der Beglaubigungsmittel folgen ließen, deren Datierungszeile mit Acta eingeleitet wurde und v. a. das Signum regis, eine Zeugenliste sowie das Notarszeichen enthielt; die *Privilegios menores*, die, einfacher aufgebaut, ohne Invocatio mit einer Promulgatio oder der Intitulatio begannen, gefolgt von Narratio, Dispositio, einer Ausführungsklausel und einem Siegelbefehl. Auf den Cortes v. Perpignan führte →Peter IV. 1350 für den Jahresanfang den Nativitätsstil ein, der für das Kgr. →*Valencia* 1358 übernommen wurde.

Eine Sonderentwicklung vollzog sich in →*Katalonien*, wo entsprechend der Stellung des Hauses →Barcelona die Gf.enu., erwachsen aus westgot. und karol.-westfrk. Tradition, zum Instrument der Herrschaftsverwaltung wurde und formal als Privatu. mit bes. feierl. Elementen (Invocatio [ohne Benutzung des Chrismons] und Arenga) anzusprechen ist. Von übergeordneter Bedeutung waren die Konstitutionen über Pax-et-Treuga (→Gottesfrieden), die bis zur Mitte des 13. Jh. anzutreffen sind. Die Visigotica wurde schon in der 1. Hälfte des 10. Jh. durch die karol. U.nschrift (Diplomat. Minuskel) beeinflußt und bis zum Ende des 11. Jh. verdrängt; bei speziellen Übereinkünften oder Beglaubigungen durch einzelne Zeugen findet sich auch hebr. oder arab. Schrift. In der Intitulatio war der Titel 'comes' oder 'comes et marchio' gebräuchl., doch führte →Raimund Berengar IV. nach seiner Einheirat ins aragon. Kg.shaus (1137) auch den Princeps-Titel. Nach der Vereinigung mit Aragón folgte Katalonien dem aragon. Kanzleigebrauch, unter Beibehaltung einer eigenständigen Kanzlei, deren sich die Herrscher bei Aufenthalten in Katalonien bedienten, und datierte bis 1180 nach altem Brauch nach den Regierungsjahren der westfrk./frz. Kg.e. Seit Mitte des 13. Jh. bildeten sich, obwohl Valencia ebenfalls als eigenständiges Kgr. erhalten blieb und das Kgr. →*Mallorca* für längere Zeit ausgegliedert wurde, Kanzlei und Archiv in Barcelona zur zentralen U.ninstitution des gesamten Reichsverbandes mit umfassender Registerführung heraus.

Die *Privatu.*, deren Entwicklung auch in den Ländern der Iber. Halbinsel uneinheitlich verlief (wobei bereits die große Menge der für alle Epochen überlieferten Dokumente auf den hohen Stellenwert der →Schriftlichkeit hindeutet), zeichnet sich zumeist durch geminderte Feierlichkeit, geringere Ordnung im inneren Aufbau und schlichtere äußere Form aus, doch hielt sich die westgot. Schrift hier länger als in der Kg.su., und das Pergament wurde als Beschreibstoff erst später durch Papier abgelöst, während Vernakularsprache und Datierung nach Inkarnationsjahr (gemäß dem Calculus Florentinus) früher anzutreffen sind. Feierl. Elemente des Kg.sdiplomes finden sich vereinzelt in den *Gf.en- und Bf.su.n*, wobei letztere in manchen Regionen aus kirchenpolit. Erwägungen auch Zeichen der Papstu. (→Rota in Braga und Santiago de Compostela) übernehmen. Die Formen der Gerichts- und Geschäftsu.n, Testamente, Notariatsinstrumente usw. sind ausgesprochen vielfältig, mit charakterist. Ausprägungen in den jeweiligen Reichen und Regionen. Im SpätMA entstanden im Zuge des Ausbaus hochadliger Herrschaften (*Condados, Marquesados, Ducados*) zahlreiche Fs.enkanzleien, die *Dynastenu.n* herstellten. L. Vones

Lit. [vgl. a. die ausführl. Lit. unter →Kanzlei, A. VI; →Register, VII; →Siegel, IX]: L. BARRAU DIHIGO, Études sur les actes des rois asturiens, RevHisp 46, 1919, 1–192 – P. RASSOW, Die U.n Ks. Alfons' VII. v. Spanien, AU 10, 1928, 327–468; 11, 1930, 66–137 – J. SARAIVA, A data nos documentos medievais portugueses e asturo-leoneses, Rev Port 2, 1943, 25–220 – A. C. FLORIANO, Diplomática española en el período astur (718–910), 2 Bde, 1949–51 – F. ARRIBAS ARRANZ, La carta o provisión real, 1959 – J. GONZÁLEZ, El reino de Castilla en la época de Alfonso VIII, 3 Bde, 1960 – F. ARRIBAS ARRANZ, Un formulario documental del siglo XV de la cancillería real castellana, 1964 – F. ARRIBAS ARRANZ, Paleografía documental hispánica, 2 Bde, 1965 – G. MARTÍNEZ DÍEZ, Las instituciones del reino astur a través de sus diplomas (718–910), AHDE 35, 1965, 59–167 – F. SEVILLANO COLOM, Cancillerías de Fernando I de Antequera y de Alfonso V. el Magnánimo, ebd., 169–216 – W.-D. LANGE, Philolog. Stud. zur Latinität westhispan. Privatu.n des 9.–12. Jh., 1966 – M.ᵃ T. VILLAR ROMERO, Privilegio y signo rodado, 1966 – J. MATTOSO, Sanctio (875–1100), RevPort 13, 1971, 299–338 – A. MILLARES CARLO, El diploma del rey Silo, 1971 – P. FLORIANO LLORENTE, Del período astur. Su formulario, Asturiensia Medievalia 1, 1972, 157–176 – A. MILLARES CARLO, Consideraciones sobre la escritura visigótica cursiva (León y su Historia, II, 1973), 297–391 – L. PASCUAL MARTÍNEZ, La cancillería de Enrique II, Misc. Med. Murciana 1, 1973, 175–202 – A. M. MUNDÓ, Los diplomas visigodas originales en pergamino, 1974 – M. ZIMMERMANN, Protocoles et préambules dans les doc. catal. du Xᵉ au XIIᵉ s. (Mél. Casa Velázquez 10, 1974, 41–77; 11, 1975, 51–79) – R. A. FLETCHER, Diplomatic and the Cid revisited: the Seals and Mandates of Alfonso VII, Journal of Med. Hist. 2, 1976, 305–337 – H. GRASSOTTI, Fechas de sucesos históricos en los doc. de Alfonso VII, RevPort 16, 1976, 169–183 – M. MARÍN MARTÍNEZ–J. M. RUÍZ ASENCIO, Paleografía y Diplomática, 1977 – P. FEIGE, Die Anfänge des ptg. Kgtm.s und seiner Landeskirche, SFGG.GAKGS 29, 1978, 85–436 – L. PASCUAL MARTÍNEZ, Notas para un estudio de la cancillería castellana en el siglo XIV, Misc. Med. Murciana 4, 1978, 179–235; 5, 1980, 189–243; 6, 1980, 169–203 – Paleografía y Diplomática, 2 Bde, 1978 – J. BONO, Hist. del derecho notarial español I/1–2, 1979–82 – A. CANELLAS LÓPEZ, Diplomática Hispano-Visigoda, 1979 – M. L. PARDO RODRÍGUEZ, Aportación al estudio de los documentos emitidos por la cancillería de Juan I de Castilla, Hist. Inst. Doc. 6, 1979, 249–279 – J. MATEU IBARS, Colectánea paleográfica de la Corona de Aragón (Siglos IX–XVII), 1980 – Boletín de la Sociedad Castellonense de Cultura 58, 1982 – Folia Budapéstina, 1983 – A. MILLARES CARLO–J. M. RUÍZ ASENCIO, Tratado de paleografía española, 3 Bde, 1983 – L. VONES, Die Diplome der Kg.e Alfons' VII. v. Kastilien-León und Ferdinands II. v. León für das Kl. S. Pedro de Rocas, SFGG.GAKGS 31, 1984, 158–180 – Landesherrl. Kanzleien im SpätMA, hg. G. SILAGI, Teilbd. 2, 1984 – R. I. BURNS, Diplomatarium of the Crusader Kingdom of Valencia..., I, 1985 [Lit.] – M. PÉREZ GONZÁLEZ, El latín de la Cancillería castellana (1158–1214), 1985 – E. GONZÁLEZ CRESPO, Organización de la cancillería castellana en la primera mitad del siglo XIV, En la España Medieval V/1, 1986, 447–470 – M.ᵃ I. OSTOLAZA ELIZONDO, La cancillería y otros organismos de expedición de doc. durante el reinado de Alfonso XI (1312–1350), Anuario de estudios med. 16, 1986, 147–225 – I. SCHWAB, Kanzlei und U.nwesen Kg. Alfons' X. v. Kastilien für das Reich, ADipl 32, 1986, 569–616 – Notariado público y doc. privado de los orígenes al s. XIV. Actas del VII Congreso Internacional de Diplomática, Valencia 1986, 2 Bde, 1989 – M. LUCAS ÁLVAREZ, Las Cancillerías reales (1109–1230), 1993 – A. GARCÍA y GARCÍA, Contenidos canónicoteológicos de los diplomas leoneses (El reino de León en la alta edad media VI, 1994), 7–132 – M. LUCAS ÁLVAREZ, Cancillerías reales asturleonesas (718–1072), 1995 – A. BÜSCHGENS, Die polit. Verträge Alfons' VIII. mit Aragón-Katalonien und Navarra, 1995 – C. PÉREZ SALAZAR, El romance navarro en doc. reales del s. XIV, Symbole in ma. U.n, 1996, hg. P. RÜCK [zahlreiche Beitr. zu iber. Verhältnissen] – J. BAUCELLS I REIG, La cronologia a Catalunya en general i a Barcelona en particular, Rubrica Paleographica et Diplomatica 8, 1996.

B. Judentum

Die ma. jüd. U. ist in hebr.-aram. Mischsprache geschrieben und zerfällt in zwei Teile, in den *Tofes* als Formulartext und in den *Toref* als Bezeichnung für die individuellen Eintragungen. Zum Toref gehören das Datum, die Namen der beteiligten Parteien, die Höhe einer geschuldeten Forderung, der Kaufpreis, die Grundstücksgrenzen bei Liegenschaftsgeschäften u.a. Eine privatrechtl. U. bedarf zu ihrer Gültigkeit der Unterschrift zweier Zeugen und bei forderungsrechtl. Inhalt (Darlehen, Bürgschaft u.ä.) einer gerichtl. Beglaubigung der Echtheit der Zeugenunterschriften. Nur dann kann der Gläubiger aus der U. gegen den Schuldner vollstrecken. Neben den privatrechtl. U.n gibt es auch noch gerichtl. U.n, die die Unterschrift von in der Regel drei Richtern eines jüd. Gemeindegerichts tragen. Dazu zählen neben der schon erwähnten Beglaubigung v. a. eherechtl. U.n wie die Feststellung der Verweigerung der Schwagerehe gegenüber einer verwitweten kinderlosen Schwägerin (→Ehe, E), Ladungsschreiben für Prozesse, Urteile und Vollstreckungsbescheide bei zahlungsunfähigen oder zahlungsunwilligen Schuldnern. Die Frage, inwieweit U.n nichtjüd. Behörden für rein innerjüd. Rechtsgeschäfte Gültigkeit haben, wird in der ma. jüd. Jurisprudenz durchaus kontrovers diskutiert. Immerhin findet sich in Anbetracht der oftmals konstatierbaren Ohnmacht jüd. Gemeindegerichte, ihr Recht mit physischem Zwang durchzusetzen, zuweilen eine Klausel im Formulartext, dem dem Gläubiger die Indienstnahme nichtjüd. Gerichte erlaubt, um seine Forderung bei dem Glaubensbruder beizutreiben. Bei der Überlieferung der Texte ist zwischen U.nformularbüchern und U.n selbst zu unterscheiden. Als wohl berühmtestes U.nformularbuch darf man das »Sefer ha-Scheṭarot« des Jehuda Ben Barzillai (Barcelona, Anfang 12. Jh.) bezeichnen. In Gesamteditionen liegen die U.n der ma. engl. Judenheit (13. Jh.) und die Grundstücksgeschäfte der jüd. Minderheit im Kölner Raum (13./14. Jh.) vor. H.-G. v. Mutius

Lit.: M. D. Davis, Hebrew Deeds of English Jews before 1290, 1888 – R. Hoeninger, Das Judenschreinsbuch der Laurenzpfarre zu Köln, 1888 – A. Gulak, Otzar ha-Scheṭarot ha-nehugim be-Yisrael, 1926 – H.-G. v. Mutius, Jüd. U.nformulare aus Barcelona, 1996.

C. Byzantinisches Reich, Altrußland, Südosteuropa
I. Byzantinisches Reich – II. Altrußland – III. Südosteuropa.

I. Byzantinisches Reich: Die byz. Diplomatik steht vor dem Problem einer spärl. Überlieferung von Originalen und fehlender systemat. Slg.en nach U.ngattungen (abgesehen von den Corpora ksl. Gesetze); bloß für die Kanzlei des Patriarchen v. Konstantinopel ist in den Wiener Hss. Hist. gr. 47 und 48 ein Corpus von kopierten Originaldokumenten für die Zeit von 1315–1402 in Form des Registers überliefert; sonst ist die Diplomatik auf Archivslg.en v. a. von Kl. (Athos etc.) angewiesen, die nach dem Empfängerprinzip chronolog. angelegt sind und Ks.-, Despoten-, Sebastokratoren-, Beamten-, Patriarchen-, Bf.s-, Protos- und Privatu.n – sofern sie das Kl. in irgendeiner Weise betreffen – enthalten. Ausführlicher ist bisher nur der Typus der Ks.u.n (→Kanzlei, C.I) und damit zusammenhängend die Ks.kanzlei behandelt.

Hinsichtl. seiner Voraussetzung und Gliederung ist das byz. U.nwesen in der Nachfolge der (spät)röm. Kanzlei zu sehen, was sich etwa auch in der Übernahme lat. Termini (vgl. etwa edictum, bulla) und zunächst lat. U.nteile in der Ks.kanzlei ausdrückt. Die höchststehende und ausgefeilteste Gattung ist die Gruppe der Ks.u.n, die – abgesehen von einigen Papyrusfrgm.en ab dem 5. Jh. (z. B. der sog. Ks.brief v. St-Denis, 1. Hälfte 9. Jh.) – vermehrt mit Originalen ab dem 11. Jh. einsetzen. Kennzeichnend für die U.n der Ks.kanzlei ist eine nach Funktion und Wertigkeit differenzierte Ausgestaltung. So läßt sich eine grobe Gliederung in Dokumente mit Gesetzescharakter, Verträge und Privilegiun.n (in Form von Chrysobullen, v. a. für Venedig, Genua und Pisa, letztere auch für Kl.), Auslandsschreiben sowie U.n der inneren Verwaltung vornehmen. Den Hauptbestand an Originaldokumenten bilden für die Ks.kanzlei die Chrysobullen (ihrer Wertigkeit nach ab dem 11. Jh. gegliedert in: χρυσόβουλλοι λόγοι und: χρυσόβουλλα σιγίλλια [etwa bis ins 14. Jh.]). Kennzeichnend für die Chrysobulle ist neben den Klischees, die man für die →Arenga verwendete, und dem Formelgut (für die →Dispositio, →Sanctio und →Corroboratio) eine auch äußerl. ksl. »Präsentation« in Form einer eigenen (v. a. in der 2. Hälfte des 11. Jh. sehr manierierten) Kanzleischrift, die sich ab Alexios I. Komnenos allmähl. dem unauffälligeren »Buchschrift«-Duktus nähert. Trotz dieser Entwicklung werden für besondere Destinatäre Prunkausfertigungen auf Purpurpergament in Goldtinte und Prunkschrift angefertigt (etwa 1139 für Papst Innozenz II.). – Eine Originalu. erhält durch die Ks.unterfertigung (mit Schlußgruß [etwa bis ins 7. Jh.], Legimus [etwa 7.-9. Jh.], dem Namen [ab dem 9. Jh.] oder dem Menologem [sicher ab dem 11. Jh.], letztere beiden dann nach U.ntyp differenziert) in Purpurtinte (sacrum encaustum, sicher ab 470) ihre Bekräftigung (Abschriften [ἴσα, ἰσότυπα] werden mit rotem Legimus des Kanzlisten [Kanzleikopie] oder von einem lokalen Bf. bzw. Beamten [Empfängerkopie] namentl. bestätigt); gegen Fälschungen ist die Ks.u. durch u.ninterne Sicherheitsmerkmale und durch Klebevermerke seitens eines höhergestellten Kanzleibeamten auf der Rückseite ausgestattet. – Bei Schreiben in das Ausland beginnt die Ks.kanzlei, zunächst nach dem gr. Text Übersetzungen anzufügen, vermutl. ab dem 9. Jh. für sog. Auslandsschreiben, sicher ab dem 12. Jh. auch für Chrysobullen (lat., arab., wohl auch armen.). Dafür setzte die Ks.kanzlei eigene Übersetzungsabteilungen ein, unter dem μέγας διερμηνευτής (ab dem 12. Jh.), die wohl auch für den Patriarchen arbeiteten. Das westl. U.nwesen beginnt mit merkl. Einfluß unter Manuel I. Komnenos (Protokoll der Auslandsschreiben). Die Lateinerherrschaft in Konstantinopel übernimmt dann ihrerseits gelegentl. die Menologemunterschrift. Ab Michael VIII. Palaiologos kommt es zu Änderungen; so arbeiten jetzt etwa Lateiner als notarii in der Ks.kanzlei, einfache Schreiben an den W ergingen nur in Lat. (mit gr. Unterschrift), für goldbesiegelte Ausfertigungen werden die gr. und lat. Version zunächst auf getrennten Blättern geschrieben, ab Andronikos II. in zwei Kolumnen (gr.-lat.) auf demselben Blatt. Der feierl. U.ntypus des Chrysobulls erfährt endgültig Verkürzungen im Protokoll und in der Arenga, an Material wird anstelle des Bombyzinpapiers Pergament verwendet.

Die ab 1206 (Michael I. v. Ephesos) im Original überlieferte Despotenu. steht in ihrer Gestaltung der Ks.u. nahe, unterscheidet sich davon jedoch in der Unterschrift (Name und/oder Titel, nie das Menologem) und in der Besiegelung durch Silber (Argyrobull) bzw. bei Auslandsschreiben mit Doppeladlermotiv als Despotenauszeichnung auf rotem Wachs. In der Unterfertigung steht dem Despoten noch (sicher ab dem 14. Jh.) die rote Tinte zu, während die rangl. nachfolgenden Sebastokratoren (erstes Original Anfang 13. Jh.) mit blauer Tinte und die Kaisares mit grüner Tinte in ihren U.n unterfertigten. – Inhaltl. weit gestreut, folgt in der Hierarchie der weltl. U.n die Beamtenu. Sie hat die Unterschrift des ausführenden Beamten (ab dem 13. Jh.) in monokondylionähnl. Form mit schwarzer Tinte (und δοῦλος-Formel), der Beamte nennt sich in der ersten Person Plural.

Eine große Gruppe unter den byz. U.n bilden die Privatu.n (geistl. oder weltl. Art, in Form von Parteienoder v. a. Notariatsu.n), die charakterist. zu Beginn (seltener am Ende) das kreuzförmige σίγνον mit dem Namen der beteiligten Rechtsparteien in den Kreuzfeldern und danach die Trinitätsformel haben; den Abschluß dieser U.n bilden stets die Datierung sowie die Zeugenliste mit jeweils vorangesetztem eigenhändigen Staurogramm (und im zweiten Fall abschließend die Notariatsunterschrift). Volkssprachl. Färbungen sind durchaus üblich.

Unter den geistl. U.n nimmt den ersten Rang die Patriarchatsu. ein, die zur Ks.u. Parallelen aufweist, jedoch deren strenge Differenzierung nicht beibehält. Zu den Privilegien der Patriarchatsu. zählen (analog zur Ks.u.) die Intitulationszeile und die Unterfertigung mit dem Menologem, jedoch in schwarzer Tinte. Wie die Ks.kanzlei hat auch die Patriarchatsu. ein eigenes Rhetorik-Repertoire für die Arenga der Siegelbriefe. Besiegelt wird mit Blei. Der Bf.su. kommt als Bestätigungsdokument durch den Bf. als der objektiven Vertrauensperson eine wichtige Rolle zu, sie richtet sich dabei nach den entsprechenden weltl. U.n; unterzeichnet wird sie mit der Namensunterschrift (mit [oder ohne] weiteren Klerikerunterfertigungen).

Vorwiegend an die weltl. U.ntypen schließt sich je nach Funktion die eigene U.ngruppe des Protos der Athoskl. an, der ebenso mit der Namensunterschrift unterfertigt, gefolgt von den Unterschriften weiterer Kleriker.

Ch. Gastgeber

Ed. von Corpora [in Auswahl]: F. MIKLOSICH-J. MÜLLER, Acta et diplomata graeca medii aevi sacra et profana, 6 Bde, 1860-90 – System. neue Ed. der Athosu.n in der Slg. Archives de l'Athos (Text und Taf.), 1946ff. – F. DÖLGER, Aus den Schatzkammern des Hl. Berges. 115 U.n und 50 U.nsiegel aus 10 Jahrhunderten, 1948 – E. L. VRANUSI-M. NYSTAZOPOULOU-PELEKIDOU, Ἔγγραφα Πάτμου, I (Αὐτοκρατορικά); II (Δημοσίων λειτουργῶν, mit Taf.), 1980 – H. HUNGER-O. KRESTEN u.a., Das Register des Patriarchats v. Konstantinopel. Ed. und Übers., I, 1981; II, 1995; Ind.bde von C. CUPANE (und E. SCHIFFER), 1981, 1995 – Lit.: BZ, Abt. III, 2 B [laufende Bibliogr.] – DÖLGER, Reg. [Nachdr.: Bd. 1-3, 1976; Bd. 3, überarb. P. WIRTH, 1977; Bd. 2, 1995] – F. DÖLGER, Byz. Diplomatik. 20 Aufsätze zum U.nwesen der Byzantiner, 1956 – H. HUNGER, Prooimion. Elemente der byz. Ks.idee in den Arengen der U.n (Wiener Byz. Studien 1, 1964) – F. DÖLGER-J. KARAYANNOPULOS, Byz. U.nlehre. Erster Abschnitt. Die Ks.u.n (Hb. der Altertumswiss. III 1/1, 1968, griech. Neuaufl. 1972) [Lit.] – GRUMEL-LAURENT-[DARROUZÈS], 1972-91 – O. MAZAL, Die Prooimien der byz. Patriarchenu.n (Byz. Vindob. VII, 1974) – Stud. zum Patriarchatsregister von Konstantinopel, I, hg. H. HUNGER, 1981 – N. OIKONOMIDÈS, La chancellerie impériale de Byzance du 13ᵉ au 15ᵉ s., RevByz 43, 1985, 167-195 – O. KRESTEN-A. E. MÜLLER, Die Auslandsschreiben der byz. Ks. des 11. und 12. Jh.: Specimen einer krit. Ausg., BZ 86-87, 1993-94, 402-429 – O. KRESTEN, ΜΗΝΟΛΟΓΗΜΑ. Anm.en zu einem byz. Unterfertigungstyp, MIÖG 102, 1994, 3-52 – A. E. MÜLLER, Die Entwicklung der roten U.nselbstbezeichnungen in den Privilegien byz. Ks., BZ 88, 1995, 85-104 – I. KARAGIANNOPULOS, Βυζαντινὴ Διπλωματικὴ Βιβλιογραφία. Διερευνητικὴ Ἔκθεση 1949-74, 1995 – O. KRESTEN, Der Geleitbrief..., RHMitt 38, 1996, 41-83.

II. ALTRUSSLAND: [1] *Urkunden öffentlich-rechtlicher Art:* Zu ihnen werden die zwischenstaatl. →Verträge gezählt; sie reichen von den frühen Verträgen der →Kiever Rus' mit dem →Byz. Reich (911, 944, 971) über die seit dem späten 12. Jh. geschlossenen Verträge der nordwestruss. Staatswesen mit ihren westl. Nachbarn (bereits →Novgorod mit →Gotland und den norddt. Kaufleuten, 1191-92) bis zu den Verträgen des 14. Jh. und 15. Jh., welche v. d. Fs.en v. →Moskau mit →Litauen, insbes. aber (im Zuge des Aufbaus ihrer Vorherrschaft) mit anderen aruss. Fs.en schlossen.

Fs.en wie Metropoliten regelten in U.n Fragen der Verwaltung: a) Kirchenstatuten →Vladimirs (im wesentl. der Vertrag mit Byzanz von 988), →Jaroslavs des Weisen (von 1051-54), des Smolensker Fs.en →Rostislav Mstislavič, 1150 (mit Bestätigung von Bf. Manuil und Verordnung über den Umfang der städt. Abgaben), des Novgoroder Fs.en Svjatoslav Ol'govič und der Moskauer Fs.en, ferner Statut des Metropoliten →Kiprian; b) Testamente von Fs.en (zwei Vermächtnisse des Fs.en Vladimir Vasil'kovič von ca. 1287; insgesamt 26 aus dem 14. und 15. Jh.); c) Gnadenu.n des Fs.en Mstislav Jur'evič an das Jur'ev-Kl. in Novgorod von etwa 1130 (älteste Originalu.), des Fs.en →Izjaslav Mstislavič für das Pantelejmon-Kl. und solche unterschiedl. Charakters von Moskauer, Tverer, Rjazaner u. a. Fs.en und v. d. Metropoliten: Schenkungen, Privilegien, Grenzfestlegungen und Landzuweisungen (diese waren im späten 14. und im 15. Jh. in der Nordöstl. Rus' vorherrschend); d) Befehle (die älteste Befehlsu. stammt von Fs. Andrej Aleksandrovič an das Dvina-Gebiet 1294-1304); e) U.n, die ein Kormlen'e-Verhältnis (→Kormlen'e) bestätigen (älteste U. von →Dmitrij Donskoj an Andrej Frjazinov für das Dvina-Gebiet 1363-89). – Ein durch die tatar. Oberherrschaft (→Goldene Horde) bedingter Sondertyp ist der vom Chan an Fs.en und kirchl. Einrichtungen der Rus' verliehene →Jarlyk.

[2] *Privatrechtliche Urkunden:* Zu nennen sind a) Testamente (das früheste erhaltene stammt von dem Novgoroder Kliment, um 1270), überliefert auch in Form von Birkenrinde-Texten seit dem Ende des 14. Jh.; b) Schenkungsu.n (die älteste ist die U. des Varlaam für das Nov-

goroder Chutyn'-Kl.); c) Verträge unterschiedl. Charakters: über Landbesitz, bewegl. Eigentum, Darlehen, Eheschließungen usw., vom 11. bis 15. Jh. (die älteste auf Pergament erhaltene ist die Pskover U. des Tešata und des Jakim aus dem letzten Drittel des 13. Jh.); d) Kaufu.n, überwiegend über Landerwerb – in Pskov seit der 1. Hälfte des 14. Jh. erhalten, in Novgorod ab Mitte des 14. Jh. (auf Pergament und Birkenrinde), in der Nordöstl. Rus' seit dem letzten Viertel des 14. Jh.; im 15. Jh. absolut vorherrschend an der Dvina.

Das Formular der U.n der Typen 1 und 2 bildete sich im 80er Jahren des 14. Jh. heraus. Feste Traditionen erhielten sich auch in der Folgezeit. Im Unterschied zu anderen europ. Ländern fehlt in den altruss. U.n im allg. die →Promulgatio, unentwickelt ist auch das →Eschatokoll (häufig fehlt das Datum).

[3] *Urkunden über Beziehungen zwischen Bauern und Grundherren:* a) Verträge der Bauern (→Bauer, D. XI) mit dem Grundherrn über die Höhe der Naturalabgaben (ältester Birkenrinden-Text aus dem 14. Jh.); b) Anordnungen der Grundherren und ihrer Verwalter (seit Ende des 14. Jh., nur auf Birkenrinde erhalten); c) Bittschriften der Bauern und Dorfältesten an die Grundherren (seit dem Ende des 14. Jh., nur auf Birkenrinde erhalten); d) Kauf-, Grenzfestlegungs- und Zuweisungsu.n für den Landbesitz der Metropoliten.

[4] *Sonstige Dokumente:* Rechtl. bedeutsame Schriftstücke sind: a) Schuldlisten vom 11. bis zum 15. Jh. (auf Birkenrinde); b) Verzeichnisse unterschiedl. Inhalts, z. B. über Pfandnahme von Eigentum (auf Birkenrinde); c) Gerichtsakten (Rechtsu.n und Anordnungen über das Erscheinen vor Gericht). – Der Radius der ausschließl. auf Birkenrinde erhaltenen, stärker privaten Dokumente reicht von Liebesbriefen bis zu Aufzeichnungen über Modalitäten von Handelsgeschäften und Grundbesitzverwaltung. Die U.en stammen bis in die 80er Jahre des 14. Jh. vorwiegend aus den nordwestl. Ländern, später aus der Nordöstl. Rus'.   A. Choroškevič

Q.: Gramoty Velikogo Novgoroda i Pskova, 1949 – Duchovnye i dogovornye gramoty velikich i udel'nych knjazej XIV-XVI vv., 1950 – Akty feodal'nogo zemlevladenija i chozjajstva, Č. 1-2, 1951, 1956; Č. 4, 1983 – Pamjatniki russkogo prava, Vyp. 1-3, 1952-55 – Akty social'no-ėkonomičeskoj istorii Severo-Vostočnoj Rusi konca XIV-načala XVI vv., T. 1-3, 1952-64 – Smolenskie gramoty XIII-XIV vv., 1963 – L. M. MARASINOVA, Novye pskovskie gramoty XIV-XV vv., 1966 – Drevnerusskie knjažeskie ustavy XI-XV vv., 1976 – Polockie gramoty XIII-načala XVI vv., Č. 1-6, 1977-1989 – *Lit.:* L. K. GOETZ, Dt.-russ. Handelsverträge des MA, 1916 – L. V. ČEREPNIN, Russkie feodal'nye archivy XIV-XV vv., Č. 1-2, 1948, 1951 – V. L. JANIN, Novgorodskie akty XII-XV vv., Chonologičeskij kommentarij, 1991 – A. A. ZALIZNJAK, Drevnenovgorodskij dialekt, 1995 – S. M. KAŠTANOV, Iz istorii russkogo srednevekovogo istočnika, Akty X-XVI vv., 1996.

III. SÜDOSTEUROPA: [1] *Östlicher Bereich:* Aus der Zeit des ersten Bulg. Reiches (→Bulgarien) sind keine U.n überliefert. Die lat. abgef., serb. Fs.en des 11. und 12. Jh. (Ljutovid, →Desa) zugeschriebenen U.n sind Fälschungen des 12. Jh. Erst am Ende des 12. Jh. treten kyrill. Schrift und slav. Sprache auf, zuerst in Mischformen: als Paralleltext bei Ban →Kulin v. Bosnien (1189) oder als Unterschriften von →Stefan Nemanja und Miroslav in der lat. Vertragsu. mit Dubrovnik/→Ragusa (1189). Aus dem 13. Jh. sind bereits kyrill. geschriebene bosn., serb. und bulg. U.n übernommen, ähnlich in der Ausstattung, aber verschieden im Formular. Bei den Vertragsu.n dienten die Eide aus den »Libri feudorum« als Muster (in Bosnien bis 1377, in Serbien setzen einseitige Gnadenverleihungen um 1270 ein). Im Formular der Schenkungsu.n ist byz. Einfluß spürbar; die Terminologie und einige Formeln sind den byz. U.n entlehnt, aber weder in Bulgarien noch in Serbien gibt es vor 1346 Nachahmungen der ksl. 'Chrysobulla' und 'Prostagmata' mit übersetzter Logos-Formel und Menologem, die nur von der serb. Ks.kanzlei verfertigt wurden (1346-71). In der letzten Periode waren die Formulare früherer U.n maßgebend.

Reger Verkehr zw. den adriat. Kommunen und den Herren im Hinterland führte zu Anwendung übersetzter Formeln der Briefe, Missilien und einigen Typen der Notariatsu.n. Anderseits kam die Institution der Tabellionen ('nomici'), deren U.n den angeführten Zeugen Glaubwürdigkeit verliehen, aus Byzanz in die Städte des Binnenlandes. Die balkanslav. U.n beeinflußten Sprache, Schrift und Ausstattung der U.n der Fs.en v. →Valachei und →Moldau, deren U.nformulare auf Vorbilder des ung. U.nwesens zurückgehen.

S. Ćirković

Lit.: S. Stanojević, Studije o srpskoj diplomatici, Glas 90, 92, 94, 96, 100, 106, 110, 132, 156, 157, 161, 169, 1912-35 [insges. 28 Forts.] – M. Kos, Dubrovačko-srpski ugovori do sredine 13-og veka, Glas 123, 1927, 1–65 – M. Lascaris, Influences byz. dans la diplomatique bulgare, serbe et slavo-roumaine, Byzslav 3, 1931, 500–512 – A. Solovjev, Vlasteoske povelje bosanskih vladara, Istorijsko-pravni zbornik 1, 1949, 79–105 – G. Ostrogorski, Prostagme srpskih vladara, Prilozi KJIF 34, 1968, 245–257 – G. Čremošnik, Studije za srednjovekovnu diplomatiku i sigilografiju Južnih Slovena, 1976.

[2] *Westlicher Bereich:* Das U.nwesen im kontinentalen Raum Sloveniens folgt der allg. Entwicklung im Südosten des Reiches. – Die urkdl. Überlieferung aus →Dalmatien ist für das 10. Jh. beschränkt auf drei Testamente aus Zadar und die Spliter Synodalakten v. 925/928. Im 11. Jh. setzt eine breitere Überlieferung von 'notitiae' ein, teils als Einzelstücke, teils nur in Kartularen überliefert. Seit Mitte des 12. Jh. bildete sich wie auch in →Istrien ein professionalisiertes →Notariat aus, dessen U.n 'fides publica' erlangten. Aus dem 13. Jh. sind schon zahlreiche Imbreviaturbücher erhalten. Die älteste Herrscheru. aus →Kroatien, eine Stiftungsu. Fs. →Trpimirs v. 852, ist zwar verfälscht erst aus dem 16. Jh. überliefert, doch im Kern wahrscheinl. echt. Das instabile Formular der Herrscher-u.n aus dem 11. Jh. fügt sich ein in die Tradition des dalmatin. U.nwesens. Bei mehreren U.n der späten Trpimiriden (→Trpimirovići) wie auch bei den frühen →Trogirer Privilegien handelt es sich um Eidniederschriften. Seit dem 13. Jh. urkunden auch kroat. Adelsfamilien. – Neben dem lat. U.nwesen entfaltete sich im 14. Jh. im nördl. Küstengebiet und in →Istrien eine formal analoge slav.sprachige U.nproduktion in glagolit. Schrift. Von dem im 14. Jh. auf Lat., Dt. und Kroat. (in glagolit. Schrift) angelegten »Istarski razvod«, dem 'Istrischen Landschied' über die Gemarkungen von 44 Landgemeinden, ist nur die kroat. Version aus dem 16. Jh. überliefert. Im Benediktinerkl. Povlja auf Brač entstand 1250 ein kyrillisch geschriebenes Kartular. – Die urkdl. Überlieferung aus →Slavonien setzt erst im 12. Jh. ein. Das älteste Original ist die U. des Ebf.s Felician v. Gran v. 1134 mit der Nachricht von der Gründung des Bm.s →Zagreb 1094. Die häufigsten Aussteller in Slavonien sind neben dem Kg. der Ban (→Banus), der Bf. und das Kapitel v. Zagreb; die Sitze der Kapitel entwickelten sich zu → 'loca credibilia'. Eine Reihe von Privilegien für die Gründung kgl. Freistädte, u. a. für die Bürgerstadt Gradec innerhalb von Zagreb 1242, ist im Original erhalten. Im 14. Jh. setzt eine reichere Überlieferung aus diesen Städten selbst ein. – Die Überlieferung aus →Bosnien beginnt mit dem zweisprachigen (kyrill. und lat.) Vertrag zw. Ban →Kulin und Dubrovnik (→Ragusa) v. 1189. Neben der in Bosnien dominanten kyrill. U.nproduktion ist eine geringere Zahl lat. U.n erhalten.

L. Steindorff

Lit.: EJug² III, 473–476 – M. Šufflay, Die dalmat. Privatu., 1903 – J. Stipišić, Pomoćne povijesne znanosti, 1972 – L. Margetić, O javnoj vjeri i dispozitivnosti javnih isprava, Radovi IHP 4, 1973, 5–79 – N. Klaić, Povijest Hrvata I, 1975² – A. Gulin, Pregled hrvatske diplomatike, Starine JAZU, 1980 – L. Steindorff, Die dalmat. Städte im 12. Jh., 1984 – Istarski razvod, hg. J. Bratulić, 1988 – D. Kos, Javni notariat in notarski instrument na Kranjskem (Grafenauerjev zbornik, 1996), 271–299 [Lit.].

D. Osmanisches Reich

U.n aus den Regierungsperioden →ʿOsmāns I. (gest. 1326), →Orḫans (1326–62) und →Murāds I. (1362–89) sind in geringer Anzahl, meist nur in Abschriften oder Übersetzungen, überliefert, zumeist in Steuerkonskriptionen (*taḥrīr*), Kadiamtsregistern (→Qāḍī) oder Briefmusterbüchern (*inšā*). Sie wurden in der Forschung Stück für Stück bearbeitet, wobei die Meinungen der Forscher hinsichtl. der Echtheit des jeweiligen Textes sowie der Zuverlässigkeit der Überlieferung zuweilen differieren (oft mangels gesicherter Anhaltspunkte). Es handelt sich meist um Dokumente zur Einrichtung von frommen Stiftungen, daneben auch um Steuerbefreiungen und diplomat. Korrespondenz.

Die Zahl der überlieferten U.n wuchs im 15. Jh. an, v. a. nach der erneuten Vereinigung des (durch den Sieg →Timurs bei Ankara, 1402, geschwächten) osman. Staates durch →Meḥmed I. (1413–21). Von 1431–32 datiert die erste erhaltene Steuerkonskription, →Albanien betreffend (zu vermutende Vorgänger wurden wohl bereits nach 1415 erstellt). Diese Register des Steuerwesens (s. zu diesem auch →Steuer, O; →Defter) sind nicht nur als Repositorien von Abschriften sonst verlorener U.n von Bedeutung, sondern dokumentieren auch einen rechtl. Tatbestand, nämlich die endgültige Eingliederung des behandelten Gebiets in das direkt vom Sultan beherrschte Territorium (über die Fsm.er von Vasallen wurde kein *taḥrīr* angefertigt). Die *taḥrīr*s, mit den ihnen oft vorausgeschickten Bestimmungen zur Steuererhebung (*qānūn*) sind also selbst als Beweisu.n einzustufen; bei Streitfällen mit auswärtigen Fs.en galt die Nennung eines Ortes im *taḥrīr* als beweiskräftig.

Sultansu.n wurden durch die dem eigtl. Text vorangestellte →Tuġrā beglaubigt. Es wird unterschieden zw. dem Befehl (*fermān*), der Einsetzungsu. (*berāt*), dem Schreiben an einen auswärtigen Herrscher (*nāme*) und den – vor 1517 nur an Venedig erteilten – Privilegien oder Kapitulationen (*imtiyāzāt*). Im Aufbau bestehen gewisse Ähnlichkeiten zw. den Gattungen; der *fermān* setzt sich zusammen aus der Invocatio, Tuġrā, Inscriptio, Gebetsformel, Narratio-Expositio, Dispositio, Sanctio-Communicatio, Datum sowie dem Austellungsort.

Unter den Privatu.n ist die Stiftungsu. (*vaqfiya*) am bedeutendsten (→Stiftung, III). Meist arab. abgefaßt, enthielt sie Bestätigungsvermerk, Invocatio, Nennung der Stiftung, des Stiftungsverwalters, des Bestifteten, Stiftungsbedingungen, Erledigung späterer mögl. Einwände durch vorauseilenden Beschluß, Verfluchung derer, die die Stiftung in Zukunft antasten wollten, Datum, Nennung der Zeugen. Während für Stiftungen von Mitgliedern der Sultansfamilie oft Prunku.n ausgestellt wurden, ist die Mehrheit der Stiftungsu.n nur in den (den Steuerkonskriptionen angegliederten) Registern von frommen Stiftungen erhalten; hier handelt es sich um gekürzte Übersetzungen ins Türkische. Zahlreiche sich in privater

Hand befindl., heute verschwundene Stiftungsu.n sind im 19. Jh. in eigens zu diesem Zwecke angelegte Register kopiert worden. S. Faroqhi

Lit.: M. Tayyib Gökbilgin, XV–XVI. msırlarda Edirne ve Pasa livasi, Vakıflar, mülkier, mukataalar, 1952 – H. Inalcik, Hicri 835 tarihli sûret-i defter-i sancak-i Arvanid, 1954 – Ders., Fatih devri üzerinde tetkikler ve vesikalar, I, 1954 – P. Wittek, Zu einigen frühosman. U.n I–VII, 1957, 1963, 1964 [abgedr. in: Ders., La formation de l'Empire ottoman, 1982, Nr. VII] – F. N. Uzluk, Fatih devrinde Karaman eyâteli vakiflan Pihristi, 1958 – I. Beldiceanu-Steinherr, Recherches sur les actes des règnes des sultans Osman, Orkhan et Murad I, 1967 – M. S. Kütükoğlus, Osmanlı belgelerinin dili, 1994.

Urkundenbeweis. Die →Urkunde kam im älteren dt. Recht nur bei Stämmen vor, die sich in ehem. röm. Gebieten niederließen. Man unterschied öffentl. (→Ks.- und Kg.surk.) und →Privaturk. Die Kg.surk. galt als unscheltbar, die Anfechtung war (→Lex Ribuaria) nur mit einer entgegengesetzt lautenden Kg.surk. möglich. War dies der Fall, wurde die ältere Urk. bevorzugt. Seit 614 (Chlothar II.) galt die jüngere, widersprechende Kg.surk. als erschlichen und ungültig. Die Privaturk. konnte angefochten werden, verbesserte aber trotzdem die prozessuale Stellung des Vorlegenden: Beschworen er und die Urkk.zeugen die in der Urk. berichtete Tatsache, war der Streit zu seinen Gunsten entschieden. Seit dem 7. Jh. wurde zunehmend der Schriftvergleich als Echtheitsbeweis von Urkk. (→Echtheit) öffentl. Schreiber zugelassen. Wegen des zunehmenden Mißtrauens gegenüber dem U. erließ 967 Otto I. ein Gesetz, das dem Anfechter einer Privaturk. in jedem Fall das Recht zur Forderung eines →Zweikampfes (→Gottesurteil) einräume und damit hinter die Bestimmungen der Volksrechte zurückfiel. Mit dem Verfall des U.es kam es auch zum Niedergang des Privaturkk.wesens. Die daraus resultierende Rechtsunsicherheit zwang zur Suche nach neuen, wirksamen Beweismitteln. Dies führte zur Entwicklung des →Chirographs; die Zukunft aber gehörte der von der Kg.surk. abgeleiteten Siegelurk., die seit dem 13. Jh. eine immer größere Verbreitung fand. Die Urk. wurde dem Gericht im Original oder in einer dem Original gleichwertigen Abschrift (Notariatsinstrument [→Notar], →Transumpt, →Vidimus) vorgelegt und öffentl. vorgelesen. Ihre →Beweiskraft beruhte auf dem unbeschädigten →Siegel einer siegelmäßigen Person (sigillum authenticum) und der unversehrten Urk., die nicht kassiert, unvollständig, unleserl. oder z. B. durch →Rasuren korrumpiert war. J. Spiegel

Lit.: HRG V, 577–581 – Bresslau II, 635–667, 717–738 – O. Redlich, Die Privaturk. des MA, 1911, 104ff. – H. Steinacker, Die antiken Grundlagen der frühma. Privaturk., 1927 – F. Röhrig, MA und Schriftlichkeit (Welt der Gesch. 13, 1953), 200 – H. G. Kirchhoff, Zur dt.sprachigen Urk. des 13. Jh., ADipl 3, 1957, 190ff. – H. Schlosser, Spätma. Zivilprozess, FDRG 8, 1971, 366–371.

Urkundenfälschung → Fälschungen

Urkundenschrift. [1] *Allgemein:* Zur Ausfertigung von Urkk. wurden grundsätzl. alle Schriftarten sowohl innerhalb der Gattung der unverbundenen (gesetzten, kalligraph.), den Büchern angemessenen Schriften (*écritures posées*) als auch der verbundenen, einen ununterbrochenen Schriftfluß anstrebenden, häufig als Bedarfsschrift bezeichneten →Kursiven (*écritures courantes, communes*) verwendet. Bes. hinzuweisen ist in diesem Zusammenhang auf den Gebrauch von →Unziale und →Halbunziale im frühma. England (Bischoff, 97f., 124f., 260), →karol. Minuskel, →Textura und seit dem SpätMA →Notula und →Bastarda. Daneben entwickelten sich eigene U.en, in denen zwar die Kursive, auch in der Zeit ihrer Verdrängung durch die nichtkursive karol. Minuskel im 9.–12. Jh., nicht zuletzt als sichtbarer Ausdruck der Rechtskontinuität weiterlebte, die sich aber durch bes. Feierlichkeit von den Bedarfsschriften abheben; erziel wurde diese durch Verwendung kursiver Elemente – u. a. lange Ober- und Unterlängen, Oberlängenverschlaufungen, große Zeilenabstände, falsche Ligaturen –, die bei näherem Zusehen das Bild einer 'stilisierten Kursive' bzw. einer 'Scheinkursive' (Rück, 125) ergeben, die ihrerseits durch die im SpätMA vermehrte →Schriftlichkeit etwa im Prozeß-, Verwaltungs- und Rechnungswesen allmähl. größtenteils überwunden wurden. Der von Hajnal als Ursache für diese Entwicklung sowie für die weitgehende europ. Vereinheitlichung der U.en angenommene Schreibunterricht, vorzugsweise an der Univ. Paris, läßt sich nicht nachweisen.

[2] *Einzelne Typen:* Neben der im Prinzip der spätröm. ksl. Kanzlei vorbehaltenen, auf der Majuskelkursive beruhenden →röm. Kaiserkursive hat v. a. die Minuskelkursive (→röm. Kursive) auf die Ausbildung von U.en eingewirkt, z. B. bei den Vandalen, in der ebfl. Kanzlei zu Ravenna, in der langob. Kg.skanzlei, bei it. Stadtnotaren und insbes. in der päpstl. Kanzlei, wo spätestens im 7. Jh. die bauchige *Kuriale* mit dem charakterist. ω-förmigen a, den geschlossenen e und t sowie einigen Ligaturen wie æ, ea, ta entstand, die sich – seit der Jahrtausendwende in leicht veränderter Gestalt – bis ins beginnende 12. Jh. erhielt. Ebenfalls aufgrund der röm. Minuskelkursive hat sich in Spanien eine westgot.-katal. U. gebildet, die im 13. Jh. zur *letra de privilegios* stilisiert worden ist. Im Frankenreich ist am Kg.shof die röm. Minuskelkursive zur *merow. Kanzleikursive*, einer schmalen, steilen U., gewandelt worden, als deren Charakteristika b mit Verbindungsstrich nach rechts und die Ligatur ex zu nennen sind (vgl. ChLA XIII, XIV). Während die westfrk. Kg.skanzlei die nunmehr in gleichmäßigerer, abgewogenerer Form erscheinende *frühkarol. Kanzleikursive* bis ins 10. Jh. beibehielt, ist in der ostfrk. Kanzlei Ludwigs d. Dt. unter dem Notar Heberhard (seit 859) mit der in Anlehnung an die karol. Minuskel geschaffenen *diplomat. Minuskel* ein Bruch mit der bis dahin lebendigen kursiven Tradition eingetreten. Diese neue U. unterscheidet sich von der Buchminuskel hauptsächl. durch offenes a, langes r, lange Oberlängen, schnörkelhafte Aufsätze auf c sowie teilweise auf e und p, aber auch durch Ligaturen und das in der Gestalt stark wechselnde Abkürzungszeichen, so daß von Scheinkursive gesprochen werden kann. In ihrer ausgereiften Form des 11. und 12. Jh. hat die diplomat. Minuskel in den Kanzleien weltl. und geistl. Großer europ. Verbreitung gefunden; als *päpstl. (kuriale) Minuskel* mit weit spationiertem ct und st verdrängte sie seit der 2. Hälfte des 11. Jh. allmähl. die Kuriale. Während in der spätma. dt. Reichskanzlei eine im einzelnen große Vielfalt an Schriften verwendet wurde, die sich alle den Gattungen der unverbundenen Buchschriften, Bastarden (einschließl. Fraktur) und Kursiven zuordnen lassen – eine in den meisten europ. Kanzleien ähnl. verlaufende Erscheinung –, hat sich in Italien im 14. und 15. Jh. neben der *Cancellaresca* die *Mercantesca*, eine aus der Notarschrift gebildete kursive U., entwickelt. P. Ladner

Lit.: Ch. Courtois u. a., Tablettes Albertini, Actes privés de l'époque vandale (fin Ve s.), 1952 – J.-O. Tjäder, Die nichtlit. lat. Papyri Italiens aus der Zeit 445–700, 2 Bde, 1954 [1982] – P. Rabikauskas, Die röm. Kuriale in der päpstl. Kanzlei, 1958 – I. Hajnal, L'enseignement de l'écriture aux universités médiévales, 1959² – J. Stiennon, L'écriture diplomatique dans le diocèse de Liège du XIe au milieu du XIIIe s., 1960 – E. Poulle, Paléographie des écritures cursives en France du XVe au

XVIIe s., 1966 – P. Herde, Die Schrift der Florentiner Behörden in der Frührenaissance, ADipl 17, 1971, 302–335 – Th. Frenz, Das Eindringen humanist. Schriftformen in die Urkk. und Akten der päpstl. Kurie im 15. Jh., ebd. 19, 1973, 287–418; 20, 1974, 384–506 – P. Langhof, Triebkräfte und Entwicklungstendenzen der got. kursiven U.en im Gebiet der dt. Ostexpansion im SpätMA, Jb. für Gesch. des Feudalismus 3, 1979, 87–109 – W. Heinemeyer, Stud. zur Gesch. der got. U.en, 1982² – E. Poulle, La cursive gothique à la chancellerie de Philippe Auguste (La France de Philippe Auguste. Le temps de Mutations. Actes du Coll. Internat. [Paris 1980], 1982), 455–467 – B. Bischoff, Paläographie des röm. Altertums und des abendländ. MA, 1986² – L. Miglio, L'altra metà della scrittura: Scrivere in volgare (all'origine delle corsiva mercantili), Scrittura e Civiltà 10, 1986, 83–138 – E. Casamassima, Tradizione corsiva e tradizione libraria nella scrittura lat. del Medioevo, 1988 – P. Rück, Ligatur und Isolierung: Bemerkungen zum kursiven Schreiben im MA, Germanist. Linguistik (Marburg) 93/94, 1988, 111–138 – M. Rüth, Aufkommen und Verbreitung der humanist. Kanzleikursive in den kommunalen Behörden der s. Toskana und Umbriens, ADipl 36, 1990, 221–370; 37, 1991, 307–451 – P. Ladner, Urkundenkrit. Bemerkungen zum Bundesbrief v. 1291, Mitt. des Hist. Vereins des Kt.s Schwyz 83, 1991, bes. 96ff. – W. Oeser, Beobachtungen zur Entstehung und Verbreitung schlaufenloser Bastarden, ADipl 38, 1992, 235–343 – → Schrift.

Urlaub. Der Begriff 'U.' ist heute im wesentl. auf seinen arbeitsrechtl. sowie kultur- und freizeitsoziolog. Aspekt eingegrenzt; er bezeichnet die üblicherweise durch Dienst- bzw. Tarifrecht vorgeschriebenen arbeitsfreien Zeiträume der Arbeitnehmer und ihre Nutzung als Freizeit. Im Sprachgebrauch des MA und der frühen Neuzeit wurden aufgrund der andersartigen sozialen Funktion und Struktur der →Arbeit die (v. a. durch den kirchl. Festkalender sowie durch Gewohnheitsrecht und Herkommen geregelten) »arbeitsfreien« Zeiten selbst dagegen noch nicht mit dem Begriff 'U.' benannt, sondern allenfalls mit Bezeichnungen wie lat. 'otium' umschrieben (→Spiele/ »Freizeit«). Das im Mhd. und Frühnhd. häufig belegte Wort 'U.' (vgl. die zahlreichen Belege bei Grimm, DWB 24, 2366–2477), dessen Grundbedeutung mit 'Erlaubnis', 'Abschied' wiedergegeben wird (lat. Entsprechungen: licentia, venia usw.), deckte vielmehr ein weites Bedeutungsspektrum ab, ähnlich dem frz. Äquivalent *congé*. So bezeichnete 'U.' (neben einer Reihe von in diesem Zusammenhang unberücksichtigten Konnotationen) im rechtl. Sinne verschiedene Arten obrigkeitl. Genehmigungen, oft in Hinblick auf »Ausnahmefälle« (z. B. Erlaubnis zum Verkauf einer Ware außerhalb der üblichen Marktzeit, Genehmigung zur Einreise in ein Land oder Territorium). Hervorzuheben ist die als 'U.' oder 'Abschied' (bzw. 'Abtritt') bezeichnete (außerordentl.) Bewilligung von seiten eines Kg.s oder Fs.en, Lehns- bzw. Dienstherren (entsprechend der jeweiligen sozialen Ebene), die zu einem Lehns- oder Dienstmann, Offizier/Soldaten (viele Belege für 'U.' entstammen dem spätma. und v. a. frühneuzeitl. Militärwesen), Mitglied eines →Hofes, einer →'familia' oder eines anderen Personenverbandes erlaubte, den Dienst des betreffenden Herrn ggf. vor Ablauf einer festgesetzten Dienstzeit in ehrenhafter und einvernehml. Weise (zeitweilig oder dauernd) zu verlassen bzw. die Dienstpflichten ruhen zu lassen, etwa um dringende persönl., z. B. vermögensrechtl. Angelegenheiten zu regeln. Entfernung vom Dienst ohne Einholung eines U.s konnte dagegen als unwürdiges Verhalten ('heiml.' Entweichen 'ohne Abschied', 'aus dem Dienst Laufen'), u. U. auch als Indiz für schuldhafte Dienstausübung (z. B. →Korruption) gewertet werden und den Verlust des →Schutzes durch den Herrn, in schwerwiegenden Fällen rechtl. Sanktionen nach sich ziehen. Bei z. T. spektakulären Beispielen (bekannt ist der [außergewöhnl.] Fall der →Jeanne d'Arc, die 1430 zu ihrer verhängnisvollen Heerfahrt nach Compiègne aufbrach, ohne zuvor vom Kg. den schuldigen U. [*congé*] erbeten zu haben) bedürfen das Phänomen und sein institutions- und mentalitätsgesch. Kontext noch eingehenderer Erforschung. U. Mattejiet

Urognostik, Uroskopie → Harn, -schau, -traktate

Uroš. 1. U. I., serb. Herrscher um 1110–nach 1131, verbrachte in seiner Jugend aufgrund des Friedensvertrags zw. seinem Onkel, Župan →Vukan, und Ks. Alexios I. Komnenos eine gewisse Zeit als Geisel in Konstantinopel (1094). Nach der Rückkehr nach Serbien und dem Tod Vukans übernahm er die Herrschaft. Während des byz.-ung. Krieges 1127–29 überfiel U. byz. Grenzgebiete (u. a. Rückeroberung von →Ras). Auf Initiative Kg. Stefans II. v. Ungarn wurde U.s Tochter Jelena (Ilona) 1129 oder spätestens 1130 mit dem Thronfolger →Béla (II.) vermählt. Durch Vermittlung des ung. Hofs erweiterte die serb. Dynastie ihre verwandtschaftl. Beziehungen mit Vornehmen der mitteleurop. Länder. U.s zweite Tochter Maria heiratete 1134 Fs. →Konrad II. v. Mähren/Znaim (12. K.). Ihr Stifterporträt ist in der Rotunde v. →Znaim erhalten. Das von U. geknüpfte verwandtschaftl. Beziehungsnetz im Donauraum entsprach dem Interesse westeurop. Pilger, für die Reise ins Hl. Land den Landweg über Ungarn und den Balkan zu nutzen. J. Kalić

Lit.: Jireček I, 244 – Viz. izvori za istoriju naroda Jugoslavije IV, 1971, 14–17, 115–117 – J. Kalić Das Bm. Ras (Fschr. S. Hafner, 1986), 173–178 – Ders., Kneginja Marija, Zograf 17, 1986, 21–34.

2. U. II., serb. Herrscher mit dem Titel Großžupan, 1143–56, Sohn von →Uroš I. Bei seiner Politik der Verselbständigung gegenüber dem Byz. Reich wurde U. von Ungarn unterstützt, wo U.' Bruder Beloš nach dem Tod Bélas II. 1141 eine wichtige Rolle spielte, zunächst als Erzieher des minderjährigen Kg.s →Géza II., dann als kroat. →Banus und ung. →Palatin bis 1157. Früher aufgebaute internat. Verbindungen ermöglichten es U., sich 1149 einer antibyz. Koalition anzuschließen, die Kg. →Roger II. v. Sizilien gegen Ks. Manuel I. Komnenos organisierte. 1149–50 kam es in Serbien zu schweren Kämpfen; unter dem Kommando Manuels I. nahmen die byz. Truppen mehrere Städte ein und verwüsteten das Zentrum des Landes. Nach der Entscheidungsschlacht am Fluß Tara in der Nähe des heutigen Valjevo mußte U. seine Verpflichtungen als Vasall gegenüber Manuel erneuern. Nachdem ein ung.-serb. Bündnis zu einem neuen Feldzug Manuels führte, wurde der Konflikt 1153 auf dem Verhandlungsweg gelöst. Im gleichen Jahr suchte →Andronikos Komnenos (1. A.), ein Verwandter Manuels, dux in den Grenzgebieten des Reiches zu Ungarn mit den Städten Belgrad, Braničevo und Niš, durch Verhandlungen am ung. Hof und mit Friedrich Barbarossa Verbündete für seinen Kampf um den Ks.thron zu gewinnen. U. wurde 1155 nach inneren Kämpfen gestürzt, gewann jedoch mit der Hilfe Ks. Manuels die Herrschaft zurück. J. Kalić

Lit.: Viz. izvori za istoriju naroda Jugoslavije, IV, 1971, 22–55, 122–130, 179–183, 186–193 – J. Kalić, Raški veliki župan U. II, ZRVI 12, 1970, 21–39 – F. Makk, The Arpads and the Comneni, 1989, 42–62 – J. Kalić, Die dt.-serb. Beziehungen im 12. Jh., MIÖG 99, 1991, 516–523.

3. U. → Stefan Uroš

Urpfarrei → Pfarrei, Pfarrorganisation, II [3]

Urraca

1. U., Kgn. v. Kastilien-León 1109–26, † 1126, ⌑ Palencia, Kathedrale, Tochter →Alfons' VI. v. Kastilien-León und der →Konstanze v. Burgund, ∞ 1. →Raimund v. Burgund, Gf. v. →Galicien († 1107), 2. →Alfons 'el

Batallador', Kg. v. Aragón (1104–34), 3. in geheimer Ehe →Pedro González, Gf. v. →Lara; Mutter Ks. Alfons' VII. und der Infantin →Sancha v. Kastilien. Nach dem Tod ihres Gatten Raimund herrschte sie als Gfn. v. Galicien, bis sie 1109 die Nachfolge ihres Vaters in den Kgr.en Kastilien und León antrat, nachdem dessen einziger Sohn in der Schlacht v. →Uclés gefallen war. In Übereinstimmung mit kast. Rechtsvorstellungen heiratete sie zur Sicherung ihrer Stellung und zur Verteidigung der Grenzen ihres Reiches den Kg. v. Aragón, wobei ein Ehevertrag die Nachfolge in beiden Reichen regelte. Drei große Konflikte überschatteten ihre Regierung: die Auseinandersetzung mit Alfons 'el Batallador', von dem sie sich bereits 1114 wieder trennte, mit ihren bürgerkriegsähnl. Zuständen, die zum Verlust der →Rioja an Aragón führten; die Streitigkeiten mit ihrer Halbschwester →Teresa, die eine Lösung der Gft. Portugal von León und eine Wiederherstellung des ehem. galiz. Kgr.es anstrebte; der Konflikt mit der Partei um Ebf. →Diego Gelmírez v. Santiago und Gf. →Pedro Froílaz v. →Traba in Galicien, die v. a. die Thronfolge ihres Sohnes, des späteren Alfons VII., sichern wollten, den U. schließlich 1111 nominell an der Herrschaft beteiligte. Diesem konnte U., trotz aller Schwierigkeiten – u.a. auch Konflikte mit städt. Bürgerschaften –, das Reich ihres Vaters gefestigt und ungemindert hinterlassen.
U. Vones-Liebenstein

Lit.: L. Vones, Die 'Hist. Compostellana' und die Kirchenpolitik des nordwestspan. Raumes 1070–1130, 1980 – B. Reilly, The Kingdom of León-Castilla under Queen U., 1982 – R. A. Fletcher, Saint James's Catapult, 1984 – H. J. Felber, The Marriage of U. of Castilla and Alfonso I of Aragon, 1985 – M. Lucas Álvarez, El reino de León en la Alta Edad Media, V: Las Cancillerías reales (1109–1230), 1993 – C. Stalls, Possessing the Land, 1995 – U. Vones-Liebenstein, Kgn. U. (Frauen im MA, hg. K. Schnith, 1997), 174–188.

2. U., Infantin, * um 1033, † 1101, ⌒ S. Isidoro de León, Tochter Kg. →Ferdinands I. v. →León und der Sancha; Schwester der Kg.e →García v. Galizien, →Sancho II. v. Kastilien und →Alfons VI. v. Kastilien-León. Nachdem ihr Vater in seiner Nachfolgeordnung das Reich unter seine Söhne geteilt hatte, wies er seinen unverheirateten Töchtern Elvira und U. alle Kirchen und Kl. zu und bildete für sie den sog. Infantado v. Kastilien-León. In den folgenden krieger. Auseinandersetzungen der Brüder stellte sich U. auf die Seite Alfons' VI. Sie bewirkte seine Freilassung und Exilierung nach →Toledo, wurde jedoch bald selbst gemeinsam mit →Pedro Ansúrez von Sancho II. in →Zamora belagert und nur durch Ermordung Sanchos, an der man U. eine unbewiesene Mitschuld zusprach, befreit. Mit dem Titel einer 'regina' war sie in den ersten Regierungsjahren Ratgeberin Alfons' VI. und auch für die Einkerkerung des dritten Bruders García auf der Burg Luna mitverantwortlich. Als Herrin des Infantado stimmte sie der Übertragung verschiedener Kl. an →Cluny zu (S. Salvador de Palaz del Rey in León, 1073; S. Juan de Hérmedes de Cerrato, 1077; S. María de →Najera, 1079) und begünstigte die Kl. →Eslonza, →Oña, →Covarrubias und →S. Isidoro de León durch Schenkungen. Selbst sehr gebildet, trug U. wichtige kirchenpolit. Entscheidungen (Ablösung des mozarab. durch den röm.-lat. Ritus, Translation des Bf.ssitzes von →Oca nach →Burgos) mit und förderte bes. die Kirchen von León, →Santiago und →Túy.
U. Vones-Liebenstein

Lit.: E. Lévi-Provençal–R. Menéndez Pidal, Alfonso VI y su hermana, la infanta U., Al-Andalus 13, 1948, 157–166 – P. Segl, Kgtm. und Kl.reform in Spanien, 1974 – I. Pérez de Tudela y Velasco, El papel de las hermanas de Alfonso VI en la vida política y en las actividades de la corte (Estudios sobre Alfonso VI y la reconquista de Toledo II, Actas II Congr. Internat. de Estudios Mozárabes, Toledo 20.–26. Mayo 1985, 1988), 163–180 – B. R. Reilly, The Kingdom of León-Castilla under King Alfonso VI (1065–1109), 1988.

3. U. 'la Asturiana', * 1133, † 26. Okt. [1164], ⌒ Palencia, Kathedrale; Tochter Kg. →Alfons' VII. v. Kastilien und der astur. Adligen Gontrodo Petri, ⚭ 1. 1144 Kg. →García Ramírez v. Navarra († 1150), 2. 1163 Alvaro Rodríguez de Castro; Kinder: Sancha, ⚭ Gaston V. v. Béarn, Sancho Alvarez. Am Hofe der Infantin Sancha erzogen, kehrte U. nach dem Tode García Ramírez' nach Kastilien zurück, wo ihr Alfons VII. mit dem Infantado eine eigenständige Herrschaft mit Sitz in der kgl. Residenz in →Oviedo einrichtete. Sie verfügte über eine eigene Hofhaltung und nahm nach dem Tod ihres Vaters in Asturien eine königsgleiche Stellung ein. In zahlreichen Schenkungen begünstigte sie v. a. den dortigen Bf.ssitz und die städt. Benediktinerkl. S. Vicente und S. Pelayo.
U. Vones-Liebenstein

Lit.: L. García Calles, Doña Sancha, hermana del emperador, 1972 – J. J. Fernández Conde, La reina U. 'la A.', Asturiensia Medievalia 2, 1975, 65–94 – Ders.–E. Benito Ruano, Hist. de Asturias, IV, 1979, 239–244.

Ursache. Wie die Philosophie der Antike hat auch das ma. Denken das Fragen nach Gründen und U.n von der Verwunderung (über die Durchbrechung des gewohnten Ablaufs) her verstanden (Augustinus, De ordine I 3, 6–7). Für die Fassung der letzten Gründe des Wirklichen übernimmt →Augustinus die platon. Ideenlehre, da nur so der Akt der Schöpfung als ein rationaler verstanden werden könne (De div. quaest. 83; q. 46). Ideen sind also zugleich die ewigen Paradigmen für die endl. Wirklichkeit wie die Bestimmungsgründe des göttl. Handelns. Das göttl. Handeln zeigt sich auch in Wundern, die jedoch den natürl. Ablauf nicht durchbrechen, sondern jenseits der Grenzen unserer Naturkenntnis liegen (De civ. Dei XXI, 8). Insbes. der Grund für die Existenz des →Übels war ein Problem für Augustinus. Aber so wie das Böse nichts als Destruktion ist, so hat es auch keine eigentl. U., sondern resultiert aus einer Beeinträchtigung der Wirkungskraft (causa deficiens).

Nach der Fortbildung der augustin. und neuplaton. Begriffe von U. verfügt – nach der Rezeption der aristotel. Philos. – erst die Scholastik über eine eigentl. Lehre von den U.n. Wie auch in vergleichbaren Fällen bemüht sich die Scholastik, die Vollständigkeit der vier Bedeutungen des U.nbegriffs zu zeigen. Offensichtl. entsprechen einander Form und Materie, also das Bestimmende und das durch diese Bestimmung Strukturierbare. Die Form ist nicht nur U. des Seins, sondern auch des Wirkens. Erst der Zweck initiiert jedoch die Wirksamkeit der Wirkursache. Daher ist die causa finalis der Grund der Wirksamkeit, d. h. causa causalitatis, wie →Thomas v. Aquin mit →Avicenna sagt (De princ. nat., cap. 4). Begründungsbedürftig scheint dem MA auf dem Hintergrund des Schöpfungsgriffs nicht nur das Sosein der Dinge, sondern auch, daß sie überhaupt sind; Gott wird bei Thomas gefaßt als causa essendi (S. th. I, 65, 1). Impliziert aber bereits die Warum-Frage einen Progreß, der zur causa prima gelangt (Summa c. gent. III, 25; nr. 2065), so hebt diese umgekehrt die Wirksamkeit anderer U.n nicht auf. Vielmehr wird auf bes. Weise auch Gott selbst als die U. der Ursächlichkeit verstanden, so nämlich, daß er nicht nur Sein und Fortbestand, sondern auch Wirksamkeit den Dingen verleiht. Dieses Wirkenkönnen ist sogar *das* Indiz ihrer Selbständigkeit. Kontrovers blieb zw. Theologen verschiedener Richtungen einerseits und Lehrern der Artes-Fakultät andererseits, ob Gott in bes. Fällen die Wirksamkeit endl. U.n ersetzen kann. →Siger v. Brabant u.a. sahen darin eine Aufhebung des Naturbegriffs (Quaest. s. librum De causis, q. 2).

Die für die Metaphysik relevante Frage, welche der vier U.n auf nichtmaterielle Dinge anwendbar sind, ist in der Folgezeit verschieden beantwortet worden. Während etwa →Dietrich v. Freiberg und Meister →Eckhart einzig die beiden inneren U.n (Form und Materie) wegen der Notwendigkeit ihrer Verknüpfung für geeignet halten, dergegenüber die »äußeren« U.n (Wirkursache, Zweck) der Kontingenz ausgesetzt sind, geht →Johannes Duns Scotus nach dem Kriterium der Universalität vor: Er sagt daher genau umgekehrt, daß im Begriff der Wirksamkeit keine Einschränkung hinsichtl. seiner Anwendbarkeit liegt, während die Form auf das Komplement der Materie angewiesen bleibt (Ordinatio I d. 2 p. 1 q. 1–2 n. 57; ed. Vat. II, 163ff.). Beide konvergieren jedoch darin, daß der Wirkursache eine gewisse Präponderanz zukommt: für Scotus wegen der Universalität; für die Mystik gilt dies negativ, insofern als der göttl. Handelnde gerade »ohne Warum«, d.h. ohne äußere Gründe (Motive) handelt (Eckhart, Pred. 4; DW I, 66).

Das 14. Jh. ist im wesentl. durch zwei Diskussionen bestimmt: Zum einen wird die Frage nach der Kooperation von göttl. und menschl. Handeln, das Verhältnis von Gnade und Freiheit, virulent (→Gregor v. Rimini; Thomas →Bradwardine; John →Wyclif); zum anderen aber das Problem, wie sich denn einzelne ursächl. Verkettungen verifizieren lassen. →Wilhelm v. Ockham beschreibt genau, wie sich durch Ausblenden einzelner Umstände zeigen läßt, ob sie für das Eintreten einer Wirkung erforderlich sind oder nicht (Ord. I d. 1 q. 3; OTh I p. 416). →Johannes Buridanus weist die traditionelle Zuordnung von U. und Wirkung durch die Ähnlichkeit zurück (Met. VII, 8). Gegen die These des →Nikolaus v. Autrecourt, wonach niemals absolute Gewißheit hinsichtl. kausaler Verknüpfungen erreicht wird, wendet Buridan ein, daß dies zwar richtig, für die Erforschung der Natur aber ein solcher Grad von Gewißheit auch gar nicht erforderl. ist (Met. II q. 1).

R. Schönberger

Lit.: J. R. WEINBERG, Nicolaus of Autrecourt, 1948, 31ff. – A. MAIER, Das Problem der Evidenz in der Philos. des 14. Jh. (Ausgehendes MA, 1964ff., II, 367–418) – E. A. MOODY, Studies in Medieval Philosophy, Science, and Logic, 1975 – B. MOJSISCH, 'Causa essentialis' bei Dietrich v. Freiberg und Meister Eckhart (Von Meister Dietrich zu Meister Eckhart, ed. K. FLASCH, 1984), 106–114 – M. ADAMS MCCORD, William Ockham, II, 1987, 741–798 – R. WOOD, Ockham on Essential-Ordered Causes. Logic Misapplied (Die Gegenwart Ockhams, hg. W. VOSSENKUHL–R. SCHÖNBERGER, 1990), 25–50 – R. SCHÖNBERGER, Causa causalitatis. Zur Funktion der aristotel. U.nlehre in der Scholastik, Misc. Med. XXII, 1994, 421–439.

Ursberg, ehem. OPraem-Stift in Bayern (w. von Krumbach, Diöz. Augsburg). Zw. 1119 und 1125 gründete der Edelfreie Wernher v. Schwabegg auf seinem Allod U. ein Regularkanonikerstift, das er der bfl. Kirche v. Augsburg unter der Bedingung übertrug, dort die Lebensweise →Norberts v. Xanten einzuführen (vor 1128?). Die Herkunft der ersten Kanoniker aus →Ilbenstadt signalisiert nicht näher erkennbare Verbindungen zu führenden Reformkreisen. Die Verleihung wichtiger Rechte, freie Propst- und Vogtwahl, Abgabenfreiheit durch den Bf. v. Augsburg (1139 von Innozenz II. bestätigt) sowie kgl. Schutz (1143) und reiche Schenkungen durch die Ministerialen der Welfen und Herren v. Schwabegg im 12. Jh. begründeten U.s Aufstieg zum führenden OPraem-Stift in S-Dtl. (Besiedlung von Roggenburg, Schäftlarn, Osterhofen, Neustift). Davon zeugen auch die hier zw. 1229 und 1250 entstandenen historiograph. Werke (→Burchard v. U. [17. B.]). Das um 1350 zur Abtei erhobene U. erlebte unter Abt Wilhelm Sartor (1407–47), Berater Ks. Siegmunds und Prediger gegen die Hussiten, eine letzte Blüte. Spuren des Frauenkonvents des ursprgl. als Doppelstift gegründeten U. fanden sich noch im 14. Jh.

H. Seibert

Lit.: W. PETERS, Die Gründung des Prämonstratenserstifts U., ZBLG 43, 1980, 575–587 – J. HAHN, Krumbach (HAB T. Schwaben 12, 1982), 28–45 – N. BACKMUND, Monasticon Praemonstratense, I, 1983, 79–84 [Q., Lit.] – M. OBERWEIS, Die Interpolationen im Chronicon Urspergense (Münchener Beitr. zur Mediävistik 40, 1990).

Ursinus. 1. U., Gegenpapst Sept. 366–16. Nov. 367, † nach 384. Unmittelbar nach dem Tod des →Liberius (24. Sept. 366) erhob eine seit der Einsetzung →Felix' II. unversöhnl. Minderheit den Diakon U., der sofort von Bf. Paulus v. Tribur geweiht wurde, die Mehrheit →Damasus I. (Weihe: Lateranbasilika, 1. Okt.). Nach blutigen Kämpfen konnte sich Damasus mit ksl. Unterstützung behaupten. U. wurde im Okt. 366 verbannt, konnte am 15. Sept. 367 zurückkehren, mußte aber ksl. Befehl am 16. Nov. 367 Rom verlassen. Seine Anhänger setzten sich in Norditalien fest und erhoben schwere Anklagen gegen Damasus. U. wurde nach Köln verbannt, trat nach dem Tod des Damasus (11. Dez. 384) erneut hervor, wurde aber durch die Wahl des →Siricius endgültig ausgeschaltet.

G. Schwaiger

Q.: LP I, 212; III, Reg. – JAFFÉ[2] I, 36 – Lit.: J. N. D. KELLY, Reclams Lex. der Päpste, 1988, 47f. – PH. LEVILLAIN, Dict. hist. de la papauté, 1994, 1687 – E. CASPAR, Gesch. des Papsttums, I, 1930, 196–201, 628 – A. LIPPOLD, U. und Damasus, Historia 14, 1965, 105–128 – CH. PIETRI, Roma christiana I, 1976, 408–418.

2. U., hl., nach der Tradition erster Bf. v. →Bourges. Sein Name tritt erstmals auf im »Liber in gloria confessorum« des →Gregor v. Tours, der ihn zu einem Apostelschüler macht und über Kämpfe des Bf.s mit der feindseligen heidn. Bevölkerung berichtet. Gregor erwähnt andererseits in der »Hist. eccl. Francorum« als Gründer der Kirche v. Bourges einen (namentlich nicht genannten) Schüler der sieben nach Gallien entsandten Bf.e aus der Zeit des christenfeindl. Ks.s Decius (249–251). Dieser Bf. habe (in Ermangelung einer Kirche) den christl. Kult im Haus des 'Senator Galliarum', Leocadius, zelebriert. Diese hagiograph. Motive werden in ausgeschmückter Weise in einer wohl nicht vor dem 11. Jh. entstandenen anonymen Vita des hl. U. verwendet. – Die Verehrung des Hl.n begann in Bourges erst um die Mitte des 6. Jh., unter Bf. Probianus, mit der Auffindung der Gebeine durch den Presbyter Augustinus, die in die Kirche St-Symphorien zu Bourges (die spätere Kirche St-Ursin) transferiert wurden. Doch wurde der Kult des hl. Gründers der Diöz. bald überflügelt von der Verehrung zweier Nachfolger im Bf.samt, Felix (um 573) und v.a. →Sulpicius Pius (624–647), deren Kultverbreitung bald die Diözesangrenzen überschritt. In Bourges blieb die Kathedrale dem Erzmärtyrer →Stephanus (St-Étienne) geweiht, die große Abtei OSB nahm den Namen St-Sulpice an. Nur eine weniger reich dotierte Kollegialkirche wurde dem hl. U. dediziert. In der Diöz. erhielten nur zwei kleine Pfarrkirchen ein U.-Patrozinium, wohingegen 30 Kirchen in der Diöz. (350 in ganz Frankreich) dem hl. Sulpicius geweiht waren.

G. Devailly

Lit.: →Gregor v. Tours (In Gloria conf., Hist. eccl. Francorum) – AASS nov. IV, 1925, s.v. [P. DELEHAYE] – J. VILLEPELET, Nos saints du Berry, 1931 – M. DE LAUGARDIERE, L'Église de Bourges avant Charlemagne, 1951 – G. DEVAILLY, Le dioc. de Bourges, 1973.

Ursmar v. Lobbes, hl., Abt und Bekenner (Fest: 18. oder 19. April). * in den 40er Jahren des 7. Jh. in Floyon

(Nordfrankreich), † 713. U. erhielt eine klösterl. Erziehung. Alte Urkunden betiteln ihn als Bf. und Abt. Möglicherweise ist er (wenn man hier →Folcuin v. Lobbes glauben kann) ursprgl. Wanderbf. gewesen, der nicht nur das Land seiner Geburt missionierte, sondern auch Flandern wirkte im Norden. (Dies würde auch die zahlreichen Schenkungen erklären, die er später von Grundbesitzern dieser Region erhielt.) Üblicher wäre allerdings die Kombination seiner Abtswürde mit bfl. Funktionen. Seine Ernennung zum Abt v. →Lobbes erfolgte wahrscheinl. schon 689, möglicherweise durch Pippin II. – In Lobbes führte U. die Benediktinerregel ein und fungierte auch als Bauherr (Weihe der Klosterkirche 26. Aug. 697 und im Folgejahr der Kirche Notre-Dame auf einem Hügel oberhalb des Kl., der späteren Kollegiatkirche St-Ursmer, die U.s Gebeine bis zur Translation nach Binche [1408] bewahrte). Man schreibt ihm auch die Gründung weiterer Kl. und Verbindungen zum Kl. Maubeuge zu. – U. wird als strenger Asket, eifriger Missionar und Wundertäter geschildert. Nachdem er aus Alters- und Krankheitsgründen zugunsten seines Schülers Irmino (711 oder 713) auf seine Ämter verzichtet hatte, verstarb er 713. Als Schutzheiliger der Kinder, die schwer laufen lernen, wird er in Belgien (Hennegau, Flandern) und im frz. Dép. Aisne verehrt. Bildl. Darstellungen zeigen ihn als Abt mit den Pontifikalien. M. Van Uytfanghe

Q.: Adson v. Lobbes, Vita U.i prima (um 765), BHL 8416 – MGH SSrerMerov VI, 1913, 453–461 – Rather v. Verona, Vita secunda (um 940), BHL 8417f. – MPL 136, 345–352 – Heriger v. Lobbes, Vita metrica, BHL 8419–MPL 139, 1125–1128 – Miracula, BHL 8420–8425 – Folcuin, Gesta abbatum Lobiensium, c. 2–5, MGH SS IV, 1841, 56–58 – AnalBoll 23, 1904, 315–319 [G. Morin sah in einem akrostich. Gedicht das Werk des Irmino und somit die älteste U.-Vita] – Lit.: BNB XV, 1926–1929, 944f. – Vies des saints IV, 470–473 – Bibl.SS XXII, 1969, 866f. – LCI VIII, 520f. – C. L. Clèves, Saint Ursmer, sa vie, ses compagnons, ses miracles et son culte, 1886 – L. Van der Essen, Ét. crit. et litt. sur la Vitae des saints mérov. de l'ancienne Belgique, 1907, 76–82 – J. Warichez, L'abbaye de Lobbes, 1909, 16–19, 24–29 – E. de Moreau, Hist. de l'Église en Belgique I, 1945², 136f. – F. Prinz, Frühes Mönchtum im Frankenreich, 1965, 205 – R. Babcock, On the 'Vita U.i' of Heriger of Lobbes, MJb 18, 1983, 105f.

Urso v. Salerno (v. Kalabrien), später Vertreter Hochsalernos, tätig im letzten Drittel des 12. Jh., † an der Schwelle zum 13. Jh., galt seinen Zeitgenossen als 'egregius doctor' und 'philosophus'. Am Anfang Salerner →Aristoteles-Rezeption stehend, entwickelte er sein naturphilos. System aus den »Physica« (»Meteorologia«) und aus »De caelo«. Sehr sprachbegabt, benutzte er dt., hebr., arab., gr. und mlat. Vorlagen; ins Mhd. wurde er – vermutl. in Schlesien – partiell vor 1250 übersetzt.

Sein umfangreiches fachlit. Werk zerfällt in einen frühen, klin. diagnost. – von ihm selbst als minderwertig eingestuften – Bereich (»De criticis diebus« [→Tagewählerei]; »De pulsibus« [verschollen]; »De urinis«) und in die substanztheoret. Textgruppe, die eine Deutung von sichtbarer wie unsichtbarer Welt aus den Konstituenten der →Humoralpathologie vornimmt und v. a. in Montpellier (→Radulfus de Longo Campo) sowie in Paris (→Aegidius Corboliensis) rezipiert wurde. Zu letzterer gehören: »De effectibus medicinarum«; »De effectibus qualitatum«; »De saporibus et numero eorundem«; »De commixtionibus elementorum«; »Aphorismi«; »Glossulae (in aphorismos)«. Als Verf. kommt U. in Frage auch bei der »Vierten Salerner Anatomie« (→Anatomie, I) sowie beim Traktat »Über Grade und Qualitäten«. G. Keil

Ed. und Lit.: Verf.-Lex.² II, 70 – U. v. S., De commixtionibus elementorum libellus, ed. W. Stürner, 1976 – P. O. Kristeller, Studi sulla Scuola medica salernitana, 1986, 46–48 – R. Reisert, Der siebenkammerige Uterus (Würzburger med.hist. Forsch. 39, 1986), 43–47, 68f. [Vierte Salerner Anatomie] – J. Agrimi–Ch. Crisciani, Edocere medicos. Medicina scolastica nei secoli XIII–XV, 1988, 13f. [Quaestiones Salernitanae].

Ursprung (origo, fons). Die Konzepte πηγή, αἰτία, ἀρχή und ὑπεράρχιος ἀρχή gehen über den Neuplatonismus (Dionysius Areopagita) in den ma. Begriff des U.s (origo) ein, der im Bild der 'Quelle' (fons) eine ikonograph. Dimension gewinnt (E. Kirschbaum, IV, 485). Die Terminologie – auf Trinität, Schöpfung, Sündenfall und Gnadenlehre angewendet – bezeichnet das Verhältnis des aktiv hervorbringenden Prinzips zum passiv Hervorgebrachten. Die Scholastik unterstellt in diesem Verhältnis keine emanative Einheit.

Augustinus (vgl. Retr. II, 56) versteht den 'U. der Seele' (De an. et eius orig.) dahingehend, daß die Seele nicht 'gezeugt', nicht 'Teil Gottes' ist, aber doch Gott 'nahe' sei (Ep. 166; 190). Diese Unbestimmtheit, die dem Begriff U. – auch in der arab.-jüd. Philos. (Gabirol, Fons vitae) – anhaftet, wird in der Scholastik begriffl. geklärt: Nach Thomas v. Aquin, der die Systematik von 'origo' in der Trinitätslehre entwickelt (S. th. I, 32, 3; 40, 2; 41, 1), setzt der aktiv (per modum actum) verstandene U. ein subsistentes Prinzip voraus und meint passiv – als 'nativitas' – nur den 'Weg' der Deszendenz (ut via), nicht aber die Konstitution eines Dinges oder einer Person (S. th. I, 40, 2). »Origo ... non est distinctiva et constitutiva hypostasis« (ebd.). Der durch die Natur des U.s determinierte Prozeß des Hervorbringens trifft daher – etwa in der Weitergabe der Ursünde 'per originem' (I/II, 81, 1) – die Person nur insoweit, als deren Verfassung 'a primo parente' abgeleitet werden kann. Diese Aspekte, die in die frühe Lexikographie eingehen (Micraelius), werden von Bonaventura weiter differenziert (Ed. Quaracchi, X, 235c) und hermeneut. über den mehrfachen Schriftsinn auf Christus als 'fons quantum ad divinitatem et humanitatem' übertragen (Coll. in Ioan. IV, coll. 14). In metaphys. Hinsicht ist das 'Sein' (als 'actus purus', Itin. V, 3) die selbst nicht erkannte, aber alles Erkennen ermöglichende 'Quelle', in deren Licht die Dinge erkannt werden (Hex. V, 33; VI, 1). Der Begriff 'origo', der als 'ursprunc', 'urspringen' und 'quellen' bei Meister Eckhart (DW II, 51, 1; 68, 4 u.ö.) Hervorgang und Rückkehr der Seele in Gott bezeichnet, geht über die spätma. Mystik in die Volkssprache ein.
K. Hedwig

Lit.: G. J. P. O'Daly, Augustine on the Origins of Souls (Platonismus und Christentum [Fschr. H. Dörrie, 1983]), 184–191.

Urstand, Urstandsgnade → Paradies

Ursula, legendäre hl. Jungfrau und Märtyrerin, Anführerin der »11000« Jungfrauen (Fest: 21. Okt.).

[1] *Legende*: U., Tochter eines brit. Kg.s, wird vom Sohn des heidn. Kg.s v. England zur Gemahlin begehrt. Da bei Ablehnung des Antrags ein krieger. Auseinandersetzung drohte, bittet sie, der Jungfräulichkeit geweiht, um dreijährigen Aufschub. In dieser Frist soll der Heidenprinz den christl. Glauben annehmen. Sie selbst begibt sich mit 11000 Jungfrauen auf Meerfahrt, wobei ihr das Martyrium vorhergesagt wird. Zu Schiff gelangt die Schar nach Köln und Basel und pilgert von dort zu Fuß nach Rom. Bei der Rückkehr nach Köln erleiden sie zusammen mit dem legendären Papst Cyriakus und anderen Begleitern den Märtyrertod.

Als Ausgangspunkt der Legende ist die Clematinische Lapidarinschrift aus dem 4./5. Jh. in der St. U.kirche in Köln anzusehen, die Kunde von einem Martyrium von Jungfrauen, ohne Namen- und Zahlangabe, gibt. Unterschiedl. Namen in variierender Zahl bis 11 oder 12 erscheinen in Martyrologien, Kalendarien und Litaneien des 9. und 10. Jh. Die Festlegung auf die 11000 erfolgte, vermutl. auf einem Lesefehler beruhend, allmähl. im 10. Jh. in Urkk. und liturg. Büchern Kölns. Erst dann erscheint U. als die erste dieser Jungfrauenschar und wird endgültig ihre Anführerin durch zwei Passiones, der um 975 entstandenen, Ebf. →Gero v. Köln gewidmeten Passio »Fuit tempore pervetusto« und der etwa ein Jahrhundert jüngeren, sprachl. gefälligeren Passio »Regnante Domino«. Phantast. Einzelheiten über die Herkunft und das Schicksal der Elftausend und insbes. ihrer (männl.) Begleitung lieferte im Anschluß an Ausgrabungen mutmaßl. Reliquien →Elisabeth v. Schönau in ihren Revelationen. Diese Erweiterungen gingen in die Legendenüberlieferung, so auch in die →Legenda aurea, ein.

[2] *Verehrung und Darstellung:* Der Kult galt zuerst einer Reihe von Jungfrauen zugleich, denen wohl schon in röm. Zeit eine Kirche, später auch ein Frauenkl., in Köln geweiht war. Aus dem 9. Jh. sind Zeugnisse (Kalendarien, Offizien, Litaneien, Meßtexte) einer kirchl. Verehrung bekannt. Eine eigene Verehrung der hl. U. als Anführerin der Märtyrerinnen setzt erst im 10. Jh. ein. Seit Mitte des 12. Jh. propagierten die Deutzer Benediktiner den Kult, 1155–64 durch Ausgrabungen angebl. Reliquien auf einem röm. Gräberfeld in der Nähe der U.kirche und durch Erfindung darauf bezogener Namen. Sie werden in den Revelationen der Elisabeth v. Schönau als »echt« bestätigt. Durch Translationen dieser vermeintl. Reliquien und mit dem weiteren Bekanntwerden der Legende breitet sich die Verehrung von Köln ausgehend rasch über fast ganz Europa aus und erreicht gegen Ende des MA ihren Höhepunkt. Gefördert wurde der Kult außer von den Benediktinern v. a. durch die Zisterzienser, dann auch von den Prämonstratensern und Kartäusern. Im 16. Jh. gab Angela Merici ihrer religiösen Frauengemeinschaft U. als Namens- und Schutzpatronin (Ursulinen). Für die einstige Beliebtheit des Kultes in weiten Kreisen der Bevölkerung sprechen die vom 13. bis 15. Jh. vielerorts (Köln, Straßburg, Krakau u. a.) gegründeten Bruderschaften (»U.schifflein«) und zahlreiche Einblattdrucke. U. ist Patronin der Stadt Köln, der Univ. Wien, Paris und Coimbra. Sie gilt u. a. als Patronin der Jugend und der Lehrerinnen.

Die einstige weite Verbreitung und Intensität ihres Kultes bezeugen auch zahlreiche bildl. Darstellungen. Große U.zyklen in Dtl., Flandern, Italien, Spanien und Norwegen schildern das Legendengeschehen. Als Einzelszenen daraus sind am häufigsten dargestellt das »Martyrium der hl. U. und ihrer Schar« und das »Schifflein St. U.«. In Einzeldarstellungen erscheint U. als Kg.stochter zumeist mit Krone über dem offenen Haar. Pfeil, Kreuzfahne, Schiffchen, Palme sind ihre Attribute. Als Anführerin der ihrer Obhut anvertrauten Jungfrauen wird sie als Schutzmantelhl. dargestellt. E. Wimmer

Q. *und Lit.:* Bibl. SS IX, 1252–1271 – LCI VIII, 521–527 [Lit.] – LThK² X, 574f. – O. SCHADE, Die Sage von der hl. U. und den elftausend Jungfrauen, 1854 – AASS Oct. IX, 73–313 – Legenda aurea, ed. TH. GRAESSE, 1890, 701–705 – W. LEVISON, Das Werden der U.legende, BJ 132, 1928, 1–164 – G. DE TERVAREND, La légende de Ste. Ursule dans la litt. et l'art du MA, 2 Bde, 1931 – O. KARPA, Reliquienbüsten aus dem U.kreis, 1934 – F. SCHUBEL, Die südengl. Legende von den elftausend Jungfrauen, 1938 – J. SOLZBACHER-V. HOPMANN, Die Legende der hl. U., 1963 [Lit.] – C. KAUFFMANN, The Legend of St. U., 1964 – A. SCHNYDER, Die U.bruderschaften des SpätMA, 1986.

Ursus (frz. Ours), Abt, hl., † Anfang 6. Jh. (Feste: 27., 28., 24. Juli). Der aus Cahors stammende U. gründete im Berry 3 Kl. (wohl Toiselay und Heugnes, arr. Châteauroux, Pontiniacum, nicht identifiziert), je mit einem Propst. Weitere Kl.gründung in Sennevières in der Diöz. Tours, mit dem hl. Leobatius (später Abt, Fest: 24. Jan.), zuletzt in dem nahen →Loches. Die von ihm dort gebaute Wassermühle am Indre wurde von einem got. Großen Alarichs II. blockiert, worauf U. für alle seine Kl. durchgehende Gebetsruhe (bis zum Erfolg des Unternehmens) anordnete: ein früher Beleg für Kl.verband in Gallien. – Einzige Q. ist Gregor v. Tours, Liber vitae patrum XVII (Vita Ursi et Leobatii). M. Heinzelmann

Lit.: Vies des saints VII, 657–660 – Bibl. SS IX, 1252.

Ursus und Victor, hl. Märtyrer (Fest: 30. Sept.), gelten aufgrund einer Überlieferung als Mitglieder der →Thebaischen Legion, die bei Agaunum (→St-Maurice d'Agaune, Wallis) am Ende des 3. Jh. das Martyrium erlitt. U. und V. wurden in →Solothurn von einem Statthalter des Ks.s →Maximinianus gefangengenommen, verschiedenen Folterungen unterworfen und schließlich enthauptet. Ihre Verehrung wird bereits im 5. Jh. durch die zw. 443 und 450 von →Eucherius v. Lyon verfaßte Passio der Thebaischen Legion bezeugt. Eucherius erwähnt die beiden Hl.n, äußert sich aber zurückhaltend hinsichtlich ihrer Zugehörigkeit zur Thebaischen Legion. Die späteren Texte (BHL 8585–8587) bieten für die Erhellung der Ursprünge des Kults keinerlei verwertbare Nachrichten; es ist daher anzunehmen, daß zur Zeit des Eucherius die hl. U. und V. zwar in Solothurn als Märtyrer verehrt wurden, daß sie aber erst durch eine (sekundäre?) Tradition mit der Thebaischen Legion verbunden wurden.

Weitere Nachrichten über die beiden Gefährten liegen erst aus dem 7. Jh. vor; in dieser Zeit erwähnt die →Fredegar-Chronik eine Kirchengründung zu Ehren des hl. Victor in →Genf. In der Tat berichtet die älteste Passio, die wohl zw. dem 7. und 9. Jh. in Genf verfaßt wurde, für etwa 500 eine Translation der Reliquien des hl. V. von Solothurn nach Genf (Ausbildung eines Kults um das spätere Priorat St. Victor). Der hl. U., dessen sterbl. Hülle in Solothurn verblieb, wurde seinerseits in einer Passio gerühmt, die ihm nun die dominierende Rolle zuschrieb. Dieses stark von der Passio der hl. Felix und Regula inspirierte Werk bietet keine wertvollen hist. Nachrichten, ist aber Zeugnis des Wiederauflebens des U.kultes in Solothurn, das im hl. U. durchgängig seinen großen Patron verehrte. E. Chevalley

Lit.: A. LÜTOLF, U. und V., die Thebäer in Salodurum (Die Glaubensboten der Schweiz vor St. Gallus, 1871), 143–179 – E. HAEFLIGER, U. und Viktor und die Tebäische Legion, Hb. für Solothurn. Gesch. 29, 1956, 212–221 – B. WIDMER, Der U.- und V.kult in Solothurn (Solothurn. Beitr. zur Entwicklung der Stadt im MA, 1990), 33–81 – C. SANTSCHI, St-Victor de Genève (Helvetia Sacra, Abt. III, Bd. 2: Die Cluniazenser in der Schweiz, 1991), 239–283 – E. CHEVALLEY-J. FAVROD, Soleure dans le dioc. de Genève? Hypothèse sur les origines du dioc. d'Avenches/Vindonissa, Zs. für Schweizer. Kirchengesch. 86, 1992, 47–68.

Urteil

I. Germanisches und deutsches Recht – II. Englisches Recht – III. Skandinavisches Recht.

I. GERMANISCHES UND DEUTSCHES RECHT: Das U. des germ.-dt. Rechts ist prinzipiell nicht autoritative Entscheidung Dritter über den Streit anderer, sondern mangels Staat, Gewaltenteilung und bürokrat. organisierten Gerichten Rechtsaussage (-meinung, -auffassung, -kundgabe, -bestätigung, -zeugnis). In erster Linie kommt es nicht dem →Richter zu, sondern Rechtskundigen, den Urteilern, →Schöffen, →Oberhöfen, Rechtsfakultäten, →Zeugen, Mitgliedern des Gerichtsumstandes, ja selbst den Parteien, deren in U.sfragen, Sachverhaltsvortrag und Rechtsbehauptungen geformtes Vorbringen noch in spätma. Q. als U. bezeichnet wird. In der gerichtl. Entscheidungsbildung gehen U.e stets aus einer Gruppe – meist sieben Urteiler – hervor. Das möglicherweise von einer Einzelperson gefundene Erstu. muß die Folge weiterer Personen (Folge-U.) finden. Teilweise stimmt sogar der gesamte →Umstand zu. Erst am Ende eines durchweg mehrere U.e verschiedener Personen(-kreise) umfassenden Verfahrens steht das U. im Sinne einer vom Richter ausgegebenen, gebotenen (End-)Entscheidung. Vor der Ausbildung echter →Gerichtsbarkeit (2. Hälfte des 8. Jh.) kann es ganz fehlen. Zw. 750 und 800 drangen die frk. Wörter *urteili* ('das Erteilte') und *irteilen* ('erteilen', 'urteilen') als Termini für den Rechtsprechungsvorgang von ihrem Ursprungsgebiet zw. Brüssel, Köln und Nancy her nach SO und NO vor. Sie verdrängten ältere germ. Wörter, die sich um die Vorstellung von »Sühne«, »Ausgleich« gruppierten. Die sprachl. Entwicklung ist Ausdruck des sich vollziehenden Übergangs von der im »Gericht« angeleiteten Eigenentscheidung der Parteien (Sühnevergleich) zur Drittentscheidung durch Urteiler.

Ein U. - typischerweise jedoch nicht (mehr) das richterl. gebotene U. - kann in formell qualifizierter Weise (unter Findung eines Gegenu.s) als unrichtig »gescholten« werden. Grundsätzl. sind nicht nur die negativ betroffenen Parteien, sondern alle vollwertigen Gerichtsgenossen dazu berechtigt. Das Verfahren nach Schelte ist für die frk. Zeit unklar bzw. streitig. Im dt. MA kommt es gelegentl. zum →Zweikampf, meist wird aber der Streit um das richtige U. zw. Urteiler(n) und Partei im Wege des Rechtszuges an einen Oberhof ausgetragen. Der Begriff des U.s greift über die Einzelfallbeurteilung hinaus. Rechtssatz und Beurteilung des konkreten Sachverhalts werden nicht sauber geschieden. Das U. zeigt eine überschießende, zum objektiven Recht gehörende und objektives Recht bildende Tendenz. Die U.sform ist deshalb auch geeignet, objektives Recht darzustellen (→Weistum). Heute erscheinen uns solche Formen des U.s nur zu leicht als normativ. Für das hohe MA und seine Reichsweistümer (allg. Sprüche des →Reichshofgerichts) sind jedoch berechtigte Zweifel an einem derartigen zeitgenöss. Verständnis von »allg.« U.en geäußert worden. Im stärker verschriftlichten SpätMA entsteht jedoch in regionalen und städt. Zusammenhängen aus der Aufzeichnung von U.en jeweils eine »Art Gesetzbuch«. Auch Rechtsaufzeichnungen des FrühMA, insbes. die »Lex Salica«, geben sich als Produkte von U.en. U.e haben nicht selten ein bestätigenden Charakter, d. h. es wird – mangels Verwaltung – eine bereits bestehende Rechtslage urteilsförmig abgesichert, woraufhin insbes. in Früh- und SpätMA entsprechende Gerichtsurkk. ausgefertigt werden konnten.   J. Weitzel

Lit.: HRG V, 604–611 [E. KAUFMANN], 619–622 – J. W. PLANCK, Das dt. Gerichtsverfahren im MA, I, 1879, 248ff. – K. F. FREUDENTHAL, Arnulfing.-karol. Rechtswörter, 1949, 71ff., 109ff. – G. LANDWEHR, »U.fragen« und »U.finden« nach spätma., insbes. sächs. Rechtsq., ZRGGermAbt 96, 1979, 1–37 – J. WEITZEL, Dinggenossenschaft und Recht, 2 Bde, 1985.

II. ENGLISCHES RECHT: Das vom Gericht zum Abschluß des Verfahrens öffentl. verkündete Endu. basierte auf Fakten, die in einem formalisierten Beweisprozeß festgestellt worden waren. Im 11. Jh. gab es in Chester, Stamford, York und anderen Orten vornehml. des →Danelaw U.sfinder (*lagamen*), seit der 2. Hälfte des 12. Jh. wurden sowohl bei Zivil- wie auch Strafprozessen die eigtl. Rechtsentscheidungen zunehmend von Geschworenen getroffen. Die Richter überwachten den Prozeßverlauf und beeinflußten die Art der Beweisführung (→Ordal, →Zweikampf, Jury). Das Beweisu. (Spruch der →Geschworenen, Resultat des Ordals) führte direkt zum Endu. Erst im 15. Jh. wurde es mögl., das Verfahren auch nach dem Spruch der Geschworenen »non obstante veredicto« noch weiterzuführen. In Prozessen um Liegenschaften (*real actions*) konnte ein U. gegen den Beklagten ergehen, wenn den Vorladungen ohne Erklärung nicht Folge geleistet wurde. Für die Rechtskraft des U.s wurde vorausgesetzt, daß der Prozeß vor einem zuständigen Gericht stattgefunden hatte, die Richter mit der für den Fall erforderl. Kompetenz ausgestattet waren und das Verfahren ohne Formfehler abgeschlossen wurde. U.e untergeordneter Gerichte konnten in einem kgl. Gericht durch ein →writ »de falso iudicio« angefochten werden, wobei ein Protokoll der Verhandlung anzufertigen war (»recordari facias loquelam«), das dann von vier Beisitzern, die das untergeordnete Gericht vertraten, den kgl. Richtern vorgelegt wurde. Dabei handelte es sich nicht um eine Berufung, sondern um eine Anfechtung aus formalen Gründen. Wurde der Beschwerde stattgegeben, so hatte der Gerichtsherr mit einer Geldbuße zu rechnen. Obwohl U.e kgl. Gerichte als endgültig angesehen wurden, entwickelte sich eine Kontrollhierarchie, der gemäß U.e der Common Pleas von der →King's Bench, U.e der King's Bench oder des Court of →Exchequer vom Kronrat revidiert werden konnten. In den Prozeßakten wurde dem U. oft eine Präambel vorangestellt, in der das Gericht die Entscheidungsgründe zusammenfaßte. Nach der Verkündung des U.s ordneten die kgl. Richter die Vollstreckung an, bei Strafprozessen in der Regel mündl., sonst mittels einer schriftl. Anweisung an den →Sheriff.   J. Röhrkasten

Lit.: F. POLLOCK–F. W. MAITLAND, Hist. of English Law, II, 1898², 666, 671 – J. BAKER, Introduction to English Legal Hist., 1990³, 98–100.

III. SKANDINAVISCHES RECHT: [1] *Norwegen und Island:* In Norwegen wurden U.e nicht von berufsmäßigen, institutionalisierten Richtern gefällt, sondern bei reinen privatrechtl. Sachen (z. B. Eigentums-, Grenzstreitigkeiten, Obligationen) usprgl. von einem ad hoc gebildeten Zwölfergremium, dessen Urteiler von den beiden Prozeßparteien parität. ernannt wurden (unter Ausschluß von Verwandten bis ins 3. Glied, verschwägerten oder ökonom. von einer der beiden Parteien abhängigen oder mit einer oder beiden Parteien im Rechtsstreit liegenden Personen). Die Mitglieder des Urteilergremiums waren gleichberechtigt. Ursprgl. (nach →Gulaþingslög 37, 266) tagte dieses Gericht vor der Tür des Beklagten (*duradómr* 'Türgericht'), später am örtl. Dingplatz. Das U. erfolgte nach Mehrheitsbeschluß aufgrund vorgebrachter Beweismittel. Bei Stimmengleichheit wurde die Sache erneut vor dem Bezirksding verhandelt. Dort wurde das U. vermutl. direkt von den Dinggenossen gesprochen. Ähnl. Formen der U.sfindung können für das mit öffentl. Rechtssachen (Schwerverbrechen, Totschlag etc.) befaßte »gesetzl. Ding« der gesamten Landschaft (*lagting*) angenommen werden (→Ding, II; →Landschaftsrecht), wobei die Texte jedoch nur spärl. Auskunft geben. Den Entscheidungen dieser Dinge dürften Entscheide eines Richtergremiums vorausgegangen sein.

Im Vorfeld des offiziellen Dingurteils spielte spätestens seit dem 12. Jh. das Rechtsgutachten (*orskurđ*) der *lagmenn* (sg. *lagman*), usprgl. eine dem Ding zugehörige Gruppe rechtskundiger Leute, eine wichtige Rolle. Diese *lagmenn* treten bereits unter Kg. →Sverrir Sigurdarson (1179–1202) als kgl. Amtsträger auf und fungieren im 13. Jh. als

Richter. Ab etwa 1300 werden U.e auch von Richtergremien, die vom Kg. eingesetzt wurden, gefällt.

Im freistaatl. Island (→Island, III) wurden Urteilergremien in gleicher Weise gebildet wie in Norwegen. Grundlage war auch hier der Beweis. Die isländ. Häuptlinge (→Goden) besaßen keine richterl. Gewalt, hatten jedoch auf den Dingversammlungen die Mitglieder der Urteilergremien zu ernennen. Von den Frühjahrsdingen nicht entschiedene Prozesse konnten vor das im Sommer tagende →Allthing kommen bzw. vor dessen Viertelsgerichte (fjórðungsdómar), die automat. in Totschlagssachen richteten. Als eine Art oberste Instanz fungierte das Anfang des 12. Jh. eingerichtete 'Fünfte Gericht' (fimtardómr), das mit Stimmenmehrheit entschied. Geurteilt wurde nach den jeweiligen Versionen des Rechtsbuchs →Grágás und nach Rechtssetzungen der lögrétta, des legislativen Organs des Allthings.

[2] *Schweden und Dänemark:* Während im schwed. Götaland die vermutl. von den jeweiligen Dinggenossen gewählten Häuptlinge eines →Herad für die Rechtspflege verantwortl. waren und auch richterl. Funktionen ausübten, übernahmen in der svealänd. 'Hundertschaft' (hundare) der kgl. Amtsträger (lensman) und zwei Urteiler (domare) diese Aufgabe, wobei der Kg. im svealänd. Bereich direkten Einfluß auf die Zusammensetzung der Urteilergremien hatte, deren Mitglieder ihre Amtsbefugnis, U.e zu sprechen, vom Kg erhielten. Im schwedischen Reichsrecht (Mitte 14. Jh., →Magnús Erikssons Landslag) wird die Einsetzung der Rechtspflegeorgane auch in Götaland ähnlich wie ehemals im svealändischen Bereich durchgeführt.

Auch in Dänemark waren nominell alle Dinggenossen auch zugleich Urteiler, immer aber war es ein kleiner Kreis rechtskundiger und einflußreicher Leute, die den Spruch des Dings zumindest vorbereiteten. Ende des 13. Jh. ist belegt, daß bereits einzelne hochgestellte Personen ein Ding leiteten oder daß der Kg. oder sein jeweiliger Bevollmächtigter den U.en des entsprechenden Landes(Landschafts-)dings Rechtskraft verlieh. Ab etwa 1300 taucht die Bezeichnung 'Landesrichter' (rector, legifer, justiciarius) in den Q. auf, der im Auftrag des Kg.s die jeweilige U.e für das Ding bekräftigte. U.e wurden ab dem 14. Jh. nur noch von einigen, meist adligen Personen der jeweiligen Dinggemeinde gesprochen, nicht mehr vom Ding selbst. Auch die ursprgl. und nach dem Buchstaben der Landschaftsrechte vom Kg. unabhängigen Heradsdinge (*herredsting*) gerieten bereits Ende des 13. Jh. deutl. unter kgl. Gerichtshoheit, die von kgl. Amtsträgern (*ombudsmænd*, *exactores*, *herredsfoged*) ausgeübt wurde.

H. Ehrhardt

Lit.: KLIII, 150–156, 214–218 [Lit.]–K. v. Maurer, Vorlesungen über altnord. Rechtsgesch., I, IV, V, 1907–10 – P. J. Jorgensen, Dansk Retshistorie, 1940, 244ff., 505ff., 520ff.

Urteil, -skraft. Der ma. Gebrauch von enuntiatio/iudicium enthält log., epistemolog. und normativ-rechtl. Komponenten, die erst nach Ch. Wolff († 1754) mit dem gemeinsamen Terminus 'U.' bezeichnet werden. Die Traditionsstränge, die in das MA eingehen, sind heterogen:

1. Für Aristoteles ist das U., neben »anderen Arten der Rede (λόγος)«, eine behauptende Aussage (ἀπόφασις), die im Zusprechen oder Absprechen von Bestimmungen den Bestand oder Nichtbestand eines Dinges in zeitl. Differenzierung aufweist (Periherm. 1, 4, 16b 27ff.). Die Aussage als λόγος ἀποφαντικός ist der Ort der Wahrheit, die sich im Erfassen erschließt (Met. IX, 10, 1051 b 24). Die frühen lat. Übers.en (Varro, Cicero) verwenden proloquium, effatum, pronuntiatum, enuntiatum oder oratio, bis sich nach Boethius die Termini *enuntiatio* für das U. und *compositio et divisio* für die formellen Komponenten durchsetzen (in Periherm. II, MPL 64, 441ff.). In der ma. Logik wird das U. aristotel. als enuntiatio (oder propositio) definiert und in Aufbau, Form und Modus analysiert.

2. Der Begriff iudicium, der ähnl. wie κατηγορία aus der Gerichtssprache stammt (ThLL VII/2, 661ff.), wird von Boethius auf die Syllogistik – also nicht auf die enuntiatio – bezogen: Die Sicherheit der Wahrscheinlichkeitsschlüsse stützt sich zunächst auf die Findung (inventio) des Mittelbegriffes und dann auf die Beurteilung (iudicium) des Schlußsatzes, der im Rückgang auf die Prämissen bewertet wird (In Top. Cic. Comm. I, MPL 64, 1045f.). Hier – in der diiudicatio der Topik – liegt der Ansatz der traditionellen, später von Leibniz präzisierten Konzeption der 'U.skraft', die das Verhältnis des Besonderen zum Allgemeinen regelt und deren 'Mangel', nach Kant, die 'Dummheit' ist (KrV, Bl 73/A 134).

3. Im Neuplatonismus werden über Augustinus judikative Elemente in der Epistemologie wirksam: die Sinne und die Akte des Geistes sind a priori normiert, derart, daß wir im Licht der ewigen Gesetze das Niedere 'beurteilen' (De civ. Dei XI, 27, 2) und daran messen, was es sein 'soll' (De ver. rel. 31, 58). Die göttl. Wahrheit ist selbst ein U., das sich manifestiert (De Trin. IX, 6, 10). Im ma. Augustinismus wird dieser normative Aspekt auf den habitus der Prinzipien bezogen und – bei Bonaventura – als naturale iudicatorium begriffen (In II Sent. d. 39 a. 1 q. 2).

4. Die scholast. Rezeptionen der arab.-jüd. Philos. übernehmen im Rückgriff auf al-Ġazzālī, Isaak Judaeus, al-Fārābī und Avicenna die erweiterte aristotel. Systematik der inneren Sinneswahrnehmung, nach der die vis aestimativa unsinnl. Inhalte (intentiones non sensatae) auffaßt und daraufhin 'beurteilt' (iudicat), ob sie dem Lebewesen nützen oder schaden (Avicenna, Lib. de an. I, 5. Ed. Van Riet).

5. Der im MA dominierende Gebrauch von iudicium, iudicare, iudex und iustitia findet sich in der Rechtsprechung (Du Cange, IV–V, 440ff.), die ihre Normsätze (sententiae) der eigenen Tradition, der Kanonistik und aus bibl. Vorlagen entnimmt.

In einer bemerkenswerten Synthese überträgt Thomas v. Aquin, da in allen Varianten der Anwendung ein 'Akt der Vernunft' vorliegt, den Namen iudicium über die Praxis hinaus auch auf spekulative Gebiete (S. th. II/II, 60, 1, ad 1), wenngleich das log. U. weiterhin in der Nachfolge des Aristoteles als enuntiatio verstanden und von anderen Sprechakten (deprecativa, imperativa, vocativa, interrogativa, In Periherm. I, lect. 7, n. 85) unterschieden wird. Die Sonderstellung der enuntiatio gründet darin, daß in einem 'wahren' U. das, was ausgesagt wird, 'ist' (ratio veritatis fundatur in esse et non in quidditate, In I Sent. d. 19, q. 5, a. 1). Die Zentrierung auf das 'Sein' (esse) besagt log., daß das U. auf eine zweigliedrige Struktur zurückzuführen ist (In II Periherm. lect. 2, n. 212). Dagegen ist nach Johannes Duns Scotus eine Aussage (»Caesar est homo«) vorrangig auf essentieller Ebene wahr, insofern Subjekt und Prädikat begriffl. nicht-repugnant verbunden werden (»Caesare non existente«; In I Periherm. q. 7. Ed. Wadding I, 192ff.). Die beginnende Distanz gegenüber der fakt. Wirklichkeit führt bei Wilhelm v. Ockham dazu, daß es für eine wahre Aussage (propositio) ausreicht, wenn Subjekt und Prädikat 'für dasselbe supponieren', ohne daß ein entitatives Implikat vorliegen müßte (SL II, OP I, 250).

Die spätma. »Theorien der Aussage« (Nuchelmans) füllen die ontolog. Lücke der Referenz durch verschiedene, aber ungeklärte Entitäten aus (etwa durch das comple-

xe significabile) und sind gezwungen, die log. Kriterien der Wahrheit einer Aussage neu zu formulieren. Damit sind die Weichen für die Leitthemen der modernen U.s-theorien gestellt.
K. Hedwig

Lit.: P. Hoenen, La théorie du jugement d'après S. Thomas, 1953 – F. A. Cunningham, Judgement in S. Thomas, The Modern Schoolman 31, 1953–54, 185–212 – R. W. Schmidt, L'emploi de la séparation en métaphysique, RPhL 58, 1960, 373–393 – N. Kretzman, Medieval Logicians on the Meaning of Proposition, The Journal of Philosophy 67, 1970, 767–787 – G. Nuchelmans, Theories of Proposition, 1973.

Urzeugung. Der Begriff konnte erst aufgestellt werden, nachdem von Aristoteles zu Beginn des 4. Jh. v. Chr. in seinen zoolog. Schriften der Normalfall der sexuellen Entstehung der Tiere näher untersucht worden war. Es blieben einige zweifelhafte Fälle, für die Aristoteles die Entstehung 'weder aus Paarung noch aus Eiern' postulierte. Dafür prägten spätere Zeiten den Begriff der 'generatio aequivoca' oder 'spontanea'. Vom Aal und etlichen anderen Fischen (z. B. einer Meeräschenart [kestreus], der Sardelle [aphye] und dem 'Schaumfisch' [aphros] bei Aristoteles, h. a. 6, 15, p. 569 a 11–570 a 26) wurde die ungeschlechtl. Entstehung behauptet. Der Aal sollte (Aristoteles, h. a. 6, 16, p. 570 a 3–24, vgl. Plin. n. h. 9, 160) aus wiederum 'von selbst' (αὐτόματα) entstandenen 'Erddärmen' gebildet werden, da die Sektion keine Geschlechtsprodukte ergeben hatte. Auch für Maden von Fliegen (skolekia, vgl. Arist. h. a. 6, 15, p. 569 b 18) und manche andere Insekten nahm Aristoteles U. aus verwesender Erde und Pflanzenstoffen an (h. a. 5, 1, p. 539 a 22–24), ferner (h. a. 5, 15, p. 546 b 17ff.) für die ganze Gruppe der Schaltiere wie Muscheln (myes), Purpurschnecken (porphyrai) sowie den Einsiedlerkrebs (karkinion). Diese Annahme kam dadurch zustande, daß man den Aufenthaltsort auf der Nahrung mit ihrer Entstehungsursache verwechselte (Taschenberg, 10). Auch die Entstehung von Mäusen und Wassertieren aus dem Nilschlamm (z. B. bei Basilius, exam. 9, 2, 6, zitiert bei Thomas v. Cantimpré 4, 78) wurde geglaubt. Aus Plinius, n. h. 11, 119, ist die 'Feuerfliege' Pyralla auf Zypern bei Thomas 9, 29 (= Albertus Magnus, animal. 26, 19) entnommen. Bienen sollen nach Vergil aus dem Fleisch von Rindern, 'scabrones' aus Pferden, Drohnen (fuci) aus Maultieren und Wespen aus Eseln entstehen (Serv. Aen. 1, 435 unter Zitierung von Plinius n. h. 11, 70), was über Isidor, etym. 12, 8, 2 an das MA (Hrabanus Maurus, de univ. 8, 7; Thomas v. Cantimpré, 9, 2, u. a.) weitergegeben wurde. Nur Albertus Magnus, animal. 26, 4, widerspricht und erklärt die Königin (rex) als 'omnium apum mater'. Am längsten, d. h. bis zum it. Naturforscher Francesco Redi (1626–98), hat sich die von Isidor, etym. 12, 5, 1 (= Hrabanus, 8, 4) vertretene Meinung, »ein Wurm sei ein Lebewesen, welches meist aus Fleisch oder Holz oder aus irgendeiner erdigen Sache ohne jede Paarung entstehe«, gehalten. Redi lieferte 1648 den Nachweis, daß nur dann Fliegenlarven auf Fleisch auftreten, wenn die Fliegen die Gelegenheit zur Eiablage gehabt haben. Gänzlich wurde die Lehre von der U. aber erst 1860–62 durch die umfassenden Versuche von Louis Pasteur (1822–95) widerlegt.
Ch. Hünemörder

Q.: →Albertus Magnus, →Hrabanus Maurus, →Isidor v. Sevilla, →Servius, →Thomas v. Cantimpré – Lit.: F. Redi, Esperienze intorno agli Insetti, Opere, 1, 1778 – O. Taschenberg, Die Lehre von der U. sonst und jetzt, 1882 – Pasteur und die Generatio spontanea, hg. J. Tomcsik, 1964.

Usāma ibn Munqiḏ, arab. Literat, Höfling und Kriegsmann, geb. 4. Juli 1095, gest. 16. Nov. 1188, aus der Familie der Munqiḏiten-Emire v. Šaizar, erhielt eine sorgfältige Ausbildung in Literatur, Jagd und Waffenhandwerk. Als 15jähriger erlebte er einen Angriff der Kreuzfahrer auf die Burg Šaizar. Von 1129–38 nahm er an den Feldzügen von →ʿImādaddīn Zangī teil. Da U. nach dem Tode des Vaters (1137) wegen der Mißgunst seines Oheims nicht nach Šaizar zurückkehren konnte, lebte er an verschiedenen muslim. Höfen. 1144–54 am Hof der →Fāṭimiden, mußte er wegen der Verstrickung in polit. Intrigen Ägypten überstürzt verlassen; auf der Flucht übers Meer verlor er seine mehr als 4000 Bände umfassende kostbare Bibliothek. In den nächsten zehn Jahren kämpfte U. an der Seite →Nūraddīns gegen die Kreuzfahrer. Im Jahrzehnt von 1164–74 widmete sich U. in Ḥiṣn Kaifā lit. Studien. Seine in Krieg und Frieden gemachten Erfahrungen mit den Franken verarbeitete U. in seinen Memoiren (»Kitāb al-iʿtibār«), die eine kulturhistorisch einzigartige Quelle zur Gesch. der Kreuzfahrerzeit darstellen.
P. Thorau

Q. und Lit.: H. Derenbourg, Ousama ibn Mounkidh, 1885 [Ed.], 1886 [Ed.] – Ph. K. Hitti, An Arab-Syrian Gentleman and Warrior, 1929 [Übers.] [Neudr. 1987] – H. Preissler, Die Erlebnisse des syr. Ritters U., 1981 [Übers.] – zu weiteren Edd. und Übers.: H. E. Mayer, Bibliogr. zur Gesch. der Kreuzzüge, 1965, 70.

Usatges de Barcelona (Usatici Barchinon[a]e), Rechtsslg., deren Bezeichnung auf den allg. Begriff usa(t)ges, das vulgersprachl. katal. Wort für Rechtsgebräuche (usatici, usaticos), zurückgeht. Ihre Textgesch. ist komplex. Den Kern bilden die nach 1053 auf Initiative des Gf.en →Raimund Berengar I. v. →Barcelona (1035–76) und seiner Gemahlin Almodis lat. aufgezeichneten lehnrechtl. Entscheidungen des Hofgerichts (curia) des Gf.en v. Barcelona (»Usualia de curialibus usibus Barchinonae«) in Streitsachen, für die der hispanogot. »Liber Iudicum« (»Liber iudiciorum) noch keine angemessene Lösung bot. Die Publikation dieses frühen ('vetus') Teils der U. erfolgte aber erst nach dem Tode Raimund Berengars I., unter Beteiligung anderer Gf.en wie →Raimund Berengar III., unter dem auch Pax- und Treugabestimmungen der Konzilien des 11. Jh. Aufnahme fanden. Inzwischen hatte sich die Zusammensetzung des gfl. Hofgerichts entscheidend geändert: Außer weltl. und geistl. Großen gehörten ihm nun auch 'Philosophen' und Rechtsgelehrte ('sapientes', 'savis') an.

Im 12. Jh., unter der Regierung Gf. →Raimund Berengars IV. (1131–62), ergänzte ein Rechtsgelehrter die ursprgl. Slg., wobei er zw. 'usualia' einerseits, 'usatici/usaticos' andererseits unterschied, die Texte veränderte (Interpolationen) und eine Einleitung hinzufügte, in der er die Aufnahme gfl. Verfügungen auf der Grundlage des (ihm eingehend bekannten) »Liber Iudicum« rechtfertigte. Später wurden vom gelehrten Recht weitere 'usatici' eingefügt (aus unterschiedl. Q., u. a. →»Exceptiones legum Romanorum«, »Etymologiae« des →Isidor v. Sevilla, »Liber Iudicum«, »Breviarium Alarici« [→»Lex Romana Visigothorum«], Werken →Ivos v. Chartres, karol. →Kapitularien, →Decretum und →Dekretalen, Konstitutionen der Kg.e v. Aragón und Gf.en v. Barcelona, Alfons II., Peter II. und Jakob I.).

Nach dem Übergang des Kgr.es Aragón und der Gft. Barcelona an den kast. Trastámara-Herrscher →Ferdinand v. Antequera baten die →Cortes v. Barcelona 1413 den Kg., zum besseren Verständnis der katal. Rechtsordnung eine Übersetzung in die Vulgarsprache (Romanç) anfertigen zu lassen; der Kg. stimmte der Wiedergabe des lat. Textes auf Katalanisch ('vulga Cathala') zu. Diese Übersetzung, die auch eine neue Anordnung der Materie beinhaltete, war Teil der von Bononato de Pere und Jaume

→Callís erstellten ersten katal. Rechtskompilation, die von Francesc Basset und Narcis de Sant Dionís überprüft wurde (→Constitucions de Catalunya). Die U. regelten die lehnrechtl. Beziehungen, einschließl. ihrer zivil-, straf- und prozeßrechtl. Aspekte, und die Machtbefugnisse des Fürsten.

Die U., die in ihren frühen Stadien nur in den Gft.en Barcelona, →Osona und →Gerona Rechtskraft besessen hatten, verdankten ihre Verbreitung zwar einerseits der machtpolit. Expansion der Gf.en v. Barcelona, andererseits aber auch einer freiwilligen Übernahme von Rechtsvorschriften, so in →Roussillon, Kgr. →Mallorca und →Sizilien/Trinakria (Strafrechtsbestimmungen) wie in →Ampurias, →Lérida und →Tortosa (diverse Bestimmungen). Das im 11. Jh. begonnene, im 12. und 13. Jh. erweiterte und im frühen 15. Jh. als katal. Rechtscorpus kompilierte Werk ist auch im heut. Katalonien noch nicht völlig außer Gebrauch gekommen. J. Lalinde Abadía

Lit.: M. G. Brocà, Els U. de B., Anuari d'Estudis Catalans, 1913/14, 357-389 – C. Poumarède, Les Usages de B., 1920 – J. Ficker, Sobre los U. de B. y sus afinidades con las Exceptiones Legum Romanorum, 1926 – C. G. Mor, En torno a la formación del texto de los Usatici Barch., AHDE 27-28, 1957/58, 413-459 – Coing, Hdb. I, s. v. Usatici Barch. – J. Bastardas i Parera, Sobre la problemàtica dels U., 1977 – A. Iglesia Ferreirós, La creación del derecho en Cataluña, AHDE 47, 1977, 99-423 – J. Bastardas i Parera, U. de B. El codi a mitjan segle XII, 1984 – F. Valls Taberner, Los U. de B. Estudios, comentarios y ed. bilingüe del texto, 1984.

Usen → Uzen

Usk, Thomas, Verfasser von »The Testament of Love« (1387), das zunächst →Chaucer zugeschrieben wurde. In dieser polit.-philos. Prosaallegorie, die wohl weitgehend im Gefängnis entstand, rechtfertigt sich der Verfasser, ein Londoner Amtsschreiber, der nach einer ersten Inhaftierung 1384 polit. auf der Seite des Bürgermeisters Brembre und des Kg.s (Richard II.) stand, gegenüber seinen Gegnern und tut z. T. Abbitte. Obwohl er sich von den →Lollarden, den Gesinnungsgenossen früherer Jahre, vor »Heavenly Love« (einer Frauengestalt in der Art der 'Philosophie' bei →Boethius) distanziert, wird er letztl. (1388) wegen »Hochverrats« hingerichtet. Formal fehlerhaft und inhaltl. konfus – Themen sind u. a. göttl. Gnade, Fehlverhalten, Wahrheit, Liebe, Prädestination –, zudem reich an Plagiaten, v. a. aus Chaucers Übersetzung von Boethius' »De consolatione philosophiae«, spiegelt »The Testament of Love« doch treffend das polit.-geistige Klima um 1390 und präsentiert die Kunstprosa eines der ersten →Chaucernachfolger. Zur rhetor. Kunstfertigkeit des Werks gehört das Akrostichon »Margarete of Virtue, Have Merci on Thine U.«, wobei der Name »Margaret«, symbol. überhöht, für verschiedene Abstrakta wie Gnade, Wissen, Gottesweisheit und Hl. Kirche steht. M. Markus

Ed. und Lit.: Chaucerian and other Pieces, hg. W. W. Skeat, 1897 [Lit. XVIII–XXXI] – C. S. Lewis, The Allegory of Love, 1936, 222-231 – B. L. Siennicki, No Harbour for the »Shippe of Traveyle«: A Study of Th. U.'s Testament of Love, Diss. Abstracts Internat., 1985, 46:5, 1276A.

Usodimare, adlige genues. Familie, die von Bonifacio di Otto Visconti genannt U. (weil er mit der Seefahrt sehr vertraut war) abstammte. Sie stellte der Kommune mehrere Konsuln wie Baldizzone, der den Konsulat viermal und Oberto, der ihn zweimal bekleidete (Ende des 12. Jh.). Sie beteiligte sich an den internen Machtkämpfen auf der Seite der Guelfen. Guglielmo U. gehörte 1227 zu den 13 genues. Adligen, die den Podestà bei der Niederschlagung der Verschwörung des Guglielmo de Mari unterstützten. Die Bedeutung der Familie verstärkte sich durch die Präsenz von Marino und Bonvassallo U. in der Gruppe der vier offiziellen Annalisten der Kommune, die zw. 1263 und 1269 gemeinsam mit der Niederschrift der Stadtgeschichte betraut waren. Mit anderen Visconti-Familien beherrschten die U. während des 12. Jh. den Orienthandel und beteiligten sich im ganzen Mittelmeerraum von Kaffa bis Chios, bis zur Iber. Halbinsel und Flandern auch weiterhin an Handelsunternehmungen. Während des 14. Jh. hatten die U., auch nach der Einrichtung des »popolaren« Dogats durch Simon →Boccanegra, und, wie die anderen Adelsfamilien von öffentl. Ämtern ausgeschlossen, wichtige Positionen im kaufmänn. und finanziellen Bereich inne: Accelino war 1340 Protektor der »Compere« (Staatsanleihen), Galeotto schloß 1343 mit einigen Kaufleuten von Pavia einen Vertrag bezügl. des Salztransports in der Lombardei, Daniele war Kaufmann-Bankier und Eigentümer von Galeeren, Nicolò wurde am Ende einer erfolgreichen Laufbahn Connetable v. Bordeaux und Vizeadmiral v. Aquitanien. Im 15. Jh. ist v. a. Antoniotto zu erwähnen: Um sein Glück zu machen, zog er (wie viele andere Genuesen) nach Sevilla und Lissabon und schloß sich Alvise da →Cadamosto an. Gemeinsam entdeckten sie die östl. Inseln des Kapverdischen Archipels, befuhren zweimal (1455 und 1456) den Gambia bis 100 km aufwärts (Golf v. Guinea) und versuchten mit den dortigen Völkern Handelsbeziehungen aufzunehmen. Wahrscheinl. aus Lissabon schrieb Antoniotto U. den berühmten Brief, in dem er wertvolle Hinweise auf die Expedition der Brüder →Vivaldi gibt. 1528 begründete die Familie U. eines der 24 alberghi (→Albergo dei nobili), die in der Reform des Andrea Doria anerkannt wurden. G. Petti Balbi

Q. und Lit.: G. Stello, Annales Genuenses, hg. C. Petti Balbi, RIS, XVII/ 2, 1975 [Register] – R. Caddeo, Le navigazioni atlantiche di Alvise da Ca' da Mosto, Antoniotto U. e Nicolosio da Recco, 1928 – M. Balard, La Romanie génoise, 1978 – G. Petti Balbi, Simon Boccanegra e la Genova del Trecento, 1995.

Uspenskij sbornik, aruss. Homiliar mit Hl. nviten, vornehml. für die erste Maihälfte ohne strenge Einhaltung der kalendar. Reihenfolge. U. a. finden sich darunter Texte slav. Herkunft wie der Bericht (skazanie) über →Boris und Gleb (2. Mai), die Vita des →Feodosij Pečerskij (3. Mai), die Lobrede auf →Konstantin und Method (6. Mai) und die älteste erhaltene Fassung der Vita Methodii. Die hauptsächl →Johannes Chrysostomos, →Andreas v. Kreta (CPG 8177) sowie →Johannes Exarcha zugeschriebenen Homilien des bewegl. →Kirchenjahres beziehen sich auf die Karwoche und die Osterzeit bis Pfingsten. Die aus 304 Blättern bestehende Hs. (12./13. Jh.; heute Moskau, GIM Usp. 4 perg.) wurde vermutl. in Kiev und Černigov durch zwei Kopisten im Auftrag der aus einem westslav. Geschlecht aus Mähren stammenden Fsn. Marija Švarnovna († 1206; ∞ Fs. Vsevolod Jur'evič v. Vladimir) angefertigt. Zu Beginn des 13. Jh. befand sich der U. s. wahrscheinl. in der Bibl. Bf. Kirills I. v. Rostov. Ch. Hannick

Lit.: U. s. XII–XIII vv., ed. O. A. Knjazevskaja, V. G. Dem'janov, M. V. Ljapon, 1971 – D. Freydank, Verz. gr. Paralleltexte zum U. s., Zs. für Slawistik 18, 1973, 695-704 – G. L. Vzdornov, Iskusstvo knigi v Drevnej Rusi. Rukopisnaja kniga Severo-Vostočnoj Rusi XII – načala XV vv., 1980, 15 – Ch. Hannick, Maximos Holobolos in der kirchenslav. homilet. Lit., 1981, 75f. – Svodnyj katalog slavjanorusskich rukopisnych knig, chranjaščichsja v SSSR XI–XIII vv., 1984, Nr. 165 – T. V. Čertorickaja, Vorläufiger Kat. kirchenslav. Homilien des bewegl. Jahreszyklus, 1994, 536f.

Usuard v. St. Germain, Hagiograph und Grammatiker, 841/847 erstmals erwähnt und als Mönch v. St-Germain-des-Prés bezeugt, begegnet als Diakon, später als Priester. 858 reiste er mit einem Mitbruder nach Spanien, um

Reliquien des antiken Märtyrers Vinzenz v. Zaragoza zu beschaffen; statt dessen brachten sie aus Córdoba, wo sie →Eulogius begegneten, Gebeine dreier Hl.r mit, die dort 852 hingerichtet worden waren (Schilderung der Reise in dem von →Aimoin v. St. Germain stammenden Translationsbericht BHL 3409; s.a. →Córdoba, Märtyrer v.).

Im Auftrag →Karls d. Kahlen schuf U. in jahrelanger Mühe ein hist. →Martyrologium, das er immer wieder, wohl bis zu seinem Tod, überarbeitete; die Entstehungsstadien lassen sich - v. a. anhand der Rasuren und Einfügungen in einer erhaltenen Hs. des Autors (Paris BN Lat. 13745) - rekonstruieren. Das Werk, das mehr als 1100 Hl.nfeste angibt, sollte die als unzureichend empfundenen älteren Martyrologien (→Martyrologium Hieronymianum, →Beda, →Florus v. Lyon, →Ado v. Vienne) ersetzen. U. hat außer den Martyrologien eine Fülle von Viten und Passionen verwertet. Für die einzelnen Einträge ist die Herkunftsfrage oft schwer zu entscheiden. Das in Hunderten von Hss. - von denen zumal die jüngeren zahlreiche Zusätze zu U.s Text bieten - überlieferte Werk setzte sich rasch durch und diente vielen späteren Martyrologien, schließlich im 16. Jh. auch dem offiziellen Martyrologium Romanum als Basis. - Ferner verfaßte U. eine Aimoin v. St. Germain gewidmete Grammatik, die in drei Fassungen erhalten ist. Sie dürfte bes. für den Anfängerunterricht der Kl.schule, an der U. wohl tätig war, bestimmt gewesen sein. J. Prelog

Ed.: J. M. CASAS HOMS, Una gramàtica inèdita d'U., Analecta Montserratensia 10, 1964, 77-129 - J. DUBOIS, Le martyrologe d'U., 1965 - *Lit.:* BRUNHÖLZL II, 116f., 573f. - J. DUBOIS, Martyrologes, 1990 - J. L. NELSON, The Franks, the Martyrology of U., and the Martyrs of Cordoba (Martyrs and Martyrologies, hg. D. WOOD, 1993), 67-80 - E. A. OVERGAAUW, Martyrologes manuscrits des anciens diocèses d'Utrecht et de Liège, 2 Bde, 1993.

Usus Venetorum, Stadtrecht im Dogat →Venedig. Seit dem 10. Jh. bezeugt, aber sicher älter, bildete es sich im Lauf der Zeit unter dem Einfluß von typ. Instituten des röm., byz., germ. und kanon. Rechts heraus, die jeweils modifiziert und den lokalen Erfordernissen angepaßt wurden. Da in Venedig dem Justinian. →Corpus Iuris keine Rechtsfunktion zukam, entstand eine bedeutende lokale Jurisprudenz, die sich praxisbezogen um die Gewohnheitsrechte entwickelte, die als unmittelbare Rechtsquellen anerkannt wurden. Als später der für die Stadt Venedig gültige Usus mit den Gewohnheitsrechten, die sich in den verschiedenen Gemeinden des Dogats selbständig entwickelt hatten, in Gegensatz geriet, brachen die lokalen Gewohnheitsrechte die allgemeinen. Der U. V. hielt sich lange Zeit in nicht schriftl. festgelegter Form und erreichte im 12. Jh. seine volle Entwicklung. Nach dieser Zeit wurde eine Sammlung von Gewohnheitsrechten, den neuen Erfordernissen und Konzepten angepaßt, in die städt. Statuten aufgenommen, die seit 1204 schriftl. niedergelegt wurden. Diese Sammlung ging in die grundlegende Redaktion der Statuten ein, die der Doge Jacopo →Tiepolo 1242 anlegen ließ und die mit einigen Modifikationen bis zum Ende der Republik Venedig 1797 in Geltung blieb. Nicht alle Gewohnheitsrechte des Dogats wurden jedoch in die Statuten eingegliedert. War kein Statut vorhanden, griff man notwendigerweise häufig auf den Usus zurück, in Fällen, in denen auch der Usus fehlte, galt das arbitrium des Rechtsprechenden. Aus diesem Grund schrieb der Jurist Jacopo →Bertaldo noch 1314, daß die ven. Gesetze ohne die Kenntnis der Gewohnheitsrechte nicht zu verstehen seien. M. Pozza

Lit.: E. BESTA, Il diritto e le leggi civili di Venezia fino al dogado di Enrico Dandolo, Ateneo Veneto, XX/2, 1897, 290-320; XXII/1, 1899, 145-184, 302-331; XXII/2, 1899, 61-93, 202-248 - B. PITZORNO, Le consuetudini giudiziarie veneziane anteriori al 1229, Misc. di storia veneta, ed. per cura della R. Deputazione veneta di storia patria, ser. III, II, 1910, 293-348.

Ususfructus (lat. 'Nutznießung', →'Nießbrauch') ist im röm. und gemeinen Recht das Recht an einer fremden Sache (ius in re aliena), diese unter Ausschluß des Eigentümers zu nutzen/zu gebrauchen und die Früchte zu genießen. Im ma. gemeinen Recht bezeichnet man auch die dem Eigentümer zukommende Möglichkeit, eine Sache zu nutzen und deren Früchte zu genießen, als »U.« und nennt das Recht U. formalis und die Nutzungsmöglichkeit des Eigentümers U. causalis. Das Nießbrauchrecht wird im röm. und im gemeinen Recht rechtsgeschäftl. bestellt (als Gegenstand eines Vermächtnisses durch Testament, durch Vorbehalt [deductio] bei der Veräußerung der Sache oder andere Formen der Vereinbarung [pactiones et stipulationes, traditio et patientia]) oder besteht von Rechts wegen (insbes. zugunsten des Hausvaters an den bona materna der Kinder). Kommt die Sache dem usufructuarius (Nießbraucher) abhanden, so kann er sie von jedem Besitzer mit der actio confessoria herausverlangen. Gegenüber dem Eigentümer verpflichtet er sich vertraglich mit Sicherheitsleistung, die Sache nicht zu mißbrauchen, insbes. übermäßige Fruchtziehung zu unterlassen, und sie bei Beendigung des U. zurückzugeben (cautio usufructuaria); andernfalls haftet er auf Schadensersatz. Bei einem U. an Geld oder verbrauchbaren Sachen (quasi u.) ist die gleiche Summe oder die gleiche Menge gleicher Sachen zurückzuzahlen oder zurückzugeben. Der U. ist nicht übertragbar und unvererbl. und wird dementsprechend als Personalservitut (→Servitut) klassifiziert; das hindert den Berechtigten aber nicht, die Sache zu verpachten, zu vermieten oder zu verleihen. Ein Gebrauchsrecht ohne Fruchtgenuß heißt Usus; ihm stehen das Wohnrecht (habitatio) und das Recht, fremde Sklaven oder Zugtiere zu Arbeitsleistungen heranzuziehen (operae servorum vel animalium) nahe. P. Weimar

Lit.: E. LANDSBERG, Die Glosse des Accursius und ihre Lehre vom Eigentum, 1883, 93ff. - E. BUSSI, La formazione dei dogmi di diritto privato nel diritto comune, I, 1937, 105-114 - M. KASER, Das röm. Privatrecht, II, 1975², 302-306.

Uta (Oda, Ota), Ksn., * ca. 874, † nach 903, ⌑ Regensburg, St. Emmeram, aus dem Hause der →Konradiner, Gemahlin Ks. →Arnulfs »von Kärnten«, Sohn: →Ludwig IV. d. Kind. U. begegnet in Arnolfs Urkk. am Beginn und gegen Ende seiner Regierungszeit als Intervenientin für Privilegien für die Kl. →Kremsmünster und →Altötting und die Bf.skirchen →Worms und →Freising, sowie als Lehnsherrin gegenüber den Klerikern Nithard und Deotrich. Offensichtl. hat sie ihren Gemahl während seiner letzten Regierungsjahre tatkräftig unterstützt und hierbei nicht nur Freunde gewonnen. Im Juni 899 konnte sie in Regensburg die Anklage des Ehebruchs durch 72 Eideshelfer jedoch erfolgreich widerlegen. Die bedeutenden Kg.shöfe →Brixen und Föhring hat sie aus ihrem Witwengut ihrem Sohn zur Ausstattung der Bf.skirchen v. Säben und Freising zur Verfügung gestellt. A. Krah

Lit.: DÜMMLER² III - E. HLAWITSCHKA, Wer waren 'Kuno und Richlind v. Öhningen'? (DERS., Stirps regia, 1988), 421ff., 457, 460 - R. SCHIEFFER, Karl III. und Arnolf (Fschr. E. HLAWITSCHKA, hg. R. SCHNITH - R. PAULER, 1993), 133ff. - A. KRAH, Bayern und das Reich in der Zeit Arnolfs v. Kärnten (Fschr. ST. GAGNÉR, 1996), 1ff.

Uti/frui. 1. In der Form »uti frui« und davon → »ususfructus« jurid. Terminus technicus. - 2. Im klass. Latein nahe verwandt. »Frui« betont den Gebrauch einer Sache mit Genuß, »uti« den Nutzen. - Im MA im Anschluß an

Augustinus (De doctr. Chr.) durch die Verwendung bei →Petrus Lombardus (Liber Sententiarum) Verschiebung in Richtung einer korrelativen Bedeutung der Wiedergabe der Zweck-Mittel-Beziehung. Der Gegenstand des Genusses wird zum letzten Ziel, Gegenstand des Gebrauchs ist alles, was zu diesem letzten Ziel hinführen kann. Moralisch gewendet erhält »frui« die Bedeutung »um seiner selbst willen erstreben«, »uti« die Bedeutung »als Mittel gebrauchen«. Gegenstand des Genusses wird aus dem theol. Kontext des Wortpaares Gott allein, Gegenstand des Gebrauchs alles Geschöpfliche.

Die Verwendung des Begriffspaares in der ersten Distinktion fast jeden Sentenzenkommentars dient als Hinführung zum Verständnis des Gottesbegriffs, wie das bei Augustinus intendiert war. Damit hängt die Betonung der Theol. als prakt. Wiss. in der →Franziskanerschule (v. a. →Johannes Duns Scotus) eng zusammen. In der Summa des →Thomas v. Aquin wird das Wortpaar im Rahmen der Handlungstheorie erörtert (S. th. 1–2, q. 11 und 16), nicht im Rahmen der Gottesfrage. Die Möglichkeit der Verbindung des Wortpaares mit Aristoteles, Nik. Eth., eröffnet eine Verbindung zw. Philos. und Theol., die der Ethik die Regelung der öffentl. Verhältnisse, der Theol. die Entfaltung der Persönlichkeit zuordnet (so etwa Wilhelm de la Mare, Scriptum in 1. Sent., Prol. q. 3, a. 1).

H. Kraml

Lit.: Ed. s. Einzelartikel – H. KRAML, Die Rede von Gott sprachkrit. rekonstruiert aus Sentenzenkommentaren, 1984.

'Uṯmān, 3. →Kalif (644–656), gest. 656 durch Mord, zunächst wohlhabender Kaufmann aus der Familie der →Omayyaden, schloß sich früh dem Propheten →Mohammed an, dessen Schwager er wurde. Obwohl die Bekehrung 'U.s als eines Angehörigen der Aristokratie v. →Mekka eine Aufwertung für die junge Religion des →Islam darstellte, blieb 'U.s polit. Bedeutung zu Mohammeds Lebzeiten und unter den beiden ersten Kalifen gering. Nach dem Tode des Kalifen →'Omar wurde 'U. – vermutl. als Kandidat des Ausgleichs – von einem Wahlgremium zum Kalifen erhoben. 'U. setzte die Eroberungspolitik seines Vorgängers fort. Vielleicht um die Regierung zu straffen und der Unabhängigkeit ihrer Provinzgouverneure zu begegnen, stützte sich 'U. stark auf seine Familienangehörigen, von denen einzelne wichtige Statthalterpositionen erhielten. Um eine willkürl. Überlieferung zu verhindern, erfolgte unter 'U. die offizielle, bis heute gültige Redaktion des →Koran. Die von den Zeitgenossen hieran geübte Kritik, der Vorwurf des Nepotismus und unpopuläre Sparmaßnahmen angesichts einer sich verschärfenden Wirtschaftskrise führten zu Aufständen und zur Ermordung 'U.s.

P. Thorau

Lit.: EI[1] III, 1088–1091 – F. M. DONNER, The Early Islamic Conquests, 1981 [Q. und Lit.] – W. MADELUNG, The Succession to Muḥammad, 1997.

Utopie. [1] *Utopien im Mittelalter?* Der Begriff der U. ist mit der ersten lit. U.-Schrift, der 1516 veröffentlichten »Utopia« des Thomas →Morus verbunden, welche immer wieder aufs neue als ein genuines Zeugnis der Neuzeit interpretiert wird. Die Antwort auf die Frage, ob es im MA U.n gab, hängt also einerseits ab von der Definition des U.-Begriffs, andererseits von der Definition des MA und der Neuzeit und von der Auffassung über das Verhältnis beider Epochen. Für den Neuhistoriker TH. NIPPERDEY bedeutet die U.-Schrift des Morus einen epochalen Einschnitt, weil sie eine »neue Weise des polit. Denkens« und eine »neue Phase des wirklichkeitstranszendierenden Denkens« bezeichne. Mit dieser Erfindung der U. habe sich »der neuzeitl. Geist vom MA abgesetzt«.

[2] *Der Begriff des Utopischen:* Die hiermit vorgenommene Identifikation des Utopischen mit der Gattung der erstmals von Morus geschaffenen U.-Schrift konstituiert einen ausschließl. auf die okzidentale Neuzeit bezogenen U.begriff. Dieser Begriff ist zu eng, weil er Erscheinungsformen des Utopischen in anderen Kulturen und Epochen nicht zuläßt. Dem stehen universalistisch orientierte U.begriffe gegenüber. So hat der Soziologe K. MANNHEIM 1929 utop. Denken definiert als »alle jene seinstranszendenten Vorstellungen ..., die irgendwann transformierend auf das historisch-gesellschaftl. Sein wirkten«. In vergleichbarer, wiewohl pragmatischerer Weise hat neuerdings der MA-Historiker F. SEIBT das Utopische als »Staats- und Gesellschaftsplanung« definiert. Utop. Denken werde konstituiert durch Planungsdenken, Rationalismus, Entwurfs-Optimismus, durch die Idee der »Perfektibilität des Menschen« und der »Konstruktibilität der Welt«. Der Vorteil wie der Nachteil solcher universaler Begriffe des Utopischen ist, daß sie gewissermaßen immer richtig sind. Demgegenüber käme es aber darauf an, die Wahrnehmung und die Beurteilung des Utopischen in der Geschichte zu flexibilisieren und zu präzisieren. Einen Ansatz dazu bietet die Abhandlung des MA-Historikers A. DOREN, »Wunschräume und Wunschzeiten« (1927). Er unterschied »zwei Hauptgestaltungsformen menschlicher Sehnsüchte«, nämlich »Zukunftshoffnungen« und »Fernphantasien«, und versuchte, diese als »Wunschzeiten« und »Wunschräume« in einen gedankl. und hist. Zusammenhang zu bringen, wie er an der Gegenüberstellung der U. des Th. Morus und der um 1500 verfaßten Schrift des sog. →Oberrhein. Revolutionärs verdeutlichte. Während Morus das als exemplarisch vorgestellte Zusammenleben einer Menschengruppe auf einer Insel, fern von allen anderen Menschen, zeigt, beschreibt das Buch des Oberrhein. Revolutionärs nicht den gegenwärtigen Zustand einer anderen Gesellschaft oder einer Gruppe von Menschen, sondern das künftige Schicksal aller Menschen, das von der apokalypt. Ankunft eines Ks.s Friedrich geprägt sein wird, der mit Feuer und Schwert alles Unrecht ausrotten und ein tausendjähriges Reich des Friedens und der Gerechtigkeit errichten werde (dazu auch →Chiliasmus, →Eschatologie, →Friedenskaiser). Beiden Autoren geht es also um ein Streben nach »Erlösung der leidenden Menschheit jenseits der realen Welt der sinnl. Erfahrung« (DOREN), wobei Morus mit seiner utop. Insel die »Bildprojektion eines Wunschraums auf eine imaginäre geograph., als eben noch möglich erdachte Fläche« fixierte, der Oberrhein. Revolutionär hingegen die »ideale Verlängerung des zeitlich erkennbaren Geschehens im Sinne eines notwendigen Fortschreitens zu einem imaginären, irgendwo an den Grenzen der Zeit liegenden Wunschziels« propagierte.

[3] *Wunschräume und Wunschzeiten in einzelnen Kulturen:* DORENS Unterscheidung zweier Formen des 'wirklichkeitstranszendendierenden' Denkens ermöglicht es, Wunschräume und Wunschzeiten als gleichrangige Formen alternativen Denkens in einer polaren Spannung zu erörtern und dies ebensowohl in epochalen wie epochenübergreifenden und kulturvergleichenden Hinsichten. Hiermit ist noch nicht begonnen worden. Auch in den Gesellschaften der Antike wurden Wunschräume erdacht, ferne Inseln des Glücks, die ein paradiesähnl. Zusammenleben der Menschen in vollständiger Harmonie und ohne Klassenschranken zeigen. Auch gab es die Vorstellung vom 'Goldenen Zeitalter', mit Gleichheit aller Menschen und Gemeinbesitz, das zuweilen auch in eine ferne Zukunft hineinprojiziert wurde. Allerdings fehlt in der

griech.-röm. Antike die Vorstellung von notwendigen, eschatolog. Prozessen. Diese kam vielmehr aus dem Orient nach Westen, wurde v. a. im Judentum aufgegriffen und erreichte in der späten Republik auch Rom, wie →Vergils 4. Ekloge mit der Verkündigung der Geburt des Gotteskindes als Beginn einer paradies. Glückszeit und eines neuen Weltzyklus zeigt. So formten sich in der Spätantike jene gerade auch vom Christentum (v. a. in der →Apokalypse des NT) aufgegriffenen Inhalte künftiger Wunschzeiten, die dann im MA und seitdem immer wieder aufs neue verbreitet wurden.

[4] *Utopisches Denken im Mittelalter:* Mit dem von Doren konzipierten Begriff des Wunschraums lassen sich Bereiche utop. Denkens auch im MA erschließen. Zu solchen Wunschräumen des MA gehört das irdische →Paradies, das man sich im Osten, in Asien dachte und das auf ma. Weltkarten (→Karte, Kartographie) eingezeichnet wurde. Im Westen vermutete man die schon in der Antike bekannten »Inseln des Glücks« ('insulae fortunatae'), zu denen auch die vom hl. →Brendan (→Navigatio s. Brendani) auf seiner Seereise nach Westen entdeckte Paradiesinsel zählt. Seit dem 12. Jh. faszinierte das in Indien vermutete Reich des Priesters und Kg.s →Johannes, in dem die Menschen in unermeßl. Reichtümern leben und in einer Gesellschaft, die Armut, Verbrechen u. Krieg nicht kennt. Im SpätMA traten dazu die Wunschräume der Intellektuellen. Der frz. Jurist Pierre →Dubois konzipierte um 1300 für die damals bereits verlorene, von ihm aber zur Wiedereroberung empfohlene 'terra sancta' Palästinas den Entwurf einer neuen Gesellschaft. Zur selben Zeit beginnt in der bukol. Dichtung (→Bukolik) die Entdeckung Arkadiens als Wunschraum. Die frz. Schriftstellerin →Christine de Pisan verfaßte 1404/05 eine fiktive »Stadt der Frauen«. Schließlich wird seit dem 15. Jh. die Konzipierung idealer Räume durch die Raum- und Stadtplanungen it. Humanisten wie L. B. →Alberti oder A. Averlino, gen. →Filarete, stimuliert. Filaretes Traktat über die Gründung der Idealstadt 'Sforzinda' (1460/64) stellt ein neues lit. Genre dar.

[5] *Die Utopie des Morus und das Mittelalter:* Th. Morus hat, ganz in einer ma. Tradition stehend, mit seiner Insel Utopia einen Wunschraum konzipiert, in dem Menschen, fern von allen anderen, in exemplar. Weise zusammenleben: in einer egalitären Gesellschaft, deren Struktur definiert ist durch die Pflicht aller zu körperl. Arbeit und v. a. durch Gemeinbesitz (»omnia sunt communia«) sowie durch die Verteilung der Güter nach den Bedürfnissen jedes einzelnen. Aber auch in dieser inhalt. Gestaltung steht die utop. Gesellschaft des Th. Morus in einer älteren Tradition. Darauf weist Morus selbst am Ende seines Büchleins hin, wo er als die »wichtigste Grundlage« der »ganzen Verfassung« von Staat und Gesellschaft der Utopier das »gemeinsame Leben und die gemeinsame Beschaffung des Lebensunterhalts« (»vita scilicet victusque communis«) bezeichnet. Mit diesem Stichwort der 'Vita communis' bezog sich Morus auf einen Fundamentalbegriff schon der Spätantike, da seit →Augustinus' 'Vita communis' die Bezeichnung für jene Lebensweise ist, die in der Apostelgesch. des NT der ersten Christengemeinde in Jerusalem zugeschrieben wird (Apg 2, 44ff.; 4, 32ff.): Es ist das Prinzip der Gesinnungsgemeinschaft in Gleichheit und Brüderlichkeit, die gegründet ist auf Gütergemeinschaft und zugleich in Gütergemeinschaft sich ausdrückt. Th. Morus hat also 'Vita communis' als eine Maxime sozialen Handelns, deren Faszination auf viele Menschen sich schon in der Antike manifestiert hatte und die am Anfang der großen sozialen Bewegung des christl. Mönchtums stand, in ein neues Medium transponiert und ihr damit eine neue Wirkung gesichert.

O. G. Oexle

Lit.: zu [1]: Th. Nipperdey, Die U. des Thomas Morus und der Beginn der NZ (Ders., Reformation, Revolution, U., 1975), 113-146 – Ders., Die Funktion der U. im polit. Denken der NZ (Ders., Gesellschaft, Kultur, Theorie, 1976), 74-88 – *zu* [2]: A. Doren, Wunschräume und Wunschzeiten (Vortr. der Bibl. Warburg, 1924/25, ersch. 1927), 158-205 – K. Mannheim, Ideologie und U., 1969⁵ – F. Seibt, Utopica. Modelle totaler Sozialplanung, 1972 – *zu* [3]: W. Bauer, China und die Hoffnung auf Glück. Paradiese, U.n, Idealvorstellungen in der Geistesgesch. Chinas, 1971 – U.forschung. Interdisziplinäre Stud. zur nz. U., hg. W. Vosskamp, 3 Bde, 1982 – A. Demandt, Der Idealstaat. Die polit. Theorien der Antike, 1993, 167ff. – *zu* [4]: R. R. Grimm, Paradisus coelestis – Paradisus terrestris, 1977 – O. G. Oexle, Utop. Denken im MA: Pierre Dubois, HZ 244, 1977, 293-339 – K. Garber, Arkadien und Gesellschaft (U.forschung, hg. W. Vosskamp, 2, 1982), 37-81 – J.-G. Arentzen, Imago mundi cartographica, 1984 – Christine de Pizan, Das Buch von der Stadt der Frauen, übers. und komm. M. Zimmermann, 1986 – U. Knefelkamp, Die Suche nach dem Reich des Priesterkg.s Johannes, 1986 – Alternative Welten im MA und Renaissance, hg. L. Schrader, 1988 – Rinascimento da Brunelleschi a Michelangelo. La rappresentazione dell'Architettura, hg. H. Millon u.a., 1994 – *zu* [5]: H.-J. Derda, Vita communis, 1992, 183ff. – O. G. Oexle, Wunschräume und Wunschzeiten (Die Wahrheit des Nirgendwo. Zur Gesch. und Zukunft des utop. Denkens, hg. J. Calliess, 1994), 33-83.

Utraquisten, zunächst alle →Hussiten, nach dem Jahre 1436 die Bewohner der böhm. Länder, die aufgrund der →Basler Kompaktaten den legitimen Empfang des Altarsakramentes (→Eucharistie) unter der Gestalt von Brot und Wein, d.h. »sub utraque specie«, bevorzugten. Die Forderung, die Laien häufiger kommunizieren zu lassen, hatte bereits →Matthias v. Janov, der Sprecher der frühen böhm. Reformbewegung, aufgestellt. Aber erst 1414 gelangten →Jakobell v. Mies und →Nikolaus v. Dresden zu der Überzeugung von der Heilsnotwendigkeit der →Kelchkommunion und begannen unverzügl., in Prag die Laienkommunion zu spenden. Das Konzil v. →Konstanz verbot zwar mit Dekret vom 15. Juni 1415 die Wiedereinführung des Kelches für Laien, diese Art der Kommunion verbreitete sich aber trotzdem rasch in den böhm. Ländern und wurde durch die Deklaration der Prager Univ. vom 10. März 1417 als rechtgläubig gebilligt. Inzwischen hatte Jakobell die Kelchkommunion sogar für Kinder gefordert, was Anlaß zu einer heftigen Diskussion gab. Trotzdem entwickelte sich der Kelch zu einem Identifikationsmerkmal der ganzen Reformgemeinschaft und zu einem der vier →Prager Artikel vom Juli 1420. Eine Nichtachtung der Eucharistie seitens der sog. →Pikarden führte zu einem erbitterten Fraktionskampf, in dessen Verlauf während des Jahres 1421 die gemäßigte Mehrheit der →Taboriten siegte. Die zugespitzte Diskussion über Subtilitäten der eucharist. Doktrin zw. den Prager und den taborit. Theologen erfuhr zeitweilig eine Mäßigung im gemeinsamen Interesse an der Durchsetzung des Laienkelches im Laufe der Verhandlungen beim Basler Konzil am Beginn des Jahres 1433. Den Artikel vom Kelch verteidigte Johannes →Rokycana, sein Gegner war →Johannes v. Ragusa (164. J.). Nach mehrjährigen Streitigkeiten zeigten die Repräsentanten des Konzils in der Angelegenheit des Kelches Kompromißbereitschaft und bewilligten i. J. 1436 die Kommunion unter beiderlei Gestalt, jedoch ledigl. in Böhmen und Mähren. Obwohl die Basler Kompaktaten dem Kelch seine Allgemeinverbindlichkeit und Heilsnotwendigkeit aberkannt hatten, setzte sich der Utraquismus als zweite Konfession neben dem Katholizismus in den böhm. Ländern durch. Während das kath., das sog. obere Konsistorium seinen Sitz auf der Prager Burg hatte, besaßen die U. ihr Konsistorium bei der Marienkirche auf dem Altstädter Ring. Der erste Versuch einer Rekatholisierung endete mit der Eroberung Prags durch →Georg v. Podiebrad im Sept. 1448. Inzwischen war es Rokycana geglückt, die zentrifugalen radikalen Tendenzen einzuschränken und den Utraquismus als legitime Landeskonfession durchzusetzen. Die Aufhebung der Kompaktaten durch Papst Pius II. im März 1462 leitete eine Etappe interner Konflikte ein. Die Gleichberechtigung beider Landeskonfessionen verankerte verfassungsrechtl. der Kuttenberger Religionsfriede v. 1485, in dem der kath. Adel ohne die Zustimmung Roms die Legitimität des Utraquismus anerkannte. Der Religionsfriede erlaubte auch den Untertanen die freie Wahl der Pfarrkirche ihrer Konfession. Obwohl die U. sich durch ihre selbständige Kirchenverwaltung von der röm. Kirche in beträchtl. Maße emanzipiert hatten, wahrten sie die apostol. Sukzession in jurid. Sinn. Für die Ordination ihrer Priester blieben sie so auf die röm. Bf.e angewiesen, was mit der Zeit eine innere Spannung hervorrufen mußte. Während sich die entschiedenen U. nach 1520 allmähl. dem Luthertum zuwandten, tendierte der romfreundl. Flügel zu einer Unifikation mit der kath. Kirche. Der Kontinuitätsbruch des Utraquismus verstärkte sich nach der Niederlage der radikalen Ständeopposition i. J. 1547. Polit. erlahmte der Utraquismus durch die Verfügung Ferdinands I. i. J. 1562, womit dieser den nichtkath. Ständen das Recht zur Lenkung des eigenen Konsistoriums entzog. Durch die Bewilligung des Kelches durch Pius IV. (1564) verlor der Utraquismus auch jede konfessionelle Bedeutung. F. Šmahel

Lit.: J. SEDLÁK, Počátkové kalicha, Časopis katolického duchovenstva 52–55, 1911–14 – F. HREJSA, Dějiny křestanství v Československu, IV–V, 1948 – D. GIRGENSON, Peter v. Pulkau und die Wiedereinführung des Laienkelches, 1964 – F. G. HEYMANN, George of Bohemia, King of Heretics, 1965 – F. M. BARTOŠ, Husitská revoluce, I–II, 1965–66 – H. KAMINSKY, A Hist. of the Hussite Revolution, 1967 – J. JANÁČEK, České dějiny. Doba předbělohorská, I/1-2, 1971–84 – P. DE VOOGHT, Jacobellus de Stříbro, 1972 – R. CEGNA, Gli inizi dell' utraquismo in Boemia (Accademie e Biblioteche d'Italia 47, 1979), 267–280 – W. EBERHARD, Konfessionsbildung und Stände in Böhmen 1478 bis 1530, 1981 – D. R. HOLETON, The Communion of Infants and Hussitism, Communio viatorum 27, 1984, 207–225 – W. EBERHARD, Monarchie und Widerstand. Zur ständ. Oppositionsbildung im Herrschaftssystem Ferdinands I. in Böhmen, 1985 – F. ŠMAHEL, Husitská revoluce, II–IV, 1995–96.

Utrecht (Traiectum, Traiectum inferius zur Unterscheidung von Maastricht = Traiectum superius, Ultraiectum, fries. Wiltaburg, Trecht), Bm., Stadt in den Niederlanden, Prov. Utrecht, am Amsterdam-Rhein-Kanal.
A. Bistum – B. Stadt

A. Bistum
I. Missionszentrum – II. Bistum – III. Klöster und Stifte in Utrecht – IV. Territorium ('Stift').

I. MISSIONSZENTRUM: Keimzelle des Bm.s war eine im ehem. röm. Kastell in U. gelegene, wahrscheinl. bereits Ende 6./Anfang 7. Jh. bezeugte Kirche, die Kg. – Dagobert I. vor 634 (?) Bf. →Kunibert v. Köln mit dem Auftrag zur Friesenmission übertragen hatte. Die Christianisierung scheiterte jedoch zunächst an der heidn. Reaktion der →Friesen, die um 650 U. eroberten. Weitere Bekehrungsversuche durch Bf. →Wilfrid v. York (678/679) und den Northumbrier →Wilbert (688/689) wurden von den fries. Fs.en Aldgisl (→Aldgild) und →Radbod zwar nicht behindert, blieben aber ohne größere Wirkung. Dauerhafter Erfolg war hingegen dem Angelsachsen →Willibrord beschieden, dem →Pippin II. 690 den eben rückeroberten südwestl. Teil Frieslands als Missionsfeld zuwies. Er holte um 692 in Rom den päpstlichen Segen für sein Wirken ein; als Stützpunkt diente viell. vorerst →Antwerpen. Da sich nach einem weiteren frk. Feldzug und der Einnahme U.s der Plan einer fries. Kirchenorganisation ergab, sandte Pippin ihn erneut zu Papst →Sergius I., der ihn 695 zum Ebf. »in gentem Frisonum« weihte mit dem Auftrag, einen direkt der röm. Kirche unterstellten Bf.ssitz einzurichten; vielleicht verlieh er ihm auch das →Pallium. Pippin wies ihn vor 703/704 in U. ein, doch mußte er sich angesichts des erneuten fries. Vordringens (715/716) in sein Kl. →Echternach zurückziehen und konnte die Missionstätigkeit erst 719/722 wiederaufnehmen. Zur Errichtung einer Kirchenprov. kam es nicht. Nach Willibrords Tod (739) wurde das Bm. der Aufsicht des →Bonifatius anvertraut, der als Bf.e Wera (?) (739 [?]–752/753) und Eoba (753–754) (nur Chorbf.?) einsetzte. Ansprüche Bf. Hildegars v. Köln auf U. konnte Bonifatius erfolgreich zurückweisen. Nach Eobas Tod trat eine Vakanz ein, während der das Bm. von dem U.er Abt Gregor († 774 [?]) verwaltet wurde. Erst mit dessen Neffen Alberich (nach 777–ca. 784) beginnt die ununterbrochene Bf.sreihe.

II. BISTUM: Seit Wiederherstellung der Metropolitanverfassung durch Karl d. Gr. gehörte U. zur Kirchenprovinz →Köln. Die Diöz. umfaßte den größten Teil der heutigen Niederlande. Nordbrabant und Limburg gehörten zu →Lüttich, Nimwegen zu Köln, während Emmerich und Elten im Bm. U. lagen; einige Gebiete im O und NO unterstanden →Münster und →Osnabrück. Vor 1112/1114 gab es den Versuch, die seeländ. Inseln dem Bm. →Thérouanne zu unterstellen (→Tanchelm), 1264 mußte ein Schiedsgericht Grenzstreitigkeiten mit dem Bm. →Tournai in den →Vier Ambachten beilegen. Während der Normanneneinfälle (→Normannen) des 9. Jh. flüchteten die Bf.e zunächst auf den Sint-Odiliënberg (bei Roermond) und später nach →Deventer. Erst Bf. Balderich (917/918–975) konnte vor 929 den Bf.ssitz nach U. zurückverlegen und die zerstörte Stadt wiederaufbauen. Er gilt deshalb als zweiter Gründer seiner Diöz. Nach einem Jahrzehnt unter westfrk. Herrschaft (915/916–925) schloß er sich dem ostfrk. Kg. →Heinrich I. an, der ihm seinen Sohn →Brun, den späteren Ebf. v. Köln, zur Erziehung anvertraute.

War das Verhältnis zur Krone im 10. Jh. nicht von Spannungen frei (u. a. Kritik am Reichskirchensystem in der Vita Radbodi, Freilassung →Heinrichs d. Zänkers durch Bf. →Folkmar [976–990]), so traten die U.er Bf.e während des Investiturstreits zunächst als treue Anhänger des Ks.s hervor: Bf. Wilhelm I. (1054–76) verkündete 1076 auf der Synode v. U. die Exkommunikation Gregors VII., der ihn kurz zuvor abgesetzt hatte, Bf. →Konrad (1076–99) war der Erzieher →Heinrichs V., dessen Verlobung mit →Mathilde 1110 in U. gefeiert wurde; erst Bf. Godebold (1114–27) stand zeitweilig in Opposition zum Herrscher. Auch in der Folgezeit waren die Bf.e zumeist kaiserfreundlich gesinnt: Am U.er Dom richtete viell. Kg. →Konrad III. ein Königskanonikat ein (1145?), und Bf. Gottfried (1156–78) unterstützte Ks. →Friedrich I. in dessen Auseinandersetzung mit Papst Alexander III.

Aber in zunehmendem Maße waren die Bf.e dem Einfluß der Gf.en v. →Geldern und →Holland ausgesetzt, und es kam zu ersten Konflikten mit der U.er Bürgerschaft und den bfl. Ministerialen. Wohl seit Ende des 12. Jh. oblag die Bf.swahl dem Generalkapitel, das die Kanoniker des Doms u. der vier U.er Stifte umfaßte; um 1300 dürften auch die Pröpste bzw. Archidiakone v. →Tiel (später Arnheim), Deventer, Oldenzaal und →Emmerich dem Wahlgremium beigetreten sein. Unter Ks. Heinrich VI.

entglitt U. allmähl. dem Zugriff der Krone; bereits die strittige Bf.swahl von 1196 entschied nicht mehr der Hof, sondern die Kurie. Bf. Dietrich II. (1197/98–1212) nahm im dt. Thronstreit eine wechselnde Haltung ein und wurde 1204 von Papst Innozenz III. exkommuniziert. Zudem sah er sich einem erstarkenden Generalkapitel gegenüber, dessen selbständige Stellung ein Synodalbeschluß 1209 bestätigte. In der Folgezeit geriet U. ganz unter den Druck der Gf.en v. Geldern und Holland; überdies wuchs seit dem Ende des 13. Jh. der Einfluß →Brabants, →Flanderns und →Hennegaus. Im 14. Jh. benutzte die Kurie U. mehrmals als zweite Stufe bei Bf.stranslationen über U. nach Lüttich; bedeutendster U.er Bf. jener Zeit war Johann IV. v. Arkel (1342–64), der 1364 nach Lüttich versetzt wurde. Im →Abendländ. Schisma folgte U. der röm., später der Konzilsobedienz. Nach dem Tode Bf. Friedrichs v. Blankenheim (1393–1423) kam es zum U.er Schisma, das auch das Basler Konzil beschäftigen sollte und in dem sich schließlich der burg. Kandidat Rudolf v. Diepholz (1427–56) durchsetzte. Auf ihn folgte B. →David v. Burgund (1457–96), ein außerehel. Sohn Hzg. Philipps d. Guten; durch ihn und seinen Nachfolger, Bf. Friedrich v. Baden (1496–1517), einen Vetter Ks. Maximilians I., wurde U. endgültig in die burg., später habsburg. Machtsphäre einbezogen.

Um 1125 war die Einteilung des Bm.s in elf →Archidiakonate abgeschlossen. 1244 wurde zum erstenmal ein bfl. →Offizial erwähnt, etwas später dürfte das Amt des →Generalvikars entstanden sein, und mit Jakob van Denmarcken begann 1312 die ununterbrochene Reihe der U.er Weihbf.e. Klostergründungen der Benediktiner, Zisterzienser und Prämonstratenser sind im größeren Umfang für das 12. und die erste Hälfte des 13. Jh. belegt. Im 2. Viertel des 13. Jh. kam es zu ersten Niederlassungen der Bettelorden und der →Beginen. In der 2. Hälfte des 14. Jh. entstand im Bm. U., ausgehend von Gerhard →Gro(o)te, die →Devotio moderna mit ihrer klösterl. Reformbewegung der →Windesheimer Kongregation.

III. KLÖSTER UND STIFTE IN UTRECHT: Als Bf.skirche ließ Willibrord St. Salvator errichten und siedelte bei einer schon vorhandenen, von ihm wiederaufgebauten und dem hl. Martin geweihten Kirche einen klösterl. Verband an (Doppelkathedrale). Da im 8. Jh. die Bf.sreihe zeitweise unterbrochen wurde, erlangte das Martinskl. die führende Rolle, und sein Heiliger wurde zum Hauptpatron des Bm.s. Bf. Balderich setzte an beiden Kirchen getrennte kanonikale Gemeinschaften ein, und von nun an lag der Kathedralstatus endgültig bei St. Martin, während man St. Salvator als Vetus monasterium ('Oudmunster') bezeichnete. Drei weitere Kanonikerstifte entstanden im 11. Jh.: St. Peter (Weihe 1048), St. Johann (Weihe um 1050) und St. Marien (Weihe 1099); mit der Benediktinerabtei St. Paul (Mitte 11. Jh. von Hohorst nach U. verlegt) bildeten sie das von Bf. Bernold (1026/27–54) geplante Kirchenkreuz um den Dom, der die Eingeweide der in U. verstorbenen Ks. Konrad II. und Heinrich N. barg. Vor 1122 wurde in Oostbroek bei U. ein Benediktiner-Doppelkl. gestiftet; es folgte 1135 ein Benediktinerinnenkl. in der U.er Vorstadt Oudwijk. Im 13./14. Jh. ließen sich weitere Orden in oder bei U. nieder: Dominikaner (um 1232), Zisterzienserinnen (St. Servatius, 1233; Mariëndaal bei U., ca. 1245), Franziskaner (1240), Johanniter (vor 1241), Dt. Orden (1250), Sackbrüder (vor 1271), Weißfrauen (vor 1271), Karthäuser (1392), Karmeliter (1468), Birgittiner (vor 1487); ein erster Beginenhof ist 1282 belegt. Im 14./15. Jh. entstanden zahlreiche Niederlassungen der Brüder und Schwestern vom Gemeinsamen Leben, der Franziskanerterziaren sowie Kl. der Windesheimer Kongregation.

IV. TERRITORIUM ('STIFT'): Grundlage für die Ausbildung des weltl. Territoriums, das sich durch seine Zweiteilung in Nieder- und Oberstift auszeichnete, war die Kumulation zahlreicher Rechte, die die Bf.e v.a. im 10. und 11. Jh. erworben hatten; damals erhielten sie vom Herrscher die Gft.en →Drenthe (1024), Teisterbant (1026), Gft. am Ostufer der Zuiderzee (?) (1042), Grafschaft im →Hamaland (1046), Westfriesland (1064), →Staveren (1077), Oster- und Westergau (1086) und IJsselgau (1086). Am Ende des MA erstreckte sich das Niederstift ('Nedersticht') auf das U.er Umland zw. Lek und Zuiderzee, während das Oberstift ('Oversticht') im Nordosten jenseits der IJssel von Deventer bis Groningen reichte. Die Gft. (seit 1339 Hzm.) Geldern schob sich trennend zw. beide Gebiete. Die Aufspaltung des Territoriums wurde noch dadurch verschärft, daß das Niederstift immer wieder holländ., das Oberstift geldrischem Einfluß ausgesetzt war. Chron. Geldnot zwang die Bf.e v.a. im 14. Jh. dazu, Teile des Stifts zu verpfänden und so seine Existenz zu gefährden. Daß die Selbständigkeit dennoch gewahrt wurde, ist auch ein Verdienst der Stände, deren Mitspracherecht im 'Landbrief' von 1375 festgehalten wurde. Eine starke landesherrl. Gewalt, die sich über das gesamte Territorium erstreckte, konnte sich nicht ausbilden: Der Bf. residierte in U. und begab sich nur für wenige Wochen im Jahr ins Oberstift, wo Adelsfamilien wie die Coevorden mit den wichtigsten Städten →Deventer, →Kampen und →Zwolle um die Macht stritten. Auch die Hauptstadtfunktion U.s blieb vornehml. auf das Niederstift beschränkt. Die weltl. Herrschaft des Bf.s endete 1528/29, als Bf. Heinrich v. Bayern (1524–29) sie an Ks. Karl V. abtrat.   R. Große

Q.: Reg. van het archief der bisschoppen van U. (722–1528), I–IV, ed. S. MULLER Fz.–M. I. VAN SOEST, 1917–22 – Oorkondenboek van het Sticht U. tot 1301, I–V, ed. S. MULLER Fz., A. C. BOUMAN, K. HEERINGA, F. KETNER, 1920–59 – Reg. van oorkonden betreffende de bisschoppen van U. uit de jaren 1301–1340, ed. J. W. BERKELBACH VAN DER SPRENKEL, 1937 – M. CARASSO-KOK, Rep. van verhalende historische bronnen uit de middeleeuwen, 1981 [Q., Lit.] – GP IX [im Dr.] – Lit.: LThK² X, 586–588 – RÖSSLER-FRANZ, 1318f. – R. R. POST, Eigenkerken en bisschoppelijk gezag in het dioeces U. tot de XIIIᵉ eeuw, 1928 – DERS., Geschiedenis der U.sche bisschopsverkiezingen tot 1535, 1933 – M. SCHOENGEN, Monasticon Batavum, I–III, 1941–42 – Algemene Geschiedenis der Nederlanden, I–IV, 1949–52; I–IV [neue Ausg.], 1980–82 – S. B. J. ZILVERBERG, David van Bourgondië, Bisschop van Terwaan en van U., 1951 – R. R. POST, Kerkgeschiedenis van Nederland in de middeleeuwen, I–II, 1957 – C. A. RUTGERS, Jan van Arkel, Bisschop van U., 1970 – W. H. FRITZE, Zur Entstehungsgesch. des Bm.s U. Frisonen und Friesen 690–734, RhVjbll 35, 1971, 107–151 – De U.se bisschop in de middeleeuwen, hg. C. A. RUTGERS, 1978 – GAMS V/1, 1982, 167–205 [Q. und Lit.] – R. GROSSE, Das Bm. U. und seine Bf.e im 10. und frühen 11. Jh., 1987 – B. VAN DEN HOVEN VAN GENDEREN, Het kapittel-generaal en de Staten van het Nedersticht in de 15e eeuw (Stichtse Hist. Reeks 13, 1987) – Middeleeuwse kerken in U., hg. F. DELEMARRE–A. VAN DEIJK–P. VAN TRAA, 1988 – A. D. A. MONNA, Zwerftocht met middeleeuwse heiligen, 1988 – U., kruispunt van de middeleeuwse kerk, 1988 – M. VAN VLIERDEN, U., een hemel op aarde, 1988 – U. tussen kerk en staat, hg. R. E. V. STUIP–C. VELLEKOOP, 1991 – De oudste kerken van U. (Themanr. Bull. KNOB 93, 1994) – E. N. PALMBOOM, Het Kap. van St-Jan te U., 1995 – P. CORBET, Interdits de parenté, hagiographie et politique. La 'passio Friderici episcopi Traiectensis' (ca. 1024), Ius commune 23, 1996, 1–98.

B. Stadt
I. Spätantike und Frühmittelalter – II. Hochmittelalter – III. Spätmittelalter.

I. SPÄTANTIKE UND FRÜHMITTELALTER: Den ältesten Siedlungskern bildet das röm. Legionslager 'castellum Traiectum', errichtet kurz nach 47 n. Chr. als Teil des Rheinlimes

(→Limes) in Germania Inferior auf dem Uferwall entlang dem Alten →Rhein, etwas westl. der Abzweigung der Vecht zum Almere an einer Furt (traiectum). Ende des 2. Jh. wurde die Holz-Erde-Befestigung (1,3 ha) des auf ca. 500 Personen ausgelegten Kastells durch eine Ringmauer aus Tuffstein (1,9 ha) ersetzt. Östl. und westl. des Kastells sind Überreste von →vici gefunden worden. Unklar bleibt die Gesch. des Kastells in der Spätzeit der (im Rheindelta noch bis 406 aufrechterhaltenen) röm. Herrschaft; Grabfunde (1. Hälfte des 5. Jh.) weisen jedoch auf fortdauernde Besiedlung hin.

Um 600 stand Traiectum unter Herrschaft der Kg.e des frk. Regnums →Austrien; eine kleine Kirche im Kastell wird erwähnt. Ansatzpunkt für die Entwicklung zum Zentrum der Friesenmission und späteren Bm. (s. im einzelnen Abschn. A) war eine Schenkung des Kastells samt Kirche durch Kg. Dagobert an Bf. Kunibert v. Köln (um 630). Die Zeit der fries. Eroberungen des 7. und frühen 8. Jh. (→Friesen, B. I; →Radbod) dauerte bis 719, als →Karl Martell die frk. Macht auch an das Vlie erweiterte und die fries. Herrschaft über Traiectum beendete. Er förderte die Mission durch Schenkung des →Fiscus v. Traiectum sowie des benachbarten Fiscus v. Fehtna (Kastell Vechten) an Willibrord.

II. HOCHMITTELALTER: Hatten Bf. und Kanoniker ab 857 wegen wiederholter Normanneneinfälle nicht in U. residiert, so wurde nach ihrer Rückkehr die seit 925 unter ostfrk. Herrschaft stehende Bf.sstadt wiederaufgebaut (Kastell mit St. Salvator und St. Martin), das kirchl. Leben im 11. Jh. (Domneubau unter Bf. →Adalbold, Weihe 1023; Stiftsgründungen) reorganisiert.

U. wurde öfter von den →Saliern besucht. Sie residierten in der innerhalb der Mauern der bfl. Burg gelegenen Pfalz Lofen. →Konrad II. verstarb Pfingsten 1039 zu U. Sein Urenkel →Heinrich V. verlobte sich hier 1110 mit der engl. Kg.stochter →Mathilde und starb 1125 in U. Der U.er Dom fungierte für beide Ks., deren Leichname in der sal. Grablege des Doms v. →Speyer bestattet wurden, als Eingeweidegrablege. Nach Heinrich V. ging die Zahl der ksl. Besuche stark zurück.

Nach der Rückkehr des Bf.s im frühen 10. Jh. entwickelte sich westl. des Kastells eine blühende Handelssiedlung, der 'vicus Stathe'. Q. des 11. und 12. Jh. erwähnen Handelsbeziehungen mit Rheinland (u.a. Koblenzer Zolltarif), Maasland, England, Friesland, Sachsen, Dänemark und Norwegen. Es ergab sich, daß das Verbreitungsgebiet der seit dem Anfang des 11. Jh. in U. geprägten Münzen (Münzrecht 936) bis weit nach Skandinavien und ins Baltikum reichte. Bis zum Jahre 1200 war U. die Drehscheibe im Fernhandel der Rheinmündung. 1127 sind nicht weniger als vier Jahrmärkte erwähnt. Die ältesten Marktplätze (Salz-, Fisch-, Weinmarkt) befanden sich beiderseits der Gracht zw. Stathe und dem Kastell.

Außer Stathe entstanden auch andere Siedlungen um das Kastell, die um 1122 nahezu alle, ebenso wie die Immunitäten der Stifte, in die städt. Ummauerung (131 ha) einbezogen wurden. Neben der zu Beginn des 11. Jh. gegr. Pfarrkirche in Stathe ('Buurkerk') wurden im Laufe des 12. Jh. noch drei andere Pfarrkirchen in der Stadt errichtet. Wichtig für den U.er Handel war der Bau des 'Novum Fossatum' und des 'Vaartse Rijn', eines 8 km langen Kanals, der U. mit 't Gein verband, damit auch nach der Abdämmung des Kromme Rijn (nahe Wijk bij Duurstede, 1122) die Schiffahrtsverbindung U.s mit Rhein und Lek aufrechterhalten und bis weit ins 13. Jh. von Kaufleuten aus →Hamburg und →Lübeck intensiv für den Handel mit →Brügge genutzt wurde. U. konnte seine Schlüsselstellung im Fernhandel noch bis nach 1300 bewahren. Danach hatte lediglich der Rheinhandel U.s mit Köln noch eine gewisse Bedeutung.

Nachdem die Einwohner U.s und seines Umlandes nach Pfingsten 1122 dem Ks. Heinrich V. im Kampf gegen Angriffe der Ministerialen des Bf.s und des U.er Gf.en Beistand geleistet hatten, bestätigte der Ks. ihnen (sowie den Einwohnern v. Muiden) 1122 die durch Bf. Godebald verliehenen Privilegien. Außerdem befreite er sie von den Zollabgaben auf dem U.er Markt und setzte für ausländ. Kaufleute, welche die Stadt besuchten, Zolltarife fest. Bereits 1122 wird das Schöffengericht erwähnt. Außer dem →Schultheißen und den →Schöffen werden ab 1196 Ratsherren (consules) und ab 1266 auch →Bürgermeister (magistri) erwähnt. Es erwies sich, daß auch die Aldermänner der →Gilden (hansa) der U.er Kaufleute im 13. Jh. stark an der Stadtverwaltung beteiligt waren. 1233 erwarb diese Gilde das Monopol auf den Weinhandel.

III. SPÄTMITTELALTER: Im Zuge des im 13. Jh. einsetzenden und sich bes. in der 1. Hälfte des 14. Jh. verstärkenden lebhaften Bevölkerungswachstums erreichte die Stadt (einschl. der Stadtfreiheit) nach neuesten Schätzungen eine Einwohnerzahl von 5500–6000 (1300), 13 000 (1400), ca. 20 000 (1500), 25–30 000 (um 1575). Bis zur Mitte des 16. Jh. war U. die größte Stadt der nördl. Niederlande. Der Bevölkerungszuwachs beruhte v.a. auf der starken Zunahme des Handwerks, die sich im Aufstieg der Zünfte (seit etwa 1250) widerspiegelt. Dies führte zur rapiden Zunahme der Sondermärkte in der Stadt, v.a. entlang der Oude Gracht und in der Umgebung des Steenwegs und der Neude. Wichtigste Gewerbezweige waren die Lederverarbeitung sowie die großangelegte Tonwaren- und Ziegelherstellung, die sich v.a. am Bemuurde Weerd, einer Stadterweiterung des frühen 14. Jh. entlang der Vecht (nördl. der Stadt), konzentrierte.

Im SpätMA erhielt die topograph. Struktur der Stadt ihre endgültige Gestalt. Ende des 14. Jh. werden nahezu alle Brücken, Plätze, Straßen sowie öffentl. Gebäude (z.B. Fleischhalle, Waage, Gewandhaus) in den Q. erwähnt. An die Stelle der (teilw. aus Tuffstein errichteten) Befestigung von 1122 trat in der 2. Hälfte des 13. Jh. eine Ringmauer aus Backstein. Vier Tore schützten den Zugang. Die 21 Zünfte, in 11 'Wachen' eingeteilt, waren für die Verteidigung der Stadt verantwortlich.

Nach 1200 erfolgten zahlreiche Klostergründungen: Zisterzienserinnen (um 1225), Reuerinnen (albae dominae; vor 1229), Dominikaner (vor 1232), Franziskaner (1240), Beginen (vor 1251), Regularkanoniker (vor 1267). Im 14. Jh. und 15. Jh. nahm die Zahl der Kl., Kapellen und Spitäler noch zu. Um 1500 besetzten kirchl. Einrichtungen ein Drittel des Areals innerhalb der Mauer.

Die Wandlung der städt. Gesellschaft beeinflußte auch die polit. Verhältnisse. Von Anfang an waren die Gilden der ortsansässigen Handwerker Träger polit. Mitbestimmungsforderungen gegenüber der Stadtverwaltung, die noch vom alten Patriziat der Dienstmannen und 'mercatores' dominiert wurde. Nachdem die erste 'Revolution' von 1274 vier Jahre später blutig niedergeschlagen worden war, suchten 1304 die U.er Zünfte, unter dem Eindruck des Sieges der fläm. Städte bei →Kortrijk ('Goldsporenschlacht' von 1302), erneut die Macht an sich zu reißen. Sie konnten eine Einigung mit dem Patriziat aushandeln, den sog. 'Gildenbrief'. Die Zahl der Schöffen wurde von fünf auf zwölf erweitert. Neue Schöffen wurden nicht mehr auf Lebenszeit ernannt, sondern jährlich von den 24 Ratsherren gewählt, die ihrerseits von den Aldermännern der 21 Zünfte gewählt wurden. Beide Gremien, der Rat und das Schöffenkolleg, wählten danach einen der beiden Bürgermeister. Außerdem wurde bestimmt, daß alle Bürger Mitglied einer Zunft sein sollten. Das Wahlverfahren für den Rat wurde in einem zweiten Gildenbrief (1341) ausgearbeitet. Dieser sah auch eine Erweiterung der Zahl der Bürgermeister um zwei Aldermänner vor, gewählt aus der Mitte der 42 Gildemeister. Diese städt. Verfassung bestand bis zu ihrer Aufhebung 1528.

Die städt. Politik war von heftigem Faktionsstreit geprägt. Die Konflikte spitzten sich zu, als der Hzg. v. →Burgund, →Philipp der Gute, 1456 seinen außerehel. Sohn →David v. Burgund als Bf. v. U. durchsetzte. Der zunehmende Widerstand, der sich mit dem Bürgerkrieg in der Gft. →Holland (→Hoeken und Kabeljauwen) überlagerte, führte zur U.er Stiftsfehde ('Stichtse Bürgerkrieg') von 1481–83, die nur durch Eingreifen Ehzg. →Maximilians zugunsten des Bf.s entschieden werden konnte. 1528 trat der Bf. die weltl. Macht an Ks. Karl V. ab, womit die bfl. Stadtherrschaft ihr Ende fand. Der Ks. übertrug die Verwaltung des Hochstifts und der Stadt einem Statthalter und nahm ein Jahr später den U.er Gilden ihre polit. Macht. Um diesen einschneidenden Maßnahmen Nachdruck zu verleihen, errichtete er in der Stadt eine Zwingburg, die 'Vredenburg'. Die Autonomie der Stadt U. hatte aufgehört zu bestehen. K. van Vliet

Q.: S. Muller Fz., De middeleeuwse rechtsbronnen der stad U., 2 Bde, 1883 – Ders., Bijdragen voor een oorkondenboek van het Sticht U., II, Regesten van het archief der stad U., 1896 – Ders., Oorkondenboek van het Sticht U. tot 1301, 5 Bde, 1920–59 – *Lit.*: J. C. Overvoorde – J.-G. C. Joosting, De gilden van U. tot 1528, 2 Bde, 1896–97 – P. W. A. Immink, De stadsvrijheid van U. (Fschr. D. G. Rengers, 1942), 314–434 – De Nederlandse monumenten van geschiedenis en kunst, II: De prov. U., 2 Tle, 1956, 1989 [E. J. Haslinghuis, M. J. Dolfin] – J. E. A. L. Struick, U. door de eeuwen heen, 1968 [Lit.] – Ders., Het recht van Trecht, Jaarboek Oud-U., 1972, 9–37 – L. C. van der Vlerk, U. ommuurd. De stedelijke verdedigingswerken van U., 1983 – L. R. P. Ozinga, Het Romeinse Castellum te U., 1989 – M. W. J. de Bruijn, Husinghe ende hofstede... (Stichtse Hist. Reeks 18, 1994) – J. M. van Winter, Verfassung und Verwaltung im spätma. U. (Verwaltung und Politik in Städten Mitteleuropas, hg. W. Ehbrecht, 1994), 47–54 – B. van den Hoven van Genderen – R. Rommes, Rijk en talrijk. Beschouwingen over de omvang van de U.se bevolking..., Jaarboek Oud-U., 1995, 53–85 – K. van Vliet, Middeleeuws U.: een markt in ontwikkeling, Markten in U. (Historische reeks U. 19, 1995), 8–43 – Ders., U., Muiden en omgeving. Oude privileges opnieuw bezien, Jaarboek Oud-U., 1995, 5–52 – s.a. Q. und Lit. zu Abschn. A.

Utrecht, Friede v. (28. Febr. 1474). 1449 kaperten die mit Frankreich in den sog. →Hundertjährigen Krieg verwickelten Engländer eine Baienflotte (→Baienfahrt, -flotte), die fast zur Hälfte aus Schiffen hans. Kaufleute bestand. Die Bemühungen der →Hanse um Schadenersatz wurden seit 1455 durch die innerengl. →Rosenkriege erschwert, derentwegen Kg. →Eduard IV. schließlich 1468 die hansefeindl. Forderungen der ostengl. Handelsstädte erfüllte. →Danzig und →Hamburg traten in den seit längerem von →Lübeck geführten Kaperkrieg gegen England ein. Ihre Erfolge und der Wunsch, den Krieg gegen Frankreich zu erneuern, machten den Kg. nachgiebig, so daß in →Utrecht geführte Verhandlungen im Febr. 1474 zum Abschluß kamen. Der Friedensvertrag, der letzte große Erfolg der hans. Diplomatie, sicherte der Hanse noch einmal für lange Zeit die Handelsvormacht in England. E. Pitz

Ed: Hanserecesse, 2. Abt., 7. Bd., 1892, Nr. 142, 143 – *Lit.*: M. M. Postan, The Economic and Political Relations of England and the Hanse from 1400 to 1475 (Stud. in English Trade in the Fifteenth Cent., ed. E. Power – M. M. Postan, 1966) – H. Stoob, Die Hanse, 1995.

Utrecht-Psalter (Utrecht, Bibl. der Rijksuniversiteit Hs. 32); die Hs. (332/328×259/254 mm) enthält auf fol. 1–91 ein Psalterium Gallicanum mit den Cantica, Hymnen, dem Vater Unser, dem apostol. und dem sog. athanasian. Glaubensbekenntnis (Quicumque vult) und den apokryphen Ps 151. Der Text ist dreispaltig in →Capitalis rustica geschrieben; nur zu Beginn von Ps 1 findet sich eine einfache →Initiale. Die Bedeutung des Psalters beruht auf den den einzelnen Texten als ungerahmte Federzeichnungen in brauner Tinte vorangestellten Illustrationen; sie nehmen die ganze Textbreite ein, ihre Höhe schwankt (nur zu Ps 1 ganzseitig, sonst streifenförmig). Abgesehen von einigen atl. und ntl. Szenen, werden die Psalmverse direkt ins Bild umgesetzt; der U.-P. ist das beste Beispiel für solche Wort-Illustrationen. Zum Teil ergeben sich ikonograph. Parallelen zu dem zweiten durchgehend ill. Psalter des FrühMA, dem Stuttgarter Bilderpsalter (Stuttgart, Württ. Landesbibl., Bibl. Fol. 23). Die Zeichnungen geben neben Landschaftsdarstellungen und Architekturkulissen bewegte Figuren und Szenen mit expressiver Ausdruckskraft wieder. Sicher waren mehrere Künstler beteiligt, wahrscheinl. acht. Ohne Zweifel wurden im U.-P. spätantike Vorlagen verarbeitet (Gestaltung und Alter umstritten). Stilist. ist der U.-P. vorwiegend das Werk karol. Künstler; eine enge Verwandtschaft besteht zu dem etwa gleichzeitig, um 825, entstandenen →Ebo-Evangeliar; beide Hss. sind die Hauptwerke der Reimser Schule unter Ebf. →Ebo. Der U.-P. kam später nach England; um 1000 lag er in Canterbury, Christ Church, wo er kopiert wurde (London, British Libr., Harley 603); zwei weitere engl. Kopien stammen aus der Zeit um 1150 bzw. um 1200 (Cambridge, Trinity College Libr., Ms. R 17. 1; Paris, Bibl. Nat., lat. 8846). Die Hs. befand sich im Besitz Sir Robert Cottons (1571–1637); sie wurde an Lord Thomas Howard Arundel (1585–1646) ausgeliehen, der sie vermutl. nach Holland brachte; Willem de Ridder gab sie 1716 nach Utrecht. K. Bierbrauer

Lit.: E. T. De Wald, The Illustrations of the U. P., 1932 – U.-P. Vollständige Faks.-Ausg. im Originalformat der Hs. 32 aus dem Besitz der Bibl. der Rijksuniversiteit te Utrecht. Komm. K. van der Horst – J. H. Engelbregt, 1982/84 – W. Koehler – F. Mütherich, Die karol. Miniaturen, VI/1, 1994, 85–135, passim.

Üxküll (Ikesküll), Burg, Bm. und Vasallengeschlecht in Livland. Von der 'Universitas' Gotland besuchender Kaufleute (→Gotlandfahrer) unterstützt, begann →Meinhard, Augustinerchorherr aus Segeberg, mit der friedl. Mission der Liven an der →Düna und erbaute 1184 beim Dorf Ü. die erste Kirche. Zum Schutz gegen Litauer und Semgaller errichtete er 1185 mit gotländ. Steinmetzen eine steinerne Burg, in der auch Liven Zuflucht fanden. Die Kirche wurde nach Erhebung Meinhards zum Bf. v. Ü. Kathedralkirche des Bm.s. Der Abfall vieler getaufter Liven gefährdete den Bestand des Bm.s und der Mission, die nach Meinhards Tod (1196) von seinen Nachfolgern Bertold und Albert nur unter dem Schutz von Kreuzzügen in Dtl. angeworbener Pilger fortgesetzt werden konnte. Bf. →Albert (7. A.) gründete 1201 die Stadt →Riga und verlegte dorthin den Bf.ssitz. Die Burg wurde 1201/05 dem Pilger und Ritter Conradus de Meyendorpe (→Meyendorf), der den Namen Ü. annahm. verlehnt. Nach dem letzten Meyendorpe/Ü. erhielt Johannes de Bardewisch, Ministeriale aus dem Stedinger Land, das Lehen und nahm den Namen Ü. an. Seine Nachkommen erwarben umfangreichen Lehnsbesitz im Erzstift Riga und in den Stiften →Dorpat und →Ösel-Wiek. Mit anderen Großvasallen (→Tiesenhausen) bildeten sie einen Machtfaktor in den inneren Kämpfen Livlands. H. von zur Mühlen

Lit.: A. v. Gernet, Forsch. zur Gesch. des balt. Adels, II, 1895 – G. O. Hansen, Gesch. des Geschlechts derer v. Ü., 1900 – Stud. über die Anfänge der Mission in Livland, hg. M. Hellmann, 1989.

Uzen (Uz von türk.: oğuz 'Clan, Stamm, Stammesliga'; arab.: Ġuzz; griech.: Οὖζοι; lat.: Uzi; hebr.-chazar.: ṭwrqy; aruss.: Torki), reiternomad. Turkvolk. In alttürk. Inschriften des 7. und 8. Jh. bezeichnete man als oğuz (üc oğuz »Drei Stämme«; toquz oğuz »Neun Stämme«, sekiz oğuz »Acht Stämme«) Stammesföderationen, die zum Zweiten Köktürk. Khaganat (→Türken) auf dem Gebiet der heutigen Mongolei gehörten. Die Zerstörung des Alttürk. Reiches durch die Uiguren und Karluken 742 n.Chr. veranlaßte einen Teil der oguz. Verbände, nach W abzuwandern.

Um 780 ließen sie sich am Syr-Darja nieder. Die Landnahme erfolgte unter Kämpfen mit den →Pečenegen und führte zu ersten Kontakten mit der islam. Welt, der sich die U. (→Oğuzen) aber kulturell nur zögernd näherten. Noch →Ibn Faḍlān, der die U. 922 während seiner Reise zu den Wolgabulgaren aufsuchte, beschrieb sie als ursprgl. →Nomaden, die in Jurten wohnten und über Pferde-, Kamelund Schafherden verfügten. Andere Q. erwähnen bei ihnen seßhafte Oasenbauern und zahlreiche Kaufleute, die ihre Märkte in befestigten »Städten« abhielten. Die religiösen Vorstellungen der U. waren geprägt von Glauben an einen Himmelsgott (*tängri*), Ahnenverehrung und schamanist. Riten (→Schamanismus), wiesen aber auch buddhist., manichäische, nestorian.-chr. und jüd.-chazar. Einflüsse auf. Übertritte zum →Islam erfolgten in größerer Zahl erst nach 960.

Der polit. Aufstieg der U./Oğuzen läßt sich am Bedeutungswandel ihres Namens nachvollziehen. Aus dem ursprgl. terminus technicus *oğuz* für verschiedene heterogen zusammengesetzte Stammesgruppen bildete sich im 9./10. Jh. ein Ethnonym Oğuz für eine machtvolle Nomadenliga. Sie beherrschte den Steppenraum zw. dem Irtysch im O und der Wolga und dem Kasp. Meer im W und umfaßte 24 größere Stammesverbände. An der Spitze des Bundes stand kein Khagan, sondern ein Fs., der die atürk. Rangbezeichnung *yabğū* führte. Die Zentralgewalt war jedoch nicht stark ausgeprägt. Die U. galten daher bei den umwohnenden Völkern als. unruhige und krieger. Nachbarn. Der Angriff des Sāmāniden Ismaʿīl b. Ahmad i. J. 893 auf die Karluken versetzte die zentralasiat. Steppenvölker in Unruhe. Die U. verdrängten im Bündnis mit den →Chazaren die Pečenegen über die Wolga nach W und lösten so im nordpont. Raum Wanderungsbewegungen aus, in deren Verlauf auch die →Ungarn vor den Pečenegen 895 Zuflucht im Karpatenbecken suchten.

Unter dem Druck der aus dem O nachdrängenden Qipčaq- →Kumanen und als Folge innerer Zwiste gerieten die U. seit Mitte des 10. Jh. erneut in Bewegung. Ein Teil von ihnen schloß sich um 985 dem Aufstand des Heerführers (*sü-baši*, →Subasi) Selǧuq gegen den yabğū an und bildete später das Gros jener Nomadenverbände, die unter den →Selǧūqen nach 1071 an der Eroberung und Turkisierung weiter Bereiche Anatoliens teilnahmen.

Andere Verbände eroberten 965 zusammen mit dem Gfs.en v. →Kiev, →Svjatoslav, das Chazarenreich und griffen 985 die →Wolgabulgaren an. In der Folgezeit kam es indes zu Spannungen zw. den Rus' und den U., die 1054 und 1060 von den Rus' besiegt wurden. Während ein Teil der U. von den Gfs.en v. Kiev als Grenzwachen gegen die Kumanen am Steppenrand um Torčesk angesiedelt wurden, wo sie noch 1171 erwähnt werden, überquerten die übrigen Verbände auf der Flucht vor den erneut nach W vordringenden Kumanen 1064 die Donau. Von den Byzantinern militär. bezwungen, wurden sie in Makedonien angesiedelt oder in das byz. Heer eingereiht. Sie erwiesen sich aber als unzuverlässige Bundesgenossen, die 1071 bei →Mantzikert zu den stammverwandten Selǧuqen überliefen.   H. Göckenjan

Lit.: EI² II, 1106–1110 [C. Cahen] – M. Th. Houtsma, Die Ghuzen-Stämme, WZKM 2, 1888, 219–233 – J. Marquart, Über das Volksthum der Komanen, AGG, Phil.-hist. Kl. NF 13, 1, 1914, 25–238 – S. P. Tolstov, Goroda guzov, Sovetskaja etnografija, 1947, 55–102 – S. G. Agadžanov, Očerki istorii oguzov i turkmen Srednej Azii IX–XII vv., 1969 – K. Jahn, Die Gesch. der Oğuzen des Rašīd ad-Dīn, 1969 – P. B. Golden, The Migrations of the Oğuz, AO 4, 1972, 45–84 – F. Sümer, Oğuzlar, 1980 – M. Adamović, Die alten Oghusen, Materialia Turcica 7/8, 1981/82, 26–50.

Uzerche, St-Pierre d', Abtei OSB (comm. Tulle, dép. Corrèze, Bm. Limoges), an der Vézère gelegen, 987 von Bf. Hildegarius v. Limoges mit Unterstützung seiner Familie, der Herren v. →Ségur, Vgf.en v. Limoges, gegründet. Den Konvent bildeten Mönche aus St-Augustin in Limoges und Baume-les-Messiers, die Bf. Hilduin aus Eymoutiers vertrieben hatte; die ersten Äbte kamen aus den cluniazens. Kl. →Marmoutier und →Fleury. Bis Mitte des 11. Jh. konnte U. seinen Besitz – darunter an die zwanzig Pfarrkirchen – dank Schenkungen Gf. Bosos v. d. Marche, der Vgf.en und anderer Adliger beträchtl. erweitern. 1068 wählten die Mönche auf Rat Vgf. Ademars einen Mönch aus St-Martial de →Limoges, Gerald (1068–97), zum Abt, zu dessen Zeit (1085) Ebf. Hugo v. Lyon den Altar des Kl. weihte. Seit dieser Zeit bestand eine →Gebetsverbrüderung zw. beiden Kl., in die auch →Cluny, Vigeois, →St-Jean d'Angély, →Charroux, →Moissac, →Déols, La Grasse und St-Victor in →Marseille einbezogen waren. 1097 erfolgte eine weitere Weihe der Abteikirche unter Geralds Nachfolger, Gausbert v. Malefayde (1097–1108), ehemaliger Sakristan v. Vigeois, der ebenso wie die meisten Äbte bis zum Ende des 12. Jh. aus St-Martial kam. Das Haus Ségur förderte U., wo bes. die Reliquien der hll. Leo und Coronatus verehrt wurden, durch reiche Schenkungen. Ende des 12. Jh. wurde ein →Kartular angelegt. Die Kl.schule genoß hohes Ansehen. Von U. abhängig waren die Abteien und Priorate Moutier-d'Ahun (997), Meymac (1085), St-Hilaire de Tourtoyrac (1025), Excideuil (1110).   U. Vones-Liebenstein

Lit.: J.-B. Champeval, Cart. de l'abbaye d'U., 1901 – L. H. Cottineau, Rep. II, 3248 – M. Bernard, Sur les traces des saints Léon et Coronat, CCMéd 9, 1966, 393–401 – D. Gaborit, La date du recueil liturgique d'U., Scriptorium 24, 1970, 40–43 – M. Aubrun, L'ancien dioc. de Limoges des origines au milieu du XIᵉ s., 1981 [Karte 172] – J.L. Antignac–R. Lombard, Sondages dans l'abbatiale St-Pierre d'U., Bull. Soc. lettres, sciences et arts de la Corrèze 91, 1988, 21–29 – A. Sohn, Der Abbatiat Ademars v. St. Martial de Limoges (1063–1114), 1989.

Uzès, Stadt, ehem. Bm. und bedeutende Adelsherrschaft (Seigneurie) in Südfrankreich, Bas-Languedoc (dép. Gard). U., das auf röm. Ursprünge (Ucetia) zurückgeht, war Bf.ssitz (um 440 erster Bf. Constantius belegt). Ein namhafter Bf. des FrühMA war der hl. Ferreolus († 581), der in der Tradition von →Caesarius v. Arles eine monast. Regel erließ (→Mönchtum, B. V).

Die Gesch. v. U. und seiner Civitas, des *Uzège* (auch: Pays d'U.), ist für das frühe MA schlecht dokumentiert. In der Karolingerzeit bildete das Uzège einen eigenen Komitat; zu Beginn des 10. Jh. wurde es der Mgft. Gothien (dem früheren →Septimanien), dann der Gft. →Toulouse angeschlossen. Erst 1088 wird der Name des ersten Herren v. U., *Elzéar*, in einer Urkunde →Raimunds v. St-Gilles, Gf. v. Toulouse, genannt. Elzéar hatte für die 'vicaria' (→Viguerie) v. U. seinem Lehnsherrn, dem Gf.en v. Toulouse, im Rahmen der →Albergue (Dienstpflicht) 100 Ritter zu stellen. Er könnte (jüngerer) Sohn einer großen Familie, welche die Stellung von Viguiers innehatte, gewesen sein; sichere Angaben über seine genealog. Zuordnung sind angesichts der lückenhaften Quellenlage aber nicht möglich. Nicht geklärt ist auch der genealog. Bezug Elzéars, der noch bis 1125 (Teilungsvertrag zw. den Gf.en v. Toulouse und →Barcelona; dazu →Provence, B. II) häufig in Urkk. belegt ist, zum zweiten Herrn v. U., *Raimond Decan de Posquières*, der bereits 1094 hervortritt, jedoch erst auf seinem Epitaph als Seigneur v. U. genannt wird. Raimond soll Sohn des Dekans der Kathedrale Notre-Dame v. →Avignon gewesen sein und *Marie*, die Tochter Elzéars, geheiratet haben. Er unterzeichnete Urkk. der Gf.en v. Toulouse an der Seite von Mitgliedern anderer großer languedoz.-prov. Familien wie der →Sabran, Amic, →Baux, Anduze. Vier seiner Söhne waren Bf.e (U., →Nîmes, →Lodève, →Béziers), sein Sohn *Rostaing* heiratete Ermesinde v. Béziers, Tochter des Gf.en Bernhard Aton IV., seine Tochter *Faytide* wurde mit Alphonse Jourdain, Gf. v. Toulouse, vermählt. Am Ende des 12. Jh. war der Seigneur v. U. Vasall des Bf.s v. U. (für einige Güter in und um U.), des Bf.s v. Avignon, des Vicomte v. Nîmes (→Trencavel) und des Gf.en v. Toulouse. Er behielt nach Erbteilungen die Hälfte der Seigneurie U.: *Bermond*, der dritte Seigneur, tat je ein Viertel an seinen Sohn *Elzéar*, der auch die Herrschaft Posquières erbte, und an seine Tochter *Béatrix*, Gemahlin von Rainon du Cailar, aus.

Die Haltung des Seigneur v. U. während des Albigenserkreuzzuges (→Albigenser, II) ist undurchsichtig. Hatte *Raimond Rascas* noch 1209 an der Bußleistung →Raimunds VI. für das Assassinat an Pierre de →Castelnau teilgenommen, so scheint er bald danach zu den vordringenden Kapetingern übergewechselt zu sein. In dieser dunklen Zeit vollzog sich aber auch der Aufstieg des Bf.s v. U., der als päpstl. →Legat fungierte und durch reihe Reihe von Schenkungen seine territorialpolit. Machtstellung in der Stadt und Diöz. U. festigte. Bereits Kg. Ludwig VII. hatte dem Bf. 1156 ein kgl. Schutzprivileg gewährt (Münzrecht, 'compensum pacis', Besitz einer Anzahl von 'castra' und 'ville', darunter des 'castrum Bermundi'). 1211 bestätigte Kg. Philipp II. Augustus diese Schenkung, der er weitere Besitzungen, unter ihnen die 'civitas Ucecie', hinzufügte. Simon de →Montfort verlieh 1215 als Nachfolger des Gf.en v. Toulouse dem Bf. schließlich die 'vicaria'. Diese (oft widersprüchl.) Schenkungen vermitteln kein klares Bild vom Besitzstand beider Seiten, des Seigneurs und des Bf.s, im Innern der Stadt U. Das vom Seigneur Bermond an den Bf. 1215 (nur sechs Tage nach der Urk. Montforts zugunsten des Bf.s) geleistete Homagium (für die 'vicaria' und alle vom Gf.en v. Toulouse zu Lehen gehenden Güter in U.) wurde während des 13. Jh. wiederholt erneuert, ohne größere Proteste von seiten des Seigneurs, und ebenso vom Bf. im herkömml. Umfang akzeptiert. Der Bf. konsolidierte seine Macht in der Stadt, indem er 1280 ein Viertel der Stadtherrschaft von den beiden Nachkommen der Béatrix du Cailar, Rainon, Seigneur v. La Tour d'Aigues, und Elzéar, Seigneur v. Ansuis, erwarb. Das Verhältnis zw. bfl. und seigneurialer Gewalt verschlechterte sich nun aber zusehends (Verweigerungen des Homagiums, bewaffnete Angriffe von Leuten des Seigneurs auf die Kathedrale, Übergriffe in strittigen Jurisdiktionsfragen). Den Tiefpunkt markiert das Jahr 1459, als der Seigneur *Jehan* wegen häret. Umtriebe exkommuniziert wurde und bei Papst →Pius II. auf dem Fürstenkongreß v. →Mantua Absolution erbitten mußte. Der Niedergang der bfl. Macht zeichnete sich gleichwohl deutlich ab. Bereits 1290 hatte Kg. Philipp der Schöne dem Seigneur (im Austausch gegen die ihm gehörenden Salinen v. Le Peccais, die den Ausbau des kgl. Hafens →Aigues-Mortes störten) verschiedene Güter und Rechte übertragen; 1328 wurde die Seigneurie zur →Vicomté erhoben. Sie nahm (nach der Vicomté Carmaing) den 2. Rang im Kgr. Frankreich ein. Der Konflikt zw. Bf. und Seigneur verhinderte eine stärkere Entfaltung der konsularen Institutionen. Zwar sind bereits für 1206 erstmals (durch den Bf. ernannte) →Konsuln belegt. 1346 werden in einem Privileg (*Charte du consulat*) die Wählbarkeit der Konsuln, ihre Unterstellung unter kgl. Schutz sowie ihre Funktionen dargelegt: Sie übten die Vogtei (*voirie*) aus, fungierten als Ordnungshüter, legten Preise bestimmter Waren fest, überwachten die Zünfte und hatten die Steuerveranlagung in ihrer Hand. U. war wie die Nachbarstadt →Nîmes Standort eines ertragreichen Tuchgewerbes.

Seit dem späten 15. Jh. wuchsen fsl. Machtstellung und Einkünfte des Vicomte v. U., der an zahlreichen Orten das Hoch- und Niedergericht besaß. Der Aufstieg der Familie setzte sich fort mit der Heirat der Simone v. U., Erbtochter Jehans, in 2. Ehe mit Jacques de Crussol, Sohn des kgl. 'grand panetier' Louis de →Crussol und der Jeanne v. →Lévis (1486). Die Vicomté U. wurde 1565 zum Hzm. erhoben.
I. Dion

Lit.: LThK² X, 590 – G. CHARVET, Étude généalogique de la première maison d'U., Comptes-rendus de la soc. scientifique et litt. d'Alais, 1870 – E. DE ROZIÈRE, Charte du consulat d'U., Revue de législation, 1870–71 – ABBÉ BÉRAUD, U., son dioc., son hist., 1953 – I. DION, La famille d'U.: l'ascension d'un lignage du bas Languedoc du XIIᵉ au XVᵉ s. [Thèse École des Chartes, 1987].

Uzun Ḥasan ('Ḥasan der Lange'), Herrscher über die turkmen. (→Turkmenen) Stammesföderation der Aq Qoyunlu ('Weißer Hammel') 1453–78, gest. 1478. U. Ḥ., der 1454 Diyarbakir (heut. Osttürkei) eroberte und sich 1458 mit der Komnenenprinzessin Katharina, einer Tochter des Ks.s Johannes IV. v. →Trapezunt (1429–58), vermählte, verdankte seinen polit. Aufstieg v. a. dem Bündnis mit Ǧunaid, dem Stammvater der Ṣafawiden-Dynastie und Oberhaupt eines bei den Turkmenen verbreiteten schiit. Ṣūfī-Ordens (→Mystik, C). Mit Hilfe der Anhänger (Muriden) Ǧunaids errang U. Ḥ. 1467 den Sieg über den mit ihm rivalisierenden Herrscher der →Qaraqoyunlu, Ǧahānšāh, eroberte Azerbaidžān und machte →Täbrīz zu seiner neuen Residenz. Das Angebot des Timuridensultans Abū Saʿīd (1452–69), ihm kampflos die Herrschaft über Anatolien zu überlassen, wies er mit der Begründung zurück, es könne im O nur einen Herrscher geben. Schon 1469 schlug er Abū Saʿīd und nahm dessen Länder in Besitz.

Das von U. Ḥ. errichtete Großreich umfaßte Iran (→Persien) und →Irak ebenso wie →Armenien und Azerbaidžān. Im W suchte U. Ḥ., ein fähiger Heerführer und zielstrebiger Diplomat, der den Anspruch erhob, ein »zweiter Timur« zu sein, der Bedrohung durch das aufstrebende →Osman. Reich mit einem umfassenden Bündnissystem zu begegnen, dem neben dem Emirat v. →Karamān und dem Khanat der →Krim auch chr. Mächte (röm. Kurie, Venedig u. a.) beitreten sollten. Doch vermochte das überhastet gebildete und locker zusammengefügte Nomadenreich der Aq Qoyunlu der straff organisierten und disziplinierten Militärmacht der Osmanen nicht standzuhalten und unterlag den Truppen →Meḥmeds II. am 11. Aug. 1473 bei Baškent. Das Reich U. Ḥ.s zerfiel bald nach dessen Tod. Die Ṣafawiden traten sein polit. Erbe an.
H. Göckenjan

Lit.: W. HINZ, Irans Aufstieg zum Nationalstaat im 15. Jh., 1936 – J. E. WOODS, The Aqquyunlu. Clan, Confederation, Empire, 1976.

V

Vabres, St-Sauveur, Notre-Dame et St-Denis de, Abtei OSB im sw. Massif Central, Bm. 1317–1801 (dép. Aveyron; Bm. Rodez, heute Bm. Cahors; Kirchenprov. Albi). 862 von Gf. Raimund I. v. →Toulouse als Seelgerätstiftung gegründet und bis Mitte des 10. Jh. von der Gf.enfamilie und dem Adel v. a. in der Diöz. →Rodez reich dotiert, wurde V., nach einer auch durch die Konkurrenz der nahegelegenen Abtei Ste-Foy de→Conques bedingten Zeit des Niedergangs, von Abt Deusdedit v. St-Amans de Rodez zunächst 1061 an Abt Durandus v. St-Victor in →Marseille, dann 1062 an →Cluny, zur Unterstellung unter→Moissac, im Sinne einer Regelreform übertragen. Dank päpstl. Unterstützung (Privileg Gregors VII. von 1079) konnten sich die Viktoriner durchsetzen, so daß V. von 1064–1317 ihrer Kongregation angehörte. In das Anfang des 12. Jh. angelegte →Kartular wurden ein legendärer Fundationsbericht und eine gefälschte Immunitätsurkunde Karls d. Gr. aufgenommen. V. besaß die Reliquien des hl. Marius und hatte abhängige Kl. in St-Léons (873/874), Lavernhe-de-Séverac (874), Nant (878) und St-Clément de Man. 1317 wurde die Abtei von Johannes XXII. zum Bm. erhoben, dem der südl. des Tarn gelegene Teil der Diöz. Rodez zugewiesen wurde. Als erster Bf. fungierte der ehemalige Abt Pierre d'Olargues, während der Mönchskonvent die Aufgaben eines Kathedralkapitels übernahm. U. Vones-Liebenstein

Lit.: Abbayes et prieurés, hg. J. M. BESSE, fortges. v. BEAUNIER, 1905ff., IV, 106f. – M. PROU-J. DE FONT-RÉAULX, Pouillés de la Province de Bourges, 1961, 333–354 – Les Moines noirs, Cahiers de Fanjeaux 19, 1984 [Beitr. v. P. GÉRARD, P. AMARGIER, J. L. BIGET] – E. FOURNIAL, La chronique d'Agio ou le prologue du cart. de l'abbaye de V., Rev. du Rouergue 39, 1985, 9–14 – N. LEMAÎTRE, Le Rouergue flamboyant. Le clergé et les fidèles du dioc. de Rodez 1417–1563, 1988 – S. CAUSSE-TOURATIER, Le temporel de l'abbaye de V. aux alentours de l'an Mil, 1989–E. FOURNIAL, Cart. de l'abbaye de V. au dioc. de Rodez, 1989.

Vacariça, São Vicente de, Kl., im ptg. Ort Mealhada nicht weit von→Coimbra gelegen, dem 1002 der Konvent v. São Salvador de Rocas unterstellt wurde und das in der ersten Hälfte des 11. Jh. gemeinsam mit den Konventen v. Leça, Anta, Vermoim und Aldoar einen Verband bildete. Treibende Kraft war der seit 1018 amtierende Abt Tudeildus, der das Kl. Sever de Vouga an sich zog (1018), dann Leça (Diöz. Porto) und die von diesem abhängigen Konvente Aldoar und Vermoim übernahm (1021). Er gründete vor 1021 die Abtei Anta und leitete alle Konvente in Personalunion, bevor er wegen maur. Angriffe 1026 aus V. weichen mußte und in Leça Zuflucht fand. In der Folge wurden aus den meisten anderen Konventen einfache Pfarrkirchen, in Leça, V. und Anta verblieben aber Gemeinschaften, die ein reguliertes Leben nach der Regula communis führten und nach dem Tod des Tudeildus einen losen Verband bildeten. Seit spätestens 1091 geriet im Zuge des Verfalls des Verbandes die nun von einem prepositus regierte Abtei Leça in völlige Abhängigkeit von V., das selbst spätestens seit 1094 Eigenkl. des Bf.s v. Coimbra wurde. Bis dahin stand V. unter dem bes. Schutz der Gf.en v. Coimbra und war eines der wichtigsten Zentren des Mozarabismus (→Mozaraber). Am 24. März 1101 wurde die Unterstellung V.s unter den Bf. v. Coimbra von Paschalis II. zur Reform seiner Bräuche und zur Einführung der röm. Liturgie bestätigt. L. Vones

Lit.: M. DE OLIVIERA, As paróquias rurais portuguesas, 1950 – J. MATTOSO, Le monachisme ibérique et Cluny, 1968 – A. LINAGE CONDE, Los orígines del monacato benedictino en la península ibérica, III, 1973, 444, Nr. 1602 – J. MATTOSO, Religião e Cultura na idade média portuguesa, 1982.

Vacarius, Magister, in England tätiger it. Rechtslehrer. [1] *Leben:* * um 1120 in der Lombardei, † nach 1198 in England. V. studierte an der Rechtsschule v. →Bologna und erwarb den Magistertitel. Um 1143 berief ihn Ebf. →Theobald v. Canterbury als Rechtsberater nach England. Ende der 50er Jahre trat er in den Dienst Ebf. Rogers v. York, des früheren Archidiakons in Canterbury. In dieser Zeit wurde V. zum Priester geweiht. Im Ebm. York wirkte V. als Jurist (päpstl. 'iudex delegatus') sowie ebfl. Ratgeber und war Kanoniker in Southwell und Pfarrer in Norwell. 1198 wurde er von Papst Innozenz III. mit der Kreuzzugspredigt in York betraut. P. Golinelli

[2] *Der Liber pauperum:* V. brachte das wiederentdeckte röm. Recht aus Italien nach England. Sein berühmtestes Werk, der »Liber pauperum«, umfaßt neun Bücher: Auszüge aus den Digesten und aus dem Codex Iustinianus einschließl. der Tres libri (→Corpus iuris civilis). Auch weniger vermögende Studenten, die nicht professionelle Juristen werden wollten, sollten das Werk kaufen und in kurzer Zeit durcharbeiten können. Die Texte jedes Titels wurden hauptsächl. den entsprechenden Digesten- und Codextiteln entnommen und durch Texte aus anderen Titeln ergänzt. Die Hss. enthalten Glossen, in denen Bologneser Lehrmeinungen zitiert werden und die Zeugnisse eines blühenden Rechtsunterrichts in England sind. V. hat wohl in den 1170/80er Jahren, wahrscheinl. in Lincoln, gelehrt, nicht aber in den 50er Jahren in Oxford, wie man bisher meist annahm. P. G. Stein

[3] *Andere Werke:* Von in Italien entstandenen Schriften ist nichts erhalten. In der »Summa de matrimonio« (um 1156) behandelt V. das Wesen der Ehe auf der Grundlage des röm. Rechts (→Ehe, B. VIII). Im »Liber contra multiplices et varios errores« (vor 1177) verurteilt er die Häresie des Ugo →Speroni. In kleineren Schriften wie »De assumpto homine« befaßt sich der Autor mit theol. Fragen. P. Golinelli

Ed.: M. V., Summa de matrimonio, ed. F. W. MAITLAND, LQR 13, 1897, 133–143, 270–287 – The Liber Pauperum of V., ed. F. DE ZULUETA (Selden Soc. 43, 1927) – Liber contra multiplices et varios errores, ed. Irnerio da Milano, 1945, 477–583 (StT 115) – The Tractatus de Assumpto Homine by M. V., ed. N. M. HARING, MSt 21, 1959, 147–175 – *Lit.:* J. DE GHELLINCK, M. V. Un juriste théologien peu aimable pour les canonistes, RHE 49, 1949, 173–178 – P. STEIN, V. and the Civil Law (Church and Government in the MA [Fschr. C. R. CHENEY, 1976]), 119–137 – F. DE ZULUETA–P. STEIN, The Teaching of Roman Law in England Around 1200 (Selden Soc., Suppl. Ser., 8, 1990) [mit Ausg. der Institutionenvorlesung eines Schülers von V.].

Vacatio (lat. 'Freisein'), bezieht sich in der Theologie primär auf die V. Dei als Vereinigung des Menschen mit Gott. V. ist zugleich contemplatio und fruitio Dei. Während die →Kontemplation formal auf die →visio Dei ausgerichtet ist und die fruitio (→Uti/frui) die unio amoris betont, bestimmt sich die V. im Freisein für Gott von den Mühen des ird. Daseins. Da dem Menschen das Streben nach der Vereinigung mit Gott als desiderium naturale von Gott selber eingegeben ist, wird die V. Dei zu einem Lebensprinzip für das ird. Dasein. Die antike Fuga mundi-

Bewegung bot dem frühchristl. Mönchtum die Gelegenheit zum uneingeschränkten vacare Deo. Aus dieser monast. Tradition stammt die Identifikation der bibl. Maria v. Bethanien mit dem Ideal des vacare Deo. Die jesuan. Aussage, daß Maria den »besseren Teil« erwählt habe, wird dann für Augustinus und Thomas v. Aquin zum Autoritätsbeweis für die Vorrangigkeit der V. Dei. In der rationalen Begründung für diesen Vorrang stützt sich Thomas v. Aquin auf die aristotel. Präferenz der Schau des ewigen Seinsgrundes gegenüber der Arete, die wirken muß, um Tugend zu bleiben.   A. Hertz

Lit.: P. Brown, Augustinus v. Hippo, 1972 – A. Hertz, Vita activa und vita contemplativa in der nikomach. Ethik des Aristoteles und der Summa Theol. des Hl. Thomas v. Aquin (L'Uomo, via della Chiesa, 1991), 349–375.

Vaclav → Wenzel

Vademecum, handl., kleinformatiges Buch, zum Mitnehmen in der Rock- oder Gürteltasche. Als Gattung md. Lit. spätestens um 1170/80 durch den berühmten Salernitaner Arzt →Archimatthaeus ausgeformt, der beim reduktionist. Redigieren seines Leitfadens 'De instructione medici (sive De visitatione infirmorum)' das Kurzlehrbuch zur berüchtigten Hausbesuchs-Fibel 'De adventu medici ad aegrotum' umgestaltete und dabei bereits charakterist. Strukturelemente des spätma. V.s hervortreten ließ: Das ärztl. V. des 14.–15. Jh. ist kleinfeldrig kompiliert sowie aus Versatzstücken aufgebaut, die Paragraphen- bis Kapitelgröße zeigen und ohne Rücksicht auf ihre Herkunft ineinander verschränkt sind. Die sieben bisher nachgewiesenen Exemplare ('Asanger Aderlaßbüchlein', 'Bairisches A.', 'Genter A.', 'Haager A.', 'Oberdeutsches A.', 'Oberrheinisches A.', 'Oxforder Faltheft') behandeln diagnost. wie therapeut. Themenkomplexe, bei denen der Blutentzug mit →Schröpfen und →Aderlaß namengebend im Vordergrund steht (»Aderlaßbüchlein«). Bei der →Diagnostik dominieren Blutschau und Uroskopie. Die Prognostik (→Prognose) bewegt sich im laienastrolog. Bereich der Iatromathematik (→Astrolog. Medizin). Der →Diätetik gesellen sich gelegentl. Purgieranweisungen zu. – Neben astrolog. Tabellen beschränkt sich die Bildausstattung auf den ganzseitig präsentierten Tierkreiszeichen- oder Laßmann. Landessprachige V.a dominieren. Die kleinen Exemplare sind als zumeist einlagiges Heft oder Kopert (selten als Faltbuch) angelegt und tragen oft starke Gebrauchsspuren, was deutlich macht, daß sie von den Ärzten auf Krankenbesuchen mitgenommen wurden.   G. Keil

Lit.: Verf.-Lex.² I, 503, 581; II, 1192f.; III, 357f.; VI, 1274f.; VII, 77; VIII, 858f. – Das 'Haager Aderlaßbüchlein'. Studien zum ärztl. V. des SpätMA, hg. G. Bauer, Würzburger med.hist. Forsch. 14, 1978 – 'Älterer deutscher 'Macer', Ortolf v. Baierland 'Arzneibuch', 'Herbar' des Bernhard v. Breidenbach, Färber- und Malerrezepte, Farbmikrofiche-Ed., hg. W. Dressendörfer, G. Keil, W.-D. Müller-Jahncke, Codd. illum. MA 13, 1991, 51, 56f., Bl. 106vb–113rb, 212va–216va – O. Riha, Wissensorganisation in med. Sammelhss. (Wissenslit. im MA 9, 1992), 118–121 – Die Schrift 'De adventu medici ad aegrotum' nach dem Salernitaner Arzt Archimatheus, hg. H. Grensemann, Würzburger med.hist. Mitt. 14, 1996, 233–251.

Vado, Kleinstadt in Ligurien. Ein bedeutendes Zentrum in röm. Zeit als Straßenstation, Hafen und später Municipium, verschwindet V. im gesamten FrühMA fast völlig aus den hist. Quellen. Die erste ma. Erwähnung findet sich im Kapitular v. Olona (825), in dem V. unter den Orten erwähnt wird, deren Studenten sich in die Schulen von →Turin begeben müssen. Wenige Jahrzehnte später (864) wird erstmals ein Bf. v. V. erwähnt, während die erste Bezeugung als Mittelpunkt einer Gft. erst vom Anfang des 11. Jh. stammt, obgleich V. diese Funktion wahrscheinl. mindestens schon im 10. Jh. ausgeübt hat. Bereits seit dem Ende des 9. und insbes. an der Wende vom 10. zum 11. Jh. übernahm allmähl. die in raschem Aufstieg begriffene Nachbarstadt →Savona die Rolle V.s als polit. und kirchl. Zentrum. V. a. dank der Unterstützung der Bf.s und eines Diploms Ks. →Heinrichs III. (1014) setzte sich Savona als eine der mächtigsten Kommunen der ligur. Westküste durch und führte damit den Niedergang von V. herbei. Bedeutend bleibt jedoch die Rolle von V. als Hafen, der sich zu einem der größten Liguriens entwickelte.
               L. Provero

Lit.: s. a. →Savona – Le strutture del territorio fra Piemonte e Liguria dal X al XVIII sec., Atti d. conv. Carcare, 15 lug. 1990, hg. A. Crosetti, 1992 – R. Pavoni, Liguria medievale, 1992.

Vadoluengo, Übereinkunft v. (14.–20. Jan. 1135), in der Kirche San Adrián (nahe von Sangüesa und Sos) getroffen zw. →Ramiro II. v. Aragón und →García (Ramírez) IV., nachdem dieser zum Kg. v. Navarra(-Pamplona) proklamiert worden war und durch seine Annäherung an Kastilien-León eine Abspaltung seines Reiches zu befürchten stand. Die beiden Herrscher einigten sich zur Erhaltung des Friedens unter provisor. Grenzziehung über den künftigen Status von Pamplona-Navarra, indem zw. ihnen ein Freundschafts- und zusätzl. ein Vater-Sohn-Verhältnis konstruiert wurde. Der aragones. Kg. wollte eine gewisse Oberhoheit (über das Volk) behalten, während sich die Herrschaft Garcías auf den Adel stützen sollte. Erst nach der Klärung der Nachfolge im Kgr. Aragón würden García die volle potestas und das regnum zustehen. Das Abkommen hatte nur bis Ende Mai 1135 Bestand, da der Kg. v. Pamplona sich dann in ein Lehnsverhältnis mit Alfons VII. v. Kastilien-León begab.
               L. Vones

Lit.: J. M.ª Lacarra, Hist. del Reino de Navarra en la edad media, 1975 – H. Grassotti, Homenaje de García Ramírez a Alfonso VII (Dies., Misc. de Estudios sobre instituciones castellano-leonesas, 1978), 311–322 – A. Ubieto Arteta, Hist. de Aragón: Creación y desarrollo de la Corona de Aragón, 1987, 114ff. – Ders., Documentos de Ramiro II de Aragón, 1988 – Ders., Los orígenes de los reinos de Castilla y Aragón, 1991, 19ff., 200ff.

Vadoluengo, Vertrag v. (19. Dez. 1168), in der Kirche San Adrián geschlossen zw. Kg. →Sancho VI. v. Navarra und Kg. →Alfons II. v. Aragón, um unter Erneuerung eines 1162 eingegangenen Abkommens einen zwanzigjährigen Frieden und ein gemeinsames krieger. Vorgehen gegen die Muslime, insbes. →Ibn Mardanīš, Herrscher v. Valencia und Murcia, zu vereinbaren. Die Vertragsbedingungen, gesichert durch Lehnseide der Statthalter der Grenzburgen für den jeweils anderen Kg., sahen freien Durchzug der narvarres. Truppen durch aragones. Gebiet zur Grenzzone sowie eine Teilung der erworbenen Besitzungen und erzwungenen Geldzahlungen vor. Während sich Aragón die Eroberung von Gúdar, des Campo v. Monteagudo und von Teruel vorbehielt, bildete das Abkommen die Rechtsgrundlage für die navarres. Exklave Albarracín unter der Herrschaft des Pedro Ruiz de Azagra, wenn auch strittig ist, ob die dortige Anwesenheit des navarres. Adligen nicht schon vor 1168 anzunehmen ist und nachträgl. gerechtfertigt wurde.   L. Vones

Lit.: J. M.ª Lacarra, El rey Lobo de Murcia y la formación del señorío de Albarracín (Estudios dedicados a Menéndez Pidal, III, 1952), 515–526 – M. Almagro Basch, El señorío de Albarracín bajo los Azagra, 1959 – Ders., Hist. de Albarracín y su sierra, 2 Bde, 1959 – J. M.ª Lacarra, Hist. del Reino de Navarra en la edad media, 1975 – A. Ubieto Arteta, Hist. de Aragón: Creación y desarrollo de la Corona de Aragón, 1987 – J. F. Elizari Huarte, Sancho VI el Sabio, 1991, 115ff.

Vadomar (Vadomarius, Βαδομάριος), alem. Stammeskg. zusammen mit seinem Bruder Gundomad (Amm. 14, 10, 1) östl. des Oberrheins (18, 2, 16). Nach Friedensschluß mit →Constantius II. 354 und Gundomads Tod Alleinherrscher, hielt sich V. in den Kämpfen mit →Julianus 357 zurück, übernahm aber in den folgenden Jahren mehrfach Vermittlertätigkeit zw. diesem und den →Alamannen. V. a. dem Ks. verbunden, unternahm er nach Julianus' Usurpation 360 krieger. Aktionen gegen diesen, wurde jedoch verhaftet und nach Spanien verbannt. Unter →Valens erscheint V. als militär. Befehlshaber im Kampf gegen den Usurpator →Prokopios (Amm. 26, 8, 2) und trug 371 wesentl. zum Sieg bei Vagabanta über die →Sāsāniden bei. Der Zeitpunkt seiner Erhebung zum dux Phoenices ist unbekannt. V.s Sohn und offensichtl. Nachfolger in der Heimat, Vithicab, wurde 368 durch →Valentinian I. ermordet. G. Wirth

Lit.: RE VII A, 2065 – L. SCHMIDT, Gesch. der Westgermanen, II, 1940, 30ff. – J. SZIDAT, Hist. Komm. zu Ammianus Marcellinus XX–XXI, 1981, 91.

Vadstena (aschwed. Vazstena 'das Steinhaus am Wasser'), kgl. Schloß (→Pfalz, G) in Östergötland, am Ostufer des Vättersees (südl. →Schweden), dann Mutterkl. des Birgittenordens (→Birgittiner, -innen). Nördl. einer Siedlung des 11. Jh., auf Boden, der dem Bjälbo-Geschlecht gehörte (→Birger, Jarl), ließ dessen Sohn Kg. Waldemar das erstmals 1268 erwähnte Schloß V. als got. Ziegelbau errichten und nutzte es u. a. im Kampf gegen seinen (1275 jedoch siegreichen) Bruder →Magnus Ladulås. Am 1. Mai 1346 übertrug dessen Enkel Kg. →Magnus Eriksson mit seiner Gemahlin Blanche das von ihnen öfters bewohnte Haus V. der hl. →Birgitta als Sitz eines Kl. nach der Birgitta offenbarten Regel. Der nachher wohl durch Kriegsereignisse beschädigte Palast wurde ab 1369 umgebaut und ging als Arbeitssaal, Kapitelsaal und Dormitorium der Nonnen im Klosterkomplex auf. Nach Einsetzung der ersten Nonnen und Priester (1374) unter Leitung der Tochter Birgittas, der hl. →Katharina, und nach der Einweihung 1384 entstand die parallel zum Palast (südl. von ihm) angelegte große Hallenkirche, die 1430 geweiht wurde (→Birgittiner-Baukunst). Die Siedlung, die 1400 Stadtrecht erhielt, wurde 1414 dem Kl. abgabenpflichtig. V. war in Skandinavien unübertroffen als Wallfahrtsort, an dem die Fürbitte der hl. Birgitta (seit 1489 auch der sel. Katharina) ebenso wie die packende Predigt und die Seelsorge der Birgittenpriester gesucht wurden, und fungierte als Kristallisationspunkt religiöser und kultureller Impulse. Große Teile der Bibliothek der Priester sind erhalten; die Bedeutung V.s als Kunstzentrum wird durch neue Erkenntnisse fortlaufend erhellt. Der Priesterkonvent wurde um 1545 gewaltsam aufgelöst; nach kurzer Nachblüte wurden die letzten Nonnen 1595 des Landes verwiesen. T. Nyberg

Lit.: B. FRITZ, Ödeläggelsen av V. kungsgård (Hist. studier F. LINDBERG, 1963), 12–24 – A. LINDBLOM, Kult och konst i V. kl. (Antikvariska serien 14, 1965) – DERS., V. klosters öden, 1973 – T. BÄCK, Datering av det äldsta V. (Föreningen Gamla V., Småskrifter 24, 1978) – V. klosters bibliotek, hg. M. HEDLUND – A. HÄRDELIN (Acta Bibliothecae R. Univ. Upsaliensis 29, 1990) – I. ANDERSON, V. klosterkyrka I (Sveriges kyrkor 213, 1991) – B. FRITZ, Kung Magnus Erikssons planer för V. klosterkyrka – och Brigittas (Fschr. G. AUTHÉNBLOM, 1992), 115–129 – A. FRÖJMARK, Mirakler och helgonkult (Studia hist. Upsaliensia 171, 1992) – J. v. BONSDORFF, Kunstproduktion und Kunstverbreitung im Ostseeraum des SpätMA, Finska Fornminnesföreningens Tidskrift 99, 1993 – CH. KRÖTZL, Pilger, Mirakel und Alltag (Studia Hist. 46, 1994) – T. NYBERG, Die Birgittinerstädte zur Zeit Kg. Erichs (Stud. zur Gesch. des Ostseeraumes, I, hg. TH. RIIS, 1995), 37–48.

Vafþrúðnismál ('Vafþrúðnirs Sprüche'). Die im →Codex Regius überlieferten V. gehören zur motholog. →Wissensdichtung der Liederedda. Neben einer weiteren fragmentar. Hs. zeigt schon →Snorri Sturluson in seiner Prosaedda gute Kenntnis des Liedes. Die 55 Strophen sind gattungsüblich in Dialogform angeordnet, werden jedoch statt durch den üblichen Prosarahmen durch einen pseudomytholog. Prolog eingeleitet (1–10): Odin fragt seine Frau Frigg, ob er einen Wissenswettstreit mit dem Riesen Vafþrúðnir wagen solle (1–4) und läßt sich dann entgegen ihrem Rat darauf ein. Der Hauptteil (11–18) bringt zuerst die Fragen des Riesen an Odin, der sich Gagnráðr nennt, dann dessen Antworten, wobei Vafþrúðnirs Fragen im wesentl. auf mytholog. Orte und Personen zielen. Nach einer Überleitung (19) folgen Odins Fragen an den Riesen, die sich v. a. auf die Entstehung der Welt und ihren Untergang zu den →Ragnarök beziehen. Die letzte Frage nach dem Inhalt des Satzes, den Odin dem toten Balder ins Ohr flüsterte, ist für den Riesen unlösbar, und Odin gibt sich damit dem Besiegten zu erkennen (55); diese Frage beendet auch den Wissenswettstreit in der Hervarar saga.

Eddische Wissensdichtungen hatten eine Funktion wohl während der Konfrontation des späten Heidentums mit dem Christentum im 10. Jh. und später wieder im antiquar. Interesse des hochma. Island; näher läßt sich die Entstehungszeit der V. nicht eingrenzen (terminus ante quem durch Snorris Zitate um 1220), selbst wenn die rätselartigen Fragen einzeln durchaus älter sein können. R. Simek

Lit.: KL VII – Medieval Scandinavia: An Encyclopedia, 1993, 685 – A. HOLTSMARK, Den uløselige gåten (Maal og Minne, 1964) – P. H. SALUS, More 'Eastern Echoes' in the Eddas?, MLN 79, 1964 – E. SALBERGER, Heill þú farir!, Scripta Islandica 25, 1974 – E. HAUGEN, The Edda as Ritual: Odin and His Masks (Edda. A Collection, 1983), 3–24.

Vagantendichtung, Goliardendichtung, poésie goliardique etc., bequeme, aber irreführende Bezeichnung für einen großen Teil der weltl. lat. Lyrik des 12. und beginnenden 13. Jh. (auch gewisser Vorläufer), die man eine Zeitlang den Vaganten (clerici vagi, vagantes; scholares vagi, clerici ribaldi, trutanni, Eberhardini; secta, ordo vagorum; →Goliae, Goliarden) zugeschrieben hat. Man verstand unter V. v. a. die satir. und krit. Gedichte, die Liebes-, Trink- und Spielerlieder dieser Zeit. In den ersteren werden die Unsitten und Mißbräuche der Zeitgenossen, bes. der geistl. Obrigkeit, gelegentl. auch einzelner Prälaten, sowie die Habgier der Kurie angegriffen, oft ungemein scharf, aber auch mit Witz und Ironie. Gewöhnl. liegt hier jedoch dieselbe moral. Haltung zugrunde, die in anderen, eher biederen Rügegedichten nicht zu verkennen ist. Die Liebeslieder stellen Erotisches oft mit größter Freiheit, oft auch mit Zartheit dar, naiv oder mit Raffinesse. Hier v. a. finden sich Äußerungen bedenkenlosen Lebensgenusses und, ebenso wie in den moral.-satir. Gedichten, eines unbefangenen Umgangs mit der antiken Mythologie. Die Trink- und Spielerlieder stellen mitunter burleske Exzesse dar, z. B. des Spielens bis zur Nacktheit. Unter allen Gruppen finden sich →Streitgedichte, ferner →Parodien auf Hymnen und Sequenzen, oder auf Evangelium, Messe und Offizium. Hauptstützen des 'Vagantenmythos' (NAUMANN) waren die Dichtungen des →Archipoeta, bes. seine 'Beichte', die als eine Art Glaubensbekenntnis eines Vaganten angesehen wurde, des →Hugo Primas v. Orléans, des →Walter v. Châtillon und die →Carmina Burana (CB). Die Freiheit des Wortes, die aus diesen Dichtungen spricht, schien unter respektablen Leuten nicht vorstellbar gewesen zu sein; daher schrieb man sie – nach Vorgängern im 13. Jh. wie →Giraldus Cambrensis (Speculum ecclesiae 4, 14) und →Salimbene (Cronica ad a. 1233), bei denen einige Dichter zu legendären Gestalten wurden – seit dem 19. Jh. (GRIMM, GIESEBRECHT, EHRENTHAL u.a.) und trotz der Einwände W. MEYERS einer sozialen Randgruppe zu, abgesunkenen, herumziehenden ewigen Studenten und stellungslosen Klerikern, deren tatsächl. Existenz vielfach bezeugt ist (WADDELL, Appendix E; vgl. auch z. B. →Jakob v. Vitry, Exempla [FRENKEN] Nr. 80). Eine romant. Auffassung wollte in den Vaganten Leute sehen, die nach Ungebundenheit dürsteten und es deshalb in keinem Amt aushielten, sich über Sitte und Anstand hinwegsetzten und die vor nichts und schon gar nicht vor irgendeiner Obrigkeit Respekt hatten: So wurden aus ihnen geradezu Sozialrevolutionäre gemacht. Scherzhaft parodist. Äußerungen, wie CB 219, und auch der Beiname des Hugo 'Primas' riefen die Vorstellung von einem regelrechten Bund mit einer Art Vorsitzenden hervor. Wandernde Dichter wie der ehrenwerte Pilger →Venantius Fortunatus und der gelehrte →Sedulius Scotus wurden als Vorläufer angesehen. In Wirklichkeit hatten alle die weiter oben gen. Personen und andere namentl. bekannte Verfasser von 'V.' wie →Walter Map, →Petrus v. Blois, →Philipp d. Kanzler, reputierliche Stellen inne, wahrscheinl. selbst der Archipoeta (R. SCHIEFFER, MIÖG 98, 1990, 59–79). Als V. dürfte man daher allenfalls die Dichtung vom Betteln und Vagieren bezeichnen. Deren Entstehung wäre aber selten im Kreis wirkl. Vaganten zu suchen – so wie z.B. Räuberlieder gewöhnl. nicht von Räubern gedichtet sind –, abgesehen vielleicht von dem einen oder anderen Stück wie CB 218, 224f. – Die Kreise, in denen diese weltl. Dichtung tatsächl. entstand, dürfen nicht zu eng begrenzt gesehen werden angesichts der hohen lit. Kultur dieser bildungsfrohen Epoche, in der →Ovid seine größte Wirkung ausübte, →Juvenal und →Persius, aber auch →Maximianus (3. M.) in der Schule gelesen wurden. Vielfach dürfte der Ursprung unter den Studenten und jungen Akademikern (clerici) an den Stätten bedeutender Schulen zu suchen sein. Der Jugend wurden große Freiheiten zugebilligt (vgl. etwa CB 30); Petrus v. Blois versuchte als reifer Mann mit allen Mitteln, sich von seinen Jugendgedichten zu distanzieren. Welche extreme Formen moral. Ungebundenheit annehmen konnte, wenn Günstlinge in hohe Stellungen gelangten, lassen zwei Briefe des →Ivo v. Chartres erkennen: Cantilenae metrice et musice compositae auf den Liebling eines Bf.s, der 'Flora' genannt wurde, kursierten mündl. und auf Blättern (epist. 66f.). Aber auch als Schulübung wurden z.B. Liebesgedichte verfaßt. An einem Ort wie Neustift bei →Brixen, das jetzt wohl als Ursprungsort des Codex Buranus anzusehen ist, hat die Pflege der Musik in der Schule, aber anscheinend auch im geselligen Kreis der Chorherren dazu geführt, daß man die meist im W entstandenen Lieder sammelte und unter ihrem Einfluß neue dichtete – meist mit dt. Zusatzstrophen –, manche auch parodierte. Eine spezielle Gelegenheit für den Vortrag satir. Dichtungen boten schließlich die →Klerikerfeste. Solche Herkunft verraten manche Gedichte in ihrem Wortlaut (z.B. 'Vagantenlieder aus der Vaticana' Nr. 3, 5; Moosburger Graduale, AnalHym 20, 110). Zu den wichtigsten ma. Slg.en weltl. Lyrik gehören neben den CB die →Arundel Slg., die Slg. der 'Vagantenlieder aus der Vaticana' (B. BISCHOFF, ZRPh 50, 1930, 76–97). Weitere führt die Hss.liste in CB Bd. 1, ed. HILKA, SCHUMANN, BISCHOFF, IX–XI an. Zu einem sog. 'lat. Spielmann' des 11. Jh. →Carmina Cantabrigiensia. Vgl. auch →Vers- und Strophenbau.   G. Bernt

Anthologien: C. CORRADINO, I canti dei goliardi, 1928 – K. LANGOSCH, Hymnen und Vagantenlieder, 1954 – J. EBERLE, Psalterium profanum, 1962 – K. LANGOSCH, V., 1963 – DERS., Wein, Weib und Würfelspiel. Vagantenlieder, 1969 – *Lit.:* W. GIESEBRECHT, Die Vaganten oder Goliarden und ihre Lieder, Allg. Monatsschr. für Wiss. und Lit., 1853 – J. GRIMM, Gedichte des MA auf Kg. Friedrich I. etc., Kl. Schr. III, 1866, 1ff. – O. HUBATSCH, Die lat. Vagantenlieder des MA, 1870 – N. SPIEGEL, Die Vaganten und ihr 'Orden', Progr. Speyer, 1892 – W. MEYER, Die Oxforder Gedichte des Primas..., NGG, Philol.-hist. Kl., 1907, 88 – H. WADDELL, The Wandering Scholars, 1927, 1932⁶ [erweitert] – H. NAUMANN, Gab es eine V.?, Der altsprachl. Unterricht 12, 1969, 69–105 – DERS., Dichtung für Schüler und Dichtung von Schülern im Lat. MA, ebd. 17, 1974, 63–84 – J. FRIED, Der Archipoeta – ein Kölner Scholaster? (Fschr. H. ZIMMERMANN, 1991), 85ff. – J. SZÖVÉRFFY, Secular Latin Lyrics and Minor Poetic Forms of the MA, 2, 1993, 439–465.

Vaison-la-Romaine, Stadt und Bm. in Südostfrankreich, →Comtat Venaissin (dép. Vaucluse), reizvoll im voralpinen Hügelland (Ouvèze-Tal) gelegen. Im 1. Jh. n. Chr. war V. (Vasio Vocontiorum) wie Luc-en-Diois einer der Vororte der mit Rom föderierten kelt. Völkerschaft der 'Vocontes'. Ausgrabungen öffentl. Bauten (röm. Ladenstraße) und reich ausgestatteter Privathäuser bezeugen die Blüte der Stadt in der röm. Kaiserzeit. Im frühen 4. Jh. verlor V. an Bedeutung; damals tritt es aber erstmals als Bf.ssitz hervor (erster Bf.: Dafnus, belegt 314 auf dem Konzil v. →Arles). Der Bf. Quinidius (Quinin), der 573 am Konzil v. Paris teilnahm und dessen Leichnam in einer Nekropole im NW der Stadt bestattet wurde, fand Erwähnung im →Martyrologium des →Ado v. Vienne und genoß während des gesamten MA Verehrung. 442 und 529 fanden zwei Konzilien in V. statt. Zwar gehörte V. zur Zivilprovinz der Viennensis, wurde aber im 5. Jh. der Kirchenprovinz v. →Arles angegliedert. Die kleine Diöz. V. (um die 50 Pfarreien) unterstand dem Ebm. Arles bis zur Unterstellung unter das 1475 neu eingerichtete Ebm. →Avignon. Die Bf.sliste ist für 685 bis 879 unterbrochen. Im 11. Jh. wurde der Bf.sstuhl von der Adelsfamilie Mévouillon dominiert. Bedeutende roman. Sakralbauten sind die Kathedrale N. D. de Nazareth sowie die wegen ihres eigentüml. Grundrisses und ihrer »antikisierenden« Schmuckformen bemerkenswerte Kapelle St-Quenin.

Zw. 1160 und 1251 stritten die Bf.e und die Gf.en v. →Toulouse um den Besitz der Stadt; der Schiedsspruch des Kard.s Gui Foucois (späterer Papst →Clemens IV.) grenzte die Herrschaftsbereiche der beiden Seigneurs gegeneinander ab. Zw. 1185 und 1211 errichtete der Gf. v. Toulouse auf einem Felsvorsprung am linken Ouvèzeufer eine Burg, um die sich im 13. Jh. eine neue Siedlung gruppierte, unter Wüstfallen des in der Ebene gelegenen Areals der alten Römerstadt. Im 14. Jh. litt V. wie der übrige Comtat Venaissin unter den Einfällen der Söldnerkompagnien (*routiers*). Im Winter 1426 wurde es belagert von Geoffroy le Meingre (→Boucicaut), der mit dem Papst um die Herausgabe des Erbes seines Bruders, des Marschalls Boucicaut, stritt. Im Juni 1427 wurde die Stadt durch die von den États des Comtat Venaissin ausgehobenen Truppen befreit.   N. Coulet

Lit.: L. A. DE SAINTE MARTHE, Hist. de l'église cathédrale de V., 1731 – P. A. FÉVRIER, V. (Topographie chrétienne des cités de la Gaule des origines au milieu du VIIIᵉ s., hg. N. GAUTHIER–J. CH. PICARD), III, 1986, 89–93 – I. CARTRON, Le château comtal de V., PH 1990, 37–55 – M. ZERNER, Le cadastre, le pouvoir et la terre. Le Comtat Venaissin pontifical au début du XVᵉ s., 1993.

Vakuum → Raum

Val-des-Choux, Priorat in →Burgund (dép. Côte d'Or, comm. Villiers-le-Duc, arr. Montbard), Haupthaus des Ordens der →Cauliten. Ein Eremit, Guido (Viard), der

Konverse der Kartause v. Lugny gewesen war, hatte sich 1193 bei der Fontaine-le-Duc angesiedelt und baute eine Gemeinschaft auf, der Hzg. →Odo III. das Gelände für den Kirchenbau schenkte. Innozenz III. approbierte am 10. Febr. 1205 ihre Regel, die sich an →Cîteaux orientierte, doch unter Einbeziehung mancher Gewohnheiten der →Kartäuser (Rückzug des Mönchs in seine Zelle zur Meditation) ein rigoroses Armutsideal verkörperte. Honorius III. autorisierte die Regel, jedoch nur unter bestimmten Modifikationen (1224). Die Zahl der Mönche und Konversen wurde auf 20 beschränkt; V. errichtete rasch Filiationen in den Bm.ern Toul, Langres, Autun und Auxerre, selbst in Schottland (drei Häuser: um 1230). Die Cauliten zählten noch 1250 maximal 30 Priorate (auch in Spanien, Normandie, Niederlande). Ein jährl. Generalkapitel wurde in V. abgehalten; die regelmäßigen →Visitationen folgten zisterziens. Vorbild.

Wenn selbst nach den ursprgl. Gewohnheiten die Religiosen auch nicht ausschließlich von ihrer Hände Arbeit leben mußten und die Priorate Schenkungen von Abgaben und Zehnten annehmen durften, so wurde doch die Zahl ihrer (nur im näheren Umkreis gelegenen) Außenbesitzungen beschränkt. Die Cauliten, die nie die Prosperität der ihnen als Vorbild dienenden Orden erreichten, hatten auch kein stärkeres Reformbedürfnis; die von den Generalkapiteln des 13. Jh. beschlossenen Statuten lehnten sich stark an das Vorbild v. Cîteaux an. 1764 wurde V. aufgehoben. J. Richard

Lit.: LThK² VI, 95 – W. DE GRAY BIRCH, Ordinale conventus Vallis Caulium, 1900 – M. BARRET, The Kail Glen Monks in Scotland, American Catholic Quarterly Review 37, 1912, 214–227 – R. FOLZ, Le monastère du V. au premier s. de son hist., Bull. hist. et philol., 1959, 95–115.

Val-des-Écoliers, Ste-Catherine du, augustin. Priorat im Vorstadtbereich des ma. Paris (heute im 4. arr.), geht zurück auf eine 1201 von vier →Doctores der Univ. Paris in einem einsamen Tal der Diöz. Langres errichtete augustin. Regularkanonie (Regel der →Viktoriner; →Paris, C. II, 4), die ihren Namen später aufgrund der Beteiligung einiger Studenten (écoliers) an der Gründung erhielt; das von Honorius III. 1219 approbierte Monasterium wurde 1234 in die Nähe von Troyes verlegt. Der Wunsch dieser Kongregation, ein geistl. Haus in Paris zu begründen, um begabten jungen Kanonikern das Studium in Paris zu ermöglichen, wurde verwirklicht durch Grundbesitzschenkungen, an deren Beginn die Stiftung von drei *arpents* (Morgen) nahe der Porte Baudoyer durch den Pariser Bürger Nicolas Giboin stand. Der weitere Ausbau gelang mit Unterstützung der →Kapetinger, zunächst dank eines zugunsten der hl. →Katharina als Sieghelferin abgelegten Gelübdes der kgl. Kampfverbände (*sergents d'armes*) →Philipps II. Augustus auf dem Schlachtfeld v. →Bouvines (27. Juli 1214). In Erfüllung dieses Gelübdes wurde den Kanonikern die Erweiterung ihrer Niederlassung ermöglicht. →Ludwig d. Hl. bewilligte die Mittel zum Bau einer Kirche, trotz des hinhaltenden Widerstandes des Bf.s v. Paris, →Wilhelm v. Auvergne. Das Priorat, dessen Grundstein der Kg. 1229 legte, erhielt den Namen 'Ste-Catherine du V.' Schenkungstätigkeit entfalteten Ludwig d. Hl., →Blanca v. Kastilien, die →Templer, später Johann II. (→Jean le Bon), →Karl V. und →Karl VI. sowie hohe Persönlichkeiten (Pierre d'→Orgemont). V. stand bald an der Spitze von etwa zehn Subprioraten, in Streulage von Mons (Hennegau) bis in die Diöz. Sens. Das inmitten fruchtbarer Äcker gelegene, mit agrar. Schenkungen reich dotierte Priorat zog beträchtl. Einkünfte aus Agrarzinsen (daher sein Name: Ste-C. 'de la Couture'). V. war während des gesamten MA ein Zentrum wiss.-theol. Studien: Hier lebten zwölf Kanoniker (meist Theologen), die in Paris ihre Universitätsgrade erwarben. Das an sechs Pariser Regularkollegien beteiligte Priorat besaß eine umfangreiche Bibliothek (Inventar um 1288: 300 Bücher, am Vorabend der Frz. Revolution: 8000). Seit dem SpätMA verfiel jedoch die Klosterzucht (1629 Reformbemühungen); das agrar. genutzte Zinsland wurde durch Aufsiedlungen reduziert (16./17. Jh.: Stadthäuser, Place Royale Heinrichs IV.). 1767 verfügte Ludwig XV. die Verlegung des Konvents zu den Jesuiten in der Rue St-Antoine (Errichtung des Marché Ste-Catherine anstelle der abgebrochenen Kl.bauten). Der Orden wurde 1790 aufgehoben. L. Fossier

Lit.: N. QUESNEL, Antiquités du prieuré Ste-C. de la Cousture de Paris..., Paris BN, ms. fr. 4616 – E. RAUNIÉ, Le prieuré Ste-C. du V. (Epitaphier du Vieux Paris, 2, 1867, 261–301) (Hist. gén. de Paris) [Ansicht, Plan] – A. L'ESPRIT, Le prieuré Ste-C. du V., La Cité 13, juill. 1914, 241–272.

Valachei, rumän. Fsm. (rumän. Țara Românească < aslav. Vlaškoe Zemlja; gr. Vlahia; lat. Ungrovlahia [1359], V[a]lahia [1370], Transalpina; mhd. Walachey; türk. Iflak).

I. Räumliche Gliederung, Bevölkerung – II. Politische Geschichte, Staatsbildung, Institutionen – III. Außenpolitik – IV. Wirtschaft – V. Kultur.

I. RÄUMLICHE GLIEDERUNG, BEVÖLKERUNG: Ohne feste Grenzen, bes. im W und im O, fällt das südlichere der beiden rumän. Fsm.er im MA, die V., von den Hochgebirgskämmen der Südkarpaten (→Karpaten) im N sanft bis zur Großen Donausenke im S ab und erreicht den Donaulauf im Raum zw. den Flußhäfen Severin und →Brăila. Bergregion wie Tiefebene, die in nord-südl. Richtung verlaufenden Flußtäler und die untere Donau prägen von alters her Geschichte, Mentalität und Handel der Region, die für durchziehende Völker, Händler, aber auch räuber. Banden an drei Seiten offen steht. Mit mobilen Weideplätzen rund ums Jahr sowie mit schwer zugängl. Schutzräumen in Wald und Hochgebirge ausgestattet, war die ma. V. für bestimmte Wirtschaftsformen bes. geeignet (→Transhumanz).

Die V. gliedert sich in drei durch Flußläufe getrennte Gebiete von unterschiedl. Größe: die Kleine V. (auch Oltenien) bis zum Lauf des Olt (dt. Alt) im W einschließl. dem Banat →Severin, die Große V. (im 13. Jh. auch Kumanei genannt) östl. des Olt bis zum ansteigenden Donaulauf und die →Dobrudža im O zw. →Donau und →Schwarzem Meer, die bis zum 14. Jh. zum Gebiet der →Goldenen Horde, dann für kurze Zeit unter Fs. Mircea d. Alten zur V. gehörte. Ztw. besaßen die Fs.en der V. auch ung. Lehen nördl. der Karpaten in Südsiebenbürgen (z. B. →Fogarasch). Auch die Donaufestungen wechselten mehrfach den Besitzer, bis sie Ende des 14. Jh. unter osman. Besetzung kamen (Raya).

Der Titel des valach. Fs.en →Mircea I. d. Alten beschreibt um 1406 die kurzzeitige, maximale Ausdehnung des Fsm.s V.: »Groß-Wojewode und Fürst, [...] Herrscher und Gebieter über das ganze Land der Ungrovalachei und der Gebiete über den Bergen, wie auch jener in Richtung der Tataren, Amlaș und Fogarasch, Herzog (*herceg*) und Fs. des Severiner Banats beiderseits der Donau (*Podunavia*) bis zum Großen Meer und Gebieter über die Festung Durostor«.

Innerhalb dieses Territoriums vollzog sich zw. dem 6. und 12. Jh. eine nur in Umrissen bekannte Bevölkerungsentwicklung, Teil der komplexen Ethnogenese des rumän. Volkes. Nachdem sich die röm. Provinzialverwaltung um 274 aus →Dakien (Prov. Dacia: Siebenbürgen und Oltenien) zurückgezogen und südl. der Donau die Prov. Dacia ripensis (bis zum 11. Jh. byz. und bulg. Gebiet) errichtet worden war, folgten für die Gesch. des späteren Volkes der Rumänen acht Jahrhunderte fast ohne schriftl. Nachrichten, bis im 11. und 12. Jh. byz. Q. erstmals von den →Vlachen berichten; ab dem 13. Jh. folgen ung. und päpstl. Urkk. und Belege, die sich im 14. Jh. vermehren.

Für diese Zeit sind v. a. die Namen der zw. Karpaten und Donau durchziehenden Völker bekannt: ab 240 →Goten, die um 447 den →Hunnen erfolgreich Widerstand leisteten, →Gepiden ab 256, →Langobarden und →Vandalen um 567. Im pont. Raum lebten nach 272 griech. Händler zusammen mit Thrakern und Goten in der neuen Prov. Scythia Minor (→Skythen). →Slaven waren seit dem späten 6. Jh. im ganzen Gebiet ansässig, aber auch Reitervölker wie die →Avaren, die von den Kumanen aus Zentralasien nach W verdrängten →Pečenegen und Kumanen (→Oğuz, →Uzen) sowie zu Beginn des 9. Jh. die Protobulgaren. Die Weideplätze der halbnomad. lebenden, viehzüchtenden →Kumanen erreichten die Donau und das Schwarze Meer im 11. Jh. Die kuman. Strukturen und Wirtschaftsformen (starke Zentralmacht in Form einer kleinen Führungsschicht, Sklavenhaltung, weiträumig angelegte Viehzucht auf Sommer- und Winterweiden, Überlandhandel mit Vieh und tier. Produkten) waren in vieler Hinsicht prägend für das Gebiet zw. Donau und Karpaten. Polit. Kontakte zur Kiever Rus' wie zu Ungarn führten im 13. und 14. Jh. zu einer anscheinend problemlosen, erfolgreichen Christianisierung, die im W nach röm., von Franziskanern vermitteltem Muster verlief. 1227 und 1230 anerkannte die Bevölkerung mit dem Bekenntnis zum röm. Christentum die ung. Oberhoheit über die spätere Kleine V., also das Gebiet im W bis zum Olt. Das Gebiet der von den Walati und Kumanen bevölkerten Schwarzen Kumanei östl. des Olt wird in einem Brief Papst Gregors IX. mit Bezug auf das röm. Kumanenbm. mit Sitz in Milcovia (Mylko, b. Focşani) 1234 näher beschrieben. Erwähnt werden auch ansässige Orthodoxe (scismatici, Greci), eine rumän.-slav. Mischbevölkerung, die unter der kuman. Oberschicht lebte und der kath. Mission widerstand. Das Ende des kuman.-rumän. Zusammenlebens kam nach dem Einfall der →Mongolen v. 1241. 1247 berief Kg. Béla IV. die →Johanniter zur Verteidigung des Banats, während die Kumanen in Ungarn neue Wohnplätze erhielten; so wurde in der Kleinen und Großen V. der Weg frei für eine polit. Umstrukturierung.

In der Scythia Minor (byz. Thema Paristrion im 11. Jh.), seit dem 14. Jh. Dobružda gen., war unter östl. Einfluß in den Schwarzmeerkolonien ab dem 3. Jh. eine frühchr., urkdl. und archäolog. nachweisbare Kultur entstanden. Gleich wie die Große und die Kleine V. blieb auch dieses Gebiet während zehn Jahrhunderten offen für 'Barbareneinfälle' aus dem O (Goten, Hunnen, Avaren, Slaven, Protobulgaren, Pečenegen, Oghusen, Kumanen, Mongolen/Tataren). Um die Mitte des 13. Jh. gestattete Ks. Michael VIII. Palaiologos hier die Ansiedlung von 10000 Selğuqen. 1354–86 herrschte hier Fs. →Dobrotica als dessen Nachfolger, bis 1396 sein Sohn (?) Ivanko erwähnt wird. Danach gehörte das Gebiet mit kurzen Unterbrechungen bis 1417 zur V.

II. Politische Geschichte, Staatsbildung, Institutionen: Die Gründung des Fsm.s V. erfolgte schrittweise ab der 2. Hälfte des 13. Jh. nach der Aufnahme der Kumanen in Ungarn und der Schwächung Ungarns durch einen 2. großen Mongoleneinfall (1285). Die Entwicklung wird durch wenige schriftl. Hinweise lückenhaft belegt: 1. Als iunior rex und Wojewode v. →Siebenbürgen sicherte Kg. Béla IV. 1230 den Banat Severin, dessen Grenze 1238 entlang des Olts verlief, als Bestandteil der Grenzbefestigung Ungarns; dort wurden auch Slaven und Vlachen in größerer Zahl angesiedelt. 2. Kg. Bélas IV. Diplom für die Johanniter v. 1247 erwähnt mehrere 'terrae' rumän. Wojewoden mit slav. Namen (terra Seneslai voivode Olahorum [östl. des Alt]; terra eines Litovoi westl. des Flusses), die, wie zuvor die Kumanen, Ungarn gegenüber in einem nicht näher definierten Lehnsverhältnis standen. 3. Seit 1214 schützten →Szekler und Vlachen gemeinsam im östl. Karpatenbogen die Pässe gegen weitere Einfälle, doch vermochten sie 1285 dem mongol. Ansturm nicht Stand zu halten. In der gleichen Zeit verloren die Vlachen die Verwaltungsautonomie in einem ihrer siebenbürg. Siedlungsgebiete (Fogarasch). Das gilt als Grund für den Auszug (rumän. descălecat) des legendären Fs.en Radu Negru nach der V., wie die mehrfach in späteren rumän. Chroniken überlieferte Gründungslegende der V. berichtet. 4. Der Grabsteinumschrift des ersten Fs.en, →Basarab I. († 1352, ⌐ Kl.kirche Negru Vodă, Cîmpulung), Sohn des Tuhomir, ist zu entnehmen, daß er der »Groß-Wojewode und Begründer« des neuen Staates (oder Sohn desselben?) gewesen war. Trotz ihrer kuman. Vornamen gelten diese beiden Fs.en, auch ihres orth. Glaubens wegen, als Rumänen. Die eigtl. Gründung der V. erfolgte durch die Unterwerfung des kleineren Territoriums im W des Olt durch das größere im O um oder vor 1310, also in der Zeit der dynast. Schwächung nach dem Aussterben der Arpadendynastie in Ungarn.

Die polit. Struktur der beiden rumän. Fsm.er war im MA die Alleinherrschaft des (Groß-)Fs.en oder →Wojewoden (< aslav. vojevoda 'Heerführer') über ein bestimmtes Staatsgebiet. Um den Fs.en gruppierten sich seit Ende des 14. Jh. Würdenträger aus den Reihen der Bojaren (rumän. dregători von lat. dirigo), die, beginnend mit dem Kanzler (logofăt) und bis hinunter zum Bürgermeister (pârcălab) und Festungskommandanten (portar), im Namen des Fs.en Verwaltungsaufgaben und militär. sowie rechtl. Befugnisse ausübten.

Die Thronfolge innerhalb der fsl. Familie (rumän. Konzept des os domnesc) war nicht genau geregelt, doch wurde der präsumptive Erbe vom jeweiligen Herrscher zu Regierungsaufgaben beigezogen (rumän. asociat la domnie). Häufige Thronstreitigkeiten unter Brüdern (z. B. zw. →Radu III. d. Schönen und →Vlad 'd. Pfähler') und Vettern (→Dan II. und →Radu II. Praznaglava) prägten die ma. Gesch. der V. Das Prinzip des os domnec bot den Nachbarn in Ungarn, im Fsm. Moldau und (ausschlaggebend, seit 1394) in der Pforte vielfältige Möglichkeiten, entscheidend Einfluß zu nehmen, doch konnte das Fsm. V., dessen Kanzleisprache das Kirchenslavische war, innenpolit. seine Autonomie bewahren.

III. Aussenpolitik: Das Fsm. V. strebte zwar immer wieder nach voller Souveränität, war jedoch fast lückenlos zunächst dem ung. Reich (bis Ende des 14. Jh.) und ab 1387 (endgültig ab 1415) dem →Osman. Reich tributpflichtig und lehnsuntertan. Offene militär. Auseinandersetzungen der Fs.en der V. mit Ungarn (1330) und dem Osman. Reich (1394, 1462: Vlad Ţepeş) waren eher die Ausnahme; Instrumente der erfolgreichen Autonomiepolitik waren vielmehr Diplomatie, das Aushandeln des Tributs (harağ), der z. B. 1415 3000 Gulden, danach 8000 betrug, und eine geschickte 'Schaukelpolitik'. Von Ungarn erhielt die V. für die Anerkennung der Oberhoheit ztw. von Rumänen stärker besiedelte Lehen in Siebenbürgen oder im Banat

Severin. In Verhandlungen mit den osman. Herrschern erreichte die V., daß Muslime weder auf valach. Boden siedeln noch Moscheen errichten durften, Raubzüge von Banden untersagt wurden und Handel recht freizügig betrieben werden konnte. Der Preis der inneren Autonomie bestand neben der Tributzahlung in der Heeresfolge.

Die Autonomie der V. wurde mehrmals in türk.-ung. Verträgen festgehalten (z.B. 1429, 1432, 1437, 1451), die den beiden rumän. Fsm.ern und Siebenbürgen (ab 1541) einen in Südosteuropa einmaligen Sonderstatus verschafften.

IV. WIRTSCHAFT: Die V., die stets ein günstiges Durchgangsland für den Fernhandel war, exportierte auch eigene landwirtschaftl. Produkte und Salz in die Nachbarländer. Zwei Handelswege durchquerten in N-S-Richtung, vom siebenbürg. Kronstadt kommend, das Land: der »Weg nach Brăila« und jener »nach Giurgiu«. →Kronstadt war auch der wichtigste Handelspartner, mit dem zw. 1358 (→Nikolaus Alexander) und 1461 (→Vlad Ţepeş) nicht weniger als sechs Verträge abgeschlossen wurden (1368, 1413, 1422, 1431, 1437). Ein Handelsabkommen Mirceas I. d. A. mit Polen–Litauen 1409 sicherte auch die Handelswege über die Moldau. Die Zollstationen an den Karpatenpässen (u. a. Roter-Turm-Paß, Prahovatal mit Cîmpulung, Cernaţal im W) und im S an der Donau (Giurgiu, Târgul de Floci, Brăila) bildeten neben dem Salzregal eine wichtige Einnahmequelle. Unter den Händlern fanden sich neben siebenbürg.-sächs. Kaufleuten Ungarn, Ragusaner, Griechen, Armenier, Juden und Türken. In den Schwarzmeerhäfen Vicina und →Kilia hatten Genuesen und Venezianer im 13. und 14. Jh. ihre Kontore. Die Händler bildeten einen wichtigen Teil der Stadtbevölkerung von →Argeş, →Cîmpulung, →Tîrgovişte, Piteşti, Severin und Brăila, die im MA eher als Märkte zu betrachten sind. Dort gab es zw. 1450 und 1500 auch 25 bis 30 einzelne Handwerkszweige, die meist von Siebenbürger→Sachsen, Ungarn und auf dem Lande von Rumänen ausgeübt wurden. Gehandelt wurden Rinder, Schafe, Schweine, Pferde und tier. Produkte (Honig, Bienenwachs, Käse, Häute, Wolle). Der Getreidehandel dagegen war im MA noch unbedeutend, doch wurde z. B. Konstantinopel auch mit valach. Getreide beliefert. Der Fernhandel über die V. betraf Luxuswaren, Gewürze, sog. »türk. Waren«. In die rumän. Sprache sind lat., griech. und slav. Wörter für Handel und Wirtschaft in bunter Mischung eingegangen. Eine beträchtl. Zahl von Münzschätzen aus dem 10. bis 14. Jh. in der V. (28 Fundstätten) und der Dobrudža (25 Fundstätten), meist byz. Bronze und Gold sowie tatar. Silbermünzen, zeugen gleichfalls von einem regen Fernhandel. Eigene Münzen schlug man in der V. ab 1365 (Fs. Vlaicu-Vodă) bis 1477 fast ohne Unterbrechung

V. KULTUR: Die V. wurde als dem ostkirchl. Ritus zugehörendes Fsm. gegründet, und 1359 erlangte der erste Metropolit, Hyakinthos v. Vičina, die Anerkennung durch Patriarch Kalixt I. (Sitz in Argeş). 1370 wurde im gerade valach. Severin ein zweites Bm. errichtet. Die Kirchensprache blieb bis zum 17. Jh. das →Kirchenslavische. Die frühesten Kl.gründungen (Vodiţa, Cotmeana, Argeş und Cozia) waren meist fsl. Stiftungen. Seit dem 15. Jh. schenkten valach. Fs.en und Bojaren Güter, Kl. und ganze Dörfer an den Athos und den Sinai. Zwar kamen kath. Missionare seit dem 13. Jh. in das Kumanengebiet zw. Karpaten und Donau, doch erst mit dem Zuzug ung. und dt. Händler und Handwerker aus Siebenbürgen entstanden auch kath. Kirchen und Kl. Cîmpulung (dt. Langental) wurde zum geistl. Zentrum der →hospites (im 13. und 14. Jh. drei Niederlassungen: Bărăţia, Cloaşter und die Franziskanerkirche) und bis zum 18. Jh. wurde hier das Bürgermeisteramt abwechselnd mit einem Orthodoxen und einem Katholiken besetzt. In Argeş (Curtea de A.), der ersten 'Hauptstadt' der V., wurde 1381 die Kirche zu U. L. Frau als Sitz für einen kath. Bf. errichtet, doch sind fast nur Titularbf.e (*Argensis*) belegt.

Die bildenden Künste und die lit. Produktion folgten im MA orth. und byz. Traditionen, während im Bereich der Luxusgüter und der Architektur der Einfluß von Romanik und Gotik aus dem W nachzuweisen ist. K. Zach

Lit.: D. C. GIURESCU, Ţara Românească în secolele XIV şi XV, 1973 – C. C. GIURESCU, Istoria Românilor, I–II, 1975–76 – DERS., Probleme controversate în istoriografia română, 1977 – S. PAPACOSTEA, Romanii in secolul al XIII-lea, 1993 – s.a. →Schwarzes Meer.

Valagussa, Giorgio, it. Humanist und Pädagoge, * 1428 in Brescia, † 1464 in Mailand, stammte aus einer Familie von kleinen Grundbesitzern. Nach dem Besuch der Konviktschule des Nicola Botano ging er im Herbst 1448 zu →Guarino nach Ferrara, wobei die Brescianer Francesco Urceo und später Antonio Palazzolo seine Mitschüler waren. Finanzielle Schwierigkeiten zwangen ihn, als Hauslehrer zu arbeiten (1451), hinderten ihn jedoch nicht daran, sich dem Studium des Griechischen zu widmen, weswegen er Lehraufträge ablehnte, die ihn von Ferrara fortgeführt hätten. 1455 wieder in Brescia, trat er 1456 in den Dienst des Francesco →Sforza in Mailand. In einem Lorenzo →Valla gehörenden Haus richtete er eine Schule ein, deren Lehrmethode sich an Guarino inspirierte und Musik und Tanz in das Unterrichtsprogramm einbezog. Für die Schulpraxis verfaßte er »Elegantiae ciceronianae«, ein Repertorium von Stilbeispielen mit volkssprachl. Übersetzung. Er wurde auch der Präzeptor der Sforza-Söhne und pries die Familie in einem langen Gedicht auf den Tod der Mutter des F. Sforza, Lucia da Torgiano (»De vita et felicitate dominae Luciae«, 1461; G. RESTA, 87–98). Die zwölf Bücher seines Briefwechsels mit Widmung und Schlußwort an →Pius II. bezeugen ein Jahrzehnt (1448–59) lit. und kultureller Aktivität (G. RESTA, 120–317).

M. Cortesi

Lit.: G. RESTA, G. V. umanista del Quattrocento, 1959.

Valamir → Ostgoten, I

Valamo, Männerkl. im NW-Teil des Ladoga-Sees am S-Ufer der gleichnamigen Insel. Die Gründungszeit bleibt unbekannt (nicht vor dem 12. Jh.). Als Gründer gelten die hll. Sergij und German († ca. 1353; Festtage: 28. Juni und 11. Sept.). Wegen der Abgeschiedenheit der Inselgruppe war dieser Ort sehr früh von Mönchen und Einsiedlern bewohnt. Es läßt sich jedoch nicht feststellen, zu welchem Zeitpunkt das koinobit. Leben dort eingeführt wurde, zumal die ersten bekannten Äbte nicht vor dem ausgehenden 15. Jh. bezeugt sind. Häufig wurden die Klosteranlagen durch die Schweden zerstört und verbrannt. Berühmt ist das Kl. durch das dort blühende Starzentum sowie durch die Pflege einer bes., einstimmigen Gesangsart. Die Hauptkirche, im ausgehenden 19. Jh. erbaut, ist dem Fest der Verklärung Christi geweiht, daher die Bezeichnung Spaso-Preobraženski. Ch. Hannick

Lit.: P. STROEV, Spiski ierarchov i nastojatelej monastyrej rossijskija cerkvi, 1877 [Nachdr. 1990], 282f. – N. BARSUKOV, Istočniki russkoj agiografii, 1882, 508–510 – S. RUNKEVIČ, Valaamskij monastyr' (Pravoslavnaja bogoslovskaja ènciklopedija III, 1902), 91–95 – L. I. DENISOV, Pravoslavnye monastyri rossijskoj imperii, 1908, 191–195 [Lit.] – Obichod odnogolosnyj cerkovno-bogoslužebnogo penija po napevu Valaamskogo monastyrja, 1909 – I. SMOLITSCH, Russ. Mönchtum, 1953 [Nachdr. 1978], passim.

Valbenoîte, Notre-Dame de, Abtei SOCist (comm. St-Étienne de Furan, dép. Loire, Bm. Lyon), 1184 in der Filiation v. →Cîteaux von Gf. Guido v. →Forez gegründet. Die ersten Mönche kamen aus Bonneval. Nach Plünderung und Zerstörung durch Söldnerbanden (1358/59) erfolgte nach 1373 eine Befestigung des Kl., das seit 1484 von Kommendataräbten regiert wurde.
U. Vones-Liebenstein

Lit.: GChr IV, 302–305 – L. H. COTTINEAU, Rép. topobibliogr. des abb. et prieurés, II, 1939, 3269 – U. CHEVALIER, Topobibliographie, 1894–1903, 3213f. –C.-P. TESTENOIRE-LAFAYETTE, Hist. de l'abbaye de V., Recueil de mém. et doc. sur le Forez, Diana 10, 1893, 1–218 – A. BONDÉELLE-SOUCHIER, Bibl. cisterciennes dans la France médiévale, 1991, 308f.

Valdeiglesias, San Martín de, Zisterze in der Diöz. →Toledo (Prov. Madrid). Der Konvent ging wahrscheinl. auf eine eremit. Gründung aus westgot. Zeit zurück, wurde im Zuge der →Reconquista am 30. Nov. 1148 durch Kg. →Alfons VII. v. Kastilien-León als Kl. 'sub regula S. Benedicti' unter dem aus Frankreich stammenden Abt Wilhelm mit genauen Abgrenzungen der Grundherrschaft (→Coto) wiederbegründet und offenbar nach schweren Zerwürfnissen innerhalb der Gemeinschaft, die sich schon im Aug. 1156 an Hadrian IV. gewandt hatte, 1177 dem Zisterzienserkl. La Espina (Prov. Valladolid) affiliert.
L. Vones

Lit.: M. COCHERIL, L'implantation des abbayes cisterciennes dans la Péninsule Ibérique, AEM I, 1964, 217–287 – J. F. RIVERA RECIO, La Iglesia de Toledo en el siglo XII, II, 1976, 175–178 – V. A. ÁLVAREZ PALENZUELA, Monasterios cistercienses en Castilla, 1978 – J. L. RODRÍGUEZ DE DIEGO, El Tumbo del monasterio cisterciense de La Espina, 1982 – J. PÉREZ-EMBID, El Cister en Castilla y León, 1986, bes. 279f. – J. C. VALLE PÉREZ, La introducción de la Orden del Cister en los reinos de Castilla y León (La introducción del Cister en España y Portugal, 1991), 133ff.

Valdes(ius), Gründer der →Waldenserbewegung, wohlhabender Bürger aus Lyon, † um 1207, bekehrte sich Anfang der 70er Jahre des 12. Jh. zu einem Leben nach dem Evangelium. Die Q. berichte über das Ziel der Konversion stimmen nicht überein: Bald wird der Nachdruck auf V.' Entscheidung für das Armutsideal gelegt, bald auf seinen Wunsch, zum Apostel Christi zu werden (das heißt, das Evangelium zu verkünden). Sicher ist, daß letzterer offenbar sehr rasch die Oberhand gewann. In diese Richtung geht das Zeugnis des →Stephanus de Bellavilla OP: V. habe sich die vier Evangelien und verschiedene Bücher der Bibel in die Volkssprache übersetzen lassen, außerdem viele nach »tituli« in eine Slg. »Sentenciae« zusammengefaßte »auctoritates sanctorum«. Zweifellos widmete V. sich (wie später sein klerikal gebildeter Anhänger →Durandus v. Huesca) einem apostol. Wirken, das er in einer Zeit für unerläßl. erachtete, in der die »evangelische« Stimme der kirchl. Hierarchie verstummt schien, die Stimme der »Häretiker« hingegen, der Christen mit einem dualist. Weltbild, um so stärker ertönte. Beim III. Laterankonzil (1179) wurde der Bitte von V. und seinen Anhängern – den »Armen von Lyon« – nur unter Beschränkungen stattgegeben, das Evangelium zu verkündigen. Das führte zu Konflikten und am Ende zur Rebellion. Auch eine folgende Synode v. Lyon (vielleicht 1180) konnte keine Lösung bringen. Die »Armen von Lyon« wurden 1184 durch die Dekretale »Ad abolendam« Papst Lucius' III. als Häretiker verurteilt. V.' apostol. Mission wurde damit zurückgedrängt, behauptete sich jedoch weiter und fand Echo und Anhänger in Südfrankreich, Norditalien und Teilen des Dt. Reiches. 1205 mußte V. die Spaltung seiner Bewegung erleben, als sich die »Armen« der Lombardei von den »Armen« von Lyon loslösten. Kurze Zeit danach, vielleicht 1207, starb er, ohne die schweren Probleme des Verhältnisses zur röm.-kath. Kirche gelöst zu haben.
G. G. Merlo

Lit.: K.-V. SELGE, Die ersten Waldenser, I–II (Arbeiten zur Kirchengesch. 37, 1967) – DERS., La figura e l'opera di Valdez, Boll. della Società di studi valdesi 136, 1974 – G. AUDISIO, Le »vaudois«, 1989 [dt.: 1996] – G. G. MERLO, Identità valdesi nella storia e nella storiografia, 1991.

Valence. 1. V., Aymer de, Earl of →Pembroke, anglofrz. Adliger, * um 1270, † 1324 in Paris; dritter Sohn von William de V. (2. V.) und Joan de Muntchenesy. Er erbte die frz. und engl. Ländereien seines Vaters und die Ländereien seiner Mutter in England, Irland und Wales (mit dem Titel des Earl of Pembroke). In Frankreich hielt er sich häufig mit seinen beiden frz. Gemahlinnen auf, auch als Gesandter Eduards I. und Eduards II. Beiden Kg.en diente er loyal als Ratsmitglied, Verwalter, Diplomat und Soldat. 1298–1323 kämpfte er häufig in Schottland, wo er Ländereien erhielt. Bei verschiedenen Gelegenheiten wurde er zum Guardian of Scotland ernannt, und als Eduard II. 1320 im Ausland weilte, war er Guardian of England. Doch die Hinwendung Eduards II. zu Piers →Gaveston überstieg seine Loyalität. 1310 versuchte er, Reformverordnungen dem Kg. aufzuerlegen (→England, D.I). Danach der Ermordung Gavestons 1312 ergriff er die Partei des Kg.s. A. wurde mit dem engl. Heer von den Schotten bei →Bannockburn (1314) besiegt, bei seiner Rückkehr von einer Reise zum Papst (1316) gefangengenommen und gegen Lösegeldforderung in Frankreich eingekerkert. 1321 konnte er den Bürgerkrieg in England nicht verhindern und nahm 1322 an der Verurteilung von →Thomas, Earl of Lancaster, teil.
R. A. Griffiths

Lit.: DNB II, 288–290 – Peerage X, 382–388 – J. R. S. PHILLIPS, A. de V., Earl of Pembroke, 1307–24, 1972.

2. V., William de, † 1296 in Brabourne manor (Kent), ▢ Westminster Abbey; Sohn von Gf. Hugo X. de la Marche und Isabella, Tochter des Gf.en v. Angoulême; ∞ Joan de Muntchenesy († 1307). Dank seiner Familienverbindungen – der erste Gemahl seiner Mutter war Kg. Johann Ohneland – genoß W. großes Ansehen in Frankreich und England. 1247 lud ihn sein Halbbruder Heinrich III. nach England ein. Dort heiratete er die Erbin der Earls of →Pembroke und nannte sich selbst Earl of Pembroke. Auch erhielt er umfangreiche Schenkungen in England und Irland. Seine frz. Abstammung, die kgl. Gunst und sein ungestümes Wesen machten ihn unpopulär, im Streit mit Simon de →Montfort. Im Civil War (1258–65) kämpfte er für den Kg. und floh zweimal nach Frankreich, bevor er mit Eduard, dem Sohn des Kg.s, zurückkehrte. W. begleitete Eduard ins Hl. Land (1270), führte später Heere an gegen die Waliser (1277, 1282, 1294), vertrat Eduard in Aquitanien, verhandelte mit den Schotten (1289–92) und wurde 1296 in Frankreich verwundet.
R. A. Griffiths

Lit.: DNB LXI, 373–377 – Peerage X, 377–381 – F. R. LEWIS, W. de V., Aberystwyth Studies 13, 1935.

Valence, Stadt in Südostfrankreich (Hauptstadt des dép. Drôme), an der →Rhône, Bm., Sitz der ehem. Gft. Valentinois.

I. Stadt – II. Bistum – III. Universität – IV. Konzilien – V. Grafschaft Valentinois.

I. STADT: Das antike Valentia, gelegen am Eingang sich nach Italien öffnender Alpentäler (Isère, Drôme), hatte bereits in der Antike eine gewisse Bedeutung als Flußhafen und Etappenort an der großen Straße von →Lyon nach →Arles und →Marseille. Im 1. vorchr. Jh. als röm. 'civitas' konstituiert, wurde es mit einer Befestigung umwehrt (zu Beginn des 5. Jh. n. Chr. 2,6 km Länge, umschlossenes

Areal 40,54 ha). 413 erlitt es eine Plünderung der →Westgoten. In der nachfolgenden Zeit war V. Sitz einer Zollstelle von einiger Bedeutung. Sonst liegen für die Zeit vor dem 12. Jh. nur wenige Nachrichten vor.

Die (bislang unvollkommen erforschte) ma. Gesch. der Stadt wurde von scharfen Gegensätzen zw. Einwohnern und Bf. en geprägt. Der in diesen Streitigkeiten angerufene Ks. Friedrich Barbarossa erließ ein Diplom (14. Aug. 1178), in dem er die Prärogativen des Bf.s Odo hinsichtl. der Abgaben- und Geldbußenerhebung beschnitt, andererseits aber den Bürgern die Bildung eines Schwurverbandes (→Kommune) ohne Erlaubnis ihres geistl. Stadtherrn untersagte. Am 28. Jun. 1209 fungierte Ebf. Humbert v. Vienne als Schiedsrichter im Konflikt der Bewohner mit ihrem Bf. um Erhebung des Wegzolls (→Péage). Die Spannungen eskalierten zum offenen Aufstand (Schwureinungen: 'ligues', Gewalttaten gegen Kanoniker und Kleriker), der durch Mandat vom 23. Okt. 1229 streng geahndet wurde (Abbruch des Versammlungshauses der Verschwörer ['confrères'], Auslieferung des Stadtsiegel, Verbot von Wahlen, Bußgeld von 6000 Silbermark, später aber ermäßigt auf 6000 *livres Viennoises*).

Ist eine urspgl. Stadtrechtsurk. nicht bekannt, so gibt doch die von Bf. Adémar de la Voulte erlassene Bestätigung Aufschluß über das in V. geltende Straf- und Zivilrecht (20. Juli 1331); dieses Statut wurde ratifiziert (vielleicht erweitert) durch eine zweite Rechtsurk. (1388). Bald wandten sich die Bürger, enttäuscht von der Untätigkeit ihres Bf.s gegenüber der drückenden Söldnergefahr, dem →Dauphin, Kg. Karl VI. v. Frankreich, zu, der sie gegen Leistung der im Fsm. →Dauphiné üblichen Steuern sowie des Militärdienstes in seinen Schutz aufnahm und ihnen gleichen Rechtsstatus wie den Bürgern v. →Grenoble zugestand (Juli 1397). Als städt. Repräsentanten fungierten nun u. a. →Syndici und Prokuratoren. Dauphin Ludwig II. (→Ludwig XI.) bestätigte in seiner Eigenschaft als »Immerwährender Schutzherr« durch 'lettres patentes' (→litterae) den Bewohnern v. V. die Beibehaltung ihrer ksl. Privilegien (16. Juli 1448).

Trotz eines erhaltenen Bestands an Notariatsurkk. ist die Kenntnis des Wirtschaftslebens in V. mangels neuerer Forschungen unzureichend. Aus einem zw. Philipp v. Savoyen, dem Elekten v. Lyon und Prokurator v. V., und Adémar v. Poitiers, Gf.en v. Valentinois, geschlossenen Abkommen (4. Okt. 1248) über Verkehrsrechte im Bm. V., zw. Vercors und Rhône, ist zu erschließen, daß Handel mit Nahrungsmitteln, Gewürzen und Salz den wirtschaftl. Schwerpunkt bildete.

II. BISTUM: Die wohl der alten 'Civitas Valentinorum' korrespondierende Diöz. V., Suffraganbm. v. →Vienne, erstreckte sich am linken Rhôneufer zw. dem Lauf der Isère im N und dem Vercors-Massiv sowie den Gebirgszügen des Diois im O, im S reichte sie (unter Einschluß der mittleren Rhôneebene) bis ins Umland von →St-Paul-Trois-Châteaux. Das Bm. umfaßte aber auch Gebiete rechts der Rhône: Am Ostabfall des Massif Central, zw. den Flüssen Doux und Érieux, bildeten etwa 17 Pfarreien das Archipresbyterat Outre-Rhône. Die übrigen drei Archipresbyterate waren Royans, Livron und →Montélimar.

Trotz der Quellenarmut des FrühMA können einige gesicherte Aussagen getroffen werden: Um 374 hielt der erste bekannte Bf., Aemilianus, in seiner Bf.stadt ein Konzil ab. Bekanntester seiner Nachfolger war Apollinaris (ca. 486–520), Bruder des großen Bf.s →Avitus v. Vienne. Unklarheit besteht über die Herausbildung der Episkopalgruppe im Kern der Civitas. Doch kommemoriert eine wohlerhaltene Inschrift die Konsekration einer dem hl. Cornelius und Cyprian geweihten Kirche durch Papst →Urban II. (1095, Nonen des Aug.). An die Stelle dieser Kirche trat im 12. Jh. die roman. Kathedrale St-Apollinaire.

Als Vorkämpfer der →Gregorian. Reform in V. ist lediglich der aus der Gf.enfamilie des Valentinois stammende Gontard (Bf. 1065–93) namhaft zu machen. Dagegen provozierte der Nachfolger Eustache (1107–41), der Bf.s- und Gf.enamt in seiner Person vereinte, wegen Mißachtung der pastoralen Verantwortung einen Mahnbrief des hl. →Bernhard v. Clairvaux. Die Abtei→St-Ruf, Haupt einer großen augustin. Kongregation, wurde 1158/59 von Avignon nach V. verlegt. Mehrere Ks.- und Kg.sdiplome (Friedrich I., 24. Nov. 1157; Philipp v. Schwaben, 2. Jan. 1205, 8. Nov. 1207, 1. Juni 1208; Friedrich II., Nov. 1238) bestätigten die Bf.e im Besitz der →Regalien sowie der Gft.srechte, der Stadtherrschaft und der Herrschaft über 15 Burgen; sogar der Gf.entitel wurde ihnen zuerkannt. Sie erhielten wertvolle Zollrechte, Hafen- und Stapelrechte (portuaria) für die Rhôneschiffahrt (von der Einmündung der Isère bis Montélimar) wie für den Landverkehr.

Das 13. Jh. war von Krisen überschattet. Eine Reihe von Bf. en (manche gar ohne Priesterweihe) stellte ihre Hausinteressen über die geistl. Belange: Wilhelm v. Savoyen (1226–39) und sein Bruder Philipp (1242–67) hinterließen einen Schuldenberg, den Papst Gregor IX. durch Ausschreibung von Sondersteuern zu tilgen versuchte (1232–36). Weitere Schwierigkeiten traten auf durch die Konflikte mit den Gf.en v. Valentinois sowie durch die Bildung von Gemeinschaften der →Waldenser. Papst Gregor X. traf (aufgrund einer von seinem Vorgänger eingeleiteten 'Inquisitio') am 30. Sept. 1275 die Entscheidung einer Vereinigung der Diöz.n v. V. und →Die (»auf daß sie dem Wüten der Adligen und des Volkes besser standzuhalten vermöchten«), wobei (zur Vermeidung möglicher Schismen) die beiden Kathedralkapitel bei Bf.swahlen ein einziges Kollegium bilden sollten.

Die Streitigkeiten mit den Gf.en v. Valentinois aus dem Hause Poitiers (u. a. um den Besitz des Städtchens Crest) fanden einen vorläufigen Abschluß mit einem Friedensvertrag zw. Adémar de la Voulte, Bf. v. V. und Die, und Aymar v. Poitiers, Gf.en des Valentinois und Diois (Bildung eines →Pariage, Lehnseid des Gf.en an den Bf. am 6. März 1332). Doch setzten sich die Konflikte noch bis zum Eintritt des Valentinois in den Machtbereich des Dauphins (und damit des Kg.s v. Frankreich) fort: Der Dauphin Ludwig II. (Ludwig XI.) verpflichtete Ludwig v. Poitiers, Bf. v. V. und Die, zu einem Abkommen über den Temporalbesitz seiner Bm.er und die Unterordnung der bfl. Rechtsprechung unter das kgl. →Parlement zu →Grenoble als Oberinstanz (10. Sept. 1450, 6. Febr. 1456).

Das religiöse Leben des Bm.s wird nur durch wenige Q. erhellt. Ein enthüllendes Faktum ist, daß 1439 der Abt v. St-Ruf, Vital Janvier, angesichts der Opposition seines Kapitels auf die Durchführung der Reformmaßnahmen, die er für seinen Orden auf dem Konzil v. →Basel erwirkt hatte, verzichten mußte.

III. UNIVERSITÄT: Die Univ., von schwacher Ausstrahlung, sollte auf Weisung des Dauphins Ludwig II. (Ludwig XI.) an die Stelle der Univ. →Grenoble treten. Die Gründungsurk. (*lettres de fondation*) datiert vom 26. Juli 1452; sie definiert die innere Organisation der in vier Fakultäten gegliederten Univ. (Theologie, ziviles und kanon. Recht, Medizin, Artes) und gewährt ihr die Privilegien v. Montpellier und Toulouse. Die mehrfach (Pius

II. durch Bulle v. 1459, dann Ludwig XI. und Karl VIII.) bestätigte Univ. blieb bis zur 'Reform' v. Grenoble (1542) die einzige Univ. des Dauphiné.

IV. KONZILIEN: Folgende in V. abgehaltene (ungleich belegte) Konzilien und Synoden sind zu erwähnen (vgl. hierzu jeweils LABBE–COSSARD, Sacrosancta Conc.; HEFELE–LECLERCQ; GGhrNov, s.v.): *ca. 529* (Problem der Gnade, Kampf gegen Pelagianismus), Teilnehmer: Bf.e der Diöz. aus dem Bereich unterhalb der Isère; *22. Juni 584*, auf Weisung Kg. Guntrams, Bestätigung der von diesem an die Kirchen St-Marcel(-lès-Chalon) und St-Symphorien d'Autun gemachten Schenkungen; *8. Jan. 855*, auf Weisung Kg. Lothars, 23 Canones, zumeist auf →Gottschalk v. Orbais und →Johannes Scotus Eriugena bezogen; *Sept. 890*, Teilnahme der Prälaten der Provence, die nach Ermahnungen des Papstes →Stephan V. den Kg.stitel →Ludwig dem Blinden, Sohn von →Boso, zusprachen; *30. Sept. 1100*, unter Leitung der beiden Legaten Paschalis' II., Anklage der →Simonie gegen Bf. Norgaud v. V.; *5. Dez. 1248*, unter Vorsitz der päpstl. Legaten Innozenz' IV., Peter v. Albano und Hugo v. S. Sabina, Teilnahme von Prälaten der Prov.en Narbonne, Vienne, Arles und Aix-en-Provence. Dieses (zunächst für Montélimar vorgesehene) Konzil promulgierte 23 Canones über Glauben, Frieden und Kirchentreue.

V. GRAFSCHAFT VALENTINOIS: Die von der zeitgenöss. Gesch.sschreibung vernachlässigte Gft. Valentinois war eine der großen Allodialherrschaften des heut. südostfrz. Raumes, hervorgegangen aus einer Reihe eher heterogener Kastellaneien, die sich entlang den zur Rhône hin orientierten westl. Ausläufern des Vercors erstreckten, aber auch auf das Gebiet rechts der Rhône ausgriffen und (wie die Diöz.) Teile des Massif Central (bis zu den Grenzen des →Velay) umfaßten. Erst am Ende des 12. Jh. gewann die Gft. die Merkmale eines kohärenten Fsm.s, nachdem Raimund, Gf. v. Toulouse und Mgf. v. Provence, die Gft. →Die an Adémar v. Poitiers, Gf.en v. Valentinois, übertragen hatte. Ein echtes städt. Zentrum fehlte (die Stadt V. war bfl.); wichtigster Ort war die kleine Stadt Crest (1189 mit Freiheiten bewidmet), die zunächst zw. Bf. und Gf. geteilt war, ab 1322 dann eine 'Coseigneurie' beider Gewalten bildete, um im 1356 in den alleinigen Besitz des Gf.en überzugehen. Nahe Crest lag am linken Ufer der unteren Drôme die gfl. Residenz, Grane.

Über das älteste Gf.enhaus (956–1058) liegen nur wenige Q.nachrichten vor (verstreute Erwähnung als Zeugen in Urkk., Gründung eines Priorats: St-Marcel-les-Sauzet, nördl. von Montélimar, grundherrschaftl. Besitzkomplexe um →Romans). Um die Mitte des 12. Jh. erscheint als mächtige Persönlichkeit dann ein Wilhelm, »Guillelmus, cognomine Pictaviensis, officio vero Valentinus comes«, dessen Herkunft umstritten bleibt, wobei die (scheinbar naheliegende) Hypothese einer Abstammung von den Hzg.en v. →Aquitanien/Gf.en v. →Poitiers ausscheidet. Mit einem Diplom Friedrich Barbarossas (30. Juli 1178), das Wilhelm Zollrechte an der Rhône bis Montélimar zuspricht, ist der Ausgangspunkt einer Dynastie markiert, die gut zwei Jahrhunderte die Herrschaft innehatte und in ständiger Rivalität zu den Bf.en v. V. (v. a. wegen Streitigkeiten um den Besitz der Land- und Flußzölle am Rhôneweg) stand.

Die Gf.en, die ihre Besitzungen rechts der Rhône zu freiem Eigen (→Allod) hielten, unterstützten während der Albigenserkriege (→Albigenser, II) ztw. Simon v. →Montfort, dann aber wieder den Gf.en v. →Toulouse, dessen →Suzeränität sie anerkannten (Lehnsauftragung der Güter Aymars III. an →Raimund VII. v. Toulouse, 9. April 1239), so daß sie in Anwendung des Vertrags v. →Meaux und Paris vom 12. April 1229 schließl. lehnsabhängig vom kapet. Erben der Gft. Toulouse, →Alfons v. Poitiers, wurden (1249). Für seine dem Imperium unterstehenden Territorien links der Rhône erklärte Aymar III. sich als 'homo ligius' des Bf.s v. V., Adémar de la Voulte (6. März und 9. April 1332), dann der Dauphins Guigo VIII. (19. Sept. 1332) und →Humbert II. (25. April 1338), denen er mehrfach den Lehnseid leistete. Ein zu Avignon geschlossener Vertrag (1358) setzte den Streitigkeiten zw. Bf. und Gf. ein Ende, doch war auch die Rolle als selbständiger Fs. ausgespielt; das Valentinois trat ein in die Vasallität des Kg.s v. Frankreich bzw. des Dauphins. Ludwig I. v. Poitiers, Gf. v. Valentinois, und sein Sohn, Aymar VI., bekleideten 1340 bzw. 1354 das hohe kgl. Amt des →*lieutenant général* des Languedoc bzw. Dauphiné. Die finanziellen Einkünfte aus der Gft. waren dagegen bescheiden; nach einer Schätzung von 1391 überstiegen sie 15000 *livres tournois* nicht. Ludwig II. v. Poitiers-St-Vallier, Gf. v. Valentinois und Diois, veräußerte (da ohne Erben) sein Fsm. an den Kg. und Dauphin Karl VI. (11. Aug. 1404, Kaufsumme 100000 *écus d'or* sowie 20000 *écus* für die Nebenlinie St-Vallier). Erst ein Abkommen vom 7. Dez. 1454 zw. den Erben der Gf.en Ludwig II. und dem Dauphin Ludwig II. (Ludwig XI.) bestätigte diese Vereinbarung offiziell von kgl. Seite. Doch bereits seit Juli 1447 hatte Dauphin Ludwig die ehem. Seigneurie, die er als Sénéchaussée des Valentinois und Diois konstituierte, schrittweise dem administrativen Verband des Dauphiné einverleibt.
V. Chomel

Q. und Lit.: allg. und zu [I]: Q.: A. LACROIX, Inventaire somm. des archives comm. de la ville de V., 1914 (Inventaire somm. des Arch. dép. Drôme, IX) – U. CHEVALIER, Regeste dauphinois, 1913–26 – R.-H. BAUTIER–J. SORNAY, Les sources de l'hist. économique et sociale du MA, II, 1971, 1007f., 1254f. – *Lit.*: J. OLLIVIER, Essais hist. sur la ville de V., hg. A. LACROIX, 1888 – A. BLANC, V., de l'époque romaine aux Carolingiens, 1988 – *zu [II]*: E. PILOT DE THOREY, Cat. des actes du dauphin Louis II, I, 1899, Nrr. 780, 1208, 1209 – Abbayes et prieurés de l'ancienne France, IX, hg. J.-M. BESSE–J. DE FONT-RÉAULX, 1932, 107–129 – E. CLOUZOT, Pouillés des provinces de Besançon, de Tarentaise et de Vienne, 1940 – A. BLANC, Le baptistère de V., Gallia 15, 1957, 87–116 – B. BLIGNY, L'Église et les ordres religieux dans le royaume de Bourgogne aux XIe et XIIe s., 1960 – H. MÜLLER, Die Franzosen, Frankreich und das Basler Konzil (1431–1449), 1990, bes. 598–608 – G. BARRUOL, Dauphiné roman, 1992 – M. BOIS–J. TARDIEU, L'abbaye St-Ruf de V., Revue Drômoise 88, 1992, 45–55 – B. GALLAND, Deux archevêchés entre la France et l'Empire, 1994, passim – U. VONES-LIEBENSTEIN, St-Ruf und Spanien, 1996, 473–483 – *zu [III]*: ABBÉ NADAL, Hist. de l'Univ. de V., 1861 – S. GUÉNÉE, Bibliogr. de l'hist. des univ. françaises des origines à la Revolution, II, 1978, 459–466 – P. PARAVY, De la Chrétienté romaine à la Réforme en Dauphiné, 1993, 2 Bde, I, 290f. – *zu [V]*: A. PRUDHOMME, Mém. hist. sur la partie du comté de Valentinois et Diois située sur la rive droite du Rhône, 1888 – J. CHEVALIER, Mém. pour servir à l'hist. des comtes de Valentinois et Diois, 2 Bde, 1897–1906 – R.-H. BAUTIER–J. SORNAY, Les sources de l'hist. économique et sociale du MA, I, 1968, 557–560 – J.-C. ALAMO–M. WARIN, Évolution de la propriété seigneuriale et des structures castrales de Crest, du XIIe au XVe s. (Seigneurs au MA, CTHS, 1993).

Valencia, Stadt in Spanien, Levante, Hauptstadt des gleichnamigen Kgr.es, das im 13. Jh. einen fruchtbaren Küstenstreifen – von Peñiscola bzw. Castellón de la Plana im N bis Alicante und Játiva im S – sowie ein gebirgiges Hinterland umfaßte, entsprechend dem Gebiet der ehemaligen Taifenreiche v. V. und →Denia sowie dem nördl. Teil des Reiches v. →Murcia.

I. Stadt und Reich – II. Bistum – III. Stadt im Spätmittelalter.

I. STADT UND REICH: Die 138 v. Chr. von Konsul Iunius Brutus gegr. Stadt gehörte in westgot. Zeit zur Prov.

Aurariola, mit eigener Münzprägestätte (612-621), und konnte dank ihrer Zugehörigkeit zum Herrschaftsgebiet des dux Theodemir 713 ihren chr. Charakter bewahren. Ethn. Konflikte zw. den ursprgl. dort angesiedelten Berbern und aus Ägypten stammenden Teilen d. syr. Heeres, denen 743 die Prov. (*kura*) v. V. (*Madīnat at-turāb*) als Wohnsitz zugewiesen wurde, führten 778/789 zur Zerstörung der Stadt, die Sitz eines vom Kalifen v. →Córdoba eingesetzten Statthalters (*wālī*) war, durch ʿAbdarrāḥmān I. (756-788). In der Folge errichtete einer seiner Söhne, ʿAbdallāh al-Balansī ('der Valencianer'), in V. eine selbständige Herrschaft (802-823). Erst unter der Regierung ʿAbdarrāḥmāns II. (822-852) konnte die Prov., die zum Ausgangspunkt von Piratenzügen v.a. auf die Balearen wurde, wieder voll ins Omayyadenreich v. Córdoba integriert werden, wobei allerdings die Differenzen zw. dem berb. →Játiva und dem von der arab. Familie der Banū-Ġaḥḥāf beherrschten V. fortdauerten. Nach dem Zerfall des Reiches gelang es 1021 ʿAbdalʿazīz, einem Enkel al-Manṣūrs, sich als Taife v. V. durchzusetzen. Während seiner vierzigjährigen Regierung befestigte er die Stadt, die eine wirtschaftl. Blüte erlebte, und knüpfte Beziehungen zum Taifenreich v. →Toledo, die sich für die Herrschaft seiner Söhne (ʿAbdalmalik [1063-66] und Abū Bakr [1075-85]) ebenso fatal erwiesen, wie die nun einsetzenden Expansionsbestrebungen Kastiliens. Sein Enkel, al Qādir, der ehemalige Taife v. Toledo, vermochte sich schließl. dank der militär. Hilfe Alfons' VI. v. Kastilien durchzusetzen, stieß aber trotz der Unterstützung durch den →Cid in V. selbst auf den Widerstand des Ibn Ġaḥḥāf, der die →Almoraviden zu Hilfe rief und ihn 1092 ermorden ließ. Rodrigo Díaz de Vivar, der seit 1090 kontinuierl. versuchte, in der Levante eine eigenständige Herrschaft aufzubauen, eroberte V. (1094), ließ Ibn Gahhaf verbrennen, gab der Stadt eigene Statuten, setzte einen cluniazens. Bf. ein und nahm den Princepstitel an. Im Bündnis mit Kg. Peter II. v. Aragón gelang es ihm, seine Herrschaft erfolgreich gegen die Almoraviden zu verteidigen, die erst nach seinem Tod (1099) - obwohl seine Witwe Ximena die Oberhoheit Kastiliens anerkannte - das Reich v. V. für sich erobern konnten, nachdem Alfons VI. im März 1102 die Stadt evakuiert und niedergebrannt hatte. Auf seine Ansprüche auf V. sollte Kastilien allerdings erst 1179 im Vertrag v. →Cazorla zugunsten v. Aragón verzichten. Die almoravid. Statthalter v. V. unterwarfen 1110 das Reich v. Zaragoza und besiegten 1130 Vzgf. Gaston v. Béarn und 1134 Alfons I. v. Aragón in der entscheidenden Schlacht v. Fraga. Aus den durch das Aufkommen der religiösen Reformbewegung der →Almohaden bedingten Wirren ging 1148 →Ibn Mardanīš im SO von al-Andalus siegreich hervor. Mit Hilfe des Gf.en v. →Barcelona schlug er einen Aufstand in V. nieder, das allerdings noch im Jahr seines Todes (1172) unter seinem Bruder Yūsuf b. Mardanīš (gest. 1186) zu den Almohaden überging. Der Versuch eines weiteren Mitglieds der Familie, Zayyān b. Mardanīš, die Macht in der Stadt zurückzuerlangen, führte zur Flucht des letzten maur. Statthalters Abū Saʿīd und zu seinem Hilfeersuchen und Hominium an Jakob I. v. Aragón (Vertrag v. 1229 April). Mit Hilfe aragones. Adliger, v.a. seines Mayordomus Blasco v. Aragón, bereitete Jakob I. nun die systemat. Eroberung des Reiches v. V. vor, wobei nach dem gescheiterten Versuch einer Eroberung v. Peñíscola (1225) nicht die Burgen, sondern die ihnen als Versorgungsbasis dienenden Städte in der Ebene belagert wurden. Die Eroberung vollzog sich in drei Phasen: Aragones. Adlige eroberten zunächst den N des Reiches (1232 Morella; Juli 1233 Borriana). Dann schritt man zur Belagerung von V., nachdem im Okt. 1236 auf den Cortes v. Monzón die Eroberung des Reiches als Kreuzzugsunternehmen beschlossen worden war (→Kreuzzüge, C. I) und sich Jakob I. durch einen weiteren Vertrag mit Abū Saʿīd im Mai des Jahres abgesichert hatte. Als jede Hoffnung auf Entsatz durch den Emir v. Tunis als vergebl. erwies, übergab Zayyān b. Mardanīš die Stadt am 28. Sept. 1238 nach fünfmonatiger Belagerung und zog sich zunächst nach Denia, später nach Murcia zurück. Den Abschluß des Kreuzzugsunternehmens bildete die Einnahme des Südteils des Reiches v. V. bis 1245 (Alzíra 1242; Játiva mit seiner bedeutenden Papierproduktion 1244; Biar 1245), so daß sich Jakob I. nach dem Abschluß eines dreijährigen Waffenstillstands mit dem maur. Fs.en al Azrāh und nach der Übereinkunft zur Abgrenzung der gegenseitigen Einflußzonen mit Kastilien (Almizra 1244), das 1243/44 Murcia erobert hatte, wieder den Angelegenheiten in der Provence widmen konnte. Einen Aufstand des al Azrāh (1247-58) konnte Jakob I. niederschlagen, ebenso Unruhen im benachbarten Kgr. Murcia. Nachfolgeschwierigkeiten in Kastilien und die Unterstützung der Infanten de la →Cerda führten unter seinem Enkel Jakob II. (1291-1327) nach weiteren Eroberungen Aragóns im S (1296-1304) zum Schiedsspruch v. →Torrellas (1304) und zum Vertrag v. Elche (1305), in dem Kastilien die Zugehörigkeit von Cartagena, Oriola, Elche, Alicante usw. zum Reich anerkannte, dessen territoriale Ausbildung damit beendet war. 1309 beschlossen die Cortes v. Tarragona in Übereinstimmung mit Jakob II. den *Privilegio de Unión*, wonach die Kgr.e V. und Aragón zusammen mit der Gft. Katalonien eine untrennbare Einheit bilden sollten, 1328 wurde allen Kronländern das Recht einer Teilhabe an der Kg.swahl garantiert. Von Anfang an besaß das Kgr. V. eine eigene Herrschaftsstruktur, mit eigener Ständeversammlung, eigenem obersten Richter und eigener Rechtsordnung. Seit 1340 bestand die *Generalidad* als ständiges Organ der alle drei bis sechs Jahre zusammentretenden →Cortes zur Eintreibung der von den Ständen bewilligten außerordentl. Geldanleihen für den Kg.

Bereits um 1250/51 hatte Jakob I. mit Hilfe von Vidal de Canellas die *Fori Valentiae* erlassen, die stark vom röm. Recht beeinflußt und v.a. auf die Zentralgewalt, den Kg. und seine Amtsträger, ausgerichtet waren. Dahinter stand der Versuch des Kg.s, den Einfluß des aragones. Adels, der wesentl. Anteil an der Eroberung genommen hatte und v.a. das flache Land beherrschte, zurückzudrängen, indem die Gültigkeit der →Fueros de Aragón beschnitten und das Wirken des →*Justicia Mayor* über die Grenzen Aragóns hinaus eingedämmt wurde. Ausgehend von den katal. beherrschten Städten konnten sich gegen Mitte des 14. Jh. die seit 1330 in einer erweiterten vulgärsprachl. Fassung bekannten *Furs de Valencia* als alleingültige Rechtsnorm im Kgr. V. durchsetzen. Dies trug ebenso wie das Zurückdrängen der Adelsunionen zu einer Stärkung der kgl. Stellung bei.

Juden und →Mudéjares standen unmittelbar unter dem Schutz des Kgtm.s und lebten nach ihren eigenen Gesetzen. Bis ins 14. Jh. überwog auf dem Land der maur. Bevölkerungsanteil, aber bis Mitte des Jh. wurden immer mehr Einwanderer aus Katalonien und Aragón, Südfrankreich und Italien dort angesiedelt, während Teile der muslim. Bevölkerung nach Granada oder Nordafrika auswanderten.

II. BISTUM: Erste Spuren einer chr. Gemeinde verweisen in das Jahr 304, als der Diakon Vinzenz im Rahmen der diokletian. Verfolgung das Martyrium erlitt. Die erste Kathedrale wurde um 534 von Bf. Justinian errichtet, 546 ein Konzil der Carthaginensis dort abgehalten. Der Fortbestand der chr. Gemeinde nach der maur. Eroberung war v. a. durch die Zugehörigkeit zum Reich v. →Tudmīr gesichert, so daß noch 916 Bf. e in V. bezeugt sind. Unklar ist, ob diese Gemeinde fortbestand. Jedenfalls wird zu 1089 ein mozarab. Bf. erwähnt, der auf einer Pilgerreise ins Hl. Land in Bari starb. Diese Tradition wurde durch die Einsetzung des Cluniazensers Hieronymus v. Périgord zum Bf. (1094–1102) unterbrochen. Nach dem Abzug der Kastilier wurde das Bm. erst 1238 nach der Eroberung der Stadt durch Jakob I. wieder errichtet und reich dotiert. Ansprüche →Toledos und →Tarragonas auf die Metropolitangewalt wurden 1240 zugunsten Tarragonas entschieden, das im selben Jahr in V. eine Provinzialsynode abhielt. Das westgot. Bm. →Játiva wurde nicht wieder errichtet. Der nördl. Teil des Reiches um Burriana kam an das Bm. →Tortosa. Das ehemalige Bm. →Segorbe wurde 1259 mit Albarracín vereint und blieb bis zur Schaffung der Metropole Zaragoza (1319) Suffragan v. Toledo. Am 9. Juli 1492 erhob Innozenz VIII. V. zum Ebm. und unterstellte ihm Mallorca und Cartagena als Suffragane. Der erste Ebf. war Rodrigo de Borja (Papst →Alexander VI. seit 11. Aug. 1492). Das Kapitel, das seit 1240 über eine eigene Mensa verfügte, setzte sich anfängl. aus 15, gegen Ende des MA aus 25 Kanonikern zusammen. Aus seinen Reihen gingen sowohl Pedro de Luna (→Benedikt XIII. [1394–1423]), der im nahen Peñiscola residierte, als auch →Clemens VIII. (1423–29) hervor, so daß V. im Schisma der Avignoneser Obedienz anhing. 1262 wurde der Grundstein der heutigen Kathedrale gelegt.

Unmittelbar nach der Reconquista wurden Konvente der Dominikaner, Franziskaner und Mercedarier in V. errichtet, ebenso wie Niederlassungen der Templer, Johanniter und Santiagoritter u. das Hospital v. Sant Vicenç. Ein bereits 1245 von Innozenz IV. gewährtes Studium Generale wurde erst 1493 eingerichtet und 1501 von Alexander VI. zur Univ. erhoben.

III. STADT IM SPÄTMITTELALTER: Mit der Übergabe der Stadt an Jakob I. wurde V. zum Zentrum des neuen Reiches und der kgl. Verwaltung, an deren Spitze der Vizekg. stand, eine Funktion, die im SpätMA häufig ein Vertreter des kgl. Hauses ausübte. Daneben fungierte der für Zivil- und Strafgerichtsbarkeit zuständige *Gobernador General*, ein *Bayle General*, der ursprgl. nur mit der Verwaltung des Kg.sgutes betraut war, und seit Ende des 14. Jh. der →*Mestre Racional*. Der Stadtrat V.s, an dessen Spitze der *Justicia* mit der Funktion eines Stadtrichters stand, setzte sich im 15. Jh. aus 52 Vertretern der 12 Pfarreien, 6 Angehörigen des niederen Adels und 48 Zunftmeistern zusammen. Die Exekutive lag in der Hand von 6 Ratsherrn (*jurats*; 4 Bürger und 2 Adlige), die jährl. durch Insakulation gewählt wurden und denen Fachleute für das Rechtswesen, die Finanzverwaltung und das Marktwesen (*Mustaçaf*) beigegeben waren. Das 1283 eingerichtete *Consolat de mar* war für Streitigkeiten zw. Seeleuten und Händlern zuständig.

Mit der Anlage eines Hafens außerhalb der ursprgl. Stadt an der Mündung des Guadalaviar (Turia) hatte Jakob I. die Grundlage für den ausgedehnten Handel der Stadt gelegt, die wichtige Handelsbeziehungen zu Sizilien, Venedig und Genua unterhielt und zum Umschlagplatz für Luxusgüter aus Italien und dem Orient wurde, die für Kastilien und Aragón bestimmt waren. Durch den Bevölkerungsanstieg von 1418 bis 1483 von 40000 auf 75000 Einw. wurde V. zu einem der wichtigsten Handels- und Finanzzentren der Krone Aragón. Zwar scheiterte die Gründung einer →*Taula de canvi* (1407) schon nach wenigen Jahren (1414/18), doch blühten Handel und Gewerbe (Textilindustrie, Lederverarbeitung, Silber- und Waffenschmiede, Töpferei, Schiffsbau, Druckerei) auf, zudem die Stadt von allen wichtigen kgl. Steuern befreit war. Die Getreideversorgung erwies sich als schwierig, wodurch es immer wieder zu Aufständen (1484, 1503) kam, da man wegen der Seuchengefahr (von 1348 bis weit ins 15. Jh. hinein wurde die Stadt ein dutzendmal von der Pest heimgesucht) nicht auf →Reis ausweichen wollte. Ab dem 15. Jh. wurde V. zum Markt für Sklaven aus Schwarzafrika (→Sklave, A. IV).

Nach dem Abzug eines Teils der muslim. Bevölkerung war die Stadt unter die Eroberer aufgeteilt worden, wobei neben Adel und Kirche v. a. die beteiligten katal. und aragones. Städte sowie die Bewohner v. Montpellier ihren Anteil erhielten. Während sich die verbleibenden Mauren in einem Viertel außerhalb der Stadtmauer, der sog. *moreria* (bestand bis zur Erstürmung 1455) ansiedelten, verstärkte sich v. a. der katal. Bevölkerungsanteil in den folgenden Jahren durch Zuwanderung. 1246 wurde ein spezielles Judenviertel eingerichtet, das 1356 ebenso wie die moreria bei der Erweiterung der Stadtmauer miteinbezogen wurde. Primär religiöse Gründe führten 1391 zum ersten großen Pogrom (Umwandlung der Synagoge in ein Augustinerdamenstift), 1456 wurde das Ghetto gestürmt und gebrandschatzt, 1484 kam es zur Einrichtung der Inquisition.

Im 15. Jh. erlebte V. auch dank seiner engen Bindung an den Hof in Neapel eine kulturelle Blütezeit, sowohl auf dem Gebiet der Malerei, wie auf dem der Musik und der Literatur (Ausias →March, Joanot →Martorell, Johan de Galba, Isabel de Villena); hier erschien auch 1478 die erste Bibel in der Vulgärsprache. Chronisten wie Ramon →Muntaner und →Bernat Desclot stammten aus V., ebenso bedeutende Philosophen wie →Arnald v. Vilanova, Francesc →Eiximenis und der Dominikanerprediger Vincent →Ferrer. U. Vones-Liebenstein

Q.: M. DUALDE SERRANO, Fori antiqui Valentiae, 1950–67 – R. GALLOFRE GUINOVART, Documentos del reinado de Alfonso III, relativa al antiguo reino de V., 1968 – G. COLÓN–A. GARCÍA I SANS, Furs de V., 5 Bde, 1970–91 – M. D. CABANES PECOURT–R. FERRER NAVARRO, Llibre del repartiment del regne de V., 3 Bde, 1979–80 – Epistolari de la V. medieval, ed. A. RUBIO VELA, 1984 – R. SOTO I COMPANY, Córdex català del Llibre del repartiment de Mallorca, 1984 – R. I. BURNS, Diplomatarium of the Crusader Kingdom of V., bisher 2 Bde, 1985–90 – Lit.: DHEE IV, 2687–2703 – Gran Enc. Catalana XV, 1980, 164–193 – Gran enc. de la región valenciana, 12 Bde, 1973–77 – A. HUICI MIRANDA, Hist. musulmana de V. y su región, 3 Bde, 1969–70 – T. F. GLICK, Irrigation and Society in Medieval V., 1970 – R. I. BURNS, Islam under the Crusaders: Colonial Survival in the Thirteenth-Cent. Kingdom of V., 1973 – DERS., Medieval Colonialism: Postcrusade Exploitation of Islamic V., 1975 – W. KÜCHLER, Länder- und Zentralfinanz des argon. Staatenbundes im 15. Jh., SFGG. GAKGS 28, 1975, 1–/90 – R. GARCÍA CÁRCEL, Orígenes de la Inquisición española, 1976 – R. I. BURNS, Moors and Crusaders in Mediterranean Spain, 1978 – DERS., Jaume I and the Jews of the Kingdom of V. (X CHCA. Comunicaciones 1 y 2, 1980), 245–322 – DERS., Jaume I i els Valencians del segle XIII, 1981 – A. UBIETO ARTETA, Orígines del reino de V., 2 Bde, 1981[3] – M. HÄUPTLE-BARCELÓ, Getreideversorgung und Getreidehandelspolitik im V. des 15. Jh., SFGG. GAKGS 30, 1982, 193–343 – R. I. BURNS, El reino de V. en el siglo XIII, 2 Bde, 1982 – W. KÜCHLER, Die Finanzen der Krone Aragón während des 15. Jh., 1983 – R. I. BURNS, Muslims, Christians, and Jews in the Crusader Kingdom of V., 1984 – T. F. WASSERSTEIN, The Rise and Fall of the Party-Kings, 1985 – J. GUIRAL-HADZIIOSSIF, Valence, port méditerranéen au XVe s., 1986 – E. GUINOT RODRÍGUEZ, Feudalismo en expansión en el norte valenciano, 1986 – P. GUICHARD, Estudios de hist. medieval, 1987 – M. T. FERRER I MALLOL, Els sarraïns de la Corona catalano-aragonesa en el segle XIV, 1987 – DIES., La frontera amb l'Islam en el segle XIV, 1988 – 'En torno al 750 aniversario: Antecedentes y consecuencias de la conquista de V.', 2 Bde,

1989–Hist. del País V., hg. E. BELENGUER, 2 Bde, 1989f. – M. T. FERRER I MALLOL, Organització i defensa d'un territori fronterer. La Governació d'Oriola en el segle XIV, 1990 – ST. HALICZER, Inquisition and Society in the Kingdom of V., 1990 – P. GUICHARD, Les musulmans de Valence et la reconquête, 2 Bde, 1991 – L. PEÑARROJA TORREJÓN, Christianos bajo el Islam: los mozárabes hasta la reconquista de V., 1993 – L. VONES, Gesch. der Iber. Halbinsel im MA, 1993 [Lit.] – E. GUINOT, Els limits del regne. El procés de formació territorial del País V. medieval, 1995 – L. VONES, Friedenssicherung und Rechtswahrung (J. FRIED, Träger und Instrumentarien des Friedens im hohen und späten MA, 1996 [= VuF 43]), 441-487.

Valenciennes, Stadt in der alten Gft. →Hennegau, an der oberen →Schelde (Nordfrankreich, dép. Nord). Die erste, auf 693 datierte Erwähnung steht im Zusammenhang mit einem kgl. 'palatium' in Neustrien. V., das unweit des röm. Zentrums 'Famars' (dieses war noch nach 500 besiedelt), aber topographisch von ihm getrennt lag, war im 8. Jh. Sitz einer kgl. Großdomäne (→Fiscus). Der Ort war, dank des lebhaften Schiffsverkehrs auf der Schelde, ein bedeutendes Handelszentrum der Karolingerzeit (→'portus', Zoll, Münze), das aber von den Einfällen der →Normannen (um 880) schwer geschädigt wurde. Ein Jahrhundert später wurde V. Sitz einer →Mark (zu den otton. Reichsmarken im Scheldegebiet →Ename), die auch 'Comitat v. V.' hieß, aber bereits seit 1047 in der Gft. Hennegau aufging; die Erinnerung an diese Reichsmark bestärkte V. noch lange in seinem »Partikularismus« gegenüber der wirtschaftlich schwächeren, aber ranghöheren 'chef ville' →Mons.

Das 11. und 12. Jh. waren geprägt durch den Aufschwung der gewerbereichen 'burgi' um das 'castrum', den ältesten Stadtkern. Um 1114 gewährte Gf. Balduin III. v. Hennegau ein kommunales Privileg, die sog. 'paix'. V. baute seine Stellung als 'chef de sens' (Zentrum der Gerichtsbarkeit und Administration) über ein weites Gebiet von mehr als 300 Städten und Dörfern aus, großenteils innerhalb, aber auch außerhalb der Gft. Hennegau. Im 12. Jh. errichteten die Gf.en ihre neue Pfalz ('Salle-le-Comte'), eine wohlbefestigte fsl. →Residenz mit Säkularkapitel (bereits um 1195).

V. erhielt schon damals seinen topograph. Grundcharakter einer befestigten Stadt und erreichte wohl auch den Höhepunkt seines demograph. Wachstums im MA. 1290–97 erhob sich die Stadt in einem erbitterten Krieg gegen den einer Mißachtung der städt. Freiheiten beschuldigten Gf.en →Johann II. v. Avesnes; das hierin erkennbare Streben V.s nach gleichsam reichsstädt. Autonomie blieb aber vergeblich.

Nach wie vor Münzstätte, war V. in erster Linie eine große Tuchmacherstadt (→Textilien, A); 11 von 38 Korporationen betrieben diverse Tuchgewerbe, ebenso um die 30 % der Neubürger des 14. Jh. Die 'draperie' v. V. exportierte ihre begehrten Wollstoffe bis in die Länder der Iber. Halbinsel; später trat die 'toilerie' (→Leinen) stärker in den Vordergrund. Die günstige Lage im Scheldebecken und am Kreuzungspunkt großer Landwege (Paris, Champagne) ließ V. auch zum wichtigen Umschlagplatz des Transithandels werden (Getreide, Wein).

Die Stadt wurde von einem →Prévôt und zwölf →Schöffen bzw. Geschworenen (→Jurés) verwaltet ('la loi', der Magistrat), denen alle Jurisdiktionsrechte verliehen waren (jährl.). Bestätigung durch den →Bailli des Hennegau als gfl. Stellvertreter. Für V. und sein Umland unterhielt der Gf. auch einen 'Prévôt-le-comte' als seinen von der städt. Gerichtsbarkeit unterschiedenen gfl. Richter und Verwalter. Im 15. Jh. waren die Hzg.e v. →Burgund bestrebt, bestimmte städt. Gewohnheitsrechte einzuschränken oder abzuschaffen, und unterstellten die Stadt 'omisso medio' der Appellationsgerichtsbarkeit des →Conseil ducal.

Die *Abtei St-Jean-Baptiste,* an deren Ursprung vielleicht ein in der Karolingerzeit gegr. Frauenkl. stand, ist sicher belegt seit dem späten 10. Jh. als Kanonikerkapitel, das um 1140 reformiert wurde und fortan als Regularkanonikerstift der Kongregation v. →Arrouaise angehörte. Seit Ende des 11. Jh. verfügte V. über ein →Hospital ('hôtellerie'), das wohl auf gfl. (oder stadtbürgerl.) Initiative entstand.
J.-M. Cauchies

Lit.: H. D'OUTREMAN, Hist. de la ville et comté de V., 1639 [Neudr. 1975] – S. LE BOUCQ, Hist. ecclésiastique de la ville et comté de V., 1844 [Neudr. 1978] – F. DEISSER-NAGELS, V., ville carolingienne, Le M-A 68, 1962 – H. PLATELLE u. a., Hist. de V., 1982 – J. NAZET, Les chapitres de chanoines séculiers en Hainaut du XIIe au début du XVe s., 1993 – V. aux XIVe et XVe s., Art et hist., 1996.

Valens, röm. Ks. 364–378, aus dem pannon. Cibalae stammend, ksl. Gardeoffizier, wurde am 28. März 364 von seinem Bruder →Valentinian I. zum Augustus für die östl. Reichshälfte einschließl. Thrakien erhoben. Zwei Jahre später besiegte er mit Hilfe treuer Offiziere den heidn. Usurpator →Prokopios. Die der Niederschlagung der Theodorosverschwörung folgenden Prozesse und Hinrichtungen, darunter des früheren Julianfreundes Maximus v. Ephesus, trugen wesentl. zum Ansehensverlust des wenig gebildeten Herrschers bei. In der Staatsverwaltung bemühte sich V. vergebl. um Hilfe für notleidende Städte und die an die Scholle gefesselten Kolonen. Gegen Heiden zeigte er sich tolerant, unter den Christen begünstigte er einseitig die Arianer (→Arius). Seine Intoleranz gegen nizän. gesinnte Bf.e, die bis zur Einkerkerung und Verurteilung in Bergwerke führte und selbst von seinem heidn. Lobredner →Themistios getadelt wurde, steigerte seine Unbeliebtheit bei der Bevölkerung. Außenpolit. kam es zu wenig erfolgreichen Kämpfen gegen den Perserkg. →Šāpūr II. in Armenien und Iberien. Gegen die Goten errang er durch Verträge und Befestigungen in Thrakien vorübergehende Erfolge. Als jedoch erneut eine größere Zahl unter den Führern Alaviv und →Fritigern Aufnahme begehrte, fand V. durch sein unüberlegtes Vorgehen in der Schlacht v. →Adrianopel (378) den Tod. Die verheerende Niederlage, von den kath. Christen als göttl. Strafe für die Arianer gedeutet, bedeutete eine wesentl. Schwächung des gesamten Reiches.
R. Klein

Lit.: RE VII A 2, 2097ff. – A. DEMANDT, Die Spätantike, 1988, 111f.

Valentin, hl. Das Mart. Hieron. kommemoriert zum 14. Febr. einen V., Märtyrer in Interamna (→Terni). Die Basilika des hl. V. in Terni wird erstmals in der Vita des Papstes Zacharias (742–752) des LP erwähnt. Dem Catalogus Liberianus (4. Jh.) zufolge soll Papst Julius I. (337–352) eine V.-Basilika in Rom beim 2. Meilenstein der Via Flaminia errichtet haben, die später von Papst Theodor (642–649) oder bereits von seinem Vorgänger Honorius (625–638) wiederaufgebaut wurde. Die ma. Itinerare bezeugen die Verehrung eines Märtyrers V. in dieser Basilika. Die Passio eines V. v. Rom verbindet ihn mit dem Zyklus der Hl.n Marius, Martha und Audifax (BHL 5543): Er sei ein Priester gewesen, der auf Befehl des Ks.s Claudius Goticus an der Via Flaminia enthauptet wurde. Eine Passio des V. v. Terni, die später ist als die genannte, zeigt ihn ohne chronolog. Angaben als Bf. dieser Stadt, der zu einer Krankenheilung nach Rom gerufen wird und dort so viele Bekehrungen vornimmt, daß sich die Senatoren beunruhigen. Nach seiner Weigerung, vor den Götterbildern zu opfern, wird er in Rom enthauptet. Sein Leichnam wird von drei von ihm Bekehrten nach Terni zurückgebracht. Die Forschung ist kontrovers, ob es sich um zwei verschiedene gleichnamige Personen oder um einen einzigen V. handelt, dessen Kult sich von Rom nach Terni oder von Terni nach Rom verbreitet hat. Die Translation des Hauptes eines hl. V. (ohne Angabe des Herkunftsortes) hat im 11. Jh. in der Abtei →Jumièges stattgefunden. Seit dem MA galt V. vorwiegend in Frankreich und England als Schutzpatron der Verlobten, vielleicht, weil sein Festtag als Lostag betrachtet wurde, an dem die Vögel sich zu paaren beginnen. Infolge einer Verwechslung mit dem gleichnamigen Bf. v. Passau (5. Jh.) wurde der Märtyrer V. bei Epilepsie angerufen. F. Scorza Barcellona

Q. und Lit.: BHL 846of. – BHL Novum suppl. 8460–8466b [V. v. Terni] – BHL 8463–8466 – BHL Novum suppl. 8466–8466b [V. v. Rom] – AASS Febr. II, 1658, 751–754 [V. v. Rom], 754–760 [V. v. Terni] – Comm. Mart. Hieron., 92f. – Comm. Mart. Rom., 62 – Vies des Saints II, 322–325 – Bibl. SS XII, 896f., 899 – ECatt XII, 976–979 – LCI VIII, 530f. – LThK² X, 598f. – Il santo patrono nella città medievale. Il culto di S. V. nella storia di Terni (Atti, ed. G. PASSARELLI, 1982) – A. RECIO VEGANZONES, S. V. di Terni nell' iconografia antica pittorica e musiva di Roma (Noscere sancta [Fschr. A. AMORE, 1985]), 427–445 – H. A. KELLY, Chaucer and the Cult of St. V., 1986 – L'Umbria meridionale fra tardo-antico ed altomedioevo, ed. G. BINAZZI, 1991, 99–110 [G. N. VERRANDO]; 165–178 [V. FIOCCHI NICOLAI].

Valentinian

1. V. I., röm. Ks. 364–375, aus dem pannon. Cibalae stammend, als Kompromißkandidat zw. den heidn. Anhängern Julianus' und den chr. Heeresteilen in Ankyra zum Ks. erhoben, ernannte seinen jüngeren Bruder →Valens zum Augustus der östl. Prov.en des Reiches, während er sich selbst die westl. Reichshälfte (einschließl. Illyricum und Libyen) vorbehielt. Die Aufteilung von Hofstaat und Heer bedeutete jedoch noch keine polit. Trennung der Reichshälften. Im Kampf gegen Mißstände (Korruption, Steuerdruck) konnte sich V. wegen zu großer Nachsicht gegen hohe Beamte und einseitiger Bevorzugung von Provinzialen, insbes. aus Pannonien, kaum durchsetzen. Gegen die adelsstolzen röm. Senatoren führte der abergläub. Ks. eine Reihe von Prozessen wegen mag. Praktiken. Kämpfe gegen die stets unruhigen →Alamannen führten ihn mehrfach in rechtsrhein. Gebiet neckaraufwärts und bis zu den Donauquellen. Trotz militär. Siege und eines Bündnisses mit den Burgundern verzichtete er auf die Eroberungen, vielmehr sorgte er für den Schutz Galliens durch systemat. Ausbau bzw. Neugründung von Befestigungen entlang der Rheingrenze von der Mündung des Flusses bis zum Bodensee. Inschriftenfunde und Grabungen bezeugen die auch von dem Redner →Symmachus (2. S.) gerühmten Anlagen, die mehr als vierzig Jahre die Germanen an der Überschreitung des Rheins hinderten. Eine erfolgreiche Grenzsicherung gab es auch in Britannien, Rätien, Noricum und bes. Pannonien, wo →Quaden und →Sarmaten ferngehalten werden konnten. In Afrika stellte der fähige Heermeister Theodosius d. Ä., der Vater des späteren Ks.s →Theodosius, gegen den aufrührer. dux Mauretaniae Firmus die Ruhe wieder her. Gegen Heiden zeigte sich der Christ V. tolerant, in die religiösen Auseinandersetzungen der Christen mischte er sich nicht ein. In Rom entschied er für den röm. Bf. →Damasus I., in Mailand bestätigte er →Ambrosius auf dem Bf.sstuhl. Der dank persönl. Integrität und militär. Tatkraft angesehene Herrscher, der bereits 367 seinen Sohn →Gratianus zum zweiten Augustus des Westens bestimmt hatte, starb überraschend im pannon. Brigetio an einem Blutsturz. R. Klein

Lit.: RE VII A 2, 2158ff. – A. DEMANDT, Die Spätantike, 1988, 111ff.

2. V. II., röm. Ks. 375–393, geb. wahrscheinl. in Trier, wurde nach dem plötzl. Tode seines Vaters →Valentinian I. vierjährig mit Zustimmung seines Halbbruders →Gratianus in Aquincum zum Ks. erhoben und erhielt die Präfektur Italien mit Illyrien und Afrika als Herrschaftsgebiet, während Gratianus die übrigen Teile des Imperiums verwaltete und zunächst die Vormundschaft ausübte. Als dieser gegen den Usurpator →Maximus Magnus den Tod gefunden hatte (383), konnte sich V. mit Hilfe Bf. →Ambrosius' wenigstens in Mailand halten. In dem Streit zw. der von der Ks.mutter Justina begünstigten arian. Partei und dem nizän. gesinnten Ambrosius, der dem Arianer →Auxentius keine Kirche überlassen wollte, fügte sich V. dem orth. Bf., der ihm vorhielt, daß auch ein Ks. innerhalb der Kirche stehe, nicht außerhalb oder über ihr (contr. Aux. 36). 384 erschien am Ks.hof eine röm. Gesandtschaft mit der von dem Stadtpräfekten →Symmachus (2. S.) verfaßten dritten Relatio, welche die Bitte enthielt, den Victoriaaltar in die röm. Kurie zurückzubringen und die Einkünfte der altröm. Priesterschaften wieder zu gewähren. Es gelang Ambrosius durch zwei eindringl. Schreiben (ep. 17, 18), den Ks. zur Ablehnung zu bewegen. 387 fiel Maximus in Italien ein und zwang V. mit seinem Hofstaat, sich in die Obhut des →Theodosius nach Thessaloniki zu begeben. Dieser, beeinflußt durch seine neue Gattin Galla, die Schwester V.s, rüstete zum Krieg und besiegte den Emporkömmling, so daß V. seine Herrschaft im W wieder antreten konnte. Während seines Aufenthaltes in Gallien geriet er jedoch in starke Abhängigkeit des heidn. Heermeisters Arbogast, der sicherl. mitschuldig war am plötzl. Tod des jugendl. Ks.s in Vienne. Ambrosius hielt dem noch nicht Getauften in Mailand die Leichenrede, in welcher er das Idealbild eines frommen, fürsorgl. Herrschers zeichnete.
R. Klein

Lit.: RE VII, 2A, 2205ff. – R. KLEIN, Symmachus. Eine trag. Gestalt des ausgehenden Heidentums, 1986², 76ff. – A. DEMANDT, Die Spätantike, 1988, 115f., 129f.

3. V. III., röm. Ks. 424–455; Eltern: Constantius III. und →Galla Placidia. V. wurde fünfjährig in Rom zum Augustus erhoben, wo er zunächst unter der Obhut seiner Mutter und fähiger Reichsfeldherrn (Bonifatius, Felix) lebte. Verheiratet mit Eudoxia, der Tochter →Theodosius' II., einigte sich V. mit diesem auf die Gültigkeit des →Codex Theodosianus in beiden Reichsteilen. In Afrika verlor er an den Vandalen →Geiserich (trotz der Verlobung seiner Tochter Eudokia mit dessen Sohn Hunerich) die wichtigsten Prov.en. In Spanien beschränkte sich die röm. Herrschaft nur noch auf die Städte im O, während Britannien 442 gänzl. aufgegeben werden mußte. Lediglich in Gallien gelang es dem Heermeister →Aëtius durch geschicktes Eingreifen gegen Franken, Burgunder und Westgoten, die Lage stabil zu halten. Da V. dem Hunnenkg. →Attila die Verlobung seiner Schwester Honoria und damit die Teilhabe an der Herrschaft im Westreich verweigerte, kam es zur Schlacht auf den →Katalaunischen Feldern (451), in der sich Aëtius behaupten konnte. Den Vorstoß Attilas nach Mittelitalien soll neben ksl. Gesandten Papst Leo I. aufgehalten haben. Gegen die Kirche zeigte sich der persönl. fromme Herrscher durch Stiftungen oder durch Anerkennung der Gerichtsbarkeit des röm. Bf.s in geistl. Fragen großzügig, ohne jedoch die staatl. Autorität zu schädigen, wie das Einschreiten gegen die Kurienflucht der Kleriker oder das erneute Verbot der →Manichäer bezeugt. Ein allg. Konzil in Aquileia zur Wiederherstellung der Kircheneinheit scheiterte am Widerstand Ostroms. Knapp sechs Monate, nachdem V. den ihm lästigen Aëtius mit eigener Hand niedergestochen hatte, wurde er in Rom selbst ermordet. R. Klein

Lit.: RE VII, 2A, 2232ff. – A. DEMANDT, Die Spätantike, 1988, 149ff.

Valentinois → Valence

Valentinus, Papst im Aug./Sept. 827, im röm. Klerus bis zum Archidiakon aufgestiegen, wurde nach dem Tod Eugens II. einmütig gemäß der →Constitutio Romana zum Nachfolger gewählt und starb nach 40 Tagen. Amtshandlungen sind nicht bekannt.   R. Schieffer

Q.: LP II, 71f.; III, 122 – JAFFÉ² I, 322f. – *Lit.*: J. N. D. KELLY, Reclams Lex. der Päpste, 1988, 117.

Valera, Diego de, * 1412 in Cuenca, † 1488 in Puerto de Santa María, Sohn des jüd. Konvertiten und Arztes Kg. Johanns II., Alfonso Chirino, und der Isabel de V. (aus angesehener Familie Cuencas), war bis 1435 Page (*doncel*) am Hof Johanns II. v. Kastilien, bevor er nach Erhalt der Schwertleite Frankreich und Böhmen bereiste und dort in die Dienste Ks. Albrechts II. trat. Gesandter Johanns II. in Dänemark und Frankreich (1444), kgl. →*Corregidor* in Palencia (1462) und Segovia (1479), *maestresala* (Haushofmeister) Heinrichs IV. (1467), war V., der auch in den Diensten großer Adelshäuser wie der →Stúñiga, →Velasco und La Cerda stand, v. a. ein →*Hidalgo* von vorzügl. ritterl. und lit. Bildung. Diese spricht auch aus seinen polit.-moral. Schriften (Epistolas an Kg.e und Adlige [1441–84]; Espejo de verdadera nobleza [1444]; Ceremonial de Príncipes [1476]; Preheminéncias y cargos de los officiales de armas [um 1476]), in denen er in ganz Europa allg. gültige Ideen und Vorstellungen über den Aufbau und die Förderung des Adels und den Lobpreis des Kgtm.s verbreitete. Im Alter verfaßte er Chroniken der Regierungszeit Heinrichs IV. (Memorial de diversas hazañas, hg. J. M. CARRIAZO, 1941) und der Kath. Kg.e (Crónica de los Reyes Católicos«, hg. J. M. CARRIAZO, 1927) sowie im Auftrag des Kg.s eine »Crónica abreviada de España«, die nach 1482 vielfach nachgedruckt wurde: Zusammen mit der »Compendiosa historia hispánica« des Rodrigo →Sánchez de Arévalo (1470) war sie eines der grundlegenden Werke zur Ausbildung eines kollektiven hist. Bewußtseins im modernen Spanien.   M. A. Ladero Quesada

Lit.: J. RODRÍGUEZ PUÉRTOLAS u. a., Mosén D. de V. y su tiempo, 1996 – J. D. RODRÍGUEZ VELASCO, El debate sobre la caballería en el s. XV, 1996.

Valeránica, ehem. Kl. in Kastilien, im 10. Jh. künstler. Zentrum, Wirkungsstätte des Buchmalers Florentius v. V. (belegt zw. 943 und 978) und seines Umkreises, dessen an die karol. Illuminationskunst der Zeit Karls d. K. (z. B. mit reichem Flechtwerk gestaltete Initialen) anknüpfenden Werke (u. a. Moralia in Job, 945, Madrid, Bibl. Nac., 80; Bibel, 960, S. Isidoro de León) zu den vollkommensten Schöpfungen der frühen Buchmalerei der Iber. Halbinsel (→Buchmalerei, A. VII) zählen.   U. Mattejiet

Lit.: J. WILLIAMS, Frühe span. Buchmalerei, 1977, bes. 50, 60.

Valeria. Die südl. von →Cuenca im Quellgebiet des Júcar gelegene keltiber. Stadt (Valera la Vieja auf dem linken Flußufer zw. Valera Arriba und Valera Abajo) ist zweifelsfrei ledigl. zw. 610 und 693 als Bm. der Prov. Carthaginensis belegt. Nach der arab. Invasion Spaniens setzen die Nachrichten über das Bm. V. aus. Die auf Veranlassung Kg. →Alfons' VIII. v. Kastilien erfolgte Verlegung des Bm.s V. zusammen mit dem ebenfalls untergegangenen Bm. Ercávica nach Cuenca, wurde 1193 durch Papst Lucius III. sanktioniert.   G. Kampers

Lit.: DHEE IV, 2704f. – RE IV, 2281 – K. SCHÄFERDIEK, Die Kirche in den Reichen der Westgoten und Sueben bis zur Errichtung der westgot. kath. Kirche, 1967, 255 Anm. 30 – L. A. GARCÍA MORENO, Prosopografía del reino visigodo de Toledo, 1974, 149f. – A. TOVAR, Iber. LK, III, 1989, 220f. – D. MANSILLA, Geografía eclesiástica de España, I, 1994, 290.

Valerius Flaccus im Mittelalter. Der Dichter des Epos über die Argonauten (Argonauticon ll. VIII, 2. Hälfte des 1. Jh. n. Chr.) wurde im Altertum nicht häufig gelesen; Quintilian (inst. 10,1,90) bedauert seinen Tod. Daß V. F. nur in einem einzigen Exemplar ins MA gekommen ist, steht nicht ganz fest, da man nicht weiß, wie alt das in dem spätkarol. Bestand von Bobbio bezeugte verlorene Exemplar (BECKER, Catalogi bibl. antiqui no. 32, 477) war und wie es mit den für uns faßbaren Texten zusammenhängt. Das Werk ist im MA sehr selten gewesen. Von einem karol. Exemplar stammt eine Abschrift für Fulda (9. Jh.: Vat. lat. 3277), eine zweite, nur bis IV 17 reichende in St. Gallen (verloren). Von einem Exemplar in Lobbes, bezeugt fürs 11./12.Jh., wissen wir nichts Näheres (Zusammenhang mit Text des L. Carrio ed. Antwerpen 1565?), auch nichts über das gelegentl. Erscheinen von Auszügen in Hss., die zum Florilegium Gallicum gehören. Den Sangallensis fand 1417 →Poggio Bracciolini; von seiner Kopie (jetzt Madrid 8514) stammt eine Reihe von Humanistenhss. ab, die demnach nur den unvollständigen Text enthalten. Bald aber wurde durch Niccolò →Niccoli auch der vollständige Text in Italien bekannt; daß sein Exemplar (Florenz Laur. 39.38 a. 1429) und die von ihm hergeleiteten Humanistenhss. auf eine selbständige, nicht vom karol. Archetypus der anderen abhängige Stammhs. zurückgingen, wird heute zuweilen angenommen. Es ist jedoch zu bedenken, daß gute humanist. Korrekturen und Ergänzungen auch eine selbständige Überlieferung vortäuschen können.
F. Brunhölzl

Lit.: Praefationes der krit. Ed. – K. BÜCHNER (Gesch. der Textüberlieferung der antiken und ma. Lit., I, 1961), 405f. – W. W. EHLERS, Untersuchungen zur hsl. Überlieferung der Argonautica des V.F., Zetemata 52, 1970 – M. D. REEVE (Texts and Transmission, ed. L. REYNOLDS, 1983), 425ff. – M. v. ALBRECHT, Gesch. der röm. Lit., II, 1992, 745f.

Valerius, Marcus (Martius), wohl Pseudonym eines Vertreters mlat. →Hirtendichtung, dessen Bucolica zwei Hss. überliefern; die ältere, um 1200 in Frankreich geschrieben, steht vermutl. in zeitl. und räuml. Nähe zum Dichter, der hier Martius genannt wird. Einem Prolog von elf Distichen folgen vier Gedichte (zw. 94 und 129 Hexameter) in der Tradition antiker lat. →Bukolik, v. a. nach dem Modell der Eklogen Vergils. Anders als die karol. Eklogenpoesie mit ihren Gegenwartsbezügen wahren diese Gedichte die Illusion antiker Befindlichkeit (Namen, Hirtenpersonal, bukol. Staffage, Götterapparat); auch Sprache, Stil und Metrik belegen die Beherrschung antiken Formengutes im 12. Jh. (widerlegt ist inzwischen die Zuordnung zur Spätantike). Auf klösterl. bzw. geistl. Publikum weisen die Anrede von patres im Prolog und das Generalthema dieser Gedichte: Erot. Liebe und Leidenschaft führen zu Liebesleid und zur Vernachlässigung der Hirtenpflichten.   F.-J. Konstanciak

Ed.: F. MUNARI, M. Valerio, Bucoliche, 1970² – *Lit.*: C. RATKOWITSCH, MJb 27, 1992, 169–210 [Lit.].

Valerius Maximus im Mittelalter. Die »Facta et dicta memorabilia« des V. (erste Hälfte des 1. Jh. n. Chr.) als Slg. von Beispielen und Aussprüchen hist. und moral. Art in (ursprgl. 10, nach späterer Bearbeitung) 9 Büchern, für den Gebrauch in der Rhetorenschule bestimmt, wurden im Altertum des öfteren zitiert und erfuhren in der späteren Ks.zeit zweimal eine Epitomierung: von Julius Paris (im späten 4. Jh.?) und von Januarius Nepotianus. Ins MA ist V. durch Abkömmlinge einer einzigen Hs. gelangt, da alle uns bekannten Textzeugen am Beginn des Werkes nach der praefatio eine durch Lagenverlust verursachte

Lücke (I, 1-4) aufweisen, die sich mit Hilfe der Epitome des Julius Paris ergänzen läßt.

Das Werk erscheint für uns sichtbar erstmals im 9. Jh., in dem →Lupus v. Ferrières eine Hs. (jetzt Bern 366) mit ihrer Vorlage, aber auch mit einem Exemplar des Julius Paris kollationierte (letzteres oder ein naher Verwandter desselben ist heute Vat. lat. 4929); woher die Vorlage des Lupus stammte (Fulda?, Italien?), ist unbekannt. Auf dieselbe Hs., aus der die Vorlage des Lupus stammte, geht eine zweite Hs. des 9. Jh. zurück (Florenz, Laur. Ashb. 1899); möglicherweise stammen aus ihr die Auszüge, die sich in den Kollektaneen des →Sedulius Scottus finden; der Ashburnhamensis befand sich im 12. Jh. in Stablo, wo er von →Wibald benutzt wurde. Auf Grund der von Lupus im Unterricht diktierten, knapp gefaßten Exzerpte stellte sein Schüler →Heiric v. Auxerre eine kurze Slg. her, die er, vermehrt um weitere Exzerpte aus anderen Autoren, dem Bf. Hildebold v. Soissons widmete. Von nun an ist V. dem MA ein wichtiger Vermittler hist. und moral. Exempla aus dem Altertum gewesen und überall dort als direkte oder häufiger indirekte Q. zu vermuten, wo Beispiele solcher Art in der Lit. erscheinen. Die Hss. des Werkes selbst sind bis ins 13. Jh. nie sehr zahlreich, wenn auch nicht selten gewesen; von der gewaltigen Verbreitung, von der gewöhnl. gesprochen wird, kann bis ins späte MA nicht die Rede sein (auch Einträge in ma. Bibliothekskatalogen finden sich erst seit dem 12. Jh.). Auszüge aber des verschiedensten Umfangs, zumeist, wie es scheint, auf Grund des Heiric, seltener aus Julius Paris, dürften häufiger vorhanden gewesen sein als das vollständige Werk. Bemerkenswert ist eine hexametr. Bearbeitung eines großen Teiles des V. durch →Radulfus Tortarius (im späten 11. Jh.), die allerdings wenig verbreitet gewesen zu sein scheint. Im 14. Jh. nimmt die Häufigkeit des V. stark zu, und aus dem 15. Jh. liegen so viele Hss. vor, daß der Eindruck entsteht, in humanist. Zeit sei das allermeiste, was man an Exempla und anekdotenartigen Geschichten aus dem Altertum kannte und zitierte, aus V. entnommen worden. In die humanist. Zeit fallen auch die ersten Kommentare, von denen man ebenfalls eine ganze Reihe kennt. F. Brunhölzl

Lit.: L. Traube, Vorlesungen und Abhandlungen, III, 1920, 3ff. – Schanz-Hosius⁴ II, 591f. – Manitius, I-III - R. Herzog, Hb. der lat. Lit. der Antike, 5, 1989 [Register] – M. v. Albrecht, Gesch. der röm. Lit., II, 1992, 857f. – P. K. Marshall (Texts and Transmission, hg. L. D. Reynolds, 1983), 428ff. – R. H. Rouse, ebd. 290f. [zu Julius Paris] – Hss.: D. M. Shullian (Fschr. Ullman, 1960), 81ff. – Kommentare: D. M. Shullian, Catalogus translationum et commentariorum, V, 1984, 287ff. – zu Julius Paris: ebd., 263 – zu Nepotianus: ebd. 251 – zu Sedulius: S. Hellmann, Sedulius Scottus, 1906, 97f. – zu Heiric: R. Quadri, I Collectanea di Eirico di Auxerre, Spicilegium Friburgense 11, 1966.

Valescus (Balescon, Balescus) **de Taranta** (Tharare, Tarente), * in Portugal, wirkte seit 1382 als Professor in →Montpellier. 1401 erschien hier der Traktat »De epidemia et peste« (als Inkunabel 1473, 1474 und 1497 in Turin, Basel und Hagenau), ferner 1418 das »Philonium pharmaceuticum et chirurgicum de medendis omnibus cum internis tum externis humani corporis affectionibus«, eine von der Pharmazie bis zur Chirurgie reichende, 'a capite ad calcem' geordnete 'Practica' (Druck 1490 in Lyon und Venedig). Ein angefügter Chirurgie-Traktat behandelt 'Aposteme' (verschiedene Arten von Geschwülsten). Das Werk trug dem Verf. den Titel eines Protomedicus Karls VI. v. Frankreich ein und ist noch im 17. Jh. an europ. Universitäten als Lehrbuch nachweisbar. V. unterteilte u. a. Verbrennungen in Grade (Schmerz, Blasen, Ulcera). Das Kapitel über die Anatomie verrät eigene Sektionserfahrung. 1510 erschien in Konstantinopel eine hebr. Übersetzung. K. Bergdolt

Lit.: BLA I, 302 – Sarton III/2, 1199f. – E. Gurlt, Gesch. der Chirurgie, II, 1898, 108-120.

Valesiana Excerpta → Anonymus Valesianus

Valet, frz. Hofbediensteter. Im 12. Jh. bezeichnete das Wort 'v.' einen jungen Mann ('Burschen') im Dienste eines Ritters. Noch das 15. Jh. kannte den v. als Gehilfen des berittenen 'homme d'armes' (Pferdschützen); der v., der (sofern in angemessener Weise ausgerüstet) auch Sold beziehen konnte, hatte sich um die Pflege des Pferdes und der Ausrüstung seines Herrn sowie um die entsprechende Lebensmittel- und Futterversorgung zu bekümmern. – Im Bereich des Handwerks bezeichnete 'v.' den 'Lehrling' oder 'Gesellen', der im Dienst eines 'Meisters' stand (in diesem Sinn verwendet im »Livre des métiers« des Étienne →Boileau, 1256).

Am →Hofe hatten Fs.en und Kg.e, gemäß der chevaleresken Tradition, als Dienstkräfte ihre v.s. Diese sind im 13. Jh. und bis zur Mitte des 14. Jh. im →Hôtel du roi und in allen kgl. 'métiers' (Hofämtern) zu finden. Im ausgehenden 13. Jh. dienten um die 100 v.s am frz. Königshof, in der Regel auf einen festen Zeitraum angenommen ('à retenues'). Alle kleineren Ämter vom 'Spielmann' (ménestrel) bis zu bestimmten 'Türstehern' (huissiers) konnten unter der Bezeichnung 'v.' zusammengefaßt werden; somit trugen Angehörige eines weiten Personenkreises, die oft nur sporadisch Dienste für den Kg. leisteten, die Bezeichnung eines v. Doch erfuhr der Begriff eine rasche Bedeutungsverengung auf die Écurie, den kgl. Marstall (v.s étables), und die Chambre du roi, deren v.s de chambre, die 'Kammerdiener', noch ein glanzvolles Fortleben erfahren sollten. Am Ende des 13. Jh. trugen der kgl. Barbier und épicier (Gewürzkrämer, Apotheker) den Titel von 'v.s de chambre'. Noch zu Beginn des 14. Jh. deckte der Begriff des v. eine echte Dienstfunktion ab: Diese v.s waren unmittelbar als Diener der kgl. Person tätig. Seit dem späten 14. Jh. wurden jedoch in zunehmendem Maße einflußreiche Persönlichkeiten als 'v.s de chambre' klassifiziert; der Titel wandelte sich zu einem Ehrenrang, der vorzugsweise den Pariser »Hoffaktoren«, die das Hôtel du roi belieferten und z. T. Geldgeschäfte für Kg. und Hof tätigten, zuerkannt wurde. E. Lalou

Lit.: M. Rey, Le domaine du roi et les finances extraordinaires sous Charles VI, 1965 – M. Ornato, Dict. des charges, emplois et métiers relevant des institutions monarchiques en France aux XIVᵉ et XVᵉ s., CNRS, 1975 – E. Lalou, Les comptes sur tablettes de cire de la chambre aux deniers de Philippe III le Hardi et de Philippe IV le Bel, 1994.

Valkena → Falkenau

Valla, Lorenzo, it. Humanist und Philosoph, * 1407 Rom, † 1. Aug. 1457 ebd., Sohn eines Juristen aus Piacenza. Studierte in Rom und Florenz, lernte 1426 L. →Bruni und 1428 A. →Beccadelli (Panormita) kennen, versuchte vergebl., unter Martin V. ein Amt an der Kurie zu erhalten. Nach kurzen Aufenthalten in Piacenza (1430) und Venedig erhielt er durch Vermittlung Beccadellis den Lehrstuhl für Rhetorik in Pavia. Auch sein erneuter Versuch, unter Eugen IV. in päpstl. Dienste zu treten, war erfolglos. Seine Kritik des herrschenden Rechtswesens zwang ihn, 1433 Pavia zu verlassen (Epistula de insigniis et armis). Nach kurzen Aufenthalten in Mailand und Genua (1433-35) wurde er 1435 Sekretär Kg. Alfons' V. v. Neapel, des Widersachers Papst Eugens IV. In dieser Zeit verfaßte er »De falso credita et ementita Constantini donatione Declamatio«, den für Selbstverständnis und Status der röm. Kirche folgenschweren Nachweis der Fälschung der

→Konstantinischen Schenkung, mit dem er durch seine hist. und linguist. Methode zum Wegbereiter der philolog. Textkritik wurde; die Herausgabe besorgte 1517 Ulrich v. Hutten in Basel, der die Schrift in den Dienst seiner reformer. Absichten stellen konnte. 1444 in Auseinandersetzungen mit →Antonius v. Bitonto und bes. mit den Franziskanern, die ihn der Ketzerei bezichtigten, verwickelt, mußte V. aus Neapel fliehen. Seine Verteidigung (»Apologia adversus calumniatores«) führte erst unter Nikolaus V. 1448 zum Erfolg, so daß er nach Rom zurückkehren konnte und unter Calixt III. 1455 Sekretär wurde. Seit 1450 war er Professor für Rhetorik in Rom, ein Amt, das V.s Fähigkeiten am meisten entsprach.

Die Rhetorik spielte im bewegten Leben des Humanisten V. eine zentrale Rolle. Sein Werk »Elegantiarum linguae latinae libri sex« (1435–44) bildete die Grundlage für die Normierung des humanist. Latein. Seine zahlreichen, rhetor. meisterhaften (Streit-)Schriften brachten ihn zeit seines Lebens in Konflikt mit den herrschenden Autoritäten in Kirche und Staat. Im Spannungsfeld von Kirche (Papsttum) und Staat (im Dienst der Aragonesen in Neapel; »Historiarum Ferdinandi regis Aragoniae«, 1445) erweist sich exemplar. die prekäre Situation des krit. Humanisten des Quattrocento, den Ausbildung, Wissen und Selbstbewußtsein in Konflikt mit den Autoritäten seiner Zeit bringen; unter diesem Aspekt ist auch seine Kritik an Scholastik und Ordenswesen von großer Bedeutung (De professione religiosorum, 1442). Sein Bibelkommentar (1449) wird später von Erasmus v. Rotterdam genutzt.

Seine Ethik entwickelt V. in rhetor. poet. Manier gegen die logozentrierte scholast. Methode, so daß sich darin erneut und in herausragender Weise die Rolle der Rhetorik erweist. In »De vero falsoque bono« (1439–1441, Lyon 1483) nimmt er mittels der Widerlegung von Boethius' »De consolatione philosophiae« eine Aufwertung der »voluptas« auf Basis der Theorie von der Materialität und Sinnlichkeit des Lebens vor. In den drei Reden des Philosophen, des Rhetors und des Dichters entwirft er seine Konzeption einer rhetor. poet. Philosophie, die von grundlegender Bedeutung für das philos. Selbstverständnis des it. Humanismus wird. Dem abstrakten Begriff des »bonum« und »verum« der scholast. Philos. wird als Qualität des diesseitig gelebten Guten entgegengestellt. Ird. und himml. Lust bilden in der rhetor. Philosophie V.s Kriterium und Ziel humaner Erkenntnis und Würde. Seine Rhetorisierung der Theologie, sein antimetaphys. Entwurf, begründen seine herausragende Stellung in der Entwicklung des it. Humanismus. D. Hoeges

Ed.: Opera omnia, Basel 1540, ed. E. GARIN, 1962 – De vero falsoque bono, ed. M. DE PANIZZA LORCH, 1970 – Gesta Ferdinandi regis Aragonum, ed. O. BESOMI, 1973 – De falso credita et ementita Constantini donatione (W. SETZ, L. V.s Schrift gegen die Konstantin. Schenkung, 1975) – Antidotum Primum, ed. A. WESSELING, 1978 – Repastinatio dialecticae et philosophiae, ed. G. ZIPPEL, 1982 – Epistolae, ed. O. BESOMI–M. REGOLIOSI, 1984 – De professione religiosorum, ed. M. CORTESI, 1986 – *Lit.*: L. BAROZZI–R. SABBADINI, Studi sul Panormita e sul V., 1891 – G. POMPEO, L. V., 1972 – H.-B. GERL, Rhetorik als Philosophie: L. V., 1974 – M. DE PANIZZA LORCH, A defense of life. L. V.s Theory of Pleasure, 1985 – L. V. e l'umanesimo it., ed. O. BESOMI–M. REGOLIOSI, 1986 – E. KESSLER, Die Transformation des aristotel. Organon durch L. V., 1988 – S. GAVINELLI, Teorie grammaticali nelle »Elegantiae« e la tradizione scolastica del tardo Umanesimo, 1991 – M. DE PANIZZA LORCH, Il suicidio di Aristotele o la demistificazione umanistica dell'intellettuale, 1991 – P. MACK, Renaissance Argument, V. and Agricola in the Traditions of Rhetoric and Dialectic, 1993 – O. PUGLIESE, La falsa donazione di Costantino, 1994.

Valladolid, Stadt in →Kastilien, am Pisuerga oberhalb seiner Mündung in den Duero. Das antike Vallisoletum hatte nichts mit dem röm.-antiken Pincia zu tun (gegen GAMS und EUBEL). Das 1074 von →Alfons VI. v. Kastilien eroberte V. erfuhr v. a. seit →Alfons VII. (1126–57), der sich hier öfter aufhielt, eine verstärkte städt. Entwicklung (Kg.spfalz, Jahrmarkt; im 14. Jh. höchster Gerichtshof, Tagungsort von →Cortes) und besaß im 16. Jh. Hauptstadtrang (wegen Brand nach Madrid verlegt).

Erste kirchl. Institution der Stadt war die 1080 auf Veranlassung Alfons' VI. mit Mönchen aus →Carrión besiedelte Abtei, die anläßl. der Kirchweihe (1095) in das nicht regulierte Kollegiatstift S. Maria la Mayor umgewandelt erscheint. Das Ansehen des Stifts wuchs mit der Bedeutung der Stadt: schon im 12. Jh. mehrfach Stätte v. Synoden, seit dem 13. Jh. offenbar vom Bf. v. →Palencia eximiert; seine Äbte waren teils Kg.ssöhne, teils mit höchsten weltl. Ämtern betraut. Mit der Bestimmung V.s 1486 zum Sitz der kgl. →Kanzlei war die Erhöhung der Abtei zum Bf.ssitz vorgezeichnet, die 1500 von den Kath. Kg.en bei Alexander VI. angeregt wurde. Auch gegen den Status einer Mitkathedrale, wie 1503 von Julius II. beschlossen, wehrte sich die bfl. Kurie v. Palencia vehement, bis 1595 das Bm. V. durch vollständige Absonderung vom Bm. Palencia gegründet werden konnte.

Die *Universität* v. V. ging wohl aus dem →Studium generale v. Palencia (seit 12. Jh.) hervor, indem es von →Ferdinand III. nach V. wahrscheinl. verlegt und 1346 durch Clemens V. als Univ. bestätigt wurde. Martin V. gestattete 1418 die Errichtung einer Theol. Fakultät, deren Anfänge bis 1404 zurückreichen. Das Hauptkolleg S. Cruz wurde 1487/91, das Kolleg S. Gregorio der Dominikaner 1499 gegründet.

Das bedeutendste Kl. der Stadt war die Abtei OSB S. Benito. Auf Betreiben Kg. Johanns I. wurde sie auf dem Gelände des alten →Alcázar Ende 1389 gegr., von →Sahagún aus besiedelt und 1390 von Clemens VII. bestätigt. Die Gründung spiegelt eine vielfach im späten 14. Jh. in Spanien einsetzende kirchl. Reform wider (auslösendes Moment wohl Pedro de Luna [der spätere →Benedikt XII.] als Legat Clemens' VII. auf der Synode v. Palencia, 1388). Nach dem Vorbild der Klarissen forderte der Konvent sogleich strenge Klausur, verschärftes Silentium, Bußübungen und intensive Tätigkeit im Skriptorium. Um der Gefahr der Kommendation zu begegnen, leitete ein vom Konvent gewählter Prior (1466–97 auf drei Jahre, vorher unbefristet) den Konvent. Die Einführung der Abtswürde hängt mit der Institutionalisierung der benediktin. Kongregation von S. Benito zusammen. Seit dem frühen 15. Jh. begann der Anschluß benediktin. Konvente, teils durch Übernahme der Consuetudines (darunter seit 1464 auch weibl. Kl.), teils durch rechtl. Abhängigkeit von S. Benito. 1497 kam es zur Bildung der Kongregation v. S. Benito, deren erste Konstitution 1500 von Alexander VI. bestätigt und 1505 durch Übernahme der Konstitutionen v. →S. Giustina in Padua bzw. v. →Montecassino erweitert wurde. Um 1499 bereits zählte die Kongregation an die 450 Mönche in 18 Kl. und sollte nach dem Willen der Kath. Kg.e alle Benediktinerkl. des Doppelreiches Kastilien/Aragón erfassen, was aus polit. Gründen jedoch auf Kastilien beschränkt blieb.

Das Zisterzienserinnenkl. in den *Huelgas de Esgueva* von V. (im Prado de la Magdalena) wurde 1282 nach einem Brand anläßl. der Hochzeit Kg. →Sanchos IV. mit →Maria de Molina, die ihre Pfalz zur Verfügung stellte (nach dem Vorbild der Abtei →Las Huelgas b. Burgos ?), dorthin umgesiedelt und u. a. mit dem Seniorat über Zarathan dotiert; Grab der Maria de Molina in der Kl. kirche. Die vielen anderen Kl. der Stadt entstanden erst im späteren 16. Jh.

O. Engels

Lit.: DHEE I, 210–212; III, 1695–1699 [Äbteliste für S.B.]; IV, 2648–2650, 2706 – M. Castro Alonso, Episcopologio vallisoletano, 1904 [dazu: F. Fita, BRAE 45, 1904, 354–358] – M. Manueco Villalobos-J. Zurita Nieto, Doc. de la Iglesia Colegial de S. Maria la Mayor de V., I, 1917; II, III, 1920; IV, 1922 – M. Alcocer Martínez, Hist. de la Univ. de V., 7 Bde, 1918–31 – Ph. Hofmeister, Die Verfassung der Benediktinerkongr. v. V., SFGG.GAKGS 5, 1935, 311–336 – F. Antón, Monasterios medievales de la prov. de V., 1942 – J. San Martín, La antigua Univ. de Palencia, 1942 – F. Pérez y Pérez, El archivo de la antigua Congr. benedictina de V., Rev. de Arch., Bibl. y Museos 59, 1953, 51–70 – G. M. Colombas-M. M. Gost, Estudios sobre el primer siglo de S. B. de V. (Scripta et Documenta 3, 1954) [Q.] – Ph. Schmitz, Gesch. des Benediktinerordens, III, 1955, 215–220 [217 Anm. 1 Liste der angeschlossenen Kl.] – D. Mansilla, Erección del obispado de V., Anthologica Annua 5, 1957, 9–261 – E. García Chico, Catálogo Mon. de la prov. de V., 4 Bde, 1959–64 – Ders., El monasterio de las Huelgas de V., Rev. de Arch., Bibl. y Museos 68, 1960, 761–780 – F. Arribas Arranz, El Colegio Mayor de S. Cruz de V. en sus primeros anos, 1961 – G. M. Colombas, El libro de los bienhechores de S. B. de V., Studia Monastica 5, 1963, 305–404 – Ders., Los estudios en la Congr. de S. B. de V. (Los monjes y los estudios, 1963), 339–362 – J. García Oro, La reforma de los religiosos españoles en el tiempo de los Reyes Catolicos, 1969 – E. Zaragoza Pascual, Los generales de la Congr. de S. B. de V., 6 Bde, 1973–87 – A. Linage Conde, S. Benito y los benedictinos, II/2, 1992, 784–792 [Lit.].

Valle de Arán (Vall d'Aran), durch die Garonne geformtes, zw. den Gft.en →Pallars und →Ribagorza gelegenes, ca. 600 km² großes Tal der →Pyrenäen im nördl. →Katalonien. Das V. war Teil der Gft.en →Comminges bzw. Pallars, bevor es 1036 durch Heirat der Gisberga v. Foix-Couserans mit →Ramiro I. an das Kgr. →Aragón fiel. Aufgrund seiner Lage im nordkatal. Grenzgebiet wurde es im 12. Jh. häufig als Lehen vergeben, um nordpyrenäische Herrschaften an die Krone zu binden. Nach mehrjähriger Besetzung durch Truppen Philipps III. und IV. v. Frankreich (1283–1313) kam es durch den Vertrag v. Poissy (23. April 1313) endgültig an die katal.-aragones. Krone. Das wenig später (Aug. 1313) ausgestellte, wiederholt bestätigte kgl. Privileg »Querimonia« bildete die Rechtsgrundlage für die erst im 19. Jh. abgeschaffte, durch einen 'Conselh Generau' getragene Selbstverwaltung des V. Das abgelegene, durch Viehwirtschaft geprägte Gebiet, das einen Verbindungsweg zw. dem Pallars und →Toulouse darstellt, war in rund dreißig Pfarreien unterteilt und gehörte im MA zum Bm. Comminges.

N. Jaspert

Lit.: D. Martín, Bibliografia a la Vall d'Aran, Urgellia 3, 1980, 509–522 – C. A. Willemsen, Der Kampf um das Val d'Aran, SFGG.GAKGS 6, 1937, 142–224 – J. Reglà i Campistol, Francia, la Corona de Aragón y la lucha por el V. d. A. (s.s XIII–XIV), 2 Bde, 1951 – El Solsonès, la Vall d'Aran (Catalunya Romànica 13), 1987.

Vallombrosa, Stammkl. der vallombrosan. Kongregation OSB, etwa 20 km von Florenz auf der NW-Seite des Monte Pratomagno (in ca. 1000 m Höhe) gelegen, Gründung des hl. →Johannes Gualbertus. Das Kl. enstand in dem Ort Acquabella, der später V. genannt wurde, auf einem Gelände, das ihm die Äbt. Itta v. S. Ilario in Alfiano (S. Ellero) geschenkt hatte. Johannes Gualbertus und seine ersten Gefährten, die von S. Miniato (Florenz) und von anderen Kl. wie Settimo kamen, begannen dort um 1037 ein monast. Leben nach der Regel des hl. Benedikt zu führen mit dem bes. Schwerpunkt auf der Armut sowohl des einzelnen wie der Gemeinschaft, der »conversatio morum« und der körperl. Arbeit, die größtenteils den (vom hl. Johannes Gualbertus eingeführten) Konversen übertragen wurde. Gualbertus nahm das frühe Mönchtum zum Vorbild und verband wie die Kirchenväter und der hl. Basilius Anachorese und Askese mit dem Kampf gegen die Häretiker und Schismatiker. Unter seinen ersten Schülern sind Andreas v. Strumi (Biograph des Johannes Gualbertus, † 1106) und Petrus Igneus (Abt, seit 1074 Kardinalbf. v. Albano, † 1089) hervorzuheben. Bereits 1038 weihte Bf. Rudolf (Rotho) v. Paderborn, der von →Konrad II. entsandt war, den steinernen Altar des Bethauses. Kaum 20 Jahre später konnte am 9. Juli 1058 Kard. →Humbert v. Silva Candida die der hl. Jungfrau geweihte neue Kirche mit zwei Altären konsekrieren. In den ältesten »consuetudines« von V. finden sich Hinweise auf die Beschaffenheit der ersten Kl. gebäude, die um den Kreuzgang neben der Kirche entstanden waren: Kapitelsaal, Refektorium, Dormitorien, Calefactorium und seit dem 11. Jh. eine Uhr mit Schlagwerk (sonante horologi signum). Diese ersten Gebäude wurden in den Jahren 1224–30 (Abt Benignus) unter der Leitung eines Magisters Petrus Lombardus erweitert; zu diesen Baumaßnahmen trugen Bf. Johannes v. Florenz und Bf. Raimundus v. Castro in Sardinien bei. In der zweiten Hälfte des 15. Jh. (v. a. unter dem Abt Francesco Altoviti) wurden die Kl.-gebäude im Renaissancestil erneuert und erweitert. Ende des 15. Jh. wurde eine größere Bibliothek hinzugebaut. In der Zeit der Kommendataräbte begann aber auch eine Phase des Niedergangs, der sich durch äußere Gründe, z. B. die Niederbrennung durch Söldner Karls V. (1530), verstärkte. 1866 mußten die Mönche das Kl. an den it. Staat abtreten. Erst 1949 kehrten die Vallombrosaner wieder in ihr Mutterkl. zurück. Der Leib des Johannes Gualbertus befindet sich in dem Kl. Passignano, wo er starb. In V. wird jedoch eine sehr bedeutende Reliquie des Gründers, in einem kunstvollen Reliquiar, verehrt. Das Urkk. material von V. und anderer vallombrosan. Kl. wurde im 19. Jh. in das »Archivio di Stato« von Florenz (Diplomatico Vallombrosa), die Chorbücher und andere Hss. in verschiedene Florentiner Bibliotheken gebracht (Bibl. Naz., Laurenziana, Riccardiana, Marucelliana).

F. Avagliano

Q. und Lit.: Ed. der ältesten Urk. von V. in Vorber. [R. Volpini] – Acta SS Mart II 48–51 – IP III – Redactio vallumbrosana saec. XII (V). Recens. D. N. Vasaturo, compl. K. Hallinger-D. M. Wegener-D. C. Elvert, CCM VII/ 2: Consuetudines Cluniacensium antiquiores cum redactionibus derivatis, 1983, 309–379 – R. Volpini, Additiones Kehrianae, II. Nota sulla tradizione dei documenti pontifici per V., RSCI 33, 1969, 313–360 – Consuetudines vallymbrosanae congregationis (Consuetudines monasticae, IV, ed. B. Albers, 1911), 221–262 – Ders., Die ältesten Consuetudines von V., Revbén 28, 1911, 432–436 – K. Hallinger, Woher kommen die Laienbrüder, AnalCist 8, 1952, 1–104 [bes. 29–32] – A. Kovacevich, L'abbazia di V., 1951 – S. Boesch Gajano, Storia e tradizione vallombrosane, BISI 76, 1964, 99–215 – J. R. Gaborit, Les plus anciens monastères de l'ordre de Vallombrose (1037–1115), Et. archéol, MAH 76, 1964, 451–490; 77, 1965, 179–208 – V. nel IV. centenario della morte del fondatore Giovanni Gualberto, 12 luglio 1073, 1973, 1–22 [N. Vasaturo]; 161–166 [G. Marozzi]; 167–174 [G. Marchini] – I Vallombrosani nella società italiana dei sec. XI e XII, Vallombrosa, 3–4 sett. 1993, hg. G. Monzio Compagnoni (Archivio Vallombrosano, 2), 1995 (bes. K. Elm, La congregazione di V. nello sviluppo della vita religiosa altomedievale, ebd. 13–33).

Vallombrosanerkongregation OSB. Die Verfassung der V. erlebte einen langsamen Entwicklungsprozeß. Ursprgl. handelte es sich im wesentl. um einen Verband von Kl., die dem Gründer →Johannes Gualbertus unterstanden; dessen Nachfolger mußten jedoch nicht notwendigerweise Äbte v. →Vallombrosa sein. Der Vorrang des Abtes des Mutterkl. wurde 1090 von Urban II. festgelegt; aufgrund dieser Stellung mußte seine Wahl durch die Kommunität von Vallombrosa und alle Äbte der assoziierten Kl. erfolgen. Im 12. bis 14. Jh. wandelte sich der Kl. verband des 11. Jh. zu einem monast. Orden, an dessen Spitze ein mit dem Abt von Vallombrosa ident. Generalabt stand, der in den Amtsgeschäften durch Dekane unterstützt wurde; Visitatoren übten seit 1216 die Kontrolle aus; an der Kurie wurde der Orden durch einen Procurator oder Advocatus vertreten (VASATURO). Verschiedene Reformen und Verfassungsänderungen im 15. und 16. Jh., die zeitweise zu starken Spannungen führten, wurden schließlich 1545 durch die Entscheidung Pauls III. abgeschlossen, daß statt des Abtes v. Vallombrosa, der bis dahin »ipso facto« Generalabt war, »unus praesidens, caput ipsius Congregationis, iuxta ritus et mores Congregationis Cassinensis alias Sanctae Justinae de Padua, et cum eisdem facultatibus et auctoritatibus« gewählt werden müsse. Die Amtszeit dieses Präsidenten wurde auf drei Jahre festgelegt, während der Abt v. Vallombrosa als Generalvikar der Kongregation (ebenfalls mit zeitl. begrenzter Amtsdauer) fungierte.

Die V. breitete sich rasch in der Toskana, aber auch in Norditalien aus, v. a. in der Lombardei, dazu kamen weitere Kl. in Frankreich (Corneillac bei Orléans, Chezal-Benoît, auf Sardinien, Sizilien und in Rom (1198 übertrug Innozenz III. den Vallombrosanern die Basilika S. Prassede; heute Sitz des Generalprokurators). Um die Mitte des 13. Jh. erwähnen die Q. ca. 80 Abteien, etwa 30 Priorate, ferner kleinere Hospize und Frauenklöster. Anfang des 16. Jh. bestanden in Italien und im übrigen Europa mehr als 80 Abteien, rund 200 Priorate, ca. 30 Hospitäler, Pilgerherbergen, Waisenhäuser etc. und etwa 20 Frauenklöster. Die ursprgl. eisengraue, dann braune Ordenstracht ist heute der schwarzen Tracht der Benediktiner angeglichen. Den weibl. Zweig des Ordens begründete die hl. Humilitas (* 1266 in Faenza, † 1310 in Florenz). F. Avagliano

Q. und Lit.: Constitutiones ordinis monachorum benedictinorum Vallis-Umbrosae (1704), ed. L. HOLSTENIUS-M. BROCKIE (Codex regularum monasticarum..., t. 4, 1759), 358-411 – P. LUGANO, L'Italia benedettina, 1929, 305-375 (bes. 357-370: Abteien, Kl. und andere Häuser der V., 371-375: Verz. der Generaläbte) – Acta capitulorum generalium congregationis Vallis Umbrosae, I: Institutiones abbatum (1095-1310), hg. N. R. VASATURO (Thesaurus ecclesiarum Italiae, VII/25, 1985) – I Vallombrosani nella società it. dei sec. XI e XII, Vallombrosa, 3-4 sett. 1993, hg. G. MONZIO COMPAGNONI, Archivio Vallombrosano 2, 1995.

Valognes, Vertrag v., geschlossen am 10. Sept. 1355 zu V. (Normandie, Cotentin; dép. Manche, arr. Cherbourg) zw. den Beauftragten Kg. Johanns II. v. Frankreich (→ Jean le Bon), nämlich Jacques de Bourbon, Gf. v. Ponthieu, sowie Gautier VI. v. →Brienne, Hzg. v. →Athen, und →Karl 'dem Bösen', Kg. v. →Navarra und Gf. v. →Évreux, dem Schwiegersohn Kg. Johanns. V. sollte die für Karl bereits äußerst vorteilhaften Bestimmungen von →Mantes (22. Febr. 1354) ergänzen und ein Zeichen der Versöhnung setzen. Dem Vertrag gingen umfangreiche Friedensbemühungen der Königswitwen →Blanca v. Navarra und →Jeanne d'Evreux, ihrer Tante, voraus. Der Kg. v. Navarra mußte Verzeihung für das Assassinat am Connétable Charles d' →Espagne (1354) erbitten, eine Generalamnestie sollte verkündet, wechselseitige Friedenseide sollten geleistet werden. Am 24. Sept. wurde im Louvre eine Begegnung zw. den beiden Kg.en arrangiert. Ihre Feindseligkeiten lebten jedoch mit der Allianz zw. dem Kg. v. Navarra und seinem Schwager, dem Prinzen →Karl (V.), Hzg. v. Normandie, im folgenden Jahr wieder auf. Ph. Contamine

Lit.: D. SECOUSSE, Recueil de pièces pour servir de preuves aux mémoires sur les troubles excités en France par Charles II..., 1755, 582-595 – R. DELACHENAL, Hist. de Charles V, I, 1909.

Valois, Gft. (später Hzm.) in Nordfrankreich (nö. von Paris), namengebend für die 1328 bis 1498 regierende frz. Dynastie.

I. Grafschaft/Herzogtum – II. Dynastie.

I. GRAFSCHAFT/HERZOGTUM: [1] *Allgemeines. Im 10. und 11. Jh.*: Die (in ihrem ma. Territorialumfang nicht immer konstante) Gft. hatte Crépy-en-V. (dép. Oise, arr. Senlis) als Vorort und erstreckte sich in ihrer größten Ausdehnung im N bis an die Grenzen des Noyonnais (→Noyon), im S bis zum Soissonnais (→Soisson) und zur Brie, im W bis zum Beauvaisis (→Beauvais). Unmittelbares Lehen des Kg.s v. Frankreich, war sie in ihrer vollen Ausbildung in fünf →Kastellaneien gegliedert: Crépy, La Ferté-Milon, Villers-Cotterets, Vivières und Pierrefonds.

Der westfrk. Adlige Raoul (Rudolf, Rodulf) v. Gouy, der wohl karol. Vorfahren (bis auf Karl d. Gr. und Ludwig d. Fr.) hatte, besaß bei seinem Tod (926) neben anderen Besitzungen den 'Pagus Vadensis' (dieser geogr. Begriff ist seit Ende des 8. Jh. belegt, während die Form 'Valesium' erst viel später erscheint, bes. bei →Giselbert v. Mons; in den Q. wird der Pagus manchmal auch als Gft. Crépy bezeichnet). Die Nachfolger Raouls II. († 944), Gautier I. († um 995) und Gautier II. († 1023), waren mächtige Persönlichkeiten. Auf Gautier II. wird die Errichtung der von Helgaud v. Fleury gerühmten Burg Crépy zurückgeführt. Nach Raoul II. (um 1030) begründete der krieger. Raoul III. (1037-74) eine echte territoriale Fs. engewalt, die neben dem V. auch Amiénois (→Amiens) und →Vexin erfaßte. Doch scheiterte der große Plan der Bildung eines dauerhaften →Fürstentums; der Nachfolger Simon zog sich sehr bald ins Kl. zurück.

[2] *Im 12.-15. Jh.*: Das V. fiel an Simons Nichte Adela, die Gemahlin Hugos ('v. Crépy'), Bruder Kg. →Philipps I. v. Frankreich. Hugo verstarb 1101 auf dem 1. →Kreuzzug. Der Sohn, Raoul IV. († 1152), Gf. v. →Vermandois und V., war →Seneschall der Kg.e →Ludwig VI. und →Ludwig VII. Gemeinsam mit Abt →Suger v. St-Denis wurde Raoul IV. mit der Regentschaft des Kgr.es während des 2. →Kreuzzuges betraut. Nach Raoul V. 'dem Aussätzigen' (1152-64) fiel das V. an →Philipp v. Elsaß, Gf. v. →Flandern, durch Heirat mit →Elisabeth, Schwester Raouls V. Nach deren Tod (1182) erbte ihre Schwester →Eleonore v. Vermandois die Gft., in der sie die Kl. Longpré und Le Parc-aux-Dames stiftete.

Nachdem Eleonore 1213 kinderlos verstorben war, zog Kg. →Philipp II. Augustus das V. als erledigtes Lehen ein. Es wurde Teil des Wittums von →Blanca v. Kastilien (1240-52). 1269 übertrug Ludwig IX. d. Hl. das V. seinem (bereits im folgenden Jahr verstorbenen) Sohn Jean Tristan als →Apanage. Philipp III. vergab sie 1285 unter demselben Rechtstitel an seinen 2. Sohn →Karl v. V. (37. K.), dem er damit jährl. Einkünfte von 10000 *livres parisis* sichern wollte. Fortan wird das V. durchweg als Gft. bezeichnet. Nach dem Tode Karls (1325) kam die Apanage an dessen Sohn →Philipp (VI.) v. V., seit 1328 Kg. v. Frankreich.

Nach dem kgl. Feuerstättenverzeichnis der →Paroisses et feux (1328) umfaßte die Gft. V. ca. 100 Pfarreien und 9000 Haushalte, was auf intensiven →Landesausbau der waldreichen Region (Forsten v. →Compiègne und Villers-Cotteret) hinweist. Das V. wurde als Apanage an die führenden Mitglieder des Hauses →Orléans, das hier das ganze 15. Jh. hindurch herrschte, verliehen: 1344-75 an Philipp v. Orléans, Sohn Philipps VI., 1392 an den Bruder Kg. Karls VI., →Ludwig v. Orléans († 1407), der seine Herrschaft durch systemat. Befestigungsbau (La Ferté-Milon, Vez, Pierrefonds) stärkte und 1406 die Erhöhung der Gft. zum Hzm. (*duché-pairie*) durchsetzte (→Pair). Auch Hzg. →Charles d'Orléans und sein Sohn →Ludwig (XII.) besaßen das V., dessen wirtschaftl. und soziale Entwicklung im allg. derjenigen des Pariser Umlandes folgte: Kriege und Epidemien führten im 14. und frühen 15. Jh. zu Bevölkerungsrückgang (Wüstungen). Eine Phase des Wiederaufbaus setzte um die Mitte des 15. Jh. ein.

II. DYNASTIE: Nach dem Tode Kg. →Karls IV. (1328), ohne männl. Erben, wurde die Krone aufgrund des 'consensus' der Großen des Kgr.es seinem leibl. Vetter →Philipp (VI.), Gf. v. V., übertragen. Damit begann die Ära der 'lignée' oder 'branche des V.', wie die traditionelle Historiographie dieses bis 1498 regierende frz. Herrscherhaus, unter Bezugnahme auf den 'Stamm' der →Kapetinger, zu bezeichnen pflegt. Mit dem Tode →Karls VIII. (1498), der keinen Erben hatte, fiel die Krone an →Ludwig XII., den einzigen Repräsentanten der 'branche' der →Orléans.

Das Recht Philipps VI. und seines Hauses auf die Krone Frankreichs wurde von den Kg.en v. England auf das heftigste bestritten (→Hundertjähriger Krieg); die engl. Propaganda war bestrebt, die Kg.e dieses Hauses durch prononcierte Kennzeichnung als 'V.' (nicht als Kg.e v. Frankreich!) herabzusetzen; noch Karl VII. wurde im Zeichen der engl. 'Doppelmonarchie' (→Troyes, Vertrag v., 1420) als 'Karl v. V.' abqualifiziert. Doch auch innerhalb Frankreichs vertrat ein Teil der öffentl. Meinung die Auffassung, daß die V. eine neue Dynastie bildeten, wobei stärker der Gedanke des Bruches als derjenige der Kontinuität betont wurde. Die zeitgenöss. Historiographie spricht üblicherweise von Philipp v. V. und nicht von Philipp VI., und dies gilt gelegentlich sogar noch für Ludwig XI. Diese Vorstellung weist Jean →Jouvenel des Ursins (1388–1473) in seinem Traktat gegen die engl. Thronansprüche entschieden zurück, indem er darlegt, daß die als V. bezeichneten Kg.e Philipp (VI.), Johann (II.) und Karl (V.) mit Recht Kg.e v. Frankreich heißen (»par droit surnommez de France«). Die frz. Kg.e aus dem Hause V. machten sich diese Auffassung zweifellos zu eigen; indem sie bereits sehr früh die Gft. V. als Apanage austaten, demonstrierten sie, daß das V. kein Bestandteil ihrer Identität war. 1465 zählt Bernard de Rosier (um 1400–75), Ebf. v. Toulouse, in seinem Frankreichlob vier Dynastien (»généalogies«) auf: die Nachkommen von Chlodwig, Karl Martell, Hugo Capet und Philipp v. V.; Ludwig XI. war demnach der »sechste« Kg. dieser »généalogie«. Ph. Contamine

Lit. zu [I]: L. CAROLUS-BARRÉ, Le comté de V. (Xe s.-1328), Éc. Nat. des Chartes. Positions des thèses, 1934, 15–28 – PH. GRIERSON, L'origine des comtés d'Amiens, V. et Vexin, Le MA 49, 1939, 81–125 – P. FEUCHÈRE, Une tentative manquée de concentration territoriale entre Somme et Seine: la principauté d'Amiens-V. au XIe s., ebd. 60, 1954, 1–37 – A. MOREAU-NÉRÉ, Le V. ruiné à la fin de la guerre de Cent ans..., Mém. publ. des soc. hist. et arch. Aisne 19, 1973, 112–124 – J. MESQUI, La fortification dans le V. du XIe au XVe s. et le rôle de Louis d'Orléans, BullMon 135, 1977, 109–149 – L. CAROLUS-BARRÉ, Le comté de V. apanage des princes Charles et Philippe de V. (Actes du 103e congr. nat. des soc. sav., Nancy-Metz 1978, Section de philol. et d'hist., 1979), 195–214 – J. MESQUI, Maisons, maisons fortes ou châteaux? Les implantations nobles dans le comté de V. ... (La maison forte au MA, hg. M. BUR, 1986), 185–214 – zu [II]: J. Juvénal des Ursins, Écrits politiques, ed. P. S. LEWIS, 1985 – P. ARABEYRE, La France et son gouvernement au milieu du XVe s. d'après Bernard de Rosier, BEC 150, 1992.

Valona → Avlona

Valparaiso, Abtei SOCist bei →Zamora, Kgr. León, Filiation v. →Clairvaux. V. ging aus einer vom Anachoreten Martín Cid an der Kirche S. Miguel Arcangel in der Ortschaft Peleas gegr. Eremitengemeinschaft hervor. Die Gründungsumstände des Kl. sind aus einer Urk. von 1143 bekannt, die in zwei spätma., irrtüml. auf das Jahr 1137 datierten Abschriften überliefert ist. Alfons VII. v. Kastilien-León unterstellte 1143 in Anwesenheit einiger Zisterziensermönche die confratres und ihren nunmehrigen Abt Martín Cid dem Zisterzienserorden, befreite sie von Steuerpflichten und dotierte sie mit mehreren Ortschaften. Innozenz III. bestätigte 1208 Kl. und Besitz; 1232 erfolgte aus gesundheitl. Erwägungen der Umzug von Peleas ins nahegelegene V. 1263 wurden Kirche und Altäre des neuen Kl. geweiht. 1485 schloß sich V. der kast. Reformkongregation an. N. Jaspert

Lit.: M. D. YAÑEZ NEIRA, Datos históricos para la hist. del monasterio cisterciense de V., Cistercium 9, 1957, 162–171 – E. ZARAGOZA PASCUAL, San Martín Cid, fundador y primer abad del monasterio cisterciense de V., 1980 – J. PÉREZ-EMBID WAMBA, El Císter en Castilla-León. Monacato y dominios rurales (s. XII–XV), 1986 – J. C. DE LERA MAÍLLO, El cartulario del siglo XIII en el monasterio de V. (Ordenes monásticas y archivos de la Iglesia, 1995), 293–302.

Valpergue, Théaude de (Teodoro da Valperga), † nach 1459, Feldhauptmann (→Capitaine), Rat und →Chambellan Kg. →Karls VII. v. Frankreich. V. zählte als jüngerer Sohn einer piemontes. Gf.enfamilie zu den Lombarden, die unter dem Kommando des 'Borgne Caqueran' 1422 in die Dienste Karls VII. traten. Er machte sich durch außergewöhnl. militär. Erfolge (Schlachten v. Cravant, La Bussière, 1423; →Verneuil, 1424) rasch einen Namen und tat sich auch als Verteidiger von →Orléans (1428–29) und Compiègne (1430) hervor. V. gehörte dem einflußreichen Hofkreis um →Karl I. v. →Bourbon an, auf dessen Fürsprache er die Ämter des →Seneschalls v. →Lyon und →Baillis v. Mâcon (bis 1459) erhielt. Seit den 1440er Jahren zählte V. zu den führenden Räten Karls VII., förderte die frz. Wiedereroberung der Gft. →Asti, war ztw. mit der Überwachung der Umtriebe des Dauphins →Ludwig (XI.) betraut, schaltete sich in den Konflikt zw. dem Kg. und →Jean V. v. →Armagnac ein und nahm teil an den großen Rückeroberungsfeldzügen in die →Normandie (1449–50), bes. aber in die →Guyenne (1451–53). Da V., unter Aufgabe seiner Bindungen in Lyon, sich hier anzusiedeln wünschte, ernannte ihn der Kg. 1459 zum Bürgermeister, Burghauptmann und Gouverneur v. →Bayonne. V., der als tapferer Ritter und kluger Diplomat hohes Ansehen genoß, schloß eine ehrenvolle Heirat mit Louise de St-Priest, Witwe von Randon de Joyeuse, Gouverneur des Dauphiné. Auch sein Bruder Boniface de V. machte als Capitaine Karls VII. glanzvoll Karriere. Ph. Contamine

Lit.: L. CAROLUS-BARRÉ, Deux »capitaines« italiens compagnons de guerre de Jeanne d'Arc: Barthélemy Barette (Baretta) et Th. de V. (Valperga), Bull. Soc. hist. de Compiègne 28, 1982, 81–118 – J.-J. MANGIN, Les baillis de Mâcon-sénéchaux de Lyon (fin XIIe–début XVIe s.) [Thèse Lyon III, 1994], 1019–1031.

Valpuesta, Bm. in →Kastilien, benannt nach der Ortschaft V. (Valle [com]posita, mit Kl. Santa María de V.) in der Prov. Burgos, nahe Miranda del Ebro. V. war nicht Teil der westgot. Kirchenorganisation, sondern wurde im 9. Jh., wahrscheinl. z. Z. Kg. Alfons' III. v. León (866–910), im Zuge der →Reconquista gegr. Als Bf.ssitz ist es namentl. erstmals zum Ende des 9. Jh. bezeugt; eine oft zitierte, auf das Jahr 804 datierte Erwähnung muß als Fälschung gelten. Das Bm. umfaßte den nördl. Teil Kastiliens und verstand zusammen mit dem südl. angrenzenden Bm. →Oca seit 1037 einem gemeinsamen Bf. Als García III. v. Navarra nach der Eroberung v. →Calahorra (1045) die Bm.sgrenzen den neuen polit. Machtbereichen anpaßte, wurde V. (1045–1060/63) dem Jurisdiktionsbezirk des Bm.s Nájera zugewiesen. Nach dem Sieg Ferdinands I. v. León über García III. v. Navarra wurde dieses Rechtsverhältnis zwar gelöst und V. als selbständiges Bm. restauriert, aber nach dem Tod des letzten bezeugten Bf.s v. V., Munio (um 1087), wurde es 1088 auf dem Konzil v. →Husillos durch das Bm. →Burgos inkorporiert. V. bestand als Archidiakonat weiter fort. N. Jaspert

Lit.: Z. García Villada, V.: una diócesis desaparecida, SFGG. GAKGS 5, 1935, 190–218 – M. D. Pérez Soler, Cartulario de V., 1970 – G. Martínez Díez, Los obispados de la Castilla condal hasta la consolidación del obispado de Oca en Burgos en el concilio de Husillos (1088), Burgense 25, 1984, 437–514 – S. Ruíz de Loizaga, Iglesia y sociedad en el norte de España. Alta Edad Media, 1991 – Ders., Los cartularios gótico y galicano de Santa María de V. 1090–1140, 1995.

Valsainte, La (Vallis sancta, zuerst Vallis omnium sanctorum, dt. Heiligental), Kl. OCart, 1294/95 von Gerhard I. v. Corbières, Herr v. Charmey, in einem abgelegenen, unbewohnten Bergtal des Greyerzerlandes (Kt. Freiburg, Schweiz) gestiftet und unter dem Gründungsprior Guillaume de Lescheraine besiedelt. Von der Stifterfamilie, die →Kastvogtei innehatte, insbes. von Gerhard II., wurde das Kl. mit Besitz und Rechten reich ausgestattet, es besaß sogar hochgerichtl. Befugnisse über seine Untertanen. Mit Corbières gelangte die V. 1454 an die Gft. Greyerz, 1553/55 an →Freiburg im Üchtland. 1381 und 1732 richteten Brände große Schäden an. 1778 wurde das Kl. durch Pius VI. aufgehoben, Güter und Archiv gelangten an den Staat Freiburg, die Bibl. zunächst an die Kartause Part-Dieu. E. Tremp

Lit.: A.-M. Courtray, Cat. des prieurs et recteurs des chartreuses de la V. et de la Part-Dieu, Zs. für Schweiz. Kirchengesch. 7, 1913; 9, 1915; 13, 1919; 29, 1935 – Ders., Hist. de la V., 1914 – Ders., Essai de cat. des chartreux de la V. et de la Part-Dieu, Zs. für Schweiz. Kirchengesch. 26–29, 1932–35 – M. Früh, Die Kartausen in der Schweiz, Schr. des Vereins für Gesch. des Bodensees und seiner Umgebung 104, 1986, 43–65.

Valsainte, Notre-Dame de, Abtei SOCist in der n. →Provence, nahe →Apt (dép. Vaucluse), wurde in einem Forst zw. den Gebieten v. Carniol, Oppedete und Vachères kurz vor 1181 von Mönchen aus →Silvacane gegr. Zu diesem Zeitpunkt übertrug Bertrand Raimbaud, Seigneur v. Simiane (aus der großen Adelsfamilie →Agoult), der Abtei die 'terra' (Domäne) v. Boulinette, die als →Grangie organisiert wurde und der Abtei im 17. Jh. als Sitz diente. Die Gesch. v. V. ist im übrigen schlecht erhellt. 1425 wurde die zerstörte Abtei V. vom zisterziens. Generalkapitel der Abtei Silvacane inkorporiert. Als eine Überschwemmung 1440 den Verfall von Silvacane beschleunigte, kehrten einige Mönche nach V. zurück, das fortan unter der Leitung von Kommendataräbten stand.
N. Coulet

Lit.: B. de Gabrielli, L'abbaye de V., Mém. Acad. de Vaucluse, 1976, 31–41.

Valvassoren
I. Allgemein und Regnum Italiae – II. Frankreich, Normandie.

I. Allgemein und Regnum Italiae: Die Bezeichnung V. war nach den verstreuten Erstbelegen aus den 1030er Jahren damals in den roman. Teilen des ehem. Karolingerreiches schon weit, später allgemein verbreitet; mit der norm. Eroberung gelangte sie nach England. Für das dt. Sprachgebiet verwenden auch lat. Q. das Wort nicht. – Die Herleitung des Begriffs von vassus bzw. vasallus vassorum (vgl. MGH Cap. 2, S. 337 Z. 11) ist nicht gesichert. Seit seinem Auftauchen wird er benutzt, um relative Rangunterschiede innerhalb einer sozialen Hierarchie zu verdeutlichen. Diese kann lehnrechtlich bestimmt sein, aber von Anfang an – insbes. in Italien – auch auf den »Stand« der Person oder Gruppe in der nach Herkunft, Rang und Position geschichtet konzipierten Gesellschaft abheben. Da der Terminus anders als z. B. castellanus oder miles nicht auf objektive und funktionale Grundlagen oder soziale Rollen bezogen ist, sondern eher die relative Position im Spektrum gesellschaftl. bzw. rechtl. Differenzierungen angibt, variiert seine Bedeutung zeitlich und regional. Deutlich wird die Gruppe der V. erstmals im Zusammenhang des oberit. »Valvassorenaufstandes« von 1035 erkennbar, den Ks. Konrad II. 1037 durch die →Constitutio de feudis beilegte. Sowohl →Wipo (Gesta c. 34: valvasores Italiae et gregarii milites) als auch das Lehnsgesetz (D K II 244: nostri maiores vasvasores et eorum milites = minores vasvasores) lassen von zwei Gruppen von unterschiedl. Status ab, der nach D K II 244 auch rechtl. Bedeutung hatte. Während die minores v. als Vasallen der maiores v. apostrophiert werden, wird bei den maiores v. auf die Lehen aus Reichsbesitz abgehoben, die ihnen von geistl. oder weltl. Großen überlassen worden sind (→Lehen, II); nach dem späteren →Liber feudorum sind unter diesen Lehen sprengelbezogene Herrschaftsrechte zu verstehen. Die V.-Terminologie mag in ihrem Fall durch den lehenrechtl. Kontext bedingt sein; denn schon im 3. Viertel des 11. Jh. wird dieselbe Gruppe als ordo capitaneorum unterschieden vom ordo valvasorum, der nur die minores v. des Lehnsgesetzes zusammenfaßt. Die Capitane (→capitaneus) sind, wie die maiores v. im Lehnsgesetz, Burg- und Bannherren von polit. Gewicht, oft mit beträchtl. Allodialbesitz, die V. ritterl. lebende Adlige von eher lokalem Zuschnitt, die sich in der Stadt auch am Wirtschaftsleben beteiligen. In dieser Stufung werden die ordines in die Verfassung der frühen →Kommune integriert. Capitaneus im engen Sinn als Kronvasall (tenens in capite) zu definieren, blieb gelehrtes Gedankengut der Feudisten. In den stauf. Diplomen werden die V. stets nach den Capitanen, Baronen, proceres, nobiles etc. aufgezählt. Nur in den Usatici Barchinonae (11. Jh., →Usatges) sind die V. ähnlich wie die maiores v. der Constitutio de feudis vergleichsweise mächtige, burgbesitzende Adlige, die über anderen milites stehen. Nördl. der Pyrenäen werden sie hingegen oft von den Kastellanen (→Kastellanei) und →Baronen abgegrenzt. In der Normandie werden sie schließlich deutlich von den milites unterschieden und am untersten Rand der Lehnshierarchie angesiedelt. Laut einer Untersuchung der Lehen des Bf.s v. Bayeux aus dem Jahre 1133 besitzen sie nur eine begrenzte Menge Landes und sind mit Pferden und »einfachen Waffen« – Lanze, Schild und Schwert, kein Panzer – ausgerüstet. Das Lehen eines V.s, manchmal vavassoria genannt, beträgt hier offenbar nur Bruchteile des Lehens eines Ritters, da dieser seinen Dienst durch den mehrerer V. ersetzen lassen kann. Durch ihren Militärdienst grenzen sich solche eingeschränkt bewaffneten liberi vavassores in einer inquisitio des Jahres 1172 nach unten hin wiederum von Personen ab, die keine militär. Dienste leisten und als minuti vavassores bezeichnet werden. – Diese spezif. norm. Terminologie scheint im Zuge der Eroberung 1066 nach England übertragen worden zu sein, im →Domesday Book (1086) erscheinen die V. sporadisch als Personen vergleichsweise niedrigen Ranges. Aber bereits eine Generation später verliert der Begriff in England seine Schärfe und wird auch hier, etwa in Dokumenten Heinrichs I., für Adlige unterhalb der Gruppe der Barone verwendet. Im 13. Jh. nennt →Henricus de Bracton die V. sogar zusammen mit den magnates und ordnet sie über den milites an. Im allg. ist in England jedoch die Unterscheidung zw. barones und milites üblicher als diejenige zw. barones und vavassores.
U. Göllmann/H. Keller

Lit.: HRG V, 643-644 – J. F. Niermeyer, Mediae Latinitatis Lexicon Minus, 1984, 1065-1067 – P. Guilhiermoz, Essai sur l'origine de la noblesse en France au MA, 1902 – F. Stenton, The First Cent. of English Feudalism. 1066-1166, 1961² – P. Bonnassie, La Catalogne du milieu du Xe à la fin du XIe s.: croissance et mutation d'une société, 2 Bde, 1975-76 – H. Keller, Adelsherrschaft und städt. Gesellschaft in Oberitalien, 1979 [it.: Signori e vassalli nell'Italia delle città, 1995; mit Lit.] – P. R. Coss, Lit. and Social Terminology. The Vavasour in England (Social Relations and Ideas [Fschr. R. Hilton, hg. T. H. Aston, 1983]), 109-150 – J. Yver, »Vavassor«. Note sur les premiers emplois du terme (1973), Annales de Normandie 40, 1990, 31-48 – F. Menant, Lombardia feudale, 1992, 295-311 – Ders., Campagnes lombardes au MA, 1993.

II. Frankreich, Normandie: Das Rechtswort 'vavassor' (frz. *vavasseur, vavassorie*) ist mindestens seit dem beginnenden 11. Jh. in Frankreich belegt, hier bes. in der →Normandie, wo es dem Begriff 'vavassoria' vorausgeht. Diese Kontraktion des bereits im FrühMA bezeugten Wortes 'vassus (bzw. vasallus) vassorum' (*arrière-vassal*, Aftervasall) bezeichnet einen Typ des Vasallen, der als Inhaber eines reduzierten Lehens, das ihn zu begrenzten Leistungen (üblicherweise Dienst zu Pferde mit eingeschränkter Ausrüstung) verpflichtet, eine sekundäre Stufe der Feudalhierarchie verkörpert. Die Realität war allerdings oft komplexer und unterlag Entwicklungen ('v. es minores' und 'maiores' in Italien; s. Abschn. I). Die Uneindeutigkeit des Begriffs zeigt sich auch in anderen Zusammenhängen; so sind die in den →»Leges Henrici Primi« (England, 1116/18) genannten V. zwar unterhalb des Ranges der Gf.en und →Barone angesiedelt, genießen aber doch ein nicht geringes soziales Ansehen; dagegen sind die in lit. Texten des 12. und 13. Jh. erwähnten V. manchmal Leute recht niederen Standes. In der *Normandie* nahm der Begriff seit dem 11. Jh. eine bes. Bedeutung an: Die 'vavasseurs' hatten gewissermaßen eine soziale Zwitterstellung inne, zw. adliger und nichtadliger Bevölkerung, die (als Kennzeichen ihrer Dienstverpflichtung) ein männl. Pferd zu stellen hatte (bis ca. 1250). Ihre Lehen (*vavassories*) waren adlig oder nichtadlig (grundherrschaftlich eingebunden). Die ersteren waren in die feudale Hierarchie eingebunden. Ihre Lehen korrespondierten Teillehen von Vollehen (sog. *fiefs de haubert*); für sie schuldeten die V. einen ganzen Ritterdienst (oder einen Teil eines solchen). A. Renoux

Lit.: H. Chanteux, Les vavassories normandes et le problème de leurs origines, Cah. des Annales de Normandie, 1990 – J. Yver, Vavassor. Note sur les premiers emplois du terme, ebd., 1990 – s. a. Lit. zu I [H. Keller, 1979].

Valvisciolo, Abtei SOCist im südl. Latium (Prov. Latina, Gemeinde Sermoneta). Das alte Kl. (vielleicht eine Niederlassung der sog. →Basilianer) S. Pietro di Sermoneta, dessen Ursprünge sehr unsicher sind, scheint zw. 1166 und 1168 Zisterzienser aus S. Maria di Marmosolio (Diöz. Velletri) nach Zerstörung ihres Kl. (Filiation von →Fossanova) durch Friedrich I. Barbarossa aufgenommen zu haben. Seit 1206 hatte die Kommunität ihren festen Sitz in V. (Vallis Rosciniae), nannte sich jedoch weiterhin nach Marmosolio. Wir wissen jedoch nicht, ob es sich dabei um V. bei Sermoneta, wo eine der großartigsten Kl.anlagen der Zisterzienserarchitektur in Latium erhalten ist, oder um den gleichnamigen Ort bei Carpineto Romano (Diöz. Anagni) handelt. Von wo die Mönche erst 1312 in das Kl. S. Pietro di Sermoneta übersiedelt seien, das von jenem Zeitpunkt an zur Erinnerung an den früheren Sitz der Kommunität den Namen S. Stefano di V. erhielt. Nach der Meinung einiger Gelehrter wurde die heutige Kl.anlage (1177-84) von zisterziens. Baumeistern für eine Gemeinschaft von →Templern erbaut. Nach der Aufhebung des Templerordens (1310) seien aus Carpineto kommende Zisterzienser an ihre Stelle getreten.

G. Spinelli

Lit.: L. Fraccaro De Longhi, L'architettura delle chiese cistercensi it., 1958, 269-275 – I Cistercensi e il Lazio, 1978, 285-287 – Monasticon Italiae, I, 1981, 129 n. 58; 167 n. 202 – D. Negri, Abbazie cistercensi in Italia, 1981, 220-224.

Van-Hulthem-Handschrift → Hulthemsche Handschrift

Vandalen

I. Geschichte – II. Archäologie.

I. Geschichte: [1] *Die Anfänge:* Der germ. Stamm der V. (Vandali, -dili, -dilii, βανδίλοι, Οὐάνδαλοι, -δηλοι) ist etwa seit unserer Zeitrechnung im späteren östl. Dtl. und Polen nachweisbar (Plin. nat. 4, 99; Tac. Germ 2, 4). Eine schwed. Urheimat oder Verbindung mit Kimbern und Teutonen ist nicht gesichert; Zugehörigkeit zum Kultverband der Lugier möglich. Vandal. Teilstämme treten in den folgenden beiden Jahrhunderten an verschiedenen Stellen auf: die Silingen in Schlesien und die Asdingen an der Grenze zu →Dakien), von wo letztere unter Mark Aurel ins Imperium eindrangen (Hist. Aug. Aur. 17, 3) und sich später an Invasionen beteiligten (Hist. Aug. Prob. 18, 2; Zos. 1, 67ff.). Am Anfang des 4. Jh. sind Kämpfe mit →Goten, um 335 ist unter →Konstantin eine Ansiedlung in →Pannonien bezeugt (Iord. Get. 21, 113; 31, 161; Paneg. 11, 17, 1).

Während der →Völkerwanderung vereinigten sich die getrennten Teile wieder, fielen um 401 erneut in das Reichsgebiet ein (Claud. 26, 414), nahmen 406 am allg. Vorstoß nach →Gallien teil, wo Kg. Godegisel im Kampf mit den →Franken fiel (Oros. hist. 7, 40, 3; Greg. Tur. Franc. 2, 9), und gelangten um 409 zusammen mit →Alanen und →Sueben nach Spanien (Silingen in die →Baetica; Hasdingen und Sueben in die Gallaecia; →Galicien). In Kämpfen mit den →Westgoten wurden die Silingen vernichtet; alan. Gruppen verloren ihre Stammesführer und unterstellten sich den V. Nach dem Sieg über den röm. Magister militum Castinus 425 verlagerten die V. ihre Interessen auf die See (Salv. gub. 6, 68) und plünderten Carthago Spatharia (Cartagena), die →Balearen und die mauretan. Küste (Hyd. chron. II p. 21, 86).

[2] *Eroberung Nordafrikas und Reichsbildung unter Geiserich:* Auf Einladung des Comes Bonifatius, der aber offensichtlich keine Landnahme erwartete, setzte 429 unter →Geiserich das Volk (80000 Menschen) nach →Afrika über. In die folgenden Kämpfe (Belagerung von →Hippo Regius) griff auch Byzanz unter →Aspar ein. Durch den Friedensschluß von 435 wurde die Ansiedlung gesichert, doch erst nach Raubzügen zur See und Eroberung von →Karthago (439) kam es 442 zum Frieden mit Rom und Byzanz; Geiserichs Sohn Hunerich wurde mit Eudokia, der Tochter →Valentinians III., verlobt. Damit etablierten sich die V. als dritte Macht im Mittelmeerraum durch den Besitz von Africa proconsularis, Ostnumidien und →Mauretania Tingitana (Tanger). Da ein gutes Verhältnis zu Westrom bestand (Prisk. frg. 2), erscheint die Nachricht, Geiserich habe →Attila gegen Valentinian III. mobilisieren versucht (Iord. Get. 36, 136; Prisk.frg. 5), als widersinnig und damit unhistorisch. Die Eroberung und Plünderung Roms 455, vielleicht auf Bitten der Kaiserwitwe Eudoxia veranlaßt, können als Loyalitätsakt gegenüber dem ermordeten Valentinian III. verstanden werden (Ioh. Ant. fr. 201, 6; Vict. Vit. 1, 25; Prok. Vand. 1, 5,1; Hyd. chron., p. 28, 167); der daraus abgeleitete Begriff des 'Vandalismus' (erstmalig 1794 in Frankreich gebraucht)

freilich ist Ausdruck simplifizierenden Barbarenklischees (vgl. Prosp. chron. I p. 484, 1375). Dennoch ist der Versuch Geiserichs, an seinem Hofe einen neuen Machtmittelpunkt zu bilden, unverkennbar, zumal die Ehe zw. Hunerich und Eudokia bald ein Sohn entstammte. Auch die Thronbesteigung des mit Hunerich verschwägerten →Olybrius dürfte von Geiserich gefördert worden sein. Umgekehrt brachten vandal. Plünderungszüge Rom in Versorgungsschwierigkeiten (→Ricimer); ein Landungsversuch →Maiorians in Afrika von Spanien aus scheiterte 461. Die seit der Eroberung Roms in Karthago festgehaltenen Angehörigen der ksl. Familie wurden 464 nach Byzanz entlassen. Geiserich unterstützte ztw. →Aegidius in Gallien, während ein großes ostsröm. Angriffsunternehmen in Verbindung mit der Krönung des →Anthemius als Ks. im W 468 fehlschlug (→Marcellinus, →Basiliskos). Schließlich garantierte ein Friede 474 Geiserich den Besitz von Sardinien, Korsika, Sizilien und der afrikan. Provinzen, die aber angesichts wachsender Stärke der maur. Stämme nicht zu kontrollieren waren. Auch auf den Inseln war die vandal. Präsenz auf einzelne Stützpunkte beschränkt. →Sizilien mußte 476 an →Odoaker gegen Tribut ausgeliefert werden, 491 wurde es völlig an →Theoderich abgetreten.

Beim Tode Geiserichs 477 hatte sich das vandal. Kgtm. uneingeschränkt etabliert (zur Nachfolgeordnung vgl. Prok. Vand. 1,7, 29; Iord. Get. 33, 169); eine Teilnahme des Volkes an Entscheidungen ist nicht überliefert. Bei der Ansiedlung der V. bes. in der regio Zeugitana um Karthago wurden im Rahmen des Kolonats (→Kolone) nach Möglichkeit die alten Grundherren, auch die Kirche, belassen; die überkommenen Strukturen der Selbstverwaltung (→Decurio) blieben erhalten, die aber wohl nicht allzu drückende) Steuerlast (Salv. gub. 5, 36) oblag den röm. Eigentümern. Traditionell ist die Gliederung in Geburts- und Dienstadel sowie Gemeinfreie mit der Möglichkeit sozialer Mobilität; der Titel →'comes' kennzeichnet bestimmte Funktionen.

An der arian. Religion (→Arius, Arianismus) wurde rigoros festgehalten. Römer, die übertraten, erfuhren Förderung; von gelegentl. Taufzwang wird berichtet, doch führte die Verfolgung von Katholiken zu wachsender Isolierung der führenden Minderheit, die ohne Zuzug von außen durch andauernde Kriegseinsätze sowie durch die klimat. Bedingungen dezimiert wurde. Betont wird auch die ungewohnt üppige, daher verderbl. Lebensweise der Oberschicht. Unter den Nachfolgern Geiserichs wird phys. Verfall deutlich.

[3] *Das Vandalenreich unter Geiserichs Nachfolgern:* Nachdem bereits 442 unter Geiserich eine hinsichtl. ihrer Ursachen unklare Adelsverschwörung niedergeschlagen worden war, hatte Hunerich (reg. 477-484) eine Adelsopposition zu bewältigen. Die von Hunerich noch mit Härte fortgeführte Arianisierungspolitik (Vict. Vit. 2, 23) wurde von seinem Neffen Gunthamund (reg. 484-496), Sohn Gentos, beendet. Dieser hatte jedoch Verluste infolge des permanenten Vielfrontenkrieges gegen →Mauren und Dromedarnomaden hinzunehmen. Bezeichnend für das Mißtrauen gegen Byzanz war das Schicksal des Dichters →Dracontius, der wegen Widmung eines Gedichtes an Ks. →Zenon eingekerkert wurde. Gunthamunds Bruder Thrasamund (reg. 496-523) herrschte über ein weitgehend romanisiertes Volk (Zeugnisse röm. Geisteskultur, auch im kirchl. Bereich, bei →Fulgentius v. Ruspe).

Durch Thrasamunds Ehe mit Amalfrida, der Schwester des Ostgotenkg.s →Theoderich d. Gr., wurde das V.reich um 500 in dessen Bündnisgefüge eingegliedert, was jedoch keine Sicherung vor weiteren Verlusten in Afrika bot. Deutlich ist Thrasamunds Bemühen um ein gutes Verhältnis zu Byzanz. Trotz Verbannung einzelner Bf.e war der Kg. um einen Dialog mit den Katholiken bemüht. Hilderich (reg. 523-530), Sohn Hunerichs und der Eudokia, vollzog politisch (Tötung Amalfridas, Münzbilder Justinians) und religiös (Synode v. Karthago, 525) die Hinwendung zu Byzanz, wurde aber nach einer Niederlage gegen die Mauren im Zuge einer Adelsverschwörung gefangengenommen (und 533 getötet). Die Ausschaltung Hilderichs bot Byzanz den Anlaß zur Wiedereroberung (533). Der letzte vandal. Kg. Gelimer (530-534), der (v. a. bei Ad Decimum nahe Karthago) der Truppenmacht →Belisars unterlag, erhielt einen Wohnsitz in Kleinasien zugewiesen. Wehrfähige V. wurden in der byz. Armee nach O geschickt, doch nahmen vandal. Elemente auch an den antibyz. Aufständen der folgenden Jahre teil. Volksreste wurden danach nach O verbracht, das vandal. Substrat verschwand. Gleiches freilich gilt für einen in der Heimat zurückgebliebenen Rest (Prok. Vand. 1, 22, 3). Das Gebiet des ehem. V.reiches in Nordafrika wurde von Byzanz im späten 6. Jh. als →Exarchat organisiert. G. Wirth

Lit.: RE VIII A, 298-335 [F. MILTNER]; Suppl. X, 957-992 [H. J. DIESNER] - F. PAPENCORDT, Gesch. der vandal. Herrschaft in Afrika, 1837 - F. DAHN, Die Kg.e der Germanen, I 2, 1910 - M. JAHN, Die Wandalen (L. REINERTH, Vorgesch. der dt. Stämme, 1938), III, 943 [Nachdr. 1987] - L. SCHMIDT, Gesch. der V., 1942 - C. COURTOIS, Les Vandales et l'Afrique, 1955 - E. SCHWARZ, Germ. Stammeskunde, 1955, 64 - H. J. DIESNER, Der Untergang der röm. Herrschaft in Afrika, 1964 - F. CLOVER, Geiseric the Statesman [Diss. Chicago 1966] - H. J. DIESNER, Das V.reich. Aufstieg und Untergang, 1966 - B. RUBIN, Das Zeitalter Justinians, 2, 1995 - s. a. →Völkerwanderung.

II. ARCHÄOLOGIE: Den ks.zeitl. V. (1.-4. Jh.) entspricht archäolog. die Przeworsk-Kultur, benannt nach dem großen Gräberfeld von Gác, nahe der südostpoln. Stadt Przeworsk. Die Genese dieser Kulturgruppe und mithin die der V. (bzw. der Kultgemeinschaft [?] der Lugii) ist zweifelsohne kontinental: Sie vollzieht sich am Beginn der jüngeren vorröm. Eisenzeit (Beginn von Stufe A1) etwa in der 1. Hälfte des 2. Jh. v. Chr. sehr wahrscheinl. auf der demograph. Grundlage autochthoner Bevölkerungsgruppen (Pommersche Kultur, Glockengräberkultur) bei einem beträchtl. Anteil eingewanderter Germanen aus dem Bereich der Jastorf-Kultur im W und im NW sowie unter starkem Einfluß der kelt. Latènekultur. Das Verbreitungsgebiet der Kulturgruppe erstreckt sich in der Zeit vor Christi Geburt (A1-A3) zw. der mittleren Oder im W bis weit in die Gebiete ö. der mittleren Weichsel (Masowien, Podlasien), im S bis in das obere Odergebiet und im N bis etwa in die Höhe von Warthe-Thorn. Abgesehen von zeitl. und regional begrenzten Siedelreduktionen und -verdichtungen ändert sich am Kernraum des Verbreitungsgebietes der Przeworsk-Kultur auch in der röm. Ks.zeit (Stufen B1-C3; 1.-4. Jh. n. Chr.) nichts; verloren gehen jedoch die weiten Gebiete ö. der mittleren Weichsel durch die Einwanderung der Träger der got. Wielbark-Kultur in der 2. Hälfte des 2. Jh. und in der Zeit um 200, hinzugewonnen werden in demselben Zeitraum viele Gebiete im S (oberes Theißgebiet, Karpato-Ukraine) und im SO (oberes Dnjestrgebiet, Podolien). Die bemerkenswerte Einheitlichkeit der Kulturgruppe Przeworsk ist v. a. darin begründet, daß die entscheidenden Kulturdeterminanten, abgesehen von zeitbedingten Ausformungen, stabil bleiben, höchst bemerkenswert angesichts der 600jährigen Gesch. dieser Kultur: Sie betreffen die traditionsgebundenen und hochrangigen Merkmale der Grab- und Beigabensitte sowie Trachteigentümlichkeiten einschließl. deren Typen, die wie der Schmuck alle aus Eisen hergestellt wurden (in lokalen Eisenverhüttungszentren). Mit diesem so eigen geprägten Kulturmodell läßt sich die Przeworsk-Kultur im Rahmen der Kulturgruppenforsch. der Germania libera problemlos von ihren Nachbarkulturen abgrenzen, was zudem entscheidend für ihre ethn. Interpretation als lugisch-vandal. ist: von der got. Wielbark-Kultur, von den westbalt. und elbgerm. Kulturgruppen. Die Przeworsk-Kultur erlischt als kulturelles und ethn. Gesamtphänomen um die Wende vom 4. zum 5. Jh., da alle Gräberfelder und Siedlungen abbrechen. Von verbleibenden Resten, auch der Oberschicht (Siedlung und hunnenzeitl. 'Fs.engrab' von Jakuszowice bei Krakau), abgesehen, wanderten die Träger der vandal. Przeworsk-Kultur also ab, was zweifelsohne mit den Wirren der beginnenden Völkerwanderungszeit zusammenhängt und zeitl. zudem gut mit den Kettenreaktionen bei den germ. Stämmen korrespondiert, die die hunn. Westexpansion nach 375 auslöste.

Läßt sich diese erste 600 Jahre währende Etappe in der vandal. Gesch., im Gegensatz zur spärl. und reichl. fragmentar. Überlieferung in den Schriftq., archäolog. in einem breiten Interpretationsrahmen gut überblicken, so verlieren sich die archäolog. Spuren der V. in der jüngeren vandal. Gesch., histor. formuliert nach 406, als V., Alanen und Sueben den Rhein überschritten. An die Stelle des zuvor dichten archäolog. Befundes treten nun sehr bruchstückhafte Überlieferungen für die V. auf der Iber. Halbinsel (409-429) und in N-Afrika (429-534). Dies liegt v. a. daran, daß die entscheidende Q.gruppe entfällt: Es kommt nicht mehr zur Anlage großer Gräberfelder, in denen Oberschicht und populus gemeinsam bestattet werden; nachweisbar bleiben nur wenige Einzelgräber und kleine Grabgruppen, in denen Angehörige einer Oberschicht weiterhin mit Beigaben beigesetzt werden. So lassen sich nur eine Handvoll gesichert germ. Gräber im W und S der Iber. Halbinsel für das 1. Drittel des 5. Jh. nachweisen, darunter das Kriegergrab von Beja in S-Portugal; sie können auch suev. und/oder gar alan. sein. Auch für das V.reich in N-Afrika sind nur wenige gesichert germ.-vandal. Gräber bekannt, in denen die Verstorbenen noch in ihrer gentilen Tracht mit Trachtzubehör bestattet wurden; die vandal. Oberschicht wurde nun, dem Vorbild der chr.-roman. Bevölkerung folgend und in Sepulturgemeinschaften mit dieser (auch in und bei Kirchen), regelhaft beigabenlos beigesetzt, darunter rund 40 beigabenlose Gräber mit ostgerm. Grabinschriften. Bemerkenswerter Ausdruck dieses Romanisierungsprozesses ist das Grab des 508 verstorbenen und in der Kirche von Tebessa/Theveste beigabenlos beigesetzten jungen V., dessen Schwert nicht mehr beigegeben wurde, sondern mit der Darstellung seiner Person auf dem Mosaik der Grabplatte wiedergegeben ist. V. Bierbrauer

Lit.: G. KOENIG, Wandal. Grabfunde des 5. und 6. Jh., MM 22, 1981, 299-359 - K. GODTOWSKI, Die Przeworsk-Kultur (G. NEUMANN-H. SEEMANN, Beitr. zum Verständnis der Germania des Tacitus, II, 1992), 9-90.

Vanden levene ons Heren, mndl. geistl. Epos (anonym, 1. Hälfte [?] 13. Jh.), entstanden als »Passion des jongleurs« mit Spuren höf. Einflusses, später bearbeitet, ausgedehnt und 'verbürgerlicht' (15. Jh.). Der Dichter ließ sich von den Evangelien sowie vom →Nikodemusevangelium inspirieren, möglicherweise auch von Tatians Diatessaron (→Bibelübersetzung, I). Vgl. →Bibeldichtung, III.
A. M. J. van Buuren

Hss.: J. DESCHAMPS, Cat. Middelnederlandse hss. uit Europese en Amerikaanse bibliotheken, 1972², Nr. 13 - N. GEIRNAERT, Handelingen Koninkl. Zuidned. Maatschapij voor taal- en letterkunde en geschiedenis, 1982, 119-127; 1983, 87-89 - Ed. und Lit.: W. H. BEUKEN, V. l. ons H., 1968 [Lit.] - DERS., Amsterdamer Beitr. zur älteren Germanistik, 1975, 113-124 - J. VAN AMERSFOORT, Handelingen van het 38ste Nederlands filologencongres, 1984, 195-207 - DERS., Nederlands theologisch tijdschrift, 1991, 34-45.

Vanitas. Die Vorstellung von der Vergänglichkeit, Nichtigkeit, Eitelkeit alles Irdischen, bereits bibl. begründet (Koh, 1 Kor 2), wird als Topos ma. Religiosität durch die hochma. Reformbewegungen (z. B. →Hugo v. St-Victor, »De vanitate mundi«) verstärkt und gewinnt als schroffer Diesseits-Jenseits-Dualismus im SpätMA an Bedeutung. Lit. ist das Thema gemeineurop. lat. wie volkssprachl. tradiert: in Meditationsschriften, lehrhaften und pragmat. Kleintexten und theol. Traktaten wie den Sterbelehren (→Ars moriendi), den →Memento-mori-Schriften (z. B. →»Drei Lebende und drei Tote«, 13.-16. Jh.) oder Betrachtungen über die Vier letzten Dinge (Tod, Jüngstes Gericht, Himmel und Hölle). Die die Welt abwertende Jenseitsorientierung der V.-Vorstellung ist in vielen die →Contemptus mundi-Thematik variierenden Texten – über →Frau Welt, Dialogen zw. Leib und Seele, in den →Totentänzen, dem Ubi-sunt-Topos als rhetor. Frage nach vergangenen Dingen oder Personen – bis hin zu →Johannes' v. Tepl »Ackermann aus Böhmen« lit. verarbeitet und auch in profanen Texten (z. B. »Alexander« des Pfaffen →Lamprecht, 12. Jh.) angeschnitten. In spätma. und frühnz. Sammelhss. (so Wilhelm Werners v. Zimmern 1554 selbst geschriebene und ill. sog. Totentanz-Hs.) wird eine Vielzahl von V.-Kleintexten für den privaten Andachts-Gebrauch zusammengestellt. Die lit. Formung des Themas ist eng mit seiner bildl. Realisierung verschränkt, so in der Hss.- und Druck-Illustration des bibl. Buches Koh (seit dem 13. Jh.), der Sterbelehren und Memento mori-Texte (14.-16. Jh.), intentional aufeinander bezogen in den hsl. wie den freskierten und mit Textbeischriften versehenen Totentänzen, aber auch in der übrigen Bildkunst: seit dem 11. Jh. in Weltgerichtsdarstellungen, auf Außentafeln von Reisealtären und zunächst auf Rückseiten von Porträtbildnissen, seit dem 15. Jh. attributiv (als Totenkopf, Tod mit Sense und Stundenglas, Sanduhr, Spiegel, erloschene Kerze oder Öllampe, entblätterte Pflanzen, Tulpe) in der Bildkomposition selbst dem Porträtierten zugeordnet. N. H. Ott

Lit.: R. RUDOLF, Ars moriendi, 1957 - M. LIBORIO, Contributi alla storia dell' 'Ubi sunt', Cultura Neolatina 20, 1960, 141ff. - W. ROTZLER, Die Begegnung der drei Lebenden und der drei Toten, 1961 - W. A. SKREINER, Stud. zu den Eitelkeits- und Vergänglichkeitsdarstellungen in der abendländ. Malerei, 1963 - G. SCHOLZ-WILLIAMS, The Vision of Death, 1976 - R. ELZE, Sic transit gloria mundi, DA 34, 1978, 1-18 - P. JOHNSON-B. CAZELLES, Le vain siècle guerpir, 1979 - A. M. IMHOF, ars moriendi, 1991 - Kat. der dt.sprachigen illustrierten Hss. des MA, I, 1991, 271-328 - Himmel, Hölle, Fegefeuer, hg. P. JETZLER, 1994 - C. KIENING, Contemptus mundi in Vers und Bild am Ende am MA, ZDA 123, 1994, 409-457, 482.

Vannes, Stadt und Bm. in der westl. →Bretagne, am Golfe du Morbihan (Hauptstadt des dép. Morbihan). Darioritum (von 'ritum', kelt. 'Furt'), der Civitas-Vorort der galloröm. 'Veneti', lag auf dem Hügel v. Boismoreau (später: St-Paterne, heut. Präfektur); die archäolog. Erforschung des ca. 40 ha umfassenden röm. Stadtareals bemüht sich um Erhellung des (rechteckigen) Grundrisses; es gelang die Lokalisierung des Hafens (Speicher, Gewerbeviertel [Leder-, Tuchverarbeitung]), eines Wohnquartiers (Thermen) sowie reicher 'villae' (um St-Symphorien).

Die Stadt des 3. Jh. wurde angesichts wachsender Bedrohung in die Schutzlage der Anhöhe v. Le Mené verlegt.

Dieses 'castrum' (5 ha), umwehrt mit einer dreieckigen Befestigung (Substruktionen von neuerer Wohnbebauung überlagert), bildete den Kern der ma. Stadt. Die chr. Gemeinschaft des hl. Paternus (465) verlegte hierhin die Kathedrale St-Pierre; seit dem 9. Jh. diente eine Turmburg ('Château de la Motte') der Gf. engewalt als Sitz. Die vom karol. Dichter →Ermoldus Nigellus erwähnte 'Venada' war eine von 'comites' regierte, loyale Grenzregion des Frankenreiches, widerstand in merow. Zeit den Einfällen der sächs. Piraten sowie der Bretonen unter →Waroc (594), dann der Invasion der →Normannen (855), um einen Kernbereich der sog. 'Breton. Mark' (→Bretagne, A) zu bilden.

Der Fs. →Nominoë, 'princeps Venetice civitatis' unter Ludwig d. Fr., und seine Nachfolger, die z. T. den Kg. stitel führten, bauten V. zu einem ihrer wichtigsten Herrschaftszentren aus. Im Hoch- und SpätMA entwickelten sich die Stadt und ihr Hinterland zu einem Kernstück der Domäne der Hzg.e v. Bretagne, doch war V. auch Sitz eines weiträumigen Bm.s, gegründet auf die Tradition des hl. Paternus.

Unter den Hzg.en →Jean I. (1237–86) und →Jean II. (1286–1305) begann V., über sein altes Stadtareal hinauszuwachsen und den alten Mauerzug zu erweitern. Die aus Q. des 15. Jh. bekannte 'cloison ancienne' vermochte den Konflikten des 'Bret. Erbfolgekrieges' nur unzureichend standzuhalten; verheerende Belagerungen (insbes. Sommer/Herbst 1342: Truppen →Karls v. Blois, dann →Roberts v. Artois und →Eduards III.) schädigten empfindlich den Wohlstand der Stadt. Ab 1342 stand V. 20 Jahre lang unter engl. Besatzungsherrschaft, die V. als Festung und für ihre Fiskalverwaltung nutzte.

Im späten 14. Jh., unter dem Haus →Montfort, setzte ein wirtschaftl. Aufstieg ein. Der Hafen v. Calmont war Umschlagplatz des Regional- und Fernhandels (Einfuhr von Weinen aus Bordeaux und Nantes sowie von Baumaterial und Salz; Ausfuhr einheim. Agrarprodukte). Reiche Bautätigkeit ließ v. a. eine neue Stadtbefestigung (30 ha umschlossenes Areal) entstehen, eine Meisterleistung spätma. Festungsbaukunst (befestigte Häfen: St-Patern, Calmont, Gréguenic; Wehrtürme: Tour du Connétable). Das alte 'Château de la Motte' wurde im 13. Jh. an den Bf. abgetreten und diente als Bf.spalast; der Hzg. errichtete stattdessen 1379–99 die mächtige Festung L'Hermine (nicht erhalten). Das Stadtbild des 14. und 15. Jh. umfaßte die reichgegliederte Kathedrale, Hallen, Kirchenbauten (St-Patern, St-Salomon), Konvente der Franziskaner (1260) und Karmeliter (1425, 1463), hzgl. (Château de Plaisance) und private Palais (Château-Gaillard), Kämmerei (Chambre des Comptes), Bürgerhäuser in Fachwerk (Rue Latine, Rue des Chauvines), Handwerkerviertel (Produktion von Tuchen, Pergament, Leder) und halbländl. Vorstädte (Le Mené, St-Patern, Calmont). Die Stadt hatte 1455 ca. 5000 Einwohner.

Städt. Institutionen (15. Jh.) sind nachweisbar, aber schwach belegt: städt. Versammlung und Ratsherren (procureur des bourgeois; miseur/comptable, eine Art städt. Kämmerer); V. genoß fiskal. Privilegien (Befreiung von der Herdsteuer/fouage) und war auf den États provinciaux vertreten. Aufgrund der Rechnungen der 'Fabrica ecclesiae' umfaßte die städt. Gesellschaft mehr als hundert wohlhabende Kaufleute und Schiffseigner sowie spezialisierte Handwerker (Teppichwirker, Goldschmiede, am Ende des MA auch Buchdrucker). Das von Bf. und Kathedralklerus gesteuerte religiöse Leben war intensiv, u. a. geprägt durch die großen und einträgl. Wallfahrten (Tro-Breiz: Pilgerumfahrt der Bretagne). Denkwürdig waren Predigt und Tod Vicent →Ferrers († 1419), dessen Grabstätte in der Kathedrale zahlreiche Pilger anzog, so den frommen Kg. Ludwig XI.

Während der frz. Offensive gegen Hzg. →Franz II. kapitulierte die Stadt 1487 schmachvoll vor den Eindringlingen und wurde im Febr. 1489 definitiv der kgl. frz. Herrschaft unterstellt. Kg. Karl VIII. hielt hier im Okt. 1491 eine Ständeversammlung (États) ab.   J.-P. Leguay

Lit.: J.-P. Leguay, Hist. de V. et de sa région, 1988 [Lit.].

Vannozzo, Francesco di, it. Dichter und Komponist, * um 1340 in Padua, stammte aus einer aretin. Familie, † nach 1389. V. stand im Dienst verschiedener nordit. Höfe, v. a. in Venetien. Sein poet. Œuvre umfaßt in inhaltl. und stilist. Hinsicht stark unterschiedl. Dichtungen. Zum Großteil handelt es sich dabei um – vielfach in Zyklen angeordnete – →Sonette (bes. bekannt ist die »Cantilena« auf den Gf.en v. Vertus) [→Visconti, Gian Galeazzo] und um →Tenzonen. Es finden sich jedoch auch →Ballate (inspiriert von seinem musikal. Talent), →Canzonen und →Frottole. Zu Recht berühmt ist die Frottola »Se Die m'aide«, die Gespräche über den →Chioggiakrieg (zw. Venedig und Padua) widergibt, eine starke ven. Dialektfärbung, volkstüml. (Schilderung einer Hochzeit) und theatral. Elemente aufweist und vielleicht für den Vortrag eines Spielmanns bestimmt war. Zwei Themen herrschen in V.s poet. Werk (im allg. Gelegenheitsdichtung) vor: Die polit. Thematik, in der auch persönl. Stimmungen und die Ambitionen des Hofmanns ihren Ausdruck finden, und die Liebesthematik, die von der Manier des →Dolce Stil novo und v. a. →Petrarcas inspiriert ist. Letzterem, der V.s musikal. Begabung schätzte (Sen. XI, 5), widmete er zwei Sonette, die jedoch ohne Antwort blieben.   M. Picone

Ed. und Lit.: E. Levi, F. di V. e la lirica delle corti lombarde, 1908 – R. Renier, Svaghi critici, 1910, 51–70 – Le rime di F. di V., hg. A. Medin, 1928 – V. Dornetti, Aspetti e figure della poesia minore del Trecento, 1984, 117–126 [Lit.].

Vaqueiras, Raimbaut de → Raimbaut de Vaqueiras (2. R.)

Váradi, Péter, ung. Humanist, geistl. Würdenträger und Diplomat, * um 1450, † April/Mai 1501, Verwandter des Johannes →Vitéz. Nach Studium in Bologna war V. seit 1465 Kanonikus v. Esztergom, seit 1474 kgl. Sekretär sowie seit 1480 Ebf. v. Bács-Kalocsa und Geheimkanzler. Als Mäzen des Budaer neuplaton. Kreises wurde er 1483 von Kg. Matthias Corvinus beauftragt, die Epigramme des →Janus Pannonius zu sammeln. 1484 fiel V. aus unbekannten Gründen in Ungnade und wurde inhaftiert. Nach seiner Befreiung 1490 zog er sich ins Privatleben zurück und widmete sich ganz der Wissenschaft; u. a. stand er in Kontakt mit Ugolino Verino, Marsilio →Ficino und Philippus →Beroaldus. Bekannt sind einige im humanist. Stil zw. 1490–97 geschriebene Briefe V.s, seine Bibliothek ist teilweise erhalten.   P. Kulcsár

Ed. und Lit.: P. de Warda (!), Epistolae, ed. C. Wagner, 1776 – K. Csapodi-Gárdonyi, Die Reste der Bibl. eines ung. Humanisten, Gutenberg-Jb., 1977.

Varäger → Waräger

Varano, da, it. Familie. Die ersten sicheren Nachrichten gehen auf das 13. Jh. zurück (Rodolfo di Gentile da V.); Gentile I. († 1284) erhielt von der Kirche die Signorie über die Stadt →Camerino (Marken), ihm folgten seine Söhne Berardo († vor 1325) und Rodolfo I. († 1316). Giovanni und Gentile II. befehligten die päpstl. Truppen in den Marken und in Umbrien. V. a. Gentile II. († 1355) spielte eine zentrale Rolle in der Politik der Marken, als der päpstl. Legat →Bertrand du Poujet in der Lombardei gegen die →Visconti zu Felde ziehen mußte. Die da V. vergrößerten zunehmend ihren Herrschaftsbereich und dehnten ihn über Camerino und dessen Contado auf die Täler des Chienti und des Potenza und einige Gebiete Umbriens aus, die sie als päpstl. Vikare innehatten. Einer der besten Söldnerführer seiner Zeit war *Rodolfo II.* († 1384), der als Gonfaloniere der Kirche (1355) für Kard. →Albornoz verschiedene päpstl. Dominien zurückeroberte und zwölf Jahre lang im Namen der Kirche die absolute Herrschaft über →Rimini, →Fano, →Pesaro und →Fossombrone ausübte. Die Familie schien zw. 1433 und 1444 in Gefahr, infolge von Blutrache, Brudermorden und v. a. einer Verschwörung gegen sie auszusterben. Aber die Eheschließung (1444) zw. *Costanza* da V. (1426–47), der Tochter eines der Opfer von 1433 und eine bekannte Literatin, und dem Signore v. Pesaro, Alessandro Sforza, ermöglichte die Wiedergewinnung der Herrschaft über Camerino durch *Rodolfo IV.* (in der Folgezeit einer der berühmtesten Kriegsleute seiner Zeit) und *Giulio Cesare* da V. Diese glücklichste Periode der Familie da V. und des Territorialstaates Camerino wurde durch →Cesare Borgia auf gewaltsame Weise beendet: Er ließ Giulio Cesare und drei seiner Söhne erdrosseln (1502) und bemächtigte sich der Herrschaft über Camerino, konnte sie nach dem Tod seines Vaters, Papst →Alexanders VI., jedoch nicht mehr halten. Die da V. kehrten 1515 zurück und blieben bis 1542 die Herren von Camerino. S. Polica

Lit.: P. Litta, Famiglie celebri d'Italia – B. Feliciangeli, Richerche sull'origine dei da V., 1919 – D. Arimgoli, I Da V., 1967.

Varaždin (< ung. *várasd*, 'kleine Burg'), Stadt in Nordwestkroatien, im ma. →Slavonien. In Anlehnung an die Burg V., Zentrum einer Gespanschaft und Sitz eines 1181 erstmals erwähnten kgl. →Gespans, entstand im 12. Jh. mit der regionalen Intensivierung von Verkehr und Handel eine städt. Siedlung. Kg. Andreas II. v. Ungarn verlieh den Kolonisten 1209 das Privileg einer kgl. Stadt mit dem Recht der Wahl eines rihtardus, 1357 wurde V. durch ein Privileg Ludwigs I. v. Anjou der Gerichtsbarkeit des Gespans entzogen und dem kgl. →Tarnackmeister unterstellt. Dank der Lage am Übergang über die →Drau, an der Kreuzung des West-Ost-Weges entlang des Drautales und der Route aus der pannon. Ebene an die Adria, entwickelte sich V. im 15. Jh. zu einem wichtigen Handwerks- und Handelszentrum. Die Stadt erhielt 1421 ihr erstes Messeprivileg; ab 1448 fand jährl. eine achttägige Messe statt. Anfang des 15. Jh. kamen Burg und Stadt an die Gf.en v. →Cilli. Beim Angriff von Johannes →Hunyadi ging die Stadt 1446 in Flammen auf. Nach dem Tod →Ulrichs II. v. Cilli 1456 wieder kgl. Besitz, war V. ab 1463 in den Händen wechselnder Stadtherren. I. Goldstein

Lit.: S. Belošević, Županija varaždinska i slobodni i kraljevski grad V., 1926 – T. Raukar, Grofovi Celjski i hrvatska kasnosrednjovjekovlja, Historijski zbornik 36, 1983 – Varaždinski zbornik 1181–1981, 1983 – N. Budak, Gradovi varaždinske županije u srednjem vijeku, 1994.

Vardar, Vardarioten. Der etwa 350 km lange Hauptfluß Makedoniens entspringt im NW dieser Region, durchfließt ab →Skop(l)je in SSO-Richtung die verkehrsgeogr. wichtige Morava-V.-Furche und erreicht die Ägäis westl. von →Thessalonike. Der antike, byz. und moderne gr. Name Axios (wohl aus iran. *axšaēna*, 'dunkel', 'schwarz') bezeichnet v. a. den Unterlauf. Der etymolog. ungeklärte ma. und nz. Name V. (nicht vor Mitte des 9. Jh. von Slaven übernommen) scheint in slav. Q. erst ab Ende des 13. Jh. auf; für den Oberlauf ist im 13.–15. Jh. die slav. Bezeichnung Velika reka ('großer Fluß') überliefert. – Nach dem V. benannt sind die Vardarioten (Bardariotai); in vielen Q. mit Türken [Turkoi] gleichgesetzt; unter diesem Ethnonym verstand man damals am ehesten Ungarn/Magyaren. Bm.slisten (10.–12. Jh.) belegen ein Bm. (unter Thessalonike) der Bardarioten oder Türken. Auf ein Vordringen von Ungarn zum V. (nach Oikonomidès i. J. 934) und deren Ansiedlung (samt Christianisierung) im 10. Jh. weisen auch andere Q. 1020 wurde dem Ebf. v. →Ohrid das 'Kanonikon' über die Turkoi am Bardareios zugestanden. 1256 begleiteten Vardarioten Ks. Theodoros II. ins Feld. Ein Grundstück der Vardarioten fiel 1319 an das Athos-Kl. Xeropotamu. In spätbyz. Zeit traten die Vardarioten v. a. als ksl. Palastgarde (unter einem Primikerios) mit roten Uniformen in Erscheinung: ihre von Ps.-→Kodinos behauptete pers. Herkunft (Ansiedlung durch den Ks. [Theophilos?]), Sprache und Tracht sind nicht mit Sicherheit zu deuten ('pers.' im Sinne von ung. oder türk.? Untergang der Perser und ihre Ersetzung oder Ablösung durch andere Volkselemente wie Ungarn und später Türken?). Ein Amt/Titel (?) eines Vardarios v. Thessalonike ist auf wenigen Siegeln nachweisbar. P. Soustal

Lit.: Oxford Dict. of Byzantium, 1991, 2153 – N. Oikonomidès, SOF 32, 1973, 1–8 – H. Göckenjan, JbGO 21/3, 1973, 423–441 – I. Duridanov, Die Hydronymie des V.systems als Geschichtsq., 1975, 30–36 – G. Schramm, Eroberer und Eingesessene, 1981, 392–395 – H. Ditten, Ethn. Verschiebungen zw. der Balkanhalbinsel..., 1993, 106–110.

Vargas, Alfonsus Toletanus, Augustinertheologe, * um 1310 zu Toledo, † Dez. 1366 zu Sevilla. 1344/45 hielt er in Paris seine Sentenzenlesung und wurde um 1347 Magister der Theologie. Seit 1353 Bf., starb er als Ebf. v. Sevilla. Er unterstützte →Aegidius Albornoz bei der Rückgewinnung des Kirchenstaates. In seiner Theologie und hist.-krit. Haltung ist er typ. Vertreter der →Augustinerschule. – Im Druck erschienen von ihm »Quaestiones de anima« (ed. 1477 u. ö.) und »In primum Sententiarum« [ed. 1490, Rep. 1952]. A. Zumkeller

Lit.: Teeuwen Nrr. 1458–63, 3638, 3679, 3689, 4691, 5908, 5916, 7262 – Gindele, 161–162 – J. Kürzinger, A. V. T., 1930 – D. Trapp, Augustiniana 6, 1956, 213–223 – A. Zumkeller, Augustinerschule, 224f. – Ders., Manuskripte, 52f., 566f. – Ders., Erbsünde, Gnade, Rechtfertigung und Verdienst nach der Lehre der Erf. Augustinertheologen des SpätMA, 1984, passim – L. A. Kennedy, Augustiniana 38, 1988, 124–128.

Varignana, Bartolomeo da, Schüler, Kollege und Konkurrent Taddeo →Alderottis in Bologna, † 1321 in Genua. V. besaß eine berühmte med.-philos. Bibliothek (Diebstahl 1286) und lehrte Medizin und Artes, d. h. neben theoret. und prakt. Medizin auch die med. Propädeutik. Auf Antrag Alderottis wurde er 1292 durch das Collegium magistrorum wegen Abwerbens von Studenten zu einer Geldstrafe verurteilt. Nach dem Tode Taddeos führender Medizinprofessor Bolognas, verließ V. 1311 Bologna, wurde Leibarzt Heinrichs VII. und übernahm Aufgaben bei Hofe (u. a. verantwortl. für den Transport der Eisernen Krone der Langobarden zur Krönung Heinrichs VII. nach Sant'Ambrogio [Mailand]). In einem Gutachten sprach er den Beichtvater Heinrichs nach dessen plötzl. Tod 1313 vom Vorwurf der Vergiftung frei. Als Averroist und Vertreter der für Padua und Bologna im 14. Jh. charakterist. 'Arztphilosophen' verfaßte er bedeutende Kommentare zu den Aphorismen des Hippokrates, zu Galen und Avicenna. Auch sein Sohn Guglielmo war ein bedeutender Medizinprofessor und Autor. K. Bergdolt

Lit.: L. Münster, Alcuni episodi sconosciuti o poco noti sulla vita e sull'attività di B. da V., Castalia. Rivista di storia della med. 10, 1954, 207–215 – N. G. Siraisi, Taddeo Alderotti and his Pupils, 1981, 45–49, 86–95 [Lit.].

Varlar (Gem. Rosendahl, Kr. Coesfeld), OPraem Stift, vor 1123 mit Chorherren aus Prémontré besetzt, von →Norbert v. Xanten, der 1124 V. aufsuchte, gefördert und – als Abschluß des Gründungsvorgangs – 1129 vom Bf. v. →Münster mit dem Privileg der freien Propst- und Vogtwahl ausgestattet. Hinter der Gründung stand Otto v. →Cappenberg, zu dessen Besitz V. 1118 gehört hatte. Otto wurde erster Propst in V. Als ihm 1126 sein Neffe Heinrich v. Coesfeld folgte, erhielt V. dessen Erbgüter, u. a. den Hof Coesfeld. Die dortige Lamberti-Kirche wurde 1137 V. inkorporiert. Nachdem V. vor 1150 unter die paternitas des Kl. Cappenberg, des Hauptes der westfäl. Zirkarie, gestellt war, suchte es sich vergebl. dieser Zuordnung zu entziehen. V. war wie die anderen Kl. der Cappenberger Filiation ein exklusives Kl. mit nie mehr als 10 Konventualen, die v. a. dem Adel des Münsterlandes und der östl. Niederlande entstammten. Bis 1265 waren die Herren v. Horstmar Vögte des Kl., anschließend die Pröpste selbst.   H. Schoppmeyer
Lit.: L. FROHNE, V. (Westfäl. Kl.buch, II, hg. K. HENGST, 1994), 384–389 [Lit.].

Varna, Stadt in →Bulgarien, an der westl. Schwarzmeerküste, Nachfolgerin des antiken Odessos, erstmals Ende des 7. Jh. erwähnt, gehörte seit der zweiten Hälfte des 8. Jh. zum Territorium des bulg. Staates und wurde im 13.–14. Jh. dank der Aktivität der Venezianer und Genuesen zum wichtigsten Hafen und Handelszentrum des bulg. Zarenreiches. 1347 ließ sich in V. der erste ven. Konsul nieder. 1395 von den Türken erobert, fand 1444 bei V. die für das Schicksal der Balkanhalbinsel entscheidende Schlacht statt (→Varna, Schlacht bei). In der Stadt und ihrer Umgebung sind u. a. frühchr. Basiliken mit Mosaiken (4. Jh.), frühchr. Grabmäler (6. Jh.), Teile der Festungsmauer und zwei ma. Kirchen (13.–14. Jh.) erhalten.   V. Gjuzelev
Lit.: Bălgarski srednovekovni gradove i kreposti, I, hg. A. KUZEV-V. GJUZELEV, 1981, 293–310.

Varna, Schlacht bei (10. Nov. 1444). [1] *Geschichte:* Die Schlacht bei V. wurde ausgetragen zw. dem chr. Kreuzfahrerheer (→Kreuzzüge, B. VII), unter Führung des poln.-ung. Kg.s →Władysław III. Jagiello und des Johannes →Hunyadi, und den →Osmanen, unter Führung Sultan →Murāds II. Die chr. Armee erlitt eine schwere Niederlage, Władysław III. fand den Tod, und Hunyadi zog sich mit dem Rest des Heeres in das Gebiet nördl. der Donau zurück, wo er von den Vlachen gefangengenommen wurde. Die Niederlage des chr. Heeres entschied endgültig das Schicksal der Balkanhalbinsel: sie wurde ein paar Jahrzehnte später von den Osmanen erobert.   V. Gjuzelev
Lit.: G. KÖHLER, Die Schlachten v. Nicopoli und Warna, 1882 – O. HALECKI, The Crusade of V. A Discussion of Controversial Problems, 1944 – F. PALL, Un moment décisif de l'hist. du Sud-Est européen. La croisade de V. 1444, Balcania 7/1, 1944, 102–120 – J. DĄBROWSKI, L'année 1444, 1952 – V. 1444. Sbornik ot izsledvanija na 525-ta godišnina ot bitkata kraj grad V., 1969 – B. CVETKOVA, Bataille mémorable des peuples. Le Sud-Est européen et la conquête ottoman, 1971 – Kulturno-ist. i etnolog. ... na Balkanite, 1995.

[2] *Literarische Zeugnisse:* Die Niederlage des chr. Heeres bei V. hat sich in W- und in SO-Europa literarisch, außer in Chronistik und Geschichtsschreibung, auch in der Reimdichtung mit zwei Poemen niedergeschlagen: Das eine ist ein frühnhd. Gedicht von Michael →Beheim (950 Verse), das auf den Augenzeugen H. Mergest zurückgeht, der erst nach seiner Rückkehr aus 16jähriger türk. Kriegsgefangenschaft seinem Freund Beheim hatte berichten können. – Das andere Poem entstammt dagegen der griech.-volkssprachlichen Lit., ist in Fünfzehnsilbern abgefaßt und in zwei Versionen überliefert: C aus Cod. Paris. gr. 316 saec. XV/XVI, in 466 Versen, angebl. verfaßt von dem »Philosophen« (d. h. Mönch) Zotikos Paraspondylos, der als vorgebl. Augenzeuge figuriert, und K aus dem Cod. Constantinopolit. Seragl. gr. 35. a. 1461, in 460 Versen, zugeschrieben einem Georgios Argyropulos. Beide Versionen, deren jeweilige Verfasser wohl doch fiktive Gestalten sind, stellen Bearbeitungen einer verlorenen Vorlage dar, der K deutlich näher steht als C. Beide Versionen heben bes. die Rolle des Feldherrn Johannes →Hunyadi hervor, dessen Tod bei der Belagerung v. →Belgrad 1456 vermutl. den Anlaß zur Fixierung des Poems gab. S. a. →Türkenkriege.   G. Prinzing
Ed.: →Beheim, M. (H. GILLE–I. SPRIEWALD [DTMA 60, 1], Nr. 104) – Görög Költemény a Várnai csatáról/Ἑλληνικόν ποίημα περὶ τῆς μάχης τῆς Βάρνης, hg. GY. MORAVCSIK, 1935 – *Lit.:* G. PRINZING, Bem. zum spätbyz. Poem über die Schlacht v. V. (Świat chrześcijański i Turcy Osmańscy w dobie bitwy pod Warną, hg. D. QUIRINI-POPŁAWSKA, 1995, 59–71) [Lit.].

Varnhem, Zisterzienserkl. in Valle Harde, Prov. Västergötland (Schweden). Von →Alvastra aus besiedelten wohl meist frz. Mönche um 1150 die von Kg. →Sverker d. Ä. gestiftete Insel Lurö im Väner-See, zogen aber nach Lugnås, dann nach V. um. Während einer kurzfristigen Vertreibung gründeten sie 1157/58 das dän. →Vitskøl. Die Kg.e →Knud Eriksson († 1195/96), sein Sohn Erik Knutsson († 1216) und sein Enkel Erik Eriksson († 1250) beschenkten V., förderten den Ausbau des Kl. und wurden in V. beerdigt. Die erste Kl. kirche wurde 1234 durch Feuer zerstört, die heute noch erhaltene Kirche mit gerundetem Ostchor wurde bis etwa 1260 errichtet (Grablege von →Birger Jarl 1266). In den ausgegrabenen, gut erhaltenen Fundamenten der Kl.anlage ließ sich das Wassersystem vollständig rekonstruieren, was zu Diskussionen über die techn. Innovationen der Zisterzienser in Schweden beitrug.   T. Nyberg
Lit.: C. M. FÜRST, Birger Jarls grav i V. klosterkyrka, Vitterhets-, Historie- och Antikvitets Akademiens Handlingar D. 38/2, 1928 – E. ORTVED, Cistercieordenen og dens Klostre i Norden, II, 1933, 225–258 – C. G. SWANBOM, V. klosterkyrka, 1963 – R. SIGSJÖ, Klosterstaden V., Västergötlands Fornminnesförenings Tidskrift 1979/80, 103–156 – R. EDENHEIM–I. ROSELL, V. klosterkyrka, Sveriges kykor 190, 1982 – J. FRANCE, The Cistercians in Scandinavia, 1992 – A. GÖTLIND, Technology and Religion in Medieval Sweden, Avhandlingar från Historiska institutionen i Göteborg 4, 1993, 17–74 – T. NYBERG, Monasticism in Northern Europe c. 800–1200, 1997.

Varro im Mittelalter. M. Terentius V. (aus Reate), der den Zeitgenossen wie den Späteren als der größte röm. Gelehrte galt, hat das röm. Geistesleben tief beeinflußt, aber auch nach dem Altertum stets hohes Ansehen genossen, obwohl seine sehr zahlreichen und vielseitigen lit. Werke zum weitaus größten Teil schon in der späteren Ks.zeit untergegangen sind und das wenige, das ins MA gelangte, zu den größten Seltenheiten gehörte. – V.s Saturae Menippeae hat als einer der letzten Nonius (3./4. Jh.?) in Händen gehabt, dem wir einen großen Teil der Fragmente verdanken; die philos.-hist. Abhandlung der Logistorici muß sogar noch →Sidonius besessen haben (epist. 8, 6, 18). Während die spezielle Abh., z. B. die literarhist., nicht über das Zeitalter der Papyri hinausgelangt sind, scheint der Redner Symmachus die Imagines (oder Hebdomades) noch gekannt zu haben (epist. 1, 2. 4). Das große Werk über die röm. Altertümer (Antiquitatum rerum humanarum et divinarum libri XLI) war im Besitze Augustins, der auf ihm seine Widerlegung der heidn. Götterwelt aufbaute; in De civitate Dei 16, 2 gibt er eine Übersicht über das Gesamtwerk. Bes. Bedeutung gewann V.s enzykloäd. Alterswerk, die Disciplinarum libri IX, in denen der 83jährige die Fächer der Grammatik, Rhetorik,

Dialektik, Geometrie, Arithmetik, Astrologie, Musik, Medizin und Architektur behandelte (nicht erhalten). Auch dieses Werk hat Augustinus in Mailand noch gesehen und ließ sich von ihm zur Abfassung ähnl. Schriften anregen, von denen freilich nur ein Teil zustande kam. Unter Wegfall der Medizin und Architektur sind die sechs ersten Fächer durch Vermittlung von →Martianus Capella, →Cassiodor und →Isidor die Grundlage der septem →artes liberales für das ganze MA und darüber hinaus geworden. Als selbständiges Werk bzw. Bruchstück eines solchen sind von den 25 Büchern De lingua latina die Bücher 5-10, 86 erhalten. Die nach Mitte des 11. Jh. in Montecassino geschriebene Hs. (jetzt Florenz Laur. 51. 10) trägt die eindeutigen Spuren sehr hohen Alters und ist vermutl. Träger einer lokalen Überlieferung: V. besaß eine Villa in Casinum, und mindestens seit Mitte des 12. Jh. glaubten die Mönche v. →Montecassino, an dem von V. gegr. Ort zu leben. Die von →Boccaccio gefundene und entfremdete Hs. wurde Vorlage aller humanist. Hss. des Werkes. Benutzung durch Auxilius (10. Jh.) in Montecassino wird ohne ausreichenden Beweis vermutet. Ins MA ist vollständig gelangt allein das Werk Rerum rusticarum libri III: vielleicht deshalb, weil schon in der Spätantike ein Corpus landwirtschaftl. Schriftsteller zusammengestellt worden war: Cato de agricultura, V., Gargilius Martialis und Columella. Ein Abkömmling davon wäre ein 'altes' (karol.?) Exemplar, der codex Marcianus (in Florenz), nach dem 1472 die editio princeps hergestellt wurde (und der später verlorenging). Unklar ist, ob der Vertreter eines zweiten Überlieferungszweiges, Paris BN lat. 6842 A (12./13. Jh.), der Cato und V. allein enthält, letztl. auf dasselbe spätantike Corpus zurückgeht. Benutzt wurden die Rerum rusticarum libri im 13. Jh. von →Petrus de Crescentiis in seinen Ruralium commodorum libri III, dem ersten Hb. der Landwirtschaft des MA. Im it. Frühhumanismus scheint die Kenntnis V.s häufiger geworden zu sein. – Das ganze MA hindurch genoß V. hohes Ansehen als Gelehrter, wurde auch nicht selten genannt, doch stammen Zitate in der Regel aus zweiter und dritter Hand. – Unter dem Namen V. sind ca. 150 Prosasprüche als 'Sententiae V.nis' überliefert (Herkunft und Urheberschaft unbekannt). F. Brunhölzl

Lit.: SCHANZ-HOSIUS – MANITIUS, I–III – R. SABBADINI, Le scoperte dei codici latini e greci ne' secoli XIV e XV, 1905-14 – F. BRUNHÖLZL, Zum Problem der Casinenser Klassikerüberlieferung (Abh. der Marburger Gelehrten Ges. 3, 1982) – L. D. REYNOLDS, Texts and Transmission, 1983, 430f. – M. v. ALBRECHT, Gesch. der röm. Lit., I, 1992, 485ff.

Varye, Guillaume de, frz. Kaufmann und Unternehmer, * um 1420, † 1469, ◻ Bourges, Karmeliterkirche. V., der führende Teilhaber von Jacques →Cœur, entstammte wie dieser der Handelsbourgeoisie v. →Bourges, assistierte ihm in der kgl. →Argenterie →Karls VII. und nahm in dieser Eigenschaft an allen Handels- und Finanzaktivitäten Cœurs teil, war als contrôleur général des finances u. a. in Tours, Lyon, Rouen sowie im Languedoc tätig. Außerhalb des Kgr.es Frankreich betrieb er Geschäfte in Avignon, Marseille, Genf, Rom und Florenz (dort Mitglied der 'Arte della Seta'; →Seide, A. II). Durch seine langjährigen Beziehungen zu it. Bankiers eignete er sich deren Finanztechniken an. Während des Prozesses gegen Cœur wiesen die Richter V.s Zeugenaussage wegen dessen allzu nahen Treueverhältnisses zum Angeklagten zurück. V. fand Zuflucht in der Abtei Grandmont (Limousin), dann in Spanien und in Rom, wo er an der päpstl. Schutzherrschaft über Cœur teilhatte.

Durch seine kaufmänn. Fähigkeiten gewann V. schließlich aber das Vertrauen des neuen Kg.s →Ludwig XI., der ihm wichtige Aufgaben der Finanzverwaltung übertrug (1461: général des finances) und ihm die Wiederaufnahme der von Cœur begonnenen Handelsunternehmungen im Mittelmeerraum ermöglichte. Wie Cœur verstand es auch V., den sozialen Aufstieg seiner Familie zu fördern; seine Heirat mit Charlotte v. Bar markiert den Übergang von der Bourgeoisie zum Adel. Über das Hôtel der Familie in Bourges hinaus erwarb V. ein aus engl. Besitz konfisziertes Stadtpalais in Rouen sowie mehrere Seigneurien, bes. Isle-Savary. M. Mollat †

Lit.: R. GANDILHON, Politique économique de Louis XI, 1941 – M. MOLLAT, Les affaires de J. Cœur. Journal du Procureur Dauvet, 2 Bde, 1952 – DERS., Une équipe: Les commis de J. Cœur (Homm. L. FEBVRE, 1953, II), 175f. – J. HENRY, G. de V., Mém. Univ. Lyon, 1963 – M. E. POULON-BREJON DE LAVERGNÉE, G. de V. [Thèse Éc. Nat. des Chartes, 1972] – M. MOLLAT, J. Cœur ou l'esprit d'entreprise, 1988 – s. a. Lit. zu →Cœur, Jacques [P. CLÉMENT, 1966; R. GUILLOT, 1974].

Vasa, spätere Benennung des Geschlechts Kg. Gustavs I. v. Schweden (1523-60), die teils mit dem Besitz des Dorfes Vasa durch Familienmitglieder im MA erklärt, teils für eine Ausdeutung des Familienwappens gehalten wurde, das sich allein durch Beizeichen vom Wappen des deutschbalt. Geschlechts Scherembeke unterscheidet. Im Geschlecht Scherembeke ist der Vorname Christiern (Christian) sehr häufig; er findet sich ebenfalls bei den V., ist aber für Schweden sehr ungewöhnlich. Der Vorname wurde den V. durch den Stockholmer Vogt Christiern v. Öland († 1309/10) vererbt, dessen Wappen dem Scherembekschen glich. Seine Tochter war die Großmutter der Frau des Stockholmer Vogts *Nils Kettilsson* († frühestens 1378), dem Stammvater des Geschlechts V.; sein Wappen war dem Scherembekschen noch ähnlicher. Sein Sohn, der Ritter und Reichsrat *Christiern Nilsson* († 1442) zu Björnö in Uppland, bezeichnete 1423 einen Heinrich Scherembeke als Oheim. Christiern Nilsson, Hauptmann in Viborg in Finnland seit 1417, wurde 1435 von Kg. Erich v. Pommern zum →Drost ernannt. 1439 wurde er in Revelsta in Uppland von Anhängern des neuen Reichsverwesers und Sohn seines Schwestersohns →Karl Knutsson (Bonde) gefangengenommen. Diese Tat brachte seinen Enkel, Ebf. Jöns Bengtsson (→Oxenstierna), gegen Karl Knutsson auf. Der älteste Sohn von Christiern Nilsson, der Reichsrat *Karl Christiernsson* († 1440) war Vater von Bf. *Kettil Karlsson* v. Linköping (1433-65). Bf. Kettil leitete 1464 den Aufstand gegen den Unionskg. →Christian I., der seinen Vetter, Ebf. Jöns Bengtsson, eingekerkert hatte. Kettil Karlsson war bis zu seinem Tode Reichsverweser, mit Ausnahme der Monate der erneuten Regierung Karls Knutsson. Der Bruder Bf. Kettils, der Reichsrat *Erich Karlsson* († 1491) zu Norrby in Östergötland, war Anführer des mißlungenen Aufstands gegen Karl Knutsson von 1469. Eine seiner Töchter war Mutter der zweiten Gemahlin Kg. Gustavs I.

Der Großvater Gustavs I., der Ritter und Reichsrat *Johann Christiernsson* († 1477) zu Rydboholm in Uppland, ein jüngerer Halbbruder Karl Christiernssons, war in erster Ehe mit einer Schwestertochter Karl Knutssons verheiratet; ihr Sohn, der Ritter und Reichsrat *Erich Johannsson* († 1520) zu Rydboholm, der Vater Gustavs I., der im Stockholmer Blutbad hingerichtet wurde, war Schwestersohn und einer der Erben des Reichsverwesers Sten →Sture d. Ä. H. Gillingstam

Lit.: H. GILLINGSTAM, Ätterna Oxenstierna och V. under medeltiden, 1952/53.

Vasall, Vasallität. Der Begriff 'V.ität' (vassaticum, vassaliticum) bezeichnet den personalen Aspekt eines Bindungsverhältnisses, das als hierarch. strukturierte Beziehung aus galloröm. Wurzel entstand und in karol. Zeit durch die Verbindung mit Elementen des germ. Gefolgschaftswesens und der Vergabe von Grund und Boden einen Prozeß der Transformierung durchlief.

Das Wort 'V.' (vassus [ab dem 6. Jh.], vasallus [ab dem 9. Jh.]) leitet sich von kelt. *gwas* ('Diener') ab, das in der Merowingerzeit einen Unfreien bezeichnete und noch bis ins 8. Jh. in diesem Sinne verwendet wurde. Spätestens seit dem 8. Jh. konnte es jedoch auch für einen abhängigen Freien gebraucht werden, vgl. →Lex Alamannorum (XXXVI, 3) und →Lex Baiuvariorum (II, 14). Der Eintritt in die Abhängigkeit geschah durch den Akt der →Kommendation, der bereits die Ergebung in das galloröm. Klientelverhältnis indiziert hatte. Die vasallit. Kommendation begründete einen wechselseitigen Vertrag, der auf Lebenszeit des Mannes und wohl auch des Herrn befristet war und den Mann zu Dienst und Gehorsam gegenüber seinem Herrn verpflichtete, wofür der Herr ihm Unterhalt und Schutz gewährte. Obwohl der Herr (dominus, senior) nun weitgehende diziplinar. Gewalt gegenüber dem Kommendierten (vassus, ferner homo und gasindus [bis ca. 9. Jh.], ab dem 9. Jh. häufig auch miles) hatte, mußte das geschuldete servitium doch mit dem freien Stand des Mannes vereinbar sein, es konnte Bedienung im Haus des Herrn ebenso einschließen wie militär. Dienst. Die Pflicht des Herrn, den Lebensunterhalt des V.en zu sichern, konnte durch direkte Unterstützungsleistungen des Herrn oder durch das Überlassen von Nutzungsrechten, sei es durch Schenkung oder Leihe von Land (etwa in der Form der →precaria), erfolgen. Vereinzelt sind seit der 1. Hälfte des 8. Jh. Benefizien in der Hand von vassi belegt, regelmäßig, jedoch nicht zwingend, wurden V.ität und →Beneficium erst in karol. Zeit verbunden. Trotz der Existenz von vassi non casati bis ins 12. Jh. gehörten V.ität und Benefizialleihe nun konstitutiv zusammen. Dabei leitete die Leihepraxis Karl Martells erst allmähl. zum »klass. Lehnswesen« hin, dessen Entstehung auf die Zeit Karls d. Gr. datiert wird (WOLFRAM). Ebenfalls in karol. Zeit trat als vasallitätsbegründender Akt zur Kommendation das Schwören eines Treueids. Nach herrschender Meinung wertete die Treueidleistung, die auf das germ. Gefolgschaftswesen zurückgeführt wird, die Stellung des V.en nachhaltig auf, da sie dem der Kommendation ursprgl. inhärenten Zug der Selbstverknechtung ein Element der Freiwilligkeit hinzufügte. Zugleich mündeten gefolgschaftl. organisierte Verbände (→Gefolgschaft, →antrustio, →leudes) in die V.ität ein. Dieser qualitativen Veränderung des Charakters der V.ität entspricht, daß neben weiterhin belegbaren vassi niedriger, vielleicht sogar unfreier Herkunft seit der 2. Hälfte des 8. Jh. sozial hochstehende Kg.sv.en (vassi dominici) greifbar werden, die sich dem Herrscher zur Verfügung zu halten und bes. Kriegsdienste zu leisten hatten. Als erster hochadliger V. gilt →Tassilo III. Zugleich ging die Forsch. lange davon aus, daß der Eid Tassilos i. J. 757 gegenüber Karl d. Gr. als ältester bezeugter V.eneid angesehen werden könne. Neuerdings wird jedoch diskutiert, daß erst 787 Tassilos Eintritt in die V.ität Karls d. Gr. zu erweisen sei (CLASSEN, zugespitzt BECHER). Zugleich geriet die These ins Wanken, daß die Treueide der V.en dem allg. Untertaneneid der Jahre 789 und 802 formal als Vorbild dienten und damit auch zeitl. vorausgingen. Sollte die Aufnahme von Treueiden in die vasallitätsbegründenden Rituale tatsächl. erst für das frühe 9. Jh. zu erweisen sein, hat das Rückwirkungen auf den Zeitraum der Ausbildung des »klass.« →Lehnswesens, das aus der Verbindung des dingl. Elements des Beneficiums sowie des durch Kommendation begründeten und durch den Treueid nuancierten personalen Elements der V.ität erwuchs. Zugleich bezeichnet der Begriff V.ität von der Entstehung des Lehnswesens an nur noch dessen personale Seite.

Die V.enschicht, die im frk. Reich entstand, war heterogen. Sie umfaßte die Großen des Reiches, die meist Kronlehen innehatten, ebenso wie die Inhaber mittlerer und kleiner Lehen sowie die V.en der Magnaten. Die Anbindung des Adels wie der Amtsträger an das Kgtm. durch das Lehnswesen wurde erst allmähl. üblich. Nach KIENAST kann seit der Zeit Ludwigs d. Frommen davon ausgegangen werden, daß Gf.en in der Regel auch kgl. V.en waren (anders: KRAH). Auch die Bindung der Bf.e und Äbte gegenüber dem Kg. erfolgte durch Kommendation und Treueid. Da die Entstehung des Lehnswesens ferner funktional mit militär. Erfordernissen im Zusammenhang stand, wurde es primär zum Organisationsprinzip des Adels. Was die mögl. Beziehungen des Kg.s zu den Unterv.en anbelangt, unterschied KIENAST zwei Prinzipien, das frz. und das engl. Prinzip. Ersteres sah er in der westfrk.-spätkarol. und kapet. Monarchie Frankreichs (und auch im ostfrk.-dt. Reich) verwirklicht, wo es dem Kg. nicht gelang, sich in die Dienst- und Abhängigkeitsbeziehungen zw. ihren Kronv.en und Unterv.en einzuschalten und dadurch einen Anspruch auch auf Leistungen der Afterv.en zu erlangen, letzteres in England der Normannen, wo der Kg. sich einen grundsätzl. Treuevorbehalt habe sichern können.

In jedem Fall unterlag die genaue Ausformulierung der V.enrechte und -pflichten in Abhängigkeit von gegebenen polit. Rahmenbedingungen erhebl. regionalen Unterschieden. Idealtyp. können Rechte und Pflichten des V.en wie folgt formuliert werden: Der V. schuldete dem Herrn keinen strikten Gehorsam, sondern →Treue (fidelitas; daher kann der Begriff »›fidelis« auch den V.en bezeichnen), die sich in der Gewährung von Rat und Hilfe (→consilium et auxilium) manifestierte. Der Herr muß dem V.en Schutz und Schirm (→Schutz, -herrschaft) sowie in der Regel eine angemessene Erstausstattung mit einem Lehen gewähren. Rat und Hilfe des V.en realisierten sich in der Pflicht zur Hof- und Heerfahrt, im Erweisen von Ehrendiensten und in der Unterstellung unter das Lehengericht des Herrn. Wenn auch vom Lehen kein Zins zu zahlen war, waren doch definierte finanzielle Verpflichtungen wie die Erbringung von *aides féodales* in Frankreich, die Zahlung einer Lehnware oder eines Schildgeldes (in England →*scutage*) grundsätzl. mit dem Charakter der Lehensverhältnisses vereinbar. Umgekehrt war der Herr kraft seiner Schutzpflicht gehalten, dem V.en den ungestörten Genuß seines Lehens zu garantieren, ihm ggf. militär. Beistand zu leisten oder ihn gerichtl. zu vertreten. Den Pflichten beider Seiten waren infolge des dem Lehnswesen immanenten Treuegedankens durch den Grundsatz der Zumutbarkeit Grenzen gesetzt, die etwa zu zeitl. und räuml. Einschränkungen (z. B. der Heerfahrtspflicht) führten.

Je nach polit. Konstellation konnten Herren- oder V.enrechte stärker betont werden. Das Recht bzw. die Pflicht des V.en, Rat zu erteilen, sicherte ihm polit. Partizipation. Dazu weitete sich die Lehnsfolgeberechtigung der Söhne eines V.en, die im späten 9. Jh. in den großen Lehen des Westfrankenreichs indirekt sanktioniert wurde (Kapitulare v. →Quierzy 877), trotz des prinzipiell personalen Charakters der V.ität, die bei Herren- und Mannfall neu begründet werden mußte, zur Sohneserbfolge, später zum Erbrecht von Frauen und Seitenverwandten. Auch Mehrfachv.ität stärkte die Position des V.en, da sie die Neutralität des V.en im Konfliktfall nach sich ziehen konnte. Gegen die Folgen der Mehrfachv.ität bot das im späten 11. Jh. in Frankreich entwickelte Instrument der Ligesse dem Herrn eine Handhabe; weitere Instrumente der Einflußnahme bildeten die Lehensvormundschaft (bes. im anglonorm. Lehnswesen) und die Erteilung von Heiratsgenehmigungen für Kronv.en und Lehenserben (etwa im Kgr. Sizilien). Für die Entwicklung der V.enrechte im röm.-dt. Reich, bes. im it. Teilreich, ist auf die Lehensgesetze Konrads II. (1037, →Constitutio de feudis), Lothars III. (1136) und Friedrichs I. (1154, 1158) zu verweisen. Während Konrad II. den V.en das Erbrecht in ihren Lehen zusagte und sie durch die Koppelung des Lehensentzugs an ein lehngerichtl. Verfahren gegenüber ihren Herren absicherte, versuchte Lothar III., die dem Reich geschuldeten Lehenspflichten dadurch nachvollziehbar zu halten, daß er die Veräußerung von Lehen ohne Zustimmung des Lehensherrn unter Strafe stellte. Friedrich I. bemühte sich ebenfalls um die Absicherung der dem Reich zu erbringenden Lehenspflichten (verschärftes Veräußerungsverbot, Lehensentzug bei Verweigern der Heerfolge bzw. der Stellung eines Ersatzmannes und bei Unterlassen der Lehensmutung, etc.). Dagegen konzentrierte sich die Aufmerksamkeit der Territorialherren im spätma. dt. Reich auf die Verhinderung von Veränderungen am Lehensobjekt (Verkäufen, Verpfändungen etc.), die zu einer Verlagerung oder Minderung der Leistungspflicht führen konnten. Diese Veränderung der Perspektive fällt mit einer Entwicklung zusammen, die als »Verdinglichung des Lehnswesens« beschrieben wurde. Im röm.-dt. Reich gelang es den werdenden Landesherren, die Pflichten ihrer V.en umfassend zu definieren bzw. auszuweiten (SPIESS) und die geschuldete Treue auf das Territorium statt auf den Lehensherren zu beziehen, wogegen sich die Verpflichtungen bes. der kleinen Reichsv.en gegenüber dem Kg. verflüchtigten (RÖDEL).   Ch. Reinle

Lit.: HRG II, 960–963, 1686–1755; V, 644–648 – H. MITTEIS, Lehnrecht und Staatsgewalt, 1933 – DERS., Der Staat des hohen MA, 1953[4] – W. KIENAST, Untertaneneid und Treuvorbehalt, ZRGGermAbt 66, 1948, 111ff. – DERS., Untertaneneid und Treuvorbehalt in Frankreich und England, 1952 – P. CLASSEN, Bayern und die polit. Mächte im Zeitalter Karls d. Gr. und Tassilos III. (Die Anfänge des Kl. Kremsmünster, red. S. HAIDER, 1978), 169ff. – K.-H. SPIESS, Lehnsrecht, Lehnspolitik und Lehnsverwaltung der Pgf.en bei Rhein im SpätMA, 1978 – K.-F. KRIEGER, Die Lehnshoheit der dt. Kg.e im SpätMA (ca. 1200–1437), 1979 – V. RÖDEL, Reichslehnswesen, Ministerialität, Burgmannschaft und Niederadel, 1979 – F. L. GANSHOF, Was ist das Lehnswesen? 1983[6] – W. KIENAST, Die frk. V.ität, hg. P. HERDE, 1990 – M. BECHER, Eid und Herrschaft (VuF Sonderbd. 39, 1993) – A. KRAH, Die frk.-karol. V.ität seit der Eingliederung Bayerns in das Karolingerreich, ZBLG 56, 1993, 613ff. – S. REYNOLDS, Fiefs and Vassals, 1994 – H. WOLFRAM, Karl Martell und das frk. Lehenswesen (Karl Martell in seiner Zeit, hg. J. JARNUT u.a., 1994), 61ff.

Vasco. 1. V. Fernandes de Lucena →Lucena, Vasco Fernandes de (3. L.)

2. V. Perez Pardal, ptg. (?) Dichter, 2. Hälfte des 13. Jh., wirkte am Hof Kg. →Alfons' X. v. Kastilien-León (10. A.). Erhalten sind eine →Tenzone, drei *cantigas de amor*, fünf *cantigas de amigo* und vier *cantigas de escarnho e maldizer* (→Cantiga).   W. Mettmann

Ed.: M. MAIORANO, Il canzoniere di V. P. P., 1979.

Vasilij

1. V. I. Dmitrievič, Gfs. v. →Moskau und →Vladimir seit 1389, *Dez. 1371, † 27. Mai 1425, ältester Sohn des Gfs.en →Dmitrij Donskoj und der Evdokija, Tochter des Gfs.en v. →Suzdal', →Dmitrij Konstantinovič. Durch testamentar. Verfügung des Vaters erhielt V. 1389 – unter Umgehung des nach den Regeln des →Seniorats thronfolgeberechtigten Onkels – die Gfs.enwürde und fast das gesamte Herrschaftsgebiet von Moskau und Vladimir als 'Vatererbe' (→Votčina). Die Rolle Moskaus als Zentrum des Gfsm.s wurde von V. symbolisch durch Überführung der einst von →Andrej Bogoljubskij aus →Kiev nach Vladimir gebrachten berühmten Ikone der Gottesmutter in seine Residenz bekräftigt (1395). Zwar mußte V. seine Inthronisierung noch durch die →Goldene Horde bestätigen lassen, doch war diese durch permanente innere Machtkämpfe soweit geschwächt, daß V. ztw. (1396–1412) sogar die Tributzahlungen (→Tatarensteuer) einstellen konnte. Die Chronik berichtet für jene Zeit erstmalig von tatar. Adligen, die sich taufen ließen und in Moskauer Dienste traten. Mit dem mächtigen westl. Nachbarn→Litauen war V. seit 1391 durch Heirat mit Sofija, einer Tochter →Witowts, eng verbunden. Gleichwohl führten Witowts Vorstöße gegen →Smolensk (1395), Vjaz'ma (1399) und →Pskov (1405/06) zu krieger. Auseinandersetzungen, die im Friedensschluß von 1408 mit der Wiederherstellung des Status quo ante endeten. V. konnte während seiner Regierungszeit →Nižnij Novgorod, →Murom und Suzdal' seinem Herrschaftsbereich einverleiben; →Novgorod behauptete hingegen seine Unabhängigkeit. Mit der Nachfolge betraute V. nicht, wie es sein Vater im Sinne des Seniorats testamentar. verfügt hatte, den nächstjüngeren Bruder, sondern seinen ältesten, noch minderjährigen Sohn→Vasilij (II.), was eine langwierige dynast. Krise nach sich zog.   S. Dumschat

Q.: DDG, 13–16, 18–22, 55f., 58, 61 – Novgorodskaja I. letopis', 393 – PSRL 5, 6, 8, 11, 15, 18, 21č.2, 25, 26 – SGGD I, 35; 2, 15 – Lit.: A. V. ĖKZEMPLJARSKIJ, Velikie i udel'nye knjaz'ja severnoj Rusi v tatarskij period, s 1238 po 1505g., 1, 1889 – A. E. PRESNJAKOV, Obrazovanie Velikorusskogo gosudarstva, 1918 – M. N. TICHOMIROV, Srednevekovaja Moskva v XIV–XV vv., 1957 – L. V. ČEREPNIN, Obrazovanie russkogo centralizovannogo gosudarstva v XIV–XV vv., 1960 – Der Aufstieg Moskaus, Ausz. aus einer russ. Chronik, hg. P. NITSCHE, I–II, 1966–67 – HGesch Rußlands 1, I, 614–620 [P. NITSCHE].

2. V. II. Vasil'evič, Gfs. v. →Moskau, * 15. März 1415, † 27. März 1462 an Schwindsucht, Sohn von 1 und Sofija, Tochter des Gfs.en→Witowt v. Litauen, ⚭ 1433 Marija, Tochter des Teilfs.en Jaroslav Vladimirovič v. →Serpuchov, sieben Kinder (fünf überlebend: →Ivan [III.], Jurij, Andrej, Boris, Anna). – V. trat nach dem Tode des Vaters (1425), erst zehnjährig, die Regierung an (gemäß testamentar. Verfügung des Vaters und in Abweichung von der Erbfolgeregelung des →Seniorats); er stand unter der Vormundschaft Witowts und der Regentschaft Sofijas und hatte die polit. Rückendeckung des Metropoliten Fotij († 1431) und der Moskauer Bojarenschaft; auch der Chān der →Goldenen Horde entschied sich zugunsten V.s (1432). In langjährigen dynast. Kämpfen suchten aber sein ältester Onkel Jurij Dmitrievič v. Galič und dessen Söhne →Dmitrij Šemjaka und →Vasilij Kosoj gegenüber V. die Oberhand zu gewinnen: V. wurde dreimal aus der Herrschaft vertrieben (1433, 1434, 1446) und auf dem Höhepunkt des Konflikts mit Dmitrij Šemjaka 1446 geblendet (Beiname 'Temnyj', der Dunkle, Blinde). Doch auch V. führte den Kampf mit gleicher Härte (1436 Blendung Vasilij Kosojs), was ihm bisweilen Kritik der Zeitgenossen eintrug; so heißt es 1462 anläßl. einer qualvollen öffentl. Hinrichtung von Anhängern des 1456 eingekerkerten Fs.en Vasilij Jaroslavič v. Serpuchov: »Es war bis dahin unerhört ... und unwürdig für einen rechtgläubigen Herrscher, mit solchen Strafen zu strafen und Blut zu vergießen.«

Trotz der schweren inneren Krise konnte unter V.s Herrschaft die territoriale Integrität des Gfsm.s Moskau bewahrt, sein polit. Einfluß intensiviert werden. Verliefen die Beziehungen zu →Litauen insgesamt friedlich (Ausnahme: 1445), so begleiteten krieger. Konflikte mit den →Tataren nahezu die gesamte Regierungszeit V.s (1428, 1437-39, 1444-45, 1449, 1451, 1454, 1459). Nach dem vergebl. Versuch, die Errichtung des Chanats v. →Kazan' durch Uluġ Meḥmed (1438) militär. zu unterbinden, gelangten die Tataren 1439 plündernd und brandschatzend bis in die Moskauer Vorstädte. 1445 geriet V. bei Suzdal' nach einer schweren Niederlage in tatar. Gefangenschaft. Seine Bereitwilligkeit zur Zahlung eines die Bevölkerung schwer belastenden Lösegeldes (otkup), die Duldung tatar. Tributeintreiber (→Tatarensteuer) sowie seine Politik der forcierten Indienstnahme vornehmer Tataren brachten ihm bei seinen Gegnern ztw. den Ruf eines Tatarenfreundes ein. Die Beziehungen zum ehemals schärfsten Konkurrenten, dem Gfsm. →Tver', gestalteten sich freundschaftlich (Heirat des Moskauer Thronfolgers Ivan mit Marija, der Tochter des Gfs.en →Boris Aleksandrovič, 1452). Nachdrücklich verstärkt wurde der Moskauer Einfluß im (sich ebenso wie Tver' anfänglich stark an Litauen anlehnenden) Fsm. →Rjazan', im Fsm. →Pskov (Einsetzung von Statthaltern durch Moskau) sowie im (mit den Galičer Fs.en gegen V. verbündeten) Land→Vjatka (1458/59). 1456 führte V. gegen →Novgorod, das seinem Erzfeind Dmitrij Šemjaka Zuflucht gewährt hatte, einen Feldzug durch und diktierte der Stadtrepublik die Friedensbedingungen v. Jažel bicy, die den endgültigen Verlust des Novgoroder Unabhängigkeit (1478) bereits konturhaft andeuten.

Der aus dem prinzipiellen Gegensatz zweier Erbfolgeordnungen resultierende dynast. Konflikt entwickelte sich nach dem Tode Jurij Dmitrievičs (1434) zu einem reinen Machtkampf (»Feudalkrieg« nach sowjetmarxist. Terminologie), den V. im wesentl. deshalb für sich entschied, weil die Moskauer Bojarenschaft mit wenigen spektakulären Ausnahmen auch in den Zeiten der Vertreibung (1433, 1446) treu zu ihm hielt und er zumeist die Unterstützung der hohen Geistlichkeit fand (29. Dez. 1447 gegen Dmitrij Šemjaka gerichtetes Sendschreiben der russ. Geistlichkeit). An der Thronfolge seines ältesten Sohnes Ivan hat V. nach seinem Sieg über die Galičer Fs.en keinen Zweifel gelassen und ihn bereits 1448 oder 1449 zum Gfs.en erhoben. Der Vertreibung seiner Rivalen aus ihren Fsm.ern standen die Weiterexistenz des Teilfsm.s Vereja-→Beloozero und die Schaffung neuer Teilfsm.er für die Söhne (bei freilich deutl. materiellem Übergewicht des Moskauer Thronerben Ivan) gegenüber. V. kann daher nicht für die ihm von Teilen der Historiographie zugeschriebene Zielsetzung eines »zentralisierten Einheitsstaates« gegen »feudale Zersplitterung« in Anspruch genommen werden. Die Regierungszeit V.s war durch einen Bedeutungszuwachs des titulierten adligen Elements (Rjapolovskie, Obolenskie, Patrikeevy u. a.) innerhalb der Moskauer Bojarenschaft gekennzeichnet. Auch lassen sich erste Ansätze der Herausbildung einer kleinadligen Dienstgutbesitzerschicht beobachten. In V.s Regierungszeit fällt die selbständige Wahl eines russ. Metropoliten (→Jona v. Rjazan') durch eine Bf.ssynode (1448) und die endgültige Loslösung von der byz. Mutterkirche (→Autokephalie, 1459) nach dem Fall Konstantinopels (1453). H. Rüß

Lit.: S. M. Solov'ev, Istorija Rossii s drevnejšich vremen, II [Neudr. 1960] – V. N. Bočkarev, Feodal'naja vojna v udel'noknjažeskoj Rusi XV. v., 1944 – G. Alef, The Political Significance of the Inscriptions of Muscovite Coinage in the Reign of V., Speculum 34, 1959, 1-19 – P. Nitsche, Gfs. und Thronfolger, 1972 – H. Rüss, Adel und Adelsoppositionen im Moskauer Staat, 1975 – HGeschRußlands I, 1981, 620-635

[P. Nitsche]–Ja. S. Lur'e, Vopros o velikoknjažeskom titule v načale feodal'noj vojny XV v. (Rossija na putjach centralizacii, 1982), 147-152 – G. N. Osetrov, Iskušenie Vassiana, 1987 – s. a. Q. und Lit. zu Vasilij 1. (bes. A. V. Ėkzempljarskij, L. V. Čerepnin).

3. V. Jur'evič Kosoj, Fs. v. →Zvenigorod, † 1448,
kurzzeitiger Gfs. v. →Moskau (im Sommer 1434) als Konkurrent seines Vetters Vasilij II. Ältester von drei Söhnen des Galičer Fs.en Jurij Dmitrievič, war V. vermählt mit einer Tochter des Fs.en Andrej Vladimirovič v. →Serpuchov-Radonež. V. ist erstmals erwähnt 1433, als ihm die Gfs.enmutter Sofija bei der Hochzeit Vasilijs II. in aller Öffentlichkeit einen kostbaren goldenen Gürtel (der Überlieferung nach aus dem Erbe→Dmitrij Donskojs) als angebl. Eigentum ihrer Familie abnahm; diese Ehrverletzung bildete den äußeren Anlaß für den offenen Ausbruch der 'Smuta' (Wirren), des langjährigen dynast. Konflikts um die Moskauer Gfs.enwürde. Nach dem Sieg Jurij Dmitrievičs über Vasilij II. (an der Kljaz'ma, 25. April 1433) rückten Jurijs Söhne V. und →Dmitrij Šemjaka wegen der »weichen« polit. Linie des Vaters vorübergehend von diesem ab; die familiäre Solidarität wurde jedoch im folgenden Jahr wiederhergestellt (Sieg der Galičer Fs.en über Vasilij II. im Rostover Gebiet am 20. März 1434, anschließende Thronbesteigung Jurijs). Nach Jurijs plötzl. Tod (5. Juni 1434) trat V. unter Mißachtung des bisher vom Vater propagierten Prinzips des→Senioratsals (von seinen Brüdern aber nicht anerkannter) Nachfolger in der Gfs.enwürde auf. Der Vertreibung aus Moskau nach nur einmonatiger Herrschaft folgte der Verlust des Zvenigoroder Fsm.s und die Niederlage gegen Vasilij II. (am Fluß Kotorosl', 6. Jan. 1435). V. versuchte, bes. in der nördl. Rus' nochmals eine neue Machtbasis zur Rückeroberung des Moskauer Thrones zu errichten (Belagerung und blutige Einnahme Ustjugs), erlitt aber am 14. Mai 1436 bei Skorjatina im Rostover Gebiet die endgültige Niederlage gegen Vasilij II., wurde als Gefangener nach Moskau gebracht und am 21. Mai 1436 geblendet. Er verstarb wohl in Kerkerhaft und ohne Nachkommen. Seine polit. Charakterisierung als Verfechter einer als rückschrittlich aufgefaßten »feudalen Zersplitterung« in der ehem. Sowjethistoriographie ist angesichts seiner eigenen Machtambitionen auf den Moskauer Gfs.enstuhl, die infolge der Überschätzung seiner militär. Möglichkeiten und mangels potenter Verbündeter im Zentrum des Reiches scheiterten, historisch nicht haltbar. H. Rüß

Lit.: A. A. Zimin, Vitjaz'na rasput'e, 1991 – s. a. Lit. zu Vasilij II. (bes. S. M. Solov'ev, P. Nitsche, H. Rüß).

4. V. III. Ivanovič, Gfs. v. →Moskau, Herrscher der
ganzen Rus' 1502/1505-33, * 25. März 1479, † 3. Dez. 1533, Sohn →Ivans III. aus seiner zweiten Ehe mit →Sophia Palaiologina. Aus erster Ehe besaß Ivan III. einen bereits 1490 verstorbenen Sohn, Ivan, dessen Sohn →Dmitrij (3. D.) von seinem Großvater nach dem Prinzip der Primogenitur 1497 zum Nachfolger erhoben wurde. Gegen diese Thronregelung opponierten V. und seine Mutter Sofija (Sophia). In dieser dynast. Krise spielten auch geistig-religiöse Strömungen innerhalb der orth. Welt am Ende des 15. Jh. (Kampf gegen die→Judaisierenden, Auseinandersetzung zw. Josephiten [→Josif Volockij] und 'Uneigennützigen') eine Rolle. 1502 hatte sich V. endgültig durchgesetzt; sein Vater hatte ihn zum Nachfolger und Gfs.en erhoben und Dmitrij verstoßen. Nach dem Tod des Vaters 1505 führte er neben dem Gfs.entitel den Titel Herrscher (gosudar'), gelegentl., im Verkehr mit ausländ. Mächten, auch den Zarentitel.

V. setzte im Inneren das Werk der Zentralisierung des Moskauer Staates fort, erweiterte den Herrschaftsbereich nach außen erfolgreich und trug mit seiner Regierungsweise wesentl. zur Ausprägung der Moskauer Autokratie bei. Unter V. wurden letzte, fakt. bereits nicht mehr unabhängige Territorien unter Fortführung des »Sammelns der russ. Erde« inkorporiert: 1510 →Pskov, 1521 das Gfsm. →Rjazan', 1522/23 Novgorod-Severskij. Auch setzte er den Kampf mit →Litauen um die Herrschaft über die ostslav. besiedelten Gebiete fort. Die Kriege v. 1507–08 und 1512–22 verliefen erfolgreich, so daß 1514 das über 100 Jahre litauisch beherrschte →Smolensk wieder an den Moskauer Staat fiel. Die →Tataren stellten eine stete Herausforderung dar. Nachdem das Bündnis mit den Krimtataren schon in den letzten Regierungsjahren des Vaters zerbrochen war, mußte V. mehr als 20 ins Moskauer Territorium zielende Feld- und Plünderungszüge abwehren. 1521 gelang dies nur durch das Versprechen von Tributzahlungen. Das Bündnis der Krim mit dem Chanat v. →Kazan' stellte eine dauerhaftere Bedrohung dar. Feldzüge V.s gegen dieses Chanat waren letztl. ebensowenig erfolgreich wie seine Versuche, Satellitenchane zu installieren. Der Bau der Festung Vasil'gorod 1523 schuf jedoch einen strateg. Ausgangspunkt für die Eroberung v. Kazan' unter V.s Nachfolger Ivan IV. Da V.s Kriege das Land im Vergleich zu denen seines Vorgängers und Nachfolgers nicht übermäßig belasteten, erlebte es eine wirtschaftl. Aufwärtsentwicklung, Handel und Städte gelangten zu relativer Blüte. Ausgehend von dem bereits 1497 eingeschränkten Abzugsrecht verschlechterte sich allerdings die Situation der Bauern, die verstärkte Bindung an die Scholle im Interesse des Staates und seiner Funktionseliten war unübersehbar. V. baute die Zentralämter (→prikazy) aus, regierte selbstherrscherl. und konsultierte die Vertretung der führenden Adelsschicht, die →Bojarenduma, immer weniger. Im Umfeld der geistig-religiösen Auseinandersetzungen zu Beginn des 16. Jh. stellte er sich auf die Seite der Josephiten, der machtkirchl. Richtung, indem er gegen deren wichtigste Gegner wie →Vassian Patrikeev und Maksim Grek vorging. Diese Politik verlief parallel zur Entstehung der Theorie von Moskau dem Dritten Rom (→Romidee, III). V.s europ. Geltung zeigte sich in Kontakten mit dem Ks. und mit Frankreich. In seinen letzten Herrschaftsjahren gewann die Frage seiner Nachfolge zentrale Bedeutung. 1525 zwang er seine Frau Solomonija Saburova wegen Kinderlosigkeit zum Eintritt ins Kl., um ein Jahr später Elena →Glinskaja zu heiraten, die 1530 den Thronfolger Ivan (IV.) gebar. Als V. 1533 starb, war die Nachfolge keineswegs gesichert, da die Rechtmäßigkeit der zweiten Ehe bezweifelt wurde, doch vermochte die Regentin Elena Ivan den Thron zu sichern. J. Kusber

Lit.: I. I. SMIRNOV, Vostočnaja politika Vasilija III., IstZap 27, 1948, 18–66 – G. VERNADSKY, Russia at the Dawn of the Modern Age, 1959 – S. M. KAŠTANOV, Social'no-političeskaja istorija Rossii konca XV-pervoj poloviny XVI veka, 1967 – P. NITSCHE, Gfs. und Thronfolger, 1972 – A. A. ZIMIN, Rossija na poroge novogo vremeni, 1972.

5. V. Kalika ('der Pilger'), Ebf. v. →Novgorod 1331–52, † 3. Juli 1352; Autor eines 'Sendschreibens über das Paradies an den Bf. v. Tver' Feodor' (»Poslanie ... k vladyce tfer'skomu Feodoru o rae«), das eine volkstüml. Auffassung von der Existenz des Paradieses auf Erden vertritt. Das Sendschreiben berichtet auch von einer Palästinafahrt V.s, über die er vermutl. eine nicht überlieferte Pilgerfahrt-Schrift (»choždenie«) verfaßte. Als Ebf. besaß er die höchste Autorität und weitreichende Kompetenzen im Novgoroder Staatswesen. Er ließ umfangreiche Bauarbeiten durchführen (Renovation der Sophienkathedrale; Errichtung und Ausschmückung weiterer Kirchen; Bau einer Brücke über den Volchov sowie von Festungsanlagen in Novgorod und Orešek). V. förderte gute Beziehungen zu Moskau, die in den Verträgen mit den Gfs.en →Ivan I. Kalità (1335) und →Semen Ivanovič (1340) Ausdruck fanden. 1348 verteidigte V. erfolgreich die Unabhängigkeit Novgorods beim Angriff Kg. →Magnús' Eriksson v. Schweden und Norwegen. Nach einer Prozession im von der Pest heimgesuchten Pskov starb V. an der Seuche. S. Dahlke

Lit.: A. D. SEDEL'NIKOV, V. K.: L'hist. et la léende, RESl 7, 1927, 224–240 – Slovar' knižnikov i knižnosti drevnej Rusi, I, 1987.

Vasil'ko Romanovič, Fs. v. Vladimir-Volynsk seit 1238, * 1203/04, † ca. 1270. V. stand zeit seines Lebens im Schatten des um 1254 zum Kg. v. →Halič-Volhynien gekrönten älteren Bruders Daniil (1201–64), dem er konsequent die Treue hielt: Er sicherte ihm beim Kampf um das Vatererbe den traditionellen Machtbereich der Romanoviči in Volhynien. Nach dem Tod seines Vaters →Roman Mstislavič (1205) war V. von der Mutter zunächst nach Vladimir, später an den Krakauer Hof Fs. →Leszeks Biały in Sicherheit gebracht worden, während der Bruder beim ung. Kg. Andreas II. weilte. Mit Hilfe Leszeks gelangte V. in der Folgezeit in den Besitz von Brest und Luck. Das Fsm. Halič-Volhynien blieb jedoch lange ein Spielball in den mit dem ung.-poln. Konflikt verzahnten innerdynast. Fehden der Fs.en. Erst 1245 gelang den Romanoviči mit Beistand des litauischen Fs.en →Mindowe ein vollständiger militär. Sieg über ihre Gegner bei Jaroslavl' am San. Den Tataren, der neuen Großmacht im O, mußte sich Daniil im Jahr darauf jedoch unterwerfen, ohne daß dies direkte Folgen für seine Herrschaft gehabt hätte. V. hingegen mußte ihnen Heeresfolge gegen Litauen (1258) und Polen (1259/69) leisten und die Befestigungen von Kremenec, Luck und Vladimir schleifen. Allein Daniils Residenz Cholm, nach einem Brand (1255) gerade erst wiederhergestellt, konnte V. vor diesem Schicksal bewahren. Als Ergebnis der Verhandlungen des Bruders mit dem päpstl. Gesandten →Johannes de Plano Carpini, der 1246 und 1247 an V.s Hof weilte, erstreckte sich die 'protectio' des Papstes Innozenz IV. auch auf den als 'rex Lodomeriae' (d.h. v. Vladimir) bezeichneten V. Nach Daniils Tod 1264 trat V. offenbar unbedrängt das Erbe des Bruders an. Als V. um 1270 starb, endete die Herrschaft eines einzigen Fs.en über ganz Halič-Volhynien: V.s Sohn Vladimir († 1289/90) mußte sich die Macht mit seinem Vetter Lev Danilovič († 1300) teilen.

K. Brüggemann

Q.: PSRL II – Lit.: Enciklop. slovar' V, 1891 [A. EKZEMPLJARSKIJ] – M. HRUŠEVS'KYJ, Istorija Ukraïny-Rusi, II, III, 1905 [Nachdr. 1954] – G. STÖKL, Die Gesch. des Fsm.s Galizien-Wolhynien als Forsch.sproblem, FOG 27, 1980, 9–17 – HGeschRußlands I, 506–533 [Lit.].

Vassian. 1. V. Patrikeev, Mönchsname des Fs.en Vasilij Ivanovič Patrikeev, † nach 1531, Abkömmling einer litauischen Fs.enfamilie, deren Mitglieder hohe Ämter am Moskauer Hof bekleideten. Vasilij begegnet erstmals 1492, später in ehrenvoller Funktion als Feldherr und Gesandter. 1499 fiel er in Ungnade und wurde zwangsweise zum Mönch geschoren. Der oft behauptete Zusammenhang mit gleichzeitigen Änderungen der Thronfolge durch →Ivan III. (10. I.) ist weder nachweisbar noch wahrscheinlich. Im Kyrill-Kl. am Weißen See (→Beloozero) machte V. sich mit der patrist. Lit. vertraut. Unter dem Einfluß →Nil Sorskijs wurde er zum Vorkämpfer der Ideen der 'Besitzlosen' und nach Nils Tod zu deren neuem Führer. Sein Kampf gegen den klösterl. Grundbesitz machte V. zum potentiellen Verbündeten des neuen Gfs.en →Vasilij III., der ihn 1509 begnadigte und nach

Moskau holte. In die folgenden Jahre fiel der Höhepunkt von V.s Wirken. Neben scharfe Polemik gegen seinen Hauptwidersacher →Josif Volockij wegen der Frage des kirchl. Grundbesitzes und des Umgangs mit Ketzern, trat insbes. seine Neubearbeitung der →Kormčaja Kniga, der russ. Fassung des →Nomokanon, bei der er größere Zusätze zu tilgen suchte, aber auch Passagen des gr. Textes wegließ, um zu beweisen, daß die alte Kirche den Landbesitz der Kl. ablehnte. Die Verurteilung seines Bundesgenossen Maksim Grek wegen Hochverrats und Häresie 1525 schwächte auch V.s Position, und schließlich ließ der Gfs. ihn fallen. In einem Prozeß 1531 wurde V. u. a. die Bearbeitung des Nomokanon und der Kampf gegen den Grundbesitz der Kl. als häret. vorgeworfen. Verbannt in das →Josifo Volokolamskij-Kl., eine Gründung seines Widersachers Josif, starb er anscheinend wenig später.

P. Nitsche

Lit.: N. A. KAZAKOVA, V. P. i ego sočinenija, 1960 – H.-D. DÖPMANN, Der Einfluß der Kirche auf die moskowit. Staatsidee, 1967 – N. A. KAZAKOVA, Očerki po istorii russkoj obščestvennoj mysli. Pervaja tret' XVI veka, 1970.

2. V. Rylo, russ. Kleriker, Politiker und Publizist, †23. März 1481; 1455–66 Abt des →Troica-Sergij-Kl., das traditionell die Moskauer Politik unterstützte; 1458–61 Teilnahme an einer Gesandtschaft nach →Litauen; Archimandrit des gfsl. Novospasskij-Kl.; seit 1468 Ebf. v. Rostov. Als 1480 der Chān der →Goldenen Horde Aḥmed das Gfsm. →Moskau bedrohte und sich das tatar. und russ. Heer am Fluß Ugra tatenlos gegenüberstanden, rief V. in »Sendschreiben an die Ugra« (*Poslanie na Ugru*) →Ivan III. dazu auf, in einer Entscheidungsschlacht die Rus' endgültig vom Tatarenjoch zu befreien. Der Chān sei ein Räuber und Usurpator, Ivan hingegen Gfs. der ganzen Rus', Herrscher von Gottes Gnaden, von der Würde eines Zaren. Er solle seiner Verpflichtung gegenüber dem orth. Glauben und dem russ. Volk sowie dem Beispiel seiner berühmten Vorfahren folgen. Diesem herausragenden Werk der russ. Publizistik des 15. Jh. (KUDRJAVCEV) kommt beim Kampf um die Formierung des russ. Zentralstaates und die Entwicklung des gfsl. Titels bes. Bedeutung zu (HALPERIN). Es beeinflußte Chronikberichte über das Geschehen v. 1480.

B. Scholz

Q.: PSRL VI, 225–230; VIII, 207–213; XX, 339–345 – Lit.: Slovar' knižnikov i knižnosti Drevnej Rusi, vyp. 2, 1, 1988, 123f. [JA. LUR'E] – I. KUDRJAVCEV, »Poslanie na Ugru« Vassiana Rylo kak pamjatnik publicistiki XV v., TODRL 8, 1951, 158–186 – CH. HALPERIN, Russia and the Golden Horde, 1985, 70–73 – JU. ALEKSEEV, Osvoboždenie Rusi ot ordynskogo iga, 1989, 6–15, 37–39, 117–127.

Västerås ('westl. Aros'), am Nordufer des Mälarsees, (Schweden) an der Mündung des Svartån auf der Grenze zw. mehreren Harden gelegen. [1] *Bistum:* 1164 als Suffragan des Ebm.s →Uppsala bezeugt, umfaßte das Bm. V. die Prov. en Västmanland und →Dalarna mit reichl. Kupfer- und Eisenvorkommen (Domkapitel unter Bf. Karl, 1258–83). Die Bf.e Israel Erlandsson (1309–29) und Ödgisle Birgersson (bis 1353) waren Angehörige des Dominikanerordens, die Bf.e Åke Johansson (1442–53), Olof Gunnarsson (1454–61) und Peder Månsson (1523–34, Autor med. und naturwiss. Schriften) stammten aus dem Birgittiner-Kl. →Vadstena.

[2] *Stadt:* Die Stadt V., im 13. Jh. entstanden aus einem Exporthafen, wurde zu einem wichtigen Glied des hans. Handelsverkehrs (Nikolaikirche und Schloß westl., Dominikanerkl. [1244] und Egidiuskirche [von Lübeck inspiriert?] östl. des Flusses). Nach Bo Jonsson Grip übernahm Kgn. Margarete I. (1389–1412) das Schloß. Unter dän. Vögten wurde das Schloß in den Engelbrekt-Unruhen 1432–37 (→Schweden, E. II) erobert, das Lehen lange Zeit von Mitgliedern des →Sture-Geschlechtes verwaltet.

T. Nyberg

Lit.: KL XIII, 155–157 [Peder Månssons skrifter] – G. EKSTRÖM, V. stifts herdaminne, I, 1939 – K. KUMLIEN, V. till 1600-talets början, V. genom tiderna 2, 1971 – DERS., V., ein Vorgänger Stockholms (Stadt und Land in der Gesch. des Ostseeraumes [Fschr. W. KOPPE, 1973]), 23–32 – T. O. NORDBERG, V. slott: en byggandshistorisk skildring, 1975 – H. ANDERSSON, V., Medeltidsstaden 4, 1977 – K. KUMLIEN, Några problem kring uppkomsten av köpstaden V., Västmanlands fornminnesförenings tidskrift 1987, 43–54.

Västgötalagh ('Westgötenrecht'). Das Recht der schwed. Landschaft Västergötland (Westgötaland) liegt in einer älteren (V. I) und einer jüngeren (V. II) Bearbeitung vor. Das um die Mitte des 13. Jh. entstandene V. I fußt auf einer um 1220/25 vom westgöt. Lagmann (→Rechtssprecher) Eskil Magnusson verfaßten Aufzeichnung des westgöt. Rechts. Von Eskils Text sind nur Fragmente erhalten (»Hednalagh«). Damit ist V. I das älteste bewahrte schwed. →Landschaftsrecht; die frühen Hs.-Fragmente sind die ältesten Schriftzeugnisse des Schwedischen. Der vollständige Text ist in der Hs. Holm 59 (nach 1281) bewahrt und enthält zahlreiche Zusätze (u. a. Grenzfestlegungen zw. Schweden und Dänemark, sowie Schweden und Norwegen, Verzeichnis der westgöt. Kirchen, Kg.s- und Rechtsprecherlisten). Mit einer schmucklosen, knappen Sprache repräsentiert V. I eine archaische Stufe der schwed. Rechtslit. Die Anordnung des Stoffes weist norw. Einfluß auf. Zw. 1281 und 1300 entstand mit V. II eine (auch sprachl.) Überarbeitung und Erweiterung des westgöt. Rechts auf der Grundlage von V. I. Aufgenommen wurden u. a. die unter →Birger Jarl formulierten neuen Erbregeln und die 1248 und 1280 verabschiedete →Eidschwurgesetzgebung. Bis zur Annahme des schwed. Reichsrechts Mitte des 14. Jh. galt das V. auch in Dalsland und Teilen Smålands.

H. Ehrhardt

Ed.: Samling af Sweriges gamla Lagar, I, hg. D. H. S. COLLIN–D. C. J. SCHLYTER, 1827 – Dt. Übers.: C. v. SCHWERIN, Älteres Westgötalag (Germanenrechte, 7, 1935) – Schwed. Übers. u. Komm.: Å. HOLMBÄCK–E. WESSÉN, Svenska Landskapslagar, 5. ser, 1946 – Lit.: KL XX, 341ff. – AMIRA-ECKHARDT, 98ff. – G. HAFSTRÖM, De svenska rättskällornas hist., 1978.

Västmannalagh ('Recht von Västmanland'). Die überlieferte Rechtsaufzeichnung der svealänd. Landschaft Västmanland (3 Hss. aus dem 14. Jh.) übernimmt in weiten Teilen wörtl. das 1296 erlassene →Upplandslagh (UL). Die geringen Unterschiede zu UL umfassen ältere, auf Västmanland bezogene Bestimmungen und modifizierte Passagen aus UL. Unterschiede machen sich insbes. im Kirchen- und Erbrecht geltend. Da im vermutl. älteren →Dalalagh, das Recht des eigenständigen västmanland. Landesteils →Dalarna, zahlreiche Passagen des V. enthalten sind, das Dalalagh aber auch eine weitgehende Unabhängigkeit aufweist, wird angenommen, daß hier ein Rechtszustand bewahrt ist, der auch in Västmanland vor der Übernahme des UL geherrscht hat. SCHLYTER faßt in seiner Ed. von 1841 das Dalalagh als 'Älteres V.' auf.

H. Ehrhardt

Ed.: Samling af Sweriges gamla Lagar, V, hg. D. H. S. COLLIN–D.C.J. SCHLYTER, 1841 – Schwed. Übers. und Komm.: Å. HOLMBÄCK–E. WESSÉN, Svenska landskapslagar, 2. ser., 1936 – Lit.: AMIRA-ECKHARDT, 101 – G. HAFSTRÖM, De svenska rättskällornas hist., 1978, 49.

Vasto, del, Mgf.en, verzweigte Adelsfamilie in Piemont und Ligurien. Ihr Spitzenahn im 11. Jh. ist *Bonifacio* del V., Mgf. aus aleram. Sippe, der jedoch auch starken Anteil an der polit. Geschichte der arduin. Mark von →Turin hatte. Das Erlöschen der arduin. Dynastie (1091) bot Bonifacio die Gelegenheit, die Macht seiner eigenen Dynastie, die im

Gebiet von Savona ihre Wurzeln hatte, auf ein weites Gebiet des südl. Piemont und Liguriens auszudehnen. Nachdem die Söhne Bonifacios eine Zeitlang gemeinsam die Herrschaft über dieses Gebiet ausgeübt hatten, führten sie um die Mitte des 12. Jh. eine Güterteilung durch, die aufgrund späterer Verzweigungen der Ursprung für eine Reihe von Mgf. enfamilien war: →Saluzzo, Busca, →Lancia, →Del Carretto, Ceva, Clavesana, Incisa. Die Teilung führte jedoch nicht zu einer völligen Trennung der polit. Ziele dieser Dynastien: Sie nahmen nicht nur gemeinsam an verschiedenen krieger. Aktionen teil (v.a. gegen die Kommune→Asti und an der Seite der Mgf. en v. →Montferrat), sondern koordinierten ihre Aktionen an der Wende vom 12. zum 13. Jh. in einem fallweise tätig werdenden Adelskonsortium. Insgesamt nahmen jedoch die Geschicke dieser Dynastie einen unterschiedl. Verlauf: Die Mgf. en von →Saluzzo schufen ein kleines, aber lebenskräftiges Territorialfsm., das bis zum 16. Jh. bestand, die anderen Dynastien hingegen konnten nur kleine, lokale Herrschaften begründen, die rasch von den Kommunen unterworfen wurden. Aber auch diesen kleineren Dynastien gelang es, eine Form des polit. Überlebens zu finden, in dem sie die Kontrolle über die Verkehrswege ausübten und eine Rolle im Verwaltungsapparat der Kommunen, Fsm. er und des Reiches ausübten. L. Provero

Lit.: L. PROVERO, Dai marchesi del V. ai primi marchesi di Saluzzo. Sviluppi signorili entro quadri pubblici (XI-XII sec.), 1992 (BSS, CCIX) – DERS., I marchesi del Carretto, Atti e memorie della Società savonese di storia patria, NS, XXX, 1994, 21-50.

Vatatzes (*Βατάτζης*), byz. Magnatenfamilie, erscheint bereits Ende des 10. Jh. als etablierte Familie der thrak. Militäraristokratie mit Hauptsitz in Adrianopel. Im 11. Jh. wurden viele V. ai bedeutende Generäle, bes. an der Spitze der 'westl. Tagmata' (Thrakes, Makedones), oft auch in Usurpationen verwickelt. Verbündet und verschwägert mit den Tornikioi, v.a. aber mit den →Bryennioi. Jener Bryennios, dessen Usurpation 1057 im Keim erstickt wurde, könnte mit Bryennios V. ident. sein, dessen Bulleterion als *πατρίκιος ὕπατος κ. στρατηλάτης τ. Δύσεως* in Bulgarien gefunden wurde. Zu Beginn der Komnenenzeit wurde die bereits verzweigte Familie von der Macht entfernt, bis um 1131 Theodoros V. eine Tochter →Johannes' II. Komnenos heiratete und als *πανσεβαστοϋπέρτατος* wieder in die Spitzen der Gesellschaft vorstieß. Erneut zeichneten sich V.ai bes. als tüchtige Militärs aus (z.B. Ioannes, Rebell v. Philadelpheia 1182; Basileios fiel 1194 als *μέγας δομέστικος τ. Δύσεως*). Ob Ks. →Johannes III. Dukas V., der 1221 die Macht ergriff, einem Verhältnis der Ksn. Euphrosyne Dukaina Kamatera (∞ →Alexios' III. Angelos) entsproß, ist unsicher. Auch sein Sohn →Theodor II. Laskaris und dessen Sohn →Johannes IV. Laskaris entstammen der V.-Familie. In der Palaiologenzeit war ein Ioannes V., *μέγας στρατοπεδάρχης* († 1345), der prominenteste Vertreter, sonst kennen wir einige Grundbesitzer. Im 13. Jh. entstand durch die Vereinigung zweier Zweige der V.ai der Name Diplovatatzes. Eine Geliebte Ks. →Michaels VIII. Palaiologos hieß so (Mutter der Maria Palaiologina, Herrscherin der Mongolen), aber auch ein *πρωτοβεστιαρίτης* (1350) und ein Hetaireiarches Alexios (1310).
W. Seibt

Lit.: Oxford Dict. of Byzantium, 1991, 2154f. – PLP 2511-2525, 3322, 5506-5516, 21395, 30241, 93191f. – K. AMANTOS, *Ἡ οἰκογένεια Βατάτζη*, EEBS 21, 1951, 174-178 – D. I. POLEMIS, The Doukai, 1968, 106-111 – G. ZACOS-A. VEGLERY, Byz. Lead Seals I/3, 1972, Nr. 2730-2730bis – W. SEIBT, Die byz. Bleisiegel in Österreich, I, 1979, Nr. 113 – K. BARZOS, *Ἡ γενεαλογία τῶν Κομνηνῶν*, I, 1984, 412-421; II, 382-439 – J.-C. CHEYNET, Philadelphie, un quart de siècle de dissidence, 1182-1206 (Philadelphie et autres études, 1984), 40-45 – DERS., Pouvoir et contestations à Byzance, 1990, 34, 59f., 83, 113, 232, 435f. – J. S. LANGDON, Backgrounds to the Rise of the V. ai to Prominence in the Byz. Oikoumene, 997-1222 (Fschr. S. VRYONIS, I, 1993), 179-207.

Vater, väterliche Gewalt. Das Wort 'V.' geht – mit Entsprechungen in anderen idg. Sprachen (z.B. pater, père, father, vadder) – auf idg. *patér* zurück, das etwa das 'Haupt der Familie', den 'Erzeuger' und/oder 'Ernährer' bezeichnete. V. ist grundsätzl. jeder Mann, der ein Kind hat. Sein Verhältnis zu diesem, die V.schaft, ist primär ein biolog. Begriff, der auf Zeugung und nachfolgender Geburt beruht. Als familienrechtl. Statusbezeichnung allerdings ist V.schaft ein Rechtsbegriff, der zwar im allg. der biolog. V.-Kind-Beziehung entspricht, im Einzelfall aber durchaus von dieser abweichen kann. So dürfte in älterer Zeit nicht (schon) die Geburt, sondern (erst) die förml. Aufnahme durch den V. (genauer: durch den Muntwalt der Mutter) dem Kind die Rechtsposition eines Familienmitgliedes vermittelt haben. Davon abgesehen kann ein anderer Mann als der Erzeuger als V. gelten. So wird nach den meisten Rechten der Ehemann der Kindesmutter als ehel. V. vermutet – und zwar ohne Rücksicht darauf, ob er seiner Frau während der Empfängniszeit beigewohnt hat bzw. das Kind gezeugt hat oder nicht (pater est, quem nuptiae demonstrant). Ähnlich kann es vorkommen, daß nicht der Erzeuger, sondern ein anderer Mann als V. eines unehel. Kindes festgestellt wird. Ob und inwieweit die Rechtsordnung ein Auseinanderfallen von »biolog.« und »rechtl.« V.schaft zuläßt oder in Kauf nimmt, hängt nicht nur von dem jeweiligen Stand der med. Wiss. ab, sondern auch von dem Grad, in welchem die Intimsphären von Mann und Frau, bes. von Ehegatten, respektiert werden (sollen).

Rechte und Pflichten des ehel. V.s gegenüber seinem Kind sind im älteren Recht unter dem Begriff der →Munt, seit der Rezeption unter jenem der väterl. Gewalt (von lat. patria potestas) zusammengefaßt. Es handelt(e) sich dabei um eine umfassende personenrechtl. Herrschafts- und Schutzgewalt über Person und Vermögen des unmündigen/minderjährigen/nicht abgeschichteten (Haus-)Kindes. Ob dazu in älterer Zeit ein Tötungsrecht und das Recht des Notverkaufs (vgl. Schwabenspiegel, Landrecht 357) zählten, ist fraglich. Jedenfalls umfaßte die väterl. Gewalt ein Erziehungs- und Züchtigungsrecht mit dem Recht auf Gehorsam, Ehrerbietung und auf Mitwirkung im väterl. Erwerb. Eine wichtige Rolle, bes. in dynast. Kreisen, spielte der Heiratszwang, das Verheiratungsrecht des Muntwalts, das sich in der NZ zu einem Zustimmungsrecht zur Heirat minderjähriger Kinder abschwächte. Der V. hatte das Recht und die Pflicht zur Vertretung des Kindes vor Gericht und zur Verwaltung des Kindesvermögens, meist nach dem Grundsatz, daß dieses als »eisern Gut weder wachsen noch schwinden« solle. Daraus ergaben sich die Pflichten zur Unterhaltsleistung, zur Ausstattung des Sohnes bzw. zur Aussteuerung der Tochter, aber u. U. auch eine Haftung für schadenstiftendes Verhalten des Kindes. Ihr Ende fand die väterl. Gewalt, wenn das Kind einen eigenen Hausstand gründete (Abschichtung, separatio) und/oder eine →Ehe einging (»Heirat macht mündig«), vor Gericht für volljährig erklärt wurde (emancipatio, venia aetatis) oder eine bestimmte Altersgrenze (Voll-, Großjährigkeit) erreichte. Unabhängig von der väterl. Gewalt bestand das Zustimmungsrecht des Kindes zu Verfügungen des Hausv.s über das Hausgut (Erbenlaub, Erbenwartrecht). Die tatsächl. Ausgestaltung der väterl. Gewalt ist aus dem jeweils herrschenden Familienbild zu erschließen, das freilich im

Laufe der Zeit mehrere, z. T. einschneidende Veränderungen erfuhr.

Neben die »natürliche« V.-Kind-Beziehung ist schon früh eine »künstliche«, d. h. durch Adoption o. ä. begründete (Wahl-)V.schaft getreten. Während diese im allg. die üblichen (ehel.) Elternrechte begründet, ist die Stellung von Pflege-, Kost-, Ziehv.n nur in einzelnen Punkten der väterl. Gewalt nachgebildet.   W. Ogris

Lit.: HRG V, 648–655 [Lit.] – R. Hübner, Grundzüge des dt. Privatrechts, 1930[5], 615ff. – H. Mitteis, Der Rechtsschutz Minderjähriger im MA (Die Rechtsidee in der Gesch., hg. L. Petersen, 1957), 621ff. – G. Buchda, Kinder und Jugendliche im dt. Recht, RecJean Bodin 36, 1976, 381ff. – W. Ogris, Das Erlöschen der väterl. Gewalt nach dt. Rechten des MA und der NZ, ebd., 417ff. – G. Buchda, Kinder und Jugendliche als Schadensstifter und Missetäter im dt. Recht, ebd. 38, 1977, 217ff. – H. Mitteis–H. Lieberich, Dt. Privatrecht, 1981[9], 54ff. – T. Ehlert, Haushalt und Familie in MA und früher NZ, 1991 – U. Flossmann, Österr. Privatrechtsgesch., 1996[3], 106ff.

Väterbuch, älteste deutschsprachige Legenden- und Exempelslg. (→Hagiographie, B. III) in 4152 Versen; eines der Initialwerke der →Deutschordenslit., im letzten Drittel des 13. Jh. von dem anonymen Priester verfaßt, der auch das →»Passional« schuf (zur Gebrauchssituation s. ebd.). Hauptquelle sind die spätantiken lat. »Vitas patrum« (→Vitae patrum). Sie wurden in schlichter, aber eindringlich-insistierender Sprache im Sinne der Spiritualität des Ritterordens redigiert, durch einen das geschichtl. Wirken der Trinität betonenden Prolog und die Zufügung eines Jüngsten Gerichts am Ende in einen heilsgeschichtl.-eschatolog. Rahmen eingeordnet als Gegenmodell profaner Adelslit. aktualisiert. Auf die Vita des Erzmönchs →Antonius, gestaltet als Prototyp geistl. 'militia' (V. 241ff.), folgen V. 3391ff. die Ausbreitung des Mönchtums nach der »Hist. monachorum« des →Rufinus v. Aquileia, V. 11519ff. Exempla aus den →»Apophthegmata patrum«, V. 27569ff. die Viten von Euphrosyne, Pelagia, des Eremiten Abraham und seiner Nichte, der →Maria v. Ägypten und fünf Legenden aus der →»Legenda aurea«, durch Prologe, Exkurse usw. ausdrücklich als Exempla für Keuschheit, für Gottes Gnadenwirken, für radikale Abkehr von der Welt etc. herausgestellt.

K. Kunze

Ed.: K. Reissenberger, Das V., 1914 [Nachdr. 1967] – Lit.: Verf.-Lex.[2], X, 164–170 – [D. Borchardt–K. Kunze].

Väterregeln → Mönch, Mönchtum, B. III

Vaterunser → Pater noster

Vatikan, der in →Rom auf dem vatikan. Hügel neben der Peterskirche erbaute päpstl. Palast (→Papst, Papsttum). Schon in der Antike wurde das Hügelgelände rechts des Tibers zw. Mausoleum Hadriani (→Engelsburg) und Janiculus als mons vaticanus, auch mons saccorum bezeichnet. Der Bereich war von drei Straßen (Via Aurelia nova, Via Cornelia, Via triumphalis) durchzogen, mit ausgedehnten Grabanlagen, z. T. mit ksl. Gärten und dem Zirkus des Caligula-Nero bedeckt. Ks. Konstantin I. wies den Päpsten am Lateran (neben der Bf.skirche S. Giovanni in Laterano) als Wohnung an und ließ über der tradierten Stelle des Petrus-Grabes (→Petrus, Apostel) die gewaltige Basilica Constantiniana bauen. Diese Petersbasilika lag, wie alle röm. Coemeterialkirchen, vor den Stadtmauern. Kirchen, Kapellen, Kl., Diakonien und Hospize der vorwiegend germ. Landsmannschaften (scholae peregrinorum) schlossen sich frühzeitig an. Anfänge einer päpstl. Wohnung finden sich unter Symmachus, als dieser im Schisma des Laurentius (498) hier Asyl fand. In Erwartung des Besuches Karls d. Gr. erbaute Leo III. bei St. Peter ein Triclinium mit Mosaiken und Bädern, noch im 12. Jh. bezeugt als palatium Caroli. Vorläufer des vatikan. Palastes waren frühe Wohnbauten s. der Basilika, an der Nordseite der Basilika für den hier tätigen Klerus und Unterkünfte für den Papst mit Gefolge bei liturg. Feiern (davon nichts erhalten). Infolge der Sarazenengefahr wurde der V.-Bereich Mitte des 9. Jh. mit starken Mauern geschützt und an die Befestigungsanlagen Roms angeschlossen (sog. Leostadt; →Leo IV.). In den unruhigen Jahrzehnten des 12. Jh., welche die herkömml. Papstresidenz im Lateranpalast stark beeinträchtigten, residierten Päpste oft im besser geschützten V.bereich, so Eugen III. und Coelestin III. Die ältesten Teile der heutigen Palastanlage gehen auf Innozenz III. und bes. Nikolaus III. zurück. Nikolaus III. ließ um 1278 n. der Peterskirche eine zweistöckige Papstresidenz errichten. Dazu gehören im heutigen Gebäudekomplex um den Cortile del Pappagallo: der mittlere Teil des Ostflügels (hinter den Loggien Raffaels), der s. Trakt mit Sala Ducale und Sala Regia, eine Palastkapelle an der Stelle der heutigen Capella Sixtina. Der erste Raum der Sala Ducale wurde noch unter Innozenz III. erbaut und mit einem dazugehörenden Befestigungsturm (Kapelle des Fra Angelico) in die Neuanlage Nikolaus' III. einbezogen. Ein Teil des Nordflügels (Sala di Costantino) entstand wohl im 14. Jh. Die Zeit der Päpste in Avignon (14. Jh.) unterbrach jede Bautätigkeit; das folgende →Abendland. Schisma erschwerte die Restauration, obwohl seit Bonifaz IX. und bes. Martin V. sich die wirtschaftl. Wende deutl. abzeichnete. Eine neue große Bauepoche begann mit Nikolaus V., der aber nur einen Teil seiner großen Pläne ausführen konnte. Von seinen Befestigungsbauten steht noch die Mauer mit dem Turm bei der Porta S. Anna. An die Sala di Costantino fügte er den Nordflügel sowie den schmalen Westflügel des Palastes an. Im Auftrag Nikolaus' V. schmückte Fra Angelico die später zerstörte Capella parva S. Nicolai (gegenüber der Sixtina) mit Bildern aus dem Leben Jesu und die Privatkapelle im 2. Stock (Capella parva superior) mit Szenen aus dem Leben der hll. Diakone Stephan und Laurentius. Seit Mitte des 15. Jh. wurde die Bipolarität »Lateran/V.« aufgegeben. Der V. wurde fortan definitiv Residenz der Päpste. Sixtus IV. setzte die Absichten Nikolaus' V. fort. Er ließ die Sixtin. Kapelle bauen. Im Erdgeschoß des Nordflügels brachte er die →Vatikan. Bibliothek unter. Durch Innozenz VIII. entstand der Belvedere, ein Gartenhaus, dessen Fresken (von →Pinturicchio) nur z. T. erhalten sind. Alexander VI. ließ die mächtige Torre Borgia und die Appartamenti Borgia bauen und durch Pinturicchio ausstatten. Mit Julius II. und seinem Architekten Bramante hielt die Hochrenaissance triumphalen Einzug. Jetzt verschwand die ma. Fassade des Ostflügels hinter den Loggien des Damasushofes; am s. Ende wurde die neue Palasttreppe (Scala della Floreria) angebaut. Zwei lange Korridore verbanden den auf der Höhe des vatikan. Hügels liegenden Belvedere mit dem alten Palast. Unter Julius II. entstanden die Fresken →Raffaels in den Stanzen (über den Borgia-Sälen) und das Werk Michelangelos in der Sixtina. Raffael beendete unter Leo X. die Loggien des Damasushofes, denen er eine dritte Galerie hinzufügte.

G. Schwaiger

Lit.: LThK[2] X, 629–632 – RGG[3] VI, 1238f. – F. Ehrle–H. Egger, Der Vatikan. Palast in seiner Entwicklung bis zur Mitte des 15. Jh., 1935 – K.-B. Steinke, Die ma. V.paläste und ihre Kapellen. Baugeschichtl. Unters. anhand der schriftl. Q., 1984 – R. Krautheimer, St. Peter's and Medieval Rome, 1985 – Dict. hist. de la papauté, hg. Ph. Levillain, 1994, 1451–1456 [Lit.].

Vatikanische Bibliothek. In ihrer heutigen Gestalt ist die V. B. geprägt durch die Sammeltätigkeit der Päpste seit dem 15. Jh.; von den Vorgängerbibl.en haben sich keine oder nur geringe Reste erhalten.

[1] *Bis zum 13. Jh.:* Über Größe, Inhalt und Organisation päpstl. Bücherbestände bis etwa 1240 ist kaum etwas bekannt. Für Bibl. und →Archiv (II.), die eine Einheit bildeten, finden sich Bezeichnungen wie sacra bibliotheca, scrinium ecclesiae oder archivum sedis apostolicae. Seit Gregor II. (715-731) ist ein →bibliothecarius genannt, der zunehmend auch an der Urkk.ausfertigung beteiligt war und zeitweilig eine Schlüsselstellung am päpstl. Hof einnahm. Die Antworten auf im FrühMA nach Rom gerichtete Bitten um authent. kirchenrechtl. oder patrist. Texte lassen vielleicht Rückschlüsse auf vorhandene Werke zu. Ab der Mitte des 12. Jh. gehörten Bibl. und Archiv zur →Kammer. In der Zeit nach 1240 dürften die Bücher und das ältere Archivgut zugrundegegangen sein.

[2] *Bonifazianische Bibliothek:* Im Laufe des 13. Jh. sammelten die Päpste eine neue Bibl. an, die als Teil des Schatzes bei allen Ortswechseln der →Kurie mitgeführt wurde und der Verwaltung der Kammer unterstand. In einem unter Bonifatius VIII. 1295 angelegten Schatzverzeichnis ist auch ein Inventar der Bibl. enthalten, das grob nach Wissensgebieten gegliedert ist und über 400 Bde, darunter mehrere griech., nennt. Bei der Übersiedlung der Kurie nach Frankreich nach dem Tod Benedikts XI. (1304) verblieb zunächst ein Großteil der Bücher in Perugia (Inv. 1311), wurde schließlich, nach Abtransport von Teilen nach Avignon, in S. Francesco in Assisi deponiert (Inv.e 1327, 1339), 1368 nach Rom gebracht und auf Befehl Urbans V. an kirchl. Einrichtungen verschenkt. Nur wenige Codd. aus der bonifazian. Bibl. sind bekannt.

[3] *Päpstliche Bibliothek in Avignon:* Der Neubeginn der Bibl. durch gezielte Ankäufe und Kopiertätigkeit, durch Einverleibung von privatem Buchbesitz der Päpste und aufgrund des →Spolienrechtes erworbener Bücher ist aus Aufzeichnungen der Kammer und Inv.en (1369, 1375) gut zu erkennen, die auch Einblicke in die räuml. Anordnung der Bibl., deren Hauptteil im Tour du Trésor des Papstpalastes untergebracht war, geben. Bes. reich sind die Inv.e Benedikts XIII., die auch seine persönl. Interessen erkennen lassen. Ein Teil der Bücher wurde 1409 nach Peñíscola transportiert. Das dort nach Benedikts Tod 1423 aufgenommene Inv. gibt Auskunft über Verkauf und Verschenkung des ca. 2000 Bde umfassenden Bestandes. Ein Rest gelangte über den Kard. Pierre de →Foix, das Collegium Fuxense in Toulouse und Colbert im 17. Jh. in die Bibl. du roi in Paris. Der in Avignon verbliebene, 1411 inventarisierte Teil befand sich 1594, allerdings dezimiert, noch dort. 329 der Codd. gelangten an den Kard. Scipione Borghese und wurden 1891 für die V. B. zurückerworben (heute Fondo Borghese).

[4] *Vatikanische Bibliothek:* Aufbauend auf den Bibl.en Martins V., Eugens IV. und seiner eigenen Slg. richtete Nikolaus V. (1447-55) im Vatikan. Palast eine Bibl. ein, die nicht als päpstl. Privatbibl., sondern der gesamten Kurie dienen sollte und die den Kern der heutigen V. B. bildet. Sixtus IV. setzte den formellen Gründungsakt (»Ad decorem militantis ecclesiae«, 15. Juni 1475) und bestellte Bartolomeo →Platina zum Bibliothekar. Seit 1475 erlauben Entlehnregister auch Einblick in die Benutzung der Bestände, während zahlreiche Inv.e ihr Wachstum und ihre Organisation dokumentieren. Unter Paulus V. (1605-21) erfolgte die Trennung von Archiv und Bibl.

Ch. Egger

Lit.: F. Ehrle, Historia Bibl. Romanorum Pontificum, I, 1890 [mehr nicht ersch.] - I due primi registri di prestito della Bibl. Apostolica Vaticana, ed. M. Bertòla, 1942 - F. Pelzer, Addenda et emendanda ad F. Ehrle Historiam, 1947 - J. Bignami Odier, La Bibl. Vaticane de Sixte IV à Pie XI, 1973 - D. Williman, Bibl. ecclésiastiques au temps de la papauté d'Avignon, I, 1980 - M.-H. Jullien de Pommerol - J. Monfrin, La bibl. pontificale à Avignon et à Peñíscola pendant le Grand Schisme d'occident et sa dispersion, 1991 - C. Grafinger, Die Ausleihe Vatikan. Hss. und Druckwerke I (1563-1700), 1993 - A. Manfredi, I codici latini di Niccolò V., 1994.

Vatikanisches Archiv → Archiv, II

Vatopedi, griech. Kl. an der NO-Küste des →Athos (gr. *Μονή Βατοπεδίου*; Schreibweise *Βατοπαιδίου* erst ab 16. Jh. belegt). Das jetzige Kl., zu dem die →Sketen Hag. Demetriu und Hag. Andrea (Serail) gehören, wurde sehr wahrscheinl. zw. 972 und 985 von Nikolaos aus →Adrianopel gegründet (im ersten Typikon des Athos [Tragos] von 972 ist das Kl. noch nicht erwähnt, in einer Urk. von 985 unterzeichnet Nikolaos als letzter Abt); als weitere Gründer werden in der Überlieferung die späteren Äbte Athanasios und Antonios genannt. Nach raschem Aufstieg erscheint V. im Typikon des →Konstantin IX. Monomachos von 1045 in der Kl.-Hierarchie an zweiter Stelle (die ihm seit 1362 endgültig vorbehalten bleibt). Bes. Förderung erfuhr V. durch byz. Adelsfamilien aus Thrakien (→Bryennioi, Tornikioi, Tarchaneiotai u. a.). Erste ksl. Schenkungen und Privilegien ergingen unter Konstantin IX. Monomachos, →Michael VI. Bringas und →Alexios I. Komnenos. 1287 erhielt V. den Rang eines ksl. Kl. (*Βασιλική Μονή*). Von V. ging die Erneuerung (1198) des serb. Nachbarkl. →Hilandar aus, mit dem V. auch in der Folgezeit eng verbunden blieb. Eine bes. Blüte, zu der reiche Schenkungen v. a. →Andronikos' II. und der →Kantakuzenoi beitrugen, erlebte V. im 14. Jh.; das Kl. war Zentrum des →Hesychasmus (→Gregorios Palamas, Sabas d. J. u. a.). Durch kluge Absicherungspolitik konnte es unter serb. und türk. Herrschaft seinen Besitzstand halten und ausbauen. Seit der Mitte des 14. Jh. drang in Verbindung mit der Institution der ἀδελφᾶτα die Idiorrhythmie (→Mönchtum) ein (seit 1990 ist V. wieder Koinobion [→Koinobiten]).

Aus byz. Zeit stammen neben der Hauptkirche (Ende des 10. Jh. nach dem Vorbild des Katholikons der →Megiste Laura erbaut) Teile der Umfassungsmauer und der Türme, die Kirche τῶν Ἁγίων Ἀναργύρων und der Glockenturm. Die Wandmosaiken des Katholikons, zu unterschiedl. Zeit (11.-14. Jh.) entstanden, sind die einzigen des Athos. Die älteren Fresken im Naos (1312 datiert; z. T. übermalt) und im Exonarthex gehören zu den bedeutendsten der Palaiologenzeit. Zu den Kunstschätzen zählen zahlreiche byz. Ikonen (u. a. Epystil-Ikone des 12. Jh., zwei Mosaikikonen der Palaiologenzeit), Reliquiare (u. a. Silberkästchen aus dem 12. Jh.: Demetrioslegende), liturg. Geräte (u. a. Jaspiskelch aus dem Besitz des Despoten Manuel Kantakuzenos) und Goldstickereien (u. a. Epitaphios des Ks.s →Johannes VI. Kantakuzenos). Die bereits in byz. Zeit durch Schreibertätigkeit in V. selbst und durch Schenkungen bedeutende Bibl. umfaßt heute ca. 1940 Hss. (davon mehr als ein Drittel aus byz. Zeit), dazu 21 Hss. in der Schatzkammer, 73 Hss. aus der Skete Demetriu und 26 liturg. Rollen. Neben einer größeren Zahl illuminierter Hss., unter denen ein Oktateuch (Cod. 602), zwei Psalter (Cod. 760-761), eine Ptolemaios-Hs. mit Karten (Cod. 655), das Typikon des trapezunt. Eugenios-Kl. (Cod. 1199) und mehrere Evangeliare der Schatzkammer hervorzuheben sind, finden sich hier viele wichtige Hss. der patrist. und hagiograph. Lit. (z. B. der Codex unicus des Danielkommentars des Hippolytos von Rom [Cod. 290 und 1213]). Zahlreiche Hss. aus der Bibl. v. V., darunter wichtige Klassiker-Hss., befinden sich jetzt in

Moskau, Paris und London (z. B. »Codex Crippsianus«, London, Brit. Mus., Burney 95). Das Archiv des Kl., dessen Bestände bis jetzt nur zum geringen Teil wiss. erschlossen sind, enthält zahlreiche Original-Urkk. aus spät- und nachbyz., nur wenige aus mittelbyz. Zeit. Von großem Umfang sind die Bestände an slav., rumän. und türk. Urkk. E. Lamberz

Lit.: Oxford Dict. of Byzantium, 1991, 2155f. [Lit.] - Ἱερὰ Μεγίστη Μονὴ Βατοπαιδίου. Παράδοσῃ. Ἱστορία – Τέχνῃ, 2 Bde, 1996 [Lit.].

Vaucelles, Abtei SOCist in Nordfrankreich (Bm. Cambrai, dép. Nord, comm. Les Rues-des-Vignes, an der →Schelde, 13 km oberhalb von →Cambrai), ging hervor aus der Domäne 'Ligescourt'. Diese übertrug Hugo v. Oisy, Kastellan v. Cambrai, im März 1131 an den hl. →Bernhard v. Clairvaux, der sich (während des Papstschismas) damals an der Seite →Innozenz' II. hier aufhielt, um dessen Position bei Ks. →Lothar III. zu stärken. Die mit der Schenkung verknüpfte Gründungsabsicht wurde am 1. Aug. 1132 verwirklicht mit der Ankunft von 12 Mönchen aus →Clairvaux, die unter Leitung ihres Abtes Radulph die 'ecclesia Beatae Mariae Valcellensis' begründeten. Ein Jahrhundert später zählte V. nicht weniger als 140 Mönche und 300 →Konversen und war zur bedeutendsten Zisterze der alten Niederlande geworden.

Durch frühe Schenkungen, die großenteils auf die Gründerfamilie der Oisy sowie die verwandten Montmirail zurückgehen, und durch nachfolgende Ankäufe erweiterte V. seinen ausgedehnten Grundbesitz, der in etwa 30 landwirtschaftl. Einheiten, darunter mindestens 16 →Grangien, gegliedert war. Die meisten dieser Anwesen gruppierten sich um die Abtei, die inmitten eines dichten Besitzkomplexes lag, doch hatte V. auch weiter entfernte Besitzungen, bes. im Weinbaugebiet des Soissonnais und in der Polderlandschaft Seeflanderns. Zwar nahm die in einem bereits dichtbesiedelten Gebiet gelegene Abtei nicht mehr an den großen Kultivierungsmaßnahmen (→Deich- und Dammbau) teil, entwickelte aber eine intensiv betriebene Landwirtschaft und Viehhaltung, die im 13. Jh. zuweilen die Züge kapitalist. Spekulation annahm.

Dank seines Reichtums konnte V. die Kl. bauten ca. 1190–1235 völlig neuerrichten: ausgedehnter Konventbau und (erhaltene) Abteikirche von riesigen Dimensionen (133 m Länge, 65 m Breite des Querschiffs); der Chor (Zeichnung im Musterbuch des →Villard de Honnecourt) war entgegen der zisterziens. Bautradition mit Umgang und Apsidiolen ausgestattet. Dies trug der Abtei auf dem zisterziens. Generalkapitel von 1192 scharfen Tadel ein; andererseits ehrte Kg. Ludwig IX. d. Hl. 1261 die Kirche v. V. durch Übersendung eines Dorns der in der →Ste-Chapelle (1248) bewahrten Dornenkrone Christi.

Die Blüte der Abtei war von kurzer Dauer: Seit dem beginnenden 14. Jh. litt V. unter Verschuldung (wohl auch Folge allzu waghalsiger Spekulation), der Getreidekrise, unter Kriegsplünderungen (bes. 1311) und verschärftem Fiskaldruck. Seine wertvollsten Grangien wurden mit Hypotheken belastet, schließlich verschleudert. Das spirituelle Leben verfiel; nach dem 14. Jh. war V. nur noch eine kleine Gemeinschaft, die ihre Renten aus einer geschrumpften Domäne bezog. St. Lebecq

Lit.: M. Aubert, L'architecture cist. en France, 2 Bde, 1943 – A. Dimier, Saint Louis et Cîteaux, 1954 – F. Baron, Hist. architecturale de l'abbaye de V. (Cîteaux in de Ndl. 9, 1958), 276–285 – St. Lebecq, Les Cisterciens de V. en Flandre maritime au XIIIe s., Revue du Nord 54, 1972, 371–384 – Ders., Vignes et vins de V.: une esquisse (Flaran 3: L'économie cist., 1983) – L'espace cist., hg. L. Pressouyre, 1994 – St. Lebecq, V. et la terre aux XIIe–XIIIe s. (Campagnes médiévales. Études R. Fossier, 1995), 563–572.

Vauclair (Vallis clara), Abtei SOCist in Nordfrankreich, →Picardie (dép. Aisne, 16 km sö. von Laon, im oberen Tal der Ailette; alte Diöz. Laon, heut. Diöz. Soissons), 15. Tochter v. →Clairvaux. →Bernhard v. Clairvaux ließ sich die Kirche v. 'Curtmenblein' mit den zugehörigen Besitzungen vom Vikar, der Mönch geworden war, übertragen und begründete mit 1134 dorthin entsandten Mönchen das Kl., das fortan 'V.' hieß. Dank Schenkungen der örtl. Aristokratie und starker Unterstützung des (als Gründer verehrten) Bf.s v. →Laon, Barthélemy de Joux, blühte V. unter seinem (engl.) Abt Henri Murdac rasch auf (1180: neun →Grangien) trotz geistl. Konkurrenten (Abtei OPraem Cuissy); die vorwiegend durch Rodungstätigkeit entstandene Domäne v. V. umfaßte Bereiche der Ebene v. Sissonne und der Rebhügel des Laonnois. V. verfiel im 14. Jh. (1359 Plünderung durch Truppen Eduards III. v. England); unter Abt Jean Colleret (1362–94) erfolgte eine Wiederherstellung. – Aus der Blütezeit stammt die Bibliothek (etwa 100 Hss. erhalten, meist vor 1235 [gesicherte Herkunft: 73], heute großenteils Bibl. Mun. Laon). Die erste (roman.) Abteikirche, die Ähnlichkeiten mit →Fontenay aufwies, wurde im 13. Jh. abgebrochen im Zuge einer allzu ehrgeizigen Baukampagne; der weiträumige got. Kirchenneubau (geweiht 1227), nach dem Vorbild v. →Longpont, blieb ohne Schiff. Das Ensemble der Konventbauten des 13. Jh. wurde im 1. Weltkrieg (April 1917: Offensive am 'Chemin des Dames') zerstört, bis auf den imposanten 'Konversenbau'. L. Morelle

Q. und Lit.: GChr IX, 633–636; X, Instr., 195 – J. Ramackers, PU Frankreich, IV, 1942, 28, Nr. 48, 196, 228 – D. Lohrmann, ebd., VII, 1976, 21, Nr. 364, 367 – R. Courtois, La première église cist. de l'abbaye de V., ArchM 2, 1972, 103–125 – Ders., Quinze ans de fouilles à l'abbaye de V. (Mél. mém. A. Dimier, III, 5, 1982), 305–352 – Ch. Higounet, Défrichements, et villeneuves du Bassin parisien (XIe–XIVe s.), 1990, 233–235, 248f., 251 – A. Bondeelle-Soucher, Bibliothèques cist. dans la France méd., Rép. des abbayes d'hommes, 1991, 316–321.

Vaucouleurs, Pfalz und Burg in →Lothringen, im Grenzgebiet zur →Champagne (Ostfrankreich, dép. Meuse), am linken Ufer der →Maas, zw. →Commercy und Neufchâteau, entstand als dörfl. Siedlung im 9. Jh. in Nachbarschaft zu Tusey, dem Sitz eines kgl. →Fiscus und vielbesuchten karol. →Pfalz des 9. Jh., die in den Besitz der Abtei St-Jean de →Laon kam, dann an die Gf.en v. Champagne (im Rahmen ihrer Vogteirechte über die lothring. Besitzungen dieser Abtei), schließlich an die Herren ('Sires') v. →Joinville. Diese ließen eine Burg und ein der Abtei →Molesme unterstelltes Priorat errichten. Der alte Pfalzort Tusey geriet allmähl. in Vergessenheit zugunsten des grundherrl. Verwaltungszentrums V., das von den Herren v. Joinville 1293 eine →charte de franchises erhielt. Im grenznahen V., in dessen Nähe bereits 1212 das kapet.-stauf. Bündnis erneuert wurde (→Vaucouleurs, Vertrag v.), fanden auch später Begegnungen der Kg.e v. Frankreich und der dt. Kg.e/Ks. statt, bes. 1299 die Konferenz v. →Quatrevaux. Mit dem Übergang der Gft. Champagne an die →Krondomäne des Kg.s v. Frankreich nahm das Gebiet um V. als östlichste Zone, die dem frz. Kgtm. Zugang zum Maastal bot, eine wachsende strateg. Rolle ein. Eine neue Burg, Gombervaux, wurde im Bereich v. Tusey errichtet und im 14. Jh. der Familie Geoffroi de Nancy anvertraut. Der im 15. Jh. gegen die Burgunder stark befestigte Burgort V. gewann 1428 erstrangige Bedeutung, als →Jeanne d'Arc den Burghauptmann v. V., Robert de →Baudricourt, dazu bewegen konnte, ihr eine Eskorte auf den Weg nach →Chinon mitzugeben. M. Parisse

Lit.: J. SCHNEIDER, Les origines de V., 1961, 270–274 – L. BAUDOIN, Gombervaux, 1993 – A. GIRARDOT, Un prieuré et une ville, V. aux XIVe et XVe s., Lotharingia, 1998 [im Dr.].

Vaucouleurs, Vertrag v. (19. Nov. 1211). Der Vertrag entsprach dem Wunsch des frz. Kg.s →Philipp II. Augustus, dem welf.-engl. Bündnis zw. Ks. →Otto IV. und dem engl. Kg. →Johann 'Ohneland' eine stauf.-frz. Achse entgegenzustellen. Um die engl. Ansprüche des Plantagenêt auf seine Gebiete abwehren zu können, unterstützte Philipp Augustus die auch von Papst →Innozenz III. getragene Kandidatur Friedrichs (II.), Kg. v. Sizilien, gegen den 1211 exkommunizierten Otto IV. Während des Treffens zw. dem Dauphin →Ludwig (VIII.) und →Friedrich II. bei V. wurde das stauf.-kapet. Bündnis geschmiedet. Friedrich versprach dem frz. Kg., niemals ohne dessen Wissen einen Frieden mit Otto IV. oder Johann 'Ohneland' zu schließen noch den Feinden von Philipp Augustus innerhalb seines Reiches Schutz zu bieten. Dem Staufer wurden 20000 Mark Silber zugesagt, die er zur Durchsetzung seiner Wahl (Dez. 1212) benötigte. Durch diesen Vertrag wurde die interne Reichspolitik unmittelbar mit dem frz.-engl. Konflikt verknüpft, und es wurden die Parteien gebildet, die sich 1214 bei →Bouvines gegenüberstanden. H. Brand

Lit.: MGH Const. II, ed. L. WEILAND, 1896, 55 – E. KANTOROWICZ, Ks. Friedrich der Zweite, 1964, 46–53 – A. CARTELLIERI, Philipp II. August, IV, 1969[2], 330–334 – W. KIENAST, Dtl. und Frkr. in der Kaiserzeit, III, 1975, 555f. – J. W. BALDWIN, The Government of Philip Augustus, 1986, 204f. – D. ABULAFIA, Herrscher zw. den Kulturen. Friedrich II. v. Hohenstaufen, 1991, 118–126 – W. STÜRNER, Friedrich II. Die Kg.sherrschaft in Sizilien und Dtl. 1194–1220, I, 1992, 127–134, 155f.

Vaud, Pays de (Waadt, -land), Landschaft in der Westschweiz (heute mit 3212 km² viertgrößter Kanton der Schweiz). Der Name Waadt/V. geht zurück auf germ. 'Wald', 765 'pagus Valdensis', 885 'comitatus Waldensis', 1230 'in terra de Walt', 1250 'in Vaut/in Whaut', 1284 'terra Waudi', 1352 'patria Vuaudi'. Die zw. Jura und Voralpen eingeschnürte Region liegt als offenes Durchgangsland im Kreuzungspunkt der großen Verkehrsachsen, welche die Einzugsbereiche von →Rhône und →Rhein, Italien und Nordgallien/Frankreich miteinander verbinden. Der ma. Territorialumfang war von dem des nz. Kantons durchaus verschieden; in der Karolingerzeit noch ein 'Pagus mit unscharfen Grenzen (im S Genfersee, im N Neuenburgersee und Murtensee, im O bzw. W Aubonne und Jura bzw. Eau-Froide und Sarine), erfuhr die Region im 15. und 16. Jh. einen Territorialisierungsprozeß, in dessen Verlauf ihre Grenzen nach W vorgeschoben wurden: →Vevey und Villeneuve (mit der Burg →Chillon) gehörten in der Zeit der savoyischen Herrschaft zum Bailliage des Chablais. Der Umfang des P. de V. korrespondiert nicht mit dem Diözesangebiet v. →Lausanne, das weit darüber hinausreicht.

In prähist. Zeit (Siedlungsspuren seit ca. 35 000 v. Chr.) konzentrierte sich menschl. Leben nahe den Seeufern. Mehrere wichtige Siedlungen gehen auf die kelt. Epoche zurück. Seit 58 v. Chr. wurde das Gebiet zunehmend der röm. Herrschaft unterstellt, mit →Avenches als Vorort der 'Civitas Helvetiorum'. Die Geschichte der Region ist bis ins 9. Jh. schlecht erhellt. Seit Mitte des 5. Jh. n. Chr. ging sie an die →Burgunder über und stand seit 534 unter der Herrschaft des →Frankenreiches. 843 (→Verdun, Vertrag v.) war die Landschaft Teil des karol. →Regnums v. →Lotharingien, um 888–1032 einen wichtigen Bestandteil des Kgr.es →Burgund zu bilden.

1032 dem 'Sacrum Imperium' eingegliedert (→Heinrich III.), wurde die militär. und polit. Struktur im 11. und 12. Jh. stark von einer Vielzahl adliger Herren geprägt; auch die Bf.e v. Lausanne und die →Zähringer als stärkste polit. Kräfte konnten eine Einigung nicht herbeiführen. Erst unter der Herrschaft der Gf.en v. →Savoyen, die ab 1207 vom Nordufer des Genfersees her vordrangen, gewann das Land im 14. Jh. stärkeren Zusammenhalt. Moudon erhielt als Sitz von Verwaltungs- und Gerichtsinstitutionen zentralörtl. Charakter; seit 1361 traten →*États généraux* zusammen, eigenes Weistumsrecht (Coutumiers) bildete sich aus. Die *Baronnie de V.* diente zw. 1285 und 1359 als eine →Apanage des Hauses Savoyen. Erreichte die savoy. Herrschaft im späten 14. und im 15. Jh. ihren Höhepunkt, so war das Land in den Burgunderkriegen der →Eidgenossen um so heftigerem Druck ausgesetzt: Plünderung 1475–76 durch die von →Bern und →Freiburg geführten Orte; 1536 Besetzung des gesamten P. de V. sowie der Bf.sstadt Lausanne (die nie savoyisch gewesen war) durch Bern, unter Exilierung des Bf.s, welcher der Reformation weichen mußte. 1564 leistete der Hzg. v. Savoyen Verzicht auf alle Rechte am P. de V.

In kultureller und wirtschaftl.-demograph. Hinsicht trug die Errichtung zahlreicher cluniazens., zisterziens. und prämonstratens. Kl. im 12. Jh. neben der Intensivierung des Verkehrs und der Sicherung der Durchgangswege zu einem lebhaften Wachstum bei. Die Entstehung zahlreicher →'burgi' zw. 1150 und 1350 ist Zeichen des starken Aufblühens der Region. Seit der Mitte des 14. Jh. traten auch hier Stagnation und Niedergang ein, die sich noch bis ins 15. Jh. fortsetzten. G. Coutaz

Bibliogr.: Encyclopédie illustrée du P. de V., t. 12: Bibliogr. vaudoise, 1987 – V. à livres ouverts. Bibliogr. 1987–95, 1996 – *Lit.*: La maison de Savoie en P. de V., hg. B. ANDENMATTEN – D. DE RAEMY, 1990 – V. DURUSSEL – J.-D. MOREROD, Le P. de V. aux sources de son hist., 1990 – L. HUBLER, Hist. du P. de V., 1991 – Le P. de V. vers 1300, hg. A. PARAVICINI BAGLIANI, 1992 (Cah. lausannois d'hist. médiév., 6) – Archéologie du MA. Le canton de V. du Ve au XVe s., 1994.

Vaudémont, Burg und Dynastie in →Lothringen (Ostfrankreich, dép. Meurthe-et-Moselle). Die schon auf die Zeit vor 1000 zurückgehende Burg, gelegen auf einem die lothring. Ebene vom Saintois bis in das Gebiet südl. v. Toul beherrschenden Bergsporn, wurde im 11. Jh. zum Stammsitz einer Gft., errichtet für Gerhard, den jüngeren Sohn Hzg. →Gerhards I. v. Lothringen (1048–70) und Begründer des ersten Hauses V. Dieses stand noch im Schatten des Herzogshauses und betrieb eine auf die →Champagne hin orientierte Heiratspolitik. Es stellte eine Äbt. v. →Remiremont (Judith, 1115–60) und zwei Bf.e v. →Toul (Odo, 1191–97; Gerhard, 1218). Im frühen 13. Jh. wechselten die V. aus der Lehnsabhängigkeit des Hzg.s v. Lothringen in die Vasallität der Gf.en v. →Bar über (Homagium 1206). Im 13. Jh. waren die Gf.en v. V. stark in die feudalen Kriege Lothringens verwickelt. 1314 kam die Gft. Heinrichs/Henris III. (1299–1347) mit Châtel-sur-Moselle wieder unter die Kontrolle des Hzg.s v. Lothringen; das Erbe fiel an seinen Enkel Henri de →Joinville (1347–65), dann – über dessen Tochter Marguérite – an Ferri v. Lothringen, den jüngeren Sohn von Hzg. →Johann I. v. Lothringen.

Auf Ferri geht das zweite Haus V. zurück, als dessen Oberhaupt Ferris Sohn Antoine (Anton) fungierte. Dieser bestritt →René I. v. Anjou die Erbfolge im Hzm. Lothringen. Trotz des Militärbündnisses mit →Burgund (Sieg bei Bulgnéville, 1431) konnte Antoine seinen Anspruch nicht durchsetzen. Es erfolgte schließlich die Vermählung des Sohnes von Antoine, Ferri v. V., mit der Tochter von René, Yolande v. Anjou, deren beider Sohn →René II. als Alleinerbe der Hzm.er Lothringen und Bar sowie der Gft.

V. (1473) am Beginn des frühneuzeitl. Hzm.s Lothringen stand. M. Parisse

Lit.: M. François, Hist. des comtes et du comté de V., 1934 – M. Parisse, Austrasie, Lotharingie, Lorraine, 1990.

Vaudetar. [1] *Familie:* Eine aus Italien stammende Familie der Pariser Hochfinanz; bedeutendstes Mitglied war der kgl. Finanzier und Bibliophile Jean de V. Als Vertreter der ersten in Paris ansässigen Generation ist *Guillaume de V.* († 1372) zu nennen, welcher der Entourage des Kard.s Andrea Ghini, Bf. v. Florenz und Ratgeber Kg. Philipps VI., angehörte und seit etwa 1348 als kgl. Goldschmied und Hoffaktor bezeugt ist. Er trat Ende 1356 in den Dienst des Dauphins →Karl (V.), war dessen →*Valet de chambre* und Hüter der Privatschatulle (→*Trésor royal*), wachte in dieser Eigenschaft über die kgl. Münzreform (1369). Sein berühmter Sohn *Jean de V.* († Weihnachten 1414, ⌑ St-Merry) war beim Tode des Vaters (1372) bereits Meister der Pariser Goldmünze, ebenfalls kgl. *Valet de chambre,* zusammen mit Gilles Malet, dem Aufseher der kgl. →Bibliothek. Für seine Dienste als vertrauter Ratgeber, Vermögensverwalter und Testamentsvollstrecker Karls V. wurde Jean de V. 1380 mit einer →Pension von 600 *livres parisis* belohnt. Nach dem Aufstand der →Maillotins 1383 kurze Zeit eingesperrt, aber rasch rehabilitiert, gehörte er seit 1386 der →Chambre des Comptes an (*maître lai* bis 1410, dann aus Altersgründen *extraordinaire*). Seit 1388 bekleidete er das hohe Amt des Generalsteuereinnehmers der →*Aides*. Als Ratgeber des →*Conseil royal* und *Maître des comptes* leistete er 1403 Kg. →Karl VI. den Treueid. Jean de V. war vermählt mit Perrenelle, der Tochter des einflußreichen Hoffinanziers Pierre des Landes aus Genua († um 1372). Von den sieben Kindern machten die Söhne im Kg.sdienst Karriere: *Pierre* war Valet de chambre, *Charles* gehörte dem →Parlement an, *Milet* diente im Heer (⚔ 1420 vor Melun). Während des Bürgerkriegs der →Armagnacs et Bourguignons wurde *Jeannin,* der Sohn von Pierre de V., auf dem Schulweg von den Bourguignons als Geisel entführt, da Vater und Onkel den gegner. Armagnacs angehörten. Die V. verstanden es trotz der unruhigen Zeiten, ihren reichen Grundbesitz in und um Paris zu bewahren (Seigneurie Issy, Weinberge in Vanves, Burg Pouilly-le-fort, in der Pierre de V. den Dauphin →Karl [VII.] vor den Bourguignons versteckte). Die Nachfahren von Jean de V. gingen im besitzenden Pariser »Amtsadel« ('noblesse de robe') auf.

[2] *Die Vaudetar-Bibel:* Zu Beginn seiner Karriere, am 28. März 1372, dedizierte Jean de V. seinem Kg. Karl V. eine reich illuminierte frz. Historienbibel, ein Hauptwerk der →Buchmalerei des 14. Jh. (heute in Den Haag, Mus. Meermanno-Westreenianum, ms. 10 B 23). Schreiber des Textes war der Kopist Raoulet d'Orléans, der damit seine vierte frz. Bibel schrieb. Die 269 Illustrationen umfaßten u. a. drei große Malereien (Christus, von Evangelisten umgeben), vier Szenen aus dem Leben Salomons und vier aus der Kindheitsgesch. Jesu. Das Ensemble der Illustrationen stammt von einem Schüler des Meisters der Bibel des Jean de Sy. Berühmt ist aber v. a. die Doppelseite am Kopf des Werkes; sie enthält das berühmte →Dedikationsbild, auf dem der unter einem liliengeschmückten →Baldachin thronende Karl V. den Codex aus den Händen seines knienden Höflings Jean de V. empfängt. Die wie durch ein Fenster gesehene Szene zeigt in der Anwendung der →Perspektive (sichtbar anhand der Bodenfliesen) den it. Einfluß; die beiden in Grisailletechnik dargestellten Personen sind Ausdruck einer meisterhaften Porträtkunst (→Bildnis, II). Auf der gegenüberliegenden Seite enthüllt der Künstler, Jean de Bondol aus Brügge, durch eine Inschrift in goldenen Lettern seine Identität und nennt sich als 'pictor regis'. Er schuf auch die Kartons des großen Apokalypsenteppichs v. Angers (→Apokalypse, C).

F. Autrand

Lit.: G. Leclerc, Un fief de l'abbaye de St-Magloire de Paris. La seigneurie de V. à Issy (1117-1790), Mém. Soc. de l'hist. de Paris, 1882 – L. Delisle, Recherches sur la librairie de Charles V, 1907 – R. Delachenal, Date d'une miniature d'un ms. de Charles V, BEC, 1910 – F. Autrand, Naissance d'un grand corps de l'État. Les gens du Parlement de Paris 1345-1454, 1981 – F. Avril, Buchmalerei am Hofe Frkr., 1978, 110f. – Les Fastes du Gothique, 1981, 331f. [F. Avril] – F. Avril, Notice biogr. sur Jean de V. et sa famille [ungedr.].

Vaux-de-Cernay (Notre-Dame et St-Jean-Baptiste des V.), Abtei in Nordfrankreich, westl. von Paris (dép. Yvelines, comm. Cernay-la-ville). 1118 schenkten Simon de Neauphle-le-Châtel, Familiar Kg. Ludwigs VI., und seine Gemahlin Eve der Abtei →Savigny Güter um Yvelines zur Gründung eines Kl., das 1147 (mit der Mutterabtei Savigny) an →Clairvaux affiliert wurde. V. hatte schon vor seiner Übertragung an die →Zisterzienser reiche Schenkungen des Regionaladels (Marly, →Montfort) erhalten und genoß kgl. und päpstl. Schutz. Aus dieser Zeit stammen die eindrucksvolle Kirche und die Kl.bauten (nur Reste erhalten). Dem Kl. gehörte der Chronist des Albigenserkreuzzuges, →Pierre des V. († nach 1218), an. Der Wohlstand der Abtei im 12. und 13. Jh. wurde bes. durch das Abbatiat des hl. Theobald v. Marly, geistl. Ratgebers Ludwigs d. Hl.n, gefördert. Die Abtei gründete zahlreiche →Grangien (im 13. Jh. um die zehn). V. betrieb intensiven Anbau von Getreide (in der →Beauce) und Wein (Seinetal, bes. um Marly), →Teichwirtschaft und Mergelgruben.

Im 14. Jh. setzte jedoch ein Verfall ein, infolge von Streitigkeiten mit benachbarten Abteien (→Longpont) und örtl. Herren (Thomas de Bruyères), aber auch von Kriegsschäden und Pestepidemien; nach einer 'Inquisitio' (1462) lag V. damals bereits seit 36 Jahren weitgehend wüst. Ab 1624 erfolgte eine Reform; am Vorabend der Aufhebung der Abtei durch die Frz. Revolution (Verkauf des Besitzes: Febr. 1791) zählte sie um die zwölf Mönche.

L. Fossier

Q. und Lit.: Cart., ed. L. Merlet-A. Moutie, 2 Bde, 1857-58 – Dom Cottineau, Rép. topobibliogr. des abbayes et prieurés, s.v. [Neudr. 1995] – M. Aubert, L'abbaye de V., 1931 – A. George, L'abbaye des V., Pays d'Yvelines.. 14, 1969, 17-24 – S. Lefèvre, L'aménagement du sud de l'Ile-de-France par les établissements religieux, Mém. et doc. Soc. hist. et arch. de Corbeil..., 1993.

Vavřinec z Březové → Laurentius v. Brezova

Växjö, Bm. und Stadt im südl. →Schweden (Prov. Värend), schwed. Gründung v. 1164-70 trotz der Grenzlage zum dän. Blekinge, geprägt von der Kultüberlieferung des hl. →Siegfried (8. S.). Der doppeltürmige Dom ist eine erweiterte einschiffige Kirche des 12. Jh., ein Domkapitel bestand seit spätestens 1280, ein Franziskanerkl. erst seit 1480. Unter den Bf.en war Thomas (1343-75/76) eine treibende Kraft beim Bau des Kl. →Vadstena, Nicolaus Ragvaldi (1426-38) als Ebf. v. →Uppsala (1438-48) ein eindrucksvoller Vertreter Schwedens auf dem Konzil v. →Basel. Die Stadtprivilegien v. 1342 begünstigten das Bm. wirtschaftl. und stimulierten den Jahrmarkt an Sigfridsmeß (15. Febr.).

T. Nyberg

Lit.: V. domkyrka, Sveriges kyrkor 136, 1970 – L.-O. Larsson, Det medeltida Värend, 1964 [1975] – Ders., V. stift under 800 år, 1972 – E. Åhman, V., Medeltidsstaden 46, 1983.

Veče. [1] *Begriff und Forschungsgeschichte:* V. bezeichnet die Volksversammlung (→Versammlung) in der ma. →Rus'.

Sie wurde in Bedarfsfällen einberufen, um Fragen von allg. Bedeutung zu beraten und zu entscheiden. Der zu aruss. *veščati* ('sprechen') gehörende Ausdruck ist verwandt mit russ. *sovet* ('Rat'). V.-Zusammenkünfte wurden in den Städten (→Stadt, K) abgehalten, doch nahmen an ihnen in zeitlich und räumlich unterschiedl. Ausmaß auch Bewohner des jeweils zugehörigen Herrschaftsgebiets teil. Das V. entschied u. a. über die Einsetzung und Vertreibung von Fs.en, über Krieg und Frieden oder Einzelmaßnahmen in Krisensituationen, wobei Vorschläge offenbar durch Zuruf der Mehrheit gebilligt wurden.

Der Ursprung, die soziale Zusammensetzung und die hist. Bedeutung des V. sind umstritten. Die meisten russ. Forscher bringen es in Zusammenhang mit den vorstaatl. slav. Stammesversammlungen. Im Gegensatz dazu entwickelte ZERNACK in Anknüpfung an KLJUČEVSKIJ die Auffassung, daß es erst in der Zeit der Fürstenfehden nach der Mitte des 11. Jh. als Organ städt. Interessenvertretung entstand. Die quellenmäßig gesicherte Gesch. des V. beginnt demnach mit einem Beleg für →Kiev zu 1068, während die ersten chronikal. V.-Erwähnungen zu 997 (Belgorod) und 1016 (Novgorod) als Rückprojektion eines späteren Autors bzw. nicht aussagekräftig erscheinen. Die traditionelle sowjet. Forschung hatte oft mit einer Instrumentalisierung des V. durch die »herrschende Klasse« gerechnet, und JANIN vertrat in Arbeiten über Novgorod sogar die Meinung, daß dort nur →Bojaren und einige weitere Reiche am V. teilnahmen. Dagegen gehen FROJANOV und seine Schüler im Rahmen einer neueren patriot. Überbetonung des demokrat. und kollektivist. Elements in der russ. Geschichte davon aus, daß die breite Bevölkerung am V. teilnahm, daß dieses in der vormongol. Zeit die entscheidende polit. Kraft in der Rus' bildete und später in breitem Umfang weiterbestand.

[2] *Soziale Zusammensetzung und politische Bedeutung:* In der Tat hatten alle freien Männer das Recht zur Teilnahme an den Versammlungen. Deren Besucher werden dementsprechend in den Chroniken ohne soziale Charakterisierung als 'Novgoroder', 'Kiever' usw. bezeichnet, und einzelne Q. bezeugen deutl. die Teilnahme auch von 'Schwarzen Leuten' (Kleinhändlern und Handwerkern) am V. Dessen Beschlüsse wurden allerdings von Angehörigen der Oberschicht vorbereitet und stark beeinflußt, was aber nicht die Bedeutungslosigkeit der sonstigen Teilnehmer zur Folge hatte.

Für das 12. Jh. ist eine starke Verbreitung des V. und seine wichtige Rolle als Vertragspartner der Fs.en zu konstatieren. Im 13. Jh. kam es jedoch zu einem Niedergang und zum weitgehenden Erlöschen des V.-Wesens, hauptsächl. infolge des Mongolensturms von 1237-40 mit seinen verheerenden Folgen gerade für das städt. Leben. In der nordöstl. Rus' vermochten sich die Städter nicht mehr gegenüber der erstarkenden Fs.engewalt zu behaupten, in der südwestl. Rus' dominierte der Bojarenadel, und auch in den nordwestruss. Städten, die unter die Herrschaft →Litauens kamen, wirkten sich die neuen Bedingungen zuungunsten des V. aus.

[3] *Das Veče in Novgorod und Pskov:* Abweichend von den sonstigen Verhältnissen gab es im peripheren →Vjatka keine eigenen Fs.en und in →Novgorod und →Pskov nur ein schwaches Wahlfürstentum, so daß sich dort das V. behaupten konnte, ja an Bedeutung gewann. Im wirtschaftl. starken und von Kiev früh unabhängigen Novgorod hatte das V. bereits seit dem 12. Jh. das wichtigste Verfassungsorgan gebildet. Da die Stadt nicht vom Mongolensturm erreicht wurde und sich bis zum 15. Jh. auch gegenüber fsl. Zugriffen behaupten konnte, erhielt hier die V.-Macht ihre stärkste und am deutlichsten faßbare Ausprägung. Das Novgoroder V. schloß mit den von ihm berufenen Fs.en und mit auswärtigen Mächten Verträge ab, es wählte mit den →Posadniki und →Tysjackie aus Angehörigen der Bojarenschicht die höchsten weltl. Amtsträger des Staates und seit 1156 aus Kreisen des Mönchtums auch den Bf. bzw. Ebf. Ferner vergab es der Stadt gehörende Ländereien. Einberufen wurde das in Novgorod häufig tagende V. von den republikan. Amtsträgern und Fs.en, nicht selten auch von sonstigen Einwohnern der Stadt. Die Zusammenkünfte verliefen mitunter stürmisch, von ihnen konnten Gewaltakte gegen mißliebige Amtsträger ausgehen. Neben dem gesamtstädt. V., das auf dem Jaroslav-Hof oder bei der Sophienkathedrale tagte, gab es in Novgorod auch V.-Versammlungen der einzelnen Stadtfünftel (*koncy*) und von Straßen, auf denen Älteste gewählt wurden, die Verwaltungsaufgaben wahrnahmen. Besonders wichtige Akte der V.-Versammlungen Novgorods und Pskovs bildeten die Verabschiedungen der grundlegenden 'Gerichtsurkunden' (*sudnye gramoty*) in den beiden Städten.

Als Novgorod, Vjatka und Pskov zw. 1478 und 1510 dem autokrat. regierten Gfsm. →Moskau einverleibt wurden, bedeutete dies das Ende des russ. V.-Wesens. Ihren symbol. Ausdruck fand diese Zäsur in der von den Moskauer Herrschern eilig befohlenen Abnahme der →Glocken, die in Novgorod und Pskov zu den Versammlungen gerufen hatten. N. Angermann

Lit.: V. I. SERGEEVIČ, V. i knjaz', 1867 - K. ZERNACK, Die burgstädt. Volksversammlungen bei den Ost- und Westslaven, 1967 - V. L. JANIN, Problemy social'noj organizacii Novgorodskoj respubliki, Istorija SSSR 1970, 1, 44-55 - HGeschRußlands I, I, 388-394 [H. RÜSS] - I. JA. FROJANOV-A. JU. DVORNIČENKO, Goroda-gosudarst-va Drevnej Rusi, 1988 - O. V. MARTYŠIN, Vol'nyj Novgorod, 1992 - G. PICKHAN, Gospodin Pskov. Entstehung und Entwicklung eines Herrschaftszentrums in Altrußland, 1992.

Vechta. Am Flußübergang des Mühlbaches bauten die Grafen von Calvelage (später →Ravensberg) im 11./12. Jh. eine Burg (roman. Bergfried noch 1689 erhalten). Mit dem Nordbesitz der Gft. kam V. 1252 an das Bm. →Münster, das dem Burgmannenkollegium in V. (an der Spitze ein →Drost) die fakt. Herrschaft im sog. Niederstift Münster überließ. Sitze v. Burgmannen waren in der Stadt (Burgstraße) sowie zu Welpe, Buddenburg und Füchtel. Auf das herrschaftl. Zentrum deutet das Patrozinium der späteren Stadtpfarrkirche St. Georg. 1221 wurde die Pfarre v. aus dem osnabrück. Kirchspiel Langförden ausgegliedert. Augustinereremiten hatten im 14. Jh. in V. eine Terminei, später entstand das Kl. Mariendal (mit Heiligkreuzkapelle) desselben Ordens; Siechenkapelle (ð 10000 Ritter), Marienkapelle am Steintor, Kapelle St. Antonius mit Heiliggeistspital vor der Klingenhaporte; Stadtrechtsverleihung (Osnabrücker Recht) zu unbekannter Zeit (Bürgermeister und Rat; 1461 Rathausbau). Um 1370 bestand V. aus der befestigten Altstadt, Neustadt und den Vorstädten Klingenhagen (um das Hospital) und Vörde. Der hans. Patrizierfamilie de V. entstammen Johann, Ebf. v. Riga (1284-94), und Konrad, Ebf. v. Prag (seit 1412). Der Jahrmarkt ('Stoppelmarkt'), 1452 'Kirchmesse', hat sich aus der Kirchweih entwickelt und geht bis ins 12. Jh. zurück, da Ks. Friedrich II. 1216/20 die Verleihung von Zoll und Münze als unter seinen Vorgängern erfolgt erwähnt. Der Zoll ist kaum Transit-, eher Marktzoll gewesen. Ab 1298 Geleitbriefe der Drosten, die den Messecharakter des Marktes erkennen lassen. B. U. Hucker

Lit.: W. HANISCH, Südoldenburg. Beitr. zur Verfassungsgesch. der dt. Territorien, 1962 – B. U. HUCKER, Warum wurde V. 1252 münsterisch und nicht diepholzisch?, Jb. für das Oldenburg. Münsterland, 1991, 27–43 – Beitr. zur Gesch. der Stadt V., red. W. HANISCH, F. HELLBERND, J. KUROPKA, 4 Bde, 1992 – F. HELLBERND–J. KUROPKA, Gesch. der Stadt V. in Bildern, Plänen und Urkk., 1993 – B. U. HUCKER, Sophie und Jutta Gfn. v. V. (Westfalen in Niedersachsen, 1993), 354–357.

Vechta, Konrad v., Ebf. v. →Prag, † 25. Dez. 1431, seit Mitte der 90er Jahre des 14. Jh. bis 1413 im Dienst Kg. Wenzels IV. Als Münzmeister v. →Kuttenberg (1401/03) und Unterkämmerer (1405–12) besorgte er kgl. Finanzgeschäfte. Nach vergebl. Kandidatur für das Amt des Bf.s v. →Regensburg wurde er im Herbst 1399 als →Electus in →Verden providiert. Wenzel verhalf ihm 1408 zum Bm. →Olmütz und erhob ihn im Febr. 1413 zum Ebf. v. Prag. Auf Drängen des Konzils v. →Konstanz versuchte V. vergebens, die Bewegung der →Hussiten einzudämmen. Beim Ausbruch der Unruhen 1419 schlug er sich zuerst auf die Seite Kg. Siegmunds, akzeptierte dann aber am 21. April 1421 die Vier →Prager Artikel und trat zum Hussitentum über. 1426 wurde V. exkommuniziert, stand aber bis zu seinem Tod unter dem Schutz der Prager hussit. Regierung. F. Šmahel

Lit.: V. BARTŮNĚK, K. v. V. (Regensburg und Böhmen [= Beitr. zur Gesch. des Bm.s Regensburg 6], 1972), 173–219 – I. HLAVÁČEK, K. v. V. (Beitr. zur Gesch. der Stadt Vechta 4, 1974), 5–35 – F. SEIBT, K. v. V. (Von Soest – aus Westfalen, hg. H.-D. HEIMANN, 1986), 139–151.

Vecinos, Vollbürger (cives) in den Städten der Iber. Halbinsel (*ciudades, municipios*), die aufgrund ihrer Geburt, ihres festen, durch eine Herdstelle ausgezeichneten Wohnsitzes (in Aragón, Katalonien und Navarra über Jahr und Tag), ihres Besitzes an Immobilien und ihrer Zugehörigkeit zum städt. →Concejo völlige persönl. Freiheit (*franquicia*) genossen, der Schicht der *burgueses* angehörten und durch den lokalen →Fuero geschützt wurden. Diese Rechtsstellung konnten auch Zuwanderer aus dem frk.-frz. Raum als *francos de derecho* oder *de carta* durch eine bes. persönl. Privilegierung von Kg.sseite erhalten, während sie Adligen, Geistlichen oder Einwohnern, die sich nur vorübergehend niedergelassen oder das Bürgerrecht nicht bzw. nur z. T. erworben hatten, sowie gesellschaftl. Randgruppen nicht zukam. Entscheidungsbefugte Bürgerversammlung war der Concejo (institutionell vielleicht auf den westgot. conventus publicus vecinorum zurückzuführen), der Angelegenheiten der Stadt bzw. ihres Terminus (*alfoz*) beriet. Außer der Vollversammlung (*Concilio pleno,* später *Concejo abierto*), in der alle V. das direkte Stimmrecht ausübten, kannte man auch selektive Zusammenkünfte, an denen nur die bedeutendsten V. teilnahmen (boni homines, probi homines, *hombres buenos*), oder für die das Auswahlkriterium die Zugehörigkeit zu einer Pfarrgemeinde sein konnte. Im SpätMA wurde der Concejo abierto ersetzt durch den →Consejo, in dem die Vertretung der V. überging auf wenige Consejeros, v. a. aus den Reihen der →Caballeros und Hombres buenos, sowie auf einen aus städt. Amtsträgern gebildeten Magistrat, der sich aus Mitgliedern der aristokrat.-oligarch. Oberschicht zusammensetzte, um schließlich zum städt. Cabildo zu führen, in dem nur noch offizielle Magistrate und ggf. vom Kg. ernannte →Regidores saßen. L. Vones

Lit.: A. BO–M. DEL C. CARLÉ, Cuándo empieza a reservarse a los caballeros el gobierno de las ciudades castellanas, CHE 4, 1946, 114–124 – M. DEL C. CARLÉ, Boni homines y hombres buenos, ebd. 40, 1964, 133–168 – DIES., Del concejo medieval castellano-leonés, 1968 – L. GARCÍA DE VALDEAVELLANO, Curso de Hist. de las instituciones españolas, 1975⁴, passim – DERS., Orígenes de la burguesía en la España Medieval, 1975² – J. GAUTIER DALCHÉ, Hist. urbana de León y Castilla en la Edad Media, 1979 – A. ARRIAZA, The Castilian Bourgeoisie and the Caballeros Villanos in the Concejo before 1300, Hispanic American Historical Review 63, 1983, 517–536 – La ciudad hispánica durante los siglos XIII al XVI, T. I–II, 1985 – Concejos y ciudades en la edad media hispánica. II Congreso de Estudios Medievales, 1990.

Veckinchusen, Hildebrand, Kaufmann, * zw. 1365 und 1370 in Hessen oder Westfalen, † Juli 1426 in Lübeck. Neun Handelsbücher (Memoriale und »Kontobücher«) und etwa 450 Briefe sind erhalten. V. war Kaufmannsgehilfe in Livland, anschließend in Flandern; 1393, 1398 und 1417 Altermann des gotländ.-livländ. bzw. lüb. Drittels im Hansekontor zu →Brügge. Seit 1399 Lübecker Bürger, war er von 1402–26 fast ohne Unterbrechung in Brügge. Entsprechend der partnerschaftl. Struktur des hans. Handels waren – bei wechselnder personeller Zusammensetzung der einzelnen →Handelsgesellschaften – die wichtigen Einkaufs-, Umschlags- und Verkaufsplätze mit Verwandten und Freunden besetzt. Schwerpunkte seines von Brügge über fast den gesamten hans. Wirtschaftsraum betriebenen Handels waren Preußen und Livland. V. war außerdem Gesellschafter in der »venedyeschen selschop«, einer von 10 Lübecker Bürgern gegründeten offenen Handelsgesellschaft, die hauptsächl. über Land Direkthandel mit Venedig betrieb, deren Gesellschafter in Venedig, Brügge, Köln und Lübeck saßen. Vermutl. durch Überbeanspruchung ihrer Finanzkraft ging die Gesellschaft 1412 zugrunde. Das Schicksal V.s zeigt das Risiko des spätma. Kaufmannsberufs: Verluste aufgrund falscher Einschätzung des Marktes; ein gescheiterter Versuch, ein Salzmonopol in Preußen aufzubauen; ein »erzwungener« Kredit an Kg. Siegmund, den V. nicht zurückgezahlt bekam. Häufige Zahlungsprobleme führten zu zweifelhaften Wechseloperationen. Kredite bei den Lombarden in Brügge, deren hohe Zinsen ihn in noch höhere Verbindlichkeiten trieben, führten 1422 zur über dreijährigen Inhaftierung im Brügger Schuldturm; 1426 kehrte er nach Lübeck zurück. R. Hammel-Kiesow

Q.: W. STIEDA, H. V. Briefwechsel eines dt. Kaufmanns..., 1921 – M. P. LESNIKOV, Die Handelsbücher des hans. Kaufmanns V., 1973 – *Lit.*: F. IRSIGLER, Der Alltag einer hans. Kaufmannsfamilie im Spiegel der V.-Briefe, HGBll 103, 1985, 75–99 – Biogr. Lex. für Schleswig-Holstein und Lübeck IX, 1991, 358–364 [R. HAMMEL-KIESOW].

Vedastus (ndl. Vaast, frz. Gaston, engl. Forster), hl., Bf. v. →Arras (dép. Pas-de-Calais), stammte aus dem Périgord (nach später Überlieferung dagegen aus der Gegend v. Toul), † um 540, ⌑ Arras, Kathedrale Notre-Dame; Translation (bald nach 642?) an die vor der Stadt gelegene Stätte seiner Zelle am Ufer des Crinchon, der späteren Abtei St-Vaast (→Arras, II). – Auf der Rückkehr von seinem Alemannensieg traf Kg. →Chlodwig in →Toul den hl. V., der den Kg. während der Reise nach Reims (zur Taufe durch den hl. →Remigius) katechisierte. Remigius weihte V. zum Bf. und entsandte ihn nach Arras, um dort die Christianisierung voranzutreiben; er starb hier nach vierzigjährigem Episkopat.

Eine erste Vita wurde von →Jonas v. Bobbio (BHL 8501–05) vor 642 in Arras abgefaßt, wahrscheinl. im Auftrag des Bf.s Aubert v. Cambrai-Arras. Anläßlich einer Wiederbelebung des Kultes bat Abt Rado v. St-Vaast seinen Freund →Alkuin um eine 'emendatio' der ursprgl. Vita; Alkuin verfaßte in Tours um 800 ein ganzes Dossier zum Ruhm des Hl.n: eigene Messe (verloren), Inschriften (→tituli) für Altäre und Kirchenwände, eine (später oft plagiierte) Homilie (BHL 8509), eine Vita (BHL 8506–08). Diese bildeten den Ausgangspunkt für ein eigenes Heiligenoffizium der V., erhalten im →Antiphonar Karls d. K. (Paris, BN lat. 17436).

In der 2. Hälfte des 9. Jh. wurden die Reliquien wegen der Normanneneinfälle wiederholt geflüchtet (Vaux, dép. Somme, 879; Beauvais, 880; definitive Rückkehr nach Arras: 893). Zahlreiche Mirakelberichte entstammen dem 9. Jh. (BHL 8510–18), der Mitte des 12. Jh. (BHL 8518e) und dem 14. Jh. (BHL 8519). Das maßgebl. Reliquiar wurde während der Frz. Revolution zerstört, doch wurden geborgene Reliquien in der Kath. v. Arras reinstalliert. Ikonograph. Attribut ist der →Bär. Feste im Mart. Hier.: Depositio 6. Febr. (Bernensis), Translatio 1. Okt. (Wissemburgensis). J.-C. Poulin

Q. und Lit.: Bibl.SS 12, 1969, 965–968 – Jonas Vitae ss. Columbani, Vedastis, Johannis, ed. B. Krusch, 1905 – L. Brou, L'ancien office de st. V., Études grégoriennes 4, 1961, 7–42 – I Deug-Su, L'opera agiografica di Alcuino: la »Vita Vedastis«, StM 21, 1980, 665–706 – C. Veyrard-Cosme, Typologie et hagiographie en prose carolingienne ... Vita Vedasti (Écriture et modes de pensée au m. â, 1993), 157–186.

Veelderhande geneuchlijcke dichten, tafelspelen ende refereynen, De, Sammlung von 22 Verstexten und 2 Prosastücken, die miteinander durch passende Reime verbunden sind, gedr. 1600 durch die Nachkommen des verstorbenen Jan van Ghelen in Antwerpen. Sie sind für den Vortrag auf Festen und Gesellschaften bestimmt, einige geben vollständige Spiele wieder. Die Mehrzahl der Texte stammt aus der Zeit um 1500, einige sind noch älter. Von mindestens neun Texten steht ihre Verbreitung als Einzelblattdrucke fest. Satire und Ironie stehen im Vordergrund, v.a. in der Form von Spottpredigten, Gebetsparodien und Lügendichtungen. Derartige Texte gehörten zum Repertoire der in den Niederlanden mit großer Ausgelassenheit gefeierten Fastnacht. Eine eigene Gruppe ist den »Aernoutsbroeders« gewidmet, fahrendem Volk, das sich mit Quacksalberei und anderen Betrügereien durchs Leben schlug. Aber auch diese Texte sind ironisch gemeint und nur vorgeblich in der Welt dieser fröhl. Schmarotzer angesiedelt. In Wirklichkeit verkündet diese verkehrte Welt mit ihrer Antimoral eine sehr bürgerl. Botschaft von Ordnung und Anstand. H. Pleij

Ed.: VGD, ed. Maatschappij der Nederlandsche Letterkunde, 1899 – Lit: H. Pleij, Het Gilde van de Blauwe Schuit, 1983 – Ders., Van Cocagne tot Luilekkerland, 1997.

Vega, Garcilaso de la, span. Dichter, * 1503 in Toledo, † 14. Okt. 1536 während des span.-frz. Krieges in Nizza an einer Verwundung, entstammte einem mit anderen großen kast. Familien des SpätMA (→Mendoza, →Guzmán u. a.) verwandten, weitverzweigten Adelsgeschlecht und diente Karl V. als gewandter Hofmann, Diplomat und Soldat (Comuneros-Aufstand, Italienkriege, Tunisfeldzug), doch war das Verhältnis zum Ks. zeitweilig getrübt (1530 Verbannung auf die Schüttinsel bei Wien). Seit 1532 lebte V. zumeist in Neapel am Hof des span. Vizekg.s und pflegte Kontakte mit it. und span. Humanistenfreunden. Sein postum (1543) veröffentlichtes, wenig umfangreiches, doch neue Maßstäbe setzendes Werk (höchsten Ruhm genießen die drei Eklogen und eine Reihe von Sonetten), in dem V. stilist. Elemente der it. Renaissancedichtung, insbes. der Bukolik (→Hirtendichtung), und neuartige, virtuos gehandhabte metr. Formen (Elfsilber: Lira) in die span. Lit. einführt, hat in seinem empfindsam-melanchol. Grundton die Dichtung des Siglo d'Oro stark beeinflußt. U. Mattejiet

Ed.: Obras, 1543 [gemeinsam mit Werken von Boscán Almogaver] – T. Navarro Tomás, 1911, 1935 – C. Burell, 1961 – Lit.: A. Gallego-Morell, G. de la V., 1966 – →Span. Sprache und Lit.

Vega, Monasterio del, Kl. (Bm. León, Prov. Valladolid), gegr. z. Z. Kg. →Ordoños III. v. León (950–956), zählte seit dem 11. Jh. zum →Infantado v. León. 1125 übertrugen Kgn. →Urraca v. Kastilien und Gf. Rodrigo González de Lara, der Gatte ihrer Schwester Sancha, zusammen das Kl. als →Seelgerätstiftung an die aquitan. Abtei →Fontevrault mit dem Auftrag, dort ein Haus des Ordens einzurichten. Erste Vorsteherin war Agnes, Gfn. v. Aixe; gemäß der Regel bestand neben dem Nonnenkonvent auch ein Brüderkapitel. 1133 garantierte Alfons VII. der Abtei Immunität. Das Kl. erhielt reiche Zuwendungen von Angehörigen des Leoneser Hofes. Die Infantin Sancha intervenierte wiederholt zu seinen Gunsten und veranlaßte ihre Nichte →Urraca 'la Asturiana', ein Kl. in Oviedo, das V. unterstellt sein sollte, an Fontevrault zu übertragen. Die Bindung an die Abtei in Frankreich bestand bis 1499, als Alexander VI. V. zur Abtei erhob und unmittelbar Rom unterstellte. 1532 erfolgte der Anschluß an die Kongregation v. →Valladolid.

U. Vones-Liebenstein

Q. und Lit.: Cartulario del M. de V. con documentos de San Pelayo y Vega de Oviedo, ed. L. Serrano, 1927 – L. García Calles, Doña Sancha, hermana del Emperador, 1972 – A. Martínez Vega, El M. de Santa María de la V. Colección diplomática, 1991.

Vegetabilia → Materia medica, II

Vegetius (Flavius V. Renatus), röm. Autor wohl des ausgehenden 4. Jh., dessen erhaltene Schriften Militärwesen und Veterinärmedizin behandeln.

[1] »Epitoma rei militaris«: In seiner wohl Ks. →Theodosius I. gewidmeten Schrift »Epitoma rei militaris« faßte V. in prakt. Absicht die Grundzüge des röm. Militärwesens u. a. nach →Frontinus handbuchartig zusammen und behandelte in vier Büchern die Abschnitte Taktik, Strategie und Poliorketik (Belagerungskunst). Er beschrieb diese Sachgebiete in Abweichung von takt. Schriften griech. Militärtheoretiker (Aelian). So entstand ein Gegensatz zw. griech. und röm. Militärschriftstellerei, der zur Ausbildung unterschiedl. Militärtheorien bis weit ins 18. Jh. beitrug. Bis zum Ende des 15. Jh. blieb die Wirkung der griech. Militärschriftsteller auf den byz. Bereich beschränkt, während sich die V.-Rezeption auf den Okzident konzentrierte.

Das Werk wird gegen Mitte des 9. Jh. faßbar. Im Westfrk. Reich noch wenig bekannt, wurde es von einigen Gelehrten als militär. Handbuch empfohlen: →Frechulf v. Lisieux widmete Ks. Karl d. K. ein (fehlerhaftes, von ihm selbst korrigiertes) Exemplar als Hilfe im Kampf gegen die Normannen; dieselbe Absicht verfolgte →Hrabanus Maurus (de procinctu Romanae miliciae Auszug aus B. I), während →Sedulius Scottus, der V. in seine Kollektaneen aufnahm, seinen Gönner Bf. →Hartgar v. Lüttich veranlaßte, dem Mgf.en →Eberhard v. Friaul ein Exemplar als Ratgeber für die Kämpfe mit Slaven und Sarazenen zu übersenden.

Bis ins 11. Jh. war V. wesentl. als Poliorketiker bekannt, während seine Bedeutung als Taktiker erst im 12. und 13. Jh. (→Johannes v. Salisbury, →Aegidius Romanus) erkannt wurde. Seit dem 14. Jh. kam es zu einer Welle volkssprachl. Versionen im Mittelengl., Mittelfrz., Mhd., Italien., Kast./Span.; auch eine hebr. Fassung liegt vor. Unter den Bearbeitern sind namentl. bekannt: Jean de →Vignay, Alain →Chartier, →Christine de Pisan, Gilbert (of the) Hay(e), Ludwig v. Hohenwang, Jean de Meun(g), Jean Priorat de Besançon. Die Übers. von Chartier und Christine de Pisan wurden ihrerseits ins Mittelengl. übertragen und z. T. von William →Caxton gedruckt.

Durch V. wurde im Okzident das röm. Exerzieren als Modell der niederen Taktik bekannt und nachdrücklich zur Nachahmung empfohlen (Aegidius Romanus, Antonio →Cornazzano). Gleichwohl wurde es außerhalb Englands und Kastiliens nie konsequent durchgeführt; die Wirkung des V. auf die ma. Reiterei, bes. das →Turnier, ist umstritten. Für die Militäringenieure des 14. und 15. Jh. bot V. den Rahmen, in dem sie eigene Erfindungen techn. Geräts vorstellen konnten. So wurde dem Kölner Inkunabeldruck von 1475 ein waffentechn. Anhang beigegeben, der mit dem Original nichts zu tun hat. Ebenso verfuhr Roberto Valturio in seiner Militärschrift von 1472. In der V.-Ausg. von 1487 wurde neben anderem das Werk des Aelian lat. mitabgedruckt und so erstmals im Okzident bekannt gemacht. V. beherrschte die Militärtheorie des gesamten 15. und 16. Jh. Erst um 1600 kam die griech. Militärtheorie durch die Reformen der Oranier als eine Q. für das Bataillonsexerzieren und die Strategie wieder in Gebrauch. H. Kleinschmidt

[2] »Digestorum artis mulomedicinae libri«: Wie die Epit. rei milit. beruht auch das veterinärmed. Werk (→Tiermedizin, II) auf lit. Q. (neben Pelagonius und →Columella bes. dem sog. Chiron und Apsyrtus). Es scheint bereits im Altertum nicht sehr verbreitet gewesen zu sein und war auch im MA ziemlich selten (z. B. Reichenau, 821/822); der Text ist, abgesehen von einem Palimpsest-Frgm. in St. Gallen 908, nur durch Abschrift einer (angebl. unzialen, d. h. spätantiken, vielleicht aber doch erst frühma.) Hs. aus Corbie sowie etlichen jungen Hss. unbekannter Provenienz auf uns gekommen. Eine Wirkung im MA ist kaum nachgewiesen (ed. pr. Basel 1528; ed. E. Lommatzsch, 1903). F. Brunhölzl

Ed.: V., Epitoma rei militaris, ed. pr. 1473; C. Lang, 1885; A. Önnerfors, 1995 – *lat.-dt.*: F. Wille, 1986 – *lat.-engl.*: L. F. Stelton, 1990 – *engl. Übers.*: T. R. Philips, 1985 – *Bearb.*: *dt.*: Ludwig v. Hohenwang, Von der Ritterschaft, 1475 – *engl.*: Knyghthode and Bataille, ed. R. Dyboski–Z. M. Arend, 1935 [Nachdr. 1971] – Fifteenth-Century English Translations of Alain Chartier, ed. M. S. Blayley, 1974–80 – *frz.*: Jean de Meung, Li abregemenz noble homme Vegesce Flavie Rene!.., ed. F. Löfstedt, 1977 – Li livres Flave Vegece ... par Jean de Vignay, ed. Ders., 1982 – Jean Priorat de Besançon, L'abrejance de l'ordre de chevalerie..., ed. U. Robert, 1897 – *andere Q.*: Aelianus tacticus, De instruendis aciebus, ed. pr. 1487; H. Köchly–W. Rüstow, 2, 1855, 201–471 – Roberto Valturio, De re milit. libri XII, 1472 – *Lit.*: W. Meyer, SBA, PPH 1885, 395 [zum sog. Chiron centaurus] – E. Dümmler, ZDA NF 3, 1872, 443ff. [zu Hraban. de procinctu Rom. mil.] – C. R. Shrader, The Ownership and Distribution of Mss. of the De re milit. of F. V. R. before the Year 1300 [Diss. masch. New York, 1976] – Ders., A Handlist of Extant Mss. Containing the De re milit. of F. V. R., Scriptorium 33, 1979, 280–305 – The Earliest English Translation of V.' »De Re Milit.«, hg. G. Lester, 1988 – H. Kleinschmidt, Tyrocinium militare, 1989, 20–42.

Veghe, Johannes, * 1430/35 Münster, † 21. Sept. 1504 ebd. V.s Leistung für die →Brüder vom gemeinsamen Leben beruht auf zwei Ebenen: Die strukturelle Organisation sowie die spirituelle Leitidee hat er entschieden gefördert. Erstmals 1450 in den Matrikeln der Univ. Köln namentl. erwähnt, dürfte V. ein Jahr später den Brüdern vom gemeinsamen Leben in Münster beigetreten sein. Von dort aus wurde er mit der Einrichtung und Leitung des Rostocker Fraterhauses beauftragt. Seit 1475 stand er dem Münsterschen Fraterhaus zum Springborn vor, wo er erstmals 1476 ein sog. Colloquium als zentrale Instanz zur Ausübung von Verwaltung und Jurisdiktion einberief. 1481 zog er sich als *preister* und *rectoir* ins Kl. Niesing, dem Münsterschen Schwesternhaus, zurück, wo er jene 23 Predigten (»collacien«) hielt, die mit einem Predigtrapiar seine heute einzig erhaltenen Schriften darstellen. Darin vertritt er die Auffassung vom freien Willen und der Gottesebenbildlichkeit des Menschen. So richtet sich seine moral. Didaxe gegen sündiges Handeln, damit im Sinne der →Devotio moderna durch tugendhafte Lebensweise die Seele Gott als höchstes Gut schaue. Detailgetreue, aus dem Leben genommene Bilder und Vergleiche verbunden mit einer innigen Nähe zu Gott, unterscheiden V. von oberdt. Mystikern und den lat. schreibenden ndl. Vertretern der Devotio-moderna-Bewegung. Die vier Traktate des Ps.-Veghe (»Lectulus noster floridus«, »Wyngaerden der sele« etc.) weisen in sprachl. Mitteln und spirituellen Leitlinien Ähnlichkeiten zu den Predigten V.s auf, weshalb sie diesem Ende des 19. Jh. irrtüml. zugeschrieben worden waren. G. Drossbach

Ed.: F. Jostes, J. V. Ein dt. Prediger des XV. Jh., 1883 – *Ps.-Veghe*: H. Rademacher, Lectulus noster floridus, 1935 – Ders., Wyngaerden der sele, 1940 – *Lit.*: DSAM XVI, 343–347 [Ch. Mundhenk] – Verf.-Lex.² X, 1, 1996, 190–199 [D. Schmidtke; Lit.] – H. Trittlof, Die Traktate und Predigten V.s, 1904 – H. Junge, J. V., Sprache, Stil und Persönlichkeit [Diss. masch. Hamburg, 1955].

Vegio, Maffeo (Mapheus Vegius), Humanist, * 1407 in Lodi, † 1458 in Rom. Nach der Grundausbildung in Mailand, wo er 1418 die Predigten des hl. →Bernardinus v. Siena hörte, studierte er (seit 1422) in Pavia die Rechte. Dort schloß er Freundschaft mit Catone Sacco und L. →Valla, der ihn in dem Dialog »De vero bono« als Vertreter der Lehren Epikurs einführt. V. verfaßte verschiedene Kurzepen (Astianax, Velleris aurei libri quattuor) und das gewichtige »Supplementum Aeneidos«, das ihm Saccos Lob, aber auch den Vorwurf des Plagiats durch P. C. →Decembrio eintrug. 1433 widmete er dem Ebf. v. Mailand Bartolomeo Capra ein jurist. Lexikon, »De verborum significatione«. In Rom wurde V. von →Eugen IV., dem er die »Antonias« gewidmet hatte, zum Datar, später zum →Abbreviator und im Nov. 1443 zum Kanoniker von St. Peter ernannt. Seine umfassende klass. und patrist. Bildung kommt zum Ausdruck in dem pädagog. Traktat »De educatione liberorum« und in »De rebus memorabilibus basilicae Sancti Petri Romae«, Führer für Besucher und gleichzeitig Studie über das archäolog. Material im Licht der lit. Texte. M. Cortesi

Ed.: De educatione liberorum et eorum claris moribus, ed. M. W. Fanning–S. Sullivan, 1933–36 – B. Schneider, Das Aeneissupplement des M. V., 1985 – *Lit.*: A. Sottili, Zur Biographie Giuseppe Brivios und M. V.s, MJb 4, 1967, 219–242 [mit älterer Lit.] – R. L. Guidi, M. V. agiografo di S. Bernardino, Fratre Francesco 40, 1973, 3–34 – M. Speroni, Il primo vocabolario giuridico umanistico: il 'De verborum significatione' di M. V., Studi senesi 88, 1976, 7ff. – G. Resta, V., Basinio e l'Argonautica di Apollonio Rodio (Misc. A. Campana, II, 1981), 639–669.

Veguer, lokaler, später regionaler Vertreter gfl. bzw. kgl. Herrschaft in →Katalonien. Im 9.–11. Jh. leiteten V.s im Namen der Gf.en oder Vizegf.en Rechtssprechung und Verwaltung einzelner Burgen und Burgbezirke. Während diese Funktion ab dem 11. Jh. zunehmend von *Batlle* (→Bayle) bzw. *Castlà* (Kastellan; →Kastellanei) übernommen wurde, erlebte das Amt des V. im 13. Jh. eine Neubestimmung: als V.s wurden nunmehr kgl. Funktionsträger bezeichnet, die einem ausgedehnten, klar definierten Verwaltungsbezirk (*Vegueria*) vorstanden. Sie setzten, notfalls mit Gewalt, die Bestimmungen des Kg.s wie des örtl. Rates durch und wachten über Jurisdiktion und Administration, Regalien und öffentl. Ordnung. V.s verfügten über untergeordnete Amtsträger – Stellvertreter (*Sots-V.s*), Richter (*Jutges*), Steuerbeauftragte (*Procuradors fiscals*), Rechtsvertreter der Armen (*Advocats dels pobres*) – und eine eigene Schreibstube. In der Regel war die Amtszeit auf drei Jahre begrenzt; der V. wurde im SpätMA vom →*Mestre Racional* und an seinem Amtssitz vom städt. Rat kontrolliert. In Auseinandersetzung mit Bf.en und senioralen Geschlechtern, die vereinzelt eigene V.s ernannten, einten im SpätMA V.s und Bürgerschaft häufig gemeinsame Interessen, zumal sich Vegueria und kommunaler Einflußbereich oft deckten. Die Veguerias bildeten neben den Bm.ern die einzige flächendeckende Territorialeinteilung Kataloniens. Ab dem 15. Jh. trat das Amt des V. allmähl. hinter andere zurück, 1716 wurde es im Decreto de Nueva Planta abgeschafft. N. Jaspert

Lit.: Dicc. d'Hist. de Catalunya, 1992, 1101f. - J. LALINDE ABADÍA, La jurisdicción real inferior a Cataluña, 1966 - T. N. BISSON, Fiscal Accounts of Catalonia under the Earl Count-Kings, 2 Bde, 1984 - F. SABATÉ CURULL, El v. a Catalunya: anàlisi del funcionament de la jurisdicció reial del segle XIV, Butlletí de la Societat Catalana d'Estudis Històrics 6, 1995, 147-159.

Veilchen (Viola odorata L. u. a./Violaceae). Die Gattung mit etwa 25 in Mitteleuropa vorkommenden Arten zählt seit alters zu den volkstümlichsten Pflanzen. Die antiken Autoren verstanden unter dem V. jedoch nicht nur das Wohlriechende oder März-V., sondern bisweilen auch die Levkoje (Matthiola incana [L.] R. Br.) und den Goldlack (Cheiranthus cheiri L.), auf die man im MA ebenfalls Bezug nahm (Gart, Kap. 413). Med. Verwendung fand neben Blüten, Blättern und Wurzeln des *viols* oder der *viole* insbes. das V.öl, das u. a. bei Augenkrankheiten und Kopfschmerzen helfen sollte (Hildegard v. Bingen, Phys. I, 103; Albertus Magnus, De veget. VI, 464), sowie der *violsyropl* v. a. gegen bestimmte Fieber (Konrad v. Megenberg V, 85). Das V. wurde außerdem nicht nur als Blumenschmuck geschätzt, sondern galt auch als Zeichen der Demut und war der Maria zugeordnet. Darüber hinaus spielte es als Frühblüher eine Rolle in Frühjahrsmythen und -festen. U. Stoll

Lit.: MARZELL IV, 1155-1191 - DERS., Heilpflanzen, 137-140 - HWDA VIII, 1537-1539 - L. KROEBER, Viola odorata L., Das Wohlriechende V. in alter und neuer Betrachtungsweise, Die Pharmazie 1, 1946, 85-90.

Veit → Vitus

Veitstanz bezeichnet eine insbes. im SpätMA epidemisch auftretende, psychogene Tanzkrankheit (Tanzwut, Tanzsucht, Chorea) als massenhyster. Phänomen. Hierbei zogen Scharen von Dansatores, Chorisantes oder Chorisatores, Männer und Frauen, tanzend und springend, z. T. von Musikanten begleitet, oft tagelang bis zur völligen Erschöpfung durch Straßen und Kirchen, wobei sie St. Veit oder auch St. Johannes anriefen. Neben Krämpfen, Zuckungen, Hinstürzen und anderen pseudo-epilept. Erscheinungen traten kollektive Halluzinationen v. a. religiösen Inhalts auf. Vielfach kam es zu Auftreibungen des Unterleibs (Trommelsucht), die durch Einschnürung mittels Tüchern, oft unter Zuhilfenahme von gedrehten Stöcken, durch Faustschläge und Fußtritte angegangen wurden. Sexuelle Ausschreitungen und delinquente Übergriffe waren häufig mit dem orgiast. Auftreten der Tänzer verbunden. Die Tanzkrankheit galt allgemein als dämonisch verursacht; Umzüge, Messen, kirchl. Gesänge, das Aufsuchen von St. Veits- bzw. Johannes-Kapellen und der Exorzismus wurden als Heilungsversuche angewandt. Tanzepidemien sind bezeugt für die Jahre 1021 bei der Kl. kirche v. Kolbig, 1237 in Erfurt (Kinder!), 1278 auf der Moselbrücke in Utrecht sowie - in größerem Ausmaß - 1374 in Aachen, Köln, Metz, Lüttich, Maastricht, Utrecht, 1381 in Trier, 1418 und 1518 in Straßburg. Wahrscheinl. entstand die → Echternacher Springprozession im Zusammenhang mit den ma. Tanzepidemien. Im 16. Jh. klang die Tanzkrankheit allmählich aus. Gleichzeitig rückten rationalere ärztl. Bewertungen des Phänomens in den Vordergrund, so bei Paracelsus, der drei Arten des V.es unterschied: 1. Chorea imaginativa (aus Einbildung), 2. Chorea lasciva (aus sinnl. Begierde), 3. Chorea naturalis (aus körperl. Ursachen). Neuzeitl. bildl. Darstellungen der ma. Tanzsucht stammen von Pieter Brueghel d. D. (1564) und Hendrik Hondius (1648). W. Schmitt

Lit.: Realenc. für protestant. Theol. und Kirche, XIX, 1907³, 308f. - RGG VI, 1962³, 600f. - J. F. C. HECKER, Die großen Volkskrankheiten des MA, 1865, 143ff. - Vergleichende Volksmedizin, hg. O. v. HOVORKA - A. KRONFELD, II, 1909, 205ff. - K. MEISEN, Springprozessionen und Schutzhl.e gegen den V. und ähnl. Krankheiten im Rheinlande und in seinen Nachbargebieten, Rhein. Jb. für VK 2, 1951, 164-178 - H. H. BEEK, De geestesgestoorde in de middeleeuwen. Beeld en bemoeienis, 1969 - → Tanzlied v. Kölbigk.

Vela, kast. Adelsfamilie, die auch in Álava begütert war und aus der die v. a. am Hof Alfons' V. v. León einflußreichen Brüder Rodrigo und Íñigo, Söhne des von → Fernán González wegen eines Aufstands vertriebenen Gf.en V., stammten. Gemäß der von späteren, oft sagenhaften Zusätzen durchsetzten Überlieferung sollen sie am 13. Mai 1029 den Infanten → García Sánchez (9. G.), den letzten männl. Abkömmling des kast. Gf.enhauses, getötet haben. Die Brüder mußten wegen ihrer Tat fliehen, doch das Geschlecht scheint bis ins 12. Jh. seine Stellung behauptet zu haben. L. Vones

Lit.: R. MENÉNDEZ PIDAL, El 'Romanz del Infant García' y Sancho de Navarra Antiemperador (Studi litterari e linguistici dedicati a P. RAJNA, 1941), 41-85 - J. PÉREZ DE URBEL, El condado de Castilla, III, 1970 - G. MARTIN, Les juges de Castille, 1992 - J. RODRÍGUEZ FERNÁNDEZ, La monarquía leonesa de García I a Vermudo III (El Reino de León en la Alta Edad Media, III, 1995), 399ff.

Velasco, kast. Adelsfamilie, ursprgl. im Gebiet von Santander begütert, stieg unter den → Trastámara auf, profitierte von den → mercedes enriqueñas und dehnte den Besitz in Kastilien aus. A. Pedro Fernández de V., kgl. Kammerherr, erhielt von Heinrich II. Briviesca samt dem → Portazgo, Ländereien nördl. von Burgos, Medina de Pomar, konnte von Bertrand → Du Guesclin Arnedo erwerben und eine Territorialherrschaft aufbauen, zu der im 15. Jh. noch Salas de los Infantes, Santo Domingo de Silos, Haro, Belorado, Frias, u. a. hinzukamen. Kg.sdienst und die Treue im Kampf gegen die 'Infanten v. Aragón' (Schlachten v. → Olmedo [1445, 1467]) ermöglichten den Aufstieg des Geschlechts unter die → Ricos hombres. Die V. teilten sich in drei Linien auf (Haro, Roa, Siruela), ihre wirtschaftl. Grundlage war die Kontrolle des Baumwollexports von Burgos nach Bilbao. Sie heirateten in die → Mendoza-Familie und andere bedeutende Adelshäuser ein, wurden Gf.en v. → Haro, die zuerst (1469) den Gobernador der bask. Prov.en Álava und Guipzzcoa stellten und ab 1473 die Funktion des → Condestable v. Kastilien an sich zogen, bildeten verschiedene → Mayorazgos und fanden sich auch als Gf.en v. → Denia mit reichem Besitz um Alicante sowie als Hzg.e v. Roa. L. Vones

Lit.: J. R. L. HIGHFIELD, The Catholic Kings and the Titled Nobility of Castile (Europe in the Late MA, 1970), 358-385 - H. NADER, The Mendoza Family in the Spanish Renaissance, 1979 - E. GONZÁLEZ CRESPO, Elevación de un linaje nobiliario castellano en la Baja Edad Media: los V., 1981 - DIES., Los V. en el horizonte dominical de la nobleza castellana segzn el 'Libro de las Behetrías', Anuario de Estudios Medievales 14, 1984, 323-344 - DIES., El patrimonio de los V. a través de 'El Libro de las Behetrías', ebd. 16, 1986, 239-250.

Velasquita, Kgn. v. León, T. d. galic. Adligen Ramiro u. d. Leodegundia, † vor 1036, ⌑ Kl. S. Salvador de Deva; ∞ vor Okt. 981 → Vermudo II. (982-999), Sohn Kg. → Ordoños III. v. León, der kurze Zeit später von einer ptg.-galic. Adelspartei in Opposition zu → Ramiro III. zum Kg. erhoben wurde. In den folgenden Jahren stellte V. häufig gemeinsam mit Vermudo Urkk. zugunsten von Kirchen und Kl. aus. Als es nach Adelsaufständen in Galicien 988 zur Trennung kam, zog sich V. mit ihrer Tochter Christi-

na nach Asturien zurück, und Vermudo heiratete im Nov. 991 →Elvira, die Tochter des Gf.en →García Fernández v. Kastilien. V. lebte im Kl. San Pelayo in Oviedo, dem Teresa, die Mutter des gestürzten Ramiro III., als Äbt. vorstand, und verheiratete ihre Tochter mit dessen Sohn, dem Infanten Ordoño Ramírez († vor 1120). Vor 1006 gründete sie das Kl. San Salvador de Deva und schenkte es der Kirche v. Oviedo.
U. Vones-Liebenstein

Lit.: A. Sánchez Candeira, La reina V. de León y su descendencia, Hispania 10, 1950, 449–505.

Velay, ehem. Gft., Landschaft in Mittelfrankreich, im S der →Auvergne, um die Bf.sstadt →Le Puy. Der karol. Komitat des V., die alte 'Civitas Vellavorum', wurde mit der benachbarten Auvergne in die Rivalitäten der um den Hzg.stitel v. →Aquitanien kämpfenden Fs.enhäuser v. Poitiers (→Poitou) und →Toulouse verwickelt. Im Zuge dieser Konflikte fiel die Region zunehmend aus dem Einflußbereich des westfrk./frz. Kgtm.s heraus: Le Puy blieb zwar kgl. Bm., doch wurden dem Bf. umfangreiche →Regalien zugestanden (924); die Bemühungen, die Vormacht des Kgtm.s im S wiederherzustellen (Heirat→Ludwigs V., 980; Heerfahrt →Roberts d. Fr., 1020), scheiterten weithin. Das V. ging in die Hände großer Aristokratenfamilien über, die mächtige Burgen errichteten, v. a. an die Vicecomites v. Polignac. Der Niedergang der hzgl. und gfl. Gewalt erklärt, daß das V. zu einer Wiege der →Gottesfriedensbewegung wurde.

Im 12. Jh. überkreuzten sich im V. die konkurrierenden Mächte der Gf.en v. Toulouse, Gf.en v. Auvergne und der →Plantagenêt (Hzg.e v. Aquitanien). Das mit den Gf.en v. Auvergne verbündete und verschwägerte Haus Polignac verstärkte seine Übergriffe auf das Kirchengut, wurde aber durch Interventionen Kg. →Ludwigs VII. (1163, 1169), der die Bf.e in ihren Privilegien bestärkte (1146, 1158), in die Schranken gewiesen. Der Aufstand der *Capuchonnés*, einer Friedensbewegung, degenerierte bald zu einer antiseigneurialen Reaktion (1182–83).

Schließlich leistete Pons v. Polignac dem Bf. den Treueid (1213), gefolgt von zahlreichen anderen Seigneurs, so daß der Bf. 1305 den Titel eines Gf.en v. V. annehmen konnte. Doch war das V. inzwischen der →Krondomäne einverleibt worden (1229); ein kgl. Bailliage wurde errichtet, dessen →Baillis ihren Jurisdiktionsbereich kontinuierl. erweiterten.

Im 14. Jh. bemühten sich die →États, die zum Schutz der seigneurialen Privilegien gegen die kgl. Fiskalität entstanden waren, um die Verteidigung des Landes gegen die plündernden Söldnerbanden. Doch bereits am Ende des 14. Jh. hatte sich das Kgtm. der Institution der États bemächtigt, um sie zum Instrument seiner Steuererhebung zu machen.
G. Fournier

Lit.: E. Delcambre, Géographie hist. du V., BEC, 1937, 17–65 – Ders., Les états du V. des origines à 1642, 1938 – C. Lauranson-Rosaz, L'Auvergne et ses marges du VIIIᵉ au XIᵉ s., 1987.

Velbŭžd, Stadt in Westbulgarien an der Stelle des antiken Ulpia Pautalia (heute Kjustendil); erstmals im 11. Jh. als Bm. erwähnt. Hier besiegte der serb. Kg. →Stefan Uroš III. Dečanski am 28. Juli 1330 den mit Ks. Andronikos III. verbündeten bulg. Zaren →Michael Šišman, der, schwer verwundet, als Gefangener im Lager der Serben starb; eigtl. Sieger der Auseinandersetzung war der Thronfolger →Stefan Dušan. Stefan Dečanski und die bulg. Magnaten schlossen daraufhin ein Abkommen, demzufolge die Herrschaft in Tŭrnovo an Stefans Schwester Ana und deren Sohn Jovan Stefan fiel.
B. Ferjančić

Lit.: Jireček I – G. Škrivanić, Bitka kod Velbužda, Vesnik Vojnog muzeja 16, 1970, 67–77 – Istorija na Bŭlgarija III, 1982 – Vizlzv VI, 1986, 335–340.

Veldeke, Heinric van → Heinrich von Veldeke (148. H.)

Veldenz (sw. Bernkastel/Mosel), Gf.en v., ein um 1113/34 durch Gf. Gerlach begründeter Zweig der Nahegaugf.en (Emichonen). Die zw. Mosel, Blies und Alsenz erfolgte Herrschaftsbildung der V.er gründete sich v. a. auf Lehen der Bm.er →Verdun (u. a. Burg V.), →Mainz und →Worms sowie auf Vogteirechte über einen Teil des Besitzes des Kl. →Tholey und (als Lehen der Pfgft. bei Rhein) über die Güter des Remigiuskl. (Reims) zw. Glan und Oster (Remigiusland); V.er Versuche, im 13. Jh. auch zu Lasten einiger Mainzer Kl. und der Abtei →Disibodenberg zu expandieren, scheiterten an der Intervention des Ebf.s v. Mainz. Herrschaftsmittelpunkte der Gft. waren im oberen Teil die auf Reimser Besitz gegr. Burg Lichtenberg bei Kusel, im unteren Teil Meisenheim am Glan, das als Pertinenz des ebfl. Truchsessenamtes v. Mainz zu Lehen rührte. Nach dem Erlöschen des gfl. Mannesstammes (1259) kam die Gft. über Agnes v. V. 1268/70 nahezu ungeschmälert in den Besitz der Herren v. Geroldseck aus der Ortenau, die das V.er Territorium im 14. und 15. Jh. noch bedeutend zu erweitern vermochten, zuletzt 1437 um Teile der Gft. →Sponheim; zwei Teilungen (1343/77, 1387/93) blieben Episoden. Nach dem Tod des letzten Gf.en v. V., Friedrich († 1444), gelangte die ganze Gft., mit Ausnahme der Sponheimer Anteile, über die Erbtochter Anna (⚭ Pfgf. Stephan) an dessen Enkel Pfgf./Hzg. Ludwig (Zweibrücken).
K. Andermann

Q. und Lit.: W. Fabricius, Die Gft. V., Mitt. des Hist. Vereins der Pfalz 33, 1913, 1–91; 36, 1916, 1–48 – C. Pöhlmann, Reg. der Lehnsurkk. der Gf.en v. V., 1928 – H.-W. Herrmann, Die Gft. V. (Geschichtl. LK des Saarlandes, 2, 1977), 332–337.

Velehrad, Dorf nahe einer wichtigen Agglomeration von Siedlungen in →Mähren um die von Otakar Přemysl II. gegr. kgl. Stadt Ungarisch Hradisch (→Staré Město, Na Valách u. a.), 1141 erstmals als Besitz des Kapitels v. →Olmütz belegt. Von der Identifikation mit dem Hauptzentrum des frühma. mähr. Reiches, zugleich auch Grabstätte Methods (→Konstantin und Method), nahm die Forsch. ebenso Abstand wie von der Gleichsetzung mit in den Annales Fuldenses erwähnten Ortschaften, obgleich unbestritten blieb, daß V. im 9. Jh. eine wichtige Siedlung war. Um 1205 wurde bei V. ein Zisterzienserkl. gegr.; als Gründer gilt Mgf. Heinrich Vladislav v. Mähren (in V. bestattet), der im Einvernehmen mit seinem Bruder, Kg. Otakar Přemysl I., und mit dem Bf. v. Olmütz, dem engl. Zisterzienser Robert, handelte. Bf. Robert berief für die Neugründung Mönche aus dem böhm. Plass, wo er zuvor Propst gewesen war. Das Kl. galt als vornehmste und reichsten dotierte Zisterze Mährens; sie wurde häufig von den Herrschern beschenkt. 1432 durch mähr. →Hussiten zerstört, konnte das Kl. nach seinem Wiederaufbau seine alte Bedeutung nicht mehr erlangen.
I. Hlaváček

Q. und Lit.: M. Pojsl, V., 1990 [Lit.].

Veleten → Wilzen

Velho, Fernan, ptg. Dichter, * ca. 1255, † ca. 1284, illegitimer Sproß einer Familie des mittleren Adels zw. Douro und Minho, hielt sich wahrscheinl. zw. am Hofe →Alfons' X. d. Weisen (10. A.) auf. Erhalten sind neun *cantigas de amor* in der prov. Tradition (→Cantiga [1]), eine *cantiga de amigo* (→Cantiga [2]) und ein Hohn- und Schimpflied (→Cantiga [3]).
W. Mettmann

Lit.: G. Lanciani, Il canzoniere di F. V., 1977.

Velleius im MA. Die »Historia Romana« des Velleius Paterculus (frühes 1. Jh. n. Chr., Zeit des Tiberius), ein Abriß der röm. Geschichte, eingeleitet durch eine Geschichte des alten Orients und Griechenlands, hat im Altertum nur schwache und unsichere Spuren (bei Tacitus?, Sulpicius Severus) hinterlassen und ist jedenfalls nicht sehr häufig gelesen worden. Ins MA gelangt ist das Werk offenbar nur durch ein einziges Exemplar; eine frühma. (angebl. 8. Jh.) Abschrift, die sich seit unbekannter Zeit in →Murbach befand, hat den Text bewahrt, der im MA sonst völlig unbekannt geblieben zu sein scheint. Ed. pr. des Beatus Rhenanus 1520 nach der Murbacher Hs., die anscheinend noch 1786 vorhanden war.

F. Brunhölzl

Lit.: SCHANZ-HOSIUS II⁴, 586ff. – A. ALLGEIER (Misc. G. MERCATI, VI [StT 126, 1946]), 457f. – L. D. REYNOLDS, Text and Transmission, 1983, 431ff. – M. v. ALBRECHT, Gesch. der röm. Lit., II, 1992, 849f.

Velletri, Stadt in Mittelitalien (Latium), am Südrand der Albanerberge gelegen. Die Volskerstadt »Velitrae« wurde 338 v. Chr. von Rom unterworfen. Nach Sueton (Aug. 94, 2) war V. Geburtsort des Augustus. Anfang des 5. Jh. wurde V. von Alarich, 455 von den Vandalen Geiserichs erobert. In den Gotenkriegen umkämpft, wurde es 554 von Byzanz zurückgewonnen, das V. wegen seiner bes. Loyalität zur ksl. Stadt erhob. Als im 8. Jh. jedoch der →Bilderstreit losbrach, trat V. auf die Seite des Papstes, der es mit reichen Privilegien belohnte. Die bes. Bindung V.s an die Päpste bestätigte sich in den folgenden Jahrhunderten und ermöglichte es V., die hegemonialen Ambitionen der Stadt Rom abzuwehren. In diesem Sinn müssen die Konzessionen Urbans II. an V. (1089) interpretiert werden, die er der Stadt für ihre Treue während des Investiturstreits ausstellte, oder die mehrmaligen Aufenthalte von Päpsten in V. Alexander III. weilte von 1179 bis 1180 in V., 1181 wurde dort als sein Nachfolger der Bf. v. V. zum Papst (Lucius III.) gewählt; dieser blieb zwei Jahre lang in V. und behielt die Titulatur des Bm.s bei. Gregor IX., früher Bf. v. V., löste die Stadt aus jeglicher formalen Abhängigkeit von Rom heraus. In einem seiner Briefe (1240) wird erstmals ein städt. Podestà erwähnt. 1299 bekleidete Bonifatius VIII. – der in V. einige Jugendjahre verbracht hatte – einige Monate lang dieses Amt. Als die Kurie nach Avignon verlegt wurde, mußte V. vor der mächtigen Nachbarstadt Rom kapitulieren (1312). Es folgten langanhaltende Spannungen zw. beiden Städten, die häufig zu Kämpfen führten. Als Rom 1347 die Autonomiebestrebungen V.s erneut ablehnte, brach ein jahrzehntelanger Krieg aus, der nur von kurzen Waffenstillständen unterbrochen wurde. Erst die Rückkehr der Päpste nach Rom setzte ihm ein Ende. Entscheidend war die Verfügung (1400), daß nur der Papst die Ernennung des Podestà vornehmen durfte. Im Lauf des 15. Jh. wurde V. von den verschiedenen Konflikten auf der Apenninenhalbinsel betroffen. Kurze Zeit war es in der Hand Ladislaus' v. Durazzo; 1482 standen die Veliterner im Heer Sixtus' IV. gegen Kg. Ferdinand v. Neapel. 1495 trafen sich in V. Kardinal Giuliano della Rovere, Bf. v. V. (der spätere Papst →Julius II.), und Kg. Karl VIII. v. Frankreich. Im 15. Jh. wurde V. zunehmend in die Strukturen des Kirchenstaates integriert und verlor damit z. T. seine frühere Selbständigkeit.

A. Menniti Ippolito

Lit.: A. LANDI, Compendio delle cose della città di V., Ing. M. T. BONADONNA RUSSO, V, 1985 – G. FALCO, Studi sulla storia del Lazio nel Medioevo, I–II, 1988.

Velthem, Lodewijk van, mndl. Dichter-Geschichtsschreiber und Pfarrer, * um 1275 in Löwen oder Umgebung, † nach 1326. 1294 in Paris, möglicherweise zum Studium, um 1304 Kaplan in Zichem (Diest), um 1312 vom Löwener St. Pieterskapitel zum Pfarrer im benachbarten Veltem ernannt. V., selbst nicht von Adel, verkehrte in Kreisen der Brabanter Aristokratie (→Berthout und Berlaar). Bereits unter →Johann I. v. Brabant, den er persönl. kannte, war er in Kontakt mit dem Hzg.shof, an dem er vermutl. auch als Dichter auftrat. Seine Bedeutung als Historiograph beruht auf der Fertigstellung und Fortsetzung bis 1316 von →Jacob van Maerlants bis 1113 reichender Weltchronik, dem »Spiegel historiael«. 1315 wurde der erste, im Mndl. fragmentar., in einer mhd. Bearb. vollständig überlieferte, noch ganz auf →Vinzenz v. Beauvais fußende Teil bis ca. 1256 fertig, der für die mit den Berthouts verwandte Maria van Berlaar bestimmt war. Der folgende Teil, die »Voortzetting van de Spiegel Historiael«, wurde aus kompositor. Gründen als gesonderte – fünfte – 'partie' herausgegeben; Buch 6 reicht bis 1316 und wurde auch 1316 abgeschlossen. Kurz danach fügte er noch zwei für Gerard van Voorne, Burggf. v. Seeland, bestimmte Bücher hinzu.

In der »Voortzetting« (ca. 28 000 Vv.) behandelt V. eine breite Skala von Themen, die einer alles umfassenden Idee untergeordnet sind: die Regierungszeiten der dt. Kg.e bilden das Einteilungsprinzip für die Bücher 1 bis 6 (→Wilhelm v. Holland bis zu Ludwig dem Bayern). Buch 7 behandelt Endzeitprophezeiungen anhand von Daniel, Hildegard v. Bingen und Joachim v. Fiore; Buch 8 enthält eine Übers. von Vinzenz' Epilogus de ultimis temporibus. Das Werk spiegelt eine Mentalität wider, in der sich klerikale und ritterl.-höf. Elemente verbinden. Der Geschichtsverlauf der letzten sechs Jahrzehnte wird vor dem Hintergrund der Weltgeschichte und einer ausgesprochenen Endzeiterwartung beschrieben, wobei die gescheiterte Romfahrt Heinrichs VII. – das Thema von Buch 5 – eine entscheidende Rolle spielt. Neben Brabant, den angrenzenden Fsm.ern, England und Frankreich behandelt er auch Themen aus dem Artusstoff sowie, sehr ausführl., die Schlacht v. →Kortrijk. Auch als Literat war V. tätig: 1326 vollendete er die sog. Merlijn-continuatie als Fortsetzung eines von Jacob van Maerlant aus dem Frz. übersetzten Doppelromans. Laut einer Notiz auf dem letzten Blatt war V. Besitzer der Hs. der →Lancelot-Kompilation, und vermutl. war er es, der diese Hs. mit Vortragzeichen versehen hat.

A. L. H. Hage

Ed.: H. VAN DER LINDEN u. a., 1906–38 – W. WATERSCHOOT, 1979 – *Lit.:* N. PALMER, Ntg 69, 1976 – A. L. H. HAGE, Sonder favele, sonder lieghen, 1989.

Velum, verschiedene in der Liturgie benutzte Tücher unterschiedl. Materials, die u. a. seitl. neben dem Altar aufgehängt, diesen im liturg. Raum abtrennen und dadurch auszeichnen sollten (Altarv.; als tetravela vier Tücher, deren vorderes nicht geschlossen wurde [im 8/9. Jh. in Rom sehr gebräuchl., dort bis ins 13. Jh. verwendet]; als cortina Seitenbehänge [im 14./15. Jh. in Frankreich, den Niederlanden, Dtl. und England verbreitet]; →liturg. Tücher), zum Verhüllen von Kreuzen, Bildern und Reliquiaren (Fasten- und Passionsvelen; s. ebd.) oder zum Anfassen und Abdecken liturg. Geräte. So wurde mit dem seit dem 13./14. Jh. bezeugten Ciborium-V. die Pyxis verhüllt, während mit dem Schulter-V., zunächst über die rechte, in späterer Zeit über beide Schultern gelegt, seit dem 8./9. Jh. der Akolyth, später der Subdiakon Kelch und Patene anfaßte; ein solches V. wurde aber auch von denjenigen getragen, die Stab und Mitra hielten oder dem Kirchenfs.en das Lavabo reichten. Das um 1400 belegte Sakraments-V. gebrauchte man v. a. bei theophor. Prozessionen und beim sakramentalen Segen. Das Kelch-V. kennt das MA noch nicht, der Kelch wurde entweder unverhüllt oder in einem sacculus, einem Leinensack, zum Altar gebracht. Neben der Ehrfurcht – heilige Gefäße berührte man nur mit verhüllten Händen – werden v. a. prakt. Gründe, aber auch die Etikette den Gebrauch der V. gefördert haben. B. Kranemann

Lit.: →liturg. Tücher – LThK² X, 655f. – F. Bock, Gesch. der liturg. Gewänder des MA, 3, 1871 – J. Braun, Die liturg. Paramente in Gegenwart und Vergangenheit, 1924, 197–200, 213f., 228–231, 233–236.

Venaissin → Comtat Venassin

Venantius Fortunatus, Lyriker und Biograph im Frankenreich, * vor 540 in Valdobbiadene b. Treviso, † um 600 als Bf. v. Poitiers. Venantius Honorius Clementianus Fortunatus (im daktyl. Metrum. Fortunatus, akrostich. III 5), studierte in Ravenna, wurde dort über einem Martin-Heiligtum von einem Augenleiden geheilt und gelobte, das Grab des Hl. aufzusuchen. Wohl 565 kam er über Augsburg und das Rhein- und Moselland in das Frankenreich (s. Praef. und VMart. IV 621ff, wo er den Libellus auf umgekehrtem Weg imaginär in die it. Heimat schickte, Leo 2 und 367ff.); bes. zu →Gregor v. Tours und der thür. Prinzessin →Radegunde, Witwe Kg. Chlothars I., und ihrer geistl. Tochter und Äbt. Agnes hielt er freundschaftl. Kontakt. Eine aus dieser Vertrautheit erwachsene Vita Radegundes steht neben Bf.sleben für Angers (Albinus), Avranches (Paternus), Paris (Germanus, Marcellus) und Poitiers (Hilarius), vielleicht auch Bordeaux (Severinus); aufgrund des Martindossiers des →Sulpicius Severus und nach →Paulinus v. Périgeux verfaßte er die hexametr. Vita Martini I–IV. Die 9 B. Carmina enthalten rund 230 Stücke; fast seriell produziert V. F. zu verschiedensten Gelegenheiten: auf frk. Kg.e und ihre Familien, Bf.e und ihre Höfe, zu Kirchenfesten- und -bauten, auf Geschenke, zu dramat. Einzelschicksalen, Reiseberichte. Drei Hymnen (II. 1.2.6; nach Ankunft von Ks. Iustinos II. erbetener Kreuzreliquien in Poitiers) fanden den Weg in die Liturgie: Crux benedicta nitet (9 Dist.), Pange lingua gloriosa (troch. Tetrameter) und Vexilla regis prodeunt (iamb. Dimeter, 8 ambros. Strophen). Buch 4 ist ganz Epitaphien vorbehalten, das 9. sammelt postum zauberhafte und für die Geschichte der Empfindsamkeit und einer dilectio spiritualis interessante Billets an Radegunde und Agnes. Die eleg. Distichen (anders zwei der Hymnen; nur V 7, VI 1 und die Carmina figurata hexametrisch, IX 7 in sapph. Strophen) sind mit vielen sprachl. Junkturen für die karol. Dichter vorbildlich geworden. Mit I 16 (de Leontio episc.) hat er die Tradition des kirchenpolit. abecedar. Psalmus, mit II 4.5 und V 6 (vielleicht auch Leo 381) die Kunst des Figuren-Gedichts und des Akrostichon gepflegt und jene Formen durch merowing. Zeiten gerettet. – Die Überlieferung der Werke ist insgesamt nicht gut; die Bücher und Viten für weitere Zuschreibungen offen; die zahlreichen Orts- und Personennamen sind ein unschätzbares Material der Namenforschung, die hist. Nachrichten ergänzen das Geschichtspanorama der Hist. Francorum des Gregor v. Tours höchst willkommen. →Paulus Diaconus pilgerte zum Grab des »Ausoniers in Gallien«, weiß um die geistige Wendigkeit und das Niveau des Dichters und resümiert knapp die Lebensspuren (Hist. Langob. II 13, auch Krusch 118) mit Epitaph inc. Ingenio clarus (6 Dist., auch MGH PP I 56f.). R. Düchting

Ed.: MGH AA IV 1.2 F. Leo (opera poetica), 1881 – B. Krusch (opera pedestria), 1885 – J. Pla i Agulló, V. F., Poesies I: Llibres I i II, 1992 – M. Reydellet, V. F., Poèmes I: Livres I–IV, 1994 – *Hymnen:* W. Bulst, Hymni Latini antiquissimi LXXV. Psalmi III, 1956 – *Vitae in komm.*

Übers.: G. Palermo, 1985; St. Tamburri, 1991 (Martinus) – G. Palermo, 1989 (Hilarius, Radegundis) – *Lit.:* Manitius I – Brunhölzl I – Ch. Nisard, Le poète F., 1890 – W. Meyer, Der Gelegenheitsdichter V. F., 1901 – R. Koebner, V. F., 1915 – D. Tardi, F., 1927 – K. Langosch, Profile des lat. MA, 1965, 49–79 – L. A. Macchiarulo, The Life and Times of V. F. [Diss. Fordham Univ. 1986] – J. W. George, V. F. A Latin Poet in Merovingian Gaul, 1992 – V. F. tra Italia e Francia, Atti ... Valdobbiadene/Treviso 1990, 1993 – *Zu einzelnen Problemen:* H. Elss, Unters. über den Stil und die Sprache des V. F., 1907 – G. M. Dreves, Hymnolog. Stud. zu V. F. und Rabanus Maurus, 1908 – A. Meneghetti, La latinità di V. F., 1917 – C. Hosius, Die Moselgedichte des D. M. Ausonius und des V. F., 1926 – S. Blomgren, Studia Fortunatiana, 1–2, 1933–34 – W. Schmid, Ein chr. Heroidenbrief des sechsten Jh., Stud. zur Textgesch. und Textkritik, 1959, 253–263 – W. Bulst, Radegundis an Amalafred (Bibliotheca docet [Fschr. C. Wehmer, 1963]), 369–380 – I. Vielhauer, Radegundis v. Poitiers, Castrum Peregrini 164/165, 1984, 5–40 – W. Berschin, Biographie und Epochenstil im lat. MA, 1, 1986, 277–287 – U. Ernst, Carmen figuratum, 1991, bes. 149ff. – M. Graver, Quaelibet audendi: F. and the Acrostic, Transactions and Proceed. of the American Philolog. Assoc. 123, 1993, 219–245 – M. Roberts, The Description of Landscape in the Poetry of V. F.: The Moselle Poems, Traditio 49, 1994, 1–22.

Venantius, Gualterius (Walter Hunt) OCarm, † 28. Nov. 1478 Oxford, Professor der Theologie ebd., gelehrter Humanist und Theologe, Teilnehmer am Konzil v. →Ferrara-Florenz an Disputationen mit Griechen und Armeniern; Verfasser zahlreicher Werke (Verz.: Tanner), die jedoch ungedruckt geblieben sind und als verschollen gelten, u. a. zu Florenz (»Contra Graecorum articulos«, »Acta Ferrariae et Florentiae«, »De processu sacri Concilii«) und zur Verteidigung der Universalgewalt des Papstes (»De Pontificum iurisdictione«, »De universali Pontificum dominio«) sowie zu dessen Superiorität über die Bettelorden (»De statu fratrum mendicantium«). J. Grohe

Q. und Lit.: DNB X, 281 – J. Bale, Anglorum heliades, Cambridge 1536, Ms. Harley 3838, fol. 92 – Th. Tanner, Bibl. britannico-hibernica, London 1748, 423 – Bibl. Carmelitana I, Orléans 1752 [Nachdr. 1927], 579–581 – M. Harvey, Harley Ms. 3049 and two Questions of Walter Hunt, OCarm (Transactions of the Architectural and Archaeological Society of Durham and Northumberland, NS 6, 1982), 45–47 – Dies., England, the Council of Florence and the End of the Council of Basel (Christian Unity, hg. G. Alberigo, 1991), 211, 213.

Vence, Stadt und Bm. in Südfrankreich, östl. →Provence (dép. Alpes-Maritimes).
I. Bistum – II. Stadt.

I. Bistum: Die Grenzen des Bm.s vermischen sich mit denen der antiken Civitas. Erster gut bezeugter Bf. ist Severus (belegt 419–442). Im übrigen deuten die archäolog. Befunde (Errichtung der Kathedrale auf oder nahe dem Forum) auf eine Entstehung des Bm.s nicht vor Beginn des 5. Jh. hin. V. war der Metropole →Embrun unterstellt.

Wie die anderen Bm.er der frühma. Provence litt auch V. unter den →Razzien der Sarazenen aus →Fraxinetum. Nach deren Vertreibung durch die Gf.en Wilhelm und Rotbald (972) wurde das Bm. V. restauriert (Erwähnung eines Bf.s zu 987). Eine neue Kathedrale wurde über dem vorroman. Bau errichtet, wohl um 1030/50. In der 2. Hälfte des 12. Jh. vollzog sich eine erste erkennbare Besitzentwicklung, die um 1194 zur Trennung der Mensalgüter des Bf.s und des Kathedralkapitels führte; dieses besaß ein Viertel der Seigneurie v. V. Die Bf.e erweiterten ihren Besitz im Laufe des 13. Jh. und zu Beginn des 14. Jh. (bes. Gattières, 1247, sowie die in mehreren Etappen erworbene Hälfte der Seigneurie v. V.). Die geringe Ausdehnung des Bm.s (nur 26 Gemeinden mit 7000–8000 Einw. vor der

Schwarzen Pest) sowie die frühe Errichtung von Prioraten der Abteien St-Victor de →Marseille und St-Pons de Nice erwiesen sich als Hemmschuh für die Entfaltung eines örtl. Kl.wesens. Die von den Bf.en oft beklagte schlechte Ertragslage sollte u. a. durch die von Eugen IV. (Bulle, Juni 1432) gewährte (aber nicht verwirklichte) Eingliederung des Bm.s →Senez gebessert werden. Trotz seiner Armut sah V. auf seinem Bf.sstuhl mehrere bemerkenswerte Hirten, so den hl. Veranus (451-465/475), den hl. Lambert v. Bauduen (1114-54) und Raphael II. Monso (1463-91). Im ausgehenden 15. Jh. hatten Mitglieder der Familie→Vesc, Verwandte des einflußreichen Seneschalls Étienne de Vesc, das Bm. inne.

Im späten 14. Jh. spaltete der Unionskrieg v. Aix (→Provence, B. III) das Land v. V. in Parteigänger und Gegner →Karls v. Durazzo. Ein Resultat war die Teilung (1388) des Diözesangebietes in einen dem Gf.en v. Provence und einen (wie →Nizza) dem Gf.en v. →Savoyen unterstehenden Bereich (drei Gemeinden: Bouyon, Dos-Fraires, Gattières).

II. STADT: Fehlen auch archäolog. Spuren, so wird doch angenommen, daß die Stadt V. seit Beginn unserer Zeitrechnung am selben Platz besteht; sie war Civitas-Vorort der auf dem Tropaeum Alpinum v. La Turbie (7/6 v. Chr.) inschriftl. bezeugten Nerusii. Das auf einem (mit Ausnahme des sich im N öffnenden tiefen Lubianetals) ungeschützten Plateau am Fuße von Felsabstürzen (prov. *baus*) gelegene V. hatte als Vorgängersiedlung wohl ein hochgelegenes Oppidum (vorkelt. Wurzel *vin[t]* 'Höhe'), ist als röm. Stadt seit der Regierung des Ks.s Tiberius faßbar und gewann innerhalb der Prov. Alpes maritimae im 2. und bes. 3. Jh. n. Chr. eine gewisse Bedeutung.

Im 5.-10. Jh. war die Gesch. der Stadt weitgehend mit der des Bm.s identisch. Nach der Ausschaltung der Sarazenen kam V. mit seinem Umland wie Nizza an Anno v. Reillane und sein Geschlecht. Seine Tochter Odilie führte für das Vençois eine Teilung mit ihrem Bruder Amic I. durch. Dessen Nachkommen traten bis ins 3. Viertel des 13. Jh. als Miterren (*coseigneurs*) v. V. hervor. Anders als in Nizza und Grasse bildete sich im wirtschaftl. schwächeren V. im 12. Jh. kein *Konsulat*. Unter seinen *coseigneurs* unterstand V. der Oberhoheit der Gf.en v. Provence aus dem Hause →Barcelona. Doch übertrug Gf. →Raimund Berengar V. (nach erfolgreichem militär. Vorgehen gegen Grasse und Nizza und Unterwerfung eines Teils des Vençois, 1227-30) die oberherrl. Rechte an Romée de →Villeneuve, der etwas mehr als die Hälfte des 'dominium directum' erwarb (der Rest unterstand dem Kathedralkapitel und den Herren v. Malvans) und die Stadt befestigen ließ. Zw. dem 3. Viertel des 13. Jh. und 1315 verstanden es die Bf.e, sich in Verhandlungen mit den Villeneuve und den Malvans sowie mit dem Kapitel die eine Hälfte der Seigneurie zu sichern. V. hatte fortan zwei gleichstarke Stadtherren, die Herren v. Villeneuve und den Bf. Die der Stadt 1339 von Kg. →Robert v. Anjou zuerkannte Selbstverwaltung unter einem →Syndic mußte, oft in gewaltsamen Konflikten, gegen die Villeneuve verteidigt werden. Erst unter →René v. Anjou sicherten mehrere kgl. Entscheidungen (1439-59) den Sieg der städt. Sache.

Das nicht zur Domäne des Gf.en v. Provence gehörende V. konnte folgl. auch nicht als Sitz der (großenteils aus Diözesangebiet bestehenden) *Baillie du Vençois* fungieren; dieser am Ende des 13. Jh. aus der Viguerie v. Nizza herausgelöste Gerichtsbezirk wurde von Villeneuve (-Loubet), ab ca. 1370 von St-Paul (-de-Vence) aus verwaltet. Wegen der starken Rivalität mit St-Paul (das im Gegensatz zu V. im Unionskrieg Karl v. Durazzo unterstützt hatte) setzte V. vor 1471 seine Einbindung in die Viguerie v. Grasse durch. A. Venturini

Lit.: Les dioc. de Nice et Monaco, hg. F. HILDESHEIMER, 1984, 62-68 (Hist. des dioc. de France, nr. 17) – Topographie chrétienne des cités de la Gaule, II, 1986, 89-91 [P.-A. FEVRIER] – C. VISMARA, PH. PERGOLA, J.-R. PALANQUE †, V. à l'époque romaine, 1989 – A. VENTURINI, Pages de l'hist. de V. et du Pays Vençois au MA, 1991 – Hist. de V. et du Pays Vençois, hg. G. CASTELLAN, 1992.

Vendôme, Stadt in Westfrankreich, am Loir (Bm. →Chartres, dép. Loir-et-Cher). V. war ein seit der Merowingerzeit belegtes 'castellum', Vorort eines →Pagus, als solcher Versammlungsort der Bewohner, etwa in den Kämpfen mit benachbarten Herrschaften wie →Blois oder →Châteaudun. Seit 889 tritt hier eine zur engen Anhängerschaft der →Robertiner/frühen →Kapetinger gehörende Gf.enfamilie mit Leitnamen 'Burchard' (Bouchard) auf, deren Rolle innerhalb des Herrschaftssystems von →Neustrien K. F. WERNER in eindrucksvoller Weise herausgearbeitet hat. Erst mit dem hochangesehenen →Burchard I. († 1005), einem der wichtigsten 'fideles' von →Hugo Capet, von diesem mit →Melun, →Corbeil und der Gft. →Paris ausgestattet, nennt sich dieses Geschlecht nach V. (ab 976). Von dieser Zeit an läßt sich anhand monast. Q. für den 'pagus Vindocinensis' die Existenz einer klass. Feudalgesellschaft näher beleuchten; diese bestand nach Ansicht des Verf. jedoch (zumindest in ihren Grundzügen) lange vor dem Auftreten dieser Q.nnachweise.

Der Pagus des *Vendômois* war ein Territorialensemble, das sich aufgrund der genannten Q. des 11. Jh. recht genau umschreiben läßt. Das Tal des Loir bildete die Grenzschneise zw. dem ö. Bereich ('Perche vendômois'; →Perche), während im SW der Forst v. Gâtine ein zum Vendômois gehörendes Einsprengsel zw. →Maine und →Touraine bildete. Die 'neuen Burgen', belegt bald nach 1000 (Mondoubleau, Freteval, Château-Renault, Lavardin, Montoire), entstanden an den Grenzen der Pagi und am Rande bewaldeter Zonen; ihre scigneuriale Gewalt erstreckte sich nur auf kleinere Bezirke, meist →Forsten. Der Pagus des V. wurde durch die Ausbildung von →Kastellaneien zwar verkleinert, aber nicht verdrängt; zwei dieser Kastellaneien, Montoire und Lavardin, wurden zw. 1130 und 1218 von den nach W expandierenden Gf.en v. V. annektiert (um 1270 erfolgte noch der Erwerb von Trôo). Der gesamte Herrschaftsbereich blieb im wesentl. unter Lehnshoheit der Gf.en v. Anjou (→Angers). Die Wandlung von der »Pagus-Gft.« zur »feudalen Gft.« vollzog sich in Gestalt einer graduellen Evolution. Auch die soziale und verfassungsgeschichtl. Entwicklung des 11. Jh. war im V. und seinen Nachbarregionen nicht von tiefen Einbrüchen geprägt, sondern verlief in den bereits in der Zeit vor 1000 vorgezeichneten Bahnen. Die Grundhörigkeit (*servage*) dürfte im wesentl. auf die postkarol. Zeit zurückgehen; die 'milites' hoben sich nur wenig von den älteren 'vassi' ab. Eine Notiz aus der Abtei La Trinité de V. bietet um 1040 die erste Q.nachricht über einen ligischen Lehnseid (→Lehen, -swesen, III), doch dürften Begriff und Praxis schon lange vor diesem Beleg in Gebrauch gewesen sein. Auch bestand eine frappierende Kontinuität der adligen und ritterl. Familien vom 11. bis ins 13. Jh.; ein eigtl. Aufstieg von 'milites' ist nicht feststellbar, ihnen wurde schon »seit altersher« eine führende Stellung zugeschrieben.

Ein neues Moment bildete dagegen die große Abtei *La Trinité* (1040), gegr. vom Gf.en v. Anjou, Gottfried Martel, am Fuße der Burg v. V. Die Abtei gewann durch ihren bedeutenden Abt →Gottfried I. v. V. (1093–1129; 26. G.) hohes Ansehen und trug offenbar stark zur Entwicklung von →Burgi (*bourgs subcastraux*) bei. Sie baute eine kleine Kongregation auf und war Ziel einer Wallfahrt (Sancta Lacrima, 12. Jh.). 1097 werden in den Zeugenlisten die 'burgenses' von den 'famuli' abgehoben.

Als Zeit des Wandels kann das 12. Jh. gelten. Die Gft. wurde um 1056 von Gottfried Martel an seinen Neffen Fulco (Foulque l'Oison), einen Nachkommen Burchards I., gleichsam zurückerstattet; die nachfolgenden Gf.en stammten alle in direkter Linie (aber mehrfach über weibl. Erbfolge) von Fulco ab: 'Haus Preuilly' (1085–1218), 'Haus Montoire' (1218–1371), ab 1371 'Haus Bourbon' (→Bourbon-V.). Die genealog. Kontinuität hinderte aber nicht, daß die Gf.engewalt ihren Charakter änderte.

Die wichtigsten Mutationen seit dem 12. Jh. waren folgende: Die 'milites castri' verloren zunehmend den Charakter einer eigenständig verfaßten Gruppe infolge des Bedeutungsrückganges der lokalen Kriege der einzelnen Burgherren; demgegenüber berührte der große Konflikt zw. →Kapetingern und →Plantagenêt das Vendômois als umkämpfte Grenzzone (Schlacht v. Freteval, 1194). Die Burg V. wurde zum ausschließl. Besitz und Zentrum der Lehnsherrschaft des Gf.en, wohingegen sich die lokalen 'Barone' auf ihre ländl. Seigneurien zurückzogen; die Nachkommen Barthélemys v. V. († 1147) nannten sich »Sires du Bouchet« (Seigneurie, später: Le Bouchet d'Estouteville).

V. entwickelte sich zur Stadt im eigtl. Sinne, die zwar nicht als →Kommune verfaßt war und trotz eines gewissen Wohlstandes (Stiftung eines Hôtel-Dieu, 1203; Stadtmauer, 1230) über bescheidene Dimensionen nicht hinauskam (1250/76: 930 Haushaltsvorstände). Die aufgrund einer Urk. Burchards VI. v. 1354 bekannten städt. Gewerbe (Leder, Eisen, etwas Tuchmacherei) zeigen keine stärkere wirtschaftl. Dynamik. Ein weiteres kleines städt. Zentrum der Gft. war Montoire. Die Gf.en in v. V. spielten auch nach der kapet. Eroberung Westfrankreichs durch Philipp II. Augustus (1204–05), der ihnen eine gewisse Autonomie beließ, eine bedeutende Rolle innerhalb des frz. Adels.

Die Zeit des Hauses Bourbon-V. und des →Hundertjährigen Krieges bedarf noch gründlicher Erforschung (reiches Q.material in den Archiven v. Blois und Paris). V. bildete seit 1428 einen wichtigen Stützpunkt für →Karl VII. und seine Anhänger; die Gf.en konnten als 'Fs.en v. Geblüt' ihren hohen Rang glanzvoll zur Geltung bringen. Sie erwarben 1412 die Seigneurie Mondoubleau, erhielten 1484 freie Herrschaftsrechte im Anjou und wurden 1515 zu Hzg.en erhoben. Die Gf.en modernisierten ihre Verwaltung im zeitübl. Rahmen; seit dem späten 13. Jh. stiegen wohlhabende, nobilitierte Bürgerfamilien in die Reihen des Rittertums auf. D. Barthélemy

Lit.: R. Barré de Saint-Venant, Dict. topogr., hist., biogr., généal. et héraldique du Vendômois et de l'arr. de V., 4 Bde, 1912–17 – K. F. Werner, Unters. zur Frühzeit der frz. Fsm., WaG 18, 1958, 256–289; 19, 1959, 146–193; 20, 1960, 87–119 – O. Guillot, Le comte d'Anjou et son entourage au XIe s., 2 Bde, 1972 – D. Barthélemy, La société dans le comté de V., de l'an mil au XIVe s., 1993.

Vendôme, Verträge v. (16. März 1227). Die Verträge sind das Resultat der geschickten Verhandlungen →Blancas v. Kastilien, Regentin v. Frankreich (1226–34) für Ludwig IX., mit ihren wichtigsten Opponenten →Peter (Pierre Mauclerc), Hzg. der →Bretagne, und Hugo v. →Lusignan, Gf.en v. der →Marche. Beide Herren führten eine von Kg. Heinrich III. v. England unterstützte Koalition, die 1227 durch den Beitritt →Tedbalds (Thibauts) IV. v. d. Champagne verstärkt wurde. Nach dem Wechsel Tedbalds in das Lager der Regentin und angesichts des Ausbleibens militär. Unterstützung durch Heinrich III. ließen die Rebellen sich durch Heirats- und Lehnsbande an die frz. Krone binden. Peters Tochter Yolande sollte Johann, Bruder Ludwigs IX. und Erben v. →Maine und Anjou (→Angers), heiraten; Peter erhielt →Bellême, St-James und das Schloß La Perrière und bis zum zwanzigsten Lebensjahr Johanns die Städte Angers, Beaugé, Beaufort und Champocteau. Der Vertrag mit Hugo v. Lusignan beinhaltete die Verheiratung seines Sohnes mit Isabella v. Frankreich und seiner Tochter mit Alfons v. Poitiers, Geschwistern Ludwigs IX. Die ihm von Heinrich III. verliehenen Lehen Saintes und Ile d'Oléron wurden zur Mitgift seiner Tochter. Hugos Verzicht auf andere vorher empfangene Lehen wurde für zehn Jahre mit einer jährl. Rente von 10000 *livres tournois* kompensiert. Trotz der andauernden Opposition des Adels hatten die Verträge einen realen Machtgewinn der frz. Krone zur Folge.

H. Brand

Q. und Lit.: A. Teulet, Layettes des trésors des chartes (II), 1866, 119–121 – E. Berger, Hist. de Blanche de Castille, 1895, 78–87 – E. Martène-U. Durand, Veterum scriptorum et monumentorum historicorum, dogmaticorum moralium. Amplissima coll. (I), 1968², 1214–1217 – G. Sivéry, St. Louis et son siècle, 1983, 374–377 – Ders., Blanche de Castille, 1990 – J. Le Goff, St. Louis, 1996, 101f.

Vendôme, Matthaeus v. (V., Mathieu de), Abt v. →St-Denis, Ratgeber →Ludwigs IX. d. Hl.n und →Philipps III. v. Frankreich, * um 1222, † 25. Sept. 1286 in Beaune-la-Rolande. 1258 zum Abt gewählt, stellte er die Klosterzucht wieder her und ließ die im Jan. 1259 eingestürzte Kirche wiederaufbauen. Im Zusammenwirken mit Kg. Ludwig richtete er in St-Denis die 1281 vollendete kgl. →Grablege ein. Er mehrte den Besitz seiner Abtei und übernahm die Oberleitung der fortan von St-Denis betreuten Grandes →Chroniques de France (→Chronik, E). Einer der führenden Berater des Kg.s, wirkte V. seit 1258 als Richter am →Parlement. Im Febr. 1270 vertraute der Kg. vor seinem Aufbruch zu seinem letzten Kreuzzug (→Kreuzzug, B. VI) dem Abt gemeinsam mit Simon de →Clermont, Herrn v. Nesle, die Regentschaft des Kgr.es an (→Frankreich, A.V); die beiden Stellvertreter unterhielten eine rege Korrespondenz mit ihrem Kg., wobei sich V. der Sammlung der von Ludwig empfangenen Briefe annahm. Nach Ludwigs Tod bewahrte Kg. Philipp III. den beiden erprobten Helfern des Vaters sein Vertrauen, wenn er seine Gunst auch Pierre de →la Broce schenkte. V., der schon auf den jungen Kg. eingewirkt hatte, damit dieser nach dem Tode des Vaters schleunigst aus Tunis ins Kgr. zurückkehre, bemühte sich später nach Kräften, den leicht beeinflußbaren Kg. von weiteren militär. Abenteuern abzuhalten. V. kann wohl als Anreger zahlreicher kgl. →Ordonnanzen gelten und nahm teil an diplomat. Verhandlungen.

Der Abt hatte starken Anteil an der Kanonisation Ludwigs: Er setzte im Juni 1282 in St-Denis die Kommission zur Durchführung der berühmten 'Inquisitio' über Leben und Wunder des Kg.s ein und legte vor ihr selbst Zeugnis ab. V. wurde 1285 beim Aufbruch Philipps III. zu dessen →Aragón-Kreuzzug (einem von V. abgelehnten Unternehmen) nochmals zum Regenten ernannt und übte dieses Amt bis zum Regierungsantritt →Philipps IV. aus.

J. Richard

Lit.: L. Carolus-Barré, Le procès de canonisation de Saint Louis. Essai de reconstitution, 1994, 223–236 – J. Le Goff, Ludwig d. Hl., 1996.

Venedig (it. Venezia), oberit. Lagunenstadt, Seerepublik, Bm.
A. Stadtgeschichte – B. Wirtschaftsgeschichte

A. Stadtgeschichte

I. Die Anfänge – II. Die Provincia Venetica auf dem Weg zur Autonomie – III. Das 9. und 10. Jahrhundert – IV. Von der Zeit der Orseolo-Dogen zu den Kreuzzügen – V. Institutionelle Entwicklungen. Der 4. Kreuzzug und seine Folgen – VI. Die Stadt und der Staat auf der Terraferma. Bevölkerungsentwicklung.

I. Die Anfänge: Ursprüngl. bezeichnete der Begriff Venetia einen ausgedehnten Verwaltungsbezirk auf dem Festland. Zusammen mit »Histria« bildete »Venetia« eine der Regionen, in die Ks. Augustus das ital. Reichsgebiet eingeteilt hatte: diese »Decima regio« wurde dann eine der Provinzen der »Italia annonaria«. Aus »Venetia«, das sich von den Alpen zur Adria und von Istrien zum Oglio (später sogar bis zur Adda) erstreckte, entwickelte sich in einem langen genet. Prozeß die Stadt und der Staat V., die uns vertraut sind. Das auch jetzt noch in der Historiographie aktuelle Problem der Ursprünge V.s stellte sich dem ven. polit. Schrifttum selbst mindestens seit dem Anfang des 11. Jh. Bereits der Chronist Johannes Diaconus bietet eine Theorie der Anfänge, die klar zw. dem »ersten Venetia« röm. Tradition, »das sich von Pannonien bis zur Adda erstreckte«, und dem lagunaren V. seiner Zeit unterschied, die das Gebiet zw. →Grado und Cavarzere unterschied, Orte, die auch in späterer Zeit das Territorium des ven. *Dogadum* eingrenzen sollten. Die Entstehung dieser neuen polit.-geogr. Einheit sollte der Mythos von den Anfängen aus wilder Wurzel erklären: Vor den Einfällen von Barbaren seien Gruppen von Flüchtlingen auf die Laguneninseln gezogen, die als unwirtlich und unbewohnt geschildert werden. Dieser Mythos hat evidente polit. Bedeutung. Ein Ursprung in der Wildnis bedeutet das Fehlen jeglicher, auch polit., Subordination. Der Mythos von der seit den Anfängen bestehenden Freiheit schützt vor dem Risiko eventueller Unterordnung. In Wirklichkeit waren die Lagunengebiete in das der röm. Tradition entstammende Ordnungssystem eingegliedert. Das Problem der Ursprünge darf jedenfalls nicht nur darin gesehen werden, wie dicht und auf welche Weise die Lagunengebiete bewohnt waren. Und der »Ursprung« selbst muß als ein mehrere Jahrhunderte umfassender genet. Prozeß verstanden werden. Der erste Aufschwung des neuen V. gewann in der Zeit der Völkerwanderung Gestalt, als die Laguneninseln Schutz vor den feindl. Einfällen boten. Die Landnahme der →Langobarden in der Terraferma bedeutete jedenfalls die entscheidende Wende. Was ursprgl. als temporärer Zufluchtsort gedacht war, wurde zum ständigen Wohnsitz roman. Bevölkerungsgruppen, deren Umsiedlung im übrigen nicht völlig ungeordnet verlief. Auf die Inseln zogen Vertreter der Führungsschicht und der kirchl. Hierarchie sowie Amtsträger der byz. Verwaltung. Seit 569 setzten sich die Ströme der Zuwanderer entsprechend dem Vorrücken der Langobarden auf dem Festland fort. Mit dem Fall von Oderzo, dem Verwaltungssitz der Provinz (639), zerfiel das alte byz. System und fast die gesamte Terraferma ging verloren. Dieser Faktor trug wesentlich zur Ausrichtung V.s auf das Meer hin bei. Als neue Provinzhauptstadt wurde Cittanova/Eraclea und die alten Zentren (wie →Aquileia, Concordia oder Altino) erlebten einen Niedergang oder verschwanden gänzlich.

II. Die Provincia Venetica auf dem Weg zur Autonomie: Entsprechend dem geläufigen Schema stand an der Spitze der nun zur Lagunenprovinz gewordenen Verwaltungseinheit ein Magister militum, der von dem in Ravenna residierenden Exarchen abhing, der seinerseits direkt dem byz. Ks. unterstand. Dem Magister unterstanden als lokale Machtträger die Tribune: Sie bildeten als fakt. Aristokratie zusammen mit den kirchl. Würdenträgern das Gerüst eines polit.-sozialen Systems, in dem die zivilen und militär. Funktionen in der Hand der gleichen Personen vereinigt waren. Die Venezianer (oder besser gesagt, die »Venetici«, um den jener Zeit besser entsprechenden Begriff zu gebrauchen), blieben im wesentl. Byzanz gegenüber loyal. Dies läßt sich auch aus dem Auftreten des Titels »Dux« (wovon sich Doge herleitet) erkennen (traditionsgemäß um 713–716), der sich auf die byz. Hierarchie bezieht. Durch die zunehmende Schwäche des Byz. Reiches entstanden jedoch in Italien autonome Freiräume. Dieser Prozeß wurde 726–727 durch die Reaktion auf die ikonoklast. Maßnahmen Ks. Leos III. d. Isauriers beschleunigt: Die venet. Provinz trat auf die Seite des Papstes; der anläßl. dieses Militäraufgebots gewählte *dux*, Ursus, repräsentierte eher den Willen der lokalen Machthaber als denjenigen der Zentralgewalt. Die Bindung an die byz. Machtsphäre blieb jedoch weiterhin aufrecht, so daß der Exarch Eutychios in der Lagune Zuflucht suchen konnte, als Ravenna zum ersten Mal in die Hände der Langobarden fiel. Die Entwicklung zur Selbstständigkeit setzte sich allerdings trotz gelegentl. gegenläufiger Tendenzen und der zeitweiligen Rückkehr zum Regime der Magistri militum (um 737–742) weiter fort. Die Verbindung zu Byzanz blieb aber auch nach der endgültigen Einnahme Ravennas durch die Langobarden und dem anschließenden Zusammenbruch des Exarchatsystems in Italien (751) und auch nach der Eroberung des regnum Langobardorum durch Karl d. Gr. (774) bestehen. Die Abhängigkeit vom fernen Byzanz lag eher im venet. Interesse als die viel drückendere Abhängigkeit von einem Herrscher in nächster Nähe. Zu einer gefährlichen Situation führte der Versuch der Karolinger, die Lagunen zu erobern (ca. 803–810). Die Truppen Kg. Pippins v. Italien drangen sogar in den Dogado ein, und es kam zur – letzten – direkten Intervention der byz. Flotte in der Lagune. Die Dogenwahl des Agnellus →Particiaco (811) und der Friede von Aachen (812) bestätigten den Verbleib der Venet. Provinz in der byz. Einflußsphäre, aber V. war einem Anschluß an den durch das Lehnswesen geprägten Okzident noch nie so nahe gewesen wie damals, dessen Verwirklichung seine Geschichte in ganz andere Bahnen gelenkt hätte. Ein Zeichen für die Bedeutung dieser Ereignisse ist auch die Verlegung der Kapitale des Dogado: nachdem der Regierungssitz von Eraclea 742 (nach der fünfjährigen Periode der magistri militum) auf Malamocco übergegangen war, wurde er nun zum Rialto (Rivus altus) verlegt, auf die Gruppe von Laguneninseln, die später das eigentl. V. bildete. Der Dogenpalast wurde an der gleichen Stelle, wo er sich heute befindet, errichtet: in unmittelbarer Nachbarschaft der Häuser der →Particiaco, der Familie, die in höchstem Grade die lokale philobyz. Haltung vertrat, gegen die sich eine »Partei« (oder besser Richtung) gebildet hatte, die mit größerem Interesse auf die frk. Terraferma blickte. Zur Zeit des Sohnes und Nachfolgers des Agnellus Particiaco, Justinianus (827–829), wurden die Reliquien des Evangelisten →Markus von Alexandria an den Rialto übertragen. Dieses für die polit. und spirituelle Identitätsfindung V.s einschneidende Ereignis sollte ursprgl. v. a. zur Lösung der durch die kirchl. Situation entstandenen Schwierigkeiten beitragen. Bereits im 6./7. Jh. hatte die Teilnahme am Schisma des →Dreikapitelstreits die Beziehungen mit Byzanz und mit Rom getrübt und den venet. Klerus dazu veranlaßt, seinen Blick auf die langob. Gebiete zu richten, wo sich die Dreikapitellehre entfalten konnte. Die Synode v. Mantua (827) versuchte den langen Streit um die rechtmäßige Nachfolge des alten Patriarchats Aquileia nach der Flucht des Patriarchen vor den Langobarden nach →Grado dahingehend zu lösen, daß sie Grado zur einfachen Taufkirche erklärte und Aquileia (das heißt, einem eng an das Regnum Italiae gebundenen Sitz auf dem Festland) unterstellte und damit eine kirchl. Subordination sanktionierte, die als Präzedenzfall für andere mögliche Subordinationen dienen konnte. V. antwortete darauf mit der Überführung der Reliquien des hl. Markus, des Gründers der Kirche v. Aquileia, auf den man sich in Mantua öfters berufen hatte, an den Rialto.

III. DAS 9. UND 10. JAHRHUNDERT: Im Rahmen der Abhängigkeit von der byz. Zentralgewalt – die jedoch immer ferner rückte – gewann V. im 9. Jh. anscheinend eine gewisse Autonomie. Die polit. Konstellationen waren jedoch schwierig. Im Inneren wurde die Gewalt des Dogen ständig durch die Gegensätze zw. den großen Familienclans in Frage gestellt. Zur Instabilität trug auch die Krise der tribuniz. Führungsschicht bei (die im Laufe des 9. Jh. völlig von der Szene verschwinden sollte), deren Interessen besser durch eine dezentralisierte Verwaltung gefördert wurden und mit der Machtkonzentration in der Person des Dogen, die sich seit einiger Zeit abzeichnete, kontrastierten. Nicht geringere Schwierigkeiten verursachten die äußeren Feinde. Die verringerte byz. Präsenz in der Adria, die schwankende Lage auf dem Balkan, die Expansion der Slaven auf den Küsten Dalmatiens und die wachsende Macht der Sarazenen machten den für V. lebenswichtigen Adriaraum unsicher. Die Konflikte intensivierten sich 827–828, als der Doge auf Verlangen von Byzanz eine Flotte gegen die Sarazenen sandte. Seit diesem Zeitpunkt stand V. bei dem Versuch, offenbar unaufhaltbare Offensiven abzuwehren, in vorderster Front: ca. 846 drangen die Slaven bis Caorle vor, 875 die Sarazenen bis Grado.

Um 880 war die krit. Phase überwunden und V. konnte nunmehr als regionaler Machtfaktor betrachtet werden. Die Wirtschaftskonjunktur gestaltete sich weiterhin günstig und die Beziehungen mit Byzanz nahmen immer stärker den Charakter einer Bündnispartnerschaft an. Die Situation war gegen Ende des 9. Jh. durchaus konsolidiert, so daß Schwierigkeiten wie die Angriffe der Ungarn (900) und die trag. Niederlage des krieger. jungen Dogen Petrus I. Candiano (der die den Frieden garantierenden Tributzahlungen an die slav. Seeräuber eingestellt hatte und im Kampf gegen die Narentaner Slaven gefallen war) überwunden werden konnten.

In den fünfzig Jahren nach etwa 880 hatten sich also allgemein die Strukturen V.s gefestigt. Auch die kirchl. Situation hatte sich konsolidiert. Was die Lagunenbm.er betrifft, ist die Kontinuität mit den prälangob. Bm.ern auf der Terraferma umstritten. Jedenfalls hatte sich zur Zeit des Dogen Orso (Ursus) I. Particiaco (864–881) die Lage stabilisiert: Neben dem Patriarchat in Grado und dem vor 864 im Rialtogebiet gegründeten Bm. Olivolo bestanden die Bm.er Equilo, Caorle, Eraclea, Malamocco und →Torcello. Gleichzeitig mit der endgültigen Reorganisation der Lagunenbm.er verstärkte sich auch die Präsenz des Benediktinerordens. Die ersten Kl. sind bereits seit dem Ende des 8. Jh. bezeugt: San Michele di Brondolo an der Brentamündung (vielleicht eine langob. Gründung), San Servolo, dessen Abt 819 die Dogen um Verlegung an einen geeigneteren Ort, die Sant'Ilario-Insel bei Mestre, bat, und wahrscheinl. das Kl. San Giorgio in Pineto, im Gebiet v. Jesolo, das nach der Zerstörung durch die Ungarn i. J. 1025 wiederaufgebaut wurde. Wie wichtig die Rolle der Kl. auch in polit. Hinsicht war, zeigte sich ganz deutlich 982, als der Versuch, die heftigen Familienfehden zu beenden, durch die Gründung der Abtei San Giorgio Maggiore sanktioniert wurde. Im übrigen standen die polit. Machthaber immer in enger und im wesentl. harmonischer Verbindung mit den kirchl. Institutionen, ohne jedoch zuzulassen, daß diese dem Staat Schwierigkeiten bereiten konnten.

Auf internationaler Ebene verstärkte sich V.s Funktion als Verbindungsschiene zw. den verschiedenen Machtblöcken und Wirtschaftsräumen Okzident, Byzanz und islamische Länder. An dieser Grundposition sollte V. auch in Zukunft festhalten, obgleich eine intensive innere Dialektik bisweilen zu einer verstärkten Westorientierung führte. Die Hinwendung zu der Feudalwelt der Terraferma war in bes. Maße unter den →Candiani spürbar, die den Dogat in fast ununterbrochener Folge von 932 bis 976 innehatten. Unter ihnen gewann V. die Hegemonie über die Adria nördl. der Linie Pula-Ravenna, war aber auch so stark in die Politik des Regnum Italiae verwickelt, daß innerhalb der Familie Konflikte entstanden. Ihr Höhepunkt erfolgte unter Petrus IV. Candiano (959–976): Der mit der Hocharistokratie des Regnum verschwägerte Doge verstärkte das militär. Engagement auf der Terraferma; in die Lagunenrepublik drangen sogar von der Ideologie des Feudalismus geprägte Formen von Vasallitätsverhältnissen ein. Die explosive Situation mündete in eine dramat. Revolte, die zusammen mit dem Dogen und der Macht der Candiani auch für immer ein polit. Projekt vernichtete, das dem traditionellen Bild V.s als Verbindungsschiene zw. Ost und West andere Züge verliehen hätte. Neue Gefahren drohten jedoch von dem unter dem otton. Kaiserhaus wiedererstarkten Reich, insbes. unter Otto II., der einen Eroberungskrieg gegen die Lagunenrepublik begann, der nur durch den – als göttl. Fügung empfundenen – Tod des Ks.s beendet wurde.

IV. VON DER ZEIT DER ORSEOLO-DOGEN ZU DEN KREUZZÜGEN: An der Jahrtausendwende war V. bereit für neue Entwicklungen. Die wirtschaftl. und gesellschaftl. Strukturen erwiesen sich als tragfähig; Unternehmungsgeist und Wohlstand waren für jene Zeit ungewöhnl. groß; einer Führungsschicht, die durch Geldgeschäfte und Handel nicht an Prestige zu verlieren fürchtete, stand eine Mittelschicht gegenüber, die ebenfalls Initiative und wirtschaftl. Kapazitäten besaß und ihre Präsenz in gewissem Maße geltend machen konnte. Die staatl. Institutionen und Strukturen festigten sich und konnten sogar die stärksten inneren Spannungen und Spaltungsbewegungen überwinden wie die blutigen Kämpfe zw. den beiden von den Familien Coloprini und Morosini geführten Faktionen, die von der Politik der Ottonenkaiser beeinflußt wurden. Der eigentl. Aufstieg V.s erfolgte unter dem Dogat des Petrus II. Orseolo (991–1008). Der innere Friede war wiederhergestellt und das Staatsgefüge von neuem gefestigt. In der Außenpolitik bestanden weiterhin enge Beziehungen zu Byzanz, die jedoch nur formal den Charakter einer Subordination hatten. Es begann eine sehr erfolgreiche Phase, wie sie bisher in der Vergangenheit keine Entsprechung hatte: bedeutend waren v. a. der Sieg über die Sarazenen, die das byz. Bari belagerten (1002–03), und der erfolgreiche Dalmatienfeldzug (1000 nahm der Doge den Titel »dux Veneticorum et Dalmaticorum« an). In dieser Zeit ging V. über die Bedeutung einer Regionalmacht weit hinaus und gewann – als Erbe von Byzanz – eine bestimmende Rolle im Mächtegleichgewicht der Adria. Natürlich bestanden weiterhin innenpolit. Spannungen, denen das Dogenamt im Zentrum des Spiels der Mächte stand. Auch an Auseinandersetzungen mit den traditionellen Gegnern fehlte es nicht, ebenso richtete das Reich weiterhin auf die Lagunenrepublik begehrl. Augen. 1026 wurde Otto Orseolo, der Sohn und Nachfolger Petrus' II., in einem Aufstand abgesetzt. Die Auseinandersetzungen mit Patriarch →Poppo v. Aquileia wurden mit Waffen ausgetragen; die Ansprüche Aquileias bildeten eine große Gefahr, da sie den Plänen Ks. Konrads II. entsprachen, der den Papst zur Anerkennung der Rechte Aquileias auf Grado drängte. V. vermochte jedoch nicht nur seine kirchl. Autonomie zu bewahren, sondern bewegte sich auch im →Investiturstreit mit beachtl. Geschick: Trotz der Pressionen der Päpste und des Reformeifers der Patriarchen v. Grado Domenico Marango und Pietro Badoer hielt es die nützl. Beziehungen zum Reich aufrecht. Eine kritischere Entwicklung nahm jedoch die Situation im Adriaraum. Die wachsende Präsenz des Kgr.es →Ungarn und der kroat. Könige in →Dalmatien, denen auf der anderen Seite eine Schwächung des Einflusses des verbündeten Byzanz gegenüberstand, gab Anlaß zu ernster Besorgnis. Als 1075 die dalmatin. Städte von den →Normannen Hilfe gegen die Kroaten erbaten, ließ dies für die Interessen V.s nichts Gutes erhoffen, zumal die Normannen sich päpstl. Unterstützung erfreuten. Sie beherrschten bereits Apulien; hätte sich ihr Einfluß auch auf die dalmatin. Küste und auf Albanien ausgedehnt, so wäre durch ihre Kontrolle des Adriaraumes V.s Entfaltung wohl ernsthaft gefährdet gewesen. →Robert Guiscards Pläne waren umfassend und konnten sich vom Balkan bis Byzanz ausweiten. Seit 1075–76 (unter den Dogen Domenico Selvo und Vitale Falier) verstärkte sich daher V.s militär. Engagement. Es begann für V. eine schwierige Periode, in der sich jedoch wieder seine Fähigkeit zeigte, Krisensituationen standzuhalten. Als Robert Guiscards Tod (1085) seinen großen Plan, die Kontrolle über den Adriaraum zu gewinnen, vereitelte, hatte V. nicht nur seine Positionen gehalten, sondern auch neue Vorteile für sich gewonnen, insbes. durch die Privilegien, die Ks. Alexios I. Komnenos der Seerepublik für die gegen die Normannen geleistete Hilfe gewähren mußte.

Die Furcht vor einer drast. Störung des für V. sehr günstigen Gleichgewichtsverhältnisses der Mächte erklärt das Mißtrauen, mit dem die Seerepublik die Kreuzzugsbewegung betrachtete, voll Sorge über die Auswirkungen auf die Märkte in Syrien, Ägypten oder sogar in Konstantinopel. Als direkte Konkurrenten wie →Genua und →Pisa jedoch begannen, aus der Teilnahme an den Kreuzzügen beträchtl. Vorteile zu ziehen, mußte auch V. sich auf den levantin. Meeren in einem komplexen Mächtespiel engagieren, in dem einerseits die heiligen Stätten der Christenheit und starke religiöse Motive, andererseits auch alte und neue Privilegien, Handelsplätze, Konkurrenten und für den Handel unerläßl. Brückenköpfe eine Rolle spielten. Um die Mitte des 12. Jh. zählte V. mit Sicherheit zu den stärksten Mächten im östl. Mittelmeer. Seine Großmachtrolle trat 1177 offen zutage, als die Lagunenstadt als geeignetster Ort für das Treffen zw. Friedrich I. und Papst Alexander III. erschien, das den Konflikt zw. den beiden großen Universalmächten lösen (→Venedig, Friede v.) und den Weg zum Frieden v. →Konstanz (1183) zw. dem Reich und den it. Kommunen bahnen sollte.

V. INSTITUTIONELLE ENTWICKLUNGEN. DER 4. KREUZZUG UND SEINE FOLGEN: Dem Machtzuwachs auf internationaler Ebene im 12. Jh. entsprach im Inneren eine entscheidende institutionelle Wende durch die Begründung der Kommune. Während des Dogats des Pietro Polani (1130–48) begegnet neben dem Dogen und den traditionellen Judices ein »consilium sapientium«, dem der Populus durch Eid zum Gehorsam verpflichtet war. Beinahe gleichzeitig tritt der Begriff »commune Veneciarum« in Erscheinung. Dabei sind teilweise analoge Entwicklungen wie auf der Terraferma festzustellen, obgleich die Besonderheiten V.s erhalten bleiben: Charakterist. ist, daß an der Spitze der Kommune der Doge beibehalten wird, auf Lebenszeit gewählt und Symbol einer absoluten Gewalt, von deren Ausübung er jedoch in zunehmendem Maße ausgeschlossen wird, so daß er mit der Zeit wie eine hierat. Statue erscheint, wie das fleischgewordene Abbild der Herrschergewalt, sibi princeps, deren am meisten überwachter Untertan er selbst ist, bei allen seinen Handlungen der strengsten Kontrolle unterworfen und nicht einmal in der Lage, sein Amt niederzulegen. Die neue Definition der Rolle des Dogen war offenbar im 13. Jh. abgeschlossen und blieb in der Folgezeit im wesentl. stabil. Der »Consiglio dei Sapienti« (später »Maggior Consiglio«) trat an die Stelle der alten Volksversammlung mit legislativen und beschließenden Funktionen, der »Minor Consiglio« nahm neben dem Dogen die exekutiven Kompetenzen wahr. Der Schutz der Rechte des Staates und des Gesetzes oblag den »Avogadori di Comun«, die Kontrolle über die Korporationen und Zünfte hatten die »Giustizieri« inne. Die »Visdomini dei Lombardi«, »di Ternaria« und »del Mare« wachten über Handel und Zölle. In den ersten Jahrzehnten des 13. Jh. entstand die →Quarantia, zuerst ein Konsultationsorgan, später ein Appellationsgericht, das mit der Zeit zur höchsten Instanz der Rechtsprechung wurde. Die Bedeutung des »Consiglio dei Rogadi« (später als Senat bezeichnet) wuchs v.a. Ende des 13. Jh., als er sich mit der Quarantia zusammenschloß. Ein Gewirr weiterer Ämter und Magistraturen, deren Funktionen sich häufig überschnitten, vervollständigte den zusehends komplexer werdenden Verwaltungsapparat, der jedoch imstande war, die Staatsmaschine in Funktion zu halten.

Inzwischen faßten die neuen →Bettelorden Fuß. Seit dem 3. Jahrzehnt des 13. Jh. verstärkt sich die Präsenz der Franziskaner und Dominikaner in V.: 1234 schenkten die öffentl. Autoritäten den Dominikanern das weite Areal, auf dem der Klosterkomplex SS. Giovanni e Paolo entstehen sollte. Die Verbreitung anderer Orden (wie der Sackbrüder, der Karmeliter, der Augustinereremiten) bezeugt das große Interesse, das die neuen Formen der Frömmigkeit erweckten. Dennoch traf man strenge Vorsichtsmaßnahmen, um jede Einmischung des Klerus in öffentl. Fragen zu unterbinden. So setzte man dem Willen des Papstes, in V. die Inquisition zur Bekämpfung der Häretiker einzuführen, lange Zeit Widerstand entgegen. Erst 1298 wurde das Offizium eingeführt, dabei aber unter Kontrolle gehalten.

Noch stärker als von den internen Entwicklungen und institutionellen Veränderungen wurde das V. des 13. Jh. durch den Ausgang des 4. →Kreuzzugs geprägt. Spannungen im byz. Osten waren 1182 im Massaker der Lateiner in Konstantinopel kulminiert. V. machte sich die finanziellen und organisator. Probleme des neuen Kreuzzugs zunutze und bewog unter dem Dogen Enrico →Dandolo die Kreuzfahrer zur Einnahme von →Zadar/Zara und danach von Konstantinopel (April 1204). Unter ven. Schutz entstand so das →Lateinische Kaiserreich. Der Doge nahm den Titel »dominator quarte partis et dimidie totius imperii Romanie« an, und es wurde eine Reihe von Stützpunkten zur Kontrolle der Meere und des Handels erworben. V.

nahm nun eine absolut privilegierte Stellung im Levantehandel ein; es begann hiermit die wohl blühendste Phase seiner ganzen Geschichte. Nicht einmal der Zusammenbruch des Lateinischen Ksr.es und die byz.-genues. Allianz, die dazu beigetragen hatte, konnten daran etwas ändern. So folgte auf die Neugründung des Byz. Ksr.es (1261) auch eine Konsolidierung der ven. Positionen, die jetzt auf →Kreta einen neuen Mittelpunkt fanden. Auch die Eroberung →Akkons durch die Mamlūken (1291), die das Ende der Präsenz der Kreuzfahrer und zugleich den Verlust des größten ven. Stützpunkts in der Levante bedeutete, führte keine substantiellen Schäden herbei. Man suchte den Schlag durch größere Aktivität in →Ayas, Zypern oder Byzanz zu parieren und richtete sein Interesse auf Kleinarmenien, Tābrīz, Persien und das Schwarze Meer. So lassen also weder die letzten Jahrzehnte des 13. noch die ersten Jahrzehnte des 14. Jh. die Zeichen einer echten Krise erkennen, obgleich sich neue Probleme und soziale Spannungen bereits am Horizont abzeichneten.

1297 kam es unter dem Dogen Pietro →Gradenigo zur sog. Serrata del Maggior →Consiglio, die einerseits die Teilhabe an der höchsten Magistratur durch die Aufnahme bedeutender Familien popularen Ursprungs ausdehnte, andererseits aber den Zutritt neuer Familiengruppen ausschloß: Im wesentl. bestätigte sie die Existenz einer de iure-Aristokratie (etwa 200 Familien), die im polit. Leben die führende Rolle spielten. Der Adel verstärkte seine Macht und überwand auch Ereignisse wie die von dem reichen Popularen Marino Bocconio (1300) angeführte Verschwörung ohne größeren Schaden. Sein im wesentl. geschlossenes Gefüge hielt auch gewaltsamen Umsturzversuchen der Verfassung stand (wie den Verschwörungen des Baiamonte→Tiepolo, 1310, und des Dogen Marino →Falier, enthauptet 1355).

VI. DIE STADT UND DER STAAT AUF DER TERRAFERMA. BEVÖLKERUNGSENTWICKLUNG: Eine ernste Krise trat Mitte des 14. Jh. ein, als die →Pest einen starken Bevölkerungsrückgang verursachte. Genaue Daten lassen sich schwerlich ermitteln. Rein hypothetisch geht man von ca. 80 000 Einw. aus, die um 1200 die Lagunenorte besiedelten; fundierter erscheint die Angabe von ca. 160 000 i. J. 1338, als die Hauptstadt allein (die man noch immer als Rialto bezeichnen müßte) wohl ca. 110 000–120 000 Einw. hatte und somit eine der größten Metropolen der damaligen Zeit war. Neben V./Rialto waren auch andere Orte in der Lagune von Bedeutung: so →Grado und Murano und v. a. →Chioggia, das um 1330 ca. 15 000 Einw. zählte. Durch die Pestepidemie d. J. 1348 kam es zu einem dramat. Bevölkerungsverlust von etwa der Hälfte oder drei Fünfteln der Bevölkerung, die auf 50 000–60 000 Einw. sank. Erst nach rund 150 Jahren, in den letzten Jahrzehnten des 15. Jh., war dieser Verlust wieder voll kompensiert und blieb (mit einem Wachstum auf 190 000 Einw.) stabil bis zu der neuen Pestwelle 1575–77, der 47 000 Menschen zum Opfer fielen. V. wurde im 14. Jh. aber nicht nur von der Pest und internen Konflikten betroffen, auch auf internationaler Ebene zeigten sich Schwierigkeiten: Es verlor die Kontrolle über Dalmatien an Kg. Ludwig I. v. Ungarn; Probleme bereiteten auch die Nachbarmächte auf der Terraferma, v. a. setzte sich der hundertjährige Kampf gegen →Genua fort. Nach Beendigung einer konfliktreichen Phase fand die Republik V. ihre traditionelle Gegnerin im →Chioggiakrieg wieder, als Genua mit Unterstützung von Florenz, den da Carrara und dem Kg. v. Ungarn bis in die Lagunen eindrang (1379). Zwar schien der Friede v. Turin (1381) für V. ungünstig zu sein, Genua war jedoch durch interne Auseinandersetzungen so geschwächt, daß es die frühere traditionelle Gegnerschaft zu V. nicht mehr in gleichem Umfang aufrechterhalten konnte. Für den Lagunenstaat begann damit eine Aufschwungphase, deutlich erkennbar an seiner Politik, eine Herrschaft auf der Terraferma aufzubauen.

Die erste Eroberung, →Treviso (1339), blieb anfangs ein eher vereinzeltes Ereignis und wurde erst 1388 konsolidiert. Als nach dem Tode Gian Galeazzo Viscontis (1402) der Mailänder Territorialstaat vorübergehend in Schwierigkeiten geriet, vermochte V. jedoch seine eigene Herrschaft zu vergrößern. Seit 1404–1405 erstreckte sich V.s Kontrolle auf →Vicenza, →Verona, →Padua, seit 1420 auch auf →Feltre, →Belluno und das →Friaul. Im gleichen Jahr wurde →Dalmatien zurückgewonnen. Die Ausdehnung der ven. Herrschaft auf dem Festland bis zu den Flüssen Mincio und später Adda erregten in V. selbst die Besorgnis so mancher, die es für klüger hielten, weiterhin »das Meer zu pflügen und sich um das Land nicht zu kümmern«. Die Motive für diese Expansionspolitik eines Staates, der bisher nie nach umfangreichem Territorialbesitz gestrebt hatte, sind in der Forschung umstritten. Die Schaffung einer Herrschaft auf der Terraferma ist wohl weniger auf die Notwendigkeit, die Lebensmittelversorgung zu garantieren, oder auf die Furcht, daß die Eroberungen der Türken die ven. Präsenz im Osten behindern könnte, zurückzuführen, oder auch auf Veränderungen in den Lebensgewohnheiten vornehml. des Patriziats, das dem risikoreichen Handel nun das ruhige Leben des Grundbesitzers vorgezogen habe, sondern ist wahrscheinlich eher auf den Willen gegründet, die Bildung eines starken Regionalstaates zu verhindern, der V.s lebenswichtige Verbindungen zum Festland blockieren könnte. Ende des 15. Jh. erreichte V. seine größte territoriale Ausdehnung und erregte damit bei den anderen Staaten so starke Befürchtungen, daß sich fast halb Europa in der Liga v. Cambrai gegen die Markusrepublik zusammenschloß, was schließlich zur katastrophalen Niederlage von Agnadello (1509) führte. Aber wie schon oft bewährte sich jenes außergewöhnl. Durchhaltevermögen, das den ven. Staat seit altersher charakterisierte. G. Ortalli

Lit.: H. KRETSCHMAYR, Gesch. v. V., 3 Bde, 1905–34 – F. C. LANE, Venice. A. Maritime Republic, 1973 – G. ZORDAN, L'ordinamento giuridico veneziano, 1980 [Lit.] – G. COZZI–M. KNAPTON, Storia della Repubblica di Venezia dalla guerra di Chioggia alla riconquista della terraferma, 1986 – G. RÖSCH, Der ven. Adel bis zur Schließung des Großen Rats, 1989 – Storia di Venezia dalle origini alla caduta della Serenissima, 1992ff. (vol. I: Origini - Età ducale, hg. L. CRACCO RUGGINI, M. PAVAN, G. CRACCO, G. ORTALLI, 1992; II: L'età di Comune, hg. G. CRACCO–G. ORTALLI, 1995; III: Il Trecento, hg. G. ARNALDI, G. CRACCO. A. TENENTI [im Dr.]).

B. Wirtschaftsgeschichte

I. Die Anfänge – II. Am Kreuzungspunkt der See- und Landrouten – III. Investitionen und Monopole – IV. Geldverkehr und Bankwesen – V. Handelsrivalitäten und maritime Konflikte – VI. Die wirtschaftliche Rolle der Kommune – VII. Gewerbliche Tätigkeit.

I. DIE ANFÄNGE: Nach dem durch die Langobardeninvasion des späten 6. Jh. bedingten Rückzug romanischer Bevölkerungsteile des nordostit. Festlandes in die geschützten, aber zur agrar. Nutzung ungeeigneten Lagunengebiete ('lidi') um das frühe Zentrum Malamocco bildeten Fischerei (→Fisch) und Meersalzgewinnung (→Salz) die wichtigsten Wirtschaftszweige der Bewohner, die ihr Getreide aus der fruchtbaren Poebene, an die sie ihrerseits Salz und Pökelfisch lieferten, bezogen. Unter der Oberherrschaft des →Byz. Reiches (Dogat) wurde →Torcello zum 'emporium' des byz. Adriahandels (→Adria). Doch verlagerte die Bevölkerung ihren Siedlungsschwerpunkt auf die im Herzen der Lagune gelegenen, besser geschützten Inseln; hierher verlegte um 811 der →Dux seinen Sitz. Die aus Holz errichteten Häuser der bald befestigten, aufstrebenden Stadt reihten sich entlang der Hauptverkehrsader des Canale grande und verteilten sich auf drei große Siedlungskerne: im O den Bf.ssitz Olivolo, der später zum Zentrum des Gewerbes wurde (Werften, späteres →Arsenal); weiter westl. der Palast des Dux (→Dogen) mit der Kapelle S. Marco; schließlich das eigtl. Stadtzentrum, der Rialto, mit seinem kaufmänn. Leben.

II. AM KREUZUNGSPUNKT DER SEE- UND LANDROUTEN: Einige große Familien der 'maiores', z. B. die →Particiaco, die über reichen Grundbesitz in der 'terra ferma' verfügten, investierten ihr Kapital in den Seehandel. V. richtete seinen Blick längst auf den Osten und erlangte, als Gegenleistung für seine Flottenhilfe, vom byz. Ks. große Handelsprivilegien (Chrysobull v. 993); seine Flottenmacht sicherte die Seewege entlang der Küste v. →Dalmatien gegen die sarazen. und norm. Invasoren. Im Orient eröffneten die Venezianer einen lebhaften Handel mit dem muslim. Kaufleuten in →Alexandria und im Maġrib (→Afrika, II), an die sie Holz, Eisen, Waffen sowie in den dalmat. Häfen erhandelte →Sklaven aus den slav. Balkangebieten verkauften. Der Doge regelte 1000 die Streitpunkte mit den Bf.en v. →Treviso und →Ceneda, die die große Straße nach Deutschland (durch das Piavetal) kontrollierten.

Am Ende des 10. Jh. hatte V. seine Position als Handelsdrehscheibe zw. Orient und Okzident gefestigt. Trotz anfängl. Konvergenz der wirtschaftl. Interessen V.s und des Byz. Reiches führten die im 12. Jh. aufflammenden Konflikte zw. Venezianern und griech.-byz. Bevölkerung, die über die Ausbreitung der Privilegien V.s und anderer it. Städte besorgt war, zum Bruch. Hatte sich V. dank der Kreuzfahrer (→Kreuzzüge, →Levante-, →Mittelmeerhandel) bereits im 12. Jh. Handelsprivilegien in den von den Christen eroberten Levantehäfen gesichert, so bemächtigten sich die Venezianer mit Hilfe der Kreuzfahrer 1204 der Hauptstadt →Konstantinopel (Errichtung des →Lat. Ksr.es). Der Doge sicherte sich im anschließenden Teilungsvertrag den Besitz der Ägäisinseln, →Kretas und der strateg. wichtigen Doppelstadt Coron und →Modon; damit entstand die ven. 'Romania', das Kolonialreich V.s im östl. Mittelmeer. Die Thalassokratie V.s riegelte den Orient gegenüber unerwünschten Konkurrenten ab. Andererseits vernachlässigte V. seine Handelsinteressen im Westen nicht. Es erwies sich als notwendig, für die über die Faktoreien der Levante importierten kostbaren Waren (→Gewürze, →Seide, →Baumwolle) in den west- und mitteleurop. Ländern ständige Abnehmer zu finden und Einfluß auf die Herren der Städte, die eine Schlüsselstellung an den nach Frankreich, Deutschland und Flandern führenden Routen einnahmen, zu gewinnen. Im Laufe des 12. und 13. Jh. nötigte V. durch Krieg und Diplomatie den benachbarten Kommunen sein Handelsmonopol auf (→Ravenna, →Ferrara, →Mantua, →Cremona, →Pavia, sogar →Mailand und →Como, →Verona, →Aquileia und →Triest). Seit dem frühen 14. Jh. schickte sich V. zur Eroberung naheliegender Städte und Territorien an (1339: Unterwerfung von Treviso).

III. INVESTITIONEN UND MONOPOLE: Seit dem Ende des 10. Jh. treten bestimmte Formen der Investition von Kapital innerhalb der kaufmänn. Tätigkeit deutlich hervor: »collegantia, rogadia, commendatione, prestito atque negotiis«. Der am besten bekannte Typ einer →Handelsgesellschaft, wie sie für das ven. Wirtschaftsleben bis ins frühe 14. Jh. charakterist. blieb, war die »Colleganza«, die in geschickter Weise zwei Geschäftspartner verband: der eine ('stiller Teilhaber') steuerte drei Viertel des Betriebskapitals bei, der andere ('aktiver Teilhaber') ein Viertel sowie seine Arbeitskraft; Gegenstand und Dauer der jeweiligen Unternehmung wurden mit großer Präzision definiert. Nach Rückkehr von einer Geschäftsreise wurde der Profit zu gleichen Teilen zw. beiden Partnern aufgeteilt. Eine solche Vertragsform stärkte die Familienbindungen, insbes. die Zusammenarbeit zw. Brüdern, doch war der Kaufmann nicht genötigt, nur mit einem einzigen Partner abzuschließen, konnte vielmehr seine Profite während der Reise reinvestieren und so die kommerziellen Erträge und finanziellen Profite kumulieren. Die (stärker in →Genua als in V. verbreitete) Gesellschaftsform der »Commenda« war dagegen weniger ausgefeilt; hier hatte allein der am Ort verbleibende Kaufmann Kapitaleinsatz zu leisten, wohingegen der Schiffer nur seine Arbeit einsetzte. Zu Beginn des 14. Jh. verschwand die »Colleganza« aus dem Seehandel und behielt nur mehr im innerstädt. Geschäftsleben V.s ihre (begrenzte) Bedeutung, indem sie Ladenbesitzern und Handwerkern die nötige Kapitalausstattung zur Einrichtung ihres Gewerbes bereitstellte. Im Seehandel wurde jetzt die Gründung von »Societates« bevorzugt; in ihnen konnten mehrere beteiligte Kaufleute durch die neue Technik der doppelten Buchführung ('alla veneziana', →Buchhaltung, A. II) ihre Geschäftsentwicklung exakt verfolgen und gezielter Planung unterwerfen.

Die Handelstätigkeit wurde vom ven. Staat durchgängig gefördert. Seit dem 9. und 10. Jh. waren die Dogen bestrebt, das konkurrierende →Comacchio, das die Schiffahrt auf dem →Po kontrollierte, auszuschalten (933); die anderen Häfen der nördl. Adria, von Ravenna bis Triest und Pola (→Pula), legten die Venezianer durch Verträge an die Kette. Nachdem V. von den Karolingern und Ottonen bereits mehrfach Handelsprivilegien erwirkt hatte, krönte es seine Stellung durch die Einfügung einer neuen Klausel in die von Ks. Heinrich IV. erneuerten Privilegien: Die ven. Kaufleute durften auf Flüssen und Straßen das gesamte Imperium durchreisen und Handel treiben, den anderen Untertanen des Ks.s wurde zwar (in reziproker Weise) dasselbe Recht zugebilligt, aber nur bis zum Meer und nicht weiter (»per mare usque ad vos et non amplius«), d. h. der Ks. gestand den Venezianern nun das Seehandelsmonopol zu, so daß die Kaufleute aus dem übrigen Italien und aus Deutschland ihre Waren nach V. zu bringen hatten, um sie den Venezianern, die allein über das Recht der Weiterbeförderung zur See verfügten, zu verkaufen. Die Blüte des ven. Handels beruhte auf diesem doppelten Recht des →Stapels und des Umschlags, wohingegen die dt. Kaufleute an das →Fondaco dei Tedeschi, ihr Handelshaus am Fuße des Rialto, gebunden blieben. Auf der Grundlage des Monopols vollzog sich eine Reihe neuer Entwicklungen: Bis zum Ende des 13. Jh. konnten noch alle mit Eigenkapital ausgestatteten Venezianer am Seehandel partizipieren, dann aber führte die »serrata« (Abschließung) des Gran →Consiglio (1297), die einen Adel und dessen Herrschaft begründete, zur Eingliederung der Nichtadligen in den Stand der 'cives'. Diese wurden im Laufe des 14. Jh. in ihrer Handelstätigkeit immer mehr auf den Binnenhandel beschränkt; Mitglieder der meistbegünstigten Gruppe des Bürgerstandes, die das Bürgerrecht »de intus et extra« genoß, konnten in Handelsniederlassungen auch nur Kapitalien bis zur Höhe ihres steuerpflichtigen, im 'estimo' deklarierten Besitzes investieren. Damit vermochten nur noch die 'nobili' bei den Versteigerungen der Schiffe der Kommune mitzubieten. Die dominierende Position des handeltreibenden Adels wurde auch durch das gesamte Fiskalsystem verstärkt: Fremde, die aus V. Waren auf dem Landweg ausführten, zahlten eine als 'quarantesimum' bezeichnete Steuer von 2,5%, wohingegen Venezianer nur 1,25% ('octuagesimum') entrichteten.

IV. GELDVERKEHR UND BANKWESEN: V. verstand es, während des gesamten MA seinen erstrangigen Platz im internationalen Geldverkehr zu behaupten, dank der Stabilität seiner Währung (→Münze, B. III.7); der silberne →Grosso und der goldene →Dukat (1284) spielten auf den großen Geldmärkten eine dominierende Rolle, und die Venezianer vermochten die verschiedenen Ströme des Handels mit →Silber aus →Bosnien und →Böhmen zielbewußt auf den eigenen Markt zu konzentrieren. Die Verfügung über große Silbermengen war unabdingbar für die Bezahlung der in der (stark auf das 'weiße Metall' fixierten) Levante getätigten Einkäufe. In V. selbst arbeiteten ständig an die zehn private Banken (→Bankwesen), die durch den Geldtransfer zw. ihren Kunden einen bargeldlosen Zahlungsverkehr ('Bankgeld') begründeten (→Wechsel, →Giroverkehr). Die großen staatl. Institutionen, insbes. 'Getreidekammer' und 'Salzkammer' sowie das Amt der Prokuratoren v. S. Marco, denen die treuhänder. Verwaltung der Vermögen von Waisen des Patriziats oblag, fungierten als Depots privater Vermögenswerte und häuften die notwendigen Sicherheitsreserven an, die sie unmittelbar in Handelsgeschäften investierten oder durch Rückkauf von Staatsanleihen mittelbar in den Handelsverkehr einfließen ließen.

V. HANDELSRIVALITÄTEN UND MARITIME KONFLIKTE: Im Mittelmeerraum bestritt die große Rivalin →Genua den Venezianern immer wieder die Vorrangstellung (→Flotte, B. VI); von der Mitte des 13. Jh. bis zum Ende des 14. Jh. entbrannten vier große Seekriege, bei denen die beiden Kontrahenten sich auch auf Verbündete, insbes. Kreuzzugsmächte, stützten, auf die Krone →Aragón (d. h. katal. See- und Militärmacht) bzw. die Krone →Ungarn. V. ging aus dem Konflikt von 1381 (→Chioggiakrieg) letztendl. siegreich hervor und nahm dann, infolge der Unterbrechung seiner maritimen Expansion in der 1. Hälfte des 15. Jh., die systemat. Eroberung seines Festlandterritoriums, der 'terra ferma', in Angriff. Der »stato da terra« war die notwendige Verlängerung und Ergänzung des »stato da mar«. Durch die Beherrschung der Terraferma, die den Venezianern die lebenswichtigen Grundstoffe für den →Schiffbau (→Eisen, →Holz, →Hanf) lieferte, kontrollierte der ven. Staat die Zugangswege nach V. Die Metropole lebte von ihrer beherrschenden Rolle als Stapel- und Umschlagplatz, ihr Markt war ein europ.: Venezianer traten in →Brügge und →Nürnberg ebenso aktiv in Erscheinung wie in Alexandria und →Beirut; V. wurde aufgesucht von den dt. Kaufleuten, die verpflichtet waren, ihre Handelswaren, Tuche und Baumwollstoffe, Eisen und kostbare Metalle, Pelze, den ven. Handelsherren anzubieten, auf daß diese den Export nach 'Übersee' durchführten.

Den Kämpfen mit Genua folgten nach der türk. Eroberung →Konstantinopels (1453) die Kriege mit dem →Osman. Reich. Die Osmanen verstanden es, sich in Etappen des ven. Territorialbesitzes im östl. Mittelmeer zu bemächtigen und Fuß an der östl. Adriaküste (→Albanien) zu fassen. Das vorgebl. »Goldene Zeitalter« der ven. Renaissance war in der Realität überschattet von fast ständigem Krieg und permanenten Finanzkrisen, in deren Verlauf die Bevölkerung angesichts einer verschärften Politik der Zwangsanleihen und des fiskal. Drucks zunehmend verarmte. Diese Abwärtsentwicklung verschärfte sich durch die schwere demograph. Krise, die V. im Gefolge der →Pest (ab 1348) erschütterte.

VI. DIE WIRTSCHAFTLICHE ROLLE DER KOMMUNE: Der ven. Staat war darauf bedacht, die Sicherheit der Schifffahrtswege zu gewährleisten. Die Staatsgewalt beteiligte sich unmittelbar an den Geschäften durch kommunale Aktivitäten und regulierendes Eingreifen in allen Wirtschaftszweigen, bei denen eine rein private Führung als nicht erfolgversprechend galt. Das beste Beispiel für diese Kombination von privaten und staatl. Interessen bieten im 14. und 15. Jh. die sog. mude; dieser Begriff bezeichnet primär die (bewaffneten) Galeerenkonvois, die meistbietend an Privatleute verpachtet wurden, dann aber auch die durch das Gesetz festgelegte Periode, in der bestimmte Waren auf diese Schiffe geladen werden mußten. In der Tat wurde die Handelstätigkeit der ven. Kaufleute in den Levantehäfen auf den →Messen von den ven. Geschäftsträgern (balios; →Balia) kontrolliert, ebenso die nach V. einzuführende Warenmenge auf ein bestimmtes Volumen beschränkt, um so die Überschwemmung des Marktes und den Preisverfall zu unterbinden. Das Element »planender« Handelspolitik trug zur Ausbildung eines rigorosen Terminkalenders bei, der auch den saisonalen Witterungsbedingungen (Befahrbarkeit des Meeres, Passierbarkeit der Alpenpässe) Rechnung zu tragen hatte, mußten doch die in V. entladenen Waren zeitgerecht an dt. Kaufleute weiterveräußert oder über Binnenschiffahrtsrouten und Landwege nach Flandern gebracht werden, um eine rasche »Verflüssigung« der Kapitalwerte, unter Vermeidung hoher Lagerspesen, zu sichern. Die vom ven. Handel erfaßten Hauptzonen waren zum einen die Gebiete des Ostens, der Levante (Adria, Schwarzes Meer, Konstantinopel und 'Romania', Ägypten, Palästina und Zypern), zum anderen die Gebiete des Westens, der Ponente (westl. Mittelmeer, Atlantikhäfen). Das System führte allerdings bisweilen zu kontraproduktiven Engpässen, da die Kaufleute, die gleichzeitig Einkauf in den Levantehäfen tätigten, die Preise in die Höhe trieben, wohingegen der gemeinsame Verkauf in V. oder in den Ponentehäfen zum Preisverfall führte. Der Staat subventionierte die Galeerenfahrten durch Prämien und Darlehen. Neben dem Einsatz staatl. Galeeren wurde auch Privatpersonen das Recht zugebilligt, Handelsschiffe zu besitzen, große Segler, die vom Staat zu militär. Zwecken requiriert werden konnten. Sie waren daher bewehrt. Die Unterhaltskosten solcher Schiffe waren hoch, doch übernahm der Staat für die Ladung eine Garantie und sicherte den Reedern den Transport des Salzes (das dem staatl. Monopolhandel unterlag) sowie weiterer Massengüter (Öl, Wein, Getreide, Baumwolle).

VII. GEWERBLICHE TÄTIGKEIT: V. war auch eine bedeutende Gewerbestadt; zum einen produzierte sie lebensnotwendige Güter für ihre nach spätma. Maßstäben gewaltige Bevölkerung (140000 Einw. um 1300/40, vor der Pest), zum andern auch für den Export; V. verzeichnete eine rege Zuwanderung auswärtiger Handwerker und spezialisierter Arbeiter, die u. a. in Schiffbau und Schiffsausrüstung, Textil- und Metallwesen sowie in verschiedenen Zweigen des Luxusgewerbes (Leder, Pelze, hochwertige Tuche, Brokat, Juwelen, Galanteriewaren, erlesene Waffen, →Glas und Kristall) tätig waren. Diese hochwertige Eigenproduktion sollte auch einen gewissen Ausgleich der Handelsbilanz gegenüber dem Orient, der zahlreiche Luxuswaren, Seide und edle Gewürze lieferte, fördern. Die aus Syrien und Zypern eingeführte →Baumwolle wurde an Ort und Stelle verarbeitet (→Barchent), bevor sie zusammen mit Zucker und Seide, Öl und Wein nach Augsburg und Nürnberg weiterverrieben wurde. Die gewerbl. Tätigkeiten wurden von 52 Korporationen (*arti*) ausgeübt; diese stolze Zahl, die eine starke Aufsplitterung in Einzelgewerbe beinhaltete, war auch Ergebnis eines »Divide et impera«, das den Interessen der von den nobili dominierten Kommune entsprach und eine Machtballung in den Händen kraftvoller Zünfte, die etwa in →Florenz der Aristokratie die Herrschaft streitig machten, unterband.

Die ven. Herrschaft beruhte auf einer echten Osmose zw. Kaufleuten und Staat, die einander wechselseitig Hilfe boten. Tatsächl. aber funktionierte dieses System nur, solange keine starken Konkurrenten von außen auftraten. Mit dem Erscheinen der Portugiesen, die überseeische Waren nach →Antwerpen brachten, und der nördl. Flottenmächte (England, Holland), die nun in das Mittelmeer vordrangen, schwächte sich die ven. Vormachtstellung seit dem späten 15. Jh. ab. Doch konnte V. noch bis ca. 1750 eine solide Position halten, nicht zuletzt dank seiner florierenden Eigenproduktion (Tuch-, Seifen-, Glasmanufaktur; →Buchdruck). Der Seehandel allerdings war bereits im späten 16. Jh. zum defizitären Geschäftszweig abgesunken.
J.-C. Hocquet

Q.: TAFEL–THOMAS–R. PREDELLI–A. SACERDOTI, Gli Statuti marittimi veneziani fino al 1255, 1903 – R. MOROZZO DELLA ROCCA–A. LOMBARDO, Documenti del commercio veneziano nei secoli XI-XIII, 3 Bde, 1940–53 – *Lit.:* R. CESSI, Politica ed economia di Venezia, 1952 – G. LUZZATTO, Storia economica di Venezia dall'XI al XVI s., 1961 – DERS., Il debito pubblico della repubblica di Venezia dagli ultimi decenni del XII s. alla fine del XV, 1963 – L. BUENGER-ROBERT, The Venetian Money Market, 1150–1229, Studi veneziani 13, 1971 – F. C. LANE, Venice, a Maritim Republic, 1973 – Venezia e il Levante fino al s. XV, ed. A. PERTUSI, 2 Bde, 1973–74 – M. POZZA, I Badoer. Una famiglia veneziana dal X al XIII s., 1982 – G. RÖSCH, V. und das Reich. Handels- und verkehrspolit. Beziehungen in der dt. Ks.zeit, 1982 – E. ASHTOR, Levant Trade in the Later MA, 1983 – F. C. LANE–R. C. MUELLER, Money and Banking in Medieval and Renaissance Venice, 2 Bde, 1985–96 – K. NEHLSEN-V. STRYK, Die ven. Seeversicherung im 15. Jh., 1986 – F. C. LANE, Studies in Venetian Social and Economic Hist. 1987 – I. FEES, Reichtum und Macht im ma. V. Die Familie Ziani, 1988 – J.-C. HOCQUET, Il sale e la fortuna di Venezia, 1990 – DERS., Chioggia, capitale del sale nel Medioevo, Sottomarina di Chioggia, 1991 – DERS., Anciens systèmes de poids et mesures en Occident, 1992 – D. STÖCKLI, Le système de l'incanto delle galée du marché à Venise, 1995.

Venedig, Friede v. (1177). Nach der Niederlage Barbarossas bei →Legnano und dem Vorvertrag von →Anagni (1176) markiert der Friede v. V. die entscheidende Wende der stauf. Italienpolitik, die jetzt auf Interessenausgleich setzte. Das seit 1159 währende Schisma wurde durch die Anerkennung Papst Alexanders III. beendet (22./24. Juli); die strittigen Territorialfragen sollten durch ein künftigen Gebietsaustausch geklärt werden, was gegenüber dem Vorvertrag eine Verbesserung der ksl. Position bedeutete. Mit dem Lombardenbund und dem Kgr. Sizilien wurde vom 1. Aug. an ein Waffenstillstand und Friedensvertrag auf sechs bzw. 15 Jahre geschlossen (befestigt in →Konstanz 1183). Der Ausgleich mit dem Papst befriedete zugleich die Reichskirche, z. B. durch Translation des abgesetzten Ebf.s Konrad v. Mainz (→26. K.) nach Salzburg.
T. Kölzer

Q.: MGH Const. I, Nr. 259–273 – MGH DD F. I. 687, 689, 694 (690, 693, 707, 712) – *Lit.*: J. RIEDMANN, Die Beurkundung der Verträge Friedrich Barbarossas mit st. Städten, 1973, 108ff. – W. GEORGI, Friedrich Barbarossa und die auswärtigen Mächte, 1990, 296f. – F. OPLL, Friedrich Barbarossa, 1990, 120f., 180f., 184f., 210f. – O. ENGELS, Die Staufer, 1993⁵, 80f.

Venenum → Gift

Vener, Job, * um 1370, † 9. April 1447 in Speyer. Die V. (»Fahnenträger«) sind ein altes (Schwäbisch-)Gmünder Geschlecht, das sich seit dem 14. Jh. der Gelehrsamkeit zuwandte. Als Sohn des polit. höchst aktiven Reinbold, bfl. Offizials in Straßburg († 1408), wurde Job als Niederkleriker nach Studium der Artes (in Paris und Heidelberg) Jurist, zu Bologna 1395/97 in beiden Rechten lizenziert. Den glänzend Examinierten nahm der eben (1400) gegen den abgesetzten Wenzel gewählte Kg. Ruprecht unter seine Protonotare auf, wo Job unter der Kanzlerschaft Rabans v. Helmstatt, Bf.s v. Speyer, ein Element der Verwissenschaftlichung der pfälz., von 1400–10 kgl. Kanzlei wurde, als Ratsmitglied und Gesandter der führende »Hofjurist« des pfälz. Kg.s wie nach 1410 des Pfgf.en →Ludwig III. Die Studienfreundschaft mit Raban und die traditionelle Verbindung von Pfalz und Hochstift Speyer führten Job auch in speyer. Ratsdienste. In Speyer ist er, wohlhabend und in den patriz. Familien hochgeachtet, gestorben. – Der reiche Nachlaß erlaubt es, Jobs Tätigkeit nachzuzeichnen. Neben anderen Heidelberger Professoren wirkte er in Angelegenheiten des Kg.s: Approbation durch den Papst, Romzug und bes. in einer Kirchenpolitik, welche gegenüber dem Konzil v. Pisa (1409) das Recht des röm. Papstes, Gregors XII., vertrat. Auf dem →Konstanzer Konzil beeinflußte Job offizielle Texte, zumal beim Rücktritt Gregors XII. In den Reformarbeiten war er so eifrig, daß dt. Papstwähler im Konklave von 1417 auch seinen Namen nannten. War seine Hauptleistung auf dem Konzil ein Entwurf der Reform der Kirche und des Imperiums, so riefen Hussitismus und Hussitenbekämpfung auf Reform zielende Schriften hervor, auch in dt. Sprache. Eine Übers. der Templerschrift →Bernhards v. Clairvaux zeigt das theol. Interesse des Juristen, das dieser schon in der Jugend als Autor eines Kommentares zu Bernhards Hohe Lied-Predigten bewährt hatte. Als sich 1430–35 und bes. auf dem →Basler Konzil im Streit um das Ebm. →Trier ein Exponent des Stiftsadels und Raban gegenübertraten, stritt Job als dessen führender Prokurator gegen den jungen →Nikolaus v. Kues.
H. Heimpel †

Lit.: P. MORAW, Beamtentum und Rat Kg. Ruprechts, ZGO 116, 1968 – DERS., Kanzlei und Kanzleipersonal Kg. Ruprechts, ADipl 15, 1969 – Acta Cusana 1, hg. E. MEUTHEN, 1976ff. – H. BOOCKMANN, Zur Mentalität spätma. gelehrter Räte, HZ 233, 1981 – H. HEIMPEL, Die V. v. Gmünd und Straßburg 1162–1447, 3 Bde, 1982.

Venetien → Venedig

Venette, Jean de, frz. Chronist, * um 1307, † nach 1368. Mit dem Namen 'J. de V.' wird traditionell der Autor einer lat. Chronik der Jahre 1340–68 bezeichnet, ein in Paris ansässiger Karmeliter aus dem Dorf V. (bei Compiègne); dies beruht auf einer (nicht gesicherten) Gleichsetzung des Chronisten mit einem anderen zeitgenöss. Autor, *Jean Fillous*, ebenfalls Karmeliter und aus V. stammend, jedoch mehr Theologe und geistl. Dichter (umfangreiches frz. Gedicht von knapp 40000 Versen über die Drei Marien, lat. Geschichtswerk über die Anfänge des Karmeliterordens). – Die Chronik des J. de V. wird in allen Hss. (mit einer Ausnahme) dem Geschichtswerk des Wilhelm v. →Nangis in etwas willkürl. Weise nachgestellt, um in der lat. Serie der Chroniken v. St-Denis eine Lücke zu füllen. Der Chronist berichtet in skrupulöser Weise von selbsterlebten oder ihm aus sicherer Q. zugetragenen Ereignissen von starkem öffentl. Interesse, bes. solchen aus der Pariser Region; ohne universitäre Bildung, schreibt er ein recht einfaches Latein. Die großen Unglücksfälle wie →Hungersnöte und →Epidemien (Schwarze →Pest v. 1348) sieht er durch Weissagungen und Kometen angekündigt. Sein Mitgefühl gilt der einfachen Landbevölkerung, die er liebevoll mit dem Spitznamen 'Jacques Bonhomme' bedenkt. Andererseits steht er dem Versagen des Adels, der seine Bauern unterdrücke statt sie zu beschützen, mit unverblümter Antipathie und den Engländern in offenem Haß gegenüber. Seine anfängl. Anteilnahme für Étienne →Marcel und →Karl v. Navarra schlägt bald in Enttäuschung um. Der lebensnah schildernde Chronist bietet einen schlaglichtartigen Einblick in die polit. Vorstellungswelt des Bauerntums, dem er offensichtlich entstammt. P. Bourgain

Ed.: Chronique lat. de G. de Nangis, ed. H. Géraud, 1843 (SHF, 2), 179–378 [cf.: E. Le Maresquier, Pos. Thèses Éc. Nat. des Chartes, 1969, 83–85] – *Lit.*: Molinier, IV, 3098 – A. Coville, La chronique de 1340–68 dite de J. de V. (HLF 38, 1949, 333–354 [354–404 zu Jean Fillous de V.] – DLFMA, 1992², 290f.

Vengeance Raguidel, La, frz. Artusroman von ca. 6100 Vv. aus der Schule des →Chrétien de Troyes aus dem ersten Viertel des 13. Jh., von einem gewissen Raoul, möglicherweise →Raoul de Houdenc verfaßt. Der Roman handelt von der Queste, in der →Gawain, Artus' berühmter Neffe, den Tod des Ritters Raguidel, dessen Leiche per Schiff zum Artushof kam, rächt. Erst nach einer Reihe Abenteuer gelingt es dem Helden, zusammen mit dem Ritter Yder die Rache zu vollbringen und den Mörder, Guengasouain, im Duell zu töten.

Wegen der iron. Haltung gegenüber der Hauptfigur spricht man auch von einem Anti-Gawainroman oder einer Parodie. Die Abenteuer außerhalb der Rachequeste, mit der von Liebe zu Gawain zerrissenen Pucele de Gautdestroit, die ihn mit einer Art Guillotine enthaupten will, und mit der treulosen Ydain, die ihn für einen anderen Ritter wegen dessen vermeintl. Superiorität auf sexuellem Gebiet im Stich läßt, bestätigen in erster Linie Gawains Ruf als 'chevalier as demoiseles', zeigen aber auch seine Unzulänglichkeit auf diesem Gebiet. Zugleich beherrscht Raoul das Spiel mit den Konventionen der Gattung. So finden sich z. B. humorist. Hinweise auf die Romane von Chrétien de Troyes. Von der V. besteht eine fragmentar. überlieferte mndl. Übers. Eine auf dieser Übers. fußende Bearbeitung aus dem 14. Jh. ist in der Haager 'Lancelotkompilation' enthalten, einem Ms., in dem der Versübers. der afrz. Romane 'Lancelot en prose', 'Queste del Saint Graal' und 'Mort le Roi Artu' selbständige Artusromane inkorporiert sind. Der Bearbeiter der 'Lancelotkompilation' hat 'Die Wrake van Ragisel' nicht nur gekürzt, sondern auch dem größeren Ganzen angepaßt. Das führte u. a. zu einigen originalen Erweiterungen und Abänderungen sowie zu einem positiveren Bild der Hauptfigur. M. Hogenbirk

Ed. und Lit.: Raoul de Houdenc, Sämtl. Werke, ed. M. Friedwagner, II: La V. R., 1909 – W. P. Gerritsen, Die Wrake van Ragisel, 2 Bde, 1963 [mit Ed.] – K. Busby, Gauvain in Old French Lit., 1980 – B. Schmolke-Hasselmann, Der arthur. Versroman von Chrestien bis Froissart, 1980 – F. Wolfzettel (An Arthurian Tapestry, ed. K. Varty), 1981.

Venier, ven. Familie. Schließt man die übliche legendäre Rückführung auf die Antike aus und vielleicht auch ihre Herkunft aus Vicenza, die von einigen ma. Chronisten erwähnt wird, so ist Chioggia, wo sehr früh Grundbesitz bezeugt ist, der wahrscheinlichste Ursprungsort der V. Jedenfalls ist die Familie bereits vor dem Jahr 1000 auch in Venedig präsent, beteiligte sich dort in wichtiger Funktion an den Versammlungen der Kommune und wurde eine der einflußreichsten »neuen« Familien. Nach dem 4. →Kreuzzug (1204) erhielten die V. Feudalbesitz im Osten, u. a. die Jurisdiktion über die griech. Inseln Cerigo (Kythera) und Paros. Ein Zweig der Familie ließ sich in Candia (Kreta) nieder. Der bedeutendste Vertreter der Familie im MA war *Antonio*, der vom 21. Okt. 1382 bis zum 23. Nov. 1400 das Dogenamt bekleidete; er befand sich als Flottenkommandant in Kreta, als er völlig überraschend als Kompromißkandidat gewählt wurde. Seiner Beliebtheit im Volk konnten die zahlreichen Katastrophen seiner Amtszeit, darunter verschiedene Seuchen und ein starkes Hochwasser 1396, keinen Abbruch tun. Er ließ Chioggia wieder aufbauen und die Pflasterung des Markusplatzes fertigstellen. Während seines Dogats betrieb Venedig eine aktive Expansionspolitik, es besetzte →Nauplion und Argos auf →Morea, →Skutari und Durazzo (→Dyrrhachion) in Albanien sowie die Insel Korfu, die dann vor türk. Gegenangriffen verteidigt wurden. Auf der Terraferma griff Antonio V. geschickt in die Auseinandersetzungen zw. den Signoren der Städte in Venetien ein: er übernahm die Vormundschaft über Niccolò d'Este, den illegitimen jüngeren Sohn des Hzg.s v. Ferrara, lieh ihm 50000 Dukaten und erhielt dafür zum Pfand den Polesine di Rovigo, der auf diese Weise später der Republik Venedig angegliedert wurde. In der Amtszeit des Dogen *Sebastiano* siegte Venedig (verbündet mit Spanien und dem Papst) in der Schlacht v. Lepanto (1571). P. Preto

Lit.: P. Molmenti, Sebastiano V. e la battaglia di Lepanto, 1899, 1–9 – G. Cracco, Società e stato nel Medioevo veneziano, 1967, passim – A. Da Mosto, I dogi di Venezia nella vita pubblica e privata, 1977, 144–151, 564.

Venner (Banneret, Pannerherr; aus ahd. *faneri*, mhd. *venre, vener*). Der V. war in den meisten eidgenöss. Städten und Orten im Frieden Hüter sowie im Krieg Träger der Fahne, der letztere Aufgabe mit zunehmender Dauer des SpätMA vielerorts nur noch im Kampf selbst ausführte, ansonsten aber im allg. die Stellvertretung des obersten Hauptmanns übernahm, während ein Vorv. das →Banner trug. Abgesehen von der bleibenden Verbindung zum Militärwesen nahm das Amt örtl. eine sehr unterschiedl. Entwicklung, die ebenso zu Kollegialität, begrenzter Amtszeit bzw. Beschränkung auf die Heerführung wie zur Inhaberschaft des mit umfangreichen Kompetenzen verbundenen Postens auf Lebenszeit durch einen einzelnen V. führen konnte. Größte Bedeutung erlangte es nach 1294 in →Bern, wo die vier spätestens seit Beginn des 15. Jh. aus den Gesellschaften der Metzger, die auch in →Basel häufig den Pannerherrn stellten, Gerber, Pfister und Schmiede erwählten V. mit administrativen, finanziellen und militär. Aufgaben betraut wurden. →Bannerherr.
R. Neumann

Lit.: HBLS VII, 218 [Lit.] – A. Bernoulli, Die Organisation von Basels Kriegswesen im MA, Basler Zs. für Gesch. und Altertumskunde 17, 1918, 121–161 – F. De Capitani, Adel, Bürger und Zünfte im Bern des 15. Jh., 1982.

Venosa (Venusia), Stadt und Bm. in Süditalien (Basilicata). Straßenknotenpunkt an der Via Appia, Geburtsort von Horaz; war im 5.–6. Jh. Bf.ssitz und gehörte im frühen MA zum Hzm. →Benevent. Der Normanne →Drogo v. Hauteville machte die von ihm um 1040 eroberte Stadt wieder zum Bf.ssitz und gründete das OSB Kl. SS. Trinità, das 1059 von Nikolaus II. geweiht und dem Hl. Stuhl unterstellt wurde. Unter Abt Berengar v. St-Evroult-en-Ouche (1071–95) erlebte das Kl. seine Blütezeit; damals erfolgte wohl auch der Bau der unvollendeten neuen Kl.kirche (sog. »chiesa incompiuta«). Um 1140 wurde das Kl. durch Mönche aus Cava unter Abt Peter II. (1141–56) reformiert, ab Ende des 12. Jh. erlebte es einen

Niedergang; 1297 wurde es durch Bonifatius VIII. aufgelöst und seine Besitzungen an den Johanniterorden übertragen. Im MA Schrumpfung und Verlagerung des Stadtgebietes nach SW, so daß die frühchristl. Kathedrale außerhalb der Stadt lag. Sie wurde daher von Drogo v. Hauteville zur Kirche des Kl. SS. Trinità bestimmt, während am SW-Rand des Stadtgebiets eine neue Bf.skirche gebaut wurde. Diese mußte 1470 dem von Hzg. Pirro Del Balzo erbauten Kastell weichen, eine neue Kathedrale wurde im Stadtzentrum errichtet. 1277 wurde V. für 548 Feuerstellen besteuert, hatte also ca. 2500–3000 Einw., 1655 zählte es 3020 Seelen. H. Houben

Lit.: IP IX, 487–495 – N. Kamp, Kirche und Monarchie im stauf. Kgr. Sizilien, I, 2, 1975, 804–808 – H. Houben, Il libro del capitolo del monastero della SS. Trinità di V., 1984 – I. Herklotz, Die sog. Foresteria der Abteikirche zu V. (Roberto il Guiscardo tra Europa, Oriente e Mezzogiorno, hg. C. D. Fonseca, 1990), 243–282 – H. Houben, Die Abtei V. und das Mönchtum im norm.-stauf. Süditalien, 1995 – Ders., Mezzogiorno normanno-svevo, 1996, 319–336 – Ders., V. 1655, 1997.

Ventadour, Adelsfamilie des Limousin, ein Zweig der Vicomtes v. →Comborn, eines der drei vizgfl. Geschlechter, welche die Gf.en v. →Poitiers, die von der Gft. →Limoges Besitz ergriffen hatten, um 927 hier einsetzten. In der 2. Hälfte des 11. Jh. wurde einem der Söhne des Vicomte Archambaud (Arcambaldus) im Zuge einer Erbteilung der östl. Teil der Vizgft. Comborn übertragen; das Zentrum dieser Herrschaft bildete die Burg V. (dép. Corrèze, arr. Brive), etwa 60 km von Comborn entfernt. Nach dem ersten Inhaber der Herrschaft, Ebles I., trug der Älteste des Geschlechts bis zum Beginn des 14. Jh. stets den Leitnamen *Ebles*. Bis zum Ende des 15. Jh., über dreizehn Generationen, vollzog sich die Erbfolge ohne Schwierigkeiten, in der Regel in Sohnesfolge; es sind sechzehn Vicomtes v. V. belegt. Zwei jüngere Linien bildeten sich heraus: die *Ussel* (12. Jh.) und die *V.-Donzenac* (Ende des 13. Jh.). Mit dem Vicomte Ebles II. 'le Chanteur' (→Eble II.), einem Zeitgenossen →Wilhelms IX. v. Aquitanien, blühte die Burg V. zu einem Zentrum der Troubadourdichtung (→Troubadour) auf (mögliche Förderung von →Bernart 'de Ventadorn', 1147–70). Im 14. und 15. Jh. schlossen sich die V. eng an das vordringende frz. Kgtm. an. Der Vicomte Bernard (um 1325–90) erhielt als bewährter Helfer Kg. Philipps VI. v. Valois 1350 den Gf.entitel. Die Burg V. litt stark unter dem →Hundertjährigen Krieg; kein Geringerer als →Froissart spielt auf die ein Jahrzehnt (1379–89) dauernde Besetzung durch den Söldnerkapitän Geoffroy 'Tête Noire' an. Erst für das ausgehende MA lassen sich gesicherte Aussagen über den territorialen Bestand der Vicomté treffen; sie umfaßte eine Reihe von Kirchspielen und war gegliedert in acht Kastellaneien. Die in Resten erhaltene Burg weist Spuren mehrerer Baukampagnen des 12.–15. Jh. auf. Die Vicomtes errichteten zwar keinen 'Burgus' am Fuße ihrer hochgelegenen Burg, förderten aber die Entwicklung von vier städt. Zentren (Ussel, Egletons, Meymac und Neuvic), die seit dem 13. Jh. mit →Konsulat bewidmet waren. Mit dem Gf.en Louis im Mannesstamm erloschen, fiel V. über die Erbtochter Blanche an deren Gemahl Louis de Lévis de La Voulte (→Lévis), einen Adligen aus dem Vivarais (→Viviers), der nach dem Tode des Schwiegervaters (1500) die Erbfolge antrat (Haus Lévis-V.).

B. Cursente/B. Barrière

Lit.: N. Chassang, Hist. des V., Lemouzi, 1965–71, passim – L. Billet, 1978 – P. Marcillouy, Les quatre vicomtés de Limousin. Étude de géogr. féodale (XIVe–XVe s.) [Thèse Éc. Nat. des Chartes, 1991].

Ventaille (davon mhd. *fintâle*), Kinnlatz der hochma. Ringelkapuze, der links oder an beiden Seiten hochgebunden wurde. O. Gamber

Lit.: San Marte, Zur Waffenkunde des älteren dt. MA, 1867.

Ventimiglia, weitverzweigtes siz. Adelsgeschlecht ligur. Herkunft. Erster in Sizilien bekannter Vertreter ist im späten 13. Jh. *Enrico*, der väterlicherseits mit der Familie Lancia, also auch mit Kg. →Manfred v. Sizilien, mütterlicherseits durch die Familien Candida, Creon, Barnaville, Carreaux mit der norm. Kg.sdynastie verwandt war. Bei ihrer Installierung in Sizilien im 13. Jh. genoß die Familie die Gunst des letzten Staufers. Im Dienste Manfreds entwickelte Enrico auch intensive Aktivitäten auf dem it. Festland, wo er Vikar der Mark (→Ancona, Mark) war. Seine Teilnahme am Widerstand gegen →Karl I. v. Anjou (1266) trug ihm die Konfiskation seiner Güter ein. Wie die meisten Anhänger der Staufer verließ er das Kgr. und kehrte erst nach der Vertreibung der Anjou (1282, →Sizilianische Vesper) wieder zurück. Die Familie konsolidierte sich während der Anfänge der Herrschaft Friedrichs III. (1296), als sich ein Großteil des neuen siz. Militär- und Großgrundbesitzeradels bildete. Anfang des 14. Jh. fügte *Francesco* dem ererbten Titel »comes Iscle maioris« den Titel »comes Giracii« hinzu und herrschte so über weite Teile des Madoniemassivs mit zahlreichen bedeutenden Orten und Kastellen. In diesem Gebiet, das die V. auch in den folgenden Jahrhunderten beherrschten, waren auch die Besitzungen der mütterlichen Linie (das Territorium von Geraci war im 12. Jh. Apanage der Creon und der Candida sowie die kgl. Konzessionen an Enrico konzentriert. Die Geschichte der V. im 14. Jh. wird im wesentl. durch die beiden Gf.en v. Geraci namens *Francesco* (s.u.) geprägt, die zu den bedeutendsten Vertretern einer der Faktionen wurden, die sich die Vormachtstellung im Regno streitig machten. Der Territorialbesitz der Familie vergrößerte sich beträchtlich durch den Erwerb weiterer Ortschaften und die Kontrolle der lokalen Domanialstädte. Nach dem Tod Francescos I. (1338) erbte sein gleichnamiger zweitältester Sohn einen Teil der Herrschaften mit dem Titel eines Gf.en v. Collesano, zu dem nach dem Tode seines Bruders Emanuele auch der Titel »Gf. v. Geraci« trat.

Durch die zahlreichen Nachkommen des ersten Gf.en verzweigte sich die Familie in der Nachbarschaft der Gft. (Sinagra, Resuttano) sowie in sehr entfernten, neu hinzugewonnenen oder bereits in Familienbesitz befindl. Orten (Buscemi, Ciminna, Sperlinga). Die Anfang des 15. Jh. konsolidierten Herrschaften über derartige kleinere Zentren erhielten sich bis in die NZ. Im Laufe des 14. Jh. erwarb zudem ein Sohn des ersten Francesco, *Enrico*, im westl. Sizilien die wichtige Stadt Alcamo und den Gf.entitel. Als Mitglied des Hochadels des Kgr.es nahm er an den Ereignissen teil, die im 14. Jh. dazu führten, daß die →Barone dem Kgtm. ihren Willen aufzwangen und es schließich nach dem Tode des letzten Herrschers der Dynastie, Friedrichs III. (1377), völlig entmachteten. 1392 rebellierte der Gf. v. Alcamo gegen den neuen Herrscher →Martin I. v. Aragón und verlor alle seine Güter. Während die Linie der Gf.en v. Geraci (*Enrico, Giovanni*) Treue gegenüber dem neuen Kg. bewiesen und daher im Besitz der Gft. blieben, wurde die mächtigste Linie der Gf.en v. Collesano (*Antonio*) von der Reduzierung des Vermögens und der polit. Stellung betroffen, die der siz. Adel im allg. erlitt. Unter der Anklage des Verrats wurde der Gf. gefangengesetzt. Durch Machenschaften der mächtigen Familie seiner zweiten Gemahlin, Elvira Moncada, verlor der Sohn aus erster Ehe, *Francesco*, sein Erbe; Elviras Tochter Costanza vermählte sich mit dem aus Valencia zugewanderten Ritter Gilabert Centelles. Der Erbe *Antonio V. Centelles* stieg unter Kg. Alfons V. im frühen 15. Jh. zu hohen Ehren empor: Wie viele andere Mitglieder der Familie unterstützte er den Kg. bei der Eroberung von →Neapel und wurde für seine Verdienste mit der Gft. →Catanzaro belohnt. In der Folge rebellierte er jedoch in Kalabrien, so daß er und damit die Familie definitiv die Gft. in Sizilien durch Konfiskation verlor (mit Ausnahme von Gratteri, deren Besitz seinerzeit Francesco bestätigt worden war). Die Nachkommen Francescos beanspruchten jedoch stets den Titel eines Gf.en v. Collesano. Die Linie Geraci war erfolgreicher: *Giovanni* erhielt durch Alfons den Mgf.entitel und wurde 1430–32 Vizekg. v. Sizilien. Ende des 15. Jh. gehörten die Marchesi v. Geraci aufgrund ihrer polit. Rolle und ihres Reichtums zu den höchsten Adligen des Kgr.es und gewiß zu denjenigen, die sich der längsten Ahnenreihe rühmen konnten.   P. Corrao

Q.: G. L. Barberi, Il »Magnum Capibrevium« dei feudi maggiori, ed. G. Stalteri, 1993, 20–42 – *Lit.:* E. Mazzarese Fardella, I feudi comitali di Sicilia dai Normanni agli Aragonesi, 1974 – V. D'Alessandro, M. Granà, M. Scarlata, Famiglie medievali siculo-catalane, Medioevo 4, 1978, 105–134 – A. Mogavero Fina, I V., 1980 – Il Tabulario Belmonte, ed. E. Mazzarese Fardella, 1983 – Potere religioso e potere temporale a Cefalù nel Medioevo (P. Corrao, S. Fodale, H. Bresc, G. Stalteri, C. Filangeri), 1985 – H. Bresc, V. et Centelles, Anuario de Estudios medievales 17, 1987, 357–369 – P. Corrao, Governare un regno. Potere società e istituzioni in Sicilia fra Trecento e Quattrocento, 1991.

1. V. Francesco, † 1338, trug seit dem ersten Jahrzehnt des 14. Jh. den Gf.entitel v. Geraci, wahrscheinl. nach der Bestätigung der Investitur seines Vaters Enrico durch Karl v. Anjou 1300, die der neue Kg. v. Sizilien, Friedrich III., vornahm, um sich mit einigen aufständ. siz. Großen auszusöhnen. Sein ausgedehntes und in geograph. Hinsicht geschlossenes Herrschaftsgebiet umfaßte viele Ortschaften und landwirtschaftl. genutzte Gebiete auf beiden Hängen der nordsiz. Bergkette. Offenbar trug er auch den erbl. Titel »Maior Camerarius«, der auf seine wichtige Rolle bei Hofe hinweist. In polit. und militär. Hinsicht gehörte V. zu den bedeutendsten Protagonisten des neuen Kgr.es Sizilien und des Krieges gegen die Anjou v. Neapel. Er wurde in diplomat. Mission zu Papst Johannes XXII. gesandt, rüstete Kriegsschiffe aus, war einer der einflußreichsten Ratgeber des Herrschers und hatte sich mit hochrangigen Vertretern des Adels wie den Antiochia und den Rosso verbündet. 1315 ∞ eine Tochter des Gf.en v. Modica, Manfredi Chiaromonte, die er jedoch wegen Kinderlosigkeit verstieß, um sich mit Margherita Consolo zu verbinden. V. wurde daraufhin vom Gf.en v. Modica auf offener Straße tätlich angegriffen, konnte sich jedoch behaupten und den Gegner ins Exil treiben. In den Folgejahren entbrannte eine ähnl. Rivalität zu der aufsteigenden Familie Palizzi, die mit den Chiaromonte verbündet war und die Gunst des neuen Herrschers Peters II. genoß: V. wurde als Verräter verurteilt, in Geraci von Bewaffneten des Kg.s belagert und starb beim Versuch, zu flüchten. V.s Gft. wurde konfisziert und blieb bis 1354 in den Händen seiner polit. Gegner.

Die Herrschaftsgebiete der Gft. waren durch V. vergrößert und konsolidiert worden: Durch die Einheirat einer Tochter in die Familie Siracusa erwarb V. das wichtige Zentrum Collesano. Sein Einfluß auf den dortigen Bf. gewann ihm einen Teil des Kirchenguts von Cefalù und die Festung Pollina (1321). Er gründete Castelbuono als neue Residenz der Familie. Vor seinem trag. Ende hatte der Gf. die Erbfolge geregelt: aus dem kompakten Kern der Gft. wurde ein großes Gebiet rund um Collesano ausgegliedert, zur Gft. erhoben und dem zweiten Sohn Francesco anvertraut. Der älteste Sohn Emanuele erbte hingegen Titel und Gft. Geraci.   P. Corrao

Lit.: →Ventimiglia, Familie.

2. V., Francesco, † 1388, Gf. v. Collesano, später auch von Geraci. Zweitältester Sohn von 1, trat erst 1354 in den Besitz des väterl. Erbes, der neugegr. Gft. Collesano, als die polit. Gruppierung um Blasco Alagona bei Hof stärkeren Einfluß gewann als die den V. feindl. Faktion der Chiaromonte und Palizzi. Obgleich sein älterer Bruder Emanuele das Kerngebiet der väterl. Besitzungen innehatte, erwies sich F. als die dynamischere Persönlichkeit: Er betrieb die Konzentration des Familienvermögens (seinen Bruder veranlaßte er zur Abtretung wichtiger Ländereien in den Petralie und erwarb die Kastelle des ligur. Zweiges der Familie) und versuchte mit den verbündeten Rosso eine Herrschaft über die Stadt Messina zu errichten. Seine polit. und militär. Stärke, die sich auch auf eine eigene Söldnertruppe stützte, wuchs nach dem Tode seines Bruders weiter an, da V. in dessen Titel und Hoheitsrechte eintrat und dadurch eines der größten Territorien der Insel kontrollierte. V. a. richtete sich sein Interesse auf die großen Kirchengüter um Cefalù und die Domanialstädte. Sein zunehmender Einfluß auf die kgl. Politik erwirkte ihm auf Lebenszeit Kapitanie und Kastellanei des wichtigen Zentrums Polizzi. Durch seine Machtstellung im Hügelland oberhalb von Cefalù konnte er auch die Bf.s-stadt, in der er seit geraumer Zeit ein großes hospicium und reichen Grundbesitz besaß, unter seine militär. Kontrolle bringen; schließlich erwirkte er von dem schwachen Kg. Friedrich IV., der sich abwechselnd bei ihm und anderen Adligen seiner Faktion in »Obhut« befand, die Belehnung mit Termini, wodurch er einen Handelshafen für das auf seinen Gütern produzierte Getreide erhielt (1371). Durch die vom Bf. v. Cefalù erzwungene Abtretung des Kastells Roccalla (1385) erreichte er die völlige Kontrolle über einen Großteil der Nordküste der Insel. Als Spitzenvertreter einer der Faktionen nahm er an dem Friedensschluß unter den siz. Magnaten teil, der die Teilung des Kgr.es und seiner Institutionen in zwei Einflußsphären sanktionierte (1362). Als nach dem Tod des Herrschers der Vikar Artale Alagona die anderen Vertreter des Hochadels an der Regierung beteiligte, nahm V. auch den Titel »Vikar« an (1378). Aufgrund testamentar. Verfügung wurde die Madonie-Herrschaft zw. seinen Söhnen Enrico (Geraci) und Antonio (Collesano) aufgeteilt; der dritte Sohn Cicco erhielt das wichtige Feudum Regiovanni.   P. Corrao

Lit.: →Ventimiglia, Familie.

Ventimiglia, Stadt und Bm. in Oberitalien (Ligurien), röm. Municipium (Albintimilium). Im FrühMA verlagert sich das Siedlungsgebiet von der Ebene auf den benachbarten Hügel. Im 10./11. Jh. bilden sich drei Siedlungskerne aus: die castrum, die Burgussiedlung und das Gebiet um das Kl. S. Michele. Seit dem 7. Jh. ist V. Bf.ssitz, seit dem 10. Jh. Hauptort einer Gft., die zu der arduin. Mark v. →Turin gehörte, jedoch von einer autonomen Gf.endynastie verwaltet wurde. Nach der Auflösung der Mark Ende des 11. Jh. entwickelte die Kommune →Genua eine Expansionspolitik, die seit 1130 auch die Gft. V. erfaßte und nach zwei Jahrzehnten die Unterwerfung der Gf.en und der erstmals 1149 bezeugten Kommune bewirkte. In dieser Zeit verstärkte sich auch die Orientierung der Stadt auf Schiffahrt und Handel, gestützt auf den Kanalhafen. Fast hundert Jahre lang (von 1158 bis 1251) rebellierten die Kommune und die Gf.en wiederholt gegen die genues. Vorherrschaft und wurden dabei gelegentl. von den Ks.n unterstützt. Die kommunale Gesellschaft polarisierte sich in dieser Zeit in zwei Faktionen, die Saonese-De Curlo, die nach Unabhängigkeit von Genua strebten, und die progenues. De Giudici. 1251 wurden die Verträge geschlossen, die das Abhängigkeitsverhältnis zu Genua regelten und bis in die NZ Geltung hatten, aber noch im SpätMA bestanden in der Stadt auch autonomist. Tendenzen. An der Wende vom 13. zum 14. Jh. stand V. im Mittelpunkt der Spannungen zw. Genua und den Anjou sowie später mit den Savoyern; 1421 wurde es Teil der Herrschaft v. Mailand, der sich Genua unterwarf. In den folgenden Jahrzehnten bildeten sich in V. Signorien (Lomellino, →Grimaldi), es begann aber auch der Niedergang der Stadt, zu dem v.a. die fortschreitende Verlandung des Hafens beitrug. L. Provero

Lit.: G. Rossi, Storia della città di V. dalle sue origini fino ai giorni nostri, 1859 – F. Rostan, Storia della contea di V., 1971 – G. Palmero, V. medievale: topografia e insediamento urbano, Atti d. Soc. ligure di storia patria, NS XXXIV, 1994, 7-153.

Ventrikellehre, Lehre von den spezif. Gehirnventrikeln, geht auf Herophilos und Erasistratos (4. Jh. v. Chr.) zurück. Das Gehirn als Zentralorgan des tier. Organismus hatte bereits Alkmaion v. Kroton (um 500 v. Chr.) aufgefaßt; seine Theorie der Sinne führte ihn über sieben 'Öffnungen' (Sinnesorgane) an 'Gänge', die zum Schädelinneren leiten. Die Lehre von den drei Hirnkammern (Ventrikeln) wurde mit den Hippokratikern und bei →Galen systematisiert, fand Aufnahme bei den arab. Arztphilosophen und begegnet in der lat. Scholastik (→Constantinus Africanus, →Wilhelm v. Conches, →Honorius Augustodunensis, Chirurgenschulen des 13. und 14. Jh.). Zahlreiche Hss. und Frühdrucke bringen graph. Darstellungen mit erläuternden Texten. Drei Grundfunktionen werden in den Gehirnkammern lokalisiert: »phantasia seu virtus visualis, cognitiva seu virtus rationalis, memorialis seu virtus conservativa« (Avicenna, Canon medicinae I, fen I, doctr. VI, 5). Die 'cellula phantastica' (auch 'imaginativa') befindet sich im Vorderhirn, ist ihrer Qualität nach trokken-warm und besitzt als Behälter der Bilder eine'virtus receptionis' und 'potentia ingenialis'. Die 'cellula logistica' (oder 'rationalis') liegt im Mittelhirn und ist warm-feuchter Natur. Als Kühlkammer der Bilder (thesaurus sensus) ist der trocken-kalte dritte Ventrikel (cellula memorialis) zugleich auch die Schatzkammer der Erinnerung (virtus conservativa et recordativa). Der symbolträchtigen Reise der Bilder durch die Gehirnventrikel machte Leonardo da Vinci ein Ende, indem er (Quaderni d'anatomia V 7^{vr}) die Hirnkammern mit einer wachsartigen Masse ausfüllte und so erstmals eine plast. Darstellung der Innenräume des Schädels und ihrer Verbindungsstücke vermittelte.
H. Schipperges

Lit.: E. Clarke – K. Dewhurst, Die Funktionen des Gehirns, 1873 – K. Sudhoff, Ein Beitr. zur Gesch. der Anatomie im MA, 1908 – W. Sudhoff, Die Lehre von den Hirnventrikeln in textl. und graph. Tradition des Altertums und MA, 1913 – H. Schipperges, Die Entwicklung der Hirnchirurgie, Ciba-Zs. 75, 1955.

Venturinus v. Bergamo OP, * 9. April 1304 in Bergamo, † 28. März 1346 in Smyrna. V. trat knapp vierzehnjährig in den Dominikanerorden ein und studierte in Genua. Er wirkte als erfolgreicher Bußprediger in verschiedenen Städten der lombard. Ordensprovinz (Chioggia, Vicenza und bes. Bologna). Seinem Aufruf zur Bußwallfahrt nach Rom am 1. Jan. 1335 in Bergamo folgten (nach V.' Angaben) etwa 3000 Gläubige, Männer wie Frauen; bei Eintreffen des Pilgerzuges in Rom hatte sich die Zahl der Teilnehmer etwa verdreifacht. Die Büßer waren in ein weißes Gewand und einen dunklen Mantel gekleidet, trugen auf der Brust ein weißes und ein rotes Kreuz und das Abbild einer Taube sowie das apokalypt. Tau-Zeichen auf der Kopfbedeckung. Sie scheinen die Selbstgeißelung praktiziert zu haben, wenngleich nur im Inneren der Dominikanerkirchen. In einigen Städten wie Bologna und v.a. Florenz fanden sie gute Aufnahme, während andere wie Mailand und Ferrara ihnen sogar den Einzug verweigerten. In Rom stieß V. nach anfängl. Erfolg (er wurde zur Predigt auf das Kapitol berufen) offenbar auf den Spott und die Skepsis der Einwohner. Er betrat die Stadt am 21. März 1335 und verließ sie ohne Erklärung nach kaum 12 Tagen. Benedikt XII. schrieb an seinen Vikar »in spiritualibus«, er solle V. keinen Glauben schenken. Kann die Haltung des Papstes durch seine Furcht interpretiert werden, V. könne von dem polit. Vakuum infolge der Verlegung der Kurie nach Avignon profitieren – diese scheint der Dominikaner als Legitimitätsverlust des Papstes angesehen zu haben – so ist die Verurteilung V.' durch das Generalkapitel seines Ordens im Juni 1335 offensichtl. v.a. dem Wunsch zuzuschreiben, weitere Konflikte mit dem Papst zu vermeiden. In einem Prozeß in Avignon wurde V. die Möglichkeit, zu predigen und die Beichte abzunehmen, entzogen. In den folgenden Jahren stand V. in enger Verbindung mit →Humbert II., Dauphin des Viennois, und begann ein großes Kreuzzugsprojekt zu entwickeln, zu dem wahrscheinl. die Erfahrungen seiner Jugendjahre in der Kongregation der Fratres Peregrinantes OP den Anstoß gegeben hatten. 1344 betraute ihn →Clemens VI. mit der Kreuzzugspredigt in Italien. Er schiffte sich mit den anderen Kreuzfahrern ein, starb jedoch in Smyrna, kurz nachdem er die Küsten des Nahen Ostens erreicht hatte. G. Barone

Lit.: LThK² X, 668 – APraed XXIV, 1954, 189-198 [T. Kaeppeli; Ed. eines Briefes] – C. Clementi, Il b. V. da B. dell'Ordine de' Predicatori, 2 Bde, 1904 [Briefe und Vita aus dem 14. Jh.] – Mortier, Hist. des maîtres généraux, 1907, 102-113, 204-217 – A. Altaner, V. v. B., 1911 – A. Sisto, Pietro di Giovanni Olivi, il b. V. da B. e Vincenzo Ferrer, Rivista di storia e lett. religiosa I, 1965, 268-273 [Identifikation von zwei V. zugeschriebenen geistl. Opuscula als Werke des Petrus Joh. Olivi] – C. Gennaro, V. da B. e la peregrinatio romana del 1335 (Studi sul Medioevo cristiano [Fschr. R. Morghen, 1974]), 375-406 – R. Rusconi, L'Italia senza Papa (Storia dell'Italia religiosa, I, 1993), 444f.

Venus la déesse d'Amour, De, erweiterte Fassung des »Fabliau du Dieu d'Amour«, die eher als →Dit einzuordnen ist. Die in ovid. Tradition stehende allegor. Erzählung in 142 Quartinen monorimer *décasyllabes* ist um die Mitte des 13. Jh. entstanden. Sie ist in die Form eines Traums gekleidet: Die Dame wird von einer geflügelten Schlange entführt, aber der Liebesgott bringt ihren Geliebten zu ihr zurück und führt die beiden in sein Paradies. Der »Dieu d'Amour«, der die in den Texten des 13. Jh. häufigen pikardischen Spracheigentümlichkeiten aufweist, ist im ms. fr. 1553 der BN Paris (2. Hälfte des 13. Jh.) überliefert, »V.« findet sich im ms. 3516 der Bibl. de l'Arsenal, Paris.
A. Vitale Brovarone

Ed. und Lit.: W. Foerster, De V., la d. d'Amor, 1882 – I. C. Lecompte, Le fablel dou Dieu d'Amors, MP 8, 1910-11, 63-86 – D. Ruhe, Le Dieu d'Amours avec son Paradis. Unters.en zur Mythenbildung um Amor in Spätantike und MA, 1974 – M. M. Pelen, Form and Meaning of the Old French Love Vision: The Fabliau dou Dieu d'Amors and Chaucer's Parliament of Fowls, Journal of Mediev. and Renaiss. Studies 9, 1979, 279-305

Venzone, oberit. Stadt (Friaul); in der Nähe der Straße gelegen, die von Cividale del Friuli zum Paß von Tarvis hinaufführte, war V. aller Wahrscheinlichkeit nach bereits vor dem 10. Jh. ein fester Ort, als ein Diplom Berengars die »clusas de Albuitione quae pertinent de marchia Foroiuli« erwähnt, zumal die Spur langob. Besiedlung in dem Begriff »ficariam« (< fiuwaida) gesehen werden könnte, der in einem Diplom Ottos III. begegnet. Während des frühen MA war das Gebiet um →Gemona jedoch bedeutender, wo sich eines der castra befand, in dem sich die Langobarden während des Avareneinfalls von 610/611 verschanzten. V.s Geschichte im MA ist völlig von seinem Kampf mit der konkurrierenden Handelsstadt Gemona geprägt, der von beiden Seiten mit dem Willen, die Nachbarstadt zu zerstören, geführt wurde. V. war Lehen der Familie Mels, die es 1228 an den Patriarchen v. Aquileia abtrat, der seinerseits die Hzg.e v. Kärnten damit investierte, um sie als Bundesgenossen gegen die Visconti zu gewinnen. Von den Hzg.en v. Kärnten ging V. an die Gf.en v. Görz über, kam dann wieder unter die Herrschaft der Patriarchen und fiel schließlich an die Hzg.e v. Österreich. Am Ende des 14. Jh. verbündete sich V. mit Venedig gegen die da →Carrara und wurde 1420 dem Herrschaftsgebiet der Serenissima eingegliedert, die die gesamte Region befriedete. R. Cervani Presel

Lit.: V. Joppi, Notizie della terra di V. in Friuli, 1871 – F. Schneider, Die Entstehung von Burg und Landgemeinde in Italien, 1924.

Vera icon (Veronica; lat./gr. vera eikon 'das wahre Bild'), streng frontale und genau symmetr. und somit Vollkommenheit des Göttlichen symbolisierende Darstellung des Antlitzes Christi, vom Typ des Acheiropoieton ('nicht von Menschenhand gemacht'). Meist auf einem Tuch abgebildet, mit bis auf die Schultern fallendem Haupthaar und in der Regel zweigeteiltem Kinnbart, vielfach ergänzt durch goldene →Mandorla oder mit Strahlennimbus. Vorbild ist vermutl. die in St. Peter, Rom, bewahrte Tuchreliquie. Ab etwa 1250 in der Miniaturmalerei, v. a. in England, als Brustbild vorkommend. Seit dem 14. Jh. nur noch als Antlitz dargestellt. Das Tuch erscheint für sich allein, wird häufig von Engeln oder den Aposteln Petrus und Paulus gehalten. V. a. jedoch ist es Attribut der hl. →Veronika (Meister der hl. Veronika, namengebendes Bild aus St. Severin, Köln, um 1420; München, Alte Pinakothek), hier manchmal in Verbindung mit der Kreuztragung, dem Kreuzweg, dem Schmerzensmann (Robert Campin, Innenseite der Trinität, um 1430; Frankfurt, Städel) oder als eines der Leidenswerkzeuge Christi (→arma Christi), vielfach im Rahmen des Bildthemas 'Gregorsmesse' (Die Messe Gregors d. Gr., Ausst.-Kat. Köln 1982, 85–91). Die unter dem Einfluß der älteren Überlieferung (Mt 9, 20ff.) entstandene milde, hoheitsvolle Darstellungsform nimmt ab 1400 zunehmend Leidenszüge an und tritt somit deutlicher in Bezug zur Passion Christi (Schweißtuch der hl. Veronika; Lk 23, 27–31). Bes. in dieser Form gehört die in zahlreichen Kunstgattungen (Malerei, Holz- und Steinplastik, Graphik [z. B. Meister E. S.] usw.) vertretene V. i. zu den beliebtesten →Andachtsbildern des SpätMA. M. Grams-Thieme

Lit.: Lex. der Kunst VI, [Neubearb. 1987–94], 560–562 – LThK² X, 728f. – RDK I, 732–742 [hl. Antlitz] – K. Pearson, Die Fronica, ein Beitr. zur Gesch. des Christusbildes im MA, 1887 – L. v. Dobschütz, Christusbilder, 1899.

Vérard, Antoine, Pariser Buchhändler und Drucker, aus Tours, † 1513 in Paris. V. leitete zunächst eine Kopistenwerkstatt, bis er sich dem neuen Medium des →Buchdrucks zuwandte, ohne ganz auf die Herstellung kostbarer Hss. zu verzichten (von Jean de Rély übersetzter Psalter für Kg. Karl VIII.; »Passion du Christ« für Kgn. Luise v. Savoyen). Zw. 1485 und 1512 publizierte V. über 250 Drucke, im wesentl. frz. Texte: historiograph. Werke zur antiken und nationalen Gesch., Erbauungsschriften (z. B. »L'art de bien vivre«, »L'Ordinaire des Chrétiens«), Ritterromane (»Tristan de Léonnois«, »Gyron le Courtois«), Werke von Hofdichtern wie Octovien de→St-Gelais, Jean Bouchet und André de La Vigne. V.s Spezialität war der Druck bibliophiler Unikate auf feinem Pergament (*vélin*) für den Kg. (ca. 20 Bände für Karl VIII.), andere Fs. en und gekrönte Häupter (Charles d'Angoulême, Heinrich VII. v. England) sowie hohe Herren des Parlement und der Hoffinanz. Gemäß dem Rang seiner Kunden ließ er sie durch Miniaturmaler in seiner Werkstatt mit (unterschiedlich zahlreichen) Illuminationen schmücken. Die mit Bordüren und ganzseitigen Buchmalereien (auf vorgefertigten Holztäfelchen) ausgestatteten Prachtbände tragen am Kopf Dedikationsbilder (Überreichung des Buches durch V. an den Empfänger) und besitzen manchmal einen Widmungsbrief des Übersetzers oder Autors, aber auch des Editors V., der (neben selbstverfaßten Texten) hierfür auch ungeniert fremde Texte in adaptierter Form verwendete. Als offizieller Hoffaktor lieferte V. dem Kg. auch Drucke seiner Kollegen, deren Namen er dann durch sein gemaltes Monogramm ersetzen ließ. A. Charon

Lit.: J. Macfarlane, A. V., 1900 [Nachdr. 1971] – M. B. Winn, A. V.s Presentation Mss. and Printed Books (Mss. in the 50 Years after the Invention of Printing, Colloquium Warburg Institute. Papers, hg. J. B. Trapp, 1983), 66–74 – Dies., Books for a Princess and her Son: Louise de Savoie, François d'Angoulême, and the Parisian librairie A. V. (Bibl. de l'Humanisme et Renaissance, 46, 1984), 603–617 – Dies., V.'s Hours of Febr. 20, 1489/90 and their Biblical Borders, Bull. du bibliophile 1, 1991, 299–330 – U. Baumeister–M.-P. Lafitte, Des livres et des rois. La bibl. royale de Blois, 1992 – M. B. Winn, A. V., a parisian publisher, 1485–1512. Prologues, poems and presentations [im Druck].

Verba seniorum, seit dem 17. Jh. (H. Rosweyde) gängige Bezeichnung für die lat. Übersetzungen der gr. →Apophthegmata patrum. Eine lat. Slg. von Aussprüchen der Wüstenväter, »Adhortationes sanctorum patrum ad profectum perfectionis monachorum«, wurde von dem röm. Diakon Pelagius (später Papst →Pelagius I.) begonnen, von Subdiakon Johannes (Papst →Johannes III.) vor 556 fortgesetzt und von einem Anonymus beendet. Eine andere Slg., »Liber geronticon de octo principalibus vitiis«, übersetzte vor 556→Paschasius v. Dumio im Auftrag seines Abtes →Martin v. Braga, der seinerseits eine kürzere Slg., »Sententiae patrum Aegyptiorum«, ins Lat. übertrug. Aus dem 6. oder 7. Jh. stammt die Slg. »Commonitiones sanctorum patrum« eines anonymen Übersetzers. – Die V. s., die im ganzen MA eifrig benutzt, abgeschrieben und exzerpiert wurden, erscheinen in den Hss. auch als »Vitae (sanctorum) patrum«, ferner u. a. als Admonitiones, Collationes, Dicta, Exhortationes oder Sententiae der Väter. J. Prelog

Ed.: A versão lat. por Pascásio de Dume dos Apophthegmata Patrum, ed. J. G. Freire, 2 Bde, 1971 – Commonitiones Sanctorum Patrum, ed. Ders., 1974 – *Lit.:* BHL Nov. Suppl. 6525ff. – DSAM XVI, 383–392 [Lit.] – C. M. Batlle, Die »Adhortationes sanctorum patrum« (»V. s.«) im lat. MA, 1971.

Verbandstoffe, Materialien zum partiellen Abdecken der Körperoberfläche, therapeut. zum Decken von Wunden, Geschwüren und Dermatosen, zum Auffüllen bzw. Offenhalten von Gewebsdefekten, als Arzneistoffträger und zur Drainage sowie als Sonde benutzt. Aus dem antiken stabilisierenden Schutzverband haben sich erstarrende Verbände zur Knochenbruchbehandlung entwickelt, deren Tuchstreifen durch Beimengung von Harzen, Mehlkleister und Eiklar gehärtet wurden und die in ihrer fixierenden Wirkung durch das Einbinden von Ruten, Holzschindeln sowie das Anlegen einer hölzernen Lade verstärkt werden konnten. Als Grundmaterial diente zu Streifen zertrennte Leinwand. Derartige Binden kamen als Stützverband bei Unterschenkelgeschwüren (→Guy de Chauliac, Chir. magn. IV, II, 8) genauso zum Einsatz wie bei der Absicherung von reponierten Luxationen und behaupteten neben dem *līnīn tuoch* ihren führenden Platz in der Traumatologie. Dochtförmig zusammengedrehtes Leinen wurde in tiefe Gewebsdefekte eingeführt; flach zusammengefaltet wurde Leinen als Kompressen (»pressurae«, *biuschlîn*) aufgelegt. Als watteartiges Feinmaterial benutzte man gezupfte oder geschabte Leinwand (»[S]charpie«) bzw. Hanfwerg. – Wolle wurde nur selten für Verbände verwendet (frische Schurwolle, »lana sucida«, für Tamponaden; Wollbinden), →Baumwolle erfreute sich ab dem 13. Jh. wachsender Beliebtheit bei →Chirurgen und verdrängte sogar die Gänsedaunen als Füllmaterial bei den polsternden »plumaceoli«: Bei Hirnoperationen dienten Baumwollbäusche als Operationsbesteck. – Seide ist seit →Roger Frugardi im Gebrauch; das *sîdîn tuoch*, mit »vrouwen milch« getränkt, wurde als unterste Lage des Drei-Stufen-Verbandes bei Schädelverletzungen über die Hirnhaut gebreitet (→Ortolf, 141, 2; →Peter v. Ulm, 136). – Lederriemen waren zum Fixieren der Glieder bei gestielter Ferntransplantation im Einsatz (→Heinrich v. Pfalzpaint); gefensterte Lederstücke mit Riemenansatz benutzten die »Schnitt-Ärzte« bei Hodenbruch-Operationen; Unterschenkelgeschwüre wurden mit weichen Lederlappen bedeckt und durch paßgenaue Ledergamaschen unter Druck gesetzt (H. v. Gersdorff); frische Operationsstümpfe überzog man fäustlingsartig mit einer Rindsblase. – Eine siebartige Bleilamelle verordnete Peter v. Ulm (152) im Anschluß an Guy de Chauliac zum Abdecken therapierefraktärer Geschwüre. – Seitens dt. Chirurgen hat man große (Rot-)Kohlblätter als heilungsfördernde Wundauflage geschätzt. – Als Autosuturgerät war der »sêlp-haft« im Einsatz, beidseits des Wundspalts aufgeklebte, dicke Tuch- oder Filzstreifen, in denen der Wundarzt seine Nähte ausführte, ohne das Gewebe des Patienten zu tangieren (Peter v. Ulm, 130; Würzburger med. hist. Forsch. 35, 1986, 183f.). G. Keil

Lit.: J. Steudel, Der V. in der Gesch. der Medizin, 1964.

Verbannung, Exil. Mit dem Ausschluß aus dem Friedens- und Rechtsverband einer Gemeinschaft wurden im FrühMA zahlreiche Vergehen geahndet (→Acht, →Friedlosigkeit). Die Leges und die frk. Gesetzgebung kennen die V. (expulsio, exilium) als Beugemaßnahme oder Gnadenstrafe. Im HochMA begegnet die V. – verbunden mit dem Kirchenbann und der Verpflichtung zu einer Bußwallfahrt, ausnahmsweise aber nicht mit dem Verlust des Vermögens – z. B. im Urteil des Erfurter Reichstages vom Nov. 1180 gegen Hzg. →Heinrich d. Löwen; sein dreijähriges engl. Exil wurde wohl durch einen kgl. Gnadenakt beendet. Seit dem 12. bzw. 13. Jh. wurde die V. wegen ihrer Flexibilität, ihrer Reversibilität sowie ihrer schnellen und billigen Handhabbarkeit in den it. und zentraleurop. Städten zu einer zentralen Sanktion. Die Vielfalt der verwendeten Begriffe (bannire, excludere, *vorwisen, ut der stat driven* u. ä.) deutet dabei auf eine Pluralität von – häufig nur idealtyp. abgrenzbaren – Erscheinungen hin. So ist die V. als →Strafe gegen anwesende Personen von der Acht (→Verfestung, proscriptio) als Zwangsmaßnahme gegen abwesende Personen (Kontumazialurteil; →Kontumaz) unterschieden worden; in der Praxis überlagern sich beide Phänomene oft. Im Gegensatz zur Acht muß der V. nicht unbedingt ein formeller Gerichtsbeschluß zugrundeliegen, sie kann auch als arbiträre, »polizeiliche« Maßnahme erscheinen. V. a. die Sonderform der eidl. Selbstv. (abjurare civitatem) verweist auf die Gültigkeit eines von der Einwohnergenossenschaft selbst »verwillkürten« Statuarrechts neben der stadtherrl. Gerichtsgewalt. Die V. kann als Strafe für bestimmte Vergehen auf der Grundlage schriftl. fixierter Normen vollzogen werden. Sie kann als Ersatzstrafe im Fall der Insolvenz ebenso fungieren wie als Gnadenstrafe für eigtl. verwirkte Leibes- oder Lebensstrafen; zunehmend wird sie im SpätMA mit Geldbußen wie mit Ehren- und Körperstrafen kombiniert. Schließlich muß der V. kein bestimmtes Vergehen vorausgehen, sie kann auch präventiv zum Einsatz kommen. Die zeitl. Bandbreite reicht von ewiger V. über eine bestimmte kürzere oder längere Zeitdauer bis hin zur V. auf Widerruf. Eine Aufhebung der V. war prinzipiell immer möglich, meist gingen ihr Fürbitten von Verwandten und Freunden, Geldzahlungen an die Stadt und/ oder Ersatzleistungen an Geschädigte voraus. Auch der räuml. Geltungsbereich der V. wurde oft differenzierend angegeben; in Basel z. B. konnte er sich auf den städt. Bezirk innerhalb der Kreuzsteine beschränken, im anderen Extrem das gesamte Gebiet diesseits der Alpen umfassen. Ordnungspolit. stellte der »Export« von Straftätern eine fragwürdige Problemverschiebung dar. Dennoch deutet sich in den Halsgerichtsordnungen des 15. Jh. die Ausweitung der V. zum Landesverweis an, der zu einer zentralen Sanktion des frühnz. Territorialstaates werden sollte. Zweifellos war die V. neben der Geldbuße bereits im SpätMA die häufigste Strafe. Sie wurde v. a. in Italien gegen polit. Gegner und Magnaten eingesetzt, konnte sich aber ebensogut gegen Vaganten und Bettler richten. Die Auswirkungen einer längeren V. hingen entscheidend vom sozialen Status der Exilierten ab. Am stärksten waren Angehörige der stadtsässigen Unterschichten betroffen, die weder bisher ein unstetes Vagantenleben geführt hatten noch, wie die Mitglieder wohlhabender Familienclans, ihr Herausgerissensein aus den gewohnten sozialen Bezügen durch ökonom. Kapital und weitreichende Beziehungen kompensieren konnten. G. Schwerhoff

Lit.: HRG II, 1436–1448 – R. His, Das Strafrecht der dt. MA, I, 1920, 533ff. – G. Dahm, Das Strafrecht Italiens im ausgehenden MA, 1931, 311f. – W. Schultheiss, Einl. (Die Acht-, Verbots- und Fehdebücher Nürnbergs von 1285–1400, 1960), 56ff. – A. Boockmann, Urfehde und ewige Gefangenschaft im ma. Göttingen, 1980, 42ff. – H.-R. Hagemann, Basler Rechtsleben im MA, I, 1981, 188f. – O. Engels, Zur Entmachtung Heinrichs d. Löwen (Fschr. A. Kraus, 1982), 45–59 – G. Jónsson, Waldgang und Lebensringzaun (Landesverweisung) im älteren isländ. Recht, 1987 – S. Foster Baxendale, Exile in Practice: The Alberti Family In and Out of Florence 1401–1428, Renaissance Quarterly 44, 1991, 720–756 – A. Zorzi, Tradizioni storiografiche e studi recenti sulla giustizia nell' Italia del Rinascimento (Storici americani e Rinascimento it., hg. G. Chittolini [Cheiron 16, 1991]), 61ff. [Lit.] – P. Schuster, Der gelobte Frieden, 1995.

Verberie (Vermeria). Die an der Oise in der zum Ebm. →Reims gehörigen Diöz. →Senlis gelegene →Pfalz wurde bes. von →Pippin III. besucht, für →Karl Martell und →Karl d. Gr. ist dagegen jeweils nur ein Herrscheraufenthalt zu verzeichnen, für →Karl d. Kahlen ab 850 dagegen wieder mehrere: 856 heiratete die Kg. stochter Judith dort Kg. Æthelwulf v. Wessex, 858 fanden Unterredungen mit den Normannen in V. statt. Daneben war die Pfalz Schauplatz mehrerer Synoden: 756 (Kapitular Pippins hauptsächl. zur Ehegesetzgebung, MGH Cap. 1, 39ff.), 853 (u. a. Entscheidung über die Wiedereinsetzung des krankheitshalber aus dem Amt entfernten Bf. s v. Nevers; MGH Conc. 3, 304ff.) sowie in der Auseinandersetzung →Hinkmars v. Reims mit seinen Suffraganen →Rothad II. v. Soissons (863) und →Hinkmar v. Laon (869).

M. Stratmann

Lit.: Brühl, Fodrum, 18, 40 – E. Ewig, Spätantikes und frk. Gallien, I, 1976, 390, 405 – W. Hartmann, Die Synoden der Karolingerzeit im Frankenreich und in Italien, 1989, 73ff., 250, 315f., 323f., 469ff.

Verbleiung, Rahmengefüge (»Bleinetz«) einer Bleiverglasung, deren einzeln zugeschnittene, ggf. auch bemalte und gebrannte Glasstücke (→Glasmalerei) mit biegsamen, an den Kreuzungspunkten miteinander verlöteten sog. Bleiruten eingefaßt und durch ein abschließendes Randblei zu einem Feld gerahmt sind. Das Bleinetz hat nicht nur technische, sondern auch ästhet. Funktion, da es die Hauptlinien der ornamentalen oder figürl. Komposition einer Bleiverglasung hervorhebt. Die Bleirutenführung wird deshalb schon in der Bildvorlage festgelegt (sog. Bleiriß). Die ma. V.stechnik war im Prinzip die gleiche wie heute, sieht man von einigen techn. Neuerungen wie maschinell gezogenen Bleiruten ab. Die sehr stabilen ma. Bleiruten stellte man in aufklappbaren Gußformen aus u. a. Holz oder Eisen her; Gußrückstände und Grate wurden abgeschnitten und glattgeschabt. Seit Ende des 15. Jh. ist in Deutschland die Verwendung eines Bleizuges (»Bleimühle«) nachweisbar (1484, Akten der Freiburger Glaserzunft), auf dem die Bleiruten nach dem Gießen zu dünneren Ruten ausgezogen (»gemahlen«) wurden. Anders als heutige Bleiruten mit flachem H-Profil haben ma. Bleie ein massiveres Halbrundprofil und sind oft verzinnt. Im 13. und 14. Jh. wurden doppelt geführte Bleiruten durch Einlegen von jungen Weidengerten stabilisiert, Randbleie durch Eisenrundstäbe. Das heute übliche Abdichten der Bleie mit Kitt praktizierte man im MA offenbar nicht. Über die Arbeitsweise der ma. Glaser unterrichtet als erster und am ausführlichsten →Theophilus Presbyter, der im 2. Buch seiner »Schedula diversarum artium« neben dem Bemalen auch das Verbleien von Gläsern sowie die Herstellung der Bleiruten beschreibt. Eine weitere wichtige Q. ist ein im ausgehenden 14. Jh. verfaßter Traktat des it. Glasmalers Antonio da Pisa.

U. Brinkmann

Q. und Lit.: Theophilus Presbyter, Schedula diversarum artium, 1. Bd., hg. und übers. A. Ilg (Quellenschriften für Kunstgesch. und Kunsttechnik des MA und der Renaissance, 7, 1874 [Nachdr. 1970]), 128–137 – S. Strobl, Glastechnik des MA, 1991, 112–125 – M. H. Caviness, Stained Glass Windows, TS 76, 1996, 55f.

Verbrechen
A. Westen. Rechte einzelner Länder – B. Kanonisches Recht – C. Byzanz

A. Westen. Rechte einzelner Länder
I. Deutsches Recht – II. Skandinavisches Recht – III. Englisches Recht – IV. Französisches Recht – V. Italienisches Recht – VI. Spanisches Recht.

I. Deutsches Recht: V. ist 1. materiellrechtl. eine Tat (Handlung oder pflichtwidrige Unterlassung) als Voraussetzung einer Sanktion (v. a.: der →Strafe), daher abhängig von deren Sinnbestimmung (vgl. →Kriminalität). Im Rahmen der unmittelbaren →Rache oder der bereits Regeln unterworfenen →Fehde wurde eine schädigende (also die Rechtsstellung der betroffenen Gemeinschaft [Sippe, Gefolgschaft] herabsetzende) Tat zwar auch negativ eingeschätzt und daher auf sie mit Empörung oder Haß reagiert, doch sollte mit dieser Sanktion nur das Rechtsverhältnis wiederhergestellt, nicht der Täter bestraft werden; deshalb konnte die Reaktion auch ein anderes Mitglied der Tätergemeinschaft (etwa deren besten Mann) treffen. Die Einführung des gerichtl. Kompositionsverfahrens änderte an dieser grundlegenden Einschätzung nichts Wesentliches: die Bußzahlung (bei Tötung etwa das →Wergeld) war von der Gemeinschaft des Täters zu erbringen. Deshalb empfiehlt es sich, von V. (mhd.: *missetat, laster, untat, übeltat*; in den lat. Q.: *excessus, forefactum, crimen, maleficium, malefactum*) erst für die Taten zu sprechen, in denen die Sanktion notwendig den Täter treffen sollte, weil er die Ordnung des Zusammenlebens »zerbrochen« hatte. Dies traf zunächst zu bei Verletzung der Position des Kg.s, auf die dieser mit einem rechtl. Racheverfahren reagierte, dann wesentl. seit dem Aufkommen der Friedensbewegung bei Verletzung (ostfäl.: *vredebrake*) des →Gottes-, →Land- und →Stadtfriedens. Zunehmend wurde nach der Schwere der Tat unterschieden zw. V. im engeren Sinne (mhd. *ungerihte*) und leichteren Vergehen (mhd. *unfuoge, unzucht, unrecht*). Anfangs stand sicherl. das äußere schädigende Geschehen der Tat im Vordergrund, wenn auch der Begriff »Erfolgshaftung« nicht das Wesentl. trifft; denn schon die frk. Zeit berücksichtigte jedenfalls die hinter einer solchen Tat stehende Niedertracht bei den sog. »Meintaten« (»Neidingswerke«). Unter Einfluß der kanon. Theorie wurde allmähl. auch die innere Tatseite (Wille, Schuldfähigkeit, Not) berücksichtigt, was auch die sprachl. Verbindung des V.s mit mhd. *frevel* zeigt; zugleich trat die Qualität des V.s als einer schweren Sünde in den Vordergrund, was auch zur Übernahme des →Dekalogs als Ordnungsprinzip führte. – V. im engeren Sinne wurden 2. verfahrensrechtl. als »causae maiores«, »enormes excessus«, *pinlike saken* oder *böse dinge* der Hochgerichtsbarkeit (daher: *hohe gerichte*) zugeordnet und blutig (peinl., also: an Leben und Leib, an Hals und Hand) bestraft (daher: »criminalia capitalia«), zunehmend geregelt durch die landesherrl. »Halsgerichtsordnungen«; dabei bildeten meist →Mord, Brand, →Raub, →Heimsuchung, →Notzucht, (schwerer) →Diebstahl und Ketzerei (→Häresie) eine noch engere Gruppe, für die manchmal eine Rügepflicht (→Rüge) der Schöffen vorgesehen war; manchmal wurde auch auf »gewaltige Sachen« (»Gewaltsachen«) bes. abgestellt, nämlich für sie eine Ahndung mit Geldbrüchen zugelassen. Die Vergehen wurden der Niedergerichtsbarkeit zugeordnet, mit Geldbrüchen (Bußen), Prügeln, Ehrenstrafen oder Stadtverweisung geahndet und von Satzungen der örtl. Obrigkeiten (v. a. der Städte – daher auch *borgerlike saken* genannt), zunehmend auch von Polizeiordnungen geregelt.

W. Schild

Lit.: HRG I, 17f., 999–1001, 1045–1049; III, 1803–1808; IV, 1516f.; V, 668–670 – R. His, Das Strafrecht des dt. MA, I, 1920, 37–61 – H. v. Weber, Der Dekalog als Grundlage der Verbrechenssystematik (Fschr. W. Sauer, 1949), 44–70 – H. Hirsch, Die hohe Gerichtsbarkeit im dt. MA, 1958² – E. Kaufmann, Die Erfolgshaftung, 1958 – K. S. Bader, Schuld, Verantwortung, Sühne als rechtshist. Problem (Schuld, Verantwortung, Strafe, hg. E. R. Frey, 1964), 61–79 – W. Engelmann, Die Schuldlehre der Postglossatoren und ihre Fortentwicklung, 1965² – H.-R. Hagemann, Vom V.skat. des altdt. Strafrechts, ZRGGermAbt 91, 1974, 1–72 – H.-P. Benöhr, Erfolgshaftung nach dem Sachsenspiegel, ZRGGermAbt 92, 1975, 190–193 – D. Willoweit, Die Sanktionen für Friedensbruch im Kölner Gottesfrieden v. 1083 (Recht und Kriminalität [Fschr. F. W. Krause, 1991]), 37–52 – F. Scheele, di sal man alle radebrechen, 1992 – K. S. Bader, Zum Unrechtsausgleich und zur Strafe im FrühMA, ZRGGermAbt 112, 1995, 1–63.

II. Skandinavisches Recht: Bereits zur Zeit der →Landschaftsrechte wurden bestimmte V. (*lagha brut, gærning, værk*), insbes. →Mord, →Totschlag, →Raub, Mißhandlungen, Verwundungen, Mordbrand, →Notzucht, Bruch eines Treueverhältnisses, als Kränkung der Rechtsgemeinschaft und des Rechtsfriedens angesehen. Dies bedeutete, daß die ältere Vorstellung von der alleinigen Kränkung des Geschädigten und seiner Familie teilweise aufgegeben wurde mit dem v. a. von Kirche und Kgtm. erklärten Ziel, den Umfang der →Blutrache weitgehend (außer etwa bei flagranter Tat oder bei vorausgegangenem Dingurteil) einzuschränken und durch →Bußen an den Geschädigten respektive dessen Familie, die Dinggemeinde und den Kg. zu ersetzen. Noch in älteren Rechten (etwa dem schwed. →Västgötalagh) galten V. innerhalb der Familie als reine Familienangelegenheit. Über das →Kanon. Recht fand die Auffassung der persönl., sündhaften Schuld für eine Tat Eingang in das skand. Rechtsdenken. Zunehmende Bedeutung gewann der Aspekt der Tatmotivation. Man unterschied deutlicher zw. willentl., vorsätzl. V. (*viliavœrk*) und unbeabsichtigten V. (*vapavœrk*), für das dem Kg. keine Buße gezahlt werden mußte; dabei mußten bei grob fahrlässigen Taten etwas höhere Bußen als bei normalen *vapavœrk* geleistet werden. Schwere V. wurden indessen immer als vorsätzl. angesehen. Auch spätere Folgen eines schweren V.s galten als vorsätzl. (etwa Mißhandlung mit Todesfolge). Ausschlaggebend für die Beurteilung eines V.s war grundsätzl. der angerichtete Schaden. Vorbereitete und versuchte V. wurden nicht oder nur im Rahmen des tatsächl. Schadens geahndet. Zunehmend gewann auch die Geistesshaltung des Täters bei der Einschätzung eines V.s an Bedeutung. Bes. niederträchtige und heimtück. V. (Angriff auf Wehrlose, Verrat/Landesverrat, heiml. Taten wie Mordbrand, Diebstahl, Zauberei sowie Vertuschungsversuche) konnten mit Bußen nicht mehr abgegolten werden (*urbotœmal*), sondern nur noch mit →Friedlosigkeit, Leibes- oder Todesstrafen. Von Frauen begangene V. wurden nach den älteren Rechten meist nachsichtiger behandelt als von Männern begangene V., nicht zuletzt, weil die Frau stets der Vormundschaft eines Mannes unterstand. In jüngeren Rechten wird die Frau dem Mann strafrechtl. gleichgestellt und ist für ihre Tat selbst verantwortl. (Verordnung v. Skara 1335, →Magnus Hákonarsons Landslög IV, 3). Notwehrhandlungen (→Notwehr) blieben in der Regel straflos. H. Ehrhardt

Lit.: KL V, 93ff. [Lit.] – K. v. Amira, Nordgerm. Obligationenrecht, I, 1882, – Ders., Grdr. germ. Rechts, 1913 – R. Hemmer, Studier rörande straffutmättningen i medeltida svensk rätt, 1928 – P. Gædeken, Retsbrudet og Reaktioner derimod i gammeldansk og germansk Ret, 1934.

III. Englisches Recht: Die Listen der Straftaten in den ags. Gesetzen belegen das Fehlen eines geschlossenen Konzeptes vom V., da in Anlehnung an bibl. Vorbilder Sünden und moral. Fehlverhalten (Völlerei, Ehebruch, Zauberei) Taten wie Mord und Raub gleichgestellt wurden, die ihrerseits neben Betrug, Nichtbeachtung des Fastengebots oder Geiz erscheinen. In der Praxis wurden V. jedoch nach ihrer Art und Schwere unterschieden, wie die spätestens Mitte des 10. Jh. hervortretende Differenzierung in bußlose und durch Geld sühnbare Taten zeigt, wobei generell zw. der Entschädigung des Opfers (*bot*) und der dem Gerichtsherrn zufallenden Strafe (*wite*) unterschieden wurde. Anfang des 12. Jh. wird unter den schwersten Straftaten auch »felonia«, ursprgl. der durch den Vasallen am Lehnsherrn verübte Verrat, aufgeführt. In der Folgezeit werden die mit Leib- oder Lebensstrafe sowie Besitzverlust geahndeten V. unter diesem Begriff zusammengefaßt (→*felony*). Es handelte sich dabei in der Regel um Mord, Raub, Diebstahl, Einbruch, Verstümmelung und Zufügung schwerer Wunden, Vergewaltigung und Brandstiftung, aber auch um Fälschung. Motive und Absicht des Täters spielten bei der Einordnung der Tat eine große Rolle. Der verbrech. Charakter der Tat mußte bei der Anklage formal durch die Worte »nequiter et felonice« zum Ausdruck gebracht werden. Bei Tötungen war festzustellen, ob überhaupt ein V. vorlag. Allerdings war seit 1278 auch bei Tötung aus Notwehr eine kgl. Begnadigung für die Freilassung erforderl. Auch die Wegnahme von →Fahrhabe nur »cum animo furandi« war ein V. Hochverrat (→*treason*) wurde 1352 durch das »Statute of Treason« als schwerste Form des V.s definiert. Schwere V. wurden – mit Ausnahme einiger Immunitätsbezirke – generell durch die Krone verfolgt. Die Anklage erfolgte durch das Opfer bzw. die Angehörigen oder durch Geschworene. Wenn die Tat nicht in die enge Kategorie der felony fiel, konnte seit dem 13. Jh. eine Klage wegen →*trespass* vorgebracht werden, die hauptsächl. auf Entschädigung abzielte, den Aspekt des V.s aber noch in der Anklageformel »cum vi et armis« und in schweren, vor kgl. Gerichten zu verhandelnden Fällen auch »contra pacem regis« enthielt. →Strafe, C. V. J. Röhrkasten

Lit.: F. Pollock–F. W. Maitland, Hist. of English Law..., II, 1898² [Neudr. 1968], 462–543 – J. Baker, An Introduction to English Legal Hist., 1990³, 596–608.

IV. Französisches Recht: Die Gesch. des V.s und seiner Bekämpfung im westfrk./frz. Bereich vom 5.–15. Jh. gibt Aufschluß über den komplexen hist. Prozeß der (zunächst nur partiellen) Übernahme der Aufgaben öffentl. Rechts- und Friedenswahrung (Aufrechterhaltung des *ordre public*) durch den monarch. Staat (→Monarchie), der damit auf die Bedürfnisse der Gesellschaft reagiert. Vor dem 13. Jh. läßt sich dieser Entwicklungsprozeß nur anhand der normativen Q. und Prozeßformulare sowie einiger narrativer Q. (d. h. eher grobflächig) erfassen, da erhaltene Serien von Gerichtsakten noch weithin fehlen.

In den germ. Reichen des 5. Jh. und im frühen Frankenreich der Merowinger traten die röm. Rechtstechniken und die Anfänge kirchl. Rechtes (Konzils- und Synodalbeschlüsse: Kanones, entstehendes Kanon. Recht) stärker zugunsten der auf gewohnheitsrechtl. Grundlage beruhenden sog. 'Barbaren-' oder 'Volksrechte' zurück (→Abschnitt, I; →Leges). Charakteristisch für die V.sverfolgung der germ. Rechte sind (bei Fortdauer der →Blutrache) zumeist archaische, formalisierte und ritualisierte Verfahrensweisen wie das (sakrale, aus heut. Sicht irrationale) Ordal (→Gottesurteil) und insbes. das System der Kompensationen (→Buße, weltl. Recht; →Wergeld). Ein V. wurde im allg. nur dann gerichtlich verfolgt, wenn Geschädigte (vielfach ein [familiärer] Personenverband) ihre →Klage vorbrachten, wobei der →Richter im wesentl. auf die Rolle des Schiedsrichters beschränkt war (→Urteil).

Im Gegensatz zu dieser frühma. Situation, die in der Karolingerzeit durch weltl. und kirchl. Gesetzgebung (→Kapitularien) sowie im 11. und 12. Jh. durch die Friedensgesetzgebung (→Gottesfrieden, →Landfrieden) bereits modifiziert wurde, besitzen wir für die Zeit seit dem 13. Jh. wesentl. aussagekräftigere Q. (Archive der örtl. Gerichte, des →Parlement, kgl. *lettres de remission*; →litterae), die einen eingehenderen Blick auf die Gesch. der →Kriminalität, ihre soziale Rolle und ihr Umfeld ermöglichen. Die allg. rechtsgesch. Entwicklung tendiert vom alten Schiedsrichtertum (arbitrium) zum eigtl. Richteramt (iudicium), von der Rache zur Sanktion, von der privaten Klageerhebung zum öffentl. →Inquisitionsprozeß.

Diese Entwicklung vollzog sich freilich nicht widerspruchsfrei. Die Justiz konnte in bestimmten Gebieten eine Strafverfolgung nur dann einleiten, wenn ein auf frischer Tat (→Handhafte Tat) ertappter Delinquent durch den Ruf des 'haro', des öffentl. Ausrufers, bezeichnet wurde. Nach bestimmten →Coutumiers (→Philippe de Beaumanoir) konnte der Richter sich 'ex officio' eines Täters bemächtigen und ihn zwingen, sich der 'inquisitio' zu unterwerfen, auch ohne daß ein Kläger gegen ihn aufgetreten war (Ansätze zum 'Offizialdelikt'). Die Intervention der hohen kgl. Justizbeamten (gens du roi), des →Procureur und →Avocat du roi, bei den Gerichtshöfen (Ordonnanz v. 1302) markiert die Ausbildung der öffentl. Justiz. In einer auf den Regeln und Gesetzen der →Ehre beruhenden Gesellschaft verschwanden dessenungeachtet die private Rache und Selbsthilfe nicht. Eine starke Anzahl von V. entging der gerichtl. Verfolgung durch Erwirken eines kgl. Gnadenbriefes (rémission). Der Kg., dem die Landfriedenswahrung oblag, hatte das Recht zu verzeihen wie zu strafen. Die moderne Verfahrensform des Inquisitionsprozesses kam im 13. Jh. unter dem Einfluß des gelehrten Rechts auf (→Gemeines [röm.] und →Kanon. Recht), nachdem das IV. →Laterankonzil die Gottesurteile als vernunftwidrig verdammt und die Regeln der förml. 'inquisitio' (frz. enquête) aufgestellt hatte. Die unter stärkerem Einfluß des röm. Rechtes stehenden südfrz. Weistumsrechte (Coutumes) der Zeit nach 1220 zeigen, daß der gerichtl. →Zweikampf im Midi (→Pays de droit écrit) bereits außer Gebrauch gekommen war. Im 'Pays de droit coutumier', dem durch Gewohnheitsrecht geprägten nordfrz. Bereich, trat eine entscheidende Zäsur ein, als Kg. →Ludwig d. Hl. durch sein Mandat vom Febr. 1261 den gerichtl. Zweikampf in der gesamten Krondomäne und für alle Arten von Prozessen verbot und an seine Stelle die 'inquisitio' mit Zeugen- und Urkundenbeweis setzte. Für die 'ordentl. Prozesse' wurde ein komplexes und aufwendiges Inquisitionsverfahren geschaffen. Nur die »cas énormes et spéciaux«, bes. schwere Kapitalv., wurden, bevorzugt am →Châtelet de Paris, als Offizialdelikte unter Geheimhaltung, Anwendung der →Folter und Herbeiführung eines Geständnisses verhandelt. Der Inquisitionsprozeß entsprach dem Wunsch einer Öffentlichkeit, die einerseits die entschiedene Repression von V., andererseits das Wort vor Gericht (durch die Zeugenaussage) verlangte. Dem Widerstand des Adels gegen diese strafrechtl. Neuerungen wurde insofern Rechnung getragen, als ihm noch bis 1306 das Privileg des gerichtl. Zweikampfes zugestanden wurde. Auch darüber hinaus kam es bei Prozessen über Gewaltv., die sich durch Zeugen- oder Urkundenbeweis nicht klären ließen, noch vereinzelt zum Zweikampf, der gleichsam als die Folter des Adligen galt. Der letzte gerichtl. Zweikampf fand 1549 statt.

An der Spitze der Hierarchie der V. standen die »cas énormes«, die ausschließl. von der Hochgerichtsbarkeit abgeurteilt wurden und durch →Todesstrafe, →Verbannung oder sehr hohe Bußen bzw. Konfiskationen geahndet wurden, aber auch den Straferlaß durch kgl. Begnadigung kannten. Der →Mord war in dieser Kategorie von V. nicht das schwerste. Nach einem Jahrhundert tastender Versuche wurde um 1450 das polit. V., das →Majestätsv. (lèse-majesté), mit eigenem Profil versehen.

Unter den schwersten V. rangierten (neben der gegen den Lehnsherrn verübten →Felonie) aber auch die Verletzungen der geheiligten, der religiösen Sphäre (→Sakrileg, →Blasphemie, →Häresie, →Meineid), die Vergehen gegen das Leben und die sittl. Normen (Entführung, an einer Jungfrau begangene →Notzucht, →Abtreibung, Kindestötung, →Ehebruch) sowie gewalttätige Eigentumsdelikte (→Raub, →Brandstiftung). Alle diese an die Grundfesten der Gesellschaft rührenden V. waren dem Gericht des Kg.s vorbehalten (→cas royaux). Die Rolle der Gewalttat und des V.s in der frz. Gesellschaft des 14. und 15. Jh. ist statistisch und sozial nicht »meßbar«; die Kriminellen konnten sich in der Regel als »normale Leute« und nicht als 'Randständige' (→Randgruppen) fühlen, abgesehen von den beschäftigungslosen, plündernden Söldnerhaufen (→Kompagnie).

F. Autrand

Lit.: A. LAINGUI–A. LEBIGRE, Hist. du droit pénal, 2 Bde, 1979–80 – C. GAUVARD, »De grace especial«: Crime, État et société en France à la fin du MA, 2 Bde, 1991.

V. ITALIENISCHES RECHT: Im FrühMA führten nach der got. Periode die Langobarden in Italien ein Gewohnheitsrecht ein, das die *faida* (→Fehde) bzw. den betroffenen →fara-Verbänden als gewalttätige Reaktion auf ein V., das den sozialen Frieden gewalttätig gestört hatte, zur Basis nahm. Mit der Zeit wurde die faida durch die Zahlung einer Geldsumme (compositio; bei Mord und Totschlag →Wergeld) abgelöst. Innovativ führte das →Edictum Rothari ein festes Tarifsystem für jede Art von V. ein, das höhere Summen ansetzte, als zuvor üblich. Die faida verschwand zwar nicht völlig, ihre legitime Ausübung wurde jedoch reduziert (zu im langob. Recht vorgesehenen Strafen vgl. Strafe, C. II). Bei der Bewertung der Straftat bzw. des V.s ist im langob. Recht eine Entwicklung festzustellen, die – wenn auch nur in eigens definierten Fällen – die Gemütsverfassung des Täters rechtfertigende Motive, die Umstände der Tat, Fahrlässigkeit etc. berücksichtigt. Auch die Berücksichtigung verschiedener Vorstadien eines V.s durch das Gesetz (z. B. Roth. 139–141 bei Giftmord), die mit einer geringeren Strafe belegt wurden als das begangene V. (eine singuläre Vorwegnahme des Begriffs »Tatversuch«, der im Gemeinen Recht eingehender definiert werden sollte), zeigt eine erhöhte Sensibilität für die inneren Beweggründe der menschl. Handlungen. Die Anordnungen der langob. Edikte, die mit den Ergänzungen der frk. Kapitularien in der »Lombarda« und im »Liber Papiensis« gesammelt sind, bildeten die Rechtsgrundlage des Regnum Italiae, während in den byz. Gebieten das römische Recht weiterlebte, das in der →Ekloge modifiziert und verschärft wurde. Seit dem 12. Jh. setzte sich das römische Recht als ius commune durch, konkurrierte aber vor Ort mit Gewohnheiten und Statuten, deren Normen teilweise auf das langob. Recht zurückzuführen sind, das in einigen Gebieten (z. B. in der Lombardei) ausdrückl. in Geltung blieb. Auf diese Traditon läßt sich z. B. die starke Verbreitung des Systems der Geldbußen zurückführen, das auch bei V. an Personen zur Anwendung kam. Im Vergleich zum langob. Recht sehen die Statuten einen weit umfangreicheren Strafenkatalog vor. Neben den Geldbußen, die zunehmend öffentl. Charakter erhielten, da sie an die Kommune und nicht an das Opfer des V.s oder seine Familie geleistet werden mußten, findet sich in den Statuten auch die Todesstrafe, die für bestimmte Gewaltv., z. B. für Mord, mit der Zeit an die Stelle einer Geldstrafe tritt; außerdem war eine große Zahl unterschiedlichster Körperstrafen einschließlich Verstümmelungen vorgesehen, V. ferner Ächtung, Güterkonfiskation, Exil und Verbannung, Verbot des Zugangs zu öffentl. Ämtern für V. von Amtsträgern. Die Festsetzung der Strafe für V. oblag zumeist dem Podestà. Die Statuten ließen auch dem Gewohnheitsrecht von →Sühne und →Urfehde bzw. der Familie des Täters und der des Opfers Raum, das in verschiedenen Fällen (v. a. bei V. an Personen) eine Aussetzung (seit dem Ende des 13. Jh. nur eine Minderung) der Strafe bewirkte. Die Praxis der privaten →Rache konnte nicht völlig eliminiert werden, wie in vielen Statuten präsente Verbote zeigen. In den lokalen Rechtsslg.en läßt sich eine Tendenz feststellen, den sozialen Frieden zu sichern und eine strenge Kontrolle der V.sbekämpfung mittels der Strafgesetzgebung zu gewährleisten, wozu bei Gericht die zunehmende Ausbreitung des →Inquisitionsprozesses gegenüber dem →Akkusationsprozeß beitrug. Gegenüber dem Gemeinen Recht setzen die lokalen Rechte neue Rechtsnormen fest, nicht nur im Hinblick auf die einzelnen V.sarten und ihre Strafen, sondern auch in bezug auf Deliktfähigkeit, Umstände, Entlastungsfaktoren, Mitterschaft, V.shäufung. Diese und andere aus der Praxis stammende Elemente wurden von den Rechtslehrern aufgegriffen, was zu einer Gegenüberstellung der Prinzipien des Gemeinen Rechts und der lokalen Rechtsnormen führte und Lücken auffüllte. G. Chiodi

Lit.: Enc. del. diritto XXXII, 1982, 739–752, 752–770 [G. Diurni] – Enc. diritto penale it., hg. E. Pessina, I, 1905 [P. Dell Giudice]; II, 1906 [C. Calisse] – A. Pertile, Storia del diritto it., V, 1892 – J. Kohler, Das Strafrecht der it. Statuten, 1897 – G. Dahm, Das Strafrecht Italiens im ausgehenden MA, 1933 – T. Gatti, L'imputabilità, i movimenti del reato e la prevenzione criminale negli statuti it. dei sec. XII–XVI, 1933 – A. Cavanna, La civiltà giuridica longobarda (I Longobardi e la Lombardia, Saggi, 1978), 1–34.

VI. Spanisches Recht: Als V. religiösen Charakters beunruhigte die →Apostasie wegen der →Konversionen zum Judentum die kath. Westgoten, wegen der Übertritte zum Islam das chr. Spanien. Bald trat jedoch das Problem der →Häresie stärker in den Vordergrund. Als polit. V. galt primär der Verrat, der bei den Westgoten zum öffentl., im chr. Spanien des HochMA jedoch als heimtück. Vergehen zum privaten Bereich gezählt wurde. Erst im SpätMA sollte wieder zw. Verrat als öffentl. und heimtück. Vergehen als privatem V. unterschieden werden.

Als V. in Ausübung öffentl. Funktionen wurden Bestechung und Amtsmißbrauch (→Korruption) angesehen, wobei häufig Kompensationsstrafen – bei den Westgoten wie auch im chr. Spanien – verhängt wurden. Die in den →Siete Partidas als *mudamiento de verdad* ('Wahrheitsverdrehung') genannten Fälschungsdelikte umfaßten eine ganze Reihe von Straftaten wie →Falschmünzerei, Verfälschung von Edelmetallen, Urkk.fälschung (→Fälschung), Fälschung von Maßen und Gewichten, Gesetzesfälschung sowie falsche Angaben über die persönl. Identität. Ebenso galten verbotene Spiele (→Spiel, A. II), Grabschändungen und V. gegen das Gemeinwohl als öffentl. Verbrechen.

Gewaltv. sind am häufigsten belegt, zuallererst →Totschlag, der unterschiedl., je nach dem Stand des Opfers oder der Art der Ausführung, geahndet wurde, bis hin zum heimtück. Mordanschlag (Assassinat; →Mord). Auch →Abtreibung mit Hilfe mechan. Mittel wurde bestraft. Zu den Gewaltv. wurden auch Sittlichkeitsv. wie Entführung, →Notzucht, →Blutschande und Sodomie gezählt. Ehrverletzenden Handlungen (Beschimpfung, →Beleidigung) wurde eine bes. Bedeutung zugemessen.

Unter den Eigentumsdelikten sind zu nennen: v. a. →Diebstahl (*hurto*) und →Raub (*rapiña*) bei den Westgoten, wobei der erste Begriff auch im chr. Spanien verwandt, der zweite jedoch durch *robo* ersetzt wurde. Auch Betrug und Beschädigung fielen unter diese Kategorie.
J. Lalinde Abadía

Lit.: J. Orlandis Rovira, Sobre el concepto del delito en el Derecho de la Alta Edad Media, AHDE XVI, 1945, 112–192 – J. García González, Traición y alevosía en la Alta Edad Media, AHDE XXXII, 1962, 323–345 – B. González Alonso, Los delitos patrimoniales en el Derecho pirenaico local y territorial, AHDE XLI, 1971, 237–334 – A. Iglesias Ferreirós, Hist. de la traición. La traición regia en León y Castilla, 1971 – R. Roldán Verdejo, Los delitos contra la vida en los fueros de Castilla y León, 1978.

B. Kanonisches Recht

V. bezeichnete im kanon. Recht sowohl die Straftat (crimen) als auch jenes Ehehindernis (impedimentum criminis; →Ehe, B. II. 2), das eine Heirat zw. Personen nicht zuläßt, die durch ein V., d. h. die Verletzung der ehel. Treue, diese intendierten.

[1] Entsprechend der von Augustinus in Abgrenzung zur Sünde (peccatum) aufgestellten Definition galt als V. ein schweres und mit einer entsprechenden Strafe bedrohtes Unrecht (→Schuld, II). Seit Petrus →Abaelardus bemühte sich die kanonist. Wiss. um eine deutlichere Begriffsklärung. Uneinigkeit über das V.sverständnis Gratians ließ die →Dekretisten erkennen, daß zwar jedes crimen ein peccatum, nicht aber jedes peccatum ein crimen sei. Erst für die →Dekretalisten war der V.sbegriff eine gegebene Sache. Im Unterschied zum →Decretum Gratiani, das noch keinen bes. strafrechtl. Teil aufwies, behandelten die Dekretalen die einzelnen Straftaten im 5. Buch (→Corpus iuris canonici). Mit Tatstrafen belegte V. fanden in der →Abendmahlsbulle »In coena Domini« eingehende Regelung (→Strafe, A).

[2] Das Hindernis des V.s entstand aus der rechtl. Qualifikation erschwerender Umstände des →Ehebruchs (B. II), der in der frühen Kirche neben →Mord und →Apostasie zu den schwersten Vergehen zählte. Die Synode v. Meaux (845) stellte den Ehebruch in Verbindung mit Gattenmord (C. 31 q. 1 c. 5), die Synode v. Tribur (895) jenen mit Eheversprechen (C. 31 q. 1 c. 4) als trennendes Ehehindernis auf. Gratian hält daran fest (Dict. p. C. 31 q. 1 c. 3). Die Päpste Clemens III. und Coelestin III. fügen den Ehebruch mit versuchter Eheschließung (X 4. 7. 4 und 5), Coelestin III. den Gattenmord allein (X 3. 33. 1) hinzu. Die Bestimmungen aus X 4. 7 gingen weithin in den CIC (1917) ein. Beim öffentl. bekannten Gattenmord dispensierte die Kirche nie, beim geheimen nur aus gewichtigen Gründen. W. Rees

Lit.: zu [1]: St. Kuttner, Kanonist. Schuldlehre von Gratian bis auf die Dekretalen Gregors IX., 1935 – W. Rees, Die Strafgewalt der Kirche, 1993 – zu [2]: DDC IV, 764ff. – L. Smisniewicz, Die Lehre von den Ehehindernissen bei Petrus Lombardus und bei seinen Kommentatoren, 1917, 115–125 – J. Linneborn, Grdr. des Eherechts nach dem Codex Iuris Canonici, 1933[5], 257ff. – W. Plöchl, Das Eherecht des Magisters Gratianus, 1935, 89–93 – F. Schönsteiner, Grdr. des kirchl. Eherechts, 1937[2], 374–380.

C. Byzanz

In den byz. Rechtsbüchern (→Byz. Recht) gab es keine Einteilung der Vergehen bzw. V. nach bestimmten Kategorien. Die Forsch. unterscheidet dagegen, auf der Grundlage sowohl der jurist. als auch der erzählenden Q., drei Hauptkategorien von V.: private, staatl. und kirchl.

Der Bereich der privaten V. umfaßt im wesentl. →Mord und andere Gewalttaten, durch welche einer Privatperson eine phys. Verletzung und/oder eine →Beleidigung zugefügt wurden, familiäre und sexuelle Delikte (→Sexualität, II), widerrechtl. Aneignung fremden Guts (→Diebstahl, →Raub) und Vertragsbruch. Nach einer →Novelle Ks. Manuels I. v. 1166 sollte ein Mörder, der sein V. in der Provinz begangen hatte, in Ketten nach Konstantinopel abgeführt werden. Als bes. Fall galt die Ermordung (v. a. durch Gift) eines Ehegatten. Zwei weitere, mit dem Mordbegriff zusammenhängende Rechtsprobleme wurden in Byzanz diskutiert: →Abtreibung wurde als krimineller Akt gewertet, obwohl die →Ekloge nur die Abtreibung eines Embryos, das eine verheiratete Frau von einem Fremden empfangen hatte, als strafbare Handlung wertete. Der Krieger auf dem Schlachtfeld galt nicht als Mörder, sondern wurde als Held gefeiert (Ks. Nikephoros II. regte an, vor dem Feind gefallene Soldaten zu Hl. en zu erklären), andererseits aber auch als Übertreter des bibl. Gebotes gesehen (→Basilius d. Gr.). Gegenüber familiären Konflikten (→Familie, D) verhielt sich das byz.

Recht gewöhnl. zurückhaltend, wenn auch eine exzessive Ausübung der väterl. Gewalt bekämpft wurde (etwa der Verkauf von Kindern als →Sklaven, nicht aber die Kastration von Söhnen; →Eunuchen). Die Haltung gegenüber →Notzucht schwankte; Faktoren wie ein mögl. Konsens des Opfers, dessen Alter und Jungfräulichkeit, ein mögl. kollektives Begehen der Tat, die Bedrohung mit einer Waffe usw. wurden mit in Betracht gezogen. →Homosexualität und Sodomie wurden ebenso wie →Blutschande und →Ehebruch verdammt und geahndet.

Diebstahl wurde vom Justinian. Recht als privates Delikt gewertet. Nicht jede unbefugte Aneignung fremden Besitzes galt als schweres V.: In manchen Fällen durften Nachbarn und selbst Fremde ein Grundstück betreten, um dort Früchte für den eigenen Bedarf zu ernten, Kastanien und Heu zu sammeln, zu fischen usw.; auch die Urbarmachung und Bewirtschaftung fremden (ungenutzten) Landes oder die Aneignung der Ladung gestrandeter Schiffe (→Strandrecht) konnte unter bestimmten Umständen vom Gesetz geduldet werden. Die Gültigkeit von →Verträgen wurde durch spezielle Klauseln, die bei Vertragsbruch sowohl weltl. Bußen als auch kirchl. Sanktionen vorsahen, geschützt, doch konnte die Nichtbezahlung einer →Schuld auch Gefängnis nach sich ziehen.

Die staatl. V. umfaßten die Beleidigung des Ks.s (→Majestätsv.), Verrat, Verstöße gegen die öffentl. und soziale Ordnung (→Revolte; Raub), die Weigerung, den staatl. Pflichten nachzukommen (Militärdienst, Steuern), den Bruch öffentl. Verträge und die Mißachtung der Gewerbeordnung.

Die kirchl. V. betrafen zunächst moral. Verfehlungen und die Überschreitung ritueller Normen, ebenso aber auch →Häresie, unerlaubte Kontakte mit Ungläubigen (→Apostasie) und die Verwicklung in verbotene Praktiken der →Magie und Hexerei.

Die Grenzlinie zw. den drei Kategorien war nicht immer klar definiert: Die Kirche strebte danach, die →Ehe zu kontrollieren; manchmal wurde Diebstahl (und nicht nur Mord) als V. gegen den Staat betrachtet. Die Verfolgung von Häretikern war sowohl staatl. als auch kirchl. Verpflichtung.

Die Kirche übte ihre Strafgewalt durch vielfältige Formen der Kirchenbuße aus; das private V. wurde im wesentl. durch Geldbußen gesühnt. Der Staat praktizierte unterschiedlichste Arten von →Strafen: Aberkennung der Ehre (damnatio memoriae; Schur des Haupthaares), Konfiskation, Exil (→Verbannung) und Internierung in einem Kl.; Gefangenschaft und Zwangsarbeit (Minen, staatl. Werkstätten), Leibesstrafen, sowohl temporärer (Prügelstrafe) als auch irreversibler Art (Handabschlagen, Gesichtsverstümmelung, Blendung), die →Todesstrafe (die röm. Hinrichtungsart der Kreuzigung war zwar aus religiösen Gründen verboten, der →Galgen [furca] und selbst die Verbrennung bei lebendigem Leibe dagegen möglich). Die soziale Stellung konnte die Art der Strafe beeinflussen: So sah die Ekloge für einen armen Straftäter bei demselben Delikt die Prügelstrafe vor, für einen wohlhabenderen dagegen eine Geldbuße. Die byz. Gesellschaft übernahm das System kollektiver Verantwortung: Nachbarn mußten für die von verlassenen Bauernstellen zu erhebenden Steuern aufkommen, und Andronikos I. dehnte die Verantwortlichkeit für begangene Straftaten über den einzelnen hinaus auf dessen Familie aus.

Es bestanden staatl., kirchl. und private Organe der V.sverfolgung. Die Hauptstadt hatte eine →Polizei vorrangig zum Schutz des Ks. palastes, aber auch der (nächtl.) Straßen; sie unterstand dem →Drungarios der 'vigla', belegt seit dem 8. Jh., der im 11. Jh. zum Präsidenten des ksl. Gerichtshofes aufstieg. Die Rechtsprechung war von der administrativen Autorität nicht getrennt: Vielfältige fiskal. und militär. Amtsträger hatten ihre Gerichtshöfe. Höchste richterl. Autorität war der Ks., der auch als oberste Appellationsinstanz für Urteile anderer Gerichte angerufen werden konnte. Bfl. Gerichte urteilten über Familienstreitfälle und Sittlichkeitsdelikte. Private Herren waren anerkannt als Schiedsrichter über (niedrigere) Mitglieder ihrer Familien und Klientelverbände wie über Sklaven und »Mietlinge« (*misthioi*), doch bemühte sich der Staat, ihr Recht zur Verhängung von Leibesstrafen einzuschränken. Rechtl. →Immunität ist nur in spätbyz. Zeit bezeugt. Das byz. Recht bot manche Möglichkeit, Bestrafungen zu mildern oder gar förml. aufzuheben (ksl. Begnadigung und Amnestie, Rechtsvorstellung der oikonomia ['Konzession, Kompromiß'], in gewisser Entsprechung zum westl. Rechtskonzept der →aequitas); das →Asylrecht bewahrte einen Straftäter, der in einer Kirche nahe dem Altar Schutz suchte, zeitweilig oder auf Dauer vor Verfolgung. Im 13. Jh. begegnet das »barbar.« →Gottesurteil (Eisenprobe), das einem Verdächtigen u. U. zur Straffreiheit verhalf. A. Kazhdan

Lit.: Ph. Koukoulès–R. Guilland, Études sur la vie privée des Byzantins, I. Voleurs et prisons à Byzance, REG 61, 1948, 118–136 – H. Evert-Kappesowa, Formy zesłaniwa państwie bizantyńskim, Harvard Ukrainian Stud. 7, 1983, 166–173 – M. Th. Fögen, Ein heißes Eisen, Rechtshist. Journal 2, 1983, 85–96 – E. Patlagean, Byzance et le blason pénal du corps. Du châtiment dans la cité, 1984, 405–426 – D. Simon, Die Bußbescheide des Ebf.s Chomatian v. Ochrid, JÖB 37, 1987, 235–275 – K. Simopoulos, Βασανιστήρια καὶ ἐξουσία, 1987, 206–307 – J. Koder, Delikt und Strafe im Eparchenbuch, JÖB 41, 1991, 113–131 – S. Troianos, Die Strafen im byz. Recht: eine Übersicht, JÖB 42, 1992, 55–74 – Consent and Coercion to Sex and Marriage in Ancient and Medieval Societies, hg. A. Laiou, 1993 – A. Kazhdan, Some Observations on the Byz. Concept of Law and Society in Byzantium, Ninth–Twelfth Centuries, hg. A. Laiou–D. Simon, 1994), 199–216 →Strafe, Strafrecht, B.

Verbum (lat. 'Wort'). Die scholast. V.-Theorien hatten ihre Grundlagen in sprachphilos. und trinitätstheol. Lehren Augustins (bes. De trin.; In ev. Ioa.). In ihnen war von der antiken Sprachphilosophie die Ansicht übernommen worden, daß das menschl. Denken und Erkennen ein inneres Sprechen und das vom Denken Hervorgebrachte und Erkannte ein inneres Wort zu nennen sei, um den Manifestationscharakter des Erkennens bes. stark zum Vorschein kommen zu lassen. Parallel u. kontrastiv zu Bestimmungen d. göttl. Wortes (v. divinum; vgl. Joh 1,1; →Logos, Wort) unterschied man am menschl. Wort (v. humanum) das 'äußere, gesprochene Wort' (v. vocale, vox verbi) vom 'innerlich vorgestellten Wort' (v. mentis) bzw. 'inneren Wort des Herzens' (v. interius, v. cordis). Zentrale Themen der ma. V.-Spekulationen, die zw. 1250–1320 in erster Blüte standen, waren die intra mentale Hervorbringungsweise des V., die dazugehörigen Strukturmomente, der ontolog. Status des V., psycholog. Aspekte und trinitätstheol. nutzbare Analogiebildungen. Erste traktathafte Ausführungen, in denen v. a. Differenzpunkte des göttl. und menschl. V. erörtert wurden, findet man bei Alexander v. Hales, Qu. disp. 'antequam esset frater', q. 9 BFS XIX, 79–104; S. theol. I, q. 62, ed. Quar. 610–619. Entgegen der augustinisierenden Bestimmung des V. als eines Aktes des erkennenden Intellekts und dem griech.-arab. Verständnis des V. als eines Akzidens der Seele stellte erstmals Thomas v. Aquin (wird vermutl. in Fortführung modist. Sprachlogik; Martinus v. Dacien, Simon v. Dacien) mit systemat. Weite den spezif. Seinsmodus des Gedachten heraus. Das V. ist als etwas inkomplex oder auch satzhaft Erkanntes im Erkennenden; sein Sein besteht nach Thomas in seinem Erkanntwerden (vgl. bes. S. c. G. IV, 11; ferner In I Sent., dist. 27, 2, 2f.; De Ver. IV, 1–8; S. th. I, 34, 1–3; Comp. theol. I, 37, 45f., 85). Um dem für eine Ontologie des Gedachten als unangemessen empfundenen aristotel. Substanz-Akzidens-Schema zu entkommen, benannte Heinrich v. Gent, Summa 33, 2 Op. omn. 27, 151f., erstmalig die intramentale Seinsweise des V., sofern es als Gedachtes vom menschl. Erkennen konstituiert und mit Bestimmtheit manifestiert ist, als objektive Präsenz. Hervaeus Natalis, Tract. de verbo, in: Qdl. cum tract., ed. 1513, ND 1966, 10r–24r, und auch noch Petrus Aureoli, In I Sent., d. 27, knüpften an diese sprachontolog. Überlegungen an. Bei Joh. Duns Scotus, Ord. I, d. 27, 2 Ed. Vat. VI, 89, und Wilhelm v. Ockham, In I Sent., d. 27, 2 OTh IV, 225, wurde dagegen in reaugustinisierender Umdeutung das V. nurmehr als Akt des Intellekts aufgefaßt, dem keine objektive, sondern real-subjektive Seinsweise zukomme, insofern das V. eine kategoriale Qualität des menschl. Geistes sei. – Die unterschiedl. erkenntnistheoret. Positionen beeinflußten auch den Gang der scholast. Diskussion im 13./14. Jh., ob in der 'visio beatifica' (Schau Gottes) Gott unvermittelt in und durch sich selbst oder in einem reflexiv gewonnenen kreatürlichen 'v. mentis' geschaut werde. – Heinrich v. Gent, Summa 59, 2 Badius 140 vD–142 rH, nutzte die bei Aug., De trin. XV, 15, nur angedeutete, innerscholast. bis dahin nur spärlich rezipierte Lehre von einem präreflexiven 'v. formabile' bzw. 'v. nondum formatum' zur Erklärung einer primären apriorischen, wenn auch konfus allgemein gehaltenen Gotteserkenntnis des menschl. Geistes.

M. Laarmann

Lit.: Hb. theol. Grundbegriffe II, 835–876 [H. Krings, H. Schlier, H. Volk] – P. Glorieux, La litt. quodl., II, 1935, Table idéol. s. v. [Textverz. der scholast. Qdl.-Lit.] – H. Paissac, Théol. du Verbe. S. Augustin et S. Thomas, 1951 – H. J. Müller, Die Lehre vom 'v. mentis' in der span. Scholastik [Diss. Münster i. W. 1968], 39–124 [zu Augustinus, Thomas v. Aquin, Bonaventura, Petrus Joh. Olivi, Rich. v. Mediavilla, Heinrich v. Gent, Joh. Duns Scotus, Durandus a S. Porciano, Wilhelm v. Ockham, Joh. Capreolus, Caietan] – Th. Kobusch, Sein und Sprache, 1987, 82–86, 91–96, 365–374 – Vruchtbaar woord. Wijsgerige beschouwingen bij een theol. tekst van Thomas van Aquino [S. c. G. IV, 11], hg. R. A. te Velde, 1990 [Beitr. J. A. Aertsen, H. Berger, C. Steel, B. Vedder, R. A. te Velde] – Ch. Trottmann, La vision béatifique. Les disputes scolastiques, 1995 – M. Laarmann, Deus, primum cognitum [Diss. Bochum 1997; v. informe].

Vercelli, Stadt und Bm. in Oberitalien (Piemont). Das seit dem 1. Jh. v. Chr. bedeutende röm. Municipium (Vercellae) wurde wahrscheinl. in den ersten Jahrhunderten der Kaiserzeit mit Mauern umgeben, da Tacitus es unter die »firmissima Transpadanae regionis municipia« einreiht (hist. I 70). Hieronymus (epist. I 3) erwähnt 371 nach einem Besuch die frühere Größe der Stadt. Als Bollwerk des nikän. Glaubens wurde V. in der Mitte des 4. Jh. zum wichtigsten Bf.ssitz Norditaliens; Bf. →Eusebius nahm durch seine im Exil in Skythopolis verfaßten Briefe Einfluß auf zahlreiche christl. Gemeinden in den Nachbarstädten. Deshalb intervenierte →Ambrosius nach dem Tode des Eusebius bei der Wahl von dessen Nachfolger Limenius, um die zentrale Stellung Mailands als größtes Bm. der Poebene zu betonen. Dies minderte die Bedeutung von V., dessen Diözese – wie neuere archäol. Grabungen gezeigt haben – bereits eine gut entwickelte Struktur von Taufkirchen mit Priestern und Klerikern in den größeren Orten auf dem flachen Land (wie Naula, Rado, Biandrate und Mediliano) besaß. Aus langob. Zeit sind wenige Nachrichten über die Stadt bekannt. Sie war sicher Sitz eines Hzg.s. Die Kirche von V. erhielt als Schenkung Kg. →Liutprands die Ortschaft Torcello. Während der Regierungszeit Kg. →Desiderius' wurden in V. Münzen geschlagen (Goldtremissis mit der Aufschrift »Flavia Vircelli« (h. Chur, Mus.). In karol. Zeit regierten neben den öffentl. Funktionsträgern die Bf.e der Stadt, von denen einige hochangesehene polit. Ämter ausübten. Bf. →Liutward war Erzkanzler Karls III., von dem er 882 ein bedeutendes Präzept für seine Kirche erwirkte. Die Bindungen des Bf.s an den Ks. trugen der Stadt jedoch 886 die Plünderung durch die berittenen Truppen Berengars I. ein. Umfassende Hinweise auf die Entwicklung der Stadt in karol. und nachkarol. Zeit enthält das Präzept Berengars I. vom 26. Jan. 913 für die Kanonikerstifte S. Maria und S. Eusebio mit Schenkungen des Ortes »qui olim Curtis Regia dicebatur« und von zwei Mühlen am Rivofreddo. Wichtig für die Geschichte der Kirche von V. war der Episkopat des →Atto (924–964), eines der größten Intellektuellen des 10. Jh. In der 2. Hälfte des 10. Jh. erlitt die Kirche von V. Einbußen durch Verschenkungen ihrer Güter durch Bf. Ingo und erlebte die dramat. Krise unter Bf. Petrus, dessen Streit mit →Arduin v. Ivrea 997 in einen Vergeltungsschlag des Mgf.en und seiner Vasallen–»Milites« gegen die Stadt mündete, in dessen Verlauf der Bf. getötet wurde. Die Kirche von V. gewann durch ihr Bündnis mit Otto III. neue Macht: Bf. →Leo, der mit den wichtigsten Vertretern der otton. »Renovatio imperii« wie →Brun v. Querfurt, →Heribert v. Köln, →Bernward v. Hildesheim, →Adalbert v. Prag und →Gerbert v. Aurillac eng zusammenarbeitete, ging im Kampf gegen Arduin als Sieger hervor. Seine Nachfolger, der Mailänder Ardericus und der Piacentiner Gregorius, waren beide mit den polit. Gruppierungen auf seiten Konrads II. und Heinrichs III. verbunden, so daß 1051 Leo IX. Bf. Gregorius exkommunizierte, der nicht an der Synode v. V. (Sept. 1050) teilgenommen hatte (→Abendmahlsstreit). Während des Pontifikats →Gregors VII. wurde die Exkommunikation Bf. Gregorius', der sich als »Vercellensis episcopus et comes« betitelte, aufgehoben. Machtkämpfe innerhalb des Klerus nach dessen Tod schwächten die polit. Gewalt der Kirche in V. und im Territorium der Gft. und Diözese. 1141 sind erstmals Consules der Kommune belegt, die aus den capitanealen Familien hervorgingen, die durch Lehnsbande an den Bf. gebunden waren. Seit 1208 investierte der Bf. regelmäßig Podestà mit der Herrschaft über die Stadt. 1243 erwarb die Kommune vom päpstl. Legaten →Gregor v. Montelongo die weltl. Jurisdiktion, welche die Kirche von V. im Gebiet zw. Po, Dora und Sesia besaß. 1170–94 wurde eine Erweiterung des Mauerrings mit Einschluß der Vororte notwendig. In dem auf diese Weise gewonnenen Stadtareal ließ der vercelles. Kard. Guala →Bicchieri zw. 1219 und 1227 die Kirche und das Regularkanonikerstift S. Andrea erbauen, eines der frühesten und eindrucksvollsten Denkmäler der lombard. Gotik. 1228 wurde durch die Initiative der Kommune eine »Universitas magistrorum et scholarium« gegründet, die teilweise Studenten aus Padua umfaßte. Die zweite Hälfte des 13. Jh. war geprägt durch lange Machtkämpfe zwischen den Faktionen Bicchieri-Tizzoni und Avogadro. 1335 wurde die Stadt der Signorie der →Visconti unterstellt, die ihr Verteidigungssystem durch die Errichtung der Zitadelle verstärkten (1368–72). 1427 trat Filippo Maria →Visconti die Stadt V. und ihren Verwaltungsbezirk an Hzg. →Amadeus VIII. v. Savoyen ab. Im Lauf des 15. Jh. wählten die Hzg. e. v. Savoyen V. als Residenz, v. a. durch die Initiative →Amadeus' IX. († 1472 in V.) und seiner Gemahlin Yolande (Violante), die das Stadtschloß erweiterten.

G. Andenna

Lit.: V. Mandelli, Il Comune di V. nel Medioevo, I–III, 1857–61 – E. Colombo, Iolanda duchessa di Savoia, Misc. di Storia It., s. II, vol. XVI, 1894 – G. C. Faccio, Le successive cinte fortificate di V., 1963 – C. D. Fonseca, Ricerche sulla famiglia Bicchieri e la società vercellese dei sec. XII–XIII, Contrib. Ist. Storia medioev. Univ. Milano, I, 1968, 192–234 – R. Ordano, La zecca di V., 1976 – L. Avonto, V. guelfa e ghibellina, 1978 – H. Keller, Adelsherrschaft und städt. Ges. in Oberitalien 9. bis 12. Jh., 1979 – S. Fonay Wemple, Atto of V., 1979 – L. Avonto, Castello, fortificazioni e torri di V., Da V. da Biella tutto intorno, 1980, 47–60 – R. Ordano, Storia di V., 1982 – C. Frova, Il »Politticо« attribuito ad Attone vescovo di V., BISI 90, 1982–83, 1–75 – G. Andenna, Per lo studio della società vercellese nel XIII sec. Un esempio: i Bondoni (V. nel sec. XIII, 1984), 205–225 – A. Settia, Gli Ungari in Italia e i mutamenti territoriali fra VIII e X sec. (»Magistra barbaritas«, 1984), 189–200 – L. Minghetti, Alberto vescovo di V., Aevum 59, 1985, 258–274 – G. Gandino, L'imperfezione della società in due lettere di Attone di V., Boll. stor.-bibliogr. subalpino 86, 1988, 5–37 – G. Ferraris, Ricerche intorno ad una famiglia di cives vercellesi tra XII e XIII sec: i Carraria, Boll. Stor. Vercellese 19, 1990, 20–40.

Vercelli-Codex, Vercelli-Homilien. Beim »V.-Book« handelt es sich um eine Slg. religiöser Prosa und Verse, die von Paläographen normalerweise um 975 datiert wird. C. Sisam plädiert jedoch für ein späteres Datum auf der relativ unsicheren Basis, daß ein Text eine angebl. Anspielung auf Wikingerüberfälle am Ende des 10. Jh. beinhaltet. Das »V.-Book« wurde im SO Englands verfaßt. Federstriche am Blattrand belegen, daß es einige Zeit als Kopiervorlage diente. Es erreichte seine heutige Heimat in N-Italien vor dem Ende des 11. Jh., gemäß einem Psalmenzitat mit eindeutig it. Textvarianten, die auf ein freies Feld auf Fol. 24v. geschrieben wurden. Die an der Pilgerroute von England nach Rom gelegene Stadt →Vercelli war Durchgangsort der neu gewählten engl. Ebf. e, die zur Palliumsverleihung zum Papst reisten. Die Prosatexte, die normalerweise als →Homilien bezeichnet werden, sind eine Mischung von Predigten zu allgemeineren Themen und Erzählungen mit wenig ausdrückl. homilet. Inhalt, die auf die Bibel und auf lat. Hl.nviten zurückgehen. Die sechs Versstücke, von denen →»Andreas«, →Cynewulfs »The Fates of the Apostles« und →»Elene« sowie »Dream of the Rood« am bekanntesten sind, beinhalten Hl.nviten und Erzählungen. Sie sind auf drei Stellen innerhalb der Prosastücke verteilt. Offensichtl. unterschied der Kopist nicht zw. Prosa und Vers, denn die Slg. scheint ungeordnet zusammengestellt worden zu sein. Es handelt sich um eine Slg. zur frommen Lektüre.

Wenn man die frühe Datierung des Ms.s übernimmt, stellt das »V.-Book« die früheste Slg. homilet. Texte dar, die aus dem Ae. erhalten ist. Viele der allesamt anonymen Homilien erscheinen in vollständiger, adaptierter oder exzerpierter Form anderswo in späteren Abschriften. Es gibt keine zuverlässigen Beweise für die Datierung der Prosastücke, obwohl einige wie Nr. XIX, XX und XXI offensichtl. relativ spät entstanden sind. Mit Ausnahme dieser drei Stücke stammen die Texte mit großer Sicherheit von verschiedenen Autoren. Einige (wie Nr. III) sind einfache Übers.en lat. Homilien, andere wurden in freierer Form auf Engl. verfaßt (wie Nr. X).   D. G. Scragg

Ed. und Lit.: M. Förster, Die V.-Homilien (BAP 12, 1932) – K. Sisam, Studies in the Hist. of OE Lit., 1953 – D. G. Scragg, The Compilation of the V. Book, ASE 2, 1973, 189–207 – The V. Book, ed. C. Sisam, EEMF 19, 1976 [Faks.] – M. McGatch, Preaching and Theology in Anglo-Saxon England, 1977 – The V. Homilies and Related Texts, ed. D. G. Scragg, EETS 300, 1992 – Ders., An OE Homilist of Archbishop Dunstan's Day (Words, Texts and Manuscripts, Studies pres. to H. Gneuss, ed. M. Korhammer, 1992), 181–192.

Verdammung. Auch wenn die Lehraussagen über die V. sich mit denen über die →Hölle vielfach überschneiden, läßt sich doch eine Verschiedenheit der Aspekte feststellen. Während beim Thema von der Hölle vornehml. die Existenz, die objektive Beschaffenheit und der Ort des unseligen Endstandes zum Ausdruck kommen, geht der Blick bei Erörterung der V. und der damnati mehr auf das subjektiv-personale Moment der Unseligkeit, und zwar sowohl in Relation zum Handeln Gottes als auch zum Erleiden des Menschen. Entsprechend stellt die ma. Lehre von der V. die Quintessenz der Grundsätze der Gottes- und Prädestinationslehre, der Doktrin über die Sünde und Strafen und der anthropolog. Grundvorstellungen dar. Nach dem Ende des Streites über die →Prädestination ging die allg. Auffassung dahin, daß die Vorherbestimmung zur Strafe sowohl dem göttl. Wissen als auch dem zulassenden Willen Gottes zugehört (Anselm, Op. II 243–288). Dies verschärfte die ganze Epoche beschäftigende Frage nach dem Ausgleich von Gottes Gerechtigkeit und Barmherzigkeit bei Verurteilung der damnati. Das vorherrschende Argument, wonach der in seiner Lebenszeit (»in suo aeterno«) Unbußfertige ewige Strafe verdiene (Robert v. Melun, Quaest. de div. pag. q. 65), vertieft die Hochscholastik mit der Begründung, daß der Mensch bei einer schweren Sünde im Geschöpf zu seinem letzten Ziel nimmt, sein Leben so auf die Sünde ausrichtet und ihr nach dem Tod unbeweglich zugewandt bleibt (Thomas, Sent. 4, d. 46 q. 1 a 3). Ergänzend tritt hinzu, daß der Sünder die zur Schuldtilgung notwendige Gnade nach dem Lebensende nicht mehr erlangen kann. →Johannes Duns Scotus nimmt eine begriffl. Differenzierung vor, die besagt, daß die Ewigkeit nicht formell dem Begriff der Strafe zugehört, wohl aber wegen der Ewigkeit der gestraften Person hinzutritt (ebd. q. 4 a 1 7 20). Die Unmöglichkeit der Umkehr leitet er aus einer freien Anordnung Gottes ab. Die dabei auch immer waltende göttl. Barmherzigkeit wird von der ma. Theol. auf voneinander abweichenden Wegen erklärt: →Petrus v. Poitiers vertritt die These, daß die Barmherzigkeit nur dann gehalten werden könne, wenn Gott unter Gebühr straft, d. h. die gebührende Strafe vermindert (Sent. III 9), welche Ansicht auch →Hugo de Sancto Caro übernimmt (Sent. 4, d. 46 Cod. Vat. lat. 1098 fol. 200 rb–201 ra), während →Albertus Magnus mit der Unterscheidung zw. »befreiender« und »nachlassender Barmherzigkeit« operiert (ebd., d. 46 a. 3), wogegen →Thomas v. Aquin die Unterscheidung von Form und Materie heranzieht, um zu begründen, daß das Formale auf seiten des gebenden Gottes (die Barmherzigkeit) immer größer ist als das Materiale (die Gerechtigkeit) auf seiten des Empfangenden, das unter dem geschuldeten Strafmaß bleibt (d. 46 q. 2 a qc. 3).

Die Frage nach der Bestrafung der Sünder erfährt bereits in der Frühscholastik eine weitere Differenzierung, insofern auch die läßl. Sünden in Betracht gezogen werden und über die Art ihrer Nachlassung in der V. diskutiert wird, wobei eine Reihe von Lösungsvorschlägen erwogen werden. Unter ihnen erscheint die Annahme favorisiert, daß der läßl. Sünde, absolut genommen, die zeitl. Strafe entspricht und ihr bedingungsweise (bei Hinzutreten einer Todsünde) ewige Strafe gebührt (Landgraf IV, 2, 253). Mit dem immer noch andrängenden Problem einer Milderung der ewigen Strafe durch Gottes Barmherzigkeit kommen Versuche auf, wenigstens für die verdammten Christen theoret. eine Befreiung von der V. zu ermitteln. Thomas schneidet solche Versuche mit der Begründung ab, daß vom Menschen die fides formata verlangt ist, die nicht durch den bloßen äußerl. Empfang des Sakramentes erlangt wird (Sent. 4, d. 46 q. 2a qc. 3).

In der Fülle der unter Heranziehung von Schrifttexten mit den Mitteln der Psychologie und der Vernunft erhobenen Aussagen über die sinnl. Strafen der Verdammten, die mit Erwägungen über ihr Willens- und Erkenntnisleben verbunden sind (vgl. S. th. III q. 98), bleibt der eigentl. personale Charakter der Strafen der V. als Verlust der Anschauung Gottes gewahrt (poena damni). Nach einer Abhandlung der Schule v. →Laon entbehrt der Verdammte der »gloria Dei« (F. BLIEMETZRIEDER, 153). Nach →Petrus Lombardus sind die Verdammten vom Licht der göttl. Majestät getrennt (Sent. IV, d. 50 c. 2). In der Spätscholastik bezeichnet →Johannes Capreolus den Entzug der Gottschau als die hauptsächl. Strafe der Verdammten (ebd., d. 49 q. 4). Andererseits wird auch mit metaphys. Begründungen daran festgehalten, daß die damnati sich nicht gänzl. außerhalb Gottes befinden, der alles im Sein erhält (Albert, ebd., d. 50 a. 6). Entsprechend wird auch das Streben der Verdammten nach dem Nichtsein beurteilt. Robert v. Melun legt dem »verzehrenden Feuer« nicht die Fähigkeit bei, die damnati zu vernichten (Quaest. de epist. Pauli, Hebr. 10, 27). Der Wunsch nach dem Nichtsein wird in ihnen freilich als gegeben angesehen (S. th. III q. 98 a 3). Differenzierter geht Duns Scotus vor, wenn er annimmt, daß die damnati bei gewährter Wahlmöglichkeit eher das Nichtsein wählen würden (Sent. 4, d. 50 q. 2 n. 14).

Trotz des Einflusses mancher volkstüml. Vorstellungen, die sich in Dichtung und Kunst weiter auswirkten, beruht die Lehre von der V. wesentl. auf theol. Prinzipien, die freil. das ma. Weltbild zum Hintergrund haben.

L. Scheffczyk

Lit.: →Hölle, →Prädestination – F. BLIEMETZRIEDER, Anselms v. Laon systemat. Sentenzen, 1919 – H. DOMS, Ewige Verklärung und ewige Verwerfung nach dem hl. Albertus Magnus, DT 10, 1932, 143–161 – P. KIENZLE, Thomas v. Aquin und die moderne Eschatologie, FZPhTh 8, 1961, 109–120 – A. ADAM, Lehrbuch der Dogmengeschichte II, 1968 – H. STOEVESANDT, Die letzten Dinge in der Theol. Bonaventuras, Basler Stud. zur hist. und systemat. Theol. 8, 1969 – C. POZO, La doctrina escatológica del »Prognosticon futuri saeculi« de S. Julian de Toledo, Estudios ecclesiásticos 45, 1970, 173–201 – Hb. der Dogmen- und Theologiegesch., I, hg. C. ANDRESEN, 1982.

Verden, Bm. und Stadt. Der Ort, an einem Alleruübergang gelegen, hatte in karol. Zeit überregionale Bedeutung, wofür auch der Aufenthalt Karls d. Gr. i. J. 810 anläßl. eines »placitum« spricht. Wahrscheinl. gehen in etwa auf die damalige Zeit die Anfänge des Bm.s zurück. Die ersten Bf.e, Missionsbf.e, waren Äbte der kg.snahen Kl. →Amorbach und Neustadt a. Main, von denen allein der Name Haruds († 829) einen datierbaren Anhaltspunkt bietet. Er ist auf einer Mainzer Provinzialsynode nachzuweisen, was zugleich die frühe Einbeziehung des Bm.s in den Mainzer Metropolitanverband belegt. (Die Annahme, daß der Bf.ssitz der Diöz. zunächst in →Bardowick gelegen habe, eine Annahme, die sich nur auf eine kuriale Überlieferung des 12. Jh. stützen kann, dürfte inzwischen als widerlegt gelten.) Als Kg. Ludwig d. Dt. 849 der V.er Kirche Kg.sschutz und Immunität gewährte, erscheint das Bm. konsolidiert; diese Kg.surk. kann aber auch ein Ausgleich dafür gewesen sein, daß die zw. den Bm.ern V. und Bremen (→Hamburg–Bremen) umstrittenen Diözesangebiete n. der Elbe dem Ebm. übertragen worden waren. Obwohl 985 der V.er Kirche Zoll-, Münz- und Marktrecht sowie die Gf.enrechte im Sturmigau übertragen wurden, blieb die materielle Ausstattung des Bm.s vergleichsweise gering. Auch deswegen wurde es nur indirekt in den Verband der otton. →Reichskirche einbezogen; es erscheint unter der billung. Bf.en Amalung (933–962) und Brun (962–976) fast als ein Hausbm. dieser Familie. Die Nähe zu den →Billungern wird auch in der Folgezeit immer wieder sichtbar und tritt noch unter dem Erbe billung. Macht, unter Ks. Lothar III., deutl. in dem Episkopat Bf. Thietmars II. (1116–48) in Erscheinung. Um so auffallender ist es, daß unter Heinrich d. Löwen die V.er Bf.e eng an den stauf. Hof gebunden waren, im Reichsdienst ihre wichtigste Aufgabe sahen. Bei Bf. Hermann (1148–67), der aus der welf. Vasallität stammt, kann dieses noch auf das Einvernehmen zw. Friedrich I. und Heinrich d. Löwen hinweisen, bei seinem Nachfolger Hugo (1168–80), der am ksl. Hof eingesetzt wurde, zeigt sich hingegen bereits der massive ksl. Einfluß im Elbe-Weser-Raum. Hugos Nachfolger Tammo (1180–88) scheint sich den Machtrivalitäten entzogen zu haben, aber er fand in Bf. Rudolf (1188/89–1205) einen Nachfolger, der dezidiert auf stauf. Seite stand. Bf. Iso (1205–31), aus dem Hause der Gf.en v. →Wölpe, verfolgte eine Politik der Verselbständigung des Bm.s gegenüber den Welfen. Dieses Bemühen um Eigenständigkeit war bereits mit der Wahlkapitulation v. 1205 durch die Domherren vorgezeichnet worden und drückte sich auch in der erfolgreichen Sicherung der materiellen Ausstattung des Bm.s, sichtbar z. B. in der ersten Stadtummauerung V.s, aus. Bf. Isos Bemühungen lassen zwar die Konturen des Hochstifts erkennen, zeigen aber auch, daß V. stets ein armes Bm. bleiben sollte. Selbst die kleine Bf.sstadt V. konnte gegenüber dem Stadtherrn große Freiheitsrechte gewinnen (Stadtrecht 1259 mit Beschränkung bfl. Vogteirechte; 1330 erstmals bezeugte Ratsverfassung), so daß schließlich seit der 2. Hälfte des 14. Jh. Rotenburg a. d. Wümme als Residenz der V.er Bf.e dienen mußte. Schon mit dem Episkopat des päpstl. Leibarztes Johann (Hake) v. Göttingen (1331–41) wurde V. in die avign. Provisionspolitik einbezogen mit der Folge, daß nur ausnahmsweise die Bf.e überhaupt in der Diöz. residierten. Wenn in der Zeit des Gr. →Abendländ. Schismas Namens bedeutender Gelehrter als V.er Bf.e erscheinen – →Konrad v. Soltau (1399–1400 bzw. 1402–07) und Ulrich v. Albeck (1407–17) –, so lag das an der bes. Provisionspraxis, die es dem Kgtm. gestattete, Vertrauenspersonen mit dem als Pfründe aufgefaßten Bm. zu versorgen. Mit den päpstl. →Provisionen waren innere Wirren verknüpft gewesen, in deren Folge der Hochstiftsbesitz völlig zersittet worden ist. In einem langen Episkopat gelang es zwar Johann v. Assel (1426–70), viele Pfandschaften wieder auszulösen, aber das Hochstift blieb schwach und geriet im 16. Jh. in Abhängigkeit der Hzg.e v. Braunschweig-Wolfenbüttel.

E. Schubert

Lit.: TH. VOGTHERR, Bm. und Hochstift V. bis 1502 (Gesch. des Landes zw. Elbe und Weser, hg. H.-E. DANNENBERG–H.-J. SCHULZE, 1995), 279–320 [Lit.] – E. SCHUBERT, Gesch. Niedersachsens vom 9. bis zum ausgehenden 15. Jh. (Gesch. Niedersachsens, 2/1, hg. DERS., 1997), bes. 61–63, 138–143, 259–263, 427–431, 688–696, 817–820 [ältere Lit].

Verden, »Blutbad v.«. Die sog. Einhard-Annalen berichten z. J. 782, daß an einem einzigen Tag 4500 Sachsen auf Befehl →Karls d. Gr. in V. enthauptet worden seien. Die Annalen, an dieser Stelle eine Erweiterung der substantiell mit ihr übereinstimmenden Reichsannalen bietend, sind über die Feldzüge dieses Jahres in →Sachsen ungewöhnl. gut informiert, so daß an dem Q.wert der Nachricht nicht zu zweifeln ist. Bedenkt man zudem, daß die geogr. Kenntnisse der frk. Annalisten weitgehend auf den westfäl. Raum beschränkt bleiben, so dürfte die genaue Lagebestimmung des »Blutbades« im entferntren ö. Sachsen auf zuverlässigen Informationen beruhen. Den wuchernden wiss. Spekulationen, dieses Ereignis zu relativieren, scheitern an der klaren Aussage der Q., die auch eine Begründung für die Strafaktion nahelegt, näml. Reaktionen Karls auf die Niederlage in der Schlacht am →Süntel und den Rückzug →Widukinds zu den Dänen. Die Vermutung, daß die im Herbst vollzogene Strafaktion zugleich eine Einschüchterung der Sachsen in Wigmodien sein sollte, das im Winter schwer zugängl. war (C. Mossig), ist nicht von der Hand zu weisen. Ob V. ein karol. Militärlager war, ist nicht mit Sicherheit zu sagen; ein archäolog. erschlossener Befestigungsgraben kann ebenso in karol. wie in otton. Zeit zurückgehen. Die Strafaktion (ein Gerichtstag gehört in den Bereich der Fabel) geht nach den Worten des Annalisten unmittelbar auf einen kgl. Befehl zurück, steht somit auch im Zusammenhang mit Karls Versuchen in eben diesem Jahr, Sachsen durch die Einführung der Gft.sverfassung und eine kgl. Gesetzgebung (→»Capitulatio de partibus Saxoniae«) seinem Reich einzugliedern. Die Strafaktion steht singulär in der langen Gesch. der Sachsenkriege. Möglicherweise ist i. J. 785 die »Neugestaltung der Arnulf-Legende« als des hl. Sünders, dem Gnade verheißen wird (ein »Selbstzeugnis Karls i. J. der Taufe Widukinds« [K. Hauck]), ein büßendes Gedenken an die Hinrichtung vieler Sachsen.

E. Schubert

Lit.: C. Mossig, Das Zeitalter der Christianisierung (Gesch. des Landes zw. Elbe und Weser, hg. H.-E. Dannenberg–H.-J. Schulze, Bd. 2, 1955), 23–42 – Die Eingliederung der Sachsen in das Frankenreich, hg. W. Lammers, 1970.

Verdienst (meritum, demeritum). Geht die V.-Problematik des MA auf bibl. Vorstellungen vom Ergehen des Menschen als Lohn oder Vergeltung seines Tuns zurück, so beerbt sie zum Teil auch deren Aporetik; denn hier wie dort sollte ein letztl. eschatolog. Zusammenhang zw. Tun und Ergehen des Menschen vor ihrer völligen Beziehungslosigkeit und vor dem Schein der blanken Willkür Gottes (Theodizee) dadurch gerettet werden, daß Gottes Souveränität und zugleich seine Beachtung menschl. Geschichte bejaht werden (ausdrucksstark in apokalypt. Texten). Somit berührt die V.-Problematik auch jene vor dem Hintergrund eines letzten Gerichts mit unterschiedl. Ausgang erschlossene, schwerl. aufzulösende Dialektik von →Prädestination und →Freiheit. Nach eher sporad. Auftreten des Terminus in der frühen Patristik erfuhr er bei Tertullian und Cyprian eine themat. Verdichtung. Ab 397 folgten Rufins umstrittene Übersetzungen des Origenes, wo zwar der V.-Begriff zur Begründung der jeweiligen Gerechtigkeit unterschiedl. Urteile beim individuellen und allgemeinen Gericht mehrfach begegnet (De principiis, I praef. 5; II 9, 8f.), wo aber auch die Asymmetrie von schlechten und guten Verdiensten in bezug auf die Mitwirkung Gottes bzw. von der grundsätzl. Problemhaftigkeit einer irgendwie geschuldeten Belohnung des auf Gott selbst stärker zurückzuführenden Guten gegenüber jeder debita poena pro mercede iniquitatis herausgearbeitet wird (vgl. In Rom. 4, 1–5: MPG 14, 963f.; 6, 23: ebd. 964; 10, 38: ebd. 1287). Es gelang erstmals Augustinus, v. a. in seiner Auseinandersetzung mit pelagian. Gegnern, den Problemgehalt des nun terminolog. fixierten Begriffs in der Form auszudrücken, die – eher punktuell, als kontinuierlich – auf das MA einwirkte. Ohne die Gegebenheit von guten V.en in Frage zu stellen, ist Augustinus bedacht, diese (selbst des Menschen vor dem Sündenfall) als erst durch Gottes Verheißung (zur Vorstellung einer gewissen Selbstbindung Gottes vgl. Sermo 158, 2: MPL 38, 863) bzw. durch seine innerlich unmittelbar wirkende Gnade ermöglicht zu begründen. In den eschatolog. Bildern bleibend, sei Gottes Krönung menschl. V.e nur die Krönung seiner eigenen Geschenke (Epist. 194, 19: MPL 33, 880f.). Daß eine solche gnadenhafte Ermöglichung des V.es die Fragen nach dem Verhältnis von Freiheit und Prädestination verschärfen mußte, zeigte sich sowohl im eigenen Spätwerk Augustins (De praedestinatione sanctorum/De dono perseverantiae) als auch in jener weitergehenden Auseinandersetzung zw. Anhängern des Augustinus (→Prosper Tiro v. Aquitanien, →Fulgentius v. Ruspe, →Caesarius v. Arles) und des →Pelagius (→Faustus v. Riez als Hauptvertreter des sog. →Semipelagianismus; vgl. aber bereits →Julianus v. Eclanum und Caelestius), welche nach den antipelagian. Beschlüssen des Konzils v. Ephesus in der diesbezügl. Bestätigung des Konzils auf der II. Synode v. Orange 529 gipfelte.

Der stark eingeschränkte Kenntnisgrad des semipelagian. Streites im MA begünstigte den Verlust des erreichten Problemniveaus sowie bisweilen auch die prakt. wie theoret. Überschätzung der Tragweite menschl. Leistung, nötigte aber auch andererseits zu neuen, wenn auch oft zu kurz greifenden Überlegungen. Der V.-Gedanke wurde von der röm. Liturgie – etwa bei den Orationen oder dem abschließenden Altarkuß (Reliquien) – in verschiedene, meist im Konjunktiv gehaltene (»merear precor«, ... u. ä.), an die breiteren, außertheolog. (z. B. hofsprachl.) Bedeutungen erinnernde Bittkontexte aufgenommen. Jene metapherfreudig und dialekt. überspitzte Frage, welche das vor dem 12. Jh. entstandene, auf 1019 datierte, sog. »testamentum« des Kl.- und Reliquienstifters →Bernward v. Hildesheim stellt, »qua meritorum architectura quove rerum pretio possem mercari celestia« (K. Janicke, Urkk.buch des Hochstifts Hildesheim und seiner Bf.e, I, 1896, 56), wird zwar durch wiederholte Hinweise des Textes auf jene die geschaffene Gottesneigung noch intensivierende Gnade (ebd.: »divina tactus gratia«; vgl. 55, 1. 36ff.) etwas gemildert, erinnert dennoch vom Zweck her zugleich an eine mit dem V.-Gedanken verbundene und oft überschätzte Praxis der Reliquienverehrung.

In theoret. Schriften wurde die V.-Problematik nach den Aspekten des jeweiligen Subjekts (V. Christi, Mariae, der sonstigen Hl.n, der Kirche, des christl. oder vorchristl. Individuums, der Engel oder der leibberaubten Seelen) oder Objekts des V.es stark differenzierend artikuliert (auf ewiges Leben, Bekehrung, Gnadenzuwachs, zeitl. Güter, künftige Umkehr oder die Beharrung im Glauben hin, auch jeweils danach, ob als für sich oder für andere verdient). Abgetan wurde bisweilen ein V. Christi für sich selbst aus christolog. Gründen als seiner unwürdig (wegen der implizierten Endlichkeit des V.es im Fortschritt von weniger auf neue Würde: →Robertus Pullus, mit der naheliegenden Konsequenz bei →Hugo v. St. Cher auch für die in der caritas bereits vollendeten Seligen); umgekehrt konnte das hoch veranschlagte V. der heiligmachenden Glaubensgnade für andere Christus allein vorbehalten werden (Porretanerschule).

Die frühscholast. Gliederung des V.es in mehrere denkbare Unterarten diente nicht nur einer Senkung der Hemmschwelle zu einer V.sprache, sondern auch und programmat. der Reproblematisierung des V.es, so wie bei →Petrus Cantor, der neben dem meritum ex condigno als V. im strikten Sinn auch V.arten im uneigentl. Sinn namhaft machte: merita ex promisso; ex amminiculo (im Gebet um die Rechtfertigung anderer); comparatione in bono assignata resp. congrua (jene im Vers »quia quem meruisti portare ... resurrexit« angesprochene Konvenienz); quasi pro exigentia (wie im Vers »felix culpa, ... quae ... meruit habere redemptorem«); sowie die als unzulängl. erkannten Bußleistungen des bewußten Sünders und die passive Fähigkeit, daß für einen Sünder von der

Kirche fruchtbar gebetet wird. Gerade die »Würde« Mariens zur Gottesmutterschaft sollte als das Paradigma des meritum congruitatis den paradoxen Charakter dieser V.art verdeutlichen (wie es diesbezügl. in der Schule um Stephen →Langton hieß: »Non enim hoc efficit merito, quia hoc fuit supra omnia merita«). Selbst →Robert v. Melun, der zur Fortführung →Abaelards den Begriff des meritum de congruo vorbereitet, sieht darin eine Art, »ex misericordia iuste« belohnt zu werden. Auch das sog. meritum occasionale (gratiae) oder das (selbst die bestmögl. Taten außerhalb der eingegebenen caritas einschließende) meritum interpretativum läßt diese bewußt dialekt. Tendenz erkennen. Weitgehende Übereinstimmung über Notwendigkeit und Unverdienbarkeit der ersten, jedes eigentl. V. begründenden Gnade verhinderte nicht die Ausformulierung des der Sache nach bereits bei →Anselm v. Canterbury grundgelegten, in der ersten Hälfte des 13. Jh. geläufigen (bei Wilhelm und Herbert v. Auxerre, →Roland v. Cremona, →Hugo v. St. Cher, Joh. v. Treviso u. a.) Axioms »facienti quod est in se Deus non denegat gratiam«, führte jedoch stets auch zu dessen Problematisierung (→Alanus ab Insulis, Porretanerschule, Stephen Langton, →Gottfried v. Poitiers, →Paganus v. Corbeil u. a.: das meritum gratiae sei hier allenfalls als congruitas, habilitas, occasio oder eine in der Regel erforderl. causa sine qua non für die Gnade zu verstehen), wie das geläufige Beispiel der Beleuchtung eines Zimmers durch die Sonne erst nach – aber nicht durch – Öffnung des Fensters verdeutlichen sollte (e. g. bei →Wilhelm v. Auxerre und →Richard Fishacre); selbst diese Vorbereitung sei aber durch noch nicht habituell gewordene Gnade angeregt.

Das Frühwerk des →Thomas v. Aquin (vor 1260) spiegelt die dialekt. Absichten der damaligen V.lehre wider, verlagert aber zunächst die Spannung zw. der congruitas und der condignitas menschl. V.e weitgehend in eine Spannung zw. den Vorstellungen einer iustitia commutativa und der bei Gott einzig anzunehmenden iustitia distributiva, die selbst gegenüber einem menschl. V. im strengeren Sinn die Gratuität der Gnade wahren soll. Der in erster Bearbeitung ca. 1257 abgeschlossene Sentenzenkomm. (vgl. In I Sent. 17 und 41, 1, 4; v. a. In II Sent. 27f.; aber auch In III. Sent. 4, 3, 1 und 18f.; sowie In IV Sent. 15, 1, 3) konzediert das Axiom »facienti« im Sinne eines die Liberalität Gottes betonenden V.es ex congruo, ist aber bemüht, ein meritum condigni der ersten Gnade im Sinne der Vertragsgerechtigkeit zurückzuweisen, während andererseits ein solches V. im abgeschwächten Paradigma der bloßen Verteilungsgerechtigkeit zur Abwehr des Scheines einer Willkür Gottes zugelassen wird. Insofern die Leugnung des V.es im strengeren Sinn bzw. die Bejahung bloß kongruenter V.e die Freiheit göttl. Gnade oder die Unzulänglichkeit des V.es eines jeden Menschen (außer Christus) für andere zum Ausdruck bringen will, komme auch ihr ein Wahrheitsmoment zu; in diesem Sinn begegnet meritum ex congruo sporad. auch im thoman. Spätwerk. Nach seiner intensivierten Rezeption der Spätwerke Augustins (wohl weniger der I. Synode v. Orange) betonte Thomas ab ca. 1260 (vgl. aber auch bereits die vor 1259 abgeschlossenen Q. D. De ver. 29, 6ff.) zunehmend die radikale Unverdienbarkeit der ersten Gnade (Konversion), der Ausharrung in Gnade und Glauben sowie eines evtl. Neuanfangs nach künftigem Abfall (vgl. v. a. S. th. I–II 114); daher setze jedes Sich-Disponieren für die Gnade bzw. das Axiom »facienti« bereits die Initiative Gottes voraus, der (mit der gratia operans in Unterschied zur gratia cooperans) zuerst ohne unsere Mitwirkung einen Bekehrungsprozeß in Gang setze (vgl. S. th. I–II 109ff.).

Nach erteilter Gnade habitueller und heiligmachender Art (hier doch weitgehend auf einer Linie mit In II Sent. 27, 1, 3–6) könne aber in bezug auf die Mitwirkung auf das eigene Heil oder auf den Gnadenzuwachs hin) doch vom meritum ex condigno die Rede sein, wenn dabei die Gnade des Hl. Geistes gemeint sei, welche die freundschaftl. Teilnahme am göttl. Leben setzt; in bezug auf die menschl. Freiheit bestehe aber auch hier allenfalls eine congruitas des V.es. Wo solche streng von Gott her ermöglichte Teilnahme fehlt, fehlt menschl. Taten auch ihr V.charakter; wo aber Gott menschl. V.e hervorbringt, macht er mit sapientieller Absicht sowie seine eigene Herrlichkeit offenbar. Die Bemühung der Vorstellung von Verteilungsgerechtigkeit tritt nun zurück, obgleich der damit verbundene Hinweis auf eine gegenüber strenger Gleichheit abgeschwächte Form bloßer Proportion zw. V. und Belohnung bleibt.

Die Relativierung der Rolle freiheitl. Selbst-Praedisposition des Menschen sowie jene Betonung der göttl. Initiative, die hier nun im thoman. Spätwerk die Grundlage der V.lehre bildet, läßt auch die Prädestinationsfrage wieder deutl. hervortreten; dies gilt umsomehr, als V.e erst aufgrund der ordinatio bzw. der praeordinatio Dei möglich seien (z. B. S. th. I–II 114, 1 co. et ad 3; 2 co. et ad 1 und des öfteren; vgl. aber die acceptatio divina bzw. die Selbstbindung des verheißenden Gottes bereits In II Sent. 27, 1, 3 co. et ad 3). Während diese göttl. Anordnung bei Thomas auch zur habituellen Gnade und zur caritas als Grundform des V.es führen soll, steigert jene nach der Sicht des →Johannes Duns Scotus in der potentia Dei ordinata beschlossene acceptatio gewisser Taten als verdienstvoll noch mehr die Freiheit Gottes, lockert aber wieder auch den gesuchten Zusammenhang zw. »Tun« und »Ergehen« des Menschen. Eine in der Folgezeit oft damit verbundene Dissoziierung von gratia infusa und V. erleichterte zugleich jene Rehabilitierung des Axioms »facienti«, die bei Gabriel →Biel deutl. ist (u. a. in seiner vom vorreformator. Luther geschätzten Lectura super canone missae), während Gabriel andererseits die caritas als ein meritum de condigno aufgrund eines von Gott in äußerster, an die Grenze der Willkür reichender Freiheit gesetzten Versprechens betrachten kann (In II Sent. 27). Die hist. Erforschung des V.begriffs und seiner vielfältigen Problemkontexte wurde durch die systemat. Vorgaben seiner kontroverstheolog. und ökumen. Behandlungen vorangetrieben, aber auch spürbar affiziert.

S. a. →Gnade; →Johannes Duns Scotus; →Vergeltung; →Werke.

R. Schenk

Lit.: DThC X/1, 574–785 – J. Rivière, Sur l'origine des formules »de condigno«, »de congruo«, BLE 7, 1927, 75–88 – Ders., S. Thomas et le mérite »de congruo«, Rev. des Sciences Relig. 7, 1927, 641–649 – H. Bouillard SJ, Conversion et grâce chez saint Thomas d'Aquin, 1944 – J. Auer, Die Entwicklung der Gnadenlehre in der Hochscholastik 2. T., 1951, bes. 58–111 – Landgraf, Dogmengeschichte – J. Czerny, Das übernatürl. V. für Andere. Eine Unters. über die Entwicklung dieser Lehre von der Frühscholastik an bis zur Theol. der Gegenwart, SF, NF 15, 1957 – M. Seckler, Instinkt und Glaubens nach Thomas v. Aquin, 1961 – W. Dettloff, Die Entwicklung der Akzeptanz und V.lehre von Duns Scotus bis Luther, 1963 – O. H. Pesch, Die Lehre vom »V.« als Problem für Theol. und Verkündigung (Wahrheit und Verkündigung, hg. L. Scheffczyk et al. [Fschr. M. Schmaus, II, 1967]), 1865–1907 – H. J. McSorley, Was Gabriel Biel a Semipelagian?, ebd., 1109–1120 – B. Hamm, Promissio, Pactum, Ordinatio. Freiheit und Selbstbindung Gottes in der scholast. Gnadenlehre, BHTh 54, 1977 – J. Wawrykow, God's Grace and Human Action. »Merit« in the Theology of Thomas Aquinas, 1995.

Verdier, domanialer Verwalter eines →Forstes, so im Hzm. →Normandie (13.–15. Jh.). Dieser Typ des herrschaftl. Forstmeisters begegnet, je nach der Region, unter unterschiedl. Bezeichnungen (in der Île-de-France etwa bevorzugt als *gruyer*). In der spätma. Normandie stand das Amt des v. in Kontinuität zur machtvollen hzgl. Forstverwaltung ('forestarii') des 11.-12. Jh. Angesichts der Bedürfnisse des Kgtm.s (Jagd, Versorgung mit Holz u. a. Forstprodukten) erfuhr die Forstverwaltung am Ende des 13. Jh. eine Vervollkommnung. Unter den Kapetingern wurde im Amt der →Eaux et Forêts (1287) eine von den jeweiligen →Baillis unabhängige kgl. Forstbehörde geschaffen. Der v. unterstand den 'maîtres et enquêteurs' der Eaux et Forêts; er gebot seinerseits über ein nachgeordnetes Personal (*lieutenant*, *sergents*). Der v. wurde vom Kg. oder vom Großmeister der Eaux et Forêts ernannt und war absetzbar. Er war residenzpflichtig und empfing Bezüge sowie umfangreiche Naturaleinkünfte, wodurch das Amt für den Adel äußerst begehrenswert wurde. Auf administrativem Gebiet führte der v. in seinem Bereich die Weisungen der kgl. Behörde aus, kontrollierte die von seinen Untergebenen durchgeführte wirtschaftl. Ausbeutung der ihm anvertrauten Forsten, überwachte insbes. die Anwendung des Gewohnheitsrechts (der ansässigen Gemeinden) und war beteiligt am Holzverkauf (→Holz), bei dem er aber eine insgesamt sekundäre Rolle spielte. Auf jurisdiktionellem Gebiet übte der v. eine kleine Gerichtsbarkeit über Forstfrevel aus (bis zur Buße von 60 *sous*), die er als Reisericher wahrnahm. Auf finanziellem Gebiet legte er seinen Vorgesetzten über Einnahmen und Ausgaben sowie Verwaltungs- und Gerichtstätigkeit Rechenschaft ab. Die *v.s fieffés* (Lehnsforstmeister) bildeten – trotz vergleichbarer Amtsbefugnisse – eine eigene Kategorie. Sie übten ihre Verwaltung auf erbl. Grundlage (als Amtslehen) aus und leisteten einen Lehnseid. Einige von ihnen wurden zu Eigentümern der ihnen übertragenen Forsten, die damit aus der kgl. Domäne ausschieden. A. Renoux

Lit.: M. Devèze, La vie de la forêt française au XVᵉ s., 1961 – La vie de la forêt normande à la fin du MA. Le coutumier d'Hector de Chartes, 2 Bde, hg. A. Roquelet-F. de Beaurepaire, 1984-95 – →Forst, I [bes. H. Rubner, 1965].

Verdun, Stadt und Bm. in Ostfrankreich, →Lothringen (dép. Meuse).
I. Stadt – II. Bistum und Hochstift.
I. Stadt: Auf einem Sporn über der →Maas am Flußübergang der Römerstraße Reims–Metz bestand seit der Spätantike ein mit ca. 10 ha recht kleines Castrum, an den Ausfallstraßen, insbes. auf dem Mont St-Vanne im W an der Straße nach Reims, lagen zudem Gräberfelder und frühchr. Oratorien. Die Römerstraße wie die Lage an Maasarmen (mit zahlreichen Inseln) prägten wesentl. die topograph. Entwicklung. Wohl seit dem 4. Jh. Bf.ssitz, in einigen Q. und auf Münzen wird V. auch als »Urbs Clavorum« bezeichnet.

Auf dem Mont St-Vanne sind seit dem 7. Jh. (Testament →Adalgisel Grimos) eine geistl. Gemeinschaft und ein Hospital bezeugt, aus der später die Abtei OSB St. Peter/ St-Vanne hervorging. Diese stand im hohen MA in Konkurrenz zur Kathedrale und beanspruchte, der älteste Bf.ssitz der Stadt gewesen zu sein. Die urspgl. Kathedrale befand sich jedoch schon immer bei St. Marien innerhalb des Castrums, allerdings verfügte St-Vanne über zahlreiche Gräber als hl. verehrter Bf.e wie auch hochrangiger Laien (insbes. des 10. und 11. Jh.), wogegen sich seit dem ausgehenden 10. Jh. der Mariendom als bevorzugte Grablege der Bf.e etablierte, aber erst rund zwei Jahrhunderte später endgültig durchsetzte.

Zu den bedeutendsten frühma. Bf.en zählen Agericus (566–588), dessen engen Beziehungen zu →Childebert II.

das spätere Hochstift erhebl. Besitzzuwachs (u. a. Weinbesitz an der Untermosel) verdankte, sowie Paulus (belegt 634–647). Die Lage an der Maas war ausschlaggebend für die Wahl V.s (bzw. der Orte seines engeren Umlandes) zum Herrschertreffen v. 843 (→Verdun, Vertrag v.). Unter Bf. Hatto (847–870) wurden der Temporalbesitz der Bf.skirche ausgebaut und entlegene Besitzungen kultisch an die Kathedralstadt angebunden. Diese Politik setzte sich unter Bf. Dado (880–923) fort, während dessen Amtszeit 916/917 die Stadt und die Archive durch Brand zerstört wurden, nachdem V. von Angriffen der Normannen offenbar verschont geblieben war.

Spätestens seit dem 10. Jh., für das ein 'negotiatorum claustrum' auf der Maasinsel zu Füßen des Dombergs bezeugt ist (984), erlebte die Stadt eine wirtsch. Blüte, jedoch belegen Münzfunde weitreichenden →Fernhandel auch schon für das 7.–9. Jh. Eine der Grundlagen der Prosperität war offenbar der Sklavenhandel (→Sklave) nach Spanien, der sich nach Mitte des 10. Jh. auch in das chr. Nordspanien fortzusetzen scheint. Hinzu kommt die intensive Erschließung des Umlandes durch die bedeutenden geistl. Grundherrschaften: die Kathedrale St. Marien, das in den 870er Jahren zu einem Stift konstituierte und 951/952 durch Bf. Berengar in ein Benediktinerkl. (Ausstrahlung des Reformklosters St-Evre in →Toul) umgewandelte St-Vanne und das 972 durch Bf. Wigfried (959–982) gegr. St. Paul, das in seiner Anfangsphase enge personelle Verbindungen zu →Tholey aufwies.

Wesentl. Impulse erfuhren die Stadt, die geistl. Institutionen und das Umland im 11. Jh. durch die Reformpolitik des Abtes →Richard v. St-Vanne und des Bf.s Haimo (989–1025). Dieser, ein Schüler →Notkers v. Lüttich, baute V. nach durch →Lüttich inspiriertem Bauprogramm zur 'hl. Stadt' aus: Die Kathedrale wurde neu gebaut; die Frauengemeinschaft St. Johannes/St. Maurus (an der ältesten Bf.sgrablege der Stadt), das Stift St. Maria Magdalena (die erste Kirche im Abendland mit diesem Patrozinium) und das Heiligkreuzstift gegründet. Bis auf das letztgenannte, das wirtschaftl. schwach blieb und St-Maur unterstellt wurde, erlebten alle anderen kirchl. Gründungen einen raschen Aufschwung. Es gelang dem Magdalenenstift, nicht zuletzt durch die weitgespannten Beziehungen seines ersten Propstes Ermenfried und dessen Beziehungen zum Ks.haus, beträchtl. Temporalbesitz aufzubauen. Die geistl. Institutionen verfügten in Stadt und Umland über reichen Besitz und wichtige Einkünfte (St-Vanne: Salzhandelsmonopol, Markt, eigener Bannbezirk, Maaszoll; Madeleine: Kornwaage, Torzoll; St-Maur: Marktzoll usw.) und investierten in hohem Maße in infrastrukturelle Einrichtungen in der Kathedralstadt (Mühlen, Ausbau des Hafens, Pfarrkirchen). Spätestens seit Haimos Episkopat verfügten die Bf.e auch über Markt, Münze und Zoll. Unter Haimo ist zudem eine verstärkte Ausrichtung auf das Reich zu konstatieren, nachdem zuvor Reimser Einfluß dominierend gewesen war. Die V. er Gf. enrechte waren lange Zeit zw. dem Haus →Ardenne und den Bf.en strittig, wobei je nach persönl. Autorität und überregionalen Machtverhältnissen teils die eine, dann wieder die andere Seite dominierte.

Richard v. St-Vanne wirkte als Reformer oder Gründer in zahlreichen Abteien in Nordfrankreich und im heut. Belgien, sein bedeutendster Schüler →Poppo v. Stablo auch jenseits der Sprachgrenze. Die Kl.reform hatte auch beträchtl. Auswirkungen auf V. selbst: Neubau des Kl. (bei dem offenbar erstmals die cluniazens. Zweiturmfassade im Reichsgebiet Einzug hielt), Aufbau eines »Gewerbegebietes« mit zahlreichen Mühlen an der Scance. Unter Abt Richard, der enge Beziehungen zum Haus der Ardennergf.en (Familiengrablege Anfang des 11. Jh.) und zu Ks. Heinrich II. unterhielt, gewann die Abtei durch Erwerb und Erhebung von Bf.sgebeinen und anderen Reliquien auch kultisch an Stellenwert. Vom 10. bis ins 12. Jh. war St-Vanne das bedeutendste kulturelle Zentrum der Maasstadt. Hier entstanden auch die Bf.sgesten und die Chronik →Hugos v. Flavigny. 1037 gründete Bf. Rambert das OSB-Kl. St-Airy, welches nach kurzer kultureller Blüte im 11. Jh. meist im Schatten von St-Vanne und St. Paul und auf recht schwacher wirtschaftl. Basis stand.

1047 wurden Stadt und Kathedrale durch Hzg. →Gottfried den Bärtigen brandzerstört. Bf. Dietrich (1049–89) spielte eine bedeutende Rolle im Investiturstreit und geriet so in Gegensatz zu St-Vanne, das wohl durchgehend auf seiten der Kirchenreform stand. Der Einfluß der Bf.e auf die Abtei war seit dem Investiturstreit gering. Unter Dietrichs Nachfolgern wurde die Position der Bf.e zunehmend geschwächt, obwohl diese seit 1099 formal im Besitz der Gft. V. waren. De facto besaßen jedoch die Gf.en v. →Bar und der Abt v. St-Vanne sowie auch Teile der städt. Führungsgruppen eine starke Position. Die Krise der Bf.sherrschaft (sowie zahlreicher geistl. Institutionen) in den 1120er Jahren wurde mit dem Amtsantritt Alberos v. →Chiny (1131–56) überwunden. Auf ihn gingen die Umwandlung St. Pauls in ein Prämonstratenserkloster (1135) und die Festigung der territorialen Position der Bf.e zurück. Der wirtschaftl. Aufschwung setzte sich fort: Ausbau der Infrastruktur (Mühlen, Walkmühle, Errichtung einer steinernen Maasbrücke und des Hospitals St. Nikolaus durch ein Kaufmannsehepaar vor 1144, roman. Kathedralneubau), insgesamt vier Hospitäler, aufblühendes Tuchgewerbe, zugleich Schließung der V.er Münze zugunsten der Währung v. Châlons-en-Champagne. Die städt. Wirtschaft war im hohen MA wesentl. durch die geistl. Institutionen und die Lage an der Maas geprägt.

Schon seit dem 11. Jh. gab es Hinweise auf Beteiligung der städt. Führungsgruppen an der Bf.sherrschaft, seit dem frühen 12. Jh. Ansätze zu eigenständigem Handeln. Seit den 1120er Jahren häufen sich die Schöffenbelege; 1131 wirkten die V.er Führungsgruppen bei der Bf.swahl mit, ab 1141/42 ist das 'ius civitatis' belegt, auch besaß V. ein sehr frühes Stadtsiegel (wahrscheinl. vor 1144, sicher vor 1155).

Seit Albero v. Chiny rekrutierten sich die Bf.e vorwiegend aus dem lokalen Adel, letzter aus dem dt. Sprachraum stammender Bf. war Heinrich v. Blieskastel (1181–87), oft folgten enge Verwandte einander auf dem Bf.sstuhl nach. 1208 eskalierte der Konflikt zw. den geistl. Institutionen und Teilen der städt. Führungsgruppen, ebenso in den 1220er Jahren. Seit Anfang des 13. Jh. beherrschten wie in Metz die großen Familienverbände (*lignages*) das städt. Herrschaftsgefüge. Unter den Zünften nahmen die Tucher eine herausragende Stellung ein. Lombarden sind seit 1285 belegt. 1236 verpfändete Bf. Rudolf v. Thourotte (1224–45) die Vizegf.enrechte an die Stadtgemeinde, ebenso 1248 Bf. Johann v. Esch (1247–53). Die Gemeinde verfestigte sich zunehmend institutionell, jedoch kam es seit der 2. Hälfte des 13. Jh. nicht mehr zu wesentl. strukturellen Veränderungen im städt. Herrschaftsgefüge. Seit den 1220er Jahren war der Einfluß der Päpste und der frz. Kg.e auf Bf.sbesetzungen stark, kam zu zahlreichen schismata, Bf.swahlen und häufigen Bf.sabsetzungen. Die bfl. Finanzen konsolidierten sich seit der Mitte des 13. Jh., v. a. unter dem vom Papst eingesetzten Bf. Robert v. Mailand (1255–71). Trotz der weiterhin starken Position der Gf.en v. Bar festigte sich im 13. und v. a. frühen 14. Jh. (bis zu Bf. Heinrich v. →Apremont, 1306–50) die Bf.sherrschaft, die militär. Erfolge errang (1246) und eine vermittelnde Rolle in innerstädt. Auseinandersetzungen wahrnahm (1286, Charte de Paix von 1292).

Um 1220 gründete Bf. Johann v. Apremont (1217–24) das Chorherrenstift St-Nicolas-du-Pré. 1228 werden erstmals Beginen erwähnt. Weitere Kl.gründungen des 13. Jh.: 1220er Jahre (?) Dominikaner und Minoriten; Frauengemeinschaft Tilly (vor 1250 Reuerinnen, ab 1256 Regularkanonissen des Ordens v. St-Victor, 1396 Umwandlung in Männerpriorat St-Airy); 1260er Jahre Sackbrüder, an deren Stelle zu Beginn des 14. Jh. Augustinereremiten traten; 1292 Klarissen. Die Zahl der geistl. Gemeinschaften blieb für den Rest des MA konstant. Der Mauerring wurde im 13. Jh. kontinuierl. ausgebaut und erreichte im frühen 14. Jh. seine größte Ausdehnung (ca. 70 ha, Einbeziehung der Abteisuburbien und der elf städt. Pfarreien, die auch das engere Umland der Stadt versorgten).

Generell verlor seit dem 13. Jh. die Stadtentwicklung an Dynamik, seit dem 14. Jh. und verstärkt im 15. Jh. kam es zu wirtschaftl. Stagnation und Rückzug aus dem Fernhandel. V. erlebte einen Niedergang als Finanzmarkt, die Verkehrswege verlagerten sich. Auch die geistl. Institutionen gerieten in die Krise und verhinderten zugleich die Investition bürgerl. Kapitals im Umland. In seinen Außenbeziehungen geriet V. zunehmend in die Defensive, was seinen Niederschlag v. a. in den zahlreichen Schutzverträgen der Stadt und ihrer geistl. Institutionen mit Adligen des Umlandes fand, insbes. ab 1246 mit dem Gf.en v. Bar und 1302 mit dem Kg. v. Frankreich. Die Stadtbevölkerung besaß demgegenüber nur noch wenig Handlungsspielraum.

II. BISTUM UND HOCHSTIFT: Mit rund 3000 km² war das Bm. V. das kleinste der Suffraganbm.er v. →Trier; es bildete jedoch einen sehr homogenen Raum, der etwa einem Umkreis von 30 km um V. entsprach und auch mit der Gft. weitgehend ident. war. Besitz des Hochstifts konzentrierte sich zunächst v. a. im O des Bm.s. Das V.er Umland (mit Konzentration in Maastal und längs der O-W-Straße) war schon im frühen 11. Jh. auffallend dicht besiedelt und mit infrastrukturellen Einrichtungen (Kirchen, Mühlen) erschlossen.

Unter Bf. Dado kam es zur Aufteilung des Kathedralbesitzes in Sondervermögen. Seit dem 10. Jh. sind vier Archidiakone belegt, denen später (?) vier Raumeinheiten des Bm.s entsprachen. Eine Archidiakonswürde war an die Dompropstei, eine an das Magdalenenstift, eine an das im Bm. Reims liegende, aber zum Temporalbesitz der V.er Bf.e gehörende Stift Montfaucon, die vierte an eine weitere Dompfründe gebunden. Ebenfalls seit dem 10. Jh. sind Kanzler und Dompropst belegt. Seit der Mitte des 12. Jh. bauten die Pröpste ihre Position im Domkapitel aus und wurden im späten 13. Jh. zu einem bedeutenden Machtfaktor in Stadt und Bm.

Das Bm. präsentierte sich als Kulteinheit, die Bf.e betrieben offenbar eine gezielte »Patrozinienpolitik« und banden geistl. Institutionen über Prozessionen in die Bm.sorganisation ein. Lokale Kulte griffen kaum über das Bm. hinaus aus, Stephanus als Kathedralpatron der Nachbarbm.er war hier kaum vertreten, die Bm.spatronin Maria erschien im 11. Jh. mehrfach auf V.er Münzen und im 12. Jh. auf dem Banner der Kathedrale. Versuche der Bf.e um die Jahrtausendwende, überregionale Hl.nkulte an Stelle der lokalen frühma.en Bf.e zu plazieren, scheiterten im wesentlichen.

Die Besitzungen des Hochstifts wiesen im frühen MA eine eindeutige Ausrichtung nach O auf und griffen erst im 8. Jh. über das Maastal hinaus nach W aus. Zu territorialen Verlusten kam es zu Beginn des 12. Jh. Bf. Albero v. Chiny betrieb jedoch eine erfolgreiche Politik der Grenzsicherung und Raumerschließung durch Gründung von geistl. Institutionen an den Grenzen und Förderung der neuen Orden. Dennoch hielt das Hochstift in der Folgezeit der Expansionspolitik adliger Territorialherren (Gf.en v. Bar, Gf.en v. Champagne, Herren v. Apremont) und der Kg.e v. Frankreich nicht stand.

Das engere Umland V.s war wirtschaftlich eng mit der Stadt verflochten, ebenso hinsichtl. der kirchl. Administration; sämtl. Pfarreien lagen in Händen der V.er Klöster und Stifte. Das ganze MA hindurch entstanden keine zentralen Orte höherer Stufe und nur wenige Märkte außerhalb der Kathedralstadt. Die geistl. Institutionen, die zunächst wesentl. zur Raumerschließung beigetragen hatten, erwiesen sich als Kräfte des Beharrens und instrumentalisierten das kanon. Recht zur Durchsetzung ihrer Herrschaftsansprüche. Dagegen entstanden an der von laikalen Herrschaftsträgern beherrschten Peripherie mehrere Städte, die seit dem 13. Jh. zunehmend an Bedeutung gewannen (→St-Mihiel innerhalb, Bar-le-Duc, Dun-s.-Meuse, Briey, Marville außerhalb des Bm.s). Wichtige Außenbesitzungen der Domkirche waren das Kl. →Tholey und das Stift Dieulouard. F. G. Hirschmann

Q.: Gesta epp. Virdunensium, MGH SS IV – Laurentii de Leodio gesta epp. Virdunensium, MGH SS X – Chronicon Hugonis, MGH SS VIII – Lit.: H. Clouet, Hist. de V., 1867–70 – H. Dauphin, Le Bienh. Richard, 1946 – N. Gauthier, L'évangélisation des pays de la Moselle, 1980 – Hist. de V., hg. A. Girardot, 1982 – F. R. Erkens, Die Trierer Kirchenprov. im Investiturstreit, 1987 – A. Girardot, Le droit et la terre, 1993 – F. G. Hirschmann, V. im hohen MA, 1995.

Verdun, Vertrag v. Auf ihrer Zusammenkunft bei →Verdun Anfang Aug. 843 beendeten die drei überlebenden Söhne Ks. Ludwigs d. Frommen, Ks. Lothar, Kg. Ludwig »d. Dt.« und Kg. Karl d. Kahle, die seit 829 heftig ausgefochtenen Auseinandersetzungen innerhalb der karol. Kg.sfamilie um die Teilung des →Frankenreiches und schufen im Konsens mit ihrem Adel eine Reichsordnung mit langer Wirkkraft in der europ. Geschichte. Im Gegensatz zur →Ordinatio imperii v. 817, in der Ludwig d. Fr. den Ks.gedanken im Vorrang des ältesten Sohnes Lothar vor den jüngeren Brüdern Ludwig und Pippin gefestigt und das Ksm. mit der Herrschaft über das ganze Frankenvolk verknüpft hatte, erhielten im Vertrag v. V. alle Brüder einen ungefähr gleichen Reichsteil und v. a. Herrschaft über das frk. Reichsvolk, vordergründig eine Rückkehr zum überkommenen frühma. Teilungsbrauch.

Ermöglicht wurde diese Schmälerung Lothars durch das Zusammenwirken seiner jüngeren Brüder Ludwig und Karl, der den Anteil des 838 verstorbenen Bruders Pippin I. beanspruchte und die Nachfolge von dessen Sohn Pippin II. in →Aquitanien ablehnte. Nach dem Tod Ludwigs d. Frommen (20. Juni 840) verbündeten sich seine jüngeren Söhne gegen Lothar, schlugen ihn am 25. Juni 841 bei →Fontenoy (Auxerrois) vernichtend, erzwangen die Lösung des Paktes mit seinem Neffen Pippin II. und bekräftigten ihr Bündnis in den →Straßburger Eiden vom 14. Febr. 842. Um überhaupt noch einen Anteil am nordalpinen Frankenreich zu erhalten, mußte sich Lothar auf Verhandlungen und schließlich im Juni 842 auf ein Treffen mit den Brüdern (unter Hinzuziehung einer jeweils gleichen Anzahl von Gefolgsleuten) auf einer Saône-Insel bei Mâcon einlassen: Jede Partei bestimmte dort 40 Bevollmächtigte, die eine Reichsteilung vornehmen sollten und im Sept. in Koblenz, im Nov. in Diedenhofen zusammenkamen. Als Grundlage der gleichmäßigen Teilung wie der endl. erzielten Eintracht der Brüder (concordia) diente die umfassende Beschreibung von nutzbaren Rechten und Einkünften (de regni portionibus) durch eine Kommission um primores, deren Ergebnisse zur divisio regni durch den Adel führten und bei Verdun in einem rechtsverbindl. Freundschaftsbund der Brüder (amicitiae foedus) beschworen wurden: Die Grenzziehung orientierte sich nicht an geogr., ethn., sprachl. oder kirchl. Voraussetzungen. Lothar, dem als dem Ältesten der erste Zugriff auf einen der Reichsteile zustand, erhielt neben Italien ein von den Westalpen bis nach Friesland reichendes Mittelreich zw. dem ö. Reich Ludwigs und dem w. Karls und damit die Herrschaft über die vornehmsten karol. sedes →Aachen und →Rom. Die Grenze nach W bildeten ungefähr die Flüsse Schelde, Maas, Saône und Rhône, nach O Rhein und Aare, dazu erhielt Ludwig »d. Dt.« noch das linksrhein. Land um Mainz, Worms und Speyer; eine exakte Grenzbeschreibung ist wegen des Fehlens offizieller Vertragsurkk. schwierig und teilweise nur durch Nachrichten über die spätere Aufteilung →Lotharingiens von 870 (→Meerssen) möglich. Die Beschreibung nutzbarer Rechte und Einkünfte der Kg.e zum Zweck der Zuteilung von aequae portiones verdient in ihrer Rationalität wie v. a. wegen der Bedeutung des herrschaftsbegründenden Zusammenwirkens von Kgtm. und Adel Beachtung. Der Vertrag v. V. überschritt damit klar den Rang einer innerdynast. Abmachung oder eines bloßen Interessenausgleichs unter Brüdern und bekräftigte ein konsensuales Herrschaftsverständnis von Kg.en und fideles, das sich schon in den Promulgationen der Nachfolgeregelungen Karls d. Gr. von 806 (→Divisio regnorum) und Ludwigs d. Fr. von 817 abzeichnete und fortan immer geschichtsmächtiger wurde. Dem entsprach im Reich Karls d. Kahlen neben der äußeren Grenzziehung im Vertrag v. V. der noch im gleichen Jahr erreichte Ausgleich mit den Großen in →Coulaines (Classen). Doch auch für die Reiche Lothars und Ludwigs wäre der consensus fidelium noch genauer zu gewichten, der im 9. Jh. für die allmähl. Auflösung der engen karolingerzeitl. Verknüpfung von rex und →regnum bei zunehmendem Einfluß von Adelsverbänden sorgte.

Deutlicher hat die neuere Forsch. den hist. Rang des Vertrags v. V. für die Entstehung Dtl.s und Frankreichs erkannt: Die Zeitgenossen mochten die zw. Kg.en und Adel 842/843 erzielten Vereinbarungen nur als Glied in der langen Kette frk. Reichsteilungen beurteilt haben. Erst aus der Rückschau werden – nicht zuletzt wegen der langen Dauer der Kg.sherrschaften Ludwigs »d. Dt.« († 876) und Karls d. Kahlen († 877) und ihrer gesicherten Sohnesfolgen – erhebl. Folgen für die karol. und nachkarol. Reiche deutlich. Nach dem Ende des 855 nochmals geteilten Mittelreiches (erbloser Tod von Lothars Söhnen: Kg. Karl v. d. Provence 863, Kg. Lothar II. 869 und Ks. Ludwig II. 875) und in den Verträgen v. Meerssen (870) und →Ribémont (880) entstanden aus bloßen dynast., polit. und geogr. Bildungen in einem langgestreckten Prozeß die ma. Nationen Dtl. und Frankreich. Doch erst spätere Gesch.sschreiber des 12. Jh. wiesen dem Vertrag v. V. seine Rolle als entscheidende Zäsur zw. imperium und regnum zu. Ihnen folgten manche modernen Historiker, während neuerdings auf die anhaltende frk. Prägung der karol. Nachfolgereiche verwiesen wird. Freilich entstand seit 843 – ohne daß dies von den Zeitgenossen intendiert oder zunächst erkannt wurde – eine neue polit. Ordnung in West- und Mitteleuropa. Sie verdankte ihre polit. Wirk-

kraft dem Konsens von Kgtm. und Adel in den regna, dem Anspruch auf eine gemeinsame frk. Gesch. und schließlich der Umformung frk. Traditionen in Ost- und Westfranken.
B. Schneidmüller

Q. und Lit.: RII 1103a – HRG IV, 797–799 – DÜMMLER[2] I, 189–215 – Der Vertrag v. V. 843, hg. TH. MAYER, 1943 – P. E. HÜBINGER, Der Vertrag v. V. und sein Rang in der abendländ. Gesch., Düsseldorfer Jb. 44, 1947, 1–16 – F. L. GANSHOF, Zur Entstehungsgesch. und Bedeutung des Vertrages v. V. (843), DA 12, 1956, 313–330 – P. CLASSEN, Die Verträge v. V. und Coulaines als polit. Grundlage des westfrk. Reiches, HZ 196, 1963, 1–35 – R. SCHNEIDER, Brüdergemeine und Schwurfreundschaft, 1964 – P. CLASSEN, Karl d. Gr. und die Thronfolge im Frankenreich (Fschr. H. HEIMPEL, III, 1972), 109–134 – E. MAGNOU-NORTIER, Foi et fidélité, 1976 – K. F. WERNER, Les origines (Hist. de France, I, 1984), 404ff. – W. KIENAST, Die frk. Vasallität, 1990 – R. SCHIEFFER, Die Karolinger, 1992, 140ff. – J. FLECKENSTEIN, Le traité de V. (L'Esprit de l'Europe, I, 1993), 56–63 – C. BRÜHL, Dtl. – Frankreich. Die Geburt zweier Völker, 1995[2], 353ff

Vere, de, engl. Adelsfamilie. Ihr Gründer in England war *Aubrey de V. I.* (ca. 1040–1112), dessen Familie aus der Nähe von Coutances in der Normandie stammte. Ihm wurden Ländereien in Essex und Suffolk von Wilhelm d. Eroberer übertragen, und diese Ländereien blieben das Kernstück des Familienerbes während des gesamten MA. Hauptresidenz der de V. war Castle Hedingham in Essex, und Grablege der Familie wurde das in der Nähe gelegene Priorat Colne, das von Aubrey I. gegr. worden war. Dessen Sohn *Aubrey II.* (um 1090–1141) diente Kg. Heinrich I. Er bekleidete eine hohe Stellung innerhalb Heinrichs Verwaltung und genoß kgl. Förderung. 1133 wurde er zum →Chamberlain of England ernannt, ein Amt, das in der Familie künftig erbl. blieb. Als Heinrich 1135 starb, entschied er sich für Stephan v. Blois, aber nach seinem Tod 1141 wechselte sein Sohn *Aubrey III.* (um 1110–94) zu Ksn. Mathilde über. Diese ernannte Aubrey III. zum Earl of →Oxford, aber ohne ihm Ländereien in der Gft. zu übertragen. Wie andere Anhänger Mathildes söhnte er sich gegen Ende von Stephans Regierung mit diesem aus, und sein Titel wurde von Stephan und dann von Kg. Heinrich II. anerkannt, dem er für den Rest seines langen Lebens loyal diente. Im 13. und 14. Jh. setzte die Familie de V. ihren Dienst für die Krone fort, obwohl *Robert,* der 5. Earl (1240–96), Simon v. →Montfort unterstützte und durch das »Dictum of →Kenilworth« (1266) in seine Besitzungen wiedereingesetzt. Während dieser Jahre vergrößerte sich der Erbbesitz der Familie durch Heirat, aber das Kernstück blieben weiterhin die ursprgl. Ländereien in Essex und Suffolk. Der Wert des Familiengrundbesitzes blieb im Vergleich zu anderen Mitgliedern des einen Titel führenden Hochadels verhältnismäßig bescheiden. Die spektakulärste, aber kurze Episode in der Geschichte der Familie ereignete sich unter der Regierung Kg. Richards II., als der 9. Earl *Robert* (1362–92) der führende Günstling des Kg.s wurde und dieser ihn mit Ländereien in England, der Macht eines Pfgf.en (*palatine*) in Irland und den Titeln eines Marquis of Dublin (1385) und eines Duke of Ireland (1386) belohnte. Die Stellung de V.s am Hof war ein wichtiger Grund für die Entstehung der Opposition gegen Richard II. in den 80er Jahren des 14. Jh., und nach seinem erfolglosen Versuch, den Lords →Appellant mit einer Streitmacht in der Schlacht v. →Radcot Bridge (20. Dez. 1387) entgegenzutreten, floh er aus England und starb in Löwen 1392, doch wurde sein Leichnam 1395 in dem Priorat Colne beigesetzt, in einer Zeremonie, die von Richard II. veranlaßt worden war. Sein Onkel und Erbe *Aubrey* wurde in den ererbten Ländereien der Familie und in das Earldom (1393) wieder eingesetzt, aber nicht in das Amt des Chamberlain. Aubreys Sohn *Richard,* der 11. Earl (1385–1417), diente in →Agincourt (1415) und an der Seine (1416), aber durch seinen vorzeitigen Tod konnte er keine Rolle bei der Eroberung und Einnahme der Normandie spielen. Das Leben seines Sohnes *John* (1408–62) wurde beherrscht von dem Konflikt zw. Lancaster und York, wobei er die Partei der Lancaster ergriff. Nach der Thronbesteigung Eduards IV. wurden John und sein ältester Sohn wegen Verrats hingerichtet, aber sein zweiter Sohn *John,* der 13. Earl (1442–1513), erhielt 1464 die Familienbesitzungen wieder zurück. Die Familie war aber nie völlig mit der Herrschaft der Yorkists einverstanden, und John unterstützte die Rebellionen des Earl of Warwick gegen Eduard IV. (1469–71). Mit dem Thronantritt Heinrichs VI. kehrte er in die kgl. Gunst zurück, und 1471 verhinderte er erfolgreich Eduards IV. beabsichtigte Landung in Cromer, mit der er sein Kgr. zurückgewinnen wollte. Nachdem Eduard IV. seine Opponenten in der Schlacht v. →Barnet (April 1471) besiegt hatte, floh de V. auf den Kontinent, aber aus Loyalität gegenüber der Partei der Lancaster unternahm er einen fehlgeschlagenen Versuch einer Intervention in England 1473. Er wurde gefoltert, blieb in den folgenden Jahren der Herrschaft der Yorkists im Gefängnis und verlor 1475 seine Rechte. Aber 1485 konnte er fliehen, sich mit Heinrich VII. verbünden und auf seiner Seite in der Schlacht v. →Bosworth kämpfen. Earl John wurde in alle Recht wieder eingesetzt und bekam jetzt die Belohnung für die Loyalität seiner Familie gegenüber der Lancaster-Partei. Der Verlust von 1473 wurde wieder rückgängig gemacht, er erhielt erneut das Amt des Chamberlain und empfing Zuwendungen Heinrichs VII. Dafür diente er Heinrich loyal, bes. in der Schlacht gegen die Rebellen in →Stoke (1487) und gegen die corn. Rebellen 1497. Sein Neffe *John,* der 14. Earl (1499–1526), war der letzte Earl der direkten Linie. Das Erbe ging auf einen 2. Cousin über, der Titel blieb bis 1703 in der Fam. A. Tuck

Lit.: G. A. HOLMES, The Estates of the Higher Nobility in Fourteenth Century England, 1957 – A. TUCK, Richard II and the English Nobility, 1973.

Verecundus, Bf. v. Junca (Prov. Byzacena), Autor, † wohl 552 in Chalkedon. V. wurde 551 wegen seiner Opposition gegen die Politik Justinians im →Dreikapitelstreit nach Konstantinopel bestellt, sah sich dort, gemeinsam mit Papst Vigilius, gezwungen zu fliehen und zog sich nach Chalkedon zurück. Verf. von allegor. Kommentaren zu neun atl. Liedern in origen. und augustin. Tradition (Commentarii super cantica ecclesiastica) und eines »Carmen de satisfactione paenitentiae« (Hexameter), möglicherweise auch des »Carmen ad Flavium Felicem de resurrectione mortuorum et de iudicio«; unsicher ist die Zuschreibung der »Excerptiones de gestis Chalcedonensis Concilii«. Nicht zu seinen Werken gehören »Exhortatio paenitendi«, »Lamentum paenitentiae« und »Crisiados libri«.
E. Grünbeck

Lit.: CPL 869–871 – Dict. enc. du Christianisme ancien II, 1983, 2520 [Ed., Lit.] – DSAM XVI, 397–401 [Lit.].

Vereja → Wereja

Verfangenschaft, von mhd. *ver-vâhen,* 'erfassen', 'fangen', 'Beschlag legen auf', bedeutet grundsätzl., daß der Inhaber eines Guts nicht frei darüber verfügen kann. Im ma. Ehegüterrecht (→Ehe) verstand man darunter, daß das liegende Gut im Interesse der Erhaltung des Ehevermögens den Kindern gesichert war. Das V.srecht war v. a. in West- und Süddtl. sowie Österreich, bes. in den Ländern des frk. Rechts, verbreitet. Bei Gütertrennung wie auch Gütergemeinschaft wurden bei Auflösung einer beerbten Ehe zwei Vermögensmassen unterschieden. Die Fahrnis (→Fahrhabe) fiel als freies Gut an den überlebenden Ehegatten, sämtl. Immobilien, eingebrachte wie in der Ehe erworbene, waren den Kindern aus dieser Ehe verfangen, nicht jedoch der Erwerb im Witwenstand (→Witwe). Dem überlebenden Ehegatten stand lebenslängl. die ausschließl. Nutzung und Verwaltung der verfangenen Güter zu (Beisitz), die Kinder waren auf ihr Anwartschaftsrecht beschränkt (Wartung). Veräußerungen und Belastungen bedurften daher der Zustimmung der Kinder, ausgenommen im Fall der 'echten Not', der die Veräußerung insoweit zuließ, als es der Notstand erforderte. Bei neuerl. Eheschließung nahm der überlebende Elternteil die verfangenen Liegenschaften mit in die neue Ehe, dies änderte jedoch nichts am V.srecht. Es kam weiterhin ausschließl. den erstehel. Kindern zu; auf Vermögen aus der zweiten Ehe hatten sie keinen Anspruch. Eine Möglichkeit, die mit der Ungleichbehandlung der Kinder aus verschiedenen Ehen verbundenen Härten zu mildern, bot das sog. Teilrecht, die Vermögensteilung zw. dem überlebenden Ehegatten und den Kindern aus erster Ehe. Einbezogen in die Teilung waren nicht nur die verfangenen Güter, sondern auch die Mobilien und der Erwerb im Witwenstand. Der nach der Abteilung der Kinder verbleibende Anteil ging ins freie Eigentum des überlebenden Ehegatten über. Ab dem 15. Jh. (z. B. Verbot des Beisitzes in Wien 1420) verlor das V.srecht weitgehend an Bedeutung. E. Berger

Lit.: G. SANDHAAS, Frk. ehel. Güterrecht, 1866, 256–463 – R. SCHRÖDER, Das frk. ehel. Güterrecht im MA, 1871, 180–209 – A. HEUSLER, Institutionen des Dt. Privatrechts, II, 1886, 457–467 – O. STOBBE, Hb. des Dt. Privatrechts, IV, 1900, 121, 140–148 – E. MAYER-HOMBERG, Stud. zur Gesch. des V.srechts, I, 1913 – SCHRÖDER-KÜNSSBERG, 810f. – W. BRAUNEDER, Die Entwicklung des Ehegüterrechts in Österreich, 1973, 349–352 [Beisitz] – R. HÜBNER, Grundzüge des dt. Privatrechts, 1982, 679–685.

Verfassung (Gemeindev.). Konkurrierend mit den umfassenderen Begriffen Dorf- und Stadtv. werden mit dem Kunstwort 'Gemeindev.' weder einheitl. noch überwiegend die »Selbstverwaltungsgremien« der Land- und Stadtgemeinden in MA und früher NZ bezeichnet (→Dorf, →Stadt). Gemeindev. setzt den komplexen, zw. Herrschaft und (Eid-) Genossenschaft vollzogenen Prozeß der Gemeindebildung (→Kommune) voraus bzw. verlief diesem mit sachl., regionalen und zeitl. Unterschieden parallel. Elemente der vom Hoch- zum SpätMA eingetretenen Wandlung der ländl. Gemeinde vom rechtsfähigen Personenverband zur Gebietsgemeinde waren ein gewohnheitl., »gewiesenes« (→Weistum) und gewillkürtes, auch schriftl. fixiertes und ggf. weiterverliehenes Dorf- oder Gemeinderecht, einschließlich Steuererhebung, Siegelführung und vor allem Selbstverwaltungsorganen. Aufbauend auf den mannigfachen Formen der Nachbarschaft und den Funktionen personaler Teilverbände mit Zunftcharakter war das grundlegende Organ der dörfl. Selbstverwaltung die Gemeindeversammlung, zu welcher alle vollberechtigten »freien« Bauern (= Hofstättenbesitzer) mindestens einmal jährl. an gelegener Stätte zusammentraten. Sie kontrollierte den Gemeindehaushalt, bestimmte die Anbauordnung im Rahmen der Dreifelderwirtschaft, befand über Dorfrecht, -befestigung etc. und wählte die Amtsträger. Während der ihr und dem Dorfgericht vorstehende Schulze (→Schultheiß), →Bauermeister, Zender, →Ammann, →Vogt oder →Heimbürge zwar meistens Gemeindemitglied war, jedoch vielfach vom Ortsherrn ernannt wurde, wählte die Gemeindeversammlung überwiegend das meist nach seiner Mitgliederzahl bezeichnete Kollegium der Geschworenen (»Vierer«, »Fünfer«, »Zwölfer« usw.), welches außer vielfältigen Aufgaben in der Gemeindeverwaltung in der Regel die Urteilerbank im Dorfgericht bildete. Dieses bestand in Gebieten mit Schöffenv. meist aus dem vorsitzenden Schultheißen und zwölf →Schöffen und war dort wie sonst nicht nur Gerichtsinstanz für kleinere Privat- und Strafprozesse, sondern auch Verwaltungsorgan (z. B. Beurkundungen, Katasterführung). Je nach der Größe des Dorfes und dem Grad der Differenzierung umfaßte die Gemeindev. eine Anzahl niederer Ämter, namentl. Bannwart (Flurschütz, Flurhai), Forstwart (Forster, Waldschütz), Untergänger, →Büttel sowie (ggf. Ober- und Unter-)Hirte(n).

Die Entstehung der →Landesherrschaft zu Lasten der →Grundherrschaft im SpätMA hat sich auf die Gemeindev. regional unterschiedl. ausgewirkt. Wie in Norditalien gab es auch n. der Alpen neben dem Verlust jegl. Autonomie die »modernisierungsförderl.« Integration der Gemeindev. in den flächigen »Staatsaufbau«. Abgesehen von Schlesien, wo sich wegen der Umschließung von Stadt und Land durch das →Weichbild(-recht) keine freie Gemeindev. ausgeprägt hatte, wurden in den ostelb. Kolonisationsgebieten die Organe der Gemeinde, die seit dem 12. Jh. obrigkeitsähnl. Gewalt über alle Dorfbewohner ausgeübt hatten, im Zuge der Ausbildung der →Gutsherrschaft zurückgedrängt. Die von unten aufgebaute (ost-)fries. Freiheit (= Landesgemeinde) mit ihrer *redjeva-V.* wurde seit dem 14. Jh. durch eine ämterbezogene (Häuptlings-)V. ersetzt. Während auch die durch eine »Vielfalt von Einzelformen« (DROEGE) gekennzeichnete, aber in →Burschaft, →Go, →Mark und Kirchspiel einen gemeinsamen Kern besitzende Gemeindev. im NW »staatl.« entwertet wurde, gewannen die Dorf- und Landgemeinden im frk. und sw. Altsiedelland im 15. Jh. durch geordnete Rechnungslegung, Wahlordnungen, Kompetenzfixierung, Einrichtung von Gemeindekanzleien etc. besondere institutionelle Konturen und wurden vielfach zur Grundlage der Territorialordnung. Am Mittelrhein begegnen die Gemeinden im 15. Jh. als fehdeführende Gemeinschaften. In den bayer. Landgerichtsbezirken blieb die Selbstverwaltung in genuin bäuerl. Materien bestehen, auf der Ebene der Hofmarken gab es sporad. Mitentscheidungsrechte, wenn nicht sogar die Immunität einiger Dorfgerichte gegenüber dem Landrichter. Auch in Tirol wahrten die untergliederten Gerichtsgemeinden im Schutz des Landesfs.en ihre weitgehende Selbständigkeit gegenüber dem Adel und wurden sogar landtagsfähig.

In den Städten ordnet sich im Laufe des 13. Jh. der →Rat alle anderen Organe der Gemeindev. unter, die im HochMA neben der Gemeinde selbst ggf. eine diese repräsentierende Gruppe (discreti, nominati, Genannte, Wittigheit), v. a. aber Bürgermeister (magistri civium), Schöffenkolleg, Geschworene(nausschüsse) (iurati, coniurati communionis) und untergeordnete Organe (servientes communionis) ausgebildet hatte. Das urspgl. reguläre, ggf. jährl. auszuübende Recht der Ratswahl vermochte die Gemeinde ggf. durch einen von ihr gebildeten Wahlausschuß nur dort zu wahren, wo sie der Oligarchisierungstendenz des Rates standhielt. Ohne institutionelle Verankerung verlor die bei außergewöhnl. Gelegenheiten vielfach durch Glockengeläut zusammengerufene Vollversammlung (parlamentum, civiloquia, →Burspake, →Morgensprache, →Einung) an Periodizität und Einfluß. Durch ihre Einberufung zu Schwörtagen im Falle von V.sänderungen und bei der Ratsumsetzung sowie zur Publikation von Ratserlassen o. ä. behielt sie mancherorts eine Funktion bei der Legitimation von Ratshandeln und der Herstellung inneren Konsenses. Im Rahmen der Gerichtsv. hatten regional mitunter bis zum Ende des Alten Reiches das ungebotene →Ding, das alte →Echteding – vielfach zugleich Bursprake – ebenso Bedeutung wie die →Sondergemeinden mit eigenen Vorstehern sowie mit eigenen gerichtl. und außergerichtl. Versammlungen auf der Ebene der Parochien oder einer weltl. Stadtstruktur (→Stadtviertel, -quartiere, →Burschaften). Auch die →Gilden und →Zünfte nahmen über ihre engere Korporation hinaus Aufgaben in den Stadtvierteln wahr. Ggf. befragte der rechtsetzende Rat (→Willkür) deren Führer als Repräsentanten der Gemeinde statt der Bürgerversammlung. Der z. T. in gewaltsamen Konflikten zw. Rat, Zünften und Gemeinde (→Bürgerkämpfe) artikulierte Anspruch wirtschaftl. aufgestiegener (Zunft-)Kreise auf Partizipation am Regiment wurde v. a. im 14. Jh. durch Differenzierungen der Ratsv. befriedigt. Als integratives, konsensuales und legitimierendes Element wurde vielerorts durch Vertrag (Bürger-, Verbund-, Schwörbrief o. ä.) ein »Großer Rat« etabliert, in welchen die zünft. organisierte Gemeinde ihre direkt gewählten Zunftmeister entsandte. Insofern zu dessen wichtigsten Aufgaben die Beratung und die Kontrolle der Finanzverwaltung gehörten, bildete er ein v.srechtl. Korrektiv zu dem polit. entscheidenden »Kleinen« Rat, der in der Regel »patriz.« dominiert war. —P.-J. Heinig

Lit.: HRG II, 981–987 – Die Grundherrschaft im späten MA, hg. H. Patze, 2 Bde (VuF 27, 1983) – G. Droege, Gemeindl. Selbstverwaltung und Grundherrschaft (Dt. Verwaltungsgesch., I, hg. K. G. A. Jeserich u. a., 1983), 193–209 – Landgemeinde und Stadtgemeinde in Mitteleuropa, hg. P. Blickle-A. Holenstein, 1991 – E. Schubert, Die Ausbildung der Gemeindev. (Einf. in die Grundprobleme der dt. Gesch. im SpätMA, 1992), 86–93 – R. v. Friedeburg, »Kommunalismus« und »Republikanismus« in der frühen NZ?, ZHF 21, 1994, 65–91 – P. Blickle, Begriffsverfremdung..., ZHF 22, 1995, 246–253.

Verfassungslehren. [1] *Früh- und Hochmittelalter:* Anders als Antike und Moderne hat das MA keinen einheitl. Begriff für Zustand, Ordnung, Charakter und institutionelle Form staatl. Ordnungen ausgebildet. In der polit. Theorie traten sehr verschiedene Traditionen in diese Lücke, insofern kann allenfalls von ma. V.n (im Plural) die Rede sein. Früh- und HochMA halten sich, der rudimentären Abstraktion in ihrem polit. Denken entsprechend, mit allg. Aussagen sehr zurück. Immerhin konnte im 10. Jh. →Atto v. Vercelli in seinem »Polipticum« aus der Grundunterscheidung legitimen und illegitimen Herrschaftsgewinns eine fast mechanist. Theorie des moral. und polit. Verfalls einer Verfassung entwickeln, wenn durch Usurpation einmal die schiefe Bahn betreten ist, auf der ein Staat aus gottgewollter Ordnung (in welcher Herrschaft durch göttl. Berufung, Volkswahl oder Erbrecht übertragen wird) in ein allg. Chaos versinkt, wo Unfriede, Habsucht, Gewalt und Not sich folgerichtig zum Verhängnis verketten. Noch im 12. Jh. hat →Johannes v. Salisbury in seinem »Policraticus« (5. 1ff.) die polit. Ordnung in Anlehnung an die angebl. aus der Spätantike stammende »Institutio Traiani« (Ps. Plutarchs), in welcher er »cuiusdam politicae constitutionis (...) sensum« ausgedrückt findet, das Staatswesen als einen Organismus aufgefaßt, in welchem sich verschiedene Funktionen ausdrückl. mit bestimmten Organen gleichsetzen lassen (der Fs. mit dem Haupt, der Senat mit dem Herzen, Richter und Provinzvorstände mit Augen, Ohren und Zunge, Amtleute und Ritter mit den Händen, die Großen mit den Seiten, die Hof-Dienerschaft mit den Eingeweiden, die Bauern mit den Füßen), woraus die traditionelle Forderung der Kooperation aller Teile abgeleitet wird: angeleitet vom Fs.en, im Dienste der gottgewollten Gerechtigkeit (→aequitas) müssen so alle gemeinsam ihr jeweiliges Amt im Gehorsam gegen kirchl. Weisung erfüllen. Diese V. ist ersichtl. noch aus der im FrühMA vorherrschenden Form polit. Theorie entwickelt, die (v. a. in den →Fürstenspiegeln) dem Herrscher Zügel durch eine polit. Ethik anzulegen versuchte. Sie vermochte aber bereits, analyt. institutionelle Argumente einzusetzen. Durch verschiedene weitere Rezeptionsschübe antiken (Staats-)Denkens wurde diese Bewegung immer wieder neu angestoßen und beschleunigt, auch in Richtung und Ausprägung beeinflußt.

[2] *Rezeption des römischen Rechts:* Insbesondere spielt (seit dem 11. Jh.) die Rezeption des röm. Rechts eine wichtige Rolle. Ihre Wirkungen sind nicht allein von den unmittelbar am Corpus iuris civilis orientierten »Legisten« vermittelt worden, da an den europ. Univ.en auch die Kanonisten – in lebhaftem Austausch mit diesen – die Amtskirche, ihre Organe und die Rechtsbeziehungen der Glieder in der Christenheit untereinander scharfsinniger (und keineswegs allein am Zivilrecht ausgerichteten) Analyse unterwarfen. Wesentl. Züge eines jurist., mit jurist. Mitteln überprüfbaren Verständnisses einer institutionellen Gesamtordnung (hier der Kirche als eines rechtl. geordneten Verbandes) wurden richtungweisend für die spätere Erfassung des weltl. Bereichs ausgearbeitet. Die Rolle eines obersten Richters und Gesetzgebers, eine Hierarchie der Rechtsq., die Unterscheidung von positivem und nichtpositivem, aber übergeordnetem Recht, eine korporative Amtsauffassung, Kompetenzbestimmung und -begrenzung, der Begriff des »status ecclesiae« (der sich auf gemeinen Nutzen stützt), die Notwendigkeit, bestimmte, nicht hintergehbare prozedurale Vorschriften einzuhalten, ja sie zu den höherrangigen Rechtsvorschriften zu zählen (bis hin zu deutl. Vorformen der Forderung nach einer Verfahrensgarantie, etwa einer »kraft Naturrecht« gesicherten Möglichkeit der Verteidigung im Prozeß, z. B. bei →Oldradus de Ponte, u. a.), all das ist noch nicht eigentliches »Verfassungsdenken«, es stellt aber wesentl. Voraussetzungen des späteren Verfassungsbegriffs zur Verfügung. Auch daran, daß in ganz Europa im lebhaften Austausch mit den gelehrten Rechten (→Gemeines Recht) seit dem 13. Jh. sich verschiedentl. Ansätze zur Verdeutlichung der allg. Rechtsgrundlagen durch gesetzgeber. Kodifikation oder private Rechtsaufzeichnungen (die anschließend allg. Geltung erreichen konnten) merkbar machen, erweist sich diese Tendenz. Solche Kodifikation hat nicht ausschließl. (wenn gewiß auch überwiegend) die herrscherl. Bestimmungshoheit gefördert, vielmehr auch die Mitwirkungsrechte des Landes fixiert und zur Anschauung gebracht. Schon im 13. Jh. →Henricus de Bracton unter die »Gesetze Englands« nur aufnehmen wollen, »quidquid de consilio et consensu magnatum et rei publicae communi sponsione, auctoritate regis sive principis praecedente, iuste fuerit definitum et approbatum« (De legibus et consuet. Angliae, Introd.). In vielen Ländern kam im SpätMA die Vorstellung auf (am deutlichsten in Frankreich mit den »lois fondamentales«), daß bestimmte Gesetze dem üblich werdenden Verfahren gewöhnl. Gesetzesänderung entzogen und entweder gar nicht oder nur qualifizierter Abänderung zugängl. seien. Freilich blieb auf der anderen Seite ein nachgerade positivist. Gesetzesverständnis möglich, das dem frühmodernen absoluten Fs.enstaat vorarbeitete.

[3] *Spätmittelalterliche Lehre von den Herrschaftsformen:* Eine allgemeinverbindl. V. wurde bei den Juristen im MA

nicht erreicht. Auch die philos.-theol. Staatsformenlehre wurde nicht überall akzeptiert, hat aber das Bewußtsein für institutionelle Zusammenhänge geschärft: mit der Rezeption der prakt. Philosophie des Aristoteles (seit dem 13. Jh.) gewann das polit. Denken eine klass. Ausprägung antiker Herrschaftsformenlehre als Vorbild, wo die Herrschaft eines Einzelnen, einiger weniger oder der Vielen, in ihren zuträgl. wie entarteten Formen in geschlossenem Entwurf zu Verfügung stand. Die Namen, die Aristoteles diesen sechs Formen gegeben hatte (Monarchie, Aristokratie, Politie, Tyrannis, Oligarchie, Demokratie), bestimmten die zukünftige Theorieentwicklung. Schon →Thomas v. Aquin stellte wenigstens die Frage, wie durch institutionelle Vorkehrungen die Entartung der »besten« Monarchie zur »schlimmsten« Tyrannei verhindert werden könne, ohne freilich eine definitive Antwort zu skizzieren (»De regno« I.6). Er hat auch, für die Zukunft folgenreich, als erster wieder eine Mischverfassung zur Sicherung gegen Verkehrung erörtert (S.th. II – 1.105.1 u.ö.). Zwei Wege, eine eingehende Formenlehre der Herrschaftsverfassungen und die Hoffnung, durch Mischung der Typen Gefahren zu begegnen, werden künftig immer wieder erprobt; →Aegidius Romanus, →Johannes v. Paris, →Marsilius v. Padua, Nikolaus v. (Nicole) →Oresme und viele andere beteiligen sich an diesen Bemühungen. Auf die Juristen →Bartolus de Saxoferrato und →Baldus de Ubaldis hat diese Tradition stark eingewirkt. Wenn auch in der allg. an Erstrangigkeit und Wünschbarkeit der Monarchie kein Zweifel bestand, fanden sich doch auch vereinzelt Stimmen, die – zumindest für Sonderfälle – einer republikan. Verfassung das Wort reden (etwa →Bartholomaeus v. Lucca). In der großen Strukturkrise der spätma. Kirche, während des →Abendländ. Schismas und des →Konziliarismus, wurden, zunächst für die Kirche, diese Gedanken am frühesten in einen einheitl. Diskussionszusammenhang eingebracht, freilich hat der Streit um die Superiorität von Papst oder Konzil auf die späteren Debatten um Ständerecht und Mitwirkungsanspruch in der frühen NZ keine allzu greifbaren Nachwirkungen gehabt. Die Lehre von der Kirche ist auch sonst auf dem Umweg über die Säkularisierung in vielfacher Weise für das Verfassungsdenken für staatl. Ordnungen maßstabsetzend geworden.

Nicht alle Wirkungen der Staatsformenlehre auf das polit. Bewußtsein sind damit freilich genannt. Die Erfahrung polit. Verfassungswandels, v. a. in den durch raschen Umsturz instabilen Stadtrepubliken, doch auch in den größeren regna, konnte sich mit Hilfe aristotel. Kategorien der Situation analyt. versichern: eine eingehende Typologie von Ursachen und Formen des Verfassungswandels ist von Gelehrten entwickelt, bisweilen sogar ist Verfassungsänderung programmat. gefordert worden (etwa für die Kirche von →Wilhelm v. Ockham: Dialogus III.1.2.20). Von Politikern und Chronisten wurden Änderungen dann rechtfertigend oder krit. so angesprochen. Die V.n des SpätMA sind damit ebensosehr Resultat der theoriegeschichtl. Entfaltung wie der hist. Erfahrung von Veränderung. Sie teilen damit das Schicksal polit. Theorie und polit. Bewußtseins bereits im MA. →Souveränität, →Staat, →Tyrann, -enmord.   J. Miethke

Lit.: Geschichtl. Grundbegriffe VI, 1990, 831–899 – O. v. GIERKE, Das dt. Genossenschaftsrecht III, 1881 [Neudr. 1954] – W. BERGES, Die Fürstenspiegel des hohen und späten MA, 1938 – T. STRUVE, Die Entwicklung der organolog. Staatsauffassung im MA, 1978 – A. BLACK, Council and Commune, 1979 – B. TIERNEY, Religion, Law, and the Growth of Constitutional Thought, 1982 – J. MIETHKE, Polit. Theorien im MA (Polit. Theorien von der Antike bis zur Gegenwart,

hg. H.-J. LIEBER, 1991), 47–156 – J. M. BLYTHE, Ideal Government and the Mixed Constitution in the MA, 1992 – K. PENNINGTON, The Prince and the Law 1200–1600, 1993 – U. MEIER, »Molte rivoluzioni, molte novità«, Gesellschaftl. Wandel im Spiegel der polit. Philosophie... des späten MA (Sozialer Wandel im MA, hg. J. MIETHKE–K. SCHREINER, 1994), 119–176 – J. CANNING, A Hist. of Medieval Political Thought 300–1450, 1996 – A. WOLF, Gesetzgebung in Europa 1100–1500, 1996² – J. MIETHKE, Die Anfänge des säkularisierten Staates in der polit. Theorie des späteren MA (Entstehen und Wandel des Verfassungsdenkens, hg. R. MUSSGNUG) [im Dr.].

Verfestung (mhd. *vervestunge*, mnd. *vorvestinge*, *vestinge*, lat. *proscriptio*), im MA ein prozessuales Zwangsmittel bei Ladungsungehorsam (contumacia) des Beklagten vornehml. im sächs. und lüb. Recht. Die V. ähnelt insofern dem karol. Vorbann (forisbannitio). Nach sächs. Recht setzte sie regelmäßig voraus, daß der eines Verbrechens Beschuldigte (Sachsenspiegel Ldr. I 68 § 1) trotz dreimaliger Ladung nicht vor Gericht erschienen war (ebd. I 67). Bei →handhafter Tat konnte die V. auch schon mit der ersten Ladung verhängt werden, wenn der Beschuldigte übersiebnet wurde (ebd. I 70 § 3; →Übersiebnen). Die V. galt nur für den Gerichtsbezirk des verfestenden Richters. Sie gab dem Kläger ein Festnahmerecht, machte den Verfesteten aber nicht völlig rechtlos (ebd. III 63 § 3). Der Verfestete konnte sich mit freiwilligem Erscheinen vor Gericht aus der V. 'herausziehen' (ebd. II 4 § 1). Wurde er gewaltsam dorthin gebracht, mußte ihn der Kläger nach lüb. Recht nur der V., nach sächs. Recht auch der Missetat überführen (ebd. I 68 § 5). Bei fortdauerndem Ladungsungehorsam konnte die V. zur →Reichsacht und – nach →Jahr und Tag – zur unlösl. Oberacht gesteigert werden (so z.B. bei Heinrich d. Löwen). Der Oberächter wurde rechtlos und verlor Eigen und →Lehen. In den Städten wurden die V.en in sog. V.sbüchern aufgezeichnet.
                          K.-M. Hingst

Lit.: HRG V, 718f. [Lit.] – AMIRA–ECKHARDT, II, 135f. – O. GÖSCHEN, Die Goslar. Statuten, 1840, 471–485 – O. FRANCKE, Das V.sbuch der Stadt Stralsund, 1875, mit Einl. v. F. FRENSDORFF, Die V. nach den Q. des lüb. Rechts (Hans. Gesch.sq. 1) – A. FEURING, Die V. nach dem Sachsenspiegel und den Q. des Magdeburger Rechtskreises, 1995.

Vergeltung (remuneratio, retributio) entspricht als theol. Ausdruck (in allen Weltreligionen) dem spezifischen Gottes- und Glaubensverständnis. In der (jüd.) atl. Überlieferung bewältigt der Schriftsteller Ereignisse der Heils- und Unheilsgeschichte in der Acht auf Lohn- und Straf-V., Verheißung und Drohung (Ex 20,12; Dt 28). Die Propheten (Am 4, 6–11; 5, 15; Hos 11, 8f.) haben V. als Gottes souveränes Handeln begriffen und verkündet. V. ist ebenso kollektiv (Gen 19,2; Dtn 5,9f.) wie individuell (in den späten bibl. Zeugnissen: Ez 18; 33, 10–20). Sie ist diesseits orientiert und erlangte in der eschatolog. Verheißung messian. Bedeutung (Jes 60–62; Dan 12). In den Weisheitsbüchern wurde V. vergeistigt (Weish 1–5) und als jenseitige vorgestellt (Lohn der »Unsterblichkeit«). Die spätbibl. Gesetzesfrömmigkeit (v. a. der Pharisäer) hatte einen starren und strengen V.sglauben zur Folge, der im NT von Jesus Christus entschieden abgelehnt wurde. In der ntl. Reich-Gottes-Predigt ist ewigkeitl. V. identisch mit dem ewigen Leben (bzw. der ewigen Strafe) (Mt 25,46; Mk 8,35; 9,43. 45). Die ntl. Botschaft kennt keine kollektive V.: jedem einzelnen wird nach seinem Werk vergolten (Röm 2,6; 2 Kor 5,10; Offb 20,12). Der Lohn ist immer Gnadengabe Gottes, reich, unvergleichlich und unberechenbar. Das Handeln aus dem Glauben ist frei von Lohnspekulation, aber das geisterfüllte Tun des Menschen findet Gottes Gutheißung, Segnung und Anerkennung (Mt 25, 21. 23). Solches in der Gnade Gottes gesegnetes, gutes Handeln des Menschen ist doppelt geschenkt als

Gabe und als Aufgabe. – Zum bibl. Befund vgl. »misthos« (Lohn), Theol. Wb. zum NT 699–736 [H. Preisker]; LThK² X, 699–701 [V. Hamp, W. Pesch]. Neben den angrenzenden Begriffen→Gericht, Lohn, →Verdienst hat V. in der patrist. und scholast. Sprach- und Begriffswelt noch keine umfassende Darstellung gefunden. Die Bibelauslegung (die Psalmen- und Römerbriefeklärung), der Wegweis der prakt. Theologie und die systemat. Ausführungen in den Dialogen und Summen müssen befragt werden. Die vielen Psalmen, die Gottes Erbarmen und Gerechtigkeit (Wahrheit) zusammen ansprechen, gaben den Auslegern die Frage nach der V. auf. Zu Ps 111 (112), 4: »misericors, et miserator et iustus«, erklärte Petrus Lombardus in der Glossa: »Der Herr ist von Natur aus barmherzig, indem er zuwartet, der Erbarmer im Erweis (der Geschichte), und indem er rechtfertigt, ist er gerecht in der V.« (MPL 191, 1013 A). Auch Gottes rechtfertigende Gerechtigkeit ist vergeltende Gerechtigkeit. Im Römerbriefkommentar erklärte Abaelard die Gottesgerechtigkeit zur Rechtfertigung aus dem Glauben, Röm. 1,17 als »iusta remuneratio« (ed. M. M. Buytaert, CChrCM 11, 65). Die Rechtfertigung aus dem Glauben an Jesus Christus ist nicht weniger Sache der gerechten V. Gottes, als die Gnade des (rechtfertigenden) Glaubens in der Kraft der Liebe wirksam und fruchtbar ist (vgl. R. Peppermüller, 121–127). Die »Allegoriae in Novum Testamentum«, die Robert v. Melun nahestehen, können zur Erklärung der Gerechtigkeit Gottes (Röm 1,17) die philos. und bibl. Definition von »iustitia« nebeneinander stellen (MPL 191, 882). Im »Dialogus« (ed. R. Thomas, 143 f.) machte Abaelard das Unterscheidende der christl. V. in der Auseinandersetzung mit dem jüd. und philos. Verständnis des Summum bonum deutlich. Mit Augustinus geht er davon aus, daß das Jetzt des Lebens die Zeit des (gnadenhaften) Verdienstes ist, das Jenseits des Ewigen Lebens aber dessen V. ist. Hier mühen wir uns um des Guten willen um dessen Verdienst, dort empfangen wir aller Verdienste V. Jener Lohn macht uns selig und gut, weil er nicht mehr Verdienst sein muß. Die dankbar vergoltene Freundschaft vertieft die gegenseitige Liebe, schafft aber kein zusätzl. Verdienst neu zu erwerbender Liebe. In der prakt. Theologie des Liber »Scivias« der Hildegard v. Bingen (ed. A. Führkötter, CChrCM 43, 43A) wird die V. (Lohn und Strafe) als geistl. Erfahrung im Glauben angesprochen. Der Lohn der V. bleibt nicht verborgen oder verschlossen; er wird offenbar im Erweis der Größe und Güte Gottes (p. 3 vis. 6 c. 34, Ed. 459). Die Güte Gottes gilt nicht nur als objektiver Wert, sie vergilt zugleich ihre Größe und Schönheit im Widerschein der Erhöhten und Leuchtens. Der Sohn Gottes Jesus Christus geht mit seinem Willen im guten Wollen der Erwählten auf zum Lohn und zur V. (p. 3, vis. 8, c. 13, ed. 495 f.). Der Ruf der Reue ist die Symphonie der Stimme Gottes im Einklang des Herzens, der Lockruf des Hl. Geistes, der erhebt und aufatmen läßt in lohnend belohnter Buße (p. 3 vis. 13, c. 13, ed. 631 f.). Ebenso muß auch die Gesetzlosigkeit im letzten Gericht in strenger V. erfahren werden (p. 3, vis. 5, c. 2, ed. 412). V. ist der Aufweis der Herrlichkeit und Liebe Gottes in Lohn und Strafe. In den Sentenzenlesungen waren die Dozenten in der 46. Distinktion des 4. Buches mit der Frage der V. befaßt, und zwar im Kontext der Diskussion über Barmherzigkeit und Gerechtigkeit Gottes im Gericht. Da alle Werke Gottes in ihrer Art und Weise höchste Einheit, Wahrheit und Güte bezeugen, gehören nach Bonaventura (Sent. IV d. 46, a. 2, q. 1–4) Gerechtsein und Erbarmen in Gott zusammen. Diese Idee der Entsprechung (ebd. q. 4 contra d) von Wahr-, Recht- und Gut-Sein hat Bonaventura im »Breviloquium« (p. 7 c. 7) zum (hermeneut.) Schlüssel der Erklärung der jenseitigen »gloria paradisi« gemacht. Schöpfung, Weltregierung (Vorsehung), Erlösung, V. und Vollendung entsprechen sich, so daß die Himmel die V. alles Geschehens der Geschichte ist. Thomas v. Aquin (Summa contra gentes IV c. 91) beschäftigt sich mit der V. im doppelten Gericht (im Tode des Einzelnen und im Endgericht der Menschheit). Sie verhalten sich wie das Innen und Außen eines komplexen Geschehens, wie Seele und Leib eines Ganzen. Jene V. geschieht »sigillatim singulis«, diese »simul omnibus«. Die Gottesschau im Himmel ist der überreiche Lohn der Verheißung und der Segen der Verdienste. Dem Lebensweg des Menschen ist die Fülle des Guten vorgegeben als Verheißung und als Lohn (ebd. III c. 90, 149, 150). Weil Gott im freien Wollen des Menschen das Gute schenkt und wirkt, ist die V. Segen und Lohn zugleich.

L. Hödl

Lit.: →Verdienst, →Satisfaktionstheorie, →Genugtuung – Landgraf, Dogmengeschichte, II. 1: Die Gnadenlehre (bes. 7–40, 75–110) – H. Denifle, Die abendländ. Schriftausleger bis Luther über »Justitia Dei« (Rom 1,17) und »Justificatio«, 1905 – R. Peppermüller, Abaelards Auslegung des Römerbriefes, BGPhThMA 10, 1972 – G. Plasger, Die Not-Wendigkeit der Gerechtigkeit. ... zu »Cur Deus homo« von Anselm v. Canterbury, ebd. 38, 1993.

Verger, Le, Vertrag v., geschlossen am 20. Aug. 1488 in einem zu Seiche (bei Baugé, dép. Maine-et-Loire) gelegenen Herrenhaus des bret. Hochadligen Pierre de→Rohan, Sire de Gié. Der Vertrag beendete den seit Mai 1487 andauernden Krieg (sog. »'Guerre folle') zw. der vom alternden und gebrechl. Hzg. v. →Bretagne, →Franz II., geführten Fs.enallianz und dem jungen Kg. v. Frankreich, →Karl VIII. – Der Sieg der überlegenen frz. Partei bei→St-Aubin-du-Cormier (28. Juli 1488) nötigte die (auch durch Verrat in den eigenen Reihen) völlig geschwächte bret. Seite zu Verhandlungen, wohingegen führende frz. Politiker (so das mächtige Regentenpaar →Peter und →Anna v. →Beaujeu) die unverzügl. militär. Besetzung des gesamten Hzm.s favorisierten. Der Kanzler Guillaume de →Rochefort verstand es jedoch, Karl VIII. mit vorwiegend jurist. Argumenten zu einer milderen Haltung zu bewegen. Der Kg. empfing persönlich die Gesandten Franz' II., den Gascogner Odet d'Aydie, Sire de Lescun, und den Gf.en v. Dunois, traf aber ohne den Rat seiner Schwester Anna v. Beaujeu und ihrer Klientel keine Entscheidungen.

Der (im Herrenhaus Couëron bei Nantes umgehend ratifizierte) Vertrag rettete zumindest für den Augenblick die Autonomie des Hzm.s Bretagne, das sich aber zur Abrüstung verpflichten mußte (Entlassung aller fremden Söldner in ihrer Heimatländer); die Vermählung der bret. Erbtochter durfte nur mit Zustimmung des (selbst an der Erbfolge interessierten) Kg.s durchgeführt werden. Als Pfand verblieben (bis zur Regelung der Sukzession) eine Reihe fester Plätze in der Hand des Kg.s (→Dinan, →Fougères, →St-Aubin, →St-Malo); dagegen wurden die kgl. Truppen aus den anderen eroberten Städten abgezogen und keine Kontributionen erhoben. Le V. läutete das Ende der bret. Unabhängigkeit ein; Franz II. überlebte die Schmach nur um wenige Wochen und ließ seine Tochter, die zwölfjährige →Anna v. Bretagne, in einer verzweifelten Situation zurück. Diese suchte die Selbständigkeit durch ihre (mit d. Abmachungen v. Le V. nicht zu vereinbarende) Prokura-Ehe mit →Maximilian v. Habsburg (Dez. 1490) noch einmal zurückzugewinnen. J.-P. Leguay

Lit.: Y. Labande-Mailfert, Charles VIII et son milieu, 1975 – J.-P. Leguay, Fastes et malheurs de la Bretagne ducale, 1982 – Die frz. Kg.e des MA, hg. J. Ehlers, H. Müller, B. Schneidmüller, 1996, 368 f. [N. Bulst].

Vergerius (Vergerio, Pier Paolo), d. Ä., it. Humanist, * 1370 in Capodistria/Koper, † 1444 in Budapest. Studierte Grammatik in Padua (Schüler des Giovanni Conversini), lehrte Dialektik und Logik in Florenz, Bologna und Padua; 1405 in Padua Dr. utriusque iuris. In Florenz schloß er Freundschaft mit →Franciscus Zabarella, mit C. →Salutati und L. →Bruni, der ihm die »Dialogi ad Petrum Histrum« widmete, und studierte bei →Chrysoloras Griechisch. 1405-09 im Dienst der röm. Kurie, nahm er 1414-18 im Gefolge Kard. Zabarellas am Konzil von →Konstanz teil; von dort folgte er Ks. Siegmund nach Ungarn und trug als Referendar dort zur Verbreitung humanist. Gedankenguts bei. Aus dieser Zeit, in der er offenbar dem humanist. Prälaten →Vitéz nahestand, sind nur wenige Nachrichten überliefert. *Werke:* In Bologna verfaßte er in freien iambischen Senaren die erste Humanistenkomödie »Paulus« (1390), im Goliardenmileu angesiedelt, die nur geringe Einflüsse von Terenz zeigt, aber vielleicht von Petrarcas »Philologia« inspiriert ist. Der pädagog. Moralismus, der sich in ihr ausdrückt, findet seine volle Entfaltung in »De ingenuis moribus et liberalibus studiis adulescentiae« (1400-02), dem ersten humanist. Erziehungstraktat, der dem Sohn des Signoren v. Padua, Francesco Novello da →Carrara, Ubertino, gewidmet ist. V.' Erziehungsprogramm bezieht viele Anregungen von den antiken Autoren (v. a. von Aristoteles, Seneca und Cicero); eigenständig scheint die starke Berücksichtigung der natürl. Begabungen und Vorlieben der jungen Menschen. Das Werk hatte großen Erfolg und wurde im 15. und 16. Jh. in Hss. und Drucken weit verbreitet. Einige Belege in V.' hochinteressanten Briefen zeigen ihn als ersten Vertreter eines lit. Ciceronianismus (ep. 15), aber auch, im Gefolge Salutatis, als Verteidiger eines Cicero, der für die republikan. Freiheiten kämpfte (Antwort auf Petrarcas Brief an Cicero, 1394). Nicht zu leugnen ist jedenfalls, daß V. sich schließlich auf monarchist. Positionen zurückzog (so verfaßte er auch die »Historia principum Carrariensium«). Unter weiteren hist. Werken ist »De re publica veneta« zu nennen. In Zusammenarbeit mit Zabarella entstand der Traktat »De re metrica«, ferner verfaßte er Reden und Übers. aus dem Griechischen. Seiner Edition der »Africa« des Petrarca (1395/96 in Padua) schickte er eine Vorrede »De vita moribus et doctrina illustris poete Francisci Petrarce et eius poemate quod Africa inscribitur« voraus, die sich auf Petrarcas Brief »Posteritati« stützt. D. Coppini

Ed.: Epistolario, ed. L. Smith, 1934 [Nachdr. 1972] - De ingen. mori., ed. C. Miani, Atti e mem. della Soc. Istriana di Archeol. e Storia patria, NS, 20-21, 1972-73, 183-251 - Paulus, ed. A. Perosa (AA.VV, L'Umanesimo in Istria, 1983), 321-356 - *Lit.:* D. Robey, Humanism and Education in the Early Quattrocento: the De ingen. mor. of P. P. V., Bibl. d'Humanisme et Renaissance 42, 1980, 27-58 - V. Zaccaria, Niccolò Leonardi, i suoi corrispondenti e una lettera inedita di P. P. V., Atti e mem. dell'Acc. Patavina di Sc., Lett. ed Arti. Memorie, CL. di Sc. Mor., Lett. ed Arti 95, 1982-83, 95-116 - J. Mc Manamon, Innovation in Early Humanist Rhetoric: the Oratory of P. P. V. the Elder, Rinascimento 22, 1982, 3-32 - D. Robey, Aspetti dell'Umanesimo vergeriano (AA.VV., L'Umanesimo in Istria, 1983), 7-18 - V. Fera, Antichi editori e lettori dell'Africa, 1984, 83-104 - T. Klaniczay, Das Contubernium des Johannes Vitéz (Fschr. A. T. Szabó und Zs. Jako, II, 1988), 228-235 - A. Bolland, Art and Humanism in Early Renaissance Padua: Cennini, V. and Petrarch on Imitation, Renaissance Quarterly 49, 1996, 469-485.

Vergewaltigung → Notzucht, →Sexualdelikte

Vergi, La Chastelaine de, kurze Verserzählung (948 paarweise gereimte Octosyllabes, Ms. Paris, BN fr. 375; wahrscheinl. um 1240 entstanden) über die heimliche Liebe der Kastelanin von V. zu einem Ritter. Als dieser fälschlich von der von ihm zurückgewiesenen Hzgn. v. Burgund eines Verführungsversuchs bezichtigt wird, muß er, unter dem Siegel der Verschwiegenheit, dem Hzg. die Wahrheit offenbaren; dieser bewahrt das Geheimnis seiner Frau gegenüber jedoch nicht; die Kastelanin glaubt an einen Verrat ihres Geliebten und sucht den Tod. Der Ritter stürzt sich in sein Schwert, und der Hzg. tötet mit dem gleichen Schwert die Hzgn. Die Erzählung exemplifiziert in lebhaften Farben die höfische Tugend der Verschwiegenheit und die unheilvolle Wirkung der Verleumdung. Die Sprache dieses Textes (der als narrativer Lai angesehen werden könnte) bleibt im Rahmen der höf. Tradition und gibt lyr. Elementen Raum (so führt er z. B. eine Strophe des Châtelain de Couci an). Stuip schreibt die Verfasserschaft einem Autor aus der Picardie zu; die wenigen sprachl. Hinweise dafür, die der Text bietet, sind plausibel, aber nicht unumstößlich. Die Hss.verbreitung (vier aus dem 13. Jh., fünf aus dem 14., acht aus dem 15. Jh.) bezeugt die ununterbrochene Beliebtheit des Textes. Dazu kommen noch, im frz. Raum, die »Histoire de la chastelaine du Vergier de Tristan le chevalier« (Paris, BN, n. a. fr. 6639), eine Kurzfassung aus dem 15. Jh., vielleicht für eine theatral. Aufführung (»La chastelaine du vergier, livre d'amours du chevalier ed de la dame du vergier«, überliefert in einem Druck von 1540), und die 70. Novelle des »Heptameron« der Margarethe v. Navarra. Die lit. Vorzüge der Erzählung und die Zweckdienlichkeit dieser einfachen Geschichte von Liebe und Tod zur Illustrierung der höf. Tugend haben der »Ch. d. V.« weite Verbreitung auch außerhalb Frankreichs gesichert. Dazu beigetragen hat auch, daß der Text eines der Konzepte der Liebeskasuistik thematisiert und am Erfolg größerer Werke teilnahm wie dem »Roman de la Rose«, mit dem er, nicht zuletzt wegen seines schmalen Umfangs, häufig verbunden wurde.

Fast gleichzeitig entstanden eine ndl. Übersetzung, danach ein it. Cantare (»La dama del Verzù [oder del Vergiere]«), das von Boccaccio am Ende des 3. Tages des »Decameron« erwähnt wird, sowie die Bearbeitungen von Matteo Bandello u. a. Wegen ihrer sprichwörtl. Tugend wurde die Kastelanin in vielen Verzeichnissen berühmter Liebender genannt (z. B. Eustache Deschamps, Froissart etc.) und fand umfangreiche bildl. Darstellungen, v. a. auf Elfenbeinkästchen, die häufig als Hochzeitsgeschenke verwendet wurden (»Minnekästchen«). Als Beispiel der Wandmalerei sei das Fresko (Ende 14. Jh.) in einem Saal des Palazzo Davizzi Davanzati in Florenz genannt. Der Erfolg des Stoffes (stärker als der des Originaltextes) dauerte bis in das 19. Jh. an (volkstüml. Drucke, Vertonungen von Mercadante und Donizetti).

A. Vitale Brovarone

Ed. und Lit.: G. Raynaud-L. Foulet, La Ch. d. V., 1987[4] - R. E. V. Stuip, L. Ch. d. V., 1970, 1985 - E. Lorenz, Die Kastelanin v. V. in den Lit.en Frankreichs, Italiens, der Niederlande, Englands und Deutschlands, 1909 - J. Frappier, La Ch. d. V., Marguerite de Navarre et Bandello, Publ. de la Fac. de Lettres de Strasbourg 105, 1945 - P. Lakits, La Ch. d. V. et l'évolution de la nouvelle courtoise, StR 2, 1966 - P. Zumthor, De la chanson au récit: La Ch. d. V., Vox Romanica 27, 1968, 77-95 - B. Schmolke-Hasselmann, La Ch. d. V. auf Pariser Elfenbein-Kästchen des XIV. Jh., Romanist. Jb. 27, 1976 - R. E. V. Stuip-T. J. Van Thujin, Interférences entre La Ch. d. V. et le Roman de la Rose, Neophilologus 70, 1986.

Vergier, Le Songe du → Songe du Vergier, Le

Vergil im MA

A. Überlieferung, Kommentare, Viten, Rezeption - B. Ikonographie

A. Überlieferung, Kommentare, Viten, Rezeption

I. Lateinische Literatur – II. Romanische Literaturen – III. Deutsche Literatur – IV. Englische Literatur.

I. LATEINISCHE LITERATUR: Bei keinem anderen heidn. Autor der Antike waren die Möglichkeiten, eine intensive Wirkung ins MA und in die NZ hinein zu entfalten, in einem solchen Maße gegeben wie bei V. Gegenüber der komplizierten Rezeptionsgeschichte →Ovids bildet die V.s ein beständiges Kontinuum. Insofern ist es mißverständlich, mit TRAUBE vom 8. und 9. Jh. als der Aetas Vergiliana zu sprechen: Er ist, darin nur von der Hl. Schrift und allenfalls wenigen weiteren christl. Texten übertroffen, allgegenwärtig. Kurz nach dem Tode des Dichters setzt mit Q. Caecilius Epirota die Erklärung im Schulunterricht ein, gegen Ende des 1. Jh. empfiehlt ihn Quintilian (Inst. 1, 8, 5) als lat. Anfangslektüre neben Homer für das Griechische, nachdem schon Properz (3, 34, 65f.) die entstehende »Aeneis« über Homer gestellt hatte. So ist denn V. mindestens seit dem Beginn des 2. Jh. unbestrittener Leitautor, nicht nur für eine antiquar. archaisierende Richtung, für die er, nach den Autoren der republikan. Zeit, Zeuge alten Römertums ist. V.s Dominanz im Unterricht ist daran ablesbar, daß er immer wieder vor Cicero und Terenz als kanon. Autor genannt wird (Commodian Apol. 583) und daß er die hauptsächl. Q. für Stilmuster ist; so stellt am Ende des 4. Jh. Messius Arusianus seine Exempla elocutionum (Cassiod. Inst. 1, 15, 7 quadriga Messii) aus den Musterautoren V., Sallust, Terenz und Cicero zusammen. Wertet man die Autorenzitate der lat. Grammatiker (Gesamtindex von KEIL GL 7, 579–668) aus, so erscheint V. mehr als viermal so oft wie der nächsthäufige Terenz, zehnmal so oft wie Cicero und Horaz. Damit ist eine Fülle vergil. Wendungen und metr. Versatzstücke in indirekter Tradition jedem lat. Dichter verfügbar.

Die Stellung V.s als Schulautor bringt die philolog. Behandlung und Kommentierung mit sich (FUNAIOLI). Der Kommentar des großen Grammatikers Aelius →Donatus, Lehrer des Hieronymus, ist zwar nur mit der Einleitung, der Vita und der Einleitung zu Buc. direkt überliefert, doch ist er von →Servius benutzt und v. a. in die sog. Scholia Danielis zu dessen Kommentar eingegangen; dazu kommt der gegen Ende des 4. Jh. verfaßte, die rhetor. Aspekte hervorhebende Kommentar des Tib. Claudius →Donatus. Im 4. oder 5. Jh. ist schließlich der Komm. des Mailänders Iunius Philargyrius, der Donat und Servius verwendet, verfaßt (s. u.). In ein weiteres Feld führt die allegor. Ausdeutung. →Theodulfs (Carm. 45, 19ff.) Rechtfertigung der Lektüre heidn. Autoren aus dem Gedanken heraus, unter dem – oft anstößigen – Wortsinn verberge sich tiefere Wahrheit, fand für V. ihre Stütze in der »Expositio Vergilianae continentiae« des Mythographen →Fulgentius (um 500). Die beträchtl. Wirkung beruht nicht zuletzt auf der Fiktion, V. persönlich deute dem Verfasser die Mythen unter dem Aspekt sittl. Vervollkommnung. Diese Linie ganzheitl. Interpretation führt zum Aeneiskommentar des →Bernardus Silvestris. Die spätantike Kommentierung macht den Dichter nicht nur zum stilist. Musterautor, sondern auch zur Autorität in allen Sachfragen. Für Servius (zum Anfang von Aen. 6) ist er im Besitz uralten Weistums, →Macrobius nennt ihn (zu Somn. Scip. 1, 15, 12) disciplinarum omnium peritissimus und verbreitet in den »Saturnalia« dieses V.bild.

Integraler Bestandteil der philolog. Einleitung (→Accessus) zu den Autoren, für die gerade der V.kommentar des Servius ein Muster bot, sind die erhaltenen V. viten. Sie setzen ein mit der vor der Einleitung zu Buc. überlieferten Vita des Aelius Donatus, die im wesentl. auf Sueton zurückgehen dürfte (NEUMANN). Deren Angaben, angereichert aus dem Kommentar des Servius, bilden das Fundament für die Ausgestaltungen des ma. V.bildes; dabei hatte die ir. Tradition (Philargyrius, Berner Scholien) entscheidende Bedeutung. Die bes. bei Macrobius hervortretende Charakteristik V.s als Inhaber aller weltl. und bes. auch esoter. Weisheit erweitert sich schon am Ausgang der Antike. Schon Ende des 1. Jh. erfuhr der künftige Ks. Hadrian aus der als Stechbuch benutzten »Aeneis« von seiner Erhöhung, und seit dem Ende des 2. Jh. ist dieses Verfahren für einige Tempelorakel bezeugt. Seit dem 4. Jh. wird V. zum Künder christl. Wahrheit. →Eusebios v. Caesarea überliefert eine Rede Ks. Konstantins, die dieser 323 vor einer Kirchenversammlung gehalten und sich u. a. auf die durch die 4. Ekloge bezeugte Prophezeiung der cumäischen Sibylle bezogen habe. →Lactantius, Prinzenerzieher am Hofe Konstantins, sah im Werk V.s erahntes christl. Gedankengut; um 330 stellt →Iuvencus der »Aeneis« das erste christl. Großepos an die Seite, um die Mitte des Jahrhunderts zwang →Proba in V.cento den Dichter dazu, den Christenglauben verkündet zu haben: Vergilium cecinisse loquor pia munera Christi. Die Stellung der großen Kirchenlehrer gegenüber dem Dichter ist ambivalent und im Laufe ihrer Entwicklung wechselnd: →Hieronymus zitiert ihn in seinen frühen Schriften häufig, im Gefolge seiner Hinwendung zum mönch. Leben meidet er die heidn. Autoren, kehrt aber mit dem Einsetzen seiner großen lit. Produktion (386) zu ihnen zurück; →Augustins Weg hingegen führt von Verehrung zu Distanzierung und Gegnerschaft. (Bei →Alkuin begegnen wir diesem Zwiespalt wieder, vgl. Carm. 32. 34 und 78.) Auch in den Zeiten des Verfalls des antiken Geisteslebens reißt die V.-Tradition nicht ganz ab; →Gregor v. Tours bringt »aus den ersten 8 Büchern der Aeneis ... eine Fülle von Zitaten« (BUCHNER), wobei etliches aus zweiter Hand, den Kirchenvätern, stammen dürfte. Entscheidend für die Verbreitung der V.kenntnis auf dem Festland seit der karol. Bildungsreform ist der Weg über die Inseln gewesen; das wird bes. deutlich am Text des Philargyrius-Kommentars, dessen beide Rezensionen über Irland gelaufen sind, deren eine (a) irische Glossen und die Erwähnung eines Adamnan (von Iona?) aufweist. Entscheidender ist die Wirkung, die sich von den ags. Bildungszentren und der Tradition →Bedas in die karol. Bildungsreform überträgt. Significant ist, daß ein Begleiter der ersten, noch unbeholfenen Bemühungen Karls d. Gr., →Petrus v. Pisa, zunächst in seinem Lehrbuch der Grammatik keinen Unterschied zw. dem röm. Dichter und dem Grammatiker Virgilius Maro kannte. Die spätantike Überlieferung (PECERE) umfaßt, abgesehen von geringfügigen Fragmenten auf Papyrus, sieben Luxushss., darunter die beiden berühmten illustrierten, den Vaticanus (Vat. lat. 3225) und den Romanus (Vat. lat. 3867). Es ist nicht unwahrscheinlich, daß die eine oder andere der Luxushss. über die Hofbibliothek Karls d. Gr. gegangen ist, so der Pal. lat. 1631, der von da nach Lorsch gelangt wäre (BISCHOF, 3, 155). Bemerkenswert ist, daß mit dieser Hs. in enger textl. Verwandschaft der Gudianus 70 (9. Jh., aus Lyon) steht und sie ergänzt. Die Bekanntschaft karol. Gelehrter mit der Capitalis rustica spätantiker Luxushss. zeigt sich auch in dem Terminus Litterae Virgilianae (BISCHOFF 1,4); man verwendete sie als Auszeichnungsschrift. Die Aufnahme der insularen V.studien des 7./8. Jh. in den karol. Zentren etwa seit dem Beginn des 9. Jh. läßt sich ablesen an der seit der Mitte des Jh. und v. a. in Frankreich anschwellenden Zahl der erhaltenen Hss. nicht nur der Texte, sondern v. a. auch der Kommentare. Die ältesten Bibl.skataloge (Reichenau 821/822, St. Riquier

831, St. Gallen um die Mitte des 9. Jh.) zeigen, daß man hauptsächl. die christl. Epiker las, und sich daneben als einziger Heide V. behauptete. Von den Kommentaren besitzen wir ein Fragment des Servius auctus, das seinem Schriftcharakter nach in den Umkreis des Bonifatius weist (BISCHOFF, 3, 224); die volle Überlieferung des Servius wird für uns mit dem um 800 in Corbie geschriebenen Leidensis BPL 52 greifbar. Für die Bibl. seines Heimatkl. York (Pont. Ebor. 1553) nennt Alkuin als heidn. Poeten V., Statius und Lucan, wie denn überhaupt seit Beda bei den Angelsachsen eine beachtl. V. kenntnis einsetzt. Von den drei Textzeugen der Interpretationes des Claudius Donatus schließlich ist eine, der Laurentianus, zu Alkuins Zeit in seiner Abtei Tours entstanden. Gegenüber der Präponderanz des Kanons pascua rura duces treten nicht nur die Dichtungen der Appendix Vergiliana in der Überlieferung zurück (MUNK-OLSEN, 42ff.) – allenfalls Culex wäre zu beachten (PREAUX), wenn auch die Nachweise im Register von MGH PP. 4 wertlos sind, mit der Ausnahme der Copa in Notkers I. Vita s. Galli –, auch die Zahl der Pseudepigrapha ist, gemessen etwa an der Häufigkeit der Pseudo-Ovidiana, gering. Immerhin hat →Ademar v. Chabannes das gemeinhin Alkuin zugeschriebene bukol. Gedicht »Conflictus veris et hiemis« unter V.s Namen gestellt, und die Totenklage um Ks. Heinrich III. »Cesar, tantus eras« verdankt ihre Verbreitung dem Umstand, daß sie als Klage V.s um Augustus galt. Bemerkenswert ist eine Hs. vom Ende des 8. Jh. und dem Umkreis von Lorsch (Paris. Lat. 5018 + 7906; BISCHOFF, 3, 8), die offensichtl. im Hinblick auf die trojan. Abkunft der Franken zusammengestellt ist: Aen. bis 5, 734; Dares Phrygius, Gesta Francorum. Mit der Expansion der karol. Bildungsreform wird V. allgegenwärtig; alle spätantiken Ansätze werden wieder lebendig. Wieder äußert sich die Hochschätzung in der Zusammenstellung mit Homer: so die Dedikationsverse eines Bertoldus für Bf. →Jonas v. Orléans (MGH PP. 4, 1060); Ioh. Scot. Carm. 2, 1f.; Gesta Bereng. prol. 3f.; das geht durch bis zu J. C. Scaligers »Poetice« (1561), die die Kunst V.s als Vollendung der homerischen über diese stellt. So ist es denn nur selbstverständlich, daß für →Rupert v. Deutz (In Math. 5; MPL 168, 1424) V. als der größte Dichter neben Sallust als dem größten Historiker und Cicero als dem größten Redner rangiert. Wesentlicher als die Erwähnungen V.s als Unterrichtsstoff und seine Präsenz in den Florilegien ist seine Rolle als direktes Vorbild, sei es für einzelne Formulierungen (exzessiv z.B. im Waltharius: WAGNER), sei es als Urbild einer Großepik bis hin zu Petrarcas »Africa« oder der Bukolik (KLOPSCH, 1985). Noch wichtiger ist es, daß sich die Dichtungstheorie, ausgehend von der spätantiken Auffassung, V. habe sämtliche Bereiche des menschl. Lebens beherrscht, an dessen drei kanon. Werken orientiert: Die Vita Donatiana und danach Servius setzten diese in Beziehung zu den drei Stilebenen des niedrigen, mittleren und hohen Stils; dazu trat der Donat der Bezug auf drei Stufen der menschl. Kulturentwicklung: Hirtenleben, Landbau, Kampf um das Land. Der Kommentar des Servius setzt in der Einleitung zu den Eklogen an die Stelle dieses hist. Aspektes einen ständischen pro qualitate negotiorum et personarum. Die Beziehung der Stilebenen auf die Werke V.s ist über →Johannes Scottus, →Remigius v. Auxerre und die V. viten fester Bestandteil des Unterrichts geworden (KLOPSCH, 1980); die materiale, an die soziale Ebene gebundene Stilauffassung erreicht ihre letzte Ausformung durch die graph. Darstellung (Rota Virgilii) in der Parisiana poetria des →Johannes de Garlandia. Als Kenner aller Teile der Philosophie erscheint der Dichter

seit der Vita Vossiana: physica in Bucolicis ... ethica in Georgicis ... logica in Aeneidis. Mit dem Bilde des Gelehrten verbindet sich das des Propheten Christi, so gegen Ende des 9. Jh. Christian v. Stablo, in Matth. 20, 30 (MPL 106, 1427 B), und seither immer wieder. Mit dem Bilde des Propheten V. überlagert sich das des Zauberers (s. a. Abschnitt II). Es ist bereits in der Spätantike, nicht erst in der neapolitan. Volkssage (USSANI), greifbar und breitet sich seit dem Ende des 12. Jh. aus, wobei das schnell wachsende Interesse an der Astrologie, dem Bindeglied zw. Prophetie und Magie, eine Rolle gespielt haben dürfte: Johannes de Alta Silva (1184), Konrad v. Querfurt (1194), Alexander Neckam (um 1200). Gerade der »Dolopathos« in seinem krausen Gemenge aus Septem Artes, Astrologie und Zauberei gibt eine Zusammenfassung der Möglichkeiten des ma. V. bildes; auch die Wendung zum Christentum fehlt nicht: Allerdings ist es V.s Schüler Lucinius, der, von einem Jünger Jesu bekehrt, sich von dem heidn. Zauberwesen seines Meisters abwendet. Ein Jahrhundert später begegnet →Dante ein zur reinen Gestalt des Künders und Dichters geläuterter V. »Es ist die Begegnung der zwei größten Lateiner. Historisch: die Besiegelung des Bundes, die das lateinische MA zwischen Antike und moderner Welt gestiftet hat. « (CURTIUS, 363). P. Klopsch

Bibliogr: W. SUERBAUM (Aufstieg und Niedergang der röm. Welt, Bd. 31/2, 1981), 3–358, 1163–1165 – Lit. [allg.]: V. USSANI, Al margine del Comparetti, 1932 – D. COMPARETTI, Virgilio nel medio evo (Nachw. G. PASQUALI), 1937–41 u. ö. – Lectures médiév. de Virgile, 1985 [Beitr. v. DRONKE, HOLTZ, KLOPSCH, MUNK-OLSEN s. u.] – Lit. [spez.]: L. TRAUBE, Vorlesungen und Abh., 2, 1911 – G. FUNAIOLI, Esegesi Virgiliana antica, 1930 – H. WAGNER, Ekkehard und V., 1939 – CURTIUS, 1963[4] – R. BUCHNER, Gregor v. Tours, 1964 – V.: Hirtendichte, o. J. hg. H. NEUMANN – B. BISCHOFF (Ma. Studien, 1–3, 1966–81) – G. GLAUCHE, Schullektüre im MA, 1970 – J. PREAUX, Du »Culex« de Virgile à son pastiche par Thierry de Saint Trond, 1978 – G. RAUNER-HAFNER, Die V. interpretation des Fulgentius, 1978 – P. KLOPSCH, Einf. in die Dichtungslehren des lat. MA, 1980 – N. WRIGHT, Bede and Virgil, 1981 – W. SUERBAUM, Von der Vita Vergiliana über den Accessus Vergiliani zum Zauberer Virgilius: Probleme-Perspektiven-Analysen (Aufstieg... [s. o.]), 1981 – B. HAGENDAHL, Von Tertullian zu Cassiodor, 1983 – P. DRONKE, »Integumenta Virgilii«, 1985 – L. HOLTZ, La redécouverte de Virgile aux VIIIe et IXe s. d'après les mss. conservés, 1985 – P. KLOPSCH, Mlat. Bukolik, 1985 – B. MUNK-OLSEN, Virgile et la renaissance du XIIe s., 1985 – R. EDWARDS, The Heritage of Fulgentius, 1990 – O. PECERE, Antichità tarda e trasmissione dei testi: Qualche riflessione, 1991.

II. ROMANISCHE LITERATUREN: Die zentrale Bedeutung V.s im MA läßt sich unter drei, eng miteinander verbundenen Aspekten darstellen: 1. die gute und kontinuierl. Hss. überlieferung seiner Werke, die vorwiegend zusammen mit den Kommentaren des Servius und des Donat auf uns gelangt sind (und ihr Einfluß auf Epos, Erzähllit. und lyr. Dichtung in den roman. Literaturen); 2. die »Christianisierung« des vergil. Erbes (vorwiegend die messian. Dichtung der 4. Ekloge); 3. die sagenhafte Umgestaltung seiner Person zum »Zauberer und Nekromanten V.«.

[1] Überlieferung und Einfluß: Aus dem 9. bis ca. zum 12. Jh. sind entsprechend den Untersuchungen von MUNK-OLSEN 179 Aeneis-, 120 Georgica- und 111 Bucolica-Hss. erhalten. Ebenso verbreitet sind die Biographien des Dichters, v. a. die »Vita virgiliana« des Aelius Donatus, die an den Anfang der Bucolica gestellt wird (vgl. Abschnitt A. I). V. gilt im ganzen MA sowohl in philos.-religiöser als auch in poet. Hinsicht als der Autor schlechthin. Für das Fortleben V.s in den volkssprachl. Literaturen besaß die Mittlerrolle des →Prudentius große Bedeutung, wie die jüngsten Arbeiten von MORRA-LEBRUN zur Epik und zum Roman gezeigt haben. Prudentius spielt sowohl in inhaltl. Hinsicht durch seine »Psychomachia« mit ih-

rem Gegensatz von positiven und negativen Kräften als auch auf der Ebene der Rhythmik mit »Contra Symmachum« (einer wichtigen Etappe auf dem Weg, der Musikalität der vergilischen Hexameter auch in den volkssprachl. Metren, v. a. im *décasyllabe* nahezukommen) eine bestimmende Rolle. Kann man auch nicht von einer direkten Abhängigkeit der →Chansons de geste von der »Aeneis« sprechen, so ist doch eine Osmose von Themen, Motiven und formalen Elementen von dem lat. Epos zu den volkssprachl. Werken nicht zu leugnen.

Bei der Entstehung des Romans bildet die »Aeneis«, v. a. dank des »Roman d'Eneas« und des »Roman de Troie« (→Trojadichtung), einen obligator. Bezugspunkt, obgleich die frz. Autoren den Text V.s durch den Filter der Werke Ovids, insbes. der »Heroides«, in einer neuen Sicht lesen. Komplexer ist die Situation in der lyr. Dichtung: erst mit den Werken →Dantes und →Petrarcas kann man dort von einer echten »Neuschöpfung« vergilischer Verse sprechen. Die →Troubadour- und →Trouvère-Dichtung sowie die sog. Sikulo-Toskaner sind zwar nicht völlig ohne jede Kenntnis der vergilischen Version des Dido-Stoffes oder des Namens des lat. Dichters, wie man immer wieder behauptet hat (ROSSI, 1989), häufiger sind aber die Anspielungen auf die Sage vom »Zauberer Vergil«.

[2] »*Messianische*« *Deutung Vergils*: Bereits der Komm. des Servius hatte behauptet, V. umfasse alles Wissen, das Macrobius übernahm und bekräftigte; Konstantin d. Gr. las die 4. Ekloge (»Iam nova progenies caelo demittitur alto«) als messian. Weissagung und sah in dem dort besungenen Knaben das Osterlamm oder den Guten Hirten; er steht damit am Anfang der Tradition, die Vergils Carmen IV als christl. Prophezeiung deuten will, wie es auch Lactantius und Augustinus tun, Hieronymus jedoch schroff ablehnt. Obgleich sich seit dem 12. Jh. eine elitäre Schicht von Lesern von dieser als »anachronistisch« betrachteten Interpretation abwendet, hält sie sich in metaphor. Gewand in zahlreichen kleineren Werken und taucht in frz. und it. pastoralen Texten des 14. und 15. Jh. wieder auf.

[3] *Der Zauberer und Nekromant V.; weitere Novellenmotive*: Von der Vorstellung eines mit wunderbarer Bildung, ja geradezu mit Allwissenheit ausgestatteten V. war es nur ein kleiner Schritt zu dem Philosophen-Alchemisten, der techn. Wunderwerke erfindet (z. B. eine bronzene Fliege, die die anderen Fliegen aus Neapel vertreibt, ein Gebäude, in dem das Fleisch nicht verdirbt, ein Glockenturm, der mit den Glocken mitschwingt, usw.). Die Erfinder dieser legendären Figur eines Nekromanten V. entstammen vorwiegend dem ags. Klerus des 12. Jh. und schreiben ihre Werke in Latein: v. a. Gervasius v. Tilbury (in den »Otia imperialia«), Konrad v. Querfurt, Alexander Neckam und Johannes v. Salisbury; neue Geschichten (Konstruktion wunderbarer Bäder und die sog. salvatio Romae) führen Vinzenz v. Beauvais und Walter Burleigh (Burley) ein. Diese Sagen werden in Italien von Cino da Pistoia, Cecco d'Ascoli und vom Verfasser der »Cronaca di Partenope« übernommen. So werden Novellenmotive verschiedener Herkunft und Verbreitung auf die Gestalt V.s übertragen und ihr Schauplatz in Neapel oder Rom angesiedelt.

Das zweite mit V. verbundene Novellenmotiv ist »der von einer Frau verhöhnte Philosoph«. Getrieben von rasender Leidenschaft läßt sich der Weise in einem Korb zum Balkon seiner Schönen hinaufziehen, wird von ihr jedoch – zum Gespött der Straßenpassanten – auf halbem Weg hängen gelassen. Zu diesem Motiv tritt als Zusatz die Racheaktion des »Zauberer-Philosophen«, der u. a. in ganz Rom das Feuer verlöschen läßt und die Römer zwingt, es am Hintern der Frau, die ihn verhöhnt hat, wieder anzuzünden ... Diese beiden Themen sind im »Fedet Joglar« des Troubadours →Guiraut de Calanson nur angedeutet, finden sich in Kurzform im »Libro de Buen Amor« des Juan →Ruiz und breiter ausgeführt im »Myreur des histors« des →Jean d'Outremeuse (Lüttich, 1339–1400). In Italien haben sie in der Novelle »De recte amore et justa vindicta« des →Sercambi eine Neubearbeitung gefunden und werden kurz von Antonio →Pucci in zwei Texten (»Contrasto delle donne« und »Zibaldone«) erwähnt. Diese Sagen, ebenso wie »Aristoteles, der einer Frau als Reittier dient«, wurden auch in den Bildenden Künsten dargestellt (s. Abschnitt B). L. Rossi

Lit.: Enc. Virgiliana, 5 Bde, 1988 – D. COMPARETTI, Virgilio nel Medio Evo, 2 Bde, 1896 [Nachdr. hg. G. PASQUALI, 1937] – A. DRESSLER, Der Einfluß der afrz. Eneas-Romanes auf die altfrz. Lit., 1905 – G. FUNAIOLI, Chiose e leggende virgiliane del medio evo, StM 5, 1932, 154–163 – W. SPARGO, Virgil the Necromancer. Stud. in Virgilian Legends, 1934 – W. ZILTENER, Chrétien und die Aeneis. Eine Unters. des Einflusses von V. auf Chrétien de Troyes, 1957 – M. LEUBE, Fortuna in Carthago. Die Eneas-Dido Mythe in den roman. Lit.en vom 14. bis zum 16. Jh., 1969 – A. EBENBAUER, Carmen historicum: Unters.en zur hist. Dichtung im karol. Europa, 1978 – B. MUNK-OLSEN, V. i middelalderen, Museum Tusculanum 32–33, 1978, 82–116 – A. VERNET, Virgile au MA, Académie des inscriptions et Belles Lettres, Comptes rendus de séances de l'année 1982, 761f. – B. MUNK-OLSEN, L'ét. des auteurs class. aux XIe et XIIe s., 3 Bde, 1982–89 – J. BLANCHARD, La pastorale en France au XIVe et XVe s., 1983 – R. HOLLANDER, Il Virgilio dantesco: tragedia nella »Commedia«, 1983 – P. COURCELLE, Lecteurs païens et lecteurs chrétiens de l'Énéide, 2 Bde, 1984 – Lectures médiév. de Virgile. Actes Coll. École Française Rome, 1985 – La fortuna di Virgilio, Atti Conv. Internaz., 1986 – L. ROSSI, Noch einmal: die Trobadors und V., Vox Romanica 49, 1989, 58–76 – B. MUNK-OLSEN, I Classici nel canone scolastico altomediev., 1991 – D. BOUTET, La chanson de geste, 1993, 34–98 – F. MORRA-LEBRUN, L'Énéide médiév. et la naissance du roman, 1994 – Ovidius redivivus, hg. M. PICONE – B. ZIMMERMANN, 1995.

III. DEUTSCHE LITERATUR: Im FrühMA beeinflußte V. im dt. Sprachraum hauptsächl. lat. Werke. Sämtl. Schriften V.s wurden breit rezipiert und waren bes. wichtig für den Grammatik- und Rhetorik-Unterricht, wovon zahlreiche ahd. →Glossen zeugen. →Notker III. v. Sankt Gallen erwähnt in seinem berühmten Brief an Bf. Hugo II. v. Sitten (um 1020) u. a. eine Übers. der Bucolica (nicht erhalten). Ansonsten ist bis ins 12. Jh. eine dt. V.-Rezeption nur in Spuren nachzuweisen. Für die dt.sprachige Lit. erlangte V. erst ab dem HochMA Bedeutung, wobei die Aeneis im Zentrum der Rezeption stand. Vor 1190 vollendete →Heinrich v. Veldeke am Thüringer Lgf.enhof seinen Eneasroman, der direkt auf eine anglonorm. Bearbeitung (vor 1160) zurückgeht. Das lat. Original war Veldeke vermutl. bekannt, doch hielt er sich inhaltl. sehr genau an die Vorlage und adaptierte die Lavinia-Handlung, die bei V. nur angedeutet ist.

Nach Veldeke lassen sich direkte Rückgriffe nur schwer ausmachen. In der Lyrik zeigen sich bei einzelnen Bildern Bezüge auf V., präsent ist er in der dt. Lit. allerdings v. a. als Figur des mächtigen Zauberers (Märenlit., Spruchdichtung, →Wartburgkrieg).

Eine umfassende V.-Rezeption beginnt im 15. Jh. durch den Humanismus, erste dt. V.-Übersetzungen entstanden im 16. Jh. 1502 übersetzte Adam Werner v. Themar die achte und zehnte Ekloge, 1515 Thomas Murner die Aeneis in Knittelversen (unter Einbeziehung des von →Vegius hinzugedichteten 13. Buches). 1585 erschien die erste Gesamtübertragung der Georgica durch Stephanus Riccius. U. Kocher

Lit.: HWDA VIII, 1665–1672 – Verf.-Lex.² X, 1. Lfg., 1996, 274–284 – H. LOHMEYER, V. im dt. Geistesleben bis auf Notker III., 1930 – E. SEMRAU, Dido in der dt. Dichtung, 1930 – F. J. WORSTBROCK, Dt. Antikenrezeption 1430–1550, T. I, 1976 – V. 2000 Jahre. Rezeption in Lit., Musik und Kunst. Ausstellung der Univ.sbibl. Bamberg und der Staatsbibl. Bamberg 1982–83, hg. W. TAEGERT, 1982 – N. HENKEL, 'Aeneis' und die ma. Eneas-Romane (The Classical Tradition in the MA and the Renaissance, hg. C. LEONARDI–B. MUNK OLSEN, 1995), 123–141.

IV. ENGLISCHE LITERATUR: Bereits der Brite →Gildas (6. Jh.) zitiert V. Auch im ags. England war V. offenbar schon früh bekannt; Anklänge finden sich z. B. bei lat. schreibenden Autoren wie →Aldhelm (ca. 640–709), →Beda (672/673–735) und →Alkuin (ca. 730–804). Einfluß der »Aeneis« hat man aber auch in der ae. →»Beowulf«-Dichtung sehen wollen – dies ist jedoch nach wie vor unsicher. Übereinstimmungen bestehen sowohl im ganzen, etwa in der ep. Großform, die es in der weltl. germ. Dichtung vor »Beowulf« offenbar nicht gab, oder in Themen wie der Rettung eines Volkes durch einen Helden, als auch in Einzelheiten, z. B. wenn zwei Männer unter einem Schild kämpfen (»Aeneis« X. 800; »Beowulf« 2675). All dies könnten aber auch unabhängige Parallelen sein. Viele der me. Autoren kannten V.s Werk ebenfalls, z.B. der Schotte →Barbour in seinem »Bruce«; unsicher ist dagegen, ob →Laʒamon die »Aeneis« benutzte. Manche der lat. Chronisten spielen auf V. an, z. B. Ranulf →Higden in seinem »Polychronicon«, das dann von John →Trevisa ins Engl. übersetzt wurde. Indirekt haben einige von V.s Eclogen (etwa die 3.) die Gattung der me. →Dialoge (IX) und →Streitgedichte (V) beeinflußt. Die Gesch. von Dido und Aeneas, die wesentl. von V.s Darstellung in der »Aeneis« (Bücher 1–4) geprägt war (daneben auch von →Ovid), findet sich u. a. in →Chaucers »Legend of Good Women« (924–1367) und »House of Fame« (HF; 143–465, mit einer Zusammenfassung der gesamten Handlung der »Aeneis«), ferner in →Gowers »Confessio Amantis« (CA; IV. 77–146), wobei Gower auch den V.-Komm. des →Servius kannte. Chaucers Darstellung der Fama im HF ist ebenfalls der »Aeneis« verpflichtet. Eine apokryphe Gesch. über V. (V.s Spiegel) bietet Gower in CA V. 2031–2224. Gegen Ende des MA (ca. 1513) schuf Gavin →Douglas (ca. 1474/75–1522) die erste engl. Übers. der »Aeneis« (in Versen). William →Caxtons »Eneydos« (1490) war dagegen eine Übers. des frz. »Livr des Eneydes«.

H. Sauer

Bibliogr.: ManualME 4.X, 1973, 988–1001, 1182–1193 – *Ed.:* Bede's Ecclesiastical Hist., ed. B. COLGRAVE–R. A. B. MYNORS, 1969 – The Riverside Chaucer, ed. L. D. BENSON, 1987 – *Lit.:* T. B. HABER, A Comparative Study of the Beowulf and the Aeneid, 1931 – A. BRANDL, Beowulf-Epos und Aeneis in systemat. Vergleichung, Archiv 171, 1937, 161–173 – B. SMALLEY, English Friars and Antiquity in the Early Fourteenth Century, 1960 – B. NOLAN, Chaucer and the Tradition of the Roman Antique, 1992 – C. BASWELL, V. in Medieval England, 1995.

B. Ikonographie

Nach den spätantiken, zykl. illustrierten V.-Hss. des 5. und 6. Jh. (Rom, Bibl. Vat., cod. vat. lat. 3225 und 3867) setzte die ma. Illustration von V.s Werken im 10. Jh. (Neapel, Bibl. naz., Cod.6) zunächst mit historisierten Initialen ein (z.B. Rom, Bibl. Vat., Reg. lat. 2090, um 1100, Süditalien; Paris, BN., ms. lat. 7936, um 1200; Rom, Bibl. Vat., cod. vat. lat. 2761, 14. Jh., beide Nordfrankreich); die erst im 15. Jh. beginnende Ausstattung mit Bilderzyklen (z.B. Lyon, Bibl. municipale, ms. 27, Anfang 15. Jh., Frankreich; Den Haag, Bibl. Royale, Fol. 76 E 21, um 1470, flämisch; Florenz, Bibl. Riccardiana, N. 492, ca. 1450/65, Miniaturen des →Cassone-Malers Apollonio di Giovanni) wird auch von der Drucküberlieferung (Straßburg: Grüninger, 1502) übernommen. Unabhängig von der lat. »Aeneis«-Ikonographie entstehen seit dem 13. Jh. Bilderhss. der volkssprachl. Versionen (»Roman d'Énéas«: z.B. Paris, BN, ms. fr. 784, ca. 1275, Italien; ebd. ms. fr. 60, Anfang 14. Jh., Frankreich; →Heinrich v. Veldeke, »Eneit«: Berlin, mgf 282, 1210/20; Heidelberg, Cpg 403, 1419; Wien, Cod. 2861, 1474). V.a. die Aeneas-Dido-Geschichte – in der spätma. und frühnz. Druckgraphik (z.B. Kupferstiche von Sebald Beham und Albrecht Altdorfer) bevorzugt Didos Tod – wird außer in Hss. (Carmina Burana, 1.H. 13. Jh., München Cgm 4660/4660a) auch in der übrigen Bildkunst behandelt (z.B. Palermo, Palazzo Chiaramonte, Deckengemälde, 1377–80; Andrea →Mantegna, Didos Tod, um 1490, Montreal, Mus. des Beaux Arts, Cassoni des 15. Jh.). Während antike Bildnisse V. als Dichter vorstellen (z.B. V. zwischen zwei Musen, Mosaik aus Hadrumetum, Tunesien, 3. Jh.), wird er im MA vorwiegend als heidn. Prophet des Messias exemplarisch, so in Reliefs der Wurzel Jesse (Laon, Kathedrale, Nordportal, 13. Jh.; Orvieto, Kathedrale, Fassade, frühes 14. Jh.), in der Tafelmalerei (z.B. Altar aus Wormeln bei Warburg, 14. Jh., Berlin, Staatl. Museen: mit Albumasar den Thron Salomonis flankierend) oder auf Chorgestühlschnitzereien (z.B. Jörg →Syrlin d. Ä., Ulm, Münster, 1469/74). Szenen aus der »Aeneis« flankieren Luca →Signorellis V.-Medaillon in Orvieto, Brizio-Kapelle, 1499–1503; dichtend unter einem Baum zeigt ihn Simone →Martinis Frontispiz in Petrarcas V.-Hs. (Mailand, Bibl. Ambrosiana, S. P. 10.27). Neben der seltener dargestellten sog. Ehebrecherfalle (z.B. Lucas Cranach) wird seit dem 14. Jh. die auch literarisch weit verbreitete Geschichte des im Korb hängenden, dem Gespött der Öffentlichkeit ausgelieferten Liebhabers V., oft mit weiteren Minnesklavendarstellungen zyklisch verbunden, ikonograph. tradiert (z.B. Caen, St. Pierre, Kapitell, zerstört; Konstanz, Haus zur Kunkel, Fresken; Freiburg, Augustinermus., sog. Malererteppich). Die spätma. und frühnz. Druckgraphik fügt der Szene mit V. im Korb zuweilen die pikante Bestrafung der den Dichter narrenden Geliebten hinzu (z.B. Lucas von Leyden, Georg Pencz, Albrecht Altdorfer).

N.H. Ott

Lit.: E. PANOFSKY–F. SAXL, Classical Mythology in Medieval Art, 1933 – F. SAXL, The Troy Romance in Medieval Art (DERS., Lectures, 1957), 125–138 – J. SCHNEIDER, Die Weiberlisten, ZAK 20, 1960, 147–157 – M. R. SCHERER, The Legends of Troy in Art and Lit., 1963 – G. DE TERVARENT, Présence de Virgile dans l'art, 1967 – J. COURCELLES, Lecteurs païens et lecteurs chrétiens de l'Énéide, I: Les mss. illustré de l'Énéide du Xe auch XVe s., 1984 – N. H. OTT, Minne oder amor carnalis? Zur Funktion der Minnesklaven-Darstellung in ma. Kunst (Liebe in der dt. Lit. des MA, hg. J. ASHCROFT u.a., 1987), 107–125 – A. FINGERNAGEL, Kunsthist. Kommentar (Heinrich von Veldeke. Eneas-Roman. Vollfaks. des Ms. germ. fol. 282, 1992), 59–131.

Vergleich. Höchstwahrscheinl. hat sich das →Gerichtsverfahren in den meisten Kulturen überhaupt aus gütl. Vereinbarung entwickelt, jedenfalls im germ.-frk. Bereich aus dem Sühneverfahren (→Sühne, II). Ob hier ein Einfluß röm. Güter- und Schiedseinrichtungen vorliegt, ist unsicher. Es ist jedenfalls zu trennen zw. gütl. Streitbeilegung außerhalb eines (Gerichts-)verfahrens und als Abschluß eines solchen. Die Streitbeilegung durch gewählte Schiedsrichter steht zw. diesen Positionen, wobei alle Mischformen vorkommen (→Schiedsgericht). Aus dem röm. Recht gelangt die transactio in das ma. ius commune. Entstanden ist sie aus archaischen Formen der Sühnevereinbarung und entwickelt sich als Unterart des pactum (de non petendo). Damit erzeugt sie zwar eine exceptio, aber keine actio. Seit der Diokletian.-Konstantin. Reichsreform begünstigen chr. Gedanken die Tendenz zur gütl. Streitbeilegung. Die ma. Glossatorenlit. greift in die überlieferte Kontraktlehre nicht unerhebl. ein und bereitet die Einordnung der transactio in das schon in byz. Zeit angelegte System der Innominat(real-)kontrakte vor. Hier entwickelt sich aus dem Grunde konditionenrechtl. Ansätzen die Lehre, daß die Wirksamkeit des V.s ein Nachgeben erfordere. Die Kanonistik steuert diesen Lehren den Gedanken der amicabilis compositio bei, entzieht aber v. a. die spiritualia den vergleichsfähigen Sachen, weil das Nachgeben als Gegenleistung in einen Zusammenhang mit der →Simonie gebracht wird. Die Erzwingbarkeit des V.sinhalts im übrigen ist hier wegen der grundsätzl. Klagbarkeit der pacta nuda kein Problem. Für das nordgerm. Recht hat v. AMIRA das Vorhandensein des V.s, der namentl. unter dem Gesichtspunkt der Schuldentilgung erscheint, festgestellt. Das Dt. Recht des 12.–15. Jh. problematisiert, erkennbar v. a. in den dt. Rechtsbüchern, ausgehend vom Sachsenspiegel, Fragen des V.s auf mehreren Ebenen. Die Zulässigkeit des V.s wird in Beziehung gesetzt zu den Grenzen eines Klagezwanges überhaupt und erreicht hier Grenzgebiete zum sich herausbildenden öffentl. →Strafrecht. Innerhalb von Prozessen, in denen kein Klagezwang oder schon das Offizialverfahren herrschte, kann über den Streitstoff frei verfügt werden, soweit nicht ein Klagedurchführungszwang besteht. Nicht monokausal aufkanon. Recht zurückzuführen ist der seit dem 12. Jh. erkennbare obligator. Güteversuch durch den Richter. Für Form- und Beweisfragen gelten die allg. Grundsätze. Die Frage der Wirkung des V.s auf das ursprgl. eventuelle Rechtsverhältnis der Parteien (z.B. als Problem der urteilsgleichen Wirkung des V.s) ist jedenfalls für das Dt. Recht des MA nicht sinnvoll gestellt, kann doch von einem definitiven Prozeßende nur bedingt gesprochen werden. Im Laufe des 15. und 16. Jh. verbinden sich materiell- wie prozeßrechtl. Lehren der Kanonistik und Legistik mit dem überlieferten Recht des V.s, wie das durchweg für die national werdenden Rechte des kontinentalen ius commune gilt. F. Ebel

Lit.: K. v. AMIRA, Nordgerm. Obligationenrecht, II, 1895, 833ff. – F. EBEL, Berichtung, transactio und V., 1978.

Vergöttlichung (gr. théosis, lat. deificatio). »Gott will Dich zu Gott machen« – nicht mit Bezug auf die Natur, sondern durch gnadenhafte Annahme, so daß der vollkommen vergöttlichte Mensch der ewigen und unwandelbaren Wahrheit anhängt (Sermo 166,4). Wenn Augustinus in diesem Sinne von »deificatio« spricht, so bezeichnet er damit exklusiv die V. des Menschen als Frucht der Inkarnation (Enn. in Ps 49,2). Denn – wie v. a. im Zusammenhang der christolog. Kontroversen im 5. Jh. hervorgehoben wird – es ist nicht der Mensch, der Gott aufnimmt, sondern Gott nimmt gemäß der deifikator. Ordnung den Menschen auf (Bonaventura, 3. Sent. d 7 dub. 2). Für Ps. →Dionysius Areopagita hat die »théosis« innerhalb des neuplaton. Kreislaufgedankens – in Entsprechung zum hierarch. Ausgang der Naturen – ihren Ort im Vollzug der Rückkehr zu Gott, ohne daß geschöpfl. und schöpfer. Natur in eins fallen. Unser Heil ist nur durch die V. möglich (De eccl. hier I, 3–4/De div. nom. VIII, 5). →Johannes (Scottus) Eriugena führt diese Gedanken in die abendländ. Tradition ein; er begreift die »deificatio« als die – allein dem Menschen vorbehaltene – bes. Rückkehr, in der einige Geschöpfe durch einen gnadenhaften Akt Gottes die allg. Rückkehr aller Geschöpfe übersteigen, und nach Maßgabe ihrer Tauglichkeit mit Gott vereinigt und ihm selbst angeglichen werden. Diese »théosis« oder »deificatio« muß daher als Theophanie, Gott-Erscheinung gedacht werden (Periphyseon I,9 und V, 38). Nicht als Einheit (unitas), wohl aber als Vereinigung (coniunctio) von Mensch und Gott denkt →Bernhard v. Clairvaux die »deificatio«, die auf Erden nur in Augenblicken der Ekstase und erst im Jenseits als fortwährende »beseligende Schau« erfahren wird. Die V. geschieht auf der höchsten Stufe der Gottesliebe, wo alles, was empfunden wird, göttlich ist (De diligendo Deo 10, 27–29). Bernhard beschreibt die V. als »transformatio« und »conformatio«, als vollkommenen Zusammenhang von menschl. und göttl. Willen – bei einer strikten Trennung der Substanzen und der Willen. Die Naturen bleiben strikt getrennt; die mit Gott vereinte Seele ist »ein Geist« (unus spiritus) mit Gott aufgrund des Zusammenstimmens beider Willen (Super Cantica 71, 6–10). – Heiligkeit und Gottförmigkeit (deiformitas) sind bei →Bonaventura Voraussetzung für einen Übersteig (transitus) vom Wissen zur Weisheit, wo das menschl. Erkennen in unmittelbarer Evidenz um die Regeln der göttl. Gesetze weiß (Coll. in Hex 19, 3 und 2, 9). Ein gottförmiger Habitus ist ferner die Bedingung dafür, daß die geistige Kreatur der ewigen Glückseligkeit teilhaftig werden kann. Durch den gottförmigen Einfluß (influentia deiformis) wird die »imago« unseres Geistes der Trinität konform gemacht, um sodann in der gottförmigen Vollendung (perfectio deiformis) unmittelbar auf Gott zurückgeführt und so in seiner Gottebenbildlichkeit wiederhergestellt zu werden (Brevil. V, 1). – →Albertus Magnus expliziert die vergöttlichende Gnade durch den Begriff des »medium«, das nicht zw. Gott und den Menschen steht, sondern zur Vereinigung (coniunctio) mit Gott emporhebt und so eine neue Weise des Seins begründet, ein »bene esse«, das unser Sein habituell umgestaltet (Summa theol. II tr. 16 qu. 98 m. 1+2). Das Gnadenmoment tritt so als ein »habitus infusus« auf (2 Sent. d. 26 a. 1+5). Auch →Thomas v. Aquin denkt die V. des Menschen als Teilhabe an der Gnade, durch die Gott eine Konformität der vergöttlichten Seele mit ihm bewirkt. Unmöglich jedoch kann ein Geschöpf die Gnade verursachen. Es ist allein Gott, der vergöttlicht (deificat), indem er die Gemeinschaft der göttl. Natur durch eine Teilhabe an seiner Ähnlichkeit mitteilt (S. th. I–II qu. 112 a. 1). – Demgegenüber denkt Meister →Eckhart die Gnade als ein notwendiges Geschehen, das »von nôt« jeder erfüllt, der sich Gott auf angemessene Weise zuwendet (Pr. 48, DW II). Die Einströmung göttl. Gnade in die Seele wird von Eckhart als »Gottesgeburt« gedacht – ein Leitmotiv v. a. in den Deutschen Werken. Gott jedoch wirkt in der Seele nur unter den Bedingungen der Gottförmigkeit. Sind die Bedingungen des Göttlichen in der Seele realisiert, so wirkt Gott in der Seele nicht anders als in sich selbst: Er wirkt in der Seele seinen Sohn, und gemäß diesem Wirken Gottes ist der Mensch sein Sohn, »filius Dei«. In diesem Durchbrechen in die Gottheit erkennt die abgeschiedene Seele alle Vollkommenheiten, wie sie in der Einheit des göttl. Wesens eingeschlossen sind, und indem die begnadete Seele so die Urbilder der Geschöpfe in Einheit in sich trägt, führt sie alle Kreaturen wieder zu Gott zurück (In Io n. 549, LW III). A. Speer

Lit.: DSAM III, 1370–1445 – HWP III, 842–844 – É. JEAUNEAU, Ét. Érigéniennes, 1987 – A. SPEER, Triplex veritas..., Franziskan. Forsch. 32, 1987 – J. A. AERTSEN, Nature and Creature..., Stud. Texte Geistesgesch. MA 21, 1988 – A. DE LIBERA, Eckhart, Suso, Tauler et la divinisation de l'homme, 1996 – W. GORIS, Einheit als Prinzip und Ziel..., Stud. Texte Geistesgesch. MA 59, 1997.

Vergy, Burg, Herrschaft (→Seigneurie) und große Adelsfamilie im südl. →Burgund (dép. Côte d'Or, arr. Beaune). Ein 'castrum' bestand wohl schon seit dem 7. Jh.: Der 'comes' Warinus, Bruder des hl. →Leodegar, wurde hier während der Kämpfe zw. →Ebroin und der franko-burg. Aristokratie 673 hingerichtet. Die Mönche von St-Vivant, die auf der Flucht vor den →Normannen aus ihrem ersten Zufluchtsort, St-Vivant-en-Amous, vertrieben worden waren, wurden hier um 890 vom Gf. en →Manasses aufgenommen, der für sie ein Kl. im nördl. Bereich der Anhöhe, deren südl. Teil die Burg einnahm, errichten ließ. Reich dotiert und von →Wilhelm v. Volpiano 1015 reformiert, wurde es →Cluny unterstellt und zu einem der großen cluniazens. →Priorate.

Die Burg unterstand dem Gf.en Manasses und seinen Nachkommen, den Gf.en v. →Beaune. Sie ging über an Humbert (Hezelinus), Archidiakon v. →Autun und Bf. v. →Paris (1040-60), einen Sohn oder Bruder des Odo, Vizgf. en v. Beaune, illegitimen Sohn von Hzg. →Heinrich († 1002); er gründete in V. 1023 die Kollegiatkirche St-Denis. Ein Johannes 'de Varziaco', wohl ein Sohn von Odo, ist 1053 belegt, vielleicht Vater von Elisabeth, die 1080 Savaricus v. →Donzy, Gf.en v. →Chalon u. Herrn ('Sire') v. Châtel-Censoir, heiratete; sie beschenkte auch →Cîteaux, das eine Gründung der Vizgf.en v. Beaune war (die V. stifteten ferner die Abtei SOCist Lieu-Dieu). Ihr ältester Sohn, Simon, war Vater von Guy († 1204), der die Erbin der Gf.en v. Beaumont (→Atuyer) ehelichte. Sein Sohn Hugo trat in einen Konflikt mit Hzg. →Hugo III. v. Burgund ein, der V. belagerte (1183-85), was zum Eingreifen Kg. →Philipps II. Augustus v. Frankreich führte, der V. aus der Lehnsabhängigkeit vom Hzg. löste, diese Maßnahme aber später wieder rückgängig machte. Hzg. →Odo III. nahm den Kampf wieder auf und erzwang 1193 von Étienne, Herrn ('Sire') v. Mont-St-Jean, einem Nachkommen des Hervé, 2. Sohnes von Elisabeth, die Abtretung von Herrschaftsrechten, die dieser in V. besaß; Hzg. Odo veranlaßte Hugo zum lig. Lehnseid und verlieh ihm seinerseits das erbl. Seneschallat v. Burgund (1197). 1198/99 heiratete Odo die Tochter Hugos, Alix, die ihm als Dos die 'terre de V.' in die Ehe brachte; der Hzg. trat im Gegenzug an Hugo die Burg Mirebeau und seine Besitzungen jenseits der Tille ab. Die Herren v. V. nahmen somit im Grenzraum des Hzm.s zur Fgft. Burgund eine dominante Position ein, die infolge der Heirat Guillaumes I. († 1248) mit der Erbin der Gft. v. Fouvent noch gestärkt wurde. Das weiträumige Territorium der V., das Fontaine-Française, Autrey, Champlitte umfaßte, wurde zwar mehrfach durch Erbteilungen zerstückelt, andererseits aber infolge des Aussterbens von Familienzweigen in mehreren Etappen rekonstruiert.

Jean III. († 1418) und Jean IV. († 1460), dieser der Sohn eines bei →Nikopolis (1396) gefallenen Guillaume, fungierten als Gouverneure v. Burgund; Jean IV., ein Ritter des →Goldenen Vlieses, führte einen Privatkrieg gegen den Sire de Châteauvilain. Sein Bruder *Antoine*, gleichfalls Ritter des Goldenen Vlieses, war →Maréchal de France und Gf. v. Dammartin. Das Erbe fiel an einen Vetter, *Charles* († 1467), dann an einen entfernten Verwandten, *Guillaume*, dem Kg. →Ludwig XI. 1477 V. zurückerstattete, um ihn aus der Anhängerschaft der Hzgn. →Maria v. Burgund zu lösen; die Parteinahme für Ehzg. →Maximilian führte jedoch zur neuerl. Aberkennung der Burg V. (1490). Auch in der Fgft. Burgund hatte die Familie, die in Heiratsverbindungen mit hochrangigen Dynastien eingebunden war und zahlreiche Prälaten, Bf.e und Äbte stellte, eine mächtige Position inne. Ihr Ruhm inspirierte eines der Hauptwerke der Frz. Lit. des MA, »La châtelaine de →Vergi«.

Die hzgl. →Kastellanei umfaßte Nuits (den berühmten Weinort Nuits-St-Georges), das Hzg. Odo III. zur →ville franche und zum Sitz des Marktes der Kastellanei erhob. Der Ort V. hatte Jahrmärkte; die große Straße zu den →Champagnemessen, von →Chalon-sur-Saône nach →Châtillon-sur-Seine, verlief unterhalb der Burg.

J. Richard

Lit.: A. du Chesne, Hist. généalogique de la maison de V., Paris 1625 – Ch. Theuriet, Hist. de V., 1895 – J. Marilier, Les donations d'Elisabeth de V., Annales de Bourgogne 16, 1944 – J. Richard, Les Chalon, les V. et la Puisaye, ebd. 18, 1946 – J. Marilier, Le monastère de St-Vivant de V. (Cahiers de V., 1, 1977).

Verhalten, -snormen. Von einem gesellschaftl. oder hist. V. spricht man in der Gesch.swiss., wenn Handlungs- und Bewegungs*abläufe* einer sozialen Gruppe über eine Zeit hinweg gleichartig bleiben. V.sweisen sind in Umgangsformen, Wirtschaft und Politik, – bei →Tanz, Gymnastik, Sport und Kampf, – sowie in →Gebärden und Gesten im Recht, Kult und →Zeremoniell zu beobachten. Diese unterliegen oft Regeln, die als eth. Normen formuliert werden.

Das reale V. läßt sich aus den Wohnformen, aus Insignien, Geräten, Waffen und Kleidung rekonstruieren. Gelegentl. wurde das V. einzelner sozialer Gruppen – oft unter pädagog. Aspekten – auch genauer beschrieben (→Adalbero v. Laon, →Andreas Capellanus, →Berthold v. Regensburg) oder in Gesetzen erwähnt (Friedrich II., Zunftordnungen, →Kleiderordnungen der Städte).

Die V.sweisen der Unterschichten, z.T. durch die →Bußbücher bezeugt, tradieren während des MA frühere Wirtschaftsformen und frühere Kulte: Frauen lernen, in Zeiten der Dürre Regen zu bringen. Die Kulte rechnen mit der Möglichkeit, daß Menschen sich in Tiere verwandeln, was auch in den archaischen Gesellschaften der Afrikaner oder Indianer angenommen wird (→Werwolf).

In den heidn. Kelten- und Germanenstämmen glichen sich noch in der Völkerwanderungszeit die Männer in Tracht (in der Form ihres Helmes), Kampfformen und Bewegungsweisen ihren Göttern und den mit ihnen verbundenen Tieren an – etwa an Stiere, Pferde oder Eber, deren Kampffreudigkeit und Beweglichkeit sie damit übernahmen. Die Kg.sfamilie setzte sich durch eigene V.sweisen von anderen Familien ab (bei den Merowingern: lange Haare; Verpflichtung, Felder zu umfahren). Die Frauen folgten in ihrem Verhalten Göttinnen oder Walküren, die die krieger. Aktivität der Männer zu steigern suchten. – Angleichungen an die die Pflanzen hervorbringende Erde und an den Sonnenwirbel hatten auch in der →Rechtssymbolik (Schenkungen im frk. Recht, Freilassung im langob. Recht) und im Tanz (germ. Krieger innerhalb des byz. Hofzeremoniells) Bedeutung.

Seit dem 8. Jh. traten neben diesen V.sweisen der äußeren Angleichung, die die Familien, Stämme oder andere soziale Gruppen miteinander verschmolzen, Bindungen der Treue auf; diese brachten neue Formen des Lehnswesens sowie der wechselseitigen Unterstützung (durch Geschenke, durch »Ermahnungen« in Briefen und Kapitularien, durch Gebete, oft in →Gebetsverbrüderungen). – In Briefen wandten sich früh die Angelsächsinnen an Männer mit der Bitte, ihnen zu raten oder Anweisungen zu geben. – Die persönl. Beziehung des Herrschers zu Gott wurde im Krönungszeremoniell dargestellt (→Ordo). – Die Reiterheere reagierten seit der Karolingerzeit in neuen Kampfformen unmittelbar auf Bewegungen des Gegners, die auch in Friedenszeiten geübt wurden (→Nithard).

Mit dem 11. Jh. setzte erneut ein V.swandel ein. Wer als Ritter, Kaufmann oder Handwerker tätig war, schloß sich jeweils in einem →Stand, einer →Gilde oder in einer →Zunft zusammen und forderte für diese Freiheiten und folgte deren V. Diese Stände ordneten sich über- und untereinander. Ks., Kg.e und Päpste regelten in einem Zeremoniell ihren Umgang mit den ihnen unterstellten Ständen und Personen. – Auch Männer und Frauen verstanden sich von ihrem jeweiligen, unterschiedl. Verhalten her. Gelegentl. wurde der Frau in der höf. Gesellschaft (→Kultur und Gesellschaft, höf.) aufgrund ihres V.s eine übergeordnete Position zugesprochen. Die Zeremonien, die zur Aufnahme ins Handwerk oder in die Ritterschaft führten, wurden ausgebaut. Für die →Ritter wurde das V. von Friedrich II. durch Gesetze festgelegt. Auch die Zünfte gaben sich Ordnungen, in denen V.sweisen genormt wurden. – In den Kampfübungen der →Turniere bemühten sich Ritter, sich in einer über sie hinausweisenden Körperhaltung auf ihrem Pferd »oben« zu halten. – Im neu aufkommenden Paartanz betonten die Tanzenden die in die Höhe drängenden Bewegungen der Arme und Schultern.

Im späten MA wurde das Zeremoniell, das die Standesvertreter einer Spitze zuordnete, weiter ausgestaltet (die Kard.e und der Papst, die Kfs.en und der Kg. in der →Goldenen Bulle). – Seit dem 13. Jh. wurde zudem zunehmend häufiger auf das unterschiedl. Verhalten der Völker geachtet (→Alexander v. Roes, →Alfons X. d. Weise, →Johannes de Plano Carpini, →Wilhelm v. Rubruk). Eine Differenzierung des V.s von religiösen Gruppen (Mönchsorden, Juden), Ständen und Handwerkern setzte sich durch. Die Rechtsformen und Umgangsformen – etwa bei den Rittern – wurden formalisiert. Das V. der Ritter wurde von anderen Ständen übernommen (→Meistersinger). – Manchmal trat ein Gegensatz zw. erstarrten V.sweisen und zweckmäßigem Handeln auf, so daß im Kampf die Ritterheere in Schwierigkeiten gerieten und neue Kampfformen unerwartet Erfolge brachten (→Katal. Kompanie). Das »traditionsgebundene« V. wurde dann oft »moral.« gerechtfertigt. Dies wiederum hatte zur Folge, daß einzelne Personen ein solches V. vortäuschten, um auf traditionsgebundene Kreise eine Wirkung auszuüben.

Die veränderte Deutung der V.sweisen bei Machiavelli und das zur selben Zeit bereits gewandelte V. lassen erkennen, daß V.sweisen mit einer spezif. Zeit- und Raumwahrnehmung verbunden sind. Diese wandelte sich im 15. Jh. An die Stelle der Raumwahrnehmung, die – seit dem 11. Jh. – in der Architektur (Burgen- und Kirchenbau), der Naturwissenschaft, der Musik, der Malerei und in den Körperbewegungen den höher gelegenen Orten eine andere Qualität zuwies als den unten gelegenen Orten, trat im 15. Jh. eine Raumwahrnehmung, die den Raum als ein homogenes, dreidimensionales Gebilde sehen ließ, was zur perspektiv. Darstellung in der Malerei, zur Astronomie des →Kopernikus, zur Renaissancearchitektur und zu einer neuen Kompositionsweise in der →Musik führte. Viele Menschen gaben seitdem die traditionelle Körperhaltung auf, die ihnen, soweit sie der Oberschicht angehörten, Möglichkeiten bot, in höhere Bereiche hineinzuragen, und bevorzugten statt dessen ein V., das ihnen erlaubte, diesen homogenen Raum, der allen zur Verfügung steht, zu beherrschen oder durch Bewegungen zu gliedern.

Seit dem 15. Jh. kam es im Kampf darauf an, den Gegner mit allen Mitteln, auch gebückt und von unten zustoßend, von seinem Platz zu verdrängen. Die Tänze orientierten sich zur selben Zeit im *Basse dance* an den Schritten der Füße, die den Raum in allen drei Dimensionen gliederten. Sprünge, bei denen der Tänzer sich bemühte, zu schweben, dienten ebenfalls dieser Gliederung des dreidimensionalen und homogenen Raumes. – Das neue von Burgund und Spanien sich ausbreitende Zeremoniell ordnete Personen im Raum zentral auf den Herrscher.

So sind gerade in verschiedenen sozialen Gruppen und in verschiedenen Epochen zur Zeit des MA parallele Wandlungen des V.s bei polit. und jurist. Handlungen und bei den Bewegungsweisen im Kampf und Tanz zu beobachten. A. Nitschke

Lit.: J. Huizinga, Herfsttij der Middeleeuwen, 1919 [dt.: Herbst des MA, 1987[12]] – A. Borst, Lebensform im MA, 1973 – J. Le Goff, Für ein anderes MA: Zeit, Arbeit und Kultur im Europa des 5.–15. Jh., 1984 – St. Kohl, Das engl. SpätMA: kulturelle Normen, Lebenspraxis, Texte, 1986 – A. J. Gurjewitsch, Ma. Volkskultur, 1987 – P. Brown, The Body and Society…, 1987 – A. Nitschke, Bewegungen im MA und Renaissance, Kämpfe, Spiele, Tänze, Zeremoniell und Umgangsformen, 1987 – Ders., Körper in Bewegung. Gesten, Tänze und Räume im Wandel der Gesch., 1989 – J. Le Goff, Kaufleute und Bankiers im MA, 1989 – Coronations: Medieval and Early Modern Monarchic Ritual, hg. J. M. Bak, 1990 – Gesch. des privaten Lebens, hg. Ph. Ariès – G. Duby, 1990 – Curialitas. Stud. zu Grundfragen der höf.-ritterl. Kultur, hg. J. Fleckenstein, 1990 – W. Rösener, Bauern im MA, 1991[4] – Ders., Agrarwirtschaft, Agrarverfassung und ländl. Ges. im MA, 1992 – Europ. Mentalitätsgesch., hg. P. Dinzelbacher, 1993 – A. Nitschke, Fremde Wirklichkeiten, I: Politik, Verfassung und Recht im MA, 1993; II: Dynamik der Natur und Bewegungen der Menschen, 1995 – R. Sprandel, Verfassung und Ges. im MA, 1994[5] – W. Paravicini, Die ritterl.-höf. Kultur des MA, 1994 – Gesch. der Jugend, I, hg. G. Levi – J.-Cl. Schmitt, 1995.

Verhansung, Strafmaßnahme, die den Ausschluß aus der Hanse, d. h. von der Nutzung der gemeinschaftl. Handelsrechte und -privilegien beinhaltet (als Q. begriff erstmals 1417 belegt). Sie konnte gegen einzelne Kaufleute oder gegen die gesamte Kaufmannschaft einer Hansestadt angewendet werden. Voraussetzung für die erfolgreiche Durchführung einer solchen Maßnahme war, daß die Hansestädte über eine festere Organisation verfügten, bestimmte Verfahrensregeln ausgebildet hatten und in der Lage waren, Sanktionen gemeinsam durchzusetzen. Doch haben die unterschiedl. Interessen der einzelnen Städtegruppen (→Hanse, IV; →Quartier, 2.) zur Folge gehabt, daß oft nur begrenzt reagiert und auf anderem Wege ein Ausgleich gesucht wurde. 1358 wurde auf einem Hansetag beschlossen: jede Stadt, welche die gegen Flandern verhängte Handelssperre (→Blockade) nicht einhält, »schal ewichliken ute der Dudeschen hense blyven unde des Dudeschen rechtes ewichliken entberen«. Daß damals förml. V.en stattgefunden haben, ist unwahrscheinlich. Gleichzeitig setzen die über mehrere Hansetage sich hinziehenden Bemühungen ein, die Teilhabe am Kaufmannsrecht nur Bürgern von Hansestädten zu gewähren und die Einhaltung der gemeinsamen Beschlüsse durch die städt. Ratsgremien wahren zu lassen, indem sie ihre Bürger bei Übertretungen zur Rechenschaft zogen. Als 1374 in →Braunschweig die überkommene Ratsherrschaft durch einen Aufruhr beseitigt wurde, wandten die Städte erstmals in einem solchen Fall die V. (→Boykott) an, die 1380 wiederaufgehoben wurde. 1417/18 wurde festgelegt, daß eine Stadt, deren Rat in seinen Rechten beeinträchtigt ist, aus der Hanse auszuschließen und der Verkehr mit ihren Bürgern abzubrechen sei. Im 15. Jh. ist die V. bei verschiedenen Anlässen angedroht, wenn auch nicht immer durchgeführt worden: bei Nichtbeachtung der gemeinsamen Beschlüsse, bei Nichterscheinen auf den Hansetagen und v. a. bei innerstädt. Konflikten, z. B. gegen Minden

1407, Bremen 1427, Goslar 1448, Münster 1454. Schwerwiegender war die V. der Stadt Köln 1471 (→Köln, A. II.4). Sie hatte sich der Schoßzahlung an das Brügger Kontor widersetzt und eigene Privilegien in England bestätigen lassen. 1476 wurde der Streit durch einen Kompromiß beigelegt.   K. Wriedt

Lit.: W. STEIN, Die Hansestädte, HGBll 19, 1913, 277ff. – K. FRIEDLAND, Kaufleute und Städte als Glieder der Hanse, ebd. 76, 1958, 21–41 – W. EHBRECHT, Verhaltensformen der Hanse bei spätma. Bürgerkämpfen in Westfalen, WF 26, 1974, 46–59 – DERS., Hanse und spätma. Bürgerkämpfe in Niedersachsen und Westfalen, NdsJb 48, 1976, 77–105 – Die Hanse in Köln. Ausstellungskat. Köln 1988, 55ff.

Verheißung (mhd. *verheizung*), im Sinne eines Versprechens, erst seit dem 15. Jh. belegt, als Übers. von lat. promissio speziell – v. a. nach Luther – verwandt, wo es sich um eine promissio Gottes handelt (vgl. gr. ἐπαγγελία). In diesem Sinne ist promissio einer der wichtigsten theol. Begriffe des MA. Eine V. kann unmittelbar durch Gott Vater erfolgen (z. B. an Abraham betreffs der Nachkommenschaft, Gen 12, 1–3; 22, 16–18; an Moses betreffs des 'Landes der V.', Ex 3, 14–17; 6, 2–8), durch Jesus (z. B. Mt 28, 20b) oder auf Veranlassung des Hl. Geistes durch Propheten (Röm 1, 2 zu Jes 11, 10, vgl. Abaelard, Comm. in ep. ad Romanos, ed. BUYTAERT, CCCM 11, 317, 181) oder auch durch die Kirchenväter (ebd. 41, 19). Im Unterschied zu einer Prophezeiung kündigt eine V. stets nur Gutes an. Inhaltl. lassen sich weltl. (temporales) und geistl. (spirituales) promissiones unterscheiden (Thomas v. Aquin zu Eph 6, 1 [Super epist. s. Pauli lectura, Ed. Turin II⁸, 1953, 801]): Das AT verheißt für die Befolgung des Gesetzes ird. Güter. Richtig verstanden, d.h. allegor. ausgelegt (→Schriftsinne), enthält es jedoch auch V. en des ewigen Lebens durch die Erlösertat Christi. Im AT verheißene ird. Güter weisen bei richtigem (typolog.) Verständnis über sich hinaus auf geistl. Güter hin, letztl. auf Inkarnation und Erlösung (Hugo v. St-Victor, De sacr. 2, 1, 1 [MPL 176, 371C]). V. en können auch zur Zeit der Kirche erfüllt werden: So hat man Jes 9, 9 z. Z. der Kreuzzüge auf die Eroberung Jerusalems bezogen (SMALLEY, XI), Jes 52, 1 wurde von →Nikolaus v. Lyra auf Frieden und Ansehen der Kirche unter Konstantin gedeutet (Postilla super totam Bibliam II, 1, 492 [Nachdr. 1971] zur Stelle).

R. Peppermüller

Lit.: →Schriftsinne – GRIMM, DWB 25, 534–560 – KITTEL II, 573–583 – Evangel. Wb. zum NT II², 1992, 34–40 – L. GOPPELT, Typos, 1939 [Nachdr. 1961] – F. BAUMGÄRTEL, Zur Frage des evangel. Verständnisses des AT, 1952 – H. LUBAC, Exégèse médiévale, 4 Bde, 1954–64 – G. A. BENRATH, Wyclifs Bibelkomm., 1966 – J. S. PREUS, From Shadow to Promise, 1969 – O. BAYER, Promissio. Eine Unters. zum Wortverständnis beim frühen Luther, 1970 – B. HAMM, Promissio, Pactum, Ordinatio: Freiheit und Selbstbindung in der scholast. Gnadenlehre, 1977 – B. SMALLEY, The Study of the Bible in the MA, 1983³ [Nachdr. 1984] – R. WONNEBERGER – H. P. HECHT, V. und Versprechen, 1986.

Verhüttung → Hüttenwesen

Verjährung. [1] *Römisches Recht und Kirchenrecht:* V. (praescriptio) bedeutet Eintritt von Rechtswirkungen durch Nichtausübung eines Rechts nach dem Ablauf einer bestimmten Frist. Sie führt einerseits zum Verlust von Rechten im Sinne ihrer Einklagbarkeit, andererseits zum Eigentumserwerb durch →Ersitzung.
Während im klass. röm. Recht wohl noch keine zeitl. Begrenzung für die Geltendmachung von Rechten bestand, brachte das prätor. Recht eine einjährige Frist für die Klagbarkeit von strafbewehrten Injurienklagen (annus utilis) und das Ks.recht Fristen von 10 und 20 Jahren hervor. 424 legte Theodosius II. eine allg. V.sfrist von 30 Jahren fest, von der die vierzigjährige Frist Konstantins für die Ersitzung von Grundstücken unberührt blieb (Cod. Theod. 4, 14, 1; 4, 11, 2). Das kanon. Recht kennt eine reguläre V. von 40 Jahren. Darüber hinaus nahm die Kirche für Klagen zum Schutze ihres Vermögens eine hundertjährige V.sfrist in Anspruch (X. 2, 26, 14), die auf eine Regelung Justinians (C. 1, 2, 23, 2) zurückgeht. Die kanonist. Lehre von der Gewohnheit sieht in einer »unvordenklichen V.« (immemorabilis praescriptio) die Voraussetzung für den Bestand einer consuetudo gegenüber gesetztem Recht.

[2] *Germanenrechte und Deutsches Recht:* Die röm. V.sregelungen fanden in die mehr oder weniger stark röm.-rechtl. beeinflußten Volksrechte der Burgunden, Langobarden und Westgoten Eingang: 15 bzw. 30 Jahre (lex Burgundionum 79); 5 Jahre (Ed. ROTH, 228); 30 und 50 Jahre (Lex Visigothorum 10, 2). Die reguläre röm. V. von 30 Jahren findet sich in einigen Kapitularien. Den ags. Rechten war die V. bis zur norm. Eroberung unbekannt. Im dt. Recht des MA stellt sich V. (mhd. *verjaeren*) vorwiegend als Versäumnis von →Jahr und Tag (so insbes. im sächs. Rechtsgebiet) dar. Der damit bezeichnete Zeitraum war dabei unterschiedl. (ein Jahr und sechs Wochen und drei Tage, 10 Jahre, 30 Jahre). Die V. ist eng verwandt mit der →Verschweigung, ohne mit ihr ident. zu sein.

[3] *Gemeines Recht:* Die unterschiedl. Fristen aus dem röm. Recht bestimmten die V. im Gemeinen Recht, das zudem die Lehre von der Ersitzung mit der von der V. verband. Auch das heim. Recht wurde dadurch zunehmend beeinflußt, so daß sich in den meisten Partikularrechten die dreißigjährige V.sfrist durchsetzte.   H. Lück

Lit.: HRG V, 734–737 [Lit.] – O. REICH, Die Entwicklung der kanon. V. slehre von Gratian bis Johann Andrea, 1908 – H. G. WALTHER, Das gemessene Gedächtnis. Zur polit. argumentativen Handhabung der V. durch gelehrte Juristen des MA (Mensura, Zahl, Zahlensymbolik im MA [= Misc. Mediaevalia 16/1], 1983), 210f. – P. JÖRS u. a., Röm. Recht, 1987⁴ – J. PETERSOHN, Das Präskriptionsrecht der Kirche und der Konstanzer Vertrag (Fschr. H. ZIMMERMANN, hg. K. HERBERS u. a., 1991), 307–315 – R. SCHMIDT-WIEGAND, Dt. Rechtsregeln und Rechtssprichwörter, 1996, 184f.

Veringen, Gf.en v. (Altshausen-V.), Adelsfamilie in Südwestdtl. 1004 erhielt Wolfrad v. Altshausen von Ks. Heinrich II. die Gft. V. im Eritgau. Aus der Enkelgeneration (15 Kinder) stammen der Mönch →Hermann v. Reichenau (27. H.) und Gf. Manegold. Nach wahrscheinl. Vorgründung in Altshausen stiftete Manegold 1096 ein Benediktinerkl. in Isny. Er wirkte ferner an den Gründungen der Kl. →St. Georgen und →Zwiefalten sowie 1077 bei der Wahl des Gegenkg.s →Rudolf v. Rheinfelden mit. Seit 1134 nannte sich das Geschlecht (Gf. Marquard) nach V. (Veringenstadt, Krs. Sigmaringen). Eine weitere Linie bildete sich in Treffen/Kärnten (Wolfrad v. Treffen, † nach 1181, Sohn: Ulrich II., Patriarch v. Aquileia, † 1182). Um 1170 teilten sich als neue Linie die (jüngeren) Gf.en v. →Nellenburg ab. Stadtgründungen: Isny 1171/1238, Riedlingen, Veringenstadt, Gammertingen, Hettingen (alle 2. Hälfte des 13. Jh.). Verlust der territorialen Machtstellung durch Abtretung der Gft. im Tiengau und Ergau (= Gft. Friedberg) 1282 und der Gft. V. 1291 an →Habsburg. Die Gf.en v. V. starben 1415, die Gf.en v. Nellenburg 1422 aus.

J. Kerkhoff

Lit.: S. LOCHER, Reg. zur Gesch. der Gf.en v. V., 1872 – J. KERKHOFF, Die Gf.en v. Altshausen-V., Hohenzoller. Jahreshefte 24, 1964 – H. JÄNICHEN, Zur Genealogie der älteren Gf.en v. V., Zs. für württ. Landesgesch. 27, 1968 – J. KERKHOFF, Zur Interpretation kirchl. Überlieferung für die Gesch. des ma. Adels, ebd. 30, 1971.

Veritas → Wahrheit

Verkauf → Kauf

Verkehr, -swege
I. Westlicher Bereich – II. Byzantinischer Bereich.

I. WESTLICHER BEREICH: Der Terminus 'V.' bezeichnet die Gesamtheit der Bewegungen von Personen und Sachen im Raume und verweist damit auf eine Manifestation der menschl. Kultur, deren jeweilige Formen und Ausprägung von dem Zivilisationsniveau und den Bedürfnissen der Gesellschaft abhängen. Der Wirtschaftsraum des Röm. Reiches reichte von Spanien bis Palästina und zum Schwarzen Meer, von Britannien bis an den Küstensaum Nordafrikas und umfaßte damit weite Räume, die miteinander über das Mittelmeer verbunden waren und durch tief in das Landesinnere reichende Ströme sowie durch ein weitverzweigtes Netz von Landstraßen (→Straße) erschlossen wurden. Mit dem Beginn der Völkerwanderung und der Gründung germ. Staaten auf röm. Boden wurden die einstigen, das Mittelmeer umspannenden Verbindungen lockerer, um durch das Vordringen des Islam nach Nordafrika, Spanien und in das Mittelmeer einen weiteren Rückgang zu erfahren, was Europa in seine kontinentalen Grenzen verweist, ohne daß die Verbindungen zum Orient jemals ganz abgebrochen wären. Durch den schon lange andauernden allg. wirtschaftl. Niedergang – verbunden mit der wachsenden Unsicherheit auf den Straßen und den neuen polit. Grenzen – kam auch innerhalb des Kontinents eine starke Schrumpfung des V.s in Gang, die die verbliebene Mobilität von Personen und Sachen meist auf engste Räume beschränkte, wobei es allerdings zw. den nordalpinen Gebieten und Italien Unterschiede gab.

N. der Alpen verlagerte sich zw. dem 6. und 7. Jh. der wirtschaftl. Schwerpunkt des Frk. Reiches vom SW, von der Küstenregion des Mittelmeeres, nach dem NO, an die Gestade der Nordsee zw. England und dem Mündungsgebiet von Rhein, Maas und Schelde, wo fries. Kaufleute als eine neue Gruppe von Fernhändlern in Erscheinung traten, die die Produkte des Rheingebietes oder die von Italien dorthin gelangten Waren nach England und in die skand. Länder exportierten bzw. die für Spanien und Byzanz bestimmten Sklaven und Rohstoffe nach dem S vermittelten. Die spätantiken civitates blieben, sofern sie fortbestanden, trotz ihres Niedergangs und trotz ihrer erhebl. Schrumpfung, weiterhin ein wirtschaftl. Bezugspunkt ihres Umlandes und bildeten, soweit sie schon vorher an wichtigen V.knotenpunkten lagen – wie →London und →Marseille bzw. →Lyon und →Köln, die Stationen eines spärl. →Fernhandels. Seit dem 7. Jh. kamen Marktgründungen (→Markt) erst vereinzelt und seit dem 9. Jh. in zunehmender Zahl hinzu, die den von den Städten nicht erfaßten agrar. Raum durchsetzten und dem anhebenden Aufschwung der Wirtschaft Plätze für den Kommerz bereitstellten, an denen in regelmäßigen Zeitabständen Agrarprodukte gegen Erzeugnisse des Handwerks und des Fernhandels getauscht wurden. Diese Gründungen, deren Zahl um 1100 für das Reichsgebiet n. der Alpen auf über 300 geschätzt wird (H. AMMANN), bildeten lokale V.zentren, die für ein Einzugsgebiet von 20 bis 30 km den Austausch von Produkten ermöglichten. Knotenpunkte von bescheidenerem Rang bildeten schließlich große klösterl. Grundherrschaften und Dörfer, die als Mittelpunkte für die Speicherung der Jahreserträge dienten und ländl. Zentren des Konsums darstellten. Seit dem 12. Jh. veränderte und verdichtete sich dieses Netz der V.zentren teils durch weitere Marktgründungen, teils durch den Aufstieg von ländl. Siedlungen oder Märkten zu →Städten, v. a. aber durch Stadtgründungen, so bes. in Flandern, den Niederlanden und in Deutschland, aber auch in Frankreich (→Bastide), in England und auf der Iber. Halbinsel. Die Städte wurden durch ihre höhere Einwohnerzahl und ihre gewerbl. Produkte zu Zentren des Konsums und des Austausches in einem weiteren Umfeld als die Märkte und traten auch untereinander in Verbindung. Hinzu kamen die Weiterentwicklung des im 8. und 9. Jh. von den Friesen dominierten nordwesteurop. Wirtschaftsraumes seit dem 11. Jh. zu einer Industrieregion der Tuchherstellung (→Textilien) und die Entstehung einer Handels- und Wirtschaftsregion seit dem ausgehenden 12. Jh., die, die Nord- und Ostsee umfassend, tief in das Landesinnere reichte und seit dem 13. Jh. von der →Hanse beherrscht wurde.

Auch s. der Alpen, in Italien, machten die Städte eine lange Phase der Schrumpfung durch, in der aber der wirtschaftl. und institutionelle Niedergang die n. der Alpen beobachteten Ausmaße nicht ganz erreichte, was einerseits einen bescheidenen Fernhandel am Leben hielt, andererseits aber die Ausgangsbasis für den späteren wirtschaftl. Aufschwung bildete. Die Verbindungen zu Byzanz und zu den ö. und s. Küsten des Mittelmeeres wurden zunächst von den Seestädten →Venedig (seit dem 9. Jh.) und →Amalfi (10.–11. Jh.), später von →Pisa und →Genua (seit dem 11. Jh.) unterhalten und weiter ausgebaut, wozu seit dem 1. Kreuzzug die Gründung von Kolonien entlang der außeröstl. Küsten des Mittelmeeres kam. An dem damit verbundenen Aufschwung des →Handels beteiligen sich seit dem 12. Jh. auch die Städte des Binnenlandes, die, durch starke Zuwanderung bedingt, die alten Mauerringe nicht nur wieder ausfüllten, sondern über diese weit hinauswuchsen. Damit entstand eine Städtelandschaft von Konsum-, Handels- und Fernhandelszentren, die die Dimensionen der Antike weit überflügelte und den N und die Mitte Italiens zu einer einzigen Wirtschafts- und V.sregion werden ließ.

Die Wirtschaftsregion des europ. NW, die seit dem 8. Jh. Handelsbeziehungen bis in den Ostseeraum unterhielt, war mit dem Wirtschaftsraum Italiens und des Mittelmeeres zum einen über die →Alpenpässe und den →Rhein und zum anderen über die großen Wasserstraßen →Rhône und →Maas verbunden. Mit dem Aufschwung der Tuchindustrie seit dem 11. Jh. gewannen regionale →Messen an Bedeutung, von denen seit dem 12. Jh. die →Champagnemessen zum Umschlagplatz des internat. Fernhandels des Hanseraumes und Mittelmeergebietes wurden. Die Nachfolge der Champagnemessen traten im W u. a. die Messen v. →Chalon-sur-Saône, →Genf und Lyon, in Mitteldeutschland die Messe v. →Leipzig an, deren Funktion als Handelsplätze nunmehr aber auch die großen Handelszentren wie Venedig, →Brügge, →Antwerpen oder →Nürnberg und viele andere erfüllten.

Der V. richtete sich nach den örtl. Gegebenheiten, wobei, soweit sich die Alternative Land- und Wasserweg anbot, Schwankungen anzunehmen sind. Die Zunahme der Landzölle (→Zoll) in der Merowingerzeit legt die Verlagerung von Teilen des V.s von den Landwegen auf die Wasserwege nahe (→Binnenschiffahrt). Im späten MA bewirkte aber die zunehmende Zahl der Zollstationen entlang der großen Wasserstraßen erneut die Favorisierung des Landweges, wobei die Waren auf →Saumtieren bzw. →Wagen befördert wurden (→Fuhrwesen). Andererseits geht die Erschließung des direkten Seeweges von Italien nach Flandern durch die Genuesen (seit 1277 bezeugt) auf Kosten des transalpinen V.s. Im Laufe des 14. Jh. wird durch die Katalanen der V. mit der Iber. Halbinsel und im 15. Jh. durch die Portugiesen mit der Westküste Afrikas intensiviert, bis schließlich am Ende des Jahrhunderts mit der Landung von Kolumbus in der Neuen Welt eine neue Epoche beginnt, in der sich die großen V.sströme Europas in den NW verlagern. Absolut gesehen, wuchs das Volumen des V.s seit dem frühen MA ständig, was auf die wesentl. höhere Bevölkerungszahl und die dichter gewordenen Städtelandschaften des Kontinents zurückzuführen ist. Neben den von wirtschaftl. Bedürfnissen motivierten V. treten spirituell motivierte Pilgerreisen (→Pilger) nach →Rom und →Jerusalem, seit dem 11. Jh. nach →Santiago de Compostela und seit dem 12. Jh. auch zu den zahlreichen regionalen Pilgerzentren. Eine Sonderform stellen die bewaffneten Wallfahrten ins Hl. Land (→Kreuzzüge) vom 11.-13. Jh. dar.   Th. Szabó

Lit.: Hb. der europ. Wirtschafts- und Sozialgesch., II–III, 1980–86, passim – A. Schaube, Handelsgesch. der roman. Völker des Mittelmeergebiets bis zum Ende der Kreuzzüge, 1906 – P. Toubert, Il sistema curtense... (Storia d'Italia. Annali 6. Economia naturale, economia monetaria. A cura di R. Romano–U. Tucci, 1983), 3–43 – Unters.en zu Handel und V. der vor- und frühgeschichtl. Zeit in Mittel- und Nordeuropa, T. II: D. Claude, Der Handel im w. Mittelmeer während des FrühMA (AAG phil.-hist. Kl. 3. F., 144, 1985); T. III: Der Handel des frühen MA, hg. K. Düwel, H. Jankuhn, H. Siems, D. Timpe (ebd., 150, 1985); T. IV: Der Handel der Karolinger- und Wikingerzeit (ebd., 156); T. V: Der V., V.swege, V.smittel, Organisation, hg. H. Jankuhn, W. Kimmig, E. Ebel (ebd., 180, 1989) – St. Lebecq, Les origines franques V^e–IXe s. (Nouvelle hist. de la France médiévale 1, 1990) – F. Irsigler, Jahrmärkte und Messesysteme im w. Reichsgebiet bis ca. 1250 (Europ. Messen..., hg. P. Johanek–H. Stoob [Städteforsch. A/39], 1996), 1–33.

II. Byzantinischer Bereich: Die administrativ-ökonom. und private Kommunikation zw. den einzelnen Reichsteilen, mit dem südl. Balkan, dem Ägäisraum und Kleinasien als Kernzonen, vollzog sich in Byzanz, das auch infrastrukturell dem röm. Imperium nachfolgte, ebenso zu Wasser wie zu Lande, wobei das terrestr. V.swesen überregional ab dem 6. Jh. deutl. zurücktrat. Allein schon die teure Instandhaltung führte zunächst dazu, daß der staatl. Postdienst (Cursus publicus; →Post, II) eingeschränkt wurde (→Prokop, Hist. arcana, c. 30). Dann beeinträchtigten arab. Einfälle im Osten das Wegenetz (Übersicht unter →Straße, III) mit seinen regelmäßigen Raststationen, den Vorläufern der →Karawanserei. In Südosteuropa entzog die slav. und protobulg. Landnahme überhaupt weite Gebiete ksl. Kontrolle und verunsicherte den V. in den verbliebenen, oft inselartig zersplitterten Territorien (→Räuber, II). So sind die Via Egnatia (→Dyrrhachion – →Ohrid – →Thessalonike – →Konstantinopel) und die NW/SO-Diagonale Singidunum (→Belgrad) – Naissus (→Niš) – Serdica (→Sofia) – →Adrianopel (Edirne) auf Jahrhunderte nicht durchgängig passierbar. Die infolge der Pestwellen (→Pest, B; →Medizin, B) geschrumpfte, vielfach autark lebende Provinzbevölkerung hatte deshalb zudem geringeren Bedarf an Außenkontakten, die – nicht zuletzt wegen der Transportkosten bei Waren – primär per Schiff abgewickelt wurden.

Meeresströmungen und Windverhältnisse nutzend führte die Hauptschiffahrtsroute (→Seefahrt, B) von Konstantinopel in den Okzident an →Lemnos und →Euboia vorbei rund um die Peloponnes/→Morea (oder durch den Golf v. →Korinth) und weiter nördl. zur Straße von →Otranto und weiter küstennah bis in die obere →Adria (→Venedig) oder südwärts zur Straße von →Messina (→Sizilien). Ägypt.-syr. Ziele erreichte man entlang der West- und Südküste Kleinasiens und hierauf via →Zypern. Im Schwarzmeerraum sind die Verbindungen von Konstantinopel und der Pontusregion zur →Krim sowie der 'Warägerweg' von Neva und Düna über Lovat und →Dnepr zur Donaumündung und an den →Bosporus zu nennen, für das 14./15. Jh. verstärkt auch der zum Dnestr und nach →Lemberg in den poln.-dt. Bereich.

Wiewohl der seegestützte V. wetterabhängig ist (kaum Schiffahrt im Winter) und – abgesehen allenfalls von den Pilgerrouten (→Pilger, A, B) – kein geregelter Liniendienst existierte, vielmehr die Personenbeförderung zur Fracht hinzutrat, erhielten, wo möglich, das schnellere Schiff auch auf kürzeren Distanzen vor dem Reittier (Wagen und Karren begegnen nur mehr im Heerestroß und bei lokalen Marktlieferanten) und die Enge an Bord vor der übel beleumundeten Herberge (→Gasthaus) den Vorzug, wie es beispielsweise die Berichte von →Theodoros Studites (a. 797, ep. 3, ed. G. Fatouros bzw. REB 48, 197–199) und →Thomas Magistros (a. 1310, ed. M. Treu, 1900; vgl. Symmeikta 10, 163–188), jeweils unterwegs von Konstantinopel nach bzw. Propontis nach Thessalonike, bzw. für zweiteres die »Miracula S. Georgii« (93–99 Aufhauser) und Matthaios v. Ephesos (14. Jh., Brief 64, ed. Reinsch) zeigen.

Abermals erschwerte ja unter den →Palaiologen die staatl.-territoriale Zersplitterung am Vorabend des osman. Flächenstaates den Überlandv., nachdem zuvor das byz. Wiedererstarken ab dem 10. Jh zwischenzeitl. die Landwege geöffnet hatte, welche etwa die Kreuzfahrer bis →Friedrich I. Barbarossa (1189/90) frequentierten. Die bei aller religiösen Motivation den →Kreuzzügen zugrundeliegende mentale Beweglichkeit, wie sie v. a. die weitverzweigte Handelsaktivität der it. Kaufleute in der →Levante kennzeichnete (→Mittelmeerhandel), kontrastiert auffällig mit der hauptsächl. aus der Krise des 7. Jh erwachsenen, byzantinischerseits lange gepflegten, mißtrauisch kontrollierten »splendid isolation« und einer Immobilität, die sich symbol. in den beiden Leitbildern der Gesellschaft manifestiert, dem zentral in der Hauptstadt residierenden, diese nur gezwungenermaßen auf größere Distanz verlassenden Ks. und dem Asketen, für den die gefahrvolle Mühsal des Reisens nur einen Meilenstein unterwegs zur künftigen Heiligkeit bedeutet. →Reisen, B.   E. Kislinger

Lit.: Tabula Imperii Byz. I–IX, 1976–96 – J. Koder, Der Lebensraum der Byzantiner, 1984, 62–75 – R.-J. Lilie, Handel und Politik zw. dem byz. Reich und den it. Kommunen Venedig, Pisa und Genua in der Epoche der Komnenen und der Angeloi (1081–1204), 1984 – 'Η ἐπικοινωνία στὸ Βυζάντιο, 1991 [v. a. Beitr. von Koder; Kislinger; Gkagktzes, Leontsine, Panopoulou; Kountoura-Galake]–D. H. French, A Road problem: Roman or Byzantine?, Istanbuler Mitt. 43, 1993, 445–454 – T. K. Lounghes, Παραδείγματα ἔργων ὁδοποιίας στὸ Βυζάντιο, Diptycha 6, 1994/95, 37–48 – E. Kislinger, Reisen und V.swege zw. Byzanz und dem Abendland vom neunten bis in die Mitte des elften Jh. (Byzanz und das Abendland im 10. und 11. Jh., 1997), 233–259 – G. Makris, Stud. z. spätbyz. Schiffahrt, 1988.

Verkehrte Welt → Welt, Verkehrte

Verklärung Christi
I. Frühchristentum – II. Abendländisches MA – III. Byzanz.

1. Frühchristentum: Die ntl. Erzählungen lokalisieren die V. im Beisein der Propheten Moses und Elias und der Apostel Petrus, Jakobus und Johannes auf einem unbestimmten (hohen) Berg (Mt 17, 1–9; Mk 9, 2–9; Lk 9, 28–36; vgl. 2 Petr 1. 16–18); den Berg →Tabor als Schauplatz nennt man erst Q. des 4. Jh. (Cyrill v. Jerusalem, catech. 12, 16; Hieron., ep. 108, 13). Die im Text erwähnte Stimme des Vaters charakterisiert das Ereignis als Theophanie. Aus der ö. und ö. beeinflußten Kunst des 6. Jh. sind neben Denkmälern der Kleinkunst drei monumentale Bilder

erhalten oder überliefert: die Apsismosaiken in S. Apollinare in Classe (→Ravenna) und in der Kl. kirche am →Sinai und das von →Mesarites beschriebene Bild in der Apostelkirche in Konstantinopel (Text: HEISENBERG 2, 32–37). Die singuläre allegor. Darstellungsweise in Classe (Christus als Gemmenkreuz mit kleiner Porträtbüste in Clipeus mit 99 Sternen, Apostel als →Lämmerallegorie, Prophetenbüsten, Titelhl.) erlaubte, im Bild der V. verschiedene Bedeutungsebenen zu vereinigen (Passion, Erlösung, Herrlichkeit, Parusie). Eine den Gedanken der →Parusie (das Kreuz als »Zeichen des Menschensohnes«) überbetonende Deutung (DINKLER) wurde von DEICHMANN zurückgewiesen: Die Väterexegese zur V. verwendete meist den Text Lk 9, 28–36, nach dem Moses und Elias mit Christus über dessen Ausgang in Jerusalem sprachen, so daß die gedankl. Verbindung von V. und Passion gesichert ist. Am Sinai wurde die V. als ntl. Theophanie in der Apsis dargestellt, die an diesem Ort eigentl. lokalisierte Gesetzesübergabe an →Moses erscheint, da atl., auf der Apsisstirnwand. Die Darstellung ist, wie in den weiteren Motivgesch. üblich, vollfigurig; daher sind im Unterschied zum allegor. Bild in Classe dieser Darstellung die weiteren heilsgeschichtl. und dogmat. Bildinhalte zusätzl. beigegeben.
J. Engemann

Lit.: LCI IV, 416-421 – A. HEISENBERG, Grabeskirche und Apostelkirche, 1908 – E. DINKLER, Das Apsismosaik von S. Apollinare in Classe, 1964 – K. WEITZMANN, The Mosaic in St. Catherine's Monastery on Mount Sinai, Proceed. Amer. Philos. Soc. 110, 1966, 31-55 – F. W. DEICHMANN, Ravenna 1, 1969, 261-270; 2, 2, 1976, 247-267 – S. DUFRENNE, La manifestation divine dans l'iconographie byz. de la transfiguration [Nicée II, 787/1987, Actes 1986 (1987)], 185-206 – J. MIZIOŁEK, Transfiguratio Domini..., JWarburg 53, 1990, 42-60.

II. ABENDLÄNDISCHES MA: Die frühma. Ikonographie der V. knüpft unmittelbar an die Darstellung der frühchr.-byz. Kunst an. Es überwiegen die streng symmetr. gestalteten Darstellungstypen, in denen Christus, der leidensbereite Messias, in einer Lichtgloriole erhöht zw. Moses und Elias erscheint, im Vordergrund mit Petrus zw. Johannes und Jakobus am Boden liegend, noch vom Schlafe beschwert, doch wachgeworden; aus einer Wolke ragt die segnende Hand Gottvaters, um die Göttlichkeit Christi zu bezeugen. Die Gloriole, das leuchtende Antlitz des verklärten Messias, die Lichtstrahlen, die lichte Wolke und das helle Gewand sind symbol. Andeutungen der Vergeistigung der noch nicht endgültigen Manifestation der göttl. Natur Christi, z. B. in monumentaler Form in den röm. Basiliken SS. Nereo e Achilleo, Triumphbogenmosaik, 795/816; S. Prassede, Zeno-Kapelle; S. Maria in Domenica, 9. Jh.; Alt-Sankt Peter, im Auftrag des Papstes Formosus, 891/896 (nur als Nachbildung des 12. Jh. in S. Giovanni a Porta Latina erhalten); aber auch in christolog. Bilderzyklen der Altäre und liturg. Bücher, z. B. Relief des Goldaltares von S. Ambrogio, Mailand, 824/859; Elfenbeinrelief um 850, Victoria and Albert Mus., London, hier mit der seltenen Darstellung der drei Hütten (Lk 9, 33), die an die Gebräuche des Laubhüttenfestes erinnern; Elfenbeinrelief um 925, London, Brit. Mus. (Inv.-Nr. 56.6-23,14-15), mit Christus in einer Mandorla zw. Moses und Elias, Petrus betend an Christus gewandt; ähnl. die Min. des Evangeliars Ottos III., pag. 10, Reichenau, um 990, Aachen, Domschatz. – Die Hochromanik führt die Tradition der Frühzeit des MA fort, oft in monumentaler Gestaltung, z. B. Fresko, Schwarzrheindorf, ehem. Damenstiftskirche St. Clemens, 1130/40; La Charité sur Loire, Abteikirche St-Croix, Tympanon, um 1150. In den hochroman. liturg. Hss. gewinnt die Darstellung der V. ihre reifste Ausprägung, z. B. Min. der Bibel von Floreffe,

fol. 4r, London, Brit. Mus. Ms. Add. 17738: die Szene ist der Darstellung des Abendmahles vorangestellt, die Bibelzitate auf den Schriftrollen Gottvaters (Mk 17, 5), Christi (Mk 17,7) und Petri (Mk 17,4) verdeutlichen die Zeitspanne der Verklärung; Min. des Evangeliars Heinrichs des Löwen, Wolfenbüttel, Hzg. August-Bibl., Cod. Guelf. 105 Noviss. 2° (zugleich München, Bayer. Staatsbibl., clm 30055), fol. 21r. Die got. Monumentalmalerei bleibt der frühchr.-byz. Tradition gleichermaßen treu, z. B. Tympanonfresko der Kathedrale v. Le Puy, um 1200; Fresko der kath. Pfarrkirche St. Maria Lyskirchen, Köln, 1230/60; Gurk, Dom Mariä Himmelfahrt, Fresko, um 1260/70; ähnlich in der Buchmalerei, z. B. Min. des Ingeborg-Psalters, fol. 20b; Ile-de-France, um 1195, Chantilly, Mus. Condé, Ms. 466 (9222); auch auf zwei repräsentativen spätgot. Meßgewändern: Kasel aus dem Meßornat des Ordens vom Goldenen Vlies, Brüssel, 1410/20, Seidenstickerei, Wien, Kunsthist. Mus. und sog. »Dalmatika Karls d. Gr.«, Rom, St. Peter, Sakristeischatz, 15. Jh. – Die übergreifende Darstellung des Körperlichen und Räumlichen auf der ebenen Fläche, die wichtigste Errungenschaft Giottos, ist auch bei seiner Darstellung der V. zu verdeutlichen, s. Tafelbild um 1300, Florenz, Accademia. Ganz in der Tradition Giottos steht auch Fra Angelicos Fresko, Florenz, Museo di S. Marco, um 1440, mit der Neuerung, daß der V. die fürbittenden/adorierenden Hl.n Katharina von Siena und Dominikus zugesellt sind, die die Nähe Gottes im Geiste miterleben. Giovanni Bellinis Frühwerk, um 1460, Venedig, Mus. Correr, wie auch sein Spätwerk um 1485, Neapel, Gall. Naz. di Capodimonte, veranschaulichen die entsymbolisierte, vollkommene Einheit von Mensch und Natur, Audition und Erlebnis, die bereits von der Neuzeit kündet.

Zur Typologie der V.: Die Hss. der Biblia pauperum, der Concordantia Caritatis und der Concordantia veteris et novi testamenti, 15. Jh., gesellen der Darstellung der V. folgende atl. Szenen zu: Gott zu Gast bei Abraham (Gen 18, 17); Moses warf sich vor der Herrlichkeit Gottes zu Boden (Ex 34, 8); Das strahlende Antlitz des Moses bei der Gesetzgebung (Ex 34, 29f.); Isaias sieht im Geiste die Herrlichkeit Jerusalems (Is 33, 20); Ezechiel schaut die Herrlichkeit Gottes (Ez 1,4ff.); Die drei Jünglinge im Feuerofen (Dan 3); Erscheinung der Herrlichkeit Gottes (Dan 7).
G. Jászai

Lit.: LCI IV, 416-421 – G. SCHILLER, Ikonogr. der chr. Kunst, I, 1966, 155-161 – G. WALTER, Ikonogr. der V. [Diss. Berlin 1970].

III. BYZANZ: Das älteste erhaltene Beispiel der V., im O Metamorphosis genannt, das Apsismosaik des Sinaikl. (zw. 548 und 565), ist gleichzeitig eines der Meisterwerke der iustinian. Kunst (die Gesichtszüge des kgl. Propheten David, in der kompositionellen Mittelachse des Mosaiks unten, sind nach denen Iustinians gebildet). Ohne jegliche Anspielung auf den Ort des Geschehens (Berg) durch eines der Bildelemente läßt es die drei Apostel wie die Propheten auf dem Bodenstreifen verweilen. Allein die entmaterialisierte Erscheinung Christi ist knapp über den darunter liegenden Petrus schwebend erhoben. Diese Darstellung einer Theophanie oder Epiphanie Gottes ist Vorbild noch vieler mittelbyz. Beispiele in Mosaik und Monumentalmalerei des 10. und 11. Jh. geworden (Çavuşin 964/965; Göreme Kap. 1, alte Tokalı kil., Kap. 6; Gülü dere, Ayvalı kil.; und noch Nea Mone auf Chios, Mitte 11. Jh. im Gegensatz zu Wandmalereien in Hosios Lukas, 1. H. 11. Jh.), während die narrativ-historisierende Version sich in der Buchmalerei (Chludoff-Psalter 88, 9. Jh.; Petropol. 21, 10. Jh.) entwickelt, ab dem 11. Jh. aber schrittweise auch in die Monumentalmalerei eindringt. Von Bedeutung ist jeweils auch die Stellung der Szene innerhalb des Programms: Nicht selten ist sie auf der Westwand (Göreme, Kap. 1) oder im unmittelbaren Umkreis der Apsis (Tokalı alt und neu) dargestellt; teilweise wird auch Nähe zur Anastasis gesucht, so daß sie als fester Bestandteil der Gruppe von Theophanieszenen anzusehen ist. Auch eine Verbindung zur Parusie ist durch ihren Platz (Westwand) wie durch einzelne Darstellungselemente (Kreuzmedaillon im Scheitel des Sinaimosaiks) erkennbar. Strahlenkranz, Lichtgestalt Christi und entsprechende Führung des Lichtes und Farbgebung (Blau) werden bes. in den paläolog. Kompositionen herausgestellt (wie beispielhaft beim Par. gr. 1242). In der Buchmalerei sind auch Nebenszenen wie Auf- und Abstieg zum Berg zu erkennen (Par. gr. 74, fol. 28, 74 und 112). M. Restle

Lit.: LCI IV, 416–419 [J. Myslivec] – G. Millet, Iconographie de l'évangile, 1960², 216–231 – G. Schiller, Lex. der Ikonographie, 1981–90, 155, 161 – D. Mouriki, The Mosaics of Nea Moni on Chios, 1985, 129.

Verknechtung. Die Bezeichnung – erst 1840 als polit. Schlagwort gebildet – wurde seit der 2. Hälfte des 19. Jh. v. a. durch J. Grimm zum rechtshist. Terminus. Mit dem Begriff der V. konkurriert in der mediävist. Forsch. derjenige der Versklavung. Die (rechts)hist. Diskussion ging bei diesen Begriffen von den frühma. Sozialverhältnissen aus. Während v. a. die Althistoriker und die frz. sprachige Mediävistik (z. B. Bloch, Bonnassie, Duby u. a.) von →Sklaven und damit von der Versklavung Freier bzw. Freigelassener ausgehen, spricht die dt. Mediävistik vom →Knecht oder von Unfreien (→Unfreiheit) und damit von V. Die ältere rechts- und verfassungsgeschichtl. Forsch. (Grimm, Brunner, Schröder-Künssberg u. a.) nahm an, daß sich die Lage der Unfreien im Frankenreich gegenüber den Sklaven des röm. Reiches gebessert habe und prägte deshalb den Terminus der V. Neuere Ergebnisse (Ehrhardt, Nehlsen, v. Olberg) haben dies bestätigt, haben aber auch gezeigt, daß sich gegenüber den Vorstellungen von Knechtschaft bzw. Unfreiheit, wie sie bei den Germanen herrschten, seit dem frühen MA rechtl. und soziale Verschlechterungen feststellen lassen. Die enge Berührung der germ. und röm. Kulturen hat zu Wechselbeziehungen geführt. Insgesamt ist zw. der Bezeichnungs- und der Sachebene zu unterscheiden. Die vorwiegend lat. Quellen des MA suggerieren mit der Bezeichnung servus und der Dichotomie liber-servus eine soziale und rechtl. Kontinuität von der Antike bis ins MA; die volkssprachigen Bezeichnungen im Zusammenhang der Unfreiheit zeigen dagegen vom frühen MA an eine starke Heterogenität des Stratums der Unfreien, sie zeigen ein großes Spektrum verschieden gestufter Abhängigkeiten. Sachl. läßt sich die V. aufgrund der Quellenlage nur umrißhaft charakterisieren: V. bedeutet Verlust der Freiheit im Sinne sozialer Statusminderung. Sie konnte als Folge von Krieg und Gefangennahme eintreten. Ein privatrechtl. Beispiel – Ausgleich für Spielschulden – findet sich schon bei Tacitus (Germ., 24). Spielschulden, die der Schuldner nicht aus seinem Vermögen begleichen konnte, erwähnt auch die frühma. Gesetzgebung der Bayern (Tit. 2, 1, MGH LNG III) als Grund für die V. Einige Leges barbarorum kennen die V. als Bestrafung für inzestuöse Beziehungen (Lex Baiuvariorum, Tit. 7, 3), als Folge der Heirat eines/einer Freien mit einem/einer Unfreien (vgl. z. B. Grimm, RA I, 451; Leges Langobardorum, MGH LNG IV, 92). Hier werden unterschiedl. Zeiträume und Bedingungen für die V. je nach Gesetzestext relevant: Die Lex Alamannorum (Tit. 18, Germanenrechte Bd. 2, 2, 12) läßt einer Freien, die einen Unfreien heiratet, z. B. drei Jahre lang die Möglichkeit, ihren Mann zu verlassen. Tut sie es nicht und leistet in dieser Zeit Dienst als Magd, wird auch sie unfrei. Der V. kann sie aber entgehen, wenn ihre Verwandten nach den verstrichenen drei Jahren ihre Freiheit bezeugen. Auch das Siedeln und Leben unter Unfreien ('Luft macht eigen') kann im MA zur V. führen. Ungeklärt ist, ob man im Zusammenhang von →Kommendation und →Vasallität ebenfalls von V. (Selbstv.) sprechen kann. G. v. Olberg-Haverkate

Lit.: DWB XII, 669 – HRG, 35. Lfg., 895–898 – Grimm, RA I, 443–457 – Brunner, DRG I, 369 – Schröder-Künssberg, 50, 236 – A. Ehrhardt, Rechtsvergleichende Stud. zum antiken Sklavenrecht, I, ZRGRomAbt 68, 1951, 74–130 – H. Nehlsen, Sklavenrecht zw. Antike und MA, I, 1972, bes. 52ff., 58ff., 164, 169ff. – M. Bloch, Slavery and Serfdom in the MA, 1975 – G. Duby, Les trois ordres ou l'imaginaire du féodalisme, 1978 – P. Bonnassie, Survie et extinction du régime esclaviste dans l'Occident du haut MA, CCMéd 27, 1985, 307–343 – G. v. Olberg, Zum Freiheitsbegriff im Spiegel volkssprachiger Bezeichnungen in den frühma. Leges (Akten des 26. Dt. Rechtshistorikertages, 1987), 411–426, bes. 420ff. – Dies., Die Bezeichnungen für soziale Stände, Schichten und Gruppen in den Leges barbarorum, 1991, 43ff., 193ff.

Verkündigung an die Hirten → Kindheitsgeschichte Jesu

Verkündigung an Maria → Maria, hl.; →Kindheitsgeschichte Jesu

Verlag, Verleger (von Büchern). Der →Buchdruck machte das →Buch zur Massenware und veränderte seine Produktion entscheidend. Anfängl. lagen Planung, Finanzierung, Herstellung und Vertrieb allein in der Hand des Druckers, der deswegen als »Druckerverleger« bezeichnet wird. Das kapitalintensive Gewerbe stellte jedoch die Typographen, insbes. bei der Einrichtung einer Offizin und dem Druck umfangreicher Werke, vor große Probleme, die sie nur mit Hilfe finanzstarker Geldgeber lösen konnten. Diese nahmen häufig auch Einfluß auf Art und Umfang der Buchproduktion und taten sich mit kaufmänn. und wiss. interessierten Persönlichkeiten zu V.sgesellschaften zusammen. So schlossen am 26. April 1471 in Perugia je zwei Professoren und Kaufleute mit zwei dt. Druckern einen Vertrag über die Herstellung von Büchern. Die einheim. Gesellschafter übernahmen die Kosten für die Einrichtung der Werkstatt, für die Herstellung der Lettern und der Druckerschwärze, beschafften das Papier und kamen für Unterbringung und Verpflegung der Drucker und ihrer Mitarbeiter auf. Die Reingewinne sollten zw. den einheim. Geldgebern und den beiden Druckern geteilt werden. Die Ges. existierte bis ins Frühjahr 1476 und brachte 18 umfangreiche, meist jurist. Werke auf den Markt. Als Urheber dieser Bücher nannte sich der in Perugia lehrende Jurist Braccio dei →Baglioni, während die Namen der Drucker ungenannt blieben. Darin kommen die Rangunterschiede zw. den wiss. und kaufmänn. Verantwortlichen einerseits und den ausführenden Handwerkern andererseits zum Ausdruck. Drucke der Folgezeit nennen Drucker und Verleger, letztere sind an dem Zusatz »impensis« oder »sumptibus« erkennbar. In Venedig wurde 1475 die V.sgesellschaft Nicolaus →Jenson »et socii« gegr., die am 1. Juni 1480 durch die Aufnahme des Johannes de →Colonia erweitert wurde. Zu den Gesellschaftern gehörten auch zwei Frankfurter Kaufleute. In Dtl. gab es derartige V.sgesellschaften bei der Produktion aufwendiger Einzelwerke wie der Kölner Bilderbibeln (um 1478) und der Schedelschen Weltchronik (1493), deren Druck Anton →Koberger besorgte (→Schedel, Hartmann [1. S.]). Letzterer ließ aber auch

→Lohndrucker für sich arbeiten und beschränkte sich seit 1505 auf seinen V.; in Köln betätigte sich das Druckhaus →Quentel auch im V.sgeschäft. Andere ma. V.e wurden von auf den Buchhandel beschränkten Unternehmern gegr.: Johann Rynmann v. Oeringen (Augsburg) sowie Franz Birckmann und Gottfried Hittorp (Köln) u. a.

S. Corsten

Lit.: W. H. Lange, Buchdruck, Buchv., Buchvertrieb (Buch und Papier, 1949), 55–74 – S. Corsten, Unters. zum Buch- und Bibl.swesen, 1988, 123-148, 168f.

Verlag, -ssystem. 'V.' ist in Europa seit dem 13. Jh. zu belegen und geht mit Bevölkerungswachstum, Siedlungsverdichtung, Urbanisierung, dem Aufschwung und der Differenzierung von Gewerbe und Fernhandel, v. a. mit einer gestiegenen Nachfrage nach standardisierten Massengütern einher. Er bezieht sich auf die dezentrale Fertigung oder Gewinnung von Erzeugnissen durch rechtl. mehr oder weniger selbständige Gewerbetreibende, die an handwerkl., kaufmänn. oder andere Auftraggeber (im SpätMA sogar Herrschaftsträger, Kommunen und Zünfte) gebunden sind. Diese sorgen teilweise oder ganz für die Finanzierung (Geld-V.) bzw. Ausstattung (Sach-V.) und übernehmen später das Produkt und den Absatz. Der V. erwuchs zum einen aus ma. Bargeldknappheit und dem Kreditbedarf kleinerer Gewerbetätiger; er ermöglichte auf Kosten wirtschaftl. Abhängigkeit deren berufl. (Weiter-)Existenz. Zum andern bot er den Reicheren in Handwerk und Handel die Chance zur wirtschaftl. Nutzung fremder Arbeitskraft, allg. zur Zusammenfassung, Koordinierung und Standardisierung kleinbetriebl. Fertigung auf Marktbedürfnisse hin. Die Ansatzpunkte für V.e waren vielfältig. Bedingungen der Versorgung, v. a. händler. Vermittlung (eventuell →Monopol) bei aus der Ferne kommenden Materialien (→Baumwolle), förderten den Sach-V. Eine wichtige Rolle spielten die Technologie und ihre Kosten, z. B. für neue Verfahren wie das Seigern (→Seigerhütten) im 15. Jh. oder für größere Anlagen (→Mühlen, Hämmer), ferner die Produktionsorganisation und Arbeitsteilung in Verbindung mit wirtschaftl.-sozialer Differenzierung und zunftig-berufl. Gliederung. So übernahmen rohstoffnahe, kompliziertere Tätigkeiten ausübende, bes. aber absatznahe Handwerker (z. B. Messerer, Büchsenmacher) Führungsrollen als Verleger anderer Berufsgruppen. Beim Absatz begünstigten fehlende Marktnähe und mangelnde Abkömmlichkeit der Produzenten die Einschaltung von Verlegern.

Die früheste und weiteste Verbreitung und den höchsten Entwicklungsstand erlangte der V. im Textil- und Metallsektor (→Textilien, →Metall). Im Wollgewerbe ist er, wenngleich die Verlegerrolle von Jehan →Boinebroke aus Douai etwas umstritten ist, in NW-Europa und auch in Oberitalien schon im 13., in vielen anderen Räumen im 14. oder 15. Jh. faßbar. Verleger waren nicht nur örtl. oder fremde Kaufleute (z. B. Marchands-Drapiers, Wollhändler, Gewandschneider) bzw. Gesellschaften. Vielmehr begünstigte die Zerlegung der Produktion die Einschaltung von Koordinatoren und Unternehmern aus dem →Handwerk (Drapiers), bes. aus der Weberei (→Weben). Mit der gewerbl. Verdichtung erfolgte eine Verlagerung von Teilen der Produktion ins Umland (bes. Spinnerei; →Spinnen), und es entstand eine verleger. gelenkte Tuchproduktion selbst an kleinen Plätzen. Bei der Herstellung von →Leinen, bei der der V. erst im 14. Jh. klar zu belegen ist und es oft (bes. in Westfalen) nur bei der Absatzbindung (sog. Kaufsystem) blieb, spielte die stadtübergreifende und ländl. V. ebenfalls eine wichtige Rolle; im ober- und mitteldt. Raum bildete sich die Sonderform des Zunftkaufs mit der Bindung ganzer Orte an entfernt sitzende Kaufleute heraus. Die in Mitteleuropa erst im 14. Jh. begründete Barchentweberei (→Barchent) wurde weitgehend durch Kaufleute-Verleger bestimmt, ebenso die Verarbeitung von →Seide, bei der jedoch in →Köln im 15. Jh. die Produktion von weibl. Handwerker-Verlegerinnen organisiert wurde (→Frauenzunft). In vielen Metallgewerben kam es im 14./15. Jh. zum (z. T. auch stadtübergreifenden) V., u. a. in der Schwerter- und Messerherstellung, der Plattnerei, der Produktion von Büchsen, Pfannen, Sensen, Scheren oder Nägeln, der Draht- und Nadelherstellung, der Kupfer- und Messingschlägerei, Bronze- und Zinngießerei, der Goldschlägerei (schon im 13. Jh. in Lucca) und vereinzelt sogar bei den Goldschmieden; in der Breckerfelder Stahl- und Altenaer Drahterzeugung (→Draht) begegnet im 15. Jh. ebenfalls der Zunftkauf. In Nürnberg erscheint der dt. Begriff des »Verlegens« erstmals im 1. Viertel des 14. Jh. im Zusammenhang mit den Schmieden. Bes. große und frühe Bedeutung hatte der V. im →Bergbau (klarer Beleg für Trient 1214) sowie im →Hütten- und Hammerwesen, wo bei großem techn., organisator. und finanziellem Aufwand und einer starken Zerlegung sich z. T. eine Hierarchie von Abhängigkeiten bildete, die von entfernt sitzenden Händlern bzw. Gesellschaften über Organisatoren vor Ort (Steiger, Hüttenmeister, Hammermeister) bis zu eventuell im Trucksystem bezahlten Arbeitern reichte. Daneben finden sich etliche, wenngleich z. T. nur rudimentäre Ansätze zum V. im spätma. Leder- und Pelzgewerbe, so bei den Gerbern (z. B. Marseille im 14. Jh.), Schuhmachern, Sattlern, Beutlern oder Kürschnern, in diversen Zweigen der Holzverarbeitung (u. a. Böttcherei in Hansestädten, Paternosterer in Wien im 15. Jh.) und in weiteren Bereichen wie der Papiermacherei (Ulman →Stromer 1390), dem Buchdruck, selbst in der Seilerei (Hanseraum 15. Jh.) oder der Nürnberger Kammacherei und Kompaßherstellung im 15. Jh. Auch in der Fischerei (Kredit für Norderfahrer durch Hansekaufleute im 15. Jh.), der Holzgewinnung und -flößerei, beim Anbau von Getreide, Gewerbepflanzen oder Wein sowie in der Viehzucht existierten verlagsähnl. Beziehungen, ebenso im Dienstleistungssektor (Transportwesen). Allg. kann V. als umfassendes und flexibles Instrument vorindustrieller (nicht nur frühkapitalist.) Wirtschaftsorganisation gelten, das mit der sog. »Rustikalisierung der Industrien« zunehmend auch auf dem Land und bei überregionaler wirtschaftl. Verflechtung sogar über größere Entfernungen hin angewandt wurde. Der V. stand dabei durchaus nicht im Widerspruch zur »gebundenen« Wirtschaft des MA. Die →Zünfte waren zwar zur Sicherung der »Nahrung« häufiger, aber nicht grundsätzl. gegen den V. eingestellt. Von herrschaftl. Seite wurde der V. wegen finanzieller, militär. und sonstiger Interessen öfter gefördert; mit dem Territorialisierungsprozeß und der Entwicklung zum frühmodernen Staat gingen verstärkte Tendenzen zur Reglementierung und herrschaftl. Erfassung der Wirtschaft und des V.s einher.

R. Holbach

Lit.: H. Aubin, Formen und Verbreitung des V.swesens in der Altnürnberger Wirtschaft (Beitr. zur Wirtschaftsgesch. Nürnbergs, II, 1967), 620–668 – F. Irsigler, Frühe V.sbeziehungen in der gewerbl. Produktion des w. Hanseraumes (Zins-Profit-Urspgl. Akkumulation, hg. K. Fritze u. a., 1981), 175-183 – R. Holbach, Formen des V.s im Hanseraum vom 13. bis zum 16. Jh., HGBll 103, 1985, 41–73 – L'impresa. Industria, commercio, banca secc. XIII-XVIII, ed. S. Cavaciocchi (Istituto »F. Datini« Prato, Atti 22, 1991) – W. v. Stromer, Der V. als strateg. System einer an gutem Geld armen Wirtschaft, VSWG 78, 1991, 153–171 – R. Holbach, Frühformen von V. und Großbetrieb in der gewerbl. Produktion, VSWG Beih. 110,

1994 – R. Kiessling, Problematik und zeitgenöss. Kritik des V.ssystems (Augsburger Handelshäuser im Wandel des hist. Urteils, hg. J. Burkhardt, 1996), 175–190.

Verleugnung Petri → Passion, C

Verlobung, Verlöbnis, ein der Eheschließung (→Ehe) vorangehender oder sie einleitender Akt. Im röm. Recht war die V. (sponsalia) ein gegenseitiges Versprechen künftiger Eheschließung, das jedoch rechtl. nicht erzwingbar war und einseitig gelöst werden konnte. Erst die in spätröm. Zeit übliche V.sgabe des Bräutigams (→arra) bewirkte eine gewisse Bindung. Löste der Bräutigam die V., so verlor er die arra, während die Braut im umgekehrten Falle sogar den doppelten (oder gar vierfachen) Wert zu ersetzen hatte. Ebenfalls spätröm. ist, daß der Brautvater oder -vormund der V. zustimmen muß.

An der Schwelle zum MA erscheint die V. (desponsatio) in den germ. →Leges als Vertrag zw. dem Vater oder Vormund der Braut und dem Bräutigam. Mehrfach wird allerdings bestimmt, daß das Mädchen widersprechen dürfe und nicht gegen seinen Willen verlobt werden solle. »Vertragsinhalt war die Verschaffung der eheherrl. Gewalt (→Munt) über die Frau. Der Bräutigam hatte als Gegenleistung den Muntschatz (→Wittum) zu entrichten« (C. Schott; →Ehe, B. VI) – oder wenigstens ein Angeld (arra) hierauf, etwa in Gestalt von Münzen oder einem →Ring. Eine ohne V. geschlossene Ehe war unwirksam; der Vater konnte seine Tochter wieder herausfordern, und etwa schon geborene Kinder waren unehelich. Allerdings konnte dieser Mangel durch nachträgl. Leistung des Muntschatzes geheilt werden. Alles in allem läßt sich die V. hier als erstes Glied einer 'Kettenhandlung' verstehen, die mit den folgenden Schritten der Trauung (Übergabe), der Heimführung (Brautlauf) und des Beilagers insgesamt die Ehe begründete.

Dem jurist. Denkstil der hochma. Kanonistik entsprach es eher, den Eintritt der Ehewirkungen auf einen bestimmten Zeitpunkt zu fixieren. Die Schule v. Bologna fand diesen im körperl. Vollzug der Ehe, doch setzte sich die Schule v. Paris mit ihrer Ansicht durch, daß (auch formlose) Konsens der Brautleute sei maßgebend (consensus facit nuptias, →Ehe, B. II). Dies begünstigte die Stellung der Braut, die zunehmend selbst als Vertragspartei auftrat, während dem Vater oder Vormund nur ein Zustimmungsrecht blieb. Im Kreise ihrer Familien, später vor dem Priester, gaben die Brautleute einander ihr Jawort und tauschten die Ringe. Neben diesem ehebegründenden Konsensualakt konnte der V. keine selbständige Bedeutung mehr zukommen. Auch die kanonist. Distinktion zw. den sponsalia de praesenti und de futuro half hier kaum weiter, denn auch die letzteren erzeugten bereits gewisse eherechtl. Wirkungen. Bei heiml. Einverständnissen konnte man den Ehewillen ohnehin allenfalls vermuten. Erst die infolge der Reformation durchdringende Formbedürftigkeit der Eheschließung (durch den evang. Pfarrer bzw. vor dem kath. Priester) ließ der V. als vorangehender Einigung der Brautleute wieder Raum.

K. Kroeschell

Lit.: HRG V, 764–767 – E. Friedberg, V. und Trauung, 1876 – R. Sohm, Trauung und V., 1876 – O. Stobbe, Hb. des dt. Privatrechts, IV, 1882, 8–18 – H. W. Strätz, Der V.skuß und seine Folgen, rechtshist. besehen, 1979.

Vermandois, Gft. und Region in Nordfrankreich, im östl. Bereich der →Picardie.

I. Die Anfänge – II. Das Haus Vermandois – III. Die kapetingischen Grafen – IV. Der Besitzstreit zw. Kapetingern und dem Grafen von Flandern.

I. Die Anfänge: Der seit dem 9. Jh. belegte 'pagus Viromandensis' bildete ursprgl. den nördl. Teil der Diöz. →Noyon, die auf die galloröm. →Civitas der 'Viromandui' zurückgeht. Nach dem endgültigen Verfall des in der späten Kaiserzeit kurzzeitig wiederbelebten alten Civitas-Vorortes 'Vermand' wurde →St-Quentin zum religiösen und militär. Zentralort des Gebiets, doch verlegte der Bf. seinen Sitz nach Noyon (Vorort des kleinen 'pagus Noviomagensis' im S). Die Ausdehnung des V., das als →Pagus und späterer Komitat (Gft.) verfaßt war, dann aber zum bloßen Landschaftsnamen wurde, erfuhr im Laufe der Zeit erhebl. Schwankungen.

II. Das Haus Vermandois: Der älteste bekannte Gf., →Heribert I., der von den →Karolingern abstammte, begründete das erste Haus V., das im 10. Jh. zu einer der mächtigsten Fs.endynastien des →Westfrk. Reiches wurde. Heribert vereinigte die Gf.enwürde ('honor') und das Laienabbatiat v. St-Quentin in seiner Hand. Im Laufe des 10. Jh. bauten sein Sohn →Heribert II. († 943) und sein Enkel Adalbert († 987 oder kurz danach) eine starke Machtposition auf und schufen eine kohärente Herrschaftsstruktur durch Einbindung der kleineren Zentren in den Verband ihres Fsm.s und Erweiterung des alten Komitatsbereichs. Dieses auch auf wirtschaftl. Dynamik (Integration der wohlbesiedelten, fruchtbaren Landschaft in den Handelsverkehr) abgestützte Vorgehen korrespondierte vergleichbaren Bestrebungen der nördl. Nachbarn und Konkurrenten, der Gf.en v. →Flandern.

Die Errichtung eines →Fürstentums vollzog sich unter drei Aspekten: 1. Konstituierung eines soliden Geflechts von 'milites'; 2. gezielte kirchenpolit. Maßnahmen der monast. Reform unter Gf. Adalbert (Benediktinerabteien: Homblières, St-Prix, St-Quentin-en-l'Île); 3. Territorialerweiterung, gerichtet auf die Beherrschung einer Reihe fester Plätze. Die territoriale Expansion berührte im N und NO →Cambrai und die Gft. →Ostrevant (die Chanson de geste →»Raoul de Cambrai« sollte später das listenreiche Vorgehen der Gf.en v. V. feiern); im S kam sie nur bis zur Oise voran, drang dagegen im NW und SW von St-Quentin aus weiter vor: In den Jahren nach 920 entriß der Gf. v. V. dem Gf.en v. Flandern →Péronne, besetzte 932 Ham und gliederte zu einem unbekannten Zeitpunkt →Nesle und →Roye seinem Fsm. ein. Im S waren die Gf.en v. V. bestrebt, die Oise (deren oberen Lauf sie mit Ribemont indirekt kontrollierten) als feste Grenzscheide zu etablieren: 949 kam Chauny unter ihre Kontrolle (außerdem unterhalb von Noyon im 12. Jh. Lassigny sowie die wichtige Fähr- und Zollstelle Thourotte). Dieser Ausbau des Fs.engewalt ging einher mit einer engen Kontrolle über das Bm. Noyon.

Nach der wechselhaften Parteinahme Heriberts II. hielt sein Sohn Adalbert entschieden zur Partei des Karolingers →Ludwig IV., dessen Tochter Gerberga er ehelichte. Nachdem der Gf. v. V. die Machtübernahme von →Hugo Capet (987) bekämpft hatte, wurde das Haus V. in den frühen →Kapetingern des 11. Jh. in eine wenig einflußreiche Position abgedrängt: Nach der kurzen Fs.enherrschaft →Heriberts III. und Adalberts II. gelang es Kg. →Robert d. Fr., einen anderen Sohn Heriberts III., Otto, von der Erbfolge in den Gft.en →Meaux und →Troyes (1021) auszuschließen (→Blois, →Champagne). (Aus dem V. kam im übrigen der Kanzler des Kg.s, Balduin, bis 1067 im Amt.) Der Sohn von Otto († 1045), Heribert IV., konnte sich eine günstigere Position sichern. Durch Heirat mit einer Tochter des Gf.en Raoul v. Valois-Vexin († 1074) gewann er die Erbfolge in den Gft.en →Montdidier und →Valois, die er bis zu seinem Tode (1080) besaß. Die

Politik der Kapetinger erreichte jedoch schließlich ihr Ziel mit dem Ausschluß des aufständ. Sohnes von Heribert IV., Odos 'des Unsinnigen' (»l'Insensé«), vom väterl. Erbe, das seiner Schwester Adela, der Gemahlin Hugos († 1101), Bruders von Kg. →Philipp I. und Begründers der dem Kapetingerhause entstammenden zweiten Gf.endynastie v. V., übergeben wurde. Noch im gesamten 11. Jh. blieb das V. aber ein Hort des überkommenen kirchl. und geistigen Lebens karolingischer Prägung. Dem Kollegiatstift v. St-Quentin gehörten profilierte Persönlichkeiten wie →Dudo v. St-Quentin und Guido, der spätere Bf. v. Beauvais, an.

III. Die kapetingischen Grafen: Im 12. Jh. war das in einer Randposition verbliebene V. ein Spielball komplexer polit. Ambitionen. Unter den kapet. Gf.en ragte der Sohn von Hugo und Adela, Raoul d. Ä., hervor (Gf. seit 1117), der das Netz der gfl. →Kastellaneien enger knüpfte und so den Emanzipationsbestrebungen der adligen Herren Einhalt gebot. Die Herren v. Nesle, welche 1141 die Anwartschaft auf die Erbfolge der Gft. →Soissons erhielten, gewannen allerdings weitgehende Autonomie; dagegen mußten die Herren bzw. Kastellane v. Guise, Péronne, Roye und Ham die lehnrechtl. Kontrolle der kapet. Gf.en anerkennen. Um 1150 legte Gf. Raoul die Hand auf Ribemont, dessen Seigneur (zugleich Kastellan und Bannerherr v. St-Quentin: 'signifer sancti Quintini') weitgehende Unabhängigkeit und einen Gf.entitel in Ostrevant erreicht hatte. Ebenso konsolidierte Raoul seine Positionen an der Oise (Chauny, Thourotte, Lassigny). Als Vetter Kg. →Ludwigs VI. erhielt Raoul, nachdem die mächtige Familie →Garlande am Hofe in Ungnade gefallen war, das große Amt des →Seneschalls (faktisch seit 1128, offiziell seit beide 1131), das er (mit kurzen Unterbrechungen: 1138 und 1139–40, bedingt durch Raouls Opposition gegen Kg. Ludwig VII.) lebenslang behielt. Als einer der einflußreichsten Herren am Hofe →Ludwigs VII. sah sich Raoul ztw. mit der Konkurrenz →Sugers, 1141/42 bis 1148 mit der Gegnerschaft Gf. →Tedbalds v. Champagne und des hl. →Bernhard v. Clairvaux konfrontiert (gegen das Bemühen Raouls um Wiederverheiratung mit Petronilla, der Schwester v. →Eleonore v. Aquitanien, der damaligen Gemahlin Ludwigs VII.).

IV. Der Besitzstreit zw. Kapetingern und dem Grafen von Flandern: Nach Raouls Tod († Ende 1151/ Anfang 1152) stand die Gft. unter der Vormundschaftsverwaltung des Gf.en v. Soisson, Ives de Nesle. Damit begann der letzte Akt in der Gesch. der Gft. v. V., nach der nunmehr der Gf. v. Flandern die Hand ausstreckte. Raoul d. J., der gleichnamige Sohn Raouls d. Ä., wurde vermählt mit Margarete, der Schwester →Philipps v. Elsaß, Gf.en v. Flandern, der selbst 1156 die jüngere der Schwestern Raouls, Elisabeth (Isabella), ehelichte. Zwar wird der leprakranke Raoul d. J. noch 1167 als Gf. genannt, doch blieb er neben seinem mächtigen Schwager Philipp v. Elsaß, der sich 1164 seinerseits als 'Gf. v. V.' intitulieren ließ, eine blasse Figur. Nach dem Tode der Elisabeth (1182, kinderlos) erhob der Kg. v. Frankreich, →Philipp II. Augustus, jedoch eine Reihe von territorialen Rückgabeansprüchen, die er bis 1213 zäh verfolgte. 1182 wurde dem Gf.en v. Flandern der Besitz des V. und Valois zuerkannt, aber (offiziell) nur als 'Pfandschaft', was allen Versuchen des Gf.en v. Flandern, eine dynast. Vereinigung des V. mit seinen Stammländern herbeizuführen, den Boden entzog. Kg. Philipp II. führte den polit.-militär. Konflikt wirkungsvoll als 'defensor' der Schwester der verstorbenen Elisabeth, →Eleonore v. V., für die er im Vertrag v. →Boves (1185) die Rückgabe der Lehen Chauny, Ressons und Lassigny erreichte; der Kg. legte die Hand auf Amiénois (→Amiens), Montdidier, Thourotte und Chauny und beließ Philipp v. Elsaß nur die Gf. entitel v. V. sowie die 'Gft.en' St-Quentin und Péronne (mit Ham und Roye), alle jedoch mit kgl. Rückkaufrecht. Nach dem Tode Philipps v. Elsaß (1191) beschränkte der Kg. die mögl. Forderungen Eleonores, die er mit dem Nießbrauch v. St-Quentin, Origny-Ste-Benoîte, Chauny, Ribemont und einer Rente auf Péronne abfand, wobei er sich sogar die Kontrolle der von der Gfn. zu spendenden Almosen vorbehielt. Als Eleonore im Juni 1213 verstarb (ihre vier Ehen waren kinderlos geblieben), erreichte der Kg. sein großes Ziel: die Eingliederung des V. in die →Krondomäne.

Zum bloßen 'pays' geworden, blieb die Erinnerung an die einstige Selbständigkeit des V. nur durch einige Ortsnamen und ein 'bailliage de V.' bewahrt. Es tritt seit 1234/ 35 stärker hervor (manchmal mit →Senlis vereinigt und einige Jahrzehnte auch das Valois einbeziehend) und erhielt unter Philipp dem Schönen feste territoriale Umrisse: Bis zu den Grenzen des Kgr.es reichend, schloß es das →Porcien sowie einen Teil der Gft.en →Rethel, →Reims und →Châlons ein; im N umfaßte es das Umland von Bapaume und Cambrai, einschließl. →Tournai (nicht aber des Tournaisis); damals unterstanden ihm etwa 20 Prévôtés. Im 14. und 15. erfolgte jedoch eine kontinuierl. Verkleinerung des Bailliage V., seit 1363 zugunsten des Bailliage v. Tournai, des Gouvernement v. Péronne–Roye–Montdidier, aber auch der Bailliages v. →Vitry-en-Perthois und Senlis.   O. Guyotjeannin

Q. und Lit.: L.-P. Colliette, Mém. pour servir à l'hist. ... de la province de V., 1771–72 – H. Waquet, Le bailliage de V. aux XIIIe et XIVe s., 1919 (BEHE, sc. phil. et hist., 213) – P. Feuchère, Une tentative manquée de concentration territoriale entre Somme et Seine: la principauté d'Amiens-Valois au XIe s., M-A 60, 1954, 1–37 – K. F. Werner, Unters. zur Frühzeit der frz. Fsm.s (9.–10. Jh.), V: Zur Gesch. des Hauses V., WaG 20, 1960, 87–119 – R. Fossier, La terre et les hommes en Picardie, 1969 – M. Bur, La formation du comté de Champagne (v. 950–v. 1150) (Mém. des Annales de l'Est, 1977) – O. Guyotjeannin, Noyonnais et V. aux Xe et XIe s., BEC 139, 1981, 143–189 – L. Duval-Arnould, Les aumônes d'Aliénor, dernière comtesse de V. et Dame de Valois, RevMab 60, 1981–84, 395–463 – J.-L. Collart, Le déplacement du chef-lieu des Viromandui au Bas-Empire de St-Quentin à Vermand, Revue archéol. de Picardie, 1984, n° 3–4, 245–258 – L. Duval-Arnould, Les dernières années du comté lépreux Raoul de V. (v. 1147–67), et la dévolution de ses provinces à Philippe d'Alsace, BEC 142, 1984, 81–92 – R. Fossier, Le V. au Xe s. (Media in Francia [Fschr. K. F. Werner, 1989]), 177–186 – W. M. Newman, T. Evergates, G. Constable, The Cartulary and Charters of N. D. of Homblières (Medieval Academy Books, 97, 1990).

Verme, Jacopo dal, Kondottiere, * um 1350 in Verona, aus einer alten städt. Familie, Eltern: Luchino, Iacopa Malvicini. V. wurde ein hervorragender Kriegsmann, scheint aber nicht bei Alberico da →Barbiano in die Lehre gegangen zu sein. Seit 1369 als Söldnerführer im Dienst der Visconti, nahm er an der Eroberung des Montferrat teil (1372), bekämpfte die rebell. Guelfen des Tidonetales (1373) und führte in Avignon erfolgreiche Friedensverhandlungen zw. den →Visconti und Gregor XI. Mindestens seit 1378 ein treuer Verbündeter Gian Galeazzos, bekämpfte er die Pläne Bernabò Viscontis in bezug auf Verona und wurde mit der Rocca di Olcese (bei Pavia) investiert. Als Ratgeber und Generalkapitän des Gf.en v. Pavia eroberte er 1379 →Asti. 1385 nahm er im Auftrag Gian Galeazzos dessen Onkel Bernabò gefangen. In der Folge besetzte er →Parma und →Reggio Emilia. Am Feldzug der Visconti gegen Verona beteiligte er sich jedoch nicht. Nach seiner Eroberung Paduas (1388) wurde er mit dem ven. Palast der da→Carrara belohnt und in das Buch des ven. Adels eingetragen. 1391 besiegte er in →Alessandria das gegen Mailand ziehende Heer des Hzg.s Jean d'→Armagnac. In der Toskana wurde er bei Tizzane jedoch von John→Hawkwood, der in florent. Sold stand, geschlagen. 1397 besiegte er zusammen mit Alberico da Barbiano Mantua und zwang Francesco →Gonzaga zum Friedensschluß mit Mailand. 1401 besiegte er zusammen mit Facino →Cane die Truppen Kg. →Ruprechts vor Mailand, 1402 bei Casalecchio die Liga gegen die Visconti und eroberte Bologna. Nach Gian Galeazzos Tod dessen Testamentsvollstrecker und Mitglied des Regentschaftsrates, wurde V. von Giovanni→Visconti als Generalkapitän bestätigt und unterdrückte die in Lodi, Cremona und Brescia ausgebrochenen Aufstände (1402). 1402 verhandelte er in Venedig über die Rückeroberung von →Verona, ein Unternehmen, bei dem er infolge des wachsenden Mißtrauens der Serenissima gegen ihn nur eine sekundäre Rolle spielte. 1406 kehrte er auf Einladung des Signore v. Mailand dorthin zurück, um die von Facino Cane angeführte ghibellin. Faktion zu bekämpfen. V.s Erfolg bei Binasco (1407) erregte den Argwohn des Hzg.s. Enttäuscht vom Mißtrauen der Visconti, siedelte V. nach Venedig über, wo er mitten in den Vorbereitungen zu einem neuen Kreuzzug starb. Von seinen fünf Söhnen aus den Ehen mit Cia degli Ubaldini und Francesca Brancaleoni war Luigi der Haupterbe seines Vermögens und seiner militär. Fähigkeiten.   F. M. Vaglienti

Q. und Lit.: P. LITTA, Famiglie celebri it., X, 1819, tav. II–DBI XXXII, 262–267 – G. SOLDI RONDININI, La dominazione viscontea a Verona (1387–1404) [Verona e il suo territorio, IV/1, 1978], 88–98 [Lit.] – G. M. VARANINI, Il distretto veronese nel Quattrocento, 1980, 65–68.

Vermessung, -stechnik
I. Landvermessung – II. Architektur.

I. LANDVERMESSUNG: Die Technik der Landv. (gr. γεωμετρία, lat. nur agrimensor, 'Feldmesser', belegt) ist ein Erbe der Antike, dessen Bewahrung in den Nachfolgestaaten des Imperium Romanum von der Höhe ihrer Kultur und den Bedürfnissen ihrer Wirtschaft und Gesellschaft abhing. Während in Byzanz, wo sich die Besteuerung des Landes nach der Größe und der Ertragskraft des bearbeiteten Bodens richtete, die Landvermesser auch in der staatl. Fiskalverwaltung eine wichtige Rolle spielten, scheint sich ihre Aufgabe im Westen auf die rechtl.-ökonom. Sphäre beschränkt zu haben. Einerseits fielen ihnen die Bestimmung der Größe von Parzellen sowie das Ziehen der →Grenzen und deren Versteinung zu, anderseits gehörten die Schlichtung von Grenzstreitigkeiten sowie die Teilung von Besitz und Erbschaften zu ihren Aufgaben. Die verschiedenen Elemente ihrer Tätigkeit sind dabei bes. für die Frühzeit unterschiedl. gut belegt.

In Byzanz zeugen von der Tätigkeit der Landvermesser die Kontinuität der Fiskalverwaltung vom 7. bis zum 11. Jh. und das – v.a. in jurist. Sammelhss. überlieferte – Schrifttum über die Feldmeßkunst, das in Form von Beispielslg.en zur Lösung von V.sproblemen anleitet.

Im W belegen ihre Tätigkeit Briefe →Cassiodors aus den Jahren 507/511 (Var. III, 52) bzw. Papst Gregors d. Gr. aus dem Jahre 597 (Reg. VII, 36), in denen geraten wird, Besitzstreitigkeiten durch einen agrimensor schlichten zu lassen. Die Mitwirkung von Landvermessern muß auch bei der Versteinung der Diözesangrenzen bzw. Piacenza und Parma (626–636) und der Grenzen des Landbesitzes angenommen werden, den das Kl. →Bobbio i. J. 623 im Umkreis von vier Meilen geschenkt bekam (Cod. dipl. Bobbio Nr. 3). Ob die Werke der röm. Feldmesser – deren früheste Hss. aus Bobbio (5./6. Jh.), zwei weitere aus dem span.-südfrz.-it. Raum (6. bzw. 6./7. Jh.) und wieder andere vom Niederrhein (8./9. Jh.) bzw. aus Tours (9. Jh.) stammen – aus literar. oder prakt. Interessen kopiert wurden, läßt sich nicht entscheiden. Das Polyptychon des Pariser Kl. St-Germain-des-Prés (frühes 9. Jh.;→Paris, C. I, 2) nennt jedenfalls öfter die Länge und Breite von Parzellen, und in Italien werden bei Grundstückstransaktionen häufig die Maße der Liegenschaften angegeben (Lucca 8. Jh., Pisa, Bobbio 10. Jh.).

Indireke Hinweise auf V.en liefern die kartograph. Evidenz von Markt- bzw. Stadtgründungen, die die Absteckung eines Marktplatzes (→Platz) erkennen läßt (Trier um 958, Köln vor 948, Straßburg um 974, Breslau 1241/42), oder Nachrichten, die die Maße der angelegten Plätze beziffern (Logne/Belgien 1138, Brescia 1173) oder auch von Parzellierungen berichten (Freiburg i. Br. 1120, Hildesheim 1196). Direkte Hinweise auf Landv.en liegen in Anleitungen zur Feldmessung vor, die das Amt des μετρητής (vor 1200) erwähnen, oder in Urkk. und sonstigen Q., welche divisores (Pisa 1162), estimatores (Piacenza 1212), mensuratores (Maubuisson/Frankreich 1238), terminatores (S. Gimignano 1255), also V.sbeamte nennen, die – sofern ihre Tätigkeit beschrieben wird – einerseits für die Versteinung von Grundstücksgrenzen und die Schlichtung von Grenzstreitigkeiten, anderseits aber für die Aufteilung von Liegenschaften und Erbschaften zuständig sind. In der kommunalen Welt Italiens trifft man in den meisten städt. und ländl. Gemeinden auf divisores, terminatores etc., wobei die Statuten deren Kompetenzen unterschiedl. umschreiben. In den Städten findet man sie auch mit der Festlegung der Baufluchten und der Versteinung des öffentl. Grundes und Bodens, d. h. der Straßen und Plätze (Treviso 1211, Siena 1218, 1249), betraut. Bes. einprägsam ist das Beispiel von Bologna, wo i. J. 1296 im Zuge einer V.saktion die Position von 460 Grenzsteinen protokolliert wurde. Im kommunalen Herrschaftsbereich hat man die Landstraßen – zwecks der Verteilung der Reparaturlasten auf die Landgemeinden – vermessen und versteint (Padua 1236, Reggio 1242, Parma 1261). Ob die →Itinerare, die die Entfernungen zw. den Etappen seit dem 13. Jh. zunehmend in Meilen beziffern und dabei vielfach sehr genaue Angaben machen, von solchen Messungen profitiert haben oder ob sie sich auf Schrittmessungen stützten, läßt sich nicht ausmachen. Entfernungsangaben wurde auf jeden Fall bes. Beachtung geschenkt, wie die um 1360 entstandene sog. »Gough Map« zeigt, die das Straßennetz von England und die Entfernung zw. den Städten verzeichnet.

Die bei den Messungen verwandten Instrumente waren u. a. Meßseil bzw. Meßschnur (σχοινίον, corda) und Meßrute (ὀργυία, κάλαμος, pertica, canna). Im 16. Jh. werden in Nürnberg auch mechan. Schrittzähler genannt. Astronom. V.en und Entfernungsmessungen dürften bei der Herstellung der →Portulane eine Rolle gespielt haben, die für die Seefahrt den Küstenverlauf des Mittelmeers und Schwarzen Meers verhältnismäßig genau wiedergeben (→Karte, Kartographie).   Th. Szabó

Lit.: J. HEERS, Espaces publics, espaces privés dans la ville. Le liber terminorum de Bologne (1294) (Cultures et civilisations médiévales, III, 1984) – F. PANERO, Comuni e borghi franchi nel Piemonte medievale, 1988, 57–60 – Géometries du fisc byz., éd. J. LEFORT u.a., 1991 – TH. SZABÓ, Comuni e politica stradale in Toscana e in Italia nel Medioevo, 1992, 85f., 140f., 244f., 251–253 – DERS., Wirtschaftl. Aktivitäten und baul. Erscheinung der ma. Stadt (Spazio urbano e organizzazione economica nell'Europa medievale, ed. A. GROHMANN, 1994), 219–223 – L. TONEATTO, Codices artis mensoriae, 3 Bde, 1994–95.

II. Architektur: Zur ma. Bau-V. sind nur wenige schriftl. Hinweise und wenige bildl. Darstellungen überliefert; unter der Zahl spekulativer Rekonstruktionen des V.svorganges kommen nur wenige Untersuchungen mit dem Vorschlag einfacher Verfahren der Realität nahe, denn geometr. Kenntnisse waren im MA sehr bescheiden. Die V. stand ganz in der Tradition der röm. Feldmesser-Geometrie, die sich ins MA hinein durch Abschriften eines um 450 entstandenen Archetyps in den Schreibstuben der Kl. ununterbrochen überliefert hat, z. B. von Epaphroditus und Vitruvius Rufus im »Corpus agrimensorum« in der Wolfenbütteler Sammelhs., den »Gromatici veteres« (6./7. Jh.) oder der »Geometria incerti auctoris« (10. Jh.), die Gerbert, dem späteren Papst Silvester II., zugeschrieben wird sowie die davon abhängige Prüfeninger Sigiboto-Hs. »Practica geometriae« von 1160/68. Nach →Vitruv, »Decem libri de architectura«, die seit dem 8. Jh. abgeschrieben wurden, bietet »die Geometrie der Architektur mehrere Hilfen: und zwar vermittelt sie zuerst aus dem Gradlinigen den Gebrauch des Zirkels (circinus), wodurch sie ganz bes. das Bestimmen von Grundflächen und das Ausrichten rechter Winkel (norma), waagerechter Flächen (libratii) und gerader Linien (linea) erleichtert«. Die Grenzlinien auf dem Gelände zum Ausheben der Fundamente werden durch Schnüre (linea, funiculus) und eingeschlagene Pflöcke (paxilli) festgelegt und mit Sand, durch Einkratzen o. ä. gekennzeichnet. Die V. wird von dem Feldmesser (doctus geometricalis operis magister; Lambert v. Andre um 1200) mit der Meßrute (pertica), dem Meßrohr (calamus, harundo), dem Meßstab (virga), der Richtschnur (linea), die auch als Knotenschnur für große Längen benutzt wird, dem Winkelmaß (norma), dem Bodenzirkel (circinus) und dem Lot (perpendiculum) durchgeführt. Die Bezeichnungen und deren Anwendungen sind bestimmt durch die Visionen des Ezechiel (Darstellung in dem Deckengemälde der Unterkapelle der Burgkapelle Schwarzrheindorf bei Bonn 1151) und durch die Etymologiae Buch XIX des Isidor v. Sevilla. Für die V. wurden die orts- und zeitübl. Fußmaße verwendet (u. a. 29,6 oder 33,3 cm). Noch in Lorenz Lachers Unterweisungen von 1516 wird die Chor-V. mit Schnur und Pflöcken beschrieben: »schlag die Pfel nach einer schnuer«. Die Höhenmessung mittels eines rechtwinklig-gleichschenkligen Dreiecks bringt →Villard de Honnecourt in seinem Musterbuch um 1220/30 in der Tradition des Epaphroditus Rufus. G. Binding

Lit.: K. Hecht, Maß und Zahl in der got. Baukunst, I–III, Abh. der Braunschweig. Wiss. Ges. 21, 1969, 215–326; 22, 1970, 105–263; 23, 1971, 25–236 – H. R. Hahnloser, Villard de Honnecourt, 1972² – J. H. Harvey, The Mediaeval Architect, 1972 – G. Binding, Geometricis et aritmeticis instrumentis. Zur ma. Bauv., Jb. der Rhein. Denkmalpflege 30/31, 1985, 9–24 – Ders., Baubetrieb im MA, 1993, 339–354 – P. v. Naredi-Rainer, Architektur und Harmonie. Zahl, Maß und Proportion in der abendländ. Architektur, 1995⁵ – →Geometrie.

Vermittler. Das europ. MA praktizierte wie viele andere Kulturen auf den verschiedensten Ebenen Formen gütlicher Konfliktbeilegung. Sie standen neben gerichtl. und gewaltsamer Austragung von Konflikten und beleuchten die Friedensfähigkeit der ma. Gesellschaft in sehr charakterist. Weise. Welche Form im Einzelfall zur Anwendung kam, hing von verschiedensten Faktoren ab und darf als Indikator für die Ausformung staatl. Strukturen innerhalb der ma. Gesellschaft gelten. In jedem Fall wäre es anachronistisch, eine Präponderanz staatl. Institutionen oder Aktivitäten zu unterstellen. V. spielten im Rahmen gütlicher Einigung vielmehr lange Zeit eine zentrale Rolle. Diese temporäre Aufgabe und Funktion übernahmen in den unterschiedlichsten Konflikten Personen, die auf Grund von Rang, Gelehrsamkeit oder Frömmigkeit über Autorität verfügten. Nicht selten auch hatten sie Kontakte, etwa verwandtschaftl. Art, zu beiden Konfliktparteien. V. wirkten bei Streitigkeiten um Grundstücke, Nutzungsrechte oder Eigentum ebenso wie in Konflikten um Ehre oder Rang, oder auch in 'außenpolit.' Konflikten zw. ma. Staaten. 'Regierungshandeln' bedeutete für ma. Herrschaftsträger vom Ks. über weltl. und kirchl. Amtsträger bis zum Rat der Stadt nicht selten Vermittlungstätigkeit.

Das in Q. formelhaft als »reconciliavit«, »sociavit« oder »pacificavit« angesprochene Handeln eines Amtsträgers meint den Vorgang der Streitbeilegung durch Vermittlung. Man bestellte die Parteien und brachte sie zu einem Ausgleich. Dies geschah schon in frühen Konfliktsituationen und verhinderte so die Eskalation des Streits. Häufig ist in den Q. bezeugt, daß V. einem Heere vorauszogen und durch ihre Tätigkeit eine gütl. Einigung noch vor dem ersten Waffengang erreicht wurde. Ähnliches hört man auch bei der Belagerung von Burgen und Städten, die in aller Regel von emsiger Tätigkeit der V. begleitet wird. Erfolgreich vermitteln sie zumeist die Übergabe der Burg gegen freien Abzug der Besatzung. Häufiger ist auch bezeugt, daß eine Partei Anhänger oder Vertraute der anderen Partei um Vermittlung bat, oder daß Bf.e sich dem Heer eines Fehdeführenden nur deshalb anschlossen, um als V. fungieren zu können. Schriftl. Bündnisverträge nennen seit dem 12. Jh. sehr häufig bereits die Namen von Vasallen der Partner, die im Fall von Dissens schlichten und vermitteln sollen.

Die Tätigkeit solcher V. zielt weniger auf die Feststellung von Recht und Unrecht als auf eine 'compositio', die durch angemessene Satisfaktionsleistungen ermöglicht wird. Wiederherstellung von Ehre und die Wahrung des Gesichts sind Prinzipien, denen das Wirken der V. verpflichtet ist. Verhandelt wird in aller Regel getrennt mit den Parteien; der V. garantiert die Einhaltung der in Aussicht genommenen Schritte zur Konfliktbeilegung. Er übt auch Druck auf die Parteien aus, indem er die Aufgabe seiner Bemühungen und den Übertritt zur Gegenseite androht. Ein solcher Übertritt gilt auch für den Fall, daß getroffene Vereinbarungen nicht eingehalten oder der Konflikt erneut eröffnet wird. Diese und ähnliche Prinzipien und Regeln sichern die Verbindlichkeit der getroffenen Vereinbarungen. Ein vielfach praktiziertes Modell einer gütl. Konfliktbeendigung, das v. a. von den frk.-dt. Kg.en und Ks.n bezeugt ist, sieht etwa einen öffentl. Unterwerfungsakt ('deditio') des Kontrahenten als Satisfaktionsleistung vor, dem dann ein von 'clementia' und 'misericordia' geleitetes Verhalten des Kg.s folgt, was milde Strafen und Aussicht auf Wiedererlangung der früheren Stellung bedeutet. Die Inszenierung entsprechender Akte war zuvor von den V.n mit den Parteien abgemacht und wurde von ihnen z. T. eidl. garantiert. Die Tatsache dieser Absprachen blieb jedoch ebenso wie die gesamte inhaltl. Tätigkeit der V. der Vertraulichkeit verpflichtet.

Die Vertraulichkeit, in der sich das Wirken der V. abspielte, be- bzw. verhindert leider auch eine exakte Beschreibung ihrer Rechte, Pflichten und Befugnisse. Unstrittig ist, daß die Normen und Gewohnheiten, nach denen sie agierten, nicht schriftl. fixiert waren. Es wäre jedoch gewiß verfehlt, aus dieser Tatsache auf die geringere Verbindlichkeit dieser Normen zu schließen. Schwierig ist andererseits, das 'Institut' des V.s von benachbarten Funktionen zu trennen. So sind manchmal die Übergänge von →Boten und →Gesandten ('internuntii'), über die die Konfliktparteien verhandeln, zu den V.n fließend. Im Unterschied zu ersteren sind V. jedoch nicht an Weisungen oder Aufträge einer Partei gebunden. Benachbart ist gewiß auch die in vielfältigen Zusammenhängen bezeugte 'intercessio' oder Intervention, das Sich-Verwenden für einen anderen, das inhaltl. auf eine Vermittlung hinauslaufen kann. Den V.n von der Art ihrer Tätigkeit gewiß verwandt sind auch die Schiedsrichter in der sich im 13. Jh. ausformenden Schiedsgerichtsbarkeit (→Schiedsgericht). Ob V. jedoch ihre Tätigkeit wie die Schiedsrichter mit einem förml. Spruch abschlossen oder eher wie die Fürsprecher einen dringenden Rat oder Vorschlag einbrachten, ist in Einzelfällen zumeist nicht klar zu erkennen. Überdies dürften die Grenzen zw. Spruch und Rat auch fließend sein. Grundsätzlich ist zu betonen, daß Arbeitsfelder und -techniken moderner international wie national arbeitender Schlichter und V. dem ma. Institut des V.s durchaus noch ähnlich sind. So vielfältig wie die benachbarten Erscheinungen sind auch die Bereiche, in denen V. im MA beobachtet werden können. In allen sozialen Schichten wie in allen Regionen des ma. Europa- und darüber hinaus – sind sie tätig und wirksam und namentl. im Verlauf der frk.-dt. Gesch. hatte sich selbst der Kg. Entscheidungen von V.n zu fügen, wenn er Konfliktpartei war. Im Prozeß der Ausformung staatl. Strukturen ist interessant zu beobachten, wie Gerichte anstelle von V.n an Dominanz gewannen und welche Widerstände sich gegen diese Entwicklung richteten; etwa die Weigerung Hochadliger, vor solchen Gerichten zu erscheinen, die zu sog. Kontumazialurteilen (→Kontumaz) führte. Der Unterschied zw. Richter und V. ist denn auch nicht zuletzt dahingehend eklatant: Auf die Bestellung des Richters hatte man keinen Einfluß. Das Prinzip »pactus legem vincit et amor iudicium«, das dem gütl. Ausgleich (→Minne) den Vorrang gibt, ist jedenfalls dem MA wesensgemäßer als der Strafanspruch des modernen Staates mit seinem zugrundeliegenden Anspruch auf den Primat aller Verbandsbildung. Zum handelsgeschichtl. Bereich→Makler. G. Althoff

Lit.: H. Krause, Die gesch. Entwicklung des Schiedsgerichtswesens in Dtl., 1930 – K. S. Bader, Arbiter arbitrator seu amicabilis compositor. Zur Verbreitung einer kanonist. Formel in Gebieten n. der Alpen, ZRGKanAbt 77, 1960, 239–276 – F. L. Cheyette, Suum cuique tribuere, French Hist. Stud. 6, 3, 1970, 287–299 – S. D. White, »Pactum ... legem vincit et amor iudicium«: the Settlement of Disputes by Compromise in Eleventh-century Western France, AJLH 22, 1978, 281–308 – S. Roberts, Order and Dispute. An Introduction to Legal Anthropology, 1979 [dt.: Ordnung und Konflikt, 1981] – S. Weinberger, Cours judiciaires, justice et responsabilité sociale dans la Provence médiévale. IXe–XIIe s., RH 267, 1982, 273–288 – E. James, Beati pacifici: Bishops and the Law in Sixth-Century Gaul (Disputes and Settlements. Law and Human Relations in the West, hg. J. Bossy, 1983), 25–46 – The Settlement of Disputes in Early Medieval Europe, hg. W. Davies–P. Fouracre, 1986 – J. Geary, Vivre en conflit dans une France sans état: Typologie de mécanisme de règlement des conflits (1050–1200), Annales E. S. C. 41, 1986, 1107–1133 – W. I. Miller, Bloodtaking and Peacemaking. Feud, Law and Society in Saga Iceland, 1990 – G. Althoff, Konfliktverhalten und Rechtsbewußtsein. Die Welfen in der Mitte des 12. Jh., FMASt 26, 1992, 331–352 – Ders., Compositio. Wiederherstellung verletzter Ehre im Rahmen gütl. Konfliktbeendigung (Verletzte Ehre. Ehrkonflikte in Gesellschaften des MA und der Frühen NZ. Norm und Struktur, hg. K. Schreiner–G. Schwerhoff, 1995), 63–76 – Ders., Das Privileg der deditio. Formen gütlicher Konfliktbeendigung in der ma. Adelsgesellschaft (Nobilitas [Fschr. K. F. Werner, hg. O. G. Oexle–W. Paravicini, 1997]) [im Dr.] – H. Kamp, V. in Konflikten des hohen MA (La Giustizia nell'Alto Medioevo II, Sett. cent. it., 44), 1997 [in Vorber.].

Vermögen, -sbildung. Das mhd. Wort *vermüge* bedeutete noch nicht die in Geld schätzbaren Güter einer Person, sondern Kraft, Fähigkeit, Machtvollkommenheit. Diese Bedeutungen werden auch heute noch mit V. verbunden. Das Folgende beschränkt sich auf V. im wirtschaftl. Sinn. Dabei ist zu berücksichtigen, daß die Güter einer Person im MA lange Zeit nicht in Geld geschätzt wurden oder gar Geldform hatten. Letzteres setzt die Ausdehnung und Intensivierung der Geldwirtschaft im HochMA voraus. Ansätze zu einer Geldbemessung von Sachgütern gehen allerdings in das FrühMA zurück, wo Bußen und Herrschaftsabgaben z. B. wahlweise natural oder geldl. geleistet werden konnten. In gesetzl. Erbschaftsregelungen, Testamenten, Eheverträgen u. ä. findet man Gliederungen des V.s in Immobilien, Mobilien (= Liegenschaft, Fahrnis [→Fahrhabe]) und Forderungen. Weiterhin wird zw. erbtem und hinzuerworbenem V. unterschieden. Eine dritte Unterscheidung ergab sich dadurch, daß einzelne über bestimmte Teile des V.s frei verfügen konnten und andere Teile durch Erb-, Familien- oder Eherecht einer Mitverfügung durch Dritte vorbehalten waren.

Das eigtl. Feld der geldl. Einschätzung der Güter war die hoch- und spätma. →Stadt. Aber auch außerhalb der Stadt griff die Monetarisierung von Herrschaftsrechten, Lehensbeziehungen, ja sogar von Anrechten auf das Seelenheil um sich. Bei Lösegeldberechnungen wurden die verschiedenen, meist herrschaftl. bedingten Einnahmetitel eines Ritters zu seinem Jahreseinkommen zusammengefaßt und zugrunde gelegt. Beim Handel mit Immobilien durch Adlige und Bürger wurde der Preis nach den auf dem Lande liegenden Abgabenrechten, der Feudalrente, bemessen. Diese wurden nach dem Zinsfuß der Zeit oder der Gegend kapitalisiert. Ganze Ämter (Amtmannbezirke) und Städte wurden entsprechend den aus ihnen regelmäßig fließenden Einnahmen verpfändet. Allerdings konnte der Geldwert größerer Herrschaftskomplexe durch ihre strateg. Lage oder durch die polit. Beziehungen zw. Pfandnehmer und Pfandgeber erhebl. verändert werden.

Wenn es richtig ist, daß sich die Lösegeldforderungen an der Jahreseinnahme eines Fs.en oder Ritters orientierten (Keen, 158), geben sie einen Hinweis auf die V.sstruktur auch der Adelswelt des SpätMA. Der frz. Kg. mußte 1360 umgerechnet 3 Mio. fl. an England, elf Jahre später der schwed. Kg. 100000 fl. an Albrecht v. Mecklenburg zahlen. Die Mgf.en v. Baden und die Gf.en v. Württemberg wurden nach der Schlacht v. Seckenheim 1462 je auf 100000 fl. taxiert. Inzwischen war allerdings der Zinssatz gegenüber dem 14. Jh. halbiert. Zur V.sberechnung müssen die 100000 fl. also nicht mehr mit 10, sondern mit 20 multipliziert werden.

Wie realist. die Anwendung der V.sberechnung auf die Ständegesellschaft ist, zeigt sich 1495 in Dtl., als man die Richtlinien für die Einforderung des →Gemeinen Pfennigs aufstellte. Alle Welt wurde in die beiden Gruppen eines Güterbesitzes von über 500 fl. und über 1000 fl. eingeordnet und hatte dafür 0,5 und 1 fl. zu zahlen. Von der daneben geforderten Kopfsteuer abgesehen, entkamen die unteren Schichten ebenso wie die reichen Kaufleute und die Fs.en prakt. der Steuer. Für die Fs.en hatte man eine freiwillige Mehrleistung vorgesehen. Dabei wurde als Maßstab für Kfs.en und Gleichrangige an 200 fl. und für die übrigen Fs.en an 100 fl. gedacht, was also V.svorstellungen von 200000 fl. und 100000 fl. entsprach.

Aus der spätma. Stadt sind wir durch zahlreiche Steuerlisten und andere Q. über die V.sstruktur (→Sozialstruktur) unterrichtet. Diese Listen zeigen Gemeinsamkeiten zw. Land und Stadt. Auch in der Stadt war das V. mit seiner Rendite und nicht das Einkommen aus Handelsumsätzen und Lohnzahlungen Steuerbemessungsgrundlage, worin sich ein grundsätzl. Unterschied der spätma. zur modernen Gesellschaft widerspiegelt. Eine vielzitierte Liste der großen V. Nürnbergs hat um 1500 Christof Schenck »des reichtumbs der seinigen so seins gedenckens in Nurberg« gemacht. Darin werden 100 Personen, die jede ein V. von über 1000 fl., die zwei größten mit 100000 fl. besaßen, genannt. Letztere erreichten also in dieser Hinsicht den Rang von Fs.en, sogar Kfs.en, und gehörten sicherl. zu den größten V.strägern der Zeit. Für Francesco →Datini in Prato werden z. B. 70000 fl. genannt. Erst im 16. Jh. erreichte z. B. ein Anton →Fugger ein ganz neues Niveau, indem seine Inventur von 1527 ein »Hauptgut« von über 1600000 fl. auswies.

Wenn man von der V.sbildung spricht, ist hier sicherl. der Erwerb von Herrschaften und Grundeigentum im Rahmen verfassungsrechtl., insbes. feudalrechtl. Vorgänge (Erbschaft, Mitgift, Eroberung u. a.) auszuklammern, auch wenn daraus geldl. schätzbare und nutzbare V. hervorgingen. Zum Streit darüber, ob eine »ursprgl. Akkumulation« durch Agrarrenten, unternehmer. Getreideerzeugung oder Handels- und Gewerbeumsätze erfolgte, vgl. →Frühkapitalismus. Man kann verschiedene Formen der Kapitalanlage seit dem HochMA gleichzeitig benutzt finden. Insbes. hat die Kreditvergabe an Fs.en und die Partizipation bürgerl. Kreditgeber an herrschaftl. Einnahmen eine Rolle gespielt.

Der V.sbildung durch Handelsgewinne standen obrigkeitl. Preisfestsetzungen, zünftler. Egalitätsbestrebungen, das kirchenmoral. Prinzip des gerechten Preises und die Idee der Nahrung entgegen (→Preis). Trotzdem strebten die ma. Händler kräftig nach Gewinnen. Die Handelsgewinne schwankten auch aus polit. und militär. Gründen stark. Für den Lübecker Pelzhandel wurden z.B. 19% errechnet (M. P. LESNIKOV). Gleichzeitig hören wir, daß Kaufleute Waren auf Kredit verhandelten und wegen nicht beglichener Schulden in das Schuldgefängnis kamen. Auch Anleihen an Fs.en konnten zu Verlusten, Zusammenbrüchen von Gesellschaften und kaufmänn. Existenzen führen (→Bardi, →Peruzzi). Man muß mit einem großen Wechsel unter den bürgerl. V. rechnen. Am sichersten waren die Stadt- und Landrenteneinnahmen. Die ersteren waren von den Anlagemöglichkeiten begrenzt. Die Brüder Castorp in Lübeck (→Castorp, Hinrich) hatten 1490 ein Rentenv. von umgerechnet 20000 fl., eine Spitzenstellung. Die Landrenten boten größere Möglichkeiten und führten sowohl in Dtl. (Beispiel Nürnberg) als auch in Italien (Beispiel Venedig) zusammen mit der Wirksamkeit anderer Faktoren zur Umorientierung bürgerl. Kreise in Richtung auf eine grundherrl. und landadlige Existenz. R. Sprandel

Lit.: R. EHRENBERG, Das Zeitalter der Fugger. Geldkapital und Creditverkehr im 16. Jh., 1922³ – H. REINCKE, Hamburg. V. 1350–1530. Ein Versuch (DERS., Forsch.en und Skizzen zur Gesch. Hamburgs, 1951), 201–220 – M. P. LESNIKOV, Lübeck als Handelsplatz für Osteuropawaren (SPROEMBERG-Fschr., 1961), 273–292 – M. H. KEEN, The Laws of the War in the Late MA, 1965 – H. HALLER V. HALLERSTEIN, Größe und Q. des V.s von hundert Nürnberger Bürgern um 1500 (Beitrr. zur Wirtschaftsgesch. Nürnbergs, I, 1967), 117–176 – Öffentl. Finanzen und privates Kapital im späten MA und in der ersten Hälfte des 19. Jh., hg. H. KELLENBENZ, 1971 – R. SPRANDEL, Das ma. Zahlungssystem nach hans.-nord. Q. des 13.–15. Jh., 1975 – P. SCHMID, Der Gemeine Pfennig von 1495, 1989.

Vermögen, kirchliches, einer kirchl. jurist. Person zugehöriges V., die Gesamtheit der geldwerten Rechte der Kirche und ihrer jurist. Personen. Diese geldwerten Rechte können dingl. Rechte (Gebrauchs- und Nutzungsrechte an Gebäuden und Grundstücken [z. B. Wohnungsrechte, Holz-, Weide-, Fischereiberechtigung]) und Forderungsrechte (an eine Person auf eine Leistung [z. B. Abgaben, Baulast, Hand- und Spanndienste, Reichnisse]) sein. Entscheidend ist, daß eine jurist. Person der Kirche ein Recht an einer Sache hat, nicht aber, daß die Sache ihr zu eigen gehört. Bereits in vorkonstantin. Zeit waren die Christengemeinden rechts- und erwerbsfähig, als (geduldete) Korporationen. In den östl. Kirchengemeinden mit ihrem korporativen Gemeindev. waren schon frühzeitig auch Ansätze zur Bildung von Sonderv. vorhanden, die schließlich zur Ausgestaltung eines echten Stiftungsrechtes führten. Der Charakter der →Stiftung begleitet neben Korporation und Anstalt (für die ecclesia ab dem 3. Jh. bei Clemens v. Alexandrien) bis heute das Wesen der kirchl. jurist. Person. Die von Anfang an vorhandene Liebestätigkeit führte zur Bildung bes. arcae (Kasten, Geldkiste, Kasse) für karitative Zwecke. Konstantin begünstigte die Kirche als erbberechtigte Korporation, das ältere röm. Recht kannte die Anstalt noch nicht. Nach Konstantin schied sich das der Liebestätigkeit gewidmete V. vom übrigen Gemeindev. So gab es mehrere Träger kirchl. V.s, die ecclesia und daneben die Stiftungen (Entwicklung im 5. Jh. abgeschlossen). In dieser Zeit erscheint das Kirchengut schon als Anstaltsgut, auch im weltl. Recht. Es entstand so auch die Teilung des kirchl. V.s in reines Kultv. (Gottesdienst) und frommen Zwecken (Pflege der Armen) gewidmetes V. (Justinian). Haupteinnahmequellen waren die freiwilligen Gaben der Gläubigen, weitere Einnahmequellen waren Schenkungen bewegl. und unbewegl. V.swerte sowie Einkünfte aus eigenem Besitz und Erbschaften. Die Kirche war grundsätzl. auch den Staatslasten unterworfen (→Immunität). Ähnl. galt nach den germ. Volksrechten. In dieser Zeit bildete das kirchl. V. der Diöz. noch eine relativ einheitl. V.smasse, die zentral vom Bf. oder Diakon (auch Presbyter) verwaltet und zu je einem Viertel für Bf., Klerus, Kult und Caritas verwendet wurde. Dieses einheitl. Bm.sv. zerfiel in der Folge weiter. Ursachen waren einerseits das →Eigenkirchenwesen und andererseits das Vordringen des Lehenswesens (Benefizialrecht) im Bereich der Kirche. Die frk.-karol. Gesetzgebung versuchte, das V. der Kirche zu erhalten und insbes. den Unterhalt des Geistlichen (peculium, Hufe) zu garantieren. Im Wege der Übernahme des Lehensrechtes entstand das →Benefizium. Das Eigenkirchenwesen ging im hohen MA allmähl. im →Patronatsrecht und in der →Inkorporation auf. Im Bereich der Diözesanebene erfolgte die Aufgliederung in Kapitelsgut, bfl. Tafelgut (bfl. Stuhl) und Kathedralstiftungsgut. Auch das Kapitelsgut wurde in Pfründen aufgeteilt, Benefizium und Pfründe auf diese Weise vermengt. Die Pfründe (Benefizium) diente dem Unterhalt des einzelnen Kanonikers. Das Pfarrv. verselbständigte sich ebenfalls. Aus der alten ecclesia, die dem Pfarrer zum Fruchtgenuß zustand, entwickelten sich zwei jurist. Personen: die neue ecclesia (Kirchenstiftungsgut, →fabrica ecclesiae; verwaltet von eigenen Personen [Zechpröpste, Laien]) und das dem Unterhalt des Pfarrers dienende Pfründenv. Daneben entstanden kleinere Benefizien (Meßbenefizien) und weitere Stiftungen, insbes. auch zur Armen- und Krankenpflege (Hospitalstiftungen, Armen- und Leprosenhäuser). Eine große Rolle spielten in dieser Zeit die Schenkungen an die Kirche bzw. an deren jurist. Personen. Zahlreiche Testamente und Legate zugunsten der Kirche wurden errichtet. Dem ansteigenden Besitz der Kirche versuchten die Städte und Landesfs.en mittels →Amortisationsgesetzen zu beggnen. Der Erwerb durch die →Tote Hand wurde begrenzt. Weitere Q. des kirchl. V.s waren in dieser Periode die Einnahmen aus →Stolgebühren, also durch die Verwaltung (Feier) von

Sakramenten, und der →Zehnt, der allerdings z. T. an die weltl. Macht und an die Grundherren verloren ging. Seit dem 13. Jh. wurden zahlreiche gesamtkirchl. Abgaben (päpstl. Fiskalismus) erhoben, z. B. Papstzehnten, →Servitien, →Annaten, Abgaben aufgrund des päpstl. →Spolien- und Regalienrechts (Interkalarfrüchte), Exspektanzengebühren, →Peterspfennig, →Taxen und zahlreiche Gebühren für Verfahren (Sporteln) an der röm Kurie. In der Diöz. bezog der Bf. seine Einnahmen aus dem bfl. Tafelgut (mensa episcopalis) sowie aus Zehnten, Synodalien (Sendabgaben), Prokurationen, Annalien (Annaten) und dem Spolienrecht. Privatrechtl. und hoheitsrechtl. Elemente waren dabei vermischt. Das galt auch für die Nieder- und Pfarrkirchen. Hier sind Pflichtleistungen (iustitia, servitia, exactiones) zu nennen, wie der Zehnt in verschiedener Form, die Stolgebühren, die Meßstipendien und die kirchl. Baulast (X. III. 48. 1). Trotz der Vielfalt der Ausprägungen blieb die Hervorhebung dreier Zwecke des kirchl. V.s erhalten: Caritas, Kult, Unterhalt des Klerus. R. Puza

Lit.: DDC II, 836–841 – LThK² VI, 279–283 – Plöchl I, 101ff., 255ff., 270ff., 426; II, 401ff. – Feine, 131ff., 376ff., 741ff. – M. Pistocchi, De bonis Ecclesiae temporalibus, 1932 – S. Schröcker, Die Kirchenpflegschaft, 1934 – Ders., Die Verwaltung des Ortskirchenv.s nach kirchl. und staatl. Recht, 1935 – H. Liehrmann, Hb. des Stiftungsrechts, I, 1963, insbes. 24–168 – H. Pree, Hb. des V.srechts der kath. Kirche, 1993.

Vermögenssteuer → Bede, II; →Steuerwesen

Vermudo

1. V. I., *Kg. v.* →*Asturien* 788/789–791, Sohn von Fruela, dem Bruder von →Alfons I. V., der zuvor den Beinamen 'diaconus' trug, wurde als Kg. ausgerufen, weil die Adligen in ihm einen für sie bequemen Regenten vermuteten. Während seiner Regierungszeit erfolgte 791 ein muslim. Angriff auf das Kgr. Asturien, bei dem V. unterlag. Er verzichtete auf den Thron zugunsten v. →Alfons II. und war dann dessen Berater. J. M. Alonso Núñez

Q.: J. Gil Fernández, J. L. Moralejo, J. I. Ruíz De la Peña, Crónicas asturianas, 1985 – Lit.: C. Sánchez Albornoz, Orígenes de la nación española. Estudios críticos sobre la Hist. del Reino de Asturias, 3 Bde, 1972–75 – Hist. de España, hg. R. Menéndez Pidal, VI, 1982; VII, 1980 – P. García Toraño, Hist. de El Reino de Asturias, 1986 – L. Barrau Dihigo, Hist. política del reino asturiano, 1989 [span. Übers. m. Vorw. v. J. Fernández Conde].

2. V. II., *Kg. v.* →*León* 981–999, * 956, † 999 in El Bierzo, ▢ Celanova; Beiname 'El Gotoso' (der Gichtbrüchige); Sohn von →Ordoño III. Er führte 981 einen Aufstand gegen →Ramiro III. 982 heiratete er →Velasquita Ramírez, die er 988 verstieß. Der vom leones. Adel mit Mißtrauen behandelte V. fand Unterstützung im Adel →Galiciens und wurde 982 in →Santiago de Compostela gekrönt. 985 verbündete sich V. mit dem Gf. en v. →Kastilien; in demselben Jahr wurde Ramiro III. vertrieben und starb. V. suchte zur besseren Kontrolle des widerstrebenden leones. Adels die militär. Hilfe des übermächtigen →Córdoba, leistete Tribute und mußte muslim. Garnisonen hinnehmen (990–995). Bald aber verschlechterten sich die Beziehungen: →al-Manṣūr zerstörte León und griff 997 Santiago de Compostela an. 991 heiratete V. im Streben nach einer Verbesserung seiner Beziehungen zu Kastilien →Elvira García. J. M. Alonso Núñez

Q.: →Hist. Silense; →Sampiro; →Hist. Compostellana – Lit.: J. M. Ruíz Asencio, Arch. Leoneses 23, 1969, 215–241 – Hist. de España, hg. R. Menéndez Pidal, VI, 1982; VII, 1980 – L. Vones, Gesch. der Iber. Halbinsel im MA, 1993, 45f. – V. A. Álvarez Palenzuela (El Reino de León... VII, 1995), 149–329.

3. V. III., *Kg. v.* →*León* und →*Asturien* 1028–37, † 4. Sept. 1037; Sohn von →Alfons V. und letzter Repräsentant der Dynastie →Alfons' III. v. Asturien-León. Bei der Thronbesteigung erst elfjährig, stand V. unter Vormundschaft seiner Tante Urraca und heiratete Jimena, die Schwester des ebenfalls jugendl. Gf. en →García Sánchez v. →Kastilien, der wegen des Übergewichts seines mächtigen Vormundes →Sancho III. v. Navarra das Bündnis mit León suchte. Nach der Ermordung Garcías (13. Mai 1029), der sich seinerseits um die Hand von V.s Schwester Sancha beworben hatte, erhielt jedoch der zweitgeborene Sohn von Sancho III., →Ferdinand (I.), im Namen der Mutter, →Mayor (Mumadonna) v. Kastilien, den kast. Gf. entitel. 1034 trat der mit etwa 16 Jahren großjährig gewordene V. in seine vollen Herrschaftsrechte ein. Die Situation wurde weiterhin bestimmt vom Hegemoniestreben Sanchos III. und seiner Söhne, dem León unter V. militär. und polit. entgegenzutreten suchte (u. a. Wiederaufnahme des leones. Ks. titels durch V.). Im Zuge des Strebens Ferdinands I. und des kast. Adels nach voller Autonomie gegenüber León kam es wegen des umstrittenen Gebiets zw. Cea und Pisuerga rasch zum militär. Konflikt; V. unterlag und starb 1037 in der Schlacht v. Tamarón (bei Burgos). Da er kinderlos verstorben war, konnte Ferdinand im Namen seiner Gattin Sancha, der Schwester von V., die Erbfolge im Kgr. León antreten. Die Stadt León leistete aber noch Widerstand bis 1038. J. M. Alonso Núñez

Q.: →Hist. Silense; →Hist. Compostellana – Anales Toledanos (H. Flórez, España Sagrada, XXIII, 313, 384) – L. Núñez Contreras, Coll. dipl. de V. III. Hist. Inst. Doc. 4, 1977, 381–514 – Lit.: A. Sánchez Candeira, En torno a cinco documentos inéditos de V., CHE 11, 1949, 153–165 – Hist. de España, hg. R. Menéndez Pidal, VI, 1982; VII, 1980 – L. Vones, Gesch. der Iber. Halbinsel im MA, 1993, bes. 50–52.

Vernani, Guido OP (Guido da Rimini), * um 1280 bei Rimini, † höchstwahrscheinl. 1344 im Dominikanerkonvent in Rimini. Trat zu einem unbekannten Zeitpunkt in den Dominikanerorden ein. 1297 studierte er in Bologna Theologie. Ein Studienaufenthalt in Paris ist wahrscheinl., aber nicht gesichert. 1312 Lektor und Berater des Inquisitors in Bologna, lebte er seit 1324 wieder im Dominikanerkonvent in Rimini. Unter seinen zahlreichen Werken sind hervorzuheben: »De potestate summi pontificis« (1327), sein Kommentar zur Bulle →»Unam sanctam« Bonifatius' VIII. – Schriften, in denen er für die potestas directa des Papstes auch im weltl. Bereich eintritt –, sowie die Widerlegung von →Dantes »Monarchia«, bei der der philos.-theolog. Ansatz, mit dem er in eine dialekt. Debatte mit seinem Gegner eintreten will, von Interesse ist. Diese zw. 1329 und 1334 verfaßte Schrift »De refutatione Monarchiae« ist dem damaligen Kanzler der Kommune Bologna gewidmet. Ebenfalls für Laien, die →Malatesta v. Rimini, ist die noch unedierte »Summa de virtutibus«, eine Art→Fürstenspiegel, bestimmt. Das gleiche Interesse für eine polit. Erziehung des Laienstands zeigt sich in seinen »Sententiae«, Kompendien der Ethik und Politik des Aristoteles, in denen er die scholast. Form des Kommentars verläßt, um ein breiteres Publikum zu erreichen, und die bis zum Ende des 14. Jh. gelesen und abgeschrieben wurden. G. Barone

Ed. und Lit.: LThK² IV, 1270 – Th. Kaeppeli, Scriptores OP medii aevi II, 1975, 76–78 – EncDant V, 1976, 967f. – C. Dolcini, Crisi di poteri e politologia in crisi, 1988, 224–227, 439–444 – J. Dunbabin, G. V. of Rimini's Commentary of Aristotle's Politics, Traditio 44, 1988, 373–388 – O. Langholm, Economics in the Medieval Schools, 1992, passim.

Verneuil, Schlacht v. (24. Aug. 1424). Bei V.-sur-Avre (Normandie, dép. Eure, arr. Évreux) suchte eine große Streitmacht →Karls VII. v. Frankreich, die sowohl Lombarden als auch mehrere tausend Schotten umfaßte und von dem schott. Hochadligen Jean Stuart (→Stewart), Gf. v. Buchan und →Connétable de France, befehligt wurde, das Vordringen der Truppen des Hzg.s → Johann v. Bedford, Statthalter Kg. →Heinrichs VI. in Frankreich, aufzuhalten. Nach anfänglich starkem Übergewicht der 'Franzosen' gelang es jedoch den Engländern, ihre Kräfte erneut zu vereinigen und den Großteil der Schotten zu vernichten (beide Seiten hatten gelobt, keine Gefangenen zu machen). Ein engl. Siegesbulletin spricht von 7262 getöteten Gegnern. Hatte diese blutige Schlacht auch keine größeren strateg. Konsequenzen, so brachte sie der englisch beherrschten →Normandie doch einige (fragile) Friedensjahre, die ihr einen gewissen Wohlstand sicherten.

Ph. Contamine

Lit.: M. A. SIMPSON, The Campaign of V., EHR 49, 1934.

Vernon, Burg und Herrschaft in der Haute-Normandie (dép. Eure). Das 'castrum' v. V. (lat. Verno) nahm eine strateg. wichtige Lage an der Eingangspforte des Hzm.s →Normandie ein. Am linken Ufer der →Seine gelegen, nahe der Epte, des Grenzflusses zur frz. →Krondomäne (→Vexin), kontrollierte der Brückenort V. den großen Fluß- und Landweg von →Paris nach →Rouen. Die Burg war ein Kettenglied in der Verteidigungslinie, durch welche die Hzg.e ihre Hauptstadt Rouen gegen die nach Westen vordringenden →Kapetinger schützten. V. stand (nach schlecht erhellten Anfängen) seit ca. 942 als Wittum nicht mehr unter unmittelbarer hzgl. Kontrolle, die aber um 1012 wiederhergestellt wurde. →Robert v. Torigny erwähnt die Existenz eines Vicecomes v. V., Osmond de Centvilles (belegt in lokalem Rahmen um 1012). Dieser wird mit dem Vicecomes Osmond, Zeugen einer hzgl. Urk. von 1025, identifiziert und soll ein angeheirateter Neffe Hzg. →Richards II. gewesen sein. Der Vicecomes Osmond nahm vielleicht bereits die Aufgabe der Burgwacht wahr, doch liegt die erste Erwähnung eines 'castrum' später, erst knapp vor 1047 (bei →Wilhelm v. Poitiers). Hzg. →Wilhelm übertrug die Befestigung seinem Verwandten Guido v. Burgund, konfiszierte sie aber nach dessen Revolte (1047).

Das Adelsgeschlecht V. tritt seit ca. 1029-35 auf und ist im späten 11. und im 12. Jh. deutl. belegt. Seine Einsetzung in →Seigneurie und Burg ist eindeutig für die 2. Hälfte des 11. Jh. belegt, kann aber auch für die frühere Zeit angenommen werden, sofern sich eine klare genealog. Beziehung zu Osmond de Centvilles feststellen läßt. Die V. waren ein Zweig des in der Basse-Normandie und England mächtigen Hauses Reviers. 1172 war der Seigneur v. V. einer der großen hzgl. Lehensträger und hielt neben V. auch Besitzungen in →Cotentin (Néhou) und Bessin (Reviers). Zur Burgwacht von V. hatte er 16 Ritter eingesetzt. Der Ort V., der städt. Entwicklung erfuhr, erlitt seit 1087 eine Reihe von Belagerungen. →Heinrich I. ließ hier eine 'turris' errichten. 1152-53 wurde die Burg von →Ludwig VII. v. Frankreich eingenommen, 1154 aber zurückerstattet. →Heinrich II. Plantagenêt verstärkte die Burg. →Philipp II. Augustus v. Frankreich nahm sie 1191 ein und nötigte 1196 Richard v. V., ihm die Seigneurie im Zuge eines Tausches abzutreten. Nachdem der Krieg in diesem Bereich 1198 nochmals aufgeflammt war, wurde zu →Le Goulet, etwas stromabwärts von V., der Friede zw. Kapetingern und Plantagenêt geschlossen (22. Mai 1200). Das mit einem →Donjon bewehrte V. behielt nach der anglonorm. Niederlage von 1204 seine Bedeutung (ztw. als Wittum), die sich im →Hundertjährigen Krieg noch verstärkte.

A. Renoux

Lit.: L. MUSSET, Les plus anciennes chartes du prieuré de Bourgueil, Bull. Soc. Antiquaires de Normandie, 1957-58 – J. BALDWIN, The Government of Philip Augustus. Foundations of French Royal Power in the MA, 1986 – K. S. B. KEATS-ROHAN, Aspects of Robert of Torigny's Genealogies Revisited (Nottingham Medieval Stud. 37, 1993).

Vernon-Manuskript (Oxford, Bodleian Library, MS Eng. poet. a. 1), umfassendste erhaltene Slg. von me. Prosa und Versen. Die in einem Kl. vermutl. im nördl. Worcestershire oder Warwickshire zw. 1380 und 1400 geschriebene Hs. (ursprgl. ca. 420 Blätter, erhalten 350) enthält ein breites, vom Gedankengut der →Lollarden unbeeinflußtes Kompendium religiöser Schriften des 13. und 14. Jh. Von den Hauptwerken sind zu nennen: →»South English Legendary«, →»Northern Homily Cycle«, »Speculum Vitae«, →»Prick(e) of Conscience«, A-Text von »Piers Plowman« (→Langland, William), die didakt. →Romanzen »Robert of Sicily« und »The King of Tars« sowie erbaul. Werke von Richard →Rolle und Walter →Hilton. Zwei nur fragmentar. überlieferte Texte (»La Estoire del Evangelie«; »Miracles of Our Lady«) sind mit Miniaturen illustriert. Das V. M., das in enger Verbindung mit dem zeitgenöss. Simeon MS zu sehen ist, wurde vielleicht für eine weibl. religiöse Gemeinschaft angefertigt.

T. Graham

Lit.: A. I. DOYLE, The V. M., Faks., 1987 – Stud. in the V. M., hg. D. PEARSALL, 1990.

Vernunft → Ratio

Vernunftkeime (gr. λόγοι σπερματικοί, lat. rationes seminales). Die Konzeption der V. findet sich erstmals in der Stoa. Der λόγος durchwaltet die Welt als einen kosm. Organismus, ähnl. wie der Same (σπέρμα) des Mannes (entsprechend der antiken Zeugungsbiologie) sich als Keimkraft der passiven Materie (ὑγρόν) vermischt und dem menschl. Organismus als Gesetz immanent bleibt (Diogenes Laertius 7, 136; SVF I, 102). In der Allgegenwart der V. gründet die Ordnung der Natur (SVF I, 32, 17). Diese Konzeption wird von Philon in den Genesisbericht integriert (De opif. mundi, 43), von Plotin auf die Begriffe (λόγοι) der Seele angewendet (Enn. 4, 3, 10ff.), von Proklos in Rückbezug auf die Ideen Platons und der Pythagoreer kommentiert (Comm. Plat. Parm. II, 128e; 107ff.; V, 135c; 336. Ed. MORROW–DILLON) und auf die λόγοι ἔνυλοι des Aristoteles bezogen (De an. 403 a 25). Über Augustinus geht das Lehrstück in das MA ein.

Nach der Schöpfungslehre Augustins hat Gott im Anfang »alles zugleich« geschaffen (De Gen. ad litt. 6, 11, 18). In den Kreaturen liegen »invisibiliter, potentialiter et causaliter« daher die Keimkräfte (V.) all dessen, was sich später in den Arten entfalten wird (6, 6, 10). Die Lehre wurde im MA bei Roger Bacon, Albertus Magnus, Bonaventura, Johannes Duns Scotus und Ockham auf die Probleme der inchoatio formae in der passiven Materie und die Effektivität der Zweitursachen angewendet. Dagegen reduziert Thomas v. Aquin die V. auf die Entwicklungen innerhalb einer Art (S. th. I, 115, 2), läßt sie aber für die epistem. Prinzipien (quasi semina ... cognitorum) gelten (De ver. 11, 1 ad 5; S. th. I/II, 81, 5). In der NZ kehrt der Gedanke der V. in den Kontroversen der Evolutionslehre wieder (Th. H. Huxley).

K. Hedwig

Lit.: HWP V, 484–489 – RE XXV, 1055ff. – A. DARMER, Les notions de raison séminale et de puissance obédientiale chez s. Augustin et s. Th. d'Aquin, 1935.

Verona, Stadt und Bm. in Oberitalien (Veneto).

[1] *Stadt und Bm.:* Das röm. Municipium hatte wegen seiner geogr. Lage in der Spätantike strateg. Bedeutung, wie der Wiederaufbau der Mauern unter Ks. Gallienus

3. Jh.) zeigt. Im 5. Jh. waren Stadt und Territorium den Einfällen der Hunnen und Westgoten ausgesetzt. 498 wurde →Odoaker bei V. von den Ostgoten unter →Theoderich besiegt. Im Ostgotenreich behielt die Stadt eine beachtl. Bedeutung. Theoderichs Name (»Dietrich von Bern«) blieb in der mhd. Lit. mit V. verbunden. Nach der langob. Landnahme wurde V. Sitz eines Dukats. Sowohl im Stadtzentrum als auch im Territorium (wo kleinere Verwaltungsbezirke, »fines« und »sculdasciae« [→Centenarius, →Schultheiß], begründet wurden) ist intensive langob. Siedlungstätigkeit festzustellen. In karol. Zeit war V. – wo eine beachtl. frk. Zuwanderung erfolgte – häufig Residenz von Kg. →Pippin (6. P.) und ist seit 802 im gesamten 9. Jh. (es sind mindestens 5 Gf.en bezeugt) als Sitz eines Comitats belegt. Die Stadt spielte eine bes. wichtige Rolle unter der Herrschaft →Berengars v. Friaul, der häufig während der Kämpfe mit →Guido und →Lambert v. Spoleto (898), mit Kg. Ludwig III. v. Burgund, den er 905 besiegte, und mit Rudolf II. v. Burgund in V. residierte. Im 10. Jh. erscheinen als Gf.en v. V. die Stammväter der Familien, die im 11. und 12. Jh. die Gf.enwürde monopolisierten (San Bonifacio, da Palazzo). Dank der zahlreichen Konzessionen der Ottonen – auf Dauer bestätigt von Heinrich II., Heinrich III., Heinrich IV. – konsolidierte sich die polit. Macht der kirchl. Institutionen (Bm., Domkapitel, Benediktinerklöster) als Inhaber zahlreicher Curtes und Kastelle. Die Begründung der Marca Veronensis durch Otto I. (952) mit Hauptsitz V. bestätigte die strateg. und polit. bedeutsame Rolle der Stadt für die Kontrolle der Verkehrswege Brenner und Etsch und des Gebiets am Gardasee. Auch im 11. Jh. hielten sich die Ks. häufig in V. und in seinem Territorium auf. Im Streit um die Kirchenreform nahmen die Bf.e v. V. (die oft dt. Herkunft waren) fast immer eine kaiserfreundl. Haltung ein (→Verona, Mark).

Die wirtschaftl. Entwicklung und die soziale Dynamik der Stadt (mit dem Aufstieg der »mercatores«, die danach strebten, sich dem Milites-Adel anzugleichen, der mit dem Bf. und den großen Kl. verbunden war) begünstigten die Festigung der kommunalen Institutionen (erste Nennung von Consules 1136). Das Konsulat wurde Ende des 12. Jh. vom Podestariat abgelöst. Ihre geogr. Lage gab der Kommune Verona während der Konflikte zw. Friedrich I. Barbarossa und den oberit. Städten eine Schlüsselstellung. Die Stadt beteiligte sich fast ständig an den antiksl. Ligen der Jahre 1155-75 und wird im Frieden v. →Venedig (1177) und von →Konstanz (1183) genannt.

An der Wende vom 12. zum 13. Jh. betrieb die Kommune V. eine intensive Expansionspolitik im Territorium, die bereits Mitte des 12. Jh. durch Kriege mit den Nachbarstädten (→Ferrara, →Padua, →Mantua) begonnen hatte: V. erwarb die Kontrolle über Gebiete, die zum Reich gehörten (Gft. Garda), und über die Kastelle des Bm.s und des Domkapitels. Gleichzeitig verschärften sich jedoch die Kämpfe zw. den Parteien (pars Comitum und pars Monticulorum), die mit den Partes und Familien der anderen Städte der Mark verbunden waren (→Este, Da →Romano). In V. hatte die Partei der Monticuli unter der Führung →Ezzelinos III. da Romano die Oberhand; dieser verbündete sich 1232 mit Ks. →Friedrich II. und verwandelte seine Autorität in der Stadt allmähl. in eine persönl. und tyrann. Herrschaft (1239-59). Nach Ezzelinos III. Tod (1259) übernahm die polit. Organisation des in Korporationen zusammengefaßten Populus (commune populi) unter der Leitung des potestas populi Mastino I. →Della Scala die polit. Kontrolle über die Stadt, behielt dabei die kaiserfreundl. Orientierung bei (1268 unterstützte V. den Staufer →Konradin) und vertrieb die pars Comitum aus der Stadt. Nach dem Tode Mastinos I. (1277) verwandelte sich die fakt. Vorherrschaft der Familie →Della Scala in eine Signorie de iure, die Alberto I., dem Bruder Mastinos I., übertragen wurde (1277-1301). Die Dynastie der Scaliger beherrschte die Stadt bis 1387. Unter Cangrande I. (1309-29), Vikar Ks. Heinrichs VII. und sein starker Verbündeter, und unter Mastino II. (1329-51), der zw. 1322 und 1329 eine ausgedehnte Herrschaft in Venetien, Emilia und Toskana schuf, erreichte V. große Macht und Bedeutung. Nach der Niederlage durch die Republiken →Venedig und →Florenz (Krieg 1336-39) wurde V. 1387 von dem Signore v. Mailand, Giangaleazzo →Visconti, 1404 von dem Signore v. Padua, Francesco Novello, erobert. Seit 1405 unterstand V. der Republik Venedig.

[2] *Diözesanorganisation:* Das Territorium der Diöz. V., ein Teil der Kirchenprov. →Aquileia, war seit dem frühen MA nicht mit dem comitatus der Stadt identisch. Es umfaßte das Südufer des Gardasees (das zum Contado von Brescia gehörte) und einen Teil des rechten Etschufers im Gebiet von Trient. Der östl. Teil des Veroneser Comitatus war hingegen Teil der Diöz. Vicenza. Entsprechend der polit. Bedeutung V.s im 9. und 13. Jh. standen häufig sehr einflußreiche Bf.e an der Spitze der Diözese, die zur Entourage der Kg.e und Ks. gehörten (z.B. Adelhard, ehemals Kanzler Berengars I., →Rather). Infolge der andauernd ks.freundl. Haltung der Veroneser Bf.e gewannen die Bestrebungen der Kirchenreform nur geringe Durchschlagskraft. Unter dem 12. Jh. bereits geschwächte Autorität der Bf.e schwand im 13. Jh. unter der Herrschaft Ezzelinos III. da Romano und der Scaliger völlig dahin, die eine sehr genaue und häufig gewaltsame Kontrolle über die kirchl. Einrichtungen ausübten. Die Stadt hatte deshalb sehr schlechte Beziehungen zur päpstl. Kurie und unterlag lange dem Interdikt. Seit dem 15. Jh. designierte die Republik Venedig die Bf.e v. V.

[3] *Klöster:* Die in langob. bzw. frk. Zeit gegründeten beiden Benediktinerkl. in der Vorstadt, S. Maria in Organo und San Zeno, festigten ihre wirtschaftl. und polit. Macht im 9. und 10. Jh. dank beachtl. ksl. Schenkungen. V. a. San Zeno, dem hl. Bf. und Stadtpatron geweiht, gewann große wirtschaftl. und polit. Bedeutung. Es besaß beachtl. Grundbesitz v. a. im Territorium von V. (Dutzende von Curtes und Kastellen), aber auch im Gebiet von Treviso und Bologna. Zw. dem 10. Jh. und 1245 (letzter Aufenthalt Ks. Friedrichs II.) residierten die Ks. und die öffentl. Würdenträger während ihrer Italienzüge häufig in San Zeno. In den ersten Jahrzehnten des 13. Jh. verfiel das Kl. jedoch einem raschen Niedergang. Von geringerer Bedeutung waren die Männerkl. SS. Nazaro e Celso (seit dem 10. Jh.) und S. Giorgio in Braida (seit dem 11. Jh.).

[4] *Wirtschaft:* V. war das ganze MA hindurch eine wichtige Handelsstadt infolge seiner Kontrolle der Verkehrswege (Etsch, die Verbindung zum Po, Alpenpässe). Die Veroneser Klause im Norden der Stadt ist bereits in den →Honorantie Civitatis Papie genannt. Die Landwirtschaft wurde durch umfangreiche Meliorationsmaßnahmen der Kommune V. (Ende des 12. Jh.) gefördert. Seit dem 11. Jh. entwickelte sich in der Stadt ein bedeutendes Textilgewerbe, das bis zum 15. Jh. lebenskräftig blieb. Seit etwa 1175 bestand die polit. und soziale Organisation der Kaufleute (Domus mercatorum), die das Wirtschaftsleben der Stadt (Markt und Handel) und die wirtschaftl. Außenkontakte (Handelsverträge) kontrollierte.

[5] *Bevölkerungswachstum:* Über V.s Einwohnerzahl lassen sich vor 1254 keine Angaben machen: Zu dieser Zeit lassen sich 30000 bis 35000 Einw. berechnen. Nach der

demograph. Krise des 14. Jh. (→Pest) zählte die Stadt etwa 15000 Einw. am Anfang und etwa 40000 Einw. am Ende des 15. Jh.

[6] *Kulturelles Leben:* Die hohe kulturelle Bedeutung V.s im Früh- und HochMA ist v. a. mit dem Skriptorium des Domkapitels und seiner Bibliothek verbunden, einer der bedeutendsten frühma. Hss.sammlungen in Italien (seit dem 6. Jh.). 825 richtete Ks. Lothar I. in V. eine Domschule ein, die auch von den Klerikern der Nachbarstädte besucht werden sollte. Trotz dieser großen Tradition kam es in den folgenden Jahrhunderten nicht zur Organisation eines Studium generale: Das von Benedikt XI. 1339 verliehene Privileg wurde nicht in die Tat umgesetzt, auch die Versuche des 15. Jh., es zu verwirklichen, schlugen fehl (infolge der Opposition der Univ. →Padua und der ven. Verwaltung), ebenso die Gründung durch Ks. Maximilian 1514 während seiner Herrschaft über die Stadt (1509–17).

G. M. Varanini

Lit.: C. CIPOLLA, Compendio della storia politica di V., 1976 – V. e il suo territorio, voll. I–IV, 1960–92.

Verona, Mark (später Mark Treviso), 952 von Otto I. kurz nach seiner Krönung zum Kg. v. Italien geschaffen, und seinem Bruder Hzg. Heinrich v. Bayern unterstellt. Das Territorium dieses neuen Verwaltungsbezirks umfaßte alle Komitate der Region Venetien (Verona, Vicenza, Padua, Treviso, Feltre, Belluno, Cèneda) sowie die Komitate Friaul und Trient, die aus dem Regnum Italiae herausgelöst wurden. Nach der Begründung des Hzm.s →Kärnten (durch Abtrennung vom Hzm. Bayern 976) wurde die M. diesem angegliedert. Es handelte sich dabei um eine Personalunion, durch die der Hzg. gleichzeitig auch Mgf. des neuen Verwaltungsbezirks wurde, der in den Urkk. Marca Veronensis (in der Chronik, die die Gründung von 952 erwähnt, Marca Veronensis et Aquileiensis) genannt wird, nach dem Namen der wichtigsten Stadt, die der Sitz der Jurisdiktionstätigkeit des Hzg.s war. Im 10./11. Jh. sind verschiedene Hzg.e-Mgf.en belegt; 1012 unterstellte Heinrich II. das Hzm. Kärnten→Adalbero v. Eppenstein, der jedoch 1035 von Konrad II. abgesetzt wurde. Im Laufe des 11. Jh. hatten die Bf. v. Trient (1027) und der Patriarch v. Aquileia (1077) die Jurisdiktion der Komitate Trient und Friaul inne; das Territorium der Mark entsprach dem Areal der heutigen Region Venetien, mit Ausnahme von Venedig und dem Südteil zw. Etsch und Po an der Grenze zur byz. »Romania«.

Das Wirken der Hzg. e v. Kärnten und Mgf.en in der M. (die im 12. Jh. von einigen Veroneser Landgemeinden das →fodrum forderten) wird durch zahlreiche Placita bezeugt, bei denen sie den Vorsitz führten: mindestens 4 in der 1. Hälfte, eine größere Zahl in der 2. Hälfte des 11. Jh. (unter Heinrich IV.). Noch 1123 – wenige Jahre, bevor sich in den venet. Städten die Kommunen konstituierten – nehmen an einem Placitum des Mgf.en beim Kl. S. Zeno in Verona die Gf.en v. Verona, Padua und Treviso, die Capitanei und Judices teil. 1136 übertrug Lothar III. die M. an Heinrich X. d. Stolzen, Hzg. v. Bayern und Sachsen; unter Konrad II. und Friedrich I. Barbarossa begegnet Hermann v. Baden als Mgf. v. Verona. Kurz nach dem Frieden v. →Konstanz (1183) gewährte Friedrich I. Barbarossa Mgf. Obizzo d'→Este das Recht, in den Gft.en Verona und Padua und den Diöz.en Cèneda, Feltre und Belluno in Appellationsprozessen zu urteilen (Heinrich VI. und Philipp v. Schwaben bestätigten es später Azzo VI.). Entsprechend einer in anderen Reichsteilen üblichen Praxis ernannte Friedrich II. 1213 den Bf. v. Trient, →Friedrich v. Wangen, zum Vikar für die Lombardei,

Toskana, »Romania« und die M. Der Machtzuwachs der Stadtkommunen führte jedoch zum Zerfall der territorialen Einheit der M.en; die urkundl. Bezugnahme auf Verona – das im 12. Jh. häufig mit den anderen Städten der M. im Kampf lag – wurde seltener. Seit 1204 begegnet in den Privaturkk. die Bezeichnung »Marchia Tarvisina«. Diesen Namen verwendete 1239 auch Friedrich II., als er beim Versuch, seine Macht in Norditalien zu festigen, Thebald »francigena« zum Vikar für die Marchia Tarvisina ernannte: sie umfaßte die Städte und Territorien Verona, Vicenza, Padua, Treviso, Cèneda, Feltre, Belluno und außerdem Trient, Mantua und Brescia (bis zum Oglio in der Lombardei); die Residenz lag im östl. Teil der M., in Padua.

Nach dem Tode Friedrichs II. (1250) und dem Ende der Herrschaft Ezzelinos III. da Romano (1259) verlor die M. Treviso in institutioneller Hinsicht jede Bedeutung. Der Mgf. entitel wurde jedoch bis zur 2. Hälfte des 13. Jh. von den →Este weitergeführt. Die Bezeichnung »Mark Treviso« erhielt nunmehr rein geogr. Charakter, wie sie weite gelegentl. in den öffentl. und häufig in den Privaturkk. oder lit. Q. verwendet (z. B. im Epitaph Cangrandes I. →Della Scala: »totam Marchiam subegit«). Auch der geogr. Begriff wurde allmähl. eingeschränkt. Im Laufe des 14. Jh. erschienen die – nur nominellen – Titel »marchio Marchiae Trivixane« oder »marchio Tarvisii« in den Urkk., die Leopold III. v. Österreich (1381–84), Signore v. Treviso, betreffen. Nachdem Venedig das Territorium der M. erobert hatte (zuerst Treviso, seit 1404–05 auch Vicenza, Verona und Padua) – was jedoch das Reich nicht anerkannte –, wurde der Titel von Ks. Siegmund Peter v. Portugal verliehen (1418); noch 1445 begab sich ein Gesandter Venedigs nach Lissabon, um mit ihm wegen des Verzichts auf seine Rechte zu verhandeln. G. M. Varanini

Lit.: C. FRÄSS-EHRFELD, Gesch. Kärntens, I: Das MA, 1984, 106f., 114, 135f. – A. CASTAGNETTI, La Marca veronese-trevigiana, 1986 – DERS., Il Veneto nell'alto Medioevo, 1990 – DERS., Le città della Marca Veronese, 1991, 15–48 – S. BORTOLAMI, Frontiere politiche e frontiere religiose nell'Italia comunale (Frontière et peuplement dans le monde méditerranéen au MA, ed. J. M. POISSON, 1992), 217–220.

Veroneser Bund (Lega della Marca Veronese, Veronensis Societas), im Frühjahr 1164 auf Betreiben Venedigs von Padua und Vicenza gegründet, denen sich kurz darauf Verona anschloß, nach der er genannt wurde, vielleicht um zu betonen, daß eine traditionell ks.treue Stadt (bis 1163) sich von ihrer Orientierung auf das Reich distanziert hatte. Anfang 1164 gewann in Verona die antiksl. Partei die Vormacht, setzte aus vorwiegend wirtschaftl. Gründen dem Rektorat des von Friedrich I. Barbarossa ernannten adligen Veronesers Alberto Tenca ein Ende und trat dem von Padua und Vicenza gegründeten antistauf. Städtebund bei. Friedrich versuchte als Gegenmaßnahme, mit Vertretern des Adels zu paktieren, die jedoch in polit. Isolation gerieten und hingerichtet wurden. Nach Niederschlagung dieser Verschwörung sicherte sich die Kommune durch Eroberungen die Kontrolle über Rivoli und die Etsch-Klause. Nach dem Scheitern eines diplomat. Annäherungsversuches an Verona schlug Friedrich mit dem Heer bei Vaccaldo sein Lager auf; die Truppen der Kommunen und die schwankende Treue seiner Verbündeten zwangen ihn jedoch zum Rückzug. Als Friedrich 1166 wieder nach Italien zog, sperrte Verona die Klause und zwang ihn, über die unwegsamen Pässe des Camonica-Tales zu ziehen. Nach Gründung der ersten →Lombardischen Liga (1167) beteiligte sich Verona mit den anderen Städten der Mark (Venedig, Vicenza, Padua, Treviso und Ferrara) am Wiederaufbau von Mailand. Am 1. Dez. des gleichen Jahres

verbanden sich die →Lombardische Liga und der V. B. zu einem allg. Städtebund (»Concordia«). F. M. Vaglienti
Q. und Lit.: G. B. C. GUILIARI, Le fonti prime della storia veronese, 1880 – C. CIPOLLA, Verona e la guerra contro Federico Barbarossa, 1895 – C. MANARESI, Gli atti del comune di Milano fino all'anno 1216, 1919, 195–206 – L. SIMEONI, Il comune di Verona sino ad Ezzelino e il suo primo statuto, 1920 – V. CAVALLARI, Un episodio veronese della prima discesa del Barbarossa, Atti Accad. Verona, s. VI, vol. VI, 1956, 213ff. – L. SIMEONI, L'indirizzo politico del comune e l'evoluzione dei partiti sino al 1228 (Verona e il suo territorio, II, 1964), 257–266.

Veronika, hl. (Fest: 4. bzw. 27. Febr.). Der Name ist abgeleitet von dem angebl. durch V. vermittelten 'wahren Bild' des Antlitzes Christi auf einem Tuch (→Vera icon). Die Legenden ranken sich v. a. um zwei Bilder, ein östl., das 944 von Edessa nach Byzanz gelangte, und ein röm. in St. Peter. Nach oriental. Legende läßt Kg. →Abgar v. Edessa, ein aus Eusebios bekannter Zeitgenosse Christi, ein Porträt des Heilandes malen, das Wunderkraft besaß (→Mandilion). Papst Gregor II. kannte es als nicht von Hand geschaffen. Ks. →Konstantin VII. faßte es als Abdruck in einem Schweißtuch (Sudarium) auf, wie es der Apostel Thomas besaß. Nach späterer Tradition soll es Abgars Tochter Berenike empfangen haben. – In westl. Legende erscheint V. in den Akten des →Pilatus. Im Prozeß Jesu tritt eine V./Berenike auf, die sich als Blutflüssige aus Mk 5, 25 vorstellt. Der Römer Volusianus entreißt ihr das Tuch und heilt damit die Lepra des Ks.s Tiberius. Nach anderer Lesart begleitet V., die das wunderbar entstandene Bild von Christus erhielt, Volusianus freiwillig zum Ks. in Rom. Laut jüngerer Ansicht vermacht sie das Hl. Antlitz dem Papst Clemens. – Entsprechend Bildfassungen, die Christus mit der Dornenkrone zeigen, zählte man V. später auch zu den Frauen am Kreuzweg Christi (Lk 23, 27). Die populäre, aber unhist. Hl.e wurde noch mit anderen Frauen des NT identifiziert und soll in Soulac an der Girondemündung begraben sein. Sie ist Patronin der Sterbenden und Verwundeten sowie der Leinenweber, Wäscherinnen und Weißnäherinnen. K. H. Krüger
Lit.: BHG 7795, 793–796m, 1702–1705 – BHL 4218–4222n, 8549, 9035 – Bibl.SS XII, 1044–1048 – LCI VIII, 544f. – LThK² X, 728 – H. BELTING, Bild und Kult, 1990, 233–252 – A. ANGENENDT, Hl.e und Reliquien, 1994, 188.

Verpfändung → Pfand, →Pfandleihe, →Pfandschaft

Verrat → Felonie, →Majestätsverbrechen, →Treason, →Verbrechen

Verrocchio (Andrea di Michele di Francesco de' Cioni, gen. del V.), it. Goldschmied, Bildhauer und Maler, * um 1435 in Florenz, † 1488 in Venedig. V., zu dessen Schülern Leonardo da Vinci zählte, war einer der vielseitigsten Künstler der Frührenaissance. Nach seiner Lehrzeit bei dem Goldschmied Antonio di Giovanni Dei trat er in den frühen 1460er Jahren zunächst als Marmorbildhauer, seit 1466 auch als Bronzebildner hervor. Skulpturale Hauptwerke der folgenden Jahre sind der Bronzedavid (Florenz, Bargello, vor 1469), das Grabmal für Piero und Giovanni de' →Medici in der Alten Sakristei von S. Lorenzo in Florenz (1483–88), das Kenotaph für den Kard. Forteguerri im Dom v. Pistoia (Auftrag 1476) und die 1483 vollendete Bronzegruppe »Christus und der ungläubige Thomas« für Orsanmichele in Florenz. Als Maler war V. v. a. in den frühen 1470er Jahren tätig. In dieser Zeit entstand u. a. die von Leonardo vollendete »Taufe Christi« (Florenz, Uffizien). In seinen letzten Lebensjahren arbeitete V. in Venedig an dem großen bronzenen Reiterbild des Bartolomeo →Colleoni, das von A. Leopardi vollendet und 1496 bei SS. Giovanni e Paolo aufgestellt wurde. J. Poeschke

Lit.: G. Vasari, Le Vite, 1550, ed. L. BELLOSI–A. ROSSI, 1986 – G. Vasari, Le Vite, 1568, ed. G. MILANESI, 1878–85 – G. PASSAVANT, A. del V. als Maler, 1959 [DERS., V., 1969] – C. SEYMOUR JR., The Sculpture of V., 1971 – J. POESCHKE, Die Skulptur der Renaissance in Italien, 1: Donatello und seine Zeit, 1990.

Vers- und Strophenbau

I. Lateinische Literatur – II. Deutsche Literatur – III. Romanische Literaturen – IV. Englische Literatur – V. Skandinavische Literaturen – VI. Byzantinische Literatur – VII. Slavische Literaturen.

I. LATEINISCHE LITERATUR: Den Formen der lat. Dichtung des MA liegen dreierlei ganz verschiedene Gestaltungsprinzipien zu Grunde: 1. das metrische, 2. das rhythmische und 3. das der →Sequenz.

Die metrische Ordnung mit geregelter Folge von langen und kurzen Silben ist von der Antike ererbt und wird während des ganzen MA in der Schule gelehrt. Fundstellen und Vorbilder der verschiedenen metr. Versformen sind v. a. die Prosimetren des →Boethius und des →Martianus Capella, die Werke des →Prudentius und der betreffenden Kommentatoren (z. B. →Johannes Scottus, →Heiric und →Remigius v. Auxerre). Theoretisches wird den antiken Grammatikern entnommen (→Servius) und von ma. Autoren gelehrt (→Beda). Prosod. Hilfen geben →Aldhelm, Mico und die »Versus differentiales«, z. B.: sub nostro latere credas bene posse latere (→Serlo v. Wilton). Die häufigste metr. Form ist der *Hexameter* (versus heroicus, carmen). Das (eleg.) *Distichon* folgt an zweiter Stelle, im 13. Jh. nimmt seine Häufigkeit zu. V. a. in Kriegs- und Siegesliedern wird der *troch.* →*Tetrameter* gebraucht, gewöhnl. in dreizeiligen Strophen (vgl. z. B. →Prudentius, Perist. 1: Scripta sunt caelo duorum martyrum vocabula), →Venantius Fortunatus (Pangue lingua gloriosi proelium certaminis). Durch die →Hymnen des →Ambrosius wird der *jamb. Dimeter* (Aeterne rerum conditor) in meist acht vierzeiligen Strophen zur Hauptform der metr. Hymnendichtung. Ebenfalls v. a. in Hymnen findet sich die *sapph. Strophe. Adonier* verwenden →Columbanus und →Alkuin. Weitere Formen wie *Asklepiadeus, Glykoneus* werden gelegentlich benutzt. Unter den karol. Dichtern beherrscht →Wandalbert v. Prüm eine Vielzahl von Metren, um 1000 →Dudo v. St-Quentin; entsprechend ihren antiken Vorbildern bieten viele →Prosimetren verschiedene Formen. Der →*Reim* breitet sich v. a. seit dem 10. Jh. auch in der metr. Dichtung aus. Im Hexameter reimt oft die Zäsur auf den Versschluß (*leoninischer Reim*: Curia Romana non curat ovem sine lana), vom 12. Jh. an ist eine Anzahl mehrfach gereimter Hexameterformen in Gebrauch, die man seit dem 13. Jh. gelegentl. in Listen zusammenstellte, mit sehr unterschiedl. Benennungen. Am meisten verbreitet ist der leonin. Hexameter; Hexameter mit Endreimpaaren heißen »caudati« (aa), mit jeweils paarweise reimender Zäsur und Versschluß u. a. »collaterales« (abab) oder »unisoni« (aaaa), mit gekreuztem Reim »cruciferi« (abba); mit Reim an drei Stellen (zwei Zäsuren und Versschluß) »tripertiti (dactylici)«, →Trinini salientes«. Spezielle Formen innerhalb der metr. Dichtung sind die »reciproci« oder »paracterici«: »Ordiar unde tuas laudes o maxime Lari / Munificas dotes ordiar unde tuas« (MGH PP 1, 42), »Singula singulis« oder »Versus rapportati«, in denen jedes Wort mit dem an entsprechender Stelle im nächsten Vers oder in den nächsten Versen stehenden eine syntakt. Einheit bildet (vgl. Carmina burana [= CB] 5), die »retrogradi«, die sich vorwärts und rückwärts lesen lassen, manchmal mit entgegengesetztem Sinn: »Laus tua, non tua fraus, virtus, non copia rerum / Scandere te fecit hoc decus eximium« (MEYER I, 94).

Der Bau der *rhythm. Verse* (→Rhythmen) beruht auf der geordneten Abfolge von betonten und unbetonten Silben nach dem gewöhnl. Wortakzent, manchmal auch auf bloßer Silbenzählung. Maßgebl. für die Analyse des Verses sind die Silbenzahl und der Versschluß. Zur Bezeichnung dienen verschiedene Formeln: a) Die Termini »jamb.«, »troch.« werden heute wegen irreführender Analogie zu metr. Verhältnissen gemieden. Zur Angabe des Schlusses dienen: b) »steigend« (= unbetont–betont), »fallend« (betont–unbetont). c) xx́ oder ~⸗́ (steigend), x́x, ⸗́~ (= fallend). d) pp (= proparoxyton, Ton auf der drittletzten Silbe), p (= paroxyton, Ton auf der vorletzten Silbe) (NORBERG); e) 7'= 7 Silben, steigend, 7 = 7 Silben, fallend (vgl. Lit., SCHALLER). Nur wenige rhythm. Formen haben eigene Namen, z. B. die »*Vagantenstrophe*« aus vier Vagantenzeilen (7'6: »Meum est propositum in taberna mori«), »*Vagantenstrophe mit auctoritas*« (die vierte Zeile wird durch ein metr. Zitat aus einer klass. Dichtung gebildet), die »*Stabat-Mater-Strophe*«, der »*Alexandriner*«. Meist muß die Form durch Angabe der Silbenzahl, des Versschlusses und der Arten der Reimbindung sowie der Zeilenzahl innerhalb der Strophen bezeichnet werden. Ebenso wird die Form für den →Refrain angegeben. Rhythm. Dichtung kam auf, als in der Spätantike die Quantitäten der Vokale und Silben nicht mehr gehört wurden. Eines der frühesten Beispiele ist der »Psalmus contra partem Donati« des Augustinus. Ein Teil der rhythm. Formen entstand entweder aus metrischen, indem die Silbenzahl, die Möglichkeiten der Akzentverteilung und eventuell auch die Wortgrenzen des metr. Vorbilds nachgeahmt wurden, oder indem an die Stelle der metr. Versikten betonte Silben traten, so z. B. im *rhythm. ambrosian. Vers* (Qui cólunt cácodémonés, CB 46, 7) und im *rhythm. Fünfzehnsilber* (Aurora cum primo mane tetram noctem dividet, MGH PP 2 139). Andere Formen entstanden als freie Neubildungen, gelegentl. wohl auch als Nachbildungen volkssprachl. Poesie. Die rhythm. Dichtung ist von Anfang an gereimt und (auch später häufig) gesungen. In der Frühzeit ist der bloße Vokalreim (Assonanz) verbreitet, wobei e-i und o-u miteinander reimen können. Bestimmte Formen wie manche Motettentexte sind von der Art der Melodie bestimmt (vgl. z. B. CB 22).

Zum dritten Gestaltungsprinzip →Sequenz. Mischung verschiedener Formprinzipien findet sich z. B. bei →Petrus v. Blois, »Ver prope florigerum« (WALTHER 20138), ferner CB 65. →Akrostichon, →Conductus, →Figurengedicht, →Motette. G. Bernt

Lit.: I trattati medievali di ritmica lat., hg. G. MARI, 1899 – W. MEYER, Gesammelte Abh. zur mlat. Rythmik, 3 Bde, 1905–36 – D. NORBERG, Introd. à l'ét. de la versification lat. médiév., 1958 – V. PALADINI – M. DE MARCO, Lingua e letteratura mediolatina, 1970, § 5: I virtuosi versificatori, 74–81 – P. KLOPSCH, Einf. in die mlat. Verslehre, 1972 – P. G. SCHMIDT, Das Zitat in der Vagantendichtung, AuA 20, 1974, 74–87 – D. SCHALLER, Bauformeln für akzentrhythm. Verse und Strophen, MJb 14, 1979, 2–21 – P. STOTZ, Sonderformen der sapph. Dichtung, 1982 – P. BOURGAIN, Le vocabulaire technique de la poésie rythmique, ALMA 51, 1992, 139–193.

II. DEUTSCHE LITERATUR: [1] *Allgemein:* Die Metrik der →Deutschen Lit. des MA lebt von den Elementen des Akzents, des Reims und in mehreren Gattungen der Melodie (→Musik). Abgesehen von diesen Grundbedingungen unterscheiden sich die Verssysteme in ahd., frühmhd. und mhd. Zeit grundlegend, die spätma. Metrik entwickelt weitere Besonderheiten.

[2] *Althochdeutscher und frühmittelhochdeutscher Vers:* Die Metrik des ahd. Stabreimverses (→Stabreim) kann sich nur auf die wenigen Denkmäler der ahd. Stabreimlit. stützen. Sie ist konstitutiv verbunden mit dem gemeingerm. namengebenden Stabreim (Alliteration), der die Hauptbetonungen des Verses unterstützt. Der Stabreimvers baut sich aus Langzeilen aus zwei Halbzeilen auf, deren jede meist zwei Ikten trägt, an denen die Stäbe plaziert werden können. Zwischen den beiden Halbzeilen liegt ein syntakt. Einschnitt (Zäsur). Streng taktierende Interpretation (HEUSLER) wird heute nur noch selten vertreten. Deutl. Akzentuierung und syntakt. Zeilenstruktur sichern den Verscharakter.

Der ahd. Otfrid-Vers ist von →Otfrid v. Weißenburg (dort auch zur Metrik) für sein »Evangelienbuch« neu aus dem Vers der lat. Hymnenstrophe entwickelt. Von ihm stammt vermutlich auch der erstmals konsequent verwendete Endreim. Otfrid gebraucht einen vierhebigen Paarreimvers mit freier Silbenzahl (zw. 1 und 4 pro Takt), jedoch mit im Verlauf des Werkes zunehmender Neigung zu Alternation. Sein Vers kann als Vorform des mhd. Paarreimverses gelten und führt den Endreim (konsequent) in die dt. Dichtung ein.

Endgereimt ist auch der Vers der frühmhd. Epik, doch ist er im Gegensatz zum Otfrid-Vers und zum Vers der höf. Dichtung in seiner Füllung so frei, daß er nicht als regelmäßig vierhebig aufgefaßt werden kann.

[3] *Mittelhochdeutscher Vers:* Grundlage der mhd. Metrik seit →Heinrich v. Veldeke ist eine regelmäßige Verteilung der Akzente, die nicht nach einer bestimmten Zahl von Silben wiederkehren, sondern in der die Silben quantierend gemessen werden und so auf die Verteilung der Akzente Einfluß nehmen (taktierendes Prinzip). Das natürliche dreistufige Betonungssystem des Dt. wird dabei in ein metr. zweistufiges umgewandelt, in dem der Nebenton nur rhythm., nicht metr. Bedeutung gewinnt. Obwohl zeitgenössisch nicht theoretisch abgesichert, hat sich das Modell des HEUSLERschen »Zweivierteltaktes« für den mhd. Vers bewährt, sieht man von den seltenen sog. »Daktylen« des Minnesangs ab. Dagegen läßt sich HEUSLERS Annahme einer in der Regel geraden Zahl von Takten pro Zeile, die von Beobachtungen an klass. Musik ausgeht, nicht beweisen. Darum unterscheidet man im männl. Ausgang der Kadenz auch meist nicht mehr eine gesonderte stumpfe Kadenz, in der nach ungerader Taktzahl ein ganzer pausierter Text anzusetzen wäre. Anders verhält es sich beim weibl. Versausgang: Hier kommen sowohl (weiblich) klingende Kadenz, die die letzte Silbe in einen eigenen Takt verlegt, als auch weiblich volle Kadenz, die die reimende Hebung und die beteiligte Nachsilbe im selben Takt belassen, vor. Allerdings sind die Fälle nicht immer zu scheiden, sofern man auch hier nicht von einer prinzipiell geraden Taktzahl ausgeht.

Der mhd. gesprochene Reimpaarvers der »Blütezeit« ist stets vierhebig mit männl. oder klingender Kadenz. Das ist das Medium des höf. →Romans, der kürzeren Erzählungen und des größeren Teils der →lehrhaften Lit. Stroph. Dichtung dagegen ist in der Verslänge sowohl in der Zahl und Reimordnung der Verse frei. Die Strophe ist die Form der Lyrik, aber auch der →Heldenepik und teilweise der didakt. Dichtung.

Im SpätMA verliert der Vers, unterstützt von sprachl. Änderungen, seine quantierenden Qualitäten. Er wird entweder in Richtung auf reine Alternation, häufig mit geregeltem Auftakt, fortgeschrieben oder ohne Beachtung der Silbenlängen zu einer frei um meist vier Ikten gruppierten Zeile verändert. Den letzteren Vers nennt man freien Knittelvers, der erstere entwickelt sich unter Aufgabe der akzentuierenden Ordnung zum rein silbenzählenden strengen Knittelvers der Frühen NZ.

[4] *Strophik:* In ihrer Genese sind Strophen (mhd. *liet*) musikal. Gebilde und auf formgleiche Wiederholung angelegt. Die Einheit von Melodie samt der dependenten metr. und Reimschemastruktur heißt im MA →'Ton'. Da die stroph. Anlage des →»Hildebrandsliedes« nicht gesichert ist, ist die früheste nachgewiesene dt. sprachige Strophenform die Otfrid-Strophe aus je zwei vierhebigen Zeilenpaaren. Auch zu ahd. Zeit bereits dürfte es *winileot* (Liebeslieder) gegeben haben. Das ganze MA hindurch ist dt. Strophik stets gesungen oder prinzipiell sangbar (→Vortragsformen). Die Strophik der mhd. Zeit findet man zunächst im →Minnesang, in der Sangspruchdichtung (→Spruchdichtung) und in der Heldenepik, später in weiteren lyr. Gattungen. Entscheidend für die Strophengestaltung sind die absolute Länge und das Längenverhältnis der Verse (Gleichversigkeit, Ungleichversigkeit), die Anordnung des Reimschemas und die Teilung in musikal.-metr. Bauteile; die Überlieferungslage bei den Melodien ist allerdings v. a. in der Frühzeit schlecht.

Der frühe →Minnesang scheint von durchkomponierten Formen und von der zweiteiligen Liedform bestimmt, d. h. die Strophe ist von zwei etwa gleich großen deutlich unterschiedenen Teilen bestimmt (AB). Daneben stehen aber auch schon stollige Melodien. Neben zwei- und dreiteilige Formen treten bei →Walther von der Vogelweide in der Sangspruchdichtung vierteilige aus zwei gleichen Doppelversikeln. Es sind randständige Formen der Kanzonen- oder stolligen Form (auch Barform, Da-Capo-Strophe [→Bar, →Canzone]) mit der Grundform AAB (Stollen, Stollen, Abgesang), der wichtigsten ma. Strophenform, die zahlreiche Unterformen ausgebildet hat, unter denen die verbreitetste die mit Drittem Stollen ist (AABA; bei unvollständiger Reprise der Stollenmelodik spricht man von Rundkanzone). Im Minnesang des 13. Jh. kommt es auch zunehmend zu Reimspielereien mit Reimhäufungen und bes. Reimarten.

Epische Strophenformen wie die Nibelungenstrophe bauen sich ganz oder überwiegend aus Langzeilen auf. Nahezu die gesamte Heldenepik, dazu die dt. Chanson de geste sind strophisch organisiert. J. Rettelbach

Lit.: U. PRETZEL, Dt. Verskunst (MERKER–STAMMLER², III), 2324–2466 – A. HEUSLER, Dt. Versgesch., 3 Bde, 1925–29 – S. BEYSCHLAG, Altdt. Verskunst in Grundzügen, 1969⁶ – W. HOFFMANN, Altdt. Metrik, 1981².

III. ROMANISCHE LITERATUREN: Die Metrik in den roman. Sprachen entwickelt sich hauptsächl. durch den Einfluß der mittellat. rhythm. Dichtung (s. Abschnitt I), von der sie Strukturelemente übernimmt, die sich v. a. in der Hymnendichtung und in der sog. Vagantendichtung durchgesetzt hatten, d. h. den rhythm. Akzent, die Silbenmessung, Assonanz, Reim und Strophenbau. Für bestimmte Elemente läßt sich auch der Einfluß älterer und »volkstümlicher« Faktoren annehmen (aus dem it., kelt. und arab. Bereich).

[1] *Versbau:* Bei den Versformen sind zwei Kategorien zu unterscheiden: a) die ein lat. Vorbild voraussetzen, b) roman. Eigenentwicklungen. Zur ersten Kategorie gehört ein Kurzvers wie der Achtsilber, der eine gewisse Regelmäßigkeit in Silbenzahl, Gebrauch des Homoioteleuton und des rhythm. Akzents aufweist und sich wahrscheinl. vom Hemistichion des trochäischen Achtsilbers herleitet. Unabhängig von der ma. Rhythmik ist hingegen anscheinend der span. epische Vers: Im »Cantar de mio Cid« ist der Vers nicht isosyllabisch, die einzige Klauselform besteht in der einfachen Assonanz. In Frankreich fungiert als Langvers der *décasyllabe*: er wird zum wichtigsten Metrum des Epos, zunächst mit Assonanz, später mit Reim, und bietet zwei Varianten, bei denen die Zäsur wie das Versende behandelt wird, d. h. eine unbetonte Silbe zählt metrisch, nicht (epische Zäsur): a) a minori 4+6 Silben (mit obligator. Akzent auf der 4. Silbe). b) als seltenere Form a maiori, 6+4 Silben (mit obligator. Akzent auf der 6. Silbe). Als Kurzvers diente der *octosyllabe*, ohne Zäsur, verwendet im höf. Ritterroman, in den Lais, in den Fabliaux, Pastorellen, Canzonen, Geistlichen Spielen und Farcen. – In der altprov. Lit. setzt sich ein Zehnsilber (4+6 Silben) durch, der eine epische Zäsur mit paroxytonalem Quaternar oder eine lyr. Zäsur (mit Vorverlegung des Ictus von der 4. auf die 3. Silbe und paroxytonalem Ausgang des ersten Verssegments) bildet. – Auf der Iber. Halbinsel setzt sich nach dem Langvers des »Cantar de mio Cid« (zwei Hemistichien von stark variierender Länge) in der 'volkstümlichen' Literatur der Achtsilber durch, der für die »romances viejos« typisch wird, bereits in der Troubadourlyrik vom Ende des 12. Jh. vertreten war und sich später in der höf. galiz.-ptg. Dichtung verbreitete, während in der gelehrten (moral.-religiösen) Dichtung der →*Alexandriner* (Zwölfsilber mit sechssilbigen Hemistichien) und der →*Arte mayor-Vers* bevorzugt werden. – In Italien verwenden die siz. Lyrik (→Sizilian. Dichterschule) und später die toskan. oder toskanisierende Dichtung hauptsächl. den Elfsilber (→*Endecasillabo*), der den Hauptakzent zumeist auf den Silben 4, 8, 10 (oder 4, 7, 10 oder 6, 10) trägt und wie im frz. décasyllabe Zäsuren a minori (erster Hauptakzent auf der 4. Silbe) und a maiori (erster Hauptakzent auf der 6. Silbe) aufweist, sowie den Siebensilber (*Settenario*, verschieden akzentuiert) und den Achtsilber (*Ottonario*). Dieser ist in der volkstüml. Dichtung und in Norditalien häufiger verbreitet, ist nicht isosyllabisch und tritt gleich dem Neunsilber (*Novenario*) in der Dichtung →Guittones d'Arezzo und seiner Nachahmer auf. Typ. für die didakt.-moralisierende Dichtung Norditaliens ist der doppelte Settenario. Im 14. Jh. trägt der Einfluß →Dantes und →Petrarcas zur überwiegenden Verwendung des Endecasillabo und des Settenario bei.

[2] *Strophenbau:* In der Entstehungsphase der Metrik der roman. Sprachen wurde die Unregelmäßigkeit der Versmaße nicht nur von den Zäsuren, sondern auch durch Formen des Homoioteleuton kompensiert; die Assonanz und v. a. der Reim erfüllten eine Ordnungsfunktion in anfängl. elementaren (Distichen, Quartinen und Laissen mit gleichgebauten und monorimen Versen), später in zunehmend komplexen Bildungen, die auch verschiedene Verstypen kombinierten. Die Troubadourlyrik, von der die Dichtung der anderen roman. Gebiete beeinflußt wird, verwendet Strophen mit gleichgebauten Versen mit verschiedenen Reimschemata, die sich von Strophe zu Strophe wiederholen. Die bevorzugte Form, die *canso*, hat eine variable Strophenzahl (*coblas*, deren Verse zumeist das gleiche Metrum aufweisen), die eine einfachere Gliederung aufweist als die frz. und it. Ableitungen; die Verknüpfung der Strophen in den Reimsequenzen wird auf verschiedene Weise erzielt (die *coblas singulars* variieren jeden Reim, die *doblas* bilden nach jedem Strophenpaar neue Reime, die *unissonans* wiederholen die gleichen Reime im gesamten Text usw.). Eine bes. komplexe Struktur, die ebenfalls von der it. Lyrik aufgenommen wurde, hat die →*Sestine* (sechs je sechszeilige Strophen mit dem Schema: ABCDEF, FAEBDC, CFDABE… und »tornada« [Geleitstrophe] aus drei Versen, in deren sechs Hemistichien die sechs Reimwörter wiederkehren). Keine feste Form hat der →*Descort,* dessen Struktur (Brüche des Strophenkanons) die innere Aufgewühltheit des Dichters

durch die Liebesleidenschaft spiegelt. Eine zirkuläre Struktur kennzeichnet die lit. Formen für Chor und Solisten, d. h. *balada* (→Ballade) und →*dansa*, die auf der Verwendung eines Kehrreims (*refranh*) aufgebaut sind. In der nordfrz. Dichtung unterscheidet sich die höf. deutl. von der epischen Dichtung, die auf die elementare und einförmige Struktur der einfach assonierenden Laissen zurückgreift: neben die *chanson courtoise*, deren Strophe in *front* und *pieds* zerfällt, gleich der it. *canzone* und der prov. *canso*, treten zirkulare Formen, in denen die ursprgl. Bestimmung für den Tanz am Ende jeder Strophe zur Wiederholung der Anfangsverse führt: es konnte sich dabei um eine vollständige (wie im *Virelai*, das mit einem Refrain ausgestattet ist) oder teilweise Wiederholung handeln, wie im *rondeau* und dem *triolet*; die *ballade* und der *chant royal* sind keine Tanzformen (14.–15. Jh.); ein beabsichtigter Bruch des stroph. Prinzips ist für den *descort* kennzeichnend, in Nachahmung des prov. descort. In der frz. Erzähllit. werden die verschiedensten Strophenformen verwendet, etwa die zwölfzeilige Hélinand-Strophe (→Hélinand v. Froidmont) und bes. im SpätMA der *huitain*. – Die it. Dichtung zeigt größere Regelmäßigkeit und Stabilität des Strophenbaus: es herrschen dort die geschlossenen Formen vor, in denen Versmaße und Konstruktionsprinzipien (binaren, ternaren oder zirkulären Typs) nach strengen Regeln verwendet werden. Es sei hier nur an die Unterscheidung von *fronte* und *sirma* in →Sonett und in den Stanzen der →*Canzone* erinnert (bei der *fronte* und *sirma* weiter unterteilt werden können), ferner an die sechs Verse mit alternierendem Reim sowie ein Distichon mit Reimpaar umfassende →*Ottava* der Erzähllit., an die Binnengliederung der *ballata* (eine *ripresa*, zwei oder drei *mutazioni* und eine morphologisch der *ripresa* ähnliche *volta*) sowie an die Verknüpfung der Reime in Dantes →Terzine (ABA BCB CDC…). Neben dem *discordo* begegnet – auch in der Traktatliteratur – eine freie Form, die *frottola*, die volkstüml.-sentenzenhafte Züge aufweist; ihre zumeist kurzen Verse kennen keine Festlegung des Rhythmus, der Silbenzahl oder der Reimform. – Auf der Iber. Halbinsel verwendet man einereinige Quartinen (→cuaderna via) für den *alejandrino* und Distichen für den *octosilabo*; die übliche Struktur der *copla de* →*arte mayor* beruht auf der Verbindung von Tetrastichia, wobei sich drei Reime kreuzen (ABBA ACCA) oder zwei miteinander abwechseln (ABAB ABAB); unter den traditionellen Formen ist das *zéjel* (in Achtsilbern) hervorzuheben, das die typ. Form AABBA aufweist. In den galiz.-ptg. →cancioneiros ahmen die →*cantigas* die prov. Strukturen nach, wobei die *finida*, ein Abschlußsegment, die Reime der letzten Verse der *copla* wiederaufnimmt. Es ist evident, daß die verschiedenen Formen des V.- und S.s zum Großteil – und v. a. bei den älteren Formen – von der Art der Musikbegleitung abhängen, von der jedoch nur relativ spärliche Zeugnisse erhalten sind. G. Capovilla

Lit.: T. Navarro, Métrica española. Reseña histórica y descriptiva, 1956 – C. Cunha, Estudos de poética trovadoresca. Versificação e ecdótica, 1961 – Th. W. Elwert, Frz. Metrik, 1966² – C. di Girolamo, Elementi di versificazione provenzale, 1979 – S. Oliva, Métrica catalana, 1980 – M. Bordeianu, La versification roumaine, 1983 – M. Gasparov, Storia del verso europeo, 1989 [it. Ausg. hg. S. Garzonio, 1993] – P. Beltrami, La metrica it., 1994² – R. Baehr, Grundbegriffe und Methodologien der roman. Metrik. Die führenden Versarten der Romania, Lex. der Romanist. Linguistik, II, 1, 1996, 435–468, 469–528 – zu den musikal. Formen siehe den Artikel im Hwb. der musikal. Terminologie, hg. H. H. Eggebrecht, 1971, sowie den Sachteil im MGG², 1994.

IV. Englische Literatur: [1] *Altenglisch:* Die etwa 30 000 überlieferten Verse metr. gebundener Dichtung der Angelsachsen (7.–11. Jh.) folgen ausnahmslos den Regeln der altgerm. Stabreimtechnik (→Alliteration, A; →Stabreim). Deren Grundvereinbarung lautet: Eine Langzeile besteht aus zwei Halbzeilen (mit je zwei Hebungen), die jeweils 1–2 alliterierende »Stäbe« tragen können – die 1. Halbzeile variabel auf der 1. und/oder 2. Hebung, die 2. stets auf der 1. Der Reim spielt in der ae. Dichtung zunächst keine Rolle; er findet sich gelegentl. in wenigen Texten: eher zufällig (z. B. im Epos →»Beowulf«) oder sinnbetonend im Versinnern (so in »The Ruin« [→Elegie, V]). Erst in spätae. Zeit tritt der Reim allmähl. in Konkurrenz zum Stabreim (sporad. in der »Battle of →Maldon«, häufiger in →»Elene«, durchgehend im daher sog. →»Reimgedicht«) – wohl unter dem Einfluß der reimenden mlat. Hymnendichtung. Strophen finden sich in der ae. Dichtung so gut wie nicht. Lediglich in den Elegien →»Deor« und →»Wulf and Eadwacer« wird der Text durch eine Art →Refrain (IV) in ungleich lange Abschnitte gegliedert.

[2] *Mittelenglisch:* In der Dichtung dieses Zeitraums vollziehen sich zahlreiche vers- und reimtechn. Umbrüche: Stabreimdichtung wird seit dem 12. Jh. obsolet – der Reim setzt sich nunmehr durch –, eine modifizierte (oft mit Reim kombinierte) Abwandlung der ae. Stabreimtechnik wird während des 14. und 15. Jh. v. a. in W- und N-England beliebt (sog. »Alliterative Revival«; →Alliteration, C), stroph. Gliederung wird im Verlauf der me. Zeit immer häufiger. Als metr. Gemeinsamkeit (wenngleich unterschiedl. gehandhabt) bleibt vielen me. Dichtungen die auch in der Stabreimdichtung geltende »Füllungsfreiheit der Takte« (Heusler) erhalten – wesentl. Unterscheidungsmerkmal dieses akzentuierenden Systems gegenüber dem streng silbenzählenden Prinzip der roman. Literaturen. In der me. Dichtung werden die einzelnen Verse sehr variantenreich zu größeren – stichisch oder stroph. gebauten – Texten zusammengestellt. In der Gruppe stichischer, nichtstroph. Muster wurde das vier- oder fünfhebige Reimpaar sehr häufig für erzählende Dichtungen verwendet (z. B. mehrteil. in →Chaucers »Canterbury Tales«). Die beliebtesten stroph. Muster waren – v. a. in narrativen Texten – der siebenzeilige, fünfhebige →rhyme royal (ababbcc; z. B. in Chaucers Versroman »Troilus and Criseyde«) und verschiedene Varianten der Schweifreimstrophe ($a^4 a^4 b^3 c^4 c^4 b^3$; in zahlreichen →Romanzen, II). Feste Gedichtformen spielen erst im 14. und 15. Jh. eine größere (→*carols* und *ballades* [→Ballade, B. II. 2]) oder kleinere Rolle (*virelais* und *rondels;* →Refrain, IV) und folgen frz. Vorbildern. Th. Stemmler

Lit.: J. Schipper, Engl. Metrik, 2 T. ein 3 Bd.en, 1881–88 – A. Heusler, Dt. Versgesch., 3 Bde, 1925–29 – H. J. Diller, Metrik und Verslehre, 1978 – J. Raith, Engl. Metrik, 1980² – E. Standop, Abriß der engl. Metrik, 1989.

V. Skandinavische Literaturen: Altnord. gebundene Dichtung (→Altnord. Lit.) beruht auf der Halbzeile (*vísuorð*), die je nach Versmaß zwei (*Fornyrðislag*), drei (*Dróttkvaett*) oder vier (*Hrynhent*) Hebungen aufweist. Zwei Halbzeilen bilden eine Langzeile (*vísufjórðungr*).

Die wichtigsten Versmaße sind das →*Fornyrðislag*, das →*Ljóðaháttr*, das *Kviðuháttr* und das →*Dróttkvætt*. Im *Fornyrðislag* ('Versmaß für alte Sagen') sind die meisten epischen Götter- und Heldenlieder gehalten, dieses Versmaß setzt am ehesten die germ. Form der Langzeilendichtung fort, wie sie auch in ae. Heldendichtung bewahrt ist, und zeichnet sich durch den ebenmäßigen Wechsel von Hebungen und Senkungen in den kurzen, zweihebigen Halbversen aus. Die eddische Lehr- und Wissensdichtung (→Edda, Eddische Dichtung) bevorzugt das Versmaß

Ljóðaháttr ('Spruchton'), welches durch den Wechsel von zwei Halbzeilen und einer nur in sich selbst stabenden »Vollzeile« gekennzeichnet ist. Diese Form der Alliteration (→Stabreim) könnte auf ältere Kurzformen gnom. Dichtung zurückgehen. Das Versmaß Kviðuháttr (etwa 'Balladenton') wird weniger in der Preisdichtung als vielmehr in der genealog.-hist. skald. Dichtung (→Skald) verwendet, wobei hier stumpfe und klingende zweihebige Kurzverse miteinander abwechseln; das Kviðuháttr nimmt eine Zwischenstellung zw. Fornyrðislag und Dróttkvætt ein, wobei es sich von letzterem v. a. durch das Fehlen der Binnenreime unterscheidet. Zwei Drittel aller erhaltenen gebundenen altnord. Dichtung stehen jedoch im anspruchsvollen skald. Versmaß des höfischen Preislieds, dem Dróttkvæt ('Fürstenton'), welches sich neben der Silbenzählung und Stabreimbindung auch durch Binnenreime auszeichnet. Das Dróttkvætt hat aber in der langen Zeit seiner Verwendung zahlreiche Sonderformen entwickelt, die zwar selten größere Verbreitung erlangten, jedoch von →Snorri Sturluson im »Háttatal« seiner Edda beispielhaft verzeichnet wurden. Eine schon früh auftretende Variante des Dróttkvætt, bei dem statt Stabreim Endreim verwendet wurde, das *Rúnhent*, konnte sich ebenfalls nicht durchsetzen.

Die Strophen, die in der skald. Dichtung auch semant. Einheiten sind, bestehen im Dróttkvætt und Kviðuháttr aus je zwei Halbstrophen von je vier Verszeilen, im Ljóðaháttr bilden zwei Paare von je einer Langzeile und Vollzeile eine Strophe. Im Fornyrðislag gibt es eine dem Dróttkvætt nahestehende Strophenform aus vier Langzeilen, wobei die ältesten Eddalieder (»Atlakviða«, »Völundarviða«) noch sehr unregelmäßige Strophen aufweisen. Im Dróttkvætt reichen syntakt. Einheiten von einer Halbstrophe (*helmingr*) der Strophe (*vísa*) zur zweiten, in den anderen Versmaßen sind die Halbstrophen syntaktisch meist abgeschlossen.   R. Simek

Lit.: A. HEUSLER, Dt. Versgesch., 1, 1925 – Kl XII, 55f. [H. LIE] – K. v. SEE, Germ. Verskunst, 1967 – G. TURVILLE-PETRE, Scaldic Poetry, 1976 – G. KREUTZER, Die Dichtungslehre der Skalden, 1977.

VI. BYZANTINISCHE LITERATUR: Im Gegensatz zu der so gut wie ausschließl. akzentuierende Modelle verwendenden →Hymnographie (eine Ausnahme stellen lediglich einige iambische Kanones mit eleg. Distichen als Akrostichis dar, die →Johannes Damaskenos zugeschrieben wurden, heute aber in das frühe 9. Jh. gesetzt werden) kennt die Metrik der nichtliturg. (profanen wie religiösen), byz. Dichtung ein Nebeneinander von antiken quantitierenden und genuin byz. akzentuierenden Systemen, die bisweilen auch in einem und demselben Verstyp einander überlagern. Der *Hexameter* wird durch alle Jahrhunderte hindurch gelegentl. verwendet (vorwiegend für ep.-panegyr. Inhalte, aber auch für religiöse Epigramme), spielt aber eine untergeordnete Rolle und macht keine Entwicklung durch, die etwa dem versus leoninus im Mittellatein an die Seite zu stellen wäre. Man bemüht sich, ep. Versbildung und Diktion nachzuahmen, in den frühen Jahrhunderten auch noch unter Beachtung der strengen nonnian. Regeln. Eleg. Distichen kommen selten, stich. verwendete Pentameter ganz vereinzelt vor. Die *Anakreonteen* haben einen festen Platz v. a. in der religiösen Dichtung, meist als erbauliche Alphabete. In dem von →Sophronios v. Jerusalem (7. Jh.) eingeführten Modell werden Strophen zu je vier anakreontischen Versen (anaklast. ion. Dimeter) durch alphabet. Akrostichis miteinander verbunden; dazwischen werden an einigen Stellen anders gebaute Verspaare als Kukullion (oder Anaklomenon) eingeschoben. Neben den Gesetzen der quantitierenden Metrik wird auch eine gewisse Akzentregulierung in der Form der Tendenz zum paroxytonen Versschluß beachtet. Selten sind rein akzentuierende paroxytone Achtsilber (z. B. in den Hymnen →Symeons des Neuen Theologen). Der *iambische Trimeter* ist der wohl am weitesten verbreitete Vers in der hochsprachl. byz. Dichtung. Er ist der Epigrammvers schlechthin, aber auch für umfangreichere Gedichte wie z. B. Epitaphien, ja auch für ganze Romane bedient man sich dieses Verses. Die byz. Autoren sprechen stets von Iamben und sind bemüht, die alten Prosodieregeln zu beachten (manchmal bes. konsequent, oft jedoch auf optisch erkennbare Quantitätsunterschiede beschränkt). Eine markante Neuerung besteht darin, daß, bedingt durch den im Laufe der Spätantike erfolgten Schwund des Gefühls für die Quantität, die Auflösung einer Länge in zwei Kürzen bei →Georgios Pisides nur mehr selten, später überhaupt nicht mehr erfolgt (daher die von P. MAAS geprägte Bezeichnung »byz. *Zwölfsilber*«). Enjambement wird weitgehend gemieden, und auch der Binnenschluß (stets nach der 5. oder 7. Silbe) ist meist ein stärkerer Einschnitt als die Zäsur des antiken Verses. Die genuin byz. Akzentregulierung besteht einerseits im sehr konsequent gesuchten paroxytonen Versschluß, andererseits in gewissen Betonungstendenzen vor dem Binnenschluß (Oxytonon oder Paroxytonon vor B 5, Proparoxytonon vor B 7). Prosodielose, nur die Akzentregulierungen beachtende Verse sind in Gebrauchstexten (etwa Inschriften) häufig, im lit. Bereich die Ausnahme (Symeon der Neue Theologe). In der Epigrammatik sind Gruppierungen von je zwei oder vier Zwölfsilbern häufig, kompliziertere Strophenbildungen kommen nicht vor, wohl aber →Figurengedichte. Eine echt byz. Neuschöpfung ist der *politische Vers*, ein akzentuierender alternierender paroxytoner Fünfzehnsilber mit starkem Binnenschluß nach der achten Silbe. Die Frage seiner Entstehung ist nicht restlos geklärt, doch dürfte angesichts des rein akzentuierenden Charakters von einem volkstüml. Ursprung auszugehen sein (die von byz. Theoretikern gezogene Verbindung zum iambischen und trochäischen Tetrameter ist wohl gelehrte Spekulation). Von seinem (abgesehen von frühen Spuren in Kirchendichtung und Akklamationen) frühesten Auftreten um 900 an ist er eng verbunden einerseits mit religiöser Dichtung (erbauliche Alphabete, Hymnen Symeons), andererseits mit dem Ks.hof (Hymnen im Rahmen des Zeremoniells). Etwas später kommt das Genus des Lehrgedichts dazu, und schließlich bedient sich die ab dem 12. Jh. entstehende Dichtung in der Volkssprache für geraume Zeit prakt. ausschließlich dieses Verses. Stroph. Gliederung (Dekasticha, Dodekasticha, Refrains, kunstvolle Verschränkung zweier Gedichte) begegnet v. a. in der ksl. Sphäre – im 10., aber auch noch im 12. und 13. Jh. – und weist auf Funktion und Aufführungspraxis hin (alternierender Vortrag durch Chöre der Demen, verschiedene Stationen einer Zeremonie). Sowohl bei den polit. Versen als auch bei den Anakreonteen finden sich in den Hss. vereinzelt Hinweise auf musikal. Vortrag.   W. Hörandner

Lit.: P. MAAS, Der byz. Zwölfsilber, BZ 12, 1903, 278–323 – TH. NISSEN, Die byz. Anakreonteen, 1940 – I. ŠEVČENKO, Poems on the Deaths of Leo VI and Constantine VII in the Madrid Ms. of Scylitzes, DOP 23–24, 1969–70, 185–228 – M. J. JEFFREYS, The Nature and Origins of the Political Verse, ebd. 28, 1974, 141–195 – DERS., Byz. Metrics: Non-Literary Strata, JÖB 31/1, 1981, 313–334; 32/1, 1982, 241–245 – J. KODER, Kontakion und polit. Vers, ebd. 33, 1983, 45–56 – B. LAVAGNINI, Alle origini del verso politico, 1983 – W. HÖRANDNER, Poetic Forms in the Tenth Cent. (Constantine VII Porphyrogenitus and His Age, 1989), 135–153 – DERS., Visuelle Poesie in Byzanz, JÖB 40, 1990, 1–42 – M. J. JEFFREYS–O. L. SMITH, Political Verse for Queen

Atossa, CM 42, 1991, 301–304 – C. Pochert, Die Reimbildung in der spät- und postbyz. Volkslit., 1991 – W. Hörandner, Beobachtungen zur Literarästhetik der Byzantiner, Byzslav 56, 1995, 279–290 – M. Lauxtermann, The Velocity of Pure Iambs. Byz. Observations on the Metre and Rhythm of the Dodecasyllable, JÖB 48, 1998.

VII. Slavische Literaturen: Im altslav. Schrifttum begegnet außerhalb der liturg. Dichtung, die aus dem Griech. übersetzt wurde und nur annähernd deren metr. Regeln folgt, so gut wie kein Text nach einem eindeutigen Versmaß. Weniger als ein halbes Dutzend altslav., nicht übersetzter Kompositionen werden als »Gedichte« (so z. B. das →Konstantin-Kyrill bzw. dem Priester →Konstantin v. Preslav zugeschriebene »Alphabetische Gedicht« oder »Proglas« zum Evangelium) betrachtet. Sie weisen jedoch kein regelmäßiges Versmaß auf. Dieselbe Lage charakterisiert das russ. sowie das serb. und das bulg. Schrifttum des MA. Lediglich in Böhmen, unter Einfluß der lat. Dichtung, und später in Polen entwickelte sich im MA eine Poesie, die V. und S. kennt (→Tschechische Sprache und Literatur). Das älteste religiöse Lied aus Böhmen, →»Hospodine pomiluj ny«, besteht aus 7 Achtsilbern mit einem Refrain und geht vermutl. auf das Ende des 10. Jh. zurück. Ab dem 13. Jh. haben wir dann auch eine weltl. Epik und Lyrik, die auf dem Achtsilber basiert und die Verse mit den Reimen AABB verbindet. In der Lyrik des 14. Jh. taucht ein S. auf, bestehend aus 4 Achtsilbern, die durch gemeinsamen Reim verbunden sind (z. B. Kunhutina modlitba).

Im »Kampf der Seele mit dem Leib« (Spor duše s tělem) aus dem 1. Viertel des 14. Jh. wird der vierzeilige S. dadurch gekennzeichnet, daß der dritte Achtsilber jeder Strophe eine Zäsur nach der vierten Silbe aufweist, wobei die vierte und die achte Silbe einen Reim bilden (z. B. Jáz klekánie i vzdýchanie 47). Am Ausgang des MA, im 15. Jh., sprengen lyr. Dichter den strengen Rahmen des Achtsilbers und entwickeln kunstvollere Strophen.

Eine Dichtung in poln. Sprache taucht erst am Ende des 15. Jh. im Zusammenhang mit der Renaissance auf. Wahrscheinl. im 14. Jh. entstand das Marienlied →Bogurodzica dziewica, das aus Achtsilbern besteht. Der S. wird im älteren Teil durch Reim und Refrain Kyrieeleison hervorgehoben. Ch. Hannick

Lit.: K. Horálek, Studie o slovanském verši, Sborník filologický 12, 1946, 261–343 – R. Jakobson, The Slavic Response to Byz. Poetry, Actes XIIe Congr. Internat. d'Ét. byz. 1, 1963, 249–267 – St. Urbańczyk, »Bogurodzica« – Problemy czasu powstania i tła kulturalnego, Pamiętnik literacki 69, 1978, 35–70 – L. Pszczołowska, Wierz, Słównik literatury staropolskiej, 1990, 891–901.

Versammlung (→placitum, colloquium, Reichsv.). Der gemeinsamen Beratung anstehender Entscheidungen gaben alle ma. Gruppen breiten Raum. Konsensbildung durch Beratung begegnet im herrschaftl. Bereich (→Lehen, -swesen; →König) ebenso wie in genossenschaftl. strukturierten Gruppen der Stadtgemeinde (→Stadt), der →Gilden und →Zünfte oder anderer 'coniurationes'. Solche Beratungen schildert schon Tacitus als Charakteristikum der Willensbildung in den germ. Stämmen (Germ., cap. 11 und 22). Aus dieser Beratungspflicht resultieren die zahllosen, mehr oder weniger regelmäßigen V.en ma. Gruppen, unter denen die der Kg.e mit ihren Großen quellenmäßig am besten faßbar sind (Hoftag, →Reichstag). Mit aufwendigen kirchl. wie säkularen Feiern und Festlichkeiten (→Fest; →Spiel, A. II; Herrscherliturgie) dienten die V.en der Herrschaftsrepräsentation, aber auch der polit. Willensbildung, die sich eben in Beratungen konkretisierte. Namentlich für die früh- und hochma. Jahrhunderte ist es nicht immer leicht, die Sphäre der Beratung und des →Gerichts zu unterscheiden. Ob Rat (consilium) oder Urteil (iudicium) vom Herrn erfragt wurde, scheint im MA nicht so unterschiedlich bewertet worden zu sein, wie wir dies heute auffassen. Grundsätzlich zu unterscheiden sind im Ablauf solcher V.en Bereiche der Vertraulichkeit und der Öffentlichkeit. In letzterer dominierte demonstrativ-rituelles Handeln. In feierl. Inszenierung wurde der Glanz der Herrschaft gezeigt, die Rangordnung abgebildet, Neuerungen offenkundig gemacht, Verpflichtungshorizonte – etwa der des chr. Herrschers – demonstrativ anerkannt. Derartige V.en stabilisierten die Ordnung, da Mitmachen ein verbindl. Versprechen für zukünftiges Verhalten war. Folgerichtig wurde Dissens durch Fernbleiben von diesen V.en zum Ausdruck gebracht, seltener auch durch provokative Störungen des →Zeremoniells. Auch die öffentlich durchgeführten Beratungen hatten Inszenierungscharakter, da die Entscheidungen vertraulich vorbereitet worden waren. In diese Sphäre der Vertraulichkeit dringen Q. selten ein; sie betonen vielmehr, die 'secreta regis' nicht anrühren zu wollen. Dennoch sind die Techniken vertraulicher Vorklärung auf solchen V.en für das Verständnis der Funktionsweise des 'Systems' höchst wichtig. So war der Zugang zum Herrn oder Herrscher bestimmten Restriktionen unterworfen. Zugang hatten die familiares (→familia), vertraute Ratgeber, Verwandte, Freunde. Andere benötigten deren Hilfe, um zum Ohr des Herrschers vorzudringen. Damit zusammenhängend dominierten Techniken des Sich-Verwendens, des Fürsprechens, der Intervention. Netzwerke von Freunden und Klientelsysteme hatten hier ihre verdeckten Tätigkeitsfelder. Ma. Hofkritik kämpfte intensiv, aber vergeblich gegen die negativen Begleiterscheinungen solcherart verdeckten Einflusses. Zu offenen und möglicherweise kontroversen Austragungen der Meinungsbildung (→Publizistik) waren solche V.en deshalb nicht in der Lage, weil Rang und Ehre öffentl. Widerspruch nicht ertrugen. G. Althoff

Lit.: O. v. Gierke, Das dt. Genossenschaftsrecht, 4 Bde, 1868–1913, Bd. 1, 228ff. – Waitz, Bd. 3, 1883², 554ff.; Bd. 6, bearb. G. Seeliger, 1896², 323ff. [mit reichem Belegmaterial] – E. Seyfarth, Frk. Reichsv.en unter Karl d. Gr. und Ludwig d. Frommen [Diss. Leipzig 1910] – F. Kern, Gottesgnadentum und Widerstandsrecht im früheren MA, 1914 [Nachdr. 1954] – M. Lintzel, Die Beschlüsse der dt. Hoftage von 911–1056, 1924 – H. Keller, Zur Struktur der Kg.sherrschaft im karol. und nachkarol. Italien. Der »consiliarius regis« in den it. Kg.sdiplomen des 9. und 10. Jh., QFIAB 47, 1967, 123–223, bes. 125ff. – C. Uhlig, Hofkritik im England des MA und der Renaissance. Stud. zu einem Gemeinplatz der europ. Moralistik, 1973 – J. Hannig, Consensus fidelium. Frühfeudale Interpretationen des Verhältnisses von Kgtm. und Adel am Beispiel des Frankenreiches, 1982 – H. Wenzel, Öffentlichkeit und Heimlichkeit in Gottfrieds 'Tristan', ZDPh 107, 1988, 335–361 – P. Moraw, Hoftag und Reichstag von den Anfängen im MA bis 1806 (Parlamentsrecht und Parlamentspraxis in der Bundesrepublik Dtl. Ein Hb., hg. H.-P. Schneider-W. Zeh, 1989), 3–47, bes. 12ff. – G. Althoff, Colloquium familiare-Colloquium secretum- -Colloquium publicum. Beratung im polit. Leben des früheren MA, FMASt 24, 1990, 145–167 – Ders., Demonstration und Inszenierung. Spielregeln der Kommunikation in ma. Öffentlichkeit, ebd. 27, 1993, 27–50. – Ders., Spielregeln der Politik im MA, 1997.

Verschlüsse. Die Teile des →Ringelpanzers wurden durch Schnallriemen, Haken oder Verschnürung geschlossen. Beim →Plattenharnisch herrschten Riemen und Schnallen vor, welche die auf der Gegenseite durch Scharniere zusammengehängten Harnischteile verschlossen. An Arm- und Beinröhren gab es auch Schnappbolzen, eingenietete Stifte, die in ein Loch auf der Gegenseite einschnappten. Die Verstärkungsstücke des it. Harnischs wurden durch Schlitzbolzen und durchgesteckte Splinte befestigt. O. Gamber

Verschweigung bedeutet im ma. dt. Recht überwiegend das Nichtgeltendmachen eines Rechts mit der Folge seines Verlustes, ähnl. der →Verjährung nach entsprechenden Fristen: Wer dem widerrechtl. Zustand nicht binnen →Jahr und Tag widerspricht, verliert sein Recht (Magdeburger Weistum für Breslau 1261). Die V. war ein sehr gebräuchl. Rechtsinstitut in unterschiedl. Sachzusammenhängen (Schuld-, Erb-, Sachen-, Prozeß-, Strafrecht). Nach dreißigjähriger V. und Jahr und Tag verliert der Sachse sein Recht an Grundstücken (Sachsenspiegel Ldr. I, 29). Mit der Auflassung von Eigen mit Erbenlaub vor gehegtem Ding (ebd. I, 52, 1) sind Dritte aufgefordert, dem angestrebten Übergang der →Gewere bei eventuell entgegenstehenden Rechten zu widersprechen. Erst nach Ablauf der V.sfrist erlangt der Erwerber die rechte Gewere. In den Magdeburger Schöffensprüchen erscheint V. überwiegend als Beweismittel für das (Nicht-)Bestehen von Forderungen. Wer sein Recht verschwiegen hat und es dennoch behaupten will, muß beweisen, daß es ihm immer noch zusteht (Beweislastumkehr). Das Recht ging durch V. nicht verloren, wenn der Betroffene außer Landes war. Nach Sachsenspiegel Ldr. I, 61, 1 kann jedermann seinen Schaden verschwiegen, d. h. niemand ist gezwungen, sein Recht durchzusetzen (ähnl. Schwabenspiegel 97 a). Solange er nicht das →Gerüfte erhebt, mit dem die Klage beginnt, kann sich der Geschädigte verschwiegen. Nach Ablauf der entsprechenden Frist ist die Durchsetzung des Rechts jedoch nicht mehr möglich. Die V. verlegte somit die Strafverfolgung nach dem Ablauf von Fristen, die von der Art des Delikts abhingen. Schwere Delikte unterlagen nicht der V.; ihre Verfolgung war nur sofort möglich. In einigen (westfries.) Rechten sind sie sogar ausdrückl. von der V. ausgenommen, während geringere Delikte verschwiegen werden konnten (Sachsenspiegel Ldr. III, 31, 3). Neben der häufig belegten Jahresfrist begegnen 1–6 Monate. Sehr kurze Fristen für Schläge und Wunden sind drei Tage (Keure v. Brügge 1281) und eine Nacht (Zipser Willkür 1370). Mit dem Aufkommen des →Inquisitionsprozesses lag die Einleitung des Verfahrens nicht mehr ausschließl. in der Hand des Geschädigten. Damit verlor auch die V. von Delikten an Bedeutung. Die Verfolgung der Straftaten von Amts wegen fand eine Ergänzung im spätma. →Rügeverfahren des dörfl. Rechtsbereichs, das alle Gerichtsgenossen verpflichtete, bekannt gewordene Rechtsverletzungen am Gerichtstag zu 'rügen'.   H. Lück

Q.: Magdeburger Recht, hg. F. EBEL, I–II, 1983–96 – *Lit.*: HRG V, 809f. [Lit.] – J. W. PLANCK, Dt. Gerichtsverfahren im MA, I, 1879, 627ff. – W. IMMERWAHR, Die V. im dt. Recht (Unters. zur dt. Staats- und Rechtsgesch. 48, 1895) – R. HIS, Das Strafrecht des dt. MA, I, 1920, 403ff. – H.-J. SCHULTE, Die V. in den Kölner Schreinsurkk. des 12.–14. Jh. [Diss. Köln 1966] – H. D. SCHMACHTENBERG, Die V. in den Urteilen des Ingelheimer Oberhofs und des Neustädter Oberhofs [Diss. Frankfurt/M. 1971; Lit.] – H. MITTEIS–H. LIEBERICH, Dt. Privatrecht, 1981⁹, 34, 91, 116 – B. JANZ, Rechtssprichwörter im Sachsenspiegel, 1989, 380–382.

Verschwörung. Das Wort V. (coniuratio) bezeichnet zum einen, in pejorativem Sinn, eine illegitime, konspirative Unternehmung. Zum anderen meint es, im Sinne eines rechtl. und sozialen Begriffs, eine bestimmte Form der Vergesellschaftung und Vergemeinschaftung, nämlich die geschworene, durch einen gegenseitigen Eid konstituierte →Einung. Die Doppelheit der Bedeutungen entspricht denen des Wortes →'Willkür' (voluntas), das das vereinbarte Sonderrecht einer als Schwureinung konstituierten Gruppe bezeichnet, zugleich aber auch dieses Sonderrecht als Unrecht diffamieren kann. Die ma. 'Coniuratio' begegnet in den beiden Grundformen der →Gilde und der →Kommune (vgl. auch →Coniuratio). Während die Gilde in ihren verschiedenen Erscheinungsformen eine rein personal zusammengesetzte Gruppe darstellt, besetzt die Kommune, als bäuerl. wie als städt. Kommune, einen umgrenzten Raum, sie ist lokal oder regional »radiziert« (G. DILCHER). Beide Erscheinungsformen begegnen schon im frühen MA, wo sich bäuerl. Kommunen lange vor der Entstehung der städt. im 11. Jh. nachweisen lassen. Als Form der Vergesellschaftung beruht die Conjuratio auf Konsens und Vertrag und enthält deshalb zugleich zahlreiche Normen eines vereinbarten polit.-sozialen Zusammenlebens und Handelns von Menschen, z. B. Selbstverwaltung, selbstgesetzte Gerichtsbarkeit, Wahl der Funktionsträger, freien Eintritt und Kooptation. Sie verweist also auf eine polit. Theorie, die allerdings in sozialer Praxis verankert ist und deren Prinzipien im spätma. »Kommunalismus« (P. BLICKLE) deutlicher zutage treten und in der NZ die polit. Theorien bestimmt haben. Im 19. und 20. Jh. werden die beiden auf die Conjuratio zurückgehenden Formen des Zusammenlebens als 'Assoziation' ('Verein') und 'Gemeinde' in ihrem Verhältnis zum 'Staat' erörtert.   O. G. Oexle

Lit.: Theorien kommunaler Ordnung in Europa (Schr. des Hist. Kollegs. Kolloquien 36, hg. P. BLICKLE, 1996) – G. DILCHER, Bürgerrecht und Stadtverfassung im europ. MA, 1996 – O. G. OEXLE, Friede durch V. (Träger und Instrumentarien des Friedens im hohen und späten MA, hg. J. FRIED, 1996), 115–150.

Versehgang. Seit dem Altertum überbrachten die Christen die →Eucharistie an Kranke und Sterbende (→Viaticum), urspgl. im Anschluß an eine Messe, nur in dringl. Fällen, später regelmäßig unter Rückgriff auf die für diesen Zweck ständig aufbewahrte Eucharistie. Geschah der V. in Kl. und Pfarreien lange ohne jede Feierlichkeit, wurde er seit dem FrühMA fortschreitend, verstärkt seit dem 11. Jh., ausgestaltet: durch das Mittragen von Lichtern (zuerst Reims, ca. 620), Kreuz, Rauchfässern, Glocke und mit Begleitung durch Konvent oder Pfarrangehörige nach öffentl. Geläut. Viele dieser Bräuche gingen aus den Kl. in die Pfarreien über. So wird der V. im HochMA zur von Gesang begleiteten, theophor. Prozession mit Verehrung der Hostie durch die Gläubigen (Einfluß auf Entstehung der Fronleichnamsprozession), gefördert durch Ablaßgewährungen (seit 13. Jh.), Stiftungen und eigene Bruderschaften (14./15. Jh.). Bes. seit der Reformationszeit, teils schon früher, wurde eine zweite Hostie mitgenommen, um auch den Rückweg zur Kirche als eucharist. Prozession begehen und mit dem eucharist. Segen beenden zu können.   M. Klöckener

Lit.: P. BROWE, Die Sterbekommunion im Altertum und MA, ZKTH 60, 1936, 1–54, 211–240 – O. NUSSBAUM, Die Aufbewahrung der Eucharistie, 1979, 94–96, 100f., 142–145 – H. B. MEYER, Eucharistie (Gottesdienst der Kirche, IV, 1989), 551f. – F. MARKMILLER, V. und feierl. Provisur am Beispiel Dingolfings, Der Storchenturm. Gesch.s-bl. für die Landkr.e Dingolfing, Landau und Vilsbiburg 15, 1980, H. 29, 36–67.

Versicherung (Assekuranz). Im MA gerieten bestimmte Usancen des Handels und des Wirtschaftslebens, die bereits der Antike bekannt gewesen waren, nicht in Vergessenheit. In diesem Zusammenhang sind für die kaufmänn. Milieus diejenigen rechtl. und vertragl. Gepflogenheiten, die zumindest in bestimmtem Umfang vor Verlusten schützten und so das Risiko verringerten, hervorzuheben. Der Rückgriff auf derartige Verfahren begegnet bes. seit dem 11. und 12. Jh., bedingt durch den Aufschwung des internat. →Handels. Während dieser Periode und noch bis ca. 1300 bezogen sich die meisten Operationen, die sich mit einer V. vergleichen lassen, auf den Bereich des Transports sowie des →Kreditwesens.

Die V. hatte fast ausschließl. die Funktion eines möglichen Gegengewichts gegen die Risiken, die den Handelsverkehr bedrohten, und bezog sich daher im Regelfall auf Sachwerte. Ansätze zur Ausbildung einer Lebensv. wurden dagegen kaum entwickelt, mit Ausnahme des bes. Falls der V. von →Sklaven, die aber eher in ihrer Eigenschaft als Handelsware versichert wurden. Unbekannt war die V. gegen Schäden, die durch Schlechtwettereinflüsse (Hagel, Blitzschlag usw.) an Grundbesitz oder Häusern entstanden. Selbst gegen Risiken im Handelsverkehr wurden V.en bis ca. 1300 nur in individueller Weise geschlossen, in Form einer verdeckten Anleihe oder eines fiktiven Kaufs. Es ist daher schlechthin unmögl., die Häufigkeit solcher v.sähnl. Vereinbarungen auch nur annähernd zu schätzen, doch blieb ihre Zahl im 13. Jh. wohl gering.

Gegen Ende des MA kamen hier und da v.sartige Vereinbarungen in Gebrauch, die auf parität. Grundlage der Lebensdauer von bestimmten Persönlichkeiten oder die Wahlchancen bestimmter Kandidaten für hohe öffentl. Ämter zum Gegenstand hatten. Es ging dabei um eine Ausschaltung von Partikularrisiken, die durch Spieleinsatz bzw. Spekulation auf das Unbekannte realisiert wurde; dieser Typ der V. ist daher eher dem →Spiel zuzurechnen. Derartige Phänomene blieben bei alledem auf einen engen Personenkreis beschränkt. Im Laufe des 14. Jh. kam eine neue Form der V. auf, deren Charakterzüge bis ins 18. Jh. weithin unverändert blieben. Es ist dabei nicht ausgeschlossen, daß in den Kaufmannsmilieus, in denen diese V. entstand, auch schon vor 1300 nach autonomen Formen eines Risikoausgleichs gesucht wurde. Doch standen im lat. Westen, wo sich diese (in Q.texten selten erwähnte) Art der indirekten V. ausbildete, theol. und jurist. Hindernisse einem spezif. Engagement auf diesem Gebiet lange entgegen. Der aus einem derartigen Risiko erwachsende etwaige Gewinn wurde von der kirchl. Doktrin als unerlaubt angesehen, da er tendenziell als eine gegen den Willen Gottes gerichtete Aktion gelten konnte, darüber hinaus als Spekulation auf die Zukunft, die im Schoße der Vorsehung beschlossen lag.

Dies alles verhinderte nicht, daß in den w. Mittelmeerländern im Laufe des 14. Jh. eine Vertragsform aufkam, die im Seehandel sowohl die Ladung als auch die Schiffe versicherte (→Seeversicherung). Eine derartige Verpflichtung beruhte auf einer bestimmten Evaluation der Risiken, aufgrund derer die Höhe der *primes* (V.ssätze) festgelegt wurde. Solche Evaluationsverfahren entfalteten sich naturgemäß bes. im maritimen Bereich, der durchgängig mit starken Risiken zu rechnen hatte. Das Grundmuster, das sich hier aufgrund längerfristiger Erfahrungswerte und infolge des Informationsnetzes der kaufmänn. →Unternehmer ausbildete, bewegte sich zwar auf einer prästatist., dennoch aber rationalen und zweckentsprechenden Basis, die eine Ausformung des neuen Typs des V.svertrages begünstigte. In diesem Vertrag garantierten mehrere Partner (seltener nur einer) ausdrückl. die Werte, die sie bei möglichen Schadensfällen, welche Güter, Kreditsummen oder Frachten (→Nolo) betreffen konnten, vor Verlust zu schützen wünschten. Diese Werte waren ausführl. im Kontrakt aufgeführt, ebenso wie der V.sbeitrag, den der Versicherte im voraus zu leisten hatte. Im Schadensfall verpflichtete sich der Versicherer zu einer Entschädigung proportional zum Maße des Aufkommens der Schäden, bis zur Höhe der in dem Kontrakt spezifizierten Summe; damit erwarb er auch alle Rechte an den vom Schadensfall betroffenen Gütern (bis zur Höhe der im Assekuranzvertrag genannten Summe).

Wenn auch diese Verträge manchmal von →Notaren abgefaßt wurden, so war es doch in der Regel ein →Makler, der zw. V.en und Versicherten vermittelte. Im Laufe des 14. Jh. wurde so eine Form der V. geschaffen, beruhend auf der Überzeugung, daß es geboten und wirtschaftl. legitim sei, auf die Unsicherheit der Zukunft zu spekulieren. Diese Vertragsform stellt eine Art von ausgewogenem, für beide Seiten rentablen Austausch her zw. dem Versicherten, der bereit war, den V.sbeitrag zu leisten, und dem Versicherer, der bereit war, für eventuelle Verluste zu haften.

Bis ins 17. Jh. erfolgten Verpflichtungen der Versicherer fast durchweg auf individueller Grundlage, und nicht jeder Versicherer verpflichtete sich zu denselben Verbindlichkeiten wie die anderen beteiligten Versicherer. Im allg. gab es keine V.gesellschaften, und wo sie entstanden, waren sie nur von begrenzter Dauer. Tatsächl. betätigen sich an vielen Handelsplätzen zahlreiche Kaufleute als Versicherer, doch übte ein Kaufmann nur selten ausschließl. diese Aktivität aus; die V. war bis ins ausgehende MA nur ein (oft marginaler) Investitionsbereich unter vielen. Andererseits fungierte auch der V.snehmer in vielen Fällen wiederum als Versicherer, nicht zuletzt aus familiärer oder kollegialer Solidarität mit anderen Kaufleuten, die bei Handelsunternehmungen immer wieder Garantien für ihre Güter benötigten.

Dieses System funktionierte auf der Basis gegenseitigen Vertrauens, wie es unter Kaufleuten vorausgesetzt wurde. Dies bedeutet aber keineswegs, daß nach einem Schadensfall der Versicherer stets unverzügl. oder vollständig seinen Verbindlichkeiten nachgekommen wäre. In jedem Fall besagte die Regel, daß die Versicherer den Versicherten bei allen entstandenen Risiken die garantierte Entschädigung zu leisten hatten, ausgenommen in Fällen arglistiger Täuschung (dolus). Jeder Versicherer haftete separat für die vereinbarte Summe; in der Praxis erfolgte sehr häufig eine geringere Auszahlung als die vertragl. vereinbarte, dies ist infolge einer gütl. Einigung. Nach Schadensfällen waren Streitigkeiten zw. den Parteien nicht eben selten. Sie wurden in Prozeßform vor den zuständigen städt. Magistraten und Gerichtshöfen ausgetragen, doch vermieden die Parteien oft einen regelrechten Prozeß und wandten sich lieber an andere Kaufleute, die als →Vermittler eine gütl. Einigung zu erreichen suchten.

Diese neue Form der Assekuranz verbreitete sich rasch in den großen Handelsstädten im Küstenbereich (Genua, Venedig, Barcelona, Ragusa/Dubrovnik) wie im Binnenland (Florenz, Burgos). Bis zum Ende des MA waren aber V.en auf den Landtransport wenig häufig, auch wurden Schiffsmannschaften nie versichert. Die Gegnerschaft der kirchl. Autoritäten trat immer mehr zurück, wohingegen seit dem Beginn des 14. Jh. städt. Autoritäten (meist in Pisa, dann in Genua) sich in das immer verbreitetere V.swesen einschalteten. Bis zum Ende des 15. Jh. war die Assekuranz in den chr. Handelsstädten des Mittelmeerraumes häufiger als im Bereich des Atlantik. A. Tenenti

Lit.: G. BONOLIS, Svolgimento storico dell'assicurazione in Italia, 1901 – G. STEFANI, L'assicurazione a Venezia dalle origini alla fine della Serenissima, 1956 – Enciclopedia del diritto, I, 1958, 420–427 [G. CASSANDRO] – J. HEERS, Le prix de l'assurance maritime à la fin du MA, RHES 37, 1959 – P. PERDIKAS, Lineamenti di una teoria sulla storia e sul concetto del contratto d'assicurazione, Assicurazioni 40, 1973, 280–300 – H. GRONEUER, Die Seev. in Genua am Ausgang des 14. Jh. (Fschr. H. HELBOG, 1976), 218–260.

Versöhnung. Die Theologen des MA übernahmen aus der alten Kirche, vermittelt durch Augustinus (de trin. 13,10,13) die sog. »Redemptionslehre« (lat. redimere 'zurückkaufen, erlösen'). Die folgende Charakterisierung bei →Bernhard v. Clairvaux ep. 190 c. II (ed. LECLERCQ-ROCHAIS, S. Bernardi Opera VIII [1977] 27-40, das Zit. 26) dürfte aus dem von einem Schüler nach →Abaelards mündl. Vortrag verfaßten »Liber Sententiarum« stammen: »Man muß wissen, daß alle unsere Lehrer nach den Aposteln darin übereinstimmen, daß der Teufel Herrschaft und Macht über den Menschen hatte und ihn zu Recht besaß: deshalb nämlich, weil der Mensch auf Grund des freien Willens, den er hatte, freiwillig dem Teufel zugestimmt hat. Sie sagen nämlich, daß, wenn einer jemand besiegt habe, der Besiegte zu Recht zum Sklaven des Siegers bestimmt wird. Daher, so sagen die Lehrer, ist der Sohn Gottes auf Grund dieser Notwendigkeit Mensch geworden, damit der Mensch, der anders nicht befreit werden konnte, durch den Tod eines Unschuldigen zu Recht vom Joch des Teufels befreit wurde.« Hier ist von »allen doctores« die Rede, das waren v.a. →Anselm v. Laon und seine Schule (so schon die →Glossa Ordinaria zu Röm 5,6.8. ed. A. Rusch, Straßburg 1480/81, IV, 224, dies – neben Röm 3,26 – die Stelle, an der das Problem »Cur deus homo« bei der Vorlesung diskutiert wurde). Das o. a. Zitat zeigt, daß Abaelard offenbar →Anselm v. Canterburys »Cur deus homo« mit der →Satisfaktionstheorie noch nicht kannte. Sie soll die alte Redemptionslehre ersetzen, die heftig kritisiert wird (Cur deus homo 10). Nach Anselm wurde Gott durch den Menschen Adam unendlich beleidigt. Eine solche Beleidigung kann aber nur durch eine entsprechende Sühne (satisfactio) getilgt werden. Da diese unendlich groß sein muß, kann sie nur von Gott, der aber von Beleidiger erbracht werden muß, muß sie von einem Menschen kommen. Also mußte Gott selbst Mensch werden, damit die Menschheit als ganze erlöst bzw. mit Gott versöhnt würde. Auch →Abaelard lehnt die Redemptionslehre ab (in ep. ad. Rom. zu Röm 3,26; ed. BUYTAERT, CCCM 11 (114-117) und setzt ihr ein Konzept entgegen, bei dem nicht mehr die Menschheit als ganze, sondern der einzelne Mensch erlöst bzw. mit Gott versöhnt wird: Die Erbsünde wird von Abaelard als Erbstrafe umgedeutet, Sinn der Menschwerdung und des Leidens Christi ist es, durch die unermeßl. Liebe, die sich darin manifestiert, im einzelnen Menschen die Gegenliebe zu entzünden. Diese macht den Menschen gerecht, versöhnt ihn mit Gott. Abaelards Lehre blieb – wohl wegen seiner Verurteilung in Sens 1138/40 – ohne nachhaltigen Einfluß. Zwar referiert sie →Petrus Lombardus neben der alten Redemptionslehre, ohne Anselms Satisfaktionstheorie zu erwähnen (3 Sent. 19,1. Ed. Grottaferrata II [1981] 118-120), doch schon bald setzte sich diese durch und wurde zur Kirchenlehre (vgl. →Thomas v. Aquin in ep. ad Rom. c. III, lectio III, 306-310; Ed. MARIETTI 1953, 530f.).

R. Peppermüller

Lit.: DSAM XIV, 251-283 – TRE II, 759-778 – J. RIVIÈRE, Le dogme de la rédemption au début du MA, 1934 – O. LOTTING, Psychologie et morale aux XIIe s., 6 Bde, 1942-60 – J. RIVIÈRE, Le dogme de la rédemption au XIIe s. d'après les derniers publications, RMA 2, 1946, 101-112, 219-230 – D. E. DE CLERCK, Le dogme de la rédemption, RThAM 14, 1947, 252-286 – DERS., Droits du démon et nécessité de la rédemption, RThAM 14, 1947, 32-64 – R. E. WEINGART, The Logic of Divine Love, 1970 – R. SCHWAGER, Der wunderbare Tausch, 1986 – A. PODLECH, Abaelard und Heloisa, 1990 – G. SAUTER, »V.« als Thema der Theologie, 1997 [Lit.].

Verspottung Christi → Passion, C

Verstand → Intellectus agens/possibilis, →Ratio

Versuchung. Der Begriff der V. (tentatio) wird v. a. im Zusammenhang mit der Auslegung des bibl. Sündenfallberichts und der Erläuterung der →Erbsünde entfaltet. Der beginnenden Scholastik liegt dazu von Augustinus her bereits reiches Material vor, das Petrus Lombardus (Sent. II, d. 21-24) – im Rückgriff auf Hugo v. St-Victor – zu einer ersten systemat. und durch die Sentenzenkomm.e für die Folgezeit maßgebl. Darstellung verarbeitet.

Unterschieden werden zunächst zwei Arten der V.: eine von außen auf den Menschen zukommende (tentatio exterior) und eine von innen im Menschen selbst aufsteigende (tentatio interior). Nach Hugo v. St-Victor kann die äußere V., die auf den Teufel zurückgeht, durch Sichtbares und Unsichtbares erfolgen, während die innere V. in einer Bewegung des schlechten Begehrens im Menschen besteht (De Sacr. I, 7, 9). Hugo erläutert dabei ausführl. die bes. Raffinesse in der Wahl der Mittel und Worte, mit denen der Teufel seine V. zuerst gegenüber der Frau und dann durch sie gegenüber dem Mann durchführt, sowie Absicht und Heimtücke des Teufels (De Sacr. I, 7, 2-4. 6f.). Für Petrus Lombardus tritt der Teufel mit seinen V.en sowohl von außen (nur durch Sichtbares) als auch von innen unsichtbar an den Menschen heran. Die innere V. kann ihren Grund aber auch im fleischl. Begehren des Menschen haben. Dabei stellt die V. durch den Teufel noch keine Sünde dar, wenn man ihr nicht die Zustimmung (consensus) gibt. Vielmehr ist sie Anlaß zur Übung der Tugend. Jede V., die aus dem Fleisch des Menschen kommt, geschieht dagegen nicht ohne Sünde. Im Hintergrund steht hier die Auffassung des Lombarden, daß bereits die primi motus zum Schlechten Sünde, wenn auch leichte, sind, während etwa Anselm v. Canterbury, Abaelard und die Porretaner Sünde erst dort ansetzen, wo der consensus zum Schlechten gegeben wird.

Thomas v. Aquin nimmt zu dieser umstrittenen Frage im Rahmen der Abhandlung über die V. Stellung (S. th. III, 41, 1). Eine V., die von außen durch den Teufel kommt, kann ohne Sünde sein, eine V., die aus dem Fleisch aufsteigt, kann dagegen nicht ohne Sünde sein. Deshalb ließ sich Christus, der ohne Sünde war, nur durch den Teufel versuchen, nicht aber durch das Fleisch. Johannes Duns Scotus spricht sich demgegenüber klar dafür aus, daß alle sinnl. Regungen von sich her indifferent sind, so sehr sie den Willen zum Schlechten reizen. Die Ursache der Sünde aber ist von seinem voluntarist. Standpunkt aus allein der Akt des verkehrten und frei wählenden Willens (Oxon. 2, d. 42, q. 4, n. 1-2).

Im Zusammenhang mit der inneren V. wird auch die Einsicht vorgebracht, daß das Maß der Schuld im umgekehrten Verhältnis zur Stärke der V. steht: Je geringer die V. ist, desto mehr muß der Mensch büßen (Petrus Lombardus). Die Porretaner und auch Odo v. Ourscamp betonen: Je stärker der affectus zum Schlechten, desto geringer ist die Schuld (vgl. GRÜNDEL, 181f.). Die gleiche These findet sich mehrfach bei Thomas v. Aquin (S. th. I-II, 73, 5; 73, 6 ad 2; 77, 6); ebenso bei Johannes Duns Scotus (Oxon. 2, d. 42, q. 4, n. 1ss.). Daß der Mensch überhaupt durch V. – also durch etwas anderes, nicht durch sich selbst – zur Sünde gebracht wurde, ermöglicht es dabei, daß er auch wieder – ebenfalls durch ein anderes als er selbst – von der Sünde gerettet und befreit werden kann. Der Teufel dagegen kann nicht gerettet werden, weil er ohne V. gesündigt hat, die Sünde also allein in ihm und seiner Entscheidung ihren Ursprung hat. Eine weitere, von Augustinus stammende Unterscheidung ist die zw. der V. zum Zweck der Prüfung (tentatio probationis) und zum Zweck der Verführung (tentatio seductionis) (vgl. In Hept II, 58; CCSL 33, 96). Sie dient dazu zu erklären, wie man von Gott sagen kann, er führe in V. Bereits bei Petrus Lombardus findet sich der Gedanke: Gott läßt die V. zu, weil es für den Menschen ehrenvoller ist, ihr nicht zuzustimmen, als gar nicht erst versucht zu werden (Sent. II, d. 23, 1). Thomas v. Aquin führt den Gedanken dann aus (S. th I, 114, 2; II–II, 97, 1). Er beginnt mit der Definition: Versuchen (tentare) heißt ursprgl., einen Versuch mit etwas machen (experimentum sumere de aliquo), um etwas zu wissen. Dies kann jedoch mit unterschiedl. Ziel erfolgen. Der Teufel möchte schaden, indem er den Menschen in die Sünde stürzt, Gott dagegen möchte dem Menschen helfen, weil die V. die Gesinnung eines Menschen offenbar macht, ob er nämlich Gott wahrhaft liebt oder nicht.

Die Frage, ob und wie der Mensch der V. widerstehen kann, führt in die Tugend- und Gnadenlehre. Seit Petrus Lombardus wird bis ins 13. Jh. hinein die Frage diskutiert, ob man mit einer noch so geringen caritas jeder V., auch der größten, widerstehen kann oder ob man den Widerstand nur beginnen, nicht aber ohne Wachstum der caritas vollenden könne (vgl. LANDGRAF). St. Ernst

Lit.: HDG II/3b, 98–100 – DThC XV, 116–127 – LThK² X, 743–747 – LANDGRAF, Dogmengeschichte, I/2, 111–135 – O. LOTTIN, Psychologie et morale, II, 1948, 493–589 – J. GRÜNDEL, Die Lehre von den Umständen, 1963.

Versus de Tartaris → Carmina de regno Ungariae destructo per Tartaros

Versus de Unibos → Unibos

Verteidigungsanlage → Befestigung

Vertrag
A. Westlicher Bereich – B. Byzanz

A. Westlicher Bereich
I. Römisches und gemeines Recht – II. Allgemein und Deutsches Recht – III. Staatsrechtlich.

I. RÖMISCHES UND GEMEINES RECHT: V. bedeutet im Privatrecht vor allem den schuldbegründenden V., ein Verpflichtungsgeschäft wie Miete oder Darlehen. In einem weiteren Sinn versteht man darunter den übereinstimmenden Willen (Konsens) zweier oder mehrerer Personen zur Herbeiführung eines rechtl. Erfolges, das zweiseitige im Unterschied zum einseitigen Rechtsgeschäft. In diesem Sinn sind auch Eheschließung, die Übereignung oder Belastung einer Sache und der Schulderlaß V.e. Im röm. und gemeinen Recht nannte man V.e im engeren Sinn 'contractus', in einem weiteren Sinn 'conventio' oder → 'pactum'. Das röm. Recht kannte genauso wie das moderne Recht einen allg. schuldbegründenden V., durch den Forderungen jeder Art vereinbart werden konnten, auch unter Bedingungen und Befristungen: die stipulatio (von stips 'Beitrag, Spende'; latio 'Bringen'), ursprgl. ein sakrales Leistungsgelöbnis (sponsio). Stipulationen wurden mündl. abgeschlossen, indem der künftige Gläubiger (stipulator) den künftigen Schuldner (promissor) fragte, ob er die Leistung verspreche, und dieser die Frage ohne Vorbehalt, Einschränkung oder Erweiterung bejahte. Das ist die absolut einfachste Form, einen Konsens zum Ausdruck zu bringen. Da das Lat. kein unserem Ja entsprechendes Wort kannte, wurde die Zustimmung durch die Wiederholung des Frageverbums ausgedrückt; etwas anderes war unüblich, hätte Zweifel am Willen des promissor geweckt und den Vertrag ungültig gemacht. Das Justinian. Recht ließ einfache Mündlichkeit genügen (C. 8, 37, 10). In der Praxis genügte schon seit dem 3. Jh. auch eine Beurkundung des Vertrages mit der Stipulationsklausel »interrogatus spopondit« ('gefragt, hat er [der promissor] gelobt'), weil die Beachtung der Stipulationsform vermutet wurde. Neben der Stipulation entwickelten sich im röm. Recht zahlreiche bes. Vertragstypen, wie emptio venditio 'Kauf', locatio conductio 'Verdingung', societas 'Gesellschaft' und mandatum 'Auftrag', ferner mutuum 'Darlehen', commodatum 'Leihe', depositum 'Hinterlegung' und pignus 'Verpfändung'. Erstere bezeichnete man als Konsensualkontrakte (weil der bloße Konsens zu ihrem Abschluß genügte), letztere als Realkontrakte (weil die Übergabe einer Sache zum Abschluß gehörte); weitere Verträge wurden als Litteral- und Verbalkontrakte klassifiziert. Erst in nachklass. Zeit wurden die sog. Innominat-Realkontrakte klagbar (→ Actio), bei denen – wie bei der modernen Schenkung unter Auflage – eine Sache in der Erwartung einer Gegenleistung gegeben wurde. Zu den Verbalkontrakten rechnete man unter Mißachtung ihrer umfassenden Natur auch die stipulatio. Das hat der heute herrschenden, aber unrichtigen Ansicht Vorschub geleistet, nach röm. Obligationenrecht seien nur bestimmte Arten von Vereinbarungen klagbar gewesen (sog. Typenzwang). In Wahrheit bestand dank der Stipulation im röm. Recht genauso wie heute Vertragsfreiheit. Die ma. Doktrin hat die Verträge unter dem Begriff des pactum systematisiert. → Azo (Summa Codicis 2, 3) lehrte, daß »bloße« oder »nackte« Vereinbarungen (pacta nuda) nicht klagbar seien. Sie bedürften vielmehr der »Bekleidung« (vestimentum), z. B. mit einer Sache wie die Realkontrakte, mit Konsens (!) wie die Konsensualkontrakte oder mit Worten wie die Verbalkontrakte. Die Kanonisten leiteten aus den Dekretalen Papst Gregors IX. (X. 1, 35, 1) den Grundsatz ab, daß jede Vereinbarung eingehalten werden müsse (»pacta custodientur« oder »pacta sunt servanda«); deshalb sahen sie auch pacta nuda als klagbar an. Nach allg. Meinung liegt darin der Ursprung der Vertragsfreiheit. Aus röm.-gemeinrechtl. Sicht handelte es sich aber eher darum, daß die Stipulation von den letzten Formalitäten befreit wurde. Im engl. common law besteht der Beurkundungszwang für Schuldversprechen ohne »consideration« fort (→ Causa, 2). P. Weimar

Lit.: HRG V, 841f., 855–858 [TH. MAYER-MALY] – E. BUSSI, La formazione dei dogmi di diritto nel diritto comune, I, 1937, 231–271; II, 1939, 3–104 – M. KASER, Das röm. Privatrecht, I–II, 1971–75 – H. COING, Europ. Privatrecht (1500–1800), I, 1985, 398–400.

II. ALLGEMEIN UND DEUTSCHES RECHT: Der jurist. Begriff des V.s weist ein hohes Maß an Abstraktion auf, das man in frühen Rechtsq. vergebl. suchen wird. In ma. Texten erscheint als Bezeichnung für Übereinkunft, Abrede, V. häufig und verbreitet das Rechtswort *gedinge* (ahd. *gidingi*). Sein Bedeutungsfeld war freilich sehr weit, zumal es mit dem Stammwort *ding* (→ Ding) dessen auf Gericht und Gerichtsverfahren bezügl. Bedeutungen teilte. Andererseits nahm das Verb 'vertragen' (= wegtragen, ertragen, erdulden) in der Urkk.sprache des 15. Jh. den Sinn von 'zum Austrag bringen', 'sich aussöhnen', 'ein Abkommen treffen' an; daran schloß sich das Substantiv 'V.' (= conventio, pactio) an.

Die in dt. Rechtszeugnissen seit dem 14. Jh. begegnende Parömie »Gedinge bricht Landrecht« läßt darauf schließen, daß das ma. dt. Rechtsleben vom Grundsatz der V.sfreiheit im Sinne der Inhaltsfreiheit geprägt war. Die Parömie darf aber nicht zu dem Mißverständnis verleiten, daß im MA eine umfassende normative Rechtsordnung vorgelegen habe, welche die Grundlage für eine prinzipielle Gegenüberstellung von V. und (objektivem) Recht abgeben konnte. Vielmehr lag die Gestaltung des Rechts selber zu einem guten Teil in der V.spraxis. Andererseits hing in Städten das Ausmaß der V.sfreiheit von der Zugehörigkeit zu einem bestimmten Berufsstand ab; ein Handwerker oder Gewerbetreibender war in seinen vertragl. Aktivitäten stärker an Vorschriften gebunden als ein Kaufmann. Der V. ist ein Rechtsgeschäft von weitester Anwendbarkeit; das Kerngebiet der privatrechtl. V.e bildet aber das Schuldrecht. Nach der auf R. SOHM zurückgehenden herrschenden Ansicht waren dem dt. Recht in hist. Zeit zwei Formen vertraglicher Schuldbegründung bekannt: das Schuldversprechen als Formalv. und der durch Sachempfang geschlossene Realkontrakt. Als Formalv. mit breiter Verwendung, der nicht bloß die Leistungspflicht des Versprechenden begründete, sondern dem Gläubiger auch eine Zugriffsmacht verschaffte, kann die altfrk. fides facta bezeichnet werden. Sie war vermutl. die Vorläuferin der ma. Treugelöbnisse. Neben den mit Eid oder bei (mit) der Treue geleisteten Gelöbnissen kommt im SpätMA auch ein formloses, »schlichtes« →Gelöbnis auf. Im Handel und Kreditwesen spielt der aus Italien übernommene exekutor. Schuldbrief eine wichtige Rolle. Als Realkontrakte betrachtet man heute insbesondere die →Leihe, aber auch Austauschv.e wie →Kauf und →Tausch. Man muß sich jedoch fragen, ob im dt. Recht eine dieser Typisierung entsprechende, scharfe Scheidung zw. v.sbegründenden und v.svollziehenden Rechtsakten gemacht wurde. Die Urkk. über Liegenschaftskäufen führen in der Regel alle wichtigen Bestandteile derselben auf – Konsens, Preiszahlung, Sachhingabe, Erklärung vor Gericht – und lassen sie so, wenigstens äußerl., als Simultanakte erscheinen. Bei vielen V.en wurde, vorab um der Beweisbarkeit willen, auf die Erkennbarkeit der gegenseitigen Bindung Gewicht gelegt, wie mancherlei »Stätigungsformen« bei Grundstücks- und Fahrnisgeschäften (→Gastung, Weinkauf, Gottespfennig, Handschlag) belegen. Der Gebrauch solcher Abschlußformen konnte dem vom kanon. Recht genährten Bedürfnis Rechnung tragen, die bekundete Willenseinigung, unabhängig von Vor- und Vollzugsleistungen, in den Vordergrund zu stellen, und mochte damit zum Konsensualv. überleiten.

Schon verhältnismäßig früh begegnen Ansätze zur Erfassung von Willensmängeln beim V.sabschluß. Die →Lex Baiuvariorum (XVI, 2) erklärte im Anschluß an den Codex Euricianus (286) einen durch Todesfurcht oder Einsperrung erzwungenen Kaufv. für unbeachtlich. Frk. Formulae betonen, daß der V. ohne Zwang, aus freiem Willen (»nullo cogente imperio, sed plenissima voluntate mea« o. ä.) geschlossen sei. Der Sachsenspiegel (Landrecht III, 41, 1 und 2) und nach ihm der Schwabenspiegel (Lassb., Landrecht 307) erachteten Gelöbnisse eines Gefangenen oder zur Abwendung von Lebensgefahr als unverbindlich. Im Brünner Schöffenbuch (592) wird auch die Ungültigkeit von gesetz- und sittenwidrigen V.en ausgesprochen. Unter dem Einfluß der Kanonistik trat das Bemühen um ein angemessenes Verhältnis zw. Leistung und Gegenleistung hervor. Die Kreditgeschäfte wurden in mehr oder minder weitem Umfang durch das sog. Zinsverbot geprägt. Beim Kauf suchte man, etwa durch den Beizug von Mittlern zum V.sschluß, dem Postulat des gerechten Preises (»iustum pretium«) nachzukommen.

Ein V. erzeugt Rechtswirkungen unter den Partnern, die ihn geschlossen haben. Heute nimmt man an, das ma. dt. Recht habe auch V.e gekannt, durch welche nicht am V.sabschluß beteiligte Drittpersonen als Begünstigte in die V.swirkungen einbezogen wurden (V. zugunsten Dritter). So mochte der Erblasser sein Vermögen einem Salmann (Treuhänder) übertragen, der seinerseits versprach, das Gut einem Dritten weiterzureichen. Einem Dritten konnte eine Leibrente, ein Altenteil, ein Vorkaufsrecht ausbedungen, an einen Dritten eine Bußzahlung versprochen werden. Drittbegünstigende Abmachungen erblickt man auch in den Order- und Inhaberklauseln von ma. Schuldurkk. G. WESENBERG vertritt freilich die Ansicht, daß es sich hier bei diesen und ähnl. Vereinbarungen nicht um echte V.e zugunsten Dritter gehandelt habe. In der Tat ist zweifelhaft, ob V.e bekannt waren, aus denen dem Dritten unmittelbar ein Recht auf Leistung erwuchs.

Aus dem V. entspringt für den Schuldner die Pflicht zur Leistung. Im MA haftete der Schuldner grundsätzl. unabhängig von einem Verschulden für den Leistungserfolg; immerhin mochte er sich durch den Nachweis höherer Gewalt (»echte Not«) unter bestimmten Umständen von der Haftung für die Nichterfüllung befreien. Geriet er mit seiner Leistung in Verzug, so wurde er im FrühMA nach rechtsförml. Mahnung durch den Gläubiger bußfällig. Mit dem Verfall des Bußensystems schwand diese Rechtsfolge des Leistungsverzugs dahin. Doch suchten sich nunmehr die Gläubiger häufig durch eine entsprechende V.sklausel – Vereinbarung einer Konventionalstrafe, Verabredung des Schadenersatzes oder der Ersatzbefriedigung (»Schadennehmen«), Unterwerfung unter sofortige Vollstreckung, Ausbedingung des Rücktrittsrechts – für den Verzugsfall zu sichern. H.-R. Hagemann

Lit.: DWB XII, 1. Abt., 1921–1939 – HRG I, 1490–1494; II, 675–686; IV, 221–223; V, 841f., 852–858, 895–899 – O. STOBBE, Zur Gesch. des dt. V.srechts, 1855 – R. HÜBNER, Grundzüge des dt. Privatrechts, 1930⁵, 521–564 – G. WESENBERG, V.e zugunsten Dritter, 1949, 86–93, 105–112 – H.-R. HAGEMANN, Gedinge bricht Landrecht, ZRGGerm Abt 87, 1970, 114–189 – H. MITTEIS-H. LIEBERICH, Dt. Privatrecht, 1981⁹, 136–146 – H. SIEMS, Handel und Wucher im Spiegel frühma. Rechtsq., 1992.

III. STAATSRECHTLICH: Der polit. V. kann als ein universales, in Funktion, Inhalt, Form und Anwendungsbereich unspezif. Instrument zur dauerhaften oder zeitl. befristeten bi- oder multilateralen Regelung höchst unterschiedl. Beziehungen sowohl zw. gleich- und ungleichrangigen als auch zw. über- und untergeordneten polit. Herrschaftsträgern definiert werden. Wenngleich es immer und zunehmend »zwischenstaatl.«/dynast.-polit. V.e als Vorformen tatsächl. »Außenpolitik« gab, ist eine je nach der Zugehörigkeit der V.spartner zu gemeinsamen oder zu unterschiedl. Herrschaftsordnungen getroffene Unterscheidung zw. staatsrechtl. und völkerrechtl. V.en für die vorstaatl., substantiell von vornherein dualist. geprägten sowie sachl. weitgehend undifferenzierten Organisationsformen des MA kaum sinnvoller als eine strikte Abgrenzung polit. V.e gegenüber heute »privatrechtl.« V.en. Weil in der Regel nicht nur die V.e über (→Land-) Frieden, Bündnisse oder Einflußbereiche polit. Implikate besaßen, sondern auch die Vereinbarungen von Heiraten, (Erb-) →Einungen, Herrschaftsteilungen oder geregelten Finanz- und Wirtschaftsbeziehungen mit ihren schieds- und lehnrechtl. Bestimmungen sowie unterschiedl. Sanktionen und Sicherungsklauseln für den Fall des V.sbruches (in der Frühzeit sogar Stellung adliger Geiseln), wird man einen engeren und einen weiteren Begriff unterscheiden und diesen die spezif. V.sformen subordinieren. Nicht nur wegen differierender Grundvorstellungen, sondern auch wegen der vielfältigen tatsächl. Zwecke und Formen (polit.) V.e ist deren Kompensationscharakter für den Mangel an oder den vermeintl. Verfall herrschaftl.-zentralgewaltl. Autorität, Macht und →Gesetzgebung zumindest strittig. Davon hängt die von der Forsch. vernachlässigte Bestimmung der qualitativen, aber auch der quantitativen Genese des Phänomens ab. Vor der Folie einer überkommenen legitimen Gesamtordnung ist die rechtl. Herrschaftsorganisation im Zuge der im 12. Jh. einsetzenden polit. Differenzierungs- und Verdichtungsprozesse bis weit in die frühe NZ hinein vielfach punktuell und kontraktuell fixiert worden. Die V.spartner, die sich nicht in jedem Fall freiwillig verbunden haben dürften, verpflichteten zunächst nur sich persönl., erst im Verlauf staatl. Verdichtung auch ihren Herrschaftsverband. Weitere Charakteristika sind das Zurücktreten oraler Vereinbarungen bzw. mehrerer aufeinander bezogener Schriftstücke zugunsten der schriftl. Abfassung einer einheitl. V.surk., die ggf. gemeinsam besiegelt und beschworen sowie in mehreren Exemplaren ausgefertigt und von jedem V.spartner archiviert wurde. Sofern die Einholung von Bestätigungen anderer oder »höherer« Gewalten nicht nur dem Eid analoger Ausdruck des Bestrebens war, die V.skraft zu stärken, sondern u. U. auch der Suche nach Akzeptanz und Verbreitung, besitzen herrscherl. Confirmationes, päpstl. Approbationen und selbst kfl. →Willebriefe einen Platz in manchen V.sverfahren. Verfahrenstechn. überwog zum Ende des MA – ohnehin im Fall großer Distanzen – Gesandtenhandeln, statt des unmittelbaren ein »zusammengesetztes« Verfahren, welches erst durch die »Ratifikation« abgeschlossen wurde. Die V.sfreiheit aller Herrschaftsträger war auch im Reich grundsätzl. durch die Möglichkeit kgl. Widerspruches beschränkt und ist tatsächl. seit dem 14. Jh. nicht nur bezügl. der Reichsstädte und Freien Städte eingeschränkt worden.

Besondere Beachtung verdienen neben vertragl. begründeten Einungen als durchorganisierter gemeindeartiger Schwurverbände, die aber abgesehen von den Kurvereinen überwiegend regionale Bedeutung besaßen, solche polit. V.e des SpätMA, die als sog. »Herrschaftsv.e« grundlegende Bedeutung für die Verfassung des engeren oder weiteren polit. Gemeinwesens besaßen oder erlangten. Zu diesen in unterschiedl. Formen erlassenen, funktionell offen- oder verdeckt-kontraktuellen herrschaftsregulierenden Abmachungen von Monarchen oder Fs.en mit ihresgleichen sowie mit einzelnen Gruppen oder (werdenden) →Ständen rechnet man traditionell z. B. die →Magna Carta (1215), die bayer. Handfeste (1311), die →Joyeuse Entrée (1356) und den Tübinger V. (1514). Im landesfsl. Bereich sind seit dem 14. Jh. die →Wahlkapitulationen geistl. Fs.en gegenüber ihren Domkapiteln und Ständen zu nennen, aber auch die Sonderform der →Konkordate mit dem Hl. Stuhl und die ausgangs des MA zunehmend erlassenen →Hof- und Landesordnungen mit mehr oder weniger als polit. V.e anzusehen. Unbeschadet der Tatsache, daß sich in der Stauferzeit und zur frühen NZ hin Züge herrschaftl. Willens stärker ausprägten, kennt man zwar im gesamten dt. MA »auch das Gesetz, aber man schätzt es nicht besonders« (Krause), so daß das Überwiegen privilegialer und einungsrechtl. Formen dem röm.-dt. Reich seiner prakt. Struktur nach einen dominant vertragl. Charakter verlieh. Zu den Fs.enprivilegien →Friedrichs II., dem →Mainzer (Reichs-) Landfrieden (1235) und der →Goldenen Bulle (1356) traten 1495 die »Gesetze« des →Wormser Reichstages. Der formal als kgl. Dekret auftretende Ewige Landfriede war in Wirklichkeit ein polit. V., denn er bedurfte ungeachtet aller Strafandrohungen des Textes der Rezeption und Anerkennung, ja des Beitritts. Die aufeinander abgestimmte Addition dieser polit. V.e wurde zunehmend als →Verfassung begriffen. Aufgrund ihres wirkl. oder postulierten V.scharakters banden diese Grundgesetze auch den »absoluten« Herrscher. Mit der gegenseitigen Abgrenzung von Sphären wurden in den (Herrschafts-) V.en auch Freiheiten fixiert, so daß die Grenzen zum Privileg fließend waren.

P.-J. Heinig

Lit.: HRG I, 1971, 1606–1620 [H. Krause]; Lfg. 35, 1993, 698–708 [W. Pauly]; Lfg. 36, 1993, 842–852 [H. Steiger] – H. Mitteis, Polit. V.e im MA, ZRGGermAbt 67, 1950, 76–140 – Herrschaftsv.e, Wahlkapitulationen, Fundamentalgesetze, hg. R. Vierhaus, 1977 – Gesetzgebung als Faktor der Staatsentwicklung, 1984 – Statuten, Städte und Territorien zw. MA und NZ in Italien und Dtl., hg. G. Chittolini–D. Willoweit (Schr. des it.-dt. hist. Inst. Trient 3, 1992).

B. Byzanz

Als Ks. →Leon VI. (886–912) in seiner Novelle 72 bestimmte, daß jede Vereinbarung auch ohne (Stipulation einer) V.sstrafe gültig sein solle, sofern sie sich nur durch das Kreuzeszeichen oder auf andere Weise auf Gott berufe, konnte oder wollte er damit nicht verhindern, daß die schulmäßigen Diäresen des →Corpus iuris civilis betr. die Begründung der Kontraktsobligationen sowie deren Unterscheidung vom 'pactum nudum' (vgl. Abschn. A. I) auch in dem unter seinem Namen promulgierten Kodifikation, die →Basiliken, übernommen wurden (→Byz. Recht). Da die justinian. Einteilungen und Regelungen überdies durch die griech. Institutionenparaphrase des →Theophilos präsent blieben, konnte sich noch im 11. Jh. ein byz. Jurist veranlaßt sehen, eine umfangreiche Abhandlung über die ψιλά σύμφωνα zu verfassen. In den knapperen Gesetzeshandbüchern, und zwar gerade in den offiziell promulgierten, liegt dagegen bereits seit der →Ekloge (741) ein einheitl. Begriff des V.es zugrunde, der unterschiedslos mit den Wörtern συνάλλαγμα, σύμφωνον, στοίχημα o. ä. bezeichnet wurde; das Fremdwort πάκτον und seine Ableitungen erfuhren v. a. in den nichtjurist. Q. eine starke Bedeutungserweiterung bzw. -änderung. Mündl. und schriftl. Abschluß von V.en (→Schriftlichkeit, II) waren grundsätzl. gleichberechtigt, jedoch wurde insbes. beim Ehe(güter)v. (→Ehe, D. II) die schriftl. Abfassung wohl favorisiert. Die Bestimmungen über Zeugenzahlen (→Zeuge) waren uneinheitl. Hinsichtl. der persönl. und inhaltl. Beschränkungen der V.sfreiheit blieb es weitgehend bei den justinian., z. T. bereits röm. Normen; erwähnenswert sind hier insbes. »gesellschaftspolit.« begründete Regelungen in bezug auf den Ehe(güter)v. sowie die Festlegung eines relativ engen Rahmens, innerhalb dessen sich Pacht- und v. a. Erbpachtv.e (→Emphyteusis) zu bewegen hatten, bei denen ksl. oder kirchl. Interessen tangiert waren. »Öffentl.« Interessen waren es auch, die im 10. Jh. zu einer Einschränkung der V.sfreiheit beim Grundstückskauf führten (→Protimesis). Die Vereinbarung eines Reugelds (ἀρραβών, →Arra) war beim Kauf- und insbes. beim Ehe- bzw. Verlöbnisv. vorgesehen. Davon zu unterscheiden ist die Vereinbarung einer V.sstrafe (πρόστιμον), die nach dem nicht ganz eindeutigen Zeugnis der Q. bald an den V.spartner, bald an den Fiskus zu zahlen war. Die erhaltenen V.surkunden – und dies gilt in ähnl. Weise für die ägypt. Papyri der frühbyz. Zeit wie für die späteren Urkk. und Formulare, deren Überlieferung Ende des 9. Jh. einsetzt – zeigen einerseits eine weitgehende Typenfreiheit, andererseits eine reiche, durch das Notariat entwickelte und tradierte Klauselpraxis; sie sind nahezu ausnahmslos als (einseitige) Beweisurkk. stilisiert. – Für diejenigen V.e, welche der byz. Ks. mit den Herrschern bzw. Repräsentanten auswärtiger »Staaten« schloß und die in der Regel Friedensschlüsse, Beistandspakte oder Handelsabkommen darstellten, darüber hinaus aber auch die Rechtsbeziehungen der sich auf dem fremden Territorium aufhaltenden »Ausländer« betreffen konnten, hatten die Byzantiner kein sie klar vom privaten V. abgrenzendes Konzept. Für die Prozedur des V.sschlusses, die insbes. nach dem Ort der Verhandlungen und nach der etwaigen Beteiligung von bevollmächtigten Unterhändlern (→Gesandte, A. II) variierte, verfügen wir für die frühere Zeit, abgesehen von einigen Exzerpten aus dem byz.-pers. V. von 561/562, ledigl. über die Berichte erzählender Q. Der Text der im 10. Jh. mit der Rus' geschlossenen V.e (→Byz. Reich, E. III) ist nur in slav. Übersetzung und möglicherweise stark kontaminierter Fassung in der aruss. Chronik (→Povest' vremennych let) erhalten. Die ältesten im griech. Text und/oder in authent. lat. Übersetzung erhaltenen V.e wurden im (11. und) 12. Jh. mit den oberit. Kommunen Genua, Pisa und Venedig geschlossen. Auf byz. Seite weisen sie die Form des *chrysobullos logos* (→Chrysobull) auf, sind also in zunehmend fiktiver Weise als einseitige Privilegienurkk. stilisiert, in welche die Verpflichtungen der Gegenseite allenfalls als Referat oder Insert aus den Gegenurkk. aufgenommen wurden. Bei der Aushandlung und zur Sicherung der V.e spielten protokollierte Eide eine große Rolle. In spätbyz. Zeit schlägt sich der Machtverlust des byz. Ks. auch in der Form der »außenpolit.« V.e nieder, die mehr und mehr westl. Einflüsse zeigt. L. Burgmann

Lit.: →Urkunde, C. I – Oxford Dict. of Byzantium, s. vv. Arrha sponsalicia, Contract, Obligation, Pacta, Prostimon, Treaties – K. E. ZACHARIÄ V. LINGENTHAL, Gesch. des griech.-röm. Rechts, 1892³, 283–322 [Nachdr. 1955] – H. MONNIER–G. PLATON, La Meditatio de nudis pactis, 1915 [Nachdr. in: H. MONNIER, Études de droit byz., 1974, Nr. III] – W. HEINEMEYER, Die V.e zw. dem Oström. Reich und den it. Städten Genua, Pisa und Venedig vom 10. bis 12. Jh., ADipl 3, 1957, 79–161 – D. NÖRR, Die Fahrlässigkeit im byz. V.srecht, 1960 – I. SORLIN, Les traités de Byzance avec la Russie au Xe s., Cah. du monde russe et soviétique 2, 1961, 313–360, 447–475 – D. SIMON, Stud. zur Praxis der Stipulationsklausel, 1964 – F. DÖLGER–J. KARAYANNOPULOS, Byz. Urkk.lehre, I, 1968, 94–105 – DÖLGER, Reg., Register s. v. Vertrag – M. KASER, Das röm. Privatrecht, II, 1975², 362–425 – D. SIMON–S. TROIANOS, Dreizehn Geschäftsformulare (Fontes Minores, II, hg. D. SIMON, 1977), 262–295 – A. N. SACHAROV, Diplomatija Drevnej Rusi, 1980 [Lit.] – DERS., Diplomatija Svjatoslava, 1982 [Lit.] – R. C. BLOCKLEY, The Hist. of Menander the Guardsman, 1985 – J. KODER, Das Sigillion von 992 – eine »außenpolit.« Urkunde?, Byzslav 52, 1991, 40–44 – J. MALINGOUDI, Die russ.-byz. V.e des 10. Jh. aus diplomat. Sicht, 1994.

Vertragus, auch veltravus (Lex Gundobada, Tit. 97), canis veltricus (Lex Baiuvariorum, Tit. 20), veltrus (Lex Alamannorum, Tit. 83, Lex Salica, Tit. 6), veltus (Pactus Alamannorum, Tit. 157), bei den Kelten und den Germanen zur Hasenhetze verwendeter, schlanker, durch breiten Brustkorb, eingezogene Weichen, schmalen Kopf und hohe Läufe charakterisierter Hund, der – im Gegensatz zum Laufhund (→Seguser) – schneller als das verfolgte Wild war und es aufgrund seiner Schnelligkeit fangen konnte: »De canibus veltricis qui leporem non persecutum, sed sua velocitate conprehenderit...« (Lex Baiuvariorum, Tit. 20,5). Bei den Germanen und wahrscheinl. auch bei den Kelten gab es neben dem leichteren, für die Feldjagd auf Hasen spezialisierten ebenso einen schwereren Windhundschlag für die Schwarzwild- und wahrscheinl. auch Rotwildjagd, den veltrus leporarius und den veltrus porcarius. →Windhund. S. Schwenk

Vertus, Ort und Gft. (Vertuais) im NO der Champagne (dép. Marne), westl. v. Châlons-sur-Marne, südl. v. Épernay, im FrühMA im Besitz des Ebf.s v. Reims, im 10. Jh. des Gf.en →Heribert II. v. →Vermandois, nachfolgend der Gf.en v. →Champagne, stand ab 1304 in Kronbesitz und wurde konstituiert als Gft., mit der Kg. →Philipp VI. v. Valois seinen jüngeren Sohn Philipp ausstattete. Die Gft. wurde 1361 von Isabella v. Frankreich, Tochter Kg. Johanns (→Jean le Bon), ihrem Gatten Giangaleazzo →Visconti in die Ehe eingebracht und kam dann an Valentina Visconti, Gemahlin von Hzg. →Ludwig v. Orléans; V. zählte (mit anderen Besitzungen im champagn. Raum) zu den Herrschaften, mit denen das Haus Orléans sich ein machtvolles Territorialfsm. in Ost- und Mittelfrankreich aufzubauen suchte. Nach dem gewaltsamen Tode Hzg. Ludwigs (1407) übertrug die Witwe die Gft. V. ihrem jungen Sohn Philippe de→Vertus; dessen Halbbruder Jean →Dunois, der 'Bâtard d'Orléans', trat V. im Tausch gegen die Gft. Dunois (→Châteaudun) seinem legitimen Halbbruder, dem Hzg. und Dichter →Charles d'Orléans, ab. Über dessen Schwester Marguerite kam die Gft. V. durch Heirat an das Haus Bretagne. U. Mattejiet

Lit.: H. D'ARBOIS DE JUBAINVILLE, Hist. des ducs et des comtes de Champagne, 1859-66 – M. BUR, La formation du comté de Champagne, 1977 – J. FAVIER, Dict. de la France méd., 1993, 956 – Lit. zu →Vertus, Philippe de.

Vertus, Philippe, Gf. v., frz. Fs. aus dem Hause →Orléans, * Juli 1396 in Paris, † 1. Sept. 1420 in →Beaugency, ⊂ ebd., Leichnam später überführt in die →Grablege der Orléans bei den Pariser →Coelestinern; Sohn von Hzg. →Ludwig v. Orléans und Valentina →Visconti; jüngerer Bruder des Hzg.s und Dichters →Charles d'Orléans; Namengebung 'Philippe' nach dem Taufpaten →Philipp d. Kühnen v. Burgund. Die unbeschwerte Situation des jungen 'prince des fleurs de lys' änderte sich schlagartig mit der Ermordung seines Vaters (1407). Philippe wurde zu einem Führer der Orléans-Partei (→Armagnacs et Bourguignons) und erhielt die Gft. →Vertus (Champagne), die seine Mutter als Dos besaß und die bereits von Isabella v. Frankreich in die Ehe mit Hzg. Giangaleazzo Visconti eingebracht worden war. Der Friede v. Chartres (1409) sah vor, daß V. eine Tochter von Hzg. Johann Ohnefurcht v. Burgund (→Jean sans Peur) heiraten solle, was sich aber als unmöglich erwies. Wegen des Zwangsaufenthaltes seiner Brüder in England (Jean d'Angoulême Geisel seit 1412, Charles d'Orléans Gefangener seit 1415) fiel Philippe die Sorge um die immensen Besitzungen des Hauses zu; er erwies sich als umsichtiger Helfer des Dauphins →Karl (VII.), der ihn mit wichtigen administrativen und militär. Aufgaben betraute (1418 Besetzung von →Parthenay, 1419 von →Tours). Eine Erkrankung führte zum frühen Tod. Philippe hinterließ einen Bastard, der wegen seiner Verfehlungen 1445 hingerichtet wurde.
Ph. Contamine

Lit.: G. DU FRESNE DE BEAUCOURT, Charles VII, I, 1881 – F. LEHOU, Jean de France, duc de Berri, III, 1968 – P. CHAMPION, Vie de Charles d'Orléans, 1969.

Verwaltung. Das Wort V. hat im MA keinen mit der modernen Verwendung vergleichbaren fest umrissenen Bedeutungsbereich. Nach dem modernen Verständnis ist V. überwiegend auf den Staat bezogen und meint ein ganz spezifisches staatl., nämlich gesetzesvollziehendes Handeln, das von der jurisdiktionellen und gesetzgebenden Funktion des Staates unterschieden wird. Dieses, von der Gewaltenteilungslehre und dem Konstitutionalismus ausgehende V.sverständnis setzt den nz. Staat mit weitgehendem Herrschafts- und Gewaltmonopol voraus; es kann demzufolge hier nicht zugrundegelegt werden. Faßt man V. hingegen allgemeiner als institutionalisiertes Handlungs- und Durchsetzungsinstrument jegl. →Herrschaft, ist eine sinnvolle Verwendung dieses Wortes auch für die ma. Verfassungsstrukturen möglich. Die Frage ist demnach, inwieweit es im MA einen institutionalisierten, d.h. von der Person des Herrschaftsträgers losgelösten und dessen individuelle Existenz überdauernden Herrschaftsapparat gab. Dabei stößt man auf das Problem, daß im MA kein souveräner →»Staat« existierte, der alle Herrschaftskompetenzen und -funktionen bei sich vereinigte. Herrschaft war vielmehr verteilt auf eine Vielzahl von Herrschaftsträgern, die sich je nach der Größe ihres Herrschaftsbereiches oder der Komplexität der beherrschten sozialen Einheiten institutionalisierter Formen der Herrschaftsübung bedienen mußten. Weitaus früher als bei den weltl. Herrschaftsträgern bildete sich in der kirchl. Organisation ein hierarch. abgestufter institutioneller Handlungsapparat, der in zunehmendem Maße eine zentrale Steuerung der Kirche möglich machte: Die flächendeckenden Strukturen von →Bistum, Dekanat (→Dekan) und Pfarrorganisation (→Pfarrei) schufen die Voraussetzungen dafür, daß zentrale Entscheidungen stufenweise weitergegeben und ihre Realisierung vor Ort effektiv kontrolliert werden konnten.

Außerhalb der kirchl. Hierarchie war die Entstehung eines Institutionenapparates hauptsächl. durch drei Faktoren bedingt: Zum einen durch formalisierte, d.h. v.a. verschriftlichte und rechtsförml. Methoden bei der Ausübung der Herrschaftsrechte, die einen schreib- und bald auch rechtskundigen Stab von Amtsträgern voraussetzten. Zum zweiten durch die Komplexität der beherrschten sozialen Gebilde, deren Leitung nur mit Hilfe eines zumindest minimal differenzierten Apparates möglich war. Und schließlich zum dritten der räuml. Ausdehnung des Herrschaftsbereiches, die v.a. in dessen entfernter liegenden Teilen Stellvertreter erforderl. machte, denen dort die Aufgabe zukam, die Rechte des abwesenden Herren auszuüben und so der allmähl. Entfremdung der Herrschaftskompetenzen entgegenzuwirken. Danach sind bei der Bildung weltl. V.sinstitutionen am frühesten v.a. zwei Kristallisationspunkte auszumachen: zum einen das Kanzleiwesen (→Kanzlei) als einer institutionellen Voraussetzung verschriftlichter Herrschaftspraxis; zum anderen die Führung ökonom. Systeme wie →Grundherrschaften und große Hofhaltungen (→Hof, →Hofämter). Hof und →Villikationen wiesen sehr früh ein relativ starkes institutionelles Gerüst auf. Später erst entwickelte sich eine eigtl. Landesv. als Instrument der seit dem 13. Jh. sich allmähl. festigenden Landesherrschaft. Sie bestand im wesentl. aus einer Zentralinstanz, dem fsl. →Rat, und örtl. wirksamen, häufig →Amtmann (→Vogt, →Drost, →Pfleger) genannten Handlungsorganen. Hofrat und Amtleute bildeten das institutionelle Grundgerüst der V. in den dt. Territorien. Abweichungen hiervon waren einerseits in sehr großen Territorien zu verzeichnen, wo zw. den lokalen Amtleuten und dem Hofrat eine regional zuständige Amtsträgerschaft entstand, wie beispielsweise die für einen Landesteil zuständigen Viztume (→vicedominus) in Bayern, andererseits in ganz kleinen Territorien, wo die Gemeinden die Funktion der Ämter mitübernehmen konnten. Das Reich vermochte demgegenüber überhaupt keine Lokalv. zu entwickeln: Die Reichsv. bestand im wesentl. aus Zentralbehörden (→Reichshofrat, →Reichshofgericht) und blieb im übrigen außerhalb der schrumpfenden Reichslandvogteien (→Landvogt) auf die territorialen Institutionen örtl. Herrschaftsübung angewiesen. Die ältere Institution der Landesv. war der Amtmann: Seit dem 14. Jh. war die Tendenz erkennbar, größere Herrschaftsbereiche in räuml. überschaubare, häufig →Amt genannte Untereinheiten aufzugliedern, in denen der Amtmann als Vertreter des Landesherrn Schutzleistung, Friedenssicherung und Gerichtsbarkeit besorgte und die landesherrl. Rechte auf Abgaben und Dienste der Amtseingesessenen geltend machte. Dem Amtmann stand regelmäßig ein weiterer, häufig →Keller, Amtsschreiber oder Kastner genannter Amtsträger zur Seite, der den Einzug der Abgaben sowie die Lagerung und V. der Einkünfte zu besorgen hatte.

Eine zentrale V.sinstitution, deren Tätigkeit sich auf das ganze Land erstreckte, hat sich demgegenüber erst später – in der Regel erst im Laufe des 15. Jh. – herausgebildet, weil der Herr am Herrschaftsmittelpunkt, dem Hof, selbst anwesend sein konnte und demzufolge der Rückgriff auf Stellvertreter ferner lag. Es war dies der landesherrl. Rat (→Hofrat), ein sich nur ganz allmähl. zu einer festen Institution formierendes Gremium um den Fs.en, das jurisdiktionell und beratend tätig war. Durch Verstetigung und feste Rhythmisierung seiner Sessionen nahm dieser langsam den Charakter einer territorialen Spitzenbehörde an. Demgegenüber blieb die zentrale Finanz- und Vermögensv. (→Finanzwesen) im MA von untergeordneter Bedeutung, weil den Territorien in dieser Zeit eine zentrale Erfassung und Verrechnung aller Einkünfte noch nicht möglich war.
T. Simon

Lit.: COING, Hdb. I, 403ff. – Geschichtl. Grundbegriffe VII, 1992, 26–47 – HRG V, 864–870 – H. SPANGENBERG, Vom Lehnstaat zum Ständestaat, 1912 [Neudr. 1964] – G. THEUERKAUF, Zur Typologie der spätma. Territorialv. in Dtl., Annali della Fondazione It. per la storia amministrativa 2, 1965, 37ff. – W. DAMKOWSKI, Die Entstehung des V.sbegriffs, 1969 – Der dt. Territorialstaat im 14. Jh., 2 Bde, hg. H. PATZE (VuF 13, 14, 1970/71) – DERS., Die Herrschaftspraxis der dt. Landesherren während des späten MA (Hist. comparée de l'administration IVe–XVIIIe s., hg. W. PARAVICINI–K. F. WERNER, 1980), 363–391 – H. HATTENHAUER, Gesch. des Beamtentums, 1980 – W. RÖSENER, Hofämter an ma. Fs.enhöfen, DA 45, 1989, 485–550.

Verwandtschaft

I. Forschungsfeld – II. Verwandtschaft durch Geburt und Heirat – III. Verwandtschaft durch Taufe.

I. FORSCHUNGSFELD: [1] *Definition:* Unter V. versteht man ein begriffl. Ordnungssystem zur Definition sozialer Beziehungen, das seine Terminologie aus dem Wortfeld der biolog. Reproduktion bezieht. Der Bezug zu Zeugung und biolog. Reproduktion ist aber keine notwendige und auch keine zureichende Bedingung für V. im sozialwiss. Sinn (illegitime →Kinder werden oft nicht unter die Verwandten gezählt, der Genitor ist nicht notwendig as »richtiger« →Vater). Gerade im okzidentalen MA war nur ein Teil der verwandtschaftl. Organisation an der biolog. Reproduktion orientiert. Wie in allen technolog. einfacheren Gesellschaften war V. im frühen MA der bei weitem gebräuchlichste Modus, um soziale Beziehungen begriffl. zu fassen und Individuen zu verschiedenen Gruppenformen mit ganz unterschiedl. Funktionen zusammenzufassen. Sie war das Ordnungsmuster für die Konstituierung familialer Gruppen (Allianz, Deszendenz, →Adoption), religiöser Vereinigungen (→Kloster, →Bruderschaft) oder ritueller Freundschaftsbündnisse (z.B. →Patenschaft, Schwurbrüderschaft), für die Definition der Hierarchien in anstaltl. Organisationsformen (der Bf. als pater der Diözesanen und frater der Bf.e), schließlich für die Gemeinschaft der Christen als Ganze (Brüder und Schwestern in der →Taufe, Kinder Gottes). Doch war V. stets, auch im frühen MA, nur ein Modell sozialer Beziehungen neben anderen (etwa der nicht mit der Terminologie der V. gefaßten Vasallität; →Vasall).

Die Mediävistik hat die Integration in die allg. soziolog. und anthropolog. V.sforschung sukzessive seit den 60er Jahren vollzogen und ist seit den intensiven Diskussionen der Thesen des Ethnologen J. GOODY zur Entwicklung von Ehe und Familie in Europa vollends in diesen Diskussionsrahmen eingebunden (für die dt. Forsch.: M. BORGOLTE). Seit V. nicht mehr als biolog. Tatsache betrachtet wird, sondern als universal einsetzbares gedankl. Strukturierungssystem sozialer Beziehungen, werden ihre Wiss.sterminologie und Systematisierung neu diskutiert. Zwar ist immer noch fast die gesamte V.sforsch. an der Biologie orientiert, eine Inkonsequenz, die nie explizit reflektiert wird. Weiterhin wird 'richtige' V. (Deszendenz, Allianz) von 'künstlicher/fiktiver' geschieden (so auch noch Artikel →Patenschaft). Als Metaphern nahezu ausgeschieden aus den Unters.en von 'V.' bleiben immer noch jene Sozialformen des MA, die mit der Terminologie der V. zwar ihre Verhaltensnormen und Autoritätsverhältnisse auf den Begriff brachten, aber nichts mit familialen Deszendenz- und Allianzverbänden zu tun haben. Neuerdings aber beginnt die mediävist. V.sforsch., sich von der Einteilung in 'echt' und 'künstl.' zu trennen und 'V.' als umfassendes Ordnungsmodell in den Blick zu nehmen. Erste Arbeiten gehen von der Beobachtung aus, daß das okzidentale MA in Analogie zu einem zweigeteilten Bild vom Menschen ex anima et corpore zwei Denksysteme von V. entfaltet hat: eine fleischl. V. (cognatio carnalis, konstituiert durch Geburt und Heirat) und eine geistl. V. (cognatio spiritalis, konstituiert durch die Taufe). Die Systeme waren trotz mancher antagonist. Konstruktion (carnis-spiritus, Sünde-Erlösung usw.) ineinander verwoben (Fleischwerdung Christi, Vereinigung von Geist und Fleisch bei der Erlösung). Aus kulturanthropolog. Sicht repräsentieren sie verschiedene V.stypen. Das System der 'fleischlichen' V. trennt in Verwandte und Nicht-Verwandte, wobei die Heirat konstitutives Element des Statuswechsels ist. Dagegen repräsentiert die christl. Konzeption der geistl. V. ein V.skonzept, in dem prinzipiell alle miteinander verwandt sind, konstitutiv ist die Initiation ins Leben. Spezif. Formen dieser geistl. V.en (durch Patenschaft, →Profeß, →Weihe usw.) bedeuten dann nur eine Statusmodifikation (A. GUERREAU-JALABERT, J. MORSEL).

Entschieden verändert hat sich die V.sforsch. durch die Grundannahme, daß V. nicht *ist*, sondern *sich ereignet*. Dies richtet den Blick verstärkt auf die materiellen und symbol. Transaktionen sowohl innerhalb der V.sgruppen als auch zw. der V.sgruppe und ihrer Außenwelt. Die wiss. Abwendung von der Privilegierung der Rechtstexte, von der Fixierung auf Blutsv. und von der Rekonstruktion von Strukturen hat die prakt. agierende V. als ständig merkl. oder unmerkl. modifizierte Gruppe erkennen lassen, die durch die unterschiedlichsten Lesarten in ihren Grenzen und Definitionen so variabel war wie die Situationen ihrer Darstellung und die Perspektiven der jeweiligen Repräsentanten (S. WHITE; →Familie C. I, [4]).

[2] *Verwandtschaft im Kontext der mittelalterlichen Ordnungsformen:* Die soziale Bedeutung der V. ist abhängig von ihrem Verhältnis zu anderen – konkurrierenden oder überlagernden – handlungsstrukturierenden Konzepten der jeweiligen Gesellschaft (Vasallität, →Stadt, →Gilde, →Universität usw.). Aus funktionaler Sicht läßt sich ihre Bedeutung auch daran messen, wieviele Funktionen sozialer Reproduktion sie wahrnimmt (Übertragung von sozialem und familialem Status, von Besitz usw.) und abgibt (z.B. →Ernährung, Ammenwesen, →*fosterage*-Praktiken, Ausbildung [→Erziehung- und Bildungswesen]).

II. VERWANDTSCHAFT DURCH GEBURT UND HEIRAT: [1] *Dar- und Vorstellung:* Da V. eine ausschließl. soziale Konstruktion ist, gibt es keine V. außer der repräsentierten. Dies erkennen hat die V.sforsch. die Strategien zur Identifizierung und Sichtbarmachung von V.en ins Zentrum gerückt, etwa die Formen verwandtschaftl. →Memoria (z.B. →Necrologien), ferner den Zusammenhang von V.sterminologie oder →Personennamen und prakt. Organisation der V.sverbände. Die Terminologie war im MA komplett bilateral (d.h. väterl. und mütterl. Verwandte sind terminolog. nicht unterscheidbar; anders in der röm. Antike, vgl. patruus-avunculus, M. BETTINI), ähnliches ist für Praktiken der Nachbenennung nachgewiesen worden (für das FrühMA R. LE JAN). Das hoch- und spätma. (agnat. konstruierte) 'Geschlecht' spielte zwar für die prakt. Organisation der V.sverbände keine Rolle (K.-H. SPIESS), war aber auf der diskursiven Ebene von eminenter Bedeutung. An den Auseinandersetzungen zw. →Welfen und →Staufern ist dies ebenso gezeigt worden (O. G. OEXLE) wie an der Formierung des kleinen Adels im späten MA (J. MORSEL).

[2] *Verwandtschaft als praktischer Verband:* Die im ganzen wenig umstrittene Entwicklung der V.sorganisation »from clan to lineage« scheint weniger ein Bruch um das Jahr 1000 gewesen zu sein als ein kontinuierl. Prozeß der territorialen Konzentrierung und Hierarchisierung der V.sverbände seit dem Ende des 7. Jh. (R. LE JAN). Als zentrale Steuerungstechniken der V.sorganisation untersucht die Forsch. bes. Eherecht, Heiratsstrategien/-muster, →Erbrecht, bes. aber den Umgang mit der Tatsache, daß beinahe 40% der Familien ohne männl. Erben blieben (J. GOODY, J. MORSEL). Dieser biolog. Zufall war im MA nicht reparabel. Einen entscheidenden Bruch im Eherecht (→Ehe, B. VI) sieht die Forsch. beim Übergang von der merow. hierarch. →Polygamie (ein Mann konnte mehrere Frauen mit jeweils unterschiedl. Rechten haben) zum Modell der unauflösl. und monogamen Ehe, dessen Durchsetzung neuerdings bereits für das 9. Jh. angenommen wird (R. LE JAN). Dies änderte die Rolle der Frauen und die Ehestrategien grundsätzl. Zentrales Steuerungsinstrument für die Zahl der Nachkommen war das Heiratsalter, das – diskutiert als »European marriage pattern« – im 16. Jh. bei Frauen sprunghaft anstieg. Signifikante Heiratsmuster (soziale Regeln, familiale Strategien) lassen sich je nach Zeit, Region und sozialem Segment ermitteln. So zeigt sich etwa bei manchen spätma., hochadligen dt. Familien eine systemat. Suche nach →Witwen (K.-H. SPIESS).

[3] *Korrekturtechniken des biologischen Zufalls:* Eine Herausforderung der Forsch. ist J. GOODYS Versuch, die Erklärung des okzidentalen V.ssystems auf die Beobachtung zu gründen, daß seit dem 5. Jh. (mit unterschiedl. Erfolg) unter dem Einfluß der Kirche alle Techniken zur verwandtschaftl. Besitzsicherung und zur Korrektur des biolog. Zufalls unterdrückt (Endogamie, Polygamie, Adoption, Scheidung) oder massiv diffamiert worden sind (erneute Ehe nach Verwitwung). Zwar ist GOODYS Deutung zurückgewiesen worden, dies sei im Interesse kirchl. Besitzarrondierung geschehen, nicht aber seine generelle Beobachtung. Die derzeit verstärkte Unters. der Korrekturtechniken der V. sowie der Strategien zur Besitzsicherung ergibt noch kein deutl. Bild. Daß die Adoption seit dem 5. bis ins 18. Jh. unterdrückt worden ist, scheint für das MA (weniger für die frühe NZ) einige Plausibilität zu haben (M. CORBIER).

[4] *Inzestverbote:* Um 500 hat die Kirche die Vorstellung von dem, was als Inzest zu gelten hat, drast. verändert. Dies hat zu so massiven Ausweitungen der Verbote geführt, daß sie nicht mehr unmittelbar anwendbar gewesen sein können. Versuche, diese Ausweitungen zu erklären und ihre Folgen für die Heiratsstrategien sowie für kirchl. und weltl. Gesetzgeber zu erfassen, haben bislang keine breiter akzeptierte Deutung hervorgebracht (BONTE, zur Praxis R. LE JAN). Jüngste Bemühungen scheinen zumin-

dest bei der Deutung der geistl. Inzestverbote fruchtbar zu sein (A. Guerreau-Jalabert).

III. Verwandtschaft durch Taufe: Das spirituelle System der V. wurde im wesentl. definiert mit Hilfe der Relationen zw. den himml. Gestalten, Gott-Christus-Maria/ecclesia. Die Taufe machte alle zu Söhnen und Töchtern Gottes und der Kirche. Die sozial strukturierende Funktion dieser V. lag weniger in ihrer Qualität, Güter und sozialen Status in die nächste Generation zu vermitteln, als eher in der Handlungsnormierung. In der geistl. V. war der Zentralbegriff verwandtschaftl. Moral, caritas, als gesamtgesellschaftl. Prinzip formuliert (A. Guerreau-Jalabert). Diese Handlungsnormierung war auf vielerlei Weise rituell formalisiert, sei es im Verbund mit der fleischl. V. (Héritier-Augé), sei es in konkurrierenden (Kl.) oder parallelen (Bruderschaft) familial definierten Sozialformen. B. Jussen

Lit.: →Familie, C. I.4 – HRG V, 886f. – J. Goody, Die Entwicklung von Ehe und Familie in Europa, 1986 – S. White, Custom, Kinship and Gifts to Saints, 1988 – M. Bettini, Familie und V. im antiken Rom, 1992 – K.-H. Spiess, Familie und V. im Dt. Hochadel des SpätMA, 1992 – Épouser au plus proche, éd. P. Bonte, 1994 – R. Le Jan, Famille et pouvoir dans le monde Franc, 1995 – O. G. Oexle, Welf. Memoria (Die Welfen..., hg. B. Schneidmüller, 1995), 61–94 – M. Borgolte, Sozialgesch. des MA, 1996, 385-444 – La parenté spirituelle, éd. F. Héritier-Augé-E. Copet-Rougier, 1996 – A. Guerreau-Jalabert, Spiritus et caritas, ebd., 133–203 – Adoption et Fosterage, ed. M. Corbier [im Dr.] – J. Morsel, Das Geschlecht als Repräsentation (Die Repräsentation der Gruppen, hg. O. G. Oexle-A. v. Hülsen-Esch) [im Dr.].

Verwundung. 1. Das ma. Recht kannte drei unterschiedl. Formen von Körperverletzungen: (trockene, weil nicht mit Blutverlust verbundene) Schläge, Lähmde (als Vernichtung oder Schädigung eines Körpergliedes oder gesamte Lähmung) und V. (mhd. *wunde*; in lat. Q.: *vulnus*). Letztere war die blutende Verletzung (»fließende«, »offene« oder »vollkommene Wunde«, manchmal auch *blutruns*) oder die Verletzung mit scharfer Waffe. Die Volksrechte sahen darüber hinaus eine reiche Kasuistik für die konkrete Bestimmung der Bußzahlung vor; so unterschied die Lex Salica z. B. sieben Fälle der Verletzung der Hand. Bekannt ist das formalisierte Verfahren, die Schwere der Verletzung festzustellen: nämlich nach der Stärke des Klangs, den der über eine bestimmte Entfernung gegen einen Schild geworfene Knochensplitter ertönen ließ. Unter dem Einfluß der Friedensbewegung (→Land-, →Stadtfrieden) wurden für V.en – herkömml. zugefügt im Rahmen der gewalttätigen Fehden – auch peinl. →Strafen (v. a.: Handverlust; später auch Geldbußen oder Stadtverweisung) vorgesehen. Oft war für die Strafbarkeit eine bestimmte Tiefe oder Länge erforderl. (»Maßwunde«, »mensurabile vulnus«) oder die Notwendigkeit ärztl. Behandlung (*bindbare wunde*). In manchen Gebieten wurden den einfachen V.en je nach Art der Verletzung erschwerte (und z. T. mit der Todesstrafe geahndete) V.en gegenübergestellt: Bogwunde (bei der das Blut im Bogen sprang), beinschrötige Wunde (mit Knochenverletzung), Hohlwunde (die ins Innere des Leibes drang), entstellende Wunde, Messerwunde, lebensgefährl. Wunde. Solch schwere V.en wurden mancherorts als »rügbare Wunden« bezeichnet, da sie mit Rügepflicht (→Rüge) der Schöffen verbunden waren; »kampfbare Wunden« konnten in Ostfalen mit gerichtl. →Zweikampf bewiesen werden. 2. Allerdings gab es auch rechtl. zugelassene V.en. V. a. konnte V. das Ergebnis des Vollzugs einer peinl. Strafe (Verstümmelung) sein. Daneben gab es ein V.srecht im Rahmen der →Notwehr – manchmal verbunden mit Verklarungspflicht – und als verständl. Reaktion auf »Anlaß« (Veranlassung durch vorherigen Streit). In manchen Rechten wurde dem Vater und dem Dienstherrn ein auch V. umfassendes Züchtigungsrecht eingeräumt. W. Schild

Lit.: HRG II, 1159–1163 – N. His, Die Körperverletzung im Strafrecht des dt. MA, ZRGGermAbt 54, 1920, 75-126 – Ders., Das Strafrecht des dt. MA, I, 1920, 196–215; II, 1935, 95–103 – E. Koller, Der Motivkreis von Krankheit und V. [Diss. Innsbruck 1970] – F. Scheele, di sal man alle radebrechen, 1992, 153–159.

Verzy, Synode v. (991). Nachdem es Kg. →Hugo Capet im März 991 gelungen war, seinen karol. Widersacher Hzg. →Karl v. Niederlothringen (33. K.) und dessen Neffen Ebf. →Arnulf v. Reims gefangenzunehmen, tagte am 17. und 18. Juni 991 eine westfrk. Synode unter Vorsitz des Ebf.s Seguin v. Sens im Kl. St-Basle-de-Verzy bei Reims, die dem wegen Hochverrats und Eidbruchs angeklagten Ebf. Arnulf den Prozeß machen sollte. Die Haltung v. a. Abt →Abbos v. Fleury und Bf. Radbods v. Noyon, die sich unter Berufung auf pseudoisidor. Grundsätze gegen eine Verurteilung ohne Mitwirkung des Papstes wandten, widersprach Bf. →Arnulf v. Orléans mit einer heftigen Invektive gegen das Papsttum und erreichte schließlich die Absetzung Arnulfs v. Reims. R. Große

Q.: MGH SS III, 658–686 – RI II/2, Nr. 1035c – Lit.: C. Carozzi, Gerbert et le concile de St-Basle (Gerberto, scienza, storia e mito, 1985), 661–676 – H. Wolter, Die Synoden im Reichsgebiet und in Reichsitalien von 916 bis 1056, 1988, 131f. [Lit.] – H. Zimmermann, Die Beziehungen Roms zu Frankreich im Saeculum obscurum (L'Église de France et la papauté, hg. R. Grosse 1993), 43–45 – O. Pontal, Les conciles de la France capétienne jusqu'en 1215, 1995, 96–98.

Vesc

1. V., Aimar de, Bf. v. →Vence, 1495–1507, † vor Juni 1507. A. de V. entstammte einer Adelsfamilie aus dem Tal des Jabron (Bas-Dauphiné), die sich der Abkunft von einem der ersten Kreuzfahrer rühmen durfte. Eine verbreitete, aber unzutreffende Auffassung sieht in A. de V. und seinem Bruder Jean (3. V.) Söhne von Étienne (2. V.); tatsächlich gehörten beide dem Zweig der V.-Montjoux an und waren lediglich Vettern des Seneschalls v. Beaucaire. A. de V. folgte Jean im Febr. 1495 als Bf. v. Vence nach. Er übte sein Bf.samt bis zum Tode aus, sein Nachfolger war Alessandro →Farnese (späterer Papst Paul III.), der das Bm. V. als Kommende von Febr. 1508 bis Juni 1511 innehatte.

A. de V. unternahm (allerdings vergebl.) Bemühungen, das Lehen Gattières, das seinen Vorgängern im späten 14. Jh. während des Unionskrieges v. Aix (→Provence, B. III) verlorengegangen war, zurückzugewinnen. 1497 und 1501 schaltete sich der Bf. in die Verhandlungen zw. der Familie Villeneuve und der Stadt ein. Auch veranlaßte er die Wiederinkraftsetzung alter Statuten über die dem Kathedralkapitel zu leistenden tägl. liturg. Dienste, die Residenzpflicht der Kanoniker und die Zahlung der →Annaten. A. Venturini

Lit: GChrNova III, 1725, Sp. 1226 – H.-L. Rabino di Borgomale, Armorial des évêques de Vence, 1941, 15 – Abbé P.-R. Chapusot, Essai de monographie chronologique des évêques d'Antibes-Grasse, Nice-Cimiez, Vence et Glandèves, 1966, 33 – Les dioc. de Nice et Monaco, hg. F. Hildesheimer, 1984, 66 (Hist. des dioc. de France, nr. 17).

2. V., Étienne de, frz. Staatsmann, Seneschall v. Beaucaire, * um 1447, † 6. Okt. 1501 in Neapel, ☐ Kollegiatkirche St-Maurice de Caromb; Sohn von Dalmas v. V. und Alix v. Ancezune, entstammte einer Adelsfamilie des →Dauphiné (wie 1 und 3, aber einer anderen Linie); ∞ 1475 Anne Courtois, Tochter des Pariser Bürgers und *Avocat* am →Parlement Guillaume C.; zwei Söhne: Claude († nach April 1502) sowie der Alleinerbe Charles († 1517), ∞ Juni 1501 Antoinette de Clermont-Lodève, Nichte des

Kard. s Georges d'→Amboise. – Nach dunklen Anfängen wurde V. im Sept. 1470 zum *Échanson* (Mundschenk) und →*Valet de Chambre* (Kammerdiener) des späteren Kg.s Karl VIII. ernannt und genoß in den letzten Regierungsjahren →Ludwigs XI. offensichtlich das Vertrauen des alten Kg.s, der ihm im Dez. 1481 das erste einflußreiche Amt (→Bailli v. Meaux, *Maître enquêteur* der →Eaux et Forêts für Île-de-France, Champagne und Brie) verlieh und ihn auf dem Sterbebett mit der Rückerstattung der Güter von Louis de →La Trémoille an dessen Erben beauftragte (dies trug V. die Feindschaft des durch diese Maßnahme geschädigten Philippe de →Commynes ein). Unter der Regierung des neuen Kg.s →Karl VIII. wuchs V.s Einfluß erheblich. Im Sept. 1483 zum kgl. →Chambellan erhoben, zählte V. als Mitglied des Regentschaftsrates, dann des engen Kronrates (→Conseil royal) zu den mächtigen Persönlichkeiten am Hof, nach den Worten seines Biographen »mehr als ein Günstling, fast ein leitender Minister«. Er häufte Ämter und Würden an, bei den Pariser Zentralbehörden (Laienpräsident der →Chambre des Comptes Mai 1489–Mai 1494, →Concierge du Palais) wie in der kgl. Verwaltung des Languedoc (seit Jan. 1485 *Châtelain* v. →Aigues-Mortes, seit 1490/91 Schlüsselstellung des →Seneschalls v. →Carcassonne und →Béziers, dann von →Beaucaire und →Nîmes, verbunden mit weiteren hohen militär. und zivilen Funktionen), und erwarb reiche Seigneurien und Güter im Pariser Raum (z. B. Savigny-sur-Orge, vor 1479) und im Artois wie in seinem südfrz. Herkunftsgebiet: Dauphiné, →Comtat Venaissin (u. a. Caromb, Dez. 1484), →Provence (bes. Baronie Grimaud, um 1486). V. spielte eine nicht zu unterschätzende Rolle bei der Vereinigung der Gft. Provence mit der Krone Frankreich (Gegnerschaft gegen die Erbansprüche →Renés II. v. Anjou, Vorbereitung der Unionsakte von 1486).

Wie →Guillaume Briçonnet, dessen Karriere er gefördert haben soll, war auch V. einer der namhaften Vorkämpfer des frz. Eroberungsfeldzuges gegen →Neapel, an dem er teilnahm (1494–95). Seine Verdienste wurden einerseits mit dem Amt des *Grand Chambellan* und dem Gouverneursposten v. →Gaeta, andererseits mit reichen it. Besitzungen (Gft. en Avellino und Atripalda, Hzm. er Ascoli und Nola) belohnt. Angesichts der aragon. Gegenoffensive verteidigte er eine Zeitlang Gaeta, zog sich dann aber nach Frankreich zurück und zählte hier wieder zu den Befürwortern eines erneuten Italienzuges. Nach dem Regierungsantritt→Ludwigs XII. nahm V.s Einfluß deutlich ab; immerhin bestätigte ihn der neue Kg. in den Ämtern des Concierge du Palais und Seneschalls v. Beaucaire. Als Teilnehmer der neuen Italienexpedition erhielt V. auch die Würde des Grand Chambellan zurück. Er starb jedoch bereits nach kurzer Zeit in Neapel an einer Epidemie.

A. Venturini

Lit.: DBF II, 802f., 805–807 – DUPONT-FERRIER, Gallia regia I, Nrr. 2991, 3214, 3310f, 3369, 3618, 3692, 3737, 4898; IV, Nrr. 15137, 15333 – A. DE BOISLILE, Notice biogr. et hist. sur É. de V., 1884 – Y. LABANDE-MAILFERT, Charles VIII et son milieu, 1975.

3. V., Jean de, Bf. v. →Vence (1491–95) und →Agde (1495–1525), † nach 1525. Als sein Geburtsort wird Nîmes angegeben, wohl infolge der irrigen Ansicht, er sei Sohn von Étienne de V., dessen Vetter er tatsächlich war. Aber selbst diese entferntere Verwandtschaft zum Seneschall dürfte seine kirchl. Laufbahn beflügelt haben. J. de V. ist 1485 bezeugt als Kanoniker der →Sainte-Chapelle v. Paris, zu deren Cantor er später gewählt wurde. Am 2. Dez. 1491 folgte er dem im Okt. 1491 verstorbenen Raphael II. Monso als Bf. v. Vence nach. Während seiner nur knapp dreijährigen Amtszeit bemühte er sich, Frieden zw. den Villeneuve, den Kanonikern und den Bürgern der Bf.s-stadt zu stiften.

Am 25. Febr. 1495 auf das Bm. Agde transferiert, trat er v. a. als Initiator eines verbesserten →Breviers für seinen Diözesanklerus hervor (1510). Er hatte mehrere Benefizien als Kommende inne: 1498 Würde des Dekans v. →Bayeux, 1519 Empfang der Abtei →Caunes durch Papst Leo X. J. de V. präsidierte mehrfach den →États de Languedoc (1503, 1511, 1512). Doch geriet J. de V. 1521 in Konflikt mit Franz I., da er die Wahl eines dem Kg. nicht genehmen Abtes v. St.-Thibéry bestätigt hatte. 1525 resignierte er vom Bf. samt zugunsten seines Vetters Antoine de V., des Praecantors v. Avignon, der ein Sohn von Charles de V., Baron de Grimaud, und der Antoinette v. Clermont-Lodève und damit ein Enkel des Seneschalls Étienne de V. war.

A. Venturini

Lit.: GChrNova III, 1725, Sp. 1226; VI, 1739, Sp. 697 – H. GILLES, Les États des Languedoc au XVe s., 1965, 282 – weitere Lit.: →Vesc 1.

Vesperale, Teilausgabe des →Antiphonars, die die für die Vesper (→Stundengebet) gebrauchten Texte und Gesänge enthält.

Lit.: →Antiphonar, →Chorbuch, →Stundengebet.

Vesperbild → Andachtsbild, III

Vespucci, Amerigo, florent. Kaufmann, Seefahrer und Kosmograph in kast. und ptg. Diensten, umstrittener Autor von 4 Briefen zu den atlant. Entdeckungen, Namengeber des von Kolumbus entdeckten neuen Kontinents →Amerika; * 1454 Florenz, † 1512 Sevilla, Sohn eines Notars, wurde von seinem Onkel Giorgio Antonio V., Dominikaner aus dem Umkreis Girolamo →Savonarolas, unterrichtet. 1478–80 begleitete V. als Sekretär seinen Verwandten Guidantonio V., Botschafter der Signoria in Frankreich, trat in den Dienst des Hauses →Medici, ist 1492 als deren Vertreter im Bankhaus Juanoto Berardi in Sevilla nachweisbar und beteiligte sich an der Ausrüstung der Flotten des →Kolumbus. Er nahm wohl 1499 an der Fahrt des Alonso de →Ojeda, zusammen mit Juan de la →Cosa, teil, die die Amazonas-Mündung und die Küste Venezuelas (Name formuliert angesichts einer Pfahlbausiedlung im Maracaibo-See in Anlehnung an Venedig) erkundete. Im April 1500 wieder in Sevilla, wurde er von Kg. Manuel I. nach Portugal gerufen, um an der ersten ptg. Erkundungsfahrt entlang der brasilian. Küste teilzunehmen (1501), nachdem Pedro Alvares →Cabral 1500 mit seiner Asienflotte die südamerikan. Ostküste mehr zufällig entdeckt und als dem Vertrag v. →Tordesillas zufolge dem ptg. Atlantikraum zugehörig erkannt hatte. Später kehrte er nach Kastilien zurück, wo er am 24. April 1505 von der Krone naturalisiert wurde. 1507 nahm er mit V. Y. →Pinzón, Antonio de Solis und Juan de la Cosa an der Junta v. Burgos teil, die die weiteren kast. Expeditionen auf der Suche nach den Gewürzinseln plante. Wiederum ist er bei der Ausrüstung von Schiffen nachweisbar, bevor er durch zwei kgl. Urkk. 1508 zum Piloto Mayor der 1502 eingerichteten Casa de la Contratación in Sevilla ernannt und mit der Führung des Padrón Real, des zentralen Kartenwerkes der kast. Krone für die atlant. Entdeckungen, betraut wurde. Diese polit. eminent wichtige Vertrauensposition läßt das hohe Ansehen V.s in Fragen der Seefahrt im Atlantik und der kast.-span. Expansion erkennen. Gleichwohl ist V. aufgrund der ihm zugeschriebenen insges. vier Briefe über die kast.-ptg. Entdeckungsfahrten, die in verschiedenen Sprachen in Europa in zahlreichen Auflagen verbreitet wurden und in denen die Auffassung vertreten wurde, die von Kolumbus entdeckten Inseln und Festländer seien ein 'Mundus Novus' und nicht Asien, die M. Ringmann/M. →Waldseemüller in St-Dié dazu veranlaßten, den südamerikan. Halbkontinent nach V.s Vornamen 'America' zu benennen, eine der in der Forsch. umstrittensten Persönlichkeiten der Gesch. der europ. Entdeckungsfahrten im Atlantik. Die Briefe enthalten eine Fülle von Ungenauigkeiten, die Zweifel weckten, ob V. überhaupt je an einer Entdeckungsfahrt teilgenommen hat, ob die Briefe tatsächl. von ihm stammen, ob sie allesamt oder nur z. T. unecht sind etc. Erst die seit den 1970er Jahren betriebene systemat. Erfassung der europ. »Americana« (aller frühen, auf Amerika bezogenen Drucke) und deren Vergleich mit den bekannten hsl. Nachrichten brachte Klarheit über die komplizierte Überlieferungsgesch., vermochte aber die Fragen nach V.s Teilnahme an den Reisen und seine Urheberschaft an den Briefen nicht eindeutig zu lösen. Mehrheitl. tendiert die neueste Forsch. dazu, V.s Teilnahme an den beiden oben erwähnten Reisen zu akzeptieren, aber die Briefe als wohl in Italien angefertigte fremde Bearbeitungen von Nachrichten, die V. und andere übermittelten, anzusehen, die vor dem Hintergrund der kast.-ptg. Rivalität im Atlantik und der von beiden Mächten verfolgten Politik zur Verbreitung ihrer Sicht der Dinge zu interpretieren sind. In jedem Fall dokumentieren sie die enge Verflechtung der iber. Expansion im Atlantik mit Italien, wobei freilich eine Neubewertung der polit. Implikationen dieser bislang überwiegend wirtschaftsgesch. verfolgten Verflechtungen noch aussteht. H. Pietschmann

Lit.: A. V., Cartas de Viaje, hg. L. FORMISANO, 1986 – C. VARELA, Colón y los florentinos, 1988 – Il Nuovo Mondo nella coscienza it. e tedesca del Cinquecento, hg. A. PROSPERI–W. REINHARD, 1992 – Die Folgen der Entdeckungsreisen für Europa, hg. ST. FÜSSEL, Pirckheimer Jb. 7, 1992 – Early Images of the Americas, hg. J. M. WILLIAMS–R. E. LEWIS, 1993 – E. OTTE, Sevilla y sus mercaderes a fines de la Edad Media, 1996 – R. PIEPER, Die Vermittlung einer neuen Welt, Amerika im Nachrichtennetz des habsbg. Imperiums, 1997 [im Dr.].

Vestervig, dän. Wallfahrtsort mit Augustinerkl. in Thy (nordwestl. Jütland, nördl. des Limfjord), im ehem. Bm. →Børglum. Die wikingerzeitl. zentral gelegene Siedlung innerhalb der westl. Mündung des Limfjord (Sammelplatz der Flotte i. J. 1085) wurde, wohl unter norw. Einfluß (Kg. →Magnus, d. Gute Olafsson 1042–47), zum Wirkungsbereich des hl. →Thøger und Stützpunkt der Seelsorge des Bm.s in Thy, jedoch wohl nie Bf.ssitz. Neben der Pfarrkirche (abgerissen), in der Thøger verehrt wurde, entstand eine Augustinerpropstei; ihre kurz vor 1200 erbaute, gut erhaltene und 1917–21 restaurierte, dreischiffige roman. Kirche dient heute als Pfarrkirche. Generalkapitelsbeschlüsse des Ordens 1275–1357 zeugen von der wichtigen Rolle V.s unter den dän. Augustinerkl. T. Nyberg

Q.: SS rer. Danicarum Medii Ævi 5, 1783 [1969], 628–644 – Lit.: V. LORENZEN, De danske Klostres Bygningshistorie 9, 1928, 39–64 – Danmarks Kirker 12, 1942, 609–666 – T. NYBERG, Die Kirche in Skandinavien, 1986, 79–94.

Vesthardus, Fs. der Semgaller ('dux Semigallorum'), bezeugt im 1. Viertel des 13. Jh. Seit 1202 bemühten sich die heidn. Semgaller (→Semgallen), bedrängt von →Liven und →Litauern, um die Hilfe der Deutschen in →Riga. 1205 veranlaßte V. einen gemeinsamen Überfall auf die von einem Raubzug nach →Estland zurückkehrenden Litauer, unterstützte 1206 die Rigischen im Kampf gegen die Liven und führte 1208 einen gemeinsamen Kriegszug gegen die Litauer herbei, der aber mit einer Niederlage endete. 1210 zwangen die Litauer die Semgaller neben →Kuren und Liven zu einem gemeinsamen Unternehmen gegen Riga, das aber scheiterte. Unter litauischem Druck suchten die Semgaller 1219 wieder dt. Hilfe, wobei Ostsemgallen um die Burg Mesoten die Taufe annahm und 1220 mit dem Bm. →Selonien vereinigt wurde. V. mit Burg und Gebiet Terweten (Westsemgallen) hielt aber zu den Litauern. Erst 1225 ließ V. in Verhandlungen mit dem päpstl. Legaten →Wilhelm v. Modena die Predigt in Terweten zu. Danach wurden beide Teile Semgallens zu einer Diöz. vereinigt, Selonien der Diöz. Riga zugeschlagen.
H. von zur Mühlen

Q.: →Heinrich v. Lettland, Chr. Liv. [L. ARBUSOW–A. BAUER, 1955] – Lit.: A. BAUER, Semgallen und Upmale, BL, 1939.

Veszprém (Wesprim), Burg, Stadt, Bf.s- und Komitatssitz in Westungarn, nördl. vom Plattensee, auf einer Anhöhe des Bakony-Gebirges, wahrscheinl. bereits im späten 10. Jh. an der alten Römerstraße, die von Savaria nach Aquincum führte, gegründet. Der Ortsname geht auf Bezprim (→Bezpŕym, 'd. Friedlose') zurück, dem nach Ungarn geflohenen Sohn →Bolesławs Chrobry und ersten →Gespan (comes) des →Komitats um 1000. Die St. Michaelskathedrale dürfte bereits von Gfs. →Géza – wohl für einen Missionsbf. – gegründet worden sein, jedenfalls war sie eine von Kg. Stephan I. und seiner Gemahlin →Gisela gemeinsam gestiftete (nur in Umrissen rekonstruierbare) roman. Basilika. Das Mitpatronatsrecht der Kgn. zeigt sich in der Wahl von V. als Begräbnisstätte der Kgn.nen sowie im Recht des Bf.s v. V., die kgl. Gemahlinnen zu krönen (gegenüber dem Ebf. v. →Gran seit 1216 bestätigt) und das Kanzleramt der Kgn.nen (spätestens seit 1224) einzunehmen. Bis 1217 wurde die Krone Giselas in V. aufbewahrt, wohl in einer aus dem 13. Jh. stammenden bfl. Privatkapelle, in der heute die aus Regensburg 1996 heimgeführten Reliquien verehrt werden. Um die Bf.s- und Gespansburg entstanden im 10.–12. Jh. mehrere Handwerker- und Bauernsiedlungen (anguli, ung.: szeg): im N, im Besitz des Kapitels: St. Thomas, St. Margarete und St. Katharina; im O und S: St. Iwan, St. Nickolas und »Sárszeg« (benannt nach dem Bach Sár). Die Stadt blieb während des MA im Besitz des Bf.s bzw. des Kapitels, ihr Marktrecht gehörte seit 1313 dem Bf. Westl. vom Zentrum lag das 1018 von Kg. Stephan I. gegründete, urspgl. griech. Nonnenkl. Veszprémvölgy ('V.-Tal'), dessen griech. Gründungsurk. in einem →Transsumpt v. 1109 die älteste Originalurk. des Staatsarchivs Budapest darstellt. Das Stift soll für die byz. Braut Hzg. Imres (→Emmerich) und ihre Begleiterinnen erbaut worden sein; nach 1215 wurde es eine Zisterze, die mehrfach (am besten belegt 1387) umgebaut wurde; heute Ruine. Im Dominikanerkl. St. Katharina lebten 1246–52 die hl. →Margareta und – nach einer Legende aus dem 14. Jh. – ihre vermeintl. Lehrerin, die stigmatisierte sel. Ilona. Das Bm. V. umfaßte fast das gesamte SW-Ungarn mit mehr als 500 Pfarreien und Tochterkirchen. Für Klerikernachwuchs sorgte die Domschule, deren reiche Bibliothek aus einer Urk. über ihre Plünderung 1276 rekonstruierbar ist. In ihr wurden die Artes liberales und das Landesrecht unterrichtet, doch ist die Existenz eines höheren Studiums nicht nachweisbar. Die Bf.e v. V. erhielten bereits 1313 den Titel eines »ewigen Gespans« ihres Komitats und übten dieses Amt seit 1392 auch aus. J. M. Bak

Q.: Monumenta Romana episcopatus Vesprimiensis, 4 Bde, 1896–1907 – B. L. KUMOROVITZ, Veszprémi regeszták (1301–1387), 1953 – Lit.: R. BÉKEFI, A káptalani iskolák története Magyarországon 1540-ig, 1910, 160–173 – GY. KOROMPAI, V., 1956 – J. GUTHEIL, Az Árpádkori V., 1977 – Gizella és kora, 1993.

Veterinärmedizin → Tiermedizin

Vetus Gallica, Collectio, älteste und bedeutendste systemat. Kirchenrechtsslg. des merow. Gallien. In über 60 sachl. geordneten Titeln mit rund 400 Kapiteln schöpfte sie v. a. →Canones apostolorum sowie gr. und gall. Konzilskanones aus den Collectiones Dionysiana (→Dionysius Exiguus, II), Lugdunensis und einer Verwandten der Albigensis mit dem Ziel, kirchl. Mißstände zu bessern. Entstanden um 600 wohl in Lyon, erlebte die V. G. Redaktionen durch→Leodegar v. Autun (um 670) und im Kl. Corbie (2. Viertel 8. Jh.), bis sie im karol. Europa ihre eigtl. Breitenwirkung entfaltete: in Abschriften und als Q. für zahlreiche systemat. →Kanonesslg.en (u. a. Collectio →Herovalliana) und Bußbücher, in liturg. Texten, auf Konzilien und in der Reichsgesetzgebung. (Teil-)Kopien oder Übernahmen sind noch aus dem Hoch- und SpätMA bekannt. H. Mordek

Q. und Lit.: H. Mordek, Kirchenrecht und Reform im Frankenreich, 1975 [mit Ed.] – Ders.– R. E. Reynolds, Bf. Leodegar und das Konzil v. Autun (Aus Archiven und Bibliotheken [Fschr. R. Kottje, 1992]), 71–92.

Vetus Latina → Bibelübersetzungen, I

Veurne (lat. Furnae, Furnis; frz. Furnes), Stadt in →Flandern (heut. Belgien, Prov. Westflandern; ehem. Bm. →Thérouanne, bis 1559). Die älteste schriftl. Erwähnung von V. datiert von 877; in ihr sind 'sedilia' erwähnt, kleine Grundparzellen, die möglicherweise auf Besiedlung von frühem städt. Charakter hindeuten. Diese Vermutung wird erhärtet durch eine weitere Q.nnachricht der Zeit um 900. Die Entstehung von V. steht vielleicht in Verbindung mit der damaligen Mündung der Yzer in die→Nordsee; in dieser Zeit lag V. auf einer Insel. Möglicherweise ist die Siedlung mit dem nicht lokalisierten 'Iserae Portus', dem Landeplatz eines Normannenverbandes (860), zu identifizieren. Aufgrund der runden Stadtgestalt, erkennbar noch im heut. Straßennetz des Stadtkerns, gilt V. (zusammen mit Bourbourg, St-Winoksbergen [→Bergues-St-Winnoc], →Oostburg und →Souburg) als eines der »castella recens facta«, die kurz vor 891 entlang der fläm. Nordseeküste zum Schutze vor den →Normannen angelegt worden sind. Die Fluchtburg v. V. blieb bis ins frühe 10. Jh. unbesiedelt (die Siedlung des 9. Jh. lag außerhalb des Burgbereiches); dann aber ließ der Gf. v. Flandern im Innern der Burg ein Gebäude mit einer Kapelle (geweiht ursprgl. Unserer Lieben Frau) errichten. Nachdem bald (wohl schon um die Mitte des 10. Jh.) hierher Reliquien der hl. →Walburga übertragen worden waren, wurde die nun als Walburgakapelle bezeichnete Kapelle von Gf. →Robert d. Friesen (1071–93) in ein weltl. Kanonikerstift umgewandelt. Schon vor 1120 wurde dieses in zwei Gemeinschaften aufgegliedert, vielleicht unter dem Druck der Reformbewegung des Bf.s Jan van Waasten. Die abgespaltene Gemeinschaft wurde zur Regularkanonikerabtei (OPraem) umgeformt und erhielt die Nikolauskirche (St-Niklaas) am Markt als Sitz, siedelte sie aber bereits 1170 vor der Stadt an. Die Nikolauskirche wurde gestiftet wohl zw. 1087 und 1106 von Kaufleuten, die sich um den Markt, im SO der Burg und teilweise außerhalb ihres Bereiches, niedergelassen hatten. Sie verfügten im 13. Jh. über eine an der Nordseite des Marktes gelegene Stadthalle und eine Fleischhalle. V. war Mittelpunkt einer reichen Landwirtschafts- und Viehzuchtregion mit intensiv genutzten Domänenbetrieben des Gf.en v. Flandern, dessen Natural- und Geldeinnahmen in vier auf der Burg v. V. etablierten gfl. Einnahmestellen, für Geld (scaccarium), Getreide (spicarium), Fleisch (lardarium) und Milchprodukte (vaccaria), zusammenflossen. V. war das Verwaltungszentrum der auch als *Veurne-ambacht* bezeichneten →Kastellanei v. V., die zu Beginn des 11. Jh. eingerichtet worden war. Nach der Ermordung Gf. →Karls d. Guten (1127) durch die aus der Gegend v. V. stammende Dienstmannenfamilie der →Erembalde wurde der gfl. Stützpunkt in der Burg noch verstärkt, v. a. durch die Anlage einer erhöhten, noch erhaltenen →Motte. Nach einem Konflikt des Gf.en mit einer anderen mächtigen Familie der Region, den Blavotins, wurde dieser Befestigungskomplex noch erweitert.

Die Stadt V., die bereits im 12. Jh. den Höhepunkt ihrer Dynamik überschritten hatte, gehörte zwar im 13. Jh. noch der →Hanse v. London an, entfaltete aber kaum noch städt. Wachstum, so daß die Umwallung des frühen 13. Jh., die zw. 1388 und 1413 in Stein neuerrichtet wurde, die maximale Ausdehnung des Stadtareals bezeichnet. V. blieb ein administratives Zentrum und ein bevorzugter Wohnort der reichen agrar. Grundbesitzer aus dem Umland, die hier ihre Renten verzehrten und den charakterist. Spitznamen 'slapers' trugen. A. Verhulst

Lit.: DHGE XIX, 444–468 [N. Huyghebaert] – F. de Potter u. a., Geschiedenis der Stadt en Kastelnij V., 2 T.e, 1873–75 – J. Termote, Het stadsarcheologisch en het historisch-topografisch onderzoek in V. in de periode 1982–92, Westvlaamse Archaeologica 9, 1993, Bd. I, 11–32.

Vevey (Vivis), Stadt in der Westschweiz (Kanton →Vaud/Waadt), an der Einmündung der Veveyse in den Genfersee; hist. Namenformen: Vibiscum, Viviscum (3. und 4. Jh. n. Chr.), Viveis (13. Jh.), Viviacum (14. und 15. Jh.). Ein galloröm. →Vicus ist durch archäol. Forschung nachgewiesen; es liegen Hinweise auf Siedlungskontinuität von der galloröm. Epoche zum 11. Jh. vor. Für die Zeit um 1000 ist ein 'burgum' bezeugt. Vom 11. Jh. an ist Besitz mehrerer Herren im Bereich der späteren Stadt nachgewiesen, v. a. des Bf.s und Kathedralkapitels v. →Lausanne, die ihre Rechte bis zum Ende des MA wahrten. Ab ca. 1200 bildeten Adelsfamilien, erst die Blonay, nachfolgend die Oron, ihre seigneurialen Rechte (→Seigneurie) über die Stadt aus. In ihrer Eigenschaft als 'Mitherren' ('co-seigneurs') etablierten sie sich im ursprgl. Stadtkern (Bourg du Vieux-Mazel, Bourg d'Oron) und gründeten seit dem beginnenden 13. Jh. beiderseits des Kernbereichs neue Stadtteile. Seit ca. 1250 baute das Haus →Savoyen seine Position in V. auf, indem es einen Teil der seigneurialen Rechte erwarb. Von der 2. Hälfte des 14. Jh. an bildeten sich in V. kommunale Institutionen: Zwölferrat (an der Spitze ein 'commandeur'), Sechzigerrat. Im Juli 1370 bewidmete Gf. →Amadeus VI. v. Savoyen die gesamte Stadt mit einer →*charte de franchises* (Freiheitsbrief). Bis zur Eroberung durch →Bern (1536) wurde die Stadt (bei komplexen Machtverhältnissen) von den genannten kommunalen Institutionen und mehreren Herren regiert.

Die Topographie der ma. Stadt war geprägt durch eine verhältnismäßig dichte Besiedlung; das städt. Areal war umschlossen von einer Befestigungsmauer mit durch Türme bewehrten Stadttoren; im Innern lagen mehrere feste Häuser, der Klarissenkonvent Ste-Claire mit Kirche sowie ein Hospital (Hôpital Neuf du Vieux Mazel). Die Pfarrkirche St-Martin sowie das Magdalenenhospital (Marie-Madeleine) befanden sich 'extra muros'. V., das 1416/17 ca. 400 Herdstellen zählte, war bis ins 17. Jh. nächst Lausanne die größte Stadt des Waadtlandes.

L. Napi/E. Maier

Lit.: HBLS, 7 Bde, 1921–34 – E. Recordon, Études hist. sur le passé de V., 1944 – A. de Montet, V. à travers les siècles, 1978² – L. Napi, V. après le grand incendie de 1688 (Mém. de licence Univ. Lausanne, masch., 1992).

Vexillum → Feldzeichen

Vexillum sancti Petri, päpstl. →Fahne, religiöses und Rechtssymbol, seit Mitte des 11. Jh. verliehen als Zeichen der (moral.) Unterstützung, dann der (rechtl.) Anerkennung oder der förml. Belehnung. Berühmte Beispiele der Frühzeit: →Alexander II. an →Erlembald(o) v. Mailand (1063) und →Wilhelm d. Eroberer vor dessen Zug nach England (1066), →Gregor VII. an →Robert Guiscard (1080), →Paschalis II. an →Bohemund I. v. Tarent (1105). Die Belehnung →Rainulfs Drengot v. Alife 1137 (gleichzeitig durch Papst Innozenz II. und Ks. Lothar III. mit derselben Fahne) zeigt den konkurrierenden Anspruch beider Gewalten als Oberlehnsherren. B. Roberg

Lit.: LThK³ III, 1154f. – C. Erdmann, Ksl. und päpstl. Fahnen im hohen MA, QFIAB 25, 1933/34, 1–48 – Ders., Die Entstehung des Kreuzzugsgedankens, 1955², 166–184.

Vexin, Landschaft in Nordfrankreich, hervorgegangen aus der dem Vorort Rotomagus (→Rouen) unterstehenden galloröm. Civitas der Veliocasses, deren östl. Teil im 7. Jh. einen Komitat, den 'pagus Vilcasinus', bildete. Dieses Gebiet liegt, in etwa gleicher Entfernung von Rouen und →Paris, auf dem rechten Ufer der →Seine zw. den Nebenflüssen Andelle und Oise. Durch den 'Vertrag' v. →St-Clair-sur-Epte (911) wurde die territoriale Einheit des V. zerschnitten; die von der Epte markierte Grenze zw. dem Herrschaftsbereich des Kg.s v. Westfranken/Frankreich und dem künftigen Hzm. →Normandie ließ den V., der für beide Seiten zur strateg. wichtigen Markenzone wurde, zur zweigeteilten Region und zu einem Hauptschauplatz der großen frz.-norm./engl. Konflikte werden: Für die Hzg.e der Normandie bildete der westl. Teil, der *V. normand*, ein das Seinetal beherrschendes und Rouen schützendes Glacis, für die →Kapetinger war der östl. Bereich, der *V. français*, ein entscheidendes Sprungbrett ihres Vordringens nach Westen. Im übrigen trugen die Verbindungen, die zw. den beiden Landschaftsteilen trotz der Konflikte fortbestanden, zum komplexen Charakter der Gesch. des V. bei.

Der *V. normand* wurde in der Frühzeit unmittelbar von den Hzg.en beherrscht; seit dem 2. Viertel des 11. Jh. vollzog sich hier jedoch der Aufstieg mehrerer großer Aristokratenfamilien, deren Verwandtschaftsbeziehungen und Grundbesitz sich häufig zu beiden Seiten der Epte erstreckten, wodurch ihre Treue zum Hzg. Schwankungen unterlag. – Der *V. français* bildete eine als Lehen der Abtei →St-Denis konstituierte Gft., eng verbunden mit dem Gft.skomplex Amiens-Valois, dessen machtvolles Geschlecht (→Valois) am Ende des 10. Jh. ein feudales →Fürstentum zu begründen suchte. Ein Teil der Gft. wurde im ausgehenden 10. Jh. abgetrennt zugunsten des Vicomte des V., der vor 1015 den Titel des Gf.en v. →Meulan annahm. Diese mächtige Adelsfamilie spielte eine bedeutende Rolle, da sie große norm. (→Beaumont-le-Roger) und engl. Seigneurien erwarb und bereitwillig zur hzgl. Partei überwechselte. Auch andere große Geschlechter (so die Chaumont) traten als *Châtelains* (burgsässige Herren) hervor und eröffneten infolge ihrer Besitzausstattung beiderseits der Epte ein undurchsichtiges und riskantes Spiel von Lehnsbündnissen.

Die frühen norm. Hzg.e, die darauf bedacht waren, den V. français in ihre Machtsphäre zu ziehen, förderten nach Kräften die Bindungen der beiden Landschaftsteile miteinander und unterhielten gute Beziehungen zu den Gf.en. Nach einer späten, umstrittenen Episode (bei →Ordericus Vitalis) soll Hzg. →Robert, als Preis für sein Bündnis mit →Heinrich I. v. Frankreich, 1031 sogar die →Suzeränität über den V. français erhalten haben. Diese komplexen polit.-sozialen Interaktionen wurden durch die kirchl. Situation weiter kompliziert. Der V. unterstand kirchl. zur Gänze dem Ebf. v. Rouen und wurde dadurch seit dem 12. Jh. in die Konflikte mit den Kapetingern um so stärker verwickelt.

1077 wurde ein entscheidender Schritt vollzogen: Nach Eintritt des Gf.en v. V. ins Kl. annektierte Kg. →Philipp I. v. Frankreich die Gft. in der Form einer Wiederbelebung durch St-Denis. Das Hzm. Normandie (bzw. das anglonorm. England) und die frz. →Krondomäne hatten von nun an eine gemeinsame Grenze; dies führte zur fortschreitenden Militarisierung der Grenzzone und zur wechselseitigen Ausnutzung der schwankenden Parteinahmen der Aristokratenfamilien, namentlich die Kapetinger zogen Nutzen aus den dynast. Krisen in der Normandie. Zur Sprache der Waffen trat die Diplomatie hinzu: Herrschertreffen (Gisors) sowie kurzlebige Abkommen, aber auch Ehebündnisse rhythmisierten den Konflikt. In einer ersten Periode des Konflikts suchten die offensiven Hzg.e den V. français zu erobern. →Wilhelm d. Eroberer führte 1087 den für ihn verhängnisvollen Feldzug bis →Mantes durch; →Wilhelm II. Rufus setzte zwei erfolglose Annexionsversuche ins Werk (1097–98). Unter diesen Hzg.en/Kg.en wurde entlang der Epte eine auf Néaufles und bes. Gisors abgestützte Verteidigungslinie aufgebaut, was auf frz. Seite mit der Errichtung von Burgen wie Mantes, →Pontoise und Chaumont beantwortet wurde.

Die Hzg.e wurden im 12. Jh. von den Kapetingern zunehmend in die Defensive gedrängt: Bereits →Ludwig VI. v. Frankreich »instrumentalisierte« zeitweilig die inneren Schwierigkeiten →Heinrichs I. v. England, erreichte aber noch keinen wirkl. Erfolg (frz. Niederlage bei →Brémule, 1119). Heinrich I. nahm seinerseits ein echtes Burgenprogramm in Angriff, zog die unmittelbare Kontrolle der bedeutendsten, bis dahin von Vasallen gehaltenen Burgen wie Gisors an sich, baute ihre Befestigungsanlagen aus und errichtete im Hinterland einen zweiten Burgengürtel. Doch führten die Thronkämpfe nach dem Tode Heinrichs I. zu einer Schwächung der anglonorm. Position. Geoffroy Plantagenêt gab Gisors 1144 an Ludwig VI. preis; →Heinrich II. trat den V. 1151 an den Kapetinger ab, um seine Investitur als Hzg. v. Normandie zu erreichen, und gewann erst 1160 diese Schlüsselregion zurück: Der V. war Teil der 'Dos' der Margarete, Tochter Ludwigs VII., verlobt mit dem Thronerben →Heinrich d. J. († jedoch bereits 1183). Der Aufstand der →Barone gegen Heinrich II. (1173–74) ermöglichte dem Kapetinger gleichwohl ein neues Vorschieben seiner Position. Die Offensive intensivierte sich mit →Philipp II. Augustus. Der Kg. besetzte 1191 →Vernon und verstärkte 1193 den Druck, indem er sich unter Ausnutzung der Abwesenheit von →Richard 'Löwenherz' mit →Johann 'Ohneland', der ihm den V. abtrat, verband. Philipp Augustus drang von O in die Normandie ein und nahm Gisors ein. Richard führte nach seiner Rückkehr zwar eine Gegenoffensive durch, doch wurde im Vertrag v. Gaillon (1196) der kapet. Besitz des V. normand festgeschrieben. Der Plantagenêt errichtete daraufhin das mächtige →Château-Gaillard zum Schutz des seines Glacis beraubten Rouen. Die Wiedereroberung des V. durch Richard (1198) zwang Philipp nochmals zum Rückzug auf Gisors, doch wurde im Vertrag v. →Le Goulet (1200) dem Kapetinger der Besitz des V., mit Ausnahme von Château-Gaillard und seinem Umland, bestätigt.

1204 beendeten der Fall von Château-Gaillard und die kapet. Annexion der Normandie die Rolle der Epte als

Grenzfluß. Der westl. V. gehörte weiterhin zum (nun kapet. beherrschten) Hzm. Normandie, und es wurde das →Bailliage v. Gisors bis Mantes ausgedehnt, der V. français in kirchl. und fiskal. Hinsicht der Normandie integriert. Die Bewohner der beiden Teile des V. bewahrten aber die Erinnerung an ihre ursprgl. Zugehörigkeit, auch nahmen die Verwaltungsinstitutionen der Normandie Bezug auf die alte Grenze an der Epte. A. Renoux

Q.: J. Depoin, Le cart. de l'abbaye St-Martin de Pontoise, 1895-1901 – Lit.: H. Prentout, Les états provinciaux de Normandie, II, 1925 – J.-F. Lemarignier, Recherches sur l'hommage en marche et les frontières féodales, 1945 – M. Powicke, The Loss of Normandy, 1189-1204, 1961² – J.-F. Lemarignier, Le gouvernement royal aux premiers temps capétiens (987-1108), 1965 – L. Musset, La frontière du V., Annuaire des Cinq Dép. de la Normandie, 1966 – J. A. Green, Lords of the Norman V. (War and Government in the MA. Essays J. O. Prestwich, 1984) – D. Crouch, The Beaumont Twins, 1986.

Vézelay, Abtei OSB und Stadt im nördl. →Burgund (dép. Yonne, chef-lieu cant.).

[1] *Geschichte:* V. wurde 858/859 von →Gerhard (Girard) v. Vienne gegr., der so seine im →Regnum→Karls d. Kahlen gelegenen Güter vor Konfiskation zu schützen trachtete; die Abtei, deren erster Standort 'Vercellacus' (heute St-Père sous V.) war, wurde zunächst als Frauenkl. etabliert. Girart unterstellte die Abtei dem Patrozinium der hll. Apostel Petrus und Paulus und dem Schutz des Papstes. Ausgestattet mit Privilegien der Kg.e und Päpste (→Nikolaus I. sandte ihr die Reliquien der hll. Pontianus und Andeolus), wurde sie zum Männerkl. unter dem aus St-Martin d'→Autun gekommenen Abt Odo (Eudes), der sie mit Mauern umwehren ließ und ihren Standort nach einer Plünderung durch die →Normannen (887) auf die benachbarte Anhöhe verlegte.

Bereits Gf. →Landricus (Landry) v. Nevers beabsichtigte, die Abtei an →Cluny zu tradieren; doch wurde die Eingliederung in den 'ordo Cluniacensis' erst 1058 vollzogen. Auch danach behielt V. den Status einer Abtei. Die Äbte Artaldus (Artaud), Renaldus (Renaud) v. Semur (1106-28), Albericus (Aubry) und Pontius (Pons) v. Montboissier waren zuvor Mönche in Cluny gewesen, doch ihr Nachfolger Wilhelm (Guillaume) v. Mello (gewählt 1161) stellte die Selbständigkeit V.s gegenüber Cluny wieder her. V. mußte sein Exemtionsprivileg gegen die Bf.e v. →Autun verteidigen; bei diesen Streitigkeiten konnte die Abtei auf die Unterstützung des Papsttums zählen (→Innozenz II. residierte hier 1131 während des Schismas).

Wesentlich schwerwiegender gestalteten sich die Konflikte mit den Gf.en v. →Nevers, die während des 11. Jh. in V. offenbar eine eigene weltl. Gewalt mittels eines →Vogtes ausübten und das Recht der *garde* über V. beanspruchten, mit starken Auswirkungen auf Jurisdiktions- und Abgabenrechte. Nach dem Aufstand v. 1104, bei dem die Bürger v. V. den Abt Artaldus erschlugen, weil dieser ihnen die Verpflichtung zur kostenlosen Beherbergung der Pilger auferlegt hatte, stellten sich die Gf.en auf die Seite der Bürger, sperrten die Zufahrtswege nach V. und ließen ihre Bewaffneten mehrfach in die Kirche eindringen (1115, 1152-53, 1165-66, 1180, 1212, 1230-33), was die Intervention des Kg.s zur Folge hatte, wie sie die Mönche, die 1166 gar in einer Prozession nach Paris gezogen waren, wiederholt gefordert hatten. Die Bürger, die 1137 eine Verringerung ihrer Abgabenlast erreichten, vereinigten sich in einem Schwurverband (*commune jurée*; →Kommune, II), wählten →Konsuln (Juli 1152) und besetzten die Abtei. Doch hob Kg. Ludwig VII. am 3. Nov. 1155 die Kommune auf. Bald nach 1166 erlangten die Bewohner jedoch eine →*charte de franchises* ('libertas Vizeliacensis'), die in →Avallon und anderen Orten der Umgebung Nachahmung fand. Trotz der feierl. Erklärung →Innozenz' III. (1198), daß der Abt die Jurisdiktion in voller →'potestas' besitze, nahmen die Kg.e v. Frankreich zunehmend ihre Oberherrschaft (→*garde royale*) wahr, wenn sie auch zunächst noch die herkömml. *garde* der Gf.en respektierten. 1280 bestätigte Philipp III. die kgl. Gewalt über V.; Philipp IV. bewog →Ludwig II. v. Nevers, Gf. v. Flandern (35. L.), zum förml. Verzicht auf die *garde* über V., das nach 1360 zum Sitz einer *élection* wurde, deren Fiskalverwaltung alle Territorien der Diöz. Autun, die unmittelbarer kgl. Hoheit unterstanden, umfaßte.

[2] *Religiöses Leben:* Die Auffindung der →Reliquien der hl. →Maria Magdalena (vor 1058) machte V. zum bedeutenden Pilgerzentrum (→Pilger), das der →»Liber Sancti Jacobi« als Ausgangspunkt einer der Routen nach →Santiago de Compostela nennt. Die Blüte des Pilgerverkehrs, die maßgeblich zum Wohlstand der Abtei und der Bürger beitrug, hielt an bis ins späte 13. Jh.: →Ludwig d. Hl. zog zweimal als Wallfahrer nach V. (1244, 1267). Doch beanspruchten die Mönche der prov. Abtei St-Maximin (→Maria Magdalena, 4), die wahren Reliquien zu besitzen; obzwar V. noch 1265 eine feierl. →Translation durchführen konnte, wurde 1295 vom Papsttum doch die Echtheit der Reliquien v. St-Maximin anerkannt, was durch ein Mirakelbuch, das die von der Hl.n gewirkten Wunder verzeichnete, untermauert wurde. Schrittweise verlor V. so seine Rolle als spirituelles Zentrum.

Bedingt durch die Magdalenenverehrung, wurde unter Abt Artaldus eine Basilika errichtet; sie wurde 1120 durch eine verheerende Feuersbrunst, die wohl nur den Chor verschonte, schwer beschädigt. Abt Rainald v. Semur ließ danach das noch heute bestehende roman. Kirchenschiff erbauen; den Kern der Fassade bildet das große reichskulptierte Portal, dessen Tympanon die Mission der Apostel darstellt, über den Basreliefs mit Szenen des Magdalenenlebens. Wohl um 1145 wurde der große Narthex mit seiner Fassade hinzugefügt. Wilhelm v. Mello ließ den Chor im got. Stil neuerrichten. Die hohen Baukosten trugen allerdings nicht unwesentlich bei zur katastrophalen Verschuldung, die 1207 zur Absetzung des Abtes Hugo führte. Das gesamte Ensemble bietet eines der kostbarsten Zeugnisse ma. Architektur und Skulptur und zeigt v.a. am Tympanon und an den Kapitellen des Kirchenschiffs starke Anklänge an die vollendete Romanik v. St-Lazare d'Autun.

Aufgrund seines hohen Ansehens als Kirche und Pilgerzentrum wie durch seine verkehrsgünstige Lage in einem Geflecht wichtiger Straßen des Grenzraums zw. dem Hzm. Burgund und der Gft. Nevers wurde V. zum Schauplatz vieler bedeutender kirchl. und polit. Ereignisse: Kreuzzugspredigt des hl. →Bernhard v. Clairvaux (1146), Truppensammelort sowohl für Richard Löwenherz als auch Philipp Augustus (1190), von Kg. abgehaltene große Gerichtsversammlungen (*plaids*), bes. 1166 und 1180. Im Zuge der Konflikte, die Abt Pontius um die Mitte des 12. Jh. zu bestehen hatte, wurde von Hugo Pictavinus die »Historia Vizeliacensis monasterii« verfaßt. J. Richard

Q. und Lit.: R. B. C. Huygens, Monumenta Vizeliacensia, 1976-80 (CChrCM, 42 und Suppl.) – A. Chérest, V. Étude hist., 3 Bde, 1868 – R. Louis, Girart, comte de Vienne et ses fondations monastiques, 1946 – F. Salet–J. Adhémar, La Madeleine de V., 1948 – V. Saxer, Le culte de sainte Marie-Madeleine en Occident, 1959 – L. Saulnier–N. Stratford, La sculpture oubliée de V., 1984.

Via antiqua et moderna → Antiqui-moderni

Via Francigena ('Frankenstraße'). Die 876 am Fuße des Monte Amiata (südl. Toskana) erstmals erwähnte und vom 12.–13. Jh. durch eine Vielzahl von Q. bezeugte V. ist eine neue, ma. Fernstraße, die – von →Rom über →Siena und→Lucca führend – zwei antike Straßen, die *Via Aurelia* und die *Via Cassia*, ablöst. Entstanden ist sie vermutl. unter den→Langobarden, die im Zuge ihrer Auseinandersetzungen mit den Byzantinern, die den →Exarchat v. →Ravenna und die →Pentapolis kontrollierten, an einer Fernverbindung nach S interessiert waren, die mitten durch die von ihnen beherrschten Gebiete führte und →Pavia mit der Hzg.sstadt Lucca verband. Bezeugt ist ihr Verlauf durch die Itinerare des Ebf.s Sigeric v. Canterbury (990), des isländ. Abtes Nikulás v. →Munkaþverá (um 1154), des Abtes →Albert v. Stade (1240/56) und anderer, die aber der Straße entweder keinen Namen geben oder sie als den 'Weg nach Rom' bezeichnen. Im 13. Jh. befassen sich auch die Statuten v. Siena mit der V. und verordnen auf dem Territorium der Kommune deren regelmäßige Reparatur. Der Name V. ist im übrigen nicht nur für die Verlängerung der Straße nach Norditalien bezeugt – wie bei →Parma (1255) oder →Turin (1229) –, sondern auch auf der Strecke Imola–Rimini (1371) oder südl. von →Alessandria (1231) und sogar entlang des Jakobsweges nach →Santiago de Compostela. In ähnl. Weise, wie der Name die im 11. Jh. noch übliche Bezeichnung der Route als *via* bzw. *strata Romea* im 12. Jh. verdrängte, so setzte sich seit dem 14. Jh. vermehrt wieder die ältere Bezeichnung der Straße durch.   Th. Szabó

Lit.: J. JUNG, Das Itinerar des Ebf.s Sigeric v. Canterbury und die Straße von Rom über Siena nach Luca, MIÖG 25, 1904, 1–90 – I. MORETTI, La V. F. in Toscana, Ricerche Storiche 7, 1977, 383–406 – E. M. FERREIRA PRIEGUE, Circulación y red viaria en la Galicia medieval (Les communications dans la Péninsule Ibérique au MA, 1981), 70 – G. SERGI, Potere e territorio lungo la strada di Francia. Da Chambéry a Torino fra X e XIII sec., 1981 – R. STOPANI, La V. Una strada europea nell' Italia del Medioevo, 1988 – De strata francigena 1–4, 1993–96.

Vjačko (Vetseke), Kleinfs. v. Kukenois (→Kokenhusen) an der Düna, † 1224, ostslav. oder lettgall. Herkunft. Der orth. Fs. beherrschte sein von Lettgallern und →Selen bewohntes Gebiet mit einer Gefolgschaft, die weitgehend aus Russen bestand. Er war mit dem Fs.en v. →Polock locker verbunden, nicht aber von diesem abhängig, wie oft behauptet wird. Seine Stellung war derjenigen des Fs.en →Wissewalde v. →Gerzike ähnlich. Mit Bf. →Albert I. v. Riga schloß V. 1205 einen Friedensvertrag ab. Bedrängt durch die Litauer, übereignete er dem Bf. 1207 sogar die Hälfte seines Fsm.s gegen die Zusage militär. Hilfe. Danach geriet er aber mit den Deutschen in schwere Konflikte, verließ 1208 sein Fsm. für immer und begab sich in die Rus'. Während des Aufstandes der Esten gegen die Deutschen und Dänen (1223–24) traf V., von Novgorod entsandt, in der estn. Hauptburg an der Stelle des späteren →Dorpat ein, leitete dort den Verteidigungskampf der Esten und suchte sich zugleich ein neues Herrschaftsgebiet zu schaffen. Bei der Einnahme der Burg durch die Deutschen fand er den Tod.   N. Angermann

Q.: →Heinrich v. Lettland – NPL – Lit.: M. v. TAUBE, Russ. und litauische Fs.en an der Düna, JKGS NF 11, 1935, 418ff. – E. L. NAZAROVA, Russko-latgal'skie kontakty v XII–XIII vv., Drevnejšie gosudarstva Vostočnoj Evropy. Materialy i issledovanija 1992–93, 1995, 182ff.

Viana →Karl v. Viana (18. K.), →Príncipe de Viana

Vianden (Luxemburg), Gft., Gf.en v. Eine historiograph. Q. erwähnt 1090 einen V.er Gf.en namens Bertolf, Angehöriger der zu Beginn des 12. Jh. ausgestorbenen, mit dem →Sponheimer Gf.enhaus verwandten Familie der Berthold/Bezelin. Eine der bertold. Linien hatte die Burg Ham an der Prüm und die Prümer Vogtei inne. Ihre Rechtsnachfolger in diesen Besitzungen waren die wahrscheinl. dem Sponheimer Gf.enhaus entstammenden V.er Gf.en, von denen Friedrich von 1124–52 als erster als Gf. v. V. und Vogt v. →Prüm erscheint. Wann der Wechsel des Herrschaftssitzes von der Burg Ham zur Burg V. erfolgte, ist ungewiß. Ihren Höhepunkt erreichte die Gft. unter Gf. Heinrich I. (1210?–52), der auch das Trinitarierkl. im Ort V. gründete. Nach seinem Tode wurde V. 1264 aufgrund von Erbstreitigkeiten lux. Lehen. Die Heirat Adelheids v. V. mit Otto II. leitete in der 1. Hälfte des 14. Jh. den Übergang der Gft. an das Haus →Nassau ein, die 1417 endgültig an Ottos Enkel, Gf. Engelbert I. († 1442), fiel, der in seinen ererbten ndl. Besitzungen lebte und von Breda aus regierte. Über Engelberts Sohn Johann kam nach vorübergehender Teilung V. in den 70er Jahren an dessen Sohn Engelbert II. († 1504).   W. Herborn

Lit.: J. VANNERUS, Les Comtes de V., Les Cahiers luxembourgeois 8, 1931, 7–28 – DERS., Le Château de V. (ebd.), 29–56 – J. P. KOLTZ, Nouvelle Monogr. du Château-palais de V., Hémecht 24, 1972, 113–154 – J. MÖTSCH, Die Gf.en v. V. und Clervaux (Association Luxembourgeoise de Généalogie et d'Héraldique. Annuaire 1991), 33–40 – U. SCHUPPENER, Die Gft. V. und ihre Zugehörigkeit zu Nassau, NassA 107, 1996, 7–46.

Vjatičen (aruss. Vjatiči), ostslav. Stamm (→Ostslaven), außer in der →Povest' vremmenych let noch im Brief des Chazarenkhagans Josef (um 960) als *W.n.n.tit* erwähnt; möglicherweise steht die von Ibn Rosteh (Anfang 10. Jh.) im Steppenbereich zw. →Pečenegen und Slaven erwähnte Stadt *Wāntīt* mit den V. in Zusammenhang. Sie sind im 9. und 10. Jh. an der östl. Peripherie des ostslav. Siedlungsgebietes, im Bereich der oberen und mittleren Oka (Anbindung an das Flußsystem der →Wolga), in relativer Isolation von anderen ostslav. Großverbänden (westl. Nachbarn→Kriviěen und →Radimičen, südl. schloß sich das Gebiet der →Severjanen an), zu lokalisieren. Die Behauptung der Chronik, die Radimičen und V. seien aus dem Westen ('von den Ljachen') zugewandert, verbunden mit einer eponym. Namensdeutung (Stammvater Vjatko), ist durch archäolog. und toponomast. Untersuchungen nicht bestätigt worden. Die V. waren ztw. (2. Hälfte 9. Jh./1. Hälfte 10. Jh.) den →Chazaren tributpflichtig; zwar nahmen sie 907 am Kriegszug der Rus' gegen Konstantinopel teil, doch konnten sie sich im 10. Jh. eine relative Unabhängigkeit vom Kiever Zentrum bewahren (Nachrichten über Kriegszüge gegen die V. zu 964/965, 966, 981).   N. Kersken

Lit.: SlowStarSłowVI, 1977, 411–414 – G. A. CHABURGAEV, Ètnonimija 'Povesti vremmenych let', 1979, 134–142 – HGeschRußlands I, 1, 237ff. – G. F. KOVALEV, Istorija russkich ètničeskich nazvanij, 1982, 34–37 – V. V. SEDOV, Vostočnye slavjane v VI–XIII vv., 1982, 143–151 – C. GOEHRKE, Frühzeit des Ostslaventums, 1992.

Viaticum ('Wegzehrung'), Eucharistieempfang von Sterbenden, vom Konzil v. Nikaia 325, c. 13, bereits als alte Regel vorausgesetzt, galt in der Spätantike, da es möglichst unmittelbar vor dem →Tod im Anschluß an eine Eucharistiefeier unter beiden Gestalten gereicht wurde (bekannter Mißbrauch: Verstorbenenkommunion), als eigtl., österl. Sterbesakrament; als Nahrung »auf dem Weg zum Herrn« sollte es gegen das Böse schützen und gemäß Joh 6, 54 v. a. Hilfe zur Auferstehung sein. Seit dem FrühMA verselbständigte sich das V., und die Kommunion wurde um die Passionslesung und um Orationen erweitert (z. B. Ordo Rom. 49, ed. SICARD, Liturgie 3f.; Sakramentar v. Autun, ed. HEIMING, Nr. 1914). Ab dem 9. Jh. wurde das V., in den liturg. Q. in der Regel zum Ordo defunctorum gehörig, mit vorausgehender →Buße und →Krankensalbung verbunden und blieb, spätestens dadurch, allein dem Priester vorbehalten. Nicht zuletzt wegen der Änderung der Bußdisziplin entstand um die Jahrtausendwende als normale Reihenfolge Buße–V.-Krankensalbung, wodurch das V. vom Moment des Sterbens weggerückte und die Krankensalbung zum 'Sterbesakrament' (fehlgedeutet als 'Letzte Ölung') wurde. Die Trennung des V. von einer vorausgehenden Messe führte, ähnlich wie beim →Versehgang, zu einer rituellen Ausgestaltung mit der Messe entnommenen Elementen, oft mit Glaubensbekenntnis, Vaterunser, anderen Elementen des Kommunionteils (Entstehung einer 'missa sicca'), dazu mit den »Anselmischen Fragen«; vielfältig waren die Spendeformeln. M. Klöckener

Lit.: DThC XV, 2842–2858 – D. SICARD, La liturgie de la mort dans l'église lat. des origines à la réforme carolingienne, 1978, bes. 1–52 – O. NUSSBAUM, Die Aufbewahrung der Eucharistie, 1979, bes. 62–101 – R. KACZYNSKI, Die Sterbe- und Begräbnisliturgie (B. KLEINHEYER u. a., Sakramentl. Feiern, II, 1984), bes. 204–217 – D. SICARD, La mort du chrétien (A. G. MARTIMORT, L'Église en prière, III, 1984), 238–248 – H. B. MEYER, Eucharistie (Gottesdienst der Kirche, IV, 1989) – B. WIRIX, The V.: From the Beginning until the Present Day (Bread of Heaven, hg. CH. CASPERS u. a., 1995), 247–259.

Vjatka, Stadt am Fluß V. (im MA auch Chlynov gen.; heute Kirov), Zentrum des V.er Landes. Erstmals 1374 chronikal. erwähnt, ist das Gründungsdatum in der Forsch. umstritten. Jüngste archäolog. Funde deuten darauf hin, daß V. in der 2. Hälfte des 13. Jh. an der Stelle einer früheren dörfl. Siedlung als Befestigungspunkt entstand. Als Gründer gelten Kolonisten aus →Novgorod, möglicherweise Novgoroder Flußpiraten (sog. Uškujniki). V. war nicht nur ein wichtiges Handwerkszentrum (Metall-, Leder- und Holzverarbeitung, Kürschnerei, Töpferei), sondern auch ein bedeutender Umschlagplatz für Rauchwaren (insbes. Eichhörnchenfelle; →Feh; →Pelze, 1) und stand in Handelskontakten mit den Fsm.ern Novgorod, →Vladimir-Suzdal', →Tver' und →Kiev, später auch mit →Moskau, Perm' und →Kazan'. Archäolog. Funden zufolge gelangten, vermutlich durch Novgoroder Kaufleute vermittelt, auch Waren aus dem Baltikum und dem nördl. Schwarzmeergebiet nach V.

Im *Vjatkaer Land* (russ. Vjatskaja zemlja), der hist. Region im Bassin des Ober- und Mittellaufs des Flusses V., siedelten sich zusätzl. zu den seit vorgeschichtl. Zeit ansässigen finnougr. Stämmen (Komi-Permjaken, Udmurten [Votjaken], Mari [Tscheremissen]) seit der 2. Hälfte des 12. Jh. →Ostslaven und slavisierte Finnougrier sowie gegen Mitte des 14. Jh. noch →Tataren und Tschuwaschen an. Von der 2. Hälfte des 13. Jh. bis 1489 existierte hier eine →Veče-Republik. Seit 1383 war das Gebiet bis zu einem gewissen Grade zwar den Fs.en v. →Nižnij-Novgorod und →Suzdal', seit 1402/03 Moskau bzw. Galič untergeordnet, fakt. hatten diese polit. Verbindungen aber wohl eher Bündnischarakter, so daß die Selbständigkeit weitgehend erhalten blieb. Polit. und sozial führend waren die ortsansässigen →Bojaren und Kaufleute. Ende des 14. Jh. war das V.er Land ztw. der →Goldenen Horde tributpflichtig, seit Anfang des 15. Jh. mehrmals Eroberungsversuchen der Gfs.en v. Moskau ausgesetzt. 1489 wurde es endgültig dem Moskauer Staat einverleibt und in vier Statthalterschaften (*namestničestva*) aufgeteilt. Wirtschaftl. war der ländl. Bereich v. a. von Landwirtschaft, Jagd, Fischfang und Bienenzucht geprägt. Neben der chr.-orth. Religion waren noch weit über das 15. Jh. hinaus heidn. Traditionen bestimmend. S. Dumschat

Q.: Drevnie akty, otnosjaščiesja k istorii Vjatskago kraja, 1881 – Povest' o strane Vjatskoj, hg. A. S. VEREŠČAGIN, 1905 – Ustjužskij letopisnyj svod, 1950 – Dokumenty po istorii Udmurtii XV–XVII vv., 1958 – *Bibliogr.*: G. F. ČUDOVA, Ukazatel' bibliografičeskich rabot o Kirovskoj oblasti za 100 let. 1863–1963, 1967 – *Lit.*: Ènciklopedija zemli Vjatskoj, 1994 [Lit.] – A. V. ÈMMAUSSKIJ, Vjatskaja zemlja v period obrazovanija Russkogo gosudarstva, 1949 – P. N. LUPPOV, Istorija goroda Vjatki, 1958 – Istorija goroda Kirova 1374–1974, 1974 – Vjatskaja zemlja v prošlom i nastojaščem, 1989, 1992 – Istorija i kul'tura Volgo-Vjatskogo kraja, 1994.

Viborg, Stadt und Bm. in →Dänemark, →Jütland.
I. Stadt – II. Bistum.

I. STADT: Die älteste Siedlung reicht in die Wikingerzeit, vielleicht ins 8. Jh. zurück; als wirtschaftl. Tätigkeiten sind Ackerbau und Verhüttung von →Raseneisenerz nachweisbar. Der Name V. weist auf ein heidn. Heiligtum hin, doch läßt sich die Ausdehnung seines Einzugsbereichs nicht erkennen. Ähnl. Zentralfunktionen wurden später von der Domkirche und dem Landsting (→Ding, II) wahrgenommen. V. entstand an einem Verkehrsknotenpunkt, an dem die Straßen aus dem Norden, Osten und Westen zusammenliefen, um die große Nord-Süd-Verbindung des →Heerweges (Ochsenweges) zu bilden; im 10 km entfernten Hjarbæk am Limfjord lag der Hafen v. V.

Siedlungskerne städt. Charakters sind ungefähr seit der Jahrtausendwende (Riddergade) bzw. der Mitte des 11. Jh. (Anlage der Store St. Peders Stræde) erkennbar. Unter →Knud d. Gr. († 1035) wurde V. Münzstätte und behielt diese Funktion bis in die 2. Hälfte des 11. Jh. bei, erneut dann in den Jahrzehnten um 1200; das Landsting wird am Anfang des 12. Jh. erstmals erwähnt. Erst um 1150 wurde V. durch →Svend III. befestigt; nach der Niederwerfung des Aufstandes v. 1313 wurde eine Burg innerhalb der Umwallung angelegt. Nächst →Lund und →Roskilde ist V. die Stadt des ma. Dänemark mit der größten Anzahl von Kirchen. In der Reformationszeit bestanden außer dem Dom zwölf Pfarrkirchen, drei Kl. und mehrere Kapellen, ferner zwei Hospitäler. Der Liebfrauendom entstand ca. 1125–1225; die Existenz eines Vorgängerbaus (letztes Drittel des 11. Jh.) ist anzunehmen, aber noch nicht nachgewiesen. Die ältesten Pfarrkirchen St. Michaelis, St. Butolfi, St. Willehadi (Villads) und Trinitatis sind schon in der 2. Hälfte des 12. Jh. erwähnt.

Ein Nonnenkl., vielleicht für Augustinerinnen, entstand während des 1. Drittels des 13. Jh., das Franziskanerkl. wurde 1235 in der südl. Stadthälfte, das Dominikanerkl. vor 1246 nördl. des Doms gegründet. Die St. Hanskirche im NO der Stadt ging 1274–84 in den Besitz der Johanniterniederlassung Antvorskov über und entwickelte sich nach 1285 zu einem Johanniterkl. Die Domherren, bis 1440 Ordensgeistliche mit Augustinerregel, hatten das schon 1188 erwähnte Marienkl. (neben dem Dom) als Sitz. Erst nach 1440 wurde das gemeinschaftl. Leben der Domherren aufgegeben.

1159/60 wurde die Michaeliskirche (vor der Befestigung südl. der Stadt) dem Armenspital (wahrscheinl. identisch mit dem 1263 erwähnten Leprosorium) geschenkt; ein Heiligengeisthaus wurde zw. 1465 und 1476 in der Michaelisgemeinde gegründet. Die genaue Lokalisierung der Hospitäler ist umstritten. – An der Domschule hatte schon der Hl. Ketillus (Kjeld, † 1150) gelehrt; ein eigtl. Schulgebäude entstand erst Anfang des 16. Jh.

Das Stadtsiegel V.s aus dem 13. Jh. weist auf städt. Verwaltung von Senatoren hin; Ratsverfassung ist seit dem ausgehenden 14. Jh. nachweisbar, aber wohl älter. Im SpätMA standen neben dem Stadtvogt zwei Bürgermeister und acht Ratsherren an der Spitze der Stadtverwaltung. V. hatte, wohl schon vor Mitte des 13. Jh., Schleswiger Stadtrecht, das 1440 durch das Privileg →Christophs III. ergänzt wurde.

Eine Knudsgilde, v. a. für Kaufleute, ist 1440 erwähnt;

gegen Ende des 15. Jh. erscheint die Annengilde der Priester, 1490 die Kjeldsgilde; eine Schusterzunft wird 1514 bestätigt. War V. vor der Reformation auch weitgehend von der Kirche geprägt, so machte sich die Stadt auch als Zentrum eines ausgedehnten Einzugsbereichs geltend. Mauritiusmarkt (22. Sept.) und bes. Snapsting (6.–13. Jan.) entwickelten sich seit dem SpätMA zu Umschlagsterminen für die Geldgeschäfte des jütischen Adels; hinzu trat die Rolle des Landstings als jütisches Obergericht (Landschaftsding). V., das neben →Kopenhagen und →Malmø ein Mittelpunkt der reformator. Bewegung war, bewahrte auch in der frühen Neuzeit seine Bedeutung.
Th. Riis

Q.: Denmarks gamle Købstadlovgivning, II, hg. E. KROMAN, 1952, 207–229 – Lit.: H. KRONGAARD KRISTENSEN, Middelalderbyen V., 1987.

II. BISTUM: Das Bm. V. (ursprgl. Vibjerg) umfaßte den mittleren Teil Jütlands: die westl. Ommersyssel, Salling mit der Insel Mors und Himmerland einschließl. →Aalborg, mit dem Limfjord als Nordgrenze. Um 1060 bei der Diözesanreform unter Kg. →Svend Estridsen und Ebf. →Adalbert v. Hamburg-Bremen wohl als Teil des Gebietes des früheren Bm.s Århus (→Aarhus) errichtet, erhielt das Bm. V. während der folgenden 30 Jahre seine erste Hauptkirche, die spätere Kanonissenkirche St. Margarethen in Asmild östl. des Sees. Ihre Nachfolge trat der Liebfrauendom auf dem Viberg westl. des Sees an. Spätestens seit ca. 1120 bestand ein augustin. Domkapitel, aus dem u. a. Bf. Svend (1133–53/54) und der Propst Ketillus (Kjeld) († 1150, heiliggesprochen 1188) hervorgingen; sie verankerten das Domkl. in der Seelsorgearbeit. Im Schutze der Loyalität, die Bf. Niels (1154/55–91) gegenüber dem Kg. wahrte, verbreitete sich im Bm. das augustin. Klosterwesen; eine Ausnahme bildete nur das kgl. Zisterzienserkl. →Vitskøl. Bf. Gunner (1222–51), der als spätberufener Zisterzienser und Abt v. →Øm bei seiner Ernennung bereits siebzigjährig war, gewährte den Bettelorden im Bm. Eingang und hatte wesentl. Anteil an der Redaktion des 1241 promulgierten Jütischen Rechts (→Jyske Lov). Die Regional('Syssel'-)pröpste von Salling- und Himmersyssel verwalteten die örtl. Seelsorge, bis um 1400 die Bf.e diese an sich zogen.

Über den dän. Kirchenkampf (→Dänemark, E) und die Besetzung durch den Gf.en v. →Holstein hinaus behielt das Domkl. bis zu Jakob (1367–96) und Lave Glob (1396–1429) seinen Einfluß auf die Bf.swahlen im Einverständnis mit den Königen, verlor jedoch zunehmend seinen Charakter als Ordenseinrichtung, bis im Interesse des Adels und der Unionskönige im 1411 die Säkularisierung eingeleitet wurde; trotz Reformsignalen von seiten des →Baseler Konzils wurde sie zur Zeit der Wahl Kg. →Christophs III. (1440) durchgeführt. Der Kopenhagener Dekan Dr. Knud Mikkelsen (1451–78) trat im Bf.samt als Rechtsgelehrter und Politiker hervor, gefolgt von Niels Glob (1478–98). Ein »Missale Viborgense« erschien 1500 im Druck.
T. Nyberg

Q.: Diplomatarium Vibergense, 1879 – P. HANSEN RESEN, Atlas Danicus VI, b: V. Bispedømme (dän. Übers.), 1934 – Lit.: P. SEVERINSEN, V. Domkirke med Stad og Stift i 800 Aar, 1932 – T. DAHLERUP, Det danske Sysselprovsti i Middelalderen, 1968, 258–269 – J. VELLEV, Asmilds Klosterkirke i 900 år, hg. O. FENGER–C. R. JANSEN, 1991, 209–217 – GAMS, VI: II, 1992, 117–123.

Vic (kast. Vich), Stadt und Bm. in →Katalonien. Unter dem Namen Ausona/→Osona (bis Mitte 13. Jh. vorherrschend) war die Stadt seit dem 2. Jh. vollständig romanisiert, seit dem 6. Jh. als Bf.ssitz belegt. V. wurde vielleicht 714, auf jeden Fall 785 durch frk. Eroberung zerstört, 826/827 durch die Rebellion des Aizo gegen die Franken Verwüstung auch des Umlandes. Die Wiederbesiedlung begann in der 2. Hälfte des 9. Jh. durch Gf. →Wifred, polit. formierte sich die Gft. Ausona (in steter Zugehörigkeit zum Gf.en v. Barcelona). Zusammen mit dem pagus v. →Manresa und dem Tal v. Artés bildete diese 885 auch das Bm. als Suffragan v. Narbonne.

Im Zuge fakt. Unabhängigkeit vom westfrk. Kg. und in Erwartung einer erfolgreichen →Reconquista wurde V. 971 auf Betreiben Gf. →Borells v. →Barcelona durch Johannes X. zur Metropole anstelle des noch sarazen. →Tarragona erhoben und dem neuen Bf. Atto auch die Verwaltung des Bm.s →Gerona zugesprochen, auf Veranlassung des Ebf.s v. →Narbonne 978 mittels Bestätigung des Status quo ante durch Benedikt VII. aber wieder rückgängig gemacht. Ähnl. kurzlebig (1091–99) war der zweite Versuch, durch Erhebung des Bf.s →Berengar Seniofred zum Ebf. v. V. aus die Wiedererrichtung der Metropole Tarragona zu betreiben. Kurzfristig (1017-nach 1027) war auch die Existenz des aus adelspolit. Gründen von der Diöz. Gerona abgesonderten Bm.s →Besalú, dem Bf. →Oliba v. V. durch Umwandlung der Frauenabtei →S. Joan de les Abadesses in ein Kanonikerstift (1017) Teile seines Bm.s abtreten mußte.

Oliba ist bekannt als Mönchsreformer; nicht weniger bedeutend war der Versuch einer umfassenden Kanonikerreform Berengars Seniofred unter it. und avignones. (→St-Ruf) Einfluß. Zw. 1080 und 1094 unterhielt dieser Bf. Kontakte zum Reformzentrum St-Ruf und nutzte seine Lehnsbeziehungen zu den wichtigsten Adelsfamilien in den Diöz. Barcelona, Gerona und V., um die Rechte der Eigenkirchenherren in ein Schutzverhältnis umzuwandeln und die dadurch von der Kirche v. V. gelangten Besitz für die Gründung regulierter Kanonikerstifte zu verwenden. Diese Überleitung des Kanonikerwesens karol. Prägung in Augustinerchorherrenkonvente scheiterte, weil sie im Domstift 1094 auf zu großen Widerstand stieß. Der religiöse Impuls ging seitdem von den Stiften Estany und Lladó aus, und der Bf. überließ dem ehem. Eigenkirchenherrn die 'dominicatura' über das Stift als Lehen, um seinen Lehnshof unabhängig vom Domstift zu stärken und gleichzeitig einen durch gemeinsame geistl. Normen geprägten Verband von Kanonien auf seine Person auszurichten. Mit dem Tod Berengars Seniofred (1099) zerfiel der noch im Entstehen begriffene Verband wieder; die Kirche v. V. sank bis zum Ende des MA auf das Niveau nur lokaler Bedeutung ab.

911 erhielt der Bf. das Suburbium der wiedererstehenden Stadt ('vicus Ausonae', erstmals 1111 'episcopus Vicensis'), der Gf. v. Barcelona (als Gf. v. Ausona) reservierte sich das Kastell und die obere Stadt (seit 13. Jh. 'Quintana' gen.), die er dem Vizgf.en zu Lehen gab. Darüber hinaus stand dem Bf. ein Drittel aller amtl. Einnahmen des Gf.en zu, von denen sich der Anteil an der Münze und dem Marktzoll zur Ausbildung der weltl. Seniorats der Kirche v. V. als wichtig herausstellte, weil sich Prägestätte und Marktplatz auf bfl. Allod befanden, als um die Mitte d. 10. Jh. die das eigene Patrimonium übergreifenden Amtsrechte des Gf.en weitgehend verkümmerten, und der Bf. Münze und Markt ausschließ. für sich beanspruchen konnte. Bf. Arnulf (992/993–1010) erbte von seinem Bruder Ermemir, dem letzten Vizgf.en v. Ausona, dessen Rechte, was ihn nach dem Beispiel zeitgenöss. Parallelvorgänge nicht hinderte, den vizgfl. Titel für immer untergehen zu lassen, weil dieses Amt nominell bei der Kirche v. V. verblieb, die Oberstadt aber an seinen jüngeren Bruder Miro zu verlehnen. Davon ausgenommen war

das Kastell, das dieser vom Gf.en v. Barcelona zu Lehen nehmen mußte. Bf. Oliba wußte noch auf der Synode von 1033 mittels Treuga Markt und Münze zu schützen, gegen Ende des 11. Jh. jedoch, nachdem die Adelsfamilie →Montcada den Anteil Miros geerbt hatte, begann der Einbruch in das bfl. Seniorat. Weil Berengar Seniofred das Domstift zwecks Reform an der Münze beteiligt hatte, besann man sich auf das Drittel der Karolingerzeit, und der Montcada setzte für sich ebenfalls einen Anteil durch. Von nun an arbeitete er auf eine Gleichrangigkeit im städt. Seniorat und auf eine Beseitigung seiner Lehnsabhängigkeit hin. Nachdem er 1164/70 Vizgf. v. →Béarn geworden war und schließlich in die Kg.sfamilie eingeheiratet hatte, verzichteten Bf. und Domkapitel 1315 nach langer Auseinandersetzung auf ihr Seniorat zugunsten der Kg.sgewalt. O. Engels

Lit.: DHEE IV, 2751-2754 [E. Junyent; Lit., Bf.sliste] - J. L. de Moncada-L. B. Nadal, Episcologio de V., 3 Bde, 1891-1904 - J. Gudiol, Catàleg dels manuscrits del Mus. Episcopal de V., Butlletí de la Bibl. de Catalunya 6-8, 1934-E. Junyent, Diplomatari de S. Bernat Calvò, 1956 [Bf. v. V. 1233-1245] - S. Sobrequés i Vidal, Els barons de Catalunya, 1957-J. J. Bauer, Die vita canonica der katal. Domkapitel vom 9.-11. Jh. (Homenaje J. Vincke, I, 1962), 81-111, bes. 89-95 - E. Junyent, La Bibl. de la Canónica de V. en los s. X-XI, SFGG. GAKGS 21, 1963, 136-145 - R. de Abadal i de Vinyals, Hispania Sacra 17/18, 1965, 99-132; 21, 1968, 61-97 [liturg. Texte aus V.] - J. Janini, Hispania Sacra 18, 1965, 385-409 [Sakramentarien in V.] - A. Pladevall i Font, La verdadera filiació de Berenguer Seniofred de Lluçà, primer arquebisbe de Tarragona en el s. XI, Bol. Arqueológico 66, 1966, 71-81 - R. de Abadal i de Vinyals, Dels Visigots als Catalans, 2 Bde, 1969-1974² - E. Junyent, Jurisdiccions i privilegis de la ciutat de V., 1969 - O. Engels, Schutzgedanke und Landesherrschaft im östl. Pyrenäenraum (9.-13. Jh.), 1970 - A. Pladevall i Font, Dues Llistes de Parróquies del Bisbat de V. del s. XII, Bol. Arqueológico, 1971/72, 71f. - E. Junyent, Le scriptorium de la cathedrale de V., Cahiers de St-Michel de Cuxà 5, 1974, 65-69 - Ders., La ciutat de V. i la seva història, 1976 - J. M. Gasol Almendro, La seu de Manresa, Monografia històrica, 1978 - M. Gros Pujol, Fragments de Biblies llatines del Mus. Episcopal de V., Rev. catal. de Teol., 1978, 153-171 - E. Junyent, Diplomatari de la Catedral de V. (s. IX-X), 1980 - R. Ordeig i Mata, Els orígens històrics de V., 1981 - P. H. Freedman, The Diocese of V., 1983 - O. Engels, Reconquista und Landesherrschaft, 1989, bes. 109-148 - A. Pladevall i Font, Història de l'Església a Catalunya, 1989 - P. H. Freedman, Archbishop Berenguer Seniofred de Lluçà and the Gregorian Reform in Catalonia, Studi Gregoriani 14, 1991, 153-159 - Catalunya romànica, hg. J. Vigué i Vinas, II, III, XIII, 1984-86 - U. Vones-Liebenstein, St-Ruf und Spanien, 2 Bde, 1996, bes. I, 101-155.

Vicarius. Der lat. Begriff 'v.' bezeichnet einen 'Stellvertreter'. Von den Feldern, auf denen er, stets ausgehend von diesem Wortsinn, teils in titularem Gebrauch, teils in untechn. Sprache, zum Einsatz gelangt, sind folgende von hist. Bedeutung: 1. die Auffassung des röm. Ks.s (später der ma. Kg.e und Ks.) als v. Gottes respektive Christi auf Erden, worin eine Facette der Idee sakraler Herrschaft zum Ausdruck kommt (→Kaiser, →Sakralität); 2. der administrative Bereich, der nicht nur temporäre 'vice agentes' verschiedener Funktionäre u. a. als v.ii bezeichnet, sondern vom 4. Jh. an den Inhaber des ständigen Postens des Leiters einer Diöz. (→Diözese, I) mit diesem →Titel belegt und ihn zu den hochrangigen 'viri spectabiles' mit nicht unbeträchtl. Kompetenzen rechnet; 3. die kirchl. Sphäre, in der unter diesem Namen ephemere oder permanente Vertreter einer geistl. Amtsperson hoheitl. Kirchengewalt delegiert erhalten. Der Gedanke, bestimmte Bf.e zu v.ii des Papstes zu erklären (erstmals greifbar am Ende des 4. Jh. im Vikariat v. Thessalonike, das dadurch dem Einfluß des Patriarchen v. Konstantinopel entzogen werden soll), findet in den Primaten einiger Metropolen des MA seine Fortsetzung. →Vikar. A. Pabst

Lit.: RE VIII A 2, 2015-2044 [W. Ensslin] - W. Ensslin, Gottks. und Ks. von Gottes Gnaden, 1943 - E. Stengel, Die Kirchenverfassung Westeuropas im MA (Ders., Abh. und Unters. zur ma. Gesch., 1960), 1ff. - Jones, LRE [Neudr. 1986].

Vicecomes

I. Karolingerzeit (bis ca. 900) - II. Katalonien, Süd- und Südwestfrankreich - III. Normandie - IV. Italien.

I. Karolingerzeit (bis ca. 900): Die vielfältigen Aufgaben des →Gf.en (s. a. →comes) erforderten bald die Unterstützung durch Personen, die ihn bei der Amtstätigkeit teilweise oder in vollem Umfang, zeitweise oder dauerhaft, vertraten. Diese erhalten in den karol. Q. die Bezeichnung 'v.' sowie u. a. →vicedominus (Septimanien, span. Mark), vicarius comitis (→Vikar) und →centenarius. V.-Belege erscheinen vereinzelt in der 1. und relativ zahlreich in der 2. Hälfte des 9. Jh. in den Kapitularien, Kg.s-, Gerichts- und Privaturkk., die ehemals zum Röm. Reich gehörende westfrk. Gebiete und Italien betreffen. Im ostfrk. rechtsrhein. Bereich fehlen sie dagegen fast völlig. In den Diplomen Karls d. Kahlen und Karls III. werden die v.ites zusammen mit anderen Amtsträgern in der Publikations- und v. a. in der Verbotsformel aufgeführt. Im letzten Drittel des 9. Jh. gab es in den meisten →Gft.en Westfrankens und Oberitaliens Vgf.en. Ihre Aufgaben und ihre Stellung waren in den einzelnen Gft.en unterschiedlich. In der Regel amtierte in jeder Gft. nur ein v. Er führte von Fall zu Fall Aufträge des Gf.en aus oder war für bestimmte Verwaltungsaufgaben dauerhaft zuständig. Manchmal wurde dem Vgf.en ein separater Teil innerhalb des Komitats (→comitatus) als Amtsbezirk zugewiesen. Bei Abwesenheit des Gf.en sowie bei kurz- oder mittelfristiger Vakanz des Amtes nahm der v. gfl. Funktionen in vollem Umfang wahr. Wenn ein Gf. mehrere Gft.en innehatte, übte der v. die gfl. Amtstätigkeit in einem Komitat fast vollständig aus. Sein Wirkungskreis blieb aber auf eine Gft. beschränkt. Urprgl. war seitens der →Karolinger wohl eine doppelte Bindung des Vgf.en, sowohl an den Gf.en als auch an den Herrscher, intendiert. Der v. war aber v. a. vom Gf.en abhängig, der ihn einsetzte. Im letzten Drittel des 9. Jh. erfolgte seine Bestellung z. T. auf lehnsrechtl. Basis. Zumindest in bestimmten Regionen versuchten die Herrscher, eine direkte Beziehung zum Vgf.en zu erhalten oder herzustellen. Darauf deuten die gelegentl. auftauchenden Titel »v. et missus domini regis/imperatoris« hin. Möglicherweise wollte man ihnen damit in bes. wichtigen Gebieten oder civitates eine Sonderstellung gegenüber den regionalen Herrschaftsträgern, einschließl. der Gf.en, verschaffen. Ein solcher Fall ist in der Regierungszeit Karls III. auch für Alemannien (→Schwaben) bezeugt. Der »missus imperatoris in vicem comitis Ruadpert«, wahrscheinl. ein Vertrauter des Ks.s, amtierte im Gebiet um Neudingen.

Aus der 2. Hälfte des 9. Jh. stammen die ersten Beispiele für einen Übergang der vgfl. Würde vom Vater auf den Sohn. In Mailand folgte auf Waldericus, der bis ca. 865 amtierte, dessen Sohn Amelricus als v. nach. In Oberitalien ist die Mitwirkung von Vgf.en im Gericht relativ gut bezeugt. Sie leiteten als v.ites civitatis anstelle (in vice, per data licentia) des →comes civitatis allein oder zusammen mit Bf.en und/oder Kg.sboten Gerichtssitzungen. Unter ihrem Vorsitz wurden Fälle der niederen und der höheren Gerichtsbarkeit behandelt. Gelegentl. präsidierten sie anstelle von →Pfgf.en. Im Gericht vertreten ließ sich der v. durch den →Schultheiß (sculdahis, sculdhais). Häufig nahm der Vgf. an →Placita teil, in denen der Gf. selbst, ein Bf. und/oder ein →Missus den Vorsitz führten. In den Unterschriften der Gerichtsurkk., in deren Reihenfolge sich die soziale Rangordnung der Teilnehmer widerspiegelt, erscheinen die Signa der v.ites in der Regel nach den Vorsitzenden und den Kg.srichtern. Wenn sie als Stellvertreter des Gf.en oder Pfgf.en allein agierten, standen ihre Signa dagegen an der Spitze. Die Vgf.en konnten im allg. nicht schreiben, sie unterfertigten die Gerichtsurkk. deshalb mit einem Signum.

Die in Oberitalien nachweisbaren v.ites stammten wie die Gf.en größtenteils aus den nordalpinen Gebieten des Reiches. Daneben wirkten aber auch Personen langob. Herkunft bzw. Einheimische als Vgf.en. In Mittelitalien (Tuszien, Spoleto) übernahmen z.T. →Gastalden die Funktion von Vgf.en. In Gerichtsurkk. erscheinen beide Titel manchmal kombiniert (castaldus/castaldio et v.). Das Verhältnis des frk. Vgf.en zum langob. Gastalden bedarf hier noch weiterer Klärung. In Benevent, Salerno und Capua bestand die langob. Verwaltung mit Gastalden ohne v.ites fort. W. Huschner

Lit.: W. Sickel, Beitr. zur dt. Verfassungsgesch. des MA, MIÖG, Ergbd. 3, 1890-94, 558-571 – Ders., Der frk. Vicecomitat, 1907; Erg.en I, 1908 – C. Manaresi, I placiti del »Regnum Italiae«, I (Fonti, 92, 1955) – E. Hlawitschka, Franken, Alemannen, Bayern und Burgunder in Oberitalien (Forsch.en zur oberrhein. Landesgesch. 8, 1960) – H. K. Schulze, Die Gft.sverfassung der Karolingerzeit in den Gebieten ö. des Rheins, 1973 – M. Borgolte, Karl III. und Neudingen. Zum Problem der Nachfolgeregelung Ludwigs d. Dt., ZGO 125, 1977, 21-55 – K. F. Werner, Missus – Marchio – Comes. Entre l'administration centrale et l'administration locale de l'Empire carolingien (Hist. comparée de l'administration [IVe-XVIIIe s.], 1980), 191-239 – M. Borgolte, Gesch. der Gft.en Alemanniens in frk. Zeit (VuF Sonderbd. 31, 1984) – Ch. M. Radding, The Origins of Medieval Jurisprudence. Pavia and Bologna 850-1150, 1988 – S. Gasparri, Il regno e la legge. Longobardi, Romani e Franchi nello sviluppo dell'ordinamento pubblico (s. VI-XI), La Cultura, Rivista di Filosofia, Letteratura e Storia 28, 1990, 243-266 – F. Bougard, La justice dans le royaume d'Italie de la fin du VIIIe s. au début du XIe s., 1995.

II. Katalonien, Süd- und Südwestfrankreich: [1] *Katalonien:* Das Amt des Vgf.en bzw. v. kommt im Bereich der Iber. Halbinsel seit dem 9. Jh. nur in den katal. Gft.en (→Katalonien) vor, weil sie ein Teil des Frankenreichs waren. Offensichtl. wurde der v. vom zuständigen Gf.en ernannt, da sein Amt erst im 10. Jh. erbl. wurde infolge der sich auf die nachgeordneten Ebenen fortsetzenden Patrimonialisierung. Im Laufe des 11. Jh. bildeten sich vgfl. Territorialseniorate, ohne die Funktion eines gfl. Stellvertreters über das eigene Territorium hinaus bis zum Ende des 11. Jh. vollständig aufzugeben. Der Übergang des vgfl. Seniorates auf eine Familie ohne dieses Amt war schon im 11. Jh. möglich, erforderte allerdings noch die nominelle Lehnsabhängigkeit vom Gf.en (→Vic). Der Gf. beantwortete diese Entwicklung mit der Gründung einer neuen Vgft. am anderen Ort. Zu Ende des 11. Jh. entstanden in der Gft. →Urgell sogar drei vgfl. Linien, die nicht aus einer gemeinsamen Wurzel abstammten. Seitdem bis zur Mitte des 12. Jh. wurde der Name der Gft. im Amtstitel durch den der Stammburg ersetzt. Wegen seiner starken Abhängigkeit vom Gf.en v. →Barcelona blieb der dortige v. von dieser Entwicklung ausgenommen, er gab vor 1156 sogar seinen vgfl. Titel auf. O. Engels

Lit.: L. García de Valdeavellano, Hist. de España, 1952⁴, I/2, 98, 308, 472 – S. Sobrequés i Vidal, Els Barons de Catalunya, 1957 – R. d'Abadal i de Vinyals, Dels Visigots als Catalans, II, 1970, passim – O. Engels, Schutzgedanke und Landesherrschaft im östl. Pyrenäenraum (9.-13. Jh.), 1970, 282-284 – Ders., Reconquista und Landesherrschaft, 1989, 117-125.

[2] *Süd- und Südwestfrankreich:* Ausgangspunkt der Entwicklung waren auch hier die als v.ites (doch auch mit variierenden, immer aber die Stellvertreterfunktion betonenden Begriffen wie →vicedominus/Vidame und vicarius/→Viguier) bezeichneten, unterhalb des →Grafen stehenden Amtsträger der westfrk. Karolinger (s. Abschnitt I), dann die Beauftragten der seit dem 9./10. Jh. in dieser Randzone des Westfrk. Reiches aufsteigenden →Fürstentümer (insbes. Gf.en v.: →Toulouse; →Barcelona, →Provence; →Poitou: mehrere v.ites belegt). Im Zuge der Feudalisierung und Patrimonialisierung von Herrschaft (verstärkt ab dem 10. und 11. Jh.) konnten große vgfl. Familien →Seigneurien, in einigen Fällen Fsm.er errichten, so das Haus →Trencavel, das im Languedoc mit seinen Vgft.en →Albi, →Nîmes, →Béziers, →Carcassonne usw. zw. den feudalen Einflußzonen der Gf.enhäuser Toulouse und Barcelona/Provence eine mächtige Territorialherrschaft aufbaute, die erst im frühen 13. Jh. (Albigenserkrieg) der vordringenden monarch. Gewalt der Kapetinger erlag. Das aus heutiger Sicht durch 'feudale Zersplitterung' gekennzeichnete Territorialgefüge der südwestfrz. Regionen (Limousin, Gascogne usw.) verkörperte sich maßgebl. in mehreren größeren und kleineren, auf Herrschaft über →Burgen (s. a. →Kastellanei) gestützten *Vicomtés*; diese oft langlebigen Adelsherrschaften (Fortbestand z. T. noch im Ancien Régime) finden in der landes- und adelsgesch. Forsch. in ihrer die territoriale und soziale Struktur der genannten Landschaften sowie z. T. deren kulturelles Leben (im 12.-13. Jh. Gönnerschaft für →Troubadours) prägenden Rolle zunehmende Beachtung (wichtige, aber unterschiedl. Beispiele: im Limousin, unter Lehnshoheit der Gf.en v. Poitou, die wesentl. als Allodialherrschaft konstituierte Vgft. →Turenne [bzw. →Comborn, →Ventadour]; im →Velay die Vgft. Polignac; im westl. Pyrenäenraum die Vgft. →Béarn, seit 1290 unter dem Hause →Foix). U. Mattejiet

Lit.: J. Favier, Dict. de la France médiévale, 1993, 961 – s. a. die Lit. unter den angegebenen Stichwörtern.

III. Normandie: Die Institution des v. (*vicomte*) bewahrte im Hzm. →Normandie im wesentl. ihre ursprgl. Charakterzüge. Der Hzg. setzte bereits um 1000 v.ites ein, denen er bes. die Verwaltung von →pagi, an deren Spitze kein →Graf mehr stand, anvertraute. Die ihr Amt kraft hzgl. Delegation ausübenden, in vollem Maße abberufbaren v.ites bildeten die Grundpfeiler der Lokalverwaltung. Im Bereich der Finanzverwaltung erhoben sie die hzgl. Abgaben, die sie in Pacht hielten (schon vor 1066); sie legten jährl. Rechenschaft vor dem hzgl. Hof ab (→Échiquier). Sie versahen auch militär. Aufgaben, wachten über die öffentl. Ordnung und die wichtigeren Burgen. Sie hielten Gericht im Namen des Hzg.s und wurden aus Besitzungen und Einkünften des hzgl. Patrimoniums unterhalten. Rasch bildete sich aus ihrer Mitte eine Elite. Einige v.ites, die ein enges Treueverhältnis zum Hzg. aufbauten, konnten ihren Söhnen die Amtsnachfolge sichern, andere rebellierten gegen den Hzg. (1047); die meisten v.ites aber unterlagen auch weiterhin der Verfügungsgewalt des Hzg.s. Eine Patrimonialisierung der Ämter und Amtsgüter der v.ites wurde somit vermieden; die v.ites blieben weisungsgebundene und auswechselbare Amtsträger des Hzg.s.

Im 12. Jh. bemühten sich die →Plantagenêt, Gottfried und →Heinrich II., durch Einsetzung von →*Baillis* und *Justiciers* (→Justitiar) ein hohes Beamtenpersonal von größerer Effizienz aufzubauen; die Rolle der v.ites wurde damit reduziert, aber nicht aufgehoben. Ihre Bedeutung als Fiskalverwalter blieb eine erstrangige. Unter der kapet. Herrschaft des 13. Jh. wurden Baillages eingerichtet, in denen die v.ites unterhalb der kgl. Baillis rangierten. Die v.ites blieben aber einflußreiche Lokalbeamte mit Kompetenzen der Rechtsprechung und v.a. Steuererhebung. Sie wurden vom Kg. gewählt, besoldet und abberufen.

A. Renoux

Lit.: G. Dupont-Ferrier, Les officiers royaux des baillages et sénéchaussées et les institutions monarchiques locales en France à la fin du MA, 1902 – J. Strayer, The Administration of Normandy under Saint Louis, 1932 – M. Powicke, The Loss of Normandy, 1189–1204, 1961² – M. de Boüard, Le duché de Normandie (F. Lot–R. Fawtier, Hist. des institutions françaises au MA, I, 1957) – J.-M. Bouvris, Contribution à l'étude de l'institution vicomtale en Normandie au XIᵉ s. (Autour du pouvoir ducal normand, Xᵉ–XIIᵉ s., 1985).

IV. ITALIEN: Der v. war urspr. Stellvertreter des Gf.en; das Amt wurde von den Normannen in Süditalien eingeführt. Während in der Normandie der v. ein vom Hzg. eingesetzter »Beamter« war, finden sich in Süditalien sowohl vom Hzg. als auch von einzelnen Gf.en eingesetzte v.ites. In der Normandie waren die v.ites für die Verwaltung eines pagus zuständig, in Süditalien hatten sie als »Amtsbezirke« Städte mit dazugehörigem Umland. Kompetenzen: Erhebung der Abgaben, Rechtsprechung, Kastellbewachung. In Süditalien verlor das Amt des v., das in der ersten Phase der norm. Herrschaft in Unteritalien auch vom Mitgliedern der norm. Führungsschicht bekleidet worden war, Ende des 11. Jh. an Bedeutung: Der v. wurde ein dem Katepan und Strategen untergeordneter »Beamter«, dessen Funktion auf die Mitwirkung in Rechtsprechung und Verwaltung reduziert war.

H. Houben

Lit.: W. Jahn, Unters.en zur norm. Herrschaft in Süditalien (1040–1100), 1989, 165–170.

Vicedominus. [1] *Kirchlicher Bereich:* Das Amt des v. geht auf den gr. →oikonomos zurück, d.h. auf den Kleriker (zumeist ein →Diakon oder ein →Priester), welchem laut der Vorschrift des Konzils v. →Chalkedon (c. 26) die Wirtschaftsverwaltung der Diöz. oblag; daher können die Bezeichnungen v. und oeconomus denselben Funktionsträger charakterisieren. Im →Decretum Gratiani heißt es zu den Aufgaben des v.: Offitium uicedomini est episcopium disponere (D. 89 c. 2; vgl. ferner D. 89 c. 3 und C. 1 q. 3 c. 8). Zu den Pflichten des päpstl. v., der zum ersten Mal zur Zeit von Papst Vigilius (537–555) begegnet, gehörten die Verwaltung des päpstl. Haushaltes, der Schutz des Lateranpalastes und die Bewirtung der Gäste, die an der Kurie weilten; dieses angesehene Amt erhielt sich bis zum 11. Jh. und fiel danach in den Kompetenzbereich des camerarius (→Kammer, Kämmerer, IV). Möglicherweise in Anlehnung an das päpstl. Vorbild wurde das Amt im Frankenreich übernommen, wo bfl. v.i seit Ende des 6. Jh. häufig erwähnt werden. Der v., der regelmäßig dem Diözesanklerus entstammte, konnte innerhalb der Bm.sverwaltung zahlreiche, verschiedene Funktionen wahrnehmen, wozu insbesondere die Aufsicht über die Diözesaneinkünfte und den bfl. Haushalt gehörte, doch werden v.i auch als Anführer des bfl. Heeres erwähnt. In Abwesenheit des Bf.s und während der Sedisvakanz konnten v.i als Bm.sverweser auftreten; nicht selten erlangten v.i den Episkopat. Zwar verlor das Amt im 9. und 10. Jh. durch den Ausbau des Benefizialwesens an Bedeutung, doch begegnen v.i als bfl. Funktionsträger, oft mit schwankenden Bezeichnungen und schwer zu definierenden Geschäftsbereichen, auch in der Folgezeit.

[2] *Weltlicher Bereich:* Als Sachwalter der weltl. und hier v.a. der wirtschaftl. Belange von Kl. und Stiften treten v.i neben den →Vögten (advocati) seit karol. Zeit auf; so heißt es im Capitulare missorum generale v. 802: »Ut episcopi, abbates adque abbatissae advocatos adque vicedomini [...] habeant.« (MGH Cap. 1, Nr. 33, c. 13). Innerhalb der kirchl. Immunitäten hatten die v.i vielfach weitreichende jurisdiktionelle Kompetenzen. – In frk. Q. werden auch Beamte kleinerer weltl. Herrenhöfe als v.i charakterisiert; ebenso kann der maior domus am Kg.shof als v. bezeichnet werden. – Als Vertreter des Landesherren fungierten weltl. v.i seit ca. 1120 in Kurmainz: Unter →Adalbert I. wurde das Territorium des Erzstifts in vier Verwaltungsbezirke (Mainz/Rheingau, Unterfranken, Thüringen, Eichsfeld/Niederhessen) aufgeteilt, an deren Spitze jeweils ein v. stand, der die Herrschaftsrechte des Ebf.s in den Funktionsbereichen von Rechtsprechung, Heerwesen und Finanzverwaltung ausübte. Im Hzm. Bayern wurden nach 1255 vier v.-Ämter eingerichtet (jeweils zwei für Ober- und Niederbayern); sie entwickelten sich zu Mittelbehörden zw. den Lokal- und Zentralinstanzen. Ähnl. wie die mainzischen nahmen auch die bayer. v.i administrative, jurisdiktionelle und militär. Aufgaben wahr. Ein v. (oder procurator) der Wittelsbacher in ihrer Eigenschaft als Pfgf.en ist für die Lande am Rhein seit 1263 nachweisbar; in der Oberpfalz amtierte ein v. mit Sitz in →Amberg. In habsbg. Landen (z.B. →Kärnten und →Krain) fungierten v.i als landesfsl. Beamte der Finanzverwaltung.

S. Kreiker

Lit.: Du Cange VIII, 315–318 – HRG V, 929f. – Plöchl – Spindler – F. Senn, L'institution des vidamies en France, 1907 – B. Witte, Herrschaft und Land im Rheingau (Mainzer Abh. zur mittleren und neueren Gesch. 3, 1959).

Vicedominus de Vicedominis (= Visconti), † 4. Sept. 1274, aus Piacenza stammender Jurist im Dienst der Gf.en v. →Provence, →Raimund Berengar V. und →Karl I. v. Anjou, für die er als Richter und Unterhändler fungierte. Zunächst verheiratet und Vater zweier Kinder (eines davon wurde Viguier v. Grasse, später v. Marseille), kumulierte V. als Witwer mehrere kirchl. Benefizien (Kanoniker v. Clermont, Prévôt v. Barjols und Grasse, päpstl. Kapellan). Nach dem Tode Philipps, eines anderen Ratgebers Karls v. Anjou, wurde V. zum Ebf. v. →Aix-en-Provence gewählt (1257). Durch Tausch mit dem Gf.en konnte er das kirchl. Patrimonium v. Aix erweitern und ließ auch einen Neubau des ebfl. Palastes durchführen. Die Gemahlin Karls v. Anjou, Beatrix, bestimmte V. zu ihrem Testamentsvollstrecker (1266). V.' Onkel, Teobaldo Visconti, setzte V. gleich nach seiner Papstwahl (→Gregor X.) zum →Legaten in Oberitalien (1271) ein und erhob ihn zum Kard.bf. v. →Palestrina (1273). V. begünstigte seinen Neffen Grimier, den er zum Offizial, Archipresbyter, Archidiakon und Generalvikar ernannte und (gegen den Kandidaten des Kathedralkapitels) mit Unterstützung Papst Gregors X. schließlich als Nachfolger im Ebf.samt (1274–84) durchsetzte. Nachdem V. noch am Konzil v. →Lyon teilgenommen hatte, verstarb er am 4. Sept. 1274.

N. Coulet

Lit.: GChrNov, 70–73.

Vicelin, hl., Bf. v. →Oldenburg 1149–54, * um 1090, † 12. Dez. 1154, ▢ Neumünster. In Hameln und Paderborn ausgebildet, spätestens 1118 Leiter der Bremer Domschule, ging V. wohl 1122/23 zum Studium nach Laon. Prägend war die Begegnung mit dem Stift Prémontré, das →Norbert v. Xanten leitete. Als Ebf. v. Magdeburg weihte Norbert am 25. Juli 1126 V. zum Priester. Ebf. Adalbero v. Hamburg-Bremen beauftragte ihn mit der Mission der Wagrier, die aber der Tod des Fs.en →Heinrich v. Alt-Lübeck (1127) verhinderte. V. gründete im dt.-slav. Grenzraum das Augustiner-Chorherrenstift Neumünster und fand die Unterstützung Ks. Lothars III., der 1134 in Segeberg eine Burg und ein Chorherrenstift errichtete. Nach der Neugründung des Bm.s Oldenburg 1149 weihte Ebf. →Hartwig I. v. Hamburg-Bremen V. am 25. Sept. zum Bf., der zugleich Propst v. Neumünster und Segeberg blieb; die dortige Lebensweise folgte neben den *monita* V.s wohl der als *ordo monasterii* bezeichneten Fassung der Augustinerregel (→Augustiner-Chorherren), also der 'strengeren Richtung der Reformkanoniker' (ELM). V., der unablässig, doch unter schweren Rückschlägen als Buß- und Glaubensprediger bei Holsten und Slaven wirkte (→Helmold v. Bosau), wurde wegen des Konflikts um die Ausstattung und Besetzung der nordelb. Bm.er erst 1150 von Hzg. Heinrich d. Löwen mit dem Bm. Oldenburg investiert. Nach seinem Tod wurde V. in Neumünster bis zur Reformation als Hl. verehrt.

E. Bünz

Lit.: GAMS V/2, 1984, 63f. – W. LAMMERS, Das HochMA bis zur Schlacht v. Bornhöved (Gesch. Schleswig-Holsteins, 4/1, 1981) – K. ELM, Christi cultores et novelle ecclesie plantatores (Pontificio comitato di scienze storiche. Atti e documenti 1, 1989), 148–157.

Vicente, Gil, ptg. Dramatiker, * um 1465 in Guimarães (?), † 1536 oder wenig später, in Lissabon. *Mestre de balança* (Münzmeister), wahrscheinl. ident. mit gleichnamigem Goldschmied, Begründer des ptg. Theaters. Wirkte am Hofe Manuels I. und Jakobs III. Verfaßte, angeregt von den span. Dramatikern Juan del →Encina und Lucas →Fernández, über 40 Stücke, teils in ptg., teils in span. Sprache, in der Mehrzahl aber in einer Mischung beider Sprachen, die zunächst in Form von fliegenden Blättern Verbreitung fanden. Eine vom Autor geplante Slg. wurde erst 1562 von seinem Sohn realisiert, wobei der Einfluß der Inquisition Textänderungen, möglicherweise auch den Verzicht auf die Aufnahme einzelner Stücke zur Folge hatte. Die Aufführungen, an denen der Autor aktiv beteiligt war, fanden, unter Musikbegleitung, aus festl. Anlässen in Kirchen, Klöstern und Palästen statt. In den Titeln erscheinen als Gattungsbezeichnungen *auto, moralidade, farça, comédia*. Beim religiösen Theater (*moralidades*) werden die traditionellen ma. Gattungen (Passions-, Oster-, Fronleichnams-, Weihnachtsspiele) themat. erweitert: Auto da Sibila Cassandra (1513), Auto de Mofina Mendes (1515), Autos de Barcas (Trilogie: Hölle, Fegefeuer, Paradies; 1517–19), Auto da Alma (1518), Auto da História de Deus (1527), Auto da Feira (ca. 1527), Auto da Cananeia (1534). Einflüsse vorreformator. Bestrebungen sind zu erkennen. Bei den profanen Gattungen sind die Grenzen zw. Schauspiel (Ritterdramen: Don Duardos, 1522; Amadis de Gaula; 1523), Lustspiel (*comédia*) und Posse (*farça*: Auto da India, 1509; Auto da Inês Pereira, 1523) nicht immer scharf zu ziehen. In den Stücken, die auch nationale Themen aufgreifen, finden sich, neben mytholog., bibl., christl. Persönlichkeiten und allegor. Figuren, lebensnah gezeichnete Vertreter aller Stände, wobei die Stilebenen vom Erhabenen bis zum Derb-Komischen reichen, unter Verwendung von Dialekten sowie Spracheigenarten von Minderheiten.

W. Mettmann

Ed.: Copilaçam de todalas obras de G. V., Lissabon 1562 [Faks. 1928] – Obras Completas, ed. MARQUES BRAGA, 6 Bde, 1942–44 u. ö. – Comedia de Don Duardos, ed. D. ALONSO, 1942 – Auto da Alma, ed. S. PESTANA, 1951 – Auto da Barca do Inferno, ed. I. S. RÉVAH, 1951 – Auto da Inês Pereira, ed. I. S. RÉVAH, 1955 – Tragicomedia de Amadis de Gaula, ed. T. P. WALDRON, 1959 – Comedia del Viudo, ed. A. ZAMORA VICENTE, 1962 – Obras completas, ed. A. COSTA PIMPÃO, 1962² – G. V. Obras dramáticas castellanas, ed. T. R. HART, 1962 – Pranto de Maria Parda, ed. L. STEGAGNO PICCHIO, 1963 – Comedia de Rubena, ed. G. TAVANI, 1965 – T. R. HART, G.V. Farces and Festival Plays, 1972 – Sátiras sociais, ed. M. DE LOURDES SARAIVA, 1975 – *Lit.*: C. C. STATHATOS, A G. V. Bibliography, 1980 – C. MICHAËLIS DE VASCONCELLOS, Notas vicentinas, 1912–22, 1949² – A. BRAAMCAMP FREIRE, Vida e obras de G. V., 1912, 1944² – Ó. DE PRATT, G. V. Notas e comentários, 1931, 1970² – A. F. G. BELL, Estudos vicentinos, 1940 – A. J. SARAIVA, G. V. e o fim do teatro medieval, 1942, 1992² – P. TEYSSIER, La langue de G. V., 1959 – L. KEATES, The Court Theatre of G. V., 1962 [ptg. 1988] – R. BRASIL, G. V. e o teatro moderno, 1965 – L. SLETSJØE, O elemento cénico em G. V., 1965 – J. H. PARKER, G. V., 1967 – N. MILLER, O elemento pastoril no teatro de G. V., 1970 – H. HAMILTON FARIA, The Farces of G. V., 1976 – S. RECKERT, G.V.: espíritu y letra, 1977 [ptg. 1983] – P. TEYSSIER, G. V. O autor e a obra, 1982 – M. L. GARCIA DA CRUZ, G. V. e a sociedade portuguesa de Quinhentos, 1990.

Vicentinus, Simon →Simon Vicentinus (25. S.)

Vicenza, oberit. Stadt und Bm. (Venetien). Das röm. Municipium Vicetia wurde 568–569 von den →Langobarden erobert und wurde Sitz eines Hzg.s und wichtiger Familiengruppen (Hzg. Vechtari v. Friaul, um 670, stammt aus V.). Die Gründung des wichtigsten Kl. der Stadt, SS. Felice e Fortunato, geht vielleicht auf die langob. Zeit zurück; im 8. Jh. ist eine kgl. Gastalde belegt, und die Stadt hatte das Münzrecht. In karol. Zeit wurde V. von einem Gf.en verwaltet; das Kapitular →Lothars (825), in dem V. zum Schulsitz für alle Städte des östl. Venetiens erhoben wurde, bestätigt seine Bedeutung. Die Krise der Zentralgewalt im 9./10. Jh. führte zur polit. Zersplitterung des Comitats und zur Entwicklung des »Incastellamento-Phänomens. Im Comitat von V. besaßen der Bf. v. Padua, Kl. aus Verona und Mantua sowie weltl. Herren (Familie →San Bonifacio) Kastelle und Rechte. In otton. Zeit (vielleicht um 970) begegnet ein Gf. der Comitate V. und Padua. Unter den Herrschaftsträgern stand die Bf.skirche von V. jedenfalls an führender Stelle (Diplom Ottos III. d. J. 1000). Die weltl. und kirchl. Herrschaften behielten ihre Autorität bis zum Ende des 12. Jh. V.s wirtschaftl. Charakteristik, die ausschließl. auf der Landwirtschaft basierte, war nicht zuletzt dafür verantwortlich, daß sich die städt. Kommune nur sehr langsam entwickelte (erster Beleg von Konsuln 1147); an ihrer Spitze standen Signorenfamilien, häufig in Kontrast mit dem Bf. Im 12./13. Jh. war V. in die Auseinandersetzungen zw. den großen Signorenhäusern der Mark Treviso verwickelt und wurde lange von der Familie da →Romano beherrscht (Ezzelino II. und →Ezzelino III.). In dieser Zeit, zw. 1205 und 1209, scheiterte der (auch von Innozenz III. unterstützte) Versuch, in V. ein universitäres Studium einzurichten, der mit dem Auszug einer Gruppe von Studenten und Dozenten aus Bologna begonnen hatte. Eine der Ursachen für dieses Scheitern war die unsichere polit. Lage. Nach dem Tod Friedrichs II. und der Niederlage Ezzelinos III. war V. kurze Zeit unabhängig (1259–66), stand aber unter dem Einfluß des Bf.s Bartolomeo da Breganze. 1266 wurde V. der Herrschaft der Kommune Padua unterstellt und verlor für immer seine polit. Selbständigkeit. Der Italienzug Heinrichs VII. und sein Kontrast mit dem »guelfischen« Padua führte dazu, daß V. dem Reichsvikar Cangrande I. →Della Scala, Signore v. Verona, unterstellt wurde (1311). Die Stadt blieb bis 1387 unter den Della Scala. Im 14. Jh. begann ein gewisser Aufschwung des wollverarbeitenden Gewerbes; die Stadt festigte zunehmend ihre Autorität über ihren Districtus, während der Niedergang der Grundherrschaften, v. a. des Bf.s, seine letzte Phase erreichte. Nach der Niederlage der Scaliger (1387) wurde V. von Giangaleazzo →Visconti beherrscht und unterstellte sich nach dessen Tod, als erste der Städte Venetiens, der Republik →Venedig (deditio April 1404), unter deren Herrschaft es bis zum Ende des 18. Jh. blieb. Die Kommune V., die von dem im 13.–14. Jh. aufgestiegenen Patriziat regiert wurde, bewahrte unter der ven. Herrschaft eine gewisse Autonomie.

V. erreichte im 15. Jh. etwa 15–18000 Einw. Schätzungen für die Zeit davor ergeben maximal 8000 Einwohner. Das Territorium der Diözese v. V. ist nicht mit dem Comitat identisch, sondern umfaßt einen großen Teil des Gebiets von Padua, der bis auf wenige Kilometer an diese Stadt heranreicht, sowie einen schmaleren Streifen des Gebiets v. Verona.   G. M. Varanini

Lit.: G. ARNALDI, Scuole nella Marca Trevigiana e a Venezia nel s. XIII (Storia della cultura veneta, I: Dalle origini al Trecento, 1976), 377–384 [Univ.] – J. GRUBB, Firstborn of Venice. V. in the Early Renaissance State, 1988 – Storia di V., hg. G. CRACCO, II (L'età medievale), 1988.

Vices and Virtues →Tugenden und Laster, IV, 2

Vich →Vic

Vicinitas. Aus frühma. Rechtsq. lassen sich keine Schlüsse auf eine frühe Verbandsbildung bei den Germanen ziehen, wie es die ältere rechtsgeschichtl. Forschung (v. GIERKE u. a.) z. B. mit den →Markgenossenschaften, der Feld- und Erbengemeinschaft der Nachbarn, ausbilden wollte. Es gibt keine Indizien, die über die Funktionen hinausweisen, die sich aus dem agrar. bestimmten Zusammenleben auf einem Hof (→villa) oder in einer dorfähnl. Siedlung (→vicus) ergeben. Die Bezeichnung vicinus 'Nachbar', 'Siedlungsgenosse' begegnet auffällig häufig dort, wo die Volksrechte dem röm. Vulgarrecht bes. nahe stehen; die Bestimmungen sind oftmals der röm. Rechtssprache nachgebildet. Die frühma. Nachbarschaft, wie sie v. a. aufgrund der Leges barbarorum beschrieben werden kann, läßt sich als soziale Interaktionsgruppe kennzeichnen. Sie ist durch ein gemeinsames z. T. rechtl. festgelegtes Handeln bestimmt. Die vicini ('Nachbarn') sind in der Regel frei. Die rechtl. und sozialen Vorstellungen von der Nachbarschaft variieren von Volksrecht zu Volksrecht und neben räuml. Unterschieden lassen sich auch innerhalb der Gesetzgebung eines ethn. Verbandes zeitl. verschiedene Entwicklungen beobachten. Z. B. kennt die frühe altfrk. Gesetzgebung das sog. Heimfallrecht (→Heimfall) der vicini: Tit. 59 §6 (MGH LNG IV/1, 223) besagt, daß Töchter nicht in den Grundbesitz (terra salica) folgen konnten, sondern daß statt dessen das Erbe an die vicini fiel. Dieser Titel gehört in die älteste Textschicht des salfrk. Rechts (507–511), bereits in der 2. Hälfte des 6. Jh. wurde das Heimfallrecht durch Tit. 108 (ebd., 262) des Edikts Kg. Chilperichs I. (561–584) außer Kraft gesetzt. Eine bezeichnende Ausnahme ließ das Edikt jedoch: Die Kriegsgefährten von Chilperichs Vater Chlothar (→leudes), die – seßhaft – zu Siedlungsgenossen geworden waren, sollten bei Neuerwerb von Ländereien (tilli) diese, wie bisher gewohnt, vererben. Das salfrk. Recht räumt den Nachbarn in Titel 45 (ebd., 176) ein Mitspracherecht beim Zuzug Fremder ein. Der Zuzug mußte der Gemeindeverwaltung mitgeteilt werden, da dem Ansiedler das Recht der Waldnutzung, der Teilhabe an Weide und Wasser und die Benutzung der Dorfrechte zustand. In der langob. Kg.sgesetzgebung hat die Nachbarschaft nur geringe Bedeutung. Die vicini gehören nicht zum engeren Kreis der →Eidhelfer, sie werden nur ausnahmsweise zum Nachbarschaftszeugnis (MGH LNG IV, →Edictus Rothari Nr. 16) oder für die Schadenschätzung (ebd., Ed. ROTH, Nr. 146) herangezogen. In der →Lex Baiuvariorum treten die vicini nicht im Zusammenhang mit Erbangelegenheiten, dem Zuzug Fremder oder als Eidhelfer auf, sondern die plurimi in vicinio (MGH LNG V/2, Tit. X, 23) sind Nutznießer eines Brunnens, für dessen Reinhaltung sie gemeinsam sorgen mußten. Gemeinsam haben sie auch über die Wahrung der Grenzen zu wachen: Wer versehentl. bei der Landarbeit ein Grenzzeichen herausreißt, muß dies den Nachbarn mitteilen und es vor ihren Augen wiederherstellen (Tit. XII §3). Neben dieser gemeinsamen Aufgabe der Grenzwahrung, war die Grenznachbarschaft eine bes. Form der Nachbarschaft, die vicini, die diese Funktion hatten, hießen commarcani 'Grenznachbarn' (Tit. XII §§ 3, 8; XVII §2, XXII §1). In der alem. Gesetzgebung (MGH LNG V/1, 44 §2) mußten die Nachbarn gemeinsam die Verfolgung eines Totschlägers aufnehmen. Das westgot. Recht (MGH Fontes VI/1, 8) macht am Fall des Haftausschlusses deutl., wie nah die Nachbarschaft dem Familienverband war: Wie der Vater nicht für den Sohn, die Frau nicht für den Mann (und umgekehrt) haftet, so haftet auch der Nachbar nicht für seinen Nachbarn.   G. v. Olberg-Haverkate

Lit.: HRG, 35. Lfg., 1993, 905–907 [R. SCHMIDT-WIEGAND] – G. v. OLBERG, Die Bezeichnungen für soziale Stände, Schichten und Gruppen in den Leges barbarorum, 1991, 141–161, 192 – R. SCHMIDT-WIEGAND, Stammesrecht und Volkssprache, 1986, 312ff., 335–352.

Vico, Präfekten v., Bezeichnung der Forschung für eine Familie, in der die stadtröm. Würde des Praefectus Urbis erblich geworden war und die zugleich eine Grundherrschaft mit dem Zentrum Vico am gleichnamigen See, ca. 50 km nördl. von Rom, innehatte. Der Praefectus Urbis übte in Rom und dessen districtus Polizeifunktionen und die höchste richterl. Gewalt in der Strafgerichtsbarkeit und andere öffentl. Vorrechte aus (Einsetzung der Kuratoren, Ernennung von Notaren usw.). Das ursprgl. antike Amt ist seit 965 wieder kontinuierlich bezeugt. Die traditionelle Meinung, daß der erste bekannte Präfekt, Petrus, und seine zahlreichen gleichnamigen Nachfolger den P. angehörten, basiert einzig auf der Häufigkeit, mit der der Name Petrus später, zw. 1150 und 1400, bei den P. erscheint; sie ist also ungesichert. Die Präfektur wurde lange Zeit von den Mitgliedern verschiedener Familien bekleidet; erst um die Mitte des 12. Jh. wurde sie zum Monopol eines einzigen Hauses, von dem sich eine genealog. Abfolge rekonstruieren läßt. Hypothetisch ist auch eine deutsche Abkunft der Familie.

Im 12. Jh. gehörten die P. zu den aktivsten polit. Kräften in Rom während den Schismen, den Kämpfen mit der neuen Kommune, den Konflikten mit dem Reich. Seit der Mitte des Jh. rückten die P. häufig von ihrer traditionellen Unterstützung des Papstes ab und ergriffen die Partei des Ks.s: Diese »ghibellinische« Orientierung der Familie blieb bis ins 14. Jh. erhalten (obgleich sie auch mehrere längere Perioden auf päpstl. Seite stand). Im 12. Jh. erscheint die Familie bereits in Rom fest verwurzelt, hat dort Verbündete und besitzt Häuser und Türme. Auch im Gebiet nördlich von Rom sind Besitzungen zu erkennen, die aber wenig dokumentiert sind. Wahrscheinlich gehörte das Kastell Vico damals der Familie noch nicht. Man gewinnt den Eindruck, daß ihre lokale Gewalt eher auf der Präfektenwürde basierte als auf dem Besitz zahlreicher Kastelle.

Ein entscheidender Wandel tritt zur Zeit Innozenz' III. ein, dessen Politik in temporalibus die Manövrierfähigkeit und effektive Bedeutung des Präfektenamts einschränkte. Die Familie schien daraufhin zweifacher Hinsicht zu reagieren: Zum einen entfernte sie sich aus Rom (eine Besonderheit im Vergleich zu den anderen großen röm. Familien der Zeit): Die P. blieben zwar weiterhin cives und proconsules von Rom und griffen mehrfach in die städt. Politik ein, standen jedoch der Kommune fern, erschienen nicht in den Verzeichnissen der barones Urbis und besaßen anscheinend keinen größeren Immobilienbesitz mehr in der Stadt. Die wiederholte Zuschreibung von Festungen in Trastevere und auf der Tiberinsel an die Familie ist irrig (Verwechslung mit den Romani de Cardinale). Ihre zweite Reaktion steht im Einklang mit dem Verhalten aller großen römischen Familien. Sie bauten ihren Grundbesitz aus und gründeten oder erwarben als Eigenbesitz zahlreiche Kastelle in der Tuscia romana (Vico, Bieda, Vignanello, S. Giovenale, Civitavecchia, Marinello, Caprarola, Casamala etc.). Die Familie nahm weiterhin eine hochrangige Stellung ein, die aber nicht mehr auf dem Präfektenamt, sondern auf ihren Grundherrschaften gründete. Sie verbündete sich mit den größten Familien des röm. Baronats, unterstützte oder bekämpfte das Reich und den Papst und bestimmte in verschiedener Weise die Politik der wichtigsten Kommunen der Provinz (Viterbo, Corneto [Tarquinia], Toscanella [Tuscania], Sutri, etc.). Im 14. Jh. machten sich die P. die Krise der kommunalen Verfassungen zunutze, bemächtigten sich der Städte und wurden Signoren (Viterbo, für kürzere Zeit Orvieto). Die P. wurden dadurch zu den wichtigsten Gegenspielern der weltlichen Ansprüche der Kirche in diesem Gebiet. 1354 von Kard. Albornoz besiegt, erlangten sie in der Folge, v. a. während der turbulenten Jahre des Schismas, wieder große Machtfülle zurück. Durch ihr Bündnis mit den Colonna akzeptierten sie unter Papst Martin V. teilweise die Suprematie des Papstes, rebellierten jedoch gegen seinen Nachfolger Eugen IV. Gegenüber dem erstarkenden Kirchenstaat erwies sich das Rom und der Kurie fernstehende Haltung der Familie, die sie seit 200 Jahren einnahm und die sie von den Baronen unterschied, als verhängnisvoll: Die P. gerieten in Isolation, wurden von den päpstl. Truppen angegriffen und besiegt. Alle ihre Kastelle wurden erobert und der letzte Exponent der Familie, Giacomo, 1435 zum Tode verurteilt. S. Carocci

Lit.: J. Petersohn, Kaiser, Papst und Praefectura Urbis zw. Alexander III. und Innocenz III., QFIAB 60, 1980, 157–188 – J.-C. Maire Vigueur, Comuni e signorie in Umbria, Marche e Lazio (Storia d'Italia, hg. G. Galasso, VII/2, 1987), 321–606 – S. Carocci, Baroni di Roma. Dominazioni signorili e lignaggi aristocratici nel Duecento e nel primo Trecento (Nuovi studi storici, 23, Coll. de l'École frç. de Rome 181, 1993).

Vicomte →Vicecomes

Victoire, La, Abtei der →Viktoriner in Nordfrankreich, Diöz. und Gemeinde →Senlis (dép. Oise), gegr. 1222 unter dem Patrozinium von Notre-Dame von Kg. →Philipp II. Augustus zum Gedenken an den Sieg v. →Bouvines (1214). Die Kirche wurde von Kg. →Ludwig XI. (1461–83), der sich als eifriger Marienverehrer hier gern aufhielt, neuerrichtet. Das Chartular der Abtei ist verloren, doch sind Teilkopien des 18. Jh. erhalten. E. Lalou

Lit.: Cartulaire de l'abbaye de la V., ed. A. Vettier, Comptes rendus et Mém. du Comité archéol. de Senlis, 1887, 1889, 1890.

Victor (s. a. Viktor)

1. V. v. Antiochia, Priester (?), lebte im 6. Jh., gilt als Autor eines Mk-Kommentars, einer Kompilation aus einer Matth-Katene, deren Q. Johannes Chrysostomos (In Matth), Origenes (In Matth), Cyrill v. Alexandrien (In Luc), Titus v. Bostra (In Luc) und Theodor v. Heraklea sind. Möglicherweise ist der nicht weiter bekannte Kompilator auch Verf. mehrerer Scholien zu atl. und ntl. Texten, die unter dem Namen Victors überliefert sind.
E. Grünbeck

Ed.: CPG III, 6529–6534 – Lit.: Dict. encycl. du Christianisme ancien, II, 1990, 2539 [Lit.] – Beck, Kirche, 420f.

2. V. v. Capua, Bf. 541–554. Umfang und Inhalt seines schriftsteller. Werkes sind schwer bestimmbar. Neben den von J. B. Pitra zusammengestellten Bruchstücken (e. g. Reticulus seu de arca Noe; Scholien aus gr. Kirchenvätern) liegen weitere Fragmente vor: z. B. bei →Beda der Anfang einer Schrift »De cyclo paschali«, bei →Smaragd in dessen »Expositio libri comitis«. Mit V.s (desselben?) Namen verbunden sind Einträge computist. Werke im Katalog der →Reichenau (Ma. Bibliothekskat. I, 258, 34) und in dem von →Bobbio (Becker, 32, 547). – Deutlicher faßbar ist V.s Wirken in dem auf seine Veranlassung geschriebenen Codex, der als bedeutsamsten Text die älteste überlieferte lat. →Evangelienharmonie enthält. Dieses Exemplar, 546 und 547 von V. durchgesehen und verbessert, soll nach alter Überlieferung aus dem Besitz des →Bonifatius nach →Fulda gelangt sein. Daß es unmittelbare Vorlage für den ahd. →Tatian und den →Heliand wurde, ist wohl auszuschließen. E. Heyse

Ed.: Cod. Fuldensis, hg. E. Ranke, 1868 – MPL 68, 251ff. – Frgm.e: CPL, 953ª–956 – Vetus Latina 1/1. Kirchenschriftsteller. Verz. und Siegel, 1995⁴, 784f. – Lit: LThK² X, 770f. – Schanz–Hosius IV/2, 596f. – Bardenhewer V, 277f. – A. Siegmund, Die Überlieferung der gr. chr. Lit., 1949, 130ff. – B. Fischer, Lat. Bibelhss. im frühen MA, 1985, bes. 57ff. – F. Rädle, Stud. zu Smaragd v. Saint-Mihiel, 1974, 190f. – Die Glossen zum Jakobusbrief aus dem V.-Cod. (Bonifatianus, 1, hg. M.-A. Aris–H. Broszinski, 1996).

3. V. v. Marseille →Viktoriner

4. V. v. Solothurn →Ursus und Victor

5. V. v. Tunnuna, Chronist, Bf. v. Tunnuna im prokonsular. Afrika, Geburtsjahr unbekannt, wurde von Ks. Justinian 555 als Ketzer aus seiner Heimat vertrieben, †nach 566 in Konstantinopel. Im Exil schrieb er seine Chronik, deren erster (verlorener) Teil höchstwahrscheinl. mit der Schöpfung begann. Er setzte die Chronik des →Prosper Tiro v. Aquitanien von 444 bis zum Jahre 567 fort und konzentrierte sich auf die kirchl. Ereignisse N-Afrikas. V. benutzte als Q. oström. und weström. Fasten. J. M. Alonso Núñez

Ed.: MPL 68, 937–962 – Th. Mommsen, MGH AA XI (Chronica Min. II), 1894 [Nachdr. 1961], 163–206 – Lit.: Manitius I, 215f. – Bardenhewer V, 1962, 329–331 – Schanz–Hosius IV/2, 112f. – Altaner-Stuiber, 233 – PLRE III B, 1373 [Victor 5] – Ch. Courtois, Victor de Vita et son œuvre, 1954 – S. Teillet, Des Goths à la nation gothique, 1984, 421–427 – A. Placanica, De Cartagine a Bisanzio: per la biografia di Vittore Tunnunense, Vetera Christianorum 26, 1989, 327–336.

6. V. v. Vita (V. Vitensis), Kleriker der Kirche v. Karthago, erlebte dort die Ereignisse zw. 480 und 484 als Augenzeuge, nach 489 Bf., vielleicht in seiner Heimatstadt V. in der nordafrik. Prov. Byzacena, Geburts- und Todesdatum unbekannt, später als Hl. verehrt (Fest: 23. Aug.). Er schrieb 489 im Auftrag des →Eugenius, des kath. Bf.s v. Karthago, eine »Historia persecutionis Africanae provinciae«, eine Leidensgesch. der Katholiken unter der Herrschaft der arian. Vandalenkg.e →Geiserich und Hunerich, die als eine der wichtigsten Q. zur Gesch. des Vandalenreichs in Nordafrika wegen ihres hagiograph. Charakters im MA und in der frühen NZ ztw. große Popularität genoß und weite Verbreitung fand. Sie enthält u. a. auch drei Edikte des Hunerich, die ältesten überlieferten Kg.surkk. eines germ. Kgr.es, einen Brief Bf. Eugenius' und den wahrscheinl. von Eugenius verfaßten »Liber fidei catholicae«. Etwa ein Viertel des Textes ist der Regierungszeit Geiserichs gewidmet, ein Viertel dem »Liber fidei cath.« und knapp mehr als die Hälfte der Herrschaft des Hunerich. Öfter ist er gemeinsam mit einer jüngeren »Passio septem monachorum« eines Anonymus überliefert. A. Schwarcz

Ed.: C. Halm, MGH AA 3/1, 1879 – CSEL 7, hg. M. Petschenig, 1881, 1–107 – Lit.: Prosopographie Chrétienne du Bas-Empire, I,

1982, 1175f. – CH. COURTOIS, V. de V. et son œuvre, 1954 – R. PITKÄRANTA, Stud. zum Latein des V. Vitensis, 1978 – J. MOORHEAD, V. of V.: Hist. of the Vandal Persecution, 1992 – A. SCHWARCZ, Bedeutung und Textüberlieferung der Hist. persecutionis Africanae provinciae des V. v. V., VIÖG 32, 1994, 115-140.

Victoria, Lagerstadt Ks. →Friedrichs II. vor →Parma. Auf dem Wege nach →Lyon zu Papst →Innozenz IV. erfuhr Friedrich II., daß am 16. Juni 1247 die kaiserlich gesinnte und strateg. wichtige Stadt Parma (→Apenninenpässe) in die Hände der päpstl. Partei gefallen war; sofort kehrte er um und nahm am 2. Juli die Belagerung Parmas auf. Zu diesem Zwecke ließ er eine Lagerstadt aus Holz errichten, die er V. nannte. In dieser befand sich mindestens eine Kirche (St. Viktor); es wurden sogar Münzen (Vittorini) geprägt. Zeitgenöss. Angaben zufolge besaß V. acht Tore, einen Hof für den Ks. und sein Gefolge sowie alle für eine Stadt typ. Einrichtungen (z. B. Läden). Während eines Jagdausfluges Friedrichs gelang es den Belagerten am 18. Febr. 1248 durch einen Überraschungsangriff, bei dem sie auch →Thaddaeus v. Suessa töteten, V. zu erobern, zu plündern und einzuäschern. Zur Beute gehörte auch der ksl. Staatsschatz. Eine Folge dieser Niederlage war der Abfall der →Romagna von Friedrich II.   K.-E. Endres

Q.: RI V. 1 nr. 3632a–3666a – RI V. 4 Nr. 471-475 – *Lit.*: E. KANTOROWICZ, Ks. Friedrich der Zweite, 1927 – H. M. SCHALLER, Ks. Friedrich II., 1971.

Victorinus, Bf. v. Poetovio (Pettau [Ptuij/Slovenien]), 2. Hälfte des 3. Jh., starb als Märtyrer, möglicherweise in der Diokletian. Verfolgung 304 (vielleicht auch schon 283/284; Fest: 2. Nov.). Über sein Leben ist wenig bekannt (vgl. v. a. Hieronymus, De vir. ill. 74). Wenn auch nicht klass. gebildet, so doch sehr belesen in der chr. Lit. (Justin, Irenäus, Clemens v. Alexandrien, Hippolyt, Origenes, Tertullian, Cyprian), ist er einer der ersten lat. Bibelexegeten von Bedeutung (beeinflußt von Origenes). Hieronymus zufolge verfaßte er u. a. Kommentare zu Gen, Ex, Lev, Jes, Ez, Hab, Koh, Cant, Matth und Offb sowie eine Abhandlung »Gegen alle Häresien«. Erhalten sind eine kleine Schrift »De fabrica mundi« (typolog. Auslegung der sieben Schöpfungstage; Bedeutung der Siebenzahl als Gottesname und Prinzip der Schöpfung) und ein Offb-Kommentar. Die Offb hat für V. eine herausgehobene Stellung innerhalb der Bibel, weil Christus in ihr alles, was im AT typolog. angedeutet und prophezeit sei, wiederaufnehme und 'rekapituliere', um so den Sinn der hl. Schriften im Ganzen zu erschließen (CSEL 49. 46, 3/6; 86, 3/7; 102, 19-104, 7). V. gilt als gemäßigter Millenarist (→Chiliasmus): Er versteht die Wiederkunft Christi und das '1000jährige Reich' nicht nur materiell, sondern auch spirituell (z. B. CSEL 49, 152, 16/20; 154, 9/17).

E. Grünbeck

Ed.: CPL 79-83 – J. HAUSSLEITER, CSEL 49, 1916 – *Lit.*: DSAM XVI, 552-558 [Lit.] – Dict. encycl. du Christianisme ancien, II, 1990, 2543-2545 [Lit.] – C. CURTI, Il regno millenario in Vittorino di Petovio, Augustinianum 18, 1978, 419-433 – M. DULAEY, Victorin de P., premier exégète lat., 2 Bde, 1993.

Victorius v. Aquitanien, Komputist, wirkte um die Mitte des 5. Jh. Über sein Leben ist fast nichts bekannt; offenbar war er Kleriker. Auf Veranlassung des röm. Archidiakons Hilarius (später Papst →Hilarius I.) verfaßte er 457 einen »Cursus paschalis«; im Auftrag war, das kontroverse Schrifttum zur →Osterfestberechnung krit. zu sichten, Irrtümer zu beseitigen und damit eine Grundlage für eine Verständigung der Kirchen des Westens und des Ostens zu schaffen. Papst →Leo I. wünschte eine Einigung und nahm gegenüber der Position des Ostens eine nachgiebige Haltung ein. In diesem Sinne führte V. einen 532jährigen Zyklus ein, wobei er in erster Linie von der alexandrin. Tradition ausging, deren Berechnungsweise er verbessern wollte. Doch da er wohl kaum über Griechischkenntnisse verfügte und die östl. komputist. Lit. (→Komputistik) z. T. nicht kannte oder nicht verstand oder nicht hinreichend beachtete, blieb er von einer allseits befriedigenden Lösung weit entfernt. Seine →Ostertafel, die unterschiedl. östl. und westl. Osterdaten ohne Urteil über ihre Richtigkeit verzeichnet, verbreitete sich im Westen – v. a. in Gallien, wo sie 541 von der Synode v. Orléans für verbindl. erklärt wurde –, setzte sich aber nicht im ganzen lat. Raum durch. →Victor v. Capua, →Columban, →Beda u. a. polemisierten gegen den Aquitanier. – Von V. stammt auch ein elementares Rechenbuch (»Liber calculi«: Multiplikations- und Divisionstabelle), zu dem im 10. Jh. →Abbo v. Fleury einen Komm. schrieb.   J. Prelog

Ed.: Victorii calculus, ed. G. FRIEDLEIN, Bull. di Bibliogr. e di Storia delle Scienze Matematiche e Fisiche 4, 1871, 443-463 – Cursus paschalis: B. KRUSCH, Studien zur chr.-ma. Chronologie (AAB Phil.-hist. Kl. Nr. 8, 1938) – *Lit.*: CPL³ 2282f. – SCHANZ-HOSIUS IV/2, 565f. – CH. W. JONES, Bedae Pseudepigrapha, 1939, 53 [Lit.] – Bedae Opera de Temporibus, hg. CH. W. JONES, 1943, 61ff.

Victricius, Bf. v. →Rouen, * um 340, † vor 410 Rouen. Nach Aufgabe des Militärdienstes Priesterweihe und Missionstätigkeit im heutigen N-Frankreich und Belgien. Seit 385 Bf. v. Rouen, widmete V. sich weiterhin Missionsarbeit, aber auch der kirchl. Organisation und Förderung des asket.-monast. Lebens. Er stand in Verbindung mit →Paulinus v. Nola (Ep. 18; 37) und →Martin v. Tours (Sulp. Severus, Dial. III 2). Um 403/404 Aufenthalt in Rom. Von seinem lit. Werk ist nur »De laude sanctorum« bekannt, eine Predigt zur Ankunft von Reliquien aus Italien, die lit. und rhetor. Bildung verrät (wichtiger Text für Reliquien- und Hl.nverehrung). V. ist Adressat einer bekannten Dekretale Innozenz' I. (Ep. 2).   K. S. Frank

Ed.: CCL 64, 55-93 [Lit.] – CPL, 481 – *Lit.*: J. MOULDERS, V. van Rouaan. Leven en Leer, Bijdragen. Tijdschrift voor Filos. en Theol. 17, 1956, 1-25; 18, 1957, 19-40, 270-279.

Vicus

I. Spätantike – II. Mittelalter.

I. SPÄTANTIKE: Der Begriff ist bei →Isidor v. Sevilla, Orig. 15, 2, 11 definiert: »Vici et castella et pagi hi sunt qui nulla dignitate civitatis ornantur, sed vulgari hominum conventu incoluntur, et propter parvitatem sui maioribus civitatibus adtribuuntur.« Der röm. V. war eine Ansammlung von Häusern ohne Stadtrecht, also gleichsam ein 'Dorf', oder, innerhalb des Pagus, ein 'Marktflecken'. Der →Pagus konnte dabei einen oder mehrere v.i umfassen. Als v.i wurden auch die zivilen Niederlassungen (→canabae) außerhalb der röm. Militärlager bezeichnet. →Während diese v.i an der germ. Grenze schon im 2. Jh. n. Chr. ihren wirtschaftl. Höhepunkt erreichten, blühten sie im Norden Britanniens noch im 3. und 4. Jh. Im nördl. Gallien bestanden im 2.-3. Jh. v.i, die sich aufgrund ihrer günstigen geogr. Lage und wirtschaftl. Tätigkeit zu echten Städten entwickelten (z. B. Boulogne, Tournai: unter Diokletian Erhebung zu →civitates). Die von zivilen Freibauern bewohnten Dörfer im Landesinneren des Imperiums ('v.i publici', 'metrocomiae') standen in spätröm. Zeit unter dem Schutz der Ks., deren Gesetzgebung darauf abzielte, sowohl den Grunderwerb durch Ortsfremde als auch die freiwillige Unterstellung der Freibauern unter das 'patrocinium' der Großgrundbesitzer zu verhindern. Diese Tendenzen zur Förderung eines freien Bauerntums wurden in byz. Zeit erneut aufgegriffen, bes. im →Nomos Georgikos des 7./8. Jh.: Schutz von Dorfgemeinden mit freien, landbesitzenden Bauern, die allein dem Staat als Steuerzahler verpflichtet waren. M. Schottky

Lit.: RE III, 1451-1456, 1756-1758; XVIII, 2318-2339; VIII A, 2090-2094; Suppl. IV, 950-976 – TH. MOMMSEN, Röm. Staatsrecht III 1, 1887³ [Nachdr. 1971], 119f. – S. J. DE LAET (Meded. Kon. Acad. Wetensch., Kl. der Lett. 22, 1960, Nr. 6) – OSTROGORSKY, Geschichte³, 113ff. – C. S. SOMMER, The Military V.i in Roman Britain, BAR Brit. Ser. 129, 1984 – A. JOHNSON, Röm. Kastelle, 1987 – A. DEMANDT, Die Spätantike (HAW III, 6, 1989), 329, 374.

II. MITTELALTER: Mehr noch als in der Antike ist 'v.' im MA ein mehrdeutiges Wort. Es wird weiterhin als Bezeichnung sowohl für Straßen als auch für Stadtteile verwendet (z.B. in Würzburg, Mitte des 14. Jh.: 'Vicus Wollenergasse', aber auch 'Vicus [= Stadtviertel] Baumgarten'). V. kann ein Besitz, ja sogar ein Bauernhof (z.B. im →Lorscher Reichsurbar) sein, meistens bezeichnet der Begriff aber ein →Dorf, mit der Konnotation eines Vorortes bescheidenen Ranges (ein höherer administrativer oder rechtl. Status wurde manchmal mit dem Zusatz 'publicus' charakterisiert) oder eines Ortes mit bes. Funktionen. Die Bezeichnung 'v.' oder verwandte Toponyme traten beispielsweise auf bei Orten, die der (Binnen)schiffahrt, der Salzgewinnung oder dem Bergbau dienten.

Der v. war bevorzugter Tagungsort des →placitum oder des →mallus und diente als öffentl. Rastplatz. Von den ungefähr 800 merow. Münzorten (→Münze, Münzwesen) wurden ungefähr 250 ausdrückl. mit dem Begriff 'v.' bezeichnet. Sie konzentrierten sich um Metz und v. a. südl. der Loire. Weiterhin fungierte der v. als kirchl. Vorort und Sitz einer →Pfarrei, wo Taufen und Kirchenfeste (aber keine Bf.sweihen) abgehalten werden durften.

Vom Ende des 7. bis zum 10. Jh. bezog sich 'v.' in erster Linie auf Handelsniederlassungen oder Marktsiedlungen. Solche gering oder nicht befestigten Ansiedlungen entstanden in Fortsetzung alter röm. Niederlassungen oder in der Nähe einer →Bischofsstadt, eines →Klosters (s. a. →Abteistadt) oder einer →Burg, an einem für Handel und Schiffahrt günstigen Ort. Der Charakter des Handelsplatzes, den bereits Festus (ca. 200 n. Chr.) für vici betont hat, wird aus der Vielzahl von Münzern ersichtl., die in diesen Niederlassungen im FrühMA tätig waren (z. B. Marsal 13, →Quentowic 13, →Amboise 11). Eine ganze Reihe lit. Q. aus dem 9. Jh. weist auf diesen Handelsaspekt hin. Der »Liber traditionum S. Petri Blandiniensis« (ca. 900, →Gent) unterscheidet zw. den v.i →Antwerpen und →Brügge und den gewöhnl. →'villae'. Nach den Q. konzentrierten sich die v.i vor allem in →Quentowic, entlang der →Maas und an der →Nord- und →Ostsee, also im Handelsraum der Friesen (→Friesenhandel) und →Angelsachsen.

Seit dem 7. Jh. scheinen hier und in England (z.B. Lundenwich 685, Hamwich/→Southampton, 721) Ortsnamen auf –wi(c)h und –vic auf. Erst später tauchen sie auch östl. des Rheins (Bardenwih, →Bardowick, 795; Sliaswich, →Schleswig bzw. →Haithabu, ca. 830) und in Skandinavien auf. Einige dieser Namen sind vielleicht zurückzuführen auf 'v.' (Handelsplatz) nach dem Vorbild von Vic (Quentowic) oder vom 'vicus nominatissimus' →Dorestad; viele jedoch müssen aus verwandten germ. Stammwörtern, die als Meeresbucht, Flachwasser, sicherer Ort oder Ausweichplatz zu interpretieren sind, gebildet worden sein. Die Bedeutung 'Warenumschlagplatz' ist bei einigen als Ursprung nicht auszuschließen. An sich ist ein Toponym auf -wik oder die Bezeichnung 'v.' unzureichend, um einen Ort als →Wik (eine gelehrte Bezeichnung für frühma. Handelsplätze) zu identifizieren. Dazu bedarf es zusätzl. Hinweise auf die Anwesenheit von Händlern, Märkten und Zöllen, auf aktive Münzprägung oder weitverbreiteten Geldumlauf oder die Bezeichnung als →'portus' oder →'emporium'.

Nachrichten über v.i in schriftl. Q. (z.B. die »Vita Anskarii« des →Rimbert, 865/876) wurden durch archäolog. Funde wesentl. bereichert. Es handelt sich durchweg um relativ bedeutende Niederlassungen mit einer teilweise ständigen und ethn. sowie sozial diversifizierten Bevölkerung. An der Spitze stand ein fsl. Beamter, der manchmal auch mit der Zollerhebung betraut war (→Wikgraf).

Die v.i in der Nähe eines älteren Zentralorts, nach dem Jahr 1000 oft als →'burgus' oder →'suburbium' bezeichnet, wurden in die ma. Stadt einbezogen. Die abgelegeneren Handelsniederlassungen fielen häufig wüst (→Wüstung) durch Verlagerung von Verkehrsströmen oder Auflösung der herrschaftl. oder staatl. Einheit, für die sie als Eingangstor gedient hatten. In Nordfrankreich und den Niederlanden wurde ihre Lebenskraft teilweise durch die Normanneneinfälle gebrochen. Zweifellos trug auch der Anstieg des Meeresspiegels in einigen Fällen zu ihrem Niedergang bei. R. van Uytven

Lit.: J. F. NIERMEYER, Mediae Latinitatis Lexicon minus, 1976, 1097-1100 – W. VOGEL, Wikorte und Wikinger, HGBll 60, 1935, 5-48 – L. SCHÜTTE, Wik. Eine Siedlungsbezeichnung in hist. und sprachl. Bezügen, 1976 – S. LEBECQ, Marchands et navigateurs frisons du haut m. â., 2 T.e, 1983 – Unters. zu Handel und Verkehr der vor- und frühgesch. Zeit in Mittel- und Nordeuropa, III, hg. K. DÜWEL u. a. (AAG, Philol.-hist. Kl. III, 150), 1985 – Anfänge des Städtewesens an Schelde, Maas und Rhein bis zum Jahre 1000, hg. A. VERHULST (Städteforsch. Reihe A, 40), 1996.

Vid, S. María de la, Stift des →Prämonstratenserordens bei Aranda de Duero in Kastilien, innerhalb der Zirkarie Hispania an Bedeutung nur von →Retuerta übertroffen, dessen Suprematie es 1185 anerkannte. V. ging aus der Einsiedelei Sacromonte hervor, die um 1140 von Dominikus, der nach unbestätigter lokaler Überlieferung dem kast. Kg.shaus entstammte, gegründet wurde. Bis 1160 entwickelte sich aus dem Eremitorium ein Doppelkl. nach der Augustinusregel. Mit der 1164 erfolgten Übersiedlung der Chorherren ins nahegelegene La Vid wurden die 'moniales' in die Filiationen v. Brazacorta und Freznillo überführt. Im 12. Jh. entstanden weitere Dependancen, z.T. als Doppelkl., in Ávila, S. Pelayo de Cerrato, Tejo, Segovia, Villamayor und Tortoles. Die kast. Herrscher schufen durch ihre Zuwendungen die Grundlage für den von keinem anderen Kl. des Ordens erreichten Wohlstand des Hauses und befreiten es von der Abgabepflicht für La Vid und Suzones (1291). Mit der Ernennung von Kommendataräbten begann im 15. Jh. V.s Niedergang, der erst im 16. Jh. durch die Reformbemühungen des Abtes und späteren Kardinals Iñigo López de Mendoza aufgehalten wurde. N. Jaspert

Lit.: N. BACKMUND, Monasticon Praemonstratense, III, 1956 – P. ROJO, El Monasterio de S. M. de la V., 1966 – N. BACKMUND, La Orden Premonstratense en España, Hispania Sacra 35, 1983, 57-87 – M. E. GONZÁLEZ DE FAUVE, La Orden Premonstratense en España, 2 Bde, 1992 [Lit.].

Vidal, Arnaut, prov. Dichter der ersten Jahrzehnte des 14. Jh., * in Castelnaudary, wirkte im Raum von Toulouse. Er verfaßte einen 1318 fertiggestellten Abenteuerroman in Versen, »Guilhem de la Barra« (5344 Vv.), der im ritterlich-höf. Milieu spielt, aber nicht dem arthur. Sagenkreis angehört. Schauplatz der Handlung sind das Kgr. Serra »im fernen Ungarn«, England und der Orient. Der verwitwete Guilhem, ein treuer Vasall, wird von der jungen Frau seines Königs, die er selbst an den Hof geleitet hatte, verleumdet und muß mit seinen kleinen Kindern fliehen. Erst nach Jahren vermag er seine verlorene Ehre wiederzugewinnen. Die Handlung ist bewegt, der Erzählung mangelt es aber an Lebhaftigkeit und Originalität. Die narrativen Elemente entsprechen meist den im MA gängigen Schemata, v. a. der zweite Teil bietet starke Analogien zu der Handlung der Novelle vom »Conte d'Anguersa« in Boccaccios Decameron (II, 8). A. V. huldigt einem gewissen Moralismus und liebt erbaul. Themen, seine Erzähltechnik nimmt nicht nur Romane, sondern auch hagiograph. und ep. Werke zum Vorbild, was dem geistigen Klima seiner Zeit und der erneuten Bedrohung durch die »Ungläubigen« entsprach. Weiter ist von A. V. eine Canzone zum Lob Marias, »Mayres de Dieu, Verges pura«, erhalten, in der Rubrik der einzigen Hs. als »cirventes« (sirventés) bezeichnet, die ihren Ruhm der Tatsache verdankt, daß sie die erste Dichtung war, die im Dichterwettbewerb der Jocs florals (→Jeux floraux) prämiert wurde (Mai 1324). Die Canzone nimmt bereits die wichtigsten Merkmale der tolosan. Lyrik des 14. Jh. vorweg, die religiöse Thematik und den Reichtum an gesuchten, artifiziellen Reimen, deren Konstruktion ihr eigentl. Zweck ist. S. Asperti

Ed. und Lit.: DLFMA², 1992, 91f. – P. Meyer, Guillaume de la Barre, roman d'aventures par A. V. de Castelnaudari, 1895 (SATF) – A. Jeanroy, Les joies du Gai Savoir, 1914 – HLF 35, 1921, 513–526 – A. Limentani, L'eccezione narrativa, 1977, 110–119.

Vidal, Peire, prov. →Troubadour, wirkte Ende des 12./Anfang des 13. Jh.; von ihm sind 45 authent. Texte erhalten, die durch die Qualität und Vielfältigkeit der dichter. Erfindungskraft, ihre kühnen Vergleiche und die neuartige Bildersprache, ihre metr. Innovationen und ihre techn. Virtuosität zu den Bedeutendsten gehören, was aus jenem Zeitraum erhalten ist. P. V. beschränkt sich jedoch nicht nur darauf, die höf. poet. Stilmuster auf eigene originale Weise zu wiederholen. Obgleich bürgerl. Herkunft – die Vida nennt ihn den Sohn eines Gerbers – identifiziert er sich mit dem Ideal des Dichters und Liebhabers ritterl. Herkunft und übernimmt dessen Verhaltensweisen, häufig aber mit iron. Hang zu Selbstdarstellung und gewollter Theatralik, bei der auch absurde Züge nicht fehlen. Die daraus folgende Tendenz zu Prahlerei und Aufschneiderei, deren Wurzeln in der Spielmannsdichtung liegen, trägt zur Schaffung eines geradezu singulären Persönlichkeitsbildes bei. Seinen großen Zeitgenossen an techn. Virtuosität und Sprachbeherrschung nicht nachstehend, nimmt P. V. durch seine Fähigkeit, den höf. Verhaltenscodex zu ironisieren, eine bes. Stellung ein. Mehr als zwei Jahrzehnte lang feierte er an zahlreichen europ. Höfen Erfolge (von seiner Geburtsstadt Toulouse über die Provence, Spanien, wo er sich lange aufhielt, Monferrat bis Ungarn) und unternahm auch eine Reise in das Heilige Land. Seine Spuren verlieren sich um 1205 in Malta. Die Erwähnungen bei seinen Zeitgenossen, die zahlreichen Nachahmungen von ihm erfundener metr. Schemata und die biograph. Erzählungen (→Vidas und razos), die an seine Dichtungen anknüpfen, ließen den Eindruck, den er hervorgerufen hatte, lange nachwirken. S. Asperti

Ed. und Lit.: DLFMA², 1992, 1190ff. – D'A. S. Avalle, P. V., Poesie, 1961 – E. Hoepffner, Le troubadour P. V., sa vie et son œuvre, 1961 – M. de Riquer, Los trovadores, 1975, n. XLI, 858–914.

Vidal, Raimon, de Besalú, katal. Troubadour und Grammatiker, wirkte am Ende des 12. und in den ersten Jahrzehnten des 13. Jh. (Hypothesen, die seine Aktivität bis in die Mitte des 13. Jh. ausdehnen, sind weniger praktikabel). Als lyr. Dichter zweitrangig, nimmt R. V. aufgrund seiner didaktischen und narrativen Werke, die zumeist als »novas« bezeichnet werden, in der ma. okzitan. Literatur eine sehr bedeutende Stelle ein: Die Versnovelle »Abrils iss'e mays intrava« bietet die Unterweisung eines Spielmanns (1773 achtsilbige Paarreime), »So fo el temps qu'om era jays« oder »Judici d'amor« (1608 achtsilbige Paarreime) die Diskussion höfischer Liebeskasuistik, dessen Protagonist der katal. adlige Troubadour →Uc de Mataplana ist, wirkt fast wie ein Partimen in narrativer Form; »Una novas vuelh comtar«, besser bekannt als »Castia-gilos« (450 paarreimige Achtsilber), gestaltet das im höf. Milieu angesiedelte Eifersuchtsthema und zeigt in der Mechanik der Erzählung eine gewisse Nähe zu den frz. →Fabliaux. Im Mittelpunkt dieser Werke stehen die höfische Gesellschaft und, v. a in »Abrils iss'e«, die Stellung und Rolle des Spielmanns, d. h. des Berufsdichters als Hüter und Garant der Traditionen und Regeln, die für diese Gesellschaft konstitutiv sind und die in den Dichtungen der großen Troubadours, auf die R. V. oft anspielt und die er bisweilen zitiert, ihre geheiligte Form erhalten. Im Aufbau seiner Werke ist der stark narrative Charakter deutlich: So dominiert die Beschreibung von Orten und Situationen, zwei ausgedehnte Rahmenhandlungen bieten den Hintergrund für »Castia-gilos« und »Abrils iss'e«.

R. V. verfaßte außerdem den wichtigen Prosatraktat »Razos de trobar«, in dem poetisch-grammatikal. Fragen erörtert werden. Er entstand wahrscheinlich zw. 1190 und 1210 und zeigt die Absicht des Autors, die Fehler zu korrigieren, die von vielen Dichtern aus Unkenntnis der Regeln der Dichtersprache (von R. V. »limousinische Sprache« genannt) und der für den kompositor. Aufbau der Dichtungen unerläßl. Voraussetzungen begangen werden. Der für ein katal. Publikum bestimmte Traktat ist weniger detailreich als der in Italien wenig später verfaßte »Donat proensal« des Uc Faidit, bietet jedoch interessante allg. Betrachtungen über die Dichtkunst. S. Asperti

Ed. und Lit.: DLFMA², 1992, 1227–1229 – R. V. de Besalú, Obra poètica, 1989–91 – J.-Ch. Huchet, Nouvelles occitanes du MA, 1992 – J. H. Marshall, The Razos de Trobar of R. V. and associated texts, 1972 – A. Limentani, L'eccezione narrativa, 1977 – P. Swiggers, Les premières grammaires occitanes, ZfrPh 105, 1989, 134ff. – J.-M. Caluwé, Du chant à l'enchantement, 1993, 118–194.

Vidal de Canellas (V. de Cañellas), Bf. v. →Huesca und Jaca, Jurist, † kurz nach 12. Okt. 1252; stammte möglicherweise aus dem Südteil des aragones. Ribagorza oder aus dem katal. Ort Canyelles bei Olérdola bzw. Villafranca del Penedés. Während des Studiums in Bologna, wo er 1221 belegt ist, machte er Schulden, die er erst 1234, nach Übernahme eines Kanonikats in Barcelona, tilgte. Mit Unterstützung →Raimunds v. Peñyafort wurde er zum Bf. v. Huesca und Jaca erhoben. Jakob I., der ihn als Blutsverwandten (consanguineus) bezeichnete, entschädigte ihn für seine Teilnahme an der Belagerung v. →Valencia. Häufig war er in Rechtsstreitigkeiten mit dem Bm. →Zaragoza verwickelt.

V. gilt als mögl. Verf. der offiziellen Kompilation der Fueros de Aragón (→Fuero, III [1]) und als Autor des Werkes »In excelsis Dei thesauris« oder »Vidal Mayor«, dessen stärker offizieller oder mehr privater Charakter in der Forsch. umstritten ist, jedoch mehrteil. als eher privatrechtl. Natur gesehen wird. In letzterer Rechtsslg. werden Volksrechte (derechos) und Gesetze (leyes) als zusätzl. Ordnungskriterien hinzugezogen. J. Lalinde Abadía

Lit.: Coing, Hdb. I, s. v. – G. Tilander, Traducción aragonesa de la obra In excelsis Dei thesauris de V. de C., 3 Bde, 1956 – Vidal Mayor. Ein span. Gesetzbuch aus dem 13. Jh. in Aachener Privatbesitz, AaKbll 29, 1964 – A. Durán Gudiol, V. de C., Obispo de Huesca, Estudios de la Edad Media de la Corona de Aragón 9, 1973, 267–369 – J. GARCÍA-G. FERNÁNDEZ, Vidal Mayor: version romanceada navarra de la Maior Compilatio de V. de C., AHDE 50, 1980, 23–264.

Vidas und razos, narrative Prosatexte biograph. Charakters in prov. Sprache, die sich auf die →Troubadours des 12. und 13. Jh. beziehen. Es sind mehr als 180 von sehr unterschiedl. Länge (von wenigen Zeilen bis zu mehreren Druckseiten) erhalten. Die *vidas* haben die Struktur echter Biographien und enthalten Angaben über den Geburtsort des Troubadours, seine Tätigkeit, die von ihm frequentierten Höfe, eventuell über seine Liebe zu Damen von Rang sowie über sein dichter. Œuvre; sie sind zumindest teilweise dem lat. Vorbild der →Accessus ad auctores verpflichtet. Die *razos*, die sich vielleicht aus einführenden Kommentaren zu der Rezitation der Dichtungen entwickelt haben, berichten hingegen von der Vorgeschichte, dem Hintergrund und den Motivationen einzelner Gedichte oder Textgruppen, von denen nur ihr Incipit oder, seltener und in bestimmten Hss., größere Auszüge zitiert werden. Eine Unterscheidung von v. und r. ist nicht immer leicht. Es gibt auch hybride Formen, in denen eine biogr. Erzählung mit dem Bericht eines einzelnen Abenteuers verbunden ist. Diese Interferenz zw. den beiden Subgenera trägt zu einer starken Instabilität des Textes der biogr. Erzählungen über die Troubadours bei, die manchmal in den Liederhss., die sie überliefern, stark bearbeitet wurden. Dies gilt v. a. für die r., die auch den verschiedenen Typologien der Sammlungen angepaßt wurden. Der Basistext kann neben der kommentierten Canzone oder als Teil einer zusammenhängenden Sammlung von Biographien erscheinen.

V. und r. wurden zumeist in Norditalien geschrieben, wahrscheinl. im zweiten Viertel des 13. Jh. (obgleich einzelne Texte und einige Sonderfassungen zweifellos später entstanden sind); es ist wahrscheinl., daß ein Großteil von ihnen – vielleicht das gesamte Kernstück – von dem Troubadour →Uc de Saint Circ verfaßt wurde. Die biogr. Texte waren ursprüngl. für das Publikum an den oberit. Signorenhöfen bestimmt, das nicht nur daran interessiert war, Leben und Abenteuer der erfolgreichen prov. Troubadours kennenzulernen, sondern auch die verschiedenen Schicksale der →fin'amor exemplarisch durch die Troubadours selbst verkörpert zu sehen. V. und r. entsprechen damit der Tendenz, die Erlebniswelt der Lyrik biogr. und anekdot. umzusetzen und ihr damit einen »Sitz im Leben« zu geben, eine Tendenz, die für das 13. Jh. auf breiter Ebene kennzeichnend ist. Dieses Bedürfnis schmückt die Romane mit lyr. Einschüben aus (angefangen von Jean Renarts »Guillaume de Dole«) und begegnet u. a. auch als grundlegend im Werk des Katalanen Raimon →Vidal (Ende 12./Anfang 13. Jh.), v. a. in seiner Dichtung »So fo el temps«. Das Gedenken an die vorbildhaften Troubadours und die Höfe verbindet sich mit der grammatikal. Definition der okzitan. Dichtersprache. So verfaßt Raimon Vidal die »Razos de trobar«, →Uc de Saint Circ ist mit aller Wahrscheinlichkeit der Autor des »Donat provensal«.

Die überlieferten Nachrichten sind nicht immer präzise. In manchen Fällen gewinnt man den Eindruck, daß die Verfasser sie aus den verfügbaren Texten des kommentierten Autors ableiteten, wodurch Verdrehungen und Mißverständnisse entstanden, die ihrer Glaubwürdigkeit in den Augen der modernen Forschung Abbruch taten. In der Mehrzahl der Fälle ist die Basisinformation, auf der die Erzählung aufgebaut ist, v. a. in den v. als zuverlässig zu betrachten und wird häufig auch bis in kleinste Details von anderem Dokumentationsmaterial bestätigt (Angaben über Ortswechsel, Aufenthalt an Höfen etc.). Es finden sich auch – bisweilen erhellende – Urteile über die Qualität des Dichters, die Bedeutung und formale und themat. Charakteristik seines literar. Œuvres, so daß man von Ansätzen zu einer literaturgeschichtl. Betrachtung sprechen kann. Die r. bieten häufig sehr lebendige und stilist. elegante Porträts der Autoren und Protagonisten des chant courtois, die vor dem konkreten gesellschaftl. Hintergrund ihrer Zeit dargestellt sind. Die Erzählungen konzentrieren sich auf einige von Troubadours verkörperte, exemplar. Menschentypen. So finden wir z. B. adlige Ritter, die in höf. Abenteuer verwickelt sind (→Raimbaut de Vaqueiras, →Raimon de Miraval, →Rigaut de Barbezilh) oder ein trag. Schicksal erleiden (Guillem de Cabestanh), Dichter, die für die Gestalt des Liebenden und die wechselhaften Geschicke der Leidenschaft emblemat. sind (→Folquet de Marseilha), Berufsdichter (»Spielleute, joglars«), Helden tragikom. oder scherzhafter Abenteuer (Peire →Vidal, →Gaucelm Faidit). Einige r. sind sehr umfangreich (Raimon Jordan, Guilhem de Cabestanh): auch können sich Gruppen von r. an die Figur eines Troubadours knüpfen und und so kleine Abenteuerromane entstehen lassen, die entsprechend den Protagonisten typolog. variieren. Wegen seiner bes. Bedeutung hervorzuheben ist der Zyklus von r. (mehr als 20 erhaltene Stücke), die das Corpus von Liebeslyrik und polit. Liedern des →Bertran de Born kommentieren. Diese r. werden immer von den lyr. Texten begleitet und bilden dadurch ein echtes »Buch«, eine Monographie mit Vers- und Prosateilen, die in der Hss.-Überlieferung Spuren hinterlassen hat.

Die längeren und erzählerisch reicher ausgestatteten r., die Zyklen biograph. Texte und die Sammlungen von diesen, die sich in verschiedenen Hss. finden, bilden ein wichtiges Glied in der Entwicklung der Kurzformen der Erzähllit. mit »realistischem« Inhalt und stellen in formaler wie stilist. Hinsicht, aber auch als Stofflieferanten Vorläufer der it. →Novelle dar (Conti di antichi cavalieri, Novellino). Bes. die Novelle LXIV des Novellino kann als Parallele zu der langen r. über den Troubadour Rigaut de Barbezilh gelesen werden. Die v. - r. des Guillem de Cabestanh, von der es eine Reihe späterer Redaktionen gibt, wird ausdrückl. von Boccaccio als Modell der Novelle von »Messere Guglielmo Guardastagno« zitiert (Decameron IV, 9). S. Asperti

Lit.: G. FAVATI, Le biografie trovadoriche, 1961 – A. BOUTIÈRE–A. H. SCHUTZ, Biographies de troubadours, 1973[3] – M. S. CORRADINI BOZZI, Concordanze delle biografie trovadoriche, 1982–87 – E. WILSON POE, From Poetry to Prose in Old Provençal, 1984 – DIES., L'»autr'escrit« of Uc de Saint Circ: The R. for Bertran de Born, RPh XLIV, 1990, 123–136 – V. BERTOLUCCI-PIZZORUSSO, La ricerca sui canzonieri individuali (Lyrique romane médiévale, 1991), 273–302 – M. L. MENEGHETTI, Il pubblico dei trovatori, 1992[2], 177–208 – D'A. SILVIO AVALLE, I mss. della lett. in lingua d'oc, 1993, 107–112 – S. GUIDA, Primi approcci a Uc de Saint Circ, 1996.

Vidimus (→Insert, →Beglaubigung, →Transsumpt), →Urkunde, in die eine andere Urk. im vollen Wortlaut aufgenommen wurde, besitzt den Rang einer beglaubigten Abschrift der inserierten Urk. Oft entstand vom Empfänger (Besitzer) einer Urk. aus allg. Sicherheitserwägungen heraus, oder um das Original durch Versendung, häufige Einsichtnahme, etc. nicht zu gefährden, das Bedürfnis nach einer dem Original gleichwertigen →Kopie. Im frühen MA mußte man sich des komplizierten Weges eines Scheinprozesses bedienen, an dessen Ende die Echtheit des Rechtsinhalts des entsprechenden Stückes in einem Gerichtsurteil bestätigt wurde. In Italien bot das

Notariat die Möglichkeit, beglaubigte Kopien anzufertigen, die seit dem 12. Jh. auch anerkannt wurden. In Bereichen, die nicht über ein ähnl. entwickeltes öffentl. Notariat verfügten, entstand eine andere Form der beglaubigten Kopie. Der Besitzer wendete sich hier an einen Dritten, der dem vorgelegten Stück bzw. dessen Aussteller und Empfänger neutral gegenüberstand, und bat oder beauftragte ihn, dieses in eine eigene Urk. aufzunehmen und so zu duplizieren. Voraussetzung war, daß die bestätigende Partei in fremden Angelegenheiten siegeln durfte (authent. →Siegel). Der Aussteller des V. bestätigte lediglich in einer eigenen →Formel, daß er die aufgenommene Urk. gesehen habe (V., auch 'Vidisse', im engl. Urkk.wesen 'Inspeximus') und daß diese ordnungsgemäß beglaubigt, in der Regel also besiegelt, und weder durch →Rasuren oder sonstige Veränderungen beeinträchtigt war. Das V. bietet an eigenständigem Text also nur einen Rahmen um die zu wiederholende Urk. Bevorzugt wandte man sich an geistl. Personen oder Institutionen, dann auch an städt. Behörden. Öffentl. →Notare wurden aufgrund der hist. Entwicklung des Notariats in Dtl. erst im späten MA in zunehmendem Maß zur Vidimierung herangezogen. Die Begriffe Insert, Transsumpt und V. werden in der heutigen Lit. häufig synonym verwandt. J. Spiegel

Lit.: Bresslau I, 88–148 – O. Redlich, Einl. (W. Erben, Ks.- und Kg.surkk. des MA, 1907), 34f. – W. Koch, Reichskanzlei in den Jahren 1167 bis 1174, 1973, 63ff. – A. v. Brandt, Werkzeug des Historikers, 1983, 96f. – J. Spiegel, Urkk.wesen, I, 1996, 5f., 128f.

Vidin (Bononia, bulg. Bdin, ung. Budin, Bodon), Stadt am rechten Donauufer in NW-Bulgarien. Letzte Erwähnung des spätantiken Bononia Ende des 6. Jh.; erstmals als Bdin gen. im Zusammenhang mit Ereignissen des 10. Jh.; die Byzantiner nannten die Stadt V. Bereits Ende des 7. Jh. in das Territorium des bulg. Staates aufgenommen, spielte V. im FrühMA eine wichtige Rolle in den Beziehungen zw. Bulgarien und dem Kgr. Ungarn und war im 13.–14. Jh. administratives, militär.-polit. sowie kirchl. Zentrum mit wichtigen Handelsbeziehungen. Seit 1262 bildeten V. und seine Umgebung ein selbständiges Fsm. unter der Herrschaft des Despoten Jakov Svjatoslav (1277 vergiftet durch Maria, Zarin v. Tărnovo). Etwa 10 Jahre nach seinem Tode übernahm →Šišman die Herrschaft; ihm folgte sein Sohn→Michael (2. M.). Nach dessen Wahl zum bulg. Zar (1323) verwaltete der Despot Belaur das Fsm. Belaurs Widerstand gegen Zar →Ivan Alexander führte zu seiner Beseitigung; V. und sein Umland wurden daraufhin als Apanage →Ivan Strazimir (1356–96), Sohn Ivan Alexanders, unterstellt. 1365 besetzte Ludwig I. v. Ungarn das Fsm. V., das nun zum Banat v. V. wurde. Ivan Strazimir geriet in Gefangenschaft; nach seiner Befreiung und Rückkehr (1369) erklärte er sich zum ung. Vasallen. Nach der Schlacht bei →Nikopolis (1396) wurde das Fsm. V. von den Osmanen erobert. Im 15. Jh. war die Festung v. V. ein osman. Vorposten gegen Ungarn und die →Valachei.

Seit der 2. Hälfte des 9. Jh. Bm., wurde V. im 12. Jh. in den Rang der Metropole erhoben. 1381 trennte Ivan Strazimir die Metropole V. vom Patriarchat v. →Tărnovo und unterstellte sie →Konstantinopel, um seine polit. und kirchl. Unabhängigkeit zu betonen. Während seiner Regierungszeit war V. ein wichtiges lit. Zentrum. Hervorragendster Vertreter war der Metropolit Joasaf v. Bdin. Ein einzigartiges lit. Denkmal ist der Sammelband v. Bdin (1360), der in Gent aufbewahrt wird. Die Festung v. V. ist eine der wenigen bis heute unversehrt erhaltenen ma. bulg. Festungen. V. Gjuzelev

Lit.: P. Nikov, Istorija na Vidinskoto knjažestvo do 1323 godina, Godišnik na Sofijskija universitet, Istoriko-filologičeski fakultet 18, 1922, 3–124 – D. Zuhlev, Istorija na grada V. i negovata oblast, 1932 – V. Gjuzelev, Beiträge zur Gesch. des Kgr.es v. V. i J. 1365, SOF 39, 1980, 1–16 – Ders., La guerre bulgaro-hongroise au printemps de 1365 et des documents nouveaux sur la domination hongroise du royaume de V., 1365–69, Byzantinobulgarica 6, 1980, 153–172 – Bălgarski srednovekovni gradove i kreposti, I, hg. A. Kuzev–V. Gjuzelev, 1981, 98–117.

Vie de Saint Edmond archevêque. Die sehr wahrscheinl. von →Matthaeus Paris verfaßte afrz. »Vie saint Eadmunt le confesseur, arcevesque de Canterbire« (1 Hs. erhalten: Trinity College Dublin, Ms. E. i. 40) berichtet in 2020 paarweise gereimten Achtsilblern vom Leben und Sterben (im freiwilligen Exil) →Edmunds v. Abingdon, Ebf. v. Canterbury (7. E.; 1180–1240), sowie von seinem Begräbnis in der Zisterzienserabtei Pontigny. Die Dichtung entstand im Auftrag Isabelles v. Arundel Mitte des 13. Jh. L. Gnädinger

Ed.: A. T. Baker, V. de S. E., Romania LV, 1929, 332–381.

Vie de Saint Edmond le Roi. Die von Denis →Piramus Ende des 12. Jh. verfaßte anglonorm. Reimdichtung »La Vie seint Edmund« erzählt in 3282 vv. das Leben Kg. →Edmunds v. Ostanglien († 869) und dessen Martertod im Kampf mit den heidn. Dänen; eine Mirakelslg. (714 vv.) ergänzt das einzig in der Hs. London Brit. Mus., Cotton. Dom. XI, 14. Jh., erhaltene Werk. Als Q. dienten: »Historia regum Britanniae« →Geoffrois v. Monmouth, »Passio s. Eadmundi« →Abbos v. Fleury, »De infantia Eadmundi« des Gaufridus de Fontibus, »Liber de miraculis Eadmundi« des Hermannus. Piramus arbeitete für den Hof →Heinrichs II. Plantagenêt und →Eleonores v. Aquitanien (4. E.). L. Gnädinger

Ed.: La Vie seint Edmund le Rei. Poème anglo-norm. du XIIe s. par Denis Piramus, ed. H. Kjellman, 1935.

Vie de Saint Edouard (Aedward) **le Confesseur.** Das anglonorm. Hl.nleben (Versdichtung 13. Jh., Prosavita Anfang 14. Jh.) bindet Kg. →Eduard (2. E.; † 1066) in die von ihm bestimmte Gesch. Englands ein (Genealogie, Gründung der Westminsterabtei, Schlacht v. Hastings) und schildert ihn als vom Hl. Geist erfüllten und thaumaturg. begabten Herrscher. Die lat. Vorlage bieten die »Genealogia Regum Anglorum« und die »Vita Edwardi Regis« →Ælreds v. Rievaulx († 1166) sowie die »Vita Sancti Edwardi Anglorum Regis et Confessoris« →Osberns v. Canterbury. Die anonyme »Estoire de Seint Aedward le Rei« (4686 vv., Cambridge Univ. Library, Ms. Ee. iii. 59 und Fragm. Vaticana Ms. Reg. lat. 489, 84 vv.) ist →Eleonore v. Aquitanien (4. E.) gewidmet.
L. Gnädinger

Ed.: H. R. Luard, Lives of Edward the Confessor, 1858 [Nachdr. 1966] – La Estoire de Seint Aedward le Rei: M. R. James, 1920 – K. Y. Wallace, 1983.

Vie de Sainte Geneviève de Paris. Die älteste der lat. Prosalegenden über das Leben der hl. →Genovefa (* um 420, † ca. 502) entstand um 520. Ende 13. Jh. beauftragte eine *dame de Valois* den Kleriker Renaut, die afrz. *Vie* zu reimen (paargereimte Achtsilbler, 3636 vv., älteste Hs. BN f. lat. 5667); eine Prosaversion (7 Hss.) folgte Anfang 14. Jh., eine szen. Bearbeitung einiger Genovefa-Mirakel im 15. Jh. Nebst der Vie zirkulierte eine eigene Mirakelslg. (rund 3100 vv.). Renauts Werk stellt die Hl. als Gott geweihte Jungfrau (virgo sacrata) dar, welche die Stadt Paris durch ihr Gebet vor Attila rettet und vor Hungersnot bewahrt. Die afrz. Vie ist von Mirakelberichten zu Lebzeiten Genovefas und nach ihrem Tod dominiert und durch die Gesch. der Translationen der Genovefa-Reliquien ergänzt. L. Gnädinger

Ed.: La V. de S. G. de P., poème religieux, ed. L. BOHM, 1955 – *Lit.:* M. HEINZELMANN–J.-C. POULIN, Les Vies anciennes de S. G. de P., 1986.

Vie de Saint Grégoire (du Pape Saint G.). Nebst der 1214 beendeten Verslegende Bruder Angiers, Mönch in Ste-Frideswide (2954 vv., Hs. Paris, BN f. fr. 24766), und der von ihr abhängigen anonymen Fassung von 1326 (2378 leonin. Achtsilber), die v. a. auf der Vita sancti Gregorii des →Johannes Diaconus (92. J.; 9. Jh.) basieren, gibt es die wirkmächtige Tradition einer romanhaften afrz. Gregorius-Vita. Sie stammt vermutl. aus dem gr.-byz. Raum (Archetyp verloren) und verbindet die G.-Vita u. a. mit dem Inzestmotiv der antiken Ödipussage, dem Themenkomplex von (unwissentl.) Schuld und Sühne sowie folgender bes. Erwählung. Gregorius, der gute Sünder, erscheint Ende 12./Anfang 13. Jh. in den ›Gesta Romanorum, Ende 13./Anfang 14. Jh. als afrz. Reimdichtung (6 Hss., 1 Fragm.), wird Anfang 13. Jh. von →Arnold v. Lübeck ins Lat. übertragen; eine afrz. Prosafassung (Hs. datiert 1399) und eine afrz. Version in Alexandrinern (145 Strophen à 4 Zeilen) folgen. S. a. →Gregorius-Legende.

L. Gnädinger

Ed.: La V. de s. G. le Grand traduite du lat. par Frère Angier, ed. P. MEYER, Romania 12, 1883, 145–208 – La V. de St. Gregore. Poème norm. du XIVᵉ s., ed. O. SANDQVIST, 1989 – H. B. SOL, Huit versions fr. médiévales de la légende du Bon Pécheur, 1977 – La V. du Pape G. ou la Légende du bon pécheur. Das Leben des hl. Papstes Gregor oder die Legende vom guten Sünder, ed. I. KASTEN, 1991 [zweisprachige Ausg.] – *Lit.:* M. HUBY, Le problème de la faute dans 'Gregorius' et la V. de s. G., EG 41, 1986, 451–464 – D. ROCHER, Das Motiv der 'felix culpa' und des betrogenen Teufels in der 'V. du pape G.' und in Hartmanns 'Gregorius', GRM 69, 1988, 57–66.

Viehhaltung, -zucht, -handel
I. Viehhaltung, -zucht – II. Viehhandel.

I. VIEHHALTUNG, -ZUCHT: Die V. (aus ahd. *fehu* abgeleitet, lat. pecus, peculium, pecunia entsprechend Besitz [an Vieh], engl. *fee*, mlat. feudum [Lehen]) bildete die wesentl. wirtschaftl. Grundlage früher Agrargesellschaften und zugleich deren Lebens- und Ernährungsbasis. Die Zucht insbesondere von →Rindern, →Schweinen, →Schafen, →Ziegen, aber auch von →Pferden diente der Versorgung der Menschen mit tier. Eiweiß, Fett und Milchprodukten, der Rohstoffgewinnung für Kleidung und Geräte (→Wolle, →Leder, Knochen), der Düngung der Äcker mit Mist und zum Anspann zu Transport- und Pflugdiensten. Die V. schloß auch das Halten von Geflügel (Hühner, Gänse, Enten; →Hausgeflügel) und eine intensive Bienenzucht (→Bienen) mit ein. Bereits Tacitus hebt in seiner Germania den Besitz von Rindern und deren Bedeutung als ehestiftende Mitgift in den rechtsrhein. Gebieten hervor. Durch die Spatenforsch. der letzten Jahrzehnte v. a. im Wurtenbereich der Nordseeküste sind unsere Kenntnisse zur V. eindrucksvoll erweitert worden. So überwog in der Siedlung Tofting der Anteil an Rinderknochen mit zwei Dritteln bei weitem den Anteil an Schweine- und Schafsknochen. Dies entsprach den naturräuml. Gegebenheiten in den →Marschen und graswüchsigen Zonen, während in den waldreichen Regionen und in den Mittelgebirgen die Schweinehaltung dominierte. Ferner kennzeichnete v. a. im FrühMA die nicht sonderl. personalintensive Schweinezucht den gutsherrl. strukturierten Betrieb, während die →Grundherrschaft seit dem 7. Jh. durch Intensivierung des Getreideanbaus die Rinderhaltung auch zwecks Anspann und Düngung förderte. Die →Lex Salica spiegelt insofern ein frühes Stadium der frk. Agrargesellschaft, als der Bußgeldkatalog eine weitgefächerte »Schweineterminologie« vom »saugenden Ferkel« bis zum »Borgschwein« präsentiert, gefolgt von Diebstahlsdelikten in bezug auf Rinder, Schafe, Ziegen und Jagdvögel, aber auch auf Bienenvölker, während der Ackerbau noch eine ganz untergeordnete Rolle spielt. Wesentl. Vermögenswerte stellten hingegen Viehherden von 30 bis 50 Tieren dar.

Der Bedeutung der frühma. Schweinezucht entsprechend wird häufig die Größe eines →Waldes durch die Anzahl der zu mästenden Schweine angegeben; der illustrierte Monatskalender verweist seit karol. Zeit für die Monate Nov. und Dez. auf Eichelmast und Schlachtfest. Bei fremden Chronisten galt Schweinespeck als Lieblingsspeise der Franken. Das Rind, insbes. der Ochse, als »animal« ('Tier') schlechthin bezeichnet, diente v. a. als Zugvieh vor Wagen und Pflug, daher wird die Ochsenherde als carruca im →Capitulare de villis bezeichnet. Das Pferd findet sich im Kontext der Bußgeldkataloge der frühen Volksrechte (leges) nicht in Verbindung mit dem übrigen Vieh, sondern – etwa in der Lex Salica – im Umfeld von Menschen- und Knechtsraub. Es wurde zunächst ausschließl. für Botengänge (→Botenwesen), die Jagd und v. a. im Krieg gebraucht. Deshalb wird der Pferdezucht im Capitulare de villis eine bes. Aufmerksamkeit durch den Kg. zuteil. Erst im 13. Jh. gewinnt das Pferd nach Züchtung geeigneter Rassen Bedeutung zum Anspann vor Wagen und Pflug mittels →Kummet, auch wenn das klass. Zugvieh weiterhin das Rind bleibt. Dessen Besitz charakterisiert im 12. Jh. in N-Frankreich die laboratores als wohlhabende Bauernschicht. Dem hohen Stellenwert der V. entspricht die Bedeutung der →Allmende für das Dorf als Weide und Wald. So sieht bereits der bekannte Paragraph 80 der Lex Salica (»Von den Zuziehenden«) das Einspruchsrecht einzelner Mitglieder der bäuerl. Siedlungsgemeinschaft gegen Zuzug von außen vor. Die wichtige Position der V. in der ma. Gesellschaft belegt auch die Abgabe des →Besthauptes beim Tode des grundherrl. gebundenen Bauern, die sogar im städt. Bereich erst im 12. Jh. durch kgl. Privileg jurist. beseitigt worden ist (Speyer 1111, Worms 1184) und damit die endgültige Trennung von Stadt und Land dokumentiert, wenn auch die Schweine- und Rinderhaltung in den Städten durchaus die Regel blieb. Auch die Viehverstellung, d. h. das Einstellen von Herrenvieh aus der Grundherrschaft zur Mästung in bäuerl. Ställe, bezeugt vermehrt seit dem 13. Jh. den hohen Wert der →Tierhaltung.

Spätestens seit dem 11. Jh. ging im Verlauf der zweiten ma. »Hochkonjunkturphase« die Bedeutung der Viehwirtschaft insgesamt zugunsten des Ausbaus der Ackerflächen und der →Dreifelderwirtschaft zurück, insbesondere durch den »ewigen« Roggenanbau in den nw. und nö. Zonen, der allein angesichts des bemerkenswerten Bevölkerungswachstums ausreichend Nahrungsmittel bot, auch wenn nicht selten Rodungsflächen als Viehhöfe eingerichtet wurden. Der Aufstallung von Rindern waren angesichts von fehlendem Winterfutter stets Grenzen gesetzt, die noch enger gefaßt wurden, als seit dem 13. Jh. vermehrt die Grundherrschaft die herkömml. Weiderechte (→Weide) beschnitt. In den Alpenregionen kam es hingegen zur Einrichtung von →Schwaig- oder Viehhöfen, insbes. in Bayern, Tirol und Kärnten bis auf 2000 m Höhe, die v. a. →Käse produzierten. Auch in den Marschen und Flußniederungen NW-Deutschlands, besonders in den fries. Küstenregionen, nahm die Rinderzucht im SpätMA einen beachtl. Aufschwung und damit zugleich der Export von →Fleisch und Milchprodukten (→Milch). Gleiches gilt für die Schafzucht, die im Zeichen der rasant wachsenden Textilindustrie (→Textilien) in Flandern, N-Frankreich, am Niederrhein und in Italien eine gewaltige Ausdehnung erfuhr, v. a. in Flandern (Zisterze Ter Duinen) und in England mit den bekannten →enclosures des 15. Jh. Wichtig wurde auch die →Transhumanz in den Pyrenäen und die Zucht der Merinoschafe. Zugleich mit Wolle wurden Beschreibstoff (→Pergament) und →Flachs produziert. Auf die eigtl. Zucht wurde im MA wenig Sorgfalt verwandt, die Einstellung von Stieren und Ebern bei Meiern und Bauern seitens der Dorfherren wurde in aller Regel eher als Belastung angesehen.

Mit der Preis- und Kostenschere, die sich nach der →Pest und den →Wüstungen in der Mitte des 14. Jh. zuungunsten der Getreidepreise öffnete, kam es auch unter Aufgabe unrentabler Böden wieder zu vermehrter Fleischproduktion, die auf dem Lande geringe Arbeitskräfte benötigte und in der Stadt auf wohlhabende Konsumenten traf, so daß der Fleischverzehr von ca. 70 auf 100 kg pro Jahr und Person gestiegen sein soll (→Ernährung). Ergänzt wurde diese marktorientierte Fleischerzeugung durch gezielte →Teichwirtschaft, die zumindest in den küstenfernen und flußärmeren Regionen den Fischverzehr auch außerhalb der klösterl. Gemeinschaften förderte. Insgesamt wird man aber in Europa vom 7. Jh. an, zwar regional durchaus unterschiedl., eine ansteigende Kurve des Ackerbaus und eine absteigende der Viehzucht ausmachen können, da nur auf diese Weise die Versorgung mit Nahrungsmitteln bei ständigem Bevölkerungswachstum leidl. befriedigt werden konnte. D. Hägermann

Lit.: HRG 36. Lfg., 1993, 909ff. – J. Wackernagel, Die Viehverstellung, 1923 – K. S. Bader, Das dt. Dorf des MA, 3 Bde, 1957–73, passim – W. Abel, Gesch. der dt. Landwirtschaft, 1978³, 23ff. u. ö. – H. C. Faussner, Besthaupt, Gewandfall und Heergewäte als Zwangsmittel der dekretierten Christianisierung, ZRGGermAbt 107, 1990, 377ff. – W. Rösener, Bauern im MA, 1991⁴, 145ff. u. ö. – F. W. Henning, Dt. Agrargesch. des MA, 1993, passim – N. Benecke, Archäozoolog. Stud. zur Entwicklung der Haustierhaltung in Mitteleuropa und Südskandinavien von den Anfängen bis zum ausgehenden MA (Dt. Archäolog. Inst., Schrr. zur Ur- und Frühgesch. 46, 1994).

II. Viehhandel: Der Viehhandel läßt sich, freilich in unterschiedl. Intensität, während des gesamten MA nachweisen. Seine erhebl. Ausweitung ab dem 13. Jh. hängt eindeutig zusammen mit dem Aufschwung des Städtewesens, auch wenn in den Kommunen eigener V. trotz wiederholter Versuche zur reglementierenden Einschränkung bis weit über das Ende des MA beibehalten wurde. Gerade in kleineren und mittleren Städten ist also mit einem verhältnismäßig hohen Grad an Autarkie zu rechnen.

Gehandelt wurden v. a. Rinder, Schweine, Schafe, deren Bedeutung auch als Wollieferant (→Textilien) im SpätMA enorm wuchs, Ziegen und Geflügel zur Fleischversorgung der Einwohner, während der Pferdehandel und der primär in S-Europa verbreitete Esel- bzw. Maultierhandel zunächst der Sicherung von Transportleistungen (Menschen und Waren) diente. Beispielsweise überstieg die Zahl der in den allerdings unvollständigen röm. Schlachtviehsteuerlisten nach der Mitte des 15. Jh. verzeichneten Esel die Zahl von Schweinen und Rindern deutlich. Gerade Adlige erwarben Pferde oft in weit entfernten Gebieten, um ihren Bedarf an Reitpferden bzw. kriegstaugl. Tieren zu decken. Über den Umfang des dörfl. Viehhandels liegen kaum Q. vor, doch fand er bes. im Rahmen von Märkten und Jahrmärkten statt, wo sich auch städt. Einkäufer einfanden.

Auch in den Städten war der Viehhandel Teil des gewöhnl. Marktgeschehens. So handelte man beispielsweise in Köln während des SpätMA ständig an zwei Tagen in der Woche mit Vieh, und zusätzl., dies wohl ein Charakteristikum für größere Städte, fand im Herbst ein ein- bis zweiwöchiger Viehmarkt statt, dessen Bedeutung weit über den lokalen Bedarf hinausging und viele auswärtige Besucher anzog. Zu diesem Termin gelangten Rinder- und Schweineherden aus den Mastgebieten der Niederlande und Niederdtl.s nach Köln. Die Viehmärkte waren häufig, falls möglich, vom sonstigen Markt lokal getrennt (Raumbedarf, Absperrungen), wobei im Gegensatz zum Fleischhandel kaum Kontrollen stattfanden, der geordnete Marktbetrieb jedoch obrigkeitl. Aufsicht unterlag. Verbreitet waren Regelungen, mit denen bestimmt wurde, daß die privaten Käufer ihren Eigenbedarf zeitl. vor gewerbl. Interessenten, auch Fleischern, decken konnten; die Sicherstellung des Lebensmittelbedarfs der einzelnen Einwohner besaß in diesen Fällen Vorrang vor Handelsinteressen, wobei grundsätzl. die Nachfrage nach Fleisch elastischer als die nach Getreide war. Die in den Handel gelangten Kälber stammten aus dem direkten Umland, was auch mit Ausnahmen für Geflügel galt.

Am besten dokumentiert ist der (internat.) Ochsenhandel, der davon profitierte, daß sich die Tiere quasi selbst transportierten. Wichtige Auftriebsgebiete waren neben den erwähnten Regionen Dänemark (auch Pferdeexport) und Ungarn. Für Polen und weiter ö. gelegene Gebiete bis in den Kiever Raum, von wo aus ebenfalls in großem Umfang Ochsen nach W gelangten, fehlen ausreichende Q.n. Das ung. Vieh, Züchtungen aus dem Steppenrind und seit etwa 1400 verbreitet, eignete sich wegen seiner Robustheit und wegen des geringen Gewichtsverlustes bes. für den Transport über weite Strecken, zudem konnte es binnen kurzer Zeit erhebl. zunehmen. Zu diesem Zweck standen im Umkreis der Städte vielfach Weidemöglichkeiten zur Verfügung, um die Tiere wieder ihr Schlachtgewicht erreichen zu lassen; daneben sicherte man sich so einen Vorrat an Lebendvieh. Die Tiere waren allg. deutl. kleiner als heutige mit entsprechend geringerem Schlachtgewicht.

Erste Nachrichten über den Ochsenhandel von Ungarn nach Norditalien und bes. nach Venedig stammen aus dem Jahre 1368, und das Handelsvolumen nahm in der Folge derartig zu, daß Vieh eines der wichtigsten Exportgüter des Landes wurde. Bereits 1358 ist erstmals ein umfangreicher Rinderaufkauf durch einen Nürnberger Großhändler in Buda belegt, und der süddt. Raum entwickelte sich zu einem weiteren wichtigen Absatzgebiet für diese Rinderrasse. Daneben sicherte sich Oberitalien die Fleischversorgung mit alpenländ. Vieh, so taucht Vieh z. B. in zahlreichen Tiroler und Vorarlberger Zoll- und Wegegeldtarifen des SpätMA auf. Bereits 1252 hatten die flandr.-hennegauischen Herren den Zoll für dän. sowie fries. Ochsen und Pferde festgelegt; den Verkauf dän. Viehs zentralisierten die Herrscher später aus fiskal. Gründen an wenigen Orten im Land selbst. Der Transport von Schweinen zeigt sich differenzierter, einerseits wurden sie wie Rinder und Schafe auch über weite Distanzen in Herden zu den Märkten getrieben, andererseits auf Flüssen verschifft.

Die Viehgroßhändler, die im oberdt. Raum ihre Tätigkeit vielfach mit dem Wollhandel verbanden, mußten über eine hohe Kapitalkraft verfügen, um Handelsnetze aufzubauen, das Vieh aufzukaufen, es zu den entfernt liegenden Märkten treiben und unterwegs füttern zu lassen, die nötigen Sicherheiten für die Herden zu beschaffen sowie die fälligen Abgaben (→Zölle) zu entrichten. Daneben traten aber auch einzelne Metzger oder kleinere Händler als »Importeure« in Erscheinung, zusätzl. finanzierten etliche Städte das benötigte Geschäftskapital vor, um die eigene Versorgung sicherzustellen. Soweit die Q.n Schlußfolgerungen erlauben, haben die Kapazitäten des ma. Viehhandels ausgereicht, die (städt.) Fleischversorgung im allg. sicherzustellen.

B. Fuhrmann/U. Dirlmeier

Lit.: L. SCHWETLIK, Der hans.-dän. Landhandel und seine Träger, ZSHG 85/86, 1961, 61–130 – H. WIESE–J. BÖLTS, Rinderhandel und Rinderhaltung im nw.europ. Küstengebiet vom 15. bis zum 19. Jh., 1966 – U. TUCCI, L'Ungheria e gli approvvigionamenti veneziani di bovini nel Cinquecento (Rapporti Veneto-Ungheresi, 1975) – L. MAKKAIS, Der Weg der ung. Mastviehzucht vom Nomadismus zum Kapitalismus (Wirtschaftskräfte und Wirtschaftswege, 1978) – Internat. Ochsenhandel (1350–1750), hg. E. WESTERMANN, 1979 [= Beitr. zur Wirtschaftsgesch. 9] – U. SCHIRMER, Das Amt Grimma 1485–1548, 1996, 311–339.

Viehversicherung. Zu den zentralen Aufgaben der auf genossenschaftlicher Selbstverwaltung basierenden Gemeinde des alten Island (→Hrepp) gehörte neben der Armenfürsorge (→Armut und Armenfürsorge, B. IV, 1), der Erhebung des →Zehnten etc. auch die genossenschaftl. Absicherung bei bestimmten Schadensfällen, insbesondere die →Brandversicherung und die V., so wie sie in der jüngeren Schicht der island. Rechtsslg.en (Staðarhólsbók, 260–261; →Grágás) festgelegt sind: Wenn ein Hreppsgenosse ein Viertel oder mehr seines Großviehbestandes (v. a. Rinder) durch Viehseuche (*fellisótt*, Milzbrand?) verlor, hatte er Anspruch darauf, die Hälfte seines Schadens ersetzt zu bekommen, nachdem die Höhe des Verlustes vom Hrepp geschätzt und im Verhältnis zu seinem Gesamtvermögen bewertet wurde. Hatten mehrere im Hrepp in einem Jahr einen solchen qualifizierten Viehschaden erlitten, wurde die Höhe der Erstattung proportional zu dem jeweils eingetretenen Verlust festgelegt. Jeder Bauer war nur insgesamt dreimal berechtigt, einen Viehschaden zur Erstattung anzumelden. Die Hreppsgenossen mußten weniger als 1% ihres jeweiligen Gesamtvermögens als Versicherungsleistungen entrichten. Auch nach frühen norw. Gildestatuten (Norges gamle Love V, 7–11) wurden bei Schaden durch Viehseuche Unterstützungen geleistet.

H. Ehrhardt

Q.: Grágás, Staðarhólsbók, hg. V. FINSEN, 1879 –Lit.: KL VII, 19 – K. MAURER, Island, 1874, 278–322 – J. JÓHANNESSON, Islands historie i mellomalderen. Fristatstida, 1969, 69 – L. BJÖRNSSON, Saga sveitastjórnar á Íslandi, I, 1972, 38f.

Viele (das), **Vielheit** (lat. pluralitas, multitudo). Der Begriff V.heit findet sich in der philos. und theol. Anstrengung des MA in enger Korrelation mit dem Denken des Einen und der Differenz. V.heit wird zumeist als relative Bestimmung zum Einen konzipiert. In diesem Denkansatz gilt die Wirklichkeit des V.n als relativ auf das metaphys. Prinzip der Einheit, welches nicht auf V.heit hin relativ ist. Das V. wird vom Einen her konstituiert und als nicht-kontradiktor. Gegensatz zum Einen gedacht. Dabei deutet ma. Denken dieses Konstitutionsverhältnis als creatio: Das Eine wird mit dem (chr. gedachten) dreifaltigen Gott (als Schöpfer) identifiziert; das V. wird als die durch die Zahl bestimmte und begrenzte Gesamtheit der Schöpfung gedeutet, die sich als ordo mit hierarch. zu denkenden Stufen der Teilhabe am Einen bzw. der Ähnlichkeit (imago et similitudo) mit diesem entfaltet. Die Philos. des MA denkt V.heit folgl. als eine von Gott her und auf ihn hin geeinte V.heit.

Bei Boethius steht der Begriff V.heit im Kontext trinitätstheol. Reflexionen. Die drei göttl. Personen sind durch Nichtunterscheidung verbunden gemäß einer äquivok zu verstehenden personen- und nicht zahlhaften V.heit (personarum pluralitas, vgl. trac. II): Erst durch Differenz bzw. Andersheit entsteht eigtl. V.heit: »Principium pluralitatis alteritas est.« (trac. I, 1).

Auch die Schule v. Chartres (12. Jh.) greift den Gedanken einer zahlhaft strukturierten V.heit für das Begreifen der Schöpfungswirklichkeit von Boethius und dem platon. Timaios auf. Die Gott–Schöpfung-Beziehung wird mittels der Dialektik von Einheit und V.heit expliziert. Die Schöpfung der Dinge wird von Thierry verstanden als Ausgang der Zahlen, d.h. der V.heit, von der göttl. Einheit her. Diese V.heit ist Ausfaltung der prinzipiierenden Einheit (vgl. Thierry, Lec. in Boethii libr. de Trin., II, 4). Thierry und Bernhard v. Chartres betonen sowohl die Immanenz des Einen im V.n (qua forma essendi) als auch die Transzendenz des Einen gegenüber jeder V.heit, die als Defizienz gedeutet wird.

Thomas v. Aquin unterscheidet zwei Weisen der Teilung, um auf zwei verschiedene Arten von V.heit hinzuweisen: 1. V.heit der Quantität bzw. der Zahl, die durch Teilung eines stoffl. Kontinuums entsteht; 2. V.heit als transzendentale Bestimmung von Formen, die der immateriellen Teilung der Formen folgt und dem V.n seine je eigene Ungeteiltheit verleiht. Letztere (nicht-zahlhafte, aber relationale) V.heit läßt sich auf die (im Gegensatz zu Boethius analog zu verstehende) V.heit der göttl. Personen beziehen (vgl. S. th. I, 30, 3).

Der Begriff V.heit wird von Meister Eckhart verwendet, um die creatio als (abfallenden) Hervorgang aus dem Einen zu begreifen, an dem die eine und ganze V.heit als solche partizipiert (vgl. In Exodum, n. 100). Nach ihm ist das V., unabhängig vom Einen betrachtet, nichts: »Multa ut multa non sunt.« (In Sap., n. 107).

Nikolaus v. Kues nimmt an, daß die V.heit alles Seienden dem göttl. Geist als explicatio entspringt, in dem sie exemplarursächl. eingefaltet (complicatio) ist, d.h. die V.heit koinzidiert in ihm. Die Koinzidenz als complicatio der V.n im Einen ist ontolog. gegenüber der Nichtkoinzidenz als explicatio der V.n in ihrer begrenzten Seinsweise vorrangig, obwohl auch die Ausfaltung in ihrer ontolog. Positivität gedacht wird – denn die V.heit hat alles, was sie ist, von der Einheit: V.heit ist nicht reine V.heit, sondern geeinte V.heit (vgl. De doc. ign., II., IV). Die menschl. Vernunft kann die V.heit (sekundär) in sich messend einfalten, indem sie sie begreift (vgl. De coni., I 1).

M. Behrens

Lit.: W. BEIERWALTES, Identität und Differenz, 1980 – L'Uno e i molti, hg. V. MELCHIORRE, 1990.

Vienne. 1. **V., Guillaume de,** Ebf. v. →Rouen 1389–1407, † 1407, Bruder des Admirals Jean de V. (2. V.). Der Ebf. G. de V. kam aus dem benediktinischen Mönchtum, war Mönch in Saint-Martin d'Autun und anschließend in Saint-Seine in Burgund. Seine Laufbahn als Bf. begann mit dem Bischofsamt in →Autun, dann in →Beauvais, worauf G. de V. zum Ebf. v. Rouen aufstieg. Sein Wirken stand unter zwei Aspekten: Zum einen bemühte er sich in finanzpolit. Hinsicht um eine Sanierung der Einkünfte des Ebm.s und veranlaßte, nicht ohne Schwierigkeiten, die Benefizienempfänger zur Zahlung von →Subsidien (1389–93). Der andere, noch wichtigere Aspekt betraf G. de V.s polit. Tätigkeit im →Abendländ. Schisma: Er nahm 1398 teil an den Verhandlungen über den Obödienzentzug ('via subtractionis'), dem er beipflichtete und auf den er 1403 zurückkam. In dieser Periode mußte er die Einschaltung von Leuten der kgl. Gerichtshöfe in die Benefizienvergabe dulden, teils wohl aus Besorgnis um sein Prestige, mehr noch aber aus polit. Notwendigkeit. Als Prälat in der bewegten Zeit des Gr. Schismas beendete

G. de V. seine Tage während der Pariser Verhandlungen um die Wiedervereinigung der gespaltenen Kirche. Als Benediktiner begehrte er, im Frieden seines Kl. St-Seine die letzte Ruhestätte zu finden. Ch. Bousquet-Labouerie

Lit.: J.-F. POMMERAYE, Hist. des archevêques de Rouen, 1667 – N. VALOIS, La France et le Grand Schisme d'Occident, 4 Bde, 1896–1902 – C. JOUEN, Comptes, devis et inventaires du manoir archiépiscopal de Rouen, 1908 – Le dioc. de Rouen–Le Havre, hg. N.-J. CHALINE, 1976.

2. V., Jean de, Seigneur de Roulans, →Amiral de France, * um 1341, ✕ 1396 bei →Nikopolis, entstammte einer Adelsfamilie der Gft. →Burgund, ⚭ 1356 Jeanne d'Oiselay, ebenfalls aus Adel der Franche-Comté. – V. begann seine krieger. Laufbahn 1359 im Rahmen der Kämpfe gegen die Söldnerrotten. Sein Sieg bei Chambornay (1362) ließ sowohl Hzg. →Philipp d. Kühnen als auch Kg. Johann II. (→Jean le Bon) auf den jungen Kämpfer aufmerksam werden. 1364 fungierte V. als Marschall des in der Beauce operierenden Heeres Philipps d. Kühnen. 1366 zeichnete ihn Gf. →Amadeus VI. v. Savoyen ('le Comte Vert') auf dem Türkenzug mit der Halskette des →Annuntiatenordens aus. Seit 1369 stand V. durchgängig, erst zu Lande, dann zur See, im Dienst Kg. →Karls V., der ihn 1373 zum Admiral v. Frankreich ernannte. Auf V.s Initiative wurde eine echte Kriegsflotte (→Flotte, B. II) aufgebaut; sie brachte den Engländern im Kanal eine empfindl. Niederlage bei. V. nahm teil am Flandernfeldzug (1382), organisierte eine frz. Expedition zugunsten Schottlands (1385) und trat im folgenden Jahr als einer der entschiedensten Vorkämpfer einer Landung in England hervor, die aber nicht realisiert wurde. 1390 nahm er teil am Zug gegen →Tunis ('voyage de Barbarie'). 1396 zog dieser Ritter alten Schlages mit auf die 'Ungarnreise' (→Türkenkrieg), die mit der katastrophalen Niederlage v. Nikopolis endete, bei der V. fiel. Noch im Tode umklammerte der Admiral das ihm anvertraute Marienbanner. Seine sterbl. Überreste wurden zwei Jahre später in die Abtei →Bellevaux (Franche-Comté) überführt.

Ph. Contamine

Lit.: H. PH. A. TERRIER DE LORAY, Jean de V., Amiral de France, 1341–1396, 1878 – CH. BOUREL DE LA RONCIÈRE, Hist. de la marine française, I, 1909 – A. MERLIN-CHAZELAS, Documents relatifs au Clos des galées de Rouen, I, 1977 – M. MOLLAT DU JOURDIN, Les enjeux maritimes de la guerre de Cent ans (Hist. militaire de la France, I, hg. PH. CONTAMINE, 1992), bes. 163–167.

Vienne, Stadt in Südostfrankreich (dép. Isère), ehem. Ebm. (bis zur Frz. Revolution).

I. Stadt – II. Bistum/Erzbistum – III. Grafschaft – IV. Abteien.

I. STADT: V. heißt bei →Gregor v. Tours 'Vienna', 'Civitas Vienne', der städt. Verwaltungsbezirk 'urbs Viennensis', 'territorium Viennense'; erst später tritt die Bezeichnung 'metropolis civitas Viennensium' auf. Die Stadt liegt am linken Ufer der →Rhône auf einem Schwemmkegel des Gère, umgeben von Moränenhügeln (St-Just, Pipet, Ste-Blandine, Mt-Arnaud, La Bâtie). Die röm. Stadt umfaßte in der Ks.zeit ein weiträumiges Areal (200 ha), umschlossen von einem Mauerzug von 7 km Länge; dagegen war die ma. Stadt, bereits infolge des Rückganges des 3. Jh. n. Chr., von wesentl. geringerer Ausdehnung (Länge der Befestigung: 2,2 km, umschlossenes Areal: ca. 20 ha). Nach einem Text des Ebf.s Ado um 881 trugen die umliegenden Hügel durch Mauern verbundene Befestigungen.

Das stark lückenhafte Q.material des FrühMA läßt die Zugehörigkeit V.s zum Reich der →Burgunder (ca. 468–533) und zum Frankenreich (741), aber auch die Sarazenengefahr des frühen 8. Jh. erkennen. Offensichtl. vollzog sich insgesamt ein Machtzuwachs der Bf.sgewalt, zugleich eine Ausbreitung des monast. Lebens, ausgehend von →Grigny am rechten Rhôneufer (St-André-le-Bas, gegr. um 570; St-Pierre-hors-les-Murs, Blütezeit im 7. Jh.). Zu nennen sind für die spätkarol. Ära die Eroberung von V. durch Karl d. Kahlen (870) sowie die Belagerung und Einnahme der Stadt durch den westfrk. Kg. →Karlmann (880–882) während seines Feldzuges gegen Gf. →Boso v. V. Nahe der Abtei St-André-le-Bas entstand seit 842 eine Ansiedlung (Burgus) von Juden (→Frankreich, D. I).

Die Stadt V., bereits im Privileg (→Charte de franchise) v. St-Chef (1197) ebenso wie →Lyon als 'ville libre' genannt, erhielt, ohne daß eine kommunale Erhebung (→Kommune, II) stattgefunden hätte, vor 1254 von Ebf. Jean de Bernin wertvolle städt. Privilegien: Wahl von acht städt. →Konsuln bzw. Prokuratoren, Verfügung über Brücken und Vogtei, Erhebung verschiedener Steuern und Abgaben.

Im 14.–15. Jh. wurde die Stadtgesch. von V. bestimmt von den Beziehungen zum Ebf., zum Kathedralkapitel v. St-Maurice und zum Fs.en des →Dauphiné (d.h. seit 1349 zum Kg. v. Frankreich bzw. Thronfolger; →Dauphin), der ab 1378 (Karl [VI.]) auch Inhaber des →Reichsvikariats im Arelat war. Die Ebf.e hatten ihre Machtstellung frühzeitig durch den Erwerb der seigneurialen Rechte (1023) begründet und diese durch den Rückkauf der vom Gf. en v. Burgund gehaltenen Rechte gefestigt. Die Versuche der konkurrierenden Dauphins, ihrerseits stärkeren Einfluß auf V. zu gewinnen, gipfelten in der handstreichartigen Besetzung durch →Humbert II. (Aug. 1338), der die Stadt aber angesichts der Verurteilung durch Papst →Benedikt XII. nicht lange behaupten vermochte. Die Schirmherrschaft, die der Kg. v. Frankreich der Stadt seit 1349 gewährte (Pariage v. 1385; Bestätigung von Privilegien), mündete schließl. ein in das Conseniorat, das der Dauphin Ludwig II., der spätere Kg. →Ludwig XI., am 31. Okt. 1450 mit dem Ebf. schloß.

Die im Innern der ab 1389 erneuerten Befestigungsmauer ansässige städt. Bevölkerung überstieg kaum 2500 Einw. (Mitte des 15. Jh.). Nach einem Feuerstättenverzeichnis v. 1458 zählten die sieben Pfarrbezirke (St-Pierre-entre-Juifs, St-Sévère, St-Martin, St-André-le-Haut, Notre-Dame-de-la-Vie, St-Ferréol, St-Georges) 551 Haushaltsvorstände; hinzu trat eine nicht unbeträchtl. geistl. Bevölkerung: ca. 100 Kanoniker in St-Maurice, 15 Mönche in St-Pierre-hors-les-Murs, etwa gleichviel in St-André-le-Bas, weiterhin Dominikaner, Karmeliter, Leutpriester, Nonnen u. a. – Als Gewerbezweige sind Verarbeitung von Leder und Häuten, Tuchmacherei, Gewandschneiderei und Harnischmacherei zu nennen, ebenso das Gasthauswesen (einzige Rhônebrücke zw. Lyon und Pont-St-Esprit); nähere Angaben sind wegen der schlechten Q.lage aber nicht möglich.

II. BISTUM/ERZBISTUM: Für 177 n. Chr. wird in V. ein Diakon Sanctus als chr. Blutzeuge unter Marc Aurel genannt. Das Bm. V. tritt im übrigen aber erst am Ende des 3. Jh. hervor. Die Bf.e nahmen (persönl. oder durch Vertreter) teil an den Konzilien v. Arles (314), Valence (374), Turin (398), Orange (441), Vaison (442) und →Epao (517). Unter den in aller Regel der galloröm. Aristokratie entstammenden Bf.en ragen hervor der hl. Mamertus (ca. 463–475), der als Begründer der Bittprozessionen vor Christi Himmelfahrt gilt (→Eisheilige), und bes. der hl. →Avitus (ca. 490–518). Nach der Beendigung des Donatistenstreites (→Donatisten) nahm der maßgebl. von Bf. Avitus geführte Kampf gegen den Arianismus (→Arius) einen breiten Raum ein; zugleich war V. (mit der großen Abtei →Grigny) ein Träger des von →Lérins inspirierten frühen Mönchtums und pflegte Kontakte zu den Jurakl. (→Juraväter). Ein Mönch der Abtei St-Ferréol, Hymnemodus, wurde zu Beginn des 6. Jh. Abt v. →St-Maurice d'Agaune.

Unter der Herrschaft des Frankenreiches beeinträchtigten zunächst Konflikte zw. den Gf.en in Austrasien bzw. Neustrien und den Bf.en die Entwicklung des Bm.s (607 Ermordung des hl. Didericus/Didier); einschneidender waren jedoch die Einfälle der von Karl Martell schließl. zurückgeschlagenen →Sarazenen (zw. 725 und 736), dann die Säkularisierungen unter →Karl Martell. Der kirchl. Niedergang in dieser Zeit schlägt sich in chronolog. Unsicherheiten der Bf.sliste nieder.

Ein allmähl. Wiederaufbau machte sich erst nach der Synode v. →Frankfurt (794) stärker bemerkbar. Wulfier (798–810?) führte als erster Bf. den Titel des Ebf.s. Sein Nachfolger Barnard gründete 837 eine Abtei zu →Romans (spätere Abtei St-Barnard). Ihm folgte der bedeutende Gelehrte →Ado v. V. (860–876), Verf. einer Chronik und des berühmten →Martyrologiums. Autran (876–ca. 885) präsidierte 879 der Versammlung v. →Mantaille, durch die Boso v. V. zum Kg. v. →Burgund gewählt wurde. Diese bedeutenden Bf.e der Karolingerzeit festigten das Ansehen der Kirche v. V. Die Wiederherstellung des Besitzes wurde tatkräftig in Angriff genommen; die bfl. Münzstätte prägte Silberdenare von hohem Feingehalt; die Ebf.e, deren Diöz. durch die Errichtung von fünf Archidiakonaten und acht Archipresbyteraten eine Hierarchisierung erfahren hatte, bemühten sich um die Oberaufsicht über ihre sechs Suffraganbm.er (→Die, →Genf, →Grenoble, St-Jean-de- →Maurienne, →Valence, →Viviers) und um die Anerkennung des gallikan. →Primats ihrer Kirche, in Rivalität mit →Arles (Rangstreit bereits seit 411 belegt). Ebf. Wormond erlangte durch eine päpstl. Bulle Calixtus' II. (28. Juni 1119), die sich an eine (in ihrer Echtheit umstrittene) Urk. v. 1077 anschloß, für V. den Titel eines »Primats der Primate«, mit Vorrangstellung über sieben Kirchenprovinzen (V., →Bourges, →Bordeaux, →Auch, →Narbonne, →Aix, →Embrun).

Parallel zum kraftvollen Aufblühen des Mönchtums (Kl. in und um V., Abtei →St-Chef, cluniazens. Priorate →St-Chaffre und →La Chaise-Dieu, aufblühender Antoniterorden [→Antoniusorden] mit Haupthaus →St-Antoine, Zisterzienser in →Bonnevaux usw.) vollzog sich das pastorale und kirchenpolit. Engagement der Ebf.e gegen Laiengewalt und für die Rekuperation des bfl. Besitzes und namentl. der Pfarreien. Im Zuge der Reformbewegung hielt Léger (1031–70) in V. 1060 ein Konzil gegen die →Simonie ab; sein Nachfolger Guido v. Burgund (1088–1119), der nachmalige Papst →Calixtus II., trug mit dem hl. →Hugo, Bf. v. Grenoble, einen langwierigen Konflikt um den Grenzverlauf im Sermorens aus.

Die große Blütezeit war die Ära der Ebf.s Jean de Bernin (1219–66), eines umsichtigen Administrators und kirchl. Diplomaten, zugleich aktiven Bauherrn. 1285 wurde die Trennung von Kathedrale und Mensa capitularis durchgeführt; 1289 fand ein Provinzialkonzil statt; die Errichtung von Bettelordenskonventen setzte ein (Franziskaner in Romans und V. um 1252 und 1260, Dominikaner und Karmeliter aber erst 1383 und 1394). Das Konzil v. V. (→Vienne, Konzil v.) wurde am 1. Okt. 1311 von →Clemens V. eröffnet.

Das Ebm. V., das als Kirche des Sacrum Imperium in weltl. Hinsicht von der weit entfernten Ks.gewalt abhing, durchlebte nach der Vereinigung des Fsm.s →Dauphiné mit der Krone Frankreich (1349) eine Periode drückender Schwierigkeiten (starke Reduzierung der ebfl. Jurisdiktionsrechte, 1378–1401 Beschlagnahme der Temporalien im Zuge des →Abendländ. Schismas); schließl. hatte, in Abkehr von der früheren gegensätzl. Praxis, Ebf. Jean de Poitiers dem Dauphin Ludwig II. (späterer Kg. Ludwig XI.) das Homagium zu leisten (22. Sept. 1450).

Durchziehen Klagen über das 'Wüstfallen' (→Wüstung) von ländl. Pfarrkirchen nahezu alle doléances (Beschwerden) der Gemeinden, so spiegelt sich die Krise des SpätMA auch im personellen Schwund des Kathedralkapitels St-Maurice de V. (nach den neugefaßten Statuten v. 1385 nur mehr ca. 100 Kanoniker, Priester und Kapellane statt der früheren 264) sowie im niedrigen Niveau der Seelsorge wider. Zahlreich sind gleichwohl die Zeugnisse einer lebendigen 'Volksfrömmigkeit' (Palmsonntagsumzüge, Bitt- und Mirakelprozessionen, Reliquien- und Hl.nverehrung, Wallfahrten, Stiftung von Kapellen usw.). Noch Ebf. Angelo Cato de Supino (1481–95), der als it. Leibarzt Ludwigs XI. mit dem Ebm. bepfründet war, forderte bei mehreren Gelegenheiten die Anerkennung des Primats v. V. ein (1483 gegen Bourges, 1486 gegen Embrun).

III. GRAFSCHAFT: Zwar gibt es Nachrichten über Gf.en (comites) der Karolingerzeit, doch verdichten sie sich nur in Hinblick auf den Gf.en →Boso v. V. († 887), den Begründer des Kgr.es Provence-Burgund (→Mantaille, →Bosoniden). Sein Sohn →Ludwig der Blinde († wohl 928) hielt sich ztw. in V. auf; sein Vetter →Hugo († 948) trug den Titel des Gf.en v. V. seit dem 7. April 903, bevor er Gf. v. Arles, Mgf. v. Provence und Kg. v. Italien (927) wurde. Der 'Bastard' Ludwigs des Blinden, →Karl Konstantin (Flodoard nennt ihn als 'Fs.en v. V.'), starb nach 962.

Eine neue Situation entstand mit der Abtretung der »Gft. V. mit all ihren Pertinenzien, in der Bf.sstadt wie außerhalb«, die →Rudolf III., der letzte Kg. v. Burgund, durch Praeceptum vom 14. Sept. 1023 an die Kirche v. V. unter Ebf. Burchard vornahm; in der Folge wurde die →Vogtei v. Guigo, Gf.en v. Albon, und Humbert Weißhand, Gf.en v. →Maurienne (den Begründern der späteren Fs.enhäuser →Dauphiné bzw. →Savoyen), geteilt. Ebf. Burchard und seine Nachfolger haben den Titel eines 'Gf.en v. V.' geführt; die ebfl. Seigneurie blieb auf die Bf.sstadt und ihre Vorstädte beschränkt. Am 13. Jan. 1155 trat Hzg. →Berthold IV. v. →Zähringen, Rektor v. Burgund, dem Dauphin Guigo alle Rechte ab, die er in der Stadt V. hielt, gegen diejenigen, die Wilhelm, Gf. v. V. und →Mâcon, beanspruchte. Die Dauphins verwendeten im Laufe des 13. Jh. in ihren Urkk. Intitulationen wie »Gf.en v. Albon«, »Gf.en v. Albon und Pfgf.en v. V.«, »Dauphins des Viennois und Gf.en v. Albon«. Doch bestanden neben der ebfl. Seigneurie und den delphinalen Rechten offenbar noch andere feudale Herrschaftsansprüche, die wohl auf Wilhelm v. V. und Mâcon zurückgehen. Am 21. Jan. 1263 verkaufte daher Hugo, Gf. v. V. und Herr v. Pagny, dem Ebf. Jean de Bernin »die Gft. V. und ihren Palast«.

Angesichts der verworrenen Machtverhältnisse stellte der hergebrachte Lehneid des neuen Dauphin an den Ebf. am Vorabend des Mauritiusfestes (21. Sept.) einen gewissen Fixpunkt dar. Doch bildete die Ausübung der hohen, mittleren und niederen Gerichtsbarkeit trotz Klärungsversuchen (Inquisitio, 1276) einen ständigen Zankapfel der rivalisierenden Machtträger, die sich beide, Ebf. wie Dauphin, als »comites pro indiviso«, Gf.en zu ungeteiltem Recht, betrachteten (1335) und eigene Amtsträger (mistraux) und Gerichtshöfe unterhielten. Schließl. machte aber der energ. Dauphin Ludwig II. (XI.) mit der Konvention v. 1450 unmißverständl. deutlich, daß die frz. Monarchie zur bestimmenden 'Ordnungsmacht' geworden war.

IV. ABTEIEN: Von den Kl., Basiliken, Oratorien usw. (die karol. »Vita S. Clari« erwähnt etwa ein Dutzend) seien hier nur die wichtigsten genannt: [1] *St-André-le-Haut:* Das durch das Q.zeugnis Ados beleuchtete Frauenkl. wurde im 5. oder 6. Jh. vom hl. Leonianus gegr., erhielt durch eine Schenkung des Hzg.s Ansemundus seine Besitzausstattung und beherbergte im 7. Jh. um die 100 weibl. Religiosen. Von Kg. Rudolf III. und Kgn. Irmengard wiederhergestellt, wurde es unter Ebf. Burchard mit Nonnen aus St-Césaire d'Arles neubesiedelt und blieb (trotz Verwüstung durch Protestanten 1562) bis zur Revolution eine hochangesehene Abtei.

[2] *St-Pierre-hors-les-Murs:* Vom hl. Eremiten Leonianus am Ende des 5. Jh. gegr., diente die (erhaltene) Kirche St-Pierre (neuerdings datiert auf das 5. Jh.) als Bf.sgrablege, vom hl. Mamertus († 475) bis zu Legerius (1031-70). Das Kl. wurde im 10. Jh. mit Benediktinerregel wiederhergestellt. 1179 erwirkte der Abt bei Alexander III. das Recht der Mitra und des Ringes. Nach den Religionskriegen wurde die Abtei am 9. Febr. 1613 von Papst Paul V. aufgehoben.

[3] *St-André-le-Bas:* Das Nonnenkl., gegr. 570 von Remilla, Tochter von Hzg. Ansemundus, erhielt (nach einer Verfallsphase seit 740) ein Immunitätsprivileg Ks. Ludwigs d. Fr. (3. März 831). Durch Urkk. des Gf.en Boso (18. Jan. 881) an die Kirche v. V. zurückerstattet, wurde die ehem. Frauenabtei in ein Kanonikerstift, um 950 in ein Benediktinerkl. umgewandelt. Der Höhepunkt der Abtei lag im 12. Jh. (Neubau von Kirche und Kreuzgang vor 1152, zahlreiche Priorate im ländl. Bereich des Viennois).

[4] *St-Ferréol:* Dieses Kl. lag auf dem rechten Rhôneufer und ging zurück auf die Basilika der hll. Ferreolus und Julianus, Legionären und Märtyrern in V. (um 290). Bf. Mamertus errichtete die Basilika um 460 neu und gründete bei ihr ein Kl., das (unter Jurisdiktion v. Grigny) das bedeutendste Monasterium im V. des 6. und 7. Jh. war. Im Zuge der Sarazeneneinfälle und der nachfolgenden Wirren wüstgefallen, wurden die Reliquien der Abtei in die Civitas transferiert, in eine Kirche am linken Rhôneufer, die den Religionskriegen des 16. Jh. zum Opfer fiel.

V. Chomel

Lit. [allg.]: DOM J.-M. BESSE-G. LETONNELIER u. a., Abbayes et prieurés de l'ancienne France, IX, 1932, 1-46 – DACL, fasc. 174, 3032-3093 – LThK² X, 779-782 – J. EMERY, L'archidioc. de V. en Dauphiné (Helvetia Sacra I/3, III, hg. L. BINZ, J. EMERY, C. SANTCHI, 1980), 333-356 – V. CHOMEL, Le chanoine P. Cavard, Historien du Bas-Dauphiné (Evocations, N. S., 13ᵉ année, n° 2) – *zu [1]:* C. FAURE, Hist. de la réunion de V. à la France, 1328-1454, 1907 – F. LOT, Recherches sur la population et la superficie des cités remontant à la période galloromaine, 1945, 1-32 – P. VAILLANT, Les libertés des communautés dauphinoises des origines au 5 janv. 1355, 1951, 179f., 520ff., 546f. – R. LATOUCHE, Le bourg des Juifs de V. au Xᵉ s. (Études N. DIDIER, 1960), 189-194 – BRÜHL, Palatium, I, 223-233 – A. PELLETIER, V. antique..., 1982 – B. GALLAND, Mouvements urbains dans la vallée du Rhône (Actes du 114ᵉ Congr. Nat. des Soc. Savantes. Section d'hist. méd. et de philologie, 1990), 185-206 – J. MESQUI, Le Pont de V., BullMon 1994 – *zu [2]:* GChr XVI, 1-215; Instr., 1-71 – U. CHEVALIER, Étude hist. sur la constitution de l'Église métropolitaine et primatiale de V., 2 Bde, 1922 – Recueil des historiens de la France, XII, hg. J. CALMETTE-E. CLOUZOT, 1940 – A. VILLARD, La monnaie viennoise, 1942 – B. BLIGNY, L'Église et les ordres religieux dans le royaume de Bourgogne aux XIᵉ et XIIᵉ s., 1960 – L. BOISSET, Un concile provincial au XIIIᵉ s., V. 1289, 1973 – P. CAVARD, V. la Sainte, 1975 – Le dioc. de Grenoble, hg. B. BLIGNY, 1979 – F. DESCOMBES, Hagiographie et topographie religieuse: l'exemple de V. (Hagiographie, cultures et sociétés, IXᵉ-XIIᵉ s. Actes du Colloque Nanterre-Paris, 1981), 361-379 – Topographie chrétienne des cités de la Gaule des origines au milieu du VIIIᵉ s., ed. R. GAUTHIER-J.-CH. PICARD, 1986 – B. GALLAND, La primatie des Églises de Lyon et de V., Evocations, 1988 – *zu [III-IV]:* P. THOMÉ DE MAISONNEUVE, Les usages du mistral des comtes de V., Petite revue des bibliophiles dauphinois, 2. Ser., 2, 1925, 237-262 – A. PERRET, Les concessions des droits comtaux et régaliens aux Églises dans les domaines de la maison de Savoie, Bull. philol. et hist., 1964 (1967), 49-73 – Provinces ecclésiastiques de V. et d'Arles, hg. J. BIARNE, R. COLARDELLE, P.-A. FEVRIER u. a., 1986, 17-35 – P. PARAVY, De la Chrétienté romaine à la Réforme: évêques, fidèles et déviants en Dauphiné, XIVᵉ-XVIᵉ s. 2 Bde, 1993 – B. GALLAND, Deux archevêchés entre la France et l'Empire. Les archevêques de Lyon et les archevêques de V. du milieu du XIIᵉ s. au milieu du XIVᵉ s., 1994 – MGR. DEVAUX, Les usages du mistral de V. (DERS., Essai sur la langue vulgaire en Haut-Dauphiné du MA, 1892) – R. POUPARDIN, Le royaume de Provence sous les Carolingiens, 855-933, 1901 – DERS., Le royaume de Bourgogne, 888-1038, 1907 – G. DE MANTEYER, Les origines du Dauphiné de Viennois, 1925 – R.-H. BAUTIER, Aux origines du royaume de Provence (Études E. BARATIER. PH 23, 1973, 29-68) – CHARVET, Mém. pour servir à l'hist. de l'abbaye royale de St-André-le-Haut de V., hg. ALLUT, 1868 – P. CAVARD, V. monastique. L'abbaye de St-Ferréol, 1967 [ungedr., Arch. dép. d'Isère, 2 J 556] – E. CHATEL, V. Église St-Pierre (Congr. archéol. de France. Dauphiné, 1972), 462-465 – V. LASSALLE, L'église et le cloître de St-André-le-Bas (ebd.), 486-507 – P. CAVARD, L'abbaye de St-André-le-Bas, 1979 – E. CHATEL, Recueil gén. des monuments sculptés en France pendant le Haut MA, II, 1981, 29-49 – P. CAVARD, V. monastique. L'abbaye de St-Pierre, 1982 – G. BARRUOL, Dauphiné roman (Zodiaque, 1992), 113-158.

Vienne, Konzil v. (16. Okt. 1311–6. Mai 1312). Die Konvokationsbulle zu diesem Konzil wurde von Papst →Clemens V. am 12. Aug. 1308 zu Poitiers ausgefertigt. Auf der Tagesordnung stand primär die Aufhebung des →Templerordens (s. a. →Templerprozeß); weitere Verhandlungsgegenstände betrafen die Abhaltung eines →Kreuzzuges und die Reform der Kirche. Tagungsstätte war die Kathedrale St-Maurice; neben den drei öffentl. Sitzungen kam die Arbeit in den verschiedenen Kommissionen, v. a. der Großen Kommission, bes. Bedeutung zu. Die Reihe der öffentl. Sitzungen begann mit der feierl. Eröffnung (16. Okt. 1311); es folgte am 3. April 1312 eine Sitzung, in welcher der Papst die Aufhebungsbulle des Templerordens verlesen ließ, das Kreuzzugsgelübde →Philipps des Schönen v. Frankreich publiziert wurde, und die Versammlung zur Abstimmung über die Zehnten schritt; in der Schlußsitzung am 6. Mai 1312 wurden die letzten Maßnahmen gegen die Templer verkündet (Übertragung ihres Besitzes an den →Johanniterorden). Das Konzil verurteilte mehrere heterodoxe Lehrmeinungen und schärfte die Feier des →Fronleichnamsfestes ein. Es befaßte sich auch mit Maßnahmen der Kirchenreform: So suchte es die Frage der →Exemtionen zu regeln und im Armutsstreit (→Franziskaner, A V) eine Lösung zu finden. Ferner wurden einige Konstitutionen, die auf eine Reform der Sitten des Klerus abzielten, erlassen. E. Lalou

Lit.: L. WETZEL, Le concile de V. 1311-12 et l'abolition de l'Ordre du Temple, 1993 – s. a. →Templer, →Templerprozeß.

Viennois → Vienne

Vier Ambachten (ndl.; dt. Vier Ämter, lat. Quatuor Officia), Gruppe von vier Verwaltungs- und Gerichtsbezirken in der alten Gft. →Flandern (kirchl. zum Bm. Utrecht, bis 1559; die östl. gelegenen Ämter Axel und Hulst seit 1648 zu den Niederlanden, Prov. Seeland; die westl. gelegenen Ämter Boekhoute und Assenede zu Belgien, Prov. Ostflandern). Die V. erstreckten sich am südl. Ufer der Westerschelde bis in den N von →Gent und verfügten jedes über eine eigene Schöffenbank (→Schöffe) und einen Schultheiß. Sie bildeten seit dem ausgehenden 12. Jh. autonome Untergliederungen (»villae que ministeria dicuntur«, →Giselbert v. Mons, Chron.) der Kastellanei v. Gent, aufgrund eines gemeinschaftl. Rechtsstatuts, das ihnen vom Gf.en v. Flandern, →Philipp v. Elsaß (1168–91), verliehen war (Küre zwar im Original verloren, doch als Bestätigung von 1242 durch Gfn. →Johanna und Gf. Thomas erhalten). Politisch galten die V. im 13. Jh. als Teil von 'Reichsflandern', d. h. sie wurden zu den Gebieten gezählt, mit denen Heinrich II. 1012 den Gf.en v. Flandern belehnt hatte (Bestätigung durch Ksn. Agnes, 1056). Doch wurde diese Auffassung vom Kg. v. Frankreich, dem alleinigen Lehnsherrn für 'Kronflandern', im 13. Jh. mehrfach bestritten. Kirchlich unterstanden die V. nicht dem Bm. →Tournai, sondern →Utrecht (wohl weil das Gebiet der späteren V. im FrühMA, vor der Entstehung der Westerschelde [Hont], noch ein mit Süd-Beveland zusammenhängendes großes Moorgebiet gebildet hatte).

Seit dem 12. Jh. wurden (zunächst defensive) Deiche (→Deich- und Dammbau) entlang der Küste errichtet, wobei nach jeder der zahlreichen Sturmfluten (1134, 1214, 1288, 1374–75, 1404, 1421–24) erneute Einpolderungen nötig wurden. Polder wurden v. a. von den großen Abteien (bes. Zisterzienserkl. wie Ter Duinen/→Dünenabtei, Ter Doest, →Boudelo, Cambron) errichtet, aber, bes. im späteren MA, auch von Privatpersonen (Hinweise durch Personennamen in den Toponymen der neuen Polder). Stets ist aber auch die dahinterstehende Initiative des Gf. en als Oberherrn des unbedeichten Landes erkennbar. Seit dem ausgehenden 12. Jh. vergab der Gf. nicht nur an die genannten Abteien, sondern auch an reiche Bürger aus Gent, Brügge und Antwerpen Landkomplexe in Konzession zum Torfstich (→Torf); Gewinnung von Torf und Salz (Anlage von Kanälen zum Torftransport hauptsächl. nach Gent) bildeten neben Landbau und Viehzucht die Hauptwirtschaftszweige. Unterstanden die Torfabbauflächen einer eigenen gfl. Verwaltung, so oblag die Instandhaltung der Deiche, Wehre, Abzugskanäle usw., zumindest in der frühen Zeit, den Schöffenbänken (Erhebung bes. Abgaben, Einteilung in 'eveningen' bzw. 'Wateringen' [Deichverbände]). Seit der 1. Hälfte des 13. Jh. erwirkten einige Großgrundbesitzer, v. a. die Zisterzienserabteien, bei den Schultheißen Delegation zur Ausübung eigener Gerichtsbarkeit in Wasser- und Deichangelegenheiten. Bereits im 13. Jh. und vermehrt im ausgehenden MA wurden immer mehr Polder mit autonomen Rechten ausgestattet (eigene Schultheißen und Schöffen sowie *dijksschepenen*, 'Deichgrafen'). Einige kleinere Städte in der V., die zu Schiff von der Westerschelde aus erreichbar waren, erhielten Stadtrechte (Biervliet, 1183; Hulst, 1183; Axel, 1213), blühten auf durch Salzsiederei und z. T. Tuchmacherei (Axel, Hulst). Der wirtschaftl. Rückgang des SpätMA war nicht zuletzt bedingt durch polit. Faktoren: Als Hinterland von Gent wurden die V. immer wieder in die Konflikte der Genter mit den Gf.en hineingezogen (1313–28, 1345, 1375–85, 1452–53, 1488–92). A. Verhulst

Lit.: M. K. E. Gottschalk, De V. en het land van Saaftinge, 1984 – Over den V. 750 jaar Keure en 500 jaar Graaf Jansdijk, hg. A. de Kraker, H. van Royen, M. de Smet, 1993.

Vier Gekrönte, hll. (Sancti Quattuor Coronati), spätestens aus der 2. Hälfte des 6. Jh. stammende, sich auf die Märtyrerkrone beziehende Bezeichnung für eine in Rom verehrte Gruppe von Märtyrern, denen die vorher als titulus Aemilianae bekannte gleichnamige Basilika am Abhang des Celiohügels geweiht ist (Datierung des Patroziniums zw. dem Ende des 5. und Ende des 6. Jh.). Den Vier Hl.n (Simpronianus, Claudius, Nicostratus, Casto-

rius) wird seit dem 6. Jh. bisweilen ein Simplicius hinzugefügt, der in der Passio als ihr Mitarbeiter und Glaubensgenosse geschildert wird. Ihr Kult in Rom muß jedoch viel älter sein, da bereits in der 1. Hälfte des 4. Jh. die »Depositio Martyrum« zum 8. Nov. Sempronianus, Clau(d)ius und Nicostratus zusammen mit einem nicht näher präzisierten Clemens (in der Forschung kontrovers) »in comitatum« (wohl eher eine ksl. Residenz als ein stadtröm. Toponym) kommemoriert. Die Passio der hl. Simpronianus, Claudius, Nicostratus, Castorius und Simplicius (verfaßt von einem Porfirius und zumeist in das 4. Jh. datiert), schildert sie als von Diokletian sehr geschätzte christl. Bildhauer aus Pannonien, die jedoch nach ihrer Weigerung, eine Statue des Gottes Äskulap zu schaffen, zum Tod verurteilt und in bleibeschlagenen Truhen in einen Fluß geworfen wurden. Die Passio hat einen in Rom spielenden Epilog: Vier anonyme Soldaten weigern sich, dem Äskulap zu opfern und werden zu Tode gegeißelt. Der hl. Sebastian begräbt sie mit Hilfe des Papstes Miltiades beim dritten Meilenstein der Via Labicana. Da ihre Hinrichtung am Jahrestag der pannon. Märtyrer stattgefunden hatte, bestimmt Miltiades, daß die vier Soldaten unter deren Namen verehrt werden sollen. Der überwiegende Teil der Forschung hält den ersten Abschnitt, die sog. Pannonische Passio, für glaubhaft und nimmt an, daß es sich um eine Gruppe von Märtyrern des Jahres 306 in Pannonien handelt, beim heutigen Sremska Mitrovica (Sirmium), die vielleicht schon in der örtl. Ks.residenz (dies könnte die Bezeichnung »in comitatum« der »Depositio Martyrum« erklären), aber auch – vielleicht nur mit Kontaktreliquien – in der röm. Nekropole an der Via Labicana verehrt wurden, der späteren Katakombe »ad duas lauros« bzw. SS. Marcellinus und Petrus. Die Präsenz der Namen der ersten vier Hl.n der Gruppe (als im Meer ertränkte Märtyrer) in der »Passio S. Sebastiani« (5. Jh.) könnte darauf hinweisen, daß zu dieser Zeit die Erinnerung an ihre pannon. Herkunft verlorengegangen war und sie als röm. Hl.e galten. Die Verehrung der V.G.n wurde anscheinend im Lauf des 6. Jh. zu einem stadtröm. Kult. In dieser Zeit gelangte wohl die pannon. Passio der fünf Hl.n nach Rom, vielleicht auch ihre Reliquien; deshalb wurde der Epilog zur Passio angefügt (sog. »Römische Passio«), die den röm. Kult von Hl.n des gleichen Namens rechtfertigen will und ihre Gräber in die Nekropole verlegt, die bereits eine ihrer Kultstätten gewesen war. Weitere Verwirrung brachte die Einführung einer Gruppe von Märtyrern v. Albano, die vom Mart. Hieron. zum 8. Aug. genannt werden: Secundus, Severianus, Carpoforus und Victorinus. Im Mart. Rom. wurde ihre Kommemoration auf den 8. Nov. gesetzt, gemäß liturg. Q. (nach dem Ende des 6. Jh.). Dieses Datum wird auch durch die Passio der Vier Hl.n bestätigt, die Petrus Subdiaconus v. Neapel im 10. Jh. verfaßte. Weniger Anhänger fand die von A. Amore vertretene Hypothese, nach der es sich um eine Gruppe von röm. Märtyrern handle (»in comitatum« beziehe sich auf eine Nekropole bei einer Besitzung des Ks.hauses), die erst der Verfasser der Passio (6. Jh.), der aus Pannonien stamme, und vielleicht Kleriker der Basilika am Celio war, zu seinen Landsleuten gemacht habe. Die hl. V.G.n gelten als Patrone der Bildhauer und Steinmetze und werden mit ihren Arbeitsinstrumenten dargestellt, sowie in Szenen ihrer Passion.
F. Scorza Barcellona

Q.: BHG 1600; BHL 1836–1839; BHL Novum suppl. 1836–1839c – Legenda aurea (Graesse), CLXIV – AASS Nov. III, 1910, 748–784 – Lit.: Comm. Mart. Hieron., 590–591 – Comm. Mart. Rom., 504–505 – Bibl.SS X, 1276–1304 – Vies des Saints XI, 249–268 – Catholicisme

XII, 347–348 – ECatt IV, 584–585 – LCI VIII, 236–238 – LThK² X, 781–782 – L. Réau, Iconographie de l'art chrétienne, III, 3, 1959, 348–350 – J. Guyon, Les quatre Couronnés et l'hist. de leur culte des origines au milieu du IXe s., MEFRM 87, 1975, 505–561 – A. Wyrobisz, Le culte à Rome des Quatre Saint couronnés (Cultus et cognitio [Fschr. A. Gyesztor, 1976]), 655–663 – A. Amore, Il problema dei SS Quattro Coronati (Fschr. A. P. Frutaz, 1978), 123–146 – Hist. des Saints et de la Sainteté Chrétienne, II, 1987, 238–246.

Vier Haimonskinder, weitverbreiteter Erzählstoff, bekannt auch unter dem Titel »Renaut de Montauban« (dt. Reinhold v. Montalban), gehört zur Gruppe der 'Empörer-Gesten' des Karlskreises (»Isenhart«, →»Raoul de Cambrai«, »Goromont« u.a.), die vom Widerstand mächtiger Adelsgeschlechter des Karolingerreiches – hier Aymons v. Dordogne und seiner Familie – gegen die Zentralisierungsbestrebungen Karls (→Karl d. Gr., B.) und seiner Dynastie erzählen. – Die älteste lit. Form des Stoffs liegt in einer frz. →Chanson de geste aus dem späten 12. Jh. vor (»La Chanson de Quatre Fils Aymons« oder →»Renaut de Montauban«). Sie wurde im 15. Jh. in eine Prosafassung umgeschrieben (erste frz. Drucke: Lyon, um 1480; Paris, 1506). Bereits im 13. Jh. entstand nach einer frz. Vorlage das mndl. Versepos »Renout van Montalbaen«, das im 15. Jh. ebenfalls in Prosa umgeschrieben wurde (gedr. 1508 als »Historie van den vier Heemskinderen«). In Verbindung mit der lokalen Köln-Dortmunder Legende vom hl. Reinhold (älteste deutschsprachige Version die mnd. Prosalegende »Historie van Sent Reinolt«) brachte Paulus van der Aelst aus Deventer diese ndl. Prosafassung in hochdt. Bearbeitung in Köln heraus (1604); sie wurde immer wieder nachgedruckt und entwickelte sich zum →»Volksbuch«. Bereits vorher wurde die frz. Prosa in einer Aarauer Hs. v. 1531 ins Dt. übertragen und von Hieronymus Rodler 1533 in der fsl. Hofbuchdruckerei zu Simmern (Hunsrück) als Prachtband in Folio gedruckt; diese Version blieb ohne Nachdrucke und dementsprechend folgenlos.

Die Gesch. von den V. H.n erzählt aus der Frühzeit der karol. Reichsbildung im 8. Jh., ist aber wohl auch von den Bemühungen um eine Erneuerung und Stärkung der frz. →Monarchie unter den frühen →Kapetingern, insbes. →Philipp II. Augustus (1180–1223), gegen den rivalisierenden Adel geprägt. Im Mittelpunkt stehen *Haymon v. Dordogne* und seine vier Söhne *Adelhart, Ritsart, Writsart* und *Reinold*, die dem Kg. Karl Vasallentreue geschworen haben, zugleich aber auch den Interessen ihrer Familie verpflichtet sind. Der Konflikt zw. den beiden konkurrierenden Interessensphären ist für den Aufbau der Handlung ebenso kennzeichnend wie der dauernde Wechsel zw. Ehrverletzung und Rache, Gewalt und Gegengewalt, die aus den unterschiedlichsten Anlässen ausbrechen und nicht kontrollierbar erscheinen. Die V. H. gewinnen ihre lit. Faszination aus einer Mechanik von Kränkung und maßloser Gewalt, die den Bestand des ganzen Staates bedroht und die Heroen in immer neue Kämpfe treibt. Dabei werden die Söhne Haymons von ihrem Vetter *Malegys* (frz. Maugis) unterstützt, der über mag. Kräfte verfügt und sie aus auswegslosen Situationen zu befreien vermag. Ähnliches gilt für ihr Pferd *Bayard*, dessen übermenschl. Kräfte und Schnelligkeit immer wieder die militär. Unterlegenheit der Haymon-Söhne kompensieren kann. Kg. Karl hingegen hat trotz seiner Zornesausbrüche und seiner Unrechtstaten die Legitimation der kgl. Zentralgewalt auf seiner Seite, die sich schließlich auch gegen die Haymon-Sippe durchsetzt: Bayard wird ertränkt, während Reinold, da der Kampf mit Karl militär. nicht lösbar scheint, auf Macht und Adelsattribute verzichtet.

Er reist als 'miles christianus' ins Hl. Land, arbeitet nach seiner Rückkehr vom Heidenkampf am Bau des Kölner Doms mit und wird schließlich von neidischen Bauleuten erschlagen. Seine Heiligkeit erweist sich in zahlreichen Wundern, die sich im Umfeld seines Todes und seiner Überführung nach Dortmund ereignen. W. Röcke

Ed.: Reinolt v. Montelbaen oder Die H., hg. F. Pfaff, 1885 [Nachdr. 1969] – Paul van der Aelst, Das dt. Volksbuch von den Haymonskindern, hg. F. Pfaff, 1887 – Dt. Volksbücher, III, hg. P. Suchsland, 1968 – Johann II. v. Simmern, Die H., hg. W. Wunderlich (= Dt. Volksbücher in Faks.drucken A 14, 1989) – *Lit.:* Verf.-Lex.² VII, 1208–1214 – L. Jordan, Die Sage von den v. H.n, 1905 – B. Rech, Die Sage von Karls Jugend und den H.n, HJb 62–69, 1942–49, 136–154 – E. Frenzel, Stoffe der Weltlit., 1976, 275–277 – E. Köhler, Vorl. en zur Gesch. der frz. Literatur: MA, I, hg. v. H. Krauss, 1985 – D. Buschinger, Rezeption des chanson de geste im SpätMA (Wolfram-Stud. XI, 1989), 94–101 – →Renaut de Montauban.

Vierfüßlergeschichte. Neben →Pulologos, Opsarologos, →Porikologos und Eselsgeschichte steht als weitere byz. volkssprachl. Tierdichtung die »Erzählung von den Vierfüßlern« (Διήγησις τῶν τετραπόδων ζώων) in über 1000 Fünfzehnsilbern: eine Friedens- und Befriedungszusammenkunft der fleisch- und pflanzenfressenden Tiere. Bekannte und seltene Tiere treten paarweise oder im Dreiergespräch gegeneinander an, wobei die im Eigenlob vorgetragenen Tugenden mit den vom Gegner aufgezählten Lastern aufgerechnet werden. Die angestrebte Versöhnungsvollversammlung endet in Schmähung und Streit und letztendl. im offenen Kampf um Leben und Tod. Selbst der Kg. Löwe wird vom Stier getötet. Eine – etwa sozialkrit. – Anspielung auf Ereignisse der Zeit – wohl aus dem 14. Jh. – in der Form einer →Satire auf bekannte Personen ist in der vorliegenden Form nicht (mehr) zu erkennen. Auch die mit dem Pulologos eng verbundene hsl. Überlieferung (die beste der 5 Hss. ist auf 1461 datiert) ergibt keine konkreten Hinweise. Die Popularität der V. wird bestätigt durch in mdl. Überl. erhaltene Ausläufer in heut. zypriot. Volksliedern. H. Eideneier

Ed.: V. Tsiouni, 1972 – *Lit.:* Beck, Volksliteratur, 174f. – H. Eideneier, Hellenika 28, 1975, 453–460 – Ders., Ausläufer byz. Dichtung in zypriot. Volksliedern, Beweis mündl. Überlieferung? (Fschr. St. Karatza, 1984), 97–109.

Vierpaß, got. Maßwerkornament (→Maßwerk, →Paß) aus vier nach außen gewölbten Dreiviertelkreisen, kreuzförmig zusammengesetzt. Auf spätma. Münzen kommt der V., aber auch der Dreipaß, der Sechs- und Achtpaß als Rückseitenbild häufig vor und hat manchen Münzsorten wie dem V.-Witten (→Witten) ihren volkstüml. Namen gegeben. Gelegentl. sind in die Zwickel zw. den Bögen des V.es spitze Winkel eingesetzt. Diese Variante wird als Spitz-V. bezeichnet (→Spitzgroschen). P. Berghaus

Lit.: F. v. Schroetter, Wb. der Münzkunde, 1932, 162 – H. Fengler, G. Gierow, W. Unger, Lex. der Numismatik, 1976², 408f.

Viertel → Stadtviertel

Vierung, der in der Kreuzung von Mittelschiff, Querhaus und Chor gelegene mittlere, rechteckige Raum des Querhauses, der mit den anschließenden gleich breiten Räumen durch weite Bogenöffnungen über Pfeilervorlagen oder Mauerzungen verbunden ist.

Bei der ausgeschiedenen V. über quadrat. Grundriß sind die V.sbogen gleich hoch und ruhen auf Pfeilervorlagen, deren Tiefe geringer ist als ihre Breite (Limburg a. d. Haardt ab 1025, Maria im Kapitol in Köln um 1040); die vier angrenzenden Räume fluchten mit den V.sseiten; das V.squadrat ist häufig das bestimmende Maß für Langhaus, Querschiff und Vorchor. St. Michael in Hildesheim 1010–1022/33 und die Kathedrale v. Verdun bis 1024 sind die frühesten gesicherten Beispiele für die ausgeschiedene Vierung.

Bei der abgeschnürten V. über rechteckigem Grundriß sind die V.sbogen auf Mauerzungen annähernd gleich hoch; daraus folgt, daß die an die V. anschließenden Räume in ihrer Höhe nicht wesentl. voneinander abweichen; die Bogenöffnungen nach den Querhausarmen können aus der V.sachse versetzt sein, vorrangig bei karol. und otton. Kirchen.

Die V. ist in der Frühzeit wie das Langhaus flachgedeckt, dann kreuzgewölbt oder durch ein Klostergewölbe oder eine Kuppel ausgezeichnet, die auf einem belichteten Tambour ruhen können. Über der V. erhebt sich bei roman. Bauten häufig ein V.sturm (→Turm). Über die Entwicklung und frühe Ausformung der V. gibt es nur unsichere Theorien, da sich die Bauten vor 1000 zumeist nur im Fundamentbereich erhalten haben. G. Binding

Lit.: Lex. der Kunst VII, 1994, 621f. – H. BEENKEN, Die ausgeschiedene V., Rep. für Kunstwiss. 51, 1930, 207–231 – S. GUYERS, Grundlagen ma. abendländ. Baukunst, 1950 – G. URBAN, Der V.sturm bis zum Ende des roman. Stils [Diss. masch. Frankfurt/M. 1953] – W. BOCKELMANN, Die abgeschnürte V., Neue Beitr. zur Kunstgesch. des 1. Jt., B. 2: Frühma. Kunst, 1954, 101–113 – J. NOTH, Frühformen der V. im östl. Frankreich [Diss. Göttingen 1967] – G. BINDING, Architekton. Formenlehre, 1987² – H. E. KUBACH–A. VERBEEK, Roman. Baukunst an Rhein und Maas, 4, 1989 – W. JACOBSEN, Der Kl.plan von St. Gallen und die karol. Architektur, 1992.

Vierzehn Nothelfer → Nothelfer

Vierzehnheiligen. Die spätma. Wallfahrt am Obermain in der Diöz. Bamberg besaß vor den Zerstörungen im Bauernkrieg einen spezifischeren Charakter als der hochbarocke und gegenwärtige Zulauf aus Franken. 1445/46 auf zisterziens. Grund des Kl. Langheim durch vier Visionen des Hirtenknaben der einsamen Kl. Schäferei Frankenthal bei Lichtenfels entstanden, löste die Erscheinung des Christkinds mit 14 Kindern in weiß-roten Hemden (Miparti-Mode der Zeit) große Wirkungen aus. Der →Nothelferkult, wohl in Regensburg Anfang des 14. Jh. ausgebildet, hat durch diese bes. Verortung einen neuen Schub erfahren, im Bilde des dann im 16. Jh. ikonograph. entwickelten Kinderkranzes um das Jesuskind eine spezif. 'Gnadenbild'-Form erhalten. – Kapellenbau bis 1448 mit anschließender Errichtung einer kleinen Propstei des Kl. und einer Bruderschaft. Das 'wundertätige Frankenthal' zog bald überregionalen Besuch an: Ks. Friedrich III. 1485, Albrecht Dürer mit Ehefrau vor Antritt der Hollandreise 1519, wie überhaupt Nürnberger Geistliche und Kaufleute, v.a. aber Ritter den Ort aufsuchten. Ein bleierner Gitterguß der Nothelfer, angebracht in einem Bildstock bei Stift →Komburg 1472 etablierte eine Sekundärwallfahrt. Schon 1453–64 hatte eine Kultübertragung nach Litzendorf bei Jena stattgefunden, das sich seitdem V. nennt. Von 1486 stammt ein Altar mit der Visions-Legende in Langensalza bei Gera, 1479/80 entsprechende Glasgemälde in St. Lorenz zu Nürnberg, schon vor 1452 bestellt. W. Brückner

Lit.: J. DÜNNINGER, Die Wallfahrtslegende von V. (Fschr. W. STAMMLER, 1953), 192–205 – DERS., Pilgerzeichen von V., 100. Ber. des Hist. Ver. Bamberg 1964, 391–396 – S. FREIH. v. PÖLNITZ, V. Eine Wallfahrt in Franken, 1971 – G. DIPPOLD, Wallfahrtsbücher des 17. und 18. Jh. aus dem Bm. Bamberg (Fschr. R. WORSCHECH, 1997 [im Dr.]).

Vierzig Wesire (Ḥikāyet-i kirk vezīr, 'Erzählung von den 40 Wesiren'), osman. Rahmenerzählung der 1. Hälfte des 15. Jh. In seiner auf dem Vergleich zahlreicher Hss. beruhenden Unters. hat H. DUDA festgestellt, daß das Werk in zwei Fassungen vorliegt, einer in schlichter, volkstüml. Sprache, die laut Vorwort von einem »Aḥmed aus Ägypten (oder Kairo)« aus einem »Arbaʿin ṣabāḥ wa masāʾ« ('40 Morgen und Abende') betitelten arab. Werk ins Türk. übersetzt worden sei, und einer zweiten in elegantem hochosman. Stil, deren Autor, ein gewisser Scheichzade, sie a. H. 850 (1446/47) Sultan Murād II. gewidmet habe. DUDA nimmt an, daß die zweite Fassung eine Überarbeitung der ersten war. Das Werk besteht aus Vorwort, Rahmengeschichte und (in diese eingefügt) 80 zumeist sehr kurzen Geschichten oder Anekdoten. Ein Prinz wird von seinem weisen Erzieher gewarnt, daß er 40 Tage lang in großer Gefahr schwebe, falls er ein Wort spreche. Da der Prinz von seiner Stiefmutter, die er als »keuscher Joseph« zurückgewiesen hat, verleumdet wird, befiehlt der Kg. seine Hinrichtung, die aber jeden Tag durch die Erzählung eines seiner 40 Wesire über die Bosheit der Frauen verhindert wird. Die rachsüchtige Stiefmutter kontert jeweils mit einer Geschichte über vatermordende Söhne oder üblen Rat gebende Wesire. Am 40. Tag spricht der Prinz wieder, und die Verleumderin wird bestraft. A. Tietze

Lit.: M. BELLETÊTE, Contes turcs en langue turque, extraits du roman intitulé »Les quarante Vizirs«, 1812 – Die Vierzig Vezire oder weisen Meister, übers. W. F. A. BEHRNAUER, 1851 – V. CHAUVIN, Bibliogr. des ouvrages arabes ou relatifs aux Arabes, VIII, 1904 [Bibliogr., Inhaltsang.] – H. DUDA, Die Sprache der Qyrq Vezir-Erzählungen, 1, 1930.

Vierzon, Stadt und Abtei in Mittelfrankreich, Berry (dép. Cher). In V. bestand eine röm. und frühma. Siedlung, über die wir vor 926 aber keine näheren Kenntnisse besitzen. 926 war der Gf. v. →Chartres und →Blois, Tedbald d. Ältere, im Besitz der Burg V. Kurze Zeit zuvor war die von den →Normannen zerstörte kleine Abtei Dèvres (heute Le Prieuré, comm. St-Georges-sur-la-Prée) auf Betreiben des Kathedralkapitels v. →Bourges an den Fuß des Burghügels verlegt worden. – Odo I., der Sohn von Tedbald Tricator, übertrug die Burg (mit der Schutzherrschaft über die östlichsten Territorien der Gf.en v. Blois) dem aus der Gegend von Chartres stammenden Ritter Humbald (Humbaud le Tortu). Seine Nachkommen dienten dem Haus Blois-Champagne als loyale Lehnsleute. Die nicht sehr bedeutende, dem Kathedralkapitel v. Bourges unterstehende Abtei erwarb in der Zeit der Gregorian. Reform das Patronat über mehrere Pfarreien der Seigneurie. 1197 wurde V. von →Richard Löwenherz belagert. 1247 besaß die Stadt Privilegien ('franchises'). Das Geschlecht Humbalds erlosch mit Hervé III. († 1270 in Tunis auf dem Kreuzzug Ludwigs d. Hl.n). Die Seigneurie kam durch Heirat an auswärtige Häuser (Brabant, Juliers) und wurde unter Franz I. der Krondomäne einverleibt. G. Devailly

Lit.: Cte. de TOULGOËT-TREANNA, Hist. de V. et de l'abbaye St-Pierre, 1894 – TAUSSERAT, V. et ses environs, 1895 – A. FONTAINE, Hist. municipale de V., 1944 – G. DEVAILLY, Le cart. de V., 1963 – DERS., Le Berry du Xe au milieu du XIIIe s., 1973.

Vies des Pères (des Anciens P., des P. ermites). Seit dem 13. Jh. wurden die lat. →Vitas patrum oder →Verba seniorum ins Afrz. übersetzt, z.T. durch die Viten des Hieronymus (Paulus Eremita, Malchus, Hilarion), die »Hist. monachorum in Aegypto« des →Rufinus v. Aquileia und Stücken aus den »Collationes« Johannes' →Cassianus sowie den »Dialogi« →Gregors d. Gr. ergänzt; seit Ende 13./Anfang 14. Jh. wurden auch Marienmirakel hinzugefügt (z.B. →Gautier de Coinci, »Miracle de Nostre Dame«). Die erste Prosaslg. von Väterleben stammt von Wauchier de Denain (um 1212) für Philippe v. Namur (Hs. Bibl. municip. de Carpentras nr. 473); ungefähr gleichzeitig entstand für Blanche v. Navarre eine Auswahl von Väterleben (u. a. Hs. Paris, BN fr. 1038), Ende 13. Jh. eine Kompilation (Paris, BN fr. 2311 und fr. 9588). Bis ins

15. Jh. blieben die V. des Saints P. (Inkunabel Paris 1486) beliebt. Unter den gereimten Umarbeitungen der Vitas patrum (vgl. die afrz. Kompilation in Hs. Paris, BN fr. 1546) im 13. Jh. befinden sich auch die 6940 vv. von →Henri d'Arci. Formal sind die V. des P. keine Hl.nviten, sondern der Erbauung und Unterhaltung dienende Exempelerzählungen, →Contes dévots, →Dits. L. Gnädinger

Ed.: J. LE COULTRE, Contes dévots tirés de 'la Vie des Anciens Pères', 1884 – E. SCHWAN, La Vie des Anciens Pères, Romania 13, 1884, 233–263 – Henri d'Arci's Vitas Patrum, ed. B. A. O'CONNOR, 1949 – G. BORNÄS, Trois Contes fr. du XIIIe s. tirés du recueil des V. des P., 1968 – J. CHAURAND, Fou. Dixième Conte de la Vie des Pères, 1971 – La Vie des Pères, ed. F. LECOY, 1988–93 – L'Hist. des Moines d'Egypte, suivi de La Vie de St. Paul le Simple, ed. M. SZKILNIK, 1993 – *Lit.:* DLFMA, 1992², 1476f. – P. MEIER, Versions en vers et en prose des V. des P. (HLF XXXIII, 1906), 254–328 – M. SZKILNIK, Écrire en vers, Écrire en prose: le choix de Wauchier de Denain, Romania 107, 1986, 208–230 – A. GIER, Quel est l'apport de la 'Vie des Pères' à la connaissance de l'ancien fr.?, Medioevo romanzo 4, 1977, 301–311.

Vigeois (Uosiensis), St-Pierre de, Abtei OSB in Südwestfrankreich (Bm. Limoges, dép. Corrèze), gegr. im 6. Jh. im Einflußbereich des hl. Yrieux, der in enger Beziehung zu St. Maximin in →Trier stand und dessen Kl.gründung Attanum (später St-Yrieux-la-Perche) eine Art Schutzherrschaft über V. ausübte. Nach der Zerstörung durch die Normannen wurde V. abhängig von →Solignac, bevor es 1082 an St-Martial de →Limoges kam und die cluniazens. Consuetudines (→Cluny, A) übernahm. Die Äbte, später Prioren, wurden von da an von St-Martial bestellt. Die Besitzungen des Kl., in dem bis zu 20 Mönche lebten, befanden sich in der unmittelbaren Umgebung, um Donzenac und Terrasson. Die 1075 durch einen Brand zerstörte Kirche wurde unter dem Abbatiat Ademars (1121–61) im roman. Stil (kunstvolle Kapitele) wiedererrichtet. Erhalten blieb ein Visitationsbericht v. 1285. Bekannt wurde V. durch die Chronik des Priors Geoffroy v. V., eine der wichtigsten Q. für die Gesch. Aquitaniens im 12. Jh. U. Vones-Liebenstein

Q. und Lit.: Geoffroy de V., Chronique, hg. LABBÉ, Nova Bibliotheca, II, 1657, 279–342 – H. DE MONTEGUT, Cart. de l'abbaye de V. (954–1167), 1907 – M. AUBRUN, Le prieur Geoffroy de V. et sa chronique, RevMab 58, 1974, 313–326 – DERS., L'ancien dioc. de Limoges des origines au milieu du XIe s., 1981 – A. SOHN, Der Abbatiat Ademars v. St-Martial de Limoges (1063–1114), 1989 – J. VINATIER, Hist. religieuse du Bas-Limousin et du dioc. de Tulle, 1991 – M. GUALEY, Le sort des donations faites aux abbayes bas-limousines au cours des XIe et XIIe s., Bull. Soc. Lettres et Sc. Corrèze 95, 1992, 24–49 – E. PROUST, V. (Corrèze): un ensemble de chapiteaux historiés en Bas-Limousin, CCMéd 35, 1992, 49–63.

Vigil (von 'vigilia', '[Zeit der] Nachtwache'). 1. Nächtl. Gebetszeit vor einem höheren Festtag. Nächtl. Kult und Gebet kennen bereits sowohl das Heidentum als auch jüd. Tempel und Synagoge (vgl. Ps 92 [91], 3; Ps 134 [133], 1) und NT (vgl. Mk 1, 35; Lk 6, 12; Apg 12, 12; 16, 25). V.ien sind seit dem 2. Jh. bezeugt, mit dem Ende des 4. Jh. erhöht sich ihre Zahl. Die gemeinsamen Grundelemente sind Psalmen und Lesungen. Prostration, Gebet, Predigt u. a. treten hinzu. Die V. schließt mit der Eucharistie gewöhnl. ab. Anlässe und Gestaltung waren verschieden: V.ien waren Bestandteil der Feier eines hohen Festes. Mit V.ien beging man das Jahresgedächtnis bedeutender Märtyrer (seit dem 3. Jh.) und einige Hl.ngedenktage. Die gewichtigste V. war die der Osternacht, nach Augustinus die 'mater omnium sanctarum vigiliarum' (sermo 219; →Ostern I. 4). U. a. erhielten →Weihnachten, →Epiphanie, →Pfingsten (als Tauftag) und die →Quatember ebenfalls V.ien. Wiederholt werden Mißbräuche bei V.ien beklagt. Die Synode v. Elvira (um 300) verbietet die →Teilnahme von Frauen an privaten V.ien. Nach der Synode v. Auxerre (um 580) dürfen V.ien nur in Kirchen gefeiert werden. Schon im FrühMA begann man, die V.ien der Feste zeitl. vorzuverlegen. Sie wurden zunehmend am Vortag des Sonn- oder Feiertages gefeiert und entwickelten sich zu regelrechten Vorfeiern. – 2. (Nacht-)Hore, Teil des →Stundengebets. B. Kranemann

Lit.: DACL XV, 2, 3108–3113 – Liturg. Woordenboek, II, 1851–1854 [s. v. Nachtwake] – LThK² X, 785–787 – A. BAUMSTARK, Nocturna laus, 1957 – J. A. JUNGMANN, Die Entstehung der Matutin (DERS., Liturg. Erbe und pastorale Gegenwart, 1960), 139–162 [erstmals 1950] – R. J. TAFT, The Liturgy of the Hours in East and West, 1986.

Vigilantius, altkirchl. Schriftsteller, spätes 4.–frühes 5. Jh. (Gennadius, De vir. ill. 36), stammte aus Calagurris/Aquitanien (St-Martory in Comminges, dép. Haute-Garonne). Kam als Priester im Auftrag →Paulinus' v. Nola nach Palästina; Aufenthalt bei →Hieronymus in Bethlehem (Hieron., Ep. 58). Nach der Rückkehr griff er Hieronymus als Origenist an (Hieron., Ep. 61). Danach bei Hieronymus als Kritiker kirchl. Lebens und frommer Praxis angezeigt (Hieron., Ep. 109). Hieronymus reagierte 406 mit »Contra Vigilantium« (MPL 23, 339–352). Streitpunkte: Reliquien- und Hl.nverehrung, Zölibat, asket.-monast. Leben. Die scharfe Polemik übertreibt vielleicht die Kritik des V., dessen eigene Position nicht genau zu rekonstruieren ist. K. S. Frank

Lit.: H. CROUZEL, Saint Jérôme et ses amis toulousains, BLE 73, 1972, 125–146 – I. OPELT, Hieronymus' Streitschriften, 1973 – J. N. D. KELLY, Jerome, 1975, 286–290.

Vigilius. 1. V., Papst 537–555, aus senator. Familie. Begleitete 535 als Diakon Papst Agapet I. nach Konstantinopel, wo er die Gunst der Ksn. →Theodora erlangte. Nach der Absetzung des Papstes Silverius wurde V. auf Druck →Belisars zum Papst gewählt. Nach der Verurteilung der Drei Kapitel (→Dreikapitelstreit) durch Ks. Justinian wurde V. 547 nach Konstantinopel zitiert, um den abendländ. Widerstand zu brechen. 548 stimmte V. der Verurteilung zu (sog. Judicatum, mit verbalem Treuebekenntnis zum Bekenntnis v. →Chalkedon). Im W erhob sich scharfer Protest; die nordafrikan. Kirche exkommunizierte V. Das zur Klärung einberufene Konzil trat 553 in Konstantinopel zusammen. V. verweigerte die Teilnahme, stimmte einer Teilverurteilung, nicht aber Gesamtverurteilung der Drei Kapitel zu (sog. Constitutum I). Vom Ks. fallengelassen und vom Konzil exkommuniziert, nahm V. seine unentschiedene Verteidigung der Drei Kapitel zurück (sog. Constitutum II). Er starb auf der Rückkehr nach Rom in Syrakus; sein Leichnam wurde später nach Rom überführt. V. förderte in Rom die Wiederherstellung der verwüsteten Katakomben, griff in die Kirchenorganisation Galliens ein und war wohl auch tätig für die liturg. Ordnung. K. S. Frank

Ed.: CPL, 1694–1697 – *Lit.:* Patrologia IV, 1996, 143f.

2. V., Bf. v. Thapsus (N-Afrika), gehörte zu den Teilnehmern eines Streitgesprächs unter dem Vandalenkg. Hunerich 484 und floh als Gegner der arian. Politik der Vandalenherrscher offensichtl. nach Konstantinopel. V. verfaßte einen »Dialogus contra Arianos, Sabellianos et Photinianos« sowie eine Schrift »Gegen Eutyches« (nicht vor 480). Möglicherweise stammt auch die ps.-augustin. Schr. »Contra Felicianum Arianum de unitate trinitatis« (MPL 42, 1157–1172) von ihm. Ps.-Athanasius, »De trinitate« ist ihm nicht zuzuweisen. E. Grünbeck

Ed.: CPL, 806–812 – *Lit.:* Dict. encycl. du Christianisme ancien, II, 1990, 2551f. – M. SIMONETTI, Letteratura antimonofisita d'Occidente, Augustinianum 18, 1978, 505–522.

Vignay, Jean de, frz. Übersetzer (→Übersetzer, V), * 1282/85 bei Bayeux (Basse-Normandie), Todesjahr unbekannt. In mehreren Hss. wird seine Zugehörigkeit zum »ordre de St-Jacques du Haut-Pas« (Hospital in Paris, Faubourg St-Jacques) erwähnt. Mangels sonstiger erhaltener Lebenszeugnisse können Hinweise zur relativen Chronologie seiner Übersetzungen nur durch Widmungen der Arbeiten an Mitglieder der kgl. Familie erschlossen werden. »De la chose de chevalerie«, eine Übers. (ohne Widmung) der »Epitoma rei militaris« des →Vegetius, gilt als Frühwerk und wird auf ca. 1320 datiert. Von den der frz. Kgn. →Jeanne de Bourgogne gewidmeten Werke werden die »Epîtres et évangiles de l'année« auf 1326 datiert; der »Miroir historial«, Übers. des »Speculum historiale« des →Vinzenz v. Beauvais, entstand wohl vor 1330, wahrscheinl. schon vor 1328; die »Légende dorée«, Übers. der →»Legenda aurea« des →Jacobus de Voragine, wurde nach dem »Miroir historial« in Angriff genommen und vor den »Merveilles de la terre d'Outremer« abgeschlossen; die Übers. der lat. Chronik des →Primat, deren Originaltext verloren ist, wurde zw. 1335 und 1348 abgefaßt. Eine zweite Gruppe von Übers.en ist Kg. →Philipp VI. gewidmet: die »Merveilles de la terre d'Outremer«, eine Übers. des »Itinerarium« des →Odoricus v. Pordenone (1331-33); das »Directoire pour faire de passage de la Terre sainte« (1333), eine Übers. des Wilhelm de Adam zugeschriebenen »Directorium« (1332); der »Miroir de sainte Église«, eine Übers. des »Speculum Ecclesiae« des →Hugo v. St-Cher (1335-36); der »Consoil et Ordonnance d'Armes en fait de guerre« (1335-50), eine Übers. der Unterweisungen des Theodor Palaiologos (lat. Vorlage nicht erhalten). Die 1335-50 angefertigte Übers. der Schachallegorie (→Schachspiel, II) des →Jacobus de Cessolis, der »Jeu des echecs moralisés«, die V. dem Hzg. Johann v. Normandie (dem künftigen Kg. Johann; →Jean le Bon) widmete, ist das am stärksten verbreitete Werk V.s. Auf ca. 1340 werden die (ohne Widmung erhaltenen) »Oisivetez des empereurs«, Übers. der »Otia Imperialia« des →Gervasius v. Tilbury, datiert. Der Katalog der Bibliothek Karls VI. (1423) nennt noch einen 1341 von V. übersetzten »Alexandre« in Prosa, dessen Text aber nicht erhalten ist. F. Vielliard

Ed.: Chronique de Primat, ed. N. DE WAILLY, L. DELISLE, C. JOURDAIN, 1876, 5-106 (BOUQUET XXIII) – Li livres Flaves Vegece... par J. de V., ed. L. LÖFSTEDT, 1982 (AASFB 214) – CH. KNOWLES, Les Enseignements de Théodore Paléologue, 1983 – R. HAMER–V. RUSSELL, A Critical Ed. of four Chapters from the Légende dorée, MSt 51, 1989, 130-204 – Les merveilles de la terre d'outremer, ed. D. A. TROTTER, 1990 (Textes litt., 75) – *Lit.*: BOSSUAT 4889, 5384, 5555-5557bis, 5595f., 5948, 7992f., 8022; Suppl. 5413f., 5418, 5768f., 5930, 6479, 7745, 8096 – DLFMA², 1992, 858-860 – P. MEYER, Les anciens traducteurs français de Végèce et en particulier J. de Vignai, Romania 25, 1877, 401-423 – J. BASTIN, Le Traité de Théodore Paléologue dans la traduction de J. de Vignai (Fschr. M. ROQUES, 1946), 77-88 – CH. KNOWLES, J. de V., un traducteur du XIVᵉ s., Romania 75, 1952, 353-383 – J. RYCHNER, Les traductions françaises de la Moralisatio super Ludum scaccorum de Jacques de Cessoles (Fschr. C. BRUNEL, II, 1955), 480-493 – W. F. MANNING, The J. de V. Version of the Life of Saint Dominic, APraed 40, 1970, 29-46 – A. DUCHESNE, Gervais de Tilbury et les Otia imperialia: comm. et éd. crit. de la Tertia decisio dans les traductions françaises de Jean d'Antioche et J. de V. [Positions des thèses de l'Éc. nat. des Chartes, 1971], 65-69 – C. BURIDANT, Jean de Meun et J. de V., traducteurs de l'Epitoma rei militaris de Végèce (Fschr. A. LANLY, 1980), 51-69 – P. M. GATHERCOLE, An Insight into Medieval Times. Le miroir Historial de J. de V. (Fifteenth Cent. Stud. IV, 1981), 79-86 – D. A. TROTTER, »En ensivant la pure verité de la letre«. J. de V.s Translation of Odoric of Pordenone (Fschr. J. FOX, 1989), 31-47 – R. HAMER, From V.s Legende Dorée to the Earliest Printed Editions (Legenda aurea, Actes du Congr. internat. de Perpignan, 1993), 71-81.

Vignette (frz. vigne 'Weinranke'), Bezeichnung für die gezeichneten, gemalten bzw. gedruckten Randleisten von Texten und Miniaturen in spätma. Hss. und Drucken. Außerordentl. Formenreichtum, der je nach Region spezif. Merkmale aufweist: feingliedrige Ranken, aufwendige Bordüren aus Dornblatt- oder Weinranken oder Akanthusblättern (typ. für die frz. Buchmalerei: dreilappige Blättchen [André Beauneveu, Psalter des Jean de Berry, um 1400; Paris BN ms. fr. 13091]); Ranken mit Goldtupfen, Blütenmotive und Grotesken (it. Herkunft); Goldfadenornamentik, die der Kölner Lochner-Werkstatt zugeschrieben wird (Herbst des MA, Ausst.-Kat. Köln 1970, 75-86). Die Rahmungen sind z. T. zusätzl. ausgeschmückt mit figürl. Darstellungen, Tieren, Vögeln, Medaillons, Schmetterlingen, Masken, Fabeltieren. Sie enden in Initialen oder bilden den Hintergrund für Nebenhandlungen (Philippe de Mazerolles [?], Schwarzes Gebetbuch, ca. 1476; Wien, ÖNB, Hs. 1856). Möglichste Wirklichkeitsnähe zeigen die trompe-l'oeilartig gestalteten, u. a. von der nordndl. und köln. Miniaturmalerei übernommenen Streublumenbordüren der Südniederlande (Gent-Brügger Schule, Ende 15. Jh.). M. Grams-Thieme

Lit.: M. THOMAS, Buchmalerei aus der Zeit des Jean de Berry, 1979 – O. PÄCHT, Buchmalerei des MA, 1984 – Die goldene Zeit der holländ. Buchmalerei, Ausst.-Kat. Utrecht, New York, 1989/90 – Kriezels, aubergines en takkenbossen, Ausst.-Kat. Den Haag, 1992/93.

Vigneulles, Philippe de, frz. Autor, * 1471 in Vigneulles bei Metz, † 1527/28. Der Patrizier V. unternahm 1487 eine Reise nach Rom und Neapel, lebte danach als Tuchhändler in →Metz und wurde 1490-91 Opfer von Entführern, die ihn gegen Lösegeld wieder freiließen. Während der Gefangenschaft schrieb er Verse, auch trat er mit Festreden auf Hl.e (Nikolaus, Barbara) hervor. Er fertigte eine frz. Übers. von Auszügen des »Compendium de Francorum origine et gestis« des Humanisten Robert→Gaguin an und verfaßte »Mémoires« (1471-1522). Seine »Chronique de la Ville de Metz«, in der er die Gesch. der Stadt von ihren legendären Ursprüngen bis 1525 beschreibt, ist in fünf Bücher unterteilt (1. Erschaffung der Welt bis 1324; 2. 1325-1473; 3. 1473-99; 4. 1500-25) und besitzt in ihrem 3. und bes. 4. Buch eigenständigen Quellenwert. 1505-15 verfaßte V. seine »Cent Nouvelles nouvelles«, eine aus 101 Novellen u. a. Kleinerzählungen bestehende Sammlung von eher dokumentar. als lit. Qualität, die sich weithin auf →Boccaccio (vermittelt über ältere frz. Übersetzungen) stützt, und für die V. bereitwillig die Q. seiner Inspiration (frz. →Fabliaux, mündl. Überlieferung, eigene Erfahrung) nennt. 1514-15 verfertigte der Autor eine Prosafassung der »Geste des Lorrains« (→Lothringerepen). V.s Werke haben mit Ausnahme seiner Metzer Stadtchronik nur geringe Verbreitung gefunden (oft nur in einzigen Hs. überliefert). F. Vielliard

Ed.: Gedenkbuch des Metzer Bürgers Ph. v. V., ed. H. MICHELANT, 1852 – La chronique de Ph. de V., ed. C. BRUNEAU, 4 Bde, 1927-33 (Soc. d'Hist. et d'Archéol. de la Lorraine) – Ph. de V., Les Cent Nouvelles nouvelles, ed. CH. H. LIVINGSTON u. a., 1972 – V. L. SAULNIER, Ph. de V., rimeur des fêtes, de saints et de prisons (Mél. CH. ROSTAING, 1974), 965-991 – *Lit.*: BOSSUAT 867, 5256-5260; suppl. 6781-6784, 8041-8043 – A. KOTIN, The Narrative Imagination. Comic Tales by Ph. de V., 1977 – M. HASSELMANN, 'Ademise' et non 'adevise'. Note sur un terme technique de droit messin présent dans la Chronique de Ph. de V. [Études A. LANLY, 1980], 155-164 – J. C. HERBIN, La 'translation en prouse' de la Geste des Lorrains par Ph. de V.: une (re)trouvaille, Romania 109, 1988, 562-565 – DERS., Approches sur la mise en prose de La geste des Lorrains de Ph. de V., Romania 113, 1992-95, 466-504 – P. DEMAROLLE, La chronique de Ph. de V. et la mémoire de Metz, 1993 – DERS., Ph. de V. chroniqueur: une manière d'écrire l'histoire, RLR 97, 1993, n° 1, 56-73.

Viguera, Burg und befestigte Stadt über dem Fluß Iregua in Spanien, im westl. Bereich von →Navarra (Prov. Logroño), im späten 10. und frühen 11. Jh. Sitz eines von →Pamplona (Navarra) abhängigen Kgr.es (regnum). Die Befestigung war muslim. Ursprungs, seit dem 8. Jh. strateg. Schlüssel der oberen Mark von →al-Andalus. Im 9. und 10. Jh. stand V. (wie die Nachbarorte Arnedo und →Nájera) im wechselnden Besitz chr. (Navarra, Kastilien) und muslim. Herren (Emirat/Kalifat v. →Córdoba sowie den weitgehend selbständigen Statthaltern der Mark, den Banū Qāsim v. →Tudela und →Zaragoza). Diese Auseinandersetzungen werden von muslim. Geschichtsschreibern (→al-Udrī, Ibn Idārī, Ibn al-Atīr, →Ibn Ḥayyān) sowie im →Chronicon Albeldense geschildert. 918 bemächtigte sich →Sancho I. Garcés, Kg. v. Pamplona (Navarra), der Befestigungen →Calahorra, Arnedo und V.; daraufhin führte ʿAbdarraḥmān III. 920 eine Strafexpedition gegen Navarra durch; doch nahm Sancho Garcés 922 Revanche, belagerte V. und stiftete 923 zu Ehren seines Sieges das Kl. →S. Martín de Albelda.

Die Kg.e v. Navarra delegierten, im Bewußtsein der strateg. Schlüsselposition von V., die Herrschaft in dieser Grenzzone, welche die →Rioja (mit V., Nájera, Leza) umfaßte, nach den Gepflogenheiten der chr. Herrscher dieser Zeit, an Prinzen aus ihrer Familie. →Sancho II. Garcés (970–994) ernannte seinen jüngeren Halbbruder →Ramiro Garcés (✕ 981) zum Kg. v. V.; er übte »sub illius imperio« (Chartular v. Albelda) hier die militär. Befehls- und Herrschaftsgewalt aus. Auch Ramiros Sohn Sancho Ramírez führte den Titel eines Kg.s v. V. und übte 1000–04 die Vormundschaft seines jungen Neffen →Sancho III. Garcés ('el Mayor'), Kg. v. Navarra (1004–35), aus.

B. Leroy

Lit.: E. Lévi-Provençal, Hist. de la España Musulmana, 3 Bde, 1950 – J. Pérez de Urbel, La conquista de la Rioja y su colonización espiritual en el siglo X (Estudios R. Menéndez Pidal, 1950), 495–534 – A. Ubieto Arteta, Monarcas navarros olvidados: los reyes de V., Hispania 10, 1950, 6–24 – J. M. Lacarra, Hist. Política del Reino de Navarra, I, 1972 – C. Orcastegui – E. Sarasa, Sancho Garcés III el Mayor, 1991.

Viguier, in Südfrankreich Bezeichnung für einen fsl. Amtsträger. Im südl. Frankreich war die Rolle des karol. 'vicarius' (→Vikar, II) schon frühzeitig erloschen; einige 'vicarii' sollten sich auf der Grundlage ihrer Amtsgewalt jedoch eine unabhängige seigneuriale Herrschaftsposition aufbauen. Zugleich barg der Begriff des vicarius/v. jedoch auch institutionsgesch. Momente in sich, die auf andere Ursprünge verweisen: Im 9. Jh. ließen sich der Dux/Mgf. v. →Septimanien wie der Gf. v. →Provence in bedeutenden Städten ('civitates'), in denen sie üblicherweise nicht residierten, durch einen 'vicedominus' (Narbonne, Marseille) oder 'vicarius' (Carcassonne, Arles) vertreten. Seit Ende des 11. Jh. treten im Languedoc absetzbare v.s auf, Stellvertreter von Herren (insbes. des Gf.en v. →Toulouse), die administrative, militär., fiskal. und jurisdiktionelle Funktionen ausübten. Sie amteten v. a. in Städten (etwa Toulouse, Nîmes) als Repräsentanten der gfl. Gewalt. Als das Languedoc unter die Herrschaft von →Alfons v. Poitiers († 1271), dann der kapet. Kg.e v. Frankreich kam, blieb die Institution erhalten, doch wurde der v. zum Untergebenen des →Seneschalls und die viguerie zum Teil des Seneschallats (*Sénéchaussée*). Die Zahl der vigueries schwankte je nach Sénéchaussée beträchtl.: So fungierte unter Philipp d. Schönen in der Sénéchaussée Toulouse nur ein v., in →Carcassonne bestanden dagegen sieben, in →Beaucaire dreizehn. Der v. hatte sein Amt zunächst in Pacht inne; gegen Ende des 13. Jh. kam die Zahlung eines (bescheidenen) Gehaltes auf. Von Alfons v. Poitiers bis hin zu Ludwig d. Hl.n wurden als v.s mit Vorliebe Personen aus Nordfrankreich herangezogen; von Philipp d. Schönen an waren dann die einheim. Südfranzosen in der Mehrzahl. Die v.s rekrutierten sich üblicherweise aus den adligen Gruppen der →*chevaliers* und →*damoiseaux*. Das Amt des v. wurde oft von einer Laufbahn als *châtelain* (→Kastellanei) gekrönt; einer kleinen Zahl von v.s gelang es sogar, zu Seneschällen aufzusteigen, als Beispiel aus der Zeit Philipps d. Schönen sei genannt Guichard de Marzy, der nachfolgend als v. von Nîmes, Seneschall v. Périgord und Quercy, schließl. Seneschall v. Toulouse amtete.

In der Provence trat der Titel des 'vicarius' zu Beginn des 13. Jh. mit Hugues Fer, dem seigneurialen v. des Vicecomes v. Marseille, wieder auf. Mit der fortschreitenden Emanzipation der 'ville basse' v. Marseille wurde hier der v. zu einem städt. Amtsinhaber, dem Verwaltungs- und Polizeiaufgaben oblagen. In derselben Periode sind auch in anderen Städten v.s belegt, so die Richter der Kommune v. Nizza, der Stellvertreter des →Podestà (*podestat*) in Arles und Avignon. V.s des Gf.en treten in den großen Städten immer dann auf, wenn die städt. →Konsulate mit der Gf.engewalt in Konflikt geraten waren. Nach 1229 mußte das von →Raimund Berengar V. unterworfene Nizza seine städt. Selbstverwaltungsrechte an einen gfl. v. abgeben; 1239 setzte derselbe Gf. einen v. in Arles ein. Als sich Marseille, um der katal. Gf.engewalt zu entrinnen, dem Gf.en v. Toulouse, →Raimund VII., unterstellte, installierte dieser 1230 hier einen v. Die Amtsgewalt dieser v.s beschränkte sich auf die Stadt, für die sie eingesetzt waren. Die Gft. Provence als solche war gegliedert in grundherrl. und administrative Verwaltungssprengel, die *baillies*, die einem *baile* (→Bayle) unterstellt waren. Seit →Karl I. v. Anjou wurde der v.-Titel den Vorstehern der reichsten und ausgedehntesten dieser Verwaltungsbezirke, die nun *vigueries* hießen, vorbehalten. Zw. *baile* und v. bestand somit nur ein Unterschied des Prestiges. – Zu Katalonien →Veguer.

N. Coulet

Lit.: J. Bry, Les vigueries de Provence, 1910 – C. Devic – J. Vaissette, Hist. gén. de Languedoc, VII, 1879, 194–197, 495f. [A. Molinier] – R. Michel, L'administration royale de la sénéchaussée de Beaucaire au temps de s. Louis, 1910 – R. Busquet, L'origine des v.s et des vigueries en Provence, Provincia 1, 1921, 63–80 – J. R. Strayer, Viscounts and v.s under Philip the Fair, Speculum 37, 1963, 242–255 – J.-P. Poly, La Provence et la société féodale, 1976.

Vikar, -iat

I. Begriff – II. Weltlicher Bereich – III. Kirchlicher Bereich.

I. Begriff: Aus dem röm. Recht stammend, wo jeder Stellvertreter → vicarius hieß, steht der Begriff in spätröm. Zeit für den Vertreter des praefectus praetorio in einer Provinz (→praefectus). Er war Statthalter einer Diözese. In das kanon. Recht übernommen, fand der Begriff als Bezeichnung kirchl. Amtsträger Aufnahme in die Volkssprachen, während er im weltl. Bereich im roman. Sprachraum auch bestimmte Vertreter säkularer Amtsträger benannte. Oft hatte der V. gerichtl. Befugnisse.

II. Weltlicher Bereich: Bereits in den Stammesrechten der Westgoten und Langobarden sowie in der →Lex Salica erwähnt, vertraten die wohl durch die Gf.en (→comes) erhobenen V.e diese bis in die Karolingerzeit im gesamten →pagus als →Richter außer bei Totschlag, Diebstahl, Raub und Brandstiftung. Der V. ist nicht mit dem →vicecomes zu verwechseln, der v. a. polit. Aufgaben ausübte. Der Amtsbezirk hieß vicaria/centena. Die soziale Stellung des V.s erwuchs aus seiner Nähe zum Gf.en, dessen persönl. Gericht er oft beisaß.

[1] *Frankreich/Frankreich*: Im O und N des Frankenreiches kaum belegt, veränderten sich im W Stellung, Aufga-

ben und Größe des Amtsbezirks der V.e in nachkarol. Zeit wohl unter Einfluß der ma. →Immunität erheblich. Im 10./11. Jh. in einem durch die s. Normandie und das Pariser Becken, von Berri, Bourbonnais, Dauphiné, Auvergne, Languedoc, Limousin, Poitou, Charente und Maine bezeichneten Raum belegt, hatten die V.e gegenüber ihren karol. Vorgängern eine niedrigere soziale Stellung (z. T. Unfreie), stiegen aber bis zum châtelain, seigneur oder selten sogar bis zum prince auf. Für die neuen Befugnisse der V.e (Gefangennahme von Kapitalverbrechern im aus der Gft. ausgegrenzten Immunitätsbezirk, Eintreibung der Prozeßkosten und Überführung des Delinquenten an das Gericht oder den Gerichtsherrn) stand der Begriff viaria/voirie. Die Größe des Amtsbezirks betrug nun ein bis drei Dörfer. Vereinzelt gab es subvicarii als Gehilfen des V.s ohne eigenen Unterbezirk. Im 12./13. Jh. ersetzten →Prévôts die V.e. Zur Entwicklung in S-Frankreich vgl. →viguier.

[2] *Italien:* Justinian schaffte 535 für Byzanz V.e als Vertreter der Präfekten ab. Die Ostgoten ernannten nur in Südgallien zeitweise V.e, während in Italien wegen der ständigen Auseinandersetzungen mit Byzanz bis ins 7. Jh. V.e der praefecti Italiae vorkommen. Im 11. Jh. hießen dann in Florenz die höchsten Richter vicarii. Unter Friedrich I. als ständige ksl. Vertreter am Hofgericht belegt, tauchten unter Friedrich II. erstmals sog. →Reichsv.e auf und blieben bis zum Ende des MA tätig.

Zum Amt des V.s in Katalonien vgl. →*veguer.*

III. KIRCHLICHER BEREICH: Der Papst titelte etwa seit Leo I. als vicarius Petri, seit Eugen III. und Innozenz III. als vicarius Christi. Die Wandlungen dieses Titels spiegeln kirchenpolit. die Durchsetzung des röm. →Primats, ideengeschichtl. einzelne Epochen der röm.-kath. Ekklesiologie wider. Frühe Kirchenväter nannten alle Apostel V.e Christi, während Ignatios v. Antiocheia den Bf. einen Statthalter Gottes hieß. Ambrosiaster und Aponius bezeichneten hingegen im 5. Jh. den Ks. als vicarius Dei. Aponius benutzte überdies vicarius Christi für →Petrus und vicarius Petri für den röm. Bf. Successor et vicarius Petri blieb bis zum 12. Jh. der übliche Papsttitel. Petruskult und Betonung des röm. Primats auch über Konstantinopel förderten den Titelgebrauch. Parallel dazu hießen Bf.e und auch Priester unter Einfluß der bonifatian. Kirchenverfassung des Frankenreiches V.e Christi. Der Westen nannte den Ks. vicarius Dei, ohne daß daraus ein Zweigewaltenproblem erwuchs. Als rex et sacerdos galt der Ks. den Ottonen und Saliern als vicarius Christi.

Die Autoren des →Investiturstreits und der gregorian. Zeit vereinnahmten das Christusv.iat jeweils für ihre Seite. Für die einen stand der Sakralkg. und vicarius Christi über den Bf.en, die als Apostelvertreter Christus nur mittelbar repräsentierten. Für die anderen wahrte nur der Papst als Stellvertreter Christi die kirchl. Einheit und durfte daher allg. Gehorsam erwarten. Trotz der Kritik einiger →Dekretisten verbreitete sich die neue päpstl. Anrede etwa seit 1150. Innozenz III. zufolge vertritt der Papst Christus unmittelbar, wenn er Bf.e versetzt, obwohl ein Bf. traditionell mit dem Bm. unlösbar verbunden war. Vicarius Christi zeige priesterl. wie kgl. Natur des Papstes an. Daher sei der Papst oberste geistl. und in bestimmten Fällen auch höchste weltl. Amtsgewalt. Für Stephan v. Tournai war der Papst sogar eigtl. Imperator, andere sahen mit ihm den vicarius Papae. Da Briefe Innozenz' III. mit dem Titel »vicarius Christi« Aufnahme ins Kirchenrecht fanden, verbanden die →Dekretalisten die Lehre von der päpstl. plenitudo potestatis (→potestas) mit diesem Ausdruck.

Für die Hierokraten vertritt der Papst beide Naturen Christi und steht daher Kirche und Welt voran. Gregor IX., Innozenz IV., Bonifaz VIII. und Johannes XXII. wandten das nicht unumstritten Modell polit. auf Friedrich II., Philipp d. Schönen und Ludwig d. Bayern an. Dagegen argumentierten →Dante, der zw. unbegrenzter Amtsgewalt des Vertretenen und beschränkter potestas des Vertreters unterschied, →Marsilius v. Padua, →Wilhelm v. Ockham, John →Wyclif u. a. Ihr Einwand lautete, daß Christus weder ein kirchl. Oberhaupt noch überhaupt einen Vertreter auf Erden eingesetzt habe. Den Episkopalisten war jeder Bf. vice gerens Christi. Im weltl. Rechtsbereich sei der Ks. irdischer Stellvertreter Gottes, was die Papalisten bestritten. Für sie war nur der Papst gottunmittelbar. Zudem spielte das päpstl. Christusv.iat bei der Kirchenunionsfrage eine Rolle. Im 16. Jh. von den Reformatoren kritisiert, verteidigte das Tridentinum den Papst als irdischen Stellvertreter Christi.

Laut kath. Kirchenrecht wird ein V.iat mit ordentl. Amtsgewalt oder in bes. Auftrag, auf Dauer oder zeitl. befristet, übertragen. Außer dem neuen Bf.sv. gibt es verschiedene päpstl. Vertreter, →Generalv.e als allg. und Kapitelsv.e als interimistische bfl. Vertreter bei Amtsverhinderung, Domv.e als Gehilfen des Domkapitels, das bei Sedisvakanz den Bf. in Jurisdiktion und Verwaltung seiner mensa ersetzt, sowie Pfarrverweser und -v.e. Seit dem 4. Jh. durfte der vicarius apostolicus v. Thessalonike den Metropoliten seines Sprengels weihen, Bezirkssynoden abhalten, mußte der Weihe der übrigen Bf.e und den Provinzialkonzilien zustimmen und hatte in seinem Bezirk die oberste Straf- und Korrektionsgewalt auch über Bf.e. Dabei durfte er selbst entscheiden oder den Papst anrufen. Die apostol. V. e v. Arles (417–614) hatten weniger Rechte. Außerdem gab es diese zw. Metropoliten und Papst stehende Instanz in Spanien und im Frankenreich, wo der Papst den Titel im 8./9. Jh. ad personam verlieh. Auf niederkirchl. Ebene sind seit dem 12. Jh. Pfarrv.e als Vertreter oder Gehilfen belegt, um nicht residenzpflichtige, überlastete oder nicht zum Priester geweihte Pfarrer zu unterstützen, zu vertreten oder zu ersetzen (→Pfarrei, Pfarrorganisation). Über die Amtstauglichkeit eines vicarius maior urteilte der kirchl. Oberhirte, während ein privatrechtl. Dienstvertrag zw. vertretenem Pfarrer und Pfarrv. Rechte und Pflichten des V.s regelte. Der Patronatsherr durfte für eine Pfründe einen oft ebenfalls V. genannten Altaristen präsentieren, den der Bf. oder Generalv. nur bei mangelnder Eignung ablehnen durfte. Der vicarius minor erhielt für die Beteiligung an allg. Gottesdiensten Präsenzgelder und nahm gegen einen geringen Lohn und bestimmte Oblationen den liturg. Dienst des Pfründners am Altar wahr. Auch in inkorporierten Pfarreien waren häufig ständige oder widerrufl. V.e Seelsorger. Trotz Verbots kam es zu Pfründentausch und -kumulation, um die oft schlechte wirtschaftl. Lage zu verbessern. Der Pfarrer konnte V.e bei Pflichtversäumnis und unehrenhaftem Lebenswandel absetzen oder ihre Pfründeneinkommen sperren, wogegen sich V.e häufig genossenschaftl. verbanden. M.-L. Heckmann

Lit.: zu [I]: DU CANGE, VIII, 308–313 – zu [II]: H. FRICKE, Reichsv.e, -regenten und -statthalter des dt. MA [Diss. Göttingen 1949] – Violence et contestation au MA, 1990, 27 – zu [III]: M. MACCARRONE, Vicarius Christi, 1952 – H. FUHRMANN, Studien zur Gesch. ma. Patriarchate, ZRGKanAbt 39, 1953, 112–176; 40, 1954, 1–84; 41, 1955, 95–183 – A. M. STICKLER, Imperator vicarius Papae, MIÖG 62, 1954, 165–212 – P. HINSCHIUS, Das Kirchenrecht der Katholiken und Protestanten in Dtl., 1959², 1–111 – D. KURZE, Klerus, Ketzer, Kriege und Prophetien, 1996, 3, 6f., 34f., 93f., 123.

Vikariat, päpstliches → Vikar

Viktor (s. a. Victor)

1. V. II. (Gebhard), *Papst* seit 13. April 1055, † 28. Juli 1057 Arezzo, ⌂ Ravenna, S. Maria Rotonda, Grabmal Theoderichs; aus edelfreiem schwäb. Geschlecht, wohl von Vorfahren der Gf.en v. →Calw abstammend, dem sal. Ks.haus weitläufig verwandt; offenbar in der Regensburger Domschule erzogen, hier Domkanoniker unter seinem Verwandten Bf. →Gebhard III., auf dessen Vorschlag Kg. Heinrich III. ihn 'sehr jung' 1042 zum Bf. v. →Eichstätt ernannte; seit ca. 1050 maßgebl. Berater Ks. Heinrichs III., Gegner der Normannenpolitik Papst Leos IX. Nach Leos Tod bestimmte der Ks. nach Verhandlungen mit einer röm. Gesandtschaft unter Führung Hildebrands (→Gregor VII.) den heftig widerstrebenden Bf. Gebhard zum Nachfolger; erst Anfang März 1055 (Reichstag zu Regensburg) willigte dieser ein, als ihm Beibehaltung seines Bm.s und Rückgabe von Gütern an die röm. Kirche zugesichert wurden. V. wurde am 13. April 1055 (Gründonnerstag) in St. Peter inthronisiert und setzte die Kirchenreform in enger Verbindung mit dem Ks. fort. Zur Sicherung der Reichsinteressen übertrug ihm der Ks. die Verwaltung des Hzm.s →Spoleto und der Mgft. →Fermo. V. traf sich im Sept. 1056 in Goslar mit dem Ks., um die Bereinigung der südit. Probleme vorzubereiten, stand aber am 5. Okt. zu Bodfeld an Heinrichs Sterbelager, der seinen unmündigen Sohn Heinrich IV. dem Bes. Schutz des Papstes empfahl. V. setzte den Ks. in Speyer bei, sicherte die Regentschaft der Ksn. →Agnes, krönte Heinrich IV. in Aachen, veranlaßte den Treueid der Fs.en und vermittelte (Kölner Hoftag, Dez.) den Frieden mit den bisherigen Hauptgegnern, →Balduin V. v. Flandern und →Gottfried III. v. Oberlothringen. Im Febr. 1057 kehrte er nach Italien zurück, hielt Synoden im Lateran und in Arezzo, wo er starb. G. Schwaiger

Q.: Anonymus Haserensis de episcopis Eichstetensibus (MGH SS VII), 263–266 – WATTERICH I, 177–188 – MANSI XIX, 833–862 – LP III, 390 – JAFFÉ² I, 549–553; II, 710f., 750 – *Lit.*: LThK² X, 769 – SPINDLER I², 318, 505 – N. GUSSONE, Thron und Inthronisation des Papstes von den Anfängen bis zum 12. Jh., 1978, 215f. – Frk. Lebensbilder, IX, 1980, 11–21 – ST. WEINFURTER, Die Gesch. der Eichstätter Bf.e des Anonymus Haserensis, 1987, bes. 177–182, 193–200 – J. N. D. KELLY, Reclams Lex. der Päpste, 1988, 165f. – PH. LEVILLAIN, Dict. hist. de la papauté, 1994, 1720f. – G. MARTIN, Die sal. Herrscher als 'Patricius Romanorum', FMASt 28, 1994, 257–295.

2. V. III. (Dauferius/Daufari), OSB, *Papst* seit 24. Mai 1086 (Wahl) bzw. 9. Mai 1087 (Weihe), * um 1027, † 16. Sept. 1087 in →Montecassino, ⌂ ebd.; aus beneventan. Adel und mit dem langob. Hzg.shaus verwandt, erlebte in seiner Jugend den Aufstieg der norm. Macht in seiner Heimat. Nach anfängl. Eremitenleben 1048/49 Eintritt ins Kl. S. Sofia in Benevent (Mönchsname fortan: Desiderius), mit Billigung Papst →Viktors II. 1055 Wechsel nach Montecassino, wo er 1058 in Nachfolge Stephans IX. zum Abt aufstieg. Seine fast 30jährige Amtszeit verhalf dem Kl. zu einem großzügigen Umbau, vermehrtem Besitz und zu einer kulturellen Blüte, die sich auf Bibliothek, Künste und Lit. auswirkte; der Abt selbst schrieb u. a. 1076/79 ein Werk über die Wunder des hl. Benedikt. In engem Kontakt mit dem Reformpapsttum (seit 1059 Kard.priester v. S. Cecilia) vermittelte vermutl. er das 1059 in Melfi geschlossene Bündnis mit den Normannenführern und wirkte als päpstl. Vikar in Unteritalien. Häufige Begegnungen mit Nikolaus II., Alexander II. und Gregor VII. lassen ihn als wichtige Stütze von deren Kirchenpolitik erscheinen. Nachdem er 1080 →Robert Guiscard (10. R.) mit dem Papst ausgesöhnt hatte, traf ihn 1082 Gregors Unwillen (aber doch wohl nicht die Exkommunikation) wegen eines Treffens mit dem gebannten Kg. Heinrich IV. Dennoch nahm er den Papst 1084 nach seiner Flucht aus Rom in Montecassino auf und erlebte dessen letzte Tage in Salerno mit.

Wegen der Dominanz des Gegenpapstes →Clemens III. (Wibert) gelang erst ein Jahr später in Rom einem kleinen Kreis die Wahl des Nachfolgers, die auf Desiderius fiel, obgleich Gregor ihn nicht unter den wünschenswerten Kandidaten benannt hatte. Er mußte schon nach vier Tagen aus Rom weichen, zog sich nach Montecassino zurück und amtierte, angefeindet von einem Teil der Gregorianer um →Hugo v. Die (22. H.), weiter als Abt, bis er sich im März 1087 in Capua doch zur Annahme bereit fand und im Schutz norm. Truppen nach Rom geleitet wurde, um geweiht zu werden. Auch die Monate seines Pontifikats verbrachte V. meist in Montecassino. Im Aug. 1087 hielt er eine Synode in Benevent ab, die sowohl Wibert als auch Hugo v. Die verurteilte, nicht den Bann über Heinrich IV. erneuerte; ein Investiturverbot scheint nicht verfügt worden zu sein. Ob V. einen vermittelnden Kurs (wie ihn auch die Wahl des Namens nach Viktor II. andeutet) hätte durchsetzen können, steht dahin; immerhin gelang es ihm, die Kontinuität des Reformpapsttums zu wahren. Urban II. wurde nach seiner Empfehlung gewählt. R. Schieffer

Q.: Dialogi de miraculis S. Benedicti auct. Desiderio abb. Casinensi (MGH SS XXX/2), 1111–1151 – LP II, 292 – JAFFÉ² I, 655f.; II, 713 – Chronica mon. Casinensis, B. III (MGH SS XXXIV), 358–457 – *Lit.*: Bibl. SS XII, 1286–1289 – R. HÜLS, Kard.e, Klerus und Kirchen Roms 1049–1130, 1977, 154ff. – H. DORMEIER, Montecassino und die Laien im 11. und 12. Jh., 1979 – G. A. LOUD, Abbot Desiderius of Montecassino and the Gregorian Papacy, JEcH 30, 1979, 305–326 – H. E. J. COWDREY, The Age of Abbot Desiderius, 1983 – L'età dell'abate Desiderio, I–III, 1989–92 – ST. BEULERTZ, Das Verbot der Laieninvestitur im Investiturstreit, 1991 – M. GUDE, Die »fideles sancti Petri« im Streit um die Nachfolge Papst Gregors VII., FMASt 27, 1993, 290–316.

3. V. IV. (Gregor v. Ceccano), *(Gegen-)Papst* seit März 1138. Von Paschalis II. vor 1110 zum Kard.presbyter von SS. XII Apostoli kreiert und als solcher kaum aufgefallen, schloß er sich 1130 Anaklet II. an. In aussichtsloser Lage ließ er sich nach dessen Tod zum Papst wählen, unterwarf sich aber schon Ende Mai 1138 Innozenz II. W. Maleczek

Q.: JAFFÉ² I, 919 – *Lit.*: B. ZENKER, Die Mitglieder des Kard.kollegiums von 1130 bis 1159, 1964, 106f.

4. V. IV. (Oktavian v. Monticelli), *(Gegen-)Papst* seit 7. Sept. 1159 (tumultuar. Wahl in Rom, St. Peter; Weihe: 4. Okt. in Farfa), † 20. April 1164 in Lucca, ⌂ ebd. Aus einer der führenden Familien der Sabina, einer Seitenlinie der röm. →Crescentier, stammend und damit nach der Überzeugung der Zeitgenossen mit dem europ. Hochadel versippt, wurde er 1138 zum Kard.diakon v. S. Nicola in Carcere Tulliano kreiert und 1151 zum Kard.presbyter v. S. Cecilia promoviert. Als specialis amator Teutonicorum (Gesta Alberonis archiepiscopi, MGH SS VIII, 255) war er mehrfach Legat bei Friedrich I., der ihn und seine Brüder 1159 mit der Gft. Terni belehnte. Nach der Doppelwahl fand er im Ks. seine Hauptstütze (formelle Anerkennung auf der Synode v. Pavia, Febr. 1160), aber Alexander III. gewann rasch die größere Obedienz. Die Versammlung v. →St-Jean de Losne (Sept. 1162) nach dem mißlungenen Treffen zw. dem Ks. und Ludwig VII. v. Frankreich, bei der V. anwesend war, erneuerte die Anerkennung, zeigte jedoch seine Isolation. Persönl. würdig und von Reformabsichten erfüllt, vermochte er sich nicht von Friedrich I. zu lösen, wurde nur vom stauf. gesonnenen Teil der dt. Kirche anerkannt und hielt sich überwiegend im ksl.

Einflußbereich in Oberitalien, im Burgund und im W des Reiches auf. Auch sein kurialer Apparat verkümmerte zusehends. W. Maleczek

Q.: Jaffé² II, 418–426, 725 – LP II, 397–410 – *Lit.*: Haller III, 111–134 – Seppelt III, 232–247 – P. F. Kehr, Zur Gesch. V.s IV., NA 46, 1926, 53–85 – B. Zenker, Die Mitglieder des Kard.kollegiums von 1130 bis 1159, 1964, 66–70 – H. M. Schwarzmaier, Zur Familie V.s IV. in der Sabina, QFIAB 48, 1968, 64–79 – T. Reuter, The Papal Schism, the Empire and the West, 1159–69 [Diss. Exeter 1975] – H. Mayr, Der Pontifikat des Gegenpapstes V. IV. [Diss. Wien 1977] – W. Maderthoner, Die zwiespältige Papstwahl d. J. 1159 [Diss. Wien 1978], bes. 90–109.

5. V. v. Straßburg, Mönch OSB in →St. Gallen, † nach 991; Abkunft aus churrät., kg. snahem Adel, Dichter nicht erhaltener Verse, Leiter der St. Galler Kl.schule unter Abt Craloh (942–958). Im Konflikt mit dem Abt gebleudet, wurde er von →Notker II. d. Arzt behandelt. Zw. 958 und 971 holte ihn sein Verwandter, Bf. →Erchanbald v. Straßburg, wegen seiner Gelehrsamkeit zu sich und scheint ihm die Domschule anvertraut zu haben, da das Ansehen der Stadt von Zeitgenossen mit V.s wiss. Begabung begründet wird. Nach 991 zog V. sich als Eremit in die Vogesen zurück und starb dort mehrere Jahre später. J. Ehlers

Q.: Ekkehard, Casus S. Galli, ed. H. F. Haefele, AusgQ 10, 1980, c. 69–78 – *Lit.*: I. Müller, Ekkehard IV. und die Rätoromanen, SMBO 82, 1971, 217–288 – Helvetia Sacra III/1, 1986, 1198f. – J. Duft, Die Abtei St. Gallen, 2, 1991, 151, 159f., 199.

Viktoriner (v. Marseille), Kongregation OSB, umfaßte die von der Abtei St-Victor v. →Marseille (die nach der Tradition von Johannes →Cassianus 416 am Grab des hl. Victor, der um 290 unter Ks. Maximian den Märtyrertod erlitten haben soll, gegründet wurde) abhängigen Klöster. Obgleich die hist. Gestalt dieses Märtyrers, der von →Gregor v. Tours genannt wird, nur schwer zu identifizieren ist, verbreitete sich sein bereits im 4. Jh. bezeugter Kult im gesamten Mittelmeerraum bis nach Konstantinopel. Für seine – in ganz Europa verstreuten – Reliquien wurde auch die gleichnamige Abtei in Paris erbaut. Nach der Zerstörung durch die Sarazenen 923 wurde St-Victor v. Marseille zw. 965 und 977 durch Initiative der Gf. en der Stadt und des Bf.s Honoratus, der die benediktin. Observanz dort einführte, wiederbegründet. Im 11. Jh. wurde das Werk durch die Äbte Wilfred (1004–30), Isarn und Hugo de Glazins, auf den der Bau der roman. Unter- und Oberkirche zurückgeht, vollendet. Die Abtei und Kongregation erlebten ihre Blütezeit unter zwei Brüdern, den großen Äbten Bernard (1065–79) und Richard (1079–1106) v. Millau, die als Legaten →Gregors VII. in Deutschland und Spanien wirkten. Ihr Einsatz für die Kirchenreform wurde von Gregor VII. belohnt: 1079 löste er die Abtei aus ihrer Abhängigkeit vom Bf., stellte sie auf die gleiche Ebene wie Cluny und verband mit ihr auch die berühmte röm. Abtei St. Paul vor den Mauern, die bis dahin dem Papst selbst unterstanden hatte. In dieser Zeit dehnte sich die V.-Kongregation über die Grenzen der Provence nach Languedoc, Katalonien, Ligurien, aber v. a. nach Sardinien aus, wo drei Priorate (S. Saturno in Cagliari, S. Nicola in Guzule und S. Stefano in Posada) mit ungefähr 50 abhängigen Kirchen gegründet wurden. 1216 erbte die Abtei auch die Güter des letzten Gf. en v. Marseille, Roncelin, der als Mönch in St-Victor eingetreten war. Im 13. Jh. begann jedoch auch der Niedergang des Kl. und der Kongregation, der nicht einmal durch die Wahl des großen Abtes Guillaume Grimoard 1362 zum Papst (→Urban V.) aufgehalten werden konnte. Dieser ließ die Kirche wiederaufbauen, die nun ein wehrhaftes Aussehen erhielt und weihte 1365 ihren Hauptaltar neu. Wegen ihres festungsartigen Charakters wurde die Abtei von dem Gegenpapst Pedro de Luna (→Benedikt XIII.) in den Jahren 1404 bis 1407 zu seiner Residenz erwählt. 1424 begann die Reihe der Kommendataräbte und die fortschreitende numer. Verminderung der Kommunität, die 1549 nur mehr 40 Mönche zählte. G. Spinelli

Lit.: Bibl.SS XII, 1261–1273 – Catholicisme XIII, 1993, 605f. – E. Guérard, Cartulaire de l'abbaye de Saint Victor de Marseille, 1857 – A. Boscolo, L'abbazia di San Vittore, Pisa e la Sardegna, 1958 – Studi sui Vittorini in Sardegna, hg. F. Artizzu u. a., 1963 – Provence historique 16, 1966, 253–560 (Recueil des actes du Congrès..., 1966) – J. Boisseu – E. Arrouas, St. Victor. Une ville, une abbaye, 1986.

Viktoriner, Regularkanoniker der Abtei St-Victor in Paris. [1] *Geschichte der Abtei:* Als i. J. 1108 →Wilhelm v. Champeaux, Erzdiakon der Diöz. Paris und Scholaster der Schule von Notre-Dame, seine Ämter aufgab, um sich auf die linke Seineufer zurückzuziehen, legte er den Grundstein für eine der angesehensten Abteien von Regularkanonikern in ganz Europa. Indem Wilhelm, der im übrigen seine Lehrtätigkeit nach kurzer Zeit wieder aufnahm, und die kleine Schar seiner Schüler sich dafür entschied, nach der Augustinusregel zu leben, schloß sie sich der gregorian. Reform an. Unter der Protektion von Reformbf.en (z. B. →Ivo v. Chartres, →Hildebert v. Lavardin, Galon v. Paris) und der frz. Kg.e (zunächst Ludwig VI., dann Ludwig VII.) nahm die Gründung eine rasche Entwicklung. 1113 wurde sie zur Abtei erhoben und gut dotiert. Im selben Jahr wurde Wilhelm v. Champeaux zum Bf. v. Châlons ernannt, und Gilduin zum ersten Abt von St-Victor bestellt. Unter Gilduins Abbatiat († 1155) erlebte die Abtei einen religiösen und intellektuellen Aufstieg ohnegleichen. Ab dem letzten Drittel des 12. Jh., bes. aber im 13. Jh. verblaßte ihr Ansehen vor den aufkommenden Mendikantenorden und der Univ. Paris. Im 12. Jh. galt St-Victor als Modellabtei, deren religiöser Lebensstil von zahlreichen schon bestehenden Kapiteln von Säkularkanonikern übernommen wurde (→Paris, C. II, 4). Sie war darüber hinaus attraktiv für Weltgeistliche, die nur die Schule der Abtei besuchen (z. B. →Petrus Lombardus), oder die dort ihren Lebensabend verbringen wollten (z. B. →Petrus Comestor, Maurice de →Sully). Im 12. Jh. zählte die Abtei ca. 12 Priorate. Das Testament Ludwigs VIII. berichtet im 13. Jh., daß die Confoederatio victorina 40 affiliierte Häuser umfaßte. Am Ende des 15. Jh. versuchte Johannes Mombaer vergeblich, St-Victor nach dem Windesheimer Modell der →Devotio moderna zu reformieren, um auf diese Weise ein Standbein in Frankreich zu gewinnen. 1513 schloß sich St-Victor der auf dem Kapitel v. Livry (1503) gegr. Kongregation mehrerer nordfrz. Regularkanonikerabteien an (sog. Zweite Kongregation von St-Victor). 1790 wurde die Regularkanonikerkommunität aufgelöst, die Gebäude wurden zu Beginn des 19. Jh. zerstört.

[2] *Geistliches und intellektuelles Leben:* Zur Zeit Wilhelms bestimmte der ordo antiquus das Leben der V. (Gemeinschaft, Armut); unter dem Abbatiat Gilduins wurden auch Elemente des strengeren ordo novus eingeführt (Fasten, Handarbeit, Kleidung), den die Kanonikate des 12. Jh. im allg. bes. schätzten. Die V. stellen innerhalb der Welt der Regularkanoniker jedoch einen Sonderfall dar: (a) ursprgl. aus einem älteren, traditionellen religiösen Milieu herkommend, übte weniger Cîteaux als vielmehr Cluny entscheidenden Einfluß auf die V. aus, wie sich am Liber Ordinis Sancti Victoris zeigt; (b) im Unterschied zu anderen Reformabteien führten die V. ein urbanes Leben und waren viel stärker mit dem Kgtm. verbunden. Der cluniazens. Einfluß zeigt sich sowohl an der Struktur der Kom-

munität als auch in der Vorliebe für eine breiten Raum einnehmende Liturgie. Die Handarbeit dagegen, konstitutives Element des traditionellen Mönchtums, ersetzten die V. schon früh durch intellektuelle Arbeit. Der dem Studium zukommende breite Raum im Tagesablauf der V. zeugt vom Verlangen nach Reflexion der eigenen Erfahrung und nach Bereicherung durch die intellektuelle Auseinandersetzung mit dem Anderen. Diese doppelte Motivation trägt dazu bei, daß sich der einzelne Kanoniker persönlich Gott zuwenden kann (vgl. Hugo v. S. V., De institutione nouitiorum, 7–8 [MPL 176, 932–934]; Odo v. S. V., Epistole de obseruantia canonice professionis recte prestanda, II [MPL 196, 1403–1404]). Abgesehen vom Liber Ordinis, der mehr die consuetudines beschreibt, als daß er die Konstitutionen des Ordens umfaßte, und den Werken der V. →Hugo und Odo, kennen wir keine Q., die das Leben der V. konkret darstellen: Wenn man das Profil der V. spezifizieren wollte, müßte man eher einzelne Autoren dieser Abtei, die auch eine Schule war, charakterisieren. Gleich in der ersten Generation, mit Autoren wie Wilhelm v. Champeaux und Hugo v. S. V., erreicht die Abtei die Spitze ihrer intellektuellen Kraft. Unter Wilhelm ist der Laoneser Einfluß vorherrschend. Hugo greift zwar Elemente der Philosophie Wilhelms und der theol. Methode →Anselms v. Laon auf, geht jedoch bei weitem in einer eigenständigen Synthese über sie hinaus. Die zweite Generation der V. (→Richard, →Andreas, →Achard), sämtl. Schüler Hugos, konzentrierte sich jeweils auf Teilbereiche des Wissens. Das Bemühen der V., mit Hilfe von ratio und scriptura sacra das christl. Geheimnis zu durchdringen, ließ dennoch nicht nach. Im letzten Drittel des 12. und zu Beginn des 13. Jh. waren die V. an der Pariser Univ. als Prediger (Gottfried und →Walter v. S. V.) und Beichtväter (→Petrus Pictaviensis, →Robert v. Flamborough) präsent. Von Gottfried († 1195) sind uns neben Sermones v. a. seine Hauptwerke erhalten geblieben, Microcosmus und Fons philosophiae. Neuere Untersuchungen haben indessen Gottfrieds Arbeitsmethode und die Art des Scriptoriums der V. besser erfassen lassen. Tatsächlich ist ein Autograph vom Microcosmus erhalten (Hs. Paris, BN, lat. 14881), das Arbeitsexemplar Gottfrieds, das für den Kopisten als Vorlage für eine saubere Abschrift (die Hs. Paris, BN, lat. 14515) bestimmt war. Er ist derzeit der einzige mlat. Autor vor dem 14. Jh., von dem wir sowohl ein Autograph als auch eine eigenhändig verbesserte Originalkopie besitzen. R. Berndt

Lit.: DSAM XVI, 559–562 – Catholicisme 13, 604 – D. Lohrmann, Papsturk. in Frankreich, NF, Bd. 8: Diöz. Paris, I: Urkk. und Briefslg. der Abteien Sté-Geneviève und St-Victor, 1989 – M. Schoebel, Archiv und Besitz der Abtei St. Victor in Paris (Pariser Hist. Studien, 31, 1991) – B. Barbiche, La papauté et les abbayes de Ste-Geneviève et de St-Victor de Paris au XIIIe s. (L'Église de France et la papauté [Xe–XIIIe s.], hg. R. Grosse, 1993), 239–262 – C. S. Jaeger, Humanism and Ethics at the School of St. Victor in the Early Twelfth Cent., MSt 55, 1993, 51–79 – P. Sicard, Exercices spirituels et diagrammes médiévaux. Le »Libellus de formatione arche« de Hugues de Saint-Victor (Bibl. Victorina 4), 1993 – G. Teske, Die Briefslg.en des 12. Jh. in St. Viktor/Paris, 1993 – J. Ehlers, Das Augustinerchorherrenstift St. Viktor im 12. Jh. (Aufbruch–Wandel–Erneuerung, hg. G. Wieland, 1994), 100–122.

Viktring, ehem. OCist-Abtei bei Klagenfurt, Kärnten, von Gf. Bernhard v. →Spanheim-Marburg, Bruder des Hzg.s Engelbert II. v. Kärnten, 1142 als erstes OCist-Kl. →Kärntens gegr. Die Mönche kamen aus Weiler-Bettnach (Villars) in Lothringen, das Bernhards Neffe Heinrich 1132 gegr. hatte und als Abt (seit 1145 Bf. v. Troyes) leitete. Ebf. →Konrad I. (31. K.) unterstellte 1143 V. dem Schutz der Salzburger Kirche und verbot die Einsetzung von Laienvögten; 1146 erhielt V. ein päpstl. Schutzprivileg. Die Kl.kirche (1202 von Ebf. →Eberhard II. v. Salzburg [18. E.] geweiht) ist das einzige erhaltene Beispiel burg. →Zisterzienserbaukunst im dt. Sprachraum. 1234 konnte Mariabrunn bei Landstraß in Krain (Kostanjevica in Slowenien) von V. aus gegr. und besiedelt werden. V. hatte reichen Besitz in Unterkärnten (Sattnitz, Rosental, Umgebung von Klagenfurt) und kolonisierte das Umland des Kl. Mit der Schenkung der Kirche St. Leonhard am Loibl durch Patriarch →Berthold v. Aquileia (10. B.) 1239 übernahm V. die Sicherung des Loiblpasses, wo ein Hospiz errichtet wurde, und die Erschließung der Karawankentäler. Im SpätMA gingen diese Positionen an die Herrschaft Hollenburg verloren, V. erhielt dafür 1418 einen Burgfried. Außerdem hatte V. Besitz in und um →Marburg (Maribor) und in Oberkrain. Im N sah sich V. durch die wachsende Stadt →Klagenfurt eingeengt. Abt →Johann v. V. (52. J.) war ein bedeutender Geschichtsschreiber. Mit der Pfarre St. Zeno in Kappel erwarb V. 1443 das Archidiakonat im unteren Rosental. Nach dem Niedergang im 15. Jh. scheiterte 1494 der von Ks. und Papst gebilligte Plan, das Kl. dem →St.-Georgs-Ritterorden in →Millstatt zu inkorporieren, am Widerstand der Kärntner Stände und des Ebf.s v. Salzburg. H. Dopsch

Lit.: M. Pagitz-Roscher, Gesch. des Zisterzienserkl. V. [Diss. Wien 1953] – O. Reisinger, Aus V.s Vergangenheit, 1971 – C. Fräss-Ehrfeld, Gesch. Kärntens, I, 1984, 204ff. – Stift V. 1142–1992 (Fschr. 1992).

Vilabertrán, Santa Maria de (prov. Gerona/com. Alt Empordà), ehem. Abtei OSA, Gründung des Priesters und ersten Abtes Peter Rigald († nach 1104), der eine wichtige Rolle für die Verbreitung der Regularkanonikerbewegung in den Gft.en Ampurias und Roussillon spielte. Nach reichen Schenkungen (1069, 1075), Bau von Kirche und Konventsgebäuden (1100) und Übernahme der →Augustinusregel (nach 1089) erfuhr das Stift, in dem 12 Kanoniker lebten, im 12. Jh. eine Blütezeit und stand in enger Verbindung zum Bf.ssitz v. →Gerona, dem es zwei Bf.e stellte (Berengar v. Llers [1136–42]; Raimund Guissall [1162–77]). Gefördert von den Adelsfamilien der Navata, Llers und →Torroja, diente V. den Vzgf.en v. →Rocabertí als Grablege. Nach zahlreichen Gunstbeweisen der Kg.sfamilie nahm Peter IV. V. 1382 in den Kg.sschutz auf. Im 15. Jh. wurden Stift und Ort, dessen Jurisdiktion V. seit 1191/94 zustand, zum Schutz gegen Pirateneinfälle befestigt. 1592 erfolgte die Säkularisation und Umwandlung in ein Kollegiatsstift. U. Vones-Liebenstein

Lit.: Gran Enc. Catalana XV, 464f. – M. Golobardes i Vila, El monasterio de Santa María de V., 1949 – A. Pladevall, Els Monestirs catalans, 1974³, 55, 157–161 – Catalunyà románica IX, 1989, 873–894 – O. Engels, Reconquista und Landesherrschaft, 1989, 170f. – Y. M. Marquès Planagumà, Escriptures de Santa Maria de V., 1995.

Vilafranca del Penedès, Übereinkunft (Capitulació) v., am 21. Juni 1461 zw. Kgn. →Johanna Enríquez, Gemahlin und Stellvertreterin Kg. Johanns II. v. Aragón, und den Repräsentanten des katal. Prinzipats geschlossen, legte die Spannungen bei, die zw. dem Kg. und den katal. Ständevertretern über die Gefangenschaft des *Principe* →Karl v. Viana (18. K.) bestanden. Zwar konnte Johann II. die theoret. Grundlagen seiner Kg.sgewalt festigen, doch war er gezwungen, sie durch Zugeständnisse fakt. zu begrenzen: So mußte er vor Betreten des Prinzipats die Zustimmung der Diputació del General einholen, Regierung und Verwaltung einschließ. der exekutiven Funktionen einem Stellvertreter übertragen, konnte zwar die *Corts* einberufen und die kgl. Amtsträger ernennen, mußte diese aber bestätigen und die Einkünfte der bedeutendsten dieser Amtsträger direkt durch die Abgeordneten der Generalitat bezahlen lassen. Die Übereinkunft v. V., die zugleich die kgl. Stellvertretung und das Erstgeborenenrecht Karls v. Viana einräumte, gilt als Sieg des katal. Paktismus, dessen Träger, die aristokrat. und oligarch. Schichten, den Kg. auf Dauer in eine konstitutionelle Regierungsform einbinden wollten. Der folgende Bürgerkrieg war für diese Bestrebungen ein schwerwiegender Rückschlag. L. Vones

Lit.: Dicc. d'Hist. de Catalunya, 1992, 1121 – J. Vicens i Vives, Juan II de Aragón, 1953 – N. Coll Julià, Doña Juana Enríquez, Lugarteniente real en Cataluña, 2 Bde, 1953, bes. I, 96ff. – S. Sobrequés i Vidal–J. Sobrequés i Callicó, La guerra civil catalana del s. XV, II, 1973, 214f. – Dietari o Llíbre de Jornades (1411–84) de Jaume Safont, ed. J. M. Sans i Travé, 1992, 124f. – Dietaris de la Generalitat de Catalunya, I, 1994, 163f.

Vilain
I. Das Bild der literarischen Zeugnisse – II. Literarische Fiktion und soziale Realität.

I. Das Bild der literarischen Zeugnisse: Das frz. Wort 'vil(l)ain' bezeichnet in seiner ursprgl. Bedeutung den Bewohner einer →'villa', eines (domanialen) Landgutes; in Frankreich wurde 'v.' zur gängigen Bezeichnung eines freien →Bauern, wohingegen der Begriff im anglonorm. England für einen 'Halbfreien' bzw. →'Hörigen' steht. Durch semant. Entwicklung nahm 'v.' eine stark pejorative Konnotation an und bezeichnete – ähnl. den Begriffen 'manant' (von lat. manere 'bleiben', 'an der Scholle kleben') und 'rustre' (von lat. rusticus 'Bauer') – den bäur. 'Tölpel, Rüpel', den 'Niederen'.

Ein Komplex von Klischees kontrastiert die negativ besetzte 'vilainie' mit der angesehenen 'courtoisie' (→Kultur und Gesellschaft, höf.; →Ständelit.). In seinem phys. Erscheinungsbild tritt uns der v. als Figur von exemplar. Häßlichkeit entgegen, ganz im Gegensatz zu den adligen jungen Herren ('jouvencel', 'Junker'; →iuvenes) und Damen, denen eine anmutige Erscheinung (z. B. 'blondgelocktes Haar') sowie elegante Bewegungen und Sprechweise (→Verhalten, -snormen) nachgerühmt werden, aber auch in Abliebung vom gebildeten Kleriker ('clerc lettré') und immerhin lernfähigen Stadtbewohner ('citadin'). So schildert (wir konzentrieren uns im folgenden auf Beispiele aus der Frz. Lit.) die berühmte Versnovelle →»Aucassin et Nicolette« (um 1200) als Contrepart des im Wald umherirrenden jungen Adligen Aucassin den Sohn des »v.« Hervis, Rigaut, als einen »damoiseau« (der Adelsrang wird ihm aus purer Ironie zuerkannt) mit »plumpen Gliedern, breiten Schultern und handlang voneinander abstehenden Augen«. Auch viele andere Texte geben durch Betonung körperl. Deformierung (klaffender Mund, schiefes Kinn, abstehende Ohren, Glatze, tierhafter Gesichtsausdruck, lauernder Habichtsblick), verstärkt noch durch starrende Unsauberkeit und monströse Verkrüppelung, den v. der Lächerlichkeit preis. Sein 'inneres' Verhalten entspricht vollauf den abstoßenden 'äußeren' Merkmalen. In einem afrz. →Fabliau (anonym, spätes 12. Jh.) werden zwei anmutige Ritter in Bewunderung einer reizenden Waldlichtung (→locus amoenus) mit zwei ungehobelten v.s konfrontiert, die den Ort unter ganz anderen Aspekten als schön preisen, nämlich zum Verrichten ihrer Notdurft (»beau pour chier!«). Die Erzählung schließt mit der Moral: »Der v. kennt keine höhere Freude 'que le plaisir de chier'.« Ein anderer Topos betont spött. die Leichtgläubigkeit der v.s, die dem gröbsten →Aberglauben anhängen, superstitiösen Praktiken (etwa Wetterregeln, →Bauernpraktik), die z. T. in das →Heidentum zurückverweisen (vgl. die Sprachverwandtschaft von Heide, 'paganus', mit 'paysan', Pagusbewohner, Bauer). Die sprichwörtl. Redensart »Tel un âne, tel un v.!« faßt dieses Bild des v. treffend zusammen.

Neben dem armen und elenden v. tritt in der ma. Lit. bisweilen auch der reiche bäuerl. Emporkömmling ('coq de village') auf, der (unter satir.–ständekrit. Aspekt) eine lächerl. Nachahmung adliger Sitten praktiziert (im →»Renart«: Imitation der Lebensweise eines Châtelain). Im Unterschied zum guten Christen, dem Adligen und Klerikder, wird der v. infolge seiner angeborenen 'rusticitè' der schamlosen Verletzung von sittl. Geboten geziehen (Todsünden: Trunksucht, Völlerei, Unkeuschheit; Vollzug des ehel. Beilagers auch in Zeiten der Enthaltsamkeit, bis hin zur sexuellen Perversion: →Blutschande, v. a. die der Welt der Bauern und Hirten zugeschriebene Sodomie), ist aber andererseits auch der Prototyp des 'Hahnreis' (→Ehebruch, C), insbes. wenn er wesentl. älter als seine Ehefrau und geizig ist (»avers et chiche«) (z. B. Fabliau der »Dame écouillée«: Motiv der vom Pfaffen in Gegenwart ihres Mannes, eines extrem törichten v., sodomisierten Frau).

Ein Vagantenlied, die »Déclinaison du Paysan«, macht sich einen köstl. Spaß daraus, eine iron. Deklination des v. durch alle Casus in Singular und Plural durchzuführen: *Nominativ:* ce vilain, ces maudits / *Genitiv:* de ce rustre, de ces misérables / *Dativ:* à ce tferfero ('Teufel'), à ces menteurs / *Akkusativ:* ce voleur, ces vauriens / *Vokativ:* ô brigand, ô détestables / *Ablativ:* par ce pillard, par ces infidèles.

Wie jedes verworfene Wesen ist der v. von Natur aus unzufrieden, mürr., boshaft, eifersüchtig, träge, dieb., rachsüchtig, aufsässig, stets bereit, Besitz und Gerätschaften seines Herrn zugrundezurichten. Die Gewalttaten der aufständ. Bauern des 14. Jh. (→Jacquerie und →Tuchins in Frankreich) waren Wasser auf die Mühlen ihrer Verächter, die ein negatives, stat. Bild des v. zeichnen, wie es im Sprichwort »V. est, v. restera« zum Ausdruck kommt.

II. Literarische Fiktion und soziale Realität: Die genannten literar. Topoi sind keineswegs ohne Bezug zu bestimmten, erklärungsbedürftigen hist. Fakten. Der ungeliebte v. ist auf weite Strecken ein Unbekannter. Obwohl die bäuerl. Bevölkerung in einigen Regionen von niedrigem Urbanisierungsgrad (in Frankreich: Bretagne, Savoyen, Auvergne, Pyrenäen u. a.) mehr als 90% der Bevölkerung umfaßte, tritt sie in den erhaltenen Q. kaum aus dem Schatten heraus (wenige Selbstzeugnisse, seltene bäuerl. →Testamente, jedoch bekannt die vehementen Klagen der unter rigidem Steuerdruck leidenden Bauern aus →Vernon, Hte-Normandie). Noch die heutige Forsch. ist oft stärker interessiert an eher abstrakten wirtschaftsgesch. und verfassungsgesch. Tatbeständen als an Erkenntnissen über konkrete Lebensbedingungen und die Gefühlswelt der ländl. Bevölkerung.

Die stark vom Nachleben der antiken Kultur geprägten Vorstellungen der ma. Autoren sind markiert von einer negativen Bewertung der Handarbeit (→Arbeit). Die elende Lage des v. galt entweder als selbstverschuldet oder wurde auf den Willen Gottes zurückgeführt. →Armut löste im allg. erst dann soziale Erregung aus, wenn sie sich als Ergebnis eines freiwilligen Verzichts (religiöse →Askese) darstellte. »Der Bauer des MA litt zweifellos unter einer latenten Erniedrigung.« (J. Le Goff).

Nach archäolog. Forsch.sergebnissen korrespondierten bei ca. 80–90% der ländl. Bevölkerung Frankreichs die negativen literar. Schilderungen mit den tatsächlich dürftigen Lebens- und Wohnbedingungen (enges Zusammenleben von Mensch und Tier, bes. seit dem 13. Jh. verbreitet

»Kleinbauernstellen« in zahlreichen Grundherrschaften, schlechte →Hygiene, Belastung durch grundherrl., staatl. und kirchl. Abgaben sowie z. T. Frondienste). Aus heut. Sicht oft harmlose Erkrankungen hinterließen bei denjenigen, die sie überlebten, sichtbare Spuren, die sie als 'caduques', 'chenus', 'infirmes' (Krüppel, Bresthafte) qualifizierten. Die intellektuelle und moral. Bildung der einfachen Landbevölkerung muß sich (nicht zuletzt korrespondierend zum verbreiteten Tiefstand der ländl. Seelsorge) auf einem sehr niedrigen Niveau bewegt haben.

Der Mythos einer Rehabilitierung bzw. Aufhebung der verachteten sozialen Existenz des v. ist gleichwohl präsent. Einzelne, z. T. sehr bedeutende Autoren zeigen gegenüber dem materiellen und moral. Elend der v.s Sensibilität und Mitgefühl, z. B. der anglonorm. Trouvère →Benoît de Ste-Maure und zuweilen selbst →Chrétien de Troyes, in England des. William →Langland. In →Arbeitsbildern tritt bisweilen das verklärende, z. T. in der Bibelexegese wurzelnde Bild des genügsamen und fleißigen Bauern, der sich »im Schweiße seines Angesichts« nährt, hervor (»Als Adam grub und Eva spann …«). →Philippe de Vitry rühmt im »Dit de Franc Gontier« die Einfachheit und Naturnähe des Landlebens, das in der Bukolik des ausgehenden MA (→Hirtendichtung) idyll. und z. T. utop. Züge (Arkadien, →Utopie) annimmt.

Arbeit wird von Theologen (vgl. bereits →Adalbero v. Laon) und Predigern als Werk der →Buße gewürdigt (→Jakob v. Vitry, Predigt über die Bauern), ird. Armut als theol. Voraussetzung für das Seelenheil gewertet. Die spätma. Kunst kennt bisweilen gar glückl. Bauerngesichter (→Stundenbuch des Duc de Berry, in Italien Ambrogio →Lorenzetti, bis hin zu Brueghel) und schildert bäuerl. →Feste, →Spiele und Reigentänze (Calendrier de Bonmont, 13. Jh.; Stundenbuch Karls v. Angoulême). Kurz, der Mythos vom 'guten Wilden' kündigt sich im idealisierten Bild des platten Landes und seiner Bewohner an.   J.-P. Leguay

Lit. [Auswahl]: Hist. de la France rurale, 2 Bde, hg. G. Duby u. a., 1975 [G. Fourquin] – J. Le Goff, Les paysans et le monde rural dans la litt. du haut MA (Ders., Pour un autre MA, 1977) – M.-Th. Lorcin, Façons de sentir et de penser: les fabliaux français, 1979 – R. Fossier, Hist. sociale de l'Occident méd., 1981² – Ders., Paysans d'Occident, 1984 – J. Le Goff, La civilisation de l'Occident méd., 1984.

Vilaragut (Villariacuto), katal.-valencian. Adelsgeschlecht. Mitglieder der Familie dienten zw. dem 13. und 15. Jh. den katal.-aragones. Herrschern als Kämmerer, →Mayordomos oder Berater, als Admirale (Pere de V.), →Veguers (Berengar de V.) oder →Mestres Racionals (Lluís de V.) und übernahmen wichtige Aufgaben bei der Eroberung bzw. Verwaltung von Valencia, Sizilien und Sardinien. Die V. gehörten seit dem 13. Jh. zu den baronialen Familien und bedeutenden Lehnsträgern der Krone. Ihr Besitz lag insbes. im Kgr. und in der Stadt →Valencia, wo sie im SpätMA häufig an adligen Geschlechterkämpfen und innenpolit. Auseinandersetzungen beteiligt waren. Ansehen und Bedeutung der V. wird u. a. aus den Heiraten der Violante de V. mit →Jakob III. v. Mallorca und des Joan de V. mit der Kg.switwe Margarita de Prades ersichtlich. Trotz Konflikten einzelner Mitglieder der Familie mit der Krone (mit Peter IV. während der Unión v. 1347/48, mit Ferdinand v. Antequera nach dem Ende der Dynastie v. Barcelona [1412]), konnten die V. ihren Einfluß bis zum Ausgang des 15. Jh. behaupten.   N. Jaspert

Lit.: Gran. Enc. Catal. XXIV, 1989², 165–167 [M. M. Costa] – D. Zaforteza Musoles, Violante de V., reina de Mallorca, Boletín de la Soc. Arqueológica Luliana 28, 1941, 261–283 – T. Martínez, Lletres de batalla dels V., Boletín de la Soc. Castellonense de Cultura 49, 1993, 71–106.

Vilāyet ('Land', 'Provinz', 'Statthalterschaft'; von arab. *waliya* 'Macht haben'), bezeichnet urspgl. die Macht des Souveräns, im islam. Recht die des Führers der Gemeinde, die sich von Gott herleitet (Koran IV, 62). Abgeleitet davon ist die Macht des →*wālī*, der ein Statthalter des Sultans wird. Von dort erhält das Wort territoriale Bedeutung als Herrschaftsbereich eines Beamten und schließl. einfach als 'Region', 'Land' (die Bedeutungen im islam. Recht, *fiqh*, als 'rechtl. Gewalt' und in der Mystik als 'Heiligmäßigkeit' bleiben hier außer Betracht). Im Osman. Reich bezeichnete V. bis zum Ende des 16. Jh. den Zuständigkeitsbereich eines →Beglerbegi. Das Amt, ursprgl. der Oberbefehl über die gesamte Pfründenreiterei (→*timar*), wurde mit der Schaffung eines V. Anatolien neben dem von Rumelien 1393 territorialisiert. Die Grenzen der in der Folge entstehenden V. Rūm (14. Jh.), Karamān und Bōsna entsprachen im großen und ganzen denen von Vorgängerstaaten; die Verwaltungsstruktur wies Ähnlichkeiten mit dem byz. Themensystem auf, dürfte aber auf die seldschuk. Provinzverwaltung (dem Sultan verantwortl. *sipahsalar*) zurückgehen. Ende des 16. Jh. bürgerte sich *eyālet* als Bezeichnung für den Amtsbereich des Beglerbegi ein, und V. bezeichnete unscharf definiert eine Region (*a'yan-ī V.* als 'regionale Notabeln'). Erst im 19. Jh. wurde V. die offizielle Bezeichnung einer Provinz.   Ch. K. Neumann

Lit.: İA – EI² III, 721–724 s.v. eyâlet – İ. Ortayli Türkiye İdare Tarihine Giriş, 1996.

Vilich, ehem. Kanonissenstift bei Bonn, nach 976 von dem nobilis vir Megingoz und seiner aus pfgfl. Geschlecht stammenden Gattin Gerberga gegr., seit 987 durch die Übergabe an Otto III. Reichsstift. Die als Stiftskirche dienende Ortskirche war über einem frk. Gräberfeld des 8./9. Jh. errichtet und Zentrum einer Urpfarrei. Die Gründer hatten das Stift v. a. mit ihren in der Urpfarrei gelegenen Gütern ausgestattet und ihre Tochter Adelheid als Leiterin eingesetzt. Sie wandelte nach 1003 das Stift in ein Kl. OSB um. Nach ihrem Tod (um 1015) setzte eine starke Wallfahrtsbewegung zu ihrem V.er Grab ein, die mit einer gesteigerten wirtschaftl. Prosperität einherging. Unmittelbare Folge war die Erweiterung der einschiffigen Stiftskirche zu einer dreischiffigen bis zum Ende des 13. Jh. Die um 1200 einsetzende Umwandlung zu einem Kanonissenstift (v. a. für den niederen Adel) wurde 1488 durch päpstl. Privileg bestätigt. Die Stiftskirche wurde 1583 zerstört und nicht mehr in der alten Größe wieder aufgebaut. Die Stiftsvogtei besaßen die Gf.en v. Molbach, →Jülich und seit 1288 Kurköln. Sie bildete die Grundlage für die Entstehung einer Unterherrschaft mit Hochgerichtsbarkeit im Kurkölner Territorialverband.   W. Herborn

Q.: Vita Adelheidis primae abbatissae Vilicensis, ed. O. Holder-Egger (MGH SS XV/2, 1888), 754–763 – Lit.: 1000 Jahre Stift V. 978–1978, hg. D. Höroldt, 1978 – H. Giersiepen, Das Kanonissenstift V. von seiner Gründung bis zum Ende des 15. Jh. (Veröff. des Stadtarchivs Bonn 53, 1993).

Villa. Im Gegensatz zur antiken v. (urbana), dem architekton. oft großzügig ausgestalteten »Land(Herren)haus« abseits des eigtl. Landwirtschaftsbetriebes, faßt der Terminus 'v.' im FrühMA eine beachtl. Bedeutungsvielfalt in sich, die vom schlichten bäuerl. Einzelgehöft bis zur dörfl. Siedlungsgemeinschaft (und Gemarkung) reicht, wie dies bereits die frühen frk. leges (Pactus 14 c. 8 bzw. Lex Salica t. 80 c. 1) anzeigen; vgl. auch villanus 'Bauer', 'Dorfbewohner' ('Tölpel', →*vilain*). Nicht selten bot der fundus einer ks.zeitl., im 4. bzw. 5. Jh. aufgelassenen v. die materielle Basis zur Gründung eines bedeutenden Kl., so von →Echternach am Ausgang des 7. Jh. Wesentl. ist der vorwiegend ländl. Charakter der v. (samt Zubehör an Wiesen, Äckern, mancipia), v. a. im Gegensatz zur →civitas, zumal dem Bf.ssitz. V.e publicae bezeichnen freil. Zentren »öffentl.« Verkehrs und Handels im agrar. geprägten Umfeld (so →Bremen im 9. Jh.). V.e finden sich in der Hand des Kg.s, des Adels, der Kirchen und zahlloser »Privatbesitzer« – in ihnen konkretisiert sich die frühma. Wirtschaft. V.e können als Gutsbetrieb organisiert sein mit mansio und manentes, seit dem 7. Jh. auch zunehmend als zweigeteilte →Grundherrschaft mit Herrenhof (v. dominicata) und abhängigen Bauernstellen. Als v.e regiae (= fiscus, curtis, mansus) bilden sie einen wesentl. Teil des Kg.sgutes, dessen Vergabe unter Ludwig d. Frommen zur nachhaltigen Schwächung der Karolingerherrschaft beitrug. Gemäß dem berühmten →»Capitulare de villis vel curtibus (sic!) imperi(alibus)« sind v.e regiae oft zu einem ministerium unter einem Judex zusammengefügt worden und dienten als →Tafelgüter der Versorgung des Hofes. Entsprechend häufig finden sich Pfalzorte (→Pfalz) diesen Versorgungszentren benachbart und werden selbst als v.e bezeichnet (z. B. →Tribur). Diese v.e regiae stellen als →Villikation in der Regel keine geschlossenen »Krongutbezirke« dar, sondern liegen zumeist in breiter Streulage mit Grundbesitz anderer Eigentümer, so konnten etwa in Dienheim außer dem 782 an →Fulda verschenkten Fiskalbesitz Immobilien weiterer 200 Personen zu Beginn des 9. Jh. nachgewiesen werden. Die alternative Bezeichnung der v.e regiae als fisci (etwa in Annappes, hier auch mansus) akzentuiert offenkundig den ökonom. bzw. den jurist. Aspekt des Objektes. Ob freil. die in der neueren frz. Forsch. behauptete Kontinuität der spätantiken Steuerverwaltung ins FrühMA sich an den Termini v. und mansus als Fiskalbereich bzw. als Steuereinheit nachweisen läßt, muß angesichts des bisher vorgelegten Q. materials stark bezweifelt werden. Die detaillierte Erforschung der v., die zu den grundlegenden Elementen der frühma. europ. Wirtschafts- und Sozialstruktur zählt, ist eines der großen wiss. Desiderata. D. Hägermann

Lit.: HRG VII, 918f. – P. GRAZIANSKY, Zur Auslegung des Terminus »v.« in der Lex Salica, ZRGGermAbt 79, 1948, 368ff. – H. DUBLED, Quelques observations sur le sens du mot v., Le MA 59, 1953, 1ff. – A. DOPSCH, Die Wirtschaftsentwicklung der Karolingerzeit, 2 Bde, 1962³, passim – Das Dorf der Eisenzeit und des frühen MA, hg. H. JANKUHN u. a. (Abh. Göttingen 101, 1977) [v. a. F. SCHWIND, Beobachtungen zur inneren Struktur des Dorfes in karol. Zeit, 444ff.] – W. JANSSEN–D. LOHRMANN, V.-curtis-grangia, 1983 – E. MAGNOU-NORTIER, Le grand domaine; des maîtres, des documents, des questions, Francia 15, 1987, 659ff. – J. DURLIAT, Les finances publiques de Diocletian aux Carolingiens (284–889), 1990.

Villach, Stadt in →Kärnten, an der Drau, im Schnittpunkt von Verkehrswegen, v. a. nach Italien, zuerst eine wohl namengebende röm. Zollstation Bilachinium. Die entscheidende Verkehrsfunktion wird 878 in einem Diplom Karlmanns mit einer Grenzziehung »...usque ad pontem villah« bezeugt. Der 979 urkundl. erwähnte Kg.shof V. mit Burg und Kirche dürfte im Rahmen der Vergabe von Reichsgut 1007 bei der Gründung des Bm.s →Bamberg mit zu dessen Ausstattung verwendet worden sein. In der Folgezeit wurde V. mit dem Kanaltal neben Wolfsberg und der Bergstadt St. Leonhard im oberen Lavanttal Zentrum des bamberg. Besitzes in Kärnten. 1060 verlieh Kg. Heinrich IV. V. das Marktrecht und schenkte dieses samt Münz- und Zollrecht dem Bm., um zugleich alle Marktbesucher unter seinen Schutz zu stellen. Im 13. Jh. scheiterten die Versuche der Kärntner Hzg.e aus dem Hause →Spanheim/Sponheim, das bamberg. V. im Interesse des eigenen Landesausbaus – u. a. durch Errichtung einer weiteren Brücke am Unterlauf der Drau – zu schwächen. 1225 erhielt Bf. Eckbert vom Staufer Friedrich II. in V. einen Jahrmarkt, und 1242 gestand der Ks. dem erwählten Bf. Heinrich zu, in V. (und Griffen) Münzen nach dem Muster des →Friesacher Pfennigs schlagen zu lassen. Nach der Ummauerung, die 1233 nachweisbar ist, wird V. in einer Urk. v. 1240 als »civitas« bezeichnet. Es erhielt ein Stadtrecht, das, 1298 erstmals ausdrückl. gen., in einer Fassung v. 1392 überliefert ist. Aufschwung nahm V. durch den Eisenhandel und das benachbarte, 1333 nachweisbare Montanrevier Bleiberg (→Blei, I), das 1348 ebenso wie die Stadt durch ein Erdbeben in Mitleidenschaft gezogen wurde. Förderungsmaßnahmen ließen V. im ausgehenden 14. und v. a. im 15. Jh. neue wirtschaftl. Anziehungskraft gewinnen, so daß zahlreiche Neubürger aus dem südddt. Raum und vom S her zuwanderten, die Stadt bis zu 3000 Einwohner erreichte und auch kulturell aufblühte (Thomas [Artula] v. V., →Paracelsus). K.-H. Ludwig

Lit.: »Neues aus Alt-V.«, Jb. des Stadtmuseums, seit 1964 – W. NEUMANN, V. Abriß der Stadtgesch. Bausteine zur Gesch. Kärntens, 1985, 354ff.

Villaines, Pierre de, gen. 'le Bègue de V.' ('der Stammler'), † 1406/07, Feldhauptmann (→Capitaine), Ratgeber und →Chambellan von →Karl V. und →Karl VI. v. Frankreich. V. entstammte einer Adelsfamilie des Grenzgebietes zw. Pariser Becken und Beauvaisis und war später Herr v. Villiers, am Grenzsaum zw. Pariser Raum und Beauce. Er begann seine (durch konstante Loyalität zum Hause →Valois markierte) militär. Laufbahn im kgl. Heerbann Johanns II. (→Jean le Bon) bei der Belagerung des von →Karl v. Navarra gehaltenen →Evreux (1356) und bekleidete 1360–63 das Amt des Seneschalls v. →Carcassonne und →Béziers. In den Jahren 1364–70 war er mit Bertrand →Guesclin verbunden, kämpfte bei →Cocherel und Auray (1364), trat im kast. Thronstreit in den Dienst →Heinrichs (II.) Trastámara und war einer der Architekten des Sieges über →Peter den Grausamen (1369). Kg. Heinrich II. erhob ihn zum Gf.en v. Ribadeo, einen Titel, den V. bis zum Beginn des 15. Jh. führte. 1373 nach Frankreich zurückgekehrt, diente er im Languedoc Hzg. →Ludwig v. Anjou. In der Schlacht v. →West-Roozebeke (1382) wurde ihm gemeinsam mit anderen Rittern die 'garde' Kg. Karls VI. anvertraut. 1388–92 zählte er als einer der →'Marmousets' zu den führenden Ratgebern des Kg.s. Als das polit. Experiment der Marmousets mit dem definitiven Ausbruch der Geisteskrankheit Karls VI. (1392) scheiterte, geriet auch V. eine Zeitlang in Schwierigkeiten (ztw. im Kerker), kam aber später wieder zu Gnaden (Pflege der diplomat. Beziehungen Frankreichs mit Kastilien und England). 1397 zählte er zu den Taufpaten des Dauphins →Ludwig (19. L.). V. verstand es, sowohl seine guten Beziehungen zu Hzg. →Ludwig v. Orléans zu wahren als auch das Vertrauen Hzg. →Philipps des Kühnen v. Burgund zu gewinnen. Seit 1396 ohne größere militär. oder polit. Funktion, behielt er doch fast bis zum Lebensende den Titel eines kgl. Rates. Ph. Contamine

Lit.: F. RAFFIN, Le Bègue de V. [Mém. de maîtrise Paris X–Nanterre, 1988].

Villalobos, spätma. Zweig des leones. Adelsgeschlechts →Osorio mit Grablege in Santo Domingo de Benavente, der sich im 14. Jh. durch die Heirat des Pedro Alvarez Osorio (Adelantado Mayor v. León und Verwalter der Merindad v. Asturien, auf Befehl Kg. Peters I. v. Kastilien am 14. Nov. 1360 ermordet) mit María Fernández (oder Ruiz), Tochter des Fernán Ruiz de V. († 1348; Nachfahre von Ruy Gil de V. [† 1289; ∞ María de →Haro]), herausbildete. Pedros Sohn Alvar Pérez Osorio († 1406; ∞ Constanza de Haro) führte als erster Osorio den Titel eines Señor v. V. (bei Benavente) und fand seinen Aufstieg in treuer Gefolgschaft zur →Trastámara-Dynastie. Aus dieser Linie ging Pedro Alvarez Osorio (seit 1445 Gf. v. Trastámara; † 1461), der Ahnherr der Marqueses v. Astorga, der Gf.en v. Altamira, der Gf.en v. Santa Marta und des Adelshauses Valdunquillo hervor. Die urspgl. zur 'nobleza vieja' zählende V.-Familie führte sich wiederum auf die Eheschließung des Pedro Arias mit Constanza Osorio, Tochter des Osorio Martínez, zurück, aus der Rodrigo Pérez de V. hervorging, der mit seiner Gattin Teresa Froílaz keine Nachkommen hatte, so daß die V.-Besitzungen über Rodrigos Onkel, Gonzalo Osorio, und dessen Sohn, Fernando González de V., bis zu Ruy Gil weitergegeben wurden. L. Vones

Lit.: →Osorio - S. DE MOXÓ, De la nobleza vieja a la nobleza nueva, Cuadernos de Hist. 3, 1969, 101-105 [Stammtafel] - J. A. MARTÍN FUERTES, De la nobleza leonesa, 1988.

Villamayor, kast. Adelsgeschlecht, das sich aus dem Haus Aza herauslöste und sich von García Ordóñez, dem Herrn v. Villaldemiro, zu Zeiten Kg. Alfons' VIII., herleitete. Den endgültigen Aufstieg erreichte das Geschlecht unter dessen Enkel García Fernández, Herr v. Villaldemiro und Celada, der als kgl. Mayordomo Mayor und Ayo (Erzieher) des Infanten Alfons (X.) eine führende Rolle am Hof der Kgn. →Berenguela (3. B.) und Kg. Ferdinands III. spielte und den Señorío v. V. de Montes erwerben konnte. Nachdem die V. im Laufe des 13. Jh. zahlreiche Besitzungen und Titel hinzugewonnen hatten, erlebten sie unter García Fernándes II., Adelantado Mayor v. Kastilien unter Kg. Ferdinand IV., einen weiteren Aufstieg, erloschen aber mit dessen Tod 1324. Eine Verbindung zum Geschlecht→Sarmiento muß Hypothese bleiben. L. Vones

Lit.: L. SERRANO, El Ayo de Alfonso el Sabio, BRAE 7, 1920, 571-602 - DERS., El Mayordomo Mayor de Doña Berenguela, BRAH 104, 1934, 101-199 - S. DE MOXÓ, De la nobleza vieja a la nobleza nueva, Cuadernos de Hist. 3, 1969, 81-87 [Stammtafel].

Villandrando, Rodrigue (Rodrigo) **de,** Gf. v. Ribadeo (Kastilien), * Ende des 14. Jh., † um die Mitte des 15. Jh., diente 1419-39 Kg. →Karl VII. v. Frankreich als Söldnerkapitän. Die Karriere dieses militär. Abenteurers ist nur erklärlich vor dem Hintergrund der extremen Schwäche des 'royaume de Bourges', das aber dem vehementen militär. Druck der Engländer und Burgunder zu begegnen hatte, in den Reihen des eigenen Adels jedoch nicht in ausreichendem Maße geeignete Befehlshaber und Mannschaften fand, zumal an eine regelmäßige Bezahlung nicht zu denken war; so blieb letztendlich nur der Rückgriff auf fremde Söldnerführer, die sich für den ausbleibenden Sold durch Plünderungen an der Bevölkerung schadlos hielten. Der als 'empereur des pillards' berüchtigte V. entstammte einer kast. Adelsfamilie aus der Gegend v. Valladolid und war ein Großneffe des frz. Feldhauptmanns Pierre des →Villaines († 1406/07), der (unter →Du Guesclin) als militär. Gefolgsmann des erfolgreichen kast. Thronprätendenten Heinrich II. Trastámara die Gft. Ribadeo erhalten hatte. - V. durchstreifte plündernd v. a. die Gebiete Südfrankreichs; seine Kriegführung, bei der er zuweilen Heerhaufen von imposanter Größe (vorwiegend kast. Landsleute) unter seinem Befehl vereinigte, zeichnete sich durch große Beweglichkeit und geschickte Manöver aus. Zu seinen unbestreitbaren militär. Verdiensten zählten der Sieg bei →Anthon (1431) über den 'Bourguignon' Louis de →Chalon, Fs. v. →Orange, dessen drohender Einmarsch in den →Dauphiné damit verhindert wurde, sowie der Entsatz des von den Engländern belagerten →Lagny-sur-Marne (1432). V. genoß lange Zeit die Protektion mächtiger Herren, so Georges de →La Trémoille, des Gf.en Johann v. →Armagnac und bes. des Hzg.s Karl v. →Bourbon; durch ihre Fürsprache wurde er zum Seigneur v. Ussel erhoben. Er gewann (doch stets nur kurzfristig) noch weitere Herrschaften und häufte einen echten Kriegsschatz an. In Urkk. tritt er als Inhaber hoher Hofämter auf (écuyer d'→écurie, dann conseiller und →chambellan du roi). Dennoch verließ V. angesichts der Ablehnung verschiedener Gruppierungen 1439 das Kgr. Frankreich, um sich Kg. →Johann II. v. Kastilien zur Verfügung zu stellen, in dessen Dienst er bis 1446 belegt ist.

Ph. Contamine

Lit.: J. QUICHERAT, R. de V., l'un des combattants pour l'indépendance française, 1879 - A. THOMAS, R. de V. en Rouergue, Annales du Midi, 1890, 209-232 - O. BESSIÈRE, R. de V. ou la logique du fou (Brigands en Rouergue, XIᵉ-XIXᵉ s., 1993), 37-47.

Villani, florent. Familie, die vom 13. bis 15. Jh. in der Politik (als Angehörige der Popolaren) und als Kaufleute eine Rolle spielte. Sie ist v. a. durch die Chroniken bekannt, die im 14. Jh. *Giovanni* (1. V.), sein Bruder *Matteo* und dessen Sohn *Filippo* verfaßten. Von einem Spitzenahn *Bellincia*, der in der ersten Hälfte des 13. Jh. lebte, sind v. a. die Söhne *Mando* und *Stoldo* hervorzuheben. Vom Sohn des letzteren, *Villano*, 1300 Mitglied der Priori und Vater von *Giovanni, Matteo, Francesco* und *Filippo* leitete sich der Name der Familie her. Die V. waren im Handel und im Bankwesen zuerst in der Kompanie der →Peruzzi tätig, später v. a. als Gesellschafter der Kompanie der →Buonaccorsi, für die Matteo seit 1319 die Filiale in Neapel leitete. 1322 schlossen V. und seine vier Söhne einen wichtigen »Familienvertrag«, um die ökonom. Verhältnisse innerhalb der Familie festzulegen. Ihre verschiedenen Mitglieder - die häufig miteinander im Streit lagen - waren nicht nur in Florenz, sondern auch in Süditalien, in Flandern und in Frankreich (Matteo in Avignon) tätig. Die Krise der florent. Handels- und Bankhäuser, in erster Linie der Konkurs der Buonaccorsi-Kompanie (1342), war ein schwerer Schlag für die finanzielle Situation der Familie, die jedoch ein beachtliches polit. und soziales Prestige bewahren konnte. Dazu trug die Bekanntheit des Geschichtswerks von Giovanni († 1348) bei, das von seinem Bruder Matteo († 1363, ein Jahr, nachdem man gegen ihn einen Prozeß wegen Ghibellinismus angestrengt hatte) und von dessen Sohn Filippo fortgesetzt wurde (1325-85), der zw. 1376 und 1381 Kanzler in Perugia war und auch als Dante-Kommentator bekannt ist. M. Luzzati

Lit.: s. a. V., Giovanni - S. RAVEGGI, M. TARASSI, D. MEDICI, P. PARENTI, Ghibellini, Guelfi e Popolo Grasso. I detentori del potere politico a Firenze nella seconda metà del Dugento, 1978, ad indicem - EDant, V, 1984, 1011-1013 (V., Filippo [G. AQUILECCHIA]); 1016-1017 (V., Matteo [DERS.]).

V., Giovanni, Florentiner Geschichtsschreiber, Kaufmann und Staatsmann, * um 1280, † 1348 an der Pest. Sohn des Villano di Stoldo di Bellincia, von dem sich der Name der Familie →Villani ableitet. Anfang des 14. Jh. begann V. seine kaufmänn. Tätigkeit in der →Peruzzi-Kompanie. Als junger Mann erlebte er in Rom die Feiern zum Jubeljahr 1300 mit (Nuova Cronica, IX, 36). Nachdem er in Flandern als Faktor für kurze Zeit Erfahrungen gesammelt hatte, wurde er Gesellschafter der Peruzzi-Kompanie, aus der er zw. 1308 und 1312 wieder austrat. Genauere Nachrichten über seine kommerziellen und finanziellen Aktivitäten in den Jahren 1312-22 sind nicht erhalten; wahrscheinlich arbeitete er jedoch bereits in dieser Zeit in der Kompanie der →Buonaccorsi, von denen ein Mitglied, Vanni, seine Schwester Lapa geheiratet hatte. V. wurde der wichtigste Vertreter seiner Familie in dieser Kompanie, war in ihrer Hauptniederlassung in Florenz tätig und verwertete die Informationen, die ihm aus ganz Europa zuflossen, für seine »Cronaca« (oder besser »Nuova Cronica«), so daß diese den Charakter einer bloßen Stadtchronik verlor. Die ersten sieben Bücher behandeln die Zeit von den bibl. Ursprüngen bis zur Ankunft →Karls v. Anjou in Italien (1265), die sechs folgenden Bücher Ereignisse, die in der Lebenszeit des Verfassers oder kurz vor seiner Geburt stattgefunden hatten. Was Florenz betrifft, das im Mittelpunkt seines Werkes steht, konnte er über Nachrichten aus erster Hand verfügen, da er zur Führungsschicht der Stadt gehörte. Er war dreimal (1316-17, 1321-22, 1328) *priore* und als solcher Mitglied des Stadtregiments, bekleidete zahlreiche Aufsichtsämter (über das Münzwesen, über die Mauern usw.) und nahm an Gesandtschaften teil (im Okt. 1329 traf er in Bologna mit dem päpstl. Legaten →Bertrand du Poujet zusammen) und erfüllte weitere polit. Aufträge. Obgleich der Höhenflug seiner polit. Karriere nach 1331 durch einen Prozeß wegen betrüger. Amtsführung (der übrigens mit einem Freispruch abschloß) sein Ende fand, blieb V. weiterhin, wie er selbst erklärt, »einer der größten und reichsten Popolaren und Kaufleute unserer Stadt«. Deshalb gehörte er 1341 zu den Florentinern, die als Bürgen für das mit Mastino →della Scala geschlossene Abkommen nach Ferrara gesandt wurden. Seinem pragmat. Kaufmannsverstand ist es zu verdanken, daß er für uns sehr wichtige Nachrichten über die Bevölkerungsstruktur, die handwerkl. und frühindustrielle Produktion und das Schulwesen im Florenz der ersten Hälfte des 14. Jh. in seine »Cronaca« einfügte. 1342 wurde er als einer der Hauptverantwortlichen in den Bankrott der Buonaccorsi-Kompanie hineingezogen, mußte in seinen letzten Lebensjahren eine lange Reihe von Konkursverfahren abwickeln und war auch für kurze Zeit im Gefängnis (1346). Er hinterließ einen illegitimen Sohn, den Priester und Notar Bernardo, und eine Tochter, die seine Erbin war. Zum Zeitpunkt seines Todes genoß sein Werk, das nicht zuletzt wegen seines lit. Wertes als erstes großes Denkmal der it. Geschichtsschreibung in der Volkssprache gilt, bereits außergewöhnl. Berühmtheit. M. Luzzati

Lit.: M. Luzzati, Ricerche sulle attività mercantili e sul fallimento di G. V., BISI 81, 1969, 173-235 – Ders., G. V. e la compagnia dei Buonaccorsi, 1971.

Villanus → Vilain

Villar de Frades (ptg. Vilar de Frades), Kl. OSB, dann Chorherrenstift und -kongregation in Portugal, Bm. Braga, ö. von Barcelos gelegen; belegt als 'monasterium de Villar' (1059), 'domus Sancti Salvatoris' (1104) und 'Vilar de Fratribus' (1188). Um 1425 reformierten Ebf. Fernando de Guerra v. Braga und 'Maestre' Johann, der Arzt Kg. Johanns I. v. Portugal, das Kl. mit Säkularkanonikern, die sich dem Johannesevangelium eng verpflichtet hatten und als 'Bons homens de V.' bezeichnet wurden. V. war somit die älteste Einrichtung der religiösen Bewegung der späteren 'Evangelisten', die auf Betreiben von Kg. Alfons V. v. Portugal und seiner Gemahlin Isabella von Pius II. offiziell den Namen 'Kanoniker des Evangelisten Johannes' erhalten sollten, im Volksmund aber *Lóios* genannt wurden (nach der Kirche Santo Elói in Lissabon, ihrem Zentrum in Portugal). Im Rahmen seiner Reform schloß sich V. der St. Georgskongregation v. Alga in Venetien an (von dort auch Übernahme der blauen Farbe der Ordensgewänder). Eugen IV. unterstützte ausdrückl. diese 'applicatio', gewährte den »rectoribus et canonicis secularibus congregationis monasterii Sancti Salvatoris« die Freiheiten und Rechte sowohl der ven. Georgskongregation als auch der →Hieronymiten und nahm V. (unter Herauslösung aus der Jurisdiktion des Ebf.s Fernando v. Braga) in den Schutz des Apostol. Stuhles auf (»Iniunctum nobis«, 18. Mai 1431). Nikolaus V. bestätigte auf Dauer die Abgabenfreiheit, doch mit einigen Abschwächungen zugunsten Bragas (»Romanus Pontifex«, 5. April 1453). Im langwierigen Streit zw. V. und Braga ging es v. a. um jene Kirchen, die aufgrund ihrer Zugehörigkeit zur Kongregation v. V. dem Ebm. Braga die Abgaben verweigerten. P. Feige

Lit.: F. de Almeida, Hist. da Igreja em Portugal, neu hg. D. Peres, II, 1969 – J. Marques, A Arquidioc. de Braga no século XV, 2 Bde, 1981 – A. A. Banha de Andrade – F. J. Pereira, Dic. de Hist. da Igreja em Portugal, III, 1986 – s. a. Lit. zu →Braga [bes. A. deJ. da Costa, 1957].

Villard de Honnecourt, als Vilars dehonecourt bezeichnet sich mehrfach der Verfasser des 33 Pergamentblätter umfassenden →Musterbuches in der BN Paris ms. fr. 19093. Die auf Reisen u. a. nach Cambrai, Meaux, Vaucelles, Reims, Laon, Chartres, Lausanne und Ungarn um 1220/30 angefertigten Skizzenblätter wurden von dem aus Honnecourt in der Picardie stammenden, vermutl. als Werkmeister (artifex) tätigen V. nachträgl. zu einem »livre« zusammengestellt (1593, 1893 und 1926 neu gebunden), soweit möglich thematisch geordnet und teilweise von V. selbst, dann von zwei weiteren Meistern im Verlauf des 13. Jh. in Afrz. mit didakt. und erklärender Absicht beschriftet. Schon im MA gingen etwa 13 Blätter verloren. Das heute in Schweinsleder gebundene Buch von 16×24 cm ist somit unvollständig. 1666 war es im Besitz des Kunsthistorikers A. Félibien, kam von ihm in die Abtei St-Germain-des-Prés in Paris und 1795 in die BN Paris. Die 325 Einzelzeichnungen zeigen zu etwa zwei Dritteln Menschen- (162) und Tierdarstellungen (62), ferner liturg. Gerät, Maschinen, Ansichten und Grundrisse von Kirchen sowie vier Seiten Geometrie für die Bauerlernung. Die braunen Federzeichnungen sind in Bleistift und bei den Bauabbildungen auch durch Blindrillen vorbereitet. Die am heutigen Baubestand nachkontrollierbaren Zeichnungen von Reims, Laon, Chartres und Lausanne zeigen, daß V. die Bauformen aufgrund seiner eigenen konstruktiv-geometr. bestimmten Logik leicht verändert und teilweise summar. wiedergegeben hat. Seine Figurenzeichnungen zeigen den späten Muldenfaltenstil; sie gehören in vielfältige ikonograph. Bereiche der Skulptur und Buch- und Glasmalerei; christl. Figuren, Allegorien, Ecclesia, Gerichts- und Turnierszenen, Würfelspieler und Löwenkampf sowie Aktdarstellungen nach antiken Figuren. Die zahlreichen Tierdarstellungen mit geometr. Figuren als Zeichenhilfe stehen in der Tradition von →Bestiarien. Stilist. Untersuchungen finden sich bisher nur in Ansätzen: Beziehungen zur Goldschmiedekunst in der Nachfolge des →Nikolaus v. Verdun, Ingeborgpsalter, Missale aus Noyon und als Vorbild für fol. 13ᵛ das karol. Evangeliar aus St-Médard in Soissons. In vielfacher Weise sind seine Skizzen Quellen für tiefere Einsichten in die damaligen Kenntnisse zum →Baubetrieb, Maschinen und Planungstechniken, bes. umfangreich für die Kathedrale v. Reims, die für die Entwicklung der Hochgotik formal (säulenartige Rundpfeiler mit Vorlagen, Maßwerk, Skulpturenprogramme), techn. und im Planungsverfahren (Aufkommen von Baurissen, Reimser Palimpseste Mitte 13. Jh.) um 1210/33 von höchster Bedeutung war.
G. Binding

Lit.: Lex. der Kunst VII, 1994, 636f. [Lit.] – H. R. HAHNLOSER, V. de H., Krit. Gesamtausg. des Bauhüttenbuches ms. fr. 19093 der Pariser Nationalbibl., 1972² – C. F. BARNES, V. de H., the Artist and His Drawings, A Critical Bibliogr., 1982 – A. ERLANDE-BRANDENBURG u. a., Carnet de V. de H., 1986 – C. F. BARNES, Le »problème« V. de H. (R. RECHT, Les bâtisseurs des cathédrales gothiques, 1989) – G. BINDING, Baubetrieb im MA, 1993, 207–224.

Villars, Ort (V.-en-Dombes, dép. Ain) und →Seigneurie in Ostfrankreich, nördl. v. Lyon. Die große Adelsfamilie der Thoire-Villars (Th.-V.) geht zurück auf die Heirat Stephans (I.) v. Thoire mit Agnes, Erbtochter der Seigneurie V. (um 1188). Das Haus Thoire, dessen Kernbereich die Landschaft Haut-Bugey war, hatte seine Besitzungen im N und W der Abtei →Nantua erweitert (Achse Oyonnax-Poncin). Das Haus V. beherrschte den Großteil der →Dombes um die Achse V.-Trévoux. Die dynast. Verbindung zw. Thoire und V. wurde für Stephan I. und seine Nachfolger zum Ausgangspunkt einer weiträumigen Territorialbildung im Raum zw. Genfer See (nördl. v. →Genf) und Saônetal (nördl. v. →Lyon). Dieser Expansion stellte sich das Haus →Savoyen entgegen im Bestreben, seine Kontrolle über die großen Straßen zw. dem Hzm. →Burgund und Oberitalien (durch →Bresse und Bas-Bugey) zu wahren. Der von Stephan II. 1240 im Gegenzug entfesselte, bis 1355 andauernde krieger. Konflikt wurde von den V. im Bunde mit dem Dauphin des Viennois (→Dauphiné) geführt. Ohne die Herkunftslandschaft Bugey zu vernachlässigen (Ausbau der im dortigen Bergland gelegenen Burgen), wandte sich das Haus Th.-V. verstärkt dem neuen Machtzentrum um V. zu, das auch zum ausschließl. Namen des Geschlechts wurde.

Eng verbunden mit dieser Territorialpolitik war der geschickte Zugriff auf die dem Imperium angehörende Kirche v. →Lyon; drei V. wurden hier zu Ebf.en gewählt: *Heinrich I. v. V.* (1295–1301) sah sich angesichts der ausbleibenden Unterstützung durch das Reich zur Annäherung an den mächtigen Kg. v. Frankreich, →Philipp d. Schönen, genötigt (1299 persönl. Homagium), verstand es aber gleichwohl, die Rechte seiner Kirche durch eine Reihe von Statuten zu wahren. *Ludwig v. V.* (1301–08) wollte zwar ebenfalls die Selbständigkeit seines geistl. Fsm.s behaupten, mußte aber 1307 in den 'Philippines', einem →Pariage, unter Druck Philipps d. Schönen die frz. →Suzeränität anerkennen, in Abkehr von den Privilegien, die Lyon durch die Goldbullen der Salier und Staufer empfangen hatte. 1305 genoß der Ebf. die hohe Ehre der Papstkrönung →Clemens' V. zu Lyon. Ebf. *Heinrich II. v. V.* (1342–55), der seit 1335 Generalstatthalter des Dauphins →Humbert II. gewesen war, spielte eine wichtige Rolle bei der Übertragung des Dauphiné an Frankreich (1349), unter Abwehr der Prätentionen des gegner. Hauses Savoyen. Heinrich II. wurde kgl. Rat Johanns d. Guten und sicherte als solcher die frz. Souveränität über Lyon.

Infolge des Vertrags v. Paris (1355), der den langen Krieg zw. Dauphiné/V. und Savoyen beendete, trat *Humbert VI. v. V.* in die Vasallität der Savoyer ein. Sein Sohn und Enkel waren lebhaft an der Erbfolge der Gft. Genf interessiert. Sein Neffe *Odon* machte am savoy. Hof glänzende Karriere als von →Amadeus VI. geschätzter Ritter, war Rat der Gräfinmutter Bonne de Bourbon (unter →Amadeus VII.), Tutor von →Amadeus VIII., fungierte 1393–98 als tatkräftiger Leiter der fsl. Regierung und wirkte (unter schwierigen Bedingungen) später noch als Gouverneur v. →Piemont, dann v. →Provence. Die letzten Vertreter des Hauses V., *Humbert VII.* und Odon, veräußerten 1401–02 ihre Rechte an Amadeus VIII. v. Savoyen (mit Ausnahme einiger Herrschaften in den Dombes, die an Hzg. Ludwig II. v. →Bourbon gingen).

Die Herren v. V. haben bei aller Bedeutung ihre Adelsherrschaft nie in ein echtes Fsm. transformiert; hinsichtl. der Ausdehnung der Besitzungen, der administrativen Organisation, des Erwerbs von Titeln und des Zuschnitts der (z. T. erhaltenen) Burgen wurde die Dimension einer großen Adelsherrschaft nie überschritten. B. Demotz

Lit.: S. GUICHENON, Hist. de Bresse et du Bugey, Lyon 1650 – B. DEMOTZ, Le comté de Savoie du XIIIᵉ au XVᵉ s.: ét. du pouvoir dans une principauté réussie [Thèse Lyon, 1985] – B. GALLAND, Deux archevêques entre France et Empire: les archevêques de Lyon et de Vienne du milieu du XIIᵉ au milieu du XIVᵉ, 1994.

Villasandino → Álvarez de Villasandino, Alfonso

Ville franche. Neben den nur eine kleine Minderheit bildenden →Kommunen und den Städten des languedoz. und aquitan. Südens mit →Konsulat bildete sich im Frankreich des 12. und 13. Jh. ein dritter Stadttyp aus, die als 'v.s f.s', 'villes de franchises' oder 'villes de prévôté' bezeichneten Städte und Flecken unter seigneurialer Herrschaft (→Minderformen, städt.; →Stadt, E).

Der Unterschied zu den erstgenannten Typen ist wesentlich: Kein Verband der Stadtbewohner (→coniuratio, →Einung) tritt hier als Gegenspieler des Stadtherrn mit Waffengewalt hervor. Es bildete sich kein kollektives Stadtregiment wie in →Toulouse. Die stadtbürgerl. Emanzipation vollzog sich in der Regel ohne starke Erschütterung und in gemäßigter Form. Eine strenge Abgrenzung von städt. und ländl. Gemeinden ist keineswegs überall erkennbar; auch ein Dorf wie Lorris im Gâtinais konnte seine 'libertas' (→Statuten v. Lorris) erwerben. In den v.s f.s waren es die (adligen) Inhaber von →Seigneurien, die es unter weitgehender Wahrung ihrer durch einen grundherrl. Verwalter (→Prévôt, →Bayle, →Viguier) und ein auf der Burg tagendes Gericht wahrgenommenen Herrenrechte verstanden, auf den Druck einer wachsenden Bevölkerung zu reagieren, Zuwanderer an den ihrer Herrschaft unterstehenden Ort zu binden, ertragreiche Handwerks- und Handelstätigkeit zu fördern. Die sich auf diese Weise herausbildende städt. Gemeinschaft erwarb einen Komplex von Rechten und Freiheiten, der aber nur selten echte administrative und polit. Privilegien (im Sinne einer entwickelten »Munizipalität«) beinhaltete.

Diese 'franchises' wurden zum Gegenstand einer offiziellen Urk. (→charte de franchises), meist orientiert an einem näheren oder ferneren Vorbild (Bildung von 'Rechtsfamilien': Savoyen, Dauphiné). Durch derartige Statuten wurden die seigneurialen Rechte nicht aufgehoben, aber präzisiert und für künftige Generationen 'festgeschrieben'. Bestimmte Privilegien betrafen das Privatrecht; betont wurde oft die persönl. →Freiheit der Stadtbewohner gemäß dem Rechtssprichwort »L'air de la ville rend libre« (→Stadtluft macht frei). Der schmachvolle Status der →Leibeigenschaft (*servage*) ward 'intra muros' abgeschafft; ein 'entwichener Leibeigener' kam nach →Jahr und Tag (wenn er zuvor ohne Rückforderung in einer v. f. gelebt hatte) in den Genuß der Freiheit. Bewohner der v. f. hatten das Recht des Wegzugs, der freien Verfügung über die Eigengüter, der Zeugenschaft vor Gericht. Andere Privilegien, diesmal dem öffentl. Rechtswesen zugehörig, begrenzten die Willkür der seigneurialen Amtleute. Ein Bürger einer v. f. sollte ohne Urteil nicht über einen bestimmten Zeitraum hinaus gefangengesetzt werden; wurde er für schuldig befunden, büßte er nach den ggf. in der 'franchise' festgesetzten Strafrechtsbestimmungen, die v. a. in einem System von →Bußen bestanden, abgestuft nach Schwere des Vergehens sowie Alter, Geschlecht und ethn.-religiöser Zugehörigkeit (Judenrecht). Die für Bewohner einer v. f. geltenden Prozeßregeln wurden allmähl. 'modernisiert' (anstelle der älteren, stark vom →Gottesurteil geprägten Verfahren nun die neuen Formen des →Inquisitionsprozesses mit z. T. schriftl. Beweiserhebung). Die Forderung der Bürger nach fiskal. Garantien führte zur Abkehr vom willkürl. Abgabenwesen zugunsten fester Tarife und Zahlungstermine für die direkte Steuer (→Taille, z. B. mit →Abonnement). Andere Steuern wurden nach (neugefaßtem) Gewohnheitsrecht (→Coutumes) veranlagt: auf Fassaden oder Fensterfronten der Bürgerhäuser, nach dem Marktrecht, bei Ein- und Ausfuhr von Handelswaren nach dem geltenden Zolltarif (→Péage). Sorgfältig wurden die militär. Verpflichtungen fixiert: Dauer der Abwesenheit auf Feldzügen, Bedingungen des Heeresdienstes, zu stellende Ausrüstung, Unterhalt und Verteidigung der städt. Befestigungen (*remparts*) durch die städt. Milizen. Ein wichtiger Teil vieler städt. Statuten waren Handelsprivilegien, etwa die Bestätigung oder Einrichtung von Jahrmärkten (→Messe) und →Märkten. Im günstigsten Fall erwarben die Bürger gewisse (meist begrenzte) Rechte der →Wahl von städt. Repräsentanten und Amtsträgern, so der *prud'hommes* (→probi homines), →*jurés* (Geschworenen), →Schöffen (*échevins*) am Gericht des Stadtherrn, Räte (*conseillers*) beim stadtherrl. Prévôt, städt. Steuereinnehmer sowie Beamten für die Durchführung städt. Arbeiten (Befestigung, z. B. *voieries*). Bestimmte Städte (bes. aus dem Rechtskreis der westfrz. →Établissements de Rouen) konnten sogar dem Kg. eine Kandidatenliste für das Amt des →Bürgermeisters (*maire*) übergeben, aus dem der Monarch das Stadtoberhaupt wählte. Die hergebrachten seigneurialen Rechte blieben durch die 'franchises' unangetastet; der Grund- bzw. Stadtherr erhob weiterhin Abgaben auf Immobilienverkauf (*lods et ventes*), den Backofen- und Mühlenbann (→Bann) usw. und übte die Hochgerichtsbarkeit aus (*justice de larron*, Gericht über →Landschädl. Leute).

Der Typ der v. f. oder 'communitas' war in Frankreich, unter diversen Bezeichnungen und mit vielen Sonderformen, weitverbreitet, so in der Normandie, im Pariser Becken, in Mittelfrankreich (z. B. →Bourges, →Moulins), Burgund (→Auxerre, →Avalon), im Alpengebiet (→Chambéry, →Annecy) oder in der der engl. Monarchie unterstehenden südwestfrz. Regionen. Trotz ihrer eingeschränkten Freiräume verkörperte diese Form der städt. Autonomie einen spürbaren Fortschritt gegenüber den städt. Gemeinwesen, denen jede Stadtfreiheit versagt blieb (wie den meisten Städten des Hzm.s →Bretagne vor dem 16. Jh.). J. P. Leguay

Lit.: Ch. Petit-Dutaillis, Les communes françaises, 1947 [Neudr. 1970] – La Ville (RecJean Bodin VI, 1954) – A. Vermeesch, Essai sur les origines et la signification de la commune dans le Nord de la France, XIe–XIIe s., 1966 – Les Libertés urbaines et rurales du XIe au XIVe s. (Coll. de Spa, 1968) – J. F. Lemarignier, La France médiévale, institutions et société, 1970 – J. Schneider, Problèmes d'Hist. urbaine dans la France médiévale, Bull. Philol. et Hist. 1, 1977.

Ville neuve. In Frankreich (→Stadt, E) bezeichnet 'v. n.' oft ein einfaches Dorf, das ein Grundherr mit Landbesitzern bzw. Erbpächtern ('hospites') = Emphyteusis) im Rahmen eines Siedlungsunternehmens errichtet hat. Nach einer anderen, hier zugrundegelegten Auffassung des Begriffs wird die v. n. im Sinne einer kleinen gegründeten Stadt behandelt, in einer gewissen Analogie zu Stadttypen anderer Länder wie den 'ville nuove' oder 'borghi nuovi' in Italien, den 'villas nuevas' in Kastilien, den 'new towns' in England, den →'Neustädten' in Dtl./Mitteleuropa (→Minderformen, städt.) usw.

Die Verteilung der v. s n.s über den Raum ist in Frankreich ganz ungleich. Begegnen v.s n.s im nördl. Frankreich vergleichsweise selten (Pariser Becken, Flandern; Auvergne), so entwickelte sich ihre Errichtung in Südwestfrankreich, unter der vorherrschenden typolog. Bezeichnung der →Bastide ('bastida seu villa nova'), gleichsam zu einem Massenphänomen. Es sind um die 300 Bastides bekannt; die Kulturgeographie der aquitan. Länder ist durch die Errichtung von v.s n.s tief beeinflußt worden. Die Mehrzahl der Bastides bildete sich erst zw. 1250 und 1320 aus; diese extrem späte Entstehungszeit kennzeichnet sie als 'Nachzügler' am äußersten Endpunkt der Wachstumsperiode des europ. MA. Der Blütezeit der Bastides, die etwa zwei Jahrhunderte nach der Gründungswelle der →Sauvetés lag, gingen im 12. Jh. vereinzelte Vorläufer voraus (Mont-de-Marsan, 1133; →Montauban, 1144). Die Gründungen des frühen 13. Jh. (etwa Cordes, dép. Tarn, 1222) sind nur schwer vom vorherrschenden Modell des 'castrum' abzugrenzen. Kleine befestigte Siedlungen (die 'castelnaux' der Gascogne) von stärker dörfl. als städt. Charakter entstanden noch zahlreich im 13. Jh., in Konkurrenz zum Typ der Bastide.

Die Ausbreitung der Bastides vollzog sich in einem von starken Besonderheiten geprägten polit.-sozialen Umfeld; in einer Zeit, in der die Kg.e und Fs.en die ersten Grundlagen eines modernen Staatswesens schufen, und in einem durch starke Konkurrenz von Herrschaftsgewalten gekennzeichneten Gebiet, das aber infolge des Fehlens eines urbanen Geflechtes noch über starkes Wachstumspotential verfügte. Das Streben der Gründer nach Siedlungskonzentration bei ihren Untertanen, um sie effizienter zu beherrschen und ihren Grundbesitz zu bündeln, war untrennbar mit dem Wunsch nach Steigerung der Fiskaleinkünfte verbunden. Die Rivalität der →Kapetinger und ihrer Vasallen, der →Plantagenêt, ließ in den umkämpften Grenzzonen (→Agenais, →Périgord) ein dichtes Netz von einander gegenüberstehenden, jeweils von einer der beiden Gewalten abhängigen Bastides entstehen. →Alfons v. Poitiers, nach ihm die kgl. →Seneschälle (bes. Eustache de Beaumarchais, der zw. 1272 und 1291 nicht weniger als 23 Bastides gründete) nutzten die Form der Bastide, um im Herzen der noch selbständigen →Seigneurien Brennpunkte der kapet. Macht aufzubauen. Dieses Vorgehen wurde ermöglicht durch große Besitzübertragungen von seiten der Zisterzienserabteien, die einerseits das Vordringen der Kapetinger zur Bekämpfung der Häresie (→Katharer) unterstützten, andererseits damit auf die Krise ihres überkommenen Wirtschaftssystems reagierten. Die zielbewußte Gründungstätigkeit, die sich stark auf die fruchtbaren Tieflandregionen (Schaffung von Zentren der Agrarwirtschaft) konzentrierte, verkörpert sich in der planmäßigen Anlage um einen zentralen Marktplatz (→Platz). Die Gründung von Bastides war auch Spekulationsobjekt; hiervon zeugt die Karriere von Henri le Gallois am Hofe Eduards I. (1273–1307), eines großen Gründers von v.s n.s.

An der Wende vom 13. zum 14. Jh. gerieten zahlreiche Bastides in (z. T. rapiden) Verfall, was zum einen auf die verschärfte Konkurrenz zw. den Gründern, zum anderen auf die Verlangsamung des demograph. Wachstums zurückzuführen ist. Dem steht jedoch das Überleben einer großen Zahl von Bastides gegenüber: Zwar verkümmerten einige zu Dörfern, andererseits waren die kleinstädt. Regionalzentren des aquitan. Raumes in der Regel Bastides (z. B. Libourne, dép. Gironde; →Villefranche-de-

Rouergue, dép. Aveyron; Villeneuve-sur-Lot, dép. Lot-et-Garonne). Ihr Status beruhte zumeist auf dem →Paréage zw. einem Besitzer, der den Grund und Boden zur Pacht ausgetan hatte (oft einer Zisterzienserabtei), und einem Inhaber der öffentl. (weltl.) Herrschaft (etwa einem großen Herrn des Regionaladels oder aber dem Seneschall des Kg.s v. Frankreich bzw. Kg.s v. England/Hzg.s v. Aquitanien). Um Bevölkerung in ihre v.s n.s zu locken, zögerten die Gründer nicht, diesen klangvolle Namen zu verleihen (programmat. Devisen: Villefranche; Übernahme berühmter Stadtnamen: Bruges, Cologne, Grenade, Plaisance, Milan). Die neuen Bewohner genossen bestimmte (im Vergleich zu anderen Städtelandschaften der Zeit allerdings begrenzte) Freiheiten, erhielten 'intra muros' ein steuerpflichtiges Baugrundstück ('platea', 'ayral', 'localium') sowie auf dem Territorium der v. n. mehrere Landparzellen (darunter ein →'casal' nahe der Mauer, genutzt als Garten).

Die v.s n.s verfügten über einen regelmäßigen Stadtgrundriß, für den Montpazier (dép. Dordogne) lange als Modellfall galt; inzwischen konnte gezeigt werden, daß die von den Landmessern (→Vermessung) angewandten geometr. Formen eine vielfältige, komplexe Topographie und einen unterschiedl. Entwicklungsstand widerspiegeln, sich zudem den jeweiligen örtl. topograph. Bedingungen anpassen. Die klass. Stadtgestalt ist charakterisiert durch Schachbrettgrundriß, eine Vierzahl rechtwinklig verlaufender Straßenzüge, die bebaute Gevierte umschließen; das zentrale Geviert bildet d. Marktplatz, der mit einer Halle, umgeben von Arkadengängen ('couverts', 'cornières'), ausgestattet wurde; die mächtige got. Kirche liegt dagegen vom Zentrum abgewandt. Besaßen die Bastides mit strateg. Funktion von Anfang an eine Wehrmauer, so wurden die anderen meist anläßl. des →Hundertjährigen Krieges befestigt. Auch die Stadtflur ('terroir') wurde systemat. parzelliert, wobei die älteren Gemarkungen und Wohnstätten (die Bastides entstanden überwiegend auf altbesiedeltem Land) ganz oder teilweise beseitigt wurden.   B. Cursente

Lit.: A. Curie Seimbres, Essai sur les villes fondées dans le Sud-Ouest de la France sous le nom générique de bastides, 1880 – Ch. Higounet, Paysages et villages neufs du MA, 1975 – M. Beresford, New Towns of the MA. Town Plantations in England, Wales and Gascony, 1978 [Neudr. 1985] – A. Lauret, R. Malebranche, G. Seraphin, Bastides, villes nouvelles du MA, 1988 – Ch. Higounet, Villes, sociétés et économies médiévales, 1992 – B. Cursente, Les v.s n.s du royaume de France (XIe–XIIIe s.) (I borghi nuovi, 1993), 39–54.

Villefranche, Stadt in Südfrankreich, am Mittelmeer (Provence, Côte d'Azur, dép. Alpes-Maritimes, östl. v. →Nizza). Die vom Cap Ferrat im O und Mont-Boron im W eingeschnürte Reede v. V. zählt zu den geschütztesten Buchten des westl. Mittelmeeres. Die Stadt V. erfuhr ihre offizielle Gründung am 10. Aug. 1295 auf Befehl Kg. →Karls II. v. →Anjou und wurde am Ort des 'Portus Olivi' (altprov. Port-Oliu, neufrz. Port-Olive) in der NW-Ecke der Bucht errichtet. Port-Olive, Nachfolgesiedlung eines röm. Hafenortes (entweder des bei Ptolemaeus gen. 'Portus Herculis' oder des im Itinerarium Antonini erwähnten 'portus de Olivula') ist belegt seit dem 3. Viertel des 12. Jh., war aber am Ende des 13. Jh. weitgehend wüstgeworden, infolge einer Bevölkerungskonzentration im hochgelegenen 'castrum' des 'Mons Olivi' (Montoliu, Montolive; heut. Hügel Aire St-Michel im O der Bucht). Die Siedlungsleere im Uferbereich erlaubte es der Stadt Nizza, die selbst keinen vergleichbar günstigen Hafen besaß, Port-Olive einer gewissen Kontrolle zu unterwerfen und den vorzügl. Naturhafen zu nutzen.

Die neue Stadt trat das Erbe von Montolive an (Übernahme des gemeindl. Territoriums und der Konsulatsrechte). Die städt. Bewohnerschaft rekrutierte sich teils aus der Bevölkerung des 'castrum', teils aus Zuwanderern aus der Provence (ausschließl. aus dem Gebiet links des Var). Die wegen ihrer (fiskal.) Freiheitsprivilegien 'Villafranca/V.' genannte Stadt wurde auf Kosten des kgl. Schatzes befestigt, hatte seit dem 1. Viertel des 14. Jh. ein →Arsenal und zählte 120 Haushaltsvorstände. Das aufblühende Städtchen behielt seine alte Rolle als Vorhafen von Nizza (Hafenkomplex v. Nizza-V.) und diente als Sammelplatz für Flottengeschwader, bildete aber auch eine eigene kleine Flotte aus (Fischereifahrzeuge, doch auch Handels- und Kriegsschiffe).

Nach der Übergabe an das Haus →Savoyen (1388) stellte der Hafenkomplex Nizza-V. das einzige savoyische »Fenster zum Mittelmeer« dar. Die Gf.en/Hzg.e v. Savoyen etablierten hier ihre kleine, schlagkräftige Kriegsflotte (erstmals belegt 1434–36) und unternahmen im ausgehenden 15. Jh. einige (teilweise von Erfolg gekrönte) Maßnahmen zum Ausbau des Handelsverkehrs der beiden Häfen.

Während der Italienkriege des ausgehenden 15. und frühen 16. Jh. fungierte V. oft als Flottenstützpunkt des Kg.s v. Frankreich: Bes. 1524 wurde der Hafen unter Übergehung der savoyischen Neutralität als Operationsbasis der von Andrea →Doria befehligten Flotte genutzt. Vom 9. Mai bis 8. Juli 1538 war V. Aufenthaltsort Ks. Karls V. und seiner Flotte während der Konferenz v. Nizza, auf der Karl V. und Franz I., ohne unmittelbar einander zu treffen, durch Vermittlung Papst Pauls III. über eine Beendigung des Krieges verhandelten. V. und Nizza dienten den →Johannitern in der Zeit zw. dem Verlust v. →Rhodos (Ende 1522) und der Inbesitznahme v. →Malta (1530) als temporärer Ordenssitz.
                                                          A. Venturini

Lit.: A. Compan, Le Pays Niçois et la politique navale des deux premiers Angevins (1246–1309), PH, 1953, fasc. 14, 30–47 – A. Cane, Hist. de V.-sur-Mer, 1957, (1978²) – J.-F. Bergier, Port de Nice, sel de Savoie et foires de Genève, Le MA, 1963, 857–865 – Hist. de Nice et du Pays Niçois, hg. M. Bordes, 1976 – Le Comté de Nice, hg. A. Compan, 1980 – J.-P. Boyer–A. Venturini, Les consulats ruraux dans le ressort de l'évêché de Nice (ca. 1150–1326) (Le Village. Actes des Journées d'Hist. régionale, Mouans-Sartoux [1984], 1985), 17–46.

Villefranche-de-Conflent (katal. Vilafranca del Conflent), Stadt in den Ostpyrenäen (Südfrankreich, dép. Pyrénées-Orientales), im Tal des Têt an der Stelle eines 1025 erstmals erwähnten Hospizes um 1090 von Gf. Wilhelm Raimund v. der Cerdagne (→Cerdaña) gegr. und mit Marktrechten und weitgehenden Freiheiten ausgestattet, entwickelte sich dank seiner günstigen strateg. Lage rasch zum Hauptort des →Conflent und war seit 1126 Sitz einer *vegueria* (→Veguer), die das Conflent und Teile der Cerdagne umfaßte. Gefördert durch →Peter II. v. Aragón (1207, 1211) und Gf. →Nunyo Sanç v. →Roussillon (1236), erhielt V. von →Jakob I. eigene Stadtrechte (sog. 'costums de V.'), die Puigcerdà und Bellver de Cerdanya als Vorbild dienten. Nach Belagerung und Plünderung in den Kriegen Peters IV. gegen Jakob III. v. Mallorca setzte in der 2. Hälfte des 14. Jh. eine Phase des Niedergangs ein, verstärkt nach der Besetzung des Roussillon durch Ludwig XI. v. Frankreich (1472), so daß das ehemals blühende Tuchgewerbe fast völlig zum Erliegen kam. Die Pfarrkirche S. Jaime (Bm. Elne/Dekanat Prades) war vom Augustinerchorherrenstift Cornellà del Conflent abhängig, ihr Belfried diente in Zeiten der Gefahr als Fluchtturm. Der Konvent der Fraïles de la Penetencia de Jesucristo wurde 1279 auf päpstl. Anordnung durch ein Franziskanerkl. abgelöst. Das eindrucksvolle Stadtbild (geschlossene Festungsstadt mit Bauten aus rosafarbenem Marmor) beruht zwar auf ma. Grundlagen, spiegelt aber v.a. die von Vauban durchgeführte Transformation zur frz. Grenzfestung wider (nach dem Pyrenäenfrieden v. 1659).

U. Vones-Liebenstein

Lit.: Gran Encyclopèdia Catalana XV, 474f. – J. GIRALT, V., Rev. hist. et litt. du dioc. de Perpignan, 1921–23 – Y. HOFFMANN, À la découverte du Roussillon. V., cité méd., Reflets du Roussillon 18, 1957, 23–27 – A. DE POUS, La cité du marbre 'V.', capitale du pays de Conflent, 1966 – Gran Geografía Comarcal de Catalunya, hg. J. BECAT-P. PONSICH u.a., 1984, 168–174.

Villefranche-de-Rouergue, Stadt im sw. Mittelfrankreich, Rouergue (dép. Aveyron), westl. von →Rodez, wurde 1252 vom Kapetinger →Alfons v. Poitiers, Gf. en v. →Toulouse, zusammen mit vier anderen →Bastiden (Montréal en Agenais, Ste-Foy-la-Grande, St-Sulpice-de-Lézat, Carbonne) im Tal des Aveyron als Grenzsicherung zur von den Plantagenêt beherrschten →Gascogne auf konfiszierten Ländereien der Familie Morlhon gegründet und erhielt 1256 Stadtrechte, die weite Verbreitung im Languedoc fanden. Die Stadt hatte Konsularverfassung (→Konsulat), war seit 1269 Sitz eines →Bailli und löste bald Najac als Sitz des →Seneschalls des Rouergue ab. Mitte des 14. Jh. zählte V. 780 Feuerstellen, begann 1347 mit dem Bau der Stadtmauer und erhielt (nach einer zehnjährigen englischen Herrschaft 1360–69) eine kgl. Münzstätte, was zur Wiedereröffnung röm. Silberminen und zum wirtschaftl. Aufschwung (Kupfer- und Goldschmiedearbeiten, Tuchfabrikation) führte. Nach einem verheerenden Stadtbrand (1497) kam es 1499 wegen der Verteilung der Steuerlast zu einem Volksaufstand. – V. zählte zum Archidiakonat St-Antonin. Die Kollegiatkirche im Stadtzentrum besaß die Pfarrechte. 1450–65 gründete ein reicher Kaufmann, Vézian Valette, die Kartause St-Sauveur.

U. Vones-Liebenstein

Lit.: E. CABROL u.a., Annales, 2 Bde, 1860 – J. MIGUEL, L'architecture milit. dans le Rouergue au MA et l'organisation de la défense, 2 Bde, 1981 – H. ENJALBERT-H. CHOLVY, Hist. du Rouergue, 1987².

Villehardouin, Gottfried v. (Geoffroy de), führender Teilnehmer und Gesch.sschreiber des 4. Kreuzzugs, Marschall der 'Romania', * vor 1150 auf Burg V. (nahe →Troyes), † zw. Dez. 1212 und Juni 1218 in →Morea.

[1] *Leben*: V. entstammte der großen champagn. Adelsfamilie Villehardouin, ist 1172 erwähnt in einem Verzeichnis der Vasallen des Gf. en v. →Champagne, zu dessen Ratgebern er zählte. Als Gf. →Tedbald III. 1199 anläßl. des Turniers v. Ecry das Kreuz nahm, zog V. mit ihm auf den 4. Kreuzzug (→Kreuzzüge, B. IV), war beteiligt an den Verhandlungen mit den Venezianern und an der Beratung der Barone, die sich zu einer 'Umleitung' des Kreuzzugs auf →Konstantinopel und schließ. zur Eroberung der Stadt entschlossen (→Byz. Reich, B, VI [1]; →Lat. Ksr.). V. trat während des Kreuzzugs stark hervor, nahm einerseits dank seines Verhandlungsgeschicks an allen wichtigen Beratungen und mehreren Gesandtschaften teil, fungierte andererseits als erfahrener Kriegsmann. Er befehligte die champagn. Heeresabteilung, organisierte nach der Katastrophe v. →Adrianopel (1205) den Rückzug und sammelte in Rhaidestos (Rodosto) die Reste des Kreuzfahrerheeres. 1206 war er einer der Anführer der Truppenverbände, die den in Stenimachos (Thrakien) von den Bulgaren eingeschlossenen Renier de Trith befreiten.

1208 zeichnete sich V. bei einem Feldzug Ks. →Heinrichs v. Flandern gegen die Bulgaren aus.

V., der durchgängig die Würde des Marschalls v. Champagne innehatte, führte seit 1205 auch den Titel des Marschalls der 'Romania'. 1207 übertrug ihm →Bonifaz v. Montferrat den Oberbefehl bei der Belagerung v. Mosynopolis. 1208 wurde ihm sogar die 'garde' über Konstantinopel anvertraut.

Zur bedeutenden Rolle der Familie V. bei der Eroberung des Peloponnes durch die 'Lateiner' s. →Morea (hier trat – neben Wilhelm v. Champlitte – seit der Einnahme v. →Modon [1204–05] bes. der gleichnamige Neffe des Geschichtsschreibers hervor: Gottfried I., Fs. v. Achaia 1209/10–28/30).

E. Lalou

[2] *Chronik*: V. verfaßte die »Conquête de Constantinople«, ein Hauptwerk der frz. Chronistik des MA (→Chronik, L. I), das zugleich als erster großer Bericht in afrz. Prosa gilt. Das 1207/08 abgefaßte Werk, das aus der Sicht eines führenden Protagonisten die wichtigsten polit. und militär. Ereignisse und Entscheidungen in ihren Hauptzügen bzw. Ergebnissen gleichsam protokolliert, setzt mit dem Jahr 1198 ein und reicht bis Sept. 1207. Geschrieben in klarer, nüchterner Diktion und mit beachtl. chronolog. Präzision, stellt es die wichtigste narrative Q. zum 4. Kreuzzug sowie für die Anfangsjahre des →Lat. Ksr.s dar. Auch für die Gesch. Bulgariens unter den Zaren →Kalojan und →Boril (→Bulgarien, II) besitzt das Werk hohen Q.wert. Seit der lat. Übersetzung von 1573 folgten weitere ins It., Engl., Dt. und Bulgarische.

G. Prinzing

Ed.: G. de V., La conquête de Constantinople, ed. E. FARAL, 2 Bde, 1938–39, 1961² [mit synopt. frz. Übers.] – *Lit.*: BLGS IV, 1989, 413–416 [zur Familie V.] – M. G. STURDZA, Dict. hist. et généalogique des grandes familles de Grèce, d'Albanie et de Constantinople, 1983, 556, 560 – Dict. of the MA XII, 1989, 448f. – Oxford Dict. of Byzantium III, 1991, 2169–DLFMA², 1992, 505–509–Dict. des litt. de la langue française, 1994, 2620–2622 – P. LOCK, The Franks in the Aegean, 1204–1500, 1995, 17–21 und passim [Index].

Villeloin (Villalupae), Abtei OSB in Westfrankreich, westl. Touraine (commune V.-Coulangé, canton Montrésor, dép. Indre-et-Loire), unterstand zunächst der (selbst von St-Martin de →Tours abhängigen) Abtei →Cormery. Abt Audacher v. Cormery setzte hier 20 Mönche auf einer Domäne an, die ihm zwei Brüder geschenkt hatten; 850 weihte Herard, Ebf. v. Tours, die Kirche. Das monast. Ensemble Cormery-V. fiel im 10. Jh. in die Abhängigkeit der Gf. en v. Anjou (→Angers), die das Laienabbatiat ausübten. 965 gestand → Wido v. Anjou, der Sohn des letzten Gf. en/Abtes und Bf. v. →Le Puy, die Separation der beiden Abteien zu. Er ernannte einen Mönch aus Cormery, Huncbert, zum Abt v. V. In der Folgezeit besaßen die Mönche wohl das Recht der freien Abtwahl. V. erwarb das Patronat über insgesamt 23 →Priorate und Pfarreien in der Diöz. Tours, 10 Pfarreien und Kapellen in der Nachbardiöz. →Bourges. Die Päpste Hadrian IV. (1156) und Innozenz IV. (1263) verliehen der Abtei, die mit anderen Kl. →Gebetsverbrüderungen geschlossen hatte, Güterbestätigungen. 1463 wurde V. zur →Kommende herabgestuft: Papst Pius II. übertrug sie dem Kard.bf. v. Albi, Giovanni Goffredi, der sie durch Vikare verwalten ließ. 1472 fiel das Abbatiat an die Familie der Du Barasc de Beduer.

G. Devailly

Lit.: L. J. DENIS, Cart. de l'abbaye St-S. de V., Archives du Cogner, 1911 – G. M. OURY, Hist. religieuse de la Touraine, 1975.

Villena, Marquesado v., ausgedehnte, vom Kgtm. lehnsrührige Territorialherrschaft, die im 15. Jh. zu den größten der Krone Kastilien gehörte und sich an der kast. Grenze zum aragones. Kgr. →Valencia zw. →Cuenca und →Murcia erstreckte. Ursprgl. wurde der Señorío v. V. durch Kg. Alfons X. wegen seiner Unterstützung im Kampf gegen die de la →Cerda dem Infanten Manuel, seinem jüngeren Bruder, übertragen, der damit außer V. u. a. die auf dem Gebiet von Alicante gelegenen Orte Elda, Novelda, Elche und Santa Pola, später noch Almansa und Yecla erhielt. V. bildete später auch den Besitzschwerpunkt von Manuels Sohn, →Juan Manuel, dessen Eigentum es zwar blieb, doch ztw. unter aragones. Oberhoheit (Übereinkunft v. →Torrellas-Elche) kam. Schließl. fiel es an die kast. Krone und wurde als Teil der →Mercedes enriqueñas, zum Marquesado erhoben, an den späteren Condestable Alfons v. Aragón, den Sohn des Infanten →Peter v. Aragón und Gf. en v. Ribagorza und Denia, vergeben. Nach dessen Entmachtung wieder der Krone zu eigen, wurde der Marquesado im 15. Jh. nach der Schlacht v. →Olmedo von Heinrich IV. seinem Günstling Juan →Pacheco übertragen und nach dessen Sturz und der Eroberung durch die Kath. Kg. e dauerhaft der Krone inkorporiert. L. Vones

Lit.: J. Torres Fontes, La conquista del marquesado de V. en el reinado de los Reyes Católicos, Hispania 13, 1953, 37–151 – E. Mitre Fernández, Señorío y Frontera (El Marquesado de V. entre 1386 y 1402), Murgetana 30, 1969, 55–62 – J. R. L. Highfield, The Catholic Kings and the Titled Nobility of Castile (Europe in the Late MA, 1970), 358–385 – R. Mateos y Sotos, Juntas en el marquesado de V. (Monografías de Hist. de Albacete, 1974–77), 29–120 – A. Pretel Marín, En torno a la incorporación del Marquesado de V. a la Corona Castellana en 1395, Al-Basit 6, 1979, 163–176 – J. L. Pastor Zapata, Un ejemplo de 'apanage' hispánico: El señorío de V., Revista del Instituto de Estudios Alicantinos 31, 1980, 15–40 – A. Pretel Marín, Almansa Medieval (Una villa del señorío de V. en los siglos XIII, XIV y XV), 1981 – Ders., Don Juan Manuel, 1982.

Villena, Enrique de, span. Schriftsteller, * 1384 in Cuenca, † 15. Dez. 1434 in Madrid, stammte aus dem Kg.shaus Aragón, Großmeister des →Calatrava-Ordens, bekannt für sein Interesse an Magie und Astrologie. Sein »Tractado del arte del cortar del cuchillo« (»Arte cisoria«) behandelt Fragen der Etikette und der Kochkunst. In den »Doce trabajos de Hércules« (zuerst katal., dann span.) folgen auf die Schilderung der Taten eine allegor. Deutung, die Prüfung des hist. Gehalts und die moral. Nutzanwendung auf zwölf Stände, insbes. den des Ritters. Das »Libro de aojamiento« (»Fascinología«) befaßt sich mit dem Bösen Blick. Nur als Frgm. erhalten ist eine Dichtungslehre (»Arte de trovar«). Er übersetzte »De re militari« von →Vegetius (»Libro de la guerra«) und als erster die »Aeneis« →Vergils und →Dantes »Divina Commedia« ins Spanische. W. Mettmann

Ed. und Lit.: Arte cisoria, ed. F. Benificio Navarro, 1879 – El libro de la guerra, ed. L. de Torre, RHi 38, 1916, 497–531 – Tres tratados (De la consolación, Del aojamiento; De lepra), ed. J. Soler [= R. Foulché-Delbosc], ebd. 41, 1917, 110–214 – Tratado de la consolación, ed. D. C. Carr, 1976 – Tratado de astrología, ed. P. M. Cátedra, 1983 – El Arte de Trobar, ed. F. J. Sánchez Cantón, 1923 – Los Doze Trabajos de Hércules, ed. M. Morreale, 1958 – S. R. Lacuesta, La primera versión castellana de La Eneida de Virgilio, BRAE 38, 1979 – E. Cotarelo y Mori, Don E. de V. Su vida y su obra, 1896 – T. Crame, Don E. de V., 1944 – F. J. Sandoval, Don E. de V., 1973 – J. K. Walsh – A. Deyermond, E. de V. como poeta y dramaturgo, Nueva Revista de Filología Hispánica 28, 1979, 57–85 – A. Torres-Alcalá, Don E. de V.: un mago al dintel del Renacimiento, 1983 – P. M. Cátedra, Exégesis – ciencia – literatura. La exposición del salmo 'Quoniam videbo' de E. de V., 1985.

Villeneuve, aus Katalonien zugewandertes prov. Adelsgeschlecht, dem die führende polit. Persönlichkeit der Provence in der 1. Hälfte des 13. Jh., Romée de V., entstammte. Romées Vater, *Giraud de V.* († um 1225), der einer bescheidenen Familie aus dem unteren Tal des Llobregat (südl. von Barcelona) angehörte, tritt unter Gf. →Raimund Berengar IV. 1178 in der Provence auf. Als Gefolgsmann von Kg. →Alfons II., dem er als →Bayle v. →Antibes (1200) und Kastellan v. →Sisteron (1204) diente, erhielt er 1200 die →Seigneurie über die Dörfer Les Arcs und Trans (dep. Var) verliehen. Von seinen drei Söhnen erbte der älteste die Herrschaften Les Arcs und Trans; zu seinen Nachkommen (Linie der V.-Les Arcs) zählen: die *hl. Roseline* (1270[?]–1329), eine fromme Kartäuserin und Priorin v. La Celle-Roubaud; *Hélion* (→Villeneuve, Hélion de), Meister der Johanniter 1315–46; *Elzéar,* Bf. v. →Digne, 1327–41; *Arnaud* († 1494), →Chambellan Kg. →Renés v. Anjou, von →Karl VIII. 1491 zum Generalkapitän der Flotte der Provence ernannt; der Sohn von Arnaud, *Louis* († 1516), für den Kg. →Ludwig XII. 1506 die Mgft. Trans errichtete. Wie Louis nahmen noch mehrere V., deren Abstammungsverhältnisse nicht eindeutig geklärt sind, am frz. Neapelfeldzug (1494–96) teil: *Bernard,* Chambellan Kg. Karls VIII., sowie *Guillaume,* der Memoiren, in denen über die Einnahme von Neapel berichtet wird, hinterließ. – Der 2. Sohn von Giraud und seine Nachkommen erhielten eine Seigneurie, die sich auf Tourettes und Fayence, Orte in der Nachbarschaft v. Les Arcs, konzentrierte.

Der 3. Sohn war *Romée de V.* (Geburtsjahr unbekannt, † 1250/51), der zunächst für eine kirchl. Laufbahn bestimmt war (1223 Kanoniker v. Fréjus). Er hatte unter Gf. →Raimund Berengar V. ab 1224 wichtige Funktionen als Richter wie als Heerführer inne: 1229 führte er den Feldzug gegen das aufständ. →Nizza an und erhielt zur Belohnung die Gf. enrechte v. →Vence; in der Folgezeit kumulierte er diverse Herrschaftsrechte über die Dörfer in der Umgebung dieser Stadt. Seit 1234 war er der eigtl. Leiter der gfl. Regierung der Provence, was sich in der Führung verschiedener Titel (Baile de Provence, Connétable) niederschlug. Auf seiner Initiative beruhten großenteils die administrativen und jurisdiktionellen Transformationen, durch welche die Fs. engewalt des Gf. en nachhaltig gestärkt wurde. 1235 erhielt V. einen weiträumigen Sprengel (Baillie), der die Diöz. →Fréjus, →Antibes, →Vence und →Nizza (also den gesamten östl. Teil der Gft. Provence) umfaßte, übertragen. Im Testament Raimund Berengars V. erscheint V. als einer der beiden Ratgeber, die der Erbtochter Beatrix bei der Regierung zur Seite gestellt wurden; nach dem Tode des Gf. en (1245) fädelte V. die Verehelichung der reichen Erbin mit →Karl v. Anjou ein. Unter der Herrschaft des Anjou wurde V.s Einfluß bei Hofe jedoch rasch abgebaut. Der neue Fs. forderte von ihm Rechenschaft für ausständige Summen; im Testament vom Dez. 1250 tritt V. an Karl v. Anjou zur Bezahlung der Schuldenlast einen beträchtl. Teil seiner Domänen ab, darunter sogar Villeneuve (das spätere Villeneuve-Loubet), wo sich V. eine Burg errichtet hatte. Diese (der Sache nach wohl berechtigten) Revendikationsforderungen Karls v. Anjou begünstigten eine verklärende Sagenbildung, faßbar bereits bei →Dante, der V. im 6. Gesang ins Paradies versetzt und sein »opra grande e bella mal gradita« rühmt. Diese wohl im frühen 14. Jh. entstandene Legende macht aus dem Sohn eines katal. Ritters einen niederen Pilger, der durch verleumder. Barone schweres Unrecht erleidet. N. Coulet

Lit.: E. de Juigné de Lassigny, Hist. de la maison de V. en Provence, 3 Bde, 1900–09 – Les Bouches-du-Rhône, II, 1924, 539–541, 548, 563–569 [R. Busquet] – R. Busquet, La légende de R. de V., Études sur l'ancienne Provence, 1930, 28–39 – Y. Labande-Mailfert, Charles VIII et son milieu, 1975 – P. Leclercq – D. Le Blévec, Une sainte cartusienne, Roseline de V., Cahiers de Fanjeaux 23, 1988, 55–78.

V., Hélion (Hélie) **de,** Ordensmeister der →Johanniter, * 1270, † Mai 1346, Sohn von Arnaud II. v. →Villeneuve, Seigneur v. Les Arcs, und Sibylle v. →Sabran. Zunächst Komtur v. Manosque und Puimoisson, Statthalter (*lieutenant*) des Priors, dann Prior der Ordensprovinz Provence, wurde V. im Juni 1319 zum Ordensmeister gewählt, mit Unterstützung Papst →Johannes' XXII. und als Nachfolger des abgedankten Foulques de Villaret. Das von V. nach Montpellier einberufene Generalkapitel beschloß Maßnahmen zur Hebung der Ordenszucht und Stärkung der Autorität des Meisters sowie Verbesserungen bei der Verwaltung der Güter, welche die Johanniter aus dem Besitz des aufgehobenen →Templerordens erworben hatten. V. sanierte auch die Ordensfinanzen. Er verließ nur selten den abendländ. Bereich und fungierte v. a. als Vertrauensmann Johannes' XXII. Als Befürworter des von Kg. →Karl IV. v. Frankreich geplanten Kreuzzuges plädierte V. nachdrücklich für eine einheitlich durchgeführte Flottenexpedition, abgestützt auf →Zypern oder →Rhodos, und forderte ein völliges →Embargo gegen Ägypten. Er nahm an der Schlacht v. →Cassel (1328) teil und verband sich 1334 mit →Philipp VI. v. Valois zur Durchführung eines neuen Kreuzzugsunternehmens. Der Kg. nahm jedoch nicht selbst das Kreuz, und der vom Dauphin →Humbert II. geführte Kreuzzug scheiterte. Doch eroberten die Johanniter die Stadt →Smyrna. V. stärkte die Position der Johanniter auf Rhodos und ließ hier die Festung La Rangia errichten.

E. Lalou

Lit.: J. Delaville Le Roulx, Les Hospitaliers à Rhodes (1310–1421), 1974.

Villeneuve-lès-Avignon, Stadt in Südfrankreich (dép. Gard), am rechten Ufer der →Rhône; ältere Namen: Le Puy (mont) Andaon; Villanova (13. Jh.). Hagiograph. Texte schreiben die (legendar.) Ursprünge der kleinen Stadt zwei hl. Gründern zu: dem Eremiten Casarius (Casarie), dessen 'dies natalis' (8. Dez. 589) im 11. Jh. zu Verehrung Anlaß gab, dann dem hl. Pons (1063–87), Abt v. St-André. Der den 'Rocher des Doms' und der bfl. 'Cité' v. →Avignon gegenüberliegende Mont Andaon wurde durch das Wirken dieser Hl.n sakralisiert. Im 12. Jh. errichteten die Avignonesen (dank des Wirkens des frommen Schäferburschen Bénézet, 1177) die steinerne →Brücke, den großen Kreuzungspunkt der Pilger- und Handelsströme zw. →Lyon und dem Mittelmeer. Nachdem Kg. →Ludwig VIII. v. Frankreich auf dem Weg zum Albigenserkreuzzug (→Albigenser, II) im Sommer 1226 auf heftigen Widerstand von seiten des dem Imperium unterstehenden Avignon gestoßen war, errichtete er als Vergeltung eine Befestigung auf dem Mont Andaon, gestützt auf ein zuvor geschlossenes →Pariage mit dem Abt v. St-André. Der befestigte Ort, der zur kgl. 'Neustadt' (→Ville neuve, →Bastide) wurde, markiert den wachsenden Druck der →Kapetinger auf das links der Rhône gelegene Reichsgebiet ('terre d'Empire'). 1294 erneuerte →Philipp der Schöne das Pariage, ließ einen Wehrturm errichten und verlieh den Bewohnern von 'V.' Privilegien und Freiheiten. Der Aufstieg Avignons zum Zentrum der lat. Christenheit (→Kurie, B) »durchkreuzte« (H. Aliquot) die eigtl. städt. Entwicklung der kgl. Bastide V., die nun zum prachtvollen Residenzort der avignones. Päpste und Kard.e wurde. Arnaud de Via, der Nepot →Johannes' XXII., stiftete hier 1330 eine Kollegiatkirche; seinem Schatz entstammt die kostbare got. Elfenbeinmadonna, eine höchst charakterist. Pariser Arbeit. Dem notor. Baugrundmangel in Avignon begegneten die großen Kard.e, →Orsini, →Monteruc, →Thurey, Giffon, →Canilhac, indem sie sich in und um V. Lustschlösser, die berühmten *livrées*, errichten ließen, in denen sich eine kunstvolle Gartenkultur entfaltete. Vor diesem Hintergrund entstand die von →Innozenz VI. gestiftete, höchst ansehnl. dotierte Kartause St-Jean Baptiste, deren Reichtum und Spiritualität im monumentalen Altarbild der gewaltigen »Marienkrönung« von Enguerran Quarton (1453) ihren Ausdruck fand. Als aristokrat. Dependance von Avignon empfing V. Besuche und Gesandtschaften von Kg.en und Fs.en (→Humbert II., →Karl VI., →Ludwig v. Anjou, Maria v. Blois, Ks. →Karl IV.). 1349 erfolgte hier der Abschluß des Vertrages, der →Montpellier dem Kg. v. Frankreich unterstellte. Durch Errichtung der mächtigen Festung St-André (um 1360) schützte Kg. Johann II. (→Jean le Bon) V. gegen Angriffe der gefürchteten Söldnerrotten (*routiers*), die Kard.e suchten in Perioden der Unsicherheit, v. a. während des Gr. →Abendländischen Schismas (Obödienzentzug, 1398), die kgl. Schutzherrschaft. In dieser bewegten Zeit läutete der Tod des jungen Kard.s Peter v. Luxemburg (1397) das Ende der Blütezeit V.s ein.

Y. Grava

Lit.: A. Sagnier, Les privilèges et les franchises de V., 1896 – Abbé L. Valla, V. Guide du voyageur et notes hist., 1919 – F. Benoit, V., 1930 – Congr. archéol. de France: Avignon et le Comtat Venaissin, 1963 – J. Favier, Philippe le Bel, 1978 – H. Aliquot, Les palais cardinalices hors les murs d'Avignon au XIVe s., 1983 – E. Mognetti, Saint Bénézet, o. J. [1984] – A. Girard–D. Le Blevec, Chartreuses du pays d'Avignon, 1986 – Avignon au MA. Textes et documents, hg. IREBMA, 1988.

Villers, Abtei SOCist in Brabant (heut. Belgien). Gegr. 1146, unmittelbare Tochterabtei v. →Clairvaux. Entgegen den Angaben der Q. wurde V. nicht in einer 'Einöde' gegr., sondern in einem Dorf der Herrschaft Marbais, das sich bereits in voller agrar. Entwicklung befand. Am Ende des 12. Jh. traten die Herren v. Marbais in die Vasallität der Gf.en v. →Namur ein, wohingegen sich die Mönche der Vogtei des Hzg.s v. → Brabant unterstellten. V. wurde so endgültig zu einer brabant. Abtei. Das 13. Jh. bildete in religiöser, spiritueller, intellektueller und wirtschaftl. Hinsicht die große Blütezeit. Um 1250 lebten 100 Mönche und 300 →Konversen in der Abtei. Es entstanden historiograph. Werke (Chronik, Viten von Mitgliedern der Gemeinschaft) sowie ein →Polyptychon. Von außergewöhnl. Quellenwert sind die Viten einiger vorbildl. Konversen, deren aktive wirtschaftl. Rolle (Getreidebau, Aufzucht der großen Herden der Abtei) schlaglichtartig erhellt wird. V. besaß um die 20 →Grangien, gelegen zur Hälfte in Wallonisch-Brabant, die übrigen im Maasland, nahe Antwerpen und selbst in Holland. Seit 1300 erlitt V. einen irreversiblen Verfall des religiösen Lebens wie des Grundbesitzes und der Finanzen.

G. Despy

Q.: G. Despy, Inventaire des archives de l'abbaye de V. conservées aux Archives Gén. du Royaume, 1959 – O. Henrivaux, Inventaire des Archives de l'abbaye de V. à l'archevêché de Malines, 1996 – Lit.: E. de Moreau, L'Abbaye de V. aux XIIe et XIIIe s., 1909 – A. Despy, La fondation de l'abbaye de V. (1146), Arch. Bibl. Mus. Belg. 28, 1957, 3–17 – Monasticon belge IV^2, 1968 – G. Despy, L'exploitation des »curtes« en Brabant du IXe s. aux environs de 1300 (Villa-Curtis-Grangia, hg. W. Janssen–D. Lohrmann, Beih. der Francia 9, 1983), 185–204 – V., une abbaye royale revisitée (Colloque 850e anniv., 1996).

Villiers. 1. V., Jean de, Seigneur de L'Isle-Adam, * 1390, † 1437, →Maréchal de France; Enkel von 2, entstammte einer alten Adelsfamilie der Île-de-France und begann seine militär. und polit. Laufbahn in der Ära des Konflikts zw. →Armagnacs et Bourguignons. Nach einer Zeit des Schwankens schloß er sich 1417 definitiv der Burgunderpartei an. Dank des Einsatzes von V. konnte sich Hzg. Johann (→Jean sans Peur) zum Herrn v. Paris aufschwingen. Sogleich empfing V. von →Karl VI. den Marschallstab. Als getreuer Gefolgsmann →Philipps d. Guten kämpfte er gegen die Anhänger des Dauphins →Karl (VII.), seit dem Vertrag v. →Troyes an der Seite des als Regent in Frankreich fungierenden →Heinrichs V. Doch das schlechte Verhältnis zum engl. Monarchen führte bald zu V.' Amtsenthebung und Einkerkerung. 1422 wieder freigekommen, diente V. dem Hzg. Philipp im Hennegau, in Holland und Seeland, ebenso aber auch, unter verschiedenartigen Voraussetzungen, dem Regenten →Johann v. Bedford. 1429 war es großenteils V.' Eingreifen zu verdanken, daß Paris den Angriff der →Jeanne d'Arc erfolgreich zurückschlagen konnte. 1430 zum Ritter des →Goldenen Vlieses gekürt, wurde V. 1432 wieder zum Marschall v. Frankreich ernannt, schloß sich aber 1435 vorbehaltlos der frz.-burg. Versöhnung im Frieden v. →Arras an. Im folgenden Jahr war sein Eingreifen entscheidend für die Rückeroberung von Paris durch die Truppen Karls VII. Nun verlieh ihm der Kg. das Marschallamt. 1437 wurde V. zu →Brügge von Aufständischen, die sich gegen Hzg. Philipp erhoben hatten, im Straßenkampf erschlagen. – Der Marschall verfaßte auf Wunsch seines Hzg.s einen kurzen (erhaltenen) Traktat über die Schlachtpfänder. Wenn auch V.' militär. Unternehmungen nicht immer von Erfolg gekrönt waren, so hinterließ er doch das Andenken eines hingebungsvollen und kühnen Heerführers. Ph. Contamine

Ed. und Lit.: Traités du duel judiciaire, relations de pas d'armes et de tournois, ed. B. PROST, 1872 – G. LEFÈVRE-PONTALIS, J. de V., Seigneur de l'Isle-Adam, Maréchal de France [Positions des thèses de l'École des Chartes, 1883], 65–70 – M. BAUDOUIN, Recherches sur J. de V., Seigneur de L'Isle-Adam [Mém. de maîtrise, Univ. de Paris IV, 1993] – Les chevaliers de l'ordre de la Toison d'or au XV*e* s., Notices biobibliogr., hg. R. DE SMEDT, 1994, 47–49 [B. SCHNERB].

2. V., Pierre de, † 1386, frz. Heerführer und Staatsmann, →Chambellan Kg. →Karls V., Bannerträger der →Oriflamme. Sohn von Adam, Herr v.-le-Bel, ist V. bezeugt als Angehöriger des (1346 vor der Burg Aiguillon eingeschlossenen) Heeresaufgebotes des Hzg.s v. →Normandie. 1348 Ritter der kgl. →Leibwache, wurde er anschließend nach Schottland entsandt. V. gehörte dem Rat des Hzg.s v. →Orléans an und wurde zum Burghauptmann v. Pontorson (vor dem →Mont-St-Michel, dép. Manche) ernannt. Als er in engl. Gefangenschaft gefallen war, bot Kg. Johann II. (→Jean le Bon) 1353 1000 *deniers d'or* zur Bezahlung des Lösegeldes auf. Beim Wegzug von Pontorson designierte V. als Nachfolger Bertrand →Du Guesclin. 1357 kommandierte V. in Paris die von der Stadt und den →États Généraux ausgerüsteten Verteidigungstruppen und operierte im westl. Umland von Paris gegen einen engl. Truppenverband sowie gegen Söldnerrotten, welche die Straßen in die Beauce und Normandie unsicher machten. V., der 1356–58 zur Reformpartei zählte, gehörte seit ca. 1358 dem Rat des Regenten →Karl (V.) an und wird als 'major magister' des →Hôtel du roi genannt. 1358 kaufte er ein Haus in Paris (Rue Aubry-le-Boucher) und ließ sich im Okt. 1359 ein Stadtpalais in Melun übertragen. Er war mit der Vollstreckung eines Parlamentsurteils (*Arrêt*) gegen die Bürger v. Reims betraut (8. April 1363). V. gehörte der Eskorte Kg. Johanns an, als dieser sich im Jan. 1364 erneut als Gefangener in London stellte. Im April 1364 nach Frankreich zurückgekehrt, veranlaßte er durch seinen Bericht (*relatio*) den Dauphin, Henri de Thiérache zur Inspektion der Festungen in der Normandie zu entsenden. Anläßl. der Thronbesteigung Karls V. wurde V. mit der *Garde* der Burg Neauphle bei Gisors betraut. Auch wurde ihm erneut das hohe Amt des *Souverain Maître de l'Hôtel* verliehen. 1367 reiste er (gemeinsam mit Guillaume de →Dormans u. a. frz. Würdenträgern) als Gesandter zu →Urban V. nach Avignon, um den päpstl. Plan einer Rückkehr nach Rom zu vereiteln. Im Okt. 1382 nahm V. als Bannerträger an der Schlacht v. →West-Roozebeke teil. Damals hatte er noch das Amt des Maître de l'Hôtel inne. – Zunächst Herr v. Mazy, erwarb er 1364 die Herrschaft L'Isle-Adam von Guillemette, einer direkten Nachfahrin Adams, des Connétables Philipps I. E. Lalou

Lit.: R. CAZELLES, Société politique, noblesse et couronne sous Jean le Bon et Charles V, 1982.

Villikation. [1] *Begriff:* Mit dem Terminus 'V.' wird eine Grundherrschaftsform (→Grundherrschaft) beschrieben, die im frz. Wissenschaftsbereich mit dem Begriff des »régime domanial classique« und im engl. Raum mit dem Begriff des »classic manor« bezeichnet wird. Diese V.s- oder Fronhofsverfassung ist dadurch charakterisiert, daß im Zentrum einer V. (villicatio) der grundherrl. →Fronhof (curtis) mit den davon abhängigen Bauernstellen (mansi) steht. Dieser Herrenhof mit seinen dazugehörigen Sallandflächen (terra salica) an Ackerland, Wiesen und Gärten wurde entweder vom Grundherrn selbst bewohnt und bewirtschaftet oder von einem Fronhofsverwalter, dem villicus oder maior, geleitet. Letzterer bebaute den Herrenhof sowohl mit unfreien Gesindekräften als auch mit bäuerl. →Frondiensten, zog die Natural- und Geldzinsen der abhängigen Hufenbauern ein und führte außerdem den Vorsitz im grundherrl. Hofgericht. Die V. mit ihrer ausgeprägten Fronhofwirtschaft steht dem Typus der Abgabengrundherrschaft konträr gegenüber, bei dem die Herrenhöfe allein Sammelstellen für bäuerl. Abgaben ohne grundherrl. Eigenbetrieb darstellen. Zw. diesen beiden Polen der Grundherrschaftsorganisation gab es eine Reihe von Misch- und Übergangsformen. Die Struktur der einzelnen Grundherrschaften hing zudem ab von ihrer Größe und Lage. Größere Grundherrschaften verfügten in der Regel über ein mehrstufiges V.ssystem, so daß Oberhöfe an der Spitze von Haupt- und Nebenhöfen standen. Mehrstufige V.en waren v. a. in den Grundherrschaftskomplexen des Kg.s und bei bedeutenden Kl. anzutreffen.

[2] *Entstehung und Ausprägung:* Die V. war hauptsächl. in den Kerngebieten des Frankenreiches und bes. im Raum zw. Loire und Rhein verbreitet, während sie in den Nachbargebieten viel seltener anzutreffen war. Diese Form der Grundherrschaft entstand bes. im Laufe des 7. und 8. Jh.; sie war im wesentl. eine Neuschöpfung des FrühMA und besaß keinen unmittelbaren Zusammenhang mit der Organisation des galloröm. fundus (A. VERHULST). Der Einfluß des frk. Kgtm.s, günstige Raumbedingungen und ausgedehnte, für den Getreidebau geeignete Lößböden haben offenbar die Ausbreitung dieser Grundherrschaft in den Kerngebieten des Frankenreiches gefördert. Hinsichtl. der Herrschaftsträger sind bei der V. vornehml. drei Hauptarten der Grundherrschaft zu unterscheiden: die kgl., die geistl. und die adlige Grundherrschaft. Aufgrund ihres Umfangs und ihrer polit. Bedeutung nahm die Grundherrschaft des Kg.s eine vorrangige Stellung ein. Gemäß den Angaben des →Capitulare de villis war dieses Kg.sgut stark von der V. geprägt: es war in Fiskalbezirke (fisci) gegliedert, die jeweils von kgl. Grundherrschaftsbeamten (iudices, villici) verwaltet wurden.

Die Epoche der Ausbreitung und Verfestigung der Grundherrschaft im 9. und 10. Jh. brachte die verschiedenen Ansätze und Formen der V. zur vollen Entfaltung. Die Ausbreitung der V. tritt dabei bes. im ostrhein. Dtl. hervor, wo durch die Errichtung großer Kl. und die

Ausstattung der Vasallen mit Lehen die grundherrschaftl. Struktur konsolidiert wurde. Der v.smäßig organisierte Großgrundbesitz erlangte so eine große Bedeutung, wobei die Ausdehnung des Grundherrschaftslandes durch →Rodung eine wichtige Rolle spielte. Gleichzeitig veränderte sich im frühen HochMA auch die Rechtsqualität und innere Struktur der Grundherrschaft. Die V.sherren griffen auf das Umland aus und bildeten grundherrl. Bannbezirke, wodurch die Konsistenz der Grundherrschaften gestärkt wurde.

[3] *Auflösung:* Infolge der grundlegenden Veränderungen in Herrschaft, Wirtschaft und Gesellschaft während des HochMA wandelte sich die V. und löste sich weitgehend auf. Die Intensivierung von Handel und Verkehr ließ seit dem 11. Jh. eine arbeitsteilige Markt- und Geldwirtschaft entstehen, die in vielfältiger Form auf die Grundherrschaftsverhältnisse einwirkte und allmähl. zu einem Zerfall der traditionellen V. führte. Neben diesen allg. Ursachen und dem Anpassungszwang an die neue gesamtwirtschaftl. Lage waren es auch spezielle Gründe, die im HochMA die Auflösung der V. vorantrieben. Die Verwaltung der V. mit ihrer differenzierten Rechts- und Wirtschaftsstruktur war relativ kompliziert und erforderte ein hohes Maß an Organisationskraft, um die Wirtschaftsführung der Fronhofsverwalter zu überwachen und die Ableistung der bäuerl. Frondienste zu kontrollieren. Durch die Abkehr von der grundherrl. Eigenbewirtschaftung und durch den Übergang zu einem Grundherrschaftssystem mit vorherrschenden Natural- und Geldrenten konnten dagegen die hohen Verwaltungskosten beträchtl. vermindert werden. Die Auflösung der V. verlief in den einzelnen Landschaften und Grundherrschaften während des 12. und 13. Jh. nach unterschiedl. Mustern und Zeitabläufen. Da viele Frondienste durch die starke Reduzierung der grundherrl. Eigenwirtschaft und die Verpachtung vieler Herrenhöfe überflüssig geworden waren, wurden sie überwiegend in Geldabgaben umgewandelt. Im Zuge dieses Wandels ist es aber nicht zur völligen Aufgabe der grundherrl. Eigenwirtschaft gekommen; große und kleine Grundherren bewirtschafteten auch im SpätMA einige Herrenhöfe in eigener Verantwortung. W. Rösener

Lit.: HRG I, 1309ff. – W. WITTICH, Die Grundherrschaft in NW-Dtl., 1896 – A. VERHULST, La genèse du régime domanial classique en France au haut MA (Agricoltura e mondo rurale in Occidente nell'alto medioevo, 1966), 135–160 – F. LÜTGE, Gesch. der dt. Agrarverfassung, 1967², 45ff. – W. RÖSENER, Grundherrschaft im Wandel, 1991 – DERS., Agrarwirtschaft, Agrarverfassung und ländl. Ges. im MA, 1992.

Villingen, Stadt (Schwarzwald-Baar-Krs.). Eine Siedlung in ministerio Hruadharii comitis ad Filingas wird erstmals 817 in einem Diplom Ks. Ludwigs d. Fr. für das Kl. →St. Gallen erwähnt. Ks. Otto III. gewährte 999 dem Thurgaugf. Berthold in quodam suo loco Vilingun das Marktrecht mit Münze, Zoll und Kg.sbann (erste derartige Privilegierung eines weltl. Magnaten im Reich). Ob sich im Anschluß an diesen Akt in V. eine Marktsiedlung herausbildete, was wegen der günstigen Verkehrslage an den schwarzwaldüberquerenden Fernstraßen zu erwarten gewesen wäre, ist unklar. Die Hzg.e Berthold III., IV. und V. v. Zähringen, Nachfahren des 999 privilegierten Gf.en Berthold, gelten nach spätma. Tradition als Stadtgründer, jedenfalls übten die →Zähringer die Stadtherrschaft aus. Nach deren Ende 1218 gewannen die →Staufer und die Gf.en v. →Urach-Fürstenberg Einfluß auf V., 1282 dann Kg. Rudolf. Entscheidend für die spätma. Gesch. V.s war der Erwerb der Stadt 1326 durch Österreich. Weitgehende Privilegien erlaubten V. eine eigenständige Erwerbs- und Bündnispolitik und führten zur Abfassung des großen Stadtrechts v. 1371. In den Schweizerkriegen von →Sempach bis zum →Schwabenkrieg 1499 spielte V. als österr. Quartier und mit seinen Truppenkontingenten eine wichtige Rolle. Seit 1444 erlebte die Stadt eine Reihe landesherrl. Besuche, wobei 1455 in V. auch die Weichen für die Gründung der Univ. in →Freiburg im Br. gestellt wurden. A. Zettler

Lit.: Vorderösterreich, 1967² – V. und die Westbaar, 1972 – Die Zähringer, I–III, 1986–90 – B. JENISCH, Die Entstehung der Stadt V., 1997 – Der Schwarzwald im MA, 1997.

Villon, François, frz. Autor, * 1431(?), † nach 1463. V. ist, nach →Rutebeuf, der bekannteste Pariser Dichter des MA. Im »Lais« (1456) und im »Testament« (1461, mit 19 lyr. Einlagen) finden sich über 200 Namen: einerseits Kneipen, Gebäude wie das Châtelet, die Sorbonne oder das Hôtel-Dieu, Orte wie der Galgen oder der Friedhof der Innocents. Andererseits werden, neben legendären und hist. Figuren (z.B. →Jeanne d'Arc), Großbürger, kgl. Beamte, religiöse Orden, aber auch Prostituierte sowie zwielichtige Büttel und Schergen erwähnt: mit seinen Legaten macht sie der Erblasser lächerl. oder greift sie heftig an. Mehrere Textstellen deuten auf Konflikte des 'escollier' mit der Justiz und mögl. Beziehungen zur Unterwelt: so die »leçon aux enfants perdus« im »Testament«, mehrere »Poésies diverses« und die »Ballades en jargon«. Sechs dieser, in der →Sondersprache der 'Coquillards' verfaßten Texte werden in Pierre Levets Ausg. von 1489 dem Werk von V. zugerechnet. Student, Dichter und Ganove: die wenigen verläßl. Daten in den Archiven scheinen den aus dem Werk gewonnenen Eindruck zu bestätigen, obwohl schon der Name des Autors Probleme aufwirft. Ist die Kombination von 'vil' (niedrig) und 'franc' (frei) mehr als ein Wortspiel, welches symbol. für die Kontraste in V.s Dichtung steht, wie das oft zitierte »rire en pleurs«? 1449 registriert die Pariser Artistenfakultät 'François de Montcorbier' als 'bacchalaureus' und verleiht ihm 1452 den 'magister artium'. Nach einem Streit, der 1455 den Priester Philippe Sermoise das Leben kostet, muß V. Paris verlassen. In den Begnadigungsschreiben v. 1456 ist von »François des Loges, autrement dit de V.« Rede, offensichtl. zwei Übernamen für 'François de Montcorbier' (= Montcorbier?). Im selben Jahr beteiligt sich V. am Einbruch im Collège de Navarre und muß längere Zeit die Hauptstadt meiden. 1457/58 ist V. in Blois: Am Hofe von →Charles d'Orléans transkribiert er eine Ballade (»Je meurs de seuf...«) und ein Lobgedicht zur Geburt von Marie d'Orléans in die persönl. Hs. (Paris, Bibl. Nat. fr. 25458) des Fs.en. 1461 sitzt V. in der »dure prison de Mehun« (Testament, v. 83) des Bf.s Thibaud d'Aussigny, kommt aber aus Anlaß des Einzugs von →Ludwig XI. frei. Nach Paris zurückgekehrt, wird V. wegen des Einbruchs v. 1456 verhaftet; man gewährt ihm die Freiheit gegen das Versprechen, die gestohlene Summe zurückzustatten. 1463 wird bei einem Streit der päpstl. Notar François Ferrebouc verletzt, V. zum Tod durch den Strang verurteilt, später zu zehnjähriger Verbannung aus Paris begnadigt. Dann verliert sich seine Spur, und V. wird als 'bon follastre' zur Legende.

Wie das »Lais« und das »Testament« spielen die Erzählungen des »Recueil des repues franches« (vor 1485) in der Cité, meist in der Nähe des Palais de Justice: Dem mittellosen V. gelingt es jeweils, Essen für sich und seine Freunde zu beschaffen. Im 16. Jh. heißt 'villonner' betrügen: Als Meister der List gilt V. bei Eloy d'Amerval, Philippe de →Vigneulles und Rabelais, welche ihn mit der Welt des Theaters in Verbindung bringen. Auch Kritiker sehen

Beziehungen zw. V.s Werk und der Pariser *Basoche* (→Confréries). Im 19. Jh. wird V. als 'poète maudit' zum Vorbild der Bohème. Darauf gründet z. T. seine Modernität und das dem – oft edierten und übersetzten – Werk von Malern, Dichtern, Komponisten, Sängern und Rezitatoren (Rimbaud, Valéry, Debussy, Frank Martin, Brassens; Klabund, Brecht, Biermann, Kinski u. a.) entgegengebrachte Interesse. Auch die Lit. geschichten stellen V., den Außenseiter und Erben der →Goliarden, dem Prinzen Charles d'Orléans gegenüber.

Im Vorwort zu seiner V.-Ausgabe (1533) hatte Clément Marot den begabten Dichter bewundert, aber bedauert, daß er für seine Kollegen »en l'art de la pince et du croq« und nicht für den Hof geschrieben habe. Auch die moderne Kritik hat die mehrdeutigen Anspielungen und Wortspiele in den Legaten meist aus biograph. Sicht zu deuten gesucht, dabei nicht immer ein Amalgam zw. hist. und lit. Gegebenheiten vermieden. Auch wenn mit V. eine neue Subjektivität zum Tragen kommt, ist sein Ich im testamentar. und lyr. Rollenspiel schwer zu fassen, seine Aufrichtigkeit kaum zu beweisen: zu oft ändert der Gesichtspunkt, zu oft ist (Selbst-)Ironie im Spiel. Wichtig ist bei V. v. a. die Auseinandersetzung mit den sprachl. und lit. Registern seiner Zeit: »Lais« und »Testament« übernehmen Rahmen und Formeln der jurist. Testamente, welche schon Pierre de Hauteville oder →Deschamps parodiert hatten (→Testament, C). In den Fußstapfen von Alain →Chartier greift V. auf die höf. Lyrik zurück, um sich von ihr zu distanzieren. In einer *sotte chanson* (»Testament«, v. 1591ff.) beschreibt er die verkehrte Welt des Bordells als Zerrspiegel des adligen Lebens. Selbst wenn man aus den Schlußstrophen des »Lais« eine Anspielung auf den Einbruch von 1456 herauslesen will, ist kaum zu leugnen, daß V. sich hier über den Traum als Rahmenstruktur in lit. Werken lustig macht, wobei er sich des scholast. Vokabulars aristotel. Ursprungs bedient. Allg. werden bei V. bekannte Themen und Motive in ein neues Licht gerückt: Sein lyr. Ich debattiert mit →Fortuna oder über Franc Gontier, Figur des freien Landlebens bei →Philippe de Vitry und Pierre →d'Ailly; dabei stellt V. die Autorität von Sprichwörtern und (oft abgeänderten) Bibelzitaten in Frage. Erkennbar ist der Einfluß der Klagen Hiobs, des →»Roman de la Rose« und Michault →Taillevents »Passe Temps«, wenn von Armut, Zeit, Alter und Tod die Rede ist. Wie bei anderen Dichtern seiner Generation ist Geld in V.s Werk wichtig und, dem Beispiel Deschamps folgend, räumt er den 'realia' einen großen Platz ein. Im 15. Jh. zeigt sich V.s Einfluß bei Henri →Baude und Guillaume →Coquillart. Schon kurz nach 1463 erscheint am Schluß des »Sermon de Saint Belin« die »Ballade de l'appel«. Die Strophen 162–164 des »Testament« finden sich im »Grant Kalendrier et Compost des Bergiers« (mehrere Ausg. gegen Ende des Jh.) wieder, und einige Gedichte sind in →Vérards Anthologie »Le Jardin de Plaisance« (Paris 1501) abgedruckt. J.-C. Mühlethaler

Bibliogr.: R. STURM, Bibliogr. und Materialien (1489–1988), 1990 – R. D. PECKHAM, A Bibliogr., 1990 (laufend ergänzt in: Fifteenth-Cent. Stud.) – *Ed.*: Ballades en jargon, ed. A. LANLY, 1971 – Le Testament; Le Lais et les Poèmes variés, ed. J. RYCHNER–A. HENRY, 1974–85 – De V. à V., ed. G. DI STEFANO, 1988 – Poésies complètes, ed. C. THIRY, 1991 – Complete Poems, ed. B. SARGENT-BAUR, 1994 – Le Recueil des Repues franches, ed. J. KOOPMANS–P. VERHUYCK, 1995 – *Lit.*: J. FAVIER, F. V., 1982, 1984² – D. A. FEIN, F. V. and His Reader, 1989 – B. SARGENT-BAUR, Brothers of Dragons, 1990 – C. DOP-MILLER, Clément Marot et l'éd. humaniste de V., 1991 [1994] – J. DUFOURNET, La génération de Louis XI, M-A 98, 1992 – DERS., V.: Ambiguïté et carnaval, 1992 – D. MUS, La poétique de F. V., 1992² – G. PINKERNELL, F. V. et Charles d'Orléans, 1992 – J. T. E. THOMAS, Lecture du Testament, 1992 – Et c'est la fin pour quoy sommes ensemble (Hommage DUFOURNET, 1993) – V., hier et aujourd'hui, hg. J. DERENS u. a., 1993 – N. F. REGALADO, Gathering the Works, L'Esprit Créateur 33/4, 1993 – DERS., Speaking in Script (Oral Tradition in the MA, 1994) – G. ANGELI, L'»Entroubli«, Le Moyen Français 35-36, 1994–95 – B. SARGENT-BAUR, Persuasion and (special) pleading, Fifteenth-Cent. Stud. 22, 1995 – Musique naturelle, hg. W.-D. STEMPEL, 1995 – L'Hostellerie de Pensée, hg. M. ZINK u. a. (Mél. POIRION, 1995) – T. HUNT, V.'s Last Will, 1996 – G. ANGELI, »Franc Gontier« (Operosa parva, 1996) – Le MA dans la modernité, hg. J. R. SCHEIDEGGER (Mél. DRAGONETTI, 1996) – V.: The Drama of the Text, hg. M. FREEMAN–J. TAYLOR [im Dr.] – s. a. Lit. zu →Testament, C. Literatur, Abschn. I.

Vilnius → Wilna

Vilvoorde, Stadt im heut. Belgien, altes Hzm. →Brabant (Prov. Flämisch-Brabant, arr. Halle-Vilvoorde). 779 bestätigte Karl d. Gr. die durch Hausmeier Pippin († 714) vorgenommene Schenkung der an einem (röm.?) Übergang der Kleinen Zenne (Senne) gelegenen 'villa' V. zugunsten der Marienabtei v. →Chèvremont (b. Lüttich). Otto I. übertrug Chèvremont und seine Besitzungen 972 dem Marienstift v. →Aachen, das den Besitz in und um V. 1245 der jungen Abtei Ter Kameren (Elsene/Ixelles b. Brüssel) übertrug. Später bestanden ihre Besitzungen in V. nur noch aus der Kirche der Liebfrauenpfarre und dem dazugehörenden Besitz (u. a. Zehnten, zwei Bauernhöfe). Seit Mitte des 12. Jh. tritt der Hzg. v. Niederlothringen-Brabant als Träger der Herrschaft über V. hervor; 1192 konstituierte Hzg. →Heinrich I. V. als 'oppidum' und verlieh den 'burgenses' eine eigene Schöffenbank (→Schöffen, II) sowie verschiedene gerichtl., militär. und steuerl. Privilegien. Die *Charta v. V.* ist eines der ältesten ausführl. Stadtrechte in Brabant; ihre Bestimmungen wurden später in verschiedene Stadt- und Landesprivilegien übernommen. Hzg. Heinrich baute den Ort weiter aus (Parzellierung des Waldes v. V., Bau von Mühlen an der hierfür umgeleiteten Woluwe). Doch erst am Ende des 13. Jh. erlangte V. größere wirtschaftl. Bedeutung, v. a. durch das Tuchgewerbe, das aber im Lauf des 15. Jh. bereits wieder starken Niedergang erfuhr. Der Handel mit örtl. Bruchsteinen und die Binnenschiffahrt auf der Zenne vermochten nicht, den Bevölkerungsrückgang aufzuhalten. 1489 zerstörten die aufständ. Bewohner v. →Brüssel die dem Ehzg. →Maximilian treugebliebene Stadt durch Brand. Neubelebungsmaßnahmen (u. a. kurzzeitige Errichtung des Brabanter Rechnungshofes in V.) blieben erfolglos. Wurde auch der außerstädt. Gerichtssprengel der V. er Schöffenbank erweitert, so kam die Finanzverwaltung der verarmten Stadt unter fsl. Kuratel.

R. van Uytven

Lit.: J. P. PEETERS, Bloei en verval van de middeleeuwse stadsvrijheid V., 1975.

Vimara Peres, Gf., † 873 in Galicien, der 868 in Portucale, dem sueb. Bf.ssitz →Porto, Kerngebiet der späteren Gft. →Portugal, im Auftrag Kg. →Alfons III. v. Asturien die →Pres(s)ura durchführte; er grenzte so dort ein erstes Siedlungsgebiet im Zuge der →Reconquista ab, insbes. weil er bei der →Repoblación (Repovoamento) die Grenzen von →Braga festlegte. Er hinterließ, ohne daß dies in den Q. sicher zu belegen ist, einen Sohn Lucídio Vimaranes, von dem in direkter männl. Linie der letzte Vertreter des alten ptg. Gf.engeschlechts, Nuno Mendes, abstammte. V. war der erste einer Reihe von Gf.en, die in den ptg. und galic. Gebieten (Braga, →Orense, Chaves, Eminio bzw. →Coimbra, →Viseu, →Lamego) bis 879 eine erste Landnahme durchführen. L. Vones

Lit.: A. COTARELO VALLEDOR, Hist. crítica y documentada de la vida y acciones de Alfonso III el Magno, 1933 [Neudr. 1991] – D. PERES,

Como nasceu Portugal, 1939, 1970[7] – T. DE SOUSA SOARES, A presúria de Portugal (Porto) em 868, 1967 – S. DA SILVA PINTO, Breves notas sobre presúrias do século IX na Terra Portucalense, 1968 – A. DE ALMEIDA FERNANDES, Portugal no período vimaranense, 1972 – J. MATTOSO, A nobreza medieval portuguesa, 1981, 106ff.

Vincencius → Vincentius

Vincennes, kgl. →Pfalz und →Residenz im O von →Paris, im Forst- und Jagdgebiet des 'Bois de V.' (B. de V.) gelegen. Die Burg V. erhielt Residenzfunktion unter →Ludwig VII. (1137–80), der im B. de V. 1158 ein Priorat der →Grammontenser stiftete. →Philipp II. Augustus ließ den B. de V. 1183 mit einer Mauer umschließen und hielt in diesem →Wildgehege die ihm von →Heinrich II. gesandten Tiere. Der kgl. Bauherr ließ auch ein Herrenhaus (*manoir*) in der Nähe des B. de V. errichten. Es diente nachfolgenden Kg.en, bes. →Ludwig IX. d. Hl.n sowie →Philipp IV. d. Schönen und seinen Söhnen, bei Aufenthalten im B. de V. als Wohnstätte. V. wurde zum Schauplatz großer Zeremonien, bes. kgl. Hochzeiten (so 1274 und 1322). 1338 wurde hier →Karl (V.) geboren. Große polit. Versammlungen und Prozesse wurden gleichfalls in V. durchgeführt (Pierre de →la Broce, 1278; Enguerran de →Marigny, 1315). Unter →Philipp VI., der in V. nicht weniger als 907 Urkk. ausstellte, fanden hier drei Klerusversammlungen statt (zw. 1329 und 1332). 1338 wurde in V. der Vertrag mit Genua abgeschlossen, am 23. April die Vereinbarung, durch die →Humbert II. seine Territorien (→Dauphiné) an Philipp v. Orléans, den Sohn des Kg.s, übertrug. Die ständige Präsenz der Kg.e schlug sich im Ausbau des Herrenhofes nieder. Ludwig d. Hl.n wird die Errichtung eines Donjons, eines Versammlungsraumes und der Martinskapelle zugeschrieben. Weitere Baumaßnahmen erfolgten 1273–75, 1296–1301, 1336–38 und 1347–49.

Seit Ende des 13. Jh. entstanden weitere Residenzen innerhalb oder am Rande des B. de V. Die 'Conciergerie de St-Mandé' beherbergte nicht nur den (einflußreichen) →Concierge des Schlosses, sondern zu Beginn des 14. Jh. auch die Kanzlei (→Chancellerie), dann wenn sich der Kg. in V. aufhielt. Im frühen 14. Jh. wurde die →Écurie royale, der kgl. Marstall und Wagenpark, der die Ortswechsel des Kg.s und seines Hofes zu organisieren hatte (daher auch 'Séjour' genannt), in die nahegelegene kgl. Residenz Carrière-lès-Conflans verlegt. Zu nennen sind auch die Landsitze *Conflans*, zu Beginn des 14. Jh. im Besitz der Gfn. →Mahaut d'Artois, und *Plaisance*, 1366 im Besitz Hzg. →Philipps d. Kühnen v. Burgund, der das Anwesen 1375 an seinen Bruder Karl V. verkaufte.

Die großen frz. Niederlagen im →Hundertjährigen Krieg (→Crécy, 1346; →Poitiers, 1356, Gefangennahme des Kg.s) bildeten den Anlaß zur radikalen Transformation der Residenz v. V. Bereits seit etwa 1361 plante Kg. Johann d. Gute die Errichtung eines Donjons in V., das nunmehr die dreifache Funktion einer kgl. Residenz, einer Zufluchtsstätte und eines militär. Stützpunktes vor den Toren von Paris einnahm. Der mächtige, in ungewöhnl. rascher Bauzeit 1365–67 errichtete →Donjon besteht aus einem viereckigen Turm von je 16, 25 m Seitenlänge und 50 m Höhe und war umgeben von einer Mauer mit Vorburg ('Châtelet'), die Karl V. mit einem Uhrturm bekrönen ließ (die installierte →Uhr ging zeitlich der 1370 am Palais de la Cité zu Paris angebrachten Turmuhr voraus). Das Innere des Donjons umfaßte sechs eingewölbte Stockwerke. Der Donjon, Sitz auch der Chambre du roi, wurde zur kgl. Residenz.

Im Zuge des von Karl V. initiierten umfassenden Bauprogramms entstand zw. 1373 und 1380 weiterhin eine ausgedehnte Umfassungsmauer (985 m Länge), auf der neun Türme standen (Höhe je 40m). Sie wurde im 19. Jh. (bis auf die Tour de Village) niedergelegt. Dieser befestigte Komplex, der ein Areal von über 10 ha umfaßte, vereinte Residenzcharakter (kostbare Ausstattung aller Wohnräume mit reichem Dekor) und militär. Funktion. 1379 stiftete Karl V. eine Kapelle, die später als →Sainte-Chapelle bezeichnet wurde. Ihre Bauzeit zog sich vom beginnenden 15. Jh. bis 1552 hin (Vollendung unter der Leitung von Philibert Delorme).

Auch nach dem Tode Karls V. (1380) behielt V. noch für etwa 15 Jahre die Rolle eines führenden Regierungszentrums der frz. Monarchie. →Karl VI. residierte hier regelmäßig bis zur Krise von 1392. Im 15. Jh. verlor V. seine zentrale polit. Rolle und diente lediglich als militär. Stützpunkt sowie als Stätte der Jagd und der Vergnügungen; doch nutzte noch →Heinrich V. v. England V. als seine frz. Residenz und verstarb hier 1422. Der Glanz, den V. unter Karl V. entfaltet hatte, war jedoch unwiederbringlich verloren.
E. Lalou

Lit.: J. CHAPELOT, Le château de V. Une résidence royale au MA, 1994 – V. aux origines de l'État moderne (Actes du Coll., hg. J. CHAPELOT – E. LALOU), 1996.

Vincente de Burgos. Über den im Kolophon der span. Inkunabelausgabe von De proprietatibus rerum des →Bartholomaeus Anglicus (Toulouse 1494) als Übersetzer gen. Fray V. de B. ist nichts bekannt; er ist vermutl. ident. mit dem in einem anderen Werk gen. Fray Vincente de Maçuelo. Die span. Übersetzung fußt auf der frz. von Jean Corbechon (1372) – möglicherweise auch auf der prov. Übers. (1391) – unter Heranziehung des lat. Originaltextes.
D. Briesemeister

Lit.: W. METTMANN, V. de B.' Übersetzung von De proprietatibus rerum (Sprache und Geschichte [Fschr. H. MEIER, 1971]), 233–244.

Vincentius (s. a. Vinzenz)

1. V. Kadłubek, Bf. v. →Krakau, * um 1150, † 3. März 1223 Kl. Jędrzejów, ▢ ebd. (Seligsprechung 1764); stammte vermutl. aus südpoln. Hochadel (spätma. Beibzw. Spottname 'Rümpfchen' ungeklärt). Nach Studium in Paris und Chartres seit 1189 als V. magister an der Hofkanzlei von →Kasimir II. (1177–94) in Krakau tätig, lehrte wahrscheinl. auch an der dortigen Kathedralschule. Nach 1191 Propst des Marienstiftes in →Sandomir, 1208 Bf. v. Krakau, resignierte V. 1218, um sich in die Abtei SOCist Jędrzejów (Filiale v. →Morimond), vermutl. nicht als Profeßmönch, zurückzuziehen. Er verfaßte eine bis 1205 reichende »Chronica Polonorum«. In Buch 1–3 führen Ebf. Johannes v. Gnesen und Bf. Matthäus v. Krakau einen gelehrten Dialog über die Gesch. Polens, das 4. Buch ist narrativ, wenn auch mit dialogisierten Einschüben durchsetzt, darunter einem Epicedium auf den Tod Kasimirs II., einem scholast. geprägten, in 58 trochäischen Strophen abgefaßten Streit der personifizierten Maeror und Iocunditas (IV, 20). V. schreibt ein vorzügl. Latein; seine Bildung umfaßt röm. und kanon. Recht (ca. 180 Zitate), er kennt zahlreiche antike und spätantike Autoren, hat bes. Vorliebe für Exempla aus Justins Epitoma Pompei Trogi, knüpft an die neoplaton. Komm.e von Chartres, die Staatsphilos. und polit. Moralistik des Johannes v. Salisbury und an Macrobius, die Pariser Dialektik sowie Vagantendichtung an, auch an die anglonorm. Schulmeister, die in Paris wirkten. In der kreativen Freude an Ausweitung der Vorgesch. darf V. in die Nähe von Geoffrey v. Monmouth und Saxo Grammaticus gestellt werden. Seine pragmat. Deutung der poln. Gesch. steht unter der Idee der polit. Gerechtigkeit und des Wohlergehens der cives gestellt. Bes. Aufmerksamkeit schenkte V. dem Krakauer Sagenkreis der südpoln. Lechiten (I. Buch), dem blutigen Konflikt zw. Bolesław II. und dem hl. Stanislaus (→Stanisław), Bf. v. Krakau (Doppelauslegung der Kirchen- und Staatsraison: II, 16–20), dem Konflikt Bolesławs III. mit seinem Halbbruder Zbigniew (II, 28–31), den Rivalitäten der Fs.en um die Macht in Krakau, dem Sitz des *princeps* der Fs.en, v. a. dem Aufstieg Kasimirs II. in der Auseinandersetzung mit dem großpoln. Fs.en Mieszko III., der den Krakauern als Tyrann erschien (IV, 2–5). B. Kürbis

Ed.: MPH II, ed. A. Bielowski, 1872 [Neudr. 1961], 193–453; NS XI, ed. M. Plezia, 1994 – Mistrz Wincenty (tzw. Kadłubek) Kronika Polska, hg. B. Kürbis, 1992, 1996² [poln.] – *Lit.:* H. Zeissberg, Vinzenz K., Bf. v. Krakau, und seine Chronik Polens, 1870 – P. David, Les sources de l'hist. de Pologne à l'époque des Piasts, 1934, 55–72 – O. Balzer, Studyum o Kadłubku, I–II, 1935 – E. Seckel, V. K., ZRG-RomAbt 76, 1959, 378–393 – M. Plezia, Die Polenchronik des Magisters V. als Musterbeispiel des »ornatus gravis« (Classica et Mediaevalia, Dissertationes 9, 1973), 448–480 – M. Markowski, Die Schilderung des Guten und Bösen in der Chronica des V. K. (Die Mächte des Guten und Bösen, hg. A. Zimmermann, 1977), 271–285 – B. Kürbis, Maître Vincent dit K., disciple polonais des humanistes français du XII⁰ s. (Gli Umanesimi medievali, Congr. internaz. Certosa del Galuzzo, Firenze, 1993, SISMEL, 1996) [im Dr.].

2. V. Cracoviensis →Vincentius Kadłubek (1. V.)

3. V. Hispanus, einflußreicher →Dekretist und (früher) →Dekretalist, * Spanien/Portugal, † 21. Sept. 1248, studierte in Bologna röm. und kanon. Recht, lehrte dort ca. 1210–20; zu seinen Schülern zählten →Bernardus de Botone und Sinibaldo Fieschi (→Innozenz IV.). 1226 Kanzler des ptg. Kg.s; als gesichert gilt, daß er 1229/35–48 Bf. v. Idanha (→Guarda) war. Neben zahlreichen (auch zivilist.) Glossen – er hat so »das ganze Gratianische Dekret kommentiert« (Gillmann) – verfaßte er u. a. Glossenapparate (→Apparatus glossarum) zur I. und III. Compilatio antiqua (1210–15), zu den Konstitutionen des IV. Laterankonzils (1217) und zum Liber Extra. H. Zapp

Ed.: V. H. App. in concilium quartum Lateranense, ed. A. García y García, MIC A 2, 1981, 271–384 – *Lit.:* DDC VII, 1507f. – NCE XIV, 683f. – Kuttner, 374 [535] – St. Kuttner, Mss. Checklist, Traditio 13, 1957, 467–469 – X. (J.) Ochoa, V. H., Canonista boloñés del s. XIII, 1960 – St. Kuttner, 'Wo war V. H. Bf.?' Traditio 22, 1966, 471–474 – G. Post, V. H., 'Pro ratione voluntas', and Medieval… Theories of Sovereignty, ebd. 28, 1972, 159–184 – A. García y García, La Canonística Ibérica (1150–1250) en la investigación reciente, BMCL 11, 1981, 41–75 [57f., passim] – J. Ochoa, El glosador V. H. y títulos comunes 'De foro competenti' canonico, Apoll 55, 1982, 677–730 [Lit.] – F. Gillmann, Ges. Schr. zur klass. Kanonistik, hg. R. Weigand, 1988ff., Nr. 33f. [vgl. auch Nr. 26] – R. Weigand, Frühe Kanonisten…, ZRGKanAbt 76, 1990, 149.

4. V. v. Lérins, altkirchl. Schriftsteller, * spätes 4. Jh., † nach 435/vor 456 Lérins, Mönch und Priester des Inselkl. →Lérins (Gennadius, De vir. ill. 65). V. verfaßte das Commonitorium, eine ausführl. Begründung der kirchl. Tradition; formal von Tertullian, »De praescriptione«, abhängig, schrieb V.: »Was überall, was immer, was von allen geglaubt wird, das ist wahrhaft und eigentlich katholisch« (Com. 2). Damit sind Universalität, Alter und Einheit als Norm der Rechtgläubigkeit festgelegt. Die Norm ist greifbar in den Zeugnissen der magistri probabiles ('beweiskräftige Lehrer'; Com. 3). Lehr- und Dogmengesch. sind daher nur als Entfaltung und klarere Erkenntnis mögl., analog dem organ. Wachstum (Com. 23). Eine Forts. (Commonitorium II) ist verloren. – Für die →Christologie stellte V. ein Florilegium von Augustinustexten zusammen. In der Gnadenlehre war V. Gegner Augustins und mit Johannes →Cassian einer der Väter des südgall. →Semipelagianismus. K. S. Frank

Ed.: CPL, 510f. – *Lit.:* Patrologia III, 1978, 517–521 – H. J. Sieben, Die Konzilsidee der alten Kirche, 1982, 148–770 – C. M. Kasper, Theologie und Askese, 1991, 256–271.

Vindicianus, Helvius, Inhaber hoher Ämter in der Prov. Africa, gewann um 380 die Wertschätzung des (jüngeren) Augustinus, der ihn auch als bedeutenden Arzt rühmt, ebenso wie es V.s Schüler →Theodorus Priscianus tut. Die unbefriedigende Textüberlieferung läßt den Umfang von V.' med. Schriftstellerei kaum ahnen. Während sein Rezeptbuch bis auf das Vorwort (überliefert bei →Marcellus Empiricus) verloren ist, bezeugen zahlreiche Hss. ab dem frühen MA den großen Einfluß seiner Darstellungen der Anatomie und Physiologie (De natura generis humani, Gynaecia, Epitome altera – dies die nicht originalen Titel möglicherweise einer einzigen Schrift, Teile bei Trotula und – als 'epistola ypogratis de anatomia' – bei Vinzenz v. Beauvais) und der Säftelehre (Epistula ad Pentadium, bereits bei Beda, temp. rat. 35), die auszugsweise auch in Sammelschriften wie in der Ars medicine und der pseudosoran. Isagoge vertreten sind. Ein größeres Frgm. unter dem nz. Titel »De semine« (oder Medicorum placita), nur im Brux. 1342 s. XII erhalten, ist wegen allein hier überlieferter doxograph. Nachrichten von großer Bedeutung. Die Zuweisung an V. beruht jedoch v. a. auf einer möglicherweise interpolierten Passage (aus gyn. 19–20), weshalb man mit A. Debru besser vom Anonymus Bruxellensis sprechen sollte. K.-D. Fischer

Ed. und Lit.: Bibliogr. des Textes Médicaux lat., 1987, 598–616 – REIX A 1, 29–36 – PLRE 2, 967 – Schanz–Hosius IV/1, § 849 – HAW VIII/6, § 607 [K.-D. Fischer] – Ch. Ferckel, Ein dt. anatom. Vindiciantext, SudArch 7, 1914, 306–318 – A. Beccaria, Sulle tracce di un antico canone lat. di Ippocrate e di Galeno, I, IMU 2, 1959, 36–56 – M. E. Vázquez Buján, Vindiciano y el tratado De natura generis humani, Dynamis 2, 1982, 25–56 [mit Ed.] – P. Migliorini, Dalla realtà al testo: Vindiciano, De natura generis humani (Actes du III⁰ Coll. internat. »Textes medicaux lat. antiques«, St-Étienne, 11.-13. Sept. 1989, 1991), 367–378 – A. Önnerfors, Das med. Latein von Celsus bis Cassius Felix (Aufstieg und Niedergang der röm. Welt, T. II, Bd. 37/1, 1993), 281–288 – A. Debru, L'Anonyme de Bruxelles: un témoin lat. de l'hippocratisme tardif (Hippokrat. Medizin und antike Philosophie, hg. R. Wittern-P. Pellegrin, 1996), 311–327.

Vineta →Jomsborg

Vinkenaugen (lat. vincones oder parvi denarii slavicales), urkundl. erstmals 1279 gen. pommersche Pfennigsorte (→Pfennig) von kleinem Durchmesser und geringem Gewicht (ca. 0,26 g), die auch in Brandenburg und Mecklenburg kursierte und geprägt wurde. V. sind v. a. für das 14. Jh. (1304 Brandenburg, 1357 Mecklenburg) belegt, kommen aber auch noch im 15. Jh. vor (1439 Dt. Orden). P. Berghaus

Lit.: F. v. Schroetter, Wb. der Münzkunde, 1932, 723f. – H. Fengler, G. Gierow, W. Unger, Lex. der Numismatik, 1977², 410.

Vinland →Amerika, 1

Vinlandkarte (Vinland Map), eine Pergamentkarte der Alten Welt, mit Europa, Asien und Afrika samt Island, Grönland und – überraschend – *Vinland* (→Amerika, Abschn. 1). Die Karte tauchte in den 1950er Jahren unter mysteriösen Umständen in einem Ms. mit einem bis dahin unbekannten Bericht über die Reise des →Johannes de Plano Carpini nach Zentralasien (1245–47) auf. Ein amerikan. Buchhändler, der das Ms. in Europa erworben hatte (und stets behauptete, er habe sich zum Schweigen über den Namen des früheren Eigentümers verpflichtet), verkaufte das Dokument an einen amerikan. Mäzen, der es der Yale Univ. schenkte; diese publizierte es 1965. Sollte die V. echt sein, stammt sie am ehesten aus der Zeit um 1440. Ihre mögl. Q. und die Echtheitsfrage gaben indes

Anlaß zu heftigen Diskussionen; v. a. hat die erstaunl. Genauigkeit, mit der Island und nicht zuletzt Grönland (das in älterer Zeit als Halbinsel galt, auf der V. aber im Sinne der geogr. Kenntnisse des 20. Jh. als Insel erscheint) dargestellt sind, große Skepsis hervorgerufen. Eine 1974 publizierte chem. Analyse ergab, daß die Tinte, mit der die V. gezeichnet wurde, Anatase, eine Art Titaniumdioxyd, enthält, eine erstmals 1917 beschriebene Chemikalie. Schien die V. damit als Fälschung des 20. Jh. entlarvt, so haben neuere chem. Untersuchungen dieses erste Ergebnis jedoch wieder in Zweifel gezogen. Die Echtheit der V. muß deshalb aufgrund hist. Kriterien beurteilt werden. Die Hauptargumente gegen die Echtheit sind nach wie vor die dunklen Umstände der »Wiederentdeckung« des Ms.s – eine Abschrift von →Vinzenz v. Beauvais' »Speculum historiale«, zu der die Karte ursprgl. gehört haben soll –, weiterhin die Weigerung, die Gesch. des Ms.s aufzuklären und schließlich die absolut anachronist. Grönlanddarstellung. Als Urheber der Fälschung wird der jugoslav. Historiker LUKA HELIĆ († 1924) genannt. Als hist. Q. ist die V. wertlos, da es sich lediglich um eine graph. Darstellung von Informationen handelt, die bereits aus schriftl. Q. bekannt sind.   N. Lund

Lit.: The V. and the Tartar Relation, ed. R. A. SKELTON, TH. R. MARSTON, G. D. PAINTER, 1965 – Proceedings of the V. Conference, ed. W. E. WASHBURN, 1971 – H. WALLIS u. a., The Strange Case of the V. A Symposium, Geographical Journal (London) 140, 1974, 183–214 – T. A. CAHILL u. a., The V., revisited: New Compositional Evidence on its Ink and Parchment, Analytical Chemistry 59.6 (15. März 1987), 829–833.

Vinnian → Finnian

Vinodol, Tal südöstl. von →Rijeka (Kroatien) mit Ausgang zum Meer bei Vinodolski Novi, erstmals erwähnt auf der →Baščanska ploča um 1100; 1185 latinisiert als Vallis vinearia als 'parochia' des Bm.s →Zengg genannt. Wahrscheinl. seit Anfang, spätestens seit Ende des 12. Jh. unterstand das Gebiet der Herrschaft der comites v. →Krk (→Frankopani). Die hochma. polit. und kirchl. Einheit V. umfaßte neun Burgen mit zugehörigen Siedlungen, davon am Meer Bakar und der Hauptort Novi; die Siedlungen waren als *općine* ('Gemeinden') organisiert. Die Amtsträger der Gemeinden, *satnik*, *graščik* und *busović* ('Centenarius'?, 'Kastellan' und 'Ausrufer') waren zugleich Vertreter der Gewalt des comes und unterstanden dem Strafrecht für dessen *služabnici* ('Dienstleute'). Das Patronatsrecht über die Kirchen lag beim comes; die Priester waren rechtl. den einfachen Gemeindeangehörigen gleichgestellt. Das Recht der Gemeinden wurde 1288 im 'Gesetz v. V.' in kroat. Sprache zusammengefaßt; als eines der ältesten slav. Rechtsdenkmäler ist es in einer glagolit. Hs. des 16. Jh. und einer lat. Transkription des 17. Jh. überliefert.   L. Steindorff

Ed. und Lit.: J. PREUX, La loi de V., Nouvelle revue hist. de droit français et étranger 20, 1896 – M. KOSTRENČIĆ, Das Gesetz v. V., Bull. internat. de l'Académie Yougoslave 2, 1931 – L. MARGETIĆ, Iz vinodolske prošlosti, 1980 – Vinodolski zakon 1288., hg. J. BRATULIĆ, 1988 – Prošlost i baština Vinodola. The heritage of V., 1988.

Vintler, Hans, Bearbeiter eines Lehrgedichts, † 1419, Neffe des landesfürstl. Rats und Amtmanns Niklas V. († 1413), der 1385 mit seinem Bruder Franz Burg Runkelstein bei Bozen (Südtirol) erwarb, umbaute und mit Freskenzyklen ausstatten ließ. H. V. ist 1407 als Pfleger des Gerichts Stein auf dem Ritten (bei Bozen), 1416 als Amtmann Gf. →Friedrichs v. Tirol (30. F.) und 1417 als dessen Gesandter in Venedig bezeugt. Seine 1411 abgeschlossene Versbearb. »Die pluemen der tugent« (10172 V.) des dem Bologneser Tommaso Gozzadini OSB zugeschriebenen it. Prosawerks »Fiori di virtù« (um 1300) ist vor Heinrich →Schlüsselfelders Prosa-Übers. von 1468 die erste dt. Version der in Italien weitverbreiteten (ca. 80 Hss., bis 1500 über 50 Drucke) und gesamteurop. rezipierten Tugend-Laster-Didaxe (zwei frz. [»Fleurs de toutes vertus«, »Chapelet des vertus«] und eine kroat. Version im 14. Jh.; span. und katal. Übers. im 15. Jh.; griech., armen., rumän. und kirchenslav. Übers. im 16. Jh.; engl. Bearb. des frz. »Chapelet des vertus« durch John Larke [»Boke of wisdome«], Erstdr. 1532). In Anordnung und Auffassung an →Thomas' v. Aquin »Summa theol.« orientiert, werden 35 Tugenden und Laster begrifflich definiert, durch Tiergleichnisse illustriert, durch Autoritätenzitate beurteilt und durch exemplar. Historien belegt. V.s in sechs Hss. (davon vier illustr. und eine mit Bildlücken) und einem illustr. Druck (Augsburg, Blaubirer, 1486) überlieferte Bearb. fügt der das *moderanza*-Kapitel mit einem Anhang aus →Albertanus v. Brescia erweiternden it. Langfassung v. a. zusätzl. Autoritätentate, Exempel und Historien (bes. nach →Heinrichs v. Mügeln Valerius-Maximus-Kommentar und →Martins v. Amberg »Gewissensspiegel«) hinzu und ergänzt die 'Aberglaubensliste' sowie ein Schlußkapitel über menschl. Torheiten. V. gilt als einer der frühesten Vermittler it. Lit. im dt. Sprachraum.   N. H. Ott

Ed.: Die pluemen der tugent, ed. I. v. ZINGERLE, 1874 – Lit.: F. J. SCHWEITZER, Tugend und Laster in illustr. didakt. Dichtungen des späten MA. Stud. zu Hans V.s »Blumen der Tugend« und zu »Des Teufels Netz«, 1993 – N. H. OTT–U. BODEMANN, Kat. der deutschsprachigen illustr. Hss. des MA, 2, 1996, 328–350.

Vinzenz, hl. (Fest: 22. Jan.), Märtyrer, † 304. Im Rahmen der großen Christenverfolgung unter →Diokletian wurde V. als Diakon in Zaragoza verhaftet und vom Gouverneur Datian in Valencia vor Gericht gebracht. Er starb dort an den Folgen der Foltern. Das ergibt sich als hist. Kern einer Passio, die in leicht variierender Fassung Prudentius (Peristephanon IV, 77–108 und V) und Augustin (Sermones 4, 274–277 und CAILLAU, I, 47) vorlag (V. SAXER). Polemius Silvius erwähnt 448 den Diakon allein (CIL² I, 1, 257). Das MartHieron. (S. 55) bringt ihn mit seinem Bf. Valerius zusammen. Das zeigt einen frühen Ausbau der Legende, die außer dem Schutz des Leichnams durch einen Raben bis zum 8./9. Jh. viele hagiograph. Topoi aufnimmt. Der span. Sieger (V. als victor) tritt neben die hl. Diakone →Stephanus und →Laurentius. Schon Augustin feiert ihn mit dem ganzen röm. Reich bzw. der Christenheit (MPL 38, 1257). Ursprgl. in einer Basilika vor Valencia verehrt, verbreiteten sich Reliquien (seit dem 6. Jh.) und Patrozinium schnell um das westl. Mittelmeer, im Frankenreich und im SpätMA auch nach Deutschland und Ungarn. V. ist Patron von Webern, Weinbauern und Holzarbeitern. Dargestellt wird er als jugendl. Diakon mit Dalmatika, Palme und Buch, auch mit Folterhaken und dem Raben.   K. H. Krüger

Lit.: BHL 8627–8655d – Bibl. SS XII, 1149–1155 – LCI VIII, 568–572 – LThK X, 636f. – LThK² X, 802f. – C. G. RODRÍGUEZ, El culto de los santos, 1966, 257–278 – E. EWIG, Spätantikes und frk. Gallien, II, 1979, 305–307, 676 – V. SAXER, La passion de S. V., RevAug 35, 1989, 275–295 – G. DUCHET-SUCHAUX, Iconographie médiévale, 1990, 139–154 – AnalBoll 110, 1992, 265f. [F. DOLBEAU].

Vinzenz (s. a. Vincentius)

1. V. v. Agen, hl. (Fest: 9. Juni), Märtyrer, wurde Anfang des 4. Jh. wegen Störung eines religiösen Festes, in dessen Mittelpunkt ein Feuerkreis über einem Tempel stand, gefoltert und enthauptet. 150 Jahre später erfolgten die Translation des unversehrt aufgefundenen Leibes nach Pompéjac (Le Mas d'Agenais oder Pompiey [cant. Lavardac, dép. Lot-et-Garonne]) und die Errichtung einer Basilika (Nachrichten bei →Gregor v. Tours und →Venantius Fortunatus). Um 550 entstand die »Passio S. Vincentii Aginensis«. Im Rahmen der Normanneneinfälle des 9. Jh. wurden die Reliquien zunächst nach Ste-Foy d'Agen, dann nach→Conques (Bm. Rodez) gebracht. Eine Gleichsetzung des Hl.n mit Vinzenz v. Zaragoza ist unwahrscheinlich (DE GAIFFIER). U. Vones-Liebenstein

Lit.: LThK² X, 798–Bibl. SS 12, 1135–1138–BHL 8621–8625–M. DE MAILLÉ, Vincent d'A. et saint Vincent de Saragosse, Étude de la 'Passio S. Vincentii martyris', 1949–B. DE GAIFFIER, La passion de S. Vincent d'A., AnalBoll 70, 1952, 160–181–DERS., Les deux poèmes de Fortunat en l'honneur de saint Vincent (DERS., Études Mérovingiennes, 1953), 127–134–J. ANGÉLY, La passion de St. Vincent d'A., BLE 157, 1956, 98–103–P. BISTANDEAU, Les origines du culte de St. Vincent à Bourg-sur-Gironde (La religion populaire en Aquitaine, 1979), 151–158.

2. V. v. Aggsbach, OCart, * 1389, 1409/10 Eintritt in die Kartause Aggsbach, 1435–48 Prior, † 1464. Zw. 1453 und 1460 beteiligt sich V. mit über 20 erhaltenen, zumeist an Johannes →Schlitpacher gerichteten kleineren Schriften an dem Streit um das zutreffende Verständnis der myst. Theologie des Ps. →Dionysius, der sich an den Schriften des →Nikolaus v. Kues und des →Johannes Carlerius de Gerson entzündet hatte. V. vertritt – auch durch seine fehlende Univ.sausbildung biograph. bedingt – unter sachl. nur z.T. zutreffender Berufung auf die Dionysius behandelnden Schriften des Hugo v. St-Victor, Thomas Gallus, Robert Grosseteste und Hugo v. Balma die Überzeugung, daß eine myst. Wahrheitserkenntnis, ohne begriffl. zu verfahren, nur affektiv zu ihrem Ergebnis gelange und Ps.-Dionysius so richtiger verstanden sei.

M.-A. Aris

Ed. und Lit.: B. PEZ, Thesaurus anecdotorum, VI, 1729, 328–356 – DSAM XVI, 804–806 [Lit.].– E. VANSTEENBERGHE, Autour de la Docte Ignorance, 1915 – A. M. HAAS, Deum mistice videre, 1989 – M. SCHMIDT, Nikolaus v. Kues im Gespräch mit den Tegernseer Mönchen, MFCG 18, 1989, 25–49.

3. V. v. Beauvais (Bellovacensis), frz. Dominikaner und Enzyklopädist, * vor 1200, † 1264.

I. Leben und Werke – II. Zum Speculum naturale.

I. LEBEN UND WERKE: Die Forsch. hat alte Überlieferungen korrigiert; danach ist V. nach Herkunft weder ein Burgundus noch war er Bf. v. Beauvais, sein Opus quadruplex (auch: maius, universale) ist ein opus triplex, das »Speculum morale« ist ihm abzusprechen. Wohl noch vor 1200 geboren, hat er zu Zeiten Kg. Philipps II. August († 1223) in Paris studiert und ist nach 1245 in der Umgebung Kg. Ludwigs IX. als offiziöser Prinzenerzieher und Bibliothekar, zeitweilig auch als Lektor in der Abtei OCist Royaumont (de Regali Monte) tätig. V. ist Dominikaner der ersten Generation und baute den Konvent in Beauvais auf; in einer Liste gelehrter Dominikaner wird er außer als Verf. der Specula als Kanzelredner (ambonista) geführt; mehrere Traktate theol. und mariolog. Art werden ihm zugeschrieben, bedeutend ein Beitrag zur Fürstenspiegellit. (»de morali principis institutione«). Sein Hauptgeschäft wurden die Specula (weshalb er im Bilderstammbaum der Dominikanerliteraten als speculator omnis materiae scibilis bezeichnet ist): speculum naturale (1–32, Menschheits- und Naturgeschichte; s. Abschn. II), spec. doctrinale (1–17, Wissenschaftsbegründung und Fachwissenschaften) und das breitüberlieferte spec. historiale (1–31, von der Schöpfung bis auf seine Zeit gegen 1250 oder wie die Benediktiner von St. Vedast in Douai 1624 formulieren: usque ad saeculum Luthero haeresiarchae proximum). Die Schichten, Phasen und Datierungen dieser Buchleistung, Methode und Kunst des Exzerpierens und Zitierens werden erforscht; bienenfleißig legt er →Florilegien an und weiß (Apologia actoris), daß Masse des Geschriebenen (multitudo librorum), Wissensdurst bei kurzer Lebenszeit (temporis brevitas) und Gedächtnisschwäche (memoriae labilitas) Herausforderungen eines geborenen Enzyklopädisten sind. Frz., katal. und mndl. Übers.en werden verfertigt, V. wird im SpätMA und der frühen NZ von Literaten zitiert und von Gelehrten ausgeschrieben; seit 1473 erscheinen Inkunabeln. Wohl wegen seiner Königsnähe ist V. auf zahlreichen hsl. Miniaturen zu finden. Mit seinen drei Specula liefert V. v. B. den bedeutendsten Beitrag im Zeitalter des Enzyklopädismus vor seinem dt. Ordensbruder →Albertus Magnus und dem engl. franziskan. Intellektuellen →Roger Bacon.

R. Düchting

II. ZUM SPECULUM NATURALE: Der erste Teil des wohl zw. 1256 und 1259 veröffentlichten »Speculum maius« ist eine Enzyklopädie über die Natur (Speculum naturale). Die Exzerpte aus zahlreichen, jeweils genannten hsl. Q. fertigten V.' Mitbrüder an, während er selbst gelegentlich als »Auctor« Stellung nimmt. Infolge dieser Arbeitsteilung wurde als eine der Hauptquellen für die Zoologie im »Speculum naturale« sowohl die 1. bzw. 2. Fassung des »Liber de natura rerum« des Thomas v. Cantimpré als auch die 3. (»Thomas III«) mit kleineren Textveränderungen exzerpiert. Das »Speculum naturale« ist folgendermaßen gegliedert: »Generalis prologus« (20 Kapitel, ed. 1624, Sp. 1–16), worin er seine Q. ausführlich bespricht. Die arab. naturkundl.-med. Autoren wie Avicenna und Rhazes werden ebenso zitiert wie viele Kirchenväter und zeitgenöss. Theologen und Enzyklopädiker (z.B. Alexander Neckam) und unter den Apokryphen der nach ihm zwar Ambrosius zugeschriebene, aber häret. »Physiologus«. Das 1. Buch (86 Kap., Sp. 17–78) behandelt die Schöpfung, Gott und die Engel, das 2. (130 Kap., Sp. 79–160) die Elemente und die Schöpfung des 1. Tages, das 3. (105 Kap., Sp. 161–232) das Firmament und den Himmel, das 4. (114 Kap., Sp. 233–306) den Feuerhimmel, das 5. (95 Kap., Sp. 307–368) das Wasser, das 6. (92 Kap., Sp. 369–424) die Eigenschaften der Erde, das 7. (106 Kap., Sp. 425–492) die Metalle und andere Mineralien in der Erde, das 8. (107 Kap., Sp. 493–552) die Steine und die Edelsteine, das 9. (156 Kap., Sp. 553–668) die Pflanzen im Allg. und speziell die Kräuter, das 10. (171 Kap., Sp. 669–788) die angebauten Kräuter, das 11. (134 Kap., Sp. 789–872) die Samen, Körner und Säfte der Kräuter, das 12. (112 Kap., Sp. 873–946) die gewöhnl. Bäume, das 13. (115 Kap., Sp. 947–1018) die kultivierten, fruchttragenden Bäume, das 14. (140 Kap., Sp. 1019–1092) analog zu Buch 11, die Früchte und Säfte der Bäume, darunter des Weinstocks, das 15. (100 Kap., Sp. 1093–1156) die leuchtenden Himmelskörper und die davon abhängigen Jahreszeiten und Kirchenfeste, das 16. (161 Kap., Sp. 1157–1250) die Vögel, das 17. (146 Kap., Sp. 1250–1324) die Fische und Meerungeheuer, das 18. (98 Kap., Sp. 1325–1382) der Haustiere, das 19. (139 Kap., Sp. 1383–1460) die wilden Tiere, das 20. (179 Kap., Sp. 1461–1558) die Schlangen, Reptilien, Würmer und Insekten, das 21. (60 Kap., Sp. 1559–1604) die Körperteile der Tiere, das 22. (68 Kap., Sp. 1605–1650) die physiolog. Leistungen der Tiere wie Ernährung, Bewegung, Fortpflanzung und ihre Produkte, das 23. (80 Kap., Sp. 1651–1708) die Erschaffung der Seele und die Vorstellungen von Religion und Philos. über sie, das 24. (88 Kap., Sp. 1709–1774) die physiolog. Leistungen des Menschen, das 25. (104 Kap., Sp. 1775–1840) die Sinnesleistungen des Menschen, das 26. (111 Kap., Sp.

1841–1916) die Erscheinungen von Wachen und Schlafen, das 27. (103 Kap., Sp. 1917–1992) die geistigen Leistungen im einzelnen, das 28. (96 Kap., Sp. 1993–2060) die verschiedenen Körperteile und Organe des Menschen, das 29. (170 Kap., Sp. 2061–2208) die Schöpfung in bezug auf Tugenden und Laster, Belohnung und Strafe, das 30. (95 Kap., Sp. 2209–2288) die Regeln des christl. Zusammenlebens, das 31. (132 Kap., Sp. 2289–2398) Fragen von Zeugung und Geburt, Lebensaltern und den monströsen Nachkommen bzw. Völkern und schließlich das 32. (106 Kap., Sp. 2399–2480) die bewohnbaren Zonen der Erde und die Aufeinanderfolge der Generationen von Adam und Eva bis zum Jahre 1250 mit einem Ausblick auf das Jüngste Gericht. Die Schöpfung ohne den Menschen umfaßt also die ersten 22 Bücher, gipfelnd in den 10 Büchern über diesen. Innerhalb der Tiere geht V. dabei nach der Zuordnung zu den Elementen (Luft, Wasser, Erde) vor. Innerhalb der Bücher aber wird nach einer jeweils systemat. Behandlung der Körperteile und Sinnesleistungen der einzelnen Tiergruppen und bei den einzelnen Arten oft in mehreren Kapiteln nach der von den Q. gebotenen Beschreibung und der Nutzung als Nahrungsmittel und als Medizin differenziert. Das Projekt einer neuen Edition um 1933 scheiterte. Inzwischen hat eine Arbeitsgruppe in Nancy anhand noch erhaltener Hss. nachgewiesen, daß V. ursprgl. nur eine zweiteilige Enzyklopädie (Sp. naturale et historiale) geplant hatte, die er zu der allein gedruckten dreiteiligen umwandelte. Eine krit. Edition müßte diesen Befund berücksichtigen. Ch. Hünemörder

Ed.: Vincentius Bellovacensis, Speculum quadruplex I–IV, Douai 1624 [Neudr. 1964] – De eruditione filiorum nobilium, hg. A. STEINER, 1938 – De musica [Spec. doctrinale XVII 10–35], hg. GÖLLER, 86–118 – Epist. consolatoria ad regem Ludovicum (de morte filii L.) (Kap. 1–3), hg. P. v. MOOS, MJb 4, 1967, 178–198 – Apologia actoris, hg. A.-D. v. D. BRINCKEN, 465–499 – *Lit. [zu I und II]*: TH. KAEPPELI, Scriptores OP medii aevi 4 [im Ersch.] – V. de B., Intentions et réceptions d'une œuvre encyclopédique au MA (Actes Montréal 1988), 1990 – Killys Lit.-Lex 12, 1992, 33 [s.v., R. WEIGAND] – L. LIESER, V. v. B. als Kompilator und Philosoph. Eine Unters. seiner Seelenlehre im Spec. quadruplex, Forsch. zur Gesch. der Philosophie und der Pädagogik 3/1, 1928 – B. L. ULLMAN, A Project for a New Edition of V. of B., Speculum 8, 1933, 312–326 – W. BERGES, Die Fürstenspiegel des hohen und späten MA, 1938 – G. GÖLLER, V. v. B. O. P. (um 1194–1264) und sein Musiktraktat im Spec. doctrinale, Kölner Beitrr. zur Musikforsch. 15, 1959 – M. LEMOINE, L'œuvre encyclopédique de V. de B., La pensée encyclopédique au MA, 1966, 77–85 – A. L. GABRIEL, V. v. B. Ein ma. Erzieher, 1967 [engl. 1956, 1962] – J. M. McCARTHY, Humanistic emphases in the educational thought of V. v. B., Stud. und Texte zur Geistesgesch. des MA 10, 1976 – A.-D. v. D. BRINCKEN, Geschichtsbetrachtung bei V. v. B. Die Apologia Actoris zum Spec. Maius, DA 34, 1978, 410–499 – E. MÁR JONSSON, Le sens du titre Speculum aux XIIe et XIIIe s. et son utilisation par V. de B., Intention et réceptions [s.o.], 1990, 11–32 – M. PAULMIER-FOUCART–S. LUSIGNAN, V. de B. et l'hist. du Spec. maius, Journal des Savants 1, 1990, 97–124 – J. B. VOORBIJ, Het Speculum Historiale van V. van B., 1991 – R. WEIGAND, V. v. B. Scholast. Universalchronistik als Q. volkssprachl. Geschichtsschreibung, Germanist. Texte und Studien 36, 1991 – S. SCHULER, Excerptoris morem gerere. Zur Komposition und Rezeption klass.-lat. Dichter im Speculum historiale des V. v. B., FMASt 29, 1995, 312–348.

4. V. Ferrer, hl. →Ferrer, Vincent(e) (2. F.)

5. V. v. Prag, Domherr v. →Prag, Kaplan des Prager Bf.s →Daniel I., Verfasser der (unvollendeten) Annalen 1140–67; † nach 1170. Über V.' Vita stehen nur geringe Nachrichten zur Verfügung. Geburt und Herkunft sind unbekannt. Er erhielt eine relativ gute Ausbildung und schlug die geistl. Laufbahn ein. Nach seinen eigenen Berichten wurde er Domherr an der Prager Bf.skirche und Notar. Als Kaplan des Prager Bf.s Daniel I. nahm er am 2. und 4. Italienzug Friedrich Barbarossas teil. U. a. stilisierte er dort die Urk. Barbarossas mit den gegenüber Mailand gestellten Bedingungen (1158). Nach dem Tode Daniels bei Ancona 1167 kehrte er wahrscheinl. nach Böhmen zurück, wo er 1169/70 als Zeuge einer Urk. belegt ist. Zugeschrieben wird ihm auch die Stilisierung der Altarauthentiken Daniels I. und einer Urk. →Vladislavs II. Sein Todesjahr ist nicht bekannt.

V. widmete sein Werk dem Přemyslidenfs.en Vladislav und seiner Gemahlin Judith. Die Annalen beginnen mit dem Tode →Soběslavs I. bzw. dem Regierungsantritt Vladislavs II. und enden inmitten des Satzes, der die Belagerung Anconas beschreibt. Gegenstand von V.' Werk ist die zeitgenöss. Schilderung der »Gesta regalia« sowie der Kirchengesch. Böhmens. Im Einklang mit der Politik Vladislavs verfolgt er zuerst überwiegend die Zustände in den böhm. Ländern. Relativ große Aufmerksamkeit wird dem Ratgeber Vladislavs II., →Heinrich Zdik (86. H.), gewidmet. Seit dem Regierungsantritt Barbarossas stehen bei V. zunehmend die Ereignisse im Reich im Vordergrund, in die der böhm. Herrscher immer stärker verwickelt wurde. Bedeutend ist die Schilderung der Italienzüge Barbarossas, an denen V. auch persönl. teilgenommen hat. Die Annalen wurden sehr wahrscheinl. nach der Rückkehr V.' aus Italien (wohl 1167), aber vor dem Rücktritt Vladislavs II. 1172 verfaßt. Auffallend sind das starke persönl. Interesse V.' für seine Erzählung und seine oft erwähnten persönl. Erlebnisse und Erfahrungen. Typolog. schwankt das annalist. geordnete Werk zw. den von V. angekündigten »Gesta regalia« (teilweise auch »episcopalia«) und den persönl. Memoiren des Verfassers. Die Absicht, »Gesta regalia« zu schreiben, beeinflußte auch die Intention des Werkes, das v.a. der Verherrlichung von Vladislav und Judith dienen sollte.

Hauptq.n V.' waren seine eigenen Erinnerungen, die Zeugenberichte sowie die annalist. Aufzeichnungen, die wohl entweder im Prager Domkapitel oder im Kl. →Strahov entstanden sind, möglicherweise auch eigene Notizen des Verfassers. Zahlreiche unzuverlässige Angaben und unrichtige Datierungen wurden wahrscheinl. durch den Zeitabstand zw. den Begebenheiten und ihrer Darstellung verursacht. V.' Werk ist in einer ma. Hs. (Prag, Strahover Bibl. DF III, 1), in der unmittelbar die Annalen Gerlachs v. Mühlhausen anschließen, und in ihren drei nz. Kopien erhalten. Im MA wurde es vom Kompilator der zweiten Fortsetzung (nach 1283) der »Chronica Boemorum« des →Cosmas v. Prag und von →Pulkawa Přibík in den späteren Redaktionen seiner Chronik (zw. 1364–74) benutzt. M. Bláhová

Ed.: W. WATTENBACH (MGH SS XVII), 654–683 – *Lit.*: SlowStarSlow VI, 469 [Lit.] – V. NOVOTNÝ, České dějiny, I-3, 1928, 14–20 – Z. FIALA, Letopis Vincenciův a Jarlochův, 1957, 14–20 – M. BLÁHOVÁ, Das Werk des Prager Domherrn V. als Q. für die Italienzüge Friedrich Barbarossas, Civis 16, 1992, 149–172 [Lit.].

Violante (s. a. Yolande)

1. V. v. Ungarn, Kgn. v. →Aragón, * um 1216, † 12. Okt. 1251 in Huesca, ⬜ Vallbona de los Monges; Eltern: Kg. →Andreas II. v. Ungarn und Violante v. Courtenay (Tochter →Peters v. Courtenay, Ks. des Lat. Ksr.es v. Konstantinopel), ⚭ 8. Sept. 1235 in Barcelona Kg. →Jakob I. v. Aragón (durch Vermittlung Papst Gregors IX.); neun Kinder: u.a. →Peter III. v. Aragón, →Jakob II. v. Mallorca, Sancho, Ebf. v. →Toledo († 1275), →Violante (⚭ Alfons X. v. Kastilien), Isabella (⚭ Philipp III. v. Frankreich). Als Mitgift brachte V. Ansprüche auf die Gft. →Namur sowie 10000 Silbermark mit und erhielt als Morgengabe die Herrschaft →Montpellier und die Vgft. Millau. Ihren Kindern wurde der Besitz des Kgr.es →Mallorca, der Gft. en →Roussillon, →Cerdaña und →Conflent, des Vallespir sowie aller Eroberungen im Kgr. →Valencia zugesichert, wobei Jakob I. deren Rechte durch immer neue testamentl. Verfügungen zulasten seines Erstgeborenen, des Infanten Alfons, Sohn der kast. Infantin Eleonore, erweiterte. V., die v. a. die Bettelorden förderte, begleitete ihren Gatten auf allen Feldzügen gegen die Mauren und saß in seinem Rat. U. Vones-Liebenstein

Lit.: Gran Enc. Catalana XV, 1980, 553 – Dicc. d'Hist. de Catalunya, 1992, 1132 – F. O. BRACHFELD, Doña V. de Hungria, reina de Aragón, 1942 – L. CERVERÓ – M. BATLLORI, El comte Dionis d'Hongria (Jaime I y su época, Comunicaciones 1, 2 [=X Congr. de Hist. de la Corona de Aragón], 1980), 559–577 – F. MATEU Y LLOPIS, El 'Rex Hungarie' y el 'Rex Valencie', ebd. 3, 4, 5, 1982, 545–555.

2. V. v. Bar, Kgn. v. →Aragón, * um 1365, † 3. Juli 1431 in Barcelona, ⊡ Poblet (seit 1460); Eltern: Hzg. →Robert I. v. Bar und Maria v. Valois, Schwester Kg. Karls V. v. Frankreich; ⚭ 1380 Hzg. Johann v. Gerona (→Johann I. v. Aragón); von sieben Kindern überlebte einzig Violante (1381–1442; ⚭ 1400 Ludwig II. v. Anjou). Die Eheschließung Johanns mit V., die eine stärkere Bindung des Thronfolgers an Frankreich und die clementin. Observanz bedingte, trug zu dessen Zerwürfnis mit seinem Vater Peter IV. und dessen Gattin Sibilla de Fortià bei. Nach dem Tod Peters 1387 wurde der Besitz Sibillas eingezogen und V. übertragen. Die in Paris erzogene V. hielt in Barcelona prunkvoll hof; ihr kunstliebender Gatte stand völlig unter ihrem Einfluß und der von ihr geförderten Hofkamarilla. Die Hinwendung zu Frankreich verschärfte die Konflikte im Reichsinneren. Nach dem Tod Johanns (1396) entging V. mit Mühe einer Anklage. →Martin I. schloß 1398 mit ihr einen Vertrag über die Ablösung kgl. Rechte und Einkünfte, da dank der Schenkungen Johanns I. der Großteil der Krongüter in Aragón in ihrem Besitz war. Nach dem Tod Martins I. (1410) verfocht V. erfolglos (Compromiso de →Caspe) die Ansprüche ihres Schwiegersohnes Ludwig II. v. Anjou und ihres Enkels, Hzg. Ludwigs v. Kalabrien, auf die Nachfolge in Aragón.
U. Vones-Liebenstein

Lit.: Gran Enc. Catalana XV, 1980, 553 – J. VINCKE, Die Kgn.-Witwe V. v. Aragón im Wirkungsbereich des Konstanzer Konzils (Von Konstanz nach Trient (Fschr. A. FRANZEN, 1972), 27–46 – U. LINDGREN, Zur Heiratspolitik der Kgn. V. v. Aragón, SFGG GAKGS 27, 1973, 289–310 – M.ᴬL. LEDESMA RUBIO, El patrimonio real en Aragón a fines del s. XIV: los dominios y rentas de V. de B., Aragón en la Edad Media 2, 1979, 135–169 – F. VENDRELL GALLOSTRA, V. de B. y el compromiso de Caspe, 1992.

3. V. v. Aragón, Kgn. v. →Kastilien, * um 1236, † 1300 in Roncesvalles (auf dem Rückweg von einer Romfahrt); Eltern: →Jakob I. v. Aragón und →Violante v. Ungarn; ⚭ 29. Jan. 1249 in Valladolid Kg. →Alfons X. v. Kastilien; elf Kinder: u. a. die Infanten Ferdinand de la →Cerda (2. C.; † 1275) und Johann († 1319), →Sancho IV. Die bereits im Febr. 1240 verabredete Verbindung diente der Interessenabsicherung der Kronen Kastilien und Aragón in SO-Spanien. V. griff 1272/73 vermittelnd in die durch die kgl. Steuergesetzgebung und Gerichtspraxis bedingten Auseinandersetzungen zw. Alfons X. und Teilen des Adels ein. Wegen Unstimmigkeiten mit ihrem Gatten floh sie nach dem Tod ihres ältesten Sohnes im Jan. 1278 mit ihren Enkeln, den Infanten de la Cerda, zu ihrem Bruder →Peter III. nach Aragón. Nach der Rückkehr nach Kastilien (Juli 1279) ergriff sie 1282 die Partei Sanchos IV. gegen Alfons X., setzte sich jedoch nach dem Tod ihres Gatten (1284) für die Infanten de la Cerda ein, was zur Konfiszierung ihrer Besitzungen in Kastilien und León führte. Ihr Plan, die Krone Kastilien nach dem Tod Sanchos IV. (1295) in das Kgr. León (für den Infanten Johann) und das Kgr. Kastilien (für Alfons de la →Cerda [1. C.]) aufzuteilen, scheiterte am Widerstand der Kgn. witwe →Maria de Molina.
U. Vones-Liebenstein

Lit.: Gran Enc. Catalana XV, 1980, 552f. – F. DE MOXÓ Y MONTOLIU, El enlace de Alfonso de Castilla con V. de A., Hispania 49, 1989, 69–110 – M. GONZÁLEZ JIMÉNEZ, Alfonso X, 1993 – J. F. O'CALLAGHAN, The Learned King. The Reign of Alfonso X of Castile, 1993.

4. V. (Yolande), Ksn. und Regentin des →Lat. Ksr.es 1217–19, † wahrscheinl. Sept. 1219; Tochter v. Gf. →Balduin VIII. (V.) v. →Flandern und →Hennegau, Schwester der beiden ersten lat. Ks. v. Konstantinopel, →Balduin I. (1204–05) und →Heinrich (1206–16). Nach Heinrichs Tod (11. Juni 1216) boten die Barone des Ksr.es V. und ihrem Gemahl →Peter v. Courtenay im Herbst 1216 in Namur die Krone an, die beide annahmen. Vor ihrer Abreise übertrug V. die Gft. →Namur ihrem Sohn Philipp und stiftete der Kirche St-Aubin in Namur eine Kaplanspfründe. Am 9. April 1217 wurden V. und ihr Gemahl von →Honorius III. in S. Lorenzo in Rom gekrönt; am 11. April beschworen beide die Verträge ihrer Vorgänger und →Bonifaz' v. Montferrat mit →Venedig. Während Peter nach seiner Landung in Dyrrhachion beim Kampf gegen →Epiros in Gefangenschaft geriet, reiste die schwangere V. zur See. In →Morea verheiratete sie ihre Tochter Agnes mit Gottfried II., dem künftigen Fs.en v. Achaia. In Konstantinopel gebar sie den Thronerben, →Balduin (II.) (1228–61), und übernahm anschließend für ihren gefangenen Gemahl die Regentschaft. Vor ihrem Tode verheiratete sie ihre Tochter Maria mit Ks. Theodor I. Laskaris v. →Nikaia.
K.-P. Todt

Lit.: B. HENDRICKX, Les institutions de l'Empire Lat. de Constantinople (1204–61): Le pouvoir impérial (L'empereur, les régents, l'impératrice), Byzantina 6, 1974, 87–154 – P. LOCK, The Franks in the Aegean. 1204–1500, 1995.

Virelai, vom 13. bis Ende des 15. Jh. vertretene Variante des frz. Tanzliedes mit →Refrain (Etymologie ungesichert: Onomatopöie oder eine Drehung im Tanz, in der musikal. Phrase oder in der formalen Gestaltung des Textes). Der v. (im 14. Jh. auch *chanson baladée* gen.), wohl dem *vireli* des 12.–13. Jh. entsprungen und mit dem →*rondeau*, der *ballade* (→Ballade) und der prov. →*dansa* verwandt, entfernt sich zunehmend von seinen volkstüml. und choreograph. Ursprüngen und näherte sich der höf. Liebeslyrik an. Zunächst bei →Jehannot de L'Escurel († 1304) belegt, erreichte das Genre seinen Höhepunkt im 14. Jh. mit Guillaume de →Machaut. Den Verfall des Genres im 15. Jh. begleiteten die z. T. konfusen Bemühungen der Theoretiker der zweiten Rhetorik, die Formenvielfalt durch feste Regeln auf einen gemeinsamen Nenner zu bringen. Demnach besteht der v. aus meist drei – für gewöhnl. von Musik getragenen – Strophen (später nur zwei oder gar einer) mit einer beliebigen Zahl von kurzen Versen (meist 7 und 5 bzw. 3 Silben) bei freien Vers- und Reimformen. Ein bevorzugtes Schema weist eine vom wiederkehrenden Refrain eingerahmte Strophe auf, die einen *ouvert* und einen *clos*, und schließl. eine in Reimschema und Rhythmus dem Refrain entsprechende *cauda* besitzt (z. B. AAB: BAAB / ccd+ccd /aab: baab / AAB: BAAB), wobei das Reimschema in der jeweils darauffolgenden Strophe umgekehrt wird.   M. Grünberg-Dröge

Lit.: G. LOTE, Hist. du vers français, 1951, II, 259–270 – G. REANEY, Concerning the Origins of the Rondeau, V. and Ballades Forms, Musica disciplina, VI/4, 1952, 155–166 – P. LE GENTIL, Le v. et le villancico, 1954 – F. GENNRICH, Das altfrz. Rondeau, V. im 12. und 13. Jh., 1963 – D. POIRION, Le poète et le prince, 1965, 326–333, 343–348 – N. WILKINS, One Hundred Ballades, Rondeaux and V.s from the Late MA, 1969 – H. MORIER, Dict. de poétique et de rhétorique, 1975, 1126–1131 – P. BEC, La lyrique française au MA, 1977, I, 234–240.

Virgil (aus ir. Fergil, hl., Abt und seit 749 Bf. v. →Salzburg, * um 700, † 27. Nov. 784. Als V. Ende 745 oder Anfang 746 von der frk. Kg.spfalz →Quierzy auf Empfehlung des Hausmeiers →Pippin III. mit mehreren Begleitern nach →Bayern zu Hzg. →Odilo (→Agilolfinger) ging, war er bereits Abt und Priester. Da er kurz vor seinem Tod in den 'Liber confraternitatum' die Namen mehrerer Äbte des ir. Inselkl. →Iona (Hy) eintragen ließ, dürfte er aus diesem monast. Zentrum Irlands (→Irland, C) stammen, doch kommt auch →Aghaboe (Achad Bó) in Frage. Mit →Bonifatius, dem päpstl. Legaten für die frk. Reichskirche, geriet V. bald in Konflikt, da er dessen Auftrag, die Wiedertaufe des (mit einer korrupten Taufformel getauften) Bayern vorzunehmen, nicht vollzog. Vielmehr wandte er sich in dieser Frage an Papst →Zacharias, der ihm gegen Bonifatius zuerst recht gab, dann aber auf Einspruch des letzteren wieder von seiner Entscheidung teilweise abrückte. Es mag dabei eine Rolle gespielt haben, daß Bonifatius den gelehrten Iren, der in seiner Heimat den Beinamen 'der Geometer' getragen hatte, als Irrlehrer verdächtigte, weil er die antike Lehre von der Kugelgestalt der Erde und von Antipoden vertrat (→Weltbild).

Kirchenpolit. spielte V. eine bedeutende Rolle: Er organisierte in päpstl. Auftrag die Slavenmission (→Mission, B. II) in Karantanien (→Kärnten, II), wo →Maria Saal im →Zollfeld als erster geistl. Mittelpunkt entstand. V. erscheint ferner in wichtigen bayer. Schenkungsurkk. Er steht am Anfang der →Zeugenliste der Dotationsurk. Hzg. →Tassilos III. von 777 für →Kremsmünster und führte einen langen Kampf gegen die roman. Adelsfamilie Albina um die Rechte des Salzburger Kl. St. Peter an der Maximilianszelle in Bischofshofen, einer Stiftung der 'gens Albina'. St. Peter selbst hatte mit seinen Filiationen Kufstein, Elsenwang und Zell am See mehr als 100 Mönche und fast 50 Novizen (pulsantes), mit denen V. in enger Gemeinschaft lebte.

Mit dem Bf. und Gelehrten V. ist die erste kulturelle Blüte Salzburgs eng verbunden. Er war Bf. →Arbeo v. Freising freundschaftl. verbunden, den er zur Lebensbeschreibung des hl. →Korbinian anregte. Vielleicht ist schon die erste, verlorene Rupert-Vita auf seine Anregung oder durch ihn selbst geschrieben worden. Sicher aber geht das Salzburger Verbrüderungsbuch (→Memoria [4]) auf ihn zurück. Ebenso ist es wohl kein Zufall, daß eine Salzburger Hs. die zwei wichtigsten und umfangreichsten ir. →Bußbücher enthält. Umstritten ist hingegen, ob V. der Verfasser der kuriosen Kosmographie des →Aethicus Ister war. Auch Kunst und Architektur erlebten unter dem Iren einen Aufschwung. Nicht zu bezweifeln ist, daß V. 774 den ersten, in seinen Ausmaßen ungewöhnl. großen Dom erbauen ließ, wie dies auch →Alkuin in einem Gedicht bezeugt. Bei dieser Gelegenheit erfolgte die Translation des hl. →Rupert v. Worms nach Salzburg. Man nimmt heute an, daß V.s Rupert–Dom vor und nach 774 die Kirche v. St. Peter war, die Zweipoligkeit von Kathedrale und Kl.kirche also noch nicht existierte. Möglicherweise ist auch unter V. das northumbr. Rupertkreuz nach Salzburg gekommen. Sehr wahrscheinl. entstand auch der →Tassilokelch in Salzburg. Beim Dombau Ebf. Konrads III. wurde 1181 das verschollene Grab V.s aufgefunden. Am 18. Juni 1233 wurde er heiliggesprochen. F. Prinz

Lit.: P. GROSJEAN, Virgile de Salzbourg en Irlande, AnalBoll 78, 1960, 92–123 – F. PRINZ, Frühes Mönchtum im Frankenreich, 1965, 1988², 404–433 – H. LÖWE, Salzburg als Zentrum lit. Schaffens im 8. Jh. (Salzburg im 8. Jh., hg. H. KOLLER–H. DOPSCH, Mitt. der Ges. f. Salzburger LK 115, 1975), 99–143 – Gesch. Salzburgs, hg. H. DOPSCH, I, 1, 2, 3, 1983² – V. v. Salzburg. Missionar und Gelehrter, hg. H. DOPSCH–R. JUFFINGER, 1985 – J. JAHN, Ducatus Baiuvariorum, 1991 – H. WOLFRAM, Salzburg, Bayern, Österreich (MIÖG-Erg.bd. 31, 1995), 252–285.

Virgilius Maro, lat. Grammatiker ir. Tradition (HERREN) oder aus Südfrankreich (Virgilius Tolosanus bei Abbo v. Fleury), Mitte 7./Mitte 8. Jh. (POLARA). *Werke:* »Epitomae«: 15 Kap. angekündigt, nur 12 erhalten, über Orthographie und Redeteile, Metrik und Etymologie, dazu ein skurrile Kap.: »De scinderatione fonorum« (10) und »De catalogo grammaticorum« (15); Acht »Epistulae« über die 8 Redeteile mit Praefatio an einen imaginären Diakon. Mischung von richtigen grammat. Lehren und verschrobenen Ansichten, grammat. Parodie, linguist. Lehren (z.B. die 12 Latinitates) und fiktiven, klass. Autoren zugeschriebenen Zitaten. V. M. wurde von den ir. Grammatikern ernsthaft zitiert und blieb populär bis zum Ende des 11. Jh. Seit seiner Wiederentdeckung 1794 ist die Absicht V.'und der lit. Charakter seiner Werke kontrovers.

C. Jeudy

Ed.: A. MAI, Classicorum auctorum..., 5, 1833 – J. HUEMER, 1886 – G. POLARA, 1979 [it. Übers.] – D. TARDI, Epitomae, 1928 [frz. Übers.] – *Lit.*: Lexicon grammaticorum, 1996, 977 [G. POLARA] – MANITIUS, I, 119–127 – CPL 1559 – BRUNHÖLZL, I, 150–152, 529; fr. Übers., I, 146–148, 273–274 – LAPIDGE-SHARPE, n. 295–297, 81–82 – T. STANGL, Virgiliana, 1891 – M. ESPOSITO, Hermathena 50, 1937, 139–183 – B. BISCHOFF, Ma. Studien, 1–2, passim – M. HERREN, CM 31, 1970, 253–257 – G. POLARA, Vichiana, NS 6, 1977, 241–278 – DERS., PRIA 79, 1979, 27–71 – B. LÖFSTEDT, Eranos 79, 1981, 117–119; Latomus 40, 121–126, 828–829; RCCM 23, 159–168; Speculum 56, 205–208; Philologus 126, 1982, 99–110 – V. LAW, The Insular Lat. grammarians, 1982, 42–52 – F. DESBORDES, La linguistique fantastique, 1985, 35–43 – B. BISCHOFF, MJB 23, 1988, 11–16 – V. LAW (L'héritage des grammairiens lat., hg. I. ROSIER, 1988), 121–131 – G. POLARA, ebd. 109–120 – D. Ó CRÓINÍN, The Date, Provenance and Earliest Use of the Works of V. M. Grammaticus (Tradition und Wertung Fschr. F. BRUNHÖLZL, 1989), 13–22 – M. HERREN (De Tertullien aux Mozarabes [Fschr. J. FONTAINE, 2, 1992]), 141–151 – G. POLARA (Hist. of Linguistic Thought in the Early MA, hg. V. LAW, 1993), 205–222 – V. LAW, Wisdom, Authority and Grammar in the VII. c., 1995.

Virginal, mhd. Heldendichtung im →Bernerton aus dem Kreis der aventiurehaften Dietrichepik (→Dietrich v. Bern), vielleicht noch vor der Mitte, spätestens in der 2. Hälfte des 13. Jh. von einem unbekannten Dichter (im schwäb.-alem. Raum?) verfaßt, überliefert in drei vollständigen Hss. des 15. Jh. (V_{10} = h, um 1440, 1097 Str.; V_{11} = d, »Dresdener Heldenbuch«, 1472, 130 Str.: Auszug aus einer längeren Vorlage; V_{12} = w, »Linhart Scheubels Heldenbuch«, ca. 1480/90, 866 Str.) sowie Frgm.en von 10 weiteren Hss. (ca. 1300–Ende 15. Jh.). Die vollständigen Hss. bieten jeweils eine eigenständige Version der Erzählung, die von den ersten Abenteuern ('enfances') handelt, die der junge Dietrich zu bestehen hat: Befreiung einer Jungfrau der Zwergenkgn. Virginal aus der Gewalt des menschenfressenden Unholds Orkise; Kämpfe gegen Drachen und Riesen; Gefangenschaft Dietrichs bei Riesen und Befreiung durch seine Freunde; in V_{11} und V_{12} Heirat Dietrichs mit Virginal. Der Text wird im wesentl. frei erfunden sein, verarbeitet aber auch traditionelle Motive der Dietrichsage (Dietrichs Gefangenschaft bei Riesen und seine Befreiung durch die Freunde schon im ags. →»Waldere«, vgl. auch →»Sigenot«; weitere Parallelen in der Thidrekssaga; →Dietrich v. Bern, IV). Möglich, aber nicht zu sichern ist eine Beziehung zur alpinen Sage vom Waldunhold Ork. J. Heinzle

Ed.: V_{10}: J. ZUPITZA, Dt. Heldenbuch, V, 1870 [Neudr. 1968] – V_{11}: F. H. VON DER HAGEN–A. PRIMISSER, Der Helden Buch in der Ursprache, II, 1825 – *V.₁₂*: F. STARK, Dietrichs erste Ausfahrt, 1860 – *Lit.*: Verf.-Lex.² X, s.v. [J. HEINZLE].

Viri hereditarii → Erbbürger

Virneburg, Gft., Gf.enhaus. Um die Mitte des 11. Jh. tauchen die V.er erstmals auf, ein halbes Jh. später sind sie als Gf.en belegt. Ihre Besitzungen lagen in der Nähe der Stammburg in der Osteifel (Krs. Mayen-Koblenz). Mit der Belehnung der Pellenz durch die Pfgf.en und den Ebf. v. Trier gewannen sie im 13. Jh. an Bedeutung. V.er wurden auch Vasallen der Gf.en v. Luxemburg und des Ebf.s v. Köln. Bis Mitte des 13. Jh. beschränkten sich ihre polit. Aktivitäten v. a. auf den engeren Lebensraum, doch um die Jahrhundertwende erlangten sie, wenn auch nur kurzfristig, eine über ihre territoriale Machtgrundlage hinausreichende Bedeutung, als ein V.er Ebf. v. Köln, ein anderer Ebf. v. Mainz wurde und weitere Angehörige des Geschlechtes Aufnahme in den rhein. Domkapiteln und Stiftern fanden. Im 14. Jh. saßen z. B. im Trierer Domkapitel sieben und im Kölner Domkapitel neun, zwei weitere folgten noch im 15. Jh. Spannungen innerhalb der Domkapitel wußten die V.er immer wieder auszunutzen, doch vermochten sie sich auf die Dauer nicht entscheidend durchzusetzen. Es scheint, als hätten die V.er ihre Kräfte im 14. Jh. zu stark auf den Erwerb von Dom- und Stiftspfründen konzentriert und darüber den Ausbau ihres eigenen Territoriums vernachlässigt, das zudem noch durch die Teilung v. 1445 in der Substanz geschwächt wurde.

W. Herborn

Lit.: W. KISKY, Die Domkapitel der geistl. Kfs.en in ihrer persönl. Zusammensetzung im 14. und 15. Jh., 1906 – W. IWANSKI, Gesch. der Gf.en v. V. von ihren Anfängen bis auf Robert IV. (1383) [Diss. Bonn 1912] – K. KLAPPERICH, Die Gesch. des Gf.engeschlechtes der V.er vom Jahre 1383 bis zum Erlöschen [Diss. Bonn 1920] – R. HOLBACH, Stiftsgeistlichkeit im Spannungsfeld von Kirche und Welt. Stud. zur Gesch. des Trierer Domkapitels und Domklerus im SpätMA, 2 T.e, 1982 – U. HÖROLDT, Stud. zur polit. Stellung des Kölner Domkapitels zw. Ebf., Stadt Köln und Territorialgewalten, 1994.

Virtus, lat. nebst volkssprachl. Übers., seit der Antike meist in der Bedeutung »Tugend« als Voraussetzung für sittl. Handeln, wurde zum eth. Schlüsselbegriff im MA und in der Renaissance. →Dante verfaßte auf der Grundlage der vier Kardinaltugenden (»prudentia«, »iustitia«, »fortitudo«, »temperantia«) eine Tugendlehre und begegnete als Jenseitswanderer im Paradies den Seelen derer, die auf Erden die moral. Tugenden in der »vita activa« und in der »vita contemplativa« die intellektuellen Tugenden geübt haben. Am Beginn des Renaissance-Humanismus ließ →Petrarca die »v.« im Kampf gegen die laun. →»fortuna« siegen. Bei L. B. →Alberti unterjocht der willensstarke Mensch kraft der Kardinaltugenden die »fortuna«. »Exempla v.tis« sind die röm. Helden. C. →Landino überbrückte den Gegensatz zw. der »vita activa« und der »vita contemplativa«, indem er den Weisen, der über die Erkenntnis der Wahrheit meditiert, dazu verpflichtet, in der »vita activa« tätigen Bürger zu beraten. Das von M. →Palmieri entworfene Leitbild des Bürgerhumanisten beruht auf der Übung der Kardinaltugenden, vornehml. der »iustitia« im polit. Leben. Im Zeichen der Refeudalisierung der it. Gesellschaft während des 16. Jh. schilderte B. Castiglione den vollkommenen Hofmann, dessen Verhaltensweisen durch die Kardinaltugenden und die von ihnen abgeleiteten Tugenden bestimmt sind. Am wichtigsten sind die »prudenzia«, welche die Affekte zügelt, und die »temperanzia«, die Tugend des Maßhaltens zw. zwei Extremen. In einer veränderten politischen Situation in Italien blieb das von Alessandro Piccolomini entworfene Ideal des in einer freien Stadt geborenen Adligen auf die Übung der Tugenden im privaten Bereich beschränkt. Abgesehen davon, machte Piccolomini diese Übung von den jeweiligen Umständen abhängig, was eine Relativierung des Tugendbegriffs und damit die Zersetzung der humanist. Gesinnungsethik in eine Kasuistik prakt. Lebensregeln zur Folge hatte. Dem der Staatsräson folgenden »Principe« Machiavellis sind die Tugenden nur »instrumenta regni«. Im Kampf der »virtù«, verstanden als polit. Energie, gegen die »fortuna«, als Summe der sich dem Fs.en entgegenstellenden Hindernisse, räumte Machiavelli die eine Hälfte der Verfügung über die Handlungen dem freien Willen des Menschen ein, die andere Hälfte überließ er der »fortuna«.

A. Buck

Lit.: S. a. →Tugenden und Laster; →Vita activa et contemplativa – E. W. MAYER, Machiavellis Geschichtsauffassung und sein Begriff der »virtù«, 1912 – E. LOOS, B. Castigliones Libro del Cortegiano, Studien zur Tugendauffassung des Cinquecento, 1955 – K. HEITMANN, Fortuna und V. Eine Studie zu Petrarcas Lebensweisheit, 1958 – Virtù e Fortuna dal Medio Evo al Rinascimento (G. PAPARELLI, Cultura e Poesia, 1977), 95ff. – H. C. MANFIELD, Machiavelli's Virtù, 1996.

Visby (dt. auch: Wisby), einzige Stadt auf →Gotland (Schweden), eines der Zentren des v. a. von der →Hanse betriebenen Ostseehandels (→Ostsee). V. ist urkundl. erstmals 1203 erwähnt; doch bestand schon lange zuvor eine stadtähnl. Siedlung bei einem der besten →Häfen an der Westküste v. Gotland. Die ältesten archäolog. festgestellten Holzbauten werden auf das 9. Jh. datiert; damals war V. aber wahrscheinlich nur in der Handelssaison besiedelt und wurde von gotländ. Handelsbauern, die auf nahegelegenen Höfen wohnten, als Hafen genutzt. Im 11. Jh. wuchs das ganzjährig besiedelte Areal, und im südl. Hafenbereich wurde eine erste Kirche gebaut. Um 1200 hatte sich die Siedlung zum bedeutenden Knotenpunkt des Ostseehandels entwickelt (→Gotlandfahrer), in einer Zeit, in der Schiffe aus dem südl. Ostseegebiet noch nicht den direkten Seeweg nach →Riga und →Novgorod zu unternehmen wagten, sondern an der schwed. Küste entlang segelten, um vor dem Sprung zu den balt. Küsten im vorzügl. V.er Hafen einen Zwischenaufenthalt einzulegen. In V. wurden mit großen Gewinnspannen schwed., russ. und ostbalt. Produkte (Eisen, Pelz, Wachs, Häute) gegen westeurop. Waren (Tuch, Salz, Wein, Gewürze, Handwerkserzeugnisse) umgeschlagen.

Sicherlich waren die ersten V.er Kaufleute hier ansässig gewordene gotländ. Handelsbauern, doch schon um 1200 setzte der rasche Zustrom von dt. Kaufleuten ein. Nach Ausweis der Personennamen kamen diese vorwiegend aus westfäl. Städten wie →Dortmund, →Münster und →Soest, in manchen Fällen direkt, in anderen indirekt über →Lübeck, das für Jahrhunderte der wichtigste Handelspartner blieb, was auch zur Ansiedlung von Lübeckern in V. führte.

V. wuchs im 13. Jh. schnell zur Großstadt heran, deren Kernraum mit mehrstöckigen, in Stein errichteten Speicher- und Wohnhäusern von Großkaufleuten bebaut war. Zum größten Teil außerhalb des Stadtkerns lagen in konzentr. Anordnung die über 15 Kirchen, errichtet im späten 12. und im 13. Jh. Die genaue Entstehungszeit und die ursprgl. Funktion dieser Kirchen sind in der Forschung seit langem umstritten, da schriftl. Q. weithin fehlen; nur die Entstehungsgesch. der Marienkirche wird durch eine Dedikationsurk. (für die Chorpartie) von 1225 erhellt, nach der die dt. 'burgenses' als Kirchenpatrone das Recht erhalten hatten, in V. eine exterritoriale Gemeinde zu begründen. Rechtlich unterstanden die Kirchen in V. wie die anderen gotländ. Kirchen dem Bf. v. →Linköping. V. besaß seit dem 13. Jh. drei Kl., einen Dominikaner- (ca.

1230), einen Franziskanerkonvent (1233) und ein Zisterzienserinnenkl. außerhalb der Stadt (1246).

Politisch kam V. wie die ganze Insel im 13. Jh. unter die Herrschaft der Krone v. →Schweden; doch war die Stadt gegen Ende des Jahrhunderts bestrebt, sich aus dem Umland und damit auch stärker vom kgl. Einfluß zu lösen. In den Jahrzehnten nach 1270 begann V. mit dem Bau einer Stadtmauer, was zum offenen Krieg zw. Stadt und Land und zur Intervention des Kg.s führte (1288). Die Stadt wurde zwar gezwungen, die Oberherrschaft des Kg.s v. Schweden anzuerkennen, doch ihre Eigenständigkeit gegenüber dem ländl. Bereich blieb faktisch erhalten, und V. setzte in den nächsten Jahrzehnten den Mauerbau fort.

Ein Ausdruck der bleibenden Oberhoheit des schwed. Kgtm.s war die Promulgation des V.er Stadtrechts durch Kg. →Magnus Eriksson in den Jahren nach 1340; Fragmente eines früheren Rechtstextes weisen jedoch auf ein älteres Stadtrecht hin, das wohl eine Vorstufe des erhaltenen Stadtrechts bildet. Dieses liegt in einer dt. Fassung vor (die geplante schwed. Fassung blieb wohl unausgeführt) und stellt eine selbständige Schöpfung mit aus schwed. wie dt. Rechtssystemen übernommenen Elementen dar.

V. war in vieler Hinsicht eine dt. Stadt, in der allerdings die schwed. und die dt. Bevölkerungsgruppe gemäß dem Stadtrecht gleiches Recht genossen (gleichmäßige Verteilung der Stadtratsitze unter beide Gruppen); dies wird v. a. deutlich durch ihre bemerkenswerte Rolle in der Hansegeschichte. V. war offensichtl. eine führende Kraft bei der Entwicklung des Novgorodhandels und hatte aktiven Anteil am Prozeß, der zur Ausbildung der fest etablierten Städtehanse führte; abwechselnd mit Riga fungierte V. in der Mitte des 14. Jh. als Haupt des gotländ.-livländ. Drittels.

Die wirtschaftl. Bedeutung V.s ist im einzelnen gleichwohl schwierig zu ermessen, da Zahlenmaterial fast gänzlich fehlt. Die Bevölkerungszahl in der Blütezeit ist unbekannt, wird aber von kühnen Forschern (ohne eigtl. Quellengrundlage) auf 5000 oder weit mehr geschätzt. Klar erkennbar ist jedoch der Bedeutungsrückgang der Stadt in den anderthalb Jahrhunderten von der Mitte des 14. Jh. bis etwa 1500. Die Hauptursache lag sicherl. in der Veränderung der Seeverkehrswege des Ostseebereichs. Für die größeren, kraweel gebauten Schiffe des ausgehenden MA war es nicht mehr nötig, V. als Zwischenhafen anzulaufen; sie konnten von Lübeck und den anderen westl. Städten aus direkt nach Riga, Reval und Novgorod segeln. Zum Verfall von V. trugen wohl auch, wenngleich in geringerem Maße, die Auswirkungen des Schwarzen Todes und des allg. europ. Konjunkturrückganges des 14. Jh. bei, ebenso die oft instabile polit. Lage nach der dän. Eroberung von Gotland (1361, →Visby, Schlacht v.), das bis 1645 bei →Dänemark blieb. Die Stadt V., die Kg. →Waldemar IV. kampflos die Tore öffnete, erhielt das Versprechen der Achtung ihrer Privilegien, unterstand aber faktisch von nun an der Kontrolle des dän. Kgtm.s, das seine Herrschaft allerdings nur mühsam zu wahren vermochte. Stadt und Insel wurden mehrfach von Insurgenten und Kriegsgegnern (Hzg. Erich v. Mecklenburg 1395–97, →Vitalienbrüder 1394–98, →Dt. Orden 1398–1408, der entthronte →Erich v. Pommern 1436–49) oder selbständigen Lehnsträgern (Olof Axelsson Thott 1449–64, →Ivar Axelsson Thott 1464–87 u. a.) besetzt und dienten ztw. Kaperfahrern (→Kaperfahrt) als Stützpunkt. V. wurde zwar noch eine Zeitlang als Hansestadt betrachtet, entsandte aber 1469 zum letzten Mal einen Delegierten zum Hansetag. Am Ausgang des MA hatte sich der Handel der wohl stark entvölkerten Stadt auf den insularen Bereich Gotlands reduziert; zahlreiche ihrer Kirchen verfielen nach der Reformation dem Abbruch, mit Ausnahme der Marienkirche, die als einzige Pfarrkirche der Stadt weiterbestand.
G. Dahlbäck

Lit.: DOLLINGER, Hanse³, s.v. (Register) – H. YRWING, V. – Hansestad på Gotland, 1986 – R. ENGESTRÖM u. a., V. Hist. bakgrund. Arkeologiska dokumentationer (Medeltidsstaden, 71, 1988) – M. MOGREN u.a., V. Staden och omlandet (ebd., 72, 1989) – G. SWAHNSTRÖM, V. under tusen år, 1990² – R. ÖHRMANN, Vägen till Gotlands hist., 1994.

Visby, Schlacht v. (27. Juli 1361). Der Kg. v. →Dänemark, →Waldemar IV., überfiel im Juli 1361 →Gotland und schlug im Gefolge seiner Landung drei oder vier Schlachten, die letzte am 27. Juli vor V. Sie endete mit einer vernichtenden Niederlage der Bauern ohne große Verluste der Dänen. Die an der Schlacht unbeteiligte Bürgerschaft v. V. kapitulierte ohne Belagerung. Eine anschließende Plünderung der Stadt wird von ANDERSSON bezweifelt, zumindest das Umland wurde aber verheerend geplündert. Waldemar verließ Gotland am 28. Aug. Der staatl. Status von Gotland blieb unter dän. Hoheit im wesentl. derselbe wie vorher unter der Herrschaft v. Schweden. Von großer Bedeutung für die ma. Militärgesch. sind die von WENNERSTEN 1905 und 1912 vorgenommenen Ausgrabungen der Massengräber der Bauern, da sie aufgrund der Ausrüstungsfunde und des anthropolog. Befundes Einblick in Kampfesweise und Demographie gewähren.
M. Hofmann

Lit.: J. ANDERSSON, Valdemar Atterdags tåg mot Gotland, Forn Vaennen 21, 1926 – B. THORDEMANN, Armour from the Battle of Wisby, 1939 – H. YRWING, Valdemar Atterdags Gotlandståg 1361 (Från Gotlands dansktid, 1961 [Gotländskt arkiv 33]) – s. a. Lit. zu →Gotland, →Visby.

Vischer, Nürnberger Messinggießer. [1] *Peter d. Ä.*, * um 1460 in →Nürnberg, † 1529 ebd.; Ausbildung beim Vater Hermann V. d. Ä., der die Gießhütte 1453 gegründet hatte, übernahm nach dem Tod des Vaters 1488 die Werkstatt. Er erwarb 1489 die Meisterwürde und arbeitete mit verschiedenen Nürnberger Bildschnitzern, die ihm Holzmodelle für den Guß lieferten, zusammen: Adam →Kraft, Simon Lainberger, »Artus-Meister« (nach Vorzeichnungen Albrecht →Dürers), »Meister der Nürnberger Madonna« (nach Vorzeichnungen Hans v. Kulmbachs). Werke: »Astbrecher« (München, BNM, dat. 1490); Grabdenkmal für Ebf. Ernst v. Sachsen (Magdeburg, Dom, vollendet 1495); Statuen der Kg.e Artus und Theoderich für das Grabmal Ks. Maximilians I. (Innsbruck, Hofkirche, 1513). Das Hauptwerk der Gießhütte ist das Grab des hl. →Sebald in der Nürnberger Sebalduskirche (Entwurf 1488, Ausführung 1507–19). V. war dafür verantwortl., doch stammt ein wesentl. Anteil von seinen Söhnen Hermann V. d. J. und Peter V. d. J. Gleiches gilt für das Gitter der Fuggerkapelle bei St. Anna in Augsburg, das im Nürnberger Rathaus Aufstellung fand (Annecy, Mus., ab 1512). V. arbeitete wohl grundsätzl. nach fremden Modellen, seine Werkstatt zeichnete sich v. a. durch ihre techn. Perfektion aus (Spezialisierung auf Grabplatten und Epitaphien).

[2] *Peter d. J.*, * 1487 in Nürnberg, † 1528 ebd. Ausbildung beim Vater Peter V. d. Ä. 1507/08 oder 1512–14 (?); Reise nach Italien, Kontakt mit dem Bronzeplastiker Andrea Riccio in Padua, Arbeiten für das Sebaldusgrab nach eigenen Wachsmodellen. Weitere Werke: Epitaph für Dr. Anton Kress (Nürnberg, St. Lorenz, 1513); Medaillen und Plaketten für Nürnberger Humanisten; Tintenfässer mit allegor. Figuren. Unter Peter d. J. vollzog sich in der Werkstatt ein Wandel von der Spätgotik zur Renaissance.
U. Söding

Lit.: S. Meller, Peter V. d. Ä. und seine Werkstatt, 1925 – V. Oberhammer, Die Bronzestandbilder des Maximiliangrabmales in der Hofkirche zu Innsbruck, 1935, 404-419 – H. Stafski, Die V.-Werkstatt und ihre Probleme, ZK 21, 1958, 1-26 – Ders., Der jüngere Peter V., 1962 – K. Pechstein, Beitr. zur Gesch. der V.hütte in Nürnberg [Diss. Berlin 1962] – E. Meyer, Hermann V. und sein Sohn Peter V. d. Ä., Zs. des dt. Vereins für Kunstwiss. 18, 1964, 97-116 – A. Schädler, Zum Meister der »Nürnberger Madonna«, Anz. des Germ. Nat.mus.s Nürnberg, 1976, 63-71 – Nürnberg 1300-1550, Kunst der Gotik und Renaissance, Ausst. Kat., 1986 – B. Bushart, Die Fuggerkapelle bei St. Anna in Augsburg, 1994, 175-196 – D. Diemer, Zur Gußtechnik des Sebaldusgrabes (Von allen Seiten schön. Rückblicke auf Ausst. und Kolloquium, I, hg. V. Krahn, 1996), 51-58.

Visconti, Familie. Die von Hzg. Gian Galeazzo (→6. V.) Ende des 14. Jh. in Auftrag gegebene Genealogie (Rückführung auf Gf.en v. Angera, denen Gregor d. Gr. 606 die Kg.shöfe in Mailand, Monza, Treviglio und Angera verliehen habe, myth. Gestalten wie Ottone, der während des ersten Kreuzzugs einen Sarazenenkg. vor Jerusalem getötet und dessen Schlangenemblem übernommen habe und Galvano, dem wegen seiner Verteidigung Mailands Friedrich I. Barbarossa die Signorie und die Gf.enwürde von Angera entzogen und ihn zum Vicecomes, »Visconte«, degradiert habe), ist als legendär zu betrachten. 1397 erwirkte der erste Hzg. v. Mailand aufgrund dieses Stammbaums von Ks. Wenzel die Anerkennung seiner adligen Herkunft und die Gf.enwürde v. Angera.

Wahrscheinl. ist die Familie mit der in karol. Zeit in Mailand auftretenden Vicecomes-Würde in Zusammenhang zu bringen – 863 ein Valdericus Visconti –, die mit den →Otbertinern, den Gf.en in der Stadt, verbunden war, die offenbar kein Interesse daran hatten, die Macht über die Stadt selbst auszuüben. Der erste urkdl. Beleg der V. (1157) bezeugt, daß die Familie ein Drittel des Zehnts der Taufkirche v. Marliano besaß und wahrscheinl. zur Gruppe der großen Valvassoren (capitanei) gehörte, die sich zur Zeit Ebf. Landulfs (Ende des 10. Jh.) gebildet hatte. Mit dem Capitanat v. Marliano traten die V. offenbar in die Militia sancti Ambrosii ein, wurden Vasallen des Ebf.s und erwirkten den erbl. Vizgf.entitel. Die vizgfl. Privilegien (Ehrensitz neben dem Bf. sowie Rechte auf die Abgaben auf Maße und Gewichte, die Curadia [Marktzoll]) hatte die Familie noch Mitte des 13. Jh. inne. Als Fahnenwappen führten die V. eine Schlange, vielleicht ein Abbild der Schlange der Basilica S. Ambrogio, die seit dem ersten Kreuzzug einen Sarazenen in ihrem Rachen hält. Anselmo V. (1065 zusammen mit einem Ottone, Sohn des Eriprando belegt), wurde vom Bf. v. Mailand 1067 zum Papst gesandt, Ottone V., Widersacher des Ebf.s Grozzolanus 1105, starb 1111 in Rom, als er Heinrich V. vor dem Volkszorn verteidigte. 1134 wurde Guido di Ottone vom Abt v. St. Gallen mit dem Fronhof Massino (Novara) investiert; von diesem Kernbesitz ging im 13. Jh. die territoriale Expansion der Familie in jenem Gebiet aus. Der uns bekannte Spitzenahn der städt. Linie, *Uberto* V. († 1249), hinterließ die Söhne *Azzone*, *Andreotto* und *Obizzo*. Azzone, zuerst Kanoniker der Kathedrale, wurde Bf. v. Ventimiglia (1251-1262); Obizzo, Consul iustitiae in Mailand (1263), wird 1258-1259 unter den Capitanen und Valvassoren genannt. Auch Ebf. *Ottone*, dem der Aufstieg der Familie zu verdanken ist, war wahrscheinl. ein Sohn Ubertos, da er als Großonkel Matteos I. V. (→8. V.) bezeichnet wird. Von Urban IV., der die Macht der Röm. Kirche gegenüber der Kirche v. Mailand und Mastino →Della Torre, dem fakt. Signore der Stadt, durchsetzen wollte, zum Ebf. ernannt, konnte Ottone, von den Torriani verbannt, vorerst sein Ebm. nicht in Besitz nehmen und dirigierte aus dem Exil die Pars nobilium, die in erbitterter Gegnerschaft zu den Della Torre stand, deren Macht sich auf die Popolaren stützte. Schließl. gelang es ihm, die Della Torre in der Person Napos 1277 bei Desio zu besiegen. Mailand erkannte ihn nicht nur als Ebf., sondern auch als Signore an, womit die Grundlagen für den Aufstieg der Dynastie gelegt waren. Sein Großneffe *Matteo* (→8. V.) erhielt zudem das Amt des Capitano del Popolo (1287) und wurde von Adolf v. Nassau 1294 zum Reichsvikar ernannt. Die guelf. Reaktion auf den Machtzuwachs der V. verband sich mit dem Widerstand der Torriani und führte zu einer Reihe polit. und krieger. Auseinandersetzungen, an denen sich die Mitglieder der V.-Familie mit wechselhaftem Glück beteiligten. *Galeazzo* I., der Sohn und Nachfolger Matteos in der Signorie (1322), wurde schließl. von Ludwig d. Bayern seiner Macht enthoben und gefangengesetzt, weil er der Schaukelpolitik seines Verbündeten müde war. Nach Galeazzos Tod (1328) trat sein Sohn *Azzo(ne)* (→1. V.) die Nachfolge an, der die Macht des Hauses wiederherstellte, ebenso wie seine Onkel – Luchino und Ebf. *Giovanni* –, die von 1339 bis 1354 über Mailand und sein Gebiet herrschten, die Grenzen des Territoriums erweiterten und den polit. Einfluß auf den Großteil von Mittel- und Norditalien ausdehnten. Giovanni, der seiner Familie die Erblichkeit des Signorentitels v. Mailand gesichert hatte, aber ihn als Kirchenmann nicht seinem illegitimen Sohn *Leonardo* vererben konnte, wählte als Nachfolger die drei Söhne seines Bruders *Stefano* († 1327), *Matteo* II., *Bernabò* (→2. V.) und *Galeazzo* II. (→5. V.) und schloß gewaltsam die Nachkommen Luchinos aus. Die äußerst geschickte Heiratspolitik Galeazzos II. und v. a. Bernabòs führte zur Verbindung der V. mit den Spitzen des europ. Hochadels (s. Stammtafel V.). Als *Gian Galeazzo* (→6. V.) seinem Onkel Bernabò und dessen Söhnen die Herrschaft entriß, ging die Nachfolge in dem 1395 von Kg. Wenzel zum Hzm. erhobenen Dominium auf seine legitimen Erben über: *Valentina* (→9. V.), *Giovanni Maria* (→7. V.) und *Filippo Maria* (→4. V.). Nach dem Tod des Vaters (1402) wurde Giovanni Maria Hzg., fiel aber, ohne Erben zu hinterlassen, einer Mailänder Adelsverschwörung zum Opfer (1412). Die Hzg.swürde ging auf seinen fähigeren Bruder Filippo Maria über, der jedoch ebenfalls ohne männl. Erben starb. Unter den zahlreichen Prätendenten auf die Nachfolge waren seine legitimierte natürl. Tochter →*Bianca Maria*, Gemahlin Francesco Sforzas, und →Charles d'Orléans, Sohn der Valentina V. Die Hauptlinie der V. erlosch mit Filippo Maria bzw. mit Bianca Maria, die dank der polit. und militär. Fähigkeiten ihres Gemahls Hzgn. v. Mailand wurde. Die meisten Nebenlinien starben im 18. Jh. aus; von Ubertino, Bruder Matteos I. leitet sich die noch bestehende Mailänder Familie der V., Mgf.en und später Hzg.e v. Modrone, ab.

F. M. Vaglienti

Lit.: P. Litta, Famiglie celebri it., 1825-28 – EncIt XXXV, 1937, 440-442 – G. Barni, La formazione interna dello stato visconteo, ASL, LXVIII, 1941, 3-66 – N. Valeri, Apogeo e dissoluzione del dominio visconteo, 1950 – R. Romeo, Le origini della signoria viscontea, 1957 – F. Cognasso, I V., 1966 – C. Santoro, La politica finanziaria dei V. Documenti, 3 Bde., 1976-83 – G. Chittolini, La formazione dello stato regionale e le istituzioni del contado, 1979, 36-100 – C. Violante, La società milanese in età precomunale, 1981 – T. Zambarbieri, Castelli e castellani visconte, 1989 – G. Soldi Rondinini, Chiesa milanese e signoria viscontea (1262-1402) (Diocesi di Milano, I, 1990, 285-331) – L'età dei V., hg. L. Chiappa Mauri–L. de Angelis Cappabianca–P. Mainoni, 1993 – L. Frangioni, Milano fine Trecento. Il carteggio milanese dell'Archivio Datini di Prato, II. Testo e bibliografia, 1994, 509-619 – Diz. Biogr. delle Donne Lombarde, hg. R. Farina, 1995 – G. Lopez–F. M. Vaglienti, Milano. I V. e gli Sforza, 1995, 4-53 – R. Perelli Cippo, Tra arcivescovo e comune, 1995.

1. **V., Azzo** (Azzone), Sohn Galeazzos I. und der Beatrice, Tochter des Obizzo d'Este, * 1302 in Ferrara am Hof Azzos VIII., nach dem V. genannt wurde, † 16. Aug. 1339 in Mailand, ▭ S. Gottardo. Zum Vikar v. →Piacenza ernannt, mußte A. V. beim Tode seines Großvaters Matteo die Stadt verlassen, die sich gegen die Viscontiherrschaft erhoben hatte (1322). 1325 besetzte er →Borgo S. Donnino (Fidenza), machte sich kurz darauf zum Signore v. →Cremona und siegte bei →Altopascio und Zappolino gegen die Bolognesen. 1327–28 teilte er in Monza die Gefangenschaft seines Vaters, der von Ks. →Ludwig d. Bayern, der der ständigen Schaukelpolitik der Visconti müde war, eingekerkert worden war. Durch geschickte Diplomatie erkaufte sich A. V. nach dem Tode Galeazzos das Reichsvikariat über Mailand (15. Jan. 1329). Beim Papst erreichte er die Aufhebung des noch auf Mailand lastenden Interdikts, nicht jedoch die Lösung seines Hauses von der Exkommunikation, obwohl er auf das Vikariat verzichtete und den weniger kompromittierenden Titel eines »Signore generale« annahm (1330). Ein Meister in der Kunst des polit. Doppelspiels, unterwarf sich A. V. in Brescia dem Böhmenkg. Johann v. Luxemburg, einem Führer der Guelfenpartei, und ließ ihn am 8. Mai 1331 vom Stadtrat zum »Signore generale« v. Mailand proklamieren und sich selbst zu dessen Vikar ernennen. Gleichzeitig trat er der Liga v. Castelbaldo bei, besetzte dank der Verbündeten Bergamo (27. Sept. 1332) und besiegte dann den Böhmenkönig in Ferrara (1332). Danach eroberte er Treviglio, Vercelli und Cremona (1334), Como, Lecco – wo er die berühmte Brücke errichten ließ –, Lodi, Crema, Caravaggio und Romano (1335); 1336 besetzte er von neuem Borgo S. Donnino und Piacenza. Im Krieg zw. Verona und Venedig stand er auf Seiten der Serenissima und besetzte Brescia (1337). Aus Rache half Mastino →della Scala dem exilierten Lodrisio Visconti, mit entlassenen dt. Söldnertruppen die Compagnia di S. Giorgio zu gründen, die in Mailand einfiel, jedoch am 21. Febr. 1339 bei Parabiago eine schwere Niederlage erlitt. Wenige Monate danach starb A. V. an Podagra, ohne von seiner Gattin Caterina, Tochter Ludwigs II. v. Savoyen (∞ 1330), männl. Erben erhalten zu haben. Die Signorie ging daher auf seine Onkel Luchino und Ebf. Giovanni über. A. war auf das Wohl aller Städte, deren Signore er geworden war, bedacht, maßvoll in der Rechtsprechung und beim Einziehen von Abgaben (er schuf das Amt des »exgravator«, der die Ausgewogenheit der Steuerlast kontrollieren sollte), gab Mailand neue Statuten und traf städtebaul. Verbesserungen (Bau des heutigen Palazzo Reale; Erweiterung der Stadtmauern). F. M. Vaglienti

Lit.: EncIt XXXV, 443 [L. SIMEONI] – L. SIMEONI, Le origini del conflitto veneto-fiorentino-scaligero, Mem. dell'Accad. di Scienze di Bologna, 1929–30 – A. SOLMI, Gli statuti di Milano del 1330 e la loro ricostruzione, 1932 – G. C. BASCAPÈ, Il »Regio Ducal Palazzo« di Milano dai V. ad oggi, 1970 – G. SOLDI RONDININI, Le fortificazioni urbane medievali (Storia Illustrata di Milano, hg. F. DELLA PERUTA I, 1992), 301–320 – DIES., Vie, piazze, dimore: aspetti dell'urbanistica di Milano medievale, ebd. II, 321–340.

2. **V., Bernabò**, zweiter Sohn des Stefano und der Valentina →Doria, * 1323, † 19. Dez. 1385. ∞ 1350 auf Wunsch seines Onkels Regina, Tochter des Mastino →della Scala, mit der er 17 Kinder hatte (s. Stammtafel V.) und die er so hoch schätzte, daß er für sie die Kirche S. Maria della Scala erbaute (nach der das Teatro della Scala benannt ist). Ursprgl. für die kirchl. Laufbahn und das Jurastudium bestimmt, zeigte er sehr bald eine Neigung zur Gewalttätigkeit und zog das Kriegshandwerk vor. Dadurch bedeutete er eine ständige Gefahr für die Herrschaft seines Onkels Luchino, der deshalb ihn und seine Brüder 1346 verbannte (Exil in Flandern und Frankreich). 1349 wurde er von seinem Onkel, dem Ebf. Giovanni, zurückgerufen, der in den Söhnen Stefanos die ideale Unterstützung seiner Signorie sah. Im gleichen Jahr erkannte das Consiglio generale der Stadt B. V. und seine beiden Brüder als legitime Nachfolger in der Signorie an. Nach Ebf. Giovannis Tod (1354) erkauften die V.-Brüder von Ks. Karl IV. das Reichsvikariat und sicherten sich durch die Wahl des Roberto V. zum Ebf. die Kontrolle über die Kirche v. Mailand. Der städt. Consiglio bestätigte ihnen den Titel »domini generales« und ließ das Los über die verschiedenen Herrschaftsanteile entscheiden: B. V. erhielt das Gebiet jenseits der Adda (Bergamo, Brescia, Cremona und Crema); nach dem Tode Matteos II. 1355 (wahrscheinl. durch Bruderhand vergiftet) kamen noch Lodi, Piacenza und Parma hinzu. Auch Mailand selbst wurde unter den beiden überlebenden Brüdern aufgeteilt. Als Galeazzo sich klugerweise nach Pavia zurückzog, beherrschte B. V. schließlich die ganze Stadt und konnte sich der Tätigkeit widmen, die ihm, abgesehen von der Jagd, am liebsten war, dem Kriegführen. 1359 ging er daran, Bologna zurückzuerobern, das inzwischen von Giovanni da Oleggio (illegitimer Sohn des Ebf.s Giovanni Visconti) an die Kirche abgetreten worden war. Der Papst exkommunizierte B. V. 1362, rief zu einem Kreuzzug gegen ihn auf und versprach ihm schließlich 500000 Florin, wenn er auf Bologna verzichte. 1367 kämpfte B. V. gegen die Liga, die Urban V. und Kard. Albornoz in Italien gegründet hatten und der 1368 auch Karl IV. beitrat, die schließlich am 11. Febr. 1369 durch einen Friedensschluß beendet wurde. Im folgenden Jahr kam es erneut zu einem Zusammenstoß zw. B. V. und dem Papst und dessen Bündnispartner Florenz, da B. V. den Kondottiere John →Hawkwood den gegen die Kirche rebellierenden Perugiern zu Hilfe gesandt hatte. Wiederum endete der Krieg ohne Ergebnisse (Frieden v. Bologna, Nov. 1370). 1371 bis 1375 kämpfte V. mit Niccolò II. d'Este, letztlich erfolgreich, gegen Reggio Emilia. Nach einem fruchtlosen Bündnis mit Florenz gegen Bologna, das militär. und polit. im Juli 1378 zum Abschluß kam, beanspruchte V. im Gebiet von Verona die Rechte seiner Frau auf Kosten der illegitimen Söhne des Cansignorio →della Scala, die ihm lieber 440000 Florin zahlten (1379), als sich in blutige und kostspielige Kriege verwickeln zu lassen. 1382 gewährte B. V. →Ludwig v. Anjou Waffenhilfe bei dessen Italienfeldzug (→Johanna I., →Neapel, Kgr.). Am 6. Mai 1385 wurde er von seinem Neffen und Schwiegersohn Gian Galeazzo (→6. V.) gefangengenommen und starb – vielleicht eher an den Folgen der Haft als durch Gift – am 19. Dez. des gleichen Jahres (Grabmal v. Bonino da Campione heute im Mus. Castello Sforzesco in Mailand). F. M. Vaglienti

Lit.: EncIt XXXV, 443–444 [L. SIMEONI, ältere Lit.] – V. VITALE, B. V. nelle novelle e nella cronaca contemporanea, ASL, XXVIII, 1901, 261–285 – G. ROMANO, La guerra tra i Visconti e la Chiesa (1360–1376), BSPSP III, 1903, 412–437 – F. NOVATI, Per la cattura di B. V., ASL, XXXIII, 1906, 129–141 – M. BRUNETTI, Nuovi documenti viscontei tratti dall'Archivio di Stato di Venezia. Figli e nipoti di B. V., ASL XXXVI, 1909, 5–9 – C. DE TOURTIER, Un mariage princier à la fin du XIVe s. Le dossier des noces d'Agnès V. et de Francois Gonzague aux Archives de Mantoue (1375-1381), BEC, CXVI, 1958, 107–135 – V. NEGRI DA OLEGGIO, Verde Visconti figlia di B., contessa del Tirolo (»La Martinella di Milano«, XXII/3–5, 1968 passim) – A. R. NATALE, Per la storia dell'Archivio visconteo, ASL CII, 1976, 35–82; ASL CIII, 1977, 9–46 – F. M. VAGLIENTI, Cacce e parchi ducali sul Ticino (1450–1476) (Vigevano e i territori circostanti alla fine del Medioevo) [im Dr.].

3. V., Elisabetta → Elisabeth, Hzgn. v. Bayern-München (12. E.)

4. V., Filippo Maria, dritter Hzg. v. Mailand, * 3. Sept. 1392 in Mailand, † 13. Aug. 1447, zweiter Sohn des Gian Galeazzo [→6. V.] der Tochter Bernabòs, Caterina. Nach dem Tod des Vaters (1402) erbte er Titel und Gft. Pavia und die Signorie über Novara, Vercelli, Alessandria, Tortona, Verona, Vicenza, Feltre, Belluno, Bassano, Riva di Trento und die Ländereien jenseits des Mincio. Heftige Faktionskämpfe nach dem Tod Gian Galeazzos schwächten die Regentschaftsregierung und beschleunigten die territoriale Aufsplitterung des Dominiums: Padua, Feltre und Belluno, Verona und Vicenza wurden von Venedig erobert, in anderen Städten versuchten die alten Familien, ihre Autonomie zurückzugewinnen. Um Pavia dem Hzm. zu bewahren, setzte die Regentin Caterina V. 1403 dort ein, um, zumindest nominell, der effektiven Machtergreifung der Familie Beccaria und später des Facino →Cane (1410) entgegenzuwirken. Nach der Ermordung Giovanni Marias durch eine Adelsverschwörung heiratete V. auf Vorschlag getreuer Ratgeber die Witwe Facinos, →Beatrice di Tenda, Gfn. v. Biandrate, die zwar beträchtl. älter war als V., aber die Ländereien, das starke Söldnerheer und den Reichtum ihres Mannes geerbt hatte. Nach dem Sieg über Bernabòs Sohn Astorre und seinen Enkel Giovanni Carlo, die inzwischen in Mailand die Herrschaft angetreten hatten, zog V. am 16. Juni 1412 in die Stadt ein. Giovanni flüchtete zu Ks. Siegmund, der danach trachtete, das lombard. Hzm. für das Reich zurückzugewinnen und einen Feldzug gegen V. zu unternehmen, den er jedoch 1415 abbrechen mußte. Am 15. Feb. 1416 erhielt V. die ksl. Legitimierung seiner lombard. Titel und Privilegien und schritt zur Wiedergewinnung aller Teile seines Herrschaftsgebiets. Teils durch Rückeroberung, teils durch Kauf fielen Como, Lodi (1416), Vercelli, Trezzo d'Adda, Piacenza (1418), Cremona (1420), Parma, Reggio, Bergamo und Brescia wieder an die V.-Herrschaft. Am 21. Dez. 1421 kapitulierte Genua vor Carmagnola. Ks. Siegmund erkannte die Notwendigkeit von Handelsbeziehungen zw. Mailand und dem rhein. Städten und zeigte sich in Geheimverhandlungen (1418) bereit, V. als Hzg. zu investieren. Obgleich die Allianz- und Friedensverträge Eingriffe des Hzg.s jenseits der Linie Pontremoli–Crostolo ausschlossen, griff er als Antagonist von Florenz in Forlì ein und eroberte das Zentrum der Signorie der Malatesta, Borgo Sansepolcro (1422–24). Daraufhin unterstützten das – offiziell neutrale – Venedig und Amadeus VIII. v. Savoyen Florenz (1426) und übertrugen Carmagnola die militär. Leitung der Allianz. Die Folgen der schweren Niederlage bei Maclodio (11. Okt. 1427) konnte V. durch ein Bündnis mit dem Hzg. v. Savoyen mildern (Abtretung von Vercelli 1427, wohl nie vollzogene Ehe mit dessen Tochter Maria). V., der von Kindheit an kränkl. gewesen war, zeigte nun auch Anzeichen mentaler Störungen, die zwar seine polit. Fähigkeiten noch nicht beeinträchtigten, ihn aber zu einem normalen Leben unfähig machten. In dem mit Venedig und Florenz geschlossenen Frieden von Ferrara (19. April 1428) trat der Hzg. u. a. Brescia und Bergamo an Venedig ab; Mailand wurde jede Einmischung in der Romagna und Toskana untersagt. Dennoch schickte V. seinen besten Heerführer und Verlobten seiner legitimierten natürl. Tochter Bianca Maria (von seiner Geliebten Agnese del Maino), F. →Sforza, dem von Florenz bedrängten Lucca zu Hilfe (1430). Durch die Papstwahl des Venezianers G. Condulmer (→Eugen IV.) konnten Florenz und Venedig eine massive Offensive gegen V. organisieren, die mit dem 2. Frieden v. Ferrara (26. April 1433) endete. V. konzentrierte seine militär. Operationen nun auf die Romagna, in der der Papst die Autorität des Hl. Stuhls nicht völlig durchsetzen konnte, und den Süden, wo er im Kampf um das Kgr. Neapel anfänglich →René v. Anjou unterstützte, dann aber mit →Alfons I. (V.) v. Aragón ein Geheimabkommen schloß, das die Aufteilung Italiens in zwei große Einflußbereiche (Mittel- und Norditalien bis unterhalb von Bologna unter V.s Herrschaft, der Süden unter Alfons) vorsah. Florenz und Venedig (mit F. Sforza als Kondottiere) bekämpften daraufhin den Mailänder Vorstoß (Barga 1437, Anghiari 1440) und unterstützten die Anjou in Neapel. Die Unzuverlässigkeit seiner Heerführer zwang den Hzg. zum Friedensschluß (Cavriana, 20. Nov. 1441). Eine unbesonnene Schaukelpolitik trieb V. in den letzten Regierungsjahren in die polit. Isolation, so daß Venedig darangehen konnte, die Gebiete der V.herrschaft systemat. zu erobern. Als nach dem Sieg über die hzgl. Truppen bei Casalmaggiore (1446) die Serenissima sogar Mailand bedrohte, rief der letzte, nunmehr schwerkranke, Visconti seinen Schwiegersohn zu sich, um den Bestand des Hzm.s zu sichern (→Sforza, →Ambrosianische Republik).

F. M. Vaglienti

Q. und Lit.: →Visconti, Familie – P. C. Decembrio, Vita di F. M. V., hg. E. Bartolini, 1983 – G. Porro Lambertenghi, Trattato tra il duca F. M. V. e Alfonso di Napoli, ASL, VI, 1879, 357–360 – G. Romano, Contributo alla economia e politica nella »deditio« di Genova a F. M. V. (1422), ASL, CVIII–CIX, 1982–83, 65–83 – A. Lanza, Firenze contro Milano. Gli intellettuali fiorentini nelle guerre con i V. (1390–1440), 1991 – Diz. Biogr. delle Donne Lombarde, hg. R. Farina, 1995 – G. Soldi Rondinini, F. M. V., duca di Milano, DBI [im Dr.].

5. V., Galeazzo II., * um 1325, † 4. Aug. 1378, dritter Sohn des Stefano und der Valentina →Doria; ⚭ 1350 auf Wunsch seines bfl. Oheims Blanca v. Savoyen, die Schwester Amadeus' VI. Er lebte mit seiner Mutter unter dem Schutz des Cousins Azzone und begab sich um 1343 mit dem Gf.en v. Hennegau nach Palästina und anschließend nach Flandern. Nach seiner Rückkehr nach Mailand wurde er zusammen mit seinen Brüdern exiliert, da er eine mögliche Gefahr für die legitime Nachfolge seines Onkels Luchino darstellte. V. fand bis 1348 bei →Amadeus VI. v. Savoyen Zuflucht, dann verbündete sich der Gf. mit Luchino und zwang V. zur Flucht. Er fand Aufnahme im Waadtland bei der Witwe seines Cousins Azzone, Katharina v. Savoyen. 1349 wurde er von seinem Oheim, Ebf. Giovanni, der alleiniger Signore v. Mailand geworden war, zurückgeholt. Im gleichen Jahr erkannte das Consiglio Generale der Stadt offiziell Matteo, Bernabò und G. als legitime Nachfolger für die Signorie an. In demselben Jahr besetzte er Bologna. Nach dem Tod des mächtigen Ebf.s 1354 erhielt V. von dem städt. Consiglio die Signorie über das nordwestl. Territorium (Como, Novara, Vercelli, Asti, Alba, Alessandria und Tortona), zu dem nach dem Tod Matteos II. (1355) auch Vigevano und die Gebiete am Oberlauf des Tessin traten. Im W durch die Expansionspläne Johannes' II. Palaiologos v. Montferrat gegenüber Mailand, die von der antiviscontischen ksl. Politik gefördert wurden, in Schach gehalten, verlor V. Asti, eroberte aber 1360 Pavia, wobei er von Karl IV., der eine Schaukelpolitik betrieb, auch die Bestätigung des Vikariats für seine alten und neuen Besitzungen erwirkte. Im gleichen Jahr schloß er die Verhandlungen für die Vermählung seines einzigen männl. Erben, Gian Galeazzo (→6. V.), mit Isabella v. Valois ab. V. fuhr in der Verteidigung der Westgrenzen seines Herrschaftsgebietes fort, die 1376 von seinem Schwager bedroht wurden, verlor zwar die Gebiete um Vercelli, konnte Amadeus VI. jedoch das Protektorat über →Montferrat entziehen. Er überließ Mailand seinem Bruder Bernabò (→2. V.), zog sich nach Pavia zurück und ließ dort ein prachtvolles Kastell inmitten eines Parks erbauen, ausgestattet mit einer reichen Bibliothek. An seinem Hof umgab er sich mit berühmten Literaten und Künstlern, darunter auch →Petrarca. Auch die Gründung der Univ. v. Pavia geht auf ihn zurück. Für Kunst und Kultur aufgeschlossen, hatte V. auch sehr grausame Charakterzüge: So führte er (nicht Bernabò) die für Staatsverräter bestimmte »Quaresima« ein: eine 40 Tage dauernde Tortur, in der zw. den Folterungen jeweils Pausen eingelegt wurden. F. M. Vaglienti

Lit.: EnclI XXXV, s.v., 445f. [F. Cognasso] – C. Romussi, Petrarca e Milano, 1874 – Z. Volta, L'età, l'emancipazione e la patria di Gian Galeazzo V., ASL XVI, 1889, 581–606 – G. Romano, Delle relazioni tra Pavia e Milano nella formazione della signoria viscontea, ASL XIX, 1892, 549–589 – C. Magenta, I Visconti e gli Sforza nel castello di Pavia e le loro attinenze con la Certosa e la storia cittadina, 2 Bde, 1893 – A. R. Natale, Per la storia dell'Archivio visconteo signorile, ASL CV-CVI, 1979/80 – F. M. Vaglienti, Cacce e parchi ducali sul Ticino (1450–1476), (Vigevano e i territori circostanti alla fine del Medioevo [im Dr.]).

6. V., Gian Galeazzo, erster Hzg. v. →Mailand, * 16. Okt. 1351 als Sohn Galeazzos II. und der Blanca v. Savoyen, Schwester Gf. →Amadeus' VI., † 3. Sept. 1402 in Melegnano. In früher Jugend wurde er mit Isabella v. Valois († 1372), der Tochter Kg. Johanns II. v. Frankreich, verlobt, der nach der Niederlage bei Poitiers (1355) Kg. Eduard III. v. England ein Lösegeld von 4 000 000 Écus zahlen mußte und für die ihm von Galeazzo II. gebotenen 300 000 Scudi die Verschwägerung akzeptierte. G. G. V. führte seit 1361 nach der Mitgift Isabellas, der Gft. →Vertus (Champagne), den Titel »Conte di Virtù«. Der Ehe (1365) entstammten die Tochter Valentina (1366) und die Söhne Azzone (1369–80), Carlo (1372–76) und Gian Galeazzo († 1376). 1372 leitete V. die Eroberung v. Asti. Am 8. Jan. 1375 erklärte ihn sein Vater für großjährig, um seine Rechte vor dem präpotenten Bernabò (→2. V.) zu schützen, und übergab ihm die Herrschaft über alle Gebiete westl. des Tessin. Nach dem Tode Galeazzos II. ließ sich G. G. V. in Pavia nieder und unterwarf sich scheinbar einige Jahre lang der Herrschaft des Onkels Bernabò, dessen Tochter Caterina er 1380 heiratete. Daß G. G. V. sich nicht mit der Überlegenheit des Onkels abfinden wollte, beweist, daß er schon 1379 von Ks. Wenzel das Vikariat erwirkte. Nach wachsenden Spannungen mit Bernabò (nicht zuletzt um Jagdrechte) ließ G. G. V. am 6. Mai 1385 den Onkel und dessen Söhne Ludovico und Rodolfo bei einem informellen Zusammentreffen gefangennehmen und in das Kastell von Porta Giovia bringen. G. G. V. bemächtigte sich der Stadt und der Schätze Bernabòs und ließ sich vom Rat der 900 zum Dominus generalis proklamieren. Nachdem er sich die Kontrolle über die Mgft. en Monferrat und Saluzzo und die Neutralität des Hauses Savoyen gesichert hatte, begann G. G. V. mit einem gewaltigen Eroberungsfeldzug im Veneto und in der Toskana, um das größte Ziel der Visconti zu erreichen, den Titel eines Kg.s der Lombardei und Tusziens. G. G. V.s Unterstützung Urbans IV. gegen seinen avign. Rivalen ließ diesen Plan als realisierbar erscheinen. 1386 begann V. zum Ruhm der Stadt und seines Hauses mit dem Bau des Mailänder Domes (ô S. Maria) aus weißrötl. Candoglia-Marmor. Ein Abkommen mit Venedig ermöglichte es ihm, die Signorie der →Della Scala zu stürzen und Verona und Vicenza in seine Gewalt zu bringen (1387). Auf den von Florenz initiierten Versuch, ein Anti-Visconti-Bündnis mit den dt. Fs.en, die mit den Nachkommen Bernabòs verschwägert waren, mit den Gf.en v. Savoyen und mit Frankreich zustandezubringen, und auf die neue Konsolidierung der Carraraherrschaft in Padua (1390) reagierte er durch die Verheiratung seiner Tochter Valentina (→9. V.) mit Hzg. Ludwig v. Orléans. Um den wachsenden frz. Einfluß auf it. Boden auszugleichen, erwirkte er von Kg. Wenzel für sich und die legitimen männl. Nachkommen die Investitur mit dem Hzm. Mailand (11. Mai 1395), die Gf.entitel v. Angera und Pavia (1396) und schließl. den Hzg.stitel der Lombardei (1397). V. reorganisierte und zentralisierte das Hzm. durch legislative Maßnahmen, sicherte sich die Kontrolle über die Vergabe der Kirchenlehen und errichtete neue polit., diplomat., jurist. und administrative Institutionen und Steuerbehörden. Er förderte die Univ. Pavia als Ausbildungsstätte für seinen Beamtenapparat und unterstützte die Wirtschaft u. a. durch Steuerentlastungen, Privilegien und internat. Handelsverträge. Um die Beziehungen mit Frankreich – dessen Neutralität er für seine Expansionspolitik benötigte – nicht zu trüben, verzichtete er nach der Einnahme Carraras und der Lunigiana auf seine Eroberungspläne bezügl. Genua und Savona zugunsten des frz. Kg.s (1396). Er brachte Pisa unter die Oberherrschaft Mailands, besetzte Perugia, Assisi und Siena und wandelte Lucca in eine Art Protektorat um. Das bedrohte Florenz fand in →Ruprecht von der Pfalz, als polit. Gegenspieler Wenzels den Visconti feindlich gesonnen, einen Verbündeten. Bei seinem Italienfeldzug erlitt der dt. Kg. jedoch eine schwere Niederlage bei Brescia (1401). Der plötzl. Tod des Hzg.s, vielleicht an der Pest oder an einem Fieber, bewahrte Florenz vor der Übergabe an die Visconti. G. G. V.s Testament (1397) zeigt das Bestreben, nach dem Vorbild der großen europ. Dynastien die Sakralität seiner Person und seiner Nachkommen (Giovanni Maria [→7. V.], Filippo Maria [→4. V.], legitimierter unehel. Sohn Gabriele Maria) zu betonen. F. M. Vaglienti

Q. und Lit.: EnclI XVI, 1932, 959–961 [F. Cognasso, frühe Lit.] – D. M. Bueno de Mesquita, G. G. V. Duke of Milan (1351–1402), 1941 – N. Valeri, G. G. V. nella storia del Rinascimento, 1943 – A. Cutolo, I precedenti e gli albori della signoria di G. G. V., 1950 – Gratiarum cartusia. Nel VI centenario della nascita (1351–1951) e nell'XI cinquantennio della morte (1402–1952) di G. G. V., 1952 – G. Traversi, L'importanza storica di G. G. V. nella vita politica e artistica del '300, 1954 – H. Goldbrunner, Il dominio visconteo a Perugia (Storia e cultura in Umbria..., 1972), 423–455 – G. Soldi Rondinini, La dominazione viscontea a Verona (Verona e il suo territorio IV, 1978), 5–237 – G. Luccarelli, I Visconti di Milano e Lucca risorta a stato autonomo, 1984 – A. Lanza, Firenze contro Milano. Gli intellettuali fiorentini nelle guerre con i Visconti (1390–1440), 1991 – F. M. Vaglienti, Del sistema fortificato e della flotta viscontei. Note a margine [im Dr.].

7. V., Giovanni Maria, 2. Hzg. v. Mailand, * 7. Sept. 1388, † 16. Mai 1412 (ermordet), erster Sohn des Gian Galeazzo und dessen zweiter Frau Caterina, Tochter des Bernabò Visconti. Nach dem plötzl. Tod Gian Galeazzos (1402) trat er aufgrund der testamentar. Verfügungen des Vaters die Nachfolge im Hzm. an. Er unterstand aber der Regentschaft seiner Mutter Caterina und des Consiglio Segreto, nicht allein wegen seiner Minderjährigkeit, sondern auch infolge des Mißtrauens, das sein Vater ihm gegenüber wegen seines düsteren Charakters gehegt hatte; Gian Galeazzo zog ihm von Anfang an seinen zweiten Sohn Filippo Maria (→4. V.) vor, dem er testamentar. eine Reihe von Herrschaften zuwies, die die Gebiete von V. kreisförmig einschlossen, wodurch die Brüder zu einer gemeinsamen Politik gezwungen wurden. V. fielen außer dem Hzm. Mailand Brescia, Cremona, Bergamo, Como,

Lodi, Piacenza, Parma, Reggio Emilia, Bobbio und Bologna zu, zumindest in der Theorie. Die Machthaber der Apenninenhalbinsel benutzten die Krise nach dem Tode Gian Galeazzos und fachten geschickt die Parteikämpfe im Inneren des Hzm.s an, um die verlorenen Herrschaften wiederzugewinnen. Bonifaz XI. erhielt auf diese Weise Bologna, Perugia und Assisi zurück (25. Aug. 1403) und gab damit den Anstoß zur raschen Aufsplitterung der Mailänder Herrschaft durch die alten lombard. Familien, die ihre frühere Führungsposition erneut einnahmen: die →Beccaria wurden wieder Signoren v. Pavia, die Vignati v. →Lodi, die Benzoni v. →Crema, Cabrino →Fondulo wurde Signore v. Cremona. Anfang 1404 versuchte Caterina mit Hilfe ihres Ratgebers Francesco Barbavera mit Gewalt, die ghibellin. Faktion in der Stadt zurückzudrängen. Ihre Führer trieben jedoch den schwachen V. zur Rebellion. Caterina wurde mit den Vertretern der guelf. Partei aus Mailand vertrieben und zog sich zur Organisierung eines Gegenschlags nach Monza zurück. Durch Verrat gefangengenommen, starb sie jedoch am 17. Okt. des gleichen Jahres, vielleicht durch Gift. Umgeben von Kondottieren, die unter dem Anschein, V.s Herrschaft zu verteidigen, rücksichtslos ihre eigenen Interessen vertraten, stand der Hzg. machtlos der Zersplitterung des Hzm.s gegenüber, das im Inneren in eine Reihe persönl. Signorien zerfiel. Sowohl Facino →Cane, der sich eines riesigen Territoriums in Piemont und der Lombardei bemächtigt hatte (u. a. Alessandria, Novara, Tortona, Piacenza), als auch die kommunalen Behörden, die ihm die Finanzverwaltung Mailands und des Contado entzogen hatten, beraubten ihn seiner effektiven Autorität. Als die wenigen V. treu gebliebenen Kondottieren, wie Jacopo dal →Verme, von ihm aus Neid oder Mißtrauen entfernt worden waren, stand er völlig isoliert da und fiel am 16. Mai 1412 einer ghibellin. Adelsverschwörung zum Opfer, die die Rückkehr der Erben Bernabòs zur Macht plante.

F. M. Vaglienti

Q. und Lit.: EncIt XVII, 1951, 269 – G. ROMANO, A proposito di un testamento di Gian Galeazzo V., BSP XVII, 1917, 13–42 – A. FANFANI, Le prime difficoltà finanziarie di G. M. V., RSI., s. v., 1939, 99–104 – G. FRANCESCHINI, Dopo la morte di Gian Galeazzo V., ASL LXXII-LXXIV, 1945–47, 49–62 – N. VALERI, Guelfi e Ghibellini a Milano alla scomparsa di Giangaleazzo Maria V., 1955 – G. C. ZIMOLO, Il ducato di G. M. V. (Fschr. A. VISCONTI, 1955), 389–440 – M. F. BARONI, I Cancellieri di G. M. e di Filippo Maria V., NRS 50, 1966, 367–428 – C. PORTA–T. GROSSI, G. M. V. duca di Milano. Comitragedia, 1975 – B. BETTO, Il testamento del 1407 di Balzarino da Pusterla, ASL, CXIV 1988, 261–301.

8. V., Matteo I., * 15. Aug. 1250 in Invorio (Novara) als Sohn des Tebaldo (von den Torriani 1276 in Gallarate ermordet) und der Anastasia Pirovano, † 24. Juni 1322 in Crescenzago. 1269 ⚭ Bonacossa Borri († 13. Jan. 1321), Tochter des Squarcino, des Anführers der verbannten Adligen, die den exilierten Ebf. Ottone V. unterstützten. Als der Ebf. 1277 Signore v. Mailand geworden war, ließ er seinen Großneffen M. V. 1287 zum Capitano del Popolo wählen (seit 1289 Amtszeit auf fünf Jahre verlängert). Nach dem Sieg über Mgf. Wilhelm v. Montferrat (1290) erhielt M. das Kapitanat von Vercelli, 1292 das von Alessandria und Como und 1294 das Kapitanat über das Montferrat. Im gleichen Jahr erwirkte er mit Hilfe seines bfl. Großonkels von Adolf v. Nassau die Ernennung zum Reichsvikar der Lombardei (1298 von Albrecht I. bestätigt). 1302 zwang ihn die von Alberto Scotti, dem Signore v. Piacenza, angeführte Liga ins Exil (Nogarole bei Verona). Die Gelegenheit zum Gegenschlag kam 1310 mit dem Italienzug →Heinrichs VII.: M. huldigte ihm in Asti, zog mit ihm in Mailand ein und vertrieb durch eine Intrige Guido Della Torre und dessen Parteigänger aus der Stadt. 1311 bestätigte Heinrich VII. gegen eine Geldleistung das Reichsvikariat. Die Stärkung der ghibellin. Partei in Italien, die vom Ks. unterstützt wurde, ermöglichte es M., sein Expansionsprogramm wiederaufzunehmen, das zum großen Teil durch dem Klerus auferlegte Steuern finanziert wurde. 1315 beherrschte er, direkt oder durch seine Söhne (Galeazzo I., Marco, Giovanni, Luchino, Stefano), Piacenza, Bergamo, Lodi, Como, Cremona, Alessandria, Tortona, Pavia, Vercelli und Novara. Dynast. Machtkämpfe in Dtl. und der Plan Papst Johannes' XXII., in Italien ein guelf. Reich zu schaffen, zwangen M. V., sich gegen antivisconteische Kreuzzüge zu verteidigen; manchmal reagierte er darauf mit Diplomatie (Verzicht auf das Reichsvikariat gegen den weniger kompromittierenden Titel eines »Signore Generale« von Mailand, 1317), manchmal mit den Waffen – so besetzte er, mit den gleichfalls von den päpstl. Plänen bedrohten Scaligern, den Bonacolsi, den Savoyen verbündet, Genua – und setzte schließlich auch sein Gold ein, indem er die guelf. Führer Philipp v. Valois (1320) und Hzg. Heinrich v. Kärnten (1322) bestach. Schließlich griff der Papst zum erprobten Mittel der Anklage wegen Häresie, auf die 1320 die Exkommunikation und 1321 das Interdikt über Mailand und im folgenden Jahr der Aufruf zum Kreuzzug gegen V. folgten. Am 23. Mai 1322 dankte M. V., der eine Kompromißlösung dem offenen Zusammenstoß vorzog, zugunsten seines Sohnes Galeazzo I. (* 1277) ab.

F. M. Vaglienti

Q. und Lit.: EncIt XXXV, 447 [L. SIMEONI, Lit. vor 1937] – L. FRATI, La contesa fra M. V. e Papa Giovanni XXII..., ASL XV, 1888, 241–258 – C. CAPASSO, La signoria viscontea e la lotta politico-religiosa con il papato nella prima metà del sec. XIV, BSPSP VIII, 1908, 265–317, 408–454 – R. MICHEL, Le procès de M. et de Galeazzo V., MAH XXIX, 1909, 269–327 – P. SAMBIN, La lega guelfa in Lombardia nel biennio 1319–1320, Atti del R. Ist. veneto di scienze, lettere e arti, 102, 1942–43; II, 1943, 371–385 – F. COGNASSO, Le basi giuridiche della signoria di M. V. in Milano, BSBS LIII, 1955, 79–89.

9. V., Valentina (Valentine), * 1370, † 4. Dez. 1408, Tochter v. Gian Galeazzo V. und Isabella v. Frankreich, Tochter Kg. Johanns II. (→Jean le Bon); die Vermählung ihrer Eltern wurde 1360, zum Zeitpunkt des Vertrags v. →Brétigny, geschlossen, primär um mit Hilfe des Mailänder Geldes das Lösegeld für Johann den Guten aufzubringen. Die Ehe zw. V. und →Ludwig, dem Bruder Kg. →Karls VI. und künftigen Hzg.s v. →Orléans, der damals Hzg. v. →Touraine war, wurde 1387 vertragl. geschlossen und am 17. Aug. 1389 zu Melun gefeiert. Die Dos umfaßte die Gft. →Asti und 450000 Goldgulden, ergänzt durch weitere Summen. Insgesamt erhielt Ludwig 649000 Goldgulden, die ihm den Kauf mehrerer großer →Seigneurien (Gft.en Dunois und →Porcien) ermöglichten. Nach dem Tode Gian Galeazzos nahm Ludwig 1402 die Gft. →Vertus in Besitz. – V. hielt ihren Einzug in Paris am 22.–25. Aug. 1389, anläßl. der Krönung der Kgn. →Isabella. Die Erkrankung Karls VI. zwang V. 1396, den Hof zu verlassen, da sie von den Gegnern ihres Mannes beschuldigt wurde, den Kg. vergiftet oder behext zu haben. Sie residierte fortan auf den Schlössern ihres Gemahls. Als Hzg. Ludwig am 23. Nov. 1407 dem von Hzg. v. →Burgund angestifteten Assassinat zum Opfer fiel, weilte V. auf Château-Thierry, von wo aus sie unverzügl. nach Paris reiste, um vor dem Kg. Klage zu führen, doch erreichte sie nur die Einsetzung in die Vormundschaft ihrer Kinder, darunter auch des 'Bastards v. Orléans' (→Dunois), und das Recht, in die Lehen des Hzg.s einzutreten. Schließlich zog sie sich nach Blois zurück. Ihr letztes Lebensjahr stand ganz im Zeichen des Kampfes um die Rehabilitation ihres ermordeten Gemahls: Als Führerin der Orléans-Partei erreichte sie (nach der öffentl. Rechtfertigung des Assassinats als →Tyrannenmord durch Jean →Petit), daß ihr Anhänger Thomas du Bourg, Abt v. Cerisy, vor dem versammelten Hof im großen Saal des Louvre eine Verteidigungsrede zugunsten Ludwigs halten konnte. Die Hzgn. hinterließ bei ihrem frühen Tode acht Kinder, unter ihnen →Charles d'Orléans, Hzg. und Dichter (* 1394); Philippe (* 1396); Jean (* 1400), Vorfahr von Franz I.; Marguerite, Vorfahrin von →Anna v. Bretagne. V. stand im Ruf hoher Weisheit und Tugend; die bereits von humanist. Geist geprägten Dichter haben ihr Lob gesungen: Eustache →Deschamps und Honoré →Bouvet, bes. aber die größte Autorin der Zeit, →Christine de Pisan, die V. als gute, in vorbildl. Weise um die Erziehung ihrer Kinder besorgte Mutter rühmt. F. Autrand

Lit.: Diz. biogr. delle Donne Lombarde, 1995, 1146–1148 [F. M. VAGLIENTI] – E. COLLAS, V. de Milan, duchesse d'Orléans, 1911 – F. M. GRAVES, Quelques pièces relatives à la vie de Louis I, duc d'Orléans et de V. V., sa femme, 1913 – A. COVILLE, Jean Petit. La question du tyrannicide au commencement du XIVe s., 1932, 328–330 – M. NORDBERG, Les ducs et la royauté, 1964.

Visdomini → Vicedominus de Vicedominis

Visé, Frieden v. Als sich 942 in der karol.-robertin. Auseinandersetzung, in die kurz zuvor Papst →Stephan IX. eingegriffen hatte, an der Oise die Truppen des westfrk. Kg.s →Ludwig IV. und seiner Gegner, Hzg. →Hugo d. Gr., Gf. →Heribert II. v. Vermandois und Hzg. Otto v. Lothringen, gegenüberstanden, kam es nicht zum Kampf, sondern man vereinbarte einen Waffenstillstand, sandte Geiseln an Kg. →Otto d. Gr. und bat ihn um Vermittlung. Otto, dessen Schiedsrichterrolle sich aus seinen verwandtschaftl. Beziehungen zu Ludwig und Hugo, v.a. aber aus einem noch vorhandenen gesamtfrk. Denken erklären läßt, traf daraufhin im Nov. 942 in V. (an der Maas, nördl. von Lüttich) mit Ludwig IV. und dessen Kontrahenten zusammen. Die beiden Kg.e erneuerten ihre bereits vier Jahre zuvor geschlossene 'amicitia', Ludwig verzichtete sehr wahrscheinlich auf Lotharingien, das Viennois und das Lyonnais; Hugo wie auch Heribert und dessen Sohn huldigten Ludwig, der damit seine Stellung als Kg. festigen konnte. R. Große

Q.: RI II/1, n. 110a – Lit.: W. KIENAST, Dtl. und Frankreich in der Ks.zeit (900–1270), I, 1974, 64–66 – I. Voss, Herrschertreffen im frühen und hohen MA, 1987, 30f., 107, 136f., 186 – K. F. WERNER, Die Ursprünge Frankreichs bis zum Jahr 1000, 1989, 494f. – C. BRÜHL, Dtl.-Frankreich. Die Geburt zweier Völker, 1990, 479, 481f., 486f.

Visé, Schlacht v. (1106). Nachdem Ks. →Heinrich IV. der Gefangenschaft seines Sohnes in →Ingelheim entkommen war, begab er sich nach Niederlothringen und fand Zuflucht bei Bf. →Otbert v. Lüttich. 300 Berittene Kg. →Heinrichs V. unternahmen deshalb einen Vorstoß auf →Lüttich und bemächtigten sich der Maasbrücke bei Visé (nördl. v. Lüttich), wurden dort aber von einer kaisertreuen Streitmacht, zu der auch Milizen der Stadt Lüttich gehörten, unter Hzg. Heinrich I. v. Niederlothringen, Gf. Walram II. v. Limburg und Gf. Gottfried v. Namur am 22. März 1106, dem Gründonnerstag, vernichtend geschlagen. R. Große

Lit.: JDG H. IV. und H. V., Bd. 5, 1904, 298f., 359–362 – C. GAIER, Art et organisation militaires dans la principauté de Liège et dans le comté de Looz au MA, 1968, 231–234 – DERS., Grandes batailles de l'hist. liégeoise au MA, 1980, 27–34 [abgedr. in: DERS., Armes et combats dans l'univers médiéval, 1995, 11–14] – J.-L. KUPPER, Liège et l'Église impériale, 1981, 151f., 346, 394.

Visegrád, ung. Stadt am rechten Ufer der Donau, ca. 30 km nw. von Budapest. Bereits um 1000 entstanden an der Stelle eines ehem. röm. Kastells die Burg eines →Gespans, die den offenbar früheren slav. Namen (»hohe Burg«) behielt, und eine Erzdiakonatskirche; allerdings ist ein »V. er Komitat« (→Komitat) nur einmal (1009) erwähnt, wohl weil das Gebiet ein kgl. Forst war. Um 1082 war Kg. →Salomon in der Burg eingekerkert (aber nicht in dem um 1250 erbauten, heute »Salomons Turm« gen. Wohnturm). 1053–1221 bestand ein gr. Basilianerkl. in der Nähe von V. Nach dem Mongolensturm wurde die Feste, die mit einer unteren Burg an der Ofen-Graner Landstraße verbunden war, als Zuflucht für die kgl. Familie und die Nonnen aus Pilis errichtet und blieb im Besitz der ung. Kgn.nen. Im 13. Jh. kamen dt. →hospites in das suburbium, doch die größere Siedlung im W war eine ung.; ein Rat wird in beiden Siedlungen seit 1350 erwähnt. In den Thronwirren nach 1301 fiel V. an Matthäus →Csák und wurde erst 1317 von →Karl I. Robert erobert, der dann die kgl. Residenz nach V. verlegte und auch die Krönungsinsignien nach V. bringen ließ. 1335 fand das wichtige Dreikönigstreffen zw. Kg. →Johann v. Böhmen, →Kasimir III. v. Polen und Karl I. Robert in V. statt, bei dem Johann auf die poln. Krone verzichtete, ein Schiedsspruch im Streit mit dem →Dt. Orden gefällt und ein böhm.-ung. Vertrag abgeschlossen wurde. Obwohl der Hof um 1350 wieder nach Ofen zog, blieb V. ein wichtiges Zentrum und erscheint 1381 unter den größten Städten Ungarns. Die →Stephanskrone wurde durch die Hofdame der Kgn. →Elisabeth v. Luxemburg aus V. für die Krönung des jungen →Ladislaus (V.) Postumus heiml. entwendet; nach ihrer Auslösung von Friedrich III. 1464 wurde die »Kronhut« in V. gesetzt. geregelt. Der Ausbau eines kgl. Palastes an der Landstraße, der von Siegmund vollendet wurde, begann – wie neueste Ausgrabungen beweisen – bereits in der Anjouzeit. J. Bak

Lit.: D. DERCSÉNYI–M. HÉJJ, V. Pest megye műemlékei 2, 1958, 396–480 – M. HÉJJ, Ausgrabungsber. über die Erschließung des kgl. Wohnpalastes zu V. (Folia Archæologica 26, 1975), 191–197 – Medieval V., hg. J. LASZLOVSZKY (Dissertationes Pannonicae III, 4, 1995) [Lit.].

Viseu, Stadt, Bm. und (seit dem 15. Jh.) Hzm. im nördl. →Portugal, südl. des Duero. V., das im Bereich der röm. Prov. →Lusitania lag, gehörte zum Reich der (kath.) →Sueben (damit zur Kirchenprov. →Braga), dann zum (erst arian., seit 589 kath.) →Westgotenreich. Der Bf. v. V. wurde auf dem 3. Konzil v. →Toledo zu den konvertierten Bf.en gezählt; seine Diöz. rangierte seit 666 unter den Bm.ern der lusitan. Kirchenprov. v. →Mérida. 714 wurde V. von den Muslimen erobert. Erste Ansätze zur →Reconquista waren nur kurzlebig (→Alfons I. v. Asturien, um 754; Besiedlungspolitik →Alfons' III. v. Asturien, um 878; Belagerung durch →Alfons V. v. León, † 1028 an der hierbei erlittenen Verwundung). 1057/58 gelang →Ferdinand I. v. Kastilien-León die definitive Rückeroberung (Inbesitznahme 23. Juli 1058). Die einem Prior unterstellte Kirche wurde aber noch lange vom Bm. →Coimbra mitverwaltet. Von Ferdinand I. verliehene kirchl. Herrschaftsrechte über die Stadt wurden 1110 vom Gf.en →Heinrich (65. H.) bestätigt. 1121 bestätigte dessen Witwe Kgn. →Teresa der Kirche ihre Rechte; 1123 verlieh sie den Einwohnern einen →Fuero, ließ auch 1127 eine gerichtl. Untersuchung über die 'terra' v. V. durchführen, der 1258 unter Alfons III. v. Portugal eine weitere Inquisitio über die Besitzrechte folgte. 1146 wurde ein eigener Bf. v. V. eingesetzt; er kämpfte bei der Eroberung v. →Lissabon (1147) mit. Die Kirche v. V., die Kg. →Alfons I. v. Portugal von der kgl. Oberherrschaft befreite, wurde als

Bm. der alten Lusitania zum Gegenstand des Streites der Metropolen Braga und →Santiago de Compostela um die Jurisdiktionsrechte. 1199 entschied Innozenz III., daß V. Braga unterstehen solle. Die von Alfons I. verliehenen städt. Foralrechte wurden von Sancho I. (1187) und Alfons II. (1217) erneuert. Auf dem Rückzug befindl. kast. Truppen plünderten nach ihrer Niederlage bei →Aljubarrota (1385) V., das von Alfons V. mit neuen Mauern umwehrt wurde.

Der Titel des 'Hzg.s v. V.' wurde 1415/16 erstmals verliehen: Kg. →Johann I. belohnte mit ihm die Heldentaten seines 3. Sohnes, →Heinrichs 'des Seefahrers', bei der Eroberung v. →Ceuta. Der Infant und Regent →Pedro, Heinrichs Bruder, erneuerte ihm 1439 die mit dem Hzm. verbundenen Privilegien. Kg. →Alfons V. erhob 1461/62 seinen Bruder Ferdinand zum 2. Hzg. v. V. Dessen Sohn Johann wurde zum 3. Hzg., dessen Bruder →Diogo (Diego) zum 4. Hzg. ernannt. Als mutmaßl. Haupt einer Verschwörung wurde Diogo am 28. Aug. 1484 von Kg. →Johann II. eigenhändig erstochen, das Hzm. noch am selben Tag Diogos Bruder →Manuel (I.) als 5. Hzg. v. V. übertragen. P. Feige

Lit.: A. Girão, V., Estudo de uma Aglomeração Urbana, 1925 – J. V. Serrão, Hist. de Portugal, 1977, passim – A. Domingues de Sousa Costa, Bispos de Lamego e de V. no século XV, Itinerarium 26, 1980, 189–216 – A. J. de Carvalho da Cruz, V.: roteiro bibliográfico, Beira Alta 40, 1981, 395–426.

Visier, um 1315 entstandener Gesichtsschutz der →Beckenhaube, der entweder an Schläfenbolzen drehbar oder an einem Scharnier in Stirnmitte hochklappbar war. Von Anfang an bildeten sich zwei Formen heraus: das Rundvisier und das Kantenvisier. Das Rundvisier wurde in Westeuropa bevorzugt, das Kantenvisier in Italien. Beim V. ist außerdem zw. Vollvisier mit eingeschnittenem Sehschlitz und Halbvisier zu unterscheiden, dessen Oberkante die untere Begrenzung des Sehschlitzes bildete. O. Gamber

Lit.: →Visierhelm.

Visierhelm, um 1315 entstandene Kombination der →Beckenhaube mit einem drehbaren oder aufklappbaren →Visier. Nach der Mitte des 14. Jh. entstand ein schnauzenartiges Visier, das dem →Helm den Namen→»Hundsgugel« gab. Sie erhielt sich bis ins 1. Drittel des 15. Jh. Zu dieser Zeit kam in Italien auf, ein Helm mit rundem Scheitel, vorne überlappenden Backenstücken und einem kantigen Halbvisier. Dazu gehörten Verstärkungen auf Scheitel und Stirn sowie ein vorschnallbarer →Bart. Zum Öffnen des Visiers diente ein sog. »Visierstengel« an der rechten Seite. In Dtl. und Frankreich entstanden ähnl. Helme (dt. *helmlin,* frz. *armet*), die sich aber enger an den Hals anschlossen und ein rundes Vollvisier hatten. Ein derartiger Helm ist auf dem Basler Heilspiegelaltar des Konrad →Witz um 1435 dargestellt. Obwohl die →Schaller häufig ein Visier besaß, zählt sie nicht zu den V.en, da sie den Hals nicht deckte. O. Gamber

Lit.: O. Gamber, Harnischstud. V/VI, JKS 50/51, 1953/55.

Visierkunst (Doliometrie, Faßmessung). V. bezeichnet im 15.–17. Jh. das Bestimmen des Volumens von Hohlkörpern, v. a. von Fässern (s. a. →Faß, →Eichmaß, →Maße und Gewichte). Die Inhaltsbestimmung eines (ganz oder teilweise gefüllten) Fasses wurde innerhalb der prakt. Geometrie schon in der Antike betrieben (Heron, Metrika), wobei das Faß durch Mittelbildung einem Zylinder oder einem doppelten Kegelstumpf angenähert wurde. Ähnl. Formeln findet man in der vor 1000 entstandenen »Geometria incerti auctoris«, bei →Robert v. York (Robertus Anglicus, Quadrans vetus), →Dominicus de Clavasio und seit dem 14. Jh. in it. Texten. Als Folge des aufstrebenden Handels seit dem HochMA und der Notwendigkeit, Zölle gemäß dem Inhalt der Fässer zu berechnen, wurden in den Städten *Visierer* eingestellt, die eine bedeutende Rolle im öffentl. Leben spielten, und es entstanden selbständige *Visiertraktate.* Den bislang ältesten konkreten Hinweis auf die Praxis des Visierens liefert Ulman →Stromer im »Puechel von meim geslechet und von abentewer«. Die ältesten erhaltenen Hss. wurden kurz vor 1450 im Umfeld der Erfurter Univ. geschrieben; andere frühe Texte entstanden in Süddtl., Österreich (Wien: →Peuerbach, →Regiomontanus) und Flandern. Aus der Zeit bis 1650 sind mehr als 100 hsl. und gedruckte Darstellungen der V. erhalten. Der älteste Druck erschien 1485 in Bamberg. Nach 1500 verfaßten zahlreiche Rechenmeister (→Rechenkunst) Darstellungen der V., u. a. J. Köbel, H. Schreyber (Grammateus), E. Helm, U. Kern, S. Jakob, A. Ries, A. Helmreich, M. Coignet.

Die in den Visiertraktaten beschriebenen Meßverfahren wurden wahrscheinl. in Süddtl. entwickelt. Man benutzte *Visierruten* mit nichtlinear eingeteilten Maßstäben. Am weitesten verbreitet war die Quadratrute, bei der zwei Messungen (Länge und Faßdurchmesser) nötig waren. Bei der Kubikrute, die wohl in Österreich entstand, ist nur eine Messung (diagonal durch das Spundloch) erforderlich. Für die V. benötigte man nur wenige math. Kenntnisse. J. Kepler behandelte sie als erster in seiner »Nova stereometria doliorum vinariorum« (1615) auf wiss. Basis und gab der V. eine theoret. Begründung.

M. Folkerts

Lit.: G. Leibowitz, Die V. im MA [Diss. Heidelberg 1933] – P. Bockstaele, De visierroede, Handelingen XLIe Congr. van de Federatie van de kringen voor oudheidkunde en geschiedenis van België, 1970, 526–537 – M. Folkerts, Die Entwicklung und Bedeutung der V. als Beispiel der prakt. Mathematik der frühen NZ, Humanismus und Technik 18, 1974, 1–41 – A. Simi, La tenuta delle botti ed il calcolo degli scemi nelle opere di alcuni abacisti senesi dei secc. XV e XVI, Atti Accad. Fisiocritici, Ser. XV, T. 11, 1992, 1–8 – Dies., Regole per la determinazione della capacità delle botti ed il calcolo degli scemi in mss. it. dei secc. XIV, XV e XVI, Physis 30, NS, fasc. 2–3, 319–414, 1993 – A. Meskens, Wine Gauging in Late 16th and Early 17th Cent. Antwerp, HM 21, 1994, 121–147.

Visierstengel → Elmetto; →Visierhelm

Visierung → Architekturzeichnung; →Visierkunst

Visio Baronti, der älteste als eigenständiges Werk überlieferte Visionsbericht des MA. Die Vision soll sich am 25. März 678/679 im Kl. Longoretus (später St-Cyran, Bm. Bourges) ereignet haben. Sie wurde von einem anonymen Mönch aufgezeichnet. Der Visionär war ein Mönch von adliger Herkunft namens Barontus. Seine Gleichsetzung mit dem hl. Einsiedler Barontus v. Montalbano (bei Pistoia) verdient keinen Glauben.

Dem Bericht zufolge verlor B. bei einem plötzlichen lebensgefährl. Fieberanfall das Bewußtsein und erlangte es erst am nächsten Tag wieder. Dann erzählte er den Mitbrüdern, daß zwei Dämonen versucht hatten, ihn in die Hölle zu schleppen. Der Erzengel Raphael rettete B. und trug die Seele des Mönchs zum Himmel empor, wobei ihn Gruppen von angreifenden Dämonen behinderten; sogar noch im Himmel, am vierten Himmelstor, mußten hartnäckige Dämonen vom Apostel Petrus, dem Patron des Kl. Longoretus, mit den Himmelsschlüsseln verjagt werden. B. begegnete namentl. gen. verstorbenen Mitbrüdern und erfuhr, daß noch nie ein Mönch seines Kl. dem Teufel anheimgefallen war. Auf dem Rückweg zum Körper sah die Seele die Hölle von außen und entdeckte dort zwei verstorbene Bf.e v. Bourges und Poitiers. – Das in Vulgärlatein abgefaßte, von den »Dialogi« Gregors d. Gr. beeinflußte Werk erlangte weite Verbreitung. J. Prelog

Ed.: MGH SRM 5, 1910, 368–394 [W. LEVISON] – *Lit.*: BRUNHÖLZL I, 143f. – M. P. CICCARESE, La V. B. nella tradizione letteraria delle Visiones dell' aldilà, Romanobarbarica 6, 1981–82, 25–52 – C. CAROZZI, Le voyage de l'âme dans l'Au-delà d'après la litt. lat. (V^e–XIIIe s.), 1994, 139–186.

Visio beatifica → Anschauung Gottes; →Johannes XXII. (38. J.); →Seligkeit, Ewige

Visio Dei → Anschauung Gottes; →Nikolaus v. Kues (27. N.)

Visio Godesc(h)alci, eine Sterbevision von 1189/90, die nach der Erzählung des todkranken Bauern Gottschalk aus Horchen (Mittelholstein) von zwei Priestern unabhängig, aber sachl. übereinstimmend aufgeschrieben wurde. Diese Jenseitsreise zeigt in seltener Deutlichkeit die Mischung von Elementen der vorchristl. Religion mit ihren Parallelen zu in altnord. Q. und im »Draumkvaede« überlieferten Vorstellungen von der anderen Welt (Dornenheide, schneidender Fluß, Helskor, Neunzahl u. a.) mit solchen des Christentums (Fegfeuer, Himml. Jerusalem u. a.). Die V. G. enthält auch zahlreiche Informationen über Alltagsleben und Rechtspraxis der Zeit. P. Dinzelbacher

Ed.: Godescalcus und V. G., ed. E. ASSMANN, 1979 – *Lit.*: P. DINZELBACHER, »verba haec tam mistica ex ore tam ydiote glebonis«. Selbstaussagen des Volkes über seinen Glauben, unter bes. Berücksichtigung der Offenbarungslit. und der Vision Gottschalks (Volksreligion im hohen und späten MA, ed. DERS. – D. BAUER, 1990), 57–99 – E. BÜNZ, Neue Forsch.en zur Vision des Bauern Gottschalk (1189), ZSHG 120, 1995, 77–111 – P. DINZELBACHER, Bäuerl. Berichte über das Leben in der anderen Welt (Du guoter tod, Kongreßakten Akad. Friesach) [i. Dr.].

Visio Gunthelmi, eine 1161 von einem engl. Mönch erlebte Vision, in der ihn der hl. Benedikt drei Tage lang durch das Jenseits führt. Der Hl. führt die Seele des Gunthelm zu einer Himml. Stadt, wo er mit der Jungfrau Maria sprechen kann, dann ins Paradies; der Erzengel Raphael zeigt ihm das Purgatorium und schließl. die unterste Hölle, wo er Judas erblickt. Der Schwerpunkt der Purgatoriumsschilderung liegt auf klerikalen Verfehlungen, die somit angeprangert werden. – Die kurze Vision ist im »Chronicon« des →Hélinand (um 1200) überliefert und wurde von →Vinzenz v. Beauvais in sein »Speculum historiale« übernommen (um 1250). Wie andere Visionen (→Vision, -slit., VII) wurde auch die V. G. (wohl im 13. Jh.) ins Altwestnord. übertragen und liegt dort sogar in zwei voneinander unabhängigen Übertragungen vor (»Maríu saga«, ed. C. R. UNGER, 1871, 534–541; 1162–1168), von der die zweite dem lat. Text sehr nahe steht. In diesen Fassungen heißt der Protagonist Gundelinus, was wohl nur hsl. verlesen für Gundelmus ist. Die an. Version war auch für das norw. →»Draumkvaede« als Q. von Bedeutung. R. Simek

Lit.: KL XX, 171–186 [D. STRÖMBÄCK] – K. LIESTØL, Draumkvaede. A Norwegian Visionary Poem from the MA, 1946.

Visio intellectualis. Beinahe das ganze MA folgt Augustinus, der in zwei klass. Texten obere von unterer Vernunft (De Trin., XII) und v. i. von visio corporalis und visio spiritualis (De Gen. ad litt., XI–XII) unterscheidet. Körperl. Vision betrifft das normale Sehen mit den Augen, das Vermögen äußerl. Dinge wahrzunehmen. Spirituelle oder geistige Vision dagegen bedeutet das Sehen von Phantasie- oder Traumbildern, das Schauen von Gedächtnisbildern, wobei in der Schwebe bleiben darf, woher die in das Gedächtnis (zurück)gerufenen Bilder entstammen: aus der Realität, aus der reinen Einbildungskraft oder aus beiden. V. i. bedeutet das begreifende Schauen, wobei der Sehende das intelligibele Wesen des betreffenden Gegenstandes schaut. So hat der Kg. Nebuchadnezar nur eine spirituelle (den Traum), der Prophet Daniel aber eine intellektuelle Vision (die wesentl. Deutung des Traumes: Dan 5, 5–28). Zw. diesen drei Visionen gibt es eine Rangordnung: das obere Vermögen beurteilt das untere und kann sich auch ohne dieses vollständig und vollkommen ausbilden, das untere ist jedoch für seine Vervollkommnung von dem oberen abhängig. Während man sich betreffl. der körperl. und geistigen Vision irren kann, ist dies hinsichtl. der intellektuellen Vision ausgeschlossen: entweder begreift man etwas, und dann ist es notwendig wahr; oder es ist nicht wahr, und dann kann man es auch nicht begreifen. Im 12. Jh. teilen z. B. Isaac de Stella (De an., MPL 194, 1878–1888), Wilhelm v. Conches und Alcher (De spir. et an., c. 6, MPL 40, 783–787) – unter Einfluß von Plotin, Augustin, Avicenna (De an., I, c. 5) und Dominicus Gundissalinus (De an., 10; De immort. an., II, c. 3) – die Seele in drei Vermögen ein: ratio (faßt die immateriellen Formen der körperl. Dinge), intellectus (erfaßt die immateriellen Formen der nicht-körperl. Dinge) und intelligentia (kennzeichnende Aktivität: Gotteserkenntnis). Petrus Lombardus zitiert in seinen Sentenzen die zen. Augustinustexte ausführl., stellt die untere Vernunft der sensualitas gleich, und überreicht also der Hochscholastik das Problem der Funktionsdifferenzierung von ratio inferior/superior, v. i., conscientia (Gewissen) und synderesis (die höchsten Prinzipien des ethischen Lebens). Später ist über die Streitfrage, ob diese v. i. von der himml. glückseligen Gottesschau (→Anschauung Gottes) wie auch von der rationellen, diskursiven, wiss. und indirekten Gotteserkenntnis durch die Wesenheiten der Geschöpfe (a posteriori Gottesbeweise, →natürl. Theologie) als eine eigenständige, vernünftige, intuitive Kontemplation und intellektuelle Gottesschau im diesseitigen Leben (visio Dei in via) zu unterscheiden sei, häufig diskutiert worden. J. Decorte

Lit.: J. ROHMER, AHDL 3, 1928, 122–124 – J. PEGHAIRE, Intellectus et ratio selon S. Thomas d'Aquin, 1939 – M. D. CHENU, Ratio superior et inferior: un cas de philosophie chrétienne, Laval théologique et philosophique, I, 1945 – R. W. MULLIGAN, The New Scholasticism, 29, 1955, 1–32.

Visio Karoli III., Bericht über eine angebl. Vision Ks. →Karls III. d. Dicken, wahrscheinl. 900 (aber vielleicht schon 888/891) verfaßt. Der Text gibt sich als ein offizielles Schriftstück des Ks.s mit →Invocatio und →Intitulatio; Karl erzählt in der Ichform und läßt sich u. a. seine bevorstehende Entmachtung und seinen baldigen Tod voraussagen. – Eine Stimme kündigt dem Herrscher die Entrückung an, dann führt ihn eine Lichtgestalt mit Hilfe eines Fadens durchs Jenseits. Zuerst wird die Hölle aufgesucht. Dort sieht Karl (nicht namentl. gen.) Bf.e und weltl. Große aus dem Umkreis seines Vaters, Kg. →Ludwig d. Dt., sowie seiner Onkel, Ks. →Lothar I. und →Karl d. Kahlen, und seiner Brüder. Ludwig d. Dt. befindet sich im Fegfeuer. Lothar I. und sein Sohn →Ludwig II. hingegen haben dank der Fürbitten des hl. Petrus und des hl. Remigius das Paradies erlangt. Sie verkünden dem Visionär, daß die künftige Ks. →Ludwig d. Blinde – zur Zeit Karls III. noch ein Kind – das Gesamtreich erben soll. – Der Autor der V. K. war wohl Ebf. →Fulco v. Reims oder ein Kleriker aus seiner Umgebung, jedenfalls ein mit der Reimser Kirche verbundener Anhänger Ludwigs d. Blinden und der Reichseinheitsidee. Der Visionsbericht findet sich – neben der separaten Überlieferung – in →Hariulfs Chronik, bei →Wilhelm v. Malmesbury, →Helinand,

→Vinzenz v. Beauvais u. a., in frz. Übers. in den Grandes →Chroniques de France. J. Prelog

Ed.: Hariulf, Chronique de l'abbaye de St-Riquier, ed. F. LOT, 1894, 144–148 – *Lit.:* WATTENBACH–LEVISON–LÖWE V, 527f. [Lit.] – C. CAROZZI, Le voyage de l'âme dans l'Au-delà d'après la litt. lat. (V^e–XIIIe s.), 1994, 359–368.

Visio Pauli, eine in zahlreichen gr., lat. und volkssprachl. Versionen verbreitete apokryphe Jenseitsreise, Fälschung des 3. Jh., dem Apostel wegen 2 Kor 12, 2ff. unterschoben. Die auf einer Petrus-Apokalypse basierende lange Urfassung enthält eine Himmels- und Höllenfahrt, die frühma. und späteren Bearbeitungen meist nur mehr die Strafregionen. Horrorszenarien dominieren, doch gewähren Michael und Christus den Verdammten eine Sabbat- bzw. Sonntagsruhe. Obgleich bereits von Augustinus u. a. verworfen, sind allein im Bereich der Westkirche ca. 200 Hss. bekannt. Den anhaltenden Erfolg zeigen die oriental., dt., mndl., an., mfrz., ptg., it., ae., me., walis. Versionen. Die V. beeinflußte sowohl motiv. (Strafarten) als auch strukturell (ep. Vorrücken von Ort zu Ort) zahlreiche spätere Jenseitsvisionen und auch Dante. Vgl. →Esdras-Apokryphen. P. Dinzelbacher

Ed.: TH. SILVERSTEIN, V. S. P., 1935 – DERS., Visiones et revelaciones Sancti P., Accad. Naz. dei Lincei 188, 1974, 3–16 – C. CAROZZI, Escatologie et au-delà, 1994 – *Lit.:* T. PÀROLI, Dalla promessa di sapienza tramite la descrizione, Annali dell ist. univers. orientale di Napoli. Sez. germanica, studi nederlandesi, studi nordici 23, 1980, 241–279 – P. DINZELBACHER, Die Verbreitung der apokryphen V. P. im ma. Europa, MJb 27, 1992, 77–90 [Lit.].

Visio Philiberti, im 19. Jh. eingeführte Bezeichnung für ein in verschiedenen Fassungen überliefertes anonymes lat. →Streitgedicht des 12. Jh. in Vagantenstrophen. Die Seele eines vor kurzem verstorbenen vornehmen Mannes streitet mit ihrem toten Körper. Dieser Dialog ist in den Rahmen eines Visionsberichts gestellt; der Visionär, der nur in einer jüngeren Fassung (WALTHER 20421) als Einsiedler aus kgl. Geschlecht namens Fulbertus (unrichtig Philibertus) vorgestellt wird, will den Streit im Traum gesehen haben. In den Hss. lautet der Titel meist »Disputatio (oder altercatio, conflictus, dialogus usw.) inter corpus et animam« o. ä.

Die Seele ist der Verdammnis anheimgefallen und beschuldigt den Leib, ihr mit seinen lasterhaften Neigungen dieses Schicksal bereitet zu haben. Der Leib verteidigt sich mit dem Hinweis auf seine Bestimmung zum Dienen; die Seele habe sich, statt ihn zu beherrschen, zu seiner Magd erniedrigt. Die Seele kann ihre Schuld nicht leugnen. Dann schieben die beiden sich gegenseitig die Hauptverantwortung zu. Schließlich packen zwei gehörnte, feuerspeiende Dämonen die Seele mit ihren Gabeln und schleppen sie in die Hölle.

Von der außerordentl. Beliebtheit des Stoffs im Spät-MA zeugen die sehr breite lat. Überlieferung, die größtenteils die älteste Fassung (WALTHER 11894) bietet, und die zahlreichen volkssprachl. Bearbeitungen, darunter mehrere deutsche (eine stammt von →Heinrich v. Neustadt).

J. Prelog

Ed.: TH. WRIGHT, The Latin Poems Commonly Attributed to Walter Mapes, 1841, 95–106 – H. BRANDES, Zur V. Fulberti, 1897, 1–21 [mit Zusatzversen] – *Lit.:* Verf.-Lex.² IV, 707–710 [G. EIS; Lit.] – H. WALTHER, Das Streitgedicht in der lat. Lit. des MA, 1920 [Nachdr. 1984], 63–74, 189, 211–214, 262f., 280f. – M.-A. BOSSY, Medieval Debates of Body and Soul, Comparative Lit. 28, 1976, 144–163.

Visio Thurkilli, Bericht des engl. Bauern Thurkill aus Stisted (Essex) über seine Jenseitsschau während einer mehrtägigen Bewußtlosigkeit im Okt. 1206. Geleitet von St. Julian und den Pilgerheiligen Jakobus und Domninus erblickt Thurkill in den jenseitigen Straforten viele Personen seines Dorfes und der näheren Umgebung. Er erfährt die Gründe und Arten ihrer Bestrafung und erleidet selbst wegen mangelnder Leistung des Zehnten die dafür vorgesehenen Qualen. Der Visionstext weist viele eigenständige und originelle Züge auf, u. a. das groteske Höllentheater am Samstagabend, auf dessen Bühne die Sünder ihre Vergehen wiederholen müssen. Die in vier Hss. überlieferte lat. Version ist vermutl. von Ralph, dem Abt der benachbarten Zisterze Coggeshall, aufgezeichnet worden. Kurzfassungen der lit. anspruchsvollen Vision sind in die Chroniken des Matthew (→Matthaeus) Paris und →Roger Wendover aufgenommen worden.

P. G. Schmidt

Ed.: P. G. SCHMIDT, 1978 – dt. Übers.: DERS., 1987 – *Lit.:* DERS., The Vision of Thurkill, JWarburg 41, 1978, 50–64.

Visio Tnugdali, die erfolgreichste der ma. Jenseitsvisionen, 1149 in Regensburg von dem Schottenmönch Marcus in gutem Latein aufgezeichnet. Er beschreibt in einer Fülle von bizarr-sadist. genustyp. Motiven die Gesichte, die der sündhafte ir. Ritter Tundal während einer dreitägigen Katalepsie erlebte: das Tal voll brennender Kohlen, das mit einer eisernen Platte versiegelt ist, auf der die Seelen zerschmelzen, um in der Glut zu neuer Pein wiederhergestellt zu werden; die handbreite Nagelbrücke, unter der turmhohe, feuerspeiende Ungeheuer auf ihre Opfer lauern; die geflügelte Bestie, die die Seelen von Mönchen und Nonnen in einen Eissee hinein verdaut, wo sie mit Schlangen schwanger werden, die sie von innen zerfetzen; der auf einen Rost gefesselte Höllenfürst, der, selbst von Feuer gepeinigt, die Seelen mit seinen Krallen zerquetscht... Alle diese Pein muß T. selbst am eigenen »Leib« seiner Seele mitmachen. Von den paradies. Regionen wird nur kurz gehandelt. Der Text wurde früh gedruckt, in alle Vulgärsprachen (einschließl. Katal., Altnord., Altruss., Tschech. usw.) übersetzt, von Luther zitiert, und war noch im 17. Jh. auf dem Jesuitentheater zu sehen. Ins Dt. und Ndl. hat man die V. T. mindestens zwölfmal übertragen, wie etwa 40 erhaltene Hss. und 27 Frühdrucke zeigen. Während nur eine (von S. Marmion 1474 originell) illuminierte Hs. bekannt ist, enthalten mehrere Frühdrucke Holzschnitte. Die (auch gepredigte) V. T. wurde so zu einem wesentl. Träger der spätma. Katechese durch Angst. P. Dinzelbacher

Ed.: A. WAGNER, V. T., 1882 (lat.-mhd.) – Duggals Leidsla, ed. P. CAHILL (Stofnun Arna Magnússonar á Íslandi Rit 25), 1983 (lat.-an.) – *Lit.:* H. SPILLING, Die V. T., 1975 – N. PALMER, V. T., The German and Dutch Translations and their Circulation in the Later MA, 1982 – J. MOURÃO, A Visão de Túndalo, 1988 – The Vision of Tnugdal, tr. J.-M. PICARD, introd. Y. DE PONTFARCY, 1989 – TH. KREN–R. S. WIECK, The Visions of Tondal from the Library of Margaret of York, 1990 – Margaret of York, Simon Marmion, and »The Visions of Tondal«, hg. TH. KREN, 1992 – K. DÜWEL, Die »Visio Tundali«. Bearbeitungstendenzen und Wirkungsabsichten volkssprachl. Fassungen im 12. und 13. Jh. (Iconologia Sacra, hg. H. KELLER–N. STAUBACH, 1994), 529–545.

Visio(n), -sliteratur

A. Allgemein; Literatur – B. Ikonographie

A. Allgemein; Literatur

I. Allgemein – II. Mittellateinische Literatur – III. Deutsche Literatur – IV. Mittelniederländische Literatur – V. Skandinavische Literatur – VI. Englische Literatur – VII. Alt- und mittelirische Literatur – VIII. Französische und italienische Literatur – IX. Iberoromanische Literatur.

I. ALLGEMEIN: Ein aus wohl allen Epochen und Kulturen bekanntes psychosomat. Phänomen, bei dem der Erlebende den Eindruck hat, seine Seele – oder Leib und Seele – würde aus ihrer natürl. Umwelt in einen anderen Raum versetzt (vgl. dagegen →Erscheinung). Dabei befindet sich der Körper in Katalepsie, Trance oder im Schlaf. V.en sind in verschiedenen lit. Textsorten überliefert, die ep. strukturierte Erlebnisberichte, Predigtexempel, Autobiographien, V.sslg.en, hagiograph. Texte, Historiographie, Weissagungen usw. umfassen.

Die Konsequenzen für den Seher reichten von der bloßen Niederschrift bis zum Aufbruch zum Kreuzzug oder Kl. eintritt, auch zur Stiftung eines Klosters (Ks. Karl IV.) oder Ordens (Birgitta v. Schweden). Die Funktionen der visionären Texte für Aufzeichner und Rezipienten waren vielfältig: primär dienten sie religiöser Belehrung und Erbauung in privater Lektüre und monast. Tischlesung oder als Predigtexempel; sie hatten aber auch Unterhaltungswert.

Einige V.en bes. der Karolingerzeit sind offenbar rein fiktiv und verfolgen polit. Zwecke, wie etwa ein Ks. Karl III. unterschobenes Gesicht, das die Regelung seiner Nachfolge bestimmen möchte (→Visio Karoli III.). Auch weiterhin, im →Investiturstreit oder im →Abendländ. Schisma, gehörten entsprechende V.en zur Propaganda der Parteien. Im SpätMA handelt es sich wohl öfter um Schauungen von echten Charismatikerinnen, die Partei ergriffen hatten, als um fingierte Texte (z. B. Marie Robine in Avignon, Constance v. Rabastens, Ende 14. Jh.).

II. MITTELLATEINISCHE LITERATUR: Die Aufzeichnung visionärer Erlebnisse führt zur Gattung der V.sliteratur; sie war der Antike bekannt, doch wenig umfangreich (Jenseitsreisen z. B. bei Plato, Politeia X; Plutarch, Moralia 563b–568; 589f–592e; Traumoffenbarungen z. B. des Aelius Aristides, Hieroi logoi). Vorbildcharakter für die V.slit. des frühen und hohen MA hatten weit mehr die jüd. und frühchristl. apokryphen Apokalypsen. Im MA bes. verbreitet war die →Visio S. Pauli.

In der ganzen Epoche scheinen kurze V.en in verschiedenen literarischen Genera auf, bes. häufig in der Geschichtsschreibung (Gregor v. Tours, Beda Venerabilis) und der Hagiographie (z. B. Vita des →Furseus † 649, der →Ida v. Nivelles, Lukardis v. Oberweimar), in der Offenbarungserlebnisse im Verlauf des MA eher zunehmen. Im SpätMA finden sich V.en bes. häufig in Exempelslg.en, Erbauungsbüchern, myst. Traktaten etc. (s.u.). Hier können jedoch i. a. nur Texte erwähnt werden, deren Inhalt die eigenständige Erzählung einer oder mehrerer V.en bildet.

Wenigstens bis ins 12. Jh. wurden authent. V.en als Nahtoderlebnisse fast nur in Latein überliefert; Seher wie Aufzeichner waren meist Mönche. Der in dieser Epoche dominierende Inhalt ist die Vergeltung von Schuld und Verdienst im Jenseits, ihre dominierende Form die der ekstat. Seelenreise in die andere Welt. Dies gilt bereits für Texte in der Slg. von V.en, Auditionen, Erscheinungen und Träumen Papst Gregors I. im 4. Buch der Dialogi. Aufzeichnung und Überlieferung boten vielfache Möglichkeiten der Erweiterung, Kürzung, Umgestaltung, so daß die erlebte Schauung oft nur den Kristallisationskern für eschatolog. Motive darstellt.

Als eigene literar. Gattung tritt uns die V.slit. zuerst im letzten Drittel des 7. Jh. entgegen: der älteste selbständige Text ist die V. des Barontus (678/679), das erste V.sbuch einer Charismatikerin das der →Aldegundis v. Maubeuge († 694/695). In der karol. Epoche entstanden mehrere Jenseitsv.en, die auch bestimmte polit. Stellungnahmen zum Ausdruck brachten, wie die des Reichenauer Mönches Wetti († 824). Einer der ersten volkssprachl. Texte, die stark auf apokryphen Apokalypsen aufbauende mittelir. V. des hl. →Adamnán (»Fís Adamnain«) mit ihren entsetzl. Strafschilderungen entstand wohl im 10. Jh. V.en und Erscheinungen verschiedenen Inhalts, eigene und fremde, finden sich am Ende des FrühMA in der Slg. des →Otloh v. St. Emmeram († 1070); primär eschatolog. in der Mirakelkollektion des →Petrus Damiani († 1072).

Das 12. Jh. war Höhepunkt und Achsenzeit der ma. Offenbarungslit., insofern in ihm einerseits die meisten, umfangreichsten und literar. anspruchsvollsten Jenseitsv.en verfaßt, und andererseits die ersten myst. Offenbarungen aufgezeichnet wurden. Mehr und mehr traten Laien neben Mönche als Empfänger der himml. Botschaft, z. B. ein Rittersohn in der V. des →Alberich v. Settefrati (um 1117). Die bekannteste ma. Jenseitsvision war die →Visio Tnugdali (1148). Ebenfalls weit verbreitet und vielfach übersetzt wurde der »Tractatus de Purgatorio S. Patricii«, die Geschichte des Ritters Owein im nordir. Pilgerheiligtum (Inkubationsstätte) Lough Derg. Von ihm hängt eine Gruppe späterer V.sberichte aus dem Fegfeuer ab, darunter die →Visiones Georgii. Ein überlieferungsgeschichtl. fast einmaliger Fall ist die unabhängig von zwei Geistlichen in Latein aufgezeichnete Fegfeuerwanderung eines holstein. Bauern, die →Visio Godescalci (1189). Drei weitere ausführl. visionäre Beschreibungen stammen aus England, die V. des Laien Ailsi, des Benediktiners →Edmund v. Eynsham (1196) und des Bauern Thurkil (1206, →Visio Thurkilli).

Eben in dieser Zeit setzt auch die Erlebnismystik ein und mit ihr die ganz oder teilweise aus V.en zusammengesetzten Offenbarungsbücher der Mystikerinnen. Mit der Integration der V. in myst. Erleben und Berichten (→Mystik) werden V.sbücher und Gnadenviten als Überlieferungsträger zahlreich, die nicht mehr nur eine große V. zum Inhalt haben, sondern Dossiers der verschiedenen Gnadengaben darstellen. In deutl. überwiegender Zahl sind die Offenbarungsempfänger ab dem 13. Jh. Frauen. Im Vordergrund steht jetzt nicht mehr die andere Welt, sondern die Begegnung mit dem Minne- und Passionschristus und seine Wortoffenbarungen. Die Werke →Hildegards v. Bingen allerdings erscheinen atypisch nicht nur von ihrem wohlkonstruierten Inhalt her, sondern auch von der unekstat. Art ihrer Inspiration. Mit →Elisabeths v. Schönau V.sbüchern beginnt der Typus der im Katholizismus bis in die Gegenwart reichenden Offenbarungsbücher myst. begabter Frauen, inhaltl. oft korrespondierend den liturg. Festen (Passionsgesch., Hl., Symbolisches). Das ästhet. faszinierendste und gedanklich anspruchvollste Offenbarungsbuch des 13. Jh. sind wohl die »Visioenen« der fläm. Begine →Hadewijch. Stark von der liebenden Christusbegegnung geprägt erscheinen auch die Gesichte der drei Helftaer Nonnen →Mechthild v. Magdeburg, →Gertrud d. Gr. und →Mechthild v. Hackeborn im späten 13. Jh. Ähnliches gilt auch für die vielen süddt. Dominikanerinnen des 13. bis 15. Jh., deren Gnadenleben in Kl. chroniken bzw. Sammelviten überliefert ist, wobei die einzelnen V.en manchmal fast austauschbar wirken. Wesentl. detaillierter aufgezeichnet wurden die Schauungen einzelner Frauen, wie z. B. die der österr. Begine Agnes →Blannbekin († 1315), eine Mischung aus V.sberichten und biograph. Nachrichten, oder die Schauungen der kirchenpolit. engagierten Marie Robine († 1399).

Neben solchen Offenbarungsslg.en, die von den Charismatikern und Charismatikerinnen selbst aufgeschrieben oder diktiert wurden, stehen auch andere Sammelwerke, wie manche bes. an V.en und Erscheinungen interessierte Exempelkollektionen (z. B. der »Dialogus miraculorum« des →Caesarius v. Heisterbach oder »De diversis materiis praedicabilibus« von →Stephan v. Bourbon). Unter den Heiligenviten des SpätMA bestehen manche fast nur aus der Erzählung der Offenbarungserlebnisse (Viten der Alpais v. Cudot [† 1211], des Friedrich →Sunder [† 1328], der →Dorothea v. Montau u. a.).

Die bedeutendsten Vertreter des Genus im 14. Jh. sind zweifellos die »Revelationes« der →Birgitta v. Schweden; auch die Briefe sowie der »Libro« der →Katharina v. Siena enthalten visionäre Elemente. Von den zahlreichen anderen Offenbarungsbüchern des 14. Jh. seien nur noch die »Shewings« (1373) der →Julian v. Norwich erwähnt. Gemeinsame Charakteristika der meisten der V.en des 13. und 14. Jh. sind inhaltl. u. a. die Konzentration auf die Christusmystik sowie die permanente Verwendung symbol. Bilder und der Allegorese. Des öfteren sind diese Texte nun in den verschiedenen Volkssprachen abgefaßt.

Wenngleich diese Elemente vielfach ebenso die Werke des 15. Jh. prägten, tauchten damals auch andere (wieder) auf: einerseits eine verstärkte eschatolog. Komponente: Francesca Romana († 1440) etwa hatte neben zahllosen myst. V.en auch ausführl. Entraffungen in eine danteske Unterwelt, Isabetta di Luigi 1467 eine Jenseitsv., wie sie ähnl. im Früh- und HochMA typisch waren. Bei vielen Charismatikerinnen spielen Schauungen der Passionsorte im Hl. Land »in illo tempore« eine große Rolle (Margery →Kempe, Lydwy v. Schiedam, Veronika v. Binasco). Solche aus der Passionsfrömmigkeit erwachsene Offenbarungen, die die Berichte der Evangelien visionär nacherleben lassen bzw. sie ergänzen, kamen zwar schon seit Elisabeth v. Schönau vor, doch noch nicht so ausführl. (Einfluß des Passionsschauspiels und der Kunst).

Gegen Ende des Jh. treten auch einige Charismatiker auf, trotzdem bleiben Zahl und Bedeutung von Frauen als Offenbarungsempfängerinnen weit gewichtiger. →Nikolaus v. Flüe hat nur wenige seiner symbol. Schauungen der Mitwelt erzählt; die Echtheit von →Savonarolas Gesichten ist bezweifelbar; →Dionysius v. Rijkel ist mehr als Kompilator von (auch visionären) Schriften anderer bekannt geworden als durch seine eigenen ekstat. Schauungen. Wegen ihrer weiten Rezeption sei auch die erst dem späten MA angehörende gefälschte »Visio Lazari« erwähnt.

In Nachahmung der auf psychosomat. Erleben beruhenden V.en entsteht seit dem 12. Jh. eine reiche literar. Tradition didakt. Dichtungen. Zu diesen poet. Traumv.en zählen Werke religiöser Thematik, etwa →Walthers v. Chatillon »Dum contemplor animo«, →Rutebeufs »Voie de Paradis«, →Langlands »The Vision of William Concerning Piers the Plowman«. Bekannter Höhepunkt ist das Werk →Dantes. Geistl. oder weltl. Inhalte behandeln die teilweise von der »Consolatio Philosophiae« des →Boethius inspirierten Erscheinungen (→Alanus ab Insulis, →Bernart Metge, Geoffrey →Chaucer, John →Gower, →Johann v. Saaz u. v. a.). Unterscheidungsmerkmale gegenüber V.en mit Erlebnischarakter bilden u. a. äußerl. ihre Tradierung im Corpus eines poet. Werks, ihre meist gebundene Form, das Fehlen von Hinweisen in der Biographie des Dichters. An innerer Evidenz sind zu nennen: undramat. und toposhafter Beginn und Ende der Traumv., Begegnung kaum mit Gestalten des Glaubens, sondern meist mit Personifikationen, konstruierte Allegorismen, satir. und humorvolle Elemente, mangelnde Wahrheitsbeteuerungen, geringe Erschütterung des Sehers durch sein »Erlebnis«, fehlende Reaktion für seine weitere Lebensführung. Hierher gehören auch die zahlreichen spätma. Dichtungen à la »Roman de la Rose«, »Somnium viridarii« (→Songe du Vergier), »The Kingis Quair« etc., die zwar letztl. nach dem Vorbild der Jenseitsv.en gebildet sind, jedoch ganz profane Themen behandeln (Satire, Liebeskasuistik, Laudatio, polit. Ideale etc.). Eine auf Erleben beruhende Traumdichtung ist jedoch →Mussatos »Somnium in aegritudine«. Zu Byzanz →Hades, -fahrt(en).

P. Dinzelbacher

Bibliogr.: P. Dinzelbacher, Nova visionaria et eschatologica, Mediaevistik 6, 1993, 45–84 – *Lit.*: DSMA XVI, 949–1002 – EM VII, 533–546 – A. Rüegg, Die Jenseitsvorstellungen vor Dante und die übrigen lit. Voraussetzungen der »Divina Commedia«, 1945 – E. Benz, Die V., 1969 – H. J. Kamphausen, Traum und V. in der lat. Poesie der Karolingerzeit, 1975 – P. Dinzelbacher, V. und V.slit. im MA, 1981 – J. Amat, Songes et v.s. L'au-delà dans la litt. lat. méd., 1985 – P. Dinzelbacher, La litt. des révélations au MA, un document historique, RH 275, 1986, 289–305 – M. P. Ciccarese, V.i dell'aldilà in Occidente, 1987 – P. Dinzelbacher, Ma. V.slit. Eine Anthologie, 1987 – C. G. Zaleski, Otherworld Journeys: Accounts of Near-Death Experience in Medieval and Modern Times, 1987 – A. Morgan, Dante and the Medieval Other World, 1990 – P. Dinzelbacher, Revelationes, TS 57, 1991 – L. Bitel, In v.e noctis. Dreams in European Hagiography and Hist., 450–900, Hist. of Religion 31, 1991, 39–59 – S. Tanz–E. Werner, Spätma. Laienmentalitäten im Spiegel von V.en, Offenbarungen und Prophezeiungen, 1993 – C. Carozzi, Le voyage de l'âme dans l'au-delà, d'après la litt. lat., 1994 – P. Dinzelbacher, V.i e profezie (Lo spazio letterario del medioevo, II, 1994), 649–687 – P. E. Dutton, The Politics of Dreaming in the Carolingian Empire, 1994 – R. Pauler, V.en als Propagandamittel der Anhänger Gregors VII., Mediaevistik 7, 1994, 155–179 – P. Dinzelbacher, V. Lit. (Medieval Latin, ed. F. Mantello–A. Rigg, 1996), 688–693. →Erscheinung, →Mystik, →Traum.

III. Deutsche Literatur: Eine volkssprachige Tradition setzt in diesem Genus erst im 12. Jh. ein mit der frühmhd. Version der →Visio Pauli und zwei Übersetzungen der →Visio Tnugdali (»Albers Tundal«, »Mittelfrk. Tundal«, beide ca. 1190). Im SpätMA werden weitere lat. Jenseitsv.en in Dt. zugängl. gemacht, so die langen →Visiones Georgii (1353) durch Nikolaus v. Astau. Die Lazarus-Apokryphe wurde um 1400 dt. bearbeitet. Am öftesten übersetzte man im 15. Jh. wieder die »Visio Tnugdali«, von der auch mehrere Frühdrucke erschienen (»Tondalus der Ritter«). Eine religiöse lit. V. stellt der Besuch des Dichters im höf. Reich der Frau Welt dar, das in ein Flammenmeer umschlägt (»Weltlohn«, Mitte 14. Jh.).

Vielfach beteiligt ist die spätma. dt. Lit. an myst. Werken, die ganz aus V.en bestehen oder in denen solche häufig vorkommen. Mndt. bzw. mhd. schrieben →Mechthild v. Magdeburg, Friedrich →Sunder, Christine und Margareta →Ebner, →Elsbeth v. Oye, Heinrich →Seuse, Adelheid →Langmann, der Aufzeichner der Gesichte der Christina v. Hane (v. Retters, † 1292). Frühnhd. sind mit Ausnahme des Unterlindener alle anderen Dominikan. Schwesternbücher (Adelhausen, Oetenbach, →Töß, Weiler, →Katharinental u. a.), die V.en der →Magdalena Beutler u. a. Von den in Latein aufgezeichneten V.en der Mystikerinnen wurden Teile der »Revelationes« →Birgittas, die Offenbarungsbücher →Gertruds und →Mechthilds v. Helfta (gedr. 1503 bzw. 1505) übersetzt.

Dem im Dt. (verglichen mit Frankreich und England) wenig beliebten allegor. Genus gehören u. a. die »Minnlehre« des Johann v. Konstanz (um 1300) und die drei →Diguleville-Übers.en an (»Pilgerfahrt des träumenden Mönchs«). →Niklas v. Wyle übersetzte 1468 den »Traum von Frau Glück« des Aeneas Silvius Piccolomini (→Pius II.), der ins Schlaraffenland führt.

Kurze, meist fiktive V.en sind u. a. in Gesch.swerken zu finden, z. B. der »Kaiserchronik«, märchenhafte im Exempel (»Der Bräutigam im Paradies«), didaktische häufig in Hl.n- und Marienlegenden (Annolied 42; Veldeke, »Servatius« I, 1615ff., Rudolf v. Ems, »Barlaam«; Legenda aurea; Altes Passional etc.). Legendenhaft ist auch die (nicht visionäre, aber ähnl. Motive bietende) Übers. der Meerfahrt Brandans (→Navigatio S. Brendani).

P. Dinzelbacher

Lit.: Verf.-Lex.² s.v. – W. Schmitz, Traum und V. in der erzählenden Dichtung des dt. MA, 1934 – E. Bauer, Die Armen Seelen- und Fegefeuervorstellungen der adt. Mystik [Diss. Würzburg 1960] – W. Haubrichs, Offenbarung und Allegorese ... in frühen Legenden (Formen und Funktionen der Allegorie, ed. W. Haug, 1979), 243-264 – N. F. Palmer, Visio Tnugdali, 1982 [dazu PBB (Tübingen) 107, 1985, 144-148] – A. M. Haas, Traum und Traumv. in der Dt. Mystik, Anal. Cart. 106/1, 1983, 22-55 – K. Speckenbach, Jenseitsreisen in Traumv. en der dt. Lit. bis ins ausgehende 15. Jh., AK 73, 1991, 25-59. →Mystik.

IV. Mittelniederländische Literatur: Eine eingehende Untersuchung der mndl. V.sliteratur existiert noch nicht. Ausgangspunkte für eine systemat. Behandlung könnten die folgenden Stichworte liefern: die autochthone Mystik und Spiritualität (ausgehend von den 'mulieres religiosae' über →Ruusbroc und dessen Schule hin zur →Devotio Moderna), die Rezeption der allochthonen Mystik und Spiritualität, die Rezeption und Produktion eschatolog. V.en, die Legenden und Exempelkompendien, die enzyklopäd. Wissenschaft, die Ritterepik sowie die übrigen ep. Genres. Was die 'mulieres religiosae' angeht, steht das »Visioenenboek« der Begine →Hadewijch (13. Jh.) einsam an der Spitze, da es sich als eine Slg. von »allegoriae in factis« für die Gefahren des Kreises um Hadewijch präsentiert. Äußerst bemerkenswert sind auch die Christusv.en von →Lutgard v. Tongeren († 1246) und das anonyme »Twee-vormich Tractaetken« (Ende 13. Jh.), in dem eine Begine ausdrückl. vor den Gefahren des visionären Selbstbetrugs warnt. Ruusbroc († 1381) hat in »Die gheestelike brulocht« eine exakte V.slehre ausgearbeitet. Aus seinem Kreis verdient außerdem Jan v. Leeuwen († 1378) Beachtung. Für die Devotio Moderna sind Hendrik Mande († 1431) sowie einige Männer- und Nonnenviten von Bedeutung. Als herausragende Beispiele der Rezeption der allochthonen Mystik können die mndl. Übersetzungen des »Liber specialis gratiae« von →Mechthild v. Hackeborn († 1294?) und des »Sinte Franciscus leven« (zw. 1276 und 1282?, nach Bonaventura) von Jacob v. →Maerlant gelten. Für die Rezeption eschatolog. V.en verdienen v.a. »Tondalus' visioen« und »Sint Patricius' vagevuur« Beachtung, wohingegen die Höllenfahrt von Jacomijne Costers († 1503) ein gutes Beispiel für die Verfertigung derartiger V.en ist. Für die Legenden- und Exempelkompendien müssen in erster Linie »Der vader boec« und die »Gulden legende« genannt werden. Für die enzyklopäd. Wissenschaften muß der »Spiegel historiael« (ca. 1285) von Jacob v. Maerlant genannt werden, mit z. B. der berühmten V., durch die Karl d. Gr. das Jakobus-Grab in Compostela ausfindig macht. In der Ritterepik nehmen die zahlreichen V.en der »Haagse Lancelot-compilatie« (ca. 1324) einen vorrangigen Platz ein, besonders – aber nicht exklusiv – jene in der »Queeste van den Grale« und »Arturs doet«. Auch die Alexander- und Karlsepik enthält V.en. Unter den zahlreichen Vertretern anderer ep. Genres verdienen v.a. »De reis van Sente Brandane« und die »Legende van Beatrijs« bes. Erwähnung.

H. J. W. Vekeman

Lit.: W. J. A. Jonckbloet, Roman van Lancelot (XIIIᵉ eeuw), 2 Bde, 1846-49 – Jacob van Marlant's Spiegel historiael, 4 Bde, 1861-79 [1982²] – R. Verdeyen-J. Endepols, Tondalus' visioen en Sint Patricius' vagevuur, 2 Bde, 1914-17 – C. de Vooys, Middelnederlandse legenden en exempelen, 1926 [1982²] – St. Axters, Jan van Leeuwen, 1943 – L. Reypens, S. Lutgarts mystieke opgang, OGE 20, 1946, 7-49 – P. Maximilianus, Sinte Franciscus leven, 2 Bde, 1954 – R. Bromberg, Het boek der bijzondere genade van M. van Hackeborn, 1965 – J. Deschamps, Middelnederlandse handschriften, 1970 (Der vader boec, nr. 56) – H. Vekeman, Angelus sane nuntius, OGE 54, 1976, 225-259 – N. F. Palmer, Visio Tnugdali. The German and Dutch Translations, MTU 76, 1982, 221-363 – Th. Mertens, Hendrik Mande, 1986 – W. Williams-Krapp, Die dt. und ndl. Legendare des MA, 1986 – L. Breure, Doodsbeleving en levenshouding, 1987 – J. Alaerts, J. van Ruusbroec, Die geestelijke brulocht (Opera Omnia 3), 1988 – H. Vekeman, Een cyclus van levensbeschrijvingen uit de Deventerkring (Wat duikers vent is dit! Opstellen voor W. Hummelen, hg. G. Dibbets-P. Wackers, 1989), 91-103 – W. Wilmink-W. P. Gerritsen, De reis van S. Brandaan, 1994 – W. Wilmink-Th. Meder, Beatrijs. Een middeleeuws Maria-mirakel, 1995 – I. Dros-F. Willaert, Hadewijch, Visioenen, 1996 – W. F. Scheepsma, De helletocht van Jacomijne Costers, OGE 70, 1996, 157-185 – H. Vekeman, Eerherstel voor een mystieke amazone. Het Twee-vormich Tractaetken, 1996.

V. Skandinavische Literatur: Aus dem ma. Island (→Altnord. Lit.) ist eine erstaunl. große Zahl lit. Jenseitsv.en überliefert. Die →»Visio Tnugdali« (Irland, 1149) wurde als »Duggals leizla« ins Anord. übersetzt und auch vom Autor der üblicherweise zu den →Fornaldarsögur gezählten »Eireks saga víðförla« benutzt und zum Teil wörtl. ausgeschrieben. Die frühchr. →»Visio S. Pauli« wurde schon um 1200 ins Anord. übersetzt und findet sich in zwei isländ. Hss. Die meisten V.en wurden aus dem Lat. übertragen: die →»Visio Gunthelmi« (an.: Gundelin-V.) findet sich in der Hss. der Maríus saga in zwei unabhängigen Übertragungen, von der »Visio Dryctelmi« (oder Drihthelmi; engl., schon bei Beda Venerabilis), die aus →Vinzenz' v. Beauvais »Speculum historiale« übertragen wurde, ist nur ein Fragment erhalten (H. Gering, Islendzk Æventyri Nr. 101), nur die V. der →Elisabeth v. Schönau wurde offenbar aus dem Dt. übersetzt. Neben diesen Übertragungen finden sich aber auch einheim. Texte, die »Rannveigar leizla«, welche in die »Guðmundar saga Arasonar« (→Guðmundr Arason) eingebettet ist und von einer Ostisländerin im 13. Jh. erlebt wurde. Nicht nur die schon erwähnte »Eireks saga víðförla«, sondern auch die nach dem Nicodemus-Evangelium übertragene →»Niðrstigningar saga« als auch die »Barlaams saga ok Josaphats« (→Barlaam und Joasaph, VII) weisen deutl. Einfluß der V.slit. auf. Neben diesen Prosav.en sind im Anord. auch V.en in skald. Dichtung (→Skald) erhalten, so die V. der →»Sólarljóð« und der →»Leiðarvísan«. Das erst im 19. Jh. aus mündl. Überlieferungen aufgezeichnete norw. →»Draumkvæde« ist sowohl von der »Visio Gunthelmi« als auch von der »Visio Tnugdali« beeinflußt, wohl auch von der →»Visio Thurkilli« aus England (1206) und möglicherweise von der →»Visio Godescalci« aus Norddeutschland (1188).

R. Simek

Lit.: KL XIII, 154f. [T. Gad]; XIX, 53-56 [H. H. Ronge-T. Gad]; XX, 171-186 [D. Strömbäck] – K. Liestøl, Draumkvaede, 1946 – O. Widding-H. Bekker-Nielsen, Elisabeth of Schönau's V.s in an Old Icelandic Ms. AM 764, 4ᵗᵒ (Opuscula 2, 1, 1961) [= Bibliotheca Arnamagn. 25, 1] – M. Tveitane, En norrøn versjon av Visio Pauli, 1965.

VI. Englische Literatur: V.en und V.slit. sind auch in der volkssprachl. Lit. des engl. MA verbreitet. Grundsätzl. sind auch hier zu unterscheiden Dokumente mit V.sberichten und V.sdeutungen. Letztere treten in ae. und me. Zeit v.a. in Gestalt der aus der Antike tradierten Traumlunare auf. Die eigtl. V.en – seien sie echte Berichte oder fiktionaler Natur – sind im frühen engl. MA fast ausschließl. religiös, erst im engl. SpätMA werden V.en profaner Natur häufiger.

[1] *Altenglische Literatur*: Von dem zeitl. nur schwer einzuordnenden ae. →»Dream of the Rood« abgesehen,

erscheinen die frühesten V.sberichte am Ende des 9. Jh. in Übers.en lat. Q.: →Gregor d. Gr., »Dialoge«, B. II (→Benedikt v. Nursia), B. IV (→Fegfeuer); →Beda, »Historia ecclesiastica«; Traumv. →Cædmons, die wohl dem Schema atl. Prophetenberufungen folgt, während die V.en Dryhthelms und →Fursas dem Muster der traditionellen Jenseitsv. folgen. Letztere sind von →Ælfric am Ende des 10. Jh. in zwei →Homilien verarbeitet worden und erlangen so selbständigen lit. Wert. Das gilt auch von der in einer Ebf. →Wulfstan v. York zugeschriebenen Homilie überliefterten V. Nials. Wegen ihrer Parallelen zur Behausung Grendels im →»Beowulf« von Bedeutung ist die ae. (Prosa-)Version der »Visio S. Pauli« in den →Blickling-Homilien. – Die bibl. V.sberichte des AT und NT sind sowohl in den ae. wie in den me. →Bibelübersetzungen (XII) faßbar.

[2] *Mittelenglische Literatur:* Überwiegend religiös geprägt ist auch die me. V.slit., wo V.en im reichen homilet. Schrifttum nichts Ungewöhnliches darstellen. Berichte von Einzelv.en sind aus England v.a. lat. überliefert. Tatsächl. (die me. Fassung der V. des Tundale [→»Visio Tnugdali«]; →Juliana v. Norwich; William Staunton in der Tradition der V. des St. Patrick's Purgatory [→Patrick]; Margery →Kempe) und literar. V.en religiöser (»Patience«, »Purity«, →Pearl-Dichter; →»Visio S. Pauli«; →Langlands »V. of Piers Plowman«; →Dunbar) sowie profaner Natur (→»Winner and Waster«; →»Parliament of the Three Ages«; die beiden Traumv.en Kg. Artus' im alliterierenden →»Morte Arthure« und dessen Bearbeitung durch →Malory; →Chaucer: »The House of Fame«, »Parlement of Foules«, »The Legend of Good Women«; →»Mum and the Sothsegger«; →Lydgate: »Temple of Glas«; →Skelton: »The Bowge of Court«) werden erst im engl. SpätMA greifbar. Bes. bei Chaucer ist der Einfluß des »Somnium Scipionis« (→Macrobius) nicht zu übersehen. R. Gleißner

Lit.: M. Förster, Die ae. Traumlunare, 1925 – V. L. Seah, Marriage and the Love V. ..., 1978 – P. Dinzelbacher, V. und V.slit. im MA, 1981 [Lit.] – K. L. Lynch, The Medieval Dream-V.: A Study in Genre, Structure and Meaning, 1983 – A. J. Gurevich – A. Shukman, Oral and Written Culture of the MA: Two 'Peasant V.s' of the Late Twelfth-Early Thirteenth Centuries, 1984 – I. Taavitsainen, ME Lunaries, 1988 – D. N. DiDeVries, The Dream-V. in Fifteenth Century English Poetry, 1994.

VII. Alt- und mittelirische Literatur: Ir. V.slit. ist von einem frühen Zeitpunkt an sowohl in lat. und air. Sprache reich belegt; sie wird von zwei Typen repräsentiert: einerseits von einem einheim. (säkularen) Modell der 'Erfahrung' der Anderen Welt, das letztl. auf mytholog. Traditionen des alten Irland zurückgeht (und von einigen Kulturanthropologen bisweilen Phänomenen des →Schamanismus ['Seelenreise'] angenähert wird), andererseits von einem kirchl. Überlieferungsstrang, der am deutlichsten von den Hl.nviten vertreten wird. Parallel zum ersteren Typ entwickelte sich eine Schicht polit. inspirierter V.stexte, die mit dem Kgtm. (bes. sog. →'Hochkönigtum' v. →Tara) in Verbindung standen.

Trotz einer späteren hsl. Überlieferung der volksprachl. (air.) V.stexte dürften diese ein höheres Alter besitzen als die lat.; ein Textzeuge einer sehr frühen Stufe ist z. B. »Aislinge Óenguso« ('Traum des Óengus'), erhalten in einer Fassung wohl des 8. Jh.: Óengus, der Sohn des Gottes Dagda (in etwa vergleichbar dem Zeus), verfällt der Liebeskrankheit durch die erot. Beziehung zu einer Frau aus der Anderen Welt (*serc écmaise*, 'Liebe zu einer Abwesenden'); diese lebt »ein Jahr lang in Vogel-, ein Jahr in Menschengestalt«. Sind auch die geschilderten Motive (Verwandlung/Metamorphose, Liebessiechtum) der antiken Lit. keineswegs unbekannt, so trägt die Gestaltung doch unverkennbar Züge der autochthonen ir. Mythologie.

Der kirchl. Überlieferungsstrang geht letztl. zurück auf Texte wie die →»Visio Pauli« (3. Jh. n. Chr.), doch dürfte selbst →Ciceros »Somnium Scipionis« (bes. über den Komm. des →Macrobius) Einfluß ausgeübt haben (verbreitete Beschreibungen von →Himmel und →Hölle in der hibernolat. exeget. Lit. des 7. Jh.). Das früheste Werk der chr. V.slit. des alten Irland ist der (verlorene) »Libellus« über Vita und Jenseitsreise des hl. →Fursa († 649/650), bekannt durch den Bericht →Bedas (Hist. eccl. III, 19: Engel und Dämonen im Kampf; Feuer der Falschheit, Begierde, Zwietracht und Ungerechtigkeit, welche die Welt zu verschlingen drohen; Schauung dahingeschiedener hl. Männer aus Irland, aber auch zum Höllenfeuer verdammter Verstorbener). Beda berichtet von einer ähnl. V. des Mönches Dryhthelm (Hist. eccl. V, 12); andere V.sberichte finden sich bei →Bonifatius (Ep. 10) und in der Vita des hl. →Guthlac v. Crowland (beide um 716). Alle diese Texte haben wohl die spätere »Vita Fursei« beeinflußt.

Einen deutlicheren polit./kirchenpolit. Akzent weisen frühe kontinentale V.sberichte auf (→Gregor d. Gr. in den »Dialogi«: Sturz Theoderichs in einen →Vulkan; →Gregor v. Tours, Libri hist. VII, I; VIII, 5); sie beeinflußten die →»Visio Baronti« (678/679). Dieser polit. Zug visionärer Lit. findet seine Entsprechung z.B. in dem air. polit. Traktat »Baile Chaind« ('Ekstase des Conn'), eine wohl zw. 675 und 695 abgefaßte Liste, in der die Namen der künftigen Kg.e v. Tara 'offenbart' werden. Eine im 9. Jh. erstellte Neufassung dieses Textes, »Baile in Scáil« ('Ekstase des Phantoms'), läßt den Gott Lug der segensreiche Regierung des Conn Céthathach und seiner Nachkommen weissagen. Beide Texte besitzen deutl. Propagandafunktion. Die Viten der ir. Hl.n, die in Irland (bzw. auf den Brit. Inseln) verblieben (etwa →Columba), enthalten manche V.stexte (Dämonen und Engel, polit. →Prophetien), denen aber die apokalypt. Dimension der visionären Texte vom Fursa- und Barontus-Typ fehlt.

Die ir. Gattung der Reiseerzählung (s. a. →Navigatio s. Brendani) vom Typ *immrama* ('Seefahrt') und *echtrae* ('Abenteuer'), deren Textzeugen zum T. auf Material des 7. Jh. zurückgehen, besitzt eine Variante in Form des »Fís Adomnán« ('V. des Adamnanus'; fälschl. →Adamnanus v. Hy zugeschrieben) aus dem 10./11. Jh. Dieser mittelir. Text, der die Himmel- und Höllenreise (mit Schilderung furchtbarer Höllenstrafen) eines ir. Klerikers beschreibt und zu großen Teilen wahrscheinl. die Übersetzung eines verlorenen Apokryphons darstellt, verschmilzt einheim. Erzählgut mit bibl. und apokryphen Elementen (Thomasakten, »Transitus Mariae«). Ein köstl. Pasticcio der gesamten Gattung ist die mittelir. Erzählung des 11.(?) Jh. »Aislinge Meic Conglinne« ('Traum des Mac C.'), in welcher der »Held« einen Dämon von unersättl. Freßlust aus dem Bauch des Kg.s v. →Munster, Cathal mac Finguine († 742), exorziert. Ausgehend vielleicht von Ep. 22 des hl. Hieronymus gegen die 'gula' verspottet der Text mit schonungsloser Offenheit die Habgier der zeitgenöss. Kirche. Eine didakt. Zielsetzung (doch ohne die genannte humorvolle Dimension) liegt anscheinend auch der →»Visio Tnugdali« (1149) zugrunde, die wohl Reformanliegen der ir. Geistlichkeit des mittleren 12. Jh. widerspiegelt. Der »Tractatus de Purgatorio S. Patricii« (→Patrick), verfaßt 1184 von dem anglonorm. Zisterzienser Heinrich v. Saltrey, schildert die Jenseitserfahrungen eines Ritters

Owein (um 1150) auf einer Insel des Lough Derg (heute Station Island, Gft. Donegal); der Waliser →Giraldus Cambrensis berichtet ähnl. Details in seiner »Topographia Hibernica« (1186). Die Höhle auf der Insel war seit dem späten 12. Jh. eine vielbesuchte Pilgerstätte.

D. Ó Cróinín

Lit.: F. SHAW, The Dream of Óengus, 1934 – F. J. BYRNE, Irish Kings and High-Kings, 1973, 54f., 91 – BRUNHÖLZL I, 143–146 – P. SIMS-WILLIAMS, Religion and Lit. in Western England, 600–800, 1990, 234–272 – M. HAREN-Y. DE PONTFARCY, The Medieval Pilgrimage to St Patrick's Purgatory, 1988 – J. M. PICARD-Y. DE PONTFARCY, The Vision of Tnugdal, 1989 – P. DUTTON, The Politics of Dreaming in the Carolingian Empire, 1994.

VIII. FRANZÖSISCHE UND ITALIENISCHE LITERATUR: V.en können als integrierender Teil von Legende und Mirakel auftreten und dort zur Legitimation der Heiligkeit des Protagonisten bzw. zur Demonstration des göttl. Gnadenzuspruchs an den sündhaften Menschen dienen. Als autonome lit. Erzählgattung lassen sich V.en in der lat. wie in den roman. Literaturen des MA, v. a. des 12. und 13. Jh., verfolgen. Drei Grundtypen sind zu unterscheiden: einmal die allegorisch-futuristischen, d. h. die Endzeitv.en, zum andern die typolog.-figuralen, d. h. die Jenseitsv.en, zum dritten – seit der 2. Hälfte des 13. Jh. – die didakt.-moral. Beschreibungen im visionären Gewand.

Zur ersten Gruppe gehören die mit »Antichrist« und »Fünfzehn Zeichen vor dem Jüngsten Gericht« betitelten Texte, die im Gefolge der bibl. Apokalypse stehen. Zur zweiten Gruppe rechnen die Jenseitsreisen, zur dritten die Beschreibungen von Paradies und Hölle, die zwar häufig auch mit »Weg« oder »Traum« betitelt sind, in denen die Reisemetapher aber keine konstitutive Rolle spielt.

Französische Literatur: An die kleine lat. Schrift »De Antichristo« von →Adso, die apokryphe Weissagungen mit der traditionellen Exegese verbindet, schließen sich sechs altfrz. gereimte »Antichrist«-Versionen an, u. a. von →Huon le Roi de Cambrai (zw. 1244 und 1248) und →Thibaut de Marly (2. Hälfte 12. Jh.), dazu eine altfrz. Prosa- und eine prov. Versfassung. »Die fünfzehn Vorzeichen des Jüngsten Gerichts«, die, ausgehend von Laktanz' christl. Umdeutung der 4. Ekloge Vergils, der heidn. Sibylle Prophezeiungen über das Erscheinen des ird. wie des endzeitl. Christus in den Mund legen, sind in acht altfrz. und in vier prov. Vers- und Prosafassungen überliefert.

In den eigentlichen, den typolog. V.en unternimmt ein ausgewählter Lebender eine Reise durch das Jenseits, wo er an den einzelnen Stationen von Hölle, Fegfeuer und Paradies den typolog. Zusammenhang zw. diesseitigem Verhalten des Menschen und jenseitiger Bestrafung bzw. Belohnung schaut oder gar am eigenen Leibe erfährt. Die Gattung »Vision« zielt innerhalb eines gläubigen Publikums auf moral. Abschreckung einerseits, auf Ermunterung zu einem Gott wohlgefälligen Leben andererseits.

Die »Paulusvision« als ältester, sich noch auf das NT (II Cor. 12, 2–4) berufender Typus der lat. Jenseitsreisen ist in acht frz. Versionen vertreten, darunter sechs in Versen, u. a. von Adam de Ros (Ende 12. Jh.), von Henri d'Arci (Mitte des 13. Jh.) und von Geoffroi de Paris (13. Jh.). In fast allen erscheint der Jenseitswanderer Paulus in der Doppelrolle des Hl.n sowie des mitleidsvollen Menschen, der gelegentl. sogar die göttl. Vorsehung in Frage stellt. – Noch ganz im Bann paganer Märchentradition steht »Brendans Meerfahrt« (→Navigatio s. Brendani), die sich, an eine lat. Vorlage anschließend, in je zwei frz. Vers- und Prosafassungen erhalten hat. Die älteste stammt von Benoit (1106). – Eine andere Akzentsetzung bietet das »Purgatorium des hl. Patricius«, insofern hier die theol. Unterweisung durch den persönl. Läuterungsweg eines sündhaften Jenseitswanderers vermittelt wird und damit Elemente der Spannung in den Handlungsablauf hineinkommen. Es sind sieben frz. Vers- und zwei frz. Prosafassungen überliefert. – Die Historizität des Protagonisten und seine fehlende Integrität bestimmen die bes. Erscheinungsweise der »Tundalusvision« (→Visio Tnugdali), für die der lat. Redaktor das Jahr 1149 als Zeitpunkt des realen Ereignisses angegeben hatte. Die darin stattfindende Begegnung bzw. Jenseitswanderer und verschiedenen Zeitgenossen wird →Dante zur Grundlage der figuralen Konzeption seiner »Divina Commedia« ausbauen. Das in der »Tundalusvision« entwickelte System der sich an der Qualität der ird. Verfehlungen orientierenden Höllenstrafen wird zum Vorbild für Dantes contrapasso. Als Parodie auf die Gattung »Vision« = »Jenseitsreise« ist der originelle »Songe d'enfer« (vor 1234) des →Raoul de Houdenc zu verstehen. Eine ernstgemeinte und deshalb teilweise abstruse Replik darauf stellt die »Voie de paradis« (nach 1218/19) eines anderen Raoul dar. – Eine satir. Überbietung des Raoul de Houdenc versuchen →Huon de Méry mit seinem »Tournoiement Antecrist« (1234/35) und ein an. »Salut d'enfer« (2. Hälfte des 13. Jh.).

→Rutebeuf (um 1265) und →Baudouin de Condé (13. Jh.) wandelten das Schema der herkömml. Jenseitsreise unter Verzicht auf den typolog. Charakter um in das Medium einer moralisierenden Unterweisung. Ihre jeweilige »Voie de paradis« wird zu einem allegor. Stationenweg von christl. und höf. Tugenden.

Der Toskaner Brunetto →Latini schließlich hat in seinem auf Frz. abgefaßten »Tesoretto« (zw. 1260 und 1266) den überlieferten Typus der Jenseitsreise verwandelt in eine neue Gattung, die enzyklopäd.-laizist. Wissensvermittlung mit der Form des Bildungsromans verbindet.

Italienische Literatur: Zu den it. Endzeitv.en gehören zwei Fassungen vom »Jüngsten Gericht«, nämlich »De die iudicii« (um 1300) des →Bonvesin de la Riva mit ausdrückl. moralisierender Intention und das an. »Del guidizio universale« (Ende 13. Jh.), dem ein allegor. »Streit von Seele und Körper« angegliedert ist, zudem der ebenfalls an. »Libro de la sentenzia« (ms. 15. Jh.), der außer dem »Jüngsten Gericht« eine Fassung der »Fünfzehn Vorzeichen« und eine allegor. Beschreibung des himml. Jerusalem und des infernal. Babylon enthält. – Von den beiden überlieferten »reinen« it. »Fünfzehn Zeichen«-Fassungen enthält Bonvesins de la Riva Text (um 1300) explizite Verweise auf die den bloßen Literalsinn transzendierende eschatolog. Bedeutung. – In der ven. »Antichrist«-Version fällt der polit.-zeitgenöss. Bezug in Form einer Kritik am Klerus und eines Aufrufs von Papst und it. Kg. zum Kampf (= Kreuzzug) gegen den »König Antichrist« auf.

Unter den it. Jenseitsreisen sprengt →Dantes »Divina Commedia« alle Maßstäbe und wird hier deshalb außer acht gelassen. – Der herkömml. Typus »Paulusvision« ist nur in einer mit Moralisationen durchsetzten it. Variante vertreten. – Von den vier it. Versionen der »Brendanreise« folgen die zwei toskan. eng einer lat., aus Venedig stammenden Vorlage. Die ven. volkssprachl. Version hingegen verknüpft Märchenhaft-Phantastisches mit Skeptisch-Rationalem. – Die Tendenz zur Rationalisierung läßt sich auch für die it. Version des »Purgatoriums des Hl. Patricius« konstatieren. – Wenig selbständig wirken dagegen die vier dem 14. Jh. angehörenden it. Fassungen der Tundalusvision, insofern sie z. B. ganz unreflektiert die Namen der ir. Kg.e aus der lat. Urfassung übernehmen. In einer der it. Versionen schlägt sich allerdings das späte Entstehungsdatum in vermehrt novellesker Ausgestaltung nieder.

Als Parodie der Gattung »Jenseitsreise« stellt sich der an. »Detto del gatto lupesco« dar. Dessen frühe Entstehungszeit (1. Hälfte des 13. Jh.) läßt erkennen, daß Jenseitsv.en in Italien schon vor den heute noch erhaltenen bekannt gewesen sein müssen. Protagonist des »Detto del gatto lupesco« ist ein Antiheld, nämlich »Jedermann«. Sein Beweggrund zur Reise ist nicht die christl. Läuterung, sondern die bloße Neugierde, also ein paganes und zugleich avantgardist. Motiv. Als kom. Reflex der Gattung repräsentiert der »Detto del gatto lupesco« zum ersten Mal den fiktionalen Umgang mit der Allegorie als Kunstform.

Allegor.-traktathaften Charakters ist das Doppelwerk des Giacomino da Verona »De Babilonia civitate infernali« (zw. 1226 und 1231) und »De Jerusaleme celesti« (um 1250 oder 1260) sowie der »Libro delle tre scritture« (1274) des Bonvesin de la Riva. U. Ebel

Ed.: GRLMA VI, 2, 1970; X, 2, 1989 – J.-M. Picard–Y. de Pontfarcy, Saint Patrick's Purgatory, 1985 – Ders., The Vision of Tnugdal, 1989 – Rutebeuf, Oeuvres complètes, I, 305–353 – Lit.: U. Ebel in: GRLMA, cit. – H. Röckelein, Otloh, Gottschalk, Tnugdal: Individuelle und kollektive V.smuster des HochMA, 1987 – L. Banfi, Studi sulla letteratura religiosa del sec. XIII al XV, 1992 – S. Tanz–E. Werner, Spätma. Laienmentalitäten im Spiegel von V., Offenbarungen und Prophezeiungen, 1993 – A. Micha, Les Visions de Saint-Paul en vers (Fschr. J. Dufournet, II, 1993), 963–969 – Ph. Ménard, Le thème de la descente aux Enfers dans les textes et les enluminures du MA (Images de l'Antiquité dans la litt. française. Le texte et son illustration, hg. E. Baumgartner–L. Harf-Lancner, 1993), 37–57.

IX. Iberoromanische Literatur: Das iberoroman. geistl. Schrifttum über Jenseitsvisionen(-reisen) ist eingebunden in die gemeineurop. ma. Überlieferung eschatolog. Werke (z. B. kast. und katal. Überss. bzw. Bearbeitungen der V. Pauli – »Revelación de Sant Pablo«–, 1494 bzw. 1495 gedr.). Die monumentale Ikonographie der hsl. Überlieferung des Apokalypsenkommentars von →Beatus v. Liébana setzt die Offb eindrucksvoll in Bilder um. Die in den Dialogi →Gregors des Gr. und in der altspan. Väterlit. (»Vitae Sanctorum Emeritensium«, Valerius v. Bierzo, »De Bonello monacho«, »De uana saeculi sapientia«) überlieferten visionären Erlebnisse haben als Predigtexempel, in der Hagiographie und Legende eine unüberschaubare Nachwirkung. Die hochma. V.en des Tundal, Drycthelm und des Ritters Owen im Fegefeuer zirkulierten auf der Iber. Halbinsel (z. B. die Sammelhs. im Escorial M-II-3 mit katal. Fassungen der V. Trictelmi, »Lo porgatori de Sent Patrici«, »La visio del monestir de Clares Valles« – V. Tundali (Tnugdali) – und der Theophiluslegende). Ms. 937 der Kathedralbibl. Toledo enthält neben den V.en des Dominikaners Robert v. Uzès eine kast. Fassung der Tundalv. Die Pilgerreise zum ir. Patricius-Heiligtum beschreibt Ende des 14. Jh. der katal. Adlige Ramon de Perellós (Viatge al Purgatori), der seinem Bericht auch den »Tractatus de Purgatori Sancti Patricii« des Zisterziensers Hugo v. Saltrey beigibt (gedr. 1486). Im katal. Raum fanden im Zusammenhang mit den um die Wende zum 14. Jh. aufkommenden spiritualist. Bewegungen die Offenbarungen der Hl. →Birgitta und das Werk der Hl. →Katharina v. Siena (Dialogos e divinals colloquis, Escorial-Hs. d-IV-6) Verbreitung. Der »Libellus spiritualis doctrinae visionis et consolationum divinarum« der Seligen →Angela da Foligno liegt in 3 katal. Fassungen aus dem 15. Jh. vor. Antoni →Canals OP († 1419) entwirft in der »Scala de contemplació« (Buch II und III) eine Schau der himml. Herrlichkeit sowie eine Paradiesbeschreibung, während Felipe Malla im »Sermò de la Passió« (1417) mit der Erscheinung der Ecclesia einen Dialog über den Zustand der Kirche führt. Auch sein »Pecador remut« (gedr. 1495) enthält zahlreiche visionärkontemplative Passagen. Im allegor. Rahmen der Pilgerreise entfaltete der Zisterzienser Guillaume de →Deguilleville eine Jenseitsschau (kast. Übers. »El pelegrino de la vida humana«, gedr. 1490). Die Pedro Pascual zugeschriebene »Istoria de Sanct Latzer« schmückt den Evangelienbericht vom Tod des Lazarus und seiner Erweckung legendär-erbaulich aus.

Die früheste Jenseitsdarstellung der altspan. Dichtung gibt →Gonzalo de Berceo in der »Vida de Santa Oria« (nach den V.en der Hl. Auria, 2. Hälfte 12. Jh.). Span. Fassungen des Streites zw. Leib und Seele (»Revelación de un hermitaño« und »Disputa del cuerpo e del ánima«) des späten 14. Jh. gehen auf die →»Visio Philiberti« zurück. Die V. wird in der Dichtung des 15. Jh. häufig als Rahmen allegor. Darstellung verwendet (Francisco →Imperial, Santillana [→Mendoza], Juan de →Mena). Nach it. humanist. Vorbildern entwickelt sich die Apotheose (Diego de Burgos, Triunfo del Marqués). Das volkstüml. verbreitete »Testament d'en Bernat Serradell« (um 1420) wandelt die Jenseitsv. burlesk-sartir. ab. Pedro Manuel Ximénez de Urrea schaut in »Sepoltura de amor« sein eigenes Begräbnis nach dem Liebestod. Auch die antike Traumund V.sliteratur findet Verbreitung (Ciceros »Somnium Scipionis«, kast. Übers. von Senecas Apocolocynthosis). In »Lo somni« schildert Bernat →Metge die Erscheinung des verstorbenen Kg.s Johann I. in Begleitung von Orpheus und Tiresias, die mit ihm über die Unsterblichkeit der Seele disputieren. Die Dante-Rezeption in Kastilien und Katalonien prägt im 15. Jh. die lit. Entwicklung der Jenseitsreise und Jenseitsschau (katal. Versübers. von Andreu Febrer, 1429, Kommentare u.a. von Joan Pasqual, Bernat Nicolau Blanquer und Jaume Ferrer de Blanes; →Enrique de Villena fertigte eine kast. Prosaversion für den Marqués de Santillana, der in seiner Bibliothek außer dem Original auch eine kast. Übers. des Kommentars von Benvenuto da Imola zum Purgatorio und Inferno besaß. Juan de Andújar ahmt in der »Visión de amor« Dantes Inferno (IV–V) nach. In der »Visión deleytable« (um 1440) stellt Alfonso de la →Torre das System der Sieben freien Künste im Rahmen einer Traumv. als Aufstieg zum Sitz der Wahrheit dar.

In der ma. span. Historiographie spielen V.en (z. B. die wunderbare Erscheinung des Apostels Jakobus bei der angebl. Schlacht von Clavijo 822, der auf einem weißen Pferd vom Himmel herabstieg, um das christl. Heer zum Sieg über die Mauren anzuführen) eine wichtige Rolle zur Legitimation der geschichtl. Sendung der Reconquista und zur polit. Identität der christl. Herrschaftsgebiete.

D. Briesemeister

Bibliogr.: R. Miquel i Planas, Llegendes de l'altra vida, 1984 – R. de Perellós, Viatge al Purgatori, ed. J. Tiñena, 1988 – Diesseits- und Jenseitsreisen im MA, hg. W.-D. Lange, 1992 – Lit.: GRLMA 6, 2, 231–257 – H. Fros, Visionum medii aevi latini repertorium (The Use and Abuse of Eschatology in the MA, ed. W. Verbeke u.a., TS 57, 1988), 481–498 – Ch. R. Post, Mediaeval Spanish Allegory, 1915 [Nachdr. 1971] – M. R. Lida de Malkiel, La visión del trasmundo en las literaturas hispánicas (H. R. Patch, El otro mundo en la literatura medieval, 1956), 371–470 – P. J. Boehne, Dream and Phantasy in 14th and 15th Cent. Catalan proses, 1975 – D. Briesemeister, Jenseitsv.en und Jenseitsreisen in der kast. und katal. Lit. des SpätMA, Quaderns de Filologia 1984, 2, 47–51 – J. Amat, Songes et visions. L'au-delà dans la litt. lat. méd., 1985 – M. C. Díaz y Díaz, V.es del Más Allá en Galicia durante la Alta Edad Media, 1985 – M. C. Almeida Lucas, A literatura visionária na Idade Média port., 1986 – J. K. Walsh, The Other World in Berceo's Vida de Sta. Oria (Hispanic Studies in Honor of A. D.

DEYERMOND, 1986), 291–307 – M. P. CICCARESE, V.i dell'aldilà in Occidente, 1987 – A. MORGAN, Dante and the Medieval Other World, 1990 – P. DINZELBACHER, Revelationes, I, 1991 – J. A. GUIANCE, Sobre el espacio y el tiempo de trasmundo en la lit. cast. medieval (Temas medievales, ed. N. Guglielmi, 1992) – J. RUBIO TOVAR, Literatura de v. en la Edad Media románica, Ét. de Lettres, 3, 1992, 53–73 – S. TANZ – E. WERNER, Spätma. Laienmentalitäten im Spiegel von V.en, Offenbarungen und Prophezeiungen, 1993 – G. TARDIOLA, I viaggiatori del Paradiso, 1993 – C. CAROZZI, Le voyage de l'âme dans l'Au-delà d'après la litt. lat., 1994.

B. Ikonographie

Die Beziehung zw. visionärem Erleben und religiöser Kunst war wechselseitig: einerseits ließen sich immer wieder Erlebnismystiker von Kunstwerken anregen (z. B. →Flora v. Beaulieu), andererseits ließen sie selbst aufgrund ihrer Schauungen religiöse Darstellungen malen oder skulptieren: →Hildegard v. Bingen und Heinrich →Seuse entwarfen die einen integrierenden Bestandteil ihrer Werke bildenden Illuminationen, →Katharina v. Bologna und Antonio v. Stroncone waren selbst künstler. tätig. Bisweilen gingen V.en in die spätma. Ikonographie generell ein (so folgen Weihnachts- und Passionsdarstellungen im 15. Jh. den Schauungen →Birgittas v. Schweden).

Für die Illustrierung visionärer Texte bot das Bildschema der die Johannes-Apokalypse begleitenden Buchmalereien das wichtigste Vorbild: Der Inhalt des Geschauten wird neben oder über dem am Bildrand stehenden Seher dargestellt, bisweilen durch ein Wolkenband, einen Lichtkreis u. ä. hervorgehoben. Doch führten die mannigfachen Themen der V. immer wieder zu ikonograph. Neuschöpfungen. Der Unterschied zu Traumdarstellungen besteht darin, daß bei letzteren der Träumer meist liegend und mit geschlossenen Augen gegeben ist, bei V.en meist mit geöffneten. Doch wurde die V.sliteratur eher selten illuminiert (→Visio Baronti; frz. Übersetzung der →Visio Pauli; Marmion's Tundal; →Visiones Georgii), wesentl. öfter visionäre Einzelszenen in Hl.nviten. Noch seltener finden sich die Schauungen hist. Visionäre in der Monumentalmalerei (z. B. der Francesca Romana-Zyklus, Tor de'Specchi, Rom). Die bekanntesten Künstler, die eigene Traumvisionen illustrierten, waren Dürer und Leonardo.

Separaten Traditionen gehören die zahlreichen illuminierten →Dante-Hss. an; in die allg. religiöse Ikonographie (bes. der Tugenden und Laster) wurden teilweise die innovativen Bilder zu den Traumtexten →Digullevilles aufgenommen.   P. Dinzelbacher

Lit.: LCI IV, 461–463 – C. FRUGONI, Le mistiche, le visioni e l'iconografia, rapporti ed influssi (Temi e problemi nella mistica femminile trecentesca: Convegni del Centro di studi sulla spiritualità medievale 20, 1983), 137–179 – J. HAMBURGER, The Visual and the Visionary. The Image in Late Medieval Monastic Devotions, Viator 20, 1989, 162–182 – C. HARBISON, V.s and Meditations in Early Flemish Painting, Simiolus 15, 1985, 87–118 – D. DESPRES, Ghostly Sights. Visual Meditation in Late-Med. Lit., 1989 – Träume im MA. Ikonolog. Studien, hg. A. PARAVICINI BAGLIANI – G. STABILE, 1989 – S. RINGBOM, Les images de dévotion, 1995 – K. SUZUKI, Zum Strukturproblem in den V.sdarstellungen der Rupertsberger »Scivias«-Hss., Sacris erudiri 35, 1995, 221–291 – P. DINZELBACHER, Religiöses Erleben vor bildender Kunst in autobiograph. und biograph. Zeugnissen des Hoch- und SpätMA (Gesellschaftl., körperl. und visuelle Dimensionen ma. Frömmigkeit, hg. K. SCHREINER) [im Dr.].

Vision de St. Paul → Visio Pauli

Visiones Georgii, Aufzeichnungen über den (für 1353 urkundl. nachgewiesenen) Besuch des Ritters Georg Grissaphan v. Ungarn im ir. Purgatorium Patricii aus der Feder eines prov. Augustiner-Eremiten. In dieser Fegfeu-erhöhle trifft G. auf Verwandte und Bekannte, schaut die Arten der Qualen der Armen Seelen und das Paradies. Teufelserscheinungen wollen ihn zu Blasphemien verleiten, doch G. antwortet mit einem ausführl. Glaubensbekenntnis, wofür er von den bösen Geistern dem Feuer überantwortet, aber durch die Anrufung des Namens Jesu errettet wird. Eine breite Darlegung der Sinnhaftigkeit der Seelenmessen beschließt den Traktat, der sich bes. gegen die Lehren von Juden und Ketzern richtet. Diese Jenseitsvision ist in weit höherem Maß zum Vehikel theol., bes. christolog. Unterweisung gemacht, als irgendein anderer Text dieses Genres. Verbreitet waren die V. G. bes. in Österreich, Bayern und Böhmen, wo sie im 14./15. Jh. fünfmal ins Dt. übertragen wurden.   P. Dinzelbacher

Ed.: V. G., hg. L. L. HAMMERICH (Det Kgl. Danske Videnskabernes Selskab, Hist.-filog. Medd. 18/2, 1930) – E. HERDAWESKY, Die Visionen des Ritters Georg v. Ungarn v. Nikolaus v. Astau nach der Hs. 2875 der Wiener Nationalbibl. [Diss. Wien 1948] – Lit.: M. VOIGT, Beiträge zur Gesch. der Visionenlit. im MA, 1924 – L. L. HAMMERICH, Studies to V. G., CM 1, 1938, 95–118; 2, 1939, 190–220 – B. MÜLLER, Die illustrierten V. G.-Hss. (Poesis et pictura [Fschr. D. WUTTKE, ed. St. FÜSSEL – J. KNAPE, 1989]), 49–75 – P. DINZELBACHER, Das Fegfeuer in der schriftl. und bildl. Katechese des MA, StM [im Dr.].

Visitatio liminum. Unter V. l. sanctorum apostolorum Petri et Pauli versteht man den seit 1234 obligator. Besuch der Gräber beider Apostelfs.en in Rom durch die Ordinarien der Kirche zwecks Verehrung der Hl.n, Oboedienzbezeigung und Berichterstattung (relatio status) gegenüber dem Papst. 'Limen' steht seit Hieronymus, Ep. 24, 2 Ad Marcellum, für die Kirche eines Märtyrers bzw. Apostels. Die V. l. entstand aus der Teilnahmepflicht der röm. Suffragane an den Provinzialsynoden, wurde unter Leo I. auf Sizilien ausgedehnt und durch Gregor I. auf fünf Jahre festgelegt (Liber diurnus 42). 743 wurden unter Zacharias die vom Papst geweihten Bf.e Italiens einbezogen (D 93 c 4). In der Zeit der Kirchenreform des 11. Jh. dehnten Alexander II. und Paschalis II. die V. l. auf alle mit dem Pallium ausgestatteten Metropoliten aus, schließlich wurden seit dem frühen 13. Jh. alle vom Papst oder in seinem Auftrag geweihten Bf.e und exemten Äbte zur V. l. verpflichtet. Die Dekretalen Gregors IX. (X 2. 24. 4) legten das eidl. Versprechen einer jährl. V. l. aller Ebf.e bei der Palliumsübergabe fest. Nach 1417 fielen gemäß der päpstl. Konfirmation alle kath. Bf.e unter die Visitationspflicht (seit Sixtus V. [1585] je nach Entfernung von Rom auf alle drei bis zehn Jahre festgelegt). Dispens von der Reise nach Rom wurde anfangs bereitwillig erteilt, bis Alexander IV. sie ohne Erfolg zu erschweren versuchte: Stellvertretung der V. l. durch Prokuratoren ist im 15. Jh. sehr häufig zu beobachten (ASV Diversa Cameralia).   L. Schmugge

Lit.: LThK² X, 649f. – J. B. SÄGMÜLLER, Die V. l. ss. apostolorum bis Bonifaz VIII., TQ 82, 1900, 69–117 – F. M. CAPELLO, De V. l. liminum, 2 Bde, 1912–13 – J. PATER, Die bfl. v. l. ss. Apostolorum, 1914 – L. BAUER, Die Ad-limina-Berichte der Bf.e v. Bamberg, 1994.

Visitation (Kirchenv., visitatio canonica, visitatio pastoralis), oberhirtl. Besuch, welchen der →Bischof in seinem Sprengel vornimmt, um durch eigene Umschau an Ort und Stelle die kirchl. Zustände eingehend kennenzulernen, ist Recht und Pflicht des Bf.s, der diese selbst oder durch Vertreter erfüllen kann. Aufgabe der V. ist es nicht unbedingt, zu bestrafen, zu korrigieren, sondern zu überwachen und das Band zw. der Autorität und den Untergebenen zu festigen. Die Aufgabe hat sich dabei im Laufe der Jahrhunderte geändert. Am Anfang des MA visitierte der Bf. jedes Jahr die Kirchen seiner Diöz., inspizierte die Bauten, examinierte die Kleriker, belehrte das Volk und kontrollierte die Kl. Vom 8. bis zum 12. Jh. war das Ziel der V. nicht nur die Sicherung des Zustandes der Gebäude, deren Erbauung und Restaurierung, wie es die älteren Konzilien vorgeschrieben hatten, sondern auch die Verbesserung der Sitten, verbunden mit der Aufdeckung von Verbrechen und der Bestrafung der Schuldigen. In dieser Zeit nahmen die V.en auch den Charakter von gerichtl. Versammlungen an bzw. fanden im Rahmen der Synode (des →Sends) statt. Diese Versammlung wurde so wesentl., daß man dann von der synodalen V. sprach. Ab dem 12. Jh. änderten sich die Zustände. Das V.srecht des Bf.s wurde ausgehöhlt.

Die V. nahm, wenn wir von den bibl. Ursprüngen absehen (1 Tim; 2 Tim), ihren Anfang in der östl. Kirche. Im 4. Jh., nach Verdrängung der →Chorbischöfe, visitierten die Bf.e durch Periodeuten die Landgemeinden (Synode v. Laodikeia um 380, c. 57). Die Gesetzgebung setzte erst etwas später ein. Im Westen war die V. der →Pfarreien seit dem 5. Jh. bekannt (Synode v. Tarragona 516, c. 8). Als Q.n kommen neben dem NT v. a. die Kirchenväter in Frage. Sie praktizierten die V.: →Athanasios (»Gegen die Häretiker«; er war einer der ersten, der seine Diöz. visitierte), →Gregor v. Nyssa (er spricht von der Sorge des Hirten, seine Herde zu bewachen), →Johannes Chrysostomos, aber auch westl. Kirchenväter, z. B. →Hieronymus, der die Gewohnheit der Bf.e herausstreicht, die Dörfer und Orte zu visitieren. Auch über die V.sreisen →Martins v. Tours sind wir informiert (→Sulpicius Severus). Das Recht des MA, v. a. der ersten westl. Konzilien, kodifizierte die Praxis der Kirchenväter, so das Konzil v. Tarragona 516. Dessen c. 8 schreibt vor, daß die Bf.e jedes Jahr die Kirchen der Diöz. gemäß altem Brauch visitieren müssen, um ihren Zustand festzustellen und um die notwendigen Verbesserungen durchzuführen. Ein Konzil v. Braga (572) forderte den Bf. auf, sich der Aufgaben der Kleriker anzunehmen: →Exorzismus der Katechumenen 20 Tage vor ihrer Taufe, Glaubensinstruktion der Katechumenen, Abhalten der Gläubigen von Idolatrie und Sünden. Damals wurden auch schon die Kosten der V. geregelt (z. B. c. 7 des Konzils v. Toledo 646). Die Kl. unterstanden in dieser Zeit noch der V. des Bf.s.

Vom 8. bis zum 12. Jh. sind die Q.n, die uns über die V. informieren, die →Konzilien und die →Kapitularien. Das wichtigste Kapitular ist jenes von Toulouse unter Karl d. Kahlen (844). Drei von neun Kanones widmet es der V.; v. a. die Kosten der V. werden beschränkt. Später waren es dann die Sendgerichte, die die Funktionen der V. mit übernahmen (vom Rheinland ausgehen). Die weltl. Hand unterstützte in dieser Periode die V., z. B. in der Form, daß →missi des Kg.s daran teilnahmen. Chorbischöfe und →Metropoliten (auch als kgl. missi) unterstützten den Bf. Im 10. Jh. wurde die V. des →Klerus und der Laien zeitl. und örtl. getrennt. In dieser Zeit entwickelte sich auch ein immer weitergehendes Recht des Metropoliten, in Ausnahmefällen zu visitieren, z. B. wenn der Bf. abwesend oder nicht fähig war. Das →Decretum Gratiani faßte die bisherige Praxis und das Recht zusammen: Gratian zitiert Konzilien und Kirchenväter. Der Bf. selbst visitiert die Diöz. Die V. hat jedes Jahr stattzufinden. Sie wendet sich in erster Linie an Kleriker und Laien, um sich über deren Stand und Leben zu informieren. Sie betrifft aber auch die Gebäude, in erster Linie die Kirchen (C. 10 q. 1 c. 9, 12). Auch die Begleitung des Bf.s wird geregelt. Der Bf. soll nicht länger als einen Tag in jeder Pfarrei bleiben (C. 10 q. 3 c. 8). In der folgenden Periode zogen der Metropolit (Im IV. Konzil v. Konstantinopel war sein V.srecht schon verankert worden. Innozenz IV. verpflichtete 1246 den Metropoliten, zuerst seine Diöz. zu visitieren.) bzw. der →Archidiakon das V.srecht an sich. Der Archidiakon wurde zunächst als Vertreter des Bf.s tätig, dann ging das V.srecht überhaupt auf ihn (den Archidiakon jüngerer Ordnung) über. Die Archidiakone visitierten seit dem 11. Jh. kraft eigenen Rechts. Hier bestand der enge Zusammenhang zw. V. und Send. Archidiakone scheinen den Aufwand bei V.en übertrieben zu haben. So hat das III. →Laterankonzil (1179 c. 4) eingegriffen. In dieser Periode entwickelte sich aber auch die →Exemtion. Die exemte Abtei unterstand nicht mehr dem Bf. und anerkannte auch nicht sein V.srecht. Verursachend waren seit dem 11. Jh. →Cluny und seit dem 13. Jh. die Bettelorden. Kirchen, Kollegien, Kl., Kapellen, Hospitaler und selbst die Kathedralkapitel waren von der V. des Bf.s ausgenommen. Diese Privilegien wurden zunächst durch die Päpste verliehen, später auch usurpiert. So wurden im 13. Jh. V.en durch die Bf.e von Kl., auch von nicht exemten, abgelehnt. Mit der einsetzenden Reform kam es zur Gegenbewegung. Erwähnt sei das V. Laterankonzil (1515-16); es gestattete die V. des Bf.s in den Pfarreien, die durch Religiosen und andere Mönche administriert wurden. Die Bf.e visitierten nun diese Pfarrkirchen, soweit es sich um die Ausübung des geistl. Amtes und die Verwaltung der Sakramente handelte, und inspizierten auch die Konvente der Frauenorden, die dem Hl. Stuhl unterstellt waren, einmal im Jahr. 1246 hatte Innozenz IV. (»Romana ecclesia« [VI 3. 20. 1]) eine aufschlußreiche Rechtsgrundlage für den Ablauf der V. geschaffen. Als Besonderheit ist noch die Prokuration zu nennen, eine Abgabe anläßl. der V., die in bestimmten Teilen an den Hl. Stuhl abgeliefert wurde. Exzesse versuchte z. B. das II. Konzil v. Braga 572 einzuschränken.

Visitationsakten(-protokolle) sind in großer Zahl erhalten. Bald entwickelten sich auch Kataloge der Fragestellungen, die auf V.en zu überprüfen waren. Am Anfang stehen (nach Vorläufern) die »Libri de synodalibus causis« des →Regino v. Prüm (ungefähr 906). Der dort beinhaltete Fragenkatalog betrifft die Güter, die den Klerikern übertragen sind, die Kirche, Amt und Leben der Priester, Fehler, Sünden, Verbrechen und Delikte des göttl. und menschl. Rechts bei den Laien (Mord, Ehebruch, Tötung von Kindern, Raub, Sakrileg usw.). Aus dem England des 13. Jh. sind die V.sartikel zu nennen. Die V.sakten (protokollar. Niederschriften des Hergangs und des Ergebnisses von V.en) sind heute eine wichtige Geschichtsq., auch über das tägl. Leben. In ihnen spiegeln sich die kirchl. Reformbestrebungen wider. Das gilt für die V.en des frühen und hohen MA und für die Kl.v.en des 14. bis 15. Jh. Die Akten der V.en der Archidiakone spielen eine Rolle für die Wirtschaftsgeschichte. Seit dem 15. Jh. gab es dann auch landesherrl. V.en; sie weisen auf den kirchenpolit. Standpunkt hin. So stellt sich das über die V.en Erhaltene als wichtige Geschichtsq. dar. Ziel und Aufgabe der V.en haben sich im Laufe der Jahrhunderte gewandelt. Das V.srecht war auch ein wichtiger Machtfaktor, deswegen wurde es den Bf.en immer wieder aus der Hand genommen. R. Puza

Lit.: DDC VII, 1512-1536 – LThK² X, 813f. – WETZER und WELTE's Kirchenlex. XII, 1901, 1013-1015 – TH. REILLY, V. of Religious, 1938 – A. L. SLAFKOSKY, The Canonical Episcopal V. of the Diocese, 1941 – FEINE, passim – PLÖCHL I, 173f., 335f., 357f.; II, 134ff., 173f. – G. HUYGHE, La visite canonique et le rôle du directeur diocésain dans les communautés religieuses: L'Année Canonique 6, 1958, 133-148 – F. PAULY, Die V.sordnung der Stiftspfarrei Münstermaifeld um 1330, TThZ 69, 1960, 168-173 – W. HELLINGER, Die Pfarr-V. nach Regino v. Prüm; ZRGKanAbt 48, 1962, 1-116 – N. COULET, Les visites pastorales, 2 T.e, 1977-85 – *Visitationsakten(-protokolle)*: LThK² X, 814f. – G. MÜLLER, V. als Geschichtsq., Dt. Geschichtsbll. 8, 1907, 287-316 – J.

Löhr, Method.-krit. Beitr. zur Gesch. der Sittlichkeit des Klerus ... am Ausgang des MA (Reformationsgeschichtl. Studien und Texte 17, 1910).

Vita. Die ma. V. ('Lebensbeschreibung') hat ihre Wurzeln teils in der pagan-antiken V. ('Bios'), v. a. aber in der Bf.s- und Mönchsv. der chr. Spätantike (→Biographie, →Hagiographie). Sie unterscheidet sich von der 'Passio', die nur das Lebensende eines Märtyrers ins Auge faßt, und von der Gattung →'Gesta', die die Taten des V.-Trägers in den Mittelpunkt stellt. Bezügl. der autobiogr. V. →Autobiographie.

[1] In der mittellat. Lit. überwiegt zahlenmäßig die *hagiographische Vita*, d. h. die Lebensbeschreibung eines Hl.n oder (seit 1000) eines zur Kanonisierung empfohlenen heiligmäßigen Menschen; bis zur karol. Epoche herrscht sie ausschließlich. Sie steht in der patrist. Tradition sowohl hinsichtl. des gewählten Personenkreises (Bf.e, Mönche, Asketen beiderlei Geschlechts) als auch hinsichtl. der theol. Intention, die auf Glaubensversicherung zielt: das heroische Hl.nleben und die mit ihm verknüpften Wunder sind Nachweise der göttl. Präsenz in der Zeit zw. Himmelfahrt und Wiederkunft Christi. Neu hinzu kommt (wohl unter dem Einfluß germ. Denkens) ein lokal-personaler Bezug: die V. eines Gründers einer geistl. Gemeinschaft oder eines Bm.s, bzw. die V. eines Hl.n, dessen Reliquien am Ort ruhen, wird am Jahrestag des Todes verlesen und fungiert quasi als 'Schutzbrief' der betreffenden Gemeinschaft, weil sie den Hl.n zur fortwährenden Interzession bei Gott verpflichtet. Einer ähnl. Zielsetzung kann auch die V. eines Sippenhl.n (→Adelsheiliger) oder eines 'National'hl.n (→Martin v. Tours) dienen.

Bei der (kirchen-)polit. herausragenden Stellung von Bf.en und Äbten seit der Karolingerzeit konnte es nicht ausbleiben, daß die hagiograph. Bf.s- und Abts-V. ab dem 9. Jh. auch zum Forum wurde für (kirchen-)polit. Auseinandersetzungen und Programme (vgl. z. B. die V.en →Ansgars, →Bruns v. Köln, der Äbte v. Cluny →Odo, →Maiolus, →Odilo und →Hugo [21. H.]). In verschärfter Form gilt dies für die polem. V.en in der Zeit des Investiturstreits (vgl. etwa die V.en →Gregors VII., →Annos II. v. Köln, →Gebhards III. v. Konstanz, →Gebhards v. Salzburg, Abt →Eginos v. St. Ulrich und Afra).

Im 12. Jh. endet die große Zeit der 'polit.' Bf.s- und Abts-V.en. An ihre Stelle treten die V.en spiritueller Erneuerer, wie z. B. die V. eines →Anselm v. Canterbury, →Bernhard v. Clairvaux, →Norbert v. Xanten, →Franziskus v. Assisi, →Dominikus, doch geht im Spät-MA die Produktion neuer Hl.nv.en insgesamt stark zurück (vgl. den Bestand der →'Legenda aurea') – mit einer Ausnahme: von der Mitte des 12. Jh. an bis zum 15. Jh. häufen sich die V.en hl. Witwen, Nonnen, Seherinnen, Mystikerinnen, wie der Paulina v. Paulinzella, →Hildegard v. Bingen, →Elisabeth v. Schönau, Mechthild v. Dießen, →Maria v. Oignies, →Elisabeth v. Thüringen, Jutta v. Sangerhausen, →Christine v. Stommeln, →Birgitta v. Schweden, →Katharina v. Siena. (Nach einer Blüte weibl. Hagiographie in der Merowingerzeit war zw. 750 und 1150 nur wenigen zeitgenöss. Frauen die Ehre einer V. zuteil geworden: Kgn. →Mathilde und →Ludmila, Ksn. →Adelheid und →Kunigunde, der hochadligen Asketin →Ida v. Herzfeld. Wiborada v. St. Gallen verdankte ihre V. dem Märtyrertod, Herluka v. Bernried ihrem Einsatz für die gregorian. Reform).

Weniger stark besetzt, jedoch wirkungsmächtig waren zwei Untergruppen der hagiograph. V.: die V. eines hl. Laien (Gangulf, →Geraldus v. Aurillac, Ranieri v. Pisa u. a.) und die V. (vita et passio) 'moderner' Märtyrer (→Bonifatius, Pelagius v. Cordoba, →Wenzel v. Böhmen, →Adalbert Vojtěch, →Brun v. Querfurt, →Thomas Becket, →Engelbert v. Köln [1. E.], →Petrus Martyr, Nepomuk [→Johannes v. Pomuk]).

[2] Bei der *nichthagiographischen Vita* ist zu unterscheiden zw. der V. von Laien und der V. von Personen geistl. Standes. Thema des erstgen. Typs sind lange Zeit nur Fs.en (z. B. →Karl d. Gr., →Ludwig d. Fr., →Robert II. v. Frankreich, →Mathilde v. Tuszien, →Heinrich IV., →Karl d. Gute, →Ludwig VII. v. Frankreich), bis die humanist. Neubewertung geistig-schöpfer. Leistung auch das Leben von Dichtern und Denkern beschreibenswert machte (z. B. →Dante, →Petrarca, →Boccaccio, →Pico della Mirandola). Dem vorausgegangen war ein neu erwachtes Interesse an den Lebensbeschreibungen antiker Philosophen (→Johannes Gallensis, →Walter Burleigh).

Die V.en nichtkanonisierter Bf.e und Äbte sind den hagiograph. V.en in zweifacher Hinsicht ähnl.: in ihrer Tendenz zu hagiograph. Typisierung und in ihrer Verwurzelung in der 'Haustradition' (vgl. etwa die V.en der Äbte v. Fulda, Corbie, Corvey, Fleury oder Bec). Dennoch reduzierte der Umstand, daß es sich um keine anerkannten Hl.n handelte, den Zwang zur Stilisierung und schuf Freiräume für wirklichkeitsnähere, auch negative Züge nicht scheuende V.en wie etwa die des →Meinwerk v. Paderborn, →Benno v. Osnabrück, →Albero v. Trier, →Adalbert II. v. Mainz.

Nicht selten werden V.en desselben Typs (Mönchs-, Bf.s-, Papst-, Frauen-V.en u. ä.) zu Reihen geordnet. Bereits →Gregor v. Tours hatte Väter-, Märtyrer- und Bekennerv.en zusammengestellt, →Aldhelm die der Bf.e v. York. Am Muster der Papstbiographien (→'Liber pontificalis') richten sich Bf.sbiographien aus wie die im 'Pontificale' Bf.→Gundekars II. v. Eichstätt versammelten. In säkularer, antiker Tradition verpflichteter Form präsentieren sich hingegen die V.enslg.en des Humanismus: Petrarcas 'De viris illustribus' und Boccaccios 'De claris mulieribus'.

[3] *Form:* Die gewöhnl. Form der V. ist die Prosa; zumeist wird gehobene Kunstprosa angestrebt (so schon bei Gregor v. Tours). Hieraus erklären sich die zahllosen stilist. Umarbeitungen älterer V.en. Dem Bestreben nach repräsentativer Feierlichkeit entspricht auch das Umgießen von Prosa- in Versfassungen (vgl. die V.en des Martin v. Tours, →Cuthbert, →Germanus v. Paris, →Amandus, →Gallus, Gangulf, Anno) bzw. die parallele Herstellung einer Prosa- und Versfassung (s. die V.en des →Anselm v. Lucca und die →Willibrord-V.en Thiofrids v. Echternach). Dies gilt freil. vorzugsweise für die hagiograph. V.; die weltl. V. steht auch bezügl. der Form näher bei der →Historiographie. Zu den volkssprachl. Lit.en →Biographie, →Hagiographie, →Vidas und razos; zur Kunstgesch. →Vitenillustration. B. K. Vollmann

Lit.: W. Berschin, Biographie und Epochenstil, bisher 3 Bde, 1986–91 [einzige übergreifende Darstellung; Q. und Forsch.slit.]. – C. Petersohn, Die V. des Aufsteigers. Sichtweisen gesellschaftl. Erfolgs in der Biografik des Quattrocento, HZ 250, 1990, 1–32 – St. Haarländer, V.ae episcoporum, 1997.

Vita activa/vita contemplativa. Der antike Begriff der Philos. (vgl. Platon, Phaedrus 243E–257B; Staat, 7. Buch), insbes. die Unterscheidung zw. dem βίος θεωρητικός und dem βίος πρακτικός (Aristoteles, Nikomach. Ethik I 3. 6. 13; VI, 1–3; X, 7–9) und die daran anschließenden spätantiken Traditionen bilden den Hintergrund des ma. Verständnisses von v. activa und v. contemplativa. Das bibl. weder der Sache noch dem Begriff nach begründete Modell wird bereits bei Clemens v. Alexandria (vgl. Stromateis II 10.46, VII 16. 102) chr. adaptiert und in der Bibelauslegung des →Origenes in einer die Wirkungsgesch. bestimmenden Form auf Lk 10, 38–42 bezogen (In Lucam homiliae, fragm. 72, ed. SIEBEN, 1996, II, 458f.). Die Christus bewirtende Martha und die zu seinen Füßen sitzende Maria werden in dieser Deutung zu allegor. Figuren der v. activa und der v. contemplativa. Die beiden Begriffe werden so einer bibl. →Typologie und einer theol. Anthropologie subsumiert, die in ähnl. Weise Rachel und Lea (Schönheit/Fruchtbarkeit) und Johannes und Petrus (Kontemplation/Aktion) einander gegenüberstellt. In dieser chr. Deutung tritt das antike Ideal philos.-kontemplativer Autarkie in den Hintergrund zugunsten einer eschatolog. Spannung zw. Alltagspraxis und Beschauung (Gottesschau, Gottesgemeinschaft), wie sie in der allegor. Deutung der Lukasperikope zum Ausdruck kommt. Zunächst bedeutet dies (etwa bei Origenes und Evagrios Pontikos) die Privilegierung der contemplatio im Sinne der asket. Mönchsspiritualität und damit eines kontemplativen Einheitsideals. Radikalen, asket.-gnost. Interpretationen dieser Lehre (bei den Messalianern, bei Ps-Makarios und bei Cassian), die im Anschluß an Evagrios Pontikos zw. Praktikern und Theoretikern, zw. Arbeitenden und Betenden als soziale Gruppen unterscheiden und nur die pneumat. Theoretiker als der Vollkommenheit fähig erachten, steht schließlich die für das MA wichtigste Neudeutung des Modells bei Augustinus und Gregor d. Gr. (vgl. Orationes 4, 113, MPG 35, 649B) gegenüber. Augustinus bestreitet nicht den Vorrang des kontemplativen Lebens, insofern dieses den Vorgriff des ird. Lebens auf die visio beatifica ausdrückt; er begreift indes die Spannung zw. v. activa und v. contemplativa als eine dialekt. Einheit, die christolog. begründet ist. Aktion und Kontemplation sind demnach dem Menschen im ird. Leben notwendige Aspekte einer Existenz, die sich analog der ekklesiolog. Verschränkung von Immanenz und Transzendenz, von Diesseits und Jenseits entfalten. Die allegor. gedeuteten bibl. Figuren Lea, Martha, Petrus sind darin als Bilder des Diesseits und der v. activa, die Figuren Rachel, Maria, Johannes als Präfigurationen des Jenseits und der v. contemplativa verstanden. In ihrer Verschränkung bestimmen v. activa und v. contemplativa in analoger Weise das Leben des Individuums wie dasjenige der Kirche. Leben in via bedeutet gleichzeitig contemplatio inchoata und ministerium (Augustinus, Serm. 103 und 104, MPL 38, 613–617). Damit ist die vita actualis immer als vita mixta verstanden (Augustinus, De civitate Dei XIX 19, MPL 41, 647), wobei festzuhalten ist, daß im Rekurs auf die eschatolog. Bestimmung der chr. Existenz weiterhin am Primat der v. contemplativa in ihrer Verbindung mit der vita futura und der visio beatifica festgehalten wird. Vermittelt auch durch Julianus Pomerius und durch Gregor d. Gr. (vgl. Hom. in Ez. 2, 2, MPL 76, 953A) prägt dieses Augustin. Modell einer ekklesiolog. und christolog. verstandenen Einheit von v. activa und v. contemplativa das hochma. Denken, während die bei Cassian (Collationes 14, 3. 4, MPL 49, 995Bff.) überlieferte Position des oriental. Mönchtums nur punktuell weiterwirkte (vgl. Richard v. St-Victor, Benjamin major I 1–5, MPL 196, 67C). Die Privilegierung der Augustin. Modells bedeutete auch, daß das aktive Leben zunehmend in das kontemplative Leben einbezogen und – so bei Bernhard v. Clairvaux, Wilhelm v. St-Thierry und Hugo v. St-Viktor – ausdrückl. als Teil davon begriffen wurde. Am deutlichsten kommt diese Tendenz in der Position der Mendikanten und in der Aufwertung der Predigt und Lehre im Dominikanerorden zum Ausdruck. Hier stehen Lehr- und Predigtauftrag (contemplata aliis tradere) im Zentrum einer v. activa, die als notwendiger intellektueller Ausdruck der v. contemplativa begriffen ist (Thomas v. Aquin, S. th. II–II q. 188 a. 6 resp. und III q. 40 a. 1 ad 2). Im Rückgriff auf Aristoteles wird das Augustin. Modell bei Thomas v. Aquin in diesem Sinne neu und systemat. entfaltet (q. 179 und 182), ohne daß indes das Verhältnis zw. den beiden Seiten des Lebens neu begriffen würde. Im Unterschied dazu begegnet bei Meister Eckhart und Johannes Tauler eine grundlegende Verschiebung der Perspektive, die sich im Rückgriff auf das Theologumenon der 'Gottesgeburt im Menschen' und in einer Neubewertung der Marthafigur ausdrückt. Hier ist – zweifellos auch unter dem Einfluß der zeitgenöss. Beginenspiritualität – erstmals in solch deutl. Form Martha und mit ihr die v. activa als übergeordnete Lebensform gesehen, zu der sich Maria und v. contemplativa als Vorstufe verhalten (ed. QUINT, 1936ff., III, Pr. 86). Eckhart privilegiert die v. activa, in der die v. contemplativa vollkommen aufgehoben ist. Freiheit und Einheit sind damit nicht mehr Aspekte einer der actio gegenüber immer privilegierten Gottesschau, sondern Elemente eines von der 'Gottesgeburt im Menschen' und von der 'Weiselosigkeit des Gottfindens' her verstandenen, grundsätzl. einheitl. Lebensvollzuges. Dieser Neubewertung der Martharolle und dem neuen Verständnis der Einheit von v. activa und v. contemplativa folgen in verschieden nuancierter Weise Johannes Tauler und z. T. Jan van Ruusbroc, doch hält gerade dieser und die →Devotio moderna mit einem großen Teil spätma. Texte (Johannes Carlerius de Gerson, Dionysius d. Karthäuser, »Imitatio Christi«) unter dem vorherrschenden Einfluß von Bonaventura am traditionellen, dualist. Modell und damit an einer Privilegierung der v. contemplativa fest. S. a. →Askese; →Martha; →Mönch, Mönchtum; →Mystik; →Vollkommenheit. N. Largier

Lit.: DSAM II, 1643–2193 [Contemplation]; X, 664–674 [Marthe et Marie]; XVI, 591–623 [vie active – vie contemplative; Lit.] – LThK² X, 815–817 [V. contemplativa] – A. J. FESTUGIÈRE, Contemplation et vie contemplative selon Platon, 1936 – H. U. v. BALTHASAR, Aktion und Kontemplation. Komm. zu Thomas v. Aquin, S. th. 2–2, q. 179–182 (Dt. Thomas-Ausg. 23, 1954) – R. JOLY, Le thème philosophique des genres de vie dans l'antiquité classique, 1956 – J. LECLERCQ, Études sur le vocabulaire monastique du MÂ, 1961 – D. MIETH, Die Einheit von v. activa und v. contemplativa in den dt. Predigten Meister Eckharts und bei Johannes Tauler, 1969 – A. J. FESTUGIÈRE, Études de philosophie grecque, 1971, 116–156 – DERS., Le sage et le saint, 1974, 63–85 – B. FRALING, Mystik und Gesch., 1974 – Arbeit, Muße, Meditation, hg. B. VICKERS, 1985 – P. HADOT, Exercices spirituels et philosophie antique, 1987 – A. M. HAAS, Gottleiden–Gottlieben, 1989, 97–109 [Lit.] – B. MCGINN, The Presence of God, 1992ff. [Lit.].

Vita Adae et Evae, Geschichte der Voreltern nach ihrer Vertreibung aus dem Paradies bis zu ihrem Tod, auf der Grundlage einer verlorenen, mutmaßl. vorchr. (1. Jh. v./n. Chr.) hebr./aram. (griech.?) Vita in griech. (»Apokalypse des Mose«) und lat. Sprache und weiteren Übers. en ins Arm., Georg. und Slav. erhalten, verwandt mit verschiedenen »Adamsbüchern« (»Schatzhöhle«). Sie berichtet von der Buße der beiden im Jordan, von Evas erneuter Verführung durch den Satan, von ihrer Nachkommenschaft, dem Gang des Seth und Evas zum Paradiesestor, um für Adam im Sterben das Öl der Barmherzigkeit zu erlangen (vgl. →Nikodemusevangelium, c. XIX), von der Vision Seths (Begräbnis Adams im Paradies und göttl. Verheißungen) und vom Bericht Evas vor ihrem Tod über den Sündenfall, dessen Geschichte sie ihren versammelten Kindern auf Stein und Ton aufzuzeichnen befahl. P. Ch. Jacobsen

Ed.: W. MEYER, AAM I. cl., 14. Bd., 3. Abh., 1879 [2 lat. Fassungen] – D. BERTRAND, La vie grecque d'Adam et d'Ève, 1987 – *Lit.:* EM I, 89–99 [L. RÖHRICH] – LThK³ I, 188f. [F. DEIXINGER – C. SCHOLTEN] – RBMA I, V. A. et E. (Apocalypsis Moysis), Nr. 74, 1–40, 26–31 – RGG I, 91 [R. MEYER].

Vita S. Alexii. Leben des hl. Alexius v. Edessa (Fest: 17. Juli, Griechen 17. März, Monophysiten Syriens 12. März), eines Asketen und Gottesmannes (homo Dei: Festevangelium Mt, 19, 29ff.; Festepistel I. Tim 6, 6ff.); Kern der syr. Vita (5. Jh.): Ein röm. Patrizier, von seinen Eltern zur Ehe bestimmt, flieht am Hochzeitstag nach Edessa. Dort stirbt er nach verborgenem Leben in Armut. Griech. Erweiterung der Vita vor dem 9. Jh.: Der jetzt Alexius (A.) Genannte verpflichtet seine Braut zum Jungfräulichkeitsgelübde, flieht nach Edessa, kehrt ungewollt nach Rom zurück, wo er 17 Jahre unerkannt im Elternhaus lebt, arm und verlassen stirbt. Nach seinem Tod wird das Geheimnis seiner Person offenbart. Diese u. a. vom Hymnographen Joseph im Kanon zum Fest des A. benutzte Legende wurde auch im ganzen Abendland lit. (afrz. →Alexiuslied, →Konrad v. Würzburg) wie künstler. (z. B. Rom: S. Alessio, S. Clemente) rezipiert. 978 wurde die Bonifatiuskirche auf dem Aventin A. geweiht. Die ältesten bekannten lat. Viten sind die Versionen A und B. Vita B wurde 1724 von den Bollandisten ediert; sie war Vorlage für die Mehrzahl der lat. A.viten in Vers und Prosa, für das →Marbod v. Rennes zugeschriebene Hexametergedicht (12. Jh.), in Vagantenzeilen abgefaßte Vita Multi post dominice tempus passionis, den Rhythmus Pater Deus Ingenite (11. Jh.), zwei Hexameterviten, das umfangreiche Gedicht des Joseph Bripius sowie für die Prosafassungen des →Speculum historiale, der →Legenda aurea, der →Gesta Romanorum und des →Catalogus martyrum et sanctorum. Nach seiner Konsekration wurde das Schicksal des hl. A. zum Thema zahlreicher lat. Hymnen, Sequenzen und Gebete, er selbst zum beliebten Fürsprecher bei Gott. Die heroische Askese des A. hat zweifellos zur außerordentl. Verbreitung der A.vita beigetragen. Hugo v. Hofmannsthals Interpretation ist ein beredter Beweis für den Lebensgehalt der über 1000jährigen Vita.

F. Wagner

Q.: BHG 51–56 – BHL 286–301 – BHO 36–44 – AASS Jul IV, 238–270 – *Lit.:* EM I, 291–295 [mit Lit.] – LCI V, 90–95 – LThK³ I, 381f. – TRE II, 264–266.

Vita Ambrosiana → Terenz

Vita apostolica. Um eine Lebensform, die sich am apostol. Ursprung orientiert, geht es in diesem Konzept christl. Existenz, das seit Origenes (GCS X, 421) bes. den asket. Verzicht auf Besitz und Ehe meint. In monast. Bewegung und klerikaler »vita communis« wirksam, inspiriert die V. a. im 11. Jh. die Gregorian. Reform des ma. Klerus (röm. Synode 1059 – MANSI 19, 873), oft im Wettstreit zw. Kanonikern und Mönchen (Rupert v. Deutz zugeschrieben: »De vita vere apostolica«, MPL 170, 609–664). Amtl. Vollmacht und asket. Berufung, beide vom apostol. Ursprung her begründet, werden unterschiedl. gewichtet. Doch Leben in Gemeinschaft ohne Privateigentum und Ehe wird als »regula apostolica« das Ideal für die Ausübung amtl. Vollmacht. Der Rückgriff auf den Ursprung führt im 12. Jh. zu neuen religiösen Bewegungen, die entweder im Widerspruch zur amtl. verfaßten Kirche (z. B. →Katharer, bald auch →Waldenser) oder im kirchl. Rahmen das ursprüngl. Wanderapostolat erneuern. Obwohl sie eher am evangel. Beispiel Jesu und seiner Jünger orientiert sind, fördert das Konzept der V. a. ihre monast. bzw. klerikale Assimilation (z. B. Stephan v. Muret, →Grammontenser, →Robert v. Arbrissel,

Orden v. →Fontevrault, →Norbert v. Xanten, →Prämonstratenser). Im 13. Jh. erscheinen die →Bettelorden als neue Form der V. a., bes. die Predigerbrüder des →Dominikus, während die »vita evangelica« nach →Franziskus sich diesem traditionell monast.-klerikalen Konzept nicht so leicht anpassen läßt.

J. Schlageter

Lit.: DSAM XII, 1121–1131 – TRE III, 473–477 – H. GRUNDMANN, Religiöse Bewegungen im MA, 1935 [Neudr. 1961] – M. H. VICAIRE, L'imitation des apôtres. Moines, chanoines, mendiants, 1963 – D. V. LAPSANSKI, Perfectio evangelica, VGI 22, 1974 – U. HORST, Evangel. Armut und Kirche, 1992.

Vita communis. Diese in →Klöstern und →Stiften, aber auch laikalen Gruppen geübte Lebensweise sah die Gemeinschaft von Wohnung, Tisch und Gütern bei Gleichförmigkeit von Kleidung und Nahrung unter einheitl. Leitung vor; sie ist nach ihrer Haltung zu Arbeit, Gebet, Askese und Studium zu unterscheiden. Der Gedanke einer Lebensgemeinschaft entstand unter →Koinobiten am Vorbild der Urgemeinde und entwickelte sich in Abgrenzung zum →Eremitentum. Die Grundformen des Ordenswesens wurden durch die →Regula s. Benedicti für →Mönche (mit persönl. Armut bei Gemeinbesitz unter strengem Gehorsam gegenüber dem Vorsteher) vereinheitlicht. In Anlehnung daran wie an röm. Gewohnheiten und ältere Synodalstatuten führte Bf. →Chrodegang v. Metz um 755 mit der Regula Canonicorum einen kl. ähnlichen Lebenswandel auch für den Kathedralklerus ein. Ursprünge lagen in der räuml. Nähe von Bf.shof und Domkapitel, das mit dem Diözesanoberen Mahlzeit und Schlafstätte teilte und aus der mensa canonica versorgt wurde; die Intensivierung von →Gottesdienst und →Stundengebet verlangte eine strukturierte Tagesordnung. Mit den als verbindl. Richtschnur für die gesamte nichtmonast. Geistlichkeit des Frankenreiches geltenden →Institutiones Aquisgranenses v. 816 (c. 15) wurden den Kanonikern die Nutzung individuellen Erwerbs und die Trennung von Präbenden zugestanden. Die Vorgabe eines gemeinsamen Refektoriums und Dormitoriums wurde im Laufe der Zeit zugunsten von selbständigen Haushalten und Privatunterkünften aufgegeben. Leitidee späterer Erneuerungsbestrebungen wurde die Aufhebung der freien Eigentumsbestimmungen des karol. Regelwerks. Vor dem Hintergrund einer intensiven Wahrnehmung der ird. Existenz Christi und auf das apostol. Armutsideal ausgerichtet, erkannten einzelne Kanonikergemeinschaften in der um Augustinus versammelten Klerikergemeinde ein nachahmenswertes Beispiel. Die Reformen unter →Nikolaus II. auf der Lateransynode v. 1059 (c. 4) schrieben dem gesamten Säkularklerus grundsätzl. vor, pastorales Amt mit klösterl. Zucht zu verbinden (D. 32 c. 6). Normativen Rang erhielt ein durch strikte Disziplin (districtio monachia) geordnetes priesterl. Leben. Von →Petrus Damiani und →Gregor VII. propagiert, konnte sich eine Regulierung von Chorherren mit feierl. →Profeß nachhaltig in →Kongregationen und einzelnen →Kollegiatstiften durchsetzen. Die beiden unter →Regularkanonikern befolgten Regeln, das Praeceptum (→Augustinusregel) und der Ordo monasterii (→Augustiner-Chorherren), hatten jeweils eine andere Ausgestaltung des kommunitären Alltags festgelegt. In zahlreichen Disputen um das authent. Verständnis ihrer Observanz geriet ein der strengeren Ordnung folgender ordo novus in dauernden Widerspruch zum ordo antiquus, der Freiräume in der persönl. Lebensführung zuließ; stets blieb die Gefahr, daß eigenrechtl. Kommunitäten geschaffen wurden, die ihre liturg. Pflichten vernachlässigten. Im Zuge der →Devotio moderna des 14. und 15. Jh. schlossen sich

in bewußter Absetzung vom traditionellen Mönchtum die →Brüder vom gemeinsamen Leben zusammen – von der Welt zurückgezogen, doch ohne Regel oder Gelübde – und bildeten einen Status tertius aus, der Vorstufe zu Ordensstand bzw. Priesterschaft sein konnte. A. Rüther
Lit.: DSAM II, 1156–1161 – LThK² X, 817f. – Ch. Dereine, Vie commune, règle de Saint Augustin et chanoines réguliers au XIᵉ s., RHE 41, 1946, 365–406 – Ders., Le Problème de la vie commune chez les canonistes, d'Anselme de Lucques à Gratien, StGreg 3, 1948, 287–298 – La Vita comune del clero nei secoli XI e XII, 1962 – F. Poggiaspalla, La vita comune del clero dalle origini alla riforma gregoriana (Uomini e dottrine, XIV, 1968), 152–158 – M. Zacherl, Die V. c. als Lebensform des Klerus in der Zeit zw. Augustinus und Karl d. Gr., ZKTh 92, 1970, 385–424 – K. Elm, Die Bruderschaft vom gemeinsamen Leben (Ons geestelijk erf 59, 1985), 470–496 – G. Picasso, Gregorio VII e la disciplina canonica, StGreg 13, 1989, 151–166 – H.-J. Derda, V. c. Stud. zur Gesch. einer Lebensform im MA und NZ, 1992 – J. Semmler, Die Kanoniker und ihre Regel im 9. Jh. (Stud. zum weltl. Kollegiatstift in Dtl., hg. I. Crusius, 1995), 62–109.

Vita Cuthberti, erstes schriftl. Zeugnis über St. →Cuthbert († 687) und dessen Kult, verfaßt von einem anonymen Mönch aus →Lindisfarne, der im Auftrag von Bf. Eadfrith (698–721) schrieb. Die Niederschrift der V. ist aufgrund einiger im Text enthaltener Bezüge zw. 699 (mindestens ein Jahr nach der 698 erfolgten Translatio des Hl. n) und 705 (Todesjahr Kg. →Aldfriths v. Northumbria) anzusetzen. Q. ist die mündl. Überlieferung in Lindisfarne. Der Anonymus verzeichnet meistens sehr sorgsam die Namen der Augenzeugen und der Begünstigten der von Cuthbert vollbrachten Wunder sowie deren Schauplätze. Die V. ist in vier Bücher eingeteilt, entsprechend den vier Phasen des Lebens des Hl. n: Kindheit und Jugend, Eintritt ins Kl., Einsiedlerleben auf der Insel Farne, Episkopat in Lindisfarne. Vorbilder des Anonymus waren die »Vita s. Martini« von →Sulpicius Severus, die von →Evagrios aus der griech. Originalfassung des →Athanasios übersetzte »Vita s. Antonii« und die »Dialogi« →Gregors d. Gr. Im Vergleich zu der zeitgenöss. insular-lat. hagiograph. Literatur ist in der V. ein Mangel an phantast. Elementen zu beobachten. Die anonyme V. war die Basis der wenig später von →Beda verfaßten Überarbeitungen: die »Vita s. Cuthberti metrica« (705–716) und die neue Prosafassung der »Vita s. Cuthberti« (um 721), die ebenfalls von Bf. Eadfrith in Auftrag gegeben worden war und sich auf Kosten der anonymen älteren V. in der insularen hsl. Überlieferung durchsetzte. C. Bottiglieri
Ed.: BHL, 2019 – B. Colgrave, Two Lives of St. Cuthbert, 1940 [Nachdr. 1969 u. ö.]. – *Lit.:* W. Berschin, Biographie und Epochenstil im lat. MA, II, 1988, 266–284 – St. Cuthbert, his Cult and his Community to AD 1200, hg. G. Bonner, D. W. Rollason, C. Stancliffe, 1989.

Vita Edwardi regis, älteste Lebensbeschreibung →Eduards des Bekenners, noch zu dessen Lebzeiten Ende 1065 begonnen. Im 1. Buch stellt der Autor, ein vom Kontinent stammender Schützling Kgn. →Ediths, zum Dank für ihre Hilfe die Gesch. ihrer Familie dar, neben den Taten ihres Gatten auch die ihres Vaters →Godwin v. Wessex und ihrer Brüder →Harald und →Tostig. Nach Eduards Tod brachte er das 1. Buch rasch zum Abschluß und fügte erst 1067 ein 2. Buch hinzu, das ganz dem spirituellen Leben des Kg.s (Wunder, Prophezeiung) gewidmet ist. Nähe zum Kg.shaus bedingt den Q.wert, kunstvolle prosimetr. Anlage die lit. Qualität: Regelmäßig eingefügte Verspartien (leonin. Hexameter) bekunden meist in Jubel und Klage die enge Anteilnahme des Autors am Geschehen. Ähnl. Funktion besitzen die zwei langen, als Dialog des Verfassers mit seiner Muse angelegten Versprologe. Die versuchte Zuschreibung an →Goscelin v. St-Bertin ist kaum zu halten, die an Folcard v. St-Bertin reine Spekulation. Die V. beeinflußte die späteren Viten Eduards, ist aber selbst nur in einer Hs. unvollst. erhalten. B. Pabst
Ed.: F. Barlow, 1992² [Lit.] – *Lit.:* B. Pabst, Prosimetrum, 1994.

Vita Gregorii → Johannes Diaconus (92. J.)

Vita Henrici IV. imperatoris. Die von einem begeisterten Anhänger →Heinrichs IV. unter dem unmittelbaren Eindruck seines Todes (7. Aug. 1106) verfaßte V., die nur in einer einzigen aus St. Emmeram zu Regensburg stammenden Hs. (heute Clm 14095), vermutl. dem Widmungsexemplar, überliefert ist, erscheint äußerl. in der Gestalt einer Totenklage. Der an klass. Autoren, bes. an Sallust geschulte Verfasser stellt das von schweren Schicksalsschlägen geprägte Leben des Ks.s ganz unter das Zeichen der laun. →Fortuna. Der nicht immer fehlerfreie Überblick über die Regierung Heinrichs IV. gipfelt in der Schilderung des im Zusammenhang mit dem Mainzer Reichslandfrieden v. 1103 gesehenen ksl. Friedenspolitik (c. 8). Konkrete hist. Bezüge treten gegenüber einer moral. Wertung der Ereignisse häufig in den Hintergrund. So findet der eigtl. Anlaß für den Konflikt mit Gregor VII. (→Investiturstreit) keine Erwähnung. Ängstl. ist der Verfasser darauf bedacht, daß das Ansehen des Papsttums keinen Schaden nimmt. Wenn der Verfasser den Ks. entgegen der Realität freiwillig abdanken läßt, dann ist dahinter das Bestreben erkennbar, die Legitimität der Herrschaft Heinrichs V. nicht in Frage zu stellen. Um den Sohn vom Verdacht des Verrats freizuhalten, wird die Empörung Heinrichs V. dem negativen Einfluß der Fs.en zugeschrieben. Die vorsichtig taktierende Haltung des auf Wahrung seiner Anonymität bedachten Verfassers paßt gut zur Persönlichkeit des mehrfach die Fronten wechselnden Bf.s →Erlung v. Würzburg. Die erstmals von W. Giesebrecht erwogene Autorschaft Erlungs, der dann auch als Dichter des →»Carmen de bello Saxonico« angesehen werden muß, ist deshalb durchaus denkbar. Die von höchster sprachl. und stilist. Meisterschaft zeugende V., die in Heinrich IV. v. a. den Förderer des Speyerer Dombaus und den consolator pauperum erkennen möchte, bezeichnet einen Höhepunkt der nicht eben zahlreich vertretenen ma. Herrscherbiographie. T. Struve
Ed.: W. Eberhard (MGH SRG [58], 1899) – I. Schmale-Ott, AusgQ 12, 1963, 407–467 [mit dt. Übers.] – *Lit.:* Manitius III, 577–581 – Wattenbach–Holtzmann–Schmale II, 378–385; III, 120*f. – Verf.-Lex. II², 603–605 [Lit.], s.v. Erlung v. Würzburg – S. Hellmann, Die V. Heinrici IV. und die ksl. Kanzlei, HVj 28, 1934, 273–334 – H. F. Haefele, Fortuna Heinrici IV. imperatoris (VIÖG 15, 1954) – H. Beumann, Zur Hs. der V. Heinrici IV. (Clm 14095), (Fschr. J. Spörl, 1965), 204–223 – J. Schneider, Die V. Heinrici IV. und Sallust, 1965 – L. Bornscheuer, Miseriae regum (Arbeiten zur FrühMAforsch. 4, 1968), 149–168 – F. Lotter, Zur lit. Form und Intention der V. Heinrici IV. (Fschr. H. Beumann, 1977), 288–329 – M. Schluck, Die V. Heinrici IV. imperatoris (VuF Sonderbd. 26, 1979) – H. Beumann, Zur Verfasserfrage der V. Heinrici IV. (Fschr. J. Fleckenstein, 1984), 305–319 – R. M. Stein, Signs and Things: The 'V. Heinrici IV. imperatoris' and the Crisis of Interpretation in Twelfth-Century History, Traditio 43, 1987, 106–119.

Vita beate virginis Marie et Salvatoris rhythmica, anonyme lat. Dichtung der 1. Hälfte des 13. Jh. von ca. 8000 paarweise gereimten Vagantenzeilen. Vier durch Prologe eingeleitete Bücher schildern das Leben Marias von der Vorgeschichte ihrer Geburt bis zur Himmelfahrt, verknüpft mit ausgewählten Teilen des Lebens Jesu. Die schlichte, oft redundante Darstellung unterbrechen deskriptive (Beschreibung Marias 665–760 und Jesu 3124–3315) und didakt.-erbaul. Partien (Soliloquium

3450–3621; regula Mariae 6612–6741), ferner Serien von Planctus und Laudes (5004–5807 bzw. 7496–7961). Der vielleicht im SO des dt. Sprachraumes wirkende Verfasser selbst charakterisiert die Vita als naives Marienlob, kompiliert aus zahlreichen, auch apokryphen Q., die er in Marginalien angibt.

Der reichen hs. Tradition (60 Hss.) entspricht der Einfluß der Vita als Ganzes und in Auszügen auf die lat. und v. a. dt. spätma. Marienlit. (Walther v. Rheinau, Philipp v. Seitz; theol. Epilog →Hugos v. Trimberg).   P. Orth

Ed.: A. VÖGTLIN, 1888 [Korrekturen und Marginalien bei M. PÄPKE, Das Marienleben des Schweizers Wernher, 1913, 119–170] – *Lit.*: BHL 5347 – WALTHER 17250 – Verf.-Lex.² IV, 280f.; VII, 593f., 596f. [Lit.] – Marienlex. VI, 1994, 644–646 [Lit.] – S. SCHMOLINSKY (Maria in der Welt. Marienverehrung im Kontext der Sozialgesch. 10.–18. Jh., 1993), 81–93.

Vita Meinwerci episcopi Patherbrunnensis. Die wohl um 1160 in seiner Kl. gründung Abdinghof entstandene V. vermittelt vor dem Hintergrund des Reichsgesch. ein lebensvolles Bild des in der Sorge um seine Kirche aufgehenden Bf.s →Meinwerk v. Paderborn. Der Verfasser konnte sich hierfür auf die in →Paderborn reichl. vorhandene Überlieferung, insbes. auf die im Dom- und Kl. archiv aufbewahrten Urkk., stützen. Im Mittelpunkt der V. stehen weniger die für die Gattung typ. Wundergeschichten, sondern eine Bestandsaufnahme der Rechts- und Besitztitel der Paderborner Kirche (c. 31–129). Mit der nach Stand und Geschlecht geordneten Aufzählung der Tradenten sollte jedoch nicht nur ein Beispiel für vorbildl. Frömmigkeit gegeben werden; deutl. ist vielmehr das Bestreben, durch Eingriffe in die Vorlagen die Rechtsverhältnisse zugunsten des Kl. bzw. der bfl. Kirche zu verbessern. Der als Verfasser der V. ermittelte Abt Konrad v. Abdinghof (1142–73), der auch als Urheber der sog. Abdinghofer Fälschungen zu gelten hat, hat sich für diese Manipulationen auf Meinwerk selbst berufen, dessen widerrechtl. Handlungen zugunsten seiner Kirche als pia violentia (c. 184) gerechtfertigt werden. Aufgrund des vielfach allein hier überlieferten urkundl. Materials ist die V. eine wichtige Q. nicht nur für die Lokalgesch., sondern auch für die wirtschaftl. und gesellschaftl. Verhältnisse des nordwestdt. Raumes.   T. Struve

Ed.: F. TENCKHOFF (MGH SRG [59], 1921) – *Lit.*: MANITIUS III, 611–613 – WATTENBACH–HOLTZMANN–SCHMALE II, 72; III, 28* – KL. HONSELMANN, Der Autor der V. vermutl. Abt Konrad v. Abdinghof, WZ 114, 1964, 349–352 – H. BANNASCH, Fälscher aus Frömmigkeit (Fschr. W. HEINEMEYER, 1979), 224–241.

Vita S. Nili, eines der wichtigsten Zeugnisse der italogriech. und gesamtbyz. hagiograph. Lit. (BHG 1370). Ihr Protagonist ist →Neilos v. Rossano (Kalabrien), *um 910, † 1004, der Gründer des Kl. S. Maria di Grottaferrata bei Rom. Der Verfasser der Vita ist einer seiner Schüler, dessen Identität noch ungeklärt ist (Bartholomäus v. Grottaferrata?). Er liefert genaue und konkrete Informationen über Neilos' spirituellen Weg und seine Lebensschicksale: Die Jahre, in denen er der Schüler des hl. Phantinos d. Jüngeren war, seine Askese, sein Verhältnis zu Ks. Otto III., der Besuch in →Montecassino und sein Dialog mit den Benediktinermönchen. Die Erzählung spiegelt mit ungewöhnl. Genauigkeit die hist. Realität wider und läßt der üblichen Topik nur wenig Raum. Zu dieser lebhaften Schilderung des italogriech. Mönchtums in seiner Blütezeit trägt auch die bes. eindringliche Sprache und der persönl., wirkungsvolle Stil bei. In mehrfacher Hinsicht erhebt sich also diese Vita weit über das übliche Niveau der griech. Hagiographie und wurde zu Recht als Meisterwerk bezeichnet.   E. V. Maltese

Ed.: G. GIOVANELLI, Βίος καὶ πολιτεία τοῦ ὁσίου πατρὸς ἡμῶν Νείλου τοῦ Νέου, 1972 (neugriech. Bearb. 1991, MAXIME) – *Übers.*: G. GIOVANELLI, Vita di S. Nilo fondatore e patrono di Grottaferrata, 1966 – *Lit.*: J.-M. SANSTERRE, Les coryphées des apôtres, Rome et la papauté dans les Vies des Saints Nil et Barthélemy de Grottaferrata, Byzantion 55, 1985, 516–543 – Atti Congr. internaz. su S. Nilo di Rossano, 28 sett.-1° ott. 1986, 1989.

Vita Notkeri Balbuli. Die lat. Lebensbeschreibung →Notkers I., in Cod. Sangall. 556, 325ᵃ–358ᵇ als Autograph enthalten, wurde nicht vor 1220 (vermutl. 30er Jahre des 13. Jh.) wohl in →St. Gallen verfaßt. Als Vorlage dienten v. a. die Casus s. Galli →Ekkehards IV. (gut die Hälfte des Textes). Der anonyme Autor berichtet, daß Papst Innozenz III. Abt Ulrich VI. v. Sax aufgefordert habe, die Verehrung Notkers zu fördern. Die Darstellung betont die Strenge der mönch. Lebensführung Notkers und rühmt seine Sequenzendichtung. Nach einer ersten Abschrift des Werkes Mitte des 15. Jh entstand 1526 eine weitere in Cod. Sangall. 613, 151–235; an diese schließen sich die Akten der Kanonisierung Notkers an (erfolgte 1513 in päpstl. Auftrag für die Diöz. Konstanz). Eine dt., wohl von dritter Seite erstellte Fassung wurde von Conrad Haller niedergeschrieben (Cod. Sangall. 590 v. J. 1522, 7–310).   Ch. Bretscher-Gisiger

Ed.: E. LECHNER, Die V. N. B. [Diss. Innsbruck 1969], 1–80 – *Lit.*: BHL 6251 – Verf.-Lex.² VI, 1185f. [P. STOTZ] – E. LECHNER, V. N. B. Geistesgesch. Standort und hist. Kritik (Mitt. zur vaterländ. Gesch., hg. Hist. Verein des Kantons St. Gallen, 47, 1972) – J. DUFT, Notker der Stammler in St.-Galler Mss. (DERS., Die Abtei St. Gallen, II, 1991), 127–135.

Vita Sancti Sabae Hierosolymitani, verfaßt von →Kyrillos v. Skythopolis um die Mitte des 6. Jh. (BHG II 1608), verbreitete sich sehr rasch und wurde bald epitomiert. Die in der 2. Hälfte des 10. Jh. von →Symeon Logothetes, gen. Metaphrastes (10. S.; BHG 1610), angefertigte Fassung wurde von Lipomano und Surio in ihre Slg. en aufgenommen. Die von Kyrillos verfaßte Vita wurde in das Georg. (GARITTE, 403–404) und in das Lat. (BHL 7406) übersetzt: letztere, noch nicht in den Acta Sanctorum ed. Version, wurde nach SIEGMUND, 272 von griech. Mönchen, die in oder bei Rom lebten, angefertigt; den einzigen konkreten Hinweis auf die Entstehung bieten jedoch die Hss., die die lat. V. überliefern, von denen die ältesten auf das 11. Jh. zu datieren sind und meistens aus dem Cassines. Umkreis stammen, wo der hl. →Saba seit dem Anfang des 11. Jh. (Martyrologien) verehrt wurde. Einige Fragmente einer vielleicht früheren Übersetzung finden sich in den »Acta« I und V des zweiten Konzils v. →Nikaia, die von →Anastasius Bibliothecarius übersetzt wurden. Von dem Mönch →Teuzo stammt eine durch eine Prosavorrede eingeleitete Hexameterfassung (237 Verse) von drei Kapiteln (76–78) des Kyrillos-Textes, die die Bedeutung des in Christi Namen vollzogenen Gehorsams herausstreichen (BAV, Archivio S. Pietro A 5 [fol. CCLVIII–CCLXV]).

M. Cortesi

Ed.: E. SCHWARTZ, Kyrillos v. Skythopolis, 1939, TU 49,2, 85–200 – L. Lipomano, De vitis sanctorum, VI, Venedig 1581 – L. Surio, De probatis sanctorum historiis partim ex tomis Aloysii Lipomani ... collectis, IV, Köln 1575 – A. SIEGMUND, Die Überlieferung der griech. christl. Lit. in der lat. Kirche bis zum zwölften Jh., 1949 – G. GARITTE, Le Calendrier palestino-géorgien du Sinaiticus 34 X siècle, 1958 – M. CORTESI, Teuzone e Bellizone tra grammatica e agiografia (La biblioteca di Pomposa, 1994), 67–150.

Vita, Fra, Baumeister und Bildhauer der ersten Hälfte des 14. Jh. aus Kotor (Montenegro), wo er als Franziskaner im dortigen Minoritenkl. lebte. Im Auftrag der serb. Kg.e Stefan Uroš Dečanski († 1331) und Stefan Dušan (1331–55, seit 1345 Ks.) erbaute er an der Bistrica in der

Provinz Metohien (Serbien) die für die serb. ma. Architektur sehr bedeutende, monumentale Klosterkirche →Dečani im romano-got. Stil. Die dreischiffige Kuppelbasilika ist in ihrer inneren Konstruktion nach dem byz.-liturg. Codex der Raška-Schule errichtet worden, die Außenfassaden jedoch in romano-got. Stil, versehen mit einer plastischen, inhaltl. ikonograph. reichen Dekorierung. Die Ausschmückung knüpft in roman. Nachahmung an die Tradition der Klosterkirche von →Studenica aus dem 12. Jh. an. Meister V. hinterließ am Tympanon des Südportals seinen Namen in der kyrill.-serb. Inschrift: dt. »Fra Vita, Kleiner Bruder, Protomeister aus Kotor, der Stadt der Könige, erbaute diese Kirche Hl. Pantokrator dem Herrn Stefan Uroš III. und seinem Sohn, dem Herrn König Stefan. Sie wurde in acht Jahren erbaut und im Jahre 1335 ganz vollendet.«

Die beiden Meister aus Dečani und Studenica arbeiteten in roman. Stil unter lombard. künstler. Einfluß. In Dečani sind, neben V., auch weitere anonyme Mitarbeiter als Helfer bei der plast. Dekorierung tätig gewesen, deren Arbeit man stilistisch in einigen Gruppen erkennen kann. Studenica zuvor und dann Dečani indizieren, daß an der Süd-Adriaküste Dubrovnik und Kotor eine Brückenposition einnahmen, von der aus die westl. Kunst tief ins serb. Binnenland eindrang, das nach byz. Ritus lebte. Die Skulpturen und die reliefplast. Dekoration zeigen in Dečani das hohe künstler. Niveau des Meisters V. als eines von westl. Kultur geprägten, hervorragenden Baumeisters und Bildhauers in Südosteuropa. D. Nagorni

Lit.: RByzK I, 1161–1178, Abb. 1–4 [Dečani; Dj. MANO-ZISSI] – V. PETKOVIĆ–Dj. BOŠKOVIĆ, Manastir Dečani, I–II, 1941 – R. KOVIJANIĆ, Vita Kotoranin. Neimar Dečana, 1962 – A. DEROKO, Monumentalna i dekorativna arhitektura u srednjevekovnoj Srbiji, 1962, 77–85, Abb. 103–119, 133–142.

Vitae patrum → Vitas patrum

Vital de Cañellas → Vidal de Canellas

Vitale da Bologna (Vidalino di Aimo de Equis), * vor 1309, † zw. 1359 und 1361. V. war um die Mitte des 14. Jh. der führende Maler in Bologna und im östl. Oberitalien. Ausgehend von →Giotto sowie von der rimines., florentin. und sienes. Giotto-Nachfolge, verband er in seinem Schaffen Stilelemente des frühen Trecento mit der gesteigerten Expressivität und Realistik des mittleren 14. Jh. Hauptwerke: 'Hl. Georg als Drachentöter' (Bologna, Pinacoteca Naz.); 'Madonna dei denti' (signiert und datiert 1345; Bologna, Palazzo Davia-Bargellini); Polyptychon aus S. Salvatore in Bologna (Bologna, Pinacoteca Naz.); Fresken bzw. Freskenfragmente aus dem Refektorium von S. Francesco in Bologna, aus S. Apollonia in Mezzaratta (Bologna, Pinacoteca Naz.), im Dom v. Udine, in der ehem. Abteikirche v. Pomposa und in S. Maria dei Servi in Bologna. J. Poeschke

Lit.: C. GNUDI, V. da B., 1962 – R. D'AMICO–M. MEDICA, V. da B., 1986 – C. GNUDI-P. CASADIO, Itinerari di V. da B.: Affreschi a Udine e a Pomposa, 1990.

Vitalian, hl. (Fest: 27. Jan.), Papst seit 30. Juli 657, * Segni, † 27. Jan. 672 Rom, ⌑ ebd., St. Peter. Er zeigte Ks. →Konstans II. ordnungsgemäß Wahl und Weihe unverzügl. an. Die dogmat. Beschlüsse der Lateransynode v. 649 gegen den →Monotheletismus stellte V. in den Hintergrund. 663 besuchte Konstans II. Rom, mußte aber seine Pläne einer Schwerpunktverlagerung nach dem W wegen der Langobardenmacht aufgeben. Am 1. März 666 löste der Ks. die Kirche v. →Ravenna aus dem röm. Patriarchat und erklärte sie für autokephal. V. förderte die Abkehr Englands vom iroschott. Kirchenbrauch (Synode v. →Whitby 664) und bestimmte →Theodoros (1. Th.) zum Ebf. v. Canterbury. Nach der Ermordung Konstans' II. unterstützte V. dessen Sohn →Konstantin IV. Die von Gregor I. eingerichtete Chorschule im Lateran erfuhr unter V. reichen Ausbau (→Gregorian. Gesang). G. Schwaiger

Q.: MPL 87, 999–1010 – JAFFÉ[2] I, 235–237; II, 699, 740 – LP I, 343–345; III [Register] – Lit.: E. CASPAR, Gesch. des Papsttums, II, 1933 [Register] – O. BERTOLINI, Roma di fronte a Bisanzio e ai Longobardi, 1971, 355–364 – V. MONACHINO, I tempi e la figura del papa Vitaliano (Fschr. E. DUPRÈ THESEIDER, 1974), 573–588 – Bisanzio, Roma e l'Italia nell'Alto Medioevo, 2 Bde, 1988 – J. N. D. KELLY, Reclams Lex. der Päpste, 1988, 90f. – R. SCHIEFFER, Kreta, Rom und Laon. Vier Briefe des Papstes V. v. J. 668 (Fschr. H. FUHRMANN, 1991), 15–30 – PH. LEVILLAIN, Dict. hist. de la papauté, 1994, 1729.

Vitalienbrüder. Die Gefangennahme →Albrechts III. v. Mecklenburg, Kg. v. Schweden, 1389 durch die Kgn. Margarete v. Dänemark löste in den folgenden Jahren einen schweren Konflikt zw. Dänemark und Mecklenburg aus, in dem es im Grunde um die Herausdrängung des mecklenburg. Herrscherhauses aus Skandinavien ging. Die Mecklenburger griffen ab 1391 zu einem ungewöhnl. Mittel, indem sie »allen, die das Reich Dänemark schädigen« wollten, die Häfen →Rostock und →Wismar öffneten. Verstreut operierende Seeräuber und Entwurzelte wurden unter der Führung des verarmten mecklenburg. Landadels zusammengefaßt und griffen unter dem Namen »Vitalienbrüder« in den Krieg ein. Die V. lösten sich wider Erwarten nach dem Friedensschluß 1395 und dem Rückzug der adligen Hauptleute nicht auf, sondern etablierten sich auf Gotland, bis sie 1398 von einer Flotte des Hochmeisters der Dt. Ordens, →Konrads v. Jungingen, vertrieben wurden. Die V. wichen in die Nordsee zu den ostfries. →Häuptlingen aus, wo sie sich trotz wiederholter hans. Angriffe bis zur Zerstörung der Sibetsburg 1435 halten konnten. Die berühmtesten Exponenten der V. sind Klaus Störtebeker und Godeke Michels, deren Gesch.sbild allerdings stark durch die Mythen- und Legendenbildung späterer Jahrhunderte geprägt wurde. M. Puhle

Lit.: K. KOPPMANN, Der Seeräuber Klaus Störtebeker in Gesch. und Sage, HGBll Jg. 1877, 37–58 – M. PUHLE, Die V. Klaus Störtebeker und die Seeräuber der Hansezeit, 1994[2].

Vitalis und Agricola, hll., Märtyrer in Bologna, deren Leiber vom dortigen Bf. Eustathius, nicht vom hl. →Ambrosius aufgefunden wurden, wie dessen Biograph Paulinus behauptet (Vita Ambr. 29, 1). Ambrosius nahm 393 oder 394 an der Translation der Reliquien A.s teil und legte einige davon in einer Basilika in Florenz nieder (Exhort. virg. 1); seinem Bericht zufolge war V. ein Sklave von A., der seinem Herrn im Martyrium vorausging und nach verschiedenen Foltern gekreuzigt wurde. Da die Leiber der Märtyrer im jüd. Friedhof Bolognas bestattet wurden, nahm man deshalb an, daß beide – oder zumindest A., der eine im allg. bei röm. Bürgern nicht angewandte Hinrichtungsart erlitt – jüd. Herkunft waren. Hist. wertlos ist der fälschl. Ambrosius zugeschriebene Brief über die Auffindung der Reliquien und die Passion von V. und A., in dem das Martyrium auf einen 4. Nov. in der Regierungszeit Diokletians und Maximinians angesetzt wird. Reliquien von A. finden sich bereits 396 in Rouen, von V. und A. 403 in Nola und um die Mitte des 5. Jh. in Clermont. In Rom und in Ravenna wurden Anfang des 5. Jh. die Reliquien von V. mit denen der Mailänder Märtyrer Gervasius und Protasius verbunden, vielleicht weil sie eine Schenkung der Mailänder Kirche waren, die nur die Reliquien eines der beiden Märtyrer von Bologna besaß. Das erklärt, daß in beiden Städten den Hl. n V., Gervasius und Protasius eine Kirche geweiht wurde, in Rom die Basilika des Titulus Vestinae, seit dem 6. Jh. als San Vitale bekannt, in Ravenna die Basilika San Vitale, die von Bf. Ecclesius (522–542) auf den Resten des von Galla Placidia (die 409 mit den Reliquien der drei Hl. n nach Ravenna gekommen war) gegründeten Vorgängerbaus errichtet wurde. Die Verbindung von V. mit den beiden Mailänder Märtyrern ließ im 5. oder 6. Jh. eine neue Legende entstehen, die Gervasius und Protasius zu Söhnen von Valeria und V. macht, einem miles consularis, der zusammen mit dem Arzt Ursicinus in Ravenna das Martyrium erlitten habe. Das Fest der Märtyrer V. u. A. wird im Mart. Hieron. am 3. und 27. Nov. und am 3. Dez. begangen, später aber durch den 4. Nov. ersetzt (Bologneser Calendarium des 9. Jh.), im Mart. Rom. werden V. v. Ravenna und seine Gattin Valeria am 28. April kommemoriert. Auf diesen Tag setzen einige ma. Martyrologien die Kommemoration eines V., Märtyrers in Rom oder in Ravenna, es handelt sich aber wahrscheinl. um den Jahrestag der Weihe der gleichnamigen Basilika in einer der beiden Städte.

F. Scorza Barcellona

Q.: BHL 8689–8696; Novum Suppl. 8689–8695 [V. und A.]; BHL 8699–8704; Novum Suppl. 8700–8704 [V. v. Ravenna] – AASS Apr. III, 562–565 [V. v. Ravenna]; Nov. II, 1, 233–253 [V. und A.] – *Lit*.: Comm. Mart. Hier. 584–585; 623–624 – Comm. Mart. Rom. 159–160 [V. v. Ravenna]; 495–496 [V. und A.] – Vies des Saints, XI, 132–139 – EC XII, 1520 – LThK² X, 821 – Bibl SS XII, 1225–1228 [V. und A.]; 1229–1231 [V. v. Ravenna] – LCI VIII, 576–577 [V. v. Ravenna]; 579 [V. und A.] – Vitale e A. Il culto dei protomartiri bolognesi attraverso i secoli, hg. G. FASOLI, 1993.

Vitalis

1. **V. v. Blois**, 12. Jh., gilt als Erfinder der sog. →Elegienkomödie. Von ihm sind zwei Werke erhalten: »Geta« (1125–1130) und »Aulularia« (um 1145), mit denen er Plautus nachahmen will, vielleicht aber nur spätantike Bearbeitungen imitiert (BRAUN, BERTINI 1987). Sein Vorbild in sprachl. Hinsicht ist Ovid; es finden sich jedoch auch Echos anderer klass. Autoren wie Horaz, Terenz, Maximianus (RATKOWITSCH, BERTINI 1992, PILLOLLA, SMOLAK). »Geta« entspricht dem plautin. »Amphitruo«; die »tragicomedia« von dem theban. Feldherrn wandelt sich zur Satire über den falschen Philosophen, der am Schluß bekennen muß: Reddidit insanum de me dialectica stulto (V. 419). Die Komödie läuft also darauf hinaus: Versucht einer, dem es an Verstand mangelt, die Dialektik zu erlernen, wird er verrückt (BERTINI 1981, RIEDEL). Die »Aulularia« ist nach dem Vorbild des anonymen spätantiken »Querolus« gearbeitet. Im »Geta« gibt V. eine meisterhafte Charakterisierung der Sklaven Geta und Byrrhia. In der »Aulularia« sind seine Darstellungen von Sardana (BERTINI 1974, MOLINA SANCHEZ) und von Gnaton hervorzuheben, dem ehem. Sklaven und seinem ihm ebenbürtigen Komplizen (die ohne Erfolg den Protagonisten Querolus um sein väterl. Erbe bringen wollen) sowie die subtile Parodie des →Bernardus Silvestris und der Philosophenschulen v. Chartres und Paris (BERTINI 1979). »Geta«, von dem mehr als 100 Hss. erhalten sind, in den gesamten Text, Auszüge oder Florilegien bieten, war bis zur Renaissance in volkssprachl. Versionen in Italien, Spanien und Frankreich verbreitet (BERTINI 1980). Die »Aulularia« ist nur in zwei Hss. sowie in einem umfangreichen Auszug in 200 Versen und einem frühen Druck (BERTINI 1994) überliefert.

F. Bertini

Ed.: F. BERTINI (Commedie lat. del XII e XIII s., I, 1976, 7–137; III, 1980, 139–242 [mit it. Komm.]) – J. SUCHOMSKI – M. WILLUMAT, Lat. Comediae d. 12. Jh., 1979, 63–135, 246–257 [mit dt. Üb., Komm.] – *Lit*.: F. BERTINI, Il personaggio di Sardana nell'»Aulularia« di V. Ipotesi sull'origine di un nome, MR I, 1974, 365–374 – DERS., Il »Geta« di V. e la scuola di Abelardo, Sandalion 1, 1979, 257–265 – DERS., Anfitrione e il suo doppio: da Plauto a Guilherme Figueiredo (La semiotica e il doppio teatrale, 1981), 307–336 – M. MOLINA SÁNCHEZ, Los personajes de Sycophanta y Sardanapallus del Querulus y sus correspondientes en la Aulularia de V., MR 10, 1985, 339–347 – L. BRAUN, Die 'dramat.' Technik des V. und sein Verhältnis zu seinen Q. (The Theatre in the MA, 1985), 60–83 – F. BERTINI, Da Menandro e Plauto alla commedia lat. del XII s. (Filologia e forme letterarie, Fschr. F. DELLA CORTE, V, 1987), 319–333 – K. RATKOWITSCH, Die Wirkung der Elegien Maximians auf die Comoediae elegiacae des V. und Wilhelms v. B., WS 100, 1987, 227–246 – F. BERTINI, Terenzio nel »Geta« e nell'»Alda«, Maia 44, 1992, 273–276 – M. P. PILLOLLA, Presenze terenziane in V., ebd., 277–284 – F. BERTINI, La commedia elegiaca (Lo spazio letterario del Medioevo, I, II, 1993), 217–230 [mit älterer Lit.] – V. RIEDEL, »Sosia philosophus«. Ein Amphitryon-Motiv in Antike, MA und NZ, MJb 29, 2, 1994, 29–42 – F. BERTINI, A che punto è oggi l'edizione critica delle commedie elegiache (La critica del testo mediolat., hg. C. LEONARDI, 1994), 225–238 – K. SMOLAK, Wiener Humanist. Bll. 36, 1994, 65–89.

2. **V. de Furno** (Jean du Four) OMin, Kard., * ca. 1260 in Bazas, Gascogne, † 16. Aug. 1327 in Avignon; aus guter Familie stammend, trat als jüngerer Mann in den Minoritenorden der Prov. Aquitanien ein. 1285 wurde er auf das Studium generale des Ordens in Paris entsandt, wo er unter dem magister regens Jacobus de Carceto 1291–92 studierte; dort selbst als magister regens (1292–94), in Montpellier lector am Generalstudium des Ordens (1295–98). Nach dem Tode des Petrus Johannis →Olivi (1298) beteiligte sich V. an den theol. Debatten und nachfolgenden Prozessen gegen Olivi und seine Anhänger. 1307 Provinzial Aquitaniens, wurde V. von Papst Clemens V. mit diversen Aufgaben betraut. Als Generalvikar des Ordens setzte er auf päpstl. Befehl vom 23. Juli 1312 den Provinzial und elf Oberste in der Provence ab und wurde darauf von Clemens V. in das Kard. skollegium berufen. Sein Einfluß auf die päpstl. Politik, v. a. während der Vakanz des Hl. Stuhles (1314–16), blieb auch nach der Wahl Johannes' XXII. bestehen, der ihn 1321 zum Bf. v. Albano ernannte. Als 1322 der sog. Armutsstreit ausbrach, verteidigte er zusammen mit dem Ordensgeneral →Michael v. Cesena die radikale Armutsauffassung gegen Johannes v. Neapel OP und fiel dadurch beim Papst in Ungnade, unterwarf sich aber später der päpstl. Entscheidung über die Armut Christi. In seinen philos.-theol. Beiträgen begnügte V. sich damit, die wichtigsten Meinungen seiner Zeitgenossen (Johannes Peckham, Johannes de Murro, Wilhelm v. Ware, Petrus Johannis Olivi, Roger Marston, Matthaeus v. Acquasparta, Richard v. Mediavilla, Heinrich v. Gent, Gottfried v. Fontaines, Aegidius Romanus) kompilator. darzulegen. Sicherl. Vertreter der sog. 'ersten' Franziskanerschule, verteidigte er die Theorie der →Vernunftkeime und der Notwendigkeit der göttl. Illumination für die menschl. Erkenntnis. Zu den ihn kennzeichnenden Ansichten gehören die Ermöglichung der Erkenntnis der individuellen materiellen Dinge durch species particulares (De cogn., q. 1), die Abweisung der aristotel. →Intellectus agens-Theorie und daher die Verneinung eines eigenen natürl. Aktivität der menschl. Seele (ebd. q. 3), die Abweisung des realen Unterschieds zw. Existenz u. Essenz zugunsten des intentionellen (Heinrich v. Gent; De cogn., qq. 6, 8). J. Decorte

Ed.: Quodlibeta tria, ed. F. DELORME, FF 9, 1926, 438–454, 458–471; 18, 1935, 113–142 – DERS., Spicilegium Pontif. Athen. Anton. 5, 1947 – Quaest. de cognitione, ed. F. DELORME, AHDL 2, 1927, 151–337 – De rerum principio (Duns Scoti Opera omnia, IV, ed. L. WADDING, 1894), 267–346 – F. DELORME, AHDL 4, 1929, 493–566 – Speculum morale totius sacrae Scripturae, ed. Iuntina, Venedig 1594, 1600, 1603 – zu noch nicht (krit.) hg. Werken s. DThC XV, 3105–3113 – GILSON, Hist.,

694f. – *Lit.:* F. DELORME, FF 9, 1926, 421–471 – E. LONGPRÉ, RFN 18, 1926, 32–42 – P. GLORIEUX, La litt. quodl., II, 1935, 280–283 – F. DELORME, Sophia 10, 1942, 290–327 – A. PISVIN, WuW 12, 1949, 147–162 – L. v. UNTERVINTL, CF 25, 1955, 53–113, 225–258 [Bibliogr.] – S. DUMONT, AFrH 77, 1984, 81–109.

3. V. (Vital) **v. Savigny,** sel., Eremit, Gründer der Abtei →Savigny, * um 1050/60 in Tierceville (Basse-Normandie, dép. Calvados), † 16. Sept. 1122 in Savigny; von bescheidener Herkunft, nach sorgfältiger Ausbildung (wohl in →Bayeux und vielleicht Lüttich) zum Priester geweiht, stieg er auf zum Kapellan des Gf.en Robert v. →Mortain (Halbbruder →Wilhelms des Eroberers), nicht zuletzt dank seiner wortmächtigen Predigt (nach Zeugnis seines Hagiographen), wohl aber auch als Schützling des Gf.en (dieser war Grundherr von Tierceville), der V. als Kanoniker des Kollegiatstifts St-Evroul de Mortain (1082 vom Gf.en gegr.) einsetzte.

Um 1095 änderte V. vollständig sein Leben: Unter Aufgabe seines Besitzes (Pfründenverzicht) und seiner kirchl. Karriere wandte er sich dem Einsiedlerdasein zu und zog sich in das waldreiche Grenzgebiet zw. →Normandie, →Maine und →Bretagne zurück; hier traf er mit anderen großen Eremiten zusammen: →Robert v. Arbrissel, Raoul de la Futaie und →Bernhard v. Tiron. Auch V. wechselte zw. Aufenthalten in der 'Wüstenei' (Eremus), wo er als geistl. Vater Gleichgesinnte anleitete, und ausgedehnten Predigtreisen, die ihn bis nach England führten. Seine durch das gelebte Beispiel von Armut und Askese glaubwürdige Predigertätigkeit hatte die 'conversio', die reuige Umkehr, und die Mahnung zur Eintracht, die den Racheakten ein Ende setzen sollte, zum Gegenstand und zog zahlreiche Anhänger an. Nach siebzehnjährigem Einsiedlerleben und einem ersten, fehlgeschlagenen Versuch einer Klostergründung (1105, 'aumône de Mortain') erhielt V. vom Gf.en Raoul I. v. →Fougères den Forst v. Savigny übertragen mit dem Auftrag der Kl.gründung. Die letzten zehn Lebensjahre wirkte V. als Abt benediktin. Prägung, der sorgsam auf Wahrung des Grundbesitzes bedacht war. – Die hohe Frömmigkeit dieses Eremiten und Klostergründers wurde betont durch seinen →Totenrotel, seine vor 1178 verfaßte Vita, zwei Reliquientranslationen (1181, 1243, letztere mit Mirakelbericht) und eine Bittschrift Raouls v. Fougères an die röm. Kurie (1244), die aber V. nie kanonisierte; gleichwohl wurde ihm Verehrung zuteil. B. Poulle

Q. und Lit.: Vitae beatorum V. et Gaufridi, ed. E. P. SAUVAGE, AnalBoll I, 1882, 355–410 – Rouleau mortuaire du B. Vital, ed. L. DELISLE, 1909 – J. VAN MOOLENBROEK, Vital l'ermite, 1990.

Vitas patrum (Vitae patrum), im MA geläufiger vulgärlat. Titel eines in seinem Corpus variierenden Sammelwerks von Lebensbeschreibungen, Lehrgesprächen und Aussprüchen der ersten chr. Eremiten und Mönche in der ägypt., palästinens. und syr. Wüste.

[1] *Lateinisch:* Den ältesten Kern der komplexen, fast ausschließl. auf gr. Originaltexten beruhenden lat. Slg., die erst im Laufe ihrer über tausendjährigen Tradierung zu einem Kompendium zusammenwuchs, bilden umfangreiche Viten der ersten Eremiten und Gründer von Mönchsgemeinschaften, an ihrer Spitze die von →Athanasios verfaßte, durch →Evagrios v. Antiochia 370 ins Lat. übertragene Vita des Eremiten →Antonius und die originär lat., ca. 370–390 verfaßten Paulus-, Hilarion- und Malchusviten des →Hieronymus. Im Laufe der nächsten Jh.e kommen weitere Viten von Eremiten, Kl.gründern und auch Büßerinnen hinzu: die Vita des →Pachomios (lat. durch →Dionysius Exiguus), des →Symeon Stylites, des Einsiedlers Onuphrius, die von →Ephraem Syrus verfaßten Viten von Abraham d. Eremiten und seiner Nichte Maria, Büßerinnenviten wie Pelagia, Maria Aegyptiaca, Thais u.a.m. Die bis heute einzige Gesamtausg. der V. p., die allerdings nicht auf einer krit. Sichtung der Überlieferung gründet, wurde von Heribert Rosweyde 1615 herausgegeben und enthält 16 'vitae virorum' und 11 'vitae mulierum' (Buch I). Ebenfalls zum ältesten Kern der Slg. gehören als zweite Gattung die in Form eines Reise- und Erfahrungsberichts gestalteten Kurzbiographien von ägypt. Eremiten und Schilderungen der ersten Mönchsgemeinschaften in der Wüste, die »Historia monachorum« in der lat Bearbeitung des →Rufinus v. Aquileia vom Ende des 4. Jh.; die von ägypt. und palästinens. Asketen und Asketinnen ähnl. berichtende »Historia Lausiaca« des →Palladios (um 419/420) wurde wohl erst im 6. Jh. ins Lat. übertragen. Als dritte Gattung kommen Slg.en von kurzen Lehrgesprächen, Beispielerzählungen und Aussprüchen der Wüstenväter (→Apophtegmata patrum, →Verba seniorum) hinzu, die im 6./7. Jh. ins Lat. übertragen wurden: »Adhortationes sanctorum patrum«, »Liber geronticon«, »Commonitiones sanctorum patrum« und »Sententiae patrum aegyptiorum«.

Eine Gesch. der V. p., die das Zusammenwachsen der verschiedenen Texte der Wüstenväterlit. zu einem Sammelwerk genau dokumentieren würde, steht noch aus. Trotz mehrerer Versuche westl. Kirchenlehrer, in dieses »wahre Hausbuch fast jeden Klosters« (SCHULZ–FLÜGEL, 289) auch westl. monast. Vorbilder zu integrieren, behielten die V. p. ihre östl. Prägung durch das ganze MA hindurch in vollem Umfang bei. Sie lieferten von Anfang an auch die spirituellen Grundlagen für das abendländ. Mönchtum. Ihr wichtigster Vermittler in den W, Johannes →Cassianus, stellte sich mit seinem Schrifttum ganz in die Tradition der Wüstenväter. In den ältesten Ordensregeln des Westens, →»Regula magistri« und →»Regula Benedicti«, wurden die V. p. als Grundwissen zur Lektüre vorgeschrieben. Bei Ordensgründungen und -reformen, die einen Neuanfang durch die Rückbesinnung auf die Ursprünge des Mönchtums anstrebten, kam ihnen immer wieder eine herausragende Rolle zu; für spätere Ordenschroniken lieferten sie vielfach das literar. Vorbild (»Vitas fratrum« des Dominikaners Gerard v. Frachet und des Augustinereremiten →Jordanus v. Quedlinburg). Zudem wurden die V. p. häufig in anderen Werken mittradiert, z. B. Viten in Legendaren wie der →Legenda aurea, Beispielerzählungen in den großen Exempelsammlungen des MA.

[2] *Volkssprachliche Übersetzungen:* Die V. p. wurden in mehrere europ. Sprachen übersetzt. Im dt. Sprachraum folgten der versifizierten Übers. der V. p. im →Väterbuch (vor 1300) im 14./15. Jh. mehrere Prosaübers.en. Ihre ältesten, in der 1. Hälfte des 14. Jh. im Umkreis der dt. Mystik anonym entstandenen Vitaspatrum« (ed. U. WILLIAMS, 1996 [TTG 45]), die einen Vitenteil mit sieben Einzelviten und der »Historia monachorum« sowie einen Verba-Teil mit einer aus verschiedenen lat. Verba-Slg.en kontaminierten Fassung enthalten, waren im ganzen dt.sprachigen Raum verbreitet. Um 1400 entstand im bair./frk. Grenzraum eine weitere anonyme »Verba seniorum«-Übers., die wiederum zusammen mit den »Alem. V. p.« und einigen Legenden aus der →»Heiligen Leben« um 1430 in Nürnberg zu einem neuen Gesamtcorpus bearbeitet wurde. Im 1. Drittel des 15. Jh. wurde in Melk, wahrscheinl. durch Johannes v. Speyer, eine dritte »Verba seniorum«-Übers. verfertigt. Vom Kartäuser Heinrich Haller

stammt schließl. eine Vitenübers., die nach dem erhaltenen Autograph aus der Kartause Schnals auf 1467 datiert.

Aus dem Ndl. sind im MA zwei umfangreiche Übers.en bezeugt. Die kurz nach 1360 entstandenen »Südmittelniederländischen Vitaspatrum« durch den 'Bijbelvertaler van 1360', einen Kartäuser aus dem Kl. Herne (→Bibelübersetzungen, XI), enthalten einen Vitenteil mit 10 Einzelviten und der »Historia monachorum« sowie einen auf den »Adhortationes sanctorum patrum« basierenden Verba-Teil. Die vor 1417 entstandenen, von mehreren Übersetzern verfaßten und v.a. im Umkreis der →Devotio moderna verbreiteten »Nordmittelniederländischen Vitaspatrum« basieren auf einer lat. Redaktion der V. p. in fünf Büchern, die nur aus Verba und kurzen Mönchsbiographien besteht. In den »Kölner Vitaspatrum«, einer wohl in Köln vor der Mitte des 15. Jh. entstandenen Slg., werden Einzelviten der alem. und der südmndl. V. p. mit einer neuen Verba- und »Historia monachorum«-Übers. zu einem Werk zusammengefaßt.

Aus Skandinavien sind zwei ma. Prosaübers.en der V. p. überliefert. Um 1300 entstand eine anonyme altwestnord. Übers. (ed. C. R. UNGER, Heilagra manna sxgur II, 1877, 335–671) und, wohl in Vadstena gegen Ende des 14. Jh., die aschwed. Übertragung »Helga manna leverne« (ed. K. E. KLEMMING, Klosterläsning, 1877/78, 179–304). Beide enthalten die »Historia monachorum« und eine umfangreiche Verba-Slg. In England wurden zwar Einzeltexte der V. p. in me. Legendare und Predigtslg.en aufgenommen, eine vollständige Übers. auf der Grundlage eines frz. Frühdrucks lieferte jedoch erst William→Caxton kurz vor seinem Tod 1491 (Erstdr. 1495).

Im roman. Bereich wurden die V. p. schon früh in die Volkssprache übertragen. Ein anonymer Templer in Temple Bruer (Lincolnshire) übersetzte Ende des 12. Jh. Teile der V. p. in anglonorm. Alexandriner (→Henri d'Arci). Im 13. Jh. entstanden mehrere→»Vies des pères« in afrz. Prosa. Vor 1212 übertrug Waucher de Denain eine Slg. von Einzelviten, der »Historia monachorum« und »Verba seniorum« für Philipp v. Namur in Prosa mit Verseinlagen. Vor 1229 verfertigte ein Anonymus eine mit einem Reimprolog versehene umfangreiche Prosaübers. der V. p. für Blanca v. Navarra (→Tedbald III.). Diesen folgten im 13. Jh. noch zwei weitere anonyme Prosaübers.en; aus dem 15. Jh. ist schließl. eine fünfte, umfangreiche Prosaübertragung der V. p. überliefert. In Italien stellte Domenico →Cavalca OP zusammen mit seinen Mitarbeitern nach 1320 die für ihre Sprache gerühmte freie Übertragung »Vite dei Santi Padri« her, die breit rezipiert wurde. Von der iber. Halbinsel sind sowohl eine katal. V. p.-Übers. wie eine weitere katal. »Verba seniorum«-Übers. aus dem späten 14. Jh. überliefert; im 15. Jh. übertrug Gonzalo García de Santa María die V. p. ins Kast.; diese Version wurde mehrfach gedruckt. Auf ptg. sind mehrere Einzelviten der V. p. in Hss. des 15. Jh. bezeugt.

Aus dem östl. Mitteleuropa ist eine tschech. Prosaübers. der V. p. aus der 1. Hälfte des 15. Jh. überliefert (ed. E. SMETÁNKA, Životy svatých otců, 1909). U. Williams

Ed. und Lit.: zu [1]: Ed.: H. ROSWEYDE, Vitae patrum sive historiae eremitae libri decem, 1615 [abgedr. MPL 21 und 73/74] – Für weitere Ed. und Lit. s. a. die Art. zu den einzelnen Teilcorpora – Lit.: DSAM XVI, 1029–1035 – Pélagie la pénitente. Métamorphoses d'une légende, hg. P. PETITMENGIN, I, 1981; II, 1984 – W. BERSCHIN, Biographie und Epochenstil im lat. MA, I, 1986, bes. 188–191 – E. SCHULZ-FLÜGEL, Zur Entstehung der Corpora Vitae Patrum, Studia Patristica 20, 1989, 289–300 – Hagiographies. Int. Gesch. der lat. und einheim. hagiograph. Lit. im Abendland von den Anfängen bis 1550, hg. G. PHILIPPART, I, 1994; II, 1996 – zu [2]: Lit.: Dt. und Ndl.: Verf.-Lex.² X [im Dr.] – Skand.: KL VI, 310f. [Helga manna leverne]; XX, 195f. [Vitae patrum] – Engl.: M. GÖRLACH, ME Legends 1220–1530 (Hagiographies I, 1994), 479f. – Frz.: HLF 33, 1906, 254–328 – It.: DBI XXII, 1979, 577–586 [Dom. Cavalca] – Iber. Halbinsel: C. M. BATTLE, L'antiga versió catalana de la Vita Pauli monachi del ms. Montserrat 810, Anal. Montserratensia 9, 1962, 297–324 – DERS., Dues versiones medievals catalanes d'Apostegmes, Studia Monastica 18, 1976, 55–66 – Bibliogr. of Old Spanish Texts, 1984³, Nr. 2397, 2410 – J. MATTOSO, Le Portugal de 950 à 1550 (Hagiographies II, 1996), 84–102.

Vitebsk, städt. Handelszentrum in Weißrußland, gelegen am Einfluß der Vit'ba in die→Düna, seit 12. Jh. eigenständiges Teilfsm. der Rus'. Erste Siedlungsspuren sind für das 9./10. Jh. nachgewiesen. Die Version der V.er Chronistik des 18. Jh., in der die Gründung der Stadt→Ol'ga (10. Jh.) zugeschrieben wird, ist Legende. In der »Povest' vremennych let« wird V. erstmals 1021 als Schenkung →Jaroslavs I. (2. J.) an den Polocker Fs. Brjačislav erwähnt. V. blieb im 11. Jh. Teil des Fsm.s →Polock. Nach dem Tod Fs. →Vseslavs 1101 fiel es als eigenständiges Fsm. an dessen Sohn Roman. In das 12. Jh. fallen die Entwicklung der zweigliedrigen burgstädt. Anlage zu einem größeren Siedlungs- und polit. Zentrum (ca. 11 ha) sowie der Bau der Mariä-Verkündigungs-Kirche. 1165 ging die Macht an die Fs.en v. →Smolensk über, bevor V. 1235 erstmals litauisch wurde und unter →Mindowe blieb. Ende des 13. Jh. erneut im Machtbereich der Fs.en v. Smolensk, fiel V. 1320 als Erbe Jaroslav Vasil'evičs an dessen Schwiegersohn→Olgerd, der 1345 Gfs. in→Wilna wurde. Unter →Jagiełło wurde V. litauisches Kronland und blieb in der Folge begehrtes Streitobjekt der Fs.en Litauens. Die Belebung des Düna-Dnepr-Handels durch Kaufleute der Hanse seit der Gründung →Rigas (1201) förderte die ökonom. Entwicklung V.s, das v. a. Waldprodukte lieferte. Die Kriegsereignisse des 16. Jh., während derer V. mehrfach zerstört wurde, ließen den Handel zurückgehen. Erst im 17. Jh. erholte sich V. wieder, nachdem ihm 1597 von Sigismund III. →Magdeburger Recht verliehen worden war.　　　　　K. Brüggemann

Lit.: O. N. LEVKO, V. XIV–XVIII vv., 1984 – Drevnjaja Rus'. Gorod, zamok, selo, 1985 – O. N. LEVKO, Torgovye svjazi Vitebska v X–XVIII vv., 1989.

Vitelleschi, Giovanni, Kardinal und Kriegsmann, * um 1400, † 2. April 1440 als Gefangener in der Engelsburg, Rom, stammte aus einer illustren Familie von Corneto (Tarquinia). V. lernte das Waffenhandwerk bei dem Kondottiere Tartaglia, trat dann in den Dienst Papst Martins V. und schlug die kirchl. Laufbahn ein, in der er jedoch weiterhin militär. Aktionen leitete. Protonotar, Bf. v. Recanati und Macerata (1431), Kommissär der päpstl. Truppen in Latium und im Patrimonium S. Petri in Tuscia, regierte er in den Marken mit solcher Härte, daß er heftigen Widerstand gegen die päpstl. Herrschaft auslöste. 1434 gelang es ihm jedoch, gestützt auf ein Bündnis mit den Orsini, dem Papst Rom zurückzuerobern; 1435 zwang er den aufrührer. Stadtpräfekten Giovanni di→Vico, ihm Vetralla zu übergeben, zog ihn dann vor Gericht und ließ ihn enthaupten. →Eugen IV. verlieh V. daraufhin die Patriarchenwürde v. Alexandria und ernannte ihn zum Ebf. v. Florenz. Während eines neuerlichen Aufstands der röm. Barone 1436 zerstörte V. die Festungen der →Savelli und der →Colonna, darunter Lariano und →Palestrina. Im Frühjahr 1437 zog er wieder gegen den aufrührer. Adel zu Felde und machte Palestrina dem Erdboden gleich. Die Portalsturzpfosten der Kathedrale wurden auf den Eingang des Palazzo, den er in Corneto baute, übertragen. Vom Papst zum Gouverneur v. Traù ernannt, unterstützte V. die Anjoupartei in den Kämpfen um die Nachfolge auf den Thron v. Neapel. Die Gefangennahme des mächtigsten Parteigängers der Aragonesen, Antonio Orsini, Fs. v. Tarent, trug ihm den Kardinalspurpur ein (9. Aug. 1437). 1439 eröffnete er erneut den Kampf gegen die Barone: Er zerstörte die von Lorenzo Colonna gehaltene Festung Zagarolo, besiegte Niccolò Savelli und Corrado →Trinci, wodurch er →Foligno unterwarf. In Rom versuchte er die Wiederbevölkerung der Leostadt durch Gewährung des Asylrechts, Steuererleichterungen und eigene Jurisdiktion zu fördern, und dotierte das Ospedale di Santo Spirito. Am 19. März 1440 nahm ihn auf Betreiben der Florentiner Antonio Rido, der Kastellan der Engelsburg, auf verräter. Weise gefangen. Es ist nicht gesichert, ob er in der Folge an den im Handgemenge davongetragenen Verwundungen starb oder getötet wurde. F. Vaglienti

Lit.: Enclt XXXV, 486–L Boffi, Il palazzo dei V. in Corneto, 1886–A. da Mosto, Ordinamenti militari delle soldatesche dello Stato romano dal 1430 al 1470, QFIAB V, 1902, 19–34, bes. 30–C. Pinzi, Lettere del legato V. ai priori di Viterbo dal 1435 al 1440, ASRSP XXXI, 1908, 357ff. – M. Caravale, Lo Stato pontificio da Martino V a Gregorio XIII (Storia d'Italia, hg. G. Galasso, XIV, 1978), 53, 55, 62f.

Vitelli, Vitellozzo, Sohn der Pantasilea degli Abbocatelli und des Niccolò (1414–86), Kondottiere, der die polit. Macht seiner aus dem röm. Umland stammenden Familie popolaren Ursprungs begündete, * Mitte des 15. Jh. in Città di Castello, † 31. Dez. 1502. V. kämpfte zuerst im Dienst Karls VIII. v. Frankreich gegen die Aragonesen v. Neapel, stand dann im Krieg gegen Pisa im Sold von Florenz und trat schließlich in päpstl. Dienste (Einnahme Viterbos 1500 im Auftrag Alexanders VI., Statthalter Cesare Borgias bei den Toskanafeldzügen, Einnahme von Piombino). 1502 führte er eine Koalition der Orsini, Baglioni und Petrucci an, die sich mit Arezzo, Cortona und den Vertretern des Chianatals verbündeten, die gegen die Herrschaft der Republik Florenz rebellierten, übernahm im Namen Cesare Borgias die Signorie über die gen. Städte und eroberte Borgo S. Sepolcro, Anghiari und weitere Gebiete der florent. Einflußsphäre. Als Florenz mit Hilfe der frz. Truppen des Antoine de Langres seine Territorien zurückgewann, nahm V. aus Besorgnis über das Bestreben des Borgia, sich der wichtigsten päpstl. Lehnsträger zu entledigen, an der Verschwörung der Orsini in Magione teil (9. Okt. 1502), um – mit Hilfe Venedigs – dem Zugriff des Papstes auf den röm. Adel und Cesare Borgias (der sich mit Frankreich verbündet hatte) auf Mittelitalien zu begegnen. Er besiegte die Truppen des Borgia bei Fossombrone und rückte gegen Imola vor. Cesare Borgia gelangte jedoch zum Einverständnis mit den aufstand. Statthaltern, die zu schwach waren, seinen europ. Verbündeten die Stirn zu bieten. V. wurde zusammen mit seinem Schwiegervater Paolo Orsini und anderen Verbündeten durch Verrat gefangengenommen und auf Geheiß Cesare Borgias in Sinigallia stranguliert. Von seiner Frau Borgia Orsini hatte er keine Nachkommen. Als erster Kondottiere setzte er die Infanterie, bewehrt mit eiserner Sturmhaube und Brustpanzer, Piken und Hellebarden, in geschlossener Schlachtordnung ein.

Auch V.s Brüder waren bedeutende Kriegsleute. Camillo († 1496, Gf. v. Montone) war der erste Kondottiere, der reitende Arkebusiere verwendete. Paolo, Spitzenahn der Mgf.en v. Cetona und Signoren v. Amatrice, kämpfte im Dienst Karls VIII. bei Fornovo und gegen das Kgr. Neapel. 1498 hatte er das Oberkommando der florent. Truppen im Krieg gegen Pisa, wurde aber wegen Verrates (Begünstigung der Medici-Partei) am 1. Okt. 1499 hingerichtet. Giovanni stand im Dienst Innozenz' VIII. und starb bei der Belagerung von Osimo (1487). Giulio, ein natürl. Sohn Niccolòs, wurde Bf. v. Città di Castello und zugleich päpstl. Kondottiere. F. M. Vaglienti

Q.: N. Machiavelli, Discorsi sopra la prima deca di Tito Livio, hg. C. Vivanti, 1983, 143 n. 8, 312 n. 1, 385 n. 1, 402 und n., 466 – P. Vaglienti, Storia dei suoi tempi 1492–1512, hg. G. Berti, M. Luzzati, E. Tongiorgi, 1982, ad indicem – Lit.: EnclT XXXV, 1486ff. – Enc. Militare VI, 1933, 1452 – P. Litta, Famiglie celebri italiane, 1819f., fasc. 35, tavv. II, IV – M. Caravale, Lo Stato pontificio da Martino V a Gregorio XIII (Storia d'Italia, hg. G. Galasso, XIV, 1978), 147, 157–158.

Vitenillustration. Schon in der Antike wurden Heroen-Viten gelegentl. in Szenenfolgen illustriert (z. B. Herkulestaten, vgl. noch die karol. Elfenbeine an der Kathedra Petri, St. Peter, Rom). Das frühe Christentum entwickelt Zyklen des →Lebens Christi (und Mariae), die, ausgebaut und variiert, Hauptthemen der ma. Kunst bleiben. Daneben werden im MA vornehml. Hl.nviten (→Hagiographie) illustriert, oft in formaler Anlehnung an Szenen der Vita Christi, während Viten von Herrschern, Bf.en etc. (→Biographie) nur selten Bildschmuck enthalten. Hl.nviten werden seit frühchr. Zeit in der Monumentalmalerei und Skulptur und in der Schatzkunst illustriert, v. a. an ihren Grabstätten: Paulus-Vita von 42 Szenen ehemals an der linken Langhauswand von St. Paul vor den Mauern, Rom, Mitte 5. Jh.; Petrus-Vita ehemals im Querhaus von Alt-St. Peter in Rom, 7. Jh; Ambrosius-Vita am Goldaltar von S. Ambrogio, Mailand, 2. Viertel 9. Jh.; Savinus-Passio, Krypta von S. Savin-sur-Gartempe, spätes 11. Jh.; Heribert-Vita, Emails am Heribertschrein, St. Heribert, Köln, um 1160/70; Franziskus-Vita im Langhaus der Oberkirche von S. Francesco, Assisi, Ende 13. Jh. Im Buch stehen Illustrationen von Hl.nviten meist beim Vitentext oder bei den Gebeten zum Fest, als repräsentative Bilder des Protagonisten (Initialen im »Vitae Sanctorum« aus Cîteaux, Dijon ms. 641, 1. Drittel 12. Jh.), als Einzelszenen aus der Vita (Initialen im Drogo-Sakramentar, Paris, BN lat. 9428, ca. 845/855; Passionale aus Zwiefalten in Stuttgart, WLB bibl. fol. 56–58, ca. 1120/35) oder als ganze Bildfolgen, bes. in den sog. »Libelli« (Wormald), Textsammlungen zum Fest des Patrons. Bildfolgen können in die Textkolumne eingesetzt sein (Kilians- und Margareten-Vita aus Fulda, Hannover, NLB Msl 189, spätes 10. Jh.; Benedikts- und Maurus-Vita im Lektionar v. Montecassino, Rom, BAV Vat. lat. 1202, ca. 1071; Martins-Vita, Tours ms. 1018, spätes 11. Jh., vielleicht auf älteren Zyklen basierend; Radegundis-Vita, Poitiers ms. 250, spätes 11. Jh.) oder ganzseitig, dem Text vorangestellt oder eingebunden (Albinus-Vita aus Angers, Paris, BN n. a. lat. 1390, spätes 11. Jh.; Edmund-Vita aus St. Albans, New York, Pierpont Morgan-Libr. M 736, um 1130). Illustrierte Herrscherviten sind im HochMA noch extrem rar: Donizos Vita der Mgfn. Mathilde v. Tuszien in Rom, BAV Vat. lat. 4922, oberit., ca. 1115, mit ganzseitigen Bildern Mathildes und ihrer Ahnen, z. T. szenisch. Die Karls-Szenen am Aachener Karlsschrein, frühes 13. Jh., sind als Hl.nvita konzipiert, ebenso die illustrierten Vies de Saint Louis, Paris, BN fr. 5716 und 13568, um 1330/40. Erst im England des mittleren 13. Jh. werden im Umkreis von London und in St. Albans neben Hl.nviten (frz. Vers-Vita Thomas Beckets, London BL/ J.P. Getty; Matthew Paris, Albanus-Vita, Dublin, Trinity Coll. MS 177 [E.I.40]; Edward-Vita, Cambridge, UL MS Ee. 3. 59) auch des Matthew Paris Viten der Offas, zweier altengl., nicht als Hl.e verehrter Kg.e (London, BL MS Cotton Nero D. I), in der gleichen neuartigen Anordnung (Querformat über den Textspalten) und dramat. Gestaltung illustriert; vgl. auch des Thomas v. Kent anglonorm. Versvita Alexanders d. Gr. in Cambridge, Trinity Coll. MS 0.9.34, eine der ältesten illustrierten Hss. des Alexander-Stoffs. Im späteren MA finden sich neben ausführl. Illustrationsfolgen zu Hl.nviten (z. B. Thomas Becket-Vita, bas-de-pages im Queen Mary-Psalter, London, BL MS Royal 2.B.VII, um 1310/20) auch zunehmend solche zu Helden- und Herrscherviten, so die it. und frz. Hss. der Alexanderdichtungen (→Alexander d. Gr.), ferner die zeitgenöss., die frz. Kg.e Johann den Guten und Karl V. betreffenden Teile der Grandes Chroniques de France für Karl V., Paris, BN fr. 2813. Die Autobiographie Ks. Karls IV., Wien, ÖNB Cod. 619, hat nur wenige historisierte Initialen. U. Nilgen

Lit.: A. BOECKLER, Das Stuttgarter Passionale, 1923 – N. MORGAN, Early Gothic Mss. 1190-1285, 2 Bde, 1982/88 – B. BRENK, Das Lektionar des Desiderius v. Montecassino, Cod. Vat. Lat. 1202, 1987 – F. WORMALD, Some Ill. Mss. of the Lives of the Saints (DERS., Collected Writings , II, 1988, 43–56 [Lit.]) – La vie de Sainte Radegonde par Fortunat, ed. R. FAVREAU, 1995, 146–192, 223 [Lit.].

Viterbo, Stadt in Mittelitalien (Latium). Erste Erwähnung eines Castrum Viterbii im 7. Jh.; V. wurde jedoch erst im 11. Jh. durch die starke Zuwanderung aus den ländl. Gebieten der Umgebung ein bedeutendes Zentrum. In dieser Zeit wurden der Mauerring gebaut und die Kommune begründet (1095). Die frühe kommunale Periode V.s war durch ständige Kämpfe mit den umliegenden Ortschaften und mit Rom gekennzeichnet. Gleichzeitig wurden die Grundlagen für das bes. Verhältnis der Stadt zu den Päpsten gelegt, das V.s Blütezeit entscheidend prägte. 1146 hielt sich Eugen III. auf der Flucht vor den sich gegen ihn erhebenden Römern sieben Monate in V. auf. 1147 wehrten die Viterbesen, die sich um den Papst geschart hatten, den Angriff der Römer ab. 1164 zog sich der Gegenpapst Paschalis III. während seines Kampfes mit Alexander III. nach V. zurück, das unter dem Schutz Ks. Friedrichs I. Barbarossa stand. 1167 begab sich der Ks. nach V. und gewährte der Stadt für den Empfang, den sie ihm bereitet hatte, umfassende Privilegien. 1172 zerstörte V. Ferento und zwang dessen Bevölkerung, sich in V. anzusiedeln. So wurde V. zur wichtigsten Kommune in der Tuscia Romana, was 1192 durch die Erhebung zum Bm. bestätigt wurde. 1207 war Innozenz III. in V. (wo die Patarin. Häresie Fuß gefaßt hatte), um jede häretische Tendenz zu bekämpfen und eine eventuell aufkommende kaiserfreundliche Orientierung im Keim zu ersticken. Anfänglich schien sein Versuch erfolgreich zu sein; die Ks. wahl Friedrichs II. stärkte jedoch die ghibellin. Faktion, so daß sie sich 1237 der polit. Führung der Kommune bemächtigen konnte. 1240 zog der Ks. selbst in V. ein. Die von ihm eingesetzte Garnison wurde jedoch 1243 von einer Revolte der Guelfen vertrieben (die spätere Stadtpatronin, die hl. →Rosa, soll bereits im Alter von acht Jahren daran teilgenommen haben). Die ghibellin. Faktion gewann 1247 von neuem die Oberhand. V. blieb bis zum Tode Friedrichs II. (1250) kaiserlich und fiel dann wieder an die Kirche. Innozenz IV. erließ daraufhin eine Generalamnestie und bestätigte alle Privilegien und Immunitäten. Von 1257 bis zu seinem Tod 1261 hielt sich Alexander IV. während seines Kampfes mit den Römern und mit →Manfred in V. auf. Seit dieser Zeit residierten die Päpste bis 1281 fast ohne Unterbrechung in V. Dazu trug das Angebot der Kommune bei, für die Päpste einen Palast als Sitz ihrer Kurie zu errichten (nach der Portalinschrift 1266 fertiggestellt). Alle Päpste von Urban IV. bis Martin IV. (mit Ausnahme Innozenz' V.) wurden in V. gewählt. Das Konklave, aus dem Gregor X. hervorging, dauerte zwei Jahre und zehn Monate (1268–71) und kam erst zum Abschluß, als die Viterbesen das Dach des Versammlungssaales abdeckten und die Lebensmittelversorgung reduzierten. 1281 drangen die Viterbesen in das Konklave, das sich in die Länge zog, ein und nahmen einige Kard. e in Haft. Der gewählte Papst, Martin IV., beschloß deshalb, V. zu verlassen und verhängte die Exkommunikation gegen die Stadt. Damit begann der Niedergang. Das 14. Jh. war durch Kämpfe zw. der Familie Gatti und den Präfekten v. →Vico gekennzeichnet. Um die Mitte des Jh. schien Giovanni di Vico sich durchzusetzen, 1357 wurde V. jedoch von Kard. →Albornoz eingenommen. Die Vico übten für kurze Zeit wieder die Signorie aus (1375–87, 1391–96), ohne ihre Macht konsolidieren zu können. Kard. →Vitelleschi führte ihren Sturz herbei und ließ 1435 Giacomo di Vico enthaupten. In den anschließenden Wirren konnten sich für kurze Zeit die Gatti durchsetzen. Die Päpste, die in den ersten Jahrzehnten im 16. Jh. regierten, befriedeten die Stadt und reduzierten schrittweise ihre Selbständigkeit. Der Papstpalast wurde dem Verfall preisgegeben und erst Anfang des 19. Jh. restauriert.

A. Menniti Ippolito

Lit.: AAVV, V. città pontificia, o. J. – J.-C. MAIRE VIGUEUR, Comuni e signorie in Umbria, Marche e Lazio (Storia d'Italia, hg. G. GALASSO, VII/2, 1987).

Viterbo, Verträge v., zwei in der Papstresidenz v. V. geschlossene Verträge →Karls I. v. Anjou, Kg.s v. →Sizilien, mit Wilhelm v. Villehardouin, Fs.en v. Achaia (24. Mai 1267), bzw. →Balduin II. v. Courtenay, Titularks. v. Konstantinopel (27. Mai 1267). Ziel war die Restauration des 1261 von den Byzantinern zurückeroberten →Lat. Ksr. es unter Karls Führung. Der 1. Vertrag beinhaltete ein Hilfeversprechen Karls, der dafür sich und seinem Haus die Anwartschaft auf das Fsm. Achaia (Heiratsprojekt zw. Anjou und Villehardouin) erwarb (doch unter Wahrung des Nießbrauches von Wilhelm). Der 2. Vertrag umschrieb eingehend die Bedingungen, unter denen Karl (oder seine Erben) die Wiederherstellung des Lat. Ksr.es durchführen sollte: Karl sollte binnen sechs oder sieben Jahren ein Expeditionskorps von 2000 Reitern auf ein Jahr in die Romania entsenden; als Gegenleistung wurde ihm die →Suzeränität über Achaia zugesichert, ferner Küstenbesitz in →Epeiros (u. a. →Korfu), doch unter Lehnshoheit Balduins. Der durch künftige Eheallianz (Philipp v. →Courtenay, Sohn Balduins II. und der Maria v. →Brienne, mit Beatrix, Tochter Karls v. Anjou) untermauerte Vertrag sah für Karl die Zusicherung eines Drittels der zu erobernden Gebiete in der Romania vor, in voller Souveränität; den Rest sollte Balduin erhalten. Im Falle des Todes Balduins oder seines Sohnes Philipp ohne legitimen Erben sollte der Thron v. Konstantinopel an das Haus →Anjou fallen. Venedig erhielt für seine unentbehrl. Flottenhilfe die alten Rechte im Lat. Ksr. zugesichert.

Als Resultat der Verträge v. V. wurde das frk. Griechenland (→Morea) zu einer Dependance des angevin. Kgr. es Sizilien: 1278 kam das Fsm. Achaia unmittelbar an Karl v. Anjou. Noch 1289 garantierte →Karl II. v. Anjou (in seiner Eigenschaft als Kg. v. Sizilien) der Isabella, anläßl. ihrer Heirat mit Floris v. Hennegau, den Besitz des Fsm.s Achaia als Lehen.

Eine weitere Folge der Verträge v. V. war die Proklamation Karls v. Anjou 1272 zum Kg. v. →Albanien. Nach dem Scheitern des angevin. Restaurationsprojekts des Lat. Ksr.es (1273) und der Papstwahl des von den Anjou abhängigen →Martin IV. (1281) wurde am 31. Juli 1281 in Orvieto ein neuer Vertrag zw. Karl I. v. Anjou, Philipp v. Courtenay (als Titularks. v. Konstantinopel) und Venedig in Hinblick auf einen Kreuzzug nach Konstantinopel (bis spätestens April 1283) abgeschlossen, der alle älteren Vereinbarungen (insbes. auch die Bestimmungen der Verträge v. V.) anerkannte. Im Gefolge des Vertrags v. Orvieto exkommunizierte der Papst am 18. Okt. 1281 den byz. Ks., womit er die Union v. →Lyon (1274) aufkündigte. Obwohl die →Siz. Vesper und die Eroberung Siziliens durch →Peter III. v. Aragón (1282) die Realisierung des Kreuzzugsprojekts unter Karl I. unmögl. gemacht hatten, wurde es von den Anjou später mehrfach wiederaufgenommen. S. Schein

Q.: TAFEL–THOMAS III, 287–295 – G. DEL GIUDICE, Codice dipl. del regno di Carlo I e II d'Angiò, II, 1863, 30ff. – Lit.: J. LONGNON, Le rattachement de la principauté de Morée au royaume de Sicile en 1267, Journal des Savants, 1942, 134–143 – D. GEANAKOPLOS, Emperor Michael Palaeologus and the West, 1959–K. M. SETTON, The Latins in Greece and the Aegean from the Fourth Crusade to the End ot the MA (CMH, IV, 1, 1966), 908–938 – A Hist. of the Crusades, ed. K. M. SETTON, II, 1969, 255–274 [J. LONGNON]; III, 1975, 27–68 [D. GEANAKOPLOS] – P. HERDE, Karl I. v. Anjou, 1979.

Vitéz, Johann (János), * um 1408, † 9. Aug. 1472 in Gran, ung. Prälat, Diplomat und Humanist; seit 1436 in der kgl. Kanzlei Siegmunds, seit 1453 Kanzler, seit 1445 Bf. v. →Großwardein, seit 1465 Ebf. v. →Gran. Verwandter des Johannes →Hunyadi und Erzieher seiner Söhne. Er spielte eine wichtige Rolle bei der Kg.swahl von Matthias Corvinus und führte die Verhandlungen mit Ks. Friedrich III. um die Rückgabe der →Stephanskrone. 1471 trat V. zum poln. Bewerber um die ung. Kg.swürde, Kasimir, Sohn Kg. →Kasimirs IV., über, fiel deshalb bei Matthias Corvinus in Ungnade und starb nach kurzer Haft. – V. ließ in Großwardein und Gran Bauten im Renaissancestil errichten, war ein bedeutender Humanist (→Humanismus, C), gründete eine Bibliothek und in →Preßburg eine Universität (→Academia Istropolitana 1467). Er stand mit ung. und ausländ. Humanisten in Verbindung, u. a. mit Enea Silvio de' Piccolomini (→Pius II.), Georg v. →Peuerbach und Johannes →Regiomontanus, und förderte seinen Neffen →Janus Pannonius. V. verfaßte humanist. Briefe und Reden. A. Kulcsár

Lit.: I. VITÉZ DE ZREDNA, Opera quae supersunt, ed. I. BORONKAI, 1980 – K. CSAPODI-GÁRDONYI, Die Bibl. des J. V., 1984 – T. KLANICZAY, Das Contubernium des J. V. (Forsch.en über Siebenbürgen und seine Nachbarn, 2, 1988).

Vitičev (Uvetiči), Ort unterhalb von →Kiev am Dnepr, Sammelpunkt für Handelskarawanen nach Konstantinopel (→Konstantin VII. Porphyrogennetos, »De admin. imp.«), im Aug. 1100 Ort eines Fs. entreffens. Nach →Ljubeč (1097) war V. ein weiterer Versuch, durch Beilegung dyn. Konflikte innerhalb der →Rjurikiden und eine territoriale Neuregelung – diesmal im SW der Rus' – eine dauerhafte Stabilisierung des Reiches v. Kiev zu erreichen. Auslösendes Moment war der Bruch der Ljubečer Gemeinsamkeitsbekundungen (auf der Grundlage der Unantastbarkeit des 'Vatererbes', →Votčina) durch den Jaroslav-Enkel Davyd Igor'evič, der mit Unterstützung des Kiever Fs.en →Svjatopolk Izjaslavič den tatkräftigen Terebovler Fs.en Vasil'ko Rostislavič gefangengesetzt u. geblendet sowie Teile von dessen Herrschaftsgebiet an sich gerissen hatte, was einen Rachefeldzug der Rostislaviči und eine drohende Haltung →Vladimir Monomachs gegenüber Kiev ausgelöst hatte. Die Vereinbarung v. V., die von den Fs.en Svjatopolk Izjaslavič, Vladimir Vsevolodovič sowie Oleg und Davyd Svjatoslavič bei Anwesenheit Davyd Igor'evičs beschlossen wurde, beinhaltete dessen Verzicht auf (das an Jaroslav, den Sohn Svjatopolks, übergebene) →Vladimir in Volhynien. Er wurde mit Bužsk, Ostrog, Duben und Čertorysk (später auch noch Dorogobuž) sowie einer Geldsumme entschädigt. Der Plan, das Herrschaftsgebiet der Rostislaviči Volodar' und Vasil'ko auf Peremyšl' zu beschränken, scheiterte am Einspruch Vladimir Monomachs unter Hinweis auf die Vereinbarung v. Ljubeč. Wie diese bedeutete die Übereinkunft v. V. ledigl. eine durch die konkrete polit. Situation ermöglichte ad hoc-Regelung ohne prinzipielle verfassungspolit. Konsequenzen. Allerdings konnte die nach V. gewonnene innere Ruhe endlich zu einem aktiven militär. Vorgehen gegen die Polovcer (→Kumanen) genutzt werden; die Siege (1103, 1107, 1111) der vereinten Kräfte der Fs.en Svjatopolk, Vladimir und Davyd Svjatoslavič hinterließen einen nachhaltigen Eindruck bei den Zeitgenossen. H. Rüß

Lit.: SOLOV'EV, IR, I – M. S. GRUŠEVSKIJ, Očerk istorii Kievskoj zemli ot smerti Jaroslava do konca XIV stoletija, 1891 – V. O. KLJUČEVSKIJ, Sočinenija, I (Kurs russkoj istorii, č. 1), 1956–HGeschRußlands I, 1981 [H. RÜSS].

Vitigis, Kg. der →Ostgoten 536–540, † 542, stammte aus »keinem glänzenden Haus«, doch waren sowohl sein Onkel als auch sein Neffe bereits hohe Truppenführer. Noch in den letzten Tagen →Theoderichs muß sich V. bei der Belagerung einer Stadt so ausgezeichnet haben, daß er →Athalarichs 'Comes spatharius', Schwertträger, wurde. Er diente im »Auswärtigen Amt« v. Ravenna wie als Gesandter im Ausland und kam sogar nach Konstantinopel. Als selbständiger Heerführer wehrte er 530 den Angriff der →Gepiden auf Sirmium erfolgreich ab. Die Karriere des V. beginnt daher erst gegen 526; daß er schon im sirmiens. Krieg v. 504 dabeigewesen sei, ist ein Irrtum des Prokop. V. wird kaum vor 500 geboren worden sein. Kg. →Theodahad übernahm V. als Schwertträger und übertrug ihm den Oberbefehl über das mobile Gotenheer, das sich 536 südl. von Rom sammelte. Hier kam es Ende Nov. 536 zum Abfall von Theodahad, worauf das Gotenheer V. zum Kg. machte. V. begründete seine Herrschaft als Heerkönigtum. Sein Programm – Ansippung durch Idoneität – verlangte, daß der neue Kg. sich →Ravennas bemächtigte und die Enkelin Theoderichs d. Gr., Matasuntha, heiratete. Allerdings mußte er vorher seine Frau verstoßen, von der er mindestens einen Sohn hatte. Gleichzeitig schloß V. den überfälligen Vertrag mit den →Franken und überließ ihnen die Schutzherrschaft über Gallien, die Alamannen und andere ostalpine Völker. Darauf zog er die ostgot. Truppen aus Gallien ab, marschierte mit dem Hauptheer wieder gegen Rom und griff gleichzeitig die Römer in Dalmatien an. Vom 21. Febr. 537 bis Anfang März 538 belagerten die Goten mit schweren Verlusten erfolglos die Ewige Stadt. Danach zog sich V. nach Ravenna zurück und versuchte, die militär. Rückschläge mit diplomat. Erfolgen zu kompensieren. Got. Gesandte gingen zu Franken, Langobarden und Persern, um sie gegen das Imperium zu mobilisieren. Die →Langobarden lehnten ab. Die frk.-burg. Hilfe führte 539 zu chaot. Vorstößen der nördl. Nachbarn nach Ligurien (Mailand) und wurde 540 ihrerseits abgelehnt, als sie erneut angeboten wurde. Als sich die Situation an der pers. Grenze für die Römer verschlechterte, schien Justinian bereit, das Angebot V.' anzunehmen, Italien zw. einem got. Kgr. in Ligurien und Venetien und dem Imperium zu teilen. Der ksl. Feldherr →Belisar verweigerte aber die Unterschrift unter dem Vertrag. Darauf dürfte es Verhandlungen gegeben haben, die sowohl Belisars Erhebung zum Gotenkg. wie zum Ks. des Westreiches bezweckten, jedenfalls V. in die Lage manövrierten, in der er sich nur mehr ergeben konnte. Kampflos zog die ksl. Armee im Mai 540 in Ravenna ein. V. und Matasuntha wurden mit zahlreichen Goten nach

Konstantinopel gebracht. Während die got. Krieger 541 gegen Persien geschickt wurden, blieb V. als →Patricius in der Ks.stadt, wo er 542 starb. H. Wolfram

Lit.: PLRE 3 B, 1382–1386 [teilw. fehlerhaft und unvollständig] – H. WOLFRAM, Die Goten, 1990³, 341–349.

Vitoria, Stadt in Nordspanien, nördl. →Kastilien, in der ehem. Gft. Álava (einer der →Bask. Provinzen), am Rio Zapardiel, im N der Gft. Treviño, in der Krondomäne. Der Überlieferung nach soll V. bereits im späten 6. Jh. an einem baskischen 'Gazteiz' genannten Ort vom westgot. Kg. →Leovigild zu Ehren des Sieges über abtrünnige Basken errichtet worden sein; tatsächlich dürfte die Stadtgründung aber erst 1181 durch Kg. →Sancho VI. d. Weisen v. →Navarra erfolgt sein; die Bask. Provinzen (und mit ihnen V.) fielen aber bereits 1200/05 an →Kastilien. Am Ende des 12. Jh. wurde die Stadt 'besiedelt' (→Repoblación) aufgrund des ihr verliehenen →Fueros v. →Logroño, der ihr u. a. das Privileg der Wahl von Richtern und →Alcalden, die einen →Concejo bildeten, zugestand. Die Stadt war ein 'castrum', überragt von zwei Burgen (eine davon war die mächtige Festung 'Zaldiarán'), welche die Flußbrücke und das fruchtbare Umland der Stadt kontrollierten. Im 13. Jh., bereits unter kast. Herrschaft, entwickelten sich die Kaufmannsviertel, die *Judería*, das Hospital v. Santiago und die Bettelordenskonvente; um 1200 zählte die Stadt an die 8000 Einwohner. Die Kg.e v. Kastilien bestätigten und erweiterten den Fuero v. V. und verliehen ihn (im Zuge der Wiederbesiedlung) an andere Städte.

Heeresaufgebote aus V. sind für alle Feldzüge der kast. Monarchie bezeugt, von Las →Navas de Tolosa (1212) über die Reconquista der andalus. Städte bis zur Schlacht am →Salado (1340). Die großen Adelsfamilien der Provinz Álava gehörten auch der adligen Führungsschicht (*Hidalguía*) v. V. an: die→Haro, Ayala, →Mendoza, Leiva, Gaune (Herren v. Gamboine), →Guevara (Herren v. →Oñate). Auch in V. wurde der städt. Concejo von zwei Adelsgruppierungen dominiert: *Gamboinos* und *Oñacinos*. 1330 gründete Kg. Alfons XI. zu V. den kgl. Ritterorden der 'Banda', in dem Fernán Pérez de Ayala (Vater des Dichters Pedro→López de Ayala), Juan Martínez de Leiva und Juan Ruíz de Gauna stark hervortraten. Zw. der Bruderschaft der 'Arriaga', in der die →Hidalgos der Provinz Álava zusammengeschlossen waren, und dem Concejo v. V. entstand damals ein Streit um den Besitz der 45 Dörfer des Umlandes mit ihren grundherrl. Nutzungsrechten, namentl. den Weiderechten; am 22. Febr. 1332 sprach Alfons XI. 4 Dörfer der Arriaga-Bruderschaft, 41 dagegen der Stadt V. zu, aufgrund eines Schiedsspruchs des mächtigsten Herrn in Álava, Juan Martínez de Ayala.

Im Bürgerkrieg zw. →Peter d. Grausamen und seinem Halbbruder →Heinrich (II.) Trastámara hielten die Gamboinos zum Kg., die Oñacinos zum Hause →Trastámara. Peter d. Grausame trat →Karl II. v. Navarra, dessen Bündnis er suchte, Territorien in den Provinzen Álava und →Rioja ab, darunter V. und Logroño. 1367 fanden bei und um V. wichtige Schlachten des Bürgerkrieges statt. Der für den Frieden wirkende päpstl. Legat Gui de→Boulogne zwang 1372 Karl II., V. an Heinrich II. (Kg. seit 1369) zu restituieren.

1431 wurde V. in den Rang einer 'Ciudad' erhoben. 1483 öffnete die Stadt die Kgn. →Isabella v. Kastilien die Tore; diese beschwor vor dem Tor v. Arriaga die Wahrung des Fuero v. Álava. 1492 wurde (wie überall in Kastilien) die jüd. Einwohnerschaft v. V. vertrieben; aufgrund ihrer Verdienste als Ärzte erwirkten die Juden, daß ihr Friedhof (→Friedhof, D) weiterhin von der Stadt erhalten wurde. Während des Comunero-Aufstandes von 1520 blieb V. Ks. Karl V. treu. B. Leroy

Q. und Lit.: J. DE LANDAZURI Y ROMARATE, Hist. civil y eclesiastica, politica y legislativa de la muy leal ciudad de V., 1780 [Neudr. 1980 – E. SERDÁN Y AGUIRREGAVIDIA, V., el libro de la Ciudad, 2 Bde, 1926–27 – G. MARTÍNEZ DÍEZ, Álava medieval, 2 Bde, 1974.

Vitoria, Francisco de OP, * 1492/93 in Burgos, † 1546, stud. in Paris, lehrte 1522–26 in Valladolid, 1526–46 in Salamanca. Zu seinen Lebzeiten veröffentlichte er keine seiner Schriften, bereitete aber dreizehn seiner fünfzehn *relectiones* für den Druck vor; erhalten blieben auch zahlreiche Vorlesungsmitschriften seiner Schüler. Die ersten sechs relectiones (1528–39) spiegeln in komprimierter Form sein Denken über die brennendsten polit. und ethn. Fragen dieser Jahre wider: Ursprung der weltl. Macht, Grenzen der päpstl. Gewalt, Rechte des Konzils im Verhältnis zum Papsttum, Rechtmäßigkeit der Ansprüche der Spanier auf eine Eroberung →Amerikas, ihr Recht der Kriegführung →bellum iustum) gegen die amerikan. Ureinwohner (→Indianer).

Nach V. ist jede echte weltl. Gewalt legitim, da ihr Ursprung in Gott liegt und sie vom Menschen als einem von Natur aus sozialen Wesen ausgeht. Zur Darlegung dieser These zieht er die aristotel. Lehre von den vier Gründen heran. V. ist zudem einer der Begründer des nz. →Völkerrechts, das er mit internationaler Solidarität der Völker rechtfertigt, der brüderl. Verbundenheit aller Menschen.

Die Frage nach der Rechtmäßigkeit der Eroberung und span. Präsenz in Amerika beantworten die berühmten Rechtstitel V.s (acht rechtmäßige, sieben rechtswidrige), die auch Kritik an der ma. →Zwei-Schwerter-Lehre üben. Rechtmäßige Gründe für die Eroberung Amerikas sind: das Recht der Spanier auf unbehinderte Bewegungsfreiheit in den entdeckten Ländern; ihr Recht, in Amerika den chr. Glauben zu verkünden; der Schutz der zum chr. Glauben bekehrten Ureinwohner vor Verfolgung durch noch heidnische; das Recht des Papstes, den Eingeborenen, falls sie sich großenteils zum kath. Glauben bekehren, einen chr. Fs.en zu geben und ihren ungläubigen Fs.en abzusetzen; die Tyrannei eingeborener Herrscher, die unmenschl. Gesetze erlassen; die freie Entscheidung der amerikan. Ureinwohner zugunsten der Spanier; Freundschaft oder Bündnis der amerikan. Eingeborenen mit den Spaniern; das Recht, den nur selten zivilisierten Eingeborenen, die kaum über echte Staatswesen verfügen, einen chr. Fs.en aufzuzwingen – ein Rechtstitel, der bereits V. selbst zweifelhaft erscheint.

V. beteiligte sich im Juli 1541 an der theol. Disputation in Salamanca über die Taufe amerikan. Ureinwohner: Danach sollte eine Taufe erst nach ausreichender chr. Unterweisung erfolgen und erst nach dem Aufweis der völligen Abkehr von heidn. Praktiken. →Naturrecht, IV.

J. I. Saranyana

Ed.: F. de V., De Indis..., lat.-dt., hg. W. SCHÄTZEL, 1952 – Obras de F. de V. Relecc. teol., lat.-span., hg. T. URDANOZ, 1960 – F. de V., Relectio de Indis (1539), hg. L. PEREÑA–J. M. PÉREZ PRENDES, 1967 [mit span. Übers.] – *Lit.:* L. WECKMANN, El pensamiento político medieval y los orígenes del derecho internacional, 1950, 1993² – J. MULDON, Popes, Lawyers, and Infidels, 1979, bes. 143ff. – I. FETSCHER–H. MÜNKLER, Pipers Hb. der polit. Ideen, III, 1985, 84f., 147–149 [Lit.] – J. BRUFAN PRATS, La Esc. de Salamanca ante el descubr. del N. M., 1989 – Gesch. des Christentums 8, Die Zeit der Konfessionen, 1992, 816–819.

Vitré, Stadt in der östl. →Bretagne (Westfrankreich, dép. Ille-et-Vilaine), zählte zu jener Generation bret. Städte, die auf eine Burg aus der Zeit der Jahrtausendwende zurückgehen. 1008 verlieh Hzg. Geoffroy (Godfredus) einem Vasallen namens Riwallon die auf einem Schiefersporn über der Vilaine gelegene frühe Befestigung, welche die von →Rennes in die 'Marken' führende Straße kontrollierte, den Grenzraum zw. dem Hzm. und den großen Lehen des Kg.s v. Frankreich beherrschte und bald zum Sitz einer mächtigen Baronie wurde. Die entstehende Stadt breitete sich an den Ausläufern des nun eine Burg tragenden Bergsporns und auf einem benachbarten Hügel aus; ihre topograph. Entwicklung wird anhand der Bildung von Prioraten und Pfarreien deutlich. Um 1060 stattete Robert I., ein Nachkomme des Gründers, die Eigenkirche Notre-Dame als Kanonikerstift mit Pfarrei aus; doch wurden die Augustinerchorherren nachfolgend (1116) von Benediktinern aus St-Melaine de Rennes abgelöst (1208 Einsetzung eines Pfarrvikars). Robert I. schenkte um 1064 der Abtei →Marmoutier in ehem. Burggelände zur Gründung des Priorats Ste-Croix, der künftigen Pfarrei des westl. 'Faubourg'. Im östl. 'Faubourg' dagegen bestand nur die Kapelle St-Martin (1434 Taufbecken).

Die Burg V., deren dreieckiger Grundriß im wesentl. auf die Zeit Andrés III., des letzten Vertreters der ursprgl. Herrenfamilie, zurückgeht, kam mit der Baronie 1239 aufgrund einer Heirat (Guy VII. v. Laval ⚭ Erbtochter Philippa) an die mächtigen Herren v. →Laval, die V. mit ihrem in elf Kastellaneien gegliederten Hausbesitz vereinigten, hier mit Vorliebe residierten und die Burg vom späten 13. bis 15. Jh. zu einem Hauptwerk der got. Wehrarchitektur (berühmtes *Châtelet*) ausbauten.

Die Stadt V., die – wie →Fougères – Mitte des 15. Jh. die hohe Einwohnerzahl von ca. 4000 erreichte, war mit einer Stadtmauer umwehrt (Untergeschosse der Kurtinen und spätma. Türme teilweise erhalten). V. diente im Bret. Erbfolgekrieg (→Bretagne, B. II) dem Haus Blois-→Penthièvre als Stützpunkt, erlag aber im späten 15. Jh. der Truppenmacht Karls VIII. v. Frankreich (frz. Besetzung Sept. 1487). Die ma. Altstadt (Pfarrkirche Notre-Dame: roman.-got., Flamboyantstil; Bürgerhäuser in Fachwerk; altertüml. Straßen: rue de la Baudrairie 'Schwertfegergasse', Poterie 'Töpfergasse', Saulnerie 'Salzsiedergasse') war umgeben von volkreichen Vorstädten: St-Martin (Kirche des 15. Jh.) und Racha(p)t mit Hospital St-Nicolas (reiches Archiv).

Wichtigstes Gewerbe war im MA die Tuchmacherei, belebt durch Flüchtlinge aus der Normandie (nach der frz. Niederlage v. Azincourt, 1415), v.a. Leineweberei mit Export über →St-Malo nach Südengland, Flandern und Portugal, über Paris ins Lyonnais. Träger des Leinwandhandels war die Bruderschaft und Gilde der 'Marchands d'Outre Mer' (1473: 41 Mitglieder), der Patrizierfamilien wie die Bernardays, Gennes, Le Moenne (La Borderie) sowie der Vater des hzgl. Schatzmeisters Pierre →Landais angehörten. Weiterhin ist Handel mit Leder, Salz, Bausteinen (Steinbruch La Goupillière), Produkten des Ackerbaus und der Weidewirtschaft zu nennen; →Kaufhaus (bret. 'cohue'), Wechslerbänke und Jahrmarkt (Notre-Dame, 25. März) belegen lebhaften Handelsverkehr. Die berühmte Außenkanzel v. Notre-Dame war Schauplatz leidenschaftl. Predigten (bis in die Zeit der Religionskämpfe des 16. Jh.).

Die Stadtverwaltung, die im Kreuzgang v. Notre-Dame tagte, umfaßte (neben einem Rat der Notabeln) einen städt. Prokurator, einen *miseur* (Finanzbevollmächtigten), einen Finanzkontrolleur u. a. städt. Amtsträger. Die Stadt genoß Privilegien, entsandte Delegierte zu den →États des Hzm.s Bretagne und zahlte durchschnittl. 400 *livres bretonnes* an direkten Steuern (→'Aides'), die weniger drückend als die ländl. Herdsteuer ('Fouage') ausfielen.
J.-P. Leguay

Lit.: Y. LABBÉ, Les débuts d'une ville bretonne. V. aux XVe et XVIe s., Mém. Soc. d'Hist. et d'Archéologie de Bretagne 24, 1944, 61–146 – A. MUSSAT, Le château de V. et l'architecture des châteaux bretons du XIVe au XVIe s., BullMon 133, 1975 – J.-P. LEGUAY, Un réseau urbain au MA. Les villes du duché de Bretagne aux XIVe et XVe s., 1981.

Vitrified Forts ('Glasierte Befestigungen'). Dieser Begriff wird für einen bestimmten Typ von Hügelbefestigungen in Schottland verwendet, bei dem die Hauptverteidigungsanlagen aus Steinmauern bestanden, die, durchschnittl. 3 m–12 m breit, um ein Gerüst aus großen Holzstämmen errichtet worden waren. Diese »timberlaced« Mauern weisen eine Glasierung im Mauerwerk auf, was darauf hindeuten würde, daß das Holz zufällig oder vorsätzl. in Brand geraten ist. Dieses Feuer müßte eine so große Hitze erzeugt haben, daß das silikathaltige Material im Stein geschmolzen ist, wobei eine feste, verschmolzene Masse sowie das glasartige Aussehen entstanden sind. Derartige Feuer können hervorgerufen worden sein entweder durch einen feindl. Angriff, der außerhalb der Befestigung erfolgt war, oder durch versehentl. in Brand geratene Wohnviertel, die aus dicht nebeneinander errichteten Holzhütten im inneren Bereich der Befestigung bestanden. Die frühesten schott. Hügelbefestigungen werden auf das 8. Jh. v. Chr. datiert, d. h. vor den Beginn der eisenzeitl. Kultur in Schottland, aber der größte Teil der Befestigungen stammt wahrscheinl. aus der Eisenzeit, und ein kleiner Teil scheint noch im MA in Gebrauch gewesen zu sein. Nur wenige der vielen bekannten Hügelbefestigungen zeigen Spuren der Glasierung, aber diese gehören zu den berühmtesten, z. B. Knock Farril (Ross), Creag Phadruig (Inverness), Tap o' Noth (Aberdeenshire), Dunsinnan (Perthshire) und Abernethy (Perthshire). Sehr wenige glasierte Befestigungen konnten vollständig ausgegraben werden, eine Ausnahme bildet Clatchard Craig (Fife), das jedoch als Steinbruch diente und weitgehend zerstört wurde.
G. W. S. Barrow

Lit.: D. CHRISTISON, Early Fortifications in Scotland, 1898 – R. FEACHEM, The Hillforts of Northern Britain (A. L. F. RIVET, The Iron Age in Northern Britain, 1966) – DERS., Guide to Prehistoric Scotland, 1977^2.

Vitriol (Vitriolum), chemotechn. bergmänn. (Neben-)Produkt, verwendet für die Ledereinfärbung (»Schusterschwärze«), als Scheidewasser, für die Schädlingsbekämpfung, für alchemist. und iatrochem. Zwecke, für die Farbenherstellung sowie als Ausgangsstoff für Schwefelsäure (→Oleum vitrioli). Im SpätMA unterschied man blauen, weißen und grünen V., d. h. Kupfer-, Zink- und Eisenv. Basis der Produktion waren Schwefel- oder Kupferkiese, wobei Schwefelkiese bei einem schwachen Eisengehalt auch zu →Alaun verarbeitet werden konnten. Die »großtechn.« Erzeugung dürfte von Italien ausgegangen sein: belegt für →Massa Marittima (Monterotondo) 1311; für →Goslar (hier zunächst Eisenoxidsulfat = grüner V.) 1352. →Theophilus Presbyter empfiehlt Eisenv. (atramentum, auch a. sutorium) zur Tintenherstellung sowie zur Grundierung beim Vergolden.
K.-H. Ludwig

Vitruv. Die von den Griechen übernommenen und die röm. Antike bestimmenden Vorstellungen von Architektur-Gestaltung hat der röm. Architektur-Theoretiker Marcus Vitruvius in seinen, zw. 33 und 22 v. Chr. geschriebenen, Augustus gewidmeten »Decem libri architecturae« formuliert und damit die Vorstellung von →Augustinus, →Boethius und →Isidor v. Sevilla sowie karol.

Autoren wie →Hrabanus Maurus, →Einhard und →Lupus v. Ferrières beeinflußt. Etwa 55 ma. V.-Hss. sind bekannt, sie gehen alle direkt oder indirekt auf einen verlorenen Archetypus zurück, der in ags. Minuskel geschrieben war. Die älteste und getreueste Abschrift ist die Hs. im Brit. Mus., Harley Ms 2767 (9. Jh.) mit der Besitzeintragung »Goderamnus praepositus«, Propst von St. Pantaleon in Köln, ab 1011/13 erster Abt des von Bf. Bernward, Erzieher Ottos III., gestifteten Kl. St. Michael in Hildesheim. →Alkuin und Einhard besaßen ebenfalls einen V.-Codex. Nach V. besteht die Baukunst aus ordinatio, dispositio, eurythmia, symmetria, decor und distributio. »Ordinatio ist das richtige Gleichmaß der Bauglieder im einzelnen und im ganzen der Bezug der Proportion zur Symmetrie. Die dispositio ist die passende Zusammenstellung der Dinge und die durch die Zusammenstellung geschmackvolle Wirkung mit qualitas. Eurythmie ist das anmutige Aussehen und der in der Zusammensetzung der Glieder symmetrische Anblick«, es ist die der arithmetisch meßbaren symmetria anhaftende, qualitativ zu wertende ästhetische Erscheinung. Die symmetria ist erreicht, wenn die einzelnen Teile des Gebäudes in richtigen Verhältnissen auf der Grundlage eines berechneten Teils (modulus) zueinander in Einklang stehen. »Decor ist das fehlerfreie Aussehen eines Bauwerks, das aus anerkannten Teilen würdevoll (cum auctoritate) geformt ist«; dazu gehört die Befolgung der Gesetze der symmetria ebenso wie die Berücksichtigung der Natur und die Verwendung anerkannter Formen, die V. v.a. in den dor., ion. und korinth. Bauordnungen sieht. Distributio schließlich »ist die angemessene Verteilung der Materialien und des Baugeländes und eine mit Überlegung auf Einsparung ausgerichtete, zweckmäßige Einteilung der Baukosten«. Generell müssen diese Anlagen »so gebaut werden, daß sie Festigkeit (firmitas), Zweckmäßigkeit (utilitas) und Anmut (venustas) berücksichtigen«. Ohne Symmetrie und Proportion kann nach V. kein Tempel eine vernünftige Formgebung haben, die Glieder eines Tempels müssen wie die Glieder eines wohlgeformten Menschen in einem bestimmten Verhältnis zueinander stehen, die in einfachen Bruchzahlen zur Gesamthöhe des Körpers auszudrücken sind. Schon bei Platon findet sich die Auffassung, daß die menschl. Seele Abbild der Harmonie der Weltseele ist; Kennzeichen dafür ist die Ausstattung des Menschen mit Sinn für Ordnung, Maß, Proportion und Harmonie. Das Wesen des Schönen und Guten ist im rechten Maß und in der Symmetrie, d.h. dem angemessenen Verhältnis, enthalten. Das Interesse an V. endete im 11./12. Jh. Erst die it. Humanisten entdeckten sein Werk wieder (1415 im Kl. St. Gallen durch G. F. Poggio →Bracciolini). Ob und in wieweit V.s Architekturtheorie auf die ma. Architektur eingewirkt hat, ist bisher ungeklärt; das Interesse in karol. Zeit lag wohl mehr im literarisch-antiquar. Bereich.

G. Binding

Ed.: F. KROHN, 1912 – Lit.: Lex. der Kunst VII, 1994, 648–650 [Lit.] – C. FENSTERBUSCH, V., Zehn Bücher über Architektur, 1964 – H. KNELL, V.s Architekturtheorie, 1985 – H.-W. KRUFT, Gesch. der Architekturtheorie, 1985, 20–30 – G. POCHAT, Gesch. der Ästhetik und Kunsttheorie, 1986, 72–77 – F. ZÖLLNER, V.s Proportionsfigur, 1987 – G. BINDING, Der früh- und hochma. Bauherr als sapiens architectus, 1996.

Vitry-en-Perthois (heute V.-en-François), Stadt und Herrschaft in der →Champagne (dép. Marne), Bm. →Châlons-sur-Marne. V. gehörte urspgl. zum Patrimonium der dem Ebf. v. →Reims unterstehenden großen Abtei St-Remi. Einer päpstl. Bulle von 1179 zufolge verfügte die Reimser Kirche über die Suzeränität von V., einem der Kerngebiete der späteren Gft. Champagne. 953 eroberte Heribert d. Ä., Gf. v. →Vermandois, V. für Kg. →Ludwig IV. Nach dem Tode seines Sohnes →Heribert III. (980–984) wurde V. mit →Épernay und →Vertus seinem Neffen Heribert d. J., Sohn von Robert, Gf. v. Meaux, übertragen. Als 1022 →Odo II., Gf. v. →Blois und Enkel Roberts, die Gft.en →Troyes und →Meaux erbte, ging V. an sein Haus über. Odo III., dem nach der Erbteilung die Champagne überlassen wurde, belehnte um 1061 Raoul v. →Valois, Gf. v. →Amiens und →Vexin, mit V., der durch Heirat →Bar-sur-Aube erworben hatte. Nach seinem Tode (1078) verteidigte sein Sohn Simon das Erbe gegen Kg. →Philipp I., der V. und Bar einem seiner Schwiegersöhne übergeben wollte. Nachdem Simon sich in das Jurakl. →St-Claude zurückgezogen hatte, beanspruchte →Tedbald III. (1037–89), Gf. v. Blois und Nachfolger seines Neffen in der Champagne, im Namen seiner Frau Adela v. Bar, einer Schwester Simons, 1078 V. und Bar für sich. Anläßl. eines Konfliktes zw. →Tedbald II. (IV. als Gf. v. Blois) und Kg. →Ludwig VII. wurde V. 1142/43 niedergebrannt (V.-le-Brûlé), das Perthois vom Kg. besetzt und als Gft. Odo 'le Champenois' zugewiesen. Nachdem Tedbald deshalb dem Hzg. v. →Burgund den Lehnseid geleistet hatte, bemühte sich der Kg. 1144 durch Restitution V.s um eine Wiederannäherung. Unter →Heinrich I. 'le Liberál' (1152–81), der V. als Vorleistung auf sein Erbe empfangen hatte, fand die endgültige Trennung der Gft.en Blois und Champagne statt. Heinrich behielt sich →Troyes und →Provins vor, so daß V. bis zum Tode von Kgn. →Johanna (1305), Erbtochter →Heinrichs III. v. Champagne und Navarra und Gemahlin Kg. →Philipps IV., im Besitz der Gf.en der Champagne blieb.

H. Brand

Lit.: H. D'ARBOIS DE JUBAINVILLE, Hist. des ducs et des comtes de Champagne, 1859–66 – F. LOT, Herbert le Jeune et la succession des comtes champenois, Annales de l'Est 15, 1901 – K. F. WERNER, Unters. zur Frühzeit der frz. Fsm.s, WaG 2, 1960, 87–119 – M. POINSIGNON, Hist. gén. de la Champagne et de la Brie, 1974³ – M. BUR, La formation du comté de Champagne v. 950–v. 1150, 1977.

Vitry, Jakob v. → Jacob v. Vitry (32. J.)

Vitry, Philippe de → Philippe de Vitry (7. Ph.)

Vitskøl (Withscuele, 'Vitae Schola'), einziges Kl. SOCist im Bm. →Viborg (Dänemark), in Himmerland südl. des Limfjords gelegen. Mit der Stiftung des Kl. erfüllte Kg. →Waldemar I. auf Drängen Ebf. →Eskils sein Gelübde nach dem Sieg bei Grathe Hede 1157 (→Dänemark, C. I) und bot damit aus Clairvaux gekommenen Mönchen im schwed. →Varnhem einen neuen Standort in Dänemark. Als Stiftungsdatum gilt der 1. April 1158. 1165 gründete der Konvent ein Tochterkl. in Sminge im Bm. →Aarhus, das in →Øm weiterbestand. Der Grundbesitz v. V. lag weitgehend in der Gegend um den Limfjord. 1287 durch Feuer beschädigt, wurde von der Kl.kirche wenig mehr als der Chor mit dem rechtwinkligen Kapellenkranz und das Querschiff vollendet; der Westflügel des Kl. entstand erst gegen Ende des MA.

T. Nyberg

Q.: Scriptores Minores Hist. Danicæ Medii Ævi II, 1922 [1970], 134–146 – Lit.: V. LORENZEN, De danske Klostres Bygningshistorie 11, 1941, 23–44 – K. NIELSEN, Om V. kloster, Fra Himmerland og Kjær Herred, 1980, 9–62 – B. P. McGUIRE, The Cistercians in Denmark, 1982 – J. FRANCE, The Cistercians in Scandinavia, 1992 – T. NYBERG, Monasticism in Northern Europe, 1997.

Vittorino (oder Venturino) **da Feltre,** * um 1378 (nach SABBADINI [1928], der dem Biographen Sassolo da Prato folgt, 1373) in Feltre als Sohn des Notars Bruto Rambaldoni und der Monda Enselmini, † 2. Febr. 1446 in Mantua, □ S-Spirito, ebd. Seit 1396 studierte V. die →studia humanitatis in Padua, gestützt auf die Familie seiner Mutter (u. a. bei Giovanni Conversini und Gasparino →Barzizza). 1415 lernte er in Venedig bei →Guarino Griechisch, mit dem er enge Freundschaft schloß. 1418-19 hielt er dort gleichzeitig mit Guarino und Francesco →Filelfo Schule. 1421-22 lehrte er in Padua Rhetorik, danach unterrichtete er in Venedig Kinder des Patriziats, bis er im Okt. 1423 von Gian Francesco →Gonzaga als Prinzenerzieher nach Mantua berufen wurde. Von da an bis 1445 leitete er die berühmt gewordene Schule in der von Fs. en überlassenen Villa Zoiosa. Dessen Gemahlin Paola →Malatesta kümmerte sich selbst um die Aufnahme begabter Söhne aus anderen Ständen und um die finanziellen Belange der Schule (CORTESI, 103-106). Das Curriculum gipfelte im Studium der naturwiss. Fächer, philos. Lehren und der Musik, die v. a. wegen ihrer erzieher. und eth. Funktion geschätzt wurde. V. standen auch griech. Mitarbeiter zur Seite (Gerhard v. Patras, Petrus Creticus, Georgios Trapezuntios, Theodorus Gaza), die ihre Sprache lehrten und den Auftrag hatten, die Hss., die V. sich mit Hilfe von Freunden beschaffte, abzuschreiben, um seine eigene wie auch die Gonzaga-Bibliothek, zu der er freien Zugang hatte, zu vergrößern. In all den Jahren hatte er Mantua nur 1443 wegen einer Reise nach Florenz und wahrscheinl. nach Rom verlassen, die er zusammen mit Paola Malatesta und Carlo Gonzaga unternahm. Erhalten sind nur wenige Briefe und ein kurzer Traktat über die Orthographie (Padua, Bibl. Univers. 1291, ff.135v-155v), der in Padua entstand, als V. noch keine Griechischkenntnisse besaß (SABBADINI, Ortografia, 214f.) und für den Elementarunterricht bestimmt war. V.s Porträt auf einer Medaille →Pisanellos überliefert. M. Cortesi

Ed.: Vespasiano da Bisticci, Vita di uiomini illustri del sec. XV, ed. A. GRECO, I, 1970, 573-580 – L. LUZIO, Cinque lettere di V. da F., Arch. Ven. 36, 1888, 329-41 – C. DE' ROSMINI, Idea dell'ottimo precettore nella vita e disciplina di V. da F. e de' suoi discepoli, 1801 – G. PESENTI, V. da F. e gli inizi della scuola di greco in Italia, Athenaeum 2, 1924, 241-260; 3, 1925, 1-16 – A. CASACCI, Un trattatello di V. da F. sull' ortografia latina, Atti del R. Ist. Veneto di sc. lett. e arti, 86, 1926-27, 911-945 – E. GARIN, Il pensiero pedagogico dell' Umanesimo, 1958, 713-17, 504-699 [Vite] – A. BELLODI, Per l'epistolario di V. da F., IMU 16, 1973, 337-345 – D. S. CHAMBERS, An Unknown Letter by V. da F., JWarburg 52, 1989, 219-221 – *Q. und Lit.*: R. SABBADINI, L' Ortografia latina di V. da F. e la scuola padovana, Rendic. Accad. naz. lincei, cl. di sc. mor. e lett., s. VI, 4, 1928, 209-221 – V. da F. studente padovano, Rev. ped. 21, 1928 – V. da F. Pubblicazione commemorat. del V centenario della morte, hg. Comitato mantovano, 1947 [mit Bibliogr.] – M. CORTESI, Libri e vicende di V. da F., IMU 23, 1980, 77-114 – V. da F. e la sua scuola: umanesimo, pedagogia, arti, hg. N. GIANNETTO, 1981 – G. MÜLLER, Mensch und Bildung in it. Renaissance-Humanismus, 1984 [Lit.] – N. G. WILSON, From Byzantium to Italy, 1992, 31-41 – M. CORTESI, Lettura di Plutarco alla scuola di V. da F. (Fschr. G. RESTA, 1996), 411-436.

Vitus (Veit, frz. Guy), hl. (Fest: 15. Juni). Mit dem Mart. Hieron. ist ein Martyrium in Lukanien anzunehmen. →Gelasius I. erwähnt eine Kirche des Bekenners V. Die Passio (um 600) kennt V. als siz. Knaben, läßt ihn mit seinem Erzieher Modestus und der Amme Crescentia nach Lukanien flüchten, unter Diokletian in Rom foltern und in Lukanien begraben. Sie benutzt Motive oriental. Hagiographie. 755/756 gelangte das Korpus in den Bereich von →St-Denis, 836 nach →Corvey. Nach älterer Verbreitung in Italien, wohl auch aus St-Denis, strahlte der Kult von Corvey über Sachsen aus in das Reich, bes. auch nach Prag (wohl 935) und in den Osten. →Widukind v. Corvey verband mit V. die Geschicke des ostfrk.-sächs. Reiches und Ottos I. Im 14. Jh. ging die Verehrung in N-Dtl. zurück, nahm aber südl. des Mains noch zu. Ks. Karl IV. erhielt 1355 für den Prager Veitsdom eine Schädelreliquie aus Pavia. Im 30jährigen Krieg gingen die Corveyer Reliquien verloren. Rund 150 Orte wollen heute V.-Reliquien besitzen, über 1300 weisen ein Patrozinium auf. Der höchst populäre Hl. wurde als einer der Vierzehn →Nothelfer gegen →Veitstanz bzw. →Epilepsie angerufen, half bei einem Dutzend weiterer Übel und wurde Patron von zahlreichen Berufsgruppen (z. B. Schauspieler, Kesselschmiede) und von Bruderschaften. Dargestellt wird V. bartlos mit einem fußleckenden Löwen, mit Buch und Adler, mit dem Palmzweig der Märtyrer und gelegentl. in einem Kessel. K. H. Krüger

Lit.: BHL 8711-8723 – MartHieron, 319f. – BiblSS XII, 1244f. – DHGE XXII, 1241-1243 – HWDA VIII, 1540-1544 – LCI VIII, 579-583 – LThK² X, 825-827 – Vies des Saints VI, 246, 248-250 – H. KÖNIGS, Der hl. V. und seine Verehrung, 1939 – M. ZENDER, Gestalt und Wandel, 1977, 366-370 [mit Verbreitungskarte] – P. JOUNEL, Le culte des saints, 1977, 246 – K. H. KRÜGER, Westfalen 55, 1977, 309-345 [in Corvey] – I. SCHMALE-OTT, Translatio s. V. i martyris, 1979 [Ed.] – AnalBoll 113, 1995, 449.

Vitztume v. Apolda. Erstmals mit dem 1162/71 genannten Dietrich v. A. tritt ein Angehöriger der seit 1123 bezeugten Ministerialenfamilie v. Apolda als Inhaber des Mainzer V.-Amtes (→Mainz) in →Erfurt entgegen. Als Leiter der ebfl. Mainzer Güterverwaltung standen die V.e v. A. gemeinsam mit dem vor 1192 abgespaltenen Zweig der Schenken v. Apolda an der Spitze der Mainzer Ministerialität in Thüringen und hatten zusammen mit diesen den von ihnen vor 1289 zur Stadt erhobenen Stammsitz Apolda als Mainzer Lehen inne. Im 13. Jh. in den Herrenstand aufgestiegen, nahmen sie den Titel 'V.' als Eigennamen an und teilten sich nach der Mitte des 13. Jh. in drei Linien: die V.e v. Eckstedt (nö. Erfurt), die das Amt des V.s in Erfurt bis zu seinem Verkauf 1342 an den Mainzer Ebf. innehatten; die V.e v. A., seit 1348 alleinige Herren der in ihrer Zugehörigkeit zw. dem Mainzer Ebf. und den Wettinern schwankenden Stadt Apolda, und die V.e v. Roßla (w. von Apolda), die im 15. Jh., insbes. mit den Brüdern Busso († 1467) und Apel V. († 1474) unter Hzg. Wilhelm III. (1445-82) in Zusammenhang mit dem →Sächs. Bruderkrieg, als Räte der wettin. Landesherren großen polit. Einfluß erlangten und umfangreiche Herrschaftsrechte zw. Saale, Unstrut und Arnstadt erwarben. M. Werner

Lit.: Hist. Stätten Dtl. IX, 1989², 16f. – F. SCHNEIDER-A. TILLE, Einf. in die Thür. Gesch., 1931, 48-51 – R. GF. VITZTHUM V. ECKSTÄDT, Beitr. zu einer Vitzthumschen Familiengesch., 1935 – Gesch. Thüringens, hg. H. PATZE-W. SCHLESINGER, II, 1, 1974, 199f.

Vivaldi (V., Ugolino und Vadino), Kaufleute und Seefahrer aus →Genua, 2. Hälfte des 13. Jh., unternahmen 1291 den Versuch, mit zwei Galeeren durch die Straße v. →Gibraltar durch Umschiffung →Afrikas den direkten Seeweg nach →Indien zu finden. Der Versuch hing offenkundig zusammen mit dem Fall des Kreuzfahrerstaates (→Jerusalem, Kgr.) in Palästina (→Akkon als letzter chr. Stützpunkt wurde im gleichen Jahr von den →Mamlūken eingenommen), der dadurch erfolgten Erschwerung des Handels mit oriental. Luxusgütern über den arab. Zwischenhandel und einem päpstl. Verbot (→Embargo) des Handels mit den Sarazenen. Die Expedition der V. erreichte anscheinend bei Kap Juby die marokkan. Küste, mit der Genua Handelsbeziehungen unterhielt, und ist dann verschollen. Die Nachricht stammt aus den Annalen der Stadt Genua, seinerzeit von Jacopo →Doria, einem Angehörigen der gleichnamigen einflußreichen Familie, geführt, dessen Neffe an der Ausrüstung der Expedition beteiligt war. Der kurze Eintrag bezeichnet das Unternehmen als »eine Fahrt, wie sie bis dahin noch keiner gewagt hatte«. Spätere Q.überlieferungen aus dem 14. und 15. Jh. – u.a.

A. →Usodimare, der im Auftrag →Heinrichs des Seefahrers selbst Fahrten entlang der afrikan. Westküste durchführte – nehmen direkt oder indirekt Bezug auf das Unternehmen der Brüder V., das heute von der Forsch. übereinstimmend als Vorläufer der europ. →Expansion im Atlantik seit dem 15. Jh. angesehen wird. H. Pietschmann

Q. und Lit.: G. MOORE, La spedizione dei fratelli V. e nuovi documenti d'archivio, Atti della Società Ligure di Storia Patria, N. S. 12, 1972, 387–402 – F. SURDICH, Gli esploratori genovesi del periodo medievale (Misc. di storia delle esplorazioni, hg. DERS., 1975), 9–117 – Dokumente zur Gesch. der europ. Expansion, hg. E. SCHMITT, I, 1986, 40ff. – Das geogr. Weltbild um 1300. Politik im Spannungsfeld von Wissen, Mythos und Fiktion, 1989 (ZHF, Beih. 6).

Vivarais → Viviers

Vivarini, ven. Künstlerfamilie, begründet von *Antonio* (* um 1415 Murano, † zw. 1476 und 1484 Venedig), aus einer Muraneser Glasmacherfamilie stammend. Bereits sein erstes datiertes Werk (1440, Polyptychon in Parenzo, S. Eufrasiana) zeigt Figuren von ruhiger, geschlossener Plastizität, die sich von der Spätgotik Jacobellos del Fiore absetzt. 1441–50 schuf Antonio in enger Zusammenarbeit mit seinem Schwager Giovanni d'Alamagna große Polyptychen, deren Pracht durch reichgeschnitzte Rahmungen gesteigert wird (1443 S. Zaccaria: drei Reliquienaltäre; 1444 S. Pantalon: Marienkrönung; 1446 Accademia: Madonna mit den Kirchenvätern in einheitl. Architektur). Die 1448 mit den Gewölben begonnene Ausmalung der Ovetari-Kapelle (Padua) brach er nach dem Tod Giovannis 1450 ab (1944 zerstört, vgl. →Mantegna). Im gleichen Jahr setzen mit einem Polyptychon in Bologna die gemeinsam mit Antonios jüngerem Bruder *Bartolomeo* (* gegen 1430, † nach 1491) hergestellten, signierten und oft datierten →Retabel ein, mit denen die Werkstatt bis in die siebziger Jahre in Venedig führend blieb (in den Frari, S. Giovanni e Paolo, S. Maria Formosa, S. Andrea di Certosa) und in geringerer Qualität die umliegenden Prov.en bis nach Apulien und ins Bergamaskische belieferte (letztes Datum: Triptychon in Bergamo, Accademia Carrara 1491). Bartolomeo rezipierte den neuen Stil der Paduaner um →Squarcione und Mantegna mit seiner Spannung zw. Körper und Gewand und dessen graph. Faltenstruktur. Antonios Sohn *Alvise* (* 1442/53 Venedig, † ebd. 1503/05) läuterte diesen Stil (Polyptychon aus Montefiorino, erstes datiertes Werk 1476, Urbino; Kreuztragender Christus, S. Giovanni e Paolo) und überwand ihn unter dem Eindruck von →Antonello da Messinas atmosphär. vereinheitlichendem Licht (Sacra Conversazione, 1480, aus Treviso in Venedig; Pala di S. Ambrogio, letztes Werk, von Marco Basaiti vollendet für die Frari, Venedig). Wie Bartolomeo malte er zahlreiche halbfigurige Madonnen, doch wandte er sich auch dem Bildnis (u. a. 1497, London) und der Historienmalerei zu (verloren, ehemals Dogenpalast [1488] und Scuola di S. Gerolamo).
Ch. Klemm

Lit.: R. PALLUCCHINI, I V., 1962 – J. STEER, Alvise V., 1982 – P. HUMFREY, The Bellini, The V. and The Beginnings of the Renaissance Altarpiece in Venice (Italian Altarpieces, 1250–1550, 1994), 139–176.

Vivarium → Cassiodor(us), III

Vivian-Bibel, sog. erste Bibel Karls d. Kahlen (Paris, BN lat. 1), Hauptwerk der karol. →Buchmalerei der Schule v. →Tours, im Skriptorium des dortigen, mit Kanonikern besetzten Kl. St-Martin 845/846 hergestellt und laut Widmung vom Laienabt Gf. Vivian (844–851) und der Kl.gemeinschaft Karl d. Kahlen zugeeignet, offenbar als Dank für die 845 erfolgte Bestätigung der Immunitätsrechte von St-Martin. Bes. reich und qualitätvoll mit 87 Initialen, Kanontafeln, Zierrahmen etc. und 8 ganzseitigen Titelbildern in Gold und Farben ausgestattet: Bibelübers. des Hieronymus (zu den Vorreden), Gesch. Adams und Evas (zu Gen), Moses empfängt und verkündet das Gesetz (zu Ex), David verfaßt die Psalmen (zu Ps), Majestas Domini mit Propheten und Evangelisten (zu NT/Evangelien), Bekehrung des Paulus (zu Paulusbriefen), Darstellungen aus der Apokalypse (zu Offb), Widmungsbild (beim Widmungsgedicht). Aus spätantiken Vorbildern werden hier für die Folgezeit vielfach gültige neue Formulierungen geschaffen, die das den karol. Pandekten generell zugrundeliegende Konzept der Einheit von AT und NT thematisieren. U. Nilgen

Lit.: W. KOEHLER, Die Schule v. Tours (Die karol. Miniaturen, 1, 1930) – F. MÜTHERICH–J. GAEHDE, Karol. Buchmalerei, 1976 – H. L. KESSLER, The Illustrated Bibles from Tours, 1977 – DERS., A Lay Abbot as Patron: Count Vivian and the First Bible of Charles the Bald (Sett. cent. it. 39, 1992), 647–675 – DERS., 'Facies Bibliothecae revelata' (ebd. 41, 1994), 533–584.

Vivianus Tuscus, Bologneser Jurist in der 2. Hälfte des 13. Jh., Sohn des Oseppus Tuscus, des Führers der Popolaren, der i. J. 1228 den Zünften den Eintritt in die Stadtregierung erkämpfte. Der Beiname Tuscus weist auf toskan. Herkunft der Familie und deren Zugehörigkeit zur Gesellschaft der Tusci in Bologna hin, in deren Matrikeln V. i. J. 1259 erscheint. V. schrieb →Casus Digesti veteris, Infortiati und Codicis, die am Ende des 15. Jh. in zwei Sammelwerken und seit 1513–16 wiederholt in Ausg.en des →Corpus iuris civilis als Zusätze zur Glosse des →Accursius gedruckt wurden. P. Weimar

Lit.: COING, Hdb. I, 219f. [P. WEIMAR; Anfang der Casus Codicis: »Quatuor partes hec constitutio habet«] – SAVIGNY V, 339f., 346ff. – R. FEENSTRA, Les Casus Institutionum de Guido de Cumis, MHDB 29, 1968–69, aber 1972, 231–253, bes. 253 (auch in: DERS., Fata iuris Romani, 1974, 260–282, bes. 282) – R. FEENSTRA, Les Casus Codicis de Guido de Cumis dans les mss. et dans l'éd. incunable des Casus longi cum casibus brevibus Codicum, SG 19, 1976, 175–204, 181.

Vivières (Viviers, Vivarium), Kl. OPraem, Diöz. →Soissons, etwa 5 km von Villers-Cotterêts entfernt, 1153 nach Valsery verlegt. GRAUWEN hat aufgrund der »Vita Norberti« (→Norbert v. Xanten) 1126 sowie 1124 als Eintrittsdatum der →Prämonstratenser angenommen. WEINFURTER und BRUNEL vertreten die Ansicht, daß 1121 zu Reformjahr zu gelten habe, weil die Reihenfolge der Stifte in der Bestätigungsurk. des Papstes Honorius II. für Prémontré vom 16. Febr. 1126, in der V. an zweiter Stelle genannt wird, als chronolog. Abfolge der Gründungen der ersten Prämonstratenser-Niederlassungen zu verstehen sei. L. C. Van Dyck

Lit.: ST. WEINFURTER, Norbert v. Xanten – Ordensstifter und Eigenkirchenherr, AK 59, 1977, 77 – F. J. FELTEN, Norbert v. Xanten. Vom Wanderprediger zum Kirchenfs.en (Norbert v. Xanten, hg. K. ELM, 1984), 124 – W. M. GRAUWEN–L. HORSTKÖTTER, Norbert Ebf. v. Magdeburg (1126–34), 1986, 84f. – G. BRUNEL, L'implantation des ordres religieux de Prémontré, Cîteaux et Fontevraud dans la région de Villers Cotterêts au XIIe s., Mém. des Soc. d'hist. et d'archéol. de l'Aisne 32, 1987, 208–210.

Viviers, Vivarais
I. Stadt – II. Bistum – III. Landschaft Vivarais.
I. STADT: V., Stadt in Südostfrankreich, am rechten Ufer der →Rhône, dép. Ardèche (chef-lieu de canton, arr. Privas), Bm. Die Stadt geht zurück auf eine Siedlung, gelegen auf dem Hügel des 'Chateauvivieux' (vielleicht bereits Standort eines Oppidums der gall. Helvier), der das Schwemmland am gegenüberliegenden Ufer der Rhône, die hier den Bergbach Escoutay aufnimmt, beherrscht. Im letzten Viertel des 5. Jh. siedelte der Bf. aus dem etwa 15 km entfernten Alba ('civitas Albensium') nach V. über.

Zwar fehlen schriftl. Q. aus der Zeit vor dem 13. Jh. weithin, dafür erfuhr V. als nahezu vollständig erhaltene ma. Stadt eingehende archäolog. Erforschung. Umgeben von einer bereits im 11. Jh. bestehenden, im 14. Jh. erneuerten Befestigung, birgt die 'ville haute' den Kathedralkomplex mit Kathedrale, Bf.spalast, Kreuzgang und weiteren Bauten des Kathedralklerus; auf den sich zur Rhône und ihrer Straße hin senkenden Berghängen erstreckt sich, nahe dem alten Flußhafen, die 'ville basse'.

Erst spät, nach der Eingliederung des Languedoc in den Machtbereich des Kg.s v. Frankreich und der Einbeziehung des bfl. Territoriums in die kapet. Krondomäne, erhielt V. unter dem Einfluß der kgl. Amtsträger ein Freiheitsprivileg (→'charte de franchises', verliehen am 10./11. Nov. 1321 von Bf. Peter III.) und damit städt. Verfassung (u. a. jährl. Wahl zweier →Syndici, seit dem letzten Viertel des 15. Jh. als →Konsuln bezeichnet). Die Zahl der Einwohnerschaft (maximal 2000) umfaßte Ritter sowie (durch das Tuchgewerbe z.T. wohlhabend gewordene) Bürger mit Haus- und Grundbesitz, weiterhin Pächter, Bauern und Handwerker.

II. BISTUM: Als Vorort der galloröm. Völkerschaft der Helvier und einfache 'civitas' zu lat. Recht tritt *Alba* in der 2. Hälfte des 4. Jh. als Bf.ssitz auf, einer der zahlreichen Orte, an denen sich →Kontinuität zw. Spätantike und chr. FrühMA ablesen läßt. Nach der Liste, enthalten in der 'Charta vetus' des Bf.s Thomas II. (Mitte des 10. Jh.), residierten fünf der frühen Bf.e nacheinander in Alba; am besten bekannt ist Auxonius, bezeugt auf einem Konzil in Arles (471/475). Im späten 5. Jh. wurde der Bf.ssitz (ein in der Gesch. der frühen Diöz. der Narbonensis einmaliger Vorgang) aus dem im Landesinneren gelegenen Alba an das Rhôneufer, nach V., verlegt. Sind auch die Gründe hierfür im einzelnen nicht feststellbar, so dürfte doch ein Zusammenhang mit der Festsetzung der →Westgoten in dieser Region und der durch sie erfolgten Ablösung der spätröm. Institutionen bestehen.

Aus der Zeit vor 815 sind nur wenige Nachrichten überliefert. Am 15. Juni 815 wurde durch ein Aachener Diplom Ludwigs d. Fr. dem Bf. v. V. und seinen Nachfolgern →Immunität gewährt; dieses Privileg wurde von Lothar I. (850) und Karl d. K. (877) bestätigt. 1147 ließ sich Bf. Wilhelm I. von Konrad III. die →Regalien verleihen; dieses Privileg, das den Bf. zum unanfechtbaren Herrn des Vivarais machte, wurde von Friedrich Barbarossa (1177) und Friedrich II. (1214) bestätigt. Zu den Einnahmequellen des Bf.s zählten an erster Stelle die Silberminen v. Largentière, welche die Begierde →Raimunds VI. v. →Toulouse erregten; 1198 sah sich Bf. Nikolaus genötigt, mit dem Gf.en über sie ein Conseniorat zu schließen. Allmähl. lockerten sich die Bindungen der Bf.e zum Imperium angesichts des Vordringens der kapet. Monarchie ins Languedoc; der kgl. Seneschall v. →Beaucaire übte bereits im 13. Jh. starken Einfluß in V. aus, bevor die Diöz. durch ein dem Bf. aufgenötigtes Abkommen mit Philipp d. Schönen (Vincennes, 2. Jan. 1308) dem Kgr. Frankreich inkorporiert wurde.

Das Bm. V., das in der Frühzeit →Arles, seit 445 dann →Vienne unterstand, war in fünf Archipresbyterate gegliedert; es umfaßte die Region v. Les Boutières und die Hochplateaus entlang dem Rhônelauf von der Ardèche. Nach den bfl. Registern verfügte die Diöz. über 174 Benefizien, Pfarreien und Priorate. Die einzige →Visitation, für die ein Protokoll vorliegt, wurde 1501 von Bf. Claude de Tournon durchgeführt.

Innerhalb der Diöz. sind mehrere Männerabteien zu nennen: die Abtei OSB Cruas (geweiht 1095), die Zisterzienserabteien Mazan und Les Chambons, die Kartause Bonnefoy. In der Stadt Aubenas bestanden seit Mitte des 13. Jh. Konvente der Minoriten (Cordeliers) und Klarissinnen sowie ein Dominikanerkonvent (gegr. 1264).

III. LANDSCHAFT VIVARAIS: Die Vorstellung vom Vivarais als einer Territorialeinheit begegnet erst spät; einen frühen,' vereinzelten Hinweis liefert lediglich ein Diplom Ludwigs d. Fr. (6. Juli 817) mit Nennung zweier Gf.en des Vivarais, Eribert und seines Sohnes Elpedonius; diese karol. Gf.engewalt wurde wohl in der Folgezeit von der bfl. Herrschaft absorbiert. Im SpätMA geht der Bildung einer eigenen Ständeinstitution des Vivarais die schrittweise Durchdringung des Languedoc durch die Monarchie der →Kapetinger voraus, intensiviert nach dem Tode →Alfons' v. Poitiers (1271), was zur Schaffung von kgl. Gerichtshöfen unter Oberaufsicht des Seneschalls von Beaucaire führte: in Villeneuve-de-Berg (1306) und dann Boucieule-Roi. Danach entstanden die *États de Vivarais*, denen die Mitwirkung bei Steuerbewilligung und -erhebung anläßl. von außerordentl., dann auch bei regulären kgl. Steuern und Abgaben.

An der ersten Versammlung der États (1422, Villeneuve-de-Berg) nahmen Vertreter der Diöz. V., aber auch der dem Verband des →Dauphiné angehörenden Diöz.n →Vienne und →Valence teil, aufgrund der fiskal. Einbeziehung der rechts der Rhône gelegenen Territorien dieser beiden Bm.er in den Steuerbezirk des Vivarais. Die Fiskalpolitik der frz. Monarchie trug somit bei zu einer administrativen und territorialen Zusammenfassung der Plateaulandschaften entlang dem Lauf der Rhône und am Südostabhang des Massif Central.

Die territoriale Autonomie des Vivarais blieb kurzlebig. Bereits um 1425 wurden die États des Vivarais (wie die États des →Velay und des →Gévaudan) der Hoheit der →*États provinciaux* des Languedoc unterstellt; den États des Vivarais verblieb die Aufteilung der ihnen von den États provinciaux zugewiesenen Steuerlast unter die einzelnen Gemeinschaften der Landschaft. Das Vivarais, das sich durch die Bildung von États immerhin einer eigenständigen 'Identität' bewußt geworden war, fungierte nur mehr als eine der 22 *diocèses civils* des Languedoc.

Innerhalb der États des Vivarais repräsentierten 13 Barone den Adel, 13 Städte den 'Tiers État'. Als singuläres Phänomen ist die (fast völlige) Nichtbeteiligung des Klerus zu erwähnen: Der Bf. v. V. gehörte zwar im frühen 15. Jh. noch in seiner Eigenschaft als Prälat den États an, dann jedoch nur mehr als feudaler Seigneur. Das den États erst spät zugestandene Recht auf eigene Verwaltungsorgane (ein →*receveur*, ein *greffier*, 'Sekretär') stärkte zweifellos die Effizienz, mit der sie Forderungen im Rahmen der Provinz und der Monarchie zu artikulieren vermochten.

V. Chomel

Lit.: [allg. und zu I]: LThK² X, 831 – J. RÉGNÉ, Hist. du Vivarais, 3 Bde, 1914-45 – Hist. du Vivarais, hg. G. CHOLVY u.a., 1988 – Y. ESQUIEU, V., cité épiscopale. Études archéol., 1988 – DERS., Autour des nos cathédrales. Quartiers canonicaux du sillon méditerranéen, 1992 – *zu [II]*: DOM J.-M. BESSE-G. LETONNELIER u.a., Abbayes et prieurés de l'ancienne France, IX, 1932, 147-176 – Recueil des historiens de la France, VII, hg. J. CALMETTE-E. CLOUZOT, 1940, CXIII-CXXIV, 437-497 – P. BABEY, Le pouvoir temporel des évêques de V. au MA, 815-1452, 1956 – J. CHARAY u.a., Petite hist. de l'Église diocésaine de V., 1977, 350f. – *zu [III]*: J. RÉGNÉ, La situation économique du Vivarais d'après les estimes de 1464, Rev. du Vivarais, 1923-25 – A. LE SOURD, Essai sur les États du Vivarais depuis leur origine, 1926 – A. GRIMAUD, Hist. de Villeneuve-de-Berg, 1942.

Vivilo, Bf. v. →Passau 739-746, † 20. Febr. 746, war bei der kirchl. Organisation Bayerns durch →Bonifatius (10. B.) der einzige von Papst Gregor III. in Rom ca. 731/

737 geweihte Bf. Er wirkte als Konsekrator einer nicht eindeutig zu identifizierenden Marienkirche. Die Nachricht der in der 2. Hälfte des 12. Jh. aufgezeichneten Passauer Bf.slisten, V. habe zur Zeit des bayer. Hzg.s →Odilo wegen der Vernichtung der (erz)bfl. Kirche v. Lorch seinen Sitz von dort nach Passau verlegt, erscheint in voller Ausgestaltung Mitte des 13. Jh. im Zusammenhang einer zweiten Rezeption der →Lorcher Fälschungen.

A. Zurstraßen

Q. und Lit.: LThK² X, 664 – M. HEUWIESER, Gesch. des Bm.s Passau, I, 1939, 106, 115 – Die Reg. der Bf.e v. Passau, I: 739–1206, bearb. E. BOSHOF, 1992, Nr. 1–8.

Vizconde → Vicecomes

Vizegraf → Vicecomes

Vizekanzler

I. Deutsches Reich – II. Päpstliche Kanzlei – III. Königreich Sizilien.

I. DEUTSCHES REICH: Infolge der Entwicklung des Kanzleramts (→Kanzlei, Kanzler, A. I), dessen Träger zunehmend vom Hof abwesend waren oder das mitunter länger vakant blieb, wurde die Bestellung ständiger Leiter der Herrscherkanzlei erforderl. Diese Aufgabe nahm seit dem 12. Jh. der →Protonotar wahr. Die erste Erwähnung eines V.s unter Wilhelm v. Holland ist eine Ausnahmeerscheinung und stand wahrscheinl. mit der Kanzlei in keinem unmittelbaren Zusammenhang. Unter den ersten Habsburgern wird der Titel V. fallweise von einzelnen Protonotaren geführt, insbes. bei Vakanz des Kanzleramts, doch wurde damit kein eigenes Amt geschaffen. Vorbild für den Titel war wohl die päpstl. Kanzlei. V. konnten zu Kanzlern aufsteigen, wie Ebernand v. Aschaffenburg unter Adolf v. Nassau. Unter den Luxemburgern kam der Titel des V.s wieder außer Gebrauch. Erst gegen Ende der Reichsregierung Wenzels wird der Protonotar Franz v. Gewicz als V. bezeichnet, vereinzelt findet sich auch die Bezeichnung »Unterkanzler«. Unter Siegmund begegnet zunächst (ab 1411) ein V., Propst Johann v. Gran, als Leiter der Kanzlei, bis 1418 ein Kanzler ernannt wurde. Johann hatte auch das Siegel des Herrschers in Verwahrung. Später führte einer der Protonotare den Titel eines V.s, seit 1429 war dies Kaspar →Schlick, der 1433 selbst zum Kanzler aufstieg. Auch in der Kanzlei Friedrichs III. wurde diese Praxis – wenngleich nicht regelmäßig – fortgesetzt, wobei inoffiziell auch die Bezeichnung Unterkanzler auftritt, seit 1454 aber mit Ulrich Weltzli ein V. als Leiter der Kanzlei im Amt war, der 1458 Kanzler wurde. Unter seinem Nachfolger als Kanzler lag die Leitung der Kanzlei wieder in den Händen eines Protonotars. 1471, nach der Übernahme des Kanzleramts durch den →Erzkanzler →Adolf II. v. Nassau, Ebf. v. Mainz, wurde ein V. als ständiger Vertreter bestellt. Maximilian I. mußte als Wahlzugeständnis gleichfalls dem Erzkanzler, Ebf. →Berthold v. Mainz, die Leitung der Reichskanzlei zugestehen. In seiner Kanzleiordnung v. 1494 sah Berthold *undercantzler* vor. Ein regelrechtes V.amt kam jedoch nicht zustande, zumal der Ks. Reichs- und Hofkanzlei wieder vereinigte. Nach dem Tod Maximilians akzeptierte Karl V. den Ebf. v. Mainz in seiner Funktion eines Erzkanzlers als Leiter der Reichskanzlei und räumte ihm das Recht der Ernennung eines Stellvertreters, eines Reichsv.s, ein. Dieses Amt blieb bis zum Ende des Reiches 1806 bestehen.

P. Csendes

Lit.: BRESSLAU I, 519, 537ff., 559 – S. HERZBERG-FRÄNKEL, Gesch. der dt. Reichskanzlei 1246–1308, MIÖG Ergbd. I, 1885, 268f., 282 – H. KRETSCHMAYR, Das dt. Reichsv.amt, AÖG 84, 1893, 381–502 – W. ERBEN, Die Ks.- und Kgs.urkk. des MA, 1907 [Nachdr. 1967], 79ff. – E. FORSTREITER, Die dt. Reichskanzlei und deren Nebenkanzleien unter Ks. Sigmund v. Luxemburg [Diss. masch. Wien, 1924], 17ff., 22ff. – I. HLAVÁČEK, Das Urkk.- und Kanzleiwesen des böhm. und röm. Kg.s Wenzel (IV.) (MGH Schr. 23, 1970), 173, 206 – D. HÄGERMANN, Stud. zum Urkk.wesen Wilhelms v. Holland, ADipl Beih. 2, 1977, 33f. – H. MOSER, Die Kanzlei Ks. Maximilians I., 1977 – J. HEINIG, Zur Kanzleipraxis unter Ks. Friedrich III. (1440–1493), ADipl 31, 1985, 391–442.

II. PÄPSTLICHE KANZLEI: Der V. (anfängl. S. R. E. cancellarii vicem gerens, später allg. vicecancellarius S. R. E.), ursprgl. nur Stellvertreter des Kanzlers (→Kanzlei, Kanzler, B), ist in den Zeiten, in denen ein Kanzler nicht (mehr) ernannt wird (ständig seit 1216), der Leiter der Apostol. Kanzlei, seit 1320 regelmäßig im Kard.srang; seit 1312 wird er seinerseits vertreten durch den →regens cancellariam. Der V. führt den Vorsitz, wenn »Kanzlei« gehalten wird (→Judikatur); er befiehlt die Weiterleitung der unbeanstandeten Urkk. an die →Bullaria und trägt zum Zeichen dafür in der linken und rechten oberen Ecke eigenhändig seinen Kanzleivermerk ein (Anfangsbuchstabe seines Namens). Er hat das Recht, mit der Formel »Concessum ut petitur« Suppliken bestimmten Inhalts zu signieren (letzte Kanzleiregel) und sie zu datieren. Bei Konsistorialprovisionen fertigt er die Contracedula an. Er ernennt das Kanzleipersonal, sofern dies nicht der Papst selbst tut; seit sich in der Kanzlei im 15. Jh. das System der *officia venalia vacabilia* durchsetzt, ist ihm der Verkauf einer Reihe von Stellen (u.a. 21 →Abbreviatoren- und 25 Sollizitatorenstellen) vorbehalten. Auch das Konzil v. →Basel errichtete das Amt eines V.s.

Th. Frenz

Q. und Lit.: Iohannes Ciampini, De S. R. E. vicecancellario illiusque munere, auctoritate et potestate..., Rom 1691 – BRESSLAU II, 244–266, 289–298 – W. v. HOFMANN, Forsch. en zur Gesch. der kurialen Behörden vom Schisma bis zur Reformation, 1914, I, 20–37; II, 69–76 – P. HERDE, Beitr. zum päpstl. Kanzlei- und Urkk.wesen im 13. Jh., 1967², 1–8 – TH. FRENZ, Papsturkk. des MA und der NZ, 1986, passim – DERS., Die Kanzlei der Päpste des Hochrenaissance, 1986, passim.

III. KÖNIGREICH SIZILIEN: Ebenso wie der Kanzler befaßte sich der V. kaum mit der Urkk.ausstellung, sondern nahm hauptsächl. polit. und militär. Aufgaben wahr. Das Amt wurde von Roger II. 1149 für →Maio v. Bari († 1160), vorher scriniarius (Archivar) der Kg.skanzlei, geschaffen. Nach Maio bekleidete der bisherige Notar (seit 1166 magister notariorum) →Matheus v. Salerno (de Aiello) das Amt (Dez. 1169–89); zum Dank für die ihm zu verdankende Wahl zum Kg. v. Sizilien ernannte →Tankred v. Lecce ihn zum Kanzler († 1193). Auch der Leiter der Kanzlei Kg. Konradins, der Protonotar Petrus de Prece, nannte sich gelegentl. V. (Jan. 1268). Unter Karl I. v. Anjou waren die V. seit 1268 Stellvertreter des →Kanzlers (Jean de Mesnil 1268–73, Guillaume de Faronville 1273–78). Nach 1273 wurde das Amt des Kanzlers nicht mehr besetzt; seine Funktionen wurden von den V.n wahrgenommen, die, wie die Kanzler, Kleriker waren.

H. Houben

Lit.: H. ENZENSBERGER, Beiträge zum Kanzlei- und Urkk.wesen der norm. Herrscher Unteritaliens und Siziliens, 1971, 49, 56f., 74 – C. BRÜHL, Urk. und Kanzlei Kg. Rogers II. v. Sizilien, 1978, 47f. – P. HERDE, Karl I. v. Anjou, 1979, 54, 74 – C. BRÜHL, Diplomi e cancelleria di Ruggero II, 1983, 39, 103.

Vizekönig (*virrey; virrei*), innerhalb der Krone →Aragón Bezeichnung für die Stellvertreter der Kg.sgewalt in bestimmten größeren, geschlossenen Territorien (wie →Mallorca) oder abhängigen Kgr.en, die seit 1397 den Titel *vicereges* oder *virreis* führten. Seit Beginn des 15. Jh. finden sich V.e in →Sardinien und →Sizilien, in den einzelnen Kronländern spezielle *Lugartenientes* (katal. *Lloctinents*, 'locotenentes', 'Statthalter'), die ebenfalls manchmal *Virrey* genannt wurden, als 'alter nos' des Monarchen galten und mit einigen speziellen Ausnahmen (in Katalonien z. B. Einberufung und Vorsitz der →Cortes, Ausrufung des allg. Kriegszustandes, Erlaß bestimmter Gesetze) alle seine Prärogativen ausüben konnten, sofern sie sich nicht über herrschendes Landesrecht hinwegsetzten, eine Einrichtung, die unter Ferdinand II. v. Aragón 1479 (→Kath. Kg.e) systemat. und dauerhaft auf alle Länder der Krone Aragón ausgedehnt wurde. In der 2. Hälfte des 15. Jh. erfolgte eine ähnl. Stellvertretung des Kg.s auch im Kgr. →Navarra, wo die Amtsinhaber ebenfalls *Lugartenientes* oder *Virreyes (visorreyes)* genannt wurden. Seit dem 16. Jh. tritt 'V.' als Titel des kgl. Generalstatthalters der span. Besitzungen in →Amerika *(Las Indias)* auf.

L. Vones

Lit.: Dicc. d'Hist. de Catalunya, 1992, 622f. – J. REGLA, Els virreis de Catalunya, 1956 – J. LALINDE ABADÍA, Virreyes y lugartenientes med. en la Corona de Aragón, CHE 31-32, 1960, 98–172 – DERS., La gobernación gen. en la Corona de Aragón, 1963 – DERS., La institución virreinal en Cataluña (1471-1716), 1964 – L. G. DE VALDEAVELLANO, Curso de Hist. de las instituciones españolas, 1975⁴.

Viztum → Amtmann; →Vicedominus; →Vitztume v. Apolda

Vlachen. Das in allen slav. Sprachen vorhandene Wort, entlehnt aus germ. *walhos* (mit nhd. *welsch* verwandt), hat die gemeinsame Grundbedeutung 'romanisch', vgl. poln. *Włoch*, sloven. *Lah* 'Italiener'; ukrain. *Voloch*, serb., bulg. *Vlah*, 'Walache', 'Rumäne'. Im MA bezeichnete das Wort sowohl ethn. wie auch soziale Kategorien. V., erstmals in Q. des 10. Jh. unter diesem Namen belegte romanisierte altbalkan. Restbevölkerung, lebten als transhumante Viehzüchter (→Transhumanz), in den Q. klar getrennt von der seßhaften Agrarbevölkerung (z. B. Serben, Kroaten). Sie waren im Raum Thessaliens und des Balkangebirges sowie im Hinterland der Adriaostküste bis nach Istrien konzentriert. Für Thessalien ist der Name 'Megale Vlachia' belegt. Bis heute hat sich die Landschaftsbezeichnung →Valachei gehalten, wo es wie in der →Moldau im SpätMA zu einer vlach. dominierten Herrschaftsbildung kam. Zu finden ist auch die Bezeichnung 'Maurovlachen' (hieraus Morlacchi). Die ethnograph. Lit. nennt als Nachfahren der V. Aromunen, *Karaguni, Karačani, Crnovunci, Sarakačani, Kucovlaci* oder *Ašani*.

Die transhumanten V. im ma. Serbien, Bosnien und Kroatien lebten in festen *katuni* (Familienverbänden) von 20 bis 40 *kletišta* (Haushalten). Die Ältesten hießen *katunari* oder *primićuri*. Gruppen von *katuni* unterstanden einem vom Herrscher eingesetzten →knez. Untereinander waren die V. nach ihren Rechten und Pflichten differenziert. Die sozial höchste Schicht war zum Heeresdienst verpflichtet; die große Gruppe der *kjelatori* (< rumän. *călător* 'Reisender') erbrachte Transport- und Weidedienste und zahlte Abgaben in Naturalien (kleiner Zehnte); die unterste Schicht leistete Frondienste. In Serbien waren je 50 Haushalte von V. zu Fiskaleinheiten zusammengefaßt. Die Türken gaben ztw. der gesamten Bevölkerung der Grenzgebiete denselben Status wie den V., um von ihr entsprechende Dienste, v. a. militärische, zu verlangen.

M. Blagojević

Lit.: EJug, Band VIII, 514–516 [Lit.] – J. CVIJIĆ, Balkansko poluostrvo i južnoslovenske zemlje, I, 1922 – M. J. DINIĆ, Dubrovačka srednjevekovna karavanska trgovina, Jug. Ist. Časopis 3, 1937, 119–146 – Katun u našoj istoriografiji (Simpozijum o srednjevekovnom katunu, 1961), 1963 – G. SOULIS, The Thessalian Vlachia, ZRVI 8/1, 1964, 271–274 – I. Božić, Katuni Crne Gore, Zb. Fil. fakulteta Beograd X/1, 1968, 245–250 – G. G. LITAVRIN, Vlachi vizantijskich istočnikov X–XIII vv. 1972 – M. BLAGOJEVIĆ, Zakon svetoga Simeona i svetoga Save ('Zakon Vlahom'), Istorija i predanje, 1979 – G. SCHRAMM, Frühe Schicksale der Rumänen, ZB 21-24, 1985–87 – T. J. WINNIFRITH, The Vlachs, 1987 – S. MIŠIĆ, Humska zemlja u srednjem veku, 1996.

Vlad

1. V. I. der Usurpator, Fs. der →Valachei 1394–97, möglicherweise aus dem Haus →Basarab (Verwandter →Dans I. [?]), von →Bāyezīd I. mit der Zustimmung einiger Bojaren während der Kämpfe →Mirceas d. A. gegen die Osmanen eingesetzt. Nach dem Sieg in der Schlacht v. →Rovine (1395) eroberten Mircea und das ung. Heer zwar die Festung Turnu (nördl. der Donau, gegenüber Nikopolis), doch die Osmanen nahmen die Fs. enresidenz Argeş ein und bedrohten das siebenbürg. Burzenland. Mircea floh nach Siebenbürgen; V. fügte dem ung. Heer schwere Verluste zu. Kg. Siegmund v. Luxemburg und Mircea d. Ä. schlossen am 3. Juli 1395 in Kronstadt einen Bündnisvertrag. Nach der Schlacht v. →Nikopolis (1396) floh V. in die Festung Dâmboviţa. Dort griff ihn Stibor, Wojevode Siebenbürgens, auf und setzte ihn gefangen; damit endete V.s Interregnum in der Valachei, eine historiographisch meist ignorierte Episode.

K. Zach

Lit.: →Vladislav I. (5. V.).

2. V. II. Dracul, Fs. der →Valachei 1436–42 und 1443–47, aus dem Hause →Basarab, Sohn des Fs.en →Mircea d. A., Bruder der Fs.en →Mihai(l) I., →Radu II. Praznaglava und →Alexander I. Aldea; ∞ Tochter des Fs.en der Moldau, →Alexander I. d. Guten (trat als Witwe unter dem Namen Eupraxia in den geistl. Stand ein). Die Deutung von V.s Beiname ist umstritten (Dracul = 'der Teufel' oder Hinweis auf seine Mitgliedschaft in Kg. Siegmunds Drachenorden). Während der militär. und polit. schwachen Herrschaft seines Bruders Alexander lebte V. im siebenbürg. Schäßburg (1430/31–36) und wurde, obgleich noch nicht Fs., hochrangiges Mitglied des →Drachenordens (1431). 1437 erneuerte V. →Kronstadt das alte Handelsprivileg. Die Gelegenheit zum Griff nach der Herrschaft gab ein osman. Raubzug in die Valachei und Siebenbürgen, an dem sich V. beteiligte: 1438 wurden außer Kronstadt und Hermannstadt alle siebenbürg. Städte belagert und geplündert; 1442 erfolgte ein zweiter Angriff. V., der mit den Städten verhandelte, wurde mit seinen Söhnen →Radu (III.) und →Vlad Ţepeş in Adrianopel in Festungshaft genommen, floh aber 1443. Darauf begleitete er das ung. Heer Johann →Hunyadis auf den (erfolglosen) Kriegszügen von Sofia (1443), →Varna (1444) und an die Donau (1445), wechselte aber 1447 erneut die Seite. Hunyadi nahm ihn bei Bălteni (Ilfov) gefangen und ließ ihn töten.

K. Zach

Lit.: →Vladislav I. (5. V.) – M. CAZACU, La Valachie et la bataille de Kossovo (1448), 1971 – G. GÜNDISCH, Siebenbürgen und die Türkenabwehr 1395-1526, 1974.

3. V. III. Ţepeş, auch: Draculya, Fs. der →Valachei 1448, 1456–62, 1476 (Nov./Dez.), aus dem Hause →Basarab, * ca. 1428, † 1476, Sohn von 2 und einer Tochter →Alexanders des Guten v. der Moldau; Bruder von →Radu dem Schönen, Halbbruder v. →Vlad IV.; ∞ kath. Prinzessin aus Ungarn; Söhne: Fs. Mihnea cel Rǎu ('der Böse', 1508–10) ein (namentl. unbekannter) kath. Geistlicher an der bfl. Kurie v. →Großwardein sowie Vlad der Prätendent (vorehel.). – Bedeutung der Beinamen: *Drǎculea* = Sohn des (Vlad) Dracul; *Ţepeş* ('der Pfähler', erstmals 1455) weist hin auf die von V. exzessiv (über das zeitübliche Maß hinaus) praktizierte Tötungsart. – Nach bekanntem Muster lavierte V. außenpolitisch zw. den beiden Hoheitsmächten der Valachei, →Ungarn und dem →Osman. Reich, das er 1443/44 als Geisel (mit seinem Vater) in →Adrianopel kennengelernt hatte. Gute Beziehungen zum Paşa v. Nikopoli ermöglichten V. eine erste kurze Herrschaft (Herbst 1448), doch wurde er von →Vladislav

II. (aus dem Zweig der Dănești) wieder verdrängt. Die zweite Herrschaft erlangte V. mit Unterstützung Johann →Hunyadis, der Siebenbürger →Sachsen und →Stefans III. d. Gr., seines moldauischen Vetters. Da die siebenbürg.-sächs. Städte trotz eines Handels- und Schutzabkommens V.s mit Kronstadt (1456) drei gegner. Prätendenten aufnahmen, übte V. grausame Rache und ließ zw. 1457 und 1460 41 Kaufleute aus Kronstadt pfählen, 300 lebendig verbrennen sowie siebenbürg. Orte niederbrennen. V.s Türkenkriege (1461, 1462) verliefen mit wechselndem Erfolg: Er überwand Hamza-Pașa, den Statthalter v. Giurgiu, durch List und ließ ihn samt seinem Gefolge vor den Toren v. Tîrgoviște pfählen, die Festung Giurgiu verbrennen. Der Straffeldzug Sultan →Mehmeds II. führte zur Einnahme v. →Tîrgoviște, der Einsetzung Radus des Schönen, der das osman. Heer begleitete, und der Flucht V.s zu →Matthias Corvinus, der ihn aber (beeinflußt wohl von Kronstädter Intrigen) wegen angebl. Paktierens mit dem Sultan (zugunsten einer osman. Unterwerfung →Siebenbürgens) auf →Visegrád gefangensetzen ließ (1462–66); danach lebte V. in Pest und nahm ztw. an den Balkankriegen des Kg.s v. Ungarn teil. Der kurzen dritten Regierungszeit setzte →Basarab III. d. Ä. (aus der Partei der Dănești) mit türk. Hilfe ein Ende; V. wurde mit seiner Garde erschlagen, sein Grab ist unbekannt. Die rumän. Lit. und Historiographie rühmt V. trotz seiner Grausamkeit als Volkshelden im Kampf gegen die Türken (neben Stefan d. Gr.).

Die späte Gleichsetzung V.s mit der Vampirgestalt des 'Gf.en Dracula' durch den angloir. Romancier Bram Stoker (1897) und seine zahlreichen Nachfolger ist reine lit. Fiktion, die aber wohl indirekte Anregungen vom diabol. Bild des Fs.en, das bereits in einigen Werken der Publizistik des späten 15. Jh. gezeichnet wurde, empfing (dt. Frühdrucke: »Dracole Waida« bei Hans →Sporer, →Bamberg, Abschn. V; aruss. Erzählung→»Dracula«).

K. Zach

Lit.: BLGS IV, 420–422 – D. C. Giurescu, Țara Românească în sec. XIV și XV, 1973 – Ders., Bd. II, 1976 – Ders., Probleme controversate în istoriografia română, 1977 – St. Andreescu, V. Ț. (Dracula) zw. Legende und hist. Wahrheit, 1976 – Dracula. Essays on the Life and Times of V. T., hg. K. W. Treptow, 1991.

4. V. IV. Călugărul ('der Mönch'), Fs. der →Valachei, 1481 (Sept.–Nov.), 1482–95, *ca. 1430/35, † 1495, ☐ Kl. Glavacioc, außerehel. Sohn von 2, Halbbruder von →Radu d. Schönen und 3, Vater von→Radu d. Gr. und Mircea; obgleich in seiner Jugend als Mönch eingekleidet, war V. zweimal verheiratet: mit Smaranda (Klostername: Simonida), dann mit Rada (Eupraxia). Nicht zu verwechseln mit dem Prätendenten Vlad Dragomir (Radu voievod) Călugărul, der 1521 den Fs.en Tudosie verjagte. – V. lebte jahrelang als Prätendent in →Siebenbürgen (u. a. in Amlaș) und gelangte als Kandidat des Moldaufs.en→ Stefan III. d. Gr. 1481 kurzfristig an die Macht. Vom regierenden Fs.en →Basarab d. J. aus der Gegenpartei der Dănești wieder verdrängt, setzte sich V. 1482 mit Hilfe Ali-Begs, eines Pașas von der Donau, durch. Als treuer Gefolgsmann der →Osmanen nahm der Fs. persönlich an den türk. Feldzügen teil: 1484 unter Sultan →Bāyezīd II. gegen die Moldau →Stefans d. Gr., Einnahme der (moldauischen) Donauhäfen →Kilia und →Aqkerman; 1485 Belagerung →Suceavas. Gute Beziehungen unterhielt V. aber auch zu den siebenbürg. Städten →Kronstadt und →Hermannstadt, die er mehrmals über osman. Truppenbewegungen unterrichtete, bis sich ab 1492 das gute Einvernehmen wegen Beherbergung von gegner. Prätendenten (Söhne Vlads III.) trübte. – V. trat hervor als frommer Stifter an valach.

Kl. (Tismana, Govora, Bistrița, Cozia, Cotmeana, Snagov) sowie an den →Athos.

K. Zach

Lit.: A. Lapedatu, V.-Vodă Călugărul, 1903 – s.a. Lit. zu 3 [D. C. Giurescu, 1973; D. C. Giurescu, 1976; 1977].

Vladimir

1. V.-Rasate, Fs. v. →Bulgarien 889–893, ältester Sohn von Fs. →Boris I., geriet 880 beim Feldzug gegen Serbien, den er anführte, in Gefangenschaft. Nach dem freiwilligen Rücktritt des Vaters bestieg V.-R. den bulg. Thron. Indem er den innen- und außenpolit. Kurs änderte, suchte er die Rückkehr zum Heidentum durchzusetzen (Verfolgung chr. Geistlicher); er verbündete sich mit dem ostfrk. Kg. →Arnulf v. Kärnten gegen die Slawen im mittleren Donauraum. Sein Vater, der als Mönch lebte, vertrieb ihn mittels eines Putsches vom Thron, ließ ihn blenden und in den Kerker werfen. V.-R.s Schicksal diente der lat. ma. Überlieferung als abschreckendes Beispiel.

V. Gjuzelev

Lit.: Zlatarski, Istorija I/2, 243–252 – V. Gjuzelev, Knjaz Boris Părvi. Bălgarija prez vtorata polovina na IX vek., 1969, 459–469.

2. V. I. Svjatoslavič der Hl. (Taufname: Vasilij), Fs. v. →Kiev aus der Dynastie der →Rjurikiden, * nach 962 (?), † 15. Juli 1015 in →Berestovo, illegitimer (Mutter Maluša, 'Schlüsselbewahrerin' der Fsn. →Ol'ga) und jüngster der drei Söhne von →Svjatoslav Igor'evič, den beim Tode des Vaters (972) vermutl. noch nicht zu selbständiger Regierung in den ihnen übertragenen Herrschaftsgebieten (Jaropolk in Kiev, Oleg im Lande der →Drevljanen, V. in →Novgorod) fähig waren. Als 977 im Bruderzwist zw. Jaropolk und Oleg letzterer bei Ovruč ums Leben kam, floh V. mit seinem Oheim →Dobrynja, einem früheren Gefolgsmann Svjatoslavs, nach Schweden, von wo er 979 oder 980 mit angeworbenen waräg. Söldnern (→Waräger) zurückkehrte, Novgorod ohne nennenswerten Widerstand wieder in seine Gewalt brachte und auf dem Weg nach Süden →Polock eroberte, den dort herrschenden skand. (nichtrjurikid.) Fs.en →Rogvolod und seine beiden Söhne erschlug und dessen Tochter Rogneda († 1000) zur Heirat zwang. Kampflos fielen ihm Kiev und (durch Verrat) Jaropolk in die Hände, den er umbringen ließ.

Als Alleinherrscher sah sich V. zunächst mit Forderungen seiner waräg. Gefolgsleute konfrontiert, die ihm zur Macht verholfen hatten. Er soll sie nach Byzanz gewiesen, gleichzeitig aber den byz. Ks. vor ihnen gewarnt haben. In einer Reihe von Feldzügen demonstrierte V. seine Macht als neuer Kiever Herrscher (981, 982 Wiederherstellung der Tributherrschaft bei den →Vjatičen, 984 endgültige Unterwerfung der →Radimičen, 981 Eroberung der sog. Červenischen Burgen zw. nördl. Bug und oberem San, wo die Nachkommen der ostslav. →Duleben wohnten, 983 Zug gegen die balt. →Jadwinger sowie ztw. Ausdehnung des Einflusses bis zum äußersten NW hin in das Gebiet der →Esten, 985, 994, 997 Angriffe gegen die →Wolgabulgaren). An den Flüssen Desna, Oster, Trubež, Sula, Stugna ließ V. gegen das Reiternomadenvolk der →Pečenegen (Überfälle 992, 995, 997; 1015 Feldzug Boris Vladimirovičs gegen sie) Grenzfestungen errichten. Unter V. wurden mit der Kampfesweise der Pečenegen vertraute türk. Hilfsvölker (Torki, Berendei) als Grenzwächter eingesetzt (sog. černye klobuki). 1012/13 wurde eine Verschwörung seines Sohnes Svjatopolk (nach anderer Lesart seines Stiefsohnes, Kind der griech. Frau Jaropolks) aufgedeckt, die dieser mit seinem Schwiegervater →Bolesław Chrobry angezettelt haben soll.

Das epochale Ereignis der Regierungszeit V.s war die Christianisierung der Rus' (→Byz. Reich, E. III; →Mission, C). Das hagiograph. Bild V.s beinhaltet eine starke

Kontrastierung seiner heidn. und chr. Lebensjahre (zunächst – unter Einfluß seiner waräg. Gefolgschaft? – eifriger Anhänger des Heidentums, Aufstellung von Götzenbildern, Wüstling mit bis zu 800 Beischläferinnen, mindestens sieben Hauptfrauen). Zur Wahrheit des Christentums sei er durch eigene Vernunft gelangt (legendenhafte Erzählung über die angebl. Befragung von Vertretern verschiedener Religionen, welche zur Entscheidung für den chr. Glauben in seiner orth. Auffassung geführt haben soll). Tatsächl. war es ein vorteilhaft genutzter äußerer Anlaß polit.-militär. Art, der die endgültige Hinwendung zum byz. Christentum, zu welchem seit langem Verbindungen bestanden, herbeiführte: V. sandte aufgrund eines Hilferufs des durch militär. Mißerfolge gegen den Bulgarenherrscher →Samuel und einen Aufstand des Bardas →Phokas in schwere Bedrängnis geratenen Ks.s →Basileios II. diesem ein Hilfskorps von 6000 Mann und erhielt gegen das Versprechen des Übertritts zum Christentum und unter Anwendung von militär. Druck (Eroberung von →Chersonesos/Korsun' durch V.) die Hand der Schwester des Ks.s. Taufe und Heirat mit der 'purpurgeborenen' byz. Prinzessin Anna, Tochter Ks. Romanos' II. († nach 1011, nach byz. Q. aber erst *nach* V.) erfolgten entgegen der Chroniklegende, die diese Ereignisse mit Korsun' verband, in Kiev. Die Kiever Stadtbevölkerung wurde im Beisein V.s zu einer Massentaufe an den Dnepr geführt.

Indirekt wird der Status der Kirche unter V. als der einer Metropolie des →Patriarchats v. Konstantinopel bestätigt. Durch die Übernahme von Dogma, Kultus und Kirchenverfassung des griech.-orth. Christentums ist das kulturelle und polit. Schicksal des Ostslaventums in vielfältiger Weise geprägt und beeinflußt worden. Die neue Religion trug wesentl. zur Stabilisierung und zum gesteigerten Prestige des Kiever Reiches bei. Der Fs. v. Kiev wurde Glied der chr. 'Familie der Kg.e' (DÖLGER) des MA. In westl. Q. wird V. als 'rex' oder 'senior Ruzorum' bezeichnet, beim Metropoliten →Ilarion als 'Khagan', er selbst begnügte sich offenbar mit dem einfachen Titel 'Fürst' (→*knjaz'*). Ein zum Zweck des kirchl. Aufbaus geschaffenes Statut (nach 996, überarbeitet 1007 und 1011, erhalten aus dem 14. Jh.) griff spürbar in die bestehenden Rechtsverhältnisse ein. Überkommene ältere und neue Rechtsnormen fanden im 11. Jh. Eingang in die bekannte Rechtssammlung der →Russkaja Pravda. Die frühesten Silbermünzen V.s zeigen, byz. Vorbildern folgend, auf der einen Seite Christus den Erlöser, auf der anderen Seite den Kiever Fs.en als 'gotterwählten' Herrscher in byz. Ks.ornat, mit Perlenkrone und Kreuz.

Das erhöhte internat. Ansehen des Kiever Fs.en schlug sich nieder in zahlreichen Gesandtschaften, u.a. aus dem Ottonenreich (Ebf. →Brun v. Querfurt) und von seiten des Papsttums, über deren konkrete Zielsetzungen allerdings nur Mutmaßungen angestellt werden können. V. wird nach Annahme des Christentums als Fs. dargestellt, der mit allen Völkern in Frieden und Freundschaft lebte, im Innern als mildtätiger Herrscher auftrat und Gastmähler (*piry*) abhielt, dessen Politik in der Volksüberlieferung manche Züge chr. Utopie annahm und der im nationalen Gedächtnis (→Bylinen) als »V. die schöne rote Sonne« ('V. Krasnoe Solnyško') fortlebte.

Dem Vorbild des Vaters folgend, hat V. sein Herrschaftsgebiet durch seine zahlreichen Söhne verwalten lassen. Diese Herrschaftsregelung barg wegen der in Teilen der Rus' weiterhin lebendigen Stammestradition, der Großräumigkeit des Reiches und dem noch schwach entwickelten zentralen Herrschaftsapparat von Anbeginn die Gefahr einer Stärkung zentrifugaler Kräfte in sich. So verweigerte sein Sohn und Nachfolger →Jaroslav die jährl. Tributzahlungen Novgorods an Kiev (1014), weswegen V. kurz vor seinem Tod gegen ihn einen Feldzug geplant haben soll. V. wurde in der Kiever Zehntkirche (Desjatinnaja) begraben. Daß er nach Annas Tod (s. aber oben) eine Heiratsverbindung mit dem otton. Herrscherhaus eingegangen sei, wie in Teilen der Historiographie behauptet wird, erscheint mehr als fraglich. Seine Heiligsprechung erfolgte im 13. Jh.

H. Rüß

Lit.: TH. EDIGER, Rußlands älteste Beziehungen zu Dtl., Frankreich und der röm. Kurie, 1911 – G. LAEHR, Die Anfänge des russ. Reiches, 1930 – D. A. RASOVSKIJ, Rus' i kočevniki v épochu Svjatogo V.a, SemKond, 1938, 149–154 – V. skij Sbornik v pamjat' 950-letiju kreščenija Rusi, 1939 – V. A. PARCHOMENKO, Charakter i značenie epochi V.a, prinjavšego christianstvo, Učenye ZapLGU, ser. istor. nauk 8, 1941, 202–213 – D. OLJANČYN, Die Symbolik des Zeichens auf den Münzen V.s d. Gr. und seiner Nachkommen, JbGO 4, 1956, 1–17; 6, 1958, 409–435 – M. HELLMANN, V. d. Hl. in der zeitgenöss. abendländ. Überlieferung, ebd. 7, 1959, 397–412 – M. B. SVERDLOV, Die polit. Beziehungen zw. der Rus' und Dtl. in der 2. Hälfte des 10. und in der 1. Hälfte des 11. Jh. (Russ.-dt. Beziehungen von der Kiever Rus' bis zur Oktoberrevolution, hg. H. LEMKE–B. WIDERA, 1976), 1–18 – A. POPPE, The Political Background to the Baptism of Rus', DOP 30, 1976, 197–244 – M. HELLMANN, Ottonen und Rjurikiden, JbGO 29, 1981, 569–576 – HGeschRußlands I, 1981, 302–315 [H. RÜSS] – CH. LÜBKE, Ottonen, Rjurikiden, Piasten. Ergänzende Bemerkungen zum Verwandtenkreis Kunos »v. Öhningen«, JbGO 37, 1989, 1–20 – Proceedings of the Internat. Congr. Commemorating the Millenium of Christianity in Rus'-Ukraine, ed. O. PRITSAK–I. ŠEVČENKO, 1990 (= Harvard Ukr. Studies, Bd. 12–13) – F. KÄMPFER, Eine Residenz für Anna Porphyrogenneta, JbGO 41, 1993, 101–110 – Millenium Russiae christianae, hg. G. BIRKFELLER, 1993.

3. V. (II.) Vsevolodovič Monomach (Taufname: Vasilij), * 1053 in Kiev, † 19. Mai 1125 am Fluß Al'ta, *Fs. v.* →*Kiev* 1113–25, eine der herausragendsten Herrscherpersönlichkeiten der Kiever Rus'. [1] *Leben:* V. war Sohn →Vsevolods, Enkel →Jaroslavs (d. Weisen) und über seine Mutter eng mit dem byz. Ks. →Konstantin IX. Monomachos verwandt; ∞ 1. 1074 Gita (Gida), Tochter Kg.s v. England, →Harald II. Godwinson (Sohn: →Mstislav I.); 2. NN (Sohn: →Jurij Dolgorukij); 3. eine kuman. Fsn. Seine Kindheit verbrachte V. in →Perejaslavl', dem Fs.ensitz seines Vaters. 1066–70 herrschte er als dessen Statthalter in →Rostov, dann in →Smolensk (1070–72, 1077/78), →Vladimir in Volhynien (1072–76), →Černigov (1076/77, 1078–94) und nach Vsevolods Tod in seinem eigtl. Vatererbe Perejaslavl' (1094–1113). V.s militär. Karriere begann mit den Kriegen des Vaters 1072/73 gegen Polen, 1076 in Böhmen gegen Heinrich IV. und im folgenden Jahr gegen →Vseslav v. →Polock. Während Vsevolods Kiever Regierungszeit (1078–93) erlangte V. den Ruf eines erfolgreichen Heerführers gegen die Steppennomaden (→Kumanen). Diese Popularität führte nach dem Tode Vsevolods 1093 dazu, daß die Kiever V. als neuen Fs.en bevorzugt hätten. Doch verzichtete er zugunsten seines Cousins →Svjatopolk aus der älteren Linie der Izjaslaviči und blieb in Černigov. Gemeinsam verloren Svjatopolk und V. kurz darauf die Schlacht gegen die Kumanen an der Stugna, woraufhin sich Fs. →Oleg Svjatoslavič mit deren Hilfe seines Vatererbes Černigov bemächtigte und V. zum Rückzug nach Perejaslavl' zwang. Trotz der Eskalation des innerdynast. Konflikts – Vs. jüngerer Sohn Izjaslav fiel 1096 bei →Murom gegen Oleg, und sein älterer Bruder Mstislav schlug letzteren bei →Novgorod – kam es 1097 auf Svjatopolks und V.s Initiative zum Fs.entag v. →Ljubeč. Obwohl das hier erstmals formulierte Vatererbe-Prinzip (→Votčina) bei der Herrschaftsfolge die für die Rus' charakterist. Onkel-Neffen-Konflikte nicht auf

Dauer verhinderte, gelangen zu Beginn des 12. Jh. gemeinsame erfolgreiche Kriegszüge (1103, 1107, 1111) gegen die den von V. beherrschten Südosten der Rus' bedrohenden Kumanen. Wenn die Chronik (→Povest' vremennych let) hierbei V. als alleinigen Sieger feiert, so erscheint dies nur wenig übertrieben, wobei allerdings zu bedenken ist, daß V. während seiner Kiever Herrschaft die Chronik umschreiben ließ. Mit V.s Namen, so heißt es aber auch in der »Klage über den Untergang des russ. Landes« aus der Mitte des 13. Jh., hätten die Kumanen ihre Kinder geschreckt.

Als der Kiever Senior Svjatopolk 1113 starb, war die Stellung des sechzigjährigen V., der unter Mißachtung des →Seniorats am 20. April 1113 in der Sophienkathedrale inthronisiert wurde, nahezu unangefochten. Allerdings hatte V. zunächst die ihm durch das Kiever →Veče angetragene Kandidatur abgelehnt. Die daraufhin in Kiev ausgebrochenen Unruhen, die sich gezielt gegen Svjatopolks →Tysjackij Putjata und jüd. Geldverleiher richteten, sind in der sowjet. Forsch. als antifeudale Revolution gedeutet worden. In der neueren russ. Forsch. wird der These, V. sei von den →Bojaren als Garant der Ordnung berufen worden, entgegengehalten, daß die Mehrheit der im Veče versammelten Kiever (*kijane*) V. unterstützt habe und die Unruhen eher polit. denn sozialen Ursprungs gewesen seien, da sie sich gegen die Anhänger des der Senioratsordnung nach zur Herrschaft berechtigten Oleg Svjatoslavič gerichtet hätten. V.s erste Amtshandlung bestand aber immerhin darin, durch seine Gesetzgebung (Ustav V.a Vsevoldoviča; →Russkaja Pravda) sozialen Sprengstoff zu entschärfen: Überhöhte Zinssätze wurden unter Strafe gestellt, die Schuldknechtschaft gemildert und die Lage der halbfreien Bauern (*zakupy*) verbessert.

V.s Herrschaft wird in der Forsch. eindeutig positiv bewertet. Zwar ging →Tmutarakan' auf Dauer verloren, doch erlebte die Kiever Rus' im 1. Drittel des 12. Jh. ihre letzte polit. und kulturelle Blütezeit. V. regte die Chronistik und die Hagiographie an (Beginn der Abfassung des Paterikon des Kiever Höhlenkl.; →Kiev, C), förderte den Kult der hll. →Boris und Gleb und ließ Kirchen und Städte errichten (→Vladimir an der Kljaz'ma, 1108). In der legendar. »Erzählung über die Gfs.en v. Vladimir und Großrußland« (um 1520) wird die Idee des russ. Zarentums auf V. zurückgeführt. Die in dieser Legende als Symbol der 'translatio imperii' V. vom byz. Ks. überreichte Krone (*šapka Monomacha*, 'Monomachmütze') ist tatsächl. eine mittelasiat. Arbeit, die der Tatarenchän dem Moskauer Gfs.en Ivan I. Kalità im 14. Jh. schenkte.

[2] *Werk:* Durch V.s in der Chronik unter dem Jahr 1096 überliefertes »Poučenie« ('Belehrung'), das ihn als Idealtypus eines chr. Herrschers präsentiert, ist V. als einer der ersten weltl. Autoren in die russ. Lit.gesch. eingegangen. V. verlangt in seinem Fs.enspiegel »Buße, Tränen und Almosen«, preist die Gottesfurcht, ruft zur Speisung der Armen auf und warnt vor »Lüge, Trunksucht und Unzucht«. Neben der um 1099 begonnenen und später überarbeiteten eigtl. Belehrung seiner Söhne gehören noch einige Beispiele für die prakt. Umsetzung der väterl. Unterweisung bietende Autobiographie sowie ein versöhnl. Brief an V.s Gegner Oleg Svjatoslavič (1096) zum »Poučenie«. Die in der Chronik anschließenden »Gebete« hält die neuere Forsch. für eine Arbeit des späten 12. Jh.

K. Brüggemann

Q.: PSRL 1, II – *Lit. [allg. und zu 1]:* SOLOV'EV, IR, I, 371–410 – A. S. ORLOV, V. M., 1946 – I. U. BUDOVNIC, V. M. i ego voennaja doktrina, IstZap 22, 1947 – HGesch Rußlands I, 323–349 [H. RÜSS; Lit.] – B. A. RYBAKOV, Kievskaja Rus' i russkie knjažestva XII–XIII vv., 1993 – I. J. FROJANOV, Drevnjaja Rus', 1995 – *zu [2]:* Q.: PSRL I, 240–256 – dt. Übertr.: O Bojan, du Nachtigall der alten Zeit, 1975³, 381–394 – *Lit.:* I. M. IVAKIN, V. M. i ego Poučenie I, 1901 – R. MAT'ESEN, Tekstologičeskie zamečanija o proizvedenijach V.a M.a, TODRL 29, 1971, 192–201 – G. PODSKALSKY, Christentum und theol. Lit. in der Kiever Rus', 1982, 215–218 – TODRL 40, 1985, 57–60 [D. S. LICHAČEV, Lit.].

4. V. Jaroslavič, Fs. v. →*Novgorod* seit 1034 oder 1036, * 1020, † 4. Okt. 1052, Sohn des Kiever Fs.en →Jaroslav Vladimirovič (2. J.) und der Ingegerd-Irina, Tochter Kg. →Olafs Eriksson v. Schweden (6. O.). Die Einsetzung von V. in Novgorod durch Jaroslav entsprach dem Brauch der Kiever Herrscher, dieses wichtige n. Zentrum der Rus' ihren ältesten Söhnen zu übertragen (Il'ja, V.s einziger älterer Bruder, war bereits 1020 gestorben). Mit Novgoroder Truppen unternahm V. 1042 den ersten bekannten russ. Feldzug gegen die Tavastländer. Im folgenden Jahr leitete er den letzten, erfolglosen Angriff der Rus' auf Konstantinopel. 1044 ließ er im Nordteil des heutigen Novgoroder Kreml eine Befestigung errichten, deren Bezeichnung *Novgorod* ('Neue Burg') in der Folge auf die Stadt überging. Nach Kiever Vorbild wurde auf Geheiß des Fs.en 1045–50 die Novgoroder Sophienkathedrale erbaut. Seine Nachkommen spielten im SW der Rus' eine bedeutende Rolle, vermochten aber gemäß dem Thronfolgerecht der →Rjurikiden keinen Anspruch auf den Kiever Fs.ensitz zu erheben, da V. selbst diesen wegen seines frühen Todes nicht hatte einnehmen können.

N. Angermann

Lit.: A. POPPE, La dernière expédition russe contre Constantinople, Byzslav 32, 1971, 1–29, 233–268 – O. M. RAPOV, Knjažeskie vladenija na Rusi, 1977, 43f., 48f., 67–80, Taf. 3 – H. BEYER-THOMA, Wohin ging der Feldzug von V. gegen die Jam' i. J. 1042? (Finnland und Dtl., hg. M. MEYER-D. PUTENSEN, 1996), 1–47.

5. V. Andreevič Chrabryj ('der Tapfere'), Fs. v. →*Serpuchov* (Teilfsm. v. →Moskau) *und Borovsk*, * 15. Juli 1353, † 1410, Sohn Fs. Andrej Ivanovičs, Enkel →Ivans I. Kalità, Vetter →Dmitrij Donskojs, ∞ (Winter 1370/71) Elena, Tochter des Gfs.en →Olgerd v. Litauen, fünf erbberechtigte Söhne. Nach dem Tod des älteren Bruders war V. der einzige Nachfolger im Teilfsm. (1358). Überwiegend loyal gegenüber den Moskauer Herrschern, begegnet V. (allein oder gemeinsam mit Dmitrij Donskoj und noch unter dessen Sohn und Nachfolger →Vasilij I.) als Heerführer bei zahlreichen Feldzügen (u.a. 1368 und 1370 Verteidigung Moskaus gegen Olgerd, 1369 Verteidigung →Pskovs gegen →Livland, 1375 Feldzug gegen →Tver', 1385 gegen →Rjazan', 1385/86 und 1392 gegen →Novgorod; 1398 Abwehrkampf gegen das Heer →Timürs, 1408 Verteidigung Moskaus gegen den Chän Edigü). Insbes. aber war V. mit seinen Truppen maßgebl. am ruhmvollen Sieg auf dem Schnepfenfeld (→Kulikovo) über das Heer der →Goldenen Horde unter Chän →Mamäi 1380 beteiligt. Sein Sieg über eine tatar. Abteilung bei Volokolamsk während des nachfolgenden Rachefeldzugs des Tatarenchäns →Toḫtamyš (1382) hielt den militär. Niederlage Moskaus in Grenzen. Ein Konflikt mit Dmitrij Donskoj 1388 (als Gründe sind am ehesten Unzufriedenheit mit der vorgesehenen Erbfolgeregelung im Gfsm. oder territoriale Streitigkeiten zu vermuten) führte zum Verlust der persönl. Rechtsprechungskompetenzen in dem ihm gehörenden 'Drittel' Moskaus. Auch unter Vasilij I., den V. als Nachfolger anerkannte und für den er ein wichtige militär. Stütze blieb, war das Verhältnis zur gfsl. Gewalt nicht ungetrübt (V. mußte bei Feldzügen für den Gfs.en Frau und Kinder in Moskau zurücklassen), was möglicherweise im sinkenden Einfluß V.s auf die gfsl. Regierungstätigkeit begründet war.

1374 ließ V. Serpuchov mit einer starken Holzbefestigung umgeben. Zur Anwerbung von Stadtbevölkerung verkündete er Steuersenkungen und Kaufmannsprivilegien. Auf V.s persönl. Bitte legte →Sergej v. Radonež in Serpuchov den Grundstein für das Vysockij-Kl. Für seine Erwerbungen →Volokolamsk und Ržev erhielt V. später im Tausch Gorodec, →Uglič, Kozel'sk u. a. Der Leichnam des (wie Dmitrij) wegen seiner Verdienste mit dem Beinamen 'Donskoj' geehrten Fs.en wurde in der Erzengelkathedrale (Archangel'skij sobor) in Moskau beigesetzt.

H. Rüß

Lit.: L. V. ČEREPNIN, Dogovornye i duchovnye gramoty Dmitrija Donskogo kak istočnik dlja izučenija političeskoj istorii velikogo knjažestva Moskovskogo, IstZap 24, 1947, 225–266 – S. M. SOLOV'EV, Istorija Rossii s drevnejšich vremen, kn. II, 1960 – M. N. TICHOMIROV, Srednevekovaja Rossija na meždunarodnych putjach (XIV–XVvv.), 1966 – V. V. KARGALOV, Kulikovskaja bitva i ee mesto v otečestvennoj istorii, Prepodavanie istorii v škole, 1979, Nr. 5, 15–23 – V. A. KUČKIN, Spodvižnik Dmitrija Donskogo, VI, 1979, Nr. 8, 104–116 – A. A. ZIMIN, Zadonščina, 1980 – HGeschRußlands I, 1981, 601ff. [P. NITSCHE].

6. V., *Fs. v. Zeta* →Johannes Vladimir (12. J.)

Vladimir, Stadt in Rußland, nö. von Moskau, am linken Ufer der Kljaz'ma, bedeutendes religiöses und polit. Zentrum der →Rus'.

I. Geschichte – II. Architektonische und kulturelle Bedeutung.

I. GESCHICHTE: Die auf einem keilförmigen Hochplateau in einem urprgl. von finn. Stämmen bewohnten Gebiet gelegene Stadt wurde 1108 als 'Beistadt' von →Suzdal' (Errichtung einer Holz-Erde-Befestigung [*detinec*]) zur Verteidigung der Rostover und Suzdaler Rus' gegen den SO vom Fs.en →Vladimir Monomach († 1125) begründet (Stadtname entweder südl. Transfer oder vom Stadtbegründer hergeleitet). Seine polit. und kulturelle Blüte erlebte V. in der 2. Hälfte des 12. Jh. und zu Beginn des 13. Jh. unter den bedeutenden Herrschern →Andrej Bogoljubskij (1155–74) und →Vsevolod III. 'das große Nest' (1176–1212), die das Fsm. V.-Suzdal' zum einflußreichsten und mächtigsten Teil der vormongol. Rus' ausbauten und V. zur Hauptstadt des Fsm.s erhoben.

Der demonstrative Verzicht Andrej Bogoljubskijs auf den Kiever Thron 1157 (nach dem Tod seines Vaters →Jurij Dolgorukij) und die Verlegung seines Fs.ensitzes nach V. beschleunigten eine Entwicklung, die langfristig zum polit. Aufstieg des russ. NO (später mit →Moskau als Zentrum), zum Niedergang →Kievs (1169 Eroberung und zweitägige Plünderung der Stadt durch Truppen Andrej Bogoljubskijs) und des russ. Südens (Entvölkerung u. a. durch Siedlungsbewegungen ostslav. Kolonisten aus den bedrohten steppennahen Gebieten in das wald-, fisch- und wildreiche nö. Land 'hinter dem Wald' [*Zales'e*] mit seinen Inseln fruchtbaren Ackerbodens; s. Transfer südl. Ortsnamen) und zur Entstehung des 'großruss.' Volkstums führte. Gegen die Vorrangstellung der 'älteren' Städte →Rostov und Suzdal' baute Andrej Bogoljubskij das 'jüngere' V. systemat. zu seiner Fs.enresidenz aus (1158–65 Errichtung der Pfalz →Bogoljubovo, 'Gottesliebe'). Seine Anhänger bestanden überwiegend aus 'jüngeren' (niederen) Gefolgschaftsmitgliedern (→Družina) und z. T. unfreien Dienstelementen (*milost'niki, dvorjane*). Bei seinem Bemühen, die Fs.engewalt gegenüber dem sozial mächtigen und polit. selbstbewußten Bojarentum (→Bojaren) in Rostov und Suzdal' zu stärken und V. aus der Večeversammlung (→Veče) der 'älteren' Städte zu lösen, erhielt der Fs. zeitweilige Unterstützung von der (in seiner verkehrsgeogr. günstig gelegenen neuen Hauptstadt bes. zahlreichen) Kaufmanns- sowie Handwerkerschaft. Allerdings gelang es ihm weder, diese polit. Klientel (v. a. die stärker demokrat. gesonnene Kaufmannschaft) auf Dauer für sich zu gewinnen noch die Masse der städt. Unterschichten langfristig an sich zu binden (Erbitterung über die harte, z. T. willkürl. fsl. Administration).

Das Scheitern der kirchenpolit. Ambitionen Andrej Bogoljubskijs, die auf einen zweiten, autokephalen Metropolitenstuhl (neben Kiev) in seiner Residenzstadt abgezielt hatten, und sein gewaltsames Ende als »Selbstherrscher« ('samovlastec', abwertende Bezeichnung in einer Chronik) bedeuteten nicht auch den Verlust von V.s Rolle als polit. Zentrum der NO-Rus', die unter Vsevolod III., dem Bruder Andrejs, ihre eindrucksvolle Fortsetzung fand (Ausdehnung des städt. Territoriums, Errichtung neuer Repräsentativbauten, Verstärkung und Erweiterung der Befestigungsanlagen). Vsevolod, der als erster den Titel des →Großfürsten systemat. als Amtstitel gebrauchte, regierte, wie seine Nachfolger bis →Alexander Nevskij († 1263), das Fsm., das einige Chronisten als »Gfsm. V. und Groß-Novgorod« zu bezeichnen begannen, von V. aus.

Der Mongoleneinfall (→Mongolen) leitete den Niedergang der Stadt ein. 1238 wurde V. von den →Tataren erobert, geplündert und in Brand gesteckt. Dabei kamen der Bf. und die gfsl. Familie des in der Schlacht an der Sit' gegen die Tataren gefallenen Jurij Vsevolodovič auf der Empore der brennenden Uspenskij-Kathedrale ums Leben. Im Zuge der fortschreitenden territorialen Zersplitterung (Senioratserbfolge; →Seniorat, III) des NO nach dem Mongoleneinfall sank auch V.s Bedeutung als überregionales polit. Zentrum (abgesehen von der kurzen Phase der Wiederherstellung der fsl. Autorität unter Alexander Nevskij 1252–63). Eine kurzzeitige polit.-religiöse Aufwertung erfuhr die Stadt durch die um 1300 erfolgte Verlegung des Metropolitensitzes von Kiev nach V. (bis 1317 oder 1325), bevor endgültig Moskau den Platz V.s in der NO-Rus' einnahm, allerdings in bewußter Fortführung von dessen hist., kulturellen und polit. Traditionen (etwa Titulatur der Moskauer Herrscher, in der V. stets vor Moskau an erster Stelle erscheint).

II. ARCHITEKTONISCHE UND KULTURELLE BEDEUTUNG: V. weist bedeutende Baudenkmäler auf (→Russ. Kunst; →Kirchenbau, III), die allerdings nur noch einen Bruchteil des einst Vorhandenedenen ausmachen. Reste des alten Detinec sind bis heute erhalten, nicht aber die erste in diesem Raum errichtete Steinkirche ('Erlöserkirche') aus der Zeit Vladimir Monomachs.

Nirgendwo sonst in der vormongol. Rus' sind Bautätigkeit bzw. Kunstschaffen und Herrschaftsideologie in einen so engen Zusammenhang zu bringen wie in V. Zur Sicherung der polit. und religiösen Stellung seiner neuen Hauptstadt, die alle russ. Städte an Pracht übertreffen sollte und die er zw. 1158–64 um das Dreifache ihrer Fläche erweitern ließ, betrieb Andrej Bogoljubskij programmat. eine architekton. 'Translatio' von Kiev (die sich über die christl. Metropolen Konstantinopel und Jerusalem zurückverfolgen läßt) nach V. (Einschluß eines wie in Kiev im W gelegenen 'Goldenen Tores' mit darauf befindlicher Muttergotteskapelle in den Mauerring der Stadt, erstmals erwähnt 1164, 1469 erneuert, später umgebaut) und förderte (wie sein Nachfolger Vsevolod) Stilelemente, die auf bewußte Abwehr der byz. geistl. Bevormundung hinausliefen (s. a. Kult lokaler Wundertäter, Bf. sernennung als feudaler Hoheitsakt usw.). Die 1158–61 aus weißem Stein und in der für die V.-Suzdaler Rus' typischen Zwei-Schalen-Konstruktion (mit Bruchstein und Mörtel locker ausgefüllter Raum zw. zwei Blendmauern aus Kalksteinquadern) errichtete einkuppelige 'Uspenskij-Kathedrale' (Mariä Himmelfahrt), die das Stadtbild beherrscht, ist noch im Jahrhundert ihrer Entstehung, zw. 1185–89, zu einer fünfkuppeligen Kirche mit prächtigen Stufenportalen und antikisierenden Blendarkaden mit Halbsäulen im oberen Fassadenbereich umgebaut worden. In ihr sind Fragmente von Wandmalereien byz. Künstler aus dem 12. Jh. erhalten (die übrigen stammen von Andrej →Rublëv und Daniil Černyj, Beginn des 15. Jh.). In der Kathedrale ließ Andrej Bogoljubskij die der Legende nach vom Evangelisten Lukas gemalte byz. →Ikone der Muttergottes mit dem Kinde ('Vladimirskaja', später als nationales Heiligtum in der Moskauer Uspenskij-Kathedrale verehrt, heute Tret'jakov-Galerie) als Gnadenbild anbringen. Der Gottesmutter-Kult (→Maria, B. IV) sollte die Schutzherrschaft Mariä über die junge Hauptstadt V. und ihre Fs.en zur Geltung bringen; er fand Ausdruck v. a. in der (ohne geistl. Zustimmung aus Kiev und Byzanz erfolgten!) Einführung des am 1. Okt. gefeierten Festes Mariä Schutz und Schirm (→Pokrov Bogorodicy) und der Errichtung der Pokrov-Kirche an der Nerl' (1165), einer der anmutigsten Kirchen Altrußlands, weiterhin in der Zelebrierung des Festes Mariä Himmelfahrt in der Uspenskij-Kathedrale (28. Aug.), im Bau der Kirche zur Ehre der Niederlegung des Grabgewandes Mariä ('Položenie riz Bogomateri') auf dem Goldenen Tor usw.

Der Ruhm V.s und seiner Herrscher wurde vom Klerus der als Bf.skirche (Episkopalhof mit Privilegien und Einkünften) dienenden Uspenskij-Kathedrale in einer lokalen Chronistik entfaltet. Die Kirche war →Grablege der zw. 1165 und 1233 verstorbenen Fs.en (u. a. für Andrej Bogoljubskij, seinen Sohn Gleb und den Gfs.en Jurij Vsevolodovič). In der gleichnamigen Kathedrale →Fiovarantis im Moskauer Kreml' wurde sie 300 Jahre später im Auftrag →Ivans III. als Bekenntnis zur vormongol. nationalen Tradition bewußt rezipiert.

Den Mittelpunkt der 10 km vor der Stadt gelegenen Pfalz Bogoljubovo bildete ein Palast mit mehreren Flügeln und einer dem Fest Mariä Geburt geweihte, kostbar ausgestattete Hofkirche (erhalten sind der untere Teil des Nordturmes mit Übergang zur Kirchenempore und Reste der Nordwand der Kirche). Beziehungen zum westl. Europa (1169 Gesandtschaft Papst →Alexanders III. in Bogoljubovo, mögl. Kontakte zu →Friedrich I. Barbarossa und zu den →Welfen) beeinflußten vermutl. auch den Baustil (Gliederung der Fassaden durch Bogengalerien und Säulengürtel sowie abgestufte Säulenportale als spezif. Charakteristikum roman. Baukunst).

Aus dem glanzvollen Ära Vsevolods III. ist erhalten nur die anläßl. der Geburt des jüngsten Sohnes errichtete Demetrios-Kathedrale (1193–97), die ursprgl. mit dem innerstädt. Palast (Zitadelle) verbunden war und die im oberen Teil der Fassaden plast. (figürl. und ornamentalen) Schmuck in bis dahin für Altrußland unbekannter Fülle aufweist. Abgesehen von wenigen Szenen (der Stifter-Fs. mit einem Kind auf den Knien und den sich vor ihm verneigenden Söhnen, Taufe Christi, Greifenfahrt Alexanders v. Mazedonien), gibt die Ikonographie der Reliefs viele Rätsel auf. Die chr. Legenden wurden üppig mit heidn. Motiven ausgeschmückt (Zusammenhang mit der späten Verbreitung des Christentums in dieser Region u. der Verwendung einheim. Handwerker?); oriental., byz., kaukas., südslav. und westeurop.-roman. Einflüsse sind unverkennbar, ebenso der Bezug zur profan-herrscherl. und höf. Symbolik des Raumschmucks byz. Palastarchitektur. Insgesamt bietet sich das Bildprogramm der Demetrios-Kathedrale dar als Lobpreisung des fsl. Bauherrn,

der gleichsam als Stellvertreter Gottes fungiert, und des Fsm.s V.-Suzdal' als eines ird. Abbildes des Gottesreiches, wenn auch der bfl. Chronist das großartigste Bauwerk bei der Aufzählung aller Bauten Vsevolods verschweigt, als habe es nicht existiert. H. Rüß

Lit.: D. N. Berežkov, O chramach Vladimiro-Suzdal'skogo knjažestva (XII-XIII vv.), 1903 – A. Vinogradov, Istorija Vladimirskogo kafedral'nogo Uspenskogo sobora, 1905 – V. Kasatkin, Dmitrievskij sobor v g. Vladimire, 1914 – A. A. Bobrinskij, Reznoj kamen' v Rossii, I: Sobory Vladimiro-Suzdal'skoj oblasti XII do XIII st., 1916 – F. Halle, Die Bauplastik von Vladimir-Susdal. Russ. Romanik, 1929 – N. N. Voronin, V., 1945 – Ders., Vladimiro-Suzdal'skaja architektura (Vseobščaja istorija architektury. III: Architektura Vostočnoj Evropy. Srednie veka, 1966) – G. K. Vagner, Skul'ptura Vladimiro-Suzdal'skoj Rusi XII v. Vladimir-Bogojubovo, 1969 – A. Kornilowitsch-A. L. Kaganowitsch, Illustrierte Gesch. der russ. Kunst, 1975³ – H. Faensen, Kirchen und Kl. im alten Rußland, 1982 – →Suzdal'.

Vladimir-Suzdal', aruss. 'Land' (*zemlja*) zw. Oka und →Wolga, mit Erweiterungen im N bis Beloozero und Ustjug; Herrschaftsgebiet eines Zweiges der →Rjurikiden, Kernraum des Moskauer Reiches (→Moskau, B) und des großruss. Volkes. In einem engeren Sinne wird die Bezeichnung 'V.-S.er Land' nur für die Zeit von der Gründung des Fsm.s →Vladimir (1157) bis zum Mongolensturm (1237–40) verwendet; daneben existiert ein im folgenden berücksichtigter umfassenderer Begriff, der den Blick auf größere Zusammenhänge erlaubt.

Die Region war ursprgl. von finno-ugr. Merja und Wepsen besiedelt. Seit dem 10. Jh. wanderten dort ostslav. Bauern (→Slovenen [Ilmenseeslaven], KriviČen und Vjatičen; →Ostslaven) ein, was zur Assimilierung der Finno-Ugrier führte. Das älteste russ. Verwaltungszentrum dieses »Kolonialgebiets«, dem innerhalb des Kiever Reiches (→Kiev, A) zunächst nur periphere Bedeutung zukam, war Rostov (→Rostov Velikij). Hier residierten seit dem späten 10. Jh. Söhne und Statthalter der südruss. Fs.en, von denen das »Land jenseits der Wälder« ('Zalesskaja zemlja', eine Bezeichnung aus Kiever Sicht) bis ins 12. Jh. hinein abhängig blieb. Zunehmend wichtig wurde diese Region, nachdem Fs. →Vladimir II. Monomach im frühen 12. Jh. dort seinen Sohn →Jurij Dolgorukij eingesetzt hatte und dieser nach dem Tode des Vaters (1125) selbständiger Fs. geworden war. Den Kiever Thron übernahm damals Jurijs ältester Bruder →Mstislav (3. M., † 1132), der als letzter Herrscher das ostslav. Reich noch einmal zusammenhielt, ehe es endgültig in selbständige Teilfsm.er zerfiel. Jurij residierte in →Suzdal' und trug durch Festungs-, Stadt- und Kirchengründungen wesentl. zum Ausbau des V.-S.er Landes bei. Für ihn bildete dies aber im wesentl. nur die Basis für die Erlangung seines Hauptzieles – der Herrschaft über Kiev –, die er nach Fehlschlägen gegen Ende seines Lebens für kurze Zeit behaupten konnte (1155–57).

V.-S. verblieb im folgenden unter der Herrschaft seiner Nachkommen, der Jur'eviči. Jurijs Sohn →Andrej Bogoljubskij (1157–74) erhob jedoch das erst 1109 gegr. →Vladimir an der Kljaz'ma zur Hauptstadt des Fsm.s. Im Gegensatz zu seinem Vater begnügte sich Andrej ungeachtet seines starken Machtstrebens mit der Erlangung von Einfluß auf die Besetzung des Kiever Thrones; er wollte statt dessen Vladimir zu einem neuen Kiev werden lassen, wovon u. a. der Plan zeugt, in seiner Residenzstadt einen eigenen Metropoliten einzusetzen. Während Jurij Dolgorukij durch sein Engagement im S absorbiert worden war, begann unter Andrej eine territoriale Expansion nach O und N, in die Einflußsphäre der →Wolgabulgaren, mit denen es wiederholt zu Kämpfen kam. Als Nachfolger

Andrejs setzte dessen Bruder →Vsevolod III. Jur'evič (1177–1212), der erste konsequent als →Großfürst intitulierte aruss. Herrscher, den Landesausbau energisch fort und brachte (wie schon Andrej) seinen Geltungsanspruch nach innen und gegenüber der sonstigen Rus' durch die Errichtung großartiger Bauwerke zum Ausdruck: In V.-S. entstanden zw. 1152 und 1234 nicht weniger als 28 steinerne Monumentalbauten. Wesentl. Grundlagen für die polit. Rolle und die kulturelle Blüte des Landes bestanden im Ertragreichtum einer Reihe von Gefilden (opol'ja) unbewaldeten Ackerbodens, in der Nutzung des Wolga-Handelsweges und von Salzquellen (→Salz, III) sowie im Zustrom von Siedlern aus dem S der Rus', der unter Einfällen der →Kumanen und zahlreichen Fs.enfehden zu leiden hatte. Die Fs.en v. V.-S. haben die Zuwanderung von Bauern, Handwerkern und Kriegsleuten gezielt gefördert.

Das Gesagte bedeutet nicht, daß V.-S. in der zweiten Hälfte des 12. und in den ersten Jahrzehnten des 13. Jh. kontinuierlich die stärkste Macht in der Rus' gebildet hätte, wie in der Lit., der tendenziösen V.-S.er und Moskauer Chronistik folgend, oft dargestellt worden ist (kritisch dazu neuerdings GORSKIJ). Neben den Jur'eviči kämpften nämlich als weitere starke Rjurikidenzweige die Ol'goviči v. →Černigov, die Rostislaviči v. →Smolensk und die Izjaslaviči v. Volhynien (→Halič-Volhynien) um Macht und Einfluß, namentlich um die Besetzung der Throne v. Kiev, →Novgorod und Halič, mit denen kein Zweig des Fs.engeschlechts fest verbunden war. Zu beachten ist auch, daß Jurij Dolgorukij und Andrej Bogoljubskij keineswegs in all ihren Vorhaben erfolgreich waren; so konnte Vsevolod III. erst seit den 90er Jahren des 12. Jh. eine führende Position im ostslav. Raum einnehmen, so es neben ihm Fs.en von ähnl. Bedeutung gab (u. a. →Roman Mstislavič). Nach dem Tode Vsevolods aber konnte von der hegemonialen Stellung eines Fs.en der Nordöstlichen Rus' gar keine Rede mehr sein. V.-S. wurde vielmehr bis 1216 von inneren Wirren erschüttert, und es kam zu einer Zersplitterung durch Bildung neuer Fsm.er (Rostov, ausnahmsweise bereits 1207 gegründet; →Perejaslavl' Zalesskij; →Jur'ev Pol'skoj; →Jaroslavl' und →Uglič; außerdem noch Suzdal' und Starodub, die aber zunächst nur kurze Zeit existierten). Das Gfsm. Vladimir wurde dabei als umfangreiches eigenes Territorium ausgesondert. Seit der Zeit nach Aleksandr Nevskij erhielt der jeweils Älteste der Jur'eviči bei seiner Erhebung zum Gfs.en dieses Gebiet zusätzlich zu seinem ererbten →Udel.

Nach dem Mongolensturm wurde Jaroslav Vsevolodovič, der Senior der Jur'eviči, vom Chān →Batu als 'ältester' Fs. der Rus' anerkannt (1243). Im folgenden blieb es dabei, daß nur Nachkommen dieses Fs.en den →jarlyk der Chāne der →Goldenen Horde für die Einsetzung als Gfs. v. Vladimir erhielten. Gegenüber anderen Rjurikidenzweigen war damit ein Vorteil erreicht. Mit Aleksandr (→Alexander) Nevskij hatte 1252–63 auch wieder ein herausragender Herrscher den Thron v. Vladimir inne. Seit seiner Regierungszeit akzeptierte Novgorod, das an militär. Schutz und an Getreidelieferungen aus dem 'Unterland', dem Kerngebiet von V.-S., interessiert war, die Herrscher v. Vladimir stets als eigene Fs.en. Ungeachtet der schweren Nachteile der Tatarenherrschaft brachte die Entwicklung für die Nordöstliche Rus' also auch erste positive Weichenstellungen, wohingegen die durch die Tatarenzüge schwer getroffenen südl. Zentren Kiev und Černigov, aber auch Smolensk und Halič-Volhynien, das von mächtigen Nachbarn (Goldene Horde, Litauen, Polen und Ungarn) bedroht wurde, einen starken Bedeutungsrückgang erfuhren.

Allerdings nahm auch in V.-S. unter der Tatarenherrschaft die territoriale Zersplitterung zu. Zw. 1238 und 1300 entstanden acht neue Fsm.er, darunter neben zentral gelegenen wie Suzdal' und Starodub in auffälliger Zahl solche, die an der Peripherie plaziert waren: →Tver' und →Moskau im W, →Beloozero, Kostroma und Galič im N sowie →Gorodec im O. Ihr Aufstieg erklärt sich sehr weitgehend durch Bevölkerungszustrom aus den zentralen, unter den Tatareneinfällen leidenden Gebieten und Städten der Region wie Vladimir, Perejaslavl' Zalesskij, Suzdal' und Jur'ev. In die westl. Fsm.er Tver' und Moskau kamen auch schutzsuchende Zuzügler aus Gebieten, die von den Litauern (→Litauen) heimgesucht wurden.

Durch diese Migrationsbewegungen wirtschaftlich und militärisch gestärkt, traten die miteinander konkurrierenden Fs.en v. Tver' und Moskau um 1300 als Bewerber um den Thron v. Vladimir auf. So gut wie ohne Unterbrechungen hatten die Moskauer Fs.en diesen seit 1328 inne. Schließlich beanspruchte Gfs. →Dmitrij Donskoj (1359–89) das Territorium v. Vladimir als sein 'väterl. Erbe' (→Votčina) und vereinigte es mit dem Moskauer Gebiet, ohne damit Sanktionen der allmählich schwächer werdenden Tataren hervorzurufen. Diese Stärkung der territorialen Grundlage begünstigte neben weiteren Faktoren den beharrl. Machtkampf der Moskauer Herrscher, der um 1500 zum Abschluß der Vereinigung des großruss. Gebiets führte und danach mit dem Ziel der Wiederherstellung eines gesamtostslav. Reiches fortgesetzt wurde. N. Angermann

Lit.: N. N. VORONIN, Zodčestvo Severo-Vostočnoj Rusi XII–XV vv., I–II, 1961–62 – D. WÖRN, Stud. zur Herrschaftsideologie des Gfs.en Vsevolod III., JbGO 27, 1979, 1–40 – J. L. FENNELL, The Crisis of Medieval Russia 1200–1304, 1983 – V. A. KUČKIN, Formirovanie gosudarstvennoj territorii Severo-Vostočnoj Rusi v X–XIV vv., 1984 – Ju. A. LIMONOV, Vladimiro-Suzdal'skaja Rus'. Očerki social'no-političeskoj istorii, 1987 – A. A. GORSKIJ, Russkie zemli v XIII–XIV vekach. Puti političeskogo razvitija, 1996.

Vladimir in Volhynien. Die vermutl. auf eine Gründung →Vladimirs I. d. Hl. zurückgehende Stadt V. entstand im 11. Jh. an einer alten Siedlungsstätte am rechtsufrig in den Bug mündenden Fluß Luga; sie trat an die Stelle der älteren Siedlung Volyn', die im folgenden aus den Q. verschwindet. Wie die →Povest' vremennych let berichtet, setzte Vladimir seinen Sohn Vsevolod als Fs.en in V. ein; der Bericht der Gesta Hungarorum (13. Jh.), nach dem die Ungarn bei ihrer Westwanderung die befestigte Siedlung 'Lodomer' (= V.) erobert hätten, dient offensichtl. allein der Rechtfertigung ung. Ansprüche auf die südwestl. Rus'. V. wurde zum Zentrum des aruss. Fsm.s Vladimir, die Einrichtung eines Bm.s erfolgte im dritten Viertel des 11. Jh.

Am Zusammenfluß von Luga und Smoča entstand zunächst die innere Festung (detinec); die Vorstadt wurde noch vor der Mitte des 12. Jh. durch Gräben und Wälle gesichert, womit das befestigte Stadtgebiet ca. 66 ha umfaßte. Im 13. Jh. war V. dank seiner Lage an der Kreuzung des Handelsweges von Krakau nach Kiev und weiter ostwärts mit einem der Wege vom Baltikum in den Balkan wichtiger Umschlagplatz im Ost-West-Handel. Der Flußhafen V.s, Ustilug, befand sich ca. 20 km westl. an der Mündung der Luga in den Bug. In der Stadt hielten sich u. a. dt. und jüd. Kaufleute auf; das Handwerk, insbes. die Metallverarbeitung, entwickelte sich rasch.

In polit. Hinsicht war V. anfängl. eng mit der Hauptstadt →Kiev verbunden, seine Fs.en wurden vom jeweiligen Gfs.en eingesetzt. Im 11. und frühen 12. Jh. herrschten die Nachkommen →Jaroslavs I. d. Weisen, zunächst seine Söhne Igor' (1054-57) und Vsevolod (1073-76), dann die Enkel Jaropolk Izjaslavič (1079-86) und David Igor'evič (1087-99, 1100) und Urenkel Mstislav Svjatopolkovič (1099) und Jaroslav Svjatopolkovič (1100-12). Die Interessenvertretung der städt. Bevölkerung übernahm das →Veče (seit dem 11. Jh. überliefert). Nachdem der amtierende Fs. Jaroslav die Unterstützung der örtl. →Bojaren verloren hatte und nach Polen geflohen war, nahm →Vladimir II. Monomach V. ein und inthronisierte dort nacheinander seine Söhne Roman (1117-18) und Andrej (1118-34). Seinem Enkel →Izjaslav Mstislavič gelang Mitte des 12. Jh. die Etablierung einer lokalen Fs.endynastie; seine Nachkommen herrschten fast zweihundert Jahre in Volhynien, im 13. Jh. dann im vereinigten Fsm. →Halič-Volhynien.

Als kirchl. Zentrum von Volhynien wurde V. 1079/85 Bf.ssitz. Die heute noch erhaltene dreischiffige, ursprgl. mit Fresken versehene Mariä Himmelfahrts-Kathedrale (*Uspenskij sobor*) wurde 1156-60 unter Mstislav Svjatoslavič erbaut ('Mstislav-Kirche'). Die Fundamente der 'Alten Kathedrale' (*Staraja kafedra*) am Westrand V.s am Lugaufer stammen ebenfalls aus dem 12. Jh. Ein Unikat in der aruss. Architektur ist die rotundenförmige Basiliuskirche (*Vasilevskaja rotunda*). Die wichtigste Q. zur ma. Gesch. Volhyniens, die galiz.-volhyn. Chronik, ein Teil der →Hypathios-Chronik, ist in ihrer Entstehungsgesch. eng mit V. als einem der Zentren südwestruss. Annalistik verbunden.

Während sich V. Mitte des 13. Jh. unter Daniil Romanovič, Fs. v. Halič-Volhynien, noch rasch von den Verwüstungen nach der Eroberung durch die →Tataren erholte, mußte es im 14. Jh. seine Vorrangstellung als Handelszentrum an →Lemberg abtreten und teilte das Schicksal des gesamten Fsm.s Halič-Volhynien, das zunehmend unter inneren Auseinandersetzungen und dem Expansionsdrang seiner Nachbarn zu leiden hatte. Mitte des 14. Jh. wurde V. zunächst von den Polen erobert, die 1371 ein kath. Bm. in V. einrichteten, das aber 1425 nach →Luck verlegt wurde. 1393 integrierte Gfs. →Witowt V. in ein litauisches Teilfsm., nach der Union v. Lublin wurde es 1569 Teil der poln. Rzeczpospolita. G. Pickhan

Q.: PSRL II – *Lit.*: A. M. ANDRIJAŠEV, Očerk istorii Volynskoj zemli do konca XIV stoletija, 1887 – P. A. IVANOV, Istoričeskie sud'by Volynskoj zemli s drevnejšich vremen do konca XIV v., 1895 – A. POPPE, Gród Wołyń, Studia wczesnośredniowieczne 4, 1958, 227-300 – N. F. KOTLJAR, Formirovanie territorii i voznikovenie gorodov Galicko-volynskoj Rusi IX-XIII vv., 1985 – I. JA. FROJANOV–A. JU. DVORNIČENKO, Goroda-gosudarstva Drevnej Rusi, 1988 – JA. D. ISAEVIČ–A. I. MARTINJUK, Volodymyr-Volyns'kyj. Istorykokraeznavčyj narys, 1988² – G. PICKHAN, Kiewer Rus' und Galizien-Wolhynien (Gesch. der Ukraine, hg. F. GOLCZEWSKI, 1993), 18-36 – N. ANGERMANN–S. DUMSCHAT, Die ukrain. Länder unter litauischer und poln. Herrschaft (bis 1569), ebd., 37-55.

Vladimiri (Włodkowic), **Paulus**, Rechtsgelehrter, polit. Schriftsteller, * ca. 1370, † nach 1435. Von adliger Herkunft aus Brudzeń (bei Dobrzyń), studierte V. in Prag, Padua (bei →Franciscus Zabarella) und Krakau, wo er 1414-15 Rektor war. Er beteiligte sich an den Auseinandersetzungen zw. Polen und dem Dt. Orden und bekämpfte Johannes →Falkenberg. Während des Konzils v. Konstanz 1415 legte er die Schrift »Tractatus de potestate papae et imperatoris respectu infidelium« vor. In seinen auf großem Rechtswissen basierenden Ausführungen formulierte V. die Grundlagen des nz. 'ius gentium'; er vertrat das Recht der Heiden auf ein souveränes polit. Territo-

rium, war gegen die gewaltsame Bekehrung und formulierte die Theorie eines gerechten Krieges. S. Russocki
Lit.: S. F. BELCH, P. V. and his Doctrine Concerning International Law and Politics, 2 Bde, 1965 – J. WOŚ, P. V. e le origini dell'idea di tolleranza in Polonia, 1972.

Vladimir(ko) Volodarevič (auch Volodimirko), Fs. v. Halič (→Halič-Volhynien) seit 1141, * 1104, † Febr. 1153; Sohn des Fs.en v. Peremyšl' Volodar' Rostislavič, eines Urenkels von →Jaroslav I. d. Weisen. Nach dem Tod des Vaters 1124 erbte V. →Zvenigorod und übernahm nach dem Tod des Bruders Rostislav 1128 die Macht in Peremyšl'. Seit 1141 herrschte er als letzter der Rostislav-Enkel in Halič und vereinte die galiz. Gebiete, welche seit dem Fs.entag v. →Ljubeč 1097 vom Fsm. Volhynien unabhängig waren. Seine Herrschaft stützte sich wie später die seines Sohnes →Jaroslav Osmomysl' (1153-87) im Inneren auf eine Kooperation mit den →Bojaren. Nach außen hin war sie nicht unangefochten. V. griff an der Seite des Fs.en →Jurij Dolgorukij in die Kämpfe um den Kiever Thron ein und strebte eine Vergrößerung seines Fsm.s auf Kosten Volhyniens an; da dieses eng mit Kiev verbunden war, machte V. sich dessen Verbündete (u.a. Kg. →Géza II. v. Ungarn) zu Feinden, gegen die er sich nur mit diplomat. Geschick zu behaupten vermochte.
K. Brüggemann
Q.: PSRL I, II – *Lit.*: HGeschRußlands I, 493-500 [G. STÖKL, Lit.] – M. HRUŠEVS'KYJ, Istorija Ukraïny-Rusy, II, 1905.

Vladislav

1. V. I., *Hzg. v. →Böhmen* 1109-17, 1120-25, † 12. April 1125, zweitjüngster Sohn →Vratislavs II.; ⚭ Richeza v. Berg. V. erlangte den Thron in Prag nach dem Tod Fs. Svatopluks (21. Sept. 1109). Die Auseinandersetzungen um die Herrschaft während seiner Regierung führten zu einer Schwächung der fsl. Macht und der internationalen Bedeutung Böhmens. Ende 1109 verteidigte V. erfolgreich den Thron gegen den Anspruch seines älteren Bruders Bořivoj II., der 1107 von Svatopluk gestürzt worden war. 1110 folgten Kämpfe V.s mit Polen. V., 1114 als erster →Přemyslide zu 'Mundschenk des Reiches' gen., war polit. eng verbunden mit Ks. Heinrich V. Abwechselnd bald seine Brüder (Bořivoj II., →Soběslav I.), bald seine Vettern (Otto II. v. Olmütz) unterstützend, suchte er im Innern seine Macht zu erhalten. 1116 erreichte die Spannung mit Ungarn ihren Höhepunkt, und eine für Böhmen siegreiche Schlacht begünstigte die Friedensverhandlungen V.s mit Kg. →Stephan II. 1117 überließ V. aus unbekannten Gründen die Regierung seinem Bruder Bořivoj II., der jedoch bereits 1120 wieder vertrieben wurde. V. übernahm erneut die Herrschaft und bestimmte entgegen früherer Versprechen gegenüber Otto II. v. Olmütz seinen jüngeren Bruder Soběslav zum Nachfolger.
J. Žemlička
Lit.: A. BACHMANN, Gesch. Böhmens, I, 1899, 289-295 – B. BRETHOLZ, Gesch. Böhmens und Mährens bis zum Aussterben der Přemysliden (1306), 1912, 196-203 – V. NOVOTNÝ, České dějiny I/2, 1913, 473-561.

2. V. II., *Hzg. und Kg. v. →Böhmen* 1140-72, † 18. Jan. 1174, ältester Sohn →Vladislavs I.; ⚭ 1. Gertrud v. →Babenberg († 1150), 2. Judith v. →Thüringen († nach 1174). V. wurde gegen den Willen →Soběslavs I. († 1140) zum Hzg. gewählt und mußte sich 1142 gegen einen Aufstand böhm. Magnaten, die sich mit →Konrad II. v. Mähren/Znaim (12. K.) verbunden hatten, durchsetzen, was ihm nur mit der militär. Hilfe des dt. Kg.s Konrad III. gelang. Bei der Festigung der Herrschaft in →Mähren fand er die Unterstützung des Olmützer Bf.s →Heinrich Zdik (86. H.). Nach einer Abkühlung der Beziehungen zum Reich nach dem Tod Konrads III. (1152) wurden diese erst 1156, während der Verhandlungen in Würzburg, wieder intensiviert. Seither gehörte V. zu den treusten Anhängern Ks. Friedrichs I. und erhielt als Belohnung für seine Militärhilfe gegen Mailand die Kg.skrone aus den Händen des Ks.s (1158 Regensburg, Mailand; →Corona, V). Die gegenseitige Unterstützung der Monarchen wandelte sich allmähl. zu einer polit. Abhängigkeit des böhm. Herrschers. Ende der 60er Jahre mußte V. der wachsenden Adelsopposition und den Ansprüchen der Nebenlinien der →Přemysliden trotzen. Zugleich kam es zu Spannungen mit dem Ks., u. a. wegen des neuen Ebf.s v. Salzburg, →Adalbert III. (13. A.; Sohn V.s). Um der 'kgl. Familie' den Thron zu bewahren, resignierte V. 1172 zugunsten seines Sohnes →Friedrich (Bedřich; 11. F.), doch Friedrich Barbarossa unterstützte die Přemysliden Udalrich und →Soběslav II. V. starb 1174 im Exil in Thüringen. J. Žemlička

Lit.: V. NOVOTNÝ, České dějiny I/2, 1913, 753–1009 – P. E. SCHRAMM, Böhmen und das Regnum: Die Verleihungen der Kg.swürde an die Hzg.e v. Böhmen (1085/86, 1158, 1198/1203) (Adel und Kirche, hg. J. FLECKENSTEIN–K. SCHMID, 1968), 346–364 – Z. FIALA, Die Urk. Ks. Friedrichs I. für den böhm. Fs.en V. II. vom 18. Jan. 1158 und das 'Privilegium minus' für Österreich, MIÖG 78, 1970, 167–192 – K. ADAMOVÁ, K otázce královské hodnosti a panovnické ideologie českého krále Vladislava I., Právněhistorické studie 24, 1981, 5–18 – F. PRINZ, Böhmen im ma. Europa. Frühzeit, HochMA, Kolonisationsepoche, 1984, 113–117.

3. V. II., *Kg. v. Böhmen* 1471–1516 und *Ungarn* 1490–1516, * 1456, † 13. März 1516; ältester Sohn→Kg. Kasimir Andreas' IV. v. Polen, wurde nach dem Tod →Georgs v. Podiebrad zum böhm. Kg. gewählt (27. April 1471). Als Fünfzehnjähriger machte V. den böhm. Gesandten leichtfertig Versprechungen, die er später nicht halten konnte (u. a. Bestätigung der Kompaktaten durch den Papst, Einsetzung des Prager Ebf.s). Bis 1478 stritt V. mit →Matthias Corvinus um die böhm. Krone; nach einer gegenseitigen Vereinbarung sollte auch Matthias den böhm. Kg.stitel tragen und zugleich →Mähren, →Schlesien und →Lausitz erhalten. Nach dem Tod Matthias' (1490) fielen alle Nebenländer wieder an Böhmen, und V. wurde zum Kg. v. Ungarn gewählt. In den innerböhm. Religions- und Ständestreitigkeiten zeigte V. große Unentschlossenheit, so daß er den Spitznamen 'Kg. Gut' (Kg. Bene) erhielt. Während seiner Regierungszeit verlor die kgl. Autorität an Ansehen, auch in Ungarn, die finanzielle Lage war katastrophal. Später residierte V. fast ununterbrochen in →Buda, und in seinen letzten Jahren suchte er die Unterstützung Ks. Maximilians. Die Erbverträge v. Wien (1515) ermöglichten den →Habsburgern die Nachfolge in der Herrschaft über Böhmen und Ungarn.

J. Žemlička

Lit.: A. REZEK, Příspěvky k dějinám českým za krále Vladislava a Ludvíka, Časopis Českého musea 56, 1882, 217–243 – Z. NEJEDLÝ, Volba krále Vladislava II. roku 1471, Česky časopis historický 11, 1905, 38–54, 160–173 – A. DENIS, Konec samostatnosti české, 1909² – J. MACEK, Tři ženy krále Vladislava, 1991 – DERS., Jagellonský věk v českých zemích (1471–1526), I–II, 1992–94.

4. V., *Kg. v. Serbien* → Stefan Vladislav (7. S.)

5. V. (Vlaicu Voda) **I.**, *Fs. der* → *Valachei* 1364–77, Sohn des Fs.en→Nikolaus Alexander, Bruder →Radus I.; ∞ Cherata, verschwägert mit bulg. und serb. Fs.enhäusern. →Ludwig I. v. Ungarn, 'natürl. Herr' des valach. Fs.en, forderte durch ein Schreiben vom 5. Jan. 1365 V. zu dem seit der Thronbesteigung fälligen Lehnseid ein, den dieser nach Drohungen 1366 leistete. Ludwig nahm im gleichen Jahr den westbulg. Banat v. →Vidin ein und vereinigte ihn mit dem Banat →Severin. Mit seinem vertriebenen Schwager →Ivan Strazimir v. Vidin blieb V. polit. eng verbündet. Die Erneuerung des Vasallitätsvertrags verschaffte der Valachei zusätzl. zu Severin die siebenbürg. Lehen Amlas und →Fogarasch. 1369 folgten weitere Auseinandersetzungen um Vidin. 1373/74 unterwarf sich Ivan den bereits an der Donau stehenden Türken, worauf Ludwig I. den für V. sehr lukrativen valach. Salzexport verbot und Papst Gregor XI. den ung. Waffenexport in die Valachei und nach Bulgarien untersagte. V. prägte als erster valach. Fs. Münzen (ab ca. 1365) und erneuerte im Jan. 1388 das Handelsprivileg von →Kronstadt. Durch erste Kl.gründungen im SW der Valachei (Vodiţa und Tismana 1370/75), Einrichtung des Bm.s Severin (1370) und Stiftungen an den Hl. Berg (Kl. Kutlumusiu) förderte er die orth. Kirche. Die Katholiken wurden 1369 vom Visitator des Bf.s v. Weißenburg besucht und die bosn. Franziskaner durften Kirchen und Kapellen errichten, der Aufforderung Urbans V. zur Konversion folgte V. jedoch nicht. K. Zach

Lit.: D. C. GIURESCU, Ţara Românească în s. XIV și XV, 1973 – DERS., Istoria Românilor, II, 1976 [Lit.].

6. V. II., *Fs. der*→ *Valachei* 1447–ca. 1456, ⌂ Mănăstirea Dealului, Sohn →Dans II., Bruder →Basarabs II. Von Johann →Hunyadi nach der Hinrichtung des abtrünnigen →Vlad II. eingesetzt, beteiligte sich V. an der erfolglosen Belgrader Kampagne Hunyadis (1448), indes sein Vetter →Vlad Ţepeş sich in der Valachei der Herrschaft bemächtigte. V. unterstellte sich 1452 den Türken und verlor deswegen die siebenbürg. Lehen. Erfolglos belagerte er daraufhin→Fogarasch, brannte siebenbürg.-sächs. Städte (→Sachsen, Siebenbürger) nieder und behinderte den Transithandel Kronstadts. Hunyadi rüstete ein Heer für den Prätendenten Vlad Ţepeş aus, für das ein Hermannstädter Aufgebot verpflichtet wurde. Über das Ende V.s ist nichts überliefert, er fiel vermutl. 1456 im Kampf.

V. ließ Münzen prägen, stiftete dem Athos das Kl. Kutlumusiu und gründete das Kl. Snagov in der Valachei. K. Zach

Lit.: →Vladislav I. (5. V.).

7. V. Grammatik, südslav. Literat und Kopist, * wohl in den 20er Jahren des 15. Jh. in Novo Brdo (Südserbien), † 80er Jahre 15. Jh., wirkte in verschiedenen Kl., am Ende seines Lebens im →Rilakl. (Westbulgarien). Ausgebildet von Schülern des Patriarchen →Evtimij v. Tŭrnovo, vermutl. von →Konstantin Kostenecki, verwendet V. in seinen Hss. die sog. Resava-Redaktion des Altserbischen. Zum 30. Juni 1470 verfaßte V. eine »Erzählung über die Überführung der Reliquien des Johannes v. Rila von Tŭrnovo in das Rilakl.« (sog. Rilaer Legende). Er kopierte vier umfangreiche theol. Sammelhss. mit vorwiegend patrist. Schriften (datiert 1456, 1469, 1473, 1479; erhalten in Rila und Zagreb). Als Kopist kommt er bei drei unsignierten Hss. in Frage; zwei weitere, verlorene Hss. dürften ihm auch zugeschrieben werden. Ch. Hannick

Lit.: G. DANČEV, V. G. knižovnik i pisatel, 1969 – B. RAJKOV, Sbornik na V. G. ot 1456, Palaeobulgarica 15, 1991, 4, 39–49 – B. CHRISTOVA (D. PETKANOVA, Starobŭlgarska literatura, enciklopedičen rečnik, 1992), 89–91.

Vladislavsche Landesordnung (»Die Landesordnung des Kgr.es Böhmen unter dem Kg. Vladislaus«), eine Gesetzesslg., die 1499–1502 als böhm. Landesordnung verfaßt, gedruckt und anerkannt wurde. Die infolge der Hussitenbewegung (→Hussiten) entstandene Rechtsunsicherheit, der Machtzuwachs der Städte und die schwache Autorität des Kgtm.s veranlaßten 1487 den böhm. Adel, die erste schriftl. gefaßte Landesordnung vorzubereiten, die vorher die Kg.e v. →Böhmen gerade wegen des adligen Widerstands nicht durchsetzen konnten. 1499 wurde das erste, nur vom böhm. Adel verfaßte und dessen Interessen wahrende Konzept Kg. →Vladislav II. Jagiełło vorgelegt. Die V. L. wurde am 18. Juli 1500 zuerst in 527 Artikeln gedruckt (nur vier Exemplare sind erhalten), später auf 554 ergänzt; die Artikel sind inhaltl. nicht systemat. geordnet. Da der Kg. auf wichtige Rechte (z. B. →Heimfall der freien Güter) verzichtete bzw. die Landesämter nur rein formell besetzen konnte, sicherte sich der Adel in der V. L. die rechtl. Macht und die Verwaltungsmacht im Lande, indem er Landes- und kgl. Kammergericht mit anderen wichtigen Ämtern beherrschte. Aufgrund des altböhm. Gewohnheitsrechts und nach dem Vorbild der böhm. →Landtafel wurden die Artikel über Privat- und Strafrecht formuliert. Die böhm. Herren und Ritter anerkannten die Städte nicht als einen selbständigen (Dritten) →Stand, was zum heftigen Streit führte. 1502 bestätigte der Kg. die Vormachtstellung des Adels, 1517 wurde der Anteil der Städte als Dritter Stand genehmigt. Die V. L. galt mit mehreren Veränderungen bis 1627.

M. Polívka

Ed.: F. Palacký, Zřízení zemské království Českého za krále Vladislava roku 1500 vydané, Archiv Český 5, 1862, 5–265 – J. Jireček–H. Jireček, Zřízení zemské království Českého XVI. věku, 1882 – *Lit.*: H. Jireček, Právnický život v Čechách na Moravě, 1903, 298–305 – O. Peterka, Rechtsgesch. der böhm. Länder, II, 1928 – Bosl, Böhm. Länder, II, 1974², 64, 256, 259 – I. Martinovský, Okolnosti vzniku Vladislavského zřízení zemského, Ústecký sborník historický, 1979, 107–132 – Ders., Zápas o uznání Vladislavského zřízení zemského, ebd., 1983, 133–171 – J. K. Hoensch, Gesch. Böhmens, 1987, 167–169.

Vlastimir, erster serb. Archont mit annähernd genauer datierbarer Herrschaftszeit (Mitte 9. Jh.). Nach einem dreijährigen Krieg gegen den bulg. Khan Presian (836–852) besiegte er das bulg. Heer. Gemäß →Konstantin Porphyrogennetos verheiratete V. seine Tochter mit Krajina, dem Sohn des Župans Veloje v. →Travunien, und machte diesen zum dortigen Archonten. Nach V.s Tod übernahmen seine Söhne →Mutimir, Strojimir und Gojnik die Herrschaft.

B. Ferjančić

Lit.: Jireček I, II – VizIzv II, 1959, 50ff., 62 – Istorija srpskog naroda I, 1981, 147–149.

Voden → Edessa (1. E.)

Voer (Vor[e], Vorkloster [Ore] [Oratorium]), Kl. OSB südl. der Mossø-See in Mid-Jütland, Dänemark, Bm. →Aarhus, im Zentrum der jüt. Kl.landschaft, erstmals 1183 erwähnt. Sowohl Name als Lage weisen darauf hin, daß V. die benediktin. Tradition des 1168 von den Zisterziensern von →Vitskøl aufgehobenen Kl. Veng weiterführte, nachdem diese 1172 sich am Nordufer der gleichen See angesiedelt hatten (Zisterze →Øm). Umfangreiche Dammanlagen ermöglichten den Mönchen von V. die Errichtung mehrerer Mühlen entlang der Gudenå. 1448 wurde das benachbarte Benediktinerinnenkl. Vissing, das spätestens um 1250 bestand und vielleicht mit V. verbunden war, aufgehoben und sein Besitz V. zugeschlagen, das als einziges dän. Kl. seit etwa 1480 Mitglied der →Bursfelder Kongregation war. Kl.bauten sind nicht erhalten.

T. Nyberg

Lit.: T. Dahlerup, Bursfelderkongregationen og Danmark, Kirkehistoriske samlinger 7/5, 1963–65, 63–77 – H. N. Garner, Oratorium. Af V. klosters historie (Miljøministeriets udvalg for Kloster Mølle), 1984 – Danmarks Kirker 16, Århus amt 8, 1992–96, 3874–3881 – H. N. Garner, Gudenåens klostre, Hikuin 20, 1993, 17–32.

Voeu du Faisan (Banquet du Faisan, 'Fasanenfest'), Hoffest Hzg. →Philipps d. Guten v. →Burgund zur Artikulierung seines Kreuzzugsgelübdes. Bereits 1451 hatte Philipp auf dem Ordenskapitel des →Goldenen Vlieses in Mons den Plan eines →Türkenkrieges verlautbaren lassen, diesen aber infolge des städt. Aufstandes in →Gent zurückstellen müssen; die osman. Eroberung v. →Konstantinopel und der nachfolgende dringliche Kreuzzugsaufruf Papst →Nikolaus' V. (30. Sept. 1453) gaben Anlaß zur Wiederaufnahme des Projekts. Der Hzg. betraute Jean de →Lannoy mit der Inszenierung des außerordentl. aufwendigen Festes, das am 17. Febr. 1454 im Palais de la Salle zu →Lille abgehalten wurde. Es begann mit einem →Turnier, dem sich ein Bankett unter Teilnahme des gesamten Hofes anschloß. Nach verschiedenen szen. Darstellungen ('entremets') trat eine auf einem Elefanten reitende Dame auf, die als Personifikation der 'Sainte-Église' dem Auditorium die Leiden der gedemütigten Kirche vor Augen führte. Hierauf erschien der Wappenkg. (→Herold) des Goldenen Vlieses ('le roi d'armes Toison d'Or'), der dem Hzg. einen mit einer Goldkette behängten Fasan präsentierte und ihn zur öffentl. Leistung des (vom Herold verlesenen) Gelübdes einlud. Der Hzg. verpflichtete sich vor »Dieu, la Vierge, les dames et l'oiseau« zum Kampf gegen den Sultan, gemeinsam mit dem Kg. v. Frankreich oder (falls dieser nicht mitziehe) mit jedem anderen Fs. in der Christenheit. Die gesamte männl. Entourage folgte dem Beispiel ihres Hzg.s, z.T. aber mit abweichenden Gelübdeformeln.

Schon kurze Zeit später bemühte sich der Hzg., andere Fs.en für sein Kreuzzugsprojekt zu gewinnen. Er begab sich zu diesem Zweck auf den 'Türkenreichstag' v. →Regensburg, lud seine Vasallen zur Kreuznahme ein und schrieb für seine Untertanen eine →Aide als →Türkensteuer aus (1455). Zwar konnte der Papst in Hinblick auf den geplanten Kreuzzug die rivalisierenden ital. Staaten zur Annahme des Friedens v. →Lodi (1454) veranlassen; dagegen folgten der Kg. v. Frankreich und der Ks. dem Appell nicht. Philipp der Gute blieb Kreuzfahrer, brach aber nie wirklich zum Kreuzzug auf.

J. Richard

Lit.: DLFMA², 1992, 1488f. – G. Orgelfinger, The Vows of the Pheasant. Study in Chivalry, 1988, 611–643 – H. Müller, Kreuzzugspläne und Kreuzzugspolitik des Hzg.s Philipp d. Guten, 1993 – M. Th. Caron, Le banquet du Faisan, 1995 – Le banquet du Faisan, éd. M. Th. Caron–D. Clauzel, 1997.

Voeux du heron, von einem anonymen Autor kurz nach dem dargestellten Ereignis abgefaßte, versifizierte Schilderung einer wahren Begebenheit, die sich 1338 am Hofe Kg. Eduards III. v. England zutrug (491 gereimte Alexandrinerlaissen, Hs. Bern, Burgerbibl. 323): Der aus Frankreich verbannte Robert v. Artois tischt einen von seinem Falken erjagten Reiher auf, der unter allen Vögeln als Inbegriff der Feigheit (*lâche*) gilt. Vor dem gebratenen Reiher schwört der Hof des Kg.s, im Krieg gegen den Kg. v. Frankreich, zu dem Eduard ermuntert werden soll, tapfere Taten (im Gegensatz zu denen des bei Tisch aufgetragenen Reihers, worin eben die Provokation Roberts v. Artois besteht) zu vollführen. An diesem Schwur, der den Hauptinhalt des Textes bildet, nimmt auch die Kgn. teil. Der Text ist ein hervorragendes Zeugnis für die höf. Bräuche, mit Motiven, die an den *gab* erinnern (obgleich betont wird, daß man sich der tapferen Taten nicht nur rühmen, sondern sie auch vollbringen muß, v. 282) und stellt sich in die Tradition der »Voeux du paon« des →Jacques de Longuyon, des »Voeu du faisan«, der »Voeux de l'epervier« u. ä.

A. Vitale Brovarone

Ed.: G. Bertoni, I 'V. du hairon' (ms. di Berna, n.° 323), AR 5, 1921, 426–436 – *Lit.*: DLFMA², 1992, 1489 – B. J. Whiting, The Vows of the Heron, Speculum 20, 1945, 263–278 – J. L. Grigsby, Gab épique, mais gab lyrique?, Marche Romane 33, 1983, 109–122 – K. Busby–E. Kooper, Culture and Context, 1990, 239–249.

Vögel. →Plinius d. Ä. hat als erster ein ganzes Buch, das 10., seiner »Naturalis historia« den V.n gewidmet und beginnt mit dem Strauß. Bereits er erwähnt einige Sagenvögel wie →Phoenix und →Greif, die seitdem zum festen Bestandteil der Vogellit. gehören. →Isidor v. Sevilla beschränkt sich in den Etymologien auf das 7. Kapitel des 12. Buches mit 81 Abschnitten. →Hrabanus Maurus (de universo 8, 6) ergänzt das von Isidor übernommene (und teilweise aus den Vergil-Kommentaren des →Servius stammende) spärl. Material um Bibelstellen und Moralisationen. Im 12. Jh. erweitert →Hugo de Folieto seinen »Aviarius« nach dem 1. Kapiteln über die »columba deargentata« um weitere 45 mit einigen, ihm aus der Lit. (u.a. Physiologus; Gregor d. Gr., Moralia in Job; Isidor und Hrabanus) bekannten V.n (u.a. Eule, Gabelweih, Habicht/Sperber, Haushahn, Kranich, Pelikan, Rabe, Sperling und Turteltaube). Aber auch der ursprgl. gr. →»Physiologus« selber, der zunächst nur 14 V. enthielt, wurde in seinen lat. Fassungen erhebl. erweitert (vgl. McCulloch). In der 1. Hälfte des 13. Jh. bieten die lat. naturkundl. Enzyklopädien des →Alexander Neckam (nat. rer. 1, 23–80) und des →Bartholomaeus Anglicus (De proprietatibus rerum, Buch 12) nur relativ wenige V.kapitel. Auch →Arnold v. Sachsen (De finibus rerum naturalium) stellt aus Aristoteles und wenigen anderen Autoren einiges zusammen. Den Höhepunkt bilden im 13. Jh. →Thomas v. Cantimpré (De natura rerum (Buch 5, 121 Kap.), →Albertus Magnus (De animalibus Buch 23, 144 §§ nach Thomas) und →Vinzenz v. Beauvais (Spec. nat. Buch 16, 161 Kap. u.a. nach Thomas I/II und III). Nur Thomas konnte dabei auf den relativ gut beobachtenden, bisher unentdeckten, »Liber rerum« und den »Experimentator« zurückgreifen, welche neue Beobachtungen enthielten. Albertus Magnus zeichnet sich als einziger durch eine krit. Einstellung zu den Nachrichten des Thomas aus, die er mehrfach aufgrund eigener Erfahrungen widerlegt (Hünemörder, 1990). Fast alle Enzyklopädien der Zeit erlebten mehrere Redaktionen, deren Genese von der heutigen Forsch. näher erforscht wird. Es geht um die Motivation und Ziele der in physikotheol. Sinn sowohl der Wissensvermittlung (Hünemörder, 1987) als auch der Glaubensvertiefung (Vollmann) – teilweise durch bes. moralisierende Bearbeitungen – durch die Bereitstellung von seinerzeit sehr beliebten Predigtmotiven aus der Natur (als positive oder negative Exempel für den Menschen) dienenden Traktate. Vom 14. Jh. an wurden noch neue Enzyklopädien über die Natur zusammengestellt oder alte in die Landessprachen übersetzt. Nicht zur Wirkung gekommen sind infolge des allein in der Vatikan. Bibliothek erhaltenen Manuskripts des Falkenjagdbuches »de arte venandi cum avibus« die bahnbrechenden und sogar an Aristoteles Kritik übenden ornitholog. Erkenntnisse des Stauferks.s →Friedrichs II. →Falkentraktate, wie sie am Hof Friedrichs entstanden, bieten aber mehr tiermed. Behandlungsweisen für die Krankheiten der kostbaren →Beizvögel als Anleitungen zur →Beizjagd. Im 16. Jh. verfaßte Konrad Gessner noch eine umfangreiche, auch viel Kulturgeschichtliches umfassende Tierenzyklopädie, aber er benutzte als Q. bereits die in Auseinandersetzung mit der Antike entstandenen selbständigen Vogelbücher des Gybertus Longolius (1543) und William Turner (1544). Ch. Hünemörder

Lit.: F. McCulloch, Medieval Lat. and French Bestiaries, 1960 – Ch. Hünemörder, Die Vermittlung med.-naturwiss. Wissens in Enzyklopädien (Wissensorganisierende und wissensvermittelnde Lit. im MA, hg. N. R. Wolf, 1987), 255–277 – Ders., Hochma. Kritik am Naturkundl.-Wunderbaren durch Albertus Magnus (D. Schmidtke, Das Wunderbare in der ma. Lit., 1994), 111–135 – Geistl. Aspekte ma. Naturlehre, hg. B. K. Vollmann, 1993.

Vogelfang, Fangen oder Erlegen von Federwild und Vögeln in Fallen oder fallenähnl. Fangeinrichtungen. In der Systematik werden unter Fallen selbsttätig fangende, d. h. selbstauslösende Fangeinrichtungen verstanden, unter fallenähnl. Fangeinrichtungen solche, bei denen die Auslösung durch menschl. Einwirkung erfolgt. In der Praxis ist im Einzelfall (etwa bei Leim-, Schlingen- oder Netz-Fangmethoden) eine Abgrenzung zw. beiden schwierig bzw. der Übergang fließend, da bisweilen dieselbe Einrichtung als Falle oder fallenähnl. Fangeinrichtung betrieben werden kann. Beim V. werden v.a. →Schlingen (etwa Dohnen oder – nach dem Schwippgalgenprinzip – Sprenkel), →Netze und Netzfallen (etwa Stell-, Zug-, Hohl- oder Torsionsnetze; →Vogelherd), Leim (etwa Leimruten, Leimschnüre, Leimangeln, mit Leim bestrichene Netze, Leimtüten, Leimgruben), kleine Schwerkraftsfallen (etwa Schlagfallen oder Deckelfallen) und Klemmfallen (der →Kloben, der ein wichtiges Element in der mitteleurop. Jagdentwicklung ist) verwendet. Zum Anlocken werden neben Lockfutter häufig Artgenossen (etwa beim Entenfang, auf dem Vogelherd, beim Fang mit Leim), als Beute geeignete (etwa Tauben beim Greifv.) oder als Feinde betrachtete Tiere (etwa Eule oder Kauz), auf die »gehaßt« wird, gebraucht. Zum Nieder- und Ruhighalten des zu fangenden Wildes können →Greifvögel, die auf der Faust getragen oder fliegen gelassen werden, Hunde (→Vogelhund) oder Blendlaternen eingesetzt werden. Zur Tarnung der Fänger dienen stationäre oder tragbare Hütten aus Laub oder Zweigen, Kuh- oder Pferdehäute, lebende Tiere oder Attrappen wie Kuhmasken, Kuh- oder Pferdeschilde, in oder hinter denen sich der Fänger verbirgt. Die bevorzugte Zeit zum V. sind die Herbst- und Wintermonate; im Frühjahr (Mai) werden vornehml. junge Greifvögel zur →Beizjagd ausgehorstet. Der V. zeichnet sich innerhalb der Jagdtechnik dadurch aus, daß in ihm bes. viele alte volksjagdl. Methoden lange erhalten geblieben sind. S. Schwenk

Lit.: S. Schwenk, Zur Terminologie des V.s im Dt. [Diss. Marburg 1967].

Vogelherd, nach dem Prinzip der Torsionsfallen arbeitende, für Vögel verwendete fallenähnl. Fangeinrichtung, bei der ein oder zwei längl. Netze (ein- oder zweiflügeliger V.) blitzschnell vom Fänger um eine feste Achse gedreht werden, damit die auf verschiedenste Weisen angelockten Vögel überdeckt und damit gefangen werden. Je nach den zu fangenden Vögeln und den lokalen Gegebenheiten kennen wir eine große Anzahl unterschiedl. Ausformungen des V.s, denen aber allen gemeinsam ist, daß die Anwesenheit des Menschen zum Abziehen des V.s nötig ist, weswegen es sich dabei nicht um eine »echte Falle« (→Vogelfang) handelt. Der V. wird in den Zusätzen zum →Pactus legis Salicae erwähnt, dürfte über die sal. Franken ins germ. Jagdwesen gekommen und zumindest bei einigen westgerm. Stämmen verbreitet gewesen sein.

S. Schwenk

Lit.: J. Lips, Fallensysteme der Naturvölker, Ethnologica III, 1927, 123–283 – S. Lagercrantz, Contributions to the Question of the Origin of Torsion Traps, Acta Ethnologica, 1937, 105–130 – S. Schwenk, Zur Terminologie des Vogelfangs im Dt. [Diss. Marburg 1967].

Vogelhund, mit der Gesch. der →Beizjagd eng verknüpfter, gemeingerm. seit frühma. Zeit speziell bei der Beizjagd zum Aufstöbern des Wildes vor dem Werfen des

→Beizvogels gebrauchter, später auch beim →Vogelfang als »vorliegender« Hund eingesetzter, meist lang-, aber auch kurzhaariger →Jagdhund mit hängenden Ohren. In der →Lex Baiuvariorum ist für die Tötung eines *hapuhhunt* ('Habichtshund'; Lex Baiuv. 20, 6) neben dem Ersatz dieselbe Buße (3 Schillinge) vorgesehen wie für die Tötung eines zur Hasenjagd verwendeten →Windhundes. Im fries. Recht finden wir einen »canem acceptoricium« (Lex fris. 4, 4) bzw. einen »canem acceptorem« (Lex fris. 4, 8), für den »inter Laubaci et Sincfalam« 4 Schillinge, »trans Laubaci« 8 Schillinge zu erbringen waren. Beim Vogelfang hatte der V. vor dem zu fangenden Federwild bzw. den Vögeln ruhig zu liegen, es bzw. sie damit zum Verharren zu bringen und sich dann gemeinsam mit ihm bzw. ihnen mit dem Zugnetz, dem Tiraß, überziehen zu lassen.   S. Schwenk

Lit.: →Jagdhunde.

Vogt, Vogtei. [1] *Allgemein:* Den Begriffen 'V.' und 'Vogtei' liegen lat. *advocatus, advocatia* zugrunde. Sie bezeichnen eine breite Palette von Institutionen. Gemeinsam ist den unterschiedl. Begriffsinhalten die Tatsache, daß Personen im Auftrag – oder zumindest formal beauftragt – Herrschaft ausübten, Verwaltung organisierten, Abgaben einzogen, Gericht hielten oder bei Prozessen die rechtl. Vertretung übernahmen. Die Beauftragung zur Stellvertretung war in ihrer Wirkung ambivalent. Sie konnte sowohl Herrschaft als auch Unterordnung begründen. Die Polyvalenz der Begriffe und die vielfältige Anwendbarkeit der zugrundeliegenden Tatbestände erschweren das Verständnis, verweisen aber zugleich auf Wesensmerkmale der ma. Verfassung, die Macht von Schutz ableitete und keine eindeutige Scheidung in »privat« und »staatl.« kannte.

[2] *Kirchenvogt:* Bedeutung gewann die Vogtei zunächst und bes. im geistl. Bereich. Der V. war ein Laie, der einen Geistl., eine Kirche, ein Kl. oder ein Stift in weltl. Angelegenheiten vertrat, v.a. vor Gericht, und das Kirchengut verwaltete. Seit Kirchen Gerichtsherren geworden waren, übte er in deren Auftrag die Gerichtsbarkeit aus. Damit war der Grundsatz, in der Bibel, bei den Kirchenvätern und im Kirchenrecht grundgelegt, befolgt, daß Geistl. sich nicht mit weltl. Dingen abgeben und nicht das weltl. Schwert führen dürften. V.a. die Beteiligung an militär. Unternehmungen und die Mitwirkung an Leib- und Todesstrafen sollten ausgeschlossen sein. Je umfangreicher kirchl. Besitz und kirchl. Herrschaft, desto wichtiger die Vogtei. Seit der Spätantike besaßen die Kirchen der westl. Christenheit einen defensor (→Defensio ecclesiae). Im westgot. Spanien und in den christl. Kgr.en der Iber. Halbinsel schlossen Adlige und Kirchen pacta, die den Kirchenschutz regelten. In Konzilsbeschlüssen des Frankenreiches seit dem 7. Jh. und in den »Formulae Marculfi« (Ende 7. Jh.; →Formel, -slg.en, A.III) werden *advocati* genannt, die von den Bf.en und Äbten bzw. Äbt.en eingesetzt wurden. Jedoch war damit noch keine beständige oder lebenslange Beauftragung verbunden. Aber sobald die Kirchen kraft kgl. oder ksl. Privilegien →Immunitäten erhielten, sie zugleich zu Diensten für die weltl. Herrscher herangezogen und sie darüber hinaus im Frankenreich seit der Wende zum 9. Jh. strikteren geistl. Anforderungen unterworfen wurden, erwiesen sich dauerhafte Bindungen zu einem V. als notwendig, der die Vielzahl der nunmehr anfallenden Aufgaben wahrzunehmen hatte. Zahlreiche Konzilien und Kapitularien des 9. Jh. schrieben seine Beauftragung vor. Ihn einzusetzen war vielfach denjenigen vorbehalten, die die Kirchen gegründet, ausgestattet und ihrem Patronat unterworfen hatten. Die freie Wahl des V.es war hingegen illusorisch. Die Vogtei wurde zum Einfallstor für adlige Machtentfaltung. Seit der Mitte des 9. Jh. wurden Vogteien vielfach erbl., sie konnten mitunter gar als Lehen vergeben werden. Unter-v.e wurden eingesetzt. Ein beträchtl. Anteil an den Gerichtsstrafen und an den den Kirchen abzuführenden Abgaben machte die Vogtei zu einer wichtigen Einnahmeq. Viele V.e zögerten nicht, in die geistl. Belange einzugreifen. Mächtige Herren suchten durch die Bündelung von Vogteien ihre Herrschaften auszudehnen. Inwieweit die Kirchenvogtei die Ausbildung der Landesherrschaft förderte, wird unterschiedl. beurteilt; als ein gewichtiger Faktor wird sie aber anzusehen sein; mit weiteren Machtinstrumenten kombiniert, konnte sie eine geschlossene Gebietsherrschaft begründen. Zw. Kirchen und ihren V.en kam es allenthalben zu schweren und langen Streitigkeiten. Die Befreiung von der bedrückenden Macht der V.e war ein Anliegen all jener Kirchenreformer, die →Libertas ecclesiae durch die Herauslösung aus laikalen Bindungen zu erreichen suchten. Einzelnen Kl. gelang es seit dem beginnenden 10. Jh., ohne V. auszukommen, stattdessen durch eine *traditio* an die röm. Kirche und durch die Einsetzung spezieller und kurzfristig abrufbarer *procuratores* Existenz und Autonomie zu wahren. Dieses durchaus riskante Vorhaben gelang, insofern der Adel a langfristig regeltreuen Konventen, welche der →Memoria der Familienmitglieder in Liturgie und Gebet pflegten, interessiert war und klösterl. Reformen unterstützte. Das Kl. →Cluny (910 gegr.) war Vorbild. Anderen Reformkl. war die freie V.wahl verbrieft worden – so →Hirsau 1075. Die zentralisierten Orden der →Zisterzienser und der →Prämonstratenser, später der Bettelorden verzichteten von vornherein auf V.e. Da keine →Grundherrschaft über abhängige Bauern ausgeübt wurde, waren sie entbehrl. Schutz boten Kg.e und andere Herrscher sowie die päpstl. bestellten Konservatoren. Den meisten Bf.en in Dtl. gelang es im 12. und 13. Jh., die Vogteirechte durch Kauf, Tausch oder Verpfändung an sich zu bringen. Darüber hinaus veränderten Kirchenrecht und Papsttum grundlegend die Vogtei. Ziel war der Schutz des kirchl. Besitzes vor Veräußerungen. Die freie V.wahl wurde von Päpsten und Konzilien angemahnt. Einige dieser Texte wurden zum Bestandteil des kirchl. Rechts, so auch des →Decretum Gratiani. Papst Honorius III. ordnete 1220 in einem Schreiben an den Kölner Ebf. an, bestehende Kirchenvogteien nicht mehr zu erneuern. Andere Formen der laikalen Kirchenvogtei wurden angewandt, zunächst solcher, die die →Gottesfrieden und →Landfrieden vorsehen, dann in der Form eines allg. herrscherl. Friedensschutzes. Den röm.-dt. Kg.en und Ks.n gelang es nach dem →Investiturstreit nicht, Vogteirechte unter ausdrückl. Ausschluß anderer Gewalten zu sichern und so verlorene Machtmittel der Kirchenherrschaft zu ersetzen. Jedoch garantierten und zugleich reklamierten die Herrscher – ähnl. wie in anderen europ. Kgr.en – einen umfassenden Schutz (defensio, guardia, tutela etc.), der, die Vogteien ergänzend oder ersetzend, zur Monopolisierung der Herrschaft tendierte, was jedoch seit dem 13. Jh. in Dtl. nicht einmal in den Räumen intensiver kgl. Präsenz, wohl dagegen in den süd- und westeurop. Monarchien realisiert werden konnte. Die *garde royale* in Frankreich ermöglichte seit dem 13. Jh. nicht nur, bestehende Vogteirechte abzubauen, sondern war auch ein Mittel, konkurrierende Herrschaftsrechte auszuschalten. Kgl. Amtleuten war Schutz, aber auch Kontrolle der Kirchen anvertraut. Die Arbeit der Legisten tat ein übriges, die umfas-

sende Aufsicht des Kg.s über alle Kirchen des Kgr.es zu behaupten. Den Inhabern konkurrierender Rechte (→Eigenkirche, →Patronat, Vogtei) blieben nur noch Restbestände einstiger Machtpositionen. Die advocatio, soweit sie in den Q.n erwähnt wurde, verband sich nunmehr mit der prozeduralen Vertretung vor Gericht und war ein Ergebnis gelehrten Rechts und insofern eine Neuschöpfung ma. Jurisprudenz. Bes. in Italien, in Frankreich und auf der Iber. Halbinsel waren advocati, syndici und procuratores gelehrte Juristen, die Aufträge entgegennahmen, ohne daß daraus Herrenrechte abzuleiten gewesen wären. Kirchl. und weltl. Recht, die Ausbildung von Kl. verbänden und die Intensivierung kgl. Herrschaft machten die Vogtei im späten MA fast überall in Europa obsolet. In England, wo die Kg.e den Schutz der Kirchen für sich reservierten, war die Kirchenvogtei ohnehin bedeutungslos. Anders war die Entwicklung in Dtl.: Dort, wo die adlige Vogtei sehr viel mehr als sonst in Europa Kontrolle über kirchl. Besitz ermöglichte, wurden im späten MA zugunsten der →Landesherrschaft ältere Vogteirechte reaktiviert, mit weiteren Kompetenzen (insbes. Steuererhebung) aufgefüllt, zugunsten eines ius reformandi eingesetzt, einer umfassenden Kirchenherrschaft zugeführt und damit intensiverer Staatlichkeit dienl. gemacht.

[3] *Reichs-, Land-, Stadtvogt:* In Dtl. wurde seit dem 13. Jh. der Begriff Vogtei zunehmend mit einer Ämterorganisation verbunden, die im Auftrag weltl. Herrscher Verwaltung ausübte, Steuerlasten festlegte, Abgaben einzog, Gericht hielt, Vergehen ahndete. Die Vielzahl der Aufgaben und die mannigfache Verwendbarkeit des Begriffs und der Sache selbst mündeten in eine Fülle von Institutionen: in den Dörfern zur Vertretung der verschiedenen Herrschaften, in den Städten zur Ausübung stadtherrl. Rechte, in den Landesherrschaften zur Wirksamkeit lokaler Ämter. Die →Landvogteien, von Kg. Rudolf I. geschaffen, sollten das verbliebene Reichsgut sichern und für das Kgtm. nutzbar machen, ja dem Kgtm. eine territoriale Verwaltungsbasis verschaffen, ohne daß sich dauerhafte Erfolge eingestellt hätten. In den Kg.sstädten des späten MA übten Reichsv. die noch vorhandenen stadtherrl. Rechte aus. Analog nahmen in den Territorialstädten Stadtv.e, auch →Schultheißen genannt, die umfangreichen bzw. verbliebenen Herrenrechte gegenüber der Gemeinde wahr. Städt. Autonomiebestrebungen richteten sich stets gegen diese V.e, deren befestigte Sitze oft angegriffen, mitunter zerstört wurden. Vogteien wurden häufig aber ebenso von den Gemeinden gekauft oder durch →Pfandschaft erworben; sie konnten freilich auch an andere Herren vergeben werden.

Der Begriff V., mit einer Vielzahl von Komposita verbunden, wurde im späten MA in Dtl. immer mehr unspezif. verwendet, war mit →Amman, Schultheiß u. a. m. synonym und umschrieb das, was der Ausbildung lokal wirksamer Herrschaft diente. Vogtei bezeichnete die Fülle all dessen, was an herrschaftl. Rechten eingefordert, verwaltet und in Bezirken gegliedert wurde. Sie diente der im späten MA zunehmenden verwaltungstechn. Erfassung durch Herrschaft. V.e in diesem Sinne waren in eine Ämterhierarchie eingebunden und damit von eigenständiger adliger Machtentfaltung ausgeschlossen. Andererseits ließ sich Vogtei verleihen, veräußern und in Geld umwandeln und wurde zum Objekt monetär gestützter Herrschaft im SpätMA. Sowohl Intensivierung als auch Mobilisierung der Macht waren auf die Vogtei angewiesen. Das Neue, unter hergebrachten Namen verborgen, schuf die Voraussetzung einer kleinteiligen, die Untertanen direkt erfassenden, zur Staatlichkeit tendierenden Herrschaftspraxis und wurde zum Inbegriff obrigkeitl. Verfügungsgewalt.

H. J. Schmidt

Lit.: DDC I, 1561–1578 – HRG V, 932–946 – J.-F. LEMARIGNIER, J. GAUDEMET, G. MOLLAT, Hist. des institutions françaises au MA, I, 1962, 64f., 243–247 – T. ENDEMANN, Vogtei und Herrschaft im alem.-burg. Grenzraum, 1967 – F. SCHWIND, Die Landvogtei in der Wetterau, 1972 – P. LANDAU, Ius patronatus, 1975 – E. BOSHOF, Unters. zur Kirchenvogtei in Lothringen im 10. und 11. Jh., ZRGKanAbt 96, 1979, 5–119 – H.-G. HOFACKER, Die schwäb. Reichslandvogteien im späten MA, 1980 – Hist. de la Iglesia en España, hg. G. GARCÍA-VILLOSLADA u. a., II, 1, 1982, 136–139, 192–198 – R. REICHERT, Landesherrschaft, Adel und Vogtei, 1985 – M. SCHULZE, Fs.en und Reformation, 1991 – Erwerbspolitik und Wirtschaftsweise ma. Orden und Kl., hg. K. ELM, 1992 – T. BEHRMANN, Domkapitel und Schriftlichkeit in Novara (11.–13. Jh.), 1994.

Vögte v. Weida, Gera und Plauen. Die vielfach noch ungeklärten Anfänge der im 12./14. Jh. zu bedeutender Territorialherrschaft zw. oberer Saale, Pleiße und Regnitz (→Vogtland) aufgestiegenen V. reichen in das nw. Thüringen bei Mühlhausen zurück, von wo ein Zweig dieser zunächst hzgl. sächs. Ministerialenfamilie wohl noch vor der Mitte des 12. Jh. in das Gebiet der mittleren und oberen Weißen Elster übersiedelte und hier als Ministerialen der Bf.e v. →Naumburg, Reichsministerialen (erster Beleg 1220) und Lehnsträger der Gf.en v. →Everstein von den Burgorten Weida (1209 Stadt) und Plauen (1224 Stadt), den Quedlinburger Gütern in Gera und dem 1193 gegr. Hauskl. Mildenfurth (n. Weida) aus v. a. durch intensive Rode- und Siedeltätigkeit und in Wahrnehmung von Reichsaufgaben einen größeren Herrschafts- und Territorialkomplex aufbaute. Der seit 1209 geführte Vogttitel geht wohl nicht, wie vielfach angenommen, auf die Übernahme einer Reichsvogtei, sondern eher auf die Vogteirechte an dem umfangreichen Quedlinburger Stiftsbesitz in und um Gera zurück. Die rasch in den Herrenstand aufgestiegenen V.e, denen Ks. Ludwig d. Bayer 1329 Reichsunmittelbarkeit und fs.englichen Rang bestätigte, bildeten mit ihrem bis nach Hof und ins →Egerland reichenden Herrschaftsgebiet einen wichtigen Faktor in dem von den konkurrierenden Interessen des Reiches, der Kg.e v. Böhmen, der Lgf.en v. →Thüringen, der Mgf.en v. →Meißen, der Gf.en v. →Schwarzburg und der jeweils führenden Kräfte in →Franken geprägten Raum zw. →Pleißenland, →Erzgebirge, Franken- und Thüringerwald. In enger Anbindung an das Reich nahmen sie bis in die Mitte des 14. Jh. mehrfach Aufgaben als Reichslandrichter im Egerland und im Pleißenland wahr, verloren ihre Bedeutung für das Reich aber, als sich unter Ks. Karl IV. die Interessen des Kg.s v. Böhmen mit denen des Reiches deckten. Der Aufbau einer geschlossenen Landesherrschaft und die Wahrung der Unabhängigkeit gegenüber den seit dem Erwerb der Lgft. Thüringen 1247 von W und O vordringenden →Wettinern und dem nach N über das Erzgebirge ausgreifenden böhm. Kg. wurden durch die extreme dynast. Zersplitterung der Familie entscheidend erschwert und scheiterten schließlich im Laufe des 14./15. Jh. Aus Erbteilungen von 1209 und 1249 gingen die Hauptlinien Weida, Gera und Plauen hervor, letztere sich 1306 in die Linien Plauen und Plauen-Greiz aufspaltete. Sämtl. Linien, deren männl. Angehörige ausschließl. den Namen Heinrich erhielten (deswegen die gelegentl. Bezeichnung der V. als »Heinrichinger«), führten den Vogttitel; den Beinamen »Reuße, Reuß« (Ruthenus), der Heinrich IV. v. Plauen († vor 1295) wegen seiner Verbindungen nach Rußland beigelegt wurde, trugen beide Linien der V. v. Plauen. Konnten die V. Anfang des 14. Jh. aus dem →Lobdeburger Erbe noch Schleiz und Lobenstein erwerben, so setzte mit der Niederlage in der Thüringer Gf.enfehde 1342-45, dem Erwerb des Pleißenlandes durch die Wettiner und v. a. mit der weitgehenden Unterwerfung unter die Wettiner und Ks. Karl IV. im Vogtländ. Krieg 1354-59 der Machtverfall ein. Hauptsächl. Gewinner neben dem Kg. v. Böhmen (Erwerb von Mylau, Reichenbach und der Rechte im nö. Egerland) und den Bgf.en v. Nürnberg (1377 Kauf des Regnitzlandes mit Hof) waren die Wettiner, die mit dem Erwerb von Triptis, Ronneburg, Werdau, Schmölln und anderen sowie mit dem Kauf der Herrschaften Weida 1427 (die Linie der V. v. Weida endete 1531) und Plauen 1466 (die Linie der V. v. Plauen erlosch 1572) die Lücke zw. der Mgft. Meißen und der Lgft. Thüringen weitgehend schließen konnten. Die den V. n v. Gera (1550 ausgestorben) und den Reußen v. Plauen-Greiz bei Wahrung persönl. Reichsunmittelbarkeit verbliebenen Herrschaften Gera, Greiz, Schleiz, Saalburg, Lobenstein und Burgk und das 1451 neu erworbene Oberkranichfeld bildeten die Grundlage der späteren Fsm.er Reuß. S. a. →Heinrich v. Plauen (78. H.), →Heinrich Reuß v. Plauen (79. H.). M. Werner

Lit.: H. HELBIG, Der wettin. Ständestaat, 1955, 311-319 - Gesch. Thüringens, hg. H. PATZE-W. SCHLESINGER, II, 1, 1974, 98-102, 162-179, 300-303 - K. BLASCHKE, Gesch. Sachsens im MA, 1990, 289- W. QUERFELD, Forsch.en zur Gesch. des ehem. Reussenlandes (Thür. Forsch.en [Fschr. H. EBERHARDT, hg. M. GOCKEL-V. WAHL, 1993]), 93-110 [Lit.]. - →Vogtland.

Vogtland. Das erstmals 1317 als *woyte lande* und 1343 als terra advocatorum bezeugte V. trug seinen Namen nach den →Vögten v. Weida, Gera und Plauen und bezeichnete deren im 12. bis 14. Jh. auf der Grundlage von Kirchenvogteien, Reichs- und sonstigen Lehen sowie durch den Erwerb zahlreicher Regalien, gezielte Burgen-, Städte- und Kl.politik, die Schaffung einer eigenen Ministerialität und Vasallität, v. a. aber durch intensive Rodungs- und Siedlungstätigkeit aufgebautes, 1329 in seiner Reichsunmittelbarkeit bestätigtes Herrschaftsgebiet mit den Zentren Gera, Weida und Plauen im Einzugsbereich der mittleren und oberen Weißen Elster. Inwieweit das V., dem als Durchgangsland wichtiger Verbindungsstraßen zw. Franken, Böhmen, Thüringen, dem Osterland und Meißen zusätzl. Bedeutung zukam, zum Reichsland →Pleißenland und in seinem s. Teil zum Reichsland →Egerland gehörte (W. SCHLESINGER), bedarf noch weiterer Klärung. In seiner größten Ausdehnung reichte das V. in der 1. Hälfte des 14. Jh. nach W bis zur oberen Saale (Ziegenrück, Saalburg, Lobenstein), im S bis zur Regnitz (Hof) und ins n. Egerland (Asch, Selb, Adorf), im O bis zur Pleiße (Werdau, Schmölln) und im N bis Gera und Ronneburg. Nach dem Machtverfall der Vögte seit der Mitte des 14. Jh. und dem Übergang ihrer zahlreichen Herrschaften an die wettin. Mgf.en v. →Meißen und Lgf.en v. →Thüringen, das Kgr. Böhmen und an die Bgf.en v. Nürnberg blieb der Name V. weit über das verbliebene Territorium der Vögte hinaus an großen Teilen ihres früheren Herrschaftsgebietes haften und wurde zur geogr.-hist. Bezeichnung des Raums zw. oberer Saale, Regnitz, Pleiße und dem Gebiet um Gera, Ronneburg und Schmölln. M. Werner

Lit.: H. HELBIG, Der wettin. Ständestaat, 1955, 311-319 - W. SCHLESINGER, Egerland, V., Pleißenland (DERS., Mitteldt. Beitr. zur dt. Verfassungsgesch. des MA, 1961), 188-211 - Hist. Stätten Dtl., VIII, 1965, 350-353 - R. DIEZEL, Wiss. Grundlagen zur tausendjährigen Gesch. des V.s, Sächs. Heimatbll. 21, 1975, 60-64.

Vojislav → Stefan Vojislav (3. S.).

Voirie → Vikar

Vojtachos, Georgios → Georg Vojtech (12. G.)

Volga → Wolga

Volhynien → Halič-Volhynien; →Vladimir in Volhynien

Volk, -sversammlung
I. Fränkisch-deutscher Bereich - II. England.

I. FRÄNKISCH-DEUTSCHER BEREICH: V.sversammlungen sind durchgängig bezeugte, wichtige Organe der frk.-dt. Herrschaftsordnung auf allen ihren Stufen (→Ding, I; →Gericht, I). Sie bringen in diese ein gewaltenteilendes und ein genossenschaftl. Element ein, was freilich nicht mit Demokratie gleichgesetzt werden darf. Prototyp auch der frk.-dt. V.sversammlung ist das von Tacitus (Germ. c. 11-13) beschriebene germ. concilium, das Landesversammlung. Seit Chlodwig wird sie nur noch als Heeresversammlung (→Märzfeld, →Maifeld) greifbar. Den Sachsen verbot Karl d. Gr. ihre jährl. V.sversammlung. Allenthalben blieben jedoch V.sversammlungen regionalen und lokalen Zuschnitts erhalten. Die Tätigkeitsfelder sind Recht(sprechung) und Politik. V.sversammlung ist insbesondere das echte oder Gf.ending. V.sversammlungen gab es in den Grundherrschaften, Dörfern und Städten (Burding). Im SpätMA bildeten die →Stände Landtage aus. Für das Verständnis von 'V.' sind die ständ. Differenzierung und die »durchgehende Regionalisierung« der wichtigsten Lebensbereiche in Rechnung zu stellen (→Natio, I). Das Gemeinschaftsbewußtsein kann sich auf das ganze Reich (→regnum) oder auf kleinere Einheiten beziehen. 'V.' meint in erster Linie das V. im polit. Sinne, nicht schlicht die Menge oder Masse. Die Redeweise von populus, plebs, cuncti, omnes u. ä. beschreibt allerdings oft ein konkret nicht eingelöstes Idealbild. Zum ersten sind nur die vollberechtigten, männl. Mitglieder des jeweiligen Gemeinwesens gemeint. Vollberechtigt muß dabei einerseits nicht vollfrei bedeuten, andererseits wird das gemeine Freie seit dem 9. Jh. auf die Wahrnehmung seiner eigenen Angelegenheiten beschränkt. Zum zweiten zählt nur die anwesende Menge. Die Abwesenden hatten sich verschwiegen. Zum dritten ist das Verhältnis zum Adel problemat. Schon Tacitus berichtet von Entscheidungen allein der →principes, die in wichtigen Angelegenheiten allerdings nur vorbereitenden Charakter hätten. Es galten aber im frk.-dt. MA die Beschlußfassung, das Urteil oder die (Wahl-)Entscheidung auch dann als solche des V.es, wenn es in Wirklichkeit nur auf den Willen der Großen, der Vornehmen, der meliores ankam, der →Umstand als V. im eigtl. Sinne kaum Einfluß hatte. Die Redeweise vom V. mag z. T. bewußt scheinlegitimierend eingesetzt worden sein. Grundsätzl. beruhen die Formen der Entscheidungsfindung jedoch auf den zeitgenöss. Vorstellungen von Konsens und Willensbildung in einer »Ranggesellschaft« (R. WENSKUS), Mehrheit meint bei durchgehend sozialer Rangstufung eine qualitative, Mitwirkung meint konsensstärkende Zustimmung (z.B. Folgeurteil) zum bereits formulierten Willen der jeweiligen Führungsgruppe. Gegenteilige Einflußnahme ist grundsätzl. nur ausdrückl., nicht selten formgebundenen und gefährdenden Widerspruch möglich. Es belegen jedoch die dauerhafte Existenz von V.sversammlungen und die Redeweise vom V. ein allg. Bewußtsein davon, daß der →»gemeine Mann« bei vielfältigen Differenzierungen im einzelnen eine polit. Größe war. Die Abgrenzung der V.sversammlungen zu rein aristokrat. Versammlungen (→Reichstag) folgt dem Repräsentationsgedanken in seiner feudalen Ausgestaltung. J. Weitzel

Lit.: HRG III, 1090-1102; V, 437-442, 1021-1023 - HOOPS IV, 406-409 - HOOPS² V, 443-455 - BRUNNER, DRG I, 175-180; II, 172ff. - WAITZ I, 338ff.; II 2, 135ff.; III, 493ff. - →Ding, I.

II. ENGLAND: Im ags. England war das V. die regierte Masse der Freien, die unter besonderem Kg.sschutz standen; auf sie wurden die vom Kg. und von den →witan gegebenen Gesetze vereidigt. Unfreie waren keine Staatsbürger und gehörten nicht zum V. Versammlungen der männl. freien Bevölkerung (*folc-gemot*) wurden auf örtl. Ebene alle vier Wochen im →*hundred* einberufen, das neben einer fiskal. Rolle auch die Funktion der Friedenswahrung hatte. Im *view of frankpledge* (→francplegium) erfolgte hier zweimal jährl. die Kontrolle der Mitgliedschaft aller männl. Personen vom zwölften Lebensjahr an in einer Zehntschaft (*tithing*). In der Praxis war das Treffen des hundred jedoch keine eigtl. V.sversammlung, auch die Gefolgschaftspflicht des Gft.sgerichts erstreckte sich hauptsächl. auf Landbesitzer. Die gewandelte ethn. Zusammensetzung des V.es führte nach 1066 zu Spannungen und in deren Folge zu einer Gesetzgebung, die der Bevölkerung des hundred die Entrichtung der →murdrum-Buße auferlegte, wenn die engl. Abstammung eines im Bezirk aufgefundenen Erschlagenen nicht nachgewiesen werden konnte. 1176 wurden kgl. Richter in der Assise of →Northampton angewiesen, nicht nur Adligen und Landbesitzern, sondern auch Bauern einen Treueeid auf den Kg. abzunehmen. Wirkl. V.sversammlungen gab es nur auf der lokalen Ebene, auf den Gerichtstagen der Landgüter (*manor*) und in den Städten. Der sich an der SW-Ecke der Kathedrale versammelnde Londoner *folkmoot* kann als V.sversammlung angesehen werden, der im geschlossenen Raum tagende →*husting* setzte sich dagegen aus Vertretern der Bürgerschaft zusammen. Rechtl. und polit. Entscheidungen wurden auf unterschiedl. Ebenen von kleineren Gremien getroffen, von den witan oder den Angehörigen des Kronrats, den geschworenen Vertretern einzelner Ortschaften einer Gft. im →*eyre* oder den Vertretern von Klerus, Adel, Städten und Gft.en im →Parliament. Bestimmte Schriftstücke aus der kgl. Kanzlei (→*writs patent*), darunter etwa die Amtseinsetzung von Richtern, wurden vom Kg. an das ganze V. gerichtet. →Ding, III. Zu Skandinavien →Allthing, →Ding, II. J. Röhrkasten

Q. und Lit.: LIEBERMANN, Gesetze – J. E. A. JOLLIFFE, The Constitutional Hist. of Medieval England, 1941⁴ – P. NIGHTINGALE, The Origin of the Court of Husting and Danish Influence on London's Development into a Capital City, EHR 102, 1987, 559–578 – →Ding, III.

Völkerbeschreibungen. Im Gegensatz zu den einzelnen Ethnogenesen (→Volks- und Stammesgeschichte) hat die allg. lat. Ethnographie ihren Ursprung in den völkerkundl. Aufzählungen der Noachiden-Nachkommen (Gen 10) und in der Zahl der Sprachen nach dem Turmbau v. →Babel (Gen 11). Diese Basisdaten fanden durch die enzyklopäd. Lit. (→Enzyklopädie) Verbreitung, bes. durch die Werke →Isidors v. Sevilla (Etym. IX, 2 und XI, 3) und →Bedas chronist. Werk »De sex aetatibus mundi«. Demnach ist der Ursprung aller Völker in der Aufteilung der drei bekannten Kontinente Asien, Afrika und Europa unter Noahs Söhne Sem, Cham und Japhet zu sehen. Diese 'Stammbaumtheorie' ist dann bis weit in die NZ herein verbindlich. Da die Semiten in Asien als die edelsten Nachkommen Noahs betrachtet wurden – fanden doch Schöpfung und Erlösungswerk in Asien statt –, unternahm man im HochMA im Rahmen gelehrter Abstammungstheorien wiederholt den Versuch der Herleitung des Stammbaums von asiat. Völkern. Das Muster dafür gab die röm. Herkunftssage im →Aeneasroman mit Ansippung an die Trojaner vor, was in Frankreich (→Trojanerabstammung [der Franken]), Großbritannien und Skandinavien zu eigenständigen Anknüpfungstheorien der jeweiligen Stammväter an kleinasiat. Vorfahren führte.

Die Ethnographie im engeren Sinn als Beschreibung fremder Völker wird von der Spätantike durch das ganze MA in erster Linie als Teil der Mirabilia betrachtet, wobei auch reale Völker durch sachl. und literar. Umdeutungen zu Wundervölkern und Fabelrassen (→Fabelwesen) werden. Die Wundervölker und Fabelrassen siedelt man in den Randgebieten der Ökumene an, v. a. im äußersten O Asiens, in Indien, aber auch im südl. Afrika bzw. in dem in der Kartographie (→Karte) dort angrenzend untergebrachten Australkontinent, sowie seltener auch im äußersten N in Scythia. Im N werden v. a. →Amazonen (durch die Assoziation mit einem aus der skand. Tradition eingeflossenen Frauenland), Völker →Gog und Magog angesiedelt, nur vereinzelt auch affenartige Pygmäen. In der spätma. →Ptolemaeus-Rezeption werden im N noch die auch aus skand. Wurzeln geschöpften Finnen und Lappen eingebracht, die aber durch Assoziation mit den Satiri wieder eher zu den Mirabilia als zu den realen Völkern gerechnet werden. Über Afrikas S stammen die Nachrichten aus der antiken Enzyklopädik und beschränken sich völlig auf Wundervölker, wobei hier die höhlenbewohnenden Troglodyten am häufigsten genannt werden, daneben die einfüßigen, sich mit dem großen Fuß Schutz vor der äquatorialen Sonne schaffenden Skiopoden, die aber schon früh (→Beatus v. Liébana) zu einem Kürzel für die Wundervölker überhaupt, bes. aber für die Besiedlung des noch unentdeckten Australkontinents durch solche Fabelmenschen wurden. Die Bewohnbarkeit des S-Kontinents durch Fabelvölker war der Angelpunkt der ma. teratolog.-ethnograph. Diskussion, da Augustinus wegen der Unerreichbarkeit des Australkontinents dessen Besiedlung durch Menschen in Abrede gestellt hatte, da sonst der Missionsauftrag Christi im NT unerfüllbar sei. Diese Argumentation wurde aber von den meisten Kosmographen (→Kosmographie) und Enzyklopädikern nicht geteilt. Asien enthielt nach ma. Auffassung die meisten Wundervölker (wie auch Fabelwesen überhaupt), gestützt wurde dieser Glaube durch gefälschte Augenzeugenberichte (Brief des →Johannes Presbyter, Reisebuch des Jean de →Mandeville) wie auch durch literar. Schilderungen (→Herzog Ernst). Noch die 1410 abgeschlossene Enzyklopädie »Imago mundi« des Pierre d'→Ailly kennt Ethnographie nur im Kapitel »De mirabilia Indiae«.

Reale Völkerbeschreibung setzt erst im 13. Jh. ein, wobei die Vermengung von realer und teratolog. Ethnographie bis weit in die NZ (17./18. Jh.) bei der Beschreibung der Neuen Welt vorhält. Die Mongolenstürme in der 1. Hälfte des 13. Jh. und die angebl. aus den Niederlagen der islam. Truppen erklärbare Christenfreundlichkeit der →Mongolen bewirkten vier Gesandtschaften des Papstes Innozenz IV., die zwar nicht zu der erhofften Bekehrung der Mongolen, aber dafür erstmalig zu einer ethnograph. Beschreibung dieses Volkes führten (»Historia Mongalorum« des →Johannes de Plano Carpini [157. J.] von 1247, die verwandte »Historia Tartarorum«). Daß auch in dem Augenzeugenbericht der »Historia Tartaorum« die Erwähnung eines sich mit hoher Geschwindigkeit auf einem Bein fortbewegenden Unipeden einfließen kann, zeigt die Relativität des Werts dieser Ethnographie aus erster Hand. Die Mongolenstürme gaben auch den Anlaß für die Fälschung des sich als auch Beschreibung Indiens ausgebenden erwähnten Briefs des Presbyters Johannes ab, welcher insofern alle Erwartungen erfüllte, als er eine Blütenlese der enzyklopäd. Lit.

zum Thema →Indien darstellt und somit völlig traditionskonform ist.

Die Kreuzzüge hatten trotz der vielfältigen Kontakte zur islam. Welt vorerst keine einschlägige westl. Ethnographie der →Sarazenen hervorgebracht, wenn auch Detailinformationen über die nahöstl. Völker häufig Eingang in die Kreuzfahrergeschichten fanden. Sarazenen und Juden in Palästina sind dann aber ab dem 13./14. Jh. oft ausführl. Gegenstand der →Pilgerführer, die sich mit Gesch., Sprache, Schrift und Gebräuchen der Völker in Palästina befassen.

Die Völker des fernen Ostens beschrieb erstmals gegen Ende des 13. Jh. der Venezianer Marco →Polo, der selbst Indien und China bereisen konnte und somit ebenfalls aus erster Hand informierte, wobei er allerdings die über seine eigtl. Reiserouten hinausgehenden Informationen über Mittelsmänner ergänzte (wie etwa über Zipangu, →Japan). Diese Zusätze waren aber weniger der Grund für die Zweifel seiner Zeitgenossen an der Wahrhaftigkeit seiner Berichte als vielmehr die fakt. korrekten, aber für europ. Verhältnisse übertrieben wirkenden Zahlen über Größe und Bevölkerung der chines. Städte. Trotz der im wesentl. wirtschaftl.-polit. Ausrichtung von Marco Polo ist seine religiöse Klassifizierung asiat. Völker auffällig.

Der Ethnographie wurde erst durch die Entdeckung →Amerikas zur literar. Eigenständigkeit verholfen. Die Briefe des →Kolumbus und die darauffolgenden Relationes widmeten sich in erster Linie den →'Indianern' als der herausragendsten Entdeckung in der Neuen Welt, wobei hier der latente Exotismus der hochma. Ethnographie zu voller Entfaltung kommt, was den Reiseberichten eine Beliebtheit einbrachte, die vorher nur das fiktive Reisebuch des Jean de Mandeville erreichte. S. a. →Reisen, Reisebeschreibungen; →Alexanders Brief an Aristoteles; →Widsith; →Wunder des Ostens. R. Simek

Lit.: A. BORST, Der Turmbau zu Babel, 1–4, 1963 – R. SIMEK, Erde und Kosmos im MA, 1992 – A.-D. VON DEN BRINCKEN, Fines Terrae, 1992.

Völkermarkt, Stadt in Unterkärnten (→Kärnten). Geistl. Mittelpunkt war die vom Ebm. →Salzburg vor 1043 errichtete Ruprechtskirche, im 12. Jh. Sitz eines Archidiakons. Mit Erlaubnis Papst Gregors IX. gründete Ebf. →Eberhard II. dort 1231 ein Kollegiatkapitel, dessen erster Propst der hochgebildete →Ulrich v. V. war. Etwas s. der Ruprechtskirche legten die →Spanheimer um 1090 einen Markt an (Volkenmarkt [nach einem Volko], aber auch Judenmarkt). Dieser gelangte durch testamentar. Verfügung nach 1161 an das Kl. →St. Paul im Lavanttal. Nach anfängl. heftigen Auseinandersetzungen errichtete Hzg. Bernhard II. 1237/38 die Burg V. und ab 1240 gemeinsam mit Abt Hartwig den neuen Markt an der Stelle der heutigen Stadt. Auch das Kollegiatstift wurde dorthin an die 1240 gestiftete Stadtpfarrkirche zur hl. Maria Magdalena verlegt. Obwohl Hzg. Bernhard bereits 1252 V. als »seine Stadt« bezeichnete, blieb es im Besitz von St. Paul; nur die Burg, auf der seit 1261 Münzen nach dem Friesacher Fuß (→Friesacher Pfennig) geprägt wurden, war hzgl. Erst durch die Verlehnung von St. Paul an die →Görz-Tiroler wurde V. nach 1286 endgültig zur hzgl. Stadt. Es erhielt 1342 von Hzg. Albrecht II. ein Stadtrecht und einen Burgfried, 1464 auch die Blutgerichtsbarkeit. V. lebte v. a. vom Handel, vom Wochenmarkt am Mittwoch und vom Weinniederlagsrecht (seit 1443). Unter Ks. Friedrich III. fand 1470 ein großer Landtag für Steiermark, Kärnten und Krain statt. Die neue hzgl. Burg (erbaut im N um 1250) schenkte der Ks. 1453 der Stadt. H. Dopsch

Lit.: B. PARTL, Gesch. des Kollegiatkapitels V. [Diss. Wien 1948] – 700 Jahre Stadt V., 1953 – K. DINKLAGE, V. zw. Abt und Hzg., MIÖG 67, 1959, 278–305 – A. OGRIS, Zwei Urkk.funde zu den Anfängen des Kollegiatkapitels V. in Kärnten, MIÖG 80, 1972, 339–355 – K. WIT, V. Chronik der Großgemeinde, 1980.

Völkerrecht
I. Begriff und antike Grundlagen – II. Übergangszeit zwischen Antike und Mittelalter – III. Früh- und Hochmittelalter – IV. Spätmittelalter.

I. BEGRIFF UND ANTIKE GRUNDLAGEN: Der moderne Begriff des V.s, der v. a. das zwischenstaatl. Recht bezeichnet, ist aus dem lat. 'ius gentium' entstanden (wie frz. *droit des gens*). In der Antike liegen die Anfänge des heutigen Welt-V.s. Unter ius gentium verstanden die Römer »das allen Menschen gemeinsame Recht« im Sinne der bei allen Völkern geltenden Rechtsregeln (vgl. nur Gai. Inst. I, I = Inst. Just. I, 2, I = D. I, I, 9). Ius gentium war daher auch Privatrecht, soweit es nicht zum 'ius civile' zählte. Aber ius gentium umfaßte auch V. im heutigen Sinne: so die Figur des »gerechten Krieges« (→'bellum iustum'); die Unverletzlichkeit, die völkerrechtl. →Gesandte genossen; den Bereich der im zwischenstaatl. Rechtsverkehr verlangten und gewährten 'Treue' (fides). In den röm. Q. findet sich auch die Verweisung der Grenzen von →Naturrecht und V. (Gaius a.a.O. führt das 'ius gentium' auf die 'naturalis ratio' zurück).

II. ÜBERGANGSZEIT ZWISCHEN ANTIKE UND MITTELALTER: 1. In der von ca. 400 bis 800 dauernden V. sepoche wird das Imperium Romanum (→Röm. Reich) geteilt, geht das Weström. Reich unter, entstehen Staaten der →Germanen (v. a. das →Frankenreich), beobachten wir den Siegeslauf des →Islam, dem schon in der Mitte des 7. Jh. das Perserreich der →Sāsāniden erliegt. Am Ende des 8. Jh. bestehen in Europa und Vorderasien drei unabhängige Großreiche: das →Byz. Reich, das Kalifenreich (→Kalif; →Araber) unter den →Abbasiden und das Frankenreich unter →Karl d. Gr., dessen Krönung zum Kaiser i. J. 800 die Machtstellung verdeutlicht. 2. Die Tradition röm. V.s in der spätantiken Praxis hat sich gelegentl. im →Corpus iuris civilis niedergeschlagen (z. B. D. 50, 7, 18: Unverletzlichkeit fremder Gesandter nach ius gentium; D. 50, 16, 118 und D. 49, 15, 24: Definition des Kriegsgegners, hostis). Wichtiger für das MA waren Prinzipien einer röm. geprägten chr. Lehre vom V. in der →Patristik. →Augustinus hat die Theorie des bellum iustum vertieft und den Grundsatz der (bei Staatsverträgen durch →Eid bekräftigten) Vertragstreue hervorgehoben; dabei stützt er sich v. a. auf das Naturrecht. →Isidor v. Sevilla (Etym. 5/6) nennt dagegen Friedensverträge (foedera pacis), Waffenstillstand (indutiae) und Unverletzlichkeit der Gesandten (legatorum non violandorum religio) als Erscheinungen des ius gentium. 3. Nach der reinen Lehre des Islam konnte es ein echtes V. nicht geben. Aber für den Glaubenskrieg (→Krieg, Hl.) bestanden rechtl. Schranken. Vertragstreue und Heiligkeit des Eides werden im →Koran betont (vgl. Suren 9, 4 und 16, 93), so daß in der Praxis muslim.-chr. internat. Rechtsbeziehungen möglich wurden.

III. FRÜH- UND HOCHMITTELALTER: 1. Mit dem Zerfall des Karol. Reiches beginnt in der folgenden V. sepoche (ca. 800 bis ca. 1300) die Entwicklung, die am Ende zum Nebeneinander gleichrangiger europ. Staaten führte. Das westl. Ksm. lebt v. a. im Dt. Reich fort (Sacrum Imperium, →Hl. Reich). Die Christianisierung der →Normannen, der →Westslaven und der →Ungarn (→Mission) stabilisierte das lat. Europa. Verhängnisvoll war der Bruch zwischen lat. und griech. Kirche (→Filioque; Schisma v. 1054). Die →Kreuzzüge führten zum Dauerkonflikt mit islam. Mächten, 1204 auch zur Plünderung des chr. →Konstantinopel. Die Expansion des Weltreiches der →Mongolen erschütterte die europ. und vorderasiat. Länder (1240 wurde Kiev erobert, 1258 Bagdad zerstört). 2. Rivalisierende Herrschaftsansprüche von Ks. und →Papst im Abendland verhinderten echte internat. Rechtsbeziehungen nicht. →Souveränität beanspruchten auch Gewalten minderen Ranges. Wie in der Antike wurden im MA Staatsverträge durch den Eid perfekt. Der Schutz der Gesandten war im weltl. wie im kirchl. Recht verankert (vgl. Abschnitt II, 2.: Isid. Etym. 5/6 = D. 1 c. 9 im →Decretum Gratiani). Die scholast. Theorie des bellum iustum erhielt um 1270 ihre Vollendung durch →Thomas v. Aquin. Das →Schiedsgericht war (neben der seit dem FrühMA belegten Tätigkeit von →Vermittlern) seit dem 12. Jh. ein Mittel der Konfliktlösung auch im V. Die ma. Rechtswiss. hat die Praxis des V.s mitgeformt.

IV. SPÄTMITTELALTER: 1. In der Periode von ca. 1300 bis ca. 1500 wird das uns vertraute europ. Staatensysten z. T. ausgebildet, entwickelt sich darin eine dauerhafte, in die Gegenwart fortwirkende völkerrechtl. Ordnung. Am Ende der Epoche verstärkt sich die (zunächst von Spaniern und Portugiesen getragene) europ. →Expansion in Übersee (zur rechtl. und theol. Diskussion über die Behandlung der nichtchr. Eingeborenenbevölkerung s. →Indianer). Mit dem Ende des →Byz. Reiches (1453 Eroberung v. →Konstantinopel) hat das →Osman. Reich endgültig in Europa Fuß gefaßt. In der orth. Welt wurde Rußland (→Moskau) zur Führungsmacht. 2. In Italien wurde die ksl. Gewalt weitgehend zur leeren Formel, aber auch in Dtl. wuchs die Selbständigkeit der →Reichsstände. Als →Städtebund spielte die dt. →Hanse die Rolle einer europ. Macht. Von den geistl. →Ritterorden blieben der →Dt. Orden und die →Johanniter souveräne Verbände. 3. Im internat. Vertragswesen des SpätMA erscheint als Besonderheit das →Konkordat. In Italien kommt im 15. Jh. die ständige Gesandtschaft auf. Konkrete Pläne zu einer europ. Friedensorganisation (→Friede) entwarfen 1305 der frz. Jurist Pierre →Dubois und 1462/64 der Kg. v. Böhmen, →Georg v. Podiebrad. 4. In der europ. Rechtswiss. des SpätMA begegnen wir den Anfängen spezieller Lit. zum V. Das Kriegsrecht (→Krieg), v.a. die Frage nach dem bellum iustum, war meist eine Domäne der Kanonisten (um 1360 schrieb Johannes de →Lignano seinen »Tractatus de bello«). Der Kommentator →Bartolus de Saxoferrato verfaßte 1354 die erste Darstellung des Rechts der →Repressalien (»Tractatus represaliarum«). Im 15. Jh. erschienen von Kanonisten und Legisten erste Traktate zum Gesandtschaftswesen. Die Bindung chr. Gewalten an das kirchl. Recht und an anerkannte Prinzipien des röm. Rechts blieb Grundlage der abendländ. V.sgemeinschaft. So schließt sich auch die in der frühen NZ entstehende V. swiss. (ähnlich wie die wiss. Behandlung anderer internat. Rechtsbereiche: →Seerecht, Handelsrecht; →Handel, A. IV) vielfach bruchlos an die spätma. Rechtswiss. an.

K.-H. Ziegler

Lit.: K.-H. ZIEGLER, V.sgeschichte, 1994 [Lit.- u. Q.nachweise] – Fontes Historiae Iuris Gentium, I: 1380 v.Chr.–1493, hg. W. G. GREWE, 1995 – K.-H. ZIEGLER, Ius gentium als V. in der Spätantike (Fschr. H. ANKUM, II, 1995), 665–675.

Völkertafel, frk. (sog.). Mit der Überschrift 'f. V.' hat MÜLLENHOFF 1851 ein Schriftstück von wenigen Zeilen versehen, das in acht unterschiedl. Fassungen überliefert ist. Es nennt dreizehn (oder zwölf) 'Völker' (neben verschiedenen Germanen die 'Romani' und die 'Britones'). Diese sind in drei Gruppen angeordnet. Jede hat einen Stammvater. Die Namen der Stammväter sind von den Ingväonen, Herminonen und Istväonen des →Tacitus abgeleitet. In mehreren Fassungen ist das Verzeichnis mit einer ihm vorangestellten Übersicht über »röm. Kg.e« verbunden. Die V. gehört zu den ruhelosen Texten. Strittig sind die Gestalt der frühesten Fassung und deren Entstehungszeit (Frühdatierung auf 520, Spätdatierung auf den Anfang des 8. Jh.), weiterhin das Entstehungsland (Italien, Byzanz, Deutschland, Spanien) sowie die Frage, ob die V. auf ihre Gegenwart Bezug nimmt oder Buchwissen ausbreitet. Wäre die Frühdatierung richtig, so enthielte die V. die erste Nennung der Bayern. Abzulehnen ist die Meinung, die taciteischen Anklänge gingen auf die unmittelbare Kenntnis der »Germania« zurück.   M. Springer

Lit.: B. KRUSCH, Der Baiernname. Der Kosmograph v. Ravenna und die f. V., NA 47, 1928, 31–76 [mit Ed.] – A. BORST, Der Turmbau zu Babel, II, 1, 1958 – W. GOFFART, The Supposedly 'Frankish' Table of Nations: An Edition and Study, FMASt 17, 1983, 98–130.

Völkerwanderung bezeichnet im engeren Sinne die mit der Hunneninvasion 375 beginnende Völkerbewegung an der Nordgrenze des Imperium Romanum (→Röm. Reich). Von der unteren Donau bzw. der westl. Ukraine ausgehend, löste sie einen Landnahmeprozeß bes. ostgerm. Stammesgruppen (verbunden mit →Alanen und selbst →Hunnen) in wechselnder Konsistenz auf ihrem Territorium aus und führte mit Bildung germ. Staaten zur Auflösung der westl. Imperiumshälfte im 5. Jh. Der Begriff läßt sich aber ebenso auf frühere Bewegungen der Bastarner, Kimbern und Teutonen seit dem 2. Jh. v.Chr. beziehen und danach auf die nur unter den Severern kurz unterbrochenen Invasionswellen des 2. und 3. Jh. Um Christi Geburt erreichten germ. Stämme, von Skandinavien und der südl. Ostseeküste ausgehend, in Wanderbewegungen das →Schwarze Meer, während sich der Stammesverband der Elbgermanen (→Alamannen, →Burgunder) auflöste. Die Bewegung vollzog sich unter verschiedener Führungsstruktur in jeweils fortlaufender Expansion oder in Zügen über weitere Entfernung, in Abspaltung oder Akkumulation als laufender Ethnogeneseprozeß mit vorerst zurückbleibenden, dafür z.T. erst später auftretenden Resten (→Langobarden, →Heruler, →Vandalen) unter Anpassung von Herrschafts- wie Sozialverhalten und archäolog. einigermaßen faßbarer Zivilisationsübernahme bzw. -vermischung. Allg. Ziel blieb Aufnahme und Integration in das Imperium. Eine Dezimierung am Ende des 3. Jh. bewirkte vorübergehende Stabilisierung und Bildung von föderierten Staatswesen.

Die 376 bzw. 382 südl. der unteren Donau als →Föderaten aufgenommenen →Westgoten führte →Alarich nach Italien (410 Eroberung Roms), nach Alarichs Tod →Athaulf nach Südgallien, wo das 418 etablierte, föderierte Reich im 5. Jh. sich in Gallien (→Aëtius) und unter →Eurich über Spanien ausdehnte. Die →Ostgoten (ähnlich die Heruler, →Gepiden, →Quaden, →Sueben) blieben in der Nähe der alten Wohnsitze; nach Ende des Hunnenreiches 453 sind sie aber im Umfeld →Pannoniens nachweisbar. Neben den bekannten Stämmen müssen ständig verschiedene anonyme Gruppen unterwegs gewesen sein, so daß von in sich geschlossenen Ethnien nirgends die Rede sein kann. Aus verschiedenen Elementen bestehende Verbände unter selbsterhobenen Führern (Radagais, Sarus) drangen am Anfang des 5. Jh. mehrfach in das Imperium ein; ca. 406 stieß eine solche Welle gewaltsam nach Gallien vor, eine alan.-vandal. Gruppe gelangte dabei bis Spanien, von wo sie nach aufreibenden Kämpfen mit Westgoten und Sueben 429 unter →Geiserich nach Afrika übersetzte und nach Eroberung →Karthagos 439 ein eigenes Reich etablierte (442), das mit Westrom durch Ehevertrag verbunden war. Vandal. Raubzüge über See, bes. nach dem Tode →Valentinians III. 455 (Plünderung Roms), schädigten West- wie Ostrom. röm.

Gegenoffensiven 461 und 468 scheiterten. Im W ging →Britannien um 400 nach dem Aufhören militär. Präsenz für Rom verloren und wurde zum Ansiedlungsgebiet für Angeln, Sachsen, Jüten mit eigener Staatenbildung (→Angelsachsen, →England, A). In →Gallien drangen Alamannen und Burgunder vor, so daß dort nach dem Ende des Aëtius 454 dem Röm. Reich nur noch ein kleines Territorium verblieb (→Aegidius, →Syagrius). Nach der Fusion von Saliern und Rheinfranken expandierte diese (frk.) Stammesgruppe, die auch weitere germ. Stämme im Rheingebiet aufgesogen hatte, unter Teilfs.en bis zur Loire (→Franken).

Eine Zäsur im Prozeß der V. bedeutete die Herausbildung eines selbständigen Hunnenreiches zw. mittlerer Donau und Südrußland bzw. Kaukasus. Das ständige Eindringen neuer nomad. Gruppen (→Nomaden) in weitgehend entleerte Räume führte zur Etablierung einer Herrscherdynastie mit entsprechender bis nach Innerasien nachweisbarer Zivilisation sowie zu Kontakten und Auseinandersetzungen mit dem östl. wie westl. Imperium und zur Unterordnung der verbliebenen ostgerm. Stämme, deren Dynastien (→Amaler) zugleich aber auch gefördert wurden. Die hunn. Grenzen nach O und N sind nicht bekannt. Die Festigung des Reiches unter neuen, dem Nomadentum nicht mehr günstigen räuml. Bedingungen als Ziel →Attilas (regierte 445–453) führte zu Kriegen und Verwüstungen im Balkangebiet und 451 zur Invasion in Gallien, wo Attila von Aëtius mit westgot. Hilfe auf den →Katalaun. Feldern besiegt wurde. Nach gescheitertem Italienzug 452 starb Attila 453, das Reich zerfiel. Als Folge siedelten Gepiden in Siebenbürgen, Langobarden, Heruler, →Rugier westl. davon, Skiren an der unteren Donau.

Die →Ostgoten, seit 453 in Pannonien, drangen 469 nach →Thrakien vor. Der vergebl. Versuch neuen Seßhaftwerdens veranlaßte 489 den Abzug nach Italien unter →Theoderich, wo sich bereits 476 unter →Odoaker aus germ. Söldnern und Römern eine Art Staatswesen in Abhängigkeit von Ostrom gebildet hatte. Nach dessen Vernichtung suchte das ostgot. Reich bes. mit Hilfe von Ehebündnissen die bereits unabhängig gewordenen germ. Gruppen im W wieder an das Imperium zu binden, scheiterte jedoch. Unter →Chlodwig, der (auch gewaltsam) die Einigung der Franken durchführte, wurden die Westgoten aus Gallien vertrieben und damit auf Spanien beschränkt (508; dort 595 Vernichtung des Suebenreiches); Burgunder und Alamannen gerieten in frk. Abhängigkeit.

Alle Reiche etablierten sich zuletzt durch Verbindung mit der bestehenden romanisierten Oberschicht und Schaffung einer Rechts- wie Verwaltungsstruktur, in der Spezifisches sich mit dem röm. Vorbild verband (z. B. im herrscherl. →Zeremoniell), doch unter allmähl. Vermischung der ethn. Bestandteile. Die Schichtung in Kgtm., Adel und Gemeinfreie blieb in der Regel erhalten. Die Annahme des Katholizismus förderte den Prozeß der →Transformation.

In seinem Bemühen um Wiederherstellung des Röm. Reiches vernichtete →Justinian (→Byz. Reich, B. I) die Reiche der Vandalen (533–534) und der Ostgoten (535–554); die germ. Bevölkerungssubstrate verschwanden. An der unteren Donau kam es seit Ende des 5. Jh. zur Landnahme durch die →Bulgaren (als Nachfolger der Hunnen) und zum Eindringen der →Slaven, die erst allmähl. faßbare polit. Strukturen erreichten. Zw. Alpen und Donau bildete sich seit dem 5. Jh. aus dem Zustrom verschiedener ethn. Gruppen (Markomannen, Sueben, Alamannen) das Volk der Baiern (→Bayern) und konsoli-

dierte sich unter regionalen Herrscherdynastien, geriet aber im 6. Jh. (nach ostgot. Oberherrschaft) unter die Herrschaft des Frankenreiches (→Agilolfinger). Die Dynastie Chlodwigs, die →Merowinger, dehnten ihren Machtbereich bis →Thüringen aus. An der Zerschlagung des Ostgotenreiches beteiligt, kam das Frankenreich an der mittleren Donau in Kontakt mit Byzanz, bes. aber mit den →Langobarden, die nach dem Sieg über die Heruler und die Auseinandersetzung mit den Gepiden ihren Schwerpunkt um 537 nach Pannonien verlagerten. Ihre Abwanderung nach Italien 568, veranlaßt durch die →Avaren, ist die letzte Landnahme der V.; im avar. Gefolge nahmen die Slaven die östl. Alpengebiete in Besitz.

Die V., mit den Eckdaten 376 und 568, ist als hist. Zäsur ein Ergebnis späterer Deutung; von den betroffenen Zeitgenossen wurde sie im wesentl. als Kette von Katastrophen empfunden (→Adrianopel, 378). Trotz der komplexen Vielfalt der Ereignisse und Ursachen steht die V. als Epoche seit →Petrarca fest; den Begriff verwendete erstmals der Humanist W. Lazius (»De gentium aliquot migrationibus«, 1555). Seither dreht sich die Diskussion (Überblick bei DEMANDT, 467ff.) um den gentes-Begriff (s. a. →Natio, →Regnum), bes. aber um die Wechselwirkung von Invasion und Zerstörung des Imperiums durch →Barbaren, um innere oder äußere Gründe für das Ende des Imperiums und um die materielle wie geistige →Kontinuität zw. Altertum und MA. Zur Frage nach den →Germanen als Zerstörern der antiken Kultur tritt die nach ihnen als Träger einer Metamorphose, wobei neben biolog., techn. und geistigem Verfall auch das Christentum in ein geschichtsphilosoph. Zwielicht gerät. Verschieden ist daneben die Bewertung der Zäsuren (376; 395; 476; 554; 568). Trotz aller ma. Vorstellungen von einer →Translatio Imperii ist der direkte Nachfolger des Imperium Romanum nur das Byz. Reich. – Zur Kunst der V. s. bes. →Granat, →Tierornamentik.

G. Wirth

Lit.: K. ZEUSS, Die Deutschen und ihre Nachbarstämme, 1837 – TH. GAUPP, Die germ. Ansiedlungen und Landtheilungen in den Prov.en des röm. Westreichs, 1844 – R. PALLMANN, Gesch. der V. von der Gotenbekehrung bis zum Tode Alarichs, 1863 – E. v. WIETERSHEIM, Gesch. der V., 1880³ – F. DAHN, Die Kg.e der Germanen, 1875ff. – DERS., Urgesch. der germ. und roman. Völker, 1881ff. – A. DOPSCH, Wirtschaft und soziale Grundlagen der europ. Kulturentwicklung von Caesar bis auf Karl d. Gr., 1918ff. – O. SEECK, Gesch. des Untergangs der antiken Welt, 1920² – H. REHM, Der Untergang Roms im abendländischen Denken, 1930 – H. PIRENNE, Mahomet et Charlemagne, 1937 [dt. 1941] – J. FISCHER, Die V. im Urteil der zeitgenöss. kirchl. Schriftsteller Galliens unter Einbeziehung des hl. Augustinus, 1947 – STEIN, Bas-Empire, 1949; 1959 – S. MAZZARINO, La fine del mondo antico, 1960 [dt. 1961] – P. COURCELLE, Hist. litt. des grandes invasions germ., 1964³ – R. REMONDON, La crise d'empire romain, 1964 – J. VOGT, Der Niedergang Roms, 1965 – A. MESSMER, Hispania. Idee und Gotenmythos, 1960 – F. G. MAIER, Die Verwandlung der Mittelmeerwelt, 1968 – Kulturbruch od. Kulturkontinuität im Übergang von der Antike zum MA, hg. P. E. HÜBINGER, 1968 – Zur Frage der Periodengrenze zw. Altertum und MA, hg. DERS., 1969 – K. CHRIST, Der Untergang des röm. Reiches, 1970 – J. STRAUB, Regeneratio Imperii, 2 Bde, 1972 – J. WERNER – E. EWIG, Von der Spätantike zum frühen MA, 1979 – Die Völker an der mittleren und unteren Donau im 5. und 6. Jh., hg. H. WOLFRAM – F. DAIM, 1980 – A. DEMANDT, Der Fall Roms, 1984 – Anerkennung und Integration, hg. H. WOLFRAM – A. SCHWARCZ, 1988 – Typen der Ethnogenese unter bes. Berücksichtigung der Bayern, hg. H. WOLFRAM – W. POHL, 1990 – H. W. WOLFRAM, Die Reiche der Germanen, o. J. – DERS., Die Goten, 1990³ – Die Franken – Wegbereiter Europas (Ausst.-Kat.), 1996.

Volksbuch, seit der Romantik weitverbreitete Bezeichnung für die Prosaromane des 15./16. Jh. (→Roman, II), die aber der ästhet. und hist. Besonderheit dieser lit. Gattung nicht gerecht wird.

Während die Aufklärung die Begriffe 'Volks-Romane' oder 'Volks-Bücher' in sozialem Sinne verstand und zur Bezeichnung der Lit. niederer Stände heranzog und während z. B. Heinrich August Ottokar Reichard in seiner »Bibliothek der Romane« (1778–94) die 'Volks-Romane' als 'Volks-Bibliothek deutscher Nation' vorstellte, hat erst Joseph Görres mit seiner Slg. der »Teutschen Volksbücher« (1807) die soziale Semantik des Begriffs 'V.' aufgehoben und auf diese Weise die weitere Begriffsgesch. entscheidend geprägt.

Görres sieht in den 'V.ern' nicht weniger »als die ganze einheitl. Masse des Volkes in ihrem Wirkungskreis berücksichtigt, da die Lit. hier erstmals aus dem geschlossenen Kreis der höheren Stände durchbrach zu den unteren Classen, unter ihnen wohnte, mit dem Volk selbst zum Volke, Fleisch von seinem Fleisch, und Leben von seinem Leben wurde.« Dabei geht Görres von einem überständ. und naturhaft-organ. Volksbegriff aus (in Abkehr von den Soziallehren im Umfeld der Frz. Revolution, soweit diese die Interessengegensätze der Stände betont hatten). In den V.ern wird die Gemeinschaft des Volkes in den unterschiedlichsten lit. Formen und Stoffen postuliert, die aber gleichermaßen dem »unermüdlich durch alle Stände durchpulsierenden« Volksgeist geschuldet ist. Damit ist die »künstliche Differenz der Stände aufgehoben« und sind »in jedem Menschen ... eigentlich alle Stände realisiert«. Ähnl. wie die romant. Konzeption einer »Volkspoesie« (vgl. →Sage, →Volkslied) bieten auch die V.er die Möglichkeit, die aktuelle polit. Misere Dtl.s, insbes. seine fehlende nationale Einheit und Schwäche gegenüber dem nachrevolutionären Frankreich, zumindest imaginär zu kompensieren und dem »feindseligen Andrang der Zeit« zu begegnen.

Görres geht noch von einem weiten V.begriff aus, der neben den Prosaromanen des 15. Jh. wie z. B. →»Fortunatus«, →»Melusine« (s. a. →Thüring v. Ringoltingen), →»Vier Haimonskinder«, →»Sieben weise Meister«, »Finckenritter« oder →»Octavian« auch »populäre Sachbücher« (KREUTZER) wie z. B. einen med. Traktat des Ps.-Albertus Magnus, einen Bauernkalender, ein Traumbuch, ein Formelbuch für Liebesbriefe u. ä. umfaßt. Demgegenüber haben sich die V.sammlungen des 19./20. Jh. weitgehend auf die Prosaromane des ausgehenden MA und der frühen NZ beschränkt, dabei aber unterschiedl. Ziele verfolgt. Während Gustav Schwab (ab 1836) v. a. der Erziehung der Jugend dienen will und der kath. Pädagoge Ludwig Aurbacher mit seinem »Volksbüchlein« (1827–29) spätaufklärt. Bemühungen um die Volksbildung aufgreift, ist für Gotthard Oswald Marbachs umfangreiche Slg. von V.ern (ab 1838) eine aufdringl. romantisierende Erzählweise kennzeichnend, wohingegen sich Karl Simrock in den 13 Bänden seiner »Dt. V.er« um eine philolog. gesicherte Textgrundlage bemüht und zu diesem Zweck von den Drucken und Hss. des 15./16. Jh. ausgeht. In den »Erneuerungen« der V.er von Richard Benz (zw. 1911 und 1938) kann davon keine Rede sein. Ihm geht es v. a. um eine Ästhetisierung, welche den Versuch Joseph Görres', die V.er als Kompensation der nationalen Misere Dtl.s zu Beginn des 19. Jh. zu lesen (s. o.), zu einer völk.-nationalen Neoromantik überhöht. Erst nach 1945 sind derartige ideolog. Verzerrungen durch die nüchterne Erforschung der Überlieferungs- und Druckgesch., des sozialen Gebrauchszusammenhangs und der Poetik der Prosaromane des 15./16. Jh. abgelöst worden. W. Röcke

Ed.: L. AURBACHER, Ein Volksbüchlein, 2 T.e, 1827–29 – G. SCHWAB, Die dt. V.er. Für Jung und Alt wieder erzählt, 2 Bde, 1836 – G. O. MARBACH, V.er Nr. 1–53, 1838–48 – K. SIMROCK, Die dt. V.er. Gesammelt und in ihrer ursprgl. Echtheit wiederhergestellt, 13 Bde, 1845–67 – Die dt. V.er, hg. R. BENZ, 6 Bde, 1911–24 – *Lit.:* J. GÖRRES, Die teutschen V.er, 1807 – H. BAUSINGER, Formen der 'Volkspoesie', 1968 – H. J. KREUTZER, Der Mythos vom V. Stud. zur Wirkungsgesch. des frühen dt. Romans seit der Romantik, 1977.

Volksfrömmigkeit. 1. V. ist z. Zt. (wie alle anderen mit Volk zusammengesetzten Begriffe) ein bes. in der dt. Volkskunde heftig umstrittener Terminus. Problematisiert wird sowohl, inwieweit der Begriff wegen seiner früheren Verwendungen ideologisch vorbelastet sein könnte als auch prinzipiell seine Sinnhaftigkeit, da sich in vielen Fällen kein Unterschied zw. den Frömmigkeitspraktiken des »Volkes« und der »Eliten« angeben läßt. Da V. aber ein auch in Religionswissenschaften und Geschichte eingeführter Terminus ist, sollte er – für den jeweiligen Kontext klar definiert – beibehalten werden: hier soll V. – wertfrei – das Ensemble der religiösen Vorstellungen und Praktiken bezeichnen, die im MA bei Angehörigen jener Schichten nachzuweisen sind, die weder Herrschaftsträger noch Religiosen (Mönche und Nonnen) waren: Bauern, fahrendes Volk, städtische Unterschichten, Niederklerus u. a. Mit Laienfrömmigkeit ist V. nicht identisch, da (speziell im FrühMA) zum »Volk« nach Herkunft und Lebensweise auch viele Priester gehörten, d. h. eher die Religiosität ihrer Pfarrkinder teilten als die der Hierarchie und des Mönchtums. V. und elitäre Frömmigkeit zeigen zwar weitgehend denselben Grundbestand religiöser Konzepte, doch oft in anderer konkreter Ausformung. So gab es z. B. Wallfahrtsorte, die nur von den einfachen Leuten der Gegend besucht wurden (hl. Windhund Guinefort bei Sandrans), und solche, die fast nur Ritter anlockten (das Purgatorium S. Patricii in Ulster) etc. – Ungeachtet der Theoriediskussion wird in traditioneller Weise der Kanon der Manifestationen von V. weiterhin in meist lokalgeschichtl. Studien thematisiert: Prozessionen, Devotionen, Pilgerfahrten, Sakramentalien, religiöses Brauchtum, Heilszeichen, »Aberglaube« usf.

2. Die Q.lage bringt Schwierigkeiten bei der Erforschung der V. mit sich: Sehr wenige Informationen kommen von den meist illiteraten Angehörigen des »Volks« selbst (z. B. Zeugenaussagen in Prozessen; Visionen; Realien), die meisten wurden von oft kritisch eingestellten Beobachtern aus anderen Schichten formuliert (in Predigten, Mirakelbüchern, Heiligenviten, Traktaten, Autobiographien, Chroniken usw.). Das Archivmaterial setzt erst im SpätMA ein. Bes. umstritten ist der Aussagewert normativer (kirchenrechtl.) Q.

3. V. gehört in den Bereich der »religion vécue« und setzt sich v. a. aus zwei Komponenten zusammen: einerseits akzeptierten Elementen der »religion préscrite«, d. h. von der Amtskirche vorgegebene Glaubensinhalte (etwa bibl. Stoffe) und Verhaltensweisen (etwa der allsonntägl. Kirchenbesuch oder ab dem IV. Lateranum die jährl. Beichte), vermittelt v. a. durch Predigten und mittels Sanktionen verpflichtend gemacht; andererseits Elementen aus vor- und nichtchristl. Religionen (z. B. Verehrung von Hausgeistern, Feier der Kalenden) oder aus dem Christentum selbst neu entwickelten, aber von der Theologie nicht akzeptierten Konzepten, die vom kirchl. und weltl. Recht kriminalisiert wurden (z. B. Mordbeten, Fluch bei Gottes Gliedern, eigenständiger Kapellenbau).

4. Pauschalaussagen über die ma. V. lassen sich nur wenige machen: sie basiert v. a. auf oralen Traditionen, wird mehr gelebt als reflektiert, weist eher regionale Eigenheiten auf als die Religion der »Eliten«, enthält modifizierte Elemente vorchristl. Vorstellungen und Praktiken. Selbstredend änderten sich ihre Komponenten

im Laufe des MA teilweise in Reaktion auf die Innovationen der »religion préscrite« (dogmengeschichtl. Entwicklung), teilweise selbständig. Die meisten Inhalte der V. wurden tel quel oder modifiziert aus der »religion préscrite« angenommen; einige Konzepte letzterer stammen jedoch umgekehrt aus der V. (z. B. das →Fegfeuerdogma). Daß ma. V. emotioneller gewesen sei als elitäre Religiosität, scheint unerweislich; ob sie stärker zur Magie tendierte, wird je nach verwendetem Magie-Begriff unterschiedl. beantwortet. Daß V. bisweilen bei sozialen Spannungen gegen die kirchl. Herrschaftsträger funktionalisiert wurde, ist unbestreitbar (z. B. Niklashausen, →Böhm), war jedoch keinesfalls die Norm. Wesentl. häufiger bildeten als Aberglaube abqualifizierte Bestandteile der V. Ziel obrigkeitl. Verfolgung.   P. Dinzelbacher

Lit.: Volksreligion im hohen und späten MA, 1990, hg. P. DINZELBACHER [Bibliogr.] – Laienfrömmigkeit im späten MA, hg. K. SCHREINER, 1992 – C. LECOUTEUX, Au-delà du merveilleux. Des croyances au MA, 1995 – F. C. SAUTMAN, La religion du quotidien (Biblioteca di »Lares« NS 50, 1995) – R. N. SWANSON, Religion and Devotion in Europe, c. 1215–c. 1515, 1995 – P. DINZELBACHER, »Volksreligion«, »gelebte Religion«, »verordnete Religion«. Zu begriffl. Instrumentarium und hist. Perspektive, Bayer. Jb. f. VK [im Dr.] – Zur Auseinandersetzung der Volkskunde mit Historikern und Theologen: W. BRÜCKNER, Zu den modernen Konstrukten 'V.' und 'Aberglaube', Jb. für VK NF 16, 1993, 215–220 – DERS., Bayer. Bll. für VK 21, 1994, 31–44 – Jb. für VK NF 10, 1996 [zur mag. Volkskultur, insbes. der 'Popularen Religiosität'] – W. BRÜCKNER, Probleme der Frömmigkeitsforsch. (Fschr. R. WORSCHECH, 1997) [im Dr.].

Volks- und Stammesgeschichte, Bezeichnung für eine Gattung der Geschichtsschreibung (→Historiographie, B. I). Die Bezeichnung ist nicht glücklich, weil sie anachronist. ist und daher unliebsame Assoziationen hervorruft. Besser verwendet man den quellennahen Begriff 'origo gentis' oder gentile Herkunftsgesch., die in der antiken Tradition steht, in der seit →Caesar zwei Auffassungen gleichberechtigt nebeneinander tradiert wurden: Die griech. Ethnographie erklärte die barbar. Ursprünge mit Gründungstaten griech. Götter und Heroen. Die Lateiner ließen dagegen seit Caesar autochthone Traditionen nicht nur gelten, sondern billigten ihnen sogar einen höheren Stellenwert zu als den herkömml. Spekulationen der griech. Mythographen. So wollte ein →Tacitus nichts über die Herkunft der Briten sagen, da er keine einheim. Überlieferung zu nennen wußte. Die lat. Ethnographie war zwar gegenüber barbar. Traditionen aufgeschlossener als die griech. Vorläuferin, unterwarf sie jedoch gleichzeitig der 'interpretatio Romana'. Damit wurden die Herkunftsgesch.n zwar nicht als Ausbreitung einer zweitrangigen röm. Gesch. oder Mythologie vermittelt. Indem man aber die barbar. Erscheinungsformen den vergleichbaren röm. Sachverhalten integrierte, wurde die röm. Gesch. zwar nicht wie bei den Griechen zum Ursprung, jedoch zum Ziel jeder gentilen Herkunftsgesch.: »Originem Gothicam historiam fecit esse Romanam« ('er machte, daß die gotische Herkunftsgeschichte eine röm. Historie sei'), ist eine Formel, die zusätzl. zu ihrer antikprofangeschichtl. Bedeutung nun auch eine heilsgesch.-christl. Dimension erhält. So spricht →Cassiodor von seiner Gotengesch., als Überarbeitung des →Jordanes erhalten, die für die Herkunftsgeschichte keine geringere Neuerung bedeutete, als es Caesars ethnograph. Exkurse im »Bellum Gallicum« gewesen waren.

Mit der Einbindung der Gotengesch. in die ökumen. Historia Romana gab Cassiodor das Beispiel für die ma. Herkunftsgesch.n, deren Reihe →Saxo Grammaticus um 1200 beschließt. In zumeist lat. und nicht selten klassizist. Sprache wurde die Vorgesch. einer germ.-kelt.-slav. Gens zur heilsgesch. bestimmten Gesch. des Populus, der Historia Romana, erhöht. Die Origo wurde für ihre Gens somit gleichsam kodifiziert, was auch durchaus wörtlich zu nehmen ist, wie die gemeinsame Überlieferung, wenn nicht Entstehung von Stammesgesch. und geschriebenem Stammesrecht bezeugen. Ob man eine 'origo gentis' als eigenes Genus gelten läßt oder nicht, eine Herkunftsgeschichten behandelnde 'historia' verwendet bibl. (zumeist atl.), antike und je eigene Traditionen, um eine Ethnogenese von ihren Anfängen her zu interpretieren und zu legitimieren. Die eigenen Traditionen stammen aus einer ursprgl. mündl. Überlieferung der gens; sie können – in seltenen Fällen – so umfangreich sein, wie die Herkunftsgesch.n der Langobarden oder Skandinavier, oder aus bloßen Namen und Begriffen bestehen, wie der ansische Amalerstammbaum (→Amaler) oder die 'haliurun(n)ae' und die 'belagines' der Origo Gothica. Während der Entstehung der Herkunftsgesch. selbstverständlich ihrem Zeithorizont verpflichtet ist und ihr jeweiliger Autor je nach seinen Fähigkeiten schöpferisch wirkt, jedenfalls kein Protokoll »uralter« Geschichten liefert, können die Bestandteile einer frühma. 'origo gentis' sowohl lit. wie mündl. Ursprungs sein. Mit den ersteren Elementen zeigt der Autor seine Bildung und vertritt heilsgesch. Tendenzen, mit den eigenen Traditionen wendet er sich an ein Publikum, das diese Überlieferung als seine eigene →'Memoria' anerkennt und vom Autor erwartet.

Die Frage der Faktizität stellt sich in diesem Zusammenhang kaum; Herkunftsgesch.n handeln von Motiven, die geschichtl. Fakten eher in der Zukunft schaffen als aus der Vergangenheit berichten. Ein Beispiel: Cassiodor schrieb mit dem Ziel, die Amalerkg.e gegenüber Römern und Goten in gleicher Weise als rechtmäßige Herren Italiens zu legitimieren. Nichts verdeutlicht sein Vorgehen besser als die Generationengliederung des amal. Stammbaums: Wie es 17 Römerkg.e zw. Aeneas und Romulus gab oder Ezra, der Wiederbegründer Jerusalems, 16 Vorfahren hatte, so herrschte auch der Theoderichenkel →Athalarich in der 17. Generation seit dem göttl. Spitzenahn Gaut. Dem Beispiel der Goten folgte der Langobardenkg. →Rothari, der sein Gesetzeswerk des Jahres 643 (→Edictus Rothari) wohl mit drei Angaben aus der gentilen Memoria begründete: Erstens mit der langob. Ursprungssage selbst, zweitens mit seiner eigenen harudischen, auf skand. Ursprünge anspielenden Abstammung in der 10. Generation und drittens mit dem Wissen, der 17. Langobardenkg. zu sein.

Herkunftsgesch.n besitzen bloß jene germ. Völker des Nordens und Ostens, die bereits in der kaiserzeitl. Überlieferung bis etwa 150 n. Chr. vorkommen, die damals als »kleine« Völker auftreten und Namen führen, die mit dem Grundwort *theudo-Volk verbunden werden können. Außerdem besaßen alle diese Völker Kg.e, deren Familientraditionen mit zumeist tragischem Inhalt in die Heldensage aufgenommen wurden. Ursprungsgesch.n berichten von 'echten und alten Namen', »vera et antiqua nomina«, und fassen deren Ursprünge in einer Dreiheit von Motiven zusammen: Erstens gab es einmal ein kleines Volk. Weil es die Heimat nicht mehr ernähren konnte, zog es als ganzes oder in Teilen unter göttl. Führung aus. Bei der ersten Bewährungsprobe mußte die heroische Gründungstat, primordiale Tat, vollbracht werden, sei es die Überquerung eines Meeres wie der Ostsee oder Nordsee oder eines Stromes wie Rhein, Elbe oder Donau, sei es eine siegreiche Schlacht gegenüber übermächtigen Feinden oder beides. In einer schier ausweglosen Lage zeigte sich die göttl. Hilfe an einer bestimmten Gruppe des heimatlosen Stammes. Dabei kommt es zweitens zum Religions-

und Kultwechsel; ein Vorgang, der ebenfalls als punktuelles Ereignis dargestellt wird. Wurde die primordiale Tat als Sieg gegen übermächtige Feinde errungen, dann blieben diese drittens der »Modellfeind« schlechthin, und zwar sowohl im Einklang mit der späteren Gesch. wie durchaus auch gegen die historisch nachprüfbaren Ereignisse. In derartigen Gesch.n lebt die Erinnerung fort, daß die eigene Gens einmal eine abhängige Untergruppe größerer Stammesverbände war, von denen sie sich mit Gewalt löste und damit deren Zerfall und Untergang bewirkte und beschleunigte. H. Wolfram

Lit.: H. WOLFRAM, Die Goten, 1990³, 15ff., 324–327 – DERS., Das Reich und die Germanen, 1992², 52–64 – DERS., Origo et religio. Ethn. Traditionen und Lit. in frühma. Q. (MA, hg. W. HARTMANN [Schriftenreihe der Univ. Regensburg NF 19, 1993]), 27–39 [gekürzt] – DERS., Origo et religio. Ethnic Traditions and Literature in Early Medieval Texts (Early Medieval Europe, 3, 1994), 19–38.

Volksheilkunde, Volksarzneibücher
I. Definition – II. Diachronie und Diatopie – III. Inhalte – IV. Soziologie – V. Ikonographie – VI. Texte.

I. DEFINITION: Unter V. wird üblicherweise all das subsumiert, was außerhalb der etablierten Medizin an diagnost., prognost. und therapeut. Praktiken, an med. Vorstellungen und mag. Maßnahmen üblich ist. Träger der V. sind nur ausnahmsweise Ärzte und andere Medizinalpersonen (wie →Apotheker, →Bader, →Chirurgen), sondern Laienheiler, was den sich selbst behandelnden Patienten sowie dessen Umfeld einbegreift und einen Laienbegriff voraussetzt, der vom Gegensatz 'professionell' : 'nicht professionell' ausgeht (und nicht die gängige Antithese 'litteratus' : 'illitteratus' zugrundelegt).

II. DIACHRONIE UND DIATOPIE: Der Zusammenbruch des antiken Medizinalwesens ebnete im W während des FrühMA den Gegensatz zw. Medizin und V. ein, führte zum Erstarken antiker volksmed. Traditionen und ergänzte deren Wissen durch Inhalte neu erschlossener Kontaktlandschaften germ. und kelt. Ethnien (slav. Einflüsse beginnen sich erst in der NZ durchzusetzen). – Der byz. Kulturraum zeigt ähnl. Abschwächungen des Gegensatzes, erlaubt indessen eine Abgrenzung der beiden Bereiche bis ins 15. Jh. – Die zunächst deutl. Differenzierung im islam. Bereich beginnt mit dem Niedergang der arab. Medizin Ende des SpätMA sich zu verwischen. Eine umgekehrte Entwicklung zeigt sich im W, wo mit der karol. Medizinalreform (»Lorscher medizinalpolit. Programmschriften«; →Capitulare de villis) und dem Aufkommen einer universitären Hochschulmedizin math.-naturwiss. Durchdringung (→Salerno) der Gegensatz in vorher nie dagewesener Intensität aufbricht und mit der ersten naturheilkundl. Welle in Schlesien seinen Gipfelpunkt erreicht: Die neuplaton. motivierten, durch →Nikolaus v. Polen vorgetragenen Angriffe gegen Salerno und die Universitätsmedizin werden um 1180 durch →Guido d'Arezzo d. J. angestoßen und setzen sich bis in die Polemik Theophrasts v. Hohenheim (→Paracelsus) sowie zahlreicher no. Paracelsisten fort.

III. INHALTE: [1] Allgemeines: Die Inhalte ma. V. sind ebenso komplex wie heterogen und zeigen ausgesprochene Spolien-Struktur, d. h. Disparates kommt gleichzeitig zur Anwendung, Gegensätze werden nicht ausgeglichen, allgemeinverbindl. Paradigmen fehlen, und übergreifende Konzepte (wenn sie denn überhaupt entwickelt werden) setzen sich nicht durch. Allg. üblich ist lediglich ein Analogie-Denken (Simile-Prinzip, Signaturen-Lehre, Organo-Therapie, Entsprechungs-Magie, Schluß von gestalthaften Homologien bzw. Analogien auf Wirkungsprinzipien). Allg. verbreitet ist darüber hinaus ein schlichter Animismus, der vom christl. Dämonenglauben gestützt wird und kirchl. Riten für sich funktionalisiert. Er konkretisiert sich in Pflanzen- wie Tierseelen, in seelentragenden Strukturen wie Amuletten und Talismanen, in wurmgestaltigen Krankheitsdämonen, die sich zum Teil empir.-parasitolog. begründen lassen (Medina-Wurm; Insekten-Larven), und er spiegelt sich in ontolog. Krankheitsbegriffen (Krebs, Fistel), wie sie sich ohne weiteres mit dem Konzept von Krankheitssame sowie Transplantatio morborum in Einklang bringen ließen. – In zahlreichen Brechungen begegnet seit dem FrühMA die babylon. Astralreligion, deren Einfluß sich in laienastrolog. Divination (Krankheitslunare, Wochentags-, Stundenregenten, Zodiologien), prognost. Planungen durch →Tagewählerei und darüber hinaus in zahlenspekulativen Manipulationen manifestiert. Das meiste an derartigen Konzepten kann als »gesunkenes Kulturgut« definiert werden; doch hat die V. auch eigenständig Modellvorstellungen entfaltet, von denen das Knochenheilungs-Konzept durch Kochung am bekanntesten ist (→Peter v. Ulm, Kap. 15) und von denen nicht wenigen der »Aufstieg« in die etablierte Medizin gelang (→Siebenkammermodell; heliotropes Wertungsschema für Pflanzen [bei Hildegard v. Bingen und Albertus Magnus]). – Gleiches gilt für das volksheilkundl. Erfahrungswissen, das sich neben die tradierten Strukturen stellt und gerade auf dem Gebiet der Phytopharmaka nicht selten von der Medizin bzw. Pharmazie rezipiert wurde. Die Grenze zur Schulmedizin war von beiden Seiten her offen, und das gleiche gilt für den Interferenzbereich zum (jüd.-)christl. Ritus (→Wallfahrt; Heiltümer).

[2] Heiltiere (Organotherapie): Kennzeichnend für die V. ist der intensive Einsatz organ. Substanzen, als deren Lieferant nicht zuletzt der (a) Mensch selber in Frage kam (Blut, Frauenmilch, Ausscheidungen, Haare, Nägel, Zähne, Knochen; →Mumia). Die starke Repräsentanz von Exkrementen (Schweiß, Harn, Kot, Menstrualblut) hat der Materia medica ex animalibus in der NZ die Benennung »Dreckapotheke« eingetragen. – Hoher Beliebtheit in der Therotherapie (→Kyraniden; →Sextus Placitus) erfreuten sich der (b) Geier ('Epistula de Vulture', 'Geiertraktat' des →'Bartholomäus'), der (c) Dachs ('De taxone liber'), der (d) Hirsch ('Hirschhorn«, »os de corde cervi«) sowie »die« (e) →Gift-Schlange ('Natternhemd-Traktat' des Johannes Paulinus; 'Schlangentraktat' des Nikolaus v. Polen; →Theriak-Traktate), zu denen dann noch Lurche (Laubfrosch-Herzen; »Krötenstein«), Fische, der Flußkrebs und Regenwürmer traten. Häufig verordnet wurden »Schwalbenstein«, »Ameisenstein«, Schneckenhaus, Austernschale, Perlmutt, darüber hinaus Schmalz vom Bären, von Wildkatzen, von Wildgänsen, vom Fischreiher. Als Aphrodisiaka hochgeschätzt wurden mit Sperma gleichgesetzte Substanzen wie →Bibergeil oder →Walrat.

[3] Heilpflanzen, Wunderdrogen (Phytotherapie): Neben die alterbigen Zauberpflanzen (a) →Alraune und (b) →Eisenkraut (kleiner 'Verbena-Traktat' des →'Bartholomäus'; Großer 'Verbena-Traktat') beginnen seit dem HochMA zusätzl. Heilpflanzen hoher Anwendungsdichte zu treten: (c) →Eiche ('Eichentraktat'; ps.-arnald. 'Epistula de virtute quercus'), Riemenblume ([d] 'Eichenmistelraktat'), (e) Benedikten-→Distel ('Kardobenedikten-Traktat'), (f) →Melisse ('Melissentraktat'), (g) →Rosmarin (mehrere 'Rosmarintraktate'), (h) Engelwurz ('Angelica-Traktat'), (i) Salbei (»wazzer der tugent, trank der jugent«), (j) Zwerg-→Holunder ('Attichtraktat'), Wegerich-Blatt, Rotkohl-Blatt (beide in der Wundheilung).

Bemerkenswert sind die Imitat-Anwendungen beim (k) →Wacholder ('Kranewitbeertraktat' nach der 'Laus phlebotomiae' [→Aderlaß]) und beim (l) Jerusalemsapfel ('Momordica-Traktat' nach den 'Petroltraktaten'), die eine Indikationsübertragung erkennen lassen, wie sie wohl auch bei der zum Pest-Antidot avancierten (m) Witwenblume vorliegt (mhd. »apostemenkrût«; 'Skabiosen-Traktat'). Vielfach erfolgte die Indikationszuweisung nach äußerl. Merkmalen, doch konnte wie bei Knautia/Scabiosa arvensis (L.) Coult. an die Stelle der Signatur auch der Arzneimittelname treten. – Aufgrund empir. Erfahrung neu eingeführte Arzneipflanzen sind selten; zu ihnen gehören Maiglöckchen (Herzglykosid Convallarin; Gabriel v. Lebenstein), Stiefmütterchen und Schwarze Johannisbeere (beide bei Peter v. Ulm).

[4] *Mineralien, Edelsteine (Lithotherapie):* Bevorzugt angewandt wurden Hartsubstanzen oder Konkremente animal. Provenienz (vgl. III.2), beispielsweise →Bezoar, Schlangenstein, Wolfszahn. Vgl. auch die →Steinbücher.

[5] *Heilzauber, Schadenzauber (Magie):* Unter Einbezug der →Kabbala und christl.-liturg. Riten kennt die V. eine breite Palette von Zauber, die von der mag. Funktion des gesprochenen wie geschriebenen Wortes über Heilgebärden (Handaufheben, Handauflegen) bis zu Zauberhandlungen (Böser Blick, Vernageln, Vergraben; Verbannen, Stellen) auffächert. Beschrieben werden Vorgehensweisen zum Vertreiben, zum Krankmachen, zum Töten des Patienten, wobei den mag. Prozeduren techn.-chem. Verfahren an die Seite gestellt werden (Brandsatz zum Anzünden von Häusern, feuergefährl. Salbe zum Verbrennen des Patienten: beides im 'Kasseler Arzneibuch'). Von Amuletten über Talismane bis zu Fetischen ist alles im Einsatz, was als Zauberrequisit bei »incantatio« und »veneficium« gebräuchlich war; das reicht von Zaubertränken bis zu besprochenen Kräutern bei der Wurzweihe. Neben Entsprechungs- tritt Kontaktmagie; beschworen werden Gott, Engel, Hl.e, Dämonen, Astralgottheiten und unter diesen v.a. der →Mond. Als umschriebene Indikationsbereiche lassen sich abgrenzen: (a) Liebeszauber (von der Potenzsteigerung über den Sympathiegewinn bis zum Offenbaren des Nebenbuhlers); (b) Schwangerschaftszauber, der mit Jungfräulichkeitsproben einsetzt, über das Bestimmen des fötalen Geschlechts weiterläuft und sich im (c) Gebärzauber fortsetzt: hier kommen Beifuß, Eisenkraut und Geierfeder zum Einsatz, die – der Kreißenden ans Bein gebunden – mit ihrem irrealen Magnetismus das Kind aus der Gebärmutter herausziehen. Ein weiterer Einsatzbereich für Heilzauber begegnet in akutmed. Situationen, zunächst in der Traumatologie: verletzungsbezogene (d) Blut- und (e) Wundsegen sind in den Volksarzneibüchern Legion (Jordansegen; Longinussegen), wobei neben Heilgebärde und gesprochenes Wort auch Entsprechungsmagie tritt (Botensegen; Waffensalbe). Gegen die Paroxysmen bei Malaria richteten sich (f) Fiebersegen; gegen akut-ophthalmolog. Probleme die (g) Augensegen (Nikasiussegen; Theodora-Augensalbe). Gegen Krankheitsdämonen gingen die (h) →Wurmsegen an (Nesso-Segen; Zahnwurm-Beschwörungen), denen sich Zauberformeln gegen onkolog. Krankheitsentitäten anschlossen (»Kanker, ic beswere dij«). Chron. Erkrankungen (Schwindsucht als morbus regius; Gelbsucht; Fallsucht [→Epilepsie]) waren seltener Gegenstand von Beschwörung, Segen oder Gebet; das kgl. Handauflegen hat in den Volksarzneibüchern nur ausnahmsweise einen Reflex hinterlassen.

[6] *Prognostik, Divination:* Neben den üblichen →Diagnose- und →Prognose-Verfahren waren gängige Sortilegien im Einsatz (→Orakel; Kerzenprobe) und wurden laienastrolog. Methoden der Zukunftserkundung angewandt (Krankheits- →Lunare, -Hebdomadare). Bes. beliebt waren Genesungsproben unterschiedl. sortileg. Methodik.

[7] *Therapie:* Mag. wie therapeut. Umgehen mit dem Kranken wurde nicht selten von Ergebnissen der Prognostik wie Zukunftserkundung mitbestimmt, wobei manche divinator. Texte durch detaillierte Anweisungen für das heilkundl. Vorgehen auffallen. Die Behandlung des Patienten wurde genauso von der diagnost.-ätiolog. Einschätzung des Krankheitsfalles abhängig gemacht, wobei das christl. Deutungsschema von »Krankheit als Folge der Sünde« den Einbezug kirchl. Gnadenmittel nahelegte (→Gelübde; →Gelöbnis; Votivgaben). Die Erweiterung des christl. Deutungsschemas auf rachsüchtige Hl.e und die Interpretation des Leidens als entsprechenden »buoz« machte umfangreiche Ermittlungsverfahren erforderlich ('Buch von alten Schäden', Kap. 1), die zusammen mit den diagnost., prognost. und divinator. erhobenen Befunden festlegten, wann, wie, wo und ob überhaupt eine Behandlung durchgeführt wurde. – Als gängige therapeut. »Maß«nahme, die auch prophylakt. eingesetzt wurde, kann das Messen mit einem Meßfaden gelten ('Gebete und Benediktionen aus Muri', 1), das häufig vor der Messe durchgeführt wurde.

[8] *Innovative Kenntnisse* auf empir. Basis begegnen in den Volksarzneibüchern vereinzelt. Beachtung gefunden haben: die Antibiotika-Therapie (→Lorscher Arzneibuch), die Herzglykosidtherapie (mit Scillaren bzw. Convallarin) und die Hirnoperationen (→Chirurgie). Hinzu kommen einige neu eingeführte Heilpflanzen (vgl. oben III, 3).

IV. SOZIOLOGIE: Träger der V. finden sich in allen Schichten und Berufen. In der Regel handelt es sich um med. Laien (was den geistl. Stand mit einbegreift). Kl. spielten im Früh- und HochMA eine Rolle (Richbodo v. Lorsch; →Hildegard v. Bingen; →Nikolaus v. Polen); Hausväter und Hausmütter lassen sich im SpätMA greifen; bes. bevorzugte Berufe waren Schäfer, Hufschmiede, Marstaller, →Scharfrichter; im paramed. Umfeld begegnen →Bader, →Hebammen und →Beginen (→Schwangerschaft und Geburt); als Zulieferer des Apothekers werden Kräuterweiber, in Schlesien auch der »slangenvengaere« genannt. (Semi-)professionalisierte Laienärzte lassen sich ab dem HochMA belegen, in der Regel sind sie weiblich (»vruot-vrouwen«: Frau v. Tesingen, 13. Jh.; Guoteline v. Eßlingen, Begine zu Speyer 1321).

V. IKONOGRAPHIE: Volksmed. Vorstellungen lassen sich bis in die Bildarchetypen von →Kräuterbuch-Abbildungen verfolgen (→Alraune). In den volksheilkundl. einschlägigen Kollektaneen begegnen Schemata für Orakel-Verfahren, sind zauberkräftige Charaktere (Schriftzauber für Amulette) und mag. Figuren wie Dreiecke, Quadrate, Pentagramme eingelassen (→Drudenfuß; Salomonsspiegel). Alchemist. Gerätschaften (→Destillation; →Öfen) wurden nur ausnahmsweise in den einschlägigen Texten abgebildet ('Ulmer Wundarznei').

VI. TEXTE: 1. Dem Begriff Volksarzneibuch lassen sich nur wenige Vertreter zuordnen (Gent, UB, hs. 697; London, MS Wellcome 517 [= Cheltenham, Hs. Phillipps 2946]). In der Regel sind volksheilkundl. Verfahren in Rezeptslg.en eingestreut, deren Reihe mit Scribonius Largus beginnt und über die »capitulationes« des »Lorscher Arzneibuchs« oder des Vindobonensis 93 weiterläuft. Einschlägige Versatzstücke lieferten die →Plinius-Bearbeitungen (»Medicina Plinii«, »Physica Plinii Bambergensis/Florentino-Pragensis« etc.), die →Dioskurides-Rezeption (Ps.-Apuleius), der →Sextus Placitus Papyriensis, die »Kyraniden«-Gruppe, die med. Briefliteratur (»Geierbrief«; »Dachstraktat«) und andere spätantike Q. – 2. Im HochMA treten als moderne Gattung die Wunderdrogentraktate hinzu (vgl. III, 2 und 3): Vertreter med. Kleinlit., die den zweiteiligen Aufbau einer Drogenmonographie zeigen (→Kräuterbücher). – 3. Im SpätMA begegnen laienastrolog. Kompendien wie das »Iatromathematische Hausbuch« das »Iatromathematische Korpus« oder Konrad →Türsts »Gesundheitsbüchlein«, die vielfach als Volkskalender fehlgedeutet wurden. – 4. Mit ihrem »Speyrer Bartholomäus« setzt sich Guoteline v. Eßlingen kurz nach 1300 an den Anfang einer hauswirtschaftl. Gattung, die Veterinär- und Agrar-Schrifttum mit einbezog (Gottfried v. Franken) und ab 1400 als »Buch vom Menschen, Tier und Garten« voll zur Entfaltung kam. – 5. Sie unterscheidet sich von den stark technolog. angereicherten Libri secretorum, zu denen die chirurg. 6. Geheimbücher (vom Typ der Schnittarznei Caspar Stromayrs oder der »Wündärznei« →Heinrichs v. Pfalzpaint) nur bedingt zu stellen sind. – 7. Enzyklopäd. Großformen wie der »Melleus liquor physicae artis« von Alexander Hispanus sind selten; was überwiegt, sind 8. laienärztl. Kompendien ohne Werkcharakter, die ihre Versatzstücke bestenfalls nach den Kategorien »Erhaltung der Gesundheit« und »Lauf des Jahres« ordnen.

An außermed. Gattungen kommen neben den →Beichtspiegeln insbes. Rechtstexte als Q. für volksmed. Wissen in Betracht; Beachtung hat hier v. a. die →»Lex Alamannorum« (59, 6/7 [B]) gefunden mit ihren Angaben zur traumatolog. Hirnoperation. Die Landessprachen beginnen ab dem 8. Jh. beim Abfassen volksheilkundl. Texte eine Rolle zu spielen, wobei zunächst Glossen (»Lorscher Arzneibuch«), Segen und Rezepte dominieren (»Basler Rezepte«), während sich umfangreichere →Arzneibücher nicht vor dem 9./10. Jh. anschließen. Gegen Ende des MA scheinen die landessprachig erhaltenen Überlieferungsträger zu überwiegen.

G. Keil

Q. und Lit.: Verf.-Lex.² zu einschlägigen Stichwörtern – J. Jühling, Die Tiere in der dt. V., 1900 – O. Ebermann, Blut- und Wundsegen in ihrer Entwickelung dargestellt, Palaestra 24, 1903 – M. Höfler, Die volksmed. Organotherapie und ihr Verhältnis zum Kultopfer, 1908 – O. V. Hovorka–A. Kronfeld, Vergleichende Volksmed., I–II, 1908/09 – A. Spamer, Romanusbüchlein, DAWB: Veröff. Inst. dt. Volkskde. 17, 1958 – I. Hampp, Beschwörung, Segen, Gebet, Veröff. Staatl. Amt Denkmalspfl., Stuttgart, C, 1, 1961 – A. Delatte, Herbarius (KAB: Kl. d. lat. en de morele en staatkundwetensch., reihe LIV, 4, 1961) – J. Van Haver, Nl. incantatieliteratuur (KVATL, VI, 1964, 94) – W. Braekman, Mnl. zegeningen, bezweringsformulieren en toverplanten, VMKVATL, 1963, 275–386 – Ders., Magische experimenten en toverpraktijken met een Mnl. hs., VMKVATL, 1966, 53–118 – E. Grabner, Volksmed., WdF 63, 1967 – Dies., Grundzüge einer ostalp. Volksmed. (WSB 457), 1985 – Thorndike – D. Harmening, Superstitio, 1979 – T. Hunt, Popular medicine in Thirteenth Cent. England, 1990 – G. Keil, »virtus occulta« (Die okkulten Wiss.-en in der Renaissance, hg. A. Buck, 1992), 159–196 – O. Riha, Wissensorganisation in med. Sammelhss. (Wissenslit. im MA. 9, 1992).

Volkslied

I. Deutsche Literatur; skandinavische Literaturen – II. Romanische Literaturen – III. Englische Literatur.

I. Deutsche Literatur; skandinavische Literaturen:
[1] *Allgemein*: Als V. gilt das populär verbreitete, zumeist mündl. überl., kollektiv beanspruchte →Lied. Es gibt nur wenige authent. Zeugnisse aus dem MA; ein Rückschluß aufgrund jüngerer Überlieferung bleibt hypothetisch. Die ideolog. Schöpfung des Begriffs 'V.' stammt aus dem späten 18. Jh. (J. G. Herder), die krit. Aufzeichnung beginnt Mitte des 19. Jh.

[2] *Verstreute Einzelzeugnisse*: 1105 wird der Bf. v. Speyer in »Reigenliedern« verhöhnt (Frühbeleg eines Spottliedes); »Du bist mîn, ich bin dîn…«, eine mhd. Liebesliedformel (Tegernseer Hs., 12. Jh.) vom verlorenen Herzensschlüssel als Unterpfand der Liebe (Überlieferung bis ins 20. Jh.); Kölbigker →Tanzlied (zugrundeliegendes Geschehen datiert 1020), ein Fragment nach legendar. Wunderberichten des 12. und 13. Jh.; →»Ermenrichs Tod« greift einen altgerm. Sagenstoff auf (→Sage), die burlesk-kom. Umformung ist dem 16. Jh. zuzurechnen; 'Jüngeres →Hildebrandslied' ist eine Heldenballade mit edd. Parallele (→Edda), die Volksballade gehört dem 15. Jh. an; Limburger Chronik mit datierbaren Liedzitaten des 14. Jh.

[3] *Geistliches Lied*: Geistl. Lieder sind in der Volkssprache um 1300 mit →Hugo v. Trimberg belegt, doch erst seit der Gegenreformation haben neben dem dominierenden evangel. Kirchenlied auch kath. Belege größeres Gewicht (→Geistl. Dichtung, III). Martinslieder und Heischelieder sind (in ndl. Urkk.) seit 1443 belegt. Geißlerlieder (nach 1349; vgl. →Flagellanten) gelten als Sonderform des Wallfahrtsliedes; Legendenlieder überliefern Formen traditioneller →Volksfrömmigkeit. Das Wallfahrtslied hat antike Wurzeln; im 5. Jh. ist das →»Kyrie eleison« syr. Pilger belegt (»Kyroleis«). Aus ma. Überlieferung bekannt sind das Osterlied »Christ ist erstanden..« (Passau, um 1090), der Kreuzfahrerleis »In Gottes Namen fahren wir…« und der Pfingstleis »Nun bitten wir den heiligen Geist…« (→Berthold v. Regensburg, 13. Jh.).

[4] *Weltliche Liedtypen und ihre Überlieferung*: Das Studentenlied hat Frühbelege im Lied »fahrender Schüler« des 12. Jh. (Lieder der sog. →'Vaganten' oder →'Goliarden': →Carmina Burana zw. 1220 und 1250). Die Ehebruchsgeschichte »Schreiber im Garten« ist die älteste erhaltene *Schwankballade* (Cod. St. Blasien, Mitte 15. Jh.), ähnl. Stoffe bei Boccaccio, im Liederbuch der Clara Hätzlerin, 1470/71, und im Meistersang (→Meistersinger). »Es fuhr ein Bauer ins Holz…« steht als Liedzitat im Lochamer-Liederbuch (um 1452–60) und im Glogauer Liederbuch (um 1480). Manche Schwanklieder lebten im *Kinderlied* weiter. 'Buko v. Halberstadt' ist als Bf. (→Burchard II. v. Halberstadt, † 1088) angebl. Gabenbringer in einem Kinderreim (um 1806/08); die niederdt. Namensform bezieht sich jedoch auf den Maikäfer.

Das genannte Kinderlied ist ein Lehrstück für phantasievolle Fehlinterpretationen der älteren, »mytholog.« orientierten V.forschung. An *Kontinuität* glaubte die ältere Forsch. beharrl.; zw. der röm. Provinzialkultur und der alpenländ. Hirtenkultur mit Alphörnern und Jodlern wurden Brücken geschlagen. Die Liedüberl. der ehem. dt. Sprachinsel →Gottschee in Slowenien galt ebenfalls als von ma. Herkunft; wir stehen solchen Hypothesen skept. gegenüber.

Zur Verbreitung der Lieder trugen u. a. *Musikanten* bei; die →Spielleute waren im MA →»unehrl. Leute«, →Fahrende und Nichtseßhafte »minderen Rechts«. – Über verschiedene Gattungen des V.es aus dem MA haben wir nur ungenügende Vorstellungen; aus späteren Q. schließen wir u. a. auf 'Gassenhauer' (Modelieder), 'Reutterliedlein' (Soldatenlieder) und 'Bergreihen' (standesstolze Lieder der Bergleute). V.a. die kulturhist. interessante Volksballade ist nach ihrer späten Überlieferung häufig vorschnell zurückdatiert worden. Stil, Themen und Milieu mögen spätma. sein; die vorliegende Überlieferung nach 1500 sagt aber mehr über die konservative Gesellschaft aus, in der diese Lieder weiterlebten. Die Vorliebe für bestimmte Melodien ist der Mode unterworfen, V. kann auch ein zeitgenöss. Schlager werden. Das *neue Lied* wurde als Qualitätsmerkmal gehandelt: Rostocker Liederbuch (1465), Königsteiner Liederbuch (um 1470/73 mit ca. 150 Gesellschaftsliedern unbekannter Autoren, typolog. ein Vorläufer von Stammbuch und Poesiealbum), Glogauer Liederbuch (um 1480; Gebrauchsrepertoire von Studenten und Bürgern). Das patriz. Lochamer-Liederbuch (um 1452–60) und das Schedel-Liederbuch (→Schedel, Hartmann) sind in Nürnberg entstanden: »Christ ist erstanden...«, Volksballade »Schloß in Österreich«, »Elslein-Strophe« der Königskinder-Ballade, Quodlibets (vgl. →Liederbücher, -hss.).

[5] *Balladen:* Manche *Volksballaden* (→Ballade) behandeln traditionelle Themen, die das MA bes. 'liebte': »Abendgang«, das antike Thema von Pyramus und Thisbe nach →Ovid (überliefert im 16. Jh.); →»Bremberger« (um 1535); »Falkenstein« (15. Jh.); »Gf. Friedrich« (ca. 1550); »Gf. v. Rom« (nach einem Meisterlied des späten 15. Jh.); »Kerenstein« (nach dem Minnesang um 1450); »Königskinder« mit dem antiken Stoff von Hero und Leander (Ovid) und internationaler Verbreitung (15. Jh.); »Moringer« (um 1450); »Nachtjäger« (balladeske Umformung einer Minnejagd-Allegorie, 13. Jh.; Ballade um 1700); »Sangeslohn« (mhd. Tagelied, als Ballade im 16. Jh.). – Hist.-erzählende Themen (→Hist. Lied) greifen ma. Stoffe auf, aber auch hier ist die dokumentierbare Überlieferung grundsätzl. erhebl. jünger und nachma.: »Bernauerin« (Agnes →Bernauer; Ereignis 1435, im 19. Jh. überliefert); »Lindenschmidt« (Ereignis 1490, Frühdruck um 1610, mündl. Überl. um 1800). Mit einer propagandist., antipäpstl. Ideologie wurde die Ballade vom →»Tannhäuser« gesungen (um 1450).

Das Alter der Volksballade wird in der Regel überschätzt; die vorschnelle Datierung ist ein internationales Problem der vergleichenden V.forschung. Als Blütezeit und primär kreative Epoche wird die Zeit zw. 1250 und 1450 angenommen. Vertreter der dän. Volksballadenforsch. reklamieren heute (1997) die Zeitgebundenheit ihrer (neben der span. Überlieferung) ältesten europ. Balladen-Hs. um 1550 bis 1600 als Zeugnisse der Renaissance. Die dän. Volksballade ist ein traditionelles »MA-Thema« *skand.* Forsch.; ihre Überlieferung jedoch ist (bis auf Einzelzeugnisse) nachma. Das gilt auch für die norw. →»Draumkvæde«, für die archaisch anmutenden, getanzten →Färöischen Balladen und die isländ. Rímur mit anord. Stoffen. Die Herkunft der →Folkevise aus den frz. →Chansons de toile ist nur eine von vielen (umstrittenen) Thesen. Die große Zahl dän. »Ritterballaden« spiegelt das Milieu des dän. Adels im 16. Jh.; vom mhd. →Nibelungenlied des 13. Jh. führen Spuren bis zum (dt.) Lied vom »Hürnen→Seyfried« im 16. Jh. 1131 soll ein sächs. Sänger ein Lied von »Kriemhilds schändl. Verrat« gesungen haben. In Dänemark existieren Mischungen aus primärer Volksüberlieferung, Nachklang edd. (anord.) Überlieferung bzw. antiquar. Interesse seit etwa 1550. Die dän. *Nibelungenballaden* spiegeln interethn. Beziehungen der Frühzeit: »Sivard Snarensvend« und »Sivard und Brynild« bieten die Liederzählung der westnord. →Edda und der anord. →Saga; »Grimilds Hævn« benutzt das mhd. Epos, andere dän. Lieder verwenden die mhd. Dietrich-Epik (→Dietrich v. Bern). O. Holzapfel

Lit.: Danmarks gamle Folkeviser, hg. S. GRUNDTVIG u.a., I–XII, 1853–1976 – Dt. V.er mit ihren Melodien: Balladen, hg. Dt. Volksliedarchiv (Freiburg i. Br.), I, 1935–X, 1996 – H. J. FEURICH, Die dt. weltl. Lieder der Glogauer Hs. (ca. 1470), 1970 – P. SAPPLER, Das Königsteiner Liederbuch, 1970 – Hdb. des V.es, hg. R. W. BREDNICH u.a., I–II, 1973–75 – O. HOLZAPFEL, Die dän. Nibelungenballaden, 1974 – DERS., Bibliogr. zur ma. skand. Volksballade, 1975 – B. R. JONSSON u.a., The Types of the Scandinavian Medieval Ballad, 1978 – The European Medieval Ballad, hg. O. HOLZAPFEL, 1978 – W. SALMEN, Der Spielmann im MA, 1983 – Sveriges Medeltida Ballader, hg. Svenskt visarkiv, Iff., 1983ff. – D. COLBERT, The Birth of the Ballad, 1989 – O. HOLZAPFEL, Lex. folklorist. Begriffe und Theorien (Volksliedforsch.), 1996.

II. ROMANISCHE LITERATUREN: Der Begriff des V.s als kollektive Schöpfung, in der sich seit dem MA die ursprgl. Identität der europ. Völker manifestierte, wurde im 18. Jh. v. a. durch Johann Gottfried Herder und Claude Fauriel geprägt. Für A. W. Schlegel (Berliner Vorlesungen 1803–04) drückt sich im V. die Jugend eines Volkes und seiner Sprache aus. Seit dem 19. Jh. sind diese Konzeptionen auf Kritik gestoßen, die v. a. die Unschärfe der Begriffe »Volk« und »vom Volk getragen, populär« betont. Heute erkennt man an, daß bestimmte Formen lyr. Dichtung in den roman. Lit.en des MA die schriftl. Aufzeichnung mündl. geistl. oder aus dem Bereich der →Spielmannsdichtung zugehörigen Liedguts darstellen. Die in diese Koordinaten passenden Texte gehen der Entwicklung der sog. »Kunstdichtung« voraus oder sind gleichzeitig mit ihr anzusetzen. Sie finden sich in allen Gebieten der Romania (Iber. Halbinsel, Italien, okzitan. und nordfrz. Raum). Gemeinsames formales Merkmal ist die Verwendung metr. Formen, die nicht immer mit der »offiziellen« Metrik im Einklang stehen, sowie das Auftreten von Anisosyllabismen (Unregelmäßigkeiten der Silbenzahl) und »irregulärem« Strophenbau, der häufig auf die besondere Verbindung von Text und Melodie zurückzuführen ist. In themat. Hinsicht dominieren das Motiv der »Klage« (v. a. der verlassenen Liebenden), verschiedene Rhythmen aus dem Bereich der Spielmannsdichtung und Stoffe aus Heiligenlegenden. Eine Reihe lyr. Texte könnte man als Repopularisierungen bezeichnen: Die mündl. Lit. übernimmt gelehrte Motive (z. B. einen gewissen stilist. Petrarkismus) und paßt sie der traditionellen musikal. Begleitung an. Das älteste Schriftdenkmal im galloroman. Bereich sind die sog. »Liebesstrophen« des 11. Jh., Vorformen der →Troubadourdichtung, die von B. BISCHOFF entdeckt und publiziert (Anecdota Novissima, 1984, 266–268) und von U. MÖLK neuinterpretiert wurden (Mélanges M.-R. JUNG, 1996, I, 47–51). Im gesamtroman. Raum gehören zu den ältesten Texten die Gazal-artigen-Strophen, angefangen von den mozarab. ḫarǧas (→Arab. Lit.) bis zu den verschiedenen, mit ihnen verwandten roman. Formen (einige Cantigas de amigo, verschiedene Virelais und Ballate), obgleich in der Forsch. die Streitfrage, ob sie ursprgl. im gelehrten Milieu angesiedelt waren und erst in einer zweiten Stufe »populär« geworden sind, oder ob sie als genuin »volkstüml.« anzusehen sind, noch ungelöst ist. L. Rossi

Ed.: D'ANCONA, Poesia popolare italiana, 1906 – F. GENNRICH, Rondeaux, Virelais und Balladen, 1921–27 – G. CONTINI, Poesia »popolare« e giullaresca (Poeti del Duecento, 1960, I), 765–921 – M. FRENK ALATORRE, Lirica española de tipo popular, 1977 – P. BEC, La Lyrique française au MA (XIIᵉ–XIIIᵉ s.), 2 Bde, 1977 – U. MÖLK, Roman. Frauenlieder, 1989 – *Lit.:* P. DRONKE, The Medieval Lyric, 1968 – J. M. ALIN, El cancionero español de tipo tradicional, 1968 – E. M. TORNER, Lírica hispánica: Relaciones entre lo popular y lo culto, 1968 – G. TAVANI, Poesia del Duecento nella Penisola Iberica, 1969 – E. ASENSIO, Poética y realidad en el cancionero peninsular de la Edad Media, 1970² – B. SPAGGIARI, La poesia religiosa anonima catalana e occitanica, Annali df. Scuola Normale Superiore di Pisa 7, 1977, 117–350 – A. M. CIRESE, Ragioni metriche, 1988 – P. LORENZO GRADIN, La cancion de mujer en la lírica medieval, 1990 – M. TYSSENS, Cantigas de amigo et chansons de femme (O Cantar dos Trobadores, 1993) 329–347 – D. Peterlongo, Les pièces d'inspiration »populaire« dans la lyrique d'oc et d'oïl [Thèse de doctorat de 3ᵉ cycle, Univ. de Paris IV (Sorbonne) 1995] – M. Zink, Le MA et ses chansons, o un passé en trompe l'oeil, 1995 [Lit.].

III. Englische Literatur: Aufgrund ihrer ursprgl. Mündlichkeit sowie der bes. sprachl. und literar. Situation Englands tauchen Texte verschrifteter V.er erst spät in der Überlieferung auf bzw. bleiben Aussagen über Alter und ursprgl. Wortlaut oftmals Spekulation (→Ballade, B.II, 4). In der Frühzeit ist die Entscheidung zw. V. und Kunstlied gelegentl. durch die Diskrepanz von Text und Melodie (→»Cuckoo Song«), zw. religiöser und weltl. Lyrik durch mangelnden Kontext schwierig. Überhaupt sind bis ca. 1300 nur vier weltl. Lieder (→Lied, II) mit Musik überliefert, bei dem fünften, dem berühmten Kuckuckslied (»Cuckoo Song«, beginnt »Sumer is icumen in«; Ind. 3223, D-H, Nr. 9), ist der Priorität gegenüber der lat. Fassung (»Perspice, Christicola«) strittig. – Zu den V.ern sind auch einige in Chroniken überlieferte Bruchstücke von Schmähliedern (→Schmähdichtung, III) zu rechnen. Zeugnisse für die frühe Existenz me. volkstüml. Liedgutes und me. Textfrgm.e finden sich in Chroniken (vgl. »Liber Eliensis« mit »Cnut's Song« [1131–74; Ind. 2164]), bei →Giraldus Cambrensis (Bericht über einen Priester [1184–90], der seine Gemeinde versehentl. mit dem Refrain »Swete lemman dhin are« [Suppl. 3242.5] statt mit »Dominus vobiscum« anspricht), in der Predigtlit. (»Sermon atte wrastlinge« [Ind. 445], →»Fasciculus Morum«, Predigtbuch des →John de Grimestone) und auf Vorsatzbll. (z.B. Rawlinson D. 913: Bruchstücke von Tanz- und Liebesliedern). In der Spätzeit kommen Sammelhss. (→carols) und Gesangbücher mit Noten (als Vorläufer der »Tudor Songbooks«) sowie katalogartige Aufzählungen von Liedern in anderen populären Gattungen hinzu.

Kontrafakturen sind seit früher Zeit bezeugt (vgl. »Cuckoo Song«), im Bereich der populären Lieder ist das berühmteste Beispiel »Maiden in the mor lay« (vor 1300; Suppl. 2037.5, D-H, Nr. 16b.I), dessen Melodie (nur im Zusammenhang mit dem Liebesgedicht »Brid on breere« [Ind. 521, D-H, Nr. 16a] überliefert) von Richard (de) Ledrede, Bf. v. Ossory, für seinen Marienhymnus »Peperit virgo« (nach 1316; D-H, no. 16b.II) benutzt wird.

K. Bitterling

Bibliogr.: C. Brown–R.H. Robbins, The Ind. of ME Verse, 1943 [Ind.; Suppl., 1954] – ManualME 6.XIV–XV, 1980 – *Ed.*: E. J. Dobson–F. Ll. Harrison, Medieval English Songs, 1979 [Korpus der mit Musik überl. Lieder, c. 1250–1400) [D-H] – *Lit.*: G. R. Owst, Lit. and Pulpit in Medieval England, 1961² – R. M. Wilson, The Lost Lit. of Medieval England, 1970² – N. Wilkins, Music in the Age of Chaucer, 1979 – S. Wenzel, Preachers, Poets, and the Early English Lyric, 1986.

Volksmeßbuch, moderne Bezeichnung für Bücher mit (Voll-)Übersetzung der im (lat.) →Missale enthaltenen Texte der Meßliturgie zum Gebrauch der Nicht-Kleriker. Spuren von Übersetzungen finden sich im FrühMA. Einen größeren Umfang nimmt die Übersetzungstätigkeit erst im Hoch- und SpätMA an, parallel zu den →Bibelübersetzungen (und oft auch in deren sachl. Zusammenhang; →Plenar), erlangen aber (obwohl mangels Spezialuntersuchungen noch keine erschöpfende Übersicht vorliegt) nicht entfernt den Stundenbuch vergleichbare Bedeutung im Buchmarkt und für die Frömmigkeit. Derzeit sind (seit der Mitte des 13. Jh.) 8 Hss. mit Vollübersetzungen bekannt (Verf.-Lex.² VI, 611). Dazu kommen noch zahlreiche Teilübersetzungen, für bestimmte Messen (etwa der Kartage) oder Textsorten (etwa Sequenzen). Die ma. Tradition geht bruchlos in die beiden gedruckten V.er der Reformationszeit (München und Schwaz 1526, Leipzig 1529 u.ö.) über.

A. Häußling

Lit.: Verf.-Lex.² VI, 607–612 [A. Häussling] – A. Häussling, Missale dt., 1984 – H. B. Meyer, Eucharistie, 1989, 289f.

Volks- und Stammesrechte → Leges

Volkssouveränität → Staat

Volkwin. 1. V. →Folcuin

2. V., 1209–36 zweiter Meister des →Schwertbrüderordens in →Livland, ✗ 22. Sept. 1236 bei →Saule. V. stammte sehr wahrscheinl. aus dem Geschlecht der Grafen v. Naumburg b. Kassel. V. vertrat 1210 in Rom Ansprüche seines Ordens vor dem Papst, leitete die Feldzüge des livländ. Gesamttheeres, auch den Geleitschutz für die hans. Kaufleute. Er führte mehr als 20 militär. Operationen gegen Esten, Russen, Semgaller, Kuren und Litauer (Schlachten an der Ymera, bei Fellin, Kareda und Saule; Belagerung der Burgen Mesoten, Fellin, Wolde). Während des Existenzkampfes seines Ordens gegen den päpstl. Legaten →Balduin v. Alna 1233 war der Meister drei Monate lang Gefangener seines eigenen Ordens. V. war am Abschluß des großen Smolensker Handelsvertrages mit den Russen 1229, an den Landesteilungen und an den Schiedssprüchen des Legaten →Wilhelm v. Modena 1225–26 beteiligt. Seine Politik zielte auf Selbständigkeit des Ordens (nur Obödienzeid von den Bf. v. →Riga), Aufbau eines eigenen Territorialstaates, Bündnis mit dem Bürgertum und ztw. mit der dän. Krone, Anlehnung an das stauf. Ksm., schließlich Vereinigung mit dem →Dt. Orden, in den sein Sohn Ludwig (später Deutschmeister) 1234 eintrat. Nach Gewinn der Hälfte des liv-, est- und kurländ. Gebiets für den Orden fiel V. bei Saule.

F. Benninghoven

Lit.: F. Benninghoven, Der Orden der Schwertbrüder, 1965 – Ders., Zur Rolle des Schwertbrüderordens und des Dt. Ordens im polit. Gefüge Alt-Livlands, ZOF 41, 1992.

Vollbort (mhd. *volb[w]ort*, mnd. *vulbor[d]*) ist Zustimmung zu einer Rechtshandlung. Spezif. Bedeutung hat dieses Wort als V. des →Umstandes im ma. dt. Gerichtsverfahren erlangt. Obgleich V. ein hochma. Rechtswort ist, spricht das rechtshist. Schrifttum von der V. der germ. Volksversammlung bei polit. Entscheidungen, von der V. der germ. und sodann der frk. Gerichtsgemeinde bei Urteilen. Ferner wird der Zustimmungsakt des Volkes bei der →Wahl des dt. Kg.s als V. bezeichnet.

K. Nehlsen-v. Stryk

Lit.: Grimm, DWB XXVI, 600 – Lexer III, 435 – K. Schiller–A. Lübben, Mnd. Wb., 1880, 550 – H. Conrad, Dt. Rechtsgesch., I, 1962², 19, 28, 141 – H. Mitteis–H. Lieberich, Dt. Rechtsgesch., 1992¹⁹, 7 II 2, 15 I 3, 23 I 7 – →Umstand.

Vollkommenheit. Der Terminus τέλειος, der bereits in der frühgr. Philos. auftritt und von Platon verwendet wird (Tim. 30d, 68e; Parm. 137e), bezeichnet bei Aristoteles mehrfaches: das, was keinen 'Teil' außer sich hat, was in seiner 'Art' unübertroffen ist und was in ein gutes – oder auch schlechtes – 'Ziel' als in sein Ende gekommen ist (Met. V, 16 1021 b12ff.). Diese Bedeutungen werden im MA theoret. auf das 'Sein' und prakt. auf das 'Handeln' bezogen. In der Scholastik ist die V. – in spekulativer Hinsicht – das Attribut eines Dinges, 'dem nichts fehlt' (vgl. Arist. Phys. III, 6, 207 a8ff.). Als höchste V. begreift Thomas das 'Sein' selbst (ipsum esse), das Gott als actus purus besitzt (S. theol. I, 4, 1) und das an den kreatürl. Wirklichkeiten als perfectio omnium perfectionum partizipiert wird (De pot. 7, 2, 9). Dagegen versteht Johannes Duns Scotus, in Anlehnung an Anselm v. Canterbury (Monolog. c.15), die 'reinen V.en' (voluntas, libertas, sapientia, scientia) als transzendentale Wesensbestimmungen, die allseits kompatibel sind (De primo princ. IV, 2–3). Da die V. 'erstrebt' wird, gibt sie – in prakt. Hinsicht – die ratio boni an. Indem die Dinge ihre eigenen V.en erstreben, streben sie indirekt nach Gott (Thomas, S. theol. I, 6, 1 ad 2). Der moral. Handelnde sucht in vernunftgemäßen, daher guten Akten die 'eigene V.' (ebd. I/II, 1, 5), wobei die ultima perfectio in der Schau Gottes liegt, dem 'Glück' des Menschen. Die ma. Spiritualität, die sich auf eine breite bibl. Textbasis stützt (K. Prümm), versteht die V. als 'Liebe' (caritas; vgl. K. S. Frank), die zur perfectio evangelica führt (Bonaventura, Opera V, 11ff.), in den traditionellen status perfectionis (Bf.e, Orden, nicht Laien) ekklesial verfaßt ist (Thomas, S. theol. II/II, 184, 1ff.) und in den neuen, auch laikalen Reformbewegungen 'tägl.-tätig' gelebt wird (M. Gerwing). Im SpätMA wird die V. an die Selbstentsagung gebunden (De imitatione Christi). Die NZ hat die V. durch die Idee der 'Perfektibilität' ersetzt und dynamisiert. K. Hedwig

Lit.: DSAM XII, 1118–1131 [K. S. Frank] – O. Klinger, Der Stand der chr. V. nach der Lehre des hl. Thomas v. Aquin, 1926 – W. Hoeres, Der Wille als reine V. nach Duns Scotus, 1963 – K. Prümm, Das ntl. Sprach- und Begriffsproblem der V., Bibl. 44, 1963, 76–92 – B. Lakebrink, Perfectio omnium perfectionum, 1984 – M. Gerwing, Malogranatum oder der dreifache Weg zur V., 1986.

Vollstreckung (exsecutio; vollstrecken: 'durchführen', 'ausführen') steht seit dem ausgehenden MA allg. für die vielfältigen Formen und Arten der zwangsweisen Durchsetzung eines Anspruchs oder einer Anordnung, speziell für den Vollzug einer gegen den Täter verhängten →Strafe (Strafv.) und für den mit staatl. Zwangsmitteln vollzogenen Zugriff auf das Schuldnervermögen zur Durchsetzung eines zivilrechtl. Anspruchs (Zwangsv.).

Ursprgl. war es dem Gläubiger anheimgestellt, auf dem Wege der Selbsthilfe gegen seinen gelöbnisbrüchigen Schuldner persönl. vorzugehen, →Pfänder zu nehmen, sie zurückzubehalten und den Gegner so zur Erfüllung der geschuldeten Leistung zu zwingen. Auch die Ahndung einer Straftat war grundsätzl. Angelegenheit der Selbstjustiz; es blieb dem Verletzten bzw. seiner Sippe überlassen, beim Täter mittels →Fehde Genugtuung zu finden.

Auch in frk. Zeit dominierte die Selbsthilfe bei Verfolgung und Durchsetzung zivil- wie strafrechtl. Ansprüche. Allerdings versuchten die Volksrechte, den Gläubigerzugriff auf Person und Vermögen des Schuldners in rechtl. geordnete Bahnen zu lenken, indem sie den Bruch des schuldner. Urteilserfüllungsgelöbnisses zur Voraussetzung der Zwangsverknechtung und der erlaubten außergerichtl. Pfandnahme erhoben. Mit wachsender Tendenz wurde die private V. generell von richterl. Geheiß abhängig; z.B. verbot die →Lex Baiuvariorum (13,1) unter Strafandrohung jedwede Pfändung »nisi per iussionem iudicis«. Daneben kannte bereits die →Lex Salica (c. 86) eine gerichtl. Auspfändung, die der →Graf unter Mithilfe von sieben Geschworenen (→Rachinburgen) auf Antrag des Gläubigers durchführte; auch sie erstreckte sich jedoch wie die außergerichtl. Pfändung nur auf die →Fahrhabe des Gegners. Die Zwangsv. in Liegenschaften entwickelte sich seit dem späten 8. Jh. in Gestalt der Fronung (missio in bannum). Als Wurzel dieses staatl. V.sverfahrens gilt die →Friedlosigkeit (Acht), die gegen die Missetäter, aber auch gegen Ladungs- oder Urteilsungehorsame verhängt wurde und den Betroffenen mit seinem gesamten Vermögen ergriff. Durch Beschränkung auf deren rein vermögensrechtl. Folgen zu einem selbständigen Institut entwickelt und vom Gf.en kraft kgl. Banngewalt exekutiert, stellt die Fronung eine vorläufige Vermögensbeschlag-

nahme zugunsten des Staates dar. Wurde das konfiszierte Gut nicht binnen Jahr und Tag ausgelöst, diente es zur Befriedigung des Gläubigers; der Rest fiel endgültig an den Fiskus. Damit trägt auch dieses Verfahren noch deutlichen Strafcharakter.

Ebenso wie das zivile war das kriminelle Unrecht im FrühMA weiterhin überwiegend der Abhilfe durch den Betroffenen selbst anheimgestellt. Die staatl. Gewalt sah keinen Anlaß, bei Blutrache und Fehde zu intervenieren, soweit sie nicht zu bürgerkriegsähnl. Zuständen führten. Zwar finden sich bei →Gregor v. Tours Hinweise auf staatl. Strafv. In den Volksrechten herrschte jedoch das Prinzip der (freiwilligen) Sühneabwicklung (→Sühne). Die V. einer verhängten Leibes- oder Todesstrafe konnte überdies durch Geldzahlung abgewendet werden. Immerhin lassen einzelne Leges neben dem privaten bereits auch einen staatl. Strafanspruch erkennen (z.B. Lex Baiuvariorum 9, 4a), und in karol. Kapitularien tritt der Gedanke auf, ein sühneunwilliger Delinquent sei Feind des Kg.s und der Gemeinschaft (MGH Cap. I Nr. 105 c. 7). In diesen Ansätzen zeigt sich die Tendenz zur V. durch die Staatsgewalt, die der Gf. als Richter über Leib und Leben repräsentiert.

Deutl. wird der Auffassungswandel im HochMA. Die →Gottes- und →Landfrieden förderten die Differenzierung zw. Zivil- und Strafrecht, versuchten in beiden Bereichen, die individuelle Selbstjustiz zurückzudrängen, und verlagerten die V. in den Aufgabenbereich der organisierten Gemeinschaft. Unabhängig davon, daß die wiederholten Verbote auf eine ebenso unausrottbare Praxis schließen lassen, setzte etwa der →Mainzer Landfriede v. 1235 (c. 14) einen neuen Akzent: Die V. in das Schuldnervermögen ohne richterl. Erlaubnis wurde dem →Raub gleichgestellt. Über dieses Verbot hinaus wurde in den Städten die gerichtl. erlaubte Gläubigerpfändung weithin von der V. durch das Gericht abgelöst. Ausschließl. amtl. instrumentiertes Zwangsmittel war die V. in Liegenschaften. Gerichtl. Ermächtigung bedurfte auch die →Verknechtung des zahlungsunfähigen Schuldners (Sachsenspiegel, Ldr. III 39). Mit zunehmender Verstaatlichung der V. trat ihr Strafcharakter zurück; primärer Zweck wurde die pekuniäre Befriedigung des Gläubigers. Zu einer einheitl. Regelung der Zwangsv. kam es erst in der NZ.

Die Selbstjustiz gegen kriminelles Unrecht durch den staatl. Strafanspruch zu verdrängen, gelang im MA zwar nicht. Auch die gerichtl. Strafverfolgung hing noch überwiegend von der privaten Klageerhebung ab. Aber seit dem späten 13. Jh. verstärkte sich die Tendenz, dem Verurteilten die Lösungsmöglichkeit zu versagen und eine verwirkte peinl. Strafe tatsächl. zu vollstrecken. Mit der Strafv. wurde, wiederum zuerst in den Städten, ein eigener Berufsstand, der des Henkers (→Scharfrichter), betraut. Weit verbreitet war die seit dem 15. Jh. beseitigte Verpflichtung des Klägers, die Kosten der Strafv. zu tragen. H. Drüppel

Lit.: K. v. Amira, Das anorw. V.sverfahren, 1874 [Neudr. 1964] – H. Planitz, Die Entwicklung der Vermögensv. im salfrk. Rechte, 1909 – O. v. Gierke, Schuld und Haftung im älteren dt. Recht, 1910, 34ff., 151ff. – H. Planitz, Die Vermögensv. im dt. ma. Recht I, 1912 – R. His, Das Strafrecht des dt. MA, I, 1920; II, 1935 – H. Conrad, Dt. Rechtsgesch., I, 1962², 30, 46, 48, 141, 149, 170, 174, 317, 388f., 439ff. – H. Drüppel, Iudex Civitatis, 1981, 308ff. – H. Nehlsen, Die Entstehung des öffentl. Strafrechts bei den germ. Stämmen (Fschr. H. Thieme 1983), 3–16.

Vollziehung, die letzte Stufe der Ausfertigung einer →Urkunde; sie drückt aus, daß der Rechtsinhalt einer

Urk. dem Willen des Ausstellers entspricht. Die V. erfolgte je nach Zeit und Urk.art unterschiedl. und umfaßt die verschiedenen Formen der →Unterfertigungen bis hin zur Anbringung des →Siegels. Voraussetzung ist die Ausfertigung der →Reinschrift, die in der Regel ein damit beauftragter Schreiber (→Kanzlei, →Notar) anfertigte. Nach deren eventueller Prüfung konnte die V. erfolgen. In Anlehnung an spätantike Vorbilder führten die Merowinger sie, soweit sie die V. überhaupt für nötig hielten und die Volljährigkeit erreicht hatten, als persönl. (autographe) →Unterschrift aus. An deren Stelle trat wohl in Zeiten der Minderjährigkeit sowie wegen der Schreibunkenntnis der frühen Karolinger das →Monogramm (Handmal). Da es für Schreibunkundige aber kaum einfacher auszuführen war als die persönl. Unterschrift, reduzierte sich die V. des Herrschers auf eine Unterzeichnung der Urk. durch Einfügen eines einzelnen Elements in das Monogramm, den V.sstrich. Karl d. Gr. führte, über einen einfachen V.sstrich noch weit hinausgehend, die im Zentrum seines Monogramms aus den Vokalen A, O, U gebildete Raute eigenhändig aus. Seine Nachfolger beschränkten sich auf den kurzen, den Querbalken des A darstellenden Strich im Innern der Raute. Als sich später das H als Grundform des Monogramms durchsetzte, stellte von Ludwig d. Fr. bis Heinrich V. üblicherweise der Querbalken dieses Buchstabens den V.sstrich dar. Unter Heinrich III. trat ein weiteres Element hinzu, das wohl mit manu propria aufzulösende Beizeichen (Signum speciale). Vor diesem stehen meist drei Interpunktionszeichen übereinander, dahinter drei Kreuze, die in der Regel eigenhändig vom Herrscher ausgeführt worden waren. Zu diesen Merkmalen der autographen V. traten weitere Elemente der Beglaubigung (→Rekognition, Besiegelung). Die eigenhändige Beteiligung des Ausstellers wurde in der →Corroboratio ausdrückl. vermerkt (z. B. 'manu nostra subter firmavimus'). Die Päpste unterschrieben bis ca. zum Jahr 1000 Privilegien nicht mit ihrem Namen, sondern mit einem eigenhändigen Schlußgruß, der zum 'Bene valete' entwickelt wurde. Seit dem 11. Jh. wurde der Schlußgruß als Monogramm ohne Eigenbeteiligung des Papstes ausgeführt, seine persönl. V. erfolgte im Rahmen der →Rota. Seit Paschalis II. erscheint zw. Rota und Monogramm die zunächst ganz eigenhändig ausgeführte Unterschrift '+ Ego N. catholice ecclesie episcopus subscripsi'. Die persönl. Beteiligung beschränkte sich dann aber nur auf das Ego bzw. das E und endete unter Bonifatius VIII. ganz. Die Anordnung des Ausstellers persönl., durch einen bes. dazu ermächtigten Beamten oder durch seinen Rat, eine ausgefertigte Reinschrift mit den Beglaubigungsmitteln zu versehen, ist der V.sbefehl; er war während des ganzen MA zumindest für die wichtigeren Urkk. üblich. In der Papstkanzlei unterschied man litterae legendae, vor dem Papst zu verlesende Urkk., zu denen er persönl. den V.sbefehl erteilte, und die litterae dandae, Routinesachen, die ohne Verlesung gewährt wurden. J. Spiegel

Lit.: Bresslau II, 163-193 – W. Erben, Die Ks.- und Kg.surkk. des MA, 1907, 29f., 137-140, 145-170 – W. Schlögl, Die Unterfertigung dt. Kg.e, 1978, passim – C. Brühl, Urkk. und Kanzlei Kg. Rogers II. v. Sizilien 68-77 – Th. Kölzer, Urkk. und Kanzlei der Ksn. Konstanze, 1983, 81-86 – Th. Frenz, Papsturkk. des MA und der NZ, 1986, §§ 8-10, 16, 17, 123.

Volmar, dt. Lehrdichter, Verf. einer Reimdichtung »Von Edelsteinen« (um 1250), einem Frühwerk der landessprachigen →Lithotherapie. V. antwortete auf eine harsche Kritik am zeitüblichen Glauben an bestimmte mirabilienartige Edelsteinwirkungen des →Stricker (»Von Edelsteinen«, um 1230) und vertrat unter Aufgriff der gängigen Lehre, Gott habe in *steine*, *wurzen* und *segen allehande wîsheit* gelegt, die Auffassung, daß es sich bei den Nachrichten der Steinbuchverf. über *güete*, Effektivität und Nützlichkeit der Edelsteine um *wârheit* handle. Wer Gegner dieser *wârheit* töte, begehe keine *sünde*. Beschrieben werden die Tugenden der zwölf Steine auf dem Brustschild des Hohepriesters Aaron, dann die natürl. *krefte* weiterer Steine und einiger Gemmenbilder. Es bietet sich eine mag.-med. Lithologie; hingegen hinterließ die antikma. Edelsteinallegorese keine Spuren. V. stützte sich auf *püecher* ungenannter *maister* (→Marbod v. Rennes? →Thomas v. Cantimpré? →Arnold v. Sachsen?), doch sind V.s Q. im einzelnen noch weitgehend unaufgedeckt. Ausweisl. ihrer hs. Überlieferung konnte sich V.s Dichtung im SpätMA behaupten; Ende des 15. Jh. gedruckt, wurde sie von 1595 bis ins 18. Jh. in einer Prosabearb. in der »Kunstkammer« A. Jeßners verbreitet. J. Telle

Ed.: H. Lambel, 1877 – Lit.: ADB XL, 159-261 [Lit.] – Lit.-Lex., hg. W. Killy, XII, 1992, 58f. – Verf.-Lex. IV, 717f. [Lit.] – E. Brodführer, Der Wernigeröder Lapidarius, ZDPh 46, 1915, 255-268 [mit Textabdruck] – G. Eis, Andreas Jeßner über die Steinbuch, SudArch34, 1941, 68-76 [mit Textabdruck] – F. N. L. Poynter, The Ed. Princeps of V.'s Steinbuch ?, ebd. 44, 1969, 21-24 – W. Kleist, Eine neue Hs. von V.s Steinbuch, ZDA 103, 1974 [mit Textabdruck] – Ch. Meier, Gemma spiritalis, I, 1977, 364, 366.

Vologda, Stadt im nördl. Rußland, gelegen am Fluß V., einem Nebenarm der Suchona, die in die Nördl. Düna mündet. Die Anfänge V.s im finno-ugr. Siedlungsgebiet liegen im dunkeln. In einer Heiligenlegende aus dem 17. Jh. wird das Jahr 1147 genannt, in dem der hl. Gerasim »an der V.« das Troica-Kl. gegründet haben soll. Archäolog. konnte Besiedlung in der vormongol. Zeit nachgewiesen werden. Die Gründung V.s, das in Urkk. aus dem frühen 13. Jh. als Besitz →Novgorods erwähnt wird, war verbunden mit der Erschließung des Hinterlandes der Volchov-Metropole entlang des nordöstl. Flußsystems. Nach dem Vordringen der →Tataren setzte in der Mitte des 13. Jh. eine verstärkte ostslav. Besiedlung ein. V. wurde seit Ende des 13. Jh. zunehmend in die Auseinandersetzungen Novgorods mit den Fs.en v. →Tver' und →Moskau hineingezogen, verblieb jedoch zunächst bei Novgorod. Klostergründungen im Gebiet zw. →Wolga und Suchona im Auftrag der Ebf.s v. →Rostov bzw. der Metropoliten v. Moskau schwächten den Novgoroder Einfluß, bis V. schließlich unter →Dmitrij Donskoj von Moskau und Novgorod gemeinsam verwaltet wurde. 1397 nahm →Vasilij I. V. ein, das seitdem in starke Abhängigkeit von Moskau geriet, juristisch jedoch von Novgorod bis zum Verlust seiner polit. Selbständigkeit 1471 behauptet wurde: In den Verträgen mit Moskau galt V. weiterhin als zu den »volosti Novgorodskie« gehörig, die (nach Janin) einen rechtl. Sonderstatus genossen und vor direkter Moskauer Einflußnahme geschützt waren. Mitte des 15. Jh. litt V. unter den Kriegen des Moskauer Gfs.en →Vasilij II. mit seinen Vettern →Vasilij Kosoj und →Dmitrij Šemjaka; letzterer trat 1446 dem von ihm kurzfristig besiegten Gfs.en V. als Erbteil ab. Beim Tode Vasilijs II. (1462) fiel V. an dessen jüngsten Sohn Andrej Mladšij, der es 1481 →Ivan III. hinterließ. In der 2. Hälfte des 15. Jh. war V. Truppensammelpunkt für die Moskauer Feldzüge gegen die Mari (Tscheremissen), Mansi (Wogulen) und Kazaner Tataren. Nachdem V. 1492 dem Bm. Perm' zugeordnet worden war und sich aufgrund seiner geogr. Nähe zu Moskau allmählich zum Hauptsitz der Bf.e entwickelt hatte, stieg die polit. und kulturelle Bedeutung der Stadt (seit 1589 Ebm.). Zugleich wurde V. zum Verkehrsknotenpunkt, über den u. a. der Salzhandel der Klöster im N abgewickelt wurde. Dank der Erschließung der Archangel'sk-Route durch die Engländer Mitte des 16. Jh. entwickelte sich V. zu einem wichtigen Umschlagplatz für den Handel mit W-Europa. K. Brüggemann

Lit.: A. E. Marcalov, Vologodskaja starina, 1889 – G. K. Lukomskij, V. v ee starine, 1914 [Neudr. 1991] – Ders., Letopis' goroda Vologdy, 1963 – F. Ja. Konovalov u. a., Vologda XII – načalo XX veka, 1993 – V. L. Janin, Iz istorii novgorodsko-moskovskich otnošenij v XV v., Rossija v X–XVII vv., I, 1995.

Volokolamsk, Stadt am linken Ufer des Flusses Goroden', der durch weitere Flüsse mit der →Wolga verbunden ist, entstand an der Stelle einer Siedlung der D'jakovo-Kultur, wohin →Jaroslav I. d. Weise den Ort Starovolockoe verlegte. Jaroslav gründete in V. die Kl. der Erhöhung des Hl. Kreuzes und des Hl.n Il'ja. Chronikal. erstmals 1135 erwähnt, hatte die Burgsiedlung eine Ausdehnung von 275 × 50 m und lag 18–24 m über dem Fluß. Die Verteidigungsanlage mit dem 3–6 m dicken Wall stammte aus der 2. Hälfte des 12. Jh. In der Kulturschicht von 1–2,5 m fanden sich zahlreiche Zeugnisse handwerkl. Tätigkeit (u. a. Keramik, Glasarmringe) sowie Überreste von Häusern mit Steinöfen aus vormongol. Zeit, in der auch bereits die Vorstadt bestand. Die Lage von V. am Handelsweg von →Novgorod zur oberen Wolga, zur Oka, nach Moskau und nach Kiev begünstigte seine wirtschaftl. Entwicklung. 1238 und 1293 von den Mongolen eingenommen und zerstört, wurde V. in der Zeit des Kampfes Novgorods um seine Unabhängigkeit von den Fs.en v. →Suzdal' zum Grenzstützpunkt. Von der 2. Hälfte des 12. bis zum 2. Viertel des 14. Jh. befand sich V. unter der Herrschaft Novgorods, dann, bis 1393, unter der der Fs.en v. →Moskau (u. a. →Vladimir Andreevičs v. Serpuchov). 1408–10 wurde V. von Fs. →Švitrigaila v. Litauen beherrscht, seit der Mitte des 15. Jh. wiederum von Moskau. 1462–94 war V. Hauptstadt des Fsm. Volock-Ruza, das Gfs. →Vasilij II. v. Moskau seinem Sohn Boris zugeteilt hatte, und 1494–1513 Hauptstadt des Fsm.s Volock unter Boris' Söhnen Fedor und Ivan. Die Stadt blieb ein Handelszentrum von regionaler Bedeutung (Fund einer Münze Vasilij Jaroslavičs v. Serpuchov [Mitte des 15. Jh.]; Erhebung von Handelszöllen). A. Choroškevič

Lit.: A. A. Zimin, Novgorod i V. v XI–XV vv., Novgorodskij istoričeskij sbornik 10, 1961, 97–116 – M. A. Il'in, Podmoskov'e, 1965, 229–327 – Archeologičeskaja karta Rossii. Moskovskaja oblast' 2, 1995, 12–14.

Volpert v. Ahusen → Vulpertus

Völsunga saga ('Gesch. von den Völsungen'), umfangreichste und bekannteste der an. 'Vorzeitsagas' (→Fornaldarsögur), entstand ungefähr in der Mitte des 13. Jh. und ist nur in einer Hs. um 1400 (NkS 1824 b, 4°) und in einer Papierhs. des 17. Jh. (AM 6–7 fol.) erhalten. In klarem, schmucklosem, der an. Gesch.sschreibung verwandtem Stil wird auf der Grundlage des völkerwanderungszeitl. Nibelungenstoffs (→Nibelungenlied) von fünf Generationen des Völsungengeschlechts erzählt, dessen myth. Stammvater →Odin ist und das seinen Namen von Völsung, dem Vater Sigmunds und Großvater des Drachentöters Sigurd (→Siegfried), ableitet. Da der größte Teil der Erzählung auf einzelnen Liedern der Edda-Dichtung (z. B. Helgakviða Hundingsbana I, Reginsmál, Atlakviða) beruht, wurde der Versuch gemacht, aus den Kap. 24–31 der V. den Inhalt der Lücke in der Haupths. der Edda (Cod. Reg. 2365, 4°) zu rekonstruieren. R. Volz

Ed.: V. s. ok Ragnars saga loðbrókar, ed. M. Olsen, 1906–08 – V. s., hg. U. Ebel, 1983 – Übers.: P. Herrmann, Isländ. Heldenromane, 1923 [1962²], 39–136 – J. L. Byock, The Saga of the Volsunga, 1990 [engl.] – Bibliogr.: Islandica V, 1912; XXVI, 1937 – Lit.: KL XX, 347–349 – R.

Simek – H. Pálsson, Lex. der an. Lit., 1987, 393–395 – R. C. Boer, Unters. über den Ursprung und die Entwicklung der Nibelungensage, 1–3, 1906–09 – G. Neckel, Zu den Eddaliedern der Lücke, ZDPh 39, 1907 – P. Wieselgren, Q.studien zur V. s., 1935.

Volterra, Stadt und Bm. in der w. Toskana (Prov. Pisa). Etrusk. Ursprungs, erlebte die Stadt unter den Römern weder z. Zt. der Republik noch in der Kaiserzeit einen gravierenden Niedergang. Seit der zweiten Hälfte des 5. Jh. Mittelpunkt einer sehr ausgedehnten Diözese, bewahrte V. auch im FrühMA seine städt. Funktionen, erfuhr aber nach der Jahrtausendwende keine ähnl. Entwicklung wie die anderen Zentren der Region. Es läßt sich berechnen, daß die Bevölkerung innerhalb der Mauern im gesamten MA nie mehr als 12000 Personen umfaßte. Die polit. Geschichte der Stadt ist durch die starke Macht der Bf.e gekennzeichnet, die Gf.enrechte über die Stadt selbst und das Territorium ausübten und Münzen schlugen. Zu den Bf.en, die oft von der Familie Pannocchieschi gestellt wurden, standen häufig die kommunalen Institutionen im Gegensatz, die sich im Lauf des 13. Jh. am Ende als siegreich erwiesen. In den Konflikt griffen ständig auch große toskan. Familien, wie die →Della Gherardesca und die →Aldobrandeschi, ein sowie die Nachbarmächte Siena, Pisa, Lucca und später v. a. Florenz und schließlich auch die kleinere Nachbarstadt San Gimignano, die bisweilen durch die Dynamik ihrer Kaufmannsschicht größere Aktivität bewies. Trotz des Versuchs der Familie Belforti, eine Signorie zu errichten (1340–61), mußte V., das wiederholt in militär. und diplomat. Auseinandersetzungen verwickelt war, 1361 die Vorherrschaft von Florenz anerkennen. Die Eingliederung der Stadt in das florent. Territorium bedeutete jedoch nicht den vollen Verlust der Autonomieansprüche. Erst 1472, nach einem heroischen, blutig unterdrückten Aufstand, verleibte Florenz V. definitiv seinem Staat ein. Der wirtschaftl. Aufschwung V.s ist weniger kommerziellen und finanziellen Aktivitäten zu verdanken (Kaufleute aus V. begegnen nicht zahlreich und waren häufig fern von ihrer Heimatstadt tätig) als dem Gewerbe (Wollverarbeitung, Leder, Pelze), der Landwirtschaft (charakteristisch der Safranproduktion), der Viehzucht und v. a. der Ausbeutung der reichen Bodenschätze des Territoriums (Salz, Schwefel, Vitriol, Kupfer, Silber und Alaun), die den eigentl. Reichtum der Stadt ausmachten. Was das soziale Profil betrifft, finden wir am Ende des MA an der Spitze der Stadt eine relativ breite und kompakte Führungsschicht – zumeist popolaren Ursprungs –, die für Kunst und Kultur offen war und ihre eigenen bürgerl. und kirchl. Traditionen verteidigte. M. Luzzati

Lit.: Atti del Convegno »Dagli albori del comune medievale alla rivolta antifrancese del 1799«, Volterra 8–10 ott. 1993 (Rassegna volterrana, LXX, 1994), 1995.

Volto Santo, Bezeichnung für ein überlebensgroßes Holzkruzifix im Dom zu →Lucca, das den Gekreuzigten mit einer langärmeligen, gegürteten Tunika bekleidet zeigt und in seiner heutigen Form aus dem frühen 13. Jh. stammt. Es handelt sich hierbei um die Nachbildung eines älteren Kruzifixes, das einer im 12. Jh. von Leobinus Diaconus überlieferten Legende zufolge von Nikodemus geschnitzt und im 8. Jh. von Palästina nach Lucca gebracht worden sein soll. Das Antlitz des Gekreuzigten galt als ein von Engeln geschaffenes, was den Namen V. S. erklärt. Vom späten 11. Jh. an ist die hohe Verehrung des V. S. als Gnadenbild bezeugt. Seit dieser Zeit fand der Darstellungstyp, der letztl. auf frühbyz. Vorbilder zurückgeht, auch im übrigen Abendland zunehmend Verbreitung, zunächst in Nordspanien und Südwestfrankreich, dann auch im nördl. Europa. Zumeist handelt es sich hierbei um Nachbildungen des Luccheser V. S., die nördl. der Alpen seit dem späten MA oft auch als Darstellung der hl. Kümmernis mißverstanden wurden. J. Poeschke

Lit.: G. SCHNÜRER–J. M. RITZ, Sankt Kümmernis und V. S. (Forsch. zur Volkskunde, hg. G. SCHREIBER, H. 13-15, 1934) – G. DE FRANCOVICH, Il V. S. di Lucca, Boll. stor. lucchese 8, 1936, 3–29 – R. HAUSSHERR, Das Imervardkreuz und der V. S.-Typ, ZKW 16, 1962, 129-170 – P. LAZZARINI, Il V. S. di Lucca, 1982.

Volumen (parvum) → Corpus iuris civilis, III, 1

Völuspá ('die Weissagung der Seherin'), wichtigste mytholog. Dichtung der Liederedda, in deren Codex Regius sie an erster Stelle steht. Die V. umfaßt in ihrer erhaltenen Form 66 Strophen (62 im Codex Regius, vier weitere in der →Hauksbók) und umspannt im Rahmen der Vision einer Seherin (Str. 1-2, 28, sonst nur Einzelzeilen) die heidn. Kosmogonie von Urchaos über die Erschaffung der Riesen, Götter und Menschen bis zum Weltuntergang zu den →Ragnarök und den Beginn einer neuen Welt. Eingeschoben sind Listen von Zwergennamen, die aber schon ursprgl. Bestandteil des Lieds sein könnten, da sie gut zu den – für die heidn. Religion sonst untyp. – Systematisierungstendenzen passen. Daß in der V. nicht nur altes heidn.-germ. Gedankengut überliefert ist, wird seit langem akzeptiert, der Grad der Beeinflussung und ihr Ursprung (chr., klass. oder vielleicht sogar nahöstl. Einflüsse?) ist umstritten. Die V. ist jedenfalls schon lange vor der Niederschrift des Codex Regius (nach 1270) verfaßt worden; sie ist nicht nur von →Snorri, der als einziger den Namen des Gedichtes überliefert, in seiner Edda verwendet worden, sondern schon von Arnórr Jarlaskáld um 1065 in seiner Þorfinnsdrápa zitiert. Die synkretist. Grundhaltung, die recht systemat. Darstellung heidn. Religion und vielleicht die Endzeitstimmung vor 1000 sprechen am ehesten für eine Entstehung in der spätheidn. Zeit; die Herkunft aus der religiösen Mischkultur Nordenglands (Northumbrias) der ausgehenden Wikingerzeit ist ebenfalls nicht unwahrscheinl., obwohl man auch Hinweise auf isländ. Entstehung hat sehen wollen.

Eine Nachahmung der V. aus dem 12. Jh. ist die »V. in skamma« ('Die kurze V.'), die als Teil der Hyndluljóð überliefert ist. R. Simek

Lit.: E. MOGK, Zur Gigantomachie der V., 1925 – H. DE BOOR, Die religiöse Sprache der V. und verwandter Denkmäler, Dt. Islandforsch. 1, 1930, 68–142 – J. DE VRIES, Die V., GRM 24, 1936, 1–14 – Å. V. STRÖM, Indogermanisches in der V., Numen 14, 1967, 167–208 – H. DÖLVERS, Text, Gliederung und Deutung der V., ZDA 98, 1969, 241–264 – W. BUTT, Zur Herkunft der V., PBB West 91, 1969, 82–103 – S. NORDAL, The Author of V., Saga-Book 20, 1978–79, 114-130 – R. BOYER, On the Composition of V. (Edda. A Collection, 1983), 117-133 – J. MCKINNELL, Norse Mythology and Northumbria: A Response, Scandinavian Stud. 59, 1987, 325-337 – Medieval Scandinavia. An Enc., 1993, 713-715.

Vomitiva (Emetica), 'Brechmittel' (mlat. meist vomitus 'Erbrechen', vomitum facientes 'Erbrechen erzeugende'). Da nach dem im MA dominierenden patholog. Konzept →Galens Gesundheit wie Krankheit auf einer ausgewogenen Mischung der Primärqualitäten basierten, wobei die humores als Träger und Vermittler dieser Primärquellen von Bedeutung sind (→Humoralpathologie), bestand die ärztl. Therapie v. a. darin, die Dyskrasie (inkl. πληθώρη oder plenitudo, d. h. Überfülle des Körpers an allen vier Säften) oder Kakochymie, also die Krankheit erzeugenden überflüssigen und schlechten Säfte (superfluitates) durch Purgation (→Purgantia) zu beseitigen. Das Erbrechen, demnach eine wichtige therapeut. Maßnahme, gehörte auch zu den Faktoren der Lebensführung (regimen), den sechs fundamentalen Lebensbereichen, die der Mensch einzeln oder in ihrer Gesamtheit regeln mußte, um das Gleichgewicht der Gesundheit erhalten oder wiedererlangen zu können, den sog. sex →res non naturales. Erbrechen nützt, wenn der Körper im Sommer durch Fasten ausgetrocknet ist, reinigt von schädl. Säften und wäscht den Magen (»Regimen sanitatis Salernitanum« LXXX). Zwei Arzneimittelmodelle, die sich in den »Canones« des Pseudo-→Mesuë finden, erklären für das MA den Mechanismus der V.:

a) hippokrat. Vorstellungen, nach denen die Natur als agens principale die Purgation bewirkt, wobei sie die vom Arzt gereichten Pharmaka gleichsam als agentia instrumentalia einsetzt und mit ihrer Hilfe je nach Eignung des Mittels und nach Bedarf und Notwendigkeit bestimmte Stoffe aus bestimmten Organen entleert (Erbrechen wird dabei durch eine agitatio [Aufwallen] längs des Magens nach oben verursacht);

b) Theorien aus →Serapions »Breviarium«, wonach das Purgans, sobald es in den Magen gelangt ist, den für es speziellen Saft anzieht und durch Schwächung des oberen Magenmunds die von ihm aus dem ganzen Körper in den Magen gezogenen superfluitates zum Aufwallen bringt, worauf Umstülpung des Magens und Entleerung durch den Mund folgt.

Als milde Brechmittel galten: Dill-, Melde-, Schwarzkümmel-, Rüben-, Radieschen-, Rettich- und Zwiebelsamen, Salz, Tamariskenblüten und Asarum (Hasel- oder Brechwurz); als mittelstarke: Brechnuß, Färberdistelsamen, 'borax' (Salpeterarten und Alkalicarbonate), Stein- und ind. Salz sowie die große Behennuß; als starke: Helleborus albus (weiße →Nieswurz), Seidelbast, Veratrum album (?), die kleine Behennuß, Springwolfsmilch, Rizinussamen (?), Thapsia, Steppenraute und Eselsgurke. Das →»Antidotarium Nicolai« nennt als erstes zusammengesetzte V.: »Vomitus noster«, den bereits um 1155 Salernus Aequivocus als »vomitus Nicolai« und gängiges Emeticum in seinem »Compendium« kennt, während ihn →Guido v. Arezzo d. J. um 1180 in Parma in seinem »Liber medicinalis [mitis]« zitiert, »Vomitus patriarch(a)e«, der sich nach →Saladin v. Ascoli zwei Jahre hält, und »Vomitus valens tertianariis et quartanariis, sed maxime competit quotidianariis«. Alle drei Composita enthalten Thapsia, Crocus und Asarum, das Präparat des Nikolaus noch Brechnuß und Springwolfsmilch. F.-J. Kuhlen

Lit.: Die Concordanciae des Johannes de Sancto Amando, hg. J. L. PAGEL, 1894 – S. LIEBERKNECHT, Die Canones des Pseudo-Mesue. Eine ma. Purgantien-Lehre. Übers. und Komm. [Diss. Marburg 1993] (QStGPh 71, 1995).

Von des todes gehugede → Heinrich v. Melk (127. H.)

Vorarlberg, von Romanen und Alamannen besiedelt, kam 536 an das frk. Reich und wurde um 610 durch →Columban und →Gallus christianisiert. Die mit den Karolingern verschwägerten →Udalrichinger, die in →Churrätien und mehreren Gauen des Bodenseegebietes Gf.enrechte hatten, ließen sich 917 in →Bregenz nieder und bemühten sich um den Landesausbau (1097 Gründung des Kl. Mehrerau). Das Erbe der Gf.en v. Bregenz gelangte über den Pfgf.en Hugo v. Tübingen († 1182) an dessen jüngeren Sohn Hugo, der sich nach der um 1200 von ihm erbauten Burg →Montfort nannte. Die neue Dynastie, die sich 1258 in die Geschlechter Montfort und →Werdenberg und das Haus Montfort, 1267, in die Linien Feldkirch, Bregenz und Tettnang teilte, suchte über die Förderung des Weinbaus und die Anlage von Gründungsstädten (Feldkirch, Bregenz, Bludenz) eine Territorialherrschaft aufzubauen, scheiterte damit jedoch wegen der Teilungen und Fehden, die die Entstehung kleinerer Herrschaften (Ems, Neuburg, Vaduz-Schellenberg) begünstigten. Die →Habsburger, die 1363 Neuburg erwarben, übernahmen die Herrschaften Feldkirch 1375/90, Bludenz 1394/1420, Bregenz 1451/1523, zuletzt Tettnang 1780. Die in den Appenzellerkriegen 1404–08 (→Appenzell) noch einmal gefährdete österr. Herrschaft behauptet sich im 15. Jh. im Kampf gegen die →Eidgenossen.

K. H. Burmeister

Lit.: B. Bilgeri, Gesch. V.s, I–II, 1971–74.

Vorau, Augustiner-Chorherrenstift, Steiermark. 1163 von Mgf. →Otakar III. als erste Tochtersiedlung →Seckaus gegr. und in der NO-Steiermark mit großem und geschlossenem Besitz ausgestattet. 1170–85 wurde die dreischiffige Pfeilerbasilika St. Thomas apost. erbaut, um 1200 der Markt V. angelegt. 1237 und 1384 schädigten Brände den Baubestand des Stiftes, das sich zu einem bedeutenden Seelsorge- und Kulturzentrum entwickelte. Propst Bernhard I. (1185–1202) gründete die Stiftsbibliothek. Vor 1190 erfolgte, z. T. unter seiner Mitarbeit, die Niederschrift der ältesten dt. Sammelhs. (Cod. 276) mit 21 dt. Werken (u. a. →Vorauer Bücher Mosis, Dichtungen der Frau →Ava, →Kaiserchronik, Alexanderlied) und den lat. Gesta Friderici Imp. →Ottos v. Freising. Zu den Zimelien der Stiftsbibl. zählen ferner eine fragmentar. Beichtformel (10. Jh.) und Osterfeiertexte (13. Jh.). Propst Bernhard II. starb während des Stiftsbrandes 1237 bei der Rettung von Hss. 1250/52 ist eine Stiftsschule bezeugt. 1257 erfolgte die Weihe der neuen Stiftskirche. Unter Propst Bernhard III. (1267–82) wurde das zweite Bücherinventar (Cod. 274) angelegt, das gegenüber dem ersten vom Anfang des 13. Jh. (Cod. 83) einen Zuwachs von etwa 60 Werken aufweist. Chorherr Gottfried schrieb 1332 das Sammelwerk für Seelsorger und Prediger »Lumen Animae« (Cod. 130). Propst Konrad III. (1381–96) führte ein Tagebuch (»Bibel der hl. Jungfrau«). Im 14./15. Jh. erfolgte der wirtschaftl. und disziplinäre Niedergang des Stiftes, das Propst Andreas v. Pranpeck (1433–53) aus dem Stift →Berchtesgaden mit Chorherren v. St. Dorothea in Wien reformierte. 1452 erhielt er die Pontifikalien; eine bedeutende Buchmalereischule wurde eingerichtet. Ab 1458 erfolgte die Befestigung des Stiftes, das 1488 die ung. Belagerung überstand.

H. Ebner

Lit.: P. Fank, Catalogus Voraviensis, 1936 – Ders., Das Chorherrenstift V., 1959² – G. Pferschy, Wiss. spflege im Stift V. (Und neues Leben blüht, hg. F. Hutz [Fschr. R. Kroisleitner, 1980]), 78–86 – F. Posch, Die Zinsregister des Chorherrenstiftes V. aus dem 15. Jh. (Österr. Urbare III/4/2), 1986 – 825 Jahre Chorherrenstift V., hg. F. Hutz, 1988.

Vorauer Bücher Mosis, frühmhd. Gedicht überwiegend atl. Inhalts aus einer Sammelhs. des Stifts →Vorau (Cod. 276, fol. 74ʳᵃ–94ʳᵃ), kompiliert aus fünf ursprgl. selbständigen Teilen: Genesis (1290 vv.), Josef (2616 vv.), Moses (1374 vv.), Marienlob (118 vv.), Balaam (452 vv.). Die Josefsgesch. folgt wörtl. der »Altdt. Genesis« vv. 3446–6062 (→Genesisdichtung, dt.), für die anderen Teile sind Vorlagen nicht bekannt. Der Kompilationscharakter tritt bes. durch die Inserierung von elf lat. Textzeilen in die Schlußpartie des Moses zutage. Das sog. Marienlob fügt sich in den atl. Zyklus durch typolog. gedeutete Prophetenaussprüche. Insges. tritt das narrative Moment zurück hinter Exegese und Kommentar, die nur für ein geistl. vorgebildetes Publikum verständl. waren.

D. Kartschoke

Ed.: Die dt. Gedichte der V. Hs. (Kodex 276 – II. Teil). Faks., 1958 – Dt. Gedichte des XI. und XII. Jh., hg. J. Diemar, 1849 – *Lit.*: Gesch. der dt. Lit. von den Anfängen bis zum Beginn der NZ, hg. J. Heinzle, I/2, 1994², 69–73 [G. Vollmann-Profe].

Vorbasse, eine vom Dän. Nationalmus. und vom Vejle Mus. 1974–87 ausgegrabene Gruppe von Dorfsiedlungen aus der Eisenzeit und Wikingerzeit, die sich n. vom Dorf V., zw. Kolding und Grindsted in Mitteljütland (Dänemark), befindet. Die Ausgrabung, die als Glücksfall für die neuere dän. Archäologie gilt, zeigt, wie die gleiche Dorfgemeinschaft kontinuierl. vom 1. bis zum 12. Jh. verfolgt werden kann. Während dieser Zeit erfolgte eine mehrmalige Besiedlung auf einem Gebiet von nur 260 000 m². Vom 1. bis zum 3. Jh. bestand die Siedlung aus drei kleinen zeitgenöss. Bauten, wobei zu jedem Bau eine Anzahl Hofstellen mit Grabplätzen und ein eigenes umgrenztes Nutzgebiet mit Wiesen und Feldern gehörten. Vom 3. bis zum 7. Jh. weist der Siedelplatz ein großes Dorf auf, das von einer wechselnden Zahl von separaten Hofstellen umgeben war. In dieser Zeit veränderte sich die Lage der Siedlung dreimal, um insgesamt 200 m. Während des 8. Jh. verlagerte sich das Dorf um 400 m. Seit dem 8. Jh. bis Mitte des 10. Jh. bestand das Dorf aus sieben, fast gleichgroßen Bauernhöfen, wobei jede Hofstelle als regelmäßige, rechteckige Einfriedung erschien, mit dem Hof im Zentrum. In der Mitte des 10. Jh. wurden diese Bauernhöfe um das Doppelte vergrößert. Während des 11. Jh. verlagerte sich das Dorf ein letztes Mal – um fast 1000 m – an den heutigen Platz der Stadt V., in deren Zentrum eine große Siedlung ausgegraben wurde, die für das 11. bis 15. Jh. nachweisbar ist. 1688 bestand das Dorf aus neun gleichgroßen Bauernhöfen.

S. Hvass

Lit.: S. Hvass, Die völkerwanderungszeitl. Siedlung V., Mitteljütland, Acta Archaeologica 49, 1978 (1979), 61–111 – Ders., V. The Viking-Age Settlement at V., Central Jutland, ebd. 50, 1979 (1980), 137–172 – Ders., V. – Eine Dorfsiedlung während des 1. Jt. n. Chr. in Mitteljütland, Dänemark (Ber. der Röm.-Germ. Komm. 67, 1986), 529–542.

Vorbehaltsklausel (Salvatio) diente der Sicherung der Rechte des Ausstellers einer →Urkunde. Die Papstkanzlei (→Kanzlei, B) entwickelte die häufig gebrauchte Form »salva sedis apostolicae auctoritate«. Dieser Typus, schon unter Kg. Konrad III. gelegentl. belegt, fand Eingang in die Urkk. Ks. Friedrichs I. In der Kanzlei Ks. Heinrichs VI. (»salva tamen in omnibus, ut dictum est, nostra et heredum nostrorum ordinatione«) weiterentwickelt, wurde die V. unter Ks. Friedrich II. zunehmend regelmäßig verwandt. Ihre Rücknahme, z. B. bei Privilegienbestätigungen, stellte für den Empfänger eine wichtige Vergünstigung dar.

J. Spiegel

Lit.: F. Thaner, Über Entstehung und Bedeutung, SAW 71, 1872, 807ff. – H. Appelt, Die Vorbehaltsformel (WdF 390, 1975), 33ff. – P. Csendes, Die Kanzlei Ks. Heinrichs VI., 1981, 141f.

Vorderösterreich. Unter diesem erst in der NZ üblichen Begriff verbirgt sich ein Konglomerat habsbg. Besitzungen in →Schwaben. 1444 werden erstmals »Vordere Lande« erwähnt. Dabei handelte es sich nicht um ein geschlossene Territorium, im wesentl. aber um isolierten Streubesitz. Grundsätzl. kann man vier Raumkomplexe unterscheiden: 1. Besitzungen s. von Rhein und Bodensee (Aargau, →Thurgau, Fricktal, einige Rheinstädte); 2. Die »oberen Lande enhalb der Arl«, ein Gebiet zw. Arlberg, Rhein und Bodensee (ausgenommen Hohenems und der Reichshof Lustenau); 3. Donau- und Oberschwaben, eine Reihe von Herrschaften zw. Neckar, Schwarzwald und Donau (Mgft. →Burgau, Landvogtei Ober- und Niederschwaben, die Gft. en →Montfort, →Nellenburg, Hohenberg, Städte an der oberen Donau, Besitzungen im Hegau); 4. V. im engeren Sinne: geschlossene Territorien am

Oberrhein (Oberelsaß, →Sundgau, →Breisgau, Landvogtei →Hagenau). Den Grundstock dieser Besitzungen stellten die sog. Stammlande der →Habsburger im SW des Reiches dar. Kg. Rudolf I. erweiterte diese durch Kauf und Erbschaft und errang dadurch eine territoriale Übermacht in Schwaben. Er wollte das 1268 erloschene Hzm. erneuern und den Habsburgern eine zweite Machtgrundlage neben den 1282 erworbenen Reichslehen im SO (→Österreich, →Steiermark) schaffen. Ungünstige reichspolit. und familiäre Ereignisse verhinderten jedoch eine Vereinigung des zersplitterten Besitzes. Die Habsburger scheiterten dabei an den Gf.en v. →Württemberg, den Reichsstädten, v. a. aber an der Dynamik der →Eidgenossen. Die Erwerbung →Tirols 1363 schuf die Voraussetzungen für eine zentrale Verwaltung der Vorderen Lande, und die Länderteilung v. Neuberg a. d. Mürz (1379) verstärkte deren Position innerhalb des habsbg. Herrschaftsgefüges. Mit der Einbeziehung der Basler Lande, die 1386 bevorstand, wäre ein geschlossener Machtkomplex zw. Tirol und den Vogesen verwirklicht worden. Der Tod Hzg. Leopolds III. bei →Sempach vereitelte das im letzten Augenblick. Neben den Niederlagen gegen die Eidgenossen, die bis zum Ende des 15. Jh. mit Ausnahme des Fricktals alle habsbg. Besitzungen s. des Rheines eroberten, führten nicht eingelöste Verpfändungen zu Landverlust in Schwaben. Im Frieden v. →Basel (1499) wurde schließlich ein Besitzstand festgelegt, der trotz beachtl. Erwerbungen in der frühen NZ an der polit. Situation in Schwaben nichts mehr änderte. Der Gewinn Württembergs blieb ephemer (1521-34). Im Vertrag v. Brüssel 1522 wurden die Vorderen Lande zunächst Ehzg. Ferdinand nur zur Verwaltung für Karl V. übergeben; dieser verzichtete jedoch 1540 endgültig darauf. - In puncto Verwaltung und Hoheitsrechte waren die Vorlande uneinheitlich. Das Land vor dem Arl und die Besitzungen an Donau, Neckar und in Oberschwaben wurden in Ämter und Vogteien gegliedert und unmittelbar von →Innsbruck aus regiert. V. im engeren Sinne wurde von einem delegierten Kollegium in Ensisheim verwaltet. 1446-58 residierte Hzg. Albrecht VI. in →Freiburg i. Br., was zu einer vorübergehenden Herrschafts-»Verdichtung« in den Vorlanden führte. Stände (»Landschaft und Landtag«) sind im eigtl. V. seit ca. 1440 belegt, in den übrigen Territorien seit dem Ende des 15. Jh. - V. war staatsrechtl. gesehen ein »unfertiges Gebilde«, das nicht zu einem »Land« geformt werden konnte. Doch zeigen die jahrhundertelangen Bemühungen, daß den Habsburgern die vorländ. Besitzungen und deren Umwandlung in einen geschlossenen Herrschaftskomplex wichtige polit. Anliegen waren.
G. Scheibelreiter

Lit.: Ö. Eine geschichtl. LK, hg. F. METZ, 1967² - E. ZÖLLNER, Der Österreich-Begriff. Formen und Wandlungen in der Gesch., 1988 - W. BAUM, Die Habsburger in den Vorlanden 1386-1486. Krise und Höhepunkt der Habsbg. Machtstellung in Schwaben am Ausgang des MA, 1993.

Vordersteg → Sattel

Vorderzeug → Pferdezeug

Vordingborg, Stadt und Burg in →Dänemark, im südlichsten Teil der Insel Seeland, an der Meerenge Storstrømmen gelegen. Spätestens im 12. Jh. wurde auf einem Hügel an der Küste eine Burg angelegt, wohl um die Überfahrt nach Falster zu schützen und zu kontrollieren. Die dem hl. Andreas geweihte Kirche auf dem Burghügel stammt aus dem späten 12. Jh. Während die Burg am südlichsten Rand der Anhöhe lag, bildete sich vermutl. die älteste städt. Siedlung um die Kirche. Im 13.-14. Jh. wurde die Burganlage ausgebaut: Der Burghügel wurde von einer Ringmauer mit vier großen und mehreren halbrunden, nach innen offenen Türmen umgeben. Gegen W und S war der Burghügel durch das Meer, auf den anderen Seiten durch Gräben geschützt. Nach Abschluß des Ausbaus um die Mitte des 14. Jh. wurde wohl Ende des 14. Jh. die städt. Marienkirche außerhalb des Burghügels errichtet und die städt. Siedlung allmähl. vom Burghügel in das jetzige Stadtgebiet verlegt.

Die ältesten Privilegien erhielt V. wahrscheinl. noch vor 1400, ein Stadtvogt erscheint 1390, und im 15. Jh. werden mehrmals zwei gleichzeitig amtierende Bürgermeister erwähnt. 1466 erhielt V. einen Jahrmarkt (um den 22. Juli); die wirtschaftl. Existenz der Stadtbewohner beruhte auf Dienstleistungen für die Bewohner der Burg, auf Landwirtschaft und Fischfang. 1500 erhielt die Stadt eine Vitte bei Falsterbo (→Schonen [Schonische Messen]). 1253 wurde in V. ein Dominikanerkl. gegr. (vermutl. vor 1300 wieder aufgegeben); 1466 wird ein Heiliggeisthaus mit Ziegelei, um 1500 ein dem hl. Georg geweihtes Leprosorium erwähnt. Eine Kanutigilde (→Knud Laward, hl.) bestand nach der Ikonographie ihres Siegels spätestens um 1300, während die Gertrudsgilde wohl dem letzten Jh. des MA angehörte.

Wegen der Bedeutung des Ostseeraumes für die dän. Politik seit Waldemar I. bis zum Tod Waldemars IV. war V. eine oft benutzte kgl. Residenz; Waldemar I. und Waldmar II. starben in V., Christoph II. und sein Sohn Erich wurden 1322 in V. gekrönt. Die Flotten zur Bekämpfung der Wenden versammelten sich häufig in den Fahrwassern unweit von V. Mehrere Versammlungen des Parlaments (Danehof) wurden in V. gehalten (z.B. 1241 Verabschiedung der →Jyske Lov); spätestens im 15. Jh. wurde ein Teil des kgl. Archivs in der Burg V. aufbewahrt. In V. wurde 1435 der Frieden geschlossen, der die Auseinandersetzungen um die Herrschaft über →Schleswig beendete: Kg. Erich VII. mußte mit Ausnahme bestimmter Gebiete (Ærø, Hadersleben, Teile Sylts und Föhrs) die Herrschaft Gf. →Adolfs VIII. v. Holstein über Schleswig anerkennen.
Th. Riis

Q.: Danmarks gamle Købstadslovgivning, hg. E. KROMAN, III, 1955, 227-239 - Danmarks Kirker, VI: Præstø Amt 1, 1933-35, 165-202 - Lit.: V.s Købstads Historie, hg. P. A. KLEIN, 1923, 1-76 - J. P. TRAP, Danmark, IV/1: Præstø Amt, 1955⁵, 83-106 - TH. RIIS, Det middelalderlige danske rejsekongedømme indtil 1332 (Fschr. N. SKYUM-NIELSEN, 1981), 115-136 - DERS., The Typology of Danish Medieval Towns, Storia della Città 18, 1981, 117-136.

Vore → Voer

Vorhalle, Vorbau vor einem Gebäudeeingang, bes. vor Hauptportalen an Kirchen in der Nachfolge des →Narthex als Portikus auf Säulen oder häufiger als nach außen bogenüberfangene Halle (Maulbronn, Paradies um 1210), deren Front und bes. deren Giebel verziert und in Maßwerk aufgelöst sein können und deren innere Seitenwände oftmals Figurenschmuck aufweisen (Dom zu Paderborn, Paradies um 1150 und 1240; Dom zu Münster, Paradies um 1230). Besitzt die Kirche einen Westturm, so wird sein Erdgeschoß, in das der Haupteingang führt, als innere V. genutzt. Eine ähnl. Lösung wird geschaffen, wenn der zw. zwei den Seitenschiffen westl. vorgestellten Türmen verbleibende Raum in einem (Ilbenstadt um 1135) oder drei Bogen (Limburg a.d. H. 1030/40) geöffnet wird, bes. bei stauf. Kirchen im Elsaß (Maursmünster und Lautenbach 1140/50).
G. Binding

Vorhang. [1] *Westen*: Die in lat. ma. Q. zumeist mit der Bezeichnung velum bzw. cortina versehenen Textilien erfüllen in liturg. Verwendung zwei wichtige Funktionen: Sie dienen einmal zur Verkleidung des →Altarciboriums; zum anderen erscheinen V.e an den →Chorschranken zur Trennung von Laien- und Klerikerraum. Bis ins 12. Jh. werden zw. den vier Säulen der Ciborienaltäre faltenreiche V.e angebracht, die den freistehenden Altartisch nach vier Seiten hin abschließen (tetravela). Dabei waren die an Vorder- und Rückseite angebrachten V.e in der Mitte geteilt, um sie bei liturg. Handlungen leichter an den Säulen befestigen zu können. Im 13. Jh. werden sie durch die tria vela abgelöst, die den Altar vom Chor abschließen und nur die Sicht von vorne freigeben. Nebenaltäre wurden mit zwei V.en verkleidet, um den Blick gegen die angrenzenden Kapellen abzuschirmen. In Q. bis ins 16. Jh. genannt, sind die Materialien dieser V.e bunte, mit eingewirkten Mustern versehene Leinen- oder Seidenstoffe. Weiters werden V.e auch zur Dekoration des Kircheninneren eingesetzt, wobei in den lat. Q. zw. vela und cortinae unterschieden wird. Als eine Sonderform des V.s ist das Fastentuch zu bezeichnen, das im Triumphbogenbereich aufgespannt wird. Im profanen Bereich erscheinen V.e (*fürhang, furhangk*) in der Form von Bettbaldachinen (→Baldachin, 1) und als Verkleidung von →Betten. Sie schützen den Benutzer vor Kälte und unerwünschtem Ungezieferbefall. Auf Bildq. besitzen V.e sehr oft symbol. Charakter (V.motiv bei Herrscherdarstellungen, Evangelistenbildern und Mariendarstellungen). E. Vavra

Lit.: J. Braun, Der christl. Altar in seiner geschichtl. Entwicklung, 1924 – J. Sauer, Symbolik des Kirchengebäudes und seiner Ausstattung in der Auffassung des MA, 1924 [Nachdr. 1964] – P. Engelmeier, Westfäl. Hungertücher vom 14. bis ins 19. Jh., 1961 – M. J. Dubois, V.e und Dekorationen der großen Stilepochen, 1964 – O. Hofius, Der V. vor dem Thron Gottes, 1972 – J. K. Eberlein, Apparatio regis – revelatio veritatis. Stud. zur Darstellung des V.s in der bildenden Kunst von der Spätantike bis zum Ende des MA, 1982.

[2] *Byzanz*: V. (αὐλαία, velum, βῆλα, βηλόθυρον, καταπέτασμα, κάλυμμα), seit der Antike (αὐλαία – aulaeum speziell auch als Theaterv.) bekannt bei Tempel wie Götterbild und seit der Spätantike ein wichtiges Requisit des Hofzeremoniells. Die im Ks.palast wie an Türen wie zw. Säulen angebrachten V.e hatten das Arkanum, insbes. den Ks. bei Audienzen und Zeremonien vor unwürdigen wie unzeitigen Blicken der Wartenden zu schützen (Ravenna, S. Apollinare nuovo, palatium des Theoderich; S. Vitale, Theodoramosaik). Aus dem Ks.zeremoniell wohl in die christl. Liturgie übernommen. In der Hagia Sophia von Konstantinopel überschneiden sich beide Bereiche im Narthex wie im sog. Mitatorion, wo Kleider- und Kronenwechsel des Ks.s hinter einem V. stattfanden. Differenzierter ist die Frage der Einführung von V.en an Altarziborium und Templon, die zwar für die oriental. Provinzen früh, für Konstantinopel allerdings erst ab dem Jahr 811 (Theophanes) belegt ist. Darüber hinaus gab es in den Kirchen auch sonst V.e und Wandbehänge (Paulos Silentiarios, ed. Friedländer 248–250). Große gewobene, gewirkte und auch bemalte Tücher aus Leinen, Wolle oder auch Seide, teilweise mit teils einfachem geometr. oder floralem, teilweise auch reichem figuralen und szen. Schmuck sind – meist aus Ägypten – erhalten geblieben, ihre Verwendung als V. oder sonstige (Wand-)Behänge muß jeweils offen bleiben (z. B.: zwei Gewebefragmente mit Petrus und Daniel im Mus. für Spätantike und byz. Kunst SMPK Berlin, Inv. Nr. 9658 und 9659 [Katalog Ägypten, Schätze aus dem Wüstensand. Kunst und Kultur der Christen am Nil, Wiesbaden 1996, Nr. 420 a/b]; Seidenwirkerei im Diözesanmus. Bamberg [sog. Gunthertuch]; bemaltes Leinengewebe in der Abegg-Stiftung,

Riggisberg). Auch zur Verhüllung von Ikonen (σκεπή) oder deren Ständern (ποδέα) gab es spezielle V.e.
M. Restle

Lit.: The Oxford Dict. of Byzantium, s.v. Katapesma, velum – RByzK V, 806–809 [s.v. Liturg. Tücher; A. Papas] – C. Schneider, Stud. zum Ursprung liturg. Einzelheiten östl. Liturgien: καταπέτασμα, Kyrios 1, 1936, 57–73 – O. Treitinger, Die oström. Ks.- und Reichsidee nach ihrer Gestaltung im höf. Zeremoniell, 1938 [Neudr. 1956] – Th. F. Mathews, The Early Churches of Constantinople: Architecture and Liturgy, 1971, 162–171.

Vorhangbogen, oberer Abschluß spätgot. Fenster v. a. im Profanbau, bestehend aus zwei oder mehreren konkaven Bogen, verbreitet in Obersachsen in der Nachfolge Arnolds v. Westfalen (Albrechtsburg in Meißen, Rathaus in Neustadt a. d. Orla). Das V.fenster schließt Maßwerkunterteilungen aus, benutzt reiche, vielfach sich überschneidende Profile und zierl. Sockelformen. G. Binding

Vorkarolingische Minuskel, allg. Sammelbegriff für alle, insbes. jedoch für die nachantiken Minuskelschriften, die vor dem Maurdramnus-Typus aus →Corbie und dessen Verbreitung seit Ende des 8. Jh. entstanden sind. Für den mit dieser Bezeichnung ausschließl. abdeckbaren lat. Schriftbereich kommen in chronolog. Reihenfolge in Betracht: die röm. Minuskelkursive (seit der 1. Hälfte des 3. Jh. erschlossen, seit der Wende zum 4. Jh. belegt; →röm. Kursive), die ältere (östl.), die 'kursive' sowie die jüngere →Halbuniziale (seit dem 3. bzw. 4./5. Jh. belegt), die →Insulare (insulare Halbuniziale, Minuskel, Spitzschrift; erste Belege seit dem Ende des 6. Jh.), die wohl schon im 7. Jh. in der päpstl. Kanzlei ausgebildete Kuriale, die →westgot. Schrift (span. Denkmäler seit dem frühen 8. Jh.), die zur →Beneventana führende vorkarol. it. Minuskel sowie die frk. Bereich in den verschiedenen Skriptorien geschaffenen v. M.n, unter denen bes. hervorzuheben sind der Luxeuil-Typ, der az-Typ (Laon), der Leutchar-, der eN- und ab-Typ aus Corbie, die alem. Frühnuskel und die →rät. Schrift. Für weitere Typen, deren Provenienz gesichert ist oder vermutet werden kann, vgl. das in den CLA gesammelte Material. Die meisten dieser v. M.n enthalten mehr oder weniger zahlreiche kursive Elemente und Ligaturen. Die dadurch bewirkte Unruhe im Schriftbild drängte seit der Mitte des 8. Jh. verschiedentl. nach Klärung in Form einer von der Kursive freiwerdenden Minuskel (z. B. in Tours und St. Gallen), was schließlich zur →karol. Minuskel führte. P. Ladner

Lit.: B. Bischoff, Paläographie des röm. Altertums und des abendländ. MA, 1986².

Vorkauf, -srecht → Fürkauf

Vorlesungs- und Predigtnachschrift. Im MA wurde der (von einem Hörer) aufgezeichnete bzw. resümierte Text einer mündl. Rede (Vorlesung/lectio, →Disputation, →Predigt; s. a. →Vortragsformen, →Schriftlichkeit) als 'reportatio' (r.) bezeichnet. Das Medium der r. tritt bereits im 12. Jh. auf, findet aber erst im 13. Jh. systemat. Anwendung, bedingt durch den Aufschwung der Lehrtätigkeit und Predigt an den →Universitäten. Zahlreiche r.nes sind aus großen Universitätsstädten wie Paris, Bologna und Oxford überliefert.

Der 'reportator' war u. U. ein professioneller Stenograph (→Stenographie), der den mündl. Ausführungen eines Magisters oder Predigers zu weiterer Verbreitung und dauernder Bewahrung verhalf. Zahlreiche r.nes wurden aber auch zu privaten Zwecken angefertigt, etwa von Studenten, die durch Mitschriften Büchermangel auszugleichen suchten oder persönl. Sammlungen von bemerkenswerten Vorlesungen, Disputationen oder Musterpredigten anlegten. Viele ma. Texte kennen wir nur durch derartige r.nes, deren überlieferte Fassung aber nur selten der (oft kurzen) Hörermitschrift unmittelbar entspricht; meist handelt es sich um eine vom 'reportator' in eine geglättete Form ('redactio') gebrachte Version, an der u. U. auch der vortragende Magister oder andere Hörer mitwirkten; auch infolge der Gedächtnisleistung des Nachschreibenden traten manche Veränderungen ein.

Die offiziellen, vom jeweiligen Magister gebilligten r.nes wurden zu 'exemplaria', die ggf. als 'pecia' verbreitet wurden. Aber auch private r.nes wurden in vielen Fällen abgeschrieben und weiterverbreitet. Auch wo die r.nes notgedrungen eine gekürzte Version des vorgetragenen Textes bieten, so kann in der Regel von starker Texttreue ausgegangen werden. Bei alledem ist aber ein gewisses Bemühen um Rekomposition und Interpretation von seiten des 'reportators' vorauszusetzen, manchmal handelt es sich auch um →Übersetzungen (alle r.nes, auch diejenigen von volkssprachl. Predigten, wurden auf Latein abgefaßt); die Verwendung als Q. durch die hist. und textgesch. Forsch. bedarf daher einer gewissen krit. Reflexion.
J. Verger

Lit.: J.-G. BOUGEROL, De la r. à la redactio. Les genres litt. dans les sources théol. et philos. médiévales, 1982, 51–65 – J. HAMESSE, 'R.' et transmission de textes (The Editing of Theol. and Philos. Texts from the MA, hg. M. ASZTALOS 1986), 11–34 – O. WEIJERS, Terminologie des univ. au XIIIe s., 1987, 361–365 – Medioevo e Rinascimento, 3, 1989 (Sonderh.: Dal pulpito alla navata. La predicazione med. nella sua recezione da parte degli ascoltatori, s. XII–XV) – O. WEIJERS, Le maniement du savoir, 1996, 145–152.

Vormund, -schaft
I. Römisches und gemeines Recht – II. Germanisches und Deutsches Recht – III. Byzantinisches Recht.

I. RÖMISCHES UND GEMEINES RECHT: Nach röm. Recht standen rechtl. selbständige Unmündige (impuberes) unter V.schaft (lat. tutela, 'Schutz'). Rechtl. selbständig (sui iuris) waren Freie, die nicht unter väterl. Gewalt (patria potestas) standen. Die V.schaft endete mit der Mündigkeit (pubertas) des Mündels. Männer wurden mit 14 Jahren mündig, Frauen mit 12 Jahren. Mündig gewordene Männer wurden bis zur Vollendung des 25. Lebensjahres als Minderjährige (minores xxv annis) durch die gerichtl. Cura minorum ('Sorge für Minderjährige') vor Übervorteilung geschützt. Auf eigenen Antrag hin konnte dem Minderjährigen auch ein Curator ('Sorger') bestellt werden. Dessen Aufgabe war es, heikle Geschäfte des Minderjährigen zu prüfen und zu genehmigen; diese Prüfung ersetzte die gerichtl. Schutz gegen Übervorteilung. Frauen brauchten dagegen für wichtige Geschäfte prinzipiell zeitlebens einen V. Die V.schaft über Frauen (tutela mulierum) wurde jedoch Anfang des 4. Jh. abgeschafft. Die sog. V.schaft des Ehemannes (tutela mariti) über die Ehefrau, wie sie in spätma. und frühnz. Statutarrechten vorkam, war dem röm. und dem gemeinen Recht fremd und ist kein Fall von V.schaft.

Im spätröm. Recht wurde es ganz üblich, daß mündig gewordene Minderjährige sich einen Curator geben ließen, daß ihr früherer V. dieses Amt übernahm und daß ihm, über die Beratung des Minderjährigen hinaus, die Verwaltung des Vermögens anvertraut wurde. Die cura minorum wurde so der tutela impuberum angenähert; wenn man auch theoret. zw. cura und tutela unterschied, glich die Stellung des Minderjährigen seither doch weitgehend derjenigen eines Mündels. – Gesorgt wurde auch für Geisteskranke (furiosi), Verschwender (prodigi) und andere Hilfsbedürftige.

Der V. (tutor, 'Schützer') wurde durch die Behörde ernannt. In Betracht kamen v.a. Männer, doch konnte eine →Witwe V. ihrer Kinder sein, solange sie nicht wieder heiratete. Bevorzugt wurden die nächsten Agnaten (→Agnatio) sowie testamentar. Berufene. Kleriker waren von der Übernahme von V.schaften befreit, Gläubiger und Schuldner des Mündels ausgeschlossen. Andere Personen waren zur Übernahme des unbezahlten Amtes verpflichtet, wenn sie keine bes. Entschuldigungsgründe geltend machen konnten. Die V.schaft diente den Interessen des Mündels und war für den V. eine Last (munus). Eine eigennützige V.schaft, wie sie das sehr alte röm. Recht gekannt hatte und wie sie in ma. Partikularrechten verbreitet war, war dem entwickelten röm. und gemeinen Recht fremd.

Der V. hatte weniger für die Person als für das Vermögen des Mündels (pupillus) zu sorgen. Er konnte über die einzelnen Gegenstände des Mündelvermögens verfügen, hatte dabei jedoch Veräußerungsverbote und Anlagevorschriften zu beachten und stand unter öffentl. Aufsicht. Bei Pflichtverletzungen und Unfähigkeit konnte er abgesetzt werden. Der V. handelte, anders als moderne V.er, bei der Ausübung seines Amtes im eigenen Namen, nicht als gesetzl. Vertreter des Mündels, und wurde aus abgeschlossenen Verträgen selbst berechtigt und verpflichtet. Dadurch entstandene Ausgleichungsansprüche zw. ihm und dem Mündel konnten am Ende der V.schaft gerichtl. geltend gemacht werden; aus noch nicht erfüllten Verträgen wurden Dritten dann auch direkte Klagen des Mündels gegen ihn möglich.
P. Weimar

Lit.: M. KASER, Das röm. Privatrecht, II, 1975^2, 222–237 – G. VILLATA DI RENZO, La tutela. Indagini sulla scuola dei glossatori, 1975 – H. COING, Europ. Privatrecht, I, 1985, 236f., 255–260.

II. GERMANISCHES UND DEUTSCHES RECHT: V. ist heute, wer zu einer verwaltenden Fürsorgetätigkeit für einen nicht unter elterl. Gewalt stehenden Minderjährigen amtl. bestellt ist (BGB § 1789). Rechtssprachgeschichtl. erscheinen die entsprechenden Wörter erstmals im Spätahd. Die ahd. Wörter *foramunto* (Vogt, Beistand, Rechtsbeistand) und *foramuntskaf* (Beistand, Verteidigung, Schutz, Vertretung?), die zu ahd. →*munt* ('Schutz', Erstbeleg 863–871) bzw. *munt* ('Hand', Erstbeleg Ende 8. Jh.) gehören, begegnen auffälligerweise nur je einmal im 10. Jh. und zwar für lat. advocatus, dem sonst ahd. *dingari, fogat* und *waltboto* entsprechen, bzw. für lat. defensio, das sonst durch ahd. *antrahha, antsegida, biskirmunga, furilaga, girih, muntburt, skirm, skuti, weri* und *zorn* wiedergegeben wird. Sie bezeichnen den durch die Hand versinnbildlichten Schutz eines Menschen durch einen anderen. Unabhängig von diesem rechtssprachgeschichtl. Befund ist die entsprechende tatsächl. Lage des Ausfalls der an sich während der Unmündigkeit eines →Kindes bestehenden väterl. Gewalt, für welchen das röm. Recht die besondere (lat.) tutela umfassend entwickelt und überliefert, auch bei den Germanen anzunehmen. Für sie geht die rechtsgeschichtl. Forsch. ohne weiteres davon aus, daß die Personalgewalt bis zur Wehrhaftmachung bzw. bis zur Geschlechtsreife (vielleicht anfangs der gesamten →Verwandtschaft oder doch bereits als deren Vertreter) dem ältesten männl. Verwandten zusteht, wobei eine →Frau im übrigen mit der Eheschließung in die V.schaft ihres Ehemannes gerät (Geschlechtsv.schaft). Vermutl. hat der V. v.a. das Recht, das Vermögen des Mündels zu verwalten. Dieser vorwiegend vermögensrechtl. Gestaltung könnte ein ursprgl. Fehlen eines Eintrittsrechtes von Enkeln entsprechen. Für das FrühMA ist vom gleichen Grundzustand auszugehen. Allerdings setzt in karol. Zeit aufgrund des christl. Gebotes, Witwen und Waisen bes. zu schützen, eine Art fürsorgender Aufsicht des Kg.s über den V. ein. Mit der Mündigkeit des Mündels muß der V., der über bewegl. Sachen auch verfügen darf, das Vermögen an den Mündel zurückgeben. Gegenüber dem FrühMA erscheint im →Sachsenspiegel die Möglichkeit der V.schaft auch nach Erreichen der Mündigkeit, indem der Mündel sich zw. dem 12. und 21. sowie nach dem 60. Lebensjahr (Altersv-.schaft) freiwillig einer V.schaft unterstellt. V. ist dabei jetzt nicht mehr ohne weiteres der älteste männl. Verwandte (geborener V.), vielmehr können der Vater, gegebenenfalls die überlebende Mutter oder das Mündel einen V. auch wählen (gekorener V.). Dementsprechend wandelt sich das Nutzungsrecht am Vermögen des Mündels allmähl. zu einer vergüteten Pflicht hinsichtl. der Person des Mündels. Der V. muß deshalb gegenüber der Allgemeinheit (z. B. Stadtrat, Gericht, Verwaltung) Rechnung über die Vermögensverwaltung legen, sich bestimmte Geschäfte genehmigen lassen oder das Vermögen nach gewissen Regeln anlegen (Oberv.schaft). Erst von diesem Zeitpunkt an wird von einem Teil der Lit. (HEUSLER) überhaupt von einer modernen fürsorgenden V.schaft im Bereich des dt. Rechts ausgegangen.

G. Köbler

Lit.: A. HEUSLER, Institutionen des dt. Privatrechts, 1886, Bd. 2, 482– R. HÜBNER, Grundzüge des dt. Privatrechts, 1930[5], 716ff. – H. MITTEIS–H. LIEBERICH, Dt. Privatrecht, 1981[9], Kap. 23 – U. HAIBACH, Familienrecht in der Rechtssprache, 1991 – M. KASER, Röm. Privatrecht, 1992[16], § 62 – G. KÖBLER, Wb. des ahd. Sprachschatzes, 1993 – P. LANDAU, Die V.schaft als Prinzip des dt. Privatrechts (Fschr. K. KROESCHELL, hg. G. KÖBLER u. a., 1997).

III. BYZANTINISCHES RECHT: Nach dem Recht des Ks.s →Justinian I., wie es insbes. in Institutiones 1. 13–26, Digesta 26 und 27, Codex (Iustinianus) 5. 28–75, Novellae 22, 72, 94, 118, 155, 158 u. a. niedergelegt war, bedurften nicht (mehr) unter väterl. Gewalt stehende Unmündige (impubes, ἄνηβοι) eines V.s (tutor, ἐπίτροπος), der entweder vom pater familias durch Testament (tutor testamentarius) eingesetzt oder als gradnächster, erbberechtigter Blutsverwandter (tutor legitimus) berufen wurde; u. U. kam es auch zu einer behördl. Einsetzung oder zumindest Bestätigung. Als V.er waren auch Frauen (namentl. Mütter) zugelassen (die ja früher selbst unter tutela gestanden hatten). Der V. war verpflichtet, für Unterhalt und Erziehung des Mündels (pupillus, πούπιλος bzw. ὀρφανός) zu sorgen und dessen Vermögen treuhänder. zu verwalten. Die V.schaft endete mit der pubertas (ἥβη) des Mündels, d. h. mit dem 14. Lebensjahr bei Knaben, mit dem 12. bei Mädchen, doch kamen danach – bis zum 25. Lebensjahr – die Schutzvorschriften, aber auch Restriktionen für Minderjährige (minores, ἀφήλικες) zur Anwendung. Vorzeitig beendet werden konnte die Minderjährigkeit bei 20jährigen Männern, bzw. 18jährigen Frauen durch ksl. Reskript (sog. venia aetatis, συγγνώμη ἡλικίας). – Die →Ekloge →Leons III. (Titel 7) führte anstelle der tutores legitimi kirchl. Institutionen ein, die das Vermögen von (Voll-)Waisen verwalten sollten, bis diese heirateten oder das 20. Lebensjahr vollendeten. Die Eisagoge (Titel 38), die →Basiliken (Bücher 37 und 38) und das →Prochiron (Titel 36) geben im wesentl. Bestimmungen des Justinian. →Corpus iuris civilis wieder. In seiner (durch Eisagoge 38. 8) veranlaßten Novelle 28 bestimmte Leon VI., daß die venia aetatis nicht mehr bei dem Ks., sondern allenfalls bei einem örtl. Beamten beantragt werden müsse.

A. Schminck

Lit.: K. E. ZACHARIÄ V. LINGENTHAL, Gesch. des griech.-röm. Rechts, 1892[3] [Neudr. 1955], 120–129 – M. KASER, Das röm. Privatrecht, II: Die nachklass. Entwicklungen, 1975[2], 222–234.

Vorsatz ist, wie die Fahrlässigkeit, eine Form der →Schuld. Nach geltendem Strafrecht ist V. anzunehmen, wenn der Täter mit Wissen und Wollen einen mit Strafe bedrohten Tatbestand verwirklicht (dolus directus). Vorsätzl. handelt ebenso, wer zwar den schädl. Erfolg nicht will, ihn aber für den Fall, daß er eintritt, billigend in Kauf nimmt (bedingter V., dolus indirectus, d. eventualis). Die Grenze zur bewußten Fahrlässigkeit ist an dieser Stelle hauchdünn. Auch hier rechnet der Täter mit dem schädl. Erfolg, vertraut aber darauf, daß er nicht eintreten werde. Vom V. unterscheidet das Gesetz die Absicht, d. h. den unmittelbar auf die Verwirklichung bestimmter Tatbestandsmerkmale des Strafgesetzes gerichteten Willen. Absicht und V. sind daher oftmals identisch. Diese subtilen, vornehml. in der gemeinrechtl. Doktrin wurzelnden Schuldgrade waren dem ma. dt. Recht unbekannt. Gleichwohl wurden auch hier die ungewollten Missetaten (→Ungefährwerk) von den mit verbrecher. Absicht begangenen Straftaten unterschieden. Für die Bezeichnung von V. und Absicht verwendet die ma. Rechtssprache je nach Landschaft eine Fülle verschiedener Ausdrücke, so z. B. die Begriffe *mit willender hant, in ernstem mode, mutwillig, mit vorsatigen, wolbedachten rade, mit ufsatz* oder *mit vürsatz*. Häufig werden auch die böse Absicht und die üble Gesinnung hervorgehoben. Der Täter handelt dann mit *evelem willen, freventlich* oder *aus arger list*. Werden für die Strafbarkeit wie beim →Mord Heimlichkeit oder Hinterhältigkeit vorausgesetzt, wird aus dem entsprechenden Verhalten des Täters ohne weiteres auf seine böse Absicht geschlossen. Straftaten – darunter v. a. →Körperverletzungen und Tötungsdelikte – können aber auch *im tornigen mode, uss zorn, in hastigem mode* oder *met haestiger hant* begangen werden. In diesen Fällen kann es sich allerdings um eine im Affekt verübte Missetat handeln, die im allg. milder bestraft wurde. Insgesamt kennt das ma. Strafrecht zwar für willentl. und absichtl. begangene Missetaten verschiedene Schuldabstufungen, einen einheitl. definierten V.begriff hat es aber nicht entwickelt. Etwas deutlicher scheint die Grenze zu den absichtslosen Missetaten zu verlaufen. Aber auch hier gibt es Überschneidungen, weil fahrlässige und vorsätzl. Taten in ihren strafrechtl. Folgen nicht durchweg unterschieden werden. Welche Schuldformen strafschärfend und welche strafmildernd wirken, ist daher stets eine Frage des Einzelfalles. Dies um so mehr, als die ma. Strafbestimmungen dem Richter grundsätzl. keinen Ermessensspielraum zur Bestimmung der →Strafe einräumen, sondern deren Höhe von vornherein festlegen.

W. Sellert

Lit.: HRG V, 1061ff.; I, 17f. – H. ZOEPFL, Dt. Rechtsgesch., 1858[3], 923, 946f. – R. HIS, Das Strafrecht des dt. MA, I, 1920, 68ff. [Neudr. 1964] – BRUNNER, DRG I, 1961[3], 212ff. – H. CONRAD, Dt. Rechtsgesch. I, 1962[2], 442f. – W. SELLERT–H. RÜPING, Stud.- und Q.nbuch zur Gesch. dt. Strafrechtspflege, I, 1989, 102f.

Vorsehung (lat. providentia, gr. πρόνοια). [1] *Begriff:* V. bedeutet den im Geist Gottes entworfenen Plan der Welt, nach dem alles bestimmt und auf eine Entwicklung zum Guten hin gelenkt wird. Es wird unterschieden zw. einer allgemeinen V., die sich auf alle Dinge bezieht und die Erhaltung und Vervollkommnung der Welt als Ganzes zum Ziel hat, und einer besonderen V., die sich nur auf die vernunftbegabten Wesen (Engel, Menschen) bezieht und die Aufrechterhaltung der von Gott gegebenen moral. Gesetze bewirkt. Die V. wird von Gott unmittelbar oder mittelbar durch das Handeln der Engel und der Menschen oder das Wirken der natürl. Ursachen ausgeübt. In der durch V. gelenkten Welt gibt es keinen Zufall. Alles hat seinen Ort im göttl. Plan. Die Freiheit wird von der V.

nicht aufgehoben. Sie ist Teil der von Gott gewollten Ordnung und eine Vervollkommnung derselben.

[2] *Vorsehung und Schicksal:* Nachhaltige Wirkung auf das ma. Verständnis der V. hat der aus mehreren neuplaton. Q.n (COURCELLE, 1967, 203–208) stammende Unterschied zw. V. (providentia) und Schicksal (fatum). Wichtigster Vermittler ist Boethius, der diesen Unterschied in der »Consolatio philosophiae« (Lib. 4, prosa 6) aufgreift. Die Welt wird nicht von dem blinden Zufall (→fortuna), sondern von einem geistigen Prinzip geleitet, das in seiner Ewigkeit alles voraussieht und lenkt. Der Begriff der V. wird hier sowohl mit Fürsorge als auch mit Ordnung und Führung verbunden. Die Ordnung der Welt ist Ausdruck der göttl. Fürsorge. Boethius unterscheidet dabei zw. V. (providentia) und Schicksal (fatum): Die V. ist die von Gott gewollte Ordnung aller Dinge, insofern sie unbewegt und in einfacher Form im göttl. Geiste existiert. Boethius verwendet in diesem Zusammenhang den Begriff 'Ordnen' oder 'Einrichten' (disponere). Das Schicksal hingegen ist die göttl. Ordnung, insofern sie in der allseitigen Verknüpfung der sich bewegenden Dinge zum Ausdruck kommt. Hier spricht Boethius von 'Verwalten' (administrare). Die Schicksalsordnung ist die zeitl. Manifestation der ewigen göttl. V. Sie tritt aus der einfachen und überzeitl. V. hervor.

Der Unterschied zw. V. und Schicksal wird in den ma. Q.n immer wieder hervorgehoben. Wilhelm v. Conches deutet das göttl. Gesetz (lex divina) als die V., die alles unveränderl. in sich schließt. Die zeitl. Ordnung (temporalis dispositio) der werdenden und bewegten Dinge dagegen heißt Schicksal (Glosae super Platonem, § 121, ed. JEAUNEAU, 1965, 214). Thierry v. Chartres verknüpft den Unterschied mit den Begriffen der Einfaltung (complicatio) und der Entfaltung (explicatio). Das Schicksal ist die Entfaltung der einfachen göttl. V., die mit der absoluten Notwendigkeit Gottes zusammenfällt (Lectiones in Boethii librum de Trinitate, II, 6 und 32, ed. HÄRING, 1971, 156, 165). Die scholast. Autoren greifen den Unterschied ebenfalls auf. In der Summa Halensis werden die V. und das Schicksal einander gegenübergestellt als die ewige Ordnung im Ordnenden (dispositio in disponente) und die zeitl. Ordnung im Geordneten (dispositio in re disposita) (Pars 1, inq. 1, tract. 5, sect. 2, q. 3, tit. 1, c. 2, n. 196, ed. 1924, 287f.). Die V. gilt dabei als Ursache (causa) des Schicksals (ebd., tit. 2, c. 2, a. 2, n. 214, ed. 1924, 305). Auch Thomas v. Aquin unterscheidet zw. dem ewigen Begriff der Ordnung (ratio ordinis) und der zeitl. Ausführung der Ordnung (executio ordinis) (S. Th. I, q. 22, a. 3). Später wird dieser Unterschied ausgearbeitet von Nikolaus v. Kues. Gott ist die ewige Einfaltung (complicatio) von allem, auch des Gegensätzlichen. Die Schöpfung ist die Entfaltung (explicatio) der Ewigkeit Gottes. Deshalb ist alles in der göttl. V. enthalten (De docta ignorantia, Lib. 1, c. 22).

[3] *Ausdifferenzierung des Vorsehungsbegriffs:* Die ma. Autoren verwenden bei der Erörterung der göttl. V. mehrere Unterscheidungen, die v.a. auf die Schriften der Kirchenväter zurückgehen. Wichtig sind hier die Darlegungen Augustins und des Johannes Damaskenos.

Augustin trennt in »De Genesi ad litteram« zw. der von Gott eingerichteten natürl. Ordnung der Dinge und den von Gott gewirkten Wundern, die der natürl. Ordnung nicht entgegenstehen, sondern als besondere Zeichen der göttl. Gnade gelten (Lib. 8, cc. 17f., nn. 32–34, MPL 34, 406f.). Beide gehören zur göttl. V. Augustin erwähnt auch zwei verschiedene Werke der V., ein natürl. Werk, das verborgen ist und die Bewegungen des Himmels und auf Erden regelt, und ein Werk, das auf den freien Willen bezogen ist und sich durch das Handeln der Engel und der Menschen verwirklicht (ebd., c. 9, nn. 17f., 379f.); für das MA unterscheidet Augustin zw. 'providentia generalis' und 'providentia specialis', während Johannes Damaskenos in »De fide orthodoxa« 'providentia secundum acceptationem' und 'providentia secundum concessionem' einander gegenüberstellt (Versio Burgundionis, c. 43, nn. 4f., ed. BUYTAERT, 1955, 157f.). Die erste Art der V. bezieht sich auf die Dinge, die Gott keinen Widerstand leisten können und immer Gutes tun, die zweite dagegen betrifft die Geschöpfe, die auch nicht gut handeln können. Hier wird Gott Böses zulassen, um Gutes zu bewirken. Diese letzte Art wird in sieben Formen unterteilt, die vorwiegend aus »De natura hominis« des Nemesios v. Emesa stammen (c. 44, MPG 40, 812). Diese Ausführungen wurden auch in den Sentenzen des Petrus Lombardus (ed. 1971³, Lib. 1, d. 39, c. 4, n. 2, 283; Lib. 2, d. 18, c. 6, n. 3, 420), der Summa aurea des Wilhelm v. Auxerre (Lib. 1, tract. 10, ed. RIBAILLIER, 1980, 198–201) und in der Summa Halensis (Pars 1, inq. 1, tract. 5, sect. 2, q. 3, tit. 1, c. 4, aa. 3f., nn. 202f., ed. 1924, 294f.) aufgegriffen.

[4] *Die Herausforderung durch Averroes:* Die Diskussion über die göttl. V. gewann in der zweiten Hälfte des 13. Jh. einen zusätzl. Impuls durch die (erneute) Begegnung mit den Schriften des Aristoteles und Averroes, die den mit der V. verbundenen Gedanken der göttl. Erkenntnis problematisierten. Aristoteles hatte in seiner Metaphysik behauptet, daß Gott nur sich selbst erkennt (Lib. 12, c. 9, 1074b15–1075a10). Diese Lehre wurde von Averroes so ausgelegt, daß Gott keine Erkenntnis der einzelnen Geschöpfe hat (In Metaphysicam, Lib. 12, 6. 51, ed. IUNTINA 8, fol. 337ra). Bonaventura behauptet daher in »Collationes in Hexaemeron«, daß Aristoteles und Averroes die Wahrheit der göttl. V. geleugnet hätten (Visio 1, collatio 3, § 1, ed. DELORME, 1934, 91), während u.a. Thomas v. Aquin (z.B. Scriptum, Lib. 1, d. 35, q. 1, aa. 2f., ed. MANDONNET, 1927, 815f.) zw. der Lehre des Aristoteles und des Averroes unterscheidet: Nach Aristoteles erkennt Gott die einzelnen Geschöpfe, nach Averroes nicht oder nur im allgemeinen. Ein ähnl. Bild vermittelt Aegidius Romanus in »Errores philosophorum«: Nach Averroes kümmert Gott sich nicht um die einzelnen sublunaren Geschöpfe. Sie werden nicht durch die V., sondern durch die Notwendigkeit der Materie gelenkt (ebd. IV Averroes, 6 und 9, ed. KOCH, 1944, 20 und 22). Im 14. Jh. wird zw. der Lehre des Aristoteles und Averroes nicht mehr deutl. getrennt. Ihre Bewertung ist aber ganz verschieden. Nach Petrus Aureoli und John Bacon erkennt der Gott des Aristoteles und Averroes die einzelnen Formen und Wesenheiten der Geschöpfe, nach Matthaeus v. Gubbio und Gregor v. Rimini nicht (HOENEN, 1993, 71–75). Gregor will in diesem Punkt einen inneren Gegensatz der averroischen Lehre aufdecken. Einerseits behauptet Averroes, daß Gott die einzelnen Geschöpfe nicht kennt, andrerseits aber geht aus seinen Schriften hervor, daß alles von einem geistigen Prinzip gelenkt wird. Für Gregor gibt es für die natürl. Vernunft einen Grund, die Existenz der göttl. V. zu behaupten, auch wenn sie von Aristoteles und Averroes an anderen Stellen verneint wird (Lectura, Lib. 1, d. 35f., q. 1, ed. TRAPP u. a., II, 1984, 211–236).   M.J.F.M. Hoenen

Lit.: Theol. Begriffslex. zum NT II/2, 1971, 1333–1339 – L. SCHEFFCZYK, Schöpfung und Vorsehung (HDG 2/2a, 1963) – P. COURCELLE, La Consolation de Philosophie dans la tradition litt., 1967 – M.J.F.M. HOENEN, Marsilius of Inghen. Divine Knowledge in Late Medieval Thought, 1993.

Vorsiedlungen, städtische. Mit der nunmehr erhärteten Erkenntnis, daß die ma. Städte nicht in einem Akt herrschaftl. Gewalt 'gegründet' wurden, sondern in längerem Wachstum entstanden sind, ist das Interesse an ihren Vor- und Frühformen gestiegen. Es geht dabei auf dem Boden des röm. Reiches um die röm. Grundlagen, auf denen nach der Zerstörung in der Spätantike das ma. Städtewesen aufwachsen konnte. Unter den rustikalen Verhältnissen im n. Europa bildeten sich seit dem 7. Jh. neue Orte nichtagrar. Lebens, die in den Q. n als → vici oder → portus, in der Fachlit. mit dem Kunstwort → Wik bezeichnet werden. Der aus Ortsnamen erschlossene germ. Begriff 'Wik' war bes. im 7.–11. Jh. lebendig. Diese Fernhandelsplätze waren von Kaufleuten und Handwerkern bewohnt, die sich genossenschaftl. in → Gilden organisierten, schon in der Karolingerzeit ein Kaufmannsrecht ausbildeten und als freie Kaufleute unter kgl. → Munt standen. Die entstehenden → Märkte genossen Immunität, Marktzoll und → Münzrecht gehörten zu dem sich ausbildenden kgl. Marktregal (→ Regalien); die Zuordnung zu einer Burg war wohl durchgängig der Fall. Das gilt auch für Skandinavien und den slav. O Europas, wo bei den Burgen des 9. und 10. Jh. in großer Zahl → Suburbien und Märkte nachgewiesen werden konnten. Mit der Verdichtung der gesellschaftl. Verhältnisse in der Aufbruchszeit des 11./12. Jh. ließen sich Fernhändler in Kaufmannssiedlungen nieder, aus denen dann → Städte im Rechtssinne wurden. Im SpätMA sind Städte aus Dörfern aufgewachsen. K. Blaschke

Lit.: H. LUDAT, Vorstufen und Entstehung des Städtewesens in O-Europa, 1955 – K. BLASCHKE, Nikolaipatrozinium und städt. Frühgesch., ZRGKanAbt 84, 1967 – Die Stadt des MA, hg. C. HAASE, I (WdF 243, 1969) – Vor- und Frühformen der europ. Stadt im MA, 2 T.e, hg. H. JANKUHN u.a., AAG Phil-Hist. Kl., 3. F., Nr. 83, 1973 – The Comparative Hist. of Urban Origins in Non-Roman Europe ... from the Ninth to the Thirteenth Century, ed. H. B. CLARKE–A. SIMMS, 2 T.e, 1985.

Vorstadt ist terminolog. zu unterscheiden von der präurbanen, der Stadtwerdung vorangehenden → Vorsiedlung. Die Abgrenzung zur → Neustadt ist problemat., sofern nicht der Fall einer rechtsfähigen Neustadt vorliegt. Zudem ist die ma. Terminologie nicht eindeutig: Im 15. Jh. wird z. B. die 'Neustadt' benannte V. von → Duderstadt zu gleichen Rechten der Stadt einverleibt.

Im engeren Sinn ist unter V. eine Siedlungserweiterung der Stadt in der Übergangszone zw. Stadt und Land (→ Stadt und Umland) zu verstehen, die im Regelfall vor der Mauer, bevorzugt entlang der Ausfallstraßen, oft auch mit eigenem Kristallisationskern (z. B. Leprosorium → Lübeck, Jürgenv., Spital, Mühle, Kl., Lastadie in → Elbing) entstand. V.e verfügen über unterschiedl. Ausprägungen. Neben handwerkl. Ausrichtung (z. B. v. a. Gerber, Schmiede) war auch ethn. Konzentration (z. B. → Kronstadt: Rumänen in Schei, Ungarn und Szekler in Blumenau) möglich. Durchgängig waren V.e schwächer bebaut und besiedelt als die eigtl. Stadt, dabei an Grundfläche manchmal größer (Kronstadt); in der Regel waren sie nicht oder nur schwach befestigt. Die Namengebung erfolgte nach dem Kristallisationskern (Typ Jürgen-V. in Lübeck nach dem Leprosorium), nach der Lage (Typ 'obere V.', z. B. in Goldberg), nach dem Straßenzug (Typ 'Breslauer V.', z. B. in Frankenstein), nach den Bewohnern (Typ 'Holländerv.' in Elbing), aber auch nach Flurbezeichnungen (Typ. 'Bloemendaal' in Amersfort). V.e sind seit dem 9./10. Jh. (z. B. 948 Rheinv. in → Köln) belegt. Ihre Anzahl ist völlig unterschiedl. und hat ebenso wie die Einwohnerzahl keine Entsprechung zu den Quantitäten der zugehörigen 'Alt'-Stadt (Colditz hatte fünf, Rostock zwei, Würzburg im 12./13. Jh. vier V.e). Unterschiedl. ist auch die verfassungsrechtl. Lage der V.bewohner, die in der Regel den ärmeren Schichten angehörten und gegenüber den Stadtbewohnern zumeist rechtl. mindergestellt waren. Im SpätMA unterstanden die V.e zumeist dem Stadtrat.

V.entstehung weist auf, manchmal sprunghaftes, Bevölkerungs- und Wirtschaftswachstum hin und ist als Phänomen nicht auf das MA beschränkt (z. B. Potsdam, 18. Jh.). Oft stellte die V.bildung die Vorstufe einer nachfolgenden Stadterweiterung dar, die die V.e in einen neuen oder erweiterten Bering einbezog. In → Weißenburg beginnen ab ca. 1370 die Bürger mit Privileg Karls IV. »ire vorstat zu W. mit Mawern und Graben umbondombfesten«. In Nürnberg fiel dem nach 1348/49 ausgeführten Plan, die großen V.e einzubeziehen, u. a. das Judenghetto zum Opfer. Bes. im 15./16. Jh., im Falle alter Großstädte (z. B. Köln) auch erhebl. früher, werden V.e in einen neuen Bering einbezogen, selten kommt es zum Wüstfallen einer V. (→ Wetzlar). Im 14./16. Jh. ist generell ein Anstieg der V.bevölkerung festzustellen. Deutl. ist zumeist eine hohe agrar. Ausrichtung, so daß den V.en eine bes. Bedeutung für die Lebensmittelversorgung der Stadt zukam. Die V.e sind rechtl., sozial und wirtschaftl. eng auf die Stadt bezogen und deshalb nur bedingt den Trabantenstädten des 19./20. Jh. vergleichbar. F. B. Fahlbusch

Q.: Städteatlanten: → Stadt, A – *Lit.*: Stadterweiterung und V., hg. E. MASCHKE–J. SYDOW, 1969 [= Veröff. der Komm. für gesch. LK in Baden-Württ., Reihe B, Bd. 51] – K. BLASCHKE, Altstadt–Neustadt–V. Zur Typologie genet. und topograph. Stadtgesch.sforsch., VSWG 57, 1970, 350–362 – K. CZOK, Die V.e – ihre Stellung in den Stadt-Land-Beziehungen, Hans. Studien IV, 1979, 127–135 – K. BOSL, Kernstadt–Burgstadt–Neustadt–V. in der europ. Stadtgesch., SBA. PPH, 1983, H. 1 – K. BLASCHKE, Die Stellung der V.e im Gefüge der ma. Stadt (Stadtbaukunst im MA, hg. D. DOLGNER, 1990), 204–217 – R. CZAJA, Elblag (Atlas Historyczny Miast Polski 1, 1993).

Vortigern, einer der dunkelsten und umstrittensten Gestalten im Britannien des 5. Jh. Er wurde von → Beda Venerabilis mit dem »superbus tyrannus« aus → Gildas' »De excidio et conquestu Britanniae« identifiziert, der wegen mangelnder militär. Unterstützung aus Gallien sächs. Söldner ins Land holte, entweder zur Hilfeleistung bei der Verteidigung der Reste der röm. Diöz.e gegen die Angriffe der → Pikten und Scoten oder zur Unterstützung seiner innerbrit. Politik. Für die Einladung der Sachsen und ihrer bald folgenden Rebellion gegen V. wird von Beda die Mitte des 5. Jh. angegeben, und diese Datierung der Ereignisse wird von anderen Belegen unterstützt. Obwohl V.s hist. Existenz, die lange angezweifelt wurde, jetzt bewiesen zu sein scheint, bleiben seine Stellung und seine Rolle sowie Umfang und Ausdehnung seiner Macht eine strittige Frage. Verschiedene Q. und Überlieferungen beschreiben ihn als rex, dux, Oberherrscher und Tyrann; es wurde auch angenommen, daß er sogar nach einer ks. gleichen Stellung strebte. Doch die Revolte seiner sächs. Verbündeten schadete V.s Ansehen, und er wurde wohl für die Herbeiführung des Endes des röm. nien verantwortl. gemacht. A. J. Kettle

Lit.: STENTON[3], s.v. – D. M. DUMVILLE, Sub-Roman Britain: Hist. and Legend, Hist. 62, 1977, 173–192 – B. S. BACHRACH, Gildas, V. and Constitutionality in Sub-Roman Britain (Nottingham Medieval Studies 32, 1988), 126–140 – N. J. HIGHAM, The English Conquest: Gildas and Britain in the Fifth Century, 1994, s.v.

Vortrag- oder Prozessionskreuz, mit Fuß als Altarkreuz, durch Aufhängung im Chorbogen auch als → Triumphkreuz gebraucht. Vorbild waren die frühchr. Darstellungen des Triumphkreuzes Christi in Gestalt gemmengeschmückter Goldschmiedearbeiten (Probussarkophag um 395, Mus. Vatic.; Apsismosaik von S. Apollinare in Classe um 550, Ravenna). Ihnen folgen im 7.-9. Jh. die reichen Kreuze von Brescia, Bischofshofen-Salzburg, das Ardennenkreuz im Germ. Nat. Museum in Nürnberg, und Oviedo, denen sich in otton. Zeit die V. e in Aachen, Wien und Essen anschließen. Erstmals gesellt sich in Aachen und Essen zur Gemmenzier die Gestalt des Gekreuzigten; prägnant zeigt sich Anfang des 13. Jh. am V. von Feldkirch, Vorarlberg, das Aufeinanderstoßen beider Kreuzauffassungen. Das letzte und größte Gemmenkreuz, St. Blasien im Schwarzwald, jetzt St. Paul im Lavanttal (Kärnten), greift um 1077/1108 mit dynast. Aspirationen nochmals auf das Wiener Reichskreuz zurück. – Die Hildesheimer Werkstatt schuf 1007/08 mit dem Bernwardskreuz den Prototyp eines schlichten Kruzifixus, der für die normalen Kirchenausstattungen vorbildlich wurde. Wenn die Forschung für die Zeitspanne von 1080 bis 1220 etwa 600 Exemplare bronzener Kruzifixi fand, dokumentiert sich auch den Wandel der Andachtsformen. Im Zeitalter der Zisterzienser- und Bettelordenmystik rückt die Passion Christi ins Zentrum von Altären wie Kultgeräten. Die figürl. Ausstattung nicht zuletzt der V. e entsteht in Kontakt mit den Bauhütten der Kathedralen; ohne Zweifel sind die plast. Teile der V. e der Kl. Engelberg, Unterwalden, um 1230, St. Trudpert und Tennenbach im Schwarzwald, um 1280, straßburgisch.

A. Reinle

Lit.: →Kreuz, →Kruzifix – J. M. Fritz, Goldschmiedekunst der Gotik in Mitteleuropa, 1982 – H. Fillitz, Schatzkunst, 1987.

Vortragsformen
I. Literatur – II. Musik.

I. Literatur: [1] *Allgemein:* Die volkssprachige Dichtung und Lit. muß man sich bis ins späte MA hinein fast ausschließl. mündlich realisiert vorstellen. Dies gilt sowohl für die mündlich komponierten (→Mündl. Lit. tradition) und tradierten Werke als auch für die schriftgestützt entstandenen (→Schriftlichkeit). Erst die zunehmende Lesefähigkeit (→Lesen) der →Laien ermöglichte die Aneignung von Lit. auch durch private – halblaut realisierte – Lektüre. Der Erwerb der Lektürefähigkeit markiert indes keineswegs die Ablösung der auditiven Rezeption durch die visuelle. Vielmehr haben bis in die NZ beide Rezeptionsweisen nebeneinander existiert.

Die Zeugnisse für die Aufführungspraxis der ahd. und mhd. Texte, aber auch die der anderen europ. Volkssprachen sind spärlich. In welcher Weise der Vortrag erfolgte, kann oft nur indirekt aufgrund textimmanenter Aussagen, metr. Befunde oder anderer sekundärer Zeugnisse erschlossen werden; bisweilen läßt er sich auch nur aufgrund allg. Erwägungen wahrscheinlich machen. Die ältere Forsch. nahm wegen des Fehlens expliziter Hinweise und in Rückprojektion neuzeitl. Gepflogenheiten noch ziemlich allgemein Vortrag mit »normaler« Sprechstimme an, für den allerdings positive Beweise ebenfalls fehlen. Heute geht man davon aus, daß Vortrag mit Singstimme eine weitverbreitete Praxis war, die dem Vortragstext höhere Verbindlichkeit sicherte. In der Realisation ergaben sich jedoch gattungsspezif. Unterschiede. Vielfach wird man sich den Vortrag von dramaturg. Ausdrucksmitteln begleitet vorzustellen haben; auch ist v. a. außerhalb des engeren lit. Bereichs, etwa in Zusammenhängen von Liturgie (z. B. →Exsultetrollen in Unteritalien), Predigt (Kreuzzugspredigt) und Reliquienweisung, ein Einsatz von bildl. Medien bzw. »Anschauungsmaterialien« anzunehmen. Eine systemat. Aufarbeitung der V. ma. Lit. steht noch aus.

[2] *Dichtung des frühen Mittelalters:* Grundsätzl. Bindung an das Medium der Mündlichkeit gilt für die nicht erhaltene, aufgrund zahlreicher indirekter Zeugnisse aber gut erschließbare Dichtung der Germanen. Realisation durch chorischen musikal. Vortrag nimmt man für die Ritualdichtung aus dem Bereich des Kultus und des Rechts an, chor. oder solist. Vortrag mit Instrumentalbegleitung für die gesamte Kleinlyrik (Arbeits-, Gelage- und Spottlieder, erot. und Tanzlieder). Preis- und Erzähllieder wurden hingegen durch den Dichtersänger (→Skalde, →Skop), gelegentl. auch durch zwei Sänger vorgetragen. Für die Sonderfälle aufgezeichneter germ. Stabreimdichtung (die ae. Gedichte »Finnsburglied« [→»Finnsburg-Frgm.«], →»Beowulf« und →»Waldere«, das ahd.-as.-langob. →»Hildebrandslied«, die an. Slg. der →»Edda«) setzte die ältere Forsch. (E. Sievers, A. Heusler) Vortrag mit Sprechstimme an; davon ausgenommen wurde nur der ae. Hymnus →Caedmons, dessen Sangbarkeit die Aufzeichnungen des →Beda Venerabilis bezeugen. Hingegen läßt sich Sangbarkeit auch für die anderen erhaltenen Zeugnisse germ. Stofftradition und Dichtung wahrscheinlich machen. Argumente für den musikal. Vortrag der an. Stabreimgedichte liefern fünf Melodien zu Edda- und Skaldenstrophen, die Ende des 18. Jh. erstmals bekannt gemacht wurden und die mit hoher Wahrscheinlichkeit ma. Tradition reflektieren. Der Befund läßt sich auf die ae. und ahd.-as. Gedichte übertragen; Langzeilenmelodien bezeugt überdies indirekt ein Beschluß der Synode v. →Clofeshoh (747). Für musikal. Vortrag spricht nicht zuletzt die sporad. Neumierung des in Stabreimversen abgefaßten as. Bibelepos »Heliand« (→Altsächs. Lit.) in einer Hs. (München, Bayer. Staatsbibl., Cgm 25). Hypothet. bleibt die genauere Realisation; Hofmann-Jammers nehmen fortlaufend-rezitativ. Vortrag mit Singstimme an, mit geringer Varianz in An- und Abvers, etwa in Form einer Cantillatio.

[3] *Bibeldichtung des frühen und hohen Mittelalters:* Wie der »Heliand« wurde auch die endreimende →Bibeldichtung in ahd. Sprache, entsprechend ihren lat. Vorbildern, in formelhaftem Rezitationston mit Singstimme vorgetragen; gesichert ist dies durch Autoraussage sowie durch Neumierung bzw. musikal. Notation mit Romanusbuchstaben in zwei Hss. des »Evangelienbuchs« →Otfrids v. Weißenburg (Heidelberg, UB, Cpl 52; Wien, Österr. Nat. Bibl., Cod. 2687). Möglicherweise wurden auch die frühmhd. Bibeldichtungen, geistl. Epen und Gedichte des 11. und 12. Jh. in der Art des litur. Rezitativus vorgetragen. Für die »Wiener Genesis« (→Genesisdichtung) kann sich diese Annahme auf syntakt. und metr. Beobachtungen stützen; bei einigen geistl. Epen und Gedichten, etwa dem »Rolandslied« des Pfaffen →Konrad und Nokers »Memento mori«, schließt man das aus der verwendeten Gebetsformel »Tu autem, Domine, miserere nobis« bzw. ihren Umschreibungen, mit der üblicherweise die Lektio in einer geistl. Gemeinschaft beschlossen wurde (dieses Schlußgebet auch in der Otfrid-Hs. München, Bayer. Staatsbibl., Cgm 14). Auf rezitativ. Vortrag könnten auch die Akzente in den Fragmenten der »Mittelfrk. Reimbibel« aus dem 12. Jh. hindeuten. Vortrag mit Singstimme hat man auch für einige frühmhd. Gedichte ungleicher Strophenlänge erwogen (»Drei Jünglinge im Feuerofen«, »Lob Salomos«, »Ältere Judith«, »Annolied«), und zwar aufgrund der formalen Nähe zur afrz. →Laisse, die stets rezitativisch gesungen wurde.

[4] *Weltliche und geistliche Lieddichtung:* Für die ahd. und frühmhd. weltl. und geistl. Lieder sind keine Melodien erhalten; eine Ausnahme stellen hier das »Petruslied« und

die lat. Fassung des (verlorenen ahd.) »Gallusliedes« dar, die jeweils neumiert überliefert sind. Im Fall des →»Georgsliedes« läßt sich musikal. Vortrag hinreichend mit dem Refrain begründen, für das →»Ludwigslied« mit einer Tu autem-ähnlichen Schlußzeile und dem Überlieferungszusammenhang mit der lat. und afrz. Eulaliasequenz (→»Eulalie, Chanson de Sainte«) in der einzigen Hs., während das →»Ezzolied« einen Hinweis des Dichters auf den Komponisten Wille enthält. Hingegen sind für die me. Gedichte geistl. Inhalts (→Carol) Melodien erhalten.

Primär für Gesangsvortrag bestimmt war die mhd. Lyrik in ihren verschiedenen Ausprägungen wie die →Lyrik der anderen europ. Volkssprachen auch und ein Gutteil der für das gesamte MA bezeugten lat. Lyrik geistl. und weltl. Thematik (→Hymnen, →Sequenzen, →Cantionen, Vagantenlieder [→Vagantendichtung] usw.; →Lied); Text und Musik, Strophenbau und Melodie gehören hier aufs engste zusammen. Daneben dürfte es immer auch schon Rezeption durch Lektüre gegeben haben, wofür nicht nur vereinzelte textinterne Hinweise (etwa bei →Ulrich v. Liechtenstein) und Miniaturen sprechen, sondern auch elaborierte Strophenformen und die großen Sammelhss. ohne Melodieaufzeichnung. Während für die Sangspruchdichtung (wie für den die Tradition fortsetzenden →Meistergesang) musikal. Vortrag aufgrund reicher Melodienüberlieferung in der Jenaer und Kolmarer Liederhs. (→Liederhss.) gut bezeugt ist, ist die Überlieferung von Melodien zu den mhd. Liebesliedern (→Minnesang) – anders als in Süd- und Nordfrankreich (→Troubadour, →Trouvère) – fast immer spät und auch nur äußerst bruchstückhaft. Für die frühe Minnelyrik läßt sich die Form des gesungenen Vortrags in der Regel nur aus Kontrafakturen (→Ton) erschließen bzw. aus späteren Bezeugungen ableiten. Nähere Aufschlüsse über die Art des Minnesangvortrags lassen sich aufgrund der schlechten Q.nlage nicht gewinnen. Sicher ist allein Monodie; instrumentale und vokale Mehrstimmigkeit wird erstmals Ende des 14. Jh. beim →Mönch v. Salzburg und bei →Oswald v. Wolkenstein greifbar, fast 200 Jahre später als in Frankreich. Neben Gesangsvortrag darf man sich einen Großteil der höf. und spätma. Liebeslieder im Zusammenhang mit einem Fest auch getanzt vorstellen (Hinweise bei Ulrich v. Liechtenstein). Ein sicheres Kriterium dafür, welches Lied für →Tanz konzipiert wurde, fehlt indes, im Unterschied zu Frankreich, wo Tanzlieder eigene Strophenformen ausgebildet haben (→Ballade, →Dansa, →Estampie, →Rondeau). Daß die Lieder →Neidharts zum Tanz gesungen wurden, machen die üblichen Merkmale von Tanzmelodik (Ton- und Motivwiederholungen, kaum ausgeprägte Melismatik, Dreiertakt) in den überlieferten Melodien wahrscheinlich. Unsicher ist, ob auch der Minnesang vor Neidhart getanzt werden konnte; textinterne Anspielungen, etwa bei →Walther v. d. Vogelweide, können metaphorisch gemeint sein. Andererseits ist der metrisch abweichende Schluß einer Veldeke-Strophe (MF 58, 35) als Coda eines Tanzliedes gut vorstellbar. Bei einem Großteil des nachklass. Minnesangs legt die zu beobachtende inhaltl. Schematik bzw. Substanzlosigkeit Realisation als Tanzlyrik nahe. Für das spätma. Liebeslied lassen sich öfters Hinweise der Form entnehmen; doch ist festzuhalten, daß nicht jedes Reigenlied notwendig getanzt werden mußte. Für die dt. Erzähllyrik des späten MA (»Volksballaden«) ist Zusammenhang mit dem Tanz nicht belegt, wohl hingegen für die skand., die in stroph. Form zumeist tragische Sujets behandeln. Lyrik, die anscheinend mit Sprechstimme vorgetragen wurde, wird in Frankreich erstmals seit dem 13. Jh. mit den →Dits greifbar. Annähernd zur gleichen Zeit zeichnet sich die Entwicklung der »formes fixes« ab, d. h. Strophenformen, in denen die urspgl. Einheit von Text, Musik und Tanz aufgehoben ist (vgl. z. B. die nicht vertonten Balladen →Guillaumes de Machaut). Ob die Lyrik der siz. Beamten am Hofe Ks. Friedrichs II. (→Siz. Dichterschule) primär für die Lektüre bestimmt, also ohne musikal. Realisation konzipiert war, wird diskutiert. Intendierte Leselyrik sind jedenfalls die Liebeslieder in →Dante Alighieris »Vita Nuova«, die keine Aufführungssituation imaginieren, sowie die Sonette →Petrarcas.

[5] *Höfischer Roman:* Was den in Reimpaarversen abgefaßten höf. →Roman des 12. und 13. Jh. betrifft, so ist nicht nur die primäre Rezeptionsform (mündl. Vortrag oder private Lektüre) umstritten, sondern auch die Art des Vortrags. Der metr. Befund, v.a. die Hebungsfunktion von Nebensilben und das häufige Vorkommen klingender Kadenzen, macht rezitativ. Vortrag mit Singstimme wahrscheinlich; ein zusätzl. Argument liefert die Nähe der viertaktigen epischen Reimpaarverse zur Kurzzeilenrezitation des stets gesungenen →Leichs. Wie in vergleichbaren Fällen ließe die fehlende Notation sich mit der einfachen Grundstruktur der Melodie erklären, die als bekannt vorausgesetzt wurde und deshalb keiner eigenen Aufzeichnung bedurfte. Allerdings wurde die Epenüberlieferung noch nicht systematisch auf Hinweise für musikal. Vortrag überprüft. Für den »Parzival« entwarf E. JAMMERS das Modell eines rezitativ. Vortrags, doch ist diese Rekonstruktion ohne Verbindlichkeit. – Die ebenfalls in Reimpaarversen abgefaßten und von berufsmäßigen Spruchsprechern vorgetragenen dt. Reden, die im Spät-MA in Konkurrenz zum Sangspruch traten (→Spruchdichtung), stellt man sich in der Regel mit »gehobener« Sprechstimme realisiert vor, dies v. a. wegen der Berufsbezeichnung.

[6] *Heldenepik und Ballade:* Für die in Strophen abgefaßte mhd. Heldenepik (→Epik) und die Spätformen des Heldenlieds (→Ballade) ist gesungener Vortrag als primäre Rezeptionsform gesichert, ebenso für einige stroph. Großgedichte didakt. und historiograph. Inhalts. Derzeit sind zu acht der insgesamt 13 Strophenformen Melodien nachgewiesen. Wenn somit auch nicht für alle Werke der mhd. Heldenepik die authent. Melodie erhalten ist, steht musikal. Vortrag grundsätzl. nicht in Frage. Für das →»Nibelungenlied« läßt er sich zusätzl. mit dem ident. Strophenbau von Nibelungenstrophe und dem zweiten Ton des →Kürenbergers begründen; die Identität der in der »Trierer Marienklage« und im »Alsfelder Passionsspiel« verwendeten verdoppelten Langzeilenmelodie mit der des »Nibelungenliedes« ist umstritten. Spätestens im 15. Jh. konnte der Text sich aus seiner urspgl. Bindung an die Melodie lösen; Autoren und Drucker des 15. Jh. kalkulierten neben dem Gesangvortrag nun auch die Möglichkeit des Vorlesens mit Sprechstimme bzw. private Lektüre ein: »das man es lesen mag als ainen spruch oder singen als ain liet« (Michel →Beheim). – Wie für die mhd. Heldenepik ist für die assonierenden Laissen der afrz. →Chansons de geste musikal. Vortrag sicher, auch wenn authent. Epenmelodien so gut wie ganz fehlen. Die musikal. Vortragsform bestätigen →Johannes de Grocheo (Jean de Grouchy) in seinem Traktat »De musica« und wenige in anderem Zusammenhang überlieferte Melodiefragmente vom Ende des 13. Jh. Aufgrund der Entstehung der Chansons de geste in liturgienahem Kontext, unter dem Einfluß der mit Singstimme vorgetragenen afrz. Hl.nlegende, nahm man öfters psalmodierenden Vortrag mit gewissen Freiheiten der Verzierung an. Dem wider-

sprechen zumindest die überlieferten Melodiefragmente, die z. T. auf ausgeprägte Melismatik hindeuten. Doch sind die Zeugnisse insgesamt schwer interpretierbar; keines bietet einen verläßl. Anhaltspunkt für die Rezitation eines der bekannten Epen. Unsicherheit besteht v. a. darüber, ob alle Verse auf eine einzige unvariierte Melodie gesungen wurden. Der Gebrauch des Litaneityps läßt sich nur für die Spätphase der Chanson de geste wahrscheinl. machen: vor inhaltl. Neuansatz oder zum Abschluß einer Laisse wurde hier eine zweite Melodieformel verwendet.

In mündl.-musikal. Vortrag wurde schließlich auch die Heldendichtung der Slaven und des Balkans realisiert. Anschauungsmaterial konnte die Forsch. noch im 20. Jh. namentl. dem Epenvortrag illiterater serb. und kroat. Sänger abgewinnen. Die eine seit dem 14. Jh. bestehende Tradition fortführenden →Faröischen Balladen, die neben Themen der Heldensage auch hist. u. a. Themen verarbeiten, werden von einer Gruppe unter Leitung eines Vorsängers gemeinsam gesungen und getanzt; die Melodieüberlieferung erfolgt ausschließl. auf mündl. Wege. Unter dem Einfluß gesungener volkssprachiger Epik oder auch innerlat. Vortragstraditionen aufgreifend, findet sich Neumierung auch in lat. Epenhss.; sie betrifft vorzugsweise monolog.-eleg. Partien aus →Vergils »Aeneis« und der »Thebais« des →Statius, die wohl in der Art eines →Planctus gesungen wurde.

[7] *Geistliches Spiel:* Für Realisation im musikal. Vortrag und in szen. Aufführung wurden auch die geistl. Spiele des MA (→Drama) konzipiert, deren erste Formen man sich aus der liturg. Osterfeier entwickelt denkt. Ihre schriftl. Fixierung diente zunächst allein als Regie- und Lernhilfe; erst im 15. Jh. wurden Spiele auch als Lesedramen aufgezeichnet. Untersuchungen zur Terminologie von Regieanweisungen haben bestätigt, daß das lat. Spiel durchgängig gesungen wurde, wobei rezitativ. und melod. Vortrag wechselten. Da anders als die rein lat. die dt. Spiele häufig ohne Melodien überliefert sind, war hier der Bedeutungsgehalt der Angaben »dicere« und »cantare« lange umstritten. Sangbarkeit wollte man nur für ihre lat. Bestandteile gelten lassen. Heute geht man davon aus, daß den dt. stroph. Liedern, sofern sie Übersetzungen sind, die Melodie der lat. Vorlage, ansonsten eine eigene Melodie unterlegt wurde. Für die stets ohne Neumierung oder Noten aufgezeichneten Reimpaarverse der Spiele, die jeweils erzählenden Inhalt haben, nimmt man hingegen aufgrund allg. Erwägungen – bessere Verständlichkeit und geringere Ermüdung des Spielers – Vortrag im Sprechgesang an. Im Fall der afrz. Passion v. Clermont ist solch rezitativ. Vortrag auch durch Neumierung gesichert. Für die Spiele in anderen Volkssprachen gilt im großen und ganzen das für das dt. Spiel Gesagte.

[8] *Geistliche Prosa:* Als singbar bezeugt sind im dt. Bereich vereinzelt auch Bibelübersetzungen: die »Wien-Münchener Evangelienfragmente« aus der Zeit um 1200 durch die Auszeichnung mit Passionsbuchstaben, die verschiedenen Tonhöhen für die einzelnen Rollen der Passionserzählung kennzeichnen; eine Melker Evangelienübers. des 14. Jh. (Melk, Stiftsbibl., Cod. 1084), die mit graph. Zeichen für Lektionsvortrag versehen ist. Die Befunde sind sicherlich nicht zu verallgemeinern; sie lassen allerdings den Schluß zu, daß zumindest die genannten Übersetzungen für die Tischlesung in einer geistl. Gemeinschaft herangezogen wurden. Dies und der gut belegte Vortrag lat. Texte mit Singstimme bei der Tischlesung machen wahrscheinlich, daß auch die im 15. Jh. für die Tischlesung bezeugten dt. Prosalegenden im Accentus vorgetragen wurden. Die mit Sprechstimme auf der Kanzel vorgetragene ma. →Predigt scheint bis ins 15. Jh. mit den sog. Predigtrufen beschlossen worden zu sein, litaneiartig rezitierten ein- oder zweizeiligen Akklamationen, die vom Prediger begonnen und von der Gemeinde fortgesetzt wurden.

[9] *Zeremoniell:* Der Predigtruf ist eine Sonderform der (lat.) →Akklamation, die im öffentl. (polit., rechtl. und liturg.) Bereich Verwendung fand, etwa bei Papst- und Bf.swahl und beim Krönungszeremoniell von Ks.n und Päpsten (→Zeremoniell). Diese wurde rhythmisch akzentuiert im Chor mit Sprech- oder auch mit Singstimme vorgetragen; obligator. war musikal. Vortrag im liturg. oder liturgienahen Zusammenhang, so etwa bei den formal der →Litanei angenäherten Laudes, die bei →Krönung bzw. →Sacre (→Laudes regiae), aber auch zu anderen Anlässen wie z. B. Empfängen (→Adventus regis) mit lauter Stimme vorgetragen wurden.

[10] *Weitere Bereiche:* Über die V. in anderen Kultur- und Lebensbereichen der semioralen Gesellschaft des MA ist wenig bekannt. Mit lauter, gehobener Sprechstimme sagten die Ausrufer (*kroijiere*) auf den →Turnieren des hohen MA Namen und Wappen der Turnierteilnehmer an und brachten den Lobpreis des Siegers vor; die gleiche Vortragstechnik wurde im Heroldswesen (→Herold) praktiziert, das sich aus dem Amt des Turnierausrufers entwickelte. Vereinzelt finden sich schließlich Hinweise auf rezitativ. Verlesen von Urkk. wie auf Sangbarkeit von →Merkversen im Schulunterricht (→Elementarunterricht), zu dem auch das Einüben in die V. liturg. Stücke gehörte.

D. Klein

Lit.: MGG I², 347–351; II², 622–629; V², 1075–1078, 1259–1328, 1388–1412; VI², 4–16, 302–313 – K. H. Bertau–R. Stephan, Zum sangl. Vortrag mhd. stroph. Epen, ZDA 87, 1956/57, 253–270 – E. Jammers, Das ma. dt. Epos und die Musik, Heidelberger Jbb., 1957 [dazu: K. H. Bertau–R. Stephan, ADA 71, 1958/59, 57–74] – E. Jammers, Der musikal. Vortrag des altdt. Epos, Der Deutschunterr. 11, 1959, H. 2, 98–116 – C. Petzsch, Otfrids cantus lectionis, Euphorion 56, 1962, 397–401 – D. Hofmann, Die Frage des musikal. Vortrags der altgerm. Stabreimdichtung in philolog. Sicht, ZDA 92, 1963, 83–121 – K. H. Bertau, Epenrezitation im dt. MA, EG 20, 1965, 1–17 – D. Hofmann–E. Jammers, Zur Frage des Vortrags der altgerm. Stabreimdichtung, ZDA 94, 1965, 185–195 – S. Beyschlag, Altdt. Verskunst in Grundzügen, 1969⁶, passim – H. Brunner, Epenmelodien (Fschr. S. Beyschlag, 1970), 149–178 – F. Ohly, Tu autem, Domine, miserere nobis, DVjs 47, 1973, 26–68 – R. Stephan, Über sangbare Dichtung in ahd. Zeit (Die Genese der europ. Endreimdichtung, hg. U. Ernst–P.-E. Neuser, 1977), 141–148 – B. Taeger, Ein vergessener hsl. Befund: Die Neumen im Münchener »Heliand«, ZDA 107, 1978, 184–193 – H. Brunner, Strukturprobleme der Epenmelodien (Dt. Heldenepik in Tirol, hg. E. Kühebacher, 1979), 300–328 – V. Mertens, Verslegende und Prosalegendar (Poesie und Gebrauchslit. im dt. MA, hg. V. Honemann u. a., 1979), 265–289 – M. G. Scholz, Hören und Lesen. Stud. zur primären Rezeption der Lit. im 12. und 13. Jh., 1980 – U. Mehler, Dicere und cantare: Zur musikal. Terminologie und Aufführungspraxis des lit. Dramas in Dtl., 1981 – B. Schneider, Vergil: Hss. und Drucke der Hzg.-August-Bibl., 1982 – N. F. Palmer, Zur Vortragsweise der Wien-Münchener Evangelienübers., ZDA 114, 1985, 95–118 – J. Bumke, Höf. Kultur, II, 1986, 721–729, 751–758 – D. H. Green, Über Mündlichkeit und Schriftlichkeit in der dt. Lit. des MA (Fschr. K. Stackmann, 1987), 1–20 – U. Wyss, L'amore come metafora? Osservazioni su Giacomo da Lentini (Sizilien. Gesch. – Kultur – Aktualität, 1987), 120–134 – J. Schulze, Siz. Kontrafakturen, 1989 – D. H. Green, Orality and Reading: The State of Research in Medieval Studies, Speculum 65, 1990, 267–280 – Ders., Medieval Listening and Reading, 1994 – 'Aufführung' und 'Schrift' in MA und Früher NZ, hg. J.-D. Müller, 1996 – F. Löser, Das NT des Dt. Ordens und die Melker Reform, ZDPh [im Dr.].

II. Musik: Obwohl Musik zu allen Zeiten des MA selbstverständl. ein bedeutender Teil des tägl. Lebens war, wissen wir zu vielen Bereichen so gut wie nichts. Dies liegt zu einem guten Teil in der Schriftlosigkeit weiter Gesellschaftsschichten begründet. Aufzeichnungen von Musik, wie sie v.a. im bäuerl. Bereich gepflegt wurde, liegen nicht vor. Daneben bereitet das Gebiet improvisierenden Vortrags der Forsch. erhebl. Probleme. Um überhaupt einen Eindruck von ma. Musik zu bekommen, sind wir weitestgehend auf schriftl. Überlieferung angewiesen. Davon ausgehend kann dann versucht werden, Aussagen über die V. zu machen.

[1] *Kirchenmusik:* a) *Einstimmigkeit:* Die Gesänge des gregorian. Chorals erklangen als fester Bestandteil der Liturgie in Kl., Stifts- und teilweise wohl auch Pfarrkirchen. Schon die frühesten Q.n geben uns Hinweise auf die Verteilung in solist. und chor. Abschnitte. Die linienlosen Neumen lassen zwar zunächst nur den Melodieverlauf erkennen, enthalten aber in zahlreichen Zusatzzeichen wertvolle Informationen über den Vortrag (z. B. c = celeriter). Im späteren MA berichtet Konrad v. Zabern (De modo bene cantandi choralem cantum, 1474), man habe, je höher der Rang eines Tages innerhalb des Kirchenjahres war, desto langsamer gesungen. b) *Mehrstimmigkeit:* Teile des liturg. Gesanges konnten auch mehrstimmig ausgeführt werden. Da es sich dabei meist um die solist. Abschnitte des Chorals handelte, blieb das →Organum einer ausgewählten Gruppe von Sängern vorbehalten. An der Kathedrale Notre Dame in Paris waren zu Beginn des 13. Jh. sogar eigene Solisten (machicoti) angestellt, die die mit der Entwicklung einer rhythm. Schrift (Modalnotation) möglich gewordenen mehrstimmigen Kompositionen von Leoninus und →Perotinus auszuführen hatten. Wir wissen von maximal sechs Ausführenden bei den vierstimmigen Organa. Von diesen hatten drei die Choralstimme (Tenor) zu singen, die übrigen drei erhielten je eine der Oberstimmen. c) *Instrumente:* An Instrumenten war lediglich die Orgel in der Kirche zugelassen. Sie trat v.a. solist. in Erscheinung. Im späten MA begann man damit, den Choral mit der Orgel zu begleiten. Eine Vermischung der einstimmigen Choralmelodien mit dem Instrumentarium außerhalb des Kirchenraums brachten seit dem 14. Jh. die aus dem liturg. Spiel hervorgegangenen →geistl. Dramen mit sich.

[2] *Weltliche Musik:* a) *Einstimmigkeit:* Singen und Instrumentalspiel waren fester Bestandteil des höf. Lebens und gehörten deshalb traditionell zur Erziehung und Ausbildung der jungen Adligen. Zahlreiche Belegstellen finden sich in der Romanlit. des 12.–14. Jh. bes. in Frankreich. Die adligen Protagonisten singen darin zieml. häufig und spielen gelegentl. auch auf Instrumenten, jedoch tun sie allem Anschein nach kaum beides gleichzeitig, sondern gegebenenfalls nacheinander, etwa als Vor- oder Nachspiel. Die einzige Ausnahme stellt die Begleitung von Lais auf der Harfe dar (HUOT). Wie man sich eine solche Begleitung vorzustellen hat, ist jedoch nicht geklärt. Die →Troubadours und →Trouvères dürften bei ihren Gesängen diese Vortragsform als »hohen Stil« verwendet haben. Seit dem 13. Jh. ist mit einem großzügigeren Einsatz von Instrumenten zu rechnen (PAGE). Zum Tanz erklangen Refrainlieder oder von Minestrels gespielte Instrumentalmusik. b) *Mehrstimmigkeit:* Die Gattungen →Motette und →Conductus, die meist mehrstimmig konzipiert sind, konnten ebensogut in einzelne Stimmen zerlegt ausgeführt werden. Darauf deutet neben einer Beschreibung im →Roman de la Rose hauptsächl. die Überlieferung in Q.n aus dem dt. Bereich seit dem 14. Jh. c) Das *Instrumentarium* umfaßte gezupfte oder gestrichene Saiteninstrumente, deren Saiten aus Pferdehaaren, Seide oder Schafsdarm gemacht waren (Harfe, Psalterium, Rebec, Fiedel und Drehleier), Blasinstrumente (Schalmei, Dudelsack und Flöten) und Tasteninstrumente (Orgel und Clavichord). d) *Ensembles:* Sowohl Vokal- als auch Instrumentalmusik wurden normalerweise solist. vorgetragen. Gesangsensembles mit 8–12 Sängern bildeten sich im späteren MA zuerst in England, dann auch auf dem Kontinent. Berühmt war das in eine geistl. und eine weltl. Gruppe aufgeteilte Ensemble, das sich zw. 1419 und 1467 Philipp d. Gute v. Burgund leistete, und für das Komponisten wie Gilles →Binchois und Guillaume →Dufay zahlreiche Werke schufen.

F. Körndle

Lit.: Dictionary of the Middle Ages, s.v. Musical Performance – MGG, s.v. Aufführunmgspraxis – NEW GROVE, s.v. Performing practice – RIEMANN s.v. Aufführungspraxis – TH. BINKLEY, Die Musik des MA (H. DANUSER, Musikal. Interpretationen [Neues Hb. der Musikwiss. 11, 1992]), 73–138 – R. HAAS, Aufführungspraxis der Musik, 1931 – TH. BINKLEY, Zur Aufführungspraxis der einstimmigen Musik des MA – ein Werkstattbericht, Basler Jb. für hist. Musikpraxis 1977, 19–76 – J. PARKER, The Performance of Troubadour and Trouvère Songs. Some Facts and Conjectures, Early Music 5, 1977, 185–208 – Studies in the Performance of Late Medieval Music, hg. S. BOORMAN, 1983 – CH. PAGE, Voices and Instruments of the MA, 1987 – S. HUOT, Voices and Instruments in Medieval French Secular Music: On the Use of Literary Texts as Evidence for Performance Practice, Musica Disciplina 43, 1989, 63–113.

Vorurkunde. V.n sind alle ausgestellten →Urkk., die bei einem späteren Beurkundungsgeschäft desselben oder eines anderen Ausstellers vorgelegen und die Gestaltung der späteren Urkk. formell oder sachl. beeinflußt haben. Streng getrennt von ihnen müssen →Transsumpt und →Vidimus gesehen werden, wo Urkk. im vollen Wortlaut aufgenommen und gekennzeichnet werden.

Im MA war es durchgehend üblich, sich z.B. vom neuen Herrscher einen bereits früher erworbenen Rechtstitel bestätigen zu lassen. Dazu mußte die betreffende Urk. zur Prüfung und Anerkennung vorgelegt werden. Fand diese bei der Abfassung der Konfirmationsurk. Eingang in deren Wortlaut, wurde sie zur V. der neuen Urk. So konnten teilweise lange Urkk. reihen entstehen, bei denen sich die jüngeren aus den älteren Urkk. ableiteten. Häufig wurde in der neuen Urk. ausdrückl. auf die V. verwiesen. Es konnten aber auch mehrere ältere Urkk. gleichzeitig herangezogen werden, aus denen sich die neue Urk. dann gleichsam mosaikartig zusammensetzte. Auch mußte nicht zwangsläufig das zeitl. vorhergehende Stück benutzt werden, sondern es konnte z.B. aus polit. Gründen auf eine ältere Urk. zurückgegriffen werden. Schwieriger wird der Nachweis einer V., wenn dafür ein Stück eines anderen Empfängers herangezogen wurde (z.B. MGH D O. I. 94 für Kl. →Einsiedeln: Die V. war ein unechtes Diplom Ks. Lothars für das Kl. →Pfäfers v. 840). In der →Kanzlei der frk. und dt. Kg.e spielten V.n eine bedeutende Rolle, ebenso in den →Privaturkk. In der Papstkanzlei, die umfangreichen Gebrauch von vorgefertigten Formularen machte, erreichten die V.n nie diese Bedeutung; am ehesten wurden sie noch in feierl. Privilegien für Bm.er und Kl. vom 9. bis zum Ende des 13. Jh. benutzt. Die Frage nach der Benutzung von V.n kann für die Beurteilung der →Echtheit einer Urk. sehr wichtig sein (→Fälschungen), etwa wenn es gilt, ein ungewöhnl. Formular zu beurteilen. So können V.n für mehr als ein Drittel aller von Ksn. Konstanze als Kgn. v. Sizilien ausgestellten Urkk. nachgewiesen und damit zumindest teilweise das Eindringen dt. Formelgutes in die siz. Kg.surkk. erklärt werden. Die Untersuchung der V.n ist somit generell für die Erforschung der Arbeitsweise einer Kanzlei von großer Wichtigkeit, da nur so die eigenständigen Leistungen der

Urkk. verfasser herausgearbeitet und von außen kommende Einflüsse festgelegt werden können. J. Spiegel

Lit.: BRESSLAU II, 282–293, 297–325 – W. ERBEN, Ks.- und Kg.surkk. des MA in Dtl., Frankreich und Italien, 1907, 28, 354f. – P. CSENDES, Die Kanzlei Ks. Heinrichs VI., 1981, 107f. – Th. KÖLZER, Urkk. und Kanzlei der Ksn. Konstanze, Kgn. v. Sizilien, 1983, 54, 56.

Vorwerk, eine Bezeichnung für eine Sonderform grundherrl. Besitzes, und zwar für ein landwirtschaftl. Nebengut vor einem Haupthof. Dieser Wortgebrauch findet sich im HochMA v. a. in Westfalen, verbreitet sich dann aber seit dem SpätMA im ostdt. Raum. Belege zum Begriff des V.es tauchen seit dem 11. Jh. bes. häufig in den Bm.ern →Paderborn, →Minden, →Münster und →Osnabrück auf. In einer Urk. v. 1059 schenkt z. B. Kg. Heinrich IV. dem Bm. Paderborn eine curtis dominicalis, von der drei kleine Höfe, V.e gen., mit 27 Hufen abhängig sind (Westfäl. UB I Nr. 149). Die V.e sind hier Mittelglieder einer dreistufigen Hierarchie im grundherrschaftl. System; sie stehen unter einem Haupthof (curtis) und haben als Höfe (curtes) ihrerseits wieder →Hufen (mansi) unter sich. V.e sind häufig dadurch charakterisiert, daß sie zusammen mit den →Fronhöfen eine Sonderrolle im Zehntrecht einnehmen, indem sie im Gegensatz zu den abhängigen Hufen aus der Zehntpflicht herausgenommen sind. Als Salland (terra salica) unterscheiden sie sich deutl. von den bäuerl. Hufen (mansi), da sie von den Grundherren in eigener Regie bewirtschaftet werden. Einen guten Einblick in die Rolle der V.e im Gefüge einer →Grundherrschaft bietet die Freckenhorster→Heberolle aus dem 11. Jh., die etliche V.e (*vorwerke*) aufführt. Seit etwa 1400 treten V.e im ostdt. Raum als Bezeichnung für solche Betriebe auf, die entweder zu Rittergütern oder zu Nebenhöfen von Domänen werden, die der Besitzer mit Hilfe eines Verwalters selbst bebaut. Diese Höfe gehören zum Kernland der Rittergüter und haben Teil an denen adligen Freiheiten; sie bewirtschaften als Nebenbetriebe von Domänen entweder bestimmte Landflächen oder pflegen besondere Wirtschaftszweige. In Preußen hat der→Dt. Orden im SpätMA einen beträchtl. Teil des Landes durch Höfe in eigener Regie genutzt; diese Ordenshöfe werden in den Q.n bevorzugt V.e genannt. Aus den Hofinventaren des 14. und 15. Jh. erfährt man von einer Vielzahl von V.en mit unterschiedlicher Größe, Ausstattung und Funktion (Ackerbauhöfe, Gestüte, Kämmererhöfe etc.). Zum Personal der V.e gehört neben den Hofmeistern eine beträchtl. Zahl von Lohnknechten, deren Arbeitskraft durch das Scharwerk abhängiger Bauern ergänzt wird. W. Rösener

Lit.: GRIMM, DWB XXVI, 1927ff. – F. LÜTGE, Gesch. der dt. Agrarverfassung, 1967², 111ff. – L. SCHÜTTE, V. Eine Sonderform grundherrl. Besitzes in Westfalen, Westfalen 58, 1980, 24–44 – H. BOOCKMANN, Die V.e des Dt. Ordens in Preußen (Die Grundherrschaft im späten MA, hg. H. PATZE, I, 1983), 555–576.

Vorzeichen, auch Zeichen oder Prodigien (prodigia), sicht- und wahrnehmbare Vorgänge gleichnishafter Natur, die auf ein zukünftiges Geschehen hinweisen und zugleich seinen Ablauf vorbedeuten. Sie treten plötzlich und unerwartet ein und deuten auf positive wie negative Ereignisse (z. B. Krankheit, Katastrophen, Krieg, Tod), aber auch auf das Jüngste Gericht. Hierbei kann es sich um Natur-, Wetter- und Himmelsphänomene, um Vorkommnisse an bestimmten, meist ominosen Tagen (z. B. Jahreswechsel, →Rauhnächte), ferner um Erscheinungen von →Toten und Gespenstern handeln. Der Glaube an V. war bereits in der Antike populär; zu den Augurien (ahd. *heil* oder *heilisunga*) zählte etwa die Deutung des Vogelfluges oder des Schlachtgeschreis (Tacitus, Germania Kap. 3). Durch die Kirchenväter, insbes. durch Augustinus vermittelt, zählten die frühma. und ma. Bußordnungen, Synodalbeschlüsse, Kapitulare oder die Dekrete Burchards v. Worms (um 965–1025) die Auslegung von V. zur »superstitio observationis« (z. B. Martin v. Braga, De correctione rusticorum Kap. 16). Zum Bereich der aberglaüb. Beobachtung gehören u. a. Gewitter im Winter, plötzl. Gliederzucken, Niesen eines Menschen oder Tieres, der Schrei eines Vogels, Traumbilder und Erscheinungen, die häufig einen Todesfall ankündigen, und schließlich der Angangsglaube (z. B. Indiculus superstitionum et paganiarum Kap. 17: »De observatione [...] in inchoatione alicuius rei«). Das Niesen galt als schlechtes V.; niest man am Morgen, während man sich die Schuhe anzieht, soll man sich sofort wieder ins Bett legen (Augustinus, De doctr. christ. II, 20; von ihm abhängig: Gratian, Decreti pars II, causa 26, qu. 2, Kap. 6). Plötzl. Gliederzucken als V. erwähnen u. a. Augustinus, Isidor v. Sevilla (Etym. VII, 9) oder Hrabanus Maurus (De magicis artibus; ed. MPL 110, 1098). Während die Beobachtung von Tieren im FrühMA als V. nur gelegentl. Erwähnung findet, häufen sich die Belege seit dem Hoch- und SpätMA. Eine wichtige Q. für diese Überzeugung stellt der »Policraticus« des Johannes v. Salisbury (um 1115–1180) dar: Krächzen, Stellung und Flug der Krähe ergäben wichtige Hinweise auf zukünftige Geschehnisse; ähnl. empfiehlt die auf Wilhelm v. Paris zurückgehende Magdeburger Hs. »Praecepta quaedam propter superstitionem« (15. Jh.), auf das Schwatzen (garritus) der Vögel zu hören. Johannes →Hartlieb listet diese observator. Technik in seinem »Puoch aller verpoten kunst, ungelaubens und der zaubrey« von 1456 unter der Aeromantie (»Aremancia«) auf. Obwohl sich zahlreiche überlieferte Formen des Glaubens an V. etwa über Caesarius v. Arles auf spätantike Glaubensformen zurückführen lassen, schufen sich Deutungssysteme stets von neuem; so kann die Angst, daß eine plötzlich stehenbleibende Uhr den Tod vorhersage, nicht älter sein als die Erfindung der Turmuhr im 14. Jh. Zudem ist zu beobachten, daß mit dem SpätMA die Interpretation außergewöhnl. Himmelsphänomene zunimmt; figurenähnl. Licht- und Wolkenformationen, Kometen, Meteore oder Blutregen galten als Unglückszeichen und wurden in der frühen NZ mittels der Bildpublizistik des Flugblattes nicht nur zum Gegenstand hist. Nachrichtenübermittlung, sondern auch zu einem verbreiteten Deutungs- und Erziehungsmodell. Zu den frühesten Flugblättern dieser Art gehört ein Reutlinger Holzschnitt mit dem Text von Sebastian →Brant, der den Einschlag eines Meteors in Ensisheim am 7. Nov. 1492 darstellt; auf dieses Ereignis bezieht sich auch Hartmann →Schedel in seinem »Buch der Cronicken« (Nürnberg 1493). Der Glaube, daß sich Zeichen in der Natur als Hinweise auf künftige Geschehen deuten lassen, überlebte – in wechselnden Formen – bis in die Gegenwart hinein. Ch. Daxelmüller

Lit.: HWDA VII, 1730–1760 – W. HESS, Himmels- und Naturerscheinungen in Einblattdrucken des XV. bis XVII. Jh., 1911 – J. KLAPPER, Das Aberglaubensverzeichnis des Antonin v. Florenz, Mitt. der schles. Ges. für Volkskunde 21, 1919, 63–101 – W. W. HEIST, The Fifteen Signs Before Doomsday, 1952 – R. BLOCK, Les prodiges dans l'antiquité classique, Grèce, Etrurie et Rome, 1963 – H. HOMANN, Der Indiculus superstitionum et paganiarum und verwandte Denkmäler, 1965 – D. HARMENING, Superstitio, 1979, 81–85 – P. v. MOOS, Gesch. als Topik, 1988.

Vorzeichnung, nach vorangegangenen Skizzen und Entwurfzeichnungen erstes Stadium des Arbeitsprozesses bei der Ausführung eines Wand- oder Tafelbildes bzw. in der Buchmalerei oder Druckgraphik. Die V. wird in Originalgröße auf den grundierten Bildträger (Holz, Leinwand, Unterputz) oder, spiegelbildl., auf die Druckplatte aufgebracht. In der Wandmalerei nennt man sie nach dem vorwiegend in Italien im 14./15. Jh. verwendeten Material (roter Naturocker: Cinabrese, Sinope oder Sinopia) auch Sinopie, in der Tafel- oder Wandmalerei »Unterzeichnung«, um sie von der außerhalb des Bildes entwickelten V. zu unterscheiden, die ab dem späteren 15. Jh. aufgrund der immer anspruchsvolleren und komplizierteren Bildprogramme meist in kleinerem Maßstab auf Papier oder Pergament vorbereitet wurde. Die Vergrößerung auf das Bildformat und Übertragung auf die Malfläche erfolgte mit Hilfe eines Rasternetzes (Quadratnetzes), das über die V. gelegt wurde.

Die V. bzw. Unterzeichnung beinhaltet u. a. konstruktive Hilfslinien und -punkte, Farbangaben, Markierungen der Felder und Hauptachsen, Vorritzungen der Binnenlinien, Anlage der Komposition, der Figurenkonturen, Schraffuren. Gearbeitet wurde u. a. mit Ritzinstrumenten, Zirkel, Stechzirkel, Zeichenkohle, Metallstiften (V. im Sinne einer Silberstiftzeichnung; z. B. bei Petrus Christus, Gerard David, Jan van Eyck) und v. a. einem spitzen Haarpinsel.

Die mitunter äußerst detaillierten V.en können durch Infrarot-Reflektographie großenteils sichtbar gemacht werden, was wichtige Erkenntnisse über den künstler. Schaffensprozeß und die individuelle Arbeitsweise des jeweiligen Künstlers ermöglicht, was aber anderseits durch den Umstand erschwert wird, daß Maler und Unterzeichner nicht unbedingt ident. sein müssen.

M. Grams-Thieme

Lit.: J. MEDER, Die Handzeichnung, ihre Technik und Entwicklung, 1923 – H. HUTTER, Die Handzeichnung, 1966 – W. KOSCHATZKY, Die Kunst der Zeichnung, 1981 – Reclams Hb. der künstler. Techniken, I, 1984, 159-166; II, 1990, 81ff. – M. FARIES, Stefan Lochners Unterzeichnungen, erste Einsichten (Stefan Lochner, Meister zu Köln, Ausst.-Kat. Köln 1993/94), 169-180 – J. SANDER, Die Entdeckung der Kunst, Ausst.-Kat. Frankfurt/M. 1995/96, 152-160.

Votčina. Der russ. Rechtsbegriff der 'V.' (aruss.: *otčina*, zu *otec* 'Vater'), 'Vatererbe, Patrimonium', bezeichnet: 1. ein ererbtes (Teil-)Fsm. in der Rus'. Mit der fsl. V. war nicht nur der Territorialbesitz gemeint, sondern zugleich sämtl. damit verbundenen Herrschaftsrechte, v. a. Steuer- und Gerichtshoheit (*sud i dan'*). Hinsichtl. der Rechtsnachfolge in den aruss. Fsm.ern wurde auf dem Fs.entag v. →Ljubeč 1097 dem Erb- oder V.-Prinzip der Vorrang vor dem Senioratsprinzip (→Senior. III) gegeben. Sowohl die Herrscher in der Zeit der Teilfsm.er (→Udel) als auch später die Gfs.en v. →Moskau legitimierten ihre Herrschaft über Land und Leute unter Hinweis auf ihre V. – 2. eine Art des Grundeigentums in der Rus': V. bezeichnet allodialen Grundbesitz (→Allod, →Eigen), der (im Gegensatz zum →Pomest'e, dem seit dem 15. Jh. vom Herrscher verliehenen Dienstgut) vererbt, verkauft, getauscht, verschenkt oder verpfändet werden konnte (Dispositionsrecht). Während die Existenz fsl. Eigengüter bereits für das Ende des 10. Jh. belegt werden kann, ist bojarischer und kirchl. bzw. klösterl. Grundbesitz erst seit dem 11./12. Jh., im Wolga-Oka-Gebiet vermutl. sogar erst im 14. Jh. entstanden. Der V.-Grundbesitz wuchs – vornehml. auf dem Wege von Schenkungen durch die Herrscher und Inbesitznahme herrenlosen Landes – nur langsam an. Noch in der 2. Hälfte des 15. Jh. überwog in der nordöstl. Rus' freies Bauernland (*černaja zemlja*), auf das der Ausdruck V. ebenfalls Anwendung fand, obwohl die Bauern die üblichen Abgaben und Arbeitsleistungen zu erbringen hatten. Sonderentwicklungen sind in →Halič-Volhynien, wo der bojarische Grundbesitz seit der 2. Hälfte des 11. Jh. stark anwuchs, sowie in →Novgorod festzustellen, wo das V.-System sich gegen Mitte des 14. Jh. als vorherrschender Grundbesitztypus etablierte. Dort erfolgte eine Konzentration territorial sehr großer Besitzungen in den Händen weniger Bojaren sowie gleichzeitig eine Aufsplitterung kleinerer Besitzungen, was zur Herausbildung einer speziellen Schicht von nichtbojarischen V.-Besitzern (*svoezemcy*) führte. In der nordöstl. Rus' verzeichnete der klösterl. V.-Besitz im 14. und 15. Jh. v. a. durch die Besiedlung von Wüstungen und Ödland einen spürbaren Zuwachs. Die eigenwirtschaftliche Nutzung von V.-Besitzungen ist für die Zeit seit dem 12. Jh. belegt. Bewirtschaftet wurden die Ländereien von unfreiem und halbfreiem Gesinde, zunehmend jedoch von freien Bauern, die sowohl dem Grundherren als auch dem Herrscher gegenüber lastenpflichtig waren. Es gab verschiedene Typen von V.-Besitz, die sich hinsichtl. der Erwerbsart und der Verfügungsbefugnis ihrer Eigentümer unterschieden. Der Besitzanspruch auf eine gekaufte V. war z. B. durch ein Rückkaufsrecht (*rodovoj vykup*) erbberechtigter Familienangehöriger des Vorbesitzers eingeschränkt. Eigentümer von V.-Ländereien verfügten über individuell unterschiedliche, zum Teil sehr weitgehende Privilegien (jurist., finanzielle), die in der Zeit der Moskauer Machtentfaltung jedoch eine schrittweise Einschränkung erfuhren und generell nicht als Immunitäten bezeichnet werden können. Eine Ausnahme stellten einige wenige Landschenkungen an Kl. dar, die auch Gerichts- und Steuerhoheit beinhalteten. In der Regel blieben die Gerichts-, Steuer- sowie die Wehrhoheit der Fs.en über die auf der V. ansässige Bevölkerung bestehen. Im Falle der Ungnade (*opala*) konnten Erbgüter durch den Herrscher konfisziert werden – so z. B. in großem Umfang geschehen nach den Annexionen Novgorods (1478), →Tver's (1485) und →Pskovs (1510) durch den Moskauer Gfs.en.

S. Dumschat

Lit.: S. B. VESELOVSKIJ, Feodal'noe zemlevladenie v severo-vostočnoj Rusi, I, 1947 – V. B. EL'JAŠEVIČ, Istorija prava pozemel'noj sobstvennosti v Rossii, I, 1948 – W. SCHULZ, Die Immunität im nö. Rußland des 14. und 15. Jh., FOG 8, 1962, 26-281 – O. M. RAPOV, Knjažeskie vladenija na Rusi v X–pervoj polovine XIII v., 1977 – V. L. JANIN, Novgorodskaja feodal'naja votčina, 1981 – V. B. KOBRIN, Vlast' i sobstvennost' v srednevekovoj Rossii (XV–XVI vv.), 1985 – H. RÜSS, Herren und Diener, 1994, 121-171 [Lit.] – L. V. DANILOVA, Ponjatie zemel'noj votčiny v srednevekovoj Rusi, Srednevekovaja i novaja Rossija, 1996, 254-277.

Votivkrone → Krone [3]

Votivmesse (missa votiva, Begriff seit 7. Jh.) geht auf die altkirchl. Eucharistiefeier im kleinen Kreis zurück und meint Messen, die in bestimmten Anliegen aus bes. Verehrungsmotiven (für Reliquien u. a.), zur Erfüllung von Gelübden o. ä., teils lebensgeschichtl. (z. B. durch Krankheit, Kinderlosigkeit, Reise; Totenmessen sind eine Sondergruppe der V.), teils durch öffentl. Ereignisse (z. B. im Kriegsfall, bei Gericht), teils durch Naturereignisse (z. B. Unwetter, Mißernte) motiviert, teils durch Meßreihen die Woche hindurch strukturiert (z. B. »Alkuin-Messen«), in der Regel auf Veranlassung einzelner oder einer kleinen Gruppe gehalten werden. Schon in der Spätantike belegt, gewinnen sie seit dem FrühMA ständig an Bedeutung. Die Innovationen in den Sakramentaren, bes. monast. Provenienz (etwa St. Gallen, Fulda), zeigen sich bis ins 11. Jh. hinein durch starke Erweiterungen gerade in diesem Bereich (weit über 100 Meßformulare in einzelnen Sakramentarhss.). Wenngleich die V. oft vom Priester allein gefeiert wurde (zum mißverständl. Wort »Privatmesse« s. HÄUSSLING), bleibt sie nach frühma. Auffassung in die kirchl. Öffentlichkeit und ihr übergreifendes Meßwesen eingebunden und stellt, mittels der eigenen Teilnahme oder wenigstens des Meßstipendiums, für jeden Christen eine Möglichkeit besonderer gläubiger Existenzverwirklichung dar. Erst das HochMA verliert zunehmend die Sicht für die ekklesiale Dimension auch der »Privatmesse« und neigt mehr den mit den V.n gegebenen Konkretionen zu. M. Klöckener

Lit.: Liturgisch Woordenboek II, 1968, 2878–2880 [W. DE WOLF] – A. FRANZ, Die Messe in der dt. MA, 1902, 115–291 – J. A. JUNGMANN, Der liturg. Wochenzyklus (DERS., Liturg. Erbe und pastorale Gegenwart, 1960), 332–365 – A. HÄUSSLING, Mönchskonvent und Eucharistiefeier, 1973, bes. 243ff. – E. PALAZZO, Les sacramentaires de Fulda, 1994, bes. 131–157.

Vouillé, Ort in Westfrankreich, 17 km nw. Poitiers (dép. Vienne), Schlacht (507). Die Absicht Kg. →Chlodwigs I., seine Herrschaft über die →Loire nach S auszudehnen (→Frankenreich, B. I. 2), führte zur Auseinandersetzung mit dem westgot. Reich (→Westgoten) v. →Toulouse. Nach einem ersten Krieg mit Kg. →Alarich II. 498 (frk. Vordringen bis →Bordeaux) holte Chlodwig 507 zum entscheidenden Schlag aus und stieß – unterstützt von den rhein. Franken unter Kg. →Sigiberts Sohn Chloderich – über →Tours in Richtung Bordeaux vor. Bei V. (»in campo Vogladense«) kam es zur Schlacht, in der Alarich fiel. Der siegreiche Chlodwig überwinterte in Bordeaux; 508 eroberte er mit den verbündeten →Burgundern die Kg.sstadt →Toulouse (Gewinn des reichen Gotenschatzes); sein ältester Sohn →Theuderich I. unterwarf die →Auvergne. Der als Religionskrieg gegen die →Arianer (»hereticas acies«) proklamierte, unter dem Schutz der als Sieghelfer angerufenen →Martin v. Tours und →Hilarius v. Poitiers geführte Kampf brachte den Verlust ganz →Aquitaniens für die Westgoten, deren Schwerpunkt sich in der Folge nach Spanien (→Toledo) verlagerte.
U. Nonn

Q.: Gregor v. Tours, Hist. Fr. II, 35–37 (MGH SRM I²) – Lit.: E. ZÖLLNER, Gesch. der Franken bis zur Mitte des 6. Jh., 1970, 65–67 – E. EWIG, Die Merowinger und das Frankenreich, 1993², 25–28.

Voyer → Vikar

Vratislav. 1. V. I., Fs. v. →Böhmen 915–921, * 888, † 13. Febr. 921, Sohn von →Bořivoj I. und →Ludmila; ∞ um 906 Drahomira, Tochter eines Fs.en der Stodoranen (→Heveller). Er übernahm nach dem Tod seines älteren Bruders →Spytihněv I. 915 die Herrschaft. Nach der älteren Historiographie soll er als Fs. v. Böhmen auch →Schlesien und →Mähren beherrscht, siegreich gegen die Ungarn gekämpft, Breslau gegründet und ein großes »Reich« geschaffen haben. Tatsächl. beherrschte seine Familie, die →Přemysliden, damals nur Mittelböhmen; in den übrigen Teilen des Landes waren noch andere Fs.en ansässig, die nur teilweise und indirekt von den Přemysliden abhängig waren. 915 soll V. den Feldzug der →Ungarn gegen Sachsen unterstützt haben. In der Tradition (»Wenzelslegenden«) gilt er als Gründer der St.-Georgskirche auf der Prager Burg (→Prag). V. starb in jungen Jahren. Noch vor seinem Tod wurde sein ältester Sohn →Wenzel I. als künftiger Fs. anerkannt. J. Žemlička

Lit.: NOVOTNY I. 1, 447–451 – J. PEKAŘ, Svatý Václav, 1932, 18–21 – H. ŁOWMIAŃSKI, Początki Polski, IV, 1970, 415–423 – J. SLÁMA, K počátkům hradské organizace v Čechách (Typologie raně feudálních slovanských států, red. J. ŽEMLIČKA [1987], 175–190 – D. TŘEŠTÍK, Václav a Berengar. Politické pozadí postřižin sv. Václava, Český časopis historický 89, 1991, 641–661 – DERS., Počátky Přemyslovců, 1997.

2. V. II., Fs. und Kg. v. →Böhmen 1061–92, * nach 1031, † 14. Jan. 1092, ▭ Vyšehrad, zweitältester Sohn des Fs.en →Břetislav I.; ∞ 1. NN, 2. Adelheid, Tochter des ung. Kg.s Andreas I., 3. 1062/63 Svatava, Schwester des poln. Fs.en und späteren Kg.s Bolesław II. Nach dem Tod seines Vaters (1055) sollte V. als Teilfs. in →Mähren (→Olmütz) regieren, doch mußte er wegen Auseinandersetzungen mit seinem ältesten Bruder, dem böhm. Fs.en →Spytihněv II., nach Ungarn fliehen. Nach der teilweisen Versöhnung (um 1058) mit Spytihněv II. und nach dessen Tod (1061) bestieg V. den Thron in →Prag (→Přemysliden). Die jüngeren Brüder V.s sollten als Teilfs.en Mähren verwalten: →Konrad (9. K.) in Brünn und →Otto (21. O.) in Olmütz, der Bruder →Jaromir (Gebhard) wurde Bf. v. Prag (1068–90). Fast die gesamte Regierungszeit V.s war von Zwistigkeiten mit den jüngeren Brüdern und mit der Adelsopposition geprägt. Die Erneuerung des untergegangenen mähr. Bm.s in Olmütz (1063) diente dem Ziel, die Macht des Prager Bf.s zu schwächen, und zugleich sollte der Olmützer Bf. ein Gegengewicht zu den mähr. Teilfs.en bilden. V. verlegte seine Residenz von der Prager Burg nach Vyšehrad, wo er das berühmte Kollegiatkapitel gründete (1070). Um seine Macht im Innern zu festigen, suchte V. Unterstützung von außen, doch entwickelten sich auch nach der Eheschließung mit der poln. Prinzessin Svatava die böhm.-poln. Beziehungen nicht positiv. Dagegen führte das gute Verhältnis zum dt. Kg. Heinrich IV. um 1075 zu einem beiderseits vorteilhaften Bündnis. Seitdem gehörte V. zu den treuesten Verbündeten der Salier; die böhm. Truppen waren an den Schlachten bei →Homburg (1075), →Flarchheim (1080) und an anderen Kriegszügen gegen Sachsen, aufständ. dt. Fs.en und in Italien beteiligt. Für seine treuen Dienste wurde V. belohnt: Während der Reichsversammlung in Mainz (1085) erhielt er die Kg.swürde, und am 15. Juni 1086 wurde V. als der erste böhm. Herrscher in Prag vom Trierer Ebf. →Egilbert feierl. gekrönt. Nach →Cosmas v. Prag (II. 38) erhielt V. auch gleichzeitig die poln. Kg.swürde; bis heute ist jedoch der Zweck des poln. Titels unklar. In den letzten Jahren seiner Regierung festigte V. seine Autorität sowohl in Böhmen als auch in Mähren. Dabei kam es zu scharfen Konfrontationen mit Konrad v. Brünn und bes. mit dem ältesten Sohn V.s, →Břetislav II. V.s Nachfolger mußten sich wieder mit dem Fs.entitel begnügen. J. Žemlička

Lit.: NOVOTNÝ, I. 2, 81–320 – T. GRUDZIŃSKI, Polityka papieża Grzegorza VII wobec państw Europy Środkowej i Wschodniej, 1959 – H. PATZE, Die Pegauer Annalen, die Kg.serhebung Wratislaws v. Böhmen und die Anfänge der Stadt Pegau, JGMOdt 12, 1963, 1–62 – P. E. SCHRAMM, Böhmen und das Regnum: Die Verleihungen der Kg.swürde an die Hzg.e v. Böhmen (1085/86, 1158, 1198/1203) (Adel und Kirche. G. TELLENBACH z. 65. Geb., hg. J. FLECKENSTEIN–K. SCHMID, 1968), 346–364 – R. NOVÝ, Královská korunovace Vratislava II., Numismatické listy 43, 1988, 129–144 – J. ŽEMLIČKA, Čechy v době knížecí, 1997, 77–117.

Vražda, bei allen slav. Völkern verbreitetes Rechtswort, bezeichnet im urspgl. weiten Sinne die Feindschaft (von *vrag* 'Feind') oder 'inimicitia', nahm bei den westl. Südslaven (Kroaten, Serben) und in den roman. Städten Dalmatiens die spezif. Bedeutung eines gewohnheitsrechtl. Instituts an, das in gewisser Weise mit dem →Wergeld verglichen werden kann: v. bezeichnet »das Blutgeld oder Sühnegeld, welches teils der Verwandtschaft des Ermordeten oder dem Verwundeten, teils dem Staate gezahlt wurde« (C. JIREČEK). Die dalmat. Q.n verstehen unter der 'consuetudo vrasde' die 'vendeta' und das Sühneverfahren (*mir, accordium*), bei dem das Blutgeld (manchmal mit 'homa-

gium' übersetzt) eine wichtige Rolle spielte. In einer weiteren Entwicklungsstufe wurde v. zur Strafe für den Totschlag und für Verletzungen, bei denen Blut vergossen wurde. Im Gesetz des serb. Despoten Stefan Lazarević von 1412 kommt sogar eine halbe v. ('poluvraždije') vor.
S. Ćirković

Lit.: C. Jireček, Staat und Gesellschaft im ma. Serbien. Stud. zur Kulturgesch. des 13.-15. Jh., DAW 56, 2. T., 1912, 1–16 – V. Mažuranić, Prinosi zu pravopovjestni rječnik, 1917, 1602–1604; Nachtrag: Dodaci, 1923, 64 – T. Taranovski, Istorija srpskog prava u nemanjićkoj državi II. Istorija krivičnog prava, 1931.

Vroedschap bezeichnete in zahlreichen Städten der Gft. →Holland ein Ratskollegium, das im Namen der Bürgerschaft gemeinsam mit dem Gericht die Stadtverwaltung ausübte. Im 13. und frühen 14. Jh. wurden fallweise Bürger vor dem Gericht zur Mitberatung in polit. und finanziellen Krisensituationen einberufen. Diese Form der städt. Beratung fand im Laufe des 14. Jh. eine erste Institutionalisierung; die immer häufiger einberufene V. erhielt semipermanenten Charakter. Mitgliedschaft in der V. stand anfänglich wohlhabenden Bürgern offen, wurde aber später auf ehem. Angehörige des städt. Gerichts begrenzt. Die Größe der V. wurde nie definiert; die Zahl der Beteiligten differierte vermutlich von Sitzung zu Sitzung und von Stadt zu Stadt. Wieweit die Zusammenkünfte period. Charakter hatten, ist gleichfalls unbekannt. →Bürgertum, C. I.
M. J. van Gent

Q. und Lit.: E. A. M. Eibrink Jansen, De opkomst van de v. in enkele Hollandsche steden, 1927 – C. C. Hibben, Gouda in revolt. Particularism and Pacifism in the Revolt of the Netherlands (1571–88), 1983 – J. W. Marsilje, Het financiële beleid van Leiden in de laat-Beierse en Bourgond. periode (ca. 1390–1477), 1985 – F. J. W. van Kan, Sleutels tot de macht. De ontwikkeling van het Leidse patriciaat tot 1420, 1988 – H. Brand, Over macht en overwicht. Stedelijke elites in Leiden (1420–1510), 1996.

Vrsovci (dt. Wrschowitzer, im lat. Orig. Wirsovici, Wrissowici, Vrsenses), Adelsgeschlecht in →Böhmen. Der Aufstieg der V. dürfte mit der Festigung der Macht der →Přemysliden im 10. Jh. zusammenhängen. Zum erstenmal treten die V. am Anfang des 11. Jh. auf. Die führenden Persönlichkeiten des Geschlechts mischten sich nach dem Tod →Boleslavs II. (999) in die Auseinandersetzungen seiner Söhne ein, möglicherweise mit eigenen Thronambitionen; eine Tochter →Boleslavs III. war wahrscheinl. die Ehefrau eines der Häupter der Familie. Damals kam es zu blutigen Kämpfen mit den Přemysliden (1003). Seitdem galten die V., bes. bei →Cosmas v. Prag († 1125), als die ärgsten Feinde der herrschenden Dynastie (vgl. die sog. Rede Jaromírs gegen V. bei Cosmas v. Prag, I. 42). Fs. →Jaromír sollte von den V. ermordet werden (1034). Zum zweitenmal griffen die V. 1096–1108 in die inneren Machtkämpfe Böhmens ein. Als Verwalter der mächtigen Fs.enburgen Litoměřice (→Leitmeritz) und Žatec (→Saaz) sowie als führende Gefolgsleute gehörten die V. zur böhm. Führungsschicht; ihre Intrigen beeinflußten die Politik. Nach Cosmas v. Prag sollen die V. die Urheber des Mordanschlags auf Fs. →Břetislav II. gewesen sein. In der Atmosphäre des allg. Mißtrauens wurden die V. im Auftrag des Fs.en →Svatopluk i. J. 1108 in Vraclav und →Libice größtenteils ausgerottet. Neben den Häuptern des Geschlechts (u. a. Mutina und Božej mit ihren Familien) wurde die Mehrheit der übrigen Angehörigen der V. getötet; aus der hohen Zahl der Getöteten darf geschlossen werden, daß zu den »V.« auch einige Anhänger und Klientelen gezählt wurden. Bald danach wurde Svatopluk ein Opfer der Rache der V. (1109). Die Reste der V. begaben sich wohl nach 1108 nach Ungarn und bes. nach Polen; die poln. Adelsfamilie Rawiczów leitete ihre Anfänge von den V. her. Nach dem sog. →Dalimil führten sich auch einige böhm. Adelsfamilien auf die V. zurück.
J. Žemlička

Lit.: J. Lippert, Social-Gesch. Böhmens in vorhussit. Zeit, I, 1896, 182–188 – H. Jireč, Vrševici a jejich dějiny (Rozmanitosti dějepravné. »Volných rozprav« číslo páté, 1908), 1–19 – Novotný, I. 1–2, 1912–13 [Register].

Všehrd (Všehrdy), **Viktorin Cornelius v.**, böhm. Jurist und Humanist, * um 1460, † 21. Sept. 1520; Sohn einer Chrudimer Bürgerfamilie, studierte an der Prager Universität, wo er später auch tätig war (Professor, Dekan). 1493–97 wirkte er im Landtafelamt (→Landtafel) in Prag und wurde in den Ritterstand erhoben. Mit dem Ziel, den Einfluß des Adels zu vermindern, verfaßte er das umfassende Werk »O právech, súdiech i o dskách země české knihy devatery« ('Neun Bücher über die Rechte, Gerichte und die Landtafel Böhmens'); die Hs. galt als eine inoffizielle Autorität auf dem Gebiet des böhm. Rechts. V. gehörte auch zu den bekannten Vertretern des böhm. Humanismus. Nach dem erzwungenen Abschied aus dem Landtafelamt war V. als Privatjurist tätig.
J. Žemlička

Lit.: J. Veselý, Příspěvky ke kritice právních pramenů šestnáctého století, I: Všehrd a desky zemské, 1934 – V. Vaněček, Mistr Viktorin Kornel ze Všehrd a další vývoj českého právnictví, 1960 – Sborník prací věnovaných k 500. výročí narození M. Viktorina Cornelia ze Všehrd, Právněhistorické studie 7, 1961, 51–324.

Vseslav Brjačislavič, Fs. in →Polock seit 1044, Fs. v. →Kiev 1068/69, † 1101, entstammte einer Polocker Seitenlinie der →Rjurikiden, deren Fsm. unter seiner Führung größte Eigenständigkeit genoß. Die ihm mißgünstige →Povest' vremennych let betont, V. sei »mit Hilfe von Zauberei geboren« und daher »unbarmherzig im Blutvergießen«, und erwähnt ihn fast nur in Zusammenhang mit Kämpfen gegen die Steppennomaden (Torken, →Kumanen) oder gegen andere russ. Fs.en. 1060 noch an der Seite des Kiever Fs.en →Izjaslav Jaroslavič gegen die Torken kämpfend, wandte er sich 1065 und 1066 gegen →Pskov und →Novgorod, wo Izjaslavs Söhne herrschten. Daraufhin schlugen ihn Izjaslav und dessen Brüder →Svjatoslav und →Vsevolod bei Minsk und brachten ihn als Gefangenen nach Kiev. 1068, nach einer Niederlage Izjaslavs gegen die Kumanen, brach in Kiev ein Aufstand gegen ihn aus, V. wurde befreit und zum neuen Fs.en v. Kiev ausgerufen. Bereits 1069 konnte Izjaslav Kiev jedoch zurückerobern; V. floh nach Polock. Dort herrschte er bis zu seinem Tod, doch mußte er sich mehrmals gegen Vsevolod Jaroslavič v. Kiev und dessen Sohn →Vladimir Monomach behaupten.
K. Brüggemann

Q.: PSRL I, 171–174 – *Lit.:* Solov'ev, IR I, 350–370 – HGeschRußlands I, 323–349 [H. Rüss, Lit.] – Polock. Istoričeskij očerk, 1987.

Vsevolod
1. **V.**, *Fs. v. Gerzike* →Wissewalde
2. **V. Jaroslavič** (Taufname Andrej, Beiname Tichij 'der Stille, Friedfertige'), *Fs. v.* →*Kiev* 1077, 1078–93, * 1030, † 13. April 1093 in Kiev; Eltern: Jaroslav I. d. Weise und Ingigerd-Irene, Tochter Kg. →Olafs Eriksson v. Schweden; ⚭ 1. Marija, Tochter Ks. Konstantins IX. Monomachos (Sohn: →Vladimir Monomach); 2. eine Polovcerin (Tochter: →Adelheid [Praxedis] ⚭ Ks. Heinrich IV.). Nach dem Zeugnis Monomachs (→Poučenie) beherrschte V. fünf Sprachen und genoß großes Ansehen im Ausland. Über V.s Besitzungen vor Jaroslavs Tod 1054 berichtet die →Povest' vremennych let nichts; der Vater vererbte ihm das Fsm. →Perejaslavl', dessen Bf. unter V.s Herrschaft den Rang eines Titularmetropoliten erhielt. Mit seinen älteren Brüdern →Izjaslav (1. I.) in Kiev und →Svjatoslav (2. S.) in Černigov bildete er nach 1054 die

Führungstriarchie der Rus', auf die die Rechtskodifizierung der Jaroslav-Söhne (*pravda Jaroslavičej*) v. 1072 zurückgeht (→Russkaja Pravda). Nach einer Reihe gemeinsamer Aktionen gegen die →Kumanen (1060, 1068) und →Vseslav v. Polock (1068) zerbrach 1073 die Einheit, als Svjatoslav und V. erfolgreich gegen Izjaslav, dem eine Verschwörung mit Vseslav unterstellt wurde, vorgingen. Daraufhin wurde Svjatoslav Fs. v. Kiev, und V. nahm Černigov in Besitz. Nach Svjatoslavs Tod 1077 folgte V. diesem für kurze Zeit auf den Kiever Thron, bevor im Jan. 1078 erneut Izjaslav friedl. die Macht übernahm. Kurz darauf fiel dieser in einer siegreichen Schlacht gegen Svjatoslavs Sohn →Oleg (2. O.), woraufhin V. Fs. v. Kiev wurde. Die ihm grundsätzl. milde gestimmte Chronik vermerkt zu seiner Regentschaft, sie sei von Alter und Krankheit sowie dem »Kummer wegen seiner Neffen« und ihrer Gebietsansprüche geprägt gewesen. K. Brüggemann

Q.: PSRL I, II. – *Lit*.: SOLOV'EV, IR I, 350–370 – HGeschRußlands I, 323–349 [H. RÜSS, Lit.] – B. A. RYBAKOV, Kievskaja Rus' i russkie knjažestva XII–XIII vv., 1993 – I. JA. FROJANOV, Drevnjaja Rus', 1995.

3. V. III. Jur'evič 'das große Nest' (Bol'šoe Gnezdo); Taufname: Dmitrij, Fs. v. →Vladimir-Suzdal' seit 1177, * 1154, † 14. April 1212 in →Vladimir an der Kljaz'ma. V. war der letzte überregional bedeutende Herrscher auf dem Gebiet der Kiever Rus' vor der Mongolenzeit. Die Etablierung Vladimir-Suzdal's als des neuen Machtzentrums im NO, die V. in Fortsetzung der Politik seines älteren Bruders →Andrej Bogoljubskij betrieb, kommt in der Chronistik (→Laurentios-Chronik) durch den seit 1186 fast konsequent für V. gebrauchten Titel →'Großfürst' zum Ausdruck. Als jüngster Sohn →Jurij Dolgorukijs und Enkel →Vladimir Monomachs wurde V. mit seiner zahlreichen Nachkommenschaft (Beiname!) Ahnherr der Dynastien v. →Suzdal', →Tver' und →Moskau.

Als Achtjähriger wurde V. von Andrej aus Suzdal' verbannt und verbrachte mit seiner Mutter einige Exiljahre am byz. Hof. Möglicherweise nahm er an Andrejs Zügen gegen →Kiev und die →Kumanen (1169/70) bereits wieder teil. Gesichert ist, daß V. 1173 kurzfristig in Kiev regierte. Nach Andrejs Tod (1174) gelang es V. und seinem Bruder Michalko, sich gegen ihre Neffen Mstislav und Jaropolk, die Söhne ihres ältesten Bruders Rostislav Jur'evič, im Fsm. durchzusetzen. Hierfür war die Unterstützung der beiden »jungen« Städte innerhalb des Fsm.s, Vladimir und →Perejaslavl' Zalesskij, die ihre Unabhängigkeit von den »alten« Städten →Rostov und Suzdal' anstrebten, entscheidend. V. herrschte zunächst in Perejaslavl', bevor er nach Michalkos Tod 1176 dessen Erbe antrat und erst nach weiteren Kämpfen endgültig die Macht im Fsm. übernahm. V.s Herrschaft stützte sich im Innern auf die Neusiedler aus dem SW, die den Landesausbau förderten, sowie auf die städt. Kaufmannschaft; seine Feldzüge gegen die →Wolgabulgaren und die Mordwinen (1183/84, 1186, 1205) dienten nicht zuletzt der Sicherung des Oka-Wolga-Schiffahrtswegs. V.s polit. Einfluß erstreckte sich nahezu auf das ganze aruss. Gebiet. Im benachbarten, von Getreidelieferungen aus dem O abhängigen →Novgorod herrschten Fs.en der Vladimir-Suzdal'er Linie, in Kiev sicherte er sich durch ein Abkommen mit den Černigover Fs.en dauernde Mitsprache und realisierte mit →Roman Mstislavič für →Halič-Volhynien eine Art Duumvirat. Gewaltsam machte er sich Rjazan' botmäßig (1180, 1187, 1207, 1209) und verteidigte die dadurch nach S ausgedehnten Grenzen seines Fsm.s gegen die →Kumanen (1198, 1209).

Aus diesen polit. Maßnahmen wird in der Forschung ein Führungsanspruch V.s über die Rus' abgeleitet, den das →Igor'-Lied bestätigt: Darin figuriert V. als der erste der Fs.en, den der Autor um Hilfe bei der Vereinigung des zerstrittenen russ. Landes anfleht. V.s absoluten Machtanspruch kennzeichnet, daß er vom Kiever Metropoliten die Billigung der fsl. Investitur für das Ebm. Rostov verlangte. Zudem setzte er sich über das Senioratsprinzip (→Senior) hinweg, als er 1211 eine Versammlung »aller Leute« nach Vladimir einberief und auf ihr seinen zweitältesten Sohn Jurij zu seinem Nachfolger bestimmte, nachdem dessen älterer Bruder Konstantin seinen Thron im »alten« Rostov nicht zugunsten Vladimirs hatte aufgeben wollen. Tatsächlich wurde der Kampf zw. den »alten« und den »jungen« Städten des Fsm.s unter V.s Erben fortgesetzt. Gleichwohl steht V. im Ruf, die Fs.enmacht im NO konsolidiert zu haben, die zur Grundlage der späteren Autokratie wurde. Den Herrschaftsanspruch V.s artikuliert die Architektur seiner (möglicherweise unter Beteiligung westeurop. Baumeister ausgebauten) Residenz Vladimir. Der Figurenschmuck der dem Kult seines Namenspatrons gewidmeten Demetrios-Kathedrale (1193–97) symbolisiert die Unabhängigkeit des von Gott gesandten Fs.en – ein Herrscherbild, dem auch die von V. geförderte Chronistik verpflichtet ist. K. Brüggemann

Lit.: S. M. SOLOV'EV, Istorija Rossii s drevnejšich vremen, I, 1959 – N. N. VORONIN, Zodčestvo Severo-Vostočnoj Rusi XII–XV vv., I, 1961 – D. WÖRN, Stud. zur Herrschaftsideologie des Gfs.en V., JbGO 27, 1979, 1–40 – B. A. RYBAKOV, Kievskaja Rus' i russkie knjažest va XII–XIII vv., 1993 – I. JA. FROJANOV, Drevnjaja Rus', 1995 – s. a. Lit. zu →Vladimir-Suzdal' [J. L. FENNELL, 1983; V. A. KUČKIN, 1984; JU. A. LIMONOV, 1987; A. A. GORSKIJ, 1996].

Vukan, serb. Herrscher nach 1082–um 1110. Zuerst *župan* am Hof Kg. Bodins v. →Zeta, der ihn als Statthalter nach →Raška schickte, führte V. erfolgreich Krieg gegen lokale byz. Befehlshaber (1091, 1093, 1094) und eroberte das Gebiet um die Burg →Lipljan im Kosovo, Zvečan beim heut. Kosovska Mitrovica und andere Städte. Auf Initiative Ks. Alexios' I. Komnenos wurde 1093 ein allerdings nur kurz dauernder Friede geschlossen. Beim Wiederaufflammen der Kämpfe 1094 drangen die Serben bis Vranje, →Skop(l)je und Polog beim heutigen Tetovo vor. Entsprechend dem Friedensschluß dieses Jahres stellte V. dem Ks. angesehene Geiseln, u. a. zwei Neffen. Anfang des 12. Jh. nahm V. den Kampf erneut auf; nach mehrmonatigen Kämpfen wurde die Grenze zulasten von Byzanz erhebl. korrigiert. V. nahm auch Einfluß auf die Entwicklung in Zeta, wo es nach Bodins Tod 1101 zu langwierigen Kämpfen innerhalb der Dynastie kam. J. Kalić

Lit.: JIREČEK, 137–139 I – Istorija srpskog naroda, I, 1981, 197–199 – E. TURK SANTIAGO, Probleme der Herrschaftsbildung im ma. Serbien, 1984 – J. LESNÝ, Studia nad początkami serbskiej monarchii Nemaniczów, 1989 – Rodoslovne tablice i grbovi srpskih dinastija i vlastele, 1991, 39–45.

Vukašin, Kg. v. →Serbien, ✕ 26. September 1371, stammte aus der Magnatenfamilie der Mrnjavčevići (nach ORBINI aus der Umgebung von Livno [Bosnien]). →Stefan Dušan hatte den Vater von V. mit seinen Söhnen V. und →Jovan Uglješa an den Hof gerufen. V. und Uglješa wurden mächtige Territorialherren, V. zugleich Mundschenk Stefan Dušans. Mitte des 14. Jh. war V. Statthalter des Zaren im Gebiet von Prilep. Vor seiner Krönung zum Kg. 1365 trug V. wahrscheinl. die Titel *čelnik* und *despot*. In der Zeit des Verfalls der Zentralgewalt kontrollierten die Brüder V. und Uglješa das Gebiet von Prilep im SO bis Prizren im NW und wurden von der Zarin Jelena unterstützt. V. und sein Bruder Uglješa unternahmen einen Feldzug gegen die Osmanen; beide fielen in der Schlacht an der →Marica. R. Mihaljčić

Lit.: M. ORBINI, Il regno degli Slavi, 1601 [Neudr. 1985] – L. MIRKOVIĆ, Mrnjavčevići, Starinar 3, 1924/25, 11–41 – K. JIREČEK, Srpski car Uroš, kralj V. i Dubrovčani, Zbornik Konstantina Jirečeka 1, 1959, 341–385 – G. OSTROGORSKI, Serska oblast posle Dušanove smrti, 1965 – R. MIHALJČIĆ, Kraj srpskog Carstva, 1975, 1989² – S. ĆIRKOVIĆ, Poklad kralja Vukašina, Zbornik Filozofskog fakulteta u Beogradu, 14/1, 1979, 153–163.

Vukčić → Stefan Vukčić Kosača (15. S.)

Vukovar, Stadt in Kroatien am rechten Donauufer südl. der Mündung des Flusses Vuka, in seit dem Neolithikum besiedeltem Raum; in ma. Q. castrum Walkow u. ä., 'Burg an der Vuka'; erst im 18. Jh. hat sich auch in Kroat. die ung. Namensform V. durchgesetzt. Der Bezug von 'iuxta flumen Valchau' auf die Vuka in der Schenkung Ludwigs d. Frommen 846 an Fs. →Privina ist nur zu vermuten. In den Gesta Hungarorum ist für das 10. Jh. südl. der Drau neben Zagreb und Požega nur *Ulcou* erwähnt. Spätestens Anfang des 13. Jh. wurde V. Zentrum eines →Komitates. Kirchl. gehörte V. zu →Fünfkirchen. Im Zuge der Dorf- und Stadtkolonisation →Slavoniens gab Hzg. Koloman 1231 ein Privileg »Teutonicis, Saxonibus, Hungaris et Sclavis«, die im sich entfaltenden suburbium zw. Vuka und Burghügel lebten. Die Blutgerichtsbarkeit verblieb beim →Gespan. 1365 erhielt die Stadt von Ludwig v. Anjou das Recht auf einen Wochenmarkt. Seit Ende des 14. Jh. lag die Stadtherrschaft bei wechselnden Magnatenfamilien. 1526 gelangte V. unter türk. Herrschaft. L. Steindorff

Lit.: D. CSÁNKY, Magyarország történelmi földrajza, 1894 – N. KLAIĆ, Crtice o Vukovaru u srednjem vijeku, 1983 – V. Vjekovni hrvatski grad na Dunavu, 1994.

Vulgärlatein → Lateinische Sprache und Literatur

Vulgarrecht nennt man das nachklass. röm. Recht, wie es v. a. in den Ks. konstitutionen (→Constitutiones principum) des 4. und 5. Jh. und in der weström. Rechtslit. des 5. und 6. Jh. in Erscheinung getreten ist. V. ist der Gegenbegriff zum Hochrecht des 1.–3. Jh., dem klass. röm. Recht. V. ist Recht, das der Pflege durch fähige Fachjuristen entbehrt; es ist Recht in den Händen von jurist. nicht oder ungenügend ausgebildeten Literaten. Kennzeichnend ist eine »von Mißverständnissen begleitete Tendenz zur Vereinfachung und Vergröberung, v. a. aber die Verwischung von Grenzziehungen, die für das klass. Recht grundlegend waren« (MAYER-MALY). Um der Erforsch. des V.s hat sich v. a. E. LEVY verdient gemacht, doch ist F. WIEACKER die Einsicht zu verdanken, daß das V. sich weniger durch den Inhalt seiner Normen vom Hochrecht unterscheidet als durch die (auch in anderen Zeiten zu beobachtende) Art des Umgangs mit diesen, durch den »vulgaren Stil der Rechtskultur«. It. Rechtshistoriker haben den Begriff des V.s kritisiert.

Dem V. fehlt die strenge Fachterminologie des Hochrechts; an ihrer Statt werden rhetor. Sprach- und Stilmittel verwendet. An die Stelle einer rechtl.-abstrakt-rationalen Handhabung im Hochrecht tritt im V. eine moralisierendanschaul.-emotionale Betrachtungsweise des Rechts: Es wird z. B. üblich, Verträge durch →Eide zu bekräftigen; zw. →Eigentum (dominium), →Besitz (possessio) und Erbpacht (→Emphyteusis) und zw. der Beweisbarkeit eines Rechts (→Beweis [2. B.]) und seiner Existenz wird nicht mehr unterschieden; es kommt ein primitives Vergeltungsdenken auf. Nicht alle nachklass. Veränderungen sind aber auf die Vulgarisierung des Rechts zurückzuführen: Wenn z. B. die Feinheiten des Aktionensystems nicht mehr beachtet und zw. Zivilrecht und Honorarrecht nicht mehr unterschieden wurde, so war das die log. Konsequenz der Ablösung des klass. Formularprozesses vor dem Prätor durch den Kognitionsprozeß. Damit wurde auch die Unterscheidung zw. zivilem und bonitar. Eigentum und zw. Erbfolge und bonorum possessio gegenstandslos, und die komplizierten alten Formalgeschäfte (mancipatio, in iure cessio) verschwanden. WIEACKER führte die Vulgarisierung des Rechts auf die Bildungssituation im Westen des Reiches im 4. Jh. zurück, doch dürfte die Reichsreform Diokletians und Konstantins eine noch wichtigere Rolle gespielt haben: Die Zahl der verfügbaren qualifizierten Juristen reichte nicht aus, um nach der Einführung einer einheitl. Gerichtsorganisation gleichsam über Nacht alle Ämter im ganzen Reich mit Fachjuristen zu besetzen; man mußte die Rechtspflege jurist. nicht oder ungenügend ausgebildeten Leuten überlassen. Das dürfte in beiden Reichshälften auch das Eindringen fremder (z. B. griech. und germ.) Rechtsanschauungen in das nachklass. Recht ermöglicht haben – auch das ein charakterist. Merkmal des V.s.

Während der Klassizismus Justinians und seines →Corpus iuris civilis das V. im Osten zurückdrängte, hat es im Westen die Gesetzgebung v. a. der westgot. und burg. Kgr. e geprägt und bis zum Ende des 11. Jh. überall die Rechts- und Urkk. praxis beeinflußt. P. Weimar

Lit.: HRG IV, 1132–1137 [TH. MAYER-MALY; Lit.] – E. LEVY, West Roman Vulgar Law. The Law of Property, 1951 – F. WIEACKER, Vulgarismus und Klassizismus im Recht der Spätantike (SAH.PH 3, 1955) – E. LEVY, Weström. Vulgarrecht. Das Obligationenrecht, 1956 – DERS., Ges. Schrr., 1963, I, 263ff. – F. WIEACKER, Allg. Zustände und Rechtszustände gegen Ende des weström. Reichs (IRMAE I, 2a), 1963 – A. BECK, Röm.-vulgarrechtl. Elemente in schweizer Schenkungsund Kaufurkk. des frühen MA, 1965 (jetzt in: DERS., Itinera iuris, 1980), 209–234 – DERS., Stud. zum vulgarrechtl. Gehalt der Lex Romana Curiensis (ebd.), 366–485 – F. WIEACKER, V. und Vulgarismus (Studi i. o. di A. BISCARDI, I, 1982), 33–51.

Vulgata. [1] →Bibelübersetzungen, I.

[2] *Corpus iuris civilis:* V., genauer: Littera vulgata, nennt man den Bologneser Rechtsunterricht (→Bologna, B) zugrunde gelegte und im MA »allg. verbreitete Fassung« der Digesten Justinians, und zwar im Gegensatz zu der Fassung, die in der berühmten einst in Pisa, später in Florenz aufbewahrten antiken Digesten-Hs., dem Codex Florentinus, überliefert ist (daher auch Littera Bononiensis bzw. Pisana oder Florentina). Die Littera Florentina erlangte erst 1553, durch L. Torelli zum Druck gebracht, eine begrenzte Verbreitung. Während der Codex Florentinus zwei Halbbände umfaßt (I: D. 1–25; II: D. 26–50), bestehen die V.-Hss. aus drei Teilen: dem Digestum vetus (D. 1, 1–24, 2), dem Infortiatum (D. 24, 3–38, 17, mit dem sog. 'Tres partes') und dem Digestum novum (D. 39, 1–50, 17). Name und Abgrenzung des Infortiatums sind Gegenstand vieler Erklärungsversuche gewesen, von denen keiner ganz zu überzeugen vermochte (→Corpus iuris civilis). Neuerdings sind zwei weitere Hypothesen aufgestellt worden. VAN DE WOUW nimmt an, daß der Archetyp aller V.-Hss., der sog. Codex secundus, ebenso wie der Codex Florentinus aus zwei Teilen bestanden habe. Als diese in Bologna ankamen, hätten wegen einer Beschädigung vom ersten Teil das Ende (ab D. 24, 3) und vom zweiten Teil der Anfang (bis D. 35, 2, 82) gefehlt. Weil aber beide Teilbände immer noch recht dick waren, habe man das anfängl. Fehlende später separat gebunden und, zur weiteren Entlastung des 2. Halbbandes, noch mit dem Text des 'Tres partes' (D. 35, 2, 82–38, 17) »verstärkt«. –

Die andere sehr anregende These (WHITMAN) besagt, daß der Mittelteil im 11. Jh. absichtl. unterdrückt worden sei, weil die darin enthaltene Regelung des Dotalrechts (→Ehe, B. I) und der Verwandtschaft dem langob. Ehegüterrecht bzw. der kirchl. Regelung der Verwandtschaft widersprochen hätten. 'Infortiatum' bedeute daher entweder das (zuerst) »Unter-Verschluß-Gehaltene« oder das (später) »In-Kraft-Gesetzte«. – Auch beim →Liber feudorum unterscheidet man die zuletzt allg. akzeptierte Fassung als Recensio vulgata von der Obert. und der Ardizon. Rezension. P. Weimar

Ed. und Lit.: [ergänzend]: P. PESCANI, Studi sul 'Digestum Vetus', BIDR 84, 1981, 159–250 – DERS., Origine delle lezioni della litera Bononiensis superiori a quelle della litera Florentina, ebd. 85, 1982, 205–282 – H. VAN DE WOUW, Zur Textgesch. des Infortiatum und zu seiner Glossierung durch die frühen Bologneser Glossatoren (Ius commune 11, 1984), 231–246 – P. PESCANI, La scoperta del Bononiensis: sue forme, BIDR 88, 1985, 383–396 – J. Q. WHITMAN, A Note on the Medieval Division of the Digest, TRG 59, 1991, 269–284 – G. PACE, 'Iterum homines querebant de legibus'. Una nota sulla riemersione dei 'Digesta' nel Medioevo, Rivista internaz. di diritto comune 3, 1992, 221–229.

Vulkan, Vulkanismus. Die vulkan. Erscheinungen der feuerspeienden Berge, der warmen Quellen, der austretenden Gase, der Auswürfe von Asche, Steinen und des Lavaflusses sind seit der Antike mit den Ausführungen über →Erdbeben verbunden. Im frühen und hohen MA wurde dies über →Plinius d. Ä. (Hist. nat. II, 90, 107–111), der selbst dem Vesuvausbruch vom 24. Aug. 79 n. Chr. zum Opfer fiel (Briefe→Plinius' d. J. an Tacitus), anschließend auch über andere lat. Autoren wie →Seneca (quaestiones naturales III bzw. VI) und über →Aristoteles (Meteor. II, 7, 8) rezipiert. Die große Zahl von Orten im Imperium Romanum, an denen V.ismus beobachtet wurde und weiter beobachtet werden kann, hat schon →Isidor nicht von Plinius übernommen, wohl aber eine Auswirkung von V.en, die zum Entstehen (oft nur temporärer) Inseln führt. Meistens wurden nur der Ätna und die Äol. (Lipar.) Inseln ausdrücklich genannt. Isidor verknüpft – was Plinius noch nicht getan hatte – den Begriff V.ismus ausdrücklich mit den Äol. Inseln, »quoniam nocte ardent, Aeoliae sive Vulcaniae dicuntur« (Etym. XIV, VI, 37). Speziell von Lipari wußte schon Aristoteles, daß sie als hl. Insel galt (Meteor. II, 8). Daß diese Insel Sitz des Aeolus, des Gottes der Winde, war, wurde im MA weitertradiert (bei →Hrabamus Maurus als »rex ventorum«: de universo XII, 5).

Als Ursache für Erdbeben und V.ismus galten schon in der Antike →Winde, Ausdünstungen etc. (ventus, flatus, vapor, spiritus), deren Wirkung in Analogie einerseits zu physiolog. Beobachtungen über die Bewegung von Gasen aus dem Verdauungsprozeß, andererseits zu meteorolog. und physikal. Beobachtungen angenommen wurde. Die ma. Autoren fügen den antiken Vorlagen scheinbar keine neuen Beobachtungen hinzu, zeigen durch umfangreiche Zitatsammlungen aber, daß sie über die monokausalen antiken Argumente hinausgehen. Sie setzen dadurch neue Akzente, daß sie das Mißverhältnis der gewaltigen Auswirkungen seismischer Kräfte zu allen physikal. Erklärungsversuchen deutlich machen. Allein durch die Auswahl der Zitate, deren umfangreichste sich im Speculum naturale von →Vinzenz v. Beauvais (VI, 26–39) und in den Meteorum libri V von →Albertus Magnus (lib. III, tract. II, 1–20) befinden, wird die Information über Erdbeben und V.ismus stärker als in der Antike auf die Frage nach ihren Ursachen gelenkt. Die Worte 'ventus, flatus, vapor, spiritus', denen auch noch 'impetus' hinzugefügt wird (Vinzenz, Spec. nat. VI, 28), erhalten eine physikalisch-dynam. Bedeutung, noch ohne ein Zerlegen und Analysieren der Gesamtheit des Geschehens und ohne eigtl. Begriffsbildung. Albertus Magnus versucht eine geogr.-systemat. Festlegung der Erdbebentätigkeit auf bestimmte Klimazonen, womit er die älteren Versuche, eine astrolog. Determination zu erkennen, ablösen möchte. Verbreitung fand im 15. Jh. die Kenntnis des V.ismus auf den Lipar. Inseln durch die vielgelesene Reisebeschreibung des frz. Kriegsmannes, Prinzenerziehers und Dichters →Antoine de La Sale »Excursion aux îles Lipari« (1420).

Ein Fortleben antiker Mythologie dürfte der Legende zugrunde liegen, wonach Ks. Friedrich II. und sein Gefolge im Feuerkrater des Ätna endeten. Nach frühma. Vorstellungen war 'Vulcano' der Ort der Hölle oder des Totengerichts; Gregor d. Gr. bezeichnete ihn als »infernus Theoderici« (→Visionslit.), weil ein Inselbewohner in einer Vision geschaut habe, wie der Ostgotenkg. Theoderich barfuß und in Ketten von Symmachus und Papst Johannes, die er zu Lebzeiten verfolgt hatte, in den Krater geworfen worden sei. Neben astrolog. wurden auch abergläub. Bezüge zw. Erdbeben/V.ismus und den Menschen hergestellt, über die Vinzenz v. Beauvais Seneca berichten läßt (VI, 38 »Moralis Seneca de terrae motu«).

Den ältesten Hinweis auf einen isländ. Vulkan (Hellisheiði), dessen Lavastrom i. J. 1000 den Hof eines Christen bedrohte, haben wir aber gerade deshalb, weil es abgelehnt wurde, dies als Zeichen des Zorns der Götter über den Christen zu sehen, und zwar mit Hinweis auf andere, viel ältere Lavaspuren, die aus einer Zeit stammen mußten, als Island noch gar nicht von Christen bewohnt war. Merkwürdig spärlich sind Berichte über Lava, die Strabo (VI, 2, 3) schon zutreffend als »Glutströme« beschrieben hatte, ohne den Begriff zu prägen. – al-Mas'ūdī verwendete den Vergleich mit fließendem Honig. Im 16. Jh. wurden von Georg →Agricola – immer noch ohne terminus technicus – verschiedene Analogien gewählt (»massas ferri specie«, »crassam flammam liquidiorem«, »lutum paulo post congelasse et esse factum assimile lapidibus molaribus«), durch die das Phänomen recht gut beschrieben ist (»De natura eorum quae effluunt ex terra«, Basel [1548]). U. Lindgren

Lit.: J. G. SOMMER, Physikal. Beschreibung der festen Erdoberfläche des Erdkörpers, 1821 – K. GJERSET, Hist. of Iceland, o. J. [ca. 1925] – F. SALENTINY, 6000 Jahre Naturkatastrophen, 1978 – Antoine de la Sale, Paradis, Excursion et Géographie, übers. I. MORA-LEBRUN, 1983 – A. T. GUDUNDSSON-H. KJARTANSSON, Wegweiser durch die Geologie Islands, 1984 – L. BERNABÒ-BREA, Le isole Eolie dal tardo antico ai Normanni, 1988 – E. KISLINGER, Le isole Eolie in epoca biz. ed araba, Arch. Stor. Messinese 57, 1991 – M. KRAFFT, V. e, Feuer der Erde. Die Gesch. der V.ologie, 1993.

Vulpertus (Volpertus, Wulpertus), erste Hälfte des 14. Jh., Verfasser eines asket. Gedichts über das Klosterleben, 'Lima monachorum' (WALTHER 15446, 20692), eines Werks der Contemptus-mundi-Lit., das vorwiegend aus Süddtl. in der Umgebung von Schultexten überliefert ist. Vielleicht ident. mit V., pauper scolaris (Hs. Mainz, Stadtbibl. I 117, a. 1343, 'Spiritus humanus gaudet musicis quoque metris'), und V. de Ahusa, d. h. dem Marienwallfahrtsort A(u)hausen a. d. Wörnitz; verf. 1327 ein 'carmen de miraculis b. Mariae virginis', nach dem 'liber de miraculis Marie' (hg. F. T. CRANE, 1925): Das Werk ist für die Schule bestimmt und in der Umgebung von Schultexten überliefert. G. Bernt

Lit.: BHL 5370 – WALTHER 20472 – Marienlex. VI, 667 – Verf.-Lex.[2] IV, 718f.

Vvolvini, Hauptmeister des einzigen aus karol. Zeit erhaltenen →Goldaltars (Mailand, S. Ambrogio). Hohes Ansehen als Leiter einer vorauszusetzenden Werkstatt wird bezeugt durch die latinisiert (VV'us) bezeichnete Darstellung neben Ebf. Angilbert II. (824–859) als Stifter, beide von St. Ambrosius gekrönt. Der Name VV. ist nördl. der Alpen und im alem. Bereich häufig, zur Herkunft des Meisters hat man an das östl. wie westl. Karolingerreich, an Lombardei/Mailand, Rom, Byzanz und sogar die Bretagne gedacht. Am Mailänder Altar begegnen verschiedenste techn., stilist. und ikonograph. Faktoren. Daraus ergibt sich eine Stellung im Schnittpunkt vieler künstler. Möglichkeiten der Zeit: Beziehungen zur Hofschule Karls d. Gr., Ludwigs d. Fr. (→Einhardsbogen), zu Reims, Tours, zur Hofschule Karls d. K., v. a. zu liturg. und ikonograph. Traditionen in Rom und Mailand. Angesichts einer zentralen und vermittelnden Bedeutung des VV. stellt sich die bisher nicht sicher zu beantwortende Frage nach seiner künstler. Herkunft, für die zuletzt bes. der Umkreis Einhards und Fulda vorgeschlagen worden ist. V. H. Elbern

Lit.: THIEME–BECKER XXXIV, 588 – Diz. della Chiesa ambrosiana VI, 1993, 4020f. – M. BUCHNER, Einhard als Künstler, 1919, 58ff. – A. LIPINSKY, Riv. d'Arte XXIV, 1942, 1ff. – G. DE FRANCOVICH, Röm. Jb. f. Kunstgesch. VI, 1942–44, 182ff. – V. H. ELBERN, Der karol. Goldaltar von Mailand, 1952, 99ff. – CL. BASCAPÈ, Arte Lombarda XIV, 1969, 36ff. – V. H. ELBERN (Atti X. Congr. Internaz. di Studi sull'Alto Medioevo [1983], 1985), 293ff. – DERS., Die Goldschmiedekunst im frühen MA, 1988, 65ff.

Vychod → Abgaben, V

Višehrad → Prag, I

Vyšgorod ('Hohe Burg'), aruss. Burgstadt am rechten Ufer des Dnjepr, 15 km nördl. von Kiev. Die den Siedlungskern bildende Burganlage (chronikal. erstmals 946 erwähnt) diente den Fs.en v. →Kiev als Nebenresidenz. Seit der zweiten Hälfte des 11. Jh. wurden in V. oft eigene Fs.en eingesetzt, die aber von den Kiever Herrschern abhängig blieben, so daß hier kein selbständiges Teilfsm. entstand. Das anhaltende Interesse der Kiever Fs.en an der Kontrolle über V. erklärt sich u. a. damit, daß ihnen die 350×250 m große Burg eine sichere Zuflucht bot, die Einnahme der Festung durch Gegner aber einen entscheidenden Schritt beim Angriff auf Kiev bilden konnte. In V. erhielten die 1015 ermordeten fsl. Märtyrer →Boris und Gleb ihre letzte Ruhestätte. Höhepunkte ihrer dortigen kult. Verehrung bildeten die Feierlichkeiten bei der Überführung ihrer Gebeine in neuerrichtete Kirchen 1072 und 1115. Die bei der Burg entstandene Kaufleute- und Handwerkersiedlung erlebte im 11. und 12. Jh. eine beachtl. Blüte. 1240 wurde V. von den Mongolen zerstört.

N. Angermann

Lit.: L. A. GOLUBEVA, 'Kvartal metallurgov' v Vyšgorode, Slavjane i Rus', 1968, 25–33 – P. P. TOLOČKO, Kiev i Kievskaja zemlja, 1980, 132–136 – I. B. MICHAJLOVA, Drevnerusskij V., Slavjano-russkie drevnosti 3, 1995, 96–114.

W

Waadt → Vaud. Pays de

Waage

I. Antike. – II. Mittelalter.

I. ANTIKE: Die gleicharmige W. wurde nach Funden frühägypt. Gewichtsstücke spätestens etwa 3000 v. Chr. benutzt. Von den Griechen übernahmen die Römer im wesentl. die Konstruktion ihrer W.n. Schneller als die gleicharmigen W.n arbeiten die ungleicharmigen mit nur einer Schale für das Wägegut, das durch ein Gegengewicht am anderen Hebelarm ausgeglichen wird. Als Schnellw. mit variabler Armlänge ist der Besmer bereits im 4. Jh. v. Chr. in Gebrauch gewesen. Die Laufgewichtsw. (statera oder Romana) war seit etwa 200 v. Chr. bekannt. Bei ersterem wurde die Aufhängung, bei letzterer ein Laufgewicht auf dem kalibrierten Balken verschoben. Erst im 2. Jh. n. Chr. stattete man die gleicharmige W. mit einem nach oben gerichteten Zeiger aus. Mit der gleicharmigen W. der Römer war eine Auflösung der Wägung im Verhältnis von bestenfalls etwa $1:10^4$ erreichbar (Auflösung = Verhältnis von höchstmögl. Belastbarkeit sowie unterer Grenze der Ablesbarkeit). Damit wäre eine libra zu 12 unciae unter optimalen Voraussetzungen bis auf ein granum oder noch etwas besser bestimmbar gewesen. Bei den Laufgewichtsw.n mag das Auflösungsverhältnis der Wägung bei den frühen Konstruktionen kaum $1:10^2$ erreicht haben. Verglichen mit der gleicharmigen Balkenw. war der Besmer ein recht ungenaues Wägeinstrument. Ein Vergleich von Besmer und Laufgewichtsw. (statera) zeigt jedoch: Der Besmer hat im unteren Wägebereich »sein bestes Auflösungsverhältnis, das dort deutl. besser ist als bei vergleichbar großen Modellen der statera«. Erst nachdem »die einfache Laufgewichtsw. zur Zwei- und später zur Dreibereichswaage weiterentwickelt worden war, wurde sie in ihren Wägebereichen so flexibel, daß dieser Nachteil eliminiert war und auch kleinere Massen hinreichend genau bestimmt werden konnten« (JENEMANN, 1994).

II. MITTELALTER: Während mit dem Niedergang des Röm. Reiches die Entwicklung der Wägeinstrumente im w. Europa stagnierte und die Präzision in der Ausführung sogar zurückging, wurde die W. durch die Araber bis ins 13. Jh. in vielerlei Variationen verwendet und auch verbessert. In N-Europa hingegen ist bis ins späte MA die prakt. Handhabung und materielle Überlieferung getrennt zu denken von der philos. und theol. Reflexion, der schriftl. oder auch der bildl. Überlieferung. Über Maß und Messen hat man im 12., 13. und 14. Jh. intensiv nachgedacht, »weil man genau wußte, daß die sichtbare Wirklichkeit durch Strukturen bestimmt ist, die Maßverhältnissen entsprechen« (ZIMMERMANN). Doch haben noch die Experimente mit der W. des →Nikolaus v. Kues im frühen 15. Jh. nur »mit Sinnenfälligem zu tun, das, wenn es ausschließl. durch die Sinne erfaßt wird, confuse aufgenommen wird«. Sein Verständnis der →Zahlen, →Maße und →Gewichte war noch vom platon. Denken beeinflußt; sie konnten »nur symbol. Bedeutung hinsichtl. der Wahrheitserkenntnis besitzen« (BORMANN).

[1] *Frühmittelalter:* Der prakt. Gebrauch und die Entwicklung der W. in N-Europa seit merow. Zeit hängen auf das engste zusammen mit Markt, Zoll und Münze. Das Kapitular Pippins v. 754/755 behandelt den Zoll für Viktualien, Karren- und Saumgüter und nennt de moneta u. a. eine libra pensans – exakt jene Felder, für die wir im frühen MA öffentl. Maß und Gewicht in unterschiedl. Größenordnungen mit unterschiedl. W. typen zu erwarten haben: die Libra (im Lot- und Pfund- bzw. Markbereich), die Statera (im Stein-/Liespfund- und Zentnerbereich) und der Pfünder (im Saum- bzw. Schiffpfundbereich).

Kleine Feinw. n für unlegiertes Edelmetall und Münzen waren seit dem 5. Jh. überall dort verbreitet, wo es an einer Münzgeldwirtschaft fehlte oder diese in einer Monetarlandschaft noch nicht voll ausgeprägt war. Um 880 setzt sich schlagartig mit dem Zustrom kufischer Münzen im gesamten Gebiet rund um die Ostsee ein neuer Typus aus Bronze und Messing durch. Charakterist. sind der zusammenklappbare W. balken »von 11,8 cm genormter Länge«, eine »Schalenaufhängung aus feinen Leinenbändern und die Zunge aus Stahl« (STEUER).

Noch die Feinw. n des 9. und 10. Jh. unterschieden sich kaum vom röm. Vorbild. Allerdings waren sie weder mit einem Diopter ausgestattet, noch war der Balken graduiert, so daß sie die von den röm. Münz- und anderen feinen W. n erreichten Wägeleistungen kaum erbracht haben dürften. Zu diesen Feinw. n gehören die in Skandinavien sehr zahlreich gefundenen Gewichte zw. etwa 0,2 g und 204 g. Die späteren, gröberen Typen dieser W. n bis ins 13. Jh. waren eine nur teilweise verstandene Nachahmung der ersten exakten Instrumente. Die jüngeren Typen sind seit dem ausgehenden 10. Jh. auch am Kontinent bekannt; Typen des 12. und 13. Jh. treten sogar europaweit von Ungarn bis Island, von der Mosel bis nach Rußland auf.

[2] *Hoch- und Spätmittelalter:* Mit der Ausbreitung legierter Silbermünzen verschwanden diese Feinw. n und wurden erst mit dem Einsetzen der Goldprägungen im 13./14. Jh. wieder gebräuchl. Statt dessen waren im 12./13. Jh. größere Silberw. n für »Barren aus gutem Silber« in Europa weit verbreitet (STEUER). Seit dem frühen 15. Jh. setzte sich schließlich der Typus der frühen nz. Münzw. durch mit spezif., auf die jeweilige Währung geeichten Münzgewichten – wie sie u. a. Kölner W. macher im 16. und in der 1. Hälfte des 17. Jh. herstellten.

Es ist anzunehmen, daß neben wertvollen Krämerwaren auch Silber bis ins 13. Jh. auf kleineren Schnellw. n (statera) nach Liespfund (6,8 kg) ausgewogen wurde. Der livländ. Chronist berichtet für 1215 von einem Raube von »tria Lyvonica talenta argenti«. Erst in der Folgezeit mehren sich die Nachrichten im O wie im W, daß Schalenw. n die Schnellw. n im Handel zu verdrängen beginnen – zeitgleich mit einem Wandel der Handelspraktiken, mit der Einrichtung des Kontors und städt. W. häusern. 1259 läßt der Fs. v. Novgorod im Interesse der Kaufleute den »Pud« abschaffen und Schalw. n aufstellen. 1269 kennt ein Vertragsentwurf in Novgorod bereits »dhat gewichte unde dhat gelode van silvere unde van anderemme gode, da(t) men weget uppe dhere schalen« (WITTHÖFT, 1979).

In Damme gestattete 1252/53 die Gfn. Margarete dem dt. Kaufmann die Benutzung des flandr. Gewichts auf der Schale; 1282 erreichte er in Brügge den Zugang zum Schalgewicht und vermutl. die Abschaffung der größeren Schnellw., des Pfünders nach der Norm von Schiffpfund (brutto) oder Saum (einser oder ponder) von rund 150-153 kg. 1352 ließen die Hansen sich dort das Recht auf ein eigenes W. haus einräumen. Sie verwahrten 1393 an Gewichten: Stücke von 1/2 Wage bis 1/2 Talent (Pfd.) und in der Silberkiste solche von 50 Mark bis 1 Lot.

Zu diesen Blockgewichten gehörten jeweils mehrere gleicharmige Schalw. n, die man verschiedenen Gewichtskategorien zuordnen darf – aufsteigend von Mark und Pfund über Stein und Liespfund bis zu Zentner und Wage (= 1/2 Schiffpfund). In der Wiener Münzkammer gab es im späten MA drei W. n: auf der Schalwag »wigt man subtile pfenbert als ist seyden, saffran, ymber und ander specerey«, auf der Preterwag »kupfer, cyn, pley und eysen und alle grobe pfenbert« und auf der Zimentwag »golt, silber, perl und edelgestein und alles das zu der munß gehört« (JENEMANN, 1995/I). Die Schalw. war vermutl. die gängige W. der Krämer. In Lüneburg verwahrten sie 1485 in ihrer Lade Troygewichte von 1/8 bis 4 Pfd. Auch die W. für den med.-pharm. Bedarf, die spätere Apothekerw., dürfte in diesem Bereich gearbeitet haben.

Erst im 16. Jh. tritt zutage, daß die Alchemie und die Probierkunst im Bergbau seit dem späten MA sehr feinziehende W. n kannten. →Agricola überliefert 1556 zwei »Einwiegw. n« für 8 Unzen (233,8 g) bzw. 1 Drachme (3,6 g) und dazu als kleinste eine »Auswieg- oder Kornw.«. Letztere vermochte besser als auf ein Milligramm aufzulösen und erreichte damit »eine deutl. höhere absolute Empfindlichkeit als die fein gestalteten Münzw. n der Römer« (JENEMANN, 1995/I).

Über die 'W. n hoher Tragfähigkeit' des Handels liegen wesentl. weniger Kenntnisse vor. Von frühen größeren Schnellw. n zeugt eine Fuldaer Urk. aus dem späten 8. Jh. (780-802): »Isti sunt testes de illo naute et de illo debito ad Dienenheim et de illa statera« – Zollstätte und statera verbinden sich »mit einer Schiffslände oder Fähre«. Noch 1203 bestätigt der Kölner Ebf. Adolf I. v. Altena den Kaufleuten v. Dinant, daß sie »in thelonio Coloniensi et in pondere, quod vulgo pundere dicitur, talem habent justiciam a temporibus Karoli regis ipsis hactenus observatam« (WITTHÖFT, 1984). Dieser Pfünder nach der Norm des Schiffpfundes (brutto) oder »Pfund Schwer« dürfte exakt jenem Saum-Maß an Korn entsprochen haben, das 1196 auch bei Grierson's »assisa de mensuris« Kg. Richards I. v. England nennt: »una bonna summa equi« (GRIERSON).

[3] *Erhaltene Waagen und Abbildungen:* Die ältesten realen größeren Gerätschaften dürfte uns der russ. Fund einer Handw. samt Wägestücken aus einer Siedlung des 10./11. Jh. sowie einer ungleicharmigen Schnellw. aus Eisen zum Wägen schwerer Gegenstände aus dem 12./13. Jh. überliefern. Eine Novgoroder Miniatur des 12. Jh. zeigt den Verkauf von Honig auf einer für größere Lasten bestimmten gleicharmigen W., deren Balken ohne Fixierung durch einen herabhängenden Ring geführt ist (SAWELSKI). Dort reichte »die Benutzung eines Pfünders als Hafenw. bis ins 1. Drittel des 12. Jh. zurück« (ELLMERS).

Erhaltene Abbildungen überliefern die Merkmale v. a. der größeren Schalw. n. Eine Miniatur der W. des Erzengels Michael aus dem Jahre 1154 läßt deutl. erkennen, daß diese wie zu röm. Zeit mit einem fest mit dem Balken verbundenen Zeiger ausgestattet ist, der in der Schere lagert. Im Laufe des MA wurde der W. balken rechteckig und damit widerständiger gegen Verbiegungen. Dadurch blieb die Empfindlichkeit der Wägung mit steigender Belastung einigermaßen konstant. Eine geänderte Ausführung der Achsen sowie der Angriffstellen der Aufhängeschnüre bewirkte zudem, daß die drei Achsen der W. annähernd auf gleicher Höhe lagen. Das führte »zu einer über den gesamten Wägebereich konstanten und damit insgesamt besseren Wägeleistung« (JENEMANN, 1995/I).

Abbildungen des 15./16. Jh. vermitteln den Eindruck, daß zwar nicht der Grundtyp, aber doch die konstruktive Ausführung der W.n in der frühen NZ gegenüber dem späten MA sich verbessert hatte. Die Leistungsfähigkeit der W. hatte damit das von den W.n der Römer bereits realisierte Auflösungsvermögen wieder erreicht, auch wenn sie nicht mit dem Diopter und dem zusätzl. Laufgewicht ausgestattet war. In Hinblick auf die absolute Empfindlichkeit übertraf sie diese wohl sogar. H. Witthöft

Ed. und Lit.: G. AGRICOLA, Zwölf Bücher vom Berg- und Hüttenwesen, Basel 1556 (lat.), 1557 (dt.) [Repr. 1977] – Nikolaus v. Kues, Idiota de staticis experimentis. Der Laie und die Experimente mit der W. (Nikolaus v. Kues, Philos.-Theol. Schr. en 3, hg. L. GABRIEL, 1967), 611–647 – TH. IBEL, Die W. im Altertum und MA, 1908 – BR. KISCH, Gewichte und W.macher im alten Köln (16.-19. Jh.), Veröff. des Köln. Gesch.svereins 23, 1960 – PH. GRIERSON, English Linear Measures. An Essay in Origines (The Stenton Lecture 1971), 1972 – F. S. SAWELSKI, Die Masse und ihre Messung, 1977 – H. R. JENEMANN, Die W. des Chemikers, 1979, 1997² – H. WITTHÖFT, Umriste einer hist. Metrologie zum Nutzen der wirtschafts- und sozialgeschichtl. Forsch. Maß und Gewicht in Stadt und Land Lüneburg, im Hanseraum und im Kfsm./Kgr. Hannover vom 13. bis zum 19. Jh. (Veröff. des Max-Planck. Inst. für Gesch. 60, 1, 2, 1979) – DERS., Maßgebrauch und Meßpraxis in Handel und Gewerbe des MA (Mensura. Maß, Zahl, Zahlensymbolik im MA 1 [Misc. Mediaevalia 16/1], hg. A. ZIMMERMANN, 1983), 234–260 – H. STEUER, Feinw.n und Gewichte als Q.n zur Handelsgesch. des Ostseeraumes (Archäolog. und naturwiss. Unters.en an ländl. und frühstädt. Siedlungen im 8. Jh. Küstengebiet vom 5. Jh. v. Chr. bis zum 11. Jh. n. Chr., Bd. 2, hg. H. JANKUHN, K. SCHIETZEL, H. REICHSTEIN, 1984), 273–292 – H. WITTHÖFT, Münzfuß, Kleingewichte, pondus Caroli und die Grundlegung des nordeurop. Maß- und Gewichtswesens in frk. Zeit (Sachüberl. und Gesch. 1, 1984) – H. R. JENEMANN, Über Ausführung und Genauigkeit von Münzwägungen in spätröm. und neuerer Zeit, TZ 48, 1985, 163–194 – K. BORMANN, Nikolaus v. Kues über Maß und Gewicht (Die hist. Metrologie in den Wiss. [Sachüberl. und Gesch., Siegener Abh. zur Entwicklung der materiellen Kultur 3], hg. H. WITTHÖFT u. a., 1986), 19–30 – A. ZIMMERMANN, Maß und Zahl im philos. Denken des MA (ebd.), 7–18 – H. WITTHÖFT, Wägen und Messen (Die Hanse. Lebenswirklichkeit und Mythos, 1, hg. J. BRACKER, 1989), 549–553 – H. R. JENEMANN, Entwicklung der Präzisionsw. (Sachüberl. und Gesch., hg. M. KOCHSIEK, 1989), 745–779 [Bibliogr. 772–779] – DERS., Die Besmer-W. im Altertum, Jb. des Röm.-Germ. Zentralmus. Mainz 41, 1994, 199–229 – DERS., Die Gesch. der Anzeigevorrichtung an der gleicharmigen Balkenw., Jb. für Metrologie 33, 1995, 771–796 – DERS., Über altägypt. Kleinw.n und artverwandte Wägeinstrumente, Technikgesch. 62/1, 1995, 1–26 – D. ELLMERS, Kran und W. am Hafen (»Vom rechten Maß der Dinge«, Fschr. H. WITTHÖFT [Sachüberl. und Gesch. 17], hg. R. S. ELKAR u. a., 1996), 145–165 – H. WITTHÖFT, Zum Problem der Genauigkeit in hist. Perspektive (Genauigkeit und Präzision in der Gesch. der Wiss.en und des Alltags, hg. D. HOFFMANN-DERS., 1996), 3–31.

Waasland (Land van Waas), Landschaft in Ostflandern, westl. von Antwerpen; →Wasland.

Wace, anglonorm. Dichter, * um 1100 auf Jersey, † nach 1171, als Kleriker ausgebildet; Thematik und Diktion seiner Werke belegen eine enge Verbundenheit mit dem anglonorm. Kg.shof. Am bekanntesten sind seine beiden anglonorm. Reimchroniken zur Gesch. Englands bzw. der Normandie, »Roman de Brut« (1155) und »Roman de Rou« (1174). Der in Achtsilblern geschriebene »Roman de Brut« behandelt das →Artus-Thema. Seine weite Verbreitung belegen u. a. 18 erhaltene Hss., von denen Bibl. Nat. fr. 791 als Basis der Ed. von ARNOLD dient. Inhaltl. aus →Geoffreys v. Monmouth »Historia Regum Britanniae« schöpfend, bereichert W. sein Werk mit eigenen Schilderungen, u. a. der Idee vom Runden Tisch, der Streitigkeiten um die Rangfolge ausschließt, und derjenigen vom Weiterleben Artus' in Avalon. Bedeutend für die me. Lit. ist er als Q. für →Laȝamon's »Brut«. Der unvollendete »Roman de Rou« entstand im Auftrag Kg. Heinrichs II. In Alexandrinern verfaßt, behandelt das Werk in verschiedenen Teilen die Gesch. der norm. Herrscher seit Hzg. Rollo bis z. J. 1171. Als Q. dienten norm. Chroniken (u. a. →Dudo v. St-Quentin, →Wilhelm v. Jumièges, →Ordericus Vitalis). Bei einem zusätzl. Frgm. scheint es sich um eine geplante Umarbeitung zu handeln. Die Fertigstellung scheiterte vermutl. an der Nachricht, daß Heinrich II. zwischenzeitl. →Benoît de St-Maure ebenfalls mit der Abfassung einer Gesch. der Normannenhzg.e beauftragt hatte. M. L. Thein

Bibliogr.: NCBEL I, 393–396 – ManualME I, 42f., 45f., 50, 53, B 232 – *Ed.:* Le Roman de Brut, hg. I. ARNOLD, 2 Bde, 1938–40 – La partie arthurienne du Roman de Brut, hg. DERS. – M. PELAN, 1962 – Le Roman de Rou de W., hg. A. J. HOLDEN, 2 Bde, 1970–73 – *Lit.:* DLFMA², 1992, 1498f. – M. HOUCK, Sources of the Roman de Brut of W., 1941 – H.-E. KELLER, W. et Geoffrey de Monmouth: Problème de la chronologie de sources, Romania, 1977, 1–14.

Wacho → Langobarden, II, 1

Wacholder (Juniperus communis L. u. a./Cupressaceae). Der mit dem →Sabenbaum verwandte und auf der nördl. Hemisphäre weitverbreitete immergrüne Strauch, dessen dt. Namen W., Reckholder, Kranewitt u. ä. in ihrer jeweiligen ahd. Form schon im 9./10. Jh. belegt sind, gehört zu den meistverordneten Arzneipflanzen des MA. Innerl. oder äußerl. verwendete man einerseits die beerenartigen Früchte, andererseits das Holz einschließl. der Rinde und der nadelförmigen Blätter, wobei die teilweise aus der Antike übernommenen (Dioskurides, Mat. med. 1, 75) wie die durch die arab. Autoren vorgegebenen (Avicenna, Canon II, 370) Heilanzeigen für den *iuniperus* bzw. den *kranwitpaum, wechalter* oder *wegholler* erweitert wurden (Circa instans, ed. WÖLFEL, 63f.; Albertus Magnus, De veget. VI, 121f.; Konrad v. Megenberg IV A, 20; Gart, Kap. 218): In deren Vordergrund stand eindeutig die Anwendung des frischen W.holzes als →Räuchermittel gegen ansteckende Krankheiten, die eine wesentl. Akzentuierung durch das sog. Pariser Pestgutachten sowie durch den Prager Sendbrief 'Missum imperatori' erfuhr, welch letzterer das Holz gezielt als Repellens gegen den (noch unbekannten) Pestfloh zum Einsatz brachte (→Pest). Neben den entsprechenden Kapiteln in den →Kräuterbüchern und den naturkundl. →Enzyklopädien gab es zudem eine unübersehbare Flut von W.rezepten, wobei der Hauptträger der Wissensvermittlung der Kranewittbeer-Traktat gewesen ist; auch die Kräuter-Sammel-Kalender haben den W. und dessen Beeren, die in den Apotheken zu den Billigdrogen gehörten, regelmäßig berücksichtigt. Aufgrund der ihm zugeschriebenen antidämon. Eigenschaften spielte der – v. a. in Dtl. seit alters hochgeschätzte – W. nicht zuletzt im Volksglauben eine bedeutende Rolle.

G. Keil

Lit.: MARZELL II, 1072–1093 – DERS., Heilpflanzen, 47–52 – HWDA IX, 1–14 – Verf.-Lex.² V, 338–340 [Kranewittbeer-Traktat] – H. LEHMANN, Beitr. zur Gesch. von Sambucus nigra, Juniperus communis und Juniperus sabina [Diss. Basel 1935] – J. WERLIN, Drei dt. W.-Traktate des SpätMA, SudArch 49, 1965, 250–254 – G. KEIL–H. REINECKE, Der nord. W.beertraktat (Et multum et multa [Fschr. K. LINDNER, 1971]), 165–170 – G. KEIL–H. REINECKE, Der kranewitber-Traktat des 'Doktor Hubertus', SudArch 57, 1973, 361–415 [Nachtr. ebd. 59, 1975, 80f.; 78, 1994, 80–89] – S. KURSCHAT-FELLINGER, Kranewitt. Unters.en zur altdt. Übers. des nord. W.beertraktats (Würzburger med.hist. Forsch. 20), 1983 – R. LENG, Ein lat. 'Kranewittbeer-Traktat' im Hausbuch des Michael de Leone, Würzburger med.hist. Mitt. 10, 1992, 181–200.

Wachs (Bienenw.). [1] *Produktion und Handel:* Sie besaßen im MA eine erhebl., bisher jedoch noch nicht systemat. untersuchte Bedeutung. Die Waldbienenwirtschaft (Zeidelwesen; →Bienen, I) wurde in vielen Gegenden

Mitteleuropas betrieben, insbesondere im Nürnberger Reichswald, in Bayern bei Regensburg und Freising sowie im Hochwald bei Trier. Gemeinsam mit dem in erhebl. größeren Mengen anfallenden →Honig spielte W. als grundherrschaftl. Abgabe (→Prümer Urbar, »Liber annalium iurium«, W. zinse) eine wichtige Rolle. Die steigende Nachfrage konnte durch diese Produktion nicht mehr gedeckt werden, und daher wurde seit dem 9. Jh. W. aus Osteuropa und dem Mittelmeerraum nach Mitteleuropa importiert. Man bezog es v. a. aus Spanien und Nordafrika, Böhmen, Ungarn, Polen und Rußland; Hauptabnehmer waren die Niederlande, Oberitalien, das Reich und England. Ab dem 12. Jh. spielte der hans. Handel mit W. aus Rußland (Novgorod, Kiev), Preußen, Livland, Ungarn, Böhmen und Polen eine bedeutende Rolle; Reval galt als W. haus der →Hanse, die bei den Importen nach Flandern und England seit dem 13. Jh. eine monopolartige Stellung besaß. Als sich 1309 in England die W. preise verdoppelt hatten, wurden die hans. Kaufleute in London angeklagt, eine Verschwörung gegen die engl. Krone und ein W. kartell gebildet zu haben. Der W. handel besaß eine erhebl. wirtschaftl. Bedeutung, die Einfuhr nach England betrug fast 20% der hans. Importe. Um 1400 entsprach der Wert der W. verkäufe der Königsberger Großschäfferei dem der Bernsteinsendungen. Nordafrikan. W. wurde seit dem 11. Jh. nach Venedig importiert und dort gebleicht; es war das qualitativ hochwertigste. Weitere Herkunftsgebiete waren Kastilien, Andalusien, Anatolien, Ägypten, die Bretagne und Burgund. W. aus Venedig und Nordafrika spielte im 12./13. Jh. auf den →Champagnemessen eine wichtige Rolle. In dieser Zeit waren auch die Städte im Rheinland und in Westfalen wichtige Umschlagplätze, v. a. Soest (Englandhandel), Köln (Frankfurt a. M., London) und Basel. Wien besaß einen eigenen Marktplatz für den W. handel. Das W. wurde in »Stroh« gepackt, das aus ein bis drei Scheiben (Böden) bestanden und ein Gewicht von ca. 200-400 kg besaßen. Fälschungen (→Warenfälschung) durch Verunreinigen oder durch Strecken (Beifügen von Fett, Butter, gemahlenen Eicheln und Erbsen, Steinen und Ziegeln) waren häufig, deshalb wurde W. oft eingeschmolzen und mit einem Siegel (→Beschauzeichen) versehen; hierfür bestand 1333 in Novgorod ein eigenes Amt.

[2] *Verwendung:* Ursache für die große Nachfrage nach W. war an erster Stelle der Bedarf an →Kerzen; für liturg. Zwecke war die Verwendung kirchenrechtl. ebenso festgeschrieben wie der ausschließl. Gebrauch von reinem Bienenw. Durch die wachsende Zahl der Messen stieg die Nachfrage beträchtl. Insbes. bei der Totenliturgie wurden zahlreiche Kerzen entzündet, worüber u. a. Testamente Aufschluß geben. Kathedralkirchen besaßen mehrarmige Leuchter und Lichterkronen mit zahlreichen Kerzen (Köln, Aachen, Hildesheim). Kerzenlicht galt auch bei höf. Festen als Inbegriff des Luxus und drang dann zunehmend in den bürgerl. Wohn- und Arbeitsbereich vor. Bereits im 14. Jh. reglementierten →Luxusordnungen den Verbrauch bei Festen (Nürnberg, Speyer, München, Köln). Die Nachfrage nach Kerzen ließ den Beruf des Kerzenziehers (→Wachszieher) entstehen. W. diente ferner als Ausgangsstoff für Siegelwachs (→Siegel). Hierzu wurde es zur besseren Festigkeit mit Harz und Weißpech vermischt. Zunächst war Siegelw. ungefärbt, wurde dann aber grün (Grünspan) und schwarz (Kienruß, Haferstrohasche), v. a. aber rot (Zinnober, Mennige) eingefärbt. W. diente nicht nur als Beschreibstoff (→W. tafel), sondern auch in der Schreinerei zum Polieren der Möbel, in der Schneiderei zum Versteifen des Fadens, in der Schuhmacherei, um Leder glänzend zu machen, in der Gärtnerei sowie in der Medizin (→Pflaster, →Salben), schließlich im 15. Jh. auch zur W. bildnerei (Andrea →Verrocchio in Florenz). Die »Schedula« des →Theophilus Presbyter beschreibt um 1100 das W. ausschmelzverfahren bei der Herstellung von kleineren Glocken, vollplast. Kleinbronzen, Weihrauchfässern und Kelchen, W. wurde ferner zur Befestigung von Bleiruten in der Glasmalerei sowie beim Edelsteinschliff benutzt. W. diente schließlich als Rohstoff für →Amulette, →Devotionalien und Pilgerzeichen. Sie waren oft bestimmten Körperteilen des Votanten nachgebildet (Hand, Fuß, Auge), konnten aber auch dessen Größe oder sogar dessen Gewicht besitzen. Ob→Effigies, d. h. Masken und Hände aus W., im 14./15. Jh. beim Begräbnis von Kg.en in England und Frankreich gedient haben, ist umstritten; in Magie, Volksglauben und Schadenszauber spielten Bilder aus W. jedoch eine große Rolle. 1066 wurden die Trierer Juden beschuldigt, sie hätten ein Ebenbild des Ebf.s Eberhard aus W. gefertigt, dieses taufen lassen und dann verbrannt, was zu seinem Tod geführt habe. W. Schmid

Lit.: GRIMM, DWB XIII, 63–70 – RE, Suppl.bd. XIII, 1347–1416 – J. STEINHAUSEN, Die Waldbienenwirtschaft der Rheinlande in ihrer hist. Entwicklung, RhVjbll 15–16, 1950–51, 226–257 – J. BISCHOFF, Die Zeidelkunst und Bienenpflege im Sebalder Reichswald zw. Erlangen und Nürnberg..., JbffL 16, 1956, 29–107 – R. BÜLL, Das große Buch vom W., 2 Bde, 1977 – CH. WARNKE, Der Handel mit W. zw. Ost- und Westeuropa... (Unters.en zu Handel und Verkehr..., T. 4, hg. K. DÜWEL u. a. [AAG phil.-hist. Kl. 3. F. 185], 1987), 545–569.

Wachssiegel → Siegel

Wachstafel (tabula, cera u. ä.). [1] *Allgemein:* Bereits in altorient. Zeit (mindestens seit 3000 v. Chr.), bes. aber in Antike und MA, z. T. noch in der frühen NZ verwendeter Beschreibstoff, hauptsächl. aus einer (Buchen-) Holz- oder Elfenbeintafel, die bis auf einen schmalen Rand eine flache Vertiefung aufwies, die mit dunkel gefärbtem, gehärtetem →Wachs ausgefüllt war, in welches mittels eines Griffels (stilus, →Schreibgeräte) die Schrift eingeritzt wurde. Wurden zwei oder mehrere Tafeln mit Riemen verbunden (→Diptychon, →Polyptychon), entstand ein W.-Buch (caudex, →Codex). In der Antike vorwiegend für Briefe, Urkk. und Quittungen verwendet – am bekanntesten sind die pompejan. (aus den Jahren 15, 27, 53–62) und die siebenbürg. (aus den Jahren 131–167) W.n –, wurden solche im MA insbes. in der Schule sowie für Notizen, Briefe und v. a. für das Rechnungswesen gebraucht. Unter den verhältnismäßig wenigen erhaltenen W.n des frühen MA sind diejenigen aus dem ir. Spingmount Bog (um 600, CLA S 1684) zu nennen. P. Ladner

[2] *Mittelalter:* Aus dem MA sind W.n unterschiedl. Dimension erhalten: kleine (10×5 cm), mittlere (20×10 cm) und große (35×25 cm); W.n waren oft zu W.-Büchern von 4–10 Seiten verbunden. Neben der Verwendung für Rechnungen und schul. Schreibübungen wurden W.n auch von Autoren für Konzepte lit. Werke benutzt, was zwar nicht durch erhaltene Exemplare, wohl aber durch (zahlreiche) Erwähnungen in Q.n bezeugt ist. Überkommen sind dagegen in größerer Anzahl W.-Bücher für den Schulgebrauch (v. a. aus Lübeck) sowie viele Rechnungen auf W.n, so aus Abteien (Cîtaux, Colmar, Augsburg, Darmstadt, Essen, Goslar, St. Gallen, Wismar), aber auch aus dem Kämmereiwesen der Städte, etwa aus Senlis, Thorn (15 Bde), Leipzig, Bremen, Hamburg, Dortmund, Oldenburg, Hannover, Göttingen, Goslar, Nordhausen, Erfurt, Rottweil, Nürnberg, Regensburg und Enns. Auch das W. heft eines Florentiner Kaufmanns ist erhalten. Bes.

bedeutend ist der W. bestand von 10 Bd. en, der Rechnungen aus der Finanzverwaltung innerhalb der kgl. Hofhaltung des kapet. Frankreich (→Chambre aux deniers) unter Ludwig d. Hl. n, Philipp III. und Philipp IV. d. Schönen umfaßt; dieser Komplex bildet angesichts der Seltenheit kgl. Rechnungen aus dem 13. und 14. Jh. einer Q.gruppe von unschätzbarem Wert. – Auch in der NZ blieben W.n noch in Gebrauch, z. T. bis ins 19. Jh. (Frankreich, Dtl.), doch ging ihre Verwendung stark zurück.   E. Lalou

Lit.: W. WATTENBACH, Das Schriftwesen im MA, 1896², 51–88 – H. FOERSTER, Abriß der lat. Paläographie, 1963², 39–43 – R. BULL, E. MOSER, H. KUHN, Wachs als Beschreib- und Siegelstoff, Wachsschreibtafeln und ihre Verwendung (Vom Wachs. Hoechster Beitr. zur Kenntnis der Wachse, 1968), 785–894 – Ornamenta Ecclesiae I, Ausst.-kat., 1985, 285–287 [R. DIECKHOFF] – B. BISCHOFF, Paläographie des röm. Altertums und des abendländ. MA, 1986², 28–30 – Das Reich der Salier 1024–1125, Ausst. kat., 1992, 191–196 [S. v. ROESGEN] – E. LALOU, Les tablettes à écrire de l'Antiquité à l'époque moderne (Bibliologia, 12, 1992) – DIES., Les comptes sur tablettes de cire de la chambre aux deniers de Philippe III le Hardi et Philippe IV le Bel, 1994.

Wachszieher. Obwohl →Kerzen und Lichte überall gebraucht wurden, liegen nur relativ wenige Zeugnisse über W. oder Kerzenzieher (candelatores) vor. Wegen der geringen techn. Schwierigkeiten der Herstellung von Kerzen und Lichten dürften diese vielfach von den Verbrauchern selbst produziert worden sein. Kirchen und Kl. dürften ihren großen Bedarf an Wachskerzen weitgehend selbst gedeckt haben. Es gibt Hinweise darauf, daß bei den W.n und Kerzenziehern das Lohnwerk im Hause der Auftraggeber eine erhebl. Rolle spielte und daß Frauen in diesem Gewerbe überdurchschnittl. häufig anzutreffen waren. Wegen ihrer geringen Zahl bildeten die W. nirgends, die Kerzenzieher selten eigene Zünfte. 1454 arbeiteten sechs W.meister in Wien, in den 1420er Jahren nur wenige mehr in Paris. In Oberdtl. waren anscheinend die W. mit den Lebzeltern zuweilen in einer Zunft vereinigt. Wieweit das verbreitete Gießen von Wachsbildern und das Bossieren von Wachsplastiken von den W.n ausgeübt wurde, ist kaum sicher festzustellen. Die Lehrzeit bei den W.n und Kerzenziehern betrug in Dtl. meist drei-vier, in Paris sogar sechs Jahre im 14. und 15. Jh. Dort gehörten die W. zur Krämerzunft. Den W.n war die Verwendung reinen →Wachses und bester Dochte vorgeschrieben. Bis in die NZ blieben im größten Teil Europas Unschlitt und Talg von Rindern und Schafen die gebräuchlichsten Rohstoffe zur Herstellung von Lichten. Wenn nicht im Haushalt selbst, wurden sie von Metzgern, Seifensiedern oder Kerzenziehern produziert. Aus Hamburg (1375), Lübeck (1477) und Paris (Ende des 13. Jh.) sind Kerzenzieherzünfte bekannt. Wegen des üblen Geruchs der Talgschmelze hatte der Lübecker Rat den dortigen Kerzenziehern eine besondere Schmelzhütte außerhalb des Holstentores eingerichtet. Nur zum Eigenbedarf durften Bürgerhaushalte Talg im eigenen Haus schmelzen. 1508 arbeiteten 20 Kerzenzieher gleichzeitig in Lübeck.   H.-P. Baum

Q. und Lit.: →Handwerk, →Wachs.

Wachszinser → Wachs

Wacke (von estn. *vakk* 'Korb', 'Getreidemaß'), Steuerbezirk im estn. und liv. Siedlungsgebiet (→Pagast). Die W. umfaßte mindestens ein →Dorf (Abschnitt F), meist mehr, bis zwanzig. Auch die Zusammenkünfte der Bauern, verbunden mit W.nschmaus, Bewirtung und Beherbergung der Grundherrn, hießen W., ebenso der Abgabentermin, der auch Gerichtstermin war. In der Bedeutung von Opfergabe, dann als Einrichtung zur Erfüllung von Gemeinschaftsaufgaben geht die W. vermutl. auf die vordt. Zeit zurück. In dt. Zeit führte die einheitl. grund-

und gutsherrschaftl. Verwaltungspraxis (W. nälteste u. a.) zur Angleichung von W. und Pagast, ungeachtet weiterbestehender Struktur- und Größenunterschiede.
      H. von zur Mühlen

Q. und Lit.: →Pagast – A. KORHONEN, Vakkalaitos. Yhteiskuntahistoriallinen tutkimus, 1923 – P. JOHANSEN, Nord. Mission, Revals Gründung und die Schwedensiedlungen in Estland, 1951 – H. MOORA–H. LIGI, Wirtschaft und Gesellschaftsordnung der Völker des Baltikums, 1970.

Wadgassen, Kl. OPraem (ma. Erzdiöz. Trier) bei Saarlouis; 902 erstmals erwähnt als Ausstellungsort einer Urk. Ludwigs d. Kindes. 1080 übergab Ks. Heinrich IV. seinem getreuen Sigibert die villa W. als Amtsgut bei dessen Bestellung zum Gf. en im unteren Saargau. Gisela, Witwe von Sigiberts Sohn, Gf. Friedrich v. →Saarbrücken, und ihr Sohn Simon übertrugen 1135 gemäß einem Gelübde des Verstorbenen den als ihr proprium bezeichneten Güterkomplex der Kirche v. →Trier mit allen Rechten zur Gründung eines Augustinerchorherrenstiftes mit Marienpatrozinium. Ebf. Albero unterstellte es seiner Vogtei (die de facto bei den Gf. en v. Saarbrücken verblieb) und verlieh ihm Predigt-, Tauf- und Begräbnisrecht sowie die freie Abtwahl. Am 2. Okt. 1137 weihte er die Konventskirche (bis ins 14. Jh. Grablege der Saarbrücker Gf. en); Ende des 15. Jh. Um- und Neubautätigkeit an Kirche und Konventgebäuden. Ursprgl. dem Reformkreis v. →Springiersbach zugehörig, ist W. seit dem Ende des 12. Jh. als Kl. OPraem belegt und Mittelpunkt einer gleichnamigen Zirkarie. Seltene Belege zeigen im 13. Jh. einen Doppelkonvent. W. zeichnet sich im SpätMA durch reichen Grundbesitz, Propsteien, Patronatsrechte und Pfarrkirchen aus.   J. Simon

Lit.: N. BACKMUND, Monasticon Praemonstratense I, 1983², 119–122; III, 1956, 541f. – GP X, 380–388 [Lit.] – J. BURG, Reg. der Prämonstratenserabtei W., 1980 – W. PETERS, Springiersbach und die Anfänge des Prämonstratenserstifts W., Jb. für westdt. Landesgesch. 7, 1981, 1–15.

Wærferth, Bf. v. →Worcester seit ca. 872, † ca. 915. Nach →Asser, »Vita Alfredi«, Kap. 77, gehört W. neben Plegmund, Æthelstan und Werwulf zu den merc. Gelehrten, die Kg. →Alfred d. Gr. im Rahmen seines Bildungsprogramms um sich versammelte. Im Auftrag des Kg.s übersetzte W. zw. frühestens 880 und spätestens 893 die »Dialogi« Gregors d. Gr. ins Ae. Das Original der von W. (möglicherweise unter Mithilfe von Werwulf) im angl. (merc.) Dialekt gefertigten Prosaübersetzung der vier Bücher der »Dialogi« ist nicht erhalten. Kopial überliefert ist W.s Übers. vollständig nur in der Hs. Corpus Christi College, Cambridge, 322 (2. Hälfte 11. Jh.); eine 2. Hs., London, British Library, Cotton Otho C. i, Bd. 2 (1. Hälfte/Mitte 11. Jh.) bricht in Buch 4, Kap. 46, ab; Frgm. e aus Buch 4 enthält ferner die Hs. Canterbury, Cathedral Library, Additional 25 (Ende 10. Jh.). Daneben existiert eine fragmentar., die Bücher 1 und 2 mit erhebl. Lücken überliefernde Revision der älteren, von W. angefertigten Übers. der »Dialogi« in der Hs. Oxford, Bodleian Library, Hatton 76, T. A (1. Hälfte 11. Jh.). Diese stilist. und lexikal. umgestaltete spätwestsächs. Neubearbeitung steht dem lat. Original näher als W.s ursprgl. Fassung. Ein allein in der Hs. Cotton Otho C. i, Bd. 2, W.s Prosaübers. vorangestelltes metr. Vorwort in ae. Sprache stammt höchstwahrscheinl. nicht von W. (→Ae. Lit.).
      C.-D. Wetzel

Bibliogr.: RENWICK-ORTON, 266 – NCBEL I, 292, 315 – S. B. GREENFIELD-F. C. ROBINSON, A Bibliogr. of Publ. on OE Lit., 1980, 250f., 318f. – CAMERON, OE Texts, A. 38, B. 9.5 – *Ed.:* H. HECHT, Bf.s W. v. W. Übers. der Dialoge Gregors d. Gr., BAP 5, 1900–07 – ASPR VI, cxv-cxvii, clxxiv, 112f. – D. YERKES, The Text of the Canterbury

Frgm. of W.'s Translation of Gregory's Dialogues and its Relation to the other Mss., ASE 6, 1977, 121-135 – DERS., The Full Text of the Metrical Preface to W.'s Translation of Gregory, Speculum 55, 1980, 505-513 – *Lit.:* HBC³, 224 – M. A. O'DONOVAN, An Interim Revision of Episcopal Dates for the Province of Canterbury, 850-950: p. I, ASE 1, 1972, 30; p. II, ASE 2, 1973, 112f. – D. YERKES, The Two Versions of W.'s Translation of Gregory's Dialogues: an OE Thesaurus, 1979 – DERS., Syntax and Style in OE. A Comparison of the Two Versions of W.'s Translation of Gregory's Dialogues, 1982 – S. B. GREENFIELD–D. G. CALDER, A New Critical Hist. of OE Lit., 1986, 42-45, 58, 63, 247 – J. M. BATELY, OE Prose Before and During the Reign of Alfred, ASE 17, 1988, 93-138.

Waffe

A. Westen – B. Byzanz – C. Muslimischer Bereich

A. Westen

I. Allgemein und Archäologie – II. Gewerbe und Handel.

I. ALLGEMEIN UND ARCHÄOLOGIE: [1] *Begriffsdefinition:* Unter dem Begriff der W. subsumiert man alle jene Gegenstände, die der kämpfende Mensch entweder verwendet, um seinem Gegner körperl. Schaden zuzufügen (Trutzw.n), oder um die offensive W.neinwirkung seines Gegners von sich abzuwenden bzw. diese wenigstens abzumildern (Schutzw.n). Der Begriff der Trutzw. läßt sich weiterhin in die weitreichenden →Fernw.n und in die nur im direkten Kontakt der Gegner wirksamen Nahkampfw.n untergliedern, wobei im Einzelfall eine W.ngattung beiden Gruppen angehören kann. Im Bereich des MA handelt es sich üblicherweise noch meist um »blanke« oder »stumpfe« W.ntypen aus Holz und Metall (→Blankw.n). Die weitreichende Wirkung der Feuerw.n dagegen reformiert das Kriegswesen und die →Bewaffnung des MA weitgehend und leitet bereits in den Bereich der NZ über. Die Schutzbewaffnung untergliedert sich in die verschiedenen Ausführungen der Körperpanzerung und des →Helmes sowie in die überaus variantenreichen Schildformen (→Schild).

[2] *Spätantike und Frühmittelalter:* In Mittel- und Nordeuropa stellen der Sax mit seinen zahlreichen Varianten (Schmalsax, Langsax, Breitsax) als einschneidige Seitenw., die Axt als Schlag- und Wurfw. (Franziska) und die →Lanze als Stoßw. die zentralen Trutzw.n für den einfachen Bauernkrieger, den Fußkämpfer der Spätantike und des FrühMA, dar. Vergleichbare W.n führt auch die soziale Oberschicht. Hier kommt allerdings das Langschwert (Spatha) als vornehmste W. hinzu. Schutzbewaffnung läßt sich in dieser Zeit ebenfalls nachweisen. Häufigstes Schutzelement ist der runde, teilweise metallbeschlagene Schild aus Holz mit Mittelgriff und eisernem Schildbukkel. Seltener sind Helme – meist Spangenhelme – und nur in Einzelfällen Ring- oder Schuppen- bzw. Lamellenbrünnen zu erwarten. Eine konkrete quantitative Beurteilung der Schutzw.n ist aufgrund der komplizierten Überlieferung schwierig. Dies gilt v. a. für völlig aus organ. Material bestehende Schutzw.n (z. B. Schilde).

[3] *Hochmittelalter:* Im HochMA hat der bäuerl. Fußkämpfer, sieht man von Skandinavien und dem alpinen Bereich ab, weitgehend an Bedeutung verloren. Ihm verbleiben rein unterstützende Aufgaben in nachgeordneten Truppenteilen der nunmehr klar ritterl. dominierten →Heere. Seine W.n sind häufig Pfeil und →Bogen bzw. die →Schleuder. Im 11. Jh. kommt im mitteleurop. Raum als techn. höchst anspruchsvolle W. die →Armbrust hinzu. Neben den charakterisierenden Hauptw.n werden für den Nahkampf sicherl. auch zusätzl. Seitenw.n wie z. B. lange Messer, knecht. Schwerter, Äxte und Kolben geführt. Auch als Spießträger und als Reisiger zu Pferd nimmt der knecht. Kämpfer am Kriegsgeschehen teil. Eine weitere Rolle spielt der Knecht bei der Bedienung unterschiedlicher Geschütze und Belagerungsmaschinen, wie z. B. Balliste, →Blide, Trebuchet und →Widder. Der sich ab dem 9. Jh. entwickelnde Stand des →Ritters übernimmt nun als schlachtentscheidender Heeresteil die Hauptlast des Kampfes. Dominierende und prägende W.n sind das ritterl. →Schwert mit seinem hohen Symbolgehalt und mit deutl. Abstand zweitrangig die Reiterlanze. Schutzbewaffnung gehört im HochMA zur typ. krieger. Ausstattung.

In der archäolog. nur schwer zu greifenden Zeit bis um 1000 tragen die ritterl. Kämpfer wahrscheinl. Ring- oder Schuppenpanzer mit textiler und lederner Unterfütterung. Schwierig zu deuten sind Darstellungen der Karolingerzeit, die eine Art Eisenhut mit Kammblech, manchmal sogar in Verbindung mit einem antikisierenden Thorax, zeigen. Im wiking. Bereich hat sich der Spangenhelm, z. T. mit »brillenartigem« Visier, länger als sonst erhalten. Kon. Helme mit Nasal sind in Europa bereits aus dem 11. Jh. überliefert (u. a. Teppich v. →Bayeux). Mit ihnen werden knielange Panzerhemden aus Ringgeflecht und/oder Schuppen- bzw. Plättchenbesatz, mit halben Ärmeln und Kapuze getragen. Im 12. Jh. werden die Ärmel verlängert und Fäustlinge angewirkt. Die Beine werden separat durch Hosen aus Ringgeflecht geschützt. Zur Kenntlichmachung und zum Schutz vor Sonneneinstrahlung tragen die ritterl. Kämpfer spätestens gegen Ende des 12. Jh. einen mit entsprechenden →Wappen dekorierten textilen W.nrock. Die inzwischen mit runder Glocke ausgestatteten Nasalhelme werden durch Hinzufügung einer starren Visierplatte zur Urform des Topfhelmes. In der Folge wird die Glocke weiter abgeplattet und eine Nackenplatte hinzugefügt. Erste nachweisl. Verstärkungen des Ringpanzers werden in der 2. Hälfte des 13. Jh. mit der Entwicklung der Kniekacheln vorgenommen, die auf das Ringgeflecht der bes. gefährdeten Knie zu schnallen sind. Um 1300 wird der Schutz der Unterschenkel durch →Beinschienen verbessert. Das einfache Kriegsvolk ist sicherl. mit ähnl. Schutzbekleidung ausgestattet. Aus Kostengründen mögen hier die aus organ. Materialien gefertigte Schutzw.n überwiegen. Die Ringpanzerelemente dagegen stellen die Ausnahme dar. Während bis in das 10. Jh. Schilde mit runden und ovalen Grundformen das Bild dieser Schutzw. prägen, kommt es im 11. Jh. mit der Einführung einer gewölbten, gestreckt-mandelförmigen Konstruktion zu einer gravierenden Umgestaltung. Diese Schilde bieten sowohl Reiter als auch Fußkämpfer ungleich mehr Schutz gegen Schwert und Lanze. Oben oval, unten spitz zulaufend sind sie so groß, daß sie annähernd die gesamte Körperfläche ihres Trägers schützen. Ein Haltesystem aus querliegenden Einzelgriffen bzw. von mehreren Griffschlaufen erleichtert ihre Handhabung und ermöglicht unterschiedl. Armstellungen. Weiterhin bringt die für Mitteleuropa neuartige Schildfessel, um den Nacken geschlungen, eine bislang nicht erreichte stabile Verbindung mit dem Kämpfer. Im Laufe des 12. Jh. wird die Wölbung des Schildes reduziert, die gerundete Oberkante flach. Mit Einführung des zusätzl. Schutzes durch Beinschienen und Kniekacheln kann der Schild im 13./14. Jh. auch kürzer und handl. werden (Dreiecksschild). In der Folge werden Größe, Form und Umfang stark modifiziert.

[4] *Spätmittelalter:* Das späte MA ist Zeuge einer kontinuierl. Entwicklung der Schußw.n; in seiner Endphase liegt der Entwicklungshöhepunkt des →Harnisches. Zuerst werden im 14. Jh. mit der Einführung von →Diechlingen und →Armzeugen weitere gefährdete Körperpartien zusätzl. geschützt. Der →Schuppenpanzer entspricht dem

mit steigender Wirksamkeit der Trutzbewaffnung immer mehr gewachsenen Schutzbedürfnis der Kämpfer nicht mehr. Gegen Ende des 13. Jh. schafft man mit dem Spangenharnisch eine wirkungsvolle Bedeckung des Brustbereichs (in den Massengräbern von →Visby, 1361, – wenn auch etwas verspätet – eindrucksvoll dokumentiert). Nach 1300 wird der Spangenharnisch zum Lentner, ein von innen mit Stahlplatten benietetes Wams aus Stoff oder Leder, umgewandelt. Der spätma. →Plattenharnisch entsteht; seine Variationen sind mannigfaltig. Man fügt geschlossene Beinzeuge und Panzerhandschuhe sowie komplizierte Schulterzeuge hinzu; der Körper wird wie von einer beweigl. Plastik aus Stahl immer perfekter umhüllt. Einer Spirale vergleichbar geht die Entwicklung der Harnische eng mit der Verbesserung der Angriffsw.n einher. Eine ähnl. Entwicklung ist bei den Helmen zu beobachten. Der inzwischen unförmige und vergleichsweise schwere Topf- bzw. Kübelhelm wird von der →Beckenhaube, der →Barbuta, der Kesselhaube und später von der →Hundsgugel abgelöst. Im 15. Jh. entsteht die →Schaller, sie wird zusammen mit dem →Bart der typ. Helm des ritterl. Kämpfers. Aus der »großen Beckenhaube« entwickelt sich im 15. Jh. der »geschlossene Helm«. Auch der Streithengst wird immer stärker geschützt (→Parsche, →Roßharnisch). Der einfache Kämpfer trägt weiterhin den bisweilen mit einigen Platten verstärkten Ringpanzer, als Helm den →Eisenhut, die Beckenhaube, später auch die Schaller ohne Bart. Hier ist weiterhin mit schützender Bekleidung aus organ. Materialien zu rechnen. An Schilden werden hauptsächl. →Setzschilde, →Pavesen und →Tartschen verwendet. Der knecht. Kämpfer entwickelt sich zum Infanteristen, kämpft nun in geschlossener Formation. Das wichtigste Trutzw.n-Element dieser Kampfweise sind die vielgestaltigen →Stangenw.n: →Spieß, Helmbarte, Glefe, Kuse, Roßschinder, Ahlspieß, Partisane etc. Dazu werden →Schlagw.n geführt: Kolben, Hämmer, Äxte, Godendag usw. Als sekundäre Seitenw. trägt der Infanterist ein knecht. Schwert. Der Zweihänder wird zur wirkungsvollen Infanteriew. Die bevorzugten Trutzw.n des immer mehr an Bedeutung verlierenden reiterl. Adels sind auch weiterhin das ritterl. Schwert und die Lanze. Im Laufe des 14. und 15. Jh. erscheinen auch immer öfter Äxte, Kolben, Reiterhämmer und schließlich auch Hand- und Faustrohre. Ab dem Ende des 13. Jh. kommen →Dolche in Mode und verbreiten sich in der Folgezeit sowohl in ritterl. als auch in knecht. Kreisen. Als prägnante Formen sind hier Schweizerdolch, Nierendolch, Scheibendolch und Basilard zu nennen.

Wichtigste waffentechn. Innovation des SpätMA sind die Feuerw.n. Im Laufe des 15. Jh. werden aus den anfängl. recht primitiven Faustrohren zieml. wirkungsvolle Luntenschloßw.n, welche den Bogen und die Armbrust verdrängen. Aus den →Feuertöpfen des frühen 14. Jh. entwickelt sich im 15. Jh eine mächtige Artillerie, die in Zukunft sowohl im Feld, als auch bei der Belagerung fester Plätze eine dominierende Rolle spielt.

Für den ganzen abgehandelten Zeitraum ist sicherl. mit Behelfsw.n zu rechnen (z.B. Erntegeräte wie Dreschflegel, Sense). Die frühe Helmbarte ist kaum etwas anderes als die funktional angepaßte Variation einer Arbeitsaxt an langem Schaft. Zur gleichen Kategorie gehören auch provisor. W.n wie mit Nägeln oder Stacheln armierte Keulen (→Morgenstern, →Schlachtgeißel).

A. Geibig/A. Gelbhaar

Lit.: W. BOEHEIM, Hb. der W.nkunde, 1890 [Repr. 1985] – G. C. STONE, A Glossary of the Construction, Decoration and Use of Arms and Armour in all Countries and in all Times, 1934 [Repr. 1961] – B. THORDEMAN, Armour from the Battle of Wisby 1361, 2 Bde, 1939 – O. GAMBER, Stilgesch. des Plattenharnisches von den Anfängen bis um 1440, JKS 50, 1953 – R. E. OAKESHOTT, The Archaeology of Weapons, 1960 – H. SEITZ, Blankw.n, I, 1965 – P. MARTIN, W.n und Rüstungen von Karl d. Gr. bis zu Ludwig XIV., 1967 – A. HOFF, Feuerw.n, I, II, 1969 – R. E. OAKESHOTT, European Weapons and Armour, 1980 – D. EDGE-J. M. PADDOCK, Arms and Armour of the Medieval Knight, 1988 – O. GAMBER, Gesch. der ma. Bewaffnung, T. 1, WKK 1 und 2, 1992, 57ff.; T. 2, 1 und 2, 1993, 1ff. – H. HÄRKE, Ags. Waffengräber des 5.–7. Jh., ZAMA, Beih. 6, 1992 – Die Franken. Wegbereiter Europas, Kat. Mannheim, 1996, 700ff. – Die Alamannen, Kat. Stuttgart, 1997, 306ff.

II. GEWERBE UND HANDEL: [1] *Spätantike und Frühmittelalter:* Mit dem Ende des röm. Reiches gingen Gewerbe und Handel mit W.n wegen des Niedergangs der Städte und des Fernhandels auf ein Minimum zurück. Bes. der Rückgang der antiken Eisenproduktion (geringer als in der La-Tène-Zeit [SPRANDEL]; →Eisen) wirkte sich auf die W.nherstellung aus. Der Anteil von Metall an der Bewaffnung war gering. Hufeisen, Steigbügel, Schildbuckel, Pfeilbolzen, Lanzenspitzen und →Schwerter konnten von lokalen →Schmieden hergestellt werden. Nach dem →Capitulare de villis gehörten fabri ferrarii zu jeder Krondomäne, auch im klösterl. Bereich (→St. Galler Kl.plan), in den Dörfern sowie in den Grundherrschaften des Adels gab es Schmiede, die über den Bedarf hinaus für den Handel produzierten. In den Volksrechten werden erste Differenzierungen des Schmiedehandwerks erkennbar. Die Lex Alamannorum (c. 73) kennt bereits einen besonderen W.nschmied, den spatarius. Auf den so in geringem Umfang entstehenden Handel mit Schwertern, →Messern und Panzern nach N, O und S deuten zudem einige literar. (MGH Epp. sel. I, 72) und archäol. Zeugnisse sowie gelegentl. Exportverbote (MGH Cap. I, 115). Einzelne hochwertige Stücke finden bes. im 9. Jh. weite Verbreitung von Byzanz bis Skandinavien.

[2] *Hochmittelalter:* Die im HochMA intensivierte Eisenproduktion sowie der ständig wachsende Anteil des Eisens an der Bewaffnung und Rüstung und die erhöhte Nachfrage durch den Ausrüstungsbedarf der Kreuzfahrerheere führten zu einem starken Anwachsen von Handel und Gewerbe mit W.n. Die allg. positive Entwicklung der Städte und die zunehmende Beteiligung der Kommunen an der Eisenproduktion machten bes. die oberit. Städte zu Zentren der W.nproduktion. Vereinzelte Zeugnisse sprechen vom auflebenden →Fernhandel. Wie ein Exportverbot v. 971 reflektiert, führte Venedig W. in den Orient aus. Für das 11. Jh. gelten →Lüttich und →Mailand als Zentren von W.nhandel und -gewerbe. Der Belebung durch die Kreuzzüge standen auch Handelsverbote entgegen. So verbot das III. →Laterankonzil 1179 den Verkauf von W.n an die Araber, die ihrerseits die beliebten damaszen. Schwerter exportierten. Häufige Wiederholungen zeugen von geringer Wirksamkeit sowie von hohem Bedarf und Attraktivität des Fernhandels. In wesentl. geringerem Umfang ist auch im O und N W.nhandel durch die aufstrebende →Hanse zu erwarten. Im 11. und 12. Jh. wurden v.a. Passauer Schwerter in ganz W-Europa gehandelt, ab dem 13. Jh. wurde Köln zu einem Zentrum der Eisenverarbeitung sowie auch des W.ngewerbes und -handels. Bes. früh ist hier auch die Differenzierung des Schmiedehandwerks in einzelne w.nproduzierende Zweige wie Haubenschmiede, Sarwörter (Harnischmacher) und bes. Schwertfeger zu beobachten. Kölner Schwerter dominierten den Markt in ganz W-Europa und galten als Standardartikel des Handels. Sie wurden allerdings nur zum kleinsten Teil in Köln produziert, stamm-

ten meist aus dem Berg. Land, wurden jedoch von Kölner Kaufleuten vertrieben.

[3] *Spätmittelalter:* Die spätma. Entwicklung ist geprägt von einer weiteren Steigerung des W.nbedarfs aufgrund allg. Veränderungen des Kriegswesens. Ordonanzkompanien, zunehmendes →Söldnerwesen, immer größere →Heere und schließlich techn. Neuerungen wie die seit Mitte des 14. Jh. verbreiteten Feuerw.n und das aus Verbesserungen der Schmiede- und Zimmermannskunst hervorgehende →Antwerk führten zu außerordentl. Belebung von Gewerbe und Handel. Zu den spätma. W.nproduzenten sind zu rechnen: Bogen- und →Armbrustmacher, die in England und Frankreich in gemeinsamen Gilden und in den dt. Städten in streng reglementierten Zünften organisiert waren. Meist nur in geringer Zahl fanden sie gutes Auskommen durch die Bewaffnungspflicht des Bürgertums, produzierten jedoch auch für den Handel. Den größten Anteil am W.ngewerbe stellten wiederum die Metallgewerbe. Die Differenzierung von Zünften und Handwerkszweigen kann dabei als Gradmesser für die Intensität der Produktion dienen. Sind etwa in Frankfurt alle w.nproduzierenden Gewerbe in der Schmiedezunft vereinigt, so existiert in Köln am Ende des 14. Jh. eine eigene Zunft der Sarwörter, die in bis zu sechsmonatiger Arbeit Kettenhemden aus bis zu 200 000 verflochtenen Eisenringen herstellten. Die Verwurzelung im Schmiedehandwerk zeigt sich in zahlreichen Auseinandersetzungen um die Abgrenzung zu den Schmieden, aber auch zu den Harnischpolierern. 1415 sind bereits 38 Sarwörter belegt. Ebenfalls eine eigene Zunft bildeten die Schwertfeger. In der Schmiedezunft waren die Messer- und Büchsenschmiede. Neben Köln waren Zentren der Produktion von →Blankw.n Nassau, Solingen, Nürnberg, Passau, Innsbruck und Suhl. Seit der Mitte des 15. Jh. traten zu den anderen w.nverarbeitenden Gewerben die →Plattner. Die v. a. in Mailand angesiedelte Herstellung zeichnete sich durch einen hohen Anteil frühindustrieller Fertigung und stark arbeitsteilig orientierter Produktion aus. Trotz der reglementierenden Einschränkungen des Zunftzwanges traten Plattner v. a. aus Nürnberg, aber auch aus Köln, Innsbruck, Landshut und Augsburg (Lorenz →Helmschmid) in scharfe Konkurrenz zu Mailand. Weitere europ. Zentren des Plattnerhandwerks waren in den Niederlanden Antwerpen und Brüssel, in Frankreich Paris und Tours. Innerhalb der einzelnen Gewerbezweige kam es zu weiteren Differenzierungen. So waren bereits im 14. Jh. an der Solinger Schwertproduktion ein Schwertschmied, ein Härter, ein Schleifer und der Raider beteiligt, der die Klinge gebrauchsfähig machte und die Produkte auch verhandelte. Zunehmend verbreiteten sich auch Verlagspraktiken und der Handel mit Halbfertigprodukten, v. a. bei der Messer- und Schwerterherstellung. Die Kölner Schwertfeger und Messerschmiede beschränkten sich im Laufe des 15. Jh. zunehmend auf den Bezug und die Veredelung auswärtiger Klingen, bes. aus Solingen, und wandelten sich zu Klingenkaufleuten und Verlegern, die von anderen gefertigte Waren unter ihrem Zeichen exportierten. Bes. die Nürnberger Messerer kauften bei den zahlreichen Klingenschmieden im Umland ein und brachten diese häufig in ein Abhängigkeitsverhältnis. Es entstand ein breites Spektrum von nur noch verleger. tätigen, noch selbständigen und nur noch stückwerkenden Meistern. Einige der Nürnberger Messerer stiegen zu Messer- und Klingenhändlern auf. Ähnliche Verhältnisse galten für Passau und die hauptsächl. nach Ungarn orientierten österr. Produktionszentren in Steyr, St. Pölten und Wien. Im it. Zentrum von Blankw.n, Brescia, gab es kaum noch Klingenschmiede. Die Halbfertigprodukte stammten aus den Tälern der Umgebung und aus weiter entfernten ven. Orten wie Udine und Verona. Arbeitsteilung gab es auch bei den Klingenschmieden (*blade smythes*), Scheidenmachern (vaginarii) und den Verlag und Unternehmerfunktion übernehmenden Messerern (cultellarii) von London und Sheffield. Auch im Plattnerhandwerk spezialisierten sich einzelne Handwerker auf Harnischpolieren, Anfertigung von Helmen, Kniescheiben, Krebsen und Blechhandschuhen. Arbeitsteilig bedingte, investitions- und auftragsbedingte Formen des Verlags innerhalb und zw. den Zünften, aber auch regional übergreifend finden sich in nahezu allen dt. Zentren der W.produktion.

Die seit der Mitte des 14. Jh. verbreiteten Feuerw.n führten zunächst nicht zur Bildung eigenständiger Gewerbe oder Zünfte. Der erst geringe Bedarf an →Geschützen wurde bei den städt. Schmieden (schmiede- oder gußeiserne Rohre) oder Glockengießern (Bronzegußrohre) gegen Stück- oder Taglohn in Auftrag gegeben, oder es wurden auswärtige Meister oder wandernde Büchsenmeister bestellt. Erst der rasante Aufschwung des Artilleriewesens (→Artillerie) in der 1. Hälfte des 15. Jh. erforderte andere Produktionsformen. Bes. der hohe Bedarf an Geschützen der kgl. und landesherrl. Zeughäuser ließ eigene, großbetriebl. orientierte Produktionsstätten entstehen. Auch die oberit. Stadtrepubliken unterhielten eigene Gießereien, vornehml. für die Anfertigung von Bronzerohren. Venedig ließ für sein Arsenal in Brescia gießen, eigene Gußhütten unterhielten auch Bergamo, Mailand, Genua, Ferrara, Lucca und Neapel. London, Lyon und Malaga waren weitere Zentren europ. Geschützproduktion. Ab dem Ende des 15. Jh. entstanden in allen europ. Kgtm.ern und Fsm.ern eigene Werkstätten für Geschützguß und Plattnerei zur Befriedigung des ständigen W.nbedarfs der Zeughäuser und um von Handel und Kapazitätsgrenzen städt. Produktion unabhängig zu werden. Auch die größeren Städte partizipierten an dieser Entwicklung. Höf. W.nproduktionsstätten entstanden in Arbois (Bourgogne, seit ca. 1470), Greenwich und Paris. Die durch die reichen tirol. Erzvorkommen begünstigten Habsburger errichteten seit ca. 1490 Plattnereien und Werkstätten für den Kanonenguß in Hötting b. Innsbruck, Thörl i. d. Steiermark, Graz, Fuggerau b. Villach sowie in einigen ung. Städten. Aus diesen Werkstätten, die ihr Personal teilweise aus den internat. Zentren der W.nproduktion abwarben, gingen bedeutende Gießer hervor. Die Wettiner ließen in Freiberg, Zwickau und Dresden gießen und unterhielten Plattnereien in Dresden und Annaberg, die Lgf.en v. Hessen errichteten in Kassel eine Geschützproduktion. Seit Ende des 15. Jh. war Nürnberg im Kunstguß führend, in S-Dtl. wurden in Augsburg, Nürnberg, Ulm, Straßburg, Landshut, München und Salzburg, an der Küste in Hamburg, Lübeck und Danzig größere Geschütze produziert. Neben dieser zunehmend vorindustriell geprägten Produktion normierter Geschütztypen und →Handfeuerw.n blieb in den Städten in wesentl. geringerem Umfang die Herstellung einzelner Geschütze, vornehml. aber der Handfeuerw.n erhalten.

Der spätma. W.nhandel unterschied sich nur unwesentl. von dem anderer Waren. Kleinhändler mit Einzelposten finden sich ebenso wie die großen Handelsgesellschaften und Firmen wie →Datini, →Medici, →Fugger, die häufig den W.nhandel zusammen mit entsprechenden Rohstoffen und der Bereitstellung von →Krediten betrieben. Die häufig extrem hochpreisigen Artikel verlangten jedoch ab einem gewissen Geschäftsumfang nach außerordentl. kapitalkräftigen Händlern, die sich auf den internat. Märkten und Messen bedienten, aber auch Aufträge vergaben. So kaufte die kaum selbst w.nproduzierende Schweiz vorwiegend in Mailand. Von ebendort, aber auch aus Tours und einigen eigenen W.nschmieden bezog Jacques →Cœur Geschütze und Harnische, die er über den *maître de l'→artillerie*, dem die Überwachung der frz. W.nproduktion oblag, an den frz. Kg. verkaufte. Bereits in der 2. Hälfte des 14. Jh. befaßte sich das Nürnberger Handelshaus der →Stromer in großem Umfang mit W.ngeschäften. Im 15. Jh. bildeten sich in Mailand verschiedene Handelsgesellschaften, die ausschließl. auf den W.handel spezialisiert waren. R. Leng

Q. und Lit.: A. v. BRANDT, »Schwerter aus Lübeck«. Ein handelsgeschichtl. Rätsel aus der Frühzeit des hans. Frankreichhandels, HGBll 83, 1965, 1–11 – R. SPRANDEL, Eisengewerbe im MA, 1968 – V. SCHMIDTCHEN, Die Feuerw.n in dt. Ritterordens bis zur Schlacht b. Tannenberg 1410, 1977 – A. HOFF, Dutch Firearms, 1978 – C. GAIER, Les Armes, TS 34, 1979, 86–88 [Lit.] – L. G. BOCCIA, F. ROSSI, M. MORIN, Armi e armature lombarde, 1980 – K. KELLER, Das messer- und schwerterherstellende Gewerbe in Nürnberg von den Anfängen bis zum Ende der reichsstädt. Zeit, 1981 – R. HOLBACH, Frühformen von Verlag und Großbetrieb in der gewerbl. Produktion (13.–16. Jh.), 1994 – TH. BEDDIES, Becken und Geschütze, 1996.

B. Byzanz
Originale byz. W.n sind kaum erhalten, weil einerseits der chr. byz. Krieger nie mit seinen W.n bestattet wurde, andererseits das gut organisierte Byz. Reich seinen Bürgern das Tragen von W.n untersagte und die W.n der Krieger nach ihrem Tod von anderen Wehrfähigen übernommen wurden. Bei der Erforschung der byz. W.n muß man sich auf die Beschreibungen in den Militärschriften (→Taktika) und auf die zufälligen Erwähnungen in sonstigen Texten stützen. Die darstellende Kunst und v. a. die Hss.miniaturen darf man nur mit Vorsicht heranziehen, da die Typisierung der Motive seitens der Vorlagen den Realitätsgehalt der Darstellung erhebl. beeinträchtigen kann. Über die W.nproduktion gibt es genügend Material für die frühbyz. Zeit, v. a. in der →Notitia dignitatum, wo verschiedene fabricae erwähnt werden. Die 85. Nov. Ks. Justinians läßt uns wissen, daß für die W.n ein staatl. Monopol galt. Spätere Informationen über die W.nherstellung und den W.nimport und -export sind dürftig.

Die verwendeten Termini für 'W.n' sind oft nicht konsequent. Je nach Vorliebe der Autoren erscheinen die 'W.n' mit unterschiedl. Namen. Meistens ist der röm. Ursprung der W. und ihrer Bezeichnung zu erkennen, sehr oft treten altgr. Termini auf, aber auch Bezeichnungen pers., arab., germ. oder sonstiger Herkunft. Der lange Panzer kommt meistens als Lorikion (→lorica) vor, doch erscheint ebenso der altgr. Name Thorax wie auch Zaba (pers. Herkunft). Es handelt sich um einen Ketten- oder Schuppenpanzer, der bis zu den Knien bzw. Knöcheln reichte. Das Klibanion, ein bis zur Taille gehender Lamellen-, Plättchen- oder Schuppenpanzer, begegnet zumeist in mittelbyz. Zeit. Auf den Abbildungen sind oft fächerartige Lamellen zu sehen, die vom Panzer herabhängen; sonst wurde der Unterkörper aber eher durch dicke, schwere Filze (*καβάδια*) geschützt. Das gemeine Fußvolk oder die leicht bewaffneten Reiter trugen in der Regel Ersatzpanzer (*νευρικόν, καβάδιον*). Der Helm (*κασσίδιον, περικεφαλαία, κράνος*) erscheint meistens halbkugelig oder spitzkon., einige Male mit Ohren- und Nackenschutz aus Kettengeflecht, Schuppen oder Stoff. Für die Schwerbewaffneten kommt, wenn auch selten, ein Gesichtsschutz vor. Für die Leichtbewaffneten waren dicke Kopfbedeckungen aus Stoff vorgesehen (*καμελαύκιον*). Metallene Rüstärmel (*μανικέλιον, χειρόψελλον, χειρομάνικον*) besaßen nur die Schwerbewaffneten; die Arme der meisten Krieger waren teils durch die kurzen Ärmel der Panzer, teils durch dicken Stoff geschützt. Für die Beine der Leute in vorderster Linie werden metallene Beinschienen erwähnt (*ποδόψελλον, χαλκότουβον*), die Mehrzahl der Soldaten trug einen Beinschutz aus dickem Stoff, ab dem 10. Jh. dürften Stiefel zieml. verbreitet gewesen sein. Der Schild (*σκουτάριον*) ist bis zum 11. Jh. regelmäßig kreisrund oder oval; interessanterweise erwähnt ein Text des 10. Jh. auch für die schwerbewaffneten Fußsoldaten der ersten Reihen körperlange Schilde, die unten spitz ausliefen. Ab dem 11. Jh. waren die mandelförmigen Schilde bei den Reitern im W wie auch in Byzanz in Gebrauch. In der Palaiologenzeit war – unter w. Einfluß – der dreieckige Schild in Verwendung. Verschiedene Schildzeichen, aber keine Wappen waren üblich. Als Angriffsw. par excellence galt das Schwert (*σπάθη, ξίφος*), dem oft auch symbol. Bedeutung zukam. Das durch einen Schulterriemen hängende zweischneidige Schwert der Reiter maß im 10. Jh. eine Länge von ca. 100 cm. Das Schwert konnte auch vom Gürtel herabhängen (*παραμήριον, σπαθίον ζωστίκιον*), weniger als einen Meter lang und oft einschneidig sein. Die Axt (*πέλεκυς, τζικούριον*) wurde im frühbyz. Heer durch die Germanen bekannt, ihr Gebrauch war aber nicht weit verbreitet. Erst im 10. Jh. erfahren wir, daß es kleine Äxte zum Werfen gegen die Feinde gab und daß große Doppeläxte v. a. von den aus dem N stammenden ausländ. Gardisten am byz. Hof, aber auch auf dem Schlachtfeld getragen wurden. Der Streitkolben (*σιδηροραβδίδον, βαρδούκιον*) war v. a. ab dem 10. Jh. in Verwendung und wurde nicht nur als Schlagw. gegen Schwerbewaffnete, sondern auch als Wurfw. eingesetzt. Der Speer (*δόρυ, κοντάριον*) war eine der Hauptw.n der Infanterie und der Kavallerie. Im 10. Jh. erreichte der Speer der schwerbewaffneten Infanterie und Kavallerie eine Länge von ca. 4 m. Ab dem 11. Jh. dürfte der Stoßspeer der Reiter auch eingelegt unter dem Arm im Einsatz gewesen sein. Die Fußsoldaten im 10. Jh. setzten das Menaulon ein, d. h. eine schwere Stange, die von speziellen Einheiten des Fußvolks gegen die schwerbewaffnete Kavallerie verwendet wurde. Wurflanzen (*ἀκόντιον, ῥωτάριον*) verschiedener Länge (von 116 cm bis ca. 270 cm) waren ebenfalls in Gebrauch. Der Bogen der Byzantiner (*τόξον*) war der damals weit verbreitete zusammengesetzte skyth. Typ. Der byz. Bogen in der frühen Zeit war schwer biegbar, der Abschuß daher relativ langsam, aber kräftig. Im 10. Jh. wird ein eigener »rhomäischer« Bogen erwähnt. Im Kampf gegen Ungläubige wie auch bei der Jagd war das Schießen von Giftpfeilen zugelassen. Wertvolle Anleitungen zum Bogenschießen mit interessanten Details bietet ein anonymer Text des 6. Jh. Eine Abart des Bogens war das Solenarion, das zw. 600–950 bezeugt ist und eine Zwischenstufe zur Armbrust bildete. Diese Fernw. bestand aus einem Bogen und einem an ihm zu befestigenden hölzernen Rohr, durch welches kurze Pfeile geschossen wurden. Der Einsatz einer richtigen Armbrust bei den Byzantinern ist ab dem 11. Jh. unter dem Namen Tzangra gesichert, also früher als bisher angenommen. In spätbyz. Zeit waren die Armbrustträger (*τζαγγράτορες*) weit verbreitet. Zu den tragbaren W.n gehörte zuletzt auch die Schleuder (*σφενδόνη*).

Im Bereich der Poliorketik blieben die Byzantiner bei der gut bekannten gr.-röm. Tradition. Im 7. Jh. erscheint ein neuer Steinwerfer, infolge des Einflusses aus dem Orient. Sonst sind keine wesentl. Unterschiede zu den zeitgenöss. Kriegsmaschinen des Orients und des Abendlandes zu verzeichnen. Als bekannteste W. der Byzantiner gilt das →Griech. Feuer. Im allg. kann man sagen, daß die Byzantiner bis zur Zeit der Kreuzzüge einen Vorsprung im Bereich der W.ntechnik in ihrem weiteren geogr. Raum besaßen. Als in der Palaiologenzeit das Byz. Reich an Bedeutung einbüßte und in der Folgezeit nur eine lokale Macht bildete, war es nicht mehr imstande, eigene W.ntypen zu führen. T. G. Kolias

Lit.: A. B. HOFFMEYER, Military Equipment in the Byz. Ms. of Scylitzes in Biblioteca Nacional in Madrid, Gladius 5, 1966 – J. F. HALDON, Some Aspects of the Byz. Military Technology from the Sixth to the Tenth Centuries (Byz. and Modern Greek Studies, 1, 1975), 11–47 – T. G. KOLIAS, Byz. W.n Ein Beitrag для byz. W.nkunde von den Anfängen bis zur lat. Eroberung, 1988 – DERS., Ἡ πολεμική τεχνολογία τῶν Βυζαντινῶν (Dodone 18, H. 1, 1989), 17–41.

C. Muslimischer Bereich
I. Allgemein und frühislamische Zeit – II. Zentralasiatischer und türkischer Einfluß in der Zeit der Omayyaden und Abbasiden – III. Bewaffnung in osmanischer Zeit.

I. ALLGEMEIN UND FRÜHISLAMISCHE ZEIT: Die Vielfalt der Bewaffnung muslim. Heere des MA (→Heerwesen, C) war ebenso groß wie die Zahl der Völker, die in ihnen dienten. Trotz aller Unterschiede und trotz der enormen geogr. Ausdehnung des →*Dār al-Islām* (→Araber) ist eine zusammenfassende Betrachtung der muslim. W.n aufgrund der über Jahrhunderte andauernden Dominanz der Turkvölker Zentralasiens und der daraus resultierenden Ähnlichkeiten zw. den verschiedenen muslim. Heeren gerechtfertigt.

Da sich originale W.n fast ausschließl. erst aus dem späten MA erhalten haben, sind wir beim Studium der frühislam. Zeit auf Beschreibungen und bildl. Darstellungen angewiesen. Die große Zahl überlieferter W.nbezeichnungen läßt sich nicht immer mit unterschiedl. Typen oder Konstruktionen erklären. Vielfach sind regionale bzw. sprachl. Unterschiede Ursachen für die Begriffsvielfalt. Die im Topkapı Sarayı (Istanbul) aufbewahrten Schwerter, deren Klingen Muḥammad, ʿAlī und den »Rechtgeleiteten Kalifen« zugeschrieben wurden, stammen z. T. aus viel jüngerer Zeit als angegeben.

Die Araber litten zunächst unter einem Mangel an Pferden. Somit bildete die mit Schwert, Bogen und kurzen Spießen bewaffnete Infanterie das Kernstück der Truppen zur Zeit Muḥammads. In vor- und frühislam. Zeit war iran. und röm.-byz. Einfluß vorherrschend. Ihrer bes. Qualität wegen waren v. a. Erzeugnisse aus Indien und aus dem Jemen begehrt. Ausgezeichnete W.n erhielten oft Namen und wurden über Generationen vererbt; so hieß eines der Schwerter des Propheten Muḥammad *ḏū'l-faqār*, was als ein Hinweis auf eine gerade Schwertklinge mit Blutrinne gedeutet wurde.

II. ZENTRALASIATISCHER UND TÜRKISCHER EINFLUSS IN DER ZEIT DER OMAYYADEN UND ABBASIDEN: Durch die Ausdehnung des muslim. Herrschaftsbereiches wurden zunehmend fremde Einflüsse verarbeitet. Unter den Omayyaden (661–750) nahm die militär. Bedeutung der Kavallerie deutlich zu. Nach pers. Vorbild entstanden Einheiten, die in ihrer Ausrüstung der spätsānid. schweren Kavallerie entsprachen. Diese Panzerreiter aus Ḫorāsān trugen Lamellenpanzer und Kettenhemden, schwere Helme mit Gesichtsschutz aus Kettengeflecht, Lanzen, Schilde und Schwerter. Selbst ihre Pferde waren mit →Roßharnischen aus Lamellen gepanzert. Daneben bestand aber auch eine leichte Kavallerie berittener Bogenschützen.

Im frühen 8. Jh. hielt die weiterentwickelte Reiterei der transoxan. →Türken, die in zentralasiat. Tradition stand, Einzug in die Armeen der islam. Welt. Sie verwendete den →Steigbügel und eine frühe Säbelform (→Säbel). Arab. Stammeskrieger, deren Ausrüstung sich z. T. noch auf dem Stand der vorislam. Zeit bewegte, spielten außerhalb der arab. Halbinsel dagegen nur noch eine untergeordnete Rolle. Während in Ägypten und im östl. Herrschaftsgebiet des Islam neben byz. zunehmend zentralasiat. und chines. Einflüsse wirksam wurden, ähnelte die Ausrüstung der Infanterie und Kavallerie in al-Andalus während des 10. Jh. stark derjenigen ihrer christl. Kriegsgegner.

Durch die türk. Elitetruppen der Abbasiden, v. a. aber durch die Selǧuken des 11. Jh., wurden berittene turkmen. Bogenschützen (→Turkmenen) in den muslim. Armeen dominant. Ihre rein offsiv., nahezu mongol. Bewaffnung bestand aus Rohrschild, Bogen und Säbel. Seit dem 13. Jh. nahm der Säbel zunehmend den Platz des geraden, zweischneidigen Schwertes ein. Der →Streitkolben als panzerbrechende Waffe war im Iran und in den türk. Provinzen sehr gebräuchlich und breitete sich von dort bis ins christl. Europa aus. Die Lanze kam in einer langen Form (z. B. *qanāh*) bei der Infanterie und einer kürzeren Form bei der Kavallerie zur Anwendung. Die Hauptw. der Türken war aber der →Bogen, ein aus Horn, Holz und Sehnen geleimter Reflexbogen von äußerst wirkungsvoller Schußgeschwindigkeit, Reichweite und Treffsicherheit. Durch massiven Einsatz des Bogens wurde der Gegner häufig für den entscheidenden Angriff der Panzerreiter vorbereitet.

Eine Vielzahl von Bezeichnungen für →Helme (*baiḍah*, *ḫūd*, *ḫūḏa*, *čīčak* u. a.) deutet auf Unterschiede in Art und Herstellung hin. Auf bildl. Darstellungen herrschen halbkugelförmige Helmglocken, z. T. mit erheblich in die Länge gezogenen Spitzen vor. Zum Schutz von Gesicht, Wangen bzw. Ohren und Genick dienten verschiedene Konstruktionen aus eisernen bzw. ledernen Lamellen oder Kettengeflecht. Aus dem gleichen Material bestand die bewegl. Körperpanzerung, was nicht durch (oft unterstelltes) handwerkl. Unvermögen, sondern durch die Bedürfnisse einer schnellen, bewegl. Kavallerie bedingt war. Lamellen und Kettengeflecht in Verbindung mit gesteppten Panzern boten im Vergleich zu Plattenharnischen des gleichen Gewichts den besten Schutz gegen Pfeile und Schwerthiebe. Daneben wurden auch (meist runde, aber auch drachenförmige) →Schilde verwendet. Im Unterschied zum christl. Europa wurde der Einsatz von Roßharnischen im muslim. Bereich nie ganz aufgegeben (→Roßdecken aus gestepptem Filz, Kombinationen aus Kettengeflecht und Eisenplatten sowie Lamellenroßharnische). Entgegen der aus den Türkenkriegen des 17. Jh. resultierenden Vorstellung von den muslim. Heeren bestanden während des gesamten MA, seit frühislam. Zeit bis ins 16. Jh., schwer gepanzerte Einheiten, die im Umfang ihrer Ausrüstung in keiner Weise den europ. Rittern nachstanden.

III. BEWAFFNUNG IN OSMANISCHER ZEIT: Die Bewaffnung eines osman. Kriegers aus der Mitte des 14. Jh. umfaßte im Idealfall Säbel (*kılıç*) oder Schwert (*tīġ*), Streithammer (*külünk*), Streitkolben (*gurz*, *bozdoğan*, *ʾamūd*), Streitaxt (*nağak*), Wurfspieß (*gönder*), Kurzschwert (*hanğar*), Spieß (*harbe*), leichter Speer (*nīze*), Lanze (*sünü*), Pfeil (*ok*), Bogen (*yay*), Bogenköcher (*kirban*) und Lasso (*kement*). Sein Körperschutz setzte sich aus Beinzeug (*budluk*), Kettenpanzer (*cebe* oder *zirh*), Lamellen- oder Schuppenpanzer (*cevsen*, *cukal* und *pirahen-ahenin*) bzw. einer Kombination aus Kettengeflecht und Platten (*cebe cevsen*), Schild (*kalkan*), Helm (*isik* und *tuğulka*), Armschiene (*kolluk*) und Kettenhaube (*zirh külah*) zusammen. Der *Turbanhelm*, die massivste muslim. Form des Kopfschutzes, erreichte bei den Mamlūken, den Osmanen und Aq Qoyunlu im 15. Jh. seinen Höhepunkt. Das Kettengeflecht zum Schutz von Gesicht und Nacken war typisch für eine Armee, in der der Bogen die Hauptwaffe war. Aus Helmen dieser Art entwickelte sich der *čičak*, der im 16. Jh. als 'Zischägge' (namengebend für: Tschako) von christl. Armeen adaptiert wurde. Parallel zum Turbanhelm wurden in den ostislam. Territorien spitz zulaufende Helme, an denen auch eiserne Gesichtsmasken befestigt sein konnten, verwendet.

Die Vorstufe der Verwendung von *Feuerwaffen* durch Muslime ist im *nafṭ* (u. a. Bestandteil des →Griechischen Feuers) zu sehen. Der Gebrauch von eigtl. Feuerwaffen (→Pulver, →Salpeter) kam aus dem Fernen Osten nach Vorderasien. 1324 läßt sich bei der Belagerung von Huéscar (Andalusien) die erste Kanone muslimischer Truppen nachweisen. Im Iran gab es Feuerwaffen seit 1387. Ende des 15. Jh. wurden Kanonen in Herat hergestellt. Bereits in der 2. Hälfte des 14. Jh. verwendeten die Mamlūken Kanonen, spätestens seit 1432 auch Handfeuerwaffen. Der Zeitpunkt der Einführung von Feuerwaffen im osman. Heer ist umstritten, möglicherweise schon im 14. Jh. Spätestens für die Zeit Sultan Meḥmeds I. (1413–21) sind sie belegt; im frühen 16. Jh. (osman. Siege über Mamlūken, 1517, und →Ungarn bei →Mohács, 1526) spielten Feuerwaffen die kriegsentscheidende Rolle. H. Schuckelt

Lit.: F. W. Schwarzlose, Die W.n der alten Araber aus ihren Dichtern dargestellt, 1886 – H. R. Robinson, Oriental Armour, 1967 – D. Nicolle, Early Medieval Islamic Arms and Armour, 1976 – M. Gorelik, Oriental Armour of the Near East from the Eighth to the Fifteenth Centuries as Shown in Works of Art (Islamic Arms and Armour, hg. R. Elgood, 1979) – D. Nicolle, Islam. W.n, 1981 – Ders., Armies of the Ottoman Turks 1300–1774, 1983 – I. Heath, Armies of the MA, 2, 1984 – D. G. Alexander, Dhu l-fakar, 1984 – R. Elgood, Firearms of the Islamic World, 1995.

Waffen Christi → Arma Christi

Waffenfallen, Sammelbezeichnung für →Fernwaffen, die sich ohne unmittelbare menschl. Einwirkung selbsttätig auslösen. Bogen- und Armbrustfallen, bei denen der Pfeil oder Bolzen losschnellt, sobald der Auslösemechanismus berührt wird, sind alter und fester Bestandteil der germ. Jagdtechnik und werden hauptsächl. für Haarraubwild benutzt. Speerfallen mit geführtem oder frei gesteuertem →Speer kommen v. a. bei der Elch- und Bärenjagd zum Einsatz (vgl. z. B. Älteres Westgötalagh, Älteres Westmannalagh, Södermannalagh). Bogen- und Speerfallen werden im Zusammenhang mit Bußvorschriften bei Unfällen mit den Nachbarn nicht zur Kenntnis gebrachten oder für Mensch und Haustier gefährdend aufgestellten W. in den Volksrechten mehrfach erwähnt (etwa in der Lex Visigothorum VIII, 4, 23, 1 oder in der Lex Gundobada, Tit. 46). S. Schwenk

Waffenhemd, wahrscheinl. vom byz. *epilorikion* abstammendes weißes Hemd des 12. und 13. Jh., zum Schutz gegen die Hitze über dem Panzer getragen. O. Gamber

Waffenrecht. Das W. wurde zuletzt als »sowohl das individuelle Recht, →Waffen zu führen, als auch die damit zusammenhängenden weitreichenden Rechte und Pflichten« (Strätz) definiert. Im Anklang an den traditionellen Begriff 'ius armorum', mit dem das dem 'ius belli ac pacis' vorgelagerte Recht, Armeen zu halten, bezeichnet wird, wurde im 19. Jh. die Übers. 'W.' genutzt, um mit rechtl. Kriterien die Freiheit des germ. Kriegers nach Tacitus und für die Zeit Karls des Gr. den höheren Stand der milites zu beschreiben (Walter). Veraltet ist die Bedeutung von W. als 'ius cogitationis' des Eroberers. Obwohl in den Q.n kein einheitl. Terminus zu finden ist, hat Fehr versucht, den Rechtsbegriff des W.s zu schaffen, der das auf die öffentl.-rechtl. Stellung einer Person bezogene Ehrenrecht bezeichnen soll, an folgenden fünf von der Rechtsordnung ausgebildeten waffenmäßigen Instituten teilzunehmen: 1. in Friedenszeiten bewaffnet einherzugehen (»Waffenfähigkeit«), 2. als Mitglied eines Heeres bewaffnet zu kämpfen, 3. im Rahmen einer →Fehde sein Recht selbst durchsetzen zu können, 4. einen →Zweikampf selbst durchzuführen, 5. im Rahmen der »Gerichtsfolge« den fliehenden Friedebrecher zu verfolgen (»Gerüftsfolge«, →Gerüfte) und dessen Burgen zu belagern (»Belagerungspflicht«). Letzteres beruhe aber eher auf der Pflicht jedes Einwohners eines Gerichtsbezirks und sei daher nur lose mit dem W. verbunden. – Das W. ermögliche also zunächst über die Selbst- auch die Rechtsverteidigung, v. a. durch Ausübung des Fehderechts, wodurch nach der Konzeption O. Brunners auch die Rechtsfähigkeit gewährleistet wird. Das W. kann daher weiter ein für Freiheit und Ehre und somit für den öffentl.-rechtl. Status sowie für den Stand des Einzelnen bezeichnend sein; da auch Unfreien das W. zugestanden werden konnte, ist dies aber nicht zwingend. Für Juden und Bauern wird der Verlust des W.s als Beleg für ihre ständ. Minderung gesehen. Ferner wurde das W. zur Darstellung der Wehrverfassung zur Landes- und Stadtverteidigung genutzt. Schließlich könnte das W. im Spannungsfeld zw. Rechtsverteidigung und der Prävention bewaffneter Kämpfe dargestellt werden. – Phänotyp. lassen sich bes. zahlreich im Kriegsrecht zeitl. und örtl. Verbote, der Ausschluß bestimmter Waffen und Regelungen des Waffengebrauchs finden, wobei die Motive für formal gleiche Verbote jeweils ganz unterschiedl. sein können. So kann das Verbot bestimmter Waffen Standesunterschiede akzentuieren, bes. gefährl. Waffen treffen oder bestimmten Delikten, z. B. Wilderei, vorbeugen wollen. Das Tragen und das Zücken von Waffen wurden als Straftatbestand gefaßt, um Kapitaldelikten vorzubeugen; es bedeutet aber noch nicht automat. den Ausschluß des W.s. Die Einschränkung des W.s diente auch als →Strafe. M. Schmoeckel

Lit.: DDCI, 1041f. – HRG II, 492f.; V, 1078–1083 [Lit.] – H. Fehr, Das W. der Bauern im MA, ZRGGermAbt 35, 1914, 111–211; 38, 1917, 1–114 – G. Kisch, Forsch. en zur Rechts- und Sozialgesch. der Juden in Dtl. während des MA (Ausgew. Schr. en I, 1978²), 20–40.

Waffenrock, ärmelloses oder kurzärmliges, weites Überkleid der Rüstung aus buntem Stoff und oft mit dem →Wappen des Besitzers geschmückt. Wohl auf oriental. Anregungen zurückgehend und seit der Mitte des 12. Jh. nachweisbar. Um 1350 wurde der W. vom anliegenden →Lendner abgelöst. Spätere W.e entsprachen dem Rock der zivilen Kleidung. Um 1380 entstand in Westeuropa ein kurzer, kittelartiger W., von dem der spätere →Heroldsrock abstammte. O. Gamber

Lit.: J. Hewitt, Ancient Armour and Weapons in Europe [Repr. 1967].

Waffensegen. In dem bis zum II. Vaticanum gültigen →Pontificale Romanum Clemens' VIII. (1596) enthaltenes, aber faktisch in der NZ nicht mehr gebrauchtes Formular zur Segnung von Waffen und ihres Trägers. Die »benedictio armorum« ist umgeben von verwandten Stücken: Segnung von Kreuzfahrern, Schwertweihe, Segnung einer →Fahne (vexillum bellicum), woraus Herkunft und »Sitz im Leben« ersichtlich werden: das ma. Ritterwesen. In Deutschland und England ist im 11. Jh. als Kernritual der →»Schwertleite« die Segnung und Überreichung des Schwertes an den jungen Ritter bereits allg. verbreitet; hinzu kommen ab dem 12. Jh. Lanzen- und

Schildsegen. Das einflußreiche Pontifikale von G. →Duranti (1293/95) sieht vor dem Evangelium der Messe die Segnung des auf dem Altar liegenden Schwertes und evtl. weiterer Stücke der Ritterrüstung vor; unter Gebet und Ps-Gesang (143, 1–3. 44, 4) übergibt der Bf. dem jungen Ritter das Schwert, umgürtet ihn damit, worauf dieser es zieht und nach drei Luftstreichen wieder in die Scheide steckt. Nach Friedensgruß, Backenstreich und Anlegen der Sporen erfolgt gegebenenfalls die Überreichung der vom Bf. zuvor gesegneten Fahne. Der ma. W. rechnet mit einem defensiven Gebrauch der gesegneten Waffe (Verteidigung der Kirchen, Witwen, Waisen, Diener Gottes) und erbittet dem Ritter Schutz und Sieg bei feindl. Angriffen. Zum Segnen nz. Vernichtungswaffen eigneten sich die ma. Texte nicht und wurden dazu auch nicht mißbraucht. Nach der Ächtung des Krieges durch das II. Vaticanum (Gaudium et spes 80–92) ist W. undenkbar. – Neben und gleichzeitig mit dem allein kirchl. sanktionierten W. im Kontext der Ritterweihe entwickelte die Volksfrömmigkeit Formen, die bezweckten, feindl. Waffen unschädlich und die eigenen kräftiger und treffsicherer zu machen. Als W. galten auch mit mag. Formeln oder »kräftigen« Bibelworten (Joh 1, 1f) beschriebene Schutzzettel. – W. im weiteren Sinn begegnet uns in der frühma. Kriegsliturgie der westgot. Kirche, im ma. Brauch, Reliquien, selbst die Eucharistie, in die Schlacht mitzunehmen, und in der liturg. Begleitung der Kreuzzüge, der Ketzer- und Türkenkriege. A. Heinz

Lit.: HWDA IX, 22–24 – A. BAUMSTARK, Friede und Krieg in altkirchl. Liturgie, Hochland 13, 1915, 257–270 – Le Pontifical romain au MA, ed. M. ANDRIEU, 4 Bde, 1938–41, III, 447–450, 549f. – A. FRANZ, Die kirchl. Benediktionen im MA, 2 Bde [Nachdr. 1960], II, 289–307 – A. HEINZ, »W.« und Friedensgebet, TThZ 99, 1990, 193–216 [Lit.].

Wāfid al-Laḫmī, Ibn (lat. Abengüefit), hispano-arab. Arzt, Pharmakologe und Landwirtschaftstheoretiker, 1007–74, schuf in Toledo um 1067 unter al-Ma'mūn den berühmten Botan. Garten mit Versuchsfeldern in der Huerta del Rey, den wohl ersten in Europa. W. ging – nach der Eroberung der Stadt durch Alfons VI. 1086 – nach Sevilla. Er gilt als Verf. von sieben Werken, darunter ein »K. al-Adwiya al-mufrada«, das ins Lateinische, Hebräische und Katalanische übersetzt wurde (arab. Original nicht ed.), und ein »Maǧmūʿfī l-filāḥa« (Kompendium über Landwirtschaft), das ins Kastilische übertragen wurde. H.-R. Singer

Lit.: L. FARAUDO DE SAINT-GERMAIN, El 'Libre de les Medicines particulars'. Versión catalana trescentista del texto árabe del Tratado de los medicamentos simples de I. W., 1943 – J. MILLÁS VALLICROSA, El libro de agricultura de I. W., Al-Andalus 8, 1943, 281–332 – E. GARCÍA GÓMEZ, Sobre agricultura arábigoandaluza, ebd. 10, 1945, 127–146.

Wagen sind Landtransportmittel, die – meist in ebenen Gegenden – für die Beförderung von Personen und Sachen gebraucht wurden. Bezeugt sind sie durch Bildq.n für Mesopotamien seit der Mitte des 4. und für Europa seit der 1. Hälfte des 2. Jt. v. Chr., so seit dem 1. Jt. v. Chr. Bodenfunde hinzukommen, die die Verbreitung dieses Beförderungsmittels n. und s. der Alpen gleichermaßen belegen. In der röm. Antike verweisen aus dem Kelt. übernommene lat. W.bezeichnungen (essedum und raeda) auf den hohen Standard der W.baukunst auch außerhalb der Grenzen des Imperiums.

Für die Zeit des Übergangs von der Antike zum MA wird – wegen des Verfalls des röm. Straßennetzes – ein Rückgang der Benutzung von W. angenommen und als Beleg dafür auch auf die Verarmung der Terminologie hingewiesen (im klass. Lat. sind etwa 17, im ma. Lat. um 850 nur noch ca. fünf Bezeichnungen für W. gebräuchl.).

Gleichwohl sind sie in der Merowingerzeit als das übliche Landverkehrsmittel für die Transporte klösterl. Grundherrschaften bezeugt, und das →Capitulare de villis (um 800) erwähnt auf Heereszüge mitgeführte W., die mit Leder bedeckt und – selbst bei der Durchquerung von Furten – wasserdicht zu sein hatten (MGH Cap. I Nr. 32 c. 64).

Die Zunahme des W.verkehrs seit dem 13. Jh. wird u.a. auf die verbesserten Bedingungen für den rollenden →Verkehr durch den Straßenbau (→Straße) und auf neue Techniken zurückgeführt, die die Beförderung größerer Lasten ermöglichten. Denn während lange Zeit und in vielen Gegenden auch weiterhin der zweirädrige W. (lat. carrecta, carruca, frz. *charette*, ae. *crate*, mhd. *karre*) das übliche Transportmittel war, kommt seit dem 11. Jh. der vierrädrige W. (mlat. gewöhnl. carrus, currus, quadriga, plaustrum, frz. *char, chariot*, mhd. *wagen*), der die doppelte und im Verhältnis zu den Tragtieren die vierfache Last zu befördern vermochte, vermehrt in Gebrauch. Dies wird gewöhnl. mit der Verbreitung des →Kummets in Verbindung gebracht, das eine bessere Ausnutzung der Zugkraft erlaubte, sowie mit der Ablösung des Ochsen als Zugtier durch das ausdauerndere und schnellere →Pferd. Doch ist auch das Hinzukommen von weiteren Neuerungen in Rechnung zu stellen, wie die Verbreitung des Ortscheits seit dem 11. Jh., mit dem die Zugkraft auf einen Punkt konzentriert wurde, oder die Weiterentwicklung des Speichenrads zum Sturzrad im 13. Jh., das das Rad weniger bruchanfällig werden ließ, oder die Beschlagung der Lauffläche mit Nägeln oder Eisenreifen, wodurch die Felge widerstandsfähiger wurde. Die vermutl. auf VIOLLET-LE-DUC zurückgehende und auf Bildq.n fußende Theorie (1872), nach der das MA nur die starre W.achse kannte, und die Ansicht von LEFEBVRE DES NOËTTES (1931), daß die Erfindung der drehbaren Vorderachse dem 16. Jh. zuzuschreiben sei, erfuhren mehrfach Widerspruch, nachdem diese n. der Alpen durch Funde der Hallstattzeit (750–450 v. Chr.) und im Herrschaftsgebiet Roms durch W.relikte, die 1888 im ung. Szomogyor und 1973/74 in Dunaújváros (Intercisa) freigelegt wurden, als älteres techn. Kulturgut gesichert waren. Der jüngeren Ansicht, daß die drehbare Vorderachse eine Wiederentdeckung sei und sich in Europa seit dem 12. Jh. verbreitet habe, stehen prakt. Erwägungen entgegen, nach denen vierrädrige W. mit Starrachse beim Transport schwerer Lasten unlenkbar und damit auf längeren Strecken unbrauchbar gewesen wären.

Der Verbreitung des verbesserten Transportmittels standen im 13. und beginnenden 14. Jh. Vorbehalte der Kaufleute entgegen, die für bestimmte Warentransporte – etwa in Frankreich bzw. von Frankreich nach Italien – die Beförderung auf W. vertragl. ausschlossen. Solche Reserven mögen einer der Gründe dafür gewesen sein, daß in den mediterranen Ländern in vielen Gegenden →Saumtiere weiterhin das wichtigste Transportmittel blieben, worin sie der islam. Welt zu ähneln scheinen, die den W. prakt. bis in die NZ nicht gekannt haben soll. Die Transportkapazität dürfte zeitl. und räuml. und auch von W.typ zu W.typ stark variiert haben. Während der →Codex Theodosianus für die raeda eine Höchstlast von 339 kg vorsieht, zeigen ma. Werte eine breite Fächerung: In den Alpen wird der W.saum mit bis zu 250 kg berechnet, die Statuten der Kärrner v. Trient (1426) beziffern die Höchstlast des plaustrum auf ca. 500 kg, in Dtl. mißt die W.ladung zw. 782 und 1088 kg, und in der Gegend von Troyes befördern die W. im 16. Jh. aus den Steinbrüchen Lasten, die zw. 560 und 2800 kg wiegen, so daß man den Eindruck gewinnt, daß die Transportkapazität mit der Zeit ansteigt. Die Transportgeschwindigkeit über längere Strecken beträgt in England am Ende des 13. Jh. knapp 20 km am Tag; in Frankreich sind es im 19. Jh. 24–32 km. Die W. werden allg. von ein bis zwei Pferden gezogen, denen man auf schweren Strecken weitere Pferde vorspannte. Größere Lasten wurden von sechs bis acht Pferden, in manchen Gegenden auch von Ochsen, gezogen.

Zu den techn. Verbesserungen, die dem Personentransport zugute kamen, zählt die Trennung von Fahrwerk und W. kasten und die Aufhängung des letzteren mittels Ketten – später Gurten – an Kipfen, was die von der Straße verursachten Schläge in das Schwanken des W.körpers umsetzte und diesen Gefährten den Namen *chariot branlant* (frz.), *whirlicoat* (engl.) bzw. *hangelwagen* (dt.) einbrachte. Besondere Beachtung erfuhren die im ung. Kocs hergestellten leichten Reisew., die später den »Kutschen« ihren Namen gaben. Diese Verbesserungen sind dafür wohl verantwortl. zu machen, daß der W., der bis dahin im Personentransport nur für Alte und Kranke üblich war und im Brauchtum allenfalls der Verunglimpfung diente, allmähl. das Odium der Unehrenhaftigkeit verlor und vermehrt auch von Reisenden – seit dem 14. Jh. von Frauen und seit dem 15. von Männern – gebraucht wurde.

Th. Szabó

Lit.: Dict. of the MA XII, 1989, 367–379 [M. Nice Boyer]; RDK VII, [R. W. Bulliet] – RDK VIII, 348–421 [R. H. Wackernagel] – L. Makkai, L'apport de l'Europe orientale à l'évolution des moyens de transport: cheval – étrier – char, Technikatörténeti szemle 11, 1979, 75–83 – W. Chr. Schneider, Animal laborans. Das Arbeitstier und sein Einsatz in Transport und Verkehr der Spätantike und des frühen MA (Sett. cent. it. 31, 1985), 457–578 – Zs. Visy, A Dunaújvárosi római utazókocsi rekonstrukciója, Archaeológiai Értesítő 112, 1985, 169–179 – W. Janssen, Reiten und Fahren in der Merowingerzeit (Unters. zu Handel und Verkehr der ur- und frühgeschichtl. Zeit in Mittel- und N-Europa: T. V, hg. H. Jankuhn, W. Kimmig, E. Ebel, 1989), 210–221.

Wagenburg. Die bereits seit der Antike bekannten Kampf- und Troßwagen wurden im MA im Heerwesen benutzt und erlebten seit den Hussitenkriegen (→Heer, Heerwesen, A. IX; →Hussiten) ihre Blütezeit. Unter Jan →Žižka entwickelte sich die techn., militär. und takt. Organisation der W. Diese bestand mindestens aus 60, öfter aus 180–360 Kampfwagen, deren Besatzung jeweils 12–21 Mann umfaßte, davon 2–3 Armbrust- und Handbüchsenschützen, andere trugen Spieße, Hellebarden und ähnl. Waffen. Die Wagen waren aneinander mit Ketten festgebunden, nach jedem 5. Wagen kam meistens eine schwere Karrenbüchse. Die W. schützte das Fußvolk, das von der innerhalb oder außerhalb stehenden Kavallerie beim Sturm unterstützt wurde. Ein besonderer Befehlshaber war für die Wagen zuständig, der sie nach strenger Ordnung für den Marsch, die runde oder viereckige W.-Kampfaufstellung und -tätigkeit befehligte. Nach dem hussit. Vorbild entstanden W.ordnungen im Reich. Wegen der militär.-takt. Stärke, der Beweglichkeit und der massiven Anwendungsmöglichkeit der Feuerwaffen im Feld gab es W.en trotz hoher Söldnerkosten bis ins 17. Jh.

M. Polívka

Lit.: H. Toman, Husitské válečnict ví za doby Žižkovy a Prokopovy, 1898, 184–279 – J. Durdík, Hussit. Heerwesen, 1961 – H. Kleinschmidt, Tyrocinium militare, 1989, 23f. – V. Schmidtchen, Kriegswesen im späten MA, 1990, 214ff.

Wagengrab → Grab, -formen, -mal, I

Waghemakere, Herman und Dominicus de. *Herman de W.* (* um 1430 Antwerpen, † 1503 ebd.), spätgot. Werkmeister. Er wird 1473 zum Werkmeister der Kathedrale zu Antwerpen berufen (Hauptschiff, nördl. Seitenschiffe, Nordturm), daneben 1482/87 St. Willibrorduskirche in Hulst, 1485 Chorumgang der St. Gommariuskirche in Lier. Sein Hauptwerk ist die nach seinen Plänen ab 1491 errichtete St. Jakobskirche in Antwerpen, sein letztes Werk das 1501 begonnene Fleischhaus in Antwerpen. Sein Sohn *Dominikus* (1460–1542) übernimmt 1491 die Bauleitung der Stiftskirche in Lier, folgt 1502 dem Vater als amtl. Stadtbaumeister von Antwerpen und Bauleiter der St. Jakobskirche und der Kathedrale in Antwerpen. 1514 erbaut er dort die Börse, ferner zahlreiche weitere Aufgaben, teilweise zusammen mit Romb. Keldermans, u. a. Rathaus in Gent, »Steen« in Antwerpen sowie die zweite Börse in Antwerpen. Vater und Sohn W. gehören zu den bedeutendsten Baumeistern der Spätgotik.

G. Binding

Lit.: Thieme–Becker 35, 1942, 25f.

Wagrien, Landschaft zw. Kieler Förde, Lübecker Bucht, Trave und →Limes Saxoniae, die seit dem 7./8. Jh. von den slav. →Wagriern besiedelt war. Nach dem Zerfall des Samtreiches der →Abodriten (→Heinrich v. Alt-Lübeck, † 1127 [28. H.]) verzögerte sich die dt. Besiedlung W.s durch den stauf.-welf. Thronstreit und den Konflikt um das Hzm. →Sachsen. Erst unter Hzg. Heinrich d. Löwen konnte Gf. Adolf II. v. Schauenburg (→Schaumburg) die Gft. →Holstein mit W. vereinigen und 1143 holstein., westfäl., fries. und ndl. Siedler ins Land rufen, denen Gebiete im westl. W. zugewiesen wurden. Der Vorgang markiert den Beginn der dt. Ostsiedlung (Hauptq.: →Helmold v. Bosau). Das östl. W. um Lütjenburg und Oldenburg blieb zunächst als Reservat den tributpflichtigen und heidn. Slaven erhalten, um deren Bekehrung sich →Vicelin bemühte. Für die Landesherrschaft der Gf.en v. Holstein (ztw. comites Wagriae) war W. von großer Bedeutung, da sie dort im Gegensatz zu Altholstein eine Grundherrschaft aufbauen und ihre Gefolgsleute mit Lehen ausstatten konnten. Landesherrl. Städtegründungen, die ebenso wie die Vogteien z. T. an slav. Burgen anknüpften, erfolgten u. a. in Oldenburg, Plön, Neustadt und Lütjenburg. Für die Erschließung W.s waren daneben das Domkapitel v. Lübeck sowie die Kl. →Preetz, →Cismar und Reinfeld von Bedeutung. Die slav. Wagrier sind bis zum frühen 15. Jh. vollständig in der dt. Bevölkerung aufgegangen. Kirchl. gehörte W. außer Fehmarn (Bm. →Odense) zum Bm. →Oldenburg (1160 nach →Lübeck verlegt).

E. Bünz

Lit.: E. Bohm, Slaw. Burgbezirke und dt. Vogteien. Zur Kontinuität der Landesgliederung in Ostholstein und Lauenburg im Hohen MA (Germania Slavica, I, hg. W. H. Fritze, 1980), 143–189 – W. Lammers, Das HochMA bis zur Schlacht v. Bornhöved (Gesch. Schleswig-Holsteins 4/1, 1981) – Gesch. Schleswig-Holsteins, hg. U. Lange, 1996, 59–116.

Wagrier, Teilstamm der slav. →Abodriten im östl. →Holstein (→Wagrien), dessen Name auf eine germ. Wurzel (an. *wagr* 'Bucht') zurückgeht. Das Gebiet der W., die auch mit den Dänen in lebhaften Beziehungen standen, wurde im Westen durch den →Limes Saxoniae, im Süden durch die Trave begrenzt; ihre Hauptburgen waren →Oldenburg (slav. Starigard) und →Alt-Lübeck. Das Auftauchen der W. und ihres Fs.en (subregulus) Selibur in den 60er Jahren des 10. Jh. dokumentiert eine bis ins 12. Jh. reichende zeitweilige Selbständigkeit der wagr. Teilfs. neben den abodrit. Samtherrschern, die in →Mecklenburg residierten. Der heidn. W.-Fs. →Kruto erlangte nach dem Tode →Gottschalks (1066) sogar die Herrschaft über den gesamten Verband der Abodriten; ein der heidn. Gottheit Prove geweihter Eichenhain befand sich unweit von Oldenburg. Im 12. Jh. herrschten die dän. Thronanwärter →Knud Laward († 1131) und der abodrit. Teilfs. →Pribislav (I. P.) über die W. Pribislavs Kriegszug gegen die Holsten (1137) läutete das Ende der Selbständigkeit der W. ein, deren Land nach verheerenden Gegenschlägen der Holsten 1143 an Gf. Adolf II. v. Schauenburg (→Schaumburg) gelangte. Mission (Bf. →Vicelin) und Zuzug von Siedlern aus dem Westen im Verlauf des →Landesausbaus förderten das allmähl. Aufgehen der slav. W. in der neuen Bevölkerung Wagriens. Chr. Lübke

Lit.: →Abodriten – SłowStarSłow VI, 293–296 – HERRMANN, Slawen [Neuaufl. 1985; Ind.] – CHR. LÜBKE, Reg. zur Gesch. der Slaven an Elbe und Oder, 1985ff., V [Ind.] – Starigard/Oldenburg, hg. M. MÜLLER-WILLE, 1991.

Wahl

A. Allgemein und Deutsches Reich – B. Ungarn – C. Byzantinisches Reich

A. Allgemein und Deutsches Reich

I. Königswahl – II. Ratswahl – III. Kanonische Wahl/Bischofswahl.

I. KÖNIGSWAHL: In den lat. Q.n wird 'W.' durchweg mit electio bezeichnet, 'wählen' mit eligere. In der →Ks.chronik erscheint um 1150 *rewelen* (= erwählen), im →Sachsenspiegel heißt es um 1220/35 (Landrecht III, 52, 1): »De dudeschen scolen dorch recht den koning kesen«. In dem wohl nach 1239 eingefügten Artikel (III, 57, 2) über die sechs bevorzugten Kg.swähler wechseln *kesen* und *welen*, ohne daß ein semant. Unterschied erkennbar würde. Die Q.n berichten nur selten von W.en, bei denen eine Versammlung unter mehreren Kandidaten »auswählen« konnte, so 1024 und 1125. 1024 einigten sich nach →Wipos Bericht zwei nach Vorberatungen übriggebliebene Kandidaten auf den Verzicht des jüngeren; der Ebf. v. Mainz rief auf die vom Volke gestellte Frage den älteren Konrad zum Kg. aus. Diesem Votum schlossen sich zuerst die geistl. Fs.en an, danach auch die Laien. Doppelw.n resultierten stets aus vorausgegangener Spaltung der Wähler in Parteien, so 1198, 1257, 1314, 1410. Die W.en von neuen (Gegen-)Kg.en zu Lebzeiten des alten kamen in ähnl. Weise zustande: 1077, 1246, 1298, 1346, 1400. Nachw.n stellten sich u. a. Philipp v. Schwaben, Otto IV., Albrecht I., Karl IV., Siegmund.

Am Anfang der heute als dt. gedeuteten Gesch. stand nach dem Bericht →Widukinds v. Corvey eine →Designation: Der Sachse Heinrich wurde vom Frankenkg. Konrad designiert und dann von Konrads Bruder in Fritzlar zum Kg. ausgerufen. Die Heere von Franken und Sachsen akklamierten. Die beiden anderen Völker, Schwaben und Bayern, erkannten später durch ihre Hzg.e den sächs. Frankenkg. an. Designation stand nach Widukind auch am Anfang von Ottos I. Kgtm.: Er wurde vom Vater designiert, dann wählte ihn das Volk der Franken und Sachsen und bestimmte als Ort der allg. W. →Aachen. Die im Vorhof der Basilika Karls d. Gr. mit ihren Kriegern versammelten Hzg.e und Fs.en setzten ihn auf einen Thron, leisteten einen Treueid und machten ihn so zum Kg. In der Kirche präsentierte der Ebf. v. Mainz den von Gott gewählten, von Heinrich designierten und von allen Fs.en zum Kg. gemachten Otto dem populus, der akklamierte. Danach folgten Einkleidung, Überreichung der Insignien (→Reichsinsignien), Weihe und →Krönung. Die Designation (des Sohnes) wurde seit Otto I. durch die W. zum Mitkg. ergänzt: Wahl- und Erb- oder Geblütsrecht waren miteinander verflochten, was auch bei der W. Heinrichs II. und Konrads II. zum Tragen kam, wobei Wipo aber die erbrechtl. Ansprüche Konrads gegenüber dem Prinzip der freien W. in den Hintergrund drängte. Einen Einschnitt bedeutete die W. in →Forchheim v. 1077: Man beschloß, die freie W. sei der Erbfolge vorzuziehen. Bei Unwürdigkeit des Sohnes sollte es dem Volk (populus) freigestellt sein, den neuen Kg. nach seinem Willen zu machen. Bei der W. v. 1125 wurde diese Norm wirksam: Nicht der auf seine Abstammung von der Tochter Heinrichs IV. vertrauende Kandidat, sondern der dem erloschenen Kg.shaus fernstehende Sachsenhzg. Lothar v. Süpplingenburg wurde erhoben. →Otto v. Freising hat in den »Gesta Frederici« (II, 1 und 2) die Ambiguität der Kg.serhebung in das Dictum gefaßt, es sei das Vorrecht des Röm. Reiches, daß das Kgtm. nicht nach der Blutsverwandtschaft vererbt werde, sondern die Kg.e durch die W. der Fs.en kreiert würden. Diese Aussage wird dann relativiert: Es gibt zwei bedeutende Familien, die eine pflegt Ks., die andere Hzg.e hervorzubringen.

Gemäß der urspr̈gl. Definition des Kgtm.s als das der Franken kamen eigtl. nur Angehörige dieser gens als Kandidaten in Betracht. Heinrich I. war demnach der erste nicht-frk. Frankenkg. Gewählt wurde bis ins 12. Jh. hinein ein rex Francorum, was sich noch in dem Bericht →Bertholds v. Reichenau über die Erhebung Rudolfs v. Rheinfelden und in dem Bericht →Ottos v. Freising über die W. Friedrichs I. widerspiegelt. Ein Nachhall der frk. Tradition findet sich u. a. in der Regel des Sachsenspiegels, wonach der Kg. frk. Recht haben sollte, außerdem in der 1263 bezeugten, aber schon lange vorher praktizierten Lehre, daß die Kg.sw. auf frk. Erde stattzufinden habe. Nach einigen anderen Orten avancierte seit 1147 →Frankfurt allmähl. zur W.stadt und wurde in der →Goldenen Bulle (1356) als solche definitiv anerkannt (und die Bartholomäuskirche als W.lokal).

Amtl. W.dokumente benennen seit 1237 den neuen Kg. durchweg mit dem schon unter Heinrich V. (1105) üblich gewordenen Titel »rex Romanorum«, 'Kg. der Römer'. Die zuerst um 1220/35 im Sachsenspiegel zusammenfassend als de dudeschen bezeichnete W.körperschaft wurde nur wenig später durch ein Gremium von sechs W.fs.en in Frage gestellt. Ausgangspunkt war das Eingreifen Innozenz' III. in den Thronstreit zw. Staufern und Welfen. Von nachhaltiger Wirkung waren: 1. die These, daß bei einer W. bestimmte Fs.en nicht übergangen werden durften, von denen der Papst allerdings nur den Kölner Ebf. nannte; 2. die Behauptung, daß der Papst sich schon deshalb nicht in die W. einmische, weil der apostol. Stuhl einst das Imperium auf die Deutschen (»in Germanos«) übertragen habe. Das neue Gremium der sieben bzw. sechs Kg.swähler unterschied sich wesentl. von der als »die Deutschen« definierten W.körperschaft, da die drei dt. Laienwähler ihren Sitz nur auf frk. (Pfalz) oder auf sächs. Boden (Sachsen, Brandenburg) hatten; einer gehörte nicht zu den Deutschen, der Kg. v. Böhmen. Aller Wahrscheinlichkeit nach war es Wenzel II., der um 1239 gegen die im Sachsenspiegel bezeugte Lehre vom W.recht der Deutschen eine andere setzte, derzufolge das W.recht eines Fs.en auf dem Besitz eines der vier Erzämter (→Hofämter) basiere. Bezeugt ist diese Theorie zunächst im Sachsenspiegel und in den Annalen →Alberts v. Stade, die aber beide den springenden Punkt der neuen Lehre negierten: Der Böhme ist zwar Schenk, aber trotzdem kein Kg.swähler, weil er kein Deutscher ist. Der im Sachsenspiegel zugleich unternommene Versuch, den sechs Kg.swählern nur eine Art Ausrufungsrecht zuzubilligen, ist von Anfang an gescheitert, während das Kurrecht des Böhmen zwar auch nach der »Bestätigung« durch Rudolf I. (1289) umstritten blieb, sich aber fakt. durchsetzte. Karl IV. hat die im Sachsenspiegel bezeugte Lehre in der Goldenen Bulle mit der Bemerkung zurückgewiesen, auch dem Böhmenkg. werde die dt. Sprache von Anfang an eingepflanzt. Die Siebenzahl der Kg.swähler ist bereits 1263 im Entwurf zu Urbans V.

Gutachten »Qui coelum« explizit bezeugt und wird 1275 in einem Schreiben Rudolfs I. bestätigt. Zur selben Zeit bezeugt der Schwabenspiegel, daß mit der ungeraden Zahl der Wähler das Mehrheitsprinzip verbunden sein konnte: die drei unterlegenen Fs.en sollen ggf. der Mehrheit der vier obsiegenden folgen. Indes wurde im Schwabenspiegel dem Mainzer Ebf. noch das Erststimmrecht zugebilligt; gemäß der Goldenen Bulle führte der Mainzer dann die letzte Stimme, zugleich wurde ihm aber das Recht zur Abfrage seiner Kollegen bestätigt. Als collegium etabliert hat sich das neuartige W.gremium bei der zweiten W. Albrechts I. (27. Juli 1298). Im Bericht →Ottokars v. Steiermark über diese W. begegnet zum ersten Mal das Wort *kurfursten* (→Kurfs.en).

Anfangs war die W. nur der früheste von mehreren anderen gleichwertigen Akten zur Kg.serhebung. Seit dem Aufkommen des Anspruchs auf →Approbation von Person und W. durch den Papst (seit 1077, 1198, 1323) avancierte sie auch auf der Seite von Wählern und Kg.en zum entscheidenden Vorgang, definitiv mit dem →Rhenser Weistum (1338), dem →»Licet iuris« (1338) und der Goldenen Bulle. Die amtl. Zählung der Kg.sjahre entsprach dem nur teilweise. Philipp rechnete nach der W., Otto IV. nach der Krönung. Systematisiert wurde die Zählung nach dem W.tag erst unter Rudolf v. Habsburg. Heinrich VII. und selbst Ludwig d. Bayer aber datierten wieder nach dem Krönungstag, während Karl IV. die Kg.sjahre nach der Ks.krönung auf der Basis der W. v. 1346 berechnete. Erst mit Siegmund setzte sich der W.tag allg. durch. H. Thomas

Q.: B. SCHIMMELPFENNIG, Die dt. Kg.sw. im 13. Jh., I–II, 1968 – W. BÖHME, Die dt. Kg.sw. im 10.–12. Jh., I–II, 1970 – *Lit.*: H. MITTEIS, Die dt. Kg.sw., 1944[2] [Nachdr. 1965] – B. CASTORPH, Die Ausbildung des röm. Kg.sw.rechts, 1978 – U. SCHMIDT, Kg.sw. und Thronfolge im 12. Jh., 1987 – U. REULING, Zur Entwicklung der W.formen bei den hochma. Kg.serhebungen im Reich (VuF 37, 1990), 227–270 – A. WOLF, Die Vereinigung des Kfs.enkollegs (Zw. Recht und Ritual, hg. H. DUCHARDT–G. MELVILLE, 1997), 305–371 – →Kurfürsten.

II. RATSWAHL: Das W.prinzip in Verbindung mit kurzen, halb- oder später einjährigen Amtsperioden macht die häufig autokrat. und oligarch. in Erscheinung tretende Ratsherrschaft (→Rat) der Idee nach zu einer nicht eigenberechtigten, sondern im Auftrag auszuübenden und an die Bürgergemeinde rückgebundenen, repräsentativen Herrschaft. Die teilweise hochkomplizierten W.verfahren sollten, in W.eiden festgelegt, die für das Amt Geeignetsten ermitteln – das waren für die Zeitgenossen durchaus die sozial und polit. dominierenden, für die unbesoldete Ratstätigkeit abkömml. Reichen und Mächtigen, seit dem 14. Jh. auch zunftbürgerl. Provenienz; sie sollten zugleich aber auch den unmittelbaren Zugriff familialer Macht auf das Stadtregiment unterbinden. Dazu dienten auch Karenzzeiten für eine Wiederw., Verbote gleichzeitiger Ratsmitgliedschaft naher Verwandter oder Maßnahmen gegen W.betrug und Bestechung. Es zeigt sich aber eine deutl. Diskrepanz zw. den ideellen, rechtl. und verfassungspolit. Verfahrensintentionen und dem wesentl. sozial und polit. determinierten tatsächl. Resultat eines sich auch nach einer sozialen Erweiterung der polit. Partizipation wieder einstellenden Trends zur Oligarchisierung der Ratsherrschaft, der mit familialem Machtstreben, aber auch durch die Frage der Abkömmlichkeit und mit freiwilliger polit. Abstinenz zugunsten einer Vertrauen genießenden sozialen und polit. Elite erklärbar ist. Das Spektrum an Verfahrensmöglichkeiten reicht von der W. durch die gesamte Bürgergemeinde oder den abtretenden Rat selbst in der kommunalen Frühzeit über die später regelmäßig indirekte W. durch ein- oder mehrstufig gewählte, ausgeloste oder kooptierte W.männergremien auf topograph. oder korporativer Ebene bis hin zur Kooptation oder zu der Mischform, daß ein Teil des Rates gewählt wurde und dieser sich dann selbst ergänzte. Vielfach handelte es sich lediglich. um Bestätigungs- und um Ergänzungsw.en bei Tod, Krankheit oder schweren Verfehlungen einzelner Ratsherren, da es bes. auf patriz. Seite als ehrenrührig galt, bei der jährl. Ratsumsetzung, sofern nicht ein Turnus der Wiederw. bei mehrschichtigen Räten bestand, nicht erneut in den Rat gewählt zu werden. Gegen eine praktizierte Wiederausw. wurde gelegentl. der Ruf nach »freier W. (Kür)« laut, d.h. nach dem Recht, auf der W.versammlung grundsätzl. jeden Geeigneten oder – mit dem Ergebnis einer Verengung des Kandidatenkreises – stets die Geeignetsten wählen zu können. In verschiedenen Städten setzte sich die W. auf Lebenszeit durch, in einigen sogar im Falle Großer Räte. Aktives und passives W.recht besaßen nur die männl. Bürger, gelegentl. nur unter bestimmten Voraussetzungen, wobei es in Städten mit Zunftverfassung vorkommen konnte, daß den Patriziern das aktive W.recht vorenthalten wurde. Größe der Räte, Sitzverteilung und W.verfahren waren Gegenstände, die in Verfassungskompromissen zw. →Patriziat und →Zünften geregelt wurden. Die Wähler waren entweder topograph. nach Kirchspielen und weltl. Stadtvierteln eingeteilt oder korporativ nach Zünften und Gaffeln gegliedert. Abgestimmt wurde mündl., schriftl. oder mittels farbiger Bohnen u.ä., aber nicht immer geheim; es galt die einfache Mehrheit. E. Isenmann

Lit.: W.en und Wählen im MA, hg. R. SCHNEIDER–H. ZIMMERMANN, 1990 – J. ROGGE, Ir freye wale zu haben (Stadtregiment und Bürgerfreiheit, hg. K. SCHREINER–U. MEIER, 1994), 244–277.

III. KANONISCHE WAHL/BISCHOFSWAHL: Unter kanon. W. versteht man die Berufung einer Person auf ein kirchl. Amt durch die Willensbildung des dazu berechtigten Wählerkollegiums unter Beachtung festgelegter Verfahrensweisen und der Eignung der Kandidaten. Schon in der Spätantike war das übliche Verfahren bei der Besetzung kirchl. Ämter die W. durch Klerus und Volk, zu der dann Prüfung, Amtsübertragung und →Weihe durch den Metropoliten und die Mitbf.e der Kirchenprovinz hinzutraten. Das Ideal der W. durch alle (Papst Leo d. Gr.: »Wer alle regiert, soll von allen gewählt werden«) blieb als Forderung bestehen, auch als die wachsende polit. Bedeutung der Bf.e und die Anschauungen des →Eigenkirchenwesens die Verleihung des Bf.samtes zunehmend zum herrscherl. Privileg werden ließen, das sich bis zum direkten Ernennungsrecht steigern konnte. Im →Investiturstreit wurde die Berufung von Bf.en durch Laien als →Simonie bekämpft und die W. des Bf.s durch Klerus und Volk gefordert. Der Kompromiß des →Wormser Konkordats v. 1122, in dem der Kg. die kanon. Bf.swahl zugestand, die nun vom Domkapitel (→Kapitel) vorgenommen wurde, schmälerte den Einfluß des Kg.s auf die Bf.serhebungen jedoch kaum. Auf dem IV. →Laterankonzil (1215) wurde die Bf.swahl zwar endgültig den Domkapiteln vorbehalten, die Mitwirkung von Laien und Ordensleuten blieb aber dennoch in verschiedenen Formen bestehen (Treueid, Regalienleihe). Weiterhin wurden Skrutinal-, Kompromiß- und Inspirationsw.en als die einzigen kanon. gültigen W.formen festgelegt. Dem Papsttum gelang es immer mehr, direkten Einfluß auf die Bf.swahl auszuüben. Aus dem Bestätigungsrecht bei strittigen W.en erwuchs der insbes. seit Papst Innozenz IV. vertretene Anspruch auf päpstl. →Reservationen und →Provisionen, es wurde schließlich von Urban IV. 1363 zu Generalreservationen über alle vakanten Patriarchate, Ebm.er und Bm.er ausgeweitet. Erst im →Wiener Konkordat v. 1448 anerkannte das Papsttum wieder ein beschränktes W.recht der Domkapitel. U. Schmidt

Q.: J. Gaudemet, Les élections dans l'église latine des origines au XVIe s., 1979 – Lit.: P. Schmid, Der Begriff der kanon. W. in den Anfängen des Investiturstreits, 1926 – A. J. Parsons, Canonical Elections, 1939 – R. L. Benson, The Bishop-Elect, 1968 – K. Ganzer, Papsttum und Bm.sbesetzungen in der Zeit von Gregor IX. bis Bonifaz VIII., 1968 – Ders., Zur Beschränkung der Bf.swahl auf die Domkapitel in Theorie und Praxis des 12. und 13. Jh., ZRGKanAbt 88, 1971, 22–82; 89, 1972, 166–198 – H. Müller, Der Anteil der Laien an der Bf.sw., 1977.

B. Ungarn

Während das W.prinzip, zumindest im kirchl. Bereich, im Rahmen der →Gregorian. Reform auch Ungarn erreicht haben dürfte (allerdings erst im späteren 12. Jh.), erscheint es auf weltl. Gebiet erstmals in der Chronik des Meisters Simon v. Kéza (→Kézai), der die »gewählten« Führer der Ungarn (Hunnen) in der vorchristl. Zeit hoch lobte. Bei Simon dürften sich die Ideen jenes Kleinadels widerspiegeln, der um 1270 seine Stuhlrichter als Beisitzer des kgl. ernannten →Gespans im Komitatsgericht und nach 1290 die Abgesandten zu den parlamenta (→Parlament, VII) zu wählen begann. Das Recht des Adels (d.h. des Landtags) auf die Kg.sw. – freilich über die in den ordines vorkommenden formalen Akklamationen hinaus – wurde zuerst 1308 gegenüber dem päpstl. Legaten, der zur Unterstützung des Angevinen →Karl nach Ungarn kam, vorgetragen, doch blieb es bloße Rhetorik und hatte keine Folgen. Polit. relevanter war die W. →Siegmunds v. Luxemburg 1387 durch eine Liga von Großen, die ihm auch eine Art W.kapitulation vorlegten. Während die »W.« seiner Nachfolger →Albrecht und Elisabeth (1437) wiederum eher formal war, wurde die Einladung des Polenkg.s →Władysław Jagiełło (1440) ebenfalls von einem W.versprechen begleitet. Eine verhältnismäßig »echte« Kg.sw. fand im Jan. 1458 statt, als Adel und Magnaten →Matthias Corvinus, den Sohn des Feldherrn Hunyadi, zum Kg. kürten. Nach seinem Tod 1490 fand eine W. im Landtag mit mehreren Kandidaten statt, doch →Vladislavs II. Sohn →Ludwig II. wurde wiederum nur formal gewählt. Schließlich darf die Doppelw. von Ferdinand I. v. Habsburg und Johann v. Zapolya nach der Schlacht v. →Mohács 1526 als echter Ausdruck partieller Adelsinteressen gelten. Zusammenfassend läßt sich feststellen, daß Ungarn sich im späteren MA insofern zum W.kgtm. entwickelte, als jede neue Dynastie »gewählt« wurde und auch jeder Kg. eine Art W.kapitulation unterzeichnen mußte. – Die W. der Abgesandten in den Komitaten zum Landtag wurde seit dem 14. Jh. allg. Praxis, wenn auch der Adel auf mehreren Diäten in großer Zahl und nicht bloß durch 2–4 Abgesandte pro Komitat vertreten war. J. M. Bak

Lit.: V. Fraknói, A magyar királyválasztások története, 1921 [Lit.] – J. M. Bak, Kgtm. und Stände in Ungarn im 14.–16. Jh., 1973 – A. Kubinyi, Die W.kapitulation Wladislas II. (Herrschaftsverträge, W.kapitulationen, Fundamentalgesetze, hg. R. Vierhaus, 1977), 140–162.

C. Byzantinisches Reich

Von W.en kann man in Byzanz nur im kirchl. Bereich, insbes. bei den Angehörigen des höheren Klerus, sprechen. Nur dort gab es rechtsförmige, zumindest teilweise schriftlich fixierte Regelungen für W.en (ἐκλογή bzw. ψῆφος bzw. χειροτονία i. w. S.). Das Verschwinden der frühkirchl. Bischofsw., die durch die Gemeinde erfolgt war, ging mit dem Ausbau einer Hierarchie Hand in Hand. Die W. erfolgte nun im Wege der Kooptation, bei den Bf.en durch die Metropolitan-, bei den Metropoliten durch die Patriarchalsynode. Sie bedurfte der Bestätigung durch den jeweiligen Vorsitzenden, also den Metropoliten bzw. den Patriarchen.

Bei der Patriarchenwahl (→Patriarchat, 3), die ebenfalls in der Patriarchalsynode (*synodos endēmusa*) stattfand, stand das Bestätigungsrecht dem Ks. zu, der darüber hinaus auch die Besetzung wichtiger Metropolitansitze beeinflußte. Die W.freiheit konnte ferner dadurch beschränkt sein, daß die W.gremien lediglich eine Dreierliste von Kandidaten präsentieren oder über einen Vorschlag des Vorsitzenden abstimmen durften, bei der Wahl des Patriarchen auch dadurch, daß der Patriarch seinen →Synkellos als Nachfolger designierte. Amtszeiten waren nicht periodisch begrenzt, sondern endeten durch Tod, Rücktritt, Absetzung oder – womöglich – Promotion des Amtsinhabers. Dabei wurden Absetzungen eher als justizielle Verfahren denn als Abwahlen begriffen.

Das Verfahren zur Einsetzung von Äbten wurde durch die Stiftungsurkunden (→Typikon) geregelt. Neben der Designation konnte es hier ein (personal eingeschränktes) W.recht der Mönche geben. – Bei der Installation eines Ks.s kann von 'W.' keine Rede sein. Selbst dort, wo die in der Regel unter dynast. Gesichtspunkten erfolgende Designation durch den Vorgänger fehlte bzw. versagte und wo nicht durch Usurpation (→Revolte, II) ein fait accompli geschaffen worden war, wurde ein neuer Ks. nicht durch eine W., sondern durch informelle Beratungen im Kreis der →Mächtigen gefunden und proklamiert. Senat, Armee und Volk akklamierten. L. Burgmann

Lit.: I. Sokolov, Izbranie archiereev v Vizantii IX–XV v., VV 22, 1915–16, 193–252 – Beck, Kirche 40, 60–62, 64, 69–71, 93–98, 132 [Lit.] – J. Darrouzès, Doc. inédits d'ecclésiologie byz., 1966, passim – Ders., Recherches sur les ὀφφίκια de l'église byz., 1970, 469–482 – A. Failler, La déposition du patriarche Calliste Ier, RevByz 31, 1973, 5–163 – I. M. Konidares, Νομική θεώρηση των μοναστηριακών τυπικών, 1984, 193–205 – Pipers Handbuch der polit. Ideen, hg. I. Fetscher–H. Münkler, 2, 1993, 53–55 [M. Th. Fögen] – H. G. Beck, Das byz. Jahrtausend, 1994², 60–70.

Wahlkapitulation

I. Deutsches Reich und kirchlicher Bereich – II. Skandinavische Königreiche – III. Venedig.

I. Deutsches Reich und kirchlicher Bereich: W.en (Wahlgeding, Wahlwerk, pacta conventa) sind zumeist in Artikel oder Kapitel gegliederte Vereinbarungen, die bei einer →Wahl das zuständige Wählerkollegium für jedes seiner Mitglieder im Falle seiner Wahl als bindende Grundlage für die künftige Regierung beschließt. Sie unterscheiden sich von Wahlzusagen oder -versprechen dadurch, daß alle Wähler vor dem Wahlakt die Einhaltung der schriftl. festgehaltenen Abmachungen durch Unterschrift und Eid zusichern. In der Regel werden diese nach der Wahl, aber noch vor deren Verkündigung erneut beschworen und mit der Ausstellung einer Urk. durch den Gewählten bestätigt.

[1] *Deutsches Reich:* Zwar gab es hier bei den Kg.swahlen häufig Sonderverträge und Vereinbarungen zw. Wählern und Gewähltem. Erst die institutionelle Verankerung des Kfs.enkollegiums (→Kurfs.en) schuf jedoch die Grundlage für W.en im eigtl. Sinn. Zur ersten förml. W. kam es wohl nach dem Vorbild der Abmachungen der geistl. Fs.en bei der Kg.swahl Karls V. 1519, der die Vorgaben der Kfs.en für die künftige Regierung durch einen Eid nach seiner Wahl, aber vor der Krönung als bindend anerkannte. Diese W. wurde zur Grundlage für alle späteren W.en, in denen sich die Ansprüche der Wähler auf Teilhabe an der Regierung widerspiegeln. Bis zum Ende des Reiches wur-

de auf der Wahlversammlung über jeden Punkt des Entwurfs der W., der hauptsächl. auf der bei der letzten Wahl beschlossenen W. basierte, abgestimmt, und die Wähler verpflichteten sich eidl. auf die Einhaltung der W. im Falle ihrer Wahl. Die Bestimmungen der W.en regelten hauptsächl. das Verhältnis zw. Ksm., Kfs.en und Reichsständen und garantierten deren Privilegien. Sie wurden zu geltendem Recht und zum Bestandteil der Reichsverfassung. Trotz zahlreicher Sicherungsklauseln und des Vorbehalts, wonach Handlungen des Ks.s, die im Widerspruch zu den Bestimmungen der W. standen, eo ipso ungültig sein sollten, konnten sie in der Praxis die ksl. Politik nur von Fall zu Fall binden.

[2] *Kirchlicher Bereich:* Im kirchl. Bereich sind derartige Abmachungen zw. Wählern und Gewähltem bei Bf.s-wahlen erstmals 1209 in Verdun nachzuweisen, fanden dann aber rasch allg. Verbreitung. Insbes. seit dem 14. Jh. entwickelten sie sich als Folge der zunehmenden Machtstellung der Domkapitel (→Kapitel) zu stets erneuerten und ergänzten W.en, die in umfangreichen Bestimmungen die Rechte des Kapitels bei der Verwaltung der Diöz. festhielten. Von Papst Innozenz XII. wurden sie 1695 allg. untersagt, verloren ihre Bedeutung jedoch erst im 18. Jh. Wahrscheinl. nach diesem Vorbild wurde die erste W. bei einer Papstwahl 1352 bei der Erhebung Innozenz' VI. in Avignon ausgehandelt. Im →Konklave wurden von den Kard.en (→Kardinal) die Richtlinien für die Regierungstätigkeit des künftigen Papstes schriftl. niedergelegt und als verbindl. beschworen. Durch einen erneuten Eid und die Ausstellung eines Notariatsinstruments durch den gewählten Papst wurden sie vor der Weihe bestätigt. Der Inhalt dieser ersten W. betraf im wesentl. die Sicherung der Stellung und der Einkünfte des Kard.skollegiums. Daß der Papst sie schon sechs Monate nach seiner Wahl für ungültig erklärte, deutet bereits auf die später in zahlreichen Rechtsgutachten abgehandelte Frage hin, ob der Papst an W.en gebunden sei oder ob diese nicht eine unzulässige Beschränkung der päpstl. Machtfülle darstellten. Die Verlegung der päpstl. Kurie nach Avignon und das folgende Schisma des 14. Jh. stärkten die Stellung des Kard.skollegiums, das seine Forderung nach Ausweitung seiner Beteiligung an der päpstl. Regierung deutl. in der W. anläßl. der Wahl Eugens IV. 1431 zum Ausdruck brachte. In die Texte der mehr als 30 Verträge, die von 1458 an bis ins 18. Jh. beinahe regelmäßig abgeschlossen wurden und deren Mehrzahl nicht ediert ist, wurden in der Folge aber auch zunehmend kirchenpolit. Problempunkte (Durchführung eines allgemeinen Konzils, Reform der Kurie, Kircheneinheit) aufgenommen. Die Einhaltung der in den W.en vereinbarten Programms durch die Päpste konnte allerdings nur selten durchgesetzt werden. U. Schmidt

Lit.: J. LULVÈS, Päpstl. W.en (QFIAB 12, 1909), 212-235 – F. HARTUNG, Die W.en der dt. Ks. und Kg.e, HZ 107, 1911, 306-344 – W. ULLMANN, The Legal Validity of the Papal Electoral Pacts, EJCan 12, 1956, 246-278 – G. KLEINHEYER, Die ksl. W.en, 1968 – H.-J. BECKER, Primat und Kardinalat. Die Einbindung der plenitudo potestatis in den päpstl. W.en (Akten des 26. Dt. Rechtshistorikertages 1986, hg. D. SIMON [Ius commune, Sonderh.e, Studien zur europ. Rechtsgesch. 30], 1987), 109-127 – DERS., Pacta conventa (W.en) in den weltl. und geistl. Staaten Europas (Glaube und Eid. Treueformeln, Glaubensbekenntnisse und Sozialdisziplinierung zw. MA und NZ, hg. P. PRODI [Schr.en des Hist. Kollegs, Kolloquien 28], 1993), 1-9.

II. SKANDINAVISCHE KÖNIGREICHE: [1] *Allgemein und Anfänge:* Neben dem meist allgemein gehaltenen Krönungseid, spätestens nachweisbar bei der Krönung →Waldemars II. v. Dänemark (1202), gewann die schriftl. W. oder *Wahlhandfeste* (schwed. *försäkran,* dän./norw. *håndfæstning),* die ein spezif. Vertrag zw. dem Thronbewerber und dessen Wählern war, im späten MA wesentl. Bedeutung als Verfassungselement, bes. im Verhältnis des Unionskgtm.s zu den einzelnen Reichen (→Reichsrat). Die W. wurde allmähl. zum Herrschaftsvertrag, der in bezug auf die wichtigsten Punkte der Verfassungsentwicklung bei jedem Thronwechsel aktualisiert werden konnte. Hierdurch unterscheidet sich die W. von anderen verfassungsrechtl. Dokumenten, die einen Rahmen für das polit. Leben setzten.

Wohl unter dt. Einfluß erscheinen W.en zunächst in →Dänemark 1320, nachdem es 1282 den 'meliores regni' gelungen war, Kg. →Erich V. zum Erlaß einer Handfeste zu bewegen. Im 14. Jh. waren W.en nur im Falle mehrerer Thronbewerber notwendig (1320 →Christoph II. gegen Hzg. Erich II. v. Schleswig, 1326 →Waldemar III. gegen den abgesetzten Kg. Christoph, 1376 Oluf [→Olav] gegen seinen Vetter Albrecht IV. v. Mecklenburg). Der Versuch, →Waldemar IV. zum Erlaß einer Handfeste zu zwingen, wurde von der Regierung mit der Umwandlung des Entwurfs in einen Vertrag zw. Kg. und Volk beantwortet (Landfrieden 1360).

[2] *Wahlkapitulationen und Unionskönigtum des 15. und 16. Jh.:* Die beiden ersten Unionsherrscher →Margarete und →Erich v. Pommern hatten keine W. erlassen müssen; →Christoph III. mußte bei seiner Wahl versprechen, eine W. auszustellen, was er nur in Schweden tat (1441); in seinem Fall traten auch mehrere Kandidaten wie der abgesetzte Kg. →Erich und der schwed. →Reichsverweser →Karl Knutsson gegen ihn auf. Der erste Herrscher aus dem Hause →Oldenburg, →Christian I., erließ 1448 für Dänemark eine vorläufige W., für Norwegen eine W. 1449 (sein Rivale Karl Knutsson auch eine solche noch im selben Jahr); seitdem sollte bis zur Einführung des erbl. Kgtm.s (1660) jeder Kg. v. Dänemark eine W. ausstellen. Die verfassungsrechtl. Entwicklung der Unionszeit hatte dazu geführt, daß die W. zum festen Element des Thronwechsels wurde (1559, 1596, 1648), auch dann wenn es nur einen Kandidaten gab.

Die W. des Kg.s →Hans wurde 1483 zw. den Vertretern Dänemarks, Norwegens und des künftigen Kg.s ausgehandelt, wobei die Möglichkeit einer späteren Annahme durch Schweden offengehalten wurde. Hans mußte vor Antritt seiner Herrschaft über Schweden (1497) eine durch den schwed. Reichsrat modifizierte Version (Kalmarer Rezeß, 1483) anerkennen. Auch die W. Christians II. (1513) hatte sowohl Gültigkeit für Norwegen als auch für Dänemark. Nach dem dän. Angriff auf Schweden und dem Tod des Reichsverwesers Sten →Sture d. J. ging ein Teil des schwed. Reichsrats ein Abkommen mit den Vertretern Christians II. ein, das als W. betrachtet werden muß (Abkommen v. Uppsala, 6. März 1520). Obwohl Friedrich I. getrennte W.en für Dänemark (1523) und Norwegen (1524) ausstellen mußte, verlor Norwegen (→Norwegen, A. III) mit dem Sieg Christians III. seine staatsrechtl. Sonderstellung (W. von 1536, § 3: Umwandlung der bisherigen Personalunion von Norwegen und Dänemark in eine Realunion). Daher wurden die vier letzten W.en (1536, 1559, 1596, 1648) gemeinsam für Dänemark und Norwegen erlassen.

Die Wahl Christians I. zum Landesherrn in →Schleswig und →Holstein durch die →Stände gab Anlaß zu Verhandlungen zw. Christian und den Ständen, v.a. der Ritterschaft dieser Prov.en. Das Ergebnis wurde im Vertrag v. →Ripen (1460) und in der ergänzenden 'Tapferen Verbesserung' festgehalten. Sie sind als W. mit einer Ergänzung zu betrachten.

[3] *Inhaltliche Bestimmungen:* Mehrere Artikel der W.en sind von grundlegender Bedeutung, so in den meisten vorreformator. Handfesten die Anerkennung der geistl. Steuerfreiheit und der geistl. Jurisdiktion. Die älteren dän. W.en (1320, 1326, 1376) machten die Abhaltung des Parlaments (→Danehof) verbindlich, was mit dessen Funktion als Oberster Gerichtshof zusammenhängt. Ähnliche Bestimmungen finden sich im Ripener Vertrag und in der dän. W. von 1648. Der Danehof war für die Gesetzgebung zuständig (Dänemark 1320, 1326); nach dessen Verschwinden ging sie auf Kg. und Reichsrat über (Dänemark 1523). Fast sämtliche dän. W.en zw. 1320 und 1648 enthalten eine Indigenatsregel sowie einen Habeas-Corpus-Artikel, der in den W.en ab 1536 sich nur auf den Adel bezieht, während er früher für sämtl. Einwohner galt. Die Indigenatsbestimmung findet sich ferner in der schwed. W. von 1449, im Ripener Vertrag und in den norw. W.en von 1449 und 1524. Ein ähnlich durchgehender Grundsatz bestimmte, daß der Kg. nur mit Einwilligung des Parlaments, des Reichsrats oder der Räte oder übrigen Vertreter der Einwohner einen offensiven Krieg beginnen durfte.

Die Verfassungsdiskussion nach dem Aufstand Engelbrekts (1434; →Schweden, E. II) bewirkte eine Festschreibung der Rolle des Reichsrats in den W.en. Diesem kam seit 1448 das Steuerbewilligungsrecht zu, und die Ausstellung von Privilegien sollte seiner Zustimmung unterliegen; ferner war er als Gerichtshof für Prozesse gegen den Kg. zuständig (seit 1483). Die staatsrechtlich wichtigsten Artikel bezogen sich auf das Verfügungsrecht über die Reichsfesten sowie auf die Nachfolge des Herrschers. Bei Thronvakanz sollten die Festen dem Reichsrat (in Schleswig-Holstein 1460: den Räten) unterstehen (Schweden 1441, Norwegen 1449, Dänemark 1483); nur nach der W. von 1536 trat der Sohn des verstorbenen Kg.s an die Stelle des Reichsrats, worin sich die dominierende Stellung Christians III. nach seinem Sieg in der Grafenfehde (→Wullenwever) dokumentiert. Abgesehen von dieser Ausnahme tritt in allen drei Reichen der Reichsrat als Träger der Souveränität auf. Die Stellung Dänemarks als Wahlreich wurde in den meisten W.en ab 1326 hervorgehoben, auch das ursprgl. Erbreich Norwegen wurde 1524 als Wahlreich betrachtet. – Die in die W.en ab 1536 aufgenommene norw. Verpflichtung zur Einlösung der 1468–69 an →Schottland verpfändeten →Orkney- und →Shetlandinseln zeigt den Wechsel der bisherigen Personalunion Norwegens mit Dänemark in eine Realunion.

T. Riis

Q.: Den danske Rigslovgivning: indtil 1400, hg. E. KROMAN, 1971; 1397–1513, hg. A. ANDERSEN, 1989; 1513–23, hg. DERS., 1991 – Aarsberetninger fra det Kgl. Geheimearchiv, II, hg. C. F. WEGENER, 1856–60, 65–121 – *Lit.*: KL V, 145f.; VII, 210–212 – A. E. CHRISTENSEN, Kongemagt og Aristokrati, 1945 – G. CARLSSON, Kalmar recess, Hist. Arkiv 3, 1955 – E. HOFFMANN, Kg. serhebung und Thronfolgeordnung in Dänemark bis zum Ausgang des MA, 1976, 126–169 – T. RIIS, Les institutions politiques centrales du Danemark 1100–1332, 1977, 261–269 – A. E. CHRISTENSEN, Kalmarunionen og nordisk politik 1319–1439, 1980 – J. E. OLESEN, Rigsråd, Kongemagt, Union 1434–49, 1980 – DERS., Unionskrige og Stændersamfund 1450–81, 1983.

III. VENEDIG: Bei seinem Amtsantritt beschwor der →Doge v. →Venedig in Form einer Promissio, bestimmte Verpflichtungen einzuhalten. Diese Promissio ducis wurde im 12. Jh., vermutlich nach der Entstehung der Kommune von der adligen Führungsschicht in Venedig eingeführt, in deren Interesse es lag, die Gewalt des Dogen soweit wie möglich einzuschränken und seine Rechte und Pflichten festzulegen. Die älteste erhaltene W. ist die Promissio, die Enrico →Dandolo (gewählt 1192) beschwor; einige Urkk. des Jahres 1152 beweisen jedoch mit Sicherheit, daß ältere von den Dogen zum Schutz der Interessen des Staates geleistete Eide existiert haben, von denen allerdings nicht bekannt ist, ob sie in schriftlicher Form vorlagen. Ihre reifste Ausprägung in inhaltl. wie formaler Hinsicht erreichte die W. 1229 bei der Wahl des Giacomo →Tiepolo. Bis zum letzten Dogen Ludovico Manin (gewählt 1789) beschworen alle Dogen eine W., deren Modifizierungen und Zusätze von der Magistratur der fünf *Correttori* vorgenommen wurden und die dem Dogen die Stellung eines Kg.s verlieh, der zwar das Kgtm. verkörpert, aber keine eigentl. Regierungskompetenzen hat.

M. Pozza

Lit.: E. MUSATTI, Storia della promissione ducale, 1888 – Le Promissioni del Doge di Venezia, hg. G. GRAZIATO, 1986, VII–XX.

Wahlspruch → Devise

Wahrheit (veritas) und synonyme Wörter bezeichnen stets und überall eine Eigenart menschl. Weltbegegnung im Erkennen und Handeln. AT und NT, ebenso die philos. Tradition, nennen W. einmal Zuverlässigkeit und Treue in Wort und Tat (Wahrhaftigkeit im Gegensatz zur Verlogenheit), zweitens eine Übereinstimmung des Inhalts einer Aussage mit dem Sachverhalt, über den ausgesagt wird (Gegensatz Falschheit einer Aussage), drittens die Angemessenheit einer Entscheidung an das Ziel sittl. guten Lebens. Aristoteles nennt die Erste Philosophie »Theorie der W.«, und in der Ethik kennt er »praktische W.«. – Die ma. Gelehrten bemühen sich, die Tradition aufgreifend, um eine möglichst genaue Beschreibung des Sinnes von W. Herausragende Texte im Evangelium – Christus ist »der Weg, die W. und das Leben«, der »Geist der W. wird in alle W. einführen«, »wer die W. tut, kommt ans Licht« – geben diesem Ziel bes. Gewicht. »W. « bringt sowohl die zu vernehmende Wirklichkeit als auch die vernehmende und regelnde Vernunft vor den Blick. So sagt Augustinus: »Verum est id, quod est« und: »Veritas est qua ostenditur id quod est«. Anselm v. Canterbury faßt in der Schrift »De veritate« W. als »rectitudo sola mente perceptibilis« und erklärt, wie diese Grundbedeutung die verschiedenen Verwendungen von W. bis hin zu »veritas voluntatis« sinnvoll macht. Thomas v. Aquin legt, angeregt durch seinen Lehrer Albert d. Gr. und andere Zeitgenossen, in »Quaest. disputatae de veritate« I, 1 die systematischste Explikation des Sinngehalts von W. vor. Alle Beschreibungen sind zu begreifen, wenn man W. versteht als »adaequatio intellectus et rei« (Angeglichenheit des Verstandes und des Seinsgehaltes eines Seienden), eine Formel, die er dem jüd. Philosophen Isaac Israeli (→Isaac Judaeus) zuschreibt und die schließlich als »definitio magistralis« gilt. Weil der Sinngehalt von W. keine Einteilung des Seienden bewirkt, vielmehr mit dem von »Seiendes« unmittelbar verbunden ist, kann W. nur umschrieben, nicht streng definiert werden. Seiendes ist Wahres, insofern es mit dem ihm begegnenden Intellekt übereinkommt. W. ist also ursprgl. Offenheit des Seienden für den Geist und umgekehrt, oder anders: Harmonie von Seiendem und Verstand. Dieser Gleichklang ist Ursache des Erkennens, in dem er sich vollendet. Dementsprechend strukturiert ist der Sinngehalt von W. Der Sache nach geht die Wirklichkeit des Seienden der Übereinstimmung vorauf; denn ohne Seinsverständnis kann W. nicht gedacht werden. Daß ein Seiendes erkannt ist, ist wiederum die Wirkung seines Übereinkommens mit dem Verstand. Gemäß dieser Ordnung wird W. beschrieben: einmal bezogen auf Seiendes als auf ihre Basis, dann bezogen auf die

Seinsweise des Übereinkommens von Seiendem und Verstand und schließlich von ihrer Wirkung, der Erkenntnis, her. Erhellt wird auch die Ordnung der Verwendungsweisen von W.: In erster Linie bezeichnet W. eine Seinsweise des Verstandes. Die Angleichung vollzieht sich nämlich im Verstand, da ein Seiendes, um erkannt zu werden, an dessen Sein teilhaben muß. In zweiter Linie wird W. vom Seienden ausgesagt, und zwar im Hinblick auf dessen dem Verstand angepaßte Seinsweise. – Da der Verstand sowohl erkennend als auch etwas entwerfend tätig ist, liegt das Maß für die Angleichung sowohl im Seienden als auch im Verstand. Der göttl. Verstand ist ausschließl. maßgebend, dem geschaffenen Verstand vorgegebenes Seiendes ist Maß der Erkenntnis durch diesen und gemessen durch den göttl. Verstand. Der menschl. Verstand ist gemessen durch das Seiende, das er nicht bewirkt, und maßgebend für die von ihm entworfenen Dinge. – W. als Angeglichenheit an den göttl. Verstand kommt einem Seienden sachl. früher zu als W. bezogen auf den menschl. Verstand. – Zum Sinngehalt von W. gehört notwendigerweise die Beziehung auf ein Verstandesvermögen. Aus der Annahme, es gäbe weder einen geschaffenen noch den göttl. Verstand und gleichwohl Dinge (eine allerdings unhaltbare Hypothese, da es ohne Schöpfer kein Seiendes gäbe), folgt, daß den Dingen Wahrsein überhaupt nicht zukäme. – W. eignet dem erkennenden Verstand, insofern er urteilt; denn erst mit dem Urteilsakt, der ihm und nur ihm zugehört, tritt der Verstand dem Seienden eigenständig gegenüber. Weil Seinsakt des Dinges und Urteilsakt des Verstandes voneinander getrennt sind, kann es Angleichung oder aber Verfehlen derselben geben. Beim bloßen Erfassen dessen, was irgendein Seiendes ist, ist der Verstand nur passiv von diesem geprägt, ohne ihm gleichrangig zu begegnen. – Falschheit = Unw. besteht darin, daß im Urteilsakt das Sein des beurteilenden Seienden verfehlt ist. – Nur die dem göttl. Verstand innewohnende und eine W. ist ewig. Die Rede von »ewigen W.en«, wobei man die den Dingen und dem geschaffenen Verstand zukommende Seinsweise der W. im Auge hat, ist irreführend. Viele W.en gibt es nur im menschl. Verstand, und zwar aufgrund der Vielheit der Dinge und der zeitl. Abfolge der Erkenntnisvollzüge. Keine dieser vielen W.en ist ewig, es sei denn, man setzt ein von Ewigkeit her geschaffenes Verstandesvermögen voraus.

Wissenschaftl. Erkennen beruht darauf, daß unser Verstand sich neben den durch die Wahrnehmung gewonnenen Erkenntnissen auf Grundsätze stützt, in denen das Seinsverständnis unmittelbar seinen Ausdruck findet und die als unwahr nicht einmal gedacht werden können. (Prinzipien). – Heftig diskutiert wird über das Verhältnis bibl. fundierter Lehren der Theologie zu Thesen philos. Provenienz. Manche Doktrinen sind umstritten, was aber weder auf eine Unzuverlässigkeit göttl. Mitteilungen noch auf ein unvermeidl. Versagen des menschl. Erkenntnisvermögens zurückgeführt werden muß. Über Begründungen einer Behauptung streiten, bedeutet nicht, von irgendeiner Aussage anzunehmen, sie könne zugleich wahr und unwahr sein. Auch die Unterscheidung einer theol. und einer philos. W. macht eine derartige Annahme nicht sinnvoll.

Die Sinnverwandtschaft von W. beim Erkennen oder theoret. W. mit der »prakt. W.« erhellt folgende Überlegung: Im wahren Urteil über einen Sachverhalt drückt sich dann Wissen (scientia) aus, wenn auch erkannt ist, weshalb das Urteil wahr ist. Es muß also als Schlußsatz einer korrekten Ableitung aus wahren Prämissen darstellbar sein. Jeder bewußte prakt. Satz – Gebot oder Verbot –, der zu einer Handlung führt, ist Ergebnis einer Entscheidung, der wiederum eine Erwägung voraufgeht, und darin ähnelt er dem Schlußsatz eines theoret. Verfahrens. Maßgebend für die Richtigkeit der Entscheidung ist zweierlei: 1. Die gewählte Handlung muß geeignet sein, das erstrebte Ziel zu erreichen, sie muß diesem also angemessen sein. 2. Das erstrebte Handlungsziel muß in Einklang sein mit dem schlechthin maßgebenden Ziel eines sinnerfüllten guten Lebens. Das Wollen, das in Wahl und Entscheidung zum Vorschein kommt, muß somit auf dieses Ziel gerichtet sein. Dafür ist eine von der Vernunft des Handelnden gestaltete und ihm zurechenbare Ordnung der Strebungen, die mit seinem Menschsein gesetzt sind, erforderlich. Die Vermittlung der maßgebenden Ausrichtung des Willens und der überlegten Wahl mit der jeweils einzelnen Handlung geschieht durch die Tugend der Klugheit, deren Urteil schließlich »prakt. W.« zukommen kann. Verstehen und Wollen sind im übrigen aufs engste ineinander verwoben: W. wird gewollt, weil sie etwas Gutes ist, und Gutheit wird erkannt, weil sie dem Verstehen erschlossen und somit etwas Wahres ist.

Viele ma. Denker folgen den wesentl. Lehren des Thomas von der W. Einzelheiten werden gelegentl. anders gefaßt und akzentuiert, je nach Betrachtungsweise, die im Vordergrund steht. Häufig wird die Unveränderlichkeit der W. als deren bes. Eigenart herausgestellt, was – z. B. bei Bonaventura – die W. der göttl. Kunst in das Zentrum der Aufmerksamkeit rückt. Gemäß Meister Eckhart ist W. im eigentl. Sinn Seinsweise des göttl. Intellekts, und das Sein ist Licht der W. Hervorgehoben wird die Transzendentalität der W., so etwa nachdrückl. von Johannes Duns Scotus. Kritisiert wird die Formel »adaequatio intellectus et rei« von Durandus de St. Porciano: W. ist gedachte Relation eines erkannten Seienden zu sich an sich selbst betrachtet. Gemäß Wilhelm v. Ockham, der »adaequatio« gar nicht erwähnt, bedeuten W. und Unw. dasselbe wie »wahrer« oder »unwahrer« Aussagesatz. So ist wahr eine bejahende Aussage, wenn Subjekt- und Prädikatterminus für dasselbe supponieren. Das W.sproblem verbirgt sich nun im Sinngehalt von »suppositio«, etwa wenn es heißt: »Nunquam terminus ... supponit pro aliquo nisi de quo vere praedicatur«. – In den philos. Schulen werden dann v. a. erkenntnistheoret. Fragen erörtert. Ein hinreichendes Verständnis von W. wird vorausgesetzt. Wie ein Widerhall der Diskussionen klingt die Bemerkung des Nikolaus von Kues: »Die W. der Dinge wurde von allen Philosophen gesucht, von niemandem gefunden, wie sie ist. Wir nähern uns ihr nur durch »belehrte Unwissenheit«.

A. Zimmermann

Q. und Lit.: Des hl. Thomas v. Aquin Unters.en über die W. In dt. Übertragung von E. Stein, 2 Bde, 1931–32 – J. Pieper, Traktat über die Klugheit, 1949[4] – Anselm v. Canterbury, De veritate, lat.-dt., ed. F. S. Schmitt, 1966 – J. Pieper, W. der Dinge, 1966[4] – Thomas v. Aquin, Quaest. disp. de veritate, Ed. Leonina XXII, 1970 – P. Weingartner, Ens et verum convertuntur?, FZPhTh 26, 1979, 145–162 – J. Owens, Judgement and Truth in Aquinas, Coll. Papers, 1980 – A. Zimmermann, Bem.en zu Thomas v. Aquin Quaest. disp. de veritate I, 1, Misc. Mediaev. XV, 1982, 247–261 – G. Pöltner, Veritas est adaequatio..., Zs. für Philos. Forsch. 37, 1983, 563–576 – J. A. Aertsen, Medieval Reflections on Truth. Adaequatio rei et intellectus, 1984 – R. B. Schmitz, Sein–W.–Wort, 1984 – Von der W. Q. 1, ausgew., übers. A. Zimmermann (Philos. Bibl. 384), 1986 – E. Coreth, W. in Einheit und Vielheit, 1987 – G. Schulz, Veritas est..., Unters.en zur W.slehre des Thomas v. Aquin und zur Kritik Kants an einem überlieferten W.sbegriff, 1993.

Wahrnehmung → Erkenntnis, →Intellectus agens/possibilis

Wahrsager, Wahrsagen

I. Westen – II. Byzanz – III. Judentum.

WESTEN: Die abendländ. Wahrsagekünste (Mantik, →Divination) vereinen eine Vielzahl von Praktiken und Deutungstechniken, wobei die Grenzen zur →Prophetie als einer übernatürl. verursachten Erkenntnis über Zukünftiges, zum →Orakel und zur →Prognostik, aber auch zum →Vorzeichen als der Interpretation natürl. Geschehnisse nicht immer eindeutig zu ziehen sind. Die Wurzeln der ma. Mantik liegen zum einen in der Rezeption der Spätantike, zum anderen in der arab. Kultur der Iber. Halbinsel, die mit dem »Picatrix« des Pseudo-Magriti eine der wichtigsten theoret. Grundlagen zur Verfügung stellte. Auffallenderweise spielen germ. Wahrsagetechniken wie das Runenorakel (seidr) weder für die Missionszeit noch für das MA eine Rolle. Die ma. Diskussion über das Wesen des Wahrsagens trennt die Deutung natürl. Ereignisse im Rahmen der Signaturenlehre (superstitio observationis) von der dämonolog. Verursachung; sie folgt damit im wesentl. der von Cicero in »De divinatione« getroffenen Unterscheidung von natürl. (intuitiver) und kunstmäßiger (induktiver) Wahrsagung: Während sich nach Thomas v. Aquin die Observanz auf »praecognoscenda aliaque fortunia vel infortunia« bezieht (S. th. II. II. 96, 3), gelingt das Wahrsagen nur mit Hilfe mag. Kunst, der Verwendung von Siglen, Charakteren und →Amuletten oder gar durch den Beistand der Dämonen. Dennoch vermochte es die theol. Aberglaubenskritik nicht, die zahlreichen Sparten und Verfahren der Wahrsagung in den Kernbereich der dämon. →Magie (magia illicita) einzubringen und damit auch die jurist. Verfolgung zu begründen. Vielmehr erweisen sich die Positionen als flexibel, wie das Beispiel der Astromantie und der →Astrologie zeigt: Im Frühchristentum durchwegs als von Dämonen erfundene Kunst oder zumindest als dämon. Machwerk abqualifiziert (z. B. Augustinus, De civitate dei V, 7), wurde sie im MA als integrale Wissenschaft institutionalisiert; man berief sich zum einen auf das Wissen der drei Magier, die durch Sterndeutung zum neugeborenen Christus gefunden hatten (Mt 2, 1–12), zum anderen auf die Verdunklung der Sonne beim Tode Christi (Lk 23, 44). Daraus legitimieren sich im MA die Praxis der →Horoskop- und der häufig von Universitätsangehörigen angefertigten Nativitätsstellerei und der Jahresprognosen (z. B. Martin Pollichs Vorhersage für 1490). Die Deutung von Phänomenen und Objekten, die sich in der wahrnehmbaren phys. Welt des Mikro- und Makrokosmos ereigneten, zählte man folgl. zur »magia naturalis«, zur Naturmystik, und ordnete sie dadurch in die Naturerkenntnis ein.

Dem MA waren zahllose Wahrsagepraktiken – zumindest argumentativ und in der gelehrten Rezeption antiker wie islam. Autoren – geläufig, wobei sich eine Grobgliederung in die Deutung der Sterne (astra regunt homines, sed regit astra deus), der vier Elemente sowie der belebten und unbelebten Dingwelt vollziehen läßt. Hierzu zählten neben der Astrologie die Geomantie (W. aus Erd- und Sandformationen; 'Sandkunst'), die Hydromantie (W. aus dem Wasser und Wellenformen), die Aeromantie (Luft und Wolkenformen) und die Pyromantie (Feuer, Flammenformen, Rauch), ferner die Chiromantie (W. aus der Hand und den Handlinien) und das Losen (sortes), wozu nicht nur das willkürl. Aufschlagen einer Text- oder Bibelstelle (u. a. Gregor d. Gr., Epistolarum liber 9, indict. 2, 1002), sondern auch das Bleigießen zählte. Zahlreiche andere Techniken ergänzten diese Verfahren, so die Kristallomantie (W. mit Hilfe einer Kristallkugel), die Alphitomantie (auch: Aleuromantie: Wahrsagen aus dem Mehl), das Pfeilorakel (Belomantie), das Wahrsagen aus den Kopfbewegungen eines Tieres, so z. B. eines Esels (Cephaleonomantie), das Sieborakel (Coscinomantie), das W. aus Träumen (Oneiromantie) oder die Rhabdomantie (W. mittels einer Wünschelrute). Bei der Alectryomantie beobachtete man einen Hahn, der die über Buchstaben ausgestreuten Körner aufpickte, und erschloß damit Wörter und Sätze. Die im MA mehrfach bezeigte, den antiken Autoren hingegen unbekannte Wahrsagung aus dem Schulterblatt (Spatulimantie) wurde – in China bereits im 2. Jt. v. Chr. bezeugt – vermutl. erst durch die Hunnen in Europa bekannt gemacht. Über den dämon. Ursprung der Nekromantie, der Beschwörung und Befragung eines Toten über zukünftige Dinge, herrschte hingegen Einigkeit.

Trotz der theol. Kategorisierung der Wahrsagekünste als mag. war das Wahrsagen im MA durchaus gängige, meist gelehrte Praxis; im Zusammenhang mit Zauberprozessen tauchte sie als Zaubervorwurf nur selten auf. Daher verwundert es nicht, daß sich im SpätMA ein Anwachsen mant. Texte zuerst als Hss., später als Drucke feststellen läßt. Arab. Ursprungs etwa ist die »Sandkunst« (Geomantie), die →Gerhard v. Cremona († 1187) durch seine Bearbeitung des arab. »Liber Alfadhol« dem chr. Kulturkreis vermittelte (Wien, Cod. Pal. 2804, Bl. 22r–101r); hierbei werden die Orakelsprüche bestimmten Persönlichkeiten in den Mund gelegt, im Falle der 1392 für Ks. Wenzel angefertigten Prachths. sechzehn Königen. Eine Onomatomantie, bei der man Buchstaben eines Namens mit einer Zahl bewertete, verfaßte Johannes →Hartlieb 1438/39, der zudem mit seiner »Kunst Chiromantia« (1448) eines der beliebtesten Genres spätma. und frühnz. Wahrsagens aufgriff (z. B. Antiochus Tibertus, De chiromantia, Bologna 1494; Andrea Corvo de Mirandola, De chiromantia, Venedig 1513; Bartolommeo Cocles, Ein kurtzer bericht der gantzen Phisiognomey und Ciromancy, Straßburg 1533). Zur Aufgabe von Ärzten bei der Krankenbehandlung gehörte die Anfertigung von 'Genesungsproben', die in fast keinem ma. Arzneibuch fehlten.

Das hohe Interesse, das die Wahrsagekünste in der polit. wie intellektuellen Elite genossen, mag auch darauf deuten, daß einschlägige Hss. und Drucke wie etwa Hartliebs »Chiromantia«, die der Darstellungen von Handflächen und Handlinien mit ausführl. Voraussagen und psychognost. Erläuterungen versah, nicht nur einer ernstgemeinten Zukunftsdeutung, sondern auch als unterhaltsames Gesellschaftsspiel dienten, und daß mit ihrer Popularisierung seit dem SpätMA das Wahrsagen auch zum festen Bestandteil des Jahrmarktsvergnügens wie zur Lebenssicherung nichtseßhafter Gruppen, unter ihnen der von Universität zu Universität ziehenden Studenten, geriet.

Ch. Daxelmüller

Lit.: C. PEUCER, Commentarivs de praecipvis generibvs divinationvm, 1553 – J. BOLTE, Zur Gesch. der Losbücher (Georg Wickrams Werke, IV, 1903), 276–348 – CH. H. HASKINS, Stud. in the Hist. of Medieval Science, 1927[2] – F. BOLL, Sternglaube und Sterndeutung, 1931[4] – P. DE KEYSER, Vlaamsche Waarzeggerij uit de 12[e] eeuw, Ann. de la Soc. de Bruges 76, 1933, 39–64 – F. PFISTER, Zur Gesch. der techn. Ausdrücke der Wahrsagekunst, Oberdt. Zs. für VK 7, 1933, 44–55 – P. CHRISTIAN, The Hist. and Practice of Magic, 1952 – G. EIS, Wahrsagetexte des SpätMA, 1956 – Picatrix – Das Ziel des Weisen von Pseudo-Magriti, hg. H. RITTER–M. PLESSNER, 1962 – W. SCHMITT, Hans Hartliebs mant. Schriften und seine Beeinflussung durch Nikolaus v. Kues, 1962 – E. PFEIFFER, Stud. zum antiken Sternglauben, 1967 – M. WIERSCHIN, Johannes Hartliebs »Mantische Schriften«, Beitr. zur Gesch. der dt. Sprache und Lit. 90, 1968, 57–100 – TH. HOPFNER, Gr.-Ägypt. Offenbarungszauber, 1974 – D. HARMENING, Superstitio, 1979, 179–216 – CH. DAXELMÜLLER, Zauberpraktiken, 1993.

II. Byzanz: Trotz der prinzipiell ablehnenden Haltung des Christentums hatten W. in der byz. Gesellschaft einen festen Platz, aus dem Bedürfnis heraus, sich die Zukunft voraussagen bzw. bes. Zeichen der Umwelt deuten zu lassen oder den rechten Zeitpunkt für Handlungen zu wählen (→Tagewählerei). Dabei bediente man sich in der gesamten byz. Zeit verschiedener Methoden: →Astrologie, Chiromantie (Handlesekunst), Eingeweideschau, Wolkendeutung oder Lekanomantie (Wahrsagen aus einer Schale Wasser) (vgl. Theodoros Balsamon, Komm. zu Kanon 61 des Trullanum; RHALLES-POTLES II, 442f.). Nicht nur im Bereich des Volksglaubens, sondern auch am Ks.hof waren W.ei und Zeichendeutung verbreitet. →Andronikos Komnenos vertraute ganz der Lekanomantie, die Astrologie schien ihm zu unzuverlässig (Niketas Choniates, Hist. 339ff. [VAN DIETEN]). Der Zauberer Basilakios prophezeite →Isaak II. Angelos respektlos sein Ende (Nik. Chon. 449f.). Ks. →Leon VI. machte gar selbst Voraussagen, z. B. über seine Nachfolger (Johannes Skylitzes Synopsis hist. 188, 10ff. [THURN]) und ging mit Orakelsprüchen, die bis in die Spätzeit des byz. Reiches existierten, als W. in die lit. Überlieferung ein. Daneben waren Prophezeiungen verbreitet, die den Untergang Konstantinopels verkündeten. Ferner kursierten auch anonyme Sprüchesammlungen wie Brontologien (→Donnerbücher) oder Seismologien (Erdbebenbücher), die der Vorhersage von Naturereignissen dienen sollten. Auch auf Feldzügen wurden diese mitgeführt (Konstantin VII. Porph., Tres tract. de exped. mil. imperatoris C 201f. [HALDON]). Michael →Italikos verschickte ein Brontologion (ep. 30 [200, 100; GAUTIER]).

Zahlreiche Hss. zeugen von starkem Interesse an astrolog. Lit. W.ei wurde in der Spätantike mit dem Tod bestraft, doch mit der Zeit gab es abgestufte Bestrafungen, die von Bußübungen bis zur Exkommunikation reichten. →Mantik, →Orakel, →Zauberei. M. Grünbart

Lit.: Catalogus codicum astrologorum graecorum, I–XII, 1898–1936 – BECK, Volksliteratur, 204f. – HUNGER, Profane Lit., II, 223f. – PH. KUKULES, Βυζαντινῶν βίος καὶ πολιτισμός I 2, 1948, 123–276 – C. MANGO, The Legend of Leo the Wise, ZRVI 6, 1960, 59–93 – A. PERTUSI, Fine di Bisanzio e fine del mondo. Significato e ruolo storico delle profezie sulla caduta di Costantinopoli in oriente e in occidente, 1988 – M. TH. FÖGEN, Die Enteignung der W. Stud. zum ksl. Wissensmonopol der Spätantike, 1993 – DIES., Balsamon on Magic: from Roman Secular Law to Byz. Canon Law (Byz. Magic, hg. H. MAGUIRE, 1993) – M. TZIATZI-PAPAGIANNI, Die Sprüche der sieben Weisen. Zwei byz. Slg.en, 1994.

III. Judentum: Wenngleich →Magie und Zauberei in der Bibel eindeutig verboten sind (Dt 18, 9–12), belegt die von außerjüd. Strömungen beeinflußte talmud. und ma. Lit. deren theoret. und prakt. Bedeutung. Abgesehen von der →Prophetie, der Weissagung aus direkter göttl. Inspiration, unterscheidet bereits die Bibel zwischen legitimer, kult. (z. B. Urim und Tummim, Efod-Orakel) und illegitimer, heidn. Zukunftserforschung (z. B. Losorakel, Sterndeutung). Im talmud. Zeit ergänzt v. a. die Traumdeutung (bBer 55aff) das breitgefächerte Spektrum der Vorzeichenbeobachtung und ihrer Deutung. Neben Erörterungen der Effektivität von Magie behandeln zahlreiche Werke des MA, am bekanntesten das »Sefär ha-Razim« (Buch der Geheimnisse), mag. Praktiken (Beschwörungen, Verwendung mag. Siegel) sowie viele Traktate spezielle Themen, z. B. über die Kunst des Handlesens. →Maimonides widersetzt sich zwar nicht der Bibliomantie (MT, AZ 11, 5) – die Verse der geöffneten Bibelseite bieten nur einen 'Hinweis' und verletzen nicht das Verbot der Tora –, lehnt jedoch jegliche mag. Prakti-

ken ab und mißt ihnen keine Wirkung bei. Dies gilt auch für die (populäre) Astrologie/Astronomie, die eingeschlossen im Verbot der Tora göttlicher Providenz und menschlicher Willensfreiheit widerspricht, was auch im 15./16. Jh. der »Shulchan Aruk« betont (Joreh Deah, 179), der bis heute für orth. Juden maßgebende Halacha Kodex. In der volkstüml., praktischen →Kabbala entwickelten sich besondere, z. B. in »Losbüchern« enthaltene Methoden der Schicksalsdeutung (anhand von Namen, Geburtstag und -jahr) neben praktizierter Physiognomik und Chiromantie, eine Entwicklung, die v. a. seit dem 18. Jh. in der chassidischen Bewegung Osteuropas u. a. durch die »Ba‛ale Shem« (Herren des [göttl.] Namens) zur Blüte kam. R. Schmitz

Lit.: A. MARX, The Correspondence between the Rabbis of Southern France and Maimonides about Astrology, HUCA 3, 1926, 31–358 – J. TRACHTENBERG, Jewish Magic and Superstition, 1971² – L. D. STITSKIN, Maimonides Unbending Opposition to Astrology (Studies S. BELKIN, 1975), 134–146 – B. VICKERS, Occult and Scientific Mentalities in the Renaisance, 1984.

Währung

I. Westen – II. Byzanz – III. Osmanischer Bereich.

I. Westen: Der Begriff W. leitet sich vom mhd. *werunge* (=Gewährleistung) ab und bezeichnet die gesetzl. Ordnung des Geldwesens eines Landes. Darunter fallen die Festlegung des Münzsystems (→Münze, Münzwesen), des gesetzl. Zahlungsmittels sowie des Austauschverhältnisses gegenüber den ausländ. W.en (W.sparität). In einem weiteren Sinne ist dann W. das Geld oder die Geldeinheit eines Landes. In der ma. Gesch. der W.en vollzog sich ein jahrhundertelanger Übergangsprozeß von der Goldwährung der Völkerwanderungszeit und des Merowingerreiches über die von Pippin I. und Karl d. Gr. eingeführte Silberw. zu der Doppelw. aus Gold- und Silbermünzen des SpätMA.

Alle regional oder überregional bedeutenden W.en waren im ma. Europa als Münz- bzw. Rechengeldsysteme einheitl. geordnet, d. h. die Münzen bzw. Recheneinheiten einer W. standen in denselben fixen Relationen zueinander wie die Münzen und Recheneinheiten in den W.en geogr. benachbarter Regionen. Neu eingeführte Münzen wurden über bestimmte Relationen in das bestehende System integriert. Regionale Besonderheiten in Gewicht und Feingehalt des gleichen Münztypus, d. h. von Münzen gleicher Stellung im System, aufgrund unterschiedl. Ausprägung konnten dann mit Hilfe der Feststellung des Wertes einer Münze auf den jeweiligen Geldmärkten (Notierung von →Wechsel- und Geldkursen) ausgeglichen werden.

Das europ. Währungssystem des MA hatte seinen Ursprung im diokletian.-konstantin. Münzsystem des beginnenden 4. Jh.: Die Libra Gold (Pfund; 327,45 g) wurde unterteilt in 12 Unciae (27,89 g) oder 72 Solidi (4,55 g); der Solidus entsprach 4 Scripula (1,14 g) à 6 Siliquae oder Karat (0,189 g). Vom 4. Jh. an war der →Solidus die Basismünze und -recheneinheit in weiten Teilen des christl. Europa, wurde jedoch im Merowingerreich zu immer weniger Siliquae ausgebracht. Mit dem Übergang zur reinen Silberw. unter weitgehender Einstellung der Goldausmünzung unter Pippin I. wurde der →Denar, der ursprgl. einer Drittel-Solidus-Münze (→Triens) entsprochen hatte, als der zwölfte Teil des Solidus zur Grundlage des Münzsystems (754/755): 1 Libra = 22 Solidi = 264 Denarii. Karl d. Gr. veränderte 793/794 das System, indem er neben die röm. Libra das Karls-Pfund (pondus Caroli) setzte. Auf das Pfund (408,240 g) rechnete man 20 Solidi zu je 12 Denarii oder 240 Normdenare zu 1,7 g. Dieser karol.

Silberdenar von 794 bildete die Grundlage für die weitere Entwicklung im 9. Jh. im gesamten Frankenreich mit Norditalien und dem christl. Teil Spaniens sowie in Teilen Englands. Das System Karls wurde zur Grundrelation der sich im Laufe der Jahrhunderte entwickelnden W.en und der dazugehörigen, durch leicht veränderte Pfund- bzw. Unzengewichte entstehenden, unterschiedl. regionalen Ausprägungen:
England: 1 Pound Sterling = 20 Shillings = 240 Pence
Frankreich: 1 Livre = 20 Sols (Sous) = 240 Deniers
Italien: 1 Lira = 20 Soldi = 240 Denari
Spanien: 1 Libra = 20 Sueldos = 240 Dineros
»Reich«: 1 Pfund = 20 Schillinge = 240 Pfennige
aber:
Bayern/Österreich: 1 Pfund = 8 Schillinge = 240 Pfennige

Auch über die Grenzen des damals christl. Europa hinaus existierten Verbindungen zu diesem System. Der antike Solidus war im byz. Reich, wenn auch in veränderter Form, verändertem Gewicht und Feingehalt, weiterhin ausgeprägt worden, und der →Dīnār des Kalifenreiches stand in Relation ebenso zum Solidus wie zur pers.-sassanid. Vorgängermünze. Die Handelsbeziehungen zw. der arab. Welt und NW-Europa hatten zur Folge, daß arab. Münzen in Relation zu eigenen Gewichtseinheiten und mit eigenem Gepräge nachgeahmt wurden.

Das Libra-Solidus-System blieb die Basis der europ. W.ssysteme, als im Gefolge der »Kommerziellen Revolution« des 12. und 13. Jh. für Groß- und Kleinhandel größere Münzen benötigt wurden. So paßte man in Italien (erstmals in Venedig 1194) große Silbermünzen (→Grossi) zunächst zu 4 – entsprechend dem engl. →Sterling –, später zu 12 Denaren – entsprechend dem Solidus – in das bestehende System ein. Gleiches geschah mit den seit der Mitte des 13. Jh. neu eingeführten Goldmünzen, dem Fiorino, dem Genovino und später dem →Dukaten. So entsprach der Fiorino einer Lira Florentiner Geldes: 1 Fiorino = 20 Soldi = 40 Denari Grossi = 240 Denari Piccoli. Außerhalb Italiens lief diese Entwicklung zeitverschoben ab (→Gros tournois zu 12 →Deniers in Frankreich 1266). In den sich hieraus entwickelnden W.ssystemen wurden die Münz- bzw. Recheneinheiten auch Jahrhunderte später rechner. noch in gleicher Weise unterteilt (→Rechengeld). Auch spätere, neue Münzen, insbes. des roman. Sprachraums, rechnete man vielfach nach 20 Solidi bzw. 240 Denarii, so im Falle der regional und zeitl. unterschiedl. Escudo-, Écu- oder Dukatprägungen vom ausgehenden MA bis in das 18. Jh. In Frankreich wurde beispielsweise der →Écu d'or als Gegenwert von 3 Livres tournois ebenso wie dieser in 20 Sols (Sous) bzw. 240 Deniers unterteilt, allerdings mit dem Zusatz »d'or«:

1 Écu d'or = 3 Livres tournois = 20 Sols d'or
= 240 Deniers d'or = 1 Livre tournois
= 20 Sols = 240 Deniers.

M. North

Lit.: Von Aktie bis Zoll. Ein hist. Lex. des Geldes, hg. M. NORTH, 1995, 409ff. [M. A. DENZEL] – P. BERGHAUS, W.sgrenzen im westfäl. Oberwesergebiet, Numismat. Studien I, 1951 – H. WITTHÖFT, Münzfuß, Kleingewichte, pondus Caroli und die Grundlegung des nordeurop. Maß- und Gewichtswesens in frk. Zeit, 1984 – P. SPUFFORD, Handbook of Medieval Exchange, 1986 – DERS., Money and its Use in Medieval Europe, 1988 – M. A. DENZEL, La Practica della Cambiatura, 1994 – M. NORTH, Das Geld und seine Gesch., 1994.

II. BYZANZ: Die byz. W. ging hervor aus der spätröm. W., die von →Diokletian, dann von →Konstantin d. Gr. nach der Krise des 3. Jh. n. Chr. wiederhergestellt worden war. Ihre Gesch. läßt sich in fünf große Perioden gliedern: 4.–5. Jh., 6.–frühes 8. Jh., 8.–11. Jh., 12.–Mitte des 14. Jh., 1367–1453 (s.a. →Münze, -wesen, A); alle Perioden der byz. W.sgesch. sind von Pluri– oder Bimetallismus gekennzeichnet. Neben Goldprägung mit einem 'Realwert' (→Nomisma) und Silberprägungen von begrenzter Überbewertung war es die Existenz einer Bronzew. für den Umlauf, wie sie der Westen zw. dem Ende des 6. Jh. und dem Beginn des 16. Jh. nicht kannte, welche der byz. W. dagegen eine gewisse Flexibilität verlieh. Vom 6. bis 11. Jh., dann wieder im 13. Jh. und schließlich von 1367 bis 1453 ist ein Duodezimalverhältnis zw. den hauptsächl. Münzsorten in den drei Metallarten (1–12–288) zu beobachten, trotz des wechselnden Gewichtes und Feingehaltes der byz. Silber- und Kupfermünzen. Dieses konstante Verhältnis geht indirekt zurück auf die metrolog. Beziehung (→Maß, II) von 1 Pfund (327g): 12 Unzen (27g): 288 Skrupel (zu 1, 12g). Die Anpassungsfähigkeit dieses W.ssystems ist eine der Ursachen, die dem Byz. Reich die Aufrechterhaltung einer Goldw. über zehn Jahrhunderte ermöglichte; bis ca. 1204 bewahrte das byz. Nomisma ein Gewicht und Feingehalt, die durchaus mit denen des spätröm. →Solidus vergleichbar waren.

Das Nomisma war die byz. Leitw. schlechthin. Das 'barbar.' Abendland nutzte und kopierte diese byz. Errungenschaft im FrühMA, bevor es unter den Karolingern zur Silberw. überging. →Dīnār und Nomisma waren somit die einzigen 'Dollars des MA'. Der 'Bezant' (→Byzantius) blieb die Leitw. des großen mediterranen Fernhandels (→Mittelmeer, →Levante), der zw. dem 10. und 13. Jh. auflebte. Doch die finanziellen Schwierigkeiten im Innern des Byz. Reiches sowie die Unterschiede im Verhältnis Gold:Silber zw. Byzanz und der muslim. Welt einerseits, dem abendländ. Westen andererseits und der so sich ergebende Export von gemünztem Metall zw. den genannten Wirtschaftsbereichen trugen zur doppelten Umkehrung der W.ssysteme bei: Italien kehrte ab 1252–84 zur Goldw. zurück (→Gulden, →Dukat); die Prägung des Hyperpyrons brach nach 1353 ab, und Byzanz ging zu einer Silber-Kupfer-W. über, deren Rechnungseinheit das Hyperpyron blieb.

C. Morrisson

Lit.: T. BERTELÈ, Moneta ven. e moneta biz. (sec. XII–XV) (Venezia e il Levante fino al sec. XV, I, 1973), 3–146 – Numismatique byz., hg. T. BERTELÈ, neu hg. und bed. verm. von C. MORRISSON, 1978 – C. M. CIPOLLA, Money, Prices and Civilization in the Mediterranean World. Fifth to Seventeenth Cent., 1956 – D. M. METCALF, Coinage in South-Eastern Europe (820–1396), 1979 – F. C. LANE-R. C. MUELLER, Money and Banking in Medieval and Renaissance Venice, 1985 – P. SCHREINER, Texte zur spätbyz. Finanz-und Wirtschaftsgesch., 1991, 349–359 – C. MORRISSON, La diffusion de la monnaie de Constantinople (Constantinople and its Hinterland, hg. C. MANGO-G. DAGRON, 1995), 77–89 – s.a. Lit. zu Abschn. I [bes. P. SPUFFORD].

III. OSMANISCHER BEREICH: Die Grundwährung des Osman. Reiches war die als *akça* (in europ. Q. oft asper) bekannte Silbermünze. Die ältesten erhaltenen *akçe* stammen aus der Regierungszeit Sultan Orhans (1324–59), von ihnen ist eine auf das Jahr 727/1326–27 datiert (Silber, 1,15 g). Alle heute noch vorhandenen und vor 1477 geschlagenen osman. Münzen waren aus Silber; die erste erhaltene Goldmünze, in diesem Jahr von Meḥmed II. geprägt und als *hasene* oder *sulṭanı* bekannt, orientierte sich in Gewicht und Feingehalt am ven. Dukaten. Für kleinere Transaktionen waren Kupfermünzen (*mangır*) in Umlauf, die jedoch vom Staat selbst nicht angenommen wurden. Alle Münzen galten nur für die Lebenszeit des ausstellenden Sultans, deren Inhaber waren verpflichtet, nach Aufruf diese zur Ummünzung einzureichen.

Bis etwa 1431 war die *akça* stabil; der Geldbedarf, der durch die Feldzüge Meḥmeds II. entstand, führte zu einer

Serie von Münzverschlechterungen, die bis 1491 anhielt (1431: 1 akça – 1,18 g; 1491: 1 *akça* – 0,73 g). Anschließend blieb diese Münze bis weit über 1517 hinaus wieder stabil.

Silber wurde aus den Bergwerken →Serbiens und →Bosniens gewonnen; der Silberreichtum dieser Gebiete war wohl ein Anreiz für die bereits im späten 14. Jh. einsetzende osman. Eroberung. Gold stand bis zur Eroberung Ägyptens (1517) nur in geringem Maße zur Verfügung, so daß Tributzahlungen auswärtiger Herrscher eine wichtige Edelmetallquelle darstellten. Allerdings wurden als Tribute, Bezahlung für Handelsware usw. eintreffende Münzen nicht in jedem Fall umgemünzt, sondern oft in ihrer usprgl. Form in Umlauf gebracht. Neben den *efrenciyye* genannten sog. Dukaten kursierten Goldmünzen der Mamlūken (*ashrafi* – *eşrefiyye*) sowie der Kg.e v. Ungarn (*engurusiyye*).

Über Knappheit an Edelmetallen wurde häufig geklagt, da der Warenimport aus Iran, Ägypten und (was diese frühe Periode anbelangt in begrenztem Maße) wohl auch Indien zum Abfluß von Gold und Silber nach O führte. Bargeldlose Zahlungen (*kitabülkadı, süftece*) sind für das späte 15. Jh. und frühe 16. Jh. bezeugt, waren aber wohl nur in den größeren Handelszentren gebräuchl. Bäuerl. Steuerzahlungen wurden z. T. in Naturalien gefordert (Getreidezehnten), doch von leicht verderbl. Produkten wurden auch die Zehnten in Geld eingezogen. Überdies wurden Hofsteuern sowie die von Nichtmuslimen (→Re ͑āyā) zu zahlende Kopfsteuer (*cizye*) in Geld verlangt. Inhaber von *timāren* (→Timār) und Steuerpachten sowie Stiftungsverwalter (→Stiftung) kamen oft in die Lage, als Steuern eingegangene Naturalien in Geld umzusetzen. Verkäufe auf städt. Märkten dienten diesem Zweck, außerdem sollte um 1500 jeder Distrikt seinen eigenen, oft dörfl. Markt besitzen. Allerdings verlangten die Steuerregelungen vieler Provinzen, daß die Bauern selbst es übernahmen, das vom *timār*-Inhaber eingezogene Getreide auf den nächsten Markt zu bringen. Zwar ermöglichte die Zuweisung von timāren es der osman. Zentralverwaltung, einen ausgedehnten Militärapparat ohne größere Ausgaben von Geld zu unterhalten, doch konnte dieses System nie ohne einen – wenn auch begrenzten – Bargeldfluß funktionieren.

S. Faroqhi

Lit.: I. Artuk–C. Artuk, Istanbul Arkeoloji Müzeleri, Teşhirdeki Islami Sikkeler Kataloğu, 2, 1974 – H. Sahillioğu, Bursa Kadı Sicillerinde İç ve Dış Ödemeler Aracı olarak »Kitabü ʾI-Kadı« ve »Süfteceler« (Türkiye Iktisat Tarihi Semineri…, hg. O. Okyar – Ü. Nalbentoğlu, 1975), 103–141 – Ş. Pamuk, Money in the Ottoman Empire, 1326–1914 (An Economic and Social Hist. of the Ottoman Empire, hg. H. Inalcik–D. Quataert, Bd. 2: 1600–1914, 1997, 945–985 [Lit.].

Wahrzeichen, städtische. Sie markieren städt. Besitz, autorisieren städt. Personal und Maße, sie machen die innerstädt. soziale Ordnung mit den Sinnen erfahrbar und verweisen schließlich als symbol. Konstrukte auf die Stellung der Stadtgemeinschaft innerhalb der weltl. und göttl. Ordnung. Vom städt. →Wappen und →Siegel abgeleitet oder auch mit dem Anfangsbuchstaben der Städtenamen wurden W. (Gemerke) gestaltet, die Gegenstände als städt. Besitz ausweisen oder Ordnungen wie →Maße, →Gewichte und →Münzen (Prägestempel) autorisierten. Durch die Anbringung auf der Kleidung von Personen wurden diese (Boten [→Botenwesen], →Scharfrichter, Ratsdiener, →Söldner, Musiker) als im Dienst der Stadt handelnd ausgewiesen. W. dienten im SpätMA auch zur Kennzeichnung bestimmter Gruppen wie →Bettler (in Nürnberg 1478 mit einer Darstellung des Hl. Sebald gekennzeichnet), fahrende Schüler, Leprakranke, →Pilger, um die obrigkeitl. Kontrolle über sie zu erleichtern.

Die Durchsetzung innerstädt. Rechtsordnung wurde Fremden und Bürgern unmißverständl. durch →Galgen, →Pranger und Richtschwert (→Schwert, II) vor Augen geführt. Im →Rathaus wurde der Anspruch städt. Autonomie im Rückgriff auf (auch fiktive) städt. Gesch. vorgestellt. Im Figurenprogramm der Schauseiten des Rathauses und des Ratsgestühls (Bremen) oder von Brunnen (Braunschweig) oder mit den Rolandsfiguren (→Roland, B) wurden städt. Geschichtsbilder gestaltet und die Herrschaft des Rates legitimiert, wie im Siegel, im Wappen und Wappentier (Berner Bär) wesentl. Elemente städt. Gesch. verdichtet wurden. Mit bestimmten wichtigen Handlungen verbundene Gegenstände konnten schließlich die Handlung selbst symbolisieren, so die Glocke, die in Bordeaux zur Ratswahl rief und als W. benutzt wurde. Die Inbesitznahme dieser Symbole war bei innerstädt. Konflikten zum Nachweis der berechtigten Vorgehensweise zentral (Bannerlauf in Bremen; →Aufruhr). W. spielten in der alltägl. Lebenswirklichkeit der Städte eine große Rolle. Sie dienten nicht nur dazu, das Selbstbewußtsein der städt. Führungsschichten darzustellen, sondern sie machten die innerstädt. soziale Ordnung immer wieder bei der Ratswahl (→Wahl, A. II), an Schwörtagen, in den Handlungen der Amtsträger und in →Prozessionen sichtbar. Vielfach verdeutlichten Städte schon in der Außensicht durch Bildnis oder Statuen des/der Stadtheiligen an der Stadtmauer wie durch die Zahl der zwölf Tore oder Türme – so in →Köln – oder durch die sakrale Topographie ihren (ersehnten) Ort in der göttl. Heilsordnung.

D. W. Poeck

Lit.: F.-L. Bösigk, Über die W. dt. Städte (Mitt. kgl. sächs. Vereins zur Erfassung und Erhaltung vaterl. Altertümer 9, 1856) – K. F. Leonhardt, Die W. der Stadt Hannover, Hannoversche Gesch.sbll. 1, 1931, 8–26 – H. Tardel, Hamburg. Stadtw., ZVK 8, 1936/37, 68–92 – Ders., Lübische Stadtw., Nd. Jb. für VK 15, 1937, 42–60 – Ders., Die alten Stadtw. Danzigs, ebd. 17, 1939, 37–52 – B. U. Hucker–S. M. Haas, Auf den Spuren der Gesellwanderung (Bamberger Forsch.s-projekte 1980–85), 1985 – H. Zug Tucci, Il Carroccio nella vita comunale it., QFIAB 65, 1985, 1–104 – E. Böck, Regensburger W., 1987 – H. Maué, Visualisierung städt. Ordnung. Zeichen–Abzeichen–Hoheitszeichen (Anz. des Germ Nationalmus., 1993) [Lit.] – R. Jütte, Funktion und Zeichen (ebd., 1993), 13–21 – Th. Szabó, Die Visualisierung städt. Ordnung in den Kommunen Italiens (ebd., 1993), 55–68 – W. Ehbrecht, Die Stadt und ihre Hl.n (Vestigia Monasteriensia, hg. E. Widder u. a., 1995), 197–261 [Lit.].

Waiblingen, Stadt an der unteren Rems (Baden-Württ.). Vier Gräberfelder und der Ortsname lassen erkennen, daß W. in der sog. alem. Landnahmezeit entstand. Bei röm. Siedlungsresten unweit des Remsübergangs nach Cannstatt, dem alten Herrschaftsmittelpunkt der alem. Hzg.e, gelegen, scheint das Gebiet um W. in die Verfügung der Karolinger gekommen zu sein. 885 erstmals in einem Diplom Ks. Karls III. erwähnt (»actum ad Uueibelingan curta imperiali«), hat der Ks. den Kg.shof mehrfach besucht, 887 sogar im Rahmen einer Reichsversammlung. Noch 908 hielt sich hier Kg. Ludwig d. Kind auf. Im 11. Jh. verfügten die →Salier über umfangreichen Besitz im Remstal. Heinrich III. hielt sich 1046 und 1048 in Winterbach auf. Dem Dom in →Speyer überließen die Salier W. (um 1080 und 1086), Winterbach (1080) und Beinstein (1086). Die Beziehung der Salier zu W. hat in den Augen der Gesch.sschreiber des 12. und 13. Jh. eine bes. Qualität. Sie behaupten, Konrad II. und Heinrich IV. seien in W. geboren, und bezeichnen die Salier als »Heinrich v. W.«. Die enge Beziehung der Salier zum Remstal wirft möglicherweise auch ein Licht auf die Anfänge des Hauses →Württemberg. Sie sind verbunden mit dem schon im ausgehenden 11. Jh. belegten Besitz von Beutelsbach – zw.

den sal. Komplexen W. und Winterbach gelegen – sowie mit den 'sal. Namen' tragenden Brüdern Konrad und Bruno. Konrad erbaute um 1083 bei Untertürkheim die Burg Wirtemberg, Bruno war Kanoniker am Dom v. Speyer, bevor er ins Kl. Hirsau eintrat (Abt 1105–20). Konrad und Bruno werden zu den 'nichtkgl. Salierverwandten' gezählt, zu den Nachkommen des jüngeren →Konrad (10. K.).

Eine Besitzbestätigung Heinrichs IV. von 1101 belegt, daß die Kirche v. Speyer zu diesem Zeitpunkt bereits nicht mehr über W. und Winterbach verfügte. Mit dem Besitzwechsel verbindet sich die Aussage von Gesch.sschreibern des 12. Jh., Barbarossa sei dem kgl. Stamm der Waiblinger entsprossen. Es entspricht dieser bes. Bedeutung, daß der Name der Siedlung zum Schlachtruf der →Staufer und in seiner italienisierten Form →Ghibellinen zum Name der ksl. Partei wurde.

Von den Staufern gelangte W. an die Württemberger: 1253 war Gf. →Ulrich I. (3. U.) im Besitz des Ortes, den er anscheinend auch zur Stadt erhob (1265 Schultheiß und verschiedene Bürger erwähnt, 1267 ein rector puerorum; 1273 universitas civium; ältestes Stadtsiegel 1291 [drei Hirschstangen Württembergs]). 1297 wird der Mauerring erwähnt, und schon 1269 ist die von den Bürgern und dem Stadtherrn begünstigte Nikolauskapelle 'in Waibelingen' bezeugt, während die alte Pfarrkirche St. Michael außerhalb der Stadtmauer blieb, auf einer Anhöhe, wo man auch die Reste der karol. Pfalz vermutet. Markt und Tore werden erstmals urkundl. 1331 bzw. 1356 faßbar. Die Stadtmauer umschloß im 15. Jh. eine Fläche von 9,24 ha; die Zahl der Einwohner betrug 1383 mehr als 600.

S. Lorenz

Lit.: K. STENZEL, W. in der dt. Gesch. Neue, umgearb. und erw. Fassung, 1936 – K. SCHMID, De regia stirpe Waiblingensium (DERS., Gebetsgedenken und adliges Selbstverständnis im MA, 1983), 454–466 [zuerst ZGO 124, 1976, 63–73] – D. MERTENS, Vom Rhein zur Rems, Aspekte sal.-schwäb. Gesch. (Die Salier und das Reich, hg. ST. WEINFURTER u. a., I, 1991), 221–252.

Waid, -anbau, -handel. Der seit vorgeschichtl. Zeit bekannte (Färber-)W. (Isatis tinctoria L./Cruciferae) war das wichtigste pflanzl. Blaufärbemittel für Wolle und →Leinen im MA (→Farbe, I); daneben lieferte er die Basisfarbe z. B. für Schwarz oder in der Überfärbung mit gelben Farbstoffen auch für Grün. In der →Buchmalerei wurde er gelegentl. bei der Herstellung von Mischpigmenten und -farbstoffen verwendet. – Der Anbau verlangt einen gut gedüngten, lehmigen und kalkreichen Boden. Von verstreuten frühma. Belegen abgesehen, ist W.anbau seit etwa 1200 in der Gft. Namur und im Hesbaye, im Languedoc zw. Toulouse, Albi und Narbonne, in der Gascogne, der Picardie und im Artois an der Somme, in Piemont, der Lombardei und in der Toskana nachzuweisen. In Dtl. zählten das Niederrheingebiet (zw. Köln und Aachen) sowie Thüringen (bes. um Erfurt) und weiter ö. die Lausitz (um Görlitz) zu den bedeutendsten W.anbauregionen. England kannte W. wohl schon in ags. Zeit, doch war er erst im 16. Jh. v. a. im SW (Somerset, Salisbury) und im NO (Cambridgeshire, Lincolnshire und Hampshire) stärker verbreitet. Da der W.anbau Spekulationsgeschäfte förderte, kam es oft zu monokulturellen Entwicklungen in den Anbaugebieten im Umkreis der Städte; dabei sind z. B. am Niederrhein schon im 13. Jh. regelrechte W.anbauverbote oder -beschränkungen feststellbar. – Die Aussaat des W.samens, die meist auf kleineren, intensiv genutzten Gartenflächen, seltener auf dem Feld erfolgte, begann im Frühjahr. Die Blätter, aus denen der blaue Farbstoff gewonnen wird, wurden zweimal jährl., im Frühsommer und im Frühherbst, gebrochen. In besonderen W.mühlen zerquetscht und zu Ballen weiter verarbeitet, wurde die Masse wiederholt angefeuchtet, getrocknet und gemahlen; für die Benutzung der Mühlen konnte, regional unterschiedl., eine Abgabe erhoben werden. Erst ein komplizierter Fermentierungsprozeß mit abschließendem Luftzutritt setzte den blauen Farbstoff frei, den die Pflanze selbst nur in farblosen Vorstufen enthält. – Als gemahlenes Pulver oder zu Ballen geformt kam der W. auf den Markt. Träger des W.handels waren meist W.händlerzünfte, deren Mitglieder den W. auf dem Land bei den Bauern aufkauften und über die städt. Märkte vertrieben. Die Zunftmitglieder oder einzelne W.händler erlangten oft einen erhebl. Reichtum (Toulouse, Amiens, Erfurt); sie bildeten meist eigene Zunftorganisationen neben anderen Färberzünften. Viele Landzollrechnungen zeigen in einigen Regionen aber auch einen intensiven Kleinhandel durch die W.bauern selbst. Fermentierungs- und Färbungsprozesse unterlagen zahlreichen Vorschriften, um die Beimengung von anderen, qualitätsmindernden Farbstoffen und Substanzen zu verhindern. Seit dem 15. Jh. geriet die W.färberei zunehmend in Konkurrenz zum →Indigo ind./pers. Herkunft.

Ch. Reinicke

Q. und Lit.: MARZELL II, 1047–1049 – RDK VI, 1485–1487 – E. CARUS-WILSON, La guède française en Angleterre: Un grand commerce du MA, Revue du Nord 35, 1953, 89–105 – A. JORIS, Les moulins à guède dans le comté de Namur pendant la seconde moitié du XIIIe s., M-A 65, 1959, 253–278 – G. CASTER, Le commerce du pastel et de l'épicerie à Toulouse de 1450 environ à 1561, 1962 – A. JORIS, La guède en Hesbaye au MA (XIIIe–XVe s.), M-A 69, 1963, 773–789 – E. LEE, Woad from Città di Castello 1476–1484, Journal of European Economic Hist. 11, 1982, 141–156 – CH. REINICKE, Agrarkonjunktur und techn.-organisator. Innovationen auf dem Agrarsektor im Spiegel niederrhein. Pachtverträge 1200–1600, Rhein. Archiv 123, 1989, 215–222 – H. MÜLLEROTT, Q.n zum W.anbau in Thüringen, 1992 – Beitr. zur W.tagung 4/5, 1994 – U. KÖRBER-GROHNE, Nutzpflanzen in Dtl., 1994^3, 410–416.

Waidhofen an der Thaya. Neben dem Angerdorf Alt-W. (urkdl. 1112) wurde vermutl. durch die Gf.en v. Pernegg in der 2. Hälfte des 12. Jh. am »Böhmsteig« eine Burgstadt (1171 Ministeriale Ortolfus de Waidehouen) mit Dreiecksplatz angelegt, die um 1230 Stadt wurde (erste Nennung 1288; Stadtrechte 1337 und 1375; Bürgermeister 1362; Stadtbuch mit Eintragungen von 1383–1484 erhalten). W. fiel um 1220 an die →Babenberger und war seit 1406 im Landtag vertreten. Die Herrschaft war 1341 Pfand von Mgf. Karl v. Mähren (Ks. Karl IV.), Ende 14. Jh. der Dachsberger, 1412 und 1467–76 der Puchheimer. Die Hauptangriffsseite war durch eine Burg und Mauer mit zwei Toren gesichert. Brandschatzungen erfolgten 1278 durch Otakar II. v. Böhmen (zumindest die Kirche), 1328 durch Kg. Johann v. Böhmen, 1426, 1429/30 und 1431 durch die Hussiten. Seit 1365 gab es ein Bürgerspital. 1454 erfolgte die Verleihung einer Salzkammer (bis 1743). Jahrmarktsprivileg 1343 für den 1. Mai, 1403 für den 24. Sept. und 1559 für den 25. Jan.; ein Wochenmarkt ist seit 1337 für Samstag bezeugt. 1220 hatte die Stadt 54 Häuser und zwei Mühlen, 1499 59 Häuser und 6 Ledererhäuser a. d. Thaya; die Bewohner waren Ackerbürger und Handwerker.

K. Gutkas†

Lit.: O. H. STOWASSER, Das Stadtbuch v. W. a. d. T., Jb. des Vereins für LK v. Niederösterreich, NF 15/16, 1917 – G. JARITZ, Von den Anfängen bis ins späte MA in W. a. d. T. (Werden und Wandel einer Stadt, hg. von der Stadtgemeinde, 1980) – Österr. Städtebuch IV/3, 1982.

Waidhofen an der Ybbs entstand auf Besitz des Bm.s →Freising, den dieses 995, 996 und 1033 durch den Kg. erhalten hatte. Vögte waren die Gf.en v. →Peilstein. Nach deren Aussterben um 1218 ließ der Bf. die Siedlung (urkdl. 1186 mit Kapelle) zur Stadt ausbauen (als solche 1272 gen.). Die Anlage schloß die Burg (um 1400 ausgebaut, mächtiger Bergfried), den oberen Stadtplatz und den Hohen Markt ein. Vor 1273 wurde die um einen zweiten Platz errichtete Unterstadt, um 1400 der Spitalsbereich in die Befestigung (13 Türme und drei Tore [got. Ybbstor erhalten]) einbezogen. An der Verbindungsstraße beider Plätze stand das erste Rathaus. 1189 verzichtete Hzg. Leopold V. zugunsten des Bm.s auf die Hochgerichtsbarkeit. Wirtschaftl. war W. seit dem 13. Jh. ein Zentrum der Eisenverarbeitung (um 1500: 60 Meister für Klingen, Messer und Werkzeug) und des Eisenhandels. 1448 gründeten 9 Städte und Märkte, 1496 15 Orte unter Führung von W. einen Verband zur Versorgung der steir. Erzbergs mit Proviant. Die 1260 gen. Pfarre besitzt eine 1439–1510 erbaute spätgot. Hallenkirche mit einem Flügelaltar um 1520 und die 1 m hohe 'Messerermonstranz' v. 1512. K. Gutkas †

Lit.: Österr. Städtebuch IV/3, 1982 – H. WEIGL, Zur Gesch. W.s a. d. Y. im 13. Jh., Mitt. aus dem Niederösterr. Landesarchiv 8, 1984, 15ff. – 800 Jahre W. a. d. Y. 1186–1986, hg. von der Stadtgemeinde, 1986.

Waifar, Hzg. v. →Aquitanien, † 768. Schon seit →Karl Martell versuchten die frk. Hausmeier, das seit dem späten 7. Jh. stark verselbständigte Hzm. Aquitanien wieder der frk. Reichsgewalt zu unterwerfen. 745 zwangen →Pippin und sein Bruder →Karlmann den Hzg. Hunoald zur Kapitulation und zum Eintritt ins Kl., erlaubten aber seinem Sohn W. die Nachfolge im Dukat. Ein Streit um frk. Kirchengüter in Aquitanien führte 760 zu einem ersten Feldzug Pippins gegen W., dem 761–763 und 766–768 sieben weitere folgten. 762 wurde →Bourges erobert, 766 die Garonne erreicht. Remistan, ein Onkel W.s (Sohn Hzg. →Eudos), hatte sich ztw. Pippin unterstellt, brach aber 767 seinen Eid und ging wieder zu W. über; Pippins Gf.en gelang 768 seine Gefangennahme; in Bourges wurde er gehenkt. Im gleichen Jahr zog Pippin bis zur Garonne: »sehr viele von der Partei W.s kamen zu ihm und unterwarfen sich seiner Herrschaft« (Cont. Fredeg. 51). Der flüchtige Hzg. wurde wenig später – offenbar von eigenen Leuten – ermordet; »man behauptet, es sei auf Betreiben des Kg.s geschehen« (ebd. 52). Damit erlosch das aquitan. Hzm. und wurde endgültig in die frk. Gft.sverfassung einbezogen. U. Nonn

Q.: Cont. Fredeg. 35, 41–52 (MGH SRM II) – Ann. regni Francorum ad a. 748, 760–768 (MGH SRG) – Lit.: Hist. de l'Aquitaine, hg. CH. HIGOUNET, 1971 – M. ROUCHE, L'Aquitaine des Wisingoths aux Arabes 418–781, 1979.

Waifer, Fs. v. Salerno (861–880). Mitglied einer beneventan. Adelsfamilie, die 839 nach der Ermordung Sicards v. →Benevent nach →Salerno geflüchtet war und in den polit. Kämpfen eine aktive Rolle spielte (die zur Trennung Salernos von Benevent unter Fs. Siconulf [839–849] und später zur raschen Aufeinanderfolge der Fs.en Sico, Petrus und Ademarius führten). 861 wurde W. nach einem Aufstand, in dem Ademarius abgesetzt wurde, zum Fs.en akklamiert. Zur Festigung seiner Macht stützte er sich auf die Freunde und Verwandten, die seinen Aufstieg zum Fs.en gefördert hatten, und ernannte sie zu Gastalden und Judices. Gleichzeitig strebte er danach, den Zusammenhalt in seiner Familie zu bewahren und sie enger in die Gesellschaft von Salerno einzugliedern, indem er in der Oberstadt von Salerno die Kirche S. Massimo gründete, deren Eigentumsrechte er einer aus seinen Kindern und anderen Verwandten gebildeten Familiengruppe übertrug. Während sich die Autorität des Fs.en v. Salerno im Inneren verstärkte, erlitt sie nach außen hin einen drastischen Schwund, da sich sowohl die Gebiete im N Kampaniens, die nunmehr selbständig von den Gf.en v. →Capua regiert wurden, als auch die Gastaldate →Tarent, →Matera und Acerenza, die zuerst von den Sarazenen und danach von den Byzantinern erobert wurden, seiner Kontrolle entzogen. Nachdem W. 877 seinen Sohn →Waimar I. zum Mitfs.en erhoben hatte, zog er sich im August 880 in das Kl. →Montecassino zurück. G. Vitolo

Lit.: F. HIRSCH-M. SCHIPA, La Longobardia meridionale (570–1077), 1968 – B. RUGGIERO, Principi, nobiltà e Chiesa nel Mezzogiorno longobardo. L'esempio di S. Massimo di Salerno, 1973 – P. DELOGU, Il principato di Salerno. La prima dinastia (Storia del Mezzogiorno, II, 1987), 239–277 – H. TAVIANI CAROZZI, La principauté lombarde de Salerne (IXe–XIe s.), 1991.

Waimar
1. W. I., Fs. v. →Salerno (877–901), Sohn des Guaiferius (→Waifer), wurde Anfang 877 vom Vater zum Mitregenten (Verleihung des Fs.entitels) erhoben. Von seinem Wirken vor seiner effektiven Machtübernahme im August 880, als Waifer als Mönch in →Montecassino eintrat, ist jedoch nichts bekannt. Das wichtigste Problem, mit dem er sich während seiner Herrschaftszeit auseinanderzusetzen hatte, waren die ständigen Raubzüge der Sarazenen, die kurz nach 881 eine befestigte Niederlassung in Agropoli errichteten, das Vallo di Diano und die Ebene von Paestum kontrollierten und Salerno bedrohten. Gleichzeitig stellte auch der Hzg.-Bf. v. Neapel, Athanasius, für das Fsm. eine Gefahr dar, da er eine äußerst skrupellose Politik betrieb, seine Herrschaft über →Capua zu behaupten und die Fs.en v. Benevent und Salerno zu schwächen. W. reiste deshalb nach Konstantinopel, um Byzanz um Hilfe zu bitten. Er kehrte zwar mit dem Patrikios-Titel und mit einem Kontingent von Söldnern zur Verteidigung Salernos vor den Sarazenen zurück, aber seine polit. Handlungsfreiheit war von da an gemindert. Die Situation schien sich zu seinen Gunsten zu wenden, als sein Schwager →Wido v. Spoleto, der Benevent geholfen hatte, die Herrschaft der Byzantiner abzuschütteln, ihm die Möglichkeit bot, die Stadt unter seiner Oberherrschaft zu regieren. Dieser Plan hatte für W. jedoch katastrophale Folgen: Er wurde von dem Gastalden von Avellino, auf den er während seiner Reise nach Benevent einen Mordanschlag verübt hatte, gefangengenommen und geblendet und mußte nach Salerno zurückkehren. Dort stieß seine despot. Herrschaft zunehmend auf Widerstand, der sich schließlich zu einer von Athanasius v. Neapel unterstützten Verschwörung formierte, die den Prinzipat einem Mitglied einer bedeutenden beneventan. Familie, die im Exil in Salerno lebte, übertragen wollte. W. gelang es, sich noch einmal dank der Hilfe seines Sohnes →Waimar II., den er 893 zum Mitregenten gemacht hatte, zu retten. 901 zwangen jedoch die aufständ. Salernitaner Waimar II., seinen Vater abzusetzen und die Alleinherrschaft anzutreten. G. Vitolo

Lit.: F. HIRSCH-M. SCHIPA, La Longobardia meridionale (570–1077), 1968 – P. DELOGU, Il principato di Salerno. La prima dinastia (Storia del Mezzogiorno, II, 1987), 239–277 – H. TAVIANI CAROZZI, La principauté lombarde de Salerne (IXe–XIe s.), 1991.

2. W. II., Fs. v. →Salerno (893–946), Sohn Waimars I., 893 zum Mitregenten (Verleihung des Fs.entitels) erhoben, seit 901 Alleinherrscher. Anfangs schien W. die Politik seines Vaters fortsetzen zu wollen, versicherte sich weiterhin des Schutzes von Byzanz und beteiligte sich 915 an einer großen, von Byzanz geförderten Koalition gegen die Sarazenenfestung am Garigliano, 923 änderte er jedoch seine Strategie. Er gab den byz. Titel eines ksl. Patrikios auf und schloß mit Atenolf II., Fs. v. Benevent, ein Bündnis, vermählte sich mit dessen Tochter Gaitelgrima, um zu versuchen, die ehemals langob. Gebiete in Apulien und Kalabrien den Byzantinern zu entziehen. Er scheint jedoch keine neuen Territorien erobert zu haben, trotz der Siege, die ihm das »Chronicum Salernitanum« zuschreibt, vermochte jedoch zumindest seine volle Souveränität über jene Gebiete des Prinzipats wiederherzustellen, die in den Jahrzehnten zuvor unter sarazen. Kontrolle waren. Dadurch kam es zu einer Stärkung der öffentl. Gewalt und einem wirtschaftl. Aufschwung, der sich in der Wiederaufnahme der Prägung von Goldmünzen zeigte. Die Verhältnisse W.s und der anderen langob. Fs.en mit den Byzantinern wurden in den Jahren 934–940 neuerlich gespannt; 943 war jedoch offenbar eine Periode des Waffenstillstands, was aus dem Aufenthalt des ksl. Protospathars Basilius in Salerno zu erschließen ist. Die letzten Nachrichten über ihn beziehen sich auf die Restaurierung des Fs.enpalasts und auf den Bau des Glockenturms seiner Grablege, der Palastkirche S. Pietro. 933 hatte er seinen Sohn Gisulf zum Mitregenten erhoben. Die von M. Schipa vertretene These eines Sohnes Waimar III., seit 916 Mitregent, der ein Jahr später verstorben sei, stützt sich auf eine gefälschte Urkunde und ist daher unhaltbar.

G. Vitolo

Lit.: F. Hirsch–M. Schipa, La Longobardia meridionale (570–1077), 1968 – C. Carlone, I principi Guaimario e i monaci cavensi nel Vallo di Diano (Archivi e cultura 10), 47–60 – P. Delogu, Il principato di Salerno. La prima dinastia (Storia del Mezzogiorno, II, 1987), 239–277 – H. Taviani Carozzi, La principauté lombarde de Salerne (IXe–XIe s.), 1991.

3. W. III., Fs. v. →Salerno (989–1027). Von seinem Vater Johannes II. im März 989 zum Mitregenten erhoben, hatte er seit 999 die Alleinherrschaft inne. In dieser Zeit hatten die Sarazenen wieder ihre Raubzüge aufgenommen und belagerten 1001 sogar Salerno. Dank der Hilfe norm. Ritter, die sich auf der Rückkehr von einer Pilgerfahrt in das Hl. Land befanden, konnten sie zurückgeschlagen werden. 1012 erhielt W. Gelegenheit, eine Rolle in der internationalen Politik zu spielen: Unter der Führung des →Meles v. Bari erhob sich Apulien gegen die byz. Oberherrschaft; Meles mußte ins Exil gehen und bat die langobard. Fs.en v. →Capua, →Benevent und Salerno um Hilfe. W. engagierte sich mehr als die anderen für ihn und stellte ihm Kontingente norm. Ritter zur Verfügung. Als Meles bei Canne eine Niederlage erlitt und Salerno dadurch den Repressalien der Byzantiner ausgesetzt war, versuchte W. eine Annäherung an Byzanz, was wiederum einen Konflikt mit Papst →Benedikt VIII. hervorrief, der den Byzantinern feindlich gegenüberstand und statt dessen den Ks. →Heinrich II. begünstigte. Dieser zog 1022 nach Italien, zwang Capua, sich zu ergeben, nahm dessen Fs.en →Pandulf in Haft und ließ Salerno durch Ebf. →Pilgrim v. Köln belagern. W. zog es vor, Friedensverhandlungen einzuleiten, anerkannte die Oberhoheit des Ks.s und übergab dem Papst einen seiner Söhne als Geisel. Als der Ks. wieder nach Deutschland zurückgekehrt war, erhielt W. seine Handlungsfreiheit zurück und konnte nach kurzer Zeit eine Vorrangstellung unter den langob. Fs.en gewinnen. Nicht zuletzt erhöhte es sein Prestige, daß er bei dem neuen Ks. Konrad II. die Freilassung Pandulfs v. Capua erwirken konnte, dem er auch half, sein Fsm. zurückzugewinnen. Nach seinem Tod im März 1027 trat sein Sohn →Waimar IV., der bereits 1018 zum Mitregenten erhoben hatte, die Nachfolge an. G. Vitolo

Lit.: F. Hirsch–M. Schipa, La Longobardia meridionale (570–1077), 1968 – P. Delogu, Mito di una città meridionale, 1977 – H. Taviani Carozzi, La principauté lombarde de Salerne (IXe–XIe s.), 1991.

4. W. IV., Fs. v. →Salerno (1018–1052), Sohn Waimars III., wurde von diesem im Sept. 1018 zum Mitregenten erhoben, übte seit 1027 die Alleinherrschaft aus und setzte das polit. Programm des Vaters fort. Während seiner langen Herrschaft erreichte das Fsm. Salerno seine größte Ausdehnung und Blüte: 1038 wurde →Capua eingegliedert, 1039 →Amalfi (das 1041 an den Hzg. Manso verlehnt wurde) und →Sorrent (mit dem W. seinen Bruder Guido, Gf. v. Conza, investierte), 1040 →Gaeta, das Gf. →Rainulf Drengot v. Aversa zu Lehen gegeben wurde. Angelpunkt seiner Expansionspolitik war das enge Bündnis mit den →Normannen, das sein Vater bereits in die Wege geleitet hatte, so daß deren Eroberungen in den byz. Territorien Lukanien und Apulien – ähnl. der Gft. Aversa – als Herrschaften unter der Oberhoheit des Fs.en v. Salerno konstituiert wurden, der auch den Titel eines Hzg.s v. Apulien und Kalabrien annahm. Mit der Erweiterung seines Herrschaftsgebietes wuchs auch W.s Ruhm, »der in der ganzen Welt gepriesen wird« (Amatus v. Montecassino). Für das Ansehen, das W. auch außerhalb Süditaliens genoß, zeugen in der Tat verschiedene Indizien: sein Bruder Pandulf vermählte sich mit der Tochter Hzg. Gregors v. Tusculum, Mgf. →Bonifaz v. Canossa, der mächtigste Reichsfs. des Regnum Italiae, schloß mit W. einen Freundschaftspakt; der Dichter →Benoît de Sainte Maure erwähnt ihn in einem Epos, in dem er die Taten der Normannen in Italien besingt. Der byz. Stratege Georgios →Maniakes bat ihn um Waffenhilfe für seinen geplanten Feldzug gegen die Muslime in Sizilien, und Konrad II. pflegte ein enges Verhältnis zu ihm: 1038 bestätigte ihm der Ks. in Capua seine Eroberungen, investierte ihn in Salerno mit dem Fsm. Capua und adoptierte ihn als Sohn. Dieser Akt hatte keine rechtl., sondern polit. Bedeutung, da er ein persönl. Verhältnis zu dem Träger der höchsten weltl. Autorität im Okzident herstellte. W. war sich der Bedeutung dieser Adoption in höchstem Maße bewußt und ließ seine Kanzlei die Goldbulle verwenden, die ein typ. Zeichen der ksl. Macht war. 1042 erhob er seinen Sohn und designierten Nachfolger Gisulf zum Mitregenten. Der neue Ks. →Heinrich III. war jedoch entschlossen, W.s Macht zu verkleinern. Gegen W. erhoben sich gleichzeitig alle Feinde, während auch seine norm. Vasallen in Aversa und Apulien nichts Eiligeres zu tun hatten, als dem Ks. Treueide zu leisten. Nach der Rückkehr Heinrichs III. nach Dtl. gewann W. seine Handlungsfreiheit zurück und stellte die früheren Beziehungen zu seinen norm. Vasallen wieder her, gegen die sich inzwischen Papst Leo IX. mit den Byzantinern verbündet hatte. Diese sahen in dem Fs.en v. Salerno ein Hindernis für ihre Pläne und unterstützten eine Verschwörung, die einige Verwandte, darunter vier Brüder seiner Frau, gegen W. angezettelt hatten. Am 3. Juni 1052 töteten sie W. am Strand von Salerno, wo er eine drohende Landung der Amalfitaner abwehren wollte, die sich im April gegen Manso erhoben hatten. G. Vitolo

Lit.: V. V. Falkenhausen, Unters. über die byz. Herrschaft in Süditalien vom 9. bis ins 11. Jh., 1967 – F. Hirsch–M. Schipa, La Longobardia meridionale (570–1077), 1968 – P. Delogu, Mito di una città meridionale, 1977 – H. Taviani Carozzi, La principauté lombarde de Salerne (IXe–XIe s.), 1991.

5. W. V., Fs. v. Salerno →Waimar IV.

Waise → Munt, →Vormund, -schaft, →Witwe

Waisenhaus (Findelhaus). Die Waisenfürsorge begann mit dem frühchr. Angebot, Findelkinder aufzunehmen, ohne Nachforschungen anzustellen, denn nach röm. Recht durfte der 'pater familias' Kinder töten oder aussetzen, was dem sicheren Tod gleichkam. Bes. Augustinus hatte in diesem Punkt auf eine Änderung der Moralvorstellung hingewirkt. Im Oström. (Byz.) Reich wurden seit dem 5. Jh. Waisenheime (Orphanotrophien) eingerichtet, in der 2. Hälfte des 8. Jh. wurde eine entsprechende Anstalt in Mailand gestiftet, die erste Erwähnung im Westen. Bis ins 16. Jh. gibt es Belege für Gründungen oder einfach nur Erwähnungen von Findel- und W.n, aber erst in der frühen NZ fließen die Q. reicher, so daß der Historiker auch Interna erfährt.

Die ungewöhnl. günstige Q.lage zum Fürsorgesektor in Barcelona läßt verschiedene Entwicklungsstadien der Waisen-/Findelhäuser erkennen. In seinem Testament hatte der wohlhabende Bürger Guillermo dez Pou 1370 nach dem valenzian. Vorbild des 'procurator pauperum' das Amt eines 'procurator dels infans orfans' geschaffen, der die Stiftungseinnahmen durch Sammeln mit dem 'baci dels infans orfans' vermehren sowie hungrige Waisen aufnehmen und versorgen sollte. Wenn die Vermögenslage sich verbessert hätte, war vorgesehen, auch einen 'magister' oder 'baccalaureus in theologia' ins Haus zu holen zur Unterweisung der Kinder. Im 16. Jh. sollte daraus Barcelonas erstes W. erwachsen, aber in der Zwischenzeit gibt es außer Erwähnungen über die Ernennungen von Prokuratoren merkwürdigerweise keine Zeugnisse von deren Wirken.

In der 2. Hälfte des 14. Jh. wurden Waisen- resp. Findelkinder in zwei der kirchl. und in ein städt. →Hospital aufgenommen. Dies fiel in die Zuständigkeit des Offizials der bfl. Kurie, der auch eventuell für den finanziellen Ausgleich sorgte, wenn die Hospitäler ungleich belastet waren. Eine große Belastung stellten v.a. die hohen Ammenkosten, die bis ins 3. Lebensjahr der Kinder anfielen. Ab dem Alter von etwa drei Jahren lebten die Kinder im Hospital, ab dem 5. bis 8. Jahr versuchte man, sie in Haushalte oder in eine Lehre zu geben.

Im Hospital d'En Colom war im ausgehenden 14. Jh. eine Bedienstete ausschließl. für die 5–7 Kinder zuständig. Als 1401 das 'Hospital General' gegründet wurde, in dem die kleineren Hospitäler der Stadt aufgingen, wurde das weitgehend unabhängige Amt der Kinderfrau geschaffen, der mehrere Mägde und zwei ständig im Haus verfügbare Ammen unterstanden. Soweit man erkennen kann, gehörten die Kinder weiterhin zum kirchl. Verantwortungsbereich. Bis 1500 wurden pro Jahr durchschnittl. 70 Ammen bezahlt, die voll, und 40, die nur halb stillten. Im durchschnittl. 50–60 Kinder im Alter von 4–10 Jahren lebten im Haus und wurden dort unterrichtet ('alumni'). Dann gab man sie gezielt in Haushalte (servei) oder Lehrstellen (offici). Aus dem 15. Jh. sind fast 500 Verträge erhalten, in denen Unterhalt und Lehre und für die Mädchen eine Mitgift vereinbart wurden. Als in der Mitte des Jahrhunderts die Ammen wegen schleppender Bezahlung zu streiken drohten, hat der Rat der Stadt Barcelona Überlegungen zur Herauslösung und Verselbständigung des Kinderbereiches aus dem Hospital General angestellt. Dieser Schritt wurde allerdings erst gut hundert Jahre später vollzogen.

Auch in Süddtl. gibt es gelegentl. Hinweise auf Almosensammlungen für Waisen- und Findelkinder, sowie auf deren Aufnahme in Spitäler. Sehr vereinzelt sind Erwähnungen von selbständigen Kinder- resp. W.ern: Memmingen 1365, Nürnberg vor 1359, Augsburg Mitte des 15. Jh. In dem von Konrad Groß 1331/41 gestifteten Hl.-Geist-Hospital in Nürnberg wurden u.a. zwölf arme Schüler versorgt, die den Priestern bei den Messen dienten und von einem Schulmeister kostenlos unterrichtet wurden. Hier war allerdings nicht ausdrückl. Bedingung, daß es sich um Waisen handelte.   U. Lindgren

Lit.: F. S. Hügel, Die Findelhäuser und das Findelwesen Europas, ihre Gesch., Gesetzgebung, Verwaltung, Statistik und Reform, 1863 – R. del Arco, Una notable institución social: el padre de huerfanos (Estudios de Hist. Social de España, 3, 1955) – D. J. Constantelos, Byz. Philanthropy and Social Welfare, 1968 – Enfant et sociétés, Annales de Démographie Hist., 1975² – U. Lindgren, Die Verwaltung der Waisenfürsorge in Barcelonas Hospitälern (ca. 1370–1500) (Hist. Hospitalium, 15, 1983–84) – Dies., Caritas und Fürsorge in Bayern (Hb. der Bayer. Kirchengesch., hg. W. Brandmüller, I, 1997).

Wakefield, Schlacht v. (30. Dez. 1460), Schlacht der →Rosenkriege. Nachdem ein Parliament →Richard, Duke of York (10. R.) als Thronerben von Kg. Heinrich VI. anerkannt hatte (→England, E.I), beauftragte ihn der Council in London mit der Leitung eines Feldzugs nach Yorkshire, wo sich Anhänger der Lancastrians unter der Leitung von Henry →Beaufort, Duke of Somerset, sammelten. Richard erreichte seine Burg in Sandal am 21. Dez. und dürfte für das Weihnachtsfest einen Waffenstillstand ausgehandelt haben. Als er einen unbesonnenen Ausfall machte, wurde er von überlegenen Streitkräften überwältigt. Infolge anderer Verluste der Yorkists wurden sein junger Sohn Edmund, Earl of →Rutland, und Richard →Neville, Earl of Salisbury, eingeschlossen und wahrscheinl. als Gefangene aus Rache für den Tod von →Percy und Clifford in der ersten Schlacht v. →St. Albans (1455) getötet. Der Kopf des Hzg.s wurde mit einer Papierkrone auf ein Tor der Stadt York gesteckt.   R. L. Storey

Lit.: R. A. Griffiths, The Reign of King Henry VI, 1981 – P. A. Johnson, Duke Richard of York 1411–1460, 1988.

Wakefield Plays → Towneley Cycle

Wakīl, 'Vertreter', 'Repräsentant', 'Rechtsvertreter' (zumal von Minderjährigen, Frauen, Waisen), der aufgrund einer bindenden Abmachung (ʿaqd) berechtigt bzw. beauftragt ist, einen anderen (muwakkil) vor Gericht oder in bestimmten Geschäften zu vertreten inklusive des Abschlusses. Im einzelnen müssen – je nach islam. Rechtsschule – verschiedene Bedingungen erfüllt sein, damit geschlossene Abmachungen gültig sein können. Wählt z. B. eine Frau anläßl. einer Hochzeit einen w., dessen Charakter nicht einwandfrei ist, ist die Eheschließung ungültig. Muslime, Christen und Juden können im allg. nicht w. füreinander sein.   H.-R.-Singer

Lit.: EI¹ VIII [Nachdr. 1993], 1094f.

Wala, Abt v. →Corbie (826–830) und →Bobbio, * um 755, † 31. Aug. 836 im Kl. Bobbio, ⌐ebd. Der Karolinger W., Vetter →Karls d. Gr., wurde wie sein Bruder →Adalhard in der Hofschule erzogen und mit diesem einer der engsten Berater Karls. Er galt ztw. als der Zweite im Reich. Als Heerführer im unterworfenen →Sachsen führte er Krieg gegen die →Abodriten; 812 wurde er nach Italien zur Abwehr der Sarazenen geschickt. Die polit. Karriere der beiden Brüder fand mit dem Regierungsantritt →Ludwigs d. Fr. ein jähes Ende. Während Adalhard nach →Noirmoutier in die Verbannung gehen mußte, wurde W. Mönch in →Corbie. Zuvor noch hatten beide 815 das Kl. →Corvey gestiftet und das Damenstift →Herford als Bildungsstätte für adlige Frauen reorganisiert. Seit 823 war W. polit. Berater des Ks.sohns →Lothar (I.), wahrscheinl. war er auch der geistige Urheber der →»Constitutio Romana« von 824, mit der Lothar I. seine Herrschaft über Italien durch eine stärkere Kontrolle des →Kirchenstaates zu erweitern suchte. 828 folgte W. seinem Bruder als Abt v. Corbie nach, blieb aber dabei auch politisch tätig: Er prangerte mit Freimut die Mißstände am Kaiserhof und bes. die Ksn. →Judith an und wurde deshalb 830–833 verbannt. Als beredter Verfechter der Reichseinheit in den karol. Bruderkriegen dieser Jahre und einer entscheidenden Kirchenreform wirkte er bis zu seinem

Tode, nunmehr aber von Italien aus, als Abt v. Bobbio. Sein bewegtes Leben als »Graf, Mönch und Rebell« (L. WEINRICH) zeigt, wie eng 'Welt' und 'Mönchtum' in der adligen Elite miteinander verwoben, ja sogar verstrickt sein konnten. Seine Biographie aus der Feder des Abtes v. Corbie, →Paschasius Radbertus, das »Epitaphium Arsenii«, ist zugleich ein einzigartiges Dokument für die schwere Krise von Herrschaft und Kirche unter Ks. Ludwig d. Frommen. Nicht umsonst verwendete diese polem. Schrift Decknamen: Justinian ist Ludwig d. Fromme, Justina die Ksn. Judith. F. Prinz

Lit.: Paschasius Radbertus, Epitaphium Arsenii, ed. E. DÜMMLER, AAB phil.-hist. Kl., 1900, II – L. WEINRICH, W. Gf., Mönch und Rebell, 1963 – Kunst und Kultur im Weserraum 800–1600 Ausstellungskat., 1966 – F. PRINZ, Klerus und Krieg im früheren MA, 1971, 102–104 – BRUNHÖLZL I, 378f., 561 – F. FELTEN, Äbte und Laienäbte im Frankenreich, 1980, 265f. und passim – K. H. KRÜGER, Zur Nachfolgeregelung von 826 in den Kl. Corbie und Corvey (Fschr. K. HAUCK, 1982), 181–196 – B. KASTEN, Adalhard v. Corbie, 1986 – H. MAYR-HARTING, Two Abbots in Politics: W. of Corbie and Bernard of Clairvaux, Hist. Transactions of the Royal Soc. 40, 1990, 217ff.

Walachei → Valachei

Walachen → Vlachen

Walahfrid Strabo (Strabus; diese Form wird von W. meist vorgezogen) OSB, Mönch und Abt der →Reichenau, Dichter und Gelehrter.

[1] *Leben:* * 808/809 in Schwaben, † 18. Aug. 849. Auf der Reichenau seit mindestens 822, zeitweise zusammen mit →Gottschalk v. Orbais, Schüler des Erlebald, des →Wetti sowie des Tatto und des →Grimald, die beide an der Hofschule Bildung empfangen hatten; wird 827 zum Studium beim berühmten →Hrabanus Maurus nach Fulda geschickt, wo er körperl. und seel. Entbehrung leidet, 829 auf Empfehlung Grimalds und →Hilduins v. St-Denis an den Hof Ludwigs d. Fr. und seiner Gemahlin Judith als Erzieher ihres Sohnes →Karl (des Kahlen) berufen. 838 durch Ludwig d. Fr. als Abt der Reichenau eingesetzt, von Ludwig d. Dt. als Anhänger Lothars seines Amtes enthoben, 842 auf Fürsprache Grimalds wieder eingesetzt.

[2] *Der Dichter:* Noch auf der Reichenau verfaßte W. erste Dichtungen, hierin von seinen Oberen und Lehrern anscheinend mehr mißbilligt als gefördert (V 12, 3f.). Mit 18 Jahren dichtete er die Vision des Wetti in Hexametern nach und gab dabei die Namen einiger der im Jenseits für ihre Sünden Leidenden, u. a. Karls d. Gr., im Akrostich an. Auf der Reichenau, vielleicht auch schon in Fulda, entstand, auf Anregung aus Langres, die »Vita Mammae monachi«, ein Muster ep. Technik, und eine hagiograph. Stoff angewendet und, wohl nach mündl. Bericht, die Vita des hl. Blaithmaic. Eine Reihe von Gedichten aus der Zeit am Hofe zeigt W.s große Verehrung für die Ksn. Judith. In dem kunstvollen und schwierigen Werk »De imagine Tetrici«, einem Dialog zw. W. ('Strabus') und seinem Genius (Inneren; 'Scintilla'), der in einen panegyr. Teil übergeht, stellt W. die Regierung des chr. Herrschers dem unfrommen Regiment gegenüber. Als Abt dichtete W. Verse über den Kl.garten der Reichenau (»De cultura hortorum«, später auch »Hortulus« gen.), ähnlich wie Vergils Georgica noch mehr ein Werk der Poesie als der Belehrung, auch wenn es wertvolle Nachrichten über eine Reihe von Pflanzen, v.a. Heilpflanzen, bietet. Neben diesen größeren Werken verfaßt W. eine große Zahl kleinerer Gedichte bereits auf der Reichenau (einige davon auch im Namen anderer), dann auch in Fulda und am Hof. Die Vielfalt ihrer Versmaße und noch mehr ihrer Gegenstände zeigt, wie W. sich einen großen Bereich der Dichtkunst zu eigen machen wollte mit Hymnen, Betrachten-

dem, einem Versgebet, kurzen poet.-didakt. Stücken, kleinen Mitteilungen, Schwankhaftem, Widmungen, persönl. eleg. Stücken, Epigrammen. Die größte und wichtigste Gruppe unter diesen Texten bilden die Briefgedichte, die über die üblichen, von Alkuin, Hraban und anderen her vertrauten Huldigungen, Grüße, Segenswünsche, Mahnungen, Freundschaftsversicherungen hinausgehen und etwas Neues und Persönlicheres enthalten: W. gibt sein unablässiges und dringendes Verlangen nach poet. Austausch mit Gleichgesinnten zu erkennen, die seine lit. Interessen teilen, sich anregen lassen und selbst Anregungen und Aufträge bieten. Er fühlt die Gabe und Berufung des Dichters in sich, und seine Poesien zeigen ein neues und wahren Dichter, der das lat. Medium mit der Sicherheit und Reife beherrscht, die wie eine Ernte der fruchtbaren karol. Bemühungen erscheint. Das Echo, das seine Aufrufe fanden, scheint aber gering gewesen zu sein. Werken der Lit. war auch die Arbeit an der »Vita Karoli Magni« des →Einhard und den »Gesta Hludowici imperatoris« des →Thegan gewidmet, denen er Kapiteleinteilung und -überschriften sowie Vorreden beigab.

[3] *Der Gelehrte und Lehrer:* Im Anschluß an die Lehre Hrabans verfaßte W. Kommentare zu den Büchern des Pentateuch (Lev: MPL 114, 795–850; Vorreden zu Ex und Lev: MGH Epp. Karol. V, 515f.; übrige uned.) und auf der Grundlage selbständiger Kompilation die nur teilweise vorliegenden Erklärungen zu Psalmen (Ps 1–20: MPL 114, 752–794; Ps 21, 23, 33: A. ÖNNERFORS, Mediaevalia, 1977, 152–168). W. bemüht sich in diesen Erklärungen um Kürze, die das Nachschlagen erleichtern und die Kosten vermindern soll (Einleitungs-Gedicht, MPL 36, 60). Ein Komm. zu den kath. Briefen ist unediert. Aus dem exeget. Werk des W. zu streichen ist dagegen die →Glossa ordinaria. Für den liturg. Gebrauch sind mehrere Homilien verfaßt (MPL 114, 849–862, 965–974; ebd. 39, 2135–2137; ebd. 94, 450–452). Auf Bitten Abt Gozberts v. St. Gallen entstand nach den älteren Q. eine neue Lebensbeschreibung des hl. Gallus, die v.a. sprachl. den gestiegenen Anforderungen entsprechen sollte (MGH SRM 4, 280–337). Mit der Gallusvita ist regelmäßig die »Vita s. Otmari« überliefert (MPL 114, 1031–1042; G. MEYER VON KNONAU, Mitt. zur vaterländ. Gesch. 12, 1870, 94–113), die W. nach Skizzen Gozberts verfaßt hat. Entstehung, Begriffe und Formen des chr. Gottesdienstes, gelegentl. auch einen dt. Ausdruck, erklärt W. in seinem liturgiegesch. Werk »De exordiis et incrementis quarundam in observationibus ecclesiasticis rerum« (MGH Cap. II, 471–516, 541). Didakt. Zwecken diente ein Gedicht an Isgerus, Abt v. Murbach, über verschiedene Metren (J. HUEMER, NA 10, 1885, 166–168; B. BISCHOFF, Ma. Stud., 1967, 45) und das kleine nach Hrabans Lehre (der seinerseits Isidor v. Sevilla folgte) verfaßte Werk »De homine et partibus eius« mit ahd. Übersetzung etlicher der Termini (G. BAESECKE, ZDA 58, 1921, 264–273). Für anspruchsvollere stilist.-formale Schulung war die kurze Briefmusterslg. (27 Briefe, großenteils von oder an W.: MGH Formulae, 364–377, 336f.) gedacht. Von großer Bedeutung als Einblick in die Interessen W.s, zugleich ein Lehrbeispiel zur Beobachtung einer sich im Laufe der Lebenszeit wandelnden Schrift ist eine Art Vademecum, eine kleine Sammelhs., die W. von früher Jugend an begleitete (uned., vgl. B. BISCHOFF, Ma. Stud. 2, 1967, 34–41). G. Bernt

Ed.: MPL 113–114 – MGH PP II, 259–423 – Einzelne Werke vgl. VOLLMANN – Lit.: Verf.-Lex.² X [K. B. VOLLMANN, s.v.; Lit.] – BRUNHÖLZL II, 345–358, 557ff. – M. PÖRNBACHER, W., 1997.

Walbeck (nö. Helmstedt), Stift; Mgf.en/Gf.en v. Mit dem 929 bei →Lenzen gegen die →Redarier gefallenen dux

Liuthar/Lothar tritt der erste gesicherte Vertreter des ostsächs. Gf.engeschlechts entgegen, das nach der Höhenburg a. d. Aller seinen Namen trägt. Sein gleichnamiger Sohn († 964) nahm an der Verschwörung gegen Otto d. Gr. 941 teil, erlangte aber nach kurzer Haft bei Gf. Berthold v. →Schweinfurt, dem er seine Tochter vermählte, die kgl. Gnade wieder. Er gründete um 942 in seiner Burg ein zeittyp. Kanonikerstift S. Maria als Familiengrablege. Seine ornamentierte Grabtumba und die Kirchenruine sind wichtige Denkmäler der Ottonenzeit. Unter seinen Söhnen Lothar (III.) und Siegfried erreichte das Geschlecht den Höhepunkt seines Ansehens. Lothar († 1003, ⌑ Köln) wurde 983 Mgf. der Nordmark und verhalf Heinrich II. gegen →Ekkehard v. Meißen zum Kgtm. Seinem Sohn Werner († 1014) wurde 1009 wegen Totschlags die Mgf.enwürde aberkannt, die wieder an die →Haldenslebener fiel. Die Söhne seines Bruders Siegfried († 991) erlangten hohe geistl. Würden: →Thietmar, Bf. v. Merseburg († 1018), Siegfried, Bf. v. Münster († 1032), Brun, Bf. v. Verden († 1049); Dietrich war Kaplan Heinrichs II. Mit Gf. Heinrich († 1002), seinem Bruder Siegfried und dessen Sohn Konrad, beide Bgf.en v. →Magdeburg, starb auch die jüngere Linie aus. Der Besitzschwerpunkt lag im Nordthüringgau n. von Magdeburg (Burg Wolmirstedt) sowie um W. mit dem Lappwald. Die Verbindung über die in diesem Raum amtierenden Gf.en Liutger (1013/31) und Lutherus (1049/63) zu den Süpplingenburgern und den →Sommerschenburgern (Stiftsvögte 1145) bleibt unsicher. Die Burg wurde 1219 niedergelegt, das Stift 1224 dem Halberstädter Domkapitel unterstellt.

G. Streich

Lit.: W. GROSSE–H. FELDTKELLER, Die Gf.en v. W. und die Stiftskirche zu W., Harz-Zs. 4, 1952, 1–37 – R. SCHÖLKOPF, Die Sächs. Gf.en, 1957, 73–82 – H. W. VOGT, Das Hzm. Lothars v. Süpplingenburg, 1959, 136–142 – H. LIPPELT, Thietmar v. Merseburg, 1973, 46–58.

Walburga (Waldpurga, Walpurgis), hl., * um 710, † 25. Febr. 779 oder 790, ags. Herkunft, Schwester von →Willibald und →Wunibald, im Kl. erzogen (evtl. Doppelkl. Wimborne), folgte wohl in den 30er Jahren des 8. Jh., evtl. mit →Lioba, dem Ruf ihres Verwandten →Bonifatius auf den Kontinent. W.s Wirken bis 761 liegt im Dunkeln, denkbar ist ein Aufenthalt im Kl. →Tauberbischofsheim bei ihrer Verwandten Lioba. Nach Wunibalds Tod (18. Dez. 761) mit ihrer Verwandten →Hugeburc von Willibald in das Kl. →Heidenheim gerufen, übernahm W. dessen Leitung (nach ags. Vorbild Umwandlung in ein Doppelkl.). W. sorgte mit ihrem Bruder Willibald seit 777 durch Translation der Wunibald-Reliquien, Kirchenneubau und Initiierung der Doppelvita für ihre Brüder für die →Memoria der Familie. Von Bf. Gerhoh wurde Heidenheim um 790 in ein Säkularkanonikerstift umgewandelt (was für W.s Tod zum späten Zeitpunkt spricht; 779 ebensowenig gesichert). Anläßl. der Translation einiger W.-Reliquien nach Monheim 893 verfaßte →Wolfhard v. Herrieden 894–899 die Miracula s. W.is (BHL 8765; AASS Febr. 3, 523–542; MGH SS 15, 535–555; danach alle jüngeren Viten) im Auftrag von Bf. →Erchanbald v. Eichstätt. Von →Eichstätt verbreitete sich die W.-Verehrung v. a. in Dtl., Österreich, Südtirol, der Schweiz, in den Niederlanden, Belgien, Luxemburg, in Mittel-, Ost- und Nordfrankreich und machte W. zu einer der am meisten verehrten und volkstüml. Hl.n (vgl. HOLZBAUER). Darstellung: Äbt. mit Stab und Regelbuch, darauf ein Ölfläschchen. Dem W.öl, einem flüssigen Niederschlag an Reliquienschrein in Eichstätt, werden Gebetserhörung und Heilungen zugeschrieben. Die Walpurgisnacht hat keine Verbindung zu W.

L. E. v. Padberg

Lit.: LCI VIII, 585–588 – LThK² X, 928 – WATTENBACH–LEVISON–LÖWE VI, 1990, 735f. – J. BRAUN, Die hl. W., 1927 – A. BAUCH, Die hl. Äbt. W. (Bavaria Sancta I, 1970), 168–185 – H. HOLZBAUER, Ma. Hl.nVerehrung – Hl. W., 1972 – A. BAUCH, Ein bayer. Mirakelbuch aus der Karolingerzeit, 1979 – SMBO 90, 1979, 1–146 [121ff., Lit.] – L. E. V. PADBERG, Hl. und Familie, 1981, 36ff., 57ff. [1997², 47ff., 79ff.] – S. WEINFURTER, Die Gesch. der Eichstätter Bf.e des Anonymus Haserensis, 1987 – O. ENGELS, Die Vita Willibalds und die Anfänge des Bm.s Eichstätt (Der hl. Willibald – Kl.bf. oder Bm.sgründer?, 1990), 171–198.

Walcher. 1. W., Geistlicher aus Lothringen, von Wilhelm d. Eroberer 1071 zum Bf. v. →Durham ernannt, † 1080. Er hatte Anteil an der monast. Erneuerung im N Englands und übertrug →Jarrow und später Wearmouth den Reformern. W. arbeitete mit den einheim. Magnaten v. Northumbria zusammen, und er hatte ein gutes Verhältnis zu Earl →Waltheof (1. W.). Tatsächl. war sein Ansehen so groß, daß, als Waltheof sein Earldom of →Northumberland 1075 verlor, es W. übertragen wurde, angebl. gegen die Zahlung von £ 400. Während W. die Verwaltung des Earldoms seinem Verwandten Gilbert und seinem Kaplan Leobwine anvertraute, versuchte er noch, die einheim. Bevölkerung zu beschwichtigen, die einen gewissen Ligulf favorisierte, der aus einem jüngeren Zweig des von →Siward abstammenden Gf.enhauses kam. Leobwine wurde neid. auf Ligulf und stiftete Gilbert an, diesen zu ermorden. W. erklärte sich bereit, seine Unschuld an diesem Verbrechen zu beweisen, und berief eine Versammlung nach Gateshead am 14. Mai 1080 ein. Ligulfs Anhänger erschienen dort bewaffnet und trieben W. zusammen mit Gilbert und Leobwine in die benachbarte Kirche. Nachdem sich W. erfolglos verteidigt hatte, hielt er seinen Mantel vor seine Augen, schritt in die Menschenmenge und wurde getötet.

M. Hagger

Lit.: →Durham, →Waltheof (1. W.) – D. C. DOUGLAS, William the Conqueror, 1964.

2. W. v. Malvern, dt. Astronom aus Lothringen, † 1135; läßt sich 1091 auf einer Italienreise nachweisen, kam etwa zur selben Zeit nach England, wo er zum Prior der Abtei von Malvern (bei Worcester) aufrückte. Berühmt geworden ist er insbes. durch seine 'Vollmondtafeln' (→Mond), die er seit 1108 kompilierte, interpretierte und auf den 1112 endenden 76-Jahres-Zyklus ausrichtete. Die Mondfinsternisse (→Finsternis) vom 30. Okt. 1091 und vom 18. Okt. 1092 hat er – teils mit dem →Astrolab – beobachtet und anschließend beschrieben; den 'Drachentraktat' →Petrus' Alfonsis (»Inter septem planetas per zodiac«) gab er 1120 als →'Vorlesungsnachschrift' wieder; in diesem Werk zur Datumspunkt–Berechnung benutzte er bereits die Unterteilung in Grade, Minuten und Sekunden. Durch seine direkten Kontakte mit der arab. Kultur nimmt er für engl. Verhältnisse eine Initialstellung ein (noch vor →Adelard v. Bath, mit dem er in Berührung kam); in gleiche Vorläuferposition stellt er sich mit seinen astronom. Beobachtungen.

G. Keil

Lit.: SARTON, II, 1, 209f. – CH. HASKINS, Studies in mediaeval science, 1927², 113–119 – Science in the MA, hg. D. C. LINDBERG, 1978, 36, 312.

Walcheren → Domburg

Wald

A. Wirtschafts- und Siedlungsgeschichte – B. Literarische und kulturgeschichtliche Bedeutung

A. Wirtschafts- und Siedlungsgeschichte
I. Mittel- und Westeuropa – II. Nordeuropa.

I. MITTEL- UND WESTEUROPA: Bereits im FrühMA – etwa 80% Laubwaldanteil (→Nadel- und Laubhölzer) in Mitteleuropa – hatte die W.nutzung eine erhebl. Bedeutung. So wird im →Capitulare de villis auf zweckmäßige Proportionen zw. Rodung und W.erhaltung abgehoben: Jedes Ausholzen soll unterbleiben; der Wildbestand in den →Forsten ist zu hegen, die Schweinemast zu beaufsichtigen (c. 25, 36, 45). – Der Bedarf an Bauholz (→Holzbau, →Holzhandel) war beträchtl. Neben →Bauernhäusern, Ställen und Wirtschaftsgebäuden wurden auch Herrensitze, viele Kirchen und Teile der kgl. →Pfalzen aus Holz gebaut. In Osteuropa waren neben Holzgewinnung und -verarbeitung Imkerei (→Bienen) und Jagd (→Weidwerk, →Pelze) bes. geschätzt. Der hochma. →Landesausbau (→Rodung) vergrößerte die Ackerflur auf Kosten des W.es, der immer knapper und begehrter wurde. →Rechtsbücher, →Weistümer, Dorfordnungen, →Urbare, erzählende Q.n und lit. Überlieferung (u. a. →Ständelit.) erwähnen Auseinandersetzungen um Nutzungs- und Besitzrechte an W.ern. In Holzbüchern wurden Besitztitel, Einkünfte aus W.besitz sowie Berechtigungen zur Schweinemast vermerkt. 1144 erließ Abt Meinhard v. Maursmünster bei Zabern im Elsaß für die zur Benediktinerabtei gehörenden Wälder eine 'Forstordnung', in der Rechte und Pflichten der eingesetzten Förster fixiert wurden. Aus Bayern sind für den östl. von München gelegenen Ebersberger Forst W.ordnungen überliefert, in denen das Benediktinerkl. Ebersberg und der Hzg. v. Bayern über Besitz- und Nutzungsrechte verfügten (2. Hälfte 13. Jh., um 1438). Daneben ist auf Wildbannurkk. zu verweisen. Herrschaftsträger wie Bf.e und Gf.en suchten mit dem Erwerb von Holzgft.en W.er ihrer Verfügungsgewalt unterzuordnen. Holzgf.en hatten im Holzgericht den Vorsitz, das Streitigkeiten schlichtete, den Fruchtbesatz der Eichen feststellte und danach den Umfang der Schweinemast bestimmte (→Schwein, II).

Die seit dem 12. Jh. eingetretene W.verknappung veranlaßte zu detaillierten Nutzungsregelungen. Hauptpunkte: Schutz von →Eichen und Buchen als Mastbäume, Fixierung der Zahl der Mastschweine und der Eintriebstermine zur Mast, für die eine nach Tierzahl und Eckernausfall gestaffelte Abgabe erhoben wurde, Verbot der Köhlerei (→Kohle), des Abschlagens von Eckern und Eicheln, strenge Strafen für Baumschäler, Aschebrenner und Brandstifter. Bei der Entnahme von Bau- und Nutzholz mußten Verwendungszweck und Preise angegeben werden. Der Bezug von Brennholz wurde eingeschränkt. Weltl. und geistl. Herren beanspruchten seit dem 13. Jh. rigoroser W.nutzungsrechte und -besitz. Eine Vergrößerung der Felder durch Rodungen in der →Allmende wurde untersagt (Reichsweistum v. 23. Febr. 1291). Schließlich gelang es den Landesherren, mit der Ausdehnung der Bannrechte auf Markwälder (→Dorf, A. III) ihre Landeshoheit weiter auszubilden und ein Forstregal zu entwickeln.

Im Gegensatz zu Dtl., wo kgl. W.besitz zerfällt (Schenkungen, Inanspruchnahme durch Adel und Fs.en), können sich in Frankreich und England die kgl. Forsten als ergiebige Einnahmequellen erhalten (→Eaux et Forêts, →Verdier; 1217 Charter of Forest [→Forst, II]). In Frankreich führen Bevölkerungswachstum und Fortschritte im Landesausbau – in der Picardie zw. 1150 und 1170 etwa 130 urkdl. Rodungsbelege – seit dem 12. Jh. zu W.streitigkeiten und Nutzungsbegrenzungen (Loi de Lorris [→Statuten v. Lorris], Loi de Beaumont). Zunehmende Bautätigkeit in Stadt und Land läßt den Wert der W.er steigen. Dies bezeugen u. a. 'Bauwunder', in denen der Mangel an brauchbarem Bauholz anschaul. geschildert wird, Bauhüttenbücher (→Villard de Honnecourt, 13. Jh.) und die in Frankreich reichlicher als in Dtl. fließende bildl. Überlieferung (Buch-, Glas- und Tafelmalerei).

Für die ma. Stadt hatte W.besitz einen erstrangigen ökonom. Stellenwert. Enorm war der Bedarf an Bauholz (Rathäuser, Innungshäuser, Wohnhäuser, Kirchen, Speicher, Tore, Brücken u. a.), Werkholz (Drechsler, Tischler, Böttcher, Schreiner, Wagenbauer, Schlittenbauer, Mühlenbauer, Seiler u. a. Handwerk) und Brennholz. Je nach Größe eines Bürgerhauses wurden für Ständerbau und Dachstuhl zw. 12–36 Stämme von ausgewachsenen Eichen benötigt. Im 14. und 15. Jh. wurden in dt. Territorien viele Hallenkirchen neu errichtet und bestehende Kirchen mit neuen Dachstühlen versehen. Etwa 300–400 Eichenstämme waren für eine Ausführung erforderlich. Auf Holzstapelplätzen kontrollierten Holzmesser und Holzwarte die Qualität der durch →Flößerei und →Trift herangebrachten Hölzer. W.besitz erstrebten Städte auch, um →Bergbau treiben zu können – so etwa Goslar beim Abbau von Silbererz im Harzgebiet (Rammelsberger Silbergruben). Brenn- und Grubenholz verschlang auch das im 14. und 15. Jh. expandierende Eisenhüttenwesen (→Eisen, →Hüttenwesen; →Energie). Schmelz- und Hammerwerke sowie Kalköfen mußten mit Holzkohle versorgt werden (→Kalk). Enorm war der Holzbedarf von Salinen (Lüneburg, Schwäbisch Hall, Hallein/Salzburg u. a.) und von Glashütten (→Glas, I). Wegen einsetzender Holzknappheit wurden seit dem 14. Jh. in der städt. Umgebung Wiederaufforstungsversuche unternommen: Die Besamung neuer Schläge wurde gefördert und der Aufwuchs angeflogener Schößlinge in umzäunten 'Schonungen' geschützt (Kärnten). Es wurden die Anpflanzung von Eichen und das Ausstreuen von Laubholzsamen angeordnet (Dortmund, Frankfurt a. M., Dresdener Heide) und die Nadelholzaussaat (Tanne, Föhren) eingeführt (Nürnberg; →Stromer, Peter). Der Schonung – noch vorhandener W.bestände wurde in W.ordnungen verschiedener Kl., in Weistümern, in Stadtrechten und in landesherrl. Erlassen größte Aufmerksamkeit gewidmet.

S. Epperlein

Bibliogr.: K. MANTEL, Dt. Forstl. Bibliogr. (1560–1965), 2 Bde, 1967–70 – H. RUBNER, Sammelber. Forstgesch. 1968–1973, VSWG 62, 1975, 243ff.; Sammelber. Forstgesch. 1973–1980, ebd. 68, 1981, 232ff. – A. SCHULER–A. KEMPF, Forstgesch. in der Schweiz. Rückblick – Stand – Ausblick, News of Forest Hist., 11/12, 1990, 25f. – *Lit.:* AUBIN-ZORN I – Hb. europ. Wirtschafts- und Sozialgesch., II, 1980 – A. TIMM, Die W.nutzung in NW-Dtl. im Spiegel der Weistümer, 1960 – W. HENSEL, Die Slawen im FrühMA, 1965 – H. RUBNER, Unters. zur Forstverfassung des ma. Frankreichs, 1965 – D. LOHRMANN, Energieprobleme im MA: Zur Verknappung von Wasserkraft und Holz in Westeuropa bis zum Ende des 12. Jh., VSWG 66, 1979, 306ff. – C. R. YOUNG, The Royal Forests of Medieval England, 1979 – R.-J. GLEITSMANN, Rohstoffmangel und Lösungsstrategien. Das Problem vorindustrieller Holzknappheit (Technologie und Politik, hg. F. DUVE, Bd. 16, 1980), 120f. – K. HASEL, Forstgesch., 1985 – P. BLICKLE, Wem gehört der Wald?, Zs. für württ. Landesgesch. 45, 1986, 267ff. – E. SCHUBERT, Der W.: wirtschaftl. Grundlage der spätma. Stadt (Mensch und Umwelt im MA, hg. B. HERRMANN, 1986), 257ff. – W. RÖSENER, Bauern im MA, 1987[3] – G. SCHRÖDER-LEMBKE, W.zerstörung und W.erneuerung in Dtl. in der vorindustriellen Zeit, ZAA 35, 1987, 120ff. – Il bosco nel Medioevo, hg. B. ANDREOLLI, M. MONTANARI, 1988 – J. ALLMANN, Der W. in der frühen NZ. Eine mentalitäts- und sozialgesch. Unters. am Beispiel des Pfälzer Raumes (1500–1800), Schrr. zur Wirtschafts- und Sozialgesch., hg. W. FISCHER, Bd. 36, 1990 – D. CONRAD, Kirchenbau im MA. Bauplanung und Bauausführung, 1990 – S. EPPERLEIN, W.nutzung, W.streitigkeiten und W.schutz in Dtl. im HochMA (2. Hälfte 11. Jh. bis ausgehendes 14. Jh.), VSWG Beih. 109, 1993 – L'uomo e la foresta, Atti della XXVII Sett. di Studi, Prato, 1996 – Bergbau, Verhüttung und W.nutzung im MA. Auswirkungen auf

Mensch und Umwelt, hg. A. JOCKENHÖVEL, VSWG Beih. 121, 1996 – s. a. Lit. zu →Eaux et Forêts, →Verdier [bes. M. DEVÈZE, 1961].

II. NORDEUROPA: Zu Beginn des MA um das Jahr 1000 (nach der Periodisierung der nordeurop. Forsch.; vgl. dazu →Schweden, B) waren die nord. Länder (Dänemark, Norwegen, Schweden und Finnland) mit Ausnahme Islands von Urwald bedeckt. Nur die arkt. Tundren, die Gebirgslandschaften, felsige Inseln und Steilufer sowie Sümpfe waren nicht bewaldet. Die heute vorkommenden Baumarten waren auch damals schon anzutreffen, klimatisch bedingt jedoch in anderer Verbreitung. In Dänemark herrschten Laubwälder vor (Buchen, Eschen, Erlen und Birken; Linden, Eichen); die natürl. Verbreitung der Eiche reichte etwa bis zum 60. Breitengrad. Finnland, Schweden und Norwegen trugen vorwiegend Nadelw., hauptsächl. Fichte, die nach der Eiszeit als letzte Baumart aus dem Osten nach Skandinavien eingewandert war. Veränderungen der W.landschaft, etwa W.verluste, vollzogen sich in diesen urtüml. W.regionen zunächst stärker durch Natureinwirkungen (Moder, W.brände, Windbruch) als durch menschl. Nutzungs- oder Siedlungsmaßnahmen (Holzschlag, Rodung).

Die im Vergleich zum W.bestand geringe Bevölkerungsdichte bewirkte, daß den Wäldern im MA und auch zu Beginn der NZ noch kein unmittelbarer Eigentumswert zuerkannt wurde. Alle W.gebiete außerhalb der Dörfer waren nach Bedarf nutzbares Gemeingut (→Allmende). Zwar wurden im MA feste Grenzen der jeweiligen Dorfmarken (→Dorf, C) abgesteckt, was aber keineswegs starke Änderungen nach sich zog, da die Grenzfestlegung in der Regel länger bestehenden Nutzungsgrenzen folgte. Die noch am Ende des MA vorhandenen ausgedehnten W.gebiete konnten nach Belieben gerodet oder sonstwie genutzt werden; mit Ausnahme Dänemarks gilt dies auch noch für das 16. Jh. Angesichts der ergiebigen W.bestände fehlte echter Handlungsbedarf für gesetzl. Regelungen. Allerdings ist der Schutz fruchttragender Bäume wie Eiche, Buche und Nußbaum seit dem 14. Jh. in Rechtstexten belegt.

Die Bevölkerung stand dem W. eher feindlich als freundlich gegenüber; verbreitet waren Ängste vor seinen realen und irrealen Gefahren (Furcht, von wilden Tieren oder dämon. Wesen angegriffen zu werden, in die Irre zu gehen, von umstürzenden Bäumen erschlagen zu werden, im Winter zu erfrieren usw.). Bei Fahrten in benachbarte Siedlungen wurde daher eine Durchquerung des W.es nach Möglichkeit vermieden und der Wasserweg bevorzugt. Der W. war siedlungsfeindlich; →Landesausbau durch →Rodung bedeutete extrem harte und ausdauernde Arbeit. Kg. Gustav Wasa v. Schweden schrieb Mitte des 16. Jh.: »Es heißt fleißig sein und roden, um Boden für den Anbau zu gewinnen; der unnütze W. muß gefällt werden«. Im N repräsentierte das dem W. abgerungene Land Kultur, während der W. als düster und gnadenlos kalt empfunden wurde. Aufforstung und W.pflege waren unbekannt.

Andererseits bildete der W. eine wesentl. Lebensgrundlage sowohl für die Versorgung der meist ländl. Haushalte (Bau-, Brenn-, Nutzholz; Wild, Fische, Pilze, Beeren usw.) als auch für die sich entfaltende gewerbl. Tätigkeit. Bes. der →Schiffbau benötigte große Mengen an Holz, das weitgehend im küstennahen Bereich geschlagen wurde. Der →Forst war Reserve für Acker- und Weideland und lieferte Holz für Teerfabrikation (→Teer), →Köhlerei sowie die Betriebe des →Bergbaus und →Hüttenwesens (v. a. für den aufblühenden schwed. Bergbau auf →Eisen und →Kupfer; →Schweden, H. III, →Falun/→Dalarna). Wirtschaftl. Bedeutung errang auch die Gewinnung von W.produkten (u.a. Pelztierjagd, →Pelze; Bienenjagd und Beutnerei, →Bienen; Grundstoffe für Arzneien). Ohne Zweifel basierte die Volkswirtschaft der nord. Länder bis weit in die NZ in starkem Maße auf dem Reichtum der Wälder. Die mit dem W. verbundene Lebensweise schlug sich bei verschiedenen, z.T. spät christianisierten ethn. Gruppen Nordeuropas in vielfältigen Glaubensvorstellungen und Kulten nieder, die bes. auf den Urwald projiziert wurden.

Eine bes. wichtige Form der Urbarmachung im gesamten Nordeuropa, v. a. in Finnland und Schweden, war die Schwendwirtschaft (→Brandwirtschaft). In Island kam sie schon am Ende des 12. Jh. zum Erliegen, im östl. Finnland wurde sie dagegen noch bis zum Beginn des 20. Jh. betrieben. Von dieser Art der Rodung wurden ausgesprochen große Gebiete erfaßt; dem extensiven Rodungsvorgang folgte in der Regel ma. Besiedlung. Holzeinschlag zu Handelszwecken (→Holzhandel) beschränkte sich zumeist noch auf die Küstengebiete, da Transport aus dem Binnenland zu arbeits- und kostenaufwendig war. Für Norwegen ist Holzexport seit etwa 1230 belegt; Dänemark führte im 15. Jh. Eichenholz aus; Schweden und Finnland exportierten Rund- und Schnittholz seit dem 14. Jh. in die südl. Ostseegebiete und ins Baltikum. In Finnland wurden in großem Umfang Holzgefäße als Verpakkungsmaterial angefertigt. Spielte der Handel mit Holz und Holzartikeln somit eine gewisse wirtschaftl. Rolle, so lag der größte Wert des W.es doch offenkundig in seiner Bedeutung als Agrarreserve.   J. Ahvenainen

Lit.: KL, s.v. Skog, Skogbruk, Tjära, Tjärhandel, Trelasthandel – J. AHVENAINEN, Man and the Forest. The North (L'uomo e la Foresta, Atti della XXVII Sett. di Studi, Prato, 1996), 225–252.

B. Literarische und kulturgeschichtliche Bedeutung

Ein bis in die Gegenwart nachwirkender Vorstellungskomplex sah das Landschaftsbild des MA in bezug auf Deutschland und andere Länder Mittel- und Westeuropas (gleichsam in »Fortschreibung« der für die frühgesch. Epoche der Kelten, Germanen und frühen Slaven allerorts angenommenen dichten Urwälder) fast durchgängig geprägt von siedlungs -und verkehrsfeindl. Wäldern und gegebenenfalls anderen unbesiedelten Landschaftszonen (Heiden, Mooren), so daß über einen langen Zeitraum nur gleichsam inselhafte Besiedlung möglich gewesen sei, zumal neben den sehr begrenzten techn. Möglichkeiten auch Tabuvorstellungen und Ängste die Menschen am Eindringen in die bewaldeten Räume gehindert hätten. Diese (aus heutiger Sicht) eher stereotype Betrachtungsweise, die u.a. durch Ergebnisse der →Altlandschaftsforschung, Hist. Geographie, Siedlungsgesch. und verwandter Disziplinen differenziert und korrigiert worden ist (vgl. z.B. →Deutschland, F–G), fand scheinbare Bestätigung durch das mit allegor. und symbolhaften Zügen ausgestattete Bild des W.es, wie es sich in einer Reihe von bedeutenden Werken der Lit. des MA darstellt. Der 'wilde' W. erscheint oft als 'nächtl.' Ort des Schreckens, bevölkert von – meist bedrohl. – dämon. Wesen (z.B. →Wildleuten), aber auch von wilden Tieren, Giftschlangen und 'lichtscheuem' Räubergesindel, zieht aber gerade durch seine Weltabgeschiedenheit und harten Lebensbedingungen den →Eremiten (→peregrinatio) als Stätte der →Askese an und fordert den Ritter zur Bewährung im Abenteuer (→Aventure) heraus. Entsprechende Beispiele für den W. als Handlungsraum des höf. →Romans bieten →Artusdichtung (vgl. die Hinweise unter →Chrétien de Troyes; z.B. die weltferne 'Gaste forêt' [bzw. das 'vallet sauvage'], in der Perceval [→Parzival] unter Obhut der Mutter aufwächst; der Zauberw. 'Brocéliande' des

»Yvain« usw.) und Dietrichsepik (→Dietrich v. Bern), weiterhin die erzählende Lit. des späteren MA (von →»Aucassin und Nicolette« bis zu den dt. Prosaromanen [→Volksbüchern] des ausgehenden MA, z. B. →»Fortunatus«). Einen anderen Akzent als die Romanlit. setzt →Dante, der zu Eingang der »Divina Commedia« die 'selva oscura' eindringlich als Gleichnis der vom rechten Wege abgeirrten Seele schildert.

Das hier nur knapp skizzierte Bild des nachtseitigen, finsteren W.es ist aber keineswegs nur negativ besetzt: Der W. (die Wildnis, der Eremus; →Wüste) ist freigewählter Aufenthaltsort des weltflüchtigen Einsiedlers (dies gilt bereits im FrühMA für die →Juraväter, dann für →Romuald v. Camaldoli, bes. aber für die westfrz. Eremiten und Bußprediger des frühen 12. Jh. wie →Bernhard v. Tiron, →Robert v. Arbrissel und →Vitalis v. Savigny, deren Lebensformen Bezüge zur lit. Gestaltung in der →Gregorius-Legende aufweisen). Ebenso dient der W. als Asyl für 'Fahrende' und andere aus dem Leben der Gesellschaft ausgegrenzte Menschen (Häretiker, z. B. →Eon v. Stella), für durch verräter. Intrigen Geächtete (der 'edle Räuber' →Robin Hood im 'Greenwood') und unschuldig verfolgte Frauen (Genovefa v. Brabant). Als Hort der →Freiheit und eines ungebundenen Lebens in Einklang mit der Natur geht der W. in bestimmtem Umfang in das utop. Denken, bes. der Neuzeit, ein (→Utopie).

Kontrastierend zum W. als Ort der Schrecken, kultiviert die ma. Lit., bes. der →Minnesang, aber auch die Vorstellung des 'lichten', sommerlich grünenden W.es (d. h. des liebl. Haines, des W.randes oder der W.lichtung), der zum wichtigen Element der Metaphorik der Minnelyrik wird (→Natureingang) und als (fiktionaler) Schauplatz des Minneerlebnisses fungiert (exzeptionell: →Walther, »Under der linden«). In der 'lyrischen Landschaft' →Petrarcas klagt im »Canzionere« (nach antiken Vorbildern) der Liebende den Wäldern sein Leid. Die im Vor- und Umfeld des →Humanismus wiederbelebte →Bukolik (→Hirtendichtung) kennt den W. und die freie, ländl. Natur in ihrer idyll. Anmut (→locus amoenus) als Folie arkadischen Lebens. Ungefähr zeitgleich mit dieser lit. Zuwendung zu einer neuen Art der Naturdichtung vollzieht sich auf kultureller Ebene z. B. eine Verlagerung von →Pfalzen bzw. fsl. →Residenzen aus städt. Standorten in zuvor allenfalls temporär (als Jagdhäuser) genutzte Schlösser (mit Tierparks/→Wildgehegen), gelegen in ländl. W.-und Forstgebieten, wie sie für das 14. Jh. bes. in Teilen Westeuropas zu beobachten ist (das unter Kg. →Karl V. glanzvoll ausgebaute →Vincennes kann hierfür als ein Prototyp gelten); als ein Motiv für diese Entwicklung ist (neben dem Sicherheitsbedürfnis gegenüber städt. Aufständen und dem Hundertjährigen Krieg) auch die gestiegene Wertschätzung des ländl. Lebens durch den Herrscher und seinen Hof namhaft zu machen.

Die beiden gegensätzl. Traditionsstränge, das Bild des 'finsteren' und des 'anmutigen' W.es, die nicht eigentlich genuine Naturerfahrung, sondern die sich wandelnden Paradigmata und Rezeptionszusammenhänge widerspiegeln, haben in der europ. Lit., Kunst und Musik gleichsam einen Mythos des W.es mitbegründet, der seinen Höhepunkt in der Neuzeit erreicht (dämon., erotisch verwirrende und prophet. Rolle des W.es bei Shakespeare, »A Midsummernight's Dream«, »As You Like It«, »Macbeth« u. a.; Grimmelshausen: Einsiedlermotiv; Dichter des Sturm und Drang und der Romantik, z. T. mit nun nationalen Akzenten: 'deutscher W.'; romant. Oper: Weber, Wagner; aber bes. auch engl. und amerikan. Lit.: u. a. Scott, Cooper, Thoreau, z. T. mit ausgeprägt utop. Zügen; Symbolismus).

Stellvertretend für die ikonograph. Überlieferung der W.darstellung im MA sei hier nur die berühmte W.landschaft des Codex Buranus (→Carmina Burana, III) genannt. U. Mattejiet

Lit.: s. u. Abschn. I, II sowie unter den im Text angegebenen Stichwörtern.

Waldämter in Preußen. Der →Dt. Orden hatte sein Herrschaftsgebiet in Preußen in Bezirke gegliedert, in denen jeweils ein Konvent mit einem Komtur, Vogt oder Pfleger an der Spitze bestand. Die meisten Konventsmitglieder hatten Verwaltungsämter inne und beaufsichtigten z. B. als Schuh- oder Glockenmeister den entsprechenden Teil der Burgwirtschaft. Das galt auch für die Waldsowie für die Fischmeister, die ihren Sitz meist außerhalb der Konventsburg hatten, der Waldmeister in der Nähe großer Waldgebiete. Er war hier für den Holzeinschlag und für die anderen Zweige der Waldwirtschaft (namentl. Bienenwirtschaft, Schweinemast) verantwortl., vertrat aber auch alle anderen Rechte des Ordens in seinem Amtsbezirk. Das Waldmeisteramt wurde wie alle anderen Ämter – außer dem des Hochmeisters – auf Zeit vergeben. In den Karrieren der Ordensritter hatte es einen mittleren Rang. Vereinzelt sind Inventare überliefert, wie sie beim Dt. Orden im Falle des Wechsels von einem Amtsinhaber zum anderen angefertigt wurden. H. Boockmann

Lit.: F. Mager, Der Wald in Altpreußen als Wirtschaftsraum, 1960 – P. G. Thielen, Die Verwaltung des Ordensstaates Preußen, 1965 – J. Sarnowsky, Die Wirtschaftsführung des Dt. Ordens in Preußen, 1993.

Waldburgis → Walburga

Waldeck, Gft. Die Gf.en v. →Schwalenberg, die sich seit 1180 auch nach der Burg W. nannten, errangen im 12. Jh. als Parteigänger des sächs. Hzg.s und späteren Ks.s Lothar III. sowie als Vögte v. →Paderborn und Vizevögte v. →Corvey eine einflußreiche Stellung im sächs.-engr.-westfäl. und hess.-frk. Grenzraum. 1228/29 erhielt Adolf I. (1223–71) im Zuge einer Neuordnung des versprengt liegenden Hausbesitzes die Herrschaftsrechte im Gebiet der späteren Gft. W. In Konkurrenz zu den mächtigen Nachbarterritorien (Erzstifte Köln und Mainz, Hochstift Paderborn, Lgft. Hessen) bauten seine Nachfolger bis ins 14. Jh. einen zusammenhängenden Herrschaftsbereich zw. dem Diemeltal und dem Ederbergland auf. Der Konsolidierungsprozeß kulminierte in dem Erbstatut v. 1344, das die Landeseinheit sichern sollte und in der kgl. Anerkennung der Reichsunmittelbarkeit (1349). Danach stagnierte die territorialpolit. Entwicklung. Mehrere Landesteilungen führten seit 1397 zu einer Zersplitterung des Hauses in zwei, ztw. in drei Linien. Finanzielle Schwierigkeiten zwangen zu umfängl. Besitzverpfändungen. Infolge der Lehnsauftragungen an Hessen v. 1431/38 geriet W. im Verlauf des 15. Jh. in eine immer größere Abhängigkeit von der →Lgft. Hessen. K. Murk

Lit.: U. Bockshammer, Ältere Territorialgesch. der Gft. W., 1958 – W. LK, hg. B. Martin–R. Wetekam, 1971.

Waldemar

1. **W. I. d. Gr.**, *Kg. v.* →*Dänemark* (C. II), * 14. Jan. 1131, † 12. Mai 1182 in Vordingborg, ⌂ Ringsted, Marienkirche (jetzt St. Bendt), Sohn v. Hzg. →Knud Laward und Ingeborg v. Novgorod; ∞ Sophia v. Minsk (* um 1141, † 5. Mai 1198; ∞ in 2. Ehe →Ludwig III., Lgf. v. Thüringen), eine Tochter des Fs.en Volomar v. →Minsk und der Richiza. Der kurz nach dem gewaltsamen Tod des Vaters

geborene W. wurde erzogen im Hause des seeländ. Häuptlings aus dem mächtigen Adelsgeschlecht der Hvide, Asser Rig, dessen Söhne →Absalon (1128–1201) und Esbern (1127?–1204) W.s enge Vertraute wurden. Anfangs stand W. auf seiten seines älteren Verwandten →Svend III., Sohn Erichs II. und Halbbruder Knud Lawards (dessen Verehrung Svend und W. förderten: 1146 'unkanon.' Elevatio), im Kampf gegen den Konkurrenten Knud, Sohn des Mörders von Knud Laward. Nach der Doppelwahl v. 1146 erhielt W. von Svend das Amt des 'praefectus' der Bf.sstadt →Schleswig. Nach wechselvollem Verlauf des Bürgerkrieges (1152 Ausgleich durch Vermittlung Barbarossas, 1153 Bruch Svends mit den Hvide) wechselte W. 1153 die Partei, verlobte sich 1154 mit Knuds Halbschwester Sophia und ließ sich im selben Jahr gemeinsam mit Knud auf dem Viborger Landesding zum Kg. wählen. Nachdem der erst 1157 aus dem Exil zurückgekehrte Svend sich zunächst mit einer erneuten Teilung (Jütland wurde W. zugesprochen) abfand, suchte er im »Roskilder Blutfest« (9. Aug. 1157) W. und Knud zu töten. W. entkam dem Anschlag, besiegte Svend im Endkampf (23. Okt. 1157) und gewann damit die Alleinherrschaft über Dänemark.

Durch eine Politik der inneren Versöhnung konnte W. die Herrschaft insgesamt festigen, trotz mehrerer Aufstände (1167, 1176–77, Schonen 1180–83). Außenpolitisch pflegte W. zunächst ein gutes Verhältnis zu Barbarossa (gegen den gefährl. Nachbarn Heinrich d. Löwen), sa zur Eidesleistung gegenüber dem Ks. und zur ztw. Anerkennung des schismat. Papstes Viktor IV. (1162) führte.

Die Verteidigung Dänemarks wurde gesichert durch den starken Ausbau des →Danewerks in Backstein ('Waldemarsmauer') und die Errichtung oder Erneuerung von Festungen und Wehrtürmen an strateg. wichtigen Zugängen (Nyborg, Sprogø, Taarnborg bei Korsør, Kalundborg, Vordingborg, Kopenhagen, Helsingborg).

Eine Hauptaufgabe sah der Kg. in der Unterwerfung der Westslaven (Wenden), deren Einfälle die süddän. Inseln bedrohten und gegen die W. zw. 1159 und 1185 fast alljährl. Flottenzüge durchführte. Am 15. Juni 1169 wurde die Tempelburg →Arkona auf →Rügen zerstört, die →Ranen zur Annahme des Christentums verpflichtet. 1185 mußten die Fs.en v. →Pommern die dän. Oberhoheit anerkennen. Auch in →Norwegen suchte W. Fuß zu fassen (Herrschaft über die Oslofjordregion Viken, Anerkennung als Lehnsherr); sein Erfolg 1170 verschaffte ihm freie Hand in der südl. Ostsee.

Papst Alexander III. hatte 1165/66 das dän. Erbkgtm. (als Gegenleistung für die Aussöhnung W.s mit Ebf. →Eskil v. Lund) anerkannt. 1166 ließ W. seinen Sohn →Knud (VI.) durch die Flottenmannschaft bei Stralsund zum Mitkg. designieren; am 25. Juni 1170 fand in Ringsted die Doppelfeier der Kanonisation Knud Lawards und der Krönung Knuds VI. statt, ein Ausdruck der neuen Ideologie des dän. Kgtm.s; Grundlage des Selbstverständnisses war nun nicht mehr die Nachahmung des Ks.s, sondern die Imitatio Christi.

Der persönl. Anteil W.s an Regierungsentscheidungen läßt sich wegen der engen Zusammenarbeit W.s mit seinen Ratgebern, z.T. Angehörigen des Hvide-Verbandes, kaum feststellen. Th. Riis

Lit.: DBL³ XV, 233–236 – J. Gallén, Vem var Valdemar den Stores drottning Sofia? (Beretning. Det nordiske Historikermøde i København, 1971), 80f. – N. Skyum-Nielsen, Kvinde og Slave, 1971 – Th. Riis, Les institutions politiques centrales du Danemark 1100–1332, 1977 – B. Sawyer, Saxo – Valdemar – Absalon, Scandia 51, 1985, 33–60 – M. Riddersporre, Alltid på väg, Fortid og Nutid 35, 1988, 17–26.

2. W. II. Sejr ('der Sieger'), *Kg. v. →Dänemark* (C. II und D. I), * vor 21. März 1168, † 28. März 1241 in Vordingborg, ☐ Ringsted, Marienkirche (jetzt St. Bendt), Sohn von Kg. Waldemar I. und Sophia v. Minsk (um 1141–98); ⚭ 1. 1205 Dagmar (Dragomir), † 24. Mai 1212 in Ribe, ☐ Ringsted, Marienkirche (jetzt St. Bendt), Tochter von Ottokar I. v. Böhmen († 1230) und Adela v. Meißen († 1211); 2. 1214 (Mai) Berengaria, † 27. März 1221, ☐ Ringsted, Marienkirche (jetzt St. Bendt), Tochter von Sancho I. v. Portugal (1154–1211) und Dulce († um 1198).

W. erscheint als Briefzeuge am 21. März 1183 und muß daher spätestens Anfang 1168 geboren sein. Das Friedensabkommen mit Norwegen 1170 sah vor, daß W. das norw. Hzm. übernehmen sollte und gegebenenfalls auch das Reich, falls Kg. →Magnus (Erlingsson) ohne ehel. Kinder sterben würde. Dieser Plan wurde nicht verwirklicht, dafür erscheint W. seit 1183 in Dänemark als Hzg., 1189 als 'dux Daciae'. Es ist nicht ganz klar, ob der Hzg.stitel sich schon in den 1190er Jahren auf →Schleswig und nicht auf Dänemark bezog; als Kg. führte W. 1202–14 neben dem Kg.stitel die Titel 'dux Jutiae et dominus Nordalbingiae'. Nachdem Friedrich II. die dän. Eroberungen nördl. der Elbe und der Elde abgetreten hatte (Jahreswende 1214/15), wurden diese – wie das 1219 eroberte Nordestland – dem dän. Reich einverleibt. W. führte daher seit 1215 nur mehr den Kg.stitel.

Es gelang W. 1192, durch die Gefangennahme des aufständ. Bf.s →Waldemar v. Schleswig die Erhebung zu unterdrücken; in den 1190er Jahren leitete er eine Expansionspolitik gegen →Holstein ein. 1201 unterstellte sich →Lübeck der dän. Oberhoheit, und 1203 war die dän. Eroberung Nordalbingiens abgeschlossen. Als W.s Bruder →Knud VI. am 12. Nov. 1202 kinderlos verstarb, wurde W. nicht zuletzt wegen seines Hzg.samtes und seiner militär. Erfolge mit Selbstverständlichkeit als Nachfolger anerkannt; Weihnachten 1202 wurde er im Dom v. →Lund gekrönt.

Durch die Eroberung Holsteins war die ganze südwestl. Ostseeküste bis Preußen unter dän. Herrschaft gekommen; eine dän. Kolonisation von Bedeutung scheint aber nicht stattgefunden zu haben. Dafür bestand aber schon seit der Zeit Knuds VI. Interesse an einer Gründung von Stützpunkten an den Handelswegen im inneren Ostseeraum, was zu Feldzügen gegen →Ösel 1206, →Preußen 1210 und →Estland 1219 und zur dän. Etablierung in Nordestland führte.

Im Mai 1223 wurden W. und sein gleichnamiger Sohn und Mitkg. von Gf. Heinrich v. →Schwerin überfallen und gefangengenommen; mit Einverständnis Friedrichs II. bildete sich schnell eine antidän. Koalition norddt. Fs.en. Verhandlungen i. J. 1224 erreichten kein endgültiges Ergebnis, dafür konnte die Fs.enkoalition im Jan. 1225 das prodän. Heer bei Mölln schlagen. Durch den endgültigen Vertrag (Nov. 1225) wurde die Südgrenze Dänemarks wieder an der Eider und der Levensau festgelegt; W. mußte für sich und seinen Sohn Lösegeld zahlen, behielt aber →Rügen. Nach der Befreiung der beiden Fs.en (1226) versuchte W., die verlorenen Gebiete mit Heeresmacht zurückzugewinnen, wurde aber in der Schlacht v. →Bornhöved (22. Juli 1227) geschlagen. Er unternahm keine weiteren Eroberungsversuche in Norddtl. konzentrierte sich nunmehr stärker auf Estland. Nach langjährigen Kämpfen wurde das Land zw. Dänemark und dem →Dt. Orden geteilt (Vertrag v. Stensby, 1238).

In seiner Außenpolitik betrieb W. eine Politik des Gleichgewichts gegenüber der stärksten Macht in Dtl. In diesem Zusammenhang sind auch die guten Beziehungen zum Papst zu sehen, der ihn in der dt. Politik, in den balt. Kreuzzügen und in der Ehefrage von W.s Schwester →Ingeborg (⚭ Philipp II. Augustus v. Frankreich) unterstützte. In Norwegen und Schweden bemühte sich W., durch eine (auch militär.) Interventionspolitik (z. B. Norwegen 1204) den dän. Einfluß zu stärken.

Die Herrschaft W.s war in Dänemark so gefestigt, daß W. 1218 seinen gleichnamigen Sohn krönen konnte. Nach dessen Tod 1231 wurde sein zweiter Sohn →Erik IV. 1232 zum Mitkg. gekrönt; die jüngeren Söhne wurden mit Lehen versorgt. Innenpolit. war die Zeit nach 1227 eine fruchtbare Reformzeit: Die Verwaltung W.s verschaffte sich Überblick über die kgl. Einkünfte ab 1231 (→Erdbuch Waldemars II.), und zehn Jahre später, wenige Wochen vor W.s Tod, wurde das große Gesetzgebungswerk für Jütland mit der Verabschiedung des Jüt. Rechts (→Jyske Lov) abgeschlossen. Th. Riis

Q.: Diplomatarium Danicum, I. R., 3–7 – Danmarks middelalderlige annaler, hg. E. KROMANN, 1980 – *Lit.*: DBL³ XV, 236–238 [Lit.] – E. HOFFMANN, Die Bedeutung der Schlacht v. Bornhöved f. d. dt. und skand. Gesch., Zs. d. Vereins f. Lübeck. Gesch. u. Altertumsk. 57, 1977, 9–37.

3. W. III., *Kg. v.* →*Dänemark, Hzg. v.* →*Schleswig,* * um 1315, † 1364; Sohn von Hzg. Erik II. v. Schleswig († 1325) und Adelheid v. Holstein, ⚭ Richardis († spätestens 1386), Tochter des Gf.en Guncelin v. Schwerin. – W. wurde nach dem Tod des Vaters Hzg. v. Schleswig. Der Anspruch Kg. →Christophs II. v. Dänemark, die Regentschaft für den unmündigen W. als dessen Lehnsherr zu übernehmen, wurde von W.s Oheim, →Gerhard III. v. Holstein, abgelehnt; dieser trat nunmehr selbst als Vormund auf. Die Erhebung gegen Christoph II. führte zur Wahl W.s als Kg. v. Dänemark mit Gerhard III. als Reichsverweser und Hzg. v. Schleswig (1326; →Constitutio Valdemariana). Als Christoph II. wieder auf den dän. Thron kam (1329), erhielt W. sein Hzm. zurück, verblieb aber bis 1336 unter der Vormundschaft des Oheims, obwohl er als Fünfzehnjähriger nach dän. Recht mündig geworden war. Den Pfandbesitz Gerhards III. in Jütland mußte W. am 11. Febr. 1340 gegen Schleswig austauschen; nach dem Tode Gerhards im selben Jahr blieb Schleswig bei den Söhnen Gerhards III. verpfändet. Nachdem Kg. →Waldemar IV., seit 1340 mit der Schwester W.s verheiratet, allmähl. die verpfändeten Teile Jütlands eingelöst hatte, erhielt W. Schleswig zurück, wenn auch der Wiedererwerb Gottorfs mit dem s. Teil des Hzm.s nicht gelang.

In den 40er Jahren des 14. Jh. stützte W. sich auf seinen dän. Schwager gegen die Gf.en v. Holstein, war aber in den 50er Jahren an der Opposition gegen Waldemar IV. beteiligt. Mit seinem Sohn Heinrich nahm W. an der Versöhnung mit dem Kg. 1360 teil. Die Herrschaft W.s in Schleswig war eher schwach, v. a. weil die hzgl. Finanzen von einer ähnl. Krise betroffen wurden, wie sie um 1300 Dänemark erfahren hatte, was zu Veräußerungen und Verpfändungen der hzgl. Einkünfte zugunsten des holstein. Adels führte. Th. Riis

Q.: Diplomatarium Danicum II. R. 9–12; III. R. 1–7 – *Lit.*: DBL³ XV, 239 [Lit.] – J. KANSTRUP, Valdemar III's regering og Christoffer II's tilbagekomst, HTD 12, Rk. VI, 1973, 1–20 – E. HOFFMANN, Gesch. Schleswig-Holsteins, 4, 2, 1990 – N. SKYUM-NIELSEN, Fruer og Vildmænd, I–II, 1994–97.

4. W. IV., *Kg. v. Dänemark,* * um 1321, † 24. Okt. 1375 auf Burg Gurre, ⬜ Vordingborg, 1377 in die Klosterkirche von Sorø überführt. Sohn Kg. →Christophs II. und Euphemias v. Pommern (um 1285–26. Juli 1330). ⚭ 1340 Helwig († 1374, ⬜ Esrom, Klosterkirche), Tochter Hzg. Erichs II. († 1325) v. Schleswig u. Adelheids v. Holstein.

Als W. um 1336 mündig wurde, gab es in Dänemark keine zentrale Regierung, und die Herrschaft über die einzelnen verpfändeten Provinzen wurde von den Pfandherren ausgeübt. 1334 scheiterte ein Aufstand von W.s älterem Bruder Otto, aber Ks. Ludwig d. Bayer ermöglichte seinem gleichnamigen Sohn, zw. W. und dem Gf.en →Gerhard III. v. Holstein zu vermitteln. W.s Privilegien für Anklam und Greifswald (1338) zeigen, daß er seine Machtübernahme in Dänemark vorbereitete, die sich aber erst nach dem Tode Gerhards III. verwirklichen ließ. Hzg. Waldemar v. Schleswig (Kg. →Waldemar III.) übernahm Jütland nördl. der Königsau als Pfand, während Schleswig den Gf.en v. Holstein verpfändet wurde. W. wurde als Kg. v. Dänemark anerkannt mit dem Recht, das verpfändete Land einzulösen. Als Mitgift der Schwester Hzg. Waldemars erhielt er das Lehen Aalborghus mit dem Land nördl. des Limfjords.

W. begann mit der Einlösung Seelands, wobei ihm der Roskilder Bf. wichtige Dienste leistete. →Kopenhagen wurde ihm zur Verfügung gestellt, und in den kommenden Jahren erwarb W. eine Burg nach der anderen durch Eroberung oder durch Einlösung des Pfandes. Geldmittel bekam W. durch die Einkünfte der eingelösten Burgen, durch Steuern sowie durch den Verkauf von Kronrechten, z. B. auf Schonen oder in →Estland (das er gegen Geldzahlung an den →Dt. Orden abtrat). 1349 hatte W. die kgl. Herrschaft über die Seeländ. Inselgruppe, über den größten Teil Jütlands und einen Teil Fünens wiederhergestellt. Während der 1350er Jahre gelang es ihm, auch die restl. Provinzen zurückzugewinnen (die letzten Teile Fünens scheinen jedoch erst um die Mitte der 1360er Jahre unter kgl. Herrschaft gelangt zu sein). Nach der Aussöhnung zw. Regierung und Opposition im →Landfrieden von 1360 eroberte W. →Schonen zurück und im darauffolgenden Jahr →Gotland. Seine Expansionspolitik rief die wendischen Hansestädte auf den Plan (→Hanse). Im ersten Hansekrieg, in dem es um die Herrschaft über Schonen und den schonischen Markt ging, konnte sich W. erfolgreich behaupten, unterlag jedoch im zweiten Hansekrieg (1367–70 mit dem Kriegsziel der Freiheit des Handels und der Schiffahrt in Dänemark und Norwegen) gegen das Bündnis hansischer und nichthans. Städte gegen Dänemark und Norwegen (→Kölner Konföderation 1367, →Stralsund, Friede v. 1370). Während der letzten Jahre seiner Regierung war W. bestrebt, die Herrschaft über Schleswig zu gewinnen; er starb aber, bevor er diese Pläne verwirklichen konnte.

W. sorgte für gute Beziehungen zum Papst, den er 1364 besuchte, zum Ks. (sowohl zu Ludwig d. Bayern als auch zu Karl IV.) und zu Mecklenburg, das ihm ein wertvoller Verbündeter gegen Schweden und die Gf.en v. Holstein sein konnte. Eine von W. 1353 vorgeschlagene Zusammenarbeit mit Frankreich gegen England wurde wegen der Gefangennahme des frz. Kg.s (1356) nicht verwirklicht.

Innenpolit. war W. bemüht, vakante Ämter in der Kirche mit loyalen Personen zu besetzen sowie die Einkünfte, v. a. durch eine rigorose Steuerpolitik, zu vermehren. Die Wiederherstellung der kgl. Machtstellung in Dänemark durch W. ist teilw. dem gemeinsamen Wunsch norddt. Mächte nach Beendigung des dän. Interregnums zu verdanken, sie wurde aber durch das polit. Talent W.s erhebl. gefördert, der seine Gegenspieler richtig einzuschätzen verstand und die jeweils zielführenden Mittel geschickt einsetzte. Th. Riis

Q.: Diplomatarium Danicum, 2. R. XI–XII; 3 R. I–IX – Danmarks middelalderlige annaler, hg. E. KROMAN, 1980, 123–144 – *Lit.*: DBL³

V, 1984, 239–243 [Lit.] – N. Skyum-Nielsen, Fruer og Vildmænd I, 1994, 262–266; II, 1997, 1–70 [Lit.] – Ders., Kg. W. V. Atterdag v. Dänemark. Persönlichkeit und Politik, HGBll 102, 1984, 5–20.

5. W., *Hzg. v. Schleswig*, * spätestens 1268, † zw. 26. März und 7. Juli 1312, ▭ Dom zu Schleswig. Sohn von Hzg. Erich Abelsen († 1272) und Margarete v. Rügen († 1272); ∞ 1. 1287 Elisabeth v. Sachsen-Lauenburg († 1285); 2. 1306 Anastasia (∞ 2. 1313 Gf. Gerhard IV. v. Holstein), Tochter von Gf. Nicolaus v. Schwerin-Wittenburg. Beim Tod des Vaters wurde der unmündige W. unter die Vormundschaft seines Lehnsherrn, des Kg.s v. Dänemark, gestellt. Nach Erreichung der Volljährigkeit erhielt er 1283 das Hzm. als Lehen, verlor jedoch 1295 einen Prozeß gegen den Kg. um das Krongut, die Insel Alsen und bestimmte Regalienrechte. Sein Versuch, den Besitz der Krone in Schleswig mit Gewalt an sich zu bringen, scheiterte; W. wurde gefangengenommen und erst im Frühjahr 1286 wieder freigelassen. Nach der Ermordung Kg. →Erichs V. erhielt W. alle Gebiete, die sein Vater früher besessen hatte (Alsen, Langeland, Teile des südl. Fünen) und wurde zum Reichsverweser für den unmündigen Kg. Erich VI. bestellt, nahm dieses Amt aber nur wenige Monate wahr. In den 1290er Jahren unterstützte er Forderungen der norw. Kg.sfamilie auf Besitz in Dänemark, mußte aber nach der gescheiterten Aktion 1297 den erbl. Besitz auf Fünen an den dän. Kg. abtreten und auf die Ansprüche auf Alsen, Ærø und Fehmarn verzichten. In der Außenpolitik versuchte W. seitdem, durch die Anlehnung an Norwegen und die schwed. Opposition ein Machtgleichgewicht gegenüber Dänemark zu finden, ohne es jedoch zum Bruch kommen zu lassen. – W. versuchte, seine Städte gezielt durch Privilegien (Schleswig [mehrmals], Svendborg, Taaborg, Rudkøbing 1287–88) und Stadtrechte (1292 Haderslében, 1284 Bestätigung des Stadtrechts v. Flensburg) zu fördern und durch Handelsprivilegien fremde Kaufleute heranzuziehen. Th. Riis

Q.: Dipl. Dan. II. Rk. 3–6 – Danmarks middelalderlige annaler, hg. E. Kroman, 1980 – Danmarks gamle Købstadlovgivning, hg. E. Kroman, I, 1951 – *Lit.*: DBL³ XV, 1984, 244 [Lit.] – N. Skyum-Nielsen, Fruer og Vildmænd I, 1994

6. W., Bf. v. →*Schleswig*, * 1157/58, † April 1236, ▭ 28. April Abtei SOCist →Loccum. Als nachgeborener Sohn des dän. Kg.s Knud Magnusson, der am 9. Aug. 1157 von Kg. →Svend Grathe umgebracht wurde, konnte W., ähnlich wie sein (Halb)bruder, der hl. Niels v. Aarhus, Erbansprüche auf den dän. Thron erheben. Nach Studien in Paris wurde W. 1178/82 Bf., 1187/88 geweiht (Klosterreform der Abtei St. Michael OSB durch Zisterzienser: Verlegung nach Guldholm, späteres Ruhe-Kl.), 1192 zum Ebf. v. →Hamburg-Bremen gewählt, 1193 jedoch infolge seines unabhängigen polit. und militär. Handelns (gegen →Dithmarschen) von Kg. →Knud VI. in Gewahrsam genommen und, trotz vielfacher gerichtl. Schritte der röm. Kurie, bis 1206 gefangengehalten. Papst Innozenz III. verweigerte ihm schließlich 1207 die Bestätigung der Wahl für Hamburg-Bremen und setzte ihn 1208 auch in Schleswig ab. T. Nyberg

Lit.: Gams VI: II, 1992, 114–116 [Ch. Radtke].

Waldemar-Erichsches Lehnrecht, von der Vasallenschaft →Harrien-Wierlands unter Kg. →Erich VI. Menved v. Dänemark angebl. 1315 erlangte Aufzeichnung des seit →Waldemar II. angewandten Rechts. Statt ursprgl. Belehnungsarten (auch dän. Dienst- und Amtslehen) war den meist dt. Vasallen schon 1252 das Mannlehnrecht (ähnl. dem →Sachsenspiegel) bestätigt worden; Töchter hatten nur Anspruch auf Versorgung (Leibzucht). So kam →Heimfall häufig vor. Durch ihr Gewicht gegenüber der schwachen dän. Krone konnte die Vasallenschaft die Festschreibung weiterer Rechtsgewohnheiten erreichen. Im W.-E.n L. wird eingangs auf die von äußeren Feinden drohende Gefahr und auf Unsicherheit im Lande selbst hingewiesen. Den Vasallen wird die hohe Gerichtsbarkeit über ihre Bauern zugesprochen, der Landesrat als zweite, inappellable Instanz erwähnt, das Mannlehnrecht durch Gesamthandbelehnung von Brüdern und sogar nicht verwandten Personen mit einem ungeteilten Lehen ergänzt. 1329 erlangte die Ritterschaft von →Christoph II. die Erweiterung des Erbrechts auf die weibl. Nachkommen und 1397 unter dem →Dt. Orden vom Hochmeister →Konrad v. Jungingen die *Jungingensche Gnade*: die Erbberechtigung der Seitenverwandten bis zum 5. Grade. So waren Mannlehnrecht und Gesamthandrecht aufgehoben, die Familien- und Ritterschaftsbande und die Bindung an das Land gefestigt und ein sozialer Ausgleich zwischen reichen und weniger begüterten Familien angebahnt. →Esten, Estland, IV; →Livland, C. III.
H. von zur Mühlen

Q. *und Lit.*: F. G. v. Bunge, Altlivländ. Rechtsbücher, 1879 – C. Schilling, Die lehn- und erbrechtl. Satzungen des W.-E.n Rechts, 1879 – A. v. Gernet, Die Harrisch-Wirische Ritterschaft…, I, 1893 – A. v. Transehe-Roseneck, Zur Gesch. des Lehnswesens in Livland, MittLiv 18, 1903 – → Esten, Estland [R. Wittram, 1954; P. Johansen, 1933; W. Baron Wrangell, 1967].

Waldemars seeländisches Recht (dän. *Valdemars sjælandske lov*; in den älteren Hss. *sialanzfarœ logh*, in den jüngeren *Valdemars sællandske lov* gen.), älteres der beiden Rechtsbücher der dän. Landschaft (→Landschaftsrechte) Seeland (mit Møn, Lolland und Falster; →Eriks seeländ. Recht). Es herrscht Einigkeit darüber, daß W. s. R. eine private Rechtsaufzeichnung ('Rechtsbuch') ist, die man fälschlicherweise (u. a. auch im Erstdr. 1769) Kg. →Waldemar I. (1157–82) zugeschrieben hat. Die Datierung schwankte in der älteren Forsch. zw. 'jüngster' und 'ältester' dän. Rechtsaufzeichnung.

W. s. R. ist in einer älteren und in einer jüngeren Redaktion für Seeland sowie einer der älteren Redaktion nahestehenden Redaktion für →Schonen unter der Bezeichnung *Arveret og Orbodemål* ('Erbrecht und unbüßbare Sachen') überliefert. Während in der schonischen Redaktion noch von der Eisenprobe (in Dänemark sonst 1241 abgeschafft) die Rede ist, wird dieses Beweismittel in den seeländ. Redaktionen durch eine Jury (*nævn*) ersetzt. Inzwischen ist man der Ansicht, daß die schonische Redaktion von W. s. R. schon vor der Entstehung des →Schonischen Rechts (1202/16) in Schonen verbreitet war und daß das Schonische Recht eine Erweiterung (um Familien- und Eigentumsrecht, Dorfrecht) der schonischen Redaktion von W. s. R. darstelle (Brøndum-Nielsen, Kroman). Im seeländ. Bereich führten die auf den schonischen Erweiterungen basierenden inhaltl. Ergänzungen (Familien- und Dorfrecht, Totschlagssachen, Diebstahl) nach 1241 zur Ausarbeitung der jüngeren Redaktion von W. s. R.
H. Ehrhardt

Ed.: Danmarks Gamle Landskabslove, VII–VIII, 1940–41 – *Dt. Übers. der schon. Redaktion*: C. v. Schwerin, Germanenrechte, VIII, 1938, 157–194 – *Neudän. Übers.*: E. Kroman–S. Iuul, Danmarks gamle Love paa Nutidsdansk, I, 1945, 197–270 – *Lit.*: KL XIX – K. v. Amira–K. A. Eckardt, Germ. Recht, I, 1960, 88–90 – J. Brøndum-Nielsen, Om Sprogformen i de sjællandske Love, Acta philologica Scandinavica 29, 1973, 81–110 – Danmarks gamle Love. Deres Alder og indbyrdes Slægtskab, ebd. 29, 1973, 111ff.

Waldemarsmauer → Danewerk

Walden, Roger, Ebf. v. →Canterbury 1397–99, † 6. Jan. 1406 in Much Hadham (Hertfordshire), ▭ London, Kathedrale; von bescheidener Herkunft aus Saffron Walden (Essex). Er war Schreiber des Kg.s, offenbar im →Exchequer, seit 1387 Schatzmeister v. Calais und manchmal mit diplomat. Aufträgen betraut. Als Sekretär Richards II. verwaltete er das →Signet-Amt wie ein kgl. Sekretariat. Er häufte nun mehrere Ämter an. 1395-98 bekleidete er das Amt des Treasurer of the Exchequer. Als Thomas →Arundel von Kg. Richard verbannt wurde, erhielt er 1397 den Ebf.sstuhl v. Canterbury. Er wurde vertrieben, als Arundel 1399 mit Heinrich IV. nach England zurückkehrte. Papst Bonifaz IX. erklärte willfährig W.s Ernennung für ungültig. Dieser trug nun den Titel eines Titularbf.s. Unter dem Verdacht der Beteiligung an der Verschwörung gegen Kg. Heinrich verhaftet, wurde er 1400 für unschuldig erklärt. Er erhielt einige kgl. Gunstbezeugungen, einschließl. der Erlaubnis, die Ernennung zum Bf. v. London durch Papst Innozenz VII. sechs Monate vor seinem Tod anzunehmen. →Adam of Usk war beeindruckt von W.s guter Laune, die er trotz seines Unglücks behielt. R. L. Storey

Lit.: DNB XX, 481-483 – R. G. Davies, Richard II and the Church in the Years of 'tyrrany', Journal of Medieval Hist. 1, 1975, 341-343.

Waldenser, Waldensertum. Der Begriff W. (Valdenses) gewann in der Gesch. und Geschichtsschreibung eine weite Bedeutung. Er wurde in kirchl. Kreisen für die Anhänger des →Valdes geprägt, der sich in den frühen 70er Jahren des 12. Jh. in Lyon zur evangel. Armut und zu einem Leben in apostol. Nachfolge bekehrt hatte. Die Anhänger des Valdes selbst bezeichneten sich jedoch (in Anlehnung an das Evangelium) als »Pauperes Christi« (Arme Christi) oder »Pauperes Spiritu« (Arme im Geiste) bzw. »Pauperes de Lugduno« (Arme von Lyon). Entsprechend den verschiedenen Entwicklungen, die das W.tum im Lauf der nächsten Jahrzehnte nahm, treten auch verschiedene Bezeichnungen dafür auf, aus denen sein aus mehreren Elementen zusammengesetzter Charakter hervorgeht, so daß man seit dem Ende des 12. Jh. eher von waldens. Strömungen als von einem einheitl. W.tum sprechen kann. Dieser heterogene Charakter ist letztl. die Ursache für die Brüche, die zw. den einzelnen Richtungen entstanden und um 1205 zur Abspaltung der »Pauperes Lombardi« von den »Pauperes de Lugduno« führte. Die von der patarin. Tradition (→Pataria) beeinflußte radikalere Ausrichtung der W.gruppen in Nord- und Mittelitalien löste sich von der engen Bindung an die Orthodoxie, an der Valdes und seine treuesten Anhänger stets festgehalten hatten. Obgleich also Valdes und seine »fratres« im rechten Glauben verbleiben wollten, belegte sie Papst Lucius III. 1184 in der Dekretale »Ad abolendam« mit dem Anathema. Der Hauptgrund für diese Entscheidung des Papstes ist darin zu sehen, daß er damit nicht in erster Linie Abweichungen von der kath. Glaubenslehre, sondern eine undifferenzierte Reihe von Verstößen gegenüber dem kirchlichen Gehorsam unterdrücken wollte, v. a. in bezug auf die Predigttätigkeit der W., die sie ohne Autorisierung durch die kirchl. Hierarchie ausübten. Valdes und die »Pauperes de Lugduno« beanspruchten aufgrund ihrer Lebensentscheidung, »Arme Christi« zu werden, das Recht, das Evangelium zu predigen. →Durandus v. Huesca, ein Kleriker der ersten Generation der Armen von Lyon, sah in Valdes einen neuen Apostel, der – trotz seines Mangels an Gelehrsamkeit – von Christus selbst erwählt worden sei, die Botschaft des Evangeliums zu verkünden, die die sündigen Männer der Kirche nicht zu verbreiten imstande wären, so daß der wahre Glaube durch die Irrlehren der dualist. Häretiker (→Katharer) in höchste Gefahr geraten sei. Die Linie der Orthodoxie, an der Valdes und die erste Generation seiner Anhänger festhielten, die auf dem 3. Laterankonzil 1179 eine Bestätigung erhielt und die auch auf einer Synode in Lyon 1179/80 durch die Ablegung des Glaubensbekenntnisses und die Darlegung des Lebensziels bekräftigt wurde, ist trotz der päpstl. Verurteilung kohärent weitergeführt worden und bildete einerseits die Basis verschiedener Richtungen und Gruppierungen (»Tortolani«, »Communiati«, »Rebaptizati«), die sich noch zu Valdes' Lebzeiten formierten, andererseits nach dessen Tod die Grundlage für den Anschluß an die röm. Kirche, den zur Zeit Innozenz' III. Durandus v. Huesca und dessen Gefährten sowie Bernhard Prim und dessen Anhänger durchführten: 1208 und 1210 entstanden so als neue Ordensgemeinschaften die →»Pauperes catholici« (Katholische Arme) und die »Pauperes reconciliati« (Rekonziliierte Arme), die sich die Predigt gegen die Häretiker, v. a. gegen die dualist. »boni christiani« im Süden Frankreichs zum erklärten Ziel gesetzt hatten. Beide Orden, »Pauperes catholici« und »Pauperes reconciliati«, hatten keine lange Lebensdauer, da sie als »Ex-Häretiker« nicht überall gern gesehen waren und die neuen →Bettelorden der Franziskaner und Dominikaner größere Anziehungskraft besaßen.

Parallel dazu zeigten sich Tendenzen, die mit einer Eingliederung in die kirchl. Hierarchiestrukturen weit weniger vereinbar waren, da sie Positionen radikaler christl. Religiosität vertraten, die auf einem persönl., schlichten, aber nicht simplifizierenden Verständnis des Evangeliums beruhten. Als Ausdruck derartiger Tendenzen sind die Vermischungen und Verbindungen verschiedener größerer und kleinerer Gruppierungen anzusehen. 1218 fand in der Nähe von Bergamo eine Versammlung der »societas fratrum Ultramontanorum« und der »societas fratrum Ytalicorum« statt. Die beiden »societates« sind anscheinend die größten Gruppierungen der »Pauperes de Lugduno« und der (nicht mit der Amtskirche rekonziliierten) →»Pauperes Lombardi« nach der Krisenzeit, die auf Valdes' Tod († wahrscheinl. zw. 1205 und 1207) und die schweren Spaltungen durch neuerl. Wiedervereinigungen mit der Röm. Kirche gefolgt war. In Bergamo versuchte man, die größten Gruppierungen der sich auf Valdes zurückführenden W.bewegung zu vereinigen; wir wissen aber nicht, mit welchem Ergebnis. – In der Folgezeit verstärkte sich der Kampf der Amtskirche gegen die Häresien und führte zur Ernennung eigener, auf die Unterdrückung des Ketzertums spezialisierter Richter (Inquisitoren) durch den hl. Stuhl. W. und Häretiker wurden dadurch zu gesellschaftl. Randgruppen und mußten sich der Verfolgungen häufig durch ein Leben im Untergrund entziehen. In den frühen 30er Jahren des 13. Jh. hatten »heterodoxe« Kirchen, Gruppen und Bewegungen, unter hist. Gesichtspunkt betrachtet, eine definitive Niederlage erlitten.

Zum Unterschied von den dualist. »Guten Christen« (→Katharer) lebten die W. in verschiedenen Teilen Europas weiter, hielten miteinander Kontakt und legten Zeugnis für das Evangelium ab. Man darf allerdings nicht ohne weiteres annehmen, daß die von den Inquisitoren seit dem späten 13. Jh. als »Valdenses« oder »Pauperes de Lugduno« bezeichneten und bekämpften Personengruppen stets und überall mit den ursprgl. »Armen von Lyon« in Verbindung zu setzen sind. Ohne Zweifel bestand jedoch ein durch die Kontinuität aufeinanderfolgender Generationen von Wanderpredigern dokumentierbares W.tum weiter. Ein Beispiel dafür sind die Aussagen des Diakons Raimund v. Sainte-Foy vor Jacques Fournier, dem Bf. v.

Pamiers und späteren Papst Benedikt XII., der ihn zw. Aug. 1319 und April 1320 einem Verhör unterzog. Diese Aussagen betreffen eine kleine Gruppe von Wanderpredigern im frz. Midi, Burgund und Norditalien, die aber vermutl. auch Kontakte mit dem dt. und österr. Raum hatten. Ihre Lebensform inspirierte sich an den urchristl. Gemeinden; sie erfuhren eine in weitestem Sinn klerikale Ausbildung, zogen jeweils zu zweit umher, erfüllten seelsorger. Aufgaben an ihren (nicht zahlreichen) »credentes«, hielten Predigten, nahmen die Beichte ab und versammelten sich, um einen Adepten aufzunehmen, den Vorsteher ihrer Gruppe zu ernennen und das »heilige Abendmahl« am Gründonnerstag zu feiern. Es handelte sich um »Fromme«, die bereit waren, der kirchl. Hierarchie zu gehorchen, wenn diese als Kirche Gottes agierte, aber den Gehorsam verweigerten, wenn die Kirche ihr Wirken auf gesellschaftl. Funktionen ausdehnte oder den Anspruch erhob, in Stellvertretung Gottes zu agieren, indem sie z. B. den Eid vorschrieb oder die Existenz des →Fegfeuers behauptete, was nach ihrer Meinung in evidentem Gegensatz zur Hl. Schrift stand.

Die »waldensische« Interpretation der christl. Botschaft lebte im 14. und 15. Jh. in ganz Europa verstreuten Gruppierungen fort, die im Verborgenen ihre »waldensische« Identität bewahrten und häufig nach außen hin eine angepaßte Haltung zeigten, im Untergrund aber immer Verbindung zu den Wanderpredigern (in den Westalpen »Barba«, Barbe, genannt) hielten.

In der Diaspora gelang es den W.n trotz unzähliger Schwierigkeiten, mit einigen neuen religiösen Strömungen wie dem Hussitentum und dem Taboritentum in Böhmen, im 16. Jh. schließlich mit der Reformation in Kontakt zu kommen.

Nach schwersten Verfolgungen 1487/88 unter Innozenz VIII., der zum Kreuzzug gegen sie aufrief, entschlossen sich an der Wende vom 15. zum 16. Jh. die W. in den Tälern der Cottischen Alpen auf der heute it. und frz. Seite, sich der frankophonen Reformation anzuschließen. Damit änderten sie zwar radikal ihre ursprgl. religiösen Orientierungsmuster, gewährleisteten jedoch die Kontinuität der unterschiedl. Auffassung des Evangeliums, die sich bis in unsere Zeit in den sog. W.tälern des westl. Piemont fortgesetzt hat.
G. G. Merlo

Lit.: G. Thouzellier, Catharisme et Valdéisme en Languedoc à la fin du XIIe et au début du XIIIe s., 1966, 1983^3 – K.-V. Selge, Die ersten W., I–II, 1967 – A. Patschovsky, Der Passauer Anonymus, 1968 – P. Biller, Aspects of the Waldenses in the Fourteenth Cent. [Diss. Oxford 1974] – J. Gonnet – A. Molnar, Les Vaudois au MA, 1974 – G. Merlo, Eretici e inquisitori nella società piemontese del Trecento, 1977 – M. Schneider, Europ. W.tum im 13. und 14. Jh., 1981 – G. Merlo, Valdesi e valdismi medievali, 1984 – P. Segl, Ketzer in Österreich, 1984 – A. Audisio, Les Vaudois du Luberon, 1984 – G. Merlo, Eretici ed eresie medievali, 1989 – G. Audisio, Les »vaudois«. Naissance, vie et mort d'une dissidence (XIIe–XVIe s.), 1989 – Les Vaudois des origines à leur fin (XIIe–XVIe s.), hg. G. Audisio, 1990 – G. G. Merlo, Identità valdesi nella storia e nella storiografia, 1991 – P. Paravy, De la Chrétienté romaine à la Reforme en Dauphiné, I–II, 1993.

Waldenserliteratur, von der Forschung geprägter Begriff, dessen inhaltl. Festlegung seit längerem strittig ist. Den Vertretern einer »extensiven« Interpretation, die unter W. jede wie auch immer geartete Q. (aus verschiedenen Epochen und geogr. Räumen) verstehen, die sich auf die →Waldenser zurückführen läßt, stehen die Vertreter einer »restriktiven« Interpretation gegenüber, die zur W. nur die mit Sicherheit von den Waldensern des alpinen Raums inspirierten Schriften zählen und die von der kath. Tradition oder den Hussiten und Taboriten geprägten Texte ausschließen. Heute neigt die Forschung offenbar dazu, als W. die Werke in bestimmten Hss. zu bezeichnen, die aus dem waldens. Milieu und den Tälern der Cottischen Alpen (Piemont und Dauphiné) stammen und heute in verschiedenen europ. Archiven und Bibliotheken zerstreut sind (in erster Linie in der Univ. bibl. Cambridge, in Genf, im Trinity College, Dublin). Manche Forscher schränken die W. auf die in »okzitanischer« Sprache verfaßten Texte ein; einer Sprache, die wegen ihres »künstlichen«, konstruierten Charakters (man weiß nicht, wie stark sie mit der gesprochenen Sprache übereinstimmt) in der Romanistik noch immer Diskussionsobjekt ist. Jedenfalls scheint ihre Verwendung, ebenso wie paläograph. Besonderheiten (Schriftart, Abkürzungen, Ausschmückung), ein gemeinsames Charakteristikum einer Reihe »waldensischer« Bücher zu sein, unabhängig von deren Inhalt. Gemeinsamkeiten des äußeren Erscheinungsbildes der Hss. (Kleinformat, anscheinend echte Taschenbücher) führen zur Annahme, daß der eigentl. »Kern« der W. in einer Art Skriptorium in einem der Alpentäler (vielleicht im Pragelato-Tal, dem heutigen oberen Val Chisone) entstanden ist. Auch die Entstehungszeit hat eine Reihe von Fragen aufgeworfen, die noch nicht bis ins einzelne geklärt sind. Hinsichtl. der Datierung der Hss. ist man jedoch in einigen Fällen zu hinreichend sicheren Ergebnissen gelangt. Wenn man als Corpus der W. ca. zwei Dutzend Hss. ansieht, so ist ein Viertel davon mit Sicherheit auf die Jahre 1522-30 zu datieren, fast alle anderen scheinen nicht vor dieser Zeit entstanden zu sein. Die literar. Produktion der Waldenser ist demnach mit der wichtigen Phase ihrer Geschichte verknüpft, als die Waldenser des alpinen Raumes sich der protestant. Reformation anschlossen. Eine genaue Datierung der W. ermöglicht es aber, die einzelnen Phasen der alpinen Waldensergemeinden »vor«, »während« oder »nach« der Kontaktaufnahme mit den Reformatoren nördl. der Alpen zu verfolgen.

Ein letzter Problemkreis betrifft die in den Hss. enthaltenen Schriften selbst. Handelt es sich dabei um Originale oder um Abschriften früher entstandener Texte? Sind es Abschriften, stellt sich die Frage nach der Abfassungszeit der Originale und nach deren Zuordnung zum Waldensermilieu. Die Schriften des Corpus sind inhaltlich sehr unterschiedl.: a) Übersetzungen des NT mit anhängenden Teilen des AT, b) eine größere Gruppe umfaßt Texte liturg. (Lektionare und Predigtsammlungen) und moral.-didakt. Charakters, c) dogmat. Schriften und Lehrtraktate, die nur in geringer Anzahl vertreten sind. Schriften der beiden letztgenannten Kategorien liegen häufig in dichter.-allegor. Form vor. Beachtl. ist auch der Anteil von Schriften böhm. Reformatoren, die entweder ganz oder teilweise rezipiert wurden. In ihrer Gesamtheit handelt es sich bei der W. jedoch nicht um Werke, die wesentl. Neues zur Ideen-, Liturgie- und Mentalitätsgeschichte beitragen; ihre Besonderheit liegt vielmehr darin, daß sie in alpinen »Randgebieten« von geringer wirtschaftl. und polit. Bedeutung entstanden sind, die sich aber auf der Basis einer im Untergrund fortlebenden clandestinen religiösen Tradition den neuen Reformströmungen des 15. und 16. Jh. gegenüber aufgeschlossen zeigten und durch ihre Kontakte mit dem fernen Böhmen und den frankophonen Nachbarländern ihre kulturelle Sensibilität und Ambitioniertheit bewiesen. Ausdruck dafür sind jene kleinformatigen Hss., die die Protestanten des 17. Jh. bewahrt und in die Länder nördl. der Alpen bis zu den brit. Inseln gebracht haben.
G. G. Merlo

Lit.: J. H. Todd, The Books of the Vaudois, 1865 – E. Montet, Histoire litt. des Vaudois du Piemont d'après les mss. originaux, 1885 –

A. JOLLIOT-BRENON, Les livres des Vaudois, I–II, 1970 (thèse Ecole des Chartes) – J. GONNET–A. MOLNAR, Les Vaudois au MA, 1974 – E. BALMAS–M. DAL CORSO, I mss. valdesi di Ginevra, 1977 – A. JOLLIOT-BRENON, Les mss. litt. vaudois, Cultura neolatina 38, 1978, 105–138 – R. CEGNA, Fede ed etica valdese nel Quattrocento, 1982 – DERS., Medioevo cristiano e penitenza valdese, 1994 – Heresy and Literacy. 1000–1530, hg. P. BILLER–A. HUDSON, 1994.

Waldere, ein auf zwei Blättern der Kgl. Bibl. in Kopenhagen (Ny Kgl. saml. 167b) fragmentar. erhaltenes ae. Gedicht des Walthersagenkreises. Die etwa 60 Zeilen enthalten drei Reden, wovon die ersten beiden Hildegund (ae. Hildgyth) und Gunther (ae. Guthhere) zugesprochen werden (doch gibt es auch andere Identifizierungsversuche) und die dritte dem Walther (ae. Waldere). Die Situationen, in denen die Reden gehalten werden, lassen sich ungefähr anhand des lat. →»Waltharius« rekonstruieren. Auf der Flucht vor Attila kommen Hildegund und Walther durch das Reich der Burgunder, wo sie von Gunther und 12 seiner Krieger angegriffen werden. Hildegund ermutigt in der ersten Rede Walther, sich durch entschlossene Verteidigung Ruhm zu gewinnen. Walther tötet 11 der Krieger Gunthers und wird am nächsten Tag von Gunther und Hagen angegriffen. Die drei Reden lassen darauf schließen, daß das ursprgl. Epos viel länger war. W. bietet neben anderen ae. Gedichten ein Zeugnis dafür, daß germ. Heldensagen auch im ags. England bekannt waren. Die Kritik des Gedichtes befaßt sich hauptsächl. mit der Identifizierung der Sprecher und der Plazierung der Reden. →Heldendichtung.
G. Wieland

Bibliogr.: RENWICK–ORTON, 227f. – NCBEL I, 305f. – S. B. GREENFIELD–F. C. ROBINSON, A Bibliogr. of Publications on OE Lit., 1980, 274ff. – Ed.: ASPR VI, 4f. – U. SCHWAB, W.: Testo e Commento, 1967 – A. ZETTERSTEN, W., 1979 – Lit.: U. SCHWAB, Nochmals zum ags. 'W.' neben dem 'Waltharius', PBB (Tübingen) 101, 1979, 229–251, 347–368.

Waldgänger → Acht, I

Waldhauser, Konrad → Konrad v. Waldhausen (56. K.)

Waldkirch, Frauenkl. und Stadt im n. →Breisgau. An einem Ort im vorderen Elztal, der kirchl. bereits erschlossen war und sich später als konstanz. Dekanatssitz ausweist, gründete Hzg. →Burchard I. v. Schwaben mit seiner Frau Reginlind zw. 918 und 926 das Frauenkl. St. Margarethen. Zunächst hzgl. Hauskloster, wurde es von Hzg. →Burchard II. und seiner Frau Hadwig an Ks. Otto I. tradiert und empfing 994 von Ks. Otto III. die Freiheit einer Reichsabtei nach dem Vorbild von →Reichenau und →Corvey; die Übernahme der Liturgie aus St. Alban bei Mainz verband W. mit einem geistl. Zentrum des Ottonenreiches. Zu Beginn des 12. Jh. erscheint die Vogtei in den Händen einer adligen Familie, die sich wenig später nach ihrer oberhalb von W. errichteten Burg Schwarzenberg nannte. Die Schwarzenberger gehörten aufgrund ihres Reichsamtes zum ranghöchsten Adel des Breisgaus. Im 13. und 14. Jh. wuchsen Einfluß und Druck der inzwischen unter österr. Oberherrschaft stehenden Schwarzenberger bzw. ihrer jüngeren Linie aus dem Hause Schnabelburg auf das Kl., bes. seit der Gründung ihrer Stadt W. um 1283, die das →Freiburger Stadtrecht erhielt. Sie stand im SpätMA durch Tuchmacherei und Edelsteinschleiferei in wirtschaftl. Blüte. Der Niedergang des Kl., dessen Privilegien zuletzt Kg. Rudolf I. 1275 bestätigt hatte, führte 1431 zur Umwandlung in ein Augustinerchorherrenstift.
Th. Zotz

Lit.: H. BÜTTNER, W. und Glottertal, Schau-ins-Land 91, 1973, 5–30 – H. RAMBACH, Die Stadtgründungen der Herren v. Schwarzenberg: W. und Elzach, ebd. 94/95, 1976/77, 39–86 – H. MAURER, St. Margarethen in W. und St. Alban in Mainz (Fschr. H. BEUMANN, 1977), 215–223 – H. RAMBACH, W. und das Elztal, 1, 1989.

Waldmann, Hans, Zürcher Bürgermeister, * ca. 1435 Blickensdorf (Kanton Zug), † 6. April 1489 Zürich (enthauptet). Als Handwerker, Händler und Söldner stand W. oft wegen Raufereien vor Gericht. Trotzdem machte der reichste Eidgenosse seiner Zeit eine steile polit. und militär. Karriere. Er entwickelte sich zu einem wichtigen militär. Führer der Eidgenossen und wurde 1476 vor der Schlacht v. →Murten zum Ritter geschlagen. Zuvor war W. 1473 zum Zunftmeister und damit in den kleinen Rat gewählt worden. 1483 erfolgte die Wahl zum Bürgermeister. W. regierte mit Willkür, Eigenmächtigkeit und Geldgier und schaffte sich dadurch viele Feinde in →Zürich und der →Eidgenossenschaft. Höhepunkt von W.s Eigensinn war sein Verhalten im Bauernaufstand v. 1489, als er die Landgemeinden mit einem gefälschten Protokoll zu hintergehen suchte. Die nachfolgenden Ereignisse führten schließl. zu W.s Hinrichtung. Entgegen der Empfehlung von Historikern wurde W. 1937 in Zürich ein Reiterstandbild errichtet.
A. Hofacker

Lit.: E. GAGLIARDI, Dokumente zur Gesch. des Bürgermeisters H. W., 2 Bde, 1911/13.

Waldo, Abt v. →St. Gallen 782–784, →Reichenau 786–806, →St-Denis 806–813/814, † 29./30. März 813/814, ▭ Kl. St-Denis, stammte aus einer moselfrk. Familie aus dem unmittelbaren Umkreis der Karolinger; bezeugt ist seine Verwandtschaft mit Ebf. Hetti v. Trier, dem Mönch →Wetti v. Reichenau und Abt →Grimald v. St. Gallen. Als Diakon und Urkk.schreiber wird W. erstmals um 770 im Kl. St. Gallen faßbar, wohin er im Zusammenhang mit Karls d. Gr. (oder schon Karlmanns?) Herrschaftsantritt in Alemannien und dessen Vermählung mit der Alemannin Hildegard gelangt war. In der Nachfolge des Abtbf.s Johannes v. Reichenau/St. Gallen/Konstanz 782 erlangte er dort auch den Abbatiat, den er aber 784 – laut →Ratpert, weil er sich nicht dem Konstanzer Bf. Egino unterordnen wollte – aufgab, um ins Kl. Reichenau überzuwechseln. Dort löste 786 Abt Petrus ab, im Kl. St-Denis 806 den Langobarden Fardulf. W.s geistl. Karriere spiegelt die weniger gut überlieferte polit. Betätigung dieses bedeutenden Paladins Karls d. Gr., der zw. 781 und 791 zum Erzieher und ersten Ratgeber des jungen Kg.s →Pippin v. Italien und zum Verweser des Bm.s Pavia sowie des Bm.s Basel (bis 802) berufen wurde. Doch klingt W.s Rolle als einer Schlüsselfigur der Politik Karls d. Gr. in Alemannien und Italien in der Vision des Wetti, der seinen Verwandten und den Ks. im Jenseits für ihre Verfehlungen büßen sieht, ebenso nach wie in der Reichenauer Hagiographie, wo W. in der Genesius- und Heiligblut-Geschichte begegnet.
A. Zettler

Lit.: LThK² X, 937 – Helvetia Sacra I/1, 1972, 164; III/1, 1986, 1069f., 1270f. – E. MUNDING, Abtbf. W., 1924 – K. BEYERLE, Die Kultur der Abtei Reichenau, 1925, 55–212 – R. SPRANDEL, Kl. St. Gallen in der Verfassung des karol. Reiches, 1957 – J. FLECKENSTEIN, Die Hofkapelle der dt. Kg.e, I, 1959 – D. A. BULLOUGH, 'Baiuli' in the Carolingian 'regnum Langobardorum', EHR 77, 1962, 625–637 – F. PERRET, Diakon W. und der Anfang des Stiftsarchivs St. Gallen vor 1200 Jahren, St. Galler Kultur und Gesch. 2, 1972, 17–26 – TH. KLÜPPEL, Reichenauer Hagiographie zw. Walahfrid und Berno, 1980 – R. RAPPMANN–A. ZETTLER, Die Reichenauer Mönchsgemeinschaft und ihr Totengedenken im frühen MA, 1997.

Waldrada, frk. Kgn., † 9. April nach 869. Vermutl. aus adliger Familie des Maas-Mosel-Raums stammend, war W. Kg. →Lothar II. (2. L.) als Friedelfrau verbunden, bis dieser 855 eine vollgültige Ehe mit →Theutberga einging. Die Versuche Lothars zur Lösung der kinderlos bleibenden Muntehe seit 857 sollten die Verbindung mit W. und die daraus hervorgegangenen Nachkommen (neben dem Sohn →Hugo [6. H.] drei Töchter Berta, Gisela, Irmingard) legitimieren. 862 ließ Lothar W. zur Kgn. krönen, erreichte 863 in Metz die Zustimmung einer Synode zur Scheidung von Theutberga, scheiterte aber letztl. am Widerstand des westfrk. Episkopats unter Ebf. →Hinkmar v. Reims (MGH Conc. 4, Suppl. 1) wie v. a. Papst →Nikolaus' I. Dieser verwarf 863 auf einer Lateransynode die Scheidung, suspendierte Lothars Helfer im lotharing. Episkopat und erzwang 865 die Wiederaufnahme Theutbergas bei Hof. Die Exkommunikation W.s von 866 wurde zwar von Papst Hadrian II. zurückgenommen, doch blieben alle Versuche zur Revision der päpstl. Haltung ergebnislos. Das »erbenlose« →Lotharingien fiel nach Lothars Tod 869 seinen Onkeln →Karl II. (4. K.) und →Ludwig II. (2. L.) zu. W. zog sich ins Kl. →Remiremont zurück. B. Schneidmüller

Lit.: SPINDLER²-K. SCHMID, Ein karol. Kg.seintrag im Gedenkbuch von Remiremont, FMASt 2, 1968, 96–134 – S. KONECNY, Die Frauen des karol. Kg.shauses, 1976, 103–117 – T. BAUER, Rechtl. Implikationen des Ehestreites Lothars II., ZRGKanAbt 111, 1994, 41–87.

Waldsassen, ehem. Kl. OCist (Oberpfalz), 1133 gegr. von Mgf. Diepold III. (→Diepoldinger) in der zur Mgft. Nabburg gehörigen regio Egire (→Egerland). Er übergab es Zisterziensern aus dem thür. Kl. Volkenrode, die so im erst wenig kolonisierten nördl. Nordgau ein ausgedehntes Rodungsgebiet erhielten. Mit dem Tod des Gründers 1146 kam das Kl. an das stauf. Kgtm., das im Rahmen seiner Kg.slandpolitik in diesem Raum gezielte Interessen verfolgte. 1147 stellte Kg. Konrad III. einen großen Schutzbrief aus, Grundlage der Reichsunmittelbarkeit während des MA, und verlieh die freie Vogtwahl. Nach dem Ende der Staufer ging die Schirmherrschaft auf die →Přemysliden über, 1414 auf die pfälz. →Wittelsbacher. Sie setzten die seit langem angestrebte Landsässigkeit des Kl. durch. W. baute durch seine tief ins Böhmische reichende Rodungstätigkeit den geschlossenen Kl.bezirk des Stiftslandes auf, der es zu einer sehr begüterten Zisterze machte, die im SpätMA jedoch vom allg. Niedergang der monast. Welt erfaßt wurde. Die Einführung der Reformation in den pfälz. Territorien brachte 1571 die erste Aufhebung des Kl. A. Schmid

Lit.: SPINDLER-KRAUS III/3, 1995, 328 u. ö. – E. KRAUSEN, Die Kl. des Zisterzienserordens in Bayern, 1953, 100–103 [Lit.] – H. STURM, Lkrs. Tirschenreuth (HAB Altbayern 21, 1971), 54–132, 273–343 – DERS., Districtus Egranus (HAB Altbayern II/2, 1981), 40–50.

Waldschmieden sind Eisenproduzenten (→Eisen), die im Wald oberflächl. vorkommende Eisenerze (Waldeisen, Raseneisen, Sumpferze) im direkten Verfahren (Rennfeuer) verhütten. Der Begriff kommt in den Q.n insbes. Hessens und des südl. Westfalen vor. Einzelne W. erhielten ein Arbeitsprivileg des Landesherrn vom späten 14. Jh. ab. Die Privilegien werden ausführlicher, ähneln einander und fügen sich zusammen zum Recht der W. (»fryheit... als ander waltsmytten... han«, Laasphe 1450). Die Ausbreitung der W. ist älter und weiter als der Begriff und kennzeichnet einen guten Teil der ma. Eisenproduktion vor dem Aufschwung der Städte, parallel zu ihm und z. T. auch im Gegensatz zur städt. geprägten Eisenproduktion. Auch die auf die Eisenproduktion spezialisierten Dorfgemeinden – etwa der Alpentäler – sind von den W. zu trennen, die wegen Erz- und Holzbedarf, ab dem 13. Jh. auch wegen der Nutzung der Wasserkraft, zum vereinzelten Arbeiten und Siedeln gezwungen waren. In Frankreich (Normandie, Champagne) erscheinen sie locker zusammengefaßt auf Jahresversammlungen unter dem Vorsitz eines kgl. Beamten. In Kärnten entwickelte sich ein Gegensatz zu den großen Bergwerken. 1450 forderten die Betreiber von Hüttenberg die Abschaffung des »Waldeisens«. Man wird in dieser Zeit nicht mehr alle einzeln arbeitenden Eisenproduzenten als W. bezeichnen, sondern nur jene, die rechtl. und wirtschaftl. unabhängig unter der Landesherrschaft arbeiten. In letzter Zeit hat die Archäologie in mehreren Ländern große Fortschritte gemacht, um die von W. getragene Eisenerzeugung und ihre Ablösung – techn. durch das indirekte Verfahren – zu erforschen. Für W-Dtl. sind insbes. die Arbeiten von M. SÖNNECKEN zu nennen. Ein umfassender Überblick fehlt.
R. Sprandel

Lit.: H. SCHUBERT, Gesch. der Nassauischen Eisenindustrie, 1937 – R. SPRANDEL, Das Eisengewerbe im MA, 1968, bes. 368–375 – M. SÖNNECKEN, Die ma. Rennfeuerverhüttung im märk. Sauerland, 1971 – Bergbau, Verhüttung und Waldnutzung im MA, hg. A. JOCKENHÖVEL (VSWG Beih. 121, 1996).

Waldseemüller, Martin (Waltzenmüller, Hylacomylus, Hilacomylus, Ilacomylus), Theologe, Kosmograph, Kartograph, * zw. 1470 und 1475 in bzw. bei Freiburg/Br. oder in Radolfzell/Bodensee, † zw. 1518 und 1521 in Straßburg oder Saint-Dié/Lothringen. W. studierte in Freiburg, siedelte sich um 1505 in →Saint-Dié an und begründete dort im Rahmen einer von Hzg. René II. geförderten Ges. für Kunst und Wiss. seinen Ruhm als bedeutendster Kosmograph und Kartograph des frühen 16. Jh. Seine wichtigsten Werke wirkten Jahrzehnte lang nach: eine wandtafelgroße Weltkarte (»Universalis Cosmographia«, Holzschnitt von 12 Stöcken, 1000 Ex. gedr., 1 Ex. erhalten auf Schloß Wolfegg in Baden-Württ.), der erste gedr. Erdglobus (∅ 12 cm, Holzschnitt, zwei Ex. erhalten); dazu gehört eine wahrscheinlich von M. Ringmann geschriebene Einf. in die Kosmographie (»Cosmographiae Introductio«). In der die i. J. 1507 erschienenen Werke führen den klangvollen Namen America (nach dem irrtümlich als Entdecker der Neuen Welt eingeschätzten Entdeckungsreisenden und Reiseschriftsteller Amerigo →Vespucci) in die geogr. Lit. ein: »dreiteiliger Taufschein der Neuen Welt«. Geogr. Grundlagen der Weltkarte waren für die Alte Welt →Ptolemaeus und jüngere Entdeckungsreisen, für die erstmals als selbständiger Erdteil dargestellte Neue Welt handgezeichnete Weltkarten ptg. oder it. Provenienz sowie die Reiseberichte Vespuccis. Weitere bedeutende Werke W.s: »Carta Itineraria Europae« (1511, 2. Aufl. Straßburg 1520, erste Straßenkarte Europas, erhalten 1 Ex.), eine Ausg. der »Geographia« des Ptolemaeus (hg. J. ESZLER-G. UEBELIN, Straßburg 1513, mit Suppl. von 20 »Tabulae modernae«, erste Frühform des modernen Atlas), »Carta Marina Navigatoria« (Wandkarte in 12 Holzschnitten mit einem Großteil der damals bekannten Erde, Straßburg 1516).
H. Wolff

Lit.: J. FISCHER & F. v. WIESER, Die älteste Karte mit dem Namen Amerika aus dem Jahre 1507 und die Carta Marina aus dem Jahre 1516 des M. W., 1903 – Lex. zur Gesch. der Kartographie, 1986, s. v. W. [Lit.] – H. WOLFF, M. W. (America, das frühe Bild der Neuen Welt, 1992), 111–126 [Lit.].

Wales

A. Geschichte bis 1284 – B. Das englische Fürstentum Wales

A. Geschichte bis 1284

I. Von der spätrömischen Zeit bis zum 11. Jahrhundert – II. Im 11. und 12. Jahrhundert – III. Kirchliche Entwicklung – IV. Im 13. Jahrhundert.

I. VON DER SPÄTRÖMISCHEN ZEIT BIS ZUM 11. JAHRHUNDERT: W. ist ein Teil des ehemals röm. Britanniens (→Britannia), der im FrühMA nicht unter die Herrschaft der →Angelsachsen fiel und bis ins 11. Jh. weitgehend selbständig blieb. Durch die Römer hatten die →Briten sowohl lat. Schriftkultur als auch das Christentum erhalten. Ihre Sprache wurde vom Lat. stark geprägt, überstand aber gleichwohl die röm. Jahrhunderte (→Walis. Sprache und Lit.). Das brit. Erbe erhielt sich bes. im lit. Bereich, vgl. →Gildas, »De excidio et conquestu Britanniae« (6. Jh.), die »Hist. Brittonum« aus dem frühen 9. Jh., →»Armes Prydein« aus dem frühen 10. Jh., sowie schließl. die »Hist. Regum Britanniae« des →Geoffrey of Monmouth aus der 1. Hälfte des 12. Jh. Die geophys. Gestalt des Landes führte zu einer Besiedlung, die an den Küsten intensiver war als im Landesinneren, in nachröm. Zeit ohne Städte, aber auch nicht nur in Form von Einzelhöfen. Es gab kein natürl. geopolit. Zentrum.

Trotz der anhaltenden polit. Zersplitterung wurde das Land im gesamten FrühMA als Einheit empfunden. Das wird deutl. an dem Begriff *Cambria* für das Land (neuwalis. *Cymru*), *Cambrenses* (neuwalis. *Cymry*, gemeinsame Bewohner) für die Menschen. Das ist der Ursprung der Bezeichnung der walis. Sprache als 'kymrisch'. Des weiteren gibt es die ältere Bezeichnung *Britones*; die Bezeichnung *Wallia*/W. ist eine Fremdbezeichnung der engl. Nachbarn und wurde als solche bei Giraldus Cambrensis in dieser Art genannt. Es ist umso bedeutsamer, daß die walis. Fs.en im 13. Jh. den Namen 'Wallia' in ihren Titel aufnahmen ('princeps Norwallie', 'princeps Wallie').

Das röm. Erbe in W. findet sich v.a. in zahlreichen (meist chr.-) lat. Inschriften aus der Zeit des 5.–7. Jh., die eine Fortdauer röm. Kultur, aber auch den Fortbestand einheim. Namen bezeugen, z. B. aus Penmachno (Gwynedd, nw. Wales): CANTIORI[x] HIC IACIT [V]ENEDOTIS CIVE(s) FVIT / [C]ONSOBRINO(s) MA[G]LI MAGISTRAT-. (5./6. Jh.). Die polit. Ordnung wird in einer Inschrift des frühen 7. Jh. angesprochen: CATAMANUS / REX SAPIENTISI/MUS OPINATISIMUS OMNIUM REG/UM. Der hier gen. Cadfan war Kg. v. Gwynedd. In dieser Inschrift wird angesprochen, daß es in W. eine Mehrzahl von Kg.en gab, und das galt bis ins 13. Jh. Der älteste bekannte Autor, Gildas, beklagt im 6. Jh. die unzureichende Befolgung chr. Grundsätze, ist aber damit zugleich Zeuge des chr.-röm. Erbes der Briten. Er bezeugt zugleich das Vordringen der Iren (→Irland) aus dem Westen und Sachsen aus dem Osten in Britannien. Vermutl. zum Schutz gegen die vordringenden Iren wurden in W. größere Bergbefestigungen errichtet (z. B. Dinas Powys bei Cardiff, Dinas Emrys in Snowdon). Das Mönchtum wird seit dem 6. Jh. faßbar, v.a. im Südosten (→Llancarfan) und Südwestern (Menevia, →St. David's). Es war bekannt für Bildung sowie Askese. Von dort wurde es vermutl. auch im benachbarten Irland einflußreich. Namentl. bekannt sind ca. 35 Kl., die vermutl. in Föderationen miteinander verbunden waren. Das Christentum sorgte für eine, wenn auch eingeschränkte, Kontinuität von überwiegend lat. Schriftkultur in einer Gesellschaft, die noch weitgehend der mündl. Kultur verpflichtet war. Ob die walis. Sprache bereits bald nach 600 verschriftet wurde, ist umstritten. Die älteste walis. Inschrift, die mehr als Namengut erhält, die Inschrift v. Towyn, stammt aus der Zeit um 800. Älteste walis. Glossen (Juvencus) entstammen der Mitte des 9. Jh. Es gab auch Bf.e, aber offenbar ohne territorial abgegrenzte Diöz.n. Verheirateter Klerus ist bis ins 12. Jh. bezeugt, inschriftl., bei Gildas, und dann bes. mit Bf. Sulien v. St. David's und seinen gelehrten Söhnen Rhigyfarch, Daniel und Ieuan.

In den 149 Urkk. im Book of→Llandaff (12. Jh.) aus der Zeit des 7. bis 9. Jh. sind Dokumente von einmaligem Wert erhalten, die z.T. in walis., z.T. in lat. Sprache abgefaßt sind. Die dort zur Sprache kommende Kultur und Wirtschaft (mit Gütern bis zu 5000 ha) dürfen wohl nicht für W. als Ganzes postuliert werden, sondern spiegeln den größeren Einfluß dort aus dem Osten wider. Zudem ist polit. geprägte Dichtung aus dem FrühMA, wenn auch erst aus Hss. des 13. Jh., erhalten (Canu Aneirin, Canu Taliesin, Gododdin, Stanzas of the Graves).

Die älteste Chronik (Annales Cambriae [A]), obwohl sehr lückenhaft, bringt ebenfalls Material für diese recht dunklen Jahrhunderte. Bedeutende Q. sind ferner die Genealogien aus dem 10. Jh. Es hat den Anschein, als habe es keine kontinuierl. polit. Konsolidierung und Einigung des Landes gegeben. Der walis. Begriff *brenin*, 'König', ist verwandt mit walis. *breint*, 'Privileg'. Im 6. Jh. sind vier Kgr.e bekannt: *Gwynedd, Powys, Dyfed* und *Gwent*. Mit Ausnahme Gwents überlebten diese bis ins ausgehende 12. Jh. In der Mitte des 10. Jh. kam es unter Kg. →Hywel Dda ('der Gute', † 950) vorübergehend zur Vereinigung von Dyfed und Gwynedd. Ob die ihm zugeschriebene Aufzeichnung des →Walis. Rechts eine hist. Realität ist, bleibt in der Forsch. umstritten.

II. IM 11. UND 12. JAHRHUNDERT: Das Fehlen einer Zentralmacht war der beste Schutz gegen eine schnelle polit. Übernahme durch den Kg. v. England nach der norm. Eroberung v. 1066. Einige frühe militär. Vorstöße hatten keine bleibende Wirkung. Es bedurfte der Niederschlagung einer Vielzahl kleiner selbständiger Kg.e, die zudem oft miteinander koalierten. Durch die frühe Begegnung mit den engl. Nachbarn wurden seit Beginn des 12. Jh. auch von walis. Herrschern Burgen errichtet. Erfolgreich waren auf längere Sicht engl. Adlige, die mit Billigung der Krone vom Markland aus auf eigene Initiative nach Westen vorstießen und im Süden und Osten von W. in Gebieten, die aus geophys. Gründen leichter zugängl. waren, ihre Herrschaften ausdehnten. Verfassungsrechtl. waren sie Nachfolger der walis. Kg.e und konnten als sog. *Marcher Lords* recht unabhängige Positionen errichten (→Walis. Mark). Der Norden und Westen des Landes, v.a. Gwynedd, mit dem Snowdon-Massiv sehr unzugängl., blieben weitgehend verschont und nahmen ihre eigene Entwicklung. Für das 12. Jh. ist man für die polit. Entwicklung weitgehend auf walis. chronikal. Q. (v.a. die Chronik der Fs.en v. W., →Brut y Tywysogyon) und auf Nachrichten aus England angewiesen, sowie dann auf das reiche Werk des →Giraldus Cambrensis. Seit der 2. Hälfte des 12. Jh. sind mehrere Eheverbindungen walis. Fs.en mit Mitgliedern des engl. Kg.shauses oder hoher Adliger bezeugt.

III. KIRCHLICHE ENTWICKLUNG: In der 1. Hälfte des 12. Jh. kam es unter der Leitung von →Canterbury zur Errichtung von vier territorialen Diözesen (→Llandaff im Südosten, →St. David's im Südwesten, →St. Asaph im Nordosten, →Bangor im Nordwesten), die fast ausschließl. mit Bf.en nichtwalis. Abstammung besetzt wurden. Dennoch gab es in der Mitte des 12. Jh. erste Versuche, die walis. Kirche aus dem Metropolitanverband v. Canterbury zu lösen und eigenständig zu machen mit einem Ebf. in St. David's (Menevia). Diese Versuche mißlangen, wurden am Ende des Jahrhunderts von Giraldus Cambrensis noch einmal aufgenommen, wenn sie auch nach einem mit großem Einsatz geführten Kampf 1203 endgültig scheiterten. Danach wurde der walis. Episkopat im 13. Jh. in vielfacher Weise zu einem verlängerten Arm der engl. Krone.

Bis zum Ende des 12. Jh. kam es in Wales zur Errichtung

zahlreicher Kl., hauptsächl. der Benediktiner (18) und Zisterzienser (16).

IV. Im 13. Jahrhundert: Die Q.basis wird im 13. Jh. erhebl. breiter. Neben erzählende Q. sowie polit. Dichtung in walis. Sprache treten nun auch vielfältige Zeugnisse polit. Verhandlungen zw. walis. Fs.en und der engl. Krone, die sich fast ausschließl. in engl. Archiven abschriftl. erhalten haben (bes. »Littere Wallie«). Im 13. Jh. erfolgt eine nachhaltige polit. Neuordnung der sozialen Ordnung der Teile von W., die weiterhin unter einheim. Herrschaft standen. Tonangebend waren dabei die Fs.en v. Gwynedd, →Llywelyn ab Iorwerth (ca. 1190–1240), sein Sohn →Dafydd ap Llywelyn (1240–47) und sein Enkel →Llywelyn ap Gruffudd (1246–82), ersterer als 'Princeps Norwallie', die beiden Nachfolger auch als Träger dieses Titels, aber auch als Träger des neuen Titels 'Princeps Wallie' (Fs. v. W.).

Diese nachhaltige polit. Umgestaltung der innerwalis. Verhältnisse nach lehnsrechtl.-engl. Vorbild unter Aufgabe traditioneller walis. Gewohnheiten war eine Voraussetzung zur polit. Zentralisierung, die unter Llywelyn ap Gruffudd auch weitgehend erreicht wurde, schuf aber auch die Vorbedingungen für eine leichtere Machtübernahme von England aus, war aber bei den betroffenen Walisern keineswegs unumstritten. Erst die Niederlage Llywelyns ap Gruffudd gegen den übermächtigen engl. Eduard I. 1282 führte zu einer allmähl. Verklärung dieses letzten walis. 'Prince of W.' in der walis. Historiographie.

Im Lauf des 12. und 13. Jh. entstanden in W. unter engl. Einfluß etwa 80 Städte, oft sehr klein, die fast alle befestigt waren und im allg. von Engländern oder anderen Ausländern besiedelt waren.

Llywelyn ab Iorwerth heiratete eine Tochter Kg. →Johanns v. England. Während der innenpolit. Krise Englands schloß Llywelyn 1212 einen Freundschaftsvertrag mit dem frz. Kg. →Philipp Augustus. In der Folge war er bemüht, die lehnsrechtl. Erbfolge seines zweiten Sohns Dafydd zu sichern, was ihm auch 1238 gelang. Dafydd war aber nicht in der Lage, seine Herrschaft dauerhaft zu sichern und mußte nach militär. Niederlagen die engl. Oberhoheit uneingeschränkt anerkennen.

Die Machtausdehnung von Llywelyn ap Gruffudd wurde begünstigt durch die anhaltende Schwächung der engl. Krone unter →Heinrich III. (1216–72). In dessen Auseinandersetzung mit den →Baronen unter Simon de →Montfort (1258–65) nahm der Waliser für Montfort Partei (er heiratete später dessen Tochter Eleanora) und führte ab 1258 den Titel 'princeps Wallie'. Als solcher wurde er 1267 im Vertrag v. Montgomery von Heinrich III. anerkannt. Das Fsm. sollte erbl. sein, der Fs. der alleinige Lehnsherr anderer walis. Adliger und Lehnsmann des engl. Kg.s. Seine Weigerung, diesen Verpflichtungen →Eduard I. gegenüber nach dessen Amtsantritt nachzukommen, führten 1277 zum Krieg, in dem Eduard siegte. Er diktierte Llywelyn im Vertrag v. →Conw(a)y (9. Nov. 1277) harte Bedingungen. Das Fsm. W. war fortan territorial erhebl. verkleinert, die Würde des 'princeps Wallie' sollte nur für Llywelyn gelten. Lehnsoberhoheit wurde Llywelyn nur über fünf namentl. gen. Adlige und auch nur für seine Lebenszeit zugestanden. Die direkte Oberhoheit der engl. Krone wurde weiter ausgedehnt und ist sichtbar in der Errichtung neuer Gft.en.

In der Folgezeit war Llywelyn bemüht, seine Verpflichtungen äußerst genau zu erfüllen, während Eduard I. seine Rechte in W. sehr großzügig zu seinen Gunsten auslegte. Das äußerst provokante Verhalten Eduards I. und seiner Beamten den Walisern gegenüber führte Ostern 1282 zu einem von Llywelyns Bruder Dafydd geführten Aufstand, dem sich Llywelyn anschließen mußte. Der außerordentl. aufwendige und mit ganzer Härte geführte Krieg Eduards gegen W. 1282–84 brachte den Sieg auf der ganzen Linie, das Ende der Dynastie v. Gwynedd und die Errichtung mächtiger Burgen in Gwynedd zum Schutz der engl. Herrschaft. Dennoch wurde im Statute of W. 1284 das Fsm. aufrechterhalten; 1301 wurde Eduards Sohn (Eduard II.) der erste engl. →'Prince of W.'. Die Kriegskosten 1282–84 werden auf 150000 Pfund geschätzt, das siebenfache der Summe des Kriegs v. 1277. Weitere 80000 Pfund wurden für die acht mächtigen Burgen ausgegeben, die die Eroberung dauerhaft sichern sollten. Auf längere Sicht war dies vom engl. Standpunkt aus gut angelegtes Geld.

M. Richter

Lit.: Littere Wallie, ed. J. G. Edwards, 1940 [Lit.]– V. E. Nash-Williams, The early Christian monuments of W., 1950 – K. H. Jackson, Language and hist. in early Britain, 1953 – W. Davies, W. in the early MA, 1982 [mit ausführl. Behandlung der Q.] – J. T. Koch, When was Welsh literature first written down?, Studia Celtica 20–21, 1985–86, 43–66 – R. R. Davies, Conquest, co-existance and change, W. 1063–1415, 1987 – W. Davies, Patterns of power in early W., 1990.

B. Das englische Fürstentum Wales
I. Die englische Regierung und Verwaltung des 13. und 14. Jahrhunderts – II. Spannungen und politische Krisen des 14. und 15. Jahrhunderts.

I. Die englische Regierung und Verwaltung des 13. und 14. Jahrhunderts: Die 1277–83 durchgeführten Eroberungen →Eduards I. markieren einen Wendepunkt in der verfassungsgesch., verwaltungsgesch., polit. und kirchl. Entwicklung von W.; die nach diesen Eroberungen getroffenen Entscheidungen bestimmten das Gefüge der Regierung und Verwaltung bis zu den Unionsgesetzen (Acts of Union 1536–43) unter Heinrich VIII. Das kgl. Fsm. W. (*royal principality of W.*) umfaßte im SpätMA etwa die Hälfte des Landes: zum einen die Gft.en im SW, Carmarthenshire (→Carmarthen) und Cardiganshire (→Ceredigion), welche die engl. Krone stückweise zw. 1254 und 1287 erworben hatte, und die neueren Gft.en im NW, Anglesey, →Caernarfon und Merioneth, aus dem eroberten Fsm. des →Llywelyn ap Gruffydd († 1282), des letzten walis. Herrschers v. →Gwynedd, gebildet wurden. Nachdem Eduard I. persönl. das Herrschaftsgebiet Llywelyns erobert hatte (1282–83), wurden in den fünf kgl. Gft.en Regierungsstrukturen, die eine unmittelbare kgl., engl. Autorität gewährleisten sollten, entwikkelt. Seit dem späten 14. Jh. bürgerte es sich zunehmend ein, die drei nördl. Gft.en als kgl. Fsm. v. Nordw., die zwei südl. als kgl. Fsm. v. Südw. zu bezeichnen; dies spiegelte die zweigeteilte administrative Organisation wider, die auf den Zentren Caernafon bzw. Carmarthen beruhte. Die kgl. Gft. Flint im nö. W. war aus prakt. Verwaltungsgründen der kgl. Gft. →Chester zugeschlagen worden; der übrige Teil von W. bestand aus zahlreichen Markenherrschaften (→Walis. Mark). Die Statute of Rhuddlan (März 1284) lieferte ein Muster für die Regierung des nördl. Fsm.s, das von der engl. Krone formell annektiert worden war. Das Statut führte wichtige Ämter ein (*justiciar, chamberlain, county sheriffs*), auch wurde ein System von Gerichtshöfen geschaffen, die im wesentl. nach →Engl. Recht, das allerdings bei Zivilprozessen durch →Walis. Recht ergänzt wurde, richteten. Das Statut sagt nur wenig aus über die bereits bestehenden Gft.en Carmarthen und Cardigan, obwohl hier die Regierungs- und Verwaltungstätigkeit (mit justiciar, chamberlain, sheriffs und stewards sowie mit an das ältere walis. Ämterwesen angelehnten lokalen Amtsträgern) weitgehend der Regierungsform im N des Landes ähnelte, und sie beeinflußte zweifellos die in Rhuddlan entwickelten Formen. Autorität und Sicherheit wurden gewährleistet durch mächtige neue Burgen (→Burg, C. X) in Aberystwyth (1277), Caernarfon, →Conwy, →Harlech und Beaumaris auf Anglesey (ab 1295) sowie durch neue, mit Charters versehene boroughs, die engl. Garnisonen aufnahmen und loyale Zuwanderer anlockten. Die beiden Gerichts- und Verwaltungszentren Caernarfon und Carmathen, beide mit eigenem Siegel, waren in allen polit., jurisdiktionellen und finanziellen Angelegenheiten nur der engl. Krone und ihren Amtsträgern in →Westminster verantwortlich.

Jeder Teil des kgl. Fsm.s W. wurde im SpätMA unmittelbar von kgl. Amtsträgern verwaltet; eine gewisse Ausnahme bildeten nur die Perioden, in denen ein →Prince of W. als engl. Thronerbe sein Fsm. eigenverantwortl. regierte und verwaltete. Doch waren die Princes of W. (mit Ausnahme →Eduards [II.], 1301–07, und →Eduards des »Schwarzen Prinzen«, 1343–76) nicht volljährig, und deshalb unterstanden ihre Räte und Amtsträger der kgl. Oberaufsicht; diese ständige Einflußnahme der Krone verlieh der Regierung in W. über zweieinhalb Jahrhunderte Kontinuität und Stabilität. Das neue Fsm. lag in dem Bereich der beiden, dem Ebm. Canterbury unterstehenden Diöz.n →St. David's und →Bangor, deren Gebiete nicht mit der Ausdehnung des Fsm.s übereinstimmten. Die Besitzungen der beiden Bm.er (v. a. des reicheren und größeren St. David's) unterstanden zwar nicht der Machtbefugnis der kgl. Amtsträger, doch pflegte in Fällen der Sedisvakanz das Kgtm. (wie bei den engl. Bm.ern) seinen Einfluß auf die Besetzung der Diöz. nachdrückl. geltend zu machen.

Bis zur Regierung Heinrichs VIII. wurde das Regierungs- und Verwaltungssystem in nur geringem Maße modifiziert, und selbst unter der Regierung der Tudors wurden im Grunde nur einige Verwaltungsgrundsätze auf das gesamte W. ausgedehnt; die fünf Gft.en (ebenso wie Flintshire) blieben mit geringen Grenzverschiebungen erhalten. Die polit. und jurisdiktionelle Autorität wurde verkörpert von den beiden Justitiaren, die in der Regel hohe engl. Adlige (und oft *marcher lords*) waren. Die Ämter der beiden chamberlains, der Leiter des Finanzwesens des Fsm.s W., wurden häufig mit erfahrenen Klerikern oder Angehörigen der →Gentry der an W. angrenzenden engl. Gft.en besetzt. Die →*constables* der großen Burgen waren ebenfalls von nichtwalis. Herkunft, wenn auch zunehmend Waliser (aus dem Fsm. W. oder der Walis. Mark) als ihre Stellvertreter an Profil gewannen, doch erst seit dem 15. Jh. wurden Waliser als stellvertretende Kastellane regelmäßig herangezogen. Andererseits wurden kleinere Ämter ausgeübt von loyalen, mit der engl. Ordnung versöhnten Walisern, die aus den örtl. Gemeinden stammten und Interesse an einer Erhaltung der durch die 'principality' gewährleisteten Stabilität hatten.

II. SPANNUNGEN UND POLITISCHE KRISEN DES 14. UND 15. JAHRHUNDERTS: Bei alledem lastete auf dem Fsm. W. die Spannung zw. Eroberern und Eroberten, zw. eingewanderten Stadtbewohnern und gebürtigen Walisern, zw. örtl. Amtsträgern und ihren engl. Vorgesetzten, zw. ärmeren walis. Geistlichen und der wohlbepfründeten engl. höheren Geistlichkeit; die →Epidemien um die Mitte des 14. Jh. trugen stark zur sozialen und wirtschaftl. Krise bei. Doch waren die Lehnsleute in den Gft.en des Fsm.s W. in geringerem Maße für einen größeren Aufstand gegen das engl. Kgtm. zu gewinnen als die Vasallen in der Walis. Mark, in der es bes. während der Krisenzeit unter Eduard II. zu Revolten kam. Die Frühzeit der Regierung des »Schwarzen Prinzen« in den 40er Jahren war geprägt durch harten polit. und fiskal. Druck, der zu Unruhen führte; in den Jahren nach 1370 gefährdete der drohende Einfall des Owain Lawgoch († 1378), eines Abkömmlings der walis. Fs.en, die Sicherheit in Anglesey und anderen Landesteilen. Trotz dieser schwelenden Konflikte konnte die Regierung ohne Schwierigkeiten die Ämter in den Gft.en und in den →Commotes mit einheim. Walisern besetzen.

Der große Aufstand des walis. Fs.en →Owain Glyn Dŵr begann zwar in der Walis. Mark (1400), erfaßte aber rasch Teile der Bevölkerung im Fsm., v. a. das mit Glyn Dŵr verwandte Haus →Tudor (Caernarfonshire, Anglesey) und seinen Anhang. Die abgelegeneren Gebiete des Fsm.s wurden zu Zentren der Aufstandsbewegung, bes. die Burgen Harlech und Aberystwyth, die 1404–08 in Glyn Dŵrs Hand waren. Der Fs. verstand es auch, ihm ergebene Bf.e in Bangor durchzusetzen. Die Schwierigkeit, die Verkehrsverbindungen mit den engl. Zentren Caernarfon und Carmarthen auch in dieser unruhigen Zeit aufrechtzuerhalten, lähmte die engl. Regierung in W. in erhebl. Maße. Nach dem Ende des Glyn-Dŵr-Aufstandes (1410) wurde die Selbstverwaltung der walis. Gemeinden wiederhergestellt; die engl. Regierung milderte, in der Hoffnung auf einträglichere Steuereinnahmen aus dem Fsm., auch die strenge jurisdiktionelle Überwachung. Diese Politik erwies sich als Fehlschlag; die Präsenz der engl. Regierung im Fsm. W. ging zurück. Um die Mitte des 15. Jh. war die Gft. Merioneth ztw. nahezu unregierbar; in Carmarthenshire und Cardiganshire führten der walis. Adlige (*squire*) Gruffydd ap Nicholas († um 1460) und sein Familienverband ein nahezu unumschränktes Regiment. Die walis. Kirche war sich selbst überlassen; die im 15. Jh. zumeist nicht aus W. stammenden Bf.e v. Bangor und St. David's residierten nur selten in ihren Diöz.n. Die niedere Geistlichkeit bestand durchweg aus Walisern; unter ihnen waren aber durchaus Geistliche von religiösem Eifer, und die kirchl. Wiederaufbautätigkeit in der Zeit nach dem Glyn-Dŵr-Aufstand ist bemerkenswert.

Der traditionell unter dem Namen der →Rosenkriege bekannte dynast. Konflikt der Häuser →Lancaster und →York hatte eine wichtige walis. Dimension: Die Selbstverwaltung der walis. Gemeinden in den Gft. des Fsm.s und die traditionelle Treue zur kgl./fsl. Autorität erzeugten bei der Bevölkerung Unterstützung für die Sache der Lancaster. Die Anstrengungen William →Herberts, des Herrn v. Raglan in der Walis. Mark, das Fsm. W. zw. 1456 und 1468 der Kontrolle der York-Partei zu unterwerfen, stießen auf Widerstand, bes. bei Jasper Tudor, Earl of Pembroke, dem Halbbruder des lancastr. Kg.s →Heinrich VI. Trotz dieser Konflikte blieb die Regierungsstruktur des Fsm.s W. intakt und funktionsfähig; der yorkist. Kg. →Eduard IV. suchte (im Zuge seiner Befriedungsaktionen im gesamten W.) in den 70er Jahren des 15. Jh. die kgl. Oberherrschaft auch im Fsm. W. erneut zur Geltung zu bringen. Er dehnte allmähl. die Amtsgewalt des Rates seines Sohnes →Eduard (V.) aus, so daß diese sich nicht nur auf das Fsm. W., sondern auch auf die Kontrolle über die *marcher lordships* erstreckte, die sowohl im Besitz von engl. Adligen als auch vom Kg. selbst waren; diese Kontrolltätigkeit sollte mit der Stärkung der kgl. Jurisdiktionsrechte, der Einflußnahme auf die Ernennung von Beamten und der Reorganisation des Finanzwesens einhergehen. Unter Heinrich VII. übte der Rat, mit Hauptsitz in →Ludlow in der Walis. Mark, eine effiziente Kontrolltätigkeit aus; Heinrich VII. widmete sich auch den Forderungen örtl. Petitionen und bestätigte die Rechte und Privilegien, die sich v. a. nordwalis. Gruppen im Laufe der Zeit erworben hatten. Zur Zeit Heinrichs VIII. kam der Druck, der zum Erlaß der Acts of Union führte, nicht so sehr aus dem Fsm. W., sondern von den Bevölkerungsgruppen, die der Herrschaft der marcher lordships unterworfen waren.

R. A. Griffiths

Lit.: W. T. WATERS, The Edwardian Settlement of North W. in its Administrative and Legal Aspects, 1284-1343, 1935 – J. G. EDWARDS, The Principality of W., 1267-1967, 1969 – R. A. GRIFFITHS, The Principality of W. in the Later MA, I: South W., 1277-1536, 1972 – DERS., W. and the Marches (Fifteenth Century England, 1399-1509, hg. DERS., S. B. CHRIMES, C. D. ROSS, 1972, 1995²) – R. R. DAVIES, Conquest, Coexistence and Change: W. 1063-1415, 1987 – HEG II, 1987, 864-870 [M. RICHTER] – G. WILLIAMS, Recovery, Reorientation and Reform: W., ca. 1415-1642, 1987 – R. R. DAVIES, The Revolt of Owain Glyn Dŵr, 1995.

Walewein, Roman van → Artus, IV

Waleys (Wallensis), Thomas OP (Thomas Waleys Anglicus), † um 1349, Oxford, avancierte in Oxford zum Bacc. Sententiarum und zum Mag. regens in theol. (1318–um 1320). Von 1326/27 bis ca. 1331 war W. Lektor am Studienhaus der Dominikaner in Bologna und predigte in Arezzo gegen die Spiritualen. 1333 fungierte W. als theol. Berater des Kard.s Matteo Orsini in Avignon. W. wurde der Prozeß gemacht, als er am 3. Jan. 1333 in einer Predigt über die visio beatifica gegen die von Papst → Johannes XXII. geäußerte, später revidierte (DH 990f.) Ansicht polemisierte, daß sich die verstorbenen Gerechten erst nach dem Gericht und nach der Auferstehung des Leibes der seligen Gottesschau erfreuten (ed. KAEPPELI 1936). Vom 12. Jan. 1333 bis zum 14. Aug. 1334 wurde W. im päpstl. Gefängnis zu Avignon gefangengehalten. Die von J. B. SCHNEYER angeführten Predigten (Repertorium. II, 709–711) stammen nicht alle von W. Seine Predigtanweisung (»de modo et forma praedicandi«, ed. Th.-M. CHARLAND, 1936, 328–403), verfaßt um 1340–1348, widmete er dem Ebf. v. Palermo Teobaldo Orsini.

M. Gerwing

Lit.: TH. KAEPPELI, Le procès contre Th. W. OP, 1936 – A. B. EMDEN, A Biogr. Register of the Univ. of Oxford, III, 1959, 1961² – B. SMALLEY, English Friars and Antiquity in the Early 14th Cent., 1960, 75–108 – TH. KAEPPELI, Le Campus florum de Th. W., AFP 35, 1965, 85–92 – A. B. EMDEN, A Survey of Dominicans in England, 1967 – J. B. SCHNEYER, Repertorium der lat. Sermones des MA, 5, 1974, 709–711 (= BGPhMA, Texte und Unters. 43, 5) – M. DYKMANS, Pour et contre Jean XXII en 1333, 1975 (= StT 274) – A. MEIER, Ausgehendes MA, 3, 1977 (= Storia e lett. 138) – A. BERNAL PALACIOS, El derecho canónico al servicio de la predicación: El Campus florum de Th. W., Escritos de Vedat 22, 1992, 107–129 – F. A. VAN LIERE, Armand of Belvézer O.P. on Eschatology. An Edition of his responsiones ad 19 articulos (1333), AFP 62, 1992, 7–137 – TH. KAEPPELI, Scriptores OP Medii Aevi, 6, 1993, 401–408 – G. DAHAN, Nommer les êtres: exegese et theories du langage dans les commentaires médiévaux de Genèse, 2, 19–20 (Sprachtheorien in Spätantike und MA, hg. S. EBBESEN, 1995, 55–74 = Gesch. der Sprachtheorien, 3) – F. MORENZONI, La litt. des artes praedicandi de la fin du XIIe au début du XVe s., ebd. 339–359.

Wal- und Robbenfang. Wale sind in N-Europa – durch Artefakte nachweisbar – seit den arkt. Jägerkulturen gefangen worden. Für das MA gibt es gute Schriftzeugnisse, die aktiven W. in Norwegen, Island, auf den Färöern belegen: Gesetzestexte, Sagas und didakt. Lit., hier bes. die »Konungs skuggsiá« (→Fürstenspiegel, B. IV) mit ihrer einzigartigen Wal-Liste (K. s. cap. X), in der 22 Arten gen. werden. Biolog. Lit. (→Albertus Magnus) oder Fabeln (z. B. →Konrad v. Megenberg) hatten keinen Einfluß auf aktive Walfänger; diese interessierte nur Genießbarkeit und Fangbarkeit. Frühester Beleg ist der Bericht über die Entdeckungs- und W.reise Óttars (um 870, Kg. →Alfreds »Orosius«, Einl.; →Entdeckungsfahrten, skand.). Gejagt wurde auf der offenen See und an den Küsten mit Hilfe von Wurfharpune und Lanze, gelegentl. mit Pfeil und Bogen, auf diese Art aber wohl nur auf Kleinwale, die sonst in Buchten getrieben und dann erstochen wurden. Hochseew. warf kaum rechtl. Probleme auf, wohl aber – wegen der Besitz- und Verteilungsfragen – Buchtenw. und Verwertung gestrandeter Wale. Entsprechend groß ist hier die Zahl gesetzl. Vorschriften. Nordleute haben den Wal vollständig verwertet; Fleisch und Speck dienten als Speise, Tran als Beleuchtungs- und Schmiermittel, Knochen als Bauelemente usw. Mit Fleisch wurde Handel getrieben (engl. Zollbelege ab 10. Jh.), oleum (Tran) nach ganz Europa exportiert. Nordleute fuhren aber auch in anderen Seegebieten auf W., z. B. in der Ir. See (872 →Ulster-Zyklus, um 1000 →al-ᶜUḏrī). Im 13. Jh. berichteten Albertus Magnus (animal. 24, 18) und →Vinzenz v. Beauvais (17,42 nach Thomas 6, 6) von Waltreibjagden, schon im 11. Jh. wird in der Normandie eine Gilde von *walmanni* gen. Eventuell norm. beeinflußt, entwickelte sich seit dem 11. Jh. an bask. Küsten ein umfangreicher W. (1059 zentraler Walfleischumschlag in Bayonne). Die Basken führten neuartige Fangboote und eine verbesserte Harpunentechnik ein, sie wurden für die nächsten Jahrhunderte die führenden Walfänger Europas.

Robbenfang ist ebenfalls in ganz N-Europa seit dem Neolithikum nachweisbar. Im MA übertraf er den W. an wirtschaftl. Bedeutung. Die große Zahl der Beutetiere und die lange Fangsaison (9–10 Monate im Jahr) führten dazu, daß Robben wesentl. Ernährungsgrundlage wurden. Verwendet wurden Fleisch, Innereien und Blut zur Nahrung, Speck und Fett zur Gewinnung von Tran und Dichtungsmaterial im Bootsbau, die in Streifen geschnittene Haut als Tauwerk, alles für den eigenen Gebrauch und als Handelsware. Dem Handel half die kirchl. Anerkennung von Robbenfleisch als Fastenspeise. Aus dem →Pelz einzelner Arten fertigte man Bekleidung, der Handel damit verlagerte sich jedoch ab ca. 1270 nach Novgorod. Im SpätMA sank die Bedeutung des gesamten Robbenfangs, im Export wurde das Fleisch weitgehend durch Fisch ersetzt. Die Klassifikationskriterien für die einzelnen namentl. überlieferten Robbenarten sind nicht immer deutl. (vgl. K. s. cap. XVI). Das →Walroß wurde unterschiedl. teils zu den Walen, teils zu den Robben gerechnet; Walroßzähne galten als bes. wertvoll (s. Kg. Alfreds »Orosius«, Einl.). Gejagt wurde mit Harpune und Lanze von Booten aus, mit Spezialnetzen wurden Buchten abgeriegelt, an Land wurden Fallen aufgestellt und Tiere »geknüppelt«. Robbenfangplätze genossen gesetzl. Schutz. Die letzte Phase des spätma. Robbenfangs stellt Olaus Magnus dar (Hist. de gent. sept. XX, 4).

U. Schnall

Lit.: KL V, 205; VII, 160–172; XVII, 686–703; XIX, 439–454 – O. MARTINSEN, Aktiv hvalfangst i Norden i gammal tid (Hval og hvalfangst, Vestfold-Minne, 1964), 22–62 – W. M. A. DE SMET, Evidence of Whaling in the North Sea and English Channel During the MA (Mammals in the Seas, hg. FAO, Bd. 3, 1981), 301–309 – K. BARTHELMESS, Auf W. – Gesch. einer Ausbeutung (Von Walen und Menschen, hg. K. WEIDLICH, 1992), 4–51 – U. SCHNALL, Der Kampf um die »Gabe Gottes«. Auseinandersetzungen über gestrandete Wale in Nordeuropa zur Wikingerzeit (Dt. Schiffahrtsarchiv 15, 1992), 209–222 – DERS., Medieval Scandinavian Laws as Sources for the Hist. of Whaling (Whaling and Hist., hg. B. BASBERG, 1993), 11–15 – DERS., Die Wal-Liste des anorw. »Königsspiegels« (Dt. Schiffahrtsarchiv 17, 1994), 239–252 – O. LINDQUIST, Whales, Dolphins and Porpoises in the Economy and Culture of Peasant Fishermen in Norway, Orkney, Shetland, Faeroe Islands and Iceland... [Diss. masch. St. Andrews 1994].

Walhall (anord. *Vallhǫll* 'Halle der Gefallenen'), jenseitiges Kriegerparadies der heidn. skand. Mythologie, gleichzeitig Wohnort des Gottes →Odin in Asgard. Nach spätheidn. Auffassung wurden die im Kampf gefallenen Krieger (die →Einherier) von →Walküren nach W. zu Odin geleitet (oder in W. von den Walküren mit einem Trunk willkommen geheißen). Während in der heidn. Ära das Konzept von W. möglicherweise auf die Vorstellungen von in (Grab-)Hügeln und Felsen hausenden Toten zurückzuführen ist, entwickelt sich daraus in der spätheidn. Dichtung (in Skaldengedichten wie →Þórbjǫrn Hornklofis Hrafnsmál, Eyvindr Finnsons →Hákonarmál um 960 und den →Eiríksmál nach 954) ein wikingerzeitl. Pendant zu christl. Paradiesesvorstellungen, das in der hochma. Mythographie bei →Snorri Sturluson zusätzlich ausgeschmückt wird: Snorri schildert W. als Festgebäude, dessen Dach mit Speeren und Schilden gedeckt ist und in welchem die Helden tagsüber einen bis zum Jüngsten Tag der →Ragnarök währenden Kampf austragen sowie abends bei Met und Schweinefleisch feiern. Der Koch *Audhrímnir* bereitet den sich stets erneuernden Eber *Sæhrímnir* im Kessel *Eldhrímnir* zu. Der Met, den die Einherier vorgesetzt bekommen, stammt aus dem Euter des myth. Ziege *Heiðrun*, die wie der Hirsch *Eikthyrnir* auf W.s Dach steht und von den Blättern des Baumes *Læraðr* (= →Yggdrasil?) frißt. Odin trinkt Wein statt Met und füttert seine Wölfe *Geri* und *Freki* mit den Abfällen der Mahlzeit. W. hat nach dieser Beschreibung 540 Tore; durch jedes von ihnen werden zu den Ragnarök 800 Einherier zum Endkampf auf seiten der Götter ausziehen, was den ruhmvollen – wenn auch nicht siegreichen – Abschluß des Nachlebens im Kriegerparadies darstellt.

Das dt. Wort 'Walhalla' wurde erst von H. SCHÜTZE 1750 geprägt und bezeichnet im Gegensatz zu anord. Vallhǫll, welches neben →Hel und dem Wasserreich der Ran nur *ein* Aufenthaltsort der Toten ist, eine Ehrenhalle der Toten, gleichgültig, ob im Kampf gefallen oder nicht.

R. Simek

Lit.: KL XIX, 464f. [E. F. HALVORSEN] – M. OLSEN, Vallhall med de mange dører, Acta Philologica Scandinavica 6, 1931/32, 151–170 – E. MAROLD, Das W.bild in den Eiríksmál und den Hákonarmál, MSc 5, 1972, 19–33.

Walī (Plural *wulāt*), 'Herrscher', 'Statthalter'. In der Bedeutung 'Kronprinz' gilt die Form *walī(al-ʿahd)*. Zumal im muslim. Spanien (→al-Andalus) zunächst Bezeichnung der von Kairuan ernannten Statthalter der Halbinsel, dann – unter den Omayyaden v. →Córdoba – die '(Zivil)-Gouverneure' (einer Stadt bzw. ihrer Prov.). In den omayyad. Annalen finden sich mehrfach – v. a. am Ende des Berichtes über die Ereignisse eines Jahres – Listen von Neuernennungen von Gouverneuren für die verschiedenen *kuwar* (Prov.en).

H.-R. Singer

Lit.: EI¹ VIII [Nachdr. 1993], 1109–1111 – E. LÉVI-PROVENÇAL, L'Espagne musulmane au Xᵉ s. Institutions et vie sociale, 1924, 119–121 – DERS., Hist. de l'Espagne musulmane, III, 1967, 52f.

Walisische Mark (auch: Walis. Marken). Die W. M. wurde als westl. Grenzregion des Kgr.es →England im Kielwasser der norm. und engl. Eroberungen in →Wales zw. 1067 und 1284 errichtet. Sie war ein Land der Gewalt und des Krieges, in der die Kg.e v. England (bes. →Heinrich I. und →Eduard I.) und ihre Adligen nach Territorialgewinnen strebten. Die in mehreren Etappen eroberten walis. Kgr.e und Fsm.er bildeten oft die Grundlage neuer Herrschaften in der W.n M. (*marcher lordships*), die sich z. T. an die älteren walis. Verwaltungsbezirke (→*commote*, →*cantref*) anschlossen; als neue administrative Zentren entstanden anglonorm. Burgen (→Burg, C. X) und mit Privilegien (→*charter*) ausgestattete →*boroughs* (z. B. Cardiff in Glamorgan).

Die W. M. entwickelte eigene Charakterzüge: Hier siedelten walis., engl. und frz. Bevölkerungsgruppen, mischten sich Sprachen und Kulturen, so daß Bräuche und Gewohnheitsrechte entstanden, die sich von den Rechts- und Lebensformen sowohl im unabhängigen Wales ('pura Wallia') als auch in den engl. Gft.en abhoben. Während zweier Jahrhunderte schwankte die territoriale Ausdehnung entsprechend den wechselnden polit. und militär. Rahmenbedingungen; um 1300 war jedoch ein weitgehend stabiler Gebietsumfang erreicht, wenn auch weiterhin Herrschaften innerhalb der Mark ihre Besitzer wechselten und noch um die Mitte des 15. Jh. eine neue Lordship (Raglan im SO) durch Zweiteilung einer bestehenden Herrschaft geschaffen wurde. Um 1300 umfaßte die W. M. etwa die Hälfte von Wales und erstreckte sich in einem weiten Bogen von NO (Herrschaften Denbigh und Ruthin) zum SO und SW, wo die frühesten Herrschaften errichtet worden waren (Chepstow und Glamorgan, Pembroke und Haverfordwest). Die W. M. war rechtl. gesondert einerseits von den engl. →*Shires*, andererseits dem von Eduard I. geschaffenen kgl. Fsm. (*principality*) Wales.

Durch die Bedingungen der Eroberung konnten sich die adligen Herren in der W. M. (*marcher lords*) ausgedehnte eigene Rechte für Jurisdiktion, Verwaltung, Steuer- und Abgabenerhebung sowie Kriegführung sichern; die kgl. Autorität schuf keineswegs überall gleichmäßig wirksame Institutionen zur Überwachung der adligen Machtausübung. Seit dem 13. Jh. besaßen einige der mächtigsten Aristokratenfamilien Englands ausgedehnte Herrschaften in der W. M., so die Häuser →Marshall, →Clare, →Fitz-Alan, →Mortimer und →Bohun. Das einzige größere walis. Herrschaftsgebiet, das ohne militär. Eroberung und auf friedl. Wege in den Verband der W. M. überging, war →Powys.

Kg. Eduard I. intensivierte seinen Einfluß auf die Marcher lords; da diese zumeist aber auch Besitz- und Machtinteressen im inneren England wahrnahmen, wurde die W. M. in die polit. Streitigkeiten und Bürgerkriege des 13.–15. Jh. verstrickt (Krieg der →Barone; Auseinandersetzungen um →Eduard II., 1307–27; →Rosenkriege, 1450–87). Diese Konflikte warfen ein Schlaglicht auf die inneren Probleme der W. M., die unter einer Schwäche der öffentl. Ordnung und Autorität sowie einer Tendenz zur polit. Zersplitterung (Übergang vieler Herrschaften an kleinere Adelsgeschlechter) litt. Als sich große Familien aus der W. M. der engl. Krone bemächtigten (1399, 1461), wurden die Anomalien offenkundig. →Eduard IV. war daher bestrebt, in den Jahren nach 1470, gestützt auf den Rat seines Sohnes, des *Prince of Wales*, zu verstärken; die →Tudor bauten diese Herrschaftstechniken aus und beseitigten schließlich den Sonderstatus der W. M., indem sie das engl. *Shire*-System auf ganz Wales übertrugen (Acts of Union Heinrichs VIII., 1536–43).

R. A. Griffiths

Lit.: R. A. GRIFFITHS, Wales and the Marches (Fifteenth Cent. hg. S. B. CHRIMES, C. D. ROSS, R. A. GRIFFITHS, 1972, 1995²) – R. R. DAVIES, Lordship and Society in the March of Wales, 1282–1415, 1978 – A. C. REEVES, The Marcher Lords, 1983 – R. R. DAVIES, Conquest, Coexistence and Change: Wales, 1063–1415, 1987 – G. WILLIAMS, Recovery, Reorientation and Reformation: Wales, ca. 1415–1642, 1987.

Walisische Sprache und Literatur

I. Sprache – II. Literatur

I. SPRACHE: Die brit. Sprache wurde bis zur ags. Eroberung (5./7. Jh.) in ganz Britannien (→Britannia, →Briten) südl. der Linie Glasgow–Edinburgh gesprochen, und sie war vom Gallischen auf dem Festland »nicht sehr verschieden« (Tacitus, Agricola 11). Erst im Laufe des MA bildeten sich die drei Teilsprachen Walisisch (einheim. *kymrisch*) in →Wales, Kornisch in →Cornwall, →Bretonisch in der →Bretagne heraus. In den frühma. Glossen (8./9. Jh.) lassen sich die heutigen drei Sprachen nur mit Mühe unterscheiden.

Durchgehendes Kennzeichen des Britischen ist die Vertretung von idg. *kw- als /p/, z.B. in den Zahlen kymr. *pedwar* '4', vgl. lat. quatuor; kymr. *pump* '5', vgl. lat. quinque. Das Kymrische dehnt darüber hinaus seine Aspirationskorrelation aus auf die Liquiden und Nasale (d.h. es werden aspirierte und unaspirierte *l*, *r*, *m*, *n*, *ng* unterschieden, das aspirierte *l* wird *ll* geschrieben), und es hat einen zweisilbigen Akzent, z.B. in *dofi* 'zähmen' gegenüber einsilbigem Akzent in *dof i* 'ich komme'.

Unter der röm. Herrschaft (43–410 n. Chr.) nahm das Britische zahlreiche lat. Lehnwörter auf, z.B. *pysg* 'Fisch' < lat. piscis. Früheste sprachl. Belege liefern die von antiken Autoren überlieferten Orts- und Personennamen z.B. Mori-dūnum 'Meerstadt' (heute engl. Car-marthen), Boudica, Kgn. der Iceni (= kymr. *Buddug* 'die Siegreiche'). Auf dem Boden des heutigen England sind zahlreiche brit. Namen erhalten, z.B. der Flußname Avon (vgl. kymr. *afon* 'Fluß'), der Ortsname Lich(field) (< brit. *Lētocēt-* 'grauer Wald'). Seit dem 8. Jh. sind außer den Glossen auch kurze zusammenhängende Texte überliefert. Umfangreiche (nach Ausweis ihrer sprachl. Formen mit Sicherheit auf ältere Vorlagen zurückgehende) Hss. liegen seit Beginn des 13. Jh. vor.

II. LITERATUR: Die Lit. (und anderes institutionalisiertes Wissen wie Recht, Landesgesch., Himmelskunde) wurde in den kelt. Ländern seit alters mündl. bewahrt, und zwar von einer Kaste von dichtenden →Druiden (Caesar, Bellum Gallicum VI. 13; Strabo, Γεωγραφία IV. 4). Diese war straff organisiert als 'Bardenorden'. Die Zulassung war über Dichterschulen geregelt, die Diplome verliehen. Den höchsten Rang nahm der *pencerdd* 'Dichterfs.' ein. Ihm wurden prophet. Gaben zugeschrieben, und er verfaßte die prophet. Dichtung. Darunter stand der *bardd teulu* 'Familiendichter'. Ihm oblagen die Preisoden und die Totenklagen auf die fsl. Familie. Noch weiter unten stand der *cerddor*. Er verfaßte Gelegenheitsdichtung. Ohne Diplom dichtete der *clêr* für das gemeine Volk. Die Bardenschulen sorgten in Wales für eine einheitl. mittelkymr. Lit.sprache und eine präskriptive Grammatik.

Die ma. ars poetica kodifiziert in Wales vier Formen des *cynghanedd*. Das sind Lautwiederholungen innerhalb der Zeile, und zwar:

a) *cynghanedd groes*: Vor und nach der Zäsur wiederholen sich die gleichen Konsonanten in gleicher Reihenfolge, z.B. m-n-g-l-f-r in »a *mi'n glaf er mwyn gloyferch*«.

b) *cynghanedd draws*: Es wiederholen sich nur die Konsonantenfolgen am Versanfang und -ende, z.B. c-r in »*yn caru rhai a'i cerydd*«.

c) *cynghanedd sain*: Binnenreim zw. Mitte der ersten und Anfang der zweiten Halbzeile, Alliteration zw. zweitem Binnenreimwort und Endreimwort, z.B. »*bardd coed mewn trefngoed y trig*«.

d) *cynghanedd lusg*: Letzte Silbe vor Zäsur reimt mit erster Silbe des endreimenden Wortes, z.B. »*myn y Nef yr oedd hefyd*«.

Außerdem kodifiziert sie 24 *mesurau*. Das sind Arten, Verse zu gruppieren. Einheitl. Endreim wird dabei in jeder Zeile vorausgesetzt. Wir nennen davon:

a) den *cywydd*, ein Reimpaar mit 7 Silben pro Zeile und *cynghanedd*.

b) den *rhupunnt hir*, eine beliebig lange Zeilenfolge von je 12 Silben mit Binnenreim der vierten und achten Silbe.

c) den *cyhydedd hir*, ein Reimpaar mit 19 Silben pro Zeile und Binnenreim der fünften, zehnten und fünfzehnten Silbe.

d) den *englyn*, einen Dreizeiler von je 7 Silben, durchgehendem Endreim, *cynghanedd* innerhalb mindestens zweier Zeilen, wahlweise einem außermetr. *gair cyrch* nach der ersten Zeile (im zitierten Beispiel durch Gedankenstrich abgetrennt), das durch Lautfigur mit dem Beginn der zweiten Zeile verbunden ist. Seit dem 12. Jh. tritt eine vierte Zeile hinzu. Sie ist ebenso gebaut wie die dritte, z.B.:

»*Stauell Gyndylan ys tywyll – heno / Heb dan heb wely / Wylaf wers tawaf wedy*« (Llywarch Hen XI, 18). 'Cynddylans Gemach ist dunkel – heute abend / Ohne Feuer, ohne Bett. / Laßt mich eine Weile klagen, dann schweigen.'

Lat. Genealogien bezeugen für das 6. Jh. die Dichter →Aneirin und →Taliesin. Unter ihrem Namen sind Preislieder auf Fs.en überliefert, die zu jener Zeit auf dem Boden des heutigen Nordengland und Südschottland gegen die Angelsachsen kämpften, außerdem eine Ballade über einen unglückl. Raubzug Arthurs (→Artus, Arthur) zur außerird. Insel *Annwfn*, wo er einen Zauberkessel (den späteren Gral) zu erbeuten hofft. Llywarch Hen klagt in durch Anapher verbundenen Reihen von *englynion* über Krieg und Zerstörung, mit denen im 7. Jh. Powys, das Gebiet zw. Shrewsbury und Chester, heimgesucht wurde. Die dem Myrddin (lat. →Merlinus, 6. Jh.) zugeschriebenen prophet. Gedichte schildern, wie die wiederkehrenden Kg.e Arthur und Cadwaladr die eingedrungenen Angelsachsen in ihre sächs. Heimat zurücktreiben. Die Waliser werden dann 'mit engl. Köpfen Fußball spielen'. Die vier hier namentl. gen. Dichter heißen in der Lit.geschichte die *cynfeirdd* 'frühen Dichter'. Die gesamte Dichtung wurde mündl. überliefert und nur gelegentl. aufgeschrieben. – Zur prophet. Dichtung s.a. →Armes Prydein.

Die nächste bekannte Dichterschule bilden die *gogynfeirdd* 'weniger frühen Dichter'. Es sind etwa 20 namentl. bekannte Hofdichter aus dem 12./13. Jh. Sie zeichnen sich aus durch witzige *concetti* (kymr. *dyfalu*) und gesuchte 'obscuritas'. In einem Sterbegedicht malt der Dichter Meilyr (12. Jh.) z.B. aus, wie er Gott beim Jüngsten Gericht zu überlisten gedenkt. Er läßt sich auf Bardsey Island, der klass. Insel der Einsiedler, begraben und hofft, mit jenen zusammen unbemerkt in den Himmel zu schlüpfen.

Nach der engl. Eroberung (1282) gab es keine einheim. Fs.enhöfe mehr. Mäzene der Dichtung waren von da an bis zur Annexion (1536) die adligen Grundherren. Etwa 150 Dichter aus dieser Zeit (14./15. Jh.) sind überliefert. Sie bevorzugen den *cywydd* als Versmaß und heißen daher *cywyddwyr*. Unter ihnen gilt →Dafydd ap Gwilym (ca. 1320–80) als der größte kymr. Dichter. Er übernimmt u.a. die Gattungen der Troubadourlyrik, um sich selbst als ältlichen, erfolglosen Liebhaber darzustellen. Z.B. parodiert er die →Pastourelle, als er von seinen mißlungenen Liebesabenteuern im Dorf Llanbadarn berichtet:

»*Plygu rhag llid yr ydwyf / Pla ar holl ferched y plwyf / Am na chefais, drais drawsoed, / Onaddun yr un erioed / Na morwyn fwyn ofynaig / Na merch fach na gwrach na gwraig*« (Merched Llandadarn, opera nr. 48).

'Krümmen tue ich mich vor Ärger, / Die Pest allen Mädchen des Dorfes! / Denn nie bekam ich eine einzige / – Welch Ärgernis mein Leben lang – / Weder eine hübsche, zarte Jungfrau / Noch ein kleines Mädchen noch eine Hexe noch eine Ehefrau'.

Der *cyfarwydd* 'Erzähler' galt innerhalb der Hierarchie als dem *bardd teulu* ebenbürtig. Gen. wird im 12. Jh. (sowohl in Wales als auch in Frankreich) ein Erzähler namens Bleddri, »der die Geschichten aller brit. Kg.e kannte« (Le Tristan de Thomas D 849). Auch die Erzähler trugen aus dem Gedächtnis vor. Nach Thematik und Struktur gleicht die walis. der irischen Erzählprosa.

Schriftl. überliefert ist unter der Bezeichnung →Mabinogi ein Zyklus von 11 Prosaerzählungen. Sie werden in den heutigen dt. (aus dem Englischen weiterübersetzten) Übers.en als 'Märchen' bezeichnet, unterscheiden sich aber vom festlandeurop. Märchen durch ihre Situierung in einer hist. und geogr. festgelegten, krieger.-aristokrat. Gesellschaft. →Geoffrey of Monmouth verarbeitete diese Erzählprosa in seiner »Historia regum Britanniae« zu einer chronolog. geordneten Abfolge von Britenkg.en bis zur Abdankung des letzten Kg.s Cadwaladr (682 n. Chr.).

Die handelnden Personen sind mit mag. Geboten bzw. Verboten (kymr. *hudau*) belegt, und es verkehren ird. und außerird. Personen miteinander, ohne daß sich ihre beiden Welten immer unterscheiden lassen. Die »vier Zweige« spielen z. B. kurz vor Caesars Einfall (54 v. Chr.). Der (aus Caesar bekannte) Cassivellaunus usurpiert dort den Thron. Der von ihm abgesetzte Kg. Brân läßt sich »mit dem Gesicht nach Frankreich« beisetzen – offenbar um Caesars bevorstehendem Einfall mag. entgegenzuwirken. Im »ersten Zweig« der Mabinogi tauscht Fs. Pwyll v. Dyfed seine Gestalt mit dem Kg. v. Annwfn, läßt sich aber von dessen Frau im Ehebett nicht verführen und besteht deshalb den Zweikampf mit einem bisher unbesiegbaren Gegner. Nach seiner Rückkehr gewinnt er die außerird. Rhiannon zur Frau. Bei ihrer Niederkunft wird das Kind von außerird. Wesen entführt, und die Kinderfrauen klagen die Mutter des Kindesmordes an. Sie wird schwer bestraft und erst rehabilitiert, als Jahre später die Pflegeeltern das verlorene Kind zurückbringen.

Themat. anders sind die Romanzen von Yvain, Erec und Perceval (ihr Verhältnis zu den gleichnamigen Versromanen des →Chrétien de Troyes ist umstritten) sowie »Culhwch und Olwen«, die älteste Arthurgeschichte. Hier thront Arthur (wie auch bei Chrétien) ohne hist. Zusammenhang über seinem Hofstaat und wartet auf Abenteuer. Der junge Culhwch ist von seiner Stiefmutter mit einem Zauber belegt worden. Er muß Olwen, die Tochter eines Riesenfs.en, zur Frau gewinnen. Der Riesenfs. steht seinerseits unter einem Zauber: Er lebt nur so lange, wie seine Tochter Jungfrau bleibt. Er erlegt Culhwch zwecks Ausrichtung der Hochzeitsfeier eine Reihe unmögl. erscheinender Aufgaben auf. Mit Hilfe Arthurs löst Culhwch sie und kommt zum Ziel. Sein Hilfsersuchen an Arthur und seinen Hof liefert (ähnl. wie in den drei Romanzen) die offene Form, in die beliebig viele Such- und Abenteuerfahrten von Arthurs diversen Gefolgsleuten eingeordnet werden können.

Außerhalb der Mabinogi überliefert ist ein Tristanfragment sowie »die Geschichte des Taliesin«. Letztere erzählt, wie Taliesin aus einem mag. Kessel die Dichtergabe erlangt, sich dann durch Metamorphosen vielen Verfolgungen entzieht und zuletzt seine Konkurrenten als *pencerdd* aussticht. H. Pilch

Ed. und Slg.en: The Oxford Book of Welsh Verse, ed. Th. PARRY, 1962 [Anthologie der (nicht nur ma.) walis. Dichtung] – Mabinogi, ed. J. GWENOGVRYN EVANS, 1887, 1907 [engl. Übers. TH. JONES-J. JONES, 1949; J. GANTZ 1976] – Aneirin, Taliesin, Llywarch Hen, ed. I. WILLIAMS, 1935, 1938, 1960 – Dafydd ap Gwilym, ed. TH. PARRY, 1952 – Armes Prydein, ed. I. WILLIAMS, 1957 – Llyfr Du Caerfyrddin, ed. A. O. H. JARMAN, 1982 [unter Merlins Namen überlieferte Gedichte] – Culhwch ac Olwen, ed. R. BROMWICH–S. EVANS, 1988 [kymr. Komm.]; 1992 [engl. Komm.] – Die vier Zweige der Mabinogi, ed. L. MÜHLHAUSEN, 1989² – C. WILLIAMS, The Poets of the Welsh Princes, 1993 [über die Gogynfeirdd] – Hist. Taliesin, ed. P. FORD, 1994 – H. PILCH, Orality and Literacy in Early-Middle-English, 1996, 147–166 [Ed. des Gedichts über Arthurs Raubzug] – *Lit.:* J. MORRIS JONES, A Welsh Grammar, 1913 – DERS., Cerdd Dafod, 1925 [zur ars poetica] – TH. M. CHOTZEN, Recherches sur la poésie de Dafydd ap Gwilym, 1927 – TH. PARRY, Hanes Llenyddiaetll Cymru, 1952 [engl. Übers. I. BELL, 1970] [zur Literaturgesch.] – A. EVEN, Gesch. der kelt. Sprachen, 1956 [in bret. Sprache] – H. HAARMANN, Der lat. Lehnwortschatz im Kymrischen, 1970 – L. FLEURIOT, A Dict. of Old Breton, 1985.

Walisisches Recht. Die überlieferten Texte des W. R.s des MA sind im wesentl. in drei Typen zu gliedern:

1. Rechtsbücher, die das gesamte Spektrum des Rechts 'nach Hywel Dda' boten und den Lehrlingen des Rechtswesens als Ausbildungsgrundlage dienen sollten. Die meisten dieser Bücher wurden im Zeitraum von nur etwa 100 Jahren, 1150–1250, abgefaßt, doch wurde ihr Inhalt dem walis. Kg. →Hywel Dda (Hywel der Gute, † 950) zugeschrieben;

2. Rechtstexte, die in zahlreichen Hss. der genannten Rechtsbücher als Anhänge bzw. Zusätze überliefert sind;

3. Werke, die von den obengen. Rechtsbüchern weitgehend unabhängig sind; bes. die »Cynghawsedd«, Rechtstraktate zum Gebrauch des *cyngaws*, des vor Gericht plädierenden Rechtskundigen. Werke dieser Gattung entstammen wahrscheinlich der 2. Hälfte des 13. Jh.

Den erhaltenen Texten zufolge ist das W. R., wie es überliefert ist, im wesentl. ein Produkt des Zeitraums von ca. 1150 bis 1282, d. h. der etwa 130 Jahre vor der Eroberung des Fsm.s Gwynedd (nördl. Wales) durch Kg. Eduard I. v. England. Gleichwohl bewahren die Texte in vielen Fällen ältere Substanz; dies leitet (gemeinsam mit der Zuschreibung des Rechts an Hywel Dda) den Blick auf die Frage, ob es möglicherweise frühere Rechtsaufzeichnungen als die erhaltenen gab.

Die das »Recht des Hywel« repräsentierenden Rechtsbücher entstanden im näheren Umkreis der kgl. Regierung und Verwaltung, ohne ihr aber unmittelbar anzugehören. Einerseits besitzen sie einen gemeinsamen Aufbau: Sie beginnen mit den »Rechten des Hofes«, in denen die Vorrechte des Kg.s, der Kgn., des legitimen Erben, dann der Vierundzwanzig Großen Amtsträger abgehandelt werden. Dann folgen üblicherweise die »Rechte des Landes«, deren erster Abschnitt unter dem Titel »Die Drei Säulen des Rechtes« zunächst die Vergehen der »Beihilfe/ Anstiftung« aufzählt; in bezug auf Delikte wie Mord, Brandstiftung und Diebstahl wird somit die (mittelbare) Mitwirkung von Helfern und Mittätern gegenüber der eigtl. Tat in den Vordergrund gestellt. Der Grund liegt wohl darin, daß die →Bußen für Beihilfe an den Kg. gingen, wohingegen die eigtl. Täter der geschädigten Partei Genugtuung zu leisten hatten. Andererseits ist in den Rechtsbüchern die Tendenz erkennbar, die Zustimmung zu bestimmten wichtigen dynast. Entscheidungen zu vermeiden (Zurückhaltung gegenüber dem Wunsch des Fs.en →Llywelyn ab Iorwerth, 1229 seinen jüngeren Sohn Dafydd anstelle des designierten älteren Sohnes Gruffydd zum Erben des Fsm.s Gwynedd einzusetzen). Die Gesamtstruktur der Rechtsbücher kann teilweise erklärt werden durch die Tatsache, daß die Rechtskundigen, zumindest in Teilen von Wales, als zunftartiger Personenverband unter Vorsitz eines »Hofrichters« organisiert waren. Ein Rechtskundiger, der als Richter akkreditiert werden wollte, mußte die »Rechte des Landes« kennen, wohingegen die »Rechte des Hofes« Domäne des »Hofrichters« waren. Die Verbindung des Rechts zur kgl. Verwaltung lag somit im wesentl. begründet in der Person des »Hofrichters«, der zugleich Oberhaupt der Korporation der Rechtskundigen und einer der Vierundzwanzig Großen Amtsträger des Hofes war.

Die Textgesch. der Rechtsbücher teilt diese in zwei große Zweige auf: einen nördl. Überlieferungsstrang aus Gwynedd und einen südl. aus Deheubarth. Der älteste erhaltene Text ist wahrscheinlich eine der beiden Hauptredaktionen des Rechtsbuchs »Llyfr Cyfnerth«, die wohl in Machienydd um 1175 abgefaßt wurde. Die spätere Redaktion des »Llyfr Cyfnerth« folgte bald darauf; diese Version steht wohl mit dem Fsm. Deheubarth unter →Rhys ap Gruffudd († 1197) in Verbindung. In der 1. Hälfte des 13. Jh. kompilierte ein Rechtskundiger aus Arfon in Gwynedd den »Llyfr Iorwerth«. Eine seiner Q.n, der »Llyfr Cynog«, ist nur in Bruckstücken erhalten. Die lat. Rechtsbücher, meist im 13. Jh. verfaßt, bilden eine Brücke zw. Süd und Nord; ihr Ursprung lag im Süden, doch wurden drei von ihnen in Gwynedd geschrieben. Ein lat. Rechtsbuch (»Latin D«) verblieb in Deheubarth und war Hauptq. für den vernakularsprachl. »Llyfr Blegwyrd«, der im S bis zum Ende des MA als hauptsächl. Rechtsbuch der Juristen diente.

Wenn auch die wichtigsten Texte einer relativ kurzen Periode intensiver Redaktionstätigkeit entstammen, so ist der Historiker und Rechtshistoriker, der die langfristige Entwicklung der Ideen und Vorstellungen des W. R.s verfolgen und verstehen will, mit einem Problem von grundsätzl. Bedeutung konfrontiert: weit über die bloß rechtsgesch. Fragen hinaus, bilden die Rechtstexte doch für die Zeit vor der engl. Eroberung die Hauptquelle zur Erhellung der walis. Sozialverhältnisse. Trotz des kurzen Zeitraumes der Niederschrift der Rechtstexte lassen sich Kriterien zur Feststellung längerfristiger Wandlungsprozesse entwickeln. Zunächst enthalten die Rechtsbücher auch statische und dynam. Momente. Beim Vergleich verschiedener Rechtsbücher läßt sich erkennen, daß etwa die Rechtsvorschriften der Erbteilung statisch sind, diejenigen über die Verhandlung von Grundbesitzprozessen dagegen Wandlungen unterliegen. Diese grundlegende Einsicht führt zu zwei anderen Ansatzpunkten der Analyse: der Annahme eines Muster-Rechtsbuches und dem Vergleich mit dem →Ir. Recht. Die überkommenen Rechtsbücher schließen sich in Aufbau und Konzeption einer der beiden vorbildhaften Redaktionen an; der anderen Redaktion folgt lediglich das »Llyfr Iorwerth« (aus Gwynedd). Dabei läßt sich leicht zeigen, daß der Aufbau des Stoffes im »Llyfr Iorwerth« eine revidierte Fassung der anderen Redaktion ist; es dürfte somit eine einzige ursprgl. Redaktion existiert haben. Die vorherrschende Erklärung hierfür ist, daß alle enthaltenen Rechtsbücher hinsichtl. ihres Aufbaus auf ein Muster-Rechtsbuch zurückgehen. Es gibt jedoch zwei Auffassungen über den Entstehungszeitpunkt dieser Muster-Redaktion: die eine Richtung, die das W. R. in Zusammenhang mit dem allgemeineurop. Aufschwung der Rechtskodifikationen des 12. Jh. sieht, vertritt die Ansicht, daß diese Muster-Redaktion nicht lange vor der Aufzeichnung der ältesten erhaltenen Rechtsbücher entstanden sein kann; die andere Richtung, die vom Gedanken der textl. Distanz der erhaltenen Texte von der angenommenen Muster-Redaktion geleitet wird und ebenso die frühen Entstehungsdaten des Ir. Rechts vergleichend heranzieht, hält für eine der ältesten Muster-Redaktion eine Redaktion im 10. Jh., mit dem Segen Hywel Ddas, für wahrscheinlich. Wenn diese Theorie zutrifft, dann kann der Textvergleich durchaus einen längeren Entwicklungszeitraum der Rechtsvorstellungen, als er bisher angenommen wurde, zutage fördern. Einen direkten Zugang liefert der Vergleich mit dem Ir. Recht (des 7. und 8. Jh.). Es zeigt sich, daß die vergleichsweise statischen Bestimmungen des W. R.s über das Erbrecht sich größtenteils auch in den wesentl. älteren ir. Rechtsquellen finden. In ihrer Substanz, die über die Epoche der Transformationen des 12.–13. Jh. hinausreicht, besitzen die walis. Rechtstexte für alle Historiker des europ. MA große Bedeutung. Von herausragendem Interesse sind die Komplexe des Rechts des Kg.shofes (eine ungewöhnl. ausführl. Abhandlung der zeremoniellen Funktionen eines kleineren Hofes), des Landbesitzrechtes, der Bestimmungen über die Rechtsstellung der Frauen und über Rache und Selbsthilfe. T. M. Charles-Edwards

Ed. und Übers.: The Ancient Laws and Institutes of Wales, ed. und übers. A. Owen, 1841 – Welsh Medieval Law, ed. und übers. A. W. Wade-Evans, 1909 [Neudr. 1979] – Llyfr Iorwerth, ed. A. Rh. Wiliam, 1960 – Cyfreithiau Hywel Dda yn ôl Llyfr Blegywryd, ed. S. J. Williams-J. Enoch Powell, 1961[2] – Llyfr Colan, ed. D. Jenkins, 1963 – D. Jenkins, The Law of Hywel Dda: Law Texts from Medieval Wales, 1986 – Lit.: R. R. Davies, The Twilight of Welsh Law, 1284–1536, History 51, 1966, 143–164 – D. Jenkins, Cyfraith Hywel, 1970 – Celtic Law Papers, hg. D. Jenkins, 1973 – The Welsh Law of Women (Stud. to D. A. Binchy, hg. D. Jenkins u.a., 1980) – D. Jenkins, The Medieval Welsh Idea of Law, TRG 49, 1981, 323–348 – T. M. Charles-Edwards, Cynghawsedd: Counting and Pleading in Medieval Welsh Law, BBCS 33, 1984, 188–198 – R. R. Davies, Law and Nat. Identity in Medieval Wales (R. R. Davies u.a., Welsh Society and Nationhood. Hist. Essays to G. Williams, 1984), 51–69 – Lawyers an Laymen. Stud. to D. Jenkins, hg. T. M. Charles-Edwards u.a., 1986 – H. Pryce, The Prologues to the Welsh Lawbooks, BBCS 33, 1986, 151–187 – T. M. Charles-Edwards, The Welsh Laws, 1989 – H. Pryce, Native Law and the Church in Medieval Wales, 1993 – R. Ch. Stacey, The Road to Judgement: From Custom to Court in Medieval Ireland and Wales, 1994.

Walkenried, ehem. Kl. SOCist ö. Bad Sachsa am Harz (Niedersachsen). Vergebl. bemühte sich vor oder spätestens 1123–25 die Stifterin Adelheid für ein in W. zu gründendes Kl. um Benediktiner aus →Huysburg, wo ihr Gemahl Volkmar vor 1116, vielleicht 1114, eingetreten war. Wahrscheinl. 1129 (kaum bereits 1127) wurde W. von Zisterziensern aus →Kamp besiedelt; Tochterkll. wurden →Pforta und Sittichenbach (s. Eisleben). Die am s. Harzrand gelegene Gründungsausstattung wurde im 12. Jh. zügig vermehrt, wobei eigene Kultivierungsarbeiten in den Niederungen der Helme eher gering zu veranschlagen sind. Zu Beginn des 14. Jh., der Zeit seiner wirtschaftl. Hochblüte, besaß W. zwölf Grangien, darunter Mönchpfiffel s. Allstedt, Immedeshausen (wüst) s. Seesen am Westharz und Schauen s. Osterwieck im n. Harzvorland, dazu Bergbau- und Hüttenbetriebe im Harz, Stadthöfe in Goslar, Göttingen, Nordhausen, Osterwieck und Würzburg sowie über 20 zumeist inkorporierte Niederkirchen. Im Bauernkrieg erlitt W. schwere Schäden, auch an der um 1210 begonnenen Kl.kirche. W. Petke

Q.: Die Urkk. des Stifts W. 1–2, 1 (UB der hist. Vereins für Niedersachsen 2–3, 1852–55) [Neubearb. W. Baumann (†)–P. Müller; in Vorber.] – GP 4, 1978, 325–329 – RI IV, 1, 1, 1994, Nr. 73, 192, 298 – Lit.: K. Bogumil, Das Bm. Halberstadt im 12. Jh., 1972, 117f. – H. Patze, Zur Rechtsgesch. des Kl. W., BDLG 112, 1976, 58–86 – W. Baumann, Kirchenherrschaft in Kl.hand im s. Niedersachsen. Die Kirchen des Kl. W., NdsJb 59, 1987, 117–137 – C. Alphei, W. (Germania Benedictina 12, bearb. U. Faust, 1994), 678–742 [Lit.].

Walkerei, Walker. [1] *Walkerei:* Das W.en der fertig gewebten und aus →Wolle, Serge oder →Leinen gefertigten Tuche ist ein Teil des Veredelungsprozesses der →Textilien, bevor diese genoppt, geschoren oder auch gefärbt werden. Für die aus Kammgarn, Baumwolle oder Seide hergestellten Waren ist es im allg. nicht notwendig. Alle Wollstoffe enthalten aber Fettreste und andere Unreinheiten, die durch das W.en entfernt werden müssen, um die Stoffqualität zu steigern. Unter der Kombination von Druck, Bewegung, Wärme und Feuchtigkeit zusammen mit Chemikalien brechen die losen Gewebefasern auf und können sich an der Oberfläche stärker untereinander verfilzen. Der Stoff wird dadurch dicker, geschmeidiger, strapazierfähiger und bekommt eine größere Wärmehaltigkeit. Das W.en verlangt einen leichten Zugang zu fließendem Wasser und viel Platz zum Trocknen der Tuche. Es umfaßt verschiedene Arbeitsgänge: 1. reinigen und waschen, 2. lose bündeln, 3. walken, 4. spülen, 5. (vorläufig) noppen und scheren, 6. strecken und auf einen Rahmen spannen. Das Tuch wurde dazu in eine lauwarme Lauge, die die beim Spinnen und Weben benötigten Fette und Öle aus den Fasern lösen soll, in einen Holz- oder Steinbottich gelegt. Die W.flüssigkeit bestand v. a. aus »W.erde«, einer mineral. und fettbindenden aluminiumsilikathaltigen Substanz, die in warmem Wasser zu einem feinen Schlamm zerfiel. Gelegentl. wurde sie mit Weinhefe, Kalk oder, sehr weit verbreitet, mit gefaultem menschl. Urin ergänzt, der eine flüssige ammoniakal. Seife bildete. Damit wurde erreicht, daß der Stoff besser zu bleichen war oder beim Färben besser den Farbfixierer, meist →Alaun, aufnahm. Nach dem W.en, bei dem das Tuch insgesamt etwa ein Drittel seiner Fläche verlor, wurde es in kaltem Wasser gespült, auf Rahmen gespannt und z. T. mehrmals geschoren, um es zu verfeinern. Rohleinwand wurde mehrfach in einer heißen Holzaschenlauge gewalkt und dann auf den Bleichwiesen der Sonne ausgesetzt. Jeder Bleichvorgang wurde mit einem W.prozeß abgeschlossen.

Als primitive und seit der Antike bekannte Formen des W.ens v. a. großer Tuche können unterschieden werden: Stampfen mit den Füßen, Schlagen mit den Händen oder mit am Ende verbreiterten Schlagstöcken aus Holz. Für das W.en von Luxusprodukten, kleinen Stoffen oder anderen Textilprodukten wie Mützen oder Kappen reichte das W.en mit den Händen aus. Die techn. Arbeitsvorgänge des Schlagens und Pressens wurden durch die sich seit dem Ende des 10. Jh. verbreitenden W.mühlen (→Mühle, III, 1) mechanisiert. Doch war weiterhin auch das W.en als Handarbeit üblich und gelegentl., wie in Flandern seit dem 14. Jh., bes. für Luxustuche sogar vorgeschrieben, da man befürchtete, daß das Tuch durch die recht gewaltsame Behandlung in der W.mühle Qualitätseinbußen erleiden könnte. Das W.en in der herkömml. Form dauerte je nach Qualität und Größe des Tuches und je nach Jahreszeit zw. zwei und fünf Tagen und verlangte neben einem Meister als Aufsichtsperson meist zwei Arbeiter. Das mechanisierte W.en in einer W.mühle verringerte den zeitl. Aufwand deutl. und konnte die Herstellungskosten erhebl. senken sowie die Produktivität steigern.

[2] *Walker:* Das W.en wurde von Anfang an von Männern durchgeführt. Die W.er stellten in den meisten nw. europ. Textilgewerbestädten eine quantitativ bemerkenswerte Bevölkerungsgruppe; in flandr. und brabant. Städten rechnet man mit einem Verhältnis von zwei W.ern auf drei Weber. Oft bildeten sie dort eigene korporative Verbindungen in Form von →Zünften oder waren mit den →Webern und anderen speziellen Textilgewerben in einer Zunft verbunden. In Dtl. kam es unter den W.ern seltener zur Zunftbildung, hier war die Verbindung mit Webern weiter verbreitet. In England waren W.er häufiger auf dem Land anzutreffen. W.er beteiligten sich neben den Webern früh an den zahlreichen, sozial bedingten städt. Unruhen seit dem Ende des 13. Jh. Sie sind als Eigentümer der W.mühlen selten belegt, da dafür ein erhebl. Eigenkapital erforderl. war; Mühlen konnten aber im gemeinschaftl. Besitz von Zünften sein. Das Vermögen vieler W.er scheint nach Werkstatt- und Nachlaßinventaren zu urteilen nicht sehr groß gewesen zu sein, wenngleich einzelne W.er als Hausbesitzer bekannt sind. Oft befanden sich neben zahlreichen kleineren Gerätschaften nur der W.trog und die Rahmen zum Trocknen der Tuche als größere Wertobjekte in ihrem Besitz. Viele Vorschriften sollten seit dem 13. Jh. in den bedeutenden Textilgewerbestädten einzelne Arbeitsbereiche der W.er regeln, neben Qualitätsvorschriften für die einzelnen Phasen des Arbeitsprozesses gab es betriebswirtschaftl. Vorschriften zur Regelung der häufigen Konflikte im Verhältnis der W.er zu anderen Textilgewerben, v. a. zu den Webern und zu den →Färbern sowie zu Textilkaufleuten, andere Bestimmungen legten die erlaubte Höchstzahl der vom einzelnen W.er zu beschäftigenden Gesellen und Fragen der Entlohnung fest. Bereits im 13. Jh. gibt es Hinweise auf Bezahlung der W.er im Trucksystem (Brügge). Ch. Reinicke

Lit.: G. DE POERCK, La draperie médiévale en Flandre et en Artois, I, 1951, bes. 90–112 – R. VAN UYTVEN, The fulling Mill: Dynamic of the Revolution in Industrial Attitudes, ActaHistNeerl 5, 1971, 1–14 – P. J. M. GORP, Over vollen en volmolens, Brabants Heem 39, 1979, 66–78, 118–128 – P. MALAMINA, The first European Textile Machine, Textile Hist. 17, 1986, 115–127 – A. DERVILLE, Moulins, cultures industrielles et marchands dans les campagnes artésiennes et flamandes, Revue du Nord 72, 1990, 575–592 – R. HOLBACH, Frühformen von Verlag und Großbetrieb in der gewerbl. Produktion, VSWG Beih. 110, 1994 – →Mühle.

Walküren (an. *valkyrjar*, ae. *wælcyrge*, zu *valr* 'die Gefallenen' und *kjósa* 'wählen', also 'die die Gefallenen Auswählenden') waren ursprgl. wohl Totendämonen oder Seelenführerinnen, welche die Gefallenen nach →Walhall brachten oder dort empfingen. Schon in der Völkerwanderungszeit wandelte sich dieses Konzept, und aus den W. wurden Mädchen, welche die Gefallenen (→Einherier) in Walhall mit einem Trunk willkommen hießen (so werden zumindest üblicherweise die trinkhorntragenden Frauengestalten auf Votivgoldblättchen [sog. *Guldgubber*] interpretiert). In der Wikingerzeit wurde die W.-Vorstellung weiter durch die Vorstellung von 'Schildmädchen' (*skjaldmær*) beeinflußt, also von krieger. amazonenhaften Reiterinnen, welche das Schlachtengeschehen und damit das Geschick der Krieger direkt beeinflussen konnten (wie in den →Darraðarljóð). Die W. werden wiederholt als *Oðins meyjar* 'Odins Mädchen' und *óskmeyjar* ('Wunschmädchen') bezeichnet, was ihre Nähe zu Odin als dem Anführer des Totenheeres und zur Ausführung seiner Wünsche verdeutlicht. Die Zahl der W. wird mit neun (Helgakviða Hjörvarðssonar) oder zwölf (→Darraðarljóð) angegeben, war aber wohl unbegrenzt, nachdem →Grímnismál 36 die Namen von 13 W. anführt, die Darraðarljóð 5 andere, die →Thulur wenigstens 14 weitere. In der Heldendichtung, wo noch zahlreiche andere W. namentlich genannt werden, sind die W. stark vermenschlicht präsentiert, so daß sie sich auch in menschliche Helden verlieben können (Sigrdrífumál). R. Simek

Lit.: KL XIX, 468f. [A. HOLTSMARK] – Medieval Scandinavia. An Encyclopedia, 1993, 403f. [L. PRÆSTGAARD ANDERSEN] – R. SIMEK, Lex. der germ. Mythologie, 1994² – A. H. KRAPPE, The Valkyries, MLR 21, 1926, 55–73 – H. R. ELLIS, The Road to Hel, 1943 – F. STRÖM, Diser, nornor, valkyrjor, 1954 – G. MÜLLER, Zur Heilkraft der Walküre, FMASt 19, 1976, 350–361 – L. MOTZ, Sister in the Cave, ANF 95, 1980, 168–182 – M. I. STEBLIN-KAMENSKIJ, Valkyries and Heroes, ANF 97, 1982, 81–93.

Wall → Befestigung

Wallace, schott. →Reimchronik (IV). Die elf (im Druck zwölf) Bücher mit 11877 Verszeilen in fünfhebig-zehnsilbigen Reimpaaren (*heroic couplet*) und einigen Balladenstrophen (aabaabbab, ababbcbc/ababbaba) rühmen auf Lowland Scots den schott. Nationalhelden William →W. (1270–1305). Während der Kerkerhaft von John de →Balliol focht er seit 1297 gegen die Engländer. Neid und Ränke des eigenen Hochadels trugen 1305 in Glasgow zum Sturz des Hünen bei, der in London mit Anklage, Verurteilung und Hinrichtung endete. »W.« goß epischen Balsam auf die Wunden der schott. Volksseele. Dichterische Eingebung und Gestaltungskraft, würdige Diktion, klarer Versduktus und bittere Ironie ließen Übertreibung, Verzerrung und Widerspruch samt einstiger Schmach vergessen. Um 1476–78 entstanden und vom Makar am Hofe vorgetragen, lag »W.« 1488 in Ramsays hsl. Unikat vor (Advocates' Library in Edinburgh) und zählte seit dem Frühdruck 1508 (mehr als →Barbours »Bruce«) zur schott. Hauslektüre neben der Bibel. Als Verfasser von »W.« nannte erstmals Mair 1521 Blind Har(r)y (auch Henry the Minstrel). Laut Legende war Blind Harry von Geburt blind; Werk und Autobiographie deuten eher auf spätere oder Altersblindheit, anderes auf kelt. Volksmythos oder einen 'verblendeten' Henricus Caecus. Es steht in Zweifel, ob Kaplan Blair je die Q. des »Latyn buk« schrieb. Die Reimchronik »W.« baut auf Q.n wie Alexander- und Rosenroman (→Alexander d. Gr., B. VIII; →Roman de la Rose, III, 3), →Chroniken (»Bruce«, →Froissart, Wyntoun, →Morte Arthure) sowie auf Kenntnis von Boethius, Hl.nviten, →Mandevilles »Travels«, →Chaucer und →Lydgate auf.   H. Weinstock

Bibliogr.: Bibl. Wallasiana, 1858 – Manual ME 8. XII, 1989, 2692–2699 [E. D. Kennedy] – NCBEL I, 657 – *Ed.*: M. P. McDiarmid, Hary's W., STS 4, 5, 1968–69 – *Lit.*: J. Balaban, Blind Harry and The W., Chaucer Review 8, 1974, 241–251 – M. P. McDiarmid, The Metrical Chronicles and Non-alliterative Romances (The Hist. of Scottish Lit., I: Origins to 1660, hg. R. D. S. Jack, 1988), 27–34 – →W., William.

Wallace, William, schott. Patriot, * um 1270 in der Nähe von Paisley, † 23. Aug. 1305 in London; stammte aus einer Familie der niederen Gentry. Als der engl. Kg. Eduard I. 1296 →Schottland eroberte, wurde W. geächtet. Im Mai 1297 stand er an der Spitze einer bewaffneten Widerstandsbewegung gegen die engl. Besetzung, tötete einen Sheriff und nahm beinahe den engl. Justitiar gefangen. Nachdem er und seine Streitkräfte sich mit seinem patriot. Gefährten Andrew de Moray (Murray) verbündet hatten, fügte er einem engl. Heer bei →Stirling (11. Sept. 1297) eine schwere Niederlage zu und führte seine Streitkräfte in das n. England. Als de Moray starb, wurde W. zum Guardian v. Schottland gewählt und zum Ritter geschlagen. Im Sommer 1298 führte Eduard I. ein großes Heer nach →Lothian und besiegte am 22. Juli die Schotten unter W. in →Falkirk. W. trat das Amt des Guardian 1299 ab und wurde an den Hof Philipps IV. v. Frankreich gesandt, um dort die Erneuerung des frz.-schott. Vertrags v. 1295 (→Auld Alliance, →Wars of Independence) zu sichern. Obwohl W. am frz. Hof als Held gefeiert wurde, konnte er keine Zusage einer militär. Unterstützung erlangen. Er kehrte 1303 nach Schottland zurück, schiffte sich zu einem Freischärlerkriegszug ein und lehnte es 1304 ab, sich der allg. Unterwerfung der schott. Führer anzuschließen. Eduard I. war unerbittl. in seiner Verfolgung von W., der im Spätsommer 1305 in Glasgow gefangengenommen und nach London gebracht wurde, wo man ihm den Prozeß machte. Am 23. Aug. erfolgte die Hinrichtung. W. wies die Anklage wegen Verrats zurück und bekräftigte, daß er sich immer loyal gegenüber dem Kg. und dem Kgr. Schottland verhalten habe. Es ist sehr wahrscheinl., daß W.s Hingabe für die patriot. Sache die Unabhängigkeitsbewegung angeregt hat, die seit Febr. 1306 unter der Führung von →Robert (I.) Bruce stand. Von denen, die 1296–1328 den schott. Unabhängigkeitskampf angeführt haben, können nur wenige mit W. hinsichtl. seiner Zielstrebigkeit verglichen werden. Bezeichnenderweise war es W., der 1297 als Guardian die Ernennung von William →Lamberton, einem zuverlässigen Anhänger von Bruce, zum Bf. v. St. Andrews sichern konnte. W.s Taten wurden Legende und regten zur Aufzeichnung an, so um ca. 1470 durch Blind Harry mit vielen hist. Ungenauigkeiten (→»Wallace«).   G. W. S. Barrow

Lit.: A. Fisher, W. W., 1986 – G. W. S. Barrow, Robert Bruce and the Community of the Realm of Scotland, 1988³.

Walldürn (ursprgl. Durne, Kurmainz), Amtsstädtchen im hinteren Odenwald, daher die heutige Namensform und nicht der von der nur legendar. auf das Jahr 1330 festgelegten Heiligblut-Wallfahrt abzuleiten, die sich urkdl. erst 1445 mit einem päpstl. Ablaß greifen läßt. Kirchenerweiterung und Reste eines Mirakelbuches stammen vom Ende des 15. Jh. Aus dem lokalen Konkurstag auf Oktav von Fronleichnam ist aufgrund des eucharist. Wundermotivs im 17. und 18. Jh. eine bedeutende vierzehntägige Wallfahrt mit Prozessionen aus Mainz, Würzburg, Fulda, Ellwangen und den Rheinlanden geworden. Im SpätMA handelte es sich um die Übertragung der Corporale-Legende der sog. Messe v. →Bolsena aus dem späten 13. Jh. (vgl. Raffael in den Stanzen des Vatikan), die an offensichtl. vorhandene liturg. Altar-Rekondition eines Kelchtüchleins mit verschüttetem Meßwein anschließen konnte. In Orvieto haben sich diese Bolsenaer 'Auslöser' in allen erwünschbaren Details bis zum heutigen Tage erhalten, in W. allein das Wundercorporale. Für dieses hat man i. J. 1589 in Würzburg das »Blutbild«, einen Christuskorpus, umgeben von 11 »Veronika-Häuptern«, als Holzschnitt konkretisiert und damit zum modernen Gnadenbild der gegenreformator. Wallfahrt gemacht. Dt. Parallelen zu derartigen Corporale-Rekondierungen mit und ohne späterer Heilig-Blut-Verehrung finden sich in Rothenburg (um 1270) und in Großenlüder bei Fulda (1329).   W. Brückner

Lit.: W. Brückner, Die Verehrung des Hl. Blutes in W., 1958 – Ders., Liturgie und Legende, JbV NF 19, 1996, 139–168.

Wallfahrt. Die religionsgesch. Phänomene des asket. Umherwanderns, der kult. Begehung bes. Örtlichkeiten und der Verehrung konkreter Naturdinge oder Kunstgebilde werden unter den Stichworten →Peregrinatio, →Pilger, →Pilgerandenken, →Miracula, →Prozession, →Heilige, →Reliquien, →Heiltumsbuch, →Heiltumsweisung, →Ablaß, →Ablaßbild, →Wallfahrtsbild, →Wallfahrtsort abgehandelt. Hier sollen allein die terminolog. Unterscheidungen der wiss. Sekundärlit. im Gegensatz zur Q.sprache oder in Übereinstimmung mit theol. Diskursen benannt werden. Die bisherigen Versuche hist. Phänomenologien wollen differenzieren helfen nach zeitl. und sozialen Schichtungen sowie gesch. faßbar werdende Mentalitäten beschreiben anstelle von pauschalisierenden Abstempelungen ohne Erklärungsgehalt wie →Volksfrömmigkeit als Ausfluß einer quasi zeitlosen »popular culture«. Die akadem. Nachfahren der Erfinder solcher Konstrukte wehren sich heute aufgrund neuerer Q.studien vehement gegen diese für anthropolog. Konstanten ausgegebenen Ideologisierungen unseres Menschenbildes der Vergangenheit.

Beim nhd. Begriff W. assoziieren immer noch die meisten Autoren die terminolog. unscharfe Bedeutung aus dem Zeitalter des Kampfes um die protestant. Landeskirchenbildung auf strikter Gemeindebasis mit direkter herrschaftl. Zugriffsgewalt, wobei dann »geläuf« oder jeglicher »concursus populi« außerhalb der eigenen Pfarre als »teuflische« W. verdammt wurden. Dies entsprach insofern gleichzeitigem kath. Verständnis, als zumindest in Franken schon damals W. und Prozession auswechselbare Begriffe waren, weil in der Regel beide organisierte actiones sacrae der Gemeinden oder lokaler Repräsentanten darstellten. Das spätma. W.swesen umfaßte nicht bloß die alte asket. Pilgerschaft und das wilde »Laufen« nach neuen Wunderorten wie Wilsnack, Grimmenthal und Regensburg, sondern v. a. auch die in Bayern »Kirchfahrten« gen. Prozessionen in der eigenen Gemarkung und nach benachbarten Orten, meist im Zusammenhang grundherrl. Rechtsverbindungen. Die Bittage vor Himmelfahrt heißen bis heute »Wallwoche«. Wallen bedeutet processionaliter Gehen. W. ist nicht der Zielort, sondern die Bewegungsart dorthin.

Besondere Kult- und Andachtsstätten versuchten sich als Wunderplätze und Gnadenorte zu legitimieren durch wunderbare Ursprungssagen und wundertätige Patrone. W. aber wurden sie erst durch den ständigen Zulauf vieler Gläubiger, vornehml. regelmäßig wiederkehrender Prozessionen. Bruderschaftskonkurse, Heiltumsschauen, Ablaßtermine waren einmal im Jahr tageweise Anziehungspunkte; Heilbrunnen wurden bisweilen nur von einzelnen Kranken besucht; Anheimstellungen bei Spezialpatronen sollten dauernde Hilfe gewähren; dafür ging man freiwillige Zinsverpflichtungen mit jährl. Tributleistung ein. Das gesamte Votivwesen basierte auf derartigen Kindschaftsverhältnissen der Schutzbefohlenen. »Ex voto« ist die Promulgation einer Art von Rechtsakt. Doch nicht jeder Votivplatz läßt sich W. nennen, wenn er keine W.en aufzuweisen hat, sondern nur eine »private« Klientel. W. des SpätMA und der frühen NZ ist ein komplexes System absichtsvoller zeichenhafter Kommunikationsversuche mit der Überwelt. Sie steht zugleich in einem hist. vorgeprägten sozialen Beziehungsfeld, setzt bestimmte Gruppenstrukturen oder deren Entfaltungsmöglichkeiten voraus.

An der Meinung der älteren Forsch., die Fernfahrten der einstigen Pilgerschaft seien im Verlaufe der polit. Territorialisierung durch Nahw.en abgelöst worden, bleibt insofern richtig, als sich vornehml. in nachma. Zeit heim. Sakrallandschaften entwickelten, die dann auf kath. Seite zur bewußten Rekonstruktion oder Neuanlage explizierter terrae sanctae geführt haben mit prozessionsmäßigen Demonstrationen des wahren Glaubens gegenüber der evangel. Umwelt. Die Ausdrucksgestalten solcher Art kulturell geprägter Handlungsschemata sind keine zeit- und geistlosen Superstitionen wider alle Vernunft, sondern höchst zeitgebundene und sinnträchtige, hist. genau festmachbare Lebensformen einer religio carnalis.

W. Brückner

Lit.: H. Dünninger, Processio peregrinationis, 1961/62; Was ist W.?, 1963; Zum W.sbegriff des Zeitalters der Reformation, 1982 (Ders., W. und Bilderkult, 1995) – W. Brückner, Zur Phänomenologie und Nomenklatur des W.swesens und seiner Erforsch. (Fschr. J. Dünninger, 1970), 384–423 – I. Baumer, W. als Handlungsspiel, 1977 – R. Plötz, Peregrini, Palmieri, Romei. Unters.en zum Pilgerbegriff der Zeit Dantes, JbV NF 2, 1979, 103–134 – P. Berbée, Zur Klärung von Sprache und Sache in der W.sforschung, Bayer. Bll. für VK 14, 1987, 65–82 – W. Brückner, Devotio und Patronage (Laienfrömmigkeit im MA, hg. K. Schreiner, 1992), 79–92 – W. und Alltag in MA und Früher NZ, 1992.

Wallfahrtsandenken → Pilgerandenken, -zeichen

Wallfahrtsbild. Weder ein Fachterminus noch ein Begriff der Q.sprache, allenfalls umgangssprachl. in Gebrauch, steht W. dann für *Gnadenbild*. Dies wiederum ist als Wort eine Prägung aus der Zeit um 1500 und hat sich als Fachterminus für die Kultobjekte der nachma. Bildwallfahrten eingebürgert im Gegensatz zu den Patronatsbildern ordentl. Gemeindekirchen oder den →Andachtsbildern der privaten Frömmigkeit. Kultbilder sind sie im Sinne ma. Theologie allesamt. Das zentrale Phänomen ma. Bilderschöpfungen blieb in der ausschließlich kunstwiss. Betrachtung von Bilderwelten meist unreflektiert, nämlich »Bild und Kult vor dem Zeitalter der Kunst« (Belting), d. h. vor dem gesellschaftl. Konstrukt der Emphatisierung ästhet. Kategorien zu hohem Eigenwert für vielfältige profane Zwecke. Diese »Erfindung« von Kunst im modernen Sinne begann mit der Auflösung der ma. Weltsicht und den Ikonoklasmen der Reformationszeit.

Das Wallfahrtswesen im weiten Sinne paraliturg. Verehrungsformen mit dem Spezifikum bes. »Gnadenstätten« an unterschiedl. Orten hat speziellen Bilderkult erst seit dem SpätMA nach sich gezogen – oder anders herum formuliert: Erst ein gesteigerter Bildbesitz ermöglichte im SpätMA die Anschaulichkeit von Kulten und förderte dadurch die regionale Sakralisierung der heim. Landschaft. Zuvor standen haptische Erfahrungsmöglichkeiten im Vordergrund, so beim Grabkult und den Reliquienbegegnungen durch Auflegen, Segnen, zum Trunke Reichen mit Gefäßen aus Reliquien. Die seit dem 13. Jh. entfaltete »Schaudevotion« der Eucharistie durch die Elevation in der Messe, die nachfolgende Entwicklung von Ostensorien und Monstranzen, gipfelte in den →Heiltumsweisungen der großen Domschätze und anderer Reliquienslg.en, wofür es in Aachen schließl. sog. Spiegelzeichen (→Pilgerzeichen) gab, um das Sichtbare »einzufangen«. Bis zur Erfindung und Popularisierung der graph. Reproduktionstechniken im 15. Jh. gab es an Bildbesitz nur die kleinen Bleigittergüsse der Pilgerzeichen mit chiffrenhaften Hinweisen auf den Kultort. Pergamentminiaturen, voran des Hauptes Christi, waren seltener. Erst Holz- und Metallschnitte brachten die Möglichkeit, ikonograph. genauer bestimmbare Abbilder, d. h. verehrter Typen oder gar lokalisierbarer Gnadenbilder herzustellen.

Andachtsbilder und ihre Devotionalkopien haben die Bildwallfahrt zum Regelfall der nachma. Zeit gemacht. Voraus aber ging die liturg. Heraushebung einzelner Bilder durch Reliquienbestückung, bes. bfl. Weihen und Ablaßgewährungen im 15. Jh., so v. a. bei Triumphkreuzen oder zentralen Torbogenaufbauten als Jubelablaßpforten und dergleichen monumentalen Arrangements im Kirchenraum, aber auch Stiftungen von Schreinmadonnen an Kirchenpfeilern. Spuriose Ablaßversprechen hefteten sich an bes. Andachtsbildtypen im Druckgraphikangebot, bes. die Strahlenkranzmadonna nach dem Text der Offb. Damit war das Gnadenbild, sprich Ablaßbild, entstanden, und Luther konnte seine Gnadenlehre als Kreuzestheologie in die Worte fassen: »Der gnaden bilde ist nichts anders den Christus am creutz und alle seine lieben heiligen« (nach Grimm, DW IV/I, 5, 566). In späteren Jahrhunderten meinte dann »miraculoses« Bild wundertätige und wundersam bekanntgewordene Wallfahrtsobjekte, die mit Mirakelbildern (Zyklen) und Mirakelbüchern (Hss. und Drucken) öffentl. gefeiert wurden. Letztere kannte schon das hohe MA für wichtige Hl.e als eigene Lit.gattung der miracula post mortem aufgrund von Gebetserhörungen, erstere die 2. Hälfte des 15. Jh. als frühe

Einblatt-»Comics« von Wallfahrtslegenden, z.B. in Wilsnack.

W.- oder Gnadenbilder besitzen ihrer kult. Qualität nach den Charakter der ostkirchl. Ikonen. Sie repräsentieren ihre Urbilder in konkreterem Maße als die üblichen westkirchl. Hl.n-Darstellungen, die bloßer Dekor, opt. Erinnerung und Andachtsstimulanz sein wollen. Die hist. Entwicklung lief im Westen über die Wiederzulassung der Skulptur als Reliquienbehälter, somit einer Art Realpräsenz der Hl.n. Die jüngeren Gemälde-Gnadenbilder aber stammen in der Regel von byz. Ikonen in Rom ab und haben ihre bes. Qualität über das Legendenmotiv des »wahren Abbildes« erhalten. Die auf den Evangelisten Lukas zurückgeführten Marienbilder sind durch Devotionalkopien in nachma. Zeit mehrfach Gnadenbilder geworden, ihre ikonograph. Varianten ebenfalls. Sog. verletzte Kultbilder, zunächst Kruzifixe entsprechend dem frühen Judenmirakel, auf das dieses Motiv zurückgeht, dann auch blutende Marienbilder, gehören in den Zusammenhang von Bilderstürmen. Tränenmirakel gab es schon zur Reformationszeit, schwitzende Bilder später sogar von Luther selbst.

Über das Alter von Wallfahrten sagt das Alter heutiger Gnadenbilder nicht viel aus. V.a. ma. Großkreuze und Marienplastiken sind oft erst in gegenreformator. Zeit zu uralten mirakulösen Bildern erklärt und auf sie territoriale Wallfahrten bewußt konzentriert worden. Anderseits gibt es zumindest in Franken das Phänomen »verlassener« Marien, d.h. ma. Patronatsbilder in evangel. gewordenen Kirchen, die bis in die Gegenwart von Katholiken aufgesucht wurden. Ebenso konnten alte Bruderschaftsmadonnen und deren Konkurse später als veritable Wallfahrten angesprochen werden.

W. Brückner

Lit.: LThK³ II, 449f.; IV, 790-792 – Marien-Lex. II, 658-662 – H. BELTING, Bild und Kult, 1992² – W. BRÜCKNER, Volksfrömmigkeit vor 1517 (Unterfrk. Gesch., II, 1992), 301-336 – H. DÜNNINGER, Wallfahrt und Bilderkult, 1995.

Wallfahrtsliteratur (aus Byzanz). W. im engeren Sinne ist aus dem Wunsch entstanden, entweder den Besuch einer Hl. Stätte zu organisieren oder aber die Eindrücke und Erlebnisse eines solchen Besuches anderen zum Zweck der Erbauung, Belehrung etc. mitzuteilen. Sieht man einmal von dem problemat. Anonymus Mercati ab, einer lat. Übersetzung einer möglicherweise griech. Vorlage aus dem 11. Jh. mit dem Ziel Konstantinopel, so ist die byz. W. ausschließlich auf die 'Terra Sancta' (von Syrien bis Ägypten) beschränkt. Man unterscheidet hier religiös motivierte Reisebeschreibungen, wie die Texte des Epiphanios Hagiopolites (nach 638, vor 900) als der ersten Gattungsvertreters, des Johannes Phokas (1177) oder des Perdikas v. Ephesos (14. Jh.), die in zumeist unpersönl. Form das selbst Gesehene beschreiben und entsprechende Legenden berichten, sich dabei aber im Unterschied zur westl. Welt ausschließl. auf den Bereich des Sakralen beschränken, und den Typ des *Pilgerführers*, d.h. geogr. Kommentare zum AT und NT, »Gebrauchslit.« für den Pilger mit einer sich alsbald herausbildenden festen Reiseroute, die entlegenere Regionen wie Galiläa zunehmend unberücksichtigt läßt. Anfängl. ohne feste Form gehalten, lassen sich unter diesen zumeist im Sabbas-Kl. (→Sabas, hl.) bei Jerusalem angefertigten Texten drei Haupttraditionen nachweisen. – In einem weiteren Sinne sind der W. auch hagiograph. (→Hagiographie, C. I) und verwandte Texte zuzurechnen, die von wundertätigem Geschehen an einem hl. Ort berichten und somit Werbung betreiben, den Leser indirekt zur Wallfahrt auffordern; diese Schriften stehen mit einer Vielzahl byz. Pilgerzentren in Verbindung (→Pilger, B. I).

A. Külzer

Lit.: W. BERSCHIN, I traduttori d'Amalfi nell XI sec. (Misc. L. PROSDOCIMI, hg. C. ALZATI, 1994), 1, 237-243 [zum Anonymus Mercati] – A. KÜLZER, Peregrinatio graeca in Terram Sanctam, 1994 – s.a. Lit. zu →Pilger, B [bes. P. MARAVAL, E. MALAMUT].

Wallfahrtsort. Hl. Stätten werden in vielen Religionen verehrt als Orte der Gottesoffenbarung, des Lebens Jesu, des Wirkens von Propheten, Aposteln, Märtyrern und Bekennern, der Erscheinung von Hl.n, der Aufbewahrung kostbarer →Reliquien. W.e konnten überall da entstehen, wo Bedürftige Hilfe gefunden hatten. Wegen der unvermeidl. Unruhe haben Kl. es gelegentl. abgelehnt, W.e zu werden; doch meistens waren →Pilger willkommen, förderten sie doch Gewerbe, Handel und den Rang des Ortes. Von ihnen nachgefragte oder eigens für sie erbrachte Dienstleistungen – Sicherung von Wegen, Anlage von Fähren, Bau von Brücken und Spitälern – kamen bald auch Einheimischen zugute.

Wie die →Wallfahrt sich wechselnden Ansehens erfreute, kannten – mit Ausnahme von →Jerusalem und →Rom sowie →Mekka – W.e Zeiten steigender Beliebtheit, der Blüte und des Niedergangs; dem entsprach oft ein wirtschaftl. Auf- und Abschwung. Gemessen an den eher seltenen Nachrichten von Panik und Katastrophen haben die für den Pilgerbetrieb Verantwortlichen logist. Probleme gemeistert, die sich mit der Zahl der kurzfristig Versammelten potenzierten; so soll Rom im ersten →Hl. Jahr (1300) etwa 1 Mill. Pilger verkraftet haben. Rechtzeitig mußte dafür gesorgt werden, daß Männer, Frauen und Kinder, Kranke und Behinderte Speisen, trinkbares Wasser, Unterkunft und Betreuung vorfanden. Örtl. und ambulantes Gewerbe sowie der überregionale Handel waren Nachfragespitzen gewachsen, buk man Brot doch auch in mobilen Öfen. Im Interesse vorbeugender Seuchenbekämpfung mußten Ausscheidungen von Mensch und Tier angemessen entsorgt werden. Hinter der von Dante bezeugten »Einbahnstraßenregelung« auf einer Tiberbrücke in Rom (1300) könnten Erfahrungen gestanden haben, die man in mehrschiffigen Basiliken mit der Kanalisierung von Pilgermassen gewonnen hatte. Am W. verstorbene Pilger sollten ein würdiges Grab finden; der Campo Santo Teutonico beim Petersdom in Rom dürfte der bekannteste eigtl. Pilgerfriedhof ma. Tradition sein. Zu den großen, in W.en erbrachten Leistungen gehört die Wahrung des Friedens. Dazu mußten die Interessen Tausender austariert, mußten Ortsansässige und Pilger vor Betrügern, Dieben und Unruhestiftern geschützt werden, und zwar auf der Straße, in der Herberge und hl. Stätte; denn oft rivalisierten Angehörige verschiedener Sprachen und verfeindeter Völker gerade hier um die begehrtesten Plätze.

Das engmaschige Netz von W.en und der Brauch der Pilger, mehrere W.e aufzusuchen, begünstigten den Erfahrungsaustausch unter W.en sowie dieser mit Organisatoren von Reichstagen und Synoden, wo ähnlich anspruchsvolle Aufgaben gelöst werden mußten. In christl. und in muslim. Ländern hat man das religiös bedingte Zusammenströmen von Menschen zur Veranstaltung von Handelsmessen genutzt. Infolgedessen haben W.e die Ausbreitung rechtl., wirtschaftl. und techn. Neuerungen beschleunigt. Dank der Anziehungskraft der exzentr. gelegenen W.e →Santiago de Compostela und →Canterbury festigten sich die Bindungen Spaniens und Englands zu den Ländern Mitteleuropas.

N. Ohler

Lit.: Atlas zur Kirchengesch., hg. J. MARTIN, 1987², Karte 18, 40-42 – Jakobus Stud., 1ff., 1988ff. – N. OHLER, Pilgerleben im MA, 1994

[Lit.] – K. HERBERS–R. PLÖTZ, Nach Santiago zogen sie. Berichte von Pilgerfahrten ans »Ende der Welt«, 1996 [Lit.].

Wallingford (Warengeford, Walynford, Walyngford), borough in der engl. Gft. Berkshire, am w. Ufer der →Themse, nw. von London gelegen. Ähnl. wie →Oxford verdankte W. seinen Ursprung in röm.-brit. Zeit wohl der verkehrstechn. günstigen Furtlage. In Zusammenhang mit Landschenkungen erwähnt eine Urk. des Jahres 945 ein castellum in dem als portus bezeichneten W. Trotz der Befestigung mit Erdwall und Graben wurde W. 1006 von Sven Gabelbart niedergebrannt. Das →Domesday Book weist W. als den größten und wirtschaftl. bedeutendsten kgl. borough der Gft. aus. Der Kg. bezog dort Einkünfte aus 276 Hausstätten; als weitere maßgebl. Grundherren belegt die Q. den Bf. v. →Winchester sowie den Abt v. →Abingdon. Insgesamt sind 384 Häuser erwähnt, was auf eine Gesamteinwohnerzahl von rund 1200 deutet. Nach der norm. Eroberung wurde in W. eine Burg errichtet, der acht Hausstätten weichen mußten. Gleichzeitig verzeichnet das Domesday Book norm. Zuzügler in 22 Häusern. 1066 betrug der Steuerwert W.s für die Krone £ 30, i. J. 1086 war dieser auf £ 60 angestiegen. Das Domesday Book erwähnt die Verpfändung des Ortes an einen nicht genauer bezeichneten Stadtherrn für die jährl. Summe von £ 80. Der samstägl. Markt ist spätestens seit 1086 belegt. Der früheste erhaltene Freibrief W.s datiert aus dem Jahre 1156. In diesem bestätigt Heinrich II. ein Privileg Heinrichs I. und gewährt den Bürgern W.s die Rechte und Freiheiten der Bürger von Winchester sowie die Zollfreiheit im gesamten Kgr. Dieser Freibrief erwähnt zugleich sowohl einen *reeve* als auch eine »Gilda Mercatoria« in W. (Bestätigungen 1267; 1335; 1400 [mit Reduzierung der festen Jahresrente]; 1425; 1499). Ein städt. Gericht ist spätestens 1232 belegt. Während der Herrschaft Heinrichs III. war W. an →Richard v. Cornwall verpfändet; Eduard III. überschrieb die Einkünfte aus der festen Jahresrente an den Prinzen v. Wales und dessen Nachfolger im Hzm. Cornwall. Seit 1295 war W. mit zwei Abgeordneten in Parliament vertreten. Trotz des 1205 verliehenen Messerechts (viertägige Messe zu Whitsun) setzte der wirtschaftl. Niedergang W.s bereits im späten 13. Jh. ein. In der Lay Subsidy des Jahres 1334 wurde W. noch mit dem städt. zehnten Teil und £ 9 12s 5d veranschlagt, doch litt die Stadt bes. unter den Einwirkungen der Pestzüge im 14. Jh. und versank nach dem Bau zweier Brücken in der Nähe von Abingdon, die den Verkehrsweg zw. Gloucester und London von W. ableiteten, trotz eines erneuten Jahrmarktprivilegs Heinrichs VII. aus dem Jahre 1500 in die wirtschaftl. Bedeutungslosigkeit. B. Brodt

Q. *und Lit.*: VCH Berkshire, I, 1906 – T. K. HEDGES, The Hist. of W., 2 Bde, 1881 – N. M. HERBERT, The Borough of W. 1155–1460 [Diss. masch. Reading 1971].

Wallis (Valais), hist. Landschaft und Schweizer Kanton im Westalpenraum.

I. Geographische und historische Grundlagen – II. Spätantike, Früh- und Hochmittelalter – III. Spätmittelalter – IV. Kirchengeschichte – V. Bevölkerungsentwicklung.

I. GEOGRAPHISCHE UND HISTORISCHE GRUNDLAGEN: Der von 'Vadensis' (zu 'vadum', 'Furt'), nicht von 'vallis' ('Tal') abgeleitete Landschaftsname begegnet in der Römerzeit als 'Vallis Poenina', dann 'civitas Vallinsa', um 400 n. Chr.: 'civitas Vallensium'; 563: 'in territorio Vallensi'; 839: 'comitatus Vallisorum'; 985: 'in comitatu Ualensi'; seit 1264: 'terra Vallesii'; ab 1293: 'patria Vallesii'. Geographie und Geschichte des drittgrößten Kantons der Schweiz sind durch Grenzlage zu Italien und Frankreich geprägt; das W. ist mit seinen →Alpenpässen (→Gr. St. Bernhard, Simplon) ein Durchgangsland von eminenter strateg. Bedeutung und zugleich eine Zone der Begegnung von Völkern und Kulturen. Unter dem Aspekt der phys. Geographie definiert durch das obere Rhônebecken (→Rhône) von der Quelle bis zur Einmündung in den Genfersee (→Genf), ist das Gebiet des W. geschieden in das Rhônetal im eigtl. Sinne und seine Seitentäler (von unterschiedl. Tiefe und Höhenlage). Während in jüngerer Zeit alle größeren Verkehrsverbindungen die Ebene passieren, wurde diese von den Altstraßen nach Möglichkeit vermieden. In den räumlich beschränkten Siedlungskammern des W. mit seinen starken geogr.-klimat. Gegensätzen entfalteten sich in Hinblick auf Sprache wie Wirtschaftsform unterschiedl. Bereiche: Durch Ansiedlung von alem. Bevölkerung (→Alamannen) während des 8.–9. Jh. im Oberwallis entwickelten sich zweisprachige (frz.-dt.) Zonen, wobei sich die Sprachgrenze im 15. Jh. von Leuk (Loèche) in Richtung auf →Sitten (Sion), etwa bis zum Fluß Raspille, verschob. In wirtschaftl. Hinsicht war am Ende des MA die Talschaft Goms (Conches) stark von Weidewirtschaft geprägt, wohingegen im zentralen und westl. W. Getreideanbau vorherrschte.

II. SPÄTANTIKE, FRÜH- UND HOCHMITTELALTER: Die 'Vallis Poenina', altbesiedeltes Gebiet (Menschen sind hier seit ca. 30000 v.Chr. nachweisbar), wurde in der röm. Kaiserzeit, wohl um 41–54 n.Chr. durch Ks. Claudius, von der →Raetia und Vindelicia als eigene Provinz ('Alpes Penninae') abgesondert, wobei die vier kelt. Völkerschaften der *Nantuates* (Gebiet v. →St-Maurice und Massongex), *Veragres* (Martigny), *Sedunes* (Sitten/Sion) und *Uberes* (Brig/Brigue) in einer →Civitas zusammengefaßt wurden. Das *Forum Claudii Vallensium* (Martigny), der künftige Vorort des W., entstand vor 48 als Gründung des Claudius.

Im 6. Jh. wurde das W. dem Kgr. der →Burgunder, dann mit diesem dem →Frankenreich eingegliedert. Seit der Zeit der →Karolinger bestand ein Komitat des W., der zw. 888 und 1032 in der Hand der →Rudolfinger lag (→Burgund, frk. Regnum, Kgr.). Seit 1032 mit dem Kgr. Burgund beim Imperium, gewann das W. seit dem 12. Jh. zunehmende Eigenständigkeit gegenüber den →Zähringern als wichtigsten Repräsentanten der Reichsgewalt. Im 11. Jh. sind die Anfänge seigneurialer Mächte (→Seigneurie), die seit dem 12. Jh. deutlichere Kontur gewannen, erkennbar.

III. SPÄTMITTELALTER: Grundzug der Gesch. des W. war bereits seit dem 11.–13. Jh. das Vordringen des aufstrebenden Hauses →Savoyen, das nach verstärktem Territorialausbau, Kontrolle der Alpenpässe und Abwehr des konkurrierenden Einflusses von →Mailand strebte. Seit 1179 standen im W. zwei große Einflußsphären einander gegenüber: der Machtbereich der Gf.en v. Savoyen und derjenige der Bf.e v. →Sitten; diese Teilung wurde verfestigt durch die Verträge v. 1260, 1384 und 1392, durch welche die 'Morge de Conthey' als Grenze der beiden, in sich vergleichsweise homogenen Territorialkomplexe festgeschrieben wurde. Die Gf.en v. Savoyen erließen 1239 ihr erstes Freiheitsprivileg (für die Einwohner der Gemeinde Sembrancher) und organisierten ihr Herrschaftsgebiet in →Kastellaneien, die den Hauptteil des →Bailliage v. Chillon bildeten. Sie unterwarfen den örtl. Adel oder entwanden ihm weitgehend die Herrschaftsrechte.

Die Bf.e v. Sitten sahen sich ihrerseits mit dem Aufstieg von Gemeinden konfrontiert, die durch ihre Repräsentanten (die sich im 15. Jh. die Bezeichnung 'Patrioten' beilegten) ihre Rechte festigten, sich im ständ. Beratungs- und

Regierungsorgan der →Tagsatzung (*Diète*) zusammenschlossen und bald in ihrem Herrschaftsbereich wie außerhalb ihre Anerkennung als selbständige staatl. Gemeinwesen durchsetzten. Ursprgl. bildeten sie zehn Rechtsbezirke (eine Einteilung, die noch im Namen der 'Zenden' [*dizains*] fortlebt), die aber seit 1384 auf sieben reduziert wurden ('Sieben Zenden', 'Sept Dizains': Goms/ Conches, Brig/Brigue, Visp/Viège, Moerel, Leuk/Loèche, Siders/Sierre und Sitten/Sion). Die Zenden standen im 15. Jh. häufig in offenem Konflikt mit den Bf.en und Adelsfamilien, insbes. mit den La Tour und Rarogne, die ihre alte Macht weitgehend an die Zenden abtreten mußten.

Im späten 15. Jh., dem bewegten Zeitalter der Burgunderkriege, trat die gegen den Hzg. v. →Burgund und Hzg. v. Savoyen gerichtete Bündnispolitik des Bf.s v. Sitten und der 'Patrioten' mit den →Eidgenossen, insbes. →Bern, offen zutage; die savoy. Besitzungen bis St-Maurice wurden von den Sieben Zenden besetzt (Sieg auf der Planta, 13. Nov. 1475) und zu einem gemeinsamen Bailliage zusammengefaßt. 1536 besetzten die Zenden auch das →Chablais, doch legte der Vertrag v. Thonon (4. März 1569) die 'Morge de St-Gingolph' als definitive Grenze des W. fest. Die erfolglosen Versuche des Bf.s v. Sitten, Jost v. Silenen, das Val d'Ossola zu erobern, kosteten ihn den Bf.ssitz (1496). Mit Kard. Matthäus →Schiner (1499–1522) wurde das W. vollends in den internationalen Machtkampf zw. Valois und Habsburgern verstrickt: Heftige Konflikte zw. Parteigängern (die Zenden unter Führung von Jörg →Supersaxo) und Verächtern Frankreichs (Schiner und die Eidgenossen) prägten auf längere Zeit die Gesch. des W.

IV. KIRCHENGESCHICHTE: Das vom großen Zentrum →Lyon ausstrahlende Christentum erfaßte zunächst das Unterwallis; chr. Leben, das mit der Verehrung der →Thebaischen Legion in →St-Maurice auf eine sehr alte Tradition zurückgeht, ist hier seit dem späten 4. Jh. belegt (381 Teilnahme des 1. Bf.s, des hl. →Theodor, am Konzil v. Aquileia) und erreichte rhôneaufwärts dann die weiteren Landesteile. Das Bm., dessen erster Sitz Martigny (Octodurus) war, wurde 565/585 definitiv nach Sitten transferiert. Hatte es zunächst dem Ebm. →Vienne unterstanden, so wurde es im 8./9. Jh. dem Ebm. →Tarentaise angeschlossen.

999 verlieh Kg. Rudolf III. dem Bf. v. Sitten die Komitatsrechte im W., doch konnte dieser die Grafengewalt nur unvollkommen wahrnehmen, da er mit konkurrierenden seigneurialen Rechten der Abtei St-Maurice (v. a. in der Talschaft Bagnes) wie der Gf.en v. Savoyen (im Unterwallis, bes. Chablais) konfrontiert war. Am Ende des 12. Jh. hatte sich das Netz der →Pfarreien weitgehend konstituiert, wenn auch die Gebirgsregionen erst spät, oft gegen Ende des MA, in die Pfarreiorganisation einbezogen wurden (1428 Erwähnung von 65 Pfarreien). Seit dem 12. Jh. war die Diöz. in zwei Archidiakonate gegliedert. Im W. entstanden nur wenige, meist kurzlebige Konvente. Erst 1475 wurden die Einheit der Diöz. und die polit. Einheit verwirklicht; in der Frühzeit hatte das Bm. wohl einen Teil des Diözesangebiets v. Lausanne einbezogen. Das W. behauptete gegen die Bestrebungen der Reformation siegreich den kath. Glauben.

V. BEVÖLKERUNGSENTWICKLUNG: In den Jahrhunderten des SpätMA erfuhr die Bevölkerung des W. tiefe Wandlungen. Um 1320, am Ende einer langen Wachstumsperiode, war das W. einer Überbevölkerung nahe. Unter dem Schock der Schwarzen →Pest (seit 1349, wiederholte →Epidemien) setzte für einen langen Zeitraum demograph. Verfall ein, der seinen Tiefpunkt um 1420 erreichte, um dann einem langsamen, bis ca. 1600 dauernden Wiederaufstieg Platz zu machen. G. Coutaz

Q. und Lit.: A. FIBICHER, W.er Gesch., 3 Bde, 1983–93 – F. O. DUBUIS–A. LUGON, Les premiers siècles d'un dioc. alpin: recherches... sur l'évêché de Sion, Vallesia 47, 1992, 1–61; 48, 1993, 1–74, 51, 1995, 1–96 – P. DUBUIS, Les vifs, les morts et le temps qui court. Familles valaisannes 1400–1550, 1995 – J.-L. ROUILLER, Le Valais par les dates. Des origines à la bataille de la Planta, 1995.

Walm → Dach

Walram v. Jülich, Ebf. v. →Köln 1332–49, * 1303/04, † 14. Aug. 1349 in Paris, ▭ Köln, Domchor. Der Sohn Gf. Gerhards V. und Bruder →Wilhelms V. v. Jülich, Doktor decretorum (Studium in Orléans und Paris, 1316–20), Kanoniker (1315/16) und Thesaurar (1327/28) der Kölner Kirche, pflegte schon früh (1320/24) Kontakte zu Papst Johannes XXII., der seinen Kaplan (1328) im Jan. 1332 gegen den Kandidaten des Domkapitels und frz. Kg.s mit dem Ebm. Köln providierte. W.s Erhebung veränderte die polit. Kräftekonstellation am Niederrhein grundlegend; die einstigen Gegner – Jülich und Kurköln – führten nun gemeinsam die in Koalitionen vereinten niederrhein.-nld. Fs.en an. Deren seit 1337 offenkundige antifrz. Tendenz stürzte W., den Vasall und Bundesgenossen Frankreichs (1332), in einen Zwiespalt; um sein Erzstift vor einem drohenden Krieg zu schützen, wählte W. die allseits beargwöhnte Neutralität. Im zweiten großen Konflikt seiner Amtszeit, zw. Ludwig d. Bayern und dem Papsttum, bewies W. durch die Verweigerung der Anerkennung Ludwigs (Regalienleihe) zwar Papsttreue, ließ aber in seinem polit. Handeln jede aktive Parteinahme vermissen. Von Unentschlossenheit und abwartender Haltung zeugt auch sein weiteres reichspolit. Handeln (Kurverein v. →Rhense); seine Stimme für die Kg.swahl Karls IV. (Juli 1346) ließ er sich mit Geld »geradezu abkaufen« (W. JANSSEN). Während er die administrative Erfassung seines Landes durch ein System von Ämtern erfolgreich vollendete, scheiterte W.s Politik der Stärkung und Erweiterung der Kölner Rechte in Westfalen, die das Erzstift in eine Finanzkrise stürzte. H. Seibert

Q. und Lit.: Die Reg. der Ebf.e v. Köln im MA, V, bearb. W. JANSSEN, 1973 – G. HEYDEN, W., Ebf. v. Köln. Reichs- und Territorialpolitik, 1963 – W. JANSSEN, W. (Rhein. Lebensbilder, IV, 1970), 37–56 – L. TEWES, Die Amts- und Pfandpolitik der Ebf.e v. Köln im SpätMA, 1987, 52–79 – W. JANSSEN, Das Ebm. Köln im späten MA 1191–1515, I, 1995 – E. ANDRE, Ein Kg.shof auf Reisen. Der Kontinentaufenthalt Eduards III. v. England, 1996.

Walrat. Über die Herkunft des – von den antiken Autoren nicht und im MA relativ selten erwähnten – grobblättrigkristallinen, perlmutterartig glänzenden Wachses, das aus dem in den Schädelhöhlen des Pottwals befindl. Öl gewonnen wird, herrschte noch im 16. Jh. Unklarheit; nach verbreiteter Ansicht sollte es sich bei der lat. *sperma ceti* gen. Substanz, die man häufig mit der von demselben Tier stammenden →Ambra verwechselte bzw. gleichsetzte (Circa instans, ed. WÖLFEL, 14; Albertus Magnus, De animal., 24, 16; Gart, Kap. 46: ambra/*walrode*), um die Samenmasse des Walfisches handeln. Während Hildegard v. Bingen (Phys. V, 1) schon die Zubereitung einer Salbe aus gekochtem Walfischhirn (!) und Baumöl gegen Gicht sowie Geschwüre beschreibt, empfiehlt Konrad v. Megenberg (III D, 7) den *walram*, nüchtern getrunken, als Stärkungsmittel. Die wohl früheste Monographie über den W. lieferte indes erst Valerius Cordus mit seinem 'De halosantho seu spermate ceti vulgo dicto liber' (1566 aus dem Nachlaß hg. v. Konrad Gesner), auch wenn er darin das – bis in die jüngste Zeit u. a. als Salbengrundlage ver-

wendete – Wachs fälschlicherweise mit dem halos anthos ('Salzblüte') des Dioskurides zu identifizieren suchte.
P. Dilg

Lit.: H. SCHELENZ, W., Die Chem. Industrie 33, 1910, 421–424 – A. TSCHIRCH, Hb. der Pharmakognosie II, 1912, 738–746.

Walroß (Odobenus rosmarus), von Krebsen und Muscheln lebende Großrobbe der nördl. Meere mit charakterist. oberen Eckzähnen, zuerst um die Mitte des 13. Jh. von Albertus Magnus, animal. 24,14, als behaarte Walart (cetus ⟨h⟩irsutus) erwähnt. Die 2 bis 4 Ellen langen unten wie ein Horn hohlen Eckzähne (dentes canini ... subtus cavi sicut cornu) seien von der Art der Elefantenstoßzähne bzw. der Hauer (culmi) der Eber. Sie dienten sowohl zum Kampf als auch (nach 24,19) dazu, sich zum Schlaf auf Felsen hochzustemmen. Die sich anschleichenden Fischer würden ihm das Fell am Schwanz vom Speck ablösen, ein starkes Tau durchziehen und an Felsen, starken Pfählen oder Bäumen festbinden. Der durch Steinwürfe geweckte »Fisch« ziehe sich bei der Flucht das Fell selber über den Kopf und werde bald danach erschöpft noch auf dem Land oder halbtot im Wasser schwimmend aufgefunden (vgl. WENDT, 124f.). Auf dem Markt in Köln gäbe es die aus seinem Leder gefertigten kräftigen Riemen (corrigiae corii) zur Hebung großer Gewichte ständig zu kaufen. Genauere Kenntnisse über den »equus marinus« bzw. die »vacca marina« mit einer Abb. verdanken wir nach WENDT erst um 1558 Konrad Gesner und Olaus Magnus (Ebf. Olaf Storr). Das Zahnbein des W.es war im MA ein wichtiger Werkstoff (→Walroßzahnschnitzerei).
Ch. Hünemörder

Q.: →Albertus Magnus – Conradus Gesnerus, Historiae animalium lib. IV, 1558 – Olaus Magnus, Historia de gentibus septentrionalibus, 1555 – Lit.: H. WENDT, Die Entdeckung der Tiere, 1980.

Walroßzahnschnitzereien werden zumeist den Elfenbeinarbeiten zugruppiert, was auf der Ähnlichkeit des Materials beruht. Wie die Elefantenstoßzähne wachsen die Eckzähne des Walrosses aus dem Oberkiefer des Tieres, sind aber nur leicht gebogen; zudem beschränkt sich ihre Länge bei männl. Tieren auf ca. 70 cm. Von Grönland und Skandinavien kam Walroßzahn seit dem 10. Jh. auf den Handelswegen nach England, Spanien, Westfrankreich und Deutschland. Erste Arbeiten wie die Reliefs von den Seitenwänden eines Tragaltars im Louvre (GOLDSCHMIDT I, Nr. 49ff.) werden aber in Frankreich schon in der späteren Karolingerzeit nachweisbar. Diese Tradition setzt sich in einer Reihe von Tragaltären fort, die im 3. Viertel des 11. Jh. in Köln entstanden und sich heute in Darmstadt, Köln, London, Melk und Osnabrück befinden (GOLDSCHMIDT II, Nr. 102ff.). Damals entstanden aber auch in Spanien Werke wie das Kreuz Ferdinands I. (Madrid, Mus. Arq. Nac., um 1063). Um die Mitte des 12. Jh. setzt in England, Nordfrankreich, Belgien und im Rheinland ein künstler. Höhepunkt der Walroßzahnverarbeitung ein. Das Kreuz aus →Bury St. Edmunds (England, heute New York, Cloisters) zählt zu den Hauptwerken der W., aber auch die in Köln um 1160 entstandenen, aus zusammengefügten Walroßzahnplättchen geschnitzten Reliefs der sog. gestichelten Gruppe (GOLDSCHMIDT III, Nr. 1ff.) sind künstler. hochstehend. Ihr Zusammenhang mit Goldschmiedearbeiten wie Buchdeckeln, Reliquiaren oder Antependien deutet darauf hin, daß sie in Goldschmiedewerkstätten gearbeitet wurden. Auch Schachfiguren, die sich als Ensembles beispielsweise im Brit. Mus., London, oder im Nat.mus. v. Edinburgh erhielten, sind aus Walroßzahn geschnitzt. Über 90 Spielsteine und Schachfiguren wurden 1831 auf der Isle of Lewis (Äußere Hebriden, Schottland) gefunden (GOLDSCHMIDT IV, Nr. 182ff.). Im 13. Jh. geht die Verwendung von Walroßzahn zurück. Die in Köln um 1250 gemachten Turm- oder Basilikareliquiare sind mit Beinschnitzereien geschmückt. Im Zeitalter Ludwigs IX. v. Frankreich (1226–70) tun sich die Handelswege für Elfenbein nach Europa wieder auf.
A. von Euw

Lit.: A. GOLDSCHMIDT, Die Elfenbeinskulpturen aus der Zeit der karol. und sächs. Ks. VIII.–XI. Jh., I, 1914; II, 1918; Die Elfenbeinskulpturen aus der roman. Zeit, XI.–XIII. Jh., III, 1923; IV, 1926 [Nachdr. 1970–75] – S. CAMMAN, Carvings in Walrus Ivory, Univ. of Pennsylvania Mus. Bull. 18(3), 1954, 3ff. – A. v. EUW, W.en an Tragaltären (Kat. Monumenta Annonis, Köln 1975), 147ff. – F. NIEHOFF, Zur Kölner Werkstatt der gestichelten W.en (Kat. Ornamenta Ecclesiae 2, Köln 1985), 428ff. – D. GABORIT-CHOPIN, Arbeiten aus Walroßelfenbein der roman. Epoche (Kat. Wikinger, Waräger, Normannen. Die Skandinavier in Europa 800–1200, 1992), 204f. – E. C. PARKER–CH. LITTLE, The Cloisters Cross. Its Art and Meaning, The Metropolitan Mus. of Art, 1994.

Walser, Bezeichnung für Gruppen der alem. Bevölkerung des →Wallis, die seit dem 12. Jh. ihre Heimat verließen. Zunächst begründeten sie im Süden Nahkolonien, so in Simpeln und Zwischbergen, in Italien in den anschließenden Bergtälern am Fuße des Monte Rosa, in Ornavasso und im tessin. Bosco Gurin. Im Westen erreichten sie heute zu Frankreich gehörende Teile des Chablais (Vallorcine). Seit dem 12. Jh. sind drei Wanderungsphasen belegt. Aus dem Wallis oder von Stammkolonien aus gelangten W. auf verschiedenen Routen auch ins Berner Oberland, in der Folge ins Aaretal, in den Solothurner Jura und schließlich bis ins Baselbiet. In Richtung Osten zogen sie nach Ursern und ins Gebiet des Kl. →Disentis. Indizien sprechen dafür, daß die W. um 1200 bei der Erschließung der Schöllenen und damit am Ausbau des Gotthard beteiligt waren. Aus dem Pomat (Val Formazza) als Stammkolonie zogen W. gegen Ende des 13. Jh. weiter über das Misox nach Rheinwald und in die Landschaft Davos. Von hier aus besiedelten W. weitere Teile →Graubündens. Im 14. Jh. erscheinen sie in →Glarus, im St. Galler Oberland und in →Vorarlberg, kurze Zeit zuvor im Liechtensteinischen, schließlich auch in →Tirol. Die W. gehören zur Kolonisationsbewegung (→Landesausbau und Kolonisation), waren aber ausschließl. bäuerl. strukturiert. Durch ihre landwirtschaftl. Tätigkeit erschlossen sie Gebiete, die so militär. kontrollierbar und für den Handel zugängl. wurden. Begründete man früher die W.wanderung v. a. mit Überbevölkerung und klimat. Veränderungen, ist heute mehrfach nachgewiesen, daß Grundherren – namentl. in Graubünden – W. gezielt anwarben. Dafür spricht auch ihre rechtl. Begünstigung: Das sog. W.recht räumte eigene Gerichtsbarkeit und freien Landbesitz in Form der Erbleihe ein; das Land konnte vererbt, unter W.n veräußert und verpfändet werden. Die W.siedlungen, in Einzelhöfen angelegt, lagen im allg. in der Alpzone oder doch in ihrer Nähe, über 1000 m, oft zw. 1400 und 1600 m, das bündner. Avers sogar auf 2133 m. Die W. behielten ihre Kultur, bes. ihre Sprache bei, sogar Ortsnamen aus den Herkunftsgebieten wurden neu vergeben.
H. Bischofberger

Bibliogr.: L. CARLEN, W.forsch. 1880–1970, 1973 – Lit.: P. LIVER, Ma. Kolonistenrecht und freie W., Abh.en zur Rechtsgesch., 1970 – L. CARLEN, Kultur des Wallis im MA, 1981 – E. RIZZI, W. Gli uomini della montagna, 1981 – DERS., W. Regestenbuch, 1991 – P. ZINSLI, Walser Volkstum, 1994[6] – Le case dei W. sulle Alp, 1997.

Walsingham, zusammen mit →Canterbury bedeutendster engl. Wallfahrtsort des MA und neben Loreto (→Maria, hl., Abschnitt IV. 3) eines der wenigen ma. Pilgerziele mit marian. Bezug. Die von einem Stundenbuch auf das Jahr 1061 datierte Entstehung wird von der um 1496 veröffentlichten, nach dem Drucker Richard Pynson benannten »Pynson ballad« bestätigt; ihr zufolge soll Maria der Witwe Richelda of Fervaques dreimal erschienen sein, sie in einer Vision in das Hl. Haus in Nazareth versetzt und befohlen haben, die Maße aufzuzeichnen und in Norfolk eine Kopie des Gebäudes zu errichten. Der spätere Zusatz, daß Engel das Haus übertragen hätten, verweist auf die vergleichbare Ursprungslegende der Santa Casa in Loreto. Dennoch dürfte die wallfahrtsmäßige Begehung erst nach dem Zweiten Kreuzzug (1147/48) eingesetzt haben, als der Sohn der Witwe, Geoffrey of Fervaques, nach einem Besuch des Hl. Landes in W. 1153 ein Augustinerpriorat zur Betreuung der Kapelle einrichtete. Erst mit dem 14. Jh. erlangte die Wallfahrt zum hl. Haus (»shrine«) in W. überregionale Bedeutung. Sie vertritt für England jene ma. Pilgerziele, die als (Architektur-)Kopien der hl. Stätten wie z.B. des Hl. Grabes oder mit als Reliquien verehrten Devotionalien aus dem Hl. Land den Wallfahrern in deren eigenem Nahbereich die beschwerl. Reise ersparten: W. besaß neben der Statue der Maria mit Kind, deren Aussehen möglicherweise durch ein Siegel des Augustinerpriorates W. (13. Jh.) überliefert ist, und die Erasmus v. Rotterdam, der den Wallfahrtsort 1511 oder 1512 und vielleicht 1514 besuchte, in seiner »Peregrinatio religiosa ergo« als unscheinbar bezeichnete, u.a. auch ein Marienmilchreliquiar. Zusätzl. betrachtete man das Wasser zweier Quellen als heilkräftig. Im SpätMA wurde W. neben Jerusalem, Rom und Santiago de Compostela zu einem der meistbesuchten Wallfahrtsorte. Mit wiederholten Pilgergängen Heinrichs III. seit 1226, der zahlreiche Stiftungen machte, entwickelte sich W. zum bevorzugten Ziel nahezu aller engl. Kgn.nen und Kg.e. Um 1433 pilgerte die Mystikerin Margery →Kempe nach W. Die Bedeutung wird zudem an Pilgerandenken wie den Ampullen, die Wasser aus der Quelle enthielten, ersichtl. Ebenso sind Pilgerzeichen bekannt (dargestellt in einem um 1510/20 entstandenen flandr. Stundenbuch, Wien, ÖNB, Cod. 1979). 1538 wurden auf Anweisung Heinrichs VIII. das Gnadenbildnis und die wertvollen Schenkungen entfernt und die Anlagen zerstört. Erst seit dem 19. Jh. setzte die Wallfahrt wieder ein. Ch. Daxelmüller

Lit.: Marienlex. VI, 1994, 687f. – T. E. Bridgett, Our Lady's Dowry, 1875 – E. Waterton, Pietas Mariana Brittanica, 1879 – R. Kriss, Wallfahrtsorte Europas, 1950, 161–163 – Chr. Hole, English Shrines and Sanctuaries, 1954 – J. C. Dickinson, The Shrine of Our Lady of W., 1956 – K. Kolb, The National Shrine of Our Lady W., JbV NF 1, 1978, 205–214 – U. King, England's Nazareth. Pilgrimages to W. during the MA and Today (Wallfahrt kennt keine Grenzen, hg. L. Kriss-Rettenbeck–G. Möller, 1984), 527–543 – J. Ashton, Mother of Nations, 1988.

Walsingham, Thomas OSB, engl. Chronist, * wahrscheinl. Walsingham (Norfolk), † um 1422; ab 1380 Praecentor und Scriptorarius in St. Albans, 1394–96 Prior v. Wymondham, dann wieder in St. Albans. W. schrieb in Fortsetzung des Œuvres von →Matthäus Paris (9. M.) und anderer Historiographen seiner Abtei mehrere Chroniken, darunter als Hauptwerk die (nicht im ganzen edierten) »Chronica Maiora« zunächst von 1272 bis 1392, später bis 1420. Er war ein scharfer Gegner John →Wyclifs und der →Lollarden, übte Kritik an der Willkürherrschaft Kg. Richards II. und trat nach dessen Sturz für die Sache des Hauses Lancaster ein. Kg. Heinrich V. widmete er die »Ypodigma Neustriae«, eine aus zahlreichen Vorlagen zusammengesetzte Darstellung der norm.-engl. Gesch. von 911 bis 1419, in der die Rechtmäßigkeit des lancastr. Anspruchs auf die Normandie betont wird. Die Chroniken W.s sind gut informierte, mit Sinn für Dramatik geschriebene, allerdings vielfach im Urteil einseitige Q.n, hauptsächl. zur miterlebten Gesch. In vorgerücktem Alter befaßte er sich auch mit antiken Stoffen (Ovids »Metamorphosen«, Trojanerkrieg, Alexandergesch.). →Chronik, G. II. K. Schnith

Ed.: u.a. Hist. Anglicana 1272–1422, ed. H. T. Riley (RS), 2 Bde, 1863–64 – Gesta abbatum monasterii S. Albani, ed. Ders. (RS), 3 Bde, 1867–69 – Chronicon Angliae 1328–88, ed. E. M. Thompson (RS), 1874 – Ypodigma Neustriae, ed. H. T. Riley (RS), 1876 – The St. Albans Chronicle 1406–1420, ed. V. H. Galbraith, 1937 – Lit.: A. Gransden, Hist. Writing in England, II, 1982, 118–156 – J. Taylor, Engl. Hist. Lit. in the Fourteenth Century, 1987, 59–89 [Lit.] – C. Given-Wilson, Chronicles of the Revolution 1397–1400, 1993.

Walter (s.a. Gualtherus, Walther)

1. W., Gf. v. Brienne →Brienne

2. W. v. Malonne, Bf. v. →Breslau 1149–69, Wallone aus dem Bm. Lüttich, ausgebildet im Kanonikerstift Malonne bei Namur, das er später als Auswärtiger reformierte. Schon früh ging er nach Osten und wurde Dompropst in →Płock, wo sein Bruder Alexander Bf. war (1129–56). 1148 nahm er mit poln. Geistlichen an der von Papst Eugen III. gehaltenen Synode in →Reims teil. Als Bf. v. Breslau widmete sich W. v.a. der innerkirchl. Reform sowie der Konsolidierung und Vollendung der nach heidn. Reaktion und polit. Wirren noch im Aufbau befindl. Organisation seiner Diöz. Er erbaute u.a. nach dem Vorbild der von seinem Bruder errichteten, 1144 geweihten Płocker Domkirche den ersten steinernen (roman.) Breslauer Dom ab 1158 an der Stelle des heutigen got. Domes des 13. Jh. Von Papst Hadrian IV. erhielt W. ein Privileg (23. April 1155), das den Umfang seiner Diöz. und den kirchl. Besitz bestätigte (erste Urk. für das Bm. Breslau, zugleich erste im Original erhaltene Urk. in Schlesien). J.J. Menzel

Lit.: K. Engelbert, Bf. W. v. Breslau (1149–1169) und seine Zeit, Archiv für schles. Kirchengesch. 9, 1951, 1–23 – A. Sabisch, Der roman. Dom des Breslauer Bf.s W. († 1169) und seine Krypta, ebd. 21, 1963, 43–72 – E. Walter, Zum roman. Dom des Breslauer Bf.s W., ebd. 34, 1976, 1–19 – W. Marschall, Gesch. des Bm.s Breslau, 1980, 17f.

3. W., Ebf. v. Palermo, † 1190. W., der einer falsch gelesenen griech. Abkürzung (ἀφαμιλ[ιάρι]ου statt πρωτοφαμιλι[ά]ριου) den Beinamen Offamil, Off the Mill, verdankt und dem eine Verwechslung mit Gualtherus Anglicus eine engl. Herkunft zuschrieb, stammte aus einer siz. Familie. Als Erzieher der Söhne Wilhelms I. exponierte er sich 1161 bei einem Umsturzversuch gegen den Kg., behauptete aber seine Stellung gleichwohl bis 1169, als die neue Regentin Margarete v. Navarra →Petrus v. Blois zum weiteren Lehrer des Kg.s berief. Als die Regentin zwei Jahre später mit ihrer vom Kanzler→Stephan v. Perche vertretenen Politik scheiterte, trat W. 1168 als einer der bisherigen Opponenten in die Regierung ein. Nach seiner Erhebung zum Ebf. v. Palermo (1169) fiel ihm als moderator regni unter den auch die Urk. datierenden Familiaren bis 1190 der erste Rang zu, obwohl der Vizekanzler→Matheus v. Salerno ebenfalls als »Säule des Reiches« galt und zugleich sein Rivale war. Anders als sein Bruder Bartholomäus, Bf. v. Agrigento (1171–90), widersetzte sich W. den kgl. Stiftungsplänen in Monreale nur verhalten. Mit einer effektiven Kontrolle der kirchl. Wahlen und einer Konflikte vermeidenden Innenpolitik sicherte W. das Zusammenwachsen des Kgr.es und trug dazu bei, die Zeit Wilhelms II. in den Augen der Nachwelt zu verklären. Außenpolit. Abenteuern eher abgeneigt, suchte er den Ausgleich mit dem w. Imperium durch die Heirat →Konstanzes mit dem dt. Kg. Heinrich VI. (1186). Mit der Option auf die stauf. Nachfolge geriet er 1189 politisch ins Abseits, vollzog aber gleichwohl im Jan. 1190 die Krönung→Tankreds v. Lecce. Als Bauherr wetteiferte W. mit Kg. Wilhelm II., als er gleichzeitig mit dem Dom von Monreale die Kathedrale v. Palermo neu errichten ließ und damit eines der Hauptwerke norm. Baukunst schuf. 1177–78 siedelte er die Zisterzienser in der von ihm gestifteten Abtei S. Spirito in Palermo an. N. Kamp

Lit.: L. J. A. LOEWENTHAL, For the Biography of Walter Ophamil, Archbishop of Palermo, EHR 87, 1972, 75–78 – N. KAMP, Kirche und Monarchie im stauf. Kgr. Sizilien, I, 3, 1975, 1112–1119.

4. W. v. Coutances, *Ebf. v. Rouen, Bf. v. Lincoln* →Coutances, Walter

5. W. v. Geroldseck, *Bf. v.* →*Straßburg seit 27. März 1260,* * 1231, † 12. Febr. 1263; 1247 Domherr, 1252 Dompropst, stammte aus einem aufsteigenden edelfreien Geschlecht der →Ortenau, das infolge der Ernennung W.s zum Pfleger des Reichsguts im →Elsaß, →Breisgau und in der Ortenau durch Kg. Richard v. Cornwall 1260 eine Vormachtstellung am Oberrhein erhielt. W. kämpfte gleich gegen die Autonomiebestrebungen seiner Bf.sstadt und eröffnete 1261 den Krieg, zunächst mit adliger Hilfe. Doch wechselte u. a. Rudolf v. Habsburg bald das Lager und brachte die oberelsäss. Reichsstädte in seinen Besitz. Am 8. März 1262 siegten die Straßburger in Hausbergen gegen W., der sie ohne sein Fußvolk angegriffen hatte. Obwohl er nach seiner Niederlage den Krieg nicht mehr fortsetzen konnte, weigerte sich W., ihn zu beenden. Nach seinem Tod schloß sein Nachfolger den Frieden zu Bedingungen, die dem Bf. einen verhältnismäßig großen Einfluß auf die Stadt sicherten, aber auch Straßburgs Entwicklung zur →Freien Stadt einleiteten. B. Metz

Q. und Lit.: W. WIEGAND, Bellum Waltherianum, 1878 – A. HESSEL-M. KREBS, Reg. der Bf.e v. Straßburg, II, 1928, Nr. 1593–1719 – CH. BÜHLER, Die Herrschaft Geroldseck, 1981.

6. W. (Gautier) v. Bibbesworth, 2. Hälfte des 13. Jh., Verf. zweier anglonorm. Gedichte (»Les Dytees« und »Le Débat«) sowie eines gereimten Lehrbuchs (»Traité«) des Frz. kor. Anglonorm., das v. a. den Wortschatz darbietet (also zu den Nominalia gehört, →Grammatik, bes. D). Es war ursprgl. für die Kinder der Dionysia de Muchensy gedacht, erlangte dann aber offenbar weite Verbreitung (einige der Hss. haben auch engl. Glossen) und ist somit eines der Indizien dafür, daß die anglonorm. Adligen allmähl. Frz. als Muttersprache aufgaben und Engl. annahmen, so daß Frz. dann als Fremdsprache gelehrt werden mußte. H. Sauer

Ed.: A. OWEN, Le traité de W. de B. sur la langue française, 1929 [Nachdr. 1977] – W. ROTHWELL, W. de B.: Le Tretiz, ANT, Plain Text Series 6, 1990 – *Lit.*: →Anglonorm. Lit. – A. C. BAUGH, The Date of W. de B.'s Traité (Fschr. M. FISCHER, 1959), 21–33 – A. BELL, Notes on W. de B.'s Treatise, PQ 41, 1962, 361–372 – W. ROTHWELL, A Misjudged Author and a Mis-used Text: W. de B. and his Tretiz, MLR 77, 1982, 282–293.

7. W. Bower →Chronik, H

8. W. v. Brügge OMin, * ca. 1225 in Zande, Flandern, † 1307 in Poitiers, studierte Theologie in Paris (1267–69 magister actu regens); 1272 Provinzial der Prov. Francia, 1279–1306 Bf. v. Poitiers. Von seiner Hand sind ein Sentenzenkomm., worin er die Summa theol. Ia des Thomas v. Aquin benutzt, und Quaestiones disputatae überliefert (vermutl. 1267–69 verfaßt; SAN CRISTÓBAL-SEBASTIÁN, 33–37, bezweifelt die Autorschaft W.s). W., unmittelbarer Schüler →Bonaventuras, übernahm dessen Augustinismus, indem er dem Aristotelismus nur einen recht eingeschränkten Wert für den Gläubigen einräumen wollte. Als Vertreter der augustin.-bonaventur. →Illumina-

tionslehre z. B. legte er sie aber im Sinne eines natürl., der menschl. Seele angeborenen, daher mit dem aristotel. intellectus agens gleichgesetzten, und doch göttl. Lichtes aus – ohne das und ohne die aktuelle Einwirkung Gottes der Mensch zur Wahrheit nie fähig wäre. Bezügl. der Willenspsychologie und der menschl. Freiheit verteidigte er einen von der späteren Franziskanerschule weiter ausgebildeten Voluntarismus und Willensindeterminismus. V. a. seine Phänomenologie der Willenspsychologie (die Beispiele über den Primat des Willens und die Rolle des Guten) wie auch seine aristotel. Terminologie (aktiv-passiv; Ursachenlehre; Vernunft als Finalursache) und Analyse der durch den Aristotelismus sich bietenden Schwierigkeiten, die Freiheit/Selbstbewegung des Willens metaphysisch zu begründen (wird ein Willensakt von einem anderen vorhergehenden verursacht, gerät man in einen Regressus; Konflikt mit der aristotel. Bewegungsmetaphysik), haben u. a. Heinrich v. Gent, Gottfried v. Fontaines, Thomas v. Sutton beeinflußt. Obwohl die von W. bezügl. dieses letzten Punktes gegebenen Lösungen Eindeutigkeit vermissen lassen (DECORTE, 223–227), so hat er doch den entscheidenden Anstoß von der 'ersten' (Bonaventura) zur 'zweiten' (Duns Scotus) Franziskanerschule gegeben. J. Decorte

Ed.: Comm. in Sent. (partim): E. LONGPRÉ, AHDL 8, 1933, 251–278 – J. BEUMER, FSt 40, 1958, 370–381 – P. DE MATIA, Le questioni sull'Eucarestia..., 1962 – J. HUNING, Zur Bedeutung der Philos. für die Theol. des MA [Diss. Tübingen 1972] – Quaest. disp.: E. LONGPRÉ, Philos. belges X, 1928 – *andere Werke*: A. DE POORTER, Un traité de théologie inédit, 1911 – A. CALLEBAUT, AFrH 6, 1913, 491–514 – *Lit.*: LThK² X, 947 – R. LÓPEZ DE MUNAIN, Verdad y Vida 5, 1947, 283–307 – G. BONAFEDE, Il pensiero francescano nel s. XIII, 1952 – A. SAN CRISTÓBAL-SEBASTIÁN, Controversias acerca de la voluntad, 1958 – E. STADTER, Psychologie und Metaphysik der menschl. Freiheit, 1971 – R. MACKEN, FSt 59, 1977, 125–182 – J. DECORTE, ebd. 65, 1983, 215–240.

9. W. Brytte, engl. Astronom, wohl um 1400, wird in Hss. als Mitglied des Merton College in Oxford bezeichnet. Die frühere Vermutung, er sei Wyclifist (→Wyclif) gewesen, ist wenig wahrscheinlich. W. verfaßte eine »Theorica planetarum« (acht Hss. bekannt). Sie steht in der Theorie von Schriften gleichen Titels, von denen die sog. »alte Theorica« aus der 2. Hälfte des 13. Jh., die früher u. a. →Gerhard v. Cremona zugeschrieben wurde, die bekannteste ist. W.s Kompendium, das mit denselben Worten wie die »alte Theorica« beginnt, ist viel ausführlicher als diese. W. hat die Anordnung der Themen verändert, den Abschnitt über die Venusbewegung stark erweitert und die Teile über die Breiten und die Aspekte der Planeten fortgelassen. W. ergänzte die rein geometr. Modelle der »alten Theorica« durch physikal. Planetenmechanismen. Dabei wandte er die kinemat. Vorstellungen der →Mertonschule auf die Astronomie an; er unterschied zw. »physikal.« und »astronom.« Geschwindigkeit (d. h. linearer und Winkelgeschwindigkeit) und konnte dadurch u. a. die Stillstände der Planeten korrekt erklären.

M. Folkerts

Lit.: DSB II, 550f. [O. PEDERSEN] – A. A. BJÖRNBO, W. Brytes Theorica planetarum, Bibl. math. 6, 1905³, 112f. – O. PEDERSEN, The Problem of W. B. and Merton Astronomy, AIHS 36, 1986, 227–248.

10. W. Burley (Burleigh, Burleius), Doctor planus et perspicuus, * um 1274/75, † nach 1344, Weltkleriker. Studium bis 1305 am Merton College (→Mertonschule) in Oxford (wahrscheinl. Schüler des Joh. Duns Scotus, um 1301 Mag. art. ebd.) und ab 1310 in Paris (Schüler des Thomas de Wylton, Hörer des Petrus Rogerii, 1324 als Mag. theol. erwähnt). Seine 1327 in Toulouse und 1341 in Bologna abgehaltenen Quodlibetaldisputationen verstärkten den großen Einfluß Oxfords auf die nordit. Schulen. In seinen über 50 Werken, darunter Kommentare und Quästionen fast zum ganzen Corpus Aristotelicum, gab sich W. bei aller Vehemenz der Kontroverse als ein konstruktiv-krit. Kontrahent →Wilhelms v. Ockham und umsichtiger Vertreter der Via antiqua mit gemäßigtem Universalien-Realismus zu erkennen, der eine überschwengl. Behandlung von ontolog. Fragestellungen in der Logik zurückwies. W.s sprachlog. Auffassungen wie auch seine Kategorienlehre fanden eine umfängl. Gegenkritik bei Wilhelm v. Ockham (→Logik, II). Dagegen ist der Ethik-Komm. des der 'via moderna' zugerechneten →Albert v. Sachsen z. T. wortwörtl. abhängig von dem des W. B. (vgl. G. HEIDINGSFELDER, BGPhMA 22/3–4). Nicht von W. stammt der ihm seit dem 15. Jh. zugeschriebene, vor 1326 entstandene doxograph.-biograph. »Liber de vita et moribus philosophorum« (→Schriftstellerkataloge). M. Laarmann

Bibliogr.: C. H. LOHR, Traditio 24, 1968, 171–187 [bis 1967] – R. WOOD, Bull. Philos. Méd. 30, 1988, 233–250 [bis 1988] – C. H. LOHR, Commentateurs d'Aristote au MA latin, 1988, 71–75 [bis 1988] – R. SCHÖNBERGER–B. KIBLE, Repertorium ed. Texte des MA, 1994, nr. 13002–13043 – *Lit.*: A. UÑA JUÁREZ, La filosofia del siglo XIV. Contextual de W. Burley, 1978 – Von der Reinheit der Kunst der Logik, Teil I, lat.-dt., hg. P. KUNZE, Philos. Bibl. 401, 1988, VII–XLVII – A. D. CONTI, FStud 50, 1990, 121–176 [Logik und Ontologie] – Medioevo 16, 1990, 131–272, 325–388 (Liber de vita...; Beitr. v. M. GRIGNASCHI, J. PRELOG, A. VIDMANOVÁ) – J. P. BECKMANN, Ockham-Bibliogr. 1900–1990, 1992, 136 – D. PERLER, Der propositionale Wahrheitsbegriff im 14. Jh., 1992.

11. W. v. Châtillon, einer der bedeutendsten Dichter des 12. Jh. in lat. Sprache, wurde in den 30er Jahren in Ronchin bei Lille (W. ab Insulis) geboren. Er studierte in Paris und Reims u. a. bei Stephan v. Beauvais, leitete die Schule v. →Laôn und wurde Kanoniker in Reims. Im anschließenden Dienst in der Kanzlei Heinrichs II. reiste er 1166 nach England und geriet in Loyalitätskonflikt im Streit seines Dienstherren mit →Thomas Becket, um dessen Unterstützung →Johannes v. Salisbury seinen Freund W. gebeten hatte. W. verließ bald den Hofdienst und wurde Lehrer in Châtillon-sur-Marne. In dieser Zeit entstanden sein »Tractatus contra Iudaeos« und ein Teil der lyr. Dichtung. Nach dem Studium des Kanon. Rechts in Bologna und einem Romaufenthalt, von dem Gedichte über den sittl. Niedergang der Kurie wie »Propter Sion non tacebo« zeugen, wurde W. von dem Reimser Ebf. (seit 1176) Wilhelm v. d. Champagne, dem Onkel und Berater Philipps II. Augustus, als Notar berufen. Ihm widmete W. sein Hauptwerk »Alexandreis«, ein antikisierendes Epos über Leben und Taten →Alexanders d. Gr. In Anerkennung seiner Leistungen übertrug ihm Ebf. Wilhelm ein Kanonikat in Amiens, wo W. seine letzten Lebensjahre verbrachte. Zweifelhaft ist, ob er noch ein zweites Epos zu dichten begann. Sein Todesjahr ist unbekannt. Berühmt wurde sein von ihm selbst verfaßtes Grabepigramm »Insula me genuit etc.« (WALTHER, Initia no. 9422).

Das Werk W.s kann verschiedenen lit. Genera zugeordnet werden. Sein in 3 Prosabüchern verfaßter »Tractatus contra Iudaeos« stellt antijüd. Aussagen der Propheten und anderer bibl. Bücher zusammen und konfrontiert die jüd. und chr. Haltung zur Trinitätslehre. W.s lyr., rhythm. Dichtung liegt in zwei Slg.en vor: Die Hs. 351 von St-Omer enthält 33 Gedichte geistl., satir. oder hist. Inhalts (auf die Ermordung Beckets; die Krönung Philipps II.) sowie 13 Liebesgedichte. Zu einer zweiten, vom Hg. aus Hss. verschiedenen Inhalts zusammengestellten Gruppe gehören 18 Gedichte, von denen zahlreiche (1, 2, 4, 5, 8, 10, 13) die Verweltlichung v. a. des hohen Klerus anprangern, während W. in 7 mit Schismakritik und Stellungnahme für Alexander III. erneut Tagespolitik berührt. In den 10 Büchern der »Alexandreis« – entstanden wohl Ende der 70er, Anfang der 80er Jahre –, die im wesentl. auf der Alexandergesch. des →Curtius Rufus und damit – anders als die volkssprachl. Alexanderdichtung dieser Zeit – auf einer hist. Q. beruht, folgt W. in Aufbau, Handlungsführung, epischem Schmuck, Metrum und Sprache v. a. dem Vorbild Vergils und Lukans, ohne dabei auf individuelle Gestaltung und Erweiterung des Stoffes (B. X) oder zeitkrit. Bezüge (Kreuzzugsappell oder Kurienkritik) zu verzichten. Sein Alexanderbild vereint den Vorbildcharakter des Herrschers und Feldherren mit dem Exemplum menschl. Scheiterns an der eigenen Hybris. Groß waren Erfolg und Nachwirkung der »Alexandreis«, die klass. Sprache und Form als Schulbuch den antiken Autoren ebenbürtig machten. In der Tradition des Alexanderstoffes wurde sie zur wichtigen Vorlage zahlreicher volkssprachl. Dichtungen. U. Rombach

Ed.: Tract. c. Iud., MPL 209, 419–458 – Moral.-satir. Gedichte W.s v. Ch., ed. K. STRECKER, 1929 – Die Lieder W.s v. Ch. in der Hs. 351 von St. Omer, ed. K. STRECKER, 1925 (1964²) – Galteri de Castellione Alexandreis, ed. M. L. COLKER, 1978 – G. STRECKENBACH, O. KLINGNER, W. BERSCHIN, W. v. Ch., Das Lied von Alexander d. Gr., 1990 – *Lit.*: [*Ausw.*]: H. CHRISTENSEN, Das Alexanderlied W.s v. Ch., 1969 – P. v. MOOS, MLJ 14 179, 127–186 – D. M. KRATZ, Mocking Epic, 1980 – H. HARICH, Alexander Epicus, 1987 – O. ZWIERLEIN, Der prägende Einfluß der antiken Epos auf die Alexandreis des W. v. Ch., 1987 – CH. RATKOWITSCH, Descriptio Picturae, 1991 – N. ADKIN, W. of Ch. St. Omer 30, Aevum 67, 1993, 369–375 – CH. RATKOWITSCH, Poetica 28, 1–2, 1996, 97–131.

12. W. v. Chatton OMin, * 1285 Catton, nw. Durham, † 1344. Bedeutender Frühskotist; zweimalige Kommentierung der Sentenzen, wohl 1322/23 in Oxford (Reportatio) und 1323–30 an unbekanntem Ort (Lectura); 1329/30 in Oxford als 35. Mag. Regens; 1332 zusammen mit dem OMin-Generalminister Gerhard v. Odo in Assisi; 1333 als Gutachter am päpstl. Hof in Avignon. W. profilierte sich bes. als Kontrahent →Wilhelms v. Ockham, nicht ohne auch auf nominalist. Denker wie Adam Wodeham und →Robert Holcot stark einzuwirken. M. Laarmann

Ed.: In Sent.: vgl. R. SCHÖNBERGER–B. KIBLE, Rep. ed. Texte des MA, 1994, nr. 13053–13069 – Tract. de paupertate, ed. D. I. DOUIE, AFH 24, 1931, 341–369; 25, 1932, 36–56, 210–240 – Q. de continuo, ed. J. MURDOCH–E. SYNAN, FStud 26, 1966, 212–288 – Sermo de visione beatifica, ed. M. DYKMANS, AHDL 46, 1971, 134–148 – *Lit.*: A. LANG, BGPhMA 30/1–2, 1930 [Prädestination] – W. DETTLOF, BGPhMA 40/2, 1963, 306–310 [Akzeptations- und Verdienstlehre] – G. GAL, FStud 27, 1969, 191–212 [Universalien] – N. FITZPATRICK, FStud 31, 1971, 88–177 [Univozität] – CH. KNUDSEN, W. Ch.s Kritik an Wilhelm v. Ockhams Wissenschaftslehre [Diss. Bonn 1976] – G. J. ETZKORN, FStud 37, 1977, 32–65 [Gnadenlehre] – W. J. COURTENAY, Adam Wodeham, 1978, 66–74 [Lebensdaten, Datierung des Sentenzenkomm.] – CH. KNUDSEN, Cah. de l'Inst. du MA grec et lat. 50, 1985, 3–112 [Gegenstand und Einheit von Wiss. und Theol.] – K. H. TACHAU, Vision and Certitude in the Age of Ockham, 1988, 180–208 – Ockham-Bibliogr. 1900–90, hg. J. P. BECKMANN, 1992, 136 – D. PERLER, Der propositionale Wahrheitsbegriff im 14. Jh., 1992 – F. HOFFMANN, Die 'Conferentiae' des Robert Holcot, BGPhMA NF 36, 1993 – CH. TROTTMANN, La vision béatifique, 1995.

13. W. v. Compiègne, Benediktiner im Kl. Marmoutier (Tours), 1131 Prior der Tochterabtei St-Martin-en-Vallée (Chartres), † nach 1155, verließ nach 1133 für einen Mönch in St. Venantius (Tours) 4 Marien-Mirakel, die er von Bf. Gottfried II. v. Chartres (1116–49) gehört hatte (»De miraculis BMV«; BHL 5356), und notierte in seiner Gesch. von Marmoutier (Fragm.: AA SS OSB IX, 391–402) den Tod von Abt Garnerius (1155), des Gewährsmannes für seine Dichtung »Otia de Machomete«

(545 ungereimte Distichen, nach 1137). Gestützt auf dessen Bericht, der auf Aussagen eines bei Abt Paganus v. Notre Dame in Étampes (bezeugt 1119 und 1125) lebenden konvertierten Muslimen beruht, schilderte W. Leben und Wirken Mohammeds wahrheitsnäher als die mehr den damals umlaufenden Legenden folgenden →Embricho v. Mainz und →Guibert v. Nogent: Mohammed sei ein gebildeter Christ, der sich durch Täuschung (z. B. bei seiner Epilepsie, V. 399ff.), bewußt verfälschende Auslegung der bibl. Heilsgesch. (V. 453ff.) und arrangierte Wunder (Milch und Honig, Stier mit 'Koran', V. 765ff.) zum Propheten erhebe, dessen Lehre die lex nova Christi aufhebe und einen Zustand ante legem zurückbringe. Wie →Petrus Venerabilis zeichnet W. den Religionsstifter als einen Häretiker, dessen Anhänger Gott strafen wird wie einst Ägypten und Babylon (RATKOWITSCH, 252ff.). Die durch Dialoge lebendige Dichtung hat wie die afrz. Version von Alexander du Pont (»Li Romans de Mahon«, Laon 1258) kaum nachgewirkt. J. Stohlmann

Ed. und Lit.: De miraculis BMV, MPL 173, 1379-1386 [mit irriger Zuweisung] – A. MUSSAFIA, Stud. zu den ma. Marienlegenden I (SBWien 113, 1887), 917-994, hier 919, 928f. – Le Roman de Mahomet de Alexandre du Pont (1258), éd. Y. G. LEPAGE, avec le texte des Otia de Machomete de Gautier de Compiègne, établi par R. B. C. HUYGENS, 1977 [zit.] – B. BISCHOFF, Ein Leben Mohammeds (Adelphus?) (Zwölftes Jh.) (DERS., Anecdota novissima, 1984), 106-122, hier 109f. – CH. RATKOWITSCH, Das Grab des Propheten. Die Mohammed-Dichtungen des Embricho v. Mainz und W. v. C., Wiener Stud. 106, 1993, 223-256 [ältere Edd.; Lit.].

14. W. of Henley (W. de Henleye), † um 1290/1300, wohl ident. mit dem dominus miles W. of H., der 1266/67 in den Diensten der Adelsfamilie →Clare in Gloucestershire und Herefordshire belegt ist und der um 1280 dem Dominikanerorden beitrat. Er selbst nennt sich »bailif« (→Bailiff). Das in Afrz. verfaßte »La Dite des Hosebondrie« entstand nach 1276 und vor 1300 und gehört zur didakt. Lit. Es besitzt Züge des zeitgenöss. Predigttexte; Stil und Form verweisen auf Oxford als Entstehungsort, wo damals auch über wirtschaftl. Grundlagen der Gutsverwaltung gelehrt wurde. Eng verwandt ist das »Hausbuch« mit dem etwas älteren »Senechaucy«, das von den Pflichten und Tätigkeiten des Gutsverwalters großer Wirtschaftskomplexe handelt. W.s »Husbandry« folgt diesem Aufbau – vielleicht als Kommentar entstanden, doch für die Lehre bestimmt – und richtet sich auch an die Verwalter kleinerer Gutshöfe. Die theoret. Ebene verbindet sich vorzügl. mit den prakt. Erfahrungen des Autors, der in 113 knappen Abschnitten die allg. Grundlagen des Landbaus (Getreideanbau und Viehzucht, Kauf und Verkauf) behandelt und zum Zwecke der Ertragssteigerung unter Hinweis auf Bodenqualitäten und Düngemethoden. Das Werk gilt als bedeutendstes agrarökonom. Hb. der Brit. Inseln mit Wirkung bis ins 16. Jh., überliefert in 32 erhaltenen Hss., übersetzt ins Engl. und Lat. Eine Verbreitung auf dem Kontinent konnte noch nicht nachgewiesen werden. D. Hägermann

Ed. und Lit.: La Dite de Hosebondrie and an anonymous Hosebondrie, hg. E. LAMOND, 1890 – W. of H. and other Treatises on Estate Management and Accounting, hg. D. OSCHINSKY, 1971 – F. MÖHREN, Wort- und sachgeschichtl. Unters.en an frz. landwirtschaftl. Texten, 13., 14. und 18. Jh., 1986 [ältere Lit.].

15. W. Map, Kanzler in Lincoln (1186) und Archidiakon in Oxford (1196/97), * ca. 1130/35 in engl.-walis. Grenzgebiet (um Hereford), † 1209/10; stammte aus vornehmer, vermutl. walis. Familie. Darauf weist der Spitzname *Map* hin, mit dem die Engländer die Waliser zu bezeichnen pflegten. Ausgebildet wohl in Gloucester, St. Peter's Abbey, studierte W. ab 1154 in Paris unter Gerard la Pucelle Theologie. Ab 1162 war er im Umkreis von Bf. Gilbert →Foliot tätig, ab 1173 am Hof Heinrichs II. v. a. mit jurist. Aufgaben betraut. Er nahm als kgl. Abgesandter am 3. →Laterankonzil (1179) teil und setzte sich dort nach eigener Aussage erfolgreich mit den →Waldensern auseinander. Von Gilbert Foliot und auch von Heinrich II. erhielt er (um 1173) ertragreiche Pfründen. 1186 wurde er Kanzler in Lincoln, 1196/97 Archidiakon in Oxford. Versuche, ihn zum Bf. zu erheben (1199 in Hereford, 1203 in St. Davids in Wales), blieben erfolglos.

Werke: Authent. sind die Prosaschrift »De nugis curialium« und einige Verse. Die W. zugeschriebenen frz. arthur. Romanzen und die zahlreichen lat. satir. Gedichte, die unter seinem Namen überliefert sind, gehören wohl nicht zu seinem Œuvre. »De nugis curialium«, nur in einer Hs. des 14. Jh. überliefert, stellt ein äußerst komplexes Werk dar. In fünf Distinctiones, die jeweils mit einem Prolog einsetzen, behandelt W. in satir. Form das Leben am Hofe, kritisiert die einzelnen Orden, v. a. die →Zisterzienser, und warnt in der auch separat überlieferten und sehr populären »Epistola Valerii« (auch Dissuasio Valerii) vor den Gefahren des Ehelebens. Neben diesen geistreichen und zugespitzten Darstellungen bietet er in bunter Fülle unterhaltsame, z. T. ausführl. Geschichten von Wiedergängern, Meerjungfrauen und Rittern, die sich nach ihren Heldentaten in Luft auflösen. Neben der Erzählung vom sagenhaften Kg. Herla und seinem Geisterheer finden sich z. B. Geschichten über byz. Herrscher und walis. Gebräuche. »De nugis curialium« ist wohl zum größten Teil 1181-82 verfaßt worden. Bis 1193 scheint W. größere und kleinere Zusätze eingefügt zu haben, ohne daß er sein Werk jedoch einer redaktionellen Schlußbearbeitung unterzog. Darauf deuten zumindest Unstimmigkeiten und Sprünge in der Abfolge einzelner Erzählabschnitte. Unklar ist, inwieweit »De nugis curialium« im MA bekannt war. Möglicherweise kannte →Giraldus Cambrensis die schriftl. Fassung, darüber hinaus scheint »De nugis curialium« weitgehend unbeachtet geblieben zu sein. E. Stein

Ed.: T. WRIGHT, The Lat. Poems Commonly Attributed to W. M., 1841 – W. M., De nugis curialium = Courtiers trifles, ed. M. R. JAMES, C. N. L. BROOKE, R. A. B. MYNORS, 1983 [überarb. Ed.] – A. G. RIGG, Speculum 60, 1985, 177-182 – C. J. McDONOUGH, MJb 20, 1985, 294-302 – M. PÉREZ, Contes de Courtisans, 1988 – F. LATELLA, W. M.: Svaghi di corte, 1990 – A. K. BATE, Gautier M., Contes pour les gens de cour, 1993 – *Lit.*: MANITIUS III, 264-274 – A. G. RIGG, A Hist. of Anglo-Lat. Lit., 1066-1422, 1992, 88-93 – J. HINTON, W. M.s De Nugis Curialium: its Plan and Composition, PMLA 32, 1917, 81-132 – P. DELHAYE, Le dossier antimatrimonial de L'"Adversus Iovinianum" et son influence sur quelques écrits lat. du XIIᵉ s., MSt 13, 1951, 65-86 – F. SEIBT, Über den Plan der Schrift 'De nugis curialium' des Magisters W. M., AK 37, 1955, 183-203 – J. N. CARMAN, A Study of the Pseudo-Map Cycle of Arthurian Romance, 1973 – G. STOLLBERG, Die Stellung der intellektuellen Oberschicht in England des 12. Jh., 1973, 71-81 – E. TÜRK, Nugae curialium, 1977 – B. LEWIS THORPE, W. M. and Gerald of Wales, MAe 47, 1978, 6-21 – P. ZERBI, »Humillimo nunc incipiunt modo« (De nugis curialium I, c. 31). Note e riflessioni sulla testimonianza di W. M. a proposito dei primi Valdesi (Fschr. J. M. DE SMET, hg. R. LIEVENS u. a., 1983), 124-132 – J.-C. SCHMITT, Temps, folklore et politique au XIIᵉ s. (Le temps chrétien de la fin de l'antiquité au MA, hg. J.-M. LEROUX, 1984), 489-515 – R. LEVINE, How to Read W. M., MJb 23, 1988, 91-105 – I. DEUG-SU, I nuovi movimenti religiosi nel 'De nugis curialium', StM 33, 1992, 537-570.

16. W. v. Mortagne, beachtl. rezipierter (Summa sententiarum, Sententiae divinitatis, →Petrus Lombardus u. a.) Repräsentant der theol. Diskussion des 12. Jh., * Ende des 11. Jh., † 1174, Schüler →Alberichs v. Reims, Magister in Laon, dort Bf. ab 1155. Umstritten die Schülerschaft →Johannes' v. Salisbury, der W. zu den führenden Verfechtern eines gemäßigten Realismus in der Universalienfrage zählt (Metal. II, 17; CChrCM 98, 81f.).

W. entfaltet sein Gedankengut in ausgedehnter Korrespondenz. Mit →Hugo v. St. Victor diskutiert er das Wissen der Seele Christi (MPL 186, 1052–1054); ein Brief an →Abaelard moniert den Rationalismus in dessen Erkenntnis- und den Subordinatianismus in der Gotteslehre (Ott, Untersuchungen 234–266). Beide Punkte begegnen ebenso in W.s Trinitätstraktat (MPL 209, 575–590). Darin widerspricht er auch der Auffassung, es gebe in Gott von seiner Wesenheit verschiedene Proprietäten. W.s Grundsatz »Nihil esse in Deo, quod aliud sit ab ipso« (ebd., 587B) wurde entscheidender Einwand gegenüber →Gilbert v. Poitiers, dessen Lehre die Synode v. Reims (1148) in Anwesenheit W.s verhandelt.

Sakramentstheol. bemerkenswert ist ein von der Schule →Anselms v. Laon beeinflußter Ehetraktat (MPL 176, 153–174). Darin vertritt W. eine strenge Konsenstheorie. In der Tradition →Augustins betrachtet er die von Gott am Schöpfungsmorgen eingesetzte Ehe als sittl. Gut; ihre Sakramentalität ist Zeichen für die unauflösl. Verbindung zw. Christus und Kirche. Strittig bleibt die Zuweisung der philosoph. Abhandlung über die Gattungen und Arten (ed. B. Hauréau, Notices et extraits de quelques manuscrits latins de la Bibl. Nat., V, 1892, 298–325) an W., offen auch die von R. Wielockx vermutete Autorschaft für »De caritate«. F. Courth

Lit.: L. Ott, Unters. zur theol. Brieflit. der Frühscholastik (BGPhMA 34, 1937) – Ders., Der Trinitätstraktat W.s v. M. als Q. der Summa sententiarum, Schol 18, 1943, 78–90, 219–239 – Ders., W. v. M. und Petrus Lombardus in ihrem Verhältnis zueinander (Mél. J. De Ghellinck, II, 1951), 647–697 – N. M. Häring, Life and Works of Clarembald of Arras, Studies and texts 10, 1965 – H. Zeimentz, Ehe nach der Lehre der Frühscholastik, Moraltheol. Studien, Hist. Abt. 1, 1973 – H. J. F. Reinhardt, Die Ehelehre der Schule des Anselm v. Laon, BGPhMA, NF 14, 1974 – R. Wielockx, La sentence »De caritate« et la discussion scolastique sur l'amour, Ephemerides theologicae Lovanienses 58, 1982, 50–86, 334–356; 59, 1983, 26–45.

17. W. v. Odington OSB, * vielleicht vor 1260, † (nach) 1301, engl. naturwiss. Autor, tätig 1281–1301.

[1] *Leben und naturwissenschaftl.-math. Werk:* W., dessen Geburtsort wohl Odington war (doch gab es im westl. England mindestens zwei Dörfer dieses Namens), dürfte in →Oxford studiert und gelehrt haben (in einer Hs. wird er 'Magister' genannt). W. war Mönch der Benediktinerabtei →Evesham (Worcestershire); er kann nicht mit einem Walter v. Evesham, der um 1330 dem Oxforder Merton College (→Mertonschule) angehörte, identifiziert werden. Sein Werk umfaßt Traktate zur Astronomie, Alchemie, Optik, Arithmetik und Musik (zu seinem als Q. für die frühe Gesch. des Kanons vielbeachteten musiktheor. Traktat s. Abschn. 2). W. verfaßte ein astron. Kalendarium für seine Abtei Evesham, beginnend mit 1301, doch gehören mehrere von ihm verzeichnete Sternpositionen einem Jahr um 1281 an, was auf einen Geburtszeitpunkt des Gelehrten vor 1260 hindeutet. W.s alchem. Werk »Icosedron« ist (wie der Titel nahelegt) in 20 Kapitel gegliedert; die ersten 14 behandeln die alchem. Techniken, die folgenden 6 dagegen theoret. Probleme. Hier befaßt sich W. u. a. mit der Frage der Quantifizierung und knüpft gedanklich an das in Oxford um 1300 vieldiskutierte Problem der stärkeren oder schwächeren Intensität der Formen an (→latitudines formarum). Entsprechende Gedankengänge finden sich im (unvollständig überlieferten) Astronomie-Traktat. Sein »Tractatus de motu octave spere«, der die Bewegungen der Gestirne (Präzession) behandelt, und sein →Almanach zur →Planetenbewegung, der (wie die zeitgenöss. astron. →Tafeln des →Prophatius Judaeus) zyklischen Prinzipien folgt, waren wohl als Teil dieses größeren Traktates konzipiert. Die reichste Q. zu W.s Werk bildet das Ms. II, I. 13 der Univ. Cambridge, in dem W.s Abhandlungen zur Optik (»De multiplicatione specierum in visu secundum omnem modum«) und Arithmetik (»Ars metrica«) sowie der Traktat über die Euklidsche Proportionenlehre (»Liber quintus geometrie«) enthalten sind. J. D. North

Ed. und Lit.: P. D. Thomas, Wichita State Univ. Stud. 76, Aug. 1968, 3–24 – D. Skabelund–P. Thomas, W. of O.'s Math. Treatment of the Primary Qualities, Isis 60, 1969, 331–350 – J. D. North, Richard of Wallingford, 1976, Bd. 3, App. 38, 238–270.

[2] *Musikhistorische Bedeutung:* Die Summa de speculatione musice W.s ist das erste umfassende Kompendium der Musiklehre, das in England entstanden ist. Es umfaßt in sechs Teilen die Lehre von den Proportionen der Intervalle, die Darstellung des Tonsystems und der Metren, die Chorallehre mit einem Tonar und schließlich die Mensurallehre. In weiten Teilen fußt der Traktat auf →Boethius, →Isidor, →Johannes de Garlandia und →Franco v. Köln, bietet daneben aber auch wichtige Informationen zur Musiktheorie der Zeit. M. Bernhard

Ed.: F. F. Hammond, CSM 14, 1970 – *Lit.*: J. A. Huff, W. O. – De speculatione musicae, Part 6 (Musicological Studies and Documents 31, 1973) [engl. Übers.].

18. W. v. Pagliara, † 1229/31. Der aus einer abruzzes. Adelsfamilie langob. Herkunft stammende Prälat wurde von Papst Clemens III. 1189 zum Bf. v. Troia geweiht. Als Anhänger der stauf. Erbfolge gewann er nach dem Scheitern der ersten Invasion im Exil am dt. Hof 1191–94 das Vertrauen Ks. Heinrichs VI., der ihn nach der Eroberung Siziliens 1195 zum Kanzler des Kgr.es und Familiaren ernannte. Ksn. Konstanze ließ ihn 1197 als polit. Gegner einkerkern, berief ihn aber kurz vor ihrem Tode 1198 an die Spitze des Familiarenrates, der in Palermo regierte. Als Innozenz III. 1200 die Postulation von W. zum Ebf. v. Palermo blockierte und durch sein Bündnis mit Walter v. Brienne das Erbe Friedrichs II. zu gefährden schien, verbündete sich W. mit →Markward v. Annweiler und überließ diesem 1201 Sizilien, um selbst den Widerstand auf dem Festland zu organisieren. Militär. erfolglos, unterwarf er sich 1203 dem Papst und vertrieb 1206 im Bunde mit Diepold v. Schweinspeunt den Nachfolger Markwards, Wilhelm Capparone, aus Palermo. Seither bestimmte er als Erster der Familiaren, seit 1208 auch Bf. v. Catania, die Politik, bis Friedrich II. ihn im Febr. 1210 vom Hofe verwies. Unter der Regentin Konstanze 1212 wieder eingesetzt, blieb ihm der frühere Einfluß jedoch versagt. Das Scheitern der Flottenexpedition nach Damiette bot Friedrich II. den Anlaß, W. 1221 als Exponenten der adelsfreundl. Politik, gegen deren Folgen sich die Assisen von Capua richteten, zu verbannen. W. starb verarmt in Rom, obwohl der Ks. ihm die Einkünfte seines Bm.s ebenso belassen hatte wie seinen Titel. N. Kamp

Lit.: N. Kamp, Kirche und Monarchie im stauf. Kg.reich Sizilien, I, 2, 1975, 509–514; I, 3, 1975, 1122–1124, 1210–1215 – Th. Kölzer, Urkk. und Kanzlei der Ksn. Konstanze, 1983, 46–52 – R. Neumann, Parteibildungen im Kg.reich Sizilien während der Unmündigkeit Friedrichs II., 1986.

19. W. v. St-Victor, vielleicht engl. Herkunft, ab 1162 Subprior, nach dem Tod Richards ab 1173 Prior v. St-Victor (→Paris, C. II), † nach 1180. Sicherl. ist W. Verf. des die zeitgenöss. Theologie in Gestalt vier ihrer herausragendsten Vertreter (→Abaelard, →Petrus Lombardus, →Gilbert v. Poitiers, Petrus v. Poitiers) polem. angehenden Werkes »Contra quatuor labyrinthos Franciae« (ed. P. GLORIEUX, AHDL 19, 1952, 187-335) sowie von 21 Predigten (ed. J. CHÂTILLON, CCM 30, 1975, 1-185). Ob die unter den Werken Hugos v. St-Victor gedruckten »Quaestiones et decisiones in Epistolas Pauli« (MPL 175, 431-634) ihm zuzuschreiben sind, konnte noch nicht sicher entschieden werden. Jenseits seines iraszibeln Charakters, unter dem auch Gottfried v. St-Victor zu leiden hatte, lassen seine Schriften gute bibl. Grundlagen und eine solide Spiritualität erkennen. R. Berndt

Lit.: J. B. SCHNEYER, Rep. der lat. Sermones, II, 1995³, 118f. – DHGE XX, 111 – Marienlex. VI, 1994, 689 – A. J. L. van HOOFF, A Longer Life for 'Suicide'. When was the Lat. Word for Self-Murderer Invented, RF 102, 1990, 255-259 – G. WIELAND, Symbol. und universale Vernunft (Friedrich Barbarossa. Handlungsspielräume und Wirkungsweisen des stauf. Ks.s, hg. A. HAVERKAMP, 1992), 533-549.

20. W. 'Sans-Avoir' (W. Habenichts), Teilnehmer des 1. →Kreuzzuges, Mitstreiter →Peters d. Eremiten, ✕ 21. Okt. 1096; frz. Ritter aus der Île-de-France, der sich mit mehreren Verwandten dem Aufruf des Kreuzzugspredigers Peter d. Eremiten (1095) anschloß und als Anführer eines der Heeresverbände des sog. 'Volkskreuzzugs' eine gewisse eigenständige Rolle spielte. Kurz nach Ostern 1096 zog W. (bereits vor der von Peter geführten Hauptmacht) an der Spitze eines vorwiegend aus Franzosen bestehenden Kreuzfahrerheeres von Köln aus in den Osten, traf am 8. Mai 1096 im Gebiet des Kgr.es Ungarn ein, verstrickte sich aber infolge der Plünderung der byz. Grenzstadt →Belgrad durch seine Leute rasch in militär. Konflikte mit dem Statthalter des Byz. Reiches, doch wurde ihm schließl. der Durchzug nach Konstantinopel gestattet. Hier vereinigte sich W.s Truppenverband mit der später eintreffenden Hauptstreitmacht. W. fiel mit zahlreichen anderen frz. und dt. Kreuzfahrern am 21. Okt. 1096 in der Schlacht unweit der Grenzfestung Xerigordon (Kleinasien), in welcher türk. Truppen den Großteil des von Peter d. Eremiten (der selbst aber abwesend war) angeführten 'Volkskreuzzuges' vernichteten.

U. Mattejiet

Lit.: →Peter d. Eremit.

Walter, Hubert, Ebf. v. →Canterbury seit 1193, † 1205. Er begann seine Laufbahn im Haushalt von Ranulf de →Glanvill, mit dem er wahrscheinl. verwandt war. In den 80er Jahren des 12. Jh. hatte er verschiedene hohe Ämter inne, er war Baron of the →Exchequer, Richter und seit 1186 Dean of York. →Richard I. ernannte ihn 1189 zum Bf. v. →Salisbury. W. begleitete den Kg. auf dem 3. →Kreuzzug und spielte eine führende Rolle bei dessen Verhandlungen mit →Saladin. Als er 1193 nach England zurückkehrte, sammelte W. das Lösegeld für Richard und wurde Ebf. v. Canterbury. Nach dem kurzen und letzten Aufenthalt Richards in England 1194 wurde W. im Amt belassen. 1196 unterdrückte er eine Volkserhebung in London. 1198 bewirkten die strengen Verordnungen, die von den neuen Papst Innozenz III. für Kirchenmänner erlassen worden waren, daß Ebf. W. seine weltl. Ämter abtreten mußte. Aber 1199, als Richard getötet wurde, war er es, der gemeinsam mit Geoffrey →Fitzpeter und William →Marshal England für Johann (Ohneland) sicherte, nicht ohne einen gewissen Zweifel von seiten W.s, wie die »Histoire de →Guillaume le Maréchal« berichtet. Er wurde Johanns Kanzler und einer der mächtigsten Männer im Kgr., so daß Johann bei W.s Tod erklärt haben soll, daß dieser zuletzt wirkl. ein Kg. gewesen sei.

J. Critchley

Lit.: C. R. CHENEY, H. W., 1967.

Waltham, Marktort im Hundred Chelmsford in der ostengl. Gft. →Essex, nö. von London am Lea gelegen. Er entwickelte sich um die im frühen 11. Jh. gegr. Abtei Holy Cross; Heinrich I. überschrieb den Ort und die Grundherrschaft an den Abt und den Konvent. Richard I. gewährte der Abtei das Marktrecht in W. (Bestätigung durch Heinrich III. i. J. 1227). Heinrich III. privilegierte die Abtei i. J. 1251 mit zwei Jahrmärkten: einem zehntägigen Jahrmarkt nach Inventio Crucis (3. Mai) sowie einem siebentägigen Markt vom Abend vor Exaltatio Crucis (14. Sept.). Bei der Lay Subsidy des Jahres 1334 wurde W. mit dem ländl. 15. Teil und einer Gesamtsumme von £ 9 18s 2d veranschlagt. Der Ort erhielt nie Stadtrecht. B. Brodt

Q. und Lit.: J. CAMP–D. DEAN, King Harold's Town, 1975³ – The W. Chronicle, hg. L. WATKINS–M. CHIBNALL, 1994 – W. Abbey, hg. R. SEARS–J. FOSTER, 1994.

Waltharius, mlat. Heldenepos von hoher literar. Qualität. Die Datierung (Anfang des 9. bis Mitte des 10. Jh.) und Verfasserschaft (Ekkehard I. v. St. Gallen, Geraldus, Grimaldus) sind in der Forsch. seit der Editio princeps kontrovers, wobei der Prolog des Geraldus eine wichtige Rolle spielt (Bibliogr. dazu bis 1986 BISANTI, bis 1990 BERTINI). Die Zuschreibung des Epos an Ermoldus Nigellus wurde von WERNER vorgeschlagen. In neuerer Zeit wurde als dritte Frage aufgeworfen, ob die Dichtung als Parodie zu interpretieren sei (vgl. BERTINI). Nach anderer Auffassung (F. BRUNHÖLZL) ist der uns vorliegende W. überhaupt kein lat. Epos, sondern die von einem Geraldus im 9./10. Jh. unter ausgiebiger Benutzung antiker Dichtung hergestellte Übersetzung eines germ. Heldenliedes aus heidn. Zeit, das durch klar abgrenzbare christl. Interpolationen innerlich brüchig geworden ist. Die Forschungsdiskussion zu all diesen Fragen ist jedoch noch nicht zu einem definitiven Abschluß gekommen.

Inhalt: Walther, der Sohn des Kg.s von Aquitanien, hält sich als Geisel bei Attila auf, seine Verlobte Hildegund, die Tochter des Burgundenkg.s, und Hagen, der vom Kg. der Franken anstelle des jungen Gunther, des Sohnes von Kg. Gibich, gesandt wurde, teilen das gleiche Schicksal. Als nach Gibichs Tod Gunther die Verträge mit den Hunnen bricht, flieht Hagen zu ihm. Danach flüchten auch Walther und Hildegund mit einem Teil des Schatzes, den Attila von den besiegten Völkerschaften als Pfand erhalten hatte. Um wieder in den Besitz des Schatzes seines Vaters zu kommen, überfällt Gunther – trotz der Warnungen Hagens – mit 12 Gefährten Walther, als dieser gerade mit Hildegund die Grenze überschritten hat und sich in Sicherheit wähnt. In einer ununterbrochenen Folge von Zweikämpfen besiegt Walther die frk. Helden und stellt sich schließlich Gunther, der von Hagen Waffenhilfe erhält. In dem schrecklichen Kampf verlieren Walther eine Hand, Gunther ein Bein und Hagen ein Auge. Hildegund verbindet die drei, die nach derben Scherzen über ihre jeweiligen Verwundungen den Schatz unter sich aufteilen. Gunther und Hagen kehren in das Frankenland, Walther und Hildegund nach Aquitanien zurück, wo sie heiraten. F. Bertini

Ed.: ed. pr.: J. GRIMM–A. SCHMELLER, Lat. Gedichte des X. und XI. Jh., 1838 – K. STRECKER, MGH PP VI, 1951, 1ff.; Geraldusprolog: MGH PP V, 1937-79, 405ff. – Lit.: BRUNHÖLZL II, 68ff., 564f. – A. BISANTI, Un decennio di studi sul W., Schede Medievali 11, 1986, 345-363 – K. F. WERNER, Hludovicus Augustus, Gouverner l'empire chrétien. Idées et réalités (Charlemagne's Heir, ed. P. GODMAN–R. COLLINS, 1990), 99-123 – F. BERTINI, La letteratura epica (Il secolo di ferro, Sett. cent. it. XXXVIII, 1991), 723-757.

Zur engl. Lit.: →Waldere.

Waltheof. 1. W., Earl of →Northumberland, † 31. Mai 1076, ⌑ →Crowland Abbey; jüngerer Sohn des dän.

→Siward, Earl of Northumberland († 1055). Wilhelm I. übertrug W. dieses Earldom, nachdem es wegen einer Rebellion von →Cospatric, Maldreds Sohn, 1072 eingezogen worden war. Als Earl →Tostig 1065 gebannt wurde, erhielt W. den Titel des Earl of →Huntingdon und →Northampton. Er begab sich 1067 in die Normandie, verband sich aber 1069 mit den Dänen, die in Yorkshire eindrangen. Als W. sich 1070 Wilhelm I. unterwarf, wurde er wieder als Lord of Huntingdon eingesetzt, und seine Erwerbung von Northumberland machte ihn zu einem der größten Landbesitzer Englands. Er heiratete Judith, Tochter von Wilhelms Schwester Adelaide, und ihr einziges Kind Maud (Mathilde ∞ 1. Simon I. de Senlis [† 1111], 2. 1113 →David I., Kg. v. Schottland) brachte Ansprüche auf Northumberland und auf Huntingdon an das schott. Kg.shaus. W. wurde 1075 in eine Verschwörung gegen Wilhelm I. verwickelt, nach einem Prozeß in Winchester verurteilt und dort am 31. Mai 1076 hingerichtet. In der Crowland Abbey verehrte man ihn wie einen Hl.n.

G. W. S. Barrow

Lit.: Peerage VI, IX – R. L. G. RITCHIE, Normans in Scotland, 1954 – W. KAPELLE, The Norman Conquest of the North, 1979.

2. W., hl., Abt des Kl. →Melrose seit 1148, * um 1105, † 3. Aug. 1159; der jüngere Sohn von Simon I. de Senlis, Earl of Northampton († 1111), und Mathilde (Maud), der späteren Kgn. v. Schottland, Tochter von Earl →Waltheof (1. W.) und Judith, Nichte von Wilhelm I. W. lebte zunächst im Hofhalt seines Stiefvaters, Kg. →David I. v. Schottland. Um 1130 wurde er Augustiner-Chorherr in →Nostell, von dort zum Prior v. Kirkham in der Nähe von →Rievaulx erhoben. 1140 als Nachfolger für Thurstan, Ebf. v. York, vorgeschlagen, wurde er jedoch von Kg. Stephan v. Blois als zu »schott.« abgelehnt. Um 1143 trat W. in die Zisterzienserabtei Wardon (Bedfordshire) ein, einem Tochterkl. der Abtei Rievaulx, in die er bald überwechselte. 1148 wurde er Abt v. Melrose, wo er starb. 1171 erfolgten die Exhumierung seiner Leiche und die Translation der Reliquien, erneut 1240, als seine Überreste wohl bereits weitgehend zu Asche zerfallen waren. →Jocelin v. Furness verfaßte seine Vita.

G. W. S. Barrow

Lit.: R. L. G. RITCHIE, Normans in Scotland, 1954 – M. D. KNOWLES, Monastic Order in England, 1963² – →Jocelin v. Furness.

Walther. 1. W. v. Speyer, * 963, vielleicht personengleich mit Bf. Walther v. →Speyer (1004–27), schrieb 984 eine »Vita et passio s. Christopheri martyris« in der seltenen Lit.form opus geminum (aufeinander bezogene, abgeschlossene Fassungen in Vers und in Prosa). Sein einstiger Lehrer, Bf. Balderich v. Speyer (970–986), dem es gewidmet ist, hatte es in Auftrag gegeben. Den Büchern II–VI der hexametr. Fassung entsprechen die 29 Kapitel der in schlichtem Stil geschriebenen Prosaversion; B. I (»De studio poetae qui et Scolasticus«) beschreibt hiervon unabhängig und z. T. allegor. verschlüsselt, in schwülstiger Sprache, gesuchten, oft dunklem Stil und einer an den Klassikern geschulter Gelehrsamkeit den eigenen Bildungsgang an der Domschule v. Speyer mit Hinweisen zum Umgang mit den Autoren: zwei Jahre Elementar- und Psalmen-Unterricht sowie Hymnodie; dann zweimal zwei Jahre Grammatik- und Lit.unterricht: ausführl. Interpretationen einer Auswahl aus Vergil, dann Lektüre von Schulautoren, namentl. Homer (→Ilias Latina), Martianus Capella, Horaz, Persius, Juvenal, Boethius, Statius, Terenz, Lukan und Vergil; zwei weitere Jahre seien der Dialektik und Rhetorik sowie dem gesamten Quadrivium vorbehalten gewesen.

S. Daub

Ed.: K. STRECKER, MGH PP V, 1937–39, 1–79 [vgl. P. VOSSEN, s. u.] – Lit.: P. VOSSEN, Der Libellus Scolasticus des W. v. S., 1962 – BRUNHÖLZL II, 404, 618 [Lit.].

2. W. von der Vogelweide, bedeutendster dt. Lyriker des MA, der zw. 1190 und 1230 als →Berufsdichter Minnelieder und Sangsprüche verfaßt hat. Insges. sind über 500 Strophen in mehr als 20 Hss. vom 13. bis zum 16. Jh. überliefert. Unterschiedl. Textfassungen und Strophenfolgen spiegeln Varianten der Aufführungspraxis und gehen z. T. auf den Autor selbst zurück (Melodieüberlieferung selten). Die bereits ma. Hochschätzung W.s bezeugt →Gottfried v. Straßburg, der ihn an die Spitze der zeitgenöss. Lyriker stellt (»leitevrouwe« der »nahtegalen«, Tristan V, 4751ff.) Die →Meistersinger sahen in ihm einen der zwölf Alten Meister.

[1] *Biographische Spuren:* 1203 ist W.s Aufenthalt in der Umgebung des Passauer Bf.s →Wolfger v. Erla bei Zeiselmauer a. d. Donau durch dessen Reiserechnungen hist. belegt (ein 'cantor Waltherus de Vogelweide' erhielt ein Geldgeschenk für einen Pelzrock). Im übrigen wird der Lebenslauf aus Indizien der Sangsprüche erschlossen; doch die unterschiedl. Interpretierbarkeit vieler Bezugnahmen führt zu immer neuen Revisionen der Biographie; die Datierung der meisten Sangsprüche ist unsicher, die der Minnelieder kaum möglich. Auf eine lat. Bildung weisen die rhetor. Qualitäten von W.s Texten und die erkennbare Orientierung an der Vagantenlyrik (→Vagantendichtung). Unbekannt ist seine regionale und ständ. Herkunft, während er seine dichter. Heimat benennt: »ze Œsterrîch lernde ich singen unde sagen« (32, 14). In zahlreichen Sprüchen bemüht er sich um die Gunst des Hofes der →Babenberger, doch ohne in Wien längerfristige Förderung zu erfahren. Nach dem Tod Hzg. Friedrichs I. 1198 (beklagt 19, 29) findet W. Aufnahme am Stauferhof Kg. →Philipps v. Schwaben, dessen Krönung und Legitimität er im stauf.-welf. Thronstreit in mehreren Sprüchen propagiert. Doch auch das ist nur eine Station in dem Wanderleben des Sängers. Bezugnahmen auf andere Herrscher und Fs.en (Ks. →Otto IV., Kg. und Ks. →Friedrich II., Lgf. →Hermann I. v. Thüringen, Mgf. →Dietrich v. Meißen, Hzg. →Leopold VI. v. Österreich, Hzg. →Bernhard II. v. Kärnten, Gf. v. →Katzenelnbogen, Hzg. →Ludwig I. v. Bayern, Heinrich v. Mödling, Ebf. Engelbrecht [→Engelbert] v. Köln) zeigen W. im Umkreis verschiedener Höfe und auf Hoftagen, doch bleiben die Spuren undeutl. und widersprüchl., denn die biograph. Substanz des topischen und rollenhaften Sprechens ist schwer zu ermessen. »Von der Seine unz an die Muore« (Mur i. d. Steiermark), »von dem Pfâde (Po) unz an die Trabe« (Trave) (31, 13f.), »von der Elbe unz an den Rîn« (Rhein) »her wider unz an Unger lant« (Ungarn) (56, 38f.) begrenzt der Sänger die bereisten Länder. Das reale und vielleicht zeitweise erfolgreiche Streben, dem Status des Wanderdichters zu entkommen, ergibt sich aus den expliziten Äußerungen vom Lehensbitte und Lehensdank an Ks. Friedrich (28, 1; 28, 31) sowie implizit aus der Personalunion von Minnesänger und Spruchsänger, die zunächst verschiedenen Gesellschaftsbereichen, dem Hof einerseits und der Gruppe der Fahrenden andererseits, zugehörten. Die spätesten erschließbaren Daten in W.s Texten betreffen den 5. Kreuzzug 1228/29 (124, 1). Daraus, daß der Sänger in einer 'Altersklage' auf eine über 40jährige Tätigkeit zurückblickt (»wol vierzig jâr hân ich gesungen unde mê« 66, 27) resultiert die ungefähre Lebenszeit von 1170 bis 1230. Über W.s heute noch bezeichnetes Grab im Kreuzgang des Würzburger Stiftes Neumünster berichtet der Protonotar →Michael de Leone gemäß einer vielleicht real fundierten Lokaltradition.

[2] *Das literarische Werk:* W.s →Minnesang, der nicht unbedingt – wie in der Forsch. weithin angenommen – am Anfang seiner sänger. Tätigkeit steht (HOFFMANN), entstand auf der Grundlage der bereits entwickelten Gattung nach der Rezeption roman. Formen und der Konzentration auf die *hôhe minne* (Werben um die Zuneigung einer Dame in Bereitschaft zu lebenslangem, entsagungsvollem Dienst). W. kannte Lieder →Reinmars d. Alten und →Heinrichs v. Morungen. Neben der Verwendung konventioneller Motive und Liedtypen hat er den Minnesang durch Intensivierung vorhandener Ansätze und Aufnahme neuer Aspekte weiterentwickelt: Er hat minnedefinitor. und minnekrit. Erörterungen formuliert und in Affinität zur Sangspruchdichtung die reflektierende Komponente der Texte verstärkt, er fordert Gegenseitigkeit der Zuneigung und Freude als Liebeserfahrung in Antithese zu Reinmars ästhetisiertem Trauern, er blickt auf die inneren Werte der Geliebten unter Ausblendung der ständ. Position und verheißt die erzieher. Wirkung der →Minne für die höf. Gesellschaft. Damit zielt er einerseits auf gesellschaftl. Praxis, macht aber zugleich die Fiktionalität des Minnesangs deutlich (das Bild der Frau existiert nur als künstler. Konstrukt). Die poetolog. Konzepte, sprachschöpfer. Kraft, Metaphernreichtum und Vielfalt der Liedtypen begründen den außerordentl. Rang des Minnesängers W. Die sog. Mädchenlieder gelten dafür als bes. Ausweis. Sie führen Minnewürdigkeit und erfüllte Liebe standesunabhängig in bes. Konstellationen vor. Die Situierung der Liebesbegegnung in einer Naturszenerie (»Under der linden« 39, 11) und die Verwendung von nicht die höf. Besitzsphäre repräsentierenden Liebessymbolen (Kranz 74, 20, gläserner Fingerring 50, 12) haben in Analogie zu den 'puellae' (Mädchen) der lat. Vagantenlyrik zur Benennung der Liedgruppe geführt, obwohl W. 'maget' (Mädchen) für die weibl. Figur nur einmal (74, 21) verwendet. Die Zahl der Mädchenlieder differiert in der Forsch. (allg. anerkannt: 39, 11; 74, 20 » Nement, frowe, disen cranz«; 49, 25 »Herzeliebez vrowelîn«). Ein Novum stellt außerdem die intertextuelle Korrespondenz zw. W. und Reinmar d. Alten dar, die in einigen Liedern (111, 23 in der Gesamtkonzeption; 113, 31; 53, 25; 56, 14; 72, 31 u. a. in parodist. Partien). Differenzen bezugnehmend und konkurrierend zum Ausdruck bringen (sog. Walther-Reinmar-Fehde). Außerdem operiert W. mit Selbstzitaten und intratextuellen Bezügen im eigenen Œuvre, die zusätzl. Bedeutungsaspekte ergeben, deren Wahrnehmung aber keine Verständnisvoraussetzung bildet (BAUSCHKE). Polemik gegen unhöf. Tendenzen richtet sich wohl gegen →Neidharts Lyrik, der das Minnesystem revolutioniert hat. Wenn W. immer auch auf gesellschaftl. und künstler. Anerkennung mit seinen Liedern zielt, bleibt doch die Liebe zw. Mann und Frau als persönl. beglückende und leidbringende, ethisierende und gesellschaftserneuernde Kraft im Zentrum des Interesses. Der Sänger bietet den Rezipienten Sprach- und Vorstellungsmuster sowie Wertnormen zur identifizierenden Aneignung. Oft wiederholte Versuche chronolog. Anordnungen der Lieder im Blick auf die Entwicklung einer bestimmten Minnekonzeption W.s werden der Rollenhaftigkeit des Sprechens, dem Entwurf wechselnder Redesituationen und notwendigen Rücksichten in der Aufführungspraxis kaum gerecht.

Die Sangspruchdichtung (pointierte Behandlung verschiedener Themen in jeweils einer zum gesungenen Vortrag bestimmten Strophe) hat W., auf einheim. Tradition (→Spervogel) und lat. Lyrik aufbauend, durch Vermehrung der Themen, durch Experimentieren mit der aus dem Minnesang übernommenen Kanzonenstrophe (BRUNNER) sowie durch Verwendung von fast 20 verschiedenen →Tönen (Strophen- und Melodieformen) zu einem kunstvollen Höhepunkt geführt, an dem sich die folgenden Sängergenerationen orientieren. Nach dominierenden Bezugspersonen oder themat. Aspekten haben die Töne in der Forsch. Titel erhalten (Reichston, Philippston, Ottenton, König und Kaiser Friedrichston, Wiener Hofton, Unmutston usw.), obwohl die formal verbundenen Strophen keine liedhaften Einheiten bilden und auch der entstehungsgeschichtl. Zusammenhang unsicher ist; doch gibt es bisweilen strophenübergreifende Bedeutungsbezüge. In einer Vielfalt von Rollen (als weltüberschauender Weiser, Gottesbote, Lehrer, Ratgeber, Ankläger, aber auch als Dichter) bringt der Sänger allgem. Weisheits-, Lebens-, Hof- und Glaubenslehre, Welt- und Zeitklage zur Sprache; er lobt und tadelt weltl. und geistl. Herren, übt Gesellschaftskritik, bittet um Lohn, empfiehlt seine Kunst und prätendiert analog zu der Beziehung zw. Sänger und Dame im Minnesang die Abhängigkeit des Herrschers von der Kunst des Dichters. Neu geschaffen hat W. v. a. den polit. Spruchtyp (→Spruchdichtung, A; →Polit. Dichtung) mit Stellungnahme zu aktuellen Ereignissen im Interesse bestimmter Auftraggeber. Der »konventionalisierten Verständigungsform« (HAHN) des Spruches entsprechend hebt W. das Aktuelle (z. B. Plädoyer für die Krönung Kg. Philipps) auf eine allg. Ebene, verarbeitet dabei aber durchaus spezielle Kenntnisse, u. a. in der kgl. Kanzlei verwendete Argumente: die Symbolfunktion der Reichsinsignien, die Gottesunmittelbarkeit des Kg.s, die Sicherung von 'fride' und 'reht', die unrechtmäßigen Machtansprüche des Papstes im Sinne des Streits zw. Imperium und Sacerdotium, die Konstantin. Schenkung. Die generalisierende Tendenz ermöglicht das Verständnis bei wiederholtem Vortrag über die spezif. Entstehungssituation hinaus. Sprachl. Prägnanz, Bildhaftigkeit, Personifikationen in dramat., witzigen, parodist., auch sarkast. überzogenem Redegestus bestimmen den Kunstcharakter der Sprüche. Ihre Wirkung bezeugt der Zeitgenosse→Thomasin v. Zerklaere (1215/16) im Blick auf W.s hypertrophe Papstkritik (»wan er hât tûsent man betoeret«, Der Wälsche Gast V. 11223). In Sangspruchdichtung und Minnesang hat W. gleiche poet. Mittel eingesetzt, und er hat beide Verständigungsformen aneinander gerückt. Das sog. Preislied (»ir sult sprechen willekomen« 56, 14, das Heinrich Hoffmann v. Fallersleben 1841 als Grundlage für sein »Lied der Deutschen« diente) kombiniert beide als werbendes Beweisstück seiner Kunst.

Abgerundet wird W.s Œuvre durch eine Reihe auf religiöse Themen konzentrierte Dichtungen: Alters-, Weltabsage- und Kreuzzugslieder, die den auch sonst stets präsenten geistl. Horizont für die Rezipienten verbindl. ins Bewußtsein rücken. Bes. hervorzuheben sind die Frau-Welt-Allegorie (100, 24), das Palästinalied (»Nû alrêrst lebe ich mir werde« 14, 38), die themenübergreifende sog. Elegie (»Owê, war sint verswunden alliu mîniu jâr« 124, 1, deren formale Interpretation in dem →Nibelungenlied entsprechenden Langzeilen umstritten ist) sowie der im Dt. gattungsbegründende, hochartifizielle Marienleich (→Leich), der gebetsmäßigen Gottes- und Marienpreis, Sündenreflexion, Erlösungsbitte mit Einformung aktueller Kirchen- und Papstkritik in einer prunkvollen hymn. Großform präsentiert. Der Leich eröffnet das W.-Corpus in der Manessischen Liederhs. (→Liederhss.), während er in der Rezeption des 19. Jh. im Zuge der Stilisierung W.s zum Sänger des Reiches in den Hintergrund rückte.

U. Schulze

Ed.: W.s v. d. V. Leich, Lieder, Sangsprüche, 14., völlig neubearb. Aufl. der Ausg. K. LACHMANNS (1827), hg. CH. CORMEAU, 1996 [Grundlage der W.-Philologie, hiernach zit.] – W. v. d. V., Die gesamte Überl. der Texte und Melodien, Abbildungen, Materialien, Melodietranskriptionen, hg. H. BRUNNER, U. MÜLLER, F. V. SPECHTLER (Litterae 7), 1977 – W. v. d. V., 2 Bde, hg. und erklärt W. WILMANNS, 4. vollst. umgearb. Aufl., besorgt V. MICHELS, 1924 – W. v. d. V., Werke, Bd. 1: Spruchlyrik, Mhd./Nhd., hg., übers. und komm. G. SCHWEIKLE, 1994 – *Lit.*: H. HEGER, Das Lebenszeugnis W.s v. d. V. Die Reiserechnungen des Passauer Bf.s Wolfger v. Erla, 1970 – M. CURSCHMANN, Waltherus cantor, Oxford German Stud. 6, 1971/72, 5–17 – G. HAHN, Möglichkeiten und Grenzen der polit. Aussage in der Spruchdichtung W.s v. d. V. (Dt. Lit. im MA, Kontakte und Perspektiven. HUGO KUHN zum Gedenken, 1979), 338–355 – DERS., Zum sozialen Gehalt von W.s Minnesang (Medium Aevum deutsch. [Fschr. K. RUH, 1979]), 121–138 – K. H. HALBACH, W. v. d. V., 4. durchges. und erg. Aufl., bearb. M.G. SCHOLZ, 1983 – H. WENZEL, Typus und Individualität. Zur lit. Selbstdeutung W.s v. d. V., Internat. Archiv für Sozialgesch. der dt. Lit. 8, 1983, 1–34 – G. SCHWEIKLE, W. v. d. V. (Dt. Dichter, 1, hg. G. E. GRIMM–F. R. MAX, 1989), 236–252 – W. v. d. V. Beitrr. zu Leben und Werk, hg. H.-D. MÜCK, 1989 – W. v. d. V. Hamburger Kolloquium 1988 zum 65. Geb. von K.-H. BORCK, hg. J.-D. MÜLLER–F.-J. WORSTBROCK, 1989 – M. NIX, Unters.en zur Funktion der polit. Spruchdichtung W.s v. d. V. (GAG 592), 1993 – H. BRUNER, G. HAHN, U. MÜLLER, F. V. SPECHTLER, W. v. d. V., Epoche-Werk-Wirkung, 1996 [Bibliogr.] – W. HOFFMANN, W.s Weggang aus Wien und der Beginn seiner polit. Lyrik (Expeditionen nach der Wahrheit. [Fschr. TH. STEMMLER, 1996]), 93–108 – R. BAUSCHKE, Provokation und Poetologie. Die lit. Kommunikation W.s v. d. V. mit Reinmar d. Alten als Form der Selbstinszenierung [Beih. der GRM, ersch. 1998].

Walton, John, augustin. Domherr der Abtei v. Osney (Oxfordshire), arbeitete wahrscheinl. als lat.-engl. Übersetzer für Lord (Thomas) →Berkeley bzw. dessen Tochter Elizabeth. Die Übers. von →Vegetius' »De re militari« (1402) stammt vermutl. von ihm und nicht, wie früher angenommen, von seinem Vorgänger in Berkeleys Diensten, John →Trevisa. W. wurde u. a. als Übersetzer von →Boethius' »De consolatione philosophiae« (1410) bekannt. Entsprechend der Beliebtheit des Boethius war er damit offenbar sehr erfolgreich (23 Hss. überliefert). Im Unterschied zur Prosaübers. →Chaucers benutzte W. Verszeilen, und zwar zunächst, in den drei ersten Büchern, achtzeilige Strophen mit dem Reimschema ababbcbc; in den verbleibenden zwei Büchern ließ er die vorletzte Zeile weg, so daß →*rhyme royals* (ababbcc) entstanden. Der Grund für den Strophenwechsel lag wohl in der Schwierigkeit, ein Reimwort für die vierte b-Zeile zu finden. 1525 wurde die Übers. W.s von Thomas Rychard (Kl. Tavistock, Devonshire) unter dem Titel »The Book of Comfort« erstmals gedruckt. M. Markus

Bibliogr.: NCBEL I, 688 – *Ed.:* Boethius, De Consolatione Philosophiae, trans. by J. W., ed. M. SCIENCE, EETS OS 170, 1927 [Nachdr. 1971] – E. P. HAMMOND, English Verse between Chaucer and Surrey, 1927, 29–42 – *Lit.:* H. KAYLOR, J. W.'s 1410 Verse Translation of the »De Consolatione Philosophiae« in the Context of its Medieval Tradition, Fifteenth-Cent. Studies 6, 1983, 121–148.

Walton, Ordinances of (12. Juli 1338). Bei dem ersten Feldzug →Eduards III. auf den Kontinent im →Hundertjährigen Krieg sollte ein Einfall in Frankreich von Flandern aus mit dt. und ndl. Unterstützung erfolgen. Kurz bevor der Kg. von W.-on-the-Naze (Essex) aus nach Antwerpen in See stach, erließ er Verordnungen für die Regierung →Englands (D. II, 3) während seiner Abwesenheit. Sein ernannter Regent →Eduard (8. E.) sollte mit Ratsmitgliedern, die dem Kg. und seinem ihn begleitenden Rat unterstellt waren, regieren; zu ihnen gehörte auch der →*Keeper of the Privy Seal*, dessen Bevollmächtigungsurkk. (*warrants*) die Tätigkeit von Kanzlei und →Exchequer autorisieren sollten. Der Exchequer mußte sich vor einem bes. Untersuchungsausschuß verantworten und war zum jährl. Finanzhaushaltsbericht verpflichtet; es sollte keine Steuerbefreiung, keine Rückzahlung der kgl. Schulden, die vor 1327 gemacht worden waren, und keine Zahlung an die meisten Rentenempfänger geben. Die lokalen Gemeinden sollten verantwortl. sein für die Einnahmen, die von ihren Sheriffs und anderen Beamten zu erwarten waren. Das Ziel der O. of W. war die Heranziehung aller fiskalen Q.n für die Durchführung des Krieges unter der Leitung der →Wardrobe, doch die strengen Verordnungen verursachten Not und Unzufriedenheit. Seit 1339 wurden sie aufgegeben, als die kgl. Finanzpolitik sich als unfähig erwies, ausreichende Geldsummen für die militär. und diplomat. Verpflichtungen des Kg.s zu beschaffen. Ein bleibendes Ergebnis der O. of W. war ihre Anordnung, daß die Erlasse des Exchequer nur durch Bevollmächtigungsurkk. der Kanzlei und des →Privy-Seal-Amtes autorisiert werden konnten. R. L. Storey

Lit.: T. F. TOUT, Chapters in Medieval Administrative Hist., 1920–33, Bd. III, 69–79, 143–150 – G. L. HARRISS, King, Parliament, and Public Finance in Medieval England to 1369, 1975, 224–226, 237–246, 253f.

Wamba, Kg. der →Westgoten 672–680, † 688; wurde unmittelbar nach dem Tode →Reccesvinths am 19. Sept. 672 in Gerticos zum Nachfolger gewählt und in →Toledo gesalbt (erste eindeutig bezeugte →Salbung eines westgot. Kg.s); sein Kgtm. wurde jedoch von den übergangenen Nachkommen →Chindasvinths angefochten. Während W. einen Feldzug gegen aufständ. Vaskonen anführte, erhob sich in →Septimanien der comes v. Nîmes, Hilderich; der gegen ihn entsandte dux Paulus stellte sich nach der Besetzung v. →Narbonne mit Unterstützung der →Franken selbst an die Spitze des Aufstandes. Zur See wurde die westgot. Flotte von den →Arabern, die bereits →Tanger erobert hatten, bedroht. W. suchte seinerseits die geschwächte Macht des westgot. Kgtm.s durch Verteidigungsmaßnahmen zu konsolidieren; so zwang er die Grundherren, einen Teil ihrer 'servi' mit Waffen auszurüsten, ließ die Mauern v. Toledo ausbessern und die Stadt dem Schutz der Reliquien anvertrauen. 675 fand unter W. das XI. Konzil v. Toledo statt, ebenso ein Konzil in Braga. Nach den Akten des XII. Toletanum wurde W. durch eine Intrige des comes →Ervig, eines Adligen byzantinogot. Herkunft mit Verwandtschaftsbeziehungen zu den rivalisierenden Chindasvinth-Nachkommen, gestürzt: Ervig ließ den Kg. in der Nacht des 14. Okt. 680 mit einem Schlaftrunk betäuben und durch →Tonsur regierungsunfähig machen. Danach war W. über sieben Jahre in einem Kl. interniert und erlebte noch den Übergang des Kgtm.s an den wohl mit ihm verwandten →Egica (687). – Die sog. →Divisio Wambae, eine angeblich auf Weisung W.s von einer Toledaner Synode beschlossene Bm. seinteilung, ist eine →Fälschung wohl des frühen 12. Jh.
J. M. Alonso-Núñez

Lit.: H. J. DIESNER, Kg. W. und der westgot. Frühfeudalismus, JÖB 18, 1969, 7–35 – E. A. THOMPSON, The Goths in Spain, 1969 – D. CLAUDE, Gesch. der Westgoten, 1970 – J. ORLANDIS, El reino visigodo (Hist. Económica y Social de España, hg. V. VÁZQUEZ DE PRADA, 1973), 451–598 – L. A. GARCÍA MORENO, Las invasiones y la época visigoda (Hist. de España, II, hg. M. TUÑÓN DE LARA, 1982), 243–505 – S. TEILLET, La »Hist. Wambae«, es una obra de circumstancias?, Antigüedad y Cristianismo, 3, 1986, 415–424 – J. ORLANDIS, Hist. de España. Epoca visigoda, 1987 – DERS., Hist. del reino visigodo español, 1988 – L. A. GARCÍA MORENO, Hist. de España Visigoda, 1989 – R. MENÉNDEZ PIDAL, Hist. de España, III, 1, 2, 1991.

Wams (engl., frz. *doublet, pourpoint*), Bezeichnung für ein vorwiegend von Männern getragenes Kleidungsstück (Leib = ahd. *wamba*; Leibchen = *wambeis, wambes*, mhd.

wammes); in schriftl. Q.n ab 1200 in den Formen *wambeis, wambois, wambis* als Terminus für eine unter der Rüstung getragene dicke Jacke gebraucht, afrz. *wambais, gambais*, auch weitergebildet zu *gambison, gambeson*. Das unter der Rüstung getragene W. reicht über die Hüften, ist aus derbem Stoff, oft Filz, und wird gepolstert und gesteppt. Im 14. Jh. entwickelt es sich zum eigenständigen Bestandteil der männl. Oberkleidung, der sich der mod. Verengung und Kürzung der →Kleidung anpaßt. Zunächst besitzt das W. einen kurzen Schoßteil, der vorne geknöpft wird. Die Ärmel sind lang und eng, bis zum Ellbogen mit Knöpfen geschlossen und laufen in einer Muffe (= Manschette) aus. Bei weiterer Verkürzung werden die Beinlinge nicht mehr an die →Bruech, sondern an das W. genestelt. Im 15. Jh. legt man das W. unter dem →Tappert bzw. der →Schaube an; der Halsausschnitt wird mit einem Stehkragen betont. Im ausgehenden 15. Jh. wird das W., nunmehr taillenlang, zum wichtigsten Teil der männl. Mode. Es nimmt als erstes Kleidungsstück die Formen der Schlitztracht an. Die Ärmel werden ein- oder mehrfach gepufft. Materialien sind Seide, Samt, Atlas und andere aufwendige Stoffe. Einfachere W.e werden aus Barchent hergestellt. In manchen Gebieten (z. B. Österreich) dürfte die Joppe dem W. entsprechen. E. Vavra

Lit.: GRIMM, DWB XIII, 1456–1467 – L. C. EISENBART, Kleiderordnungen der dt. Städte zw. 1350 und 1700 (Göttinger Bausteine zur Gesch.swiss. 32, 1962) – F. PIPONNIER, Costume et vie sociale. Le Cour d'Anjou XIVe–XVe s., 1970 – ST. M. NEWTON, Fashion in the Age of the Black Prince, 1980.

Wandalbert v. Prüm, Schriftsteller und Dichter, Diakon im Kl. →Prüm, * 813 wahrscheinl. in Westfranken, † nach 848. Im Auftrag seines Abtes Markward (829–853) überarbeitete er 839 eine nach 750 verfaßte, sprachl. mangelhafte Vita des hl. →Goar lexikal. und stilist., namentl. in Anlehnung an die »Dialogi« Gregors d. Gr. W. entwirft das Bild eines demütigen, nächstenliebenden Eremiten, dessen Wunder den Trierer Bf. Rusticus als Sünder entlarven. Zugleich weist W. wiederholt erhobene Ansprüche des Bm.s →Trier auf die Goarszelle am Rhein zurück, die Pippin III. 765 der Abtei Prüm geschenkt hatte. Der eigtl. Vita fügte W. eine Slg. von Wundern hinzu, die sich seit 765 bis 839 ereignet hatten. In kulturgesch. aufschlußreichen Berichten schildert er immer wieder lebhaft die Gefahren des Rheins, denen einfache Leute ebenso wie geistl. Herrschaften oder Ks. Karl d. Gr. selbst ausgesetzt waren. 848 gab W. seine Dichtung heraus (rund 1900 Verse). Sie umfaßt 13 Einzelstücke meist lehrhaften Inhalts in z. T. kunstvollen lyr. Versmaßen; sie alle erläutert W. im Widmungsbrief an den Kleriker Otrich, den er zuvor in Köln kennengelernt hatte. Den Kern der Slg. bildet ein umfängl. →Martyrologium, zu dessen Abfassung W. sich einiger Hss. des →Florus v. Lyon bedient hat. Von zeitlos frischem Reiz ist das anmutige, kulturhist. wertvolle Kalendergedicht, in dem W. die monatl. Arbeiten der Bauern, Winzer und Jäger zeichnet. In allen seinen Werken erweist sich W. als formal gewandter, auf der Höhe der karol. Bildungsreform stehender Autor.

H. E. Stiene

Ed.: H. E. STIENE, W. v. P., Vita et Miracula sancti Goaris, 1981 – *dt. Übers.:* N. NÖSGES, 1992 – *Dichtung:* E. DÜMMLER, MGH PP II, 1884, 569–622 – *dt. Übers. des Kalendergedichts:* F. X. SCHLAGBERGER, W. v. P., Das Kalendergedicht. Bilder des Eifeler Landlebens vor 1150 Jahren, 1992 – *Lit.:* BRUNHÖLZL, II, 78–82 – W. HAUBRICHS, Die Kultur der Abtei Prüm zur Karolingerzeit, 1979 – H. E. STIENE, Gregors d. Gr. 'Dialogi' und die 'Vita Goaris' W.s v. P., MJb 18, 1983, 51–62.

Wanderdrucker. Der →Buchdruck wurde seit den 1460er Jahren durch wandernde Gesellen ausgebreitet. Trafen sie an einem Ort auf günstige Umstände und kapitalkräftige Gönner, so gründeten sie dort eine meist über Jahre bestehende Offizin. Andere aber waren gezwungen, als W. ihr Glück zu suchen. Wirtschaftl. Mißerfolge, manchmal wohl auch Einladungen von interessierten Personen führten sie von einem Ort zum anderen. Als 'Betriebskapital' besaßen sie meist nur ihre Kunstfertigkeit, vielleicht auch noch Punzen und ein Gießgerät. Die übrigen Gerätschaften mußten am jeweiligen Ort von einheim. Handwerkern angefertigt werden. Daß W. häufig für eine Existenzgründung ungeeignete Orte aufsuchten, ist auch daran zu erkennen, daß diese oft erst im 16. Jh. oder gar noch später wieder eine Druckerei erhielten: z. B. Trier, Lauingen, Merseburg, Lüttich, Trevi, Treviso und Faenza. Die Produktion an diesen Plätzen beschränkte sich meist auf wenige Titel. In wirtschaftl. noch unerschlossenen Ländern wie in der Ukraine und in Ungarn arbeiteten W. auch noch im 16. Jh.

Zu den W.n gehörten Johann Sensenschmidt, der in Nürnberg, Regensburg, Freising und Dillingen den Buchdruck einführte, ehe er sich auf die Dauer in Bamberg niederließ, und Hans →Sporer, der in Nürnberg, Regensburg, Bamberg und Erfurt arbeitete. Als Beispiel für einen dt. W. in Italien sei Heinrich v. Köln gen., der 1474–1500 in Brescia, Bologna, Modena, Siena, Lucca, Nozzano und Urbino gedruckt hat. S. Corsten

Bibliogr.: Der Buchdruck im 15. Jh., hg. S. CORSTEN–R. W. FUCHS, I, 1988, 29f. – *Lit.:* S. J. MASSLOW, Ukrainische Druckkunst des 16.–18. Jh., Gutenberg-Jb. 1926, 65–76 – J. FITZ, Die W. Ungarns im 16. Jh., ebd. 1961, 156–161 – GELDNER, II, 17–19 – S. CORSTEN, Unters. zum Buch- und Bibl.swesen, 1988, 40–50.

Wanderer, The → Elegie, V

Wanderschaft, -spflicht (im Handwerk). Gewiß hat es auch im Früh- und HochMA Handwerkerwanderungen gegeben, wie sie in architektur- und kunstgeschichtl. Zusammenhängen bezeugt sind oder vermutet werden können. Darüber hinaus ist für das 12./13. Jh. eine ganz andersartige Mobilität im →Handwerk als im SpätMA erkennbar, die sich mit den Stichworten →Landesausbau, Verstädterung, →Ostsiedlung, →Kreuzzüge, Expansion im hans. Ostseeraum und Neubelebung des Mittelmeerraumes verbindet. Aber von W. im Handwerk im geläufigen Sinn kann man erst seit dem frühen 14. Jh. sprechen, als bes. im deutschsprachigen Raum nachweisl. die Gewohnheit aufkam, während der Gesellenzeit (→Gesellen) eine Phase der W. einzuschieben. Die früher übliche Deutung dieses Vorgangs als Ab- und Ausgrenzungsmaßnahme durch die →Zünfte ist, wenn es auch Einzelbeispiele dieser Art gegeben haben mag, für diese Zeit, die infolge der hohen Pestverluste durch eine starke Nachfrage bes. nach qualifizierten jungen Arbeitskräften gekennzeichnet war, als überholt zu betrachten. Hingegen läßt sich deutl. beobachten, daß nach der im 14. Jh. meist zunehmenden Einbeziehung der Zünfte in die Stadtverfassung die Handwerksgesellen dazu übergingen, die Gesellenjahre als eigenen Lebensabschnitt selbständig zu gestalten, was bes. in Willkommen und Abschied, eigener Arbeitsvermittlung, Trinkstuben, Herbergen und Gärten, Versammlungen, Gerichtsbarkeit und v. a. bei der Errichtung lokaler und großräumiger regional auf die W. hin orientierter Organisationsstrukturen zum Ausdruck kam. Dieses Erscheinungsbild trat seit dem späten 14. Jh. in verschiedenen Teilen des Reiches (bes. im SW, aber auch im hans. N) hervor und erfaßte auch bereits ausländ. W.sräume wie Italien (v. a. Venedig, Florenz, Rom) sowie im Hanseraum Flandern und London einerseits und die balt. Länder,

Stockholm und Bergen andererseits. Neben der Absicherung durch das W.snetz und den guten Arbeitschancen in der Fremde waren Kenntnis- und Erfahrungserweiterung, Neugier und Fernweh sowie der Lebensstil unverheirateter junger Männer in dieser Zeit für die Durchsetzung der W.sgewohnheiten maßgebl. Die im 14./15. Jh. rasch voranschreitende Differenzierung, Spezialisierung und künstler. Verfeinerung trugen in einigen Fällen (etwa bei den Goldschmieden) dazu bei, daß die W. fester Bestandteil der Ausbildung wurde. Aber es waren durchaus nicht nur die bes. kunstfertigen Gewerbe, die diese Entwicklung nahmen; vielmehr sind gerade die Bäcker und Schuhmacher, Schneider, Kürschner und Sattler, aber ebenso Barbiere, Bader und Brauer als gutorganisierte W.sgruppen auch mit Auslandsbezügen in Erscheinung getreten. Das An- und Abwerben von Spezialisten und -gruppen trat ergänzend hinzu. Selbst die Lehrlingsausbildung in der Fremde war in manchen Berufen (z. B. Goldschmiede, Klingenschmiede, Steinmetze, Teppichweber, Sticker, Spezialisten des Tuchgewerbes) keine Seltenheit. Seit der Wende vom 15. zum 16. Jh. zeichneten sich einige auffällige Veränderungen ab, die mit den Stichwörtern der zunehmenden Territorialisierung der Wirtschaftsräume, der stärkeren 'nationalen' Ab- und Ausgrenzung sowie der ersten Konsequenzen der Konfessionalisierung hier nur angedeutet werden können. Dieser Tendenz begegneten manche Gewerbe und Gesellengruppen durch die Errichtung der sog. »geschenkten Handwerke«, die auch die »gewanderten« gen. wurden (etwa Goldschmiede, Messerschmiede, Schlosser, Sporer und Kannengießer oder die Nestler, Beutler, Riemenschneider, Sattler, Weißgerber, Pergamenter, Kürschner etc.). Sie nahmen für sich in Anspruch, »alle Lande deutscher Zunge« zu umspannen, waren auf die großen Messen und Märkte hin orientiert, entwickelten einen eigenwilligen Ehrenkodex und eine selbständige überregionale Gerichtsbarkeit. Wenn – von vereinzelten Ausnahmen im späten 15. Jh. abgesehen – die W.spflicht erst im letzten Drittel des 16. Jh. in vielen (nicht allen) Handwerken eingeführt wurde, dann geschah das nicht zuletzt in der Absicht, eine gewisse Entspannung auf dem immer schwieriger gewordenen Arbeitsmarkt im Handwerk zu bewirken. Handwerkerwanderungen im eigenen Land im SpätMA sind etwa auch für England, stärker noch für Frankreich und Italien nachweisbar. In der Regel hing von der Größe und wirtschaftl. Bedeutung einer Stadt auch die Weite der W.sräume ab, ausgesprochene Spezialisierungen oder Kunstfertigkeiten vor Ort konnten diese Distanzen noch steigern. Insgesamt läßt sich für das SpätMA seit der Mitte des 14. Jh. eine starke und weiträumige Mobilität im Handwerk beobachten, die trotz mancher Veränderungen in der frühen NZ bis weit in das 19. Jh. hinein für das Handwerk prägend geblieben ist.   K. Schulz

Lit.: G. Schanz, Zur Gesch. der dt. Gesellen-Verbände, 1877 [Nachdr. 1973] – Ders., Zur Gesch. der Gesellenwanderungen im MA, JNS 28, 1877, 313–343 – K. Bücher, Die Bevölkerung von Frankfurt/M. im 14. und 15. Jh. (Sozialstat. Studien 1, 1886) – A. Doren, Dt. Handwerker und Handwerksbruderschaften im ma. Italien, 1903 – R. Wissell, Des alten Handwerks Recht und Gewohnheit, 2 Bde, 1929; Bd. 1–7, hg. E. Schraepler, 1971[2] – R. Sprandel, Die Ausbreitung des dt. Handwerks im ma. Frankreich, VSWG 51, 1964, 66–100 – Internat. handwerksgeschichtl. Symposium, Veszprém, hg. Z. Fülep, 1 (1978), 1979; 2 (1982), 1983 – W. Reininghaus, Die Entstehung der Gesellengilden im SpätMA, VSWG Beih. 71, 1981 – K. Schulz, Handwerksgesellen und Lohnarbeiter. Unters. zur oberrhein. und obdt. Stadtgesch. vom 14.–17. Jh., 1985 – Ders., Die Handwerksgesellen, ZHF Beih. 1, hg. P. Moraw, 1985, 71–92 – K. Wesoly, Lehrlinge und Handwerksgesellen am Mittelrhein, 1985 –

Migration in der Feudalges., hg. G. Jaritz–A. Müller (Stud. zur Hist. Sozialforsch. 8, 1988) – Dentro la città. Stranieri e realtà urbane nell' Europa dei sec. XII–XVI, ed. G. Rossetti, 1989 – Le migrazioni in Europa secc. XIII–XVIII, a cura di S. Cavaciocchi, 1994 – K. Schulz, Dt. Handwerker in Italien (ebd., 1994), 567–591 – Ders., Handwerk im spätma. Europa. Zur Wanderung und Ausbildung von Lehrlingen in der Fremde, Jb. des Hist. Kollegs 2, 1997.

Wandlung → Transsubstantiation

Wandmalerei

A. Spätantike; Frühchristentum – B. Abendländisches Mittelalter (600–1500) – C. Byzanz – D. Islamischer Bereich

A. Spätantike; Frühchristentum

Die unter →Mosaik gegebenen Hinweise zu Zahl und Erhaltungszustand spätantiken Wand- und Wölbungsschmucks gelten für die meist *al fresco*, selten *al secco* auf den Verputzmörtel aufgetragenen W.en, Decken- und Gewölbemalereien wegen deren geringerer Widerstandskraft in noch weiterem Umfang. Z. B. sind im Mausoleum in Centcelles (Spanien, Mitte 4. Jh., Schlunk-Arbeiter) und im Baptisterium der Arianer in Ravenna (frühes 6. Jh., Deichmann) die Kuppelmosaiken erhebl. besser erhalten als die darunter befindl., kaum erkennbaren Malereien. Seit der Entdeckung röm. →Katakomben im 16. Jh. standen die Malereien an deren Wänden, Decken und Arkosolgräbern für Jahrhunderte im Zentrum der chr. Archäologie, beginnend mit der (posthumen) Publikation der «Roma sotterranea» des A. Bosio i. J. 1632. Das Interesse war allerdings überwiegend ikonograph. und (z. T. noch im 20. Jh.) durch die Annahme belastet, diese W.en gingen bis ins 1./2. Jh. zurück. Selbst durch ein wichtiges Standardwerk (Wilpert, 1903) wurde die Forsch. erschwert, da in ihm vielfach aus dem Zusammenhang gerissene Einzelbilder vorgelegt sind; erst seit 1960 (Ferrua) und v. a. den Gesamtaufnahmen durch Deckers u. a. (1987, 1991) wird der Kontext der W.en greifbar. Obwohl heute die christl. Katakombenmalerei mit ihren ornamentalen und bibl. Darstellungen nicht mehr isoliert von den W.en des 3./4. Jh. in Häusern (z. B. Van Essen, Santa Maria Scrinari, Magi) und nichtchr. Grabbauten (Mielsch u. a. 1986, 1995) studiert werden, sind Datierungen, z. B. die seit dem verbreiteten »Rot-grünen Liniensystems« weiterhin umstritten (Mielsch 1981, 229–232). Seit dem Anfang dieses Jh. verloren die röm. Katakomben ihre zentrale Stellung in der Forsch., teils durch Publikation von schon länger bekannten weiteren W.en, teils durch Neufunde. Kirchen in Rom: S. Maria Antiqua (Romanelli–Nordhagen), S. Peter und S. Paul (Kopien des 17. Jh. von verlorenen frühchr. W.en: Waetzold); Katakomben und Grabbauten in Italien: z. B. Neapel (Fasola), Cimitile/Nola (Korol), S. Maria in Stelle bei Verona (Schrenk, 143–151); aus klimat. Gründen sind W.en in Grabbauten, Kirchen und Kl. Ägyptens bes. zahlreich erhalten, z. B. in Alexandria, Saqqara, Bawit, El-Bagawat, Kellia (Übersicht und Lit.: Rassart–Debergh); neuere Funde bei Abu Mina (Witte-Orr) und in Dair Abu Fana (Buschhausen). Bes. Beachtung verdienen die Funde in den Hanghäusern in Ephesos (Strocka); zu weiteren kaiserzeitl. und spätantiken W.en in den östl. Provinzen vgl. Mielsch 1981, 244–247 mit Lit. Der wichtigste Fund aus der Spätantike diesseits der Alpen sind die Deckenmalereien, die in winzigen Fragmenten unter dem Dom in →Trier gefunden wurden; nach ihrer Zusammensetzung ist der Darstellungsinhalt weiterhin fraglich (Übersicht über die verschiedenen Theorien: Weber). Im Unterschied zu den bisher erwähnten W.en auf Wandverputz wurden die Holzbalken und -flächen von spätantiken Kassettendecken in Temperafarben bemalt (zu den wenigen erhaltenen Beispielen vgl. Deichmann,

1972; EFFENBERGER–SEVERIN, 166f.). Singulär sind die Darstellungen der Opfer Abrahams und Jephtas, die (im 7. Jh.?) in enkaustischer Technik auf die Apsispfeiler der Marienkirche des Katharinenkl. am Sinai gemalt wurden (SCHRENK, 74–89). J. Engemann

Lit.: J. WILPERT, Die Malereien der Katakomben Roms, 1–2, 1903 – DERS., Die röm. Mosaiken und Malereien, 1917 – F. WIRTH, Röm. W. vom Untergang Pompejis bis ans Ende des 3. Jh., 1934 (1968) – C. VAN ESSEN, Studio cronologico sulle pitture parietali di Ostia, BullCom 76, 1956/58, 155–181 – A. FERRUA, Le pitture della nuova catacomba di via Latina, 1960 – G. MATTHIAE, Le chiese di Roma dal IV al X sec., 1962 – P. ROMANELLI–P. J. NORDHAGEN, S. Maria Antiqua, 1964 – S. WAETZOLD, Die Kopien des 17. Jh. nach Mosaiken und W.en in Rom, 1964 – L. DE BRUYNE, L'importanza degli scavi lateranensi per la cronologia delle prime pitture catacombali, RivAC 44, 1968, 81–113 – F. W. DEICHMANN, Ravenna, I/II, 1–3, 1969ff. – V. SANTA MARIA SCRINARI, Nuove testimonianze per la »Domus Faustae«, RendPontAcc 43, 1970/71, 207–222 – F. W. DEICHMANN, Kassettendecken, JÖB 21, 1972, 83–107 – F. MAGI, Il calendario dipinto sotto S. Maria Maggiore, AttiPont Acc, Memorie 11, 1, 1972 – U. FASOLA, Le catacombe di S. Gennaro a Capodimonte, 1974 – A. NESTORI, Repertorio topografico delle pitture delle catacombe romane, 1975 – V. M. STROCKA, Die W. der Hanghäuser in Ephesos, 1977 – H. MIELSCH, Funde zur W. der Prinzipatszeit von 1945 bis 1975 (Aufstieg und Niedergang der röm. Welt 2, 12, 2, 1981), 157–264 – M. RASSART-DEBERGH, La peinture copte avant le XIIe s., ActaArchArtHistPert 9, 1981, 221–285 – H. MIELSCH u. a., Die heidn. Nekropole unter St. Peter in Rom, 1–2, 1986, 1995 – J. G. DECKERS u. a., Die Katakombe »Santi Marcellino e Pietro«, 1987 – D. KOROL, Die frühchr. W.en aus den Grabbauten in Cimitile/Nola, 1987 – H. SCHLUNK–A. ARBEITER, Die Mosaikkuppel von Centcelles, 1988 – W. WEBER, Constantin. Deckengemälde aus dem röm. Palast unter dem Trierer Dom, 1990^3 – J. G. DECKERS u. a., Die Katakombe »Anonima di Via Anapo«, 1991 – A. EFFENBERGER–H. G. SEVERIN, Das Mus. für Spätantike und Byz. Kunst, Staatl. Mus. Berlin, 1992 – H. WITTE-ORR, Die W.en von Karm al-Ahbariya [Diss. Bonn 1992] – S. SCHRENK, Typos und Antitypos in der frühchr. Kunst, 1995 – H. BUSCHHAUSEN u. a., Die Ausgrabungen von Dair Abu Fana in Ägypten..., Ägypten und Levante 6, 1997, 13–73.

B. Abendländisches Mittelalter (600–1500)
I. Vorbemerkungen – II. Maltechnik und Quellenschriften – III. Chronologischer Überblick.

I. VORBEMERKUNGEN: Nahezu jede ma. Kirche des Abendlandes war figürl./ornamental ausgemalt. Zur W. gehörte auch die polychrome Fassung der (Außen- und Innen-) Architektur. Nur ein Bruchteil des Geschaffenen ist erhalten geblieben, dies gilt für alle Kunstepochen des MA. – Die bemalten Wände waren »bildl. Echo der Liturgie« (O. DEMUS), sie bildeten die Evokation zeitloser Gottesherrlichkeit, repräsentiert durch Szenen aus dem AT und NT, zusammen mit Darstellungen aus den Legenden der Hl.n, deren Reliquien in den Kirchen aufbewahrt waren. Neben dem religiösen Themenkreis traten alle anderen zurück. Die Verbildlichung eth. Vorstellungen oder universalist. Bildungsgutes, wie z. B. Tugenden und Laster, Tierkreiszeichen und Monatsdarstellungen wurden meist auf sekundären Wandflächen untergebracht. Es ist zu beobachten, daß W. in vielen großen künstler. Zentren kaum erhalten geblieben ist, umso mehr in Kirchen abgelegener dörfl. Gegenden. Die profanen Bauwerke – Stadthäuser, Burgen und Paläste – waren Zerstörungen und Verfall mehr ausgesetzt als die der Sakralarchitektur und ihre Dekorationen. Erst und überwiegend aus dem 14./15. Jh. sind in Italien monumentale W.-Zyklen in Rathäusern und Zunftgebäuden überliefert, die wie gemalte Weltanschauungen die hohe städt. Kultur repräsentieren.

II. MALTECHNIK UND QUELLENSCHRIFTEN: In der W. kommen folgende Techniken zur Anwendung: Der Naß-in-Feucht-Auftrag, der Fresco buono, mit seinen Abarten, der →Kalkmalerei und dem Sgraffito, ferner die Trocken- oder Seccoaufträge in Leim-, Kasein-, Tempera-, Öl-, Harz- und Wachsmalerei, die Misch- und Wechseltechniken, die Einfügung von nicht gemalten Teilen. Die Bezeichnung Freskomalerei kommt nur denjenigen Techniken zu, bei denen tatsächl. auf den noch nassen, frischen (fresco) Putzmörtel gemalt wird. Alle anderen Malverfahren, die auf Wänden angewendet werden, welche entweder gar keinen Putzmörtel tragen oder bei denen der Putzmörtel bereits trocken (secco) ist und abgebunden hat, fallen unter den Begriff Seccotechniken. In der roman. W. wurden oft ledigl. die Konturen auf den frischen Putzmörtel gezeichnet, die Binnenzeichnung erfolgte weitgehend in Seccotechnik. Man hat folgende Arbeitsphasen beobachtet: Pinselvorzeichnung (meist in Ocker) auf Mörtelgrund, summar. Anlage der Farbflächen, deckendes Auftragen der Farbflächen, Binnenzeichnungen (in Braun), die Schatten und Höhungen, endgültige Konturierung. Diese seit der Antike geübte kombinierte Technik, die man als Kalk-Secco bezeichnet, wird auch in der »Schedula diversarum artium« des →Theophilus beschrieben. – Mit dem Aufkommen der got. Kathedrale wird die farbige Skala auf andere Grundtöne gestimmt: Nicht die Erdfarben Rot, Grün, Braun und Weiß dominieren, wie in vielen roman. Kirchen, sondern ein neuer Dreiklang aus Rot, Blau und Gold oder Gelb (mit dem Gold gemeint ist). Als Nebenfarben kommen Purpur, Grün und Weiß und in den Konturierungen und Unterstreichungen Schwarz vor. Die Farben am Außenbau waren lichter und lebhafter. Beispiel eines farbigen Innenraums der Gotik ist die – nach erhaltenen Farbspuren restaurierte – Sainte-Chapelle in Paris.

Zu den wichtigsten Quellenschriften gehören das sog. Manuskript v. Lucca, Ende 8. Jh.; die anonyme →»Mappae clavicula«, überliefert in Hss. und Fragmenten des 9., 10. und 12. Jh.; das Buch III aus »De coloribus et artibus Romanorum« des Heraclius, 12./13. Jh.; die »Schedula diversarum artium« des Theophilus; der 1390 verfaßte »Libro dell'arte« des Cennino Cennini, mit Techniken der Giotto-Nachfolge. Über die Kunsttechniken der spätma. W. informieren v. a. das sog. »Straßburger Manuskript« aus der 1. Hälfte des 15. Jh. und das sog. »Bologneser Manuskript« aus der Zeit um 1450. G. Jászai

Lit.: RDK VII, 54–121 [s.v. Farbe] – A. KNOEPFLI–O. EMMENEGGER, W., Mosaik (Reclams Hb. der künstler. Techniken, II, 1990).

III. CHRONOLOGISCHER ÜBERBLICK: [1] *Vorromanische Wandmalerei (7.–10. Jh.):* Rom bewahrt in S. Maria Antiqua, der Hauskapelle des ksl. Palastes am Nordhang des Palatin, die Tradition dreier Jahrhunderte frühma. W. (Maria regina zw. huldigenden Engeln auf der Emporenwestwand, 6. Jh.; Fragmente einer Verkündigung um 650/655, Presbyterium [Anfang und Mitte des 8. Jh.]). Der um 710 gemalte Verkündigungsengel am linken Pfeiler des Kirchenschiffes betont bereits die Verwandtschaft mit den W.en von S. Maria foris portas (Castelseprio), die die byz. Tradition auf lombard. Boden bezogen. Ganz in dieser Tradition stehen auch die W.en von S. Salvatore in Brescia (um 753) und S. Maria in Valle v. Cividale (vor 774). Das bedeutendste Denkmal italo-alpiner Kunst befindet sich in →Müstair (Graubünden), um 800 (Nord- und Südseite des Kirchenschiffes mit Szenen aus dem AT und NT). Die W.en v. St. Benedikt in Mals (9. Jh.) gehören zur gleichen Stilgruppe. Die W. des 9./10. Jh. repräsentieren sonst nur vereinzelt und fragmentar. erhaltene Werke, so z. B. die »Steinigung des hl. Stephanus« in St-Germain in Auxerre, vor 859; Freskenreste des Corveyer Westwerks (873–885); die W. der Krypta v. St. Maximin in Trier (883–915); die gemalten Nischenfiguren an der Chorwand der Nordseite der Kirche St. Lucius in Essen-

Werden, begonnen 995; Galliano, S. Vincenzo, um 1000. – Unter allen Denkmälern vermittelt allein das Mittelschiff von St. Georg in Reichenau-Oberzell (unter Abt Witgowo, 985–997, entstanden) einen gültigen Eindruck von der Ausmalung eines kirchl. Innenraumes, wie sie nach zahlreichen schriftl. Q. (z. B. Carmina Sangallensia) in karol. und otton. Zeit üblich war. Die Ausgrabungen im Mittelschiff des Münsters v. Reichenau-Mittelzell und in der Ecclesia varia in Lorsch haben aus der karol. Schicht Malereifragmente einer lebensgroßen Gestalt zutage gefördert. Ebenso beweisen viele Grabungsfunde in St. Peter und Paul in Reichenau-Niederzell, daß der Gründungsbau der Basilika, 799 geweiht, figürl. und ornamental ausgemalt war. Sie zeigen Ähnlichkeit mit den karol. Fresken in St. Johann in Müstair und St. Benedikt in Mals. Die frühroman. W. steht mehrfach in der Nachfolge der Reichenau, nicht zu verkennen z. B. in St. Mang zu Füssen, Ostkrypta, um 980; Goldbach bei Überlingen, Ende 10. Jh.; Bad Krozingen, Glöcklhofkapelle mit Szenen aus der Vita Johannes d. T., um 1000; Chalières, Friedhofskapelle, um 1060/80; Burgfelden, Michaelskapelle, Ostwand des Chores, um 1100; Kappel bei Bad Buchau, St. Peter und Paul, um 1100; Degenau bei Bischofszell, St. Nikolaus, 1110/20.

[2] *Romanische Wandmalerei (11./12. Jh.):* Jede Epoche der *italienischen* Kunst mußte sich mit dem antiken Erbe auseinandersetzen: Die roman. W. hatte von der röm.-klass. Antike Rahmenmotive, Sockelgestaltungen, Architekturgründe und kostüml. Details, von der frühchr. Spätantike v. a. Bildprogramme und ikonograph. Schemata und von Byzanz die formalen Mittel der Darstellung geerbt. Hierzu kommt auch das Weiterwirken älterer vorroman. Stiltraditionen aus Byzanz in Rom (s. o.: S. Maria Antiqua), in Oberitalien (Cividale, Brescia, Castelseprio) und im Süden (»Basilianer«-Kunst). Die großen Zentren der italo-byz. Kunst geben ihre Anregungen an den hohen Norden und den fernen Westen weiter. »Italien ist also in gewissem Sinne der Schlüssel zur Gesch. der gesamten europ. W. der Romanik« (O. DEMUS). Die W. der Vorhalle v. Sant'Angelo in Formis bei Capua, von Rongolise, Crocefisso und Minuto zeigen, daß der siz.-griech. Einfluß am Ende des 12. Jh. auch im Gebiet von Montecassino herrschend war. Neben den Einflüssen der Mosaikkunst und der Miniaturmalerei dokumentiert Sant'Angelo in Formis, dieser bedeutendste Freskenzyklus des hochma. Italien, einen eminent westl.-it. Stilcharakter. – Die röm. W. gehört zu den eigenständigsten und konservativsten, die vom 6. Jh. (SS. Cosma e Damiano) bis ins frühe 13. Jh. (San Silvestro in Tivoli) fast unverändert bleibt. Das bedeutendste Denkmal dieses Stils sind die Fragmente der um 1100 ausgeführten W. en v. Alt-S.-Clemente (Unterkirche). Weitere Werke einer eigenwilligen röm. Lokalkunst zeigen die erhaltenen Szenen eines einst sehr reichen Zyklus in S. Cecilia in Trastevere, im Oratorium v. S. Pudenziana und die W. en in S. Maria in Cosmedin (1119–24). Neue Etappen der W. markieren S. Croce in Gerusalemme (um 1144) und S. Giovanni a Porta Latina (gegen 1190). Die Ausstrahlung dieser traditionsreichen röm. W. sind auch in Anagni, Ferentillo, Marcellina, Nepi, Tuscania zu verfolgen. Noch die reiche Freskoausstattung v. San Pietro a Grado bei Pisa folgt der ikonograph. Tradition von Alt-Sankt-Peter und Alt-Sankt-Paul in Rom (um 1300).

Neben Rom und Venedig waren Mailand und sein Ausstrahlungsgebiet (Lombardei, Tessin, Piemont) im hochma. Italien von großer Bedeutung. Das Großdenkmal der Mailänder W., San Pietro al Monte bei Civate, wohl gegen 1095 als Stiftung des Mailänder Ebf.s Arnolfo de' Capitani entstanden, gehört mit Sant'Angelo in Formis, S. Clemente in Rom, Berzé-la-Ville und Saint-Savin-sur-Gartempe in Südfrankreich und Lambach in Österreich zu den großen Denkmälern der roman. W. der Zeit um 1100.

Die bei allem Mischcharakter (Verarbeitung der örtl. und byz. Tradition) starke und eigenwillige Malkunst Venedigs hatte auf den Westen und Norden eine außerordentl. Wirkung, nicht nur Verona und das Etschland, sondern das ganze Ostalpengebiet einschließl. Salzburg und seines Kreises standen direkt oder indirekt in ihrem Bann.

Auch die Höhepunkte der *französischen* W. der Romanik liegen um 1100. Es waren vier große Zentren ausgebildet: in Tours mit spätantiker Tradition, in Burgund/Cluny durch Montecassino beeinflußt, in Südfrankreich (Velay, Basse-Auvergne) byz. geprägt und in den katal. gefärbten Ostpyrenäen. Das Erhaltene ist leider sehr fragmentar. und willkürl.-zufällig verteilt. Die sehr qualitätsvollen W. en v. Berzé-la-Ville, einem Priorat v. Cluny (2. Hälfte 11. Jh.), spiegeln die in Cluny selbst verlorenen Wandgemälde. – Die Mehrzahl der Denkmäler der roman. W. in Frankreich befinden sich zu beiden Seiten der mittleren und unteren Loire, in den Landschaften Touraine, Poitou, Anjou, Blésois und Berry, mit Ausstrahlungen bis nach Aquitanien, in die Bretagne und die Champagne. Das überragendste Denkmal der frz. W. ist die Ausmalung der ehem. Abteikirche →Saint-Savin-sur-Gartempe (1095–1115).

Spanien nimmt in der Gesch. der roman. W. eine ganz bes. Stellung ein. In den Tälern der Ostpyrenäen hat sich ein reicher Bestand von frühroman. W. en erhalten. Die erhaltenen Meisterwerke wie das Panteón de los Reyes in León (1054/67), die Apsis v. San Clemente in Tahull (um 1123) und die Fresken des Kapitelsaales v. Sigena, um nur die bedeutendsten zu nennen, stehen isoliert, sonst überwiegen die Werke ländl. Charakters.

An roman. W. en hat sich in *England* wenig erhalten. Von ags. W. en aus der Zeit vor oder unmittelbar nach der norm. Eroberung von 1066 ist nichts erhalten geblieben. Zu den frühen Denkmälern zählen einige von Lewes abhängige ländl. Kleinkirchen in Sussex. Die W. en v. Canterbury, Copford St. Mary (Essex) und Winchester gehören zu den wichtigsten Denkmälern.

Die W. en *Deutschlands* und *Österreichs* zeichnen sich bes. durch eine konservative Haltung aus, die das Geometrische und das Hieratische in ihren Bildgestaltungen lange bewahren. Es läßt sich eine klare landschaftl. Gliederung aufzeigen: Die städt., kultivierte Kunst des Niederrheins (mit dem Zentrum Köln), die auch nach Westfalen ausstrahlt, steht in enger Verbindung mit dem frankofläm. Kunstkreis; Niedersachsen, durch seine otton. Tradition primär geprägt, ist engl. orientiert und wirkt nach dem skand. Norden; der dt. Südwesten bleibt auch in der Romanik otton. Vorbildern verpflichtet; Bayern mit Regensburg, seinem führenden Zentrum im 12. Jh., strahlt nach Osten aus; Salzburg schließlich bleibt seiner Funktion als »kulturelles Kolonisationszentrum« des Ostalpinengebietes treu. In Mitteldtl. haben sich keine Denkmäler aus dem 11./12. Jh. erhalten.

In den großen karol.-otton. Zentren von Trier und Echternach ist keine roman. W. erhalten geblieben. In der 2. Hälfte des 12. Jh. drang eine neue Welle byz. Einflusses ins Rheingebiet (Hängekuppel der Margarethenkirche v. Neunkirchen a. d. Sieg, Schwarzrheindorf, Braunweiler, Vierungsgewölbe der Münsterkirche zu Essen).

Die ikonograph. Programme dieser W.en heben sich durch ihre spekulative Kompliziertheit und ihre theol. gedankl. Tiefe als Spiegelungen einer hochkirchl. und aristokrat. Geisteshaltung vom Durchschnitt roman. W.en wirkungsvoll ab (O. DEMUS).

Von überragender Bedeutung sind die W.en der Doppelkapelle St. Clemens v. Schwarzrheindorf, denen der Ezechielkommentar des Rupert v. Deutz zugrundeliegt (Oberkirche um 1170, Unterkirche um 1151). Eng verwandt mit Schwarzrheindorf sind die W.en des Kapitelsaales v. Brauweiler und der Abtei OPraem Knechtsteden (1151/62).

Aus Nord- und Mitteldeutschland sind nur isolierte Werke erhalten geblieben. An erster Stelle steht die Grab- und Eigenkirche Bf. Sigwards v. Minden in Idensen bei Hannover (um 1129). Bedeutend sind auch die W.en v. Hersfeld (Weihe 1144), Gröningen bei Halberstadt und der Krypta der Schloßkirche v. Quedlinburg, um 1170/90.

Im Südwesten wirkt die otton. Reichenauer Tradition unübersehbar, z. B. in St. Peter und Paul in Reichenau-Niederzell, 12. Jh., und den roman. W.en in der Mittelapsis v. St. Johann in Müstair, zw. 1165 und 1180. Die Übermalung des Ostteiles der mit karol. Fresken ausgestatteten Kirche ist aus stilist. Gründen den W.en in den benachbarten Kirchen von Burgeis und Kl. Marienberg zuzuordnen. Eine Gruppe von Schweizer W.en lassen sich hier anschließen: Chalières, Spiez, Montcherand, Les Allinges und Saint-Chef.

Im Südosten, Bayern und Böhmen, war die Regensburger Produktion sehr intensiv: Petersberg bei Dachau (1103/07), Prüfening (um 1125 und 1150/60), Frauenwörth, um 1160/70. Im Zeichen der Umsetzung byz. Tradition stehen die W.en der Allerheiligenkapelle am Domkreuzgang v. Regensburg, im Auftrage Bf. Hartwigs II. (1155–64) entstanden, die an die Struktur der Cappella Palatina in Palermo erinnern. Die Auswirkungen der Regensburger W. nach Böhmen und Mähren dokumentiert z. B. die Burgkapelle St. Katharina zu Znaim (Znojmo).

In Österreich ist Salzburg das führende Zentrum. Dies verdeutlichen v. a. der hochbedeutende Freskenzyklus des ehem. Westchores des zw. 1056 und 1089 erbauten Benediktinerstifts Lambach in Oberösterreich, die kurz nach 1150 entstandenen W.en an der Westwand der Benediktinerinnenabtei Nonnberg in Salzburg (in denen über Venedig vermittelte byz. Vorbilder in selbständiger Weise verarbeitet sind).

[3] *Gotische Wandmalerei (13.–15. Jh.):* Die W. Italiens im 13. bis zum 15. Jh. erlangte unter den abendländ. Kunstregionen einen unvergleichl. hohen Rang. Die großen Schauplätze der it. W. sind v. a. Rom, Assisi, Padua, Florenz, Siena, Pisa und Verona. Die Erneuerung der Kapelle →Sancta Sanctorum unter Nikolaus III. (1277–80) mit W.en (Martertod der Hl.n Petrus und Paulus, Stephanus und Laurentius) steht am Anfang der imposanten Reihe röm. Kirchendekorationen, gefolgt durch →Cavallinis Fresken an der Nordwand in S. Cecilia in Trastevere, um 1300. Mit der überzeugenden Darstellung des Körperlichen und Räumlichen auf der ebenen Fläche bildet →Giotto einen Wendepunkt der W.: Franziskuslegende in der Oberkirche S. Francesco in Assisi (1290/1300), Arena-Kapelle in Padua (1304/06). Unter frz.-got. Einfluß schuf Simone →Martini seine »Maestà« im Palazzo Pubblico (vollendet 1315). Mit seinem Bruder Ambrogio und Simone Martini ist Pietro →Lorenzetti eine der bedeutendsten Maler-Persönlichkeiten von Siena (Orsini-Kapelle der Unterkirche v. S. Francesco in Assisi, kurz vor 1320). In der Nachfolge Giottos entsteht eine ganze Reihe W.en von Weltruf: Taddeo→Gaddi, Refektorium v. S. Croce in Florenz (1330/40); Bonamico Buffalmacco, Camposanto zu Pisa (1330/45); Maso di Banco, Kapelle Bardi di Vernio in S. Croce, Florenz (1335/41). Ambrogio Lorenzettis W.en im Palazzo Pubblico in Siena, die Allegorien der »Guten Regierung« und der »Schlechten Regierung« (1337/39), sind von einmaliger, zeitgenöss. und dokumentar. Bedeutung: in ihnen fand der Geist der it. Stadtrepubliken des Trecento seine künstler. schönste und tiefste Ausdeutung. Die W.en des Nardo di Cione in S. Maria Novella zu Florenz und des Andrea da Firenze in der Spanischen Kapelle (1366/68) ebenda zählen ebenfalls zu den grandiosen Leistungen der it. W. des Trecento. Zu den großen Vertretern der internationalen Gotik um 1400 gehört auch Spinello Aretino (S. Miniato in Florenz, Palazzo Pubblico in Siena, 1407/08); Giovanni da Modena (S. Petronio in Bologna, gegen 1420) und →Pisanello (Sant'Anastasia in Verona, um 1435). Das gemeinsame überragende Werk von →Masolino und →Masaccio, die Ausmalung der Brancacci-Kapelle in S. Maria del Carmine in Florenz (1427/28) ist ohne den Geist Giottos nicht vorstellbar. Zu den Vertretern des späten Trecento (zur Nachfolge Giottos) gehören auch Altichiero da Zevio (Padua, Oratorio S. Giorgio, 1377) und sein Schüler Jacopo Avanzo (S. Anastasia in Padua, nach 1380). Nicht ohne giotteske Reminiszenzen ist die hohe Kunst des Fra→Angelico, bes. seine W.en im Kl. S. Marco zu Florenz (1436–45) und in der Kapelle Nikolaus' V. im Vatikan (1452). Die W.en des späten 15. Jh. in Italien repräsentieren bereits die frühe NZ (→Piero della Francesca, Benozzo →Gozzoli, Domenico →Ghirlandaio).

Die W. der Gotik hat in *Frankreich* wenig vollständig erhaltene Zeugnisse hinterlassen. Die meisten Denkmäler sind fragmentar. erhalten, z. B. die kurz nach 1200 gemalten Fresken in der Vorhalle der Kathedrale in Le Puy (das Werk einer wandernden it. Werkstatt, da sie sich weder ikonograph. noch stilist. aus den lokalen Voraussetzungen erklären lassen) sowie die sehr beachtenswerten W.en der Pfarrkirche in Frétigny (Eure-et-Loire), um 1225/30, die das Qualitätsvollste darstellen, was außerhalb von Paris in dieser Gattung bekannt ist. Säkulare W.en sind ebenfalls nur sehr spärl. erhalten (z. B. Tour Ferrande im Schloß Pernes [Vaucluse] mit naturalist. Alltagsszenen und hist. Ereignissen wie der Investitur Karls I. v. Anjou, zw. 1266 und 1277; Ständesaal des Schlosses Ravel [Puy-de-Dôme] im Auftrag von Pierre Flote, des Ministers Philipp d. Schönen, um 1300. Von den W.en, die mehr von frz. Kerngebiet beeinflußt wurden, sind bes. zu erwähnen: W. »Krönung Mariens« in der Pfarrkirche zu Vernais, um 1250; Taufkapelle St-Jean in Poitiers (Vienne), um 1230/40; Gargilesse (Indre), Pfarrkirche, um 1250; Auzon (Haute-Loire), Pfarrkirche St-Laurent (Marienkapelle), um 1300/10, die Glasfenster imitieren. Das eindrucksvollste Beispiel im Bereich der Sakralarchitektur zeigt die Westkuppel der Kathedrale St-Étienne in Cahors, 1310/20; vergleichbar mit den W.en der Jakobinerkirche in Toulouse und der Kathedrale v. Clermont-Ferrand. Die Öffnung des Nordens nach Italien zeigt ihre ganze Reichweite in Avignon: Chambre du Cerf (1343) im Palast der Päpste; Vorhalle v. Notre-Dame-des-Doms (nach 1340); Ausmalung des großen Sitzungssaales (1352/53). Weitere Fragmente künden von dem ehem. Reichtum an got. W.en: Brancion (Saône-et-Loire), Pfarrkirche, um 1330/35; Avignon, St-Didier, um 1360; Saint-Dié, Kathedrale, um 1340; Breuil-la-Réorte (Charente Maritime), Pfarrkirche, um 1350/60; Châteaudun (Eure-et-Loire), Schloßkapelle, 1467/68; La Chaise-Dieu, St. Robert, 1470/80; Albi, Kathedrale Sainte-Cécile, um 1500.

Die got. W. *Spaniens* stand unter florent. und sienes. Einfluß – vermittelt durch Künstlerwanderungen und Verbindungen zum päpstl. Hof in Avignon –, der die byz. Stilphänomene ganz verdrängt. Der bedeutendste Vertreter der got. W. in Spanien, Ferrer Bassa, vollendete 1339 die W.en von zwei Kapellen und zwei Kreuzgängen in Sitges. Er war auch als Tafel- und Miniaturmaler tätig. 1335/36 schuf er die W. der St. Michael-Kapelle des Kl. S. Maria de Pedralbes bei Barcelona. In Pamplona war Juan Oliver tätig: sein großes Wandbild »Passion und Auferstehung Christi« von 1330 aus dem Refektorium der Kathedrale v. Pamplona befindet sich im Museo Navarra ebd. Die Werkstätten von Barcelona, Valencia und León (Ramon Destorrent, Luis Borrossá, Bernat→Martorell) wirken auch im 14./15. Jh. mit Erfolg.

Die frühgot. W. *Englands* repräsentiert v. a. die Heiliggrabkapelle der Kathedrale v. Winchester (um 1230). In der Westminster Abtei, am Hauptort der künstler. Bestrebungen Heinrichs III., ist neben der vom Hof geförderten frz. Richtung auch eine engl. zu beobachten. In diesem höf. Künstlerkreis ist neben den Malern Johann v. Saint-Omer, Petrus v. Hispania und Wilhelm v. Florenz auch der Malermönch Wilhelm zu finden. Ihm wurde die W. (Hl. Fides) im Refektorium am Ende des südl. Querschiffes zugeschrieben. Die W.en im südl. Querschiff der Kathedrale v. Westminster (Thomaswunder; Hl. Christophorus) schließen sich hierzu unmittelbar an (gegen 1280/90). Eine jüngere Gruppe von W.en v. Westminster an der Rückwand der Sedilien (1300/10) zeigt zunehmenden frz. Einfluß. Die W. in der Dorfkirche South Newington (Martyrium des hl. Thomas Becket) zeugt erneut von frz.-it. Einwirkung. Zu den wichtigsten Denkmälern der engl. W. des 14. Jh. sind noch zu zählen: W.en in der St. Stephen's Chapel zu Westminster, um 1330/40; Presbyterium der Kathedrale in St. Alban, 1310/30; Ante-Reliquary-Chapel der Kathedrale v. Norwich, um 1350; Fragment einer Muttergottes und eine St. Michael-Darstellung im Tower in London, um 1350/60; Grab-Baldachin des Black Prince in der Kathedrale v. Canterbury, um 1376. Die Entwicklung des *perpendicular style* im 15. Jh. bot durch die Reduktion der Wandflächen durch die dichte Reihung von Gliederungselementen immer weniger Entfaltungsmöglichkeiten für W.en.

Auch die Erfassung der got. W. *Deutschlands* hat sich mit der Zufälligkeit des erhaltenen Bestandes abzufinden. Während die Gotik in Frankreich eine große Entwicklung erlebt, hielten die dt.sprachigen Gebiete des Reiches an spätroman. Ausdrucksformen noch lange fest. Auch die byz. Gestalt- und Kompositionsschemen lebten weiter fort (Braunschweiger Dom, 1230/40 und nach 1250; Neuwerk-Kirche in Goslar, 1230/40). Im Südosten ist das Hauptdenkmal dieser Zeit, die Neuausmalung des nach dem Brand im 1. Viertel des 13. Jh. vollendeten Domes in Salzburg, verlorengegangen. Analogie bietet die nur in Resten erhaltene W. der Frauenkirche in Brixen (nach 1300). Im Norden (Lübeck, Schleswig) und Nordwesten bilden sich bes. aktive Zentren wie im Rheinland (Köln: St. Maria Lyskirchen), in Westfalen (Soest, Berghausen, Mehtler, Lügde) und Niedersachsen (Braunschweig). In Sachsen wenig erhalten. Der dt. Südwesten (Mittelrhein, Maingebiet) bietet keine monumentalen W.en. Mehr ist im Südosten des Reiches zu registrieren, v. a. ist das bedeutendste Denkmal der dt. W. des 13. Jh., die Ausmalung der Gurker Westempore (um 1250/60) zu erwähnen. Die herrlichen W.en in der zweijochigen Kapelle »inter turres« des Domes zu Gurk gehören nach Umfang, Qualität und Erhaltung zu den bedeutendsten ma. Werken dieser Art in Österreich. Zu diesen gehört auch die W. der St. Nikolaus-Kirche in Matrei (1260/70).

Die *W. des 14. Jh.* bekommt immer mehr landschaftl. Eigenart und korrespondiert häufig stilist. mit der Tafel- und Buchmalerei der einzelnen Regionen, ohne sich fremden Einflüssen zu verschließen. So sind die bedeutenden W.en des Kölner Domes um 1330/35, an den Innenseiten der Chorschrankenwände, oberhalb des Chorgestühls, wohl unter engl. Einfluß entstanden, um die Idee des »Sacrum Imperium« zu verbildlichen. Die erhaltenen W.en im W und S des Reiches, in Lübeck, Mainz, Konstanz, in Schwaben und Bayern lassen gleichermaßen auf eine reiche Entfaltung schließen.

Auch die österr. Regionen nahmen an der regen Entwicklung der W. teil, um nur einige Beispiele zu nennen: Stein a. d. D., Göttweigerhof, um 1300; St. Cäcilia bei Murnau, Filialkirche St. Georgen, 14./15. Jh.; Bruck an der Mur, Filialkirche St. Maria im Walde, um 1300, die letztere ein Hauptwerk der österr. W. des SpätMA.

Im *Osten* bilden sich auch sehr produktive Zentren, wie z. B. Breslau/Wroclaw und Krakau. In Kleinpolen waren außer dem Krakauer Dom elf Kollegiatkirchen und über fünfzig Kl. reich mit W.en ausgestattet, in den 60er und 70er Jahren des 14. Jh. waren in Schlesien und Polen Wandmaler aus den kgl. Werkstätten der Luxemburger in Prag tätig (Brzeg, Breslau, Krakau, Toruń).

Die *W. en des 15. Jh.* zeugen von einer intensiven Ausbreitung nach Süden (Tirol), Südosten, bis nach Böhmen, Mähren, Slowakei und Ungarn (Esztergom; Zipser Land; Siebenbürgen).

In zahlreichen Kirchen des Reiches sind noch heute die monumentalen Darstellungen des Riesen Christophorus die besterhaltenen oder die einzigen Dokumente der ehemaligen W.en, wie z. B. das Wandbild von Ulrich Apt d. Ä. im Augsburger Dom von 1491. – Wie man sich einen vollkommen mit christolog. und hagiograph. Darstellungen ausgemalten Kirchenraum der Spätgotik vorzustellen hat, zeigen etwa die St. Wolfgangskirche in Pipping bei München, die St. Martinskirche in Garmisch-Partenkirchen, die Goldschmiedekapelle bei St. Anna in Augsburg oder die Kirche in Berghofen (Krs. Landshut). – Die W. Österreichs wirkt gegen Ende des MA weiter nach Slowenien und Istrien. Der Einfluß der Villacher Werkstätte im 15. Jh. ist unübersehbar. Die großen Zentren der W. im Osten des Reiches, bes. in Sachsen und Thüringen, Erfurt, Meißen, Dresden, Jena und Cottbus wirken weiterhin nach Osten. Dort treffen sich mitteleurop. (sächs./böhm.) und it. Stilrichtungen zusammen, die bereits die NZ ankünden.

Die spätgot. W.en Tirols bieten noch heute ein überaus reiches Bild vom Erhaltenen, z. B. Solbad Hall, St. Magdalenen-Kapelle, 1410/66; Strassen, St. Jakobus d. Ä., um 1450; Stuben, Liebfrauen-Kirche, 1470/80; Schwaz, Franziskanerkirche und Kreuzgang, 1500/10, das umfangreichste Denkmal spätgot. W. Nordtirols.

Über den engen Zusammenhang von Buch-, Tafel- und W. zeugen auch gegen das Ende des MA bedeutende Werke von Malerpersönlichkeiten, z. B. die Fresken von Michael→Pacher (Innichen, Tirol); St. Paul im Lavanttal; Neustift; von Martin Schongauer (Breisach, St. Stephan) und von Johann Koerbecke in Münster (St. Paulus-Dom, im 2. Weltkrieg zerstört).

Neben den W.en der Sakralbauten waren im MA auch die Ausmalungen der Burgen, Rathäuser und Stadtpaläste des Adels von künstler. Bedeutung, die späteren Zerstörungen leider stärker ausgesetzt waren. Nur einige Beispiele: Köln, Overstolzenhaus, W. mit Turnierszenen, gegen 1290; Schloß Lichtenberg (Tirol), W. mit Tanz- und Jagdszenen, 1390/1400; Schloß Runkelstein bei Bozen, Tristanfresken um 1400; W.en mit Ahnherren der Wittelsbacher aus der alten Herzogburg (»Alter Hof«) von 1460/70 (heute Bayer. Nationalmus.); Esztergom (Gran), ehem. Kgl. Burg, W. mit Kardinaltugenden, 1492/95; Albrecht Altdorfer: W.-Fragment vom »Kaiserbad« in Regensburg, 1507/09. G. Jászai

Lit.: P. Clemen, Die roman. Monumentalmalerei in den Rheinlanden, 1916 – H. Karlinger, Die hochroman. W. in Regensburg, 1920 – P. Clemen, Die got. Monumentalmalerei der Rheinlande, 1930 – F. Bachmann, Die roman. W.en in Obersachsen, 1933 – D. Pfleiderer, Got. W. in Schwaben, 1935 – A. Henze, Roman. W. in Westfalen, 1939 – W. Frodl, Die roman. W.en in Kärnten, 1942 – E. W. Tristam, Engl. Medieval Wall Painting of the Thirteenth Cent., 2 Bde, 1950 – E. W. Anthony, Romanesque Frescoes, 1951 – K. Weitzmann, The Fresco Cycle of S. Maria di Castelseprio, 1951 – R. Oertel, Die Frühzeit der it. Malerei, 1953 [Lit.] – J. Dupont–C. Gnudi, Got. Malerei, 1954 – J. Mašín, Roman. W. in Böhmen und Mähren, 1954 – F. Goldkuhle, Ma. W. in St. Maria Lyskirchen, 1954 – E. W. Tristam, Engl. Wall Painting of the Fourteenth Cent., 1955 – H. Schlunk–M. Berenguer, La pintura mural asturiana de los siglos IX y X, 1957 – H. Schade, Vor- und Frühroman. Malerei. Die karol., otton. und frühsal. Zeit, 1958 – Got. Fresken aus Slowenien (Kopien) aus der Nationalgalerie in Laibach, 1958 [Ausst.-Kat.] – D. Kluge, Got. W. in Westphalen 1200–1530, 1959 – M. Roques, Les Peintures Murales du Sud-Est de la France XIIIᵉ au XIVᵉ s., 1961 – J. Philippe, Peintures Murales de Belgique (XIIᵉ-XVIᵉ s.). Les Documents et les techniques (Ann. L'Inst. Archéol. du Luxembourg XCII, 1961), 181–195 – B. Brenk, Die roman. W. in der Schweiz, 1963 – P. Deschampe–M. Thibout, La peinture murale en France au début de l'époque gothique, de Philippe Auguste à la fin du règne de Charles V., 1963 – H. Schrade, Die roman. Malerei, 1963 [Lit.] – D. Talbot Rice–W. Frodl, Österreich – Ma. W., 1964 – W. Myss–B. Posch, Die vorgot. Fresken Tirols, 1967 – R. Mesuret, Les peintures murales du sud-ouest de la France du XIᵉ au XVIᵉ s., 1967 – J. Hubert, J. Porcher, W. F. Volbach, Frühzeit des MA von der Völkerwanderung bis an die Schwelle der Karolingerzeit, 1968 – O. Demus, Roman. W., 1968 [Lit.] – Ma. W. in Österreich, 1970 [Ausst.-Kat.] – M. F. von Bibra, W.en in Oberbayern, 1970 – D. Kluge, Zur W. des 14. Jh. in Westfalen und auf Gotland, Acta Visbyensia, IV, 1971, 117–149 – H. Sedlmayr, Kriterien zur Chronologie der W.en auf der Fraueninsel im Chiemsee (Zw. Donau und Alpen, Fschr. N. Lieb, 1972), 3–50 – L. Grodecki, F. Mütherich, J. Taralon, F. Wormald, Die Zeit der Ottonen und Salier, 1973 – K. Martin, Die otton. Wandbilder der St. Georgskirche Reichenau-Oberzell, 1975 – Kat. Ma. W. in der Pfalz, bearb. J. Glatz, 1976 – K. M. Kober, Die got. W. in Sachsen und Thüringen (Beitr. des Kolloquiums »Gotyckie Malarstwo ścienne Europie srodkowo-wschodniej, Posen 1977), 89–98 – G. Baier, Neuentdeckte W.en des 13. und 14. Jh. im N der DDR und ihr Verhältnis zu den ikonograph. Programmen der gleichzeitigen W. in Nordpolen, ebd., 99–109 – D. Radocsay, W. im ma. Ungarn, 1977 – J. Glatz, Ma. W. in Mainz, 1978 – H. Claussen, Zur Farbigkeit von Kirchenräumen des 12. und 13. Jh. in Westfalen, Zschr. Westfalen 58, 1978, 18–72 – H. L. Nickel, Ma. W. in der DDR, 1979 – K. Banning, M. Brand, S. Kaspersen, A Cat. of Wall Paintings in the Churches of Medieval Denmark 1100–1600, 1979 – J. Hecht–K. Hecht, Die frühma. W. des Bodenseegebietes, 1979 – J. Traeger, Ma. Architektur-Fiktion. Die Allerheiligenkapelle im Regensburger Domkreuzgang, 1980 – Th. Hetzer, Giotto – Grundlegung der nz. Kunst, 1981 – M. Durliat, L'Art Roman, 1982 – A. Legner, Dt. Kunst der Romanik, 1982 – D. Blume, W. als Ordenspropaganda. Bildprogramme im Chorbereich franziskan. Konvente Italiens bis zur Mitte des 14. Jh., 1983 – A. Erlande-Brandenburg, L'Art Gothique, 1983 – M. Prokopp, Ital. trecento Influence on Murals on East Central Europe, 1983 – G. Fabian u. a., Zu den Chorschrankenmalereien im Kölner Dom, Jb. der Rhein. Denkmalpflege XXIX, 1983, 287–335 – J. Domaslowski u. a., Gotyckie malarstwo ścienne Polsce, Posen 1984 – J. Poeschke, Die Kirche San Francesco in Assisi und ihre W.en, 1985 – J. Bialostocki, Spätma. und beginnende NZ (PKG), 1985 – H. Fillitz, Das MA, I, 1985 – O. von Simson, Das MA, II (PKG), 1985 – J. Sureda, La pintura románica en España, 1985 – H. Stein, Die roman. W.en in der Kl.kirche Prüfening, 1987 – A. Walz, Die ma. Wandgemälde der ehem. Dominikanerkirche in Konstanz, 1989 – M. Exner, Die Fresken der Krypta v. St. Maximin in Trier und ihre Stellung in der spätkarol. W., 1989 – Malerei und Stadtkultur in der Dantezeit, hg. H. Belting–D. Blume, 1989 [Lit.] – G. Binding, Verputz und farbige Fassung stauf. Kirchen. Ein Problem der Rekonstruktion (Wiss. Beitr. der Ernst-Moritz-Arndt-Univ. Greifswald: Kunst im Ostseeraum, Ma. Architektur und ihre Rezeption, 1990), 17–20 – A. Karlowska-Kamzowa, Die got. W. als Dekoration in der Backsteinarchitektur des N, ebd., 120–125 – J. M. Azcárate, Arte gótica en España, 1990 – H. J. Boeker, Idensen. Architektur und Ausmalungsprogramm einer roman. Hofkapelle, 1995 – L. Speciale–G. Torriero Nardona, Sicut nunc cernitur satis: La Basilica e gli affreschi Desideriani di S. Benedetto a Capua, Arte Medievale, II. S., IX, 2, 1995, 87ff.

C. Byzanz

I. Technik – II. Forschung – III. Erhaltung – IV. Chronologischer Überblick – V. Bedeutung und Verbreitung.

In der Tradition von Antike und Spätantike stehend, erfüllt die W. in Byzanz eine wichtige Funktion. Sie dient nicht nur der Ausstattung und dem Schmuck von Sepulkral-, Palast- oder Villen- sowie Sakralarchitektur, sondern verbindet sich auch in Ikonographie, Inhalt und Programmgestaltung eng mit der in Byzanz seit dem 5./6. Jh. zunehmenden hierarch.-neuplaton. (Be-)Deutung des Sakralraumes und seiner formgebenden Elemente. Architektur und Bild werden zu einer unauflösl. Einheit. Die bereits in der Spätantike zu beobachtende Verschmelzung von gemalter Innenarchitektur und themat. Bild ist als Voraussetzung und Vorgabe einer solchen Aufgabe anzusehen.

I. Technik: →Mosaik mag als dauerhaftere Variante der W. angesehen werden, auch wenn die unterschiedl. Oberflächentechniken zu verschiedener Wirkung des vollendeten Werkes führen mußten. Techn. Grundlage für beide bildet ein Wandputz, dessen Zusammensetzung und Beschaffenheit für beide Techniken, Mosaik und W., unterschiedl. sein kann. Während sich für die W. alle möglichen Putzarten (Kalk-, Gips- und Lehmputze mit entsprechenden Zuschlagstoffen wie Sand, Ziegelmehl, Strohhäcksel oder Fasern bzw. Haare) als Träger der eigtl. Malerei eigneten, kam für das Gewicht der Glas- und Steintesserae des Mosaiks nur ein dichter und fester Kalkputz in Frage. Kalkmangel in verschiedenen Provinzen Kleinasiens und der vorderasiat. Länder hatten dort von Alters her andere Material- und Putztraditionen auch für W. entstehen lassen, die auch in der byz. Zeit lokal beibehalten und wenig eingeschränkt wurden. Dies konnte geschehen, da solche (wie z. B. Gips) zwar mechan. wenig widerstandsfähig waren, doch dem sensitiven Maler andere Vorteile boten, die sonst nicht oder nur mit großem Aufwand (Mehl reinweißer Marmore als Zuschlag des Malputzes und mechan. aufwendige Glättung) zu erreichen waren wie höchstes Weiß als Grundlage der Leuchtkraft, Glätte der Oberfläche u. ä. Die Vorzeichnung, Ergebnis des Entwurfs, auf dem Putz (in Grün, Rötel [nach dem aus Sinope verschifften kappadok. roten Ocker, einem Eisenoxyd, später auch Sinopie genannt] oder Schwarz) war für Mosaik wie W. gleich. Beispiele: S. Aquilino in Mailand oder H. Georgios in Thessalonike (5./6. Jh.) oder Vorhalle von S. Marco in Venedig (13. Jh.). Während beim Mosaik als Träger für die Mosaiksteinchen eine weitere Putzschicht (Setzbett) notwendig ist, wird bei der byz. W. in der Regel, von der Vorzeichnung ausgehend, das Bild auf derselben Putzschicht fertiggestellt. Der in der Antike und Spätantike mehrschichtige Aufbau aus gröberen Unterputzen bis zu feinen Malputzen wird in der byz. Zeit zunehmend aufgegeben. In der Regel beschränkt man sich auf einen gröberen Unterputz und einen feinen Malputz, wobei die Vorzeichnung immer auf den Malputz zu liegen kommt. Der Farbauftrag geschieht Schicht über Schicht, deckend oder lasierend und erfolgt in jedem Fall mit einem Bindemittel (nichtorgan. oder organ.), ob dies nun Kalk(wasser), Kasein(haltig), Leim oder Gummi ist. Wird mit Kalk(wasser) in einen noch feuchten Kalkputz gemalt, entsteht (gewollt oder ungewollt, in jedem Fall durch lange Erfahrung bekannt) sog. Fresko (*fresco buono*). Dies trifft häufig (nur) für die Untermalung oder die ersten Farblagen zu. Für die oberen wird eine Bindung der Pigmente durch das jeweilige Bindemittel (*secco*) erreicht. Auf Gipsputzen oder Lehmputzen mit Gipsüberstrich ist reines, durch die Kalksinterhaut gebundenes Fresko im Sinne der Renaissance techn. nicht möglich. Zumindest in spätbyz., vermutl. aber bereits in mittelbyz. Zeit wird die Vorzeichnung für Mosaiken nicht nur als Sinopie angelegt, sondern wie eine W. komplett farbig als Vorlage für den Mosaizisten auf dem Setzbett ausgeführt.

II. Forschung: Die Forsch. hat, v. a. in der 2. Hälfte des 20. Jh., viele Denkmäler entdeckt und veröffentlicht, und dieser Prozeß ist noch nicht abgeschlossen. An breit gestreuten und gezielten techn. wie naturwiss. Untersuchungen mangelt es bis heute. Auch hat sich die ältere Forsch. vorwiegend auf ikonograph. Probleme und Methoden beschränkt. Dabei ist auch die Struktur der Programme und ihrer Grundlagen noch längst nicht in vollem Umfang erforscht. Morpholog. Fragen gilt wenig Aufmerksamkeit. Neuere method. Ansätze zur Verfeinerung morpholog. Analyse sind kaum gemacht. Argumentationsketten werden oft nur mit der einen Methode aufgebaut und nicht durch andere abgesichert oder durch naturwiss. Untersuchungen systemat. gestützt.

III. Erhaltung: Die Überlieferung der Denkmäler ist mangel- wie lückenhaft, sowohl was den Erhaltungszustand des Einzeldenkmals (Zerstörungen, spätere Instandsetzungen wie Übermalungen) als auch die Zufälle der Erhaltung angeht. In später wirtschaftl. zurückfallenden und weniger durch Kriege heimgesuchten, auch bevölkerungsschwachen Gebieten haben sich mehr Monumente erhalten als in den zentraleren oder gar in wichtigen Städten, am wenigsten in der Hauptstadt. Naturgemäß sind auch die älteren Denkmäler stärker dezimiert worden als die der byz. Spätzeit. Vielleicht können am ehesten die Verhältnisse auf Kreta einen Eindruck von der ursprgl. Dichte der Monumente geben, wobei die hist. Verteilung durch Neuausstattungen älterer Denkmäler in palaiolog. Zeit auch dort gestört ist (vgl. die Karten bei Bissinger, Kreta, 267–278). Die Denkmälersituation spiegelt die wechselhafte Gesch. des byz. Reiches und seiner Provinzen vom 4. bis 15. Jh.

IV. Chronologischer Überblick. [1] *Spätantike und frühbyzantinische Zeit:* Die W. in der Synagoge (heute im Arch. Mus. Damaskus) und in einem der Räume des für den chr. Kult umgebauten Hauses (heute Yale Univ., Art Gallery) von Dura Europos sind im Osten die wichtigsten Denkmäler und Brücken zur späteren W. Dazu treten W.en in spätantik-röm. Gräbern (z. B. Tyros [Nat. Mus. Beirut], Aschkalon, Palmyra [Dreibrüdergrab]). Sie zeigen sowohl das architekton. Grundgerüst einer Innenausmalung einfacher Struktur (Längsraum mit Tonne), das sowohl für Kleinasien (Grab in Nikaia/Iznik) und Konstantinopel als auch für den Balkan (Silistra) bestimmend bleibt und für einen Großteil der Ausmalung kleinasiat. Kirchen des MA, sogar noch für postbyz. Kirchen Griechenlands oder sogar des Baptisteriums von San Marco in Venedig (14. Jh.) benutzt wird. Grundzüge dieses Systems sind: Sockelzone mit gemalter Marmorinkrustation oder Vorhängen, zu Registern zusammengesetzte Bildfelder an den Wänden, die sich später auch in die Tonnenwölbung hinein erstrecken können; im Zenit der Tonne ein (oder später eine Reihe von) Medaillon(s) mit Büsten (selten einer Szene); gemalte, oft perspektiv. zu sehende Architekturglieder trennen Wände und Gewölbe; freibleibende Flächen werden durch Ornament oder gemalte Architekturglieder gefüllt. Wenig später erhalten wir einen Einblick in die maler. Ausstattung von Apsiden und die sie abschließenden Konchen: vorwiegend Repräsentationsdarstellungen (röm. Fahnenheiligtum im Tempel v. Luxor; auch als Vorbild für die späteren [ab 6. Jh.] Apsidiolenmalereien v. Bawit oder Sqqara zu verstehen), seltener auch Szenen (wie z. B. Mosaiken der röm. Thermen v. Salamis auf Zypern, 4. Jh.). Die über die gesamte Oikumene des rhomäischen Reiches verstreuten, bisher gen. Beispiele zeigen als Ganzes, daß sowohl Ägypten als auch die asiat. Provinzen mit Kleinasien, Griechenland und der Balkan wie auch Italien bei der Grundentwicklung eines solchen Ausstattungssystems für W. eine Einheit bildeten, auch wenn wir nicht jede Stufe in allen Provinzen heute belegen können. Im Osten scheint sich diese Entwicklung (wohl wegen der konsequenteren Einhaltung des Bilderverbotes in Kirchen nach der Synode v. Elvira, 311/317) vorwiegend in der sepulkralen W. vollzogen zu haben. Neben der Ausstattung von Apsiden mit W. oder Mosaik treten im 6. und 7. Jh. (im Westen bereits seit Beginn des 5. Jh.) seitl. Bildfelder auf Apsisstirnwand oder Bemawänden mit wichtigen Einzelfiguren oder Szenen (Sinai, Kirche des Katharinenkl.; älterer Bau der Kalenderhane Camii in Konstantinopel; S. Vitale in Ravenna). Kuppeldarstellungen können, soweit sie im Osten erhalten sind, sowohl das (im Zenit von Tonnen bereits bekannte) Repräsentations- oder Szenenmedaillon als auch eine repräsentativ-szen. Zentralkomposition antiker und spätantiker Grabkuppeln übernehmen (Baptisterien in Ravenna; H. Georgios in Thessalonike). Kompositor. liegen beide im Traditionsstrang von S. Costanza in Rom und (nicht erhaltner) ähnlich komponierter Werke, bei denen florale, figürl. oder szen. Register ein zentrales Medaillon der Kuppel im Kreis umschließen. Die Register stehen dabei untereinander in programmat. Konnotation.

[2] *Mittelbyzantinische Zeit:* Die Hochblüte der byz. W. beginnt nach dem Bilderstreit in der 2. Hälfte des 9. Jh., die neue Architekturform der Kreuzkuppelkirche auch ein neues Bild- und Ausstattungssystem in engem Kontext mit der liturg.-architekton. Raumform entstehen läßt, bei dem die bereits in vorikonoklast. Zeit entstandenen und oben gen. Lösungen einschließl. langer Szenenreihen wie in S. Apollinare Nuovo aus dem 5. Jh. komplett integriert wurden, die trotzdem nach wie vor in ihrer ursprgl. Form für kleinere oder anders strukturierte Kirchenräume zur Verfügung standen. Frühestes erhaltenes Beispiel für das neue System der W.-Ausstattung einer Kreuzkuppelkirche ist die Kapelle 29 (Kılıçlar Kilise) in Göreme aus dem Ende des 9. Jh. Die Ordnung der dargestellten Themen erfolgt durchgehend nach dem hierarch. Prinzip, wobei innerhalb einer Ebene Auswahl wie Neben- oder Gegeneinanderstellung oder Gruppierung der Szenen v. a. liturg. Vorgaben folgten. Die bisher geläufige Einteilung in vorwiegend dem hist. Ablauf des Lebens Jesu folgende Zyklen (Kindheit, öffentl. Leben, Passion und Auferstehung) erweist sich als unzulängl., da eindeutig Szenen mit Theophanie-Charakter und -Inhalt bei Auswahl wie Zusammenordnung bevorzugt erscheinen. Die Einbeziehung von Stammeltern, Propheten, Aposteln, Kirchenlehrern

und Soldatenhl.n und anderer Hl.r in die Figurenauswahl folgt der Nennung in den liturg. Gebetsformularen des Kerns der eucharist. Liturgie (Anaphora). Auswirkungen solcher Tendenzen auf die Bildthematik von Reliquiaren oder Elfenbeintriptychen des 10./11. Jh. sind zu beobachten. Derart konzise Programme (ohne Szenen) werden in architekton. nicht dem byz. »Standard« entsprechenden Denkmälern, wie etwa Cefalù, herangezogen. Doch auch bei offensichtl. in Etappen ausgeführten W.-Ausstattungen (Kapelle 28 in Göreme; Einraumkapelle im Haci Ismail dere) sind sie zu entdecken. W. und Mosaiken zeigen sich, zusammen mit der Architektur, als führende Künste für Thematik und Programmatik der Malerei insgesamt. Die spätbyz. Zeit fügt diesem Grundrepertoire nur noch Graduelles hinzu: stärkere Berücksichtigung von Szenen des öffentl. Lebens und der Wundertaten Christi sowie öfters Einbeziehung von Hl.nviten in das insgesamt stark zunehmende Szenenrepertoire. Fallweise werden auch Szenen des AT mehr berücksichtigt. Der größere Themenumfang erfordert auch wieder – wie im Falle der W.en und Mosaiken des Choraki. in Konstantinopel – stärkere kompositionelle und themat. Bezüge auf raum(teil)verbindender Ebene.

V. BEDEUTUNG UND VERBREITUNG: Die byz. W. setzt, gemeinsam mit dem Mosaik, die wichtigsten Marken und entscheidenden Trends für die Entwicklung des Stils in der gesamten byz. Malerei. Keine der anderen Malereigattungen (Buch- und Ikonenmalerei) besitzt von Anfang an eine derartige Breitenwirkung. Aufgrund ihrer Funktion sind letztere eher für eine eingeschränkte und intime Betrachtung gedacht, während die W., wenigstens die im Sakralraum, jederzeit einer größeren Menge zugängl. ist und durch Beischriften, erklärende Predigten oder Verse gedeutet und verstanden wird. Diese ihre Wirkung wird durch feierl. Liturgie mit Gesang unterstützt und gesteigert im Sinn eines theatrum sacrum und sorgt so für ihre Verbreitung in den im Laufe der Zeit entstehenden orth. Nachbarstaaten der Bulgaren, Russen und Serben.

Bereits früher hatte die Verbreitung des Christentums im Niltal bis nach *Nubien* und *Äthiopien* auch für den Einfluß byz. W. auf die dortigen Kirchenausmalungen gesorgt. Selbst im frühen Islam unter den Omayyaden in Palästina und Syrien haben Ansehen und Kunstfertigkeit byz. Künstler und Werkstätten zu maler. Ausstattungen selbst figürl. Thematik (W.en in Quseir Amra; nichtfigürl. Mosaiken im Felsendom v. Jerusalem [691/692] und in den Moscheen v. Damaskus [715–721] und v. Medina) geführt. In *Armenien* sind relativ wenig W.en erhalten (Achtamar, Tatev, beide 10. Jh.), so daß sich kein zusammenhängendes Bild gewinnen läßt. Anders dagegen *Georgien*, das eine mit dem 7. Jh. beginnende und bis in nachpalaiolog. Zeit führende lange Reihe von W.en besitzt (Dodo [David-Gareḍža], Kirchen in Svanetien, Işham [1302 vollendet], Ateni [letztes Viertel 11. Jh.], Kincvisi [1208], Varica [Ende 12. Jh.], Gelati [Mosaiken 12. Jh., W.en 12. und 16./17. Jh.], Timotesubani [um 1220], Betania und Bertubani [Anfang 13. Jh.], Udabno [2. Hälfte 13. Jh.], Martvili [Anfang 14. Jh.], Ubisi und Calendžicha [Ende 14. Jh.]), die sich ikonograph. wie techn. eng an die byz. W.en in Kleinasien (Kappadokien) anschließen, wobei die des 11./12. Jh. deutlich komnen. Züge tragen und die des 13./14. Jh. mit der palaiolog. Kunst Konstantinopels verbunden sind (in Calendžicha war ein konstantinopler Maler, Markos Eugenios, tätig). Die W. in *Bulgarien* ist schon wegen ihrer unmittelbaren regionalen Nähe zu Konstantinopel immer im Zusammenhang mit hauptstädt. Malerei zu sehen (H. Georgios in Sofia, Boiana, Grabkirche Bačkovo u. a.). Die W. *Rußlands* ist in ihren Anfängen mit den Mosaiken und W.en der Sofienkirche (11. Jh.) und des Michaelskl. von Kiev (Anfang 12. Jh.) griech. Meistern und deren russ. Schülern zu verdanken. Auch die weiteren Werke (Pskov, 12. Jh.; Staraja Ladoga, 12. Jh.; Vladimir, Ende 12. Jh.) orientieren sich an der byz. Stilentwicklung. Dies gilt insbes. für die palaiolog. Zeit, wo mit Theophanes dem Griechen (→Feofan Grek; Novgorod 1278) und seiner Schule (Volotovo) ebenfalls konstantinopler Maler im Anschluß an das palaiolog. Hauptwerk der Kariye Cami neue Anregungen gibt, die zweifellos wegweisend für den russ. Großmeister Andrej →Rublëv waren. Die *serbische* W. darf aufgrund der polit. Situation des byz. Reiches in der Folge von 1204, die wohl zur Auswanderung konstantinopler Künstler und Werkstätten geführt hat, fast als ein Kerngebiet der byz. W. wie die Hauptstadt mit Kleinasien und Griechenland angesehen werden. Die Hauptwerke des 13. Jh. in Serbien (→Studenica 1208, →Mileševa und bes. →Sopoćani) führen die byz. W. (griech. und serb. Künstler sind nicht auseinanderzuhalten) in die palaiolog. Malerei (führend die Maler Michael und Eutychios mit der sog. →Milutinschule von der Peribleptoskirche in Ohrid bis →Gračanica und →Dečani).

Italien und *Rom* standen byz. Künstlern und Anregungen aus dem byz. Osten stets offen. Spuren ihres Schaffens und ihres Einflusses zeigen sich in S. Maria Antiqua (Rom) und bes. in Castelseprio, aber auch noch bei den röm. Großmeistern →Cavallini und →Torriti. Auch *Siena* hat sich weit dem Einfluß byz. Malerei geöffnet (→Duccio). *Venedig* (Mosaiken und W.en in San Marco und S. Zan Degolà) und das obere Adriagebiet (→Aquileia) sowie *Sizilien* sind zu bestimmten Zeiten fast als Provinzen byz. Monumentalmalerei anzusehen, wobei die Ausstrahlung Venedigs in die roman. W. der Alpenländer nicht zu vernachlässigen ist.
M. Restle

Lit.: V. LAZAREV, Storia della pittura bizantina, 1967 – M. RESTLE, Byz. W. in Kleinasien, 1967 – D. MOURIKI, Stylistic Trends in Monumental Painting of Greece During the 11th and 12th Cent., DOP 34/35, 1980/81, 77–124 – M. BISSINGER, Kreta. Byz. W., 1995.

D. Islamischer Bereich

Islamische Wandmalereien sind weit über den Mittelmeerraum hinaus nach Osten und jenseits von Persien erhalten, auch über die Zeit um 1500 hinweg, selbst wenn man nur die figurativen zählt. In den Moscheen galt das Bilderverbot; Malereien aus privaten Häusern und v. a. aus den zahlreichen, häufig beschriebenen Bädern, in denen erotische Themen beliebt waren, sind mit diesen fast ausnahmslos untergegangen. Die Kaʿba in Mekka enthielt innen figürl. Malereien, darunter Abraham, Maria mit dem Jesukind, Engel und Bäume; Muḥammad ließ nach seinem Einzug in Mekka 628 n. Chr. fast alle entfernen. – Eine kleine Residenz der Omayyaden in Jordanien, Quṣair ʿAmra (um 710 n. Chr.), innen vollständig ausgemalt, zeigt in der Haupthalle die Darstellung des wie im Himmel thronenden Kalifen, daneben die »Besiegten Feinde des Islams«, eine bilderreiche Gazellenjagd sowie handwerkl. Tätigkeiten und figürl. Embleme, im Bad daneben badende Frauen, auch mit Kindern, sowie vielerlei Themen, die uns ikonograph. nicht oder unzureichend verständl. sind, darunter erotische; ein datierbarer Zodiak ist das einzige erhaltene Beispiel zw. Spätantike und frühem MA in einer Kuppel. Der sehr lebhafte, farbenreiche Stil der Malerei ist erst durch eine 1974 beendete Säuberung erkennbar geworden, ebenso wie viele vorher durch Verschmutzung verborgene Wandbilder. – Fast alle Residenzen der Omayyaden waren mit W.en ausgeschmückt, die nur selten vollständig erhalten sind; so wurden in

Ḥirbat al-Mafǧar bei Jericho (vor 743) 250 Fragmente von W. gefunden, sicher lassen sich nur Reihen von drachenähnl. Tieren in Flechtkreisen bestimmen. Ganz bedeutend sind Gemälde auf dem Boden von zwei Treppenhäusern im Qaṣr al-Ḥair al-ġarbī bei Palmyra (um 730), eines mit einer weibl. Halbfigur im Tondo und mit Kentauren, das andere mit einem Fürsten zu Pferd auf der Jagd, begleitet von zwei Musikantinnen; auch hier ist die ikonograph. Deutung vorläufig. – In Sāmarrā, der riesigen Residenzstadt der ʿAbbāsiden am Tigris oberhalb von Baghdad, baute der Kalif al-Muʿtaṣim den al-Ǧausaq al-Ḥāqānī genannten Palast (nach 833 n. Chr.); im Kuppelsaal des Harems fanden sich Wandmalerein u. a. mit Füllhornranken, dazwischen sitzende Frauen, Tiere und Tierkämpfe; auch ein Paar tanzender, reich bekleideter Frauen war rekonstruierbar. (Fast alle Originale gingen im 1. Weltkrieg unter, erhalten sind die Aquarelle des Ausgräbers.) – Die Decke der 1240 begonnenen kgl. Kapelle in Palermo, insbes. die Nischen der Stalaktitzone darunter, sind mit einer Fülle von höf. Themen ausgemalt, unter ihnen mehrfach Herrscherdarstellungen. Zwar gehörte Palermo damals zum norm. Königreich, aber die Maler stammten wohl aus dem Nahen Osten, da die Bilder stilist. der Kunst der dortigen Fāṭimiden zuzuordnen sind. – Die Deckengemälde in der sog. Sala de Justitia, dem Ostteil des Palastes um den Löwenhof der Alhambra in Granada, gelten jetzt allgemein als europäisch; in dem Gebäude neben der sog. Torre de las Damas ist ein interessanter kleinfiguriger Heereszug in drei Registern mit Reitern auf Pferden und Kamelen dargestellt (um 1330) – Fragmente von W.en fanden sich auch im Iran, etwa in Nīšāpūr und Bīšāpūr.
K. Brisch

Lit.: E. Herzfeld, Die Malereien von Samarra, 1929 – U. Monneret de Villard, Le pitture musulmane al soffitto della Cappella Palatina in Palermo, 1950 – K. A. C. Creswell, A Bibliogr. of the Architecture, Arts and Crafts of Islam, 1961, Sp. 1081–1084; Suppl. 1, 1972, Sp. 316; Suppl. 2, 1984, Sp. 498–503 – M. Gómez-Moreno, Pinturas de moros en el Partal (Alhambra), Cuadernos de la Alhambra 6, 1970, 155–164 [Nachdr.] – R. Ettinghausen, Arab. Malerei, 1970[2], 29–40, 42–53 – M. Almagro u. a., Quṣair ʿAmra, residencia y baños omeyas en el desierto de Jordania, 1975.

Wandmalereitechnik → Wandmalerei

Wandofen, Kaspar Stange v., Generalprokurator des →Dt. Ordens in Rom, * um 1400, † Ende 1433; stammte aus der pomesan. begüterten Familie Stange, die dem Landadel des Preußenlandes zuzurechnen ist. Die Benennung 'W.' dürfte vom Ortsnamen Wandow bei Marienwerder herrühren. 1418 erscheint K. W. als familiaris des Bf.s Gerhard v. Pomesanien. Über den Kaplan und Kanzler Gregor Bischofswerder erlangte er Zugang zur hochmeisterl. Residenz, auf dessen Förderung hin studierte er seit 1426 in Bologna. Auf Empfehlung des Generalprokurators des Dt. Ordens in Rom, Johannes →Tiergart, den Bf. v. Kurland, wurde W. 1428 vom Hochmeister →Paul v. Rusdorf zu dessen Nachfolger in Rom eingesetzt. W.s Eintritt in den Dt. Orden dürfte erst kurz vor seinem Amtsantritt (19. Dez.) erfolgen sein; im Gegensatz zu seinen Vorgängern, die zumeist Priesterbrüder waren, verstand er sich betont als Ritter. Seine Amtsführung wurde durch persönl. Querelen mit seinem Amtsvorgänger und mit dem am päpstl. Hof einflußreichen Andreas Schönau begleitet. Durch seinen liberalen Lebenswandel setzte er sich vielerlei Verdächtigungen aus. Die Interessen des Dt. Ordens konnte W. ohne viel Skrupel erfolgreich vertreten. Die Beziehungen zum Ebm. Riga hat er für die Zeit seiner Amtsführung unter Inkaufnahme mannigfacher Konflikte stabilisieren können. Für Ks. Sigmund hat er diplomat. Aufträge übernommen. Seine Stellung bei der Kurie wurde hingegen durch die Differenzen zw. Ks. Siegmund und Papst Eugen IV. sowie durch persönl. Feinde beeinträchtigt. Dieser verfahrenen Situation machte Hochmeister Paul v. Rusdorf, der strenge Anforderungen an die Lebensführung stellte, durch die Abberufung W.s ein Ende. Im Febr. 1433 reiste W. aus Rom ab. In Preußen war er dann noch in diplomat. Missionen tätig. Zum letzten Mal erscheint sein Name als Mitaussteller des Ordens am 13. Sept. 1433 im Waffenstillstandsvertrag v. Jesnitz mit Kg. →Władysław II. v. Polen und →Śvitrigaila v. Litauen. Über W.s Ende läßt sich nichts Näheres ermitteln.
C. A. Lückerath

Q.: Livländ. UB VII, VIII – Die Berichte der Generalprokuratoren des Dt. Ordens an die Kurie, IV, 1 und 2, bearb. K. Forstreuter–H. Koeppen, 1973–76 – *Lit.*: K. Forstreuter, Altpreuß. Biogr., II, 1967, 775 – C. A. Lückerath, Paul v. Rusdorf, 1969.

Wandpfeilerkirche. [1] *Westen:* Saalkirche, bei der die Strebepfeiler nach innen gezogen sind und hohe, gewölbte, mehr oder weniger tiefe Einsatzkapellen bilden, die in Arkaden zum Schiff geöffnet sind. Die Form kann gelegentl. auf den Chor übergreifen (Kirche der Cordeliers in Toulouse, 15. Jh.). Die Belichtung des Schiffes erfolgt durch die Einsatzkapellen. W.n treten nach Vorstufen (Abteikirche Fontevrault bei Saumur, nach 1128) erstmalig in einigen niederbayer. Kirchen des Hans von Burghausen (St. Martin in Landshut ab 1407, St. Jakob in Wasserburg ab 1410) auf, hier jedoch mit niedrigeren Kapellenräumen zw. den Wandpfeilern; erst mit Stephan Krummenauer kommen die vollausgebildeten Kapellen auf (Chor der Franziskanerkirche in Salzburg 1440/50, St. Stephan in Braunau ab 1439). In der 2. Hälfte des 15. Jh. entstehen in Bayern und Oberösterreich zahlreiche W.n (Frauenkirche in München ab 1468), ferner im schwäb. Donauraum und schließlich eine bedeutende, von St. Martin in Amberg (ab 1421) beeinflußte obersächs. Gruppe mit Langhausemporen (Dom in Freiberg um 1488, St. Annen in Annaberg ab 1499).

Der Typus der echten W. mit schiffshohen Strebeäumen ist in der Spätgotik neben der Hallenkirche weit verbreitet und auch in der Renaissance, beginnend mit der Jesuitenkirche St. Michael in München 1583–97, beliebt.
G. Binding

Lit.: Lex. d. Kunst VII, 1994, 705 [Lit.] – J. Büchner, Die spätgot. W.n Bayerns und Österreichs, 1964 – G. Binding, Architekton. Formenlehre, 1987[2] – V. Grieselmayer, Beobachtungen zur Raumgrenze der obersächs. Hallenkirche, Das Münster 46, 1993 – N. Nußbaum, Dt. Kirchenbaukunst der Gotik, 1994[2] [Lit.].

[2] *Byzanz:* Im byz. Einflußbereich finden sich keine Kirchenbauten, die dem in westl. Sinne definierten Terminus W. entsprechen. Eine Gruppe von Bauten in Syrien (Hauran) und in der Türkei (Isaurien und Kilikien), deren Naos longitudinal oder queroblong angelegt ist, wird durch Wandpfeiler rhythmisiert, die Gurtbögen tragen. Zu Bauten dieser Art gehören v. a. geringer dimensionierte, einschiffige Saalkirchen mittelbyz. Zeit (oft im 12. Jh.), die häufig in ruinöse ältere Vorgängerbauten eingebaut wurden. Eine Gruppe von Kirchen im Tur Ab'din weist tiefe Rechtecknischen an den Langsseiten von einfachen tonnengewölbten Saalkirchen auf, die in ihrem Erscheinungsbild dem Typus der W. eher entsprechen. Im Grundriß erscheinen auch eine Reihe von Höhlenkirchen in Kappadokien ähnlich, welche bei unterschiedl. Grundformen des Naos (v. a. Längs- und Querraumkirchen) in den Fels eingetiefte Wandnischen besitzen. Gewöhnlich sind diese Nischen allerdings über einem niedrigen Sockel in die Wände eingetieft. Aufgrund der Entstehungsweise der

Höhlenkirchen sind die Nischen allerdings nicht unbedingt gleichzeitig, sondern auch als nachträgl. Erweiterungen zu betrachten (häufig als Grabnischen). Der Raumeindruck des Naos wird dadurch nicht wesentl. verändert. Wandpfeiler als Gewölbeträger, die einen eigenen Raum aussondern, finden sich bei den Kl.kirchen von Hosios Loukas und Daphni. Diese Bautypen sind als sog. Achtstützenkirchen des Festlandtyps aber treffender charakterisiert. L. Theis

Wandregisilus (Wandregisel, frz. Wandrille), hl., Gründer und Abt von Kl. →Fontenelle (St-Wandrille, Haute-Normandie, dép. Seine-Maritime), * in der Gegend von Verdun, † 22. Juli 668 in Fontenelle, ▭ ebd., St-Paul, Translation der Gebeine 704 in die Kirche St-Pierre durch Abt Bainus. Eine erste Vita wurde im ausgehenden 7. Jh. von einem Schüler des Hl.n verfaßt (BHL 8804); eine zweite, in der 1. Hälfte des 9. Jh. entstandene (BHL 8805) schreibt W. eine Romreise sowie Verwandtschaft (von väterl. Seite) mit den Pippiniden (→Karolinger) zu; der Eingangsteil der »Gesta abbatum Fontan.« entspricht einer dritten Fassung der Vita.

W. kam jung an den Hof Kg. →Dagoberts und wurde hier gemeinschaftlich mit anderen künftigen großen kirchlichen Würdenträgern (hll. →Audoenus v. Rouen, →Desiderius v. Cahors, →Paulus v. Verdun) ausgebildet. Nach erzwungener, nicht vollzogener Eheschließung durchlebte er eine lange →peregrinatio nach ir. Vorbild; er hielt sich zunächst in einer Einsiedelei in Montfaucon-en-Argonne (Lothringen, dép. Meuse) auf, um dann im Schweizer Jura sein erstes Kl. zu gründen, St-Ursanne. Um 635 ging er nach →Bobbio, begann dann eine Reise nach Irland, die er aber bereits in →Romainmôtier (Schweiz, Kanton Waadt) abbrach (vor 642); nach dortigem Aufenthalt zog er nach Rouen, wo ihn der hl. Audoenus zum Eintritt in den Weltklerus bewog. W. gründete bald darauf das Kl. Fontenelle (später St-Wandrille) und unterstellte es wohl einer Mischregel, die zugleich auf die Columbanregel und Benedikt v. Nursia zurückgriff. In Rom ließ er für Fontenelle Reliquien und Bücher (u. a. die Werke →Gregors d. Gr.) beschaffen.

Infolge der Normanneneinfälle wurden die Reliquien des W. 858 in die Gegend v. Boulogne, dann in das Gebiet v. Chartres (885) geflüchtet (BHL 8807-09); Gf. →Arnulf d. Gr. v. Flandern ließ sie 944 in das Peterskl. Blandinium in →Gent transferieren (BHL 8809t, 8810). Der größte Teil der Reliquien wurde 1566 von den Calvinisten vernichtet; das Haupt des W. kam von →Brogne nach →Maredsous, schließlich wieder nach Fontenelle (21. Dez. 1969). Zwei Translationsfeste: 31. März, 3. Sept.
J.-C. Poulin

Lit.: Bibl. SS XII, 944-947 - N. Huyghebaert, Une translation de reliques à Gand en 944, Le Sermo de adventu s. W. ..., 1978 - A. Borias, S. W. et la crise monothélite, RevBen 97, 1987, 42-67.

Wanen, neben den →Asen die zweite altgerm. Götterfamilie, welche die Götter →*Njörđr*, →*Freyr* und →*Freyja*, einen nur mehr blassen Gott *Ing* und vielleicht auch *Ullr* umfaßt. Die W. lebten laut →Snorris Mythologie nicht immer im Frieden mit den Asen, sondern erst seit den sog. *Wanenkriegen*, die mit der gegenseitigen Stellung von Geiseln endeten. Deswegen lebt auch Freyja unter den Asen und hatte diesen die schändl. Art der Magie beigebracht, die für die W. typisch war; über die Art dieser Magie können wir jedoch nur Vermutungen anstellen. Daneben praktizierten die W. auch den Inzest zw. Brüdern und Schwestern, was auf ursprgl. Verwurzelung der W. in der Vorstellungswelt einer matriarchal. Gesellschaft deuten mag. Der Unterschied zw. Asen und W. kann aber nicht nur durch die Abfolge zweier Gesellschaftssysteme, sondern auch durch soziale Unterschiede zw. den Anhängern der beiden Götterfamilien erklärt werden, wobei die W. die Götter einer landwirtschaftlich orientierten Bevölkerung, die Asen jedoch die einer krieger. Aristokratie gewesen wären. Jedenfalls waren die W. eindeutig Fruchtbarkeitsgötter, die für gute Ernten, Sonne, Regen und guten Segelwind angerufen wurden, schließlich auch für Reichtum überhaupt. Möglicherweise sind es aber auch regionale Differenzen, die die Anhänger von W. und Asen unterschied, worauf die im wesentl. in Schweden dominierenden theophoren Ortsnamen mit den Namen der W. deuten könnten: demnach wären die W. die traditionellen Götter des schwed. Herrscherhauses der →Ynglinge, welche – wie der Gott Freyr – das Symbol des goldenen Ebers als Zeichen von Macht und Reichtum trugen.

Sicherl. aber gehören die W. zu einer schon alten Schicht der germ. Mythologie: Das etymolog. Pendant zum Gott Njörđr, die Göttin →Nerthus, wird schon bei Tacitus erwähnt, und auch in den zweifellos teilweise Fruchtbarkeitsgottheiten darstellenden Figuren der bronzezeitl. Felszeichnungen Südskandinaviens hat man die W. sehen wollen. R. Simek

Lit.: KL XIX, 493f. [A. Holtsmark] – R. Simek, Lex. der germ. Mythologie, 1994² – K. A. Eckhardt, Der W.krieg, 1940 – G. Dumézil, Tarpeia, 1947 – N. Å. Nielsen, Mythen om krigen og fredsslutningen mellem aserne og vanerne (Fschr. G. Holm, 1976), 310-315 – G. Dumézil, Gods of the Ancient Northmen, 1977.

Wangen, im Zusammenhang mit einer umfangreichen Übertragung von Grundbesitz an →St. Gallen 815 erstmals erwähnt, entwickelte sich dank der günstigen Lage im Schnittpunkt der Straßen von Lindau nach Leutkirch und von Isny nach Ravensburg zu einem Marktort, den wohl Friedrich II. als Vogt v. St. Gallen zur Stadt erhob. 1217 bestimmte er, daß die Vogtei über W., zusammen mit der über das Kl. St. Gallen, immer in der Hand des Kg.s bleiben solle. Rudolf v. Habsburg erneuerte 1281 das Privileg und verlieh den cives de Wangen 1286 nicht nur die iura, wie sie die Bürger von →Überlingen besaßen, sondern bestätigte auch den Wochenmarkt. 1306 ist erstmals der Rat bezeugt, unter Vorsitz eines von St. Gallen bestellten Ammanns. Im 14. Jh. erwarb die Stadt die Vogteirechte; an die Stelle des Ammanns trat ein Bürgermeister, 1358 erstmals erwähnt. In der 2. Hälfte des 14. Jh. wurde die 1381 von Kg. Wenzel bestätigte Zunftverfassung eingeführt. Prosperierende Gewerbe (Schmiede, Leinenweber) und der Fernhandel sicherten der Stadt wirtschaftl. Potenz, die es im 15. und 16. Jh. erlaubte, ein beachtl. Territorium zu erwerben. Die Pfarrkirche St. Martin erfuhr im 14. und 15. Jh. große baul. Erweiterungen. Das Heiliggeistspital ist seit dem ausgehenden 13. Jh. bezeugt. Die Fläche der ummauerten Altstadt beträgt 8 ha. Für das Jahr 1350 rechnet die Forsch. mit 700 Einw., am Ende des MA waren es etwa doppelt soviele Menschen. S. Lorenz

Lit.: A. Scheurle, W. im Allgäu. Das Werden und Wachsen einer Stadt, 1975² – K. F. Eisele, W. (Hb. der baden-württ. Gesch., II, 1995), 742f.

Wangenklappen, bewegl. an der Helmglocke angehängter Wangenschutz antiker →Helme, der sich bis ins Früh-MA erhielt, dann aber verschwand. Die W. erschienen erst wieder bei antikisierenden it. →Sturmhauben des 14. und 15. Jh. O. Gamber

Wanze (lat. cimex, gr. kóris), eine Ordnung der Insekten mit unvollständiger Verwandlung, unter der Antike und

MA meistens die in Wandritzen lebende und nachts die Menschen durch Blutsaugen quälende häufige Art der Bettw. (C. lectularius) verstanden. Nur Albertus Magnus, animal. 26,14, erwähnt dies ausdrücklich, ferner ihren breiten Körper (vermis ... latus in parietum rimis iuxta lectos hominum convalescens et homines mordens) und ihren Volksnamen »Wandlaus« (pediculus parietis). Wie Thomas v. Cantimpré 9, 7 leiten Albertus und Vinzenz v. Beauvais (Spec. nat. 20, 126) den lat. Namen mit Isidor v. Sevilla, etym. 12,5,17 (= Hrabanus Maurus, de univ. 8,4), von der Ähnlichkeit ihres Geruchs mit dem einer Pflanzenart ab. Gegen die Bettw. bzw. Blattw. bzw. Blattläuse bieten →Palladius (1,35,4), →Avicenna und Razes bei Vinzenz (l.c.) Rezepte. Für Thomas ist sie mit Joel 1, 17 Sinnbild für das gen Himmel stinkende Laster der Unzüchtigen (vitium luxuriosorum). Ch. Hünemörder

Q.: →Albertus Magnus, →Hrabanus Maurus, →Isidor v. Sevilla, →Palladius, →Thomas v. Cantimpré, →Vinzenz v. Beauvais.

Wapelin, nicht näher bestimmbare gepolsterte Unterlage des →Topfhelms, vielleicht in Form einer Turbankappe über der Ringelkapuze. O. Gamber

Lit.: SAN MARTE, Zur Waffenkunde des älteren dt. MA, 1867.

Wapentake. Das an. *vápnatak* beinhaltet eigtl. das Schwingen der Waffen, um eine Zustimmung auszudrükken. In England beschrieb es ursprgl. gemäß der aus dem 12. Jh. stammenden »Gesetze Eduards d. Bekenners« den Gruß, der von den führenden Männern eines Grundherrschaftsbezirks dem neu ernannten →*reeve* entrichtet wurde. Als der Begriff zuerst in den Gesetzen Kg. Edgars (962/963) erschien, bezeichnete er den Verwaltungsbezirk selbst. Der w. war das institutionelle Äquivalent zum →*hundred* in Yorkshire, Lincolnshire, Nottinghamshire, Leicestershire und Northamptonshire ö. der Watlingstreet, dem Gebiet der größten skand. Besiedlung (→Danelaw). Der Begriff kommt auch in Teilen von Derbyshire und Cheshire vor. Hundred und w. waren Synonyme für die hauptsächl. Unterteilung des →*shire* in dem Verwaltungssystem, das die engl. Kg.e im 10. Jh. schufen. Ausnahmsweise wurden w.s in Yorkshire in drei dazwischenliegenden Verwaltungseinheiten, den *ridings,* eingerichtet. Die Gesetze Kg. Ethelreds II. erwähnen zuerst in den w.s die Rügegeschworenen, »die schwören sollen, einen Unschuldigen nicht anzuklagen, noch einen Schuldigen zu verheimlichen«. A. Harding

Q. und Lit.: LIEBERMANN, Gesetze, I, 228, 652f.; II, 235, 729 – H. R. LOYN, The Governance of Anglo-Saxon England, 1985.

Wappen. [1] *Allgemein und deutscher Bereich:* Das W. ist grundsätzl. ein Zeichen oder ein Symbol bestimmter Farbe, Form oder Darstellung, das – hist. gesehen – prakt. ausschließl. auf einem →Schild dargestellt wurde und noch heute wird. Die Grundbestandteile des W.s sind: Schild, Helm mit Helmzier und Helmdecken – das sog. Vollw. –, ferner sog. Prunkstücke wie Kronen, Schildhalter, Würdenzeichen, Wahlsprüche (→Devisen) und Schlachtrufe, →Badges, Wappenzelte oder -mäntel, Ordensketten oder andere Ordenszeichen. Kronen, die auf dem oberen Schildrand ruhen, dienten prakt. von Anfang an zur Rangeinordnung des W.inhabers, zuerst nur, um seine adlige Abstammung zu demonstrieren, später, um seinen Rang innerhalb der adligen Titulatur zu zeigen. Schildhalter sind ein »Nebenprodukt« der Sphragistik. Auf den →Siegeln sieht man sehr bald verschiedene Tiere oder auch Menschen, die den W.schild halten. Ursprgl. nur dekoratives Element, um die Siegelfläche auszufüllen, wurde der Schildhalter, der anfangs frei wählbar und durchaus auch bei einer Person veränderbar war, zum festen und erbl. Bestandteil des W.s einer Familie. Wahlsprüche (Devisen) waren ebenfalls kurzgefaßte Lebensanschauungen des W.inhabers. Man konnte sie sogar mehrmals ändern. In der frühen NZ wurden sie allmähl. zum Teil des W.s und unverändert weitervererbt. Am Anfang des 17. Jh. erscheinen die ersten Darstellungen der sog. W.zelte oder -mäntel (→Pavillon). Im SpätMA stellte man auch die Bilddevisen bzw. Ketten der großen Ritter- und Hoforden mit dem W. dar. Die Ordenskette konnte um den Schild oder der Schild auf das Ordenszeichen gelegt werden (z. B. auf das Ordenskreuz). Würdezeichen waren ein nicht fester Teil des W.s, da sie meistens nur vom Würdenträger selbst benutzt wurden. Als Würdezeichen kommen Schlüssel (Kämmerer), Marschallstab, Schwerter (→Connétable), Anker (Admiral) usw. vor, in der kirchl. Heraldik Krummstab, Schlüssel oder Kreuz.

Ein W. ist ein Schildzeichen. Obwohl die Entstehung des W.s nicht unbedingt mit einem Schild in Zusammenhang stand, ist heute sicher, daß es in der europ.-ma. Tradition für einen Schild bestimmt war. Es wurde seit dem 13. Jh. von der gesamten Ritterschaft (→Ritter, -tum) im ganzen Abendland als unveränderl. und bleibendes Zeichen benutzt. Das W. ist ein auf ma. militär. Ritterrüstungen angebrachtes Erkennungszeichen, zuerst einer Kampfeinheit bzw. -gruppe von zueinander gehörenden, meist berittenen Kämpfern, später ein erbl. und bleibendes Zeichen einer Person, Familie, Körperschaft oder Stadt. Von Anfang an entwickelte sich im Gebrauch der Zeichen ein System von Regeln zum Bestimmen einzelner Bilder (→Heraldik). Die Anbringung der Abzeichen – am Anfang frei an jedem Teil der Bewaffnung möglich, man beachte z. B. den →Waffenrock (hier abgeleitet vom engl. *coat of arms*) oder die →Roßdecken – fixierte sich auf den Schild und später auch auf den →Helm (Helmzier). In der Vexillologie sieht man eine Entwicklung von drei verschiedenen Typen: →Fahne, →Standarte und →Banner. Für die Fahne wurden in der Regel nur die Farben des W.s übernommen. Die Standarte konnte entweder nur den Schild oder aber auch das ganze Vollw. beinhalten. Das Banner übernahm die Figur des W.s, und seine Fläche war die des Schildes. Am Ende des 12. Jh. setzte sich der Schild als Träger des W.s endgültig durch, wobei gleichzeitig die Fahne und das Banner in den Hintergrund gedrängt wurden. Der Begriff W. hat seinen Ursprung im mhd. Wort *wafen* ('Waffen'). Es bezieht sich eindeutig auf den militär. Zweck des Gebrauchs von W. Der Schild war ein Teil der tatsächl. in der Schlacht bzw. im →Turnier gebrauchten defensiven Bewaffnung eines Ritters (vgl. die Bezeichnungen frz. *armoires,* engl. *arms,* it./lat. *arma,* schwed. *vapen*). Die Funktion des Zeichens als W.symbol ist schon in den ersten literar. Werken nachgewiesen (→Walther v. d. Vogelweide). Die Symbolsprache des W.s bzw. des W.zeichens wurde im Laufe der Zeit im Leben des Adels immer wichtiger. Das W. wurde zu einer Personifizierung des Trägers, und in bestimmten Fällen konnte es ihn ganz ersetzen, wobei das Symbol des Schildes mit einem W. anstelle des nicht anwesenden Inhabers so persönl. behandelt wurde, daß es auch jurist. belangt werden konnte; z. B. die Schildträger in Prozessionen, der Schild im Gerichtssaal, wenn der Feudalherr nicht anwesend war, oder – im negativen Sinne – die Ausstellung des Schildes auf dem Pranger bei einem schweren Rechtsverstoß seines Inhabers, schließlich das Zerbrechen des Schildes über dem Grab eines Verstorbenen. Das W. wurde ebenfalls als personifiziertes Zeichen vererbt, und zwar »rein und unbefleckt«. Die »Reinheit« des Familienzeichens spiegelte rechtl. und moral. die Lebensweise der einzelnen W.träger wider. Es war ein imaginäres, aber gesellschaftl. sehr wichtiges Gut der Familie. In vielen Fällen sind die Praktiken des W.gebrauchs heute nicht völlig geklärt. Warum manche Familien gleichzeitig oder wechselweise verschiedene Tingierungen benutzten, ist unklar. Manchmal gebrauchte ein und derselbe W.inhaber zwei Schildzeichen, wobei er nach einiger Zeit zum älteren zurückkehrte. Vermutl. war es erlaubt, zu verschiedenen Gelegenheiten ein neues, der Situation angepaßtes Zeichen oder nur veränderte Farben anzunehmen.

Im Laufe des 13. Jh. kann man deutl. regionale Besonderheiten in der Entwicklung der W. erkennen. Bes. die Wahl der Schildfiguren variiert stark, wobei wahrscheinl. nicht nur alte traditionelle Zeichen, sondern durchaus auch die Mode eine Rolle spielten. Ebenfalls nimmt das Aussehen des W.s Rücksicht auf das regionale Namens- und Erbrecht. Das gilt im besonderen Maße für Spanien, Schottland, aber auch England und Frankreich. Bei der Beschreibung eines W.s benutzt man den sog. Blason (→Blasonierung), eine unter frz. Einfluß ausgebildete Fachsprache der ma. →Herolde. Sie wurde bes. zum Zweck der W.beschreibung angepaßt und ist in Frankreich bis heute in Gebrauch. In England basiert der Blason ebenfalls auf dem Frz. In Dtl. entwickelte sich aufgrund der fehlenden zentralen herald. Autorität (Heroldsamt) keine charakterist. Fachsprache, sondern es waren die wortreichen W.beschreibungen der Kanzleien tonangebend.

[2] *Frankreich, England, Schottland*: Für Frankreich ist die Häufigkeit der Heroldsbilder auffallend. Bis in die NZ bewahrte das W. seine ursprgl. Einfachheit, Klarheit und Übersichtlichkeit. Schildteilungen in mehr als vier Felder sind die Ausnahme und eigtl. nur beim Hochadel zu sehen. Pelze waren wegen ihres hohen materiellen und Prestigewertes sehr beliebt. Die Helmzier spielte eine untergeordnete Rolle und wird am Ende des MA und bes. in der NZ durch (Rang-)Kronen ersetzt. Die frühe Bildung des Heroldsamtes in England (ursprgl. Corporation of the Officers of Arms, später The College of Arms, 1484 gegr. von Kg. Richard III.) brachte eine völlig andere Entwicklung des W.s. Die Bemühung, ein perfektes System zu schaffen (zwei Personen dürfen nicht das gleiche W. tragen), führte zur Benutzung von verschiedenen Beizeichen (*Brisure, Cadency*), zum Häufen von Figuren und später, am Anfang der NZ, von Feldern (*Marshalling*). Das Nebeneinander der Heroldsbilder und natürl. Figuren ist typisch. Der Helmzier und der Krone wurde ein hoher Wert zugeschrieben, meistens erscheine sie gemeinsam. In Schottland benutzte man zur Unterscheidung von W. ein System von Schildbordüren, die durch verschiedenartige Teilungslinien oder kleine Figuren, mit denen sie belegt wurden, eine prakt. unerschöpfliche Anzahl von Varianten boten.

[3] *Spanien, Italien*: In Spanien kommt sehr früh die Anwendung von Schildteilungen (bes. Vierung) und wie in Schottland von Schildbordüren vor. Die Helmzier erlangte keine große Bedeutung. In Italien ist das W. ein Abbild der polit. Struktur des Landes. Es spiegelt deutl. die fehlende zentrale Autorität in der systemat. Anwendung von W. wider. Der stärkste Einfluß in den jeweiligen Landesteilen – im N Dtl.s und Frankreichs, im S Spaniens und in Mittelitalien des Kirchenstaates – bestimmte die Merkmale des W.s. Im SpätMA verlor Italien aufgrund der zu freien künstler. Gestaltung des W.s den Bezug zur herald. Darstellung. Von den W.figuren erfreuten sich bes. Fabelwesen oder herald. seltene Tiere und Fische großer Beliebtheit.

[4] *Andere Länder*: Für Ostmitteleuropa sind Böhmen und Mähren das Übergangsgebiet, in dem W. mehr westl., aber auch einigermaßen östl. – poln. – Prägung zu finden sind. Im Grunde unterscheidet sich das W.zeichen nicht bes. von den in Dtl. oder Frankreich vorkommenden. In Polen übernahm man ins W. die alten Kenn- und Eigentumszeichen. Der Gebrauch von Heroldsbildern und Helmzierden ist auffällig gering. Auch der Besitz eines W.s bei mehreren, auch miteinander nicht verwandten Familien ist typisch. Die frühen W. in Ungarn weisen einen starken Einfluß der westl. Heraldik auf. Es kommen weniger Heroldsbilder als natürl. Figuren vor. Im Spät-MA erscheinen viele auf den Türkenkrieg bezogene W.zeichen.

[5] *Kirche*: In der Kirche ist der Gebrauch von W. seit dem 13. Jh. nachzuweisen. Der Siegelzwang in der Kirche brachte die weite Verbreitung der W. auch unter nicht adligen Personen. Charakterist. für die kirchl. W.führung ist, daß in der Regel keine Helmzier benutzt wird, dafür erscheinen bei jedem Schild kirchl. Rangzeichen wie Tiara und Petrusschlüssel (nur für den Papst), Kard.- und Bf.shüte mit Schnüren und Quasten, Mitra, Bf.sstab, Kreuz. Stilgebend ist die päpstl. →Heraldik.   V. Filip

Lit.: →Heraldik – H. G. STRÖHL, Herald. Atlas, 1899 – E. v. ZERNICKI-SZELIGA, Die poln. Stammw., 1904 – A. A. GARCÍA GARRAFFA, Enciclopedia Heráldica y Genealógica Hispano-Americana, Bd. 1, Ciencia Heraldica o del Blason, 1958 – J. NOVÁK, Die Entstehung des W.s in Ungarn (Archivum heraldicum 85, 1970), 12–14 – G. A. SEYLER, Gesch. der Heraldik (J. SIEBMACHER's großes W.buch, Bd. A, 1970) – R. O. DENNYS, The Heraldic Imagination, 1975 – O. NEUBECKER, Heraldik. W. – ihr Ursprung, Sinn und Wert, 1977 – J. PH. BROOKE-LITTLE, Boutell's Heraldry, 1983 – G. BASCAPÈ – M. DEL PIAZZO, Insegne e Simboli. Araldica pubblica e privata medioevale e moderna, 1983 – H. PINOTEAU, Les origines des armoiries, 1983 – W. LEONHARD, Das große Buch der Heraldik, 1984 – J. ARNDT – W. SEEGER, W.bielderordnung (Symbolorum Armorialium Ordo, I, 1986; II: General Ind., 1990) – S. FRIAR, A New Dict. of Heraldry, 1987 – F. GALL, Österr. W.kunde, 1992².

Wappenbrief, eine offizielle Urk., die von einem souveränen Herrscher, einem →Hofpfgf.en oder einem Heroldsamt im Auftrag eines Herrschers aufgrund des von diesem delegierten Rechts ausgestellt wurde, um die Verleihung eines →Wappens an eine Person zu dokumentieren. Dies geschah häufig bei der Gelegenheit einer Amtsernennung, bei der Adels- oder Standeserhebung oder bei Wappenbestätigung oder -besserung. Die →Wappenverleihung galt als kgl. Regalienrecht. Bald nach der Verfestigung der →Heraldik im Hof- und Adelswesen wurden die Wappen auch zum Gegenstand von Rechtsgeschäften gemacht. Die ersten erhaltenen Dokumente dieser Art sind noch keine W.e. Es handelt sich bei einem großen Teil der Urkk. um Verträge, durch die ein Wappenbesitzer einer anderen Person erlaubt, sein Wappen oder einen Teil davon (z. B. Helmzier) zu tragen. Solche Rechtsakte wurden oft gegen Entgelt vollzogen. Die ersten überlieferten W.e stammen aus der Zeit Karls IV. und wurden prakt. von jedem Ks. bis zu Franz II. (1806) ausgestellt. Bereits Karl IV. delegierte dieses Recht an die sog. Hofpfgf.en als seine Vertreter. Die Empfänger der Urkk. waren in prakt. allen Gesellschaftsschichten zu finden. Der W. bekam mit der Zeit verschiedene Formen: in England und Schottland haben bis heute die W.e die Form einer Einblatturk., wobei die Wappenzeichnung neben dem Text steht; in Österreich und Dtl. sind es kleine Hefte mit mehreren Seiten. Die Wappenzeichnung nimmt dann eine ganze Seite ein. Da neben dem Ks. auch der Papst das Recht der Ausstellung von W.en beanspruchte, ernannte er ebenfalls sog. apostol. (lateranens.) Hofpfgf.en.   V. Filip

Lit.: J. ARNDT, Die Entwicklung der W.e von 1350 bis 1806 unter besonderer Berücksichtigung der Palatinatsw.e, Herold 7, 1969/71, 34-38, 161-193.

Wappenbuch, -rolle oder Turnierbuch sind nach den →Siegeln die ältesten herald. Q.n. Die meist von →Herolden angelegten und geführten W.er dienten hauptsächl. zur herald. Inventarisierung. Die ältesten W.er zeigen meist nur Schilde ohne Helmzier, seit der 2. Hälfte des 14. Jh. immer mehr auch Vollwappen. Die W.er wurden überwiegend aus zwei Gründen angelegt, zum einen, um beispielsweise die Teilnehmer eines →Turniers oder eines anderen Festes bzw. größeren Zusammentreffens des Adels (Landtage usw.) festzuhalten, zum anderen, um ein auf eine bestimmte Weise geordnetes Register von gegebenen Wappen anzulegen. Im ersten Fall handelt es sich um sog. Gelegenheitswappenrollen (Occasional Rolls), regionale W.er, Lehnswappenbücher und Korporationswappenrollen. Diese wurden ebenfalls zur Registrierung von Lehnsmannen, Kriegsteilnehmern, Mitgliedern von verschiedenen Bruderschaften oder Gesellschaften angelegt und oft über Jahrzehnte auch von verschiedenen Herolden nacheinander geführt. Im zweiten Fall handelt es sich um Wappenslg.en, die nicht nach dem Namen der Inhaber, sondern nach dem Inhalt des Schildes (Ordinaries) geordnet sind. Diese wurden zu Lehrzwecken und »dienstlichen Bedürfnissen« der Herolde zusammengestellt, um dadurch das Studium der →Heraldik den Persevanten zu erleichtern oder um den Herolden selbst eine bessere Orientierung zu ermöglichen. Außer in England sind nur wenige dieser Wappenslg.en erhalten. Im Laufe der Zeit erscheinen mit Wappen illustrierte Universitätsmatrikeln sowie Listen von Berufsgenossenschaften. W.er wurden und werden bis heute von den großen →Ritter- bzw. Hofritterorden geführt. Es finden sich bes. aufwendige beim →Hosenbandorden oder beim Orden vom →Goldenen Vlies, beim →Hubertus- und →Michaelsorden usw. Neben den eigtl. W.ern gibt es auch Wappenslg.en auf Bauwerken, Möbeln, Teppichen und anderen Einrichtungsgegenständen. Die wichtigsten W.er sind: die große Heidelberger →Liederhs. um 1300, die »Balduineen« (→Balduin v. Luxemburg [14. B.]) oder die Romfahrt Ks. Heinrichs VII. um 1345, die Zürcher Wappenrolle um 1340, Armorial Bellenville 1364-86, Gelres W. 1370-86, →Ulrich Richentals Chronik des Konzils zu Konstanz 1414-18, Hans Ingerams W. 1459, Armorial de la Toison d'Or et de l'Europe, 15. Jh., Conrad Grünebergs Ritters und Bürgers zu Konstanz W. 1483. *V. Filip*

Lit.: P. ADAM-EVEN, Catalogue des Armoriaux Français Imprimés, 1946 – A. R. WAGNER, A Catalogue of English Medieval Rolls of Arms, Aspilogia I, 1950; II, 1957 – Papworth's Ordinary of British Armorials, hg. G. D. SQUIBB-A. R. WAGNER, 1961 – E. BERCHEM, FREIHERR V., u. a., Beitr. zur Gesch. der Heraldik, T. 1: Die W.er der dt. MA, 1972.

Wappendichtung → Heroldsdichtung

Wappenkönig → Herold

Wappensiegel → Siegel

Wappenverleihung. Die größte Verbreitung des Wappenwesens wurde durch die Notwendigkeit, ein →Siegel besitzen zu müssen, erreicht. Da das →Wappen im Laufe der Zeit das häufigste Siegelmotiv wurde, führten bereits im 14. Jh. alle Siegelberechtigten ihr eigenes Wappen. Darunter waren nicht nur Einzelpersonen, sondern auch Körperschaften. Das Wappen entwickelte sich so von einem militär. Zeichen zu einem Repräsentations- und Standeszeichen. Infolgedessen machten es z. B. Besitz- oder soziale Standesveränderungen erforderl., ein Wappen anzunehmen und es zu führen. Da das Wappenrecht unabhängig vom Geburtsstand war, folgten in vielen Fällen diesen Wappenannahmen erst nachträgl. Wappenbestätigungen oder -verleihungen. In der Blütezeit des spätma. Bürgertums, in der Wohlstand und Ansehen demonstriert werden mußten, war der Wappenzwang gesellschaftl. vorgegeben. Im Laufe der Zeit wurde die W. allerdings als Regalienrecht des Ks.s oder Kg.s zur Auszeichnung oder Belohnung verdienstvoller Personen oder auch Institutionen angesehen. So stellten souveräne Fs.en oder die von ihnen ernannten sog. →Hofpfgf.en »Wappenbriefe aus, mit denen meist bürgerl. Personen, Gelehrte, Philosophen, Theologen, Ärzte, Naturwissenschaftler oder Künstler geehrt wurden. Im SpätMA war die W. mit dem Standesaufstieg, d. h. mit der Adelserhebung vieler Kaufmannsfamilien (→Fugger, →Welser) verbunden, die ihren Reichtum zu wirtschaftl. und polit. Macht ausbauten. Neben den Verdiensten im Militärwesen wurden auch bedeutende Erfindungen und Entdeckungen mit dem Adelstitel bzw. mit der Erhöhung des Adelsgrades gewürdigt. Auch dies war mit der W. bzw. Wappenvermehrung verbunden. Als Bestätigung wurde bei einer W. ein Wappenbrief ausgestellt. Sein Inhalt wurde schon in der Kanzlei Karls IV. als Formular festgelegt und änderte sich prakt. bis 1806 nicht. *V. Filip*

Lit.: J. ARNDT, Die Entwicklung der Wappenbriefe von 1350 bis 1806 unter bes. Berücksichtigung der Palatinatswappenbriefe, Herold 7, 1969/71, 34-38, 161-193 – W. LEONHARD, Das große Buch der Heraldik, 1984, 24-27.

Waqf → Stiftung, III

Waräger (aruss. *varjagi*, *varjazi*, Herleitung vor ca. 870 von aisländ. *vaeringiar* 'Angehöriger einer durch gegenseitigen Treueid verbundenen Schwurbrüderschaft'; alternative, aber historisch und philolog. anfechtbarere Ableitungen von mittelgr. *barragos* 'Lastträger', sowie gr. *varangos* als Name für die got. und herul. →Föderaten des 3./4. Jh. in röm./byz. Diensten), Sammelbezeichnung für Skandinavier in Osteuropa, im engeren Sinn skand. Söldner im Dienst der aruss. Fs.en und (u. a. als Leibgarde) der byz. Ks. (gr. *varangoi*); ferner ist 'varjag' ein in markanter Weise rechtl. Privilegierter in der →Russkaja Pravda (11. Jh.) sowie ein von Dorf zu Dorf ziehender Kleinhändler in späteren nord- und mittelruss. Dialekten. Hypothetisch, aber historisch gut begründet ist die Annahme, daß der Terminus 'W.' sich in der 2. Hälfte des 10. Jh. zuerst von Byzanz aus verbreitete und zur schärferen Konturierung des skand. Ethnikums an die Stelle der bis dahin die Skandinavier Osteuropas bezeichnenden *Rus'* (s. Liutprand v. Cremona: »Russios quos alio nomine Normanos apellamus«), die sich inzwischen weitgehend slavisiert hatten, getreten ist. Die aruss. Nestorchronik (→Povest' vremennych let) gebraucht »Rus'« und »W.« z. T. synonym und läßt über den nordgerm. Herkunft »von jenseits des Meeres« keinen Zweifel.

Der Vorstoß skand. Expeditionsgemeinschaften an die großen Ströme der osteurop. Tiefebene über die Einfallstore Westl. Düna, Narve und Neva in das Siedlungsgebiet der Balten, Finnen und Ostslaven ist bereits vor dem Erscheinen des halblegendären »Reichsgründers« →Rjurik mit seinen beiden Brüdern (Mitte des 9. Jh.) durch Archäologie und schriftl. Q. (Mitteilung der →Annales Bertiniani zu 839 über das Auftreten von norm. 'Rhos' in Begleitung einer byz. Gesandtschaft des Ks.s Theophilos bei Ludwig d. Frommen in der Pfalz Ingelheim) bezeugt. Priorität hatte für die W. anfangs das Wolgaflußsystem, das den Ostseeraum mit den mittelasiat. Märkten verband (Hortfunde arab. Silber-Dirhems wolgaaufwärts bis zur

Ostsee und nach Schweden seit der 2. Hälfte des 8. Jh.). Tributär oder durch Tausch und Raub beschaffte Waren (Felle, Honig, Wachs) sowie Sklaven/innen wurden den →Wolgabulgaren (detaillierte Schilderung der Rus'-Aktivitäten, u. a. der Bestattung eines reichen W.-»Russen« in Bolgar 921/22, bei →Ibn Faḍlān) und →Chazaren gegen Silber und Gold bzw. Luxusgüter (Seide, Gewürze, Weine, Juwelen, wertvolle Gefäße usw.) und Waffen verkauft. Bei vereinzelten krieger. Großunternehmen gelangten die W. ins Kaspische Meer (864 und 886 nach allerdings ungesicherten Angaben arab. Autoren, 913/14 Plünderungszüge an dessen südl. Ufern; 943/44 Angriff auf das östl. Kaukasusgebiet, Eroberung der Stadt Berdaa in Azerbajdžan) und über das Azov'sche Meer auf die →Krim und die Halbinsel →Taman'. Eine Schlüsselstellung im Wolgahandel der W. nahm →Alt-Ladoga (Aldeigjuborg) als Transitstelle zw. Orient und Okzident ein, das seit der 2. Hälfte des 8. Jh. markante skand. Funde (Holzstab mit 52 eingeritzten Runen, Bootsbestattungen auf dem Friedhof Plakun, Frauengrab mit fries. Kanne usw.) aufweist, einer auf nordruss. Tradition zurückgehenden Chronikversion zufolge der erste Herrschaftssitz Rjuriks gewesen ist und als waräg. Handelsstützpunkt mit beträchtl. skand. Bevölkerungsanteil noch zu Beginn des 11. Jh. enge Kontakte nach Skandinavien hatte (nach der Heimskringla-Saga →Snorri Sturlusons Brautgabe für die zweite Frau →Jaroslavs d. Weisen, Ingigerd, Tochter Kg. Olafs v. Norwegen). Durch Grabungsergebnisse gut bezeugt ist die Anwesenheit von W.n ebenfalls im südöstl. Ladogagebiet, in →Beloozero (in der aruss. Chronik erwähnt als Herrschaftssitz von Rjuriks jüngerem Bruder Sineus/Signiútr) und – wohl eher zum saisonalen Aufenthalt in unbefestigten, präurbanen Handelsplätzen – bei →Jaroslavl' (Timerevskoe, Michajlovskoe, Petrovskoe) und →Rostov. Die von der Archäologie konstatierte »Verlegung der Städte« ('perenos gorodov', Rjurikovo gorodišče' →Novgorod, Gnezdovo →Smolensk) steht im Zusammenhang mit der gleichzeitigen Existenz nahe beieinanderliegender waräg. Handelsemporien und slav. Siedlungen in der Frühphase ihrer Geschichte.

Bedingt durch die Schwäche des Chazarenreiches und dem damit zusammenhängenden Rückgang des Wolgahandels gewann seit der 2. Hälfte des 9. Jh. für die W. der von der Nestorchronik so genannte »Weg von den W.n zu den Griechen« ('put' iz varjag v greki') über die Flüsse Volchov, Lovat' und Dnepr ins Schwarze Meer nach Byzanz (erster, auch von gr. Q. bezeugter waräg. Flottenangriff 860) zunehmend an Bedeutung. Jeder der mit alleiniger oder mehr oder minder starker Beteiligung der W. geführten Feldzüge →Askol'ds (Haskuldr) und Dirs (Dyri), →Olegs (Helgi), →Igors (Ingvar) und ihrer Nachfolger entlang dieses Weges bedeutete eine konkrete Etappe in der Herrschaftsbildung des Kiever Reiches (→Kiev, A). Dabei bestand bes. in dessen Anfangsphase ein unmittelbarer Zusammenhang zw. tributärer Ausbeutung der einheim. Bevölkerung durch die W. und von ihnen dominierten Fernhandel (ausschließlich bzw. ganz überwiegend skand. Gefolgschaftsmitglieder als Unterzeichner der Handelsverträge mit Byzanz 911 und 944; →Vertrag, B). Andererseits machte es ihre relativ geringe Zahl erforderlich, sich frühzeitig mit den alteingesessenen Bewohnern in den Weiten des osteurop. Raumes zu arrangieren (Übernahme autochthoner Gefolgschaftselemente) und sich in Sprache und Lebensweise sowie auch in der Kampfführung den vorgefundenen Bedingungen anzupassen. Neben den fluktuierenden und unsteten waräg. Gefolgschaften hat es skand. Einwanderer, darunter Handwerker (sog. Hybriden in Schmuck und Gerät als Zeugnisse gegenseitiger Beeinflussung) gegeben, während die v. a. von skand. Forschern vertretene These, W. seien in größeren Massen als kolonisierende Bauern nach Osteuropa gekommen, archäolog. nicht hinreichend bewiesen ist und weiterer Abklärung durch die Siedlungsforschung im nordruss. Raum bedarf. Der kulturelle Einfluß der W. blieb hauptsächl. auf die Oberschicht beschränkt und zeitigte keine in die Breite und Tiefe gehende Wirkung auf die slav. Umwelt (wenige skand. Lehnwörter im Russischen). Dies erklärt ihre relativ rasche Slavisierung (sprachlich, biologisch, kulturell) bes. in Kiev selbst, aber auch in →Gnezdovo und an anderen Orten, wenn auch bis weit ins 11. Jh. hinein aufgrund der engen wirtschaftl., militär. und verwandtschaftl. Verbindungen zu Skandinavien immer wieder neue waräg. Abteilungen (erwähnt noch 1043 als Hilfskontingente beim erfolglosen Flottenangriff der Rus' auf Byzanz) ins Kiever Reich gelangten.

In der als *Warägerfrage* bekannten, im 18. Jh. durch die an die Petersburger Akad. d. Wissenschaften tätigen dt. Gelehrten G. S. BAYER (»De Varagis«, 1729) und G. F. MÜLLER (»Origines gentis et nominis Russorum«, 1749) ausgelösten, bis in jüngste Zeit andauernden und oft von außerwiss. Faktoren beeinflußten Kontroverse ging es v. a. um die grundsätzl. Frage nach dem Anteil der W. an Entstehung und Entwicklung der ersten großen Reichsbildung auf ostslav. Boden, der von den sog. »Normannisten« als maßgeblich, von den »Anti-Normannisten« als marginal eingestuft wurde. Die letzte Einschätzung steht in klarem Gegensatz zu der in der Nestorchronik unter 859 und 862 eingetragenen, zwar sagenhafte Züge aufweisenden, aber einen wahren hist. Kern enthaltenden Legende von der freiwilligen Berufung der W.-Rus' durch ostslav. und finn. Stämme (»... unser Land ist groß und fruchtbar, aber es ist keine Ordnung in ihm; kommt Fürst zu sein und über uns zu herrschen...«) und zur übrigen schriftl. Überlieferung (deutl. Unterscheidung zw. den herrschenden W.-Rus' und den tributabhängigen Slaven in einigen byz. und östl. Q., Identität von Rus'-Leuten und Normannen bei Liutprand v. Cremona, in den Annales Bertiniani zu 839, in der slav. Übers. des Georgios Hamartalos zu 860 usw.) sowie zum archäolog. Q. befund (sog. frk. Schwerter, skand. Schmuck, norm. Kult- und Gebrauchsgegenstände, Bootsbestattungen und reiche Holzkammergräber von Gefolgschaftsangehörigen, vereinzelte Runenfunde, zahlreiche Runensteine in Skandinavien, die auf Osteuropa Bezug nehmen, Runeninschriften und skand. Symbolik auf kuf. Münzen usw.) und zum überlieferten Namenmaterial (skand. Namen der ersten Fs. und ihrer Gefolgschaften, Benennung der als Verkehrshindernisse berüchtigten Dnepr-Stromschnellen südl. v. Kiev mit slav. und skand. Bezeichnungen in →Konstantin VII. Porphyrogennetos' »De administrando imperio«, philolog. gut begründete, aber nicht unumstrittene These von der skand. Herkunft des Wortes »Rus'« über finn. 'Ruotsi, Rotsi' als Bezeichnung für die aus dem schwed. Küstenstreifen Roslagen stammenden »Ruderer« = *rōps-byggjar*, von skand. Personennamen abgeleitete Ortsnamen v. a. im nordruss. Raum um Pskov, Novgorod, Tver', Jaroslavl', Kostroma, Smolensk usw.).

Breit anerkannte wiss. Position ist heute die Auffassung, daß das Kiever Reich eine Gemeinschaftsleistung der Ostslaven (bzw. Balten und Finnen) und der rasch slavisierten W.-Rus' gewesen ist. Unbestreitbar aber ist auch, daß erst die in Kiev residierenden W.fürsten ein Herrschaftsgebiet geschaffen haben, das entlang der

Dnepr–Volchov–Achse den südl. und nördl. Pol des Ostslaventums miteinander verklammerte, wobei an eine autochthone ökonom. und polit. Infrastruktur angeknüpft werden konnte. In dem Maße, wie sich die W. von ihren ursprgl. allein auf Beute und Gewinn ausgerichteten, rein handelspolit. Zielsetzungen entfernten, ging der Einfluß neu hinzuziehender Skandinavier zurück, wurden sie als – manchmal zu kostspielige und lästige (→Vladimir d. Heilige soll 980 von ihm angeworbene W. nach Byzanz gewiesen und den Ks. zugleich vor ihnen gewarnt haben) – Söldner sowie fernerhin als handeltreibende Kauffahrer zu einem eher peripheren Faktor in der Gesch. des Kiever Reiches.   H. Rüß

Lit.: HGeschRußlands, I [H. Rüss] (wichtigste Lit. bis 1980) – G. Schramm, Die erste Generation der aruss. Fs.endynastie. Philolog. Argumente für die Historizität von Rjurik und seinen Brüdern, JbGO NF 28, 1980, 321–333 – Ders., Die Herkunft des Namens Rus': Kritik des Forschungsstandes, FOG 30, 1982, 7–49 – Ders., Norm. Stützpunkte in Nordwestrußland. Etappen einer Reichsbildung im Spiegel von Namen, BN NF 17, 1982, 273–290 – Ders., Die W.: Osteurop. Schicksale einer nordgerm. Gruppenbezeichnung, WSl 28, 1983, 38–67 – Ch. Lovmjan'skij, Rus' i normanny, 1985 – G. S. Lebedev, Épocha vikingov v Severnoj Evrope, 1985 – H. Kunstmann, Woher die Russen ihren Namen haben, WSl 31, 1986, 100–120 – Slavjane i skandinavy, hg. E. A. Mel'nikova, 1986 – Th. S. Noonan, Why the Vikings First Came to Russia, JbGO 34, 1986, 321–348 – G. Schramm, Sechs waräg. Probleme, ebd., 363–373 – Der Handel der Karolinger- und Wikingerzeit, hg. K. Düwel, 1987 – V. A. Bulkin, I. V. Dubov, G. S. Lebedev, Rus' i varjagi: novyj ėtap izučenija, VLGU, ser. 2, vyp. 3, 1987, 12–26 – D. A. Avdusin, Sovremennyj antinormanizm, VI, 1988, Nr. 7, 23–34 – A. N. Kirpičnikov, Ladoga i Ladožskaja zemlja VIII–XIII vv. Istoriko-archeologičeskie izučenija Drevnej Rusi: Itogi i osnovnye problemy, 1988 – R. Rolle, Archäolog. Bemerkungen zum W.handel, Ber. der Röm.-Germ. Kommission 69, 1988, 472–529 – I. V. Dubov, Russko-skandinavskie svjazi po materialam Timerevskogo archeologičeskogo kompleksa, VLGU, ser. 2, vyp. 2, 1989, 3–10 – Ders., Velikij Volžskij put', 1989 – N. V. Grinev, Legenda o prizvanii varjažskich knjazej, Istorija i kul'tura drevnerusskogo goroda, 1989, 31–43 – E. N. Nosov, Novgorodskoe (Rjurikovo) gorodišče, 1990 – I. Ja. Frojanov, Istoričeskie realii v letopisnom skazanii o prizvanii varjagov, VI, 1991, Nr. 6, 3–8 – C. Goehrke, Frühzeit des Ostslaventums, 1992 – K. Heller, Die Normannen in Osteuropa, 1993 – M. Hellmann, Westeurop. Kontakte der alten Rus' (Millennium Russiae Christianae, 1993), 81–94 – E. A. Mel'nikova–V. Ja. Petruchin, Legenda o »prizvanii varjagov« i stanovlenie drevnerusskoj istoriografii, VI, 1996, Nr. 2, 44–57 – R. G. Skrynnikov, Die Normannen und die Rus' (Fschr. N. Angermann, 1996), 17–35.

Waratto, frk. →Hausmeier, † 686, ⚭ Ansfled. Der vornehme Franke W., um 659 urkundl. als Gf. im Gebiet um Rouen bezeugt, wurde nach der Ermordung →Ebroins 680 von den Neustriern unter Zustimmung Kg. →Theuderichs III. zum Hausmeier erhoben. Seine Bemühungen um Ausgleich mit →Pippin d. M. (Friedensschluß um 681) wurden durch seinen Sohn Gislemar gestört, der den Vater aus dem Amt verdrängte; wieder aufflammende Bürgerkriege wurden für Pippin höchst gefährlich. Nachdem Gislemar 683 »seinen ruchlosen Geist aufgegeben hatte« (Liber hist. Fr. 46), übernahm W. wieder das Amt; der als Vermittler nach Köln gesandte Bf. Audoin (→Audoenus) v. Rouen konnte den Frieden mit Pippin wiederherstellen. W. blieb bis zu seinem Tod alleiniger Hausmeier (in Audoins Vita c. 15 sogar als 'subregulus' bezeichnet). Im Konflikt um seine Nachfolge konnte sich sein Schwiegersohn →Berchar durchsetzen.   U. Nonn

Q.: Liber hist. Fr. 47f. – Cont. Fred. 4f. (MGH SRM II) – Vita Audoini (MGH SRM V) – Lit.: H. Ebling, Prosopographie der Amtsträger des Merowingerreiches, 1974, 234f. – E. Ewig, Die Merowinger und das Frankenreich, 1993², 172, 185–187.

Warbeck, Perkin, * ca. 1475, † 29. Nov. 1499; ⚭ Jan. 1496 Lady Katherine Gordon, Tochter des 1. Earl of Huntly, eine Verwandte Kg. Jakobs IV. v. Schottland. Er gab sich als Richard, Duke of York, 2. Sohn von Kg. Eduard IV. v. England, aus und war seit 1488 für zehn Jahre der Mittelpunkt von Verschwörungen der Yorkists gegen Heinrich VII., Kg. v. England. Nur wenige waren längere Zeit von seinem Anspruch überzeugt, aber er war ein Faustpfand, dessen Wert entsprechend der internationalen polit. Entwicklung stieg oder fiel. Von 1488 bis 1492 (Vertrag v. Étaples) war Karl VIII. v. Frankreich sein Schutzherr, der ihn benutzte, um die engl. Unterstützung für →Anna v. Bretagne (8. A.) zu behindern. In der Folgezeit wurde er von →Margarete (16. M.), Hzgn. v. Burgund und Schwester Eduards IV., und ihrem Schwiegersohn Maximilian I. »anerkannt«. Ein Landungsversuch in Deal (Kent) 1495 schlug fehl, und W. kehrte nach Schottland zurück. Seine engl. Anhänger zerstreuten sich oder wurden gefangengenommen. Von Jakob IV. am 27. Nov. 1495 empfangen, wurde er zum Zentrum der anglo-schott. Beziehungen. Im Sept. fiel Jakob im Namen W.s in England ein, aber W. verließ das Schlachtfeld und zog sich zurück. Aufgrund der Bedingungen des folgenden Vertrags zw. England und Schottland mußte W. Schottland verlassen. Er ging nach Irland, 1497 nach Cornwall, wo er in Gefangenschaft geriet. Da er kein engl. Untertan war, wurde er gegen ein Friedensversprechen freigelassen, das er jedoch brach. Nun wurde er im Tower of London eingekerkert und dort in den Fluchtversuch von Richard, Earl of Warwick, verwickelt. W. wurde am 16. Nov. 1499 angeklagt und am 29. Nov. gehängt.   A. Cameron

Lit.: N. J. Prior, Mary Shelley's P. W., The Ricardian 9, 1991, 70–75 – D. Dunlop, The Masked Comedian, P. W.'s Adventures in Scotland and England from 1495–1497, SHR 70, 2, 190 (Oct 1991), 97–128.

Ward. 1. W. (*durward*), ein Begriff, der in verschiedenen Bedeutungen im ma. Schottland gebraucht wurde. Zw. der engl. Grenze und der Clyde-Forth-Linie bezeichnete er – wie im n. England – Gebiete innerhalb der *sheriffdoms* (→*sheriff*); wahrscheinl. leitet er sich von der Lehnspflicht ab, *ward* (d. h. einen Wachdienst auf den kgl. Burgen) zu leisten. In Schottland hieß das Ritterlehen *tenure by ward and relief*. Die Kg.e wurden persönl. von 24 Oberturhütern bewacht, die einem Oberturhüter (*door ward*, Durward) unterstanden, dessen Amt erbl. war. Während der Minderjährigkeit →Alexanders III. (1249–60) spielte Alan the Durward, dessen Gemahlin eine unehel. Tochter →Alexanders II. war, kurz eine bedeutende Rolle bei polit. Auseinandersetzungen mit der →Comyn-Familie.

G. W. S. Barrow

Lit.: A. A. M. Duncan, Scotland: The Making of the Kingdom, 1975.

2. W., weltl. Verwaltungsbezirk innerhalb der ma. engl. →Städte (G. I; →*borough*). Die Bezeichnungen unterscheiden sich zunächst örtl. im 11. und 12. Jh. hatte Cambridge 10 *custodiae*, Huntingdon 4 *ferlingis*, York 7 *sciras* und Canterbury 6 *berthae*. Später hatte Norwich 4 große und 11 kleinere *letae*, Lynn 9 *constabularie* und Winchester wenigstens 9 *aldermanriae*. In London wurde vor 1130 ein System von 24 *wardae* eingerichtet, wobei jeder einem *alderman* mit einem *wardmota* unterstand. Andere Städte übernahmen dann die Londoner Terminologie. Zu den Aufgaben des w.-Systems gehörten die Organisation der Verteidigung, die Sammlung von Steuern, die Bekanntmachung von Verordnungen, die Berichterstattung über öffentl. und moral. Vergehen sowie über kleinere Straftaten und die Bestätigung von Besitzübertragungen. W.s liefen oft an Stadttoren zusammen, doch auch Straßen begrenzten ihren Bereich. Pfarreien dienten als w.s-Bezirke, aber ihre Grenzen mußten nicht immer übereinstimmen. D. Keene

Lit.: J. Tait, The Medieval English Borough, 1936 – Calendar of Plea and Memoranda Rolls, 1413–1437, ed. A. H. Thomas, 1943.

Wardan (Vardan). **1. W. d. Große**, chr. Glaubenskämpfer der Armenier, † 451. Als der →Sāsānide Yazdgird II. (438–457) den Versuch unternahm, →Armenien gewaltsam zum Mazdäismus zu bekehren, reagierten die Christen mit einem Aufstand unter Führung W.s des Mamikoniers (zum großen Adelsgeschlecht der *Mamikonean*→Armenien, I). Das armen. Heer erlag den Persern 451 in der Schlacht v. Avarayr (dem heut. Makou im westl. Grenzgebiet des Iran), in der W. gemeinsam mit zahlreichen Kampfgefährten, die in den armen. Heiligenkalender eingingen, den Tod fand. Das Geschichtswerk desEłische, der – neben →Lazarus v. Pharpi (5. Jh.) – den heroischen Kampf W.s schildert, galt lange ebenfalls als Erzeugnis des 5. Jh. Erst 1932 zeigte N. Akinian, daß manche der von Ełische beschriebenen Details den Aufstand unter Wardan Mamikonean (572) betreffen, das Werk also frühestens nach diesem Zeitpunkt entstanden ist; R. W. Thomson, der 1982 die neueste Übers. vorlegte, wies darüber hinaus massive textl. Entlehnungen aus den Büchern der Makkabäer nach. Ełisches Zielsetzung war es offensichtlich, der 555 von Byzanz abgetrennten armen. Kirche eine konstituierende Märtyrerperiode (wie sie die Kopt. Kirche besaß) zuzuschreiben. Eine andere Q. bietet die Gesch. der oriental. (syr.) Märtyrer des →Marutha v. Maiperqat († vor 420) in ihrer im 5. Jh. von Abraham Xostovanogh ('dem Bekenner') angefertigten armen. Übersetzung. Die Gestalt W.s wird seit dem 19. Jh., ähnlich wie Jeanne d'Arc in Frankreich oder einst Arminius in Deutschland, als Nationalheld verehrt; der Schriftsteller Derenik Demirdjian widmete ihm einen zweibändigen hist. Roman.
M. van Esbroeck

Ed. und Lit.: E. Ter-Minassian, Eghišēi vasn Vardanants ew Hayotz paterazmin, 1957 [Krit. Ausg.] – R. W. Thompson, Hist. of Vardan and the Armenian War, 1982 [Bibliogr.].

2. W. Areweltsi ('der Orientale'), armen. Gelehrter des 13. Jh., erhielt mehrfach das Epitheton 'der Große'. 1987 hat P. P. Antabjan durch eine grundlegende Arbeit gezeigt, daß W. aus Gandzak stammt (daher: 'der Orientale'), um 1197/1200 geb. wurde und 1271 starb. Er darf nicht mit drei gleichnamigen zeitgenöss. Schriftstellern (W. Aghbatatsi, W. Aygektsi und W. Bardzberdtsi) verwechselt werden. Allein in Erevan sind 157 Hss., die Teile seines nahezu alle Gebiete der Geisteswissenschaften erfassenden Werks enthalten, bewahrt geblieben. Am häufigsten ediert und kommentiert wurde W.s Weltgeschichte, die für die Zeit der →Īlchāne manchmal als Primärquelle herangezogen wird. W. verfaßte auch eine »Beschreibung der Länder« und Komm. über Grammatik, Psalmen, Hohelied, Daniel und Liturgie. Auch sind mehrere Homilien und Briefe des Autors überliefert. M. van Esbroeck

Bibliogr.: R. W. Thompson, A Bibliogr. of Classical Armenian Lit. to 1500 AD, 1995, 210–212 – *Lit.*: P. P. Antabjan, Vardan Arevelc'i. Kyank' u gorcuneut 'yunə, I-II, 1987–89.

Wardrobe, ursprgl. der Ort im Hofhalt des engl. Kg.s, in der Nähe der →Kammer (Chamber), wo die Kleidung des Kg.s aufbewahrt und in Kisten auf Karren verladen wurde, wenn der Kg. auf Reisen ging. Bereits in den 60er Jahren des 12. Jh. gibt es Hinweise auf die W., und während der Regierung Johann Ohnelands (1199–1216) gab es ein W.-Amt mit Schreiber und Dienern. Es war zuständig für Kleidung, Geschirr, Geld und Akten, bewahrte aber auch Urkk. auf. Es gibt keine Erwähnung der W. in den ersten Jahren der Minderjährigkeitsregierung Heinrichs III., aber seit 1220 war die W. wieder tätig, und bald begannen ihre Aufgaben ständig zu wachsen. Die W. erhielt Geld vom →Exchequer und aus anderen Einnahmeq.n in größerem Umfang, v. a. um die Unkosten des kgl. Hofhalts zu bestreiten. Die Größe der W. wuchs zweifellos an, als der Hauptschreiber der W. nach 1218 für fünf Jahre Peter de →Rivaux wurde. Die erste erhaltene Rechnungsführung der W. stammt von 1224–27. Die W. wurde das Finanz- und Rechnungsamt des kgl. Hofhalts (→Finanzwesen, B.IV), das Geldsummen erhielt, um die notwendigen Ausgaben für Lebensmittel, Kleidung und Transport zu decken und um Sonderaufgaben, v. a. bei der Unterstützung von Heerzügen, übernehmen zu können. Das blieb die Haupttätigkeit des Amtes bis zum späten 15. Jh. Es vergrößerte sich ständig und wurde strukturierter. Der ältere Schreiber wurde *Keeper of the W.* und →*Treasurer of the Household*, genoß aber üblicherweise das Ansehen des letzteren, weil dessen Tätigkeitsbereich zu seinen Hauptaufgaben gehörte. Bis 1406 waren fast alle Treasurers Geistliche, in der folgenden Zeit fast immer Laien, zunächst Knights und seit der Mitte des 15. Jh. gewöhnl. weltl. Lords. Der zweite Schreiber war verantwortl. für die Führung einer zweiten oder Gegenrechnungsrolle der Einkünfte und Ausgaben; im 13. Jh. wurde er bekannt als der *Controller* (Aufseher). Der *Cofferer*, der dritte Amtsträger, ist bereits früh in der Regierungszeit Eduards I. nachweisbar. Er war zunächst der Gehilfe des Treasurer, übernahm aber allmähl. viele seiner Finanzaufgaben. In der folgenden Zeit machten viele W.-Beamten bedeutende Karrieren in der kgl. Verwaltung und wurden mit Bm.ern betraut. Eine Hofhalt-Verordnung v. 1279 verzeichnet und benennt die beiden älteren Beamten – einschließl. des Cofferer, der wieder getilgt wurde – und fünf weitere W.-Schreiber. Der Chirurg und der Arzt des Kg.s werden in der Liste aufgeführt, wahrscheinl. weil sie in der W. wohnten. Es gab eine nicht näher bezeichnete Anzahl von niederen Schreibern, Aufsichtspersonen, Unteraufsehern und Dienern der W. Die Verordnung legte fest, daß der Keeper oder Controller sich jeden Abend mit den anderen älteren Beamten des Hofhalts treffen mußte, um die Rechnungen des Tages zu überprüfen. Ein- oder zweimal im Jahr mußten sie den Weinvorrat für den Hofhalt kontrollieren und Erkundigungen über andere Ämter des Hofhalts einholen sowie andere Pflichten übernehmen. Die Hauptaufgabe der W. war es, Finanz- und Rechnungsamt des kgl. Hofhalts zu sein. Die Bezahlung erfolgte hauptsächl. durch den Exchequer und war sowohl für den Hofhalt als auch für andere Ausgaben gedacht. Das Amt war anpassungsfähig und mobil, insbes. begleitete es normalerweise den Kg. bei seinen Feldzügen, so z. B. bei den Feldzügen Eduards I. in Wales, Schottland, Frankreich und Flandern seit den 70er Jahren des 13. Jh. bis zu seinem Tod 1307.

Im 13. Jh. wurde die W. auch ein Amt für die allg. Verwaltung. 1232 hatte Peter de Rivaux, wieder Keeper of the W., das zweite Siegel des Kg.s, das →Privy Seal, in seiner Obhut, und es blieb in der Verwaltung der Keepers und später der Controllers der W. bis 1312. Sie waren gewissermaßen die Privatsekretäre des Kg.s. Kgl. Briefe, Befehle an die Beamten und Sendschreiben sowie diplomat. Urkk. wurden oft von Schreibern der W. ausgefertigt und mit dem Privy Seal gesiegelt. Das Amt, das von Notaren unterstützt wurde, entwickelte sich zum Schatzamt für diplomat. Urkk., bezahlte und rechnete mit Gesandten ab, die ins Ausland reisten. Zahl und Bedeutung der Privy-Seal-Briefe wuchsen beträchtl. während der Regierung Eduards I., was zu Kritik führte. Als Eduard II. ersucht wurde, einen geeigneten Sekretär zu ernennen, der sein Privy Seal verwahrte, wurde Roger Northburgh 1312 der erste →Keeper of the Privy Seal. Die Verbindung des Privy Seal mit der W. fand ein Ende, obwohl der Anschein bis zum frühen 15. Jh. aufrechterhalten wurde, daß es nur eine vorübergehende Regelung sei.

Der Zuständigkeitsbereich der W. wurde nun begrenzter. Die kgl. Regierung wurde jetzt offizieller und bürokratischer, und die drei großen Ämter von Kanzler, Treasurer und Keeper of the Privy Seal stellten den Kern eines nunmehr formellen Council dar. Die W. war weiterhin das Finanzamt des Hofhalts mit einer üblichen Ausgabe in Friedenszeiten von £ 10000–20000, aber bes. Ansprüche des Hofes und v. a. die Kosten eines Heerzugs ließen diese Summe ansteigen. So erhöhten sich die Ausgaben des Hofes von Richard II. z. B. erhebl. in den 90er Jahren des 14. Jh., und die Feldzüge Eduards III. in den Niederlanden, in Frankreich und Schottland, die Feldzüge von Richard II. in Schottland und Irland sowie die Feldzüge von Heinrich V. in Frankreich führten zu sehr großen Ausgaben der W.

Die Bedeutung der W. als Finanzamt des Hofhalts endete bald, nachdem Eduard IV. 1461 Kg. geworden war. Er fand die kgl. Finanzen in einem schlechten Zustand vor, und er sowie seine Nachfolger waren zunehmend sehr angewiesen auf Einnahmen aus Ländereien und auf die Kammer als ein Hauptamt für die Einkünfte. Die W. war allmähl. zum Scheitern verurteilt, obwohl das Amt des Keeper weiterhin bestand. A. L. Brown

Lit.: T. F. Tout, Chapters in Mediaeval Administrative Hist., 1920–33 – G. P. Cuttino, English Diplomatic Administration, 1259–1339, 1940 – J. F. Willard–W. A. Morris, The English Government at Work, 1327–1336, I, 1940 – M. Prestwich, War, Politics and Finance Under Edward I, 1972 – C. Given-Wilson, The Royal Household and the King's Affinity, 1986.

Wardrobe, Great, eine seit dem frühen 13. Jh. besondere Abteilung der engl. kgl. →Wardrobe, die 'große', sperrige Gegenstände lagerte, erzeugte und lieferte, u. a. Mobiliar, Wandbehang, Tuch, Kleidung, Schmuck, Pelze, lagerungsfähige Nahrungsmittel wie z. B. Gewürze und Wein, Rüstungen und Waffen für den Gebrauch des Kg.s selbst oder für vom Kg. bestimmten Personen. Der Name 'G. W.' (magna garderoba) wurde regelmäßig seit den 50er Jahren des 13. Jh. gebraucht, und seit den frühen 80er Jahren des 13. Jh. gab es einen verantwortl. Schreiber für dieses Amt. In der Folgezeit wurde die G. W. von der Wardrobe allmähl. getrennt, seit 1318 üblicherweise direkt vom →Exchequer unterhalten. Ihr Schreiber erhielt nun die Bezeichnung *Keeper of the G. W.*, doch seine völlige Unabhängigkeit von der Wardrobe wurde erst Ende des 14. Jh. endgültig anerkannt. Zu dem Amt gehörte jetzt ein Mitarbeiterstab von Schreibern und Handwerkern, zu denen der kgl. Schneider, Plattner, Zelthersteller, Sticker, Zuckerbäcker und Maler zählten, sowie von Händlern. Die G. W. bestand sowohl aus einem Vorratslager als auch aus einer Werkstatt, die nacheinander in verschiedenen Gebäuden in London, auch im Tower, untergebracht waren, bis sie schließlich 1361 ein ständiges Haus in der Nähe des Baynards Castle in der Innenstadt erhielten. Das Amt und einige seiner Beamten begleiteten den Kg. häufig bei Feldzügen, wobei behelfsmäßige Lagerhäuser und Werkstätten für die Versorgung des Heeres errichtet wurden. A. L. Brown

Q. und Lit.: Accounts... of the G. W., 1344–49, ed. N. H. Nicolas, Archaeologia 31, 1846, 5–103 – T. F. Tout, Chapters in Mediaeval Administrative Hist., IV, 1928 – C. Given-Wilson, The Royal Household and the King's Affinity, 1986.

Wardrobe, Privy, ein Begriff, der in England in verschiedenen Zusammenhängen gebraucht wurde – im frühen 13. Jh. für Räume, in denen man die Kleidung des Kg.s aufbewahrte, und am Ende dieses Jh. für ein kleines Amt, das für kgl. Kleidungsstücke und andere Gegenstände zuständig war, sogar für getrocknete Früchte. Etwas später und während des gesamten MA gab es eine P. W. of Robes oder P. W. of the Household, die den Kg. begleitete, wenn er verreiste. Es gab auch lokale private w.s, die Waffen und Kleidung aufbewahrten. Der bedeutendste Gebrauch des Begriffs war der für die P. W. im Tower of London, ein Amt, das sich in den 30er Jahren des 14. Jh. aus der kgl. →Kammer entwickelte und ein Lager sowie eine Werkstatt für kgl. Juwelen und Geschirr, aber hauptsächl. für militär. Nachschubmaterial und Schiffszubehör umfaßte. Bogen, Armbrüste, Pfeilbündel und zunehmend auch Geschütze und Schießpulver, Waffen, Zelte, Schiffsmaste, Tauwerk und anderes militär. Zubehör wurden eingekauft, hergestellt, repariert oder von den Sheriffs beschafft und für die Anforderung des militär. Befehlshabers sowie des Schiffsausrüsters gelagert. Die Anzahl der Lager richtete sich nach dem militär. Bedarf des Kg.s. Während der →Peasants' Revolt v. 1381 gewannen die Rebellen Zugang zum Tower und erbeuteten das militär. Versorgungsmaterial des Amtes. A. L. Brown

Lit.: T. F. Tout, Chapters in Mediaeval Administrative Hist., IV, 1928 – C. Given-Wilson, The Royal Household and the King's Affinity, 1986.

Warendorf, Stadt in Nordrhein-Westfalen. In günstiger Emsfurtlage im Kreuz der Straßen Münster–Paderborn–Bielefeld und →Hellweg (Soest)–Osnabrück–Seestädte gelegene, um 800 im Zuge karol. Durchdringung entstandene Siedlung mit wahrscheinl. egbertin. Besitz, deren Stadtwerdung auf Initiative des Bf.s v. →Münster als Stadtherrn um 1200 abgeschlossen ist und die als urbaner Vorort des östl. Münsterer Hochstifts bei ca. 32 ha großer, vor 1300 ummauerter Fläche im 14./15. Jh. gut 2000 Einw. zählte.

Keine Siedlungskontinuität besteht zur ca. 3 km flußabwärts gelegenen, sächs., mehrgehöftigen Siedlung unbekannten Namens des 7./8. Jh., die, zw. 1951 und 1959 ergraben, auf ca. 3 ha, heute überformter Grabungsfläche Grundrisse von 134 ebenerdigen Bauten und 86 Grubenhäusern sowie Zeugnisse agrar., textiler und metall. Gewerbetätigkeit freigab. Der schiffsförmige Haustyp deutet auf nördl. Verbindungen. Die Siedlung existierte bis zum Ende des 8. Jh. und ist mutmaßl. im Zusammenhang der frk. Okkupation zerstört und aufgegeben worden.

F. B. Fahlbusch

Lit.: P. Leidinger, W. (Westfäl. Städteatlas, 2. Lfg., Bl. 15), 1981 – W. Winkelmann, Beitr. zur Frühgesch. Westfalens. Ges. Aufsätze, 1984, 30–43, 43–55, 150–168 – Kirchengesch. der Stadt W., III, 1985, 7–28 [W. Kohl–P. Leidinger].

Warenfälschung ist das Nachmachen, Verfälschen oder Verringern im Wert sowie das Kennzeichnen einer Ware mit falschen (imitierenden) Handelsmarken zum Zweck der Täuschung im Handels- und Warenverkehr. Bevor sich im 19. Jh. die begriffl. Scheidung von →Betrug und →Fälschung durchsetzte, wurde die W. zu den crimina falsi gerechnet. Die »Carolina« (1532) stellte die Fälschung von »specerey oder ander kauffmannschafft« dementsprechend neben die klass. Fälschungsdelikte. Das röm. Recht faßte dagegen die W. als Stellionat (Schurkerei) auf und betonte einseitig die Vermögensschädigung bzw. Sachschädigung. Der Begriff der W. war umfassender und nicht vom Betrug getrennt. Durch die W. wurden die öffentl. Glaubwürdigkeit im Rechtsverkehr (Handel) und das körperl. (Lebensmittelfälschungen!) und wirtschaftl. Wohl von Individuen und Gemeinschaften gestört, weshalb es das Ziel des Verbots der W. war, die gefälschte Handelsware, die in ihrer Beschaffenheit der allg. Verbrauchererwartung nicht entsprach, erst gar nicht in den Verkehr zu lassen.

Die Rechtsq.n des FrühMA enthielten so gut wie keine Bestimmungen gegen die W. – nur die Lex Visig. VII, 6, 3 bestimmte, daß Edelmetallverfälschung als Diebstahl geahndet werden sollte. Die Sache selber war selbstverständl. verbreitet. Gregor v. Tours erwähnt Ende des 6. Jh., wie es scheint, das erste ma. Beispiel für Weinfälschung (»Liber in gloria confessorum«, c. 110); zw. dem 9. und dem 11. Jh. wurden die sog. Vlfberht-Schwerter nachgemacht, d. h. Schwerter hergestellt, die mit der imitierten Namensinschrift »VLFBERHT« versehen wurden. Beide Formen der W., die Veränderung der Beschaffenheit der Ware und die Fälschung des Kennzeichens und des Qualitätsmerkmals, nahmen neue Dimensionen an, als sich die Wirtschaftsweise grundlegend änderte. Seit dem 12./13. Jh. bildete sich in den führenden Gewerberegionen Europas ein dichtes Normensystem aus zur Unterbindung des »Falschwerks« und zum Schutze des Kaufmannsgutes: die Beschau und die →Beschauzeichen, so v. a. in den Lebensmittelgewerben, dem Textil- und Metallgewerbe. Wie schwierig die Abgrenzung zw. erlaubten Manipulationen und W. war, zeigt das Beispiel der Weinfälschung (→Wein): Zusätze dienten teils der Geschmacksverbesserung, teils der Färbung oder Erhöhung der Haltbarkeit und waren z. T. erlaubt, soweit sie nicht eindeutig die Gesundheit angriffen. Ein Reinheitsgebot gab es nicht. Als Weinfälschungen galten hingegen Machenschaften wie die Vermischung mit Wasser, der Verschnitt verschiedener Weinsorten, falsche Bezeichnung der Sorten, betrüger. Süßung und ähnliches. Individuelle Verstöße gegen das Verbot der W. wurden unterschiedl. hart bestraft. Das Strafmaß reichte von Geldbußen, Ehren- und Leibesstrafen bis zur zeitl. und ewigen Verbannung und zur Todesstrafe. Abschreckend harte Strafen wurden insbes. in der Durchsetzungsphase des Verbots verhängt oder in Zeiten konjunktureller Krisen oder dann, wenn – wie in den Tuchzentren von Ypern, St-Omer oder Leiden – die W.en so überhandnahmen, daß dadurch das gesamte Gewerbe in Mißkredit geriet. Die gefälschte Ware wurde häufig verbrannt, weshalb das entsprechende Gericht iustitia combustionis genannt wurde. Die Repression der W. wurde schwieriger, als die Nachahmung eingeführter Handelswaren nicht mehr Sache einzelner war, sondern durch konkurrierende Gewerbegebiete erfolgte. Solche kollektiv begangenen W.en waren äußerst zahlreich, so im Metallgewerbe die Nachahmung der lombard. Harnische durch dt. Billigprodukte Anfang des 15. Jh. oder im Tuchgewerbe die Nachahmung der Biberacher Barchente durch Baseler Produkte. Die Biberacher Tuchproduktion gehörte zur obdt. Baumwollindustrie, die ihrerseits in den Jahrzehnten nach 1363 durch massive W., nämlich die Imitation der ven. bzw. mailänd. Meister- und Herkunftszeichen, zur Blüte gelangt war. In den flandr. Tuchbezirken hatten schon seit Anfang des 14. Jh. die ländl., nicht zünftig organisierten und reglementierten Gewerbe den führenden Städten der Tuchindustrie, z. B. Ypern, St-Omer, Wervicq, durch W. Konkurrenz gemacht. Maßnahmen gegen die unliebsame Konkurrenz vor der eigenen Türe brachten nur zeitweiligen Erfolg, die Nachahmungen in fernen Ländern waren dagegen nicht zu unterbinden. Als kollektives Wirtschaftsdelikt stand so die W., als Mittel der spätma. Wirtschaftspolitik eingesetzt, oft am Anfang des Aufstiegs neuer Gewerbelandschaften, welche sich durch die Imitation von Markenartikeln den Zugang zum Fernhandelsmarkt bahnten. R. Kaiser

Lit.: HRG I, 1060–1066 – R. His, Das Strafrecht des dt. MA, II, 1935, 304–318 – F. Geerds, W. – Sammelbezeichnung oder einheitl. Wirtschaftsstraftat?, Zs. für die gesamte Strafrechtswiss. 74, 1962, 245–294 – M. Müller-Wille, Ein neues Ulfberht-Schwert aus Hamburg, Verbreitung, Formenkunde und Herkunft, Offa 27, 1970, 65ff. – E. Schmauderer, Studien zur Gesch. der Lebensmittelwiss., 1975, 178–186, 214–227, 236–246, 271–278 – B. Jung, Weinfälschungen, 1985 – R. Kaiser, Imitationen von Beschau- und Warenzeichen im späten MA, VSWG 74, 1987, 457–478 – P. Dilg, »artzeny« und »valschery«. Arzneimittelsubstitution im MA (Fälschungen im MA, V, 1988), 703–722 – R. Kaiser, Fälschungen von Beschauzeichen als Wirtschaftsdelikte im spätma. Tuchgewerbe (ebd.), 723–752 – B. Pferschy, Weinfälschung im MA (ebd.), 669–702 – R. Kaiser, Wirtschaftsdelikte als Zeichen wirtschaftl. und sozialen Wandels im MA, Gesch. in Wiss. und Unterricht 40, 1989, 278–293.

Warenkredit (in norddt. Q.n Borgkauf gen.) ist der Verkauf von Waren gegen →Kredit, also gegen das Versprechen einer späteren Zahlung, oft zinsfrei aber mit Berücksichtigung beim Warenpreis. Er ist abzugrenzen vom →Verlag, der Kaufmann und Handwerker zusammenführte, und auch zur Abgabe von Waren (Rohstoffe und Produktionsmittel) gegen Kredit, aber nicht für spätere Zahlung, sondern für spätere Lieferung von Fertigwaren. W. bleibt also im rein kommerziellen Bereich und ist dort im MA die wohl häufigste Kreditform, jedenfalls in Mittel- und N-Europa, wo sich andere Kreditformen, wie →Wechsel und Bankkredit, nur zögernd entwickelten. Damit W. funktioniert, bedarf es eingespielter Handelsverhältnisse und einer Atmosphäre gegenseitigen Vertrauens. Ein frühes Zeugnis ist eine concordia zw. Verdun und Köln v. 1173 (Elenchus fontium historiae urbanae I, 1967, Nr. 85): Kaufleute aus Verdun holen in Köln Waren ab und bekommen von den Kölnern W., also einen Verkäuferkredit, der häufiger war als der Käuferkredit, da der ma. Handel von einem strukturellen Angebotsüberhang geprägt war. Gleichzeitig werden in der genannten concordia die bleibend mit dem W. verbundenen Probleme sichtbar: die Kreditsicherung und das Verfahren bei Streitigkeiten. Es wird von Amtspersonen gesprochen, die das W.-Geschäft bezeugen können. Damit hängt es zusammen, daß später W.-Geschäfte die typ. Eintragungen in städt. →Schuldbüchern sind. Auch die kaufmänn. Handlungsbücher, die als gerichtl. Beweismittel galten, nahmen W.-Geschäfte auf. Wichtig war weiterhin, daß sich die Städte miteinander Rechtshilfe gewährten, wie sie auch schon in der oben gen. concordia enthalten war. Die Hansekaufleute nahmen überall, wo sie regelmäßig Waren einkauften, W. in Anspruch, z. B. in Reval für Pelze und Wachs, in London für Tuche. Probleme tauchten auf, wenn während der Kreditzeit die →Währung verändert, das Geld der Verkäufer aufgewertet wurde, letztere aber auf der Begleichung in der vereinbarten Nominale bestanden. Die seit dem Ausgang des 14. Jh. häufigen hans. W.-Verbote sollten einerseits ein Schutz der Kaufleute gegen ein von ihnen nicht übersehbares Risiko sein (St. Jenks), gehörten andererseits in eine Reihe ähnl. restriktiver Maßnahmen für den Verkehr mit Nicht-Hansen, mit denen die Hanse im 15. Jh. ihre Solidarität zu wahren versuchte. R. Sprandel

Lit.: A. Schaube, Handelsgesch. der roman. Völker des Mittelmeergebietes bis zum Ende der Kreuzzüge, 1906 – M. M. Postan, Credit in Medieval Trade (Ders., Medieval Trade and Finance, 1973), 1–27 –

R. Sprandel, Das ma. Zahlungssystem nach hans.-nord. Q.n des 13.-15. Jh., 1975, 55f. - St. Jenks, War die Hanse kreditfeindl.?, VSWG 69, 1982, 305–338 - A. d'Haenens, Die Welt der Hanse, 1984, 123–129 - Credito, Banche e Investimenti, Secoli XIII-XX, hg. A. Vanini Marx, 1985, 49–51 [A. Svanidze] - Kredit im spätma. und frühnz. Europa, hg. M. North, 1991.

Warenne, engl. Adelsfamilie, die wahrscheinl. ihren Namen von dem Dorf Varenne in der Nähe von Arques (Normandie) ableitete. Sie erwarb vor der norm. Eroberung Englands in den Pays de Caux Ländereien. Der Begründer des Erfolgs der Familie in England war *William de W.* († 1088). Er stieg im Dienst Wilhelms d. Eroberers in der Normandie vor 1066 auf und kämpfte in der Schlacht v. →Hastings. Ihm wurden Ländereien in 13 engl. Gft.en übertragen. Seine bedeutendsten Besitzungen waren Conisbrough in Yorkshire, Castle Acre in Norfolk und die Rape of Lewes in Sussex. Die Veranschlagung seiner Besitzungen wurde im →Domesday Book mit £ 1165 pro Jahr angegeben, was ihn als einen der reichsten engl. Barone auswies. Er war der weltl. Schutzherr der Cluniazenser in England. Um 1077 gründete er das dem hl. Pankras geweihte Priorat in →Lewes, das erste Tochterkl. von →Cluny (B. V) in England. Über zehn Jahre später gründete er ein zweites Cluniazenserpriorat auf seinem Grundbesitz in →Castle Acre. In den letzten Regierungsjahren Wilhelms I. kämpfte er für den Kg. in der Normandie, und nach der Thronbesteigung von Wilhelm II. Rufus verhielt er sich während des Aufstands von →Odo, Bf. v. Bayeux, loyal gegenüber dem neuen Kg. Als Belohnung für seine Loyalität erhob ihn Wilhelm II. 1088 zum Earl of→Surrey und übertrug ihm Ländereien in der Gft. Sowohl nun als auch später nahm die Familie häufig selbst den Titel der Earls of W. an. Williams Sohn, Earl *William II.* († 1138), hatte nicht ein so enges Verhältnis zum Kg. wie sein Vater. 1101, ein Jahr nach der Thronbesteigung von Heinrich I., unterstützte er Robert Kurzhoses erfolglose Invasion in England. Als Folge konfiszierte Heinrich vorübergehend seine engl. Ländereien und verbannte ihn in die Normandie. Jedoch wurde er innerhalb der nächsten zwei Jahre wieder eingesetzt und verhielt sich in der Folgezeit loyal gegenüber Heinrich. Er kämpfte mit ihm in der Schlacht v. →Tinchebrai (1106), die Heinrich die Kontrolle über die Normandie verschaffte. Nun war er ein mächtiger Landbesitzer sowohl in England als auch in der Normandie, und Heinrich zog ihn für seine Dienste heran. Belohnt wurde er mit der Befreiung vom →Danegeld in England und mit der Burg St-Saens in der Normandie. Williams Sohn *William,* der 3. Earl († 1148), zögerte zunächst, Stephan v. Blois zu unterstützen, kämpfte aber für ihn in der Schlacht v. →Lincoln (1141) und verhielt sich in der Folgezeit dem Kg. gegenüber loyal, sogar während der Gefangenschaft Stephans. Durch die angevin. Eroberung der Normandie in eine schwierige Situation geraten und vielleicht auch, weil er fürchtete, daß die Auseinandersetzungen in England nicht enden würden, schloß er sich 1147 dem 2. →Kreuzzug an und fand im folgenden Jahr bei→Laodikeia den Tod. Seine Tochter *Isabel* heiratete Hamel, den illegitimen Bruder Heinrichs II. Nach Hamels Tod 1202 folgte dessen Sohn *William* im Earldom. Als dieser 1240 starb, folgte ihm sein Sohn *John,* der 7. Earl († 1304). Während seines langen Lebens spielte er eine führende Rolle bei polit. und krieger. Unternehmungen. Er kämpfte mit Lord Eduard gegen Simon de →Montfort in der Schlacht v. →Lewes 1264, diente in den schott. Kriegen Eduards I. und stand an der Spitze der engl. Streitkräfte, die von William →Wallace bei →Stirling Bridge 1297 besiegt wurden. Johns Enkel *John* († 1347) verhielt sich generell loyal gegenüber Eduard II., obwohl er zu den Lords gehörte, die 1312 Piers →Gaveston verfolgten. Er mußte eine Fehde mit→Thomas, Earl of Lancaster, austragen, dessen Frau er entführte. Bei seinem Tod hinterließ er keinen männl. Erben. Seine Schwester *Alice* heiratete Edmund, Earl of Arundel, und ihr Sohn Richard vereinigte Wappen und Titel der W. mit denen der Arundel. A. Tuck

Q. und Lit.: Early Yorkshire Charters, ed. W. Farrar-C. T. Clay, Bd. 6, 1949 - C. W. Hollister, The Taming of the Turbulent Earl: Henry I and William of W., Historical Reflections 3, 1976 - M. Prestwich, Edward I, 1988.

Warewic, Gui de (»Guy of Warwick«). Die nach Entstehungszeit und Umfang unterschiedl., letztl. von anglonorm. Vorlagen abstammenden me. Fassungen des zu Ehren der Häuser →Warwick und →Wallingford verfaßten »G. of W.« mögen seit ca. 1300 existiert haben. Ihr Verhältnis zueinander ist nicht genau rekonstruierbar. Die früheste Überlieferung im →Auchinleck-Ms. (1330-40) hat den Stoff bereits in drei Teile aufgespalten: Teil I (G.s Leben bis zu seiner Heirat mit Felice; Ind. 3145) in kurzen Reimpaaren; Teil II (G. als chr. Ritter und Pilger, sein Kampf mit dem Riesen Colbrand [separate Behandlung für 1338 bezeugt; vgl. noch im Percy-Folio-Ms.], G.s Tod; Ind. 946) und Teil III (G.s Sohn Reinbrun; Ind. 1754; nur hier), jeweils in Schweifreimstrophen. Insbes. Elemente des 2. Teils haben dazu geführt, »G. of W.« zu den exemplar. →Romanzen (II) mit hagiograph. Zügen zu zählen (vgl. das schon im Auchinleck-Ms. überlieferte, völlig in den Bereich der religiösen Unterweisung gehörende »Speculum G. de W.«, Ind. 1101). - Die Beliebtheit des Stoffes führte zu mehreren Drucken des 15. und 16. Jh. In Texten und Blasonierungen der Nine Worthies (→Neun Gute Helden, V) ersetzt der Held Gottfried v. Bouillon. K. Bitterling

Bibliogr.: A. W. Pollard-G. R. Redgrave u. a., A Short-Title Cat. of Books Printed in England, 1976-86², Nr. 12540-12542.5 [12542: Neudr. durch G. Schleich, 1923], 21378 - C. Brown-R. H. Robbins, The Ind. of ME Verse, 1943 [Suppl. 1954], Nr. 875 [von→Lydgate], 946, 1754 [Reinbrun], 3145-3146, 4194.5 - ManualME 1. I, 1967, Nr. 7 - *Ed.:* J. Zupitza, EETS, ES, 25-26, 1875-76 [Neudr. in einem Bd. 1966] - Ders., EETS, ES, 42, 1883; 49, 1887; 59, 1891 [Neudr. in einem Bd. 1966] - M. Mills-D. Huws, Fragments of an Early Fourteenth-Cent. »G. of W.«, 1974 - *Faks.:* Auchinleck-Ms., hg. D. Pearsall-I. C. Cunningham, 1979 - Cambridge Univ. Libr. MS Ff. ii. 38, hg. F. McSparran-P. R. Robinson, 1979 - *Lit.:* →Romanzen, II - R. S. Crane, The Vogue of 'G. of W.' from the Close of the MA to the Romantic Revival, PMLA 30, 1915, 125-194 - H. Schroeder, Der Topos der Nine Worthies, 1971 - S. C. Dannenbaum, 'G. of W.' and the Question of Exemplary Romance, Genre 17, 1984, 351-374 - R. Spahn, Narrative Strukturen in 'G. of W.', 1991.

Warham, William, engl. Kleriker und Förderer des Humanismus, seit 1502 Bf. v. →London, seit 1503 Ebf. v. →Canterbury; * um 1456 in Church Oakley, Hampshire, † 1532 in Canterbury. Er erhielt seine Ausbildung in Winchester und im New College, Oxford (dort Fellow 1475-88), seit 1484 Bachelor of Canon Law, seit 1486 Doctor of Canon Law, 1506-32 Kanzler der Universität Oxford; seit 1488 im Besitz von neun namhaften Pfründen. W. war an Gerichtshöfen in Canterbury und Rom tätig; 1485 Master of →Rolls. Er nahm 1491-1506 an zahlreichen diplomat. Missionen teil, 1504-15 Kanzler v. England. 1511-12 leitete er eine ausführl. Visitation in der Diöz. Canterbury und verfolgte die →Lollarden, später bekämpfte er das Luthertum in Oxford. 1527 half W. Kard. Thomas Wolsey bei der Vorbereitung der Nichtigkeitserklärung für Heinrichs VIII. Heirat mit Katharina v. Aragón. Nach dem Sturz des Kard.s bekämpfte er die ersten Anzeichen der Reformation in der engl. Kirche, widerwillig unterschrieb er die »Submission of the Clergy« im Mai 1532. Seine Gesundheit verschlechterte sich seit den frühen 20er Jahren. Er war ein Förderer von →Erasmus v. Rotterdam und vermachte seine bedeutenden Bücherslg. en zwei Oxforder Colleges.　　　G. Harper-Bill

Lit.: A. B. EMDEN, Biogr. Register of Univ. of Oxford to 1500, 1957–59 – Kentish Visitations of Archbishop W. W., 1511–12, ed. K. L. WOODLEGH, 1984 – P. GWYN, The King's Cardinal, 1990 – Kent Heresy Proceedings, 1511–12, ed. N. P. TANNER, 1996.

Warin

1. W., *Gf. in Alemannien* (→Alamannen), † 20. Mai 774, ∞ Hadellind, neben →Ruthard bedeutendster der frk. »Reichsaristokraten« (TELLENBACH), die nach der Zerschlagung des alem. Hzm.s (→Cannstatt, 746) nach Alemannien vordrangen. Die urkdl. comes-Belege für W. sind weit verstreut; zusammen mit Ruthard schuf er Gft.en, bemühte sich aber auch um die Reorganisation des Fiskallandes (Schaffung grafschaftsfreier Fiskalbezirke). Nach →Walahfrid Strabo übten die beiden Gf.en »totius… Alamanniae curam« aus (Vita Galli, SRM IV, 322f.); er wirft ihnen Machtmißbrauch vor (Konfiszierung von Kirchengut). In W.s letzten Lebensjahren wurde sein Einfluß offenbar erheblich zurückgedrängt; dennoch konnte sein Sohn Isanbard die Nachfolge als Gf. im →Thurgau antreten. Ein weiterer Sohn Swabo ist urkdl. bezeugt.
　　　　　　　　　　　　　　　　　　　U. Nonn

Q. und Lit.: M. BORGOLTE, Gesch. der Gft.en Alemanniens, 1984 – DERS., Die Gf.en Alemanniens in merow. und karol. Zeit, 1986, 282–287 [Lit.].

2. W. v. Corvey, OSB, *Abt v.* →*Corvey*, † 20. Sept. 856. Durch seine Eltern, Gf. Ekbert I. und die hl. →Ida v. Herzfeld, sächs.-frk. Adel entstammend, verzichtete W. auf eine ihm zugedachte Hofkarriere und wurde Mönch in →Corbie. Die ihm gewidmeten Schriften »De corpore et sanguine Domini« und »De fide, spe et caritate« seines Lehrers →Paschasius Radbertus bezeugen ihn zunächst als Lehrer, dann als Abt in Corvey. Aufgrund seiner loyalen Gesinnung gegenüber Ludwig d. Fr. erlangte W. 833 die ksl. Anerkennung seiner nach 831 erfolgten Abtswahl und beförderte damit die Loslösung des Kl. von der Mutterabtei. 836 veranlaßte und begleitete W. die Übertragung der Reliquien des Hl. →Vitus nach Corvey, die →Hilduin v. St. Denis, seit seinem Exil 830/831 mit W. verbunden, für ihn erwirkt hatte.　　　　　　　　　　M.-A. Aris

Q.: Translatio Sancti Viti Martyris, ed. I. SCHMALE-OTT, 1979 – Translatio Sanctae Pusinnae, MGH SS II, 681–683 – Lit.: LThK² X, 957f. – K.-H. KRÜGER, Zur Nachfolgeregelung von 825 in den Kl. Corbie und Corvey (Tradition als hist. Kraft, hg. N. KAMP–J. WOLLASCH, 1982), 181–196 – B. KASTEN, Adalhard v. Corbie, 1986 – Der Liber Vitae der Abtei Corvey, hg. K. SCHMID–J. WOLLASCH, 2 Bde, 1991.

3. W., *Ebf. v.* →*Köln* 976–985, † 21. Sept. 985; unbekannter Herkunft, Kleriker und später Propst der Kölner Domkirche. Zw. 29. Juni und 28. Okt. 976 mit Zustimmung Ks. Ottos II. zum Ebf. erhoben, zählte W. wahrscheinl. zur Opposition gegen den Herrscher. Nach dessen Tod lieferte er Anfang 984 den unmündigen Otto III., der seiner Obhut anvertraut war, an Heinrich d. Zänker aus. W. soll sich einer Nachricht des 17. Jh. zufolge gegen Ende seines Lebens in das Kölner Stift Groß St. Martin zurückgezogen haben.　　　　　　　　　　R. Große

Q.: F. W. OEDIGER, Reg. der Ebf.e v. Köln, I, 1954–61, 161–165 – GAMS V/1, 1982, 21 – Lit.: R. GROSSE, Das Bm. Utrecht und seine Bf.e im 10. und frühen 11. Jh., 1987, 224–227 – H. MÜLLER, Die Kölner Ebf.e v. Bruno I. bis Hermann II. (953–1056) (Ksn. Theophanu. Begegnung des Ostens und Westens um die Wende der ersten Jahrtausends, hg. A. VAN EUW–P. SCHREINER, I, 1991), 23f.

Wäringer →Waräger

Warinus (Guarinus), † 21. Jan. 1137 in Salerno. Der wegen seiner Bildung und polit. Klugheit gerühmte Kleriker trat vor 1124 unter Roger II. in die gfl. Hofkapelle ein. Seit 1129 magister capellanus, stieg er nach der Palermitaner Krönung Rogers II. zum Kanzler auf, wahrscheinl. noch 1131; W. blieb gleichzeitig erster Hofkaplan. Die nur mit wenigen Notaren arbeitende Kanzlei, deren Urkk. W. von 1132 bis 1136 datierte, erfuhr von ihm kaum formende Anstöße, da er dem Kg. in erster Linie als Ratgeber, Diplomat und seinen Willen verkündender Stellvertreter ('os et lingua regis') diente. Als sich im Winter 1134/35 gegen Roger II. eine neue Allianz seiner Widersacher formierte, übertrug der Kg. W. und dem Admiral Johannes die Verwaltung des Fsm.s Capua mit vizekgl. Vollmachten. Trotz des Abfalls v. Aversa behauptete sich W. im Großteil der Prov., so daß der Kg. im Herbst 1135 seinen Sohn Anfusus mit dem Fsm. investieren konnte. Angesichts der Invasion Ks. Lothars III. fiel W. im Dez. 1136 die Aufgabe zu, das Kl. Montecassino zu besetzen, um einen der Zugänge zum Kgr. zu sperren. Seine harten, sich über den Widerstand des taktierenden Abtes Seniorectus schroff hinwegsetzenden Maßnahmen konfrontierten die Mönche mit einem neuen Souveränitätsanspruch der Krone, der gewachsene Rechte nicht mehr respektierte. Obwohl ein früher Tod seine Karriere vorzeitig beendete, gehörte W. zu den polit. Talenten, deren vorbehaltlose Loyalität Roger II. in die Lage versetzte, Institutionen wie die Kanzlei und eine provinzial geordnete Verwaltung als Instrumente einer neuen Staatlichkeit zu entwickeln.　　　　　　　　　　　　　N. Kamp

Lit.: C. BRÜHL, Urkk. und Kanzlei Kg. Rogers II. v. Sizilien, 1978, 40f., 44f. [it. 1983, 31, 36f.] – Die Chronik von Montecassino, hg. H. HOFFMANN, MGH SS 34, 1980, 558–564 – Alexandri Telesini abb. Ystoria Rogerii reg. Sicilie, hg. C. DE NAVA–D. CLEMENTI, 1991, 60–67, 255–259, 316–322.

Warmund (Varmundus), *Bf. v.* →*Ivrea* seit 966/967, bedeutender Bauherr, † an einem 1. Aug., wohl 1002 (nicht 1010 oder 1014). W. ist vielleicht identisch mit dem am 27. Sept. 962 auf dem Hoftag zu Pavia belegten Kämmerer Warmund (I Placiti del 'Regnum Italiae', 198). Am 7. März 966 (oder 967) wurde W. von Otto I. zum Bf. v. Ivrea erhoben. Sogleich nach der Ernennung verlieren wir aber seine Spur; erst im Konflikt zw. dem oberit. Episkopat und Mgf. →Arduin v. Ivrea tritt W. wieder hervor. Um 996 auf Betreiben Arduins von seinem Bf.ssitz vertrieben, wurde er nach Arduins Verurteilung (999) auf Intervention Ks. Ottos III. am 9. Juli 1000 restituiert (DO. III., 376). Kurz nach dem Hoftag v. Pavia vom 14. Okt. 1001 (DO. III., 411) brechen die Nachrichten über W. endgültig ab, so daß wir von seinem bald darauf erfolgten Tod ausgehen müssen. Wenn W. auch die Italienpolitik Ottos III. in begrenztem Umfang mitgetragen hat, so kann man ihn doch keineswegs mit einem bedeutenden Reichsbf. wie →Leo v. Vercelli vergleichen. Stärker tritt W.s Rolle als Mäzen hervor: Er ließ nach einer 'in situ' erhaltenen Inschrift die Kathedrale v. Ivrea wiedererrichten, sorgte wahrscheinl. für ihre Ausschmückung und ließ die Reliquien der hll. Savinus, Bessus und Tegulus ins Innere des Bauwerkes transferieren. Auch gab er dem →Skriptorium des Kathedralkapitels entscheidende Impulse, indem er (für seine Kirche wie zum persönl. Gebrauch) Hss. abschreiben und illuminieren ließ, wobei er sowohl einheim. als auch Mailänder Künstler heranzog.　　　　　　　　　　　　　　P. A. Mariaux

Lit.: L. G. PROVANA, Studi critici sovra la storia d'Italia ai tempi del re Ardoino, 1844 – L. MORENO, Vita di S. Veremondo Arborio vescovo d'Ivrea nel sec. X, 1858 – F. SAVIO, Gli antichi vescovi d'Italia dalle origini al 1300, 1898, 185–190 – C. BENEDETTO, I vescovi d'Ivrea, 1942 – R. DESHMAN, Otto III and the W. Sacramentary. A Study in Political Theology, ZK 34, 1971, 1–20 – A. A. SETTIA, Cronotassi dei vescovi di Ivrea (sec. V-1198), BSSS 93, 1995, 252–254 – P. A. MARIAUX, Entre le Sceptre et la Crosse [Thèse Lausanne 1997].

Warnachar. 1. W., frk. →Hausmeier, † 626/627, ⚭ 2. Berta. Schon in zwei Briefen Papst →Gregors d. Gr. von 602 als Vertrauter Kgn. →Brunichilds und ihres Enkels, Kg. →Theuderich II., erwähnt (»vir inluster famulus vester«), amtierte W. unter der Regentschaft Brunichilds als Hausmeier in Burgund. Nach Theuderichs Tod (612) stellte er sich an die Spitze der wachsenden frankoburg. Opposition gegen dessen Sohn →Sigibert II. und plante, Theuderichs vier Söhne »alle zu töten und dann Brunichild zu vernichten und die Herrschaft Chlothars (II.) anzustreben« (Fredeg. IV, 41). 613 ließ er Brunichild ergreifen und an →Chlothar II. ausliefern; dieser bestätigte ihm das burg. Hausmeieramt auf Lebenszeit. 616/617 ist er mit den Großen Burgunds auf einer Reichsversammlung in Bonneuil-sur-Marne bezeugt; im folgenden Jahr war er in einen Bestechungsskandal verwickelt, bei dem er zusammen mit seinen neustr. und austras. Amtskollegen heimlich Geld von Iangob. Gesandten annahm, die wegen der Tribute vorstellig wurden (die Chlothar dann auch erließ). 626/627 erreichte W. beim Kg. die Einberufung einer Synode in Mâcon, starb aber noch vor der Eröffnung. Sein auf die Nachfolge hoffender Sohn Godinus heiratete seine Stiefmutter Berta, erregte aber damit den Zorn Chlothars, der ihn töten ließ. Entsprechend dem Wunsch der Großen ließ der Kg. das burg. Hausmeieramt unbesetzt.
U. Nonn

Q.: Fredegar IV, 40–45, 54 (MGH SRMK II) – Gregorii I papae Reg. XIII, 7 u. 9 (MGH Epp. II) – *Lit.*: H. EBLING, Prosopographie der Amtsträger des Merowingerreiches, 1974, 235–238 – E. EWIG, Die Merowinger und das Frankenreich, 1993², 117–120, 125.

2. W. v. Langres, Kleriker der Kirche v. →Langres, 1. Hälfte des 7. Jh., über dessen Leben wenig bekannt ist. Der Name 'Warna(c)harius' (mit Variationen) muß im Burgund der Merowingerzeit recht gängig gewesen sein; die →Fredegar-Chronik erwähnt mehrere frankoburg. Würdenträger dieses Namens. Die Identifizierungsversuche des W. mit einigen dieser Personen (z.B. mit dem Hausmeier Warnachar; Fredegar IV, 40ff.) erscheinen aber wenig plausibel. W. sandte zwei →Passiones an Bf. Ceraunius v. Paris (von dem bekannt ist, daß er am 5. Pariser Konzil 614 teilnahm) mit einem Dedikationsbrief, in dem er den Bf. mit →Eusebius v. Cäsarea wegen des Eifers beim Sammeln von →Märtyrerakten vergleicht (MGH Epp. III, 457). Die beiden erhaltenen Texte sind die »Passio SS. Tergeminorum Speusippi, Eleusippi, Meleusippi« (BHL 7829; AASS Ian. II, 76–80) und die »Passio S. Desiderii episcopi et sociorum apud Lingonas« (BHL 2145; AASS Maii V, 244–246). Die erstgenannte Passio ist eine späte und interpolierte Version der Legende von den Drillingsbrüdern v. Kappadokien (seit dem 5. Jh. ist eine griech. Passio, aus späterer Zeit eine lat. Übers. dieser Legende bekannt; vgl. H. GRÉGOIRE, Saints Jumeaux et dieux cavaliers, 1905); die Drillingsbrüder wurden in der Folgezeit zu hll. Schutzpatronen v. Langres. Das zweite Werk, das ebenfalls »epische« Züge trägt, handelt von Bf. Desiderius (Didier) v. Langres (4. Jh.?). Die Rolle W.s bei der Erstellung der beiden Texte ist nicht klar (bloße Kodifikation, Überarbeitung oder – was wahrscheinlicher ist – Neuredaktion ausgehend von vorliegenden Überlieferungen).
M. van Uytfanghe

Lit.: HLF III, 1735, 524f. – ABBÉ ROUSSEL, Comment Warnahaire, à l'aide de la légende grecque des Saints Jumeaux, a composé sur ces saints la légende langroise, 1897 – H. GRÉGOIRE, Saints Jumeaux et dieux cavaliers, 1905 – J. MOREAU, Zur Passio der hl. Drillingsbrüder, JAC 3, 1960, 134–140 – M. RICHARD, Mythologie du Pays de Langres, 1970, 94–141 – R. TEJA, Esclavos y semilibres en Asia Menor y en el Occidente a comienzos del Bajo Imperio: ensayo de interpretación de la leyenda de los »Tergemini«, Memorias de historia antigua (Oviedo) 2, 1978, 93–102.

Warnen (Tac. Germ. 40, 1: Varini; Plin. nat. 4, 99: Varinae; Ptol. Geogr. 3, 5, 8: Οὐίρουοι, Οὐαρινοί, stets in Verbindung mit Γεύτονες), germ. Stamm der Nertheus-Gruppe, um Christi Geburt vielleicht in Mecklenburg. Ein östl. Zweig, bei Plinius zusammen mit den →Burgunden gen., gelangte später mit den →Vandalen nach Spanien (zu Agiulf, westgot. Statthalter, s. PLRE II, 39). Die in der Heimat verbleibenden W. (Prokop Got. 2, 15, 2) begründeten zusammen mit Angeln bei der Südwanderung das Thüringerreich (→Thüringen). Ein W.reich in der Gegend der Rheinmündung, seit dem 5. Jh., offenkundig berühmt durch Waffenproduktion, stand in Verbindung mit →Eurich sowie später mit →Theoderich d. Gr. (Cassiod. var. 3, 3; 5, 1). Polit. und dynast. Beziehungen auch zu den brit. Angeln (Prokop Got. 4, 20, 22) könnten um die Mitte des 6. Jh. Konflikte mit den Franken und das Ende des Reiches herbeigeführt haben.
G. Wirth

Lit.: HOOPS¹ IV, 438 – L. SCHMIDT, Die Westgermanen, I, 1938 – SCHMIDT I, 30ff.

Warner v. Basel, Kleriker, vielleicht Schulleiter im 11. oder 12. Jh., verfaßte drei durch Akrosticha und Prolog gesicherten Gedichte »Synodius« und »Paraclitus«. Deren Dialog-Form benutzt er als didakt. Transportmittel: In der Ekloge »Synodius« (leonin. Hexameter) argumentieren Thlepsis für das Judentum und Neocosmus für das Christentum über den richtigen Weg zum Heil. Sophia würdigt als Richterin die Argumente und stellt fest, daß beide Wege möglich seien. Durch diese versöhnl. Grundtendenz unterscheidet sich W. von der für die Gattung vorbildl. →Ecloga Theoduli. Im »Paraclitus« (leonin. Distichen), einem neunfachen Wechsel von Klagen des ratsuchenden Sünders (Penitens) und den dem AT und NT entnommenen Tröstungen der göttl. Gnade (Gratia), bietet letztere Heilmittel gegen die Sünden an. Beide Gedichte werden bis ins 15. Jh. gelesen.
N. Larsen

Lit.: H. WALTHER, Das Streitgedicht in der lat. Lit. des MA, 1920 [Nachdr. 1984], 96–98 – MANITIUS II, 576–582 – P.-W. HOOGTERP, W. B. Paraclitus et Synodius, AHDL 8, 1933, 261–434 – W. VON DEN STEINEN, Lit. Anfänge in Basel, Basler Zs. für Gesch. und Altertumskunde 32, 1933, 239–288 – A. P. ORBÁN, Einige Bemerkungen zur Ekloge 'Synodius' des W. B., Euphorion 72, 1978, 302–313 – DERS., Was war die Muttersprache des W. B.?, ZRPh 95, 1979, 71–74 – DERS., Die Ekloge 'Synodius' des W. v. B., MJb 28, 1993, 17–24.

Warnower, slav. Kleinstamm im Bereich des Flusses Warnow in Mecklenburg, dessen Name für slav. gehalten wird ('Krähenfluß' oder 'schwarzer Fluß'), der aber auch mit den germ. →Warnen in Zusammenhang stehen kann. Dann wäre die früheste slav. Besiedlung in diesem Gebiet auf germ. Restbevölkerung getroffen. Die W. gehörten zum Stammesverband der →Abodriten, in dem sie aber keine führende Rolle spielten. Ein kult. Mittelpunkt der W. mit einer überdachten Halle entstand in der 2. Hälfte des 9. Jh. neben dem Burgwall (auf einer Insel im Sternberger See) bei Groß Raden. Die erste Erwähnung der W. findet sich bei →Adam v. Bremen (Warnabi); als in den schriftl. Q.n nicht bezeugtes Stammeszentrum wird der Burgwall in der Nähe von Friedrichsruhe (Krs. Parchim) vorgeschlagen. Eine Landschaft Warnowe wird 1171 und 1186 erwähnt.
Chr. Lübke

Lit.: SłowStarSłow VI, 336 – HERRMANN, Siedlung, 18–24 – HERRMANN, Slawen [Ind.] – E. SCHULDT, Groß-Raden, ein slaw. Tempelort des 9./10. Jh. in Mecklenburg, 1985.

Waroc, bret. Fs., † nach 594 (→Bretagne, A. I), über den wir dank des Q.nzeugnisses →Gregors v. Tours besser unterrichtet sind als über andere bret. Dynasten vor dem 9. Jh. Er gehörte als Sohn des Macliau (→Macliavus) einer mächtigen Adelsfamilie an, deren Mitglieder untereinander um die Kontrolle der sö. Bretagne kämpften. W. konnte Teile des Machtbereiches seines erschlagenen Vaters zurückgewinnen (vor 578). Zentrum seiner Herrschaft war offenbar das Vannetais, das bis ins 10. Jh. nach ihm als *Broérec* ('Broweroch') bezeichnet wurde. Wohl erst unter W. wurde diese Region von bret. Siedlung, Sprache und Herrschaft tiefgreifend erfaßt. W.s Machtstellung wird deutlich einerseits anhand der Fehlschläge, welche die Franken bei ihren Kriegszügen gegen ihn einstecken mußten, andererseits anhand der Raubzüge W.s in frk. Gebiete, bes. in die westl. Diöz.n der von Gregor geleiteten Kirchenprov. →Tours (nach Gregor: 578, 579, 587, 590; nach der →Fredegar-Chronik auch noch 594). Es überrascht nicht, daß die von W.s Einfällen betroffenen Bf.e v. →Vannes, →Nantes, →Angers und →Le Mans zw. W. und den frk. Kg.en →Chilperich I., →Gunthram und →Chlothar II. zu vermitteln suchten. Belastend für Gunthrams Regierung war gleichwohl, daß →Fredegund, die Witwe Chilperichs I., in ihrem Kampf um die Vorherrschaft in Neustrien W. als Verbündeten heranzog und den bret. Fs.en somit in die Machtkämpfe der frk. Aristokratie einband. W.s Gestalt lebt in den mündl. Überlieferungen der Bretagne fort; noch in Heiligenviten des 11.-12. Jh. wird er als Mann von Autorität und Wohltäter der Kirche gerühmt.
J. M. H. Smith

Q.: Gregor v. Tours, Hist. Fr., V. 16, 26, 29; IX. 18; X. 9, 11 – Fredegar, IV. 15 – Vita Mevenni, AnalBoll 3, 1884 – Vita Guthierni (Cart. de Quimperlé, ed. L. MAÎTRE–P. DE BERTHOU, 1904) – *Lit.*: A. CHÉDEVILLE–H. GUILLOTEL, La Bretagne des Saints et des Rois, V^e–Xe s., 1984.

Wars of Independence ('Unabhängigkeitskriege'), in →Schottland Bezeichnung insbes. für den Zeitabschnitt zw. 1296-1328. In dieser Zeit war das engl. Kgr. fast ständig in krieger. Auseinandersetzungen, bes. unter Eduard I. und seinem Sohn Eduard II., mit den Schotten verwickelt. Hauptziel der engl. Kg.e waren die Erhebung ihres Anspruchs auf die feudale Oberherrschaft über Schottland und der Nachweis dieser Oberherrschaft entweder durch die Kontrolle der anerkannten Herrscher in Schottland oder durch die direkte Regierung des nördl. Kgr.es. Die Schotten behaupteten dagegen, daß ihre Kg.e ihr Kgr. direkt von Gott erhalten hätten und daß diese nur wegen der Lehen in England den engl. Kg.en huldigten. Obwohl die engl. Herrscher nach 1328 für mindestens zweieinhalb Jahrhunderte die feudale Oberherrschaft über Schottland weiterhin beanspruchten, sind die krieger. Auseinandersetzungen zw. beiden Ländern in der späteren Zeit eher als nachbarl. Streitigkeiten zu verstehen, wobei Schottland häufig durch Hilfeersuchen der verbündeten Kg.e v. Frankreich dazu angetrieben wurde.

Der Tod von Margarete, der Enkelin →Alexanders III., 1290, bevor sie zur Kgn. v. Schottland gekrönt und den Erben Eduards I. heiraten konnte, hatte einige polit. Verwicklungen zur Folge, die unvermeidl. zum Krieg führten. Eduard berief einen Hoftag ein, der Forderungen stellte und John →Balliol zum Kg. v. Schottland wählte und nicht Robert Bruce 'the competitor'. Der engl. Kg. erhob Ansprüche, die den neuen Kg. und seine Untertanen zum Eintritt in die →Auld Alliance mit dem frz. Kg. (1295–96) zwangen. Der Krieg begann im März 1296 mit einem schott. Einfall in das nw. England und einer großangelegten engl. Invasion von der Ostküste her. Die Schotten wurden in Dunbar besiegt, und im Juli wurde Kg. John ausgeliefert und gezwungen, auf den Thron zu verzichten. Zunächst in England eingekerkert, wurde Balliol später (1299) ins Exil nach Frankreich geschickt. Eine engl. Besatzungsregierung wurde eingerichtet, aber 1297 organisierten William →Wallace und Andrew de Moray eine Widerstandsbewegung des Volkes, die in →Stirling am 11. Sept. ein engl. Heer besiegte. 1297-1304 behaupteten die Schotten erfolgreich eine Regierung von Guardians (Regenten), die im Namen von John Balliol regierten. Das Heer von Wallace wurde von Eduard I. in →Falkirk (1298) schwer geschlagen, und sein Amt als Guardian wurde von Robert Bruce, John →Comyn und anderen Adligen und Prälaten eingenommen. Bruce unterwarf sich 1302 Eduard I., als eine Wiederherstellung der Macht Balliols drohte. Die Mehrheit der schott. Führer kapitulierte 1304, als die engl. Eroberung abgeschlossen und endgültig erschien. Im Febr. 1306, sechs Monate nach der Hinrichtung von Wallace, wurde Comyn von Bruce bei →Dumfries erschlagen. Am 25. März bestieg Bruce selbst als Kg. den Thron in →Scone, nachdem er wohl seit 1304 Unterstützung erhalten hatte.

In den ersten Jahren seiner Herrschaft (1306–29) schien →Robert I. auf verlorenem Posten zu stehen, aber seit dem Frühjahr 1307 und bes. nach dem Tod Eduards I. am 7. Juli wendete sich das Kampfglück zugunsten Schottlands. Die Gegner des schott. Kg.s wurden entfernt oder traten zum Kg. über. Einfälle nach England bewirkten, daß viele Mächte, einschließl. Frankreich, die Unabhängigkeit Schottlands anerkannten. Am 24. Juni 1314 folgte dem energischsten Versuch Eduards II., Schottland zu erobern, die entscheidende Niederlage bei →Bannockburn. Eduards Flucht vom Schlachtfeld verzögerte den Friedensschluß um viele Jahre. Die Schotten drangen erfolglos in Irland ein und machten ungehindert einen Einfall in das n. England. Der Friedensschluß war eine Folge der Absetzung Eduards II. und der Nachfolge seines jungen Sohnes Eduard III. Der Vertrag v. →Edinburgh (1328) beinhaltete die volle Anerkennung des Titels Roberts I. und der schott. Unabhängigkeit sowie die Heirat Davids II. mit Johanna, der Schwester Eduards III. Obwohl der Vertrag in zyn. Weise von den Engländern widerrufen wurde, erwies es sich für die folgenden engl. Kg.e als unmögl., die Eroberungen Eduards I. zu wiederholen.
G. W. S. Barrow

Lit.: R. NICHOLSON, Scotland: The Later MA, 1974 – A. A. M. DUNCAN, Scotland: The Making of the Kingdom, 1975 – G. W. S. BARROW, Robert Bruce and the Community of the Realm, 1988 – C. MCNAMEE, The Wars of the Bruces, 1997.

Warschau (Warszawa), Stadt in →Masowien an der Weichsel, seit dem 17. Jh. Hauptstadt Polens. Wahrscheinl. um 1300 verlegte Fs. Bolesław II. v. Masowien die Burg v. Jazdowo 4 km flußabwärts und gründete daneben auf dem Boden des Dorfes Warszowa eine Stadt nach →Dt. Recht (1313 erstmals erwähnt), die günstig an der Handelsverbindung zw. Ostseeküste, Thorn und Rotreußen lag. 1339 war W. Tagungsort des päpstl. Tribunals um Pomerellen zw. dem Dt. Orden und Kg. →Kasimir III. v. Polen. Seit Mitte des 14. Jh. ummauert, hatte W. schon vor 1376 einen Stadtrat. Fs. Janusz I. v. Masowien (1374–1429) baute die Burg zur Hauptresidenz aus, 1398-1406 verlegte er das Kapitel des Kollegiatstifts v. Czersk in die W.er Pfarrkirche. Anfang des 15. Jh. gründete er unmittelbar nördl. die →Neustadt W., 1413 bestätigte er der →Altstadt das Kulmer Recht. Seit der 2. Hälfte des 15. Jh. nahmen der

Weichselhandel und die Verbindungen zu Litauen und Breslau zu; um 1500 zählte W. über 5000 Einwohner.

S. Gawlas

Lit.: Warszawa średniowieczna, 1–2, 1972–75 – A. Gieysztor (Warszawa, jej dzieje i kultura, 1980) – Z dziejów rzemiosła warszawskiego, hg. B. Grochulska–W. Pruss, 1983 – J. Widawski, Warszawski dom mieszkalny w średniowieczu, 1985 – A. Gieysztor, Die Anfänge von W. (Altständ. Bürgertum, hg. H. Stoob, III, 1989) – K. Zernack, Berlin und W. (Czas, przestrzeń, praca w dawnych miastach. [Fschr. H. Samsonowicz, 1991]) – M. Drozdowski–A. Zahorski, Hist. Warszawy, 1997⁴.

Wartburg, hoch über dem Hörseltal bei →Eisenach gelegen, erstmals 1080 bezeugt, sehr wahrscheinl. in den 70er Jahren des 11. Jh. von dem thür. Gf. en Ludwig d. Springer wohl auf usurpiertem fuldisch-hersfeld. Kl. gut erbaut. Den Zugriff auf diesen strateg. wichtigen Platz ermöglichten Gf. Ludwig die Wirren des thür. Zehntstreits und die 1073 ausgebrochene sächs.-thür. Empörung gegen Kg. Heinrich IV. Mit dem Erwerb der W. und des Gebiets um Eisenach gelang den →Ludowingern der wohl entscheidende Schritt zu ihrer, das Thüringer Becken von W nach NO (Sangerhausen) und O (Neuenburg bei Freyburg/Unstrut) übergreifenden territorialen Vorherrschaft in →Thüringen, die ihrerseits die Grundlage für die kgl. Übertragung der thür. Lgf.enwürde 1131 an die Ludowinger bildete. Angesichts der herausragenden strateg. und polit. Bedeutung der W. erzwang Ks. Heinrich V. nach seiner anfängl. Niederwerfung der thür.-sächs. Adelsopposition 1113 die Auslieferung der W. und gab sie erst über ein Jahr nach seiner Niederlage am →Welfesholz 1116 an Ludwig d. Springer zurück. Weiteres Gewicht gewann die W., als die Ludowinger 1122/37 umfangreiche Herrschaftsrechte in Mittel- und Nordhessen erwarben und die W. damit vom äußersten W des ludowing. Herrschaftsgebiets in dessen Mitte rückte. In enger Bezugnahme auf die W. begannen die ludowing. Lgf.en wohl seit den 30er Jahren des 12. Jh. mit der Anlage der bereits um 1150 als Münzstätte bezeugten Marktsiedlung Eisenach. Gleichzeitig mit den städt. Anfängen Eisenachs erfolgte unter dem mit Ks. Friedrich I. verschwägerten Lgf.en →Ludwig II. (1140–72) die Ausgestaltung der W. zu einem der repräsentativsten fsl. Bauwerke der Zeit. Mit dem Bau des reich mit rhein. beeinflußter Kapitellornamentik und Kalksinter-Säulen ausgeschmückten dreigeschossigen Palas wurde 1157/58 begonnen. Sein drittes Geschoß mit dem Festsaal wurde möglicherweise unter Ludwig II., sicher aber noch vor 1200 vollendet. Neben militär. Aufgaben (1184 Festsetzung Mgf. Ottos v. Brandenburg; 1212 Flucht Lgf. →Hermanns I. vor Ks. Otto IV.) dürfte die W. damals v.a. repräsentative Funktionen wahrgenommen haben, während sie in dem – allerdings nur lückenhaft bekannten – lgfl. Itinerar zunächst auffällig hinter anderen Burgen und dem zunehmend häufiger aufgesuchten Eisenach zurückstand. Ca. 1137/38–1227 unterstand sie der Aufsicht der Gf.en v. W., die hier bgfl. Aufgaben wahrnahmen. 1224/27 scheint sich erstmals unter Lgf. →Ludwig IV. und seiner Gemahlin →Elisabeth der lgfl. Hof dauerhafter auf der W. aufgehalten zu haben. Endgültig unter Ludwigs Bruder, dem letzten ludowing. Lgf.en →Heinrich Raspe (1227–47), der sich v.a. nach seiner Kg.swahl 1246 häufiger auf der W. aufhielt und hier am 16. Febr. 1247 starb, setzte der Aufstieg der W. zur bevorzugten lgfl. Residenz ein. Nach dem Übergang der Lgft. an die →Wettiner 1247 kam der W. in den Auseinandersetzungen zw. →Heinrich d. Erlauchten, Mgf. v. Meißen, und Hzgn. Sophie v. Brabant um das ludowing. Erbe in Thüringen 1250/60 eine zentrale Rolle als Vorort und Symbol der Herrschaft über Thüringen zu. Unter Heinrichs Sohn und Nachfolger →Albrecht d. Entarteten (1254–1307/15) wurde die W. der mit Abstand wichtigste lgfl. Aufenthaltsort. Bewußtes Anknüpfen an die ludowing. Traditionen und an die 1306 in der Auseinandersetzung mit der Stadt Eisenach erneut bewiesene militär. Bedeutung der Burg ließen unter den nachfolgenden Lgf.en Friedrich d. Freidigen (1307–23) und Friedrich d. Ernsthaften (1323–49) die Vorrangstellung des Zentrums W.-Eisenach trotz der langsamen Gewichtsverlagerung nach Gotha als neuer Hauptresidenz weiter bewahren. Umfangreiche Baumaßnahmen unter Friedrich d. Freidigen nach einem Brand v. 1317/18 unterstrichen die Rolle der W. als wichtigster wettin. Residenzburg ebenso wie 1331 die Gründung eines Franziskanerkl. unterhalb der W. durch Friedrich d. Ernsthaften. Mit der nächstfolgenden Generation allerdings, als unter Lgf. Friedrich d. Strengen (1349–79) das Zentrum W.-Eisenach zunehmend gegenüber Gotha zurücktrat, setzte ein rascher Bedeutungsverlust der W. ein, der auch trotz vorübergehender Restitutionsversuche des 1406 auf der W. gestorbenen Lgf.en →Balthasar nicht aufzuhalten war. Der Aufstieg →Weimars zur neuen lgfl. Residenz im 15. Jh. brachte den endgültigen Niedergang der W. Ihre Funktion beschränkte sich neben vereinzelten lgfl. Aufenthalten v.a. auf den Sitz der Vögte bzw. seit 1356 vorwiegend Amtmänner der W., deren Verwaltung die W. um 1335 unterstellt wurde. Offenbar nach Mitte des 14. Jh. wurde hier ein eigenes Amt W. eingerichtet. Bekannteste Amtmänner der W. waren Bruno v. Teutleben, dem Johannes →Rothe 1418 seine »Thür. Landeschronik« widmete, und Hans v. Berlepsch (1517–25), unter dem Martin Luther sich 1521/22 auf der W. aufhielt. 1475/80 erfolgte der Ausbau umfangreicher Fachwerkwehrgänge.

Seit dem späten 13. Jh. galt die W. als Schauplatz des fiktiven, zunehmend als hist. angesehenen Dichterwettstreits (→Wartburgkrieg), den nach ersten →Spruchdichtungen im sog. »Rätselspiel« (um 1239) das um 1260 in Thüringen verfaßte sog. »Fürstenlob« an den Hof Lgf. Hermanns I. (1190–1217) verlegte. Weitere Traditionen waren die in der →»Cronica Reinhardsbrunnensis« (1340/49) überlieferten Berichte über die ausschlaggebende Rolle der W. im sog. thür.-hess. Erbfolgekrieg (1247/63), die erstmals in der Eisenacher Chronistik um 1414 fixierte Sage von der Entdeckung des Wartberges und der Erbauung der W. durch Ludwig d. Springer sowie die zahlreichen von Johannes Rothe auf die W. verlegten Episoden aus dem Leben der hl. Elisabeth. Diese vielfältige Traditionsbildung, die sich um die W. wie um keine andere Burg des Landes rankte, trug entscheidend dazu bei, daß die W. im 15./16. Jh., als sie ihre polit. Bedeutung schon längst verloren hatte, noch immer als »houbit des landes zu doringen« galt.

M. Werner

Lit.: H. Patze, Bibliogr. zur thür. Gesch., 1965, 743–745 – Hist. Stätten Dtl. IX, 1989² – B. Streich, Zw. Reiseherrschaft und Residenzbildung. Der wettin. Hof im späten MA, 1989 – W. Heinemeyer, Marburg und Eisenach in ihren Anfängen (Marburg. Entwicklungen-Strukturen-Funktionen-Vergleiche, hg. A. Pletsch, 1990), 227–247 – D. Eckstein, T. Eissing, P. Klein, Dendrochronolog. Datierung der W., 1992 – H. Schwarz, Die W. im Itinerar der thür. Lgf.en des MA, W.-Jb. 1992, 90–102 – Ders., Die Vorsteher der W., ebd., 1994, 58–84 – D. Grossmann, Zur Kapitellornamentik der W. (Forsch.en zu Burgen und Schlössern I, 1994), 25–38.

Wartburgkrieg. Als W. wird ein Konglomerat mhd. Sangspruchgedichte des 13. Jh. bezeichnet, →Spruchdichtung, die im Schwarzen Ton (dem fiktiven Klingsor zugeschrieben) und im Gekauften oder Fürstenton Heinrichs v.

Ofterdingen (später dem Ehrenbote zugeschrieben) abgefaßt sind (→Ton). Hauptq.n sind die Gr. Heidelberger (Manessische), die Jenaer und die Kolmarer Liederhs. (→Liederhss.). An den Kern lagerten sich im SpätMA noch weitere Texte an. Als älteste Gedichte des W. es gelten das »Rätselspiel« (Rätselwettstreit zw. Klingsor und Wolfram v. Eschenbach) und »Aurons Pfennig« (Anklagen gegen die Geistlichkeit), beide im Schwarzen Ton um 1239 entstanden. Dem »Rätselspiel« vorangestellt wurde um 1260/70 das »Fürstenlob« im (Thüringer-) Fürstenton, in dem sechs Sänger (Heinrich v. Ofterdingen, →Walther v. d. Vogelweide, Tugendhafter Schreiber, Biterolf, →Reinmar v. Zweter, →Wolfram) vor dem Lgf.en und der Lgfn. v. →Thüringen (→Wartburg) darum streiten, wer den besten Fs.en auf die beste Weise zu rühmen verstehe. Der unterlegene Ofterdingen erhält schließlich die Erlaubnis, den in der Nigromantie bewanderten Klingsor aus Ungarn herbeiholen zu dürfen, was zum »Rätselspiel« überleitet. Ebenfalls zum W. gehören »Zabulons Buch« (Fürstenlob, Wettstreit Klingsor-Wolfram) und die »Totenfeier« (Schwarzer Ton, Trauer um den Tod des Lgf.en und des Gf.en v. →Henneberg). Der weitgehend dialogisierte W. stellt ein wichtiges Zeugnis für die ritualisierte 'Streitkultur' in der Spruchdichtung dar, in der es vielfach darum geht, den Kontrahenten durch möglichst abseitiges Wissen zu übertrumpfen. H. Brunner

Ed. und Lit.: K. SIMROCK, Der W., 1858 – T. ROMPELMANN, Der W. [Diss. Amsterdam 1939] – B. WACHINGER, Sängerkrieg, 1973 – Rep. der Sangsprüche, V, 1991, 492–538 – W. KILLY, Literaturlex. XII, 1991, 144–146 [F. SCHANZE] – zur »Einbindung« des W.-Stoffes in Wagners »Tannhäuser«: Wagner-Hb., hg. U. MÜLLER–P. WAPNEWSKI, 1986, bes. 21–26 [V. MERTENS]; 251–255 [P. WAPNEWSKI].

Wartenberg, böhm. Adelsgeschlecht, stammte seit dem 13. Jh. von dem altböhm. Geschlecht der Markwartinger ab, das wichtige kgl. und Landesämter innehatte. Die nach der gleichnamigen Burg in NW-Böhmen benannte Adelsfamilie teilte sich in vier Linien: in die im 15. Jh. ausgestorbenen Kumburger, von Kost und von Veselí sowie in die im 17. Jh. ausgestorbenen verzweigten Teschener (Děčín). Aus der zweiten Linie entstammte Čeněk v. →W., aus der Teschener Familie wurde der Prager Kanoniker und Politiker Johann v. Ralsko († 1433) bekannt. M. Polívka

Lit.: I. HORÁKOVÁ, Vartenbergové. Nástin dějin panské – ho rodu v době předhusitské [Diss. Praha 1974] – I. RAKOVÁ, Vývoj pozemkové držby pánů z Vartenberka v letech 1281–1415, Historická geografie 18, 1979, 69–102 – Z Vartenberka (Hrady, zámky a tvrze v Čechách, na Moravě a ve Slezsku III, Severní Čechy, 1984).

W., Čeněk v., * um 1385, † 17. Mai 1425, ⚭ mit einer Landsteinerin (→Witigonen); bekleidete böhm. Verwaltungs- und polit. Ämter, seit 1400 am Hofgericht in Prag tätig, 1408–14 kgl. Truchseß, 1414–20 Oberbgf., 1412–17 Vormund von Ulrich →Rosenberg. Č. v. W. war Anhänger der Reformen von Johannes →Hus, die er auf seinen und den Rosenberger Gütern verbreitete. 1417 ließ er auf der Burg Lipnice hussit. Prediger zu Priestern weihen, 1419–20 nahm er an den Kämpfen um Prag teil, schwankte jedoch in seinen religiös-polit. Ansichten und verlor danach an polit. Einfluß in Böhmen. 1421 wurde er auf dem Landtag v. →Čáslav zum böhm. Landverweser gewählt, kämpfte aber gegen radikale →Hussiten. Jan →Žižka besiegte ihn 1423. Ks. Siegmund zeichnete ihn mit dem →Drachenorden aus. M. Polívka

Lit.: J. M. KLASSEN, The Nobility and the Making of the Hussite Revolution, 1978 – I. RAKOVÁ, Rožmberské teritorium v předvečer husitské revoluce. Vztahy Oldřicha z Rožmberka a Čeňka z Vartenberka, Folia Historica Bohemica 3, 1981 – DIES., Č. z Vartenberka (1400–1425). Příspěvek k úloze panstva v husitské revoluci, Sborník historický 28, 1982, 57–99 – M. MORAVEC, Zástavy Zikmunda Lucemburského v českých zemích 1420–37, Folia Historica Bohemica 9, 1985, 89–173 – F. ŠMAHEL, Hussit. Revolution, 1997.

Warthe (poln. Warta), Fluß in Mittelpolen, größter rechter Nebenfluß der →Oder (808 km, 53 709 km² Stromgebiet), entspringt auf der Krakau-Sandomirer Höhe, mündet bei Küstrin. Der Unterlauf der W., ab der Mündung der Netze bei Zantoch, wurde im früheren MA meistens →Netze genannt. Die W. bildete die Achse Großpolens und teilte es in einen südwestl. und einen nordöstl. Teil. In ihrem mittleren und teilweise unteren Einzugsgebiet lagen im FrühMA die Siedlungsgebiete der Polanen (an der mittleren W. lag →Posen, einer der →sedes regni principales der ersten Piastenherrscher). Andere Stämme wie Goplanen und Leubuzzer hatten einen nur begrenzten Anteil; die Hypothese (K. TYMIENIECKI) der Existenz eines Stammes 'Wierczanie' ('Uerizane' des →Geographus Bavarus) am Oberlauf der W. ist nicht zu halten. Von den an der W. gelegenen ma. Burgen entwickelten sich Mstów, →Sieradz, Spicymierz, →Ląd, Posen, Radzim sowie Zantoch zu Siedlungs- und Verwaltungszentren. Fs. →Mieszko I. wurde Otto I. 972 »usque ad Vurta fluvium« tributpflichtig (erstes Q.zeugnis für die W.). Im 13. Jh. wurde der Unterlauf der W. (mit der Netze) durch die Mgf.en v. →Brandenburg erobert (1257 Gründung von Landsberg a. d. W.). Wichtigere Verkehrsfunktionen hatte die W. im früheren MA nur z. T. am Mittel- und Unterlauf. Eine gewisse Bedeutung erlangte die Biberzucht an der W.

J. Strzelczyk

Lit.: →Netze – Słownik geograficzny Królestwa Polskiego i innych krajów słowiańskich, XIII, 1893, 102–111.

Wartislaw. 1. W. I., Fs. in →Pommern, der vermutl. um 1100 geboren wurde; seine beiden Söhne →Bogislaw I. und →Kasimir I. kamen erst nach 1124 zur Welt. Zw. 1134/36 (nach allen älteren Geschichtsschreibern sowie nach H. BOLLNOW, K. MALECZYŃSKI, J. DOWIAT, B. ZIENTARA, K. ŚLASKI, neuerdings nach E. RYMAR) und 1147/48 (nach M. WEHRMANN, A. HOFMEISTER, G. LABUDA) wurde er in Stolpe a. d. Peene ermordet, wo man aus diesem Anlaß erst eine Kirche und 1153 ein Benediktinerkl. gründete. Aus den Lebensbeschreibungen des hl. →Otto, Bf. v. Bamberg, ist bekannt, daß W. zw. 1119 und 1121 in poln. Gefangenschaft geriet und sich zur Bekehrung des Landes sowie zu Tributzahlungen an Polen verpflichtete. Der poln. Hzg. →Bolesław III. Krzywousty sandte den früher in Gnesen tätigen Otto nach Pommern, der das Land 1124–28 christianisierte. Sowohl W. selbst, der vielleicht 1114 während seiner sächs. Gefangenschaft in Merseburg getauft worden war, als auch seine namentl. nicht bekannte Frau waren wahrscheinl. insgeheim Christen. Trotzdem soll W. 24 Konkubinen gehalten haben. W. gilt allg. als Gründer des pommerschen Staates und als Mitbegründer des pommerschen Bm.s, das sich zuerst in Wollin befand und später nach →Kammin verlegt wurde, sowie als Gründer der →Greifen-Dynastie, die in Pommern bis 1637 herrschte und deren Abstammung noch immer ungeklärt ist. Jüngst knüpfte E. RYMAR an die alten Hypothesen an, nach denen sie dem poln. Herrscherhaus der →Piasten entstammen soll. J. M. Piskorski

Lit.: M. WEHRMANN, Genealogie des pommerschen Hzg.shauses, 1937 – A. HOFMEISTER, Genealog. Unters. zur Gesch. des pommerschen Hzg.shauses, PJ 31, 1937; 32, 1938 – H. BOLLNOW, Die Ermordung W.s zu Stolpe in Gesch. und Sage, Monatsbll. der Ges. für Pommersche Gesch. und Altertumskunde 53, 1939 – K. MALECZYŃSKI, Bolesław III. Krzywousty, 1975 – E. RYMAR, Rodowód książąt pomorskich, 1, 1995 [Lit.].

2. W. VII., Hzg. v. →Pommern-Wolgast-Stolp, * wohl 1363/64, † vor 25. Febr. 1395; ⚭ 1380 Maria v. Mecklenburg; Kinder: Bogislaw (→Erich VII., Kg. v. Dänemark, Norwegen und Schweden), Katharina (Mutter von →Christoph III. v. Bayern, Kg. v. Dänemark, Norwegen und Schweden). W., Sohn aus der 2. Ehe Hzg. Bogislaws V. mit Adelheid v. Braunschweig, wurde nach dem Tod seines Stiefbruders →Kasimir IV. (7. K.; † 2. Jan. 1377) Hzg. v. Pommern-Stolp und regierte dort zunächst auch für seine jüngeren Brüder →Bogislaw (3. B.) und Barnim V. Da Kg. Ludwig I. d. Gr. v. Ungarn und Polen ihm das poln. Erbe seines Bruders Kasimir IV. vorenthielt, suchte W. zunächst Rückhalt beim Dt. Orden, dem an einem gesicherten Durchzug für seine Kriegsgäste gelegen war (→Preußenreise). Doch schwankte seine vielfach von finanzieller Not geleitete Politik zw. Anlehnung an den Deutschordensstaat, der ihm mit Geld aushalf (Verträge: 1380, 1384; Bündnis: 10. Juli 1386), und z. T. geheimer Hinwendung zu Polen, zu der ihn auch der mächtige, ordensfeindl. Adel seines Landes drängte, der u. a. 1388 einen Überfall auf den nach Preußen ziehenden Hzg. v. Geldern verübte. W., der mehrere Strafaktionen des Dt. Ordens in sein Land hinnehmen mußte, ging am 2. Nov. 1390 mit Kg. Władysław Jagiełło ein Bündnis ein und leistete ihm einen (in seiner Bedeutung umstrittenen) Lehnseid. Eine Pilgerreise in das Hl. Land mußte er 1392 wegen Erkrankung in Ungarn abbrechen. Wohl im Herbst 1394 wurde er von einem seiner Gefolgsleute ermordet. K. Conrad

Lit.: M. Wehrmann, Gesch. von Pommern, I, 1919², 173-177 – W. Loos, Die Beziehungen zw. dem Deutschordensstaat und Pommern [Diss. Königsberg 1937], 21-31 – A. Hofmeister, Genealog. Unters. zur Gesch. des pommerschen Hzg.shauses, PJ 32, 1938, 63-77 – Hist. Pomorza, hg. G. Labuda, I/2, 1969, 276-280 [B. Zientara] – J. Mielcarz, Dzieje społeczne i polityczne księstwa słupskiego w latach 1372-1411, 1976 – J. Zdrenka, Die Pilgerfahrten der pommerschen Hzg.e ins Hl. Land, BSt NF 81, 1995, 7-17 – H. Branig, Gesch. Pommerns, I, 1997, 28-30.

Warwick, -shire (Warwic, Warrewici, Warrewyk), Stadt und Gft. in Mittelengland. Die Gft. wird im O von Leicestershire und Northamptonshire, im S von Oxfordshire und Gloucestershire und im W von Worcestershire begrenzt. Der größte Teil der Gft. liegt in der Diöz. v. Worcester (Dekanate W. und Kineton), mit weiteren Sprengeln in Lichfield (Erzdekanat Coventry mit Dekanaten Coventry, Stoneley, Merton und Arden). Nach der Schlacht v. Cirencester (628) fiel das urspgl. von den →Hwicce besiedelte Gebiet an das Kgr. →Mercien. Die Gft. zeigte bei der norm. Eroberung wenig Widerstand. 1068 bestätigte Wilhelm d. Eroberer in W. den Angelsachsen Thurkill als Sheriff für die zehn *hundreds* der Gft. Neben W. sind Birmingham, →Coventry, Nuneaton und →Stratford-on-Avon weitere Hauptorte.

Die am Avon gelegene Stadt W. war seit röm. Zeit besiedelt; die Ags. →Chronik erwähnt für das Jahr 914, daß →Æthelflæd v. Mercien den *burh* gegen dän. Angriffe befestigen ließ. Diese Q. verzeichnet W. 1016 als *shire town*. Im →Domesday Book wird W. als kgl. *borough* geführt; insgesamt sind 261 Häuser erwähnt, von denen 130 dem Kg. selbst und weitere 19 einzelnen *burgesses* gehörten. Wilhelm d. Eroberer überschrieb W. an Henry v. Newburgh, der zum Earl of W. erhoben wurde und mit dem Bau der bedeutenden Burganlage oberhalb des Avon begann. Die Stadt verdankte ihre wachsende wirtschaftl. Bedeutung den Earls of W.; 1261 gewährte Earl John of W. dem *borough* das Messerecht, während der Earl selbst die Einkünfte einer jährl. Messe im Aug. und eines Wochenmarktes beanspruchte. 1290 privilegierte der Earl W. mit einer weiteren Messe. Die Stadt selbst, die seit 1295 mit zwei Abgeordneten im Parliament vertreten war und 1499 zurück an die Krone fiel, erhielt bis zu ihrer Inkorporation i. J. 1546 keinen Freibrief. Seit 1306 wurde W. als *borough* besteuert. B. Brodt

Lit.: The Black Book of W., hg. Th. Kemp, 1898 – H. A. Cronne, The Borough of W. in the MA, 1951.

W., Earl of →Neville

Wasa → Vasa

Wäsche → Unterkleidung

Wasland (Waasland, ndl. auch Land van Waas; frz. Pays de Waes), durch intensive Agrarwirtschaft geprägte Landschaft zw. →Gent und →Antwerpen (heute Distrikt Sint Niklaas, Provinz Ostflandern, Belgien), südl. und östl. begrenzt durch die →Schelde, nordwestl. angrenzend an die →Vier Ambachten. Im Vertrag v. →Verdun fiel der 'pagus' W. 843 mit den übrigen westl. der Schelde gelegenen Gebieten an das Westreich und bildete zunächst einen Bestandteil der unter Karl d. K. geschaffenen (Mark)gft. →Flandern. Nach dem Tode des Gf.en →Arnulf I. v. Flandern (965) war das W. wohl Teil eines eigenständigen Gft. →Gent, die sich während der Krise der gfl. Macht in der 2. Hälfte des 10. Jh. bildete und dem westfries. Gf.en Dietrich II., Schwiegersohn Arnulfs, unterstand, dann dem Sohn, 'Arnulf 'v. Gent' († 993), Vater von Dietrich III. v. Westfriesland; beide waren Vasallen des Gf.en v. Flandern. Die Restauration der gfl. Macht durch →Balduin IV. beendete diese Autonomie. Seit 1071/1082 hielten die Herren v. → Aalst, Vögte der Abtei St. Peter in Gent, W. als Lehen der Gf.en. Mit dem Anfall der Gft. Aalst (1165) an die Gf.en kam auch das W. unter unmittelbare gfl. Herrschaft. Von 1252 an (Wilhelm v. Holland) betrachteten die dt. Kg.e das W. als Teil von Reichsflandern, was weder vom Kg. v. Frankreich noch von Gfn. →Margarete akzeptiert wurde. Doch erklärte ihr Sohn und Nachfolger Guido v. → Dampierre 1287, das W. als Lehen des Reiches zu halten, was dann allg. Anerkennung fand, wenn auch das →Parlement de Paris noch 1323 anders urteilte. – Die ältere Bindung an Frankreich spiegelte sich in der kirchl. Zugehörigkeit: Das W. bildete ein eigenes Dekanat des Archidiakonats Gent und unterstand somit dem Bm. Tournai/Ebm. Reims, nicht aber – wie das übrige Reichsflandern – den Reichsbm.ern Utrecht bzw. Cambrai.
A. Verhulst/K. van Eickels

Bibliogr.: K. van der Grucht, Index op publikaties ... (1862-1991), Annalen van de K. Oudheidk. Kring van het Land van Waas 96, 1992, 5-310 – *Lit.*: L. Vanderkindere, La formation territoriale des principautés belges au MA, I, 1901, 62-78, 84-86, 221-227, 278, 286 – F. Lot, La frontière de la France et de l'Empire sur le cours inférieur de l'Escaut du IXᵉ au XIIIᵉ s. (BEC 71, 1910) – J. Dhondt, Het Land van Waas in het Gfsch. Vlaanderen, Annalen van de K. Oudheidk. Kring van het Land van Waas 54, 1943 – F. L. Ganshof, La Flandre (F. Lot–R. Fawtier, Hist. des Institutions françaises au MA, I, 1957), 351, 364 – J. Thuy, Het Land van Waas in de 13de eeuw (Liz., Leuven, 1994).

Wasser
A. Symbolik, »Element«, Liturgie und Volkskunde – B. Wirtschaftliche und rechtliche Bedeutung – C. Byzanz

A. Symbolik, »Element«, Liturgie und Volkskunde
I. Symbolik, »Element« – II. Liturgische Verwendung (Wasserweihe) – III. Volkskunde.

I. Symbolik, »Element«: W. ist im christl. MA ein wesentl. →Symbolträger mit überaus reichhaltiger Ikonographie aufgrund seiner zentralen, sowohl realen als auch schon metaphor. Bezüge im Heilsgeschehen des AT und NT (ausführl. Belege: J. Chevalier et al., Dictionnaire).

In der Genesis erfolgt aus dem W., hier als →Materia Prima, über welchem der Geist Gottes schwebt, die Schöpfung, und die unteren W. der Erde und die oberen des Himmels verkörpern sodann – wie auch in anderen Weltkulturen – das weibl., empfangende und das männl., gebende Prinzip. Bes. fließendes W., der Quell, der Fluß, sind lebensspendend, heil- und segenbringend, wobei ambivalente Züge auch in der Bedrohung z. B. in der →Sintflut oder auch den Meeren und Ozeanen, als abgründiger Heimstatt des Bösen, festzustellen sind. Als Medium, in der Vermittlung von geistigen Kräften, spendet W. v. a. aber Segen (→Benediktionen) und damit seel.-geistige Reinigung und Erneuerung sowie Erlösung, etwa in den →Sakramenten (→Taufe) und allg. als →Weihwasser. Der soteriolog. Aspekt des W.s ist vorrangig und greift die Ur-Erfahrung der Katharsis, der Reinigung, Heilung (und auch der Buße) durch Waschung auf, wenn sich auch im christl. Bereich keine so starke Ritualisierung wie in der jüd. und islam. Tradition ausgeprägt hat. Die psych. und somat. Heilserwartung an das W. führten jedoch vielfach zu →Pilgerfahrten zu wundertätigen Quellen und →Brunnen, deren z. T. schon vorchristl. Verehrung nun mit Hl.n, mit Erscheinungen und Visionen verbunden worden ist. Im →Badwesen ist das Aufsuchen heilkräftiger Bäder (u. a. mit dem Topos des Jungbrunnens) im Spät-MA – vor dem Auftreten der →Syphilis mit den auch allg. sozialen Folgen – zu einer gesellschaftl. Institution geworden.

Das auch med. Vertrauen in die Heilkraft des W.s lebt, vermittelt durch die Pastoralmedizin (Pfarrer Kneipp) in der Hydrotherapie fort. In der antiken, über das MA bis weit in die NZ hereinreichenden →Humoralpathologie hat W. seinen festen Bezug zum Phlegma (Schleim und lymphat. Flüssigkeiten), neben Blut, Galle und Schwarzgalle. Denn diese Vier-Säfte-Lehre, welche →Medizin und →Arzneikunde des MA auch wesentl. geprägt hat, sucht die analoge Verbindung zu der primären Vier →Elementen-Lehre, in welcher W., Feuer, Erde, Luft als die Ur-Prinzipien des Stofflichen und darüber hinaus gelten. Als »Element« hat somit das W. auch eine essentielle Bedeutung in der →Naturkunde und auch der →Alchemie des MA. Als Lösungsvermittler in der häufigen →Arzneiform der →Aquae ist W. in Pharmazie und frühen Chemie (v. a. auch für Säuren wie auch für alkohol. Destillate: Aqua fortis; Aqua vitae) als Substanz wie auch nur als Bezeichnung genutzt worden.   G. Jüttner

Lit.: RAC XIV, 250–274, s.v. Heilmittel [G. Jüttner] – G. Bachelard, L'Eau et les rêves, 1942 – -Eau-, Dict. des Symboles, hg. J. Chevalier–A. Gheerbrant et al., 1973², 221–232 [s.v. Eau].

II. Liturgische Verwendung (Wasserweihe): [1] *Westen:* Die religiöse Symbolik des W.s war bei Griechen wie Römern, Juden wie Christen hochgeschätzt, obwohl es im Christentum auch gnost. Strömungen gab, welche es ablehnten, natürl. Dinge (als Werke des bösen Demiurgen) in den Kosmos der religiösen Symbole aufzunehmen. War zunächst W. für das Sakrament der christl. →Taufe unerläßlich, entwickelte das MA eine Vielfalt verschiedener anderer geweihter W. Der erste sichere Nachweis für eine eigene Weihe des für die Taufe bestimmten W.s findet sich bei Tertullian († ca. 230), die erste Formel dafür im Sacramentarium Gelasianum aus dem 7. Jh. (I, 44, ed. Mohlberg, 72ff.), die aber sicher in antike Zeiten zurückreicht. Ebenfalls im Sacr. Gelasianum (III, 75f., ed. Mohlberg, 224f.) taucht eine Formel für die Weihe eines mit Salz vermischten W.s, ursprgl. zum Schutz des Hauses gedacht, auf (→Weihwasser). Von diesem unterschieden ist jenes mit Wein vermischte W., das bei der Kirchweihe verwendet wurde. Die erste Formel dafür steht wieder im Sacr. Gelasianum als »Oratio super aquam et vinum ad consecrationem altaris« (I, 88, ed. Mohlberg, 108). In den Ordines Romani ist dann die Rede von einem zur Kirchweihe geweihten W., das mit Salz, Asche und Wein versetzt ist (OR XLI [ca. 775], 7ff., ed. Andrieu 4, 341f.) bzw. mit Chrisma (OR XLII [ca. 720–750], 4–6, ed. Andrieu, 4, 399). Eine eigene W.weihe an Epiphanie (6. Jan.) nach griech. Vorbild war im MA im wesentl. nur in Süditalien üblich. Spätestens ab dem 13. Jh. verbreitete sich (bes. in Süddtl.) eine eigene W.weihe am Fest des Hl. Blasius, später eine am Fest des Hl. Stephanus, schließlich im 15. Jh. eine am Fest S. Petri ad vincula. Daneben sind W.weihen lediglich auf die Namen bestimmter Hl.r bekannt (Anna, Antonius der Einsiedler, Bavo, Magnus, Ulrich v. Zell, Petrus Martyr, Rainerius Pisanus u. a.).

H. Schneider

Lit.: A. Franz, Die kirchl. Benediktionen im MA, 2 Bde, 1909 – A. A. King, Holy Water. The Use of Water for Ceremonial and Purificatory Purposes in Pagan, Jewish and Christian Times, 1926 – A. Olivar, Vom Ursprung der röm. Taufwasserweihe, ALW 6, 1959, 62–78 – J. P. de Jong, Benedictio fontis. Eine genet. Erklärung der röm. Taufwasserweihe, ALW 8, 1963, 21–46 – D. E. Serra, The Blessing of Baptismal Water at the Paschal Vigil in the Gelasianum Vetus. A Study of the Euchological Texts Ge 444–448, Ecclesia Orans 6, 1989, 323–344 – Ders., The Blessing of Baptismal Water at the Paschal Vigil. Ancient Texts and Modern Revision, Worship 64, 1990, 142–156.

[2] *Ostkirche:* Die schon zu ältesten Zeiten geübte Weihe des Taufwassers – →Basileios d. Gr. bezeichnet sie als apostol. Erbe (De Spiritu Sancto c. 27) – bürgert sich im 5. Jh. dort, wo das Fest der Theophanie am 6. Jan. als Gedächtnis der Taufe Christi begangen wird, zusätzl. als Festzeremonie ein. Deren Zentrum bildet das in seinem zweiten Teil entsprechend modifizierte Taufwasser-Weihegebet Μέγας εἶ κύριε καὶ θαυμαστὰ τὰ ἔργα σου (»Groß bist du, o Herr, und wunderbar sind deine Werke«), das, als Danksagung für Schöpfung und Erlösung samt Geistepiklese konzipiert, anaphor. Charakter trägt und somit eine Art W.-Eucharistie darstellt. Dieser sog. Μέγας ἁγιασμός (Große W.weihe) wird zweimal vollzogen, am Vorabend zur Vesper in der Kirche über einem Gefäß, aus dem die Gläubigen anschließend das geweihte W. schöpfen und zur Besprengung von Menschen und Häusern wie zum Trinken mit nach Hause nehmen und es dort, obwohl ohne alle konservierende Zutaten belassen, ein Jahr und länger aufbewahren, sowie am Morgen im Freien an einem fließenden Gewässer (Quelle, Fluß, Meer). Seit etwa dem 10. Jh. ist zudem der Μικρὸς ἁγιασμός (Kleine W.weihe) nachweisbar, dessen Weihegebet reinen Bittcharakter trägt. Er ist an keinen Termin gebunden, sondern wird zu jeder Gelegenheit vollzogen, zu der Weihwasser benötigt wird, ist jedoch vielfach am ersten Tag eines Monats, speziell zum 1. Aug., üblich.   P. Plank

Lit.: J. Goar, Εὐχολόγιον sive Rituale Graecorum, 1730² [Neudr. 1960], 358–378 – A. v. Maltzew, Bitt-, Dank- und Weihegottesdienste, 1897, 482–553 – P. de Meester, Rituale – Benedizionale Bizantino, 1929, 414–487 – H. Scheidt, Die Taufwasserweihegebete im Sinnevergleich. Liturgiewiss. untersucht, 1935 – Bf. Cassien (Bezobrazov), La Bénédiction de l'eau de l'Épiphanie à la lumière du Nouveau Testament, Irénikon 31, 1958, 5–18 – B. Čifljanov, Vodoosveštenija, Duchovna Kultura 55, 1975, H. 11, 11–17; H. 12, 16–24 – G. Winkler, Die W.weihe in den oriental. Liturgien, Concilium (D) 21, 1985, 113–117 – L'Eucologio Barberini gr. 336, hg. S. Parenti–E. Velkovska, 1995, 120–132.

III. Volkskunde: Als Grundstoff des Lebens, als prima materia, spielt das W. in symbol. und metaphor. ebenso wie in realer und empir. begreifbarer Form eine wichtige Rolle in der Lebens- und Glaubenswelt des ma. und frühnz. Menschen. Für den chr.-abendländ. Kulturkreis ergibt sich die sakramentale Bedeutung und mit ihr auch die populäre quasisakramentale Handhabung aus theol. Bezügen, so u. a. aus der Gleichsetzung Jahwes mit der »Quelle des lebendigen Wassers« (z. B. Ps 23, 2; 42, 2) oder aus der Schlüsselszene der Rede Jesu mit der Samariterin am Jakobsbrunnen (Joh 4, 7-29). Der Hymnus »Veni Creator Spiritus« bezeichnet den Hl. Geist als »fons vivus«, im 14. Jh. entstand das Bildmotiv der »lebenspendenden Quelle« mit der über einem Brunnen oder W. becken sitzenden Gottesmutter. Ihre liturg. Umsetzung finden diese Bezüge in der W.-Weihe (s. Abschnitt II), die mit dem als bes. wirkkräftig erachteten Tauf- und Weihwasser sowie dem gregorian. W. für die Kirchweihe drei Arten unterscheidet. Insbes. der Akt der →Taufe als zentrales Sakrament verdeutlicht die reinigende (und auch dämonenabwehrende) Funktion des W.s, was im ma. Alltag seine Fortsetzung durch die Empirie erfährt: In den Wohnanwesen der Städte befanden sich Kloaken und Brunnen häufig in unmittelbarer Nachbarschaft, die Verseuchung des Trinkw.s und damit verbunden die Ausbreitung von Krankheiten müssen zwangsläufig den Glauben an die übernatürl. Kraft der hygien. einwandfreien Quellen in und bei ma. Kirchen und Wallfahrtsorten gefördert haben. Die häufig zu beobachtende Verbindung von Hl.-Grab, Kultobjekt und hl. Quelle im ma. Wallfahrtswesen bedarf daher keiner hist. Rückführung auf vorchr. Bräuche und Rituale. Die sich seit der Mitte des 5. Jh. häufenden, von Synoden wie Arles, Tours oder Toledo ausgesprochenen Verbote von Quell-, Baum- und Steinkulten, die Aufforderung Papst Gregors III. von 731, das »Wahrsagen an Quellen und in hl. Hainen zu unterlassen, das Verbot des Anzündens von Lichtern an Quellen 789 durch Bonifatius oder die Beichtfrage Burchards v. Worms (um 965–1025) in »Corrector«, ob man an Quellen gebetet, Kerzen entzündet oder Brot geopfert habe, erweisen sich nicht als Beobachtungen konkreter Vorfälle, sondern als Elemente der missionszeitl. und ma. Aberglaubenskritik. Vielmehr steht der Quellenkult an Wallfahrtsorten, die Verwendung des W.s als Mittel der seel. wie körperl. Reinigung und Heil(ig)ung im Kontext theol. Rechtfertigungen und liturg. legitimierter Handlungen. Solche hl. Quellen befinden sich u. a. in einem der bedeutenden Wallfahrtsziele des MA, dem Dom des hl. Olav in Nidaros (Drontheim, Norwegen) oder in der Kl. kirche von Æbelholt (Dänemark). Dort tauchte man eine Zahnreliquie des hl. Wilhelm v. Æbelholt (um 1127–1203) in einen mit W. aus der Quelle gefüllten Becher und gab ihn Pilgern und Kranken zu trinken. Zum Motiv ma. Hl.-Legenden zählt die Fähigkeit, wie Moses auf wunderbare Weise W. aus dem Boden oder aus Felsgestein sprudeln zu lassen; in Süddtl. stehen sie z. T. in Verbindung mit Missionaren; so erhielten im 7. Jh. die Quellen des hl. Emmeram in Kleinhelfendorf und des hl. Marinus in Wilparting die Weihe, um 720 schlug laut Bf. Arbeo v. Freising (764–783) der hl. Korbinian das nach ihm benannte »Brünnl« in Weihenstephan aus dem Boden. Zu den frühen Quellheiligtümern ist auch St. Wolfgang am Burgholz zu rechnen. Das aus diesen Quellen oft in eigens hierfür angefertigten Ampullen mitgebrachte W. war ein beliebtes →Pilgerandenken, was nicht zuletzt für das Jordan-W. aus dem Hl. Land galt; im Jordan hatte gemäß dem Bericht des NT die Taufe Christi stattgefunden, die – so Johannes Chrysostomos und später u. a. Thomas v. Aquin – zur theol. Spekulation einer grundsätzl. »Heiligung der Natur der Gewässer« geführt hatte. Im Zusammenhang mit dem Kult der merow. hl. Ottilia steht das bei Augenerkrankungen helfende Ottilien-W. Doch nicht nur Quellen lieferten Heil-W., auch das aus Hl.-Gräbern austretende oder ausgeschwitzte W. oder das in Bari über die Knochen des hl. Nikolaus rinnende, in einer Schale aufgefangene »S. Manna« betrachtete man als Therapeuticum.

Die Wertschätzung des hygien. reinen W.s schlägt sich auch in der offiziellen kirchl. Weihe neuangelegter Brunnen, für die das Sakramentar v. Bobbio die älteste Formel enthält, sowie in der Weihe der durch das morticinium (Tierkadaver) oder durch unreine Tiere beschädigten Brunnen nieder, für die sich Formeln in zahlreichen frühma. Ritualien finden lassen. W., sei es erhitzt (Segensformel z. B. in Clm 14508, fol. 147; 9. Jh.), sei es kalt (u. a. CSG 679; 10. Jh.), spielte innerhalb der Gottesurteile eine wichtige Rolle bei der Heiß- bzw. Kaltwasserprobe. Obwohl Ks. Ludwig d. Fromme die aus den alten Volksrechten stammende W.-Probe 829 untersagt hatte, wurde sie von ma. Theologen wie Hinkmar v. Reims gerechtfertigt und fand an der Wende vom SpätMA und frühen NZ Eingang in das Beweisverfahren des Hexenprozesses; Personen, die trotz Fesselung im W. nicht untergingen, galten als des crimen magiae überführt. Ch. Daxelmüller

Lit.: K. WEINHOLT, Die Verehrung der Quellen in Dtl., 1898 – K. A. WÜNSCHE, Die Sagen vom Lebensbaum und Lebens-W., 1905 – A. FRANZ, Die kirchl. Benediktionen des MA, 1–2, 1909 – M. NINCK, Die Bedeutung des W.s im Kult und Leben der Alten, 1921 – A. A. KING, Holy Water, 1926 – W. BOUDRIOT, Die altgerm. Religion in der amtl. kirchl. Lit. des Abendlandes vom 5.–11. Jh., 1928 – G. SCHREIBER, Hl. W. in Segnungen und Volksbrauch, ZVK 44, 1934, 198–209 – L. PFLEGER, W.-Kult und hl. Quellen im Elsaß, Volk und Volkstum 3, 1938, 192–211 – F. MUTHMANN, Mutter und Quelle. Stud. zur Quellverehrung im Altertum und MA, 1975 – CH. DAXELMÜLLER-M. L. THOMSEN, Ma. Wallfahrtsorte in Dänemark, Jb. für VK NF 1, 1978, 155–204 – D. HARMENING, Superstitio, 1979 – H. und P. STRAUSS, Hl. Quellen zw. Donau, Lech und Salzach, 1987 – W. HARTINGER, Religion und Brauch, 1992 – A. DÖRING, Hl. W., Rhein.-Westfäl. Zs. für VK 41, 1996, 61–100.

B. Wirtschaftliche und rechtliche Bedeutung

I. Wasserversorgung und -nutzung – II. Gewässerrecht, Wasserbau und Trockenlegung.

I. WASSERVERSORGUNG UND -NUTZUNG: [1] *Wasserversorgung:* Wasserversorgung (Wv.) zählt zu den fundamentalen Bereichen ma. Lebens. Die städt. Entwicklung vollzog sich großenteils analog zu den Möglichkeiten der Wv. Neben dem Bedürfnis der Haushalte (und vieler Gewerbebetriebe, z. B. der Brauhäuser; →Bier) am unmittelbaren Verbrauch frischen W.s ist als weiterer zentraler Aspekt die im Verlauf der städt. Entwicklung zunehmende Nutzung des fließenden W.s (→Energie) zum Antrieb von Mühlen zu nennen (→Mühle, I. 2; außer dem Mahlen von →Getreide vielfältige Gewerbefunktionen: →Mühle, III). Zahlreiche Städte breiteten sich seit dem 11. Jh. entlang W. läufen aus und bildeten neue, von →Kanälen durchzogene Vorstädte, die oft ein Abbild Venedigs im Kleinen waren. Die Dichte des Netzes der Wv. stand in direktem Verhältnis zur Expansion der hier angesiedelten Gewerbebetriebe (hoher Kalkgehalt des W.s war für die handwerkl. Arbeitsabläufe günstig, wohingegen ein zu starker Salzgehalt etwa die Wollproduktion beeinträchtigte, so daß z. B. das Tuchgewerbe in Reims auf die Verarbeitung von Flachs und Hanf auswich).

Da Kanäle und W. läufe den hohen W. bedarf der Privathaushalte nicht mehr deckten, lieferten →Brunnen und Zisternen den Hauptanteil des häusl. Trink- und Brauchw.s; dies galt sowohl für Städte als auch für Burgen, Pfalzen und Residenzen. Im Vergleich zu den öffentl. Zisternen und Brunnen war die Zahl der in privatem Besitz befindl. Brunnen hoch, wie das Beispiel Münchens zeigt, wo im 15. Jh. 54% der Wohnhäuser eine eigene Trinkwv. besaßen. Auch Venedig, das eine eigenständige Brunnenbautechnik (zum Auffangen und Filtern des Regenw. s) ausbildete, kannte mehr private als öffentl. Brunnen und Zisternen und entwickelte außerdem ein Mischsystem der Wv.: zusätzlich zum Brunnenw. Einfuhr von Süßw. aus der Terraferma (dem ven. Festlandterritorium), in erster Linie aus dem Fluß Brenta, von dem seit dem SpätMA (in endgültiger Form 1611) ein Kanal, die Seriola, abgeleitet wurde.

Venedig lehnte aus Sicherheitsgründen stets eine durch die Lagune geführte Wasserleitung (Wl.) ab, da dann im Falle einer Belagerung oder Blockade der Feind die Stadt von ihrer W. zufuhr hätte abschneiden können. Auch andere städt. Gemeinwesen des MA erblickten in der Abwehr äußerer Feinde ihre Hauptaufgabe und überließen wichtige Sektoren der Infrastruktur, wie eben die Wv., weithin der Sorge der kirchl. Institutionen, des Adels und der Privatleute. Trotz mancher Anstrengungen zum Bau von Wl.en in verschiedenen Städten und Regionen Europas konnte das Problem einer befriedigenden Wv. zumeist erst im 19. Jh. gelöst werden. Allerdings waren Röhren aus Holz, Ton und →Blei (deren Verwendung nicht unbedingt einen techn. Fortschritt bedeutete) bereits seit der Karolingerzeit bekannt, zunächst in Kl. (Fulda, 8. Jh.; St. Gallen, 11. Jh.).

Die Kl. spielen nicht nur bei der Tradierung antiker Techniken eine grundlegende Rolle, sondern waren auch führend in der Anlage von (z. T. technisch innovativen) Vorrichtungen zur Wv. (z. B. Almkanal bei St. Peter in Salzburg, 1136 [→Kanal]) sowie zur Abwasserentsorgung, was sich allerdings innerhalb geschlossener Wirtschaftssysteme vollzog: Nach der Benediktregel mußte in jedem Kl. alles Lebensnotwendige vorhanden sein, »id est aqua, molendium, hortus vel artes diversae«, damit die Mönche nicht die Klausur verlassen mußten; die Verfügbarkeit von W. war vielfach das ausschlaggebende Motiv für die Ortswahl einer Kl.gründung. Die wasserbaul. Maßnahmen der Kl. wurden häufig von den weltl. Gewalten gefördert, die ihnen (z. T. im Widerspruch zu den kgl. und ksl. Regalien) Abgabenbefreiungen gewährten. Viele Kl. legten ertragreiche Weiher (→Teichwirtschaft) zur ausreichenden Versorgung mit Fisch (→Fasten) an.

Ein offenes Problem bleibt, in welchem Maße antike, v. a. röm. Techniken der Wv. (→Frontinus) im MA fortlebten. Keinesfalls dürfen aber die aus dem arab. Kulturkreis (→Bewässerung) eingeführten Innovationen unterschätzt werden; dies gilt v. a. für die W.zuleitung in Paläste und Häuser, deren Technik eine eigene Entwicklung erfuhr, und die Verbreitung des oriental. Schöpfräder (→Noria). Die verfallenen antiken Aquädukte wurden (vor der großen päpstl. Bautätigkeit im Rom der Renaissance) nur in sehr seltenen Fällen instandgesetzt (z. B. Wiederherstellung des Aquädukts der Acqua Vergine in Rom unter Hadrian I., 774–786 [LP I, 520 n. 79]). In England blieben das ganze MA hindurch zwei auf römischer Technologie beruhende Systeme in Gebrauch: a) offene Leitungen, zum Teil steinerne, z. T. mit Mörtel und Ton ausgekleidete Rinnen, deren Vorteil in ihrer leichten Kontroll- und Säuberungsmöglichkeit liegt, die jedoch andererseits ein gleichbleibendes Gefälle (mindestens 1:200) benötigen und wegen ihrer komplizierten Geländeführung hohe Kosten erfordern; b) geschlossene Leitungen, d. h. mit Luft und W. gefüllte Rohre, vergleichbar den Druckleitungen, die in einem schwierigen Terrain eingesetzt werden konnten, vorausgesetzt, daß der Endpunkt der Leitung nicht höher lag als ihr Ausgangspunkt. Ein weiterer Vorteil bestand darin, derartige Leitungen sowohl in neuerschlossenen städt. Arealen parallel zum Straßennetz als auch in städt. Klöstern anlegen zu können. Bei der beachtl. Wl. des Kathedralkl. v. Canterbury (12. Jh.) wurde das W. zuerst in einer großen Zisterne gesammelt, dann gefiltert und in ein weitverzweigtes Leitungsnetz eingespeist. Neuerungen begegnen seit dem 13. Jh., so die wahrscheinl. erste Wl. in einer ma. Stadt, nämlich London (1236). Hebevorrichtungen und W.türme, die sich von den Aquädukten unterscheiden, die das durch die Schwerkraft bedingte Gefälle des W.s ausnutzen, finden sich in den norddt. Städten seit dem 13. Jh., wobei einerseits der Einfluß it. Technologien, andererseits die im dt. →Bergbau und →Hüttenwesen (→Wasserkunst) entwickelten →Innovationen eine Rolle spielten (vgl. die Stiche im Werk von Georg →Agricola). Es wurden neue, monumentale Brunnen errichtet, die in der Stadtlandschaft auch Schmuckfunktionen gewannen (→Brunnen, B. II).

Wl. en – wenngleich ohne techn. Raffinesse – wurden im 13. Jh. in Breslau und Lübeck errichtet, im 14. Jh. in Nürnberg, Helmstedt, Braunschweig, Zittau, Bern, Bremen, im 15. Jh. in Augsburg, Hildesheim, Zürich, Ulm, Regensburg, München, Dresden und im 16. Jh. in Hannover, Celle und Hamburg. In Italien bemühten sich die →Kommunen im 12. und 13. Jh., die Wv. durch Errichtung von Aquädukten zu verbessern. In Siena wurde zum einen die Suche nach einem myth. unterird. Fluß, *Diana*, intensiviert, zum anderen ließ die Kommune *bottini* graben, unterird. Kanäle, aus denen die wichtigsten städt. Brunnen gespeist wurden. In Genua versorgten die ursprgl. für den Hafen angelegten *canoni*, eine Art von Verteilerbehältern, die öffentl. Brunnen und erreichten einen Teil der Stadtviertel. In Viterbo wurde Mitte des 12. Jh. der Bau eines unterird. Aquädukts zur Wv. der Anwohner, die seinen Bau finanzieren sollten, geplant. Der 4000 Schritte lange hundertbogige Aquädukt, der in Perugia vom Berg hinab zur Piazza Grande (monumentale Brunnenanlage) verlief, soll wegen der fehlenden Trinkwasserqualität den Hauptzweck verfehlt haben. In Parma erhielt das zentrale Taufbecken (wohl spätes 13. Jh.) des von →Antelami (1196) begonnenen →Baptisteriums sein W. von der städt. Hauptwl., die unmittelbar durch das Bauwerk geführt war.

[2] *Abwasserentsorgung und Wasserverschmutzung:* Trotz der genannten Innovationen der Wv. waren koordinierte Maßnahmen gegen die Verschmutzung des öffentl. genutzten W.s selten und unzureichend; die Abfallentsorgung oblag in erster Linie den privaten Haushalten. Schriftl. Q. und archäolog. Funde bezeugen einerseits die Existenz häusl. Abfallgruben und Latrinenschächte (→Abtritt), lassen aber andererseits erkennen, daß es zu heftigen Streitigkeiten führen konnte, wenn sich private Latrinenschächte und Abwasserleitungen kreuzten. Dies widerspricht durchaus dem traditionellen Bild der mit Schmutz und Unrat überhäuften ma. Stadt. Zwar wurden in Venedig die Kanäle weitgehend für die Entsorgung organ. Abfälle verwendet, jedoch seit dem 13. Jh. die am stärksten die Umwelt verschmutzenden Gewerbe aus dem Stadtzentrum hinausverlagert (wohingegen etwa in Augsburg oder Nürnberg die bei Textil- und Metallverarbeitung anfallenden Rückstände zumeist in den Lech bzw. die Pegnitz geschüttet wurden).

Die ersten Ansätze zu einem »Umweltbewußtsein« lassen sich in einer Reihe europäischer Städte erkennen. Seit dem ausgehenden 14. Jh. organisierten die städt. Magistrate in Augsburg, Straßburg und Nürnberg sowie in Venedig eine städt. Müllabfuhr und begannen mit der

Abdeckung städt. Abfallgruben und Latrinen. Allmählich setzte sich die Einsicht durch, daß eine allzugroße Nähe der Latrinen zur Grundwasserschicht Gefahren für das Brunnenw. barg. Daher wurden zunehmend städt. Latrinenreiniger (in Köln *mundatores latrinae*, in München *Goldgrüber*, in Nürnberg *Pappenheimer*) eingesetzt. In frz. Städten dienten in spätröm. Zeit zu Verteidigungszwecken angelegte Kanäle als Abzugsrinnen; sie hießen in Troyes (1208), Sens, Soissons, Auxerre, Amiens, Beauvais, Provins und Noyon bezeichnenderweise *Merderon, Merdançon, Merdron*.

Die Belastung durch stehendes bzw. sumpfiges, übelriechendes W. wurde neben anderen 'bösen Dünsten' (etwa der Abfälle und Rückstände aus Schlachthöfen, Gerbereien, Färbereien und anderen Handwerksbetrieben) als Verunreinigung der Luft (→Miasma) und damit als Gefahr für die Gesundheit und Lebensqualität eines Ortes eingestuft, so daß die öffentl. Gewalten (Kg., Fs., städt. Autoritäten) danach trachteten, die Quellen der Verunreinigung aus den Stadtzentren zu verbannen. Erst im 18. Jh. wurde die bis dahin gültige Miasmenlehre durch neue Umwelttheorien abgelöst und der Circulus vitiosus Mensch-Abfallentsorgung-Trinkw.-Mensch wirksamer durchbrochen.

[3] *Brandbekämpfung:* Von einer funktionierenden Wv. in starkem Maße abhängig war die Brandbekämpfung, wie sie sich in den ma. Städten (aber auch in Kl. wie Christchurch in Canterbury und St. Emmeram in Regensburg) in organisierterer Form auszubilden begann (→Brandkatastrophen, →Feuerwehr). Löschw. wurde den privaten und öffentl. Brunnen, den Wl.en und Stadtbächen entnommen. In Städten wie Köln und Lübeck wurden Brandordnungen erlassen, die zunächst eher abstrakt formuliert waren (Köln 1397), allmählich aber konkretere Bestimmungen erhielten: 1452 setzte in Köln die »Ordinancie van brande« vier Brandmeister für jedes Stadtviertel ein (von denen jeder zehn lederne W. eimer mit sich führen mußte und zwölf Löschhelfer um sich scharte). Nach dem verheerenden Stadtbrand v. Lübeck (1276) wurden hier die ersten feuerpolizeil. Bestimmungen erlassen (u. a. bei Inanspruchnahme der Löschhelfer Entrichtung einer Gebühr, die bei fahrlässiger Auslösung eines Brandes höher angesetzt wurde). In Venedig verfügte jeder *Capisestiere* (Vorsteher des *Sestiere* des Stadtviertels) seit 1325 über ein Depot für Löschgerät (W. eimer, Kübel, Äxte). Der Schutz vor Bränden (*periculum ignis*) war Aufgabe der *Signori di notte* (in emblemat. Verknüpfung von 'Nacht' und 'Brandgefahr').

[4] *Bäder:* Ein weiterer wichtiger Nutzungsbereich des W.s waren die Bäder (→Bad, →Bader), die einen wesentl. Aspekt der →Hygiene im MA darstellten. Ende des 13. Jh. ist in Paris der Besuch von Bädern (bei erschwingl. Preisen: 4 Denare für ein Warmbad, 2 für ein Dampfbad) auf Angehörige der höheren Gesellschaftsschichten (Ritter, Kanoniker, Adlige) beschränkt. Nach Berechnungen kam im 14. Jh. eine öffentl. Badestube auf 6000 Einw. (Reims hat 1328 drei, bei 15–18 000 Einw.; Provins 1370 zwei für 12 000 Einw.). Die Thermen der röm. Zeit waren im FrühMA stark im Verfall begriffen; es überdauerten kleinere und einfacher ausgestattete Bäder in Privathäusern. Im 13. Jh. vervielfachte sich in den Handelsstädten die Zahl der an W.läufen gelegenen Badestuben. Das Judentum war auch aus religiösen Gründen an der Badekultur interessiert (→Bad, III, →Baukunst, jüd.).

II. GEWÄSSERRECHT, WASSERBAU UND TROCKENLEGUNG:
[1] *Gewässeraufsicht zwischen öffentlichem und privatem Recht. Das Beispiel Venedigs und der Lombardei:* Das öffentl. Recht beschäftigte sich mit dem fundamentalen Problem des W.wesens, das in →Venedig exemplar. Bedeutung hatte, aber auch andernorts (in Oberitalien v. a. im Einzugsbereich des →Po) die stadt- und territorialgesch. Entwicklung in starkem Maße bestimmte, u. a. mit Problemen des Hochwasserschutzes und der Entwässerung (→Deich- und Dammbau, →Kanal), des Verkehrswesens und Handels (→Binnenschiffahrt, →Schiff, →Seefahrt; →Flößerei; →Hafen, Furt, →Brücke), der Fluß- und Brückenzölle (→Zoll), des →Fischfangs, des Salinenwesens (→Salz) sowie der →Mühlen. Als an der Wende vom 13. zum 14. Jh. Venedig die rechtl.-administrative Struktur einiger Viertel, wie der *Giudecca*, neu ordnete, wurde vornehmlich die öffentl. Rechtshoheit über die Gewässer zw. der Giudecca-Insel und dem Kl. S. Giorgio verstärkt. Zugleich wurde eine Liste der Kanäle erstellt, die der Pflicht zur Instandhaltung unterlagen; diese war (unter Bauaufsicht der *Magistrati al Piovego*) Privatpersonen anvertraut – eine Verbindung von öffentl. Hand und Privatinitiative, wie sie für den Großteil der öffentl. Baumaßnahmen in Venedig charakteristisch ist. Gleichzeitig wurden W. baumaßnahmen an den Mündungen der in die Lagune strömenden Flüsse durchgeführt, um eine für die hygien. Bedingungen wie die Schiffahrt bedrohl. Verlandung zu unterbinden. Diese Ansätze des 14. und 15. Jh. blieben jedoch Stückwerk, da die Notwendigkeit einer völligen Umleitung von Brenta, Piave und Sile nicht erkannt worden war. Im beginnenden 16. Jh. setzte die ven. Regierung diese Politik mit größerem Nachdruck fort (intensivere W. baumaßnahmen, z. T. auf Kosten der wirtschaftl. Interessen der Führungsschicht: Stillegung von Mühlen an der oberen Lagune). In der Nachbarstadt Padua bestand ebenfalls ein sich seit dem 13. Jh. verstärkender Interessenkonflikt zw. den Betreibern der Mühlen und den Interessenten an anderen privaten Formen der Gewässernutzung (bes. wichtig der Schiffsverkehr auf dem Brenta ober- und unterhalb der Stadt mit drei Flußhäfen).

Im MA und in der frühen NZ waren Interessengegensätze bei der W. nutzung (Bewässerung vs. Mühlen, Schiffahrt vs. Entwässerung, Salzgewinnung vs. Fischerei) sowie bei der Definition der Eigentumsrechte an den W. läufen eher die Regel als die Ausnahme. Im Früh- und HochMA kam es zum Konflikt zw. der Kg.sgewalt und den aufstrebenden wirtschaftl. und gesellschaftl. Kräften (weltl. Adel, Klöster, Kommunen, Handwerkerkorporationen). In der →Lombardei nahm seit dem 9. und 10. Jh. die Usurpation der kgl. Hoheitsrechte (→Regalien) an öffentl. Gewässern zu; die ursprgl. Unterscheidung zw. 'Regalia maiora', die sich auf die schiffbaren Flüsse, und den 'Regalia minora', die sich auf kleinere W. läufe und Mühlen bezogen, verlor ihre Bedeutung. Die unvollkommene Verwaltungsorganisation des Regnum Italiae (bei ungleicher Präsenz der ksl. Gewalt) und der wirtschaftl. Aufstieg der it. Kommunen führten dazu, daß letztere die fakt. Gewässerhoheit ausübten, was zu einem Machtzuwachs der Adelskonsorterien, aber auch dem Bf. beitrug. Die Mühlen am Bacchiglione im Gebiet v. Padua waren allein dem Bf. übertragen; einem jeden war es streng untersagt, dort →Schleusen, Mühlen oder andere Bauten zu errichten. In Reggio Emilia hatte ebenfalls ausschließlich der Bf. das Recht, an den Stadtbächen Mühlen zu bauen; in Verona erhob der Bf. weiterhin Hafenzölle an der →Etsch. So mußte die Kommune seit dem Ende des 12. Jh. eher gegenüber dem Bf. als dem Stadtadel ihre W. rechte, die eine wichtige Einnahmequelle darstellten, durchsetzen. In Mailand wird Anfang des 13. Jh. der Begriff der 'acque pubbliche' deutlich im »Liber Consuetudinum« rezipiert und schließt sowohl die großen als auch die kleineren W.läufe ein. In Padua macht sich die Kommunalpolitik dieses öffentl. Gut in dem Maße zu eigen, wie die städt. Politik von popolaren Belangen bestimmt wird. Eine ähnl. Tendenz zeigt sich in Verona, wo sich die Interessen der Handwerker und Kaufleute gegenüber dem Adel und dem Klerus durchsetzen, ebenso in Piacenza, Reggio Emilia und Bologna, wo die Kommune eine sich verstärkende Kontrolle über die W.läufe und privaten Aktivitäten ausübt.

Bisweilen kam es zu Übereinkünften zw. dem Bf. und der Kommune oder zw. dem Adel und der Kommune hinsichtlich der Nutzung von W.läufen und W.kraft. Die in diesem Zusammenhang zu erbringenden Steuerlasten waren ungleichmäßig verteilt. In Verona wurden 1414-16 die Instandhaltungskosten der Etschufer, die von den Anwohnern, den städt. Bevölkerungsgruppen und dem Klerus getragen werden sollten, schließlich großenteils von der Stadt übernommen. Mußten im 14. Jh. in Venedig die Privatleute nur für ein Drittel der Instandhaltungskosten der Kanäle aufkommen, so wurden diese 1460 je zur Hälfte auf die Kommune und auf die Privatleute verteilt. Die Ausübung der W.rechte nahm in den it. Kommunen verschiedene Formen an: Anfang des 13. Jh. wurde in Piacenza, Mitte des 14. Jh. in Foligno die Verfügungsgewalt über das zur Bewässerung der Felder benötigte W. an Privatleute verkauft, während in Spoleto und in Siena eine solche Veräußerung eher vermieden wurde. In anderen Fällen verpfändete die Kommune in Momenten finanzieller Schwierigkeiten das W. (bzw. die Fischerei und Schiffahrtsrechte) an Adlige; derartige →Pfandschaften kehrten später wieder in ihren Besitz zurück, wurden aber gegebenenfalls unter anderen Bedingungen neu verpachtet. In Venedig gewann der Gedanke der Öffentlichkeit des W.s (Lagune und in den Kanäle gelangte W.läufe der Terraferma) deutlichere Ausprägung als in den anderen it. Kommunen und v.a. im Gebiet von Mailand. Mußten anfangs die Kommunen den Ansprüchen des Ks.s, der Kirche und des Adels entgegentreten, so wird im SpätMA eine Rückkehr der signorilen Gewalten (→Signorie/Fsm.) sichtbar, die sich die Hoheitsrechte über das W. wieder zu eigen machen wollen.

Eine stark privat geprägte Nutzung des W.s ist in der Regel Ausdruck einer eher dynam. wirtschaftl. Konjunktur mit frühkapitalist. Zügen. Nicht von ungefähr unterscheiden die Mailänder Juristen seit dem Frieden v. →Konstanz zw. schiffbaren Gewässern, die öffentlich bleiben sollen, und W.läufen, die Privatleute nutzen können, solange sie das 'commodum' anderer Benutzer nicht beeinträchtigen. In den Mailänder Statuten v. 1512 wird betont, jedermann habe das Recht »aqueductus opportuni de lapidibus et cemento vel lignamine« zu bauen. Die leichte Erreichbarkeit der grundwasserführenden Schicht führte zu einem höheren W.verbrauch, den das Statutarrecht offenbar nicht einschränkte. Infolge dieser günstigen geogr. und pedolog. Bedingungen wirken die Bewässerungsanlagen in der Lombardei modern und in wirtschaftl. Hinsicht fortschrittlich. Trotz des W.reichtums der Lombardei stellten sich aber auch hier Reglementierungsprobleme, die der Hzg. v. →Mailand durch die Schaffung spezif. Behörden löste: seit Ende des 13. Jh. *camparo delle acque* mit Jurisdiktion über alle Gewässer des Gebietes v. Mailand; *giudice delle acque*, bezeugt 1346 in den Statuten zur Regelung des Wege- und W.rechts und ausgestattet mit Kompetenz für die Wv. der Stadt Mailand (daneben auch der Provinz). Die Oberaufsicht des Hzg.s artikulierte sich in der Einrichtung dieses Verwaltungsapparats und v.a. in der Ausbildung von W.bauingenieuren (meist Hydraulik-Spezialisten) sowie dem Erlaß techn.-administrativer Vorschriften: Öffnungs- und Schließungszeiten der Wl.en, abwechselnde W.zufuhr für Mühlen und Bewässerungskanäle, Einführung von – wenn auch ungenauen – Maßeinheiten wie der *ruota* (Rad) zur Berechnung der W.verteilung.

Bei der W.förderung und -nutzung kommen die verschiedenen polit. und sozialen Faktoren in regionaler Differenzierung zum Tragen; so waren Bewässerungssysteme (→Bewässerung) nicht nur in trockenen ebenen Gebieten (*huertas* im andalus.-span. Bereich), sondern mancherorts auch im alpinen Raum (z.B. Wallis; →Wiese) erforderlich. Waren in der Lombardei die einzelnen W.entnahmestellen in der Regel im Privatbesitz, wenngleich sie bisweilen für mehrere Jahre verpachtet wurden, so blieben in der Republik Venedig alle Gewässer und W.läufe ausdrücklich in öffentl. Besitz, wobei den Verbrauchern nur das (in der Realität nie widerrufbare) Nutzungsrecht (→Ususfructus) nach Zahlung einer bestimmten Summe zum Zeitpunkt der Konzession gewährt wurde.

Eine stärkere Autonomie bei der Benutzung der Bewässerungskanäle ist in den Provinzen Brescia und Bergamo festzustellen. In der Republik Venedig scheint die W.nutzung für ein intensives Bewässerungssystem des frühkapitalist. Typus im Vergleich zur Lombardei schwächer ausgeprägt zu sein. Mit Recht berühmt sind dort die Kanäle, die seit dem 12. Jh. gebaut wurden (Naviglio Grande, Roggia Basca, Biraga, Bolgara, Martesana-Kanal), durch die Mailand, das sich zum Flußhafen entwickelt hatte, mit den großen Flüssen der Region verbunden wurde (Medio-Amnium, in gleicher Entfernung von Tessin und Adda). Im östl. Bereich der Poebene führten die →Este ausgedehnte Trockenlegungen durch und schufen aus polit. und verkehrsstrateg. Gründen ein auf →Ferrara orientiertes Netz von schiffbaren Kanälen.

[2] *Öffentliche und private Trockenlegungsmaßnahmen:* In der oberit. Tiefebene (Lombardei, Veneto) erfuhren Trockenlegungsmaßnahmen im Laufe des 12. und 13. Jh., bedingt durch die demograph. und wirtschaftl. Expansion, einen neuen Aufschwung. Folgende konstante Faktoren trugen zur Durchführung derartiger großer W.bauarbeiten bei: 1. Anstieg der Bevölkerungszahl, 2. Nachfrage nach Getreide u. a. Agrarprodukten, 3. Veränderungen von →Klima und →Umwelt, v.a. Regressionsphasen des Meeres, 4. von größeren Konflikten unbelastete polit.-soziale Rahmenbedingungen, 5. Erreichen eines bestimmten techn. Wissensstandards, 6. Verfügbarkeit des für die Entwässerungsarbeiten notwendigen Kapitals.

Die W.baumaßnahmen (→Deich- und Dammbau) wurden in großem Umfang von den monast. Orden vorangetrieben, v.a. den Abteien der Benediktiner, Zisterzienser und Prämonstratenser, doch darf auch die Rolle der Kommunen nicht unterschätzt werden. Mit wenig entwickelter Technik und knappem Kapitaleinsatz wurden Maßnahmen zur Entwässerung feuchter Böden in vielen Gebieten Europas eingeleitet, vom ndl. Groningen bis zur Poebene und von Cambridgeshire bis zum Kirchenstaat. Bes. seit dem 16. Jh. gingen Finanzierung und die Initiative der Melioration und Trockenlegung auf neue Gruppierungen über: Konsortien von privaten →Unternehmern beteiligten sich parallel oder gemeinsam mit öffentl. Verwaltungen an den Trockenlegungsmaßnahmen. Der Bevölkerungsanstieg im 16. Jh. führte in gesamten Europa (nach der großen Welle der Trockenlegung und Melioration während des →Landesausbaus des 11.-13. Jh.) zur Urbarmachung neuer Böden, die als

Viehweide oder ertragreiche agrar. Anbauflächen (aufgrund ihrer höheren Fruchtbarkeit durch im Boden lagerndes verrottetes Schilf, Salze und andere Mineralstoffe) genutzt wurden. Im 15. Jh. sind es wiederum Benediktiner aus der Abtei Praglia im Gebiet v. Padua, die dort neue, vielleicht aus der Toskana übernommene Techniken der Melioration einführten (*Kolmatage:* Auflandung, Aufschlickung). Neben den Kl. (schon seit dem 12. Jh. Abteien des fläm. Küstengebietes, z. B. →Dünenabtei) und den Städten, deren Landesausbaupolitik durch Trokkenlegung noch eingehender zu untersuchen ist, wurde der Prozeß der Binnenkolonisation in den alten Niederlanden (nach den Forschungen bes. von A. VERHULST) von den Gf. en v. →Flandern (im 12. Jh. →Dietrich und →Philipp v. Elsaß) sowie v. →Holland stark gefördert, doch auch die Dörfer nahmen starken Anteil an dieser Bewegung, u. a. durch Organisation der Polder und Aufbau von großen Deichverbänden (ndl. *Heemraadschappen* und *Hoogheemraadschappen*); die aktive Rolle der Bauern und Pächter im Rheinmündungsgebiet wird v. a. von der ndl. Forschung (H. VAN DER LINDEN) betont. – Zum westl. und östl. Europa s. a. die Beitr. zu entsprechenden Zentralinstitutionen (z. B. für Frankreich: kgl. Ämter/Gerichtshöfe der →Eaux et Forêts, →Amirauté, →Maître des ports et passages; Vicomte de l'Eau in Rouen u. a.) sowie zu wichtigen Flüssen und W. wegen (→Seine, →Loire [Deichbau unter Kg. Heinrich II. Plantagenêt: *turcies*], →Rhône; →Maas, →Schelde, →Zwin; →Themse; →Rhein, →Elbe, →Eider, →Oder, →Donau, →Inn; →Weichsel, →Dnepr, →Wolga; →Guadalquivir u. v. a.). S. Ciriacono

Lit.: A. A. BEEKMANN, Het Dijk- en Waterschapsrecht in Nederland voor 1795, 1907 – DERS., Nederland als polderland, 1932 – Das W. wesen an der schleswig-holstein. Nordseeküste, hg. F. MÜLLER-O. FISCHER, 7 Bde, 1936–58 – J. VAN VEEN, Inpoldering in vroegere eeuwen door Nederlanders in het buitenland, De Ingenieur 22, 1939, 215–219 – S. J. FOCKEMA ANDREAE, Waterschapsorganisatie in Nederland en in den vreemde, Mededelingen Kon. Ndl. Akad. van Wetensch., Afd. Letterkde, 14/9, 1951, 309–330 – DERS., Embanking and Drainage Authorities in the Netherlands during the MA, Speculum 27, 1952, 159–162 – K. A. WITTFOGEL, Oriental Despotism. A Comparative Study of Total Power, 1957 – S. J. FOCKEMA ANDREAE, Het Watergerecht van Valencia, Mededelingen Kon. Ndl. Akad. van Wetensch., Afd. Letterkde, 23/14, 1960, 385–401 – W. ABEL, Agrarkrisen und Agrarkonjunktur, 1966² – B. H. SLICHER VAN BATH, The Agrarian Hist. of Western Europe, 500–1800, 1966² – W. ABEL, Gesch. der dt. Landwirtschaft, 1967² – H. C. DARBY, The Draining of the Fens, 1968² – Ostfriesland im Schutz des Deiches, hg. J. OHLING, 1969–94 – H. BRESC, Les jardins de Palerme (1290–1460), MEFRM 84, 1972, 55–127 – D. WERKMÜLLER, Über Aufkommen und Verbreitung der Weistümer, nach der Slg. v. Jacob Grimm, 1972 – A. E. HOFMEISTER, Besiedlung und Verf. der Stader Elbmarschen im MA, I–II, 1979–81 – D. LOHRMANN, Energieprobleme im MA: Zur Verknappung von W. kraft und Holz in Westeuropa bis zum Ende des 12. Jh., VSWG 66, 1979, 297–316 – A. STELLA, Bonifiche benedettine e precapitalismo veneto tra Cinque e Seicento (S. Benedetto e otto secoli [XII–XIX] di vita monastica nel Padovano, 1980), 171–193 – U. DIRLMEIER, Umweltprobleme in dt. Städten des SpätMA, Technikgesch. 48, 1981, 191–205 – Städt. Versorgung und Entsorgung im Wandel der Gesch., hg. J. SYDOW (Stadt in der Gesch., 8, 1981) – H. VAN DER LINDEN, De Cope. Bijdrage tot de rechtsgeschiedenis van de openlegging van de Hollands-Utrechtse laagvlakte, 1981 – A. GUILLERME, Les temps de l'eau. La cité, l'eau et les techniques, 1983 – L. CHIAPPA MAURI, I mulini ad acqua nel Milanese (sec X–XV), Biblioteca della NRS, 1984 – M. COSTANTINI, L'acqua di Venezia. L'approvvigionamento idrico della Serenissima, 1984 – H.-J. NITZ, Die ma. und frühnzl. Besiedlung v. Marsch und Moor zw. Ems und Weser (Siedlungsforsch. Archäologie-Gesch.-Geographie, 2, 1984), 68–73 – H. VAN DER LINDEN, L'Influence de l'eau sur les institutions rurales hollandaises (Agricoltura e trasformazione dell'ambiente, secc. XIII–XVIII. XI Sett. di Studio Ist. Int. F. Datini, Prato, hg. A. GUARDUCCI, 1984), 665ff. – R. BUSCH, Die Wv. des MA und der frühen NZ in nordd. Städten (Ausst. kat. Stadt im Wandel, hg. C. MECKSEPER, 4, 1985), 301–315 – U. DIRLMEIER, Zu den Lebensbedingungen in der ma. Stadt: Trinkwv. und Abfallbeseitigung (Mensch und Umwelt im MA, hg. B. HERRMANN, 1986), 150–159 – A. I. PINI, Energia e industria tra Sàvena e Reno: i mulini idraulici bolognesi tra XI e XV secc. (Tecnica e società nell'Italia dei secc. XII–XVI, 1987), 1–22 – M. T. BONARDI, Canali e macchine idrauliche nel paesaggio suburbano (Acque, ruote e mulini a Torino, hg. G. BRACCO, I, 1988), 105–128 – S. BORTOLAMI, Acque, mulini e folloni nella formazione del paesaggio urbano medievale (secc. XI–XIV): l'esempio di Padova (Paesaggi urbani dell'Italia padana nei secc. VIII–XIV, Premessa di Rinaldo Comba, 1988), 277–330 – G. M. VARANINI, Energia idraulica e attività economiche nella Verona comunale: l'Adige, il Fiumicello, il Fibbio (secc. XII–XIII), ebd., 331–372 – CH. HIGOUNET, Les Allemands en Europe centrale et orientale au MA, 1989 – C. PONI – A. GUENZI, Ein jahrhundertealtes Netzwerk: W. und Industrie in Bologna, Technikgesch. 56, 1989, 81–100 – W. v. STROMER, Die Gr. Oberpfälzer Hammerreuung vom 7. Jan. 1387, ebd., 179–205 – R. GRECI, Il problema dello smaltimento dei rifiuti nei centri urbani dell'Italia medievale (Città e servizi sociali nell'Italia dei secc. XII–XV, 1990), 439–464 = Ars et Ratio, hg. J.-C. MAIRE VIGUEUR-A. PARAVICINI BAGLIANI, 1990 – H. G. WALTHER, W. in Stadt und Contado. Perugias Sorge um W. (Mensch und Natur im MA, Kongr. ber., 1990) [zum Flußtraktat des →Bartolus de Saxoferrato] – K. GREWE, Wv. und -entsorgung im MA. Ein technikgesch. Überblick (Die Wv. im MA, 4, 1991), 11–86 – C. JAMES BOND, Ma. Wv. in England and Wales, ebd. 1991, 149–183 – D. BALESTRACCI, La politica delle acque urbane nell'Italia comunale, MEFRM 104, 1992/2, 431–479 – G. J. BORGER, Draining–Digging–Dredging. The Creation of a New Landscape in the Peat Areas of the Low Countries (Fens and Bogs in the Netherlands, hg. J. T. A. VERHOEVEN, 1992), 153–157 – E. CROUZET-PAVAN, »Sopra le acque salse«. Espaces, pouvoir et société à la fin du MA, 1992 – R. VERGANI, Gli opifici sull'acqua: i mulini (La civiltà delle acque, ed. M. CORTELAZZO, 1993), 53–71 – E. SCHULTZ, Waterbeheersing van de Ndl. droogmakerijen, 1992 – P. BOUCHERON, Usages et partage de l'eau à Milan et dans les Milanais (XIIe–XVe s.) (Water Control in Western Europe, XII–XVI cent., Proceed. Eleventh Int. Economic Hist. Congr., B2, Milan, 1994), 109–123 – S. CIRIACONO, Drainage et contrôle des eaux dans l'Europe du XVIe s., ebd., 139–149 – P. A. HENDERIKX, Reclamation, Drainage and Dikes in the Peat Area of the lower Rhine-Meuse delta (X–XIII cent.), ebd., 99–113 – P. KAISER, Gestion et conditions techniques de l'irrigation dans l'agriculture alpine, ebd. 87–98 – S. CIRIACONO, Manifatture e mestieri in laguna. Equilibri ambientali e sviluppo economico (La laguna di Venezia, hg. G. CANIATO, E. TURRI, M. ZANETTI, 1995), 356–383 – DERS., Land Reclamation in Early Modern Europe. Dutch Windmills, Private Enterprises and State Intervention, Review F. Braudel Center XVIII/2, 1995, 281–304 – E. CHAMPION, Moulins et meuniers carolingiens dans les polyptyques entre Loire et Rhin, 1996 – S. CIRIACONO, Acque e agricoltura. Venezia, l'Olanda e la bonifica europea in età moderna, 1996² – R. C. HOFFMANN, Economic Development and Aquatic Ecosystems in Medieval Europe, AHR 101, 1996, 631–669 – L'hydraulique monastique. Milieux, réseaux, usages, eingel. L. PRESSOUYRE, 1996 – K. SIMON-MUSCHEID, Abfälle, Abwässer und Kloaken. Das Problem der Entsorgung (Europ. Technik im MA. Tradition und Innovation, hg. U. LINDGREN, 1996), 117–120.

C. Byzanz

Die essentielle Rolle des W.s für jedwedes irdische Leben, die ὕδωρ in der alten Wiss. zu einem der →Elemente machte, wurde im byz. Raum noch durch die geogr.-klimat. Gegebenheiten unterstrichen, die saisonale und regionale Schwankungen in der Verfügbarkeit zeitigten, wodurch sich häufiger Mangel als Überfluß an W. ergab. An Küsten und Inseln legte das Meer zudem sowohl den nutzbringenden (→Fischfang, →Salz) und kommunikativen (→Seefahrt) als auch den trennend-bedrohl. Aspekt des W.s (apokalypt. Flut) offen; die positive Sicht überwog aber, Quellheiligtümer sind keine Seltenheit.

Im Bereich der →Ernährung wurde W. direkt als Hauptgetränk konsumiert, bevorzugt frisch (νεαρόν, volkssprachl. und neugr. νερό für W. allg.) und gekühlt, mitunter präventiv abgekocht (vgl. Syll. Takt. 57,2 [DAIN]), daher warm, mit →Wein gemischt. W. bildete indirekt, zu

Teig vermengt mit Mehl, einen wesentl. Bestandteil des →Brotes, diente der Zubereitung von gekochten und eingeweichten Speisen (→Hülsenfrüchte). Speziell bei Gemüseanbau in Gärten bedurfte es regelmäßiger →Bewässerung; die Art der Viehhaltung bestimmte der niederschlagsabhängige Weidelandtyp wesentl. mit (genügsamere Schafe in trockenen, schütter bewachsenen Bereichen wie dem anatol. Hochland; Rinder bevorzugt in besser bewässerten Zonen: nördl. des Balkan, in makedon. Flußebenen). Grundsätzl. hängt die menschl. Besiedlung des Landes vom Vorhandensein oder der Beschaffbarkeit von Süßw. ab (Anon., Peri strategias 10 [DENNIS]). Sofern die natürl. hydrograph. Gegebenheiten des Platzes nicht konstant ausreichten, mußte über Quellen bzw. ihre (ableitenden) Fassungen und fließende Gewässer hinaus (normale dörfl. Situation) zusätzl. Grundw. über →Brunnen erschlossen werden oder Behältnisse zum Sammeln (von Regenw.) angelegt werden. Für befestigte Plätze ($\varphi\varrho o \acute{\upsilon}\varrho\iota o \nu$, $\varkappa\acute{\alpha}\sigma\tau\varrho o \nu$) war es vorgeschrieben, hinsichtl. der W.versorgung autark zu sein; das Sperrfort an den Thermopylen belegt die prakt. Umsetzung (Prokop, De aed. IV 2, 2–6). Um Brackigwerden zu vermeiden, bewegte man gespeichertes W. zirkulär und »filternd« über Kieselsteinen und setzte Essig (→acetum) zu (Maurikios, Strateg. X 4; vgl. maritim Prokop, Bell. Vand. I 14, 23–24: Lagerung von W.-Amphoren im Sandbett unter Deck). Vergiften von Brunnen (Syll. Takt. 61; Peri strateg. 26) sollte feindl. Vorstöße hemmen; umgekehrt wurde das belagerte Thessalonike 676/677 vom externen W.zufluß abgeschnitten (Mir. Dem. II 4, 247). Sowohl regionale Zentren als auch die Großstädte deckten ja ihren vielfachen Bedarf über oft umfangreiche Leitungssysteme, in deren Verlauf man die dem weiteren Fließen hinderl. Geländesenken durch mehrstöckige Aquädukte, strukturiert in Bögen, überbrückte. Aus der großen Anzahl solcher noch nicht einheitlich erfaßter Anlagen seien in knapper Auswahl die von Antiocheia, Demetrias bei Volos, Herakleia/Pontos, Korykos und Sebaste (20 km aus dem Lamastal), Laodikeia/Phrygien und Philippupolis/Plovdiv genannt. Byzanz betrieb dabei meist antike Konstruktionen fort, eine klare Differenzierung eigener Bauten ist nur selten möglich (Wallfahrtszentrum Meriamlik/Ayatekla [4./5. Jh.], Theben [12. Jh.], Mistra, Kl. Simonopetra/Athos [14. Jh.], Chios). Reichere Informationen liegen allein für Konstantinopel vor, dessen Leitungsnetz die demograph. Entwicklung widerspiegelt. Während des Wachstums bis ins 6. Jh. trat zur antiken Hadriansleitung die des Valens und Theodosius aus der rund 100 km entfernten Region v. Bizye/Vize, welche innerhalb der Landmauern in große Speicherbecken (benannt etwa nach Aspar oder Aëtios) oder überdachte Zisternen (Yerebatan Saray [6. Jh.] nahe der Hagia Sophia mit 80 000 cbm Fassungsvermögen) mündete, woraus die Endverteilung zu den $\dot{\upsilon}\delta\varrho\tilde{\omega}\nu\varepsilon\varsigma$ an öffentl. Plätzen erfolgte. Als dann die Einwohnerzahl v. a. durch die Wellen der →Pest schrumpfte, erübrigte es sich, das ganze System instandzuhalten. Notwendige Reparaturen wurden erst 767 infolge einer Dürreperiode durchgeführt (Theophanes 440), resultieren im 11. und 12. Jh. aus dem neuerl. Bevölkerungsaufschwung bzw. Erdbeben (Skyl., Syn. Hist. 366, 389; Kinnamos, Hist. 274–275).

Bei der Frage nach dem W.bedarf ist zu berücksichtigen, welchen Stellenwert die byz. Gesellschaft der Körperreinigung beimaß. Das mönchisch-asket. Ideal der $\dot{\alpha}\lambda o \upsilon\sigma\acute{\iota}\alpha$ (um leibl. Lust zu vermeiden), aber auch Kostengründe (Heizmaterial zum Erwärmen des W.s) beim Betrieb der öffentl. Bäder (gespeist über Bleirohre) haben hierin ab der mittelbyz. Zeit zu einem Frequenzrückgang (auf einmalige Reinigung pro Woche bis Monat) geführt; große Schwimmbecken gar wurden zum ksl. Luxus. Unangetastet blieb die therapeut. Wirkung des Badens, speziell in Thermalquellen (so Prusa/Bursa), in der byz. →Medizin.

Die klärende Kraft des W.s führte auch zu symbol. übertragbarem Gebrauch. Die →Taufe wusch den neuen Christen rein, aus Lichtflexionen in W.becken sollte die Zukunft lesbar werden (Nik. Chon., Chron. Dieg. 339–340) (→Wahrsagen). Abwässer zu entsorgen war in den Städten nicht allein Sache der öffentl. Hand. Hausinterne Rohre (auch aus Obergeschossen), Regenrinnen und unterird. Zuleitungen ($\dot{\upsilon}\pi\acute{o}\nu o \mu o \varsigma$) zu den Hauptkanälen ($\delta\eta\mu\acute{o}\sigma\iota o\varsigma\,\ddot{o}\lambda\varkappa\acute{o}\varsigma$, $\varkappa\acute{\alpha}\varrho\alpha\beta o \varsigma$, zu Kpl. s. Patria I 69 [149]) oblagen in Bau und Wartung den privaten Eigentümern (Bauvorschriften des Julian v. Askalon, c. 41–46, ed. SALIOU). Stark wasserverschmutzende Berufe wie die Gerber waren an einzelnen Standorten konzentriert, was einer großflächigen Kontamination vorbeugte; auch der Kleiderwäsche hatte man eigene Plätze zugewiesen. Im gewerbl.-produktiven Sektor bleibt die W.kraft sekundär, ist über techn. Spielereien (Agath., Hist. V 7–8) und den Betrieb von W.mühlen (oft kombiniert mit Irrigation: Iviron, Urk. Nr. 9) nicht hinausgekommen. E. Kislinger

Lit.: Tabula imp. byz., 1–7, 9 – Simonopetra. Mount Athos, v. a. 88–112 – E. MARÓTI, Über die Verbreitung der W.mühlen in Europa, Acta Ant. Acad. Sc. Hung. 23, 1975, 255–280 – W. MÜLLER-WIENER, Bildlex. zur Topographie Istanbuls, 1977, 271–285 – H. HUNGER, Zum Badewesen in byz. Kl. (Klösterl. Sachkultur des SpätMA, 1980), 353–364 – L'homme et l'eau en Méditerranée et au Proche-Orient, I-IV, 1981–87 – A. BERGER, Das Bad in der byz. Zeit, 1982 – A. KARPOZELOS, Περὶ ἀπoπάτων, βόθρων καὶ ὑπονομῶν ('Η καθημερινὴ ζωὴ στὸ Βυζάντιο, 1989), 335–352 – M. KAPLAN, Les hommes et la terre à Byzance du VIe au XIe s. Propriété et exploitation du sol, 1992 – A. GARZYA, L'eau dans la litt. médicale de l'antiquité tardive (L'eau, la santé et la maladie dans le monde grec [BCH Suppl. XXVIII], 1994), 109–119 – C. MANGO, The Water Supply of Constantinople (Constantinople and its Hinterland, ed. DERS.–G. DAGRON, 1995), 9–18 – C. SALIOU, Le traité d'urbanisme de Julien d'Ascalon (VIe s.), 1996.

Wasserburg a. Inn, Stadt in Oberbayern, 1137 vom Hallgf.en Engelbert (v. W.) gegr., der seine Burg anläßl. der Wiedergründung des Kl. Attel nach W. an die Innschleife verlegte, die Stadt und wohl auch die Brücke erbaute. Bis 1247 war W. im Besitz der Gf.en v. W., dann wittelsb. Infolge der Lage an der Kreuzung Innschiffahrt/Salzstraße Reichenhall–München–Schwaben waren Schiffahrt und Salzhandel Wirtschaftssäulen der Stadt. 1392 kam W. gemeinsam mit dem s. anschließenden Inn- und Alpengebiet an Bayern-Ingolstadt. Bereits 1422 versuchte der Landshuter Hzg., diese strateg. wichtige Stadt einzunehmen, sie blieb aber treu bei Hzg. →Ludwig d. Bärtigen (29. L.), der sie gefördert hatte. Als W. 1447 an Bayern-Landshut gekommen war, wurde es Rentamtssitz des s. Raumes, damit eine der 'Hauptstädte'. W.s hohe Innmaut war bes. von Wein und Getreide bestimmt, die Stadt war also Umschlagplatz für Wein, Getreide und Salz. W.s wirtschaftl. Kraft läßt sich einerseits aus den vorherrschenden Gewerbegassen (Salzsenderzeile, Ledererzeile, Schmiedzeile, Färbergasse, Weberzipfel, Schustergasse) erschließen, andererseits aus dem Transportgewerbe und Warenumschlag. In W. war der größte Einzelzoll, über den das Hzm. Niederbayern verfügte. W. Störmer

Lit.: W. SCHULTHEISS, Die Entwicklung W.s im MA, Inn–Isengau 32, Jg. 10, 1932 – A. MITTERWIESER, Aus den alten Pfleggerichten W. und Kling, 1927 – W. ZIEGLER, Studien zum Staatshaushalt Bayerns in der 2. Hälfte des 15. Jh., 1981.

Wassergefäße. Gestalt, Gebrauch und Ausstattung von W.n gründet auf prakt. Nutzung und äußerem wie innerem Verständnis des Elements →Wasser als Urgrund von Leben/Fruchtbarkeit, Metapher von Tod/Wiedergeburt sowie als Sinnbild für Waschung/Reinigung. Im MA begegnet neben der üblichen profanen v. a. vielfältige liturg. Nutzung von W.n, dabei werden die Gerätschaften zum Gießen bzw. Auffangen wie auch zum Versprengen von Wasser aus alltägl.-profanem Gebrauch entwickelt (→Aquamanile, →Gefäß). Im kirchl. Bereich sind zu unterscheiden W. für die Reinigungsriten, für geweihtes Wasser für kult. Besprengung, im engeren liturg. Sinne für die Bereitstellung der Gaben von Wasser und Wein, ferner für das sakramentale Taufwasser (→Taufbecken). →Taufschalen sind sehr früh bezeugt, Beispiele aus Silber (LP I. 184: »pelvis ex argento ad baptismum«) sowie u. a. gläserne Schalen, mit schlicht symbol. oder figürl. Kennzeichnung sind bekannt; ma. Beispiele sind die sog. Taufschalen Widukinds und Friedrich Barbarossas (beide Berlin KGM). Für die Bereitstellung von Wasser und Wein bei der Messe sind bauchige Ampullen bzw. Henkelkannen mit oder ohne Ausguß verbreitet gewesen (ama/amula, auch fons oder phiala), im LP häufig erwähnt und in größerer Zahl erhalten (Rom, Mus. Vat., Berlin, New York, Spanien). Größere liturg. W. haben sich in syr. Silberschätzen der Zeit um 600 gefunden (Kaper Koraon, Homs, Malaja Pereščepina). Die Nutzung solcher 'Cherniboxesta' ist aus Darstellungen der Zeit belegt (Patene Rîha). Hervorzuheben ist, daß der Übergang von profanen zu liturg. W.n formal wie im Gebrauch stets fließend bleibt.

Von bes. Bedeutung für Verbreitung und Nutzung von W.n im liturg. Umkreis ist die rituelle Händewaschung vor, während und nach der Messe (ablutio oder Lavabo, letzterer Begriff nach Ps 25, 6ff.). Seit dem 4. Jh. kommen, nach atl. Vorbild (vgl. Ex 30, 17ff.), eigene Kannen und Becken dafür zur Verwendung, aus edlen oder unedlen Materialien, im MA vielfach in Messingguß (→Dinanderie). Neben den Gießgefäßen der Aquamanilia sind zahlreiche der oft als Zwillingsbecken verwendeten Schalen unterschiedl. Ausstattung bekannt (z. B. Annusschalen). Die W. des liturg. Lavabo haben (bei Honor. August., Gemma Animae I. de lavandis manibus) symbol. Interpretation gefunden. Neben den bewegl. Gerätschaften gab es fest eingebaute Lavabo-Nischen (lavatorium, piscina) in der Nähe des Altares. Charakterist. für das SpätMA ist der in einer Nische über dem 'beckin' aufgehängte Kessel mit zwei Ausgüssen (handvas, giessvas), gleicherweise wieder in profanem wie kirchl. Gebrauch, wie aus zahlreichen Abbildungen der Zeit hervorgeht. Eine ebenfalls wichtige Rolle für die Gattung der W. im MA spielt der Behälter für geweihtes Wasser, als Sakramentale schon seit ca. 400 nachweisbar. Zugehörige Gefäße sind seit dem 6. Jh. bezeugt, die Beziehung zum Reinigungs-→Brunnen am Eingang zur chr. Kirche ist evident. Zu unterscheiden sind Kessel zum Aufhängen, bewegl. wie auch freistehende, manchmal kelchartige Becken (s. a. Taufbecken) sowie Handgefäße für →Weihwasser am Kirchenportal und in privaten Häusern.

Seit dem 9. Jh. (Hinkmar v. Reims) sind die sonntägl. Wasserweihe sowie die reinigende Besprengung der Gläubigen vor der Messe üblich (vgl. Abb. auf Elfenbein-Deckel →Drogo-Sakramentar). Von da ausgehend werden als Geräte für die meist prozessionale Aspersion Eimerchen (vas gestatorium, aspersorium, situla, ysopum) und Weihwedel (aspergillum) entwickelt. Beide können aus kostbaren Materialien gefertigt sein (vgl. »aspergorium argenteum simul auro et crystallo paratum«, aus Martinsberg/Pannonhalma, ca. 1080). Künstler. bedeu-

tende, erhaltene Beispiele sind reliefisch verzierte zylindr. Elfenbeinsitulen aus Mailand (Mailand, London), ein bronzenes Exemplar aus Speyer mit Darstellung der Paradiesflüsse und eine achteckige otton. Situla mit Herrscherdarstellung (Aachen). Situlen nachroman. Zeit bleiben weitgehend schmucklos. Als Weihwedel dienen zur Aspersion ursprgl. schlichte Büschel, später Stäbe aus Holz oder aus wertvollerem Material, oft mit Borsten, dann mit kugel- oder pinienzapfenförmigem Kopf mit Durchbohrungen zur Aufnahme des Weihwassers.

V. H. Elbern

Lit.: DACL IV/2, 1680–1690 – Dizionari Terminologici. Suppeletille Ecclesiastica I, 1988, 225–240 – Lexikon der Kunst IV, 1992^2, 245f.; VII, 1994^2, 747f. – LThK^2 VI, 838; X, 962–968 – RAC II, 185–194 – RByzK V, 732f. – J. Braun, Das chr. Altargerät, 1932, 415ff., 531ff., 581ff. – R. A. Jungmann, Missarum Solemnia, 1954^4 – J. Weitzmann-Fiedler, Roman. gravierte Bronzeschalen, 1981 – Ornamenta Ecclesiae, I, 1985, 406ff. – Silver from Early Byzantium, 1986, passim – A. E. Theuerkauff-Liederwald, Ma. Bronze- und Messinggefäße, 1988.

Wasserkunst. Seit dem 14. Jh. dehnte sich die Verwendung der Begriffe »Kunst/Künste« (»ars/artes«, auch in der Erweiterung »ars vel ingenium«) stärker auf techn. Installationen und Verfahren aus, woraufhin die Wortzusammensetzung W. entstehen und im 15. Jh. als Q.begriff auftauchen konnte. Weite, nicht jedoch allg. Verbreitung fand der Begriff im folgenden Jahrhundert, in dem Philippus Bechius anläßl. seiner Übersetzung von Georgius →Agricolas »De re metallica« (1556 bzw. 1557) auf »des Vitruvii wasserkunst« verwies (6. Buch; CXXXVII) und damit partiell eine techn. Präzisierung vornahm: Der Sache nach ging es um Vorrichtungen, mit denen sich Wasser mittels eines unter- oder oberschlächtig betriebenen Wasserrades, also mit Wasserkraft, heben und zur Bewässerung von landwirtschaftl. Nutzflächen (Vitruv, De architectura, X, 5, 1), im SpätMA vornehml. zur Versorgung von städt. Betrieben und Haushalten weiterleiten oder aber zur »Sümpfung« von Bergwerken ableiten ließ. Frühe städt. Anlagen, die die Bezeichnung W. verdienen, also nicht natürl. Fließwasser aus einem Hochreservoir und Sammelbecken oder Brunnen nutzten, entstanden noch im 13. Jh. in Breslau und in Lübeck, hier zunächst als Wasserleitung für das St. Johannisklost., danach u. a. in Ulm 1340, in Bremen 1394, in Augsburg 1412 bzw. 1416, usw.

Im →Bergbau (II) läßt sich ein kontinuierl. gesteigerter Einsatz der W. verfolgen, wobei anzunehmen ist, daß es sich 1208 beim *wachum* im →Trienter Bergrecht noch um einen Haspelzug handelte, während die Göpelanlage (später »Roßkunst«, auch »böhm. Kunst«) seit Ende des 13. Jh. zumindest techn.-definitor. nicht als W. gelten kann. Im 14. Jh. finden sich in der Überlieferung mehrere Belege für (Wasser-)»Künste« oder zumindest einen versuchsweisen Einsatz derselben, nun auch abgehoben vom Abzugsstollen (Erbstollen) als der anderen techn. Sümpfungsmöglichkeit: 1315 Iglau in Böhmen, 1331 Kremnitz im ung., heute slowak. Erzgebirge, 1351 St. Leonhard/Lavanttal, 1360 Goslar, 1379 Freiberg, 1385 Dilln/Neusohl, 1399 Olkusz bei Krakau. Im 15. Jh. und v. a. in der Phase der Montankonjunktur von etwa 1450 bis 1550 wurden W.e in fast allen größeren Bergwerksgebieten in Betrieb genommen, spezif. unterschieden nun in wasserradgetriebene Heinzenkünste, Kannenkünste, Bulgenkünste oder – im Zusammenhang mit einer Transmission seit der Mitte des 16. Jh. – auch Stangenkünste. – Wasser.

K.-H. Ludwig

Lit.: W. v. Stromer, Wassersnot und W.e im Bergbau des MA und der frühen NZ, Der Anschnitt, Beih. 2, 1984, 50–72 – Wasserversorgung im MA, hg. Frontinus-Ges. (K. Grewe), 1991.

Wasserschlag, unterschnittenes Gesims mit oberer Schräge und auf der Unterkante Wassernase sowie Hohlkehle zur Wasserabweisung an Bauwerken, bes. als Sohlbankgesims an Fenstern und als Kaffgesims an gestuften Strebepfeilern got. Kirchen. G. Binding

Wasserspeier, Regenwasserabtraufe in Form eines Rohres (Kandel) aus Blech oder Stein, das rechtwinklig zur Dachtraufe angebracht ist und ausreichend weit übersteht, so daß das Niederschlagswasser aus einer Rinnleiste im freien Fall abgeleitet und das Mauerwerk nicht bespritzt wird. Am griech. Tempel waren die W. als Löwenköpfe ausgebildet, im MA bes. an hochgot. Kathedralen in Form von phantast. Tieren, auch Menschen, durch deren geöffnetes Maul das Wasser abfloß. Die phantast., dämon., grotesken und auch obszönen Darstellungen folgten keinen ikonograph. Programmen. Die W. verloren erst durch die nachma. Erfindung des Fallrohres ihre Bedeutung.
G. Binding

Lit.: U. Conrads, Dämonen und Drolerien an roman. und got. Kirchenbauten Frankreichs [Diss. masch. Marburg/Lahn 1951] – M. Steiner, W. an Kirchengebäuden als Bestandteil des ma. Dämonenglaubens [Diss. masch. Erlangen, 1953] – H. und F. Möbius, Ecclesia ornata, 1974.

Waterford, Stadt im sö. →Irland, entwickelte sich aus einer Siedlung der →Wikinger des 10. Jh. zu einem wichtigen Handelszentrum, das seine erste Blüte um die Mitte des 12. Jh. erlebte. Im Zuge der engl. Eroberung Irlands wurde die Stadt am 25. Aug. 1170 erstürmt, zahlreiche ihrer Bewohner erschlagen. Der künftige Kg. v. England, Johann, übertrug W. 1193 an Hamo de Valognes zu Lehen; nachdem aber die engl. Monarchie in der 1. Hälfte des 13. Jh. die Bedeutung der Stadt erkannt hatte, unterstellte Heinrich III. sie 1232 unmittelbar der kgl. Verwaltung. Von nun an zählte W. neben Drogheda, →Dublin und →Cork zu den größten Handelshäfen Irlands und wurde mit Privilegien nach Dubliner Vorbild ausgestattet; im 13. und 14. Jh. erlangten W. und die anderen genannten Städte weitere Selbstverwaltungsrechte und fungierten fortan als wichtige Stützpunkte der engl. Herrschaft, bes. in den Zeiten des Machtverfalls der engl. Krone in Irland während des 14. und 15. Jh. Damals war W. so sehr englisch geprägt, daß die Anrede eines W.er Bürgers mit 'Irishman' als Beleidigung geahndet wurde. Im 13. Jh. war W. der aktivste Hafen Irlands; sein Handelsvolumen übertraf das des Konkurrenten Cork um ca. 40%. Trotz des Rückgangs im 14. und 15. Jh. behauptete W. seine Führungsposition. Auch war es Sitz eines Bm.s, der kleinsten Diöz. Irlands, beschränkt auf das städt. Umland. 1096 ernannte der hl. →Anselm v. Canterbury einen Bf. v. W.; die Diöz. wurde durch die Reformsynode v. →Kells (1152) bestätigt. Gemäß der großen Bedeutung der Stadt entstand hier eine Reihe von geistl. Einrichtungen: St. Catherine's CanAug und St. John's OSB (spätes 12. Jh.); zwei Spitäler (nach 1185); ein dominikan. Priorat (1226); ein Haus der Franziskaner (1240). G. MacNiocaill

Lit.: G. MacNiocaill, Na Buirgéisí XII–XV Aois, 1964 – A. Gwynn–R. N. Hadcock, Medieval Religious Houses: Ireland, 1970 – W.: Hist. and Society, hg. W. Nolan–T. P. Power, 1992.

Watling Street, frühengl. (Waeclinga/Waetlinga Street) Bezeichnung einer von den Römern angelegten Straße, die von London über →St. Albans (das röm. Verulamium) nach Wroxeter (Viroconium) führt. Nach der norm. Eroberung wurde die W. S. in ein insgesamt vier Kg. sstraßen umfassendes Verzeichnis aufgenommen (hier auch Ermine Street). Seit elisabethan. Zeit wird die Bezeichnung 'W. S.' in der Historiographie fälschl. auch für weitere röm. Straßen in England verwendet. B. Brodt

Lit.: P. Watkins, Street Names of England, 1992.

Watriquet Brassenel de Couvin, Spielmann aus Couvin (Hennegau, bei Namur), dessen lit. Aktivität zw. 1319 und 1329 (A. Scheler) bezeugt ist. Er nennt in »Li Tournois des Dames« und im »Dit de l'escharbote« seinen Namen bzw. seine Gönner, den Connetable v. Frankreich, Gaucher de Châtillon, und seinen Neffen Gui de Châtillon, Gf. v. Blois. In seinen Dichtungen tritt er für die Anerkennung des Spielmannstandes und Hofdichters ein. In seinen 34 erhaltenen Werken, vorwiegend →Dits, behandelt er die verschiedenen Themen. Erhält in den →Fürstenspiegeln und verwandten Werken (»Li mireoirs aus princes«, »Le Tournois de dames« etc.) die Gestalt des Fürsten innovative »verbürgerlichte« Züge (die ritterl. Tugenden treten hinter der Tugend der Mäßigung zurück, eine weise Führung der Regierung ist wichtiger als der Ruhm), so zeigen andere Dichtungen konventionelle Reflexionen über traditionelle Themen (Lobpreis der Freigebigkeit I, XI, XV; Polemik gegen Verleumder oder mahommets: VI, XI, XVII; Aufforderung zu genügsamem Leben, Betrachtungen über die Fortuna: V). Der Topos der Verkehrten Welt erscheint in IV, XIV, XVIII, der Mythos vom Goldenen Zeitalter in XV, der Traum wird in VII, XVIII als Rahmen gebracht, die Vision als Kunstgriff »Li Mireoirs as dames«. Neben diesen moralisierenden Dichtungen verfaßte W. eine »Art d'aimer«, zwei →fabliaux (»De trois chanoinesses de Cologne«, »Des trois dames de Paris«) und ein fatras (das in Wirklichkeit 30 fatras umfaßt), dessen Bedeutung hervorzuheben ist. Nach der Rubrik der Hs. B. N. f. fr. 14968, f. 162r° trug W. (der sonst gegen Spielleute, die das leichte Genre pflegen und ihr Publikum polemisiert) zusammen mit einem Gefährten namens Raimmondin vor Kg. Philipp v. Frankreich (Philipp VI., Kg. seit 1328?) kurze Dichtungen vor, die an die Tradition der fatrasie (→Unsinnsdichtung) anknüpfen, dabei jedoch als neues Element die Rahmung der Nonsens-Verse durch ein sinnhaltiges Distichon einführen. Es ist eines der ersten Zeugnisse des fatras, genannt enté (wahrscheinl. etwas später anzusetzen als die beiden fatras des Chaillou de Pesstain in der Interpolation zur Hs. E. des →Fauvel, 1318–1320), das nun die Nachfolge der fatrasie antritt. G. Angeli

Ed.: A. Scheler, Dits de W. de C., 1868 – A. de Montaiglon–G. Raynaud, Recueil général des fabliaux, 3, 1878 – L. C. Porter, La fatrasie et le fatras, 1960 – C. H. Livingston, Ms. retrouvé d'œuvres de W. de C. (Fschr. M. Delbouille, 2, 1964) – P. Menard, Fabliaux frç. du MA, I, 1979 – *Lit.*: C.-V. Langlois, W., ménestrel et poète frç. HLF, 35, 1921 – J.-C. Payen, Le Dit des sept vertus de W. de C. et le Livre de philosophie d'Alard de Cambray, Romania 86, 1965, 386–393 – R. G. Pearcy, Realism and Religious Parody in the Fabliaux: W. de C. Les trois dames de Paris, RBPH 50, 1972, 744–754 – Ders., The Genre of William Dunbar's Tretis of »Tua mariit wemen and the wedo«, Speculum 55, 1980, 58–74 – J. Ribard, Littérature et société au XIVe s., le ménestrel W. de C. (Court and Poet, 1981), 277–286 – M. Zink, La subjectivité litt., 1985, 149–161 – C. Lachet, Composition et signification des Trois dames de Paris de W. de C., MA 92, 1986, 405–415 – Écrire pour dire, 1990 (M.-F. Notz, 49–66; B. Ribémont, 69–72).

Wau, neben →Safran und Saflor der wichtigste gelbe Pflanzenfarbstoff für →Wolle oder →Seide im MA. Als wild wachsende Pflanze weit in Europa verbreitet, wurde der (Färber-)W. v. a. seit dem 13. Jh. in Frankreich (Picardie, Artois), in Flandern zw. Aalst und Oudenaarde und in Dtl. sw. von Köln (15. Jh.) kultiviert; in England ist W.anbau dagegen kaum nachzuweisen. W. ist ein Kraut mit längl. schmalen Blättern, das im Sept. oder im März ausgesät wurde. Der Farbstoff wird aus den im darauffolgenden Juni oder Juli geernteten und getrockneten Stengeln und Blättern gewonnen. Durch Überfärben eines blauen Grundes (→Waid) konnte man das beliebte Grün erreichen, dem auch →Krapp beigemischt wurde, um dunklere Grüntöne zu bekommen. Städt. Färbereiordnungen beschäftigen sich im 14./15. Jh. bes. mit diesen verschiedenen Mischungsverhältnissen. Die Beimischung von W. bei der Herstellung von Miniaturfarben ist v. a. aus mittelmeer. Rezeptbüchern des SpätMA bekannt. Ch. Reinicke

Lit.: RDK VI, 1478f. – R. SCHOLZ, Aus der Gesch. des Farbstoffhandels im MA, 1929, 25f. – W. L. J. DE NIE, De ontwikkeling der noordnederlandsche textielververij van de veertiende tot de achttiende eeuw, 1937, 222–226 – G. DE POERCK, La draperie médiévale en Flandre et en Artois (Technique et terminologie I, 1951), 187f. – F. IRSIGLER, Die wirtschaftl. Stellung der Stadt Köln im 14. und 15. Jh., VSWG Beih. 65, 1979, 100.

Waulsort, Abtei OSB im Hzm. →Niederlothringen (heut. Belgien, Prov. Namur), gegr. 945 unter Jurisdiktion des Bf.s v. Lüttich für ir. Mönche, die sich im Gebiet der mittleren →Maas ansiedelten. Um 970 trat Ks. Otto I. die Abtei dem Bm. →Metz ab, gleichzeitig mit der Übertragung des benachbarten, aus einem Frauenkl. in ein Männerpriorat umgewandelten →Hastière an W. Als Metzer Enklave im Gebiet des Fsbm.s →Lüttich und der Gft. →Namur konnte W. keinen umfangreichen Grundbesitz aufbauen. Die Abtei ist v. a. bekannt durch ihre →Fälschungen; das Maß der Echtheit oder Verfälschung von etwa zehn um die Mitte des 12. Jh. in W. entstandenen Urkk. (mit Zuschreibung der Gründung an einem [fiktiven] regionalen Gf.en) ist seit einem Jahrhundert Streitpunkt gelehrter Diskussion. Der Fälschungskomplex diente wohl der Zurückweisung von Autonomieansprüchen des Priorats Hastière und entstand mit Unterstützung →Wibalds v. Stablo. Das →Skriptorium v. W. hatte ca. 1050 bis 1200 wichtigen Anteil an der Renaissance der hochentwickelten Schriftkultur des Maaslandes (Urkk.: 'Lütticher Schriftprovinz'), v. a. durch reich illuminierte Codices (Psalter des 11. Jh.) sowie erzählende und hagiograph. Werke. Durch Gütertausch zw. Metz und Lüttich wurde W. 1227 (gleichzeitig mit →St-Trond/St-Truiden) dem mächtigen Lütticher Fs.bm. einverleibt. G. Despy

Lit.: BNB XXX, s.v. Wibald [G. DESPY] – L. LAHAYE, Étude sur l'abbaye de W., 1889 – L. GENICOT, L'économie rurale namuroise au bas m.a., 1–4, 1943–95 – G. DESPY, Le scriptorium de l'abbaye de W. au XIᵉ s., Le M-A 59, 1953, 87–115 – DERS., Les chartes de l'abbaye de W., Étude dipl. (946–1199), 1957 – D. MISONNE, Eilbert de Florennes, 1967 – A. WAYENS, Notes waulsortoises, 1–5, 1981–87 – A. DIERKENS, Abbayes et chapitres entre Sambre et Meuse (VIIᵉ–XIᵉ s.), 1985.

Wauquelin, Jean, frz. Übersetzer (→Übersetzer, V) im Dienst des Hofes v. →Burgund, † 7. Sept. 1452, stammte aus der Picardie, seit ca. 1441 in →Mons (Hennegau) als Leiter einer Kopierwerkstatt ansässig. In einer Rechnung des Kapitels Ste-Waudru de Mons ist W. als Dolmetscher und Kammerdiener (»translateur et varlet de chambre«) Hzg. →Philipps d. Guten genannt, hatte bereits vorher 1444 für Antoine de →Croÿ eine Übers. der »Hist. regum Britanniae« des →Geoffrey v. Monmouth, in die W. einen Teil der »Prophetiae Merlini« einfügte (→Merlin), angefertigt.

1445 verfaßte er im Auftrag des hzgl. Rates Simon Nockart den Prolog und 1. Teil der »Chroniques de Hainaut« (1446–48), teilweise eine Übers. der »Annales historiae illustrum principum Hannoniae« des Jacques de Guise; der 2. Teil wurde erst 1448 vollendet. 1446 bestellte Philipp d. Gute bei ihm eine Prosaversion der Geste des (als Heros eponymos der Hzg.e v. Burgund hochverehrten) →»Girart de Roussillon« (→Gerhard II. v. Vienne), übersetzt nach der anonymen »Vita Gerardi comitis« (Ende 10./Anfang 11. Jh.). 1447 schrieb W. die »Chronique des ducs de Brabant«, eine Übers. der lat. Chronik des Edmond de →Dynter. 1448 nahm W. erneut die Arbeit auf am Prosaroman »Faictz et conquestes d'Alexandre le Grand« (→Alexander d. Gr., B. V.1), dessen Kompilation (im wesentl. nach dem Alexanderroman des Alexandre de Paris) er schon vor seiner Übersiedlung nach Mons im Auftrag von Jean de Bourgogne, Gf.en v. Étampes, des leibl. Vetters des Hzg.s, begonnen hatte; ebenso fertigte er eine Prosaversion der »Belle Helene de Constantinople« an (→Trojadichtung, III). Um 1450 übersetzte er den →Fürstenspiegel des →Aegidius Romanus und kopierte den 4. Teil der »Chroniques« v. Jean→Froissart. Zu einem unbekannten Zeitpunkt schuf er für Jean de Croÿ eine Prosafassung der »Manekine« des →Philippe de Remy, Sire de Beaumanoir. F. Vielliard/S. Hériché

Ed.: Chronique des ducs de Brabant, ed. P. F. X. DE RAM, 1854–57 (Coll. des chroniques belges) – Girart de Roussillon, ed. L. DE MONTILLE, 1880 – Œuvres poétiques de Philippe de Rémi, ed. H. SUCHIER, 1884, 267–366 [W.s Prosaversion der »Manekine«] (Soc. des anciens textes français, 18) – Les faicts et conquestes d'Alexandre le Grand de J. W., teiled. und komm. S. HÉRICHÉ [Thèse d'École des Chartes, 1995; Zusammenfassung in: Positions des thèses de l'École des Chartes, 1995, 147–152] – Lit.: BOSSUAT, 428f., 5978; Suppl. 1040, 1177, 8027f. – DLFMA, 880f. – I. ARNOLD, Notice sur un ms. de la traduction des Annales de Hainaut de Jacques de Guise, Romania 55, 1929, 382–400 – A. VAN BUREN, New Evidence for J. W.s Activity in the Chroniques de Hainaut, Scriptorium 26, 1972, 249–268 – Y. CAZEAUX, Philippe le Bon et Girart de Roussillon (Mél. R. LOUIS, 1982), 2, 903–925 – M. GOSSMANN, Les fais et conquestes du noble roy Alexandre: dérimage ou remaniement? (Actes du 4e coll. internat. sur le Moyen français, 1985), 315–334.

Waverley, ehem. Abtei SOCist sö. von Farnham in der Gft. Surrey, verdankt ihren Ruhm der Tatsache, daß sie das erste in England errichtete Kl. SOCist war. W. wurde im Nov. 1128 von William Giffard, Bf. v. Winchester, gegr., der den notwendigen Grundbesitz zwölf Mönchen übertrug, die aus der Abtei SOCist L'Aumône stammten. Das Kl. wurde sofort das wichtigste Zentrum für den zisterziens. Einfluß im s. und mittleren England. Zw. 1133 und 1150 wurden mindestens 65 Mönche aus W. entsandt, um fünf neue engl. Abteien SOCist zu besiedeln, einschließl. von Garendon in Leicestershire und Combe in Warwickshire. Es gab 1187 noch über 70 Mönche und 120 Konversen in W. Jedoch war die Abtei niemals sehr wohlhabend, und nach der zeitweisen Verbannung des Konvents während des Interdikts unter →Johann Ohneland verlor sie allmähl. viel von ihrem Einfluß. Es gab 1536, als die Abtei an Heinrich VIII. ausgeliefert wurde, nur noch 13 Zisterziensermönche in W. Während der Grundriß des Kl. archäolog. freigelegt werden konnte, wurden die Gebäude jedoch oft von den Fluten des nahen Flusses Wey zerstört, so daß nur einige Ruinen aus dem 13. Jh. bis heute erhalten geblieben sind. R. B. Dobson

Q.: Annales Monasterii de Waverleia, 1–1291, ed. H. R. LUARD, Annales Monastici, II, RS, 1865 – Lit.: H. BRAKSPEAR, W. Abbey, 1905 – D. KNOWLES, The Monastic Order in England, 1963².

Wavrin. 1. W., Jean de, frz. Chronist am Hof des Hzg.s v. →Burgund, * um 1400, † 1472/75, stammte als Bastard von Robert, Sire de W., aus dem Adel des Artois (zur Familie 2. →W.), 1415 Teilnehmer der Schlacht v. Azincourt (→Agincourt). W. diente im burg. Heer und nahm 1420 gegen die →Hussiten das Kreuz. Im Zuge seines Aufstiegs am Hof bewirkte er seine Legitimierung durch den Hzg. (1437), dann auch durch den Kg. v. Frankreich, heiratete Marguerite de Hangouart, betitelte sich als →chevalier und Sire du Forestel et de Fontaine (1442) und wurde Rat (conseiller) und Kammerherr (→chambellan) des Hzg.s,

der ihn mit diplomat. Missionen betraute. 1467 begleitete er den 'Grand Bâtard' →Antoine nach England. – Auf Bitte seines Neffen Waleran (2. W.), verfaßte W. ein »Recueil des croniques et anciennes istoires de la Grant Bretaigne«. Die erste Fassung der Chronik (1446) bricht ab mit dem Tode Kg. Heinrichs V. v. England (1422), doch setzte W. sie später bis 1471 fort und bezog nun auch die Gesch. Frankreichs und Burgunds mit ein. Es wurden W. bisweilen auch einige chevalereske Romane zugeschrieben (»Florimont«, »Le comte d'Artois«, »Gilon de Trazeignies«). Seine Bibl. umfaßte zwölf Prachths., die er in Lille durch einen bedeutenden Miniaturisten, den sog. 'Meister des W.', illustrieren ließ.
J. Richard

Ed.: E. Dupont, 3 Bde, 1858–63 (SHF) – W. Hardy, 5 Bde, 1864–91 (RS, 39) [mit engl. Übers. in Bd. I, II] – *Lit.*: DLFMA, 1992, 861f.

2. W., Waleran de, burg. Flottenbefehlshaber, † wohl nach 1481, entstammte einer Adelsfamilie aus dem Artois, die das Amt des Seneschalls v. Flandern innehatte. Sein Großvater mütterlicherseits, Robert de W., Sohn einer unehel. Tochter des Gf.en v. Flandern, →Ludwig v. Male, fiel 1415 gemeinsam mit seinem einzigen legitimen Sohn bei Azincourt (→Agincourt). Seine Mutter Béatrice heiratete Gilles de Berlettes; beider Nachkommen erbten Namen und Wappen des Hauses Wavrin. W. war Seigneur v. Wavrin und Berlettes und erbte die Seigneurien Lillers, St-Venant und Malannoy. Er war vermählt mit Liévine de Roubaix, Tochter von Jean de Roubaix und Agnès de →Lannoy; der Ehe entstammte mindestens ein Sohn, Philippe. W. war →Chambellan Hzg. →Philipps d. Guten (seit 1431) und diente 1434 im burg. Heer, begleitete den Hzg. zum Friedenskongreß v. →Arras (1435) und nahm teil an der Belagerung v. Calais (1436). In den folgenden Jahren festigte er seinen Ruf als Turnierritter (Georges →Chastellain: »moult vaillant jousteur«). W. hatte 1443 die Betreuung der Gesandtschaft des byz. Ks.s inne, die in Chalon-sur-Saône um burg. Hilfe gegen die osman. Bedrohung bat. Im folgenden Jahr erhielt W. den Oberbefehl über alle Schiffe, die Philipp d. Gute (im Rahmen der päpstl. Kreuzzugsflotte; →Türkenkriege) ins östl. Mittelmeer entsandte. Diese Flotte erwies sich aber als unfähig, die osman. Passage von Asien nach Europa, durch den Bosporus, zu unterbinden und konnte die Katastrophe v. →Varna (10. Nov. 1444) nicht verhindern. Das zögernde Verhalten W.s in der Folgezeit war auch durch Geldmangel bedingt. 1445 beteiligte er sich noch an einer Expedition ins →Schwarze Meer; die christl. Flotte kreuzte auf der Donau, um sich in Nikopolis mit den Truppen Johannes →Hunyadis zu vereinigen, doch ein Feldzug kam nicht zustande. Im Frühjahr 1446 war W. wieder in Flandern. 1453 verhandelte er als Gesandter des Hzg.s mit den Schöffen der (bei Gavere geschlagenen) Stadt →Gent. 1461 begleitete er den Hzg. nach Reims (Sacre Kg. Ludwigs XI.) und Paris. Anfang 1464 verfaßte W. eine Denkschrift über den für dieses Jahr vorgesehenen Kreuzzug. Wohl 1481 war W. noch am Leben, da die Genuesen über Schädigungen Klage führten, die Arthur W. aufgrund eines 1445 entstandenen Zerwürfnisses zugefügt hatte. – Nach seiner Rückkehr aus dem Orient (d. h. ab 1446) regte W. seinen Onkel, Jean, Bastard v. W., zur Abfassung der Chronik an.
J. Paviot

Lit.: BNB XXVII, 132–136 – F. V. Goethals, Hist. de la maison de W...., 1866 – F. Brassart, Une vieille généalogie de la maison de W...., 1877 – N. Iorga, Les Aventures »sarrazines« des Français de Bourgogne au XVᵉ s. (Mél. d'hist. gén., I, 1927), 9–56 – W. Schulz, Andreaskreuz und Christusorden, 1976 – W. Paravicini, Die Hofordnungen Hzg. Philipps d. Guten v. Burgund, Francia 15, 1987, 183–231 – J. Paviot, La Politique navale des ducs de Bourgogne, 1384–1482, 1995.

Waynflete, William, Förderer des engl. Bildungswesens, * ca. 1394, † 11. Aug. 1486, ◻Winchester, Kathedrale; Sohn von Richard Patyn of Wainfleet (Lincolnshire). Er besaß seit 1416 eine Pfründe in Lincolnshire und studierte Theologie in →Oxford. Nach zwölf Jahren Tätigkeit als Vorsteher des Winchester College (seit 1429) half er Heinrich VI. bei seiner Gründung des Eton College (→Eton) und war 1442–47 dort der erste Provost. Mit geringer Unterstützung betrieb Heinrich 1447 W.s Wahl und später seine Bestätigung für den Bf.ssitz v. →Winchester. Seit 1456 war er Kanzler v. England; nach einem Sieg der Yorkists in →Northampton 1460. Seit 1448 plante er die Gründung eines Studienhauses in Oxford, später eines College und einer Grammatikschule; seine Gründungsurk. für das Magdalen College wurde 1458 ausgestellt, aber die Stiftungsdotation und das Gebäude wurden nach Heinrichs Absetzung bis 1467 nicht genutzt, als Eduard IV. verspätet die Gründung bestätigte. W. vollendete nun auch das Gebäude des Eton College und gründete eine weitere Grammatikschule an seinem Geburtsort.
R. L. Storey

Lit.: BRUO III, 2001–2003 – The Hist. of the Univ. of Oxford, II, hg. J. I. Catto–T. A. R. Evans, 1992 – V. Davis, W. W.: Bishop and Educationalist, 1993.

Wazo, Bf. v. →Lüttich 1042–48, † 8. Juli 1048, ◻Lüttich, Dom; entstammte wahrscheinl. einer bescheidenen Familie der Diöz. Lüttich, wurde an der Lütticher Domschule unter Bf. →Notker (972–1008) erzogen. Er wurde Scholaster, Dekan (1013) und schließlich Dompropst (1029). Um 1028/29 fungierte er auch als Kapellan Ks. Konrads II. (→Hofkapelle). 1042 designierte ihn Heinrich III. zum Bf. v. Lüttich. W. sollte für die Ausformung des Programms der →Gregorian. Reform eine wichtige Vorreiterrolle spielen. Er räumte zwar die Gehorsamspflicht der Bf.e gegenüber dem Ks. hinsichtl. der Temporalia ein, propagierte aber für die Spiritualia die ausschließl. Autorität des Papstes; Einschaltungen des Herrschers, den W. als Laienpersönlichkeit auffaßte, hielt er in allen Fragen, die den 'ecclesiasticus ordo' betrafen, für inakzeptabel. W. sah in der Salbung der Bf.s als »Quelle des Lebens« ('ad vivificandum') einen höheren Weiheakt als in der Salbung und Weihe des Kg.s, die er als »Quelle des Todes« ('ad mortificandum') ansah. Auch vertrat W. die Auffassung, daß niemand über den Papst richten dürfe. Mit aller Energie war der Bf. bestrebt, das Übel der →Simonie zu bekämpfen. Waren W.s Ideen auch nicht eigentlich neu, so bildete doch der starke Nachdruck, mit der er sich für die Rückkehr zu den ältesten kanon. Grundsätzen einsetzte, ein Novum. Seine Auffassungen, die letztlich das otton.-sal. Reichskirchensystem (→Reichskirche, II) erschütterten, erregten im Umkreis des Kaiserhofs lebhaftes Mißfallen, fanden beim Papsttum dagegen höchste Wertschätzung. Einen kompromißlosen Kampf führte W. auch gegen das Vordringen weltl. Grundherrn; der fromme Bf. ließ ohne bfl. Erlaubnis errichtete Burgen unnachsichtig zerstören.
J.-L. Kupper

Lit.: Gams, Ser. V, I, 1982, 71f. – E. Hoerschelmann, Bf. W. v. Lüttich und seine Bedeutung für den Beginn des Investiturstreites, 1955 – J. Fleckenstein, Die Hofkapelle der dt. Kg.e, II, 1966, 98f., 193f. – J.-L. Kupper, Liège et l'Église impériale, 1981, 129–133, 386–387, 512–517 – Ders., Les »Gesta pontificum Leodicensis aecclesiae« du chanoine Anselme (Problématique de l'hist. liégoise, 1981), 29–41 – H. Zielinski, Der Reichsepiskopat in spätotton. und sal. Zeit (1002–1125), I, 1984, 23, 78–81, 114–116, 175f. – J.-L. Kupper, Episcopus, ingenui, cives et rustici. La chronique d'Anselme et la vie économique du pays mosan aux Xᵉ–XIᵉ s. (Mél. G. Despy, 1991), 405–414 – →Lüttich.

Al-Wazzān az-Zaiyātī, al-Ḥasan b. Muḥammad (Leo Africanus), geb. zw. 1489 und 1495 in Granada, gest. um 1550 in Tunis, kam mit seiner Familie nach Fes, wo er eine gute Erziehung genoß und noch jung bereits in diplomat. und kommerziellen Aufträgen für den waṭṭāsid. Sultan al-Burtuqālī in ganz Nordafrika unterwegs war, selbst Ägypten (bis Assuan) bereiste, die Pilgerfahrt nach Mekka machte und sogar in Konstantinopel gewesen sein will. Auf der Rückreise wurde er auf Dscherba von siz. Piraten gefangengenommen und Papst Leo X. geschenkt, der ihn überredete, Christ zu werden, und ihn persönl. am 6. Jan. 1520 taufte. W. erlernte Italienisch, lehrte Arabisch in Bologna und verfaßte u. a. 1526 die berühmte Beschreibung (Nord-)Afrikas, die 1550 von Giovanni Battista Ramusio in Bd. I der »Navigationi e viaggi« publiziert und bereits 1556 ins Lat. (schlecht) und 1896–98 ins Frz. (CH. SCHEFER; vorzügl.) übersetzt wurde. Wahrscheinl. begab er sich noch vor 1550 nach Tunis und starb dort als Muslim. H.-R. Singer

Lit.: EI² V, 723 f. – L. MASSIGNON, Le Maroc dans les premières années du XVIe s., 1906 – A. ÉPAULARD, Jean-Léon L'Africain, Description de l'Afrique. Nouvelle Éd. traduite de l'Italien, ed. H. LHOTE, 2 Bde, 1959.

Wearmouth-Jarrow → Jarrow-Wearmouth

Weben, Webstuhl. Unter den zahlreichen Techniken, mit denen aus Faserstoffen flächenartige Gebilde verfertigt werden können, sei es ohne Garne (Filz), aus einem Garn (Stricken, Netzknüpfen) oder gar aus drei Garnsystemen (Tüll), nimmt W. eine Sonderstellung ein, weil es ein festgefügtes Gewebe ergibt. Die beiden gegenseitig verschlungenen Garnsysteme Kette und Schuß können auf vielfältige Art verwoben werden; neben Leinwand- (zwei Schäfte), →Köper- (drei und mehr Schäfte) und Atlasbindung (fünf und mehr Schäfte) sind deren Varianten sind verschiedene Musterungstechniken möglich. Zunächst kann das vorgefärbte Garn (→Farbe, Färber) zu gestreiften und karierten (schott. Tartans) Mustern verwoben werden: mittels Verschiebung der Kettfäden entstehen Drehereffekte (Brettchenbänder), mit zusätzl. Schäften (Schlingenstäbe) – bereits in spätröm. Zeit – sog. Blöckchendamaste (→Damast) in →Seide, bevor die eigtl. Damasttechnik über Byzanz und die Araber zunächst in Italien (Lucca) Fuß faßte. Bildwirkerei in →Wolle ist antikes Erbe und wurde in Byzanz auch in Seide ausgeübt (Gunthertuch, 11. Jh., Bamberg). Es gab auch die Herstellung von Zottenstoffen: Wollocken, die man während des W.s neben den Schußfaden einführt, ergeben eine plüschartige Oberfläche (Mantel Kg. Philipps I. v. Frankreich, 1060–1108).

Der aus dem Altertum überlieferte Gewichtswebstuhl wurde bis zum 10. Jh. verdrängt (noch heute in Lappland erhalten). An die Stelle des mit ihm hergestellten, etwa 2,5 m × 3 m großen palliums traten panni, über 10 m lange Stoffbahnen, die auf dem senkrechten Webstuhl mit Kett- und Warenbaum (Abb. → Utrecht-Psalter) gewoben wurden. Dieser mußte wiederum dem horizontalen Trittstuhl weichen und erhielt sich bis heute nur als Bildwirk-(»Gobelin«)stuhl. Im 12. Jh. beschreibt →Alexander Neckam (27. A.) den neuen Webstuhl (früheste Darstellung um 1200, Cambridge, Trinity Coll., Ms. 9), in Novgorod, Danzig (Gdańsk) usw. kann er archäolog. nachgewiesen werden. Seiner Form nach muß er zumindest in S-Europa zunächst ein Grubenwebstuhl gewesen sein (Rázom, Ungarn, vor 1240), wovon auch eine byz. Miniatur (1368) zeugt. Bei einer Rohstoffbreite von über 2 m wurde jedoch ein Tuchwebstuhl benötigt, den zwei Leute bedienen konnten (Flandern 13. Jh.). Für Streifenmuster von bis zu über 100 Schäften verwendeten it. Barchentweber (→Barchent) den Schlingenstabwebstuhl (Perugia-Tücher), der sich im 14.–15. Jh. in S-Dtl., von dort aus in Böhmen, Österreich und Ungarn verbreitete. Der Seidenwebstuhl blieb im MA auf die Mittelmeerregion beschränkt; der Damastwebstuhl hingegen wurde schon seit dem 15. Jh. auf →Leinen adaptiert (Flandern). Eine bedeutende, vielleicht aus dem Iran stammende Innovation war die Einführung des Samtwebstuhls im 14. Jh., der, mit der Damasttechnik kombiniert, großflächige Muster mit mehrfacher Polhöhe ergab (15. Jh. Genua, Florenz, Venedig). Weitere Webgeräte waren zum Bandw. bestimmt; eine bes. Stellung kam der →Brettchenweberei zu.

W. Endrei

Lit.: M. HOFFMANN, The Warp-Weighted Loom, 1964 – W. ENDREI, L'évolution des techniques de filage et du tissage du MA à la révolution industrielle, 1968 – A. GEIJER, A Hist. of Textile Art, 1979 – B. TIETZEL, Gesch. der Webkunst, 1988 – W. ENDREI, Ein Dutzend ma. Webgeräte (Middeleeuws textiel in het Euregiogebied Maas-Rijn, 1989).

Weber. Unter den Textilhandwerkern nahmen die W. (textores), bes. die Wollw. (→Wolle), und Tuchmacher (pannifices) eine führende Stellung ein. Mit dem hochma. Urbanisierungsprozeß und der techn. →Innovation wurde die bislang stärker auf dem Lande betriebene Herstellung von →Textilien einer der wichtigsten städt. Gewerbezweige. Das →Weben wurde auch von einer typ. Frauenarbeit (→Gynäceum) zur Sache von spezialisierten männl. Berufshandwerkern. Wenngleich Frauen weiter im Textilsektor tätig blieben und die Verarbeitung von →Seide z. B. in Köln und Paris von Seidmacherinnen betrieben wurde (→Frauenzunft), spielten in der Wollweberei weibl. Kräfte doch eine untergeordnete Rolle und wurden z. T., wie in Straßburg im 15. Jh., im späten MA weiter verdrängt.

Die W. und Tuchmacher organisierten sich in NW-Europa und anderen Räumen spätestens seit dem 12. Jh.; in England existierten 1130 u. a. W. zünfte in London, Lincoln, Oxford, Winchester und Huntingdon. Waren in Orten mit wenig Gewerbe z. T. W. aller Art in einer →Zunft vereinigt, so beweist den Grad berufl. Spezialisierung in einem hochentwickelten Zentrum die älteste Kölner Zunfturk. v. 1149 mit dem Nebeneinander von Decklaken- und Schleierw. n. In der stärker auf dem Land und im Nebenerwerb betriebenen Leinenweberei kam es, außer in NW-Europa im 13. Jh. (Brügge, Gent, St-Omer, Tournai), allerdings z. T. gar nicht oder erst spät zu eigener Zunftbildung, im obdt. Leinengebiet verschiedenenorts erst im 14. Jh. (Konstanz, Memmingen, Ulm). Gegenüber den Wollw. n hatten die Leinenw. zudem meist ein geringeres Ansehen, verloren z. T. an Bedeutung oder zählten sogar zu den →unehrlichen Leuten. Eigene Organisationen bildeten u. a. auch an bestimmten Orten die W. von →Barchent, in Mitteleuropa erst seit der 2. Hälfte des 14. Jh. zu finden, von Seide, von leichten Wolltuchen (Sayen), von Mischgeweben aus Wolle und Leinen wie dem Tirtei (Köln 1398, 1429) oder die Hersteller von bes. Produkten wie Wolldecken (Salunenmacher in Lübeck 1471) und Wirkteppichen (z. B. 1336 in Gent, 1388/89 in Löwen). V. a. mit der zunehmenden Differenzierung der Gewebe nach Material und Technik kamen weitere Spezialisten hinzu (z. B. Satinw.), die z. T. bes. Ordnungen, nicht immer aber eine eigene Zunft erhielten. Gesellenvereinigungen in der Weberei bildeten sich seit dem 14. Jh. heraus (Berlin 1331, Zürich 1336, Speyer 1343).

Die hohe Nachfrage nach Textilien ließ die Weberei zu einem der am stärksten besetzten städt. Gewerbe werden.

In fläm. Tuchzentren wie Ypern, Gent oder Brügge war mehr als die Hälfte der Bevölkerung in der Draperie tätig; in Gent sind 1346 allein über 4000 W. bezeugt. In Großstädten wie Paris oder Florenz existierten zumindest zeitweise mehrere hundert W.; in Köln erfolgte nach der W.schlacht v. 1371 eine Beschränkung auf 200, ab 1378/82 auf 300 Webstühle für Wolle. Angesichts des Bedarfs unternahm man in größeren wie kleineren Städten, z. T. verbunden mit bes. Vergünstigungen, schon früh auch Versuche zur Anwerbung und Neuansiedlung von W.n, z. B. 1211 in Parma (für Barchent), 1230/31 in Bologna oder 1251 bzw. 1270 in St-Mihiel und Longuyon in Lothringen. Der Fernhandel mit standardisierten Textilien und die starke Zerlegung des Produktionsprozesses förderten in hochentwickelten Zentren und Landschaften seit dem 13. Jh. weiterhin die Zusammenfassung und Lenkung der Produktion über →Verlag durch Kaufleute und Handwerker-Unternehmer (Drapiers, Tucher, Clothiers, Lanaioli), die z. T. gerade aus dem Kreise der W. stammten. Hinzu kam nicht nur in der Spinnerei, sondern auch in der Weberei der Ausgriff ins Umland; Genter Auftraggeber ließen 1254 etwa im Abteidorf v. St. Pieter weben, Oxforder stellten W.n in Banbury, Cowley und Islip 1275 Webstühle. Die Entwicklung ging bis zu ganzen Gewerbelandschaften, in denen die ländl. W. – bes. auch von Leinen – an Bedeutung gewannen und an den Handel angebunden wurden (sog. Protoindustrialisierung). Wo die Umlandweberei zur Konkurrenz für das Gewerbe urbaner Zentren wurde, bekämpfte man sie indessen bis hin zur Gewaltanwendung, oder man versuchte doch, sie einzuschränken (z. B. in Ulm); zumindest suchte man die Landw. städt. Qualitätsvorschriften zu unterwerfen.

Mit der vermehrten Trennung von Kapital und Arbeit verstärkten sich in den Städten die sozialen und wirtschaftl. Unterschiede zw. den W.n. Unter ihnen gab es reichere Unternehmer, selbständige Meister wie arme Lohnw., die z. T. in Häusern von Tuchern oder anderen Arbeitgebern arbeiteten. Sie wurden – z. B. in Leicester im 13. Jh. – ebenso wie die W.knappen bisweilen im Stückbzw. Teillohn, mancherorts sogar im Natural- bzw. Warenlohn bezahlt (Verbote z. B. in Paris 1270, Speyer 1351). Während die reichen W. Ansehen erlangten und polit. Mitwirkung durchzusetzen suchten, hatten die armen um eine Verbesserung ihrer wirtschaftl. und sozialen Lage zu kämpfen. Aus dieser Situation resultierte eine Vielzahl polit. und sozialer Auseinandersetzungen, an denen die W. maßgebl. beteiligt waren. In nw.europ. Städten ist im 13. Jh., z. B. um 1280, und danach eine ganze Kette von Aufständen belegt. Ebenso kam es in Köln und andersswo zu Konflikten; Lohnkämpfe der W.gesellen fanden u. a. in Speyer (1351) und Freiburg i. Br. (1365) statt. Schon im 12. Jh. lassen sich W. auch in Verbindung mit Häresien (→Katharer) fassen. Neben ihnen stellten jedoch noch andere Beschäftigte des Tuchgewerbes wie die →Walker ein Unruhepotential dar.   R. Holbach

Lit.: E. Kober, Die Anfänge des dt. Wollgewerbes, 1908 – E. Sabbe, De belgische vlasnijverheid, 1943 – Produzione, commercio e consumo dei panni di lana (nei secc. XII–XVIII), ed. M. Spallanzani (II. Sett. di Studi, Istituto Datini, Prato, 1976) – W. v. Stromer, Die Gründung der Baumwollindustrie in Mitteleuropa, 1978 – M. F. Mazzaoui, The Italian Cotton Industry in the Later MA, 1981 – A. R. Bridbury, Medieval English Clothmaking, 1982 – Lex. des alten Handwerks, hg. R. Reith, 1990, 256–266 – La seta in Europa, ed. S. Cavacciochi (XXIV. Sett. di Studi, Istituto Datini, Prato, 1993) – H. Sakuma, Die Nürnberger Tuchmacher, Färber und Bereiter vom 14. bis 17. Jh., 1993 – R. Holbach, Frühformen von Verlag und Großbetrieb in der gewerbl. Produktion, 1994 – J. H. Munro, Textiles, Towns and Trade, 1994.

Wechsel, -brief, Wechsler. [1] *Wechsel, Wechsler:* Geldw., d. h. die Umwechslung von Münzen oder Warengeld, gehörte bereits in der altoriental. und griech.-röm. Welt zum kaufmänn. Alltag und wurde in das christl. Abendland, den byz. und den islam. Kulturkreis tradiert. Während im Antike vorrangig 'Tempelbanken' als Ort des Geldwechsels dienten, wurde er im MA von auch im Zahlungsverkehr engagierten Kaufleuten (*marchands-banquiers*) oder spezialisierten Wechslern (*campsores, cambiatori*) in ihren W.stuben vorgenommen. Diese Wechsler wechselten einheim. und reisenden Kaufleuten fremde Münzen oder Edelmetallbarren in die jeweils lokale →Währung um (Handw., *cambium minutum/manuale*) und übernahmen vielerorts auch bankenmäßige Dienstleistungen, so bereits vor 1200 in Genua (sog. *banchieri*) im 13. Jh. in Lucca, Venedig, Barcelona, Lille, um 1300 in Valencia, Lérida, im 14. Jh. in Brügge, Straßburg, Lüttich und Konstantinopel. Im einzelnen waren dies Depositen- und Kreditgeschäfte mit ortsansässigen Kaufleuten und Maklern, z. T. Handwerkern; in deren Auftrag führten sie mit Hilfe von Gut- und Lastschriften auch bargeldlose Zahlungen mit Fremden durch. Der Wirkungskreis der Wechsler, zu dem enge Beziehungen zur lokalen Münzstätte, vielfach daneben der Edelmetallhandel, die Funktion als Stadtkassen und die Emission neuer Münzprägungen gehörten, blieb – außerhalb des dt. Raumes – in der Regel örtl. beschränkt, da Geldtransfers nur mündl. durch den Kontoinhaber oder seinen Vertreter angeordnet werden konnten und sie im Gegensatz zu den internat. agierenden (it.) Kaufleuten nicht über ausgedehnte Faktoren- oder Korrespondentennetze in anderen Städten verfügten. Wo die Wechsler diese allerdings besaßen, wie für W.stuben des obdt. und rhein. Raumes (im 12. Jh. in Augsburg, im 13. Jh. in Nürnberg, Nördlingen, im 14. Jh. in Regensburg, Basel, Straßburg, Köln u. a., im 15. Jh. in Wien, Breslau sowie Krakau) nachgewiesen, vermochten sie auch, am internat. W.geschäft (s. u.) zu partizipieren. Ende des 14. Jh. setzte ein drast. Niedergang der Wechslertätigkeit n. der Alpen ein, wofür in der Forsch. vorrangig die seit ca. 1390 zu beobachtende Edelmetallknappheit verantwortl. gemacht wird.

[2] *Wechselbrief:* Zum Instrument des überregional-internat. bargeldlosen Zahlungsverkehrs wurde im MA der W.(brief), dessen Entwicklung wahrscheinl. im Rechtskreis von Genua während der kommerziellen Revolution (12./13. Jh.) ihren Ausgang genommen hatte. Als Vorläufer des W.s gelten die *lettres des foires* und das »instrumentum ex causa cambii«, die beide als Finanzierungsinstrumente auf den →Champagnemessen seit dem 12. Jh. notariell beglaubigte, formelle Zahlungsverpflichtungen oder -versprechen darstellten und zur Vermeidung teurer und risikoreicher Geldversendungen dienten. Als einerseits die Kaufleute die Champagnemessen nicht mehr selbst besuchten, sondern →Faktoren oder Geschäftspartner mit einem formlosen Zahlungsauftrag (»littera«) zur Begleichung ihrer Schulden versahen, andererseits die Herausbildung von untereinander persönl. verbundenen Faktoren- oder Korrespondentennetzen die Beglaubigung überflüssig machte, entstand der 'informelle' W.brief. Dieser vermittelte im 13./14. Jh. in der Regel nur innerhalb einer Firma Finanztransaktionen und somit Liquidität zw. verschiedenen Orten und wechselte somit auch unterschiedl. Währungen um (sog. *lettera di pagamento*), erst seit dem 14. Jh. auch außerhalb des eigenen Hauses (sog. *lettera di cambio*). Grundlegend für ein W.geschäft waren damit 1. die »permutatio pecuniae absentis cum praesenti« und 2. die »distantia oder differentia loci«, d. h.

die sich im W.kurs manifestierende 'Währungsumwechslung' und die Ortsverschiedenheit der beteiligten Parteien. Nach LE GOFF hatte der W.(brief) im kaufmänn. Geschäft vier Funktionen: als (sicheres) Überweisungsmittel für Geld; als Zahlungsmittel im Handel; als Kreditq. im Geldverleih durch die Ausstellung von W.n (*dare a cambio*) und beim Verkauf von W.n in fremden Währungen auf Kredit (*cambi a credenza*); in der Ausnutzung von Kursdifferenzen an verschiedenen Orten (Arbitragegeschäft).

[3] *Anwendung des Wechsels:* Eine wichtige Rolle spielte der W. insbes. bei Warenkreditgeschäften, bei denen ein Exporteur E in der Stadt A Waren an einen Importeur I in der Stadt B sandte und über deren Wert einen W. auf letzteren zog, d.h. ihn anwies, die ihm geschuldete Summe einem Dritten, dem Begünstigten P (Präsentant, *beneficiario*), nach einer bestimmten Frist auszuzahlen; E fungierte als Aussteller des W.s (Trassant, *prenditore*), I als Bezogener (Trassat, *pagatore*). Den W. verkaufte E an einen Partner vor Ort, der ihm damit einen →Kredit gewährte und (indirekt) den Warenverkauf an I finanzierte. Auf diese Weise erhielt E neue Liquidität für weitere Geschäfte und mußte nicht auf die erst in einigen Monaten erfolgende Zahlung von I warten. Der Käufer des W.s, der W.nehmer R (Remittent, *datore*), sandte den W. an P, mit dem er in Kontokorrentbeziehungen stand. Dieser wiederum schrieb die Summe, über die der W. lautete, dem R gut (tilgte dessen Schulden oder ähnl.) und präsentierte den W. dem I zum Akzept. Der Bezogene, dem die Waren ja auf Kredit zugesandt worden waren und der dafür die aus dem W. resultierende Zahlungsverpflichtung gegenüber P durch das Wort *accettata*, Datum und Unterschrift auf der Rückseite des W.s akzeptierte (er wurde dadurch zum Akzeptanten), verfügte damit über genügend Zeit, die erhaltenen Waren zu verkaufen, und konnte nach der lokal übl. oder bes. vereinbarten Verfallszeit (*Usance*) des W.s mit dem erlösten Geld die geforderte Summe an P bezahlen. Damit hatten sich alle gegenseitigen Verpflichtungen erledigt.

Der Vorteil dieser Vorgehensweise lag darin, daß der Exporteur keinen Ausfall seiner Liquidität hinnehmen mußte, der Importeur die Waren auf Kredit erhalten hatte, sowohl der Warenverkäufer als auch der Begünstigte in ihrer heim. Währung ausbezahlt wurden, die Bezahlung ohne die Versendung von Bargeld, d.h. ohne Transportrisiko und -kosten, vonstatten ging und möglicherweise Kursdifferenzen zw. den beiden Plätzen noch gewinnbringend ausgenutzt werden konnten. Voraussetzungen für derartige Geschäfte waren das persönl. Vertrauensverhältnis zw. den Partnern, die Möglichkeit, die Bezahlung eines W.s vor Gericht einklagen zu können, und die Kontokorrentbeziehung zw. dem Remittenten und dem Präsentanten. Um zu gewährleisten, daß zumindest ein Exemplar sicher bei dem Begünstigten ankam, erfolgte die Ausstellung des W.s in mehreren Exemplaren (*prima, secunda, tertia* etc.), die den verschiedenen, am Geschäft beteiligten Personen zugesandt wurden.

Diente der W. allein dem Geldtransfer, so wurde das Geschäft (im 15. Jh. nachgewiesen) vielfach zw. drei Personen abgewickelt: Remittent und Begünstigter waren in diesem Falle oft ein und dieselbe Person, die vom Bezogenen das vom Aussteller geschuldete Geld ausbezahlt bekam. Darüber hinaus spielte auch der Rückw. (*recambium*) eine bedeutende Rolle, denn mit dem im ersten W.geschäft erhaltenen Geld konnte der Begünstigte einen anderen W. kaufen, in dem der ursprgl. W.nehmer als neuer Begünstigter erschien. Dieser vermochte dann bei Fälligkeit des W.s infolge eines inzwischen gestiegenen Kurses eine höhere Summe zu erzielen, als er im ersten Geschäft für den Kauf des W.s ausgegeben hatte; auch Kursverluste waren selbstverständl. nicht ausgeschlossen. Vielfach verständigten sich daher sich Aussteller und W.nehmer auf einen über der Münzparität liegenden und über dem 'marktüblichen', beim Geldw. gebräuchl. Kurs. Diese Kursdifferenz ist nach DE ROOVER als 'versteckter' Zins oder Gewinn zu begreifen. Da dieser risikobehaftet und ungewiß war, vermochte man auf diese Weise kirchl. und weltl. Wucherverbote (→Wucher) zu umgehen, worin – wiederum nach DE ROOVER – die grundlegende Bedeutung des W.s überhaupt lag.

Lag der W.operation überhaupt kein Geldtransfer zugrunde, galt dies als Trockenw. (*cambium siccum*), da bei Fälligkeit des Hinwechsels keine Zahlung erfolgte, sondern der Bezogene (oft zugleich der Begünstigte) statt dessen einen (Rück-)W. ausstellte. Die (vielfach mehrmalige) Abfolge von Hin- und Rückw.n zw. zwei Städten ohne Geldtransfer verlängerte den Kredit des Kaufmanns so lange, wie der ursprgl. Gläubiger zur Erneuerung des W.s bereit war. Der in der Kursdifferenz jeweils enthaltene Zins von bis zu 12–14% war dessen 'Entlohnung' für die jeweils fortgesetzte Bereitstellung von Liquidität. Von Wucher konnte auch bei dieser Praxis nur dann gesprochen werden, wenn *vor* der Gewährung des (ersten) Darlehens die jeweiligen W.kurse von den Beteiligten festgesetzt worden waren, d.h. das Marktrisiko ausgeschaltet worden war.

Da W.zahlungen auf die Bedürfnisse der it. Handelshäuser mit ihren über Europa und z.T. die Levante verstreuten Faktoreien ausgerichtet waren, fand der W.verkehr im 13. und 14. Jh. vorrangig dort Verbreitung, wo it. Firmen vertreten waren: in Italien selbst (u.a. Genua, Venedig, Florenz, Rom, Neapel, Mailand), auf den Champagnemessen und den Finanzplätzen des w. Mittelmeerraums (u.a. Avignon, Montpellier, Barcelona), NW-Europas (Brügge, London, Paris) und der Levante (u.a. Konstantinopel, Famagusta). Die it. *merchant-bankers* vernetzten damit – nicht zuletzt im Dienst der Kurie und weltl. Höfe – weite Teile Europas und des christl. Ostens auf der Basis des W.verkehrs. Im dt. und ostmitteleurop. Raum hingegen ist er infolge der fehlenden 'Bankenstruktur' im it. Sinne in diesem Zeitraum nur vereinzelt nachzuweisen, so v.a. bei mit it. Handelshäusern in engen Beziehungen stehenden rhein. und oberdt. Kaufleuten und Wechslern (s.o.). Über weite Teile des 15. Jh. waren die Genfer, ab den 1460er Jahren die Lyoner Messen Zentren des bargeldlosen Zahlungsverkehrs zw. Italien und NW-Europa, wo im ausgehenden 15. Jh. Brügge als Finanzzentrum von Antwerpen abgelöst wurde. Bis um 1500 kamen v.a. Köln, Nürnberg, Augsburg, Sevilla, Lissabon, die kast. und die Frankfurter Messen als W.märkte hinzu, während levantin. Plätze nach 1453 allenfalls noch partiell in Erscheinung traten. Weitgehend ausgespart aus dem System des auf Italien ausgerichteten W.verkehrs blieben vorerst noch der Hanseraum (→Hanse) und Ostmitteleuropa, für die W.zahlungen 'it. Stils' nur in Einzelfällen nachzuweisen sind.

M. A. Denzel

Lit.: R. DE ROOVER, Money, Banking and Credit in Medieval Bruges, 1948 – DERS., L'évolution de la lettre de change (XIVe–XVIIIe s.), 1953 – W. v. STROMER, Obdt. Hochfinanz 1350–1450, 1970 – R. SPRANDEL, Das ma. Zahlungssystem nach hans.-nord. Q.n des 13.–15. Jh., 1975 – W. v. STROMER, Die obdt. Geld- und W.märkte. Ihre Entwicklung vom SpätMA bis zum Dreißigjährigen Krieg, Scr. merc. 10, 1976, 23–51 – DERS., Funktion und Rechtsnatur der W.stuben als Banken in Oberdtl., den Rheinlanden und den mitteleurop. Montanzentren im

SpätMA, Bankhist. Archiv 1979, 3–33 – P. Spufford, Handbook of Medieval Exchange, 1986 – Banchi pubblici, banchi privati e monti di pietà nell' Europa preindustriale, 1991 – J. Le Goff, Kaufleute und Bankiers im MA, 1993 – M. A. Denzel, »La Practica della Cambiatura«. Europ. Zahlungsverkehr vom 14. bis zum 17. Jh., 1994 – Währungen der Welt, IX: Europ. W.kurse von 1383 bis 1620, hg. Ders., 1995 – Ders., Kleriker und Kaufleute. Polen im kurialen Zahlungsverkehrssystem des 14. Jh., VSWG 82, 1995, 305–331 – Ders., »Zeit ist Geld«. Usancen'systeme' im bargeldlosen Zahlungsverkehr nach it. Kaufmannsnotiz- und -handbüchern des 14. und 15. Jh., Scr. merc. 29, 1995, 96–111 – Von Aktie bis Zoll. Ein hist. Lex. des Geldes, hg. M. North, 1995.

Wechsel, Liedtyp des mhd. →Minnesangs, in dem eine oder mehrere Männer- und Frauenstrophen inhaltlich und formal kombiniert sind; im Gegensatz zum Dialoglied sprechen die Figuren im W. nicht miteinander, sondern reden in Selbstgesprächen übereinander. Das Geschlecht der Sprecher und der strophenweise Sprecherwechsel werden durch den Redetext selbst markiert, es kann jedoch auch eine Erzählerinstanz durch Inzise den Sprecher konkretisieren. Grundsätzlich verweist der W. durch seine bes. Organisation auf die Rollenhaftigkeit des Minnesangs. Die Bezeichnung 'W.' tritt erstmals im 15. Jh. in der Neidhart-Sammlung der Riedschen Hs. c auf und wird dort für Dialoglieder benutzt; die literaturwiss. Verwendung von 'W.' als Gattungsterminus zur Abgrenzung vom Dialoglied geht auf Haupt zurück. Verbreitet ist der W. v. a. bei den Lyrikern des 12. Jh.: →Kürenberger, Meinloh v. Sevelingen, →Dietmar, →Heinrich v. Veldeke, →Albrecht v. Johansdorf, →Heinrich v. Rugge, →Heinrich v. Morungen, →Reinmar d. A., →Walther v. der Vogelweide u. a. ; im 13. Jh. tritt er nur vereinzelt auf (→Otto v. Botenlauben, →Burkhart v. Hohenfels). Die Grundstruktur des W.s ist zweistrophig, schon bei Dietmar gibt es jedoch einen dreistrophigen Typ (MF 38, 32), der noch erweitert werden kann (z. B. Morungen, Burkhart). Inhaltlich verbunden sind die beiden Sprecherrollen durch die *minne*. In den ihnen zugeordneten Strophen beschreiben Mann und Frau jeweils ihre Gefühle füreinander und formulieren ihre Liebessehnsucht. Dabei kann die *minne*-Situation variieren: einseitige Liebe (Kürenberger c 4/10, Morungen MF 142, 19), gegenseitige Zuneigung (Ks. →Heinrich VI. MF 4, 17; Walther L 71, 35) oder Ambivalenz (Dietmar MF 38, 32; Reinmar MF 151, 1). Wenngleich gesellschaftl. Implikationen die innerlich dem Werbenden zugewandte *frouwe* daran hindern können, sich offen für den Geliebten zu entscheiden (Dietmar MF 36, 5), bleibt der W. der Liedtyp, in dem die Dame ihre *minne*-Bereitschaft aussprechen kann. Es existieren zahlreiche inhaltl. und formale Sonderformen: z. B. der Tagelied-Wechsel von Morungen (MF 143, 22), der Lied-Wechsel (Veldeke MF 56, 1/MF 57, 10), die Erweiterung zum Botenlied durch Anrede des Boten (Reinmar MF 152, 15) oder die Verbindung mit Kreuzzugsthematik (Johansdorf MF 94, 15; Botenlauben C 17/18); Walthers Parodie auf Reinmar (L 111, 23) folgt formal den Gegebenheiten des W.s, Thema der Strophen ist aber nicht die *minne*, sondern Polemik gegen Reinmar. Daß in der dt. Lyrik des MA neben dem Dialog der Distanz signalisierende Liedtyp des W.s existiert, scheint symptomatisch für die Art, wie in mhd. Literatur prinzipiell das Verhältnis der Geschlechter dargestellt wird. R. Bauschke

Ed.: Des Minnesangs Frühling, hg. K. Lachmann–M. Haupt, 1857, bearb. H. Moser–H. Tervooren, 1988[38] – Dt. Liederdichter des 13. Jh., hg. C. v. Kraus, 1978[2] – Walther v. der Vogelweide. Leich, Lieder, Sangsprüche, hg. Ch. Cormeau, 1996[14] – Lit.: Verf.-Lex.[2], s. v. – A. Angermann, Der W. in der mhd. Lyrik, 1910 – Th. Frings, Frauenstrophe und Frauenlied in der frühen dt. Lyrik (Fschr. H. A. Korff, 1957), 13–28 – R. Grimminger, Poetik des frühen Minnesangs, 1969 (MTU 27) – G. Schweikle, Minnesang, 1989 – M. G. Scholz, Zu Stil und Typologie des mhd. W., Jb. für int. Germ. 21, 1990, 60–92.

Wechselburg (bis 1526 Zschillen), Dorf in Sachsen nördl. von →Chemnitz. Im Gebiet der ihm als Eigengut zustehenden Gft. Rochlitz stiftete Dedo, Sohn Mgf. →Konrads v. Meißen, ein Augustinerchorherrenstift, dessen Kirche 1168 geweiht wurde. Die 1174 bekräftigte Stiftung diente als kirchl. Mittelpunkt eines damals im Zuge der dt. Ostbewegung gerodeten Gebiets. Die ersten Pröpste kamen aus dem Kl. Lauterberg bei Halle. 1186 wurde dem Propst v. W. das Amt des Archidiakons in einem Raum beiderseits der Zwickauer Mulde übertragen, der anteilmäßig zu den Bm. →Meißen und →Merseburg gehörte. Nach Gewalttätigkeiten gegen Propst und Prior übergab Mgf. →Heinrich v. Meißen (60. H.), dessen Familie die Vogtei innehatte, das Stift 1278 dem Dt. Orden unter Beibehaltung der Unterordnung unter den Bf. v. Meißen. Hochmeister →Friedrich v. Wettin hielt sich in W. auf, wo er 1510 starb. Die als roman. Basilika erbaute Stiftskirche gehört mit dem um 1230–35 geschaffenen Lettner mit Kreuzigungsgruppe und dem Grabmal des Stifterpaares zu den bedeutendsten Werken der dt. Kunst des 13. Jh. K. Blaschke

Lit.: C. Pfau, Grdr. der Chronik über das Kl. Zschillen, 1909 – L. Bönhoff, Das Zschillener Archidiakonat des Meißner Hochstifts und die Gft. Rochlitz, NASG 19, 1910, 272ff. – W. Schlesinger, Kirchengesch. Sachsens im MA, II, 1962, 228ff., 343f., 489ff. – Die Stiftskirche zu W., 2. T. e, bearb. H. Küas–H.-J. Krause, 1968/72 – E. Hütter–H. Magirius, Der W.er Lettner, 1983.

Wechselgeschäft, -bank → Wechsel

Wechselstück → Doppelstücke

Wedde. Neben Einsatz, Pfand (→Wette) bezeichnet w., *gewette* das Strafgeld, das ein Beklagter neben der →Buße an das Gericht abzuführen hatte. Über die Bedeutung als Strafgeld hinaus wurde der Begriff in verschiedenen hans. Ostseestädten (Lübeck, Rostock, Wismar, Elbing) auf die städt. Behörde ausgedehnt, die die Strafgelder einzog. In Lübeck und Städten →lüb. Rechts waren zwei als *weddemestere*, dann *weddeheren* bezeichnete Ratsherren zunächst mit der Einziehung der Strafgelder betraut. Hieraus entwickelte sich im 14. Jh. eine w. genannte Behörde, der die Aufsicht und Gerichtsbarkeit in Handel, Markt und Gewerbe zustand. Die W. strafte Übertretungen und nahm polizeil. Aufgaben wahr. Sie überwachte auch Handwerksämter, die ihre →Morgensprachen nur in Gegenwart der *weddeheren* abhalten durften. Kompetenzstreitigkeiten zw. den Handwerksämtern wurden von den *weddeheren* geschlichtet. Die W. verfügte über eine eigene Kasse und führte W.bücher, in denen zunächst die Einnahmen aus Strafen eingetragen wurden, die aber infolge der Aufgabenerweiterung dann auch Zunftordnungen, Kompetenzregelungen zw. einzelnen Zünften und sonstige gewerbl. Anordnungen, sofern in ihnen Strafzahlungen vorgesehen waren, enthielten. Unter Einfluß von mndl. *wet* wurde die Bezeichnung w. gelegentl. sogar für den Stadtrat verwandt. W. Bockhorst

Lit.: G. Fink, Die Wette und die Entwicklung der Polizei in Lübeck, Zs. des Vereins für Lübeck. Gesch. 27, 1934, 209–237 – E. Pitz, Schrift- und Aktenwesen der städt. Verwaltung im SpätMA (Mitt. aus dem Stadtarchiv Köln 45, 1959), 373–385 – W. Ebel, Lüb. Recht, 1, 1971, 355–359.

Weert (van Ieper), **Jan de**, mndl. Autor und Arzt, der im 14. Jh. in Ypern lebte; Verfasser des »Nieuwe Doctrinael«, eines Sündenspiegels in paarweise reimenden Versen, und der »Disputacie van Rogiere ende van Janne«, eines aus drei Gedichten bestehenden Frage- und Antwortspiels, in dem Jan in der Rolle des Erziehers den Laien Rogier in hauptsächl. religiösen und ethischen Fragen unterweist. Die »Disputacie« ist, nach dem Vorbild von →Jakob van Maerlants Martijngedichten, in Strophen zu je 13 Versen eingeteilt; auch inhaltl. besteht eine gewisse Verwandtschaft zu Maerlants Gedichten. Im »Nieuwe Doctrinael« werden soziale Mißstände angeprangert; dem Verfasser stand dabei sicher auch ein städt. Publikum vor Augen.

A. M. J. van Buuren

Ed.: Jan de Weert's Nieuwe doctrinael of Spieghel van sonden, ed. J. H. JACOBS, 1915 – Een dispitatie van Rogiere ende van Janne, ed. E. v. KAUSLER (Denkmäler andl. Sprache und Lit., III, 1886), 14–82 – *Lit.:* J. TE WINKEL, De ontwikkelingsgang der Nederlandsche letterkunde, T. 2, 1922², 32–37 – H. BRINKMANN, De stedelijke context van het werk van J. de W. (H. PLEIJ u. a., Op belofte van profijt, 1991), 101–120 [Lit.].

Weg → Straße

Wegerich (Plantago-Arten/Plantaginaceae). Von den zahlreichen Arten der zu den ältesten Kulturbegleitern gehörenden Pflanze kommen in Europa am häufigsten der auf Wiesen, Triften und an Wegrändern wachsende Breit- (P. maior L.), Mittel- (P. media L.) und Spitz-W. (P. lanceolata L.) vor; wie schon in der Antike unterschied man auch im MA jedoch nur zw. einem 'großen' und einem 'kleinen' W., deren gemeinsamer lat. Name *plantago* (von planta 'Fußsohle' [nach der Form der Breit-W.-Blätter]) sich zuerst bei Plinius (Nat. hist. XXV, 80) verzeichnet findet. Während manche Angaben des Ps.-Apuleius (Herbarius, ed. HOWALD–SIGERIST, 22–25) zu dem an vorderster Stelle gen. Kraut und ebenso die Empfehlung Hildegards v. Bingen (Phys. I, 101), den *wegerich* gegen angezauberte Liebe einzusetzen, offenbar dem Volksglauben entstammen, gehen die überaus vielfältigen Heilanzeigen für diese Pflanze bei den meisten anderen ma. Autoren hauptsächl. auf Dioskurides (Mat. med. II, 126: arnoglosson) zurück: Demnach wurden die Blätter und Wurzeln bzw. deren Saft zur austrocknenden und kühlenden Behandlung von (Brand-)Wunden, gegen Elephantiasis und Blutfluß, Geschwüre und Geschwülste an verschiedenen Organen, Epilepsie, Asthma und Auszehrung, Ruhr und Magenleiden, Wechselfieber und Zahnschmerzen, ferner bei Skorpionstichen, Schlangen- und Hundebissen, Ermüdung und Anschwellung der Füße u. a. m. angewendet (Macer, ed. CHOULANT, 196–266; Albertus Magnus, De veget. VI, 368f., Gart, Kap. 308 und 309). Unabhängig von der lit. Tradition, doch teilweise damit kongruent, spielte der W. darüber hinaus v. a. als blutstillendes und giftwidriges sowie als sympathet. Mittel, u. a. gegen Fieber, bes. in der germ. und ags. Volksheilkunde ('Neunkräutersegen') eine bedeutende Rolle. P. Dilg

Lit.: MARZELL III, 805–839 – DERS., Heilpflanzen, 239–245 – HWDA IX, 218–227 – V. J. BRØNDEGAARD, W. als Wundheilmittel in der Volks- und Schulmedizin, SudArch 47, 1963, 127–151.

Wegheiligtümer. In Fortführung vorgesch. und antiken Brauches durchsetzt das MA Plätze, Straßen, Brücken und Landschaften mit sakralen Markierungen. Sie weiten die im kirchl. Bau bestehenden liturg. Zirkulationsräume wie Atrien, Kreuzgänge, Nebenschiffe und Chorumgänge in die ganze Umgebung des Siedlungsgebietes aus. So vermischen sie sich mit profanen Rechtszeichen, Grenz- und Hoheitsmarken, Rolanden, Marktkreuzen, Verkündungskanzeln und Prangern, wobei sich staatl. und kirchl. Symbole treffen können, wie an den beiden Kolossalsäulen auf der Piazzetta in Venedig, auf denen der Markuslöwe und der Mitpatron St. Theodor stehen. W. machen die Straße zu einer Via sacra, was v. a. auch im Totenkult sichtbar wird; gut belegt durch die Überführung des Leichnams bedeutender Persönlichkeiten zu ihrem Begräbnisort. 709 wird St. →Aldhelm, erster Bf. v. Sherborne, von Doulting nach Malmesbury übertragen, wo er dreißig Jahre als Abt gewirkt hatte. St. →Bonifatius, * 672/675 in Wessex, 754 ermordet bei Dokkum in Friesland, wird von Utrecht über Mainz nach Fulda gebracht, wobei laut der Vita »an allen Orten wo man über Nacht blieb durch die Begleiter ein Kreuzeszeichen errichtet wurde«. Ein 1934 aufgefundenes schlichtes mannshohes Steinkreuz im Hist. Mus. Frankfurt, mit kurzer Inschrift, scheint davon zu stammen. Anspruchsvolle Ableger got. Kathedralkunst sind die Denkmäler von monarch. Trauerkondukten für die Gebeine Ludwigs IX. d. Hl. 1271 von Paris nach St-Denis und für Kgn. Eleonore v. England 1291 von Lincolnshire nach London. Beide Anlagen bestanden aus zwölf hohen polygonalen, statuenverzierten Pfeilern. Die ganze Reihe von St-Denis wurde 1793 als feudales Denkmal zerstört, von den engl. Eleonorenkreuzen haben sich Exemplare in Geddington, Hardingstone und Waltham erhalten. Ihrem Fialentyp folgen auch Marktkreuze wie dasjenige in der Stadtmitte von Bristol. Die vollendete Darstellung eines Wegheiligtums dieser Gestalt zeigt das Bild des Zusammentreffens der hl. Dreikönige in den Très Riches Heures des Jean Duc de Berry fol. 51v der Brüder Limburg 1410/16. Auch die Bildstöcke »Spinnerin am Kreuz« in Wiener Neustadt 1382/84 und Wien 1451/52 gehören zu dieser Gruppe. Insbes. sind zahlreiche got. Brunnenpfeiler damit verwandt, sozusagen im Wasser stehende Bildstöcke, wie der Basler Fischmarktbrunnen um 1380. Das reichste Beispiel mit gemischt sakralem und profanem Programm ist der Schöne Brunnen von 1385/92 in Nürnberg. – Eine imposante Gattung von Steinkreuzen prägt in Hunderten von Exemplaren vom FrühMA bis ins 12. Jh. die irische und engl. Sakrallandschaft (→Hochkreuz). Auf dem Festland scheinen statt dessen →Totenleuchten dominiert zu haben, deren stark reduzierte Gestalt auch für Bildstöcke üblich wurde. – Die Bedeutung monumentaler Kruzifixe im FrühMA dokumentiert der St. Galler Klosterplan um 830. An zwei wichtigen Brennpunkten dieses karol. Idealkonzeptes sind sie eingezeichnet: Hinter dem Kreuzaltar auf der Mittelachse der Kirche, also genau in der Mitte zw. Ost- und Westapsis, sowie im Zentrum des baumbesetzten Friedhofs als Baum des Heiles. In der Spätgotik nehmen monumentale Friedhofkreuze wieder zu. Ihr eindrücklichstes ist das Werk Niklaus Gerhaerts v. Leiden in Baden-Baden 1467. Auch die Zahl großer Kruzifixe vor den Stadttoren nimmt um diese Zeit zu. Sie sind nebst Andachtsbild auch städt. Rechtszeichen, wie die Darstellung des Einzugs Kg. Siegmunds 1417 in Luzern, Chronik Schilling fol. 54v zeigt. – Mit der Ausweitung von Kreuzigungsgruppen zu Kalvarienbergen und Kreuzwegen (→Andachtsbild) drang ein neuer dramat. Schub ins Motiv der W. Er führte, unter dem Eindruck der Pilgerreise ins Hl. Land, zu kult. Nachbildungen, in der Bretagne zu den Calvaires in den Pfarreibezirken, in Oberitalien zu den Sacri Monti in der voralpinen Gebirgslandschaft, ausgehend von Varallo. – Eher am Rande und selten überliefert steht die Gattung der Sühnekreuze, welche im MA von Totschlägern zur Erinnerung an ihre Opfer errichtet werden mußten (→Sühne). Zu den W. n zählen auch öffentlich an Bauten angebrachte Darstellungen von Hl. n, welche als Patrone von Reisenden und Pilgern verehrt wurden, so die Kolossalfiguren des hl. Christophorus am Dom zu Gemona im Friaul von 1331 und am ehem. Christoffelturm, dem westl. Haupttor von Bern, 1498. Bei Meggen erhebt sich unweit des Ufers aus dem Wasser des Vierwaldstättersees auf einem Felsen, durch ein Häuschen geschützt, die überlebensgroße Steinfigur des hl. Nikolaus v. Myra, Anfang 14. Jh., den Schiffsleuten segnend zugewandt. A. Reinle

Lit.: RDK II, 695–707 [Bildstock] – P. Hofer, Kunstdenkmäler Stadt Bern, I, 1952, 142–158 [Christoffelturm] – A. Gardner, English Medieval Sculpture, 1973² – C. Heitz, L'architecture religieuse carolingienne, 1980 – P. Harbison, The High Crosses of Ireland, 3 Bde, 1992 – M. Wyss, Atlas hist. de St-Denis, 1996, 348–350 – Jb. Hist. Ges. Luzern 14, 1996, 88–92 [U. Bergmann zur St. Nikolausstatue Meggen].

Wegkreuzung → Kreuzweg

Wegwarte (Cichorium intybus L./Compositae). Die auch (Wilde) Zichorie gen., mit der →Endivie nah verwandte und wie diese bereits im →Capitulare de villis (70) erwähnte W., deren ahd. Name *hintloufa, hintloifte* u. ä. (Steinmeyer–Sievers V, 40, 46 u.ö.) ungeklärt ist, erscheint im lat. Fachschrifttum des MA zumeist als *cicorea* (MlatWb II, 571f.), *solsequium* oder *sponsa solis*; bei den letzteren Bezeichnungen (Alphita, ed. Mowat, 53 [eleutropia] und 178), einschließl. dt. *sunnewirbel* (Hildegard v. Bingen, Phys. I, 60), gelten jedoch auch für andere Pflanzen (z. B. die →Ringelblume), deren Blüten sich ebenfalls nach der Sonne drehen bzw. nur bei Sonnenschein öffnen (Albertus Magnus, De veget. VI, 321). Ihren bis heute üblichen dt. Namen soll die W. hingegen – laut H. Vintler (1411) – von einem am Wege auf seinen Liebsten wartenden Mädchen haben. In der Heilkunde bei Verdauungsstörungen, Leber- und Milzleiden, Bißwunden durch giftige Tiere u. a. eingesetzt (Gart, Kap. 93), fand die – mit Sage und Zauberglauben eng verbundene – Pflanze zudem in der volkstüml. Sympathiemedizin vielfache Verwendung. P. Dilg

Lit.: Marzell I, 990–998 – Ders., Heilpflanzen, 299–302 – HWDA IX, 227–235 – D. A. Wittop Koning–A. Leroux, La Chicorée dans l'hist. de la médecine et dans la céramique pharmaceutique, 1972 (Suppl. RHPharm 215).

Wehr → Schleuse

Wehrgang → Burg, A. III

Wehrkirche → Kirchenburg

Wehrwesen, -verfassung → Flotte, →Heer

Weichbild, -recht. [1] *Sprachliches:* Das Wort W. (mnd. *wikbelde*, mhd. *wichbilde*) erscheint etwa ab 1170 im nördl. und mittleren Dtl. als Bezeichnung verschiedener Aspekte städt. Rechts (→Stadtrecht). Dabei verweist das Wort auf präurbane Ursprünge. Das Bestimmungswort *wik* ist eine Siedlungsbezeichnung (→Wik), die auch in Ortsnamen vorkommt (z. B. Bruneswik = Braunschweig) und etwa 'Dorf', 'Hof' bedeutet. Die Ansicht von der Entlehnung aus lat. vicus (womögl. mit der Bedeutung 'Kaufmannssiedlung') ist überholt. Das Grundwort *-bild* hat man angesichts mehrfach bezeugter W.kreuze und Wikpfähle lange als 'Bild' im Sinne von Grenzzeichen verstehen wollen. Heute wird es von einem älteren *-bilida* 'Recht' hergeleitet, das sonst nur noch in seiner Negationsform als 'Unbill' fortlebt.

[2] *Verbreitung und Bedeutung:* Das Verbreitungsgebiet von W. umfaßt drei Bereiche: den westfäl.-niedersächs. Raum mit seinen Randzonen z. B. in den östl. Niederlanden, den Ostseeraum, wo das →Lübische Recht für die Ausbreitung sorgte, und den obersächs.-thür. Raum, wo das →Magdeburgische Recht Wort und Begriff W. bis nach Schlesien und Westpreußen getragen hat.

Die ältesten Zeugnisse für W. gehören bereits allen drei Bereichen an und lassen zugleich die wichtigsten Bedeutungsnuancen des Wortes erkennen. Dies ist zunächst das Grundbesitzrecht, die freie (städt.) Erbleihe (Münster 1178; Lübeck 1182/83). Die Niederlassung zu diesem Recht führt nach →Jahr und Tag zur persönl. Freiheit (Bremen 1186; →Stadtluft macht frei). W. heißt auch das Stadtgebiet, in dem solches Recht gilt (Leipzig um 1165, Echtheit umstritten), aber auch ein auf entsprechender Rechtsgrundlage zu errichtender Ort (Obernkirchen/Weser 1181). Endlich kann dieses Recht auch einem bestehenden Dorf verliehen werden (Bocholt 1201).

Bezieht man auch das spätere MA ein, so ergibt sich freilich eine räuml. Differenzierung der Bedeutungen von W. Im ostsächs.-thür. Raum bezeichnet das Wort v. a. das Stadtgebiet, während es in den Schöffensprüchen und Rechtsbüchern des Magdeburger Rechts das Stadtrecht überhaupt meint. Im Ostseeraum dagegen hat sich dank des Lübischen Rechts v.a. die Bedeutung von W. als Grundbesitzrecht behauptet. Das städt. Erbzinsrecht, der Zins selber, und später v. a. der gekaufte Zins, die →Rente, werden hier als *wikbelde* bezeichnet. Im Nordosten und Osten entwickeln sich also die Bedeutungen auseinander.

[3] *Weichbild, Wik und Wigbold:* Ein plast. Bild von dem 'Recht, das in der Volkssprache W. gen. wird' (ius quod vulgo wicbelde dicitur; seit 1238 auch *wicbiletheret*), bieten also v. a. die niedersächs.-westfäl. Q. Sie zeigen das W. als ein freies und erbl. Grundbesitzrecht, das mit persönl. →Freiheit einhergeht und die Zugehörigkeit zur Gemeinde (der →Burschaft) vermittelt. Zu diesem Recht wurden nicht nur die Hausstätten (areae) besessen, sondern auch die Äcker der Feldmark besessen. Darum können auch das gesamte umgrenzte Gebiet und der Ort selbst W. heißen.

Die Bedeutung des W.rechts in den alten →Bischofsstädten zw. Rhein und Elbe ist wegen der spät einsetzenden urkundl. Überlieferung schwer einzuschätzen. Dagegen hat es bei der Entwicklung der zweiten Städteschicht (etwa ab 1200) eine wesentl. Rolle gespielt. Bes. im Münsterland wurden an alten Kirchorten die bfl. oder sonstigen grundherrl. Villikationshöfe in Hausstätten und Äcker aufgeteilt und zu W.recht ausgegeben. Vorher bestehende kleinere Siedlungen erhielten nachträgl. das gleiche Recht. Dabei ist festzuhalten, daß die W.orte damals noch nicht als Stadt bezeichnet wurden. Bisweilen sind spätere Stadterhebungen ausdrückl. bezeugt; offenbar mündete das W.recht erst nachträgl. in die allg. Stadtentwicklung ein.

Die für das W. namengebende *wik* wird man in der kleinen Kirchsiedlung sehen dürfen, die regelmäßig den topograph. Kern der W.städte bildet. In der Tat erscheint Wik auch als Bezeichnung für Orte dieses Typs. Ob es sich dabei um eine bloße Vorstufe des W.s handelt oder ob man hier auch ohne ausdrückl. Erwähnung W.recht voraussetzen darf (L. Schütte), ist strittig. Dies gilt auch für jene Orte, die seit dem 13. Jh. ohne sonstige Hinweise auf W.recht als W.e oder Wigbolde bezeichnet werden (oft formelhaft 'Städte, W.e und Dörfer'). →Minderformen, städt.

[4] »*Sächsisches Weichbild«:* Im mitteldt. Osten wurde W. zur Bezeichnung des Stadtrechts schlechthin, insbes. des Magdeburger Rechts. In diesem Sinne stellte das sog. Meißener »Rechtsbuch nach Distinktionen« (um 1300) dem *wichbilde* einerseits das *lantrecht*, andererseits das *keiserwichbilde* (Goslarer Recht) gegenüber.

»Sächsisches W.« hieß das bedeutendste Magdeburger Rechtsbuch, eine Privatarbeit, deren ältester Teil um 1260 entstand. Mit dem um 1270 verfaßten Schöffenrecht und späteren Zusätzen bildete es die sog. W.vulgata, die auch ins Lat., Poln. und Tschech. übertragen wurde. Im 14. Jh.

wurde das Werk glossiert; die älteste erhaltene Glossenhs. ist auf 1387 datiert.

[5] *Die schlesische Weichbildverfassung:* In Schlesien und benachbarten Landschaften (Lausitz, Mähren) wurden im 13. Jh. zugleich mit den Städten auch Gruppen von Dörfern angelegt. Sie bildeten dann einen Bezirk gleichen (städt.) Rechts, für den seit 1302 die Bezeichnung W. belegt ist. Der W.bezirk unterstand der Gerichtshoheit der W.stadt, und auch die Dorfschöffen hatten ihr Recht nur dort zu erfragen. Als Gerichts- und Verwaltungsbezirke bestanden die W.e bis in die NZ fort. K. Kroeschell

Lit.: *[allg.]:* HRG V, 1209–1212 [R. Schmidt-Wiegand] – F. Philippi, W., HGBll 23, 1895, 3–55 – R. Schröder, Ein Wb. der älteren dt. Rechtssprache. Probeartikel W. (Fschr. für den 26. dt. Juristentag, 1902), 89–120 – K. Kroeschell, Stadtgründung und W.recht in Westfalen, 1960 – Ders., W. Unters.en zur Struktur und Entstehung der ma. Stadtgemeinde in Westfalen, 1960 – L. Schütte, Wik. Eine Siedlungsbezeichnung in hist. und sprachl. Bezügen, 1976 – R. Schmidt-Wiegand, Wik und W. Möglichkeiten und Grenzen der Rechtssprachgeographie, ZRGGermAbt 95, 1978, 121–157 – *zu [4]:* A. Daniels – F. v. Gruben, Das sächs. W.recht mit der Glosse, 1857/58 – P. Laband, Magdeburger Rechtsq., 1869 [Neudr. 1967] – E. Rosenstock, Ostfalens Rechtslit. unter Friedrich II., 1912 – *zu [5]:* R. Kötzschke, Vogtei und W. in der Oberlausitz zur Zeit der dt. Wiederbesiedlung (Oberlausitzer Beitr. [Fschr. R. Jecht, 1938]), 16–33 [Wiederabdr.: R. Kötzschke, Deutsche und Slaven im mitteldt. Osten, 1961, 150–169] – H. v. Loesch, Zur schles. W.verfassung der Kolonisationszeit, ZRGGermAbt 48, 1938, 311–336.

Weicher (bzw. Schöner) **Stil.** (Die tschech. Kunstwiss. prägte den Begriff »Schöner Stil«, während die Bezeichnung W. S. v.a. im dt. Sprachraum verwendet wird.) Wesentl. Stilströmung der europ. Kunst um 1400, die sich in den verschiedensten Kunstgattungen und nahezu allen bedeutenden Kunstzentren Europas bemerkbar macht (Internat. Stil) und unter Wahrung persönl. künstler. Hss. und landschaftl. bedingter Eigentümlichkeiten bestimmte Kennzeichen in sich vereinigt: Hang zum Anmutig-Schönen und Höfisch-Dekorativen bei gleichzeitig auftretenden Ansätzen zur Entwicklung realist. Darstellung und Freude an Naturbeobachtung, neue Intensität der Farbigkeit und der Wirkung des Lichtes; Streben nach Körperlichkeit, rhythm. Bewegtheit und Anmut der Figuren, Lieblichkeit des Ausdrucks; zunehmende Dreidimensionalität, fließende Linienführung und reiches Faltenspiel der Gewänder, denen immer mehr Eigenwertigkeit zugewiesen wird (typ. Beispiel: Frz. Meister, Wilton-Diptychon, um 1400; London, Nat. Gallery). Als leitbildhaft für den W. S. gilt v.a. der Skulpturentypus der sog. →Schönen Madonna, bei der die meisten der oben gen. Merkmale aufweist, bei dem Schönheit aber auch Zeichen der Reinheit Mariens ist.

Die Voraussetzungen des W. S.s sind u. a. begründet in dem lebendigen Austausch zw. den verschiedenen höf. (z. B. Paris, Avignon, Burgund, Budapest, Prag, Wien) und städt. Zentren (z. B. Köln, Nürnberg, Venedig, Florenz, Siena), dem Stellenwert der Höfe und ihrem Einfluß auf Ikonographie und Stil der Kunstwerke (Hzg. v. Berry: Gebr. Limburg), aber auch der wachsenden Rolle des weltl. Auftraggebers. M. Grams-Thieme

Lit.: Lex. der Kunst, VII [Neubearb. 1987–94], 740–742 – Europ. Kunst um 1400, Ausst.kat. Wien 1962 – K. H. Clasen, Der Meister der Schönen Madonnen, 1974 – Die Parler und der Schöne Stil, hg. A. Legner, 1–5, Ausst.kat. Köln 1978ff. – Kunst der Gotik aus Böhmen, Ausst.kat. Köln 1985 – G. Schmidt, Got. Bildwerke und ihre Meister, 1–2, 1991.

Weichsel, größter Fluß des Einzugsgebiets der Ostsee, 1047 km lang, mit einer Fläche des Zuflußgebiets von über 140 000 km², unter dem Namen »Vistula« (wahrscheinl. kelt. Abstammung) zum ersten Mal von Plinius d. J. im 1. Jh. n. Chr. gen. Sein Zeitgenosse Pomponius Mela bez. die W. als die Grenze zw. dem europ. und dem asiat. Sarmatien. Claudius Ptolemäus (2. Jh.) kennt sie unter gr. Namen »Uistulas« und betrachtet sie als die Grenze zw. Germanien und dem europ. Sarmatien. Zumindest seit der La-Tène-Zeit war sie ein Handelsweg, der die Ostseeküste mit S-Europa verband. Seit dem 9. Jh. entstanden Stammesterritorien um die W. herum, so im oberen Flußlauf der →Wislanen und wahrscheinl. im mittleren der Lędzianen (Lendizi beim →Geographus Bavarus). Im unteren Lauf trennte die W. wohl die Stämme der Masowier (→Masowien) und der Kujavier (→Kujavien) sowie im letzten Abschnitt die Sitze der pommerschen Slaven (→Kaschuben?) und der balt. Pruzzen (→Prußen). In der Entstehungszeit des poln. Staates wurde die W. zu einer der wichtigsten Verkehrsachsen des Kgr.es, wie auch zu einer Abzweigung für den Handelsweg zw. der Ostsee und der Küste des Schwarzen Meeres (weiter den Bug entlang, auf dem Landweg über Volhynien nach Kiev und dann den Dnjepr entlang). Schon damals diente sie der Beförderung von Salz, Fisch und Pelzen aus der Rus' und aus Kujavien. Seit dem 13. Jh. wurden aus Ungarn, Böhmen und Kleinpolen Buntmetalle an die Ostsee transportiert, die dann nach Flandern gebracht wurden. Auch begann man, Getreide aus Kleinpolen, wahrscheinl. in Kujavien, auf der W. zu flößen, um die Nachfrage der Hansekaufleute zu decken. Im gleichen Jahrhundert entwickelten sich an der W. Städte nach dt. Recht (Krakau, Sandomir, Płock, Thorn, Danzig), die Waren aus W-Europa einführten, hauptsächl. Tuch. Im 15. Jh. begann längs der W. die umfangreiche Ausfuhr von Holz. Seit Mitte des 15. Jh. wurde die W. zu einem Hauptverkehrsweg für die Getreideflößerei aus den Adelsvorwerken, wobei man das Getreide hauptsächl. über Danzig nach W-Europa beförderte. Im Laufe der 2. Hälfte des 15. Jh. stieg der Getreideexport längs der W. um das Fünffache an, von ca. 2000 auf ca. 10 000 Lasten. Der Fluß wurde zu einer der Hauptverkehrswege der Binnenschiffahrt gegen Ende des MA. H. Samsonowicz

Lit.: E. R. Raths, Die Entwicklung des W.handels von der Mitte des 13. bis zum Ende des 15. Jh., Dt. Bll. in Polen 6,7, 1927 – R. Grodecki, Znaczenie handlowe Wisły w epoce piastowskiej (Studia ku czci S. Kutrzeby, II, 1938), 277–304 – M. Biskup, Handel Wiślany w latach 1454-1466, Roczniki Dziejów Społecznych i Gospodarczych 14, 1952, 155–202.

Weichtiere (lat. mollusca sc. animalia oder molles bei Plin. n.h. 9, 162, gr. malákia) bilden bei Aristoteles (h. a. 4, 1 p. 523 b 2–5) eine der vier Gruppen der Blutlosen (modern: einen Stamm des Unterreichs der Vielzeller [Metazoa]), meist mit einem Innenskelett. Charakterist. sind für die bei Aristoteles (p. 523 b 21–29) lediglich die Kopffüßer (modern: Klasse der Cephalopoda) umfassenden W. die acht Arme mit Saugnäpfen, von denen u. a. bei den Tintenfischen zwei als Fangarme benutzt werden, der mit ihnen verbundene Kopf, der Eingeweidesack (gr. tò kýtos) und die Flosse rings darum. Plinius unterscheidet im Rahmen der Wassertiere n.h. 9, 52 und n.h. 9, 84–94 wie Aristoteles (h. a. 4, 1 p. 524 a 20–525 a 29, zum Verhalten 9, 37 p. 621 b 28–622 b 18) mehrere Arten von Tintenfischen, Kraken und Kalmaren. Von diesen übernahm Thomas v. Cantimpré 7, 78 nur eine Auswahl von Nachrichten über die sich durch Ausstoß ihrer »Tinte« (atramentum) verbergende »sepia« von Plinius (n.h. 9, 84), Isidor (etym. 12, 6, 46, z. T. nach Plin. n.h. 32, 141) und Aristoteles (h. a. 5, 12 p. 544 a 1–5; unter Verlesung von 15 Nächten zu 40). Die heutigen Klassen der Schnekken (Gastropoda) und →Muscheln (Bivalvia) trennte Aristoteles von den W.n als Hartschaler (ostrakodérmata) ab, nicht aber Plinius (n. h. 9, 162: limax). Erst Thomas v. Cantimpré bietet 9, 24 (= Vinzenz v. Beauvais, Spec. nat. 20, 172, vgl. Albertus Magnus, animal. 26, 17 und Bartholomaeus Anglicus, 18, 68) nach dem »Experimentator« (Stuttgart, cod. phys. 2°24, 1461, f. 122r) für das »genus testudinis« (wegen der Schale) der »limax« eine gute Beschreibung der Weinbergschnecke, für andere Schnecken als »coclee« 7, 27 (nach Plin. n.h. 9, 101 und 2, 109 bzw. Isid. etym. 12, 6, 48), übertroffen nur von Albertus Magnus, animal. 24, 21. Die Austern und Muscheln (mit Einschluß der Purpurschnecke nach Plin. n.h. 9, 125ff. und 10, 195) behandelt Thomas dagegen ausführlicher unter den Fischen (7, 59–61). Ch. Hünemörder

Q.: →Albertus Magnus, →Bartholomaeus Anglicus, →Isidor v. Sevilla, →Thomas v. Cantimpré, →Vinzenz v. Beauvais.

Weide bezeichnet im heut. Sprachgebrauch (zum Unterschied von →Wiese) eine Grünlandfläche, die durch Beweidung genutzt wird. In nhd. und mhd. Komposita hat sich die ahd. und mhd. Bedeutung von W. 'Futter, Speise, Ort zum Weiden, das Futtersuchen, Jagd (→Weidwerk), Fang (mhd. *vischweide* = *vach, vogelweide, weidman*)' erhalten.

I. Weidefläche und Weiderecht – II. Weidewirtschaft – III. Auswirkungen auf die Umwelt.

I. WEIDEFLÄCHE UND WEIDERECHT: [1] *Weidefläche*: Die durch Vieh (→Viehhaltung) beweidete Fläche besitzt in ma. Q. in den einzelnen europ. Sprachen zahlreiche Ausdrücke, z.B. lat. pascua, pascuum, pastura, herbagium und Varianten; lat. pascua kann mhd. z.B. heißen: *weide, allment(weide), gras*. Daher läßt sich öfter nur aus dem Kontext die Bedeutung erschließen. Maßgebend wurden topograph. Lage und Verbreitung der W. durch Boden und →Klima beeinflußt, so daß W.n bes. in boden- und luftfeuchten Regionen, wie den Seemarschen, und in den höheren und feuchten Gebirgen vorherrschten. Dort erforderte aber die lange Schneedecke eine ausgiebige winterl. Einstellung (→Alm). Dagegen erlaubte das wintermilde Klima Irlands einen fast ganzjährigen W.gang. Manche W.flächen waren einzelnen Vieharten zugeordnet, zeitlichen Beschränkungen unterworfen und wurden zu bestimmten Terminen geöffnet und geschlossen: Ochsen-, Sau- und Fohlenw.; Pfingst- und Sommerw.

Auftriebs- und Abtriebszeiten sowie Arten und Anzahl des W.viehs wurden durch klimat. Faktoren ebenso beeinflußt wie durch grundherrl. und genossenschaftl. Gebote. Bereits im 14. Jh. werden in Dtl. bestimmte Waldbezirke (→Wald) für W. mit Kühen, Pferden und v. a. Schafen gesperrt. Große W.flächen, die in der Regel als →Allmenden genutzt wurden, waren offen, kleine als Privateigentum umzäunt (→Einfriedung, →Kamp).

[2] *Weiderecht*: Das W.recht besitzt enge Beziehungen zur gemeindl. Verwaltung der Allmenden, die seit dem HochMA durch →Weistümer und →Landrecht geregelt wurde. Wer sein Vieh auf eine fremde 'gemeine weide' treibt, wird z.B. nach dem →Sachsenspiegel (47, 4) bestraft. Das W.recht ist durch zahlreiche regionale und lokale Bestimmungen geprägt (z.B. →Mesta, Weistümer). W.rechte wurden auch durch die Obrigkeit verliehen und durch sie und gemeindl. Institutionen ausgestaltet, wobei Einschränkungen ein Minimum an Nachhaltigkeit sichern sollten. W.rechte, bes. 'sagina porcorum (Schweinemast) et pastus pecorum' (Waldw.), wurden seit dem FrühMA in Stiftungs- und Gründungsurkk. Klöstern und später Städten und Dörfern mit Lokationsurk. verliehen. Schon im HochMA wurde bei der Verleihung von W.rechten in obrigkeitl. Liegenschaften bestimmt, daß die Tiere abends wieder in die heim. Gemarkung zurückkehren müßten. W.rechte erstreckten sich auf abgegrenzte Bezirke und konnten für die 'universitas rusticorum' vorteilhaftere Bestimmungen als für die übrigen Mitglieder der 'universitas villanorum' beinhalten. Um eine Übernutzung von Gemeindew.n zu verhindern, wurde die Stückzahl des W.viehs durch Bestimmungen begrenzt, was aber zum allg. Schaden nicht überall durchgesetzt wurde. Bes. für zahlreiche Gemeinden im westdt. Altsiedelland, die sich seit dem 15. Jh. gegenüber den Landesherrn auf ihr Waldw.recht »nach altem Herkommen« beziehen, liegt dessen Ursprung im dunkeln.

In allen Landschaften mit Felderwirtschaften, v. a. Zwei- und Dreifelder-Brachsystemen (→Drei-, →Zweifelderwirtschaft), wurde die Brachzelge (→Brache) beweidet; entweder durch die Gemeindeherde, öfter aufgrund des Rechts durch den Schäfer einer geistl. oder weltl. Grundherrschaft. Eine solche konnte auch die *Mithude* auf gemeindl. W.n besitzen. Vielfach waren mehrere Ortsgemarkungen zu einem grundherrschaftl. W.gebiet, manchmal mehrere Ortsallmenden zu einer Samt- oder Koppelhude verbunden. Auch für die Schweinew. (→Schwein) auf herrschaftl. Gründen war die obere Stückzahl in der Regel begrenzt und wechselte je nach Mastertrag. Für gewährte W. wurden von der Herrschaft Abgaben, z.B. Zehnt, fixierte Futter-/Forsthafermengen oder eine bestimmte Anzahl W.tiere erhoben.

II. WEIDEWIRTSCHAFT: Die W.wirtschaft ist ein landwirtschaftl. Betriebssystem mit Nutztieren, die natürl. oder anthropogen veränderte Futterflächen abfressen. Die Systematik der W.wirtschaftssysteme und ihre Termini sind ein Ergebnis heutiger Wissenschaft. Bestenfalls aus dem Zusammenhang, ggf. mit Hilfe paläoethnobotan. Verfahren, lassen sie sich aus ma. Zeugnissen erschließen. W.wirtschaft war als ausschließl. Teil ma. Landwirtschaft nur regional oder lokal verbreitet. Vorherrschend war, bedingt durch Streben nach Selbstversorgung, Risikoausgleich, Futternutzung und Düngeranfall (→Düngung), der landwirtschaftl. Betrieb mit Neben- und Miteinander von Ackerbau und Viehwirtschaft. Es bestand eine große räuml. und zeitl. Differenzierung in der Verbindung von Viehwirtschaft und Feldbau. Der Anteil der W. an landwirtschaftl. Betriebssystemen wurde v. a. durch Landesnatur, Agrartechnik, Agrarverfassung und Konjunktur bestimmt. So dienten (nach dem →Domesday Book) 1086 Landstriche entlang der alluvialen Küste von Essex in Südostengland bevorzugt der Schafw., Jahrhunderte später der Weizenproduktion. Im spätma. England dehnte sich unter dem Einfluß der Wollkonjunktur die W.wirtschaft mit Schafen auf Kosten des Ackerbaus aus.

Extensive W.wirtschaft hat es im MA in reiner Form nur in anders nicht nutzbaren Landschaften, wie in der röm. Campagna, gegeben, wo bes. im SpätMA Adlige von burgartigen Höfen (casalia; →Casale) aus Latifundien mit Schafw. betrieben. Reine W.wirtschaft, regional mit geringem Ackerbauzusatz, war außerdem in peripheren und naturräumlich benachteiligten Randgebieten Europas (z.B. in Island) verbreitet. Die →Schwaighöfe der Alpen und des Alpenvorlandes, die in eine grundherrschaftl. Wirtschaftsorganisation – z. B. eines Kl., eines Hzg.s – eingebunden waren, sind nicht alle reine Viehbetriebe gewesen, günstig gelegene konnten auch größere Ackerflächen bewirtschaften. Bedeutende W.wirtschaft bestand bei der →Transhumanz neben untergeordnetem bis beachtl. Ackerbau. Hirtenbäuerl. Wirtschaftsformen wie die Almwirtschaft und ihre mediterranen und brit. Varianten haben im MA, die skand. überwiegend in der frühen Neuzeit, eine wichtige Funktion in der Ausweitung der Besiedlung in naturräuml. benachteiligte Gebiete ausgeübt.

In der bäuerl., mit Ackerbau verknüpften W. wirtschaft waren in vielen europ. Landschaften die Allmenden (commons), darunter Änger, Wasen, Heiden und Ödland, verbreitet. In süddt. Dialekten wurde Extensivw. auf ungepflegtem Gras und auf Heide *Rauhweide* (engl. *rough pasture*) genannt. Auch die Waldw. des Großviehs war eine extensive Flächennutzung. Da reine Extensivw. einen geringen Arbeits- und Flächenaufwand erfordert, daher die billigste Art der Fütterung von Nutztieren ist, war sie bes. dort, wo ganzjähriger Weidegang möglich war, optimal, insbes. bei Großgrundbesitz. Schafw. wirtschaft war das wichtigste der frühen marktbezogenen Agrarsysteme und führte in w. Europa bei vielen Kl. zu großem Reichtum. Flurwüstungen (→Wüstung) wurden oft durch Schafw. betriebe offen gehalten und genutzt. Schon im SpätMA war die W. intensität abhängig von der W. art, ob Standw., Umtriebsw., Koppelweide oder andere Formen der Betriebsorganisation ausgebildet waren. Neben Dauererw. n waren Wechselsysteme ausgebildet, bes. Feld-Grassysteme mit einem festgelegten W. plan bei allen intensiveren Formen.

III. AUSWIRKUNGEN AUF DIE UMWELT: Die Auswirkungen von W. auf die →Umwelt ist beträchtlich. Allein durch Beweidung, oft verstärkt durch Holznutzung (→Holzhandel), war schon im MA folgende absteigende Flächensukzession verbreitet: geschlossener Wald > lichter Wald > beweidete Parklandschaft > Triftw. oder Heide > verarmte Triftw. mit Erosion > Ödland. Auf Sandheiden bildeten sich vegetationsfreie Stellen, und der Sand kam ins Triften mit Dünenbildung. Die früher großen europ. Wanderdünengebiete (Kurische Nehrung, nördl. Jütland, Küstengebiete in Großbritannien und Frankreich) gingen in ihren Anfängen ins MA zurück. Die weiten Heiden, die in der frühen Neuzeit in Großbritannien, Westfrankreich, im Tiefland von Brabant und den östl. Niederlanden bis zur Niederelbe verbreitet waren, sind durch absteigende Flächensukzession entstanden. Ähnliches gilt für skand. Heiden, wie das Alvar auf Öland oder die ehem. Heiden in Jütland. Im Mittelmeergebiet sind die *Macchie* und verwandte Gebüsch- und Heideformationen (u. a. *garrigue, tomillares, phrygana*) durch frühere W. entscheidend mitbedingt (→Transhumanz). Bes. schädlich für die Vegetation war dort die W. der →Schafe und →Ziegen, die in den sommertrockenen Gebirgen der Iber. Halbinsel, Italiens und Griechenlands seit der Antike zu Tausenden den Wald neben Feuer und Holznutzung verheerten. H. Jäger

Q.: Archivalien und Urk. werke, u. a.: G. FRANZ, Q. zur Gesch. des dt. Bauernstandes im MA, 1967 – Ges. für Rhein. Geschichtskde [Hg.], Die Weistümer der Rheinprovinz: Kfsm. Trier, 1, bearb. H. LOERSCH, 1900; Kfsm. Köln, 1, 2, bearb. H. AUBIN, 1913/14 – H. WOPFNER, Urk. zur dt. Agrargesch., 1928 – I. HEEG-ENGELHART, Das älteste bayer. Hzg. surbar, 1990 – *Lit.:* R. ALMAGIÀ, The Repopulation of the Roman Campagna, The Geographical Review 19, 1929, 529–555 – J. FRÖDIN, Ångermanlands Fäbodar [Sennhütten], Meddel. Uppsala Universitets Geograf. Inst. A, 56, 1948 – H. LAUTENSACH, Iber. Halbinsel, 1964 – H. KUHN, Das alte Island, 1971 – A New Hist. Geography of England, hg. H. C. DARBY, 1973 – DERS., Domesday England, 1977 – W. R. MEAD, A Hist. Geography of Scandinavia, 1981 – U. SPORRONG, U. EKSTAM, K. SAMUELSSON, Swedish Landscapes, 1995 – H. JÄGER, Betriebsgrößen als Spiegel gesellschaftl. Strukturen (Strukturen der Gesellschaft im MA, hg. D. RÖDEL–J. SCHNEIDER, 1996), 242–259 – L'uomo e la foresta, Atti della XXVII Sett. di Studi, Istit. Int. F. Datini, Prato, 1966.

Weide (Baum) → Nadel- und Laubhölzer

Weiditz. 1. W. (Wyditz), **Hans,** * 1475 (?), Straßburg (?); † 1516 (?), Straßburg. Dt. Bildhauer, bedeutender Meister der beginnenden Renaissance in Süddtl. (Oberrhein). Vermutl. Vater von Hans d. J. und Christoph W. – Von 1494–1514 nachweisbar in Freiburg i. Br.; 1508 dort Eintrag als »Bildhauer« in die Handwerksrolle der Malerzunft. Hauptwerk: der Drei-Königsaltar im Freiburger Münster (sign. und dat. 1505, ursprgl. geschaffen für die Privatkapelle von Dr. Konrad Stürzel v. Buchheim). 1510 Zahlung für geschnitzte Rosetten (Modelle) für Schlußsteine am Altarplatz (Freiburg i. Br., Augustinermuseum). Zw. 1512 und 1516 wahrscheinl. Herstellung und Lieferung geschnitzter Teile (Weinstockdekorationen und Predellenfiguren) sowohl für den (einstigen) Hochaltar als auch für den Schnewlinaltar im Münster, in Zusammenarbeit mit dem Maler Hans Baldung Grien. Herstellung kleinerer Figurengruppe Adam und Eva (Basel, Hist. Mus.). Nach 1515 Rückkehr nach Straßburg. M. Tripps

Lit.: I. SCHROTH, Zum Werk des Schnitzers H. W., Zs. f. Schweiz. Archäologie und Kunstgesch. XXII, 1962, 87–109 – Spätgotik am Oberrhein, hg. E. ZIMMERMANN u. a., Bad. Landesmus. Karlsruhe, 1970, 182–196 [Ausst. kat.] – M. BAXANDALL, The Limewood Sculptors of Renaissance Germany, 1980, 281f. – G. VAN DER OSTEN, Zur Kleinplastik von Hans Wydyz d. Ä. und seiner Werkstatt, Anzeiger des Germ. Nat.-Mus., 1981, 44–55.

2. W., Hans d. J., * Freiburg i. Br. (?), um 1495 (?), † Straßburg, um 1536; dt. Zeichner für Holzschnitte. Wahrscheinl. Sohn von Hans Wydyz d. Ä. und vermutl. Schüler von H. Burgkmair in Augsburg. Zw. 1530 u. 1534 urkundl. nachgewiesen als Mitglied der Straßburger Gilde »Zur Stelze«. W. schuf Holzschnitte für Buchillustrationen von märchenhafter Poesie; dabei stilist. beeinflußt von Burgkmair, doch durch großen Realismus im Detail über diesen hinausgehend. Einziges Werk, das W. mit Sicherheit zugeordnet werden kann, sind die 230 Holzschnitte zum »Herbarum vivae eicones« von Otto Braunfels (1488–1534), publ. von Schott, Straßburg, 1530–36; dt. Ausgabe »Conrafaytes Kräuterbuch« (1432). – Die 1519 entstandenen Holzschnitte zu Petrarcas »Von der Arzney beider Glück« werden von einem Teil der Forschung dem »Petrarcameister« zugeschrieben; der andere Teil hält beide Meister für ein und dieselbe Person. M. Tripps

Lit.: W. SCHEIDIG, Die Holzschnitte des Petrarca-Meisters: Zu Petracas Werk »Von der Artzney bayder Glück«, 1955 – Welt im Umbruch: Augsburg zw. Renaissance und Barock, 1980–81, 115–116 [Ausst. kat. Augsburg] – J. WIRTH, H. W., illustrateur de la réforme à Strasbourg (Von der Macht der Bilder. Beitr. des C. I. H. A. Kolloquiums »Kunst und Reformation«, hg. E. ULLMANN, 1983), 299–318 – Die Renaissance im dt. Südwesten zw. Reformation und Dreißigjährigem Krieg (APPUHN u. a., Ausst. kat. Heidelberg, 1986), 303, 323–326 – The Age of Dürer and Holbein: German Drawings, 1400–1550 (J. ROWLANDS, Ausst. kat. Brit. Mus., London, 1988), 208–210.

Weidloch, heute in der Fachsprache der Jäger After beim Wild, zur Zeit der Anfänge der Feuerwaffen Bezeichnung für das Zündloch. E. Gabriel

Lit.: W. HASSENSTEIN, Das Feuerwerkbuch von 1420, 1941.

Weidmannssprache, im MA Gesamtheit aller Spezialwörter des auch die →Beizjagd umfassenden Fachbereichs »Fangen und Erlegen von freilebenden Säugetieren und Vögeln« – ohne Einbeziehung der Syntax, deswegen exakter als Jagd- bzw. Weidwerksterminologie bezeichnet –, wobei zwei große Gruppen – die »fachlich bedingten« und die »sozial bedingten Termini« – zu unterscheiden sind. Erste Zeugnisse fachl. bedingter Termini finden sich in den germ. Volksrechten, vornehml. für die wertvollen zur Jagd gebrauchten Hunde (vgl. etwa →Biberhund, →Jagdhunde, →Seguser, →Spürhund, →Vogelhund). Eine erhebl. Ausweitung und ihre spätere Form erhielt die

W. durch die Entstehung eines Corps von durch die Erfahrung der Vorgänger geschulten und damit gut ausgebildeten gelernten Jägern seit der Inforestation. So ist zunächst eine große Zahl fachl. bedingter Termini in den Arbeitsbereichen erkennbar, die detailliertes fachl. Wissen und große prakt. Erfahrung der Spezialisten erfordern, etwa beim Aufspüren und Verfolgen des Rot- oder des Schwarzwildes, bei der Beizjagd, beim Vogelfang und bei Abrichtung und Einsatz der Jagdhunde (z. B. *birsære, hamel, valboum, leithalse*). Die zahlenmäßig weitaus geringere, z. T. bes. einprägsame und lange Zeit in der Beurteilung des Gesamtkomplexes der W. bis in die Gegenwart überschätzte Gruppe der sozial bedingten Termini, die der bewußten Abgrenzung der »in die Jägerei Eingeweihten« von der übrigen Bevölkerung dient, ist in der ma. W. in wenigen Beispielen vertreten (etwa *gelæse, geæ3, swei3*). Vgl. dazu auch →Weidsprüche. Die bewußte Pflege der W. und eine Ahndung von Verstößen gegen sie – durch den Brauch des Pfundegebens oder Weidmesserschlagens – läßt sich seit 1494 (Sebastian →Brant, Das Narren Schyff, Basel 1494, Tit. 74, 10: »Es statt eyn pfundt den jaeger an«) nachweisen. Belege für ma. jagdsprachl. Ausdrücke bieten neben der didakt. Literatur (vgl. dazu →Jagdtraktate) auch literar. Q., und zwar bes. dort, wo höf. Leben geschildert oder jagdl. Geschehen allegor. verarbeitet wird (z. B. →Gottfried v. Straßburgs »Tristan und Isolde«, →Hartmann v. Aues »Gregorius« und »Büchlein« →Wolfram v. Eschenbachs »Lieder«, »Titurel« und »Willehalm«, »Nibelungenlied«, »Jagd der Minne« oder →Hadamar v. Labers »Jagd«). Die erste gedruckte Slg. von dt. Jagdtermini erschien 1538 in Johann Helias Meichßners »Handbüchlein gruntlichs berichts/recht vnd wolschrybens/der Orthographie vnd Gramatic« unter der Überschrift: »Etliche zierliche vnd artliche wörter/deren man sich vff vnd zu dem weidwerck gebrucht/einem schryber by Fürsten vnd herrn dienende hoflisch vnd nutzlich zuwissen«.

S. Schwenk

Lit.: S. Schwenk, Die ältere dt. Jägersprache bis zum Ende des 17. Jh. und ihre Erforsch.: eine Übers. (Hb. zur Sprach- und Kommunikationswiss. HSK, Bd.: Fachsprachen) [Lit.; im Dr.].

Weidsprüche, seltener auch Weidschreie, Jägersprüche, Jägerschreie, Jagdschreie gen., gehören zu einer jagdl. →Spruchdichtung, die sich derzeit bis ins 14. Jh. zurückverfolgen läßt. Der erste Beleg für *weidespruch* findet sich bei →Hadamar v. Laber (Die Jagd, 56: »Mit weidesprüchen kösen/ ich aldâ begunde«). W. dienen dazu, Hunde bei der Jagd aufzumuntern (vgl. dazu: Lehre von des Hirsches Gescheitheit und seinem Wandel, 2r:»Vnnd mit sollichen süessen waydsprüchen, so machestu den hund frölich«), werden aber auch an das verfolgte Wild oder die teilnehmenden Jäger und Helfer gerichtet (vgl. Univ. Bibl. München, Ms. 354, 8°, 54v–56v, die wohl älteste bisher bekannte Slg. von 23 W.n). Da für den ausgebildeten Jäger die Beherrschung der W. in ihrer früh starr gewordenen Form obligator. ist, werden sie – in ähnl. Funktion wie später die »sozial bedingten Termini« der →Weidmannssprache – in einem Frage- und Antwort-Prüfgespräch für die Ausweisung als »gelernter Jäger« verwendet: »sag an, wartman, /wa lauffn di hund hin an? /sy lauffen zu der stund, /ich hor weder jäger noch hundt« (Univ. Bibl. München, Ms. 354, 8°, 55r). Der Sinn mancher frühen W. läßt sich nur aufgrund vielfältiger Traditionen im 16. bis 18. Jh. erschließen; die W. selbst verschwinden um 1700 aus dem lebendigen Jägerbrauch. S. Schwenk

Weidwerk, zur idg. Wurzel *ųei-, *ųeiə – mit der Bedeutung 'Ausgang auf Nahrungssuche' – für Mensch und Tier gleichermaßen gültig. Auf den Menschen bezogen bedeuten W. und das dazugehörige Verb 'weidwerken' ursprgl. in umfassendem Sinn 'sich Nahrung beschaffen an Tieren, die auf der Erde, über der Erde (d. h. in der Luft), in der Erde und im Wasser sind'. So gehörte anfangs auch der Fischfang zum W. (gegenwärtig noch lebendig in der Bezeichnung »Fischweid« für 'Fischfang'; →Fisch, B). Heute wird aufgrund der zoolog. Zuordnung der erbeuteten Tiere zu den Fischen bzw. zu den Säugetieren und den Vögeln zw. Fischerei und Jagd unterschieden. W. wird hier als Sammelbegriff für sämtl. Arten des Fangens oder Erlegens von freilebenden Säugetieren und Vögeln zum Nahrungserwerb oder zum Schutz der Seinen und des Eigentums, etwa auch der Feldfrüchte, der Gehölze, Äkker und Wiesen, verstanden, wobei auch das Fangen und Erlegen unter Mithilfe dazu abgerichteter tier. Helfer – von →Hunden, →Beizvögeln u. a. – inbegriffen ist. Je nach den Erfordernissen der bejagten Tierart, den Gegebenheiten des Geländes, dem Entwicklungsstand der Technik und den zur Verfügung stehenden tier. und menschl. Helfern kamen viele verschiedene Fang- und Jagdmethoden zum Einsatz.

Bes. effektiv war der Gebrauch von Fallen, v. a. dann, wenn Fallentechnik und Treibjagdmethoden miteinander kombiniert waren, d. h. das Wild in die Fallen hineingetrieben wurde. Bei der Fallenjagd werden selbsttätig wirkende Fallen und fallenähnl. Fangeinrichtungen, bei denen im Augenblick des Fangens die Einwirkung des Menschen erforderl. ist, unterschieden. Fallen und Fangeinrichtungen werden in der Größe und im Material jeweils dem zu erbeutenden Wild angepaßt. In wissenschaftl. Systematisierung werden sie nach dem Fangprinzip in Fallgruben, Schwerkraftfallen (mit den Untergruppen: Gewichtsfallen, Schlagfallen, Käfigfallen), Klemmfallen, Schlingenfallen (mit den Untergruppen: einfache →Schlingen, Schwerkraftschlingen, Schwippgalgenschlingen), Netzfallen (mit den Untergruppen: Spannetze, Hohlnetze, Zugnetze), Reusenfallen, Torsionsfallen, →Waffenfallen, →Wolfsangeln und Leimfallen eingeteilt. Fallgruben wurden in unterschiedl. Größe und Ausformung, meist mit Ästen, Laub oder Gras verblendet, für viele große und kleine Wildarten, etwa für Auerochsen, Wisente, Wölfe, Füchse oder Fischotter, verwendet. Bei den Gewichtsfallen wurde das Wild, etwa Bär, Dachs, Fischotter, durch einen herabfallenden Klotz, Stein, Rechen oder ähnl. getötet, bei den für großes und kleines Wild, einschließl. Federwild, gebrauchten Schlagfallen erfolgte die Tötung durch ein herunterfallendes – oft zusätzl. beschwertes – Rundholz, etwa einen Baumstamm. Zu den Käfigfallen werden alle Kastenfallen zum Lebendfang, zu den Klemmfallen vornehml. die beim Vogelfang verwendeten Kloben gezählt. Einfache Schlingen können – in unterschiedlichster Größe je nach dem zu fangenden Wild – ausgelegt oder aufgehängt werden; beim →Vogelfang sind dies häufig feinste Lauf-, Hänge- oder Bügeldohnen, gefertigt aus Pferdehaaren. Bei den Schwerkraftschlingen wird die Wirkung der Schlinge durch die Schwere des Fangbalkens, bei den Schwippgalgenschlingen durch die Schnell- oder Federkraft eines gebogenen Astes oder Stämmchens verstärkt; sie werden in entsprechender Größe für viele Wildarten – etwa Schalenwild, Dachs, Fuchs, Vögel – gebraucht. Spannetze (→Netze) dienen in einfacher, doppelter oder dreifacher Ausfertigung zum Fang von Rot-, Reh-, Schwarzwild, Hasen und von anderem Haarwild, aber auch speziell zum Fang von Federwild und Vögeln. Zu den Hohlnetzen werden z. B. die bei der Erdjagd auf Kaninchen und Dachse eingesetzten Netzsäcke gerechnet. Reusenfallen besitzen eine federnde oder dehnbare Öffnung, die den Eingang ermöglicht, den Ausgang aber verwehrt oder stark erschwert. Dabei kann das zu fangende Wild ganz oder nur mit einem Körperteil betroffen sein, so daß auch nach dem Reusenprinzip arbeitende Tretfallen hierher gehören. Bei den Torsionsfallen (Klappnetzen, →Vogelherden etc.) führt jeweils ein Teil des Mechanismus eine Drehbewegung aus; bei den meist im Vogelfang gebrauchten Leimfallen wird das Tier durch Leim am Entkommen gehindert.

Daneben wurde eine Reihe von Waffen gebraucht, die nach heutiger Terminologie zu den →Blankwaffen zu zählen und in den verschiedenen Perioden und Landschaften unterschiedl. nachzuweisen sind. Die folgende, keinen Anspruch auf Vollständigkeit erhebende Aufzählung soll v. a. einen Eindruck von der Vielfalt der bei der Jagd verwendeten und häufig aus dem Kriegshandwerk übernommenen Waffen vermitteln: →Messer verschiedener Größe und Form, →Lanzen →Speere, →Spieße, →Schwerter, die auch als Grabbeigaben nachzuweisen sind, wobei die Unterscheidung von Kriegs- und Jagdwaffen oft nicht eindeutig zu treffen ist. Unter den Messern ist der Sax hervorzuheben, ein einschneidiges Dolchmesser von 22–23 cm Länge, wohl der Vorläufer des Weidmessers, und der Langsax mit 40–60 cm Länge als Übergang zum Schwert. Bei den Schwertern finden wir ein- und zweischneidige Kurz- und Langschwerter, Jagdschwerter als Stichwaffen auf wehrhaftes Wild wie Sau und Bär, Schweins- oder Sauschwerter. Lanzen, Spieße und Speere – als Nah- und (mit meist kürzerem Schaft) als →Fernwaffen – erscheinen je nach dem jagdl. Einsatz (Stoßen, Abfangen, Werfen) in vielerlei Varianten, etwa als Stoßlanzen, Hirschlanzen, Knebelspieße, Sauspieße, Saufedern, Bärenspieße, Bäreneisen, Gamsspieße, →Wurflanzen, Wurfspieße und Wurfspeere. Als ausgesprochene Fernwaffen wurden bei der Jagd →Bogen (häufig aus Eiben-, Eschen- oder Ulmenholz) und →Pfeile (selten auch mit Pfeilgift aus Eisenhut oder Bilsenkraut) sowie →Armbrüste (zunächst in Frankreich und England, dann in Dtl.; seit dem hohen MA in immer stärkerem Ausmaß) verwendet. Um sich den Beutetieren unbemerkt zu nähern oder um sie zum Näherkommen zu veranlassen, wurden verschiedene Arten der Tarnung und des Lockens entwickelt: Die Verfolger verbargen sich hinter oder unter tragbaren Büschen, aufgespannten Tierhäuten, bemalten Schilden, lebenden Tieren, in Hütten oder in Baumverstecken und ahmten Tierstimmen nach, um das Wild vertraut zu halten. Lebende Tiere, v. a. Artgenossen (etwa gezähmte Rothirsche), und nachgeahmte Tierstimmen wurden auch vielfach zum Anlocken des zu fangenden oder zu erlegenden Wildes eingesetzt.

Eine wichtige Rolle spielten Hetzjagdmethoden (→Jagdhunde), bei denen – wie bei der →Beizjagd – in der Regel weniger die Anzahl des erbeuteten Wildes (wie bei den großen Heckenjagden oder bei aufwendigen Netzjagdmethoden, etwa den eingestellten Jagen) als vielmehr das Vergnügen der Beteiligten im Vordergrund stand. Als Gegenstand der Jagd waren bes. beliebt Schalenwildarten (z. B. →Rot-, Schwarz- [→Wildschwein], Dam-, →Reh, →Gems-, Steinwild [→Steinbock], →Elch, →Auerochse, →Wisent), →Bär, →Wolf, Fuchs, →Dachs, →Luchs, →Fischotter, kleine Beutegreifer, →Hase, →Kaninchen, →Eichhörnchen, Federwild und →Vögel. Einen guten Überblick über die im 14. Jh. geübten Jagdmethoden gibt Henri de Ferrières (»Le livre du roy Modus et de la royne Ratio«).

Unter rechtl. und sozialen Aspekten sind Volks- und Kg.s-, Adels- oder Herrenjagdmethoden sowie die Jagdrechtsperioden des freien Tierfangs, der Inforestation und der Regalität zu unterscheiden. Die heute noch gültige Einteilung der Jagd in Hohe und Niedere Jagd sowie des Wildes in Hoch- und Niederwild basiert auf hist. Gegebenheiten, die sich bis ins MA zurückverfolgen lassen.

S. Schwenk

Lit.: →Jagdtraktate – S. Schwenk, Zur Kulturgesch. des Schwarzwildes (Beitr. des Schwarzwildsymposiums Mainz, 1996) [im Dr.] – Dies., Die Jagd im Spiegel ma. Lit. (Jagd und höf. Kultur im MA) [im Dr.].

Weihbischof, ein →Bischof, der einem Diözesanbf. in der Ausübung der Weihegewalt zur Seite steht. Er ist →Titularbf. und als solcher für die Ausübung der iura pontificalia, also von Amtshandlungen, die liturg. Mitra und Stab verlangen und daher nur von einem konsekrierten Bf. vollzogen werden können, zuständig. In der ma. Q. werden Titularbf.e und W.e noch nicht unterschieden. W.e werden auch Hilfsbf.e, vicarii in (spiritualibus et) pontificalibus (auch suffraganei) gen. Ihre Vorläufer sind die →Chorbf.e, eine direkte Tradition zu diesen ist aber nicht nachgewiesen (vielleicht in der Erzdiöz. Salzburg; Bm. Gurk). In Urkk. werden sie z. B. bei der Weihe von Kirchen, Ordination von Geistlichen, Weihe von Altären und der Segnung von Paramenten sowie der Erteilung von Ablässen und als Koadjutoren gen. Ein Verzeichnis der W.e der dt. Diöz.n vom 12. bis 15. Jh. findet sich bei C. Eubel. Seit dem 11. und 12. Jh. finden sich in den Q.n überl., seit dem 13. Jh. preuß. und livländ. Bf.e, die, aus ihren Bm.ern vertrieben, in dt. Diöz.n vorübergehend von Diözesanbf.en mit bes. Weihaufträgen betraut wurden. Seit den →Kreuzzügen und dem →Lat. Ksr. sind es Bf.e oriental. Diöz.n, deren Sitze durch das Vordringen des Islams nach Westen verlorengegangen waren. Sie wurden auch episcopi in partibus infidelium gen. Auf diese Sitze war dann auch eine weitere Weihe zulässig. Das Papsttum hat auf diesem Wege Einfluß auf die Verwaltung der potestas ordinis in den Diöz.n genommen. Clemens V. (Clem. 1.3.5) schrieb die Ernennung und Weihe der W.e der bes. päpstl. Erlaubnis und den päpstl. Dispens von der Pflicht zur Residenz am Sitz ihres Bm.s vor. Die W.e konnten mit dauerndem Amtsauftrag in anderen Bm.ern als Hilfsbf.e fungieren. Feine bezeichnet die W.e hist. auch als bfl. Beamte. Ihre Tätigkeit konnte zeitl. befristet oder lebenslängl. sein. Die ursprgl. Betrauung für Einzelhandlungen wurde durch eine allg. Erlaubnis ersetzt. Der W. war nicht Mitglied des Domkapitels. Die Einkünfte erhielt er vom Diözesanbf. In Köln gab es seit 1279 bzw. 1298 einen ständigen W., in Mainz deren zwei. Gemäß dem Konzil v. →Vienne (1311–12) besaß der Diözesanbf. für das W. samt das Benennungsrecht. Die Auswahl konnte sich unter Beteiligung des Domkapitels vollziehen, die Ernennung der W.e stand allein dem Papst zu.

R. Puza

Lit.: C. Eubel, Hierarchia Catholica, 1913–23², II, 304ff. – U. Minghoff, Verfassungsgesch. der dt. Kirche im MA, 1913², 152ff. – Feine 371f., 374 – Plöchl III, 228ff. – St. Krämer, Herkunft und Werdegang geistl. Führungsschichten in den Reichsbm.ern zw. westfäl. Frieden und Säkularisation. Fs. bf.e – W.e – Generalvikare, 1992, 72f.

Weihe, -grade, -hindernisse
A. Westkirche – B. Ostkirche

A. Westkirche
I. Kanonisches Recht – II. Liturgie.

I. Kanonisches Recht: [1] *Weihe:* Mit →ordo bezeichneten die Römer die Personen, die einer bestimmten sozialen Klasse angehörten, aber auch die Mitglieder eines Kollegiums. Schon in christl. Frühzeit wurden Presbyter (→Priester), →Diakone und kirchl. Amtsträger unter dem Namen→Klerus (ordo) zusammengefaßt. 'Klerus' (ordo) erhielt jenen Sinn des geistl. Standes, dem allein der Geist zur Leitung der Kirche, v. a. die sakramentale Befähigung, zukam und von dem die Laien ausgeschlossen waren. Im kanon. Recht bezeichnet ordo die priesterl. Hierarchie und deswegen ist auch von potestas ordinis die Rede. Den Akt, mit dem man in einen solchen ordo aufgenommen wird, bezeichnet man als →Ordination. Bei →Petrus Lombardus findet sich in den Sentenzen folgende, für die spätere Zeit bedeutsam gewordene Definition des ordo: »(ordinem) signaculum quoddam esse, id est sacrum quiddam quo spiritualis potestas traditur ordinato et officium«. Dabei wird mit signaculum der äußere Ritus der W. bezeichnet. Durch den W.akt wird dem Empfänger die geistl. Gewalt, d. h. die Befähigung zur Verrichtung geistl. Funktionen, verliehen. Ursprgl. war mit der Erteilung der W. die Verleihung eines Amtes (officium) verbunden (= relative W.). Diese Definition änderte sich ab dem Ende des 12. Jh. Dann wird unter signaculum die bleibende Wirkung des Sakramentes, der sakramentale Charakter, verstanden. Schon →Augustinus hatte vom sacramentum ordinationis in Parallele zur →Taufe gesprochen. Die W. zählt dann auch zu den →Sakramenten im engeren Sinn. Der Spender des W.sakramentes ist der Bf., es wird aber auch die Auffassung vertreten, daß der Papst einen Priester mit der W.spendung, ausgenommen der Bf.sw., betrauen kann (→Huguccio). Eine bes. Rolle spielte die Frage, wie die W. der Häretiker, Schismatiker und Simonisten zu beurteilen sei. Die Sakramententheologie Augustinus' führte dazu, daß solche W.n anerkannt wurden. →Gratian unterscheidet im Anhang an →Alger v. Lüttich zw. forma und effectus sacramenti. Er hält eine Wiederholung einer formrechtl. vollzogenen W. für unmögl. Daher verschwand in der Folgezeit die Reordination. Die von häret., schismat., simonist. oder anderen kirchl. Strafen unterliegenden, abgesetzten oder zurückgetretenen Bf.en erteilten W.n waren gültig, aber unerlaubt, wenn sie den von der Kirche aufgestellten Erfordernissen entsprachen. Alexander III. (1159–81) stellt zwei Bedingungen für die Gültigkeit der W. der Häretiker auf: Der häret. Ordinator muß die Bf.sw. in der kath. Kirche empfangen haben; er muß die Form der Kirche einhalten. Wer so ordiniert wird, empfängt die W., aber nicht die Erlaubnis, d. h. die Vollmacht, die W. auszuüben. Diese erhält er erst bei Rückkehr in die Kirche. Von →Rufinus wird diese Auffassung ausgebaut. Er unterscheidet zw. usus (Ausübung) und potestas (Gewalt). Offen war die Zahl der W.grade und auch das Verhältnis von Episkopat und Presbyterat. In der Hoch- und Spätscholastik waren sich die Theologen einig, daß der ordentl. Spender des W.sakramentes der →Bischof war. Die Kanonisten, die häufig von der ursprgl. Gleichheit des Bf.s und Priesters ausgingen, wollten die außerordentl. Ordinationsvollmacht der Priester ausdehnen. Sie stützten sich dabei auch auf eine weitgespannte Vorstellung von der Vollgewalt des Papstes (→Johannes Teutonicus [182. J.]). Ihm zufolge kann der Priester die Priesterw., der Diakon die Diakonatsw., der Subdiakon die Subdiakonatsw. spenden; so später auch →Tankred, Innozenz IV., →Bernardus de Botone, Antonius de Butrio. Nur geeignete Kandidaten sollten geweiht werden (Innozenz III.: X. 1. 6.18; Johannes XXII.: Extravag. Jo. XXII. 1. 1). Die Eignung wurde nach dem Dekretalenrecht vom Spender überprüft, also von dem Bf., dem Archidiakon oder dem vom Ordinator bestellten Priester bzw. von einem anderen im göttl. Recht und in kirchl. Vorschriften erfahrenen Mann (D. 25 c. 1). Zur Eignung gehörten erforderl. Alter, persönl. und charakterl. Eignung, Fehlen von Hinderungsgründen, notwendige Kenntnisse (D. 36–40). Zu den Kenntnissen gehörten genügende theol. Vorbildung und auch kanonist. Bildung, profanes Wissen, z. B. Grammatik und Dialektik sowie Kenntnis der weltl. Geschäfte. Es gab eine Vorprüfung sowie eine Prüfung, die in die Zeremonie der W. eingeschlossen war. Die Priester- und Diakonatsw. war dem Bf. vorbehalten. Zuständig war der Diözesanbf. Kleriker griech. Ritus', die Untertanen eines lat. Bf.s waren, sollten more Graecorum durch einen dem griech. Ritus angehörigen Bf. geweiht werden (Innozenz III.). Für die Bf.sw. mußte der Konsekrator die Bf.sw. besitzen. Weitere W.spender waren Äbte oder auch Kard.-priester. Das Recht der Bf.skonsekration wurde vom Papst als Reservat angesprochen, was in der Praxis aber nicht durchsetzbar war. Außerdem wurde das Recht der Dimissorien und W.zeugnisse weiterentwickelt, die W.fristen (interstitia) geregelt. Die Spendung der niederen W.n sollte an Sonntagen oder hohen Festtagen erfolgen, die der höheren W.n nur an bestimmten Samstagen (Quatember-, Karsamstag).

[2] *Weihegrade:* Während Gratian und Huguccio neun W.grade zählen, kennt →Ivo v. Chartres nur sieben, es fehlen der Psalmistat und der Episkopat. Die W.grade wurden eingeteilt in höhere W.grade, die unbedingt notwendig sind für die Feier der Liturgie (Priester und Diakone), und in niedere W.grade, die erst später mit dem Anwachsen der Kirche zur Unterstützung der ersten Gruppe hinzugefügt wurden (Ostiarier, Lektoren, Exorzisten [→Exorzismus] und Akolythen). Unter der Bezeichnung Priester (sacerdos) sind die Bf.e und Presbyter zusammengefaßt. Seit Gratian und Petrus Lombardus wird außerdem der Subdiakonat mit Rücksicht auf die damit verbundene Zölibatsverpflichtung von Theologen und Kanonisten des 12. und beginnenden 13. Jh. zu den ordines sacri gerechnet. Episkopat und Presbyterat wurden noch lange als gleich behandelt. Für die Hochscholastik und Spätscholastik bezeugt →Johannes Duns Scotus (99. J.), daß die Kanonisten den Episkopat allg. als bes. W.grad erklären. Die Theologen halten eher an der Siebenzahl der W.grade fest. Für Guillelmus→Durantis (1. D.) ist der Episkopat das vollendete und vollkommene Priestertum. Für ihn ist die Jurisdiktionsgewalt, die zur Leitung des Volkes bestimmt ist, auf seiten des Bf.s zweifellos größer als auf seiten des Priesters. Von den meisten Theologen wird die Frage verneint, ob der Episkopat ein sakramentaler W.grad ist.

[3] *Weihehindernisse:* Bei den W.hinderungsgründen, als impedimenta und irregularitates bezeichnet, wurde unterschieden zw. solchen, die zum Empfang der W. dauernd unfähig machten, und solchen, die die Ausübung der W. unerlaubt machten. Vor Konstantin d. Gr. gab es noch keine klar umschriebenen W.hindernisse. Es wurden aber persönl. Erfordernisse gen., wie der gültige Empfang der Taufe sowie moral. und körperl. Eignung. Wesentl. war die Forderung der Ehelosigkeit (→Zölibat). Der Kandidat mußte frei sein. Es ist zw. Inkapazität und Irregularität zu unterscheiden. Vollkommen unfähig, die W. zu empfangen, sind die Ungetauften, denn der Empfang der Taufe ist die Bedingung der Zugehörigkeit zur Kirche und ferner auch die Voraussetzung des Empfangs der übrigen Sakramente. Schwieriger ist die Frage hinsichtl. der W.unfähigkeit von Frauen zu beantworten. Die ältere Kirche kannte die Diakoninnenw. Es ist allerdings umstritten, ob es sich dabei um eine W. oder um eine →Benediktion handelte.

Letzteres gilt auch für die Äbtissinnenw. Der Mangel der durch das positive Recht vorgeschriebenen Eigenschaft wird seit dem 13. Jh. techn. als irregularitas bezeichnet (→Irregularität). R. Puza

Lit.: Feine, 49ff., 129f., 391f. – Plöchl I, 80ff., 202ff., 360ff.; II, 251ff. – DDC II, 96ff.; III, 126ff.; VI, 1125ff. – HDG VI, 1969 [L. Ott, Das W.sakrament] – J. Neumann, Grdr. des kath. Kirchenrechts, 1981, 71ff. – M. Warkentin, Ordination, A Biblical-Historical View, 1982.

II. Liturgie: Mit dem Wort W. werden im Dt. mehrere Bezeichnungen der lat. Liturgiesprache wiedergegeben: Benedictio, consecratio, ordinatio u. a. Gemeint sind liturg. Vorgänge, die (1) eine Person in einen neuen kirchl. Stand oder Rang einweisen oder (2) darin bestätigen, (3) einen Gegenstand oder Sachverhalt als sakral würdig bezeichnen oder hervorheben. Eine W. besteht immer (oft nach vorausgehender Beschwörung des Teufels, s. →Exorzismus) aus einem fürbittenden →Gebet (bei Dingsegnungen die »Geeignetheit« der Sache für das Heilshandeln Gottes konstatierend) und einer Zeichenhandlung (→Handauflegung, →Kreuzzeichen), vorgenommen von einem Bevollmächtigten der Kirche, dessen Rang dem kirchenrepräsentierenden Rang der jeweiligen W. korrespondiert, wie es schließlich das liturg. Recht definiert. Solche W.n sind (zu 1:) die der Bf.e, Priester und Diakone (→Ordination), (zu 2:) Jungfrauenweihe, Witwenweihe, →Mönchsweihe, →Abtsweihe, aber auch W. der Herrscher und Herrscherinnen, Segnung der Kranken, Mütter, Kinder u. a., (zu 3:) Segnung von Wein, Wasser, Früchten und überhaupt der Fülle der Dinge der Welt und der Arbeit des Menschen, wie z. B. der Speisen (Gebet vor [und nach] der Mahlzeit über den Speisen; →Benediktionen). Die ma. Theologie unterscheidet nach systemat., nicht liturgietheol. Gesichtspunkten zw. →Sakramenten und Sakramentalien, so daß eine genaue Würdigung jede einzelne W. gesondert betrachten muß. A. A. Häußling

Lit.: A. Franz, Die kirchl. Benediktionen im MA, 1909 [Nachdr. 1960], passim – Gottesdienst der Kirche, 7–8: Sakramentl. Feiern, 1984–92.

B. Ostkirche

W. meint seit bibl. Zeiten (Apg 6, 6; 13, 3; 1 Tim 4, 14; 5, 22; 2 Tim 1, 6) Aussonderung bestimmter Personen durch Wahl und ihre Bestellung durch Handauflegung und epiklet. Gebet zu einem dauerhaften, im Prinzip lebenslangen Dienst in und für die Kirche. Sie wird ihrem Ursprung nach auf die zwölf von Jesus Christus selbst als Stammväter des neuen Israel erwählten Jünger zurückgeführt und bedeutet in diesem Sinn apostol. Nachfolge. Seit der Wende vom 1. zum 2. Jh. wird das kirchl. W. amt in seiner bis heute in allen Kirchen des Ostens gewahrten klass. Trias als allgemein akzeptiertes Strukturprinzip deutl. greifbar: Dem an der Spitze der Ortskirche stehenden →Bf., der als solcher ihre Einheit garantiert und verkörpert, stehen →Presbyter als eine Art Senat zur Seite und →Diakone als Helfer zur Verfügung. Dies bezeugen vielfach die Briefe des Bf.s Ignatios v. Antiocheia (Trall. 2; 3; 7, 1; Philad. Praescr.; 4, 7; Smyrn. 8, 1; 12, 2; Polyk. 5; Ephes. 3, 2) sowie indirekt zur selben Zeit 1 Clem 40, 5 und Apk 4f. Zu diesen eigentl. Geweihten (ἱερώμενοι) treten, den kirchl. Bedürfnissen entsprechend, bald weitere gottesdienstl. bestellte Bedienstete (ὑπηρέται) hinzu (vgl. 69. Ap. Kan.), von denen schon im 12. Jh. (Komm. des →Zonaras zum 22. Kan. v. Laodikeia) sich nur mehr jene fanden, die noch heute geweiht werden und ihren Dienst tun, nämlich Hypodiakone und Anagnosten (Leser). Die heute geläufige terminolog. Unterscheidung der W. von Bf.en, Presbytern und Diakonen als Cheirotonie einerseits und der Hypodiakone und Anagnosten als Cheirothesie andererseits ist neueren Datums und war noch im SpätMA (→Symeon v. Thessalonike) nicht bekannt, sehr wohl aber die bezeichnete sachl. Differenzierung. Schon im ältesten erhaltenen byz. Euchologion, dem Cod. Barb. gr. 336 (8. Jh.) werden Episkopat, Presbyterat und Diakonat im Rahmen der eucharist. Liturgie am Altar exklusiv vom Bf. erteilt, während die ὑπηρέται vor oder außerhalb der Liturgie im Kirchenschiff vom Bf. oder einem von ihm damit beauftragten Priester ihre Bestellung erhalten. Die drei Grade des einen, als Sakrament (Mysterion) begriffenen Weihepriestertums werden auf ganz parallele Weise gespendet. Der Weihebf. verkündet laut die Erwählung des Ordinanden, spricht sodann unter Handauflegung mit leiser Stimme ein zweifaches Weihegebet und legt ihm schließlich die entsprechende liturg. Gewandung an, wobei er selbst, der Klerus und alle Anwesenden das Geschehene mit dem Ruf »Axios« (Würdig) bestätigen. Die Bf.sw. erfordert die Mitwirkung weiterer Bf.e (1. Ap. Kan.), die zunächst ein ausführl. Glaubensbekenntnis des Kandidaten entgegennehmen und während der Gebete das aufgeschlagene Evangeliar über sein Haupt halten.

Bei jedem W.akt kann nur ein einziger Kandidat ordiniert werden. Die W. zum Bf. findet vor der Wortverkündigung (Schriftlesungen), die zum Presbyter vor der Darbringung und Konsekration der Gaben (Anaphora) und die zum Diakon vor deren Austeilung an die Gläubigen statt, so daß jeder Neugeweihte noch im Rahmen der W.liturgie sein Amt in einer für ihn charakterist. Weise ausüben kann. Die seit dem 8. Jh. außer Gebrauch geratene Diakonissenw. stellt insofern ein Problem dar, als sie einerseits nach Ausweis liturgiegeschichtl. Zeugnisse auf dieselbe Weise erteilt wurde, wie die beschriebene der ἱερώμενοι, andererseits aber keine Zugehörigkeit zum Klerus begründete (Kan. 19 von Nikaia I, Kan. 11 von Laodikeia).

Als Voraussetzungen für die W. gelten im übrigen männl. Geschlecht, Bewährung im Glauben (2. Kan. von Nikaia I), guter Leumund, körperl. Gesundheit (78. Ap. Kan.), freier Lebensstand (82. Ap. Kan.), ausreichende Bildung (2. Kan. v. Nikaia II), Mindestalter von 25 Jahren für Diakone und 30 für Priester (14. Kan. Trullanum: oft unterschritten), Ehelosigkeit oder vorbildl. Leben in erster Ehe (17. Ap. Kan.) mit einer ebenfalls erstmalig verheirateten Frau (18. Ap. Kan.), als Hindernisse Neophytentum (80. Ap. Kan.), freiwillige Kastration (22. Ap. Kanon), unzureichende zeitl. Abstände (Interstitien) zw. den W.stufen (Kan. 10 von Sardika, häufig nicht beachtet). Seit der justinian. Gesetzgebung (Nov. 6, 1, 7 und 123, 1; vgl. auch Kan. 12 und 48 des Trullanum) hat der Bf. ehelos zu leben und ist eine eventuell bestehende Ehe eines Kandidaten für dieses Amt zu trennen. P. Plank

Lit.: Simeon v. Thessalonike, Dial. cap. 156–250, MPG 155, 361–470 – J. Goar, Εὐχολόγιον sive Rituale Graecorum, 1730² [Neudr. 1960], 194–261 – A. v. Maltzew, Die Sakramente, 1898, 301–450 – N. Milasch, Das Kirchenrecht der morgenländ. Kirche, 1905², 230–289 – P. de Meester, Studi sui sacramenti amministrati secondo il rito bizantino, 1947, 243–274 – P. Trempelas, Τάξις χειροθεσιῶν καὶ χειροτονιῶν, Theologia. Athenai 19, 1941–48, 451–465, 619–649; 20, 1949, 120–139 – J. M. Hanssens, Les oraisons sacramentelles des ordinations orientales, OrChrPer 18, 1952, 297–318 – B. Botte, La formule d'ordination »La grace divine« dans les rites orientaux, OrSyr 2, 1957, 285–296 – H. Kotsonis, A Contribution to the Interpretation of the 19th Canon of the First Ecumenical Council, RevByz 19, 1961, 189–197 – C. Vagaggini, L'ordinazione delle diaconesse nella tradizione greca e bizantina, OrChrPer 40, 1974, 145–189 – L'Eucologio Barberini gr. 336, hg. S. Parenti–E. Velkovska, 1995, 174–190.

Weihenstephan, Kl. OSB bei →Freising. Der hl. →Korbinian richtete um 725 beim in frühere Zeiten zurückgehenden oratorium beati Stephani vor Freising eine cellula ein, an der er nach der regula mixta mehrere Kleriker um sich versammelte. In welcher Form sie nach seinem Rückzug nach Südtirol weiterbestand, ist ungeklärt. Doch wurden die hier tätigen Kleriker 1021 ins nahe St. Veit transferiert. Bf. Egilbert v. Freising übergab die cellula Benediktinern aus →Seeon, die unter dem Einfluß der →Gorzer Reformbewegung ein Doppelkl. einrichteten. Nachdem im folgenden Jh. mehrere Brandkatastrophen das hochgelegene Kl. in seinem Bestand gefährdeten, konnte es erst im Rahmen der →Hirsauer Reform auf Dauer gesichert werden. 1145 erhielt es ein päpstl. Schutzprivileg. Der 1200 fertiggestellte Kirchenbau brannte schon 1245 erneut ab, 1346 verursachte Ks. Ludwig IV. d. Bayer weitere Verwüstungen. Die Entwicklung wurde erst durch die Übernahme der Schutzvogtei durch die Hzg.e v. Bayern-Landshut 1416 in ruhigere Bahnen gelenkt. Das Kl. geriet nacheinander in den Wirkungskreis der Reformen von →Kastl und →Melk. 1430 erhielt der Abt die Pontifikalien. Das 15. Jh. brachte die Blütezeit des Kl. (Bauwesen; Kunstpflege [v. a. Hss.]). Diese beendete der Einbruch der Reformation, so daß 1598 sogar die Aufhebung des Kl. erwogen wurde. A. Schmid

Q.: Die Urkk. des Kl. W. bis zum Jahre 1381, bearb. B. UHL, 1973-93 - Lit.: GP I, 340ff. - LThK X², 981f. - M. HARTIG, Die oberbayer. Stifte, I, 1935, 41-46 - K. HALLINGER, Gorze-Cluny, 1951/52, 156 - J. HEMMERLE, Die Benediktinerkl. in Bayern, 1970, 322-326 [Lit.] - F. PRINZ, Frühes Mönchtum, 1988², 388-390.

Weihetitel heißt heute, daß die →Weihe auf einen bestimmten Titel erfolgen muß, was soviel wie Unterhaltstitel bedeutet. Seit →Chalkedon (451, c. 6) steht der Grundsatz fest, daß die Weihe nur auf ein bestimmtes Kirchenamt, also nur zugleich als Anstellung erfolgen darf. Titel bedeutet dabei Kirche oder Pfarre im heutigen Sinn. Das Wort titulus wurde zur Bezeichnung für Kirchenamt. Gleichzeitig war damit für den Unterhalt des Klerikers gesorgt. Die Entstehung des heutigen W. rechts bzw. dessen Entwicklung hängt eng mit der Ablösung der relativen Ordination durch die absolute Ordination zusammen. Die Ursachen waren verschiedener Art (→Eigenkirchenwesen, Benefizialwesen [→Beneficium], Zunahme der clerici acephali). Noch bei Gratian ist die absolute Ordination mit Nichtigkeitssanktionen versehen (D. 70 c. 1). Die Wende kommt im 12. Jh. durch Alexander III. (III. →Laterankonzil c. 5) und Innozenz III. Die Bf.e wurden zum Unterhalt dieser, von ihnen absolut geweihten Personen verpflichtet, außer der Geweihte konnte sich selbst versorgen. Weihe und Anstellung waren nun zwei getrennte, relevante Tatsachen. Der W. wurde nun zur Versorgungsgrundlage und als solche Weihevoraussetzung. Der Amtscharakter des Titels trat in den Hintergrund. Drei W. entstanden. Zeitl. zuerst der titulus beneficii. Ihm zur Seite trat der titulus patrimonii, die Versorgung durch eigenes Vermögen, seit dem Beginn des 13. Jh. Dieser Titel wurde zeitweilig sogar zur Regel. Gegen das 15. Jh. entsteht dann noch ein weiterer Titel, der titulus pensionis. R. Puza

Lit.: DDC VI, 1278ff. - LThK² X, 983f. - PLÖCHL II, 186, 302f. - V. FUCHS, Der Ordinationstitel, 1930.

Weihinschrift → Bauinschrift, →Titulus

Weihnachten. Das Fest der Geburt Jesu Christi am 25. Dez. ist erstmals für Rom 335/337 erwähnt, im selben Jahrhundert wird es im Osten rezipiert (in Ägypten und Jerusalem erst später). Der Festtermin soll entweder auf das errechnete Geburtsdatum Christi (»Berechnungshypothese«; heute zumeist abgelehnt) oder auf die Verdrängung des heidn. Sonnenfestes Natalis Solis Invicti (»religionsgeschichtl. Hypothese«; dem Sol invictus stellte man Christus als wahre Sonne entgegen) zurückgehen; möglicherweise hat sich beides ausgewirkt.

Als Grund für die rasche Verbreitung des Festes werden auch christolog. Auseinandersetzungen genannt. Dem Fest geht eine Vorbereitungszeit (→Advent) voraus. Die Vigilmesse ist im 6. Jh. belegt. Die Oktav des Festes, die, in Fortführung älterer Feste, u. a. Stephanus, Johannes d. Evangelisten und die unschuldigen Kinder als die sog. Comites Christi (später gedeutet als Typen des Martyriums) feiert, zeichnet sich erst in den großen Sakramentaren ganz ab. Der 1. Jan. als Oktavtag gedenkt der Beschneidung und Darstellung Jesu im Tempel (ein Fest Natale s. Mariae in Rom im 6. Jh. ist unsicher [→Maria, hl. A. III]). In die W.szeit fallen u. a. →Epiphanie und, 40 Tage nach W., Darstellung des Herrn (»Lichtmeß«), mit dem der W.sfestkreis im MA endet. Dank für die Geburt Christi und für die Offenbarung Gottes in Jesus Christus sowie die Bitte um Erneuerung und Erlösung der Menschen, also Inkarnation und Erlösungsbotschaft, prägen die W.sliturgie (Texte für Rom zunächst im Ve, dann entfaltet in GrH und GeV). Die Frömmigkeit des Hoch- und SpätMA interessiert sich v. a. für die menschl. Person Jesu; Jesusminne und Krippenfrömmigkeit bestimmen zunehmend das Fest, ohne daß sich die liturg. Texte wesentl. ändern. Der Zusammenhang von Inkarnation und Ostermysterium als Zentrum des →Kirchenjahres gerät zunehmend aus dem Blick. Das Brauchtum (z. T. unter Einfluß der apokryphen Evangelien; →Krippe), Lieddichtung u.a. verstärken diese Tendenz. Die drei Messen von W., die ma. Liturgiker allegor. im Sinne der »dreifachen Geburt« Jesu deuten, stammen aus den röm. Stationsgottesdiensten: »missa in nocte« in S. Maria Maggiore (mit einer Geburtsgrotte, die von Bethlehem nachempfunden war), »missa in aurora« in S. Anastasia (eventuell aus Höflichkeit gegenüber dort residierenden byz. Beamten), »missa in die« in St. Peter (älteste Messe; seit dem 12. Jh. in S. Maria Maggiore). B. Kranemann

Lit.: H. ENGBERDING, 25. Dez. als Tag der Feier der Geburt des Herrn, ALW 2, 1952, 25-43 - H. FRANK, Frühgesch. und Ursprung des röm. W. im Lichte neuerer Forsch., ALW 2, 1952, 1-24 - B. BOTTE, Les origines de la Noël et de l'Épiphanie, 1962 [erstmals 1932] - R. BERGER, Ostern und W., ALW 8, 1, 1963, 1-20 - B. FISCHER, Ostern und W., ALW 9, 1, 1965, 131-133 - A. HEINZ, W.sfrömmigkeit in der röm. Liturgie und im dt. Kirchenlied, LJB 30, 1980, 215-229 - HJ. AUF DER MAUR, Feiern im Rhythmus der Zeit I, Gottesdienst der Kirche 5, 1983, 165-176 - K.-H. BIERITZ, Das Kirchenjahr, 1991³, 165-178 - S. ROLL, Toward the Origins of Christmas, 1995 (Liturgia condenda 5) [Lit.].

Weihnachtsspiel → Geistliches Spiel

Weihrauch. [1] *Herkunft und Handel:* W. ist der eingetrocknete Wundsaft von Boswellia-Bäumen, die seit dem Altertum auf der südarab. Halbinsel im Jemen, Hadramaut und an der somal. Küste sowie in Äthiopien verbreitet sind. Die gelbe, harzartige Substanz kam in Form von Körnern, mit anderen Harzen (z. B. →Myrrhe) und getrockneten Drogen vermengt, in den Handel. Beigemischte Erde oder Baumrinden beeinträchtigen die Qualität des W.s, der dann eine bräunl. Farbe annimmt. W. wird in besonderen, mit speziellen Öffnungen versehenen Metallgefäßen verbrannt, er verbreitet dabei einen balsam.-narkot. Duft. Obwohl seit dem 4. Jh. durch die Ausbreitung der liturg. Bedürfnisse in den Kirchen der Verbrauch von W. sicher anwuchs, ist insgesamt ein Rückgang des W.handels gegenüber der Antike wahrschein1., denn W. ist in den frühma. Schriftq.n nur schwer zu fassen. Ein seltenes Beispiel stellt eine Liste von Waren des Kl. →Corbie aus dem 10. Jh. dar, die in Cambrai eingekauft werden sollten. Hier dürfte der arab. W. von Karawanen aus Südarabien zum Pers. Golf und von dort aus zum Mittelmeer über Palästina oder auch über Jordanien nach Damaskus und Antiochia transportiert worden und über Konstantinopel nach Europa gekommen sein. Erst seit dem 12. Jh. belegen Warenlisten aus Zollq.n und in Handelsverträgen it. Städte und Kaufleute, v. a. Venedigs und Genuas, wieder einen intensiven Handel mit W. direkt aus Palästina, Syrien und Ägypten entlang den Küsten des Mittelmeers nach Frankreich (→Marseille) und Mittel- und NW-Europa, an dem sich später auch die süddt. Handelsgesellschaften beteiligten. Ch. Reinicke

Lit.: Heyd, HCL II, 614–616.–N. Groom, Frank Incense and Myrrh. A Study of the Arabian Incense Trade, 1981–RE Suppl. XV, 700–777 [W. W. Müller].

[2] *Liturgischer Gebrauch in den Ostkirchen:* W. (gr. θυμίαμα 'Räucherwerk', λιβανωτός 'W. (faß)', russ. *ladan, fimian*). Seit dem 4. Jh. (vgl. Const. apost. II, 26, 8; VII, 30, 2; Egeria, Itin. 24, 10) breitete sich der liturg. Gebrauch des W.s von Syrien und Palästina her nach Westen aus. Zunächst wohl nur bei Prozessionen üblich, nahm die Inzensierung im Osten als Eröffnungsritus der Meßfeier (vgl. Ps.-Dionysius, De eccl. hier. III, 2: MPG 3, 425B), später auch im allg. bei der Bereitung der Opfergaben (Prothesis) sowie vor dem Evangelium und zur Gabenübertragung, einen festen Platz ein. Die kopt. Liturgie kennt vor der ersten Lesung eine umfängl. Inzensierung (arab. Didaskalie, 11. Jh.), bei der die Gläubigen ihre Sünden im geheimen 'in das Rauchfaß' beichten konnten (vgl. Kyrillos III. ibn Laqlaq, 13. Jh.). Ursprgl. Ort dieses Ritus ist das der Eucharistiefeier vorausgehende Offizium der »Darbringung des Morgen-W.s«.

Ein bes. W.offizium (*sedrō d-ḥussāyā*), ganz vom Bußcharakter geprägt (Ephräm, Carm. Nis. 17; Theodoret, Quaest. in Ex 28), gehört zur gewöhnl. maronit. und syr.-antioch. Offiziumstruktur; in den ostsyr. Liturgien wird im Abendoffizium (*ramša*) zur Inzensierung der Hymnus »Lāḵū Mārā« gesungen (vgl. Gabriel Qaṭrāyā [7. Jh.]).
H.-J. Feulner

Lit.: H. Lietzmann, Messe und Herrenmahl, 1926, 86–92 – J. M. Hanssens, Institutiones Liturgicae de Ritibus Orientalibus, III, 1930, 60–91 – G. Dix, The Shape of Liturgy, 1945², 425–430 – E. Hammerschmidt, Oriens Christianus 43, 1959, 103–109 – S. H. Jammo, L'Orient Syrien 12, 1967, 187–210 – H. Quecke, Unters. en zum kopt. Stundengebet, 1970, 2–13 – C. Kucharek, The Byz.-Slav. Liturgy, 1971, 309–314, 326–329 u. ö. – G. Winkler, ALW 16, 1974, 63f., 66f., 70–72, 81f. – K. Onasch, Liturgie und Kunst, 1993², 380f. – A. Heinz, LJB 46, 1996, 241–265.

[3] *Verwendung im Westen:* Das in der Antike allg. übliche Verbrennen von Harz der Boswellia-Bäume wurde von den Christen als heidn. Kultbrauch (W.spende vor Götter- und Ks.bildern) im Gottesdienst zunächst gemieden, im sonstigen Leben v. a. zur Luftverbesserung jedoch geübt. Mit zunehmender öffentl.-rechtl. Stellung des Papstes wird diesem, belegt seit Ende des 7. Jh., nach byz. Ks.brauch Licht und W. ehrend vorausgetragen, ebenso dem Evangeliar. Im frk. Raum werden nach dem Vorbild von Offb 8, 3 der Altar bei der Weihe und nach atl. Vorbild die Gaben der Eucharistie in W. gehüllt. Im Stundengebet führte der tägl. gesungene Abendpsalm 141 (140) mit seinem Vers 2 (»Mein Gebet steige auf wie W.«) zum W.opfer, das sich allmähl. mit dem Magnificat verband. W. wird von den ma. Erklärern u. a. gesehen als Zeichen der Gottesnähe (Ex 13, 21), des aufsteigenden Gebets, des Wohlgeruchs des Gotteswortes (2 Kor 1, 14ff.), als reinigendes Element, das Prozessionen vorausgetragen wird und beim Umschreiten z. B. des Altars den hl. Raum ausgrenzt, als Ehrung v. a. des priesterl. versammelten Gottesvolkes, im SpätMA auch des ausgesetzten Allerheiligsten. Bevorzugt wurde die moral. Ausdeutung auf die Glut des Hl. Geistes, die den W. der Hingabe und des Gebets aus Christus und den Herzen der Gläubigen aufsteigen läßt. Der ma. Volksbrauch kennt den apotropäischen Charakter v. a. des gesegneten W.s; die ma. Medizin benutzt die lat. *olibanum* oder *thus* gen. W.körner als Medikament sowie als →Räuchermittel. R. Berger

Lit.: HWDA IX, 283ff. – LThK² X, 990ff. – D. Martinetz, K. Lohs, J. Janzen, W. und Myrrhe, 1989 – Gottesdienst der Kirche, T. 3, 1991², 278–281 – M. Pfeifer, Der W., 1994².

Weihrauchgefäß

I. Frühchristentum – II. Abendländisches Mittelalter – III. Byzanz.

I. Frühchristentum: Halbkugelförmige deckellose Gefäße mit Fuß und drei Ösen für Aufhänge- und Trageketten am eingezogenen Rand sind in bildl. Darstellungen seit dem 6. Jh. für Hängelampen wie für W. e belegt; letztere z. B. bei den →Frauen am Grabe und auf Bildwerken der →Styliten, in deren Viten der Zusammenhang von →Weihrauch und Gebet (vgl. Ps 141, 2) erwähnt ist. Wegen der formalen Ähnlichkeit von Lampen und W.en ist für frühchr. Silbergefäße (z. B. Dodd, Nr. 35. 71; Billod, 1988) die Zweckbestimmung fraglich, während sie für einige der fast 100 Exemplare einer Gruppe bronzener 'syr.-palästinens.' W.e durch Verbrennungsablagerungen und zusätzl. Ösen zur Befestigung eines Zwischenbodens gesichert ist (Billod, 1987, 40). Diese W.e wurden im 7. und 8. Jh. (mit Nachahmungen bis ins MA) im Gußverfahren mit verlorenem Wachskern hergestellt; sie besitzen außer schmalen dekorativen Ringen einen breiten figürl. Fries auf der Wandung, in dem Szenen aus dem →Leben Christi dargestellt sind. Bes. bei frühen Stücken ist die Verwendung von Modeln der Einzelszenen bei Herstellung der Gußformen unverkennbar (Liste der Szenenverteilung auf den Gefäßen: Richter-Siebels, 43–46). Wegen der ikonograph. Nähe zu den palästinens. Pilgerampullen werden diese W.e seit langem ebenfalls als →Pilgerandenken aus dem hl. Land angesehen (Häufigkeit der 13 vorkommenden Geschehnisse: Richter-Siebels, 46). J. Engemann

Lit.: E. C. Dodd, Byzantine Silver Stamps, 1961 – V. H. Elbern, Zur Morphologie der bronzenen W.e aus Palästina, AEarqu 45–47, 1972–74, 447–462 – C. Billod, Les encensoirs syro-palestiniens de Bâle, Antike Kunst 30, 1987, 39–56 – Dies., Les encensoirs en argent d'époque protobyzantine (Kanon [Fschr. E. Berger, 1988]), 366–369 – I. Richter-Siebels, Die palästinens. W.e mit Reliefszenen aus dem Leben Christi [Diss. Berlin 1989], 1990.

II. Abendländisches Mittelalter: Mit der »Dramatisierung der Liturgie« (Jungmann) seit der liturg. Reform der Karolingerzeit nimmt der Bedarf an feuersicheren W.en zum Mitführen bei Prozessionen und Umzügen zu. Die weit über 1000 erhaltenen Rauchfässer vom 9. bis Anfang 16. Jh. haben deshalb ausnahmslos einen Deckel und drei oder vier Ketten zum Tragen sowie eine, um den Deckel hochzuziehen. Obwohl in den Q.n und Schatzverzeichnissen viele Gefäße aus Edelmetall erwähnt werden, haben sich vorwiegend solche aus Bronze oder Messing, seltener aus versilbertem oder vergoldetem Kupfer (vorwiegend 15. Jh.) oder emaillierte W.e aus Limoges (12.–13. Jh.) erhalten. Ausgehend von einer zumeist gefußten, kugeligen Grundform mit ornamental geordneten Rauchöffnungen am Deckel entwickelt sich gegen Ende des 12. Jh. ein immer reicherer architekton. Schmuck v. a. des Deckels, der oft in erkerartigen Ausbuchtungen am Bekken ansetzt. Die berühmte Beschreibung eines aus Bronze gegossenen und eines aus Gold getriebenen Rauchfasses bei →Theophilus vom Anfang des 12. Jh. verweist auf die symbol. Beziehung dieser Mikroarchitektur zum →Himmlischen Jerusalem. Figürl. Schmuck beschränkt sich auf künstler. qualitätvolle Geräte (Gozbert-Rauchfaß, Domschatz Trier mit Präfigurationen des Meßopfers, um 1200; Rainer-Rauchfaß, Mus. des Beaux Arts in Lille, Drei Jünglinge im Feuerofen, Anfang 12. Jh.; Gruppe rhein. Rauchfässer mit Paradiesflüssen am Becken und Evangelistensymbolen am Deckel, z. B. Kopenhagen, Nationalmus., Anfang 13. Jh.). Rückschlüsse auf einen spezialisierten Gebrauch figürl. geschmückter W.e (Inzensierung der Opfergaben oder des Evangeliums während der Messe) sind nicht beweisbar, aber naheliegend; alle W.e mit Widmungen oder Stifterinschriften (außer den genannten auch Runeninschrift des dän. Gießermeisters Rufus, 14. Jh., Kopenhagen, Nat.mus.) deuten häufig auf memoriale Funktionen der W.e hin. Seit dem 11. Jh. lassen sich typen- und werkstattgleiche Serien nachweisen, die auf quasi-industrielle Fertigung für den überregionalen Handel, z. B. auf den Handelswegen der Hanse in den großen Zentren der ma. Metallverarbeitung (Rhein-Maas-Gebiet, Niedersachsen, Oberitalien) schließen lassen. Alle erhaltenen W.e sind einfacher als die schriftl. oder zeichner. überlieferten Entwürfe, unter denen der Kupferstich eines W.es von Martin Schongauer zu den schönsten aus dem späten MA zählt. H. Westermann-Angerhausen

Lit.: DACL V, 1 – Lex. der Kunst, VI, 1994 [H. WESTERMANN-ANGERHAUSEN, 43–45] – E. G. C. F. ATCHLEY, A Hist. of the Use of Incense in Divine Worship, Alcuin Club Coll., 13, 1909 – F. WITTE, Thuribulum und Navicula in ihrer gesch. Entwicklung, ZChrK 23, 1910 – J. BRAUN, Das christl. Altargerät..., 1932 – A. B. TONNOCHY, The Censer in the MA, J. of the Brit. Archaeolog. Assoc. 3, ser. II, 1937 – H. LADENDORF, Der Duft in der Kunstgesch. (Fschr. E. MEYER, 1959) – Spätgotik am Oberrhein, Meisterwerke der Plastik und des Kunsthandwerks 1450–1530, Ausst.kat. Karlsruhe, 1970 – V. H. ELBERN, Zur Morphologie der bronzenen W.e aus Palästina, AEarqu 45–47, 1972–74 (Fschr. H. SCHLUNK) – M. T. GOUSSET, Un aspect du symbolisme des encensoirs romans: La Jerusalem Céleste, Cah. archélog. 30, 1982 – E. WAMERS, Ein Räuchergefäß aus dem Schnütgen-Mus., Karol. »Renovatio« und byz. Kontinuität, Wallraf-Richartz-Jb. 44, 1983 – H. WESTERMANN-ANGERHAUSEN, Zwei roman. thuribula im Trierer Domschatz und Überlegungen zu Theophilus und dem Gozbert-Rauchfaß, ZKW 42, 1988 – M. Schongauer, Druckgraphik, hg. H. KROHM–J. NICOLAISEN (Bilderh. der Staatl. Mus., Preuß. Kulturbesitz, H. 65/66, 1991) – H. WESTERMANN-ANGERHAUSEN, Ursprung und Verbreitung ma. Bronze-Weihrauchfässer, Hammaburg, NF 10, 1993.

III. BYZANZ: W. (θυμιατήριον) erfährt bereits in frühbyz. Zeit eine Sinndeutung im Liturgie-Kommentar des Anastasios. Nach ihm weisen das Feuer auf die Gottheit Christi, der wohlduftende Rauch auf den Wohlgeruch des Hl. Geistes hin. Die runde oder kugelige Gestalt wird von Pseudo-Basileios, Hist. mystagog., mit dem Schoß Mariens verglichen. In der byz. Zeit werden die in der Spätantike bereits gängigen Formen des W.es weitergeführt: Kugelgestalt, rund, vier- oder sechseckig, gelegentl. mit durchbrochenem Deckel, geringe oder größere Höhe, mit Ösen für Hänge- oder Schwenkketten (teilweise erhalten), Standringe oder -füße (z. B. in Form von Tierleibern (wie bei silbernen W. aus dem Sion-Schatz in der Dumbarton Oaks Coll., Washington aus dem 6. Jh.). Häufig – wenigstens bei dem auf uns gekommenen Material – ist figürl. Schmuck: Beliebt sind Medaillons, aber auch ganzfigurige (unter Arkaden z. B. Metropol. Mus. New York; Rogers Found 1985.123) Darstellungen Christi, Marias, der Apostel und Hl.er (Diakone und Soldatenhl.e). Eher vereinzelt im Gegensatz zur frühchristl. Zeit (vgl. Abschn. I) ist szen. Schmuck: Verkündigung, Heimsuchung, Reise nach Bethlehem und Geburt (Mus. Antalya aus Kumluca in der Südtürkei; nach der Widmungsinschrift des Bf.s Eutychios zu schließen zum Sion-Schatz gehörig). Liturg. Konnotation der Darstellungen insgesamt sind vorauszusetzen. W.e der mittel- und spätbyz. Zeit scheinen weitgehend verloren, sind aber durch Inventare und Darstellungen der Koimesis sowie von Diakonen in Mosaik und Malerei bekannt. Die erhaltenen kostbaren Stücke des 6. und 7. Jh. (vgl. neben dem Sion-Schatz auch Neufunde [Atarouti Schatz im Metrop. Mus., Rogers Found 1986. 3 mit 9 Kelchen und 3 W.en]) stammen alle aus vergrabenen Kirchenschätzen. In den Schatzkammern des Athos finden sich erst wieder Stücke ab dem 18. Jh.

M. Restle

Lit.: The Oxford Dict. of Byzantium, s.v. censer – RbyzK V, 735, s.v. Liturg. Geräte [V. H. ELBERN] – Ausst.kat. Age of Spirituality, New York 1979 (Nr. 563f.) – Ecclesiastical Silver Plate in Sixth Cent. Byzantium, ed. S. A. BOYD–M. MUNDELL MANGO, 1992, 22f.

Weihwasser. Die christl. Liturgie hat die Symbolkraft des Wassers vielfältig in ihr Zeichensystem integriert und neben Tauf-, Kirchweih- und sonstigen geweihten Wassern für den Gebrauch v. a. im Haus das mit Salz vermischte »W.« geschaffen, zunächst zur Abwehr von dämon. Einflüssen. Inwieweit atl. Vorbilder (etwa die aqua aspersionis nach Numeri, 19,9) oder antike Wasserverehrung (etwa das Lustrationswasser beim Eintritt in den Tempel) dabei wirksam waren, wird nicht deutlich. Jedenfalls finden sich in der Antike zunächst eher abwertende Zeugnisse gegen geweihtes Wasser. Aufgrund eines (hist. unzuverlässigen) Eintrags im LP galt dann aber spätestens seit Anfang des 6. Jh. Papst Alexander I. († um 116) als Initiator des W.s; folgerichtig wurde auch eine Dekretale bei Pseudoisidor in der Mitte des 9. Jh. auf diesen Inhalt gefälscht (Ps.-Alexander, ep. 1 c.9). Erste Q. für die Verwendung von W. in der westl. Kirche finden sich bei den Päpsten Vigilius und Gregor I. im Zusammenhang mit der Kirchweihe und deswegen vielleicht noch nicht einmal auf das mit Salz vermischte W. bezogen. Eine erste westl. Formel zur W.-Weihe im Hause (!) überliefert das Sacramentarium Gelasianum (III, 75, ed. MOHLBERG Nr. 1556: Benedictio aquae spargendae in domo) mit den Exorzismen von Wasser und Salz. Für das westl. MA maßgeblich wurde allerdings die wohl von Benedikt v. Aniane († 821) geschaffene Formel im Supplement zum Sacramentarium Gregorianum, der eine weitverbreitete Benedictio maior salis et aquae (zuerst St. Gallen, Ende 8. Jh.) gegenübersteht, welche neben dem Haus auch Tiere, Felder, Weinberge usw. einbezog. In der kirchl. Gesetzgebung der Karolingerzeit (Bischofskapitularien) und begleitet von theoret. Diskussionen (Hrabanus Maurus, Walahfrid Strabo) häufen sich dann auch die Bestimmungen zum W., das nun im Mönchskl. in einer (mindestens sonntägl.) Prozession in den einzelnen Klosterräumen versprengt wird, aber auch zu Beginn des sonntägl. Gottesdienstes über das Volk (vgl. Hinkmar v. Reims u. a.). Den ersten ausführl. theol. Traktat zum W. schrieb Johannes de Turrecremata OP (1433), der sich auf Thomas v. Aquin stützt und dem W. die erste Stelle unter den Sakramentalien einräumt. Zur Ostkirche →Wasser, A. II, 2.

H. Schneider

Lit.: A. FRANZ, Die kirchl. Benediktionen im MA, 2 Bde, 1909 – A. A. KING, Holy Water. The Use of Water for Ceremonial and Purificatory in Pagan, Jewish and Christian Times, 1926 – J. E. LATHAM, The Religious Symbolism of Salt, 1982 – H. SCHNEIDER, Aqua benedicta – das mit Salz gemischte W. (Segni e riti nella chiesa altomedievale occidentale, 11–17. Apr. 1985, Sett. Cent. it. 33, 1987), 337–364.

Weihwasserbecken → Wassergefäße

Weil der Stadt. Die Siedlung Wile (Dativ Singular: bei den Überresten eines röm. Gutshofes) lag am Rande eines merowingerzeitl. Gräberfeldes, an der Kreuzung zweier Straßen, und kam wohl über →Welf VI. an die →Staufer. Das Kl. →Hirsau verfügte über Rechte an Grund und Boden und an der Kirche. Seit 1241 als civitas bezeugt, gelang es der Stadt, nach dem Untergang der Staufer die Selbständigkeit zu gewinnen und zu behaupten (1272 Siegel [Reichsadler, Umschrift: Sigillum civium in Wile] und iurati civitatis, 1275 Schultheiß, 1291 consules bezeugt). Die Augustinereremiten (1294) und die Franziskaner (1308) errichteten Konvente. Auch das 1358 gestiftete, seit 1371 städt. Hospital besaß eine Kirche. Die Pfarrkirche St. Peter und Paul wurde 1492 von Aberlin Jörg zur Hallenkirche erweitert. Eine territoriale Erweiterung der Stadtgemarkung gelang nicht, doch erwarb die Kommune die Vogtei und das Schultheißenamt. Auch um sich gegen den expandierenden Nachbarn Württemberg zu behaupten, beteiligte sich W. an zahlreichen Städtebünden und Landfrieden und trat 1488 dem →Schwäb. Bund bei. Die Fläche innerhalb des ältesten Mauerrings beträgt etwa 9 ha. Gegen Ende des MA waren auch die Vorstädte in den Mauerring einbezogen, die Stadtfläche betrug 12,8 ha, die Einwohnerzahl lag bei rund 1000.   S. Lorenz
Lit.: V. PRESS, W. – Reichsstadt im späten MA und in der frühen NZ, Berichte und Mitt.en des Heimatvereins W. 41, 1992, Nr. 1, 3–11 – R. JOOSS, W. (Hb. der baden-württ. Gesch., II, 1995), 744.

Weilburg, Stadt an der Lahn in Hessen, gelegen in einer Flußschleife an der Fernstraße nach Hessen und Thüringen und der Straße Köln–Frankfurt. Vermutl. bestand hier längere Zeit bereits ein befestigter Hof in kgl. Hand, bevor 906 ein castellum W. erwähnt ist. Das kurze Zeit zuvor gegr. Kollegiatstift St. Walpurgis wurde 912–915 von Kg. Konrad I. mit umfangreichen Schenkungen ausgestattet. 913 und 915 wird der Ort W. als ummauerte civitas bezeichnet. 993–1000 Übertragung des Stifts durch Otto III., 1002 der civitas durch Heinrich II. an das Hochstift →Worms. Die seit 1124 als Vögte des Wormser Besitzes um W. bezeugten Gf.en v. →Nassau gelangten 1195 in den Mitbesitz, 1294 in den Alleinbesitz der Stiftsgüter. Kg. Adolf v. Nassau verlieh W. 1295 das Recht der Stadt Frankfurt. Seit 1355 Residenz der Gf.en v. Nassau-W., 1359 Neubau der Burg. 1429 trat der Stadt- und Landschultheiß neben den Vogt, den er bald ersetzte; er bildete mit dem Rat, der zugleich Schöffenstuhl war, die Spitze der Stadtverwaltung; ihnen zur Seite stand ein Bürgermeister (zuerst 1358) und der von der Bürgerschaft gewählte Gemeine Rat. Im SpätMA hatte die Stadt zw. 200 und 500 Einwohner.   K. Schaal
Lit.: W.-H. STRUCK, Die Stifte St. Walpurgis in W. und St. Martin in Idstein (GS, NF 27: Die Bm.er der Kirchenprov. Trier. Das Ebm. Trier 6, 1990).

Weiler → Dorf, A. II, →Flur

Weimar, Gf.en v., Stadt an der Ilm in →Thüringen. [1] *Grafen:* W. dürfte als befestigter Ort an der Ostgrenze des Karolingerreiches seit dem 9. Jh. für die Mgf.en in der Sorbenmark eine Rolle gespielt haben. Kg. Arnulf restituierte 899 Mgf. Poppo II. (ältere →Babenberger) acht Kg.shöfe, u. a. in Viugmara, das wohl als W., nicht Wechmar, zu deuten ist. Verwandtschaftl. Poppos mit den seit dem 10. Jh. nachweisbaren sog. Gf.en v. W. ist ganz ungewiß. Als erster dieser Familie, die enge Verbindungen zum Kgtm. aufweist, wird 949 Wilhelm, Gf. in pago Thuringensi und fidelis Ottos d. Gr., genannt. Sein Sohn Gf. Wilhelm II., der princeps Toringorum († 1003), unterstützte die Thronkandidatur →Heinrichs d. Zänkers, weshalb ihn Kg. Otto III. 984 in der Burg W. belagern ließ. Regionale Konkurrenten waren die →Ekkehardinger (1002 Belagerung W.s). Gf. Wilhelm III. (erwähnt 1009–22) konnte die mächtige Stellung seines Hauses, das mit →Orlamünde über eine weitere Burg in Thüringen verfügte, bewahren. Seine Söhne Wilhelm IV. und Otto erlangten auch die Pfgft. Sachsen und die Mgft. Meißen, starben aber ohne männl. Erben, weshalb die Kinder ihres jüngeren Bruders Poppo, Mgf. v. Krain, das Erbe antraten. Mit dessen Enkel Ulrich II. sind die Gf.en v. W. 1112 ausgestorben. Durch die Ehe Adelheids, einer Tochter Mgf. Ottos (s. o.), mit Gf. Adalbert I. v. Ballenstedt übernahm diese askan. Nebenlinie die durch Lehnsheimfall allerdings verkleinerte Herrschaft W.-Orlamünde. Nach deren Aussterben 1140 folgte als Erbe Hermann, der 2. Sohn →Albrechts d. Bären, auf den die späteren beiden Linien der jüngeren Gf.en v. W.-Orlamünde zurückgehen (→Askanier, 2).

[2] *Stadt:* Die Stadt W., um die Mitte des 13. Jh. in ihren wesentl. Elementen erkennbar, wurde von den Gf.en s. der »Altstadt« um St. Jakob und n. von Oberweimar (dort Hauskl. seit 1242/44) nahe der Burg gegr. (Stadtpfarrkirche St. Peter) und wohl nach einem Brand 1299 erweitert. Nach dem Aussterben der W.er Linie 1373 fiel die Stadt an die →Wettiner (seit 1382 Residenz der thür. Linie). Trotz der Förderung im 15. Jh. (Stadtrecht v. Weißensee 1410, Befestigung seit 1435, Franziskanerkl. 1453) blieb W. eine Ackerbürgerstadt, die erst als Residenz der Ernestiner (seit 1485) in der NZ an Bedeutung gewann. Die Stadt hatte um 1500 ca. 1800 Einw.   E. Bünz
Lit.: A. TILLE, Die Anfänge der Stadt W. und die Gf.en v. W. und Orlamünde, 1939 – W. FLACH, Grundzüge einer Verfassungsgesch. der Stadt W. (Vom MA zur NZ, hg. H. KRETZSCHMAR, 1956), 144–239 – H. PATZE, Die Entstehung der Landesherrschaft in Thüringen, I, 1962 – Gesch. der Stadt W., hg. G. GÜNTHER–L. WALLRAF, 1975² – H. EBERHARDT, Wechmar oder Weimar?, Zs. des Ver. für Thür. Gesch. 46, 1992, 53–64.

Wein, -bau, -handel
A. Allgemein; Mittel- und Westeuropa – B. Italien – C. Byzanz

A. Allgemein; Mittel- und Westeuropa
I. Ursprung, Verbreitung und Entwicklung des Weinanbaus – II. Weinhandel – III. Weinsorten und Weinverbrauch – IV. Weinbauern und Agrarverfassung – V. Weinproduktion.

I. URSPRUNG, VERBREITUNG UND ENTWICKLUNG DES WEINANBAUS: Die Frage nach den Anfängen des W.baus n. von Alpen und Pyrenäen ist umstritten. Für einzelne Landschaften w. des Rheins wurde unterdessen der sichere archäolog. Nachweis für einen intensiven römerzeitl. W.bau geführt. Für die Pflege und Verbreitung der Rebe im frühen MA wurde das Christentum des lat. Westens zum wichtigen Impulsgeber. Wo es Fuß faßte, schätzte man W. nicht nur als Nahrungs- und Konsummittel. Dank ihrer bibl. Symbolik waren Rebstock, Traube und W. in Liturgie und rituellen Handlungen präsent und prägten in zahlreichen Lebensvollzügen Feste und Brauchformen. Dieses Spektrum reicht vom Meßopfer über den W.trank von Neuvermählten bis zum sog. W.kauf bei Geschäftsabschluß. Rebstock, Traube und W. beggnen zudem immer wieder in der heilkundl. Lit. und Praxis. Zugleich war W. nicht nur als Mittel zur Gesunderhaltung (→Wein, -rebe), sondern auch als eines der →Rauschmittel der Zeit geschätzt. Guter und teurer W. gehörte ferner zu jenem Aufwand, der bei repräsentativen Mahlgemeinschaften den Status von Gastgebern und Gästen zum Ausdruck brachte (→Tischsitten). W. war zudem als Geschenk ein beliebtes Mittel von Repräsentation und Diplomatie.

Daß der W. als ein wichtiges Element wirtschaftl. und zivilisator. Kontinuität die Antike überdauert hat, zeigen für Flußtäler wie Mosel, Rhein und Rhône v. a. Ergebnisse der sprachgeschichtl. Forsch. Mit der Gründung von Kl., der damit einhergehenden Erschließung von Siedlungsräumen sowie der Ausweitung landwirtschaftl. genutzter Flächen lassen sich bereits im frühen MA verdichtete Rebareale nachweisen. Der W.bau verbreitete sich ferner über die spätantiken Anbaugebiete hinaus, so war die Rebpflanze in den Gebieten ö. des Rheins und auch jenseits des ehem. Limes schon vor der Missionierung in karol. Zeit häufig anzutreffen.

Im Verlaufe des hohen MA verstärkte sich im gesamteurop. Rahmen eine Entwicklung, die schon vor der Jahrtausendwende einsetzte. Die Rebe wanderte, gefördert von Bf.en und Kl., von laikalen Herrschaftsträgern, schließl. von den Bürgern der entstehenden und wachsenden Städte, über jene zuvor erschlossenen Anbaugebiete weit hinaus. Die W.rebe als ein mediterran-lat. geprägtes Zivilisationselement faßte in eingeschränktem Umfang im NW, N und O Europas Fuß. Im Zusammenhang mit Bevölkerungswachstum und →Landesausbau, Urbanisierung und Siedlungsverdichtung wurden neue Rebflächen erschlossen. Grundsätzl. baute man jetzt Reben überall dort an, wo dies topograph. und klimat. Bedingungen gestatteten. Sie sollten in erster Linie den lokalen, nicht zuletzt den liturg. Bedarf decken und den Transport teurer Importe einsparen helfen. Zur begrenzten Anlage von Rebflächen kam es im Umkreis von Herrschaftssitzen und Städten auch deshalb, weil ihr Besitz zum Signum von Reichtum, Gastlichkeit und Prestige werden konnte. Zudem haben relativ günstige klimat. Bedingungen nach der Jahrtausendwende (→Klima) »zu den gewaltigsten Ausbreitungsvorgängen, die eine Anbaupflanze für Europa gebracht hat« (W. WEBER), beigetragen.

Im Zusammenhang mit einer wachsenden →Bevölkerung erfolgte im 12. und 13. Jh. auch in traditionellen Anbaugebieten eine beachtl. Verdichtung und Ausweitung der Rebflächen. In diesen W.anbaugebieten im engeren Sinne wurde nicht nur für den lokalen und regionalen Bedarf, sondern auch für den überregionalen Absatz produziert. Da hier verstärkt Wildland erschlossen und andere agrar. Nutzungen zurückgedrängt wurden, entwickelte sich der W.bau noch ausgeprägter als zuvor zur Leit-, stellenweise sogar zur Monokultur, die freil. strukturell auf andere Sektoren, insbesondere auf Ackerbau, Viehwirtschaft und Waldwirtschaft angewiesen war. In einigen Anbaugebieten hat dies auch den Terrassenbau gefördert, der seit dem 12. Jh. sowohl qualitativ wie quantitativ die Erträge des W.baus steigerte. In etl. W.landschaften waren geistl. Grundherren, nicht zuletzt neue Orden wie die →Zisterzienser, an der Erschließung von Rebflächen entscheidend beteiligt und vermutl. auch für Innovationen in der W.wirtschaft verantwortl. Allerdings ist zu berücksichtigen, daß die Aktivitäten anderer W.bautreibender keine günstigen Überlieferungschancen besitzen. Zu dieser Intensivierung haben über die naturräuml. Voraussetzungen hinaus entscheidend jene Impulse beigetragen, die von größeren Siedlungen und Städten sowie vom Handel ausgingen; die Nähe zu wichtigen Verkehrsrouten, v. a. zu schiffbaren Wasserstraßen, wirkte stimulierend auf den nicht nur für den Eigenverbrauch betriebenen W.bau.

Insgesamt betrachtet hat der W.bau im Verlaufe des MA in Europa n. von Alpen und Pyrenäen seine größte räuml. Ausdehnung erfahren. Geläufigen Einschätzungen zufolge blieb der W.bau in den deutschsprachigen Anbaugebieten von jener im 14. Jh. einsetzenden →Agrarkrise weitgehend unberührt. Tatsächl. schließt sich an eine hochma. Phase des Ausbaus und der Verdichtung – punktuell jedoch schon im ausgehenden 13. Jh., verstärkt dann im Verlaufe des 14. und 15. Jh. – eine regional sehr differenziert verlaufende, bisher unter vergleichender Perspektive nur unzureichend erforschte Entwicklung an. In einer Reihe von Anbaugebieten, v. a. in solchen ö. des Rheins, wie in Thüringen, Baden, am Neckar und in Österreich, ist eine Ausweitung der Rebflächen bis ins 16. Jh. hinein zu konstatieren. In W.landschaften w. des Rheins sind retardierende Elemente viel früher festzustellen. Für eine ganze Reihe frz. Anbaugebiete lassen sich krisenhafte Entwicklungen verstärkt seit der Mitte des 14. Jh. beobachten. Auch in W.landschaften entlang der Mosel und des Rheins mehren sich seit dem ausgehenden 14. Jh. Hinweise darauf, daß Rebland aufgegeben wurde. Die Reduktion traf generell v. a. jene Rebflächen, die schlechte Qualitäten erbrachten und oft Ernteausfälle zu verzeichnen hatten. Der Rückgang der Rebflächen setzte sich im Verlaufe des 15. und 16. Jh. verstärkt in jenen Landschaften NO-Frankreichs, des heut. Belgiens, sowie N- und NO-Dtl.s fort, deren W.anbau im Verlaufe der ma. Ausbauphase vornehml. für die lokale und regionale Versorgung entstanden war. Der W.anbau geistl. Institutionen ging in N-Dtl. zudem vielfach mit der Reformation unter. Seit dem 16. Jh. prägte sich jedenfalls n. der Alpen die Differenzierung zw. Landschaften des W.es und solchen des →Bieres deutlicher aus als in den vorangegangenen Jahrhunderten.

Die angedeuteten Entwicklungen lassen sich nicht monokausal erklären, sondern sind das Ergebnis komplexer, bisweilen regional sehr spezif. Wechselwirkungen. Neben der kurzfristigen Faktoren wie krieger. Ereignissen, wiederholten Mißernten und Seuchen spielen langfristige demograph., klimat. und konjunkturelle Wandlungen und deren Auswirkungen auf Preise und Löhne ebenso eine Rolle wie Veränderungen in der Agrarverfassung, den Besitzverhältnissen und Handelsstrukturen. Auch Veränderungen im Konsumverhalten blieben nicht ohne Auswirkungen. So hat insbes. das Aufkommen des preiswerten Hopfenbieres Einbußen bereitet. In vielen traditionellen Anbaugebieten hat sich das Hopfenbier freil. nur sehr zögerl. durchgesetzt. Etl. auf den W.bau angewiesene Städte sicherten zudem den Rebanbau gegenüber konkurrierenden Alkoholika durch besondere Vergünstigungen und Schutzmaßnahmen. Innerhalb dieser Anbaugebiete ist die Situation mit Begriffen wie Stagnation, Rückgang und Depression zudem nicht zutreffend beschrieben. Vielmehr läßt sich eine ganze Reihe von Elementen fassen, die auf eine beachtl. Fähigkeit zur Anpassung an sich verändernde Bedingungen verweisen. Neben dem Verlust von Rebarealen ist gleichzeitig punktuell eine Intensivierung des Anbaus in bes. günstigen Lagen zu konstatieren. Bemühungen um Qualität bei der Rebpflege (etwa regelmäßige Düngung) sowie bei der W.bereitung sind v. a. für die Betriebe großer geistl. und laikaler W.produzenten bezeugt. In mehreren Anbaugebieten wurden aufgegebene Rebflächen durch alternative Kulturen ersetzt, Nuß- und Obstbaumkulturen zur Öl- und Obstmostproduktion gepflanzt (→Nüsse, →Obst- und Gemüse). Das Bemühen um bessere Rebsorten setzte partiell schon im 13. Jh. ein und ist verstärkt in den beiden folgenden Jahrhunderten zu beobachten. Bestrebungen zur Förderung qualitativ höherwertiger Rebsorten lassen sich in der Lorraine in der 1. Hälfte des 14. Jh. als Reaktion auf eine Überproduktion sowie auf die Konkurrenz guter Import-w.e erklären. Entlang des Rheins und der Mosel wurden im 15. Jh. früher reifende Rotw.reben verstärkt gepflanzt. Die ampelograph. Zuordnung der in Schriftq. seit dem 15. Jh. immer öfter gen. Rebsorten ist schwierig, zumal sie in verschiedenen Landschaften ganz unterschiedl. Namen tragen. Man kann aber wohl das Aufkommen von Sorten der Pinotrebe in Frankreich und Dtl., der Rieslingrebe an Rhein und Mosel sowie anderer nun erstmalig namentl. faßbarer Rebsorten als Versuch interpretieren, auf die strukturellen Wandlungen zu reagieren und einer Überproduktion mit qualitativ besseren Sorten zu begegnen.

II. WEINHANDEL: Schon vor der Jahrtausendwende wurde W. nicht nur für autarke Binnenmärkte, sondern auch für den Marktabsatz und den →Fernhandel produziert. Transport- und Abgabeverpflichtungen lassen erkennen, daß W.e in größeren Mengen aus den bevorzugten Anbaugebieten über größere Entfernungen hinweg gehandelt wurden. In den klimat. begünstigen Anbaugebieten befanden sich Rebflächen vielfach in der Hand von laikalen und geistl. Besitzern aus bisweilen weit entfernten w. baulosen oder -armen Landschaften. Dieser Fernbesitz ist ein wichtiges Merkmal vieler kontinentaleurop. W.anbaugebiete, und er hat auch die Handelswege des W.s früh und nachhaltig geprägt. Bei jenen Regionen mit umfangreichem Fernbesitz handelt es sich auch um W.landschaften, in denen mehr W. in zunehmendem Umfang als Handelsobjekt produzierte, das als Gegenfracht zu anderen Massengütern über weite Entfernungen hinweg transportiert wurde. In den Anbaugebieten entlang des Rheins und seiner Nebenflüsse haben schon vor der Jahrtausendwende Friesen in großem Umfang W. aufgekauft, der nach England und Skandinavien gehandelt wurde (→Friesenhandel). Auch Juden spielten im W.handel spätestens seit ca. 1000 in den Altsiedellanden eine wichtige Rolle.

Mit dem partiell bereits vor der Jahrtausendwende einsetzenden Anstieg der Bevölkerung schnellte auch der W.verbrauch in die Höhe. Seit dem 12. und 13. Jh. haben sich entlang des Rheins und seiner Nebenflüsse in beachtl. Umfang Niederlassungen der Zisterzienser und des →Dt. Ordens im W.handel engagiert und zum Absatz ihrer W.e systemat. eigene Handelsnetze aufgebaut. Sie profitierten davon, daß sie zumindest partiell von jenen Steuern, Zöllen und Gebühren befreit waren, mit denen W.handel und W.verbrauch zunehmend belastet wurden. Für größere Siedlungen innerhalb von W.anbaugebieten waren diese Einnahmen in der Regel die bedeutendsten Posten im städt. Haushalt und dienten urspgl. v. a. zur Finanzierung der Ummauerung. Selbst in Städten, die weitab von W.-anbaugebieten lagen, konnten die Einnahmen aus der W.-akzise (→Akzise) sich im 14. und 15. Jh. auf 30 bis 60% der städt. Einnahmen belaufen.

→Köln, das »W.haus der Hanse«, überragte alle anderen W.export- und W.umschlagplätze entlang des Rheins. Von hier aus wurden die Produkte vieler Anbaugebiete entlang der bedeutenden Flußachse und ihrer Nebenflüsse unter der Sammelbezeichnung Rheinw. in den Hanseraum (→Hanse), nach England und Skandinavien sowie in die urbanisierten Landschaften NW-Europas verhandelt. Der detaillierten Kontrollen unterliegende W.handel lag hier wie in anderen wichtigen W.handelsstädten zu großen Teilen in der Hand großer Grundherren sowie kapitalkräftiger Großkaufleute, die im späten MA partiell erfolgreich versuchten, in den s. gelegenen Anbaugebieten selbst Fuß zu fassen. Der auf den Fernabsatz spezialisierte Elsässer Weißw. (→Elsaß) gelangte hauptsächl. über Straßburg in den Handel. Für den Absatz des Elsässer W.es in den Hanseraum erlangten die Frankfurter Messen große Bedeutung (→Frankfurt a. M.). Ulm a. d. Donau war für die W.e aus Württemberg und dem Neckarraum wichtiger Umschlagplatz. Aus dem niederösterr. W.anbaugebiet wurden über Wien bedeutende Mengen nach Bayern und W-Österreich, sowie nach Böhmen, Schlesien und Polen transportiert. Ihre herausragende Rolle im W.handel verdankten Köln und Wien nicht zuletzt dem Stapelrecht (→Stapel), von dem auch der W.handel anderer Städte wie Lübeck, Hamburg und Bremen profitierte. Im hans. Raum, wo der W. schon deshalb ein Luxusgetränk war, weil die Transportkosten aus den Erzeugergebieten seinen Preis um ein mehrfaches steigern konnten, spielten die städt. kontrollierten Ratsw.keller eine wichtige Rolle im W.handel und -konsum.

Unter den frz. W.handelsplätzen war seit dem 13. Jh. →Bordeaux der überragende Exporthafen für »Gascognerw.e« nach England. Auch wenn der →Hundertjährige Krieg zu Einbußen führte und der W.export im 15. Jh. deutl. zurückging, blieb er trotz aller Schwankungen vom Volumen her bedeutend. Rouen war ein wichtiger Exporthafen für die W.e der Seine; Nantes entwickelte sich im späten MA zum bedeutenden Umschlagplatz der Loire-W.e. →Paris bezog aus mehreren frz. Anbaugebieten umfangreiche Mengen W., nicht zuletzt aus Burgund. Burgunder W.e wurden im 14. Jh. an der Kurie in Avignon sehr geschätzt und erreichten in der Folgezeit auch weiter entfernte Absatzmärkte im N.

III. WEINSORTEN UND WEINVERBRAUCH: Die Ansprüche an Qualität und Quantität waren im MA im Vergleich zu heutigen Vorstellungen wohl eher bescheiden, andererseits wußte man sehr wohl zw. guten und schlechten Sorten zu unterscheiden. W.e der nordalpinen Anbaugebiete kamen auch aufgrund begrenzter Lagerkapazitäten in der Regel kurz nach der Ernte zum Verkauf und wurden meist sehr jung getrunken. Vielfach wurde frisch gepreßter Most aus den Erzeugergebieten in die Keller der Besitzer und Händler transportiert. Zu den geläufigsten Unterscheidungen zählten jene zw. jungem und altem bzw. virnem W. (älter als ein Jahr) sowie jene zw. rotem und weißen W. Die Bedeutung der v. a. im rhein. Raum anzutreffenden Unterscheidung zw. frk. und hunn. W. ist umstritten. Auf den nachfragestarken Märkten Brabants und der Niederlande begegnen im späten MA vier auch preismäßig deutl. voneinander geschiedene W.sorten: an der Spitze der Preisskala standen die alkoholreichen, lager- und transportfähigen Südw.e wie der geschätzte Malvasier, die seit der Intensivierung der Handelsbeziehungen mit dem Mittelmeerraum und der dortigen Ausweitung entsprechender Produktionsgebiete in wachsendem Umfang nach N gelangten. Sie zählten neben bestimmten Sorten bes. kostspieliger Würzw.e zu jenen Köstlichkeiten, die bei besonderen Anlässen von reichen Konsumenten als repräsentative Kreszenzen verkostet wurden. An zweiter Stelle rangierten Rheinw.e und Beaunew.e, beides Sammelbezeichnungen für W.e aus den Anbaugebieten entlang des Rheins und aus Burgund. Bei den weiterhin gen. frz. W.en handelte es sich v. a. um W.e von der frz. SW-Küste. Am preiswertesten waren einheim. Sorten aus brabant. Anbauorten. Zwar schätzte man die guten Rotw.e aus Beaune und der Umgebung, Weißw.e aber wurden offenkundig wie auch andernorts im späten MA bevorzugt. Die beträchtl. Preisunterschiede lassen sich nicht nur durch die divergierenden Transportkosten erklären, sondern verweisen wohl auch auf unterschiedl. Qualitätsmaßstäbe. Im Fernhandel wurden die Produkte verschiedener Anbauorte und Regionen unter Sammelbezeichnungen wie Rheinw. und Elsässerw. subsumiert. Zwar ist eine Unterscheidung nach Jahrgängen dem MA unbekannt, unter W.kennern aber ist im späten MA eine beachtl. Differenzierung nach Anbauregionen, W.bauzentren und vereinzelt nach Lagen zu konstatieren.

W. war in Mittel- und W-Europa innerhalb der Anbaugebiete mit verdichteten Rebarealen und bei ausreichenden Vorräten zwar Grundnahrungsmittel, außerhalb der W.baugebiete jedoch stets der Trink- und Eßkultur der Oberschichten vorbehalten. Auch innerhalb der Anbaugebiete mußten viele Verbraucher oftmals mit minderen Sorten zweiter oder dritter Pressung oder mit dem aus der W.hefe gepreßten Hefew. Vorlieb nehmen. Wenn W. trotz verbraucherfreundlicher behördl. Preisregulierung zu teuer wurde, wich man vielfach auf billigere Alternativgetränke aus. Für die gehobenen bürgerl. Haushalte in spätma. Großstädten Oberdtl.s ist ein durchschnittl. Verbrauch pro Tag und Kopf von 1,3 Litern W. errechnet worden. Diese Werte dürfen aber nicht auf die gesamte städt. Bevölkerung umgerechnet werden. Zudem ist zu beachten, daß es sich wohl um relativ alkoholarme W.e handelte.

IV. WEINBAUERN UND AGRARVERFASSUNG: Die Herstellung von W. erfordert zahlreiche spezialisierte Arbeitsgänge und Kenntnisse bei der Pflege der Rebe sowie in der Kellerwirtschaft. Schon früh wurden W.bauern im Rahmen grundherrschaftl. Bewirtschaftungsformen daher vergleichsweise günstige Bedingungen zugestanden, wuchsen sie aus traditionellen grundherrschaftl. Bindungen heraus. Dieser Prozeß der Emanzipation aus persönl. Abhängigkeitsverhältnissen beschleunigte sich im Zusammenhang mit den grundlegenden Wandlungen der →Grundherrschaft nach der Jahrtausendwende. Der hohe Regelungsbedarf bei der W.produktion (Herbst-, Lese-, Kelterbann) förderte zudem frühe genossenschaftl. und gemeindl. Bildungen.

Unter den Leihe- und Pachtformen (→Pacht) begegnen sowohl solche auf Zeit und Lebenszeit als auch die zeitl. nicht begrenzte Erbpacht, die den Erfordernissen im W.bau wohl bes. entsprach. Eine bes. wichtige Rolle spielten in vielen Anbaugebieten die ertragsabhängigen Teilpachtformen (→Teilbau), die den Bedürfnissen der W.wirtschaft mit ihren Ertragsschwankungen sehr entgegenkamen. Die sich seit dem 14. Jh. verschlechternden Rahmenbedingungen haben wohl dazu geführt, daß in etl. Anbaugebieten die bis dahin üblicherweise von Pächtern zu entrichtenden Abgaben reduziert wurden. In den bisher untersuchten Zonen wurde im 15. Jh. in wenigen Jahrzehnten die bis dahin weit verbreitete Halbpachtabgabe fast völlig aufgegeben, und günstigere Pachtbedingungen, v.a. die Drittelpacht, kamen zum Zuge. Viele Verpächter sahen sich offenkundig gezwungen, günstigere Bedingungen zu konzedieren. Der Anteil von Grundherren, freien Winzern und Pächtern am Rebland des jeweiligen Anbaugebietes läßt sich q.nbedingt allenfalls punktuell ermitteln. Zahlreiche Grundherren haben auf eigenbewirtschaftete Rebflächen nicht verzichtet, andere ihre eigene W.erzeugung angesichts günstiger Absatzchancen sogar verstärkt. Vielfach war der W.bau auch deshalb im Umland von größeren Orten und Städten und ihren Märkten konzentriert, weil nur hier Weiterverarbeitung, Lagerung und Vertrieb in nennenswertem Umfang erfolgen konnten. So sind Kelteranlagen (→Kelter) und W.keller (→Keller) v.a. in nennenswertem Umfang in größeren Siedlungen und Städten anzutreffen, wo sich auch die für die W.wirtschaft wichtigen Berufsgruppen der →Böttcher und Schröder finden. Der im Vergleich zum Ackerbau wesentl. höhere Arbeitskräftebedarf trug entscheidend dazu bei, daß in den wichtigsten Anbaugebieten eine bes. hohe Bevölkerungskonzentration und eine beachtl. Dichte an Städten zu konstatieren sind. Die eng besiedelten W.baudörfer waren meist vergleichsweise groß und ähnelten ihrem Erscheinungsbild nach kleinen Städten. In mittelgroßen Städten einiger Anbaugebiete kam die wirtschaftl. und gesellschaftl. Stellung der im W.bau engagierten Personengruppen auch in besonderen Zunftbildungen zum Ausdruck (Rebleute-, Häcker-, Gärtnerzünfte). Schon früh spielte in W.baugebieten die freie Lohnarbeit von Frauen und Männern eine wichtige Rolle, so daß in etl. W.baulandschaften Tagelöhner und Saisonarbeiter einen beachtlichen Teil der Bevölkerung ausmachten. Auch die im Nebenerwerb bestellte Rebfläche war für viele W.landschaften typ. Die hohe Bevölkerungskonzentration trug dazu bei, daß die W.bauflächen vieler Anbaugebiete in hohem Maße parzelliert waren.

Die unter erhebl. Ertragsschwankungen leidende W.-wirtschaft war freil. in den Hauptanbaugebieten v.a. in Zeiten aufeinanderfolgender Mißernten latent krisenanfällig. Immer wieder deckten Winzer ihren Kapitalbedarf mit Hilfe von Krediten bei W.händlern und Juden, die in vielen der traditionellen w. Anbaugebiete bis zu den Verfolgungen und Ausweisungen im späten MA siedelten. So gerieten Winzer immer wieder in finanzielle Abhängigkeit, und es kam zu sozialen Spannungen und →Revolten. Die sich seit dem ausgehenden 15. Jh. verschlechternden Rahmenbedingungen in s.dt. und sw.dt. W.baugebieten haben wohl mit dazu beigetragen, daß Bevölkerungsgruppen dieser Landschaften in hohem Maße am Bauernkrieg v. 1525 beteiligt waren.

V. WEINPRODUKTION: Insgesamt darf wohl das Ausmaß der Fortschritte bei der Rebpflege und in der Kellerwirtschaft nicht überschätzt werden. In welchem Umfang Werke einschlägiger Fachliteratur (→Petrus de Crescentiis [29. P.], →Kräuterbücher, →Pelzbücher) in der Praxis rezipiert wurden, ist weitgehend ungeklärt. Die Nachfrage des Handels und die Konkurrenz mit W.en anderer Anbaugebiete haben wohl immer wieder zu Bemühungen um verbesserte Qualitäten geführt. Die q.nmäßig faßbaren Innovationen im Bereich der Rebsorten beschränkten sich möglicherweise auf die Rebflächen großer W.produzenten. Immerhin lassen Vorschriften in Pachtverträgen sowie Bestimmungen in städt. und landesherrl. W.bauordnungen das Bemühen um qualitative Verbesserungen bei der Rebpflege erkennen. Ob es generell zu einer Zunahme von Arbeitsgängen bei der Rebpflege kam, ist nicht sicher. Am ehesten sind noch Veränderungen in der Kellertechnik zu konstatieren. Im späten MA ging man zumindest vereinzelt dazu über, W.e länger zu lagern und auf diese Weise reifen zu lassen. In einer Reihe von Anbaugebieten wurden seit dem 14. Jh. W.e von relativ liebl. Geschmack mit Hilfe spezif. kellertechn. Verfahren hergestellt. Diese »Gefeuerten W.e« sind nicht mit →Branntw. zu verwechseln. Der zur Stabilisation des W.es notwendige Schwefel kam spätestens im 15. Jh. in den W.kellern stärker zur Anwendung; sein Einsatz war umstritten und wurde in mehreren Ordnungen geregelt. Zahlreiche erlaubte und unerlaubte Verfahren bei der W.bereitung waren bekannt, auch solche, mit denen störende Geschmackstöne und Farbveränderungen des W.es korrigiert werden konnten. Der Zusatz von →Honig und →Gewürzen war bes. beliebt (→Conditum). In der 2. Hälfte des 15. Jh. sind auch vor dem Hintergrund einer ganzen Reihe von W.skandalen in erster Linie Städte, aber auch Landesherren und regionale Bünde bemüht, verfälschende und schädl. Praktiken bei der W.bereitung und beim W.handel zu untersagen. Sowohl der Handel mit qualitativ einwandfreien W.en und die daraus fließenden Einnahmen als auch der Schutz der Verbraucher sollten sichergestellt werden. Auf dem Freiburger Reichstag v. 1498 wurden schließl. allgemeine und vorerst abschließende Bestimmungen gegen W. verfälschung erlassen.

M. Matheus

Bibliogr. und Lit.: F. v. BASSERMANN-JORDAN, Gesch. des W. baus, 1923[2] [Neudr. 1975] – Schrr. zur W. gesch., hg. Ges. für Gesch. des W. es, 1959ff. – R. DION, Hist. de la vigne et du vin en France des origines au XIXe s., 1959 – M. KIRKBRIDE JAMES, Stud. in the Medieval Wine Trade, 1971 – G. SCHREIBER, Dt. W. gesch. (Werken und Wohnen 13, 1980) – B. PFERSCHY, W. fälschung im MA (Fälschungen im MA, T. V [MGH Schr. 33, 5, 1988]), 669–702 – R. SCHOENE, Bibliogr. zur Gesch. des W. es, 1988[2] – Wortatlas der kontinentalgerm. Winzerterminologie, hg. W. KLEIBER u. a., 6 Lfg., 1990–96 – Le vigneron, la viticulture et la vinification en europe occidentale, au MA et à l'époque moderne, Flaran 11, 1991 – L. CLEMENS, Trier – Eine W. stadt im MA, 1993 – W. bau, W. handel und W. kultur, hg. A. GERLICH (Geschichtl. LK 40, 1993) – M. PAULY, W. handel und W. konsum (Luxemburg im späten MA, II, 1994) – L. CLEMENS–M. MATHEUS, Zur Keltertechnik in karol. Zeit (Liber amicorum necnon et amicarum für A. HEIT, 1995), 255–265 – J. ROBINSON, Das Oxford-W. lex. (The Oxford Companion to Wine), 2 Bde, 1995 – L. CLEMENS–M. MATHEUS, W. keltern im MA (Europ. Technik im MA, hg. U. LINDGREN, 1996), 133–136 – M. MATHEUS, Viticoltura e commercio del vino nella Germania occidentale del Medioevo (Vino y viñedo en la Europa medieval, 1996), 109–119 – Stadt und W., hg. F. OPLL (Beitr. zur Gesch. der Städte Mitteleuropas 14, 1996) – W. bau zw. Maas und Rhein in der Antike und im MA, hg. M. MATHEUS, Trierer Hist. Forsch. 23, 1997 [im Dr.] – W. produktion und W. konsum im MA, hg. M. MATHEUS (Geschichtl. LK, 1997) [im Dr.] – W. wirtschaft im MA (Q. n und Forsch. zur Gesch. der Stadt Heilbronn 9, 1997) [im Dr.].

B. Italien

Als mediterranes Gewächs findet die Rebpflanze auf der Apenninenhalbinsel ideale Umweltbedingungen, so daß bereits die Griechen im 5.–4. Jh. v. Chr. Süditalien als »Oinotria« ('Weinland') bezeichneten. In der Römerzeit entwickelte sich der W. bau – unter Anpassung der Anbautechniken an verschiedene Klimazonen und Böden – auf der gesamten Halbinsel. In Mittel- und Süditalien auf vorwiegend hügeligem und steinigem Gelände wurden die Rebpflanzen in Form von Tiefkulturen als einzelne, die Höhe von Büschen oder Bäumchen nicht übersteigende W. stöcke oder hochgezogen auf pergolaartigen Stützen (Pfählen, Steinpfeilern etc.) angebaut, während man in der Poebene mit ihren feuchten Böden die Hochkulturen bevorzugte, bei denen die W. reben mit Bäumen (v. a. Ulmen, aber auch Pappeln und Platanen), die als Stützen dienten, verbunden wurden. Obgleich die W. e einen geringeren Alkoholgehalt und häufig eine schlechte Qualität aufwiesen, verbreitete sich der W. bau in der Spätantike v. a. in der Poebene, der »Italia annonaria«, die von der Zentralverwaltung mit der Aufgabe betraut worden war, die Versorgung der nördl. der Alpen stationierten Legionen mit W. zu gewährleisten. Rasch kam es dort zu einer Überproduktion an W. Plinius d. Jg. (1. Jh. n. Chr.) beklagte deshalb, daß sich die W. lesen bis weit in den Dezember hineinzögen, weil es an Leuten und an W. behältern fehlte, und Martial merkte an, daß in Ravenna Trinkwasser teurer sei als W. Herodianus schilderte zwei Jahrhunderte danach ein beeindruckendes Bild von den Strömen von W., die aus der ganzen Poebene nach Aquileia geschafft wurden, um von dort nach Illyrien und die Gebiete an der unteren Donau exportiert zu werden.

Das Paradox des spätantiken W. baus in Italien (stärkste Produktion gerade in den Gebieten mit der am wenigsten geeigneten Bodenbeschaffenheit) zeigt deutlich ein Charakteristikum des W. anbaus überhaupt, der dauernden, mühevollen Arbeitseinsatz erfordert und noch stärker als durch Klima und Umwelt durch wirtschaftl., gesellschaftl., demograph., polit. und religiöse Faktoren bestimmt wird. Mit der Verbreitung des Christentums, das W. stock und W. als Symbolträger verwendet und ihnen eine sakral-liturg. Funktion zuweist (der W. als »Blut Christi«), war man bestrebt, die Überreste des antiken W. baus in Italien zu retten, der durch den wirtschaftl. und demograph. Rückgang im 3. und 4. Jh. und durch die Verwüstungen und Verheerungen während und nach dem Untergang des Römischen Imperiums schwer gelitten hatte. Er überlebte jedoch nur mehr in sehr reduziertem Ausmaß, wenn auch liebevoll von den Kirchen und Kl. gepflegt, die W. für die Liturgie benötigten. Die Rebpflanzen wurden daher im 6.–7. Jh. nur mehr in Nutzgärten oder auf von Hecken eingefriedeten Anbauflächen (clausurae) am Rande der Dörfer oder innerhalb der Stadtmauern angebaut.

In karol. Zeit erlebte der W. bau auch in Italien v. a. dank dem Wirken des Klerus einen neuen Aufschwung. Anfangs sorgten die Bf. e durch die breite Verwendung von →Emphyteusis-Verträgen mit der Klausel »ad pastinandum« für die Verbreitung von W. anbauflächen im Umkreis ihrer Städte, später gaben v. a. die Benediktinermönche der Wiedereinführung des W. baus auch auf dem Land, wo sie mit Vorliebe ihre Abteien gründeten und intensive Rodungstätigkeit und Urbarmachung betrieben, entscheidende Impulse. Neben den kirchl. Institutionen (Bf. en, Kl. n, Kanonikerstiften) betrieben bald auch weltl. Grundherren W. bau, anfänglich für den Eigenbedarf und als Prestigeobjekt, nach der Jahrtausendwende aber auch als sichere Einnahmequelle. Das →Incastellamento-Phänomen und die Ausbreitung der Rebflächen in den ländl. Gebieten stehen im Italien des 10.–11. Jh. miteinander in Wechselwirkung, so daß sich am Fuß jeder Burg unweigerlich W. gärten befanden.

Eine flächendeckende Verbreitung des W. s und ein fast allgemeiner W. konsum sind in Italien erst mit dem Auftreten der Kommunen festzustellen. In den Stadtstaaten des 12.–13. Jh. sehen die Schichten der Kaufleute und Handwerker im W. konsum eines der sichtbarsten Zeichen für ihren gesellschaftl. Aufstieg und investieren die Barmittel, die ihnen in zunehmendem Maße zur Verfügung stehen, mit Vorliebe im Erwerb von W. gärten, möglichst in Stadtnähe. Als der ursprgl. den oberen Gesellschaftsschichten vorbehaltene W. konsum sich auf alle Schichten der Bevölkerung ausdehnt (zumindest in den Städten, denn auf dem Land wird zwar immer mehr W. produziert, aber sehr wenig W. und nur von minderwertiger Qualität getrunken), geraten der W. bau und die W. erzeugung zunehmend stärker unter die Kontrolle der städt. Führungsschichten, die auf die Nahrungsmittelversorgung der städt. Bevölkerung achten, aber auch in dem W. handel und allg. W. konsum eine gute Steuereinnahmequelle sehen. Zeugnis für diese Bestrebungen sind die städt. Statuten, die zahlreiche Verfügungen zum Schutz und zur Verbreitung von W. anbauflächen und in Hinblick auf Transportprobleme und Engros- oder Detailverkauf der Trauben und des W. s treffen. Es finden sich auch genaue Vorschriften über die im W. berg durchzuführenden Arbeiten und die Techniken der W. herstellung auf der Basis der antiken Agronomietraktate (Cato, Varro, Columella und v. a. Palladius) und seit den ersten Jahrzehnten des 14. Jh. des »Liber ruralium commodorum« des Bolognesers →Petrus de Crescentiis. Eine stets in den it. ma. Statuten wiederkehrende Verfügung betrifft das Datum des Beginns der W. lese, das für das ganze Territorium und für alle Rebsorten identisch sein mußte, um Spekulationen zu verhindern, da man den jungen W. im MA infolge der noch unvollkommenen Konservierungstechniken viel höher schätzte als den »alten« W.

Das angeführte Beispiel (Bevorzugung des jungen W.s gegenüber dem alten, von Weißw.en gegenüber Rotweinen, süßer gegenüber trockener W.e) zeigt, daß im Italien der kommunalen Periode die Nachfrage sich eher auf die Quantität als auf die Qualität des W.s bezog, was nicht bedeutet, daß Geschmack und daher Konsumgewohnheiten völlig undifferenziert waren. Ende des 13. Jh. unterschied man auf dem Markt in Florenz bereits einige Dutzende nach Provenienz und Preis unterschiedl. W.e. Die Hauptsorge galt jedoch, wegen des hohen Konsums, der Quantität. Man hat für das 13.–14. Jh. einen durchschnittl. W.konsum »pro capite« (einschließlich der Kleinkinder) auf mehr als 2 Liter am Tag errechnet. Es gibt dafür mehrere logische Gründe: andere Getränke (wie Tee, Kaffee, Liköre, alkoholfreie Getränke und Bier) fehlten, die Qualität des häufig aus verschmutzten Brunnen bezogenen Trinkwassers war schlecht; der W. bildete zweifellos einen wichtigen Kalorienlieferanten bei häufig an Unterversorgung grenzende Ernährungsgewohnheiten; ihm wurden von der Medizin und der Mentalität der Zeit therapeut., wenn nicht sogar thaumaturg. Funktionen (wie hagiograph. Texte beweisen) zugewiesen; dazu kommt noch die euphorisch stimmende Wirkung, die Menschen, die nur wenige Formen der Unterhaltung und Flucht vor dem Alltag kannten, daraus gewinnen konnten. Nicht von ungefähr bilden die Schänken und Gasthäuser die wichtigsten Orte der Begegnung und des Gesellschaftslebens des ma. Menschen.

Im MA erfuhr die Form der Anbauflächen in Italien einen grundlegenden Wandel. Vom frühma. Monokultur-W.garten (*vinea*) ging man in der kommunalen Periode zur Mischkultur der Rebe mit anderen Kulturen, v. a. Getreidesorten, aber auch Grasland, Ölbäumen, Eichen, Kastanien über (*terra vineata*). Schließlich setzt sich die sog. »Piantata« durch (ein Stück Land, auf dem sich Getreideanbau und Grasland abwechseln und an dessen Rändern Reihen von Bäumen, die die W.reben tragen, stehen). In dieser Mischform ist der W.stock im 13. Jh. nunmehr in ganz Italien verbreitet, sogar in den Sumpfgebieten der Tiefebene oder im Bergland über 800m, und erreicht damit eine später nie wieder erreichte Ausdehung. In diesem Sinn konnte man mit Recht behaupten, daß W.bau und W.produktion eine typisch »mittelalterliche« Kulturform darstellen.

In der 2. Hälfte des 14. Jh. trugen zwei verschiedene, aber in ihrer Wirkung konvergierende Phänomene dazu bei, diese durch die durchgängige Präsenz der Rebpflanzen gekennzeichnete Agrarlandschaft zu verändern und die geogr. Verteilung der Produktionsflächen sowie des Konsumverhaltens selbst zu »revolutionieren«. Das erste Phänomen ist die große Pest des Jahres 1348, die einen drast. Rückgang der Bevölkerung und damit auch des W.konsums hervorrief und zur Aufgabe der weniger ertragreichen Anbaugebiete zwang. Das zweite Phänomen war die sog. »Revolution im Tarifsystem des →Nolo« (s.u.), die eine Intensivierung des W.baus in den besser dafür geeigneten Gebieten (Monferrat, paves. Oltrepò, Venet. Hügelland, Friaul, Ligurien, Toskana, Castelli Romani, Apulien, Kalabrien) und einen Rückgang in vielen anderen Teilen der Apenninenhalbinsel und v. a. in der Poebene zur Folge hatte, wo der W.anbau durch ertragreichere Kulturen (Hanf, Lein, Futterpflanzen, Färberpflanzen etc.) ersetzt wurde. Diese von Ort zu Ort verschieden stark ausgeprägte Erscheinung, die erst in jüngster Zeit in der Forsch. Beachtung fand, wird durch das Urkundenmaterial (Schätzungen und Kataster, Güterverzeichnisse, Notariatsurkk., Abgabentarife) und in vielen andern Q.n bestätigt, darunter auch hagiograph. Texte, in denen die wunderbare Verwandlung von Wasser zu W. völlig verschwindet, ein Zeichen dafür, daß ein »struktureller« Mangel nun endgültig überwunden ist. Eine völlige »Revolution« der Konsumgewohnheiten mit einem ausgeprägten Rückgang des W.konsums trat erst seit dem 16. Jh. ein, als die Entdeckung Amerikas und die darauffolgende Kolonialpolitik in Europa und damit auch in Italien eine Reihe von anregenden Getränken als Alternative zum W. einführten (Tee, Kaffee, Rum, Schokolade etc.). Der W. behielt jedoch in Italien seine Vorrangstellung, wobei seine Qualität stärkere Beachtung erfuhr.

II. Weinhandel: Der W. ist ein relativ niederpreisiges Schwergut. Da er nur in gewichtigen und sperrigen Behältern wie den antiken Terrakotta-»Dolia« oder den Holzfässern des MA transportiert werden kann, ist evident, daß der W.handel gerade im MA nur unter großen Schwierigkeiten zu bewerkstelligen war, wo das Wegenetz sich in äußerst prekärem Zustand befand und der Transport auf dem Landweg auf Ochsenkarren erfolgte (die sich im Winter infolge des Schlamms nur mühsam fortbewegen konnten), und die wenigen geeigneten Verkehrswege durch häufige Wegzölle belastet waren und bisweilen durch Banditen und Räuber unsicher gemacht wurden. Dies alles trug dazu bei, den Transport des W.s auf dem Landweg nicht nur zu erschweren, sondern auch sehr kostenintensiv zu gestalten, da häufig nur geringe Quantitäten von Saumtieren in kleinen Fässern befördert werden konnten. Unter diesen Bedingungen konnten nur die »Luxusweine« transportiert werden, als die zu jener Zeit die sehr starken und süßen griech. Weine angesehen wurden wie der Kretische Wein, der Malvasier und der Vernaccia, die zumeist auf dem Wasserweg aus Griechenland, Süditalien, Ligurien und Sardinien kamen. Man hat ausgerechnet, daß sich im 14. Jh. der Preis eines nach Venedig verschifften, von dort ca. 150 km auf dem Flußweg nach Bologna und anschließend ca. 40 km auf dem Landweg nach Imola transportierten Postens Weins aus Griechenland dreimal verdoppelte. Trotz dieser sehr hohen Transportkosten, die auf dem Landweg geradezu astronom. Höhen erreichten, wurde der W. auch im Früh- und HochMA weiterhin versandt, wenn auch in sehr geringem Umfang, da er sowohl vom Klerus für die Liturgie benötigt wurde, als auch beim Adel und bei den Prälaten als elitäres Getränk galt. Der weiteren Ausdehnung des W.baus in karol. Zeit entsprach auch ein Wachstum des W.handels, der jedoch fast ausschließlich auf dem Flußweg erfolgte. Mit W. bezahlte man zum Großteil das unentbehrl. Salz aus den Küstenregionen, aber auch die Gewürze, Seidenstoffe und andere exot. Waren, die von Byzanz oder aus dem arab. Raum importiert wurden.

Diese Situation erfuhr auch in der kommunalen Periode keine wesentl. Veränderungen, als man die enorm gewachsene Nachfrage nach W. durch die Förderung des lokalen W.baus (häufig durch Steuererleichterungen) befriedigte, auch dort, wo die Trauben eine geringere Qualität aufwiesen und Klima und Boden wenig geeignet dafür waren. Zwar erfuhren auch der W.handel und W.transport einen beachtl. Aufschwung, aber dies zumeist nur in lokalem Bereich, das heißt, man beschickte die nächsten städt. Märkte oder Gebiete, die durch schiffbare Wasserläufe erreichbar waren. Sogar in stark bevölkerten Städten wie Bologna, wo eine starke Gruppe von großen W.konsumenten lebte, wie es die Studenten der Univ. waren, stammte mehr als 90% des gehandelten Weines aus der lokalen Produktion und nur 1% war Luxuswein.

Der W.handel auf dem Seeweg florierte in der kommunalen Periode und wurde rasch von Venedig, Genua und Neapel (für Süditalien) monopolisiert. Ausgehend von diesen Handelsplätzen setzte sich im ganzen Mittelmeerraum der Gebrauch von W.fässern mit einer standardisierten Füllmenge durch wie die »botte d'anfora« von Venedig (600 Liter), die »botte di mena« von Neapel (425 Liter) und die »botte di mezzo migliaio di libbre« von Apulien (300 Liter). Venedig ging noch weiter und erlaubte auf seinen Schiffen nur den Transport von Fässern eigener Herstellung, was in der Lagunenstadt zu einem Aufschwung des Böttcherhandwerks führte. Genua setzte für sein Frachtgut keine Beschränkungen fest, da es häufig die Atlantikrouten frequentierte, um die Häfen in England und in den Niederlanden zu erreichen, und dabei mit der Konkurrenz der riesigen »tonneaux« von Bordeaux zu rechnen hatte. Die hohen Kosten des W.transportes wurden in der zweiten Hälfte des 14. Jh. durch die von Federigo Melis so bezeichnete »Revolution des →Nolo« wesentl. gesenkt. Die von it. Reedern entwickelte Idee bestand darin, die Frachteinheiten stabil zu halten, sie jedoch nicht mehr nach dem Gewicht und dem benötigten Stauraum der Waren zu kalkulieren, sondern nach ihrem eigentl. Wert zu berechnen, so daß man für den Transport von kostbarem Leichtgut (Gewürze, Stoffe, Edelmetalle u.s.w.) viel mehr zahlen mußte, für geringerwertiges Schwergut (Getreide und Wein) jedoch viel weniger. Das immer geregeltere Frachtwesen erstreckte sich mit der Zeit von den Transporten auf dem See- und Flußweg schließlich auch auf die Transporte auf dem Landweg.

Die beträchtl. Senkung der Transportpreise, die Verbesserung des Straßennetzes und eine durch die Entstehung großer Regionalstaaten geförderte Ausdünnung der Zollbarrieren sowie die Verbesserung der W.qualität nach der durch die Pest des Jahres 1348 erfolgten Neustrukturierung der Anbauflächen schufen schließlich diesen »circulus virtuosus«, der seit dem 15. Jh. zu einem starken Wachstum des Handels mit it. W.en nicht nur auf lokaler und regionaler, sondern auch interregionaler und in gewissem Sinn internationaler Ebene führte. Die Entwicklung des internationalen Handels konnte jedoch erst in vollem Umfang nach der Perfektionierung der Konservierungsmethoden der zu Schiff beförderten W.e und nach der Einführung des Flaschenkorks (Mitte des 18. Jh.) vor sich gehen. A. I. Pini

Lit.: G. DALMASSO, La viticoltura e l'enologia nell'Italia medievale (Storia della vite e del vino in Italia, hg. A. MARESCALCHI–G. DALMASSO, III, 1937), 365-471 – F. MELIS, Produzione e commercio dei vini it. (con particolare riferimento alla Toscana nei sec. XIII-XVIII), Annales cisalpines d'hist. sociale, 3, 1972, 107-133 – A. I. PINI, La viticoltura it. nel Medio Evo. Coltura della vite e consumo del vino a Bologna dal X al XV sec., StM, s.III, XV, 1974, 795-884 – CH. M. DE LA RONCIÈRE, Le vignoble florentin et ses trasformations au XIVe s. (Le vin au Moyen Age: productions et producteurs, Actes du Congr., Grenoble 1978), 125-161 – H. ZUG TUCCI, Un aspetto trascurato del commercio medievale del vino (Studi in mem. di F. MELIS, III, 1978), 311-348 – A. I. PINI, Alimentazione, trasporti, fiscalità: i »containers« medievali, ArchMed VIII, 1980, 173-182 – Vite e vino nel medioevo, da fonti veronesi e venete, 1984 – F. MELIS, I vini it. nel medioevo, hg. A. AFFORTUNATI PARRINI, 1984 – A. CORTONESI, Vino e commercio vinicolo nel Lazio tardo medievale (DERS., Il lavoro del contadino. Uomini, tecniche, colture nella Tuscia tardo medievale, 1988), 50-80 – M. MONTANARI, Alimentazione e cultura nel Medioevo, 1988 – A. I. PINI, Vite e vino nel medioevo, 1989 – G. VITOLO, Produzione e commercio del vino nel Mezzogiorno medievale (Rassegna storica salernitana, NS, XI, 1989), 21-34 – Il vino nell'economia e nella società medievale e moderna, Atti del convegno, Firenze 1989 – Vigne e vini nel Piemonte medievale, Atti del convegno, hg. R. COMBA, 1990 – A. I. PINI, La viticulture it. au MA: recherches et acquis de l'historiographie récente (Le vigneron, la viticulture et la vinification en Europe Occidentale au MA et à l'Epoque Moderne, 1991 [Flaran, 11]), 67-91 – Dalla vite al vino. Fonti e problemi della vitivinicoltura it. medievale, hg. J. L. GAULIN–A. J. GRIECO, 1994 – D. BALESTRACCI, La produzione e la vendita del vino nella Toscana medievale (Vino e viñedo en la Europa medieval, 1996) 39-54.

C. Byzanz

Die Kultivierung von οἶνος, den man pur oder häufig verdünnt mit (warmem) →Wasser (daraus volkssprachl. und neugr. κρασί von κεράννυμι 'mischen') trank, war, wie im gesamten mediterranen Raum, seit alters her auch auf dem Territorium des Byz. Reiches weitverbreitet. In seinen südosteurop. und kleinasiat. Kernzonen scheiden großflächig lediglich die innerbalkan. Gebirge, das serb. Wald- und das anatol. Hochland für den Anbau aus. Einblick in dessen Praktiken gewähren v. a. die →Geoponika, eine agrar. Fachschrift (→Landwirtschaftl. Lit.) auf antiker Materialbasis, und die rechtl. Bestimmungen des →Nomos georgikos. Nach jahreszeitl. differenzierter Pflege der W.stöcke (mehrmaliger Rutenschnitt mit dem Rebmesser/κλαδευτήριον, Umgraben des Bodens und, der Bewässerung wegen, kreisförmiges Aufhäufen von Erde rund um die einzelnen κλήματα), in Reihe gepflanzt in umzäunten und mit Gräben abgegrenzten Gärten (von speziellen W.berghütern [δραγάτες] bewacht [Kallimachos und Chrysorrhoe 926, 2459], vgl. Vogelscheuchen [bei Johannes→Geometres]), aber auch in laubenartigem Verbund (→Baumfeldwirtschaft) mit Obstbäumen (ἀναδενδράδες, ὑπόκλημα δένδρα [Meg. Lavra, Urk. 109]), erfolgte im Sept./Okt. die Lese (τρύγος; aus diesem Anlaß spezielle Zeremonie am Ks.hof) seitens des Winzers (ἀμπελουργός). Die Trauben wurden in Körben (κάρταλοι) zu den Keltern (ληνοί) geschafft, dort mit den Füßen im πατητήριον oder über mechan. Druck – entsprechende Anlagen belegt u. a. in Palästina und Bulgarien – ausgepreßt, der Saft (γλεῦκος, Most) anschließend in tönernen Gefäßen (πίθοι) bzw. Holzfässern (βαγένι [bis 5000 l Kapazität] und das kleinere βουτσίον) vergoren und aufbewahrt. Eventuelle Zugaben von →Gips sollten den W. entsäuern, die von →Pech aromatisieren; als bekanntester Stabilisator diente (Föhren)harz, ῥητίνη, das damals wie heute dem Retsina seinen Namen und Geschmack verleiht; dieser fand schon in Byzanz nicht überall Gefallen (→Nikephoros Basilakes, Brief 4 [ed. GARZYA]), beliebt war hingegen mit →Honig und →Gewürzen (→Pfeffer, →Anis, Poleiminze [→Minzen]) angereicherter W. (κονδίτον). Differenziert wurde allgemein nach vier Farben (weiß, golden, rot, schwarz) und Herkunft: Wertschätzung kam Produkten der ägäischen Inseln (Chios, Lesbos, Rhodos, Euböa, Thasos) zu, guten Ruf genossen die süße W. des thrak. Ganos (anders der unweit in Didomoteichos erhältl. [laut Theodoros →Metochites]) und alter W. aus Nikaia, minderer Qualität war der von Varna, was zugleich jeweils eine Vermarktung andernorts anzeigte. Der entsprechende Handel, welcher über die lokale Versorgung von Städten aus dem Umland hinausreichte (z. B. Maultiertransport in Schläuchen [nach Emesa/Syrien, Vita Sym. Salos 164] oder στάμνια), oblag den οἰνέμποροι, die meist auf dem Seeweg tätig waren. Palästinens. W. gelangte vielleicht bis Frankreich (Gregor v. Tours, Hist. VII 29), sicher aus Gaza nach Ägypten (Markos Diakonos, Vita des Porphyrios 58). Kilikische οἰνηγοί belieferten um 500 Konstantinopel; das vor Yassı Ada bei Bodrum/Türkei ca. 625 gesunkene Schiff war ebenfalls auf der Route dorthin mit Amphoren (byz. μαγαρικόν, späterhin langsam durch Fässer des günstigeren Verpackungsgewichtes halber ersetzt) unterwegs. Den mögl. Gewinn aus W. über den Eigenbedarf hinaus hat der mittlere und Großgrundbesitz sehr wohl realisiert. →Kekaumenos (ed. LITAVRIN, 218.220) empfiehlt – gewiß auch des höheren Grundwertes wegen – Anbau zu rein kommerziellen Zwecken. Analog handeln reiche Kl., etwa am Berg Athos, die dazu große Flächen auf der Chalkidike bebauen und beim Verkauf bis Konstantinopel (Protaton, Urk. 8 [a. 1045]) von Steuererleichterungen profitieren. Übermächtige Konkurrenz erwuchs den einheim. Händlern seit der Komnenenzeit in den Kaufleuten aus Genua und Venedig, welche den regionalen und internationalen Verkehr zunehmend kontrollierten, etwa den Malvasier (aus →Monemvasia?) im Abendland vertrieben, südit. (→Pegolotti, Pratica della mercatura 39) und »kretischen« W. (→Ptochoprodromika) in Konstantinopel. Die Venezianer, die in Konstantinopel auch zahlreiche Tavernen (→Gasthaus) innehatten, erzielten durch diese weiteren Gewinn aus dem Detailgeschäft, das traditionell die Gastwirte (κάπηλοι) wahrnahmen (→Eparchenbuch, c. 19 [KODER]; Text 10 [SCHREINER]: Aufzeichnungen eines Schankwirts), unter ihnen verbotenerweise auch Mönche (Kanon 9 des Trullanum). Es wäre gleichwohl überzogen, aus solchen wiederholten Disziplinarfällen (so MM II, Nr. 416/2; vgl. Feldflaschen der Soldaten mit W. statt Wasser gefüllt [→Maurikios, Strat. VII A 10]), einer satir. Kritik am W.genuß (→Porikologos, Krasopateras) und manch positivem Echo in der vom 11. Jh. an vielfältigeren Lit. (s. diesbezügl. gelehrte Privatbriefe, das allerdings singuläre Enkomion des →Psellos auf den W., bildl. und reale Bezüge bei Manuel →Philes) eine nun bes. Trinkfreudigkeit der byz. Gesellschaft insgesamt abzuleiten. Vielmehr hat sie – anders als diverse westl. Besucher (→Wilhelm v. Malmesbury, Gesta regum Angl. V 410) oder das von dort beeinflußte Ambiente des Stephanos →Sachlikes (vgl. indirekt →Boccaccio) – stets auf das geziemende Maß beim Alkoholkonsum geachtet, Ausschreitungen des Pöbels auf Abusus zurückgeführt (Nik. Chon. 392–393), in einschlägiger Ks.kritik →Michael III. retrospektiv sogar als Trunkenbold (μεθυστής) etikettiert. Dieses ambivalente Verhältnis ist stark geprägt vom Christentum, das agrarisch-ökonom. Gegebenheiten, den Stellenwert des Getränks in der →Ernährung und →Medizin/Diätetik respektiert, den W. in Liturgie, Symbolik (Joh 15, 1ff. Jesus als ἄμπελος ἀληθινή, vgl. Hymnendichtung) und Alltag (reglementierter W.konsum in Kl., Abstinenz an Fasttagen) integriert, zugleich seine gefährl. Nähe zur Ausschweifung, zum Sündhaften anprangert (Basileios v. Kaisareia, Homilie In Ebriosos, MPG 31, 444–464), nicht zuletzt eingedenk des paganen Dionysos-Kultes (zu letzten Rudimenten davon bis ins 12. Jh. s. RHALLES-POTLES, Syntagma II 448–449).

E. Kislinger

Lit.: E. ANAGNOSTAKES, Οἶνος ὁ Βυζαντινός, I–II, 1995 – E. JEANSELME, L'alcoolisme à Byzance, Soc. frç. d'hist. méd. 18, 1924, 289–295 – PH. KUKULES, Ἡ ἀμπελουργία (DERS., Βυζαντινῶν βίος καὶ πολιτισμός, V, 1952), 280–295 – J. CHRYSOSTOMIDES, Venetian Commercial Privileges under the Palaeologi, Studi Veneziani 12, 1970, 298–311 – M. BALARD, La Romanie génoise, I–II, 1978, 842–846 – R. VOLK, Gesundheitswesen und Wohltätigkeit im Spiegel der byz. Kl.typika, 1983 – P. MAYERSON, The Wine and Vineyards of Gaza in the Byz. Period, Bull. Amer. School Oriental Res. 257, 1985, 75–80 – CH. BAKIRTZES, Βυζαντινά τσουκαλολάγενα, 1989, 70–135 – L. GENOV, Vorbereitung des W.s und W.sorten in Byzanz, Études Balkaniques 25, 1989, 114–123 – R. HIESTAND, Skand. Kreuzfahrer, griech. W. und eine Leichenöffnung im Jahre 1110, Würzburger med.hist. Mitt. 7, 1989, 143–153 – P. SCHREINER, Texte zur spätbyz. Finanz- und Wirtschaftsgesch. in Hss. der Bibl. Vat., 1991 – E. KISLINGER, Retsina e balnea: consumo e commercio del vino a Bisanzio (Storie del vino = Homo edens II, 1991), 77–84 – E. V. MALTESE, Per una storia del vino nella cultura biz.: appunti dalla letteratura profana, ebd., 193–205 – Ἱστορία τοῦ ελληνικοῦ κρασιοῦ, 1992 [v. a. A. PAPANGELOS, W.anbau auf der ma. Chalkidike, 219–255; A. LIBERE, Darstellungen in der Kunst, 256–262] – M. KAPLAN, Les hommes et la terre à Byzance du VIe au XIe s., Propriété et exploitation du sol, 1992.

Wein, -rebe, -stock (Vitis vinifera L./Vitaceae). [1] *Medizinische Verwendung:* Von dem wohl zuerst im ö. Mittelmeergebiet kultivierten Kletterstrauch (der Übergang von der Wild- zur Kulturform läßt sich in N-Griechenland etwa seit 4500 v. Chr. verfolgen) machte bereits die antike Heilkunde vielfältigen Gebrauch. Nach den ausführl. Beschreibungen des Dioskurides (Mat. med. V, 1–8, 18–19, 24–42 und 44–73) und des Plinius (Nat. hist. XXIII, 3–58) fanden dabei die Blätter, Ranken und deren Saft (u. a. gegen Ruhr, Blutauswurf und Magenschmerzen), die Zweige bzw. deren Asche (etwa gegen Feigwarzen), die gummiartigen 'Tränen' (gegen Steinleiden und Hautkrankheiten), die Trauben, Trester und Rosinen Verwendung, v. a. aber der W. selbst samt Most und Essig sowie zahlreiche, aus den Teilen und Produkten der W.rebe (griech. ampelos) hergestellte Zubereitungen. Meist basierend auf den überkommenen Angaben, widmeten der lat. *vitis* gen. Pflanze und namentl. dem W. auch die Fachautoren des MA große Aufmerksamkeit, von denen Albertus Magnus (De veget. VI, 236–255 und VII, 171–182) eine genaue botan. Beschreibung der W.rebe sowie eingehende Vorschriften für deren Anbau lieferte; in med. Hinsicht nennt er allerdings nur den Trester ('vinacium') bzw. dessen Asche gegen Schlangenbiß und Hämorrhoiden, den Saft der Blätter ('pampini') gegen Ruhr und die gummiartige Ausscheidung ('lacrima') gegen Steinleiden, während er ansonsten traditionsgemäß die reife weiße Traube als die beste rühmt und die schädl. wie die positiven Wirkungen des W.s (»laetificat cor hominis«) schildert. Relativ lang ist auch das diesbezügl. Kap. bei Konrad v. Megenberg (IV A, 54), wohingegen Hildegard v. Bingen (Phys. III, 54) ledigl. eine Waschung mit in W. eingelegter W.rebenasche als Heilmittel für lockeres Zahnfleisch und kranke Zähne empfiehlt. Außer den bereits erwähnten Pflanzenteilen (einschließl. der Wurzel), dem Most und dem Weinessig (→Acetum) kamen ferner die Rosinen ('uvae passae' oder 'passulae') und der Saft unreifer Trauben ('agresta' [MlatWb I, 407f.]) zur arzneil. Anwendung, die bei Husten, Geschwüren und Magenschmerzen helfen (Circa instans, ed. WÖLFEL, 97f.) bzw. appetitanregend, verdauungsfördernd und gegen Durchfall wirken sollten (Gart, Kap. 416). Hauptsächl. aber nutzte man auch in der ma. Heilkunde den W. ('vinum'), der entweder als solcher oder in Form der vielen schon von Dioskurides beschriebenen, aus einzelnen Pflanzen hergestellten Medizinal- bzw. mit Honig und Spezereien angefertigten Gewürzweine (→Conditum) – darunter 'ypocras'/'hippocras' und das ähnl. 'claretum' (→Trank) – eingesetzt wurde sowie v. a. als Bestandteil von Arzneimitteln und als Vehikel (SIGERIST, passim; JÖRIMANN, passim) bei deren Bereitung bzw. Applikation diente.   P. Dilg

Lit.: MARZELL IV, 1212–1214 – H. E. SIGERIST, Stud. und Texte zur frühma. Rezeptlit., StGM 13, 1923 [Neudr. 1977] – J. JÖRIMANN, Frühma. Rezeptarien, BGM 1, 1925 [Neudr. 1977] – P. VAN DER WIELEN, Hippokras, Pharmaceutisch Weekblad 74, 1937, 1613–1628 – K. und E. BERTSCH, Gesch. unserer Kulturpflanzen, 1947, 122–148 – W. F. DAEMS, Ein mndl. Fragment des Liber de vinis des Arnaldus de Villanova, Janus 47, 1958, 87–100 – DERS., Die Clareit- und Ypocrasrezepte in Thomas van der Noots 'Notabel Boecxken van Cokeryen' (um 1510) (Fachlit. des MA [Fschr. G. EIS, 1968]), 205–224 – A. I. PINI, Vite e vino nel Medioevo, 1989.

[2] *Ikonographie:* In antiker Lit. und Kunst des ganzen Mittelmeerraums hatten Motive aus dem Bereich des W.baus großen Umfang, oft mit vielfältigen allegor. Bedeutungen, von den atl. Vergleichen von W.berg und W.stock mit dem Gottesvolk Israels bis zur Verbildlichung dionys. Glücksvorstellungen in der gr.-röm. Kultur. Auf die frühchr. und ma. Lit. wirkten bes. die atl. Erzählung von der Rückkehr der Kundschafter mit der großen Traube aus Kanaa (Num 13) und das Lob des Geliebten im W.berg von Engaddi (Hld 1, 14), die ntl. Gleichnisse von den Arbeitern im W.berg (Mt 20, 1–16) und von den bösen Winzern (Mt 21, 33–46), die Allegorie in Joh 15, 1–17 (u. a. »Ich bin der Weinstock, ihr seid die Reben«) und der Vergleich des Gerichts mit einer W.ernte in Offb 14, 17–20 ein. Schon früh stellten theol. Autoren allegor. Bezüge zur Kirche, Taufe, Passion Christi und Eucharistie her; z. B. findet sich die atl.-ntl. Typologie der großen Traube aus Kanaa als Bild des gekreuzigten Christus bereits bei Ambrosius (de fide 4, 12, 167; MPL 16, 648f.) und Maximus v. Turin (sermo 10, 2; CCL 23, 35). Bis weit ins 20. Jh. hinein erlag man daher allzuoft der Versuchung, in frühchr. Bildwerken die Allegorien der Väterlit. wiederfinden zu wollen – bis hin zur »großen Traube Christus« (NUSSBAUM), für die jedoch das unter →Typologie Ausgeführte gilt: Die Kundschafter mit der Traube wurden erst in der ma. Kunst als Typus der Kreuzigung Christi verwendet (z. B. Kanzelbrüstung des →Nikolaus v. Verdun in Klosterneuburg). Abgesehen vom Weiterleben der röm. Tradition dekorativer, oft mit Vögeln und Tieren gefüllter W.ranken und von Trauben und W.lesebildern als Jahreszeit- und Glücksallegorien, ist auch die Interpretation solcher Darstellungen, für die der Anbringungsort eine chr.-allegor. Bedeutung vermuten läßt, ohne weitere Deutungshilfen aus dem Kontext (z. B. Bildlegenden) meist unsicher – und dies gilt auch für die ma. Kunst, z. B. W.ranken in Portaltympana, an Kapitellen und Schlußsteinen (vgl. →Christussymbole). Zur Erläuterung der Problematik hat H. MAGUIRE (9f. Abb. 2–4) drei frühchr. Mosaiken mit aus einem Kantharos aufsteigenden W.ranken angeführt: In einem Grab in Ancona verrät eine Inschrift nach Is 5, 1 die Allegorik des Volkes Gottes, in einer Kirche auf Zypern bezeugt die Zitation von Joh 15, 1, daß der W.stock ein Hinweis auf den »wahren W.stock« Christus sein soll, und in der Apsis einer Grabkapelle in Gerasa weist die Inschrift auf den Dank (-gottesdienst? – »meta eucharistias«) des Stifters für seine Eltern hin. Mit einer Interpretation von W.ranken und -trauben als Hinweis auf das Blut Christi wird man wegen des seltenen Vorkommens auf Altargeräten sehr vorsichtig sein: Da der berühmte W.rankenkelch von Antiochia wohl eine Lampe mit Glaseinsatz war (MANGO, 183–187), bleibt nur noch die Patene des Paternus als Beispiel hierfür (DODD, 54f.). Wenn im 6. Jh. dem Fußbodenmosaik eines Baptisteriums in Butrinto (Albanien) das Zentralmotiv des Kantharos mit W.ranken und rahmenden Pfauen beigefügt oder das ganze Kirchenschiff der Basilika in Sabratha mit dem Mosaik einer Vogel-W.ranke gefüllt wurde, so war sicher ebenso eine allegor. Bedeutung intendiert, wie bei manchen W.stöcken, die als 'Lebensbaum' stilisiert scheinen – doch welche der zahlreichen in der Lit. erwähnt war gemeint? In ma. Buchillustrationen (Beispiele: THOMAS, LCI, 485f.) erscheint neben Darstellungen der oben erwähnten Gleichnisse und des Gerichtsvergleichs der Offb auch das Bild Christi in der 'myst. →Kelter' (z. B. im Hortus deliciarum der →Herrad v. Landsberg, STRAUB-KELLER, Taf. 61). Das Motiv der Kreuzigung Christi am W.stock (Beispiele: THOMAS, LCI, 492f.) geht auf die Vorstellung zurück, der paradies. Baum des Lebens sei ein W.stock gewesen. Bilder der sog. W.rebenmadonna, bisweilen verbunden mit einer w.stockartigen Darstellung der →Wurzel Jesse, setzen erst im SpätMA ein. J. Engemann

Lit.: LCI IV, 484–496 [A. THOMAS] – A. THOMAS, Die Darstellung Christi in der Kelter, 1935 (1981) – C. LEONARDI, Ampelos. Il simbolo della vite nell'arte pagana e paleocristiana, 1947 – A. WECKWERTH, Christus in der Kelter (Beitr. zur Kunstgesch. [Fschr. H. R. Rosemann, 1960]), 95–108 – E. C. DODD, Byzantine Silver Stamps, 1961 – O. NUSSBAUM, Die große Traube Christus, JbAC 6, 1963, 136–143 – A. THOMAS, Maria die Weinrebe, Kurtrier. Jb. 10, 1970, 30–55 – M. M. MANGO, Silver from Early Byzantium, 1986 – H. MAGUIRE, Earth and Ocean, 1987.

[3] *Liturgie:* Zusammen mit Brot (→Brotbrechen) ist der W. in der ganzen Christenheit von den Ursprüngen im NT her notwendiges Naturelement des höchsten Gottesdienstes, der Feier der Eucharistie (→Messe), und deshalb auch dann noch von Bedeutung, als die →Kelchkommunion fakt., später auch kirchenrechtl. dem Klerus vorbehalten blieb. W. wird deshalb auch dort notwendig (und importiert oder sein Anbau eingeführt), wo Rebbau nicht bekannt war. Vor allem anderen bringt der liturg. Gebrauch dem W. auch die Einschätzung als ranghöchstes Getränk. W.spenden und →»Minnetrinken« mit gesegnetem W., bes. am Fest des Apostels Johannes, sind unmittelbar mit der Liturgie verbunden. (Letzteres wird aber auch als Verchristlichung des germ. Brauches des Zutrinkens an die Götter interpretiert.) Aus der Antike bleibt in der Liturgie erhalten, den W. vor dem Genuß mit etwas Wasser zu vermischen, nun Anlaß eines theol. gedeuteten Ritus auf den Eingang der Gottheit (in der Inkarnation) in die Menschheit oder des erhöhten Christus in die Kirche. W., reinigend und weil dazu würdig, wird regelmäßig zur Ablution von Mund und Sakralgefäßen nach der Kommunion (und auch zur Reinigung bei der Weihe etwa von Glocken und, jährl. auch in der Karwoche, von Altären) verwendet. Der Ablutionstrunk nach der Kommunion wird deshalb oft als Ersatz der Kelchkommunion (→Eulogie) oder gar als diese selbst angesehen. A. Häußling

Lit.: A. FRANZ, Die kirchl. Benediktionen im MA, 1909 [Nachdr. 1960], I, 279–334 – A. HÄRDELIN, Aquae et vini mysterium. Geheimnis der Erlösung und Geheimnis der Kirche im Spiegel ma. Auslegung des gemischten Kelches, LQF 57, 1973 – G. SCHREIBER, Dt. W.gesch. Der W. in Volksleben, Kult und Wirtschaft, 1980 – R. BERGER (Gottesdienst der Kirche, 3, 1990³), 262–265.

Weingarten, Kl. OSB im n. des Bodensees gelegenen Schussengau, dem Schwerpunkt der süddt. →Welfen. Diesem Adelsgeschlecht verdankt W. seinen Ursprung, und ihm hat es als Hauskl. und lange Zeit als Stätte der Familiengrablege gedient. Die Ursprünge des Kl. liegen im dunkeln: Nach der welf. Überlieferung des 12. Jh. hat Heinrich »mit dem goldenen Wagen«, der Vater Bf. Konrads v. Konstanz, 934 in Altdorf ein Frauenkl. errichtet, doch erscheint die Gründung des ursprgl. Klerikerstifts eher als das Werk Rudolfs und seiner Söhne →Welf II. und Heinrich um 1000, die als erste Familienmitglieder hier beigesetzt worden sind (O. G. OEXLE). Welfs II. Witwe Imiza hat 1036 die Kleriker durch Nonnen ersetzt, und 1056 versetzte sie zusammen mit ihrem Enkel →Welf IV. die Nonnen nach Altomünster ö. Augsburgs und holte den dortigen Mönchskonvent hierher; dabei wurde das dem hl. Martin geweihte Kl. in monte gegründet und erhielt den Namen W.

In den 80er Jahren des 11. Jh. geriet W. unter den Einfluß der vom Kl. →Hirsau angestoßenen Reform, und 1094 übergab Welf IV. das Kl. dem Apostol. Stuhl, behielt aber offenbar sich und seinen Erben die Vogtei vor. Seine aus

Flandern stammende Gemahlin Judith hat an W. außer prächtige liturg. Hss. die für das Kl. bedeutsame Heilig-Blut-Reliquie und Reliquien des hl. Oswald übertragen, der im 12. Jh. bes. verehrt und im 13. Jh. zweiter Patron wurde. Die sich in solchen Stiftungen und großen Güterzuwendungen manifestierende Verbundenheit des Welfenhauses mit W. dauerte auch im 12. Jh. an und erhielt im Kl. eintritt Hzg. →Heinrichs IX. d. Schwarzen 1125 eine bes. Prägung. Dieser hatte 1124 den Kl.neubau errichten lassen; bei der Weihe der hierzu gehörenden Heilig-Kreuz-Rotunde legte Bf. Ulrich v. Konstanz Reliquien des ein Jahr zuvor heiliggesprochenen Konrad, Bf. v. Konstanz und welf. Vorfahr, nieder. Die Beisetzung Heinrichs d. Schwarzen in W. 1126 beschloß die über ein Jahrhundert kontinuierl. fortgesetzte Grablege des Welfenhauses, und die mit Heinrichs Söhnen eintretende Linientrennung hat offenbar auch W. betroffen. Einen neuen Aufschwung erfuhr das Kl. im Übergang des welf. Erbes an die →Staufer im späten 12. und frühen 13. Jh. zur Zeit der Äbte Meingoz und Berthold. Der Stolz auf die welf. Vergangenheit und die Reverenz gegenüber den neuen stauf. Schutzherren ließen damals in W. bedeutende Bildzeugnisse (Welfenstammbaum und stauf. Widmungsbild zur →»Historia Welforum« in der Hs. Fulda D 11) entstehen, ebenso spiegelt sich die Herrschernähe des Kl. in Darstellungen von weltchronist. Ks.- und Reichsgeschichte in den Spuren→Hugos v. St-Victor und→Ottos v. Freising.

Das Ende der Staufer, die sich mit ihren Privilegien für W. ganz in die welf. Tradition eingefügt haben, führte zu einer großen Beeinträchtigung des Kl., das sich mit Aufzeichnungen des Kl.besitzes wie mit einer Serie von gefälschten Stauferdiplomen zur Wehr setzte. Kg. Rudolf I. bekräftigte mehrfach den Reichskl.status W.s und ließ den von ihm gewährten Schutz durch den in Altdorf residierenden Landvogt v. Oberschwaben ausüben. Als um die Mitte des 15. Jh. Ehzg. Albrecht VI. v. Österreich über die von seinem Bruder Ks. Friedrich III. übertragene Landvogtei die Eingliederung W.s in die habsbg. Vorlande anstrebte, leistete das Kl. in den folgenden langjährigen Auseinandersetzungen erfolgreich Widerstand, bis im frühen 16. Jh. unter Abt Gerwig Blarer die Reichsstandschaft W.s endgültig garantiert wurde. Th. Zotz

Lit.: GP II, 1, 226–228 – Germania Benedictina 5, 1975, 622–647 – O. G. OEXLE, Bf. Konrad v. Konstanz in der Erinnerung der Welfen und der welf. Hausüberlieferung während des 12. Jh., Freiburger Diözesanarchiv 95, 1975, 7–40 – DERS., Welf. und stauf. Hausüberlieferung in der Hs. Fulda D 11 aus W. (Von der Kl.bibl. zur Landesbibl., 1978), 203–231 – U. RIECHERT, Oberschwäb. Reichskl. im Beziehungsgeflecht mit Kgtm., Adel und Städten (12.–15. Jh.), 1986 – W. von den Anfängen bis zur Gegenwart, 1992 – 900 Jahre Heilig-Blut-Verehrung in W. 1094–1994, 1994.

Weingartner Liederhandschrift → Liederbücher, Liederhandschriften, 1

Weinsberg, Stadt in Niederschwaben. Ursprung und Name stammen von der vor 1000 nachweisbaren Reichsburg W., 1140 Reichslehen. Die Marktsiedlung wurde von Friedrich II. um 1200 zur Stadt erhoben und war mit der Burg durch eine Schenkelmauer verbunden; die eine Hälfte der Stadt blieb Reichsgut, die andere gehörte zum Lehnsgut des Burgherren. Edelleute in der Stadt und die Bürger vor den Stadttoren unterstanden der Burg. 1287 hatte W. seine Rechte und innere Organisation weitgehend gefestigt. Die Stadt unterstand den Reichsschultheißen, hatte aber eine eigene Verwaltung und ein eigenständiges Steuerrecht. Im Vertrag v. 1312 konnten die Herren v. W. ihre Rechte an der Stadt weitgehend sichern. Die Zweiteilung der Rechte in und an der Stadt brachte es zwangsläufig mit sich, daß es zw. 1312–1430 dauernd zu Auseinandersetzungen zw. Stadt und Burgherrn kam. Die zentrale Frage war, ob die Stadt zu den Reichsstädten gezählt wurde oder der Burgherrschaft unterworfen war. Entgegen den Bestimmungen des Vertrags v. 1312 schloß sich die Stadt um 1350 eigenmächtig durch Mauer, Wall und Graben gegen die Burg ab. Gestützt auf den einträgl. Weinhandel vermochte die Stadt dauerhaft, ihre Rechte zu verteidigen; mehrmals war ihre Freiheit durch Verpfändungen (u. a. 1298, 1301, 1303) bedroht. Polit. suchte die Stadt beim →Rhein. (1254), später beim →Schwäb. Städtebund (1377, 1412, 1422) Rückhalt und vermochte dadurch, eine gewisse Selbständigkeit gegenüber den Herren v. W. zu bewahren. Der Schiedsvertrag v. 1379 regelte umfassend die Rechte der Herren v. W. an und in der Stadt W. sowie die der Stadt für lange Zeit. Trotz der Abmachungen verschärften sich die Auseinandersetzungen zw. Stadt und Burgherrschaft, v. a. als Ks. Siegmund den Reichskämmerer Konrad v. W. 1417 mit der Stadt, allen Nutzen und Rechten belehnte. Da die Stadt darin einen Bruch des Vertrags v. 1379 sah und Konrad den Gehorsam verweigerte, wurde sie 1422–28 geächtet und gebannt. In der Heidelberger Einung v. 1428 konnte die Stadt endl. ihr Ziel, als Reichsstadt anerkannt zu werden, erreichen. 1440 nahm Kunz v. Bebenburg W. im Handstreich ein und verpfändete es an die Kurpfalz. Durch den Verkauf der letzten herrschaftl.-weinsberg. Rechte 1450 kam W. vollständig unter pfälz. Landesherrschaft. Bestimmend für die Wirtschaft der Stadt waren Handwerk und Landwirtschaft, v. a. der Weinbau. Bedeutung hatte die Zuwanderung aus der Umgebung, v. a. aus den ö. Ortschaften.

P.-J. Schuler

Q. und Lit.: G. BOSSERT, Urkk. zur Gesch. des Streites zw. Herrschaft und Stadt W., Württ. Vierteljahresh.e, 1884–86 – BOSL, Reichsministerialität, 2, 1951, 362ff. – W. SCHUMM, Auseinandersetzungen zw. Herrschaft und Stadt W., Zs. des Hist. Ver. Heilbronn, 1954 – E. WEISMANN, Zur Gesch. der Stadt W., 1960.

Weinsberg, Schlacht bei (21. Dez. 1140), Sieg Kg. Konrads III. über →Welf VI. bei dem Kampf um die Führung im dt. SW. Die Besatzung der Burg W. ergab sich, und die Männer erlangten durch die List der »Weiber von W.« die Freiheit.

P.-J. Schuler

Lit.: K. WELLER, Die neuere Forsch. von den treuen W.er Weibern, Zs. für württ. Landesgesch. 4, 1940.

Weinstein → Tartarus

Weise → Ton

Weise, Patrizierfamilie in →Köln. Die 'W.n' ('Sapientes'/'von der Mühlengasse'), seit kurz vor 1200 nachweisbar, waren bis zu ihrer Vertreibung 1267/68 das polit. bedeutendste Kölner Geschlecht. Seit den 30er Jahren beherrschten sie das Schöffenkollegium, in dem sie zeitweise 40% der Sitze innehatten. In den schon um 1200 im Kölner Meliorat ausbrechenden innenpolit. Machtkämpfen trat ihnen eine jüngere, nach der Macht strebende Patriziergruppe entgegen, die den eben erst entstandenen Rat zu ihrem Machtzentrum ausbaute und in der seit den 60er Jahren die →Overstolzen die Führung übernahmen. Diese internen Streitigkeiten waren begleitet von den Spannungen zw. Meliorat und Gemeinde und eingebettet in die Auseinandersetzungen zw. dem ebfl. Stadtherrn und der Bürgerschaft. Mehrfach wurden die W.n aus der Stadt vertrieben. Der Sieg der Overstolzenpartei in der Schlacht an der Ulrepforte (1268) besiegelte ihren Untergang und war zugleich ein Sieg des Rates, der bald zum mächtigsten Organ der Stadt wurde. Die W.n entwickelten ein elitäres bürgerl. Selbstbewußtsein, pflegten adligen Lebensstil und waren aufgeschlossen für lat. und frz. Bildung. Durch ihre Eigenart gerieten sie immer mehr in die Isolation, so daß sie bis heute aus dem Kölner Geschichtsbewußtsein verschwanden. W. Herborn

Lit.: F. LAU, Das Patriziat bis zum Jahre 1325, Mitt. aus dem Stadtarchiv von Köln 26, 1895, 126–129 [Stammtaf.] – M. GROTEN, Köln im 13. Jh. Gesellschaftl. Wandel und Verfassungsentwicklung, 1995.

Weisheit

I. Definition des Weisheitsbegriffs in der Mystik und Theologie – II. Der Weisheitsbegriff von Augustinus bis Meister Eckart.

I. DEFINITION DES WEISHEITSBEGRIFFS IN DER MYSTIK UND THEOLOGIE: Weisheit (Sophia, Sapientia), sowohl in der klass. Antike als auch in der bibl. Überlieferung (*chokmah/sophia*) einer der höchsten Begriffe, konnte im MA nicht unreflektiert bleiben. Herausgestellt wird, bes. von myst. begabten Frauen, die weibl. Gestalt der bibl. (göttl.) Weisheit. So u. a. →Hildegard v. Bingen, bes. in »Scivias«. Bedeutsam ist die 'sapientiale' Theologie in der monast. Tradition des 12. Jh. →Wilhelm v. St. Thierry: scientia und sapientia gehören zusammen; Liebe und W. sind Voraussetzung, um Gott 'schauen' (contemplari) zu können (vgl. Abschn. II). Im 13. Jh. ist die volksetymolog. Deutung 'sapientia = sapida scientia' allgemein verbreitet. →Bonaventura versteht sapientia als via ad gustum et experimentalem cognitionem divinae suavitatis (3, d. 35, a. 1, q. 3, ad 1) (vgl. Abschnitt II). Für Thomas v. Aquin ist die gesamte 'theologia' eine sapientia (S. th. I, q. 1, a. 6); transcendit omnes scientias (ibid. a. 2); ist subalterniert der scientia beatorum, sapientia ist auch eine Gabe des Hl. Geistes (vgl. S. th. II/II, q. 45) und ist die Grundlage für die cognitio Dei experimentalis (vgl. Abschn. II). Einzig in seiner Art ist Heinrich →Seuses Auffassung von der *ewigû Wisheit*: sie stützt sich nicht auf Spekulationen, sondern orientiert sich direkt an den bibl. Texten; Seuse perzipiert *wisheit* bald in weibl., bald in männl. Gestalt; er erhebt *die ewigû Wisheit* zum Zentralbegriff seiner myst. Rede (der Seuse = der *diener der ewigen Wisheit*). H. Stirnimann

Lit.: →Wissen, Wissenschaft – DSAM XIV, 72–132, 106–114 [s. v. sagesse] – H. SEUSE, Dt. Schriften, ed. K. BIHLMEYER, 1907 [Neudr. 1961] – K. RUH, Gesch. der abendländ. Mystik, I, 1990.

II. DER WEISHEITSBEGRIFF VON AUGUSTINUS BIS MEISTER ECKART: Als »das Wissen der menschl. und göttl. Dinge« beschreibt →Augustinus die W. (Contra Acad. I, 6, 16; De Trin. XIV, 1, 3), betont aber zugleich die Notwendigkeit einer Differenzierung dieser stoischen W.sdefinition (vgl. Tusc. IV, 26, 57): zum einen gemäß dem jeweiligen Objekt der Erkenntnis, sofern die W. (sapientia) die göttl. Dinge betrachtet, während die menschl. Dinge Gegenstand des →Wissens (scientia) sind (De Trin. XIV, 1, 3); zum anderen im Hinblick auf die Erkenntnis selbst, sofern die W. sich auf die intellektuale Erkenntnis der ewigen Dinge erstreckt, das Wissen dagegen in der rationalen Betrachtung der zeitl. Dinge besteht (De Trin. XII, 15, 25). Unter Berufung auf den Johannesprolog sieht Augustinus diese Unterscheidung in Christus selbst begründet, der von dem Glauben in die zeitl. Dinge einpflanzt und die Wahrheit der ewigen Dinge zeigt (De Trin. XIII, 19, 24). Denn als das göttl. Wort ist er similitudo et imago Patris und damit selbst W., an der die Seelen, sofern sie weise sind, teilhaben (De Gen. 16, 58–60).

→Bernhard v. Clairvaux sieht den Grund für die Unterscheidung zw. Wissen und W. in der Gottesfurcht (timor). Dies begründet er mit dem Primat der affectio gegenüber der instructio, des schmeckenden Erkennens (sapor) gegenüber dem Wissen (scientia). Denn erst dann schmeckt und kennt (sapit) die Seele Gott, wenn dieser sie mit Gottesfurcht erfüllt (afficit) und nicht nur mit Wissen ausstattet (instruit) (Super Cantica 23, 14). →Wilhelm v. St. Thierry führt diese Bestimmung der W. als ein Schmecken (»a sapore sapientia«) auf die dem menschl. Geist eingeborene Kraft zurück, durch die wir mit Gott verbunden sind und Gott genießen (fruimur) (De natura et dignitate amoris 33 – MPL 184, 397C–D). Für Bernhard besteht die W. ferner in einem ordo caritatis, welcher die Wahrheit hervorbringt, denn die W. kann auch als eine Tugend der Liebe bestimmt werden; sie ist ein Schmecken des Guten vermittels der Erfahrung der Liebe (Super Cantica 50, 6 und 85, 8).

→Hugo v. St. Victor verbindet die W., die er als das erste aller erstrebenswerten Güter bezeichnet, da sie die Form des vollkommenen Guten besitzt, mit der Selbsterkenntnis des Menschen, sofern der Mensch hierzu durch die W. erleuchtet wird (Didascalicon I, 1). Durch das Streben nach W. soll der Mensch die Unversehrtheit seiner Natur wiederherstellen und die Defekte des gegenwärtigen Lebens mildern lernen, um schließlich zu seiner wahren Erfüllung in der W. Gottes zurückzufinden (Didascalicon I, 5). Diesem Ziel dient die Wissenschaftslehre, die Hugo in seinem »Didascalicon« entwirft. Darin nimmt die Philosophie »als Liebe zur W., die keiner Sache bedarf«, da sie »lebendiger Geist und der alleinige, urspgrl. Grund der Dinge« ist, nach boethian. Vorbild eine integrierende Stelle ein, denn sie umfaßt als ars artium das Wissen aller übrigen artes und disciplinae; ja, das Studium der Philosophie ist das Studium der W. (Didascalicon II, 1).

Diese Etymologie findet sich auch bei →Thierry v. Chartres, der die W. als das Begreifen der Wahrheit der unveränderl. Dinge bestimmt. Denn die Dinge in ihrer Unveränderlichkeit zu begreifen, ist die höchste W. (Commentum super De Trinitate II, 2 und 7). Dies bedeutet zugleich, alles gemäß der Ordnung zu begreifen, in der Disposition der schöpfer. W. angelegt ist. Denn die W. Gottes ist der Seinsmodus aller Dinge und terminiert alles Seiende; es gibt in den Dingen nichts über die göttl. W. hinaus: Gottes W. ist die »equalitas essendi« (Commentum super De Trinitate II, 25 und 31).

Auch nach →Thomas v. Aquin ist es Sache des Weisen, zu ordnen: »sapientis est ordinare«. Denn die W. ist – darin folgt er Aristoteles – die vorzüglichste Vollkommenheit der Vernunft, der es eigentüml. ist, die Ordnung zu erkennen, die zw. den Dingen und auf ein Ziel hin besteht (In I Eth., lect. 1, 1; vgl. Aristoteles, Met. I, 2). Das Ziel, welches dem natürl. Verlangen des Menschen nach Wissen entspricht, besteht nicht allein in der Rückführung der Effekte auf ihre Ursachen, sondern in einem Wissen der Prinzipien selbst. Dieses Wissen bezeichnet Thomas mit Aristoteles als erste Philosophie und W. (In I Met., lect. 2 + 3). Denn die W. handelt, so →Albertus Magnus, von dem ersten, das vor allem anderen und von allen für gewiß erachtet wird; sie ist daher ursprünglicher und früher als jede andere Wiss. und alles übrige Wissen, welches der W. dient. Ihre Prinzipien kennt die W. nicht aufgrund eines Beweises; sie können auch nicht gelehrt werden, sondern werden unter allem, was begriffl. ausgesagt werden kann, mit dem größten Maß an Notwendigkeit und Evidenz gewußt (Metaphysica I, 1, 2–3). Wie Albert verbindet Thomas darüber hinaus die W. mit der Theologie und dem spirituellen Leben. Denn sofern die W. das göttl. Sein betrachtet, ist die Theol. auf vorzüglichste Weise W. unter allen Arten menschl. W. (S. c. g I, 1). Als Gabe des Hl. Geistes (donum) ist die W. nicht nur theoret., sondern auch prakt. Natur, insofern sie zu einer gottförmigen Kontemplation (deiformis contemplatio) fortschreitet. Hat auch die W. ihre Wesenheit (essentia) im Intellekt, so hat sie als donum ihre Ursache (causa) im Willen, d. h. in der Gott konnaturalen Liebeseinigung (S. th. II–II, 9. 45, a. 2 + 3; 3 Sent d. 35, q. 2 a. 1).

Auch →Bonaventura betrachtet die W. als eine Gabe (donum), sofern sie von oben herabsteigt und als von Gott eingesenktes Licht die Seele gemäß ihren intellektiven, affektiven und operativen Grundvermögen erleuchtet (Don. Spir. 9, 5–7). Durch den Vorrang der unmittelbaren Präsenz gegenüber der Influenz des obersten Erkenntnislichtes bestimmt Bonaventura das Wesen der weisheitl. gegenüber der wiss. Erkenntnis. Während der Wissende die rationes aeternae nur als die Erkenntnis leitende Maßgaben erfaßt (ut ductivae), fungieren sie für den Weisen als alles Erkennen auf seinen Ursprung zurückführende Prinzipien (ut reductivae). Allerdings ist dem menschl. Intellekt die Schau der quellhaften und ungeschaffenen W. in diesem Leben nicht möglich, es sei denn durch einen excessus oder raptus (Sc. Chr., qu. 4 + 7). Unter den hiesigen Bedingungen der Erkenntnisgewißheit bedarf es jedoch einer geschaffenen W. (sapientia creata), d. h. einer weisheitl. Erkenntnis im Modus der Unvollkommenheit. Diese bildet zugleich den Ausgangspunkt für den auf dem Wege der Gottförmigkeit (deiformitas) und Heiligkeit (sanctitas) anzustrebenden Überstieg (transitus) zur ungeschaffenen W. (sapientia increata), worin das Wissensverlangen des Menschen seine Erfüllung findet (Hex. 2, 6 und 19, 3–4).

Dieses Moment der Diskontinuität in Hinblick auf die Möglichkeiten einer natürl. Gotteserkenntnis betont auch Meister →Eckhart. Nur durch das Hinzutreten eines Gnadenmoments vermag der Intellekt zu einer Erkenntnis »durch den Spiegel und im Lichte« (per speculum et in lumine) zu gelangen, indem er über das hinausgehoben wird, was er von Natur nicht vermag. Dieses affektiv bestimmte Wissen »in exstasi mentis« ist W., »schmeckendes Wissen« (sapida scientia) (Sermo die b. Aug. Par. hab., n. 6, LW V). Das Licht der W. aber ist unauslöschlich; es vermag allein vom Intellekt aufgenommen zu werden, sofern dieser etwas Höheres und Göttlicheres ist. Dieser W. wird man gewahr, wenn man – so Eckhart unter Berufung auf Augustinus – in sich selbst einkehrt; denn im inneren Menschen wohnt die Wahrheit. Wer aber die W. Gottes besitzt, erachtet alles Übrige für nichts (In Sap., n. 88–89 und n. 94–95, LW II; vgl. Augustinus, De vera religione, c. 68). A. Speer

Lit.: DSAM XIV, 57–114 – F. Cayré, La notion de sagesse chez s. Augustin, Année théol. augustinienne 4, 1943, 433–456 – R. Baron, Science et sagesse chez Hugues de St-Victor, 1957 – C. Berubé, De la philosophie à la sagesse..., Bibliotheca Seraphico-Capuccina 16, 1976 – D. F. Duclow, Meister Eckhart and the Book of Wisdom..., Traditio 43, 1987, 215–235 – A. Speer, Triplex Veritas..., Franz. Forsch. 32, 1987 – J. A. Aertsen, Nature and Creature..., Stud. Texte Geistesgesch. MA, 21, 1988.

Weißenburg (Wissembourg), Kl., Stadt im n. →Elsaß (dép. Bas-Rhin). Das im Speyergau gelegene, zur Diöz. Speyer gehörende Kl. wird 661 erstmals urkundl. erwähnt, doch läßt sich der Zeitpunkt der Gründung nicht zweifelsfrei bestimmen. Umstritten ist, ob und gegebenenfalls in welchem Maße Bf. Dragobodo v. Speyer (ca. 661–670) und der elsäss. Hzg. Bonifacius an der Gründung beteiligt waren. Nach dem Zeugnis der W.er Äbtekataloge war bereits Bf. Principius v. Speyer (erwähnt 634) Abt v. W. Seit dem 11. Jh. galt Kg. Dagobert I. als Stifter (fingierte Gründungsurk. aus dem 12. Jh.). Mit dieser Tradition verknüpft ist die Verehrung der als Tochter Dagoberts angesehenen →Irmina v. Oeren, deren Reliquien seit dem späteren MA in W. aufbewahrt wurden. Die Konzentration des frühen Kl. besitzes im Saar- und Seillegau weist auf enge Beziehungen der jungen Mönchsgemeinschaft zu lothring. Adelskreisen hin, u. a. zu den Chrodoinen und den Gundoinen. Seit 720 trat die elsäss. Hzg.sfamilie der →Etichonen als Förderin des Kl. auf. W. erwarb beträchtl. Grundbesitz als Adligen und kgl. Schenkungen verdankte W. seinen Besitz im Worms- und Speyergau, in den südfrk. Gauen an der Grenze zu Alemannien, in Oberschwaben, Hessen und Thüringen. Um 760 übertrug Kg. Pippin III. dem Kl. die W.er Mark (sog. Mundat).

Die Frühzeit der Abtei ist durch das enge, von eigenkirchenrechtl. Vorstellungen geprägte Verhältnis zum Bf. v. Speyer charakterisiert. Bf. Dragobodo wird 661 als Erbauer des dem hl. Petrus geweihten Kl. bezeichnet. Der frühe Kl.konvent war vermutl. benediktin.-columban. geformt. Laut »Vita Pirminii« soll →Pirmin bei häufigen Besuchen in W. mit den Mönchen die »norma sancti Benedicti« diskutiert haben, doch ist daraus kein Reformeingriff abzuleiten. Der Konvent umfaßte in der 1. Hälfte des 9. Jh. 70 bis 80 Mitglieder. Aus dieser Zeit sind nur spärl. annalist. Notizen überliefert, eine nennenswerte Geschichtsschreibung (Annales Weissenburgenses) gab es erst im 11. Jh.

Wohl nach der Mitte des 8. Jh. wurde W. Kg.skl. und trat unter den Äbten Erembert (764?–793), Bernhari (811–826) und Folkwig (826–833?), die zugleich als Bf. e v. Worms amtierten, in enge Beziehungen zu den Karolingern. Von der krisenhaften Zuspitzung der polit. Lage vor und nach dem Tode Ludwigs d. Fr. blieb auch W. nicht verschont: Abt →Grimald (833?–838/839), Oberkanzler Ludwigs d. Dt., mußte den Abtsstuhl zugunsten des Mainzer Ebf.s Otger – unter ihm Translation der Hl.n Sergius und Bacchus nach W. – räumen und konnte erst nach dessen Tode (847) die Leitung der durch den Vertrag v. →Verdun (843) an das Ostfrk. Reich gekommenen Abtei wieder übernehmen (847–870?). Die kulturelle Blütezeit W.s fällt mit Grimalds Abbatiat zusammen: Entstehung der Evangelienharmonie →Otfrids v. W., Erweiterung der Bibliothek durch vornehml. im klösterl. Skriptorium geschriebene Codices, Zusammenstellung der Kl.urkk. in einem Kartularwerk (Codex Traditionum), möglicherweise auch Anfertigung des karolingerzeitl. Urbars. Zugleich intensivierte W. seine Memorialbeziehungen zu verbrüderten Kl. (Toten- und Lebendenlisten in den »Libri vitae« der →Reichenau und →St. Gallens). Grimalds Nachfolger →Liutbert (870–889), Ebf. v. Mainz und Erzkanzler Ludwigs d. Dt., erwirkte 882 von Karl III. für W. das Recht der freien Abtswahl. Auch unter den Äbten Sunderolt (889–891) und →Hatto (891–913) blieb die Personalunion mit dem Mainzer Erzstuhl bestehen. Das Schicksal der Abtei in frühotton. Zeit liegt völlig im dunkeln. Mit Ottos d. Gr. verstärkter Hinwendung zum Elsaß seit der Mitte des 10. Jh. trat auch W. wieder in den Gesichtskreis des Kgtm.s: »Restitutio« der Abtei und Einsetzung des Abtes Geilo durch Otto d. Gr. (957), der W. als »nostro iuri propria« bezeichnet (968); Erteilung der Immunität durch Otto II. (967). Unter Abt →Adalbert (966–981) gelangte die Reichsabtei W. 968 als Dotation an das neuerrichtete Ebm. →Magdeburg, doch garantierte ihr Otto II. 973 dieselbe Freiheit, wie sie Fulda, Reichenau und Prüm zukam. Die Entfremdung von W.er Besitz an 68 Orten durch Hzg. →Otto v. Worms (sog. »sal. Kirchenraub«, um 990) schädigte das Kl. empfindl. Als Vögte nutzten die Salier und Staufer W.er Güter zum Ausbau ihrer Herrschaftspositionen. Seit dem 13. Jh. nahm der W.er Abt eine reichsfsl. Stellung ein. Abt Edelin (1262–93) begann mit dem Neubau der Kl.kirche und legte unter

Benutzung älterer Vorlagen ein Güterverzeichnis (Liber possessionum Wizenburgensis) an. W. wurde 1482 in die →Bursfelder Kongregation aufgenommen. – Die Stadt W. besaß seit 965 Marktrecht. Sie war eine der elsäss. Reichsstädte und Mitglied der →Dekapolis. U. Ludwig

Q.: E. F. Mooyer, Nekrologium des Kl. W., Archiv des hist. Ver. von Unterfranken und Aschaffenburg 13, 3, 1855, 1–67 – Annales Weissenburgenses, ed. O. Holder-Egger, MGH SRG 38, 1894, 9–57 – Traditiones Wizenburgenses, hg. K. Glöckner–A. Doll, 1979 – Liber Possessionum Wizenburgensis, hg. Ch. Dette, 1987 – Wattenbach–Levison–Löwe VI, 1990, 727–730 – Lit.: Th. Tyc, L'immunité de l'abbaye de Wissembourg, 1927 – H. Werle, Die sal.-stauf. Obervogtei über die Reichsabtei W. (Archiv für mittelrhein. Kirchengesch. 8, 1956), 333–338 – J. Semmler, Studien zur Frühgesch. der Abtei W., Bll. für pfälz. Kirchengesch. 24, 1957, 1–17 – M. Barth, Hb. der elsäss. Kirchen im MA, 1960, 1678–1701 – H. Butzmann, Die W.er Hss., 1964 – W. Metz, Das Kl. W. und der Vertrag v. Verdun (Fschr. J. Spörl, 1965), 458–468 – A. Schäfer, Die Abtei W. und das karol. Kgtm., ZGO 114, 1966, 1–53 – W. Haubrichs, Die W.er Mönchslisten der Karolingerzeit, ZGO 118, 1970, 1–42 – W. Kleiber, Otfrid v. W., 1971 – A. Angenendt, Monachi peregrini, 1972 – M. Werner, Adelsfamilien im Umkreis der frühen Karolinger, 1982 – U. Ludwig, Otfrid in den W.er Mönchslisten, ZGO 135, 1987, 65–86 – F. Staab, Episkopat und Kl., Archiv für mittelrhein. Kirchengesch. 42, 1990, 13–56 – A. Doll, Kl. W., seine Gründung und deren Zeugen, ebd. 44, 1992, 287–309 – F. Staab, Noch einmal zur Diplomatik der W.er Traditionen, ebd., 311–322 – A. Doll, Ist die Diplomatik der W.er Urkk. geklärt?, ebd. 45, 1993, 439–447.

Weißenburg, Stadt in Mittelfranken, entstand ö. des Auxiliarkastells Biriciana, zu dem keine Kontinuität besteht, und n. eines Altstraßenkreuzes (Nibelungenstraße) um 750 als Mitte eines frk. Kg.sgutbezirks. Kgl., 867 erstgen. →curtis mit suburbium und merowingerzeitl. dörfl. Siedlung (Martinpatrozinium) werden zusammen mit einer planmäßigen Erweiterung nach 1170 mit einem Steinbering umgeben, dessen eine im S entstandene Vorstadtsiedlung einbeziehende Erweiterung nach 1370 insgesamt 26 ha mit ca. 2000 Einw. umfaßte. Schon um 1150 ist die Stadtwerdungsphase abgeschlossen; von 1241 datiert der erste cives-Beleg, 1302 sind consules bezeugt, um 1350 kann der Rat sich endgültig gegenüber dem ehem. stauf. Amtsträger des kgl. Stadtherrn (stadtheil. Privilegien im 14./15. Jh., 1358 städt. Rechtsaufzeichnung, 1377 neues Ratsstatut) emanzipieren, um, wirtschaftl. nur von regionaler Bedeutung, im Windschatten →Nürnbergs trotz desolater städt. Finanzen im späten 15. Jh. seine reichsstädt. Unabhängigkeit zu wahren. F. B. Fahlbusch

Lit.: F. B. Fahlbusch, W. – Werden und Wachsen einer frk. Kleinstadt, Jb. für frk. Landesforsch. 48, 1988, 19–38 [Q., Lit.].

Weißenburg, Stadt im heutigen Rumänien → Alba Iulia

Weißensee, Stadt in →Thüringen. Das erstmals 1174 bezeugte W., dank seiner Lage zw. zwei Seen fortifikator. bes. geeignet und als Sperrburg vor dem Unstrutdurchbruch an der sog. Thüringer Pforte von besonderem strateg. Rang, gelangte nach erstmals in der →Cronica Reinhardsbrunnensis v. 1340/49 überlieferter Tradition 1168 aus dem Einflußbereich der Gf.en v. Beichlingen an die Lgf.en v. Thüringen und wurde von diesen rasch zu einem bedeutenden Herrschaftsmittelpunkt im N des Thüringer Beckens ausgebaut. An der Stelle einer älteren, wohl um 1100 begonnenen Burg errichtete Lgf. →Ludwig II. (1140–72) auf dem 1,5 ha großen, annähernd kreisrunden, ummauerten Burgplateau eine aufwendige Burganlage mit Palas, der um 1220 um einen großen Festsaal erweitert wurde (der heutige Name Runneburg ist nachma. und unhist.). Der Burg, die mehrfach als lgfl. Aufenthaltsort diente, wurden zunächst eine Marktsiedlung mit einem 1198 erstmals bezeugten Marktmeister und seit dem frühen 13. Jh. eine planmäßige Stadtanlage angegliedert. Ihre wichtige strateg.-polit. Rolle wurde bes. 1180 in den Kämpfen mit Heinrich d. Löwen und im stauf.-welf. Thronstreit bei den Belagerungen 1204 und 1212 durch Philipp v. Schwaben und Otto IV. sichtbar. Nach 1247 gelangte W. mit der Lgft. Thüringen an die →Wettiner, unter denen die Burg, seit dem 14. Jh. Sitz eines Amtmanns, nach weitgehender Bedeutungslosigkeit noch einmal unter den Lgf.en →Balthasar (1379–1406) und Friedrich d. Friedfertigen († 1440 in W.) größeres Gewicht als dritthäufigster Aufenthaltsort nach Gotha und Weimar gewann. M. Werner

Lit.: Hist. Stätten Dtl., IX, 1965, 1989², 487–489 – B. Streich, Zw. Reiseherrschaft und Residenzbildung. Der wettin. Hof im späten MA, 1989 – Castrum Wiszense (Fschr. zur 825-Jahr-Feier der Runneburg in W., 1993).

Weißenstein (estn. Paide), Stadt und Burg in →Jerwen, Estland (→Esten, Estland), 80 km sö. v. →Reval. Nach dem Vertrag v. Stensby (1238) mußte der →Dt. Orden →Harrien und Wierland an Dänemark zurückgeben, behielt aber Jerwen. Dem Vertrag zuwider errichtete Ordensmeister Konrad v. Mandern 1365 die Burg W. am Oberlauf (= W.scher Fluß) des Pernau-Flusses. Der Name W. ist vom weißen Kalkstein hergeleitet. Die Burg wurde Sitz des Deutschordensvogtes v. Jerwen und wichtiger militär. Stützpunkt im (damals) äußersten N des Ordensgebietes. Neben der Burg entstand ein offenes →Hakelwerk. Wie in anderen livländ. Kleinstädten sicherte sich auch hier der Dt. Orden einen starken Einfluß: Noch bis 1525 nahm der Hauskomtur v. W. an den Gerichtssitzungen des Rates teil. Seit dem ausgehenden MA profitierte die Stadt vom allg. wirtschaftl. Aufschwung in →Livland. Zu den Indizien dieser positiven Entwicklung gehört die Existenz zweier Schulen in W. Der Livländ. Krieg (1558–83) brachte jedoch der nur durch Wall und Graben geschützten Stadt (deren Bewohner seit je in der großen Burg Zuflucht fanden) nachhaltige Zerstörungen.

H. von zur Mühlen

Lit.: P. Baron Ungern-Sternberg, Ein Beitr. zur Gesch. W.s, Beitr. zur Kunde Est-, Liv- und Kurlands 7, II. 1–2, 1910, 1–14 – P. Johansen, Paide linna asutamisist [Von der Gründung der Stadt W.], Verh. der Gelehrten Estn. Ges. 30, 1939 – A. Tuulse, Die Burgen in Estland und Lettland, 1942, bes. 82–85 [Register].

Weißer Sonntag, der dem Ostersonntag folgende Sonntag (Oktavtag von Ostern), nach dem altkirchl. Brauch, daß die Neugetauften der Ostervigil bis zu diesem Tag das (weiße) Taufgewand tragen, in der röm.-frk. Liturgie »Dominica in albis«, »Sonntag der (abgelegten) weißen Gewänder«, genannt; auch »Quasimodo« (nach dem Initium der Introitus-Antiphon), 1. Sonntag der Osterzeit, ausgezeichnet als (später aufgegebener) Abschluß der arbeitsfreien Osteroktav (→Kirchenjahr, →Ostern). Theol. bestimmen ihn die Evangeliumsperikope der Messe Joh 20, 19–31 (→Thomas, Apostel), die mit dem Bezug auf den »8. Tag« nach der Auferstehung Christi die Einheit der Osterwoche herstellt. A. A. Häußling

Lit.: →genannte Einzelartikel – HWDA IX, 458f. [zum Brauchtum].

Weißes Kloster, Gründung des Mönchsvaters Apa Schenute († 466) um 440 beim mittelägypt. Sohâg. Gewaltiger rechteckiger und glatter Baukörper (ca. 75×37 m bei knapp 16 m Höhe im O) aus hellem Kalkstein mit zahlreichen relativ kleinen rechteckigen und in zwei Reihen angeordneten Fenstern; die geböschten und mit einer Hohlkehle oben abgeschlossenen Außenmauern erinnern an altägypt. Tempelarchitektur (so bereits A. L. Schmitz, Die Antike 3, 1927, 326–350; später F. W. Deichmann, Mitt. Dt. Inst. f. Altertumskunde in Kairo 8, 1938, 34–37).

Eingänge liegen im W und S. Das Innere umfaßt neben der großen, fast die gesamte Länge des Baues einnehmenden Kirche im Norden eine schmale Vorhalle im Westen, eine nicht ganz so schmale lange Süd-Halle und zwei Eckräume im SO und SW. Treppenanlagen ins Obergeschoß liegen im südl. Teil der W-Vorhalle und in der NO-Ecke. Wichtigster, wenn auch nicht größter Teil der Kirche ist der mit Wandsäulen, Architraven und Blendnischen zweigeschossig gegliederte Trikonchos im O mit seinen Nebenräumen. Die heutige Kuppel stammt aus späterer Zeit. Die Eindeckung des Mittelschiffs (ca. 44 × 12,5 m) ist bestritten worden, und auch beim Trikonchos gibt es offene Fragen. Das nahe gelegene Rote Kloster ist ein etwas kleinerer Schwesterbau aus dem 6. Jh. M. Restle

Lit.: U. MONNERET DE VILLARD, Les couvents près de Sohâg, 1925/26 – H. G. EVERS–R. ROMERO, Christentum am Nil, 1964, 175–199.

Weißfrauen → Magdalenerinnen

Weißpfennig → Albus

Weistum

I. Begriff – II. Weistümer im engeren Sinn.

I. BEGRIFF: Unter W. im ursprgl. Wortsinn versteht man eine Vielzahl ma. und frühnz. Rechtsq.n, deren gemeinsamer Nenner ihre Entstehung im Wege gerichtsförmiger Weisung durch rechtskundige Männer der jeweiligen Gerichtsgemeinschaft ist. Dem Vorgang der Rechtsweisung liegt die ma. Vorstellung vom → Recht als einer vorgegebenen Ordnung zugrunde, das für den Einzelfall nur zu finden und zu weisen war. Ein solches Verständnis von Recht schloß seine Wandelbarkeit und örtl. Verschiedenheit keineswegs aus. Dementsprechend erscheinen Anpassungen des Rechts an veränderte oder neuartige Bedingungen nicht als regelnde → Satzung, sondern als häufig in den Q.n auch so bezeichnete 'Besserung' im Sinne einer besseren Rechtsweisung. Diese Weisung gibt Auskunft über einen bestimmten Rechtszustand und basierte der Sache nach auf einem inhaltl. Konsens der beteiligten Rechtsgenossen. Sie erging in Form eines → Urteils über einen hypothet. Rechtsfall, was zugleich die Möglichkeit eröffnete, in einem W. für eine beliebige Anzahl von Fragen Recht zu finden. Die 'Gesetzgebung der Frühzeit' stellt sich insoweit weithin als eine Summe von Rechtsweisungen dar (EBEL, 16).

Bereits einige → Leges und verschiedene frk. → Kapitularien lassen deutl. ihren W.scharakter erkennen. Im hohen MA nahm die Bedeutung einer Rechtsweisung deutl. zu. In bes. Maße bedienten sich die Ks. der W.sform (Reichsweistümer), v. a. zur Fixierung grundsätzl. Fragen der Reichsverfassung. Auch viele spätma. → Landrechte kamen zunächst als W. zustande, ehe sie nach erfolgter Aufzeichnung Gesetzescharakter erlangten. Ferner spielte das W. als Erscheinungsform der Rechtsbildung auch im städt. und kirchl. Bereich (Sendweistum) eine wichtige Rolle. Von bes. Bedeutung sind die dem bäuerl. Lebenskreis zuzuordnenden W.er im engeren Sinn. Als Forsch.sbegriff wird W. regelmäßig in diesem inhaltl. begrenzten Sinn verwendet.

II. WEISTÜMER IM ENGEREN SINN: Die seit dem späten MA bis in die frühe NZ nachweisbaren W.er werden heute zunehmend auch unter der Bezeichnung 'ländl. Rechtsq.n' zusammengefaßt. Als Q.nbegriff tritt das W. vornehml. im Bereich des Mittelrheins und der Mosel, weniger häufig in anderen Regionen auf. Allerdings ist es in Anknüpfung an die rechtshist. Forsch.en von JACOB GRIMM üblich geworden, auch andere Q.n vergleichbaren Inhalts, wie etwa Ehaft oder Ehaftaiding (Südtl.), → Taiding oder Banntaiding (Österreich), Öffnung, Jahrding, Landrodel (Schweiz), Dingrodel (Elsaß) oder Ruge (Sachsen), als W.er in unserem Sinn zu bezeichnen.

[1] *Forschungsstand:* Das aus der unterschiedl. Q.nsprache resultierende Ringen um eine Definition des W.sbegriffes hat die W.sforsch. von Beginn an geprägt und ist im Ergebnis einer inhaltl. Erfassung eher hinderl. gewesen. Mittlerweile besteht in terminolog. Hinsicht weitgehend Einigkeit, die jüngst ihren Niederschlag in folgender Definition gefunden hat: »Weisung ist die gemeinschaftsbezogene, weisende Feststellung von wechselweise wirkenden Rechten und Pflichten der Herrschaft und der Genossenschaft in gerichtsverfassungsmäßiger, d. h. in einer durch die Förmlichkeit des Fragens, des Weisens und des Versammelns bestimmten Weise, gültig für einen bestimmten, räuml. abgegrenzten Bezirk« (SPIESS, 4f.). Als Kernproblem der W.sforsch. erwies sich von Beginn an die Frage nach der Entstehung der W.er. Heftig umstritten war dabei im wesentl. zweierlei: Lassen die aus dem MA überlieferten W.stexte Rückschlüsse auf die rechtl. Verhältnisse der germ. Frühzeit zu? Haben beim Zustandekommen der W.er bäuerl.-genossenschaftl. Rechtsfindung resp. -weisung oder herrschaftl. Rechtssetzung überwogen? Einigkeit besteht heute weitgehend darin, daß die erste Frage wohl zu verneinen ist, da eine über Jahrhunderte andauernde kontinuierl. Praxis der Rechtsweisung nirgendwo nachweisbar und im übrigen wohl eher unwahrscheinl. ist. Bezügl. der zweiten Streitfrage scheint sich allmähl. die Einsicht durchzusetzen, daß Aussagen über den Umfang bäuerl. und herrschaftl. Elemente in einem W. nur am konkreten Beispiel möglich sind. Verallgemeinerungen vermögen hingegen ledigl. hist. Tendenzen anzudeuten, wobei hier auch zeitl. und regionale Aspekte zu berücksichtigen sind. Soviel jedenfalls läßt sich zu dieser Frage sagen: Der Vorgang der Weisung ging überwiegend auf herrschaftl. Gebot zurück; wohingegen die Weisung selbst durch → Schöffen oder andere rechtskundige Männer aus der Gerichtsgemeinde und damit dem Kreis der Bauern erfolgte.

[2] *Sachverhalt:* Unabhängig von der Frage nach der Urheberschaft und der daraus folgenden inhaltl. Prägung der W.er bleibt festzustellen, daß ihr Regelungsgegenstand die rechtl. Verhältnisse der bäuerl. Bevölkerung und insbes. das Spannungsfeld grundherrl.-bäuerl./genossenschaftl. Rechtsbeziehungen sowie das Verhältnis der Bauern untereinander betrifft. Im Vordergrund stehen Bestimmungen zu → Abgaben und → Frondiensten, Nutzungsrechten an → Wald, → Wasser und → Weide sowie Vorschriften bezügl. Zuständigkeit, Besetzung, Verfahren und Teilnahmepflicht am grundherrl. Hofgericht. Eher selten finden sich Regelungen, die das Verhältnis der unterschiedl. Herrschaftsträger (Grundherr, Vogt, Landesherr) zueinander betreffen. Darüber hinaus enthalten die W.er eine Vielzahl disparater Einzelregelungen, die sich einer Systematisierung weitgehend entziehen. S. a. → Coutume, Coutumier. B. Schildt

Lit.: [Auswahl]: HRG V, 1239–1252 [Lit.] – J. KÜHN, Zur Kritik der W.er (Nach Oberrhein. Q. [Festg. G. SEELIGER, 1920]), 29ff. – E. PATZELT, Entstehung und Charakter der W.er in Österreich, 1924 – H. WIESSNER, Sachinhalt und wirtschaftl. Bedeutung der W.er im dt. Kulturgebiet, 1934 – A. GÜNTHER, Sind die W.er genossenschaftl. entstanden oder von der Herrschaft oktroyiert?, 1936 – O. STOLZ, W. und Grundherrschaft, VSWG 29, 1936, 161–179 – P. GEHRING, Um das W., ZRGGermAbt 60, 1940, 261–269 – K. KOLLNIG, Elsäss. W. Unters. über bäuerl. Volksüberlieferung am Oberrhein, 1941 – H. BALTL, Die österr. W.er. Studien zur W.s-Gesch., T. 1–2, MIÖG 59, 1951, 365–410; 61, 1953, 38–78 – K. S. BADER, Stud. zur Rechtsgesch. des ma. Dorfes, I–III, 1957–74 – W. EBEL, Gesch. der Gesetzgebung in Dtl.,

1958, 1988² – H. STAHLEDER, W.er und verwandte Q.n in Franken, Bayern und Österreich, ZBLG 32, 1969, 525-605, 850-885 – M. AMRHEIN, Bemerkungen zum genossenschaftl. Charakter der W.er, ebd. 33, 1970, 811-817 – G. KOCHER, Richter und Stabübergabe im Verfahren der W.er, 1971 – D. WERKMÜLLER, Über Aufkommen und Verbreitung der W.er, 1972 [grundlegend; weitere Ed. und Lit.] – H. FEIGL, Rechtsentwicklung und Gerichtswesen Oberösterreichs im Spiegel des W.s, AÖG 130, 1974 – Dt. ländl. Rechtsq.n Probleme der W.s-Forsch., hg. P. BLICKLE, 1977 [16 grundlegende Beitr. zur W.sproblematik] – B. DIESTELKAMP, Reichsw. als normative Q.? (Recht und Schrift im MA, hg. P. CLASSEN, 1977 [= VuF 23]), 281-310 – H. FEIGL, Von der mündl. Rechtsweisung zur Aufzeichnung (ebd.), 425-448 – I. EDER, Die saarländ. W.-Dokumente der Territorialpolitik, 1978 – K. KOLLNIG, Über die Ed. von W.ern, Heidelberger Jb. 28, 1984, 97-109 – K.-H. SPIESS, Die W.er und Gemeindeordnung des Amtes Cochem im Spiegel der Forsch. (Ländl. Rechtsq.n aus dem kurtrier. Amt Cochem, hg. C. KRÄMER – K.-H. SPIESS, 1986) – G. KOCHER, Landesbrauch und gemeines Recht in den bäuerl. W.ern Österreichs (Les communautes rurales, RecJean Bodin 44, 1987), 127-165 – R. HINSBERGER, Die W.er des Kl. St. Matthias in Trier, 1989 – A. LAUFS, Zum Stand der W.s-Forsch. (Soziologie, Politik und Gesch. in der Lehrerbildung [Fschr. K. KOLLNIG, 1990]), 147-168 – W. RÖSENER, Frühe Hofrechte und W.er im HochMA, Probleme der Agrargesch. des Feudalismus und des Kapitalismus 23, 1990, 12-29 – D. WERKMÜLLER, Gewohnheitsrecht in dt. W.ern (La Coutume, RecJean Bodin 52, 1990), 311-324.

Weizen → Getreide

Welf

1. **W.**, Vater der Ksn. →Judith, war Spitzenahn der →Welfen. Die Vermählung seiner Tochter Judith mit Ks. Ludwig d. Fr. 819 zeigt W. in der Gruppe der karol. Reichsaristokratie. Er gehörte einem sehr vornehmen bayer. Geschlecht an, zu seinen Vorfahren zählte aber auch der frk. Gf. Ruthard um die Mitte des 8. Jh. W. war mit der edlen Sächsin Heilwig verheiratet, die später Äbt. der berühmten westfrk. Abtei →Chelles wurde († nach 833). Ob W., wie nachmals sein Sohn Konrad, gfl. Positionen in Alemannien n. des Bodensees ausübte, wo die Welfen später ihr Herrschaftszentrum hatten, bleibt ungewiß. In der welf. Tradition des 12. Jh. begegnet W. auch unter dem Namen Eticho, der durch die Heirat seines Sohnes Konrad mit der Etichonin Adelheid in das Namensgut der Familie eingedrungen ist. Th. Zotz
Lit.: → Welfen.

2. **W. I.**, Gf. in Alemannien, gilt als Sohn des Welfen Konrad († nach 862) und nach der welf. Hausgeschichtsschreibung des 12. Jh. als Vater eines Eticho und Großvater Heinrichs »mit dem goldenen Wagen«, welche die Linie der süddt. →Welfen fortsetzten. Bis in die Mitte des 9. Jh. ist W. als Gf. n. des Bodensees, im Linz-, Argen- und Alpgau bezeugt, er verlor aber diese Positionen im Reich Kg. Ludwigs d. Dt. offensichtl. im Zusammenhang mit der Parteinahme seiner mutmaßl. Brüder Konrad und Hugo für ihren Vetter Kg. Karl d. Kahlen i. J. 858.
Th. Zotz
Lit.: → Welfen.

3. **W. II.**, Gf. in →Schwaben, † 10. März 1030, ⌐ Kl. →Weingarten; eröffnete die wechselvolle Gesch. der →Welfen im 11. Jh., ⚭ Imiza (Irmentrud), Tochter des Gf.en Friedrich v. Luxemburg und Nichte der Ksn. →Kunigunde. Durch seine Heirat gewann W. die Gunst Ks. Heinrichs II.; er verdankte er den Erwerb des für den Weg nach Italien strateg. wichtigen Fiskus Mehring am Lech. Gegenüber →St. Gallen pflegte W. die mit Eisenzins aus Füssen geleistete Sühneleistung der Familie wegen des dem hl. →Otmar zugefügten Unrechts. I. J. 1020 bekriegte er zusammen mit Bf. →Werner v. Straßburg siegreich die Burgunder, und die Probleme um das Erbe des burg. Reiches ließen ihn auch mit Hzg. →Ernst II. v. Schwaben ab 1025 gegen Kg. Konrad II. rebellieren. 1026 zusätzl. in Fehden gegen die seinen Herrschaftsräumen benachbarten Bf.e v. Augsburg und Freising verwickelt, unterwarf sich, des Hochverrats beschuldigt, in Ulm 1027 Konrad II., der ihm zuvor die für den Brennerübergang zentrale Gft. im Inn- und Eisacktal aberkannt hatte. W., von →Wipo als reich begütert und waffenstark gerühmt, starb im Frühjahr 1030 wohl in der Gefangenschaft. Th. Zotz
Lit.: → Welfen.

4. **W. III.**, Hzg. v. →Kärnten und Mgf. v. →Verona 1047-55, † 13. Nov. 1055, ⌐ Kl. →Weingarten; Sohn des schwäb. Gf.en →Welf II. und der Imiza (Irmentrud), Tochter des Gf.en Friedrich v. Luxemburg. Seine Tante Richlind, die Schwester Welfs II. und Gattin Adalberos II., des letzten Gf.en v. →Ebersberg, wollte W. 1045 einen Teil des reichen Ebersberger Erbes zuwenden. Als Kg. Heinrich III. auf Burg Persenbeug a. d. Donau W. belehnte, brach unter dem Druck der vielen Menschen der Fußboden der Halle durch, Richlind, Abt Altmann v. Ebersberg und Bf. Bruno v. Würzburg starben. Heinrich III. verlieh am 7. Juni 1047 in Speyer W. das Hzm. Kärnten und die Mgft. Verona. Die Vettern W.s, Markward II. und Adalbero v. Eppenstein, der spätere Bf. v. Bamberg, waren die mächtigsten Grundherren in Kärnten, Mgf. →Azzo II. v. Este, der Gatte von W.s Schwester Chuniza (Kunigunde), der unmittelbare Nachbar der Mgft. Verona. Im Hzm. Kärnten, das er sich von Papst Leo IX. bestätigen ließ, hielt sich W. kaum auf, in Vicenza leitete er als Mgf. v. Verona 1050 einen Gerichtstag. Auf dem erfolglosen Zug Heinrichs III. gegen Ungarn 1051 befehligte W. gemeinsam mit Bf. →Gebhard v. Regensburg und Hzg. →Vratislav II. v. Böhmen ein Kontingent, das die Gebiete n. der Donau verwüstete. Als Hzg. →Konrad I. v. Bayern aus der Sippe der →Ezzonen 1053 abgesetzt wurde und auch allen Eigenbesitz verlor, floh er – wohl mit Unterstützung W.s – durch die Karantan. Mark (die spätere Steiermark) nach Ungarn, fiel im folgenden Jahr mit ung. Truppen in die Mark ein und besetzte die Hengistburg bei Wildon (s. Graz). Dem Aufstand Konrads schlossen sich der bayer. Pfgf. Aribo II. und sein Bruder Boto an, auch W., Bf. Gebhard v. Regensburg und weitere Fs.en konspirierten gegen Heinrich III. Auf der Rückkehr vom Romzug des Ks.s 1055 verließ W. unter falschen Vorgaben das Heer. Dieses Ereignis wird in der →»Historia Welforum« sagenhaft ausgeschmückt. W. erkrankte schon im Nov. in seiner Burg →Bodman am Bodensee, gestand auf dem Totenbett die Umsturzpläne, gab seine Mitverschworenen an und bat Heinrich III., dem er den Hof Utting am Ammersee vermachte, um Verzeihung. Seinen großen Eigenbesitz vermachte er dem Kl. Weingarten. Mit W. erloschen die älteren Welfen im Mannesstamm. H. Dopsch
Q.: Chronicon Ebersbergense, ed. W. ARNDT, MGH SS 20, 1868, 14 – Monumenta historica ducatus Carinthiae, III, ed. A. v. JAKSCH, 1904, 111-128, Nrr. 268-313 – *Lit.:* E. STEINDORFF, Jbb. des dt. Reichs unter Heinrich III., Bd. 2, 1881, 13f., 316ff. – A. v. JAKSCH, Gesch. Kärntens, I, 1928, 187ff. – Welf VI., hg. R. JEHL, 1995, 119f. – B. SCHNEIDMÜLLER (Heinrich d. Löwe und seine Zeit, hg. J. LUCKHARDT – F. NIEHOFF, II, 1995), 51f. – → Welfen.

5. **W. IV.**, als Hzg. v. →Bayern W. I., † 8. Nov. 1101, ⌐ Kl. Weingarten; Sohn des Otbertiners Mgf. →Azzo II. v. Este (997-1097) und der Welfin Chuniza (Kunigunde), ⚭ 1. Italienerin, 2. nach 1061 Ethelinde, Tochter des Bayernhzg.s →Otto v. Northeim, 3. Judith v. Flandern, Halbschwester Gf. →Balduins V. v. Flandern, Witwe des Earl →Tostig v. Northumberland. W. wurde auf Initiative seiner Großmutter Imiza (Irmentrud), Gemahlin →Welfs

II., aus Italien nach S-Dtl. gerufen, um die schwäb.-bayer. Besitzungen seines verstorbenen Onkels→W. III. zu übernehmen und zu organisieren. Jener hatte bereits laut Testament diese Besitzungen an sein Hauskl. Altdorf vererbt, was aber seine Mutter Irmentrud verhinderte, indem sie ihren Enkel W. IV. (der nur kognat. ein →Welfe war) herbeirief. W. verstieß seine Gemahlin Ethelinde, nachdem Otto v. Northeim 1070 zum erbitterten Feind Kg. Heinrichs IV. geworden war. Diese Tat war wohl die Voraussetzung dafür, daß W. 1070 das Hzm. Bayern verliehen bekam. Seine Vermählung mit Judith brachte W. internat. Familienbeziehungen, darüber hinaus erstmals Söhne. W. wurde in der Pfalz Goslar am Weihnachtsfest 1070 ohne Hinzuziehung der bayer. Großen mit dem Hzm. Bayern belehnt. Schon 1073/74 gab es Spannungen mit dem Kg., als die Großen des Reiches die Wiedereinsetzung Ottos v. Northeim als bayer. Hzg. forderten. Nach Ausbruch des →Investiturstreits trat W. gemeinsam mit Hzg. Rudolf v. Schwaben zur päpstl. Partei über und forcierte in →Forchheim (15. März 1077) die Wahl →Rudolfs v. Rheinfelden zum Gegenkg. Im Mai 1077 auf dem Hoftag zu Ulm geächtet, mußte er ohne bayer. Anhänger nach Ungarn fliehen, 1078 auch die Verwüstung seiner schwäb. Güter durch die Anhänger Kg. Heinrichs IV. dulden. W. scheint bereits vor dem Ausbruch des Machtkampfs zw. Kg. und Papst kirchl. Reformtendenzen verfolgt zu haben, denn 1073 gründete er s. seiner Burg Peiting das Klerikerstift →Rottenbuch. Der 1077 von einem Reformkreis in Augsburg zum Bf. gewählte Wigold konnte sich gegenüber dem kgl. Favoriten Siegfried nur im Schutze W.s halten. W. hatte nach seiner Absetzung 1077 freilich in Bayern keinen nennenswerten Anhang mehr. Hier herrschte nun weitgehend der Kg. Im Umkreis der Bf.sstadt Augsburg vermochte W. aber mit den übrigen Mitgliedern der süddt. Fs.enopposition, langwierige krieger. Aktivitäten durchzusetzen. Zudem hatte er erhebl. Einfluß auf die Alpenpässe. Der Kg. konnte die Machtposition W.s nicht erschüttern. Anstelle Bayerns suchte sich W. eine neue Machtposition in Italien zu schaffen, scheiterte aber an seinen it. Stiefbrüdern. Durch päpstl. Vermittlung wurde W.s gleichnamiger Sohn (→Welf V.) 1089 mit Mgfn. →Mathilde v. Tuszien vermählt, der sich aber 1095 von ihr trennte. Dies ermöglichte einen erneuten Parteiwechsel W.s in Dtl. Er versöhnte sich mit Heinrich IV. und erhielt das Hzm. Bayern zurück. Ein neuer Zug gegen die it. Stiefbrüder brachte einen letzten Erfolg. Auf der Rückreise von einer Kreuzfahrt nach Jerusalem starb W. auf Zypern. W. Störmer

Lit.: E. KÖNIG, Die süddt. Welfen als Kl.gründer, 1934 – R. GOES, Die Hausmacht der Welfen in S-Dtl. [Diss. masch. Tübingen 1960] – SPINDLER I, 1981², 324ff. [K. REINDEL] – →Welfen.

6. W. V., als Hzg. v.→Bayern W. II., * 1072, † 24. Nov. 1120 in Kaufering a. Lech, ▭ Kl. →Weingarten; Sohn Hzg. →Welfs IV. und seiner dritten Gemahlin Judith v. Flandern, ∞ 1089 mit der älteren Mgfn. →Mathilde v. Tuszien. Die durch den Vater und den Papst vermittelte Heirat sollte die Fs.enopposition stärken, zielte aber auch auf verstärkte Welfenherrschaft in Italien. Die Burgen Mathildes wurden bald von Ks. Heinrich IV. und den Anhängern des Gegenpapstes besetzt. Da Mathilde ihre Güter insgeheim schon vor ihrer (Schein-)Ehe dem Papst übereignet hatte, trennte sich W. von ihr, zog 1095 über die Alpen und näherte sich gemeinsam mit seinem Vater dem Ks. Wohl unter der Zusicherung der Nachfolge im Hzm. Bayern kamen 1098 Einigung und Frieden mit dem Ks. zustande. Als Hzg. (1101–20) blieb W. stets auf der Seite der Salierks. 1107 wirkte er als kgl. Gesandter bei Verhandlungen mit dem Papst, 1108 nahm er am Feldzug gegen die Ungarn teil, 1110 am Romzug Heinrichs V. Der einst so ehrgeizige W. erkämpfte auffallenderweise nicht mehr seine it. Ansprüche. W. vermählte sich auch nicht mehr nach dem Tode Mathildes 1115, er hatte daher keine erbberechtigten Söhne. Über seine bayer. Hzg.stätigkeit ist kaum etwas bekannt, wohl aber über seine Vermittlungsbemühungen zw. Ks. und Papst. W. Störmer

Lit.: R. GOES, Die Hausmacht der Welfen in S-Dtl. [Diss. masch. Tübingen, 1960] – SPINDLER I, 1981², 331ff. [K. REINDEL] – W. GOEZ, Gestalten des HochMA, 1983, 194ff. - →Welfen.

7. W. VI., Mgf. v. Tuszien, Hzg. v. Spoleto, * 1115/16, † 15. Dez. 1191 Memmingen, ▭ Kl. Steingaden; Sohn Hzg. →Heinrichs d. Schwarzen v. Bayern und Wulfhilds Billung († beide Dez. 1126), ∞ ca. 1130 Uta, Erbtochter des Pfgf.en →Gottfried II. v. Calw, Sohn: Welf VII. († 1167, ▭ Kl. Steingaden). W. stand auf der Seite seines Bruders Hzg. →Heinrichs d. Stolzen und Ks. Lothars III. im Kampf gegen die stauf. Brüder Konrad und Friedrich, gegen die sich auch seine Ehe mit Uta richtete, durch die er seinen Machtbereich im NW über Donau und Schwarzwald ausdehnen konnte. Nach dem Tod Heinrichs († 1139) hielt er unter trotz der Niederlage von Kg. Konrad III. 1140 bei →Weinsberg (Sage der »Weiber v. Weinsberg«) an dem Anspruch auf die seinem Bruder entzogenen Lehen Bayern und Sachsen fest, unterstützt durch Ungarn und Sizilien. 1146 nahm er gleichzeitig mit Konrad III. das Kreuz und gründete wohl nach Absprache mit dem nun volljährigen Heinrich d. Löwen als neue welf. Grablege Steingaden. Während des Kreuzzuges kam es zu der von seiner weiteren Politik bestimmenden Annäherung an seinen stauf. Neffen Hzg. →Friedrich II. v. Schwaben, der nach W.s Niederlage bei Flochberg 1150 den Frieden mit Kg. Konrad vermittelte. W. wählte bei der Kg.swahl v. 1152 Friedrich Barbarossa und wurde von ihm mit dem Besitz →Mathildes v. Tuszien, der Gemahlin →Welfs V. (Hausgut, Hzm. Spoleto, Mgft. Tuszien und den damit verbundenen Inseln Sardinien und Korsika), belehnt, auf dem er sich mit seinem Sohn Welf VII. mehrfach aufhielt, ohne eine eigenständige Herrschaft errichten zu können. Seit 1160 trat W. zusammen mit seinem engen Berater Propst Otto v. Rottenbuch offen für Papst Alexander III. ein, weshalb der Ks. ihn aus den it. Lehen zu verdrängen suchte. Andererseits unterstützte Friedrich Welf VII. in der Tübinger Fehde gegen Hzg. Friedrich v. Schwaben, vielleicht für das Versprechen der Teilnahme am Romzug zur Inthronisation Viktors IV. Nach dem Tod seines einzigen Sohnes (1167) zog sich W. mehrere Jahre völlig vom Ks.hof zurück; trotz der betont alexandrin. Haltung kam es zur Wiederannäherung an den Ks., dem er 1173/74 seine it. Lehen resignierte. Wegen Auseinandersetzungen mit Heinrich d. Löwen änderte W. dessen 1175 festgesetzte Erbfolge und schloß 1179 im Vorfeld des Prozesses gegen Heinrich für eine erhebl. Summe einen Erbvertrag mit Friedrich I., der sukzessive vollzogen wurde und den Staufern u.a. das Patrimonium Altdorfensium (um →Weingarten), die terra Welfonis (oberer Lech), zahlreiche Vogteien, Teile des Calwer und obertheim. Erbes (Este) einbrachte. Am HofW.s wurde die welf. Memoria im weitesten Sinne gepflegt: Großzügige Hofhaltung, Bauten (Altendorf, Schongau, Peiting), Geschichtsschreibung (→»Historia Welforum«), Minnesang. K. Baaken

Lit.: K. FELDMANN, Hzg. W. VI. und sein Sohn [Diss. Tübingen 1971; Regesten] – E. BOSHOF, Staufer und Welfen in der Regierungszeit Konrads III., AKG 70, 1988, 313–341 – G. ALTHOFF, Welfen- ten, FMASt 26, 1992, 331–352 – H. SCHWARZMAIER, Dominus tot. com. Mathildis (Fschr. E. HLAWITSCHKA, hg. K. SCHNITH–R. PAULER,

1993), 283–305 – W. VI. Wiss. Koll. zum 800. Todesjahr 1991, hg. R. Jehl (Irseer Schrr. 3, 1995) [Lit.] – O. G. Oexle, Welf. Memoria (Die Welfen und ihr Braunschweiger Hof im hohen MA, hg. B. Schneidmüller, 1995) [Lit.] – W. Hechberger, Staufer und Welfen 1125–90, 1996 [Lit.] – →Welfen.

Welfen

I. Von den Anfängen bis zu Heinrich d. Schwarzen – II. Von Lothar III. bis zu Otto 'd. Kind'.

I. Von den Anfängen bis zu Heinrich d. Schwarzen: Die W. waren ein seit dem frühen 9. Jh. belegtes, weit verzweigtes Adelsgeschlecht, das sich in einzigartiger Weise, wenn auch in unterschiedl. Dichte fortan das ganze MA hindurch verfolgen läßt. Da die Sammelbezeichnung 'W.' erst im 12. Jh. vereinzelt gebräuchl. wurde und eine fortgeschrittene Entwicklungsstufe adliger Geschlechterbildung spiegelt, kann der Name W. für das FrühMA nur mit Einschränkung gelten. Der für die heutige Forsch. nicht anders als für die welf. Hausgeschichtsschreibung des 12. Jh. klar greifbare Spitzenahn der W. ist ein Gf. →Welf zur Zeit Karls d. Gr., der nach dem Zeugnis →Thegans aus einem sehr vornehmen bayer. Geschlecht stammte; seine Tochter →Judith wurde 819 Gemahlin Ks. Ludwigs d. Fr. So deutl. damit die Familie Welfs in das polit. Rampenlicht trat, so sehr liegen die Ursprünge der W. im dunkeln. Denn neben dem zeitgenöss. Hinweis auf bayer. Herkunft gibt es (spätere) Belege für die frk. bzw. schwäb. Abstammung der W. Als ein Vorfahr ist der frk. Große →Ruthard zu erkennen, der mit →Warin um 750 Alemannien verwaltete (J. Fleckenstein); dem mehrfach im welf. Zusammenhang vorkommenden Rekurs auf Ruthards Gewalttat gegenüber Abt →Otmar v. St. Gallen kommt dabei, wenngleich negativ besetzt, die wichtige Funktion adligen Gedächtnisses zu. Vielleicht gehörte zur Familie Gf. Welfs einer der bayer. Großen, die im Auftrag Kg. Pippins in →Auxerre, einer späteren welf. Position, eingegriffen haben, wodurch sich die offenbar auf Reichsintegration gemünzte Herkunftsangabe Thegans erklärt (J. Fried).

Die Zeit Ludwigs d. Fr. bedeutete sogleich einen Höhepunkt welf. Einflusses im Reich: Neben Judith erhielt deren Schwester →Hemma als Gemahlin Kg. Ludwigs d. Dt. eine Spitzenposition, und der so gewonnene Vorrang der Familie Gf. Welfs in der karol. Adelsgesellschaft verstärkte sich noch durch die Ehe von dessen Sohn Konrad mit Adelheid, einer Tochter des Gf.en →Hugo v. Tours (14. H.) aus dem Haus der elsäss. →Etichonen, wodurch er Schwager Ks. Lothars I. wurde. V. a. aber fiel ins Gewicht, daß Judiths Sohn Karl seit 829 als künftiger Kg. galt. Von daher waren die W. allesamt in den Konflikt verwickelt, der bis zum Vertrag v. →Verdun (843) Karolingerhaus und Reich erschütterte. Die Parteinahme der W. für Ludwig d. Fr., durch die Konrad ab 839 eine Machtposition als Gf. in Alemannien erlangte, hat unter Ludwig d. Dt. zu einem Revirement zugunsten der in Alemannien verwurzelten Ulriche v. a. in den Gft.en am Bodensee geführt. Offenbar wegen dieser Kränkung verbanden sich zwei Söhne Konrads d. Ä., →Konrad (19. K.), Dux in Transjuranien, und →Hugo »Abbas« (5. H.), 858/859 mit ihrem Vetter Kg. Karl d. Kahlen und bauten von dem überkommenen welf. Stützpunkt Auxerre aus ihre im westfrk. Reich des 9. Jh. bedeutsame Herrschaft auf; Konrad d. J. begründete das Haus der welf.-burg. W. und späteren Kg.e v. Burgund (→Rudolfinger).

Ein auch nur bis Mitte der 50er Jahre des 9. Jh. am Bodensee belegter Gf. →Welf, vermutl. Sohn Konrads d. Ä., gilt als »Stammvater« der süddt. W. Wenn dieser damals die väterl. Gft.en in Alemannien verlor, so konnte doch im späten 9. Jh. sein Vetter Rudolf als Mgf. v. Rätien und als Gf. im Zürich- und Augstgau welf. Einfluß im S des ostfrk. Reiches wieder geltend machen, und auch der vielleicht auf Gf. Konrad d. Ä. zurückgehende (K. Schmid), in der welf. Tradition Heinrich »mit dem goldenen Wagen« zugeschriebene listige Erwerb eines großen ksl. Lehens im Schussengau hat zur Konsolidierung der welf. Herrschaft mit dem über →Schwaben, →Bayern (Augstgau, Ammergau), das Inntal, den Vinschgau und →Churrätien verstreuten Besitz und mit dem Zentrum n. des Bodensees beigetragen. Hier in Altdorf und in der im 11. Jh. erbauten →Ravensburg sowie in dem vermutl. um 1000 gegr. Stift (später Kl. St. Martin/→Weingarten) entstanden für die W. ein im 12. Jh. namengebender fester Sitz und das durch die Familiengrablege ausgezeichnete Hauskl., in dem zuerst Rudolf († um 992) seine letzte Ruhe fand, ein Neffe Bf. Konrads v. Konstanz, der ebenso wie Bf. Eticho v. Augsburg vom welf. Einfluß im Schwaben des 10. Jh. zeugt; seit dieser Zeit galten die W. als schwäb. Geschlecht.

Nach der Darstellung der →»Historia Welforum« war Rudolf mit Ita v. Öhningen, einer Enkelin Ks. Ottos I., verheiratet. Im hausgeschichtl. Rückblick des 12. Jh. scheint der so herausgestellte genealog. »Anschluß« der W. an die höchste weltl. Rangstufe den Wiedereintritt der W. in die Reichsgesch. im 11. Jh. zu reflektieren. Rudolfs Sohn →Welf II., als Gf. in Schwaben bezeugt, erreichte über seine Ehe mit der Lützelburgerin Imiza (Irmentrud), einer Nichte von Ks. Heinrichs II. Gemahlin →Kunigunde, den Vorzug der Herrschernähe, die den W. den Gewinn des für die Sicherung des Italienweges nützl. Fiskus Mehring am Lech einbrachte. Polit.-militär. tat sich Welf nicht nur mit seinen Fehden gegen den Augsburger und Freisinger Bf. hervor, sondern er griff auch in die unter Heinrich II. beginnenden Auseinandersetzungen um das Erbe des burg. Reiches ein, die in der Rebellion Hzg. →Ernsts II. v. Schwaben gegen Ks. Konrad II. kulminierten; dem hierin verwickelten Welf wurde 1027 vom Ks. die Gft. im Inn- und Eisacktal mit dem wichtigen Brennerübergang abgesprochen.

Mit Welfs gleichnamigem Sohn beginnt die lange Reihe welf. Hzg.e: 1047 erhielt →Welf III. von Ks. Heinrich III. das Hzm. →Kärnten mit der Mark →Verona, dessen Rang ihn nach dem Bericht der »Historia Welforum« dem Herrscher gegenüber in einer »Mischung aus gesundem Rechtsempfinden und Stolz« (B. Schneidmüller) hat auftreten lassen. 1055 war Welf an einer Verschwörung gegen den Ks. beteiligt. Als er noch in diesem Jahr in der Burg →Bodman, dem Ort der für den hochma. Adel Schwabens bedeutsamen karol. Pfalz, nachkommenlos starb, nachdem er sein Erbe dem Kl. in Altdorf tradiert hatte, geriet die welf. Herrschaft ins Wanken. Ihre Kontinuität ist durch die Tatkraft von Welfs III. Mutter gesichert worden, die den Sohn ihrer mit Mgf. →Azzo II. v. Este verheirateten Tochter Chuniza (Kunigunde) aus Italien holen ließ. Außerdem hat Imiza 1056 das nun Weingarten genannte Hauskl. neu organisiert, indem sie die hiesigen Nonnen gegen den Mönchskonvent des Kl. Altomünster ö. von Augsburg austauschte.

Auf Reichsebene kam die jüngere Linie der W. zum Zuge, als →Welf IV. 1070 von Kg. Heinrich IV. das Hzm. Bayern empfing, das bis 1180 fast ununterbrochen in welf. Hand blieb. Durch seine dritte Ehe mit Judith, der Tochter Gf. Balduins v. Flandern und Witwe des Earl →Tostig v. Northumberland, weitete sich der welf. Beziehungshorizont erhebl. Welf IV. gehörte zu den Hauptträgern der süddt. Fs.enopposition gegen Heinrich IV., weshalb er

1077 sein Hzm. für fast 20 Jahre verlor. In der Folgezeit agierte Welf weiter als treuer Anhänger des Papstes, spielte in Schwaben eine dominante Rolle und versuchte gar, 1091 die Wahl eines neuen Gegenkg.s zu organisieren. Mit der spektakulären, von Papst Urban II. betriebenen Heirat seines Sohnes Welf mit →Mathilde v. Tuszien wollte er die welf. Position in Italien stärken. Die nach Scheitern dieser Allianz erreichte Aussöhnung mit Heinrich IV. 1096, zugleich Beginn einer reichsweiten Entspannung, sicherte den Söhnen Welfs IV. die Nachfolge im Hzm. Bayern, das der ältere Sohn Welf nach dem Tod des Vaters 1101 übernahm. →Welf V. war zuletzt Welf IV. ein treuer Parteigänger Heinrichs V., und diese Politik setzte sein ihm 1120 nachfolgender Bruder →Heinrich d. Schwarze (38. H.) fort. Durch seine Ehe mit der Billungerin Wulfhild erwarb dieser dem welf. Haus später bedeutsame Positionen in →Sachsen. Mit der Verheiratung seiner Töchter Judith und Sophie an die →Staufer bzw. →Zähringer betrieb Heinrich die Politik einer südtl. Fs.enallianz. Allerdings gab er bei der Mainzer Kg.swahl 1125 mit seiner Stimme den Ausschlag für die Erhebung Hzg. Lothars v. Sachsen auf Kosten seines stauf. Schwiegersohnes Hzg. →Friedrich II. v. Schwaben, ein Verhalten, das mit der Absprache der Ehe seines Sohnes →Heinrich d. Stolzen (39. H.) mit Lothars Tochter Gertrud zusammenhing.

»Hausintern« hat Heinrich d. Schwarze sein Interesse auf die Erkundung der eigenen Vorfahren gerichtet, was durch den Bericht von der Stiftung einer Kirche über dem auf sein Geheiß geöffneten Grab des Spitzenahns Welf-Eticho bezeugt ist; dies kommt auch darin zum Ausdruck, daß er 1123 der Erhebung der Gebeine des heiliggesprochenen Konrad v. Konstanz beiwohnte und sich durch seine Zuwendung an die Konstanzer Kirche als dessen Verwandter zeigen wollte. Heinrich zog sich zuletzt als Mönch in das Kl. Weingarten zurück, wo er 1126 starb. Wenn er als letzter der W. in der dortigen welf. Grablege beigesetzt wurde, so kann das als Zäsur in der Gesch. dieser Familie gelten. Th. Zotz

II. Von Lothar III. bis zu Otto 'd. Kind': Seit der Kg.swahl Lothars III. von 1125 nahmen die W. für mehr als ein Jahrhundert entscheidenden Einfluß auf die Reichspolitik. Der 1125/26 erlangten Kg.snähe entsprach die Formierung ihres adligen Hausbewußtseins, das durch polit. Realitäten wie Ansprüche geprägt war, sich darum beständig wandelte und in unterschiedl. geistl. Zentren (→Weingarten, →Lüneburg, →Braunschweig) verschriftlicht wurde. Als erstes großes Adelsgeschlecht überhaupt wurden die W. zum Gegenstand von »Hausgeschichtsschreibung«, die nicht allein als adlige Selbstaussage, sondern auch in ihrer institutionengebundenen Prägung gelesen werden muß. Die »Genealogia Welforum« (um 1126) und die →»Historia Welforum« (um 1170) aus Weingarten/Ravensburg dokumentieren den Aufstieg der W. in der Beschreibung genealog. Verbindungen, polit. Aktivitäten, erlangter Ämter und Titel wie der Förderung zentraler Herrschafts- und Erinnerungsorte. Ebenfalls in Weingarten entstand in der 2. Hälfte des 12. Jh. die Darstellung eines Stammbaums, die den Übergang des welf. patrimonium an die stauf. Nachfolger spiegelt, just in einer Zeit, als sich der norddt. Zweig der W. aus der Herkunft von Ks.n (Lothar III., Karl d. Gr.) oder Kg.en legitimierte und genuin welf. Kontinuitäten zugunsten der herrschaftl. Verankerung der neuen patria in →Sachsen weiterentwickelte. Diese unterschiedl. Ausfaltung welf. Memoria resultierte aus dem polit. Wandel des 12. Jh., den →Otto v. Freising (31. O.) noch in seine Rollenzuweisung zu pressen versucht hatte: Die Staufer pflegten Ks., die W. große Hzg.e hervorzubringen (Gesta Friderici, II 2)! Dieses Bild entsprach allenfalls den Realitäten stauf.-welf. Zusammenwirkens zw. 1152 und 1174/76.

Noch 1137/38 hatte →Heinrich d. Stolze (39. H.), Hzg. v. Bayern und Sachsen (wohl schon seit 1126, RI IV 1/1, 115), beim Tod seines Schwiegervaters Ks. Lothar III. auf die Krone gehofft. Doch die Kg.swahl Konrads III. und die von →Helmold v. Bosau (Chron. Slavorum, I 54) überlieferte Forderung des Staufers, ein Hzg. dürfe nur ein Hzm. besitzen, drängten Heinrich in die Opposition: Nach rechtl. und militär. Auseinandersetzungen, die wegen des Fehlens fester Prinzipien und Prozeßformen erst polit. Normen erwachsen ließen, verlor die welf. Bayern an die →Babenberger, Sachsen an die →Askanier. Besitz und Herrschaftsrechte/-ansprüche der W. blieben seit Heinrichs d. Stolzen Tod 1139 zweigeteilt: Im südtl. patrimonium folgte →Welf VI. († 1191), zunächst alleiniger Verfechter der welf. Sache. Er konzentrierte sich nach anfängl. Behauptung seiner it. Herrschaft (1152 Belehnung mit Spoleto, Tuszien [→Toskana], →Sardinien und den Mathild. Gütern) ganz auf den welf. Besitz im schwäb.-bayer. Raum (Zentren Weingarten und Steingaden) und entfaltete dort nach dem frühen Tod seines Sohnes Welf VII. († 1167) eine vielgerühmte Hofhaltung. Die Rechte an beiden welf. Hzm.ern reklamierte →Heinrich d. Löwe (68. H., † 1195) erfolgreich für sich: Er wurde 1142 von Konrad III. mit Sachsen, 1154/56 von Friedrich I. mit Bayern belehnt (Abspaltung Österreichs, vgl. →Privilegium minus).

Die enge Verwandtschaft der W. mit führenden Adelsfamilien des Reiches und Europas bildete die Basis einer langjährigen Kooperation von W. und →Staufern. Sie ermöglichte Heinrich d. Löwen den entschiedenen Ausbau seiner Herrschaft in Sachsen und Bayern (Gründung →Münchens), so daß kaum von einem gleichförmig verlaufenden Epochenkonflikt zw. zwei festgefügten Familienverbänden gesprochen werden kann (Hechberger). Angestoßen wurde der seit 1176 offen zutagetretende Dissens zw. Friedrich I. und Heinrich d. Löwen aber nicht nur durch die überhzgl. Stellung des W., die sich nach der Eheschließung mit der engl. Prinzessin →Mathilde 1168 in einem kg.sgleichen Rangbewußtsein, im gezielten Ausbau Braunschweigs zum residenzartigen Zentrum wie in einer mäzenat. Hofkultur niederschlug. Eigtl. Anlaß dürfte neben der Hilfeverweigerung Heinrichs in →Chiavenna 1176 vielmehr der Entschluß Welfs VI. (ca. 1174) gewesen sein, das südtl. patrimonium der W. seinen stauf. Verwandten zu verkaufen. Hinzu trat die latente Opposition der Reichsfs.en gegen Heinrich, die seine Aburteilung im Fs.engericht, den Einzug seiner Reichslehen und 1180 die Aufteilung der Hzm.er Sachsen (Dukat der Kölner Kirche, Askanier) und Bayern (→Wittelsbacher, Errichtung des Hzm.s →Steiermark) durchsetzten.

Die W., begrenzt auf ihre von sächs. Fs.entöchtern ererbten Allodien um Braunschweig und Lüneburg, wurden damit aus dem sich formierenden Stand der →Reichsfs.en verstoßen. Der Wiedereingliederung in diese adlige Spitzengruppe galten fortan die Bestrebungen, bis ins 13. Jh. polit. wie finanziell nachdrückl. durch das verwandte engl. Kg.shaus unterstützt. Die Anläufe von Heinrichs d. Löwen ältesten Söhnen →Heinrich v. Braunschweig (67. H.; 1195/96 Pfgf. bei Rhein, 1214 Verlust der Pfgft. nach dem frühen Tod des gleichnamigen Sohnes) und Otto IV. (Kg. 1198, Ks. 1209, nach seiner Niederlage gegen Philipp II. v. Frankreich bei →Bouvines 1214 Sieg des stauf. Rivalen Friedrich II.) scheiterten freilich. So nannte →Burchard v. Ursberg (17. B., Chron., 8) die W. ein

Geschlecht, das stets Gott und der röm. Kirche ergeben sei, oft aber den Ks.n widerstehe. Als Otto IV. 1218 und Heinrich v. Braunschweig 1227 ohne Söhne starben, verblieb als letzter Welfe →Otto 'd. Kind' (14. O., † 1252), Nachkomme von Heinrichs d. Löwen jüngstem Sohn →Wilhelm v. Lüneburg († 1212/13). Mit ihm erreichte Ks. Friedrich II. 1235 die endgültige Aussöhnung beider Häuser, indem das neue Hzm. →Braunschweig(-Lüneburg) geschaffen und Otto in den erbl. Reichsfs.enstand erhoben wurde. Nach dem Verlust der süddt. Lehen und Allodien blieben die W. ganz auf ihre sächs. terra beschränkt. Dieser neuen Realität von Herrschaft trug die spätma. Historiographie durch die Verknüpfung von Dynastie und Land wie durch die Betonung der sächs. Wurzeln der W. Rechnung.

Die Nachkommen Ottos spalteten seit 1267/69 in zehn Teilungen das Hzm. in mehrere Linien auf (Braunschweig, Lüneburg, →Göttingen, →Grubenhagen, →Wolfenbüttel, →Calenberg). Trotz der Verlagerung der welf. Hofhaltung im SpätMA blieb Braunschweig namengebender Herrschaftsmittelpunkt des Reichsfsm.s, Ort des Hausarchivs und Grablege. B. Schneidmüller

Q.: Historia Welforum, ed. E. König, 1978² – Lit.: zu [I]: J. Fleckenstein, Über die Herkunft der W. und ihre Anfänge in Süddtl. (Stud.und Vorarbeiten zur Gesch. des großfrk. und frühdt. Adels, 1957), 71–136 – K. Schmid, Welf. Selbstverständnis (Fschr. G. Tellenbach, 1968), 389–416 – W. Metz, Heinrich »mit dem goldenen Wagen«, BDLG 107, 1971, 136–161 – O. G. Oexle, Bf. Konrad v. Konstanz in der Erinnerung der W. und der welf. Hausüberlieferung des 12. Jh., Freiburger Diözesan-Archiv 95, 1975, 7–40 – H. Cleve-E. Hlawitschka, Zur Herkunft der Hzgn. Judith v. Bayern (Fschr. A. Kraus, 1982), 15–32 – M. Borgolte, Die Gf.en Alemanniens in merow. und karol. Zeit, 1988 – H. Schwarzmaier, Die W. und der schwäb. Adel im 11. und 12. Jh. in ihren Beziehungen zum Vinschgau (Der Vinschgau und seine Nachbarräume, 1993), 83–98 – J. Fried, Der Weg in die Gesch., 1994 – W. Störmer, Die W. in der Reichspolitik des 11. Jh., MIÖG 104, 1996, 252–265 – zu [II]: H. Patze, Die welf. Territorien im 14. Jh. (VuF 14, 1971), 7–99 – S. Zillmann, Die welf. Territorialpolitik im 13. Jh., 1975 – Heinrich d. Löwe, hg. W.-D. Mohrmann, 1980, 249–274 – H. Patze, Die W. in der ma. Gesch. Europas, BDLG 117, 1981, 139–166 – R. Gresky, Die Finanzen der W. im 13. und 14. Jh., 1984 – G. Althoff, Anlässe zur schriftl. Fixierung adliger Selbstverständnisses, ZGO 134, 1986, 34–46 – O. G. Oexle, Adliges Selbstverständnis und seine Verknüpfung mit dem liturg. Gedenken – das Beispiel der W., ebd., 47–75 – J. Ahlers, Die W. und die engl. Kg.e 1165–1235, 1987 – G. Pischke, Die Landesteilungen der W. im MA, 1987 – E. Boshof, Staufer und W. in der Regierungszeit Konrads III., AKG 70, 1988, 313–341 – G. Althoff, Konfliktverhalten und Rechtsbewußtsein: Die W. in der Mitte des 12. Jh., FMSt 26, 1992, 331–352 – B. Schneidmüller, Landesherrschaft, welf. Identität und sächs. Gesch. (Regionale Identität und soziale Gruppen im dt. MA, 1992), 65–101 – S. Weinfurter, Ebf. Philipp v. Köln und der Sturz Heinrichs d. Löwen (Köln. Stadt und Bm. in Kirche und Reich des MA, 1993), 455–481 – H. Dormeier, Verwaltung und Rechnungswesen im spätma. Fsm. Braunschweig-Lüneburg, 1994 – O. Engels, Die Staufer, 1994⁶ – O. G. Oexle, Die Memoria Heinrichs d. Löwen (Memoria in der Ges. des MA, 1994), 128–177 – W. Paravicini, Fsl. Ritterschaft: Otto v. Braunschweig-Grubenhagen, Jb. d. Braunschweig. Wiss. Ges., 1994, 97–138 – Welf VI., hg. R. Jehl, 1995 – Heinrich d. Löwe und seine Zeit, 3 Bde, hg. J. Luckhardt–F. Niehoff, 1995 – Die W. und ihr Braunschweiger Hof im hohen MA, hg. B. Schneidmüller, 1995 – W. Hechberger, Staufer und W. 1125–1190, 1996 – Gesch. Niedersachsens, II/1, hg. E. Schubert, 1997 – J. Ehlers, Heinrich d. Löwe, 1997 – Der W.schatz und sein Umkreis, hg. J. Ehlers–D. Kötzsche [im Dr.].

Welfenchronik (Fulda, Hess. Landesbibl., D 11), überliefert in einem Weingartner Passionale des ausgehenden 12. Jh. (150 Bl., 324×220 mm); die Hs. enthält noch weitere, kleinere Texte, die Weingarten betreffen (s. Köllner–Jakobi-Mirwald). Die ersten beiden Lagen, die erst nach dem 13./14. Jh. mit dem Hauptteil der Hs. zusammengebunden wurden, beinhalten das Necrologium Weingartense; auf dem letzten Blatt (fol. 13v) der Welfenstammbaum in kolorierter Federzeichnung. Auf ihm sind als Halbfiguren männl. und weibl. Angehörige des Fs.enhauses wiedergegeben, angefangen von Welf I. († 876) bis zu Welf VI. (Hzg. v. Spoleto, † 1191) und Welf VII. (Hzg. v. Bayern, † 1167). Die Historia Welforum Weingartensis (fol. 14v–29r) ist die älteste Familienchronik des Abendlandes, verfaßt um 1170. Mit dem Besitzwechsel Weingartens 1178 von Welf VI. zu Friedrich Barbarossa und der Fortführung der Chronik (bis 1191, Tod Welfs VI.) hängt wahrscheinlich die Aufnahme einer Deckfarbenminiatur zusammen, die dem Text vorangestellt ist (fol. 14r). Das Bild zeigt Ks. Friedrich I. (Barbarossa) in der Mitte thronend (mit Bügelkrone, Reichsapfel und Szepter), rechts u. links von ihm stehend seine beiden Söhne, Heinrich VI. (Kg. seit 1169) und Friedrich (Hzg. v. Schwaben seit 1169). S.a. →Welfen. K. Bierbrauer

Lit.: MGH SS 21, 308–471 (Historia Welforum) – Historia Welforum, Schwäb. Chronik der Stauferzeit, hg. E. König, 1938, 1978² – Verf.-Lex.² IV, 61–65 [P. Johanek] – Die Zeit der Staufer, 1977, Nr. 339 [Ausst.kat.] – P. E. Schramm–F. Mütherich, Dt. Ks. und Kg.e in Bildnissen ihrer Zeit, 1982², 267 – H. Köllner–Chr. Jakobi-Mirwald, Die illuminierten Hss. der Hess. Landesbibl. Fulda, 1993, Nr. 48 [Lit.].

Welfenschatz, ehemals Reliquienschatz der Stiftskirche St. Blasius in →Braunschweig, umfaßt v. a. Werke der Goldschmiedekunst, fast ausschließl. →Reliquiare, aus dem 11. bis 15. Jh. V. a. →Welfen und zuvor →Brunonen waren die Stifter dieses einzigen der großen Kirchenschätze des MA in Dtl., der über mehrere Jahrhunderte zu demselben Herrscherhaus in enger Beziehung gestanden hat (Namengebung erst im 19. Jh.). Auch das Kapitel von St. Blasius trat gelegentl. als Auftraggeber auf, Stifter aus Adel und Bürgertum kamen hinzu. Das älteste Reliquienverzeichnis der Braunschweiger Blasiuskirche v. 1482 führt 138 Reliquienbehälter auf.

Nach der Reformation verblieb der Reliquienschatz in der Obhut des seit 1542 evangel. Blasiusstiftes. Nach der Zerstörung und Aufhebung des Stiftes St. Cyriacus in Braunschweig wurden mehrere Reliquiare aus dessen Kirchenschatz nach St. Blasius übertragen und mit dem dortigen Schatz vereinigt. Nach Verlusten (1574 Diebstahl von 20 Gegenständen; zw. 1658 und 1670 wiederholter Zugriff Hzg. Anton Ulrichs) wurde der Schatz 1671 an Hzg. Johann Friedrich v. Hannover übergeben und nach Hannover in die Schloßkirche verbracht. Nur das Armreliquiar des hl. Blasius verblieb dem Blasiusstift. Nach der Gründung des »Kgl. Welfenmuseums« durch Georg V. v. Hannover 1861 wurde der W. dorthin überführt und nach der preuß. Annexion des Kgr.es Hannover 1866 Kg. Georg als Privateigentum zugesprochen. Dieser ließ ihn in sein Exil nach Österreich bringen, wo er seit 1869 für 10 Jahre als Leihgabe im Österr. Mus. für Kunst und Industrie gezeigt wurde. Der Enkel Georgs V., Hzg. Ernst August v. Braunschweig-Lüneburg, stellte 1929 den W. zum Verkauf: Die damals noch vorhandenen 82 Gegenstände wurden von einem Kunsthändlergremium in Frankfurt a. M. erworben. Einzelne Stücke wurden an Museen und Sammler verkauft, v. a. in den USA, einige auch in Dtl. An das Mus. of Art in Cleveland (Ohio) gingen mehrere Hauptwerke, so v. a. drei Goldschmiedearbeiten, die durch Inschriften der Gfn. Gertrud († 1077) bezeugt sind, außerdem zwei bedeutende Goldschmiedearbeiten des späten 12. Jh. (Armreliquiar mit den Büsten Christi und der Apostel; sog. Apostelarm; sog. Patene des hl. Bernward). Der nicht verkaufte Teil des W.es wurde

1935 durch den Preuß. Staat für das Kunstgewerbemus. in Berlin erworben, bei Kriegsausbruch 1939 im Flakbunker Friedrichshain geborgen, 1945 nach Thüringen gebracht, dort von der amerikan. Armee geborgen. 1957–63 als Leihgabe in Braunschweig ausgestellt, kehrte er 1963 endgültig nach Berlin zurück.

Das Hauptgewicht des W. es liegt einerseits auf den von Gfn. Gertrud veranlaßten Goldschmiedearbeiten des 11. Jh., die eine künstler. in sich geschlossene Gruppe bilden: Gertrudis-Tragaltar, zwei Vortragekreuze (Cleveland Mus. of Art), Armreliquiar des hl. Blasius (Braunschweig, Hzg. Anton Ulrich-Mus.), andererseits auf der großen Zahl von Reliquiaren verschiedener Form, die in der Zeit Heinrichs d. Löwen und wohl auch Ottos IV. entstanden sind, mit herausragenden Goldschmiedearbeiten köln. und niedersächs. Herkunft, darunter der Tragaltar des →Eilbertus Coloniensis, das berühmte Kuppelreliquiar, das Armreliquiar des hl. Laurentius (Berlin, Kunstgewerbemus.), der 'Apostelarm' und die sog. Patene des hl. Bernward (Cleveland Mus. of Art). Aus der 1. Hälfte des 14. Jh. sind der Prunkeinband des Plenars Hzg. Ottos d. Milden v. Braunschweig-Göttingen und das Armreliquiar des hl. Georg bes. hervorzuheben.   D. Kötzsche

Lit.: Lex. der Kunst, VII, 757f.–W. A. Neumann, Der Reliquienschatz des Hauses Braunschweig-Lüneburg, 1891–O. v. Falke, G. Schmidt, G. Swarzenski, Der W., 1930–G. Swarzenski, Aus dem Kunstkreis Heinrichs d. Löwen, Städel-Jb. 7–8, 1932, 241–397–D. Kötzsche, Der W. im Berliner Kunstgewerbemus. (Bilderheft der Staatl. Museen Preuß. Kulturbesitz Berlin 20/21), 1973–M. Gosebruch, Die Braunschweiger Gertrudiswerkstatt, ZK 18, 1979, 9–42–K. Jaitner, Der Reliquienschatz des Hauses Braunschweig-Lüneburg (W.) vom 17. bis zum 20. Jh., JPKS 23, 1986, 391–422–P. M. de Winter, Der W. Zeugnis sakraler Kunst des dt. MA, 1986–P. Ganz, Heinrich d. Löwe und sein Hof in Braunschweig (Das Evangeliar Heinrichs d. Löwen. Komm. zum Faks., hg. D. Kötzsche, 1989), 28–41–B. U. Hucker, Ks. Otto IV. (MGH Schr. 34), 1990, 600–610–A. Boockmann, Die Inschriften der Stadt Braunschweig bis 1528 (Die dt. Inschriften, 35), 1993, passim–D. Kötzsche, Kunsterwerb und Kunstproduktion am Welfenhof in Braunschweig (Die Welfen und ihr Braunschweiger Hof im hohen MA, hg. B. Schneidmüller, 1995), 237–261–D. Kötzsche, Der W. (Heinrich d. Löwe und seine Zeit, Ausst. kat. Braunschweig, II, hg. J. Luckhardt–F. Niehoff, 1995), 511–528.

Welfesholz, Schlacht am (11. Febr. 1115). Angesichts des bedrohl. Anwachsens der fsl. Opposition sah sich →Heinrich V. zum militär. Einschreiten in Sachsen veranlaßt, wo sich der Widerstand – wie bereits unter seinem Vater – an der ksl. Fiskalpolitik entzündete. Beim Zusammentreffen mit dem von Hzg. →Lothar v. Süpplingenburg angeführten, durch rhein. Kontingente verstärkten sächs. Heeresaufgebot am W. n. Eisleben erlitt Heinrich V. jedoch eine vernichtende Niederlage; der ksl. Feldherr, Gf. →Hoyer v. Mansfeld, fand hierbei selbst den Tod. Sachsen ging damit der sal. Herrschaft auf Dauer verloren. Die Erinnerung an den für die sächs. Seite günstigen Ausgang der Schlacht lebte in der Sage fort.   T. Struve

Lit.: JDG H. IV. und H. V., Bd. 6, 1907, 322–325–R. Holtzmann, Sagengeschichtliches zur Schlacht am W., SaAn 10, 1934, 71–105–Gebhardt I, 358–K. G. Cram, Iudicium belli (AK Beih. 5, 1955), 149f.–W. Giese, Der Stamm der Sachsen und das Reich, 1979, 190f.–→Deutschland, C. IV, 4.

Wells, Stadt in England (Gft. Somerset), Bm. [1] *Bistum:* Als die Diöz. v. →Sherborne 909 geteilt wurde, errichtete man für Somerset einen eigenen Bf.ssitz mit der Residenz in W., wo eine Kirche bereits an der Stelle eines röm. Mausoleums und in der Nähe von Quellen existierte, die dem Ort seinen Namen gaben. Bf. Giso (1061–88), ein Lothringer, führte in W. die Vita communis ein; sein Nachfolger John of Tours (1088–1122), ein Arzt, verlegte seinen Bf.ssitz nach →Bath, einer dichtbesiedelten und befestigten Stadt. Obwohl die Abtei v. Bath die neue Kathedrale wurde, gab man die Kirche in W. nicht auf, wo eine enge Verbindung zu den Bf. en aufrechterhalten wurde. Diese beendeten im 12. Jh. die Vita communis und vergrößerten die Zahl der Kanoniker, die einzelne Präbenden erhielten. Seit ca. 1175 wurde mit dem Bau einer got. Kirche begonnen. Sie wurde 1257 mit einer breiten, mit bibl. und hist. Skulpturen dekorierten Westfassade fertiggestellt. Nun hatte der Kirchenbau eher das Erscheinungsbild einer Kathedrale. Nach dem Pontifikat von Bf. Savaric (1192–1205), der versucht hatte, den Bf.ssitz nach →Glastonbury zu verlegen, waren die Mönche v. Bath und die Kanoniker v. W. bestrebt, gegen dieses Ansinnen vorzugehen. Der Nachfolger Joscelin verlieh W. den gleichen Status wie Bath, und 1245 bestätigte Papst Innozenz IV., daß der Bf. den Titel »Bath und W.« tragen sollte. Joscelin errichtete einen mit einem Graben umgebenen Bf.spalast in der Nähe der Kathedrale. Im 14. Jh. wurde der Kathedralbau mit einem Kapitelhaus, dem zentralen Turm und Anbauten für Chorvikare und Kaplane ergänzt.

[2] *Stadt:* W., obwohl 1086 nur als *manor* erwähnt, hatte wahrscheinl. in der späten ags. Zeit vorstädt. Merkmale mit einem geplanten Marktplatz. In der Mitte des 12. Jh. wurde das Wachstum der Stadt von Bf. Robert (1136–66) vorangetrieben, der die Dauer der städt. Jahrmärkte ausdehnte. 1201 erhielt die Stadt ihre erste kgl. Charter, aber trotzdem verblieb sie unter bfl. Oberherrschaft. Jedoch übten die vermögenderen Bürger durch eine Versammlung (»Borough Community«) unter der Leitung eines Vorstehers Einfluß aus. In den 40er Jahren des 14. Jh. wurde ein Vergleich mit dem Bf. erreicht, der den Bürgern mehr Freiheit für die Wahl von städt. Beamten gewährte. W. sandte seit 1295 Vertreter an das Parliament. Es blieb eine kleine Stadt und hatte 1377 vielleicht 2000 Einw.   J. Barrow

Lit.: W. J. Rodwell, W.: the Cathedral and City, Current Archaeology 7, 1980, 38–44–W. Cathedral: a Hist., hg. L. S. Colchester, 1982–D. G. Shaw, The Creation of a Community: the City of W. in the MA, 1993 – English Episcopal Acta, X: Bath and W., 1061–1205, ed. F. R. Ramsey, 1995.

Wels. Von Thomas v. Cantimpré wird der – bis 3 m lange – räuberisch lebende Süßwasserfisch ohne Kenntnis seiner Identität 6, 26 als »glamanez monstrum« (animal ... glanieuz bei Michael Scotus, garcanez bei Albertus Magnus, animal. 24, 35) nach Arist. h. a 8 (9), 37, 621 a 20–b 2 dafür gerühmt, daß das Männchen die Eier und Jungfische gegenüber Raubfischen 40 bis 50 Tage lang bewache, dabei auch laut rufe und die Netze der ihm nachstellenden Fischer mit seinen starken Zähnen zerbeiße. Thomas behandelt dann 7, 74 unter seinem lat. Namen »silurus« (sunus bei Albertus 24, 52) nach Plinius 9, 165 die Brutpflege erneut und betont mit demselben 9, 45 seine Gefräßigkeit unter Abmilderung der Beutegröße (Plinius: omne animal appetens, equos innatantes saepe demergens; Thomas: animal appetens omne quod quiverit superare).   Ch. Hünemörder

Q.: →Albertus Magnus, →Thomas v. Cantimpré.

Wels, Stadt in Oberösterreich, an der Traun. Innerhalb der Ummauerung der ehem. röm. Stadt Ovilavis bildeten sich im 7./8. Jh. mehrere Siedlungskerne. 776 als befestigter Ort (castrum Uueles) gen., schenkte Kg. Karl III. 885 einen Zins des Kg.shofes W. an das Stift →Altötting. 888 eignete Kg. Arnulf v. Kärnten seinem Kaplan Zazco dessen Lehen zu W. samt einer capella (Vorläuferin der Pfarrkirche), die nach seinem Tod an das Kl. →Kremsmünster (Patronatsrechte bis 1506) fielen. Vor 1000 gelangte W. an die bair. Adelsfamilie der Adalberonen. Nach dem Tod Bf. →Adalberos v. Würzburg († 1090) fiel der Marktort W. samt der Traunbrücke an das Hochstift. 1138 erlangte der bair. Adlige Friedrich v. Rohr die Brücke und beseitigte die Zölle durch eine Stiftung. Vor 1207 kauften die →Babenberger W. und begannen eine systemat. Förderung, die die →Habsburger fortsetzten: Bau der Befestigung (1326 Nennung des Ledertors), Ausbau zur Stadt (1222 civitas), Organisation der städt. Ämter, um 1300 Anlage des Vorstadtplatzes parallel zum gewachsenen Stadtplatz. Um 1200 erlangte die Adelsfamilie v. Polheim Besitz in W., die ca. 1280 das Minoritenkl. gründete. Im SpätMA erlangte W. zahlreiche Privilegien (1372 Stapelrecht für Holz; 1422 Gerichtsrechte). Fernhandelskontakte bestanden nach Italien, Ungarn, Dtl. Am 12. Jan. 1519 verstarb Ks. Maximilian I. in seiner Burg W. W. Aspernig

Lit.: K. HOLTER-W. ASPERNIG, MA (W. von der Urzeit bis zur Gegenwart, hg. K. HOLTER-G. TRATHNIGG, 1986²), 58–105 [Lit.].

Wels-Lambacher, bedeutendes Gf.engeschlecht, seit dem 10. Jh. im Traungau nachweisbar, mit Stammburg und Allod zu Lambach. W. fiel als ursprgl. Kg.sgut an. Seit dem 10. Jh. erweiterten die W.-L. ihren Herrschaftsbereich zw. Inn, Hausruck, Enns und den Voralpen; sie ließen vermutl. auch die Burg →Steyr erbauen. Teile des W.er Besitzes fielen Mitte des 11. Jh. an die Gf.en v. →Formbach, die Gf.en v. Regau, das Hochstift →Würzburg (Verwaltungssitz W.) und an die →Otakare, die ihnen 1056 auch als Mgf.en der Kärntner (Karantan.) Mark an der Mur und als Vögte über Lambach folgten. Erste bezeugte W.-L. sind Arnold I. († 1. März ca. 1020), Gf. a. d. Traun zu Lambach, seine Schwester Mathilde (∞ Babo I., Burggf. v. Regensburg) und Berthold, Gf. an der Donau. Arnolds I. Söhne waren Aribo v. Ennsburg und Arnold II. († 3. März ca. 1055; ∞ mit Reginlind [Regilla] v. Verdun). Der Ehe entsprossen Gottfried (1042 als Mgf. nahe Pitten siegreich über die Ungarn, ermordet 8. Febr. 1050), Arnold III. († 1050), →Adalbero, Bf. v. Würzburg († 6. Okt. 1090, ▭ in Lambach), und Mathilde (∞ Ratpoto, Gf. v. Cham). Gottfrieds Tochter Mathilde († ca. 1100) wurde Gemahlin Ekberts I., Gf. v. Formbach († 1109), eine namentl. nicht gen. Tochter soll mit Mgf. Otakar II. v. Steier verheiratet gewesen sein. Arnold II. gründete anstelle seiner Burg →Lambach ein Kollegiatsstift, das 1056 von Bf. Adalbero in ein Kl. OSB umgewandelt wurde. H. Ebner

Lit.: K. TROTTER, Die Gf.en v. 'Lambach' und Formbach (Genealog. Hb. zur bair.-österr. Gesch., hg. O. DUNGERN, 1931) – P. J. JOERG, Die Heimat und die Vorfahren des Hl. Adalbert, Würzburger Diözesangesch.sbll. 14/15, 1952/53 – F. TYROLLER, Genealogie des altbayer. Adels im HochMA (Genealog. Taf. zur mitteleurop. Gesch., hg. W. WEGENER, 1962–69).

Welser, Kaufmanns- und Patrizierfamilie aus →Augsburg. Nach gesicherten urkundl. Nennungen seit der Mitte des 13. Jh. wird mit *Bartholomäus* (I.), der mehrfachen Stadtpfleger zw. 1311 und 1329, die Familie kontinuierl. nachweisbar. Ihre Verankerung in den ratsfähigen Geschlechtern mit Grundbesitz im Umland der Stadt hielt die Familie auch nach der Einführung der Zunftverfassung 1368 im Patriziat. Wohl bereits im 14. Jh. im Handel tätig, lassen sich erst für *Bartholomäus* (III., † 1446) Textil- und Venedighandel belegen. Der Durchbruch erfolgte unter seinen Söhnen in den 60er Jahren: *Bartholomäus* (IV., † 1484), *Lukas* († 1494/95), *Ulrich* († 1497/98) und *Jakob* († 1483) errichteten 1473 ihre erste bekannte →Handelsgesellschaft, die ab 1484 unter dem Namen 'Lukas und Ulrich W. Gebrüder' firmierte. Ein Faktor für den Aufstieg lag in den Eheverbindungen mit bedeutenden Handelsfamilien der Stadt wie den →Meuting, die wohl den Einstieg in den Metallhandel öffneten. Die nächste Generation weitete den Geschäftskreis auf andere obdt. Wirtschaftszentren aus: Über eine Doppelehe *Antons* († 1518), Sohn des Lukas, und Konrad Vöhlins gelang seit 1479 eine enge Verknüpfung mit der Memminger Vöhlin-Gesellschaft, die um 1496/98 in eine Verschmelzung zur Firma 'Anton W., Konrad Vöhlin und Gesellschaft' mit Sitz in Augsburg mündete. *Jakob*, ein Bruder Antons, begründete 1493 die Nürnberger Vertretung; der Schneeberger Bergbau zog 1494 die Übersiedlung *Sebastians*, Sohn des Bartholomäus, als Faktor nach Zwickau nach sich, während sein Bruder *Peter* dort ein eigenes Unternehmen aufbaute. Eine weitere Ehe 1498 zw. *Margarete*, einer Tochter Antons, und dem Stadtschreiber Dr. Conrad Peutinger sicherte umfassende jurist. Beratung, insbes. in den späteren Monopolanklagen. Das weitverzweigte Familiennetz und das für die Firma charakterist. System der Depositen faßten Augsburger, Memminger, Nürnberger und Ulmer Kapital zusammen; der Gesellschaftsvertrag v. 1508 nennt 18 Teilhaber. Deren Gesamtvermögen ist mit ca. 250000 fl. zu veranschlagen, das sich bis 1518 etwa verdoppelt haben könnte. – Unter teilweiser Übernahme der Vöhlinschen Faktoreien entfaltete sich ein europ. Handelsimperium: Den Hauptfaktoreien Venedig, Lyon, Nürnberg, Antwerpen (1503), Lissabon (1503) unterstanden Niederlassungen in Ulm, Bern, Freiburg i. Ü., Mailand, Rom, Aquila, Mainz, Frankfurt/M., Köln, Leipzig, Danzig (bis 1512), Zaragoza (1510). Dabei dominierte der Warenhandel, der allerdings wegen der nur bruchstückhaft erhaltenen Handelsbücher zw. 1493 und 1510 lediglich in Umrissen erkennbar wird: neben der ostschwäb. Leinen- und Barchentproduktion, den Tuchen aus England, Flandern sowie Freiburg i. Ü. und wertvollen Stoffen wie Seide, Samt etc. spielten Gewürze, v. a. Pfeffer und Safran, und Spezereien die Hauptrolle, dazu Farbstoffe, Edelmetalle, Messing- und Schmuckwaren. Während die Beteiligung am Bergbau (um 1450 Freiberg, um 1480 Schneeberg, ab 1516 Joachimsthal) begrenzt blieb, motivierte der Gewürzhandel früh den Einstieg in das Überseegeschäft. Nach dem ersten ptg. Zollprivileg v. 1503 folgte 1504 die maßgebl. Beteiligung an einem oberdt.-it. Konsortium für die Expedition des ptg. Vizekg.s d'Almeida nach Indien (1505–06); daraus resultierte der Zuckerhandel mit Madeira bzw. eigenen Plantagen und Raffinerien auf den Kanar. Inseln (La Palma 1509–13). Eine Konsortialanleihe 1508 an Ks. Maximilian kündigte zwar bereits den Sprung in die →Hochfinanz an, erhielt aber erst im Anschluß an die Wahlfinanzierung Karls V. (mit 143 333 fl.) neue Konturen. – Der Bruch mit einer Reihe von Gesellschaftern 1517 brachte auch die Verselbständigung Jakobs in Nürnberg, dessen Gesellschaft sich im Warenhandel und im böhm. Bergbau engagierte. Die Augsburger Firma, seit 1518 unter der Leitung *Bartholomäus'* (V.), gelang aus der Verbindung mit Spanien, mit der Faktorei Santo Domingo (1526), der Aufbau einer Schaltstelle in Übersee und 1528 ein Kolonisationsvertrag für Venezuela, ohne daß sie die Geschäftsbeziehungen mit der frz. Krone aufgab. 1532 in den erbl. Adelsstand erhoben, konnte die Augsburger Familie bis zum Konkurs v. 1614 ihre bedeutende Stellung halten. R. Kießling

Lit.: ADB XLI, 682–692 – J. M. FRHR. v. WELSER, Die W., 2 Bde, 1917 – TH. G. WERNER, Bartholomäus W., Scripta Mercaturae 1967/I, 69–88; 1968/II, 89–107; II, 75–105 – R. EIRICH, Memmingens Wirtschaft und Patriziat 1347–1551, 1971, 119–174 – W. GROSSHAUPT, Bartholomäus W. [Diss. Graz 1987] – DERS., Die W. und ihre Zeit. Vorschläge zu einer Datenbank, Scripta Mercaturae 21, 1987, 189–214; 22, 1988, 167–206; 23, 1989, 167–192 [Bibliogr.].

Welt → Mundus intelligibilis

Welt, Andere. Neben den im Strukturmodell des →Artus- und Minneromans auftretenden, aus einem Jenseitsreich stammenden (z. B. Merlin, Morgan, Schwanenritter) oder mit mag. Fähigkeiten begabten Figuren (z. B. Isoldes Mutter) wird die Konfrontation von Jenseitswesen mit sterbl. Menschen in einer Reihe ma. Erzähltexte zum Zentralthema. Die Begegnung der Menschen mit der Anderswelt ist strukturell im Thema der *Marthenehe* als – scheiternder oder gelingender – Integrations- und Harmonisierungsversuch gefaßt, der in der Regel von der jenseitigen Person ausgeht, wobei die Menschenwelt meist an soziale und institutionale Ordnungen mit dem Ziel rationaler Lebensführung oder an religiöse Heilsordnungen gebunden ist, während sich die Anderswelt durch fehlende Sozialstrukturen, Magie oder Heilsdefizienz auszeichnet. Da männl. Vertreter der A. n W., wie etwa der Schwanenritter (→Lohengrin), »Tydorel« oder →Maries de France »Yonec«, seltener als weibl. vorkommen, liegt es, obschon eine Rückbindung des Erzählmotivs an matriarchal. Urzeiten unbeweisbar bleibt, nahe, myth. oder relig. Vorstellungen von mächtigen weibl. Jenseitswesen als archetypisches, hinter den ma. Ausformungen liegendes Modell zu vermuten. Der Harmonisierungs- und Integrationsversuch beider Welten ist gewöhnl. durch den menschl. Partner zu leisten, entweder als Lösung einer Aufgabe in der Wahrung eines Tabus oder als Loyalitätsverpflichtung innerhalb einer – meist ehel. – Treuebindung. Die aus der A. n W. kommende Frau zeichnet sich meist durch bes. Schönheit aus, unterscheidet sich aber vom Menschen durch spezif. körperl., in der Menschenwelt stets verhüllte zoomorphe Attribute (Fischschwanz, zeitweilige Schlangen- oder Drachengestalt). Erfolgt bereits in klerikalen Texten (z. B. Walter Map, »Henno cum dentibus« aus der Slg. »De nugis curalium«, 1183/1193; Gervasius v. Tilbury, »Raimundus von Château Rousset« aus der lat. Slg. »Otia imperialia«, 1209/1214, auch Vinzenz v. Beauvais und Giraldus Cambrensis) die Integration beider Welten durch Eheschließung und Zeugung ebenbürtiger Nachkommenschaft, jedoch ohne Kompensierung der heilsgesch. Defizienz der Jenseitsfrau und Entlarvung ihres dämon. Charakters (→Dämonen, Dämonologie) – die A. W. wird als unintegrierbare Gegenwelt verstanden –, so dient den volkssprachl. Lais der Marie de France (»Lanval«, »Guigemar«, »Yonec«, auch »Graelant«, »Désiré«, »Tyolet«, »Guingamor«) das Thema der Marthenehe als Diskussionsmodell zweier Spielarten der höf. Liebe – konventionell-courtois bzw. mag.-mythisch. Das genealog. Potential des Erzähltyps (Nachkommenschaft aus der Verbindung eines Sterblichen mit einem Jenseitswesen) wird häufig zur lit. Legitimation dynast. Gründungssagen genutzt, bes. in den frz. Melusinen-Romanen (Prosafassung des Jean d'Arras im Auftrag des Jean de Berry, 1332/1393, Versfassung des Couldrette im Auftrag der Parthenay, Anf. 15. Jh.). Beide, wohl auf eine verlorene Versfassung aus der Mitte des 14. Jh. zurückgehende Fassungen erzählen die Geschichte der Fee →Melusine als Gründungssage des Hauses →Lusignan, mit dem die Auftraggeber versippt waren. Der dt. Version →Thürings v. Ringoltingen (1456) fehlt dieser unmittelbare familiengesch. Bezug, wie überhaupt dt. Versionen dieses Themas, etwa →Egenolfs »Ritter von Staufenberg«, trotz familiärer Anbindung das selbstidentifikator. Potential der sagenhaften Herkunft der Dynastie kaum nutzen. N. H. Ott

Ed.: s. u. den einzelnen Autoren und Werken – *Lit.*: J. Le Goff–E. Le Roy Ladurie, Mélusine maternelle et défricheuse, Annales 26, 1971, 587-622 – J. W. Harrison, Melusine: Matriarch, Elemental Spirit, Archetype, 1976 – C. Lecouteux, Das Motiv der gestörten Marthenehe als Widerspiegelung der menschl. Psyche (Vom Menschenbild im Märchen, 1980), 59-71 – C. Lecouteux, Mélusine et le Chevalier au Cygne, 1982 – L. Harf-Lancner, Les fées au MA. La naissance des fées, 1984 – B. Lundt, Melusine und Merlin im MA, 1991 – V. Mertens, Melusinen, Undinen (Fschr. W. Haug und B. Wachinger, 1992), 201-231.

Welt, Verkehrte. Die Umkehrung der »natürlichen« Gesellschaftsordnung im Modell der V. n W. ist als Travestierung tradierter Verhaltens- und Sozialnormen v. a. in kleinepischen Erzähltexten und in der spätma. Bildkunst thematisiert. Während in Texten wie dem Märe von »Helmbrecht« (→Wernher der Gärtner) oder in →Neidharts v. Reuental Liedern der Versuch, aus dem eigenen Stand auszubrechen – sei es als tatsächl. Handlungsmuster oder als bloße Rollenanmaßung –, von den Autoren negativ bewertet wird und Sanktionen zur Folge hat, zeigen zahlreiche Mären des SpätMA, etwa in der Umkehrung der gesellschaftl. anerkannten sexuellen Hierarchie, einen eher satir.-spieler. Umgang mit dem Thema. Auch die zahlreichen bildkünstler. Zeugnisse, selbst wenn sie in Kirchenräumen angebracht sind, haben kaum einen didakt.-mysogynen Appellcharakter, sondern enthalten, wie die →Misericordien engl. Kirchen mit Minnesklaven-Darstellungen (z. B. Aristoteles und Phyllis, Vergil im Korb), eine eher souverän-spieler. Deutung der tradierten Bild- und Erzählmuster. In zahlreichen höf. und patriz. Gebrauchsgegenständen (Teppichen, Elfenbeinkästchen) fungieren v. a. aus antiken, bibl. und lit. Q. abgeleitete Erzählungen von dem Mann überlegenen, ihn düpierenden oder widerspenstigen Frau als exempla der Liebesmacht, die in Umkehrung der herkömml., gesellschaftl. anerkannten Rolle, den Mann zum Minnesklaven werden läßt. In der Druckgraphik (z. B. Aristoteles-und-Phyllis-Stich des Hausbuchmeisters, Stich vom Kampf um die Hosen des Meisters der Bandrollen) ist das Thema der V. n W., das sich meist im Modell der Umkehrung der geschlechtl. Hierarchie festmacht, v. a. im 16. Jh. weit verbreitet. Spieler. Umgang mit den zitierten, ursprgl. durchaus ernsthaft-moralisierenden Motiven, iron. Brechung, Travestie und parodist. Anspielen auf das exemplar. Sinnpotential zeichnen wohl auch die zahlreichen v. a. südwestdt. Wildleute-Teppiche aus, auf denen höf. Verhalten und einst der Feudalgesellschaft vorbehaltene Handlungsmuster (Minnedialoge, Minneburg-Erstürmung, Turnier, höf. Spiele, Tanz) von wilden Männern und Frauen nachgespielt wird. Ein um 1475 entstandener Basler Teppich (Besançon, Mus. des Beaux-Arts) übersetzt sogar eine höf., genealog. zurückgebundene Erzählung ('Der Graf von Savoyen') ins Milieu von Wildleuten: die höf. Protagonisten der Geschichte treten nun im Kostüm der Vertreter der Gegenwelt alles Höfischen auf. Das Deutungsangebot der literar. und ikonograph. Zeugnisse des V. W.-Motivs bleibt bis weit in die frühe NZ offen für moral.-didakt. wie für iron.-parodist. Nutzung. S. a. →Schlaraffenland; →Unsinnsdichtung. N. H. Ott

Ed.: s. u. den einzelnen Autoren und Werken – *Lit.*: R. Bernheimer, Wild Men in the MA, 1952 – G. Angeli, Il mondo rovesciato, 1977 – L. Dresen-Coenders, De strijd om de broek: De verhouping man/vrouw in het begin van van de moderner tijd, De Revisor 4, 1977, 29-37 – The Reversible World, Symbolic Inversion in Art and Society, hg. B. A. Babcock, 1978 – K. P. F. Moxey, Master E. S. and the Folly of Love, Simiolus 11, 1980, 125-148 – T. Husband, The Wild Man, 1980 – Zahm und Wild [Ausst.s-Kat. Basel, 1989].

Weltära, -alter, eine →Ära, die sich über die eigene Epoche hinaus auf den gesamten hist. Zeitraum, auch auf den vergangenen, erstreckt, etwa seit Erschaffung der

Erde. Die wenigsten dieser Zeitrechnungen sind jedoch im MA angewandt worden. Eine der ältesten bürgerl. Ären ist die Ära der Seleukiden (Epochentag: 1. Okt. 312; arab.: Ära Alexanders, jüd.: Zahl/Zählung der Contracte), die v. a. im Vorderen Orient und bei den Juden bis zum 11. Jh. angewandt wurde. Die aus Ägypten stammende Ära des Diokletian oder der Märtyrer (Epochentag: 29. Aug. 284 v. Chr.) ist für das MA insoweit bedeutsam, als sie von den Kopten und in der Datierung der arab. Astronomen, sonst aber nur in Ägypten verwandt wird. Die jüd. W. (Epochentag: 7. Okt. 3761 v. Chr.) verdrängt bei den Juden seit dem 11. Jh. die Ära der Contracte und ist seit etwa 1500 bei ihnen ausschließl. im Gebrauch. Die mohammedan. Zeitrechnung, die Jahre der Hiǧra (Epochentag: 15. Juli 622 n. Chr.), wird von arab. Völkern und später von den Türken benutzt. Die Umrechnung macht gewisse Schwierigkeiten, weil der Monatsanfang nicht immer unbedingt feststeht. Das Christentum hat verschiedene W.n entwickelt. Die Jahre des Abraham, von →Hieronymus und →Eusebius benutzt, können nur bedingt hierzu gezählt werden. Die älteste wirkl. chr. W., die des Sextus Julius Africanus (Epochentag: 1. Jan. 5502 v. Chr.), wurde für die griech. →Chronographie maßgebl., im lat. Abendland u. a. auch von →Otto v. Freising übernommen; sie konnte sich aber letztl. nicht durchsetzen. Größere Bedeutung kam der W. des alexandrin. Mönches Panodoros (Epochentag: 29. Aug. 5493 v. Chr.) zu, die von Anianos (Epochentag: 25. März 5501) popularisiert und für die →Osterfestberechnung eingesetzt wurde. Alle chr. W.n wurden im Laufe der Zeit von den →Inkarnationsjahren und zeitweise von der byz. W. verdrängt. Letztere beruht nicht auf einer quasihist., sondern auf einer astronom. Rechnung und baut auf der Ära des Panodoros/Anianos auf (Epochentag: 1. Sept. 5509); sie ist erstmals Mitte des 7. Jh. n. Chr. nachweisbar. Sie wurde im Byz. Reich und im orth. Orient schnell zu der bürgerl. und amtl. Zeitrechnung und dringt mit der griech. Herrschaft in Sizilien und Unteritalien ein. Über den orth. Glauben verbreitete sie sich über den ganzen Balkan bis zu den Russen. Mit dem Zerfall des Byz. Reiches wurde sie weitgehend verdrängt. →Chronik, →Dionysius Exiguus. P.-J. Schuler

Lit.: F. Rühl, Chronologie des MA und der NZ, 1897 – Ginzel III, 1914.

Weltbild

I. Astronomisch-kosmologisch – II. Geographisch.

I. Astronomisch-kosmologisch: Das ma. W. resultierte aus einer Verschmelzung von griechischen, z. T. im Alten Orient wurzelnden Vorstellungen und der bibl. Beschreibung der Welt, wie sie insbes. in der Schöpfungsgeschichte (→Schöpfung) gegeben wurde. Bereits von den →Kirchenvätern wurden naturwiss. und naturphilosoph. Erkenntnisse (→Physik und Naturphilosophie, →Experimentum) der griech. Antike bei der Auslegung des Sechstagewerks (→Hexaemeron) beigezogen, um die darin enthaltenen Widersprüche zu erklären (gleichzeitige Schöpfung aller Dinge und Schöpfung in sechs Tagen; Schöpfung von Himmel, Erde und Licht zu Beginn sowie Schöpfung des Firmaments und der Himmelslichter am zweiten bzw. vierten Schöpfungstag; etc.). Der Rekurs auf die antik-heidn. Philosophen erwies sich aber zum Teil als problematisch, da deren Lehren in einigen Punkten im Widerspruch mit christl. Glaubenssätzen standen (z. B. Verwerfung eines göttl. Schöpfungsaktes, der Möglichkeit von Wundern [Allmacht Gottes] sowie der Unsterblichkeit der Seele durch Aristoteles). Dies führte immer wieder zu Kontroversen zw. den Scholastikern (→Scholastik) und der Kirche, die in der Verdammung von 219 Thesen durch den Bf. v. Paris, Étienne →Tempier, i. J. 1277 ihren Höhepunkt erreichten (→Aristotelesverbote), was aber die generelle Aristotelesrezeption (→Aristoteles, A. IV, B) kaum behinderte.

Im FrühMA standen den Gelehrten nur wenige wissenschaftl. Kenntnisse zur Verfügung, die sie vorwiegend aus lat. →Enzyklopädien und anderen, zumeist kleineren Werken schöpften. Für das ma. W. wichtig waren v. a. →Plinius, »Naturalis Historia«, →Calcidius, Übers. und Komm. zu Platons »Timaios«, →Macrobius, Komm. zu →Ciceros »Somnium Scipionis«, →Martianus Capella, »De nuptiis Mercurii et Philologiae« sowie die nachfolgenden Werke von →Boethius und →Isidor v. Sevilla. Eine krit. Auseinandersetzung mit dem darin enthaltenen Gedankengut findet man u. a. bereits bei →Beda Venerabilis, »De natura rerum«, →Johannes Scottus Eriugena, »De divisione naturae«, Petrus →Abaelard, »Expositio in Hexaemeron«, →Adelard v. Bath, »Quaestiones naturales«, und dann v. a. in der Schule v. →Chartres (→Thierry v. Chartres, →Wilhelm v. Conches, →Bernardus Silvestris, →Clarenbaldus v. Arras, →Alanus ab Insulis), wo im Rahmen der Hexaemeron-Lit. versucht wird, den bibl. Schöpfungsbericht mit Hilfe naturwiss. Theorien ('secundum physicam') und der Philosophie in →Platons »Timaios« zu erklären.

In seinem Genesiskommentar »De sex dierum operibus« vertritt Thierry v. Chartres in Anlehnung an →Augustinus die Meinung, daß – gemäß dem Vier-Ursachen-Schema des Aristoteles – der dreifaltige Gott Wirk-, Formal- und Zielursache der Schöpfung ist; Materialursache sind die vier antiken Elemente (Erde, Wasser, Luft, Feuer), die vom Schöpfer zu Beginn als Urmaterie aus dem Nichts erschaffen wurden (→Form/Materie, →Raum). Gleichzeitig wurde der leichteste und höchste Teil des Himmels (Feuer) in stete rotierende Bewegung versetzt. Feuer als aktivstes Element erleuchtete daraufhin die Luft und erwärmte das Wasser, so daß dieses verdampfte und in höhere Sphären aufstieg, womit eine naturphilosoph. Erklärung für Gen 1, 6 gefunden war, wonach Gott das Firmament inmitten der Wasser setzte. In ähnlicher Weise wird anschließend auch mit Bezug auf die vom Feuer verursachte Hitze und das Licht die Entstehung der Himmelskörper aus komprimiertem Wasserdampf in den oberen Himmelsregionen erläutert sowie die Erschaffung der Kontinente, Pflanzen, Tiere und des Menschen. Die alles schaffende, ordnende und belebende Kraft, die von Platon die Weltseele genannt wurde, wird dabei meist mit dem Hl. Geist identifiziert (Stock, 1972, 237ff.).

In ihrem Bestreben, die Gesamtheit des Kosmos in ein geschlossenes System zu bringen, setzte sich die Schule v. Chartres auch eingehend mit der antiken →Makrokosmos/Mikrokosmos-Thematik auseinander. Da der Mensch nach dem Bilde Gottes geschaffen wurde (Gen 1, 26ff.) und so intelligible und sinnliche Schöpfung vereint, ist auch der gesamte Kosmos nach ma. Auffassung in ihn 'eingefaltet' (complicatus). Hieraus ergibt sich eine Vielzahl von Analogien und parallelen Vierteilungen (Vier Elemente, Primärqualitäten, Jahreszeiten, Lebensalter, Temperamente, Körpersäfte u. a.), die in der die Spätantike rezipierenden Allegorese »De mundi universitate sive megacosmos et microcosmos« des Bernardus Silvestris ausgebreitet sind und im MA auch andernorts vielfache Behandlung und Anwendung fanden, so im umfangreichen »Speculum naturale« des →Vinzenz v. Beauvais (→Astrologie, →Astrolog. Medizin, →Humorpathologie, →Qualitäten- und Gradelehre, →Temperamentenlehre, →Alchemie).

Eine wesentl. Erweiterung der wiss. Kenntnisse des MA ergab sich erst im 12. Jh., als im Zusammenhang mit den →Übersetzungen aus dem Griech. und Arab. im lat. W auch die naturphilosoph. Werke des →Aristoteles (Physica, De caelo et mundo, De generatione et corruptione, Meteorologica, De anima), der →Almagest des →Ptolemaeus und zahlreiche diesbezügl. Schriften arab. Gelehrter sukzessive zugängl. wurden, die an den kurz danach entstandenen ma. →Universitäten sogleich eingehend diskutiert wurden. Das hierbei ausgestaltete ma. aristotel.-ptolemäische W. blieb bis zur sog. kopernikan. »Revolution« (→Kopernikus) in der Neuzeit gültig. In der Mitte des aus konzentrischen Sphären aufgebauten Kosmos befand sich die ruhende, kugelförmige Erde, um die herum die anderen drei →Elemente (Wasser, Luft, Feuer) schalenförmig angeordnet waren. Oberhalb der Sphäre des →Mondes schlossen sich die Sphären der sechs im MA bekannten weiteren Planeten (Merkur, Venus, Sonne, Mars, Jupiter, Saturn) an, auf die dann die Sphäre der Fixsterne (→Sterne, →Tierkreis), die Kristallsphäre (das bibl. Wasser oberhalb des Firmaments), die Sphäre des Primum Mobile (→Beweger, unbewegter) und die Empyreische Sphäre (Wohnort der Engel und der Seligen, →Empyreum, →Himmel) folgten. Um die von der Erde aus zu beobachtenden, unregelmäßigen Bewegungen der Planeten zu erklären, wurden für jeden Planeten zusätzl. exzentr. Zwischensphären ('orbis partialis') angenommen, die i. a. vollständig innerhalb der Sphäre des betreffenden Planeten ('orbis totalis') lagen (→Planetenbewegung, →Sonne). Dabei wurden von den ma. Gelehrten sehr unterschiedliche Angaben über Anzahl, Anordnung, Bewegungsprinzipien und Natur (→Äther) der einzelnen Sphären gemacht, wobei z. B. das in der bibl. Schöpfungsgeschichte erwähnte Firmament oftmals mit der Fixsternsphäre allein identifiziert wurde, gelegentlich aber auch alle anderen Sphären bis zum irdischen Wasser herab umfaßte. Die diesbezügl. Fragen und Lehren gehörten seit dem HochMA zu den Unterrichtsgegenständen an den ma. Universitäten und wurden dort im Rahmen der äußerst populären »Tractatus de sphaera« des →Johannes de Sacrobosco, der »Theorica planetarum« und einer Vielzahl von Kommentaren und Quaestiones zu den naturphilosoph. Schriften des Aristoteles behandelt, wobei teils auch spektakuläre neue Ansätze entwickelt wurden (→Alexander Neckam, →Robert Grosseteste, →Albertus Magnus, →Roger Bacon, →Thomas v. Aquin, →Johannes Buridanus, →Albert v. Sachsen, Nikolaus v. →Oresme, Pierre d'→Ailly usw.). Ferner wirkten sie auch auf das lit. Werk vieler bedeutender ma. Dichter ein, wie etwa der von Jean de Meun verfaßte 2. Teil des →»Roman de la Rose«, die »Divina commedia« von Dante (→Dante, B. VI) und die »Canterbury Tales« von Chaucer (→Chaucer, IV) belegen.

In physikal. Hinsicht bestand nach dem Vorbild von Aristoteles für das gesamte MA ein strenger Unterschied zw. dem sub- und supralunaren Bereich, für die grundsätzlich andere Gesetze galten. Während in der Himmelsregion keine Veränderungen außer denen der Position möglich waren und die Planeten und Fixsterne herumgetragen wurden von →Sphären, deren natürl. Bewegung kreisförmig und gleichförmig ist, war der sublunare Bereich unaufhörlichem Wandel unterworfen. Ein ungehemmter unbelebter Körper besaß dort die naturgegebene Tendenz des in ihm überwiegenden Elements, geradlinig seinem natürl. Ort zuzustreben und dort zur Ruhe zu kommen (Fallen schwerer Körper zum Erdmittelpunkt und Emporsteigen feuriger Körper zur Feuerregion), wobei aber auch sog. gewaltsame, widernatürl. Bewegungen (wie z. B. der Wurf) stattfinden konnten, für die teils neuartige Theorien (→Johannes Philoponos, →Gerhard v. Brüssel, →Johannes Buridanus, →Albert v. Sachsen etc.; Impetus-Theorie, dynam. Grundgesetz von Thomas →Bradwardine; →Dynamik, →Kinematik) entwickelt wurden. Gemäß Aristoteles mußte eine jede Bewegung stets ihren eigenen Beweger haben: »Omne quod movetur ab alio movetur«. Für die Planetensphären waren dies spirituelle →Intelligenzen, deren Wirken ihrerseits auf den ersten Unbewegten Beweger (Gott) zurückzuführen war, für lebende Wesen deren →Seele und für leblose Körper ein inner- oder außerhalb derselben befindlicher Motor (motor, agens, generans). Des weiteren ist zu beachten, daß das MA mit Aristoteles neben den Ortsveränderungen auch Veränderungen der →Qualität ('alteratio', 'intensio et remissio formarum') und →Quantität ('augmentatio et diminutio') unter dem Begriff der →Bewegung abhandelte. Hierbei gelang es den ma. Scholastikern, eine neuartige graph. Darstellung funktionaler Zusammenhänge zu entwickeln, die sich für die Mathematisierung der Naturwissenschaften als von größter Bedeutung erweisen sollte (William →Heytesbury, →Johannes Dumbleton, →Richard Swineshead, Nikolaus v. →Oresme; →Latitudines formarum, →Mertonschule, →Mathematik).

Neben der Bewegungslehre wurde das physikal. W. des MA durch Studien zur Optik im Anschluß an Euklid, Ptolemaeus und arab. Gelehrte erweitert. So entwickelten →Roger Bacon, Johannes →Peckham, →Witelo, →Heinrich v. Langenstein und →Blasius v. Parma eine 'scientia perspectivae', und →Dietrich v. Freiberg fand eine diesbezügl. Erklärung der Farbendispersion im Regenbogen. Ferner diskutierten die ma. Scholastiker zahlreiche weitere kosmolog. Fragen im Rahmen der sog. Quaestionenliteratur wie z. B.: Schöpfung, Vergänglichkeit oder ewiger Bestand der Welt, deren Größe und Ort sowie die Perfektion ihrer Gestalt; die Möglichkeit der Schaffung anderer Welten durch Gott und der Existenz eines unendlichen, leeren Raumes oder eines Vakuums; die Frage nach der Existenz und Natur von Materie in den Himmelsregionen, nach der Ursache und den Eigenheiten der Himmelsbewegungen sowie nach dem Einfluß der Himmelsregion auf die sublunare Welt etc. Für eine ausführliche Behandlung der hierbei erörterten ca. 400 Fragestellungen in insgesamt 76 diesbezügl. Traktaten sei auf GRANT (1994) verwiesen und den dort publizierten Katalog der Quaestiones zur ma. Kosmologie (von 1200 bis 1687). E→Kosmologie, →Astronomie und →Astrologie, →Physik und Naturphilosophie, →Atomistik, →Magnetismus, →Optik; →Pflanzenkunde, →Tierkunde, →Anthropologie, →Mensch, →Natur u. a.
E. Neuenschwander

Lit.: P. DUHEM, Le système du monde, 10 Bde, 1913–59 – E. ZINNER, Entstehung und Ausbreitung der coppernican. Lehre, 1943, 1988[2] – A. MAIER, Stud. zur Naturphilosophie der Spätscholastik, 5 Bde, 1952–68 – E. J. DIJKSTERHUIS, Die Mechanisierung des W.es, 1956 – S. H. NASR, An Introduction to Islamic Cosmological Doctrines, 1964, 1993[2] – H.-F. WEISS, Unters. zur Kosmologie des hellenist. und palästinischen Judentums, 1966 – G. MAURACH, Coelum Empyreum, Boethius 8, 1968 – F. FELLMANN, Scholastik und Kosmologie. Reform, 1971, 1988[2] – B. STOCK, Myth and Science in the Twelfth Century, 1972 – O. PEDERSEN–M. PIHL, Early Physics and Astronomy, 1974, 1993[2] – C. BLACKER–M. LOEWE, Ancient Cosmologies, 1975 – D. C. LINDBERG, Theories of Vision from al-Kindi to Kepler, 1976 [dt. 1987] – N. H. STENECK, Science and Creation in the MA, 1976 – D. E. HAHM, The Origins of Stoic Cosmology, 1977 – R. HISSETTE, Enquête sur les 219 articles condamnés à Paris le 7 mars 1277, 1977 – G. C. GARFAGNINI,

Cosmologie medievali, 1978 – A. J. GURJEWITSCH, Das W. des ma. Menschen, 1978, 1997⁵ – J. ZAHLTEN, Creatio mundi. Darstellungen der sechs Schöpfungstage und naturwiss. W. im MA, 1979 – E. GRANT, Das physikal. W. des MA, 1980 – DERS., Much ado about nothing. Theories of Space and Vacuum from the MA to the Scientific Revolution, 1981 – N. KRETZMANN, Infinity and Continuity in Ancient and Medieval Thought, 1982 – R. SORABJI, Time, Creation and the Continuum. Theories in Antiquity and the Early MA, 1983 – A. GODDU, The Physics of William of Ockham, 1984 – R. D. MOHR, The Platonic Cosmology, 1985 – God and Nature: Hist. Essays on the Encounter between Christianity and Science, hg. D. C. LINDBERG–R. L. NUMBERS, 1986 – Aristotel. Erbe im arab.-lat. MA, hg. A. ZIMMERMANN, 1986 – Kosmos und Mensch aus der Sicht Hildegards v. Bingen, hg. A. FÜHRKÖTTER, 1987 – From Deferent to Equant, hg. D. A. KING–G. SALIBA (Fschr. E. S. KENNEDY, 1987) – J. D. NORTH, Chaucer's Universe, 1988 – R. SORABJI, Matter, Space and Motion. Theories in Antiquity and Their Sequel, 1988 – Studies in Medieval Natural Philosophy, hg. S. CAROTI, 1989 – J. SARNOWSKY, Die aristotelisch-scholast. Theorie der Bewegung. Stud. zum Kommentar Alberts v. Sachsen zur Physik des Aristoteles, 1989 – R. C. DALES, Medieval Discussions of the Eternity of the World, 1990 – Ä. BÄUMER, Gesch. der Biologie, I, 1991 – N. SCHNEIDER, Die Kosmologie des Franciscus de Marchia, 1991 – Physics, Cosmology and Astronomy 1300–1700, hg. S. UNGURU, 1991 – Mensch und Natur im MA, hg. A. ZIMMERMANN–A. SPEER, 2 Bde, 1991–92 – O. BLANCHETTE, The Perfection of the Universe According to Aquinas. A Teleological Cosmology, 1992 – H. S. LANG, Aristotle's Physics and Its Medieval Varieties, 1992 – D. C. LINDBERG, The Beginnings of Western Science, 1992 [dt. 1994] – J. R. LYMAN, Christology and Cosmology, 1993 – Naturauffassungen in Philosophie, Wissenschaft, Technik, hg. L. SCHÄFER–E. STRÖKER, 1–2, 1993–94 – L. STURLESE, Die dt. Philosophie im MA. Von Bonifatius bis zu Albert d. Gr., 1993 – E. GRANT, Planets, Stars, and Orbs. The Medieval Cosmos 1200–1687, 1994 [Lit.] – B. PABST, Atomtheorien des lat. MA, 1994 – G. SALIBA, A Hist. of Arabic Astronomy, 1994 – Dante e la scienza, hg. P. BOYDE–V. RUSSO, 1995 – C. RATKOWITSCH, Die Cosmographia des Bernardus Silvestris, 1995 – G. E. SOLLBACH, Die ma. Lehre vom Mikrokosmos und Makrokosmos, 1995 – M. R. WRIGHT, Cosmology in Antiquity, 1995 – Naturphilosophie im MA, hg. R. E. ZIMMERMANN, System und Struktur 3.2, 1995 – D. C. LINDBERG, Roger Bacon and the Origins of Perspectiva in the MA, 1996 – C. SCHOLTEN, Antike Naturphilosophie und chr. Kosmologie in der Schrift »De opificio mundi« des Johannes Philoponos, 1996 – La nouvelle physique du XIVᵉ s., hg. S. CAROTI–P. SOUFFRIN, 1997.

II. GEOGRAPHISCH: Auch das geogr. W. des MA ist wie das astronom. durch seine Geschlossenheit gekennzeichnet: Die aus der Bibel und der Antike bekannten Listen von Kontinenten, Ländern und Völkern werden durchwegs als vollständige Aufzählungen betrachtet, Unsicherheiten gibt es höchstens bei dem immer wieder erwähnten, aber erst spät in der NZ entdeckten vierten Kontinent, dem Australkontinent.

Da über die Besiedlung (nicht aber: Bewohnbarkeit) des Australkontinents im S von Afrika und Asien nur Spekulationen und Kontroversen auftreten, konzentriert sich die Beschreibung der Ökumene auf die drei bekannten Kontinente Asien, Afrika und Europa, die, wie vielfach in schemat. Mappae mundi (→Karte, Kartographie, 2) dargestellt, das Größenverhältnis 2:1:1 aufweisen. Dabei hat diese Aufteilung der Ökumene nichts mit der Verteilung von Wasser auf der Erdkugel zu tun, welche nach ma. Spekulationen zw. 3:1 und 7:1 schwankte, sondern betraf nur die Größe der einzelnen Kontinente auf der Landmasse der Nordhalbkugel. Auch die Größe Asiens reflektiert seine Vorrangigkeit, die durch die Bedeutung in der Gesch. und bes. in der Heilsgesch. angelegt ist (→Bedeutungsgröße). Im äußersten O Asiens liegt das →Paradies, wo die Gesch. mit der Schöpfung des Menschen ihren Anfang genommen hat und von wo aus die vier Paradiesesströme, nämlich Ganges, Euphrat, Tigris und Nil, ganz Asien bewässern. Der vorläufige Endpunkt der Heilsgesch. mit Tod, Auferstehung und Himmelfahrt Christi in Palästina, wo auch die Parusie erwartet wurde, rückt das Hl. Land im äußersten W Asiens ins Zentrum des Weltgeschehens, so daß dann folgerichtig →Jerusalem auch geogr. zum Zentrum der Erde wird. In Verbindung mit der Kugelgestalt führt dies dazu, daß Jerusalem als höchster Punkt der – ja unbewegl. im Zentrum des Kosmos ruhenden – Erdkugel gedacht wird, von wo eine Reise sowohl nach Westeuropa als auch nach Ostasien hinunter führt. Asien enthält darüber hinaus reale, aber mit sagenhaften Attributen versehene Reiche wie →Indien, →China und →Japan, was erst durch Reisende des 13./14. Jh. (bes. Marco →Polo und →Odoricus v. Pordenone) langsam relativiert wurde (→Reisen, Reisebeschreibungen). Die Teratologie beherrscht ohnehin die naturkundl. Beschreibungen Asiens sowie Afrikas: Gerade in Indien und auf den dort im S vorgelagerten Inseln, aber auch im äußersten N des asiat. Kontinents, in →Skythien, werden Fabeltiere und wunderbare Menschenrassen lokalisiert (→Völkerbeschreibungen), was wohl mit den durch Bibel und Alexanderdichtung vermittelten bedrohl. Nordvölkern→Gog und Magog zu tun hat, die Alexander nördl. des Kasp. Meeres einmauern ließen. Die Alexanderdichtung (→Alexander d. Gr., B) als Q. des Wissens über Asien schildert daneben exemplar. Völker wie die Gymnosophisten bzw. Bragmani und die →Amazonen; der fiktive Brief des Priesterkg.s Johannes (1165, →Johannes Presbyter) stellt dazu ein ideales chr.-theokrat. Reich in Indien. Die →Mongolen werden anfangs (1. Hälfte 13. Jh.) als Feinde des →Islams noch sehr positiv dargestellt, wenn eine Reihe von Bekehrungsversuchen durch →Innozenz IV. auch scheiterte. In Afrika rückt man Wundermenschen an die Äquatorialzone heran, wo der Kontinent nach ma. Vorstellung auch an den Ozean stieß und endete. Die Beschreibungen →Afrikas sind ansonsten jedoch mehr durch das aus der Antike erhaltene karge und auch nicht mehr aktuelle Wissen als durch Erfahrungswerte geprägt: Abgesehen von →Ägypten sind oft nur →Hippo als Wirkungsort des hl. →Augustinus sowie →Karthago erwähnenswert, umso mehr Raum bleibt der Teratologie für →Fabelwesen und Wunderbrunnen.

Die Begründung für die nachrangige Stellung Afrikas ist in der Verfluchung des 2. Sohnes →Noahs, Cham, zu sehen, der Afrika besiedelte, so wie der erstgeborene Sohn Sem Asien übernahm und Japhet Europa. Schemat. Darstellungen dieser Verteilung (»Noachidenkarten«) sind ausschließl. zur Etablierung dieses Verteilungsschlüssels konzipiert und sagen ebensowenig über die tatsächl. Form der Kontinente aus wie die Ökumenekarten (T-O-Karten).

Europa ist der bestbekannte Kontinent, die Chorographie ist aber dennoch häufig aus der antiken Lit. gespeist, bes. bei der Schilderung SO-Europas, während sonst auch die →Hagiographie als Q. der Geographie dient (Heilsorte) und ab dem HochMA aktuelle lokale und polit. Angaben einfließen und Itinerare Erfahrungswerte vermitteln konnten. In der Geographie Europas ist die Teratologie weitgehend zurückgedrängt und spielt außer an punktuellen Wunderorten nur mehr in der Beschreibung des Nordwestens eine Rolle; für den Atlantik ist bis →Kolumbus die Brandanslegende (→Navigatio s. Brendani) wirksamer als die tatsächl. Entdeckungen der Skandinavier im 10. Jh. in →Grönland und Nordamerika (→Amerika, 1); diese sind nur in skand. Q. greifbar und wurden in Mittel- und S-Europa nicht wirksam. Ähnliches gilt für die Beschreibungen Nord- und Osteuropas, die selbst in den zentral- und westeurop. Q. (mit Ausnahme von →Adam v. Bremen) dürftig sind.

Da über den vierten Kontinent keine Informationen vorlagen, wurde er in Kosmographien und Mappae mundi nur schemat. südl. von Asien und bes. Afrika jenseits des Äquators eingetragen. Er ist – falls überhaupt bewohnt – der eigtl. Wohnort von Fabelwesen, allerdings hat die augustin. Ablehnung von Antipoden auf der S-Seite der Erdkugel auch zu einer – nicht intendierten – Kontroverse über die Bewohnbarkeit des Australkontinents bzw. um die volle Menschlichkeit seiner wunderl. Bewohner geführt.

Die ideale Kreisform des Umrisses der Ökumene wird schon ab dem 11./12. Jh. zugunsten einer reicher gegliederten, von zahlreichen Buchten und vorgelagerten Inseln rund um die Ökumene gegliederten Darstellung aufgegeben, die nicht nur den Informationen der Augenzeugenberichte, sondern auch zusätzl. Übernahmen aus der fiktiven Lit. mehr Raum ließ. Durch Weitergabe in pseudo-realer Reiselit. (bes. →Mandeville, Jean de) wurde solchermaßen auch völlig fiktiven Orten zusätzliche Autorität verliehen. Dennoch, und obwohl maßstabgetreue und reale topograph. Darstellung und Beschreibung keineswegs Ziel ma. Kartographie und Geographie war, sind zahlreiche Informationen einer modernen hist. Karte in ma. Mappae mundi und Kosmographie eingeflossen, gemäß dem Prinzip, die Orte verzeichnen zu wollen, »in quibus gestae sunt« (Hugo v. St-Victor). S. a. →Geometrie/Erdmessung. R. Simek

Lit.: A.-D. v. d. Brincken, Fines Terrae, 1992 – R. Simek, Erde und Kosmos im MA, 1992.

Weltchronik (in Byzanz; zur W. im lat. Westen →Chronik, B. II). Darstellungen der Weltgesch. reichen von der Erschaffung der Welt (oder des ersten Menschen) bis in die byz. Jahrhunderte oder in die eigene Lebenszeit des Verf. und beinhalten einen qualitativ und quantitativ unterschiedl. Abriß der bibl. Gesch., der oriental. Herrschergestalten (Assyrien, Babylon, Ägypten), der griech. und röm. Gesch. (unter Auslassung der Republik), welcher auch Ereignisse aus dem NT und der frühen Kirchengesch. angegliedert sind. Die Einteilung nach Herrschern (bisweilen synoptisch) ist auch für die byz. Zeit beibehalten. Weltgesch., zu der auch die in Byzanz wenig verbreitete Gattung der →Annalen zu rechnen ist, bildet zusammen mit der zeitgesch. Monographie die Gattungseinheit der Chronik. In der sprachl. und stilist. Gestaltung folgt die W. den Gesetzen der byz. Hochsprache, wenngleich weniger rigoros und künstlich imitierend als die zeitgesch. Monographie; vom Inhalt her nimmt sie weit mehr Elemente der Erzähllit. (»Triviallit.« bei Hunger, Profane Lit.) auf als Zeitgeschichtsdarstellungen und erfreute sich im allg. einer stärkeren Verbreitung als Werke der Zeitgesch. Der hist. Q. wert für die vorbyz. Zeit (und teilweise auch für diese selbst) ist meist gering, von Ausnahmen wie etwa →Zonaras abgesehen. Zu den Einzelheiten sei verwiesen auf →Chronik, N. P. Schreiner

Lit.: [seit 1983]: I. Rochow, Chronographie (Q. zur Gesch. des frühen Byzanz, hg. F. Winkelmann-W. Brandes, 1990), 190–201 – P. Schreiner, La historiografía bizantina en el contexto de la historiografía occidental y eslava, Erytheia 11-12, 1990/91, 55–63 – RAC XV, 724–765 [F. Winkelmann] – J. N. Ljubarskij, Man in Byz. Historiography from John Malalas to Michael Psellos, DOP 46, 1992, 177–186 – I. Ševčenko, The Search for the Past in Byzantium around the Year 800, ebd., 279–293 – J. N. Ljubarskij, New Trends in the Study of Byz. Historiography, DOP 47, 1993, 131–138 – A. Karpazelos, Byz. Historiker und Chronographen (griech.), 1, 1997.

Weltenbrand → Weltende

Weltenburg, OSB Kl. in Niederbayern (Lkrs. Kelheim), ♂ St. Georg und Martin, gegr. 1. Hälfte 7. Jh. (?). Das am Donaudurchbruch in einem seit dem Neolithikum, seit Kelten- und Römerzeit besiedelten Umfeld entstandene Kl. dürfte mit St. Peter in →Salzburg zu den frühesten monast. Gründungen Bayerns gehören. Im ältesten W.er Martyrologium des 11. Jh. wird auf fol. 45 die Kl. gründung bildl. dargestellt und durch zwei Mönche aus dem irofrk. Urkl. →Luxeuil, dem Luxeuiler Abt Eustasius und dem Mönch Agilus, vollzogen, die in der zuverlässigen Tradition dieses zentralen Kl. als Missionare um 600 in Bayern bezeugt sind. Agilus ist der latinisierte →Agilolfinger-Leitname. Hinzu kommt, daß im W.er Nekrolog des 12./13. Jh. ein Tassilo als Kl. gründer gen. wird, was sich kaum auf Hzg. →Tassilo III. beziehen kann, sondern auf Hzg. →Tassilo I., den der Frankenkg. Childebert II. (575–596) als Hzg. in Bayern eingesetzt hatte. Dies paßt chronolog. zur irofrk., von Luxeuil ausgehenden Bayernmission. Möglicherweise spielte die Langobardenkgn. Theolinde (584–590), eine agilolfing. Prinzessin, die mit dem hl. →Columban befreundet war, bei dieser Mission eine Mittlerrolle. Neueste archäol. Forsch. en bezeugen, daß sich in der 1. Hälfte des 7. Jh. die sich damals christianisierende Oberschicht Bayerns in separierten Gräbern bei oder in Kirchen bestatten ließ und sich dadurch mit ihrer Sepultur aus dem Verband der älteren Reihengräberfelder absonderte. Das gilt auch für das Adelsgrab Staubing nahe W. Damit sind die bisherigen Vermutungen, die Luxeuil-Mission sei in Bayern nicht nachweisbar, gegenstandslos, und die Gründung des Kl. W. in dieser Epoche gewinnt große Wahrscheinlichkeit. Nach dem Sturz Hzg. Tassilos III. 788 wurde W. karol. Reichskl., 932 nahm der Bf. v. Regensburg W. als Eigenkl. in Anspruch. Bf. →Wolfgang v. Regensburg (972–994), Repräsentant der Gorzer-Trierer Kl. reform (→Gorze, →Trier), erneuerte das Kl. Im 11. Jh. übergab Bf. →Hartwig I. v. Regensburg (1105–26) das Kl. den Augustinerchorherrn v. →St. Florian b. Linz, doch machte sein Nachfolger dies rückgängig. Durch die Hirsauer Kl. reform (→Hirsau) erlebte W. eine neue Blüte; unter Abt Konrad (1441–50) schloß es sich der Kastler Kl.-reform (→Kastl) an. F. Prinz

Lit.: LThK² X, 1032f. – B. Paringer, Das alte W.er Martyrologium und seine Miniaturen, SMBO 52, 1934, 146–165 – B. Bischoff, Die südostdt. Schreibschulen und Bibl. en der Karolingerzeit, 1940, 1960², 256f., 259ff. – M. Thiel, Die Traditionen, Urkk. und Urbare des Kl. W., 1958 – F. Prinz, Frühes Mönchtum im Frankenreich, 1965, 1988², 256–258 – J. Hemmerle, Die Benediktinerkl. in Bayern, 1970, 330–335 – R. Christlein, Stupinga-Staubing, Lkrs. Kelheim (Gewinne und Verluste. Aus der archäol. Denkmalpflege in Bayern, 1973/2) – H. und A. Bauer, Kl. in Bayern, 1985, 214–217 – H. W. Böhme, Adelsgräber im Frankenreich, Jb. des RGZM 40, 1993, T. 2, 457, 477.

Weltenddichtung. Weltendthematik begegnet in der deutschsprachigen Dichtung des MA von ihren Anfängen (9. Jh.) bis ins 16. Jh. in selbständigen Texten und in größeren Zusammenhängen von →Bibeldichtung und heilsgeschichtl. ausgerichteten Werken. Die behandelten Motive entsprechen der theol. und legendenhaften Lit. sowie der Bildenden Kunst (Weltgericht). Ausgehend von bibl. Vorgaben (bes. Mt 25 und Apokalypse) ist das Vorstellungsreservoir in der Tradition angewachsen. Thematisiert werden die Auflösung der erschaffenen Welt, das endgültige Schicksal der Menschheit und der einzelnen Seele (→Eschatologie). Phasen des Weltendes ergeben sich durch das Auftreten des →Antichrists (s. a. →Chiliasmus), die 15 Vorzeichen des Jüngsten →Gerichts und den Gerichtsakt selbst, darüber hinaus werden Visionen (→Vision, -slit.) über die Seligen und Verdammten in Himmel und Hölle gestaltet. Die Auswahl und Akzentuierung der Motive variiert. Konstant bleibt die prinzipielle heilsdidakt. Funktion der Texte. Die Vorstellung von Lohn und Strafe im Jenseits soll zur Lebensführung gemäß der christl. Ethik anregen, bes. im Blick auf die Werke der →Barmherzigkeit und Rechtsnormen, auch auf →Tugend- und Lasterkataloge sowie auf die Zehn Gebote (→Dekalog) bezogen. Unterschiedlich und nicht immer genau zu ermitteln ist die Verbindung zu zeitgesch. Realitäten (Erwartung des Weltendes auf Grund von Naturereignissen oder der Identifizierung bestimmter Personen mit dem Antichrist).

Abgesehen von eschatolog. Passagen in →Otfrids »Evangelienbuch« und im »Heliand« (→Altsächs. Sprache und Lit., 2), steht das ahd. →»Muspilli« als W. am Anfang, ein stabreimender, in der Überlieferung entstellter Text des 9. Jh. mit disparater Folge von apokalypt. Motiven. Die ntl. Bibeldichtung Frau →Avas umfaßt als selbständige Teile den »Antichrist« und »Das Jüngste Gericht«; die antizipierende Darstellung der Endzeit ist durchsetzt mit predigthaften Ermahnungen. Das bruchstückhafte »Hamburger Jüngste Gericht« (12. Jh.) konzentriert sich auf die Gerichtsszene; →»Himmel und Hölle« (11. Jh.), →»Himmlisches Jerusalem«, »Vom →Himelriche« (beide 12. Jh.) und andere Gedichte, wie z. B. die »Vision des Tundalus« eröffnen den Blick ins Jenseits.

Während der höf. Literaturepoche nehmen kurze, eher lyr. Texte die eschatolog. Thematik auf (z.B. →Walther v. d. Vogelweide, →Reinmar v. Zweter, →Freidank). Im 13. Jh. erscheint sie u. a. in neuen Texttypen (z. B. »Diu vrône botschaft«, »Vorauer Novelle«, »Von dem jungesten Tage«). Von den um 1300 entstandenen großepischen Heilsgeschichtsdarstellungen (insbes. »Erlösung« und Werke →Heinrichs v. Neustadt) bestehen Beziehungen zu dem neuen Medium des →Geistl. Spiels (→Drama, V), das im SpätMA die letzten Dinge zur Anschauung bringt: »Thüringer Zehnjungfrauenspiel« (14. Jh.) und Weltgerichtsspiele, von denen mehr als zehn verschiedene Redaktionen zur Aufführung und zur Lektüre im 15. und 16. Jh. überliefert sind. Das Ausgangsspiel stammt aus der Schweiz, vielleicht aus Luzern (am besten repräsentiert durch das »Berner Weltgerichtsspiel«). Eine bair. Erweiterung wurde 1510 in München aufgeführt und 1511 auszugsweise in Ulrich Tenglers Rechtsbuch »Der neue Layenspiegel« (→Laienspiegel) inseriert. Eine mit jurist. Kategorien durchsetzte Theologie betont wiederholt die Dominanz der Gerechtigkeit gegenüber der Barmherzigkeit im Letzten Urteil (→»Belial«). Neben der szen. Gestaltung des allg. Gerichts steht das »Münchner Eigengerichtsspiel« (1510) als Versuch, das iudicium particulare (1336 dogmatisiert) zu gestalten, um die Relevanz des Gerichts für den einzelnen noch mehr zu verdeutlichen. Wohl wegen der komplizierten Struktur blieb dieser Spieltyp ohne Nachfolge. Die Reformation hat die Produktion und Rezeption der W., die Angst vor der Verdammnis und Vertrauen auf Werkgerechtigkeit evoziert, programmatisch zurückgedrängt.   U. Schulze

Ed.: Einzelne Texte in Sammelausg.: Visio Tnugdali, ed. dt., hg. A. Wagner, 1882 – Diu vrône botschaft ze der Christenheit, hg. R. Priebsch, 1895 – Von dem jungesten Tage, hg. L. A. Wiloughby, 1918 – Drei Schauspiele vom sterbenden Menschen, I: Das Münchner Spiel von 1510, hg. J. Bolte, 1927, 1–62 – Berner Weltgerichtsspiel, hg. W. Stammler, 1962 – Eisenacher Zehnjungfrauenspiel, hg. K. Schneider, 1964 – Die religiösen Dichtungen des 11. und 12. Jh., hg. F. Maurer, 3 Bde, 1964–70 – Ahd. Lesebuch, hg. W. Braune, 16. Aufl., bearb. E. A. Ebbinghaus, 1979 – Die Vorauer Novelle und Die Reuner Relationen, hg. H. Gröchenig, 1981 – Kopenhagener Weltgerichtsspiel, hg. H. Blosen–O. Lauridsen, 1988 – Churer Weltgerichtsspiel, hg. U. Schulze, 1993 [Bibliogr. weiterer Weltgerichtsspielausg.]. – s. auch Bibliogr. zu gen. Autoren und Titeln – *Lit.*: Verf.-Lex. zu den gen. Autoren und anonymen Werken – Verf.-Lex.² II, 1013–1020 [H. Eggers, Fünfzehn Vorzeichen des Jüngsten Gerichts] – K. Reuschel, Die dt. Weltgerichtsspiele des MA und der Reformation, 1906 – A. Rüegg, Die Jenseitsvorstellungen vor Dante und die übrigen lit. Voraussetzungen der »Divina Commedia«, 2 Bde, 1945 – G. Jenschke, Unters. zur Stoffgesch., Form und Funktion ma. Antichristspiele, 1972 – H.-P. Kursawa, Antichristsage, Weltende und Jüngstes Gericht in ma. dt. Dichtung. Analyse der Endzeiterwartungen bei Frau Ava bis zum Parusiegedicht Heinrichs v. Neustadt vor dem Horizont ma. Apokalyptik, 1976 – P. Dinzelbacher, Vision und Visionslit. im MA, 1981 – N. Ott, Rechtspraxis und Heilsgesch. Zur Überlieferung, Ikonographie und Gebrauchssituation des dt. »Belial«, 1983 – U. Schulze, »Das des jungsten gerichts einbildungen nutzlich sein«. Zur Adaption eines Weltgerichtsspiels in Ulrich Tenglers Laienspiegel, Daphnis 19, 1994, 237–286.

Weltende, Weltzeitalter, Strukturmomente des ma. →Weltbildes, die in →Historiographie und Gesch.stheologie reflektiert, in Kunst und Lit. vielfältig thematisiert und, in →Spiritualität und →Mystik verinnerlicht, in sozialreligiösen Bewegungen, in Politik und →Recht geltend gemacht wurden. Auf bibl. Prophetie (→Propheten) und Apokalyptik (→Apokalypse) zurückgreifend, wird erwartet, daß dem Weltende (= W.e.) unmittelbar kosm. Katastrophen vorausgehen (Mk 13, 24–27; Mt 24–25; Hebr 12, 26; Offb 6, 12–14): Die Sonne verfinstert sich, der Mond wird nicht mehr scheinen (Jes 34, 4). Die Sterne werden vom Himmel fallen, und die Kräfte des Himmels werden erschüttert (Jes 34, 4). Der Menschensohn wird auf den Wolken des Himmels mit großer Macht und Herrlichkeit kommen (Dan 7, 13), zu richten die Lebenden und die Toten (→Gericht, Jüngstes). Welt und Weltzeitalter (= W.a.), der Gesamtkosmos, werden vergehen (Mk 13, 31; Mt 5, 18; Lk 16, 17; 1 Kor 7, 31 b; Hebr 1, 10–12; 1 Joh 2, 17). Sie werden gefolgt von »einem neuen Himmel und einer neuen Erde« (Offb 21, 1; Js 65, 16), worin »Gerechtigkeit wohnt« (2 Petr 3, 7; 2, 10 und 3, 13). Nach dem im MA stark verbreiteten und angesehenen »Chronicon« (ed. R. Helm, 1956²), verfaßt von →Eusebius v. Caesarea (Chronikoì kanónes), von →Hieronymus v. Mailand ins Lat. übersetzt und bis zum Jahre 378 fortgeführt, mündet alle Geschichte der Völker in die röm. Geschichte. Im Rekurs auf die Weissagung im atl. Buch Daniel (Dan 2 und 7) wird von Hieronymus (Danielkomm.) die Geschichte als Abfolge der – nach antiken Vorläufern (z.B. Pompeius Trogus) konzipierten – vier Weltreiche vorgestellt. Nachdem zuerst das babylon. Reich, dann das medisch-pers. bestanden habe, gefolgt vom griech. Reich, komme im Imperium Romanum das vierte und letzte dieser Weltreiche in Sicht. →Orosius übernimmt in »Historia adversus paganos« (ed. C. Zangemeister, CSEL 5) diese Periodisierung der ird. Geschichte und unterstreicht die heilsgesch. Rolle Roms. Erst als dieses unter Augustus die gesamte Ökumene umfaßte, sei die Welt für das Erscheinen Christi und den neuen, und alles betreffenden chr. Glauben reif gewesen. Nach Orosius läuft der →Heilsplan Gottes auf die gottgewollte Synthese zw. Christentum und röm. Reich zu. Es bilde den gesch. Schluß- und Höhepunkt. Vor dem W. e. könne das röm. Reich nicht mehr abgelöst, sondern nur noch »übertragen« werden. Diese Reichstheologie, Thema zahlloser ma. Traktate, bildet den Kern der Lehre von der →Translatio imperii, die Otto v. Freising maßgebend ausbildete. Zurückgegriffen wird dabei auf das weltbejahende und ordnungschaffende Konzept des Orosius, weniger auf die zeit- und weltkrit., die civitas Dei betonende spirituelle Theologie des →Augustinus. Von diesem wird die Lehre von den sechs bzw. sieben W.a.n (aetates) übernommen: Das erste W. a. reicht von Adam bis zur Sintflut (Noe), das zweite von der Sintflut bis zu Abraham, das dritte von Abraham bis David, das vierte von David bis zur babylon. Gefangenschaft (exilium), das fünfte »von da bis zur Menschwerdung Christi« (De civitate Dei 22,30), das sechste von der Inkarnation bis zum W. e. Die ersten beiden W. a. umfaßten je zehn Generationen. Die nächsten drei entwickelten sich innerhalb von 42 Generationen, jedes W. a. in vierzehn Geschlechterfolgen. Im Blick auf das gegenwärtig sechste W. a. könne keine Dauer angegeben werden. Die sechs W. a. entsprechen den sechs menschl. →Lebensaltern (prima aetas: infantia; secunda a.: pueritia; tertia a.: adolescentia; quarta a.: iuuentus; quinta a.: senior; sexta a.: senectus) sowie den sechs Schöpfungstagen. Dem siebten W. a. entsprechen das »Lebensalter« des Entschlafens (septima a.: requies) und der siebte Tag. Er ist »unser Sabbath, dessen Ende (finis) nicht ein Abend sein wird, sondern der ewige achte Tag des Herrn, der durch Christi Auferstehung geheiligt ist«. Das W. e. ist nach Augustinus der Tag des Herrn »ohne Ende«, ist der »Tag« endgültiger gottgewirkter, christusförmiger Ankunft (secundus adventus Christi; Gn. adv. Man. I, 35–41). →Beda Venerabilis, rekurrierend auf die Jahreszählung »ab incarnatione« des →Dionysius Exiguus, auf Hieronymus, Augustinus, Orosius und die Weltchronik des →Isidor v. Sevilla, stellt in »Chronica Maior« die nun voll entwickelte Sechs-W.a.-Lehre vor. In der durch Christi Ankunft signierten Endzeit zu leben, prägte das ma. Gesch.bewußtsein, geleugnet nur von jenen, die nach dem W. a. Jesu Christi eine endgültigere Erlösung lehrten (→Chiliasmus; →Montanismus). →Rupert v. Deutz überformt das W.a.-Schema trinitarisch: Ohne die Werke der Trinität trennen und die eine einzige Geschichte auflösen zu wollen (De sancta trinitate et operibus eius, prol., MPL 167, 197–200), differenziert er zw. der Zeit des Vaters, dem sechstägigen Schöpfungswerk (Gen 1, 3–2, 4a), der Zeit des Sohnes, der sich in den sieben W.a.n vollziehenden Erlösungsgeschichte (von der Vertreibung aus dem Paradies bis zur Passion/Auferstehung Jesu), und der Zeit des Geistes, die, auch Zeit der Auferstehung gen., endzeitl. Charakter trägt (von der Auferstehung bis zum W. e.) und nach den sieben Gaben des Hl. Geistes (Is 11, 2) gegliedert ist (ebd. MPL, 1609). Die Fastensonntage werden dabei als Memoria der W. a. benutzt. Sie gehen auf das W. e. zu, das den Frieden der Endzeit initiiert und als Christusheil in Sicht kommt. Für →Honorius Augustodunensis ist die Zeit des Geistes die Zeit der W. a. jener Kirche (ecclesia), die die Gesamtheit der Glaubenden bildet, angefangen von Abel bis zum letzten Gerechten (Comm. in Ps 91, MPL 194, 565). Die alle W. a. umspannende Zeit der Sammlung der Gläubigen wird – in Orientierung an Augustinus (Enchir. 118) – dreifach gegliedert: in die drei W. a. unter den Patriarchen vor dem Gesetz (ante legem), unter den →Propheten zur Zeit des Gesetzes (in lege), in die Zeit des Evangeliums unter den Aposteln (in evangelio; exp. in cant. canticorum 4, 8; MPL 172, 480f.). Bei dem Versuch, das Sechs-W.a.-Schema mit dem Drei-W.a.-Schema zu kombinieren, kommt es durch die Betonung der Gesetzesperspektive zur Modifizierung des Sechs-W.a.-Schemas: ante legem: Adam–Noe, Noe–Abraham, Abraham–Moses; sub lege: Moses–David, David–Christus; sub gratia: Urkirche, Kirche aus den Heiden (Gemma animae I, 50–55, MPL 172, 559f.). Unter ekklesiolog. eschatolog. Perspektive wird die Geschichte zweifach gegliedert: in die von Honorius in je sechs Perioden differenzierte Zeit vor und seit Christus. Dem sechsten W. a. kommen ebenso viele Perioden zu wie den vorangegangenen W.a.n insgesamt. Vor Christus: 1. Kampf der Engel, 2. Kampf der Gottessöhne (bis zur Sintflut), 3. Kampf zw. Freien und Knechten (bis zur Sprachverwirrung in Babylon), 4. Kampf der Beschnittenen mit den Unbeschnittenen (bis zum Auszug durch das Rote Meer), 5. Kampf zw. Gottesverehrern und Heiden (bis Salomon), 6. Kampf zw. Juden und Babylon (bis Ks. Augustus); seit Christus: 1. Kampf Christi mit Satan (bis zur Berufung der Heiden), 2. Kampf zw. Christus und Heiden (bis Ks. Konstantin), 3. Kampf zw. Rechtgläubigen und Häretikern (bis zum Konzil v. Konstantinopel), 4. Kampf zw. den Religiosi (bis zur Geburt des →Antichrist), 5. Kampf des wiederkehrenden Christus mit dem Antichrist (am W. e.), 6. Hoch-Zeit von Bräutigam (Christus) und Braut (Kirche) in Ewigkeit. →Anselm v. Havelberg rekurriert bei der Neugewichtung des sechsten W.a.s auf die sieben Siegel der →Apokalypse und deutet sie als sieben Gesch.sperioden der Zeit nach Christus: 1. Das weiße Pferd: Zeit Jesu; 2. das rote Pferd: Zeit der Märtyrer; 3. das schwarze Pferd: Zeit der Häretiker; 4. das fahle Pferd: Zeit der falschen Christen; 5. Erdbeben: Zeit der Verfolgung durch den Antichrist; 6. Schweigen: W. e. mit ewiger Gottesschau (Dialogi 1 c. 7–13; MPL 188, 1149–1160). →Gerhoch v. Reichersberg betrachtet das sechste W. a. nicht nur unter dem Aspekt zunehmender Deszendenz, sondern auch als Prozeß wachsender Christusförmigkeit (Comm. in psal. 70, MPL 194, 300). →Joachim v. Fiore zieht aus der Tatsache, daß nach Christus ein unzulängl. W. a. weiterläuft, den Schluß, daß ein (ge)heil(igt)es und gutes W. a. noch bevorsteht; und zwar in naher Zukunft: Trinitar. Gesch.skonzeption mit traditioneller W.a.-Lehre kombinierend, sieht er nach dem 1. W. a., der Zeit oder dem »Reich« des Vaters (vor Christus), und dem 2. W. a., Zeit/Reich des Sohnes, das 3. W. a., Zeit/Reich des Geistes, kommen. Dabei entspricht dem siebenteiligen Verlauf des ersten ein siebenteiliger Verlauf des zweiten W.a.s. In Orientierung am Matthäusprolog wagt Joachim Zahlen und Zeiten zu nennen: je 42 Generationen für jedes der beiden W. a. Wenn innerhalb des 2. W.a.s entsprechend der Lebensjahre Jesu eine Generation rund 30 Jahre umfaßt, ist mit dem neuen W. a. um das Jahr 1260 zu rechnen. Diese neue Zeit wird eine vollständige Einhaltung der Bergpredigt und den Frieden bringen. Sie wird dem Geist der Armut sowie dem Evangelium aeternum (Offb 14, 6) zum Durchbruch verhelfen. Obgleich dieser Zeit die Ankunft des Antichrist vorangeht, kündet Joachim nicht ein Schrecken und Angst auslösendes W. e., sondern erwartet eine Endzeit (vgl. Offb 22, 20), die an das hoffnungsvolle *Marana tha* (Unser Herr, komm!) der ersten Christen erinnert. Von der franziskan. Bewegung (→Beginen, →Bettelorden, →Franziskaner, →Spiritualen, Petrus Johannis Olivi) aufgegriffen, im →Armutsstreit zur Geltung gebracht und im pseudojoachit. Schrifttum verbreitet, vulgarisiert und zumeist antihierarch. politisiert (→Ubertino da Casale, Gherardo →Segarelli, Fra →Dolcino u. a.), gewinnt der →Chiliasmus (Millennarismus) erneut an Boden. →Bonaventura erhebt gegen die selbständige Geistzeit in der gesch.stheol. Konzeption Joachims Einspruch, bedient sich aber des Doppelsiebenschemas. Es bot ihm eine konkrete Veranschaulichung der zeitl. Mittelstellung Christi. Die »Fülle der Zeiten« ist ihm »Mitte der Zeiten«, in der Gottes Sohn, der Mittler, Mensch wurde. Die damit an sich verbundene »Entescatologisierung« des Christentums vermied Bonaventura nicht nur dadurch, daß er, traditioneller Argumentation folgend, die Zeit der Kirche als letztes W. a. vorstellte, sondern seine eigene Gegenwart als »letzte Zeit« innerhalb dieser Endzeit begriff, als Zeit unmittelbar vor dem W. e. In dieser gelange weltweit die Habsucht zu ihrer größten Macht; weswegen Gott Menschen sendet, die, wie die Franziskaner, freiwillig die Armut leben und als Bettler auftreten (De perf. evangelica q. 2, a. 2 ad 20). In zahlreichen lit. Werken wird Habsucht (avaritia) als Grundübel des gegenwärtigen W.a.s und als Grund für den Verlust des Pardieses bzw. jenes W.a.s ausgemacht, das nach →Ovid (Metamorphosen 1, 89ff.) bzw. →Seneca (Epistulae 90) als das Goldene Zeitalter bezeichnet und, den Kanonisten und Scholastikern seit →Gratian geläufig, als lit. Motiv erstmals im Rosenroman (V. 8354ff.) hoffähig wird. →Thomas v. Aquin lehnt das joachim. Doppeltsiebenschema ab, greift auf die Sechs-W.a.-Lehre Augustins zurück und betont, daß Christus, Alpha und Omega der Zeiten (Offb 21, 6), die Fülle und Erfüllung des AT sei und das letzte W.a. (ultima aetas) zur Vollendung (finis) führe. Den joachim. Gedanken des trinitar. Gesch.sgangs korrigierend und auf die Dreistatus-Lehre des Pseudo→Dionysius Areopagita rekurrierend (S. th. II/1, q. 101, 2), erkennt er im dritten W.a. (status) das Ende der Geschichte als das Eingehen in das transzendentale Reich des ewigen Gottes selbst (patria). In der Auseinandersetzung um die von →Arnald v. Villanova aufgestellten Thesen über das baldige Kommen des Antichrist nimmt die Diskussion über die W.a. (Reihenfolge und Dauer) und das Wie und Wann des W.e.s einen breiten Raum ein. →Johannes Quidort v. Paris, →Nikolaus v. Lyra, →Guido Terrana v. Perpignan, →Petrus de Alvernia und →Heinrich v. Harclay melden sich zu Wort und bekräftigen im Rekurs auf Apg 1, 7, daß der Zeitpunkt des W.e.s nicht im voraus gewußt werden kann: weder durch bibl. Auslegung, noch durch Visionen und Prophezeiungen, noch mittels astronom. Berechnungen, wie →Roger Bacon suggerierte (opus maius IV, ed. J. H. Bridges, 1964, 268f.). Seit dem 14. Jh. nimmt die Angst vor dem W.e. zu. Vatizinische Lit. (pseudo-joachim. Schriften, Prophetie [→Propheten], Sibyllinik) steigt an, funktionalisiert durch polit. Propaganda (zahlreiche Ks.- und Papstprophetien), die dafür sorgt, daß konkrete hist. Ereignisse immer wieder mit den im NT prophezeiten Schrecken identifiziert werden. Im →Hussitismus wird →Eschatologie zur polit. Theologie. – Savonarola, Martin Luther und Thomas Müntzer wissen sich im Blick auf das W.e. und das Jüngste Gericht von Gott in Anspruch genommen.   M. Gerwing

Lit.: TRE XII, 608–630 [O. Engels] – Augustinuslex. I, 150–158 [B. Kötting, W. Geerlings] – F. Kampers, Die Idee von der Ablösung der Weltreiche, HJb 19, 1898, 423–446, 533–546 – E. Wadstein, Die eschatolog. Ideengruppe: Antichrist, Weltsabbat, W.e. und Weltgericht, 1898 – G. Grau, Q. und Verwandtschaften der älteren germ. Darstellungen vom Jüngsten Gericht, 1908 – M. Förster, Die W.a. bei den Angelsachsen, 1925 – J. J. Knocken, De theorie van de vier wereldrijken [Diss. Nijmegen 1935] – J. Spoerl, Grundformen ma. Gesch.sanschauung, 1935 – A. Wachtel, Die weltgesch. Apokalypse-Auslegung des Minoriten Alexander v. Bremen, FSt 24, 1937, 201–259, 305–363 – J. Adamek, Vom röm. Endreich der ma. Bibelerklärung [Diss. Münster 1938] – A. Winkenhauser, Weltwoche und tausendjähriges Reich, ThQ 127, 1947, 399–417 – J. H. J. van der Pot, De periodisering der geschiedenis, 1951 – R. Schmidt, Aetates mundi. Die W.a. als Gliederungsprinzip der Gesch., ZKG 67, 1955/56, 288–317 – A.-D. von den Brincken, Studien zur lat. Weltchronik bis in das Zeitalter Ottos v. Freising, 1957 – W. Goetz, Translatio imperii, 1958 – E. Gilson, Die Metaphysik des Gottesreiches, 1959 – A. Wachtel, Beitr. zur Gesch.stheologie des Aurelius Augustinus, 1960 – Gesch.sdenken und Gesch.sbild im MA, hg. W. Lammers, 1961 – K. A. Nowotny, Wandlungen der Typologie in der Frührenaissance (Lex et Sacramentum im MA, hg. P. Wilpert, 1961), 143–156 – C. Bauer, Die ma. Grundlagen des hist. Denkens, Hochland 55, 1962/63, 24–35 – B. Töpfer, Das kommende Reich des Friedens, 1964 – K. H. Schwarte, Die Vorgesch. der augustin. W.a.lehre, 1966 – G. Duby, L'an mil, 1967 – K. Löwith, Weltgesch. und Heilsgeschehen, 1967³ – W. Nigg, Das ewige Reich, 1967 – M. Reeves, The Influence of Prophecy in the Later MA, 1969 – N. Cohn, The Pursuit of the Millenium, 1970² – H. Levin, The Myth of the Golden Age in the Renaissance, 1970 – B. Lacroix, L'historien au MA, 1971 – H. M. Schaller, Endzeiterwartung und Antichristvorstellungen im 13. Jh., Veröff. des Max-Planck-Inst. für Gesch. 36, 1972, 924–947 – W. Beinert, Die Kirche-Gottes Heil in der Welt. Die Lehre von der Kirche nach den Schriften des Rupert v. Deutz, Honorius Augustodunensis und Gerhoch v. Reichersberg, 1973 – A. Dempf, Sacrum Imperium, 1973 – K. Aichele, Das Antichristdrama des MA, der Reformation und Gegenreformation, 1974 – G. Bischoff, Early Premonstratensian Eschatology, The Apocalyptic Myth (The Spirituality of Western Christendom, hg. E. R. Gelder, 1976), 41–71 – W. Kettler, Das jüngste Gericht, 1977 – B. McGinn, Visions of the End, 1979 – M. Haeusler, Das Ende der Gesch. in der ma. Weltchronistik, 1980 – C. Carozzi–H. Carozzi, La fin du temps, 1982 – R. K. Emmerson, Antichrist in the MA, 1981 – A. Patschovsky, Chiliasmus und Reformation im ausgehenden MA (Ideologie und Herrschaft im MA, hg. M. Kerner, 1982), 475–496 – F. J. Schmale, Funktion und Formen ma. Gesch.sschreibung, 1985 – H. L. C. Tristram, Sex aetatis mundi, 1985 – Idee, Gestalt, Gesch. (Fschr. K. von See, hg. W. Weber, 1987), 1–31 – H. Grundmann, Gesch.sschreibung im MA, 1987⁴ – K. F. Werner, Gott, Herrscher und Historiograph (Fschr. A. Becker, hg. D. Hehl, H. Seibert, F. Staab, 1987), 1–31 – Historiographia mediaevalis, hg. D. Berg–H. W. Goetz, 1988 – The Use and Abuse of Eschatology in the MA, hg. W. Verbeke u.a., 1988 – A. Borst, Computus, Zeit und Zahl in der Gesch., 1990 – E. Megier, Tamquam lux post tenebras, Mediaevistik 3, 1990, 131–267 – L. Ott–E. Naab, Eschatologie in der Scholastik, 1990 – H. Meier, Die chr. Zeitrechnung, 1991 – G. Bodmann, Jahreszahlen und W.a. Zur Grundlegung von Zeit- und Raumvorstellungen in der ma. Chronistik, 1992 – J. Ratzinger, Die Gesch.theologie des hl. Bonaventura, 1992² – J. Finkenzeller, Eschatologie (Glaubenszugänge, III, hg. W. Beinert, 1995), 527–671 – M. Gerwing, Vom Ende der Zeit, 1996 – B. Töpfer, Eigentum und Unfrieden, 1996 – Eschatologie und Hussitismus, Historica, Ser. Nova, Suppl. 1, 1996.

Weltendmythos → Ragnarök, →Völuspá

Weltgerichtsdarstellung. Zur Theologie → Gericht, Jüngstes.

I. Frühchristentum – II. Abendländisches Mittelalter – III. Byzanz.

I. Frühchristentum: Die patrist. Lit. ist z.T. ausführl. auf die →Parusie Christi zum Weltgericht eingegangen; z.B. stellte Augustinus alle atl. und ntl. Schriftstellen zusammen, in denen er einen Hinweis auf das Weltgericht sah (Civ. dei 20). Trotzdem setzen Darstellungen, in denen Christus tatsächl. die aus den Gräbern Auferstehenden richtet, erst in der nachikonoklast. östl. und karol. westl. Kunst ein (s.u.). In der frühchr. Kunst sind bisher nur drei Bilder zum Thema bekannt, die alle die in Mt 25, 31–46 erzählte Allegorie von der Scheidung der Schafe und Böcke (→Bock) durch einen Hirten wiedergeben. In der Darstellung eines Sarkophagdeckels in New York, Metr. Mus., vom Anfang des 4. Jh., wird heute allg. (im Anschluß an Brenk, 38f. und gegen die Einwände Klausers) dieses Thema erkannt (Lit. s. Engemann, 1996, 550–552), obwohl statt des Hirten ein Philosoph die Scheidung vornimmt. Für ein nicht erhaltenes Apsisbild des frühen 5. Jh. in einer Kirche im südit. Fondi teilte der Auftraggeber, →Paulinus v. Nola, den beschreibenden und erklärenden Titulus mit (ep. 32, 17; CSEL 29, 291f.). Eine Mosaikdarstellung des frühen 6. Jh. in der ravennat. Kirche S. Apollinare Nuovo gibt die Weltgerichtsallegorie mit der Besonderheit wieder, daß Christus selbst die Scheidung der Schafe und Ziegenböcke vornimmt und ihm ein Engel des Lichtes (hinter den Schafen) und der Finsternis (hinter den Böcken) assistieren.   J. Engemann

Lit.: E. Kirschbaum, L'angelo rosso e l'angelo turchino, RivAC 17, 1940, 209–248 – Ch. Ihm, Die Programme der chr. Apsismalerei vom 4. Jh. bis zur Mitte des 8. Jh., 1960 – B. Brenk, Tradition und Neuerung in der chr. Kunst des ersten Jt., Stud. zur Gesch. des Weltgerichtsbildes, 1966 [TH. KLAUSER, Rezension zu BRENK, JbAC 10, 1967, 242-247] – F. W. DEICHMANN, Ravenna, Komm., 1, 1974 – J. ENGEMANN, Zu den Apsistituli des Paulinus v. Nola, JbAC 17, 1974, 21-46 – DERS., Zur Schönheit des Teufels im ravennat. Weltgerichtsbild (Memoriam Sanctorum Venerantes, Miscell. V. SAXER, 1992), 335-351 – DERS., Bibl. Themen im Bereich der frühchr. Kunst (Stimuli [Fschr. E. DASSMANN, 1996]), 543-556.

II. ABENDLÄNDISCHES MITTELALTER: Die frühesten ma. W.en erscheinen bereits im 6. Jh., davon zeugen die fragmentar. erhaltenen Mosaiken vom Triumphbogen der Kirche S. Michele in Affricisco zu Ravanna, dat. 546 (Berlin, Staatl. Museen). Die Überlieferung des Denkmälerbestandes wird im 8./9. Jh. entscheidend dichter, vornehml. in zwei Bereichen, in der liturg. Buchkunst und der Monumentalmalerei.

[1] *Liturgische Buchkunst (750–1500):* Die frühma. und karol. W.en zeigen noch keinen kanon. Typus, sie wirken auch nicht typenbildend, wie z.B. die Min. des Evangeliars Cod. 51 der Stiftsbibl. zu St. Gallen, um 750; Min. aus dem Apokalypse-Komm. des Beatus v. Liébana, um 776 (New York, Pierpont Morgan Libr., M. 644, p. 719v), Federzeichnungen des Utrechter Psalters, um 830 (Utrecht, Univ. Bibl. Ms. 1503, fol. 41v), bereits mit fünf Registern; ähnl. auf einem Elfenbeinrelief, wohl von einem Buchdeckel, um 800 (London, Victoria and Albert-Mus.), mit drei Registern: Oben erscheint Christus als Weltenrichter, umgeben von posaunenden Engeln beim Scheiden der Seligen von den Verdammten, die aus ihren Gräbern auferstehen, im unteren Register links empfängt ein Engel die Seligen an der Pforte des Paradieses, rechts öffnet sich der Rachen der Hölle, um die Verdammten zu verschlucken. Für die Ikonographie der abendländ. W.en waren bes. die otton. Miniaturen der Reichenauer Skriptorien typenbildend, allen voran die Min. der Bamberger Apokalypse, um 1001/02 (Bamberg, Staatsbibl., Cod. bibl. 140, fol. 53r), mit Szenen in vier Registern: Christus thront, die beiden oberen Register überragend, mit einem Lichtkreuz, dem Zeichen seiner Parusie, umgeben von adorierenden und posaunenden Engeln und dem Richterkollegium der Apostel, darunter vollziehen zwei Engel die Scheidung der Seligen von den Verdammten, im unteren Register sind die Auferstehung der Toten und der »Infernus« zu Empfang der Verdammten geschildert; ähnl. im Perikopenbuch Heinrichs II., um 1007, mit der verselbständigten Szene »Auferstehung der Toten« (Bayer. Staatsbibl. München, clm 3352, fol. 202r). Ganz in dieser Reichenauer Tradition steht noch die Min.en des Bernulphus-Evangelistars, Reichenau, um 1040/50 (Utrecht, Rijksmus., Hs. 1503, fol. 41v). Die Min.en der roman. Buchkunst variieren das Thema Weltgericht, bisweilen bereichert durch die Einflüsse der byz. Ikonographie, z.B. Cod. Guelf. 65, fol. 13v, Wolfenbütteler Evangeliar, dat. 1194 (Wolfenbüttel, Hzg.-August-Bibl.): in der Mittelachse der Komposition mit dem Bildmotiv →Deesis, darunter die →Hetoimasia mit dem Kreuz, Buch, Kelch und Patene, ferner der Feuerstrom und der hl. →Michael als Seelenwäger. Weitere Variationen zeigen die Min.en des Hortus deliciarum der Herrad v. Landsberg, 1159/70; Hildegard v. Bingen, Liber Scivias Domini, nach 1170 (»Weltuntergang«); Weingartner Missale, um 1200/36 (New York, Pierpont Morgan Libr., M. 710). Eine eigenwillige, farbenprächtige Gestaltung prägt die Miniaturen der span. Buchkunst, die Illustrationen der Beatus-Kommentare, z.B. Burgo de Osma, Archivo de la Catedral, Ms. 1, fol. 157v; öfters auf zwei Seiten in sechs oder sieben Registern (Turin, Bibl. Maz., Ms. I.II.1, fol. 168v und 169r, um 1110); (Manchester, John Rylands Libr., Ms. lat. 8, fol. 195v und 196r, um 1200).

Für die liturg. Buchkunst der Gotik ist exemplar. die Min. der Apokalypse der Kgn. Eleonora, um 1240 (Cambridge, Trinity College, fol. 25v): Christus in der Mandorla thronend zeigt seine Wundmale (Einfluß der ma. Passionsfrömmigkeit), auf seiner Ehrenseite erscheinen drei Engel mit den →arma Christi, den Majestätssymbolen des wiederkehrenden Menschensohnes, unter den Heiligen Petrus, Dominikus, Franziskus, Clara und Benedikt, rechts neben dem Richterstuhl geben Meer und Erde die Toten mit geöffneten Büchern wieder, im unteren Register öffnet sich breit der Rachen der Hölle, in den die Verdammten gestürzt werden. Die W.en der got. Buchkunst bewegen sich zw. Erweiterung zum Allerheiligenbild und Reduktion auf die Szene der Auferstehung der Toten und Deesis mit Maria und Johannes d. T. In allen diesen Varianten bildet der thronende Weltenrichter, der seine Wundmale zeigt, den dominanten Mittelpunkt. Bemerkenswert ist die Min. des Lektionars aus dem Dominikanerinnenkl. Hl. Kreuz, Regensburg, 1267/76 (Oxford, Keble Coll., Ms. 49, fol. 235v), die die W. als Allerheiligenbild gestaltet, unverkennbar unter italo-byz. Einfluß. Weitere, künstler. bedeutende Beispiele zeigen u.a. die Min.en eines Graduale aus St. Katharinenthal, kurz vor 1312 (Zürich, Schweiz. Landesmus., Ms. LM 26117, fol. 153v); Min. im Brevier Karls V. v. Frankreich, Paris, um 1370: W. als Ill. zum Psalm 110 (Paris, BN, Ms. lat. 1052, fol. 261r), mit dem singulären Bildmotiv »Krönung der Seligen« und der Gegenüberstellung von »Himmels-« und »Höllenburg«; Rafael Destorents, Min. des Missale der hl. Eulalia, dat. 1403, ein Meisterwerk der internat. Gotik (Barcelona, Bibl. der Kath. Sta. Eulalia); W. der westflandr. Apokalypse, um 1410/20 (Paris, BN Ms. néerl. 3, Bl. 18), mit dem Bildmotiv »Satan als siebenköpfiges Ungeheuer«.

Die Miniaturen der spätma. Stundenbücher betonen stets die Fürbitte Mariens und Johannes d. T. (Deesis), im Mittelpunkt mit dem Wundmale-Christus der Parusie, so daß andere Bildmotive der W., z.B. Himmel und Hölle, reduziert zurücktreten (z.B. Stundenbuch der Yolanda de Lalaing, Paris, um 1320, Oxford, Bodleian Bibl., Ms. Douce 93, fol. 46v; Stundenbuch des Guillebert de Mets, Grammont [?], um 1440 [Bibl. Vat., Ottob. lat. 2919, fol. 159v], statt Johannes d. T. hier mit Johannes Ev. bei der Fürbitte). Die Hss. hist.-moralisierenden Charakters bevorzugen auch diesen, die Fürbitte bes. hervorhebenden Typus der W.en: z.B. Titelmin. des sog. Roten Stadtbuches von 1301 (Hamburg, Stadtarchiv); Min. »Somme le Roi« des Laurent du Bois, 15. Jh. (Brüssel, Bibl. Royale Albert I., Ms. 9550, fol. 21v); Augustinus, De Civ. Dei, Tournai, 1450 (Brüssel, Bibl. Royale Albert I., Ms. 9016, fol. 372v).

[2] *Wandmalerei, Mosaiken, Farbverglasungen:* Die erste umfangreiche W. an der Westwand der Kirche St. Johann in Müstair (Graubünden), um 800, enthält bereits alle wesentl. Bildmotive des ma. Weltgerichts: Christus als Richtergott in einer runden Gloriole, seine Rechte zum Himmel erhoben, seine Linke zur Hölle nach unten weisend, umgeben von adorierenden Engeln und thronenden Aposteln. Im obersten Register ist das Einrollen des Sternenhimmels durch Engel vollzogen, es folgt die Auferstehung der Toten und im unteren Register die Scheidung der Seligen von den Verdammten durch Engel, links unten die Hölle (sehr fragmentar. erhalten). Aus dem Bereich der otton. Kunst ragen die Wandmalereien der Kirche St. Georg in Oberzell auf der Reichenau heraus, um 1000,

ganz in der Tradition der Buchmalerei ist hier Christus wohl das erste Mal mit seinen Wundmalen dargestellt; ähnl. in der Kirche St. Michael zu Burgfelden, um 1075/85.

Während in Frankreich die monumentalen Weltgerichtsportale entstehen (11.–13. Jh.), wird das Thema in Italien meist im Bereich der Wandmalerei (oder als Mosaik) geschildert. Ein hervorragendes frühes Beispiel zeigt das Fresko der Westwand der Kirche S. Angelo in Formis bei Capua (im Auftrag des Abtes Desiderius v. Montecassino 1072/87 entstanden). In der Nachfolge von S. Angelo in Formis entstehen mehrere W.en auch in Rom, z. B. in S. Giovanni a Porta Latina, 1235/40; SS. Quattro Coronati, Silvesterkapelle, 1246/48. Zu den bedeutendsten Werken der ma. Malerei gehört die W. des Pietro →Cavallini in S. Cecilia in Trastevere in Rom, dat. 1293: Im Mittelpunkt der Komposition steht nicht mehr der strenge Richtergott, Christi Gesicht ist von Milde durchdrungen. Die Wundmale des Erlösungstodes weisen auch hier auf die steigende Vermenschlichung des Christusbildes im Zeichen der hochma. Passionsfrömmigkeit hin. Die große, in sechs Registern entwickelte W. an der Westwand der Kathedrale S. Maria Assunta in Torcello stellt das vollständig erhaltene Beispiel der byz. Ikonographie auf it. Boden dar, mit den charakterist. Bildmotiven Christus als Weltenrichter in der Mandorla, Deesis, links und rechts die Beisitzenden (Apostel, Hl.e, Märtyrer), unter dem Thron Christi die Hetoimasia, dahinter die Marterwerkzeuge (Majestätssymbole), posaunende Engel, die die Toten auferwecken; der Feuerstrom zur Vernichtung der Bösen, die Seligen und die Verdammten. Um 1300 entstehen in Italien monumentale und künstler. bedeutende W.en, allen voran →Giottos W. an der Westwand der Capella degli Scrovegni in Padua, um 1305/06 – ein wahres Universalbild, das die Seligkeit des Himmels und die Schrecken der Hölle vielfältig und figurenreich demonstriert: Die fünf Register sind durch die zentrale Gestalt des Weltenrichters in Engelsglorie und das Zeichen seiner Wiederkehr, das Kreuz der Parusie, von zwei Engeln getragen, durchbrochen. Weitere it. Beispiele: Kuppelmosaik des Baptisteriums S. Giovanni in Florenz, um 1300, das bedeutendste Beispiel seiner Art nach S. Marco in Venedig; Neapel, S. Maria Donna Regina, 1308; Tuscania, S. Maria Maggiore, die W. von der Tradition abweichend hier an der Stirnwand des Chorraumes, um 1310/20.

In Frankreich sind nur wenige monumentale Fresken erhalten geblieben, z. B. die Vorhalle von St-Savin-sur-Gartempe, um 1100; erst im SpätMA findet man mehr überlieferte Denkmäler: Schloßkapelle von Châteaudun (Eure-et-Loire), 1467/68, Werk des Malers Paoul Grymbault; W. der Kathedrale Ste-Cécile in Albi, um 1500. Das Thema wurde bisweilen auch in die Programme der Farbverglasungen aufgenommen, vornehml. in der Ile-de-France, z. B. Westrose der Kathedrale Notre-Dame in Chartres, 1180/90 und Braine, St. Yved, um 1210; seltener in Dtl., z. B. Glasmalerei von Hans Holbein d. Ä., dat. 1490, Eichstätt, Dom-Kreuzgang. Bemerkenswerte Rarität zeigt die Glasmalerei der Ev. Pfarrkirche St. Martha in Nürnberg: die »15 Vorzeichen vor dem Weltgericht«, im Rieter-Fenster des Chorraumes, um 1390.

Nördl. der Alpen gewinnen die W. en im 14./15. Jh. in den Gewölbemalereien des Kirchengebäudes große Verbreitung, z. B. Schützingen (Krs. Vaihingen), Ev. Pfarrkirche, 1240/60; Hamm-Mark, St. Pankratius, vor 1337; Lobenfeld (Kr. Heidelberg), Ev. Pfarrkirche, um 1360/70; Stuttgart-Mühlhausen, Ev. Veitskirche, Chorgewölbe, um 1390; Münster-Roxel, St. Pantaleon, um 1460; Bad Steben (Franken), St. Walburga, 1460/80; Ulm, Münster, über dem Chorbogen (von Bartholomäus →Zeitblom), bez. 1471; Hessisch-Oldendorf-Grossenwieden (Krs. Gft. Schaumburg), Ev. Pfarrkirche, dat. 1488. Diese spätgot., vielfach anspruchslosen Gewölbemalereien betonen bes. die Gestalt des Weltenrichters zw. den fürbittenden Maria und Johannes d. T. Erst im spätma. Italien entstehen erneut monumentale W.en, die zugleich auch neue ikonograph. Aspekte aufweisen, z. B. die Hervorhebung Mariens als Kgn. des Himmels an der Seite des Weltenrichters und die Verselbständigung des Bildmotivs Hölle, so in Pisa, Campo Santo, 1330/45; Florenz, S. Maria Novella, Strozzi-Capelle, um 1357, von Marco di Cione, der hier den Himmel und die Hölle als selbständige Bilder gestaltet; Bologna, S. Petronio, Capella Bolognini, W. des Giovanni da Modena, die wie ein Kathedralportal komponiert ist, in strengem, spitzbogigem Aufbau, mariologisch akzentuiert, verbunden mit der Marienkrönung, um 1410/20; stark it. beeinflußt ist Nicolás Florentinos W. in Salamanca, Catedral vieja, Chorgewölbe. In Luca Signorellis W. in Orvieto, Dom, Capella Brizio, nach 1499, sind neben der schwelger. Realisierung des Körperlichen die Niedrigkeiten und Sünden der Menschen auf Erden unerbittlich geschildert.

[3] *Kirchenportale (12.–15. Jh.):* Die W. – neben der Maiestas Domini – Leitbild der abendländ. Romanik, ist bes. in den Bogenfeldern der Portale vergegenwärtigt, überwiegend in Frankreich. Ein frühes Beispiel zeigt das Südportal von St-Pierre in Beaulieu-sur-Dordogne (Corrèze), 1130/40: Tympanon mit dem W., im Türsturz der Bereich der Hölle mit Höllentieren in zwei Registern – bemerkenswert ist die Darstellung Christi mit entblößtem Oberkörper und ausgestreckten Armen als Hinweis auf seinen Opfertod am Kreuz; neben den Auferstehenden sieben Dichter und Denker der Antike, die die Wiederkehr Christi prophezeit haben. – Das Portal der Westvorhalle der Kathedrale St-Lazare in Autun (Saône-et-Loire), 1130/45, das Werk des Meisters Gislebertus, zeigt den thronenden Weltenrichter in einer von vier Engeln gehaltenen Mandorla, die zwei Register umfaßt, an der rechten Seite Christi mit Maria als Himmelskgn., die Pforte des Himmels, Engel, die die Seligen begleiten, Petrus, der zusammen mit sieben Hl.en Christus huldigt, links von dem Menschensohn Seelenwägung durch den Erzengel Michael und Höllenschlund; im untersten Register die Auferstehung der Toten, die in der Mitte durch einen Gerichtsengel getrennt werden. – Das Tympanon des Westportals der Abteikirche Ste-Foy in Conques-en-Rouergue, 1135/45, gehört zu den eigenwilligsten W.en: Die Mitte der Komposition beherrscht die thronende Gestalt des Weltenrichters in einer sternenbesetzten Gloriole vor reichen Wolkengebilden, in denen vier Engel mit Fackeln und Spruchbändern erscheinen, um die Worte des Richters an die Auserwählten und die Verdammten zu verkünden; hinter dem Weltenrichter tragen zwei Engel das Zeichen seiner Parusie, begleitet durch die Personifikationen Sonne und Mond, Engel mit den Arma Christi und posaunende Engel; im mittleren Register, zur Rechten Christi, die Auserwählten, angeführt durch Maria und Petrus (Pförtner des Himmels), darüber vier Engel mit Spruchbändern, die die göttl. Tugenden des Richters (Fides, Spes, Caritas, Constantia, Humilitas) preisen; auf der linken Seite Christi vier Engel mit dem »Buch des Lebens«, Schwert, Rauchfaß und Lanze im Zeichen der göttl. Strafe dargestellt, rechts daneben sind die Qualen der Verdammten geschildert; im unteren Register, unter

den Füßen des Weltenrichters, Seelenwägung und Auferstehung der Toten, in der Mitte öffnet sich die Pforte des Paradieses (links) und die der Hölle (rechts). Die W. ist darüber hinaus ergänzt durch die Konkretisierung von Personen lokaler Gesch., bis hin zum Genrehaften. – Die Portalanlage der Westfassade von St-Trophime in Arles, 1180/90, verbindet die erste Parusie Christi (Menschwerdung) mit der zweiten. Auch das Westportal der Kirche in St-Loup-de-Naud von 1170 verbindet die W. mit der Maiestas Domini. – Das Westportal von Saint-Denis, vor 1140, ältestes Beispiel für ein got. Weltgerichtsportal, ist in mehrfacher Hinsicht Vorbild für die späteren Kath.en von Paris und Amiens. – W.en befinden sich auch auf dem rechten Seitenportal der Kath. von Laon, 1160/95, und auf dem mittleren Südportal der Kath. von Chartres, 1210/15. Dort erscheint der Weltenrichter erstmals ohne Beisitzende: die zwölf Apostel sind an den Portalwänden durch Beigabe ihrer Attribute als Märtyrer charakterisiert, zugeordnet dem auf Löwen und Basilisken triumphierenden Christus (nach Psalm 91, 13). Diese verwandelte/vermenschlichte Gerichtsthematik kennzeichnet auch die Weltgerichtsportale der Kathedrale Notre-Dame in Paris, 1220/30; Amiens, 1225/35; Reims, 1230/37; St-Etienne in Bourges, 1240/60; St-Pierre in Poitiers, um 1250; in vereinfachter Form auch bei den Portalen der Kath. St-André in Bordeaux, um 1260; St-Sauveur in Bazas, um 1250 und Notre-Dame in Dax, um 1260/70.

Unverkennbar ist der frz. Einfluß auf die spätroman. und frühgot. Weltgerichtsportale in Spanien, z.B. Sangüesa, Sta. Maria La Real, 1170/80; Santiago de Compostela, Meister Mateo, Pórtico de la Gloria, 1188; Estella (Navarra), San Miguel, Hauptportal, kurz vor 1185; Tudela (Navarra), Colegiata de Santa María la Mayor, Südportal, um 1200; León, Kathedrale Santa María, Tympanon des Hauptportals, um 1270.

Das älteste Beispiel eines Weltgerichtsportals auf Reichsgebiet zeigt die Gallus-Pforte des Basler Münsters, um 1180 (später verändert), mit Christus als Richtergott zw. Petrus und Paulus, posaunenden Engeln, Auferstandenen, den vier Evangelisten und den beiden Johannes, ergänzt durch die Szenen der klugen und törichten Jungfrauen und der Sieben Werke der Barmherzigkeit. Das künstler. bedeutendste Weltgerichtsportal zeigt der Dom St. Peter und St. Georg in Bamberg, um 1225/35: Im Tympanon thront Christus mit seinen Majestätssymbolen zw. posaunenden Engeln. Christus zeigt seine Wundmale, flankiert durch Maria und Johannes d. T. in Proskynese als Fürbittende, bereichert durch die Bildmotive Abrahams Schoß mit den Seelen der Gerechten, Auferstehung der Toten, Erzengel Michael, unter den Seligen der Staufer Philipp und seine Gemahlin, unter den Verdammten der Welfe Otto und Anhang. Die Annäherung der himml. an die irdische Sphäre ist eine der charakterist. Erscheinungen der Spätromanik und Gotik.

In der dt. got. Kunst lebte die Gestaltung der Weltgerichtsportale vereinzelt fort, um nur die berühmtesten Beispiele zu nennen: Freiburg i. Br., Münster, Hauptportal, nach 1270; Nürnberg, St. Sebald, Tympanon des rechten Westportals, 1309/15; Rottweil, Pfarrkirche, Tympanon des Westportals, vor 1340; Nürnberg, St. Lorenz, Westportal, um 1350/60; Schwäbisch Gmünd, Heilig-Kreuz-Münster, Westportal der Marienkapelle, um 1420; Bern, Münster, Gerichtstympanon des Hauptportals, um 1495. – Der Beitrag Italiens zum Thema Weltgericht an Portalanlagen ist entscheidend geringer als der Frankreichs; in Italien dominiert die Wandmalerei (s.o.). Die Beispiele zeigen jedoch hohen künstler. Rang, z.B. Parma, Baptisterium S. Giovanni, Erlöserportal von Benedetto Antelami, nach 1196, mit dem seine Wundmale zeigenden Weltenrichter; Orvieto, figurenreiche W. von Lorenzo Maitani an der Westfassade des Domes S. Maria, 1310/30; Weltgerichtsrelief von Mino da Fiesole in den Grotten von St. Peter in Rom, 1470/80.

[4] *Altarretabeln und Bilder mit heilsgeschichtlichen Bildprogrammen (11.–15. Jh):* Schon im 11. Jh. erscheinen W. auch in umfangreichen heilsgesch. Zyklen auf verschiedenen Bildträgern. Frühe individuelle Prägungen zeigen z.B. der sog. »kleine Melker Tragaltar«, mit dem Secundus Adventus Christi an der Schmalseite, um 1050 (Washington D.C., Dumbarton Oaks Coll.); Taufstein der ehem. Stiftskirche St. Bonifatius in Freckenhorst bei Warendorf, vor 1129, reduziert auf das Bild der Maiestas Domini beim Scheiden der Seligen und Verdammten; rechter Flügel des sog. Klosterneuburger 'Altares' von →Nikolaus v. Verdun, vor 1180, in sechs Einzelszenen. – Eine kühne Sonderleistung der dt. Gotik stellt der »Engelspfeiler« (Gerichtspfeiler) des Ecclesia-Meisters im Straßburger Münster, um 1230, dar: Den Sockel des Bündelpfeilers bilden die vier Wesen der Apokalypse, darüber die vier Evangelisten und vier posaunende Engel, ganz oben Christus als Weltenrichter in der Gestalt des Schmerzensmannes, umgeben von drei Engeln mit den Passionswerkzeugen, zu seinen Füßen die sehr reduzierte Szene der Auferstehung der Toten. – Das kreisförmige Tafelbild der Meister Giovanni und Niccolò v. Rom, um 1235/40, in den Vatikan. Museen (für das röm. Kl. S. Stephani ad beatum Paulum geschaffen), zeigt das Weltgericht als ausschließl. Thema in mehreren Registern. – Niccolò und Giovanni →Pisano stellten das Weltgericht an ihren vier Kanzeln als Schlußszene der Heilsgesch. dar: Pisa, Baptisteriumskanzel, vollendet 1260; Sieneser Domkanzel, 1302–1311. – Durch die Darstellung von hist. Personen – ähnl. wie in Bamberg (s.o.), – ergänzt ist die W. des Meisters des Bambino Vispo, Florenz, um 1415: Oberhalb der Auferstehung der Toten knien der Gegenpapst Benedikt XIII., Ks. Siegmund I. und Kg. Ferdinand v. Aragón mit ihren Begleitern im Gebet vor dem Weltenrichter (München, Alte Pinakothek). Die heilsgesch. Bilderzyklen der ma. Flügelretabeln und Andachtsbilder zeigen das Weltgericht meist auf die Szene der himml. Fürbitte (Deesis) reduziert, verbunden mit den kleinen Nebenszenen »Auferstehung der Toten«, »Pforte des Himmels« und »Höllenschlund«, z.B. Unbek. Meister, Triptychon, Innenseite des rechten Flügels, Köln, 1330/40 (Hamburg, Kunsthalle); Konrad v. Soest, Hochaltar der Ev. Stadtkirche in Bad Wildungen, Dortmund, 1403/04; Meister der Passionsfolgen, W., Köln, 1410/20 (Köln, Wallraf-Richartz-Mus.); Meister des Warendorfer Altares, Hochaltar der Pfarrkirche St. Laurentius in Warendorf, Münster, 1425/30; Meister von St. Severin, Tafelbild, Köln, um 1488 (Köln, Wallraf-Richartz-Mus., WRM 183).

Seit dem frühen 14. Jh. beeinflussen bes. die Jenseitsvorstellungen Dantes die it. W. en, so etwa schon bei Nardo di Cione (s. o.). Die Topographie der einzelnen Cerchi geben genau die Vorstellungen Dantes wieder, z.B. bei Fra Angelico: Die Hölle ist kein einheitl. Bezirk mehr im Bereich des Höllenrachens wie in der nördl. Spätgotik, sondern ein in viele einzelne Kreise aufgeteiltes Land der Qualen, in dem Geizige, Zornige, Wollüstige, Neidische, Eifersüchtige und Faule ihre Strafen erleiden (Altartafel von 1432/36, Florenz, Mus. di S. Marco). Auch in der altndl. Malerei ist die Hölle ungleich anschaulicher geschildert als der Himmel, z.B. Meister des Turiner Stundenbuches (Hubert van Eyck?), Tafelbild, 1420/25 (New

York, Metropolitan Mus. of Art). Im 15. Jh. erscheint die W. auch als ausschließl. Thema monumentaler Altarretabeln, auf denen die Spannweite des Motivreichtums erneut größer wird, so bei Rogier van der Weyden (Altartafel um 1450 in Beaune, Hôtel Dieu) und bei Hans Memling, Weltgerichtstriptychon, 1467/73 (Danzig, Nationalmus.). – Mehrfach bieten auch die großen Flächen der Schreinrückwände der ma. Schnitzaltäre Platz für die W., die mit einer kirchendisziplinären Sitte in Beziehung stehen: Im MA wurde die Beichte hinter dem Altar abgenommen, vgl. die Beispiele am Sterzinger Altar des Hans Multscher, um 1458; Kreuzaltar in St. Georg zu Nördlingen, 1462; Altarschrein von 1482, Gelbersdorf (Kr. Freising), Filialkirche St. Georg; Moosburger Hochaltar des Hans Leinberger, 1499; Altarschrein von 1510, Rabenden (Kr. Traunstein), Filialkirche St. Jakobus d. Ä.

Im ausgehenden MA beschäftigte das Thema des Weltgerichts auch Albrecht Dürer in zwei Zeichnungen um 1500, im Holzschnitt der Kleinen Passion von 1509/10 und am Rahmenwerk des Landauer Altars von 1511: Dominant bleibt auch bei Dürer das traditionelle Bildmotiv der himml. Fürbitte mit Maria und Johannes d. T., daneben weist ein völlig neues Bildmotiv über das MA hinaus: Dürer ersetzt das Tor zum Himmel jeweils durch eine strahlende Sonne, die wohl durch die Sonnen- und Lichtsymbolik Ficinos angeregt wurde. – Das Weltgerichtstriptychon des Hieronymus Bosch, um 1500, Wien, Akademie der Bildenden Künste (vgl. mit den Weltgerichtsfragmenten eines Triptychons von H. Bosch in Venedig, Dogenpalast), bildet quasi den Abschluß der ma. Weltgerichtsikonographie: Im lichten Himmel hoch entrückt thront Christus als Weltenrichter im Rahmen einer erweiterten himml. Fürbitte, darunter breitet sich die Erde aus, als wäre sie in eine monumentale, dunkle, alles überragende Höllenlandschaft verwandelt, in der die individuellen Arten der Strafen für die Verdammten entfaltet sind. Auch das Bild des Paradieses auf dem linken Altarflügel ist durch die Mächte der Hölle überschattet: beim Kampf des Erzengels Michael und seiner Heerscharen gegen Luzifer und die bösen Engel (Engelsturz).

[5] *Gerichtsorte (13.–15. Jh.):* Zur ikonograph. Ausstattung der Stätten geistl. und weltl. Gerichtsbarkeit gehörte im MA obligator. eine W. Es ist z. B. überliefert, daß das geistl. Gericht, das bfl. Offizialat, in der spätroman. Paradiesvorhalle des St. Paulus-Domes zu Münster (1225/35) jährlich am Patronatsfest unter der skulpierten Darstellung des Weltenrichters tagte. Ähnlicherweise waren die Rathäuser und Gerichtsstätten des MA mit W.en ausgestattet (tradiert für Diest, Graz, Innsbruck, Maastricht, Mecheln, Nürnberg, Paris und Ulm, 15. Jh.). Erhalten geblieben sind nur wenige Beispiele aus dem 15. Jh.: Tafelbild »Himml. und ird. Gericht«, unbekannter Meister, um 1400, Würzburg, Bfl. Ordinariat: Das obere Register zeigt den thronenden Christus, flankiert durch das Richterkollegium der Apostel und die fürbittenden Hl.en Maria und Johannes d. T., das untere zeigt in seiner Mitte eine ird. Gerichtsverhandlung zw. den Pforten des Himmels und der Hölle. Vergleichbare W.en, oft verbunden auch mit der Auferstehung der Toten, zeigen das Tafelbild eines unbekannten Meisters aus dem Rathaus zu Diest (Flandern), um 1430 (Brüssel, Mus. Royaux de Beaux-Arts) und Tafelbild mit welt. Gerichtsbeisitzenden, Paris, 1420/30 (Paris, Mus. d. Arts décoratif). Die berühmte, monumentale Gerechtigkeitstafel des Kölner Stadtmalers Stefan →Lochner, um 1435, war für das Kölner Rathaus bestimmt (Köln, Wallraf-Richartz-Mus., WRM 66). Ähnl. Darstellungen bescheidener Formate sind mehrfach erhalten, z. B. von einem Haller Meister (Lorenz Weismann?), W. von 1500/04, aus dem Rathaus zu Hall (Innsbruck, Kunsthist. Museum). Das Werk eines flandr. Meisters um 1500, ursprgl. für das Antwerpener Rathaus bestimmt, verbindet das Weltgericht mit der Darstellung der »Sieben Werke der Barmherzigkeit« und der »Sieben Todsünden« als exempla iustitiae. – Derick Baegerts Tafelbild »Die Eidesleistung« von 1493/94 (Wesel, Niederrhein. Museum) schildert eine weltl. Gerichtsszene mit einer W. auf der Wand, worauf der amtierende Richter hinweist. – Der spätma., monumentale Weltgerichtsteppich aus der Serie »Erlösung der Menschheit«, Brüssel, um 1500 (Paris, Louvre), war ursprgl. als Festdekor auch für einen Ort geistl. oder weltl. Gerichtsbarkeit bestimmt.

G. Jászai

Lit.: LCI IV, 513–523 – H. Schrade, Das Weltgericht in der dt. und ndl. Kunst der Spätgotik, 1926 [ungedr. Habilschr. Heidelberg] – W. Paeseler, Die röm. Weltgerichtstafel im Vatikan, Kunstgesch. Jb. der Bibl. Hertziana II, 1938, 311–394 – G. Troescher, Weltgerichtsbilder in Rathäusern und Gerichtsstätten, Wallraf-Richartz-Jb. 11, 1939, 139–214 – A. Cocagnac, Le Jugement dernier dans l'Art, 1955 – B. Brenk, Tradition und Erneuerung in der christl. Kunst des ersten Jt., 1966 – W. Sauerländer, Got. Skulptur in Frankreich, 1970 – B. Rupprecht, Roman. Skulptur in Frankreich, 1975 – F. van der Meer, Apokalypse–Visionen des Johannes in der europ. Kunst, 1978 – P. K. Klein, Zum Weltgerichtsbild der Reichenau (Studien zur ma. Kunst 800–1250, Fschr. F. Mütherich, 1985), 107–124 – M. Büchsel, Die roman. Portale im Geiste Clunys, Städel-Jb. NF XI, 1987, 7–54 – W. Pleister–W. Schild, Recht und Gerechtigkeit im Spiegel der europ. Kunst, 1988 – G. Schiller, Ikonographie der christl. Kunst, V, 1990, 66f, 166–170 – O. von Simson, Bernhard v. Clairvaux und der 'dolce stil nuovo' der frühgot. Plastik: Von der Macht des Bildes im MA, 1993, 63–76 – H. Vorgrimler, Gesch. der Hölle, 1993 – Ausstellungskat. »Himmel, Hölle, Fegefeuer – Das Jenseits im MA«, 1994, 330–347, Nr. 125–138.

III. Byzanz: Weltgericht oder Jüngstes (= letztes) →Gericht, von Begriff und Bildinhalt her (Brenk 106: »Veranschaulichung einer jurist. Aktion«) weder ein adäquater noch deckungsgleicher Begriff für das byz. Bildthema der →Parusie (παρουσία, δευτέρα παρουσία), der Wiederkunft Christi, besser: der zweiten Wiederkunft am Ende der Tage (im Gegensatz zur Fleischwerdung Gottes in der Geburt und seiner ersten Wiederkunft in der eucharist. Liturgie. Damit ist deutlich Bezug genommen auf die Ankündigung des Engels bei der Himmelfahrt (Apg 1.10). Die Parusie vollzieht sich grundsätzlich nach dem Muster der →Prophetenvisionen, der Theophanie bzw. des adventus Domini. Damit sind die programmat. wie auch die themat. Bezüge und Verbindungen in der byz. Ikonographie wie in ihren Bildprogrammen klargestellt: die Himmelfahrt einerseits, die Prophetenvision andererseits und – als dritter und wichtigster Pol, die Eucharistie samt der göttl. Liturgie (→Apostelkommunion). Räumlich läßt sich dieser Sinnzusammenhang sowohl anti- wie paratakisch mit zwei oder drei Einzelthemen darstellen, kann aber auch in einem einzigen Bild, wie etwa dem Himmelfahrtsbild des Rabulas-Codex in Florenz (von 586), vereinigt werden. Frühmittelbyz. Darstellungen des Themas aus dem 9./10. Jh. (Narthex von H. Stephanos in Kastoria; Ayvalı Kilise und Timios Stauros in Kappadokien u.a.) beschränken sich auf diesen Themenkern, zu dem die Erscheinung des Kreuzes und kosmolog. Konnotationen (weshalb auch eine Illustration aus dem →Kosmas Indikopleustes gerade wegen des im Text zitierten Bezugs zur Himmelfahrt hier anzuschließen ist) gehören. In der 1. Hälfte des 11. Jh. werden diesem Parusie-Kern weitere Einzelthemen hinzugefügt. Das Ergebnis ist schließlich eine komplexe, agglutinierend zusammengesetzte Komposition, welche die Spuren der kompositor. Zusammenfügung erkennen läßt. Diese Erweiterungen umfassen teils selbständige Themen wie →Hetoimasia, →Deesis, Anastasis, teils auch neu geschaffene Bildthemen nach lit. Vorlagen des AT und NT wie Einrollen des Himmels (Jes XXXIV.4 = Offb VI.14) oder die Seelenwaage (Dan V.27 und Job XXXI.6). Damit werden gerichtsrelevante Bildthemen hinzugefügt. Dazu gehören auch die Scheidung in Gute und Böse, der Feuerstrom u. a. Eine Besonderheit bilden die verschiedenen Strafen für die Bösen, die in einzelnen Gefachen oder Bulgen der Hölle vorgenommen werden. Längst bekannt ist, daß die in der Liturgie auch in mittel- und spätbyz. Zeit beliebten Homilien des →Ephraem Syrus (4. Jh.) eine völlig gleichartige Kompilation bibl. Motive aufweisen wie diese byz. W. Als erste Beispiele dieser nun auch den Gerichtskomplex miteinbeziehenden Darstellungen gelten die Wandmalereien der Kirche Panagia tōn Chalkeōn in Thessalonike, kurz nach 1028, und zwei Miniaturen des Cod. Par. gr. 74. Sie enthalten bereits die Paradiesdarstellung mit der Pforte des Paradieses, Maria wie auch dem armen Lazarus im Schoß Abrahams. M. Restle

Lit.: B. BRENK, Die Anfänge der byz. W., BZ 57, 1964, 106–126 – G. VOSS, Das jüngste Gericht in der bildenden Kunst des frühen MA [Diss. Leipzig 1984].

Weltkarte → Karte, Kartographie

Weltzeitalter → Weltende

Wenck v. Herrenberg → Johannes Wenck (190. J.)

Wendelin, hl. (auch Wandelinus, Wendalinus; Fest: 21. Okt.). Eberwin, Abt v. St. Martin/Trier und →Tholey, erwähnt in seiner ca. 1000 entstandenen Vita des Trierer Bf.s Magnerich († nach 587), daß während dessen Amtszeit ein frommer Einsiedler W. im Waldgebirge des 'Vosagus' gelebt habe. Zusammen mit Ingobertus und Disibodus zählt er ihn zu den Deo militantia, die im 6./7. Jh. in dem Gebiet um Pfälzer Wald, Hochwald und Hunsrück gewirkt haben. Das Kalendar von →Stablo (10. Jh.) bestätigt bereits die kult. Verehrung W.s in 'Basonevillare', das zum saarländ. Fernbesitz des Bm.s Verdun gehörte und seit 1180 als St. Wendel belegt ist. 1360 wurden die Reliquien in den Chor der dortigen neuerbauten spätgot. Wallfahrtskirche transloziert. Die lat. W.-Legenden (L^1–L^3 bei SELZER, 70–84) datieren aus dem 14.–15. Jh.; L^2 enthält aber Elemente, die in die erste Blütezeit des W.-Kults im 11. Jh. zurückreichen. In SpätMA und früher NZ findet W. vielfältige Verehrung als Volksheiliger, v. a. als Schäfer-, Bauern- und Viehpatron. S. Flesch

Lit.: LCI VIII, 593f. – A. SELZER, St. Wendelin. Leben und Verehrung eines alemann.-fränk. Volksheiligen, 1962 – W. HAUBRICHS, Basenvillare – Kg.sort und Hl.ngrab. Zu den frühen Namen und zur Frühgesch. von St. Wendel, Zs. für die Gesch. der Saargegend 28, 1980, 7–89.

Wenden (Winden), auch in den Landschaftsnamen mlat. Wenedonia, Winidonia und Wendland (Hannoversches →Wendland als ehem. Siedelgebiet der →Dravänopolaben), in Ortsnamen wie Wendhausen, Windsassen usw. sowie in weiteren Komposita (→W.kreuzzug) überlieferter und z. T. bis heute (u. a. Eigenbezeichnung der →Sorben in der →Lausitz) gebrauchter Name für die Slaven, die mit den Franken und Deutschen zusammentrafen (→Elb- und Ostseeslaven, D). Das Ethnonym geht auf den Namen der antiken Veneter zurück (z. B. bei Tacitus als Nachbarn der Germanen gen.). Ortsnamen wie W.heim, Windheim entstanden daher auch in Gegenden, wo Slaven niemals vorkamen (Elsaß, Bayern, Westfalen); als Zeugnis für slav. Ansiedler im Rahmen frk. Grundherrschaft gibt es aber solche Orts- und Personennamen bis weit nach Westen (891: villa Winidowilary nahe Worms). Mit den Venetern zusammenhängende W. gab es, wie die hist. Q.n des 13./14. Jh. und die Ortsnamen bezeugen, auch ö. der Weichsel, in →Semgallen und in →Livland. Bereits →Jordanes (Mitte 6. Jh.) gebrauchte W. als Synonym für die Slaven. Der frk. Chronist →Fredegar bezeichnete diese im Zusammenhang mit den Ereignissen um →Samo als Sclavos coinomento Winedos. Weitere überlieferte Namensformen, dabei stets auf Slaven bezogen, sind Hwinidi, Guinidi, Winidones, Winethen, Wendene sowie auch Wandali. Konkrete und dauernde Anwendung auf slav. Bevölkerung fand das Ethnonym zuerst in der Wind. Mark (→Krain; →Slovenien) und bei den Main- und Regnitzw. (741: in terra Sclauorum ... qui vocantur Moinuinida et Radanzuuinida), deren Siedeltätigkeit im nö. Bayern sich in einer großen Zahl von Ortsnamen vom Typ '-winden, Windisch-' widerspiegelt. Dagegen ist die Anfügung eines kennzeichnenden Namenteils 'Wendisch-' (paarig mit Deutsch-, parallel dazu auch Klein-/Groß-) ein Ergebnis der Zuwanderung dt. Siedler ö. von Elbe und Saale im Verlauf des hochma. →Landesausbaus. In den damals gegr. Städten traten seit dem 13. Jh. Bürger mit dem Beinamen »Slavus« bzw. gleichbedeutend »Wend« auf, und die im »Wendland« gelegenen Städte der →Hanse mit Lübeck an der Spitze bezeichneten sich als »wendische« Städte. Allerdings äußerte sich seit der Mitte des 14. Jh. in städt. Vorschriften, v. a. im Ausschluß der W. von der Mitgliedschaft in den Zünften, eine wachsende Diskriminierung von Individuen slav. Abstammung. »Wendisch« stand dabei in einer Reihe mit anderen Merkmalen der Unehrlichkeit. Ch. Lübke

Lit.: SłowStarSłow VI, 372–378 – F. BUJAK, Wenedowie nad Bałtykiem, 1948 – W. LAUR, Slawen und W. – eine wortgeschichtl. Studie, Die Heimat 84/2, 1977, 35–45, 195–200 – E. GRINGMUTH-DALLMER, Dt. und Wend. – Groß und Klein, Onomastica Slavogermanica 19, 1990, 77–89 – W. HAUBRICHS, Der Prestasievertrag des Bf.s Theotelach v. Worms mit dem Gf.en Erinfried v. J. 891, Jb. für westdt. Landesgesch. 16, 1990, 1–83 – E. ENGEL, Aus dem Alltag des Hansehistorikers: Wie viele und warum wend. Städte? (Recht und Alltag im Hanseraum, hg. S. URBANSKI u. a., 1993), 125–143 – CH. LÜBKE, Slaven zw. Elbe/Saale und Oder: W. – Polaben – Elbslaven?, JGMODtl 41, 1993, 17–43 – W. SCHICH, Zum Ausschluß der W. aus den Zünften nord- und ostdt. Städte im späten MA (Nat., ethn. und regionale Identitäten in MA und NZ, hg. A. CZACHAROWSKI, 1994), 31–51.

Wenden (lat. Wendi), im 13. Jh. ein Volksstamm auf dem Territorium Lettlands. Über die ethn. Zugehörigkeit der W., die in hist. Q. (→Heinrich v. Lettland; Urk. v. 1208) erwähnt werden, sind widersprüchl. Ansichten geäußert worden (Finno-Ugrier, Letten, Slaven). Die Auswertung des archäol. Materials des 11.–13. Jh. spricht dafür, daß die W. ihrer materiellen Kultur nach eine Gruppe der kurländ. →Liven waren. Von den →Kuren vertrieben, übersiedelten die W. zu den →Letten in der Umgebung von Cēsis, wo sie ein Bündnis mit den Deutschen schlossen. Die W. haben der Burg und Stadt Cēsis ihren dt. Namen →'Wenden' gegeben. Die Herkunft der W. und ihre Gesch. vor dem 11. Jh. in Lettland bleibt unklar. Vielleicht waren sie mit den balt. Veneten (Venedae) verbunden. Ē. Mugurēvičs

Q.: Fontes hist. Latviae medii aevi, II, 1937, Nr. 46 – Heinrici Chronicon, ed. Ā. FELDHŪNS–Ē. MUGURĒVIČS, 1993, X, 14; XIII, 5; XIV, 7, 8; XXII, 4, 5, ; XXV, 3; XXIX, 3;368 – Lit.: Ē. MUGURĒVIČS, Problema vendov v period rannego feodalizma v Latvii (Ber. II. Internat. Kongr. f. slaw. Archäologie, II, 1973), 291–299.

Wenden (lett. Cēsis), Burg und Stadt in →Livland, ca. 80 km nördl. v. →Riga, an der Livländ. Aa gelegen. Der Name W. geht vermutl. auf Angehörige des Volksstamms der →Wenden zurück, die sich im 12. Jh. unter den einheim. Lettgallern ansiedelten. Seit 1207 befand sich das Gebiet um W. im Besitz des →Schwertbrüderordens, der spätestens 1209 mit dem Bau einer Burg auf dem sog. Nußberg begann. Auf dem daneben gelegenen Berg entstand kurz darauf eine weitere Burg, der dem Nußberg fortan als Vorwerk diente. Die vermutl. hölzerne Festung und die an ihrem Fuße entstandene Siedlung W. fielen anfangs des 13. Jh. einem Brand zum Opfer. Die Burg wurde rasch wieder aufgebaut; im S und O der Vorburg entstand wenig später eine neue Siedlung, in der sich v. a. dt. Kaufleute niederließen. Für 1224/27 ist W. als →Hakelwerk erwähnt, vor 1323 erhielt es Rigasches Stadtrecht. Die Burg nach 1237 häufiger Aufenthaltsort, seit 1480 ständige Residenz der Meister des livländ. Zweiges des →Dt. Ordens. Zahlreiche Land- und Städtetage wurden in W. abgehalten. Als Mitglied der →Hanse war W. an der Handelsstraße Riga—→Dorpat—→Pskov im Fernhandel, v. a. im Rußlandhandel, aktiv. S. Dumschat

Lit.: Balt. hist. Ortslex., II, 1990, 690–693 – J. v. Sivers, W., seine Vergangenheit und Gegenwart, 1857 – C. Mettig, Balt. Städte, 1905, 115–129 – A. Tuulse, Die Burgen in Estland und Lettland, 1942 – Z. Ligers, Gesch. der balt. Städte, 1948, 197–204 – R. Wittram, Balt. Gesch., 1954 – Balt. Länder, hg. G. v. Pistohlkors, 1994.

Wendenkreuzzug, verfehlte, doch eingebürgerte Bezeichnung eines Nebenunternehmens zum 2. →Kreuzzug 1147 gegen die »Heiden des Nordens« ohne klare Vorstellung ihrer Ausbreitung. Urheber war offenbar →Bernhard v. Clairvaux aufgrund nicht allg. geteilter eschatolog. Naherwartung (verheißene Endzeitbekehrung aller Welt), Auslöser war der Versuch der Sachsen, sich dem Jerusalemzug zu entziehen durch Hinweis auf eine eigene Heidengrenze. Bernhards Parole »Vernichtung oder Bekehrung« ist ursprgl. sibyllin.; auch das von der Norm abweichende Zeichen (Kreuz auf dem Erdkreis) weist auf den gen. Zusammenhang. Papst Eugen III. billigte den Plan nachträgl. abgemildert – dies vielleicht unter Einfluß →Anselms v. Havelberg, den er zum Legaten für den W. bestellte – als Kreuzzug mit Bekehrungsziel (Missionskreuzzug) ohne gleiche Unbedingtheit. Deutsche und Dänen zogen gegen die ostelb. Slaven (→Wenden) und erreichten eine formale Christianisierungszusage (Massentaufen); Polen wandten sich gegen die balt. →Prußen (Näheres unbekannt). Der W. schwächte die Widerstandskraft gegen die dt. Ostexpansion, sein Missionserfolg war gering. Neue Herrschaftsbildungen (Gft.en →Dannenberg und Lüchow; Herrschaften Friesack und →Ruppin) sind aus dem W. nur vermutungsweise abzuleiten, ebenso die ideelle Anknüpfung jüngerer Missionskriege im Ostseeraum. Abwegig ist die Konstruktion eines Zusammenhangs zw. dem W. und dem Beginn der dt. Siedlung in →Siebenbürgen. H.-D. Kahl

Lit.: W. Bernhardi, Konrad III., 1883, 563–578 – Heidenmission und Kreuzzugsgedanke in der dt. Ostpolitik des MA, hg. H. Beumann, 1963 [Nachdr. 1973], passim – H.-D. Kahl, Die Ablenkung des W.s vom brandenburg. Bm.sgebiet (Ders., Slaven und Deutsche, 1964), 186–272 – Ders., Vom W. nach Siebenbürgen?, Siebenbürg. Archiv, 3. F. VIII, 1971, 162–197 – F. Lotter, Die Konzeption des W.s, 1977 [dazu: H.-D. Kahl, JGMODtl 28, 1979, 322–324] – H.-D. Kahl, Die Kreuzzugseschatologie Bernhards v. Clairvaux und ihre missionsgeschichtl. Auswirkung (Bernhard v. Clairvaux, hg. D. R. Bauer–G. Fuchs, 1996), 262–315.

Wendische Städte → Hanse, II, →Städtebund

Wendischer Münzverein. Der erst seit dem 19. Jh. so bezeichnete →Münzverein der ndt. Hansestädte (→Hanse) geht ursprgl. auf die bereits 1255 bezeugte Währungsgemeinschaft der Städte Hamburg und Lübeck zurück, die 1370 erneut hergestellt wurde. 1379 wurde der erste Rezeß zw. den Städten Lübeck, Hamburg und Wismar geschlossen; 1381 kamen Lüneburg, Rostock und Stralsund hinzu. Hauptwährungsmünze war der →Witten zu 4 lüb. Pfennigen, dazu die Viertelwitten, seit 1392 auch Sechslinge und Dreilinge. Weitere Verträge folgten 1398, 1403, 1406 und um 1408–11. Für die Vertragsmünzen waren ein einheitl. Münzfuß und ein einheitl. Münzbild (bezogen auf das Wappen der betreffenden Stadt) vorgeschrieben. 1425 einigte man sich in einem Vertrag auf die Prägung von →Schillingen zu 12 Pfennigen und von →Sechslingen. 1468 wurde die Prägung von Schillingen und →Doppelschillingen abgesprochen. Ein letzter Versuch, um 1501/02 eine gemeinsame größere Silbermünze zu 2 →Mark zu verabreden, scheiterte bald. Mit den Reichsmünzordnungen v. 1559/66 lief der W. M. aus. P. Berghaus

Lit.: W. Jesse, Der W. M., 1928, 1967² – G. Stefke, Der W. M. und seine Nachbarn in 14. Jh.: Gepräge-Vorbilder und ihre Nachahmungen von den Anfängen bis 1391/92, HBNum 33/35, 1979/81, 107–152 – Ders., Der »W.M.« und seine Nachbarn (Geldgeschichtl. Nachrichten, 1995), 125–133.

Wendland, meist Hannoversches W., Bezeichnung für das Land zw. Elbe, Altmark und Drawehn seit dem 18. Jh., als die wend. Sprache (→Dravänopolaben) fast verschwunden war. Im 7./8. Jh. berührten die Sachsen bei ihrem Vorstoß nach S das W. nur am Rande. Zeitgleich drangen slav. Stämme in das W. ein, deren Führer sich nach der Karolingerzeit (Kastell →Höhbeck 808/811) eine auf Burgen gestützte relative Selbständigkeit sichern konnten. In den →Slavenaufstand 983 waren sie offenbar nicht einbezogen, wohl aber von dem Verfall des Reiches der →Abodriten und der Macht der →Billunger (1072/73) betroffen. Ihre Eigenständigkeit wurde zu Beginn des 12. Jh. von den Gft.en Warpke-Lüchow (1110/44) und →Dannenberg (1153) abgelöst. Die einsetzende Aufsiedlung mit →Rundlingen und spätere Restriktionen überformten Althergebrachtes. Der Ausschluß von →Wenden von Bürgerrechten (Wendenklausel) galt in Lüneburg seit 1350 und damit auch für alle Städte mit Lüneburger Recht bis um 1700. Der Anstoß zur Beschäftigung mit dem W. ging 1704 von Leibniz aus. B. Wachter

Lit.: W. Schulz, Name, Gebiet und Gliederung des Hannoverschen W.s, Lüneburger Bll. 18, 1967, 77–114 – B. Wachter, Hannoversches W. Führer zu archäol. Denkmälern in Dtl. 13, 1986 – Ders., Die slaw.-dt. Burg auf dem Weinberg in Hitzacker/Elbe, Göttinger Schr. 25, 1997.

Wendower, Roger → Roger Wendover (17. R.)

Wenilo (Wenilon, Ganelon, Guènilon), Ebf. v. →Sens 837/840–865, † 865. Als Kleriker der →Hofkapelle Ludwigs d. Fr. wurde W. zw. 837 und 840 als Nachfolger von Alderich (Aldric) auf den Erzsitz v. S. berufen. W. unterhielt engen Kontakt mit Abt →Lupus v. Ferrières, dessen Abtei zur Diöz. Sens gehörte und der ihm oft als Wortführer diente, doch wurden auch Gegensätze deutlich: So mißbilligte der Ebf. das Entweichen der Kleriker aus ihrem 'ministerium', um in Klöster wie →Ferrières einzutreten. W. war lange Zeit als Ratgeber →Karls d. Kahlen, den er 848 in Orléans zum aquitan. Kg. salbte und krönte, am Hofe angesehen. 851 schaltete sich der Ebf. in den vom Mönch →Gottschalk v. Orbais entfesselten Prädestinationsstreit (→Prädestination, 2) ein und wandte sich gegen die Auffassung des →Johannes Scotus, wobei ihm der Bf. →Prudentius v. Troyes Auszüge aus den Werken des Scotus zwecks Widerlegung sandte. 853 war W. einer der drei von →Hinkmar v. Reims benannten und von beiden Parteien anerkannten Richter, die auf dem Konzil v. →Soissons in der Frage der Prädestination entscheiden sollten. Auf derselben Versammlung erklärte sich W. gegen den 835 als Ebf. v. Reims abgesetzten →Ebo; er bezeichnete zum einen die von Ebo 840 (anläßl. einer kurzen Restitution als Ebf.) vorgenommenen Priesterweihen als ungültig und rechtfertigte zum anderen die Einsetzung Ebf. Hinkmars zu Lebzeiten Ebos. In der Folgezeit wurde W. am westfrk. Hof aber allmähl. von Hinkmar verdrängt. Der darob verärgerte W. verriet Karl d. K. an den ostfrk. Karolinger →Ludwig d. Dt. (858). Nach dem Scheitern der Invasion Ludwigs strengte Karl d. K. gegen Ebf. W. einen Kirchenprozeß an, der ergebnislos verlief. W. gewann 861 die Gnade des Kg.s zurück.

G. Devailly

Q. und Lit.: F. Lot–L. Halphen, Le règne de Charles le Chauve, I, 1909 – Loup de Ferrières, Correspondance, ed. L. Levillain, I, 1929; II, 1935 – J. Devisse, Hincmar, archevêque de Reims, 3 Bde, 1976.

Wenrich v. Trier, Scholasticus, Verfasser einer im Auftrag und Namen Bf. Dietrichs v. Verdun entstandenen Streitschrift gegen →Gregor VII. in Form eines Briefes. Die durch die erneute Bannung Heinrichs IV. auf der →Fastensynode 1080 ausgelöste Schrift, die – wie die Reaktion →Manegolds v. Lautenbach zeigt – offenbar weit verbreitet war, bezeichnet den Beginn der literar. Auseinandersetzung mit den auf den weltl. Herrschaftsbereich ausgreifenden Ansprüchen des Reformpapsttums. Sie zeugt zugleich von der tiefen Verunsicherung der Zeitgenossen angesichts des Konflikts zw. regnum und sacerdotium. Wenn W., der 1090 vielleicht Bf. v. Piacenza (G. Schwartz, Bm.er Reichsitaliens, 1913, 193f.) wurde, auch jeden direkten Angriff auf Gregor VII. vermied und sich auf die Aufzählung der gegen denselben in Umlauf befindl. Vorwürfe beschränkte, so gab er sich doch unverkennbar als Verteidiger der Legitimität des sal. Kgtm.s (c. 6) zu erkennen. Immerhin hielt er das von den Reformern geforderte Verbot der Laieninvestitur (→Gregorian. Reform) für bedenkenswert, kritisierte aber dessen polit. Instrumentalisierung (c. 8). Mit seiner sich durch Klarheit und Originalität der Argumentation auszeichnenden Schrift nahm W. eine durchaus eigenständige Position in der →Publizistik des →Investiturstreites ein. T. Struve

Ed.: K. Francke (MGH L. d. L. I, 1891), 280–299 – zweisprachige Ausg. von I. Schmale-Ott, AusgQ 12b, 1984, 68–119; Einl. 10–16 – Lit.: Manitius III, 26f. – Wattenbach–Holtzmann–Schmale II, 399f.; III, 127* – JDG H. IV. und H. V., Bd. 3, 1900, 407–415 – A. Fliche, La réforme Grégorienne, 3, 1937, 144–174 – I. S. Robinson, Authority and Resistance in the Investiture Contest, 1978, bes. 153–156.

Wenssler, Michael, 1472–99 tätiger Druckerverleger, † vor 1512. Der aus Straßburg stammende W. wurde am 1. Mai 1462 bei der Univ. Basel immatrikuliert und erwarb am 8. Juni 1473 das Bürgerrecht der Stadt. Nach anfängl. Erfolgen (Vermögen 1476/78: 1600 Gulden; 1480: 1000 Gulden) mußte er 1490 sein Druckgerät einem Gläubiger überlassen und verließ 1491 Basel. Er fand Zuflucht in der Abtei Cluny (1492/93) und in Mâcon (a. d. Saône). 1494 ließ er sich in Lyon nieder, wo er noch 1499 als angesehener Drucker erwähnt wurde. W. druckte auf eigene Rechnung und als →Lohndrucker umfangreiche theol. und kanonist. Werke und wurde v. a. wegen seiner Liturgica geschätzt. Er verfügte über umfangreiches Typenmaterial, darunter mehrere Missal- und eine Kanontype. S. Corsten

Bibliogr.: Der Buchdruck im 15. Jh., hg. S. Corsten–R. W. Fuchs, 1988–93, 414, 433, 757 – Lit.: Geldner I, 113f.; II, 235, 250f.

Wenzel
1. W. (Václav) **I. d. Hl.** (Fest: 28. Sept.), Fs. v. →Böhmen seit 921, * ca. 907, † 28. Sept. 929/935 (ermordet), ▭ Prag, St. Veitsdom, ältester Sohn von Fs. →Vratislav I. und →Drahomir, Tochter eines Fs.en der →Heveller.

[1] *Leben:* Die erste biograph. Nachricht bezieht sich auf die Haarschur durch Bf. Nother II. v. Verona i. J. 915. W.s Gattin ist unbekannt, in den Q. wird der Sohn Zderad erwähnt. W. wurde am Prager Fs.enhof erzogen. Er erhielt eine einfache literar. lat. Ausbildung, so daß er Bücher und den Psalter lesen konnte, sowie auch eine christl. Erziehung. Die Angabe einer späteren russ. Bearbeitung der ersten kirchenslav. Legende über seine Kenntnis der slav. Schrift ist unsicher. Nach dem Tode Vratislavs I. 920/921 wurde W. als Herrscher anerkannt, konnte jedoch wegen seiner Unmündigkeit die Regierung nicht übernehmen. Diese wurde Vratislavs Witwe Drahomir übertragen. W. wurde zusammen mit seinem Bruder →Boleslav (I.) d. Großmutter →Ludmila (hl.) zur (christl.) Erziehung anvertraut. Unter der Vormundschaftsregierung Drahomirs steigerten sich die Auseinandersetzungen zw. den Parteien einzelner Großer, wobei wahrscheinl. eine das Christentum ablehnende Partei die Oberhand gewann, auf deren Seite auch Drahomir stand. Der Konflikt, in dem u. a. die christl. Erziehung der künftigen Fs.en, wahrscheinl. auch die materiellen Güter eine Rolle spielten, gipfelte in der Ermordung Ludmilas, die die christl. Strömungen in Böhmen repräsentierte. W. verteidigte 922 Böhmen gegen Hzg. →Arnulf v. Bayern. Wohl 923/924 trat er die Regierung an. Nach der Internierung Drahomirs in Budeč konnte er die Lage im Land beruhigen. Er rief die nach der Ermordung Ludmilas des Landes verwiesenen Priester zurück und ließ Ludmilas körperl. Überste nach Prag überführen. Nach den dürftigen Legendenberichten strebte W. eine Gerichtsreform an und wollte das Christentum durchsetzen; außerdem sorgte er für Disziplin und Kampfkraft des Heeres sowie für die Verteidigung des Landes. Der »Denar des hl. W.« ist jedoch eine Fälschung. Nach dem Einfall Kg. Heinrichs I. i. J. 929 erkannte W. die Oberherrschaft des sächs.-dt. Kg.s an (Veitspatrozinium des Prager Doms) und verpflichtete sich zur regelmäßigen Zahlung des tributum pacis. Dieses Ereignis, verbunden mit der tiefen Frömmigkeit des Fs.en, steigerte offenbar die Unzufriedenheit und stärkte die Opposition mit W.s Bruder Boleslav an der Spitze, die sich zum offenen Widerstand ausweitete. W. wurde zur Taufe von Boleslavs Sohn nach Altbunzlau (→Stará Boleslav) eingeladen und dort ermordet. Seine Anhänger wurden verfolgt und erschlagen, die ihm ergebenen Priester aus dem Lande vertrieben.

[2] *Verehrung und Überlieferung:* Bereits kurz nach W.s Tod begann die Verehrung des Märtyrers. Berichte über Wunder an seinem Grab, wohl aber auch das Bestreben, die dem Christentum feindl. gesonnene Partei zurückzudrängen, veranlaßten Boleslav zur Translation der Reliquien in die Prager Kirche (4. März 932/938). Im 10. Jh. wurde dieses Ereignis zum erstenmal als Fest gefeiert. Auch die reiche Legendenüberlieferung beginnt im 10. Jh. In der Diskussion über die ältesten Vorlagen von W.s Viten räumen die Fachleute der altkirchenslav. Legende Priorität ein, die jedoch nur in drei späteren Rezensionen, kroat. und russ. Ursprungs, überliefert ist. Zu den wichtigsten lat. Biographien gehören: »Crescente fide« (bayer. und böhm. Rezension; 10. Jh.); die W.slegende des Bf.s Gumpold v. Mantua (verfaßt im Auftrag Ottos II.); die »Passio s. Wenzeslai regis« des Laurentius v. Monte Cassino (Ende des 10. Jh.); →Christians »Vita et passio s. Venceslai et s. Ludmile ave eius« (Datierung schwankt zw. dem 10. und 14. Jh.); »Oportet nos fratres« (wohl Italien, Anfang des 11. Jh.); »Oriente iam sole«, »Ut annuntietur« (beide Böhmen, 13. Jh.); »Crescente religione christiana« Karls IV. (Böhmen, gegen Mitte des 14. Jh.).

Die Gestalt des hl. W. spielte eine wichtige Rolle bei der Entwicklung der Staatsideologie in Böhmen. Wurde W. zunächst v. a. als Märtyrer verehrt, so zeigen sich bereits in přemyslid. Zeit die ersten Spuren einer Verehrung des hl. W., bes. im Prager Domkapitel, als »Patron« des Landes. Unter →Vratislav II. änderte sich die Darstellung. W. erscheint nun überwiegend als Fs. und Beschützer des »Landes Böhmen« (→Cosmas v. Prag, Cosmas' Fortsetzer). Er wurde zu einem »ewigen Herrscher«, der seine Macht an die jeweiligen Herrscher überträgt (vgl. Umschrift der Herrschersiegel), und zum Patron der 'primates Bohemienses', die als 'familia sancti Vencesalai' bezeichnet wurden, sowie zum Schlachtenhelfer der böhm. Truppen. Im 13. Jh. entwickelte sich die W.sverehrung zum Staatskult. Damals entstand auch das älteste St. W.s-Lied (»Svatý Václave«), das noch im 14. Jh. populär war. →Karl IV. widmete W. eine 'specialis devotio' und schrieb ihm als seinem Vorgänger auf den böhm. Thron und als Träger der staatl. und religiösen Tradition eine wichtige Rolle für die böhm. Staatsidee zu. Der hl. W. wurde zum Garanten der staatl. Existenz Böhmens. Die Krönungsinsignien sowie auch die wichtigsten Stiftungen wurden ihm anvertraut. Eine wichtige Rolle spielte der Kult des hl. W. auch in der Zeit der →Hussiten, als er sowohl von den Katholiken als auch von den Utraquisten als Fs., Beschützer und Patron bezeichnet wurde. Auf den Hussitenschilden erscheint der hl. W. unter dem Kelch, die Hussiten verfaßten ein neues W.slied, mit dem sie in die Schlacht zogen. Das W.slied begleitete auch die Verkündung der →Basler Kompaktaten und die Wahl →Georgs v. Podiebrad. M. Bláhová

Ed.: FontrerBohem I – Lit.: J. Pekař, Die W.s- und Ludmila Legenden und die Echtheit Christians, 1906 – V. Novotný, České dějiny, I/1, 1912 – J. Pekař, Sv. Václav, Svatováclavský sborník I, 1934 – Z. Fiala, Dva kritické příspěvky ke starším dějinám českým, Sborník historický 9, 1962, 5–65 – D. Třeštík, Kosmova kronika, 1968 – Z. Fiala, Hlavní pramen legendy Kristiánovy, 1974 – J. Ludvíkovský, Kristiánova legenda, 1978 [Bibliogr.] – F. Machilek, Privatfrömmigkeit und Staatsfrömmigkeit (Ks. Karl IV. Staatsmann und Mäzen, 1978), 87–101 – F. Graus, St. Adalbert und St. W. (Europa slavica – Europa orientalis, 1980), 205–231 – D. Třeštík, Počátky Přemyslovců, 1997.

2. W. I. (d. Einäugige), *Kg. v.* →*Böhmen* 1230–53, * 1205, † 23. Sept. 1253, ◻ Prag, Agneskl.; Sohn Kg. →Otakars I. Přemysl und seiner 2. Gemahlin Konstanze v. Ungarn, ⚭ Kunigunde († 1248), Tochter Kg. →Philipps v. Schwaben, Sohn: →Otakar II. Přemysl. 1216, noch zu Lebzeiten seines Vaters, wurde W. zum Kg. gewählt (Krönung 1228 im Prager St. Veitsdom). Während des langjährigen Streits zw. Papsttum und Ks. Friedrich II. wechselte W. mehrmals die Partei, unterstützte aber weder den Ks. noch den Papst entscheidend. Erst der frühe Tod seines jüngeren Bruders Přemysl († 1239), der als Mgf. →Mähren verwaltete, beendete die innerdynast. Spannungen, so daß W. seine Politik auf die Ausdehnung seines Landes richten konnte. Seine organisator. Fähigkeit zeigte W. beim Mongoleneinfall 1241; nur Mähren wurde damals schwer verwüstet. Die zähen Bemühungen der böhm. Politik, zuerst einen Teil des n. Österreich und nach 1246 (nach dem Tod des letzten Babenbergers →Friedrich II. d. Streitbaren) die ganze babenberg. Erbschaft zu gewinnen, gipfelten in einem Erfolg: W.s Sohn, der spätere Otakar II. Přemysl, wurde im Herbst 1251 zum Hzg. v. Österreich gewählt. Die wirtschaftl. und sozialen Wandlungen in der 1. Hälfte des 13. Jh. waren der Hintergrund für die große Adelsrebellion in den Jahren 1248–49. Damals wurde Otakar II. Přemysl gegen den Willen seines Vaters zum »jüngeren Kg.« gewählt. Nur mit Mühe und der Hilfe außerböhm. Freunde konnte W. den Aufstand niederschlagen und seine Kräfte auf den Gewinn Österreichs konzentrieren. Kg. W., der in den Chroniken als Sonderling beschrieben wird, trug so schon vor seinem Sohn zum Aufstieg Böhmens als Großmacht bei. Während seiner Regierungszeit entstand eine Reihe kgl. Städte und Burgen. W. unterstützte seine jüngere Schwester →Agnes (hl., 1211–82) bei der Gründung des Minoriten- und Klarissenkl. in Prag (sog. Agneskl.). Da W. auf der Jagd ein Auge verloren hatte, erhielt er den Beinamen 'd. Einäugige'. J. Žemlička

Lit.: V. Novotný, České dějiny, I/3, 1928, 641–854 – F. Prinz, Böhmen im ma. Europa, 1984, 122–124 – J. Žemlička, Odboj kralevice Přemysla v letech 1248–1249 a jeho sociální zázemí, Československý časopis historický 33, 1985, 564–586 – T. Krzenck, Eine Stauferin am Prager Hof: Kunigunde v. Schwaben (1202–1248), Bohemia 31, 1990, 245–259 [Lit.].

3. W. II., *Kg. v.* →*Böhmen* 1283–1305, *Kg. v.* →*Polen* seit 1300. [1] *Leben:* * 1271, † 21. Juni 1305, ◻ OCist-Kl. Zbraslav (→Königsaal); einziger Sohn von Kg. →Otakar II. Přemysl und →Kunigunde, Enkelin Kg. Bélas IV. v. Ungarn, ⚭ 1. Guta († 1297), Tochter Kg. →Rudolfs v. Habsburg, 2. Rixa-Elisabeth († 1335), Tochter →Przemysłs II.; Kinder: von 1.: →Wenzel III., außerdem mehrere Töchter und unehel. Kinder. Nach dem Tod seines Vaters (1278) stand W. einige Jahre unter der Vormundschaft seines Onkels, Mgf. →Ottos IV. v. Brandenburg. Erst seit 1283 regierte W. selbständig, wobei seine Herrschaft bis 1290 unter dem Einfluß rivalisierender Adelsgruppen stand, bes. der →Witigonen (→Zawisch v. Falkenstein, hingerichtet 1290) und der Gruppe um Bf. Tobias v. Bechyň und Purkart v. Janowitz. Doch erlangte die Kg. v. Böhmen bald wieder eine wichtige Rolle in der Politik Mitteleuropas. Dazu trug die Heirat mit der Tochter Rudolfs v. Habsburg bei. W.s Haltung beeinflußte das Ergebnis der dt. Kg.swahlen in den Jahren 1292 und 1298. Mit Rücksicht auf die Interessen der →Habsburger konzentrierte sich die böhm. Politik damals auf →Meißen, das →Pleißenland und bes. auf Polen. W. profitierte von der polit. Zersplitterung Polens, festigte seine Macht zuerst in Oberschlesien (1289) und beherrschte bald →Kleinpolen mit →Krakau (1291). Im Wettbewerb um die poln. Krone unterlag W. – unter dem Druck der päpstl. Kurie – zunächst dem großpoln. Fs.en Przemysł II. (1295). Als dieser 1296 ermordet wurde, konnte er sich bald darauf in →Prag zum Kg. krönen lassen (1297), die zeitgenöss. Chroniken berichten von dieser äußerst kostspieligen Festlichkeit. Diplomat. und militär. abgesichert sowie durch die Heirat mit Przemysłs Tochter vorbereitet, gelang W. im Sommer 1300 der Einzug in Polen, dem W.s Gegner, der Piast →Władysław I. Łokietek, keinen Widerstand leisten konnte; im Aug. wurde W. in Gnesen zum Kg. v. Polen gekrönt. Als 1301 die ung. →Árpáden ausstarben, gewann W. für seinen gleichnamigen Sohn Wenzel (III.) die ung. Krone. Von dem raschen polit. Aufstieg der přemyslid. Macht, die nun die drei ostmitteleurop. Kg.skronen vereinte, fühlten sich nicht nur die Habsburger, sondern auch die päpstl. Kurie bedroht. Schon 1304 sah sich W. gezwungen, in Ungarn zu intervenieren, um seinen Sohn sicher nach Böhmen zurückzuholen. Bald darauf mußte sich W. gegen militär. Interventionen wehren. Im Herbst 1304 drang Kg. Albrecht v. Habsburg mit seinen ung. Verbündeten bis nach Kutná Hora (→Kuttenberg) vor. Zwar konnte W. den Angriff mit Hilfe des böhm. Adels zurückschlagen, doch war die böhm. Herrschaft nicht nur in Ungarn, sondern auch in Polen erschüttert. Obwohl der böhm. Kg. als einer der reichsten Herrscher Europas galt, brachten ihn die Bezahlung des Heeres und die Unterstützung der poln. und ung. Magnaten mit riesigen Summen in finanzielle Schwierigkeiten. Die Přemysliden verzichteten auf die ung. Krone, um die poln. Krone zu retten. Angesichts der Probleme der Habsburger in Österreich und im Dt. Reich hofften die Přemysliden, die böhm. Herrschaft in Polen von neuem festigen zu können, doch erkrankte W. im Frühjahr 1305 und starb am 21. Juni.

W. war nicht nur einer der bedeutendsten Kg.e aus dem Hause der →Přemysliden, sondern auch eine der hervorragendsten Persönlichkeiten seiner Zeit. Mit Hilfe von Diplomatie und militär. Stärke verfolgte er konsequent seine polit. Ziele und wählte dabei mit Bedacht seine Ratgeber und Helfer aus, häufig Kleriker und zugewanderte Gefolgsleute. Im Unterschied zu seinem Vater Otakar II. Přemysl hatte W. dennoch ein recht gutes Verhältnis zum böhm. Adel. Er war bemüht, die wirtschaftl. und kulturelle Lage des Kgtm.s zu bessern. W. führte eine Münzreform durch (1300) und ließ die grossi Pragenses prägen. Er unterstützte den Aufschwung des →Bergbaus (bes. im Gebiet von Kuttenberg) und erließ die →Kuttenberger Bergordnung. Nur sein Versuch, in Prag eine Universität zu gründen, blieb infolge des Widerstands des Adels erfolglos. Gegen Ende seiner Regierung überschätzte er jedoch die polit. und ökonom. Möglichkeiten seines böhm. Kgr.es. J. Žemlička

Lit.: J. Šusta, Václav II. a koruna polská, Český časopis historický 21, 1915, 312–346 – Ders., České dějiny, II/1, 1935 – F. Prinz, Böhmen im ma. Europa, 1984, 132–135 – J. Žemlička, Století posledních Přemyslovců, 1986, 153–192 – B. Novacki, Czeskie roszczenia do korony w Polsce w latach 1290–1335, 1987.

[2] *Literarische Repräsentation:* Der Hof Kg. W.s II. gehört wie der seines Vaters →Otakar II. zu den bedeutendsten lit. Zentren der 2. Hälfte des 13. Jh. im dt. Sprachraum. Dort wurde Ulrich v. Etzenbach gefördert, der W. II. seinen »Alexanderroman« widmete, im »Wilhelm v. Wenden« einen fiktiven Vorfahren des Kg.s verherrlichte und damit přemyslid. Selbstverständnis stützte. Auch Minnesang wurde vermutlich am Prager Hof unter Beteiligung des Kg.s aufgeführt.

Die Maness. Hs. verzeichnet drei Minnelieder unter dem Namen 'kvnig wenzel von beheim', der in der Forsch. heute auf W. II. bezogen wird, früher auch auf W. I. Als dichtender und singender Kg. steht W. II. in der lyr. Tradition neben anderen fsl. Dilettanten (Ks. →Heinrich VI., Mgf. Heinrich III. v. Meißen, Mgf. →Otto IV. v. Brandenburg, v. Wizlav v. Rügen, →Heinrich v. Breslau [70. H.]). Der Mangel an gelehrter Bildung, den Otto v. →Königsaal in der »Zbraslavchronik« bei W. II. konstatiert, widerspricht der sänger. Tätigkeit nicht, da er in topischen Kontrast zur Frömmigkeit gestellt ist, und Minnesang nicht an das Medium der Schriftlichkeit gebunden war; doch Kenntnis zeitgenöss. Liebeslyrik, insbes. des →Heinrich Frauenlob, ist bei dem Verf. der drei Lieder vorauszusetzen. Sie variieren in prunkvollem Stil gängige Motive (*herzeliebe, dienst, liebe-leit*-Antinomie). Liebesfreuden werden einerseits deutlich zum Ausdruck gebracht, andrerseits topisch zurückgenommen. Selbstbeherrschung in der Lust wirkt als königbezogenes Motiv. Durch die Wächterbestechung erhält der Tageliedtyp eine bes. Modifikation. Biogr. Bezüge der Lieder auf W.s Gemahlin Guta, die 1287 nach Prag kam und 1297 starb, und der damit verbundene Datierungsversuch bleiben spekulativ. Es handelt sich um Zeugnisse eines kunstvollen Gesellschaftsspiels und kulturellen Engagements. – Die als originaler Text des kgl. Sängers ausgegebene tschech. Fassung des ersten Liedes (KLD 65.I) wurde als Fälschung von 1823 erwiesen. U. Schulze

Ed.: Dt. Liederdichter des 13. Jh., hg. C. v. Kraus, 1978², durchgesehen von G. Kornrumpf (= KLD), Bd. 1, Nr. 65 – Lit.: Verf.-Lex.¹, IV, 1953, 896–898 [E. Gierach] – B. Wachinger, Hohe Minne um 1300. Zu den Liedern Frauenlobs und Kg. Wenzels v. Böhmen, Wolfram-Stud. 10, 1988, 135–150 – H.-J. Behr, Lit. als Machtlegitimation. Stud. zur Funktion der deutschsprachigen Dichtung am böhm. Kg.shof im 13. Jh., 1989, 239–248.

4. W. III., *Kg. v.* →*Böhmen und* →*Polen* 1305–06, *Kg. v.* →*Ungarn* 1301–05 (als Ladislaus V.), * 6. Okt. 1289, † 4. Aug. 1306 (ermordet), einziger Sohn von Kg. →Wenzel II. und Guta, Tochter Kg. Rudolfs v. Habsburg, ∞ 5. Okt. 1305 Viola, Tochter des schles. Fs.en v. Teschen. Nach dem Aussterben der →Árpáden wurde W. 1301 in Ungarn zum Kg. gewählt und gekrönt, doch infolge der unruhigen Verhältnisse blieb sein Einfluß auf den nw. Teil des Landes beschränkt. Im Streit mit →Karl Robert v. Neapel aus dem Geschlecht der Anjou mußten die →Přemysliden in Ungarn schon 1305 das Feld räumen. Nach dem Tod seines Vaters (21. Juni 1305) wurde W. Kg. v. Böhmen und Polen, und der noch junge, leichtfertige und verschwender. W. begann eine zurückhaltende Regierung unter Einfluß der Ratgeber seines Vaters. Um die in Polen bedrohte přemyslid. Herrschaft zu retten, schloß er Frieden mit Kg. →Albrecht v. Habsburg und heiratete die Tochter des schles. Fs.en v. Teschen. Zugleich verzichtete W. zugunsten Hzg. →Ottos III. v. (Nieder-)Bayern auf die ung. Krone. Als W. im Sommer 1306, nach dem Fall der Stadt →Krakau, einen Feldzug gegen →Władysław Łokietek und seine Anhänger unternahm, wurde er auf der Burg in →Olmütz aus dem Hinterhalt ermordet. Obwohl der Anstifter der Tat nicht ermittelt werden konnte, darf man annehmen, daß eine Gruppe unzufriedener böhm. Adliger für sie verantwortl. war. Mit W. erlosch die uralte Dynastie der böhm. Herrscher. Die Nachfolge im Kgr. Böhmen wurde danach aufgrund des freien Wahlrechts des Adels und durch Heiraten mit W.s Schwestern (→Heinrich VI., Hzg. v. Kärnten; →Johann v. Luxemburg) geregelt. J. Žemlička

Lit.: J. Šusta, Dvě knihy českých dějin, 1917, 438–463 – Ders., České dějiny, II/1, 1935, 665–687 – I. Hlobil, Místopisné otázky kolem zavraždění Václava III. v Olomouci, Vlastivědný věstník moravský 35, 1983, 162–174 – J. Žemlička, Století posledních Přemyslovců, 1986, 274–284.

5. W. IV., *Kg. v.* →*Böhmen* seit 1363, *dt. Kg.* 1376–1400, * 26. Febr. 1361 in Nürnberg, † 16. Aug. 1419 Schloß Wenzelstein bei Prag, ▢ Prag, Veitsdom; ältester Sohn →Karls IV. aus dessen 3. Ehe mit →Anna v. Schweidnitz, ∞ (nach gelösten Verlobungen mit Elisabeth, Tochter des Bgf.en v. Nürnberg, und Elisabeth, Nichte des ung. Kg.s Ludwig I.) 1. Johanna v. Bayern († 1386), 2. Sophie v. Bayern († 1425). Der schon mit zwei Jahren und vier Monaten auf Veranlassung Karls IV. gegen die Einwände des Ebf.s v. Prag zum böhm. Kg. gekrönte (15. Juni 1363 im Prager Veitsdom) W. brachte insgesamt, so durch seine gründl. Ausbildung, günstige Voraussetzungen für sein Amt mit. Auch andere Würden fielen ihm bald mühelos zu, so wurde er Mgf. v. Brandenburg, Hzg. v. Schlesien und Mgf. der Lausitz. Bereits seit 1372 begleitete er Karl IV. oft auf dessen langen Reisen und urkundete mit ihm zusammen. Dank massiver Geldzahlungen Karls IV. an die meisten Kfs.en, wodurch die Luxemburger sich tief verschuldeten, wurde W. schon zu Lebzeiten seines Vaters am 10. Juni 1376 zum röm. Kg. gewählt und am 6. Juli 1376 in Aachen gekrönt. Karl IV. beauftragte ihn bald mit verschiedenen Verpflichtungen im Reich, bes. mit der

Schlichtung des Streits zw. dem →Schwäb. Städtebund und den Fs. en. Zwar hatte W. mehrere diplomat. Erfolge (Bündnis mit Frankreich 1380, Heirat seiner Schwester Anna mit dem engl. Kg.), doch eskalierten die inneren Spannungen im Reich (heftige Auseinandersetzung zw. den Städten und Fs.en), und das kirchl. Schisma bestand weiter. Obwohl W. verschiedene Landfriedensbünde vermittelte, gelang es ihm nicht, die Lage im Reich zu beruhigen (die sog. →Heidelberger Stallung 1384, Reichslandfrieden v. →Eger 1389). Nach anfängl. Einsatz für die Städte engagierte sich W. später immer seltener für sie. Vergebl. bemühte sich W. wiederholt um die Ks.krone (zuerst bereits 1380), was zunächst von Frankreich und dann bes. durch →Siegmund v. Luxemburg hintertrieben wurde. Schon frühzeitig hatte W. vor, die Probleme im Reich durch seine Abdankung zu lösen. Auch in seinem erbl. Kgr. Böhmen geriet W., ohnehin mit dem hohen Klerus uneins, wegen seiner Förderung des niederen Adels und des Bürgertums am Hof und in der Verwaltung mit den Baronen in Streit. Diese schlossen 1393 den Herrenbund und verbündeten sich mit W.s Verwandten, namentl. mit →Jodok, Mgf. v. Mähren, und Siegmund v. Luxemburg (dem W. vorher zum ung. Thron verholfen hatte), welche die gegen den Kg. gerichteten Erhebungen unterstützten, obwohl W. beide mehrmals gefördert hatte (u. a. Reichsvikariate Jodoks und Siegmunds). Schwerwiegende Folgen hatte die Auseinandersetzung mit dem Prager Ebf. →Johannes v. Jentzenstein, der zunächst W.s engster Freund und Hofkanzler war; sie führte zur schicksalhaften Ermordung des ebfl. Generalvikars →Johannes v. Pomuk 1393 (als Hl. Johannes Nepomuk). Die Verlegung der Prager Residenz aus der Prager Burg in den sog. Königshof in der Prager Altstadt (→Prag) in der 1. Hälfte der 80er Jahre zeigte schon frühzeitig W.s Abkehr von der Regierungslinie seines Vaters und die Vertiefung seiner Kontakte zum Bürgertum und zum niederen Adel. Die immer größer werdenden Spannungen fanden ihren Ausdruck in der zweimaligen Gefangennahme W.s: Die erste, bei der er 1394 nach Oberösterreich entführt wurde, war dank der Hilfe seines Halbbruders Johann v. Görlitz und der Kfs.en nur kurzzeitig, die zweite, die Siegmund 1402 als Vorbereitung zum ksl. Krönungszug tarnte, sollte lebenslängl. sein. Doch gelang es W., 1403 der Haft unter habsbg. Obhut in der Wiener Hofburg zu entfliehen und seine Regierung in Böhmen wiederherzustellen. Zwar hatte W. bereits zuvor aufgrund seiner Passivität die Macht im Reich eingebüßt, doch waren die verbrieften Vorwürfe der Kfs.en, die letztl. zu seiner Absetzung als dt. Kg. führten, nur z. T. gerechtfertigt. Obwohl W. unmittelbar nach der Absetzung (20. Aug. 1400) noch eine relativ große Unterstützung, vornehml. unter den Reichsstädten, genoß, verspielte er infolge seiner Untätigkeit die Chance, die Dominanz im Reich zu wahren. Zu selten hielt er sich im Reich auf, sondern weilte fast durchgängig in Prag oder auf seinen geliebten Burgen in Westmittelböhmen, und die Regierungsgeschäfte ließ er durch Bevollmächtigte aus meist böhm. Kleinadel ausführen. Auch in Böhmen hatte W. stets größere Probleme zu bewältigen, vornehml. das Anwachsen der Reformbewegung unter Johannes →Hus, der W. mehrere Jahre zugeneigt war (u. a. →Kuttenberger Dekret vom 18. Jan. 1409). Nur die Reformbewegung unterstützte ihn eine Zeitlang polit. in der Frage der Lösung des Schismas (via cessionis), was ihm wieder die Anerkennung als röm. Kg. eintrug. Nach dem Tode Kg. →Ruprechts v. d. Pfalz förderte W. nacheinander die Kandidaturen Jodoks (nach dessen Tod er im Jan. 1411 die direkte Regierung in →Mähren über-

nahm) und Siegmunds, obwohl er für seine Person am röm. Kg.stitel festhielt. Anläßl. des Almosenhandels der Beauftragten Johannes' XXIII. i. J. 1412 kam es zum Bruch und schließl. zur offenen Feindschaft gegenüber Hus. Zugleich hatten seine Bemühungen um Ruhe und Frieden im Lande immer weniger Erfolg, so daß er schließl. resignierte. Doch kämpfte er lange Zeit gegen die Vorwürfe der Ketzerei in seinem Kgr., was der Hauptgrund für die Reise von Johannes Hus zum →Konstanzer Konzil war, wo dieser sich rechtfertigen wollte. Kurz vor seinem Tode versuchte W. noch einmal, die Regierung selbst in die Hand zu nehmen, und trat hart gegen die Reformanhänger auf: die Urheber des sog. »Ersten Prager Fenstersturzes« vom 30. Juli 1419 wollte er bestrafen lassen. Kurz darauf starb er an einem Herzschlag. Wie bei seinen Zeitgenossen fanden W.s Absichten auch bei seinen Biographen wenig Anklang: eher verleumdete man ihn, als daß man die tatsächl. Ereignisse seiner Regierung würdigte. W. war auch kein großer Bauherr und Kunstmäzen wie Karl IV., doch besaß er eine einzigartige Bibliothek.

I. Hlaváček

Q.: RTA 1–3, 1867ff. – Cod. dipl. et epist. Moraviae 11–15, 1885–1903 – Cod. iuris municipalis regni Bohemiae, 1, 2, hg. J. ČELAKOVSKÝ, 1886–95; Bd. 4–1, hg. A. HAAS, 1954 – *Lit.*: F. M. PELZEL, Lebensgesch. des röm. und böhm. Kg.s Wenceslaus, 1–2, 1788–90 – FR. PALACKÝ, Dějiny národu českého v Čechách a v Moravě, II–2, III–1 [mehrere Ausg.] – H. WEIGEL, Die Männer um Kg. W. Das Problem der Reichspolitik 1379–84, DA 5, 1942, 112–172 – DERS., Kg. W.s persönl. Politik, DA 7, 1944, 133–195 – F. M. BARTOŠ, České dějiny, II–6, 1947 – A. GERLICH, Habsburg–Luxemburg–Wittelsbach im Kampf um die dt. Kg.skrone, 1960 – BOSL, Böhm. Länder, I, 1967 [F. SEIBT] – I. HLAVÁČEK, Das Urkk.- und Kanzleiwesen des böhm. und röm. Kg.s W., 1970 – H. THOMAS, Dt. Gesch. des SpätMA 1250–1500, 1983 – Propyläen Gesch. Dtl.s, III, 1985 [P. Moraw] – J. SPĚVÁČEK, Václav IV., 1986 [Lit.; vgl. jedoch I. HLAVÁČEK, Husitský Tábor 10, 1991, 236–243] – W. KLARE, Die Wahl W.s v. Luxemburg zum röm. Kg., 1990.

6. W., Gf., seit 1354 Hzg. v. →Luxemburg, Hzg. v. →Brabant (seit 1356), * 25. Febr. 1337 Prag, † 8. Dez. 1383 Luxemburg, □ Abtei →Orval; Sohn von Kg. →Johann v. Böhmen und Beatrix v. Bourbon, ∞ März 1352 →Johanna v. Brabant. Obwohl W. nach dem Willen seines Vaters die lux. Territorien erben sollte, übte sein Halbbruder Ks. →Karl IV. zusammen mit dem Großonkel Ebf. →Balduin v. Trier die Herrschaft in der Gft. aus, die fast gänzl. verpfändet war. Erst 1353 konnte W. sich als Gf. durchsetzen. Die Gft.en Luxemburg, La Roche, Durbuy und die Mgft. Arlon wurden 1354 von Karl IV. zum Hzm. erhoben. In Brabant konnte W. sich erst nach Anerkennung durch die Stände (→Joyeuse Entrée) und nach verlustreichem Kampf gegen →Ludwig v. Male, Gf. v. Flandern, behaupten. Die lux. Machtballung im Westen – W. war Reichsvikar (1366–72), Landvogt im Elsaß (1367, 1377), verfügte über Reichspfandschaften und Erwerbungen im Raum Lüttich–Köln – rief trotz Landfriedensverträgen Ängste der territorialen Nachbarn und der Gegner des Ks.s hervor. In der Schlacht v. Baesweiler (1371) vom Hzg. v. →Jülich gefangengenommen, wurde W. erst ein Jahr später nach Intervention Karls IV. freigelassen. Kriegsschulden und territoriale Erwerbungen führten zu Verpfändungen von Landesteilen und Ämtern und zur Einführung von regelmäßigen Beden, denen Adel und Städte ihre Zustimmung geben mußten. Dasselbe gilt für W.s Testament. Während W. in Luxemburg das Verdienst zuerkannt wird, ohne großen Aufwand die finanzielle Unabhängigkeit wiederhergestellt und u. a. mit dem Erwerb der Gft. →Chiny dem Territorium seine größte Ausdehnung gegeben zu haben, gilt er in Brabant als

verantwortl. für den Verlust der Vorherrschaft in den Niederlanden zugunsten Flanderns. Seine Witwe vereitelte die mit Karl IV. und W. für den Fall der Kinderlosigkeit abgemachte Erbfolge des Hauses Luxemburg in den Erblanden und in Brabant. Nicht zuletzt ist W.s Rolle als Dichter und Mäzen (Jean →Froissart) hervorzuheben.
M. Pauly

Lit.: ADB XLI, 732–734 – BNB XXXVII, 169–178 – NBW II, 935–940 – D. VELDTRUP, Zw. Eherecht und Familienpolitik, 1988 – F. KIRSCH, Mécénat à la maison de Luxembourg (Fschr. P. MARGUE, 1993), 321–337 – W. REICHERT, Landesherrschaft zw. Reich und Frankreich, 1993 – M. PAULY, Luxemburg auf dem Schachbrett Karls IV., Hémecht 48, 1996, 379–390 [Q. und Lit.].

7. W., Hzg., Kfs. v. → Sachsen-Wittenberg, * zw. 1332 und 1343, † 1388; jüngster Sohn Hzg. → Rudolfs I. und dessen 3. Gemahlin Agnes v. Lindow-Ruppin, ⚭ Cäcilia v. Carrara. Er folgte 1370 seinem Bruder → Rudolf II. in der Regierung. 1376 war er an der Wahl Wenzels zum dt. Kg. beteiligt, 1377 in der Altmark Ks. Karl IV. nahe und war öfters in Reichsangelegenheiten in naher Verbindung mit den Luxemburgern tätig. Eine seinem Haus durch Karl IV. zugesagte Anwartschaft auf → Braunschweig-Lüneburg konnte er im → Lüneburger Erbfolgekrieg nicht durchsetzen, sie entglitt ihm mit der Schlacht v. Winsen/Aller 1388 endgültig. Mit dem Hzg. v. Brabant lag er im Streit wegen des Rechts, dem Ks. das Reichsschwert vorantragen zu dürfen. 1399 stand er im Bündnis der Kfs.en gegen Kg. Wenzel, an dessen Absetzung 1400 er teilnahm. Mit Anhalt, Magdeburg und Meißen schloß er Landfriedensbünde. Insgesamt erscheint er als ein zurückhaltender, nicht sonderl. tatkräftiger Mensch. Bei der Belagerung v. Celle erhielt er die tödl. Wunde. Anderer Überl. zufolge starb er am 18. Sept. 1402.
K. Blaschke

Lit.: G. v. HIRSCHFELD, Gesch. der Sächs.-Askan. Kfs.en (1180–1422), VjsHSG, 1884, 60–63.

Wenzelsbibel, heute sechs Bände umfassende Pracht-Hs. (Wien, ÖNB, Cod. 2759–2764), enthält die zweitälteste bekannte dt. → Bibelübersetzung (X, 2) und war für Kg. Wenzel IV. v. Böhmen bestimmt, dessen Embleme vielerorts in der Hs. zu finden sind. Entstanden ist die unvollendet gebliebene W. – es fehlen ein Teil des AT und das ganze NT – ca. zw. 1389 und 1395. Ihre 654 Miniaturen samt Randschmuck stammen von neun, einander meist lagenweise abwechselnden Hauptilluminatoren. Zwei von ihnen, Frána und N. Kuthner, haben ihre Signaturen in der Hs. hinterlassen, die übrigen wurden von der Forsch. mit Notnamen versehen (Siebentage-Meister, Balaam-Meister usw.). Die Illuminatoren unterschieden sich stilist. deutlich voneinander, die fortschrittlichsten unter ihnen vertreten bereits den Schönen Stil. Das Bildprogramm wurde von einer Art Herausgeber zusammengestellt, dessen lat. Anweisungen auf den Seitenrändern die Künstler das jeweilig Darzustellende entnahmen. Die Auswahl der Szenen folgt keinem erkennbaren geistigen Konzept, wichtiger war die regelmäßige Bebilderung der Hs. (SCHMIDT, 1997). Unklar bleibt die Deutung der Embleme (Bademagd, »Liebesknoten« usw.), die, einzeln oder in Form von kleinen Szenen, Seitenränder und Initialen zieren. SCHLOSSERS Interpretation der Motive als Symbole der Liebe zw. den Eheleuten Wenzel und Sophie (von KRÁSA erweitert) setzten SNIEŻYŃSKA-STOLOT und HLAVÁČKOVA astrolog. Deutungsmodelle entgegen; THOMAS rückte den erot. Charakter der Badeszenen in den Vordergrund. Laut SCHMIDT (1997) dürften die Embleme v. a. Erneuerung symbolisieren und zugleich mit einem Badeorden zusammenhängen, dem Wenzel angehört haben könnte (vgl. auch KRÁSA).
K. Hranitzky

Ed. und Lit.: Faks.-Ausg., ed. F. UNTERKIRCHER, 1981 (Cod. selecti LXX) [mit Komm.] – J. v. SCHLOSSER, Die Bilderhss. Kg. Wenzels I., JKS 14, 1893, bes. 217–251 – Die Gotik in Böhmen, 1969, 230–240 – J. KRÁSA, Die Hss. Wenzels IV., 1971, bes. 142–205 – E. SNIEŻYŃSKA-STOLOT, Christian Interpretation of the Zodiac in Mediaeval Psalters, Umění 1989, 104 – M. THOMAS-G. SCHMIDT, Die Bibel des Kg.s Wenzel, 1989 – H. APPUHN-M. KRAMER, W., 1990 (Die Bibliophilen Taschenbücher, 1001, 1–8) – J. HLAVÁČKOVA, Courtly Body in the Bible of Wenceslas IV (Künstler. Austausch: Akten des XXVIII. Internat. Kongr. für Kunstgesch. Berlin 1992, II, 1993), 371–382 – K. HRANITZKY, Zu den Hss. Kg. Wenzels IV. (Thesaurus Austriacus, Ausst. Wien, 1996), 112–122 – G. SCHMIDT-M. KRIEGER, Die W. Erläuterungen zu den ill. Seiten, Komm.-Bd. I zur Faks.-Ausg., 1996; H. HEGER, I. HLAVÁČEK, G. SCHMIDT, Komm.-Bd. II [voraussichtl. 1997].

Wenzelskrone. Die Krone der böhm. Kg.e gehört zu den ältesten Stücken der bis heute erhaltenen Krönungsinsignien. Als neue Kg.skrone wurde sie am 2. Sept. 1347 bei der Krönung → Karls IV. erstmalig verwendet. Es bleibt unklar, ob Karl IV. die alte Krone der → Přemysliden nur umarbeiten ließ oder damals eine ganz neue Krone hergestellt wurde. Die lilienförmige Kg.skrone wurde auf Bitten Karls IV. mit einer päpstl. Schutzbulle ausgestattet. Da die Krone für alle Zeiten auf dem Schädel des hl. → Wenzel liegen sollte und der »heilige Fs.« Wenzel als realer Eigentümer der Krone galt, wurde sie 'W.' genannt. Innerhalb der neuen Staatsideologie der → Luxemburger sollte die W. eine Integrationsrolle im Rahmen der »Länder der Böhmischen Krone« spielen. Für den Kg. und die böhm. → Stände war die Krönung nicht nur eine kirchl. Zeremonie, sondern auch ein polit. Akt zur Erhaltung der Staatskontinuität. Auf der Krone befindet sich ein goldenes Kreuz, dessen Balken mit Edelsteinen besetzt sind; an der Spitze ist ein Saphir.
J. Žemlička

Lit.: K. CHYTIL, Česká koruna královská, 1918 – K. SCHWARZENBERG, Die St.-W., 1960 – B. TYKVA, Korunovační klenoty Království českého, 1970 – A. SKÝBOVÁ, České královské korunovační klenoty, 1982.

Wenzeslaus → Wenzel

Werben, Stadt in Sachsen-Anhalt. An einem alten Straßenübergang von Magdeburg über die Elbe zur Ostsee besaß der Ort seit jeher strateg. Bedeutung. Das wohl als Reichsburg anzusprechende, zum Schutz der Elblinie bestimmte castrum Wirbeni erscheint erstmals 1005, als Ks. Heinrich II. hier mit Slaven verhandelte. Es wurde 1035 durch Ks. Konrad II. erneut befestigt. 1160 befand sich die urbs W. in der Hand → Albrechts d. Bären, sie scheint damals dem Johanniterorden übereignet worden zu sein. Der gleichzeitig gen. Zoll deutet auf Fernhandel hin, aus dem sich im 12. Jh. neben der Burg die im 13. Jh. ummauerte Stadt entwickelte (civitas 1225). Sie besaß 1342 als brandenburg. Immediatstadt Rat und Schöppen, 1358 war sie Mitglied der → Hanse, am Ende des MA zählte sie etwa 1300 Einw.
K. Blaschke

Lit.: E. WOLLESEN, Chronik der altmärk. Burg und Stadt W., Jb. des Altmärk. Vereins für vaterländ. Gesch. und Industrie 32, 1905, 99–114 – P. GRIMM, Die vor- und frühgeschichtl. Burgwälle der Bezirke Halle und Magdeburg, 1958, 393.

Werbőczy (Verbőczi), **István,** ung. Jurist und Politiker, * 1458 Verbőc, † 13. Okt. 1541 Buda, begann seine Karriere (vielleicht nach einem Auslandsstudium), wie viele andere 'prakt. Juristen' Ungarns, im → Komitat und stieg als Rechtsgelehrter in höhere Dienste. 1502 Protonotar am Landesgericht, 1516 Personalis (einer der höchsten Richter), 1525 → Palatin. W. galt seit den 1500er Jahren als Führer des Komitatsadels und Vertrauter Johanns v. Szapolya (Zápolyai), dem er nach dessen Wahl zum Kg. (1526) als Kanzler diente. 1541 setzte ihn der Sultan als Oberrichter der Ungarn in Ofen ein. Obwohl er während seiner Amtszeiten ein beträchtl. Vermögen (etwa 200 Dörfer) erwerben konnte, bemühte er sich, in Politik und Gesetzgebung die Interessen der breiten Schicht des Kleinadels zu vertreten, weswegen er 1525 von einer aristokrat. Reaktion verbannt und seiner Güter verlustig erklärt wurde. Sein Hauptwerk →»Tripartitum opus iuris consuetudinarii... Hungariae« spiegelt z. T. auch seine polit. Voreingenommenheit wider.   J. Bak

Lit.: V. FRAKNÓI, V. I. életrajza, 1899 – GY. BÓNIS, Einl. (Stephanus W., Tripartitum..., Ma. Gesetzbücher in Faks.drucken, II, 1971), 3–14 [Lit.] – DERS., Jogtudó értelmiség a Mohács előtti Magyarországon, 1978, 237–287.

Werbung. Der Begriff W. wird hauptsächl. für Wirtschaftsw. und Truppenanw. gebraucht und ist im MA wie heute abzugrenzen von polit. Propaganda und Imagepflege (→Heroldsdichtung, →Panegyrik). Man kann zw. indirekter und direkter W. unterscheiden. Zu ersterer gehört als wichtigstes der Markenname, oft ident. mit einem Stadtnamen, beim Weinhandel z. B. auch mit einem Landschaftsnamen. Die öffentl. Gewalten in Stadt und Land erließen Qualitätsvorschriften und richteten Kontrollen ein, um so die Absetzbarkeit bestimmter Produkte zu erhöhen. Die Truppenanw. hatte zuerst für die Kreuzzugsheere (→Kreuzzüge) Bedeutung. Hier überschneiden sich die Begriffe W. und polit. Propaganda. Kreuzzugspredigten kann man als die frühesten Zeugnisse direkter Truppenanw. auffassen. Mit der Ausdehnung des →Söldnerwesens bekam die Truppenanw. eine neue Bedeutung, und zwar die indirekte wie die direkte. Die erstere überschnitt sich wieder mit polit. Propaganda und Imagepflege, indem z. B. der durch →Herolde verkündete Kriegsruhm eines Truppenführers für die Söldneranw. günstig war.

Zu den modernsten Ausprägungen wirtschaftl. W. für Waren und Dienstleistungen kam es am Ende des MA. Der W. diente es, wenn die Ware auf Markttischen sichtbar ausgebreitet, wenn ein Handwerk auf der Gasse oder in Arkadengängen ausgeübt wurde. Bei dem weitverbreiteten Analphabetismus kam der bildl. W. eine noch größere Bedeutung zu als heute. Zur bildl. W. gehörten indirekt auch die →Beschau- und Warenzeichen, die allerdings eher eine rechtl. Bedeutung hatten, Qualität und Herkunft amtl. bezeugten. Eine Übergangsform zw. Lizenzabzeichen und Werbebildern stellen die Wirtshauszeichen dar (→Gasthaus). In vollem Maße dienten dagegen der Branchenw. die prächtigen Tavole dell' Arte Venedigs (heute im Civico Museo Correr), die in anziehender Weise Handwerkszeug zeigen und an Arbeitsprozessen teilnehmen lassen. Wichtig war die mündl. W., der ganze Berufsstände dienten, wie in Würzburg etwa die Weinrufer, die vor den Weinstuben standen und den Wein ihrer Gaststätte anpriesen. Eine Rolle spielten bereits die Warenmuster (insbes. Stoffmuster), die etwa Francesco →Datini in seinen Briefen mitschickte und die der frz. Kg 1470/71 einer Gesandtschaft nach England mitgab, die einen Bündnisvertrag mit handelspolit. Elementen abschließen sollte (R. GANDILHON, 378). Erst im 19. Jh. entstanden Mustermessen, während die ma. →Messen Warenhandels- und Wechselmessen waren. Aber auch auf letzteren konnte W. betrieben werden. Unter den versandten Warenkatalogen ist insbes. auf die Buchhändleranzeigen zu verweisen. Die drei ältesten erhaltenen stammen von zwei Straßburger Druckern und von Peter →Schöffer aus Mainz. Wandernde Einzelhandwerker mit fortschrittl. Techniken bemühten sich mit Werbeschreiben um Aufträge, in Konkurrenzsituationen überboten sie sich gegenseitig mit ihren Leistungszusagen (im Eisengewerbe z. B. 1490 in Metz und 1495 in Mailand, SPRANDEL, 231, 346). Einzubeziehen ist auch die W., die das aufblühende spätma. Schulwesen, insbes. das private, betrieb, ging es doch um die Anziehung von zahlenden Schülern und damit um den wirtschaftl. Ertrag der Schule (vgl. z. B. die von Ambrosius Holbein 1516 gemalte Basler Schulwerbetafel, Basler Kunstmus.). Eine Aufarbeitung der ma. Anfänge der modernen W. ist ein Desiderat der Forsch.   R. Sprandel

Lit.: HRG IV, 1693–1695 [F.-W. WITTE] – Buchhändleranzeigen des 15. Jh. in getreuer Nachbildung, hg. K. BURGER, 1907 – R. GANDILHON, Politique économique de Louis XI, 1941 – R. SPRANDEL, Das Eisengewerbe im MA, 1968 – C. MORRIS, Medieval Media, 1972 – DERS., Propaganda for War. The Dissemination of the Crusading Ideal in the Twelfth Century (Stud. in Church Hist. 20: The Church and War, 1983), 79–101 – R. KAISER, Imitationen von Beschau- und Warenzeichen im späten MA, VSWG 74, 1987, 457–478 – DERS., Fälschungen von Beschauzeichen als Wirtschaftsdelikte im spätma. Tuchgewerbe (Fälschungen im MA, V, 1988), 723–752.

Werburg of Chester, hl., † um 699; Tochter von Kg. →Wulfhere v. Mercien (657–674) und der Prinzessin Eormenild aus Kent. Sie wurde Nonne und wahrscheinl. Äbt. v. →Ely, aber ihr Bruder Kg. →Æthelred v. Mercien (674–704) berief sie nach →Mercien und machte sie zur Äbt. über die merc. Kl., einschließl. Threckingham (Lincolnshire), wo sie starb. In Hanbury (Staffordshire) begraben, wurde ihr Leichnam dort von Kg. Ceolred v. Mercien (709–716) erhoben. Später wurde er nach → Chester überführt, wahrscheinl. in Zusammenhang mit der dortigen Gründung eines *burh* durch →Æthelflæd 907. Diese Beschreibung ihres Lebens wurde uns durch die Hagiographie des 11. und 12. Jh. vermittelt, einschließl. einer Vita, vielleicht des →Goscelinus v. Canterbury, und des »Liber →Eliensis«, so daß die Fakten unmögl. zuverlässig sein können, doch wird auf ihren Kult in einer Version der sog. →Mildrith-Legende hingewiesen. Von mehreren merc. Versammlungen wird behauptet, daß sie an einem Ort mit dem Namen »Werburging wic« stattgefunden haben, der wohl unter W.s Schutz gestanden hat. Die Kirche, die ihr in Hoo (Kent) geweiht worden ist, dürfte eine ältere gewesen sein. Ihr Reliquienschrein in Chester blieb während des ganzen MA Ziel von Pilgern.
  D. Rollason

Q.: Vita sanctae Werburgae virginis, BHL, 8855 – The Life of St. Werburge of Chester, ed. H. BRADSHAW, EETS OS 88, 1887 – Lit.: DNB XX, 1205f. – D. ROLLASON, The Mildrith Legend: A Study in Early Medieval Hagiography in England, 1982 – DERS., Saints and Relics in Anglo-Saxon England, 1989.

Werden, ehem. Abtei OSB (Stadt Essen, Nordrhein-Westfalen). Im Rahmen seiner Glaubensverkündung in Westfalen gründete der hl. →Liudger nach →Münster (793) in W. um 799 auf Eigengut ein zweites ags. geprägtes *monasterium*, dem er in Personalunion vorstand. Nach seinem Tod (809) behaupteten seine Verwandten bis 877 den Besitz W.s als Eigenkl. (Rektoren). Die große liturg.-memorative Bedeutung W.s für die Liudgeriden (847 erscheint Liudger erstmals als Patron neben Salvator) dokumentiert die von Bf. Altfrid v. Münster († 849) initiierte Vereinigung der bisherigen Einzelgräber in einer Familiengrablege (Ringkrypta). Auseinandersetzungen innerhalb der Gründersippe veranlaßten 877 den letzten Liudgeriden, Bf. Hildegrim v. →Halberstadt († 886), den weiteren Bestand W.s durch die Kommendation an den Kg. zu sichern. Der an der Verleihung kgl. Vorrechte (Immunität, Abtswahl, Vogtgerichtsbarkeit) ablesbare Aufstieg W.s zum Reichskl. leitete eine bis um 1150 dauernde Blüte ein. Neben den Tochtergründungen Nottuln und →Helmstedt zeugen davon v. a. ein weit gestreuter, grundherrschaftl. gut organisierter Besitz (Niederrhein,

Westfalen, Flandern, Friesland), eine reiche Bibliothek mit bedeutendem Skriptorium (Hss. theol., hagiogr. und musiktheoret. Inhalts) und nur noch z. T. erhaltene Werke der Malerei, Bildhauerei und des Erzgusses. Um 1150 hielt vielleicht der Siegburger Ordo in W. Einzug und könnte die seit Anfang des 11. Jh. befolgten Gewohnheiten von →Gorze abgelöst haben. Die traditionell engen Beziehungen zum Kgtm. erkalteten unter Friedrich Barbarossa (Verlust des Münzrechts); dies erklärt auch den Parteiwechsel Abt Heriberts II. (1197–1221) zu Otto IV. im Thronstreit. Die 1234 am Widerstand des hochadligen Konvents endgültig scheiternde Reform W.s löste eine Phase langanhaltenden Niedergangs aus, bestimmt von Kämpfen mit den kirchl. (Ebf. v. →Köln) und weltl. Nachbarn, Verfall der klösterl. Disziplin und hoher Verschuldung. Erst die vom Kl. vogt, dem Hzg. v. →Kleve, erzwungene Einführung der →Bursfelder Reform 1474 bewirkte einen neuen Aufschwung. H. Seibert

Q.: Die Urbare der Abtei W. a. d. Ruhr, hg. R. KÖTZSCHKE–F. KÖRHOLZ, I–IV, 1906–58 – GP VII/1, 214–220 – Vita secunda s. Liudgeri, Faks.-Ausg. und Komm., hg. E. FREISE, 1993–95 – *Lit.:* F. J. BENDEL, Die älteren Urkk. der dt. Herrscher für die ehem. Benediktinerabtei W., 1908 – L. SCHAEFER–H. CLAUSSEN, Neue Funde zur frühen Baugesch. der Abteikirche W. (Die Kunstdenkmäler des Rheinlandes, Beih. 20, 1974), 293–334 – W. STÜWER, W., GS NF 12/3, 1980 – DERS., W., Germania Benedictina VIII, 1980, 575–607 – Vergessene Zeiten. MA im Ruhrgebiet, 1–2, hg. F. SEIBT, 1990 – H. DOHMEN, Die Kirchen des hl. Liudger (St. Liudger: Zeuge des Glaubens, Apostel der Friesen und Sachsen, 1992), 114–136 – J. W. BERNHARDT, Itinerant Kingship and Royal Monasteries in Early Medieval Germany, 1993, 181–190 – H. HOFFMANN, Consuetudines aus W. (Mönchskg. und rex idiota [MGH Stud. und Texte, 8], 1993), 177–179.

Werdenberg, Gf.en v. Bei einer Erbteilung der Gf.en v. →Montfort um 1258 erhielten Hugo († 1280) und Hartmann († vor 1271), Söhne Rudolfs I. v. Montfort, Besitz des Hauses am Alpenrhein und im südl. →Vorarlberg. Sie nannten sich seit 1264 Gf.en v. W. Hugo konnte 1277 die Gft. Heiligenberg erwerben und damit die Hauptlinie des Hauses W.-Heiligenberg begründen (1428 erloschen). Diese Linie verkaufte 1394 Bludenz an die Habsburger und verpfändete 1404 W. an Montfort. Hartmann wurde zum Begründer der Linie W.→Sargans, die sich in der Folgezeit in die Linien W.-Sargans-Vaduz (1416 erloschen), W.-Sargans-Vaz (1504 erloschen) und W.-Sargans-Trochtelfingen (erloschen 1534) aufteilte. Dieser letztgen. Linie des Hauses trat 1399 Württemberg die Gft. →Sigmaringen mit den Herrschaften Trochtelfingen, Jungnau und Veringen ab. Sie wurde 1434 nach langem Erbstreit als Erbin der Linie W.-Heiligenberg mit der Herrschaft Heiligenberg belehnt. Der ursprgl. umfangreiche Besitz ging durch die vielen Teilungen der Familie im 14. und 15. Jh. weitgehend verloren. Die Linie W.-Sargans verpfändete 1396/98 Blumenegg und Vaduz an die Herren v. Brandis, verkaufte Sonnenberg 1455 an Waldburg und 1482 Sargans an die Eidgenossenschaft. Nach dem Erlöschen der letzten Linie des Hauses 1534 fielen die Erbgüter und Heiligenberg an →Fürstenberg, während Sigmaringen als erledigtes Reichslehen an das Reich heimfiel und anschließend neu an die Gf.en v. →Hohenzollern verliehen wurde. I. Eberl

Lit.: E. KRÜGER, Die Gf.en v. W.-Heiligenberg und v. W.-Sargans, Mitt. zur vaterländ. Gesch. des Kt.s Gallen 21, 1887 – L. BRODER, Schloß und Städtchen W., 1957 – D. SCHINDLER, W. als Glarner Landvogtei, 1986.

Werdenfels ('W.er Land'), Gft. in Oberbayern. Bereits im 8. Jh. erhält →Freising in diesem Raum das Kl. →Scharnitz (bald nach Schlehdorf verlegt). Daß Freising hier weiterhin vor dem 13. Jh. Besitz hatte, zeigt das Freisinger Urbar von ca. 1180. Der Name geht zurück auf die n. von Garmisch gelegene Burg W. (im 12./13. Jh. erbaut). Die 'Gft.' ist gekennzeichnet durch ihre Lage zw. den mächtigen Dynastien Bayern-Wittelsbach und Tirol-Habsburg, gleichzeitig liegt sie an einer wichtigen Grenzklause und wird von einer alten Fernstraße durchzogen. 1249 und 1294 gelang den Freisinger Bf.en der Erwerb der W.er Gebiete und Rechte aus der Hand regionaler Adliger. 1249 erwarben sie von Swiker v. Mindelberg, einem Reichsministerialen, das predium Garmisch mit der Burg Falkenstein, mit Gerichtsrechten, Wäldern und Wasserläufen bis Farchant. 1294 kaufte der Freisinger Bf. von Gf. Berthold v. Eschenlohe die 'Gft. zu Partenkirch und Mittenwald'. Ob es sich bei diesem Kaufobjekt um den 'oberen Teil der Gft. Eschenlohe' gehandelt hat, sei dahingestellt. Bf. Emicho v. Freising konnte diese 'W.er' Besitzungen noch durch weitere Zukäufe abrunden. Schon 1305 ließ er die Grenzen der Gft. W. beschreiben. Der Bf. setzte Pfleger zur Verwaltung ein. Was in Krisenzeiten der wittelsb. Hzg.e erworben werden konnte, war noch nicht gesichert. Gerichtsrechte des Kl. →Benediktbeuern und Gründung des Kl. →Ettal drängten die Gft. W. nach S zurück. Zudem mußte sie im 15. Jh. zeitweise verpfändet werden. Ks. Maximilian suchte den Freisinger Bf. vergebl. zu einem Tausch zu bewegen, um die Gft. Tirol zu erweitern. Im 15. Jh. war der Markt Mittenwald für den Venedigerhandel wichtig. Aber auch in diesem Markt stand eine wittelsb. Zollstation. W. Störmer

Lit.: J. B. PRECHTL, Chronik der ehem. bfl. freising. Gft. W. in Oberbayern, 1850 – J. J. HIBLER, Gesch. des oberen Loisachtales und der Gft. W., 1908 – R. STAUBER, Grenzen und Landeshoheit der Gft. W. (Landeshoheit, hg. E. RIEDENAUER [Stud. zur bayer. Verfassungs- und Sozialgesch. 16], 1994), 176–192.

Wereja (Vereja), Stadt (und Fsm.) in Rußland, ca. 115 km sw. von →Moskau an einer scharfen Flußbiegung am rechten, erhöhten Ufer der Protva (einem Nebenfluß der Oka) gelegen. Ob die strategisch wichtige Stadtfestung an der Grenze zw. dem Moskauer und dem Rjazaner Fsm. im 14. Jh. zur Zeit →Dmitrij Donskojs oder bereits vor seiner Regierung in Moskauer Besitz gelangte, ist unbekannt. 1389–1432 war W. Bestandteil des Teilfsm.s →Možajsk, das der 3. Sohn Dmitrij Donskojs, Andrej, als Erbe innehatte. Er unterstützte die Thronansprüche →Vasilijs II. als Mitglied des 1423 von →Vasilij I. bestimmten Regentschaftsrates. Nach seinem Tode (1432) wurde das Fsm. W. zw. dem älteren Sohn Ivan (Možajsk, Kaluga) und dem jüngeren Sohn Michail (W., →Beloozero) geteilt. Vasilij II. erkannte 1433 dessen Rechte auf Beloozero vertraglich an. Beide Vettern waren mit Töchtern des Fs.en Jaroslav Vladimirovič v. →Serpuchov verheiratet. Im Kampf Vasilijs II. gegen die Galičer Fs.en →Vasilij Kosoj und →Dmitrij Šemjaka erwies sich Michail Andreevič als treuer Verbündeter des Moskauer Gfs.en, mit dem er 1445 vor →Suzdal' in Gefangenschaft der →Tataren geriet, und wirkte in den Thronkämpfen als Vermittler. Nach der Niederlage Dmitrij Šemjakas erhielt er aus dessen Besitz Vyšgorod und einige Zvenigoroder Bezirke (1450), die er allerdings →Ivan III. nach dessen Thronübernahme (1462) wiederum abtrat. Der einzige Nachfolger Michails, Vasilij Udalyj (der Tapfere), floh 1483 nach Litauen, so daß nach dem Tode Michails das Teilfsm. W. Bestandteil des Moskauer Gfsm.s wurde (1486). 1519 wurde W. dem Teilfsm. Starica zugeschlagen, um unter Ivan IV. endgültig mit Moskau vereinigt zu werden (1567). Aufgrund ihrer exponierten strateg. Lage war die mit einem Holz-Erde-Wall befestigte Stadt W. häufigen Angriffen ausgesetzt (1408 Zerstörung durch Chān Edigü, 1445 durch →Kasimir IV.). Archäologisch sind für die Frühzeit Eisen-

und Töpferhandwerk nachweisbar. Wallreste des alten →Kreml' sind erhalten. H. Rüß

Lit.: Istoriko-archeologičeskij očerk Verei (Moskovskie vedomosti 27, 1851) – L. A. GOLUBEVA, Raskopki v Verejskom kremle (Materialy i issledovanija po archeologii SSSR 12, 1949) – S. A. POSPELOV, Vereja (Goroda Podmoskov'ja, kn. 3, 1981), 504–532 – A. A. ZIMIN, Vitjaz' na rasput'e, 1991.

Werft, etymolog. wie →Arsenal ursprgl. 'Ort des Gewerbefleißes', später in engerem Sinne 'Schiffbauplatz'. Anfängl. wurden in ganz Europa Boote und kleine Schiffe mit wenigen techn. Hilfsmitteln direkt am Ufer gebaut. Die Entwicklung nahm im MA in N-Europa und im Mittelmeerraum einen unterschiedl. Verlauf. Im N wurden viele Bauplätze nur einmal benutzt, wohl jeweils vom Landeigner. Selbst das größte Wikingerschiff, »Der lange Wurm« Kg. →Olaf Tryggvasons, wurde um 1000 direkt vor dem Kg.sgehöft in Lade (Trondheim) auf einem solchen Bauplatz aufgezimmert. Länger in Betrieb gehaltene Schiffbauplätze lassen auf kleine Familienunternehmen schließen. Auch für die Kriegsflotten war keine andere Struktur vonnöten, da die Schiffe aus privatem Besitz gestellt werden mußten (Leding, →Leidang). Erst mit dem Erstarken der Zentralgewalt wurden im 14./15. Jh. kgl. Kriegshäfen mit W.en und Arsenalen errichtet, u. a. in Stockholm, Kalmar, Kopenhagen und Nakskov. Die wachsenden Schiffsgrößen – auch in der Handelsschiffahrt – verlangten Bauplätze mit besserer techn. Ausstattung und Infrastruktur, bis zu Kränen zum Mastsetzen und -ziehen. Beim Bau großer Koggen ab 1300 arbeiteten verschiedene Gewerke auf einem städt. Bauplatz planmäßig zusammen. Über die Organisation dieser W.betriebe ist allerdings kaum etwas bekannt. – Im Mittelmeerraum waren schon seit dem Altertum große Staatsflotten vorhanden, deren Bau und Unterhaltung leistungsfähige W.en erforderten, die Arsenale. Bis ins 12. Jh. gehen solche Einrichtungen in Venedig, Amalfi, Genua und Pisa zurück, bis ins 13. Jh. die Reales Atarazanas in Barcelona, elf bis zu 120 m lange Schiffbauhallen. Diese staatl. Großbetriebe unterstanden hochrangigen Beamten. Unter mediterranem Einfluß wurden solche Großbetriebe mit Kanal, später im n. Europa errichtet, zuerst ab 1293 die →Clos des Galées in Rouen. →Schiff, -bau, -stypen. U. Schnall

Lit.: KL XV, 357f., 469–471 – E. EICKHOFF, Seekrieg und Seepolitik zw. Islam und Abendland, 1966 – D. ELLMERS, Frühma. Handelsschiffahrt in Mittel- und N-Europa (Schr. des Dt. Schiffahrtsmus. 3, 1984²) – E. RIETH, La question de la construction navale à franc-bord au Ponant, Neptunia 160, 1985, 8–21 – L. GATTI, L'Arsenale e le Galee, Quaderni 16, 1990 – R. UNGER, The Art of Medieval Technology, 1991 – Die Kogge v. Bremen, I: W. LAHN, Bauteile und Bauablauf (Schr. des Dt. Schiffahrtsmus. 30, 1992) – I. FRIEL, The Good Ship. Ships, Shipbuilding and Technology in England 1200–1520, 1995 – D. ELLMERS – U. SCHNALL, Schiffbau und Schiffstypen im ma. Europa (Europ. Technik im MA 800 bis 1400, hg. U. LINDGREN, 1997²), 353–370.

Wergeld

I. Germanisches und Deutsches Recht – II. Englisches Recht – III. Skandinavisches Recht – IV. Russisches Recht.

I. GERMANISCHES UND DEUTSCHES RECHT: W. (weregeldus, wirigeldus, mhd. *wergelt*, langob. *virgilt*, von germ. *wer*, *wira* 'Mann', 'Mensch'), als Wort in vielen germ. Volksrechten enthalten, bezeichnet dort die Buße, die bei der Tötung eines Mannes/Menschen zu entrichten war. Darauf baute das Kompositionen- (oder Buß-)System auf, das als eine Mischung aus Strafe und Schadensersatz (nach moderner Terminologie) bezeichnet wird und das frühma. Deliktsrecht prägte. Die Q. differieren hinsichtl. der Höhe des zu zahlenden Betrages nach der sozialen Stellung des Opfers, so daß eine höhere Summe für einen freien Germanen (bei den Franken 200 solidi) als für einen Römer, das Doppelte für einen Adligen und das Dreifache für einen der Gefolgsleute des Kg.s zu entrichten war (Lex Salica c. 69), während die Tötung eines Unfreien nicht mit dem W. gesühnt wurde. Frauen generell oder jedenfalls solche im gebärfähigen Alter (Lex Saxonum c. 15) und schwere Fälle, die durch eine heimtück. Begehungsweise (→Mord; s. Lex Alamannorum c. 49) oder die Gemeinschädlichkeit (Tötung auf der Heerfahrt) gekennzeichnet waren, wurden durch ein Mehrfaches des normalen Satzes gesühnt. Bisweilen war der Friedensgeldanteil (fredus) in der Summe enthalten. Schuldner des W.s war ursprüngl. subsidiär auch die →Sippe des Täters, also der Personenkreis, der mit ihm die →Fehde zu tragen hatte, geleistet wurde nach frk. Recht zur Hälfte an den engeren Familienkreis (Erbsühne), zur anderen Hälfte an die Sippe des Getöteten (Magsühne). Bemessen wurde die Buße in Geld, gezahlt regelmäßig in Naturalien, meist Vieh. Schon in frk. Zeit begegnet das W. als Sühne für andere Missetaten, vornehml. bei Sittlichkeitsdelikten (z. B. Notzucht, Edictum Rothari c. 187; Ehebruch, Lex Baiuvariorum VIII 1), aber auch bei Verwundungen. Die Beteiligung der Sippe an der Aufbringung sowie die Tatsache, daß Töchter mitunter als Berechtigte von der W. leistung ausgeschlossen waren (so Liutprand c. 13), wird als Indiz dafür gesehen, daß das W. ein Abkaufen des Fehderechtes bedeutet habe (WILDA, 175) und im Gegensatz zur normalen Buße »dem peinl. Rechte angehört« (WEISKE, 6). Andererseits wird auch seine Funktion als zivilrechtl. Schadenersatz betont oder sein Sinn in der Einbuße an Bedeutung und sozialem Ansehen der verpflichteten Sippe gesehen (so SCHILD). Unstreitig hat es die Erscheinung bereits vor ihrer Normierung in den Volksrechten gegeben, mangels genauer Q.n für die germ. Zeit kann die Entstehung nur vermutet werden. Wahrscheinl. ist das W. aus Vergleichsvereinbarungen anläßl. eines →Totschlags hervorgegangen, in denen durch Gelübde die jeweiligen Familienmitglieder zum Frieden gezwungen und eine Fehde vermieden werden sollte. Aus dieser Praxis habe sich, so v. a. die ältere Lit.meinung, ein Rechtsinstitut gebildet, das weniger dem Strafrecht zuzuordnen sei, sondern – ohne Rücksicht auf den Täter – die Familien versöhnen sollte (WILDA, 372). Gleichwohl kann man auch eine gewisse Genugtuungsfunktion zugunsten der Sippe des Opfers darin sehen, daß der Täter beispielsweise vor Zahlung des W.s ein Jahr in Verbannung zu leben hatte, und wenn er mitunter die Buße nicht öffentl. und zu laut anbieten durfte, geschah dies ebenfalls mit Rücksicht auf die betroffene Sippe. Die Genugtuung für die verletzte Ehre des Opfers wird auch durch die ständ. Abstufung hinsichtl. der Höhe der Zahlung ausgedrückt.

Dies bleibt im HochMA erhalten, so z. B. im Sachsenspiegel (3, 45), und der Schwabenspiegel nennt den Grund: »Man soll ihn vil eren bieten, als ihm lasters ist getan« (W. 93). Allerdings ist im frk. Rechtskreis bereits zur karol. Zeit die Pflicht der Sippe zur Zahlung erloschen und verschwindet im übrigen im gleichen Maße wie sich der von der Fehde betroffene Personenkreis einschränkt. Das genaue Verhältnis dieser Summen zu denen der frk. Zeit ist noch nicht im einzelnen geklärt (s. HIS, I, 586ff.). Wenn der Sachsenspiegel ein W. nur noch bei →Notwehr und bei →Ungefährwerken kennt, zeigt dies einen Wandel, der sich bereits im FrühMA andeutet: Das Wort findet in S-Dtl., in Franken und am Rhein nur noch vereinzelt Verwendung, weil die W.zahlung hinsichtl. des Totschlages durch die vordringende peinl. Bestrafung verdrängt wird. Häufiger findet sich das W. nunmehr als Berechnungsfaktor für andere Vergehen, ja wurde mitunter

Grundlage für die Zahl der aufzubietenden →Eidhelfer (GRIMM, II, 496) oder für die Höhe einer Gewährschaftsbürgschaft im Rahmen einer Hausveräußerung (Eisenacher Rechtsbuch III 3). Die Haftung der Sippenmitglieder erscheint zu dieser Zeit meistens nur noch subsidiär, im Laufe des SpätMA verschwindet sie dann von wenigen Ausnahmen abgesehen ganz. Am längsten hält sich das W. in den ndl.-fries. Gebieten, in denen auch die Sippenbande bes. dauerhaft sind (Nachweise bei HIS, I, 594).

Das Verschwinden des W.s hat einen sozialen und einen rechtsgeschichtl. Grund: Die Auflösung des großen Familienverbandes ließ die Beteiligung der Sippe sowohl bei der Fehde als auch bei der Bußzahlung entfallen, die Eindämmung der Fehde beseitigte in vielen Fällen den Anlaß. Entscheidend dürfte aber das aufkommende öffentl. Strafrecht gewesen sein, das mit seinen überwiegend peinl. Strafen die Geldbußen verdrängte.   A. Roth

Lit.: GRIMM, RA, II, 216ff., 229ff. – HRG V, 1268 – J. WEISKE, Über W. und Buße und ihren Unterschied, Abh. en aus dem Gebiet des teutschen Rechts, 1830, 83ff. – W. E. WILDA, Das Strafrecht der Germanen, 1842, 173ff., 366ff. – H. BRUNNER, Sippe und W. nach norddt. Rechten, ZRGGermAbt 78, 1882, 1ff. – R. HIS, Das Strafrecht des dt. MA, I, 1920, 302ff., 583ff. – R. SCHMIDT-WIEGAND, Frk. und frankolat. Bezeichnungen für soziale Schichten und Gruppen in der Lex Salica, 1972.

II. ENGLISCHES RECHT: *Wergild*, eigtl. Manngeld, ist das Blutgeld, das im Prinzip an einen Familienverband für die Tötung eines seiner Mitglieder zu zahlen war. Der ags. Begriff, zuerst in den Gesetzen Æthelberhts (31) belegt und dann regelmäßig überall in den Slg.en ags. Gesetze angewandt (obwohl häufiger stillschweigend vorausgesetzt), findet sich in gleicher Form und Bedeutung in allen westgerm. Sprachen (vgl. Abschnitt I). In der germ., kelt. und in anderen Stammesgesellschaften entsprach das W. dem Status des Opfers, wobei mehr für ein Mitglied des Adels zu zahlen war und das W. den Vorzug (durch die Obrigkeit und durch dritte Parteien) vor der alternativen Form der Anwendung der →Rache durch die Familie des Opfers erhielt. Bezahlung einer Buße bedeutete die Verhinderung einer weiteren Tötung. Es war eine so grundlegende Institution, daß üblicherweise Verfahrensbestimmungen für die Zahlung des W.s in der engl. Beweisführung nicht definiert werden, außer in einem inoffiziellen Traktat aus der Mitte des 10. Jh., dem ein Teil der erhaltenen Versionen der von Kg. →Edmund I. (um 945) erlassenen Gesetze über die Blutfehde beigefügt wurde. Dieser Text führt an, was offensicht. eindeutig bekannt war, aber in den Codices des 7. Jh. nicht aufgeschrieben wurde: das W. eines *ceorl* (eines normalerweise freien Mannes) betrug 200 s. (in Kent 100 s.) und das eines Adligen 1200 s. (in Kent 300 s., für eine Gruppe von frühen westsächs. Adligen 600 s.). Die Mörder mußten zuerst geloben, daß sie zahlen werden, nachdem alle Parteien der königl. Munt unterstellt worden sind. Innerhalb von drei Wochen mußte der *healsfang* (10%) an enge Verwandte des Opfers »within the knee« gezahlt werden, drei Wochen später erhielt der Herr sein *manbot* und wieder drei Wochen später der Kg. seinen *fighting-fine*. Die erste Teilzahlung des Restbetrags des W.s mußte nur drei Wochen später entrichtet werden, an einen entfernteren Verwandten. Cousins konnten allerdings ihren Anteil erst zwölf Wochen nach der Tötung erhalten. Die allg. anerkannte Verfahren bildeten die Grundlage für Variationen dieser Rechtspraxis in den folgenden Etappen der frühen engl. Gesch. Sie beinhalteten im 7. Jh. erstens die Einrichtung einer Zahlung in Sachwerten (Sklaven, Rüstung oder Schwert); zweitens die Einrichtung für zahlungsunfähige Personen,

daß sie als »W.-Sklaven« für die Dauer ihrer Schuld büßen konnten, mit dem Tod als Strafe für ein erneutes Verbrechen; und drittens, daß der Kg. als stellvertretender Verwandter für Fremde oder Händler fungierte und deshalb einen Teil des W.s erhielt. Im 10. Jh., als die Bestimmungen der »Cambridge→thegns' guild« vorsahen, daß Mitglieder sich gegenseitig bei der Rache oder der Bußzahlung beistehen sollten, ist das W. eher die dem Kg. (oder Gott) zustehende Buße für ein Vergehen, das wie ein Kapitalverbrechen bestraft wird, wenn die Zahlung nicht erfolgt. Das W. fand großes Interesse bei den Autoren der Rechtsabhandlungen des frühen 12. Jh.   P. Wormald

Lit.: LIEBERMANN, Gesetze I, ss. 392–395; II, 1, s. 241; II, 2, ss. 731–734 – P. WORMALD, Giving God and King their Due: Conflict and its Regulation in the Early English State, Sett. cent. it. 44, 1997 – DERS., The Making of English Law: King Alfred to the Norman Conquest [im Dr.].

III. SKANDINAVISCHES RECHT: W. (schwed. *vereldi, mansbot, manhælgis bot, mangæld*; norw. *mannsbætr*, isländ. *manngjǫld*) bezeichnet auch in Skandinavien eine →Buße, die nach einem erfolgten →Totschlag vom Täter und dessen Verwandten an die nächsten Erben, resp. den erweiterten Verwandtenkreis des Erschlagenen, gezahlt wurde. Dabei stand das W. zunächst in Konkurrenz zur →Blutrache und gewann im Laufe der staatl. und rechtl. Entwicklung in Skandinavien immer mehr an Boden. In den frühen →Landschaftsrechten *Schwedens* etwa konnte die geschädigte Partei zw. Rache und W. wählen, während man in den jüngeren Svearechten bestrebt war, der Rache Hindernisse entgegenzustellen, etwa indem die zur Rache entschlossene geschädigte Partei dem Kg. und der Dinggemeinde (→Ding, II) diejenigen Anteile entrichten mußte, die bei einer W.erhebung hätten gezahlt werden müssen. In den schwed. Landschaftsrechten setzte sich das W. aus Anteilen an die Erben des Erschlagenen, an die Dinggemeinde resp. den *Härad* (Gerichtsbezirk) zusammen. In den älteren Götarechten tritt noch die sog. Geschlechterbuße an den erweiterten Verwandtenkreis des Erschlagenen hinzu.

Volles W. konnte grundsätzl. nur für Freie und im Geltungsbereich des jeweiligen Landschaftsrechts ansässige Leute verlangt und gezahlt werden. Ausländer, Bettler und Gaukler wurden weit geringer bewertet. Auch wurde volles W. nur bei vorsätzl. Tat fällig. Bei Fahrlässigkeit waren die Bußen geringer. Die Höhe des W.es richtete sich in Schweden nach der Stellung des Erschlagenen, nach den Umständen und nach dem Ort des Verbrechens. Die in den schwed. Landschaftsrechten genannten Taxen (3 Mark, im Reichsrecht des 14. Jh. 40 Mark) erhöhten beim Totschlag von Frauen, Kindern und Alten sowie bei momentan wehrlosen Personen (z.B. bei Schlaf, Verrichtung der Notdurft etc.). Auch bei kgl. Dienstleuten, Richtern, Steuerbeamten und Vorstehern der jeweiligen Dinggemeinden (*Lagman*) erhöhte sich das W. Qualifizierende Kriterien waren auch Totschlag in der Kirche, auf dem Kirchhof, auf dem Ding, in Haus und Hof des Erschlagenen sowie auf einem Ledungsschiff (→Leidang). Weitere Gründe, das W. zu erhöhen, waren Hinterhalt und Totschlag während bestimmter Friedensperioden.

Zur Landschaftsrechtszeit in *Dänemark* waren Rachehandlungen ausgeschlossen und W.zahlungen obligator., wobei eine Einigungspflicht der beiden Parteien vor dem Ding bestand. Für alle Freien ist in den Landschaftsrechten ein bestimmter Betrag festgelegt, meist 3 Mark, hinzu kommt eine Zusatzzahlung zur Wiederherstellung des Friedens und schließl. das *gørsum*, ein Aufgeld, das sich nach dem Ansehen und der sozialen Stellung des Erschlagenen richtete. Das dän. W. hat sich, trotz mancher Gegenbestrebungen seitens Kgtm.s und Kirche, lange als Geschlechterbuße (*ættæ boot*) gehalten, wobei ein Drittel davon der Täter aus seinem eigenen Vermögen zahlen mußte, der Rest von den Verwandten zunächst der väterl., dann auch der mütterl. Seite nach absteigender Staffelung der Beitragsverpflichtungen, je nach Verwandtschaftsgrad.

Die Satisfaktion bei Totschlag war in *Norwegen* ebenfalls Sache der Erben, dabei kam es häufig vor, daß mächtige Geschlechter, so auch auf Island, W. resp. andere Bußen verweigerten. Offizielle Verbote der Blutrache erfolgte ab 1260. Im Reichsrecht wird die Geschlechterbuße immer weiter zurückgedrängt zugunsten des individuellen Schuldprinzips. Auch wurde das W. nicht mehr nach der sozialen Stellung des Erschlagenen festgelegt. Die W.-Taxen variierten stark je nach den Umständen der Tat, ob etwa Friedensbestimmungen verletzt wurden oder ob mildernde Umstände berücksichtigt werden konnten. Die Frage, ob die Tat vorsätzl. oder fahrlässig begangen wurde, war von ausschlaggebender Bedeutung. Die Bemessung des W.es richtete sich grundsätzlich nach den Vermögensverhältnissen des Beschuldigten. H. Ehrhardt

Lit.: KL XI, 327–338 [Lit.].

IV. RUSSISCHES RECHT: Die für die ma. Rus' grundlegenden Normen des weltl. Rechts sind in der →Russkaja Pravda festgehalten (ältere Redaktion: 'Kurzes Recht', 1. Hälfte des 11. Jh.; jüngere: 'Ausführliches Recht', 12. oder beginnendes 13. Jh.). Durch sie und einige weitere frühe Q. ist die aus der ostslav. Stammeszeit tradierte →Blutrache bezeugt. Im 1. Artikel des Kurzen Rechts, der wahrscheinl. 1016 abgefaßt wurde, sind die zur Blutrache berechtigten Personen aufgeführt, wobei es sich um einen Kreis näherer Verwandter des Getöteten handelt. Für den Fall, daß die Rache nicht vorgenommen werden kann oder soll, wird hier eine Zahlung von 40 Grivnen festgelegt, die nach der Auffassung vieler Historiker für die Verwandten des Toten bestimmt waren, also ein W. darstellten. Derselbe Artikel und zahlreiche weitere sprechen jedoch auch von der bei einem Tötungsdelikt an den Fs.en zu zahlenden Strafe, die mit dem Ausdruck *vira* bezeichnet wird, der mit dt. 'wer' verwandt sein könnte, aber kein W. meint. Für die Tötung eines freien Mannes war nach der Russkaja Pravda eine *vira* von 40 Grivnen zu zahlen, was bedeutet, daß bei der Einführung dieser Strafe eine Orientierung an der Höhe der älteren W.s erfolgt war, für das in der Russkaja Pravda der Ausdruck *golovničestvo*, 'Kopfgeld', benutzt wird. Neben den Geldzahlungen gab es aber zunächst noch die Alternative der Blutrache, bis die Söhne →Jaroslavs d. Weisen nach dessen Tod (1054) dieses Relikt durch gemeinsame Rechtssetzung abschafften, wobei sie bestimmten, »daß man sich mit Geld loskaufe«. Die *verv'*, bei der es sich nach DANILOVA um die Verwandtengruppe handelte, die zur Blutrache berechtigt gewesen war, überdauerte jene Zäsur jedoch noch eine beträchtl. Zeit. Sie blieb bei der Tötung eines ihrer Mitglieder zum Empfang des W.s berechtigt und war im Falle des Tötungsdelikts eines Mitglieds zur gemeinsamen Aufbringung der *vira* verpflichtet, während die Entschädigung für die Verwandten des Opfers, also das W., vom Täter allein aufzubringen war (Ausführl. Recht, Art. 5). Aufgrund der zumeist fsl. Herkunft der ma. Rechtssatzungen werden wir ansonsten zwar detailliert über die *vira* und ihre seit dem 11. Jh. vorgenommenen Abstufungen gemäß der sozialen Zugehörigkeit der Opfer informiert, erfahren aber wenig über das W. Nach den vorliegenden Anhaltspunkten nahm dessen Höhe bereits im 11.–12. Jh. zugunsten der Zahlungen an die Fs.en ab. Im Sudebnik des Moskauer Gfs.en →Ivan III. von 1497, der ersten für den neuen russ. Einheitsstaat geschaffenen Rechtskodifikation, wurde für bestimmte Tötungsdelikte die Todesstrafe festgelegt; gleichwohl blieben in Rußland bei Mord noch längere Zeit Zahlungen üblich. N. Angermann

Q. und Lit.: →Russkaja Pravda [L. K. GOETZ, 1910–13; Pravda Russkaja, I–III, 1940–63; M. B. SVERDLOV, 1988] – Rossijskoe zakonodatel'stvo X–XX vekov, I–II, 1984–85 – L. V. DANILOVA, Sel'skaja obščina v srednevekovoj Rusi, 1994.

Zum südslav. Bereich (Kroatien, Serbien; Dalmatien) →Vražda.

Werk. Die W.e werden in der ma. Theol. – außer im Rahmen der Unterscheidung von →opus operatum und operantis in der Sakramentenlehre – v. a. unter der Frage behandelt, welche Bedeutung sie für die sittl. bzw. verdienstl. Qualität menschl. Handelns haben. Dabei ist für die nähere Bestimmung des sittl. qualifizierten W.s die Unterscheidung grundlegend zw. opus bzw. →actio immanens (bewirkt eine Vollendung des Handelnden) und opus transiens (stellt etwas her, was unabhängig Bestand hat) (vgl. z.B. Thomas v. Aquin, S. th. I–II, 57, 4).

Nachdem in den Bußbüchern eine eher an intuitivem Tun orientierte Beurteilung vorherrschte, kommt es in der *Frühscholastik* zum Durchbruch der inneren Dimension des Sittlichen. Für Abaelard sind die äußeren W.e indifferent; ihre sittl. Schlechtigkeit bemißt sich ebenso wie ihre Güte und Verdienstlichkeit allein an der →Intention. Aber bereits Hugo v. St-Victor ergänzt: Zwar sei der Wille maßgebl. und könne bei Handlungsunmöglichkeit für die Tat genommen werden; zum wirkl. Willen gehöre aber auch der Wille zur Verwirklichung im W. Durch das äußere W. aber werde der Wille in seiner jeweiligen sittl. Qualität bestärkt und genährt. – Bei Petrus Lombardus findet sich schließlich eine erste Systematisierung: Alle W.e werden gemäß der Intention als gut oder schlecht beurteilt mit Ausnahme derjenigen, die bereits per se schlecht sind (Sent. II, 40, 12). Durch das äußere schlechte W. kann die gute Intention verdorben werden. Die gute Intention aber, die auch die W.e gut und verdienstl. macht, gibt es nur aufgrund der caritas, die Petrus Lombardus mit dem Hl. Geist gleichsetzt. – Dagegen halten die Porretaner aufgrund ihres umfassenden Begriffs der Intention an der ausschließl. Qualifikation der W.e, auch der schlechten, durch die Intention fest. Zugleich halten sie aufgrund einer gestuften Tugendlehre auch sittl. gute W.e ohne caritas für möglich, verdienstl. sind sie aber erst durch die zusätzl. Motivation der caritas. Die äußeren W.e tragen zur Festigung des guten Willens bei. Außerdem gibt es W.e (Martyrium, Jungfräulichkeit), die ein bes. Verdienst haben.

In der *Hochscholastik* kommt es in diesen Fragen zu wichtigen Differenzierungen. Das Verhältnis von äußerem W. und Intention wird bei Thomas v. Aquin durch die Unterscheidung des intendierten W.s (actus interior voluntatis) und des fakt. Resultats der Handlung (actus exterior) sowie der drei fontes moralitatis: Art der Handlung (finis operis), Intention (finis operantis), Umstände, geklärt (vgl. S. th. I–II, 18–20). In der Frage der Verdienstlichkeit der W.e unterscheidet Alexander v. Hales: Das äußere W. erhöht nicht das 'praemium substantiale' (die Schau Gottes), dies verdient allein der durch die Liebe geformte Wille und die durch den Glauben geleitete Intention; wohl aber das 'praemium accidentale' (die Freude am guten W.) (vgl. LOTTIN IV/1, 412). Bei Thomas kommt es zu einer weiteren Unterscheidung: Im Blick auf das W. selbst und den freien Willen des Menschen gibt es wegen der unüberbrückbaren Unähnlichkeit zw. Gott und Mensch keine condignitas im →Verdienst, wohl aber eine congruitas aufgrund einer Ähnlichkeit der Entsprechung; im Blick auf die →Gnade dagegen ist das W. ex condigno verdienstl., weil sein Wert nach der Gnade beurteilt wird (vgl. S. th. I–II, 114, 1 und 3). Solche W.e sind die W.e der Barmherzigkeit, die aus der Liebe hervorgehen und durch die Gnade gewirkt sind (ebd. II–II, 32, 1). Thomas spricht erst bei diesen W.en der caritas von 'opera viva', während er die guten W.e aufgrund des freien Willens wie die sündhaften zu den 'opera mortua' zählt (ebd. III, 89, 4–6).

Hinsichtl. der Verdienstlichkeit der W.e kommt es in der *Spätscholastik* zu einer weiteren Differenzierung: Johannes Duns Scotus sowie der Nominalismus nehmen an, Gott könnte in seiner potentia absoluta auch die sittl. W.e des Nichtgerechtfertigten annehmen, aufgrund seiner potentia ordinata aber tue er es fakt. nicht. Dies impliziert eine Aufwertung natürl. Sittlichkeit. In der Folge aber kommt es auch zu problemat. Aussagen: Der Sünder könne durch seine W.e Gott lieben, die Gnade sei nur notwendig, um diesen Akt der Liebe durchzuhalten. Hier liegt der Ansatzpunkt für Luthers Kritik an der Einschätzung der W.e. S. Ernst

Lit.: DThC X, 662–710 – O. LOTTIN, Psychologie et morale aux XIIe et XIIIe s., IV/1, 1954, 309–486 – J. GRÜNDEL, Die Lehre von den Umständen, 1963 – S. ERNST, Eth. Vernunft und chr. Glaube, 1996.

Werke der Barmherzigkeit → Barmherzigkeit

Werkmaß, Länge der Grundstrecke bei der Vermessung von Bauten, angegeben als Fuß (röm. Fuß 29,60 cm, karol. Fuß 33,29 cm, frz. Königsfuß 32,50 cm, stauf. Fuß 30,40 cm), in der Antike als Modul, der untere Halbmesser einer Säule als Verhältnis für die Höhenmaße, in der Renaissance über →Vitruvs Zehn Bücher über Architektur wiederaufgenommen, auch jede andere, die →Proportionen bestimmende Grundstrecke wie der Goldene Schnitt, oder für ein gleichseitiges Dreieck (Triangulatur), ein Quadrat (Quadratur), denen jeweils eine entsprechende Figur diagonal einbeschrieben ist usw., also jeweils mit entsprechend kleineren Seitenlängen, und weitere Figuren, bei deren Rückfinden aus überlieferten Bauten höchste Vorsicht und Zurückhaltung walten sollte. G. Binding

Lit.: W. MÜLLER, Grundlagen got. Bautechnik, 1990 – P. v. NAREDI-RAINER, Architektur und Harmonie, 1995[5] [mit Lit.].

Werkmeister, magister operis, operarius, in dt. Q. des SpätMA in wörtl. Übersetzung »Werkmeister« oder »Baumeister«.

1. Bezeichnung für den Leiter der fabrica, der Finanzverwaltung eines Kirchenbaus, oder für den Stadtbaumeister, der mit der Durchführung der städt. Bauaufsicht und der Finanzverwaltung städt. Bauten betraut war. Der W. wurde u. a. in Nürnberg, Augsburg, Konstanz oder Köln als Beauftragter des städt. Rates aus dem Kreis der ratsfähigen Patrizier jeweils für ein Jahr gewählt. Das gleiche gilt für Pfarrkirchen und auch für Domkirchen, wenn diese der Bürgerschaft zugleich als Pfarrkirchen dienten wie in Straßburg, Freiburg, Regensburg, Wien oder Siena. Der Leiter der fabrica hieß magister operis, operarius oder magister, rector, provisor, procurator fabricae, seit 1265 in den Niederlanden nachgewiesen *kercmester;* für den Stadtbaumeister findet sich seit 1250 in Frankreich die Bezeichnung *maitre des œuvres de la ville,* 1320 erstmals in Augsburg *baumeister* oder *paumeister,* dann im ganzen dt. Sprachraum verbreitet.

2. Seit dem 13. Jh. auch Bezeichnung für den die Bauausführungen leitenden und teilweise oder zeitweise mitarbeitenden Steinmetzmeister (artifex, magister lapicidae oder caementarii). Seit der Mitte des 13. Jh. finden sich für diese W. auch Grabplatten (Hugues Libergiers in Reims, †1263) und seit dem 12. Jh. Namensnennungen in Inschriften (Südquerschiff der Kathedrale von Paris für den 1258 verstorbenen Jean de Chelles) sowie einzelne Verträge. G. Binding

Lit.: P. BOOZ, Der Baumeister der Gotik, 1956 – W. SCHÖLLER, Die rechtl. Organisation des Kirchenbaues im MA, 1989 – C. CONRAD, Kirchenbau im MA, 1990 – G. BINDING, Baubetrieb im MA, 1993 [Lit.] – DERS., Der früh- und hochma. Bauherr als sapiens architectus, 1996 [Lit.].

Werkmeisterbuch, Bezeichnung für sechs spätgot. Architektur-Musterbücher aus dem späten 15. und frühen 16. Jh., u.a. von Matthäus Roriczer, Lorenz Lechner, Hans Schmuttermayer. →Musterbücher. B. Binding

Lit.: Lex. der Kunst, VII, 1994, 768 – U. COENEN, Die spätgot. Werkmeisterbücher in Dtl. als Beitrag zur ma. Architekturtheorie [Diss. Aachen 1989] – Weitere Lit. →Musterbücher.

Werkstein → Bosse

Werkvertrag, gegenseitig verpflichtende Vereinbarung (→Vertrag) zw. einem in der Regel den zu bearbeitenden Stoff stellenden sog. Besteller und dem sog. Unternehmer auf entgeltl. Herbeiführung eines (auch unkörperl.) Erfolges: »wenn sich ain werchman ... ains werchs unterwint ..., daz selb werch sol er ... volfürn und volpringen ...« (Art. 250 Münchner Stadtrecht, hg. DIRR, 533). Vom tätigkeitsorientierten Dienstvertrag unterscheidet den W. deshalb die Erfolgsbezogenheit als typenbildendes Essentiale; beschafft der Unternehmer den Stoff, können Abgrenzungsprobleme zum →Kauf auftreten. Der Sache nach ein seit ältester Zeit gebräuchl. Vertragstyp, ist er als dt. Begriff 'W.' erst frühnz. belegt (1543 [DtH 9, Nr. 207, 95]). Nachhaltige Bedeutung entfaltete er im städt. Wirtschaftsraum des MA durch *handwerk, kundenwerk* und *lonwerk* (vgl. DtRechtswb VIII, 1399). Freil. begrenzte die städt.-zünft. Wirtschaftsordnung v.a. mit ihren Handwerksstatuten Abschluß- und Inhaltsfreiheit des W.s. Sie sorgte andererseits vor dem Hintergrund auch institutionell verfestigter Arbeitsteilung für Qualitätsstandards der Produkte ebenso wie für die prinzipielle, durch Monopolisierungen häufig gefährdete Abschlußmöglichkeit (vgl. Rechtsbuch v. Freising, hg. CLAUSSEN, Art. 232: »Alle, di guot gebent in die stat hintz antwerchs lauten, ... daz mag nieman verpieten«). Durch die Mündlichkeit alltägl. W.e bedingt, bietet die Überlieferung heute meist nur ma. W.e auf höhere Leistungen. Trotz der verstreuten Q.lage zum W., einer eher marginalen Beschäftigung der meisten →Rechtsbücher oder der →Oberhöfe mit Rechtsfragen des W.s und des Fehlens einer theoret. Systematisierung lassen sich ausgeprägte Grundstrukturen zur Regelung typ. Problemlagen erkennen, die sich ungeachtet der Rezeption des röm. Rechts (→Röm. Recht, Rezeption) und dessen, die Akzeptanz hemmenden Einordnung des W.s als 'locatio conductio operis' (»Werkmiete«; vgl. jedoch die Zimmerung/edificatio als Innominatkontrakt in der Summa legum, ed. GAL, III c. 27, 544) in der Praxis weitgehend durchsetzten und insbes. im Gewährleistungsrecht auch im W. des BGB nachwirken. Auf Bestellerseite dominieren das Q. zum Schutz von Erfolgsinteresse (bes. Mangelfreiheit, weniger der Rechtzeitigkeit) und Integritätsinteresse (bezügl. Rückgewähr des Stoffeigentums bzw. Haftung des Unternehmers dafür): ersteres etwa durch regelmäßiges Verbot der Subunternehmerschaft (Unterverdingung; s. aber im ius commune die interessenbezogen differenzierte Lösung bei z. B. →Baldus de Ubaldis, In Cod. 6. 3. 6. [14]) und Ansprüche auf Nachbesserung oder Schadensersatz, letzteres etwa bei Verschlechterung bzw. Abhandenkommen (Verfälschung von Schmuckgold schon in Lex Visigothorum 7.6.3; s. a. die Parallelsituation im →Upplandslagh, ed. SCHWERIN, Germanenrechte 7, Abschn. 7, Kaufsachen c. 1 § 2, S. 184) oder – durchaus nicht von vornherein beanstandetem (vgl. Oberbayer. Landrecht v. 1346, ed. FREYBERG, Tit. 10 c. 86, S. 424) – Einsatz als Kreditunterlage durch den Unternehmer (mit lohnanspruchsakzessor. Lösungsrecht des Bestellers bei Verpfändung an Dritte z. B. im Freisinger Rechtsbuch, a. a. O.). Im Gegenzug sichern Zurückbehaltungs- und Verpfändungsrechte (s. o.) den Zahlungsanspruch des Unternehmers.

H.-G. Hermann

Lit.: HRG V, 1271–1274 [W. OGRIS] – K. ROTHENBÜCHER, Gesch. des W.s nach dem dt. Rechte (Untersuchungen zur Dt. Staats- und Rechtsgesch., 87, 1906) – U. FLOSSMANN, Österreichische Privatrechtsgesch., 1983, 269ff.

Werkzeuge (lat. instrumenta, ferramenta), Wortzusammensetzung, die seit dem 12./13. Jh. die älteren Begriffe 'Gezeug', 'Zeug' verdeutlicht; im engeren Sinne Mittel zur Unterstützung und Ersetzung der menschl. Hand bei der Bearbeitung von Stoffen oder Gegenständen. Mit fließenden Übergängen zu zusammengesetzten W.n und Gerätschaften werden W. in den »Etymologiae« →Isidors v. Sevilla und in jüngeren Sachglossaren Land- und Bauleuten sowie Handwerkern zugeordnet. Definitor. lassen sich W. von Instrumenten abgrenzen, auch von →Waffen. W., in den Grundformen seit der Steinzeit bekannt, erfahren in MA, bedingt durch den Einsatz zunächst knapper Metalle, insbes. des →Eisens, hohe Wertschätzung, so in der →Regula S. Benedicti (ferramenta), allg. im Rechtswesen, in städt. Handwerks- und Bauordnungen und, ikonograph. anschaul., in der symbol. Verwendung für Zunft-, Bruderschafts- sowie Marken- und Warenzeichen, Wappenbilder usw.

Schrift- und Bildq.n, aber auch archäolog. Funde belegen W. für spezif. Tätigkeiten der Bodenbearbeitung: Hacken, Spaten (Grabscheite), Rechen, Sicheln, Sensen, Wetzsteine, Schollenhämmer, Stampfkolben, Gabeln; dazu kommen im bäuerl. Bereich W. für den Haushalt, auch solche für textile Gestaltung, die →Johannes de Garlandia (110. J.) in seinem »Dictionarius« den »instrumenta mulieribus convenientia« zuordnet, ferner W. für die Tierpflege (Schafschere, Pferdestriegel usw.), die Schlachterei, die Holzbearbeitung etc. Als Q.nmaterial sind neben Monatsbildern Wandmalereien des »Feiertagschristus« beachtenswert, die seit dem 14. Jh. um eine Erlöserfigur typ. W. des ländl. Raumes gruppieren.

W. des Holz- und Steinbaus, auch der Materialaufbereitung (Mörtelmischhacke, Mörtelschaufel u. a.) sind mit regional unterschiedl. Benennungen Bauhütten- und -stellenrechnungen zu entnehmen. Abgebildet finden sich entsprechend W. auf Plastiken und häufig auf Miniaturen, die den Kirchenbau oder bibl. Motive wie den Turmbau zu Babel wiedergeben. Im einzelnen handelt es sich bei Zimmerleuten um Äxte, Beile, v. a. Beschlagbeile, Hämmer (Punkthammer, Spalthammer usw.), um – n. der Alpen relativ spät verbreitete – Sägen (Rahmensäge, Stoßsäge usw.), Hobel, Bohrer (Fiedelbohrer, Rennspindel, Bohrleier), dazu Stechzirkel, Winkel, Lotwaage, und bei Steinmetzen und Maurern zusätzl. um Holzklöpfel oder -schlägel, Hämmer, Kellen, diverse Eisen (Schlageisen, Ritzeisen usw.) sowie Spitzflächen.

Mit der Ausdifferenzierung des städt. →Handwerks seit dem HochMA erscheinen spezielle Werkzeuginnovationen. Schmiedearbeit diversifiziert sich zur »werckzeugigen kunst«, die W. für den Markt produziert (→Schmied, Schmiede). In der Metallbearbeitung verweist →Theophilus Presbyter 1122/23 auf »viele« im Gebrauch stehende Hämmer und Zangen, um danach W. wie Feilen, Grabstichel, Schabeisen, Punzen, Meißel zu beschreiben. Die tatsächl. Vielfalt der im Verlauf des MA eingeführten W. überliefern bildl. Handwerkerdarstellungen zumal des 15. Jh.: Zeichnungen im Hausbuch der Mendelschen Zwölfbrüderstiftung (→Mendel), Holzschnitte und Kupferstiche z. B. des Bileam-Meisters, Miniaturen des Jean Bourdichon usw. Der →Hausbuchmeister zeichnet spezielle W. des Hüttenwesens, Abstech-, Kruck- und Spureisen, Schlacken- und Glätthaken und Gießlöffel, auch einen Support, der mit der Möglichkeit, W. zum spanenden Formen zu fixieren, einen der Übergänge zur Dreh-»Maschine« markiert, damit zum mechanisierten Werkzeug, das zuerst in Stampfwerken, Hammerwerken, Sägewerken usw. (→Mühlen) auftaucht.

K.-H. Ludwig

Lit.: A. NEDOLUHA, Geschichte der W. und Werkzeugmaschinen, 1961 – R. WILDHABER, Der »Feiertagschristus« als Ausdruck der Sonntagsheiligung, ZAK 16, 1956, 1–34 – G. BINDING–N. NUSSBAUM, Der mittelalterliche Baubetrieb nördlich der Alpen in zeitgenössischen Darstellungen, 1978 – J. M. BAART, W., Gerät und Handwerksarten in der Stadt um 1200, ZAMA, Beiheft 4, 1986, 379–388 – W. v. STROMER, Apparate und Maschinen von Metallgewerben in Mittelalter und früher Neuzeit (Handwerk und Sachkultur im SpätMA, 1988), 126–149.

Werl. In der an einer Kreuzung des →Hellwegs mit einer nord-südl. Straße von der Ruhr zur Lippe und in der Nähe ergiebiger Salzquellen gelegenen Siedlung auf der Grenze zw. →Westfalen und Engern errichteten im 10. Jh. die Gf. en v. Westfalen eine Burg und Kirche (St. Walburga). Aus deren Erbe gewann nach 1093 die Kölner Kirche dort Besitz und Rechte und vermochte schließlich, die von den W. er Gf. en abstammenden Gf. en v. →Arnsberg ganz aus W. zu verdrängen (Inkorporation der Kirche in das Stift Wedinghausen vor 1200). Die 1116 gen. villa Werle wurde im 13. Jh. als Bollwerk gegen die aufstrebenden Gf. en v. W. →Mark zur köln. Stadt ausgebaut (1244 opidum; 1250 Stadtsiegel) und 1272 mit dem Rüthener Stadtrecht bewidmet. Von der städt. Qualität W.s zeugen das 1324 aufgezeichnete Statutarrecht, die 1280 begegnenden beiden Bürgermeister und der 1282 belegte Rat, in dem die patriz. Erbsälzer (1246 coctores salis) dominieren, was ebenso wie die Existenz einer korporativ zusammengeschlossenen Burgmannschaft während des 14. Jh. zu Konflikten mit der in drei Gilden (Bäcker, Kaufleute, Ackerbürger) organisierten übrigen Bürgerschaft führte. Während 1382 den Erbsälzern die Hälfte der Ratssitze und damit eine bevorrechtete Stellung garantiert wurde, wurden die Burgmannen nach und nach ihres Sonderstatus entkleidet und verschwanden im 15. Jh. als eigene Gruppe der Bürgerschaft. In der →Soester Fehde (1444–50) blieb W. auf Seiten des ebfl. Stadtherrn und übernahm von →Soest die Rolle als köln. Zentrum am Hellweg, was u. a. in der Verlegung des westfäl. Offizialatsgerichts nach W. zum Ausdruck kam. Abhängigkeit vom und Bindung an den Landesherrn bestimmten das weitere Schicksal der Stadt, die in der Reformation beim alten Glauben blieb.

Wilhelm Janssen

Lit.: P. LEIDINGER, Unters. en zur Gesch. der Gf. en v. W., 1965 – A. HÖMBERG, W.s Stellung und Bedeutung in der ma. Gesch. Westfalens (DERS., Zw. Rhein und Weser, 1968), 36–46 – W. Gesch. einer westfäl. Stadt, hg. A. ROHRER–H. J. ZACHER, I, 1994.

MITARBEITER DES ACHTEN BANDES

Das Verzeichnis beruht auf Angaben der Mitarbeiter der Lieferungen 1–10,
die von 1996 bis 1997 erschienen sind.

Aertsen, Jan A., Köln
Ahvenainen, Jorma, Jyväskylä
Algar, Hamid, Berkeley
Allmand, Christopher Th., Liverpool
Alonso-Núñez, José M., Madrid
Althoff, Gerhard, Münster (Westf.)
Amado, Claudie, Aix-en-Provence
Ament, Hermann, Mainz
Andenna, Giancarlo, Milano
Andermann, Kurt, Karlsruhe
Angeli, Giovanna, Firenze
D'Angelo, Edoardo, Napoli
Angermann, Norbert, Hamburg
Aris, Marc-Aeilko, Trier
Aspernig, Walter, Wels
Asperti, Stefano, Roma
Aßfalg, Julius, München
Autrand, Françoise, Paris
Avagliano, Faustino, OSB, Abbazia di Montecassino

Baaken, Katrin, Tübingen
Backes, Herbert, Saarbrücken
Bak, János M., Budapest
Balard, Michel, Paris
Barnes, Thomas G., Berkeley
Barone, Giulia, Roma
Barrière, Bernadette, Limoges
Barrow, Geoffrey W. S., Edinburgh
Barrow, Julia, Nottingham
Barthélemy, Dominique, Paris
Bartl, Peter, München
Bartuschat, Johannes, Zürich
Baum, Hans-Peter, Würzburg
Baumeister, Theofried, Mainz
Bauschke, Ricarda, Berlin
Becht-Jördens, Gereon, Marburg a. d. Lahn

Becker, Alfons, Mainz
Becker, Hans-Jürgen, Regensburg
Beckmann, Bernhard, Friedrichsdorf
Bedal, Konrad, Bad Windsheim
Behrens, Mathias, München
Belke, Klaus, Wien
Benninghoven, Friedrich, Berlin
Berg, Dieter, Hannover
Bergdolt, Klaus, Köln
Berger, Albrecht, Teltow
Berger, Elisabeth, Wien
Berger, Harald, Graz
Berger, Rupert, Bad Tölz
Berghaus, Peter, Münster (Westf.)
Berndt, Rainer, Frankfurt a. Main
Bernhard, Michael, München
Bernt, Günter, München
Bertini, Ferruccio, Genova
Beulertz, Stefan, Erlangen
Bierbrauer, Katharina, München
Bierbrauer, Volker, München
Binding, Günther, Köln
Bischofberger, Hermann, Appenzell
Bitterling, Klaus, Berlin
Blagojević, Miloš, Beograd
Bláhová, Marie, Praha
Blake, Norman F., Sheffield
Blaschke, Karlheinz, Friedewald
Blockmans, Wim P., Leiden
Bockhorst, Wolfgang, Münster (Westf.)
Bogumil, Karlotto, Magdeburg
Böker, Uwe, Regensburg
Bönnen, Gerold, Worms
Boockmann, Hartmut, Göttingen
Boone, Marc, Gent
Borchardt, Karl, Würzburg
Bordone, Renato, Torino

Borgolte, Michael, Berlin
Bormann, Karl, Köln
Boroviczény, Karl-Georg, Freiburg i. Br.
Bosselmann-Cyran, Kristian, Würzburg
Bottiglieri, Corinna, Salerno
Bourgain, Pascale, Paris
Bousquet-Labouerie, Christine, Tours
Bouton, Jean de la Croix, Grignan
Boyd, Susan A., Washington, D.C.
Brand, Hanno, Paris
Brandes, Wolfram, Frankfurt a. Main
Brennecke, Hanns Ch., Erlangen-Nürnberg
Bretscher-Gisiger, Charlotte, Zürich
Briesemeister, Dietrich, Berlin
Brinkmann, Ulrike, Köln
Brisch, Klaus, Berlin
Brodersen, Kai, München
Brodt, Bärbel, London
Brown, Alfred L., Glasgow
Brückner, Thomas, Würzburg
Brückner, Wolfgang, Würzburg
Brüggemann, Karsten, Hamburg
Brunhölzl, Franz, München
Bruni, Francesco, Venezia
Brunner, Horst, Würzburg
Brunner, Karl, Krems a. d. Donau; Wien
Buck, August, Marburg a. d. Lahn
Bühl, Gudrun, Berlin
Bünz, Enno, Jena
Bur, Michel, Nancy
Burgmann, Ludwig, Frankfurt a. Main
Burmeister, Karl H., Bregenz

Cameron, Alan, Edinburgh
Cammarosano, Paolo, Trieste

Capovilla, Guido, Padova
Carbonetti Venditelli, Cristina, Roma
Cardini, Franco, Firenze
Carmassi, Patrizia, Münster (Westf.)
Carocci, Sandro, Roma
Carozzi, Claude, Aix-en-Provence
di Carpegna Falconieri, Tommaso, Roma
Carpenter, David A., London
Carver, Martin O. H., York
Casiraghi, Giampietro, Torino
Cauchies, Jean-Marie, Bruxelles
Cavanna, Adriano, Milano
Cervani Presel, Roberta, Trieste
Charles-Edwards, Thomas M., Oxford
Charon, Annie, Paris
Chevalier, Bernard, Tours
Chevalley, Eric, Lutry (Vaud)
Chiesa, Paolo, Milano
Chiodi, Giovanni, Milano
Chittolini, Giorgio, Milano
Chomel, Vital, Grenoble
Choroškevič, A. Leonidovna, Moskva
Ciccarelli, Diego, OFM, Palermo
Ciriacono, Salvatore, Padova
Ćirković, Sima, Beograd
Claerr, Thierry, Paris
Clemens, Lukas, Trier
Cobban, Alan B., Liverpool
Conrad, Klaus, Göttingen
Contamine, Philippe, Paris
Conti, Pier Maria, La Spezia
Coppini, Donatella, Firenze
Cordes, Albrecht, Freiburg i. Br.
Corrao, Pietro, Palermo
Corsi, Pasquale, Bari
Corsten, Severin, Bonn

Cortesi, Mariarosa, Cremona
Coulet, Noël, Aix-en-Provence
Courth, Franz, SAC, Vallendar
Coutaz, Gilbert, Lausanne
Cramer, Winfrid, OSB, Münster (Westf.)
Crawford, Barbara E., St. Andrews
Critchley, John S., Exeter
Crusius, Irene, Göttingen
Csendes, Peter, Wien
Cursente, Benoît, Nice

Dahlbäck, Göran, Stockholm
Dahlke, Sandra, Hamburg
Dahms, Sibylle, Salzburg
D'Alessandro, Vincenzo, Palermo
Daub, Susanne, Köln
Daxelmüller, Christoph, Regensburg
Decorte, Jos, Leuven
De Leo, Pietro, Roges di Rende/Cosenza
Delmaire, Bernard, Lille
Dell'Omo, Mariano-Antimo, OSB, Abbazia di Montecassino
Delort, Robert, Genève
Demotz, Bernard, Lyon
Demurger, Alain, Clergy
Denzel, Markus A., Göttingen
Derolez, Albert, Gent
Despy, Georges, Bruxelles
Devailly, Guy, Rennes
Dienel, Hans-Liudger, Berlin
Dietz, Klaus, Berlin
Dilg, Peter, Marburg a. d. Lahn
Dilger, Konrad, Hamburg
Dinzelbacher, Peter, Salzburg
Dion, Isabelle, Aix-en-Provence
Dirlmeier, Ulf, Siegen
Djurić, Vojislav J. †
Dobosz, Jósef, Poznań
Dobson, Richard B., Cambridge
Dohrn-van Rossum, Gerhard, Chemnitz
Donat, Peter, Berlin
Dopsch, Heinz, Salzburg
Drechsler, Heike, Heidelberg
Drossbach, Gisela, München
Drüppel, Hubert, Würzburg

Dubielzig, Uwe, München
Dubuis, François-Olivier, Sion
Düchting, Reinhard, Heidelberg
Dufour, Jean, Colombes
Dumschat, Sabine, Hamburg

Ebel, Friedrich, Berlin
Ebel, Uda, Würzburg
Eberhard, Winfried, Bochum
Eberl, Immo, Ellwangen
Ebner, Herwig, Graz
Eggenberger, Christoph, Zürich
Egger, Christoph, Wien
Eggert, Wolfgang, Berlin
Ehlers, Joachim, Berlin
Ehlert, Trude, Würzburg
Ehrhardt, Harald, Oberursel
van Eickels, Klaus, Bamberg
Eideneier, Hans, Hamburg
Elbern, Victor H., Berlin
Elders, Leo J., Kerkrade
Elkar, Rainer S., Siegen
Endrei, Walter, Budapest
Endres, Klaus, Homburg a. d. Saar
Engel, Pál, Budapest
Engelhardt, Dietrich v., Lübeck
Engels, Odilo, Köln
Engemann, Josef, München; Golling
Epperlein, Siegfried, Neuenhagen
Erkens, Franz-Rainer, Leipzig
Erlebach, Peter, Mainz
Ernst, Stephan, Paderborn
van Esbroeck, Michel, München
Escher, Felix, Berlin
van Ess, Josef, Tübingen
Eugster, Erwin, Rämismühle
van Euw, Anton, Köln

Fahlbusch, Friedrich Bernward, Warendorf
Falk, Alfred, Lübeck
Faroqhi, Suraiya, München
Favreau, Robert, Poitiers
Fedalto, Giorgio, Padova
Feige, Peter, Madrid
Ferjančić, Božidar, Beograd
Feulner, Hans-Jürgen, Tübingen
Filip, Václav, Chieti
Fischer, Klaus-Dietrich, Mainz

Flemming, Barbara, 's-Gravenhage
Flesch, Stephan, Boppard
Fodale, Salvatore, Palermo
Folkerts, Menso, München
Fontaine, Jacques, Antony
Fossier, Lucie, Meudon
Fournier, Gabriel, Chamalières
Frank, Karl Suso, OFM, Freiburg i. Br.
Frenz, Thomas, Passau
Fried, Pankraz, Augsburg
Fritzsche-Laipple, Gabriele, Oberelchingen
Fuhrmann, Bernd, Siegen
Fürst, Carl G., Freiburg i. Br.

Gabriel, Erich, Wien
Gahbauer, Ferdinand R., OSB, Ettal
Gamber, Ortwin, Wien
Gąsiorowski, Antoni, Puszczykowo (Poznań)
Gasparri, Stefano, Venezia
Gastgeber, Christian, Wien
Gawlas, Sławomir, Warszawa
Geibig, Alfred, Coburg
Gelbhaar, Axel, Coburg
George, Philippe, Liège
Georgi, Wolfgang, Köln
Gerlich, Alois, Mainz
Gerstl, Doris, Regensburg
Gerwing, Manfred, Bochum
Gier, Albert, Bamberg
Gilles, Henri, Toulouse
Gillingstam, Hans, Solna
Gjuzelev, Vassil, Sofia
Glaser, Franz, Klagenfurt
Gleißner, Reinhard, Regensburg
Gnädinger, Louise, Zürich
Göbbels, Joachim, Würzburg
Göckenjan, Hansgerd, Gießen
Goldstein, Ivo, Zagreb
Golinelli, Paolo, Verona
Göllmann, Udo, Münster (Westf.)
Gombocz, Wolfgang L., Graz
Goodman, Anthony, Edinburgh
Görich, Knut, Tübingen
Görlach, Manfred, Köln
Graham, Timothy C., Cambridge
Grams-Thieme, Marion, Köln

Graßmann, Antjekathrin, Lübeck
Grava, Yves, Avignon
Greci, Roberto, Parma
Griffiths, Ralph A., Swansea
Grohe, Johannes, Aachen
Gross, Joseph J., Toms River, NY
Große, Rolf, Paris
Groten, Manfred, Köln
Gruber, Joachim, München
Grünbart, Michael, Wien
Grünbeck, Elisabeth, Freiburg i. Br.
Grünberg-Dröge, Monika, Köln
Guida, Saverio, Reggio Calabria
Gutkas, Karl †
Guyotjeannin, Olivier, Boulogne
Györffy, György, Budapest

Hafner, Stanislaus, Graz
Hage, A. L. H., Wassenaar
Hagemann, Hans-Rudolf, Basel
Hägermann, Dieter, Bremen
Hagger, Mark, St. Andrews
Haines, Roy Martin, Somerset
Hammel-Kiesow, Rolf, Lübeck
Hannick, Christian, Würzburg
Harding, Alan, Liverpool
Hardt, Matthias, Berlin
Harper-Bill, Christopher, Twickenham
Harriss, Gerald L., Oxford
Häußling, Angelus, OSB, Maria Laach; Benediktbeuern
Havlík, Lubomir E., Brno
Hayez, Michel, Avignon
Heckmann, Marie-Luise, Berlin
Hedwig, Klaus, Herzogenrath
Heim, Manfred, München
Heimpel, Hermann †
Heinig, Paul-Joachim, Mainz
Heinrich, Gerd, Berlin
Heinz, Andreas, Trier
Heinzelmann, Martin, Paris
Heinzle, Joachim, Marburg a. d. Lahn
Helmrath, Johannes, Köln

Helsen, Johan, Tongeren
Hemann, Friedrich-Wilhelm, Münster (Westf.)
de Hemptinne, Thérèse, Gent
Henkel, Nikolaus, Hamburg
Hentschel-Wegener, Beate, München
Herbers, Klaus, Tübingen
Herborn, Wolfgang, Bonn
Hergemöller, Bernd-Ulrich, Münster (Westf.)
Hériché, Sandrine, Paris
Herrmann, Joachim, Berlin
Hertz, Anselm, OP, Frauenkloster St. Peter und Paul, Cazis
Heyse, Elisabeth, München
Hild, Friedrich, Wien
Hiller v. Gaertringen, Rudolf, Frankfurt a. Main
Hilsch, Peter, Tübingen
Hingst, Kai-Michael, Hamburg
Hirschmann, Frank G., Trier
Hissette, Roland, Köln
Hitz, Florian, Zürich
Hlaváček, Ivan, Praha
Hlawitschka, Eduard, München
Hocquet, Jean-Claude, Villeneuve d'Ascq
Hödl, Ludwig, Bochum
Hoeges, Dirk, Hannover
Hoenen, Maarten J., Nijmegen
Hofacker, Adrian, Zürich
Hofmann, Johannes, Eichstätt
Hofmann, Matthias, Blieskastel-Niederwürzbach
Hoffmann, Erich, Kiel
Hoffmann, Lars M., Mainz
Hogenbirk, Marjolein, Utrecht
Holbach, Rudolf, Oldenburg
Holzapfel, Otto, Freiburg i. Br.
Holzhauer, Heinz, Münster (Westf.)
Hörandner, Wolfram, Wien
Houben, Hubert, Lecce
Hranitzky, Katharina, Wien
Hucker, Bernd U., Vechta
Hudson, John G. H., St. Andrews

Hundsbichler, Helmut, Krems a. d. Donau
Hünemörder, Christian, Hamburg
Huschner, Wolfgang, Berlin
Hvass, R. Steen, København
Hye, Franz-Heinz, Innsbruck

Ioannidou, Alexandra, Thessaloniki
Irmscher, Johannes, Berlin
Isenmann, Eberhard, Bochum
Iversen, Gunilla, Stockholm

Jacob-Hugon, Christine, Wallisellen
Jacobsen, Peter Christian, Köln
Jäger, Helmut, Gerbrunn
Jähnig, Bernhart, Berlin
Janssen, Wilhelm, Bonn
Jaritz, Gerhard, Krems a. d. Donau
Jarnut, Jörg, Paderborn
Jaspert, Nikolas, Berlin
Jászai, Géza, Münster (Westf.)
Jehel, Georges, Paris
Jeudy, Colette, Paris
Joester, Ingrid, Düsseldorf
Jung, Marc-René, Zürich
Jung-Palczewska, Elzbieta, Lodz
Junk, Heinz-K. †
Jussen, Bernhard, Göttingen
Jüttner, Guido, Berlin

Kaczynski, Reiner, München
Kahl, Hans-Dietrich, Gießen
Kaiser, Reinhold, Zürich
Kalić, Jovanka, Beograd
Kamp, Norbert, Braunschweig
Kampers, Gerd, Bonn
Kämpfer, Frank, Münster (Westf.)
Kann, Christian, Paderborn
Karpov, Sergej P., Moskva
Kartschoke, Dieter, Berlin
Kazhdan, Alexander †
Kedar, Benjamin Z., Jerusalem
Keene, Derek, London
Keil, Gundolf, Würzburg
Keller, Hagen, Münster (Westf.)

Kellermann, Karina, Berlin
Kemperdick, Stephan, Berlin
Kerkhoff, Joseph, Stuttgart
Kersken, Norbert, Buxtehude
Kettle, Ann J., St. Andrews
Kiaupa, Zigmuntas, Vilnius
Kiening, Christian, München
Kießling, Rolf, Augsburg
King, Edmund, Sheffield
Kintzinger, Martin, Berlin
Kislinger, Ewald, Wien
Klein, Dorothea, Würzburg
Klein, Richard, Erlangen-Nürnberg
Klein, Thomas A.-P., Bonn
Klein-Ilbeck, Bettina, Heidelberg
Kleinschmidt, Harald, Tsukuba-ski
Klemm, Christian, Zürich
Klöckener, Martin, Trier
Klopsch, Paul, Erlangen
Knapp, Fritz P., Kiel
Knorr, Wilbur, Stanford
Köbler, Gerhard, Innsbruck
Koch, Walter, München
Kocher, Ursula, Tübingen
Koder, Johannes, Wien
Kolias, Taxiarchis G., Ioannina
Kölzer, Theo, Bonn
Konstanciak, Franz-J., Ingolstadt
Köpstein, Helga, Berlin
Körndle, Franz, München
Kötzsche, Dietrich, Berlin
Kraft, Ekkehard, Heidelberg
Krah, Adelheid, München
Kraml, Hans, Innsbruck
Kranemann, Benedikt, Trier
Krawietz, Birgit, Tübingen
Kreiker, Sebastian, Göttingen
Kreiser, Klaus, Bamberg
Kresten, Otto, Roma; Wien
Kreuzer, Georg, Ichenhausen
Kroeschell, Karl, Freiburg i. Br.
Kropfinger, Klaus, Berlin
Krüger, Karl Heinrich, Münster (Westf.)

Kubinyi, András, Budapest
Kuhlen, Franz-Josef, Marburg a. d. Lahn
Kulcsár, Peter, Budapest
Külzer, Andreas, Wien
Kunitzsch, Paul, München
Kunze, Konrad, Freiburg i. Br.
Künzl, Hannelore, Heidelberg
Kupper, Jean-Louis, Liège
Kürbis, Brygida, Poznań
Kusber, Jan, Kiel

Laarmann, Matthias, Lünen
Labuda, Gerard, Poznań
Ladero Quesada, Miguel Angel, Madrid
Ladner, Pascal, Fribourg
Lalinde Abadía, Jesús, Barcelona
Lalou, Elisabeth, Paris
Lamberz, Erich, München
Langenbahn, Stefan K., Maria Laach
Lapidge, Michael, Cambridge
Largier, Niklaus, Chicago
Larsen, Norbert, Köln
Lauer, Hans H., Marburg a. d. Lahn
Lawall, Bernhard, Neunkirchen
Lebecq, Stéphane, Lille
Lecheler, Eugenie, Berlin
Leguay, Jean-Pierre, Rouen
Leisch-Kiesl, Monika, Linz
Lellek, Oliver, Mannheim
Lendinara, Patrizia, Palermo
Leng, Rainer, Würzburg
Lentes, Thomas, Münster (Westf.)
Leroy, Béatrice, Biarritz
Leuchtmann, Horst, München
Lienert, Elisabeth, Würzburg
Lindgren, Uta, Bayreuth
Lippold, Adolf, Regensburg
Locher, Kurt, Grüt
Longère, Jean, Paris
Lorch, Richard, München
Lorenz, Sönke, Tübingen
Lübke, Christian, Leipzig
Lück, Heiner, Halle
Lückerath, Carl A., Köln
Ludwig, Karl-Heinz, Bremen
Ludwig, Uwe, Duisburg

Lugon, Antoine, Sion
Lund, Niels, København
Luzzati, Michele, Pisa
Luzzati Laganà, Francesca, Pisa

Mac Niocaill, Gearóid, Galway
McCormick, Michael, Cambridge
Maier, Eva, Lausanne
Maisano, Riccardo, Napoli
Maksimović, Ljubomir, Beograd
Maleczek, Werner, Wien
Maltese, Enrico V., Albisola
Marazzi, Federico, Roma
Mariaux, Pierre A., Lausanne
Markopoulos, Athanasios, Athinä
Markowski, Mieczysław, Kraków
Markus, Manfred, Innsbruck
Marsina, Richard, Bratislava
März, Christoph, Erlangen-Nürnberg
Marzolph, Ulrich, Göttingen
Matheus, Michael, Mainz
Matschke, Klaus-Peter, Leipzig
Mattejiet, Ulrich, München
Matthiesen, Wilhelm, München
Mazal, Otto, Wien
Mehl, Dieter, Königswinter
Meinhardt, Helmut, Gießen
Menestò, Enrico, Spoleto
Menniti Ippolito, Antonio, Roma
Menzel, Josef J., Mainz
Merlo, Grado G., Torino
Mersiowsky, Mark, Münster (Westf.)
Mertens, Volker, Berlin
Mettmann, Walter, Köln
Metz, Bernhard, Strasbourg
Meyer, Hans Bernhard, SJ, Innsbruck
Michaud-Fréjaville, Françoise, Orléans
Miethke, Jürgen, Heidelberg
Mihaljčić, Rade, Beograd
Mitsch, Ralf, Mannheim
Molénat, Jean-Pierre, Paris

Mollat, Michel †
Mordek, Herbert, Freiburg i. Br.
Morelle, Laurent, Paris
Morrisson, Cécile, Paris
Moyse, Gérard, Vesoul
Mugurēvičs, Ēvalds, Salaspils
von zur Mühlen, Heinz, Neubiberg
Mühlethaler, Jean-Claude, Lausanne
Müller, Heribert, Köln
Müller, Irmgard, Bochum
Müller, Ulrich, Salzburg
Müller-Wille, Michael, Kiel
Munić, Darinko, Rijeka
Murk, Karl, Marburg a. d. Lahn
Muscheler, Karlheinz, Bochum
Mussbacher, Norbert, Lilienfeld
von Mutius, Hans-Georg, München

Nagorni, Dragan, München
Napi, Luigi, Aigle
Nazarenko, Alexander, Moskva
Nazet, Jacques, Bruxelles
Nehlsen-v. Stryk, Karin, Freiburg i. Br.
Nessi, Silvestro, Spoleto
Neuenschwander, Erwin, Zürich
Neumann, Christoph, Praha
Neumann, Ronald, Mainz
Newhauser, Richard, San Antonio, Texas
Nicol, Donald M., Cambridge
Niehr, Klaus, Berlin
Nilgen, Ursula, München
Nitsche, Peter, Kiel
Nitschke, August, Stuttgart
Nonn, Ulrich, Bonn
North, John, Groningen
North, Michael, Greifswald
Nowak, Zenon H., Toruń
Nyberg, Tore S., Odense
Obermaier, Hannes, Bozen
Ó Cróinín, Dáibhí, Galway
Oexle, Otto G., Göttingen
Ogris, Werner, Wien
Ohler, Norbert, Freiburg i. Br.

Oikonomidès, Nikos, Athinä
Olberg-Haverkate, Gabriele v., Heidelberg
Oltrogge, Doris, Köln
Ortalli, Gherardo, Venezia
Orth, Peter, Erlangen-Nürnberg
Ott, Norbert H., München

Pabst, Angela, Erlangen-Nürnberg
Pabst, Bernhard, Erlangen-Nürnberg
Pace, Valentino, Roma
von Padberg, Lutz E., Köln
Parisse, Michel, Paris
Pauly, Michel, Luxembourg
Paviot, Jacques, Paris
Peppermüller, Rolf, Bochum
Petke, Wolfgang, Göttingen
Petti Balbi, Giovanna, Parma
Pickhan, Gertrud, Hamburg
Picone, Michelangelo, Zürich
Pieler, Peter E., Wien
Pietschmann, Horst, Hamburg
Pilch, Herbert, Freiburg i. Br.
Pini, Antonio I., Bologna
Piskorski, Jan M., Mainz
Pitz, Ernst, Berlin
Plank, Bernhard, OSA, Würzburg
Plank, Peter, Würzburg
Plechl, Helmut, Laufenburg
Pleij, Hermann, Amsterdam
Poeck, Dietrich W., Münster (Westf.)
Poeschke, Joachim, Münster (Westf.)
Polica, Sante, Roma
Polívka, Miloslav, Praha
Popović, Alexandre, Paris
Potestà, Gian Luigi, Milano
Poulin, Joseph-Claude, Quebec
Poulle, Béatrice, Caen
Poulle, Emmanuel, Paris
Pozza, Marco, Venezia-Mestre
Prelog, Jan, München
Preto, Paolo, Vicenza

Principe, Walter H. †
Prinz, Friedrich, München
Prinzing, Günter, Mainz
Provero, Luigi, Torino
Pugh, Thomas B., Southampton
Puhle, Matthias, Braunschweig
Puza, Richard, Tübingen

Quadlbauer, Franz, Seekirchen

Rädle, Fidelis, Göttingen
Ranft, Andreas, Kiel
Rapanić, Željko, Zagreb
Rapp, Francis, Strasbourg
Rashed, Roshdi, Bourg-la-Reine
Rauner, Erwin, Augsburg
Rees, Wilhelm, Bamberg
Reinicke, Christian, Düsseldorf
Reinle, Adolf, Zürich
Reinle, Christine, Bochum
Renoux, Annie, Le Mans
Restle, Marcell St., München
Rettelbach, Johannes, Würzburg
Richard, Jean, Dijon
Richter, Michael, Konstanz
Richter-Bernburg, Lutz, Bonn
Riedenauer, Erwin, München
Riedmann, Josef, Innsbruck
Riis, Thomas, Kiel
Roberg, Burkhard, Bonn
Robertini, Luca †
Röcke, Werner, Berlin
Roesdahl, Else, Højbjerg
Röhrkasten, Jens, Birmingham
Rollason, David W., Durham
Rombach, Ursula, Köln
Rösener, Werner, Gießen
Rossi, Luciano, Zürich
Roßmann, Heribert, Augsburg
Roth, Andreas, Münster (Westf.)
Rothmann, Michael, Frankfurt a. Main
Rüegg, Walter, Territet-Veytaux
Rüß, Hartmut, Versmold
Russocki, Stanisław, Warszawa
Rüther, Andreas, Berlin

Sahaydachny, Antonina, New York
Samsonowicz, Henryk, Warszawa
Sand, Alexander, Lemberg (Pfalz)
Santing, Catrien G., Groningen
Saranyana, Josep-Ignasi, Pamplona
Sauer, Hans, München
Schaal, Katharina, Marburg a. d. Lahn
Schäfer, Daniel, Köln
Schäffer, Johann, Hannover
Schaller, Hans Martin, München; Zorneding
Scheffczyk, Leo, München
Scheibelreiter, Georg, Wien
Schein, Sylvia, Haifa
Schenk, Richard, Hannover
Scherner, Karl O., Mannheim
Schich, Winfried, Berlin
Schieffer, Christian, Trier
Schieffer, Rudolf, München
Schiewer, Hans-Jochen, Berlin
Schild, Wolfgang, Bielefeld
Schildt, Bernd, Bochum
Schipperges, Heinrich, Heidelberg
Schipperges, Stefan, Offenburg
Schlager, Karlheinz, Eichstätt
Schlageter, Johannes, OFM, Schmalkalden
Schlinker, Steffen, Würzburg
Schmalzbauer, Gudrun, Trier
Schmeidler, Felix, München
Schmid, Alois, Eichstätt
Schmid, Bernhold, München
Schmid, Wolfgang, Trier
Schmidt, Hans-Joachim, Marburg a. d. Lahn
Schmidt, Heinrich, Oldenburg
Schmidt, Paul G., Freiburg i. Br.
Schmidt, Peter L., Konstanz
Schmidt, Roderich, Marburg a. d. Lahn
Schmidt, Tilmann, Rostock
Schmidt, Ulrich, Tübingen

Schmidtke, Dietrich, Heidelberg
Schminck, Andreas, Frankfurt a. Main
Schmitt, Michael, Münster (Westf.)
Schmitt, Wolfram, Saarbrücken
Schmitz, Rolf P., Köln
Schmoeckel, Mathias, München
Schmolinsky, Sabine, Hamburg
Schmugge, Ludwig, Zürich
Schnall, Uwe, Bremerhaven
Schneider, Herbert, München
Schneider, Joachim, Würzburg
Schneider, Johannes, München
Schneidmüller, Bernd, Bamberg
Schnerb-Lièvre, Marion, Paris
Schnith, Karl, München
Scholz, Birgit, Berlin
Schönberger, Rolf, München
Schoppmeyer, Heinrich, Witten
Schottky, Martin, Berlin
Schreiner, Peter, Köln
Schrenk, Sabine, Köln
Schubert, Ernst, Göttingen
Schuckelt, Holger, Dresden
Schuler, Peter-Johannes, Potsdam
Schuller, Wolfgang, Konstanz
Schulz, Knut, Berlin
Schulze, Ursula, Berlin
Schulze-Dörrlamm, Mechthild, Mainz
Schulze-Senger, Christa, Abtei Brauweiler, Pulheim
Schwaiger, Georg, München
Schwarcz, Andreas, Wien
Schwenk, Sigrid, Göttingen
Schwerhoff, Gerd, Bielefeld
Schwertl, Gerhard, Landshut
Schwind, Fred, Marburg a. d. Lahn
Scorza Barcellona, Francesco, Roma
Scragg, Donald G., Manchester

Seegrün, Wolfgang, Osnabrück
Seibert, Hubertus, München
Seibt, Werner, Wien
Selirand, Jüri, Tallinn
Sellert, Wolfgang, Göttingen
Senger, Hans-Gerhard, Köln
Senner, Walter, OP, Köln
Sensi, Mario, Roma; Spello
Sergi, Giuseppe, Torino
Sesiano, Jacques, Lausanne
Sieben, Hermann-Josef, Frankfurt a. Main
Siede, Irmgard, Firenze
Simbula, Pinuccia S., Cagliari
Simek, Rudolf, Bonn
Simon, Jürgen, Hamburg
Simon, Thomas, Frankfurt a. Main
Singer, Hans-Rudolf, Mainz-Germersheim
Skovgaard-Petersen, Inge, København
Šmahel, František, Praha
Smith, Julia M. H., St. Andrews
Söding, Ulrich, München
Sonderegger, Stefan, Zürich
Soustal, Peter, Wien
Spechtler, Franz V., Salzburg
Speer, Andreas, Köln
Spiegel, Joachim, München
Spieser, Jean-Michel, Strasbourg
Spieß, Karl-Heinz, Greifswald
Spinelli, Giovanni, OSB, Pontida
Sprandel, Rolf, Würzburg
Springer, Matthias, Magdeburg
Stammkötter, Franz-Bernhard, Vechta
Staub, Johannes, Heidelberg
Stein, Elisabeth, Freiburg i. Br.
Stein, Peter G., Cambridge
Steindorff, Ludwig, Münster (Westf.)
Stelzer, Winfried, Wien
Stemmler, Theo, Mannheim
Stettler, Bernhard, Zürich
Stiene, Heinz E., Köln
Stirnimann, Heinrich, Ilanz

Stohlmann, Jürgen, Köln
Stoll, Ulrich, Marburg a. d. Lahn
Storey, Robin L., Carlisle
Störmer, Wilhelm, München
Stratmann, Martina, München
Streich, Gerhard, Göttingen
Struve, Tilman, Köln
Strzelczyk, Jerzy, Poznań
Summerell, Orrin F., Bochum
Suntrup, Rudolf, Münster (Westf.)
Surmann, Ulrike, Bonn
Szabó, Thomas, Göttingen
Szarmach, Paul E., Kalamazoo, MI
Szőnyi, György E., Szeged

Takács, Miklós, Budapest
Taylor, John, Leeds
Telle, Joachim, Nürtingen-Hardt
Tenenti, Alberto, Paris
Thein, Maria L., Würzburg
Thomann, Johannes, Zürich
Thomas, Heinz, Bonn
Thorau, Peter, Saarbrücken
Thoss, Dagmar, Wien
Tietze, Andreas, Wien
Tinnefeld, Franz, München
Todt, Klaus-Peter, Mainz
Tracey, Martin J., Notre Dame, IN
Trachsler, Richard, Paris
Tremp, Ernst, Fribourg
Tripps, Manfred, Heilbronn
Troianos, Spyros, Athinä
Tuck, Anthony, Cambridge

Vaglienti, Francesca M., Pré-St-Didier (Aosta)
Van den Abeele, Baudouin, Bruxelles
Van Buuren, Alphonsus M. J., Amersfoort
Van Dyck, Leo C., Tongerlo
Van Gent, Michel J., Oestgeest
Van Uytfanghe, Marc, Gent
Van Uytven, Raymond, Antwerpen
Van Vliet, Kai, Utrecht
Varanini, Gian Maria, Trento

Vasina, Augusto, Bologna
Vavra, Elisabeth, Krems a. d. Donau
Vekemann, Hermann J. W., Köln
Venturini, Alain, Nîmes
Verger, Jacques, Paris
Verhulst, Adriaan, Gent
Vielliard, Françoise, Paris
Villa, Claudia, Milano
Vintr, Josef, Wien
Vismara, Giulio, Milano
Visser, Jacobus-C., Maasland
Vissière, Laurent, Paris
Vitale Brovarone, Alessandro, Torino
Vitolo, Giovanni, Napoli
Vliet, Kai van, Utrecht
Vogt, Hermann-Josef, Tübingen
Volk, Robert, Scheyern
Vollmann, Benedikt K., München
Vollmann-Profe, Gisela, Eichstätt
Volz, Ruprecht, München

Vones, Ludwig, Köln
Vones-Liebenstein, Ursula, Köln
Vrankić, Petar, Augsburg

Wachter, Berndt, Dannenberg
Wacke, Andreas, Köln
Wagner, Fritz, Berlin
Walder, Ernst, Bern
Walsh, Katherine, Innsbruck
Wanderwitz, Heinrich, Regensburg
Weber, Raimund J., Stuttgart
Wędzki, Andrzej, Poznań
Wefers, Sabine, Frankfurt a. Main
Wehrli-Johns, Martina, Pfaffhausen
Weimann, Klaus, Heidelberg
Weimar, Peter, Zürich
Weinstock, Horst, Aachen
Weiß, Günter †
Weitzel, Jürgen, Frankfurt a. Main
Weltin, Max, Wien

Wendehorst, Alfred, Erlangen-Nürnberg
Werner, Hans-Joachim, Waldbronn
Werner, Matthias, Jena
Wessel, Klaus †
Westermann-Angerhausen, Hiltrud, Köln
Wetzel, Claus-Dieter, Göttingen
Wieland, Gernot, Vancouver
Wilckens, Leonie v., München
Williams, Ulla, Augsburg
Wimmer, Erich, Würzburg
Wirth, Gerhard, Bonn
Witthöft, Harald, Siegen
Wolf, Armin, Frankfurt a. Main
Wolff, Hans, München
Wolfram, Herwig, Wien
Wolfzettel, Friedrich, Frankfurt a. Main
Wolters, Jochen, Unterreichenbach
Wormald, C. Patrick, Oxford

Wormald, Jenny, Oxford
Wriedt, Klaus, Osnabrück

Yorke, Barbara, Winchester

Zach, Krista, München
Zapp, Hartmut, Freiburg i. Br.
Žemlička, Josef, Praha
Zettler, Alfons, Freiburg i. Br.
Zey, Claudia, München
Ziegler, Karl-Heinz, Hamburg
Zielinski, Herbert, Gießen
Zimmermann, Albert, Köln
Zöllner, Walter, Halle (Saale)
Zotz, Thomas, Freiburg i. Br.
Zumbroich, Eberhard M., Gaildorf
Zumkeller, Adolar, Würzburg
Zurstraßen, Annette, Bergisch Gladbach
Zutshi, Patrick, Cambridge

ÜBERSETZER DES ACHTEN BANDES

Englisch: Mattejiet, Roswitha, München
Französisch: Mattejiet, Ulrich, München
Englisch (anglistische Beiträge): Thein, Maria-Luise, Würzburg
Italienisch: Avella, Antonio, München
Niederländisch: Gerritsen, Gisela, Utrecht
Polnisch: Lübke, Christian, Berlin
Portugiesisch, Spanisch: Vones-Liebenstein, Ursula, Köln
Russisch: Brunckhorst, Almut, Hamburg
Serbisch und Kroatisch: Prinzing, Günter, Mainz; Steindorff, Ludwig, Münster
Skandinavische Sprachen: Ehrhardt, Harald, Oberursel

ERSCHEINUNGSDATEN
DER LIEFERUNGEN ZUM ACHTEN BAND
DES LEXIKONS DES MITTELALTERS

1. Lieferung: März 1996
2. Lieferung: Mai 1996
3. Lieferung: Juli 1996
4. Lieferung: September 1996
5. Lieferung: November 1996
6. Lieferung: März 1997
7. Lieferung: Mai 1997
8. Lieferung: Juni 1997
9. Lieferung: Oktober 1997
10. Lieferung: November 1997